Concordance
to the Novum Testamentum Graece

Konkordanz
zum Novum Testamentum Graece

CONCORDANCE TO THE
NOVUM TESTAMENTUM GRAECE

OF NESTLE-ALAND, 26th EDITION,
AND TO THE GREEK NEW TESTAMENT, 3rd EDITION

EDITED BY THE
INSTITUTE FOR NEW TESTAMENT TEXTUAL RESEARCH
AND THE COMPUTER CENTER OF MÜNSTER UNIVERSITY

WITH THE COLLABORATION OF
H. BACHMANN AND W. A. SLABY

THIRD EDITION

WALTER DE GRUYTER · BERLIN · NEW YORK

1987

KONKORDANZ ZUM
NOVUM TESTAMENTUM GRAECE

VON NESTLE-ALAND, 26. AUFLAGE
UND ZUM GREEK NEW TESTAMENT, 3rd EDITION

HERAUSGEGEBEN VOM
INSTITUT FÜR NEUTESTAMENTLICHE TEXTFORSCHUNG
UND VOM RECHENZENTRUM DER UNIVERSITÄT MÜNSTER

UNTER BESONDERER MITWIRKUNG VON
H. BACHMANN UND W. A. SLABY

DRITTE AUFLAGE

WALTER DE GRUYTER · BERLIN · NEW YORK

1987

CIP-Kurztitelaufnahme der Deutschen Bibliothek

Konkordanz zum Novum Testamentum Graece von Nestle-Aland, 26. Auflage, und zum Greek New Testament, 3rd edition / hrsg. vom Inst. für Neutestamentl. Textforschung u. vom Rechenzentrum d. Univ. Münster. Unter bes. Mitw. von H. Bachmann u. W. A. Slaby. – 3. Aufl. – Berlin; New York: de Gruyter, 1987.
    Parallelt.: Concordance to the Novum Testamentum Graece of Nestle-Aland, 26th edition, and to the Greek New Testament, 3rd edition
    Bis 2. Aufl. u. d. T.: Computer Konkordanz zum Novum Testamentum Graece von Nestle-Aland, 26. Auflage, und zum Greek New Testament, 3rd edition
    ISBN 3-11-011570-0 (Berlin...)
    ISBN 0-89925-438-1 (New York...)

NE: Bachmann, Horst [Mitarb.]; Institut für Neutestamentliche Textforschung (Münster, Westfalen); Konkordanz zum Novum Testamentum Graece; PT

ISBN 3-11-011570-0 Walter de Gruyter · Berlin · New York
ISBN 0-89925-438-1 Walter de Gruyter, Inc. · New York · Berlin

1987 by Walter de Gruyter & Co., Berlin 30

Satz: Mohndruck, Gütersloh; Druck: Kupijai & Prochnow, Berlin; Bindearbeiten: Lüderitz & Bauer, Berlin – Printed in Germany

CONTENTS - INHALT

PREFACE

The present concordance was produced because, in addition to the users of the "Complete Concordance to the Greek New Testament on the Basis of All Modern Critical Text Editions and the Textus Receptus" (ed. K. Aland, 2 vols. Berlin/New York, 1983) there are larger groups of students and parish pastors who are interested in owning an overview of the words in the New Testament which is as far as possible complete. Thus the limited selection in Schmoller is insufficient for them. On the other hand, they believe they do not necessarily need the complete tradition of the text as offered by the "Complete Concordance." In the latter the readings of all the critical editions from Tischendorf to the present (and the Textus Receptus) are given under each entry. The present concordance, however, only employs the text of Nestle-Aland[26] (in its contents identical with the Greek New Testament[3]) as its basis. In the "Complete Concordance" the occurrences of all words in the New Testament are offered with a full text. The present concordance omits 29 words which occur very frequently *(ἀλλά, ἀπό, αὐτός, γάρ, δέ, διά, ἐγώ, εἰς, ἐκ, ἐν, ἐπί, ἤ, ἡμεῖς, καί, μή, ὁ ἡ τό, ὅς, ὅτι, οὐ, οὖν, οὗτος, πᾶς, πρός, σύ, σύν, τέ, τὶς, τίς, ὑμεῖς);* in an appendix (cols. 1–64) only the references are given for them. The limitation of the entries in both concordances is also different. The "Complete Concordance" carefully adapts them to their individual contexts and includes the determining word, even if it is quite far off. Understandably, the present concordance cannot offer this service. Accents for the Greek words are only given here when they are absolutely necessary for purposes of differentiation. This is explainable on the basis of the history of a concordance produced by means of a computer. The gathering of the data occurred at a time – not so far away – when a transcription of the Greek text was employed, for which accents were superfluous. At that time no one even dared to dream of reproducing the Greek text by print chain or even by photo-setting.

The details of the design of this concordance are described more thoroughly in the following "Directions for Use." However, the following can be said here about the pre-history of the project. The plan to produce a concordance of the Greek New Testament with the aid of electronic data processing came about through the close connections and cooperation which have existed for years between the Institute for New Testament Textual Research and the Computer Center of the University of Münster. There had been previous attempts elsewhere to produce New Testament concordances with the aid of a computer. However, aside from the fact that they only included individual sections of the New Testament, a comparison with the concordance presented here indicates how much perfection has now been attained. This is especially shown in the selection of the entries, the "meaningful" automatic limitation of which by the computer – that means the reduction of the semantic data to the formal aspects of the hierarchies of punctuation marks – is the central problem in producing a concordance with the aid of electronic data processing. Credit must be given to H. Bachmann and W. A. Slaby for solving these problems much better than has been done elsewhere. In numerous discussions, in which other colleagues from the Computer Center and above all the Institute for New Testament Textual Research also frequently participated, they created the presuppositions for the employment of the computer and photo-setting. W. A. Slaby developed the necessary algorithms and program systems, and H. Bachmann carried through the necessary preparation of the text – specification of the non-conjugated or declined forms and insertion of control characters – and took care of the data processing.

Schmoller's concordance only offers a limited selection. Those of Bruder and Moulton are 100 years old and are based on an antiquated text. Thus we believe the present concordance fills a real gap and – within the limits described – presents a welcome tool for the exegesis of the New Testament.

K. Aland
H. Werner

VORWORT

Die vorliegende Konkordanz ist erstellt worden, weil es neben den Benutzern der „Vollständigen Konkordanz zum griechischen Neuen Testament unter Zugrundelegung aller modernen kritischen Textausgaben und des Textus receptus" (hrsg. von K. Aland, 2 Bde. Berlin/New York 1983) größere Kreise unter Studenten und Theologen im Amt gibt, denen am Besitz einer so weit wie möglich vollständigen Übersicht über den neutestamentlichen Wortbestand gelegen ist (so daß ihnen die Auswahlausgabe von Schmoller nicht genügt), die aber andererseits meinen, auf einen Einblick in die Gesamtüberlieferung des Textes, wie ihn die „Vollständige Konkordanz" bietet, verzichten zu können. Dort sind für jedes Lemma die Lesarten aller kritischen Ausgaben von Tischendorf an bis zur Gegenwart (und die des Textus receptus) verzeichnet, die vorliegende Konkordanz legt lediglich den Text von Nestle-Aland[26] (im Wortbestand mit dem des Greek New Testament identisch) zugrunde. In der „Vollständigen Konkordanz" werden die Vorkommnisse aller Wörter des Neuen Testaments mit vollem Text geboten, die vorliegende Konkordanz verzichtet für 29 sehr häufig vorkommende (ἀλλά, ἀπό, αὐτός, γάρ, δέ, διά, ἐγώ, εἰς, ἐκ, ἐν, ἐπί, ἤ, ἡμεῖς, καί, μή, ὁ ἡ τό, ὅς, ὅτι, οὐ, οὖν, οὗτος, πᾶς, πρός, σύ, σύν, τέ, τὶς, τίς, ὑμεῖς) darauf und gibt in einem Anhang (Spalte 1–64) nur die Stellenbelege dafür. Auch die Abgrenzung der Lemmata in beiden Konkordanzen ist verschieden: die „Vollständige Konkordanz" paßt sie jeweils sorgfältig an den Kontext an und bezieht das maßgebende Bezugswort ein, mag es auch weit entfernt stehen, die vorliegende Konkordanz kann derartiges verständlicherweise nicht leisten. Wenn hier Akzente für die griechischen Wörter nur dann geboten werden, wenn sie zur Unterscheidung unbedingt erforderlich sind, so erklärt sich das aus der Geschichte der mit dem Computer erstellten Konkordanz: die Datenerfassung erfolgte zu einer – noch nicht sehr lange vergangenen – Zeit, als jedermann eine Umschrift des griechischen Textes benutzte (für die Akzente überflüssig waren) und niemand von einer Wiedergabe des griechischen Textes durch Druckerkette oder gar Lichtsatz zu träumen wagte.

Über die Einzelheiten der Anlage dieser Konkordanz gibt die nachstehende „Anweisung zum Gebrauch" nähere Auskunft. Zur Vorgeschichte des Unternehmens sei jetzt nur folgendes bemerkt: der Plan, mit Hilfe der elektronischen Datenverarbeitung eine Konkordanz zum Griechischen Neuen Testament zu erstellen, erwuchs aus der engen Verbindung und Zusammenarbeit, die seit Jahren zwischen dem Institut für neutestamentliche Textforschung und dem Rechenzentrum der Universität Münster besteht. Zwar gab es anderenorts bereits vorher Versuche, mit Hilfe des Computers neutestamentliche Konkordanzen zu erstellen. Aber abgesehen davon, daß sie jeweils nur einzelne Teile des Neuen Testaments umfaßten, dürfte ein Vergleich mit der jetzt vorgelegten Konkordanz alsbald erweisen, ein wieviel höheres Maß an Perfektion hier erreicht ist. Das zeigt sich insbesondere in der Auswahl der Lemmata, deren „sinnvolle" automatische Abgrenzung durch den Computer – gleichbedeutend mit der Reduzierung der semantischen Gegebenheiten auf formale Gesichtspunkte von Satzzeichenhierarchien – das zentrale Problem bei der Erstellung einer Konkordanz mit Hilfe der elektronischen Datenverarbeitung darstellt. Daß diese Probleme hier ungleich besser gelöst sind als anderswo, ist das Verdienst von H. Bachmann und W. A. Slaby. In zahlreichen Diskussionen, an denen sich häufig auch andere wissenschaftliche Mitarbeiter des Rechenzentrums und vor allem des Instituts für neutestamentliche Textforschung beteiligten, schufen sie die Voraussetzungen für den Einsatz des Computers und der Lichtsatztechnik. W. A. Slaby entwickelte die dazu erforderlichen Algorithmen und Programmsysteme, H. Bachmann führte die notwendige Vorbereitung des Textes – Angabe der unflektierten Formen und Einfügen von Steuerzeichen – durch und besorgte die Datenerfassung.

Die Konkordanz von Schmoller bietet nur eine begrenzte Auswahl, die „großen" von Bruder und Moulton sind 100 Jahre alt und gehen von einem überholten Text aus. So meinen wir, daß die vorliegende Konkordanz eine wirkliche Lücke füllt und – innerhalb der beschriebenen Grenzen – ein willkommenes Hilfsmittel bei der Exegese des Neuen Testaments darstellt.

K. Aland
H. Werner

DIRECTIONS FOR USE

The textual basis for this concordance is the 26th edition of *Novum Testamentum Graece* of Nestle-Aland and the third edition of the *Greek New Testament*. Any verses omitted for reasons of textual criticism in these editions and appearing only in the critical apparatus (for instance, the passage Jn 7,53–8,11, the pericope of the adulteress) are contained in this concordance but marked with an asterisk (*) following the verse number. The same applies to the shorter conclusion of the gospel of St. Mark; it appears after Mk 16,8 as 16,8*.

For verbs the first person singular of the present tense indicative is given as the primitive form; for nouns the nominative singular, in some cases the nominative plural. These primitive forms generally are based upon W. Bauer, *Wörterbuch zum Neuen Testament.*, 5. Aufl.

In order to assist the user in finding a particular word, some entries are further subdivided into different primitive forms. Thus ἴδε and ἰδού are not listed under ὁράω but independently. In the case of λέγω the forms of the suppletive-verb εἴρω (ἐρῶ, ἐρρέθην, εἴρηκα etc.) are given under ἐρῶ. Adverbs having an entry in W. Bauer are separated from their respective adjectives (καλῶς, κακῶς, δικαίως etc.); the same applies to comparative and superlative forms. The part οὗ of the phrases ἄχρις οὗ and ἕως οὗ is listed under the primitive form οὗ, which is true also for the phrase ἀφ᾽ οὗ if οὗ is used as an adverb or in fixed form.

Crasis forms are listed in three ways (e.g. κἀγώ appears under κἀγώ and additionally under καί and ἐγώ, κἀκεῖνοι under κἀκεῖνος, under καί and under ἐκεῖνος.

Combined numerals are written as one word for ease of detection; if καί is a combining particle of the numeral, it is not given under the entry καί.

Inflected forms which can be associated with different primitive forms appear under all possible primitive forms if a unique decision is not possible (e.g., Θεμελίου is associated with the entries Θεμέλιον and Θεμέλιος). Identical words of different origin and meaning are listed separately (e.g. ἄπειμι = to be absent, and ἄπειμι = to leave).

Accents are given only in those cases where words which are homographs without accents belong to different morphological forms or word classes (e.g. αρα, τις, ποτε, που etc). Similarly, in the case of verb forms like κρίνουσιν and κρινοῦσιν, ἀκολουθεῖ and ἀκολούθει etc., accents are used as distinguishing feature, but only the form occurring with lower frequency is marked with an accent. Thus with homography between present tense form and future tense form, the future tense form gets an accent *(κρινοῦσιν)*. With identical forms such as the present tense third person singular indicative and imperative, the imperative form is given with its accent *(ἀκολούθει)*.

In order to keep the extent of this concordance within reasonable bounds, several high-frequency primitives are collected as an appendix. All words associated with them are listed there without any context, but with their reference (i.e. book, chapter, verse) and frequency of occurrence. For each primitive of this kind the main part of the concordance gives a special reference ("cf. append.") to this appendix. For the sake of greater clarity inflected primitives are further subdivided according to their inflected forms.

A rather difficult problem in compiling a concordance by means of electronic data processing consists in a reasonable selection of context. In this problem most of the efforts have been concentrated on both the preparation of the text and the development of algorithms for context selection. The basic unit of a context consists of the portion of text containing the word under consideration and limited on both sides by some punctuation mark. Since in many cases this basic unit is not sufficient as a meaningful context, we have extended the unit to the left or right by inserting control characters. In other cases "artificial" punctuation marks have been inserted in order to shorten basic units which would be too long. For ease of locating the word under consideration in the context, it is given in italics.

ANWEISUNG ZUM GEBRAUCH

Die Textgrundlage für diese Konkordanz bildet die 26. Aufl. des Novum Testamentum Graece von Nestle-Aland sowie die Third Edition des Greek New Testament. Verse, die hier aus textkritischen Gründen im Text fehlen und nur im Apparat erscheinen, desgleichen der Textabschnitt Jh 7,53–8,11 (Perikope von der Ehebrecherin), sind in die Konkordanz aufgenommen, erscheinen hier aber mit einem Stern (*) hinter der Verszahl. Das Gleiche gilt für den kürzeren Markusschluß. Er steht hinter Mc 16,8 als 16,8*.

Für die Verben wurde die 1. Pers. Sing. des Ind. Praes. zugrunde gelegt, für Substantive der Nom. Sing., in einigen Fällen auch der Nom. Plur. Diese Formen basieren im allgemeinen auf W. Bauer, Wörterbuch zum N.T., 5. Aufl.

Um ein schnelleres Auffinden der gesuchten Wörter zu ermöglichen, wurden bei einigen Wörtern Untergliederungen vorgenommen. So stehen z. B. ἴδε und ἰδού nicht unter ὁράω, sondern eigenständig. Bei λέγω werden die Formen des Suppletiv-Verbums εἴρω (ἐρῶ, ἐρρέϑην, εἴρηκα usw.) unter ἐρῶ geführt. Adverbien sind, soweit sie bei W. Bauer einen eigenen Artikel haben, getrennt aufgeführt (καλῶς, κακῶς, δικαίως usw.). Das gleiche gilt für Komparativ- und Superlativ-Formen, andernfalls erscheinen diese unter der Positiv-Form. Bei den Wortkombinationen ἄχρις οὗ und ἕως οὗ findet sich οὗ unter dem Stichwort οὗ, auch für die Wortbildung ἀφ'οὗ gilt das, wenn οὗ adverbiell bzw. in erstarrter Form gebraucht wird.

Krasis-Formen sind 3fach geführt. Beispiel: κἀγώ erscheint unter κἀγώ und außerdem unter καί und ἐγώ, κἀκεῖνοι unter κἀκεῖνος, unter καί und unter ἐκεῖνος.

Zusammengesetzte Zahlwörter sind zur leichteren Auffindung zusammengeschrieben. Handelt es sich dabei um Zahlwörter, die mit καί zusammengesetzt sind, so ist dieses καί nicht mehr unter καί verzeichnet.

Wörter, die in ihrer flektierten Form zwei verschiedenen Nennformen zugeordnet werden können und deren eindeutige Zuordnung auch vom Inhalt her nicht möglich ist, werden unter beiden möglichen Nennformen verzeichnet. Beispiel: Θεμελίου steht unter Θεμέλιον und unter Θεμέλιος. Gleichlautende Worte verschiedener Herkunft und Bedeutung sind getrennt aufgeführt. Beispiel: ἄπειμι = abwesend sein und ἄπειμι = weggehen.

Akzente werden nur gesetzt, wenn Wörter mit gleichem Buchstabenbestand verschiedene morphologische Formen oder Wortarten bilden. Beispiel: αρα, τις, ποτε, που usw. Auch bei Verbalformen: κρίνουσιν und κρινοῦσιν, ἀκολουϑεῖ und ἀκολούϑει usw. wurden zur Unterscheidung Akzente gesetzt, jedoch immer nur bei einer der beiden möglichen Formen, nämlich der weniger vorkommenden. Bei gleichem Buchstabenbestand von Präsens- und Futur-Form erhält die Futur-Form den Akzent (κρινοῦσιν), bei Buchstabengleichheit von 3. Pers. Sing. Präs. und Imperativ-Form der Imperativ (ἀκολούϑει) usw.

Um den Umfang der Konkordanz in einem vertretbaren Rahmen zu halten, wurde eine Reihe von Wörtern in den Anhang aufgenommen. Diese Wörter erscheinen hier nur mit Stellenangabe. Sie sind im Hauptteil mit einem entsprechenden Hinweis (cf. append.) ausgewiesen. Der besseren Übersicht halber wurden flektierbare Wörter nach ihren vorkommenden Formen untergliedert.

Ein besonders schwieriges Problem für die Erstellung einer Konkordanz mit Hilfe der automatisierten Datenverarbeitung besteht in der sinnvollen Lemmaabgrenzung. Hier wurde sowohl von der Textzubereitung her als auch bei der Programmierung die meiste Arbeit investiert. Grundeinheit eines Lemmas bildet die das Stichwort umgebende Wortgruppe, die von beiden Seiten durch Satzzeichen begrenzt wird. Da das aber meistens als sinnvolles Lemma nicht ausreicht, wurde durch in den Text eingearbeitete Steuerzeichen die Möglichkeit geschaffen, das Lemma nach vorn und/oder hinten beliebig zu verlängern. Andererseits konnten auch „künstliche" Satzzeichen eingefügt werden, um ein von Natur aus zu langes Lemma an bestimmten Stellen sinnvoll einzugrenzen. Zum schnelleren Auffinden des Stichwortes im Lemma steht dies jeweils im Kursivdruck.

A

ἀαρων [5]

Lc	1 5	και γυνη αυτω εκ των θυγατερων *ααρων*, και το ονομα αυτης ἐλισαβετ.
Ac	7 40	αλλα απωσαντο και εστραφησαν εν ταις καρδιαις αυτων εις αιγυπτον, ειποντες τω *ααρων*· ποιησον ἡμιν θεους οἱ προπορευσονται ἡμων·
Heb	5 4	αλλα καλουμενος ὑπο του θεου, καθωσπερ και *ααρων*.
	7 11	τίς ἐτι χρεια κατα την ταξιν μελχισεδεκ ἑτερον ἀνιστασθαι ἱερεα και ου κατα την ταξιν *ααρων* λεγεσθαι;
	9 4	ἐν ᾗ σταμνος χρυση ἐχουσα το μαννα και ἡ ραβδος *ααρων* ἡ βλαστησασα και αἱ πλακες της διαθηκης,

ἀβαδδων [1]

Apc	9 11	ἐχουσιν ἐπ αυτων βασιλεα τον ἀγγελον της ἀβυσσου, ὀνομα αυτω ἑβραιστι *ἀβαδδων*,

ἀβαρης [1]

2Co	11 9	και ἐν παντι *ἀβαρη* ἐμαυτον ὑμιν ἐτηρησα και τηρησω.

ἀββα [3]

Mc	14 36	*ἀββα* ὁ πατηρ, παντα δυνατα σοι·
Rm	8 15	αλλα ἐλαβετε πνευμα υἱοθεσιας, ἐν ᾧ κραζομεν· *ἀββα* ὁ πατηρ.
Ga	4 6	ἐξαπεστειλεν ὁ θεος το πνευμα του υἱου αυτου εις τας καρδιας ἡμων, κραζον· *ἀββα* ὁ πατηρ.

ἀβελ [4]

Mt	23 35	ὁπως ἐλθη ἐφ ὑμας παν αἱμα δικαιον ἐκχυννομενον ἐπι της γης ἀπο του αἱματος *ἀβελ* του δικαιου ἑως του αἱματος ζαχαριου υἱου βαραχιου, ὁν ἐφονευσατε μεταξυ του ναου και του θυσιαστηριου.
Lc	11 51	ἀπο αἱματος *ἀβελ* ἑως αἱματος ζαχαριου του ἀπολομενου μεταξυ του θυσιαστηριου και του οἱκου.
Heb	11 4	πιστει πλειονα θυσιαν *ἀβελ* παρα καιν προσηνεγκεν τω θεω,
	12 24	και διαθηκης νεας μεσιτη ἰησου, και αἱματι ῥαντισμου κρειττον λαλουντι παρα τον *ἀβελ*.

ἀβια [3]

Mt	1 7	ῥοβοαμ δε ἐγεννησεν τον *ἀβια*,
	7	*ἀβια* δε ἐγεννησεν τον ἀσαφ,
Lc	1 5	ἐγενετο ἐν ταις ἡμεραις ἡρωδου βασιλεως της ιουδαιας ἱερευς τις ὀνοματι ζαχαριας ἐξ ἐφημεριας *ἀβια*,

ἀβιαθαρ [1]

Mc	2 26	πῶς εισηλθεν εις τον οικον του θεου ἐπι *ἀβιαθαρ* ἀρχιερεως και τους ἀρτους της προθεσεως ἐφαγεν,

ἀβιληνη [1]

Lc	3 1	φιλιππου δε του ἀδελφου αυτου τετρααρχουντος της ἰτουραιας και τραχωνιτιδος χωρας, και λυσανιου της *ἀβιληνης* τετρααρχουντος,

ἀβιουδ [2]

Mt	1 13	ζοροβαβελ δε ἐγεννησεν τον *ἀβιουδ*,
	13	*ἀβιουδ* δε ἐγεννησεν τον ἐλιακιμ,

ἀβρααμ [73]

Mt	1 1	βιβλος γενεσεως ιησου χριστου υἱου δαυιδ υἱου *ἀβρααμ*.
	2	*ἀβρααμ* ἐγεννησεν τον ισαακ,
	17	πασαι οὐν αἱ γενεαι ἀπο *ἀβρααμ* ἑως δαυιδ γενεαι δεκατεσσαρες,
	3 9	και μη δοξητε λεγειν ἐν ἑαυτοις· πατερα ἐχομεν τον *ἀβρααμ*·
	9	λεγω γαρ ὑμιν ὁτι δυναται ὁ θεος ἐκ των λιθων τουτων ἐγειραι τεκνα τω *ἀβρααμ*.

ἀβρααμ [73]

Mt	8 11	λεγω δε ὑμιν ὁτι πολλοι ἀπο ἀνατολων και δυσμων ἡξουσιν και ἀνακλιθησονται μετα *ἀβρααμ* και ισαακ και ιακωβ ἐν τη βασιλεια των ουρανων·
	22 32	ἐγω ειμι ὁ θεος *ἀβρααμ* και ὁ θεος ισαακ και ὁ θεος ιακωβ;
Mc	12 26	ἐγω ὁ θεος *ἀβρααμ* και [ὁ] θεος ισαακ και [ὁ] θεος ιακωβ;
Lc	1 55	καθως ἐλαλησεν προς τους πατερας ἡμων, τω *ἀβρααμ* και τω σπερματι αυτου εις τον αιωνα.
	73	ποιησαι ἐλεος μετα των πατερων ἡμων και μνησθηναι διαθηκης ἁγιας αυτου, ὁρκον ὁν ὡμοσεν προς *ἀβρααμ* τον πατερα ἡμων,
	3 8	ποιησατε οὐν καρπους ἀξιους της μετανοιας· και μη ἀρξησθε λεγειν ἐν ἑαυτοις· πατερα ἐχομεν τον *ἀβρααμ*·
	8	λεγω γαρ ὑμιν ὁτι δυναται ὁ θεος ἐκ των λιθων τουτων ἐγειραι τεκνα τω *ἀβρααμ*.
	34	του ιακωβ του ισαακ του *ἀβρααμ* του θαρα του ναχωρ
	13 16	ταυτην δε θυγατερα *ἀβρααμ* οὐσαν, ἡν ἐδησεν ὁ σατανας ιδου δεκακαιοκτω ἐτη, ουκ ἐδει λυθηναι ἀπο του δεσμου τουτου τη ἡμερα του σαββατου;
	28	ἐκει ἐσται ὁ κλαυθμος και ὁ βρυγμος των ὀδοντων, ὁταν ὀψησθε *ἀβρααμ* και ισαακ και ιακωβ και παντας τους προφητας ἐν τη βασιλεια του θεου, ὑμας δε ἐκβαλλομενους ἐξω.
	16 22	ἐγενετο δε ἀποθανειν τον πτωχον και ἀπενεχθηναι αυτον ὑπο των ἀγγελων εις τον κολπον *ἀβρααμ*.
	23	και ἐν τω ἁδη ἐπαρας τους ὀφθαλμους αυτου, ὑπαρχων ἐν βασανοις, ὁρα *ἀβρααμ* ἀπο μακροθεν και λαζαρον ἐν τοις κολποις αυτου.
	24	πατερ *ἀβρααμ*, ἐλεησον με και πεμψον λαζαρον ἱνα βαψη το ἀκρον του δακτυλου αυτου ὑδατος και καταψυξη την γλωσσαν μου,
	25	ειπεν δε *ἀβρααμ*· τεκνον, μνησθητι ὁτι ἀπελαβες τα ἀγαθα σου ἐν τη ζωη σου,
	29	λεγει δε *ἀβρααμ*· ἐχουσι μωυσεα και τους προφητας· ἀκουσατωσαν αυτων.
	30	ουχι, πατερ *ἀβρααμ*, ἀλλ ἐαν τις ἀπο νεκρων πορευθη προς αυτους, μετανοησουσιν.
	19 9	ειπεν δε προς αυτον ὁ ιησους ὁτι σημερον σωτηρια τω οικω τουτω ἐγενετο, καθοτι και αυτος υἱος *ἀβρααμ* ἐστιν·
	20 37	και μωυσης ἐμηνυσεν ἐπι της βατου, ὡς λεγει κυριον τον θεον *ἀβρααμ* και θεον ισαακ και θεον ιακωβ·
Jh	8 33	σπερμα *ἀβρααμ* ἐσμεν, και ουδενι δεδουλευκαμεν πωποτε·
	37	οιδα ὁτι σπερμα *ἀβρααμ* ἐστε· ἀλλα ζητειτε με ἀποκτειναι, ὁτι ὁ λογος ὁ ἐμος ου χωρει ἐν ὑμιν.
	39	ὁ πατηρ ἡμων *ἀβρααμ* ἐστιν.
	39	ει τεκνα του *ἀβρααμ* ἐστε, τα ἐργα του *ἀβρααμ* ἐποιειτε·
	39	ει τεκνα του *ἀβρααμ* ἐστε, τα ἐργα του *ἀβρααμ* ἐποιειτε·
	40	τουτο *ἀβρααμ* ουκ ἐποιησεν.
	52	*ἀβρααμ* ἀπεθανεν και οἱ προφηται, και συ λεγεις·
	53	μη συ μειζων ει του πατρος ἡμων *ἀβρααμ*, ὁστις ἀπεθανεν;
	56	*ἀβρααμ* ὁ πατηρ ὑμων ἠγαλλιασατο ἱνα ιδη την ἡμεραν την ἐμην, και ειδεν και ἐχαρη.
	57	πεντηκοντα ἐτη ουπω ἐχεις και *ἀβρααμ* ἑωρακας;
	58	ἀμην ἀμην λεγω ὑμιν, πριν *ἀβρααμ* γενεσθαι ἐγω ειμι.
Ac	3 13	ὁ θεος *ἀβρααμ* και [ὁ θεος] ισαακ και [ὁ θεος] ιακωβ, ὁ θεος των πατερων ἡμων, ἐδοξασεν τον παιδα αυτου ιησουν,
	25	ὑμεις ἐστε οἱ υἱοι των προφητων και της διαθηκης ἡς διεθετο ὁ θεος προς τους πατερας ὑμων, λεγων προς *ἀβρααμ*· και ἐν τω σπερματι σου [ἐν]ευλογηθησονται πασαι αἱ πατριαι της γης.
	7 2	ὁ θεος της δοξης ὡφθη τω πατρι ἡμων *ἀβρααμ* ὀντι ἐν τη μεσοποταμια πριν ἡ κατοικησαι αυτον ἐν χαρραν,
	16	και μετετεθησαν εις συχεμ και ἐτεθησαν ἐν τω μνηματι ᾡ ὠνησατο *ἀβρααμ* τιμης ἀργυριου παρα των υἱων ἐμμωρ ἐν συχεμ.
	17	καθως δε ἡγγιζεν ὁ χρονος της ἐπαγγελιας ἡς ὡμολογησεν ὁ θεος τω *ἀβρααμ*, ηυξησεν ὁ λαος και ἐπληθυνθη ἐν αιγυπτω,
	32	ἐγω ὁ θεος των πατερων σου, ὁ θεος *ἀβρααμ* και ισαακ και ιακωβ.
	13 26	ἀνδρες ἀδελφοι, υἱοι γενους *ἀβρααμ* και οἱ ἐν ὑμιν φοβουμενοι τον θεον, ἡμιν ὁ λογος της σωτηριας ταυτης ἐξαπεσταλη.
Rm	4 1	τί οὐν ἐρουμεν εὑρηκεναι *ἀβρααμ* τον προπατορα ἡμων κατα σαρκα;
	2	ει γαρ *ἀβρααμ* ἐξ ἐργων ἐδικαιωθη, ἐχει καυχημα· ἀλλ ου προς θεον.
	3	ἐπιστευσεν δε *ἀβρααμ* τω θεω, και ἐλογισθη αυτω εις δικαιοσυνην.
	9	ἐλογισθη τω *ἀβρααμ* ἡ πιστις εις δικαιοσυνην.

ἀβρααμ [73]

Rm	4 12	και πατερα περιτομης τοις ουκ εκ περιτομης μονον αλλα και τοις στοιχουσιν τοις ιχνεσιν της εν ακροβυστια πιστεως του πατρος ημων *αβρααμ*.
	13	ου γαρ δια νομου η επαγγελια τω *αβρααμ* η τω σπερματι αυτου, το κληρονομον αυτον ειναι κοσμου, αλλα δια δικαιοσυνης πιστεως.
	16	δια τουτο εκ πιστεως, ινα κατα χαριν, εις το ειναι βεβαιαν την επαγγελιαν παντι τω σπερματι, ου τω εκ του νομου μονον αλλα και τω εκ πιστεως *αβρααμ*,
	9 7	ουδ οτι εισιν σπερμα *αβρααμ*, παντες τεκνα,
	11 1	και γαρ εγω ισραηλιτης ειμι, εκ σπερματος *αβρααμ*, φυλης βενιαμιν.
2Co	11 22	σπερμα *αβρααμ* εισιν; καγω.
Ga	3 6	καθως *αβρααμ* επιστευσεν τω θεω, και ελογισθη αυτω εις δικαιοσυνην.
	7	γινωσκετε αρα οτι οι εκ πιστεως, ουτοι υιοι εισιν *αβρααμ*.
	8	προευηγγελισατο τω *αβρααμ* οτι ενευλογηθησονται εν σοι παντα τα εθνη.
	9	ωστε οι εκ πιστεως ευλογουνται συν τω πιστω *αβρααμ*.
	14	ινα εις τα εθνη η ευλογια του *αβρααμ* γενηται εν χριστω ιησου,
	16	τω δε *αβρααμ* ερρεθησαν αι επαγγελιαι και τω σπερματι αυτου.
	18	τω δε *αβρααμ* δι επαγγελιας κεχαρισται ο θεος.
	29	ει δε υμεις χριστου, αρα του *αβρααμ* σπερμα εστε, κατ επαγγελιαν κληρονομοι.
Heb	4 22	γεγραπται γαρ οτι *αβρααμ* δυο υιους εσχεν,
	2 16	ου γαρ δηπου αγγελων επιλαμβανεται, αλλα σπερματος *αβρααμ* επιλαμβανεται.
	6 13	τω γαρ *αβρααμ* επαγγειλαμενος ο θεος, επει κατ ουδενος ειχεν μειζονος ομοσαι, ωμοσεν καθ εαυτου,
	7 1	ουτος γαρ ο μελχισεδεκ, βασιλευς σαλημ, ιερευς του θεου του υψιστου, ο συναντησας *αβρααμ* υποστρεφοντι απο της κοπης των βασιλεων και ευλογησας αυτον,
	2	ω και δεκατην απο παντων εμερισεν *αβρααμ*,
	4	θεωρειτε δε πηλικος ουτος, ω [και] δεκατην *αβρααμ* εδωκεν εκ των ακροθινιων ο πατριαρχης.
	5	καιπερ εξεληλυθοτας εκ της οσφυος *αβρααμ*·
	6	ο δε μη γενεαλογουμενος εξ αυτων δεδεκατωκεν *αβρααμ*,
	9	δι *αβρααμ* και λευι ο δεκατας λαμβανων δεδεκατωται·
	11 8	πιστει καλουμενος *αβρααμ* υπηκουσεν εξελθειν εις τοπον ον ημελλεν λαμβανειν εις κληρονομιαν,
	17	πιστει προσενηνοχεν *αβρααμ* τον ισαακ πειραζομενος,
Ja	2 21	*αβρααμ* ο πατηρ ημων ουκ εξ εργων εδικαιωθη, ανενεγκας ισαακ τον υιον αυτου επι το θυσιαστηριον;
	23	επιστευσεν δε *αβρααμ* τω θεω, και ελογισθη αυτω εις δικαιοσυνην,
1Pt	3 6	ως σαρρα υπηκουσεν τω *αβρααμ*, κυριον αυτον καλουσα·

ἀβυσσος [9]

Lc	8 31	και παρεκαλουν αυτον ινα μη επιταξη αυτοις εις την *αβυσσον* απελθειν.
Rm	10 7	τις καταβησεται εις την *αβυσσον*;
Apc	9 1	και εδοθη αυτω η κλεις του φρεατος της *αβυσσου*.
	2	και ηνοιξεν το φρεαρ της *αβυσσου*·
	11	εχουσιν επ αυτων βασιλεα τον αγγελον της *αβυσσου*,
	11 7	το θηριον το αναβαινον εκ της *αβυσσου* ποιησει μετ αυτων πολεμον
	17 8	το θηριον ο ειδες ην και ουκ εστιν, και μελλει αναβαινειν εκ της *αβυσσου* και εις απωλειαν υπαγει·
	20 1	και ειδον αγγελον καταβαινοντα εκ του ουρανου, εχοντα την κλειν της *αβυσσου* και αλυσιν μεγαλην επι την χειρα αυτου.
	3	και εβαλεν αυτον εις την *αβυσσον*,

ἀγαβος [2]

Ac	11 28	αναστας δε εις εξ αυτων ονοματι *αγαβος* εσημανεν δια του πνευματος λιμον μεγαλην μελλειν εσεσθαι εφ ολην την οικουμενην·
	21 10	επιμενοντων δε ημερας πλειους κατηλθεν τις απο της ιουδαιας προφητης ονοματι *αγαβος*,

ἀγαθοεργεω [1]

1Tm	6 18	*αγαθοεργειν*, πλουτειν εν εργοις καλοις, ευμεταδοτους ειναι, κοινωνικους,

ἀγαθοποιεω [9]

Lc	6 9	επερωτω υμας ει εξεστιν τω σαββατω *αγαθοποιησαι* η κακοποιησαι, ψυχην σωσαι η απολεσαι;
	33	και [γαρ] εαν *αγαθοποιητε* τους αγαθοποιουντας υμας, ποια υμιν χαρις εστιν;
	33	και [γαρ] εαν *αγαθοποιητε* τους αγαθοποιουντας υμας, ποια υμιν χαρις εστιν;
	35	πλην αγαπατε τους εχθρους υμων και *αγαθοποιειτε* και δανιζετε μηδεν απελπιζοντες·
1Pt	2 15	οτι ουτως εστιν το θελημα του θεου, *αγαθοποιουντας* φιμουν την των αφρονων ανθρωπων αγνωσιαν·
	20	αλλ ει *αγαθοποιουντες* και πασχοντες υπομενειτε, τουτο χαρις παρα θεω.
	3 6	ης εγενηθητε τεκνα *αγαθοποιουσαι* και μη φοβουμεναι μηδεμιαν πτοησιν.
	17	κρειττον γαρ *αγαθοποιουντας*, ει θελοι το θελημα του θεου, πασχειν η κακοποιουντας.
3Jh	11	ο *αγαθοποιων* εκ του θεου εστιν·

ἀγαθοποιια [1]

1Pt	4 19	ωστε και οι πασχοντες κατα το θελημα του θεου πιστω κτιστη παρατιθεσθωσαν τας ψυχας αυτων εν *αγαθοποιια*.

ἀγαθοποιος [1]

1Pt	2 14	ειτε βασιλει ως υπερεχοντι, ειτε ηγεμοσιν ως δι αυτου πεμπομενοις εις εκδικησιν κακοποιων επαινον δε *αγαθοποιων*·

ἀγαθος [102]

Mt	5 45	οπως γενησθε υιοι του πατρος υμων του εν ουρανοις, οτι τον ηλιον αυτου ανατελλει επι πονηρους και *αγαθους* και βρεχει επι δικαιους και αδικους.
	7 11	ει ουν υμεις πονηροι οντες οιδατε δοματα *αγαθα* διδοναι τοις τεκνοις υμων,
	11	ποσω μαλλον ο πατηρ υμων ο εν τοις ουρανοις δωσει *αγαθα* τοις αιτουσιν αυτον.
	17	ουτως παν δενδρον *αγαθον* καρπους καλους ποιει,
	18	ου δυναται δενδρον *αγαθον* καρπους πονηρους ποιειν,
	12 34	πως δυνασθε *αγαθα* λαλειν πονηροι οντες;
	35	ο *αγαθος* ανθρωπος εκ του αγαθου θησαυρου εκβαλλει *αγαθα*,
	35	ο *αγαθος* ανθρωπος εκ του *αγαθου* θησαυρου εκβαλλει *αγαθα*,
	35	ο *αγαθος* ανθρωπος εκ του *αγαθου* θησαυρου εκβαλλει *αγαθα*,
	19 16	διδασκαλε, τι *αγαθον* ποιησω ινα σχω ζωην αιωνιον;
	17	τι με ερωτας περι του *αγαθου*; εις εστιν ο αγαθος·
	17	τι με ερωτας περι του *αγαθου*; εις εστιν ο αγαθος·
	20 15	[η] ουκ εξεστιν μοι ο θελω ποιησαι εν τοις εμοις; η ο οφθαλμος σου πονηρος εστιν οτι εγω *αγαθος* ειμι,
	22 10	και εξελθοντες οι δουλοι εκεινοι εις τας οδους συνηγαγον παντας ους ευρον, πονηρους τε και *αγαθους*·
	25 21	ευ, δουλε *αγαθε* και πιστε, επι ολιγα ης πιστος, επι πολλων σε καταστησω·
	23	ευ, δουλε *αγαθε* και πιστε, επι ολιγα ης πιστος, επι πολλων σε καταστησω·
Mc	3 4	εξεστιν τοις σαββασιν *αγαθον* ποιησαι η κακοποιησαι,
	10 17	διδασκαλε *αγαθε*, τι ποιησω ινα ζωην αιωνιον κληρονομησω;
	18	τι με λεγεις *αγαθον*; ουδεις αγαθος ει μη εις ο θεος.
	18	τι με λεγεις *αγαθον*; ουδεις αγαθος ει μη εις ο θεος.
Lc	1 53	πεινωντας ενεπλησεν *αγαθων* και πλουτουντας εξαπεστειλεν κενους.
	6 45	ο *αγαθος* ανθρωπος εκ του αγαθου θησαυρου της καρδιας προφερει το αγαθον,
	45	ο *αγαθος* ανθρωπος εκ του *αγαθου* θησαυρου της καρδιας προφερει το αγαθον,
	45	ο *αγαθος* ανθρωπος εκ του *αγαθου* θησαυρου της καρδιας προφερει το *αγαθον*,
	8 8	και ετερον επεσεν εις την γην την *αγαθην* και φυεν εποιησεν καρπον εκατονταπλασιονα.
	15	το δε εν τη καλη γη, ουτοι εισιν οιτινες εν καρδια καλη και *αγαθην* ακουσαντες τον λογον κατεχουσιν και καρποφορουσιν εν υπομονη.
	10 42	μαριαμ γαρ την *αγαθην* μεριδα εξελεξατο, ητις ουκ αφαιρεθησεται αυτης.

ἀγαθος [102]

Lc	11 13	εἰ οὖν ὑμεις πονηροι ὑπαρχοντες οἰδατε δοματα ἀγαθα διδοναι τοις τεκνοις ὑμων, ποσω μαλλον ὁ πατηρ [ὁ] ἐξ οὐρανου δωσει πνευμα ἁγιον τοις αἰτουσιν αὐτον.
	12 18	και συναξω ἐκει παντα τον σιτον και τα ἀγαθα μου,
	19	ψυχη, ἐχεις πολλα ἀγαθα κειμενα εἰς ἐτη πολλα· ἀναπαυου, φαγε, πιε, εὐφραινου.
	16 25	τεκνον, μνησθητι ὁτι ἀπελαβες τα ἀγαθα σου ἐν τη ζωη σου, και λαζαρος ὁμοιως τα κακα·
	18 18	διδασκαλε ἀγαθε, τί ποιησας ζωην αἰωνιον κληρονομησω;
	19	τί με λεγεις ἀγαθον; οὐδεις ἀγαθος εἰ μη εἱς ὁ θεος.
	19	τί με λεγεις ἀγαθον; οὐδεις ἀγαθος εἰ μη εἱς ὁ θεος.
	19 17	εὐ γε, ἀγαθε δουλε, ὁτι ἐν ἐλαχιστω πιστος ἐγενου, ἰσθι ἐξουσιαν ἐχων ἐπανω δεκα πολεων.
	23 50	και ἰδου ἀνηρ ὀνοματι ἰωσηφ βουλευτης ὑπαρχων, [και] ἀνηρ ἀγαθος και δικαιος,
Jh	1 46	και εἰπεν αὐτω ναθαναηλ· ἐκ ναζαρετ δυναται τι ἀγαθον εἰναι;
	5 29	μη θαυμαζετε τουτο, ὁτι ἐρχεται ὡρα ἐν ἡ παντες οἱ ἐν τοις μνημειοις ἀκουσουσιν της φωνης αὐτου και ἐκπορευσονται οἱ τα ἀγαθα ποιησαντες εἰς ἀναστασιν ζωης,
	7 12	οἱ μεν ἐλεγον ὁτι ἀγαθος ἐστιν· ἀλλοι [δε] ἐλεγον· οὐ, ἀλλα πλανα τον ὀχλον.
Ac	9 36	αὑτη ἠν πληρης ἐργων ἀγαθων και ἐλεημοσυνων ὡν ἐποιει.
	11 24	και παρεκαλει παντας τη προθεσει της καρδιας προσμενειν τω κυριω, ὁτι ἠν ἀνηρ ἀγαθος και πληρης πνευματος ἁγιου και πιστεως.
	23 1	ἀνδρες ἀδελφοι, ἐγω παση συνειδησει ἀγαθη πεπολιτευμαι τω θεω ἀχρι ταυτης της ἡμερας.
Rm	2 7	τοις μεν καθ ὑπομονην ἐργου ἀγαθου δοξαν και τιμην και ἀφθαρσιαν ζητουσιν ζωην αἰωνιον·
	10	δοξα δε και τιμη και εἰρηνη παντι τω ἐργαζομενω το ἀγαθον,
	3 8	και μη καθως βλασφημουμεθα και καθως φασιν τινες ἡμας λεγειν ὁτι ποιησωμεν τα κακα ἱνα ἐλθη τα ἀγαθα;
	5 7	ὑπερ γαρ του ἀγαθου ταχα τις και τολμα ἀποθανειν·
	7 12	ὡστε ὁ μεν νομος ἁγιος, και ἡ ἐντολη ἁγια και δικαια και ἀγαθη.
	13	το οὖν ἀγαθον ἐμοι ἐγενετο θανατος;
	13	ἀλλα ἡ ἁμαρτια, ἱνα φανη ἁμαρτια, δια του ἀγαθου μοι κατεργαζομενη θανατον,
	18	οἰδα γαρ ὁτι οὐκ οἰκει ἐν ἐμοι, τουτ ἐστιν ἐν τη σαρκι μου, ἀγαθον·
	19	οὐ γαρ ὁ θελω ποιω ἀγαθον, ἀλλα ὁ οὐ θελω κακον τουτο πρασσω.
	8 28	οἰδαμεν δε ὁτι τοις ἀγαπωσιν τον θεον παντα συνεργει εἰς ἀγαθον, τοις κατα προθεσιν κλητοις οὐσιν.
	9 11	μηπω γαρ γεννηθεντων μηδε πραξαντων τι ἀγαθον ἠ φαυλον,
	10 15	ὡς ὡραιοι οἱ ποδες των εὐαγγελιζομενων [τα] ἀγαθα.
	12 2	εἰς το δοκιμαζειν ὑμας τί το θελημα του θεου, το ἀγαθον και εὐαρεστον και τελειον.
	9	ἀποστυγουντες το πονηρον, κολλωμενοι τω ἀγαθω·
	21	μη νικω ὑπο του κακου, ἀλλα νικα ἐν τω ἀγαθω το κακον.
	13 3	οἱ γαρ ἀρχοντες οὐκ εἰσιν φοβος τω ἀγαθω ἐργω ἀλλα τω κακω.
	3	το ἀγαθον ποιει, και ἐξεις ἐπαινον ἐξ αὐτης·
	4	θεου γαρ διακονος ἐστιν σοι εἰς το ἀγαθον.
	14 16	μη βλασφημεισθω οὖν ὑμων το ἀγαθον.
	15 2	ἐκαστος ἡμων τω πλησιον ἀρεσκετω εἰς το ἀγαθον προς οἰκοδομην·
	16 19	ἐφ ὑμιν οὖν χαιρω, θελω δε ὑμας σοφους εἰναι εἰς το ἀγαθον, ἀκεραιους δε εἰς το κακον.
2Co	5 10	ἱνα κομισηται ἑκαστος τα δια του σωματος προς ἁ ἐπραξεν, εἰτε ἀγαθον εἰτε φαυλον.
	9 8	δυνατει δε ὁ θεος πασαν χαριν περισσευσαι εἰς ὑμας, ἱνα ἐν παντι παντοτε πασαν αὐταρκειαν ἐχοντες περισσευητε εἰς παν ἐργον ἀγαθον,
Ga	6 6	κοινωνειτω δε ὁ κατηχουμενος τον λογον τω κατηχουντι ἐν πασιν ἀγαθοις.
	10	ἀρα οὖν ὡς καιρον ἐχομεν, ἐργαζωμεθα το ἀγαθον προς παντας,
Eph	2 10	αὐτου γαρ ἐσμεν ποιημα, κτισθεντες ἐν χριστω ἰησου ἐπι ἐργοις ἀγαθοις,
	4 28	ὁ κλεπτων μηκετι κλεπτετω, μαλλον δε κοπιατω ἐργαζομενος ταις [ἰδιαις] χερσιν το ἀγαθον,
	29	πας λογος σαπρος ἐκ του στοματος ὑμων μη ἐκπορευεσθω, ἀλλα εἰ τις ἀγαθος προς οἰκοδομην της χρειας,
	6 8	εἰδοτες ὁτι ἑκαστος ἐαν τι ποιηση ἀγαθον, τουτο κομισεται παρα κυριου,
Php	1 6	πεποιθως αὐτο τουτο, ὁτι ὁ ἐναρξαμενος ἐν ὑμιν ἐργον ἀγαθον ἐπιτελεσει ἀχρι ἡμερας χριστου ἰησου·

ἀγαθος [102]

Col	1 10	ἐν παντι ἐργω ἀγαθω καρποφορουντες και αὐξανομενοι τη ἐπιγνωσει του θεου,
1Th	3 6	και εὐαγγελισαμενου ἡμιν την πιστιν και την ἀγαπην ὑμων, και ὁτι ἐχετε μνειαν ἡμων ἀγαθην παντοτε,
	5 15	ἀλλα παντοτε το ἀγαθον διωκετε [και] εἰς ἀλληλους και εἰς παντας.
2Th	2 16	ὁ ἀγαπησας ἡμας και δους παρακλησιν αἰωνιαν και ἐλπιδα ἀγαθην ἐν χαριτι,
	17	παρακαλεσαι ὑμων τας καρδιας και στηριξαι ἐν παντι ἐργω και λογω ἀγαθω.
1Tm	1 5	το δε τελος της παραγγελιας ἐστιν ἀγαπη ἐκ καθαρας καρδιας και συνειδησεως ἀγαθης και πιστεως ἀνυποκριτου,
	19	ἱνα στρατευη ἐν αὐταις την καλην στρατειαν, ἐχων πιστιν και ἀγαθην συνειδησιν,
	2 10	μη ἐν πλεγμασιν και χρυσιω ἠ μαργαριταις ἠ ἱματισμω πολυτελει, ἀλλ ὁ πρεπει γυναιξιν ἐπαγγελλομεναις θεοσεβειαν, δι ἐργων ἀγαθων.
	5 10	εἰ θλιβομενοις ἐπηρκεσεν, εἰ παντι ἐργω ἀγαθω ἐπηκολουθησεν.
2Tm	2 21	ἐσται σκευος εἰς τιμην, ἡγιασμενον, εὐχρηστον τω δεσποτη, εἰς παν ἐργον ἀγαθον ἡτοιμασμενον.
	3 17	ἱνα ἀρτιος ἠ ὁ του θεου ἀνθρωπος, προς παν ἐργον ἀγαθον ἐξηρτισμενος.
Tit	1 16	βδελυκτοι ὀντες και ἀπειθεις και προς παν ἐργον ἀγαθον ἀδοκιμοι.
	2 5	ἱνα σωφρονιζωσιν τας νεας φιλανδρους εἰναι, φιλοτεκνους, σωφρονας, ἁγνας, οἰκουργους, ἀγαθας, ὑποτασσομενας τοις ἰδιοις ἀνδρασιν,
	10	εὐαρεστους εἰναι, μη ἀντιλεγοντας, μη νοσφιζομενους, ἀλλα πασαν πιστιν ἐνδεικνυμενους ἀγαθην,
	3 1	ὑπομιμνησκε αὐτους ἀρχαις ἐξουσιαις ὑποτασσεσθαι, πειθαρχειν, προς παν ἐργον ἀγαθον ἑτοιμους εἰναι,
Phm	6	ὁπως ἡ κοινωνια της πιστεως σου ἐνεργης γενηται ἐν ἐπιγνωσει παντος ἀγαθου του ἐν ἡμιν εἰς χριστον.
	14	χωρις δε της σης γνωμης οὐδεν ἠθελησα ποιησαι, ἱνα μη ὡς κατα ἀναγκην το ἀγαθον σου ἠ ἀλλα κατα ἑκουσιον.
Heb	9 11	χριστος δε παραγενομενος ἀρχιερευς των γενομενων ἀγαθων,
	10 1	σκιαν γαρ ἐχων ὁ νομος των μελλοντων ἀγαθων,
	13 21	ὁ δε θεος της εἰρηνης, ὁ ἀναγαγων ἐκ νεκρων τον ποιμενα των προβατων τον μεγαν ἐν αἱματι διαθηκης αἰωνιου, τον κυριον ἡμων ἰησουν, καταρτισαι ὑμας ἐν παντι ἀγαθω
Ja	1 17	πασα δοσις ἀγαθη και παν δωρημα τελειον ἀνωθεν ἐστιν
	3 17	ἐπειτα εἰρηνικη, ἐπιεικης, εὐπειθης, μεστη ἐλεους και καρπων ἀγαθων, ἀδιακριτος, ἀνυποκριτος.
1Pt	2 18	οἱ οἰκεται, ὑποτασσομενοι ἐν παντι φοβω τοις δεσποταις, οὐ μονον τοις ἀγαθοις και ἐπιεικεσιν ἀλλα και τοις σκολιοις.
	3 10	ὁ γαρ θελων ζωην ἀγαπαν και ἰδειν ἡμερας ἀγαθας παυσατω την γλωσσαν ἀπο κακου
	11	ἐκκλινατω δε ἀπο κακου και ποιησατω ἀγαθον,
	13	και τίς ὁ κακωσων ὑμας ἐαν του ἀγαθου ζηλωται γενησθε;
	16	συνειδησιν ἐχοντες ἀγαθην, ἱνα ἐν ᾡ καταλαλεισθε καταισχυνθωσιν οἱ ἐπηρεαζοντες ὑμων την ἀγαθην ἐν χριστω ἀναστροφην.
	16	συνειδησιν ἐχοντες ἀγαθην, ἱνα ἐν ᾡ καταλαλεισθε καταισχυνθωσιν οἱ ἐπηρεαζοντες ὑμων την ἀγαθην ἐν χριστω ἀναστροφην.
	21	ὁ και ὑμας ἀντιτυπον νυν σωζει βαπτισμα, οὐ σαρκος ἀποθεσις ρυπου ἀλλα συνειδησεως ἀγαθης ἐπερωτημα εἰς θεον,
3Jh	11	ἀγαπητε, μη μιμου το κακον ἀλλα το ἀγαθον.

ἀγαθουργεω [1]

Ac	14 17	καιτοι οὐκ ἀμαρτυρον αὐτον ἀφηκεν ἀγαθουργων,

ἀγαθωσυνη [4]

Rm	15 14	πεπεισμαι δε, ἀδελφοι μου, και αὐτος ἐγω περι ὑμων, ὁτι και αὐτοι μεστοι ἐστε ἀγαθωσυνης,
Ga	5 22	ὁ δε καρπος του πνευματος ἐστιν ἀγαπη, χαρα, εἰρηνη, μακροθυμια, χρηστοτης, ἀγαθωσυνη, πιστις, πραυτης, ἐγκρατεια·
Eph	5 9	ὁ γαρ καρπος του φωτος ἐν παση ἀγαθωσυνη και δικαιοσυνη και ἀληθεια,
2Th	1 11	ἱνα ὑμας ἀξιωση της κλησεως ὁ θεος ἡμων και πληρωση πασαν εὐδοκιαν ἀγαθωσυνης και ἐργον πιστεως ἐν δυναμει,

ἀγαλλίασις [5]

Lc 1 14   και έσται χαρα σοι και *άγαλλιασις*, και πολλοι έπι τη γενεσει αύτου χαρησονται.

44   ίδου γαρ ώς έγενετο ή φωνη του άσπασμου σου είς τα ώτα μου, έσκιρτησεν έν *άγαλλιασει* το βρεφος έν τη κοιλια μου.

Ac 2 46   κλωντες τε κατ οίκον άρτον, μετελαμβανον τροφης έν *άγαλλιασει* και άφελοτητι καρδιας,

Heb 1 9   δια τουτο έχρισεν σε, ὁ θεος, ὁ θεος σου έλαιον *άγαλλιασεως* παρα τους μετοχους σου.

Ju 24   τω δε δυναμενω φυλαξαι ύμας άπταιστους και στησαι κατενωπιον της δοξης αύτου άμωμους έν *άγαλλιασει*,

ἀγαλλιαω [11]

Mt 5 12   χαιρετε και *άγαλλιασθε*, ότι ὁ μισθος ύμων πολυς έν τοις ούρανοις·

Lc 1 47   και *ήγαλλιασεν* το πνευμα μου έπι τω θεω τω σωτηρι μου·

10 21   έν αύτη τη ώρα *ήγαλλιασατο* [έν] τω πνευματι τω άγιω και είπεν·

Jh 5 35   ύμεις δε ήθελησατε *άγαλλιαθηναι* προς ώραν έν τω φωτι αύτου.

8 56   άβρααμ ὁ πατηρ ύμων *ήγαλλιασατο* ίνα ίδη την ήμεραν την έμην, και είδεν και έχαρη.

Ac 2 26   δια τουτο ηύφρανθη ή καρδια μου και *ήγαλλιασατο* ή γλωσσα μου,

16 34   άναγαγων τε αύτους είς τον οίκον παρεθηκεν τραπεζαν, και *ήγαλλιασατο* πανοικει πεπιστευκως τω θεω.

1Pt 1 6   έν ώ *άγαλλιασθε*, όλιγον άρτι εί δεον [έστιν] λυπηθεντες έν ποικιλοις πειρασμοις,

8   είς ὁν άρτι μη όρωντες πιστευοντες δε *άγαλλιασθε* χαρα άνεκλαλητω και δεδοξασμενη,

4 13   άλλα καθο κοινωνειτε τοις του χριστου παθημασιν χαιρετε, ίνα και έν τη άποκαλυψει της δοξης αύτου χαρητε *άγαλλιωμενοι*.

Apc 19 7   χαιρωμεν και *άγαλλιωμεν*, και δωσωμεν την δοξαν αύτω,

ἀγαμος [4]

1Co 7 8   λεγω δε τοις *άγαμοις* και ταις χηραις, καλον αύτοις έαν μεινωσιν ώς καγω·

11   έαν δε και χωρισθη, μενετω *άγαμος* ή τω άνδρι καταλλαγητω,

32   ὁ *άγαμος* μεριμνα τα του κυριου, πῶς άρεση τω κυριω·

34   και ή γυνη ή *άγαμος* και ή παρθενος μεριμνα τα του κυριου, ίνα ή άγια και τω σωματι και τω πνευματι·

ἀγανακτεω [7]

Mt 20 24   και άκουσαντες οί δεκα *ήγανακτησαν* περι των δυο άδελφων.

21 15   ίδοντες δε οί άρχιερεις και οί γραμματεις τα θαυμασια ά έποιησεν και τους παιδας τους κραζοντας έν τω ίερω και λεγοντας· ώσαννα τω υίω δαυιδ, *ήγανακτησαν*,

26 8   ίδοντες δε οί μαθηται *ήγανακτησαν* λεγοντες·

Mc 10 14   ίδων δε ὁ ίησους *ήγανακτησεν* και είπεν αύτοις· άφετε τα παιδια έρχεσθαι προς με, μη κωλυετε αύτα· των γαρ τοιουτων έστιν ή βασιλεια του θεου.

41   και άκουσαντες οί δεκα ήρξαντο *άγανακτειν* περι ίακωβου και ίωαννου.

14 4   ήσαν δε τινες *άγανακτουντες* προς έαυτους· είς τί ή άπωλεια αύτη του μυρου γεγονεν;

Lc 13 14   άποκριθεις δε ὁ άρχισυναγωγος, *άγανακτων* ότι τω σαββατω έθεραπευσεν ὁ ίησους,

ἀγανακτησις [1]

2Co 7 11   ίδου γαρ αύτο τουτο το κατα θεον λυπηθηναι ποσην κατειργασατο ύμιν σπουδην, άλλα άπολογιαν, άλλα *άγανακτησιν*, άλλα φοβον, άλλα έπιποθησιν, άλλα ζηλον, άλλα έκδικησιν.

ἀγαπαω [143]

Mt 5 43   *άγαπησεις* τον πλησιον σου και μισησεις τον έχθρον σου.

44   *άγαπατε* τους έχθρους ύμων και προσευχεσθε ύπερ των διωκοντων ύμας·

46   έαν γαρ *άγαπησητε* τους άγαπωντας ύμας, τίνα μισθον έχετε;

46   έαν γαρ άγαπησητε τους *άγαπωντας* ύμας, τίνα μισθον έχετε;

6 24   ή γαρ τον ένα μισησει και τον έτερον *άγαπησει*,

19 19   το ού φονευσεις, ού μοιχευσεις, ού κλεψεις, ού ψευδομαρτυρησεις, τιμα τον πατερα και την μητερα, και *άγαπησεις* τον πλησιον σου ώς σεαυτον.

ἀγαπαω [143]

Mt 22 37   *άγαπησεις* κυριον τον θεον σου έν όλη τη καρδια σου και έν όλη τη ψυχη σου και έν όλη τη διανοια σου.

39   *άγαπησεις* τον πλησιον σου ώς σεαυτον.

Mc 10 21   ὁ δε ίησους έμβλεψας αύτω *ήγαπησεν* αύτον και είπεν αύτω·

12 30   και *άγαπησεις* κυριον τον θεον σου έξ όλης της καρδιας σου και έξ όλης της ψυχης σου και έξ όλης της διανοιας σου και έξ όλης της ίσχυος σου.

31   *άγαπησεις* τον πλησιον σου ώς σεαυτον.

33   και το *άγαπαν* αύτον έξ όλης της καρδιας και έξ όλης της συνεσεως και έξ όλης της ίσχυος,

33   και το *άγαπαν* τον πλησιον ώς έαυτον περισσοτερον έστιν παντων των όλοκαυτωματων και θυσιων.

Lc 6 27   *άγαπατε* τους έχθρους ύμων, καλως ποιειτε τοις μισουσιν ύμας,

32   και εί *άγαπατε* τους άγαπωντας ύμας, ποια ύμιν χαρις έστιν;

32   και εί άγαπατε τους *άγαπωντας* ύμας, ποια ύμιν χαρις έστιν;

32   και γαρ οί άμαρτωλοι τους *άγαπωντας* αύτους άγαπωσιν.

32   και γαρ οί άμαρτωλοι τους άγαπωντας αύτους *άγαπωσιν*.

35   πλην *άγαπατε* τους έχθρους ύμων και άγαθοποιειτε και δανιζετε μηδεν άπελπιζοντες·

7 5   *άγαπα* γαρ το έθνος ήμων και την συναγωγην αύτος ώκοδομησεν ήμιν.

42   τίς ούν αύτων πλειον *άγαπησει* αύτον;

47   ού χαριν λεγω σοι, άφεωνται αί άμαρτιαι αύτης αί πολλαι, ότι *ήγαπησεν* πολυ·

47   ώ δε όλιγον άφιεται, όλιγον *άγαπα*.

10 27   *άγαπησεις* κυριον τον θεον σου έξ όλης [της] καρδιας σου και έν όλη τη ψυχη σου και έν όλη τη ίσχυι σου και έν όλη τη διανοια σου, και τον πλησιον σου ώς σεαυτον.

11 43   ούαι ύμιν τοις φαρισαιοις, ότι *άγαπατε* την πρωτοκαθεδριαν έν ταις συναγωγαις και τους άσπασμους έν ταις άγοραις.

16 13   ή γαρ τον ένα μισησει και τον έτερον *άγαπησει*, ή ένος άνθεξεται και του έτερου καταφρονησει.

Jh 3 16   ούτως γαρ *ήγαπησεν* ὁ θεος τον κοσμον, ώστε τον υίον τον μονογενη έδωκεν,

19   αύτη δε έστιν ή κρισις, ότι το φως έληλυθεν είς τον κοσμον και *ήγαπησαν* οί άνθρωποι μαλλον το σκοτος ή το φως·

35   ὁ πατηρ *άγαπα* τον υίον,

8 42   εί ὁ θεος πατηρ ύμων ήν, *ήγαπατε* άν έμε·

10 17   δια τουτο με ὁ πατηρ *άγαπα* ότι έγω τιθημι την ψυχην μου, ίνα παλιν λαβω αύτην.

11 5   *ήγαπα* δε ὁ ίησους την μαρθαν και την άδελφην αύτης και τον λαζαρον.

12 43   *ήγαπησαν* γαρ την δοξαν των άνθρωπων μαλλον ήπερ την δοξαν του θεου.

13 1   *άγαπησας* τους ίδιους τους έν τω κοσμω, είς τελος ήγαπησεν αύτους.

1   άγαπησας τους ίδιους τους έν τω κοσμω, είς τελος *ήγαπησεν* αύτους.

23   ήν άνακειμενος είς έκ των μαθητων αύτου έν τω κολπω του ίησου, όν *ήγαπα* ὁ ίησους·

34   έντολην καινην διδωμι ύμιν, ίνα *άγαπατε* άλληλους,

34   καθως *ήγαπησα* ύμας ίνα και ύμεις άγαπατε άλληλους.

34   καθως ήγαπησα ύμας ίνα και ύμεις *άγαπατε* άλληλους.

14 15   έαν *άγαπατε* με, τας έντολας τας έμας τηρησετε.

21   ὁ έχων τας έντολας μου και τηρων αύτας, έκεινος έστιν ὁ *άγαπων* με·

21   ὁ δε *άγαπων* με άγαπηθησεται ύπο του πατρος μου,

21   ὁ δε άγαπων με *άγαπηθησεται* ύπο του πατρος μου,

21   καγω *άγαπησω* αύτον και έμφανισω αύτω έμαυτον.

23   έαν τις *άγαπα* με, τον λογον μου τηρησει,

23   έαν τις άγαπα με, τον λογον μου τηρησει, και ὁ πατηρ μου *άγαπησει* αύτον,

24   ὁ μη *άγαπων* με τους λογους μου ού τηρει·

28   εί *ήγαπατε* με, έχαρητε άν ότι πορευομαι προς τον πατερα, ότι ὁ πατηρ μειζων μου έστιν.

31   και έν έμοι ούκ έχει ούδεν, άλλ ίνα γνω ὁ κοσμος ότι *άγαπω* τον πατερα,

15 9   καθως *ήγαπησεν* με ὁ πατηρ, καγω ύμας ήγαπησα·

9   καθως ήγαπησεν με ὁ πατηρ, καγω ύμας *ήγαπησα*·

12   αύτη έστιν ή έντολη ή έμη, ίνα *άγαπατε* άλληλους καθως ήγαπησα ύμας.

12   αύτη έστιν ή έντολη ή έμη, ίνα άγαπατε άλληλους καθως *ήγαπησα* ύμας.

17   ταυτα έντελλομαι ύμιν, ίνα *άγαπατε* άλληλους.

17 23   ίνα γινωσκη ὁ κοσμος ότι συ με άπεστειλας και *ήγαπησας* αύτους καθως έμε ήγαπησας·

23   ίνα γινωσκη ὁ κοσμος ότι συ με άπεστειλας και ήγαπησας αύτους καθως έμε *ήγαπησας*.

ἀγαπαω [143]

Jh	17 24	ἱνα θεωρωσιν την δοξαν την ἐμην, ἡν δεδωκας μοι ὁτι *ἠγαπησας* με προ καταβολης κοσμου.
	26	και ἐγνωρισα αὐτοις το ὀνομα σου και γνωρισω, ἱνα ἡ ἀγαπη ἡν *ἠγαπησας* με ἐν αὐτοις ἡ καγω ἐν αὐτοις.
	19 26	ἰησους οὑν ἰδων την μητερα και τον μαθητην παρεστωτα ὁν *ἠγαπα*, λεγει τῃ μητρι·
	21 7	λεγει οὑν ὁ μαθητης ἐκεινος ὁν *ἠγαπα* ὁ ἰησους τῳ πετρῳ· ὁ κυριος ἐστιν.
	15	σιμων ἰωαννου, *ἀγαπας* με πλεον τουτων;
	16	σιμων ἰωαννου, *ἀγαπας* με;
	20	ἐπιστραφεις ὁ πετρος βλεπει τον μαθητην ὁν *ἠγαπα* ὁ ἰησους ἀκολουθουντα,
Rm	8 28	οἰδαμεν δε ὁτι τοις *ἀγαπωσιν* τον θεον παντα συνεργει εἰς ἀγαθον, τοις κατα προθεσιν κλητοις οὑσιν.
	37	ἀλλ ἐν τουτοις πασιν ὑπερνικωμεν δια του *ἀγαπησαντος* ἡμας.
	9 13	τον ἰακωβ *ἠγαπησα*, τον δε ἠσαυ ἐμισησα.
	25	καλεσω τον οὑ λαον μου λαον μου και την οὐκ *ἠγαπημενην* ἠγαπημενην·
	25	καλεσω τον οὑ λαον μου λαον μου και την οὐκ *ἠγαπημενην* ἠγαπημενην·
	13 8	μηδενι μηδεν ὀφειλετε, εἰ μη το ἀλληλους *ἀγαπαν*·
	8	ὁ γαρ *ἀγαπων* τον ἑτερον νομον πεπληρωκεν.
	9	*ἀγαπησεις* τον πλησιον σου ὡς σεαυτον.
1Co	2 9	ἀ ὀφθαλμος οὐκ εἰδεν και οὑς οὐκ ἠκουσεν και ἐπι καρδιαν ἀνθρωπου οὐκ ἀνεβη, ἀ ἡτοιμασεν ὁ θεος τοις *ἀγαπωσιν* αὐτον.
	8 3	εἰ δε τις *ἀγαπα* τον θεον, οὑτος ἐγνωσται ὑπ αὐτου.
2Co	9 7	ἱλαρον γαρ δοτην *ἀγαπα* ὁ θεος.
	11 11	δια τί; ὁτι οὐκ *ἀγαπω* ὑμας;
	12 15	εἰ περισσοτερως ὑμας *ἀγαπω*[ν], ἡσσον ἀγαπωμαι;
	15	εἰ περισσοτερως ὑμας *ἀγαπω*[ν], ἡσσον *ἀγαπωμαι*;
Ga	2 20	ὁ δε νυν ζω ἐν σαρκι, ἐν πιστει ζω τῃ του υἱου του θεου του *ἀγαπησαντος* με και παραδοντος ἑαυτον ὑπερ ἐμου.
	5 14	*ἀγαπησεις* τον πλησιον σου ὡς σεαυτον.
Eph	1 6	εἰς ἐπαινον δοξης της χαριτος αὐτου, ἡς ἐχαριτωσεν ἡμας ἐν τῳ *ἠγαπημενῳ*,
	2 4	ὁ δε θεος πλουσιος ὡν ἐν ἐλεει, δια την πολλην ἀγαπην αὐτου ἡν *ἠγαπησεν* ἡμας,
	5 2	καθως και ὁ χριστος *ἠγαπησεν* ἡμας και παρεδωκεν ἑαυτον ὑπερ ἡμων προσφοραν και θυσιαν τῳ θεῳ εἰς ὀσμην εὐωδιας.
	25	οἱ ἀνδρες, *ἀγαπατε* τας γυναικας,
	25	οἱ ἀνδρες, *ἀγαπατε* τας γυναικας, καθως και ὁ χριστος *ἠγαπησεν* την ἐκκλησιαν και ἑαυτον παρεδωκεν ὑπερ αὐτης,
	28	οὑτως ὀφειλουσιν [και] οἱ ἀνδρες *ἀγαπαν* τας ἑαυτων γυναικας ὡς τα ἑαυτων σωματα.
	28	ὁ *ἀγαπων* την ἑαυτου γυναικα ἑαυτον ἀγαπα·
	28	ὁ *ἀγαπων* την ἑαυτου γυναικα ἑαυτον ἀγαπα·
	33	πλην και ὑμεις οἱ καθ ἑνα ἑκαστος την ἑαυτου γυναικα οὑτως *ἀγαπατω* ὡς ἑαυτον,
	6 24	ἡ χαρις μετα παντων των *ἀγαπωντων* τον κυριον ἡμων ἰησουν χριστον ἐν ἀφθαρσιᾳ.
Col	3 12	ἐνδυσασθε οὑν, ὡς ἐκλεκτοι του θεου ἁγιοι και *ἠγαπημενοι*, σπλαγχνα οἰκτιρμου, χρηστοτητα, ταπεινοφροσυνην, πραυτητα, μακροθυμιαν,
	19	οἱ ἀνδρες, *ἀγαπατε* τας γυναικας και μη πικραινεσθε προς αὐτας.
1Th	1 4	εἰδοτες, ἀδελφοι *ἠγαπημενοι* ὑπο [του] θεου, την ἐκλογην ὑμων,
	4 9	αὐτοι γαρ ὑμεις θεοδιδακτοι ἐστε εἰς το *ἀγαπαν* ἀλληλους·
2Th	2 13	ἡμεις δε ὀφειλομεν εὐχαριστειν τῳ θεῳ παντοτε περι ὑμων, ἀδελφοι *ἠγαπημενοι* ὑπο κυριου,
	16	ὁ *ἀγαπησας* ἡμας και δους παρακλησιν αἰωνιαν και ἐλπιδα ἀγαθην ἐν χαριτι,
2Tm	4 8	ὁν ἀποδωσει μοι ὁ κυριος ἐν ἐκεινῃ τῃ ἡμερᾳ, ὁ δικαιος κριτης, οὐ μονον δε ἐμοι ἀλλα και πασι τοις *ἠγαπηκοσι* την ἐπιφανειαν αὐτου.
	10	δημας γαρ με ἐγκατελιπεν *ἀγαπησας* τον νυν αἰωνα,
Heb	1 9	*ἠγαπησας* δικαιοσυνην και ἐμισησας ἀνομιαν·
	12 6	ὁν γαρ *ἀγαπα* κυριος παιδευει,
Ja	1 12	ὁτι δοκιμος γενομενος λημψεται τον στεφανον της ζωης, ὁν ἐπηγγειλατο τοις *ἀγαπωσιν* αὐτον.
	2 5	οὐχ ὁ θεος ἐξελεξατο τους πτωχους τῳ κοσμῳ πλουσιους ἐν πιστει και κληρονομους της βασιλειας ἡς ἐπηγγειλατο τοις *ἀγαπωσιν* αὐτον;
	8	εἰ μεντοι νομον τελειτε βασιλικον κατα την γραφην· *ἀγαπησεις* τον πλησιον σου ὡς σεαυτον, καλως ποιειτε·
1Pt	1 8	ὁν ἀποκαλυψει ἰησου χριυυου ὁν οὐκ ἰδοντες *ἀγαπατε*,
	22	ἐκ [καθαρας] καρδιας ἀλληλους *ἀγαπησατε* ἐκτενως,
1Pt	2 17	παντας τιμησατε, την ἀδελφοτητα *ἀγαπατε*,
	3 10	ὁ γαρ θελων ζωην *ἀγαπαν* και ἰδειν ἡμερας ἀγαθας παυσατω την γλωσσαν ἀπο κακου
2Pt	2 15	ἐξακολουθησαντες τῃ ὁδῳ του βαλααμ του βοσορ, ὁς μισθον ἀδικιας *ἠγαπησεν*,
1Jh	2 10	ὁ *ἀγαπων* τον ἀδελφον αὐτου ἐν τῳ φωτι μενει,
	15	μη *ἀγαπατε* τον κοσμον μηδε τα ἐν τῳ κοσμῳ.
	15	ἐαν τις *ἀγαπα* τον κοσμον, οὐκ ἐστιν ἡ ἀγαπη του πατρος ἐν αὐτῳ·
	3 10	πας ὁ μη ποιων δικαιοσυνην οὐκ ἐστιν ἐκ του θεου, και ὁ μη *ἀγαπων* τον ἀδελφον αὐτου.
	11	ὁτι αὑτη ἐστιν ἡ ἀγγελια ἡν ἠκουσατε ἀπ ἀρχης, ἱνα *ἀγαπωμεν* ἀλληλους·
	14	ἡμεις οἰδαμεν ὁτι μεταβεβηκαμεν ἐκ του θανατου εἰς την ζωην, ὁτι *ἀγαπωμεν* τους ἀδελφους·
	14	ὁ μη *ἀγαπων* μενει ἐν τῳ θανατῳ.
	18	τεκνια, μη *ἀγαπωμεν* λογῳ μηδε τῃ γλωσσῃ,
	23	ἱνα πιστευσωμεν τῳ ὀνοματι του υἱου αὐτου ἰησου χριστου και *ἀγαπωμεν* ἀλληλους καθως ἐδωκεν ἐντολην ἡμιν.
	4 7	ἀγαπητοι, *ἀγαπωμεν* ἀλληλους, ὁτι ἡ ἀγαπη ἐκ του θεου ἐστιν,
	7	και πας ὁ *ἀγαπων* ἐκ του θεου γεγεννηται και γινωσκει τον θεον.
	8	ὁ μη *ἀγαπων* οὐκ ἐγνω τον θεον,
	10	ἐν τουτῳ ἐστιν ἡ ἀγαπη, οὐχ ὁτι ἡμεις *ἠγαπηκαμεν* τον θεον, ἀλλ ὁτι αὐτος *ἠγαπησεν* ἡμας
	10	ἐν τουτῳ ἐστιν ἡ ἀγαπη, οὐχ ὁτι ἡμεις *ἠγαπηκαμεν* τον θεον, ἀλλ ὁτι αὐτος *ἠγαπησεν* ἡμας
	11	ἀγαπητοι, εἰ οὑτως ὁ θεος *ἠγαπησεν* ἡμας, και ἡμεις ὀφειλομεν ἀλληλους ἀγαπαν.
	11	ἀγαπητοι, εἰ οὑτως ὁ θεος *ἠγαπησεν* ἡμας, και ἡμεις ὀφειλομεν ἀλληλους ἀγαπαν.
	12	ἐαν *ἀγαπωμεν* ἀλληλους, ὁ θεος ἐν ἡμιν μενει και ἡ ἀγαπη αὐτου ἐν ἡμιν τετελειωμενη ἐστιν.
	19	ἡμεις *ἀγαπωμεν*, ὁτι αὐτος πρωτος *ἠγαπησεν* ἡμας.
	19	ἡμεις *ἀγαπωμεν*, ὁτι αὐτος πρωτος *ἠγαπησεν* ἡμας.
	20	ἐαν τις εἰπῃ ὁτι *ἀγαπω* τον θεον, και τον ἀδελφον αὐτου μιση, ψευστης ἐστιν·
	20	ὁ γαρ μη *ἀγαπων* τον ἀδελφον αὐτου ὁν ἑωρακεν, τον θεον ὁν οὐχ ἑωρακεν οὐ δυναται ἀγαπαν.
	20	ὁ γαρ μη *ἀγαπων* τον ἀδελφον αὐτου ὁν ἑωρακεν, τον θεον ὁν οὐχ ἑωρακεν οὐ δυναται *ἀγαπαν*.
	21	και ταυτην την ἐντολην ἐχομεν ἀπ αὐτου, ἱνα ὁ *ἀγαπων* τον θεον ἀγαπα και τον ἀδελφον αὐτου.
	21	και ταυτην την ἐντολην ἐχομεν ἀπ αὐτου, ἱνα ὁ *ἀγαπων* τον θεον ἀγαπα και τον ἀδελφον αὐτου.
	5 1	και πας ὁ *ἀγαπων* τον γεννησαντα ἀγαπα [και] τον γεγεννημενον ἐξ αὐτου.
	1	και πας ὁ *ἀγαπων* τον γεννησαντα ἀγαπα [και] τον γεγεννημενον ἐξ αὐτου.
	2	ἐν τουτῳ γινωσκομεν ὁτι *ἀγαπωμεν* τα τεκνα του θεου, ὁταν τον θεον ἀγαπωμεν
	2	ἐν τουτῳ γινωσκομεν ὁτι *ἀγαπωμεν* τα τεκνα του θεου, ὁταν τον θεον ἀγαπωμεν
2Jh		ὁ πρεσβυτερος ἐκλεκτῃ κυριᾳ και τοις τεκνοις αὐτης, οὑς ἐγω *ἀγαπω* ἐν ἀληθειᾳ,
	5	και νυν ἐρωτω σε, κυρια, οὐχ ὡς ἐντολην καινην γραφων σοι, ἀλλα ἡν εἰχομεν ἀπ ἀρχης, ἱνα *ἀγαπωμεν* ἀλληλους.
3Jh	1	ὁ πρεσβυτερος γαιῳ τῳ ἀγαπητῳ, ὁν ἐγω *ἀγαπω* ἐν ἀληθειᾳ.
Ju	1	τοις ἐν θεῳ πατρι *ἠγαπημενοις* και ἰησου χριστῳ τετηρημενοις κλητοις.
Apc	1 5	τῳ *ἀγαπωντι* ἡμας και λυσαντι ἡμας ἐκ των ἁμαρτιων ἡμων ἐν τῳ αἱματι αὐτου,
	3 9	ἰδου ποιησω αὐτους ἱνα ἡξουσιν και προσκυνησουσιν ἐνωπιον των ποδων σου, και γνωσιν ὁτι ἐγω *ἠγαπησα* σε.
	12 11	και οὐκ *ἠγαπησαν* την ψυχην αὐτων ἀχρι θανατου.
	20 9	και ἐκυκλευσαν την παρεμβολην των ἁγιων και την πολιν την *ἠγαπημενην*·

ἀγαπη [116]

Mt	24 12	και δια το πληθυνθηναι την ἀνομιαν ψυγησεται ἡ *ἀγαπη* των πολλων.
Lc	11 42	ἀλλα οὐαι ὑμιν τοις φαρισαιοις, ὁτι ἀποδεκατουτε το ἡδυοσμον και το πηγανον και παν λαχανον, και παρερχεσθε την κρισιν και την *ἀγαπην* του θεου·
Jh	5 42	δοξαν παρα ἀνθρωπων οὐ λαμβανω, ἀλλα ἐγνωκα ὑμας ὁτι την *ἀγαπην* του θεου οὐκ ἐχετε ἐν ἑαυτοις.

ἀγαπη [116]

Jh	13 35	ἐν τουτω γνωσονται παντες ὅτι ἐμοι μαθηται ἐστε, ἐαν ἀγαπην ἐχητε ἐν ἀλληλοις.
	15 9	μεινατε ἐν τῃ ἀγαπῃ τῃ ἐμῃ.
	10	ἐαν τας ἐντολας μου τηρησητε, μενειτε ἐν τῃ ἀγαπῃ μου,
	10	μενειτε ἐν τῃ ἀγαπῃ μου, καθως ἐγω τας ἐντολας του πατρος μου τετηρηκα και μενω αὐτου ἐν τῃ ἀγαπῃ.
	13	μειζονα ταυτης ἀγαπην οὐδεις ἐχει, ἱνα τις την ψυχην αὐτου θῃ ὑπερ των φιλων αὐτου.
	17 26	και ἐγνωρισα αὐτοις το ὀνομα σου και γνωρισω, ἱνα ἡ ἀγαπη ἡν ἠγαπησας με ἐν αὐτοις ᾖ καγω ἐν αὐτοις.
Rm	5 5	ἡ δε ἐλπις οὐ καταισχυνει, ὁτι ἡ ἀγαπη του θεου ἐκκεχυται ἐν ταις καρδιαις ἡμων δια πνευματος ἁγιου του δοθεντος ἡμιν·
	8	συνιστησιν δε την ἑαυτου ἀγαπην εἰς ἡμας ὁ θεος ὁτι ἐτι ἁμαρτωλων ὀντων ἡμων χριστος ὑπερ ἡμων ἀπεθανεν.
	8 35	τις ἡμας χωρισει ἀπο της ἀγαπης του χριστου;
	39	πεπεισμαι γαρ ὁτι οὐτε θανατος οὐτε ζωη οὐτε ἀγγελοι οὐτε ἀρχαι οὐτε ἐνεστωτα οὐτε μελλοντα οὐτε δυναμεις οὐτε ὑψωμα οὐτε βαθος οὐτε τις κτισις ἑτερα δυνησεται ἡμας χωρισαι ἀπο της ἀγαπης του θεου της ἐν χριστω ἰησου τω κυριω ἡμων.
	12 9	ἡ ἀγαπη ἀνυποκριτος. ἀποστυγουντες το πονηρον, κολλωμενοι τω ἀγαθω·
	13 10	ἡ ἀγαπη τω πλησιον κακον οὐκ ἐργαζεται· πληρωμα οὐν νομου ἡ ἀγαπη.
	10	ἡ ἀγαπη τω πλησιον κακον οὐκ ἐργαζεται· πληρωμα οὐν νομου ἡ ἀγαπη.
	14 15	εἰ γαρ δια βρωμα ὁ ἀδελφος σου λυπειται, οὐκετι κατα ἀγαπην περιπατεις.
	15 30	παρακαλω δε ὑμας, [ἀδελφοι,] δια του κυριου ἡμων ἰησου χριστου και δια της ἀγαπης του πνευματος, συναγωνισασθαι μοι ἐν ταις προσευχαις ὑπερ ἐμου προς τον θεον,
1Co	4 21	τι θελετε; ἐν ῥαβδω ἐλθω προς ὑμας, ἡ ἐν ἀγαπη πνευματι τε πραυτητος;
	8 1	ἡ γνωσις φυσιοι, ἡ δε ἀγαπη οἰκοδομει·
	13 1	ἐαν ταις γλωσσαις των ἀνθρωπων λαλω και των ἀγγελων, ἀγαπην δε μη ἐχω, γεγονα χαλκος ἠχων ἡ κυμβαλον ἀλαλαζον.
	2	και ἐαν ἐχω προφητειαν και εἰδω τα μυστηρια παντα και πασαν την γνωσιν, και ἐαν ἐχω πασαν την πιστιν ὡστε ὀρη μεθισταναι, ἀγαπην δε μη ἐχω, οὐθεν εἰμι.
	3	καν ψωμισω παντα τα ὑπαρχοντα μου, και ἐαν παραδω το σωμα μου ἱνα καυχησωμαι, ἀγαπην δε μη ἐχω, οὐδεν ὠφελουμαι.
	4	ἡ ἀγαπη μακροθυμει, χρηστευεται ἡ ἀγαπη,
	4	ἡ ἀγαπη μακροθυμει, χρηστευεται ἡ ἀγαπη,
	4	οὐ ζηλοι, [ἡ ἀγαπη] οὐ περπερευεται, οὐ φυσιουται, οὐκ ἀσχημονει, οὐ ζητει τα ἑαυτης, οὐ παροξυνεται, οὐ λογιζεται το κακον, οὐ χαιρει ἐπι τῃ ἀδικιᾳ, συγχαιρει δε τῃ ἀληθειᾳ·
	8	ἡ ἀγαπη οὐδεποτε πιπτει·
	13	νυνι δε μενει πιστις, ἐλπις, ἀγαπη, τα τρια ταυτα·
	13	νυνι δε μενει πιστις, ἐλπις, ἀγαπη, τα τρια ταυτα· μειζων δε τουτων ἡ ἀγαπη.
	14 1	διωκετε την ἀγαπην, ζηλουτε δε τα πνευματικα,
	16 14	παντα ὑμων ἐν ἀγαπῃ γινεσθω.
	24	ἡ ἀγαπη μου μετα παντων ὑμων ἐν χριστω ἰησου.
2Co	2 4	οὐχ ἱνα λυπηθητε, ἀλλα την ἀγαπην ἱνα γνωτε ἡν ἐχω περισσοτερως εἰς ὑμας.
	8	διο παρακαλω ὑμας κυρωσαι εἰς αὐτον ἀγαπην·
	5 14	ἡ γαρ ἀγαπη του χριστου συνεχει ἡμας,
	6 6	ἐν ἀγαπῃ ἀνυποκριτω, ἐν λογω ἀληθειας, ἐν δυναμει θεου·
	8 7	ἀλλ ὡσπερ ἐν παντι περισσευετε, πιστει και λογω και γνωσει και πασῃ σπουδῃ και τῃ ἐξ ἡμων ἐν ὑμιν ἀγαπῃ, ἱνα και ἐν ταυτῃ τῃ χαριτι περισσευητε.
	8	οὐ κατ ἐπιταγην λεγω, ἀλλα δια της ἑτερων σπουδης και το της ὑμετερας ἀγαπης γνησιον δοκιμαζων·
	24	την οὐν ἐνδειξιν της ἀγαπης ὑμων και ἡμων καυχησεως ὑπερ ὑμων εἰς αὐτους ἐνδεικνυμενοι εἰς προσωπον των ἐκκλησιων.
	13 11	και ὁ θεος της ἀγαπης και εἰρηνης ἐσται μεθ ὑμων.
	13	ἡ χαρις του κυριου ἰησου χριστου και ἡ ἀγαπη του θεου και ἡ κοινωνια του ἁγιου πνευματος μετα παντων ὑμων.
Ga	5 6	ἐν γαρ χριστω ἰησου οὐτε περιτομη τι ἰσχυει οὐτε ἀκροβυστια, ἀλλα πιστις δι ἀγαπης ἐνεργουμενη.
	13	μονον μη την ἐλευθεριαν εἰς ἀφορμην τῃ σαρκι, ἀλλα δια της ἀγαπης δουλευετε ἀλληλοις.
	22	ὁ δε καρπος του πνευματος ἐστιν ἀγαπη, χαρα, εἰρηνη, μακροθυμια, χρηστοτης, ἀγαθωσυνη, πιστις, πραυτης, ἐγκρατεια·
Eph	1 4	εἰναι ἡμας ἁγιους και ἀμωμους κατενωπιον αὐτου, ἐν ἀγαπῃ

ἀγαπη [116]

Eph	1 15	δια τουτο καγω, ἀκουσας την καθ ὑμας πιστιν ἐν τω κυριω ἰησου και την ἀγαπην την εἰς παντας τους ἁγιους, οὐ παυομαι εὐχαριστων
	2 4	ὁ δε θεος πλουσιος ὠν ἐν ἐλεει, δια την πολλην ἀγαπην αὐτου ἡν ἠγαπησεν ἡμας,
	3 17	κατοικησαι τον χριστον δια της πιστεως ἐν ταις καρδιαις ὑμων, ἐν ἀγαπῃ ἐρριζωμενοι και τεθεμελιωμενοι,
	19	γνωναι τε την ὑπερβαλλουσαν της γνωσεως ἀγαπην του χριστου,
	4 2	μετα μακροθυμιας, ἀνεχομενοι ἀλληλων ἐν ἀγαπῃ,
	15	ἀληθευοντες δε ἐν ἀγαπῃ αὐξησωμεν εἰς αὐτον τα παντα,
	16	κατ ἐνεργειαν ἐν μετρω ἑνος ἑκαστου μερους την αὐξησιν του σωματος ποιειται εἰς οἰκοδομην ἑαυτου ἐν ἀγαπῃ.
	5 2	γινεσθε οὐν μιμηται του θεου, ὡς τεκνα ἀγαπητα, και περιπατειτε ἐν ἀγαπῃ,
	6 23	εἰρηνη τοις ἀδελφοις και ἀγαπη μετα πιστεως ἀπο θεου πατρος και κυριου ἰησου χριστου.
Php	1 9	και τουτο προσευχομαι, ἱνα ἡ ἀγαπη ὑμων ἐτι μαλλον και μαλλον περισσευῃ ἐν ἐπιγνωσει και πασῃ αἰσθησει,
	16	οἱ μεν ἐξ ἀγαπης, εἰδοτες ὁτι εἰς ἀπολογιαν του εὐαγγελιου κειμαι,
	2 1	εἰ τις οὐν παρακλησις ἐν χριστω, εἰ τι παραμυθιον ἀγαπης,
	2	πληρωσατε μου την χαραν ἱνα το αὐτο φρονητε, την αὐτην ἀγαπην ἐχοντες, συμψυχοι,
Col	1 4	ἀκουσαντες την πιστιν ὑμων ἐν χριστω ἰησου και την ἀγαπην ἡν ἐχετε εἰς παντας τους ἁγιους
	8	ὁ και δηλωσας ἡμιν την ὑμων ἀγαπην ἐν πνευματι.
	13	ὁς ἐρρυσατο ἡμας ἐκ της ἐξουσιας του σκοτους και μετεστησεν εἰς την βασιλειαν του υἱου της ἀγαπης αὐτου,
	2 2	ἱνα παρακληθωσιν αἱ καρδιαι αὐτων, συμβιβασθεντες ἐν ἀγαπῃ και εἰς παν πλουτος της πληροφοριας της συνεσεως,
	3 14	ἐπι πασιν δε τουτοις την ἀγαπην, ὁ ἐστιν συνδεσμος της τελειοτητος.
1Th	1 3	ἀδιαλειπτως μνημονευοντες ὑμων του ἐργου της πιστεως και του κοπου της ἀγαπης
	3 6	ἀρτι δε ἐλθοντος τιμοθεου προς ὑμας ἀφ ὑμων και εὐαγγελισαμενου ἡμιν την πιστιν και την ἀγαπην ὑμων,
	12	ὑμας δε ὁ κυριος πλεονασαι και περισσευσαι τῃ ἀγαπῃ εἰς ἀλληλους και εἰς παντας,
	5 8	ἐνδυσαμενοι θωρακα πιστεως και ἀγαπης και περικεφαλαιαν ἐλπιδα σωτηριας·
	13	και ἡγεισθαι αὐτους ὑπερεκπερισσου ἐν ἀγαπῃ δια το ἐργον αὐτων.
2Th	1 3	ὁτι ὑπεραυξανει ἡ πιστις ὑμων και πλεοναζει ἡ ἀγαπη ἑνος ἑκαστου παντων ὑμων εἰς ἀλληλους,
	2 10	και ἐν πασῃ ἀπατῃ ἀδικιας τοις ἀπολλυμενοις, ἀνθ ὡν την ἀγαπην της ἀληθειας οὐκ ἐδεξαντο εἰς το σωθηναι αὐτους.
	3 5	ὁ δε κυριος κατευθυναι ὑμων τας καρδιας εἰς την ἀγαπην του θεου και εἰς την ὑπομονην του χριστου.
1Tm	1 5	το δε τελος της παραγγελιας ἐστιν ἀγαπη ἐκ καθαρας καρδιας και συνειδησεως ἀγαθης και πιστεως ἀνυποκριτου,
	14	ὑπερεπλεονασεν δε ἡ χαρις του κυριου ἡμων μετα πιστεως και ἀγαπης της ἐν χριστω ἰησου.
	2 15	σωθησεται δε δια της τεκνογονιας, ἐαν μεινωσιν ἐν πιστει και ἀγαπῃ και ἁγιασμω μετα σωφροσυνης.
	4 12	ἀλλα τυπος γινου των πιστων ἐν λογω, ἐν ἀναστροφῃ, ἐν ἀγαπῃ, ἐν πιστει, ἐν ἁγνειᾳ.
	6 11	διωκε δε δικαιοσυνην, εὐσεβειαν, πιστιν, ἀγαπην, ὑπομονην, πραυπαθιαν.
2Tm	1 7	οὐ γαρ ἐδωκεν ἡμιν ὁ θεος πνευμα δειλιας, ἀλλα δυναμεως και ἀγαπης και σωφρονισμου.
	13	ὑποτυπωσιν ἐχε ὑγιαινοντων λογων ὡν παρ ἐμου ἠκουσας ἐν πιστει και ἀγαπῃ τῃ ἐν χριστω ἰησου·
	2 22	διωκε δε δικαιοσυνην, πιστιν, ἀγαπην, εἰρηνην μετα των ἐπικαλουμενων τον κυριον ἐκ καθαρας καρδιας.
	3 10	συ δε παρηκολουθησας μου τῃ διδασκαλιᾳ, τῃ ἀγωγῃ, τῃ προθεσει, τῃ πιστει, τῃ μακροθυμιᾳ, τῃ ἀγαπῃ, τῃ ὑπομονῃ,
Tit	2 2	πρεσβυτας νηφαλιους εἰναι, σεμνους, σωφρονας, ὑγιαινοντας τῃ πιστει, τῃ ἀγαπῃ, τῃ ὑπομονῃ·
Phm	5	ἀκουων σου την ἀγαπην και την πιστιν ἡν ἐχεις προς τον κυριον ἰησουν και εἰς παντας τους ἁγιους,
	7	χαραν γαρ πολλην ἐσχον και παρακλησιν ἐπι τῃ ἀγαπῃ σου,
	9	διο, πολλην ἐν χριστω παρρησιαν ἐχων ἐπιτασσειν σοι το ἀνηκον, δια την ἀγαπην μαλλον παρακαλω·
Heb	6 10	οὐ γαρ ἀδικος ὁ θεος ἐπιλαθεσθαι του ἐργου ὑμων και της ἀγαπης ἡς ἐνεδειξασθε εἰς το ὀνομα αὐτου,
	10 24	και κατανοωμεν ἀλληλους εἰς παροξυσμον ἀγαπης και καλων ἐργων,
1Pt	4 8	προ παντων την εἰς ἑαυτους ἀγαπην ἐκτενη ἐχοντες,

ἀγάπη [116]

1Pt	4 8	προ παντων την εἰς ἑαυτους ἀγάπην ἐκτενη ἐχοντες, ὁτι ἀγάπη καλυπτει πληθος ἁμαρτιων·
	5 14	ἀσπασασθε ἀλληλους ἐν φιληματι ἀγάπης.
2Pt	1 7	ἐν δε τη εὐσεβεια την φιλαδελφιαν, ἐν δε τη φιλαδελφια την ἀγάπην.
1Jh	2 5	ὁς δ ἀν τηρη αὐτου τον λογον, ἀληθως ἐν τουτω ἡ ἀγάπη του θεου τετελειωται.
	15	ἐαν τις ἀγαπα τον κοσμον, οὐκ ἐστιν ἡ ἀγάπη του πατρος ἐν αὐτω·
	3 1	ἰδετε ποταπην ἀγάπην δεδωκεν ἡμιν ὁ πατηρ ἱνα τεκνα θεου κληθωμεν, και ἐσμεν.
	16	ἐν τουτω ἐγνωκαμεν την ἀγάπην, ὁτι ἐκεινος ὑπερ ἡμων την ψυχην αὐτου ἐθηκεν·
	17	ὁς δ ἀν ἐχη τον βιον του κοσμου και θεωρη τον ἀδελφον αὐτου χρειαν ἐχοντα και κλειση τα σπλαγχνα αὐτου ἀπ αὐτου, πως ἡ ἀγάπη του θεου μενει ἐν αὐτω;
	4 7	ἀγαπητοι, ἀγαπωμεν ἀλληλους, ὁτι ἡ ἀγάπη ἐκ του θεου ἐστιν,
	8	ὁ μη ἀγαπων οὐκ ἐγνω τον θεον, ὁτι ὁ θεος ἀγάπη ἐστιν.
	9	ἐν τουτω ἐφανερωθη ἡ ἀγάπη του θεου ἐν ἡμιν, ὁτι τον υἱον αὐτου τον μονογενη ἀπεσταλκεν ὁ θεος εἰς τον κοσμον ἱνα ζησωμεν δι αὐτου.
	10	ἐν τουτω ἐστιν ἡ ἀγάπη, οὐχ ὁτι ἡμεις ἠγαπηκαμεν τον θεον, ἀλλ ὁτι αὐτος ἠγαπησεν ἡμας
	12	ὁ θεος ἐν ἡμιν μενει και ἡ ἀγάπη αὐτου ἐν ἡμιν τετελειωμενη ἐστιν.
	16	και ἡμεις ἐγνωκαμεν και πεπιστευκαμεν την ἀγάπην ἡν ἐχει ὁ θεος ἐν ἡμιν.
	16	ὁ θεος ἀγάπη ἐστιν,
	16	και ὁ μενων ἐν τη ἀγάπη ἐν τω θεω μενει και ὁ θεος ἐν αὐτω μενει.
	17	ἐν τουτω τετελειωται ἡ ἀγάπη μεθ ἡμων, ἱνα παρρησιαν ἐχωμεν ἐν τη ἡμερα της κρισεως,
	18	φοβος οὐκ ἐστιν ἐν τη ἀγάπη,
	18	φοβος οὐκ ἐστιν ἐν τη ἀγάπη, ἀλλ ἡ τελεια ἀγάπη ἐξω βαλλει τον φοβον,
	18	ὁ δε φοβουμενος οὐ τετελειωται ἐν τη ἀγάπη.
	5 3	αὑτη γαρ ἐστιν ἡ ἀγάπη του θεου, ἱνα τας ἐντολας αὐτου τηρωμεν·
2Jh	3	και παρα ἰησου χριστου του υἱου του πατρος, ἐν ἀληθεια και ἀγάπη.
	6	και αὑτη ἐστιν ἡ ἀγάπη, ἱνα περιπατωμεν κατα τας ἐντολας αὐτου·
3Jh	6	πιστον ποιεις ὁ ἐαν ἐργαση εἰς τους ἀδελφους και τουτο ξενους, οἱ ἐμαρτυρησαν σου τη ἀγάπη ἐνωπιον ἐκκλησιας,
Ju	2	ἐλεος ὑμιν και εἰρηνη και ἀγάπη πληθυνθειη.
	12	οὑτοι εἰσιν οἱ ἐν ταις ἀγάπαις ὑμων σπιλαδες συνευωχουμενοι ἀφοβως,
	21	ἑαυτους ἐν ἀγάπη θεου τηρησατε,
Apc	2 4	ἀλλα ἐχω κατα σου ὁτι την ἀγάπην σου την πρωτην ἀφηκες.
	19	οἰδα σου τα ἐργα και την ἀγάπην και την πιστιν και την διακονιαν και την ὑπομονην σου,

ἀγαπητός [61]

Mt	3 17	οὑτος ἐστιν ὁ υἱος μου ὁ ἀγαπητός, ἐν ᾡ εὐδοκησα.
	12 18	ὁ ἀγαπητός μου εἰς ὁν εὐδοκησεν ἡ ψυχη μου·
	17 5	οὑτος ἐστιν ὁ υἱος μου ὁ ἀγαπητός, ἐν ᾡ εὐδοκησα· ἀκουετε αὐτου.
Mc	1 11	συ εἰ ὁ υἱος μου ὁ ἀγαπητός, ἐν σοι εὐδοκησα.
	9 7	οὑτος ἐστιν ὁ υἱος μου ὁ ἀγαπητός, ἀκουετε αὐτου.
	12 6	ἐτι ἑνα εἰχεν, υἱον ἀγαπητόν·
Lc	3 22	συ εἰ ὁ υἱος μου ὁ ἀγαπητός, ἐν σοι εὐδοκησα.
	20 13	πεμψω τον υἱον μου τον ἀγαπητόν· ἰσως τουτον ἐντραπησονται.
Ac	15 25	ἐδοξεν ἡμιν γενομενοις ὁμοθυμαδον, ἐκλεξαμενοις ἀνδρας πεμψαι προς ὑμας συν τοις ἀγαπητοῖς ἡμων βαρναβα και παυλω,
Rm	1 7	πασιν τοις οὐσιν ἐν ρωμη ἀγαπητοῖς θεου, κλητοις ἁγιοις· χαρις ὑμιν και εἰρηνη ἀπο θεου πατρος ἡμων και κυριου ἰησου χριστου.
	11 28	κατα μεν το εὐαγγελιον ἐχθροι δι ὑμας, κατα δε την ἐκλογην ἀγαπητοί δια τους πατερας·
	12 19	μη ἑαυτους ἐκδικουντες, ἀγαπητοί, ἀλλα δοτε τοπον τη ὀργη·
	16 5	ἀσπασασθε ἐπαινετον τον ἀγαπητόν μου, ὁς ἐστιν ἀπαρχη της ἀσιας εἰς χριστον.
	8	ἀσπασασθε ἀμπλιατον τον ἀγαπητόν μου ἐν κυριω.
	9	ἀσπασασθε οὐρβανον τον συνεργον ἡμων ἐν χριστω και σταχυν τον ἀγαπητόν μου.

ἀγαπητός [61]

Rm	16 12	ἀσπασασθε περσιδα την ἀγαπητήν, ἡτις πολλα ἐκοπιασεν ἐν κυριω.
1Co	4 14	οὐκ ἐντρεπων ὑμας γραφω ταυτα, ἀλλ ὡς τεκνα μου ἀγαπητά νουθετω[ν].
	17	δια τουτο ἐπεμψα ὑμιν τιμοθεον, ὁς ἐστιν μου τεκνον ἀγαπητόν και πιστον ἐν κυριω,
	10 14	διοπερ, ἀγαπητοί μου, φευγετε ἀπο της εἰδωλολατριας.
	15 58	ὡστε, ἀδελφοι μου ἀγαπητοί, ἑδραιοι γινεσθε,
2Co	7 1	ταυτας οὐν ἐχοντες τας ἐπαγγελιας, ἀγαπητοί, καθαρισωμεν ἑαυτους ἀπο παντος μολυσμου σαρκος και πνευματος,
	12 19	τα δε παντα, ἀγαπητοί, ὑπερ της ὑμων οἰκοδομης.
Eph	5 1	γινεσθε οὐν μιμηται του θεου, ὡς τεκνα ἀγαπητά,
	6 21	ἱνα δε εἰδητε και ὑμεις τα κατ ἐμε, τί πρασσω, παντα γνωρισει ὑμιν τυχικος ὁ ἀγαπητός ἀδελφος και πιστος διακονος ἐν κυριω,
Php	2 12	ὡστε, ἀγαπητοί μου, καθως παντοτε ὑπηκουσατε,
	4 1	ὡστε, ἀδελφοι μου ἀγαπητοί και ἐπιποθητοι, χαρα και στεφανος μου, οὑτως στηκετε ἐν κυριω, ἀγαπητοί.
	1	ὡστε, ἀδελφοι μου ἀγαπητοί και ἐπιποθητοι, χαρα και στεφανος μου, οὑτως στηκετε ἐν κυριω, ἀγαπητοί.
Col	1 7	καθως ἐμαθετε ἀπο ἐπαφρα του ἀγαπητοῦ συνδουλου ἡμων,
	4 7	τα κατ ἐμε παντα γνωρισει ὑμιν τυχικος ὁ ἀγαπητός ἀδελφος και πιστος διακονος και συνδουλος ἐν κυριω,
	9	συν ὀνησιμω τω πιστω και ἀγαπητῷ ἀδελφω, ὁς ἐστιν ἐξ ὑμων·
	14	ἀσπαζεται ὑμας λουκας ὁ ἰατρος ὁ ἀγαπητός και δημας.
1Th	2 8	οὑτως ὁμειρομενοι ὑμων εὐδοκουμεν μεταδουναι ὑμιν οὐ μονον το εὐαγγελιον του θεου ἀλλα και τας ἑαυτων ψυχας, διοτι ἀγαπητοί ἡμιν ἐγενηθητε.
1Tm	6 2	ἀλλα μαλλον δουλευετωσαν, ὁτι πιστοι εἰσιν και ἀγαπητοί οἱ της εὐεργεσιας ἀντιλαμβανομενοι.
2Tm	1 2	τιμοθεω ἀγαπητῷ τεκνω· χαρις, ἐλεος, εἰρηνη ἀπο θεου πατρος και χριστου ἰησου του κυριου ἡμων.
Phm	1	παυλος δεσμιος χριστου ἰησου και τιμοθεος ὁ ἀδελφος φιλημονι τω ἀγαπητῷ και συνεργω ἡμων
	16	ἱνα αἰωνιον αὐτον ἀπεχης, οὐκετι ὡς δουλον ἀλλ ὑπερ δουλον, ἀδελφον ἀγαπητόν, μαλιστα ἐμοι, ποσω δε μαλλον σοί και ἐν σαρκι και ἐν κυριω.
Heb	6 9	πεπεισμεθα δε περι ὑμων, ἀγαπητοί, τα κρεισσονα και ἐχομενα σωτηριας, εἰ και οὑτως λαλουμεν.
Ja	1 16	μη πλανασθε, ἀδελφοι μου ἀγαπητοί.
	19	ἰστε, ἀδελφοι μου ἀγαπητοί.
	2 5	ἀκουσατε, ἀδελφοι μου ἀγαπητοί.
1Pt	2 11	ἀγαπητοί, παρακαλω ὡς παροικους και παρεπιδημους ἀπεχεσθαι των σαρκικων ἐπιθυμιων,
	4 12	ἀγαπητοί, μη ξενιζεσθε τη ἐν ὑμιν πυρωσει προς πειρασμον ὑμιν γινομενη,
2Pt	1 17	ὁ υἱος μου ὁ ἀγαπητός μου οὑτος ἐστιν,
	3 1	ταυτην ἠδη, ἀγαπητοί, δευτεραν ὑμιν γραφω ἐπιστολην,
	8	ἐν δε τουτο μη λανθανετω ὑμας, ἀγαπητοί,
	14	διο, ἀγαπητοί, ταυτα προσδοκωντες σπουδασατε ἀσπιλοι και ἀμωμητοι αὐτω εὑρεθηναι ἐν εἰρηνη,
	15	καθως και ὁ ἀγαπητός ἡμων ἀδελφος παυλος κατα την δοθεισαν αὐτω σοφιαν ἐγραψεν ὑμιν,
	17	ὑμεις οὐν, ἀγαπητοί, προγινωσκοντες φυλασσεσθε ἱνα μη τη των ἀθεσμων πλανη συναπαχθεντες ἐκπεσητε του ἰδιου στηριγμου,
1Jh	2 7	ἀγαπητοί, οὐκ ἐντολην καινην γραφω ὑμιν,
	3 2	ἀγαπητοί, νυν τεκνα θεου ἐσμεν, και οὑπω ἐφανερωθη τί ἐσομεθα.
	21	ἀγαπητοί, ἐαν ἡ καρδια [ἡμων] μη καταγινωσκη, παρρησιαν ἐχομεν προς τον θεον,
	4 1	ἀγαπητοί, μη παντι πνευματι πιστευετε,
	7	ἀγαπητοί, ἀγαπωμεν ἀλληλους, ὁτι ἡ ἀγαπη ἐκ του θεου ἐστιν,
	11	ἀγαπητοί, εἰ οὑτως ὁ θεος ἠγαπησεν ἡμας, και ἡμεις ὀφειλομεν ἀλληλους ἀγαπαν.
3Jh	1	ὁ πρεσβυτερος γαιω τω ἀγαπητῷ, ὁν ἐγω ἀγαπω ἐν ἀληθεια.
	2	ἀγαπητέ, περι παντων εὐχομαι σε εὐοδουσθαι και ὑγιαινειν,
	5	ἀγαπητέ, πιστον ποιεις ὁ ἐαν ἐργαση εἰς τους ἀδελφους και τουτο ξενους,
	11	ἀγαπητέ, μη μιμου το κακον ἀλλα το ἀγαθον.
Ju	3	ἀγαπητοί, πασαν σπουδην ποιουμενος γραφειν ὑμιν περι της κοινης ἡμων σωτηριας, ἀναγκην ἐσχον γραψαι ὑμιν παρακαλων
	17	ὑμεις δε, ἀγαπητοί, μνησθητε των ρηματων των προειρημενων ὑπο των ἀποστολων του κυριου ἡμων ἰησου χριστου,
	20	ὑμεις δε, ἀγαπητοί, ἐποικοδομουντες ἑαυτους τη ἁγιωτατη ὑμων πιστει,

ἀγαρ [2]

Ga 4 24 αὐται γαρ εἰσιν δυο διαθηκαι, μια μεν ἀπο ὀρους σινα, εἰς δουλειαν γεννωσα, ἠτις ἐστιν ἀγαρ.
25 το δε ἀγαρ σινα ὀρος ἐστιν ἐν τη ἀραβιᾳ·

ἀγγαρευω [3]

Mt 5 41 και ὁστις σε ἀγγαρευσει μιλιον ἐν,
27 32 τουτον ἠγγαρευσαν ἱνα ἀρη τον σταυρον αὐτου.
Mc 15 21 και ἀγγαρευουσιν παραγοντα τινα σιμωνα κυρηναιον ἐρχομενον ἀπ ἀγρου, τον πατερα ἀλεξανδρου και ρουφου, ἱνα ἀρη τον σταυρον αὐτου.

ἀγγειον [1]

Mt 25 4 αἱ δε φρονιμοι ἐλαβον ἐλαιον ἐν τοις ἀγγειοις μετα των λαμπαδων ἑαυτων.

ἀγγελια [2]

1Jh 1 5 και ἐστιν αὑτη ἡ ἀγγελια ἡν ἀκηκοαμεν ἀπ αὐτου και ἀναγγελλομεν ὑμιν, ὁτι ὁ θεος φως ἐστιν
3 11 ὁτι αὑτη ἐστιν ἡ ἀγγελια ἡν ἠκουσατε ἀπ ἀρχης, ἱνα ἀγαπωμεν ἀλληλους·

ἀγγελλω [1]

Jh 20 18 ἐρχεται μαριαμ ἡ μαγδαληνη ἀγγελλουσα τοις μαθηταις ὁτι ἑωρακα τον κυριον, και ταυτα εἰπεν αὐτη.

ἄγγελος [176]

Mt 1 20 ἰδου ἀγγελος κυριου κατ ὀναρ ἐφανη αὐτω λεγων·
24 ἐγερθεις δε ὁ ἰωσηφ ἀπο του ὑπνου ἐποιησεν ὡς προσεταξεν αὐτω ὁ ἀγγελος κυριου,
2 13 ἰδου ἀγγελος κυριου φαινεται κατ ὀναρ τω ἰωσηφ λεγων·
19 ἰδου ἀγγελος κυριου φαινεται κατ ὀναρ τω ἰωσηφ ἐν αἰγυπτω λεγων·
4 6 βαλε σεαυτον κατω· γεγραπται γαρ ὁτι τοις ἀγγελοις αὐτου ἐντελειται περι σου και ἐπι χειρων ἀρουσιν σε,
11 και ἰδου ἀγγελοι προσηλθον και διηκονουν αὐτω.
11 10 ἰδου ἐγω ἀποστελλω τον ἀγγελον μου προ προσωπου σου,
13 39 οἱ δε θερισται ἀγγελοι εἰσιν.
41 ἀποστελει ὁ υἱος του ἀνθρωπου τους ἀγγελους αὐτου,
49 ἐξελευσονται οἱ ἀγγελοι και ἀφοριουσιν τους πονηρους ἐκ μεσου των δικαιων,
16 27 μελλει γαρ ὁ υἱος του ἀνθρωπου ἐρχεσθαι ἐν τη δοξη του πατρος αὐτου μετα των ἀγγελων αὐτου.
18 10 λεγω γαρ ὑμιν ὁτι οἱ ἀγγελοι αὐτων ἐν οὐρανοις δια παντος βλεπουσι το προσωπον του πατρος μου του ἐν οὐρανοις.
22 30 ἐν γαρ τη ἀναστασει οὐτε γαμουσιν οὐτε γαμιζονται, ἀλλ ὡς ἀγγελοι ἐν τω οὐρανω εἰσιν.
24 31 και ἀποστελει τους ἀγγελους αὐτου μετα σαλπιγγος μεγαλης,
36 περι δε της ἡμερας ἐκεινης και ὡρας οὐδεις οἰδεν, οὐδε οἱ ἀγγελοι των οὐρανων οὐδε ὁ υἱος, εἰ μη ὁ πατηρ μονος.
25 31 ὁταν δε ἐλθη ὁ υἱος του ἀνθρωπου ἐν τη δοξη αὐτου και παντες οἱ ἀγγελοι μετ αὐτου, τοτε καθισει ἐπι θρονου δοξης αὐτου·
41 πορευεσθε ἀπ ἐμου [οἱ] κατηραμενοι εἰς το πυρ το αἰωνιον το ἡτοιμασμενον τω διαβολω και τοις ἀγγελοις αὐτου.
26 53 ἠ δοκεις ὁτι οὐ δυναμαι παρακαλεσαι τον πατερα μου, και παραστησει μοι ἀρτι πλειω δωδεκα λεγιωνας ἀγγελων;
28 2 ἀγγελος γαρ κυριου καταβας ἐξ οὐρανου και προσελθων ἀπεκυλισεν τον λιθον και ἐκαθητο ἐπανω αὐτου.
5 ἀποκριθεις δε ὁ ἀγγελος εἰπεν ταις γυναιξιν· μη φοβεισθε ὑμεις·
Mc 1 2 ἰδου ἀποστελλω τον ἀγγελον μου προ προσωπου σου,
13 και οἱ ἀγγελοι διηκονουν αὐτω.
8 38 και ὁ υἱος του ἀνθρωπου ἐπαισχυνθησεται αὐτον, ὁταν ἐλθη ἐν τη δοξη του πατρος αὐτου μετα των ἀγγελων των ἁγιων.
12 25 ὁταν γαρ ἐκ νεκρων ἀναστωσιν, οὐτε γαμουσιν οὐτε γαμιζονται, ἀλλ εἰσιν ὡς ἀγγελοι ἐν τοις οὐρανοις.
13 27 και τοτε ἀποστελει τους ἀγγελους και ἐπισυναξει τους ἐκλεκτους [αὐτου] ἐκ των τεσσαρων ἀνεμων ἀπ ἀκρου γης ἑως ἀκρου οὐρανου.
32 περι δε της ἡμερας ἐκεινης ἠ της ὡρας οὐδεις οἰδεν, οὐδε οἱ ἀγγελοι ἐν οὐρανω οὐδε ὁ υἱος, εἰ μη ὁ πατηρ.
Lc 1 11 ὡφθη δε αὐτω ἀγγελος κυριου ἑστως ἐκ δεξιων του θυσιαστηριου του θυμιαματος.

ἄγγελος [176]

Lc 1 13 εἰπεν δε προς αὐτον ὁ ἀγγελος· μη φοβου, ζαχαρια, διοτι εἰσηκουσθη ἡ δεησις σου,
18 και εἰπεν ζαχαριας προς τον ἀγγελον· κατα τι γνωσομαι τουτο;
19 και ἀποκριθεις ὁ ἀγγελος εἰπεν αὐτω· ἐγω εἰμι γαβριηλ ὁ παρεστηκως ἐνωπιον του θεου,
26 ἐν δε τω μηνι τω ἑκτω ἀπεσταλη ὁ ἀγγελος γαβριηλ ἀπο του θεου εἰς πολιν της γαλιλαιας ἠ ὀνομα ναζαρεθ,
30 και εἰπεν ὁ ἀγγελος αὐτη· μη φοβου, μαριαμ· εὑρες γαρ χαριν παρα τω θεω.
34 εἰπεν δε μαριαμ προς τον ἀγγελον· πως ἐσται τουτο, ἐπει ἀνδρα οὐ γινωσκω;
35 και ἀποκριθεις ὁ ἀγγελος εἰπεν αὐτη· πνευμα ἁγιον ἐπελευσεται ἐπι σε,
38 και ἀπηλθεν ἀπ αὐτης ὁ ἀγγελος.
2 9 και ἀγγελος κυριου ἐπεστη αὐτοις και δοξα κυριου περιελαμψεν αὐτους,
10 και εἰπεν αὐτοις ὁ ἀγγελος· μη φοβεισθε·
13 και ἐξαιφνης ἐγενετο συν τω ἀγγελω πληθος στρατιας οὐρανιου αἰνουντων τον θεον και λεγοντων·
15 και ἐγενετο ὡς ἀπηλθον ἀπ αὐτων εἰς τον οὐρανον οἱ ἀγγελοι, οἱ ποιμενες ἐλαλουν προς ἀλληλους·
21 και ἐκληθη το ὀνομα αὐτου ἰησους, το κληθεν ὑπο του ἀγγελου προ του συλλημφθηναι αὐτον ἐν τη κοιλιᾳ.
4 10 γεγραπται γαρ ὁτι τοις ἀγγελοις αὐτου ἐντελειται περι σου του διαφυλαξαι σε,
7 24 ἀπελθοντων δε των ἀγγελων ἰωαννου ἠρξατο λεγειν προς τους ὀχλους περι ἰωαννου·
27 ἰδου ἀποστελλω τον ἀγγελον μου προ προσωπου σου,
9 26 ὁς γαρ ἀν ἐπαισχυνθη με και τους ἐμους λογους, τουτον ὁ υἱος του ἀνθρωπου ἐπαισχυνθησεται, ὁταν ἐλθη ἐν τη δοξη αὐτου και του πατρος και των ἁγιων ἀγγελων.
52 και ἀπεστειλεν ἀγγελους προ προσωπου αὐτου.
12 8 πας ὁς ἀν ὁμολογηση ἐν ἐμοι ἐμπροσθεν των ἀνθρωπων, και ὁ υἱος του ἀνθρωπου ὁμολογησει ἐν αὐτω ἐμπροσθεν των ἀγγελων του θεου·
9 ὁ δε ἀρνησαμενος με ἐνωπιον των ἀνθρωπων ἀπαρνηθησεται ἐνωπιον των ἀγγελων του θεου.
15 10 οὑτως, λεγω ὑμιν, γινεται χαρα ἐνωπιον των ἀγγελων του θεου ἐπι ἑνι ἁμαρτωλω μετανοουντι.
16 22 ἐγενετο δε ἀποθανειν τον πτωχον και ἀπενεχθηναι αὐτον ὑπο των ἀγγελων εἰς τον κολπον ἀβρααμ·
22 43 [ὡφθη δε αὐτω ἀγγελος ἀπ οὐρανου ἐνισχυων αὐτον].
24 23 και μη εὑρουσαι το σωμα αὐτου ἠλθον λεγουσαι και ὀπτασιαν ἀγγελων ἑωρακεναι, οἱ λεγουσιν αὐτον ζην.
Jh 1 51 ὀψεσθε τον οὐρανον ἀνεωγοτα και τους ἀγγελους του θεου ἀναβαινοντας και καταβαινοντας ἐπι τον υἱον του ἀνθρωπου.
5 4* ἀγγελος δε κυριου κατα καιρον κατεβαινεν ἐν τη κολυμβηθρα και ἐταρασσετο το ὑδωρ·
12 29 ἀλλοι ἐλεγον· ἀγγελος αὐτω λελαληκεν.
20 12 ὡς οὐν ἐκλαιεν, παρεκυψεν εἰς το μνημειον, και θεωρει δυο ἀγγελους ἐν λευκοις καθεζομενους,
Ac 5 19 ἀγγελος δε κυριου δια νυκτος ἀνοιξας τας θυρας της φυλακης ἐξαγαγων τε αὐτους εἰπεν·
6 15 και ἀτενισαντες εἰς αὐτον παντες οἱ καθεζομενοι ἐν τω συνεδριω εἰδον το προσωπον αὐτου ὡσει προσωπον ἀγγελου.
7 30 και πληρωθεντων ἐτων τεσσερακοντα ὡφθη αὐτω ἐν τη ἐρημω του ὀρους σινα ἀγγελος ἐν φλογι πυρος βατου.
35 τουτον ὁ θεος [και] ἀρχοντα και λυτρωτην ἀπεσταλκεν συν χειρι ἀγγελου του ὀφθεντος αὐτω ἐν τη βατω.
38 οὑτος ἐστιν ὁ γενομενος ἐν τη ἐκκλησιᾳ ἐν τη ἐρημω μετα του ἀγγελου
53 οἱτινες ἐλαβετε τον νομον εἰς διαταγας ἀγγελων,
8 26 ἀγγελος δε κυριου ἐλαλησεν προς φιλιππον λεγων·
10 3 εἰδεν ἐν ὁραματι φανερως, ὡσει περι ὡραν ἐνατην της ἡμερας, ἀγγελον του θεου εἰσελθοντα προς αὐτον και εἰποντα αὐτω· κορνηλιε.
7 ὡς δε ἀπηλθεν ὁ ἀγγελος ὁ λαλων αὐτω, φωνησας δυο των οἰκετων και στρατιωτην εὐσεβη των προσκαρτερουντων αὐτω,
22 μαρτυρουμενος τε ὑπο ὁλου του ἐθνους των ἰουδαιων, ἐχρηματισθη ὑπο ἀγγελου ἁγιου μεταπεμψασθαι σε εἰς τον οἰκον αὐτου και ἀκουσαι ρηματα παρα σου.
11 13 ἀπηγγειλεν δε ἡμιν πως εἰδεν [τον] ἀγγελον ἐν τω οἰκω αὐτου σταθεντα και εἰποντα·
12 7 και ἰδου ἀγγελος κυριου ἐπεστη, και φως ἐλαμψεν ἐν τω οἰκηματι·

ἄγγελος [176]

Ac 12 8   εἶπεν δὲ ὁ *ἄγγελος* πρὸς αὐτόν· ζῶσαι καὶ ὑπόδησαι τὰ σανδαλια σου.

     9   καὶ ἐξελθὼν ἠκολουθει, καὶ οὐκ ἠδει ὅτι ἀληθες ἐστιν τὸ γινομενον δια τοῦ *ἀγγελου*,

     10   καὶ ἐξελθοντες προηλθον ῥυμην μιαν, καὶ εὐθεως ἀπεστη ὁ *ἄγγελος* ἀπ αὐτου.

     11   νυν οἰδα ἀληθως ὅτι ἐξαπεστειλεν [ὁ] κυριος τὸν *ἀγγελον* αὐτου καὶ ἐξειλατο με ἐκ χειρος ἡρωδου καὶ πασης της προσδοκιας του λαου των ἰουδαιων.

     15   οἱ δὲ ἐλεγον· ὁ *ἄγγελος* ἐστιν αὐτου.

     23   παραχρημα δὲ ἐπαταξεν αὐτον *ἄγγελος* κυριου ἀνθ ὧν οὐκ ἐδωκεν την δοξαν τῷ θεῳ,

   23 8   σαδδουκαιοι μεν γαρ λεγουσιν μη εἰναι ἀναστασιν μητε *ἄγγελον* μητε πνευμα, φαρισαιοι δὲ ὁμολογουσιν τὰ ἀμφοτερα.

     9   οὐδεν κακον εὑρισκομεν ἐν τῷ ἀνθρωπῳ τουτῳ· εἰ δὲ πνευμα ἐλαλησεν αὐτῷ ἢ *ἄγγελος*.

   27 23   παρεστη γαρ μοι ταυτη τη νυκτι του θεου οὗ εἰμι [ἐγω,] ᾧ καὶ λατρευω, *ἄγγελος* λεγων·

Rm 8 38   πεπεισμαι γαρ ὅτι οὐτε θανατος οὐτε ζωη οὐτε *ἀγγελοι* οὐτε ἀρχαι οὐτε ἐνεστωτα οὐτε μελλοντα οὐτε δυναμεις οὐτε ὑψωμα οὐτε βαθος οὐτε τις κτισις ἑτερα δυνησεται ἡμας χωρισαι ἀπο της ἀγαπης του θεου της ἐν χριστῳ ἰησου τῷ κυριῳ ἡμων.

1Co 4 9   δοκω γαρ, ὁ θεος ἡμας τους ἀποστολους ἐσχατους ἀπεδειξεν ὡς ἐπιθανατιους, ὅτι θεατρον ἐγενηθημεν τῷ κοσμῳ καὶ *ἀγγελοις* καὶ ἀνθρωποις.

     6 3   οὐκ οἰδατε ὅτι *ἀγγελους* κρινουμεν, μητι γε βιωτικα;

     11 10   δια τουτο ὀφειλει ἡ γυνη ἐξουσιαν ἐχειν ἐπι της κεφαλης δια τους *ἀγγελους*.

     13 1   ἐαν ταις γλωσσαις των ἀνθρωπων λαλω καὶ των *ἀγγελων*, ἀγαπην δὲ μη ἐχω, γεγονα χαλκος ἠχων ἢ κυμβαλον ἀλαλαζον.

2Co 11 14   αὐτος γαρ ὁ σατανας μετασχηματιζεται εἰς *ἄγγελον* φωτος.

   12 7   διο ἱνα μη ὑπεραιρωμαι, ἐδοθη μοι σκολοψ τη σαρκι, *ἄγγελος* σατανα, ἱνα με κολαφιζη, ἱνα μη ὑπεραιρωμαι.

Ga 1 8   ἀλλα καὶ ἐαν ἡμεις ἢ *ἄγγελος* ἐξ οὐρανου εὐαγγελιζηται [ὑμιν] παρ ὃ εὐηγγελισαμεθα ὑμιν, ἀναθεμα ἐστω.

     3 19   ἀχρις οὗ ἀν ἐλθη τὸ σπερμα ᾧ ἐπηγγελται, διαταγεις δι *ἀγγελων*, ἐν χειρι μεσιτου.

     4 14   καὶ τὸν πειρασμον ὑμων ἐν τη σαρκι μου οὐκ ἐξουθενησατε οὐδὲ ἐξεπτυσατε, ἀλλα ὡς *ἄγγελον* θεου ἐδεξασθε με, ὡς χριστον ἰησουν.

Col 2 18   μηδεις ὑμας καταβραβευετω θελων ἐν ταπεινοφροσυνη καὶ θρησκεια των *ἀγγελων*,

2Th 1 7   ἐν τη ἀποκαλυψει του κυριου ἰησου ἀπ οὐρανου μετ *ἀγγελων* δυναμεως αὐτου ἐν πυρι φλογος,

1Tm 3 16   ὃς ἐφανερωθη ἐν σαρκι, ἐδικαιωθη ἐν πνευματι, ὠφθη *ἀγγελοις*,

     5 21   διαμαρτυρομαι ἐνωπιον του θεου καὶ χριστου ἰησου καὶ των ἐκλεκτων *ἀγγελων* ἱνα ταυτα φυλαξης χωρις προκριματος,

Heb 1 4   τοσουτῳ κρειττων γενομενος των *ἀγγελων* ὁσῳ διαφορωτερον παρ αὐτους κεκληρονομηκεν ὀνομα.

     5   τινι γαρ εἰπεν ποτε των *ἀγγελων*· υἱος μου εἰ συ, ἐγω σημερον γεγεννηκα σε;

     6   καὶ προσκυνησατωσαν αὐτῷ παντες *ἀγγελοι* θεου.

     7   καὶ προς μεν τους *ἀγγελους* λεγει·

     7   ὁ ποιων τους *ἀγγελους* αὐτου πνευματα, καὶ τους λειτουργους αὐτου πυρος φλογα·

     13   προς τινα δὲ των *ἀγγελων* εἰρηκεν ποτε·

   2 2   εἰ γαρ ὁ δι *ἀγγελων* λαληθεις λογος ἐγενετο βεβαιος, καὶ πασα παραβασις καὶ παρακοη ἐλαβεν ἐνδικον μισθαποδοσιαν, πῶς ἡμεις ἐκφευξομεθα τηλικαυτης ἀμελησαντες σωτηριας;

     5   οὐ γαρ *ἀγγελοις* ὑπεταξεν την οἰκουμενην την μελλουσαν,

     7   ἠλαττωσας αὐτον βραχυ τι παρ *ἀγγελους*,

     9   τον δὲ βραχυ τι παρ *ἀγγελους* ἠλαττωμενον βλεπομεν ἰησουν δια τὸ παθημα του θανατου δοξη καὶ τιμη ἐστεφανωμενον,

     16   οὐ γαρ δηπου *ἀγγελων* ἐπιλαμβανεται, ἀλλα σπερματος ἀβρααμ ἐπιλαμβανεται.

   12 22   ἰερουσαλημ ἐπουρανιῳ, καὶ μυριασιν *ἀγγελων*, πανηγυρει,

   13 2   της φιλοξενιας μη ἐπιλανθανεσθε· δια ταυτης γαρ ἐλαθον τινες ξενισαντες *ἀγγελους*.

Ja 2 25   ὁμοιως δὲ καὶ ῥααβ ἡ πορνη οὐκ ἐξ ἐργων ἐδικαιωθη, ὑποδεξαμενη τους *ἀγγελους* καὶ ἑτερα ὁδῳ ἐκβαλουσα;

1Pt 1 12   εἰς ἃ ἐπιθυμουσιν *ἀγγελοι* παρακυψαι.

    3 22   ὃς ἐστιν ἐν δεξια [του] θεου, πορευθεις εἰς οὐρανον, ὑποταγεντων αὐτῷ *ἀγγελων* καὶ ἐξουσιων καὶ δυναμεων,

2Pt 2 4   εἰ γαρ ὁ θεος *ἀγγελων* ἁμαρτησαντων οὐκ ἐφεισατο,

ἄγγελος [176]

2Pt 2 11   ὁπου *ἀγγελοι* ἰσχυι καὶ δυναμει μειζονες ὀντες οὐ φερουσιν κατ αὐτων παρα κυριου βλασφημον κρισιν.

Ju 6   *ἀγγελους* τε τους μη τηρησαντας την ἑαυτων ἀρχην ἀλλα ἀπολιποντας τὸ ἰδιον οἰκητηριον εἰς κρισιν μεγαλης ἡμερας δεσμοις ἀιδιοις ὑπο ζοφον τετηρηκεν·

Apc 1 1   καὶ ἐσημανεν ἀποστειλας δια του *ἀγγελου* αὐτου τῷ δουλῳ αὐτου ἰωαννη,

     20   οἱ ἑπτα ἀστερες *ἀγγελοι* των ἑπτα ἐκκλησιων εἰσιν,

   2 1   τῷ *ἀγγελῳ* της ἐν ἐφεσῳ ἐκκλησιας γραψον·

     8   καὶ τῷ *ἀγγελῳ* της ἐν σμυρνη ἐκκλησιας γραψον·

     12   καὶ τῷ *ἀγγελῳ* της ἐν περγαμῳ ἐκκλησιας γραψον·

     18   καὶ τῷ *ἀγγελῳ* της ἐν θυατειροις ἐκκλησιας γραψον·

   3 1   καὶ τῷ *ἀγγελῳ* της ἐν σαρδεσιν ἐκκλησιας γραψον·

     5   καὶ ὁμολογησω τὸ ὀνομα αὐτου ἐνωπιον του πατρος μου καὶ ἐνωπιον των *ἀγγελων* αὐτου.

     7   καὶ τῷ *ἀγγελῳ* της ἐν φιλαδελφεια ἐκκλησιας γραψον·

     14   καὶ τῷ *ἀγγελῳ* της ἐν λαοδικεια ἐκκλησιας γραψον·

   5 2   καὶ εἰδον *ἀγγελον* ἰσχυρον κηρυσσοντα ἐν φωνη μεγαλη·

     11   καὶ εἰδον, καὶ ἠκουσα φωνην *ἀγγελων* πολλων κυκλῳ του θρονου καὶ των ζωων καὶ των πρεσβυτερων,

   7 1   μετα τουτο εἰδον τεσσαρας *ἀγγελους* ἑστωτας ἐπι τας τεσσαρας γωνιας της γης,

     2   καὶ εἰδον ἀλλον *ἀγγελον* ἀναβαινοντα ἀπο ἀνατολης ἡλιου,

     2   καὶ ἐκραξεν φωνη μεγαλη τοις τεσσαρσιν *ἀγγελοις* οἱς ἐδοθη αὐτοις ἀδικησαι την γην καὶ την θαλασσαν, λεγων·

     11   καὶ παντες οἱ *ἀγγελοι* εἱστηκεισαν κυκλῳ του θρονου καὶ των πρεσβυτερων καὶ των τεσσαρων ζωων,

   8 2   καὶ εἰδον τους ἑπτα *ἀγγελους* οἱ ἐνωπιον του θεου ἑστηκασιν,

     3   καὶ ἀλλος *ἄγγελος* ἠλθεν καὶ ἐσταθη ἐπι του θυσιαστηριου ἐχων λιβανωτον χρυσουν,

     4   καὶ ἀνεβη ὁ καπνος των θυμιαματων ταις προσευχαις των ἁγιων ἐκ χειρος του *ἀγγελου* ἐνωπιον του θεου.

     5   καὶ εἰληφεν ὁ *ἄγγελος* τον λιβανωτον,

     6   καὶ οἱ ἑπτα *ἀγγελοι* οἱ ἐχοντες τας ἑπτα σαλπιγγας ἡτοιμασαν αὐτους ἱνα σαλπισωσιν.

     8   καὶ ὁ δευτερος *ἄγγελος* ἐσαλπισεν· καὶ ὡς ὀρος μεγα πυρι καιομενον ἐβληθη εἰς την θαλασσαν·

     10   καὶ ὁ τριτος *ἄγγελος* ἐσαλπισεν· καὶ ἐπεσεν ἐκ του οὐρανου ἀστηρ μεγας καιομενος ὡς λαμπας,

     12   καὶ ὁ τεταρτος *ἄγγελος* ἐσαλπισεν· καὶ ἐπληγη τὸ τριτον του ἡλιου

     13   οὐαι οὐαι οὐαι τους κατοικουντας ἐπι της γης ἐκ των λοιπων φωνων της σαλπιγγος των τριων *ἀγγελων* των μελλοντων σαλπιζειν.

   9 1   καὶ ὁ πεμπτος *ἄγγελος* ἐσαλπισεν· καὶ εἰδον ἀστερα ἐκ του οὐρανου πεπτωκοτα εἰς την γην,

     11   ἐχουσιν ἐπ αὐτων βασιλεα τον *ἀγγελον* της ἀβυσσου,

     13   καὶ ὁ ἑκτος *ἄγγελος* ἐσαλπισεν· καὶ ἠκουσα φωνην μιαν ἐκ των [τεσσαρων] κερατων του θυσιαστηριου του χρυσου του ἐνωπιον του θεου,

     14   καὶ ἠκουσα φωνην μιαν ἐκ των [τεσσαρων] κερατων του θυσιαστηριου του χρυσου του ἐνωπιον του θεου, λεγοντα τῷ ἑκτῳ *ἀγγελῳ*, ὁ ἐχων την σαλπιγγα· λυσον τους τεσσαρας *ἀγγελους*

     14   λυσον τους τεσσαρας *ἀγγελους* τους δεδεμενους ἐπι τῷ ποταμῳ τῷ μεγαλῳ εὐφρατη.

     15   καὶ ἐλυθησαν οἱ τεσσαρες *ἀγγελοι* οἱ ἡτοιμασμενοι εἰς την ὡραν καὶ ἡμεραν καὶ μηνα καὶ ἐνιαυτον,

   10 1   καὶ εἰδον ἀλλον *ἄγγελον* ἰσχυρον καταβαινοντα ἐκ του οὐρανου,

     5   καὶ ὁ *ἄγγελος*, ὃν εἰδον ἑστωτα ἐπι της θαλασσης καὶ ἐπι της γης, ἠρεν την χειρα αὐτου την δεξιαν εἰς τον οὐρανον,

     7   ἀλλ ἐν ταις ἡμεραις της φωνης του ἑβδομου *ἀγγελου*, ὁταν μελλη σαλπιζειν, καὶ ἐτελεσθη τὸ μυστηριον του θεου,

     8   ὑπαγε λαβε τὸ βιβλιον τὸ ἠνεῳγμενον ἐν τη χειρι του *ἀγγελου* του ἑστωτος ἐπι της θαλασσης καὶ ἐπι της γης.

     9   καὶ ἀπηλθα προς τον *ἀγγελον*, λεγων αὐτῷ δουναι μοι τὸ βιβλαριδιον.

     10   καὶ ἐλαβον τὸ βιβλαριδιον ἐκ της χειρος του *ἀγγελου* καὶ κατεφαγον αὐτο,

   11 15   καὶ ὁ ἑβδομος *ἄγγελος* ἐσαλπισεν· καὶ ἐγενοντο φωναι μεγαλαι ἐν τῷ οὐρανῳ,

   12 7   ὁ μιχαηλ καὶ οἱ *ἀγγελοι* αὐτου του πολεμησαι μετα του δρακοντος,

     7   καὶ ὁ δρακων ἐπολεμησεν καὶ οἱ *ἀγγελοι* αὐτου,

     9   ἐβληθη εἰς την γην, καὶ οἱ *ἀγγελοι* αὐτου μετ αὐτου ἐβληθησαν.

   14 6   καὶ εἰδον ἀλλον *ἀγγελον* πετομενον ἐν μεσουρανηματι,

     8   καὶ ἀλλος *ἄγγελος* δευτερος ἠκολουθησεν λεγων·

ἄγγελος [176]

Apc 14 9 καὶ ἄλλος ἄγγελος τριτος ἠκολουθησεν αὐτοις λεγων ἐν φωνῃ μεγαλῃ·

10 καὶ βασανισθησεται ἐν πυρι και θειῳ ἐνωπιον ἀγγελων ἁγιων και ἐνωπιον του ἀρνιου.

15 καὶ ἄλλος ἄγγελος ἐξηλθεν ἐκ του ναου,

17 καὶ ἄλλος ἄγγελος ἐξηλθεν ἐκ του ναου του ἐν τῳ οὐρανῳ,

18 καὶ ἄλλος ἄγγελος [ἐξηλθεν] ἐκ του θυσιαστηριου,

19 καὶ ἐβαλεν ὁ ἄγγελος το δρεπανον αὐτου εἰς την γην,

15 1 καὶ εἰδον ἀλλο σημειον ἐν τῳ οὐρανῳ μεγα και θαυμαστον, ἀγγελους ἑπτα ἐχοντας πληγας ἑπτα τας ἐσχατας,

6 καὶ ἐξηλθον οἱ ἑπτα ἄγγελοι [οἱ] ἐχοντες τας ἑπτα πληγας ἐκ του ναου,

7 καὶ ἑν ἐκ των τεσσαρων ζωων ἐδωκεν τοις ἑπτα ἀγγελοις ἑπτα φιαλας χρυσας γεμουσας του θυμου του θεου του ζωντος εἰς τους αἰωνας των αἰωνων.

8 καὶ οὐδεις ἐδυνατο εἰσελθειν εἰς τον ναον ἀχρι τελεσθωσιν αἱ ἑπτα πληγαι των ἑπτα ἀγγελων.

16 1 καὶ ἠκουσα μεγαλης φωνης ἐκ του ναου λεγουσης τοις ἑπτα ἀγγελοις· ὑπαγετε και ἐκχεετε τας ἑπτα φιαλας του θυμου του θεου εἰς την γην.

5 καὶ ἠκουσα του ἀγγελου των ὑδατων λεγοντος·

17 1 καὶ ἠλθεν εἱς ἐκ των ἑπτα ἀγγελων των ἐχοντων τας ἑπτα φιαλας,

7 καὶ εἰπεν μοι ὁ ἄγγελος· δια τι ἐθαυμασας;

18 1 μετα ταυτα εἰδον ἀλλον ἄγγελον καταβαινοντα ἐκ του οὐρανου,

21 καὶ ἠρεν εἱς ἄγγελος ἰσχυρος λιθον ὡς μυλινον μεγαν,

19 17 καὶ εἰδον ἑνα ἄγγελον ἑστωτα ἐν τῳ ἡλιῳ,

20 1 καὶ εἰδον ἄγγελον καταβαινοντα ἐκ του οὐρανου,

21 9 καὶ ἠλθεν εἱς ἐκ των ἑπτα ἀγγελων των ἐχοντων τας ἑπτα φιαλας,

12 ἐχουσα πυλωνας δωδεκα, και ἐπι τοις πυλωσιν ἀγγελους δωδεκα,

17 καὶ ἐμετρησεν το τειχος αὐτης ἑκατοντεσσερακοντατεσσαρων πηχων, μετρον ἀνθρωπου, ὁ ἐστιν ἀγγελου.

22 6 καὶ ὁ κυριος ὁ θεος των πνευματων των προφητων ἀπεστειλεν τον ἄγγελον αὐτου δειξαι τοις δουλοις αὐτου ἁ δει γενεσθαι ἐν ταχει.

8 καὶ ὁτε ἠκουσα και ἐβλεψα, ἐπεσα προσκυνησαι ἐμπροσθεν των ποδων του ἀγγελου του δεικνυοντος μοι ταυτα.

16 ἐγω ἰησους ἐπεμψα τον ἄγγελον μου μαρτυρησαι ὑμιν ταυτα ἐπι ταις ἐκκλησιαις.

ἄγγος [1]

Mt 13 48 ἡν ὁτε ἐπληρωθη ἀναβιβασαντες ἐπι τον αἰγιαλον και καθισαντες συνελεξαν τα καλα εἰς ἀγγη,

ἄγε [2]

Ja 4 13 ἄγε νυν οἱ λεγοντες· σημερον ἡ αὐριον πορευσομεθα εἰς τηνδε την πολιν και ποιησομεν ἐκει ἐνιαυτον και ἐμπορευσομεθα και κερδησομεν·

5 1 ἄγε νυν οἱ πλουσιοι, κλαυσατε ὀλολυζοντες ἐπι ταις ταλαιπωριαις ὑμων ταις ἐπερχομεναις.

ἄγελη [7]

Mt 8 30 ἡν δε μακραν ἀπ αὐτων ἀγελη χοιρων πολλων βοσκομενη.

31 ἀποστειλον ἡμας εἰς την ἀγελην των χοιρων.

32 και ἰδου ὡρμησεν πασα ἡ ἀγελη κατα του κρημνου εἰς την θαλασσαν,

Mc 5 11 ἡν δε ἐκει προς τῳ ὀρει ἀγελη χοιρων μεγαλη βοσκομενη·

13 και ὡρμησεν ἡ ἀγελη κατα του κρημνου εἰς την θαλασσαν, ὡς δισχιλιοι, και ἐπνιγοντο ἐν τῃ θαλασσῃ.

Lc 8 32 ἡν δε ἐκει ἀγελη χοιρων ἱκανων βοσκομενη ἐν τῳ ὀρει·

33 και ὡρμησεν ἡ ἀγελη κατα του κρημνου εἰς την λιμνην και ἀπεπνιγη.

ἀγενεαλογητος [1]

Heb 7 3 ὁ ἐστιν βασιλευς εἰρηνης, ἀπατωρ, ἀμητωρ, ἀγενεαλογητος,

ἀγενης [1]

1Co 1 28 και τα ἀγενη του κοσμου και τα ἐξουθενημενα ἐξελεξατο ὁ θεος, τα μη ὀντα, ἱνα τα ὀντα καταργησῃ,

ἁγιαζω [28]

Mt 6 9 ἁγιασθητω το ὀνομα σου·

23 17 μωροι και τυφλοι, τις γαρ μειζων ἐστιν, ὁ χρυσος ἡ ὁ ναος ὁ ἁγιασας τον χρυσον;

19 τυφλοι, τι γαρ μειζον, το δωρον ἡ το θυσιαστηριον το ἁγιαζον το δωρον;

Lc 11 2 ὁταν προσευχησθε, λεγετε· πατερ, ἁγιασθητω το ὀνομα σου·

Jh 10 36 ὁν ὁ πατηρ ἡγιασεν και ἀπεστειλεν εἰς τον κοσμον ὑμεις λεγετε ὁτι βλασφημεις,

17 17 ἁγιασον αὐτους ἐν τῃ ἀληθειᾳ·

19 και ὑπερ αὐτων ἐγω ἁγιαζω ἐμαυτον, ἱνα ὡσιν και αὐτοι ἡγιασμενοι ἐν ἀληθειᾳ.

19 και ὑπερ αὐτων ἐγω ἁγιαζω ἐμαυτον, ἱνα ὡσιν και αὐτοι ἡγιασμενοι ἐν ἀληθειᾳ.

Ac 20 32 και τα νυν παρατιθεμαι ὑμας τῳ θεῳ και τῳ λογῳ της χαριτος αὐτου του δυναμενῳ οἰκοδομησαι και δουναι την κληρονομιαν ἐν τοις ἡγιασμενοις πασιν.

26 18 του λαβειν αὐτους ἀφεσιν ἁμαρτιων και κληρον ἐν τοις ἡγιασμενοις πιστει τῃ εἰς ἐμε.

Rm 15 16 ἱνα γενηται ἡ προσφορα των ἐθνων εὐπροσδεκτος, ἡγιασμενη ἐν πνευματι ἁγιῳ.

1Co 1 2 τῃ ἐκκλησιᾳ του θεου τῃ οὐσῃ ἐν κορινθῳ, ἡγιασμενοις ἐν χριστῳ ἰησου,

6 11 ἀλλα ἀπελουσασθε, ἀλλα ἡγιασθητε, ἀλλα ἐδικαιωθητε ἐν τῳ ὀνοματι του κυριου ἰησου χριστου και ἐν τῳ πνευματι του θεου ἡμων.

7 14 ἡγιασται γαρ ὁ ἀνηρ ὁ ἀπιστος ἐν τῃ γυναικι,

14 ἡγιασται γαρ ὁ ἀνηρ ὁ ἀπιστος ἐν τῃ γυναικι, και ἡγιασται ἡ γυνη ἡ ἀπιστος ἐν τῳ ἀδελφῳ·

Eph 5 26 ἱνα αὐτην ἁγιασῃ καθαρισας τῳ λουτρῳ του ὑδατος ἐν ῥηματι,

1Th 5 23 αὐτος δε ὁ θεος της εἰρηνης ἁγιασαι ὑμας ὁλοτελεις,

1Tm 4 5 ἁγιαζεται γαρ δια λογου θεου και ἐντευξεως.

2Tm 2 21 ἐσται σκευος εἰς τιμην, ἡγιασμενον, εὐχρηστον τῳ δεσποτῃ, εἰς παν ἐργον ἀγαθον ἡτοιμασμενον.

Heb 2 11 ὁ τε γαρ ἁγιαζων και οἱ ἁγιαζομενοι ἐξ ἑνος παντες·

11 ὁ τε γαρ ἁγιαζων και οἱ ἁγιαζομενοι ἐξ ἑνος παντες·

9 13 εἰ γαρ το αἱμα τραγων και ταυρων και σποδος δαμαλεως ῥαντιζουσα τους κεκοινωμενους ἁγιαζει προς την της σαρκος καθαροτητα, ποσῳ μαλλον το αἱμα του χριστου.

10 10 ἐν ᾡ θεληματι ἡγιασμενοι ἐσμεν δια της προσφορας του σωματος ἰησου χριστου ἐφαπαξ.

14 μιᾳ γαρ προσφορᾳ τετελειωκεν εἰς το διηνεκες τους ἁγιαζομενους.

29 και το αἱμα της διαθηκης κοινον ἡγησαμενος, ἐν ᾡ ἡγιασθη, και το πνευμα της χαριτος ἐνυβρισας,

13 12 διο και ἰησους, ἱνα ἁγιασῃ δια του ἰδιου αἱματος τον λαον, ἐξω της πυλης ἐπαθεν.

1Pt 3 15 κυριον δε τον χριστον ἁγιασατε ἐν ταις καρδιαις ὑμων,

Apc 22 11 και ὁ δικαιος δικαιοσυνην ποιησατω ἐτι, και ὁ ἁγιος ἁγιασθητω ἐτι.

ἁγιασμος [10]

Rm 6 19 ὡσπερ γαρ παρεστησατε τα μελη ὑμων δουλα τῃ ἀκαθαρσιᾳ και τῃ ἀνομιᾳ εἰς την ἀνομιαν, οὑτως νυν παραστησατε τα μελη ὑμων δουλα τῃ δικαιοσυνῃ εἰς ἁγιασμον.

22 νυνι δε ἐλευθερωθεντες ἀπο της ἁμαρτιας δουλωθεντες δε τῳ θεῳ, ἐχετε τον καρπον ὑμων εἰς ἁγιασμον,

1Co 1 30 ὁς ἐγενηθη σοφια ἡμιν ἀπο θεου, δικαιοσυνη τε και ἁγιασμος και ἀπολυτρωσις, ἱνα καθως γεγραπται·

1Th 4 3 τουτο γαρ ἐστιν θελημα του θεου, ὁ ἁγιασμος ὑμων, ἀπεχεσθαι ὑμας ἀπο της πορνειας,

4 εἰδεναι ἑκαστον ὑμων το ἑαυτου σκευος κτασθαι ἐν ἁγιασμῳ και τιμῃ,

7 οὐ γαρ ἐκαλεσεν ἡμας ὁ θεος ἐπι ἀκαθαρσιᾳ ἀλλ ἐν ἁγιασμῳ.

2Th 2 13 ὁτι εἱλατο ὑμας ὁ θεος ἀπαρχην εἰς σωτηριαν ἐν ἁγιασμῳ πνευματος και πιστει ἀληθειας,

1Tm 2 15 σωθησεται δε δια της τεκνογονιας, ἐαν μεινωσιν ἐν πιστει και ἀγαπῃ και ἁγιασμῳ μετα σωφροσυνης.

Heb 12 14 εἰρηνην διωκετε μετα παντων, και τον ἁγιασμον,

1Pt 1 2 κατα προγνωσιν θεου πατρος, ἐν ἁγιασμῳ πνευματος,

ἅγιος [233]

Mt 1 18 πριν ἡ συνελθειν αὐτους εὑρεθη ἐν γαστρι ἐχουσα ἐκ πνευματος ἁγιου.

20 το γαρ ἐν αὐτῃ γεννηθεν ἐκ πνευματος ἐστιν ἁγιου.

3 11 αὐτος ὑμας βαπτισει ἐν πνευματι ἁγιῳ και πυρι·

4 5 τοτε παραλαμβανει αὐτον ὁ διαβολος εἰς την ἁγιαν πολιν,

ἅγιος [233]

Mt 7 6 μη δωτε το ἅγιον τοις κυσιν,
12 32 ὃς δ ἂν εἴπη κατα του πνευματος του ἁγίου, οὐκ ἀφεθησεται αὐτῳ οὔτε ἐν τουτῳ τῳ αἰωνι οὔτε ἐν τῳ μελλοντι.
24 15 ὅταν οὖν ἴδητε το βδελυγμα της ἐρημωσεως το ῥηθεν δια δανιηλ του προφητου ἑστος ἐν τοπῳ ἁγίῳ, ὁ ἀναγινωσκων νοειτω, τοτε οἱ ἐν τῇ ἰουδαια φευγετωσαν εἰς τα ὀρη,
27 52 και τα μνημεια ἀνεωχθησαν και πολλα σωματα των κεκοιμημενων ἁγίων ἠγερθησαν·
53 και ἐξελθοντες ἐκ των μνημειων μετα την ἐγερσιν αὐτου εἰσηλθον εἰς την ἁγίαν πολιν και ἐνεφανισθησαν πολλοις.
28 19 πορευθεντες οὖν μαθητευσατε παντα τα ἐθνη, βαπτιζοντες αὐτους εἰς το ὀνομα του πατρος και του υἱου και του ἁγίου πνευματος, διδασκοντες αὐτους τηρειν παντα ὁσα ἐνετειλαμην ὑμιν·

Mc 1 8 ἐγω ἐβαπτισα ὑμας ὑδατι, αὐτος δε βαπτισει ὑμας ἐν πνευματι ἁγίῳ.
24 οἰδα σε τίς εἰ, ὁ ἅγιος του θεου.
3 29 ὃς δ ἂν βλασφημηση εἰς το πνευμα το ἅγιον, οὐκ ἐχει ἀφεσιν εἰς τον αἰωνα,
6 20 ὁ γαρ ἡρωδης ἐφοβειτο τον ἰωαννην, εἰδως αὐτον ἀνδρα δικαιον και ἅγιον, και συνετηρει αὐτον, και ἀκουσας αὐτου πολλα ἠπορει, και ἡδεως αὐτου ἠκουεν.
8 38 και ὁ υἱος του ἀνθρωπου ἐπαισχυνθησεται αὐτον, ὁταν ἐλθη ἐν τῇ δοξη του πατρος αὐτου μετα των ἀγγελων των ἁγίων.
12 36 αὐτος δαυιδ εἰπεν ἐν τῳ πνευματι τῳ ἁγίῳ· εἰπεν κυριος τῳ κυριῳ μου· καθου ἐκ δεξιων μου ἑως ἂν θω τους ἐχθρους σου ὑποκατω των ποδων σου.
13 11 οὐ γαρ ἐστε ὑμεις οἱ λαλουντες ἀλλα το πνευμα το ἅγιον.

Lc 1 15 και πνευματος ἁγίου πλησθησεται ἐτι ἐκ κοιλιας μητρος αὐτου,
35 πνευμα ἅγιον ἐπελευσεται ἐπι σέ, και δυναμις ὑψιστου ἐπισκιασει σοι·
35 διο και το γεννωμενον ἅγιον κληθησεται υἱος θεου.
41 και ἐπλησθη πνευματος ἁγίου ἡ ἐλισαβετ, και ἀνεφωνησεν κραυγῇ μεγαλῃ και εἰπεν·
49 και ἅγιον το ὀνομα αὐτου, και το ἐλεος αὐτου εἰς γενεας και γενεας τοις φοβουμενοις αὐτον ἐποιησεν κρατος ἐν βραχιονι αὐτου, διεσκορπισεν ὑπερηφανους διανοια καρδιας αὐτων·
67 και ζαχαριας ὁ πατηρ αὐτου ἐπλησθη πνευματος ἁγίου και ἐπροφητευσεν λεγων·
70 και ἠγειρεν κερας σωτηριας ἡμιν ἐν οἰκῳ δαυιδ παιδος αὐτου, καθως ἐλαλησεν δια στοματος των ἁγίων ἀπ αἰωνος προφητων αὐτου,
72 ποιησαι ἐλεος μετα των πατερων ἡμων και μνησθηναι διαθηκης ἁγίας αὐτου,
2 23 ἀνηγαγον αὐτον εἰς ἱεροσολυμα παραστησαι τῳ κυριῳ, καθως γεγραπται ἐν νομῳ κυριου ὁτι παν ἀρσεν διανοιγον μητραν ἅγιον τῳ κυριῳ κληθησεται,
25 και ὁ ἀνθρωπος οὑτος δικαιος και εὐλαβης, προσδεχομενος παρακλησιν του ἰσραηλ, και πνευμα ἠν ἅγιον ἐπ αὐτον·
26 και ἠν αὐτῳ κεχρηματισμενον ὑπο του πνευματος του ἁγίου μη ἰδειν θανατον πριν [ἠ] ἂν ἰδη τον χριστον κυριου.
3 16 αὐτος ὑμας βαπτισει ἐν πνευματι ἁγίῳ και πυρι·
22 ἐγενετο δε ἐν τῳ βαπτισθηναι ἁπαντα τον λαον και ἰησου βαπτισθεντος και προσευχομενου ἀνεωχθηναι τον οὐρανον και καταβηναι το πνευμα το ἅγιον σωματικῳ εἰδει ὡς περιστεραν ἐπ αὐτον,
4 1 ἰησους δε πληρης πνευματος ἁγίου ὑπεστρεψεν ἀπο του ἰορδανου,
34 οἰδα σε τίς εἰ, ὁ ἅγιος του θεου.
9 26 ὃς γαρ ἂν ἐπαισχυνθη με και τους ἐμους λογους, τουτον ὁ υἱος του ἀνθρωπου ἐπαισχυνθησεται, ὁταν ἐλθη ἐν τῇ δοξη αὐτου και του πατρος και των ἁγίων ἀγγελων.
10 21 ἐν αὐτῃ τῃ ὡρᾳ ἠγαλλιασατο [ἐν] τῳ πνευματι τῳ ἁγίῳ και εἰπεν·
11 13 εἰ οὖν ὑμεις πονηροι ὑπαρχοντες οἰδατε δοματα ἀγαθα διδοναι τοις τεκνοις ὑμων, ποσῳ μαλλον ὁ πατηρ [ὁ] ἐξ οὐρανου δωσει πνευμα ἁγίον τοις αἰτουσιν αὐτον.
12 10 τῳ δε εἰς το ἅγιον πνευμα βλασφημησαντι οὐκ ἀφεθησεται.
12 το γαρ ἅγιον πνευμα διδαξει ὑμας ἐν αὐτη τη ὡρᾳ ἁ δει εἰπειν.

Jh 1 33 ἐφ ὃν ἂν ἰδης το πνευμα καταβαινον και μενον ἐπ αὐτον, οὑτος ἐστιν ὁ βαπτιζων ἐν πνευματι ἁγίῳ.
6 69 ῥηματα ζωης αἰωνιου ἐχεις· και ἡμεις πεπιστευκαμεν και ἐγνωκαμεν ὁτι συ εἰ ὁ ἅγιος του θεου.
14 26 ὁ δε παρακλητος, το πνευμα το ἅγιον ὁ πεμψει ὁ πατηρ ἐν τῳ ὀνοματι μου, ἐκεινος ὑμας διδαξει παντα και ὑπομνησει ὑμας παντα ἁ εἰπον ὑμιν [ἐγω].

ἅγιος [233]

Jh 17 11 πατερ ἁγιε, τηρησον αὐτους ἐν τῳ ὀνοματι σου ῳ δεδωκας μοι, ἱνα ὡσιν ἑν καθως ἡμεις.
20 22 και τουτο εἰπων ἐνεφυσησεν και λεγει αὐτοις· λαβετε πνευμα ἅγιον.

Ac 1 2 ἀχρι ἡς ἡμερας ἐντειλαμενος τοις ἀποστολοις δια πνευματος ἁγίου οὑς ἐξελεξατο ἀνελημφθη·
5 ὁτι ἰωαννης μεν ἐβαπτισεν ὑδατι, ὑμεις δε ἐν πνευματι βαπτισθησεσθε ἁγίῳ οὐ μετα πολλας ταυτας ἡμερας.
8 ἀλλα λημψεσθε δυναμιν ἐπελθοντος του ἁγίου πνευματος ἐφ ὑμας,
16 ἀνδρες ἀδελφοι, ἐδει πληρωθηναι την γραφην ἡν προειπεν το πνευμα το ἅγιον δια στοματος δαυιδ περι ἰουδα του γενομενου ὁδηγου τοις συλλαβουσιν ἰησουν,
2 4 και ἐκαθισεν ἐφ ἑνα ἑκαστον αὐτων, και ἐπλησθησαν παντες πνευματος ἁγίου,
33 τῃ δεξιᾳ οὖν του θεου ὑψωθεις την τε ἐπαγγελιαν του πνευματος του ἁγίου λαβων παρα του πατρος ἐξεχεεν τουτο ὁ ὑμεις [και] βλεπετε και ἀκουετε.
38 και λημψεσθε την δωρεαν του ἁγίου πνευματος.
3 14 ὑμεις δε τον ἅγιον και δικαιον ἠρνησασθε,
21 ὡν ἐλαλησεν ὁ θεος δια στοματος των ἁγίων ἀπ αἰωνος αὐτου προφητων.
4 8 τοτε πετρος πλησθεις πνευματος ἁγίου εἰπεν προς αὐτους·
25 ὁ του πατρος ἡμων δια πνευματος ἁγίου στοματος δαυιδ παιδος σου εἰπων·
27 συνηχθησαν γαρ ἐπ ἀληθειας ἐν τῃ πολει ταυτῃ ἐπι τον ἅγιον παιδα σου ἰησουν,
30 ἐν τῳ την χειρα [σου] ἐκτεινειν σε εἰς ἰασιν και σημεια και τερατα γινεσθαι δια του ὀνοματος του ἁγίου παιδος σου ἰησου.
31 και ἐπλησθησαν ἁπαντες του ἁγίου πνευματος, και ἐλαλουν τον λογον του θεου μετα παρρησιας.
5 3 ἀνανια, δια τί ἐπληρωσεν ὁ σατανας την καρδιαν σου, ψευσασθαι σε το πνευμα το ἅγιον και νοσφισασθαι ἀπο της τιμης του χωριου;
32 και ἡμεις ἐσμεν μαρτυρες των ῥηματων τουτων, και το πνευμα το ἅγιον ὁ ἐδωκεν ὁ θεος τοις πειθαρχουσιν αὐτῳ.
6 5 και ἐξελεξαντο στεφανον, ἀνδρα πληρη πιστεως και πνευματος ἁγίου,
13 ὁ ἀνθρωπος οὑτος οὐ παυεται λαλων ῥηματα κατα του τοπου του ἁγίου [τουτου] και του νομου·
7 33 λυσον το ὑποδημα των ποδων σου· ὁ γαρ τοπος ἐφ ῳ ἑστηκας γη ἁγία ἐστιν.
51 σκληροτραχηλοι και ἀπεριτμητοι καρδιαις και τοις ὡσιν, ὑμεις ἀει τῳ πνευματι τῳ ἁγίῳ ἀντιπιπτετε, ὡς οἱ πατερες ὑμων και ὑμεις.
55 ὑπαρχων δε πληρης πνευματος ἁγίου ἀτενισας εἰς τον οὐρανον εἰδεν δοξαν θεου και ἰησουν ἑστωτα ἐκ δεξιων του θεου,
8 15 ἀπεστειλαν προς αὐτους πετρον και ἰωαννην, οἱτινες καταβαντες προσηυξαντο περι αὐτων ὁπως λαβωσιν πνευμα ἅγιον·
17 τοτε ἐπετιθεσαν τας χειρας ἐπ αὐτους, και ἐλαμβανον πνευμα ἅγιον.
19 δοτε καμοι την ἐξουσιαν ταυτην ἱνα ῳ ἐαν ἐπιθω τας χειρας λαμβανη πνευμα ἅγιον.
9 13 κυριε, ἠκουσα ἀπο πολλων περι του ἀνδρος τουτου, ὁσα κακα τοις ἁγίοις σου ἐποιησεν ἐν ἰερουσαλημ·
17 σαουλ ἀδελφε, ὁ κυριος ἀπεσταλκεν με, ἰησους ὁ ὀφθεις σοι ἐν τῃ ὁδῳ ἡ ἠρχου, ὁπως ἀναβλεψης και πλησθης πνευματος ἁγίου.
31 και τῃ παρακλησει του ἁγίου πνευματος ἐπληθυνετο.
32 ἐγενετο δε πετρον διερχομενον δια παντων κατελθειν και προς τους ἁγίους τους κατοικουντας λυδδα.
41 φωνησας δε τους ἁγίους και τας χηρας παρεστησεν αὐτην ζωσαν.
10 22 μαρτυρουμενος τε ὑπο ὁλου του ἐθνους των ἰουδαιων, ἐχρηματισθη ὑπο ἀγγελου ἁγίου μεταπεμψασθαι σε εἰς τον οἰκον αὐτου και ἀκουσαι ῥηματα παρα σου.
38 ἰησουν τον ἀπο ναζαρεθ, ὡς ἐχρισεν αὐτον ὁ θεος πνευματι ἁγίῳ και δυναμει,
44 ἐτι λαλουντος του πετρου τα ῥηματα ταυτα ἐπεπεσεν το πνευμα το ἅγιον ἐπι παντας τους ἀκουοντας τον λογον.
45 και ἐξεστησαν οἱ ἐκ περιτομης πιστοι ὁσοι συνηλθαν τῳ πετρῳ, ὁτι και ἐπι τα ἐθνη ἡ δωρεα του ἁγίου πνευματος ἐκκεχυται·
47 μητι το ὑδωρ δυναται κωλυσαι τις του μη βαπτισθηναι τουτους, οἱτινες το πνευμα το ἅγιον ἐλαβον ὡς και ἡμεις;

ἅγιος [233]

Ac	11 15	ἐν δε τω ἄρξασθαι με λαλειν ἐπεπεσεν το πνευμα το *ἅγιον* ἐπ αὐτους ὥσπερ και ἐφ ἡμας ἐν ἀρχη.
	16	ἰωαννης μεν ἐβαπτισεν ὑδατι, ὑμεις δε βαπτισθησεσθε ἐν πνευματι *ἁγιω.*
	24	και παρεκαλει παντας τη προθεσει της καρδιας προσμενειν τω κυριω, ὅτι ἦν ἀνηρ ἀγαθος και πληρης πνευματος *ἁγιου* και πιστεως.
	13 2	λειτουργουντων δε αὐτων τω κυριω και νηστευοντων εἶπεν το πνευμα το *ἅγιον·* ἀφορισατε δη μοι τον βαρναβαν και σαυλον εἰς το ἐργον ὃ προσκεκλημαι αὐτους.
	4	αὐτοι μεν οὖν ἐκπεμφθεντες ὑπο του *ἁγιου* πνευματος κατηλθον εἰς σελευκειαν,
	9	σαυλος δε, ὁ και παυλος, πλησθεις πνευματος *ἁγιου* ἀτενισας εἰς αὐτον εἶπεν·
	52	οἵ τε μαθηται ἐπληρουντο χαρας και πνευματος *ἁγιου.*
	15 8	και ὁ καρδιογνωστης θεος ἐμαρτυρησεν αὐτοις δους το πνευμα το *ἅγιον* καθως και ἡμιν,
	28	ἔδοξεν γαρ τω πνευματι τω *ἁγιω* και ἡμιν μηδεν πλεον ἐπιτιθεσθαι ὑμιν βαρος πλην τουτων των ἐπαναγκες,
	16 6	διηλθον δε την φρυγιαν και γαλατικην χωραν, κωλυθεντες ὑπο του *ἁγιου* πνευματος λαλησαι τον λογον ἐν τη ἀσια·
	19 2	εἶπεν τε προς αὐτους· εἰ πνευμα *ἅγιον* ἐλαβετε πιστευσαντες;
	2	ἀλλ οὐδ εἰ πνευμα *ἅγιον* ἐστιν ἠκουσαμεν.
	6	και ἐπιθεντος αὐτοις του παυλου [τας] χειρας ἦλθε το πνευμα το *ἅγιον* ἐπ αὐτους,
	20 23	τα ἐν αὐτη συναντησοντα μοι μη εἰδως, πλην ὅτι το πνευμα το *ἅγιον* κατα πολιν διαμαρτυρεται μοι λεγον ὅτι δεσμα και θλιψεις με μενουσιν.
	28	προσεχετε ἑαυτοις και παντι τω ποιμνιω, ἐν ᾧ ὑμας το πνευμα το *ἅγιον* ἐθετο ἐπισκοπους,
	21 11	ταδε λεγει το πνευμα το *ἅγιον·*
	28	ἔτι τε και ἑλληνας εἰσηγαγεν εἰς το ἱερον και κεκοινωκεν τον *ἁγιον* τοπον τουτον.
	26 10	ὃ και ἐποιησα ἐν ἱεροσολυμοις, και πολλους τε των *ἁγιων* ἐγω ἐν φυλακαις κατεκλεισα την παρα των ἀρχιερεων ἐξουσιαν λαβων,
	28 25	εἰποντος του παυλου ῥημα ἑν, ὅτι καλως το πνευμα το *ἅγιον* ἐλαλησεν δια ἠσαιου του προφητου προς τους πατερας ὑμων λεγων·
Rm	1 2	κλητος ἀποστολος ἀφωρισμενος εἰς εὐαγγελιον θεου, ὃ προεπηγγειλατο δια των προφητων αὐτου ἐν γραφαις *ἁγιαις*
	7	πασιν τοις οὖσιν ἐν ῥωμη ἀγαπητοις θεου, κλητοις *ἁγιοις·* χαρις ὑμιν και εἰρηνη ἀπο θεου πατρος ἡμων και κυριου ἰησου χριστου.
	5 5	ἡ δε ἐλπις οὐ καταισχυνει, ὅτι ἡ ἀγαπη του θεου ἐκκεχυται ἐν ταις καρδιαις ἡμων δια πνευματος *ἁγιου* του δοθεντος ἡμιν·
	7 12	ὥστε ὁ μεν νομος *ἅγιος,* και ἡ ἐντολη *ἁγια* και δικαια και ἀγαθη.
	12	ὥστε ὁ μεν νομος *ἅγιος,* και ἡ ἐντολη *ἁγια* και δικαια και ἀγαθη.
	8 27	ὁ δε ἐραυνων τας καρδιας οἶδεν τί το φρονημα του πνευματος, ὅτι κατα θεον ἐντυγχανει ὑπερ *ἁγιων.*
	9 1	οὐ ψευδομαι, συμμαρτυρουσης μοι της συνειδησεως μου ἐν πνευματι *ἁγιω,*
	11 16	εἰ δε ἡ ἀπαρχη *ἁγια,* και το φυραμα·
	16	και εἰ ἡ ῥιζα *ἁγια,* και οἱ κλαδοι.
	12 1	παρακαλω οὖν ὑμας, ἀδελφοι, δια των οἰκτιρμων του θεου, παραστησαι τα σωματα ὑμων θυσιαν ζωσαν *ἁγιαν* εὐαρεστον τω θεω,
	13	τη προσευχη προσκαρτερουντες, ταις χρειαις των *ἁγιων* κοινωνουντες,
	14 17	οὐ γαρ ἐστιν ἡ βασιλεια του θεου βρωσις και ποσις, ἀλλα δικαιοσυνη και εἰρηνη και χαρα ἐν πνευματι *ἁγιω·*
	15 13	ὁ δε θεος της ἐλπιδος πληρωσαι ὑμας πασης χαρας και εἰρηνης ἐν τω πιστευειν, εἰς το περισσευειν ὑμας ἐν τη ἐλπιδι ἐν δυναμει πνευματος *ἁγιου.*
	16	ἵνα γενηται ἡ προσφορα των ἐθνων εὐπροσδεκτος, ἡγιασμενη ἐν πνευματι *ἁγιω.*
	25	νυνι δε πορευομαι εἰς ἱερουσαλημ διακονων τοις *ἁγιοις·*
	26	εὐδοκησαν γαρ μακεδονια και ἀχαια κοινωνιαν τινα ποιησασθαι εἰς τους πτωχους των *ἁγιων* των ἐν ἱερουσαλημ.
	31	ἵνα ῥυσθω ἀπο των ἀπειθουντων ἐν τη ἰουδαια και ἡ διακονια μου ἡ εἰς ἱερουσαλημ εὐπροσδεκτος τοις *ἁγιοις* γενηται,
	16 2	συνιστημι δε ὑμιν φοιβην την ἀδελφην ἡμων, οὖσαν [και] διακονον της ἐκκλησιας της ἐν κεγχρεαις, ἵνα αὐτην προσδεξησθε ἐν κυριω ἀξιως των *ἁγιων,*
	15	ἀσπασασθε φιλολογον και ἰουλιαν, νηρεα και την ἀδελφην αὐτου, και ὀλυμπαν, και τους συν αὐτοις παντας *ἁγιους.*

ἅγιος [233]

Rm	16 16	ἀσπασασθε ἀλληλους ἐν φιληματι *ἁγιω.*
1Co	1 2	τη ἐκκλησια του θεου τη οὐση ἐν κορινθω, ἡγιασμενοις ἐν χριστω ἰησου, κλητοις *ἁγιοις,*
	3 17	ὁ γαρ ναος του θεου *ἅγιος* ἐστιν, οἵτινες ἐστε ὑμεις.
	6 1	τολμα τις ὑμων πραγμα ἐχων προς τον ἑτερον κρινεσθαι ἐπι των ἀδικων, και οὐχι ἐπι των *ἁγιων;*
	2	ἢ οὐκ οἴδατε ὅτι οἱ *ἅγιοι* τον κοσμον κρινουσιν;
	19	ἢ οὐκ οἴδατε ὅτι το σωμα ὑμων ναος του ἐν ὑμιν *ἁγιου* πνευματος ἐστιν, οὗ ἐχετε ἀπο θεου, και οὐκ ἐστε ἑαυτων;
	7 14	ἐπει ἀρα τα τεκνα ὑμων ἀκαθαρτα ἐστιν, νυν δε *ἁγια* ἐστιν.
	34	και ἡ γυνη ἡ ἀγαμος και ἡ παρθενος μεριμνα τα του κυριου, ἵνα ἦ *ἁγια* και τω σωματι και τω πνευματι·
	12 3	και οὐδεις δυναται εἰπειν· κυριος ἰησους, εἰ μη ἐν πνευματι *ἁγιω.*
	14 33	ὡς ἐν πασαις ταις ἐκκλησιαις των *ἁγιων.* αἱ γυναικες ἐν ταις ἐκκλησιαις σιγατωσαν·
	16 1	περι δε της λογειας της εἰς τους *ἁγιους,* ὥσπερ διεταξα ταις ἐκκλησιαις της γαλατιας, οὑτως και ὑμεις ποιησατε.
	15	οἴδατε την οἰκιαν στεφανα, ὅτι ἐστιν ἀπαρχη της ἀχαιας και εἰς διακονιαν τοις *ἁγιοις* ἐταξαν ἑαυτους·
	20	ἀσπασασθε ἀλληλους ἐν φιληματι *ἁγιω.*
2Co	1 1	παυλος ἀποστολος χριστου ἰησου δια θεληματος θεου και τιμοθεος ὁ ἀδελφος τη ἐκκλησια του θεου τη οὐση ἐν κορινθω συν τοις *ἁγιοις* πασιν τοις οὖσιν ἐν ὁλη τη ἀχαια·
	6 6	ἐν μακροθυμια, ἐν χρηστοτητι, ἐν πνευματι *ἁγιω,*
	8 4	αὐθαιρετοι μετα πολλης παρακλησεως δεομενοι ἡμων την χαριν και την κοινωνιαν της διακονιας της εἰς τους *ἁγιους,*
	9 1	περι μεν γαρ της διακονιας της εἰς τους *ἁγιους* περισσον μοι ἐστιν το γραφειν ὑμιν·
	12	ὅτι ἡ διακονια της λειτουργιας ταυτης οὐ μονον ἐστιν προσαναπληρουσα τα ὑστερηματα των *ἁγιων,* ἀλλα και περισσευουσα δια πολλων εὐχαριστιων τω θεω·
	13 12	ἀσπασασθε ἀλληλους ἐν *ἁγιω* φιληματι.
	12	ἀσπαζονται ὑμας οἱ *ἁγιοι* παντες.
	13	ἡ χαρις του κυριου ἰησου χριστου και ἡ ἀγαπη του θεου και ἡ κοινωνια του *ἁγιου* πνευματος μετα παντων ὑμων.
Eph	1 1	παυλος ἀποστολος χριστου ἰησου δια θεληματος θεου τοις *ἁγιοις* τοις οὖσιν [ἐν ἐφεσω] και πιστοις ἐν χριστω ἰησου·
	4	εἶναι ἡμας *ἁγιους* και ἀμωμους κατενωπιον αὐτου, ἐν ἀγαπη
	13	ἐν ᾧ και πιστευσαντες ἐσφραγισθητε τω πνευματι της ἐπαγγελιας τω *ἁγιω,*
	15	δια τουτο καγω, ἀκουσας την καθ ὑμας πιστιν ἐν τω κυριω ἰησου και την ἀγαπην την εἰς παντας τους *ἁγιους,* οὐ παυομαι εὐχαριστων
	18	τίς ὁ πλουτος της δοξης της κληρονομιας αὐτου ἐν τοις *ἁγιοις,*
	2 19	ἀρα οὖν οὐκετι ἐστε ξενοι και παροικοι, ἀλλα ἐστε συμπολιται των *ἁγιων* και οἰκειοι του θεου,
	21	ἐν ᾧ πασα οἰκοδομη συναρμολογουμενη αὐξει εἰς ναον *ἁγιον* ἐν κυριω,
	3 5	ὃ ἑτεραις γενεαις οὐκ ἐγνωρισθη τοις υἱοις των ἀνθρωπων ὡς νυν ἀπεκαλυφθη τοις *ἁγιοις* ἀποστολοις αὐτου και προφηταις ἐν πνευματι,
	8	ἐμοι τω ἐλαχιστοτερω παντων *ἁγιων* ἐδοθη ἡ χαρις αὑτη,
	18	ἵνα ἐξισχυσητε καταλαβεσθαι συν πασιν τοις *ἁγιοις* τί το πλατος και μηκος και ὑψος και βαθος,
	4 12	προς τον καταρτισμον των *ἁγιων* εἰς ἐργον διακονιας,
	30	και μη λυπειτε το πνευμα το *ἅγιον* του θεου,
	5 3	πορνεια δε και ἀκαθαρσια πασα ἢ πλεονεξια μηδε ὀνομαζεσθω ἐν ὑμιν, καθως πρεπει *ἁγιοις,*
	27	μη ἐχουσαν σπιλον ἢ ῥυτιδα ἢ τι των τοιουτων, ἀλλ ἵνα ἦ *ἁγια* και ἀμωμος.
	6 18	και εἰς αὐτο ἀγρυπνουντες ἐν παση προσκαρτερησει και δεησει περι παντων των *ἁγιων,*
Php	1 1	παυλος και τιμοθεος δουλοι χριστου ἰησου πασιν τοις *ἁγιοις* ἐν χριστω ἰησου τοις οὖσιν ἐν φιλιπποις συν ἐπισκοποις και διακονοις·
	4 21	ἀσπασασθε παντα *ἁγιον* ἐν χριστω ἰησου.
	22	ἀσπαζονται ὑμας παντες οἱ *ἁγιοι,*
Col	1 2	τοις ἐν κολοσσαις *ἁγιοις* και πιστοις ἀδελφοις ἐν χριστω· χαρις ὑμιν και εἰρηνη ἀπο θεου πατρος ἡμων.
	4	ἀκουσαντες την πιστιν ὑμων ἐν χριστω ἰησου και την ἀγαπην ἣν ἐχετε εἰς παντας τους *ἁγιους*
	12	μετα χαρας εὐχαριστουντες τω πατρι τω ἱκανωσαντι ὑμας εἰς την μεριδα του κληρου των *ἁγιων* ἐν τω φωτι·
	22	παραστησαι ὑμας *ἁγιους* και ἀμωμους και ἀνεγκλητους κατενωπιον αὐτου,
	26	νυν δε ἐφανερωθη τοις *ἁγιοις* αὐτου,

ἅγιος [233]

Col	3 12	ἐνδυσασθε οὖν, ὡς ἐκλεκτοι του θεου ἅγιοι και ἠγαπημενοι, σπλαγχνα οἰκτιρμου, χρηστοτητα, ταπεινοφροσυνην, πραυτητα, μακροθυμιαν,
1Th	1 5	ὅτι το εὐαγγελιον ἡμων οὐκ ἐγενηθη εἰς ὑμας ἐν λογῳ μονον, ἀλλα και ἐν δυναμει και ἐν πνευματι ἁγιῳ και [ἐν] πληροφοριᾳ πολλῃ,
	6	και ὑμεις μιμηται ἡμων ἐγενηθητε και του κυριου, δεξαμενοι τον λογον ἐν θλιψει πολλῃ μετα χαρας πνευματος ἁγιου,
	3 13	ἐμπροσθεν του θεου και πατρος ἡμων ἐν τῃ παρουσιᾳ του κυριου ἡμων ἰησου μετα παντων των ἁγιων αὐτου.
	4 8	τοιγαρουν ὁ ἀθετων οὐκ ἀνθρωπον ἀθετει ἀλλα τον θεον τον [και] διδοντα το πνευμα αὐτου το ἅγιον εἰς ὑμας.
	5 26	ἀσπασασθε τους ἀδελφους παντας ἐν φιληματι ἁγιῳ.
2Th	1 10	ὅταν ἐλθῃ ἐνδοξασθηναι ἐν τοις ἁγιοις αὐτου και θαυμασθηναι ἐν πασιν τοις πιστευσασιν,
1Tm	5 10	εἰ ἐτεκνοτροφησεν, εἰ ἐξενοδοχησεν, εἰ ἁγιων ποδας ἐνιψεν,
2Tm	1 9	ἀλλα συγκακοπαθησον τῳ εὐαγγελιῳ κατα δυναμιν θεου, του σωσαντος ἡμας και καλεσαντος κλησει ἁγιᾳ,
	14	την καλην παραθηκην φυλαξον δια πνευματος ἁγιου του ἐνοικουντος ἐν ἡμιν.
Tit	3 5	οὐκ ἐξ ἐργων των ἐν δικαιοσυνῃ ἁ ἐποιησαμεν ἡμεις, ἀλλα κατα το αὐτου ἐλεος ἐσωσεν ἡμας δια λουτρου παλιγγενεσιας και ἀνακαινωσεως πνευματος ἁγιου,
Phm	5	ἀκουων σου την ἀγαπην και την πιστιν ἡν ἐχεις προς τον κυριον ἰησουν και εἰς παντας τους ἁγιους,
	7	χαραν γαρ πολλην ἐσχον και παρακλησιν ἐπι τῃ ἀγαπῃ σου, ὅτι τα σπλαγχνα των ἁγιων ἀναπεπαυται δια σου, ἀδελφε.
Heb	2 4	συνεπιμαρτυρουντος του θεου σημειοις τε και τερασιν και ποικιλαις δυναμεσιν και πνευματος ἁγιου μερισμοις κατα την αὐτου θελησιν.
	3 1	ὁθεν, ἀδελφοι ἁγιοι, κλησεως ἐπουρανιου μετοχοι, κατανοησατε τον ἀποστολον και ἀρχιερεα της ὁμολογιας ἡμων ἰησουν,
	7	διο, καθως λεγει το πνευμα το ἁγιον· σημερον ἐαν της φωνης αὐτου ἀκουσητε,
	6 4	και μετοχους γενηθεντας πνευματος ἁγιου
	10	οὐ γαρ ἀδικος ὁ θεος ἐπιλαθεσθαι του ἐργου ὑμων και της ἀγαπης ἡς ἐνεδειξασθε εἰς το ὀνομα αὐτου, διακονησαντες τοις ἁγιοις και διακονουντες.
	8 2	ὁς ἐκαθισεν ἐν δεξιᾳ του θρονου της μεγαλωσυνης ἐν τοις οὐρανοις, των ἁγιων λειτουργος και της σκηνης της ἀληθινης,
	9 1	εἰχε μεν οὐν [και] ἡ πρωτη δικαιωματα λατρειας το τε ἁγιον κοσμικον.
	2	ἐν ᾗ ἡ τε λυχνια και ἡ τραπεζα και ἡ προθεσις των ἀρτων, ἡτις λεγεται ἁγια·
	3	μετα δε το δευτερον καταπετασμα σκηνη ἡ λεγομενη ἁγια ἁγιων,
	3	μετα δε το δευτερον καταπετασμα σκηνη ἡ λεγομενη ἁγια ἁγιων,
	8	τουτο δηλουντος του πνευματος του ἁγιου, μηπω πεφανερωσθαι την των ἁγιων ὁδον ἐτι της πρωτης σκηνης ἐχουσης στασιν,
	8	τουτο δηλουντος του πνευματος του ἁγιου, μηπω πεφανερωσθαι την των ἁγιων ὁδον ἐτι της πρωτης σκηνης ἐχουσης στασιν,
	12	οὐδε δι αἱματος τραγων και μοσχων, δια δε του ἰδιου αἱματος εἰσηλθεν ἐφαπαξ εἰς τα ἁγια,
	24	οὐ γαρ εἰς χειροποιητα εἰσηλθεν ἁγια χριστος, ἀντιτυπα των ἀληθινων, ἀλλα εἰς αὐτον τον οὐρανον,
	25	οὐδ ἱνα πολλακις προσφερῃ ἑαυτον, ὡσπερ ὁ ἀρχιερευς εἰσερχεται εἰς τα ἁγια κατ ἐνιαυτον ἐν αἱματι ἀλλοτριῳ,
	10 15	μαρτυρει δε ἡμιν και το πνευμα το ἁγιον·
	19	ἐχοντες οὐν, ἀδελφοι, παρρησιαν εἰς την εἰσοδον των ἁγιων ἐν τῳ αἱματι ἰησου,
	13 11	ὡν γαρ εἰσφερεται ζωων το αἱμα περι ἁμαρτιας εἰς τα ἁγια δια του ἀρχιερεως, τουτων τα σωματα κατακαιεται ἐξω της παρεμβολης.
	24	ἀσπασασθε παντας τους ἡγουμενους ὑμων και παντας τους ἁγιους.
1Pt	1 12	οἱς ἀπεκαλυφθη ὁτι οὐχ ἑαυτοις ὑμιν δε διηκονουν αὐτα, ἁ νυν ἀνηγγελη ὑμιν δια των εὐαγγελισαμενων ὑμας [ἐν] πνευματι ἁγιῳ
	15	ἀλλα κατα τον καλεσαντα ὑμας ἁγιον και αὐτοι ἁγιοι ἐν πασῃ ἀναστροφῃ γενηθητε,
	15	ἀλλα κατα τον καλεσαντα ὑμας ἁγιον και αὐτοι ἁγιοι ἐν πασῃ ἀναστροφῃ γενηθητε,
	16	διοτι γεγραπται [ὁτι] ἁγιοι ἐσεσθε, ὁτι ἐγω ἁγιος [εἰμι].
	16	διοτι γεγραπται [ὁτι] ἁγιοι ἐσεσθε, ὁτι ἐγω ἁγιος [εἰμι].

ἅγιος [233]

1Pt	2 5	και αὐτοι ὡς λιθοι ζωντες οἰκοδομεισθε οἰκος πνευματικος εἰς ἱερατευμα ἁγιον,
	9	ὑμεις δε γενος ἐκλεκτον, βασιλειον ἱερατευμα, ἐθνος ἁγιον, λαος εἰς περιποιησιν,
	3 5	οὑτως γαρ ποτε και αἱ ἁγιαι γυναικες αἱ ἐλπιζουσαι εἰς θεον ἐκοσμουν ἑαυτας,
2Pt	1 18	και ταυτην την φωνην ἡμεις ἠκουσαμεν ἐξ οὐρανου ἐνεχθεισαν συν αὐτῳ ὀντες ἐν τῳ ἁγιῳ ὀρει.
	21	ἀλλα ὑπο πνευματος ἁγιου φερομενοι ἐλαλησαν ἀπο θεου ἀνθρωποι.
	2 21	κρειττον γαρ ἡν αὐτοις μη ἐπεγνωκεναι την ὁδον της δικαιοσυνης, ἡ ἐπιγνουσιν ὑποστρεψαι ἐκ της παραδοθεισης αὐτοις ἁγιας ἐντολης.
	3 2	ἐν αἱς διεγειρω ὑμων ἐν ὑπομνησει την εἰλικρινη διανοιαν, μνησθηναι των προειρημενων ῥηματων ὑπο των ἁγιων προφητων
	11	τουτων οὑτως παντων λυομενων ποταπους δει ὑπαρχειν [ὑμας] ἐν ἁγιαις ἀναστροφαις και εὐσεβειαις,
1Jh	2 20	και ὑμεις χρισμα ἐχετε ἀπο του ἁγιου,
Ju	3	ἀναγκην ἐσχον γραψαι ὑμιν παρακαλων ἐπαγωνιζεσθαι τῃ ἁπαξ παραδοθεισῃ τοις ἁγιοις πιστει.
	14	ἰδου ἠλθεν κυριος ἐν ἁγιαις μυριασιν αὐτου,
	20	ὑμεις δε, ἀγαπητοι, ἐποικοδομουντες ἑαυτους τῃ ἁγιωτατῃ ὑμων πιστει,
	20	ὑμεις δε, ἀγαπητοι, ἐποικοδομουντες ἑαυτους τῃ ἁγιωτατῃ ὑμων πιστει, ἐν πνευματι ἁγιῳ προσευχομενοι,
Apc	3 7	ταδε λεγει ὁ ἁγιος, ὁ ἀληθινος, ὁ ἐχων την κλειν δαυιδ,
	4 8	ἁγιος ἁγιος ἁγιος κυριος ὁ θεος ὁ παντοκρατωρ,
	8	ἁγιος ἁγιος ἁγιος κυριος ὁ θεος ὁ παντοκρατωρ,
	8	ἁγιος ἁγιος ἁγιος κυριος ὁ θεος ὁ παντοκρατωρ,
	5 8	ἐχοντες ἑκαστος κιθαραν και φιαλας χρυσας γεμουσας θυμιαματων, αἱ εἰσιν αἱ προσευχαι των ἁγιων.
	6 10	ἑως ποτε, ὁ δεσποτης ὁ ἁγιος και ἀληθινος, οὐ κρινεις και ἐκδικεις το αἱμα ἡμων ἐκ των κατοικουντων ἐπι της γης;
	8 3	και ἐδοθη αὐτῳ θυμιαματα πολλα, ἱνα δωσει ταις προσευχαις των ἁγιων παντων ἐπι το θυσιαστηριον το χρυσουν το ἐνωπιον του θρονου.
	4	και ἀνεβη ὁ καπνος των θυμιαματων ταις προσευχαις των ἁγιων ἐκ χειρος του ἀγγελου ἐνωπιον του θεου.
	11 2	και την πολιν την ἁγιαν πατησουσιν μηνας τεσσερακοντα[και]δυο.
	18	και δουναι τον μισθον τοις δουλοις σου τοις προφηταις και τοις ἁγιοις και τοις φοβουμενοις το ὀνομα σου,
	13 7	και ἐδοθη αὐτῳ ποιησαι πολεμον μετα των ἁγιων και νικησαι αὐτους,
	10	ὡδε ἐστιν ἡ ὑπομονη και ἡ πιστις των ἁγιων.
	14 10	και βασανισθησεται ἐν πυρι και θειῳ ἐνωπιον ἀγγελων ἁγιων και ἐνωπιον του ἀρνιου.
	12	ὡδε ἡ ὑπομονη των ἁγιων ἐστιν,
	16 6	ὁτι αἱμα ἁγιων και προφητων ἐξεχεαν,
	17 6	και εἰδον την γυναικα μεθυουσαν ἐκ του αἱματος των ἁγιων και ἐκ του αἱματος των μαρτυρων ἰησου.
	18 20	εὐφραινου ἐπ αὐτῃ, οὐρανε και οἱ ἁγιοι και οἱ ἀποστολοι και οἱ προφηται.
	24	και ἐν αὐτῃ αἱμα προφητων και ἁγιων εὑρεθη και παντων των ἐσφαγμενων ἐπι της γης.
	19 8	το γαρ βυσσινον τα δικαιωματα των ἁγιων ἐστιν.
	20 6	μακαριος και ἁγιος ὁ ἐχων μερος ἐν τῃ ἀναστασει τῃ πρωτῃ·
	9	και ἐκυκλευσαν την παρεμβολην των ἁγιων και την πολιν την ἠγαπημενην·
	21 2	και την πολιν την ἁγιαν ἰερουσαλημ καινην εἰδον καταβαινουσαν ἐκ του οὐρανου ἀπο του θεου,
	10	και ἐδειξεν μοι την πολιν την ἁγιαν ἰερουσαλημ καταβαινουσαν ἐκ του οὐρανου ἀπο του θεου,
	22 11	και ὁ δικαιος δικαιοσυνην ποιησατω ἐτι, και ὁ ἁγιος ἁγιασθητω ἐτι.
	19	ἀφελει ὁ θεος το μερος αὐτου ἀπο του ξυλου της ζωης και ἐκ της πολεως της ἁγιας, των γεγραμμενων ἐν τῳ βιβλιῳ τουτῳ.

ἁγιοτης [1]

Heb	12 10	οἱ μεν γαρ προς ὀλιγας ἡμερας κατα το δοκουν αὐτοις ἐπαιδευον, ὁ δε ἐπι το συμφερον εἰς το μεταλαβειν της ἁγιοτητος αὐτου.

ἁγιωσυνη [3]

Rm	1 4	του ὁρισθεντος υἱου θεου ἐν δυναμει κατα πνευμα ἁγιωσυνης ἐξ ἀναστασεως νεκρων,

ἁγιωσυνη [3]

2Co	7 1	καθαρισωμεν ἑαυτους ἁπο παντος μολυσμου σαρκος και πνευματος, ἐπιτελουντες ἁγιωσυνην ἐν φοβῳ θεου.
1Th	3 13	εἰς το στηριξαι ὑμων τας καρδιας ἀμεμπτους ἐν ἁγιωσυνῃ

ἀγκαλη [1]

Lc	2 28	και αὐτος ἐδεξατο αὐτο εἰς τας ἀγκαλας και εὐλογησεν τον θεον και εἰπεν·

ἀγκιστρον [1]

Mt	17 27	ἱνα δε μη σκανδαλισωμεν αὐτους, πορευθεις εἰς θαλασσαν βαλε ἀγκιστρον και τον ἀναβαντα πρωτον ἰχθυν ἀρον, και ἀνοιξας το στομα αὐτου εὑρησεις στατηρα·

ἀγκυρα [4]

Ac	27 29	φοβουμενοι τε μη που κατα τραχεις τοπους ἐκπεσωμεν, ἐκ πρυμνης ῥιψαντες ἀγκυρας τεσσαρας ηὐχοντο ἡμεραν γενεσθαι
	30	και χαλασαντων την σκαφην εἰς την θαλασσαν προφασει ὡς ἐκ πρωρης ἀγκυρας μελλοντων ἐκτεινειν,
	40	και τας ἀγκυρας περιελοντες εἰων εἰς την θαλασσαν,
Heb	6 19	κρατησαι της προκειμενης ἐλπιδος· ἡν ὡς ἀγκυραν ἐχομεν της ψυχης ἀσφαλη τε και βεβαιαν

ἀγναφος [2]

Mt	9 16	οὐδεις δε ἐπιβαλλει ἐπιβλημα ῥακους ἀγναφου ἐπι ἱματιῳ παλαιῳ·
Mc	2 21	οὐδεις ἐπιβλημα ῥακους ἀγναφου ἐπιραπτει ἐπι ἱματιον παλαιον·

ἁγνεια [2]

1Tm	4 12	ἀλλα τυπος γινου των πιστων ἐν λογῳ, ἐν ἀναστροφῃ, ἐν ἀγαπῃ, ἐν πιστει, ἐν ἁγνεια.
	5 2	πρεσβυτερῳ μη ἐπιπληξῃς, ἀλλα παρακαλει ὡς πατερα, νεωτερους ὡς ἀδελφους, πρεσβυτερας ὡς μητερας, νεωτερας ὡς ἀδελφας ἐν παση ἁγνεια.

ἁγνιζω [7]

Jh	11 55	και ἀνεβησαν πολλοι εἰς ἱεροσολυμα ἐκ της χωρας προ του πασχα, ἱνα ἁγνισωσιν ἑαυτους.
Ac	21 24	τουτους παραλαβων ἁγνισθητι συν αὐτοις, και δαπανησον ἐπ αὐτοις ἱνα ξυρησονται την κεφαλην,
	26	τοτε ὁ παυλος παραλαβων τους ἀνδρας τη ἐχομενη ἡμερα συν αὐτοις ἁγνισθεις εἰσηει εἰς το ἱερον,
	24 18	ἐν αἱς εὑρον με ἡγνισμενον ἐν τῳ ἱερῳ, οὐ μετα ὀχλου οὐδε μετα θορυβου,
Ja	4 8	καθαρισατε χειρας, ἁμαρτωλοι, και ἁγνισατε καρδιας, διψυχοι.
1Pt	1 22	τας ψυχας ὑμων ἡγνικοτες ἐν τη ὑπακοη της ἀληθειας εἰς φιλαδελφιαν ἀνυποκριτον,
1Jh	3 3	και πας ὁ ἐχων την ἐλπιδα ταυτην ἐπ αὐτῳ ἁγνιζει ἑαυτον καθως ἐκεινος ἁγνος ἐστιν.

ἁγνισμος [1]

Ac	21 26	τοτε ὁ παυλος παραλαβων τους ἀνδρας τη ἐχομενη ἡμερα συν αὐτοις ἁγνισθεις εἰσηει εἰς το ἱερον, διαγγελλων την ἐκπληρωσιν των ἡμερων του ἁγνισμου,

ἀγνοεω [22]

Mc	9 32	οἱ δε ἡγνοουν το ῥημα, και ἐφοβουντο αὐτον ἐπερωτησαι.
Lc	9 45	οἱ δε ἡγνοουν το ῥημα τουτο, και ἡν παρακεκαλυμμενον ἀπ αὐτων ἱνα μη αἰσθωνται αὐτο,
Ac	13 27	οἱ γαρ κατοικουντες ἐν ἱερουσαλημ και οἱ ἀρχοντες αὐτων τουτον ἀγνοησαντες και τας φωνας των προφητων τας κατα παν σαββατον ἀναγινωσκομενας κριναντες ἐπληρωσαν,
	17 23	ὁ οὐν ἀγνοουντες εὐσεβειτε, τουτο ἐγω καταγγελλω ὑμιν.
Rm	1 13	οὐ θελω δε ὑμας ἀγνοειν, ἀδελφοι, ὁτι πολλακις προεθεμην ἐλθειν προς ὑμας,
	2 4	ἡ του πλουτου της χρηστοτητος αὐτου και της ἀνοχης και της μακροθυμιας καταφρονεις, ἀγνοων ὁτι το χρηστον του θεου εἰς μετανοιαν σε ἀγει;

ἀγνοεω [22]

Rm	6 3	ἡ ἀγνοειτε ὁτι ὁσοι ἐβαπτισθημεν εἰς χριστον ἰησουν, εἰς τον θανατον αὐτου ἐβαπτισθημεν;
	7 1	ἡ ἀγνοειτε, ἀδελφοι, γινωσκουσιν γαρ νομον λαλω, ὁτι ὁ νομος κυριευει του ἀνθρωπου ἐφ ὁσον χρονον ζη;
	10 3	ἀγνοουντες γαρ την του θεου δικαιοσυνην, και την ἰδιαν [δικαιοσυνην] ζητουντες στησαι, τη δικαιοσυνη του θεου οὐχ ὑπεταγησαν.
	11 25	οὐ γαρ θελω ὑμας ἀγνοειν, ἀδελφοι, το μυστηριον τουτο,
1Co	10 1	οὐ θελω γαρ ὑμας ἀγνοειν, ἀδελφοι,
	12 1	περι δε των πνευματικων, ἀδελφοι, οὐ θελω ὑμας ἀγνοειν.
	14 38	εἰ δε τις ἀγνοει, ἀγνοειται.
	38	εἰ δε τις ἀγνοει, ἀγνοειται.
2Co	1 8	οὐ γαρ θελομεν ὑμας ἀγνοειν, ἀδελφοι, ὑπερ της θλιψεως ἡμων της γενομενης ἐν τη ἀσια,
	2 11	οὐ γαρ αὐτου τα νοηματα ἀγνοουμεν.
	6 9	ὡς πλανοι και ἀληθεις, ὡς ἀγνοουμενοι και ἐπιγινωσκομενοι,
Ga	1 22	ἡμην δε ἀγνοουμενος τῳ προσωπῳ ταις ἐκκλησιαις της ἰουδαιας ταις ἐν χριστῳ.
1Th	4 13	οὐ θελομεν δε ὑμας ἀγνοειν, ἀδελφοι, περι των κοιμωμενων,
1Tm	1 13	ἀλλα ἠλεηθην, ὁτι ἀγνοων ἐποιησα ἐν ἀπιστια,
Heb	5 2	μετριοπαθειν δυναμενος τοις ἀγνοουσιν και πλανωμενοις,
2Pt	2 12	οὑτοι δε, ὡς ἀλογα ζωα γεγεννημενα φυσικα εἰς ἁλωσιν και φθοραν, ἐν οἱς ἀγνοουσιν βλασφημουντες,

ἀγνοημα [1]

Heb	9 7	εἰς δε την δευτεραν ἁπαξ του ἐνιαυτου μονος ὁ ἀρχιερευς, οὐ χωρις αἱματος ὁ προσφερει ὑπερ ἑαυτου και των του λαου ἀγνοηματων,

ἀγνοια [4]

Ac	3 17	και νυν, ἀδελφοι, οἰδα ὁτι κατα ἀγνοιαν ἐπραξατε, ὡσπερ και οἱ ἀρχοντες ὑμων·
	17 30	τους μεν οὐν χρονους της ἀγνοιας ὑπεριδων ὁ θεος τα νυν παραγγελλει τοις ἀνθρωποις παντας πανταχου μετανοειν,
Eph	4 18	ἀπηλλοτριωμενοι της ζωης του θεου, δια την ἀγνοιαν την οὐσαν ἐν αὐτοις,
1Pt	1 14	ὡς τεκνα ὑπακοης, μη συσχηματιζομενοι ταις προτερον ἐν τη ἀγνοια ὑμων ἐπιθυμιαις,

ἁγνος [8]

2Co	7 11	ἐν παντι συνεστησατε ἑαυτους ἁγνους εἰναι τῳ πραγματι.
	11 2	ἡρμοσαμην γαρ ὑμας ἑνι ἀνδρι παρθενον ἁγνην παραστησαι τῳ χριστῳ·
Php	4 8	ὁσα ἁγνα, ὁσα προσφιλη, ὁσα εὐφημα,
1Tm	5 22	μηδε κοινωνει ἁμαρτιαις ἀλλοτριαις· σεαυτον ἁγνον τηρει.
Tit	2 5	ἱνα σωφρονιζωσιν τας νεας φιλανδρους εἰναι, φιλοτεκνους, σωφρονας, ἁγνας, οἰκουργους, ἀγαθας, ὑποτασσομενας τοις ἰδιοις ἀνδρασιν,
Ja	3 17	ἡ δε ἀνωθεν σοφια πρωτον μεν ἁγνη ἐστιν,
1Pt	3 2	ἐποπτευσαντες την ἐν φοβῳ ἁγνην ἀναστροφην ὑμων.
1Jh	3 3	και πας ὁ ἐχων την ἐλπιδα ταυτην ἐπ αὐτῳ ἁγνιζει ἑαυτον καθως ἐκεινος ἁγνος ἐστιν.

ἁγνοτης [2]

2Co	6 6	ἐν νηστειαις, ἐν ἁγνοτητι, ἐν γνωσει,
	11 3	φοβουμαι δε μη πως, ὡς ὁ ὀφις ἐξηπατησεν εὑαν ἐν τη πανουργια αὐτου, φθαρη τα νοηματα ὑμων ἀπο της ἁπλοτητος [και της ἁγνοτητος] της εἰς τον χριστον.

ἁγνως [1]

Php	1 17	οἱ δε ἐξ ἐριθειας τον χριστον καταγγελλουσιν, οὐχ ἁγνως, οἰομενοι θλιψιν ἐγειρειν τοις δεσμοις μου.

ἀγνωσια [2]

1Co	15 34	ἀγνωσιαν γαρ θεου τινες ἐχουσιν· προς ἐντροπην ὑμιν λαλω.
1Pt	2 15	ὁτι οὑτως ἐστιν το θελημα του θεου, ἀγαθοποιουντας φιμουν την των ἀφρονων ἀνθρωπων ἀγνωσιαν·

ἀγνωστος [1]

Ac	17 23	διερχομενος γαρ και ἀναθεωρων τα σεβασματα ὑμων εὑρον και βωμον ἐν ᾡ ἐπεγεγραπτο· ἀγνωστῳ θεῳ.

άγορα [11]

Mt	11 16	όμοια έστιν παιδιοις καθημενοις έν ταις *άγοραις* ά προσφωνουντα τοις έτεροις λεγουσιν·
	20 3	και έξελθων περι τριτην ώραν είδεν άλλους έστωτας έν τη *άγορα* άργους,
	23 7	φιλουσιν δε την πρωτοκλισιαν έν τοις δειπνοις και τας πρωτοκαθεδριας έν ταις συναγωγαις και τους άσπασμους έν ταις *άγοραις* και καλεισθαι ύπο των άνθρωπων ραββι.
Mc	6 56	και όπου άν εισεπορευετο εις κωμας ή εις πολεις ή εις άγρους, έν ταις *άγοραις* έτιθησαν τους άσθενουντας
	7 4	και άπ *άγορας* έαν μη βαπτισωνται ούκ έσθιουσιν,
	12 38	βλεπετε άπο των γραμματεων των θελοντων έν στολαις περιπατειν και άσπασμους έν ταις *άγοραις* και πρωτοκαθεδριας έν ταις συναγωγαις και πρωτοκλισιας έν τοις δειπνοις·
Lc	7 32	όμοιοι είσιν παιδιοις τοις έν *άγορα* καθημενοις και προσφωνουσιν άλληλοις ά λεγει·
	11 43	ούαι ύμιν τοις φαρισαιοις, ότι άγαπατε την πρωτοκαθεδριαν έν ταις συναγωγαις και τους άσπασμους έν ταις *άγοραις*.
	20 46	προσεχετε άπο των γραμματεων των θελοντων περιπατειν έν στολαις και φιλουντων άσπασμους έν ταις *άγοραις*
Ac	16 19	ίδοντες δε οί κυριοι αύτης ότι έξηλθεν ή έλπις της έργασιας αύτων, έπιλαβομενοι τον παυλον και τον σιλαν είλκυσαν εις την *άγοραν* έπι τους άρχοντας,
	17 17	διελεγετο μεν ούν έν τη συναγωγη τοις ιουδαιοις και τοις σεβομενοις και έν τη *άγορα* κατα πασαν ήμεραν προς τους παρατυγχανοντας.

άγοραζω [30]

Mt	13 44	και άπο της χαρας αύτου ύπαγει και πωλει παντα όσα έχει και *άγοραζει* τον άγρον έκεινον.
	46	εύρων δε ένα πολυτιμον μαργαριτην άπελθων πεπρακεν παντα όσα είχεν και *ήγορασεν* αύτον.
	14 15	άπολυσον τους όχλους, ίνα άπελθοντες εις τας κωμας *άγορασωσιν* έαυτοις βρωματα.
	21 12	και εισηλθεν ίησους εις το ίερον και έξεβαλεν παντας τους πωλουντας και *άγοραζοντας* έν τω ίερω,
	25 9	μηποτε ού μη άρκεση ήμιν και ύμιν· πορευεσθε μαλλον προς τους πωλουντας και *άγορασατε* έαυταις,
	10	άπερχομενων δε αύτων *άγορασαι* ήλθεν ό νυμφιος,
	27 7	συμβουλιον δε λαβοντες *ήγορασαν* έξ αύτων τον άγρον του κεραμεως εις ταφην τοις ξενοις,
Mc	6 36	άπολυσον αύτους, ίνα άπελθοντες εις τους κυκλω άγρους και κωμας *άγορασωσιν* έαυτοις τί φαγωσιν.
	37	άπελθοντες *άγορασωμεν* δηναριων διακοσιων άρτους, και δωσομεν αύτοις φαγειν;
	11 15	και εισελθων εις το ίερον ήρξατο έκβαλλειν τους πωλουντας και τους *άγοραζοντας* έν τω ίερω,
	15 46	και *άγορασας* σινδονα καθελων αύτον ένειλησεν τη σινδονι και έθηκεν αύτον έν μνημειω ό ήν λελατομημενον έκ πετρας,
	16 1	και διαγενομενου του σαββατου μαρια ή μαγδαληνη και μαρια ή [του] ίακωβου και σαλωμη *ήγορασαν* άρωματα ίνα έλθουσαι άλειψωσιν αύτον.
Lc	9 13	ούκ είσιν ήμιν πλειον ή άρτοι πεντε και ίχθυες δυο, εί μητι πορευθεντες ήμεις *άγορασωμεν* εις παντα τον λαον τουτον βρωματα.
	14 18	άγρον *ήγορασα*, και έχω άναγκην έξελθων ίδειν αύτον·
	19	και έτερος είπεν· ζευγη βοων *ήγορασα* πεντε, και πορευομαι δοκιμασαι αύτα·
	17 28	ήσθιον, έπινον, *ήγοραζον*, έπωλουν, έφυτευον, ώκοδομουν·
	22 36	άλλα νυν ό έχων βαλλαντιον άρατω, όμοιως και πηραν, και ό μη έχων πωλησατω το ίματιον αύτου και *άγορασατω* μαχαιραν.
Jh	4 8	οί γαρ μαθηται αύτου άπεληλυθεισαν εις την πολιν, ίνα τροφας *άγορασωσιν*.
	6 5	ποθεν *άγορασωμεν* άρτους ίνα φαγωσιν ούτοι;
	13 29	*άγορασον* ών χρειαν έχομεν εις την έορτην, ή τοις πτωχοις ίνα τι δω.
1Co	6 20	*ήγορασθητε* γαρ τιμης· δοξασατε δη τον θεον έν τω σωματι ύμων.
	7 23	τιμης *ήγορασθητε*· μη γινεσθε δουλοι άνθρωπων.
	30	και οί χαιροντες ώς μη χαιροντες, και οί *άγοραζοντες* ώς μη κατεχοντες,
2Pt	2 1	οίτινες παρεισαξουσιν αίρεσεις άπωλειας, και τον *άγορασαντα* αύτους δεσποτην άρνουμενοι,
Apc	3 18	συμβουλευω σοι *άγορασαι* παρ έμου χρυσιον πεπυρωμενον έκ πυρος ίνα πλουτησης,
	5 9	άξιος εί λαβειν το βιβλιον και άνοιξαι τας σφραγιδας αύτου, ότι έσφαγης και *ήγορασας* τω θεω

άγοραζω [30]

Apc	13 17	και ίνα μη τις δυνηται *άγορασαι* ή πωλησαι εί μη ό έχων το χαραγμα το όνομα του θηριου ή τον άριθμον του όνοματος αύτου.
	14 3	και ούδεις έδυνατο μαθειν την ώδην εί μη αί έκατοντεσσερακοντατεσσαρες χιλιαδες, οί *ήγορασμενοι* άπο της γης.
	4	ούτοι *ήγορασθησαν* άπο των άνθρωπων άπαρχη τω θεω και τω άρνιω,
	18 11	και οί έμποροι της γης κλαιουσιν και πενθουσιν έπ αύτην, ότι τον γομον αύτων ούδεις *άγοραζει* ούκετι,

άγοραιος [2]

Ac	17 5	ζηλωσαντες δε οί ιουδαιοι και προσλαβομενοι των *άγοραιων* άνδρας τινας πονηρους και όχλοποιησαντες έθορυβουν την πολιν,
	19 38	εί μεν ούν δημητριος και οί συν αύτω τεχνιται έχουσι προς τινα λογον, *άγοραιοι* άγονται και άνθυπατοι είσιν, έγκαλειτωσαν άλληλοις.

άγρα [2]

Lc	5 4	έπαναγαγε εις το βαθος, και χαλασατε τα δικτυα ύμων εις *άγραν*.
	9	θαμβος γαρ περιεσχεν αύτον και παντας τους συν αύτω έπι τη *άγρα* των ίχθυων ών συνελαβον,

άγραμματος [1]

Ac	4 13	και καταλαβομενοι ότι άνθρωποι *άγραμματοι* είσιν και ίδιωται, έθαυμαζον, έπεγινωσκον τε αύτους ότι συν τω ίησου ήσαν,

άγραυλεω [1]

Lc	2 8	και ποιμενες ήσαν έν τη χωρα τη αύτη *άγραυλουντες* και φυλασσοντες φυλακας της νυκτος έπι την ποιμνην αύτων.

άγρευω [1]

Mc	12 13	και άποστελλουσιν προς αύτον τινας των φαρισαιων και των ήρωδιανων ίνα αύτον *άγρευσωσιν* λογω.

άγριελαιος [2]

Rm	11 17	εί δε τινες των κλαδων έξεκλασθησαν, συ δε *άγριελαιος* ών ένεκεντρισθης έν αύτοις και συγκοινωνος της ρίζης της πιοτητος της έλαιας έγενου, μη κατακαυχω των κλαδων·
	24	εί γαρ συ έκ της κατα φυσιν έξεκοπης *άγριελαιου* και παρα φυσιν ένεκεντρισθης εις καλλιελαιον, ποσω μαλλον ούτοι οί κατα φυσιν έγκεντρισθησονται τη ίδια έλαια.

άγριος [3]

Mt	3 4	ή δε τροφη ήν αύτου άκριδες και μελι *άγριον*.
Mc	1 6	και έσθιων άκριδας και μελι *άγριον*.
Ju	13	κυματα *άγρια* θαλασσης έπαφριζοντα τας έαυτων αίσχυνας,

άγριππας [11]

Ac	25 13	ήμερων δε διαγενομενων τινων *άγριππας* ό βασιλευς και βερνικη κατηντησαν εις καισαρειαν άσπασαμενοι τον φηστον.
	22	*άγριππας* δε προς τον φηστον· έβουλομην και αύτος του άνθρωπου άκουσαι.
	23	τη ούν έπαυριον έλθοντος του *άγριππα* και της βερνικης μετα πολλης φαντασιας
	24	*άγριππα* βασιλευ και παντες οί συμπαροντες ήμιν άνδρες,
	26	διο προηγαγον αύτον έφ ύμων και μαλιστα έπι σού, βασιλευ *άγριππα*, όπως της άνακρισεως γενομενης σχω τί γραψω·
	26 1	*άγριππας* δε προς τον παυλον έφη·
	2	περι παντων ών έγκαλουμαι ύπο ιουδαιων, βασιλευ *άγριππα*, ήγημαι έμαυτον μακαριον έπι σού μελλων σημερον άπολογεισθαι,
	19	όθεν, βασιλευ *άγριππα*, ούκ έγενομην άπειθης τη ούρανιω όπτασια,
	27	πιστευεις, βασιλευ *άγριππα*, τοις προφηταις;
	28	ό δε *άγριππας* προς τον παυλον·
	32	*άγριππας* δε τω φηστω έφη·

ἀγρος [37]

Mt	6 28	καταμαθετε τα κρινα του *ἀγρου*, πως αὐξανουσιν·
	30	εἰ δε τον χορτον του *ἀγρου* σημερον ὀντα και αὐριον εἰς κλιβανον βαλλομενον ὁ θεος οὑτως ἀμφιεννυσιν,
	13 24	ὡμοιωθη ἡ βασιλεια των οὐρανων ἀνθρωπω σπειραντι καλον σπερμα ἐν τω *ἀγρω* αὐτου.
	27	κυριε, οὐχι καλον σπερμα ἐσπειρας ἐν τω σω *ἀγρω*;
	31	ὁμοια ἐστιν ἡ βασιλεια των οὐρανων κοκκω σιναπεως, ὁν λαβων ἀνθρωπος ἐσπειρεν ἐν τω *ἀγρω* αὐτου.
	36	διασαφησον ἡμιν την παραβολην των ζιζανιων του *ἀγρου*.
	38	ὁ δε *ἀγρος* ἐστιν ὁ κοσμος·
	44	ὁμοια ἐστιν ἡ βασιλεια των οὐρανων θησαυρω κεκρυμμενω ἐν τω *ἀγρω*,
	44	και ἀπο της χαρας αὐτου ὑπαγει και πωλει παντα ὁσα ἐχει και ἀγοραζει τον *ἀγρον* ἐκεινον.
	19 29	και πας ὁστις ἀφηκεν οἰκιας ἠ ἀδελφους ἠ ἀδελφας ἠ πατερα ἠ μητερα ἠ τεκνα ἠ *ἀγρους* ἑνεκεν του ὀνοματος μου, ἑκατονταπλασιονα λημψεται και ζωην αἰωνιον κληρονομησει.
	22 5	οἱ δε ἀμελησαντες ἀπηλθον, ὁς μεν εἰς τον ἰδιον *ἀγρον*, ὁς δε ἐπι την ἐμποριαν αὐτου·
	24 18	και ὁ ἐν τω *ἀγρω* μη ἐπιστρεψατω ὀπισω ἀραι το ἱματιον αὐτου.
	40	τοτε δυο ἐσονται ἐν τω *ἀγρω*, εἱς παραλαμβανεται και εἱς ἀφιεται·
	27 7	συμβουλιον δε λαβοντες ἠγορασαν ἐξ αὐτων τον *ἀγρον* του κεραμεως εἰς ταφην τοις ξενοις.
	8	διο ἐκληθη ὁ *ἀγρος* ἐκεινος *ἀγρος* αἱματος ἑως της σημερον.
	8	διο ἐκληθη ὁ *ἀγρος* ἐκεινος *ἀγρος* αἱματος ἑως της σημερον.
	10	και ἐδωκαν αὐτα εἰς τον *ἀγρον* του κεραμεως, καθα συνεταξεν μοι κυριος.
Mc	5 14	και οἱ βοσκοντες αὐτους ἐφυγον και ἀπηγγειλαν εἰς την πολιν και εἰς τους *ἀγρους*·
	6 36	ἀπολυσον αὐτους, ἱνα ἀπελθοντες εἰς τους κυκλω *ἀγρους* και κωμας ἀγορασωσιν ἑαυτοις τι φαγωσιν.
	56	και ὁπου ἀν εἰσεπορευετο εἰς κωμας ἠ εἰς πολεις ἠ εἰς *ἀγρους*, ἐν ταις ἀγοραις ἐτιθησαν τους ἀσθενουντας,
	10 29	ἀμην λεγω ὑμιν, οὐδεις ἐστιν ὁς ἀφηκεν οἰκιαν ἠ ἀδελφους ἠ ἀδελφας ἠ μητερα ἠ πατερα ἠ τεκνα ἠ *ἀγρους* ἑνεκεν ἐμου και ἑνεκεν του εὐαγγελιου,
	30	ἐαν μη λαβη ἑκατονταπλασιονα νυν ἐν τω καιρω τουτω οἰκιας και ἀδελφους και ἀδελφας και μητερας και τεκνα και *ἀγρους* μετα διωγμων, και ἐν τω αἰωνι τω ἐρχομενω ζωην αἰωνιον.
	11 8	και πολλοι τα ἱματια αὐτων ἐστρωσαν εἰς την ὁδον, ἀλλοι δε στιβαδας, κοψαντες ἐκ των *ἀγρων*.
	13 16	και ὁ εἰς τον *ἀγρον* μη ἐπιστρεψατω εἰς τα ὀπισω ἀραι το ἱματιον αὐτου.
	15 21	και ἀγγαρευουσιν παραγοντα τινα σιμωνα κυρηναιον ἐρχομενον ἀπ *ἀγρου*, τον πατερα ἀλεξανδρου και ρουφου, ἱνα ἀρη τον σταυρον αὐτου.
	16 12	μετα δε ταυτα δυσιν ἐξ αὐτων περιπατουσιν ἐφανερωθη ἐν ἑτερα μορφη πορευομενοις εἰς *ἀγρον*·
Lc	8 34	ἰδοντες δε οἱ βοσκοντες το γεγονος ἐφυγον και ἀπηγγειλαν εἰς την πολιν και εἰς τους *ἀγρους*.
	9 12	ἀπολυσον τον ὀχλον, ἱνα πορευθεντες εἰς τας κυκλω κωμας και *ἀγρους* καταλυσωσιν και εὑρωσιν ἐπισιτισμον, ὁτι ὡδε ἐν ἐρημω τοπω ἐσμεν.
	12 28	εἰ δε ἐν *ἀγρω* τον χορτον ὀντα σημερον και αὐριον εἰς κλιβανον βαλλομενον ὁ θεος οὑτως ἀμφιεζει, ποσω μαλλον ὑμας, ὀλιγοπιστοι.
	14 18	*ἀγρον* ἠγορασα, και ἐχω ἀναγκην ἐξελθων ἰδειν αὐτον·
	15 15	και ἐπεμψεν αὐτον εἰς τους *ἀγρους* αὐτου βοσκειν χοιρους·
	25	ἠν δε ὁ υἱος αὐτου ὁ πρεσβυτερος ἐν *ἀγρω*·
	17 7	τις δε ἐξ ὑμων δουλον ἐχων ἀροτριωντα ἠ ποιμαινοντα, ὁς εἰσελθοντι ἐκ του *ἀγρου* ἐρει αὐτω· εὐθεως παρελθων ἀναπεσε,
	31	και ὁ ἐν *ἀγρω* ὁμοιως μη ἐπιστρεψατω εἰς τα ὀπισω.
	36*	δυο ἐν *ἀγρω*· εἱς παραλημφθησεται και ὁ ἑτερος ἀφεθησεται.
	23 26	και ὡς ἀπηγαγον αὐτον, ἐπιλαβομενοι σιμωνα τινα κυρηναιον ἐρχομενον ἀπ *ἀγρου* ἐπεθηκαν αὐτω τον σταυρον φερειν ὀπισθεν του ἰησου.
Ac	4 37	ὑπαρχοντος αὐτω *ἀγρου*, πωλησας ἠνεγκεν το χρημα και ἐθηκεν προς τους ποδας των ἀποστολων.

ἀγρυπνεω [4]

Mc	13 33	βλεπετε, *ἀγρυπνειτε*· οὐκ οἰδατε γαρ ποτε ὁ καιρος ἐστιν.
Lc	21 36	*ἀγρυπνειτε* δε ἐν παντι καιρω δεομενοι ἱνα κατισχυσητε ἐκφυγειν ταυτα παντα τα μελλοντα γινεσθαι,

ἀγρυπνεω [4]

Eph	6 18	και εἰς αὐτο *ἀγρυπνουντες* ἐν παση προσκαρτερησει και δεησει περι παντων των ἁγιων,
Heb	13 17	αὐτοι γαρ *ἀγρυπνουσιν* ὑπερ των ψυχων ὑμων ὡς λογον ἀποδωσοντες·

ἀγρυπνια [2]

2Co	6 5	ἐν ἀκαταστασιαις, ἐν κοποις, ἐν *ἀγρυπνιαις*,
	11 27	κοπω και μοχθω, ἐν *ἀγρυπνιαις* πολλακις, ἐν λιμω και διψει,

ἀγω [67]

Mt	10 18	και ἐπι ἡγεμονας δε και βασιλεις *ἀχθησεσθε* ἑνεκεν ἐμου,
	21 2	πορευεσθε εἰς την κωμην την κατεναντι ὑμων, και εὐθεως εὑρησετε ὀνον δεδεμενην και πωλον μετ αὐτης· λυσαντες *ἀγαγετε* μοι.
	7	πορευθεντες δε οἱ μαθηται και ποιησαντες καθως συνεταξεν αὐτοις ὁ ἰησους *ἠγαγον* την ὀνον και τον πωλον,
	26 46	ἐγειρεσθε, *ἀγωμεν*· ἰδου ἠγγικεν ὁ παραδιδους με.
Mc	1 38	*ἀγωμεν* ἀλλαχου εἰς τας ἐχομενας κωμοπολεις,
	13 11	και ὁταν *ἀγωσιν* ὑμας παραδιδοντες, μη προμεριμνατε τι λαλησητε,
	14 42	ἐγειρεσθε, *ἀγωμεν*· ἰδου ὁ παραδιδους με ἠγγικεν.
Lc	4 1	ἰησους δε πληρης πνευματος ἁγιου ὑπεστρεψεν ἀπο του ἰορδανου, και *ἠγετο* ἐν τω πνευματι ἐν τη ἐρημω ἡμερας τεσσερακοντα πειραζομενος ὑπο του διαβολου.
	9	*ἠγαγεν* δε αὐτον εἰς ἰερουσαλημ και ἐστησεν ἐπι το πτερυγιον του ἱερου,
	29	και *ἠγαγον* αὐτον ἑως ὀφρυος του ὀρους ἐφ οὑ ἡ πολις ᾠκοδομητο αὐτων, ὡστε κατακρημνισαι αὐτον·
	40	δυνοντος δε του ἡλιου ἁπαντες ὁσοι εἰχον ἀσθενουντας νοσοις ποικιλαις *ἠγαγον* αὐτους προς αὐτον·
	10 34	ἐπιβιβασας δε αὐτον ἐπι το ἰδιον κτηνος *ἠγαγεν* αὐτον εἰς πανδοχειον και ἐπεμεληθη αὐτου.
	18 40	σταθεις δε ὁ ἰησους ἐκελευσεν αὐτον *ἀχθηναι* προς αὐτον.
	19 27	πλην τους ἐχθρους μου τουτους τους μη θελησαντας με βασιλευσαι ἐπ αὐτους *ἀγαγετε* ὡδε και κατασφαξατε αὐτους ἐμπροσθεν μου.
	30	ἐφ ὁν οὐδεις πωποτε ἀνθρωπων ἐκαθισεν, και λυσαντες αὐτον *ἀγαγετε*.
	35	και *ἠγαγον* αὐτον προς τον ἰησουν,
	22 54	συλλαβοντες δε αὐτον *ἠγαγον* και εἰσηγαγον εἰς την οἰκιαν του ἀρχιερεως·
	23 1	και ἀνασταν ἁπαν το πληθος αὐτων *ἠγαγον* αὐτον ἐπι τον πιλατον.
	32	*ἠγοντο* δε και ἑτεροι κακουργοι δυο συν αὐτω ἀναιρεθηναι.
	24 21	ἀλλα γε και συν πασιν τουτοις τριτην ταυτην ἡμεραν *ἀγει* ἀφ οὑ ταυτα ἐγενετο.
Jh	1 42	*ἠγαγεν* αὐτον προς τον ἰησουν.
	7 45	δια τι οὐκ *ἠγαγετε* αὐτον;
	8 3*	*ἀγουσιν* δε οἱ γραμματεις και οἱ φαρισαιοι γυναικα ἐπι μοιχεια κατειλημμενην, και στησαντες αὐτην ἐν μεσω λεγουσιν αὐτω·
	9 13	*ἀγουσιν* αὐτον προς τους φαρισαιους, τον ποτε τυφλον.
	10 16	και ἀλλα προβατα ἐχω ἁ οὐκ ἐστιν ἐκ της αὐλης ταυτης· κακεινα δει με *ἀγαγειν*,
	11 7	*ἀγωμεν* εἰς την ἰουδαιαν παλιν.
	15	ἱνα πιστευσητε, ὁτι οὐκ ἠμην ἐκει· ἀλλα *ἀγωμεν* προς αὐτον.
	16	*ἀγωμεν* και ἡμεις ἱνα ἀποθανωμεν μετ αὐτου.
	14 31	ἐγειρεσθε, *ἀγωμεν* ἐντευθεν.
	18 13	ἡ οὐν σπειρα και ὁ χιλιαρχος και οἱ ὑπηρεται των ἰουδαιων συνελαβον τον ἰησουν και ἐδησαν αὐτον, και *ἠγαγον* προς ἀνναν πρωτον·
	28	*ἀγουσιν* οὐν τον ἰησουν ἀπο του καιαφα εἰς το πραιτωριον·
	19 4	ἰδε *ἀγω* ὑμιν αὐτον ἐξω, ἱνα γνωτε ὁτι οὐδεμιαν αἰτιαν εὑρισκω ἐν αὐτω.
	13	ὁ οὐν πιλατος ἀκουσας των λογων τουτων *ἠγαγεν* ἐξω τον ἰησουν,
Ac	5 21	παραγενομενος δε ὁ ἀρχιερευς και οἱ συν αὐτω συνεκαλεσαν το συνεδριον και πασαν την γερουσιαν των υἱων ἰσραηλ, και ἀπεστειλαν εἰς το δεσμωτηριον *ἀχθηναι* αὐτους.
	26	τοτε ἀπελθων ὁ στρατηγος συν τοις ὑπηρεταις *ἠγεν* αὐτους, οὐ μετα βιας,
	27	*ἀγαγοντες* δε αὐτους ἐστησαν ἐν τω συνεδριω.
	6 12	και ἐπισταντες συνηρπασαν αὐτον και *ἠγαγον* εἰς το συνεδριον,
	8 32	ὡς προβατον ἐπι σφαγην *ἠχθη*, και ὡς ἀμνος ἐναντιον του κειραντος αὐτον ἀφωνος,

ἄγω [67]

Ac	9 2	ὁπως ἐαν τινας εὑρη της ὁδου ὀντας, ἀνδρας τε και γυναικας, δεδεμενους *ἀγαγη* εἰς ἰερουσαλημ.
	21	οὐχ οὑτος ἐστιν ὁ πορθησας εἰς ἰερουσαλημ τους ἐπικαλουμενους το ὀνομα τουτο, και ὡδε εἰς τουτο ἐληλυθει, ἱνα δεδεμενους αὐτους *ἀγαγη* ἐπι τους ἀρχιερεις;
	27	βαρναβας δε ἐπιλαβομενος αὐτον *ἠγαγεν* προς τους ἀποστολους,
	11 26	ἐξηλθεν δε εἰς ταρσον ἀναζητησαι σαυλον, και εὑρων *ἠγαγεν* εἰς ἀντιοχειαν.
	13 23	τουτου ὁ θεος ἀπο του σπερματος κατ ἐπαγγελιαν *ἠγαγεν* τω ἰσραηλ σωτηρα ἰησουν,
	17 15	οἱ δε καθιστανοντες τον παυλον *ἠγαγον* ἑως ἀθηνων,
	19	ἐπιλαβομενοι τε αὐτου ἐπι τον ἀρειονπαγον *ἠγαγον*, λεγοντες·
	18 12	γαλλιωνος δε ἀνθυπατου ὀντος της ἀχαιας κατεπεστησαν ὁμοθυμαδον οἱ ἰουδαιοι τω παυλω και *ἠγαγον* αὐτον ἐπι το βημα,
	19 37	*ἠγαγετε* γαρ τους ἀνδρας τουτους οὐτε ἱεροσυλους οὐτε βλασφημουντας την θεον ἡμων.
	38	εἰ μεν οὐν δημητριος και οἱ συν αὐτω τεχνιται ἐχουσι προς τινα λογον, ἀγοραιοι *ἀγονται* και ἀνθυπατοι εἰσιν, ἐγκαλειτωσαν ἀλληλοις.
	20 12	*ἠγαγον* δε τον παιδα ζωντα, και παρεκληθησαν οὐ μετριως.
	21 16	συνηλθον δε και των μαθητων ἀπο καισαρειας συν ἡμιν, *ἀγοντες* παρ ᾡ ξενισθωμεν μνασωνι τινι κυπριω,
	34	μη δυναμενου δε αὐτου γνωναι το ἀσφαλες δια τον θορυβον, ἐκελευσεν *ἀγεσθαι* αὐτον εἰς την παρεμβολην.
	22 5	παρ ὡν και ἐπιστολας δεξαμενος προς τους ἀδελφους εἰς δαμασκον ἐπορευομην, *ἀξων* και τους ἐκεισε ὀντας δεδεμενους εἰς ἰερουσαλημ ἱνα τιμωρηθωσιν.
	23 10	ἐκελευσεν το στρατευμα καταβαν ἁρπασαι αὐτον ἐκ μεσου αὐτων *ἀγειν* τε εἰς την παρεμβολην.
	18	ὁ μεν οὐν παραλαβων αὐτον *ἠγαγεν* προς τον χιλιαρχον και φησιν·
	18	ὁ δεσμιος παυλος προσκαλεσαμενος με ἡρωτησεν τουτον τον νεανισκον *ἀγαγειν* προς σέ,
	31	οἱ μεν οὐν στρατιωται κατα το διατεταγμενον αὐτοις ἀναλαβοντες τον παυλον *ἠγαγον* δια νυκτος εἰς την ἀντιπατριδα·
	25 6	τη ἐπαυριον καθισας ἐπι του βηματος ἐκελευσεν τον παυλον *ἀχθηναι*.
	17	συνελθοντων οὐν [αὐτων] ἐνθαδε ἀναβολην μηδεμιαν ποιησαμενος τη ἑξης καθισας ἐπι του βηματος ἐκελευσα *ἀχθηναι* τον ἀνδρα·
	23	και κελευσαντος του φηστου *ἠχθη* ὁ παυλος.
Rm	2 4	ἡ του πλουτου της χρηστοτητος αὐτου και της ἀνοχης και της μακροθυμιας καταφρονεις, ἀγνοων ὀτι το χρηστον του θεου εἰς μετανοιαν σε *ἀγει*;
	8 14	ὁσοι γαρ πνευματι θεου *ἀγονται*, οὑτοι υἱοι θεου εἰσιν.
1Co	12 2	οἰδατε ὀτι ὀτε ἐθνη ἠτε προς τα εἰδωλα τα ἀφωνα ὡς ἀν *ἠγεσθε* ἀπαγομενοι.
Ga	5 18	εἰ δε πνευματι *ἀγεσθε*, οὐκ ἐστε ὑπο νομον.
1Th	4 14	εἰ γαρ πιστευομεν ὀτι ἰησους ἀπεθανεν και ἀνεστη, οὑτως και ὁ θεος τους κοιμηθεντας δια του ἰησου *ἀξει* συν αὐτω.
2Tm	3 6	και αἰχμαλωτιζοντες γυναικαρια σεσωρευμενα ἁμαρτιαις, *ἀγομενα* ἐπιθυμιαις ποικιλαις,
	4 11	μαρκον ἀναλαβων *ἀγε* μετα σεαυτου·
Heb	2 10	ἐπρεπεν γαρ αὐτω, δι ὁν τα παντα και δι οὑ τα παντα, πολλους υἱους εἰς δοξαν *ἀγαγοντα* τον ἀρχηγον της σωτηριας αὐτων δια παθηματων τελειωσαι.

ἀγωγη [1]

2Tm	3 10	συ δε παρηκολουθησας μου τη διδασκαλια, τη *ἀγωγη*, τη προθεσει, τη πιστει, τη μακροθυμια, τη ἀγαπη, τη ὑπομονη,

ἀγων [6]

Php	1 30	τον αὐτον *ἀγωνα* ἐχοντες οἱον εἰδετε ἐν ἐμοι και νυν ἀκουετε ἐν ἐμοι.
Col	2 1	θελω γαρ ὑμας εἰδεναι ἡλικον *ἀγωνα* ἐχω ὑπερ ὑμων και των ἐν λαοδικεια και ὁσοι οὐχ ἑορακαν το προσωπον μου ἐν σαρκι,
1Th	2 2	ἀλλα προπαθοντες και ὑβρισθεντες καθως οἰδατε ἐν φιλιπποις ἐπαρρησιασαμεθα ἐν τω θεω ἡμων λαλησαι προς ὑμας το εὐαγγελιον του θεου ἐν πολλω *ἀγωνι*.
1Tm	6 12	*ἀγωνιζου* τον καλον *ἀγωνα* της πιστεως,
2Tm	4 7	τον καλον *ἀγωνα* ἠγωνισμαι, τον δρομον τετελεκα,
Heb	12 1	δι ὑπομονης τρεχωμεν τον προκειμενον ἡμιν *ἀγωνα*,

ἀγωνια [1]

Lc	22 44	[και γενομενος ἐν *ἀγωνια* ἐκτενεστερον προσηυχετο]·

ἀγωνιζομαι [8]

Lc	13 24	*ἀγωνιζεσθε* εἰσελθειν δια της στενης θυρας, ὀτι πολλοι, λεγω ὑμιν, ζητησουσιν εἰσελθειν και οὐκ ἰσχυσουσιν. ἀφ οὑ ἀν ἐγερθη ὁ οἰκοδεσποτης και ἀποκλειση την θυραν,
Jh	18 36	εἰ ἐκ του κοσμου τουτου ἠν ἡ βασιλεια ἡ ἐμη, οἱ ὑπηρεται οἱ ἐμοι *ἠγωνιζοντο* [ἀν],
1Co	9 25	πας δε ὁ *ἀγωνιζομενος* παντα ἐγκρατευεται,
Col	1 29	εἰς ὁ και κοπιω *ἀγωνιζομενος* κατα την ἐνεργειαν αὐτου την ἐνεργουμενην ἐν ἐμοι ἐν δυναμει.
	4 12	δουλος χριστου [ἰησου], παντοτε *ἀγωνιζομενος* ὑπερ ὑμων ἐν ταις προσευχαις,
1Tm	4 10	εἰς τουτο γαρ κοπιωμεν και *ἀγωνιζομεθα*, ὀτι ἠλπικαμεν ἐπι θεω ζωντι,
	6 12	*ἀγωνιζου* τον καλον ἀγωνα της πιστεως,
2Tm	4 7	τον καλον ἀγωνα *ἠγωνισμαι*, τον δρομον τετελεκα,

ἀδαμ [9]

Lc	3 38	του ἐνος του σηθ του *ἀδαμ* του θεου.
Rm	5 14	ἀλλα ἐβασιλευσεν ὁ θανατος ἀπο *ἀδαμ* μεχρι μωυσεως
	14	ἀλλα ἐβασιλευσεν ὁ θανατος ἀπο ἀδαμ μεχρι μωυσεως και ἐπι τους μη ἁμαρτησαντας ἐπι τω ὁμοιωματι της παραβασεως *ἀδαμ*,
1Co	15 22	ὡσπερ γαρ ἐν τω *ἀδαμ* παντες ἀποθνησκουσιν, οὑτως και ἐν τω χριστω παντες ζωοποιηθησονται.
	45	ἐγενετο ὁ πρωτος ἀνθρωπος *ἀδαμ* εἰς ψυχην ζωσαν·
	45	ἐγενετο ὁ πρωτος ἀνθρωπος ἀδαμ εἰς ψυχην ζωσαν· ὁ ἐσχατος *ἀδαμ* εἰς πνευμα ζωοποιουν.
1Tm	2 13	*ἀδαμ* γαρ πρωτος ἐπλασθη, εἰτα εὑα.
	14	και *ἀδαμ* οὐκ ἠπατηθη, ἡ δε γυνη ἐξαπατηθεισα ἐν παραβασει γεγονεν·
Ju	14	προεφητευσεν δε και τουτοις ἑβδομος ἀπο *ἀδαμ* ἑνωχ λεγων·

ἀδαπανος [1]

1Co	9 18	τις οὐν μου ἐστιν ὁ μισθος; ἱνα εὐαγγελιζομενος *ἀδαπανον* θησω το εὐαγγελιον,

ἀδδι [1]

Lc	3 28	του μελχι του *ἀδδι* του κωσαμ του ἐλμαδαμ του ἠρ

ἀδελφη [26]

Mt	12 50	ὁστις γαρ ἀν ποιηση το θελημα του πατρος μου του ἐν οὐρανοις, αὐτος μου ἀδελφος και *ἀδελφη* και μητηρ ἐστιν.
	13 56	και αἱ *ἀδελφαι* αὐτου οὐχι πασαι προς ἡμας εἰσιν;
	19 29	και πας ὁστις ἀφηκεν οἰκιας ἠ *ἀδελφους* ἠ *ἀδελφας* ἠ πατερα ἠ μητερα ἠ τεκνα ἠ ἀγρους ἑνεκεν του ὀνοματος μου, ἑκατονταπλασιονα λημψεται και ζωην αἰωνιον κληρονομησει.
Mc	3 32	και λεγουσιν αὐτω· ἰδου ἡ μητηρ σου και οἱ ἀδελφοι σου [και αἱ *ἀδελφαι* σου] ἐξω ζητουσιν σε.
	35	ὁς [γαρ] ἀν ποιηση το θελημα του θεου, οὑτος ἀδελφος μου και *ἀδελφη* και μητηρ ἐστιν.
	6 3	οὐχ οὑτος ἐστιν ὁ τεκτων, ὁ υἱος της μαριας και ἀδελφος ἰακωβου και ἰωσητος και ἰουδα και σιμωνος; και οὐκ εἰσιν αἱ *ἀδελφαι* αὐτου ὡδε προς ἡμας;
	10 29	ἀμην λεγω ὑμιν, οὐδεις ἐστιν ὁς ἀφηκεν οἰκιαν ἠ ἀδελφους ἠ *ἀδελφας* ἠ μητερα ἠ πατερα ἠ τεκνα ἠ ἀγρους ἑνεκεν ἐμου και ἑνεκεν του εὐαγγελιου,
	30	ἐαν μη λαβη ἑκατονταπλασιονα νυν ἐν τω καιρω τουτω οἰκιας και ἀδελφους και *ἀδελφας* και μητερας και τεκνα και ἀγρους μετα διωγμων, και ἐν τω αἰωνι τω ἐρχομενω ζωην αἰωνιον.
Lc	10 39	και τηδε ἠν *ἀδελφη* καλουμενη μαριαμ, [ἠ] και παρακαθεσθεισα προς τους ποδας του κυριου ἠκουεν τον λογον αὐτου.
	40	κυριε, οὐ μελει σοι ὀτι ἡ *ἀδελφη* μου μονην με κατελιπεν διακονειν;
	14 26	εἰ τις ἐρχεται προς με και οὐ μισει τον πατερα ἑαυτου και την μητερα και την γυναικα και τα τεκνα και τους ἀδελφους και τας *ἀδελφας*,
Jh	11 1	ἠν δε τις ἀσθενων, λαζαρος ἀπο βηθανιας, ἐκ της κωμης μαριας και μαρθας της *ἀδελφης* αὐτης.
	3	ἀπεστειλαν οὐν αἱ *ἀδελφαι* προς αὐτον λεγουσαι·

ἀδελφή [26]

Jh	11 5	ἠγαπα δε ὁ ἰησους την μαρθαν και την *ἀδελφην* αὐτης και τον λαζαρον.
	28	και τουτο εἰπουσα ἀπηλθεν και ἐφωνησεν μαριαμ την *ἀδελφην* αὐτης λαθρα εἰπουσα·
	39	λεγει αὐτω ἡ *ἀδελφη* του τετελευτηκοτος μαρθα· κυριε, ἠδη ὀζει· τεταρταιος γαρ ἐστιν.
	19 25	εἰστηκεισαν δε παρα τω σταυρω του ἰησου ἡ μητηρ αὐτου και ἡ *ἀδελφη* της μητρος αὐτου, μαρια ἡ του κλωπα και μαρια ἡ μαγδαληνη.
Ac	23 16	ἀκουσας δε ὁ υἱος της *ἀδελφης* παυλου την ἐνεδραν, παραγενομενος και εἰσελθων εἰς την παρεμβολην ἀπηγγειλεν τω παυλω.
Rm	16 1	συνιστημι δε ὑμιν φοιβην την *ἀδελφην* ἡμων, οὐσαν [και] διακονον της ἐκκλησιας της ἐν κεγχρεαις,
	15	ἀσπασασθε φιλολογον και ἰουλιαν, νηρεα και την *ἀδελφην* αὐτου, και ὀλυμπαν, και τους συν αὐτοις παντας ἁγιους.
1Co	7 15	οὐ δεδουλωται ὁ *ἀδελφος* ἠ ἡ *ἀδελφη* ἐν τοις τοιουτοις·
	9 5	μη οὐκ ἐχομεν ἐξουσιαν *ἀδελφην* γυναικα περιαγειν, ὡς και οἱ λοιποι ἀποστολοι και οἱ ἀδελφοι του κυριου και κηφας;
1Tm	5 2	πρεσβυτερω μη ἐπιπληξης, ἀλλα παρακαλει ὡς πατερα, νεωτερους ὡς ἀδελφους, πρεσβυτερας ὡς μητερας, νεωτερας ὡς *ἀδελφας* ἐν παση ἁγνεια.
Phm	2	και ἁπφια τη *ἀδελφη* και ἀρχιππω τω συστρατιωτη ἡμων και τη κατ οἰκον σου ἐκκλησια·
Ja	2 15	ἐαν ἀδελφος ἠ *ἀδελφη* γυμνοι ὑπαρχωσιν και λειπομενοι της ἐφημερου τροφης, εἰπη δε τις αὐτοις ἐξ ὑμων·
2Jh	13	ἀσπαζεται σε τα τεκνα της *ἀδελφης* σου της ἐκλεκτης.

ἀδελφός [343]

Mt	1 2	ἰακωβ δε ἐγεννησεν τον ἰουδαν και τους *ἀδελφους* αὐτου,
	11	ἰωσιας δε ἐγεννησεν τον ἰεχονιαν και τους *ἀδελφους* αὐτου ἐπι της μετοικεσιας βαβυλωνος.
	4 18	περιπατων δε παρα την θαλασσαν της γαλιλαιας εἰδεν δυο *ἀδελφους*, σιμωνα τον λεγομενον πετρον και ἀνδρεαν τον *ἀδελφον* αὐτου,
	18	περιπατων δε παρα την θαλασσαν της γαλιλαιας εἰδεν δυο *ἀδελφους*, σιμωνα τον λεγομενον πετρον και ἀνδρεαν τον *ἀδελφον* αὐτου,
	21	και προβας ἐκειθεν εἰδεν ἀλλους δυο *ἀδελφους*, ἰακωβον τον του ζεβεδαιου και ἰωαννην τον *ἀδελφον* αὐτου,
	21	και προβας ἐκειθεν εἰδεν ἀλλους δυο *ἀδελφους*, ἰακωβον τον του ζεβεδαιου και ἰωαννην τον *ἀδελφον* αὐτου,
	5 22	ἐγω δε λεγω ὑμιν ὁτι πας ὁ ὀργιζομενος τω *ἀδελφω* αὐτου ἐνοχος ἐσται τη κρισει·
	22	ὁς δ ἀν εἰπη τω *ἀδελφω* αὐτου ρακα, ἐνοχος ἐσται τω συνεδριω·
	23	ἐαν οὐν προσφερης το δωρον σου ἐπι το θυσιαστηριον κακει μνησθης ὁτι ὁ *ἀδελφος* σου ἐχει τι κατα σοῦ, ἀφες ἐκει το δωρον σου ἐμπροσθεν του θυσιαστηριου,
	24	ἀφες ἐκει το δωρον σου ἐμπροσθεν του θυσιαστηριου, και ὑπαγε πρωτον διαλλαγηθι τω *ἀδελφω* σου,
	47	και ἐαν ἀσπασησθε τους *ἀδελφους* ὑμων μονον, τί περισσον ποιειτε;
	7 3	τί δε βλεπεις το καρφος το ἐν τω ὀφθαλμω του *ἀδελφου* σου,
	4	ἠ πῶς ἐρεις τω *ἀδελφω* σου· ἀφες ἐκβαλω το καρφος ἐκ του ὀφθαλμου σου,
	5	ἐκβαλε πρωτον ἐκ του ὀφθαλμου σοῦ την δοκον, και τοτε διαβλεψεις ἐκβαλειν το καρφος ἐκ του ὀφθαλμου του *ἀδελφου* σου.
	10 2	πρωτος σιμων ὁ λεγομενος πετρος και ἀνδρεας ὁ *ἀδελφος* αὐτου,
	2	και ἰακωβος ὁ του ζεβεδαιου και ἰωαννης ὁ *ἀδελφος* αὐτου,
	21	παραδωσει δε *ἀδελφος* ἀδελφον εἰς θανατον και πατηρ τεκνον,
	21	παραδωσει δε *ἀδελφος* ἀδελφον εἰς θανατον και πατηρ τεκνον,
	12 46	ἰδου ἡ μητηρ και οἱ *ἀδελφοι* αὐτου εἱστηκεισαν ἐξω ζητουντες αὐτω λαλησαι.
	47	[ἰδου ἡ μητηρ σου και οἱ *ἀδελφοι* σου ἐξω ἑστηκασιν ζητουντες σοι λαλησαι].
	48	τίς ἐστιν ἡ μητηρ μου, και τίνες εἰσιν οἱ *ἀδελφοι* μου;
	49	ἰδου ἡ μητηρ μου και οἱ *ἀδελφοι* μου.
	50	ὁστις γαρ ἀν ποιηση το θελημα του πατρος μου του ἐν οὐρανοις, αὐτος μου *ἀδελφος* και ἀδελφη και μητηρ ἐστιν.
	13 55	οὐχ ἡ μητηρ αὐτου λεγεται μαριαμ και οἱ *ἀδελφοι* αὐτου ἰακωβος και ἰωσηφ και σιμων και ἰουδας;

ἀδελφός [343]

Mt	14 3	ὁ γαρ ἡρωδης κρατησας τον ἰωαννην ἐδησεν [αὐτον] και ἐν φυλακη ἀπεθετο δια ἡρωδιαδα την γυναικα φιλιππου του *ἀδελφου* αὐτου·
	17 1	και μεθ ἡμερας ἐξ παραλαμβανει ὁ ἰησους τον πετρον και ἰακωβον και ἰωαννην τον *ἀδελφον* αὐτου,
	18 15	ἐαν δε ἁμαρτηση [εἰς σέ] ὁ *ἀδελφος* σου, ὑπαγε ἐλεγξον αὐτον μεταξυ σοῦ και αὐτου μονου.
	15	ἐαν σου ἀκουση, ἐκερδησας τον *ἀδελφον* σου·
	21	κυριε, ποσακις ἁμαρτησει εἰς ἐμε ὁ *ἀδελφος* μου και ἀφησω αὐτω; ἑως ἐπτακις;
	35	οὑτως και ὁ πατηρ μου ὁ οὐρανιος ποιησει ὑμιν, ἐαν μη ἀφητε ἑκαστος τω *ἀδελφω* αὐτου ἀπο των καρδιων ὑμων.
	19 29	και πας ὁστις ἀφηκεν οἰκιας ἠ *ἀδελφους* ἠ ἀδελφας ἠ πατερα ἠ μητερα ἠ τεκνα ἠ ἀγρους ἑνεκεν του ὀνοματος μου, ἑκατονταπλασιονα λημψεται και ζωην αἰωνιον κληρονομησει.
	20 24	και ἀκουσαντες οἱ δεκα ἠγανακτησαν περι των δυο *ἀδελφων*.
	22 24	διδασκαλε, μωυσης εἰπεν· ἐαν τις ἀποθανη μη ἐχων τεκνα, ἐπιγαμβρευσει ὁ *ἀδελφος* αὐτου την γυναικα αὐτου και ἀναστησει σπερμα τω *ἀδελφω* αὐτου.
	24	διδασκαλε, μωυσης εἰπεν· ἐαν τις ἀποθανη μη ἐχων τεκνα, ἐπιγαμβρευσει ὁ *ἀδελφος* αὐτου την γυναικα αὐτου και ἀναστησει σπερμα τω *ἀδελφω* αὐτου.
	25	ἠσαν δε παρ ἡμιν ἑπτα *ἀδελφοι*·
	25	και ὁ πρωτος γημας ἐτελευτησεν, και μη ἐχων σπερμα ἀφηκεν την γυναικα αὐτου τω *ἀδελφω* αὐτου·
	23 8	ὑμεις δε μη κληθητε ραββι· εἱς γαρ ἐστιν ὑμων ὁ διδασκαλος, παντες δε ὑμεις *ἀδελφοι* ἐστε.
	25 40	ἀμην λεγω ὑμιν, ἐφ ὁσον ἐποιησατε ἑνι τουτων των *ἀδελφων* μου των ἐλαχιστων, ἐμοι ἐποιησατε.
	28 10	μη φοβεισθε· ὑπαγετε ἀπαγγειλατε τοις *ἀδελφοις* μου ἱνα ἀπελθωσιν εἰς την γαλιλαιαν, κακει με ὀψονται.
Mc	1 16	και παραγων παρα την θαλασσαν της γαλιλαιας εἰδεν σιμωνα και ἀνδρεαν τον *ἀδελφον* σιμωνος ἀμφιβαλλοντας ἐν τη θαλασση·
	19	και προβας ὀλιγον εἰδεν ἰακωβον τον του ζεβεδαιου και ἰωαννην τον *ἀδελφον* αὐτου και αὐτους ἐν τω πλοιω καταρτιζοντας τα δικτυα.
	3 17	και ἰακωβον τον του ζεβεδαιου και ἰωαννην τον *ἀδελφον* του ἰακωβου, και ἐπεθηκεν αὐτοις ὀνομα[τα] βοανηργες, ὁ ἐστιν υἱοι βροντης·
	31	και ἐρχεται ἡ μητηρ αὐτου και οἱ *ἀδελφοι* αὐτου και λεγουσιν
	32	και λεγουσιν αὐτω· ἰδου ἡ μητηρ σου και οἱ *ἀδελφοι* σου [και αἱ ἀδελφαι σου] ἐξω ζητουσιν σε.
	33	τίς ἐστιν ἡ μητηρ μου και οἱ *ἀδελφοι* [μου];
	34	και περιβλεψαμενος τους περι αὐτον κυκλω καθημενους λεγει· ἰδε ἡ μητηρ μου και οἱ *ἀδελφοι* μου.
	35	ὁς [γαρ] ἀν ποιηση το θελημα του θεου, οὑτος *ἀδελφος* μου και ἀδελφη και μητηρ ἐστιν.
	5 37	ὁ δε ἰησους τον λογον λαλουμενον λεγει τω ἀρχισυναγωγω· μη φοβου, μονον πιστευε και οὐκ ἀφηκεν οὐδενα μετ αὐτου συνακολουθησαι εἰ μη τον πετρον και ἰακωβον και ἰωαννην τον *ἀδελφον* ἰακωβου.
	6 3	οὐχ οὑτος ἐστιν ὁ τεκτων, ὁ υἱος της μαριας και *ἀδελφος* ἰακωβου και ἰωσητος και ἰουδα και σιμωνος;
	17	αὐτος γαρ ὁ ἡρωδης ἀποστειλας ἐκρατησεν τον ἰωαννην και ἐδησεν αὐτον ἐν φυλακη δια ἡρωδιαδα την γυναικα φιλιππου του *ἀδελφου* αὐτου,
	18	ἐλεγεν γαρ ὁ ἰωαννης τω ἡρωδη ὁτι οὐκ ἐξεστιν σοι ἐχειν την γυναικα του *ἀδελφου* σου.
	10 29	ἀμην λεγω ὑμιν, οὐδεις ἐστιν ὁς ἀφηκεν οἰκιαν ἠ *ἀδελφους* ἠ ἀδελφας ἠ μητερα ἠ πατερα ἠ τεκνα ἠ ἀγρους ἑνεκεν ἐμου και ἑνεκεν του εὐαγγελιου,
	30	ἐαν μη λαβη ἑκατονταπλασιονα νυν ἐν τω καιρω τουτω οἰκιας και *ἀδελφους* και ἀδελφας και μητερας και τεκνα και ἀγρους μετα διωγμων, και ἐν τω αἰωνι τω ἐρχομενω ζωην αἰωνιον.
	12 19	διδασκαλε, μωυσης ἐγραψεν ἡμιν ὁτι ἐαν τινος *ἀδελφος* ἀποθανη και καταλιπη γυναικα και μη ἀφη τεκνον, ἱνα λαβη ὁ *ἀδελφος* αὐτου την γυναικα και ἐξαναστηση σπερμα τω *ἀδελφω* αὐτου.
	19	διδασκαλε, μωυσης ἐγραψεν ἡμιν ὁτι ἐαν τινος *ἀδελφος* ἀποθανη και καταλιπη γυναικα και μη ἀφη τεκνον, ἱνα λαβη ὁ *ἀδελφος* αὐτου την γυναικα και ἐξαναστηση σπερμα τω *ἀδελφω* αὐτου.
	19	διδασκαλε, μωυσης ἐγραψεν ἡμιν ὁτι ἐαν τινος *ἀδελφος* ἀποθανη και καταλιπη γυναικα και μη ἀφη τεκνον, ἱνα λαβη ὁ *ἀδελφος* αὐτου την γυναικα και ἐξαναστηση σπερμα τω *ἀδελφω* αὐτου.

ἀδελφός [343]

Mc 12 20 ἑπτα *ἀδελφοι* ἠσαν· και ὁ πρωτος ἐλαβεν γυναικα,
13 12 και παραδωσει *ἀδελφος* ἀδελφον εἰς θανατον και πατηρ τεκνον,
12 και παραδωσει *ἀδελφος* ἀδελφον εἰς θανατον και πατηρ τεκνον,

Lc 3 1 και τετρααρχουντος της γαλιλαιας ἡρωδου, φιλιππου δε του *ἀδελφου* αὐτου τετρααρχουντος της ἰτουραιας και τραχωνιτιδος χωρας,
19 ὁ δε ἡρωδης ὁ τετρααρχης, ἐλεγχομενος ὑπ αὐτου περι ἡρωδιαδος της γυναικος του *ἀδελφου* αὐτου και περι παντων ὡν ἐποιησεν πονηρων ὁ ἡρωδης,
6 14 σιμωνα, ὁν και ὠνομασεν πετρον, και ἀνδρεαν τον *ἀδελφον* αὐτου,
41 τί δε βλεπεις το καρφος το ἐν τω ὀφθαλμω του *ἀδελφου* σου, την δε δοκον την ἐν τω ἰδιω ὀφθαλμω οὐ καιανοεις;
42 πως δυνασαι λεγειν τω *ἀδελφω* σου· ἀδελφε, ἀφες ἐκβαλω το καρφος το ἐν τω ὀφθαλμω σου, αὐτος την ἐν τω ὀφθαλμω σου δοκον οὐ βλεπων;
42 *ἀδελφε*, ἀφες ἐκβαλω το καρφος το ἐν τω ὀφθαλμω σου, αὐτος την ἐν τω ὀφθαλμω σου δοκον οὐ βλεπων;
42 ὑποκριτα, ἐκβαλε πρωτον την δοκον ἐκ του ὀφθαλμου σου, και τοτε διαβλεψεις το καρφος το ἐν τω ὀφθαλμω του *ἀδελφου* σου ἐκβαλειν.
8 19 παρεγενετο δε προς αὐτον ἡ μητηρ και οἱ *ἀδελφοι* αὐτου,
20 ἡ μητηρ σου και οἱ *ἀδελφοι* σου ἑστηκασιν ἐξω ἰδειν θελοντες σε.
21 μητηρ μου και *ἀδελφοι* μου οὑτοι εἰσιν οἱ τον λογον του θεου ἀκουοντες και ποιουντες.
12 13 διδασκαλε, εἰπε τω *ἀδελφω* μου μερισασθαι μετ ἐμου την κληρονομιαν.
14 12 μη φωνει τους φιλους σου μηδε τους *ἀδελφους* σου μηδε τους συγγενεις σου μηδε γειτονας πλουσιους,
26 εἰ τις ἐρχεται προς με και οὐ μισει τον πατερα ἑαυτου και την μητερα και την γυναικα και τα τεκνα και τους *ἀδελφους* και τας ἀδελφας,
15 27 ὁ δε εἰπεν αὐτω ὁτι ὁ *ἀδελφος* σου ἡκει, και ἐθυσεν ὁ πατηρ σου τον μοσχον τον σιτευτον, ὁτι ὑγιαινοντα αὐτον ἀπελαβεν.
32 εὐφρανθηναι δε και χαρηναι ἐδει, ὁτι ὁ *ἀδελφος* σου οὑτος νεκρος ἠν και ἐζησεν, και ἀπολωλως και εὑρεθη.
16 28 ἐχω γαρ πεντε *ἀδελφους*·
17 3 ἐαν ἁμαρτη ὁ *ἀδελφος* σου, ἐπιτιμησον αὐτω, και ἐαν μετανοηση, ἀφες αὐτω.
18 29 ἀμην λεγω ὑμιν ὁτι οὐδεις ἐστιν ὁς ἀφηκεν οἰκιαν ἡ γυναικα ἡ *ἀδελφους* ἡ γονεις ἡ τεκνα ἑνεκεν της βασιλειας του θεου,
20 28 ἐαν τινος *ἀδελφος* ἀποθανη ἐχων γυναικα, και οὑτος ἀτεκνος ἠ, ἱνα λαβη ὁ *ἀδελφος* αὐτου την γυναικα και ἐξαναστηση σπερμα τω ἀδελφω αὐτου.
28 ἐαν τινος *ἀδελφος* ἀποθανη ἐχων γυναικα, και οὑτος ἀτεκνος ἠ, ἱνα λαβη ὁ *ἀδελφος* αὐτου την γυναικα και ἐξαναστηση σπερμα τω ἀδελφω αὐτου.
28 ἐαν τινος *ἀδελφος* ἀποθανη ἐχων γυναικα, και οὑτος ἀτεκνος ἠ, ἱνα λαβη ὁ *ἀδελφος* αὐτου την γυναικα και ἐξαναστηση σπερμα τω ἀδελφω αὐτου.
29 ἑπτα οὑν *ἀδελφοι* ἠσαν·
21 16 παραδοθησεσθε δε και ὑπο γονεων και *ἀδελφων* και συγγενων και φιλων,
22 32 και συ ποτε ἐπιστρεψας στηρισον τους *ἀδελφους* σου.

Jh 1 40 ἠν ἀνδρεας ὁ *ἀδελφος* σιμωνος πετρου εἰς ἐκ των δυο των ἀκουσαντων παρα ἰωαννου και ἀκολουθησαντων αὐτω·
41 εὑρισκει οὑτος πρωτον τον *ἀδελφον* τον ἰδιον σιμωνα και λεγει αὐτω·
2 12 μετα τουτο κατεβη εἰς καφαρναουμ αὐτος και ἡ μητηρ αὐτου και οἱ *ἀδελφοι* αὐτου και οἱ μαθηται αὐτου,
6 8 λεγει αὐτω εἰς ἐκ των μαθητων αὐτου, ἀνδρεας ὁ *ἀδελφος* σιμωνος πετρου· ἐστιν παιδαριον ὡδε ὁς ἐχει πεντε ἀρτους κριθινους και δυο ὀψαρια·
7 3 εἰπον οὑν προς αὐτον οἱ *ἀδελφοι* αὐτου· μεταβηθι ἐντευθεν και ὑπαγε εἰς την ἰουδαιαν,
5 οὐδε γαρ οἱ *ἀδελφοι* αὐτου ἐπιστευον εἰς αὐτον.
10 ὡς δε ἀνεβησαν οἱ *ἀδελφοι* αὐτου εἰς την ἑορτην, τοτε και αὐτος ἀνεβη,
11 2 ἠν δε μαριαμ ἡ ἀλειψασα τον κυριον μυρω και ἐκμαξασα τους ποδας αὐτου ταις θριξιν αὐτης, ἡς ὁ *ἀδελφος* λαζαρος ἠσθενει.
19 πολλοι δε ἐκ των ἰουδαιων ἐληλυθεισαν προς την μαρθαν και μαριαμ, ἱνα παραμυθησωνται αὐτας περι του *ἀδελφου*.
21 κυριε, εἰ ἡς ὡδε, οὐκ ἀν ἀπεθανεν ὁ *ἀδελφος* μου.
23 ἀναστησεται ὁ *ἀδελφος* σου.

ἀδελφο [343]

Jh 11 32 κυριε, εἰ ἡς ὡδε, οὐκ ἀν μου ἀπεθανεν ὁ *ἀδελφος*.
20 17 πορευου δε προς τους *ἀδελφους* μου και εἰπε αὐτοις·
21 23 ἐξηλθεν οὑν οὑτος ὁ λογος εἰς τους *ἀδελφους* ὁτι ὁ μαθητης ἐκεινος οὐκ ἀποθνησκει·

Ac 1 14 οὑτοι παντες ἠσαν προσκαρτερουντες ὁμοθυμαδον τη προσευχη συν γυναιξιν και μαριαμ τη μητρι του ἰησου και τοις *ἀδελφοις* αὐτου.
15 και ἐν ταις ἡμεραις ταυταις ἀναστας πετρος ἐν μεσω των *ἀδελφων* εἰπεν· ἠν τε ὀχλος ὀνοματων ἐπι το αὐτο ὡσει ἑκατονεικοσι·
16 ἀνδρες *ἀδελφοι*, ἐδει πληρωθηναι την γραφην
2 29 ἀνδρες *ἀδελφοι*, ἐξον εἰπειν μετα παρρησιας προς ὑμας περι του πατριαρχου δαυιδ,
37 τί ποιησωμεν, ἀνδρες *ἀδελφοι*;
3 17 και νυν, *ἀδελφοι*, οἰδα ὁτι κατα ἀγνοιαν ἐπραξατε, ὡσπερ και οἱ ἀρχοντες ὑμων·
22 μωυσης μεν εἰπεν ὁτι προφητην ὑμιν ἀναστησει κυριος ὁ θεος ὑμων ἐκ των *ἀδελφων* ὑμων ὡς ἐμε·
6 3 ἐπισκεψασθε δε, *ἀδελφοι*, ἀνδρας ἐξ ὑμων μαρτυρουμενους ἑπτα πληρεις πνευματος και σοφιας,
7 2 ἀνδρες *ἀδελφοι* και πατερες, ἀκουσατε.
13 και ἐν τω δευτερω ἀνεγνωρισθη ἰωσηφ τοις *ἀδελφοις* αὐτου,
23 ὡς δε ἐπληρουτο αὐτω τεσσερακονταετης χρονος, ἀνεβη ἐπι την καρδιαν αὐτου ἐπισκεψασθαι τους *ἀδελφους* αὐτου τους υἱους ἰσραηλ.
25 ἐνομιζεν δε συνιεναι τους *ἀδελφους* [αὐτου] ὁτι ὁ θεος δια χειρος αὐτου διδωσιν σωτηριαν αὐτοις·
26 ἀνδρες, *ἀδελφοι* ἐστε· ἱνατι ἀδικειτε ἀλληλους;
37 προφητην ὑμιν ἀναστησει ὁ θεος ἐκ των *ἀδελφων* ὑμων ὡς ἐμε.
9 17 σαουλ *ἀδελφε*, ὁ κυριος ἀπεσταλκεν με, ἰησους ὁ ὀφθεις σοι ἐν τη ὁδω ἡ ἠρχου, ὁπως ἀναβλεψης και πλησθης πνευματος ἁγιου.
30 ἐπιγνοντες δε οἱ *ἀδελφοι* κατηγαγον αὐτον εἰς καισαρειαν και ἐξαπεστειλαν αὐτον εἰς ταρσον.
10 23 τη δε ἐπαυριον ἀναστας ἐξηλθεν συν αὐτοις, και τινες των *ἀδελφων* των ἀπο ἰοππης συνηλθον αὐτω.
11 1 ἠκουσαν δε οἱ ἀποστολοι και οἱ *ἀδελφοι* οἱ ὀντες κατα την ἰουδαιαν ὁτι και τα ἐθνη ἐδεξαντο τον λογον του θεου.
12 ἠλθον δε συν ἐμοι και οἱ ἑξ *ἀδελφοι* οὑτοι,
29 των δε μαθητων καθως εὐπορειτο τις, ὡρισαν ἑκαστος αὐτων εἰς διακονιαν πεμψαι τοις κατοικουσιν ἐν τη ἰουδαια *ἀδελφοις*·
12 2 ἀνειλεν δε ἰακωβον τον *ἀδελφον* ἰωαννου μαχαιρη.
17 ἀπαγγειλατε ἰακωβω και τοις *ἀδελφοις* ταυτα.
13 15 ἀνδρες *ἀδελφοι*, εἰ τις ἐστιν ἐν ὑμιν λογος παρακλησεως προς τον λαον, λεγετε.
26 ἀνδρες *ἀδελφοι*, υἱοι γενους ἀβρααμ και οἱ ἐν ὑμιν φοβουμενοι τον θεον, ἡμιν ὁ λογος της σωτηριας ταυτης ἐξαπεσταλη.
38 γνωστον οὑν ἐστω ὑμιν, ἀνδρες *ἀδελφοι*, ὁτι δια τουτου ὑμιν ἀφεσις ἁμαρτιων καταγγελλεται,
14 2 οἱ δε ἀπειθησαντες ἰουδαιοι ἐπηγειραν και ἐκακωσαν τας ψυχας των ἐθνων κατα των *ἀδελφων*.
15 1 και τινες κατελθοντες ἀπο της ἰουδαιας ἐδιδασκον τους *ἀδελφους* ὁτι ἐαν μη περιτμηθητε τω ἐθει τω μωυσεως, οὐ δυνασθε σωθηναι.
3 και ἐποιουν χαραν μεγαλην πασιν τοις *ἀδελφοις*.
7 ἀνδρες *ἀδελφοι*, ὑμεις ἐπιστασθε ὁτι ἀφ ἡμερων ἀρχαιων ἐν ὑμιν ἐξελεξατο ὁ θεος δια του στοματος μου ἀκουσαι τα ἐθνη τον λογον του εὐαγγελιου και πιστευσαι.
13 ἀνδρες *ἀδελφοι*, ἀκουσατε μου.
22 ἰουδαν τον καλουμενον βαρσαββαν και σιλαν, ἀνδρας ἡγουμενους ἐν τοις *ἀδελφοις*,
23 οἱ ἀποστολοι και οἱ πρεσβυτεροι *ἀδελφοι* τοις κατα την ἀντιοχειαν και συριαν και κιλικιαν ἀδελφοις τοις ἐξ ἐθνων χαιρειν.
23 οἱ ἀποστολοι και οἱ πρεσβυτεροι ἀδελφοι τοις κατα την ἀντιοχειαν και συριαν και κιλικιαν *ἀδελφοις* τοις ἐξ ἐθνων χαιρειν.
32 ἰουδας τε και σιλας, και αὐτοι προφηται ὀντες, δια λογου πολλου παρεκαλεσαν τους *ἀδελφους* και ἐπεστηριξαν·
33 ποιησαντες δε χρονον ἀπελυθησαν μετ εἰρηνης ἀπο των *ἀδελφων* προς τους ἀποστειλαντας αὐτους.
36 ἐπιστρεψαντες δη ἐπισκεψωμεθα τους *ἀδελφους* κατα πολιν πασαν ἐν αἱς κατηγγειλαμεν τον λογον του κυριου, πως ἐχουσιν.
40 παυλος δε ἐπιλεξαμενος σιλαν ἐξηλθεν, παραδοθεις τη χαριτι του κυριου ὑπο των *ἀδελφων*·

ἀδελφος [343]

Ac 16 2   τιμοθεος, υίος γυναικος ίουδαιας πιστης πατρος δε έλληνος, ός έμαρτυρειτο ύπο των έν λυστροις και ίκονιω *άδελφων.*

40   έξελθοντες δε άπο της φυλακης είσηλθον προς την λυδιαν, και ίδοντες παρεκαλεσαν τους *άδελφους* και έξηλθαν.

17 6   μη εύροντες δε αύτους έσυρον ίασονα και τινας *άδελφους* έπι τους πολιταρχας,

10   οί δε *άδελφοι* εύθεως δια νυκτος έξεπεμψαν τον τε παυλον και τον σιλαν είς βεροιαν,

14   εύθεως δε τοτε τον παυλον έξαπεστειλαν οί *άδελφοι* πορευεσθαι έως έπι την θαλασσαν·

18 18   ό δε παυλος έτι προσμεινας ήμερας ίκανας, τοις *άδελφοις* άποταξαμενος έξεπλει είς την συριαν,

27   βουλομενου δε αύτου διελθειν είς την άχαιαν, προτρεψαμενοι οί *άδελφοι* έγραψαν τοις μαθηταις άποδεξασθαι αύτον·

21 7   και άσπασαμενοι τους *άδελφους* έμειναμεν ήμεραν μιαν παρ αύτοις.

17   γενομενων δε ήμων είς ίεροσολυμα άσμενως άπεδεξαντο ήμας οί *άδελφοι.*

20   θεωρεις, *άδελφε*, ποσαι μυριαδες είσιν έν τοις ίουδαιοις των πεπιστευκοτων,

22 1   άνδρες *άδελφοι* και πατερες, άκουσατε μου της προς ύμας νυνι άπολογιας.

5   ώς και ό άρχιερευς μαρτυρει μοι και παν το πρεσβυτεριον· παρ ών και έπιστολας δεξαμενος προς τους *άδελφους* είς δαμασκον έπορευομην,

13   και έπιστας είπεν μοι· σαουλ *άδελφε*, άναβλεψον.

23 1   άνδρες *άδελφοι*, έγω παση συνειδησει άγαθη πεπολιτευμαι τω θεω άχρι ταυτης της ήμερας.

5   ούκ ήδειν, *άδελφοι*, ότι έστιν άρχιερευς·

6   άνδρες *άδελφοι*, έγω φαρισαιος είμι, υίος φαρισαιων·

28 14   και μετα μιαν ήμεραν έπιγενομενου νοτου δευτεραιοι ήλθομεν είς ποτιολους, ού εύροντες *άδελφους* παρεκληθημεν παρ αύτοις έπιμειναι ήμερας έπτα·

15   κάκειθεν οί *άδελφοι* άκουσαντες τα περι ήμων ήλθαν είς άπαντησιν ήμιν άχρι άππιουφορου και τριωνταβερνων,

17   έγω, άνδρες *άδελφοι*, ούδεν έναντιον ποιησας τω λαω ή τοις έθεσι τοις πατρωοις,

21   ήμεις ούτε γραμματα περι σου έδεξαμεθα άπο της ίουδαιας, ούτε παραγενομενος τις των *άδελφων* άπηγγειλεν ή έλαλησεν τι περι σου πονηρον.

Rm 1 13   ού θελω δε ύμας άγνοειν, *άδελφοι*, ότι πολλακις προεθεμην έλθειν προς ύμας,

7 1   ή άγνοειτε, *άδελφοι*, γινωσκουσιν γαρ νομον λαλω, ότι ό νομος κυριευει του άνθρωπου έφ όσον χρονον ζη;

4   ώστε, *άδελφοι* μου, και ύμεις έθανατωθητε τω νομω δια του σωματος του χριστου,

8 12   άρα ούν *άδελφοι*, όφειλεται έσμεν, ού τη σαρκι του κατα σαρκα ζην.

29   ότι ούς προεγνω, και προωρισεν συμμορφους της είκονος του υίου αύτου, είς το είναι αύτον πρωτοτοκον έν πολλοις *άδελφοις·*

9 3   ηύχομην γαρ άναθεμα είναι αύτος έγω άπο του χριστου ύπερ των *άδελφων* μου των συγγενων μου κατα σαρκα,

10 1   *άδελφοι*, ή μεν εύδοκια της έμης καρδιας και ή δεησις προς τον θεον ύπερ αύτων είς σωτηριαν.

11 25   ού γαρ θελω ύμας άγνοειν, *άδελφοι*, το μυστηριον τουτο,

12 1   παρακαλω ούν ύμας, *άδελφοι*, δια των οίκτιρμων του θεου, παραστησαι τα σωματα ύμων θυσιαν ζωσαν άγιαν εύαρεστον τω θεω,

14 10   συ δε τί κρινεις τον *άδελφον* σου;

10   συ δε τί κρινεις τον *άδελφον* σου; ή και συ τί έξουθενεις τον *άδελφον* σου;

13   άλλα τουτο κρινατε μαλλον, το μη τιθεναι προσκομμα τω *άδελφω* ή σκανδαλον.

15   εί γαρ δια βρωμα ό *άδελφος* σου λυπειται, ούκετι κατα άγαπην περιπατεις.

21   καλον το μη φαγειν κρεα μηδε πιειν οίνον μηδε έν ώ ό *άδελφος* σου προσκοπτει.

15 14   πεπεισμαι δε, *άδελφοι* μου, και αύτος έγω περι ύμων, ότι και αύτοι μεστοι έστε άγαθωσυνης,

30   παρακαλω δε ύμας, [*άδελφοι*,] δια του κυριου ήμων ίησου χριστου και δια της άγαπης του πνευματος, συναγωνισασθαι μοι έν ταις προσευχαις ύπερ έμου προς τον θεον,

16 14   άσπασασθε άσυγκριτον, φλεγοντα, έρμην, πατροβαν, έρμαν, και τους συν αύτοις *άδελφους.*

17   παρακαλω δε ύμας, *άδελφοι*, σκοπειν τους τας διχοστασιας και τα σκανδαλα παρα την διδαχην ήν ύμεις έμαθετε ποιουντας, και έκκλινετε άπ αύτων·

ἀδελφος [343]

Rm 16 23   άσπαζεται ύμας έραστος ό οίκονομος της πολεως και κουαρτος ό *άδελφος.*

1Co 1 1   παυλος κλητος άποστολος χριστου ίησου δια θελματος θεου και σωσθενης ό *άδελφος*

10   παρακαλω δε ύμας, *άδελφοι*, δια του όνοματος του κυριου ήμων ίησου χριστου, ίνα το αύτο λεγητε παντες,

11   έδηλωθη γαρ μοι περι ύμων, *άδελφοι* μου, ύπο των χλοης, ότι έριδες έν ύμιν είσιν.

26   βλεπετε γαρ την κλησιν ύμων, *άδελφοι*, ότι ού πολλοι σοφοι κατα σαρκα,

2 1   κάγω έλθων προς ύμας, *άδελφοι*, ήλθον ού καθ ύπεροχην λογου ή σοφιας καταγγελλων ύμιν το μυστηριον του θεου.

3 1   κάγω, *άδελφοι*, ούκ ήδυνηθην λαλησαι ύμιν ώς πνευματικοις άλλ ώς σαρκινοις, ώς νηπιοις έν χριστω.

4 6   ταυτα δε, *άδελφοι*, μετεσχηματισα είς έμαυτον και άπολλων δι ύμας, ίνα έν ήμιν μαθητε το μη ύπερ ά γεγραπται,

5 11   νυν δε έγραψα ύμιν μη συναναμιγνυσθαι έαν τις *άδελφος* όνομαζομενος ή πορνος ή πλεονεκτης ή είδωλολατρης ή λοιδορος ή μεθυσος ή άρπαξ,

6 5   ούτως ούκ ένι έν ύμιν ούδεις σοφος, ός δυνησεται διακριναι άνα μεσον του *άδελφου* αύτου;

6   άλλα *άδελφος* μετα *άδελφου* κρινεται, και τουτο έπι άπιστων;

6   άλλα *άδελφος* μετα *άδελφου* κρινεται, και τουτο έπι άπιστων;

8   άλλα ύμεις άδικειτε και άποστερειτε, και τουτο *άδελφους.*

7 12   εί τις *άδελφος* γυναικα έχει άπιστον, και αύτη συνευδοκει οίκειν μετ αύτου, μη άφιετο αύτην·

14   ήγιασται γαρ ό άνηρ ό άπιστος έν τη γυναικι, και ήγιασται ή γυνη ή άπιστος έν τω *άδελφω·*

15   ού δεδουλωται ό *άδελφος* ή ή *άδελφη* έν τοις τοιουτοις·

24   έκαστος έν ώ έκληθη, *άδελφοι*, έν τουτω μενετω παρα θεω.

29   τουτο δε φημι, *άδελφοι*, ό καιρος συνεσταλμενος έστιν·

8 11   άπολλυται γαρ ό άσθενων έν τη ση γνωσει, ό *άδελφος* δι όν χριστος άπεθανεν.

12   ούτως δε άμαρτανοντες είς τους *άδελφους* και τυπτοντες αύτων την συνειδησιν άσθενουσαν είς χριστον άμαρτανετε.

13   διοπερ εί βρωμα σκανδαλιζει τον *άδελφον* μου, ού μη φαγω κρεα είς τον αίωνα,

13   διοπερ εί βρωμα σκανδαλιζει τον *άδελφον* μου, ού μη φαγω κρεα είς τον αίωνα, ίνα μη τον *άδελφον* μου σκανδαλισω.

9 5   μη ούκ έχομεν έξουσιαν *άδελφην* γυναικα περιαγειν, ώς και οί λοιποι άποστολοι και οί *άδελφοι* του κυριου και κηφας;

10 1   ού θελω γαρ ύμας άγνοειν, *άδελφοι*,

11 33   ώστε, *άδελφοι* μου, συνερχομενοι είς το φαγειν άλληλους έκδεχεσθε.

12 1   περι δε των πνευματικων, *άδελφοι*, ού θελω ύμας άγνοειν.

14 6   νυν δε, *άδελφοι*, έαν έλθω προς ύμας γλωσσαις λαλων, τί ύμας ώφελησω,

20   *άδελφοι*, μη παιδια γινεσθε ταις φρεσιν,

26   τί ούν έστιν, *άδελφοι*; όταν συνερχησθε, έκαστος ψαλμον έχει,

39   ώστε, *άδελφοι* [μου,] ζηλουτε το προφητευειν,

15 1   γνωριζω δε ύμιν, *άδελφοι*, το εύαγγελιον ό εύηγγελισαμην ύμιν,

6   έπειτα ώφθη έπανω πεντακοσιοις *άδελφοις* έφαπαξ,

31   καθ ήμεραν άποθνησκω, νη την ύμετεραν καυχησιν, [*άδελφοι*],

50   τουτο δε φημι, *άδελφοι*, ότι σαρξ και αίμα βασιλειαν θεου κληρονομησαι ού δυνανται,

58   ώστε, *άδελφοι* μου άγαπητοι, έδραιοι γινεσθε,

16 11   έκδεχομαι γαρ αύτον μετα των *άδελφων.*

12   περι δε άπολλω του *άδελφου*, πολλα παρεκαλεσα αύτον ίνα έλθη προς ύμας μετα των *άδελφων·*

12   περι δε άπολλω του *άδελφου*, πολλα παρεκαλεσα αύτον ίνα έλθη προς ύμας μετα των *άδελφων·*

15   παρακαλω δε ύμας, *άδελφοι·* οίδατε την οίκιαν στεφανα, ότι έστιν άπαρχη της άχαιας και είς διακονιαν τοις άγιοις έταξαν έαυτους·

20   άσπαζονται ύμας οί *άδελφοι* παντες.

2Co 1 1   παυλος άποστολος χριστου ίησου δια θελματος θεου και τιμοθεος ό *άδελφος* τη έκκλησια του θεου τη ούση έν κορινθω συν τοις άγιοις πασιν τοις ούσιν έν όλη τη άχαια,

8   ού γαρ θελομεν ύμας άγνοειν, *άδελφοι*, ύπερ της θλιψεως ήμων της γενομενης έν τη άσια,

2 13   ούκ έσχηκα άνεσιν τω πνευματι μου τω μη εύρειν με τιτον τον *άδελφον* μου,

8 1   γνωριζομεν δε ύμιν, *άδελφοι*, την χαριν του θεου την δεδομενην έν ταις έκκλησιαις της μακεδονιας,

18   συνεπεμψαμεν δε μετ αύτου τον *άδελφον* ού ό έπαινος έν τω εύαγγελιω δια πασων των έκκλησιων,

ἀδελφος [343]

2Co	8 22	συνεπεμψαμεν δε αυτοις τον *ἀδελφον* ἡμων,
	23	ειτε *ἀδελφοι* ἡμων, ἀποστολοι ἐκκλησιων, δοξα χριστου.
	9 3	ἐπεμψα δε τους *ἀδελφους*, ἱνα μη το καυχημα ἡμων το ὑπερ ὑμων κενωθη ἐν τω μερει τουτω,
	5	ἀναγκαιον οὑν ἡγησαμην παρακαλεσαι τους *ἀδελφους*
	11 9	το γαρ ὑστερημα μου προσανεπληρωσαν οἱ *ἀδελφοι* ἐλθοντες ἀπο μακεδονιας·
	12 18	παρεκαλεσα τιτον και συναπεστειλα τον *ἀδελφον·*
	13 11	λοιπον, *ἀδελφοι*, χαιρετε, καταρτιζεσθε, παρακαλεισθε, το αὑτο φρονειτε, εἰρηνευετε,
Ga	1 2	και οἱ συν ἐμοι παντες *ἀδελφοι*,
	11	γνωριζω γαρ ὑμιν, *ἀδελφοι*, το εὐαγγελιον το εὐαγγελισθεν ὑπ ἐμου ὁτι οὐκ ἐστιν κατα ἀνθρωπον·
	19	ἑτερον δε των ἀποστολων οὐκ εἰδον, εἰ μη ἰακωβον τον *ἀδελφον* του κυριου.
	3 15	*ἀδελφοι*, κατα ἀνθρωπον λεγω.
	4 12	γινεσθε ὡς ἐγω, ὁτι καγω ὡς ὑμεις, *ἀδελφοι*, δεομαι ὑμων.
	28	ὑμεις δε, *ἀδελφοι*, κατα ἰσαακ ἐπαγγελιας τεκνα ἐστε.
	31	διο, *ἀδελφοι*, οὐκ ἐσμεν παιδισκης τεκνα ἀλλα της ἐλευθερας.
	5 11	ἐγω δε, *ἀδελφοι*, εἰ περιτομην ἐτι κηρυσσω, τί ἐτι διωκομαι;
	13	ὑμεις γαρ ἐπ ἐλευθεριᾳ ἐκληθητε, *ἀδελφοι·*
	6 1	*ἀδελφοι*, ἐαν και προλημφθη ἀνθρωπος ἐν τινι παραπτωματι, ὑμεις οἱ πνευματικοι καταρτιζετε τον τοιουτον ἐν πνευματι πραυτητος,
	18	ἡ χαρις του κυριου ἡμων ἰησου χριστου μετα του πνευματος ὑμων, *ἀδελφοι·* ἀμην.
Eph	6 21	ἱνα δε εἰδητε και ὑμεις τα κατ ἐμε, τί πρασσω, παντα γνωρισει ὑμιν τυχικος ὁ ἀγαπητος *ἀδελφος* και πιστος διακονος ἐν κυριῳ,
	23	εἰρηνη τοις *ἀδελφοις* και ἀγαπη μετα πιστεως ἀπο θεου πατρος και κυριου ἰησου χριστου.
Php	1 12	γινωσκειν δε ὑμας βουλομαι, *ἀδελφοι*, ὁτι τα κατ ἐμε μαλλον εἰς προκοπην του εὐαγγελιου ἐληλυθεν,
	14	και τους πλειονας των *ἀδελφων* ἐν κυριῳ πεποιθοτας τοις δεσμοις μου περισσοτερως τολμαν ἀφοβως τον λογον λαλειν.
	2 25	ἀναγκαιον δε ἡγησαμην ἐπαφροδιτον τον *ἀδελφον* και συνεργον και συστρατιωτην μου, ὑμων δε ἀποστολον και λειτουργον της χρειας μου, πεμψαι προς ὑμας,
	3 1	το λοιπον, *ἀδελφοι* μου, χαιρετε ἐν κυριῳ.
	13	*ἀδελφοι*, ἐγω ἐμαυτον οὐ λογιζομαι κατειληφεναι·
	17	συμμιμηται μου γινεσθε, *ἀδελφοι*,
	4 1	ὡστε, *ἀδελφοι* μου ἀγαπητοι και ἐπιποθητοι, χαρα και στεφανος μου, οὑτως στηκετε ἐν κυριῳ, ἀγαπητοι.
	8	το λοιπον, *ἀδελφοι*, ὁσα ἐστιν ἀληθη,
	21	ἀσπαζονται ὑμας οἱ συν ἐμοι *ἀδελφοι*.
Col	1 1	παυλος ἀποστολος χριστου ἰησου δια θεληματος θεου και τιμοθεος ὁ *ἀδελφος*
	2	τοις ἐν κολοσσαις ἁγιοις και πιστοις *ἀδελφοις* ἐν χριστῳ· χαρις ὑμιν και εἰρηνη ἀπο θεου πατρος ἡμων.
	4 7	τα κατ ἐμε παντα γνωρισει ὑμιν τυχικος ὁ ἀγαπητος *ἀδελφος* και πιστος διακονος και συνδουλος ἐν κυριῳ,
	9	συν ὀνησιμῳ τῳ πιστῳ και ἀγαπητῳ *ἀδελφῳ*, ὁς ἐστιν ἐξ ὑμων·
	15	ἀσπασασθε τους ἐν λαοδικειᾳ *ἀδελφους* και νυμφαν και την κατ οἰκον αὐτης ἐκκλησιαν.
1Th	1 4	εἰδοτες, *ἀδελφοι* ἠγαπημενοι ὑπο [του] θεου, την ἐκλογην ὑμων,
	2 1	αὐτοι γαρ οἰδατε, *ἀδελφοι*, την εἰσοδον ἡμων την προς ὑμας,
	9	μνημονευετε γαρ, *ἀδελφοι*, τον κοπον ἡμων και τον μοχθον·
	14	ὑμεις γαρ μιμηται ἐγενηθητε, *ἀδελφοι*, των ἐκκλησιων του θεου
	17	ἡμεις δε, *ἀδελφοι*, ἀπορφανισθεντες ἀφ ὑμων προς καιρον ὡρας προσωπῳ οὐ καρδιᾳ,
	3 2	και ἐπεμψαμεν τιμοθεον, τον *ἀδελφον* ἡμων και συνεργον του θεου ἐν τω εὐαγγελιῳ του χριστου,
	7	δια τουτο παρεκληθημεν, *ἀδελφοι*, ἐφ ὑμιν ἐπι παση τη ἀναγκη και θλιψει ἡμων δια της ὑμων πιστεως,
	4 1	λοιπον οὑν, *ἀδελφοι*, ἐρωτωμεν ὑμας και παρακαλουμεν ἐν κυριῳ ἰησου,
	6	το μη ὑπερβαινειν και πλεονεκτειν ἐν τω πραγματι τον *ἀδελφον* αὐτου,
	10	και γαρ ποιειτε αὐτο εἰς παντας τους *ἀδελφους* [τους] ἐν ὁλη τη μακεδονιᾳ.
	10	παρακαλουμεν δε ὑμας, *ἀδελφοι*, περισσευειν μαλλον,
	13	οὐ θελομεν δε ὑμας ἀγνοειν, *ἀδελφοι*, περι των κοιμωμενων,
	5 1	περι δε των χρονων και των καιρων, *ἀδελφοι*, οὐ χρειαν ἐχετε ὑμιν γραφεσθαι·
	4	ὑμεις δε, *ἀδελφοι*, οὐκ ἐστε ἐν σκοτει,

ἀδελφος [343]

1Th	5 12	ἐρωτωμεν δε ὑμας, *ἀδελφοι*, εἰδεναι τους κοπιωντας ἐν ὑμιν και προισταμενους ὑμων ἐν κυριῳ και νουθετουντας ὑμας,
	14	παρακαλουμεν δε ὑμας, *ἀδελφοι*, νουθετειτε τους ἀτακτους,
	25	*ἀδελφοι*, προσευχεσθε [και] περι ἡμων.
	26	ἀσπασασθε τους *ἀδελφους* παντας ἐν φιληματι ἁγιῳ.
	27	ἐνορκιζω ὑμας τον κυριον ἀναγνωσθηναι την ἐπιστολην πασιν τοις *ἀδελφοις*.
2Th	1 3	εὐχαριστειν ὀφειλομεν τω θεω παντοτε περι ὑμων, *ἀδελφοι*, καθως ἀξιον ἐστιν,
	2 1	ἐρωτωμεν δε ὑμας, *ἀδελφοι*, ὑπερ της παρουσιας του κυριου ἡμων ἰησου χριστου και ἡμων ἐπισυναγωγης ἐπ αὐτον, εἰς το μη ταχεως σαλευθηναι ὑμας ἀπο του νοος
	13	ἡμεις δε ὀφειλομεν εὐχαριστειν τω θεω παντοτε περι ὑμων, *ἀδελφοι* ἠγαπημενοι ὑπο κυριου,
	15	ἀρα οὑν, *ἀδελφοι*, στηκετε, και κρατειτε τας παραδοσεις
	3 1	το λοιπον προσευχεσθε, *ἀδελφοι*, περι ἡμων, ἱνα ὁ λογος του κυριου τρεχη και δοξαζηται καθως και προς ὑμας,
	6	παραγγελλομεν δε ὑμιν, *ἀδελφοι*, ἐν ὀνοματι του κυριου [ἡμων] ἰησου χριστου, στελλεσθαι ὑμας ἀπο παντος *ἀδελφου*
	6	παραγγελλομεν δε ὑμιν, *ἀδελφοι*, ἐν ὀνοματι του κυριου [ἡμων] ἰησου χριστου, στελλεσθαι ὑμας ἀπο παντος *ἀδελφου*
	13	ὑμεις δε, *ἀδελφοι*, μη ἐγκακησητε καλοποιουντες.
	15	και μη ὡς ἐχθρον ἡγεισθε, ἀλλα νουθετειτε ὡς *ἀδελφον*.
1Tm	4 6	ταυτα ὑποτιθεμενος τοις *ἀδελφοις* καλος ἐση διακονος χριστου ἰησου,
	5 1	πρεσβυτερῳ μη ἐπιπληξῃς, ἀλλα παρακαλει ὡς πατερα· νεωτερους ὡς *ἀδελφους*, πρεσβυτερας ὡς μητερας, νεωτερας ὡς ἀδελφας ἐν παση ἁγνειᾳ.
	6 2	οἱ δε πιστους ἐχοντες δεσποτας μη καταφρονειτωσαν, ὁτι *ἀδελφοι* εἰσιν,
2Tm	4 21	ἀσπαζεται σε εὐβουλος και πουδης και λινος και κλαυδια και οἱ *ἀδελφοι* παντες.
Phm	1	παυλος δεσμιος χριστου ἰησου και τιμοθεος ὁ *ἀδελφος* φιλημονι τω ἀγαπητω και συνεργω ἡμων
	7	χαραν γαρ πολλην ἐσχον και παρακλησιν ἐπι τη ἀγαπη σου, ὁτι τα σπλαγχνα των ἁγιων ἀναπεπαυται δια σου, *ἀδελφε*.
	16	ἱνα αἰωνιον αὐτον ἀπεχῃς, οὐκετι ὡς δουλον ἀλλ ὑπερ δουλον, *ἀδελφον* ἀγαπητον, μαλιστα ἐμοι, ποσῳ δε μαλλον σοι και ἐν σαρκι και ἐν κυριῳ.
	20	ναι, *ἀδελφε*, ἐγω σου ὀναιμην ἐν κυριῳ·
Heb	2 11	δι ἡν αἰτιαν οὐκ ἐπαισχυνεται *ἀδελφους* αὐτους καλειν, λεγων·
	12	ἀπαγγελω το ὀνομα σου τοις *ἀδελφοις* μου,
	17	ὁθεν ὠφειλεν κατα παντα τοις *ἀδελφοις* ὁμοιωθηναι,
	3 1	ὁθεν, *ἀδελφοι* ἁγιοι, κλησεως ἐπουρανιου μετοχοι, κατανοησατε τον ἀποστολον και ἀρχιερεα της ὁμολογιας ἡμων ἰησουν,
	12	βλεπετε, *ἀδελφοι*, μηποτε ἐσται ἐν τινι ὑμων καρδια πονηρα ἀπιστιας ἐν τω ἀποστηναι ἀπο θεου ζωντος,
	7 5	και οἱ μεν ἐκ των υἱων λευι την ἱερατειαν λαμβανοντες ἐντολην ἐχουσιν ἀποδεκατουν τον λαον κατα τον νομον, τουτ ἐστιν τους *ἀδελφους* αὐτων,
	8 11	και οὐ μη διδαξωσιν ἑκαστος τον πολιτην αὐτου και ἑκαστος τον *ἀδελφον* αὐτου, λεγων·
	10 19	ἐχοντες οὑν, *ἀδελφοι*, παρρησιαν εἰς την εἰσοδον των ἁγιων ἐν τω αἱματι ἰησου,
	13 22	παρακαλω δε ὑμας, *ἀδελφοι*, ἀνεχεσθε του λογου της παρακλησεως·
	23	γινωσκετε τον *ἀδελφον* ἡμων τιμοθεον ἀπολελυμενον,
Ja	1 2	πασαν χαραν ἡγησασθε, *ἀδελφοι* μου, ὁταν πειρασμοις περιπεσητε ποικιλοις,
	9	καυχασθω δε ὁ *ἀδελφος* ὁ ταπεινος ἐν τω ὑψει αὐτου,
	16	μη πλανασθε, *ἀδελφοι* μου ἀγαπητοι.
	19	ἰστε, *ἀδελφοι* μου ἀγαπητοι.
	2 1	*ἀδελφοι* μου, μη ἐν προσωπολημψιαις ἐχετε την πιστιν του κυριου ἡμων ἰησου χριστου της δοξης.
	5	ἀκουσατε, *ἀδελφοι* μου ἀγαπητοι.
	14	τί το ὀφελος, *ἀδελφοι* μου, ἐαν πιστιν λεγη τις ἐχειν ἐργα δε μη ἐχη;
	15	ἐαν *ἀδελφος* ἡ ἀδελφη γυμνοι ὑπαρχωσιν και λειπομενοι της ἐφημερου τροφης, εἰπη δε αὐτοις ἐξ ὑμων·
	3 1	μη πολλοι διδασκαλοι γινεσθε, *ἀδελφοι* μου, εἰδοτες ὁτι μειζον κριμα λημψομεθα.
	10	οὐ χρη, *ἀδελφοι* μου, ταυτα οὑτως γινεσθαι.
	12	μη δυναται, *ἀδελφοι* μου, συκη ἐλαιας ποιησαι ἡ ἀμπελος συκα;
	4 11	μη καταλαλειτε ἀλληλων, *ἀδελφοι*.
	11	ὁ καταλαλων *ἀδελφου* ἡ κρινων τον *ἀδελφον* αὐτου καταλαλει νομου και κρινει νομον·

ἀδελφος [343]

Ja 4 11 ὁ καταλαλων ἀδελφου ἠ κρινων τον ἀδελφον αὐτου· καταλαλει νομου και κρινει νομον·

5 7 μακροθυμησατε οὐν, ἀδελφοι, ἑως της παρουσιας του κυριου.

9 μη στεναζετε, ἀδελφοι, κατ ἀλληλων ἱνα μη κριθητε·

10 ὑποδειγμα λαβετε, ἀδελφοι, της κακοπαθιας και της μακροθυμιας τους προφητας,

12 προ παντων δε, ἀδελφοι μου, μη ὀμνυετε,

19 ἀδελφοι μου, ἐαν τις ἐν ὑμιν πλανηθη ἀπο της ἀληθειας και ἐπιστρεψη τις αὐτον, γινωσκετω

1Pt 5 12 δια σιλουανου ὑμιν του πιστου ἀδελφου,

2Pt 1 10 διο μαλλον, ἀδελφοι, σπουδασατε βεβαιαν ὑμων την κλησιν και ἐκλογην ποιεισθαι·

3 15 καθως και ὁ ἀγαπητος ἡμων ἀδελφος παυλος κατα την δοθεισαν αὐτω σοφιαν ἐγραψεν ὑμιν,

1Jh 2 9 ὁ λεγων ἐν τω φωτι εἰναι και τον ἀδελφον αὐτου μισων ἐν τη σκοτια ἐστιν ἑως ἀρτι.

10 ὁ ἀγαπων τον ἀδελφον αὐτου ἐν τω φωτι μενει,

11 ὁ δε μισων τον ἀδελφον αὐτου ἐν τη σκοτια ἐστιν και ἐν τη σκοτια περιπατει,

3 10 πας ὁ μη ποιων δικαιοσυνην οὐκ ἐστιν ἐκ του θεου, και ὁ μη ἀγαπων τον ἀδελφον αὐτου.

12 οὐ καθως καιν ἐκ του πονηρου ἠν και ἐσφαξεν τον ἀδελφον αὐτου·

12 ὁτι τα ἐργα αὐτου πονηρα ἠν, τα δε του ἀδελφου αὐτου δικαια.

13 [και] μη θαυμαζετε, ἀδελφοι, εἰ μισει ὑμας ὁ κοσμος.

14 ἡμεις οἰδαμεν ὁτι μεταβεβηκαμεν ἐκ του θανατου εἰς την ζωην, ὁτι ἀγαπωμεν τους ἀδελφους·

15 πας ὁ μισων τον ἀδελφον αὐτου ἀνθρωποκτονος ἐστιν,

16 και ἡμεις ὀφειλομεν ὑπερ των ἀδελφων τας ψυχας θειναι.

17 ὁς δ ἀν ἐχη τον βιον του κοσμου και θεωρη τον ἀδελφον αὐτου χρειαν ἐχοντα και κλειση τα σπλαγχνα αὐτου ἀπ αὐτου, πως ἡ ἀγαπη του θεου μενει ἐν αὐτω;

4 20 ἐαν τις εἰπη ὁτι ἀγαπω τον θεον, και τον ἀδελφον αὐτου μιση, ψευστης ἐστιν·

20 ὁ γαρ μη ἀγαπων τον ἀδελφον αὐτου ὁν ἑωρακεν, τον θεον ὁν οὐχ ἑωρακεν οὐ δυναται ἀγαπαν.

21 και ταυτην την ἐντολην ἐχομεν ἀπ αὐτου, ἱνα ὁ ἀγαπων τον θεον ἀγαπα και τον ἀδελφον αὐτου.

5 16 ἐαν τις ἰδη τον ἀδελφον αὐτου ἁμαρτανοντα ἁμαρτιαν μη προς θανατον, αἰτησει,

3Jh 3 ἐχαρην γαρ λιαν ἐρχομενων ἀδελφων και μαρτυρουντων σου τη ἀληθεια,

5 πιστον ποιεις ὁ ἐαν ἐργαση εἰς τους ἀδελφους και τουτο ξενους,

10 οὐτε αὐτος ἐπιδεχεται τους ἀδελφους και τους βουλομενους κωλυει και ἐκ της ἐκκλησιας ἐκβαλλει.

Ju 1 ἰουδας ἰησου χριστου δουλος, ἀδελφος δε ἰακωβου,

Apc 1 9 ἐγω ἰωαννης, ὁ ἀδελφος ὑμων και συγκοινωνος ἐν τη θλιψει και βασιλεια και ὑπομονη ἐν ἰησου,

6 11 ἑως πληρωθωσιν και οἱ συνδουλοι αὐτων και οἱ ἀδελφοι αὐτων οἱ μελλοντες ἀποκτεννεσθαι ὡς και αὐτοι.

12 10 ὁτι ἐβληθη ὁ κατηγωρ των ἀδελφων ἡμων,

19 10 συνδουλος σου εἰμι και των ἀδελφων σου των ἐχοντων την μαρτυριαν ἰησου·

22 9 συνδουλος σου εἰμι και των ἀδελφων σου των προφητων και των τηρουντων τους λογους του βιβλιου τουτου·

ἀδελφοτης [2]

1Pt 2 17 παντας τιμησατε, την ἀδελφοτητα ἀγαπατε,

5 9 ᾡ ἀντιστητε στερεοι τη πιστει, εἰδοτες τα αὐτα των παθηματων τη ἐν [τω] κοσμω ὑμων ἀδελφοτητι ἐπιτελεισθαι.

ἀδηλος [2]

Lc 11 44 οὐαι ὑμιν, ὁτι ἐστε ὡς τα μνημεια τα ἀδηλα, και οἱ ἀνθρωποι [οἱ] περιπατουντες ἐπανω οὐκ οἰδασιν.

1Co 14 8 και γαρ ἐαν ἀδηλον σαλπιγξ φωνην δω, τις παρασκευασεται εἰς πολεμον;

ἀδηλοτης [1]

1Tm 6 17 τοις πλουσιοις ἐν τω νυν αἰωνι παραγγελλε μη ὑψηλοφρονειν, μηδε ἠλπικεναι ἐπι πλουτου ἀδηλοτητι,

ἀδηλως [1]

1Co 9 26 ἐγω τοινυν οὑτως τρεχω ὡς οὐκ ἀδηλως, οὑτως πυκτευω ὡς οὐκ ἀερα δερων·

ἀδημονεω [3]

Mt 26 37 και παραλαβων τον πετρον και τους δυο υἱους ζεβεδαιου ἠρξατο λυπεισθαι και ἀδημονειν.

Mc 14 33 και παραλαμβανει τον πετρον και [τον] ἰακωβον και [τον] ἰωαννην μετ αὐτου, και ἠρξατο ἐκθαμβεισθαι και ἀδημονειν,

Php 2 26 ἐπειδη ἐπιποθων ἠν παντας ὑμας, και ἀδημονων, διοτι ἠκουσατε ὁτι ἠσθενησεν.

ἀδης [10]

Mt 11 23 μη ἑως οὐρανου ὑψωθηση; ἑως ἀδου καταβηση·

16 18 και ἐπι ταυτη τη πετρα οἰκοδομησω μου την ἐκκλησιαν, και πυλαι ἀδου οὐ κατισχυσουσιν αὐτης.

Lc 10 15 και συ, καφαρναουμ, μη ἑως οὐρανου ὑψωθηση; ἑως του ἀδου καταβηση.

16 23 και ἐν τω ἀδη ἐπαρας τους ὀφθαλμους αὐτου, ὑπαρχων ἐν βασανοις, ὁρα ἀβρααμ ἀπο μακροθεν και λαζαρον ἐν τοις κολποις αὐτου.

Ac 2 27 ἐτι δε και ἡ σαρξ μου κατασκηνωσει ἐπ ἐλπιδι, ὁτι οὐκ ἐγκαταλειψεις την ψυχην μου εἰς ἀδην οὐδε δωσεις τον ὁσιον σου ἰδειν διαφθοραν.

31 προιδων ἐλαλησεν περι της ἀναστασεως του χριστου, ὁτι οὐτε ἐγκατελειφθη εἰς ἀδην οὐτε ἡ σαρξ αὐτου εἰδεν διαφθοραν.

Apc 1 18 και ἐχω τας κλεις του θανατου και του ἀδου.

6 8 και ὁ ἀδης ἠκολουθει μετ αὐτου,

20 13 και ὁ θανατος και ὁ ἀδης ἐδωκαν τους νεκρους τους ἐν αὐτοις,

14 και ὁ θανατος και ὁ ἀδης ἐβληθησαν εἰς την λιμνην του πυρος.

ἀδιακριτος [1]

Ja 3 17 ἐπειτα εἰρηνικη, ἐπιεικης, εὐπειθης, μεστη ἐλεους και καρπων ἀγαθων, ἀδιακριτος, ἀνυποκριτος.

ἀδιαλειπτος [2]

Rm 9 2 συμμαρτυρουσης μοι της συνειδησεως μου ἐν πνευματι ἁγιω, ὁτι λυπη μοι ἐστιν μεγαλη και ἀδιαλειπτος ὀδυνη τη καρδια μου.

2Tm 1 3 χαριν ἐχω τω θεω, ᾡ λατρευω ἀπο προγονων ἐν καθαρα συνειδησει, ὡς ἀδιαλειπτον ἐχω την περι σου μνειαν ἐν ταις δεησεσιν μου νυκτος και ἡμερας,

ἀδιαλειπτως [4]

Rm 1 9 ὡς ἀδιαλειπτως μνειαν ὑμων ποιουμαι παντοτε ἐπι των προσευχων μου,

1Th 1 2 ἀδιαλειπτως μνημονευοντες ὑμων του ἐργου της πιστεως και του κοπου της ἀγαπης

2 13 και δια τουτο και ἡμεις εὐχαριστουμεν τω θεω ἀδιαλειπτως,

5 17 παντοτε χαιρετε, ἀδιαλειπτως προσευχεσθε,

ἀδικεω [28]

Mt 20 13 ἑταιρε, οὐκ ἀδικω σε· οὐχι δηναριου συνεφωνησας μοι;

Lc 10 19 και οὐδεν ὑμας οὐ μη ἀδικηση.

Ac 7 24 και ἰδων τινα ἀδικουμενον ἠμυνατο, και ἐποιησεν ἐκδικησιν τω καταπονουμενω παταξας τον αἰγυπτιον.

26 ἀνδρες, ἀδελφοι ἐστε· ἱνατι ἀδικειτε ἀλληλους;

27 ὁ δε ἀδικων τον πλησιον ἀπωσατο αὐτον εἰπων·

25 10 ἰουδαιους οὐδεν ἠδικησα, ὡς και συ καλλιον ἐπιγινωσκεις.

11 εἰ μεν οὐν ἀδικω και ἀξιον θανατου πεπραχα τι, οὐ παραιτουμαι το ἀποθανειν·

1Co 6 7 δια τί οὐχι μαλλον ἀδικεισθε;

8 ἀλλα ὑμεις ἀδικειτε και ἀποστερειτε, και τουτο ἀδελφους.

2Co 7 2 οὐδενα ἠδικησαμεν, οὐδενα ἐφθειραμεν, οὐδενα ἐπλεονεκτησαμεν.

12 ἀρα εἰ και ἐγραψα ὑμιν, οὐχ ἑνεκεν του ἀδικησαντος οὐδε ἑνεκεν του ἀδικηθεντος,

12 ἀρα εἰ και ἐγραψα ὑμιν, οὐχ ἑνεκεν του ἀδικησαντος οὐδε ἑνεκεν του ἀδικηθεντος,

Ga 4 12 γινεσθε ὡς ἐγω, ὁτι καγω ὡς ὑμεις, ἀδελφοι, δεομαι ὑμων. οὐδεν με ἠδικησατε·

Col 3 25 ὁ γαρ ἀδικων κομισεται ὁ ἠδικησεν,

ἀδικέω [28]

Col   3 25   ὁ γαρ ἀδικων κομισεται ὁ ἠδικησεν,
Phm   18   εἰ δε τι ἠδικησεν σε ἠ ὀφειλει, τουτο ἐμοι ἐλλόγα·
2Pt   2 13   ἐν τῃ φθορᾳ αὑτων και φθαρησονται, ἀδικουμενοι μισθον ἀδικιας·
Apc   2 11   ὁ νικων οὐ μη ἀδικηθῃ ἐκ του θανατου του δευτερου.
   6 6   και το ἐλαιον και τον οἰνον μη ἀδικησῃς.
   7 2   και ἐκραξεν φωνῃ μεγαλῃ τοις τεσσαρσιν ἀγγελοις οἱς ἐδοθη αὐτοις ἀδικησαι την γην και την θαλασσαν, λεγων·
   3   μη ἀδικησητε την γην μητε την θαλασσαν μητε τα δενδρα,
   9 4   και ἐρρεθη αὐταις ἱνα μη ἀδικησουσιν τον χορτον της γης οὐδε παν χλωρον οὐδε παν δενδρον,
   10   και ἐν ταις οὐραις αὐτων ἡ ἐξουσια αὐτων ἀδικησαι τους ἀνθρωπους μηνας πεντε.
   19   αἱ γαρ οὐραι αὐτων ὁμοιαι ὀφεσιν, ἐχουσαι κεφαλας, και ἐν αὐταις ἀδικουσιν.
   11 5   και εἰ τις αὐτους θελει ἀδικησαι, πυρ ἐκπορευεται ἐκ του στοματος αὐτων και κατεσθιει τους ἐχθρους αὐτων·
   5   και εἰ τις θελησῃ αὐτους ἀδικησαι, οὑτως δει αὐτον ἀποκτανθηναι.
   22 11   ὁ ἀδικων ἀδικησατω ἐτι, και ὁ ρυπαρος ρυπανθητω ἐτι,
   11   ὁ ἀδικων ἀδικησατω ἐτι, και ὁ ρυπαρος ρυπανθητω ἐτι,

ἀδικημα [3]

Ac   18 14   εἰ μεν ἠν ἀδικημα τι ἠ ραδιουργημα πονηρον, ὠ ιουδαιοι, κατα λογον ἀν ἀνεσχομην ὑμων·
   24 20   ἠ αὐτοι οὑτοι εἰπατωσαν τι εὑρον ἀδικημα σταντος μου ἐπι του συνεδριου,
Apc   18 5   και ἐμνημονευσεν ὁ θεος τα ἀδικηματα αὐτης.

ἀδικια [25]

Lc   13 27   οὐκ οἰδα [ὑμας] ποθεν ἐστε· ἀποστητε ἀπ ἐμου παντες ἐργαται ἀδικιας.
   16 8   και ἐπηνεσεν ὁ κυριος τον οἰκονομον της ἀδικιας ὁτι φρονιμως ἐποιησεν·
   9   ἑαυτοις ποιησατε φιλους ἐκ του μαμωνα της ἀδικιας, ἱνα ὁταν ἐκλιπῃ δεξωνται ὑμας εἰς τας αἰωνιους σκηνας.
   18 6   ἀκουσατε τι ὁ κριτης της ἀδικιας λεγει·
Jh   7 18   ὁ δε ζητων την δοξαν του πεμψαντος αὐτον, οὑτος ἀληθης ἐστιν και ἀδικια ἐν αὐτῳ οὐκ ἐστιν.
Ac   1 18   οὑτος μεν οὐν ἐκτησατο χωριον ἐκ μισθου της ἀδικιας,
   8 23   εἰς γαρ χολην πικριας και συνδεσμον ἀδικιας ὁρω σε ὀντα.
Rm   1 18   ἀποκαλυπτεται γαρ ὀργη θεου ἀπ οὐρανου ἐπι πασαν ἀσεβειαν και ἀδικιαν ἀνθρωπων των την ἀληθειαν ἐν ἀδικιᾳ κατεχοντων,
   18   ἀποκαλυπτεται γαρ ὀργη θεου ἀπ οὐρανου ἐπι πασαν ἀσεβειαν και ἀδικιαν ἀνθρωπων των την ἀληθειαν ἐν ἀδικιᾳ κατεχοντων,
   29   πεπληρωμενους πασῃ ἀδικιᾳ πονηριᾳ πλεονεξιᾳ κακιᾳ,
   2 8   τοις δε ἐξ ἐριθειας και ἀπειθουσι τῃ ἀληθειᾳ πειθομενοις δε τῃ ἀδικιᾳ, ὀργη και θυμος.
   3 5   εἰ δε ἡ ἀδικια ἡμων θεου δικαιοσυνην συνιστησιν, τι ἐρουμεν;
   6 13   μηδε παριστανετε τα μελη ὑμων ὁπλα ἀδικιας τῃ ἀμαρτιᾳ, ἀλλα παραστησατε ἑαυτους τῳ θεῳ
   9 14   τι οὐν ἐρουμεν; μη ἀδικια παρα τῳ θεῳ;
1Co   13 6   οὐ ζηλοι, [ἡ ἀγαπη] οὐ περπερευεται, οὐ φυσιουται, οὐκ ἀσχημονει, οὐ ζητει τα ἑαυτης, οὐ παροξυνεται, οὐ λογιζεται το κακον, οὐ χαιρει ἐπι τῃ ἀδικιᾳ, συγχαιρει δε τῃ ἀληθειᾳ·
2Co   12 13   χαρισασθε μοι την ἀδικιαν ταυτην.
2Th   2 10   ἐν πασῃ δυναμει και σημειοις και τερασιν ψευδους και ἐν πασῃ ἀπατῃ ἀδικιας τοις ἀπολλυμενοις,
   12   ἱνα κριθωσιν παντες οἱ μη πιστευσαντες τῃ ἀληθειᾳ ἀλλα εὐδοκησαντες τῃ ἀδικιᾳ.
2Tm   2 19   ἐγνω κυριος τους ὀντας αὐτου, και· ἀποστητω ἀπο ἀδικιας πας ὁ ὀνομαζων το ὀνομα κυριου.
Heb   8 12   ὁτι ἱλεως ἐσομαι ταις ἀδικιαις αὐτων,
Ja   3 6   και ἡ γλωσσα πυρ, ὁ κοσμος της ἀδικιας,
2Pt   2 13   ἐν τῃ φθορᾳ αὑτων και φθαρησονται, ἀδικουμενοι μισθον ἀδικιας·
   15   ἐξακολουθησαντες τῃ ὁδῳ του βαλααμ του βοσορ, ὁς μισθον ἀδικιας ἠγαπησεν,
1Jh   1 9   πιστος ἐστιν και δικαιος, ἱνα ἀφῃ ἡμιν τας ἀμαρτιας και καθαριση ἡμας ἀπο πασης ἀδικιας.
   5 17   πασα ἀδικια ἀμαρτια ἐστιν, και ἐστιν ἀμαρτια οὐ προς θανατον.

ἀδικος [12]

Mt   5 45   ὁπως γενησθε υἱοι του πατρος ὑμων του ἐν οὐρανοις, ὁτι τον ἡλιον αὐτου ἀνατελλει ἐπι πονηρους και ἀγαθους και βρεχει ἐπι δικαιους και ἀδικους.
Lc   16 10   και ὁ ἐν ἐλαχιστῳ ἀδικος και ἐν πολλῳ ἀδικος ἐστιν.
   10   και ὁ ἐν ἐλαχιστῳ ἀδικος και ἐν πολλῳ ἀδικος ἐστιν.
   11   εἰ οὐν ἐν τῳ ἀδικῳ μαμωνᾳ πιστοι οὐκ ἐγενεσθε, το ἀληθινον τις ὑμιν πιστευσει;
   18 11   ἁρπαγες, ἀδικοι, μοιχοι, ἠ και ὡς οὑτος ὁ τελωνης·
Ac   24 15   ἐλπιδα ἐχων εἰς τον θεον, ἡν και αὐτοι οὑτοι προσδεχονται, ἀναστασιν μελλειν ἐσεσθαι δικαιων τε και ἀδικων.
Rm   3 5   μη ἀδικος ὁ θεος ὁ ἐπιφερων την ὀργην;
1Co   6 1   τολμα τις ὑμων πραγμα ἐχων προς τον ἑτερον κρινεσθαι ἐπι των ἀδικων, και οὐχι ἐπι των ἁγιων;
   9   ἠ οὐκ οἰδατε ὁτι ἀδικοι θεου βασιλειαν οὐ κληρονομησουσιν;
Heb   6 10   οὐ γαρ ἀδικος ὁ θεος ἐπιλαθεσθαι του ἐργου ὑμων και της ἀγαπης ἡς ἐνεδειξασθε εἰς το ὀνομα αὐτου,
1Pt   3 18   ὁτι και χριστος ἁπαξ περι ἀμαρτιων ἐπαθεν, δικαιος ὑπερ ἀδικων,
2Pt   2 9   οἰδεν κυριος εὐσεβεις ἐκ πειρασμου ρυεσθαι, ἀδικους δε εἰς ἡμεραν κρισεως κολαζομενους τηρειν,

ἀδικως [1]

1Pt   2 19   τουτο γαρ χαρις εἰ δια συνειδησιν θεου ὑποφερει τις λυπας πασχων ἀδικως.

ἀδμιν [1]

Lc   3 33   του ἀμιναδαβ του ἀδμιν του ἀρνι του ἑσρωμ του φαρες του ιουδα

ἀδοκιμος [8]

Rm   1 28   και καθως οὐκ ἐδοκιμασαν τον θεον ἐχειν ἐν ἐπιγνωσει, παρεδωκεν αὐτους ὁ θεος εἰς ἀδοκιμον νουν,
1Co   9 27   ἀλλα ὑπωπιαζω μου το σωμα και δουλαγωγω, μη πως ἀλλοις κηρυξας αὐτος ἀδοκιμος γενωμαι.
2Co   13 5   ἠ οὐκ ἐπιγινωσκετε ἑαυτους ὁτι ιησους χριστος ἐν ὑμιν; εἰ μητι ἀδοκιμοι ἐστε.
   6   ἐλπιζω δε ὁτι γνωσεσθε ὁτι ἡμεις οὐκ ἐσμεν ἀδοκιμοι.
   7   ἀλλ ἱνα ὑμεις το καλον ποιητε, ἡμεις δε ὡς ἀδοκιμοι ὠμεν.
2Tm   3 8   ἀνθρωποι κατεφθαρμενοι τον νουν, ἀδοκιμοι περι την πιστιν.
Tit   1 16   βδελυκτοι ὀντες και ἀπειθεις και προς παν ἐργον ἀγαθον ἀδοκιμοι.
Heb   6 8   ἐκφερουσα δε ἀκανθας και τριβολους ἀδοκιμος και καταρας ἐγγυς, ἡς το τελος εἰς καυσιν.

ἀδολος [1]

1Pt   2 2   ὡς ἀρτιγεννητα βρεφη το λογικον ἀδολον γαλα ἐπιποθησατε,

ἀδραμυττηνος [1]

Ac   27 2   ἐπιβαντες δε πλοιῳ ἀδραμυττηνῳ μελλοντι πλειν εἰς τους κατα την ἀσιαν τοπους ἀνηχθημεν,

ἀδριας [1]

Ac   27 27   ὡς δε τεσσαρεσκαιδεκατη νυξ ἐγενετο διαφερομενων ἡμων ἐν τῳ ἀδριᾳ, κατα μεσον της νυκτος ὑπενοουν οἱ ναυται προσαγειν τινα αὐτοις χωραν.

ἀδροτης [1]

2Co   8 20   στελλομενοι τουτο, μη τις ἡμας μωμησηται ἐν τῃ ἀδροτητι ταυτῃ τῃ διακονουμενῃ ὑφ ἡμων·

ἀδυνατεω [2]

Mt   17 20   ἐαν ἐχητε πιστιν ὡς κοκκον σιναπεως, ἐρειτε τῳ ὀρει τουτῳ μεταβα ἐνθεν ἐκει, και μεταβησεται, και οὐδεν ἀδυνατησει ὑμιν.
Lc   1 37   ὁτι οὐκ ἀδυνατησει παρα του θεου παν ρημα.

ἀδυνατος [10]

Mt   19 26   παρα ἀνθρωποις τουτο ἀδυνατον ἐστιν, παρα δε θεῳ παντα δυνατα.

ἀδυνατος [10]

Mc   10 27   παρα ἀνθρωποις ἀδυνατον, ἀλλ οὐ παρα θεω· παντα γαρ δυνατα παρα τω θεω.

Lc   18 27   τα ἀδυνατα παρα ἀνθρωποις δυνατα παρα τω θεω ἐστιν.

Ac   14 8   και τις ἀνηρ ἀδυνατος ἐν λυστροις τοις ποσιν ἐκαθητο,

Rm   8 3   το γαρ ἀδυνατον του νομου, ἐν ᾧ ἠσθενει δια της σαρκος, ὁ θεος τον ἑαυτου υἱον πεμψας ἐν ὁμοιωματι σαρκος ἁμαρτιας και περι ἁμαρτιας κατεκρινεν την ἁμαρτιαν ἐν τῃ σαρκι,

  15 1   ὀφειλομεν δε ἡμεις οἱ δυνατοι τα ἀσθενηματα των ἀδυνατων βασταζειν,

Heb   6 4   ἀδυνατον γαρ τους ἁπαξ φωτισθεντας γευσαμενους τε της δωρεας της ἐπουρανιου

  18   ἱνα δια δυο πραγματων ἀμεταθετων, ἐν οἱς ἀδυνατον ψευσασθαι [τον] θεον, ἰσχυραν παρακλησιν ἐχωμεν οἱ καταφυγοντες

  10 4   ἀδυνατον γαρ αἱμα ταυρων και τραγων ἀφαιρειν ἁμαρτιας.

  11 6   χωρις δε πιστεως ἀδυνατον εὐαρεστησαι·

ἀδω [5]

Eph   5 19   ἀδοντες και ψαλλοντες τῃ καρδια ὑμων τω κυριω,

Col   3 16   ψαλμοις ὑμνοις ὠδαις πνευματικαις ἐν [τῃ] χαριτι ἀδοντες ἐν ταις καρδιαις ὑμων τω θεω·

Apc   5 9   και ἀδουσιν ὠδην καινην λεγοντες·

  14 3   και ἀδουσιν [ὡς] ὠδην καινην ἐνωπιον του θρονου και ἐνωπιον των τεσσαρων ζωων και των πρεσβυτερων·

  15 3   και ἀδουσιν την ὠδην μωυσεως του δουλου του θεου και την ὠδην του ἀρνιου, λεγοντες·

ἀει [7]

Ac   7 51   σκληροτραχηλοι και ἀπεριτμητοι καρδιαις και τοις ὠσιν, ὑμεις ἀει τω πνευματι τω ἁγιω ἀντιπιπτετε, ὡς οἱ πατερες ὑμων και ὑμεις.

2Co   4 11   ἀει γαρ ἡμεις οἱ ζωντες εἰς θανατον παραδιδομεθα δια ἰησουν,

  6 10   ὡς λυπουμενοι ἀει δε χαιροντες, ὡς πτωχοι πολλους δε πλουτιζοντες,

Tit   1 12   κρητες ἀει ψευσται, κακα θηρια, γαστερες ἀργαι.

Heb   3 10   ἀει πλανωνται τῃ καρδια·

1Pt   3 15   ἑτοιμοι ἀει προς ἀπολογιαν παντι τω αἰτουντι ὑμας λογον περι της ἐν ὑμιν ἐλπιδος,

2Pt   1 12   διο μελλησω ἀει ὑμας ὑπομιμνησκειν περι τουτων,

ἀετος [5]

Mt   24 28   ὁπου ἐαν ᾖ το πτωμα, ἐκει συναχθησονται οἱ ἀετοι.

Lc   17 37   ὁπου το σωμα, ἐκει και οἱ ἀετοι ἐπισυναχθησονται.

Apc   4 7   και το τεταρτον ζωον ὁμοιον ἀετω πετομενω.

  8 13   και εἰδον, και ἠκουσα ἑνος ἀετου πετομενου ἐν μεσουρανηματι λεγοντος φωνῃ μεγαλη·

  12 14   και ἐδοθησαν τῃ γυναικι αἱ δυο πτερυγες του ἀετου του μεγαλου,

ἀζυμος [9]

Mt   26 17   τῃ δε πρωτῃ των ἀζυμων προσηλθον οἱ μαθηται τω ἰησου λεγοντες·

Mc   14 1   ἠν δε το πασχα και τα ἀζυμα μετα δυο ἡμερας.

  12   και τῃ πρωτῃ ἡμερα των ἀζυμων, ὁτε το πασχα ἐθυον, λεγουσιν αὐτω οἱ μαθηται αὐτου·

Lc   22 1   ἠγγιζεν δε ἡ ἑορτη των ἀζυμων ἡ λεγομενη πασχα.

  7   ἠλθεν δε ἡ ἡμερα των ἀζυμων, [ἐν] ᾗ ἐδει θυεσθαι το πασχα·

Ac   12 3   ἠσαν δε [αἱ] ἡμεραι των ἀζυμων,

  20 6   ἡμεις δε ἐξεπλευσαμεν μετα τας ἡμερας των ἀζυμων ἀπο φιλιππων,

1Co   5 7   ἐκκαθαρατε την παλαιαν ζυμην, ἱνα ἠτε νεον φυραμα, καθως ἐστε ἀζυμοι.

  8   ὡστε ἑορταζωμεν μη ἐν ζυμῃ παλαια μηδε ἐν ζυμῃ κακιας και πονηριας, ἀλλ ἐν ἀζυμοις εἰλικρινειας και ἀληθειας.

ἀζωρ [2]

Mt   1 13   ἐλιακιμ δε ἐγεννησεν τον ἀζωρ,

  14   ἀζωρ δε ἐγεννησεν τον σαδωκ,

ἀζωτος [1]

Ac   8 40   φιλιππος δε εὐρεθη εἰς ἀζωτον,

ἀηρ [7]

Ac   22 23   κραυγαζοντων τε αὐτων και ῥιπτουντων τα ἱματια και κονιορτον βαλλοντων εἰς τον ἀερα, ἐκελευσεν ὁ χιλιαρχος εἰσαγεσθαι αὐτον εἰς την παρεμβολην,

1Co   9 26   ἐγω τοινυν οὑτως τρεχω ὡς οὐκ ἀδηλως, οὑτως πυκτευω ὡς οὐκ ἀερα δερων·

  14 9   ἐσεσθε γαρ εἰς ἀερα λαλουντες.

Eph   2 2   κατα τον αἰωνα του κοσμου τουτου, κατα τον ἀρχοντα της ἐξουσιας του ἀερος,

1Th   4 17   ἐπειτα ἡμεις οἱ ζωντες οἱ περιλειπομενοι ἀμα συν αὐτοις ἁρπαγησομεθα ἐν νεφελαις εἰς ἀπαντησιν του κυριου εἰς ἀερα·

Apc   9 2   και ἐσκοτωθη ὁ ἡλιος και ὁ ἀηρ ἐκ του καπνου του φρεατος.

  16 17   και ὁ ἑβδομος ἐξεχεεν την φιαλην αὐτου ἐπι τον ἀερα·

ἀθανασια [3]

1Co   15 53   δει γαρ το φθαρτον τουτο ἐνδυσασθαι ἀφθαρσιαν και το θνητον τουτο ἐνδυσασθαι ἀθανασιαν.

  54   ὁταν δε το φθαρτον τουτο ἐνδυσηται ἀφθαρσιαν και το θνητον τουτο ἐνδυσηται ἀθανασιαν, τοτε γενησεται ὁ λογος ὁ γεγραμμενος·

1Tm   6 16   ὁ μονος ἐχων ἀθανασιαν, φως οἰκων ἀπροσιτον,

ἀθεμιτος [2]

Ac   10 28   ὑμεις ἐπιστασθε ὡς ἀθεμιτον ἐστιν ἀνδρι ἰουδαιω κολλασθαι ἠ προσερχεσθαι ἀλλοφυλω·

1Pt   4 3   πεπορευμενους ἐν ἀσελγειαις, ἐπιθυμιαις, οἰνοφλυγιαις, κωμοις, ποτοις και ἀθεμιτοις εἰδωλολατριαις.

ἀθεος [1]

Eph   2 12   ἀπηλλοτριωμενοι της πολιτειας του ἰσραηλ και ξενοι των διαθηκων της ἐπαγγελιας, ἐλπιδα μη ἐχοντες και ἀθεοι ἐν τω κοσμω.

ἀθεσμος [2]

2Pt   2 7   και δικαιον λωτ καταπονουμενον ὑπο της των ἀθεσμων ἐν ἀσελγεια ἀναστροφης ἐρρυσατο·

  3 17   ὑμεις οὐν, ἀγαπητοι, προγινωσκοντες φυλασσεσθε ἱνα μη τῃ των ἀθεσμων πλανῃ συναπαχθεντες ἐκπεσητε του ἰδιου στηριγμου,

ἀθετεω [16]

Mc   6 26   και περιλυπος γενομενος ὁ βασιλευς δια τους ὁρκους και τους ἀνακειμενους οὐκ ἠθελησεν ἀθετησαι αὐτην.

  7 9   καλως ἀθετειτε την ἐντολην του θεου, ἱνα την παραδοσιν ὑμων στησητε.

Lc   7 30   οἱ δε φαρισαιοι και οἱ νομικοι την βουλην του θεου ἠθετησαν εἰς ἑαυτους,

  10 16   ὁ ἀκουων ὑμων ἐμου ἀκουει, και ὁ ἀθετων ὑμας ἐμε ἀθετει·

  16   ὁ ἀκουων ὑμων ἐμου ἀκουει, και ὁ ἀθετων ὑμας ἐμε ἀθετει·

  16   ὁ δε ἐμε ἀθετων ἀθετει τον ἀποστειλαντα με.

  16   ὁ δε ἐμε ἀθετων ἀθετει τον ἀποστειλαντα με.

Jh   12 48   ὁ ἀθετων ἐμε και μη λαμβανων τα ῥηματα μου ἐχει τον κρινοντα αὐτον·

1Co   1 19   ἀπολω την σοφιαν των σοφων, και την συνεσιν των συνετων ἀθετησω.

Ga   2 21   οὐκ ἀθετω την χαριν του θεου·

  3 15   ὁμως ἀνθρωπου κεκυρωμενην διαθηκην οὐδεις ἀθετει ἠ ἐπιδιατασσεται.

1Th   4 8   τοιγαρουν ὁ ἀθετων οὐκ ἀνθρωπον ἀθετει ἀλλα τον θεον τον [και] διδοντα το πνευμα αὐτου το ἁγιον εἰς ὑμας.

  8   τοιγαρουν ὁ ἀθετων οὐκ ἀνθρωπον ἀθετει ἀλλα τον θεον τον [και] διδοντα το πνευμα αὐτου το ἁγιον εἰς ὑμας.

1Tm   5 12   γαμειν θελουσιν, ἐχουσαι κριμα ὁτι την πρωτην πιστιν ἠθετησαν·

Heb   10 28   ἀθετησας τις νομον μωυσεως χωρις οἰκτιρμων ἐπι δυσιν ἠ τρισιν μαρτυσιν ἀποθνησκει·

Ju   8   ὁμοιως μεντοι και οὑτοι ἐνυπνιαζομενοι σαρκα μεν μιαινουσιν, κυριοτητα δε ἀθετουσιν, δοξας δε βλασφημουσιν.

ἀθετησις [2]

Heb   7 18   ἀθετησις μεν γαρ γινεται προαγουσης ἐντολης δια το αὐτης ἀσθενες και ἀνωφελες,

ἀθέτησις [2]

Heb 9 26 νυνι δε ἀπαξ ἐπι συντελεια των αἰωνων εἰς ἀθέτησιν [της]
ἁμαρτιας δια της θυσιας αὐτου πεφανερωται.

ἀθηναι [4]

Ac 17 15 οἱ δε καθιστανοντες τον παυλον ἡγαγον ἑως ἀθηνων,
16 ἐν δε ταις ἀθηναις ἐκδεχομενου αὐτους του παυλου,
παρωξυνετο το πνευμα αὐτου ἐν αὐτω θεωρουντος
κατειδωλον οὐσαν την πολιν.
18 1 μετα ταυτα χωρισθεις ἐκ των ἀθηνων ἡλθεν εἰς κορινθον.
1Th 3 1 διο μηκετι στεγοντες εὐδοκησαμεν καταλειφθηναι ἐν ἀθηναις
μονοι,

ἀθηναιος [2]

Ac 17 21 ἀθηναιοι δε παντες και οἱ ἐπιδημουντες ξενοι εἰς οὐδεν
ἑτερον ηὐκαιρουν ἠ λεγειν τι ἠ ἀκουειν τι καινοτερον.
22 ἀνδρες ἀθηναιοι, κατα παντα ὡς δεισιδαιμονεστερους ὑμας
θεωρω.

ἀθλεω [2]

2Tm 2 5 ἐαν δε και ἀθλη τις, οὐ στεφανουται ἐαν μη νομιμως ἀθληση.
5 ἐαν δε και ἀθλη τις, οὐ στεφανουται ἐαν μη νομιμως ἀθληση.

ἀθλησις [1]

Heb 10 32 ἀναμιμνησκεσθε δε τας προτερον ἡμερας, ἐν αἱς φωτισθεντες
πολλην ἀθλησιν ὑπεμεινατε παθηματων,

ἀθροιζω [1]

Lc 24 33 και εὑρον ἠθροισμενους τους ἑνδεκα και τους συν αὐτοις,

ἀθυμεω [1]

Col 3 21 οἱ πατερες, μη ἐρεθιζετε τα τεκνα ὑμων, ἱνα μη ἀθυμωσιν.

ἀθωος [2]

Mt 27 4 ἡμαρτον παραδους αἱμα ἀθωον.
24 ἀθωος εἰμι ἀπο του αἱματος τουτου·

αἰγειος [1]

Heb 11 37 περιηλθον ἐν μηλωταις, ἐν αἰγειοις δερμασιν, ὑστερουμενοι,
θλιβομενοι, κακουχουμενοι,

αἰγιαλος [6]

Mt 13 2 και πας ὁ ὀχλος ἐπι τον αἰγιαλον εἱστηκει.
48 ἡν ὁτε ἐπληρωθη ἀναβιβασαντες ἐπι τον αἰγιαλον και
καθισαντες συνελεξαν τα καλα εἰς ἀγγη,
Jh 21 4 πρωιας δε ἠδη γενομενης ἐστη ἰησους εἰς τον αἰγιαλον·
Ac 21 5 και θεντες τα γονατα ἐπι τον αἰγιαλον προσευξαμενοι
ἀπησπασαμεθα ἀλληλους,
27 39 την γην οὐκ ἐπεγινωσκον, κολπον δε τινα κατενοουν ἐχοντα
αἰγιαλον,
40 ἁμα ἀνεντες τας ζευκτηριας των πηδαλιων, και ἐπαραντες τον
ἀρτεμωνα τη πνεουση κατειχον εἰς τον αἰγιαλον.

αἰγυπτιος [5]

Ac 7 22 και ἐπαιδευθη μωυσης [ἐν] παση σοφια αἰγυπτιων,
24 και ἰδων τινα ἀδικουμενον ἠμυνατο, και ἐποιησεν ἐκδικησιν
τω καταπονουμενω παταξας τον αἰγυπτιον.
28 μη ἀνελειν με συ θελεις ὁν τροπον ἀνειλες ἐχθες τον
αἰγυπτιον;
21 38 οὐκ ἀρα συ εἰ ὁ αἰγυπτιος ὁ προ τουτων των ἡμερων
ἀναστατωσας και ἐξαγαγων εἰς την ἐρημον τους
τετρακισχιλιους ἀνδρας των σικαριων;
Heb 11 29 πιστει διεβησαν την ἐρυθραν θαλασσαν ὡς δια ξηρας γης, ἡς
πειραν λαβοντες οἱ αἰγυπτιοι κατεποθησαν.

αἰγυπτος [25]

Mt 2 13 και φευγε εἰς αἰγυπτον,

αἰγυπτος [25]

Mt 2 14 ὁ δε ἐγερθεις παρελαβεν το παιδιον και την μητερα αὐτου
νυκτος και ἀνεχωρησεν εἰς αἰγυπτον,
15 ἐξ αἰγυπτου ἐκαλεσα τον υἱον μου.
19 ἰδου ἀγγελος κυριου φαινεται κατ ὀναρ τω ἰωσηφ ἐν αἰγυπτω
λεγων·
Ac 2 10 αἰγυπτον και τα μερη της λιβυης της κατα κυρηνην,
7 9 και οἱ πατριαρχαι ζηλωσαντες τον ἰωσηφ ἀπεδοντο εἰς
αἰγυπτον·
10 και ἐδωκεν αὐτω χαριν και σοφιαν ἐναντιον φαραω βασιλεως
αἰγυπτου,
10 και κατεστησεν αὐτον ἡγουμενον ἐπ αἰγυπτον και [ἐφ] ὁλον
τον οἰκον αὐτου.
11 ἡλθεν δε λιμος ἐφ ὁλην την αἰγυπτον και χανααν και θλιψις
μεγαλη,
12 ἀκουσας δε ἰακωβ ὀντα σιτια εἰς αἰγυπτον ἐξαπεστειλεν τους
πατερας ἡμων πρωτον·
15 και κατεβη ἰακωβ εἰς αἰγυπτον,
17 καθως δε ἠγγιζεν ὁ χρονος της ἐπαγγελιας ἡς ὡμολογησεν ὁ
θεος τω ἀβρααμ, ηὐξησεν ὁ λαος και ἐπληθυνθη ἐν αἰγυπτω,
18 ηὐξησεν ὁ λαος και ἐπληθυνθη ἐν αἰγυπτω, ἀχρι οὑ ἀνεστη
βασιλευς ἑτερος [ἐπ αἰγυπτον],
34 ἰδων εἰδον την κακωσιν του λαου μου του ἐν αἰγυπτω, και
του στεναγμου αὐτων ἠκουσα,
34 και νυν δευρο ἀποστειλω σε εἰς αἰγυπτον.
36 οὑτος ἐξηγαγεν αὐτους ποιησας τερατα και σημεια ἐν γη
αἰγυπτω και ἐν ἐρυθρα θαλασση και ἐν τη ἐρημω ἐτη
τεσσερακοντα.
39 ἀλλα ἀπωσαντο και ἐστραφησαν ἐν ταις καρδιαις αὐτων εἰς
αἰγυπτον, εἰποντες τω ἀαρων·
40 ὁ γαρ μωυσης οὑτος, ὁς ἐξηγαγεν ἡμας ἐκ γης αἰγυπτου, οὐκ
οἰδαμεν τι ἐγενετο αὐτω.
13 17 ὁ θεος του λαου τουτου ἰσραηλ ἐξελεξατο τους πατερας ἡμων,
και τον λαον ὑψωσεν ἐν τη παροικια ἐν γη αἰγυπτου,
Heb 3 16 ἀλλ οὐ παντες οἱ ἐξελθοντες ἐξ αἰγυπτου δια μωυσεως;
8 9 οὐ κατα την διαθηκην ἡν ἐποιησα τοις πατρασιν αὐτων ἐν
ἡμερα ἐπιλαβομενου μου της χειρος αὐτων ἐξαγαγειν αὐτους
ἐκ γης αἰγυπτου,
11 26 μειζονα πλουτον ἡγησαμενος των αἰγυπτου θησαυρων τον
ὀνειδισμον του χριστου·
27 πιστει κατελιπεν αἰγυπτον, μη φοβηθεις τον θυμον του
βασιλεως·
Ju 5 ὑπομνησαι δε ὑμας βουλομαι, εἰδοτας [ὑμας] παντα, ὁτι [ὁ]
κυριος ἀπαξ λαον ἐκ γης αἰγυπτου σωσας το δευτερον τους
μη πιστευσαντας ἀπωλεσεν.
Apc 11 8 και το πτωμα αὐτων ἐπι της πλατειας της πολεως της
μεγαλης, ἡτις καλειται πνευματικως σοδομα και αἰγυπτος,

αἰδιος [2]

Rm 1 20 τα γαρ ἀορατα αὐτου ἀπο κτισεως κοσμου τοις ποιημασιν
νοουμενα καθοραται, ἡ τε ἀιδιος αὐτου δυναμις και θειοτης,
εἰς το εἰναι αὐτους ἀναπολογητους,
Ju 6 ἀγγελους τε τους μη τηρησαντας την ἑαυτων ἀρχην ἀλλα
ἀπολιποντας το ἰδιον οἰκητηριον εἰς κρισιν μεγαλης ἡμερας
δεσμοις ἀιδιοις ὑπο ζοφον τετηρηκεν·

αἰδως [1]

1Tm 2 9 ὡσαυτως [και] γυναικας ἐν καταστολη κοσμιω, μετα αἰδους
και σωφροσυνης κοσμειν ἑαυτας,

αἰθιοψ [2]

Ac 8 27 και ἰδου ἀνηρ αἰθιοψ εὐνουχος δυναστης κανδακης
βασιλισσης αἰθιοπων,
27 και ἰδου ἀνηρ αἰθιοψ εὐνουχος δυναστης κανδακης
βασιλισσης αἰθιοπων,

αἱμα [97]

Mt 16 17 μακαριος εἰ, σιμων βαριωνα, ὁτι σαρξ και αἱμα οὐκ
ἀπεκαλυψεν σοι ἀλλ ὁ πατηρ μου ὁ ἐν τοις οὐρανοις.
23 30 εἰ ἡμεθα ἐν ταις ἡμεραις των πατερων ἡμων, οὐκ ἀν ἡμεθα
αὐτων κοινωνοι ἐν τω αἱματι των προφητων.
35 ὁπως ἐλθη ἐφ ὑμας παν αἱμα δικαιον ἐκχυννομενον ἐπι της
γης ἀπο του αἱματος ἀβελ του δικαιου ἑως του αἱματος
ζαχαριου υἱου βαραχιου, ὁν ἐφονευσατε μεταξυ του ναου και
του θυσιαστηριου.

αἱμα [97]

Mt	23 35	ὅπως ἔλθη ἐφ ὑμας παν αἱμα δικαιον ἐκχυννομενον ἐπι της γης ἀπο του *αἱματος* ἀβελ του δικαιου ἑως του αἱματος ζαχαριου υἱου βαραχιου, ὅν ἐφονευσατε μεταξυ του ναου και του θυσιαστηριου.
	35	ὅπως ἔλθη ἐφ ὑμας παν αἱμα δικαιον ἐκχυννομενον ἐπι της γης ἀπο του *αἱματος* ἀβελ του δικαιου ἑως του *αἱματος* ζαχαριου υἱου βαραχιου, ὅν ἐφονευσατε μεταξυ του ναου και του θυσιαστηριου.
	26 28	πιετε ἐξ αὐτου παντες· τουτο γαρ ἐστιν το *αἱμα* μου της διαθηκης το περι πολλων ἐκχυννομενον εἰς ἀφεσιν ἁμαρτιων.
	27 4	ἡμαρτον παραδους *αἱμα* ἀθωον.
	6	οὐκ ἔξεστιν βαλειν αὐτα εἰς τον κορβαναν, ἐπει τιμη *αἱματος* ἐστιν.
	8	διο ἐκληθη ὁ ἀγρος ἐκεινος ἀγρος *αἱματος* ἑως της σημερον.
	24	ἀθωος εἰμι ἀπο του *αἱματος* τουτου·
	25	το *αἱμα* αὐτου ἐφ ἡμας και ἐπι τα τεκνα ἡμων.
Mc	5 25	και γυνη οὐσα ἐν ῥυσει *αἱματος* δωδεκα ἐτη,
	29	και εὐθυς ἐξηρανθη ἡ πηγη του *αἱματος* αὐτης,
	14 24	τουτο ἐστιν το *αἱμα* μου της διαθηκης το ἐκχυννομενον ὑπερ πολλων.
Lc	8 43	και γυνη οὐσα ἐν ῥυσει *αἱματος* ἀπο ἐτων δωδεκα, ἡτις [ἰατροις προσαναλωσασα ὁλον τον βιον] οὐκ ἰσχυσεν ἀπ οὐδενος θεραπευθηναι,
	44	και παραχρημα ἐστη ἡ ῥυσις του *αἱματος* αὐτης.
	11 50	και ἐξ αὐτων ἀποκτενουσιν και διωξουσιν, ἱνα ἐκζητηθη το *αἱμα* παντων των προφητων το ἐκκεχυμενον ἀπο καταβολης κοσμου ἀπο της γενεας ταυτης,
	51	ἀπο *αἱματος* ἀβελ ἑως αἱματος ζαχαριου του ἀπολομενου μεταξυ του θυσιαστηριου και του οἰκου·
	51	ἀπο *αἱματος* ἀβελ ἑως *αἱματος* ζαχαριου του ἀπολομενου μεταξυ του θυσιαστηριου και του οἰκου·
	13 1	παρησαν δε τινες ἐν αὐτω τω καιρω ἀπαγγελλοντες αὐτω περι των γαλιλαιων ὡν το *αἱμα* πιλατος ἐμιξεν μετα των θυσιων αὐτων.
	22 20	τουτο το ποτηριον ἡ καινη διαθηκη ἐν τω *αἱματι* μου, το ὑπερ ὑμων ἐκχυννομενον.
	44	[και ἐγενετο ὁ ἱδρως αὐτου ὡσει θρομβοι *αἱματος* καταβαινοντες ἐπι την γην].
Jh	1 13	οἱ οὐκ ἐξ *αἱματων* οὐδε ἐκ θεληματος σαρκος οὐδε ἐκ θεληματος ἀνδρος ἀλλ ἐκ θεου ἐγεννηθησαν.
	6 53	ἐαν μη φαγητε την σαρκα του υἱου του ἀνθρωπου και πιητε αὐτου το *αἱμα*, οὐκ ἐχετε ζωην ἐν ἑαυτοις.
	54	ὁ τρωγων μου την σαρκα και πινων μου το *αἱμα* ἐχει ζωην αἰωνιον,
	55	και το *αἱμα* μου ἀληθης ἐστιν ποσις.
	56	ὁ τρωγων μου την σαρκα και πινων μου το *αἱμα* ἐν ἐμοι μενει καγω ἐν αὐτω.
	19 34	ἀλλ εἱς των στρατιωτων λογχη αὐτου την πλευραν ἐνυξεν, και ἐξηλθεν εὐθυς *αἱμα* και ὑδωρ.
Ac	1 19	και γνωστον ἐγενετο πασι τοις κατοικουσιν ἰερουσαλημ, ὡστε κληθηναι το χωριον ἐκεινο τη ἰδια διαλεκτω αὐτων ἀκελδαμαχ, τουτ ἐστιν χωριον *αἱματος*.
	2 19	και δωσω τερατα ἐν τω οὐρανω ἀνω και σημεια ἐπι της γης κατω, *αἱμα* και πυρ και ἀτμιδα καπνου.
	20	ὁ ἡλιος μεταστραφησεται εἰς σκοτος και ἡ σεληνη εἰς *αἱμα*,
	5 28	και ἰδου πεπληρωκατε την ἰερουσαλημ της διδαχης ὑμων, και βουλεσθε ἐπαγαγειν ἐφ ἡμας το *αἱμα* του ἀνθρωπου τουτου.
	15 20	ἀλλα ἐπιστειλαι αὐτοις του ἀπεχεσθαι των ἀλισγηματων των εἰδωλων και της πορνειας και του πνικτου και του *αἱματος*.
	29	ἐδοξεν γαρ τω πνευματι τω ἁγιω και ἡμιν μηδεν πλεον ἐπιτιθεσθαι ὑμιν βαρος πλην τουτων των ἐπαναγκες, ἀπεχεσθαι εἰδωλοθυτων και *αἱματος* και πνικτων και πορνειας·
	18 6	το *αἱμα* ὑμων ἐπι την κεφαλην ὑμων· καθαρος ἐγω ἀπο του νυν εἰς τα ἐθνη πορευσομαι.
	20 26	διοτι μαρτυρομαι ὑμιν ἐν τη σημερον ἡμερα ὁτι καθαρος εἰμι ἀπο του *αἱματος* παντων·
	28	ποιμαινειν την ἐκκλησιαν του θεου, ἡν περιεποιησατο δια του *αἱματος* του ἰδιου.
	21 25	περι δε των πεπιστευκοτων ἐθνων ἡμεις ἐπεστειλαμεν κριναντες φυλασσεσθαι αὐτους το τε εἰδωλοθυτον και *αἱμα* και πνικτον και πορνειαν.
	22 20	και ὁτε ἐξεχυννετο το *αἱμα* στεφανου του μαρτυρος σου, και αὐτος ἡμην ἐφεστως και συνευδοκων και φυλασσων τα ἱματια των ἀναιρουντων αὐτον.
Rm	3 15	ὀξεις οἱ ποδες αὐτων ἐκχεαι *αἱμα*,
	25	ὁν προεθετο ὁ θεος ἱλαστηριον δια [της] πιστεως ἐν τω αὐτου *αἱματι*,

αἱμα [97]

Rm	5 9	πολλω οὐν μαλλον δικαιωθεντες νυν ἐν τω *αἱματι* αὐτου σωθησομεθα δι αὐτου ἀπο της ὀργης.
1Co	10 16	το ποτηριον της εὐλογιας ὁ εὐλογουμεν, οὐχι κοινωνια ἐστιν του *αἱματος* του χριστου;
	11 25	τουτο το ποτηριον ἡ καινη διαθηκη ἐστιν ἐν τω ἐμω *αἱματι*·
	27	ὡστε ὁς ἀν ἐσθιη τον ἀρτον ἡ πινη το ποτηριον του κυριου ἀναξιως, ἐνοχος ἐσται του σωματος και του *αἱματος* του κυριου.
	15 50	τουτο δε φημι, ἀδελφοι, ὁτι σαρξ και *αἱμα* βασιλειαν θεου κληρονομησαι οὐ δυνανται,
Ga	1 16	εὐθεως οὐ προσανεθεμην σαρκι και *αἱματι*,
Eph	1 7	ἐν ὡ ἐχομεν την ἀπολυτρωσιν δια του *αἱματος* αὐτου,
	2 13	νυνι δε ἐν χριστω ἰησου ὑμεις οἱ ποτε ὀντες μακραν ἐγενηθητε ἐγγυς ἐν τω *αἱματι* του χριστου.
	6 12	ὁτι οὐκ ἐστιν ἡμιν ἡ παλη προς *αἱμα* και σαρκα,
Col	1 20	εἰρηνοποιησας δια του *αἱματος* του σταυρου αὐτου,
Heb	2 14	ἐπει οὐν τα παιδια κεκοινωνηκεν *αἱματος* και σαρκος, και αὐτος παραπλησιως μετεσχεν των αὐτων,
	9 7	εἰς δε την δευτεραν ἁπαξ του ἐνιαυτου μονος ὁ ἀρχιερευς, οὐ χωρις *αἱματος* ὁ προσφερει ὑπερ ἑαυτου και των του λαου ἀγνοηματων,
	12	οὐδε δι *αἱματος* τραγων και μοσχων, δια δε του ἰδιου αἱματος εἰσηλθεν ἐφαπαξ εἰς τα ἁγια,
	12	οὐδε δι *αἱματος* τραγων και μοσχων, δια δε του ἰδιου *αἱματος* εἰσηλθεν ἐφαπαξ εἰς τα ἁγια,
	13	εἰ γαρ το *αἱμα* τραγων και ταυρων και σποδος δαμαλεως ῥαντιζουσα τους κεκοινωμενους ἁγιαζει προς την της σαρκος καθαροτητα, ποσω μαλλον το αἱμα του χριστου,
	14	εἰ γαρ το *αἱμα* τραγων και ταυρων και σποδος δαμαλεως ῥαντιζουσα τους κεκοινωμενους ἁγιαζει προς την της σαρκος καθαροτητα, ποσω μαλλον το *αἱμα* του χριστου,
	18	ὁθεν οὐδε ἡ πρωτη χωρις *αἱματος* ἐγκεκαινισται.
	19	λαβων το *αἱμα* των μοσχων [και των τραγων] μετα ὑδατος και ἐριου κοκκινου και ὑσσωπου,
	20	τουτο το *αἱμα* της διαθηκης ἡς ἐνετειλατο προς ὑμας ὁ θεος.
	21	και την σκηνην δε και παντα τα σκευη της λειτουργιας τω *αἱματι* ὁμοιως ἐρραντισεν.
	22	και σχεδον ἐν *αἱματι* παντα καθαριζεται κατα τον νομον,
	25	οὐδ ἱνα πολλακις προσφερη ἑαυτον, ὡσπερ ὁ ἀρχιερευς εἰσερχεται εἰς τα ἁγια κατ ἐνιαυτον ἐν *αἱματι* ἀλλοτριω,
	10 4	ἀδυνατον γαρ *αἱμα* ταυρων και τραγων ἀφαιρειν ἁμαρτιας.
	19	ἐχοντες οὐν, ἀδελφοι, παρρησιαν εἰς την εἰσοδον των ἁγιων ἐν τω *αἱματι* ἰησου,
	29	ποσω δοκειτε χειρονος ἀξιωθησεται τιμωριας ὁ τον υἱον του θεου καταπατησας και το *αἱμα* της διαθηκης κοινον ἡγησαμενος,
	11 28	πιστει πεποιηκεν το πασχα και την προσχυσιν του *αἱματος*,
	12 4	οὐπω μεχρις *αἱματος* ἀντικατεστητε προς την ἁμαρτιαν ἀνταγωνιζομενοι,
	24	και διαθηκης νεας μεσιτη ἰησου, και *αἱματι* ῥαντισμου κρειττον λαλουντι παρα τον ἀβελ.
	13 11	ὡν γαρ εἰσφερεται ζωων το *αἱμα* περι ἁμαρτιας εἰς τα ἁγια δια του ἀρχιερεως, τουτων τα σωματα κατακαιεται ἐξω της παρεμβολης.
	12	διο και ἰησους, ἱνα ἁγιαση δια του ἰδιου *αἱματος* τον λαον, ἐξω της πυλης ἐπαθεν.
	20	ὁ δε θεος της εἰρηνης, ὁ ἀναγαγων ἐκ νεκρων τον ποιμενα των προβατων τον μεγαν ἐν *αἱματι* διαθηκης αἰωνιου, τον κυριον ἡμων ἰησουν, καταρτισαι ὑμας ἐν παντι ἀγαθω
1Pt	1 2	εἰς ὑπακοην και ῥαντισμον *αἱματος* ἰησου χριστου·
	19	εἰδοτες ὁτι οὐ φθαρτοις, ἀργυριω ἡ χρυσιω, ἐλυτρωθητε ἐκ της ματαιας ὑμων ἀναστροφης πατροπαραδοτου, ἀλλα τιμιω *αἱματι* ὡς ἀμνου ἀμωμου και ἀσπιλου χριστου,
1Jh	1 7	και το *αἱμα* ἰησου του υἱου αὐτου καθαριζει ἡμας ἀπο πασης ἁμαρτιας.
	5 6	οὑτος ἐστιν ὁ ἐλθων δι ὑδατος και *αἱματος*, ἰησους χριστος·
	6	οὐκ ἐν τω ὑδατι μονον, ἀλλ ἐν τω ὑδατι και ἐν τω *αἱματι*·
	8	ὁτι τρεις εἰσιν οἱ μαρτυρουντες, το πνευμα και το ὑδωρ και το *αἱμα*,
Apc	1 5	τω ἀγαπωντι ἡμας και λυσαντι ἡμας ἐκ των ἁμαρτιων ἡμων ἐν τω *αἱματι* αὐτου,
	5 9	ὁτι ἐσφαγης και ἠγορασας τω θεω ἐν τω *αἱματι* σου ἐκ πασης φυλης και γλωσσης και λαου και ἐθνους,
	6 10	ἑως ποτε, ὁ δεσποτης ὁ ἁγιος και ἀληθινος, οὐ κρινεις και ἐκδικεις το *αἱμα* ἡμων ἐκ των κατοικουντων ἐπι της γης;
	12	και ἡ σεληνη ὁλη ἐγενετο ὡς *αἱμα*,
	7 14	και ἐπλυναν τας στολας αὐτων και ἐλευκαναν αὐτας ἐν τω *αἱματι* του ἀρνιου.
	8 7	και ἐγενετο χαλαζα και πυρ μεμιγμενα ἐν *αἱματι*

αἷμα [97]

Apc	8 8	και εγενετο το τριτον της θαλασσης *αἱμα*,
	11 6	και εξουσιαν εχουσιν επι των υδατων στρεφειν αυτα εις *αἱμα* και παταξαι την γην εν παση πληγη οσακις εαν θελησωσιν.
	12 11	και αυτοι ενικησαν αυτον δια το *αἱμα* του αρνιου και δια τον λογον της μαρτυριας αυτων,
	14 20	και εξηλθεν *αἱμα* εκ της ληνου αχρι των χαλινων των ιππων,
	16 3	και εγενετο *αἱμα* ως νεκρου, και πασα ψυχη ζωης απεθανεν,
	4	και ο τριτος εξεχεεν την φιαλην αυτου εις τους ποταμους και τας πηγας των υδατων· και εγενετο *αἱμα*.
	6	οτι *αἱμα* αγιων και προφητων εξεχεαν,
	6	και *αἱμα* αυτοις [δ]εδωκας πιειν·
	17 6	και ειδον την γυναικα μεθυουσαν εκ του *αἱματος* των αγιων και εκ του *αἱματος* των μαρτυρων ιησου.
	6	και ειδον την γυναικα μεθυουσαν εκ του *αἱματος* των αγιων και εκ του *αἱματος* των μαρτυρων ιησου.
	18 24	και εν αυτη *αἱμα* προφητων και αγιων ευρεθη και παντων των εσφαγμενων επι της γης.
	19 2	και εξεδικησεν το *αἱμα* των δουλων αυτου εκ χειρος αυτης.
	13	και περιβεβλημενος ιματιον βεβαμμενον *αἱματι*,

αἱματεκχυσια [1]

Heb	9 22	και χωρις *αἱματεκχυσιας* ου γινεται αφεσις.

αἱμορροεω [1]

Mt	9 20	και ιδου γυνη *αἱμορροουσα* δωδεκα ετη προσελθουσα οπισθεν ηψατο του κρασπεδου του ιματιου αυτου·

αἰνεας [2]

Ac	9 33	ευρεν δε εκει ανθρωπον τινα ονοματι *αἰνεαν* εξ ετων οκτω κατακειμενον επι κραβαττω,
	34	*αἰνεα*, ιαται σε ιησους χριστος· αναστηθι και στρωσον σεαυτω.

αἰνεσις [1]

Heb	13 15	δι αυτου [ουν] αναφερωμεν θυσιαν *αἰνεσεως* δια παντος τω θεω,

αἰνεω [8]

Lc	2 13	και εξαιφνης εγενετο συν τω αγγελω πληθος στρατιας ουρανιου *αἰνουντων* τον θεον και λεγοντων· δοξα εν υψιστοις θεω και επι γης ειρηνη εν ανθρωποις ευδοκιας.
	20	και υπεστρεψαν οι ποιμενες δοξαζοντες και *αἰνουντες* τον θεον επι πασιν οις ηκουσαν και ειδον καθως ελαληθη προς αυτους.
	19 37	εγγιζοντος δε αυτου ηδη προς τη καταβασει του ορους των ελαιων ηρξαντο απαν το πληθος των μαθητων χαιροντες *αἰνειν* τον θεον φωνη μεγαλη περι πασων ων ειδον δυναμεων,
Ac	2 47	*αἰνουντες* τον θεον και εχοντες χαριν προς ολον τον λαον.
	3 8	και εξαλλομενος εστη, και περιεπατει, και εισηλθεν συν αυτοις εις το ιερον περιπατων και αλλομενος και *αἰνων* τον θεον.
	9	και ειδεν πας ο λαος αυτον περιπατουντα και *αἰνουντα* τον θεον·
Rm	15 11	*αἰνειτε*, παντα τα εθνη, τον κυριον, και επαινεσατωσαν αυτον παντες οι λαοι.
Apc	19 5	*αἰνειτε* τω θεω ημων, παντες οι δουλοι αυτου, [και] οι φοβουμενοι αυτον, οι μικροι και οι μεγαλοι.

αἰνιγμα [1]

1Co	13 12	βλεπομεν γαρ αρτι δι εσοπτρου εν *αἰνιγματι*,

αἰνος [2]

Mt	21 16	ναι· ουδεποτε ανεγνωτε οτι εκ στοματος νηπιων και θηλαζοντων κατηρτισω *αἰνον*;
Lc	18 43	και πας ο λαος ιδων εδωκεν *αἰνον* τω θεω.

αἰνων [1]

Jh	3 23	ην δε και ο ιωαννης βαπτιζων εν *αἰνων* εγγυς του σαλειμ,

αἱρεομαι [3]

Php	1 22	ει δε το ζην εν σαρκι, τουτο μοι καρπος εργου, και τι *αἱρησομαι* ου γνωριζω.
2Th	2 13	οτι *εἱλατο* υμας ο θεος απαρχην εις σωτηριαν εν αγιασμω πνευματος και πιστει αληθειας,
Heb	11 25	μαλλον *ἑλομενος* συγκακουχεισθαι τω λαω του θεου η προσκαιρον εχειν αμαρτιας απολαυσιν,

αἱρεσις [9]

Ac	5 17	αναστας δε ο αρχιερευς και παντες οι συν αυτω, η ουσα *αἱρεσις* των σαδδουκαιων,
	15 5	εξανεστησαν δε τινες των απο της *αἱρεσεως* των φαρισαιων πεπιστευκοτες,
	24 5	ευροντες γαρ τον ανδρα τουτον λοιμον και κινουντα στασεις πασιν τοις ιουδαιοις τοις κατα την οικουμενην πρωτοστατην τε της των ναζωραιων *αἱρεσεως*,
	14	ομολογω δε τουτο σοι, οτι κατα την οδον ην λεγουσιν *αἱρεσιν* ουτως λατρευω τω πατρωω θεω,
	26 5	εαν θελωσι μαρτυρειν, οτι κατα την ακριβεστατην *αἱρεσιν* της ημετερας θρησκειας εζησα φαρισαιος.
	28 22	περι μεν γαρ της *αἱρεσεως* ταυτης γνωστον ημιν εστιν οτι πανταχου αντιλεγεται.
1Co	11 19	δει γαρ και *αἱρεσεις* εν υμιν ειναι, ινα [και] οι δοκιμοι φανεροι γενωνται εν υμιν.
Ga	5 20	διχοστασιαι, *αἱρεσεις*, φθονοι, μεθαι, κωμοι, και τα ομοια τουτοις,
2Pt	2 1	ως και εν υμιν εσονται ψευδοδιδασκαλοι, οιτινες παρεισαξουσιν *αἱρεσεις* απωλειας,

αἱρετιζω [1]

Mt	12 18	ιδου ο παις μου ον *ἡρετισα*,

αἱρετικος [1]

Tit	3 10	*αἱρετικον* ανθρωπον μετα μιαν και δευτεραν νουθεσιαν παραιτου,

αἱρω [101]

Mt	4 6	βαλε σεαυτον κατω· γεγραπται γαρ οτι τοις αγγελοις αυτου εντελειται περι σου και επι χειρων *αρουσιν* σε,
	9 6	εγερθεις *αρον* σου την κλινην και υπαγε εις τον οικον σου.
	16	*αιρει* γαρ το πληρωμα αυτου απο του ιματιου,
	11 29	*αρατε* τον ζυγον μου εφ υμας και μαθετε απ εμου, οτι πραυς ειμι και ταπεινος τη καρδια,
	13 12	οστις δε ουκ εχει, και ο εχει *αρθησεται* απ αυτου.
	14 12	και προσελθοντες οι μαθηται αυτου *ἡραν* το πτωμα και εθαψαν αυτο[ν],
	20	και *ἡραν* το περισσευον των κλασματων, δωδεκα κοφινους πληρεις.
	15 37	και το περισσευον των κλασματων *ἡραν*, επτα σπυριδας πληρεις.
	16 24	ει τις θελει οπισω μου ελθειν, απαρνησασθω εαυτον και *αρατω* τον σταυρον αυτου, και ακολουθειτω μοι.
	17 27	ινα δε μη σκανδαλισωμεν αυτους, πορευθεις εις θαλασσαν βαλε αγκιστρον και τον αναβαντα πρωτον ιχθυν *αρον*, και ανοιξας το στομα αυτου ευρησεις στατηρα·
	20 14	*αρον* το σον και υπαγε· θελω δε τουτω τω εσχατω δουναι ως και σοι·
	21 21	*αρθητι* και βληθητι εις την θαλασσαν, γενησεται·
	43	δια τουτο λεγω υμιν οτι *αρθησεται* αφ υμων η βασιλεια του θεου και δοθησεται εθνει ποιουντι τους καρπους αυτης.
	24 17	ο επι του δωματος μη καταβατω *αραι* τα εκ της οικιας αυτου,
	18	και ο εν τω αγρω μη επιστρεψατω οπισω *αραι* το ιματιον αυτου.
	39	και ουκ εγνωσαν εως ηλθεν ο κατακλυσμος και *ἡρεν* απαντας,
	25 28	*αρατε* ουν απ αυτου το ταλαντον και δοτε τω εχοντι τα δεκα ταλαντα·
	29	τω γαρ εχοντι παντι δοθησεται και περισσευθησεται· του δε μη εχοντος και ο εχει *αρθησεται* απ αυτου.
	27 32	τουτον ηγγαρευσαν ινα *αρη* τον σταυρον αυτου.
Mc	2 3	και ερχονται φεροντες προς αυτον παραλυτικον *αιρομενον* υπο τεσσαρων.
	9	αφιενται σου αι αμαρτιαι, η ειπειν· εγειρε και *αρον* τον κραββαττον σου και περιπατει;
	11	σοι λεγω, εγειρε *αρον* τον κραββαττον σου και υπαγε εις τον οικον σου.

αἴρω [101]

Mc 2 12 καὶ ἠγέρθη καὶ εὐθὺς *ἄρας* τὸν κραβαττον ἐξῆλθεν ἐμπροσθεν παντων,

21 εἰ δὲ μη, *αἴρει* τὸ πληρωμα ἀπ αὐτου τὸ καινον του παλαιου,

4 15 καὶ ὅταν ἀκουσωσιν, εὐθὺς ἐρχεται ὁ σατανας καὶ *αἴρει* τὸν λογον τὸν ἐσπαρμενον εἰς αὐτους.

25 καὶ ὃς οὐκ ἐχει, καὶ ὃ ἐχει *ἀρθησεται* ἀπ αὐτου.

6 8 καὶ παρηγγειλεν αὐτοις ἱνα μηδεν *αἴρωσιν* εἰς ὁδον εἰ μη ῥαβδον μονον, μη ἀρτον, μη πηραν, μη εἰς τὴν ζωνην χαλκον,

29 καὶ ἀκουσαντες οἱ μαθηται αὐτου ἠλθον καὶ *ἠραν* τὸ πτωμα αὐτου καὶ ἐθηκαν αὐτο ἐν μνημειω.

43 καὶ *ἠραν* κλασματα δωδεκα κοφινων πληρωματα καὶ ἀπο των ἰχθυων.

8 8 καὶ ἐφαγον καὶ ἐχορτασθησαν, καὶ *ἠραν* περισσευματα κλασματων, ἑπτα σπυριδας.

19 καὶ οὐ μνημονευετε, ὁτε τοὺς πεντε ἀρτους ἐκλασα εἰς τοὺς πεντακισχιλιους, ποσους κοφινους κλασματων πληρεις *ἠρατε*;

20 ὁτε τοὺς ἑπτα εἰς τοὺς τετρακισχιλιους, ποσων σπυριδων πληρωματα κλασματων *ἠρατε*;

34 εἰ τις θελει ὀπισω μου ἀκολουθειν, ἀπαρνησασθω ἑαυτον καὶ *ἀρατω* τὸν σταυρον αὐτου, καὶ ἀκολουθειτω μοι.

11 23 ἀμην λεγω ὑμιν ὁτι ὃς ἀν εἰπη τω ὀρει τουτω· *ἀρθητι* καὶ βληθητι εἰς τὴν θαλασσαν, καὶ μη διακριθη ἐν τη καρδια αὐτου ἀλλα πιστευη ὁτι ὃ λαλει γινεται, ἐσται αὐτω.

13 15 ὁ [δε] ἐπι του δωματος μη καταβατω μηδε εἰσελθατω *ἀραι* τι ἐκ της οἰκιας αὐτου,

16 καὶ ὁ εἰς τὸν ἀγρον μη ἐπιστρεψατω εἰς τὰ ὀπισω *ἀραι* τὸ ἱματιον αὐτου.

15 21 καὶ ἀγγαρευουσιν παραγοντα τινα σιμωνα κυρηναιον ἐρχομενον ἀπ ἀγρου, τὸν πατερα ἀλεξανδρου καὶ ῥουφου, ἱνα *ἀρη* τὸν σταυρον αὐτου.

24 καὶ διαμεριζονται τὰ ἱματια αὐτου, βαλλοντες κληρον ἐπ αὐτα τίς τί *ἀρη*.

16 18 [καὶ ἐν ταις χερσιν] ὀφεις *ἀρουσιν* καν θανασιμον τι πιωσιν οὐ μη αὐτους βλαψη·

Lc 4 11 γεγραπται γαρ ὁτι τοις ἀγγελοις αὐτου ἐντελειται περι σου του διαφυλαξαι σε, καὶ ὁτι ἐπι χειρων *ἀρουσιν* σε, μηποτε προσκοψης προς λιθον τὸν ποδα σου.

5 24 σοί λεγω, ἐγειρε καὶ *ἀρας* τὸ κλινιδιον σου πορευου εἰς τὸν οἰκον σου.

25 καὶ παραχρημα ἀναστας ἐνωπιον αὐτων, *ἀρας* ἐφ ὃ κατεκειτο, ἀπηλθεν εἰς τὸν οἰκον αὐτου δοξαζων τὸν θεον.

6 29 καὶ ἀπο του *αἴροντος* σου τὸ ἱματιον καὶ τὸν χιτωνα μη κωλυσης.

30 παντι αἰτουντι σε διδου, καὶ ἀπο του *αἴροντος* τὰ σα μη ἀπαιτει.

8 12 οἱ δὲ παρα τὴν ὁδον εἰσιν οἱ ἀκουσαντες, εἰτα ἐρχεται ὁ διαβολος καὶ *αἴρει* τὸν λογον ἀπο της καρδιας αὐτων,

18 καὶ ὃς ἀν μη ἐχη, καὶ ὃ δοκει ἐχειν *ἀρθησεται* ἀπ αὐτου.

9 3 μηδεν *αἴρετε* εἰς τὴν ὁδον, μητε ῥαβδον μητε πηραν μητε ἀρτον μητε ἀργυριον μητε [ανα] δυο χιτωνας ἐχειν.

17 καὶ *ἠρθη* τὸ περισσευσαν αὐτοις κλασματων κοφινοι δωδεκα.

23 εἰ τις θελει ὀπισω μου ἐρχεσθαι, ἀρνησασθω ἑαυτον καὶ *ἀρατω* τὸν σταυρον αὐτου καθ ἡμεραν, καὶ ἀκολουθειτω μοι.

11 22 ἐπαν δὲ ἰσχυροτερος αὐτου ἐπελθων νικηση αὐτον, τὴν πανοπλιαν αὐτου *αἴρει*, ἐφ ἡ ἐπεποιθει, καὶ τὰ σκυλα αὐτου διαδιδωσιν.

52 οὐαι ὑμιν τοις νομικοις, ὁτι *ἠρατε* τὴν κλειδα της γνωσεως·

17 13 καὶ αὐτοι *ἠραν* φωνην λεγοντες·

31 ἐν ἐκεινη τη ἡμερα ὃς ἐσται ἐπι του δωματος καὶ τὰ σκευη αὐτου ἐν τη οἰκια, μη καταβατω *ἀραι* αὐτα,

19 21 ἐφοβουμην γαρ σε, ὁτι ἀνθρωπος αὐστηρος εἰ, *αἴρεις* ὃ οὐκ ἐθηκας, καὶ θεριζεις ὃ οὐκ ἐσπειρας.

22 ᾐδεις ὁτι ἐγω ἀνθρωπος αὐστηρος εἰμι, *αἴρων* ὃ οὐκ ἐθηκα, καὶ θεριζων ὃ οὐκ ἐσπειρα;

24 *ἀρατε* ἀπ αὐτου τὴν μναν καὶ δοτε τω τὰς δεκα μνας ἐχοντι.

26 λεγω ὑμιν ὁτι παντι τω ἐχοντι δοθησεται, ἀπο δὲ του μη ἐχοντος καὶ ὃ ἐχει *ἀρθησεται*.

22 36 ἀλλα νυν ὁ ἐχων βαλλαντιον *ἀρατω*, ὁμοιως καὶ πηραν, καὶ ὁ μη ἐχων πωλησατω τὸ ἱματιον αὐτου καὶ ἀγορασατω μαχαιραν.

23 18 *αἴρε* τουτον, ἀπολυσον δὲ ἡμιν τὸν βαραββαν·

Jh 1 29 ἰδε ὁ ἀμνος του θεου ὁ *αἴρων* τὴν ἁμαρτιαν του κοσμου.

2 16 *ἀρατε* ταυτα ἐντευθεν, μη ποιειτε τὸν οἰκον του πατρος μου οἰκον ἐμποριου.

5 8 ἐγειρε *ἀρον* τὸν κραβαττον σου καὶ περιπατει.

9 καὶ εὐθεως ἐγενετο ὑγιης ὁ ἀνθρωπος, καὶ *ἠρεν* τὸν κραβαττον αὐτου καὶ περιεπατει.

10 σαββατον ἐστιν, καὶ οὐκ ἐξεστιν σοι *ἀραι* τὸν κραβαττον σου.

11 *ἀρον* τὸν κραβαττον σου καὶ περιπατει.

αἴρω [101]

Jh 5 12 τίς ἐστιν ὁ ἀνθρωπος ὁ εἰπων σοι· *ἀρον* καὶ περιπατει;

8 59 *ἠραν* οὐν λιθους ἱνα βαλωσιν ἐπ αὐτον·

10 18 οὐδεις *αἴρει* αὐτην ἀπ ἐμου, ἀλλ ἐγω τιθημι αὐτην ἀπ ἐμαυτου.

24 ἑως ποτε τὴν ψυχην ἡμων *αἴρεις*;

11 39 λεγει ὁ ἰησους· *ἀρατε* τὸν λιθον.

41 *ἠραν* οὐν τὸν λιθον.

41 ὁ δὲ ἰησους *ἠρεν* τοὺς ὀφθαλμους ἀνω καὶ εἰπεν·

48 καὶ ἐλευσονται οἱ ῥωμαιοι καὶ *ἀρουσιν* ἡμων καὶ τὸν τοπον καὶ τὸ ἐθνος.

15 2 παν κλημα ἐν ἐμοι μη φερον καρπον, *αἴρει* αὐτο,

16 22 καὶ χαρησεται ὑμων ἡ καρδια, καὶ τὴν χαραν ὑμων οὐδεις *αἴρει* ἀφ ὑμων.

17 15 οὐκ ἐρωτω ἱνα *ἀρης* αὐτους ἐκ του κοσμου, ἀλλ ἱνα τηρησης αὐτους ἐκ του πονηρου.

19 15 *ἀρον* ἀρον, σταυρωσον αὐτον.

15 *ἀρον* ἀρον, σταυρωσον αὐτον.

31 ἠρωτησαν τὸν πιλατον ἱνα κατεαγωσιν αὐτων τὰ σκελη καὶ *ἀρθωσιν*.

38 μετα δὲ ταυτα ἠρωτησεν τὸν πιλατον ἰωσηφ [ὁ] ἀπο ἀριμαθαιας, ὢν μαθητης του ἰησου κεκρυμμενος δὲ δια τὸν φοβον των ἰουδαιων, ἱνα *ἀρη* τὸ σωμα του ἰησου·

38 ἠλθεν οὐν καὶ *ἠρεν* τὸ σωμα αὐτου.

20 1 τη δὲ μια των σαββατων μαρια ἡ μαγδαληνη ἐρχεται πρωι σκοτιας ἐτι οὐσης εἰς τὸ μνημειον, καὶ βλεπει τὸν λιθον *ἠρμενον* ἐκ του μνημειου.

2 *ἠραν* τὸν κυριον ἐκ του μνημειου, καὶ οὐκ οἰδαμεν που ἐθηκαν αὐτον.

13 λεγει αὐτοις ὁτι *ἠραν* τὸν κυριον μου, καὶ οὐκ οἰδα που ἐθηκαν αὐτον.

15 κυριε, εἰ συ ἐβαστασας αὐτον, εἰπε μοι που ἐθηκας αὐτον, καγω αὐτον *ἀρω*.

Ac 4 24 οἱ δὲ ἀκουσαντες ὁμοθυμαδον *ἠραν* φωνην προς τὸν θεον καὶ εἰπαν·

8 33 ἐν τη ταπεινωσει [αὐτου] ἡ κρισις αὐτου *ἠρθη*·

33 τὴν γενεαν αὐτου τίς διηγησεται; ὁτι *αἴρεται* ἀπο της γης ἡ ζωη αὐτου.

20 9 κατενεχθεις ἀπο του ὑπνου ἐπεσεν ἀπο του τριστεγου κατω καὶ *ἠρθη* νεκρος.

21 11 καὶ ἐλθων προς ἡμας καὶ *ἀρας* τὴν ζωνην του παυλου, δησας ἑαυτου τοὺς ποδας καὶ τὰς χειρας εἰπεν·

36 ἠκολουθει γαρ τὸ πληθος του λαου κραζοντες· *αἴρε* αὐτον.

22 22 *αἴρε* ἀπο της γης τὸν τοιουτον· οὐ γαρ καθηκεν αὐτον ζην.

27 13 ὑποπνευσαντος δὲ νοτου δοξαντες της προθεσεως κεκρατηκεναι, *ἀραντες* ἀσσον παρελεγοντο τὴν κρητην.

17 ἣν *ἀραντες* βοηθειαις ἐχρωντο, ὑποζωννυντες τὸ πλοιον·

1Co 5 2 καὶ οὐχι μαλλον ἐπενθησατε, ἱνα *ἀρθη* ἐκ μεσου ὑμων ὁ τὸ ἐργον τουτο πραξας;

6 15 *ἀρας* οὐν τὰ μελη του χριστου ποιησω πορνης μελη;

Eph 4 31 πασα πικρια καὶ θυμος καὶ ὀργη καὶ κραυγη καὶ βλασφημια *ἀρθητω* ἀφ ὑμων συν παση κακια.

Col 2 14 καὶ αὐτο *ἠρκεν* ἐκ του μεσου, προσηλωσας αὐτο τω σταυρω·

1Jh 3 5 καὶ οἰδατε ὁτι ἐκεινος ἐφανερωθη ἱνα τὰς ἁμαρτιας *ἀρη*,

Apc 10 5 καὶ ὁ ἀγγελος, ὃν εἰδον ἑστωτα ἐπι της θαλασσης καὶ ἐπι της γης, *ἠρεν* τὴν χειρα αὐτου τὴν δεξιαν εἰς τὸν οὐρανον,

18 21 καὶ *ἠρεν* εἰς ἀγγελος ἰσχυρος λιθον ὡς μυλινον μεγαν,

αἰσθανομαι [1]

Lc 9 45 οἱ δὲ ἠγνοουν τὸ ῥημα τουτο, καὶ ἠν παρακεκαλυμμενον ἀπ αὐτων ἱνα μη *αἰσθωνται* αὐτο,

αἴσθησις [1]

Php 1 9 καὶ τουτο προσευχομαι, ἱνα ἡ ἀγαπη ὑμων ἐτι μαλλον καὶ μαλλον περισσευη ἐν ἐπιγνωσει καὶ παση *αἰσθησει*,

αἰσθητηριον [1]

Heb 5 14 των δια τὴν ἑξιν τὰ *αἰσθητηρια* γεγυμνασμενα ἐχοντων προς διακρισιν καλου τε καὶ κακου.

αἰσχροκερδής [2]

1Tm 3 8 διακονους ὡσαυτως σεμνους, μη διλογους, μη οἰνω πολλω προσεχοντας, μη *αἰσχροκερδεις*,

Tit 1 7 μη *αἰσχροκερδη*, ἀλλα φιλοξενον,

αἰσχροκερδῶς [1]

1Pt 5 2 [ἐπισκοπουντες] μη ἀναγκαστως ἀλλα ἑκουσιως κατα θεον,
μηδε *αἰσχροκερδῶς* ἀλλα προθυμως,

αἰσχρολογια [1]

Col 3 8 νυνι δε ἀποθεσθε και ὑμεις τα παντα, ὀργην, θυμον, κακιαν,
βλασφημιαν, *αἰσχρολογιαν* ἐκ του στοματος ὑμων·

αἰσχρος [4]

1Co 11 6 εἰ δε *αἰσχρον* γυναικι το κειρασθαι ἠ ξυρασθαι,
κατακαλυπτεσθω.
    14 35 *αἰσχρον* γαρ ἐστιν γυναικι λαλειν ἐν ἐκκλησια.
Eph 5 12 τα γαρ κρυφη γινομενα ὑπ αὐτων *αἰσχρον* ἐστιν και λεγειν·
Tit 1 11 οὑς δει ἐπιστομιζειν, οἱτινες ὁλους οἰκους ἀνατρεπουσιν
διδασκοντες ἁ μη δει *αἰσχρου* κερδους χαριν.

αἰσχροτης [1]

Eph 5 4 και *αἰσχροτης* και μωρολογια ἠ εὐτραπελια, ἁ οὐκ ἀνηκεν,
ἀλλα μαλλον εὐχαριστια.

αἰσχυνη [6]

Lc 14 9 και τοτε ἀρξη μετα *αἰσχυνης* τον ἐσχατον τοπον κατεχειν.
2Co 4 2 οὐκ ἐγκακουμεν, ἀλλα ἀπειπαμεθα τα κρυπτα της *αἰσχυνης*,
Php 3 19 ὡν ὁ θεος ἠ κοιλια και ἠ δοξα ἐν τη *αἰσχυνη* αὐτων,
Heb 12 2 ἀφορωντες εἰς τον της πιστεως ἀρχηγον και τελειωτην
ἰησουν, ὁς ἀντι της προκειμενης αὐτω χαρας ὑπεμεινεν
σταυρον *αἰσχυνης* καταφρονησας,
Ju 13 κυματα ἀγρια θαλασσης ἐπαφριζοντα τας ἑαυτων *αἰσχυνας*,
Apc 3 18 συμβουλευω σοι ἀγορασαι παρ ἐμου χρυσιον πεπυρωμενον ἐκ
πυρος ἱνα πλουτησης, και ἱματια λευκα ἱνα περιβαλη και μη
φανερωθη ἠ *αἰσχυνη* της γυμνοτητος σου,

αἰσχυνομαι [5]

Lc 16 3 σκαπτειν οὐκ ἰσχυω, ἐπαιτειν *αἰσχυνομαι*.
2Co 10 8 ἐαν [τε] γαρ περισσοτερον τι καυχησωμαι περι της ἐξουσιας
ἡμων, ἡς ἐδωκεν ὁ κυριος εἰς οἰκοδομην και οὐκ εἰς
καθαιρεσιν ὑμων, οὐκ *αἰσχυνθησομαι*,
Php 1 20 κατα την ἀποκαραδοκιαν και ἐλπιδα μου ὁτι ἐν οὐδενι
αἰσχυνθησομαι,
1Pt 4 16 εἰ δε ὡς χριστιανος, μη *αἰσχυνεσθω*, δοξαζετω δε τον θεον ἐν
τω ὀνοματι τουτω.
1Jh 2 28 και νυν, τεκνια, μενετε ἐν αὐτω, ἱνα ἐαν φανερωθη σχωμεν
παρρησιαν και μη *αἰσχυνθωμεν* ἀπ αὐτου ἐν τη παρουσια
αὐτου.

αἰτεω [70]

Mt 5 42 τω *αἰτουντι* σε δος,
    6 8 οἰδεν γαρ ὁ πατηρ ὑμων ὡν χρειαν ἐχετε προ του ὑμας
αἰτησαι αὐτον.
    7 7 *αἰτειτε*, και δοθησεται ὑμιν·
    8 πας γαρ ὁ *αἰτων* λαμβανει,
    9 ὁν *αἰτησει* ὁ υἱος αὐτου ἀρτον,
    10 ἠ και ἰχθυν *αἰτησει*,
    11 ποσω μαλλον ὁ πατηρ ὑμων ὁ ἐν τοις οὐρανοις δωσει ἀγαθα
τοις *αἰτουσιν* αὐτον.
    14 7 ὁθεν μεθ ὁρκου ὡμολογησεν αὐτη δουναι ὁ ἐαν *αἰτησηται*.
    18 19 παλιν [ἀμην] λεγω ὑμιν ὁτι ἐαν δυο συμφωνησωσιν ἐξ ὑμων
ἐπι της γης περι παντος πραγματος οὑ ἐαν *αἰτωνται*,
γενησεται αὐτοις παρα του πατρος μου του ἐν οὐρανοις.
    20 20 τοτε προσηλθεν αὐτω ἠ μητηρ των υἱων ζεβεδαιου μετα των
υἱων αὐτης προσκυνουσα και *αἰτουσα* τι ἀπ αὐτου.
    22 οὐκ οἰδατε τι *αἰτεισθε*. δυνασθε πιειν το ποτηριον ὁ ἐγω
μελλω πινειν;
    21 22 και παντα ὁσα ἀν *αἰτησητε* ἐν τη προσευχη πιστευοντες
λημψεσθε.
    27 20 οἱ δε ἀρχιερεις και οἱ πρεσβυτεροι ἐπεισαν τους ὀχλους ἱνα
αἰτησωνται τον βαραββαν, τον δε ἰησουν ἀπολεσωσιν.
    58 οὑτος προσελθων τω πιλατω *ᾐτησατο* το σωμα του ἰησου.
Mc 6 22 εἰπεν ὁ βασιλευς τω κορασιω· *αἰτησον* με ὁ ἐαν θελης, και
δωσω σοι·
    23 και ὠμοσεν αὐτη [πολλα] ὁτι ἐαν με *αἰτησης* δωσω σοι ἑως
ἡμισους της βασιλειας μου.
    24 και ἐξελθουσα εἰπεν τη μητρι αὐτης· τι *αἰτησωμαι*;

αἰτεω [70]

Mc 6 25 και εἰσελθουσα εὐθυς μετα σπουδης προς τον βασιλεα
ᾐτησατο λεγουσα· θελω ἱνα ἐξαυτης δως μοι ἐπι πινακι την
κεφαλην ἰωαννου του βαπτιστου.
    10 35 διδασκαλε, θελομεν ἱνα ὁ ἐαν *αἰτησωμεν* σε ποιησης ἡμιν.
    38 οὐκ οἰδατε τι *αἰτεισθε*.
    11 24 δια τουτο λεγω ὑμιν, παντα ὁσα προσευχεσθε και *αἰτεισθε*,
πιστευετε ὁτι ἐλαβετε, και ἐσται ὑμιν.
    15 8 και ἀναβας ὁ ὀχλος ἠρξατο *αἰτεισθαι* καθως ἐποιει αὐτοις.
    43 τολμησας εἰσηλθεν προς τον πιλατον και *ᾐτησατο* το σωμα
του ἰησου.
Lc 1 63 και *αἰτησας* πινακιδιον ἐγραψεν λεγων·
    6 30 παντι *αἰτουντι* σε διδου, και ἀπο του αἰροντος τα σα μη
ἀπαιτει.
    11 9 καγω ὑμιν λεγω, *αἰτειτε*, και δοθησεται ὑμιν·
    10 πας γαρ ὁ *αἰτων* λαμβανει, και ὁ ζητων εὑρισκει, και τω
κρουοντι ἀνοιγ[ησ]εται.
    11 τινα δε ἐξ ὑμων τον πατερα *αἰτησει* ὁ υἱος ἰχθυν, και ἀντι
ἰχθυος ὀφιν αὐτω ἐπιδωσει;
    12 ἠ και *αἰτησει* ᾠον, ἐπιδωσει αὐτω σκορπιον;
    13 εἰ οὐν ὑμεις πονηροι ὑπαρχοντες οἰδατε δοματα ἀγαθα
διδοναι τοις τεκνοις ὑμων, ποσω μαλλον ὁ πατηρ [ὁ] ἐξ
οὐρανου δωσει πνευμα ἁγιον τοις *αἰτουσιν* αὐτον.
    12 48 παντι δε ᾡ ἐδοθη πολυ, πολυ ζητηθησεται παρ αὐτου, και ᾡ
παρεθεντο πολυ, περισσοτερον *αἰτησουσιν* αὐτον.
    23 23 οἱ δε ἐπεκειντο φωναις μεγαλαις *αἰτουμενοι* αὐτον
σταυρωθηναι,
    25 ἀπελυσεν δε τον δια στασιν και φονον βεβλημενον εἰς
φυλακην, ὁν *ᾐτουντο*, τον δε ἰησουν παρεδωκεν τω θεληματι
αὐτων.
    52 οὑτος προσελθων τω πιλατω *ᾐτησατο* το σωμα του ἰησου,
Jh 4 9 πως συ ἰουδαιος ὡν παρ ἐμου πειν *αἰτεις* γυναικος
σαμαριτιδος οὐσης;
    10 συ ἀν *ᾐτησας* αὐτον και ἐδωκεν ἀν σοι ὑδωρ ζων.
    11 22 [ἀλλα] και νυν οἰδα ὁτι ὁσα ἀν *αἰτηση* τον θεον δωσει σοι ὁ
θεος.
    14 13 και ὁτι ἀν *αἰτησητε* ἐν τω ὀνοματι μου, τουτο ποιησω, ἱνα
δοξασθη ὁ πατηρ ἐν τω υἱω.
    14 ἐαν τι *αἰτησητε* με ἐν τω ὀνοματι μου, ἐγω ποιησω.
    15 7 ἐαν μεινητε ἐν ἐμοι και τα ῥηματα μου ἐν ὑμιν μεινη, ὁ ἐαν
θελητε *αἰτησασθε*, και γενησεται ὑμιν.
    16 και ἐθηκα ὑμας ἱνα ὑμεις ὑπαγητε και καρπον φερητε και ὁ
καρπος ὑμων μενη, ἱνα ὁτι ἀν *αἰτησητε* τον πατερα ἐν τω
ὀνοματι μου δω ὑμιν.
    16 23 ἀν τι *αἰτησητε* τον πατερα ἐν τω ὀνοματι μου δωσει ὑμιν.
    24 ἑως ἀρτι οὐκ *ᾐτησατε* οὐδεν ἐν τω ὀνοματι μου·
    24 *αἰτειτε*, και λημψεσθε, ἱνα ἠ χαρα ὑμων ἠ πεπληρωμενη.
    26 ἐν ἐκεινη τη ἡμερα ἐν τω ὀνοματι μου *αἰτησεσθε*,
Ac 3 2 ὁν ἐτιθουν καθ ἡμεραν προς την θυραν του ἱερου την
λεγομενην ὡραιαν του *αἰτειν* ἐλεημοσυνην παρα των
εἰσπορευομενων εἰς το ἱερον·
    14 ὑμεις δε τον ἁγιον και δικαιον ἠρνησασθε, και *ᾐτησασθε*
ἀνδρα φονεα χαρισθηναι ὑμιν,
    7 46 ὁς εὑρεν χαριν ἐνωπιον του θεου και *ᾐτησατο* εὑρειν
σκηνωμα τω οἰκω ἰακωβ.
    9 2 ὁ δε σαυλος ἐτι ἐμπνεων ἀπειλης και φονου εἰς τους μαθητας
του κυριου, προσελθων τω ἀρχιερει *ᾐτησατο* παρ αὐτου
ἐπιστολας εἰς δαμασκον προς τας συναγωγας,
    12 20 ὁμοθυμαδον δε παρησαν προς αὐτον, και πεισαντες βλαστον
τον ἐπι του κοιτωνος του βασιλεως *ᾐτουντο* εἰρηνην,
    13 21 κακειθεν *ᾐτησαντο* βασιλεα, και ἐδωκεν αὐτοις ὁ θεος τον
σαουλ υἱον κις,
    28 και μηδεμιαν αἰτιαν θανατου εὑροντες *ᾐτησαντο* πιλατον
ἀναιρεθηναι αὐτον·
    16 29 *αἰτησας* δε φωτα εἰσεπηδησεν, και ἐντρομος γενομενος
προσεπεσεν τω παυλω και [τω] σιλα,
    25 3 ἐνεφανισαν τε αὐτω οἱ ἀρχιερεις και οἱ πρωτοι των ἰουδαιων
κατα του παυλου, και παρεκαλουν αὐτον *αἰτουμενοι* χαριν
κατ αὐτου,
    15 περι οὑ γενομενου μου εἰς ἱεροσολυμα ἐνεφανισαν οἱ
ἀρχιερεις και οἱ πρεσβυτεροι των ἰουδαιων, *αἰτουμενοι* κατ
αὐτου καταδικην·
1Co 1 22 ἐπειδη και ἰουδαιοι σημεια *αἰτουσιν* και ἑλληνες σοφιαν
ζητουσιν, ἡμεις δε κηρυσσομεν χριστον ἐσταυρωμενον,
Eph 3 13 διο *αἰτουμαι* μη ἐγκακειν ἐν ταις θλιψεσιν μου ὑπερ ὑμων,
    20 τω δε δυναμενω ὑπερ παντα ποιησαι ὑπερεκπερισσου ὡν
αἰτουμεθα ἠ νοουμεν κατα την δυναμιν την ἐνεργουμενην ἐν
ὑμιν,
Col 1 9 δια τουτο και ἡμεις, ἀφ ἡς ἡμερας ἠκουσαμεν, οὐ παυομεθα
ὑπερ ὑμων προσευχομενοι και *αἰτουμενοι*

αἰτεω [70]

Ja	1 5	εἰ δε τις ὑμων λειπεται σοφιας, αἰτειτω παρα του διδοντος θεου πασιν ἁπλως και μη ὀνειδιζοντος,
	6	αἰτειτω δε ἐν πιστει, μηδεν διακρινομενος·
	4 2	οὐκ ἐχετε δια το μη αἰτεισθαι ὑμας·
	3	αἰτειτε και οὐ λαμβανετε, διοτι κακως αἰτεισθε,
	3	αἰτειτε και οὐ λαμβανετε, διοτι κακως αἰτεισθε,
1Pt	3 15	ἑτοιμοι ἀει προς ἀπολογιαν παντι τω αἰτουντι ὑμας λογον περι της ἐν ὑμιν ἐλπιδος,
1Jh	3 22	και ὁ ἐαν αἰτωμεν λαμβανομεν ἀπ αὐτου,
	5 14	και αὑτη ἐστιν ἡ παρρησια ἡν ἐχομεν προς αὐτον, ὁτι ἐαν τι αἰτωμεθα κατα το θελημα αὐτου ἀκουει ἡμων.
	15	και ἐαν οἰδαμεν ὁτι ἀκουει ἡμων ὁ ἐαν αἰτωμεθα, οἰδαμεν ὁτι ἐχομεν τα αἰτηματα ἁ ᾐτηκαμεν ἀπ αὐτου.
	15	και ἐαν οἰδαμεν ὁτι ἀκουει ἡμων ὁ ἐαν αἰτωμεθα, οἰδαμεν ὁτι ἐχομεν τα αἰτηματα ἁ ᾐτηκαμεν ἀπ αὐτου.
	16	ἐαν τις ἰδη τον ἀδελφον αὐτου ἁμαρτανοντα ἁμαρτιαν μη προς θανατον, αἰτησει,

αἰτημα [3]

Lc	23 24	και πιλατος ἐπεκρινεν γενεσθαι το αἰτημα αὐτων·
Php	4 6	μηδεν μεριμνατε, ἀλλ ἐν παντι τη προσευχη και τη δεησει μετα εὐχαριστιας τα αἰτηματα ὑμων γνωριζεσθω προς τον θεον.
1Jh	5 15	και ἐαν οἰδαμεν ὁτι ἀκουει ἡμων ὁ ἐαν αἰτωμεθα, οἰδαμεν ὁτι ἐχομεν τα αἰτηματα ἁ ᾐτηκαμεν ἀπ αὐτου.

αἰτια [20]

Mt	19 3	και προσηλθον αὐτω φαρισαιοι πειραζοντες αὐτον και λεγοντες· εἰ ἐξεστιν ἀνθρωπω ἀπολυσαι την γυναικα αὐτου κατα πασαν αἰτιαν;
	10	εἰ οὑτως ἐστιν ἡ αἰτια του ἀνθρωπου μετα της γυναικος, οὐ συμφερει γαμησαι.
	27 37	και ἐπεθηκαν ἐπανω της κεφαλης αὐτου την αἰτιαν αὐτου γεγραμμενην· οὑτος ἐστιν ἰησους ὁ βασιλευς των ἰουδαιων.
Mc	15 26	και ἠν ἡ ἐπιγραφη της αἰτιας αὐτου ἐπιγεγραμμενη· ὁ βασιλευς των ἰουδαιων.
Lc	8 47	ἰδουσα δε ἡ γυνη ὁτι οὐκ ἐλαθεν, τρεμουσα ἠλθεν και προσπεσουσα αὐτω δι ἡν αἰτιαν ἡψατο αὐτου ἀπηγγειλεν ἐνωπιον παντος του λαου, και ὡς ἰαθη παραχρημα.
Jh	18 38	ἐγω οὐδεμιαν εὑρισκω ἐν αὐτω αἰτιαν.
	19 4	ἰδε ἀγω ὑμιν αὐτον ἐξω, ἱνα γνωτε ὁτι οὐδεμιαν αἰτιαν εὑρισκω ἐν αὐτω.
	6	ἐγω γαρ οὐχ εὑρισκω ἐν αὐτω αἰτιαν.
Ac	10 21	ἰδου ἐγω εἰμι ὁν ζητειτε· τις ἡ αἰτια δι ἡν παρεστε;
	13 28	και μηδεμιαν αἰτιαν θανατου εὑροντες ᾐτησαντο πιλατον ἀναιρεθηναι αὐτον·
	22 24	εἰπας μαστιξιν ἀνεταζεσθαι αὐτον, ἱνα ἐπιγνω δι ἡν αἰτιαν οὑτως ἐπεφωνουν αὐτω.
	23 28	βουλομενος τε ἐπιγνωναι την αἰτιαν δι ἡν ἐνεκαλουν αὐτω, κατηγαγον εἰς το συνεδριον αὐτων·
	25 18	περι οὑ σταθεντες οἱ κατηγοροι οὐδεμιαν αἰτιαν ἐφερον ὡν ἐγω ὑπενοουν πονηρων,
	27	ἀλογον γαρ μοι δοκει πεμποντα δεσμιον μη και τας κατ αὐτου αἰτιας σημαναι.
	28 18	οἱτινες ἀνακριναντες με ἐβουλοντο ἀπολυσαι δια το μηδεμιαν αἰτιαν θανατου ὑπαρχειν ἐν ἐμοι·
	20	δια ταυτην οὐν την αἰτιαν παρεκαλεσα ὑμας ἰδειν και προσλαλησαι·
2Tm	1 6	δι ἡν αἰτιαν ἀναμιμνησκω σε ἀναζωπυρειν το χαρισμα του θεου,
	12	δι ἡν αἰτιαν και ταυτα πασχω, ἀλλ οὐκ ἐπαισχυνομαι,
Tit	1 13	δι ἡν αἰτιαν ἐλεγχε αὐτους ἀποτομως,
Heb	2 11	δι ἡν αἰτιαν οὐκ ἐπαισχυνεται ἀδελφους αὐτους καλειν, λεγων·

αἰτιος [5]

Lc	23 4	οὐδεν εὑρισκω αἰτιον ἐν τω ἀνθρωπω τουτω.
	14	και ἰδου ἐγω ἐνωπιον ὑμων ἀνακρινας οὐθεν εὑρον ἐν τω ἀνθρωπω τουτω αἰτιον ὡν κατηγορειτε κατ αὐτου.
	22	οὐδεν αἰτιον θανατου εὑρον ἐν αὐτω· παιδευσας οὐν αὐτον ἀπολυσω.
Ac	19 40	μηδενος αἰτιου ὑπαρχοντος, περι οὑ [οὐ] δυνησομεθα ἀποδουναι λογον περι της συστροφης ταυτης.
Heb	5 9	και τελειωθεις ἐγενετο πασιν τοις ὑπακουουσιν αὐτω αἰτιος σωτηριας αἰωνιου,

αἰτιωμα [1]

Ac	25 7	παραγενομενου δε αὐτου περιεστησαν αὐτον οἱ ἀπο ἱεροσολυμων καταβεβηκοτες ἰουδαιοι, πολλα και βαρεα αἰτιωματα καταφεροντες,

αἰφνιδιος [2]

Lc	21 34	και ἐπιστη ἐφ ὑμας αἰφνιδιος ἡ ἡμερα ἐκεινη ὡς παγις·
1Th	5 3	ὁταν λεγωσιν· εἰρηνη και ἀσφαλεια, τοτε αἰφνιδιος αὐτοις ἐφισταται ὀλεθρος ὡσπερ ἡ ὡδιν τη ἐν γαστρι ἐχουση,

αἰχμαλωσια [3]

Eph	4 8	ἀναβας εἰς ὑψος ᾐχμαλωτευσεν αἰχμαλωσιαν,
Apc	13 10	εἰ τις εἰς αἰχμαλωσιαν, εἰς αἰχμαλωσιαν ὑπαγει·
	10	εἰ τις εἰς αἰχμαλωσιαν, εἰς αἰχμαλωσιαν ὑπαγει·

αἰχμαλωτευω [1]

Eph	4 8	ἀναβας εἰς ὑψος ᾐχμαλωτευσεν αἰχμαλωσιαν,

αἰχμαλωτιζω [4]

Lc	21 24	και πεσουνται στοματι μαχαιρης και αἰχμαλωτισθησονται εἰς τα ἐθνη παντα,
Rm	7 23	ἀντιστρατευομενον τω νομω του νοος μου και αἰχμαλωτιζοντα με ἐν τω νομω της ἁμαρτιας τω ὀντι ἐν τοις μελεσιν μου.
2Co	10 5	και αἰχμαλωτιζοντες παν νοημα εἰς την ὑπακοην του χριστου,
2Tm	3 6	ἐκ τουτων γαρ εἰσιν οἱ ἐνδυνοντες εἰς τας οἰκιας και αἰχμαλωτιζοντες γυναικαρια σεσωρευμενα ἁμαρτιαις,

αἰχμαλωτος [1]

Lc	4 18	εὐαγγελισασθαι πτωχοις, ἀπεσταλκεν με, κηρυξαι αἰχμαλωτοις ἀφεσιν και τυφλοις ἀναβλεψιν, ἀποστειλαι τεθραυσμενους ἐν ἀφεσει, κηρυξαι ἐνιαυτον κυριου δεκτον.

αἰων [122]

Mt	12 32	οὐκ ἀφεθησεται αὐτω οὐτε ἐν τουτω τω αἰωνι οὐτε ἐν τω μελλοντι.
	13 22	και ἡ μεριμνα του αἰωνος και ἡ ἀπατη του πλουτου συμπνιγει τον λογον,
	39	ὁ δε θερισμος συντελεια αἰωνος ἐστιν,
	40	ὡσπερ οὐν συλλεγεται τα ζιζανια και πυρι [κατα]καιεται, οὑτως ἐσται ἐν τη συντελεια του αἰωνος.
	49	οὑτως ἐσται ἐν τη συντελεια του αἰωνος· ἐξελευσονται οἱ ἀγγελοι και ἀφοριουσιν τους πονηρους ἐκ μεσου των δικαιων,
	21 19	μηκετι ἐκ σου καρπος γενηται εἰς τον αἰωνα.
	24 3	εἰπε ἡμιν, ποτε ταυτα ἐσται, και τι το σημειον της σης παρουσιας και συντελειας του αἰωνος;
	28 20	και ἰδου ἐγω μεθ ὑμων εἰμι πασας τας ἡμερας ἑως της συντελειας του αἰωνος.
Mc	3 29	ὁς δ ἀν βλασφημηση εἰς το πνευμα το ἁγιον, οὐκ ἐχει ἀφεσιν εἰς τον αἰωνα,
	4 19	οὑτοι εἰσιν οἱ τον λογον ἀκουσαντες, και αἱ μεριμναι του αἰωνος και ἡ ἀπατη του πλουτου και αἱ περι τα λοιπα ἐπιθυμιαι εἰσπορευομεναι συμπνιγουσιν τον λογον, και ἀκαρπος γινεται.
	10 30	ἐαν μη λαβη ἑκατονταπλασιονα νυν ἐν τω καιρω τουτω οἰκιας και ἀδελφους και ἀδελφας και μητερας και τεκνα και ἀγρους μετα διωγμων, και ἐν τω αἰωνι τω ἐρχομενω ζωην αἰωνιον.
	11 14	μηκετι εἰς τον αἰωνα ἐκ σου μηδεις καρπον φαγοι.
Lc	1 33	και βασιλευσει ἐπι τον οἰκον ἰακωβ εἰς τους αἰωνας,
	55	καθως ἐλαλησεν προς τους πατερας ἡμων, τω ἀβρααμ και τω σπερματι αὐτου εἰς τον αἰωνα.
	70	και ἠγειρεν κερας σωτηριας ἡμιν ἐν οἰκω δαυιδ παιδος αὐτου, καθως ἐλαλησεν δια στοματος των ἁγιων ἀπ αἰωνος προφητων αὐτου,
	16 8	ὁτι οἱ υἱοι του αἰωνος τουτου φρονιμωτεροι ὑπερ τους υἱους του φωτος εἰς την γενεαν την ἑαυτων εἰσιν.
	18 30	ὁς οὐχι μη [ἀπο]λαβη πολλαπλασιονα ἐν τω καιρω τουτω και ἐν τω αἰωνι τω ἐρχομενω ζωην αἰωνιον.
	20 34	οἱ υἱοι του αἰωνος τουτου γαμουσιν και γαμισκονται,
	35	οἱ δε καταξιωθεντες του αἰωνος ἐκεινου τυχειν και της ἀναστασεως της ἐκ νεκρων οὐτε γαμουσιν οὐτε γαμιζονται·

αἰων [122]

Jh	4 14	ὃς δ ἀν πιη ἐκ του ὑδατος οὐ ἐγω δωσω αὐτω, οὐ μη διψησει εἰς τον αἰωνα,
	6 51	ἐαν τις φαγη ἐκ τουτου του ἀρτου, ζησει εἰς τον αἰωνα·
	58	ὁ τρωγων τουτον τον ἀρτον ζησει εἰς τον αἰωνα.
	8 35	ὁ δε δουλος οὐ μενει ἐν τη οἰκια εἰς τον αἰωνα·
	35	ὁ υἱος μενει εἰς τον αἰωνα.
	51	ἐαν τις τον ἐμον λογον τηρηση, θανατον οὐ μη θεωρηση εἰς τον αἰωνα.
	52	ἐαν τις τον λογον μου τηρηση, οὐ μη γευσηται θανατου εἰς τον αἰωνα.
	9 32	ἐκ του αἰωνος οὐκ ἠκουσθη ὁτι ἠνεωξεν τις ὀφθαλμους τυφλου γεγεννημενου·
	10 28	καγω διδωμι αὐτοις ζωην αἰωνιον, και οὐ μη ἀπολωνται εἰς τον αἰωνα,
	11 26	και πας ὁ ζων και πιστευων εἰς ἐμε οὐ μη ἀποθανη εἰς τον αἰωνα·
	12 34	ἡμεις ἠκουσαμεν ἐκ του νομου ὁτι ὁ χριστος μενει εἰς τον αἰωνα, και πως λεγεις συ ὁτι δει ὑψωθηναι τον υἱον του ἀνθρωπου;
	13 8	οὐ μη νιψης μου τους ποδας εἰς τον αἰωνα.
	14 16	καγω ἐρωτησω τον πατερα και ἀλλον παρακλητον δωσει ὑμιν, ἱνα μεθ ὑμων εἰς τον αἰωνα ἠ, το πνευμα της ἀληθειας,
Ac	3 21	ὡν ἐλαλησεν ὁ θεος δια στοματος των ἁγιων ἀπ αἰωνος αὐτου προφητων.
	15 18	λεγει κυριος ποιων ταυτα γνωστα ἀπ αἰωνος.
Rm	1 25	και ἐσεβασθησαν και ἐλατρευσαν τη κτισει παρα τον κτισαντα, ὁς ἐστιν εὐλογητος εἰς τους αἰωνας· ἀμην.
	9 5	ὁ ὡν ἐπι παντων θεος εὐλογητος εἰς τους αἰωνας, ἀμην.
	11 36	αὐτω ἡ δοξα εἰς τους αἰωνας· ἀμην.
	12 2	και μη συσχηματιζεσθε τω αἰωνι τουτω, ἀλλα μεταμορφουσθε τη ἀνακαινωσει του νοος,
	16 27	[μονω σοφω θεω, δια ἰησου χριστου, ᾡ ἡ δοξα εἰς τους αἰωνας· ἀμην].
1Co	1 20	που γραμματευς; που συζητητης του αἰωνος τουτου;
	2 6	σοφιαν δε λαλουμεν ἐν τοις τελειοις, σοφιαν δε οὐ του αἰωνος τουτου οὐδε των ἀρχοντων του αἰωνος τουτου των καταργουμενων·
	6	σοφιαν δε λαλουμεν ἐν τοις τελειοις, σοφιαν δε οὐ του αἰωνος τουτου οὐδε των ἀρχοντων του αἰωνος τουτου των καταργουμενων·
	7	ἀλλα λαλουμεν θεου σοφιαν ἐν μυστηριω, την ἀποκεκρυμμενην, ἡν προωρισεν ὁ θεος προ των αἰωνων εἰς δοξαν ἡμων·
	8	ἡν οὐδεις των ἀρχοντων του αἰωνος τουτου ἐγνωκεν·
	3 18	εἰ τις δοκει σοφος εἰναι ἐν ὑμιν ἐν τω αἰωνι τουτω, μωρος γενεσθω, ἱνα γενηται σοφος.
	8 13	διοπερ εἰ βρωμα σκανδαλιζει τον ἀδελφον μου, οὐ μη φαγω κρεα εἰς τον αἰωνα,
	10 11	ἐγραφη δε προς νουθεσιαν ἡμων, εἰς οὑς τα τελη των αἰωνων κατηντηκεν.
2Co	4 4	ἐν οἱς ὁ θεος του αἰωνος τουτου ἐτυφλωσεν τα νοηματα των ἀπιστων εἰς το μη αὐγασαι τον φωτισμον του εὐαγγελιου της δοξης του χριστου,
	9 9	ἐσκορπισεν, ἐδωκεν τοις πενησιν, ἡ δικαιοσυνη αὐτου μενει εἰς τον αἰωνα.
	11 31	ὁ θεος και πατηρ του κυριου ἰησου οἰδεν, ὁ ὡν εὐλογητος εἰς τους αἰωνας, ὁτι οὐ ψευδομαι.
Ga	1 4	του δοντος ἑαυτον ὑπερ των ἁμαρτιων ἡμων, ὁπως ἐξεληται ἡμας ἐκ του αἰωνος του ἐνεστωτος πονηρου κατα το θελημα του θεου
	5	και πατρος ἡμων, ᾡ ἡ δοξα εἰς τους αἰωνας των αἰωνων·
	5	και πατρος ἡμων, ᾡ ἡ δοξα εἰς τους αἰωνας των αἰωνων·
Eph	1 21	και παντος ὀνοματος ὀνομαζομενου οὐ μονον ἐν τω αἰωνι τουτω ἀλλα και ἐν τω μελλοντι·
	2 2	ἐν αἱς ποτε περιεπατησατε κατα τον αἰωνα του κοσμου τουτου,
	7	ἱνα ἐνδειξηται ἐν τοις αἰωσιν τοις ἐπερχομενοις το ὑπερβαλλον πλουτος της χαριτος αὐτου ἐν χρηστοτητι ἐφ ἡμας ἐν χριστω ἰησου.
	3 9	και φωτισαι [παντας] τις ἡ οἰκονομια του μυστηριου του ἀποκεκρυμμενου ἀπο των αἰωνων ἐν τω θεω τω τα παντα κτισαντι,
	11	ἱνα γνωρισθη νυν ταις ἀρχαις και ταις ἐξουσιαις ἐν τοις ἐπουρανιοις δια της ἐκκλησιας ἡ πολυποικιλος σοφια του θεου, κατα προθεσιν των αἰωνων
	21	αὐτω ἡ δοξα ἐν τη ἐκκλησια και ἐν χριστω ἰησου εἰς πασας τας γενεας του αἰωνος των αἰωνων·
	21	αὐτω ἡ δοξα ἐν τη ἐκκλησια και ἐν χριστω ἰησου εἰς πασας τας γενεας του αἰωνος των αἰωνων·

αἰων [122]

Php	4 20	τω δε θεω και πατρι ἡμων ἡ δοξα εἰς τους αἰωνας των αἰωνων· ἀμην.
	20	τω δε θεω και πατρι ἡμων ἡ δοξα εἰς τους αἰωνας των αἰωνων· ἀμην.
Col	1 26	την δοθεισαν μοι εἰς ὑμας πληρωσαι τον λογον του θεου, το μυστηριον το ἀποκεκρυμμενον ἀπο των αἰωνων και ἀπο των γενεων
1Tm	1 17	τω δε βασιλει των αἰωνων, ἀφθαρτω ἀορατω μονω θεω, τιμη και δοξα εἰς τους αἰωνας των αἰωνων·
	17	τω δε βασιλει των αἰωνων, ἀφθαρτω ἀορατω μονω θεω, τιμη και δοξα εἰς τους αἰωνας των αἰωνων·
	17	τω δε βασιλει των αἰωνων, ἀφθαρτω ἀορατω μονω θεω, τιμη και δοξα εἰς τους αἰωνας των αἰωνων·
	6 17	τοις πλουσιοις ἐν τω νυν αἰωνι παραγγελλε μη ὑψηλοφρονειν,
2Tm	4 10	δημας γαρ με ἐγκατελιπεν ἀγαπησας τον νυν αἰωνα,
	18	ᾡ ἡ δοξα εἰς τους αἰωνας των αἰωνων, ἀμην.
	18	ᾡ ἡ δοξα εἰς τους αἰωνας των αἰωνων, ἀμην.
Tit	2 12	παιδευουσα ἡμας, ἱνα ἀρνησαμενοι την ἀσεβειαν και τας κοσμικας ἐπιθυμιας σωφρονως και δικαιως και εὐσεβως ζησωμεν ἐν τω νυν αἰωνι,
Heb	1 2	ὁν ἐθηκεν κληρονομον παντων, δι οὑ και ἐποιησεν τους αἰωνας·
	8	ὁ θρονος σου ὁ θεος εἰς τον αἰωνα του αἰωνος,
	8	ὁ θρονος σου ὁ θεος εἰς τον αἰωνα του αἰωνος,
	5 6	συ ἱερευς εἰς τον αἰωνα κατα την ταξιν μελχισεδεκ.
	6 5	και καλον γευσαμενους θεου ῥημα δυναμεις τε μελλοντος αἰωνος,
	20	ὁπου προδρομος ὑπερ ἡμων εἰσηλθεν ἰησους, κατα την ταξιν μελχισεδεκ ἀρχιερευς γενομενος εἰς τον αἰωνα.
	7 17	μαρτυρειται γαρ ὁτι συ ἱερευς εἰς τον αἰωνα κατα την ταξιν μελχισεδεκ.
	21	ὠμοσεν κυριος, και οὐ μεταμεληθησεται· συ ἱερευς εἰς τον αἰωνα·
	24	ὁ δε δια το μενειν αὐτον εἰς τον αἰωνα ἀπαραβατον ἐχει την ἱερωσυνην·
	28	ὁ λογος δε της ὁρκωμοσιας της μετα τον νομον υἱον εἰς τον αἰωνα τετελειωμενον.
	9 26	νυνι δε ἀπαξ ἐπι συντελεια των αἰωνων εἰς ἀθετησιν [της] ἁμαρτιας δια της θυσιας αὐτου πεφανερωται.
	11 3	πιστει νοουμεν κατηρτισθαι τους αἰωνας ῥηματι θεου,
	13 8	ἰησους χριστος ἐχθες και σημερον ὁ αὐτος και εἰς τους αἰωνας.
	21	ποιων ἐν ἡμιν το εὐαρεστον ἐνωπιον αὐτου δια ἰησου χριστου, ᾡ ἡ δοξα εἰς τους αἰωνας [των αἰωνων·] ἀμην.
	21	ποιων ἐν ἡμιν το εὐαρεστον ἐνωπιον αὐτου δια ἰησου χριστου, ᾡ ἡ δοξα εἰς τους αἰωνας [των αἰωνων·] ἀμην.
1Pt	1 25	το δε ῥημα κυριου μενει εἰς τον αἰωνα.
	4 11	ἱνα ἐν πασιν δοξαζηται ὁ θεος δια ἰησου χριστου, ᾡ ἐστιν ἡ δοξα και το κρατος εἰς τους αἰωνας των αἰωνων· ἀμην.
	11	ἱνα ἐν πασιν δοξαζηται ὁ θεος δια ἰησου χριστου, ᾡ ἐστιν ἡ δοξα και το κρατος εἰς τους αἰωνας των αἰωνων· ἀμην.
	5 11	αὐτω το κρατος εἰς τους αἰωνας· ἀμην.
2Pt	3 18	αὐτω ἡ δοξα και νυν και εἰς ἡμεραν αἰωνος.
1Jh	2 17	ὁ δε ποιων το θελημα του θεου μενει εἰς τον αἰωνα.
2Jh	2	δια την ἀληθειαν την μενουσαν ἐν ἡμιν, και μεθ ἡμων ἐσται εἰς τον αἰωνα.
Ju	13	ἀστερες πλανηται, οἱς ὁ ζοφος του σκοτους εἰς αἰωνα τετηρηται.
	25	μονω θεω σωτηρι ἡμων δια ἰησου χριστου του κυριου ἡμων δοξα μεγαλωσυνη κρατος και ἐξουσια προ παντος του αἰωνος και νυν και εἰς παντας τους αἰωνας·
	25	μονω θεω σωτηρι ἡμων δια ἰησου χριστου του κυριου ἡμων δοξα μεγαλωσυνη κρατος και ἐξουσια προ παντος του αἰωνος και νυν και εἰς παντας τους αἰωνας·
Apc	1 6	αὐτω ἡ δοξα και το κρατος εἰς τους αἰωνας [των αἰωνων]·
	6	αὐτω ἡ δοξα και το κρατος εἰς τους αἰωνας [των αἰωνων]·
	18	και ἐγενομην νεκρος και ἰδου ζων εἰμι εἰς τους αἰωνας των αἰωνων,
	18	και ἐγενομην νεκρος και ἰδου ζων εἰμι εἰς τους αἰωνας των αἰωνων,
	4 9	και ὁταν δωσουσιν τα ζωα δοξαν και τιμην και εὐχαριστιαν τω καθημενω ἐπι τω θρονω τω ζωντι εἰς τους αἰωνας των αἰωνων, πεσουνται οἱ εἰκοσιτεσσαρες πρεσβυτεροι
	9	και ὁταν δωσουσιν τα ζωα δοξαν και τιμην και εὐχαριστιαν τω καθημενω ἐπι τω θρονω τω ζωντι εἰς τους αἰωνας των αἰωνων, πεσουνται οἱ εἰκοσιτεσσαρες πρεσβυτεροι
	10	και προσκυνησουσιν τω ζωντι εἰς τους αἰωνας των αἰωνων,
	10	και προσκυνησουσιν τω ζωντι εἰς τους αἰωνας των αἰωνων.

αἰων [122]

Apc	5 13	τω καθημενω ἐπι τω θρονω και τω ἀρνιω ἡ εὐλογια και ἡ τιμη και ἡ δοξα και το κρατος εἰς τους *αἰωνας* των *αἰωνων.*
	13	τω καθημενω ἐπι τω θρονω και τω ἀρνιω ἡ εὐλογια και ἡ τιμη και ἡ δοξα και το κρατος εἰς τους *αἰωνας* των *αἰωνων.*
	7 12	ἡ εὐλογια και ἡ δοξα και ἡ σοφια και ἡ εὐχαριστια και ἡ τιμη και ἡ δυναμις και ἡ ἰσχυς τω θεω ἡμων εἰς τους *αἰωνας* των *αἰωνων·*
	12	ἡ εὐλογια και ἡ δοξα και ἡ σοφια και ἡ εὐχαριστια και ἡ τιμη και ἡ δυναμις και ἡ ἰσχυς τω θεω ἡμων εἰς τους *αἰωνας* των *αἰωνων·*
	10 6	και ὡμοσεν ἐν τω ζωντι εἰς τους *αἰωνας* των *αἰωνων,*
	6	και ὡμοσεν ἐν τω ζωντι εἰς τους *αἰωνας* των *αἰωνων,*
	11 15	και βασιλευσει εἰς τους *αἰωνας* των *αἰωνων.*
	15	και βασιλευσει εἰς τους *αἰωνας* των *αἰωνων.*
	14 11	και ὁ καπνος του βασανισμου αὐτων εἰς *αἰωνας αἰωνων* ἀναβαινει,
	11	και ὁ καπνος του βασανισμου αὐτων εἰς *αἰωνας αἰωνων* ἀναβαινει,
	15 7	και ἑν ἐκ των τεσσαρων ζωων ἐδωκεν τοις ἑπτα ἀγγελοις ἑπτα φιαλας χρυσας γεμουσας του θυμου του θεου του ζωντος εἰς τους *αἰωνας* των *αἰωνων.*
	7	και ἑν ἐκ των τεσσαρων ζωων ἐδωκεν τοις ἑπτα ἀγγελοις ἑπτα φιαλας χρυσας γεμουσας του θυμου του θεου του ζωντος εἰς τους *αἰωνας* των *αἰωνων.*
	19 3	και ὁ καπνος αὐτης ἀναβαινει εἰς τους *αἰωνας* των *αἰωνων.*
	3	και ὁ καπνος αὐτης ἀναβαινει εἰς τους *αἰωνας* των *αἰωνων.*
	20 10	και βασανισθησονται ἡμερας και νυκτος εἰς τους *αἰωνας* των *αἰωνων.*
	10	και βασανισθησονται ἡμερας και νυκτος εἰς τους *αἰωνας* των *αἰωνων.*
	22 5	και βασιλευσουσιν εἰς τους *αἰωνας* των *αἰωνων.*
	5	και βασιλευσουσιν εἰς τους *αἰωνας* των *αἰωνων.*

αἰωνιος [71]

Mt	18 8	καλον σοι ἐστιν εἰσελθειν εἰς την ζωην κυλλον ἡ χωλον, ἡ δυο χειρας ἡ δυο ποδας ἐχοντα βληθηναι εἰς το πυρ το *αἰωνιον.*
	19 16	διδασκαλε, τί ἀγαθον ποιησω ἱνα σχω ζωην *αἰωνιον;*
	29	και πας ὁστις ἀφηκεν οἰκιας ἡ ἀδελφους ἡ ἀδελφας ἡ πατερα ἡ μητερα ἡ τεκνα ἡ ἀγρους ἑνεκεν του ὀνοματος μου, ἑκατονταπλασιονα λημψεται και ζωην *αἰωνιον* κληρονομησει.
	25 41	πορευεσθε ἀπ ἐμου [οἱ] κατηραμενοι εἰς το πυρ το *αἰωνιον* το ἡτοιμασμενον τω διαβολω και τοις ἀγγελοις αὐτου.
	46	και ἀπελευσονται οὑτοι εἰς κολασιν *αἰωνιον,* οἱ δε δικαιοι εἰς ζωην *αἰωνιον.*
	46	και ἀπελευσονται οὑτοι εἰς κολασιν αἰωνιον, οἱ δε δικαιοι εἰς ζωην *αἰωνιον.*
Mc	3 29	οὐκ ἐχει ἀφεσιν εἰς τον αἰωνα, ἀλλα ἐνοχος ἐστιν *αἰωνιου* ἁμαρτηματος.
	10 17	διδασκαλε ἀγαθε, τί ποιησω ἱνα ζωην *αἰωνιον* κληρονομησω;
	30	ἐαν μη λαβη ἑκατονταπλασιονα νυν ἐν τω καιρω τουτω οἰκιας και ἀδελφους και ἀδελφας και μητερας και τεκνα και ἀγρους μετα διωγμων, και ἐν τω αἰωνι τω ἐρχομενω ζωην *αἰωνιον.*
	16 8*	μετα δε ταυτα και αὐτος ὁ ἰησους ἀπο ἀνατολης και ἀχρι δυσεως ἐξαπεστειλεν δι αὐτων το ἱερον και ἀφθαρτον κηρυγμα της *αἰωνιου* σωτηριας ἀμην.
Lc	10 25	διδασκαλε, τί ποιησας ζωην *αἰωνιον* κληρονομησω;
	16 9	ἑαυτοις ποιησατε φιλους ἐκ του μαμωνα της ἀδικιας, ἱνα ὁταν ἐκλιπη δεξωνται ὑμας εἰς τας *αἰωνιους* σκηνας.
	18 18	διδασκαλε ἀγαθε, τί ποιησας ζωην *αἰωνιον* κληρονομησω;
	30	ὁς οὐχι μη [ἀπο]λαβη πολλαπλασιονα ἐν τω καιρω τουτω και ἐν τω αἰωνι τω ἐρχομενω ζωην *αἰωνιον.*
Jh	3 15	οὑτως ὑψωθηναι δει τον υἱον του ἀνθρωπου, ἱνα πας ὁ πιστευων ἐν αὐτω ἐχη ζωην *αἰωνιον.*
	16	ὡστε τον υἱον τον μονογενη ἐδωκεν, ἱνα πας ὁ πιστευων εἰς αὐτον μη ἀποληται ἀλλ ἐχη ζωην *αἰωνιον.*
	36	ὁ πιστευων εἰς τον υἱον ἐχει ζωην *αἰωνιον·*
	4 14	οὐ μη διψησει εἰς τον αἰωνα, ἀλλα το ὑδωρ ὁ δωσω αὐτω γενησεται ἐν αὐτω πηγη ὑδατος ἁλλομενου εἰς ζωην *αἰωνιον.*
	36	ἠδη ὁ θεριζων μισθον λαμβανει και συναγει καρπον εἰς ζωην *αἰωνιον,*
	5 24	ἀμην ἀμην λεγω ὑμιν ὁτι ὁ τον λογον μου ἀκουων και πιστευων τω πεμψαντι με ἐχει ζωην *αἰωνιον,*
	39	ἐραυνατε τας γραφας, ὁτι ὑμεις δοκειτε ἐν αὐταις ζωην *αἰωνιον* ἐχειν·

αἰωνιος [71]

Jh	6 27	ἐργαζεσθε μη την βρωσιν την ἀπολλυμενην, ἀλλα την βρωσιν την μενουσαν εἰς ζωην *αἰωνιον,* ἡν ὁ υἱος του ἀνθρωπου ὑμιν δωσει·
	40	τουτο γαρ ἐστιν το θελημα του πατρος μου, ἱνα πας ὁ θεωρων τον υἱον και πιστευων εἰς αὐτον ἐχη ζωην *αἰωνιον,*
	47	ὁ πιστευων ἐχει ζωην *αἰωνιον.*
	54	ὁ τρωγων μου την σαρκα και πινων μου το αἱμα ἐχει ζωην *αἰωνιον,*
	68	ῥηματα ζωης *αἰωνιου* ἐχεις· και ἡμεις πεπιστευκαμεν και ἐγνωκαμεν ὁτι συ εἰ ὁ ἁγιος του θεου.
	10 28	καγω διδωμι αὐτοις ζωην *αἰωνιον,* και οὑ μη ἀπολωνται εἰς τον αἰωνα,
	12 25	και ὁ μισων την ψυχην αὐτου ἐν τω κοσμω τουτω εἰς ζωην *αἰωνιον* φυλαξει αὐτην.
	50	και οἰδα ὁτι ἡ ἐντολη αὐτου ζωη *αἰωνιος* ἐστιν.
	17 2	καθως ἐδωκας αὐτω ἐξουσιαν πασης σαρκος, ἱνα παν ὁ δεδωκας αὐτω δωση αὐτοις ζωην *αἰωνιον.*
	3	αὑτη δε ἐστιν ἡ *αἰωνιος* ζωη, ἱνα γινωσκωσιν σέ τον μονον ἀληθινον θεον και ὁν ἀπεστειλας ἰησουν χριστον.
Ac	13 46	ἐπειδη ἀπωθεισθε αὐτον και οὐκ ἀξιους κρινετε ἑαυτους της *αἰωνιου* ζωης, ἰδου στρεφομεθα εἰς τα ἐθνη.
	48	ἀκουοντα δε τα ἐθνη ἐχαιρον και ἐδοξαζον τον λογον του κυριου, και ἐπιστευσαν ὁσοι ἡσαν τεταγμενοι εἰς ζωην *αἰωνιον·*
Rm	2 7	τοις μεν καθ ὑπομονην ἐργου ἀγαθου δοξαν και τιμην και ἀφθαρσιαν ζητουσιν ζωην *αἰωνιον·*
	5 21	ἱνα ὡσπερ ἐβασιλευσεν ἡ ἁμαρτια ἐν τω θανατω, οὑτως και ἡ χαρις βασιλευση δια δικαιοσυνης εἰς ζωην *αἰωνιον* δια ἰησου χριστου του κυριου ἡμων.
	6 22	ἐχετε τον καρπον ὑμων εἰς ἁγιασμον, το δε τελος ζωην *αἰωνιον.*
	23	τα γαρ ὀψωνια της ἁμαρτιας θανατος, το δε χαρισμα του θεου ζωη *αἰωνιος* ἐν χριστω ἰησου τω κυριω ἡμων.
	16 25	[τω δε δυναμενω ὑμας στηριξαι κατα το εὐαγγελιον μου και το κηρυγμα ἰησου χριστου], [κατα ἀποκαλυψιν μυστηριου χρονοις *αἰωνιοις* σεσιγημενου],
	26	[κατα ἀποκαλυψιν μυστηριου χρονοις *αἰωνιοις* σεσιγημενου], [φανερωθεντος δε νυν δια τε γραφων προφητικων κατ ἐπιταγην του *αἰωνιου* θεου εἰς ὑπακοην πιστεως εἰς παντα τα ἐθνη γνωρισθεντος],
2Co	4 17	το γαρ παραυτικα ἐλαφρον της θλιψεως ἡμων καθ ὑπερβολην εἰς ὑπερβολην *αἰωνιον* βαρος δοξης κατεργαζεται ἡμιν,
	18	τα γαρ βλεπομενα προσκαιρα, τα δε μη βλεπομενα *αἰωνια.*
	5 1	οἰκοδομην ἐκ θεου ἐχομεν, οἰκιαν ἀχειροποιητον *αἰωνιον* ἐν τοις οὐρανοις.
Ga	6 8	ὁ δε σπειρων εἰς το πνευμα ἐκ του πνευματος θερισει ζωην *αἰωνιον.*
2Th	1 9	οἱτινες δικην τισουσιν ὀλεθρον *αἰωνιον* ἀπο προσωπου του κυριου και ἀπο της δοξης της ἰσχυος αὐτου,
	2 16	ὁ ἀγαπησας ἡμας και δους παρακλησιν *αἰωνιαν* και ἐλπιδα ἀγαθην ἐν χαριτι,
1Tm	1 16	προς ὑποτυπωσιν των μελλοντων πιστευειν ἐπ αὐτω εἰς ζωην *αἰωνιον.*
	6 12	ἀγωνιζου τον καλον ἀγωνα της πιστεως, ἐπιλαβου της *αἰωνιου* ζωης,
	16	ᾡ τιμη και κρατος *αἰωνιον·* ἀμην.
2Tm	1 9	οὐ κατα τα ἐργα ἡμων ἀλλα κατα ἰδιαν προθεσιν και χαριν, την δοθεισαν ἡμιν ἐν χριστω ἰησου προ χρονων *αἰωνιων,*
	2 10	δια τουτο παντα ὑπομενω δια τους ἐκλεκτους, ἱνα και αὐτοι σωτηριας τυχωσιν της ἐν χριστω ἰησου μετα δοξης *αἰωνιου.*
Tit	1 2	ἐπ ἐλπιδι ζωης *αἰωνιου,* ἡν ἐπηγγειλατο ὁ ἀψευδης θεος προ χρονων *αἰωνιων,*
	2	ἐπ ἐλπιδι ζωης αἰωνιου, ἡν ἐπηγγειλατο ὁ ἀψευδης θεος προ χρονων *αἰωνιων,*
	3 7	ἱνα δικαιωθεντες τη ἐκεινου χαριτι κληρονομοι γενηθωμεν κατ ἐλπιδα ζωης *αἰωνιου.*
Phm	15	ταχα γαρ δια τουτο ἐχωρισθη προς ὡραν, ἱνα *αἰωνιον* αὐτον ἀπεχης,
Heb	5 9	και τελειωθεις ἐγενετο πασιν τοις ὑπακουουσιν αὐτω αἰτιος σωτηριας *αἰωνιου,*
	6 2	μη παλιν θεμελιον καταβαλλομενοι μετανοιας ἀπο νεκρων ἐργων, και πιστεως ἐπι θεον, βαπτισμων διδαχης, ἐπιθεσεως τε χειρων, ἀναστασεως τε νεκρων, και κριματος *αἰωνιου.*
	9 12	δια δε του ἰδιου αἱματος εἰσηλθεν ἐφαπαξ εἰς τα ἁγια, *αἰωνιαν* λυτρωσιν εὑραμενος·
	14	ποσω μαλλον το αἱμα του χριστου, ὁς δια πνευματος *αἰωνιου* ἑαυτον προσηνεγκεν ἀμωμον τω θεω, καθαριει την συνειδησιν ἡμων ἀπο νεκρων ἐργων εἰς το λατρευειν θεω ζωντι.

αἰώνιος [71]

Heb	9 15	και δια τουτο διαθηκης καινης μεσιτης εστιν, οπως θανατου γενομενου εις απολυτρωσιν των επι τη πρωτη διαθηκη παραβασεων την επαγγελιαν λαβωσιν οι κεκλημενοι της *αιωνιου* κληρονομιας.
	13 20	ο δε θεος της ειρηνης, ο αναγαγων εκ νεκρων τον ποιμενα των προβατων τον μεγαν εν αιματι διαθηκης *αιωνιου*, τον κυριον ημων ιησουν, καταρτισαι υμας εν παντι αγαθω
1Pt	5 10	ο δε θεος πασης χαριτος, ο καλεσας υμας εις την *αιωνιον* αυτου δοξαν εν χριστω [ιησου], ολιγον παθοντας αυτος καταρτισει,
2Pt	1 11	ουτως γαρ πλουσιως επιχορηγηθησεται υμιν η εισοδος εις την *αιωνιον* βασιλειαν του κυριου ημων και σωτηρος ιησου χριστου.
1Jh	1 2	και εωρακαμεν και μαρτυρουμεν και απαγγελλομεν υμιν την ζωην την *αιωνιον*,
	2 25	και αυτη εστιν η επαγγελια ην αυτος επηγγειλατο ημιν, την ζωην την *αιωνιον*.
	3 15	και οιδατε οτι πας ανθρωποκτονος ουκ εχει ζωην *αιωνιον* εν αυτω μενουσαν.
	5 11	και αυτη εστιν η μαρτυρια, οτι ζωην *αιωνιον* εδωκεν ημιν ο θεος,
	13	ταυτα εγραψα υμιν ινα ειδητε οτι ζωην εχετε *αιωνιον*,
	20	ουτος εστιν ο αληθινος θεος και ζωη *αιωνιος*.
Ju	7	τον ομοιον τροπον τουτοις εκπορνευσασαι και απελθουσαι οπισω σαρκος ετερας, προκεινται δειγμα πυρος *αιωνιου* δικην υπεχουσαι.
	21	εαυτους εν αγαπη θεου τηρησατε, προσδεχομενοι το ελεος του κυριου ημων ιησου χριστου εις ζωην *αιωνιον*.
Apc	14 6	και ειδον αλλον αγγελον πετομενον εν μεσουρανηματι, εχοντα ευαγγελιον *αιωνιον* ευαγγελισαι

ἀκαθαρσία [10]

Mt	23 27	οτι παρομοιαζετε ταφοις κεκονιαμενοις, οιτινες εξωθεν μεν φαινονται ωραιοι, εσωθεν δε γεμουσιν οστεων νεκρων και πασης *ακαθαρσιας*·
Rm	1 24	διο παρεδωκεν αυτους ο θεος εν ταις επιθυμιαις των καρδιων αυτων εις *ακαθαρσιαν* του ατιμαζεσθαι τα σωματα αυτων εν αυτοις·
	6 19	ωσπερ γαρ παρεστησατε τα μελη υμων δουλα τη *ακαθαρσια* και τη ανομια εις την ανομιαν, ουτως νυν παραστησατε τα μελη υμων δουλα τη δικαιοσυνη εις αγιασμον.
2Co	12 21	και πενθησω πολλους των προημαρτηκοτων και μη μετανοησαντων επι τη *ακαθαρσια* και πορνεια και ασελγεια η επραξαν.
Ga	5 19	ατινα εστιν πορνεια, *ακαθαρσια*, ασελγεια, ειδωλολατρια,
Eph	4 19	οιτινες απηλγηκοτες εαυτους παρεδωκαν τη ασελγεια εις εργασιαν *ακαθαρσιας* πασης εν πλεονεξια.
	5 3	πορνεια δε και *ακαθαρσια* πασα η πλεονεξια μηδε ονομαζεσθω εν υμιν,
Col	3 5	νεκρωσατε ουν τα μελη τα επι της γης, πορνειαν, *ακαθαρσιαν*, παθος, επιθυμιαν κακην,
1Th	2 3	η γαρ παρακλησις ημων ουκ εκ πλανης ουδε εξ *ακαθαρσιας* ουδε εν δολω,
	4 7	ου γαρ εκαλεσεν ημας ο θεος επι *ακαθαρσια* αλλ εν αγιασμω.

ἀκάθαρτος [32]

Mt	10 1	και προσκαλεσαμενος τους δωδεκα μαθητας αυτου εδωκεν αυτοις εξουσιαν πνευματων *ακαθαρτων* ωστε εκβαλλειν αυτα,
	12 43	οταν δε το *ακαθαρτον* πνευμα εξελθη απο του ανθρωπου, διερχεται δι ανυδρων τοπων ζητουν αναπαυσιν,
Mc	1 23	και ευθυς ην εν τη συναγωγη αυτων ανθρωπος εν πνευματι *ακαθαρτω*,
	26	και σπαραξαν αυτον το πνευμα το *ακαθαρτον* και φωνησαν φωνη μεγαλη εξηλθεν εξ αυτου.
	27	και τοις πνευμασι τοις *ακαθαρτοις* επιτασσει,
	3 11	και τα πνευματα τα *ακαθαρτα*, οταν αυτον εθεωρουν, προσεπιπτον αυτω και εκραζον λεγοντες οτι συ ει ο υιος του θεου.
	30	οτι ελεγον· πνευμα *ακαθαρτον* εχει.
	5 2	και εξελθοντος αυτου εκ του πλοιου, ευθυς υπηντησεν αυτω εκ των μνημειων ανθρωπος εν πνευματι *ακαθαρτω*,
	8	ελεγεν γαρ αυτω· εξελθε το πνευμα το *ακαθαρτον* εκ του ανθρωπου.
	13	και εξελθοντα τα πνευματα τα *ακαθαρτα* εισηλθον εις τους χοιρους,
	6 7	και ηρξατο αυτους αποστελλειν δυο δυο, και εδιδου αυτοις εξουσιαν των πνευματων των *ακαθαρτων*,

ἀκάθαρτος [32]

Mc	7 25	αλλ ευθυς ακουσασα γυνη περι αυτου, ης ειχεν το θυγατριον αυτης πνευμα *ακαθαρτον*, ελθουσα προσεπεσεν προς τους ποδας αυτου·
	9 25	ιδων δε ο ιησους οτι επισυντρεχει οχλος, επετιμησεν τω πνευματι τω *ακαθαρτω* λεγων αυτω·
Lc	4 33	και εν τη συναγωγη ην ανθρωπος εχων πνευμα δαιμονιου *ακαθαρτου*,
	36	τις ο λογος ουτος, οτι εν εξουσια και δυναμει επιτασσει τοις *ακαθαρτοις* πνευμασιν και εξερχονται;
	6 18	και οι ενοχλουμενοι απο πνευματων *ακαθαρτων* εθεραπευοντο·
	8 29	παρηγγειλεν γαρ τω πνευματι τω *ακαθαρτω* εξελθειν απο του ανθρωπου.
	9 42	επετιμησεν δε ο ιησους τω πνευματι τω *ακαθαρτω*,
	11 24	οταν το *ακαθαρτον* πνευμα εξελθη απο του ανθρωπου, διερχεται δι ανυδρων τοπων ζητουν αναπαυσιν, και μη ευρισκον [τοτε] λεγει·
Ac	5 16	συνηρχετο δε και το πληθος των περιξ πολεων ιερουσαλημ, φεροντες ασθενεις και οχλουμενους υπο πνευματων *ακαθαρτων*,
	8 7	πολλοι γαρ των εχοντων πνευματα *ακαθαρτα* βοωντα φωνη μεγαλη εξηρχοντο·
	10 14	μηδαμως, κυριε, οτι ουδεποτε εφαγον παν κοινον και *ακαθαρτον*.
	28	καμοι ο θεος εδειξεν μηδενα κοινον η *ακαθαρτον* λεγειν ανθρωπον·
	11 8	μηδαμως, κυριε, οτι κοινον η *ακαθαρτον* ουδεποτε εισηλθεν εις το στομα μου.
1Co	7 14	επει αρα τα τεκνα υμων *ακαθαρτα* εστιν, νυν δε αγια εστιν.
2Co	6 17	και *ακαθαρτου* μη απτεσθε· καγω εισδεξομαι υμας,
Eph	5 5	οτι πας πορνος η *ακαθαρτος* η πλεονεκτης, ο εστιν ειδωλολατρης, ουκ εχει κληρονομιαν εν τη βασιλεια του χριστου και θεου.
Apc	16 13	και ειδον εκ του στοματος του δρακοντος και εκ του στοματος του θηριου και εκ του στοματος του ψευδοπροφητου πνευματα τρια *ακαθαρτα* ως βατραχοι·
	17 4	εχουσα ποτηριον χρυσουν εν τη χειρι αυτης γεμον βδελυγματων και τα *ακαθαρτα* της πορνειας αυτης,
	18 2	και εγενετο κατοικητηριον δαιμονιων και φυλακη παντος πνευματος *ακαθαρτου*
	2	και φυλακη παντος πνευματος *ακαθαρτου* και φυλακη παντος ορνεου *ακαθαρτου*
	2	και φυλακη παντος ορνεου *ακαθαρτου* [και φυλακη παντος θηριου *ακαθαρτου*]

ἀκαιρέομαι [1]

Php	4 10	εφ ω και εφρονειτε, *ηκαιρεισθε* δε.

ἀκαίρως [1]

2Tm	4 2	κηρυξον τον λογον, επιστηθι ευκαιρως *ακαιρως*,

ἄκακος [2]

Rm	16 18	και δια της χρηστολογιας και ευλογιας εξαπατωσιν τας καρδιας των *ακακων*.
Heb	7 26	τοιουτος γαρ ημιν και επρεπεν αρχιερευς, οσιος, *ακακος*, αμιαντος, κεχωρισμενος απο των αμαρτωλων, και υψηλοτερος των ουρανων γενομενος·

ἄκανθα [14]

Mt	7 16	μητι συλλεγουσιν απο *ακανθων* σταφυλας η απο τριβολων συκα;
	13 7	αλλα δε επεσεν επι τας *ακανθας*,
	7	και ανεβησαν αι *ακανθαι* και επνιξαν αυτα.
	22	ο δε εις τας *ακανθας* σπαρεις, ουτος εστιν ο τον λογον ακουων,
	27 29	και πλεξαντες στεφανον εξ *ακανθων* επεθηκαν επι της κεφαλης αυτου και καλαμον εν τη δεξια αυτου,
Mc	4 7	και αλλο επεσεν εις τας *ακανθας*,
	7	και ανεβησαν αι *ακανθαι* και συνεπνιξαν αυτο,
	18	και αλλοι εισιν οι εις τας *ακανθας* σπειρομενοι·
Lc	6 44	ου γαρ εξ *ακανθων* συλλεγουσιν συκα, ουδε εκ βατου σταφυλην τρυγωσιν.
	8 7	και ετερον επεσεν εν μεσω των *ακανθων*, και συμφυεισαι αι ακανθαι απεπνιξαν αυτο.

ἄκανθα [14]

Lc	8 7	και ἑτερον ἐπεσεν ἐν μεσω των ἀκανθων, και συμφυεισαι αἱ ἄκανθαι ἀπεπνιξαν αὐτο.
	14	το δε εἰς τας ἀκανθας πεσον, οὑτοι εἰσιν οἱ ἀκουσαντες,
Jh	19 2	και οἱ στρατιωται πλεξαντες στεφανον ἐξ ἀκανθων ἐπεθηκαν αὐτου τη κεφαλη,
Heb	6 8	ἐκφερουσα δε ἀκανθας και τριβολους ἀδοκιμος και καταρας ἐγγυς, ἡς το τελος εἰς καυσιν.

ἀκανθινος [2]

Mc	15 17	και ἐνδιδυσκουσιν αὐτον πορφυραν και περιτιθεασιν αὐτω πλεξαντες ἀκανθινον στεφανον·
Jh	19 5	ἐξηλθεν οὐν ὁ ἰησους ἐξω, φορων τον ἀκανθινον στεφανον και το πορφυρουν ἱματιον.

ἀκαρπος [7]

Mt	13 22	και ἡ μεριμνα του αἰωνος και ἡ ἀπατη του πλουτου συμπνιγει τον λογον, και ἄκαρπος γινεται.
Mc	4 19	οὑτοι εἰσιν οἱ τον λογον ἀκουσαντες, και αἱ μεριμναι του αἰωνος και ἡ ἀπατη του πλουτου και αἱ περι τα λοιπα ἐπιθυμιαι εἰσπορευομεναι συμπνιγουσιν τον λογον, και ἄκαρπος γινεται.
1Co	14 14	το πνευμα μου προσευχεται, ὁ δε νους μου ἄκαρπος ἐστιν.
Eph	5 11	και μη συγκοινωνειτε τοις ἐργοις τοις ἀκαρποις του σκοτους,
Tit	3 14	μανθανετωσαν δε και οἱ ἡμετεροι καλων ἐργων προιστασθαι εἰς τας ἀναγκαιας χρειας, ἱνα μη ὡσιν ἀκαρποι.
2Pt	1 8	ταυτα γαρ ὑμιν ὑπαρχοντα και πλεοναζοντα οὐκ ἀργους οὐδε ἀκαρπους καθιστησιν εἰς την του κυριου ἡμων ἰησου χριστου ἐπιγνωσιν·
Ju	12	δενδρα φθινοπωρινα ἄκαρπα δις ἀποθανοντα ἐκριζωθεντα,

ἀκαταγνωστος [1]

Tit	2 8	σεαυτον παρεχομενος τυπον καλων ἐργων, ἐν τη διδασκαλια ἀφθοριαν, σεμνοτητα, λογον ὑγιη ἀκαταγνωστον,

ἀκατακαλυπτος [2]

1Co	11 5	πασα δε γυνη προσευχομενη ἡ προφητευουσα ἀκατακαλυπτω τη κεφαλη καταισχυνει την κεφαλην αὐτης·
	13	πρεπον ἐστιν γυναικα ἀκατακαλυπτον τω θεω προσευχεσθαι;

ἀκατακριτος [2]

Ac	16 37	δειραντες ἡμας δημοσια ἀκατακριτους,
	22 25	ὡς δε προετειναν αὐτον τοις ἱμασιν, εἰπεν προς τον ἑστωτα ἑκατονταρχον ὁ παυλος· εἰ ἀνθρωπον ρωμαιον και ἀκατακριτον ἐξεστιν ὑμιν μαστιζειν;

ἀκαταλυτος [1]

Heb	7 16	εἰ κατα την ὁμοιοτητα μελχισεδεκ ἀνισταται ἱερευς ἑτερος, ὁς οὐ κατα νομον ἐντολης σαρκινης γεγονεν ἀλλα κατα δυναμιν ζωης ἀκαταλυτου.

ἀκαταπαυστος [1]

2Pt	2 14	ὀφθαλμους ἐχοντες μεστους μοιχαλιδος και ἀκαταπαυστους ἁμαρτιας,

ἀκαταστασια [5]

Lc	21 9	ὁταν δε ἀκουσητε πολεμους και ἀκαταστασιας, μη πτοηθητε·
1Co	14 33	οὐ γαρ ἐστιν ἀκαταστασιας ὁ θεος ἀλλα εἰρηνης.
2Co	6 5	ἐν ἀκαταστασιαις, ἐν κοποις, ἐν ἀγρυπνιαις,
	12 20	μη πως ἐρις, ζηλος, θυμοι, ἐριθειαι, καταλαλιαι, ψιθυρισμοι, φυσιωσεις, ἀκαταστασιαι·
Ja	3 16	ὁπου γαρ ζηλος και ἐριθεια, ἐκει ἀκαταστασια και παν φαυλον πραγμα.

ἀκαταστατος [2]

Ja	1 8	ἀνηρ διψυχος, ἀκαταστατος ἐν πασαις ταις ὁδοις αὐτου.
	3 8	την δε γλωσσαν οὐδεις δαμασαι δυναται ἀνθρωπων· ἀκαταστατον κακον, μεστη ἰου θανατηφορου.

ἀκελδαμαχ [1]

Ac	1 19	και γνωστον ἐγενετο πασι τοις κατοικουσιν ἰερουσαλημ, ὡστε κληθηναι το χωριον ἐκεινο τη ἰδια διαλεκτω αὐτων ἀκελδαμαχ, τουτ ἐστιν χωριον αἱματος.

ἀκεραιος [3]

Mt	10 16	γινεσθε οὐν φρονιμοι ὡς οἱ ὀφεις και ἀκεραιοι ὡς αἱ περιστεραι.
Rm	16 19	ἐφ ὑμιν οὐν χαιρω, θελω δε ὑμας σοφους εἰναι εἰς το ἀγαθον, ἀκεραιους δε εἰς το κακον.
Php	2 15	παντα ποιειτε χωρις γογγυσμων και διαλογισμων, ἱνα γενησθε ἀμεμπτοι και ἀκεραιοι,

ἀκλινης [1]

Heb	10 23	κατεχωμεν την ὁμολογιαν της ἐλπιδος ἀκλινη, πιστος γαρ ὁ ἐπαγγειλαμενος,

ἀκμαζω [1]

Apc	14 18	και τρυγησον τους βοτρυας της ἀμπελου της γης, ὁτι ἠκμασαν αἱ σταφυλαι αὐτης.

ἀκμην [1]

Mt	15 16	ὁ δε εἰπεν· ἀκμην και ὑμεις ἀσυνετοι ἐστε;

ἀκοη [24]

Mt	4 24	και ἀπηλθεν ἡ ἀκοη αὐτου εἰς ὁλην την συριαν·
	13 14	ἀκοη ἀκουσετε και οὐ μη συνητε, και βλεποντες βλεψετε και οὐ μη ἰδητε.
	14 1	ἐν ἐκεινω τω καιρω ἠκουσεν ἡρωδης ὁ τετρααρχης την ἀκοην ἰησου,
	24 6	μελλησετε δε ἀκουειν πολεμους και ἀκοας πολεμων·
Mc	1 28	και ἐξηλθεν ἡ ἀκοη αὐτου εὐθυς πανταχου εἰς ὁλην την περιχωρον της γαλιλαιας.
	7 35	και [εὐθεως] ἠνοιγησαν αὐτου αἱ ἀκοαι,
	13 7	ὁταν δε ἀκουσητε πολεμους και ἀκοας πολεμων, μη θροεισθε·
Lc	7 1	ἐπειδη ἐπληρωσεν παντα τα ρηματα αὐτου εἰς τας ἀκοας του λαου, εἰσηλθεν εἰς καφαρναουμ.
Jh	12 38	κυριε, τις ἐπιστευσεν τη ἀκοη ἡμων; και ὁ βραχιων κυριου τινι ἀπεκαλυφθη;
Ac	17 20	δυναμεθα γνωναι τις ἡ καινη αὑτη ἡ ὑπο σου λαλουμενη διδαχη; ξενιζοντα γαρ τινα εἰσφερεις εἰς τας ἀκοας ἡμων·
	28 26	ἀκοη ἀκουσετε και οὐ μη συνητε, και βλεποντες βλεψετε και οὐ μη ἰδητε·
Rm	10 16	κυριε, τις ἐπιστευσεν τη ἀκοη ἡμων;
	17	ἀρα ἡ πιστις ἐξ ἀκοης, ἡ δε ἀκοη δια ρηματος χριστου.
	17	ἀρα ἡ πιστις ἐξ ἀκοης, ἡ δε ἀκοη δια ρηματος χριστου.
1Co	12 17	εἰ ὁλον το σωμα ὀφθαλμος, που ἡ ἀκοη;
	17	εἰ ὁλον ἀκοη, που ἡ ὀσφρησις;
Ga	3 2	ἐξ ἐργων νομου το πνευμα ἐλαβετε ἡ ἐξ ἀκοης πιστεως;
	5	ὁ οὐν ἐπιχορηγων ὑμιν το πνευμα και ἐνεργων δυναμεις ἐν ὑμιν ἐξ ἐργων νομου ἡ ἐξ ἀκοης πιστεως;
1Th	2 13	ὁτι παραλαβοντες λογον ἀκοης παρ ἡμων του θεου ἐδεξασθε οὐ λογον ἀνθρωπων
2Tm	4 3	ἀλλα κατα τας ἰδιας ἐπιθυμιας ἑαυτοις ἐπισωρευσουσιν διδασκαλους κνηθομενοι την ἀκοην,
	4	και ἀπο μεν της ἀληθειας την ἀκοην ἀποστρεψουσιν,
Heb	4 2	ἀλλ οὐκ ὠφελησεν ὁ λογος της ἀκοης ἐκεινους μη συγκεκερασμενους τη πιστει τοις ἀκουσασιν.
	5 11	περι οὑ πολυς ἡμιν ὁ λογος και δυσερμηνευτος λεγειν, ἐπει νωθροι γεγονατε ταις ἀκοαις.
2Pt	2 8	βλεμματι γαρ και ἀκοη ὁ δικαιος ἐγκατοικων ἐν αὐτοις ἡμεραν ἐξ ἡμερας ψυχην δικαιαν ἀνομοις ἐργοις ἐβασανιζεν·

ἀκολουθεω [90]

Mt	4 20	οἱ δε εὐθεως ἀφεντες τα δικτυα ἠκολουθησαν αὐτω.
	22	οἱ δε εὐθεως ἀφεντες το πλοιον και τον πατερα αὐτων ἠκολουθησαν αὐτω.
	25	και ἠκολουθησαν αὐτω ὀχλοι πολλοι ἀπο της γαλιλαιας και δεκαπολεως και ἱεροσολυμων και ἰουδαιας και περαν του ἰορδανου.
	8 1	καταβαντος δε αὐτου ἀπο του ὀρους ἠκολουθησαν αὐτω ὀχλοι πολλοι.
	10	ἀκουσας δε ὁ ἰησους ἐθαυμασεν και εἰπεν τοις ἀκολουθουσιν· ἀμην λεγω ὑμιν,

ἀκολουθέω [90]

Mt	8 19	ἀκολουθησω σοι ὁπου ἐαν ἀπερχη.
	22	ὁ δε ἰησους λεγει αὐτω· ἀκολούθει μοι,
	23	ἠκολουθησαν αὐτω οἱ μαθηται αὐτου.
	9 9	και λεγει αὐτω· ἀκολούθει μοι.
	9	και ἀναστας ἠκολουθησεν αὐτω.
	19	και ἐγερθεις ὁ ἰησους. ἠκολουθησεν αὐτω και οἱ μαθηται αὐτου.
	27	και παραγοντι ἐκειθεν τω ἰησου ἠκολουθησαν [αὐτω] δυο τυφλοι κραζοντες και λεγοντες·
	10 38	και ὁς οὐ λαμβανει τον σταυρον αὐτου και ἀκολούθει ὀπισω μου, οὐκ ἐστιν μου ἀξιος.
	12 15	και ἠκολουθησαν αὐτω ὀχλοι πολλοι,
	14 13	και ἀκουσαντες οἱ ὀχλοι ἠκολουθησαν αὐτω πεζη ἀπο των πολεων.
	16 24	εἰ τις θελει ὀπισω μου ἐλθειν, ἀπαρνησασθω ἑαυτον και ἀρατω τον σταυρον αὐτου, και ἀκολουθειτω μοι.
	19 2	και ἠκολουθησαν αὐτω ὀχλοι πολλοι, και ἐθεραπευσεν αὐτους ἐκει.
	21	και ἑξεις θησαυρον ἐν οὐρανοις, και δευρο ἀκολούθει μοι.
	27	ἰδου ἡμεις ἀφηκαμεν παντα και ἠκολουθησαμεν σοι· τι ἀρα ἐσται ἡμιν;
	28	ἀμην λεγω ὑμιν ὁτι ὑμεις οἱ ἀκολουθησαντες μοι, ἐν τη παλιγγενεσια, ὁταν καθιση ὁ υἱος του ἀνθρωπου ἐπι θρονου δοξης αὐτου, καθησεσθε και ὑμεις ἐπι δωδεκα θρονους κρινοντες τας δωδεκα φυλας του ἰσραηλ.
	20 29	και ἐκπορευομενων αὐτων ἀπο ἰεριχω ἠκολουθησεν αὐτω ὀχλος πολυς.
	34	σπλαγχνισθεις δε ὁ ἰησους ἡψατο των ὀμματων αὐτων, και εὐθεως ἀνεβλεψαν και ἠκολουθησαν αὐτω.
	21 9	οἱ δε ὀχλοι οἱ προαγοντες αὐτον και οἱ ἀκολουθουντες ἐκραζον λεγοντες·
	26 58	ὁ δε πετρος ἠκολουθει αὐτω ἀπο μακροθεν ἑως της αὐλης του ἀρχιερεως,
	27 55	ἠσαν δε ἐκει γυναικες πολλαι ἀπο μακροθεν θεωρουσαι, αἱτινες ἠκολουθησαν τω ἰησου ἀπο της γαλιλαιας διακονουσαι αὐτω·
Mc	1 18	και εὐθυς ἀφεντες τα δικτυα ἠκολουθησαν αὐτω.
	2 14	και λεγει αὐτω· ἀκολούθει μοι.
	14	και ἀναστας ἠκολουθησεν αὐτω.
	15	ἠσαν γαρ πολλοι, και ἠκολουθουν αὐτω.
	3 7	και πολυ πληθος ἀπο της γαλιλαιας [ἠκολουθησεν]·
	5 24	και ἠκολουθει αὐτω ὀχλος πολυς, και συνεθλιβον αὐτον.
	6 1	και ἐρχεται εἰς την πατριδα αὐτου, και ἀκολουθουσιν αὐτω οἱ μαθηται αὐτου.
	8 34	εἰ τις θελει ὀπισω μου ἀκολουθειν, ἀπαρνησασθω ἑαυτον και ἀρατω τον σταυρον αὐτου, και ἀκολουθειτω μοι.
	34	εἰ τις θελει ὀπισω μου ἀκολουθειν, ἀπαρνησασθω ἑαυτον και ἀρατω τον σταυρον αὐτου, και ἀκολουθειτω μοι.
	9 38	και ἐκωλυομεν αὐτον, ὀτι οὐκ ἠκολουθει ἡμιν.
	10 21	και ἑξεις θησαυρον ἐν οὐρανω, και δευρο ἀκολούθει μοι.
	28	ἰδου ἡμεις ἀφηκαμεν παντα και ἠκολουθηκαμεν σοι.
	32	και ἐθαμβουντο, οἱ δε ἀκολουθουντες ἐφοβουντο.
	52	και εὐθυς ἀνεβλεψεν, και ἠκολουθει αὐτω ἐν τη ὁδω.
	11 9	και οἱ προαγοντες και οἱ ἀκολουθουντες ἐκραζον·
	14 13	και ἀπαντησει ὑμιν ἀνθρωπος κεραμιον ὑδατος βασταζων· ἀκολουθησατε αὐτω,
	54	και ὁ πετρος ἀπο μακροθεν ἠκολουθησεν αὐτω ἑως ἐσω εἰς την αὐλην του ἀρχιερεως,
	15 41	ἐν αἱς και μαρια ἡ μαγδαληνη και μαρια ἡ ἰακωβου του μικρου και ἰωσητος μητηρ και σαλωμη, αἱ ὁτε ἠν ἐν τη γαλιλαια ἠκολουθουν αὐτω και διηκονουν αὐτω,
Lc	5 11	και καταγαγοντες τα πλοια ἐπι την γην, ἀφεντες παντα ἠκολουθησαν αὐτω.
	27	και εἰπεν αὐτω· ἀκολούθει μοι.
	28	και καταλιπων παντα ἀναστας ἠκολουθει αὐτω.
	7 9	ἀκουσας δε ταυτα ὁ ἰησους ἐθαυμασεν αὐτον, και στραφεις τω ἀκολουθουντι αὐτω ὀχλω εἰπεν·
	9 11	οἱ δε ὀχλοι γνοντες ἠκολουθησαν αὐτω·
	23	εἰ τις θελει ὀπισω μου ἐρχεσθαι, ἀρνησασθω ἑαυτον και ἀρατω τον σταυρον αὐτου καθ ἡμεραν, και ἀκολουθειτω μοι.
	49	και ἐκωλυομεν αὐτον, ὀτι οὐκ ἀκολουθει μεθ ἡμων.
	57	ἀκολουθησω σοι ὁπου ἐαν ἀπερχη.
	59	εἰπεν δε προς ἑτερον· ἀκολούθει μοι.
	61	ἀκολουθησω σοι, κυριε· πρωτον δε ἐπιτρεψον μοι ἀποταξασθαι τοις εἰς τον οἰκον μου.
	18 22	και ἑξεις θησαυρον ἐν [τοις] οὐρανοις, και δευρο ἀκολούθει μοι.
	28	ἰδου ἡμεις ἀφεντες τα ἰδια ἠκολουθησαμεν σοι.

ἀκολουθέω [90]

Lc	18 43	και παραχρημα ἀνεβλεψεν, και ἠκολουθει αὐτω δοξαζων τον θεον.
	22 10	ἀκολουθησατε αὐτω εἰς την οἰκιαν εἰς ἡν εἰσπορευεται·
	39	ἠκολουθησαν δε αὐτω και οἱ μαθηται.
	54	ὁ δε πετρος ἠκολουθει μακροθεν.
	23 27	ἠκολουθει δε αὐτω πολυ πληθος του λαου και γυναικων αἱ ἐκοπτοντο και ἐθρηνουν αὐτον.
Jh	1 37	και ἠκουσαν οἱ δυο μαθηται αὐτου λαλουντος και ἠκολουθησαν τω ἰησου.
	38	στραφεις δε ὁ ἰησους και θεασαμενος αὐτους ἀκολουθουντας λεγει αὐτοις·
	40	ἠν ἀνδρεας ὁ ἀδελφος σιμωνος πετρου εἰς ἐκ των δυο των ἀκουσαντων παρα ἰωαννου και ἀκολουθησαντων αὐτω·
	43	και λεγει αὐτω ὁ ἰησους· ἀκολούθει μοι.
	6 2	ἠκολουθει δε αὐτω ὀχλος πολυς,
	8 12	ὁ ἀκολουθων ἐμοι οὐ μη περιπατηση ἐν τη σκοτια, ἀλλ ἑξει το φως της ζωης.
	10 4	ὁταν τα ἰδια παντα ἐκβαλη, ἐμπροσθεν αὐτων πορευεται, και τα προβατα αὐτω ἀκολουθει,
	5	ἀλλοτριω δε οὐ μη ἀκολουθησουσιν, ἀλλα φευξονται ἀπ αὐτου,
	27	τα προβατα τα ἐμα της φωνης μου ἀκουουσιν, καγω γινωσκω αὐτα, και ἀκολουθουσιν μοι,
	11 31	οἱ οὐν ἰουδαιοι οἱ ὀντες μετ αὐτης ἐν τη οἰκια και παραμυθουμενοι αὐτην, ἰδοντες την μαριαμ ὀτι ταχεως ἀνεστη και ἐξηλθεν, ἠκολουθησαν αὐτη,
	12 26	ἐαν ἐμοι τις διακονη, ἐμοι ἀκολουθειτω,
	13 36	ὁπου ὑπαγω οὐ δυνασαι μοι νυν ἀκολουθησαι, ἀκολουθησεις δε ὑστερον.
	36	ὁπου ὑπαγω οὐ δυνασαι μοι νυν ἀκολουθησαι, ἀκολουθησεις δε ὑστερον.
	37	κυριε, δια τι οὐ δυναμαι σοι ἀκολουθησαι ἀρτι;
	18 15	ἠκολουθει δε τω ἰησου σιμων πετρος και ἀλλος μαθητης.
	20 6	ἐρχεται οὐν και σιμων πετρος ἀκολουθων αὐτω,
	21 19	και τουτο εἰπων λεγει αὐτω· ἀκολούθει μοι.
	20	ἐπιστραφεις ὁ πετρος βλεπει τον μαθητην ὁν ἠγαπα ὁ ἰησους ἀκολουθουντα,
	22	ἐαν αὐτον θελω μενειν ἑως ἐρχομαι, τι προς σέ; συ μοι ἀκολουθει.
Ac	12 8	περιβαλου το ἱματιον σου και ἀκολούθει μοι.
	9	και ἐξελθων ἠκολουθει, και οὐκ ἠδει ὀτι ἀληθες ἐστιν το γινομενον δια του ἀγγελου,
	13 43	λυθεισης δε της συναγωγης ἠκολουθησαν πολλοι των ἰουδαιων και των σεβομενων προσηλυτων τω παυλω και τω βαρναβα,
	21 36	ἠκολουθει γαρ το πληθος του λαου κραζοντες·
1Co	10 4	ἐπινον γαρ ἐκ πνευματικης ἀκολουθουσης πετρας,
Apc	6 8	και ὁ ἁδης ἠκολουθει μετ αὐτου,
	14 4	οὑτοι οἱ ἀκολουθουντες τω ἀρνιω ὁπου ἀν ὑπαγη.
	8	και ἀλλος ἀγγελος δευτερος ἠκολουθησεν λεγων·
	9	και ἀλλος ἀγγελος τριτος ἠκολουθησεν αὐτοις λεγων ἐν φωνη μεγαλη·
	13	τα γαρ ἐργα αὐτων ἀκολουθει μετ αὐτων.
	19 14	και τα στρατευματα [τα] ἐν τω οὐρανω ἠκολουθει αὐτω ἐφ ἱπποις λευκοις,

ἀκούω [430]

Mt	2 3	ἀκουσας δε ὁ βασιλευς ἡρωδης ἐταραχθη,
	9	οἱ δε ἀκουσαντες του βασιλεως ἐπορευθησαν·
	18	φωνη ἐν ραμα ἠκουσθη, κλαυθμος και ὀδυρμος πολυς·
	22	ἀκουσας δε ὀτι ἀρχελαος βασιλευει της ἰουδαιας ἀντι του πατρος αὐτου ἡρωδου ἐφοβηθη ἐκει ἀπελθειν·
	4 12	ἀκουσας δε ὀτι ἰωαννης παρεδοθη ἀνεχωρησεν εἰς την γαλιλαιαν.
	5 21	ἠκουσατε ὀτι ἐρρεθη τοις ἀρχαιοις·
	27	ἠκουσατε ὀτι ἐρρεθη· οὐ μοιχευσεις.
	33	παλιν ἠκουσατε ὀτι ἐρρεθη τοις ἀρχαιοις·
	38	ἠκουσατε ὀτι ἐρρεθη· ὀφθαλμον ἀντι ὀφθαλμου και ὀδοντα ἀντι ὀδοντος.
	43	ἠκουσατε ὀτι ἐρρεθη· ἀγαπησεις τον πλησιον σου και μισησεις τον ἐχθρον σου.
	7 24	πας οὐν ὀστις ἀκουει μου τους λογους τουτους και ποιει αὐτους,
	26	και πας ὁ ἀκουων μου τους λογους τουτους και μη ποιων αὐτους ὁμοιωθησεται ἀνδρι μωρω,
	8 10	ἀκουσας δε ὁ ἰησους ἐθαυμασεν και εἰπεν τοις ἀκολουθουσιν·

ἀκουω [430]

Mt 9 12 ὁ δε *ἀκουσας* εἶπεν· οὐ χρειαν ἐχουσιν οἱ ἰσχυοντες ἰατρου ἀλλ οἱ κακως ἐχοντες.

10 14 και ὁς ἀν μη δεξηται ὑμας μηδε *ἀκουση* τους λογους ὑμων, ἐξερχομενοι ἐξω της οἰκιας ἠ της πολεως ἐκεινης ἐκτιναξατε τον κονιορτον των ποδων ὑμων.

27 και ὁ εἰς το οὑς *ἀκουετε*, κηρυξατε ἐπι των δωματων.

11 2 ὁ δε ἰωαννης *ἀκουσας* ἐν τω δεσμωτηριω τα ἐργα του χριστου, πεμψας δια των μαθητων αὐτου εἰπεν αὐτω·

4 πορευθεντες ἀπαγγειλατε ἰωαννη ἁ *ἀκουετε* και βλεπετε·

5 λεπροι καθαριζονται και κωφοι *ἀκουουσιν*,

15 ὁ ἐχων ὠτα *ἀκουετω*.

12 19 οὐδε *ἀκουσει* τις ἐν ταις πλατειαις την φωνην αὐτου.

24 οἱ δε φαρισαιοι *ἀκουσαντες* εἰπον·

42 βασιλισσα νοτου ἐγερθησεται ἐν τη κρισει μετα της γενεας ταυτης και κατακρινεῖ αὐτην· ὁτι ἠλθεν ἐκ των περατων της γης *ἀκουσαι* την σοφιαν σολομωνος,

13 9 ὁ ἐχων ὠτα *ἀκουετω*.

13 δια τουτο ἐν παραβολαις αὐτοις λαλω, ὁτι βλεποντες οὐ βλεπουσιν και *ἀκουοντες* οὐκ ἀκουουσιν οὐδε συνιουσιν.

13 δια τουτο ἐν παραβολαις αὐτοις λαλω, ὁτι βλεποντες οὐ βλεπουσιν και ἀκουοντες οὐκ *ἀκουουσιν* οὐδε συνιουσιν.

14 ἀκοη *ἀκουσετε* και οὐ μη συνητε, και βλεποντες βλεψετε και οὐ μη ἰδητε.

15 και τοις ὠσιν βαρεως *ἠκουσαν*, και τους ὀφθαλμους αὐτων ἐκαμμυσαν·

15 μηποτε ἰδωσιν τοις ὀφθαλμοις και τοις ὠσιν *ἀκουσωσιν* και τη καρδια συνωσιν και ἐπιστρεψωσιν,

16 ὑμων δε μακαριοι οἱ ὀφθαλμοι ὁτι βλεπουσιν, και τα ὠτα ὑμων ὁτι *ἀκουουσιν*.

17 ἀμην γαρ λεγω ὑμιν ὁτι πολλοι προφηται και δικαιοι ἐπεθυμησαν ἰδειν ἁ βλεπετε και οὐκ εἰδαν, και *ἀκουσαι* ἁ ἀκουετε και οὐκ ἠκουσαν.

17 ἀμην γαρ λεγω ὑμιν ὁτι πολλοι προφηται και δικαιοι ἐπεθυμησαν ἰδειν ἁ βλεπετε και οὐκ εἰδαν, και ἀκουσαι ἁ *ἀκουετε* και οὐκ ἠκουσαν.

17 ἀμην γαρ λεγω ὑμιν ὁτι πολλοι προφηται και δικαιοι ἐπεθυμησαν ἰδειν ἁ βλεπετε και οὐκ εἰδαν, και ἀκουσαι ἁ ἀκουετε και οὐκ *ἠκουσαν*.

18 ὑμεις οὐν *ἀκουσατε* την παραβολην του σπειραντος.

19 παντος *ἀκουοντος* τον λογον της βασιλειας και μη συνιεντος ἐρχεται ὁ πονηρος και ἁρπαζει το ἐσπαρμενον ἐν τη καρδια αὐτου·

20 ὁ δε ἐπι τα πετρωδη σπαρεις, οὑτος ἐστιν ὁ τον λογον *ἀκουων* και εὐθυς μετα χαρας λαμβανων αὐτον·

22 ὁ δε εἰς τας ἀκανθας σπαρεις, οὑτος ἐστιν ὁ τον λογον *ἀκουων*,

23 ὁ δε ἐπι την καλην γην σπαρεις, οὑτος ἐστιν ὁ τον λογον *ἀκουων* και συνιεις,

43 ὁ ἐχων ὠτα *ἀκουετω*.

14 1 ἐν ἐκεινω τω καιρω *ἠκουσεν* ἡρωδης ὁ τετρααρχης την ἀκοην ἰησου,

13 *ἀκουσας* δε ὁ ἰησους ἀνεχωρησεν ἐκειθεν ἐν πλοιω εἰς ἐρημον τοπον κατ ἰδιαν·

13 και *ἀκουσαντες* οἱ ὀχλοι ἠκολουθησαν αὐτω πεζη ἀπο των πολεων.

15 10 *ἀκουετε* και συνιετε· οὐ το εἰσερχομενον εἰς το στομα κοινοι τον ἀνθρωπον,

12 οἰδας ὁτι οἱ φαρισαιοι *ἀκουσαντες* τον λογον ἐσκανδαλισθησαν;

17 5 οὑτος ἐστιν ὁ υἱος μου ὁ ἀγαπητος, ἐν ὡ εὐδοκησα· *ἀκουετε* αὐτου.

6 και *ἀκουσαντες* οἱ μαθηται ἐπεσαν ἐπι προσωπον αὐτων και ἐφοβηθησαν σφοδρα.

18 15 ἐαν σου *ἀκουση*, ἐκερδησας τον ἀδελφον σου·

16 ἐαν δε μη *ἀκουση*, παραλαβε μετα σοῦ ἐτι ἑνα ἠ δυο,

19 22 *ἀκουσας* δε ὁ νεανισκος τον λογον ἀπηλθεν λυπουμενος·

25 *ἀκουσαντες* δε οἱ μαθηται ἐξεπλησσοντο σφοδρα λεγοντες·

20 24 και *ἀκουσαντες* οἱ δεκα ἠγανακτησαν περι των δυο ἀδελφων.

30 και ἰδου δυο τυφλοι καθημενοι παρα την ὁδον, *ἀκουσαντες* ὁτι ἰησους παραγει, ἐκραξαν λεγοντες· ἐλεησον ἡμας, [κυριε,] υἱος δαυιδ·

21 16 *ἀκουεις* τι οὑτοι λεγουσιν;

33 ἀλλην παραβολην *ἀκουσατε*.

45 και *ἀκουσαντες* οἱ ἀρχιερεις και οἱ φαρισαιοι τας παραβολας αὐτου ἐγνωσαν ὁτι περι αὐτων λεγει·

22 22 και *ἀκουσαντες* ἐθαυμασαν, και ἀφεντες αὐτον ἀπηλθαν.

33 και *ἀκουσαντες* οἱ ὀχλοι ἐξεπλησσοντο ἐπι τη διδαχη αὐτου.

34 οἱ δε φαρισαιοι *ἀκουσαντες* ὁτι ἐφιμωσεν τους σαδδουκαιους, συνηχθησαν ἐπι το αὐτο.

ἀκουω [430]

Mt 24 6 μελλησετε δε *ἀκουειν* πολεμους και ἀκοας πολεμων·

26 65 ἰδε νυν *ἠκουσατε* την βλασφημιαν· τι ὑμιν δοκει;

27 13 οὐκ *ἀκουεις* ποσα σου καταμαρτυρουσιν;

47 τινες δε των ἐκει ἑστηκοτων *ἀκουσαντες* ἐλεγον ὁτι ἡλιαν φωνει οὑτος.

28 14 και ἐαν *ἀκουσθη* τουτο ἐπι του ἡγεμονος, ἡμεις πεισομεν [αὐτον] και ὑμας ἀμεριμνους ποιησομεν.

Mc 2 1 και εἰσελθων παλιν εἰς καφαρναουμ δι ἡμερων *ἠκουσθη* ὁτι ἐν οἰκω ἐστιν.

17 και *ἀκουσας* ὁ ἰησους λεγει αὐτοις οὐ χρειαν ἐχουσιν οἱ ἰσχυοντες ἰατρου ἀλλ οἱ κακως ἐχοντες·

3 8 πληθος πολυ, *ἀκουοντες* ὁσα ἐποιει, ἠλθον προς αὐτον.

21 και *ἀκουσαντες* οἱ παρ αὐτου ἐξηλθον κρατησαι αὐτον·

4 3 και ἐλεγεν αὐτοις ἐν τη διδαχη αὐτου· *ἀκουετε*.

9 και ἐλεγεν· ὁς ἐχει ὠτα *ἀκουειν* ἀκουετω.

9 και ἐλεγεν· ὁς ἐχει ὠτα ἀκουειν *ἀκουετω*.

12 ἱνα βλεποντες βλεπωσιν και μη ἰδωσιν, και *ἀκουοντες* ἀκουωσιν και μη συνιωσιν,

12 ἱνα βλεποντες βλεπωσιν και μη ἰδωσιν, και ἀκουοντες *ἀκουωσιν* και μη συνιωσιν,

15 και ὁταν *ἀκουσωσιν*, εὐθυς ἐρχεται ὁ σατανας και αἰρει τον λογον τον ἐσπαρμενον εἰς αὐτους.

16 και οὑτοι εἰσιν οἱ ἐπι τα πετρωδη σπειρομενοι, οἱ ὁταν *ἀκουσωσιν* τον λογον εὐθυς μετα χαρας λαμβανουσιν αὐτον,

18 οὑτοι εἰσιν οἱ τον λογον *ἀκουσαντες*, και αἱ μεριμναι του αἰωνος και ἡ ἀπατη του πλουτου και αἱ περι τα λοιπα ἐπιθυμιαι εἰσπορευομεναι συμπνιγουσιν τον λογον, και ἀκαρπος γινεται.

20 και ἐκεινοι εἰσιν οἱ ἐπι την γην την καλην σπαρεντες, οἱτινες *ἀκουουσιν* τον λογον και παραδεχονται και καρποφορουσιν ἐν τριακοντα και ἐν ἑξηκοντα και ἐν ἑκατον.

23 εἰ τις ἐχει ὠτα *ἀκουειν* ἀκουετω.

23 εἰ τις ἐχει ὠτα ἀκουειν *ἀκουετω*.

24 και ἐλεγεν αὐτοις· βλεπετε τι *ἀκουετε*.

33 και τοιαυταις παραβολαις πολλαις ἐλαλει αὐτοις τον λογον, καθως ἠδυναντο *ἀκουειν*·

5 27 *ἀκουσασα* περι του ἰησου, ἐλθουσα ἐν τω ὀχλω ὀπισθεν ἡψατο του ἱματιου αὐτου·

6 2 και πολλοι *ἀκουοντες* ἐξεπλησσοντο λεγοντες· ποθεν τουτω ταυτα, και τις ἡ σοφια ἡ δοθεισα τουτω,

11 και ὁς ἀν τοπος μη δεξηται ὑμας μηδε *ἀκουσωσιν* ὑμων, ἐκπορευομενοι ἐκειθεν ἐκτιναξατε τον χουν τον ὑποκατω των ποδων ὑμων εἰς μαρτυριον αὐτοις.

14 και *ἠκουσεν* ὁ βασιλευς ἡρωδης, φανερον γαρ ἐγενετο το ὀνομα αὐτου, και ἐλεγον ὁτι ἰωαννης ὁ βαπτιζων ἐγηγερται ἐκ νεκρων,

16 *ἀκουσας* δε ὁ ἡρωδης ἐλεγεν· ὁν ἐγω ἀπεκεφαλισα ἰωαννην, οὑτος ἠγερθη.

20 ὁ γαρ ἡρωδης ἐφοβειτο τον ἰωαννην, εἰδως αὐτον ἀνδρα δικαιον και ἁγιον, και συνετηρει αὐτον, και *ἀκουσας* αὐτου πολλα ἠπορει, και ἡδεως αὐτου ἠκουεν.

20 ὁ γαρ ἡρωδης ἐφοβειτο τον ἰωαννην, εἰδως αὐτον ἀνδρα δικαιον και ἁγιον, και συνετηρει αὐτον, και ἀκουσας αὐτου πολλα ἠπορει, και ἡδεως αὐτου *ἠκουεν*.

29 και *ἀκουσαντες* οἱ μαθηται αὐτου ἠλθον και ἠραν το πτωμα αὐτου και ἐθηκαν αὐτο ἐν μνημειω.

55 και ἐξελθοντων αὐτων ἐκ του πλοιου εὐθυς ἐπιγνοντες αὐτον περιεδραμον ὁλην την χωραν ἐκεινην και ἠρξαντο ἐπι τοις κραβαττοις τους κακως ἐχοντας περιφερειν, ὁπου *ἠκουον* ὁτι ἐστιν.

7 14 *ἀκουσατε* μου παντες και συνετε.

16 * εἰ τις ἐχει ὠτα *ἀκουειν* ἀκουετω.

16 * εἰ τις ἐχει ὠτα ἀκουειν *ἀκουετω*.

25 ἀλλ εὐθυς *ἀκουσασα* γυνη περι αὐτου, ἡς εἰχεν το θυγατριον αὐτης πνευμα ἀκαθαρτον, ἐλθουσα προσεπεσεν προς τους ποδας αὐτου·

37 καλως παντα πεποιηκεν, και τους κωφους ποιει *ἀκουειν* και [τους] ἀλαλους λαλειν.

8 18 ὀφθαλμους ἐχοντες οὐ βλεπετε, και ὠτα ἐχοντες οὐκ *ἀκουετε*;

9 7 οὑτος ἐστιν ὁ υἱος μου ὁ ἀγαπητος, *ἀκουετε* αὐτου.

10 41 και *ἀκουσαντες* οἱ δεκα ἠρξαντο ἀγανακτειν περι ἰακωβου και ἰωαννου.

47 και *ἀκουσας* ὁτι ἰησους ὁ ναζαρηνος ἐστιν ἠρξατο κραζειν και λεγειν·

11 14 και *ἠκουον* οἱ μαθηται αὐτου.

18 και *ἠκουσαν* οἱ ἀρχιερεις και οἱ γραμματεις, και ἐζητουν πως αὐτον ἀπολεσωσιν·

12 28 και προσελθων εἰς των γραμματεων, *ἀκουσας* αὐτων συζητουντων, ἰδων ὁτι καλως ἀπεκριθη αὐτοις,

ἀκούω [430]

Mc	12 29	ἄκουε, ἰσραηλ, κυριος ὁ θεος ἡμων κυριος εἷς ἐστιν,
	37	και [ὁ] πολυς ὀχλος ἤκουεν αὐτου ἡδεως.
	13 7	ὀταν δε ἀκούσητε πολεμους και ἀκοας πολεμων, μη θροεισθε·
	14 11	οἱ δε ἀκούσαντες ἐχαρησαν και ἐπηγγειλαντο αὐτω ἀργυριον δουναι.
	58	και τινες ἀναστάντες ἐψευδομαρτυρουν κατ αὐτου λεγοντες ὀτι ἡμεις ἠκούσαμεν αὐτου λεγοντος ὀτι ἐγω καταλυσω τον ναον τουτον τον χειροποιητον και δια τριων ἡμερων ἀλλον ἀχειροποιητον οἰκοδομησω.
	64	ἠκούσατε της βλασφημιας· τί ὑμιν φαινεται;
	15 35	και τινες των παρεστηκοτων ἀκούσαντες ἐλεγον·
	16 11	κἀκεινοι ἀκούσαντες ὀτι ζη και ἐθεαθη ὑπ αὐτης ἠπιστησαν.
Lc	1 41	και ἐγενετο ὡς ἤκουσεν τον ἀσπασμον της μαριας ἡ ἐλισαβετ, ἐσκιρτησεν το βρεφος ἐν τη κοιλια αὐτης,
	58	και ἤκουσαν οἱ περιοικοι και οἱ συγγενεις αὐτης ὀτι ἐμεγαλυνεν κυριος το ἐλεος αὐτου μετ αὐτης, και συνεχαιρον αὐτη.
	66	και ἐθεντο παντες οἱ ἀκούσαντες ἐν τη καρδια αὐτων, λεγοντες·
	2 18	και παντες οἱ ἀκούσαντες ἐθαυμασαν περι των λαληθεντων ὑπο των ποιμενων προς αὐτους·
	20	και ὑπεστρεψαν οἱ ποιμενες δοξαζοντες και αἰνουντες τον θεον ἐπι πασιν οἷς ἤκουσαν και εἰδον καθως ἐλαληθη προς αὐτους,
	46	και ἐγενετο μετα ἡμερας τρεις εὑρον αὐτον ἐν τω ἱερω καθεζομενον ἐν μεσω των διδασκαλων και ἀκούοντα αὐτων και ἐπερωτωντα αὐτους·
	47	ἐξισταντο δε παντες οἱ ἀκούοντες αὐτου ἐπι τη συνεσει και ταις ἀποκρισεσιν αὐτου.
	4 23	ὀσα ἠκούσαμεν γενομενα εἰς την καφαρναουμ, ποιησον και ὡδε ἐν τη πατριδι σου.
	28	και ἐπλησθησαν παντες θυμου ἐν τη συναγωγη ἀκούοντες ταυτα,
	5 1	ἐγενετο δε ἐν τω τον ὀχλον ἐπικεισθαι αὐτω και ἀκούειν τον λογον του θεου, και αὐτος ἡν ἑστως παρα την λιμνην γεννησαρετ,
	15	και συνηρχοντο ὀχλοι πολλοι ἀκούειν και θεραπευεσθαι ἀπο των ἀσθενειων αὐτων·
	6 18	και πληθος πολυ του λαου ἀπο πασης της ἰουδαιας και ἰερουσαλημ και της παραλιου τυρου και σιδωνος, οἱ ἡλθον ἀκούσαι αὐτου και ἰαθηναι ἀπο των νοσων αὐτων,
	27	ἀλλα ὑμιν λεγω τοις ἀκούουσιν· ἀγαπατε τους ἐχθρους ὑμων,
	47	πας ὁ ἐρχομενος προς με και ἀκούων μου των λογων και ποιων αὐτους, ὑποδειξω ὑμιν τινι ἐστιν ὁμοιος.
	49	ὁ δε ἀκούσας και μη ποιησας ὁμοιος ἐστιν ἀνθρωπω οἰκοδομησαντι οἰκιαν ἐπι την γην χωρις θεμελιου,
	7 3	ἀκούσας δε περι του ἰησου ἀπεστειλεν προς αὐτον πρεσβυτερους των ἰουδαιων, ἐρωτων αὐτον ὀπως ἐλθων διασωση τον δουλον αὐτου.
	9	ἀκούσας δε ταυτα ὁ ἰησους ἐθαυμασεν αὐτον,
	22	πορευθεντες ἀπαγγειλατε ἰωαννη ἀ εἰδετε και ἠκούσατε·
	22	και κωφοι ἀκούουσιν, νεκροι ἐγειρονται, πτωχοι εὐαγγελιζονται·
	29	και ὁ λαος ἀκούσας και οἱ τελωναι ἐδικαιωσαν τον θεον,
	8 8	ὁ ἐχων ὠτα ἀκούειν ἀκουετω.
	8	ὁ ἐχων ὠτα ἀκούειν ἀκουετω.
	10	τοις δε λοιποις ἐν παραβολαις, ἱνα βλεποντες μη βλεπωσιν και ἀκούοντες μη συνιωσιν.
	12	οἱ δε παρα την ὁδον εἰσιν οἱ ἀκούσαντες,
	13	οἱ δε ἐπι της πετρας οἱ ὀταν ἀκούσωσιν μετα χαρας δεχονται τον λογον,
	14	το δε εἰς τας ἀκανθας πεσον, οὑτοι εἰσιν οἱ ἀκούσαντες,
	15	το δε ἐν τη καλη γη, οὑτοι εἰσιν οἱτινες ἐν καρδια καλη και ἀγαθη ἀκούσαντες τον λογον κατεχουσιν και καρποφορουσιν ἐν ὑπομονη.
	18	βλεπετε οὑν πως ἀκούετε·
	21	μητηρ μου και ἀδελφοι μου οὑτοι εἰσιν οἱ τον λογον του θεου ἀκούοντες και ποιουντες.
	50	ὁ δε ἰησους ἀκούσας ἀπεκριθη αὐτω·
	9 7	ἤκουσεν δε ἡρωδης ὁ τετραρχης τα γινομενα παντα,
	9	ἰωαννην ἐγω ἀπεκεφαλισα· τίς δε ἐστιν οὑτος περι οὑ ἀκούω τοιαυτα;
	35	οὑτος ἐστιν ὁ υἱος μου ὁ ἐκλελεγμενος, αὐτου ἀκούετε,
	10 16	ὁ ἀκούων ὑμων ἐμου ἀκούει, και ὁ ἀθετων ὑμας ἐμε ἀθετει·
	16	ὁ ἀκούων ὑμων ἐμου ἀκούει, και ὁ ἀθετων ὑμας ἐμε ἀθετει·
	24	λεγω γαρ ὑμιν ὀτι πολλοι προφηται και βασιλεις ἠθελησαν ἰδειν ἀ ὑμεις βλεπετε και οὐκ εἰδαν, και ἀκούσαι ἀ ἀκούετε και οὐκ ἠκουσαν.

ἀκούω [430]

Lc	10 24	λεγω γαρ ὑμιν ὀτι πολλοι προφηται και βασιλεις ἠθελησαν ἰδειν ἀ ὑμεις βλεπετε και οὐκ εἰδαν, και ἀκούσαι ἀ ἀκούετε και οὐκ ἠκουσαν.
	24	λεγω γαρ ὑμιν ὀτι πολλοι προφηται και βασιλεις ἠθελησαν ἰδειν ἀ ὑμεις βλεπετε και οὐκ εἰδαν, και ἀκούσαι ἀ ἀκούετε και οὐκ ἠκουσαν.
	39	και τηδε ἡν ἀδελφη καλουμενη μαριαμ, [ἡ] και παρακαθεσθεισα προς τους ποδας του κυριου ἤκουεν τον λογον αὐτου.
	11 28	μενουν μακαριοι οἱ ἀκούοντες τον λογον του θεου και φυλασσοντες.
	31	ὀτι ἡλθεν ἐκ των περατων της γης ἀκούσαι την σοφιαν σολομωνος, και ἰδου πλειον σολομωνος ὡδε.
	12 3	ἀνθ ὡν ὀσα ἐν τη σκοτια εἰπατε ἐν τω φωτι ἀκουσθησεται,
	14 15	ἀκούσας δε τις των συνανακειμενων ταυτα εἰπεν αὐτω·
	35	ὁ ἐχων ὠτα ἀκούειν ἀκουετω.
	35	ὁ ἐχων ὠτα ἀκούειν ἀκουετω.
	15 1	ἡσαν δε αὐτω ἐγγιζοντες παντες οἱ τελωναι και οἱ ἀμαρτωλοι ἀκούειν αὐτου.
	25	και ὡς ἐρχομενος ἠγγισεν τη οἰκια, ἤκουσεν συμφωνιας και χορων,
	16 2	τί τουτο ἀκούω περι σου;
	14	ἤκουον δε ταυτα παντα οἱ φαρισαιοι φιλαργυροι ὑπαρχοντες, και ἐξεμυκτηριζον αὐτον.
	29	ἐχουσι μωυσεα και τους προφητας· ἀκουσατωσαν αὐτων.
	31	εἰ μωυσεως και των προφητων οὐκ ἀκούουσιν, οὐδ ἐαν τις ἐκ νεκρων ἀναστη πεισθησονται.
	18 6	ἀκούσατε τί ὁ κριτης της ἀδικιας λεγει·
	22	ἀκούσας δε ὁ ἰησους εἰπεν αὐτω·
	23	ὁ δε ἀκούσας ταυτα περιλυπος ἐγενηθη, ἡν γαρ πλουσιος σφοδρα.
	26	εἰπαν δε οἱ ἀκούσαντες· και τίς δυναται σωθηναι;
	36	ἀκούσας δε ὀχλου διαπορευομενου ἐπυνθανετο τί ειη τουτο.
	19 11	ἀκούοντων δε αὐτων ταυτα προσθεις εἰπεν παραβολην,
	48	ὁ λαος γαρ ἀπας ἐξεκρεματο αὐτου ἀκούων.
	20 16	ἀκούσαντες δε εἰπαν·
	45	ἀκούοντος δε παντος του λαου εἰπεν τοις μαθηταις [αὐτου]·
	21 9	ὀταν δε ἀκούσητε πολεμους και ἀκαταστασιας, μη πτοηθητε·
	38	και πας ὁ λαος ὠρθριζεν προς αὐτον ἐν τω ἱερω ἀκούειν αὐτου.
	22 71	αὐτοι γαρ ἠκούσαμεν ἀπο του στοματος αὐτου.
	23 6	πιλατος δε ἀκούσας ἐπηρωτησεν εἰ ὁ ἀνθρωπος γαλιλαιος ἐστιν,
	8	ἡν γαρ ἐξ ἱκανων χρονων θελων ἰδειν αὐτον δια το ἀκούειν περι αὐτου,
Jh	1 37	και ἤκουσαν οἱ δυο μαθηται αὐτου λαλουντος και ἠκολουθησαν τω ἰησου.
	40	ἡν ἀνδρεας ὁ ἀδελφος σιμωνος πετρου εἱς ἐκ των δυο των ἀκούσαντων παρα ἰωαννου και ἀκολουθησαντων αὐτω·
	3 8	το πνευμα ὀπου θελει πνει, και την φωνην αὐτου ἀκούεις,
	29	ὁ δε φιλος του νυμφιου, ὁ ἑστηκως και ἀκούων αὐτου,
	32	ὁ ἑωρακεν και ἠκουσεν, τουτο μαρτυρει,
	4 1	ὡς οὑν ἐγνω ὁ ἰησους ὀτι ἤκουσαν οἱ φαρισαιοι ὀτι ἰησους πλειονας μαθητας ποιει και βαπτιζει ἡ ἰωαννης,
	42	αὐτοι γαρ ἀκηκοαμεν, και οἰδαμεν ὀτι οὑτος ἐστιν ἀληθως ὁ σωτηρ του κοσμου.
	47	και ἡν τις βασιλικος οὑ ὁ υἱος ἠσθενει ἐν καφαρναουμ· οὑτος ἀκούσας ὀτι ἰησους ἡκει ἐκ της ἰουδαιας εἰς την γαλιλαιαν,
	5 24	ἀμην ἀμην λεγω ὑμιν ὀτι ὁ τον λογον μου ἀκούων και πιστευων τω πεμψαντι με ἐχει ζωην αἰωνιον,
	25	ἀμην ἀμην λεγω ὑμιν ὀτι ἐρχεται ὡρα και νυν ἐστιν ὀτε οἱ νεκροι ἀκούσουσιν της φωνης του υἱου του θεου και οἱ ἀκούσαντες ζησουσιν.
	25	ἀμην ἀμην λεγω ὑμιν ὀτι ἐρχεται ὡρα και νυν ἐστιν ὀτε οἱ νεκροι ἀκούσουσιν της φωνης του υἱου του θεου και οἱ ἀκούσαντες ζησουσιν.
	28	μη θαυμαζετε τουτο, ὀτι ἐρχεται ὡρα ἐν ἡ παντες οἱ ἐν τοις μνημειοις ἀκούσουσιν της φωνης αὐτου και ἐκπορευσονται οἱ τα ἀγαθα ποιησαντες εἰς ἀναστασιν ζωης,
	30	καθως ἀκούω κρινω, και ἡ κρισις ἡ ἐμη δικαια ἐστιν,
	37	οὐτε φωνην αὐτου πωποτε ἀκηκοατε οὐτε εἰδος αὐτου ἑωρακατε.
	6 45	πας ὁ ἀκούσας παρα του πατρος και μαθων ἐρχεται προς ἐμε.
	60	πολλοι οὑν ἀκούσαντες ἐκ των μαθητων αὐτου εἰπαν·
	60	σκληρος ἐστιν ὁ λογος οὑτος· τίς δυναται αὐτου ἀκούειν;
	7 32	ἤκουσαν οἱ φαρισαιοι του ὀχλου γογγυζοντος περι αὐτου ταυτα, και ἀπεστειλαν οἱ ἀρχιερεις και οἱ φαρισαιοι ὑπηρετας ἱνα πιασωσιν αὐτον.
	40	ἐκ του ὀχλου οὑν ἀκούσαντες των λογων ιουτων ἐλεγον ὀτι

ἀκουω [430]

Jh	7 51	μη ὁ νομος ἡμων κρινει τον ἀνθρωπον ἐαν μη ἀκουση πρωτον παρ αὐτου και γνω τί ποιει;
	8 9*	οἱ δε ἀκουσαντες ἐξηρχοντο εἰς καθ εἰς ἀρξαμενοι ἀπο των πρεσβυτερων,
	26	καγω ἁ ἠκουσα παρ αὐτου, ταυτα λαλω εἰς τον κοσμον.
	38	και ὑμεις οὐν ἁ ἠκουσατε παρα του πατρος ποιειτε.
	40	ἀνθρωπον ὁς την ἀληθειαν ὑμιν λελαληκα, ἡν ἠκουσα παρα του θεου·
	43	δια τί την λαλιαν την ἐμην οὐ γινωσκετε; ὁτι οὐ δυνασθε ἀκουειν τον λογον τον ἐμον.
	47	ὁ ὡν ἐκ του θεου τα ρηματα του θεου ἀκουει·
	47	δια τουτο ὑμεις οὐκ ἀκουετε, ὁτι ἐκ του θεου οὐκ ἐστε.
	9 27	εἰπον ὑμιν ἠδη και οὐκ ἠκουσατε·
	27	τί παλιν θελετε ἀκουειν; μη και ὑμεις θελετε αὐτου μαθηται γενεσθαι·
	31	οἰδαμεν ὁτι ἁμαρτωλων ὁ θεος οὐκ ἀκουει,
	31	ἀλλ ἐαν τις θεοσεβης ἠ και το θελημα αὐτου ποιη, τουτου ἀκουει.
	32	ἐκ του αἰωνος οὐκ ἠκουσθη ὁτι ἠνεωξεν τις ὀφθαλμους τυφλου γεγεννημενου·
	35	ἠκουσεν ἰησους ὁτι ἐξεβαλον αὐτον ἐξω,
	40	ἠκουσαν ἐκ των φαρισαιων ταυτα οἱ μετ αὐτου ὀντες,
	10 3	τουτω ὁ θυρωρος ἀνοιγει, και τα προβατα της φωνης αὐτου ἀκουει,
	8	ἀλλ οὐκ ἠκουσαν αὐτων τα προβατα.
	16	κακεινα δει με ἀγαγειν, και της φωνης μου ἀκουσουσιν,
	20	δαιμονιον ἐχει και μαινεται· τί αὐτου ἀκουετε;
	27	τα προβατα τα ἐμα της φωνης μου ἀκουουσιν, καγω γινωσκω αὐτα, και ἀκολουθουσιν μοι,
	11 4	ἀκουσας δε ὁ ἰησους εἰπεν·
	6	ὡς οὐν ἠκουσεν ὁτι ἀσθενει, τοτε μεν ἐμεινεν ἐν ᾡ ἠν τοπω δυο ἡμερας·
	20	ἡ οὐν μαρθα ὡς ἠκουσεν ὁτι ἰησους ἐρχεται, ὑπηντησεν αὐτω·
	29	ἐκεινη δε ὡς ἠκουσεν, ἠγερθη ταχυ και ἠρχετο προς αὐτον·
	41	πατερ, εὐχαριστω σοι ὁτι ἠκουσας μου.
	42	ἐγω δε ἠδειν ὁτι παντοτε μου ἀκουεις·
	12 12	τη ἐπαυριον ὁ ὀχλος πολυς ὁ ἐλθων εἰς την ἑορτην, ἀκουσαντες ὁτι ἐρχεται [ὁ] ἰησους εἰς ἱεροσολυμα, ἐλαβον τα βαια των φοινικων
	18	δια τουτο [και] ὑπηντησεν αὐτω ὁ ὀχλος, ὁτι ἠκουσαν τουτο αὐτον πεποιηκεναι το σημειον.
	29	ὁ οὐν ὀχλος ὁ ἑστως και ἀκουσας ἐλεγεν βροντην γεγονεναι·
	34	ἡμεις ἠκουσαμεν ἐκ του νομου ὁτι ὁ χριστος μενει εἰς τον αἰωνα, και πως λεγεις συ ὁτι δει ὑψωθηναι τον υἱον του ἀνθρωπου;
	47	και ἐαν τις μου ἀκουση των ρηματων και μη φυλαξη, ἐγω οὐ κρινω αὐτον·
	14 24	και ὁ λογος ὁν ἀκουετε οὐκ ἐστιν ἐμος ἀλλα του πεμψαντος με πατρος.
	28	ἠκουσατε ὁτι ἐγω εἰπον ὑμιν·
	15 15	ὑμας δε εἰρηκα φιλους, ὁτι παντα ἁ ἠκουσα παρα του πατρος μου ἐγνωρισα ὑμιν.
	16 13	οὐ γαρ λαλησει ἀφ ἑαυτου, ἀλλ ὁσα ἀκουσει λαλησει,
	18 21	τί με ἐρωτας; ἐρωτησον τους ἀκηκοοτας τί ἐλαλησα αὐτοις·
	37	πας ὁ ὡν ἐκ της ἀληθειας ἀκουει μου της φωνης.
	19 8	ὁτε οὐν ἠκουσεν ὁ πιλατος τουτον τον λογον, μαλλον ἐφοβηθη,
	13	ὁ οὐν πιλατος ἀκουσας των λογων τουτων ἠγαγεν ἐξω τον ἰησουν,
	21 7	ἀκουσας ὁτι ὁ κυριος ἐστιν, τον ἐπενδυτην διεζωσατο, ἠν γαρ γυμνος,
Ac	1 4	και συναλιζομενος παρηγγειλεν αὐτοις ἀπο ἱεροσολυμων μη χωριζεσθαι, ἀλλα περιμενειν την ἐπαγγελιαν του πατρος ἡν ἠκουσατε μου·
	2 6	γενομενης δε της φωνης ταυτης συνηλθεν το πληθος και συνεχυθη, ὁτι ἠκουον εἰς ἑκαστος τη ἰδια διαλεκτω λαλουντων αὐτων.
	8	και πως ἡμεις ἀκουομεν ἑκαστος τη ἰδια διαλεκτω ἡμων ἐν ἡ ἐγεννηθημεν,
	11	ἀκουομεν λαλουντων αὐτων ταις ἡμετεραις γλωσσαις τα μεγαλεια του θεου·
	22	ἀνδρες ἰσραηλιται, ἀκουσατε τους λογους τουτους·
	33	τη δεξια οὐν του θεου ὑψωθεις την τε ἐπαγγελιαν του πνευματος του ἁγιου λαβων παρα του πατρος ἐξεχεεν τουτο ὁ ὑμεις [και] βλεπετε και ἀκουετε.
	37	ἀκουσαντες δε κατενυγησαν την καρδιαν,
	3 22	αὐτου ἀκουσεσθε κατα παντα ὁσα ἀν λαληση προς ὑμας.
	23	ἐσται δε πασα ψυχη ἡτις ἐαν μη ἀκουση του προφητου ἐκεινου ἐξολεθρευθησεται ἐκ του λαου.

ἀκουω [430]

Ac	4 4	πολλοι δε των ἀκουσαντων τον λογον ἐπιστευσαν,
	19	εἰ δικαιον ἐστιν ἐνωπιον του θεου, ὑμων ἀκουειν μαλλον ἠ του θεου, κρινατε·
	20	οὐ δυναμεθα γαρ ἡμεις ἁ εἰδαμεν και ἠκουσαμεν μη λαλειν.
	24	οἱ δε ἀκουσαντες ὁμοθυμαδον ἠραν φωνην προς τον θεον και εἰπαν·
	5 5	ἀκουων δε ὁ ἀνανιας τους λογους τουτους πεσων ἐξεψυξεν·
	5	και ἐγενετο φοβος μεγας ἐπι παντας τους ἀκουοντας.
	11	και ἐγενετο φοβος μεγας ἐφ ὁλην την ἐκκλησιαν και ἐπι παντας τους ἀκουοντας ταυτα.
	21	ἀκουσαντες δε εἰσηλθον ὑπο τον ὀρθρον εἰς το ἱερον και ἐδιδασκον.
	24	ὡς δε ἠκουσαν τους λογους τουτους ὁ τε στρατηγος του ἱερου και οἱ ἀρχιερεις, διηπορουν περι αὐτων τί ἀν γενοιτο τουτο.
	33	οἱ δε ἀκουσαντες διεπριοντο και ἐβουλοντο ἀνελειν αὐτους.
	6 11	τοτε ὑπεβαλον ἀνδρας λεγοντας ὁτι ἀκηκοαμεν αὐτου λαλουντος ρηματα βλασφημα εἰς μωυσην και τον θεον·
	14	ἀκηκοαμεν γαρ αὐτου λεγοντος ὁτι ἰησους ὁ ναζωραιος οὑτος καταλυσει τον τοπον τουτον και ἀλλαξει τα ἐθη ἁ παρεδωκεν ἡμιν μωυσης.
	7 2	ἀνδρες ἀδελφοι και πατερες, ἀκουσατε.
	12	ἀκουσας δε ἰακωβ ὀντα σιτια εἰς αἰγυπτον ἐξαπεστειλεν τους πατερας ἡμων πρωτον·
	34	ἰδων εἰδον την κακωσιν του λαου μου του ἐν αἰγυπτω, και του στεναγμου αὐτων ἠκουσα,
	54	ἀκουοντες δε ταυτα διεπριοντο ταις καρδιαις αὐτων και ἐβρυχον τους ὀδοντας ἐπ αὐτον.
	8 6	προσειχον δε οἱ ὀχλοι τοις λεγομενοις ὑπο του φιλιππου ὁμοθυμαδον ἐν τω ἀκουειν αὐτους και βλεπειν τα σημεια ἁ ἐποιει.
	14	ἀκουσαντες δε οἱ ἐν ἱεροσολυμοις ἀποστολοι ὁτι δεδεκται ἡ σαμαρεια τον λογον του θεου, ἀπεστειλαν προς αὐτους πετρον και ἰωαννην,
	30	προσδραμων δε ὁ φιλιππος ἠκουσεν αὐτου ἀναγινωσκοντος ἠσαιαν τον προφητην, και εἰπεν·
	9 4	και πεσων ἐπι την γην ἠκουσεν φωνην λεγουσαν αὐτω·
	7	οἱ δε ἀνδρες οἱ συνοδευοντες αὐτω εἰστηκεισαν ἐνεοι, ἀκουοντες μεν της φωνης, μηδενα δε θεωρουντες.
	13	κυριε, ἠκουσα ἀπο πολλων περι του ἀνδρος τουτου, ὁσα κακα τοις ἁγιοις σου ἐποιησεν ἐν ἱερουσαλημ·
	21	ἐξισταντο δε παντες οἱ ἀκουοντες και ἐλεγον·
	38	ἐγγυς δε οὐσης λυδδας τη ἰοππη οἱ μαθηται ἀκουσαντες ὁτι πετρος ἐστιν ἐν αὐτη ἀπεστειλαν δυο ἀνδρας προς αὐτον παρακαλουντες·
	10 22	μαρτυρουμενος τε ὑπο ὁλου του ἐθνους των ἰουδαιων, ἐχρηματισθη ὑπο ἀγγελου ἁγιου μεταπεμψασθαι σε εἰς τον οἰκον αὐτου και ἀκουσαι ρηματα παρα σου.
	33	νυν οὐν παντες ἡμεις ἐνωπιον του θεου παρεσμεν ἀκουσαι παντα τα προστεταγμενα σοι ὑπο του κυριου.
	44	ἐτι λαλουντος του πετρου τα ρηματα ταυτα ἐπεπεσεν το πνευμα το ἁγιον ἐπι παντας τους ἀκουοντας τον λογον.
	46	ἠκουον γαρ αὐτων λαλουντων γλωσσαις και μεγαλυνοντων τον θεον.
	11 1	ἠκουσαν δε οἱ ἀποστολοι και οἱ ἀδελφοι οἱ ὀντες κατα την ἰουδαιαν ὁτι και τα ἐθνη ἐδεξαντο τον λογον του θεου.
	7	ἠκουσα δε και φωνης λεγουσης μοι·
	18	ἀκουσαντες δε ταυτα ἡσυχασαν, και ἐδοξασαν τον θεον λεγοντες·
	22	ἠκουσθη δε ὁ λογος εἰς τα ὡτα της ἐκκλησιας της οὐσης ἐν ἱερουσαλημ περι αὐτων,
	13 7	οὑτος προσκαλεσαμενος βαρναβαν και σαυλον ἐπεζητησεν ἀκουσαι τον λογον του θεου·
	16	ἀνδρες ἰσραηλιται και οἱ φοβουμενοι τον θεον, ἀκουσατε.
	44	τω δε ἐρχομενω σαββατω σχεδον πασα ἡ πολις συνηχθη ἀκουσαι τον λογον του κυριου.
	48	ἀκουοντα δε τα ἐθνη ἐχαιρον και ἐδοξαζον τον λογον του κυριου,
	14 9	οὑτος ἠκουσεν του παυλου λαλουντος·
	14	ἀκουσαντες δε οἱ ἀποστολοι βαρναβας και παυλος, διαρρηξαντες τα ἱματια αὐτων ἐξεπηδησαν εἰς τον ὀχλον, κραζοντες και λεγοντες·
	15 7	ἀνδρες ἀδελφοι, ὑμεις ἐπιστασθε ὁτι ἀφ ἡμερων ἀρχαιων ἐν ὑμιν ἐξελεξατο ὁ θεος δια του στοματος μου ἀκουσαι τα ἐθνη τον λογον του εὐαγγελιου και πιστευσαι.
	12	ἐσιγησεν δε παν το πληθος, και ἠκουον βαρναβα και παυλου ἐξηγουμενων ὁσα ἐποιησεν ὁ θεος σημεια και τερατα ἐν τοις ἐθνεσιν δι αὐτων.
	13	ἀνδρες ἀδελφοι, ἀκουσατε μου.

ἀκούω [430]

Ac 15 24   ἐπειδη ἠκούσαμεν ὅτι τινες ἐξ ἡμων [ἐξελθοντες] ἐταραξαν ὑμας λογοις ἀνασκευαζοντες τας ψυχας ὑμων, οἷς οὐ διεστειλαμεθα, ἐδοξεν ἡμιν γενομενοις ὁμοθυμαδον,

16 14   και τις γυνη ὀνοματι λυδια, πορφυροπωλις πολεως θυατειρων, σεβομενη τον θεον, ἤκουεν,

38   ἐφοβηθησαν δε ἀκούσαντες ὅτι ρωμαιοι εἰσιν,

17 8   ἐταραξαν δε τον ὀχλον και τους πολιταρχας ἀκούοντας ταυτα,

21   ἀθηναιοι δε παντες και οἱ ἐπιδημουντες ξενοι εἰς οὐδεν ἑτερον ηὐκαιρουν ἤ λεγειν τι ἤ ἀκούειν τι καινοτερον.

32   ἀκούσαντες δε ἀναστασιν νεκρων, οἱ μεν ἐχλευαζον,

32   ἀκουσομεθα σου περι τουτου και παλιν.

18 8   και πολλοι των κορινθιων ἀκούοντες ἐπιστευον και ἐβαπτιζοντο.

26   ἀκούσαντες δε αὐτου πρισκιλλα και ἀκυλας προσελαβοντο αὐτον και ἀκριβεστερον αὐτῳ ἐξεθεντο την ὁδον [του θεου].

19 2   ἀλλ᾽ οὐδ᾽ εἰ πνευμα ἁγιον ἐστιν ἠκούσαμεν.

5   ἀκούσαντες δε ἐβαπτισθησαν εἰς το ὀνομα του κυριου ἰησου·

10   τουτο δε ἐγενετο ἐπι ἐτη δυο, ὡστε παντας τους κατοικουντας την ἀσιαν ἀκούσαι τον λογον του κυριου,

26   και θεωρειτε και ἀκούετε ὅτι οὐ μονον ἐφεσου ἀλλα σχεδον πασης της ἀσιας ὁ παυλος οὑτος πεισας μετεστησεν ἱκανον ὀχλον,

28   ἀκούσαντες δε και γενομενοι πληρεις θυμου ἐκραζον λεγοντες·

21 12   ὡς δε ἠκούσαμεν ταυτα, παρεκαλουμεν ἡμεις τε και οἱ ἐντοπιοι του μη ἀναβαινειν αὐτον εἰς ἰερουσαλημ.

20   οἱ δε ἀκούσαντες ἐδοξαζον τον θεον, εἰπον τε αὐτῳ·

22   τί οὐν ἐστιν; παντως ἀκούσονται ὅτι ἐληλυθας.

22 1   ἀνδρες ἀδελφοι και πατερες, ἀκούσατε μου της προς ὑμας νυνι ἀπολογιας.

2   ἀκούσαντες δε ὅτι τῃ ἑβραιδι διαλεκτῳ προσεφωνει αὐτοις μαλλον παρεσχον ἡσυχιαν.

7   ἐπεσα τε εἰς το ἐδαφος και ἤκουσα φωνης λεγουσης μοι·

9   οἱ δε συν ἐμοι ὀντες το μεν φως ἐθεασαντο, την δε φωνην οὐκ ἤκουσαν του λαλουντος μοι.

14   ὁ θεος των πατερων ἡμων προεχειρισατο σε γνωναι το θελημα αὐτου και ἰδειν τον δικαιον και ἀκούσαι φωνην ἐκ του στοματος αὐτου,

15   και ἰδειν τον δικαιον και ἀκούσαι φωνην ἐκ του στοματος αὐτου, ὅτι ἐσῃ μαρτυς αὐτῳ προς παντας ἀνθρωπους ὡν ἑωρακας και ἤκουσας.

22   ἤκουον δε αὐτου ἀχρι τουτου του λογου,

26   ἀκούσας δε ὁ ἑκατονταρχης προσελθων τῳ χιλιαρχῳ ἀπηγγειλεν λεγων·

23 16   ἀκούσας δε ὁ υἱος της ἀδελφης παυλου την ἐνεδραν, παραγενομενος και εἰσελθων εἰς την παρεμβολην ἀπηγγειλεν τῳ παυλῳ.

24 4   ἱνα δε μη ἐπι πλειον σε ἐγκοπτω, παρακαλω ἀκούσαι σε ἡμων συντομως τῃ σῃ ἐπιεικεια.

24   και ἤκουσεν αὐτου περι της εἰς χριστον ἰησουν πιστεως.

25 22   ἐβουλομην και αὐτος του ἀνθρωπου ἀκούσαι.

22   αὐριον, φησιν, ἀκούσῃ αὐτου.

26 3   διο δεομαι μακροθυμως ἀκούσαι μου.

14   παντων τε καταπεσοντων ἡμων εἰς την γην ἤκουσα φωνην λεγουσαν προς με τῃ ἑβραιδι διαλεκτῳ·

29   εὐξαιμην ἀν τῳ θεῳ και ἐν ὀλιγῳ και ἐν μεγαλῳ οὐ μονον σε ἀλλα και παντας τους ἀκούοντας μου σημερον γενεσθαι τοιουτους ὁποιος και ἐγω εἰμι,

28 15   κακειθεν οἱ ἀδελφοι ἀκούσαντες τα περι ἡμων ἠλθαν εἰς ἀπαντησιν ἡμιν ἀχρι ἀππιουφορου και τριωνταβερνων,

22   ἀξιουμεν δε παρα σου ἀκούσαι ἁ φρονεις·

26   ἀκοῃ ἀκούσετε και οὐ μη συνητε, και βλεποντες βλεψετε και οὐ μη ἰδητε·

27   ἐπαχυνθη γαρ ἡ καρδια του λαου τουτου, και τοις ὡσιν βαρεως ἤκουσαν,

27   μηποτε ἰδωσιν τοις ὀφθαλμοις και τοις ὡσιν ἀκούσωσιν και τῃ καρδιᾳ συνωσιν και ἐπιστρεψωσιν,

28   γνωστον οὐν ἐστω ὑμιν ὅτι τοις ἐθνεσιν ἀπεσταλη τουτο το σωτηριον του θεου· αὐτοι και ἀκούσονται.

Rm 10 14   πως οὐν ἐπικαλεσωνται εἰς ὁν οὐκ ἐπιστευσαν; πως δε πιστευσωσιν οὑ οὐκ ἤκουσαν;

14   πως δε πιστευσωσιν οὑ οὐκ ἤκουσαν; πως δε ἀκούσωσιν χωρις κηρυσσοντος;

18   ἀλλα λεγω, μη οὐκ ἤκουσαν;

11 8   ἐδωκεν αὐτοις ὁ θεος πνευμα κατανυξεως, ὀφθαλμους του μη βλεπειν και ὠτα του μη ἀκούειν, ἑως της σημερον ἡμερας.

15 21   οἷς οὐκ ἀνηγγελη περι αὐτου ὀψονται, και οἱ οὐκ ἀκηκοασιν συνησουσιν.

ἀκούω [430]

1Co 2 9   ἁ ὀφθαλμος οὐκ εἰδεν και οὑς οὐκ ἤκουσεν και ἐπι καρδιαν ἀνθρωπου οὐκ ἀνεβη, ἁ ἡτοιμασεν ὁ θεος τοις ἀγαπωσιν αὐτον.

5 1   ὁλως ἀκούεται ἐν ὑμιν πορνεια,

11 18   πρωτον μεν γαρ συνερχομενων ὑμων ἐν ἐκκλησιᾳ ἀκούω σχισματα ἐν ὑμιν ὑπαρχειν,

14 2   οὐδεις γαρ ἀκούει, πνευματι δε λαλει μυστηρια·

2Co 12 4   και ἤκουσεν ἀρρητα ρηματα,

6   φειδομαι δε, μη τις εἰς ἐμε λογισηται ὑπερ ὁ βλεπει με ἤ ἀκούει [τι] ἐξ ἐμου

Ga 1 13   ἠκούσατε γαρ την ἐμην ἀναστροφην ποτε ἐν τῳ ἰουδαισμῳ,

23   μονον δε ἀκούοντες ἠσαν ὅτι ὁ διωκων ἡμας ποτε νυν εὐαγγελιζεται την πιστιν ἡν ποτε ἐπορθει,

4 21   λεγετε μοι, οἱ ὑπο νομον θελοντες εἰναι, τον νομον οὐκ ἀκούετε;

Eph 1 13   ἐν ᾧ και ὑμεις, ἀκούσαντες τον λογον της ἀληθειας,

15   δια τουτο καγω, ἀκούσας την καθ᾽ ὑμας πιστιν ἐν τῳ κυριῳ ἰησου και την ἀγαπην την εἰς παντας τους ἁγιους, οὐ παυομαι εὐχαριστων

3 2   τουτου χαριν ἐγω παυλος ὁ δεσμιος του χριστου [ἰησου] ὑπερ ὑμων των ἐθνων εἰ γε ἠκούσατε την οἰκονομιαν της χαριτος του θεου της δοθεισης μοι εἰς ὑμας,

4 21   εἰ γε αὐτον ἠκούσατε και ἐν αὐτῳ ἐδιδαχθητε καθως ἐστιν ἀληθεια ἐν τῳ ἰησου,

29   ἀλλα εἰ τις ἀγαθος προς οἰκοδομην της χρειας, ἱνα δῳ χαριν τοις ἀκούουσιν.

Php 1 27   μονον ἀξιως του εὐαγγελιου του χριστου πολιτευεσθε, ἱνα εἰτε ἐλθων και ἰδων ὑμας εἰτε ἀπων ἀκούω τα περι ὑμων, ὅτι στηκετε ἐν ἑνι πνευματι,

30   τον αὐτον ἀγωνα ἐχοντες οἱον εἰδετε ἐν ἐμοι και νυν ἀκούετε ἐν ἐμοι.

2 26   ἐπειδη ἐπιποθων ἠν παντας ὑμας, και ἀδημονων, διοτι ἠκούσατε ὅτι ἠσθενησεν.

4 9   ἁ και ἐμαθετε και παρελαβετε και ἠκούσατε και εἰδετε ἐν ἐμοι, ταυτα πρασσετε·

Col 1 4   ἀκούσαντες την πιστιν ὑμων ἐν χριστῳ ἰησου και την ἀγαπην ἡν ἐχετε εἰς παντας τους ἁγιους

6   ἀφ᾽ ἡς ἡμερας ἠκούσατε και ἐπεγνωτε την χαριν του θεου ἐν ἀληθειᾳ·

9   δια τουτο και ἡμεις, ἀφ᾽ ἡς ἡμερας ἠκούσαμεν, οὐ παυομεθα ὑπερ ὑμων προσευχομενοι και αἰτουμενοι

23   εἰ γε ἐπιμενετε τῃ πιστει τεθεμελιωμενοι και ἑδραιοι και μη μετακινουμενοι ἀπο της ἐλπιδος του εὐαγγελιου οὑ ἠκούσατε,

2Th 3 11   ἀκούομεν γαρ τινας περιπατουντας ἐν ὑμιν ἀτακτως, μηδεν ἐργαζομενους ἀλλα περιεργαζομενους·

1Tm 4 16   τουτο γαρ ποιων και σεαυτον σωσεις και τους ἀκούοντας σου.

2Tm 1 13   ὑποτυπωσιν ἐχε ὑγιαινοντων λογων ὡν παρ᾽ ἐμου ἤκουσας ἐν πιστει και ἀγαπῃ τῃ ἐν χριστῳ ἰησου·

2 2   και ἁ ἤκουσας παρ᾽ ἐμου δια πολλων μαρτυρων, ταυτα παραθου πιστοις ἀνθρωποις,

14   ἐπ᾽ οὐδεν χρησιμον, ἐπι καταστροφῃ των ἀκούοντων.

4 17   ὁ δε κυριος μοι παρεστη και ἐνεδυναμωσεν με, ἱνα δι᾽ ἐμου το κηρυγμα πληροφορηθῃ και ἀκούσωσιν παντα τα ἐθνη,

Phm 5   ἀκούων σου την ἀγαπην και την πιστιν ἡν ἐχεις προς τον κυριον ἰησουν και εἰς παντας τους ἁγιους,

Heb 2 1   δια τουτο δει περισσοτερως προσεχειν ἡμας τοις ἀκουσθεισιν, μηποτε παραρυωμεν.

3   ἡτις ἀρχην λαβουσα λαλεισθαι δια του κυριου, ὑπο των ἀκουσαντων εἰς ἡμας ἐβεβαιωθη,

3 7   σημερον ἐαν της φωνης αὐτου ἀκούσητε, μη σκληρυνητε τας καρδιας ὑμων ὡς ἐν τῳ παραπικρασμῳ κατα την ἡμεραν του πειρασμου ἐν τῃ ἐρημῳ,

15   σημερον ἐαν της φωνης αὐτου ἀκούσητε, μη σκληρυνητε τας καρδιας ὑμων ὡς ἐν τῳ παραπικρασμῳ.

16   τινες γαρ ἀκούσαντες παρεπικραναν;

4 2   ἀλλ᾽ οὐκ ὠφελησεν ὁ λογος της ἀκοης ἐκεινους μη συγκεκερασμενους τῃ πιστει τοις ἀκούσασιν.

7   σημερον ἐαν της φωνης αὐτου ἀκούσητε, μη σκληρυνητε τας καρδιας ὑμων.

12 19   και φωνῃ ρηματων, ἡς οἱ ἀκούσαντες παρῃτησαντο μη προστεθηναι αὐτοις λογον·

Ja 1 19   ἐστω δε πας ἀνθρωπος ταχυς εἰς το ἀκούσαι,

2 5   ἀκούσατε, ἀδελφοι μου ἀγαπητοι.

5 11   την ὑπομονην ἰωβ ἠκούσατε, και το τελος κυριου εἰδετε,

2Pt 1 18   και ταυτην την φωνην ἡμεις ἠκούσαμεν ἐξ οὐρανου ἐνεχθεισαν συν αὐτῳ ὀντες ἐν τῳ ἁγιῳ ὀρει.

1Jh 1 1   ὁ ἠν ἀπ᾽ ἀρχης, ὁ ἀκηκοαμεν, ὁ ἑωρακαμεν τοις ὀφθαλμοις ἡμων,

ἀκούω [430]

1Jh	1	3	ὃ ἑωρακαμεν και *ἀκηκοαμεν*, ἀπαγγελλομεν και ὑμιν,
		5	και ἐστιν αὑτη ἡ ἀγγελια ἡν *ἀκηκοαμεν* ἀπ αὐτου και ἀναγγελλομεν ὑμιν, ὁτι ὁ θεος φως ἐστιν
	2	7	ἡ ἐντολη ἡ παλαια ἐστιν ὁ λογος ὃν *ἠκουσατε*.
		18	και καθως *ἠκουσατε* ὁτι ἀντιχριστος ἐρχεται, και νυν ἀντιχριστοι πολλοι γεγονασιν·
		24	ὑμεις ὃ *ἠκουσατε* ἀπ ἀρχης, ἐν ὑμιν μενετω.
		24	ἐαν ἐν ὑμιν μεινῃ ὃ ἀπ ἀρχης *ἠκουσατε*, και ὑμεις ἐν τω υἱω και ἐν τω πατρι μενειτε.
	3	11	ὁτι αὑτη ἐστιν ἡ ἀγγελια ἡν *ἠκουσατε* ἀπ ἀρχης, ἱνα ἀγαπωμεν ἀλληλους·
	4	3	και τουτο ἐστιν το του ἀντιχριστου, ὃ *ἀκηκοατε* ὁτι ἐρχεται,
		5	δια τουτο ἐκ του κοσμου λαλουσιν και ὁ κοσμος αὐτων *ἀκουει*.
		6	ὁ γινωσκων τον θεον *ἀκουει* ἡμων,
		6	ὁς οὐκ ἐστιν ἐκ του θεου οὐκ *ἀκουει* ἡμων.
	5	14	και αὑτη ἐστιν ἡ παρρησια ἡν ἐχομεν προς αὐτον, ὁτι ἐαν τι αἰτωμεθα κατα το θελημα αὐτου *ἀκουει* ἡμων.
		15	και ἐαν οἰδαμεν ὁτι *ἀκουει* ἡμων ὃ ἐαν αἰτωμεθα, οἰδαμεν ὁτι ἐχομεν τα αἰτηματα ἁ ἠτηκαμεν ἀπ αὐτου.
2Jh		6	αὑτη ἡ ἐντολη ἐστιν, καθως *ἠκουσατε* ἀπ ἀρχης, ἱνα ἐν αὐτῃ περιπατητε.
3Jh		4	μειζοτεραν τουτων οὐκ ἐχω χαραν, ἱνα *ἀκουω* τα ἐμα τεκνα ἐν τῃ ἀληθειᾳ περιπατουντα.
Apc	1	3	μακαριος ὁ ἀναγινωσκων και οἱ *ἀκουοντες* τους λογους της προφητειας και τηρουντες τα ἐν αὐτῃ γεγραμμενα·
		10	και *ἠκουσα* ὀπισω μου φωνην μεγαλην ὡς σαλπιγγος λεγουσης·
	2	7	ὁ ἐχων οὐς *ἀκουσατω* τί το πνευμα λεγει ταις ἐκκλησιαις.
		11	ὁ ἐχων οὐς *ἀκουσατω* τί το πνευμα λεγει ταις ἐκκλησιαις.
		17	ὁ ἐχων οὐς *ἀκουσατω* τί το πνευμα λεγει ταις ἐκκλησιαις.
		29	ὁ ἐχων οὐς *ἀκουσατω* τί το πνευμα λεγει ταις ἐκκλησιαις.
	3	3	μνημονευε οὐν πως εἰληφας και *ἠκουσας*,
		6	ὁ ἐχων οὐς *ἀκουσατω* τί το πνευμα λεγει ταις ἐκκλησιαις.
		13	ὁ ἐχων οὐς *ἀκουσατω* τί το πνευμα λεγει ταις ἐκκλησιαις.
		20	ἐαν τις *ἀκουσῃ* της φωνης μου και ἀνοιξῃ την θυραν, [και] εἰσελευσομαι προς αὐτον
		22	ὁ ἐχων οὐς *ἀκουσατω* τί το πνευμα λεγει ταις ἐκκλησιαις.
	4	1	και ἡ φωνη ἡ πρωτη ἡν *ἠκουσα* ὡς σαλπιγγος λαλουσης μετ ἐμου, λεγων·
	5	11	και εἰδον, και *ἠκουσα* φωνην ἀγγελων πολλων κυκλω του θρονου και των ζωων και των πρεσβυτερων,
		13	και τα ἐν αὐτοις παντα, *ἠκουσα* λεγοντας·
	6	1	και *ἠκουσα* ἑνος ἐκ των τεσσαρων ζωων λεγοντος ὡς φωνη βροντης·
		3	και ὁτε ἠνοιξεν την σφραγιδα την δευτεραν, *ἠκουσα* του δευτερου ζωου λεγοντος·
		5	και ὁτε ἠνοιξεν την σφραγιδα την τριτην, *ἠκουσα* του τριτου ζωου λεγοντος·
		6	και *ἠκουσα* ὡς φωνην ἐν μεσω των τεσσαρων ζωων λεγουσαν·
		7	και ὁτε ἠνοιξεν την σφραγιδα την τεταρτην, *ἠκουσα* φωνην του τεταρτου ζωου λεγοντος·
	7	4	και *ἠκουσα* τον ἀριθμον των ἐσφραγισμενων,
	8	13	και εἰδον, και *ἠκουσα* ἑνος ἀετου πετομενου ἐν μεσουρανηματι λεγοντος φωνη μεγαλη·
	9	13	και *ἠκουσα* φωνην μιαν ἐκ των [τεσσαρων] κερατων του θυσιαστηριου του χρυσου του ἐνωπιον του θεου,
		16	και ὁ ἀριθμος των στρατευματων του ἱππικου δισμυριαδες μυριαδων· *ἠκουσα* τον ἀριθμον αὐτων.
		20	και τα εἰδωλα τα χρυσα και τα ἀργυρα και τα χαλκα και τα λιθινα και τα ξυλινα, ἁ οὐτε βλεπειν δυνανται οὐτε *ἀκουειν* οὐτε περιπατειν·
	10	4	και *ἠκουσα* φωνην ἐκ του οὐρανου λεγουσαν·
		8	και ἡ φωνη ἡν *ἠκουσα* ἐκ του οὐρανου, παλιν λαλουσαν μετ ἐμου και λεγουσαν·
	11	12	και *ἠκουσαν* φωνης μεγαλης ἐκ του οὐρανου λεγουσης αὐτοις·
	12	10	και *ἠκουσα* φωνην μεγαλην ἐν τω οὐρανω λεγουσαν·
	13	9	εἰ τις ἐχει οὐς *ἀκουσατω*.
	14	2	και *ἠκουσα* φωνην ἐκ του οὐρανου ὡς φωνην ὑδατων πολλων και ὡς φωνην βροντης μεγαλης,
		2	και ἡ φωνη ἡν *ἠκουσα* ὡς κιθαρωδων κιθαριζοντων ἐν ταις κιθαραις αὐτων·
		13	και *ἠκουσα* φωνης ἐκ του οὐρανου λεγουσης·
	16	1	και *ἠκουσα* μεγαλης φωνης ἐκ του ναου λεγουσης τοις ἑπτα ἀγγελοις·
		5	και *ἠκουσα* του ἀγγελου των ὑδατων λεγοντος·
		7	και *ἠκουσα* του θυσιαστηριου λεγοντος·

ἀκούω [430]

Apc	18	4	και *ἠκουσα* ἀλλην φωνην ἐκ του οὐρανου λεγουσαν·
		22	και φωνη κιθαρωδων και μουσικων και αὐλητων και σαλπιστων οὐ μη *ἀκουσθη* ἐν σοι ἐτι,
		22	και φωνη μυλου οὐ μη *ἀκουσθη* ἐν σοι ἐτι,
		23	και φωνη νυμφιου και νυμφης οὐ μη *ἀκουσθη* ἐν σοι ἐτι·
	19	1	μετα ταυτα *ἠκουσα* ὡς φωνην μεγαλην ὀχλου πολλου ἐν τω οὐρανω λεγοντων·
		6	και *ἠκουσα* ὡς φωνην ὀχλου πολλου και ὡς φωνην ὑδατων πολλων και ὡς φωνην βροντων ἰσχυρων, λεγοντων·
	21	3	και *ἠκουσα* φωνης μεγαλης ἐκ του θρονου λεγουσης·
	22	8	καγω ἰωαννης ὁ *ἀκουων* και βλεπων ταυτα.
		8	και ὁτε *ἠκουσα* και ἐβλεψα, ἐπεσα προσκυνησαι ἐμπροσθεν των ποδων του ἀγγελου του δεικνυοντος μοι ταυτα.
		17	και ὁ *ἀκουων* εἰπατω· ἐρχου.
		18	μαρτυρω ἐγω παντι τω *ἀκουοντι* τους λογους της προφητειας του βιβλιου τουτου·

ἀκρασια [2]

Mt	23	25	οὐαι ὑμιν, γραμματεις και φαρισαιοι ὑποκριται, ὁτι καθαριζετε το ἐξωθεν του ποτηριου και της παροψιδος, ἐσωθεν δε γεμουσιν ἐξ ἁρπαγης και *ἀκρασιας*.
1Co	7	5	ἱνα σχολασητε τη προσευχη και παλιν ἐπι το αὐτο ἠτε, ἱνα μη πειραζη ὑμας ὁ σατανας δια την *ἀκρασιαν* ὑμων.

ἀκρατης [1]

2Tm	3	3	γονευσιν ἀπειθεις, ἀχαριστοι, ἀνοσιοι, ἀστοργοι, ἀσπονδοι, διαβολοι, *ἀκρατεις*, ἀνημεροι, ἀφιλαγαθοι,

ἀκρατος [1]

Apc	14	10	και αὐτος πιεται ἐκ του οἰνου του θυμου του θεου του κεκερασμενου *ἀκρατου* ἐν τω ποτηριω της ὀργης αὐτου,

ἀκριβεια [1]

Ac	22	3	ἀνατεθραμμενος δε ἐν τη πολει ταυτη, παρα τους ποδας γαμαλιηλ πεπαιδευμενος κατα *ἀκριβειαν* του πατρωου νομου,

ἀκριβης [1]

Ac	26	5	ἐαν θελωσι μαρτυρειν, ὁτι κατα την *ἀκριβεστατην* αἱρεσιν της ἡμετερας θρησκειας ἐζησα φαρισαιος.

ἀκριβοω [2]

Mt	2	7	τοτε ἡρωδης λαθρα καλεσας τους μαγους *ἠκριβωσεν* παρ αὐτων τον χρονον του φαινομενου ἀστερος,
		16	κατα τον χρονον ὃν *ἠκριβωσεν* παρα των μαγων.

ἀκριβως [9]

Mt	2	8	πορευθεντες ἐξετασατε *ἀκριβως* περι του παιδιου·
Lc	1	3	ἐδοξε καμοι παρηκολουθηκοτι ἀνωθεν πασιν *ἀκριβως* καθεξης σοι γραψαι, κρατιστε θεοφιλε, ἱνα ἐπιγνως περι ὡν κατηχηθης λογων την ἀσφαλειαν.
Ac	18	25	και ζεων τω πνευματι ἐλαλει και ἐδιδασκεν *ἀκριβως* τα περι του ἰησου,
		26	ἀκουσαντες δε αὐτου πρισκιλλα και ἀκυλας προσελαβοντο αὐτον και *ἀκριβεστερον* αὐτω ἐξεθεντο την ὁδον [του θεου].
	23	15	νυν οὐν ὑμεις ἐμφανισατε τω χιλιαρχω συν τω συνεδριω ὁπως καταγαγη αὐτον εἰς ὑμας ὡς μελλοντας διαγινωσκειν *ἀκριβεστερον* τα περι αὐτου·
		20	εἰπεν δε ὁτι οἱ ἰουδαιοι συνεθεντο του ἐρωτησαι σε ὁπως αὐριον τον παυλον καταγαγης εἰς το συνεδριον ὡς μελλον τι *ἀκριβεστερον* πυνθανεσθαι περι αὐτου.
	24	22	ἀνεβαλετο δε αὐτους ὁ φηλιξ, *ἀκριβεστερον* εἰδως τα περι της ὁδου, εἰπας·
Eph	5	15	βλεπετε οὐν *ἀκριβως* πως περιπατειτε,
1Th	5	2	αὐτοι γαρ *ἀκριβως* οἰδατε ὁτι ἡμερα κυριου ὡς κλεπτης ἐν νυκτι οὑτως ἐρχεται.

ἄκρις [4]

Mt	3	4	ἡ δε τροφη ἡν αὐτου *ἀκριδες* και μελι ἀγριον.
Mc	1	6	και ἐσθιων *ἀκριδας* και μελι ἀγριον.
Apc	9	3	και ἐκ του καπνου ἐξηλθον *ἀκριδες* εἰς την γην,

ἀκρίς [4]

Apc 9 7 και τα ομοιωματα των *ἀκριδων* ομοια ιπποις ητοιμασμενοις εις πολεμον,

ἀκροατηριον [1]

Ac 25 23 και εισελθοντων εις το *ἀκροατηριον* συν τε χιλιαρχοις και ανδρασιν τοις κατ εξοχην της πολεως,

ἀκροατης [4]

Rm 2 13 οὑ γαρ οἱ *ἀκροαται* νομου δικαιοι παρα [τω] θεω,
Ja 1 22 γινεσθε δε ποιηται λογου, και μη μονον *ἀκροαται* παραλογιζομενοι εαυτους.
     23 οτι ει τις *ἀκροατης* λογου εστιν και ου ποιητης, ουτος εοικεν ανδρι κατανοουντι το προσωπον της γενεσεως αυτου εν εσοπτρω·
     25 ο δε παρακυψας εις νομον τελειον τον της ελευθεριας και παραμεινας, ουκ *ἀκροατης* επιλησμονης γενομενος αλλα ποιητης εργου,

ἀκροβυστια [20]

Ac 11 3 οτε δε ανεβη πετρος εις ιερουσαλημ, διεκρινοντο προς αυτον οἱ εκ περιτομης λεγοντες οτι εισηλθες προς ανδρας *ἀκροβυστιαν* εχοντας και συνεφαγες αυτοις.
Rm 2 25 εαν δε παραβατης νομου ης, ἡ περιτομη σου *ἀκροβυστια* γεγονεν.
     26 εαν ουν ἡ *ἀκροβυστια* τα δικαιωματα του νομου φυλασση, ουχ ἡ ἀκροβυστια αυτου εις περιτομην λογισθησεται;
     26 εαν ουν ἡ ἀκροβυστια τα δικαιωματα του νομου φυλασση, ουχ ἡ *ἀκροβυστια* αυτου εις περιτομην λογισθησεται;
     27 και κρινεῖ ἡ εκ φυσεως *ἀκροβυστια* τον νομον τελουσα σε τον δια γραμματος και περιτομης παραβατην νομου.
     3 30 ειπερ εις ὁ θεος ὁς δικαιωσει περιτομην εκ πιστεως και *ἀκροβυστιαν* δια της πιστεως.
     4 9 ὁ μακαρισμος ουν ουτος επι την περιτομην ἠ και επι την *ἀκροβυστιαν*;
     10 εν περιτομη οντι ἠ εν *ἀκροβυστια*, ουκ εν περιτομη αλλ εν ἀκροβυστια
     10 εν περιτομη οντι ἠ εν ἀκροβυστια, ουκ εν περιτομη αλλ εν *ἀκροβυστια*·
     11 και σημειον ελαβεν περιτομης σφραγιδα της δικαιοσυνης της πιστεως της εν τη *ἀκροβυστια*,
     11 εις το ειναι αυτον πατερα παντων των πιστευοντων δι *ἀκροβυστιας*,
     12 και πατερα περιτομης τοις ουκ εκ περιτομης μονον αλλα και τοις στοιχουσιν τοις ιχνεσιν της εν *ἀκροβυστια* πιστεως του πατρος ημων αβρααμ.
1Co 7 18 εν *ἀκροβυστια* κεκληται τις; μη περιτεμνεσθω.
     19 ἡ περιτομη ουδεν εστιν, και ἡ *ἀκροβυστια* ουδεν εστιν,
Ga 2 7 αλλα τουναντιον ιδοντες οτι πεπιστευμαι το ευαγγελιον της *ἀκροβυστιας* καθως πετρος της περιτομης,
     5 6 εν γαρ χριστω ιησου ουτε περιτομη τι ισχυει ουτε *ἀκροβυστια*,
     6 15 ουτε γαρ περιτομη τι εστιν ουτε *ἀκροβυστια*, αλλα καινη κτισις.
Eph 2 11 διο μνημονευετε οτι ποτε υμεις τα εθνη εν σαρκι, οἱ λεγομενοι *ἀκροβυστια* υπο της λεγομενης περιτομης εν σαρκι χειροποιητου,
Col 2 13 και υμας νεκρους οντας [εν] τοις παραπτωμασιν και τη *ἀκροβυστια* της σαρκος υμων, συνεζωοποιησεν υμας συν αυτω,
     3 11 οπου ουκ ενι ελλην και ιουδαιος, περιτομη και *ἀκροβυστια*, βαρβαρος, σκυθης, δουλος, ελευθερος, αλλα [τα] παντα και εν πασιν χριστος.

ἀκρογωνιαιος [2]

Eph 2 20 εποικοδομηθεντες επι τω θεμελιω των αποστολων και προφητων, οντος *ἀκρογωνιαιου* αυτου χριστου ιησου,
1Pt 2 6 ιδου τιθημι εν σιων λιθον *ἀκρογωνιαιον* εκλεκτον εντιμον,

ἀκροθινιον [1]

Heb 7 4 θεωρειτε δε πηλικος ουτος, ᾡ [και] δεκατην αβρααμ εδωκεν εκ των *ἀκροθινιων* ὁ πατριαρχης.

ἀκρον [6]

Mt 24 31 και επισυναξουσιν τους εκλεκτους αυτου εκ των τεσσαρων ανεμων απ *ἀκρων* ουρανων εως [των] ἀκρων αυτων.
     31 και επισυναξουσιν τους εκλεκτους αυτου εκ των τεσσαρων ανεμων απ ἀκρων ουρανων εως [των] *ἀκρων* αυτων.
Mc 13 27 και τοτε αποστελει τους αγγελους και επισυναξει τους εκλεκτους [αυτου] εκ των τεσσαρων ανεμων απ *ἀκρου* γης εως ακρου ουρανου.
     27 και τοτε αποστελει τους αγγελους και επισυναξει τους εκλεκτους [αυτου] εκ των τεσσαρων ανεμων απ ακρου γης εως *ἀκρου* ουρανου.
Lc 16 24 πατερ αβρααμ, ελεησον με και πεμψον λαζαρον ινα βαψη το *ἀκρον* του δακτυλου αυτου υδατος και καταψυξη την γλωσσαν μου,
Heb 11 21 πιστει ιακωβ αποθνησκων εκαστον των υιων ιωσηφ ευλογησεν, και προσεκυνησεν επι το *ἀκρον* της ραβδου αυτου.

ἀκυλας [6]

Ac 18 2 και ευρων τινα ιουδαιον ονοματι *ἀκυλαν*, ποντικον τω γενει, προσφατως εληλυθοτα απο της ιταλιας,
     18 τοις αδελφοις αποταξαμενος εξεπλει εις την συριαν, και συν αυτω πρισκιλλα και *ἀκυλας*,
     26 ακουσαντες δε αυτου πρισκιλλα και *ἀκυλας* προσελαβοντο αυτον και ακριβεστερον αυτω εξεθεντο την οδον [του θεου].
Rm 16 3 ασπασασθε πρισκαν και *ἀκυλαν* τους συνεργους μου εν χριστω ιησου,
1Co 16 19 ασπαζεται υμας εν κυριω πολλα *ἀκυλας* και πρισκα συν τη κατ οικον αυτων εκκλησια.
2Tm 4 19 ασπασαι πρισκαν και *ἀκυλαν* και τον ονησιφορου οικον.

ἀκυροω [3]

Mt 15 6 και *ἠκυρωσατε* τον λογον του θεου δια την παραδοσιν υμων.
Mc 7 13 ουκετι αφιετε αυτον ουδεν ποιησαι τω πατρι ἠ τη μητρι, *ἀκυρουντες* τον λογον του θεου τη παραδοσει υμων ᾑ παρεδωκατε·
Ga 3 17 διαθηκην προκεκυρωμενην υπο του θεου ὁ μετα τετρακοσιακαιτριακοντα ετη γεγονως νομος ουκ *ἀκυροι*, εις το καταργησαι την επαγγελιαν.

ἀκωλυτως [1]

Ac 28 31 και απεδεχετο παντας τους εισπορευομενους προς αυτον, κηρυσσων την βασιλειαν του θεου και διδασκων τα περι του κυριου ιησου χριστου μετα πασης παρρησιας *ἀκωλυτως*.

ἀκων [1]

1Co 9 17 ει γαρ εκων τουτο πρασσω, μισθον εχω· ει δε *ἀκων*, οικονομιαν πεπιστευμαι.

ἀλαβαστρον [4]

Mt 26 7 του δε ιησου γενομενου εν βηθανια εν οικια σιμωνος του λεπρου, προσηλθεν αυτω γυνη εχουσα *ἀλαβαστρον* μυρου βαρυτιμου και κατεχεεν επι της κεφαλης αυτου ανακειμενου.
Mc 14 3 και οντος αυτου εν βηθανια εν τη οικια σιμωνος του λεπρου, κατακειμενου αυτου ηλθεν γυνη εχουσα *ἀλαβαστρον* μυρου ναρδου πιστικης πολυτελους·
     3 συντριψασα την *ἀλαβαστρον* κατεχεεν αυτου της κεφαλης.
Lc 7 37 και ιδου γυνη ητις ην εν τη πολει αμαρτωλος, και επιγνουσα οτι κατακειται εν τη οικια του φαρισαιου, κομισασα *ἀλαβαστρον* μυρου

ἀλαζονεια [2]

Ja 4 16 νυν δε καυχασθε εν ταις *ἀλαζονειαις* υμων·
1Jh 2 16 οτι παν το εν τω κοσμω, ἡ επιθυμια της σαρκος και ἡ επιθυμια των οφθαλμων και ἡ *ἀλαζονεια* του βιου, ουκ εστιν εκ του πατρος,

ἀλαζων [2]

Rm 1 30 μεστους φθονου φονου εριδος δολου κακοηθειας, ψιθυριστας, καταλαλους, θεοστυγεις, υβριστας, υπερηφανους, *ἀλαζονας*, εφευρετας κακων, γονευσιν απειθεις, ασυνετους, ασυνθετους, αστοργους, ανελεημονας·

ἀλαζων [2]

2Tm   3 2   ἐσονται γαρ οἱ ἀνθρωποι φιλαυτοι, φιλαργυροι, *ἀλαζονες*, ὑπερηφανοι, βλασφημοι,

ἀλαλαζω [2]

Mc   5 38   και ἐρχονται εἰς τον οἰκον του ἀρχισυναγωγου, και θεωρει θορυβον, και κλαιοντας και *ἀλαλαζοντας* πολλα,

1Co   13 1   ἐαν ταις γλωσσαις των ἀνθρωπων λαλω και των ἀγγελων, ἀγαπην δε μη ἐχω, γεγονα χαλκος ἠχων ἢ κυμβαλον *ἀλαλαζον*.

ἀλαλητος [1]

Rm   8 26   το γαρ τί προσευξωμεθα καθο δει οὐκ οἰδαμεν, ἀλλα αὐτο το πνευμα ὑπερεντυγχανει στεναγμοις *ἀλαλητοις·*

ἀλαλος [3]

Mc   7 37   καλως παντα πεποιηκεν, και τους κωφους ποιει ἀκουειν και [τους] *ἀλαλους* λαλειν.

    9 17   διδασκαλε, ἠνεγκα τον υἱον μου προς σέ, ἐχοντα πνευμα *ἀλαλον·*

    25   το *ἀλαλον* και κωφον πνευμα, ἐγω ἐπιτασσω σοι, ἐξελθε ἐξ αὐτου και μηκετι εἰσελθης εἰς αὐτον.

ἀλας [8]

Mt   5 13   ὑμεις ἐστε το *ἀλας* της γης·
    13   ἐαν δε το *ἀλας* μωρανθη, ἐν τίνι ἁλισθησεται;
Mc   9 50   πας γαρ πυρι ἁλισθησεται. καλον το *ἀλας·*
    50   ἐαν δε το *ἀλας* ἀναλον γενηται, ἐν τίνι αὐτο ἀρτυσετε;
    50   ἐχετε ἐν ἑαυτοις *ἀλα* και εἰρηνευετε ἐν ἀλληλοις.
Lc   14 34   καλον οὐν το *ἀλας·*
    34   ἐαν δε και το *ἀλας* μωρανθη, ἐν τίνι ἀρτυθησεται;
Col   4 6   ὁ λογος ὑμων παντοτε ἐν χαριτι, *ἀλατι* ἠρτυμενος, εἰδεναι πῶς δει ὑμας ἑνι ἑκαστω ἀποκρινεσθαι.

ἀλειφω [9]

Mt   6 17   συ δε νηστευων *ἀλειψαι* σου την κεφαλην και το προσωπον σου νιψαι,
Mc   6 13   και *ἠλειφον* ἐλαιω πολλους ἀρρωστους και ἐθεραπευον.
    16 1   και διαγενομενου του σαββατου μαρια ἡ μαγδαληνη και μαρια ἡ [του] ἰακωβου και σαλωμη ἠγορασαν ἀρωματα ἱνα ἐλθουσαι *ἀλειψωσιν* αὐτον.
Lc   7 38   και ταις θριξιν της κεφαλης αὐτης ἐξεμασσεν, και κατεφιλει τους ποδας αὐτου και *ἠλειφεν* τω μυρω.
    46   ἐλαιω την κεφαλην μου οὐκ *ἠλειψας·*
    46   αὐτη δε μυρω *ἠλειψεν* τους ποδας μου.
Jh   11 2   ἠν δε μαριαμ ἡ *ἀλειψασα* τον κυριον μυρω και ἐκμαξασα τους ποδας αὐτου ταις θριξιν αὐτης,
    12 3   ἡ οὐν μαριαμ λαβουσα λιτραν μυρου ναρδου πιστικης πολυτιμου *ἠλειψεν* τους ποδας του ἰησου και ἐξεμαξεν ταις θριξιν αὐτης τους ποδας αὐτου·
Ja   5 14   και προσευξασθωσαν ἐπ αὐτον *ἀλειψαντες* [αὐτον] ἐλαιω ἐν τω ὀνοματι του κυριου.

ἀλεκτοροφωνια [1]

Mc   13 35   οὐκ οἰδατε γαρ ποτε ὁ κυριος της οἰκιας ἐρχεται, ἢ ὀψε ἢ μεσονυκτιον ἢ *ἀλεκτοροφωνιας* ἢ πρωι·

ἀλεκτωρ [12]

Mt   26 34   ἀμην λεγω σοι ὁτι ἐν ταυτη τη νυκτι πριν *ἀλεκτορα* φωνησαι τρις ἀπαρνηση με.
    74   και εὐθεως *ἀλεκτωρ* ἐφωνησεν.
    75   και ἐμνησθη ὁ πετρος του ῥηματος ἰησου εἰρηκοτος ὁτι πριν *ἀλεκτορα* φωνησαι τρις ἀπαρνηση με·
Mc   14 30   ἀμην λεγω σοι ὁτι συ σημερον ταυτη τη νυκτι πριν ἢ δις *ἀλεκτορα* φωνησαι τρις με ἀπαρνηση.
    68   και ἐξηλθεν ἐξω εἰς το προαυλιον [και *ἀλεκτωρ* ἐφωνησεν]·
    72   και εὐθυς ἐκ δευτερου *ἀλεκτωρ* ἐφωνησεν.
    72   και ἀνεμνησθη ὁ πετρος το ῥημα ὡς εἰπεν αὐτω ὁ ἰησους ὁτι πριν *ἀλεκτορα* φωνησαι δις τρις με ἀπαρνηση·
Lc   22 34   λεγω σοι, πετρε, οὐ φωνησει σημερον *ἀλεκτωρ* ἑως τρις με ἀπαρνηση εἰδεναι.
    60   και παραχρημα ἐτι λαλουντος αὐτου ἐφωνησεν *ἀλεκτωρ*.

ἀλεκτωρ [12]

Lc   22 61   και ὑπεμνησθη ὁ πετρος του ῥηματος του κυριου, ὡς εἰπεν αὐτω ὁτι πριν *ἀλεκτορα* φωνησαι σημερον ἀπαρνηση με τρις.
Jh   13 38   οὐ μη *ἀλεκτωρ* φωνηση ἑως οὐ ἀρνηση με τρις.
    18 27   παλιν οὐν ἠρνησατο πετρος, και εὐθεως *ἀλεκτωρ* ἐφωνησεν.

ἀλεξανδρευς [2]

Ac   6 9   ἀνεστησαν δε τινες των ἐκ της συναγωγης της λεγομενης λιβερτινων και κυρηναιων και *ἀλεξανδρεων* και των ἀπο κιλικιας και ἀσιας συζητουντες τω στεφανω·
    18 24   ἰουδαιος δε τις ἀπολλως ὀνοματι, *ἀλεξανδρευς* τω γενει, ἀνηρ λογιος, κατηντησεν εἰς ἐφεσον, δυνατος ὢν ἐν ταις γραφαις.

ἀλεξανδρινος [2]

Ac   27 6   κακει εὑρων ὁ ἑκατονταρχης πλοιον *ἀλεξανδρινον* πλεον εἰς την ἰταλιαν ἐνεβιβασεν ἡμας εἰς αὐτο.
    28 11   μετα δε τρεις μηνας ἀνηχθημεν ἐν πλοιω παρακεχειμακοτι ἐν τη νησω, *ἀλεξανδρινω*, παρασημω διοσκουροις.

ἀλεξανδρος [6]

Mc   15 21   και ἀγγαρευουσιν παραγοντα τινα σιμωνα κυρηναιον ἐρχομενον ἀπ ἀγρου, τον πατερα *ἀλεξανδρου* και ρουφου, ἱνα ἀρη τον σταυρον αὐτου.
Ac   4 6   και ἀννας ὁ ἀρχιερευς και καιαφας και ἰωαννης και *ἀλεξανδρος* και ὁσοι ἠσαν ἐκ γενους ἀρχιερατικου,
    19 33   ἐκ δε του ὀχλου συνεβιβασαν *ἀλεξανδρον*, προβαλοντων αὐτον των ἰουδαιων·
    33   ὁ δε *ἀλεξανδρος* κατασεισας την χειρα ἠθελεν ἀπολογεισθαι τω δημω·
1Tm   1 20   ὡν ἐστιν ὑμεναιος και *ἀλεξανδρος*, οὑς παρεδωκα τω σατανα, ἱνα παιδευθωσιν μη βλασφημειν.
2Tm   4 14   *ἀλεξανδρος* ὁ χαλκευς πολλα μοι κακα ἐνεδειξατο·

ἀλευρον [2]

Mt   13 33   ὁμοια ἐστιν ἡ βασιλεια των οὐρανων ζυμη, ἡν λαβουσα γυνη ἐνεκρυψεν εἰς *ἀλευρου* σατα τρια,
Lc   13 21   ὁμοια ἐστιν ζυμη, ἡν λαβουσα γυνη [ἐν]εκρυψεν εἰς *ἀλευρου* σατα τρια, ἑως οὐ ἐζυμωθη ὁλον.

ἀληθεια [109]

Mt   22 16   διδασκαλε, οἰδαμεν ὁτι ἀληθης εἰ και την ὁδον του θεου ἐν *ἀληθεια* διδασκεις,
Mc   5 33   ἡ δε γυνη φοβηθεισα και τρεμουσα, εἰδυια ὁ γεγονεν αὐτη, ἠλθεν και προσεπεσεν αὐτω και εἰπεν αὐτω πασαν την *ἀληθειαν*.
    12 14   οὐ γαρ βλεπεις εἰς προσωπον ἀνθρωπων, ἀλλ ἐπ *ἀληθειας* την ὁδον του θεου διδασκεις·
    32   καλως, διδασκαλε, ἐπ *ἀληθειας* εἰπες ὁτι εἱς ἐστιν και οὐκ ἐστιν ἀλλος πλην αὐτου·
Lc   4 25   ἐπ *ἀληθειας* δε λεγω ὑμιν,
    20 21   διδασκαλε, οἰδαμεν ὁτι ὀρθως λεγεις και διδασκεις και οὐ λαμβανεις προσωπον, ἀλλ ἐπ *ἀληθειας* την ὁδον του θεου διδασκεις·
    22 59   ἐπ *ἀληθειας* και οὑτος μετ αὐτου ἠν, και γαρ γαλιλαιος ἐστιν.
Jh   1 14   δοξαν ὡς μονογενους παρα πατρος, πληρης χαριτος και *ἀληθειας*.
    17   ἡ χαρις και ἡ *ἀληθεια* δια ἰησου χριστου ἐγενετο.
    3 21   ὁ δε ποιων την *ἀληθειαν* ἐρχεται προς το φως,
    4 23   ἀλλα ἐρχεται ὡρα και νυν ἐστιν, ὁτε οἱ ἀληθινοι προσκυνηται προσκυνησουσιν τω πατρι ἐν πνευματι και *ἀληθεια·*
    24   πνευμα ὁ θεος, και τους προσκυνουντας αὐτον ἐν πνευματι και *ἀληθεια* δει προσκυνειν.
    5 33   ὑμεις ἀπεσταλκατε προς ἰωαννην, και μεμαρτυρηκεν τη *ἀληθεια·*
    8 32   ἐαν ὑμεις μεινητε ἐν τω λογω τω ἐμω, ἀληθως μαθηται μου ἐστε, και γνωσεσθε την *ἀληθειαν*,
    32   και γνωσεσθε την *ἀληθειαν*, και ἡ *ἀληθεια* ἐλευθερωσει ὑμας.
    40   νυν δε ζητειτε με ἀποκτειναι, ἀνθρωπον ὁς την *ἀληθειαν* ὑμιν λελαληκα,
    44   ἐκεινος ἀνθρωποκτονος ἠν ἀπ ἀρχης, και ἐν τη *ἀληθεια* οὐκ ἐστηκεν,
    44   και ἐν τη *ἀληθεια* οὐκ ἐστηκεν, ὁτι οὐκ ἐστιν *ἀληθεια* ἐν αὐτω.
    45   ἐγω δε ὁτι την *ἀληθειαν* λεγω, οὐ πιστευετε μοι.

ἀλήϑεια [109]

Jh	8 46	εἰ ἀλήϑειαν λεγω, δια τί ὑμεις οὐ πιστευετε μοι;
	14 6	ἐγω εἰμι ἡ ὁδος και ἡ ἀλήϑεια και ἡ ζωη·
	17	καγω ἐρωτησω τον πατερα και ἀλλον παρακλητον δωσει ὑμιν, ἱνα μεϑ ὑμων εἰς τον αἰωνα ἡ, το πνευμα της ἀλήϑειας,
	15 26	ὁταν ἐλϑη ὁ παρακλητος ὁν ἐγω πεμψω ὑμιν παρα του πατρος, το πνευμα της ἀλήϑειας ὁ παρα του πατρος ἐκπορευεται, ἐκεινος μαρτυρησει περι ἐμου·
	16 7	ἀλλ ἐγω την ἀλήϑειαν λεγω ὑμιν, συμφερει ὑμιν ἱνα ἐγω ἀπελϑω.
	13	ὁταν δε ἐλϑη ἐκεινος, το πνευμα της ἀλήϑειας, ὁδηγησει ὑμας ἐν τη ἀλήϑεια παση·
	13	ὁταν δε ἐλϑη ἐκεινος, το πνευμα της ἀλήϑειας, ὁδηγησει ὑμας ἐν τη ἀλήϑεια παση·
	17 17	ἁγιασον αὐτους ἐν τη ἀλήϑεια·
	17	ὁ λογος ὁ σος ἀλήϑεια ἐστιν.
	19	και ὑπερ αὐτων ἐγω ἁγιαζω ἐμαυτον, ἱνα ὡσιν και αὐτοι ἡγιασμενοι ἐν ἀλήϑεια.
	18 37	ἐγω εἰς τουτο γεγεννημαι και εἰς τουτο ἐληλυϑα εἰς τον κοσμον, ἱνα μαρτυρησω τη ἀλήϑεια·
	37	πας ὁ ὡν ἐκ της ἀλήϑειας ἀκουει μου της φωνης.
	38	λεγει αὐτω ὁ πιλατος· τί ἐστιν ἀλήϑεια;
Ac	4 27	συνηχϑησαν γαρ ἐπ ἀλήϑειας ἐν τη πολει ταυτη ἐπι τον ἁγιον παιδα σου ἰησουν,
	10 34	ἐπ ἀλήϑειας καταλαμβανομαι ὁτι οὐκ ἐστιν προσωπολημπτης ὁ ϑεος,
	26 25	οὐ μαινομαι, φησιν, κρατιστε φηστε, ἀλλα ἀλήϑειας και σωφροσυνης ῥηματα ἀποφϑεγγομαι.
Rm	1 18	ἀποκαλυπτεται γαρ ὀργη ϑεου ἀπ οὐρανου ἐπι πασαν ἀσεβειαν και ἀδικιαν ἀνϑρωπων των την ἀλήϑειαν ἐν ἀδικια κατεχοντων,
	25	οἱτινες μετηλλαξαν την ἀλήϑειαν του ϑεου ἐν τω ψευδει,
	2 2	οἰδαμεν δε ὁτι το κριμα του ϑεου ἐστιν κατα ἀλήϑειαν ἐπι τους τα τοιαυτα πρασσοντας.
	8	τοις δε ἐξ ἐριϑειας και ἀπειϑουσι τη ἀλήϑεια πειϑομενοις δε τη ἀδικια, ὀργη και ϑυμος.
	20	ἐχοντα την μορφωσιν της γνωσεως και της ἀλήϑειας ἐν τω νομω·
	3 7	εἰ δε ἡ ἀλήϑεια του ϑεου ἐν τω ἐμω ψευσματι ἐπερισσευσεν εἰς την δοξαν αὐτου, τί ἐτι καγω ὡς ἁμαρτωλος κρινομαι;
	9 1	ἀλήϑειαν λεγω ἐν χριστω, οὐ ψευδομαι,
	15 8	λεγω γαρ χριστον διακονον γεγενησϑαι περιτομης ὑπερ ἀλήϑειας ϑεου,
1Co	5 8	ὡστε ἐορταζωμεν μη ἐν ζυμη παλαια μηδε ἐν ζυμη κακιας και πονηριας, ἀλλ ἐν ἀζυμοις εἰλικρινειας και ἀλήϑειας.
	13 6	οὐ ζηλοι, [ἡ ἀγαπη] οὐ περπερευεται, οὐ φυσιουται, οὐκ ἀσχημονει, οὐ ζητει τα ἑαυτης, οὐ παροξυνεται, οὐ λογιζεται το κακον, οὐ χαιρει ἐπι τη ἀδικια, συγχαιρει δε τη ἀλήϑεια·
2Co	4 2	ἀλλα τη φανερωσει της ἀλήϑειας συνιστανοντες ἑαυτους προς πασαν συνειδησιν ἀνϑρωπων ἐνωπιον του ϑεου.
	6 7	ἐν ἀγαπη ἀνυποκριτω, ἐν λογω ἀλήϑειας, ἐν δυναμει ϑεου·
	7 14	ἀλλ ὡς παντα ἐν ἀλήϑεια ἐλαλησαμεν ὑμιν, οὑτως και ἡ καυχησις ἡμων ἡ ἐπι τιτου ἀλήϑεια ἐγενηϑη.
	14	ἀλλ ὡς παντα ἐν ἀλήϑεια ἐλαλησαμεν ὑμιν, οὑτως και ἡ καυχησις ἡμων ἡ ἐπι τιτου ἀλήϑεια ἐγενηϑη.
	11 10	ἐστιν ἀλήϑεια χριστου ἐν ἐμοι,
	12 6	ἐαν γαρ ϑελησω καυχησασϑαι, οὐκ ἐσομαι ἀφρων, ἀλήϑειαν γαρ ἐρω·
	13 8	οὐ γαρ δυναμεϑα τι κατα της ἀλήϑειας, ἀλλα ὑπερ της ἀλήϑειας.
	8	οὐ γαρ δυναμεϑα τι κατα της ἀλήϑειας, ἀλλα ὑπερ της ἀλήϑειας.
Ga	2 5	οἱς οὐδε προς ὡραν εἰξαμεν τη ὑποταγη, ἱνα ἡ ἀλήϑεια του εὐαγγελιου διαμεινη προς ὑμας.
	14	ἀλλ ὁτε εἰδον ὁτι οὐκ ὀρϑοποδουσιν προς την ἀλήϑειαν του εὐαγγελιου, εἰπον τω κηφα ἐμπροσϑεν παντων·
	5 7	τίς ὑμας ἐνεκοψεν [τη] ἀλήϑεια μη πειϑεσϑαι;
Eph	1 13	ἐν ᾡ και ὑμεις, ἀκουσαντες τον λογον της ἀλήϑειας,
	4 21	εἰ γε αὐτον ἠκουσατε και ἐν αὐτω ἐδιδαχϑητε καϑως ἐστιν ἀλήϑεια ἐν τω ἰησου,
	24	και ἐνδυσασϑαι τον καινον ἀνϑρωπον τον κατα ϑεον κτισϑεντα ἐν δικαιοσυνη και ὁσιοτητι της ἀλήϑειας.
	25	διο ἀποϑεμενοι το ψευδος λαλειτε ἀλήϑειαν ἑκαστος μετα του πλησιον αὐτου,
	5 9	ὁ γαρ καρπος του φωτος ἐν παση ἀγαϑωσυνη και δικαιοσυνη και ἀλήϑεια,
	6 14	στητε οὐν περιζωσαμενοι την ὀσφυν ὑμων ἐν ἀλήϑεια,
Php	1 18	πλην ὁτι παντι τροπω, εἰτε προφασει εἰτε ἀλήϑεια, χριστος καταγγελλεται, και ἐν τουτω χαιρω·

ἀλήϑεια [109]

Col	1 5	δια την ἐλπιδα την ἀποκειμενην ὑμιν ἐν τοις οὐρανοις, ἡν προηκουσατε ἐν τω λογω της ἀλήϑειας
	6	ἀφ ἡς ἡμερας ἡκουσατε και ἐπεγνωτε την χαριν του ϑεου ἐν ἀλήϑεια·
2Th	2 10	και ἐν παση ἀπατη ἀδικιας τοις ἀπολλυμενοις, ἀνϑ ὡν την ἀγαπην της ἀλήϑειας οὐκ ἐδεξαντο εἰς το σωϑηναι αὐτους.
	12	ἱνα κριϑωσιν παντες οἱ μη πιστευσαντες τη ἀλήϑεια ἀλλα εὐδοκησαντες τη ἀδικια.
	13	ὁτι εἱλατο ὑμας ὁ ϑεος ἀπαρχην εἰς σωτηριαν ἐν ἁγιασμω πνευματος και πιστει ἀλήϑειας,
1Tm	2 4	τουτο καλον και ἀποδεκτον ἐνωπιον του σωτηρος ἡμων ϑεου, ὁς παντας ἀνϑρωπους ϑελει σωϑηναι και εἰς ἐπιγνωσιν ἀλήϑειας ἐλϑειν.
	7	εἰς ὁ ἐτεϑην ἐγω κηρυξ και ἀποστολος, ἀλήϑειαν λεγω, οὐ ψευδομαι, διδασκαλος ἐϑνων ἐν πιστει και ἀλήϑεια.
	7	εἰς ὁ ἐτεϑην ἐγω κηρυξ και ἀποστολος, ἀλήϑειαν λεγω, οὐ ψευδομαι, διδασκαλος ἐϑνων ἐν πιστει και ἀλήϑεια.
	3 15	ἡτις ἐστιν ἐκκλησια ϑεου ζωντος, στυλος και ἑδραιωμα της ἀλήϑειας.
	4 3	κωλυοντων γαμειν, ἀπεχεσϑαι βρωματων, ἁ ὁ ϑεος ἐκτισεν εἰς μεταλημψιν μετα εὐχαριστιας τοις πιστοις και ἐπεγνωκοσι την ἀλήϑειαν.
	6 5	διαπαρατριβαι διεφϑαρμενων ἀνϑρωπων τον νουν και ἀπεστερημενων της ἀλήϑειας,
2Tm	2 15	σπουδασον σεαυτον δοκιμον παραστησαι τω ϑεω, ἐργατην ἀνεπαισχυντον, ὀρϑοτομουντα τον λογον της ἀλήϑειας.
	18	ὡν ἐστιν ὑμεναιος και φιλητος, οἱτινες περι την ἀλήϑειαν ἠστοχησαν,
	25	μηποτε δωη αὐτοις ὁ ϑεος μετανοιαν εἰς ἐπιγνωσιν ἀλήϑειας,
	3 7	παντοτε μανϑανοντα και μηδεποτε εἰς ἐπιγνωσιν ἀλήϑειας ἐλϑειν δυναμενα.
	8	ὁν τροπον δε ἰαννης και ἰαμβρης ἀντεστησαν μωυσει, οὑτως και οὑτοι ἀνϑιστανται τη ἀλήϑεια,
	4 4	και ἀπο μεν της ἀλήϑειας την ἀκοην ἀποστρεψουσιν,
Tit	1 1	παυλος δουλος ϑεου, ἀποστολος δε ἰησου χριστου κατα πιστιν ἐκλεκτων ϑεου και ἐπιγνωσιν ἀλήϑειας της κατ εὐσεβειαν
	14	ἱνα ὑγιαινωσιν ἐν τη πιστει, μη προσεχοντες ἰουδαικοις μυϑοις και ἐντολαις ἀνϑρωπων ἀποστρεφομενων την ἀλήϑειαν.
Heb	10 26	ἑκουσιως γαρ ἁμαρτανοντων ἡμων μετα το λαβειν την ἐπιγνωσιν της ἀλήϑειας, οὐκετι περι ἁμαρτιων ἀπολειπεται ϑυσια,
Ja	1 18	βουληϑεις ἀπεκυησεν ἡμας λογω ἀλήϑειας,
	3 14	εἰ δε ζηλον πικρον ἐχετε και ἐριϑειαν ἐν τη καρδια ὑμων, μη κατακαυχασϑε και ψευδεσϑε κατα της ἀλήϑειας.
	5 19	ἀδελφοι μου, ἐαν τις ἐν ὑμιν πλανηϑη ἀπο της ἀλήϑειας και ἐπιστρεψη τις αὐτον, γινωσκετω
1Pt	1 22	τας ψυχας ὑμων ἡγνικοτες ἐν τη ὑπακοη της ἀλήϑειας εἰς φιλαδελφιαν ἀνυποκριτον,
2Pt	1 12	καιπερ εἰδοτας και ἐστηριγμενους ἐν τη παρουση ἀλήϑεια.
	2 2	δι οὑς ἡ ὁδος της ἀλήϑειας βλασφημηϑησεται·
1Jh	1 6	ἐαν εἰπωμεν ὁτι κοινωνιαν ἐχομεν μετ αὐτου και ἐν τω σκοτει περιπατωμεν, ψευδομεϑα και οὐ ποιουμεν την ἀλήϑειαν·
	8	ἐαν εἰπωμεν ὁτι ἁμαρτιαν οὐκ ἐχομεν, ἑαυτους πλανωμεν και ἡ ἀλήϑεια οὐκ ἐστιν ἐν ἡμιν.
	2 4	και ἐν τουτω ἡ ἀλήϑεια οὐκ ἐστιν·
	21	οὐκ ἐγραψα ὑμιν ὁτι οὐκ οἰδατε την ἀλήϑειαν, ἀλλ ὁτι οἰδατε αὐτην,
	21	ἀλλ ὁτι οἰδατε αὐτην, και ὁτι παν ψευδος ἐκ της ἀλήϑειας οὐκ ἐστιν.
	3 18	τεκνια, μη ἀγαπωμεν λογω μηδε τη γλωσση, ἀλλα ἐν ἐργω και ἀλήϑεια.
	19	[και] ἐν τουτω γνωσομεϑα ὁτι ἐκ της ἀλήϑειας ἐσμεν,
	4 6	ἐκ τουτου γινωσκομεν το πνευμα της ἀλήϑειας και το πνευμα της πλανης.
	5 6	και το πνευμα ἐστιν το μαρτυρουν, ὁτι το πνευμα ἐστιν ἡ ἀλήϑεια.
2Jh	1	ὁ πρεσβυτερος ἐκλεκτη κυρια και τοις τεκνοις αὐτης, οὑς ἐγω ἀγαπω ἐν ἀλήϑεια,
	1	οὑς ἐγω ἀγαπω ἐν ἀλήϑεια, και οὐκ ἐγω μονος ἀλλα και παντες οἱ ἐγνωκοτες την ἀλήϑειαν,
	2	δια την ἀλήϑειαν την μενουσαν ἐν ἡμιν,
	3	και παρα ἰησου χριστου του υἱου του πατρος, ἐν ἀλήϑεια και ἀγαπη.
	4	ἐχαρην λιαν ὁτι εὑρηκα ἐκ των τεκνων σου περιπατουντας ἐν ἀλήϑεια,
3Jh	1	ὁ πρεσβυτερος γαιω τω ἀγαπητω, ὁν ἐγω ἀγαπω ἐν ἀλήϑεια.

ἀλήθεια [109]

3Jh 3 ἐχαρην γαρ λιαν ἐρχομενων ἀδελφων και μαρτυρουντων σου τη ἀληθεια,

3 ἐχαρην γαρ λιαν ἐρχομενων ἀδελφων και μαρτυρουντων σου τη ἀληθεια, καθως συ ἐν ἀληθεια περιπατεις.

4 μειζοτεραν τουτων οὐκ ἐχω χαραν, ἱνα ἀκουω τα ἐμα τεκνα ἐν τη ἀληθεια περιπατουντα.

8 ἡμεις οὐν ὀφειλομεν ὑπολαμβανειν τους τοιουτους, ἱνα συνεργοι γινωμεθα τη ἀληθεια.

12 δημητριῳ μεμαρτυρηται ὑπο παντων και ὑπο αὑτης της ἀληθειας·

ἀληθευω [2]

Ga 4 16 ὡστε ἐχθρος ὑμων γεγονα ἀληθευων ὑμιν;
Eph 4 15 ἀληθευοντες δε ἐν ἀγαπη αὐξησωμεν εἰς αὐτον τα παντα,

ἀληθης [26]

Mt 22 16 διδασκαλε, οἰδαμεν ὁτι ἀληθης εἰ και την ὁδον του θεου ἐν ἀληθεια διδασκεις,

Mc 12 14 διδασκαλε, οἰδαμεν ὁτι ἀληθης εἰ και οὐ μελει σοι περι οὐδενος·

Jh 3 33 ὁ λαβων αὐτου την μαρτυριαν ἐσφραγισεν ὁτι ὁ θεος ἀληθης ἐστιν.

4 18 και νυν ὁν ἐχεις οὐκ ἐστιν σου ἀνηρ· τουτο ἀληθες εἰρηκας.

5 31 ἐαν ἐγω μαρτυρω περι ἐμαυτου, ἡ μαρτυρια μου οὐκ ἐστιν ἀληθης·

32 και οἰδα ὁτι ἀληθης ἐστιν ἡ μαρτυρια ἡν μαρτυρει περι ἐμου.

6 55 ἡ γαρ σαρξ μου ἀληθης ἐστιν βρωσις,

55 και το αἱμα μου ἀληθης ἐστιν ποσις,

7 18 ὁ δε ζητων την δοξαν του πεμψαντος αὐτον, οὑτος ἀληθης ἐστιν και ἀδικια ἐν αὐτῳ οὐκ ἐστιν.

8 13 συ περι σεαυτου μαρτυρεις· ἡ μαρτυρια σου οὐκ ἐστιν ἀληθης.

14 καν ἐγω μαρτυρω περι ἐμαυτου, ἀληθης ἐστιν ἡ μαρτυρια μου,

17 και ἐν τω νομω δε τω ὑμετερω γεγραπται ὁτι δυο ἀνθρωπων ἡ μαρτυρια ἀληθης ἐστιν.

26 ἀλλ ὁ πεμψας με ἀληθης ἐστιν,

10 41 παντα δε ὁσα εἰπεν ἰωαννης περι τουτου ἀληθη ἠν.

19 35 και ἐκεινος οἰδεν ὁτι ἀληθη λεγει, ἱνα και ὑμεις πιστευ[σ]ητε.

21 24 οὑτος ἐστιν ὁ μαθητης ὁ μαρτυρων περι τουτων και ὁ γραψας ταυτα, και οἰδαμεν ὁτι ἀληθης αὐτου ἡ μαρτυρια ἐστιν.

Ac 12 9 και ἐξελθων ἡκολουθει, και οὐκ ἠδει ὁτι ἀληθες ἐστιν το γινομενον δια του ἀγγελου.

Rm 3 4 γινεσθω δε ὁ θεος ἀληθης, πας δε ἀνθρωπος ψευστης,
2Co 6 8 ὡς πλανοι και ἀληθεις, ὡς ἀγνοουμενοι και ἐπιγινωσκομενοι,
Php 4 8 το λοιπον, ἀδελφοι, ὁσα ἐστιν ἀληθη,
Tit 1 13 ἡ μαρτυρια αὑτη ἐστιν ἀληθης.
1Pt 5 12 παρακαλων και ἐπιμαρτυρων ταυτην εἰναι ἀληθη χαριν του θεου, εἰς ἡν στητε.
2Pt 2 22 συμβεβηκεν αὐτοις το της ἀληθους παροιμιας·
1Jh 2 8 παλιν ἐντολην καινην γραφω ὑμιν, ὁ ἐστιν ἀληθες ἐν αὐτω και ἐν ὑμιν,

27 ἀλλ ὡς το αὐτο χρισμα διδασκει ὑμας περι παντων, και ἀληθες ἐστιν και οὐκ ἐστιν ψευδος,

3Jh 12 και ἡμεις δε μαρτυρουμεν, και οἰδας ὁτι ἡ μαρτυρια ἡμων ἀληθης ἐστιν.

ἀληθινος [28]

Lc 16 11 εἰ οὐν ἐν τω ἀδικω μαμωνα πιστοι οὐκ ἐγενεσθε, το ἀληθινον τις ὑμιν πιστευσει;

Jh 1 9 ἡν το φως το ἀληθινον, ὁ φωτιζει παντα ἀνθρωπον,

4 23 ἀλλα ἐρχεται ὡρα και νυν ἐστιν, ὁτε οἱ ἀληθινοι προσκυνηται προσκυνησουσιν τω πατρι ἐν πνευματι και ἀληθεια·

37 ἐν γαρ τουτω ὁ λογος ἐστιν ἀληθινος ὁτι ἀλλος ἐστιν ὁ σπειρων και ἀλλος ὁ θεριζων.

6 32 ἀμην ἀμην λεγω ὑμιν, οὐ μωυσης δεδωκεν ὑμιν τον ἀρτον ἐκ του οὐρανου, ἀλλ ὁ πατηρ μου διδωσιν ὑμιν τον ἀρτον ἐκ του οὐρανου τον ἀληθινον·

7 28 και ἀπ ἐμαυτου οὐκ ἐληλυθα, ἀλλ ἐστιν ἀληθινος ὁ πεμψας με, ὁν ὑμεις οὐκ οἰδατε·

8 16 και ἐαν κρινω δε ἐγω, ἡ κρισις ἡ ἐμη ἀληθινη ἐστιν, ὁτι μονος οὐκ εἰμι, ἀλλ ἐγω και ὁ πεμψας με πατηρ.

15 1 ἐγω εἰμι ἡ ἀμπελος ἡ ἀληθινη, και ὁ πατηρ μου ὁ γεωργος ἐστιν.

ἀληθινος [28]

Jh 17 3 αὑτη δε ἐστιν ἡ αἰωνιος ζωη, ἱνα γινωσκωσιν σε τον μονον ἀληθινον θεον και ὁν ἀπεστειλας ἰησουν χριστον.

19 35 και ὁ ἑωρακως μεμαρτυρηκεν, και ἀληθινη αὐτου ἐστιν ἡ μαρτυρια,

1Th 1 9 και πως ἐπεστρεψατε προς τον θεον ἀπο των εἰδωλων δουλευειν θεω ζωντι και ἀληθινω,

Heb 8 2 ὁς ἐκαθισεν ἐν δεξια του θρονου της μεγαλωσυνης ἐν τοις οὐρανοις, των ἁγιων λειτουργος και της σκηνης της ἀληθινης,

9 24 οὐ γαρ εἰς χειροποιητα εἰσηλθεν ἁγια χριστος, ἀντιτυπα των ἀληθινων, ἀλλ εἰς αὐτον τον οὐρανον,

10 22 προσερχωμεθα μετα ἀληθινης καρδιας ἐν πληροφορια πιστεως,

1Jh 2 8 ὁτι ἡ σκοτια παραγεται και το φως το ἀληθινον ἡδη φαινει.

5 20 οἰδαμεν δε ὁτι ὁ υἱος του θεου ἡκει, και δεδωκεν ἡμιν διανοιαν ἱνα γινωσκωμεν τον ἀληθινον·

20 και ἐσμεν ἐν τω ἀληθινω, ἐν τω υἱω αὐτου ἰησου χριστω.

20 οὑτος ἐστιν ὁ ἀληθινος θεος και ζωη αἰωνιος.

Apc 3 7 ταδε λεγει ὁ ἁγιος, ὁ ἀληθινος, ὁ ἐχων την κλειν δαυιδ,

14 ταδε λεγει ὁ ἀμην, ὁ μαρτυς ὁ πιστος και ἀληθινος, ἡ ἀρχη της κτισεως του θεου· οἰδα σου τα ἐργα,

6 10 ἑως ποτε, ὁ δεσποτης ὁ ἁγιος και ἀληθινος, οὐ κρινεις και ἐκδικεις το αἱμα ἡμων ἐκ των κατοικουντων ἐπι της γης;

15 3 δικαιαι και ἀληθιναι αἱ ὁδοι σου, ὁ βασιλευς των ἐθνων·

16 7 ναι, κυριε ὁ θεος ὁ παντοκρατωρ, ἀληθιναι και δικαιαι αἱ κρισεις σου.

19 2 ἡ σωτηρια και ἡ δοξα και ἡ δυναμις του θεου ἡμων, ὁτι ἀληθιναι και δικαιαι αἱ κρισεις αὐτου·

9 οὑτοι οἱ λογοι ἀληθινοι του θεου εἰσιν.

11 και ἰδου ἱππος λευκος, και ὁ καθημενος ἐπ αὐτον [καλουμενος] πιστος και ἀληθινος,

21 5 και λεγει· γραψον, ὁτι οὑτοι οἱ λογοι πιστοι και ἀληθινοι εἰσιν.

22 6 οὑτοι οἱ λογοι πιστοι και ἀληθινοι,

ἀληθω [2]

Mt 24 41 δυο ἀληθουσαι ἐν τω μυλω, μια παραλαμβανεται και μια ἀφιεται.

Lc 17 35 ἐσονται δυο ἀληθουσαι ἐπι το αὐτο, ἡ μια παραλημφθησεται ἡ δε ἑτερα ἀφεθησεται.

ἀληθῶς [18]

Mt 14 33 οἱ δε ἐν τω πλοιω προσεκυνησαν αὐτω λεγοντες· ἀληθως θεου υἱος εἰ.

26 73 ἀληθως και συ ἐξ αὐτων εἰ, και γαρ ἡ λαλια σου δηλον σε ποιει.

27 54 ἀληθως θεου υἱος ἡν οὑτος.

Mc 14 70 ἀληθως ἐξ αὐτων εἰ· και γαρ γαλιλαιος εἰ.

15 39 ἀληθως οὑτος ὁ ἀνθρωπος υἱος θεου ἡν.

Lc 9 27 λεγω δε ὑμιν ἀληθως, εἰσιν τινες των αὐτου ἑστηκοτων οἱ οὐ μη γευσωνται θανατου ἑως ἀν ἰδωσιν την βασιλειαν του θεου.

12 44 ἀληθως λεγω ὑμιν ὁτι ἐπι πασιν τοις ὑπαρχουσιν αὐτου καταστησει αὐτον.

21 3 ἀληθως λεγω ὑμιν ὁτι ἡ χηρα αὑτη ἡ πτωχη πλειον παντων ἐβαλεν·

Jh 1 47 ἰδε ἀληθως ἰσραηλιτης, ἐν ᾡ δολος οὐκ ἐστιν.

4 42 αὐτοι γαρ ἀκηκοαμεν, και οἰδαμεν ὁτι οὑτος ἐστιν ἀληθως ὁ σωτηρ του κοσμου.

6 14 οἱ οὐν ἀνθρωποι ἰδοντες ὁ ἐποιησεν σημειον ἐλεγον ὁτι οὑτος ἐστιν ἀληθως ὁ προφητης ὁ ἐρχομενος εἰς τον κοσμον·

7 26 μηποτε ἀληθως ἐγνωσαν οἱ ἀρχοντες ὁτι οὑτος ἐστιν ὁ χριστος;

40 οὑτος ἐστιν ἀληθως ὁ προφητης·

8 31 ἐαν ὑμεις μεινητε ἐν τω λογω τω ἐμω, ἀληθως μαθηται μου ἐστε,

17 8 και ἐγνωσαν ἀληθως ὁτι παρα σου ἐξηλθον, και ἐπιστευσαν ὁτι συ με ἀπεστειλας.

Ac 12 11 νυν οἰδα ἀληθως ὁτι ἐξαπεστειλεν [ὁ] κυριος τον ἀγγελον αὐτου και ἐξειλατο με ἐκ χειρος ἡρωδου και πασης της προσδοκιας του λαου των ἰουδαιων.

1Th 2 13 ὁτι παραλαβοντες λογον ἀκοης παρ ἡμων του θεου ἐδεξασθε οὐ λογον ἀνθρωπων ἀλλα καθως ἐστιν ἀληθως λογον θεου,

1Jh 2 5 ὁς δ ἀν τηρη αὐτου τον λογον, ἀληθως ἐν τουτω ἡ ἀγαπη του θεου τετελειωται.

ἁλιεύς [5]

Mt 4 18 ἦσαν γαρ ἁλιεις.
19 δευτε ὀπισω μου, και ποιησω ὑμας ἁλιεις ἀνθρωπων.

Mc 1 16 και παραγων παρα την θαλασσαν της γαλιλαιας εἰδεν σιμωνα και ἀνδρεαν τον ἀδελφον σιμωνος ἀμφιβαλλοντας ἐν τῃ θαλασσῃ· ἦσαν γαρ ἁλιεις.
17 δευτε ὀπισω μου, και ποιησω ὑμας γενεσθαι ἁλιεις ἀνθρωπων.

Lc 5 2 οἱ δε ἁλιεις ἀπ αὐτων ἀποβαντες ἐπλυνον τα δικτυα.

ἁλιευω [1]

Jh 21 3 λεγει αὐτοις σιμων πετρος· ὑπαγω ἁλιευειν.

ἁλιζω [2]

Mt 5 13 ἐαν δε το ἁλας μωρανθῃ, ἐν τινι ἁλισθησεται;

Mc 9 49 πας γαρ πυρι ἁλισθησεται.

ἁλισγημα [1]

Ac 15 20 ἀλλα ἐπιστειλαι αὐτοις του ἀπεχεσθαι των ἀλισγηματων των εἰδωλων και της πορνειας και του πνικτου και του αἱματος.

ἀλλα [638]

cf append.

ἀλλασσω [6]

Ac 6 14 ἀκηκοαμεν γαρ αὐτου λεγοντος ὁτι ἰησους ὁ ναζωραιος οὑτος καταλυσει τον τοπον τουτον και ἀλλαξει τα ἐθη ἁ παρεδωκεν ἡμιν μωυσης.

Rm 1 23 φασκοντες εἰναι σοφοι ἐμωρανθησαν, και ἠλλαξαν την δοξαν του ἀφθαρτου θεου ἐν ὁμοιωματι εἰκονος φθαρτου ἀνθρωπου και πετεινων και τετραποδων και ἑρπετων·

1Co 15 51 παντες οὐ κοιμηθησομεθα, παντες δε ἀλλαγησομεθα,
52 και οἱ νεκροι ἐγερθησονται ἀφθαρτοι, και ἡμεις ἀλλαγησομεθα.

Ga 4 20 ἠθελον δε παρειναι προς ὑμας ἀρτι και ἀλλαξαι την φωνην μου,

Heb 1 12 και ὡσει περιβολαιον ἑλιξεις αὐτους, ὡς ἱματιον και ἀλλαγησονται·

ἀλλαχοθεν [1]

Jh 10 1 ὁ μη εἰσερχομενος δια της θυρας εἰς την αὐλην των προβατων ἀλλα ἀναβαινων ἀλλαχοθεν, ἐκεινος κλεπτης ἐστιν και λῃστης·

ἀλλαχου [1]

Mc 1 38 ἀγωμεν ἀλλαχου εἰς τας ἐχομενας κωμοπολεις,

ἀλληγορεω [1]

Ga 4 24 ἁτινα ἐστιν ἀλληγορουμενα· αὑται γαρ εἰσιν δυο διαθηκαι,

ἀλληλουια [4]

Apc 19 1 μετα ταυτα ἠκουσα ὡς φωνην μεγαλην ὀχλου πολλου ἐν τῳ οὐρανῳ λεγοντων· ἀλληλουια·
3 και δευτερον εἰρηκαν· ἀλληλουια·
4 και προσεκυνησαν τῳ θεῳ τῳ καθημενῳ ἐπι τῳ θρονῳ λεγοντες· ἀμην ἀλληλουια.
6 και ἠκουσα ὡς φωνην ὀχλου πολλου και ὡς φωνην ὑδατων πολλων και ὡς φωνην βροντων ἰσχυρων, λεγοντων· ἀλληλουια,

ἀλλήλων [100]

Mt 24 10 και τοτε σκανδαλισθησονται πολλοι και ἀλληλους παραδωσουσιν και μισησουσιν ἀλληλους·
10 και τοτε σκανδαλισθησονται πολλοι και ἀλληλους παραδωσουσιν και μισησουσιν ἀλληλους·
25 32 και ἀφορισει αὐτους ἀπ ἀλληλων, ὡσπερ ὁ ποιμην ἀφοριζει τα προβατα ἀπο των ἐριφων,

Mc 4 41 και ἐλεγον προς ἀλληλους· τις ἀρα οὑτος ἐστιν,
8 16 και διελογιζοντο προς ἀλληλους ὁτι ἀρτους οὐκ ἐχουσιν.

ἀλλήλων [100]

Mc 9 34 οἱ δε ἐσιωπων· προς ἀλληλους γαρ διελεχθησαν ἐν τῃ ὁδῳ τις μειζων.
50 ἐχετε ἐν ἑαυτοις ἁλα και εἰρηνευετε ἐν ἀλληλοις.
15 31 ὁμοιως και οἱ ἀρχιερεις ἐμπαιζοντες προς ἀλληλους μετα των γραμματεων ἐλεγον· ἀλλους ἐσωσεν, ἑαυτον οὐ δυναται σωσαι·

Lc 2 15 οἱ ποιμενες ἐλαλουν προς ἀλληλους· διελθωμεν δη ἑως βηθλεεμ και ἰδωμεν το ῥημα τουτο το γεγονος ὁ ὁ κυριος ἐγνωρισεν ἡμιν.
4 36 και συνελαλουν προς ἀλληλους λεγοντες· τις ὁ λογος οὑτος, ὁτι ἐν ἐξουσιᾳ και δυναμει ἐπιτασσει τοις ἀκαθαρτοις πνευμασιν και ἐξερχονται;
6 11 αὐτοι δε ἐπλησθησαν ἀνοιας, και διελαλουν προς ἀλληλους τι ἀν ποιησαιεν τῳ ἰησου.
7 32 ὁμοιοι εἰσιν παιδιοις τοις ἐν ἀγορᾳ καθημενοις και προσφωνουσιν ἀλληλοις ἁ λεγει·
8 25 φοβηθεντες δε ἐθαυμασαν, λεγοντες προς ἀλληλους· τις ἀρα οὑτος ἐστιν,
12 1 ἐν οἱς ἐπισυναχθεισων των μυριαδων του ὀχλου, ὡστε καταπατειν ἀλληλους,
20 14 ἰδοντες δε αὐτον οἱ γεωργοι διελογιζοντο προς ἀλληλους λεγοντες·
23 12 ἐγενοντο δε φιλοι ὁ τε ἡρωδης και ὁ πιλατος ἐν αὐτῃ τῃ ἡμερᾳ μετ ἀλληλων·
24 14 και αὐτοι ὡμιλουν προς ἀλληλους περι παντων των συμβεβηκοτων τουτων.
17 τινες οἱ λογοι οὑτοι οὑς ἀντιβαλλετε προς ἀλληλους περιπατουντες; και ἐσταθησαν σκυθρωποι.
32 και εἰπαν προς ἀλληλους· οὐχι ἡ καρδια ἡμων καιομενη ἠν [ἐν ἡμιν],

Jh 4 33 ἐλεγον οὑν οἱ μαθηται προς ἀλληλους· μη τις ἠνεγκεν αὐτῳ φαγειν;
5 44 πως δυνασθε ὑμεις πιστευσαι, δοξαν παρα ἀλληλων λαμβανοντες,
6 43 μη γογγυζετε μετ ἀλληλων.
52 ἐμαχοντο οὑν προς ἀλληλους οἱ ἰουδαιοι λεγοντες·
11 56 ἐζητουν οὑν τον ἰησουν και ἐλεγον μετ ἀλληλων ἐν τω. ἱερω ἑστηκοτες· τι δοκει ὑμιν;
13 14 εἰ οὑν ἐγω ἐνιψα ὑμων τους ποδας ὁ κυριος και ὁ διδασκαλος, και ὑμεις ὀφειλετε ἀλληλων νιπτειν τους ποδας·
22 ἐβλεπον εἰς ἀλληλους οἱ μαθηται ἀπορουμενοι περι τινος λεγει.
34 ἐντολην καινην διδωμι ὑμιν, ἱνα ἀγαπατε ἀλληλους,
34 καθως ἠγαπησα ὑμας ἱνα και ὑμεις ἀγαπατε ἀλληλους.
35 ἐν τουτῳ γνωσονται παντες ὁτι ἐμοι μαθηται ἐστε, ἐαν ἀγαπην ἐχητε ἐν ἀλληλοις.
15 12 αὑτη ἐστιν ἡ ἐντολη ἡ ἐμη, ἱνα ἀγαπατε ἀλληλους καθως ἠγαπησα ὑμας.
17 ταυτα ἐντελλομαι ὑμιν, ἱνα ἀγαπατε ἀλληλους.
16 17 εἰπαν οὑν ἐκ των μαθητων αὐτου προς ἀλληλους· τι ἐστιν τουτο ὁ λεγει ἡμιν· μικρον και οὐ θεωρειτε με, και παλιν μικρον και ὀψεσθε με;
19 περι τουτου ζητειτε μετ ἀλληλων ὁτι εἰπον·
19 24 εἰπαν οὑν προς ἀλληλους· μη σχισωμεν αὐτον, ἀλλα λαχωμεν περι αὐτου τινος ἐσται·

Ac 4 15 κελευσαντες δε αὐτους ἐξω του συνεδριου ἀπελθειν, συνεβαλλον προς ἀλληλους λεγοντες·
7 26 ἀνδρες, ἀδελφοι ἐστε· ἱνατι ἀδικειτε ἀλληλους;
15 39 ἐγενετο δε παροξυσμος, ὡστε ἀποχωρισθηναι αὐτους ἀπ ἀλληλων,
19 38 εἰ μεν οὑν δημητριος και οἱ συν αὐτῳ τεχνιται ἐχουσι προς τινα λογον, ἀγοραιοι ἀγονται και ἀνθυπατοι εἰσιν, ἐγκαλειτωσαν ἀλληλοις·
21 6 και θεντες τα γονατα ἐπι τον αἰγιαλον προσευξαμενοι ἀπησπασαμεθα ἀλληλους,
26 31 και ἀναχωρησαντες ἐλαλουν προς ἀλληλους λεγοντες ὁτι οὐδεν θανατου ἠ δεσμων ἀξιον [τι] πρασσει ὁ ἀνθρωπος οὑτος·
28 4 ὡς δε εἰδον οἱ βαρβαροι κρεμαμενον το θηριον ἐκ της χειρος αὐτου, προς ἀλληλους ἐλεγον·
25 ἀσυμφωνοι δε ὀντες προς ἀλληλους ἀπελυοντο,

Rm 1 12 τουτο δε ἐστιν συμπαρακληθηναι ἐν ὑμιν δια της ἐν ἀλληλοις πιστεως ὑμων τε και ἐμου.
27 ὁμοιως τε και οἱ ἀρσενες ἀφεντες την φυσικην χρησιν της θηλειας ἐξεκαυθησαν ἐν τῃ ὀρεξει αὐτων εἰς ἀλληλους,
2 15 συμμαρτυρουσης αὐτων της συνειδησεως και μεταξυ ἀλληλων των λογισμων κατηγορουντων ἠ και ἀπολογουμενων,
12 5 το δε καθ εἱς ἀλληλων μελη.

ἀλλήλων [100]

Rm	12 10	τη φιλαδελφια εἰς *ἀλλήλους* φιλοστοργοι, τη τιμη *ἀλλήλους* προηγουμενοι,
	10	τη φιλαδελφια εἰς *ἀλλήλους* φιλοστοργοι, τη τιμη *ἀλλήλους* προηγουμενοι,
	16	το αὐτο εἰς *ἀλλήλους* φρονουντες·
	13 8	μηδενι μηδεν ὀφειλετε, εἰ μη το *ἀλλήλους* ἀγαπαν·
	14 13	μηκετι οὐν *ἀλλήλους* κρινωμεν·
	19	ἀρα οὐν τα της εἰρηνης διωκωμεν και τα της οἰκοδομης της εἰς *ἀλλήλους*.
	15 5	ὁ δε θεος της ὑπομονης και της παρακλησεως δωη ὑμιν το αὐτο φρονειν ἐν *ἀλλήλοις* κατα χριστον ἰησουν,
	7	διο προσλαμβανεσθε *ἀλλήλους*, καθως και ὁ χριστος προσελαβετο ὑμας εἰς δοξαν του θεου.
	14	πεπληρωμενοι πασης [της] γνωσεως, δυναμενοι και *ἀλλήλους* νουθετειν.
	16 16	ἀσπασασθε *ἀλλήλους* ἐν φιληματι ἁγιω.
1Co	7 5	μη ἀποστερειτε *ἀλλήλους*,
	11 33	ὥστε, ἀδελφοι μου, συνερχομενοι εἰς το φαγειν *ἀλλήλους* ἐκδεχεσθε.
	12 25	ἱνα μη ἡ σχισμα ἐν τω σωματι, ἀλλα το αὐτο ὑπερ *ἀλλήλων* μεριμνωσιν τα μελη.
	16 20	ἀσπασασθε *ἀλλήλους* ἐν φιληματι ἁγιω.
2Co	13 12	ἀσπασασθε *ἀλλήλους* ἐν ἁγιω φιληματι.
Ga	5 13	μονον μη την ἐλευθεριαν εἰς ἀφορμην τη σαρκι, ἀλλα δια της ἀγαπης δουλευετε *ἀλλήλοις*.
	15	εἰ δε *ἀλλήλους* δακνετε και κατεσθιετε, βλεπετε μη ὑπ *ἀλλήλων* ἀναλωθητε.
	15	εἰ δε *ἀλλήλους* δακνετε και κατεσθιετε, βλεπετε μη ὑπ *ἀλλήλων* ἀναλωθητε.
	17	ταυτα γαρ *ἀλλήλοις* ἀντικειται, ἱνα μη ἁ ἐαν θελητε ταυτα ποιητε.
	26	μη γινωμεθα κενοδοξοι, *ἀλλήλους* προκαλουμενοι, *ἀλλήλοις* φθονουντες.
	26	μη γινωμεθα κενοδοξοι, *ἀλλήλους* προκαλουμενοι, *ἀλλήλοις* φθονουντες.
	6 2	*ἀλλήλων* τα βαρη βασταζετε, και οὑτως ἀναπληρωσετε τον νομον του χριστου.
Eph	4 2	μετα μακροθυμιας, ἀνεχομενοι *ἀλλήλων* ἐν ἀγαπη,
	25	διο ἀποθεμενοι το ψευδος λαλειτε ἀληθειαν ἑκαστος μετα του πλησιον αὐτου, ὁτι ἐσμεν *ἀλλήλων* μελη.
	32	γινεσθε [δε] εἰς *ἀλλήλους* χρηστοι, εὐσπλαγχνοι, χαριζομενοι ἑαυτοις καθως και ὁ θεος ἐν χριστω ἐχαρισατο ὑμιν.
	5 21	ὑποτασσομενοι *ἀλλήλοις* ἐν φοβω χριστου.
Php	2 3	μηδεν κατ ἐριθειαν μηδε κατα κενοδοξιαν, ἀλλα τη ταπεινοφροσυνη *ἀλλήλους* ἡγουμενοι ὑπερεχοντας ἑαυτων,
Col	3 9	μη ψευδεσθε εἰς *ἀλλήλους*,
	13	ἀνεχομενοι *ἀλλήλων* και χαριζομενοι ἑαυτοις, ἐαν τις προς τινα ἐχη μομφην·
1Th	3 12	ὑμας δε ὁ κυριος πλεονασαι και περισσευσαι τη ἀγαπη εἰς *ἀλλήλους* και εἰς παντας,
	4 9	αὐτοι γαρ ὑμεις θεοδιδακτοι ἐστε εἰς το ἀγαπαν *ἀλλήλους*·
	18	ὥστε παρακαλειτε *ἀλλήλους* ἐν τοις λογοις τουτοις.
	5 11	διο παρακαλειτε *ἀλλήλους* και οἰκοδομειτε εἰς τον ἑνα,
	15	ἀλλα παντοτε το ἀγαθον διωκετε [και] εἰς *ἀλλήλους* και εἰς παντας.
2Th	1 3	ὁτι ὑπεραυξανει ἡ πιστις ὑμων και πλεοναζει ἡ ἀγαπη ἑνος ἑκαστου παντων ὑμων εἰς *ἀλλήλους*,
Tit	3 3	ἐν κακια και φθονω διαγοντες, στυγητοι, μισουντες *ἀλλήλους*.
Heb	10 24	και κατανοωμεν *ἀλλήλους* εἰς παροξυσμον ἀγαπης και καλων ἐργων,
Ja	4 11	μη καταλαλειτε *ἀλλήλων*, ἀδελφοι.
	5 9	μη στεναζετε, ἀδελφοι, κατ *ἀλλήλων* ἱνα μη κριθητε·
	16	ἐξομολογεισθε οὐν *ἀλλήλοις* τας ἁμαρτιας,
	16	ἐξομολογεισθε οὐν *ἀλλήλοις* τας ἁμαρτιας, και εὐχεσθε ὑπερ *ἀλλήλων*, ὁπως ἰαθητε.
1Pt	1 22	ἐκ [καθαρας] καρδιας *ἀλλήλους* ἀγαπησατε ἐκτενως,
	4 9	φιλοξενοι εἰς *ἀλλήλους* ἀνευ γογγυσμου·
	5 5	παντες δε *ἀλλήλοις* την ταπεινοφροσυνην ἐγκομβωσασθε,
	14	ἀσπασασθε *ἀλλήλους* ἐν φιληματι ἀγαπης.
1Jh	1 7	ἐαν δε ἐν τω φωτι περιπατωμεν ὡς αὐτος ἐστιν ἐν τω φωτι, κοινωνιαν ἐχομεν μετ *ἀλλήλων*
	3 11	ὁτι αὑτη ἐστιν ἡ ἀγγελια ἡν ἠκουσατε ἀπ ἀρχης, ἱνα ἀγαπωμεν *ἀλλήλους*·
	23	ἱνα πιστευσωμεν τω ὀνοματι του υἱου αὐτου ἰησου χριστου και ἀγαπωμεν *ἀλλήλους* καθως ἐδωκεν ἐντολην ἡμιν.
	4 7	ἀγαπητοι, ἀγαπωμεν *ἀλλήλους*, ὁτι ἡ ἀγαπη ἐκ του θεου ἐστιν,
	11	ἀγαπητοι, εἰ οὑτως ὁ θεος ἠγαπησεν ἡμας, και ἡμεις ὀφειλομεν *ἀλλήλους* ἀγαπαν.

ἀλλήλων [100]

1Jh	4 12	ἐαν ἀγαπωμεν *ἀλλήλους*, ὁ θεος ἐν ἡμιν μενει και ἡ ἀγαπη αὐτου ἐν ἡμιν τετελειωμενη ἐστιν.
2Jh	5	και νυν ἐρωτω σε, κυρια, οὐχ ὡς ἐντολην καινην γραφων σοι, ἀλλα ἡν εἰχομεν ἀπ ἀρχης, ἱνα ἀγαπωμεν *ἀλλήλους*.
Apc	6 4	και τω καθημενω ἐπ αὐτον ἐδοθη αὐτω λαβειν την εἰρηνην ἐκ της γης και ἱνα *ἀλλήλους* σφαξουσιν,
	11 10	και οἱ κατοικουντες ἐπι της γης χαιρουσιν ἐπ αὐτοις και εὐφραινονται, και δωρα πεμψουσιν *ἀλλήλοις*,

ἀλλογενης [1]

Lc	17 18	οὐχ εὑρεθησαν ὑποστρεψαντες δουναι δοξαν τω θεω εἰ μη ὁ *ἀλλογενης* οὑτος;

ἀλλομαι [3]

Jh	4 14	οὐ μη διψησει εἰς τον αἰωνα, ἀλλα το ὑδωρ ὁ δωσω αὐτω γενησεται ἐν αὐτω πηγη ὑδατος *ἀλλομενου* εἰς ζωην αἰωνιον.
Ac	3 8	και ἐξαλλομενος ἐστη, και περιεπατει, και εἰσηλθεν συν αὐτοις εἰς το ἱερον περιπατων και *ἀλλομενος* και αἰνων τον θεον.
	14 10	και *ἡλατο* και περιεπατει.

ἄλλος [155]

Mt	2 12	δι *ἀλλης* ὁδου ἀνεχωρησαν εἰς την χωραν αὐτων.
	4 21	και προβας ἐκειθεν εἰδεν *ἀλλους* δυο ἀδελφους,
	5 39	ἀλλ ὁστις σε ῥαπιζει εἰς την δεξιαν σιαγονα [σου], στρεψον αὐτω και την *ἀλλην*·
	8 9	και λεγω τουτω· πορευθητι, και πορευεται, και *ἀλλω*· ἐρχου, και ἐρχεται, και τω δουλω μου· ποιησον τουτο, και ποιει.
	12 13	και ἐξετεινεν, και ἀπεκατεσταθη ὑγιης ὡς ἡ *ἀλλη*.
	13 5	ἀλλα δε ἐπεσεν ἐπι τα πετρωδη ὁπου οὐκ εἰχεν γην πολλην,
	7	ἀλλα δε ἐπεσεν ἐπι τας ἀκανθας,
	8	ἀλλα δε ἐπεσεν ἐπι την γην την καλην και ἐδιδου καρπον,
	24	*ἀλλην* παραβολην παρεθηκεν αὐτοις λεγων·
	31	*ἀλλην* παραβολην παρεθηκεν αὐτοις λεγων·
	33	*ἀλλην* παραβολην ἐλαλησεν αὐτοις·
	16 14	οἱ δε εἰπαν· οἱ μεν ἰωαννην τον βαπτιστην, *ἀλλοι* δε ἡλιαν, ἑτεροι δε ἰερεμιαν ἡ ἑνα των προφητων.
	19 9	λεγω δε ὑμιν ὁτι ὁς ἀν ἀπολυση την γυναικα αὐτου μη ἐπι πορνεια και γαμηση *ἀλλην*, μοιχαται.
	20 3	και ἐξελθων περι τριτην ὡραν εἰδεν *ἀλλους* ἑστωτας ἐν τη ἀγορα ἀργους·
	6	περι δε την ἑνδεκατην ἐξελθων εὑρεν *ἀλλους* ἑστωτας,
	21 8	*ἀλλοι* δε ἐκοπτον κλαδους ἀπο των δενδρων και ἐστρωννυον ἐν τη ὁδω.
	33	*ἀλλην* παραβολην ἀκουσατε.
	36	παλιν ἀπεστειλεν *ἀλλους* δουλους πλειονας των πρωτων,
	41	και τον ἀμπελωνα ἐκδωσεται *ἀλλοις* γεωργοις, οἱτινες ἀποδωσουσιν αὐτω τους καρπους ἐν τοις καιροις αὐτων.
	22 4	παλιν ἀπεστειλεν *ἀλλους* δουλους λεγων·
	25 16	εὐθεως πορευθεις ὁ τα πεντε ταλαντα λαβων ἠργασατο ἐν αὐτοις και ἐκερδησεν *ἀλλα* πεντε·
	17	ὡσαυτως ὁ τα δυο ἐκερδησεν *ἀλλα* δυο.
	20	και προσελθων ὁ τα πεντε ταλαντα λαβων προσηνεγκεν *ἀλλα* πεντε ταλαντα λεγων·
	20	κυριε, πεντε ταλαντα μοι παρεδωκας· ἰδε *ἀλλα* πεντε ταλαντα ἐκερδησα.
	22	κυριε, δυο ταλαντα μοι παρεδωκας· ἰδε *ἀλλα* δυο ταλαντα ἐκερδησα.
	26 71	ἐξελθοντα δε εἰς τον πυλωνα εἰδεν αὐτον *ἀλλη* και λεγει τοις ἐκει·
	27 42	*ἀλλους* ἐσωσεν, ἑαυτον οὐ δυναται σωσαι·
	61	ἡν δε ἐκει μαριαμ ἡ μαγδαληνη και ἡ *ἀλλη* μαρια, καθημεναι ἀπεναντι του ταφου.
	28 1	ὀψε δε σαββατων, τη ἐπιφωσκουση εἰς μιαν σαββατων, ἠλθεν μαριαμ ἡ μαγδαληνη και ἡ *ἀλλη* μαρια θεωρησαι τον ταφον.
Mc	4 5	και *ἀλλο* ἐπεσεν ἐπι το πετρωδες ὁπου οὐκ εἰχεν γην πολλην,
	7	και *ἀλλο* ἐπεσεν εἰς τας ἀκανθας,
	8	και *ἀλλα* ἐπεσεν εἰς την γην την καλην και ἐδιδου καρπον ἀναβαινοντα και αὐξανομενα και ἐφερεν ἐν τριακοντα και ἐν ἑξηκοντα και ἐν ἑκατον.
	16	και *ἀλλοι* εἰσιν οἱ εἰς τας ἀκανθας σπειρομενοι·
	36	και *ἀλλα* πλοια ἡν μετ αὐτου.
	6 15	*ἀλλοι* δε ἐλεγον ὁτι ἡλιας ἐστιν·
	15	*ἀλλοι* δε ἐλεγον ὁτι προφητης ὡς εἱς των προφητων.
	7 4	και *ἀλλα* πολλα ἐστιν ἁ παρελαβον κρατειν, βαπτισμους ποτηριων και ξεστων και χαλκιων [και κλινων],

ἄλλος [155]

Mc	8 28	οἱ δε εἰπαν αὐτω λεγοντες [ὅτι] ἰωαννην τον βαπτιστην, και *ἄλλοι* ἡλιαν, ἄλλοι δε ὅτι εἱς των προφητων.
	28	οἱ δε εἰπαν αὐτω λεγοντες [ὅτι] ἰωαννην τον βαπτιστην, και *ἄλλοι* ἡλιαν, ἄλλοι δε ὅτι εἱς των προφητων.
	10 11	ὃς ἂν ἀπολυσῃ την γυναικα αὐτου και γαμηση *ἄλλην*, μοιχαται ἐπ αὐτην·
	12	και ἐαν αὐτη ἀπολυσασα τον ἀνδρα αὐτης γαμηση *ἄλλον*, μοιχαται.
	11 8	και πολλοι τα ἱματια αὐτων ἐστρωσαν εἰς την ὁδον, *ἄλλοι* δε στιβαδας, κοψαντες ἐκ των ἀγρων.
	12 4	και παλιν ἀπεστειλεν προς αὐτους *ἄλλον* δουλον·
	5	και *ἄλλον* ἀπεστειλεν· κἀκεινον ἀπεκτειναν, και πολλους ἄλλους, οὓς μεν δεροντες, οὓς δε ἀποκτεννοντες.
	5	και *ἄλλον* ἀπεστειλεν· κἀκεινον ἀπεκτειναν, και πολλους ἄλλους, οὓς μεν δεροντες, οὓς δε ἀποκτεννοντες.
	9	τί [οὖν] ποιησει ὁ κυριος του ἀμπελωνος; ἐλευσεται και ἀπολεσει τους γεωργους, και δωσει τον ἀμπελωνα *ἄλλοις*.
	31	μειζων τουτων *ἄλλη* ἐντολη οὐκ ἐστιν.
	32	καλως, διδασκαλε, ἐπ ἀληθειας εἶπες ὅτι εἱς ἐστιν και οὐκ ἐστιν *ἄλλος* πλην αὐτου·
	14 58	και τινες ἀνασταντες ἐψευδομαρτυρουν κατ αὐτου λεγοντες ὅτι ἡμεις ἠκουσαμεν αὐτου λεγοντος ὅτι ἐγω καταλυσω τον ναον τουτον τον χειροποιητον και δια τριων ἡμερων *ἄλλον* ἀχειροποιητον οἰκοδομησω.
	15 31	*ἄλλους* ἐσωσεν, ἑαυτον οὐ δυναται σωσαι·
	41	και *ἄλλαι* πολλαι αἱ συναναβασαι αὐτω εἰς ἱεροσολυμα.
Lc	5 29	και ἦν ὀχλος πολυς τελωνων και *ἄλλων* οἳ ἦσαν μετ αὐτων κατακειμενοι.
	6 29	τω τυπτοντι σε ἐπι την σιαγονα παρεχε και την *ἄλλην*,
	7 8	και λεγω τουτω· πορευθητι, και πορευεται, και *ἄλλω*· ἐρχου, και ἐρχεται, και τω δουλω μου· ποιησον τουτο, και ποιει.
	19	συ εἶ ὁ ἐρχομενος, ἢ *ἄλλον* προσδοκωμεν;
	20	συ εἶ ὁ ἐρχομενος, ἢ *ἄλλον* προσδοκωμεν;
	9 8	και διηπορει δια το λεγεσθαι ὑπο τινων ὅτι ἰωαννης ἠγερθη ἐκ νεκρων, ὑπο τινων δε ὅτι ἡλιας ἐφανη, *ἄλλων* δε ὅτι προφητης τις των ἀρχαιων ἀνεστη.
	19	ἰωαννην τον βαπτιστην, *ἄλλοι* δε ἡλιαν, ἄλλοι δε ὅτι προφητης τις των ἀρχαιων ἀνεστη.
	19	ἰωαννην τον βαπτιστην, ἄλλοι δε ἡλιαν, *ἄλλοι* δε ὅτι προφητης τις των ἀρχαιων ἀνεστη.
	20 16	ἐλευσεται και ἀπολεσει τους γεωργους τουτους, και δωσει τον ἀμπελωνα *ἄλλοις*.
	22 59	και διαστασης ὡσει ὡρας μιας *ἄλλος* τις διισχυριζετο λεγων·
	23 35	*ἄλλους* ἐσωσεν, σωσατω ἑαυτον, εἰ οὑτος ἐστιν ὁ χριστος του θεου ὁ ἐκλεκτος.
Jh	4 37	ἐν γαρ τουτω ὁ λογος ἐστιν ἀληθινος ὅτι *ἄλλος* ἐστιν ὁ σπειρων και ἄλλος ὁ θεριζων.
	37	ἐν γαρ τουτω ὁ λογος ἐστιν ἀληθινος ὅτι ἄλλος ἐστιν ὁ σπειρων και *ἄλλος* ὁ θεριζων.
	38	*ἄλλοι* κεκοπιακασιν, και ὑμεις εἰς τον κοπον αὐτων εἰσεληλυθατε.
	5 7	ἐν ᾡ δε ἐρχομαι ἐγω, *ἄλλος* προ ἐμου καταβαινει.
	32	*ἄλλος* ἐστιν ὁ μαρτυρων περι ἐμου,
	43	ἐαν *ἄλλος* ἐλθη ἐν τω ὀνοματι τω ἰδιω, ἐκεινον λημψεσθε.
	6 22	τη ἐπαυριον ὁ ὀχλος ὁ ἑστηκως περαν της θαλασσης εἶδον ὅτι πλοιαριον *ἄλλο* οὐκ ἦν ἐκει εἰ μη ἑν,
	23	ἀλλα ἦλθεν πλοια[ρια] ἐκ τιβεριαδος ἐγγυς του τοπου ὁπου ἐφαγον τον ἀρτον εὐχαριστησαντος του κυριου.
	7 12	οἱ μεν ἐλεγον ὅτι ἀγαθος ἐστιν· *ἄλλοι* [δε] ἐλεγον· οὔ, ἀλλα πλανα τον ὀχλον.
	41	*ἄλλοι* ἐλεγον· οὑτος ἐστιν ὁ χριστος·
	9 9	*ἄλλοι* ἐλεγον· οὑτος ἐστιν·
	9	*ἄλλοι* ἐλεγον· οὐχι, ἀλλα ὁμοιος αὐτω ἐστιν.
	16	*ἄλλοι* [δε] ἐλεγον· πως δυναται ἀνθρωπος ἁμαρτωλος τοιαυτα σημεια ποιειν;
	10 16	και *ἄλλα* προβατα ἐχω ἃ οὐκ ἐστιν ἐκ της αὐλης ταυτης·
	21	*ἄλλοι* ἐλεγον· ταυτα τα ῥηματα οὐκ ἐστιν δαιμονιζομενου· μη δαιμονιον δυναται τυφλων ὀφθαλμους ἀνοιξαι;
	12 29	*ἄλλοι* ἐλεγον· ἀγγελος αὐτω λελαληκεν.
	14 16	κἀγω ἐρωτησω τον πατερα και *ἄλλον* παρακλητον δωσει ὑμιν, ἱνα μεθ ὑμων εἰς τον αἰωνα ᾖ, το πνευμα της ἀληθειας,
	15 24	εἰ τα ἐργα μη ἐποιησα ἐν αὐτοις ἃ οὐδεις *ἄλλος* ἐποιησεν, ἁμαρτιαν οὐκ εἰχοσαν·
	18 15	ἠκολουθει δε τω ἰησου σιμων πετρος και *ἄλλος* μαθητης.
	16	ἐξηλθεν οὖν ὁ μαθητης ὁ *ἄλλος* ὁ γνωστος του ἀρχιερεως και εἰπεν τη θυρωρω,
	34	ἀπο σεαυτου συ τουτο λεγεις, ἢ *ἄλλοι* εἰπον σοι περι ἐμου;
	19 18	και μετ αὐτου *ἄλλους* δυο ἐντευθεν και ἐντευθεν, μεσον δε τον ἰησουν.

ἄλλος [155]

Jh	19 32	και του μεν πρωτου κατεαξαν τα σκελη και του *ἄλλου* του συσταυρωθεντος αὐτω·
	20 2	τρεχει οὖν και ἐρχεται προς σιμωνα πετρον και προς τον *ἄλλον* μαθητην ὃν ἐφιλει ὁ ἰησους,
	3	ἐξηλθεν οὖν ὁ πετρος και ὁ *ἄλλος* μαθητης,
	4	και ὁ *ἄλλος* μαθητης προεδραμεν ταχιον του πετρου και ἦλθεν πρωτος εἰς το μνημειον,
	8	τοτε οὖν εἰσηλθεν και ὁ *ἄλλος* μαθητης ὁ ἐλθων πρωτος εἰς το μνημειον,
	25	ἐλεγον οὖν αὐτω οἱ *ἄλλοι* μαθηται· ἑωρακαμεν τον κυριον.
	30	πολλα μεν οὖν και *ἄλλα* σημεια ἐποιησεν ὁ ἰησους ἐνωπιον των μαθητων [αὐτου],
	21 2	ἦσαν ὁμου σιμων πετρος και θωμας ὁ λεγομενος διδυμος και ναθαναηλ ὁ ἀπο κανα της γαλιλαιας και οἱ του ζεβεδαιου και *ἄλλοι* ἐκ των μαθητων αὐτου δυο.
	8	οἱ δε *ἄλλοι* μαθηται τω πλοιαριω ἦλθον, οὐ γαρ ἦσαν μακραν ἀπο της γης ἀλλα ὡς ἀπο πηχων διακοσιων, συροντες το δικτυον των ἰχθυων.
	18	ὁταν δε γηρασης, ἐκτενεις τας χειρας σου, και *ἄλλος* σε ζωσει και οἰσει ὁπου οὐ θελεις.
	25	ἐστιν δε και *ἄλλα* πολλα ἃ ἐποιησεν ὁ ἰησους,
Ac	2 12	ἐξισταντο δε παντες και διηπορουν, *ἄλλος* προς ἄλλον λεγοντες·
	12	ἐξισταντο δε παντες και διηπορουν, ἄλλος προς *ἄλλον* λεγοντες·
	4 12	και οὐκ ἐστιν ἐν *ἄλλω* οὐδενι ἡ σωτηρια·
	15 2	ἐταξαν ἀναβαινειν παυλον και βαρναβαν και τινας *ἄλλους* ἐξ αὐτων προς τους ἀποστολους και πρεσβυτερους εἰς ἱερουσαλημ περι του ζητηματος τουτου.
	19 32	*ἄλλοι* μεν οὖν ἄλλο τι ἐκραζον·
	32	ἄλλοι μεν οὖν *ἄλλο* τι ἐκραζον·
	21 34	*ἄλλοι* δε ἄλλο τι ἐπεφωνουν ἐν τω ὀχλω·
	34	ἄλλοι δε *ἄλλο* τι ἐπεφωνουν ἐν τω ὀχλω·
1Co	1 16	λοιπον οὐκ οἶδα εἰ τινα *ἄλλον* ἐβαπτισα.
	3 10	κατα την χαριν του θεου την δοθεισαν μοι ὡς σοφος ἀρχιτεκτων θεμελιον ἐθηκα, *ἄλλος* δε ἐποικοδομει.
	11	θεμελιον γαρ *ἄλλον* οὐδεις δυναται θειναι παρα τον κειμενον, ὁς ἐστιν ἰησους χριστος.
	9 2	εἰ *ἄλλοις* οὐκ εἰμι ἀποστολος, ἀλλα γε ὑμιν εἰμι·
	12	εἰ *ἄλλοι* της ὑμων ἐξουσιας μετεχουσιν, οὐ μαλλον ἡμεις;
	27	ἀλλα ὑπωπιαζω μου το σωμα και δουλαγωγω, μη πως *ἄλλοις* κηρυξας αὐτος ἀδοκιμος γενωμαι.
	10 29	ἱνατι γαρ ἡ ἐλευθερια μου κρινεται ὑπο *ἄλλης* συνειδησεως;
	12 8	ᾡ μεν γαρ δια του πνευματος διδοται λογος σοφιας, *ἄλλω* δε λογος γνωσεως κατα το αὐτο πνευμα,
	9	ἑτερω πιστις ἐν τω αὐτω πνευματι, *ἄλλω* δε χαρισματα ἰαματων ἐν τω ἑνι πνευματι,
	10	*ἄλλω* δε χαρισματα ἰαματων ἐν τω ἑνι πνευματι, *ἄλλω* δε ἐνεργηματα δυναμεων,
	10	*ἄλλω* δε ἐνεργηματα δυναμεων, *ἄλλω* [δε] προφητεια,
	10	*ἄλλω* [δε] προφητεια, *ἄλλω* [δε] διακρισεις πνευματων,
	10	ἑτερω γενη γλωσσων, *ἄλλω* δε ἑρμηνεια γλωσσων·
	14 19	ἀλλα ἐν ἐκκλησια θελω πεντε λογους τω νοι μου λαλησαι, ἱνα και *ἄλλους* κατηχησω, ἢ μυριους λογους ἐν γλωσση.
	29	προφηται δε δυο ἢ τρεις λαλειτωσαν, και οἱ *ἄλλοι* διακρινετωσαν·
	30	ἐαν δε *ἄλλω* ἀποκαλυφθη καθημενω, ὁ πρωτος σιγατω.
	15 39	οὐ πασα σαρξ ἡ αὐτη σαρξ, ἀλλα *ἄλλη* μεν ἀνθρωπων,
	39	ἀλλα ἄλλη μεν ἀνθρωπων, *ἄλλη* δε σαρξ κτηνων,
	39	*ἄλλη* δε σαρξ κτηνων, *ἄλλη* δε σαρξ πτηνων,
	39	*ἄλλη* δε σαρξ πτηνων, *ἄλλη* δε ἰχθυων.
	41	*ἄλλη* δοξα ἡλιου, και *ἄλλη* δοξα σεληνης,
	41	*ἄλλη* δοξα ἡλιου, και ἄλλη δοξα σεληνης,
	41	και ἄλλη δοξα σεληνης, και *ἄλλη* δοξα ἀστερων·
2Co	1 13	οὐ γαρ *ἄλλα* γραφομεν ὑμιν ἀλλ ἢ ἃ ἀναγινωσκετε ἢ και ἐπιγινωσκετε,
	8 13	οὐ γαρ ἱνα *ἄλλοις* ἀνεσις, ὑμιν θλιψις, ἀλλ ἐξ ἰσοτητος·
	11 4	εἰ μεν γαρ ὁ ἐρχομενος *ἄλλον* ἰησουν κηρυσσει ὃν οὐκ ἐκηρυξαμεν, ἢ πνευμα ἑτερον λαμβανετε ὃ οὐκ ἐλαβετε, ἢ εὐαγγελιον ἑτερον ὃ οὐκ ἐδεξασθε, καλως ἀνεχεσθε·
	8	*ἄλλας* ἐκκλησιας ἐσυλησα λαβων ὀψωνιον προς την ὑμων διακονιαν,
Ga	1 7	ὃ οὐκ ἐστιν *ἄλλο*·
	5 10	ἐγω πεποιθα εἰς ὑμας ἐν κυριω ὅτι οὐδεν *ἄλλο* φρονησετε·
Php	3 4	εἰ τις δοκει *ἄλλος* πεποιθεναι ἐν σαρκι, ἐγω μαλλον·
1Th	2 6	οὐτε ζητουντες ἐξ ἀνθρωπων δοξαν, οὐτε ἀφ ὑμων οὐτε ἀπ *ἄλλων*,
Heb	4 8	εἰ γαρ αὐτους ἰησους κατεπαυσεν, οὐκ ἂν περι *ἄλλης* ἐλαλει μετα ταυτα ἡμερας.

ἄλλος [155]

Heb	11 35	ἄλλοι δε ἐτυμπανισθησαν,
Ja	5 12	μη ὀμνυετε, μητε τον ουρανον μητε την γην μητε ἄλλον τινα ὁρκον·
Apc	2 24	οὐ βαλλω ἐφ ὑμας ἄλλο βαρος·
	6 4	και ἐξηλθεν ἄλλος ἱππος πυρρός,
	7 2	και εἰδον ἄλλον ἀγγελον ἀναβαινοντα ἀπο ἀνατολης ἡλιου,
	8 3	και ἄλλος ἀγγελος ἠλθεν και ἐσταθη ἐπι του θυσιαστηριου ἐχων λιβανωτον χρυσουν,
	10 1	και εἰδον ἄλλον ἀγγελον ἰσχυρον καταβαινοντα ἐκ του ουρανου,
	12 3	και ὠφθη ἄλλο σημειον ἐν τω ουρανω,
	13 11	και εἰδον ἄλλο θηριον ἀναβαινον ἐκ της γης,
	14 6	και εἰδον ἄλλον ἀγγελον πετομενον ἐν μεσουρανηματι,
	8	και ἄλλος ἀγγελος δευτερος ἠκολουθησεν λεγων·
	9	και ἄλλος ἀγγελος τριτος ἠκολουθησεν αὐτοις λεγων ἐν φωνη μεγαλη·
	15	και ἄλλος ἀγγελος ἐξηλθεν ἐκ του ναου,
	17	και ἄλλος ἀγγελος ἐξηλθεν ἐκ του ναου του ἐν τω ουρανω,
	18	και ἄλλος ἀγγελος [ἐξηλθεν] ἐκ του θυσιαστηριου,
	15 1	και εἰδον ἄλλο σημειον ἐν τω ουρανω μεγα και θαυμαστον,
	17 10	ὁ εἱς ἐστιν, ὁ ἄλλος οὐπω ἠλθεν,
	18 1	μετα ταυτα εἰδον ἄλλον ἀγγελον καταβαινοντα ἐκ του ουρανου,
	4	και ἠκουσα ἄλλην φωνην ἐκ του ουρανου λεγουσαν·
	20 12	και ἄλλο βιβλιον ἠνοιχθη, ὁ ἐστιν της ζωης·

ἀλλοτριεπισκοπος [1]

1Pt	4 15	μη γαρ τις ὑμων πασχετω ὡς φονευς ἠ κλεπτης ἠ κακοποιος ἠ ὡς ἀλλοτριεπισκοπος·

ἀλλοτριος [14]

Mt	17 25	οἱ βασιλεις της γης ἀπο τινων λαμβανουσιν τελη ἠ κηνσον; ἀπο των υἱων αὐτων ἠ ἀπο των ἀλλοτριων;
	26	εἰποντος δε· ἀπο των ἀλλοτριων, ἐφη αὐτω ὁ ἰησους· ἀρα γε ἐλευθεροι εἰσιν οἱ υἱοι.
Lc	16 12	και εἰ ἐν τω ἀλλοτριω πιστοι οὐκ ἐγενεσθε, το ὑμετερον τις ὑμιν δωσει;
Jh	10 5	ἀλλοτριω δε οὐ μη ἀκολουθησουσιν, ἀλλα φευξονται ἀπ αὐτου,
	5	ἀλλοτριω δε οὐ μη ἀκολουθησουσιν, ἀλλα φευξονται ἀπ αὐτου, ὁτι οὐκ οἰδασιν των ἀλλοτριων την φωνην.
Ac	7 6	ἐλαλησεν δε οὑτως ὁ θεος, ὁτι ἐσται το σπερμα αὐτου παροικον ἐν γη ἀλλοτρια,
Rm	14 4	συ τις εἱ ὁ κρινων ἀλλοτριον οἰκετην;
	15 20	οὑτως δε φιλοτιμουμενον εὐαγγελιζεσθαι οὐχ ὁπου ὠνομασθη χριστος, ἱνα μη ἐπ ἀλλοτριον θεμελιον οἰκοδομω,
2Co	10 15	οὐκ εἰς τα ἀμετρα καυχωμενοι ἐν ἀλλοτριοις κοποις,
	16	εἰς τα ὑπερεκεινα ὑμων εὐαγγελισασθαι, οὐκ ἐν ἀλλοτριω κανονι εἰς τα ἑτοιμα καυχησασθαι.
1Tm	5 22	χειρας ταχεως μηδενι ἐπιτιθει, μηδε κοινωνει ἁμαρτιαις ἀλλοτριαις·
Heb	9 25	οὐδ ἱνα πολλακις προσφερη ἑαυτον, ὡσπερ ὁ ἀρχιερευς εἰσερχεται εἰς τα ἁγια κατ ἐνιαυτον ἐν αἱματι ἀλλοτριω,
	11 9	πιστει παρωκησεν εἰς γην της ἐπαγγελιας ὡς ἀλλοτριαν, ἐν σκηναις κατοικησας,
	34	ἐδυναμωθησαν ἀπο ἀσθενειας, ἐγενηθησαν ἰσχυροι ἐν πολεμω, παρεμβολας ἐκλιναν ἀλλοτριων.

ἀλλοφυλος [1]

Ac	10 28	ὑμεις ἐπιστασθε ὡς ἀθεμιτον ἐστιν ἀνδρι ιουδαιω κολλασθαι ἠ προσερχεσθαι ἀλλοφυλω·

ἀλλως [1]

1Tm	5 25	και τα ἀλλως ἐχοντα κρυβηναι οὐ δυνανται.

ἀλοαω [3]

1Co	9 9	οὐ κημωσεις βουν ἀλοωντα.
	10	δι ἡμας γαρ ἐγραφη, ὁτι ὀφειλει ἐπ ἐλπιδι ὁ ἀροτριων ἀροτριαν, και ὁ ἀλοων ἐπ ἐλπιδι του μετεχειν.
1Tm	5 18	λεγει γαρ ἡ γραφη· βουν ἀλοωντα οὐ φιμωσεις, και· ἀξιος ὁ ἐργατης του μισθου αὐτου.

ἀλογος [3]

Ac	25 27	ἀλογον γαρ μοι δοκει πεμποντα δεσμιον μη και τας κατ αὐτου αἰτιας σημαναι.
2Pt	2 12	οὑτοι δε, ὡς ἀλογα ζωα γεγεννημενα φυσικα εἰς ἁλωσιν και φθοραν, ἐν οἱς ἀγνοουσιν βλασφημουντες,
Ju	10	ὁσα δε φυσικως ὡς τα ἀλογα ζωα ἐπιστανται, ἐν τουτοις φθειρονται.

ἀλοη [1]

Jh	19 39	ἠλθεν δε και νικοδημος, ὁ ἐλθων προς αὐτον νυκτος το πρωτον, φερων μιγμα σμυρνης και ἀλοης ὡς λιτρας ἑκατον.

ἁλυκος [1]

Ja	3 12	οὐτε ἁλυκον γλυκυ ποιησαι ὑδωρ.

ἀλυπος [1]

Php	2 28	σπουδαιοτερως οὐν ἐπεμψα αὐτον, ἱνα ἰδοντες αὐτον παλιν χαρητε καγω ἀλυποτερος ὡ.

ἁλυσις [11]

Mc	5 3	και οὐδε ἁλυσει οὐκετι οὐδεις ἐδυνατο αὐτον δησαι, δια το αὐτον πολλακις πεδαις και ἁλυσεσιν δεδεσθαι, και διεσπασθαι ὑπ αὐτου τας ἁλυσεις και τας πεδας συντετριφθαι,
	4	και οὐδε ἁλυσει οὐκετι οὐδεις ἐδυνατο αὐτον δησαι, δια το αὐτον πολλακις πεδαις και ἁλυσεσιν δεδεσθαι, και διεσπασθαι ὑπ αὐτου τας ἁλυσεις και τας πεδας συντετριφθαι,
	4	και οὐδε ἁλυσει οὐκετι οὐδεις ἐδυνατο αὐτον δησαι, δια το αὐτον πολλακις πεδαις και ἁλυσεσιν δεδεσθαι, και διεσπασθαι ὑπ αὐτου τας ἁλυσεις και τας πεδας συντετριφθαι,
Lc	8 29	πολλοις γαρ χρονοις συνηρπακει αὐτον, και ἐδεσμευετο ἁλυσεσιν και πεδαις φυλασσομενος,
Ac	12 6	τη νυκτι ἐκεινη ἠν ὁ πετρος κοιμωμενος μεταξυ δυο στρατιωτων δεδεμενος ἁλυσεσιν δυσιν,
	7	και ἐξεπεσαν αὐτου αἱ ἁλυσεις ἐκ των χειρων.
	21 33	τοτε ἐγγισας ὁ χιλιαρχος ἐπελαβετο αὐτου και ἐκελευσεν δεθηναι ἁλυσεσι δυσι,
	28 20	εἱνεκεν γαρ της ἐλπιδος του ισραηλ την ἁλυσιν ταυτην περικειμαι.
Eph	6 20	ἐν παρρησια γνωρισαι το μυστηριον του εὐαγγελιου, ὑπερ οὑ πρεσβευω ἐν ἁλυσει, ἱνα ἐν αὐτω παρρησιασωμαι ὡς δει με λαλησαι.
2Tm	1 16	δωη ἐλεος ὁ κυριος τω ὀνησιφορου οἰκω, ὁτι πολλακις με ἀνεψυξεν και την ἁλυσιν μου οὐκ ἐπαισχυνθη,
Apc	20 1	και εἰδον ἀγγελον καταβαινοντα ἐκ του ουρανου, ἐχοντα την κλειν της ἀβυσσου και ἁλυσιν μεγαλην ἐπι την χειρα αὐτου.

ἀλυσιτελης [1]

Heb	13 17	ἱνα μετα χαρας τουτο ποιωσιν και μη στεναζοντες· ἀλυσιτελες γαρ ὑμιν τουτο.

ἀλφα [3]

Apc	1 8	ἐγω εἰμι το ἀλφα και το ὠ, λεγει κυριος ὁ θεος,
	21 6	ἐγω [εἰμι] το ἀλφα και το ὠ, ἡ ἀρχη και το τελος.
	22 13	ἐγω το ἀλφα και το ὠ, ὁ πρωτος και ὁ ἐσχατος,

ἁλφαιος [5]

Mt	10 3	ιακωβος ὁ του ἁλφαιου και θαδδαιος,
Mc	2 14	και παραγων εἰδεν λευιν τον του ἁλφαιου καθημενον ἐπι το τελωνιον,
	3 18	και ἀνδρεαν και φιλιππον και βαρθολομαιον και μαθθαιον και θωμαν και ιακωβον τον του ἁλφαιου και θαδδαιον και σιμωνα τον καναναιον και ιουδαν ισκαριωθ,
Lc	6 15	και μαθθαιον και θωμαν, και ιακωβον ἁλφαιου και σιμωνα τον καλουμενον ζηλωτην,
Ac	1 13	ιακωβος ἁλφαιου και σιμων ὁ ζηλωτης και ιουδας ιακωβου.

ἅλων [2]

Mt	3 12	και διακαθαριει την ἁλωνα αὐτου,

ἅλων [2]

Lc 3 17 οὗ τὸ πτυον ἐν τῃ χειρι αὐτου διακαθαραι την ἅλωνα αὐτου καὶ συναγαγειν τον σιτον εἰς την ἀποθηκην αὐτου,

ἀλωπηξ [3]

Mt 8 20 αἱ ἀλωπεκες φωλεους ἐχουσιν καὶ τα πετεινα του οὐρανου κατασκηνωσεις,

Lc 9 58 αἱ ἀλωπεκες φωλεους ἐχουσιν καὶ τα πετεινα του οὐρανου κατασκηνωσεις, ὁ δε υἱος του ἀνθρωπου οὐκ ἐχει ποῦ την κεφαλην κλινῃ.

13 32 πορευθεντες εἰπατε τῃ ἀλωπεκι ταυτῃ· ἰδου ἐκβαλλω δαιμονια καὶ ἰασεις ἀποτελω σημερον καὶ αὐριον, και‚τη τριτῃ τελειουμαι.

ἁλωσις [1]

2Pt 2 12 οὗτοι δε, ὡς ἀλογα ζωα γεγεννημενα φυσικα εἰς ἁλωσιν καὶ φθοραν, ἐν οἷς ἀγνοουσιν βλασφημουντες,

ἅμα [10]

Mt 13 29 ὁ δε φησιν· οὔ, μηποτε συλλεγοντες τα ζιζανια ἐκριζωσητε ἅμα αὐτοις τον σιτον.

20 1 ὁμοια γαρ ἐστιν ἡ βασιλεια των οὐρανων ἀνθρωπῳ οἰκοδεσποτῃ, ὁστις ἐξηλθεν ἅμα πρωι μισθωσασθαι ἐργατας εἰς τον ἀμπελωνα αὐτου.

Ac 24 26 ἅμα καὶ ἐλπιζων ὁτι χρηματα δοθησεται αὐτῳ ὑπο του παυλου·

27 40 ἅμα ἀνεντες τας ζευκτηριας των πηδαλιων, καὶ ἐπαραντες τον ἀρτεμωνα τῃ πνεουσῃ κατειχον εἰς τον αἰγιαλον.

Rm 3 12 παντες ἐξεκλιναν, ἅμα ἠχρεωθησαν·

Col 4 3 προσευχομενοι ἅμα καὶ περι ἡμων, ἱνα ὁ θεος ἀνοιξῃ ἡμιν θυραν του λογου,

1Th 4 17 ἐπειτα ἡμεις οἱ ζωντες οἱ περιλειπομενοι ἅμα συν αὐτοις ἁρπαγησομεθα ἐν νεφελαις εἰς ἀπαντησιν του κυριου εἰς ἀερα·

5 10 ἱνα εἰτε γρηγορωμεν εἰτε καθευδωμεν ἅμα συν αὐτῳ ζησωμεν.

1Tm 5 13 ἅμα δε καὶ ἀργαι μανθανουσιν περιερχομεναι τας οἰκιας,

Phm 22 ἅμα δε καὶ ἑτοιμαζε μοι ξενιαν·

ἀμαθης [1]

2Pt 3 16 ἐν αἷς ἐστιν δυσνοητα τινα, ἁ οἱ ἀμαθεις καὶ ἀστηρικτοι στρεβλουσιν ὡς καὶ τας λοιπας γραφας προς την ἰδιαν αὐτων ἀπωλειαν.

ἀμαραντινος [1]

1Pt 5 4 καὶ φανερωθεντος του ἀρχιποιμενος κομιεισθε τον ἀμαραντινον της δοξης στεφανον.

ἀμαραντος [1]

1Pt 1 4 εἰς κληρονομιαν ἀφθαρτον καὶ ἀμιαντον καὶ ἀμαραντον,

ἁμαρτανω [43]

Mt 18 15 ἐαν δε ἁμαρτησῃ [εἰς σέ] ὁ ἀδελφος σου, ὑπαγε ἐλεγξον αὐτον μεταξυ σοῦ καὶ αὐτου μονου.

21 κυριε, ποσακις ἁμαρτησει εἰς ἐμε ὁ ἀδελφος μου καὶ ἀφησω αὐτῳ; ἑως ἑπτακις;

27 4 ἡμαρτον παραδους αἱμα ἀθωον.

Lc 15 18 πατερ, ἡμαρτον εἰς τον οὐρανον καὶ ἐνωπιον σου, οὐκετι εἰμι ἀξιος κληθηναι υἱος σου·

21 πατερ, ἡμαρτον εἰς τον οὐρανον καὶ ἐνωπιον σου, οὐκετι εἰμι ἀξιος κληθηναι υἱος σου.

17 3 ἐαν ἁμαρτῃ ὁ ἀδελφος σου, ἐπιτιμησον αὐτῳ, καὶ ἐαν μετανοησῃ, ἀφες αὐτῳ.

4 καὶ ἐαν ἑπτακις της ἡμερας ἁμαρτησῃ εἰς σέ καὶ ἑπτακις ἐπιστρεψῃ προς σέ λεγων· μετανοω, ἀφησεις αὐτῳ.

Jh 5 14 μηκετι ἁμαρτανε, ἱνα μη χειρον σοι τι γενηται.

8 11* πορευου, [και] ἀπο του νυν μηκετι ἁμαρτανε.

9 2 ραββι, τίς ἡμαρτεν, οὗτος ἠ οἱ γονεις αὐτου, ἱνα τυφλος γεννηθῃ;

3 οὔτε οὗτος ἡμαρτεν οὔτε οἱ γονεις αὐτου, ἀλλ ἱνα φανερωθη τα ἐργα του θεου ἐν αὐτῳ.

Ac 25 8 του παυλου ἀπολογουμενου ὁτι οὔτε εἰς τον νομον των ἰουδαιων οὔτε εἰς το ἱερον οὔτε εἰς καισαρα τι ἡμαρτον.

ἁμαρτανω [43]

Rm 2 12 ὁσοι γαρ ἀνομως ἡμαρτον, ἀνομως καὶ ἀπολουνται·

12 καὶ ὁσοι ἐν νομῳ ἡμαρτον, δια νομου κριθησονται·

3 23 παντες γαρ ἡμαρτον καὶ ὑστερουνται της δοξης του θεου,

5 12 καὶ οὑτως εἰς παντας ἀνθρωπους ὁ θανατος διηλθεν, ἐφ ᾡ παντες ἡμαρτον·

14 ἀλλα ἐβασιλευσεν ὁ θανατος ἀπο ἀδαμ μεχρι μωυσεως καὶ ἐπι τους μη ἁμαρτησαντας ἐπι τῳ ὁμοιωματι της παραβασεως ἀδαμ,

16 καὶ οὐχ ὡς δι ἑνος ἁμαρτησαντος το δωρημα·

6 15 ἁμαρτησωμεν, ὁτι οὐκ ἐσμεν ὑπο νομον ἀλλα ὑπο χαριν;

1Co 6 18 ὁ δε πορνευων εἰς το ἰδιον σωμα ἁμαρτανει.

7 28 ἐαν δε καὶ γαμησῃς, οὐχ ἡμαρτες,

28 καὶ ἐαν γημῃ ἡ παρθενος, οὐχ ἡμαρτεν·

36 ὁ θελει ποιειτω· οὐχ ἁμαρτανει· γαμειτωσαν.

8 12 οὑτως δε ἁμαρτανοντες εἰς τους ἀδελφους καὶ τυπτοντες αὐτων την συνειδησιν ἀσθενουσαν εἰς χριστον ἁμαρτανετε.

12 οὑτως δε ἁμαρτανοντες εἰς τους ἀδελφους καὶ τυπτοντες αὐτων την συνειδησιν ἀσθενουσαν εἰς χριστον ἁμαρτανετε.

15 34 ἐκνηψατε δικαιως καὶ μη ἁμαρτανετε·

Eph 4 26 ὀργιζεσθε καὶ μη ἁμαρτανετε· ὁ ἡλιος μη ἐπιδυετω ἐπι [τῳ] παροργισμῳ ὑμων,

1Tm 5 20 τους ἁμαρτανοντας ἐνωπιον παντων ἐλεγχε,

Tit 3 11 αἱρετικον ἀνθρωπον μετα μιαν καὶ δευτεραν νουθεσιαν παραιτου, εἰδως ὁτι ἐξεστραπται ὁ τοιουτος καὶ ἁμαρτανει ὡν αὐτοκατακριτος.

Heb 3 17 οὐχι τοις ἁμαρτησασιν, ὡν τα κωλα ἐπεσεν ἐν τῃ ἐρημῳ;

10 26 ἑκουσιως γαρ ἁμαρτανοντων ἡμων μετα το λαβειν την ἐπιγνωσιν της ἀληθειας, οὐκετι περι ἁμαρτιων ἀπολειπεται θυσια,

1Pt 2 20 ποιον γαρ κλεος εἰ ἁμαρτανοντες καὶ κολαφιζομενοι ὑπομενειτε;

2Pt 2 4 εἰ γαρ ὁ θεος ἀγγελων ἁμαρτησαντων οὐκ ἐφεισατο,

1Jh 1 10 ἐαν εἰπωμεν ὁτι οὐχ ἡμαρτηκαμεν, ψευστην ποιουμεν αὐτον καὶ ὁ λογος αὐτου οὐκ ἐστιν ἐν ἡμιν.

2 1 τεκνια μου, ταυτα γραφω ὑμιν ἱνα μη ἁμαρτητε.

1 καὶ ἐαν τις ἁμαρτῃ, παρακλητον ἐχομεν προς τον πατερα,

3 6 πας ὁ ἐν αὐτῳ μενων οὐχ ἁμαρτανει·

6 πας ὁ ἁμαρτανων οὐχ ἑωρακεν αὐτον οὐδε ἐγνωκεν αὐτον.

8 ὁ ποιων την ἁμαρτιαν ἐκ του διαβολου ἐστιν, ὁτι ἀπ ἀρχης ὁ διαβολος ἁμαρτανει.

9 καὶ οὐ δυναται ἁμαρτανειν, ὁτι ἐκ του θεου γεγεννηται.

5 16 ἐαν τις ἰδῃ τον ἀδελφον αὐτου ἁμαρτανοντα ἁμαρτιαν μη προς θανατον, αἰτησει,

16 καὶ δωσει αὐτῳ ζωην, τοις ἁμαρτανουσιν μη προς θανατον.

18 οἰδαμεν ὁτι πας ὁ γεγεννημενος ἐκ του θεου οὐχ ἁμαρτανει,

ἁμαρτημα [4]

Mc 3 28 ἀμην λεγω ὑμιν ὁτι παντα ἀφεθησεται τοις υἱοις των ἀνθρωπων τα ἁμαρτηματα καὶ αἱ βλασφημιαι,

29 οὐκ ἐχει ἀφεσιν εἰς τον αἰωνα, ἀλλα ἐνοχος ἐστιν αἰωνιου ἁμαρτηματος.

Rm 3 25 εἰς ἐνδειξιν της δικαιοσυνης αὐτου δια την παρεσιν των προγεγονοτων ἁμαρτηματων ἐν τῃ ἀνοχῃ του θεου,

1Co 6 18 παν ἁμαρτημα ὁ ἐαν ποιησῃ ἀνθρωπος ἐκτος του σωματος ἐστιν·

ἁμαρτια [173]

Mt 1 21 αὐτος γαρ σωσει τον λαον αὐτου ἀπο των ἁμαρτιων αὐτων.

3 6 καὶ ἐβαπτιζοντο ἐν τῳ ἰορδανῃ ποταμῳ ὑπ αὐτου ἐξομολογουμενοι τας ἁμαρτιας αὐτων.

9 2 ἀφιενται σου αἱ ἁμαρτιαι.

5 ἀφιενται σου αἱ ἁμαρτιαι,

6 ἱνα δε εἰδητε ὁτι ἐξουσιαν ἐχει ὁ υἱος του ἀνθρωπου ἐπι της γης ἀφιεναι ἁμαρτιας τοτε λεγει τῳ παραλυτικῳ·

12 31 πασα ἁμαρτια καὶ βλασφημια ἀφεθησεται τοις ἀνθρωποις,

26 28 πιετε ἐξ αὐτου παντες· τουτο γαρ ἐστιν το αἱμα μου της διαθηκης το περι πολλων ἐκχυννομενον εἰς ἀφεσιν ἁμαρτιων.

Mc 1 4 ἐγενετο ἰωαννης [ὁ] βαπτιζων ἐν τῃ ἐρημῳ κηρυσσων βαπτισμα μετανοιας εἰς ἀφεσιν ἁμαρτιων.

5 καὶ ἐβαπτιζοντο ὑπ αὐτου ἐν τῳ ἰορδανῃ ποταμῳ ἐξομολογουμενοι τας ἁμαρτιας αὐτων.

2 5 καὶ ἰδων ὁ ἰησους την πιστιν αὐτων λεγει τῳ παραλυτικῳ· τεκνον, ἀφιενται σου αἱ ἁμαρτιαι.

7 τίς δυναται ἀφιεναι ἁμαρτιας εἰ μη εἱς ὁ θεος;

9 τί ἐστιν εὐκοπωτερον, εἰπειν τῳ παραλυτικῳ· ἀφιενται σου αἱ ἁμαρτιαι, ἠ εἰπειν· ἐγειρε καὶ ἀρον τον κραβαττον σου καὶ περιπατει;

ἁμαρτια [173]

Mc 2 10 ἱνα δε είδητε ὁτι έξουσιαν έχει ὁ υἱος του ἀνθρωπου ἀφιεναι ἁμαρτιας έπι της γης, λεγει τω παραλυτικω·

Lc 1 77 προπορευση γαρ ένωπιον κυριου έτοιμασαι ὁδους αύτου, του δουναι γνωσιν σωτηριας τω λαω αύτου έν άφεσει ἁμαρτιων αὐτων,

3 3 και ήλθεν είς πασαν την περιχωρον του ιορδανου κηρυσσων βαπτισμα μετανοιας είς ἁφεσιν ἁμαρτιων,

5 20 ἀνθρωπε, άφεωνται σοι αἱ ἁμαρτιαι σου.

21 τίς δυναται ἁμαρτιας άφειναι εἱ μη μονος ὁ θεος;

23 τί έστιν εὐκοπωτερον, είπειν· άφεωνται σοι αἱ ἁμαρτιαι σου, ἡ είπειν· έγειρε και περιπατει;

24 ἱνα δε είδητε ὁτι ὁ υἱος του ἀνθρωπου έξουσιαν έχει έπι της γης άφιεναι ἁμαρτιας, είπεν τω παραλελυμενω·

7 47 οὐ χαριν λεγω σοι, άφεωνται αἱ ἁμαρτιαι αὐτης αἱ πολλαι, ὁτι ήγαπησεν πολυ·

48 άφεωνται σου αἱ ἁμαρτιαι.

49 τίς οὑτος έστιν, ὁς και ἁμαρτιας άφιησιν;

11 4 και ἁφες ήμιν τας ἁμαρτιας ήμων, και γαρ αὐτοι άφιομεν παντι όφειλοντι ήμιν·

24 47 και κηρυχθηναι έπι τω όνοματι αύτου μετανοιαν είς άφεσιν ἁμαρτιων είς παντα τα έθνη, άρξαμενοι άπο ιερουσαλημ.

Jh 1 29 ίδε ὁ άμνος του θεου ὁ αίρων την ἁμαρτιαν του κοσμου.

8 21 έγω ὑπαγω και ζητησετε με, και έν τη ἁμαρτια ὑμων άποθανεισθε·

24 είπον ούν ὑμιν ὁτι άποθανεισθε έν ταις ἁμαρτιαις ὑμων·

24 έαν γαρ μη πιστευσητε ὁτι έγω είμι, άποθανεισθε έν ταις ἁμαρτιαις ὑμων.

34 ἁμην ἁμην λεγω ὑμιν ὁτι πας ὁ ποιων την ἁμαρτιαν δουλος έστιν της ἁμαρτιας.

34 ἁμην ἁμην λεγω ὑμιν ὁτι πας ὁ ποιων την ἁμαρτιαν δουλος έστιν της ἁμαρτιας.

46 τίς έξ ὑμων έλεγχει με περι ἁμαρτιας;

9 34 έν ἁμαρτιαις συ έγεννηθης όλος, και συ διδασκεις ήμας;

41 εί τυφλοι ήτε, ούκ άν είχετε ἁμαρτιαν·

41 νυν δε λεγετε ὁτι βλεπομεν· ἡ ἁμαρτια ὑμων μενει.

15 22 εί μη ήλθον και έλαλησα αὐτοις, ἁμαρτιαν ούκ είχοσαν·

22 νυν δε προφασιν ούκ έχουσιν περι της ἁμαρτιας αὐτων.

24 εί τα έργα μη έποιησα έν αὐτοις ἁ ούδεις άλλος έποιησεν, ἁμαρτιαν ούκ είχοσαν·

16 8 και έλθων έκεινος έλεγξει τον κοσμον περι ἁμαρτιας και περι δικαιοσυνης και περι κρισεως·

9 περι ἁμαρτιας μεν, ὁτι ού πιστευουσιν είς έμε·

19 11 δια τουτο ὁ παραδους με σοι μειζονα ἁμαρτιαν έχει.

20 23 άν τινων άφητε τας ἁμαρτιας, άφεωνται αὐτοις·

Ac 2 38 μετανοησατε, [φησιν,] και βαπτισθητω έκαστος ὑμων έπι τω όνοματι ιησου χριστου είς άφεσιν των ἁμαρτιων ὑμων,

3 19 μετανοησατε ούν και έπιστρεψατε είς το έξαλειφθηναι ὑμων τας ἁμαρτιας,

5 31 τουτον ὁ θεος άρχηγον και σωτηρα ὑψωσεν τη δεξια αὐτου [του] δουναι μετανοιαν τω ισραηλ και άφεσιν ἁμαρτιων.

7 60 κυριε, μη στησης αὐτοις ταυτην την ἁμαρτιαν.

10 43 τουτω παντες οἱ προφηται μαρτυρουσιν, άφεσιν ἁμαρτιων λαβειν δια του όνοματος αὐτου παντα τον πιστευοντα είς αὐτον.

13 38 γνωστον ούν έστω ὑμιν, άνδρες άδελφοι, ὁτι δια τουτου ὑμιν άφεσις ἁμαρτιων καταγγελλεται,

22 16 άναστας βαπτισαι και άπολουσαι τας ἁμαρτιας σου, έπικαλεσαμενος το όνομα αὐτου.

26 18 του λαβειν αὐτους άφεσιν ἁμαρτιων και κληρον έν τοις ήγιασμενοις πιστει τη είς έμε.

Rm 3 9 προητιασαμεθα γαρ ιουδαιους τε και έλληνας παντας ὑφ ἁμαρτιαν είναι, καθως γεγραπται ὁτι ούκ έστιν δικαιος ούδε είς,

20 διοτι έξ έργων νομου ού δικαιωθησεται πασα σαρξ ένωπιον αὐτου· δια γαρ νομου έπιγνωσις ἁμαρτιας.

4 7 μακαριοι ὡν άφεθησαν αἱ άνομιαι και ὡν έπεκαλυφθησαν αἱ ἁμαρτιαι·

8 μακαριος άνηρ ού ού μη λογισηται κυριος ἁμαρτιαν.

5 12 δια τουτο ὡσπερ δι ένος ἀνθρωπου ἡ ἁμαρτια είς τον κοσμον είσηλθεν, και δια της ἁμαρτιας ὁ θανατος, και ουτως είς παντας ἀνθρωπους ὁ θανατος διηλθεν,

12 δια τουτο ὡσπερ δι ένος ἀνθρωπου ἡ ἁμαρτια είς τον κοσμον είσηλθεν, και δια της ἁμαρτιας ὁ θανατος, και ουτως είς παντας ἀνθρωπους ὁ θανατος διηλθεν,

13 άχρι γαρ νομου ἁμαρτια ήν έν κοσμω, ἁμαρτια δε ούκ έλλογειται μη όντος νομου·

13 άχρι γαρ νομου ἁμαρτια ήν έν κοσμω, ἁμαρτια δε ούκ έλλογειται μη όντος νομου·

20 οὑ δε έπλεονασεν ἡ ἁμαρτια, ὑπερεπερισσευσεν ἡ χαρις,

ἁμαρτια [173]

Rm 5 21 ἱνα ὡσπερ έβασιλευσεν ἡ ἁμαρτια έν τω θανατω, ουτως και ἡ χαρις βασιλευση δια δικαιοσυνης είς ζωην αίωνιον δια ιησου χριστου του κυριου ήμων.

6 1 έπιμενωμεν τη ἁμαρτια, ἱνα ἡ χαρις πλεοναση;

2 οἱτινες άπεθανομεν τη ἁμαρτια, πως έτι ζησομεν έν αὐτη;

6 τουτο γινωσκοντες, ὁτι ὁ παλαιος ήμων ἀνθρωπος συνεσταυρωθη, ἱνα καταργηθη το σωμα της ἁμαρτιας, του μηκετι δουλευειν ήμας τη ἁμαρτια.

6 τουτο γινωσκοντες, ὁτι ὁ παλαιος ήμων ἀνθρωπος συνεσταυρωθη, ἱνα καταργηθη το σωμα της ἁμαρτιας, του μηκετι δουλευειν ήμας τη ἁμαρτια·

7 ὁ γαρ άποθανων δεδικαιωται άπο της ἁμαρτιας.

10 ὁ γαρ άπεθανεν, τη ἁμαρτια άπεθανεν έφαπαξ·

11 ουτως και ὑμεις λογιζεσθε έαυτους [είναι] νεκρους μεν τη ἁμαρτια ζωντας δε τω θεω έν χριστω ιησου.

12 μη ούν βασιλευετω ἡ ἁμαρτια έν τω θνητω ὑμων σωματι είς το ὑπακουειν ταις έπιθυμιαις αὐτου,

13 μηδε παριστανετε τα μελη ὑμων ὁπλα άδικιας τη ἁμαρτια, άλλα παραστησατε έαυτους τω θεω

14 ἁμαρτια γαρ ὑμων ού κυριευσει·

16 δουλοι έστε ὡ ὑπακουετε, ήτοι ἁμαρτιας είς θανατον ἡ ὑπακοης είς δικαιοσυνην·

17 χαρις δε τω θεω ὁτι ήτε δουλοι της ἁμαρτιας, ὑπηκουσατε δε έκ καρδιας είς ὁν παρεδοθητε τυπον διδαχης,

18 έλευθερωθεντες δε άπο της ἁμαρτιας έδουλωθητε τη δικαιοσυνη.

20 ὁτε γαρ δουλοι ήτε της ἁμαρτιας, έλευθεροι ήτε τη δικαιοσυνη.

22 νυνι δε έλευθερωθεντες άπο της ἁμαρτιας δουλωθεντες δε τω θεω, έχετε τον καρπον ὑμων είς ἁγιασμον,

23 τα γαρ όψωνια της ἁμαρτιας θανατος, το δε χαρισμα του θεου ζωη αίωνιος έν χριστω ιησου τω κυριω ήμων.

7 5 ὁτε γαρ ήμεν έν τη σαρκι, τα παθηματα των ἁμαρτιων τα δια του νομου ένηργειτο έν τοις μελεσιν ήμων είς το καρποφορησαι τω θανατω·

7 τί ούν έρουμεν; ὁ νομος ἁμαρτια;

7 άλλα την ἁμαρτιαν ούκ έγνων εί μη δια νομου·

8 άφορμην δε λαβουσα ἡ ἁμαρτια δια της έντολης κατειργασατο έν έμοι πασαν έπιθυμιαν·

8 χωρις γαρ νομου ἁμαρτια νεκρα.

9 έλθουσης δε της έντολης ἡ ἁμαρτια άνεζησεν,

11 ἡ γαρ ἁμαρτια άφορμην λαβουσα δια της έντολης έξηπατησεν με και δι αὐτης άπεκτεινεν.

13 άλλα ἡ ἁμαρτια, ἱνα φανη ἁμαρτια, δια του άγαθου μοι κατεργαζομενη θανατον,

13 άλλα ἡ ἁμαρτια, ἱνα φανη ἁμαρτια, δια του άγαθου μοι κατεργαζομενη θανατον,

13 άλλα ἡ ἁμαρτια, ἱνα φανη ἁμαρτια, δια του άγαθου μοι κατεργαζομενη θανατον, ἱνα γενηται καθ ὑπερβολην ἁμαρτωλος ἡ ἁμαρτια δια της έντολης.

14 έγω δε σαρκινος είμι, πεπραμενος ὑπο την ἁμαρτιαν.

17 νυνι δε ούκετι έγω κατεργαζομαι αὐτο άλλα ἡ οίκουσα έν έμοι ἁμαρτια.

20 εί δε ὁ ού θελω [έγω] τουτο ποιω, ούκετι έγω κατεργαζομαι αὐτο άλλα ἡ οίκουσα έν έμοι ἁμαρτια.

23 άντιστρατευομενον τω νομω του νοος μου και αίχμαλωτιζοντα με έν τω νομω της ἁμαρτιας τω όντι έν τοις μελεσιν μου.

25 άρα ούν αὐτος έγω τω μεν νοι δουλευω νομω θεου, τη δε σαρκι νομω ἁμαρτιας.

8 2 ὁ γαρ νομος του πνευματος της ζωης έν χριστω ιησου ήλευθερωσεν σε άπο του νομου της ἁμαρτιας και του θανατου.

3 το γαρ άδυνατον του νομου, έν ὡ ήσθενει δια της σαρκος, ὁ θεος τον έαυτου υἱον πεμψας έν όμοιωματι σαρκος ἁμαρτιας και περι ἁμαρτιας κατεκρινεν την ἁμαρτιαν έν τη σαρκι,

3 το γαρ άδυνατον του νομου, έν ὡ ήσθενει δια της σαρκος, ὁ θεος τον έαυτου υἱον πεμψας έν όμοιωματι σαρκος ἁμαρτιας και περι ἁμαρτιας κατεκρινεν την ἁμαρτιαν έν τη σαρκι,

3 το γαρ άδυνατον του νομου, έν ὡ ήσθενει δια της σαρκος, ὁ θεος τον έαυτου υἱον πεμψας έν όμοιωματι σαρκος ἁμαρτιας και περι ἁμαρτιας κατεκρινεν την ἁμαρτιαν έν τη σαρκι,

10 εί δε χριστος έν ὑμιν, το μεν σωμα νεκρον δια ἁμαρτιαν,

11 27 και αὑτη αὐτοις ἡ παρ έμου διαθηκη, ὁταν άφελωμαι τας ἁμαρτιας αὐτων.

14 23 παν δε ὁ ούκ έκ πιστεως ἁμαρτια έστιν.

1Co 15 3 παρεδωκα γαρ ὑμιν έν πρωτοις, ὁ και παρελαβον, ὁτι χριστος άπεθανεν ὑπερ των ἁμαρτιων ήμων κατα τας γραφας,

17 έτι έστε έν ταις ἁμαρτιαις ὑμων.

ἁμαρτια [173]

1Co	15 56	το δε κεντρον του θανατου ἡ ἁμαρτια, ἡ δε δυναμις της ἁμαρτιας ὁ νομος·
	56	το δε κεντρον του θανατου ἡ ἁμαρτια, ἡ δε δυναμις της ἁμαρτιας ὁ νομος·
2Co	5 21	τον μη γνοντα ἁμαρτιαν ὑπερ ἡμων ἁμαρτιαν ἐποιησεν,
	21	τον μη γνοντα ἁμαρτιαν ὑπερ ἡμων ἁμαρτιαν ἐποιησεν,
	11 7	ἡ ἁμαρτιαν ἐποιησα ἐμαυτον ταπεινων ἱνα ὑμεις ὑψωθητε, ὁτι δωρεαν το του θεου εὐαγγελιον εὐηγγελισαμην ὑμιν;
Ga	1 4	ἀπο θεου πατρος ἡμων και κυριου ἰησου χριστου, του δοντος ἑαυτον ὑπερ των ἁμαρτιων ἡμων,
	2 17	εἰ δε ζητουντες δικαιωθηναι ἐν χριστω εὑρεθημεν και αὐτοι ἁμαρτωλοι, ἀρα χριστος ἁμαρτιας διακονος;
	3 22	ἀλλα συνεκλεισεν ἡ γραφη τα παντα ὑπο ἁμαρτιαν ἱνα ἡ ἐπαγγελια ἐκ πιστεως ἰησου χριστου δοθη τοις πιστευουσιν.
Eph	2 1	και ὑμας ὀντας νεκρους τοις παραπτωμασιν και ταις ἁμαρτιαις ὑμων,
Col	1 14	ἐν ᾡ ἐχομεν την ἀπολυτρωσιν, την ἀφεσιν των ἁμαρτιων·
1Th	2 16	κωλυοντων ἡμας τοις ἐθνεσιν λαλησαι ἱνα σωθωσιν, εἰς το ἀναπληρωσαι αὐτων τας ἁμαρτιας παντοτε.
1Tm	5 22	χειρας ταχεως μηδενι ἐπιτιθει, μηδε κοινωνει ἁμαρτιαις ἀλλοτριαις·
	24	τινων ἀνθρωπων αἱ ἁμαρτιαι προδηλοι εἰσιν προαγουσαι εἰς κρισιν, τισιν δε και ἐπακολουθουσιν·
2Tm	3 6	ἐκ τουτων γαρ εἰσιν οἱ ἐνδυνοντες εἰς τας οἰκιας και αἰχμαλωτιζοντες γυναικαρια σεσωρευμενα ἁμαρτιαις,
Heb	1 3	καθαρισμον των ἁμαρτιων ποιησαμενος ἐκαθισεν ἐν δεξια της μεγαλωσυνης ἐν ὑψηλοις,
	2 17	ἱνα ἐλεημων γενηται και πιστος ἀρχιερευς τα προς τον θεον, εἰς το ἱλασκεσθαι τας ἁμαρτιας του λαου.
	3 13	ἀλλα παρακαλειτε ἑαυτους καθ ἑκαστην ἡμεραν, ἀχρις οὑ το σημερον καλειται, ἱνα μη σκληρυνθη τις ἐξ ὑμων ἀπατη της ἁμαρτιας·
	4 15	οὐ γαρ ἐχομεν ἀρχιερεα μη δυναμενον συμπαθησαι ταις ἀσθενειαις ἡμων, πεπειρασμενον δε κατα παντα καθ ὁμοιοτητα χωρις ἁμαρτιας.
	5 1	πας γαρ ἀρχιερευς ἐξ ἀνθρωπων λαμβανομενος ὑπερ ἀνθρωπων καθισταται τα προς τον θεον, ἱνα προσφερη δωρα τε και θυσιας ὑπερ ἁμαρτιων,
	3	και δι αὐτην ὀφειλει, καθως περι του λαου, οὑτως και περι ἑαυτου προσφερειν περι ἁμαρτιων.
	7 27	ὁς οὐκ ἐχει καθ ἡμεραν ἀναγκην, ὡσπερ οἱ ἀρχιερεις, προτερον ὑπερ των ἰδιων ἁμαρτιων θυσιας ἀναφερειν, ἐπειτα των του λαου·
	8 12	και των ἁμαρτιων αὐτων οὐ μη μνησθω ἐτι.
	9 26	νυνι δε ἁπαξ ἐπι συντελεια των αἰωνων εἰς ἀθετησιν [της] ἁμαρτιας δια της θυσιας αὐτου πεφανερωται.
	28	και καθ ὁσον ἀποκειται τοις ἀνθρωποις ἁπαξ ἀποθανειν, μετα δε τουτο κρισις, οὑτως και ὁ χριστος, ἁπαξ προσενεχθεις εἰς το πολλων ἀνενεγκειν ἁμαρτιας·
	28	ἐκ δευτερου χωρις ἁμαρτιας ὀφθησεται τοις αὐτον ἀπεκδεχομενοις εἰς σωτηριαν.
	10 2	ἐπει οὐκ ἀν ἐπαυσαντο προσφερομεναι, δια το μηδεμιαν ἐχειν ἐτι συνειδησιν ἁμαρτιων τους λατρευοντας ἁπαξ κεκαθαρισμενους;
	3	ἀλλ ἐν αὐταις ἀναμνησις ἁμαρτιων κατ ἐνιαυτον·
	4	ἀδυνατον γαρ αἱμα ταυρων και τραγων ἀφαιρειν ἁμαρτιας.
	6	ὁλοκαυτωματα και περι ἁμαρτιας οὐκ εὐδοκησας.
	8	ἀνωτερον λεγων ὁτι θυσιας και προσφορας και ὁλοκαυτωματα και περι ἁμαρτιας οὐκ ἠθελησας οὐδε εὐδοκησας,
	11	και πας μεν ἱερευς ἑστηκεν καθ ἡμεραν λειτουργων και τας αὐτας πολλακις προσφερων θυσιας, αἱτινες οὐδεποτε δυνανται περιελειν ἁμαρτιας·
	12	οὑτος δε μιαν ὑπερ ἁμαρτιων προσενεγκας θυσιαν εἰς το διηνεκες ἐκαθισεν ἐν δεξια του θεου,
	17	και των ἁμαρτιων αὐτων και των ἀνομιων αὐτων οὐ μη μνησθησομαι ἐτι.
	18	ὁπου δε ἀφεσις τουτων, οὐκετι προσφορα περι ἁμαρτιας.
	26	ἑκουσιως γαρ ἁμαρτανοντων ἡμων μετα το λαβειν την ἐπιγνωσιν της ἀληθειας, οὐκετι περι ἁμαρτιων ἀπολειπεται θυσια,
	11 25	μαλλον ἑλομενος συγκακουχεισθαι τω λαω του θεου ἠ προσκαιρον ἐχειν ἁμαρτιας ἀπολαυσιν,
	12 1	τοιγαρουν και ἡμεις, τοσουτον ἐχοντες περικειμενον ἡμιν νεφος μαρτυρων, ὀγκον ἀποθεμενοι παντα και την εὐπεριστατον ἁμαρτιαν,
	4	οὐπω μεχρις αἱματος ἀντικατεστητε προς την ἁμαρτιαν ἀνταγωνιζομενοι,

ἁμαρτια [173]

Heb	13 11	ὡν γαρ εἰσφερεται ζωων το αἱμα περι ἁμαρτιας εἰς τα ἀγια δια του ἀρχιερεως, τουτων τα σωματα κατακαιεται ἐξω της παρεμβολης.
Ja	1 15	εἰτα ἡ ἐπιθυμια συλλαβουσα τικτει ἁμαρτιαν,
	15	ἡ δε ἁμαρτια ἀποτελεσθεισα ἀποκυει θανατον.
	2 9	εἰ δε προσωπολημπτειτε, ἁμαρτιαν ἐργαζεσθε, ἐλεγχομενοι ὑπο του νομου ὡς παραβαται.
	4 17	εἰδοτι οὐν καλον ποιειν και μη ποιουντι, ἁμαρτια αὐτω ἐστιν.
	5 15	καν ἁμαρτιας ἠ πεποιηκως, ἀφεθησεται αὐτω.
	16	ἐξομολογεισθε οὐν ἀλληλοις τας ἁμαρτιας,
	20	γινωσκετω ὁτι ὁ ἐπιστρεψας ἁμαρτωλον ἐκ πλανης ὁδου αὐτου σωσει ψυχην αὐτου ἐκ θανατου και καλυψει πληθος ἁμαρτιων.
1Pt	2 22	ὁς ἁμαρτιαν οὐκ ἐποιησεν οὐδε εὑρεθη δολος ἐν τω στοματι αὐτου·
	24	ὁς τας ἁμαρτιας ἡμων αὐτος ἀνηνεγκεν ἐν τω σωματι αὐτου ἐπι το ξυλον,
	24	ἱνα ταις ἁμαρτιαις ἀπογενομενοι τη δικαιοσυνη ζησωμεν·
	3 18	ὁτι και χριστος ἁπαξ περι ἁμαρτιων ἐπαθεν, δικαιος ὑπερ ἀδικων,
	4 1	ὁτι ὁ παθων σαρκι πεπαυται ἁμαρτιας,
	8	προ παντων την εἰς ἑαυτους ἀγαπην ἐκτενη ἐχοντες, ὁτι ἀγαπη καλυπτει πληθος ἁμαρτιων·
2Pt	1 9	τυφλος ἐστιν μυωπαζων, ληθην λαβων του καθαρισμου των παλαι αὐτου ἁμαρτιων.
	2 14	ὀφθαλμους ἐχοντες μεστους μοιχαλιδος και ἀκαταπαυστους ἁμαρτιας,
1Jh	1 7	και το αἱμα ἰησου του υἱου αὐτου καθαριζει ἡμας ἀπο πασης ἁμαρτιας.
	8	ἐαν εἰπωμεν ὁτι ἁμαρτιαν οὐκ ἐχομεν, ἑαυτους πλανωμεν και ἡ ἀληθεια οὐκ ἐστιν ἐν ἡμιν.
	9	ἐαν ὁμολογωμεν τας ἁμαρτιας ἡμων, πιστος ἐστιν και δικαιος,
	9	πιστος ἐστιν και δικαιος, ἱνα ἀφη ἡμιν τας ἁμαρτιας και καθαριση ἡμας ἀπο πασης ἀδικιας.
	2 2	και αὐτος ἱλασμος ἐστιν περι των ἁμαρτιων ἡμων,
	12	γραφω ὑμιν, τεκνια, ὁτι ἀφεωνται ὑμιν αἱ ἁμαρτιαι δια το ὀνομα αὐτου.
	3 4	πας ὁ ποιων την ἁμαρτιαν και την ἀνομιαν ποιει,
	4	και ἡ ἁμαρτια ἐστιν ἡ ἀνομια.
	5	και οἰδατε ὁτι ἐκεινος ἐφανερωθη ἱνα τας ἁμαρτιας ἀρη,
	5	και ἁμαρτια ἐν αὐτω οὐκ ἐστιν.
	8	ὁ ποιων την ἁμαρτιαν ἐκ του διαβολου ἐστιν,
	9	πας ὁ γεγεννημενος ἐκ του θεου ἁμαρτιαν οὐ ποιει,
	4 10	και ἀπεστειλεν τον υἱον αὐτου ἱλασμον περι των ἁμαρτιων ἡμων.
	5 16	ἐαν τις ἰδη τον ἀδελφον αὐτου ἁμαρτανοντα ἁμαρτιαν μη προς θανατον, αἰτησει,
	16	ἐστιν ἁμαρτια προς θανατον· οὐ περι ἐκεινης λεγω ἱνα ἐρωτηση.
	17	πασα ἀδικια ἁμαρτια ἐστιν, και ἐστιν ἁμαρτια οὐ προς θανατον.
	17	πασα ἀδικια ἁμαρτια ἐστιν, και ἐστιν ἁμαρτια οὐ προς θανατον.
Apc	1 5	τω ἀγαπωντι ἡμας και λυσαντι ἡμας ἐκ των ἁμαρτιων ἡμων ἐν τω αἱματι αὐτου,
	18 4	ἐξελθατε ὁ λαος μου ἐξ αὐτης, ἱνα μη συγκοινωνησητε ταις ἁμαρτιαις αὐτης,
	5	ὁτι ἐκολληθησαν αὐτης αἱ ἁμαρτιαι ἀχρι του οὐρανου,

ἁμαρτυρος [1]

Ac	14 17	καιτοι οὐκ ἁμαρτυρον αὐτον ἀφηκεν ἀγαθουργων,

ἁμαρτωλος [47]

Mt	9 10	και ἰδου πολλοι τελωναι και ἁμαρτωλοι ἐλθοντες συνανεκειντο τω ἰησου και τοις μαθηταις αὐτου.
	11	δια τί μετα των τελωνων και ἁμαρτωλων ἐσθιει ὁ διδασκαλος ὑμων;
	13	οὐ γαρ ἠλθον καλεσαι δικαιους ἀλλα ἁμαρτωλους.
	11 19	ἰδου ἀνθρωπος φαγος και οἰνοποτης, τελωνων φιλος και ἁμαρτωλων.
	26 45	ἰδου ἠγγικεν ἡ ὡρα και ὁ υἱος του ἀνθρωπου παραδιδοται εἰς χειρας ἁμαρτωλων.
Mc	2 15	και πολλοι τελωναι και ἁμαρτωλοι συνανεκειντο τω ἰησου και τοις μαθηταις αὐτου
	16	και οἱ γραμματεις των φαρισαιων ἰδοντες ὁτι ἐσθιει μετα των ἁμαρτωλων και τελωνων ἐλεγον τοις μαθηταις αὐτου·

ἁμαρτωλος [47]

Mc 2 16 και οἱ γραμματεις των φαρισαιων ἰδοντες ὅτι ἐσθιει μετα των ἁμαρτωλων και τελωνων ἐλεγον τοις μαθηταις αὐτου· ὅτι μετα των τελωνων και ἁμαρτωλων ἐσθιει;

17 οὐκ ἠλθον καλεσαι δικαιους ἀλλα ἁμαρτωλους.

8 38 ὃς γαρ ἐαν ἐπαισχυνθῃ με και τους ἐμους λογους ἐν τῃ γενεᾳ ταυτῃ τῃ μοιχαλιδι και ἁμαρτωλῳ,

14 41 ἠλθεν ἡ ὡρα, ἰδου παραδιδοται ὁ υἱος του ἀνθρωπου εἰς τας χειρας των ἁμαρτωλων.

Lc 5 8 ἐξελθε ἀπ ἐμου, ὅτι ἀνηρ ἁμαρτωλος εἰμι, κυριε.

30 δια τί μετα των τελωνων και ἁμαρτωλων ἐσθιετε και πινετε;

32 οὐκ ἐληλυθα καλεσαι δικαιους ἀλλα ἁμαρτωλους εἰς μετανοιαν.

6 32 και γαρ οἱ ἁμαρτωλοι τους ἀγαπωντας αὐτους ἀγαπωσιν.

33 και οἱ ἁμαρτωλοι το αὐτο ποιουσιν.

34 και ἁμαρτωλοι ἁμαρτωλοις δανιζουσιν ἱνα ἀπολαβωσιν τα ἰσα.

34 και ἁμαρτωλοι ἁμαρτωλοις δανιζουσιν ἱνα ἀπολαβωσιν τα ἰσα.

7 34 ἰδου ἀνθρωπος φαγος και οἰνοποτης, φιλος τελωνων και ἁμαρτωλων.

37 και ἰδου γυνη ἡτις ἠν ἐν τῃ πολει ἁμαρτωλος, και ἐπιγνουσα ὅτι κατακειται ἐν τῃ οἰκιᾳ του φαρισαιου, κομισασα ἀλαβαστρον μυρου

39 οὑτος εἰ ἠν προφητης, ἐγινωσκεν ἀν τίς και ποταπη ἡ γυνη ἡτις ἁπτεται αὐτου, ὅτι ἁμαρτωλος ἐστιν.

13 2 δοκειτε ὅτι οἱ γαλιλαιοι οὑτοι ἁμαρτωλοι παρα παντας τους γαλιλαιους ἐγενοντο, ὅτι ταυτα πεπονθασιν;

15 1 ἠσαν δε αὐτῳ ἐγγιζοντες παντες οἱ τελωναι και οἱ ἁμαρτωλοι ἀκουειν αὐτου.

2 και διεγογγυζον οἱ τε φαρισαιοι και οἱ γραμματεις λεγοντες ὅτι οὑτος ἁμαρτωλους προσδεχεται και συνεσθιει αὐτοις.

7 λεγω ὑμιν ὅτι οὑτως χαρα ἐν τῳ οὐρανῳ ἐσται ἐπι ἑνι ἁμαρτωλῳ μετανοουντι ἠ ἐπι ἐνενηκονταεννεα δικαιοις οἱτινες οὐ χρειαν ἐχουσιν μετανοιας.

10 οὑτως, λεγω ὑμιν, γινεται χαρα ἐνωπιον των ἀγγελων του θεου ἐπι ἑνι ἁμαρτωλῳ μετανοουντι.

18 13 ὁ θεος, ἱλασθητι μοι τῳ ἁμαρτωλῳ.

19 7 και ἰδοντες παντες διεγογγυζον λεγοντες ὅτι παρα ἁμαρτωλῳ ἀνδρι εἰσηλθεν καταλυσαι.

24 7 λεγων τον υἱον του ἀνθρωπου ὅτι δει παραδοθηναι εἰς χειρας ἀνθρωπων ἁμαρτωλων και σταυρωθηναι και τῃ τριτῃ ἡμερᾳ ἀναστηναι.

Jh 9 16 πως δυναται ἀνθρωπος ἁμαρτωλος τοιαυτα σημεια ποιειν;

24 ἡμεις οἰδαμεν ὅτι οὑτος ὁ ἀνθρωπος ἁμαρτωλος ἐστιν.

25 εἰ ἁμαρτωλος ἐστιν οὐκ οἰδα· ἑν οἰδα, ὅτι τυφλος ὠν ἀρτι βλεπω.

31 οἰδαμεν ὅτι ἁμαρτωλων ὁ θεος οὐκ ἀκουει,

Rm 3 7 εἰ δε ἡ ἀληθεια του θεου ἐν τῳ ἐμῳ ψευσματι ἐπερισσευσεν εἰς την δοξαν αὐτου, τί ἐτι καγω ὡς ἁμαρτωλος κρινομαι;

5 8 συνιστησιν δε την ἑαυτου ἀγαπην εἰς ἡμας ὁ θεος ὅτι ἐτι ἁμαρτωλων ὀντων ἡμων χριστος ὑπερ ἡμων ἀπεθανεν.

19 ὡσπερ γαρ δια της παρακοης του ἑνος ἀνθρωπου ἁμαρτωλοι κατεσταθησαν οἱ πολλοι, οὑτως και δια της ὑπακοης του ἑνος δικαιοι κατασταθησονται οἱ πολλοι.

7 13 ἀλλα ἡ ἁμαρτια, ἱνα φανῃ ἁμαρτια, δια του ἀγαθου μοι κατεργαζομενη θανατον, ἱνα γενηται καθ ὑπερβολην ἁμαρτωλος ἡ ἁμαρτια δια της ἐντολης.

Ga 2 15 ἡμεις φυσει ἰουδαιοι και οὐκ ἐξ ἐθνων ἁμαρτωλοι,

17 εἰ δε ζητουντες δικαιωθηναι ἐν χριστῳ εὑρεθημεν και αὐτοι ἁμαρτωλοι, ἀρα χριστος ἁμαρτιας διακονος;

1Tm 1 9 ἀσεβεσι και ἁμαρτωλοις, ἀνοσιοις και βεβηλοις,

15 πιστος ὁ λογος και πασης ἀποδοχης ἀξιος, ὅτι χριστος ἰησους ἠλθεν εἰς τον κοσμον ἁμαρτωλους σωσαι·

Heb 7 26 τοιουτος γαρ ἡμιν και ἐπρεπεν ἀρχιερευς, ὁσιος, ἀκακος, ἀμιαντος, κεχωρισμενος ἀπο των ἁμαρτωλων, και ὑψηλοτερος των οὐρανων γενομενος·

12 3 ἀναλογισασθε γαρ τον τοιαυτην ὑπομεμενηκοτα ὑπο των ἁμαρτωλων εἰς ἑαυτον ἀντιλογιαν,

Ja 4 8 καθαρισατε χειρας, ἁμαρτωλοι, και ἁγνισατε καρδιας, διψυχοι.

5 20 γινωσκετω ὅτι ὁ ἐπιστρεψας ἁμαρτωλον ἐκ πλανης ὁδου αὐτου σωσει ψυχην αὐτου ἐκ θανατου και καλυψει πληθος ἁμαρτιων.

1Pt 4 18 και εἰ ὁ δικαιος μολις σωζεται, ὁ ἀσεβης και ἁμαρτωλος που φανειται;

Ju 15 και περι παντων των σκληρων ὡν ἐλαλησαν κατ αὐτου ἁμαρτωλοι ἀσεβεις.

ἀμαχος [2]

1Tm 3 3 μη παροινον, μη πληκτην, ἀλλα ἐπιεικη, ἀμαχον, ἀφιλαργυρον,

Tit 3 2 μηδενα βλασφημειν, ἀμαχους εἰναι, ἐπιεικεις, πασαν ἐνδεικνυμενους πραυτητα προς παντας ἀνθρωπους.

ἀμαω [1]

Ja 5 4 ἰδου ὁ μισθος των ἐργατων των ἀμησαντων τας χωρας ὑμων ὁ ἀπεστερημενος ἀφ ὑμων κραζει,

ἀμεθυστος [1]

Apc 21 20 ὁ ἐνδεκατος ὑακινθος, ὁ δωδεκατος ἀμεθυστος.

ἀμελεω [4]

Mt 22 5 οἱ δε ἀμελησαντες ἀπηλθον, ὃς μεν εἰς τον ἰδιον ἀγρον, ὃς δε ἐπι την ἐμποριαν αὐτου·

1Tm 4 14 μη ἀμελει του ἐν σοι χαρισματος,

Heb 2 3 πως ἡμεις ἐκφευξομεθα τηλικαυτης ἀμελησαντες σωτηριας;

8 9 ὅτι αὐτοι οὐχ ἐνεμειναν ἐν τῃ διαθηκῃ μου, καγω ἠμελησα αὐτων, λεγει κυριος.

ἀμεμπτος [5]

Lc 1 6 ἠσαν δε δικαιοι ἀμφοτεροι ἐναντιον του θεου, πορευομενοι ἐν πασαις ταις ἐντολαις και δικαιωμασιν του κυριου ἀμεμπτοι.

Php 2 15 παντα ποιειτε χωρις γογγυσμων και διαλογισμων, ἱνα γενησθε ἀμεμπτοι και ἀκεραιοι,

3 6 κατα ζηλος διωκων την ἐκκλησιαν, κατα δικαιοσυνην την ἐν νομῳ γενομενος ἀμεμπτος.

1Th 3 13 εἰς το στηριξαι ὑμων τας καρδιας ἀμεμπτους ἐν ἁγιωσυνῃ

Heb 8 7 εἰ γαρ ἡ πρωτη ἐκεινη ἠν ἀμεμπτος, οὐκ ἀν δευτερας ἐζητειτο τοπος.

ἀμεμπτως [2]

1Th 2 10 ὑμεις μαρτυρες και ὁ θεος, ὡς ὁσιως και δικαιως και ἀμεμπτως ὑμιν τοις πιστευουσιν ἐγενηθημεν,

5 23 και ὁλοκληρον ὑμων το πνευμα και ἡ ψυχη και το σωμα ἀμεμπτως ἐν τῃ παρουσιᾳ του κυριου ἡμων ἰησου χριστου τηρηθειη.

ἀμεριμνος [2]

Mt 28 14 και ἐαν ἀκουσθῃ τουτο ἐπι του ἡγεμονος, ἡμεις πεισομεν [αὐτον] και ὑμας ἀμεριμνους ποιησομεν.

1Co 7 32 θελω δε ὑμας ἀμεριμνους εἰναι.

ἀμεταθετος [2]

Heb 6 17 ἐν ᾡ περισσοτερον βουλομενος ὁ θεος ἐπιδειξαι τοις κληρονομοις της ἐπαγγελιας το ἀμεταθετον της βουλης αὐτου ἐμεσιτευσεν ὁρκῳ,

18 ἱνα δια δυο πραγματων ἀμεταθετων, ἐν οἱς ἀδυνατον ψευσασθαι [τον] θεον, ἰσχυραν παρακλησιν ἐχωμεν οἱ καταφυγοντες

ἀμετακινητος [1]

1Co 15 58 ὡστε, ἀδελφοι μου ἀγαπητοι, ἑδραιοι γινεσθε, ἀμετακινητοι, περισσευοντες ἐν τῳ ἐργῳ του κυριου παντοτε, εἰδοτες ὅτι ὁ κοπος ὑμων οὐκ ἐστιν κενος ἐν κυριῳ.

ἀμεταμελητος [2]

Rm 11 29 ἀμεταμελητα γαρ τα χαρισματα και ἡ κλησις του θεου.

2Co 7 10 ἡ γαρ κατα θεον λυπη μετανοιαν εἰς σωτηριαν ἀμεταμελητον ἐργαζεται·

ἀμετανοητος [1]

Rm 2 5 κατα δε την σκληροτητα σου και ἀμετανοητον καρδιαν θησαυριζεις σεαυτῳ ὀργην ἐν ἡμερᾳ ὀργης και ἀποκαλυψεως δικαιοκρισιας του θεου,

ἄμετρος [2]

2Co 10 13 ἡμεις δε οὐκ εἰς τα *ἄμετρα* καυχησομεθα, ἀλλα κατα το μετρον του κανονος
     15 οὐκ εἰς τα *ἄμετρα* καυχωμενοι ἐν ἀλλοτριοις κοποις,

ἀμήν [130]

Mt 5 18 *ἀμήν* γαρ λεγω ὑμιν, ἑως ἀν παρελθη ὁ οὐρανος και ἡ γη,
     26 *ἀμήν* λεγω σοι, οὐ μη ἐξελθης ἐκειθεν ἑως ἀν ἀποδως τον ἐσχατον κοδραντην.
     6 2 *ἀμήν* λεγω ὑμιν, ἀπεχουσιν τον μισθον αὐτων.
     5 *ἀμήν* λεγω ὑμιν, ἀπεχουσιν τον μισθον αὐτων.
     16 *ἀμήν* λεγω ὑμιν, ἀπεχουσιν τον μισθον αὐτων.
     8 10 *ἀμήν* λεγω ὑμιν, παρ οὐδενι τοσαυτην πιστιν ἐν τω ἰσραηλ εὑρον.
     10 15 *ἀμήν* λεγω ὑμιν, ἀνεκτοτερον ἐσται γη σοδομων και γομορρων ἐν ἡμερα κρισεως ἠ τη πολει ἐκεινη.
     23 *ἀμήν* γαρ λεγω ὑμιν, οὐ μη τελεσητε τας πολεις του ἰσραηλ ἑως ἀν ἐλθη ὁ υἱος του ἀνθρωπου.
     42 *ἀμήν* λεγω ὑμιν, οὐ μη ἀπολεση τον μισθον αὐτου.
     11 11 *ἀμήν* λεγω ὑμιν, οὐκ ἐγηγερται ἐν γεννητοις γυναικων μειζων ἰωαννου του βαπτιστου·
     13 17 *ἀμήν* γαρ λεγω ὑμιν ὀτι πολλοι προφηται και δικαιοι ἐπεθυμησαν ἰδειν ἀ βλεπετε και οὐκ εἰδαν,
     16 28 *ἀμήν* λεγω ὑμιν ὀτι εἰσιν τινες των ὠδε ἐστωτων οἰτινες οὐ μη γευσωνται θανατου ἑως ἀν ἰδωσιν τον υἱον του ἀνθρωπου ἐρχομενον ἐν τη βασιλεια αὐτου.
     17 20 *ἀμήν* γαρ λεγω ὑμιν, ἐαν ἐχητε πιστιν ὡς κοκκον σιναπεως, ἐρειτε τω ὀρει τουτω· μεταβα ἐνθεν ἐκει, και μεταβησεται, και οὐδεν ἀδυνατησει ὑμιν.
     18 3 *ἀμήν* λεγω ὑμιν, ἐαν μη στραφητε και γενησθε ὡς τα παιδια, οὐ μη εἰσελθητε εἰς την βασιλειαν των οὐρανων.
     13 και ἐαν γενηται εὑρειν αὐτο, *ἀμήν* λεγω ὑμιν ὀτι χαιρει ἐπ αὐτω μαλλον ἠ ἐπι τοις ἐνενηκονταεννεα τοις μη πεπλανημενοις.
     18 *ἀμήν* λεγω ὑμιν, ὀσα ἐαν δησητε ἐπι της γης ἐσται δεδεμενα ἐν οὐρανω,
     19 παλιν [*ἀμήν*] λεγω ὑμιν ὀτι ἐαν δυο συμφωνησωσιν ἐξ ὑμων ἐπι της γης περι παντος πραγματος οὐ ἐαν αἰτησωνται, γενησεται αὐτοις παρα του πατρος μου του ἐν οὐρανοις.
     19 23 *ἀμήν* λεγω ὑμιν ὀτι πλουσιος δυσκολως εἰσελευσεται εἰς την βασιλειαν των οὐρανων.
     28 *ἀμήν* λεγω ὑμιν ὀτι ὑμεις οἱ ἀκολουθησαντες μοι, ἐν τη παλιγγενεσια, ὀταν καθιση ὁ υἱος του ἀνθρωπου ἐπι θρονου δοξης αὐτου, καθησεσθε και ὑμεις ἐπι δωδεκα θρονους κρινοντες τας δωδεκα φυλας του ἰσραηλ.
     21 21 *ἀμήν* λεγω ὑμιν, ἐαν ἐχητε πιστιν και μη διακριθητε, οὐ μονον το της συκης ποιησετε,
     31 *ἀμήν* λεγω ὑμιν ὀτι οἱ τελωναι και αἱ πορναι προαγουσιν ὑμας εἰς την βασιλειαν του θεου.
     23 36 *ἀμήν* λεγω ὑμιν, ἡξει ταυτα παντα ἐπι την γενεαν ταυτην.
     24 2 *ἀμήν* λεγω ὑμιν, οὐ μη ἀφεθη ὠδε λιθος ἐπι λιθον ὀς οὐ καταλυθησεται.
     34 *ἀμήν* λεγω ὑμιν ὀτι οὐ μη παρελθη ἡ γενεα αὐτη ἑως ἀν παντα ταυτα γενηται.
     47 *ἀμήν* λεγω ὑμιν ὀτι ἐπι πασιν τοις ὑπαρχουσιν αὐτου καταστησει αὐτον.
     25 12 *ἀμήν* λεγω ὑμιν, οὐκ οἰδα ὑμας.
     40 *ἀμήν* λεγω ὑμιν, ἐφ ὀσον ἐποιησατε ἑνι τουτων των ἀδελφων μου των ἐλαχιστων, ἐμοι ἐποιησατε.
     45 *ἀμήν* λεγω ὑμιν, ἐφ ὀσον οὐκ ἐποιησατε ἑνι τουτων των ἐλαχιστων, οὐδε ἐμοι ἐποιησατε.
     26 13 *ἀμήν* λεγω ὑμιν, ὀπου ἐαν κηρυχθη το εὐαγγελιον τουτο ἐν ὀλω τω κοσμω, λαληθησεται και ὁ ἐποιησεν αὐτη εἰς μνημοσυνον αὐτης.
     21 *ἀμήν* λεγω ὑμιν ὀτι εἰς ἐξ ὑμων παραδωσει με.
     34 *ἀμήν* λεγω σοι ὀτι ἐν ταυτη τη νυκτι πριν ἀλεκτορα φωνησαι τρις ἀπαρνηση με.

Mc 3 28 *ἀμήν* λεγω ὑμιν ὀτι παντα ἀφεθησεται τοις υἱοις των ἀνθρωπων τα ἀμαρτηματα και αἱ βλασφημιαι,
     8 12 *ἀμήν* λεγω ὑμιν, εἰ δοθησεται τη γενεα ταυτη σημειον.
     9 1 *ἀμήν* λεγω ὑμιν ὀτι εἰσιν τινες ὠδε των ἐστηκοτων οἰτινες οὐ μη γευσωνται θανατου ἑως ἀν ἰδωσιν την βασιλειαν του θεου ἐληλυθυιαν ἐν δυναμει.
     41 ὀς γαρ ἀν ποτιση ὑμας ποτηριον ὑδατος ἐν ὀνοματι, ὀτι χριστου ἐστε, *ἀμήν* λεγω ὑμιν ὀτι οὐ μη ἀπολεση τον μισθον αὐτου.
     10 15 *ἀμήν* λεγω ὑμιν,

Mc 10 29 *ἀμήν* λεγω ὑμιν, οὐδεις ἐστιν ὀς ἀφηκεν οἰκιαν ἠ ἀδελφους ἠ ἀδελφας ἠ μητερα ἠ πατερα ἠ τεκνα ἠ ἀγρους ἑνεκεν ἐμου και ἑνεκεν του εὐαγγελιου,
     11 23 *ἀμήν* λεγω ὑμιν ὀτι ὀς ἀν εἰπη τω ὀρει τουτω· ἀρθητι και βληθητι εἰς την θαλασσαν, και μη διακριθη ἐν τη καρδια αὐτου ἀλλα πιστευη ὀτι ὁ λαλει γινεται, ἐσται αὐτω.
     12 43 *ἀμήν* λεγω ὑμιν ὀτι ἡ χηρα αὐτη ἡ πτωχη πλειον παντων ἐβαλεν των βαλλοντων εἰς το γαζοφυλακιον·
     13 30 *ἀμήν* λεγω ὑμιν ὀτι οὐ μη παρελθη ἡ γενεα αὐτη μεχρις οὐ ταυτα παντα γενηται.
     14 9 *ἀμήν* δε λεγω ὑμιν, ὀπου ἐαν κηρυχθη το εὐαγγελιον εἰς ὀλον τον κοσμον, και ὁ ἐποιησεν αὐτη λαληθησεται εἰς μνημοσυνον αὐτης.
     18 *ἀμήν* λεγω ὑμιν ὀτι εἰς ἐξ ὑμων παραδωσει με, ὁ ἐσθιων μετ ἐμου.
     25 *ἀμήν* λεγω ὑμιν ὀτι οὐκετι οὐ μη πιω ἐκ του γενηματος της ἀμπελου ἑως της ἡμερας ἐκεινης ὀταν αὐτο πινω καινον ἐν τη βασιλεια του θεου.
     30 *ἀμήν* λεγω σοι ὀτι συ σημερον ταυτη τη νυκτι πριν ἠ δις ἀλεκτορα φωνησαι τρις με ἀπαρνηση.
     16 8* μετα δε ταυτα και αὐτος ὁ ἰησους ἀπο ἀνατολης και ἀχρι δυσεως ἐξαπεστειλεν δι αὐτων το ἱερον και ἀφθαρτον κηρυγμα της αἰωνιου σωτηριας *ἀμήν*.

Lc 4 24 *ἀμήν* λεγω ὑμιν ὀτι οὐδεις προφητης δεκτος ἐστιν ἐν τη πατριδι αὐτου.
     12 37 *ἀμήν* λεγω ὑμιν ὀτι περιζωσεται και ἀνακλινει αὐτους και παρελθων διακονησει αὐτοις.
     18 17 *ἀμήν* λεγω ὑμιν, ὀς ἀν μη δεξηται την βασιλειαν του θεου ὡς παιδιον, οὐ μη εἰσελθη εἰς αὐτην.
     29 *ἀμήν* λεγω ὑμιν ὀτι οὐδεις ἐστιν ὀς ἀφηκεν οἰκιαν ἠ γυναικα ἠ ἀδελφους ἠ γονεις ἠ τεκνα ἑνεκεν της βασιλειας του θεου,
     21 32 *ἀμήν* λεγω ὑμιν ὀτι οὐ μη παρελθη ἡ γενεα αὐτη ἑως ἀν παντα γενηται.
     23 43 *ἀμήν* σοι λεγω, σημερον μετ ἐμου ἐση ἐν τω παραδεισω.

Jh 1 51 και λεγει αὐτω· *ἀμήν ἀμήν* λεγω ὑμιν,
     51 και λεγει αὐτω· *ἀμήν ἀμήν* λεγω ὑμιν,
     3 3 *ἀμήν ἀμήν* λεγω σοι, ἐαν μη τις γεννηθη ἀνωθεν,
     3 *ἀμήν ἀμήν* λεγω σοι, ἐαν μη τις γεννηθη ἀνωθεν,
     5 *ἀμήν ἀμήν* λεγω σοι, ἐαν μη τις γεννηθη ἐξ ὑδατος και πνευματος,
     5 *ἀμήν ἀμήν* λεγω σοι, ἐαν μη τις γεννηθη ἐξ ὑδατος και πνευματος,
     11 *ἀμήν ἀμήν* λεγω σοι ὀτι ὁ οἰδαμεν λαλουμεν και ὁ ἑωρακαμεν μαρτυρουμεν,
     11 *ἀμήν ἀμήν* λεγω σοι ὀτι ὁ οἰδαμεν λαλουμεν και ὁ ἑωρακαμεν μαρτυρουμεν,
     5 19 *ἀμήν ἀμήν* λεγω ὑμιν, οὐ δυναται ὁ υἱος ποιειν ἀφ ἑαυτου οὐδεν,
     19 *ἀμήν ἀμήν* λεγω ὑμιν, οὐ δυναται ὁ υἱος ποιειν ἀφ ἑαυτου οὐδεν,
     24 *ἀμήν ἀμήν* λεγω ὑμιν ὀτι ὁ τον λογον μου ἀκουων και πιστευων τω πεμψαντι με ἐχει ζωην αἰωνιον,
     24 *ἀμήν ἀμήν* λεγω ὑμιν ὀτι ὁ τον λογον μου ἀκουων και πιστευων τω πεμψαντι με ἐχει ζωην αἰωνιον,
     25 *ἀμήν ἀμήν* λεγω ὑμιν ὀτι ἐρχεται ὠρα και νυν ἐστιν ὀτε οἱ νεκροι ἀκουσουσιν της φωνης του υἱου του θεου και οἱ ἀκουσαντες ζησουσιν.
     25 *ἀμήν ἀμήν* λεγω ὑμιν ὀτι ἐρχεται ὠρα και νυν ἐστιν ὀτε οἱ νεκροι ἀκουσουσιν της φωνης του υἱου του θεου και οἱ ἀκουσαντες ζησουσιν.
     6 26 *ἀμήν ἀμήν* λεγω ὑμιν, ζητειτε με οὐχ ὀτι εἰδετε σημεια, ἀλλ ὀτι ἐφαγετε ἐκ των ἀρτων και ἐχορτασθητε.
     26 *ἀμήν ἀμήν* λεγω ὑμιν, ζητειτε με οὐχ ὀτι εἰδετε σημεια, ἀλλ ὀτι ἐφαγετε ἐκ των ἀρτων και ἐχορτασθητε.
     32 *ἀμήν ἀμήν* λεγω ὑμιν, οὐ μωυσης δεδωκεν ὑμιν τον ἀρτον ἐκ του οὐρανου,
     32 *ἀμήν ἀμήν* λεγω ὑμιν, οὐ μωυσης δεδωκεν ὑμιν τον ἀρτον ἐκ του οὐρανου,
     47 *ἀμήν ἀμήν* λεγω ὑμιν, ὁ πιστευων ἐχει ζωην αἰωνιον.
     47 *ἀμήν ἀμήν* λεγω ὑμιν, ὁ πιστευων ἐχει ζωην αἰωνιον.
     53 *ἀμήν ἀμήν* λεγω ὑμιν, ἐαν μη φαγητε την σαρκα του υἱου του ἀνθρωπου και πιητε αὐτου το αἱμα, οὐκ ἐχετε ζωην ἐν ἑαυτοις.
     53 *ἀμήν ἀμήν* λεγω ὑμιν, ἐαν μη φαγητε την σαρκα του υἱου του ἀνθρωπου και πιητε αὐτου το αἱμα, οὐκ ἐχετε ζωην ἐν ἑαυτοις.
     8 34 *ἀμήν ἀμήν* λεγω ὑμιν ὀτι πας ὁ ποιων την ἀμαρτιαν δουλος ἐστιν της ἀμαρτιας.

ἀμήν [130]

Jh   8 34   ἀμὴν ἀμὴν λεγω ὑμιν ὅτι πας ὁ ποιων την ἁμαρτιαν δουλος ἐστιν της ἁμαρτιας.

51   ἀμὴν ἀμὴν λεγω ὑμιν, ἐαν τις τον ἐμον λογον τηρηση, θανατον οὐ μη θεωρηση εἰς τον αἰωνα.

51   ἀμὴν ἀμὴν λεγω ὑμιν, ἐαν τις τον ἐμον λογον τηρηση, θανατον οὐ μη θεωρηση εἰς τον αἰωνα.

58   ἀμὴν ἀμὴν λεγω ὑμιν, πριν ἀβρααμ γενεσθαι ἐγω εἰμι.

58   ἀμὴν ἀμὴν λεγω ὑμιν, πριν ἀβρααμ γενεσθαι ἐγω εἰμι.

10 1   ἀμὴν ἀμὴν λεγω ὑμιν, ὁ μη εἰσερχομενος **δια** της θυρας εἰς την αὐλην των προβατων ἀλλα ἀναβαινων ἀλλαχοθεν, ἐκεινος κλεπτης ἐστιν και ληστης·

1   ἀμὴν ἀμὴν λεγω ὑμιν, ὁ μη εἰσερχομενος δια της θυρας εἰς την αὐλην των προβατων ἀλλα ἀναβαινων ἀλλαχοθεν, ἐκεινος κλεπτης ἐστιν και ληστης·

7   ἀμὴν ἀμὴν λεγω ὑμιν ὅτι ἐγω εἰμι ἡ θυρα των προβατων.

7   ἀμὴν ἀμὴν λεγω ὑμιν ὅτι ἐγω εἰμι ἡ θυρα των προβατων.

12 24   ἀμὴν ἀμὴν λεγω ὑμιν, ἐαν μη ὁ κοκκος του σιτου πεσων εἰς την γην ἀποθανη, αὐτος μονος μενει·

24   ἀμὴν ἀμὴν λεγω ὑμιν, ἐαν μη ὁ κοκκος του σιτου πεσων εἰς την γην ἀποθανη, αὐτος μονος μενει·

13 16   ἀμὴν ἀμὴν λεγω ὑμιν, οὐκ ἔστιν δουλος μειζων του κυριου αὐτου,

16   ἀμὴν ἀμὴν λεγω ὑμιν, οὐκ ἔστιν δουλος μειζων του κυριου αὐτου,

20   ἀμὴν ἀμὴν λεγω ὑμιν, ὁ λαμβανων ἀν τινα πεμψω ἐμε λαμβανει,

20   ἀμὴν ἀμὴν λεγω ὑμιν, ὁ λαμβανων ἀν τινα πεμψω ἐμε λαμβανει,

21   ἀμὴν ἀμὴν λεγω ὑμιν ὅτι εἰς ἐξ ὑμων παραδωσει με.

21   ἀμὴν ἀμὴν λεγω ὑμιν ὅτι εἰς ἐξ ὑμων παραδωσει με.

38   ἀμὴν ἀμὴν λεγω σοι, οὐ μη ἀλεκτωρ φωνηση ἑως οὐ ἀρνηση με τρις.

38   ἀμὴν ἀμὴν λεγω σοι, οὐ μη ἀλεκτωρ φωνηση ἑως οὐ ἀρνηση με τρις.

14 12   ἀμὴν ἀμὴν λεγω ὑμιν, ὁ πιστευων εἰς ἐμε τα ἐργα ἀ ἐγω ποιω κακεινος ποιησει,

12   ἀμὴν ἀμὴν λεγω ὑμιν, ὁ πιστευων εἰς ἐμε τα ἐργα ἀ ἐγω ποιω κακεινος ποιησει,

16 20   ἀμὴν ἀμὴν λεγω ὑμιν ὅτι κλαυσετε και θρηνησετε ὑμεις, ὁ δε κοσμος χαρησεται·

20   ἀμὴν ἀμὴν λεγω ὑμιν ὅτι κλαυσετε και θρηνησετε ὑμεις, ὁ δε κοσμος χαρησεται·

23   ἀμὴν ἀμὴν λεγω ὑμιν, ἀν τι αἰτησητε τον πατερα ἐν τω ὀνοματι μου δωσει ὑμιν.

23   ἀμὴν ἀμὴν λεγω ὑμιν, ἀν τι αἰτησητε τον πατερα ἐν τω ὀνοματι μου δωσει ὑμιν.

21 18   ἀμὴν ἀμὴν λεγω σοι, ὁτε ἠς νεωτερος, ἐζωννυες σεαυτον και περιεπατεις ὁπου ἠθελες·

18   ἀμὴν ἀμὴν λεγω σοι, ὁτε ἠς νεωτερος, ἐζωννυες σεαυτον και περιεπατεις ὁπου ἠθελες·

Rm   1 25   και ἐσεβασθησαν και ἐλατρευσαν τη κτισει παρα τον κτισαντα, ὁς ἐστιν εὐλογητος εἰς τους αἰωνας· ἀμήν.

9 5   ὁ ὠν ἐπι παντων θεος εὐλογητος εἰς τους αἰωνας, ἀμήν.

11 36   αὐτω ἡ δοξα εἰς τους αἰωνας· ἀμήν.

15 33   ὁ δε θεος της εἰρηνης μετα παντων ὑμων· ἀμήν.

16 24 *   ἡ χαρις του κυριου ἡμων ἰησου χριστου μετα παντων ὑμων· ἀμήν.

27   [μονω σοφω θεω, δια ἰησου χριστου, ᾡ ἡ δοξα εἰς τους αἰωνας· ἀμήν].

1Co   14 16   ἐπει ἐαν εὐλογης [ἐν] πνευματι, ὁ ἀναπληρων τον τοπον του ἰδιωτου πῶς ἐρει το ἀμὴν ἐπι τη ση εὐχαριστια;

2Co   1 20   διο και δι αὐτου το ἀμὴν τω θεω προς δοξαν δι ἡμων.

Ga   1 5   ᾡ ἡ δοξα εἰς τους αἰωνας των αἰωνων· ἀμήν.

6 18   ἡ χαρις του κυριου ἡμων ἰησου χριστου μετα του πνευματος ὑμων, ἀδελφοι· ἀμήν.

Eph   3 21   αὐτω ἡ δοξα ἐν τη ἐκκλησια και ἐν χριστω ἰησου εἰς πασας τας γενεας του αἰωνος των αἰωνων· ἀμήν.

Php   4 20   τω δε θεω και πατρι ἡμων ἡ δοξα εἰς τους αἰωνας των αἰωνων· ἀμήν.

1Th   3 13   ἐμπροσθεν του θεου και πατρος ἡμων ἐν τη παρουσια του κυριου ἡμων ἰησου μετα παντων των ἁγιων αὐτου. [ἀμήν].

1Tm   1 17   τω δε βασιλει των αἰωνων, ἀφθαρτω ἀορατω μονω θεω, τιμη και δοξα εἰς τους αἰωνας των αἰωνων· ἀμήν.

6 16   ᾡ τιμη και κρατος αἰωνιον· ἀμήν.

2Tm   4 18   ᾡ ἡ δοξα εἰς τους αἰωνας των αἰωνων, ἀμήν.

Heb   13 21   ποιων ἐν ἡμιν το εὐαρεστον ἐνωπιον αὐτου δια ἰησου χριστου, ᾡ ἡ δοξα εἰς τους αἰωνας [των αἰωνων·] ἀμήν.

1Pt   4 11   ἱνα ἐν πασιν δοξαζηται ὁ θεος δια ἰησου χριστου, ᾡ ἐστιν ἡ δοξα και το κρατος εἰς τους αἰωνας των αἰωνων· ἀμήν.

ἀμήν [130]

1Pt   5 11   αὐτω το κρατος εἰς τους αἰωνας· ἀμήν.

2Pt   3 18   αὐτω ἡ δοξα και νυν και εἰς ἡμεραν αἰωνος. [ἀμήν].

Ju   25   μονω θεω σωτηρι ἡμων δια ἰησου χριστου του κυριου ἡμων δοξα μεγαλωσυνη κρατος και ἐξουσια προ παντος του αἰωνος και νυν και εἰς παντας τους αἰωνας· ἀμήν.

Apc   1 6   αὐτω ἡ δοξα και το κρατος εἰς τους αἰωνας [των αἰωνων]· ἀμήν.

7   και κοψονται ἐπ αὐτον πασαι αἱ φυλαι της γης. ναι, ἀμήν.

3 14   ταδε λεγει ὁ ἀμήν, ὁ μαρτυς ὁ πιστος και ἀληθινος, ἡ ἀρχη της κτισεως του θεου· οἰδα σου τα ἐργα,

5 14   και τα τεσσαρα ζωα ἐλεγον· ἀμήν.

7 12   και ἐπεσαν ἐνωπιον του θρονου ἐπι τα προσωπα αὐτων και προσεκυνησαν τω θεω, λεγοντες· ἀμήν,

12   ἡ εὐλογια και ἡ δοξα και ἡ σοφια και ἡ εὐχαριστια και ἡ τιμη και ἡ δυναμις και ἡ ἰσχυς τω θεω ἡμων εἰς τους αἰωνας των αἰωνων· ἀμήν.

19 4   και προσεκυνησαν τω θεω τω καθημενω ἐπι τω θρονω λεγοντες· ἀμήν ἁλληλουια.

22 20   ἀμήν, ἐρχου κυριε ἰησου.

ἀμήτωρ [1]

Heb   7 3   ὁ ἐστιν βασιλευς εἰρηνης, ἀπατωρ, ἀμήτωρ, ἀγενεαλογητος,

ἀμιαντος [4]

Heb   7 26   τοιουτος γαρ ἡμιν και ἐπρεπεν ἀρχιερευς, ὁσιος, ἀκακος, ἀμιαντος, κεχωρισμενος ἀπο των ἁμαρτωλων, και ὑψηλοτερος των οὐρανων γενομενος·

13 4   τιμιος ὁ γαμος ἐν πασιν και ἡ κοιτη ἀμιαντος·

Ja   1 27   θρησκεια καθαρα και ἀμιαντος παρα τω θεω και πατρι αὐτη ἐστιν,

1Pt   1 4   εἰς κληρονομιαν ἀφθαρτον και ἀμιαντον και ἀμαραντον,

ἀμιναδαβ [3]

Mt   1 4   ἀραμ δε ἐγεννησεν τον ἀμιναδαβ,

4   ἀμιναδαβ δε ἐγεννησεν τον νααςσων,

Lc   3 33   του ἀμιναδαβ του ἀδμιν του ἀρνι του ἐσρωμ του φαρες του ἰουδα

ἄμμος [5]

Mt   7 26   και πας ὁ ἀκουων μου τους λογους τουτους και μη ποιων αὐτους ὁμοιωθησεται ἀνδρι μωρω, ὁστις ᾠκοδομησεν αὐτου την οἰκιαν ἐπι την ἄμμον.

Rm   9 27   ἐαν ἡ ὁ ἀριθμος των υἱων ἰσραηλ ὡς ἡ ἄμμος της θαλασσης, το ὑπολειμμα σωθησεται·

Heb   11 12   καθως τα ἀστρα του οὐρανου τω πληθει και ὡς ἡ ἄμμος ἡ παρα το χειλος της θαλασσης ἡ ἀναριθμητος.

Apc   12 18   και ἐσταθη ἐπι την ἄμμον της θαλασσης.

20 8   συναγαγειν αὐτους εἰς τον πολεμον, ὡν ὁ ἀριθμος αὐτων ὡς ἡ ἄμμος της θαλασσης.

ἀμνος [4]

Jh   1 29   ἰδε ὁ ἀμνος του θεου ὁ αἰρων την ἁμαρτιαν του κοσμου.

36   ἰδε ὁ ἀμνος του θεου.

Ac   8 32   ὡς προβατον ἐπι σφαγην ἠχθη, και ὡς ἀμνος ἐναντιον του κειραντος αὐτον ἀφωνος,

1Pt   1 19   εἰδοτες ὁτι οὐ φθαρτοις, ἀργυριω ἡ χρυσιω, ἐλυτρωθητε ἐκ της ματαιας ὑμων ἀναστροφης πατροπαραδοτου, ἀλλα τιμιω αἱματι ὡς ἀμνου ἀμωμου και ἀσπιλου χριστου,

ἀμοιβη [1]

1Tm   5 4   εἰ δε τις χηρα τεκνα ἡ ἐκγονα ἐχει, μανθανετωσαν πρωτον τον ἰδιον οἰκον εὐσεβειν και ἀμοιβας ἀποδιδοναι τοις προγονοις·

ἄμπελος [9]

Mt   26 29   οὐ μη πιω ἀπ ἀρτι ἐκ τουτου του γενηματος της ἀμπελου ἑως της ἡμερας ἐκεινης ὁταν αὐτο πινω μεθ ὑμων καινον ἐν τη βασιλεια του πατρος μου.

Mc   14 25   ἀμην λεγω ὑμιν ὁτι οὐκετι οὐ μη πιω ἐκ του γενηματος της ἀμπελου ἑως της ἡμερας ἐκεινης ὁταν αὐτο πινω καινον ἐν τη βασιλεια του θεου.

ἄμπελος [9]

Lc 22 18 λεγω γαρ ὑμιν, [ὅτι] οὐ μη πιω ἀπο του νυν ἀπο του
γενηματος της *ἀμπελου* ἑως οὗ ἡ βασιλεια του θεου ἐλθη.

Jh 15 1 ἐγω εἰμι ἡ *ἀμπελος* ἡ ἀληθινη, και ὁ πατηρ μου ὁ γεωργος
ἐστιν.

4 καθως το κλημα οὐ δυναται καρπον φερειν ἀφ ἑαυτου ἐαν μη
μενη ἐν τη *ἀμπελω*, οὑτως οὐδε ὑμεις ἐαν μη ἐν ἐμοι μενητε.

5 ἐγω εἰμι ἡ *ἀμπελος*, ὑμεις τα κληματα.

Ja 3 12 μη δυναται, ἀδελφοι μου, συκη ἐλαιας ποιησαι ἠ *ἀμπελος*
συκα·

Apc 14 18 πεμψον σου το δρεπανον το ὀξυ και τρυγησον τους βοτρυας
της *ἀμπελου* της γης,

19 και ἐτρυγησεν την *ἀμπελον* της γης

ἀμπελουργος [1]

Lc 13 7 εἰπεν δε προς τον *ἀμπελουργον*· ἰδου τρια ἐτη ἀφ οὑ ἐρχομαι
ζητων καρπον ἐν τη συκη ταυτη και οὐχ εὑρισκω·

ἀμπελων [23]

Mt 20 1 ὁμοια γαρ ἐστιν ἡ βασιλεια των οὐρανων ἀνθρωπω
οἰκοδεσποτη, ὁστις ἐξηλθεν ἁμα πρωι μισθωσασθαι ἐργατας
εἰς τον *ἀμπελωνα* αὐτου.

2 συμφωνησας δε μετα των ἐργατων ἐκ δηναριου την ἡμεραν
ἀπεστειλεν αὐτους εἰς τον *ἀμπελωνα* αὐτου.

4 ὑπαγετε και ὑμεις εἰς τον *ἀμπελωνα*, και ὁ ἐαν ἠ δικαιον
δωσω ὑμιν.

7 ὑπαγετε και ὑμεις εἰς τον *ἀμπελωνα*.

8 ὀψιας δε γενομενης λεγει ὁ κυριος του *ἀμπελωνος* τω
ἐπιτροπω αὐτου· καλεσον τους ἐργατας και ἀποδος αὐτοις
τον μισθον,

21 28 τεκνον, ὑπαγε σημερον ἐργαζου ἐν τω *ἀμπελωνι*.

33 ἀνθρωπος ἠν οἰκοδεσποτης ὁστις ἐφυτευσεν *ἀμπελωνα*,

39 και λαβοντες αὐτον ἐξεβαλον ἐξω του *ἀμπελωνος* και
ἀπεκτειναν.

40 ὁταν οὑν ἐλθη ὁ κυριος του *ἀμπελωνος*, τι ποιησει τοις
γεωργοις ἐκεινοις;

41 και τον *ἀμπελωνα* ἐκδωσεται ἀλλοις γεωργοις, οἱτινες
ἀποδωσουσιν αὐτω τους καρπους ἐν τοις καιροις αὐτων.

Mc 12 1 *ἀμπελωνα* ἀνθρωπος ἐφυτευσεν,

2 και ἀπεστειλεν προς τους γεωργους τω καιρω δουλον, ἱνα
παρα των γεωργων λαβη ἀπο των καρπων του *ἀμπελωνος*·

8 και λαβοντες ἀπεκτειναν αὐτον, και ἐξεβαλον αὐτον ἐξω του
ἀμπελωνος.

9 τι [οὑν] ποιησει ὁ κυριος του *ἀμπελωνος*; ἐλευσεται και
ἀπολεσει τους γεωργους, και δωσει τον *ἀμπελωνα* ἀλλοις.

9 τι [οὑν] ποιησει ὁ κυριος του *ἀμπελωνος*; ἐλευσεται και
ἀπολεσει τους γεωργους, και δωσει τον *ἀμπελωνα* ἀλλοις.

Lc 13 6 συκην εἰχεν τις πεφυτευμενην ἐν τω *ἀμπελωνι* αὐτου,

20 9 ἀνθρωπος [τις] ἐφυτευσεν *ἀμπελωνα*,

10 και καιρω ἀπεστειλεν προς τους γεωργους δουλον, ἱνα ἀπο
του καρπου του *ἀμπελωνος* δωσουσιν αὐτω·

13 εἰπεν δε ὁ κυριος του *ἀμπελωνος*· τι ποιησω;

15 και ἐκβαλοντες αὐτον ἐξω του *ἀμπελωνος* ἀπεκτειναν.

15 τι οὑν ποιησει αὐτοις ὁ κυριος του *ἀμπελωνος*;

16 ἐλευσεται και ἀπολεσει τους γεωργους τουτους, και δωσει
τον *ἀμπελωνα* ἀλλοις.

1Co 9 7 τις φυτευει *ἀμπελωνα* και τον καρπον αὐτου οὐκ ἐσθιει;

ἀμπλιατος [1]

Rm 16 8 ἀσπασασθε *ἀμπλιατον* τον ἀγαπητον μου ἐν κυριω.

ἀμυνομαι [1]

Ac 7 24 και ἰδων τινα ἀδικουμενον *ἠμυνατο*, και ἐποιησεν ἐκδικησιν
τω καταπονουμενω παταξας τον αἰγυπτιον.

ἀμφιβαλλω [1]

Mc 1 16 και παραγων παρα την θαλασσαν της γαλιλαιας εἰδεν
σιμωνα και ἀνδρεαν τον ἀδελφον σιμωνος *ἀμφιβαλλοντας* ἐν
τη θαλασση·

ἀμφιβληστρον [1]

Mt 4 18 βαλλοντας *ἀμφιβληστρον* εἰς την θαλασσαν·

ἀμφιεζω [1]

Lc 12 28 εἰ δε ἐν ἀγρω τον χορτον ὀντα σημερον και αὑριον εἰς
κλιβανον βαλλομενον ὁ θεος οὑτως *ἀμφιεζει*, ποσω μαλλον
ὑμας, ὀλιγοπιστοι.

ἀμφιεννυμι [3]

Mt 6 30 εἰ δε τον χορτον του ἀγρου σημερον ὀντα και αὑριον εἰς
κλιβανον βαλλομενον ὁ θεος οὑτως *ἀμφιεννυσιν*,

11 8 ἀλλα τι ἐξηλθατε ἰδειν; ἀνθρωπον ἐν μαλακοις *ἠμφιεσμενον*;

Lc 7 25 ἀλλα τι ἐξηλθατε ἰδειν; ἀνθρωπον ἐν μαλακοις ἱματιοις
ἠμφιεσμενον;

ἀμφιπολις [1]

Ac 17 1 διοδευσαντες δε την *ἀμφιπολιν* και την ἀπολλωνιαν ἠλθον
εἰς θεσσαλονικην,

ἀμφοδον [1]

Mc 11 4 και ἀπηλθον και εὑρον πωλον δεδεμενον προς θυραν ἐξω ἐπι
του *ἀμφοδου*, και λυουσιν αὐτον.

ἀμφοτεροι [14]

Mt 9 17 ἀλλα βαλλουσιν οἰνον νεον εἰς ἀσκους καινους, και
ἀμφοτεροι συντηρουνται.

13 30 ἀφετε συναυξανεσθαι *ἀμφοτερα* ἑως του θερισμου·

15 14 τυφλος δε τυφλον ἐαν ὁδηγη, *ἀμφοτεροι* εἰς βοθυνον
πεσουνται.

Lc 1 6 ἠσαν δε δικαιοι *ἀμφοτεροι* ἐναντιον του θεου,

7 και *ἀμφοτεροι* προβεβηκοτες ἐν ταις ἡμεραις αὐτων ἠσαν.

5 7 και ἠλθον, και ἐπλησαν *ἀμφοτερα* τα πλοια ὡστε βυθιζεσθαι
αὐτα.

6 39 μητι δυναται τυφλος τυφλον ὁδηγειν; οὐχι *ἀμφοτεροι* εἰς
βοθυνον ἐμπεσουνται;

7 42 μη ἐχοντων αὐτων ἀποδουναι *ἀμφοτεροις* ἐχαρισατο.

Ac 8 38 και κατεβησαν *ἀμφοτεροι* εἰς το ὑδωρ, ὁ τε φιλιππος και ὁ
εὐνουχος, και ἐβαπτισεν αὐτον.

19 16 και ἐφαλομενος ὁ ἀνθρωπος ἐπ αὐτους, ἐν ᾡ ἠν το πνευμα το
πονηρον, κατακυριευσας *ἀμφοτερων* ἰσχυσεν κατ αὐτων,

23 8 σαδδουκαιοι μεν γαρ λεγουσιν μη εἰναι ἀναστασιν μητε
ἀγγελον μητε πνευμα, φαρισαιοι δε ὁμολογουσιν τα
ἀμφοτερα.

Eph 2 14 αὐτος γαρ ἐστιν ἡ εἰρηνη ἡμων, ὁ ποιησας τα *ἀμφοτερα* ἑν
και το μεσοτοιχον του φραγμου λυσας,

16 και ἀποκαταλλαξη τους *ἀμφοτερους* ἐν ἑνι σωματι τω θεω
δια του σταυρου,

18 ὁτι δι αὐτου ἐχομεν την προσαγωγην οἱ *ἀμφοτεροι* ἐν ἑνι
πνευματι προς τον πατερα.

ἀμωμητος [1]

2Pt 3 14 διο, ἀγαπητοι, ταυτα προσδοκωντες σπουδασατε ἀσπιλοι και
ἀμωμητοι αὐτω εὑρεθηναι ἐν εἰρηνη,

ἀμωμον [1]

Apc 18 13 και κινναμωμον και *ἀμωμον* και θυμιαματα και μυρον

ἀμωμος [8]

Eph 1 4 εἰναι ἡμας ἁγιους και *ἀμωμους* κατενωπιον αὐτου, ἐν ἀγαπη

5 27 μη ἐχουσαν σπιλον ἠ ῥυτιδα ἠ τι των τοιουτων, ἀλλ ἱνα ἠ
ἁγια και *ἀμωμος*.

Php 2 15 ἱνα γενησθε ἀμεμπτοι και ἀκεραιοι, τεκνα θεου *ἀμωμα* μεσον
γενεας σκολιας και διεστραμμενης,

Col 1 22 παραστησαι ὑμας ἁγιους και *ἀμωμους* και ἀνεγκλητους
κατενωπιον αὐτου,

Heb 9 14 ποσω μαλλον το αἱμα του χριστου, ὁς δια πνευματος αἰωνιου
ἑαυτον προσηνεγκεν *ἀμωμον* τω θεω, καθαριει την
συνειδησιν ἡμων ἀπο νεκρων ἐργων εἰς το λατρευειν θεω
ζωντι.

1Pt 1 19 εἰδοτες ὁτι οὐ φθαρτοις, ἀργυριω ἠ χρυσιω, ἐλυτρωθητε ἐκ
της ματαιας ὑμων ἀναστροφης πατροπαραδοτου, ἀλλα τιμιω
αἱματι ὡς ἀμνου *ἀμωμου* και ἀσπιλου χριστου,

Ju 24 τω δε δυναμενω φυλαξαι ὑμας ἀπταιστους και στησαι
κατενωπιον της δοξης αὐτου *ἀμωμους* ἐν ἀγαλλιασει,

Apc 14 5 και ἐν τω στοματι αὐτων οὐχ εὑρεθη ψευδος· *ἀμωμοι* εἰσιν.

ἅμως [3]

Mt 1 10 μανασσης δε ἐγεννησεν τον *ἅμως*,
   10 *ἅμως* δε ἐγεννησεν τον ἰωσιαν,
Lc 3 25 του ματταθιου του *ἅμως* του ναουμ του ἐσλι του ναγγαι

ἄν [167]

Mt 2 13 και ἰσθι ἐκει ἑως *ἄν* εἰπω σοι·
  5 18 ἑως *ἄν* παρελθη ὁ οὐρανος και ἡ γη, ιωτα ἑν ἡ μια κεραια οὐ μη παρελθη ἀπο του νομου,
  18 ιωτα ἑν ἡ μια κεραια οὐ μη παρελθη ἀπο του νομου, ἑως *ἄν* παντα γενηται.
  19 ὁς δ *ἄν* ποιηση και διδαξη, οὑτος μεγας κληθησεται ἐν τη βασιλεια των οὐρανων.
  21 ὁς δ *ἄν* φονευση, ἐνοχος ἐσται τη κρισει.
  22 ὁς δ *ἄν* εἰπη τω ἀδελφω αὐτου ρακα, ἐνοχος ἐσται τω συνεδριω·
  22 ὁς δ *ἄν* εἰπη μωρε, ἐνοχος ἐσται εἰς την γεενναν του πυρος.
  26 οὐ μη ἐξελθης ἐκειθεν ἑως *ἄν* ἀποδως τον ἐσχατον κοδραντην.
  31 ὁς *ἄν* ἀπολυση την γυναικα αὐτου, δοτω αὐτη ἀποστασιον.
 10 11 εἰς ἡν δ *ἄν* πολιν ἡ κωμην εἰσελθητε, ἐξετασατε τις ἐν αὐτη ἀξιος ἐστιν·
  11 κακει μεινατε ἑως *ἄν* ἐξελθητε.
  14 και ὁς *ἄν* μη δεξηται ὑμας μηδε ἀκουση τους λογους ὑμων, ἐξερχομενοι ἐξω της οἰκιας ἡ της πολεως ἐκεινης ἐκτιναξατε τον κονιορτον των ποδων ὑμων.
  23 οὐ μη τελεσητε τας πολεις του ἰσραηλ ἑως *ἄν* ἐλθη ὁ υἱος του ἀνθρωπου.
  33 ὁστις δ *ἄν* ἀρνησηται με ἐμπροσθεν των ἀνθρωπων, ἀρνησομαι καγω αὐτον ἐμπροσθεν του πατρος μου του ἐν [τοις] οὐρανοις.
  42 και ὁς *ἄν* ποτιση ἑνα των μικρων τουτων ποτηριον ψυχρου μονον εἰς ὀνομα μαθητου,
 11 21 ὁτι εἰ ἐν τυρω και σιδωνι ἐγενοντο αἱ δυναμεις αἱ γενομεναι ἐν ὑμιν, παλαι *ἄν* ἐν σακκω και σποδω μετενοησαν.
  23 ὁτι εἰ ἐν σοδομοις ἐγενηθησαν αἱ δυναμεις αἱ γενομεναι ἐν σοι, ἐμεινεν *ἄν* μεχρι της σημερον.
 12 7 οὐκ *ἄν* κατεδικασατε τους ἀναιτιους.
  20 καλαμον συντετριμμενον οὐ κατεαξει και λινον τυφομενον οὐ σβεσει, ἑως *ἄν* ἐκβαλη εἰς νικος την κρισιν.
  32 ὁς δ *ἄν* εἰπη κατα του πνευματος του ἀγιου, οὐκ ἀφεθησεται αὐτω οὐτε ἐν τουτω τω αἰωνι οὐτε ἐν τω μελλοντι.
  50 ὁστις γαρ *ἄν* ποιηση το θελημα του πατρος μου του ἐν οὐρανοις, αὐτος μου ἀδελφος και ἀδελφη και μητηρ ἐστιν.
 15 5 ὁς *ἄν* εἰπη τω πατρι ἡ τη μητρι· δωρον ὁ ἐαν ἐξ ἐμου ὠφεληθης, οὐ μη τιμησει τον πατερα αὐτου·
 16 25 ὁς δ *ἄν* ἀπολεση την ψυχην αὐτου ἑνεκεν ἐμου, εὑρησει αὐτην.
  28 ἀμην λεγω ὑμιν ὁτι εἰσιν τινες των ὡδε ἑστωτων οἱτινες οὐ μη γευσωνται θανατου ἑως *ἄν* ἰδωσιν τον υἱον του ἀνθρωπου ἐρχομενον ἐν τη βασιλεια αὐτου.
 18 6 ὁς δ *ἄν* σκανδαλιση ἑνα των μικρων τουτων των πιστευοντων εἰς ἐμε, συμφερει αὐτω ἰνα κρεμασθη μυλος ὀνικος περι τον τραχηλον αὐτου και καταποντισθη ἐν τω πελαγει της θαλασσης.
 19 9 λεγω δε ὑμιν ὁτι ὁς *ἄν* ἀπολυση την γυναικα αὐτου μη ἐπι πορνεια και γαμηση ἀλλην, μοιχαται.
 20 27 και ὁς *ἄν* θελη ἐν ὑμιν εἰναι πρωτος, ἐσται ὑμων δουλος·
 21 22 και παντα ὁσα *ἄν* αἰτησητε ἐν τη προσευχη πιστευοντες λημψεσθε.
  44 [και ὁ πεσων ἐπι τον λιθον τουτον συνθλασθησεται]· [ἐφ ὁν δ *ἄν* πεση, λικμησει αὐτον].
 22 44 πως οὐν δαυιδ ἐν πνευματι καλει αὐτον κυριον λεγων· εἰπεν κυριος τω κυριω μου· καθου ἐκ δεξιων μου ἑως *ἄν* θω τους ἐχθρους σου ὑποκατω των ποδων σου;
 23 16 ὁς *ἄν* ὁμοση ἐν τω ναω, οὐδεν ἐστιν· ὁς δ *ἄν* ὁμοση ἐν τω χρυσω του ναου, ὀφειλει.
  16 ὁς *ἄν* ὁμοση ἐν τω ναω, οὐδεν ἐστιν· ὁς δ *ἄν* ὁμοση ἐν τω χρυσω του ναου, ὀφειλει.
  18 ὁς *ἄν* ὁμοση ἐν τω θυσιαστηριω, οὐδεν ἐστιν· ὁς δ *ἄν* ὁμοση ἐν τω δωρω τω ἐπανω αὐτου, ὀφειλει.
  18 ὁς *ἄν* ὁμοση ἐν τω θυσιαστηριω, οὐδεν ἐστιν· ὁς δ *ἄν* ὁμοση ἐν τω δωρω τω ἐπανω αὐτου, ὀφειλει.
  30 εἰ ἠμεθα ἐν ταις ἡμεραις των πατερων ἡμων, οὐκ *ἄν* ἠμεθα αὐτων κοινωνοι ἐν τω αἱματι των προφητων.
  39 λεγω γαρ ὑμιν, οὐ μη με ἰδητε ἀπ ἀρτι ἑως *ἄν* εἰπητε·
 24 22 και εἰ μη ἐκολοβωθησαν αἱ ἡμεραι ἐκειναι, οὐκ *ἄν* ἐσωθη πασα σαρξ·

ἄν [167]

Mt 24 34 ἀμην λεγω ὑμιν ὁτι οὐ μη παρελθη ἡ γενεα αὑτη ἑως *ἄν* παντα ταυτα γενηται.
  43 ἐκεινο δε γινωσκετε ὁτι εἰ ἠδει ὁ οἰκοδεσποτης ποια φυλακη ὁ κλεπτης ἐρχεται, ἐγρηγορησεν *ἄν* και οὐκ *ἄν* εἰασεν διορυχθηναι την οἰκιαν αὐτου.
  43 ἐκεινο δε γινωσκετε ὁτι εἰ ἠδει ὁ οἰκοδεσποτης ποια φυλακη ὁ κλεπτης ἐρχεται, ἐγρηγορησεν *ἄν* και οὐκ *ἄν* εἰασεν διορυχθηναι την οἰκιαν αὐτου.
 25 27 και ἐλθων ἐγω ἐκομισαμην *ἄν* το ἐμον συν τοκω.
 26 48 ὁν *ἄν* φιλησω αὐτος ἐστιν· κρατησατε αὐτον.
Mc 3 29 ὁς δ *ἄν* βλασφημηση εἰς το πνευμα το ἀγιον, οὐκ ἐχει ἀφεσιν εἰς τον αἰωνα,
  35 ὁς [γαρ] *ἄν* ποιηση το θελημα του θεου, οὑτος ἀδελφος μου και ἀδελφη και μητηρ ἐστιν.
 6 10 ὁπου ἐαν εἰσελθητε εἰς οἰκιαν, ἐκει μενετε ἑως *ἄν* ἐξελθητε ἐκειθεν.
  11 και ὁς *ἄν* τοπος μη δεξηται ὑμας μηδε ἀκουσωσιν ὑμων, ἐκπορευομενοι ἐκειθεν ἐκτιναξατε τον χουν τον ὑποκατω των ποδων ὑμων εἰς μαρτυριον αὐτοις.
  56 και ὁπου *ἄν* εἰσεπορευετο εἰς κωμας ἡ εἰς πολεις ἡ εἰς ἀγρους, ἐν ταις ἀγοραις ἐτιθεσαν τους ἀσθενουντας,
  56 και ὁσοι *ἄν* ἡψαντο αὐτου ἐσωζοντο.
 8 35 ὁς δ *ἄν* ἀπολεσει την ψυχην αὐτου ἑνεκεν ἐμου και του εὐαγγελιου, σωσει αὐτην.
 9 1 ἀμην λεγω ὑμιν ὁτι εἰσιν τινες ὡδε των ἑστηκοτων οἱτινες οὐ μη γευσωνται θανατου ἑως *ἄν* ἰδωσιν την βασιλειαν του θεου ἐληλυθυιαν ἐν δυναμει.
  37 ὁς *ἄν* ἑν των τοιουτων παιδιων δεξηται ἐπι τω ὀνοματι μου, ἐμε δεχεται·
  37 και ὁς *ἄν* ἐμε δεχηται, οὐκ ἐμε δεχεται ἀλλα τον ἀποστειλαντα με.
  41 ὁς γαρ *ἄν* ποτιση ὑμας ποτηριον ὑδατος ἐν ὀνοματι, ὁτι χριστου ἐστε, ἀμην λεγω ὑμιν ὁτι οὐ μη ἀπολεση τον μισθον αὐτου.
  42 και ὁς *ἄν* σκανδαλιση ἑνα των μικρων τουτων των πιστευοντων [εἰς ἐμε,] καλον ἐστιν αὐτω μαλλον εἰ περικειται μυλος ὀνικος περι τον τραχηλον αὐτου και βεβληται εἰς την θαλασσαν.
 10 11 ὁς *ἄν* ἀπολυση την γυναικα αὐτου και γαμηση ἀλλην, μοιχαται ἐπ αὐτην·
  15 ὁς *ἄν* μη δεξηται την βασιλειαν του θεου ὡς παιδιον, οὐ μη εἰσελθη εἰς αὐτην.
  43 οὐχ οὑτως δε ἐστιν ἐν ὑμιν· ἀλλ ὁς *ἄν* θελη μεγας γενεσθαι ἐν ὑμιν, ἐσται ὑμων διακονος,
  44 και ὁς *ἄν* θελη ἐν ὑμιν εἰναι πρωτος, ἐσται παντων δουλος·
 11 23 ἀμην λεγω ὑμιν ὁτι ὁς *ἄν* εἰπη τω ὁρει τουτω· ἀρθητι και βληθητι εἰς την θαλασσαν, και μη διακριθη ἐν τη καρδια αὐτου ἀλλα πιστευη ὁτι ὁ λαλει γινεται, ἐσται αὐτω.
 12 36 εἰπεν κυριος τω κυριω μου· καθου ἐκ δεξιων μου ἑως *ἄν* θω τους ἐχθρους σου ὑποκατω των ποδων σου.
 13 20 και εἰ μη ἐκολοβωσεν κυριος τας ἡμερας, οὐκ *ἄν* ἐσωθη πασα σαρξ·
 14 44 ὁν *ἄν* φιλησω αὐτος ἐστιν· κρατησατε αὐτον και ἀπαγετε ἀσφαλως.
Lc 1 62 ἐνενευον δε τω πατρι αὐτου το τί *ἄν* θελοι καλεισθαι αὐτο.
 2 26 και ἡν αὐτω κεχρηματισμενον ὑπο του πνευματος του ἀγιου μη ἰδειν θανατον πριν [ἡ] *ἄν* ἰδη τον χριστον κυριου.
  35 ἰδου οὑτος κειται εἰς πτωσιν και ἀναστασιν πολλων ἐν τω ἰσραηλ και εἰς σημειον ἀντιλεγομενον και σου [δε] αὐτης την ψυχην διελευσεται ρομφαια, ὁπως *ἄν* ἀποκαλυφθωσιν ἐκ πολλων καρδιων διαλογισμοι.
 6 11 αὐτοι δε ἐπλησθησαν ἀνοιας, και διελαλουν προς ἀλληλους τί *ἄν* ποιησαιεν τω ἰησου.
 7 39 οὑτος εἰ ἡν προφητης, ἐγινωσκεν *ἄν* τις και ποταπη ἡ γυνη ἡτις ἁπτεται αὐτου, ὁτι ἁμαρτωλος ἐστιν.
 8 18 ὁς *ἄν* γαρ ἐχη, δοθησεται αὐτω·
  18 ὁς *ἄν* μη ἐχη, και ὁ δοκει ἐχειν ἀρθησεται ἀπ αὐτου.
 9 4 και εἰς ἡν *ἄν* οἰκιαν εἰσελθητε, ἐκει μενετε και ἐκειθεν ἐξερχεσθε.
  5 και ὁσοι *ἄν* μη δεχωνται ὑμας, ἐξερχομενοι ἀπο της πολεως ἐκεινης τον κονιορτον ἀπο των ποδων ὑμων ἀποτινασσετε εἰς μαρτυριον ἐπ αὐτους.
  24 ὁς γαρ *ἄν* θελη την ψυχην αὐτου σωσαι, ἀπολεσει αὐτην·
  24 ὁς δ *ἄν* ἀπολεσει την ψυχην αὐτου ἑνεκεν ἐμου, οὑτος σωσει αὐτην.
  26 ὁς γαρ *ἄν* ἐπαισχυνθη με και τους ἐμους λογους, τουτον ὁ υἱος του ἀνθρωπου ἐπαισχυνθησεται, ὁταν ἐλθη ἐν τη δοξη αὐτου και του πατρος και των ἀγιων ἀγγελων.

ἀν [167]

Lc	9 27	λεγω δε υμιν αληθως, εισιν τινες των αυτου εστηκοτων οι ου μη γευσωνται θανατου εως *ἀν* ιδωσιν την βασιλειαν του θεου.
	46	εισηλθεν δε διαλογισμος εν αυτοις, το τις *ἀν* ειη μειζων αυτων.
	48	και ος *ἀν* εμε δεξηται, δεχεται τον αποστειλαντα με·
10	5	εις ην δ *ἀν* εισελθητε οικιαν, πρωτον λεγετε·
	8	και εις ην *ἀν* πολιν εισερχησθε και δεχωνται υμας, εσθιετε τα παρατιθεμενα υμιν,
	10	εις ην δ *ἀν* πολιν εισελθητε και μη δεχωνται υμας, εξελθοντες εις τας πλατειας αυτης ειπατε·
	13	οτι ει εν τυρω και σιδωνι εγενηθησαν αι δυναμεις αι γενομεναι εν υμιν, παλαι *ἀν* εν σακκω και σποδω καθημενοι μετενοησαν.
	35	επιμεληθητι αυτου, και οτι *ἀν* προσδαπανησης εγω εν τω επανερχεσθαι με αποδωσω σοι.
12	8	πας ος *ἀν* ομολογηση εν εμοι εμπροσθεν των ανθρωπων, και ο υιος του ανθρωπου ομολογησει εν αυτω εμπροσθεν των αγγελων του θεου·
	39	τουτο δε γινωσκετε, οτι ει ηδει ο οικοδεσποτης ποια ωρα ο κλεπτης ερχεται, ουκ *ἀν* αφηκεν διορυχθηναι τον οικον αυτου.
13	25	αφ ου *ἀν* εγερθη ο οικοδεσποτης και αποκλειση την θυραν, και αρξησθε εξω εσταναι και κρουειν την θυραν λεγοντες·
15	26	και προσκαλεσαμενος ενα των παιδων επυνθανετο τι *ἀν* ειη ταυτα.
17	6	ει εχετε πιστιν ως κοκκον σιναπεως, ελεγετε *ἀν* τη συκαμινω [ταυτη]· εκριζωθητι και φυτευθητι εν τη θαλασση·
	6	και υπηκουσεν *ἀν* υμιν.
	33	ος εαν ζητηση την ψυχην αυτου περιποιησασθαι, απολεσει αυτην, ος δ *ἀν* απολεση, ζωογονησει αυτην.
18	17	ος *ἀν* μη δεξηται την βασιλειαν του θεου ως παιδιον, ου μη εισελθη εις αυτην.
19	23	καγω ελθων συν τοκω *ἀν* αυτο επραξα.
20	18	εφ ον δ *ἀν* πεση, λικμησει αυτον.
	43	καθου εκ δεξιων μου εως *ἀν* θω τους εχθρους σου υποποδιον των ποδων σου.
21	32	αμην λεγω υμιν οτι ου μη παρελθη η γενεα αυτη εως *ἀν* παντα γενηται.
Jh	1 33	εφ ον *ἀν* ιδης το πνευμα καταβαινον και μενον επ αυτον, ουτος εστιν ο βαπτιζων εν πνευματι αγιω.
2	5	λεγει η μητηρ αυτου τοις διακονοις· οτι *ἀν* λεγη υμιν, ποιησατε.
4	10	συ *ἀν* ητησας αυτον και εδωκεν *ἀν* σοι υδωρ ζων.
	10	συ *ἀν* ητησας αυτον και εδωκεν *ἀν* σοι υδωρ ζων.
	14	ος δ *ἀν* πιη εκ του υδατος ου εγω δωσω αυτω, ου μη διψησει εις τον αιωνα,
5	19	α γαρ *ἀν* εκεινος ποιη, ταυτα και ο υιος ομοιως ποιει.
	46	ει γαρ επιστευετε μωυσει, επιστευετε *ἀν* εμοι·
8	19	ει εμε ηδειτε, και τον πατερα μου *ἀν* ηδειτε.
	42	ει ο θεος πατηρ υμων ην, ηγαπατε *ἀν* εμε·
9	41	ει τυφλοι ητε, ουκ *ἀν* ειχετε αμαρτιαν·
11	21	κυριε, ει ης ωδε, ουκ *ἀν* απεθανεν ο αδελφος μου.
	22	[αλλα] και νυν οιδα οτι οσα *ἀν* αιτηση τον θεον δωσει σοι ο θεος.
	32	κυριε, ει ης ωδε, ουκ *ἀν* μου απεθανεν ο αδελφος.
13	20	ο λαμβανων *ἀν* τινα πεμψω εμε λαμβανει,
	24	νευει ουν τουτω σιμων πετρος πυθεσθαι τις *ἀν* ειη περι ου λεγει.
14	2	ει δε μη, ειπον *ἀν* υμιν· οτι πορευομαι ετοιμασαι τοπον υμιν·
	13	και οτι *ἀν* αιτησητε εν τω ονοματι μου, τουτο ποιησω, ινα δοξασθη ο πατηρ εν τω υιω.
	28	ει ηγαπατε με, εχαρητε *ἀν* οτι πορευομαι προς τον πατερα, οτι ο πατηρ μειζων μου εστιν.
15	16	και εθηκα υμας ινα υμεις υπαγητε και καρπον φερητε και ο καρπος υμων μενη, ινα οτι *ἀν* αιτησητε τον πατερα εν τω ονοματι μου δω υμιν.
	19	ει εκ του κοσμου ητε, ο κοσμος *ἀν* το ιδιον εφιλει·
16	23	*ἀν* τι αιτησητε τον πατερα εν τω ονοματι μου δωσει υμιν.
18	30	ει μη ην ουτος κακον ποιων, ουκ *ἀν* σοι παρεδωκαμεν αυτον.
	36	ει εκ του κοσμου τουτου ην η βασιλεια η εμη, οι υπηρεται οι εμοι ηγωνιζοντο [*ἀν*],
20	23	*ἀν* τινων αφητε τας αμαρτιας, αφεωνται αυτοις·
	23	*ἀν* τινων αφητε τας αμαρτιας, αφεωνται αυτοις· *ἀν* τινων κρατητε, κεκρατηνται.
Ac	2 21	και εσται πας ος *ἀν* επικαλεσηται το ονομα κυριου σωθησεται.
	35	ειπεν [ο] κυριος τω κυριω μου· καθου εκ δεξιων μου, εως *ἀν* θω τους εχθρους σου υποποδιον των ποδων σου.

ἀν [167]

Ac	2 39	υμιν γαρ εστιν η επαγγελια και τοις τεκνοις υμων και πασιν τοις εις μακραν, οσους *ἀν* προσκαλεσηται κυριος ο θεος ημων.
	45	και τα κτηματα και τας υπαρξεις επιπρασκον και διεμεριζον αυτα πασιν, καθοτι *ἀν* τις χρειαν ειχεν.
3	20	οπως *ἀν* ελθωσιν καιροι αναψυξεως απο προσωπου του κυριου και αποστειλη τον προκεχειρισμενον υμιν χριστον ιησουν,
	22	αυτου ακουσεσθε κατα παντα οσα *ἀν* λαληση προς υμας.
4	35	διεδιδετο δε εκαστω καθοτι *ἀν* τις χρειαν ειχεν.
5	24	ως δε ηκουσαν τους λογους τουτους ο τε στρατηγος του ιερου και οι αρχιερεις, διηπορουν περι αυτων τι *ἀν* γενοιτο τουτο.
7	3	εξελθε εκ της γης σου και [εκ] της συγγενειας σου, και δευρο εις την γην ην *ἀν* σοι δειξω.
8	31	πως γαρ *ἀν* δυναιμην εαν μη τις οδηγησει με;
10	17	ως δε εν εαυτω διηπορει ο πετρος τι *ἀν* ειη το οραμα ο ειδεν, ιδου οι ανδρες οι απεσταλμενοι υπο του κορνηλιου διερωτησαντες την οικιαν του σιμωνος επεστησαν επι τον πυλωνα,
15	17	οπως *ἀν* εκζητησωσιν οι καταλοιποι των ανθρωπων τον κυριον,
17	18	τι *ἀν* θελοι ο σπερμολογος ουτος λεγειν;
18	14	ει μεν ην αδικημα τι η ραδιουργημα πονηρον, ω ιουδαιοι, κατα λογον *ἀν* ανεσχομην υμων·
26	29	ευξαιμην *ἀν* τω θεω και εν ολιγω και εν μεγαλω ου μονον σε αλλα και παντας τους ακουοντας μου σημερον γενεσθαι τοιουτους οποιος και εγω ειμι,
Rm	3 4	οπως *ἀν* δικαιωθης εν τοις λογοις σου και νικησεις εν τω κρινεσθαι σε.
9	15	ελεησω ον *ἀν* ελεω, και οικτιρησω ον *ἀν* οικτιρω.
	15	ελεησω ον *ἀν* ελεω, και οικτιρησω ον *ἀν* οικτιρω.
	29	ει μη κυριος σαβαωθ εγκατελιπεν ημιν σπερμα, ως σοδομα *ἀν* εγενηθημεν και ως γομορρα *ἀν* ωμοιωθημεν.
	29	ει μη κυριος σαβαωθ εγκατελιπεν ημιν σπερμα, ως σοδομα *ἀν* εγενηθημεν και ως γομορρα *ἀν* ωμοιωθημεν.
10	13	πας γαρ ος *ἀν* επικαλεσηται το ονομα κυριου σωθησεται.
15	24	νυνι δε μηκετι τοπον εχων εν τοις κλιμασι τουτοις, επιποθιαν δε εχων του ελθειν προς υμας απο πολλων ετων, ως *ἀν* πορευωμαι εις την σπανιαν·
16	2	ινα αυτην προσδεξησθε εν κυριω αξιως των αγιων, και παραστητε αυτη εν ω *ἀν* υμων χρηζη πραγματι·
1Co	2 8	ει γαρ εγνωσαν, ουκ *ἀν* τον κυριον της δοξης εσταυρωσαν·
4	5	ωστε μη προ καιρου τι κρινετε, εως *ἀν* ελθη ο κυριος,
7	5	ει μητι *ἀν* εκ συμφωνου προς καιρον
11	27	ωστε ος *ἀν* εσθιη τον αρτον η πινη το ποτηριον του κυριου αναξιως, ενοχος εσται του σωματος και του αιματος του κυριου.
	31	ει δε εαυτους διεκρινομεν, ουκ *ἀν* εκρινομεθα·
	34	τα δε λοιπα ως *ἀν* ελθω διαταξομαι.
12	2	οιδατε οτι οτε εθνη ητε προς τα ειδωλα τα αφωνα ως *ἀν* ηγεσθε απαγομενοι.
2Co	3 15	αλλ εως σημερον ηνικα *ἀν* αναγινωσκηται μωυσης καλυμμα επι την καρδιαν αυτων κειται·
10	9	ουκ αισχυνθησομαι, ινα μη δοξω ως *ἀν* εκφοβειν υμας δια των επιστολων.
11	21	εν ω δ *ἀν* τις τολμα, εν αφροσυνη λεγω, τολμω καγω.
Ga	1 10	ει ετι ανθρωποις ηρεσκον, χριστου δουλος ουκ *ἀν* ημην.
3	19	των παραβασεων χαριν προσετεθη, αχρις ου *ἀν* ελθη το σπερμα ω επηγγελται,
	21	ει γαρ εδοθη νομος ο δυναμενος ζωοποιησαι, οντως εκ νομου *ἀν* ην η δικαιοσυνη·
Php	2 23	τουτον μεν ουν ελπιζω πεμψαι ως *ἀν* αφιδω τα περι εμε εξαυτης·
Heb	1 13	καθου εκ δεξιων μου εως *ἀν* θω τους εχθρους σου υποποδιον των ποδων σου;
4	8	ει γαρ αυτους ιησους κατεπαυσεν, ουκ *ἀν* περι αλλης ελαλει μετα ταυτα ημερας.
8	4	ει μεν ουν ην επι γης, ουδ *ἀν* ην ιερευς,
	7	ει γαρ η πρωτη εκεινη ην αμεμπτος, ουκ *ἀν* δευτερας εζητειτο τοπος.
10	2	επει ουκ *ἀν* επαυσαντο προσφερομεναι, δια το μηδεμιαν εχειν ετι συνειδησιν αμαρτιων τους λατρευοντας απαξ κεκαθαρισμενους;
11	15	και ει μεν εκεινης εμνημονευον αφ ης εξεβησαν, ειχον *ἀν* καιρον ανακαμψαι·
1Jh	2 5	ος δ *ἀν* τηρη αυτου τον λογον, αληθως εν τουτω η αγαπη του θεου τετελειωται.
	19	ει γαρ εξ ημων ησαν, μεμενηκεισαν *ἀν* μεθ ημων·

ἄν [167]

1Jh 3 17 ὃς δ ἄν ἔχῃ τὸν βιον του κοσμου και θεωρῃ τον ἀδελφον
αὐτου χρειαν ἐχοντα και κλειση τα σπλαγχνα αὐτου ἀπ
αὐτου, πῶς ἡ ἀγαπη του θεου μενει ἐν αὐτῳ;

Apc 2 25 πλην ὃ ἐχετε κρατησατε ἀχρι[ς] οὗ ἄν ἡξω.
14 4 οὗτοι οἱ ἀκολουθουντες τῳ ἀρνιῳ ὁπου ἄν ὑπαγη.

ἀνα [13]

Mt 13 25 ἐν δε τῳ καθευδειν τους ἀνθρωπους ἠλθεν αὐτου ὁ ἐχθρος
και ἐπεσπειρεν ζιζανια ἀνα μεσον του σιτου και ἀπηλθεν.
20 9 και ἐλθοντες οἱ περι την ἐνδεκατην ὡραν ἐλαβον ἀνα
δηναριον.
10 και ἐλαβον [το] ἀνα δηναριον και αὐτοι.

Mc 7 31 και παλιν ἐξελθων ἐκ των ὁριων τυρου ἠλθεν δια σιδωνος εἰς
την θαλασσαν της γαλιλαιας ἀνα μεσον των ὁριων
δεκαπολεως.

Lc 9 3 μηδεν αἰρετε εἰς την ὁδον, μητε ῥαβδον μητε πηραν μητε
ἀρτον μητε ἀργυριον μητε [ἀνα] δυο χιτωνας ἐχειν.
14 κατακλινατε αὐτους κλισιας [ὡσει] ἀνα πεντηκοντα.
10 1 και ἀπεστειλεν αὐτους ἀνα δυο [δυο] προ προσωπου αὐτου
εἰς πασαν πολιν και τοπον οὗ ἠμελλεν αὐτος ἐρχεσθαι.

Jh 2 6 ἠσαν δε ἐκει λιθιναι ὑδριαι ἐξ κατα τον καθαρισμον των
ἰουδαιων κειμεναι, χωρουσαι ἀνα μετρητας δυο ἡ τρεις.

1Co 6 5 οὑτως οὐκ ἐνι ἐν ὑμιν οὐδεις σοφος, ὃς δυνησεται διακριναι
ἀνα μεσον του ἀδελφου αὐτου;
14 27 εἰτε γλωσσῃ τις λαλει, κατα δυο ἡ το πλειστον τρεις, και ἀνα
μερος,

Apc 4 8 και τα τεσσαρα ζωα, ἑν καθ ἑν αὐτων ἐχων ἀνα πτερυγας ἑξ,
κυκλοθεν και ἐσωθεν γεμουσιν ὀφθαλμων·
7 17 ὁτι το ἀρνιον το ἀνα μεσον του θρονου ποιμανει αὐτους και
ὁδηγησει αὐτους ἐπι ζωης πηγας ὑδατων·
21 21 ἀνα εἱς ἑκαστος των πυλωνων ἠν ἐξ ἑνος μαργαριτου.

ἀναβαθμος [2]

Ac 21 35 ὁτε δε ἐγενετο ἐπι τους ἀναβαθμους, συνεβη βασταζεσθαι
αὐτον ὑπο των στρατιωτων δια την βιαν του ὀχλου·
40 ἐπιτρεψαντος δε αὐτου ὁ παυλος ἑστως ἐπι των ἀναβαθμων
κατεσεισεν τῃ χειρι τῳ λαῳ·

ἀναβαινω [82]

Mt 3 16 βαπτισθεις δε ὁ ἰησους εὐθυς ἀνεβη ἀπο του ὑδατος·
5 1 ἰδων δε τους ὀχλους ἀνεβη εἰς το ὀρος·
13 7 και ἀνεβησαν αἱ ἀκανθαι και ἐπνιξαν αὐτα.
14 23 και ἀπολυσας τους ὀχλους ἀνεβη εἰς το ὀρος κατ ἰδιαν
προσευξασθαι.
32 και ἀναβαντων αὐτων εἰς το πλοιον ἐκοπασεν ὁ ἀνεμος.
15 29 και μεταβας ἐκειθεν ὁ ἰησους ἠλθεν παρα την θαλασσαν της
γαλιλαιας, και ἀναβας εἰς το ὀρος ἐκαθητο ἐκει.
17 27 ἱνα δε μη σκανδαλισωμεν αὐτους, πορευθεις εἰς θαλασσαν
βαλε ἀγκιστρον και τον ἀναβαντα πρωτον ἰχθυν ἀρον, και
ἀνοιξας το στομα αὐτου εὑρησεις στατηρα·
20 17 και ἀναβαινων ὁ ἰησους εἰς ἱεροσολυμα παρελαβεν τους
δωδεκα [μαθητας] κατ ἰδιαν,
18 και ἐν τῃ ὁδῳ εἰπεν αὐτοις· ἰδου ἀναβαινομεν εἰς ἱεροσολυμα,

Mc 1 10 και εὐθυς ἀναβαινων ἐκ του ὑδατος εἰδεν σχιζομενους τους
οὐρανους και το πνευμα ὡς περιστεραν καταβαινον εἰς αὐτον·
3 13 και ἀναβαινει εἰς το ὀρος,
4 7 και ἀνεβησαν αἱ ἀκανθαι και συνεπνιξαν αὐτο,
8 και ἀλλα ἐπεσεν εἰς την γην την καλην και ἐδιδου καρπον
ἀναβαινοντα και αὐξανομενα και ἐφερεν ἐν τριακοντα και ἐν
ἑξηκοντα και ἑν ἑκατον.
32 και ὁταν σπαρῃ, ἀναβαινει και γινεται μειζον παντων των
λαχανων,
6 51 και ἀνεβη προς αὐτους εἰς το πλοιον,
10 32 ἠσαν δε ἐν τῃ ὁδῳ ἀναβαινοντες εἰς ἱεροσολυμα, και ἠν
προαγων αὐτους ὁ ἰησους,
33 και παραλαβων παλιν τους δωδεκα ἠρξατο αὐτοις λεγειν τα
μελλοντα αὐτῳ συμβαινειν, ὁτι ἰδου ἀναβαινομεν εἰς
ἱεροσολυμα,
15 8 και ἀναβας ὁ ὀχλος ἠρξατο αἰτεισθαι καθως ἐποιει αὐτοις.

Lc 2 4 ἀνεβη δε και ἰωσηφ ἀπο της γαλιλαιας ἐκ πολεως ναζαρεθ εἰς
την ἰουδαιαν εἰς πολιν δαυιδ ἡτις καλειται βηθλεεμ,
42 και ὁτε ἐγενετο ἐτων δωδεκα, ἀναβαινοντων αὐτων κατα το
ἐθος της ἑορτης.
5 19 και μη εὑροντες ποιας εἰσενεγκωσιν αὐτον δια τον ὀχλον,
ἀναβαντες ἐπι το δωμα δια των κεραμων καθηκαν αὐτον συν
τῳ κλινιδιῳ εἰς το μεσον ἐμπροσθεν του ἰησου.

ἀναβαινω [82]

Lc 9 28 ἐγενετο δε μετα τους λογους τουτους ὡσει ἡμεραι ὀκτω, [και]
παραλαβων πετρον και ἰωαννην και ἰακωβον ἀνεβη εἰς το
ὀρος προσευξασθαι.
18 10 ἀνθρωποι δυο ἀνεβησαν εἰς το ἱερον προσευξασθαι, ὁ εἱς
φαρισαιος και ὁ ἑτερος τελωνης.
31 ἰδου ἀναβαινομεν εἰς ἱερουσαλημ, και τελεσθησεται παντα τα
γεγραμμενα δια των προφητων τῳ υἱῳ του ἀνθρωπου·
19 4 και προδραμων εἰς το ἐμπροσθεν ἀνεβη ἐπι συκομορεαν,
28 και εἰπων ταυτα ἐπορευετο ἐμπροσθεν ἀναβαινων εἰς
ἱεροσολυμα.
24 38 τι τεταραγμενοι ἐστε, και δια τι διαλογισμοι ἀναβαινουσιν ἐν
τῃ καρδιᾳ ὑμων;

Jh 1 51 ὀψεσθε τον οὐρανον ἀνεῳγοτα και τους ἀγγελους του θεου
ἀναβαινοντας και καταβαινοντας ἐπι τον υἱον του ἀνθρωπου.
2 13 και ἐγγυς ἠν το πασχα των ἰουδαιων, και ἀνεβη εἰς
ἱεροσολυμα ὁ ἰησους.
3 13 και οὐδεις ἀναβεβηκεν εἰς τον οὐρανον εἰ μη ὁ ἐκ του
οὐρανου καταβας,
5 1 και ἀνεβη ἰησους εἰς ἱεροσολυμα.
6 62 τουτο ὑμας σκανδαλιζει; ἐαν οὐν θεωρητε τον υἱον του
ἀνθρωπου ἀναβαινοντα ὁπου ἠν το προτερον;
7 8 ὑμεις ἀναβητε εἰς την ἑορτην·
8 ἐγω οὐκ ἀναβαινω εἰς την ἑορτην ταυτην, ὁτι ὁ ἐμος καιρος
οὐπω πεπληρωται.
10 ὡς δε ἀνεβησαν οἱ ἀδελφοι αὐτου εἰς την ἑορτην, τοτε και
αὐτος ἀνεβη,
10 ὡς δε ἀνεβησαν οἱ ἀδελφοι αὐτου εἰς την ἑορτην, τοτε και
αὐτος ἀνεβη,
14 ἠδη δε της ἑορτης μεσουσης ἀνεβη ἰησους εἰς το ἱερον και
ἐδιδασκεν.
10 1 ὁ μη εἰσερχομενος δια της θυρας εἰς την αὐλην των προβατων
ἀλλα ἀναβαινων ἀλλαχοθεν, ἐκεινος κλεπτης ἐστιν και
ληστης·
11 55 και ἀνεβησαν πολλοι εἰς ἱεροσολυμα ἐκ της χωρας προ του
πασχα, ἱνα ἁγνισωσιν ἑαυτους.
12 20 ἠσαν δε ἑλληνες τινες ἐκ των ἀναβαινοντων ἱνα
προσκυνησωσιν ἐν τῃ ἑορτῃ·
20 17 μη μου ἀπτου, οὐπω γαρ ἀναβεβηκα προς τον πατερα·
17 ἀναβαινω προς τον πατερα μου και πατερα ὑμων και θεον
μου και θεον ὑμων.
21 11 ἀνεβη οὐν σιμων πετρος και εἱλκυσεν το δικτυον εἰς την γην
μεστον ἰχθυων μεγαλων ἑκατονπεντηκοντατριων·

Ac 1 13 και ὁτε εἰσηλθον, εἰς το ὑπερωον ἀνεβησαν οὗ ἠσαν
καταμενοντες, ὁ τε πετρος και ἰωαννης και ἰακωβος και
ἀνδρεας,
2 34 οὐ γαρ δαυιδ ἀνεβη εἰς τους οὐρανους,
3 1 πετρος δε και ἰωαννης ἀνεβαινον εἰς το ἱερον ἐπι την ὡραν
της προσευχης την ἐνατην.
7 23 ὡς δε ἐπληρουτο αὐτῳ τεσσερακονταετης χρονος, ἀνεβη ἐπι
την καρδιαν αὐτου ἐπισκεψασθαι τους ἀδελφους αὐτου τους
υἱους ἰσραηλ.
8 31 παρεκαλεσεν τε τον φιλιππον ἀναβαντα καθισαι συν αὐτῳ.
39 ὁτε δε ἀνεβησαν ἐκ του ὑδατος, πνευμα κυριου ἡρπασεν τον
φιλιππον,
10 4 αἱ προσευχαι σου και αἱ ἐλεημοσυναι σου ἀνεβησαν εἰς
μνημοσυνον ἐμπροσθεν του θεου.
9 τῃ δε ἐπαυριον ὁδοιπορουντων ἐκεινων και τῃ πολει
ἐγγιζοντων ἀνεβη πετρος ἐπι το δωμα προσευξασθαι περι
ὡραν ἑκτην.
11 2 ὁτε δε ἀνεβη πετρος εἰς ἱερουσαλημ, διεκρινοντο προς αὐτον
οἱ ἐκ περιτομης λεγοντες ὁτι εἰσηλθες προς ἀνδρας
ἀκροβυστιαν ἐχοντας και συνεφαγες αὐτοις.
15 2 γενομενης δε στασεως και ζητησεως οὐκ ὀλιγης τῳ παυλῳ
και τῳ βαρναβᾳ προς αὐτους, ἐταξαν ἀναβαινειν παυλον και
βαρναβαν
18 22 ἀναβας και ἀσπασαμενος την ἐκκλησιαν, κατεβη εἰς
ἀντιοχειαν,
20 11 ἀναβας δε και κλασας τον ἀρτον και γευσαμενος, ἐφ ἱκανον
τε ὁμιλησας ἀχρι αὐγης, οὑτως ἐξηλθεν.
21 6 και ἀνεβημεν εἰς το πλοιον, ἐκεινοι δε ὑπεστρεψαν εἰς τα
ἰδια.
12 ὡς δε ἠκουσαμεν ταυτα, παρεκαλουμεν ἡμεις τε και οἱ
ἐντοπιοι του μη ἀναβαινειν αὐτον εἰς ἱερουσαλημ.
15 μετα δε τας ἡμερας ταυτας ἐπισκευασαμενοι ἀνεβαινομεν εἰς
ἱεροσολυμα.
31 ζητουντων τε αὐτον ἀποκτειναι ἀνεβη φασις τῳ χιλιαρχῳ της
σπειρης ὁτι ὁλη συγχυννεται ἱερουσαλημ.
24 11 δυναμενου σου ἐπιγνωναι ὁτι οὐ πλειους εἰσιν μοι ἡμεραι
δωδεκα ἀφ ἡς ἀνεβην προσκυνησων εἰς ἱερουσαλημ.

ἀναβαινω [82]

Ac	25 1	φηστος οὖν ἐπιβας τῃ ἐπαρχειᾳ μετα τρεις ἡμερας *ἀνεβη* εἰς ἱεροσολυμα ἀπο καισαρειας,
	9	θελεις εἰς ἱεροσολυμα *ἀναβας* ἐκει περι τουτων κριθηναι ἐπ ἐμου;
Rm	10 6	μη εἰπῃς ἐν τῃ καρδιᾳ σου· τίς *ἀναβησεται* εἰς τον οὐρανον;
1Co	2 9	ἃ ὀφθαλμος οὐκ εἰδεν και οὖς οὐκ ἠκουσεν και ἐπι καρδιαν ἀνθρωπου οὐκ *ἀνεβη*, ἃ ἡτοιμασεν ὁ θεος τοις ἀγαπωσιν αὐτον.
Ga	2 1	ἐπειτα δια δεκατεσσαρων ἐτων παλιν *ἀνεβην* εἰς ἱεροσολυμα μετα βαρναβα,
	2	*ἀνεβην* δε κατα ἀποκαλυψιν·
Eph	4 8	*ἀναβας* εἰς ὑψος ᾐχμαλωτευσεν αἰχμαλωσιαν,
	9	το δε *ἀνεβη* τί ἐστιν εἰ μη ὁτι και κατεβη εἰς τα κατωτερα [μερη] της γης;
	10	ὁ καταβας αὐτος ἐστιν και ὁ *ἀναβας* ὑπερανω παντων των οὐρανων,
Apc	4 1	*ἀναβα* ὡδε, και δειξω σοι ἃ δει γενεσθαι μετα ταυτα.
	7 2	και εἰδον ἀλλον ἀγγελον *ἀναβαινοντα* ἀπο ἀνατολης ἡλιου,
	8 4	και *ἀνεβη* ὁ καπνος των θυμιαματων ταις προσευχαις των ἁγιων ἐκ χειρος του ἀγγελου ἐνωπιον του θεου.
	9 2	και *ἀνεβη* καπνος ἐκ του φρεατος ὡς καπνος καμινου μεγαλης,
	11 7	το θηριον το *ἀναβαινον* ἐκ της ἀβυσσου ποιησει μετ αὐτων πολεμον
	12	και ἠκουσαν φωνης μεγαλης ἐκ του οὐρανου λεγουσης αὐτοις· *ἀναβατε* ὡδε·
	12	και *ἀνεβησαν* εἰς τον οὐρανον ἐν τῃ νεφελῃ,
	13 1	και εἰδον ἐκ της θαλασσης θηριον *ἀναβαινον*,
	11	και εἰδον ἀλλο θηριον *ἀναβαινον* ἐκ της γης,
	14 11	και ὁ καπνος του βασανισμου αὐτων εἰς αἰωνας αἰωνων *ἀναβαινει*,
	17 8	το θηριον ὁ εἰδες ἠν και οὐκ ἐστιν, και μελλει *ἀναβαινειν* ἐκ της ἀβυσσου και εἰς ἀπωλειαν ὑπαγει·
	19 3	και ὁ καπνος αὐτης *ἀναβαινει* εἰς τους αἰωνας των αἰωνων.
	20 9	και *ἀνεβησαν* ἐπι το πλατος της γης,

ἀναβαλλω [1]

Ac	24 22	*ἀνεβαλετο* δε αὐτους ὁ φηλιξ, ἀκριβεστερον εἰδως τα περι της ὁδου, εἰπας·

ἀναβιβαζω [1]

Mt	13 48	ἡν ὁτε ἐπληρωθη *ἀναβιβασαντες* ἐπι τον αἰγιαλον και καθισαντες συνελεξαν τα καλα εἰς ἀγγη,

ἀναβλεπω [25]

Mt	11 5	τυφλοι *ἀναβλεπουσιν* και χωλοι περιπατουσιν,
	14 19	λαβων τους πεντε ἀρτους και τους δυο ἰχθυας, *ἀναβλεψας* εἰς τον οὐρανον εὐλογησεν, και κλασας ἐδωκεν τοις μαθηταις τους ἀρτους,
	20 34	σπλαγχνισθεις δε ὁ ἰησους ἡψατο των ὀμματων αὐτων, και εὐθεως *ἀνεβλεψαν* και ἠκολουθησαν αὐτω.
Mc	6 41	και λαβων τους πεντε ἀρτους και τους δυο ἰχθυας, *ἀναβλεψας* εἰς τον οὐρανον εὐλογησεν και κατεκλασεν τους ἀρτους και ἐδιδου τοις μαθηταις [αὐτου] ἱνα παρατιθωσιν αὐτοις,
	7 34	και *ἀναβλεψας* εἰς τον οὐρανον ἐστεναξεν, και λεγει αὐτω·
	8 24	και *ἀναβλεψας* ἐλεγεν· βλεπω τους ἀνθρωπους, ὁτι ὡς δενδρα ὁρω περιπατουντας.
	10 51	ὁ δε τυφλος εἰπεν αὐτω· ῥαββουνι, ἱνα *ἀναβλεψω*.
	52	και εὐθυς *ἀνεβλεψεν*, και ἠκολουθει αὐτω ἐν τῃ ὁδω.
	16 4	και *ἀναβλεψασαι* θεωρουσιν ὁτι ἀποκεκυλισται ὁ λιθος· ἡν γαρ μεγας σφοδρα.
Lc	7 22	τυφλοι *ἀναβλεπουσιν*, χωλοι περιπατουσιν, λεπροι καθαριζονται,
	9 16	λαβων δε τους πεντε ἀρτους και τους δυο ἰχθυας, *ἀναβλεψας* εἰς τον οὐρανον εὐλογησεν αὐτους και κατεκλασεν, και ἐδιδου τοις μαθηταις παραθειναι τω ὀχλω.
	18 41	ὁ δε εἰπεν· κυριε, ἱνα *ἀναβλεψω*.
	42	*ἀναβλεψον*· ἡ πιστις σου σεσωκεν σε.
	43	και παραχρημα *ἀνεβλεψεν*, και ἠκολουθει αὐτω δοξαζων τον θεον.
	19 5	και ὡς ἠλθεν ἐπι τον τοπον, *ἀναβλεψας* ὁ ἰησους εἰπεν προς αὐτον·
	21 1	*ἀναβλεψας* δε εἰδεν τους βαλλοντας εἰς το γαζοφυλακιον τα δωρα αὐτων πλουσιους.
Jh	9 11	ἀπελθων οὖν και νιψαμενος *ἀνεβλεψα*.
	15	παλιν οὖν ἠρωτων αὐτον και οἱ φαρισαιοι πῶς *ἀνεβλεψεν*.

ἀναβλεπω [25]

Jh	9 18	οὐκ ἐπιστευσαν οὖν οἱ ἰουδαιοι περι αὐτου ὁτι ἡν τυφλος και *ἀνεβλεψεν*,
	18	οὐκ ἐπιστευσαν οὖν οἱ ἰουδαιοι περι αὐτου ὁτι ἡν τυφλος και *ἀνεβλεψεν*, ἑως ὁτου ἐφωνησαν τους γονεις αὐτου του *ἀναβλεψαντος*
Ac	9 12	ἰδου γαρ προσευχεται, και εἰδεν ἀνδρα [ἐν ὁραματι] ἀνανιαν ὀνοματι εἰσελθοντα και ἐπιθεντα αὐτω [τας] χειρας, ὁπως *ἀναβλεψῃ*.
	17	σαουλ ἀδελφε, ὁ κυριος ἀπεσταλκεν με, ἰησους ὁ ὀφθεις σοι ἐν τῃ ὁδω ᾐ ἠρχου, ὁπως *ἀναβλεψῃς* και πλησθῃς πνευματος ἁγιου.
	18	και εὐθεως ἀπεπεσαν αὐτου ἀπο των ὀφθαλμων ὡς λεπιδες, *ἀνεβλεψεν* τε,
	22 13	και ἐπιστας εἰπεν μοι· σαουλ ἀδελφε, *ἀναβλεψον*.
	13	καγω αὐτῃ τῃ ὡρᾳ *ἀνεβλεψα* εἰς αὐτον.

ἀναβλεψις [1]

Lc	4 18	εὐαγγελισασθαι πτωχοις, ἀπεσταλκεν με, κηρυξαι αἰχμαλωτοις ἀφεσιν και τυφλοις *ἀναβλεψιν*, ἀποστειλαι τεθραυσμενους ἐν ἀφεσει, κηρυξαι ἐνιαυτον κυριου δεκτον.

ἀναβοαω [1]

Mt	27 46	περι δε την ἐνατην ὡραν *ἀνεβοησεν* ὁ ἰησους φωνῃ μεγαλῃ λεγων· ἡλι ἡλι λεμα σαβαχθανι;

ἀναβολη [1]

Ac	25 17	συνελθοντων οὖν [αὐτων] ἐνθαδε *ἀναβολην* μηδεμιαν ποιησαμενος τῃ ἑξης καθισας ἐπι του βηματος ἐκελευσα ἀχθηναι τον ἀνδρα·

ἀναγαιον [2]

Mc	14 15	και αὐτος ὑμιν δειξει *ἀναγαιον* μεγα ἐστρωμενον ἑτοιμον·
Lc	22 12	κακεινος ὑμιν δειξει *ἀναγαιον* μεγα ἐστρωμενον·

ἀναγγελλω [14]

Jh	4 25	ὁταν ἐλθῃ ἐκεινος, *ἀναγγελει* ἡμιν ἁπαντα.
	5 15	ἀπηλθεν ὁ ἀνθρωπος και *ἀνηγγειλεν* τοις ἰουδαιοις ὁτι ἰησους ἐστιν ὁ ποιησας αὐτον ὑγιη.
	16 13	ἀλλ ὁσα ἀκουσει λαλησει, και τα ἐρχομενα *ἀναγγελει* ὑμιν.
	14	ἐκεινος ἐμε δοξασει, ὁτι ἐκ του ἐμου λημψεται και *ἀναγγελει* ὑμιν.
	15	δια τουτο εἰπον ὁτι ἐκ του ἐμου λαμβανει και *ἀναγγελει* ὑμιν.
Ac	14 27	παραγενομενοι δε και συναγαγοντες την ἐκκλησιαν, *ἀνηγγελλον* ὁσα ἐποιησεν ὁ θεος μετ αὐτων.
	15 4	*ἀνηγγειλαν* τε ὁσα ὁ θεος ἐποιησεν μετ αὐτων.
	19 18	πολλοι τε των πεπιστευκοτων ἠρχοντο ἐξομολογουμενοι και *ἀναγγελλοντες* τας πραξεις αὐτων.
	20 20	ὡς οὐδεν ὑπεστειλαμην των συμφεροντων του μη *ἀναγγειλαι* ὑμιν και διδαξαι ὑμας δημοσιᾳ και κατ οἰκους,
	27	οὐ γαρ ὑπεστειλαμην του μη *ἀναγγειλαι* πασαν την βουλην του θεου ὑμιν.
Rm	15 21	οἱς οὐκ *ἀνηγγελη* περι αὐτου ὀψονται, και οἱ οὐκ ἀκηκοασιν συνησουσιν.
2Co	7 7	*ἀναγγελλων* ἡμιν την ὑμων ἐπιποθησιν, τον ὑμων ὀδυρμον, τον ὑμων ζηλον ὑπερ ἐμου,
1Pt	1 12	οἱς ἀπεκαλυφθη ὁτι οὐχ ἑαυτοις ὑμιν δε διηκονουν αὐτα, ἃ νυν *ἀνηγγελη* ὑμιν δια των εὐαγγελισαμενων ὑμας [ἐν] πνευματι ἁγιω
1Jh	1 5	και ἐστιν αὑτη ἡ ἀγγελια ἡν ἀκηκοαμεν ἀπ αὐτου και *ἀναγγελλομεν* ὑμιν, ὁτι ὁ θεος φως ἐστιν

ἀναγενναω [2]

1Pt	1 3	ὁ κατα το πολυ αὐτου ἐλεος *ἀναγεννησας* ἡμας εἰς ἐλπιδα ζωσαν δι ἀναστασεως ἰησου χριστου ἐκ νεκρων,
	23	*ἀναγεγεννημενοι* οὐκ ἐκ σπορας φθαρτης ἀλλα ἀφθαρτου δια λογου ζωντος θεου και μενοντος.

ἀναγινωσκω [32]

Mt	12 3	οὐκ *ἀνεγνωτε* τί ἐποιησεν δαυιδ,
	5	ἡ οὐκ *ἀνεγνωτε* ἐν τω νομω ὁτι τοις σαββασιν οἱ ἱερεις ἐν τω ἱερω το σαββατον βεβηλουσιν και ἀναιτιοι εἰσιν;

ἀναγινωσκω [32]

Mt	19 4	οὐκ *ἀνέγνωτε* ὅτι ὁ κτισας ἀπ ἀρχης ἀρσεν και θηλυ ἐποιησεν αὐτους;
	21 16	ναι· οὐδεποτε *ἀνέγνωτε* ὅτι ἐκ στοματος νηπιων και θηλαζοντων κατηρτισω αἰνον;
	42	οὐδεποτε *ἀνέγνωτε* ἐν ταις γραφαις· λιθον ὃν ἀπεδοκιμασαν οἱ οἰκοδομουντες, οὗτος ἐγενηθη εἰς κεφαλην γωνιας·
	22 31	περι δε της ἀναστασεως των νεκρων οὐκ *ἀνέγνωτε* το ῥηθεν ὑμιν ὑπο του θεου λεγοντος·
	24 15	ὅταν οὖν ἴδητε το βδελυγμα της ἐρημωσεως το ῥηθεν δια δανιηλ του προφητου ἑστος ἐν τοπω ἁγιω, ὁ *ἀναγινωσκων* νοειτω, τοτε οἱ ἐν τη ἰουδαια φευγετωσαν εἰς τα ὀρη·
Mc	2 25	οὐδεποτε *ἀνέγνωτε* τί ἐποιησεν δαυιδ, ὅτε χρειαν ἐσχεν και ἐπεινασεν αὐτος και οἱ μετ αὐτου;
	12 10	οὐδε την γραφην ταυτην *ἀνέγνωτε*· λιθον ὃν ἀπεδοκιμασαν οἱ οἰκοδομουντες, οὗτος ἐγενηθη εἰς κεφαλην γωνιας·
	26	περι δε των νεκρων ὅτι ἐγειρονται, οὐκ *ἀνέγνωτε* ἐν τη βιβλω μωυσεως ἐπι του βατου πως εἰπεν αὐτω ὁ θεος λεγων·
	13 14	ὅταν δε ἴδητε το βδελυγμα της ἐρημωσεως ἑστηκοτα ὅπου οὐ δει, ὁ *ἀναγινωσκων* νοειτω,
Lc	4 16	και εἰσηλθεν κατα το εἰωθος αὐτω ἐν τη ἡμερα των σαββατων εἰς την συναγωγην, και ἀνεστη *ἀναγνωναι*.
	6 3	οὐδε τουτο *ἀνέγνωτε* ὃ ἐποιησεν δαυιδ, ὅτε ἐπεινασεν αὐτος και οἱ μετ αὐτου [ὀντες];
	10 26	ἐν τω νομω τί γεγραπται; πως *ἀναγινωσκεις*;
Jh	19 20	τουτον οὖν τον τιτλον πολλοι *ἀνέγνωσαν* των ἰουδαιων,
Ac	8 28	ὃς ἐληλυθει προσκυνησων εἰς ἰερουσαλημ, ἦν τε ὑποστρεφων και καθημενος ἐπι του ἁρματος αὐτου και *ἀνεγινωσκεν* τον προφητην ἠσαιαν.
	30	προσδραμων δε ὁ φιλιππος ἠκουσεν αὐτου *ἀναγινωσκοντος* ἠσαιαν τον προφητην, και εἰπεν·
	30	ἀρα γε γινωσκεις ἃ *ἀναγινωσκεις*;
	32	ἡ δε περιοχη της γραφης ἣν *ἀνεγινωσκεν* ἦν αὕτη· ὡς προβατον ἐπι σφαγην ἠχθη,
	13 27	οἱ γαρ κατοικουντες ἐν ἰερουσαλημ και οἱ ἀρχοντες αὐτων τουτον ἀγνοησαντες και τας φωνας των προφητων τας κατα παν σαββατον *ἀναγινωσκομενας* κριναντες ἐπληρωσαν,
	15 21	μωυσης γαρ ἐκ γενεων ἀρχαιων κατα πολιν τους κηρυσσοντας αὐτον ἐχει ἐν ταις συναγωγαις κατα παν σαββατον *ἀναγινωσκομενος*.
	31	*ἀναγνοντες* δε ἐχαρησαν ἐπι τη παρακλησει.
	23 34	*ἀναγνους* δε και ἐπερωτησας ἐκ ποιας ἐπαρχειας ἐστιν,
2Co	1 13	οὐ γαρ ἀλλα γραφομεν ὑμιν ἀλλ ἢ ἃ *ἀναγινωσκετε* ἢ και ἐπιγινωσκετε,
	3 2	ἡ ἐπιστολη ἡμων ὑμεις ἐστε, ἐγγεγραμμενη ἐν ταις καρδιαις ἡμων, γινωσκομενη και *ἀναγινωσκομενη* ὑπο παντων ἀνθρωπων,
	15	ἀλλ ἑως σημερον ἡνικα ἂν *ἀναγινωσκηται* μωυσης καλυμμα ἐπι την καρδιαν αὐτων κειται·
Eph	3 4	προς ὃ δυνασθε *ἀναγινωσκοντες* νοησαι την συνεσιν μου ἐν τω μυστηριω του χριστου,
Col	4 16	και ὅταν *ἀναγνωσθη* παρ ὑμιν ἡ ἐπιστολη, ποιησατε ἱνα και ἐν τη λαοδικεων ἐκκλησια *ἀναγνωσθη*,
	16	και ὅταν *ἀναγνωσθη* παρ ὑμιν ἡ ἐπιστολη, ποιησατε ἱνα και ἐν τη λαοδικεων ἐκκλησια *ἀναγνωσθη*,
	16	και την ἐκ λαοδικειας ἱνα και ὑμεις *ἀναγνωτε*.
1Th	5 27	ἐνορκιζω ὑμας τον κυριον *ἀναγνωσθηναι* την ἐπιστολην πασιν τοις ἀδελφοις.
Apc	1 3	μακαριος ὁ *ἀναγινωσκων* και οἱ ἀκουοντες τους λογους της προφητειας και τηρουντες τα ἐν αὐτη γεγραμμενα·

ἀναγκαζω [9]

Mt	14 22	και εὐθεως *ἠναγκασεν* τους μαθητας ἐμβηναι εἰς το πλοιον και προαγειν αὐτον εἰς το περαν,
Mc	6 45	και εὐθυς *ἠναγκασεν* τους μαθητας αὐτου ἐμβηναι εἰς το πλοιον και προαγειν εἰς το περαν προς βηθσαιδαν,
Lc	14 23	ἐξελθε εἰς τας ὁδους και φραγμους και *ἀναγκασον* εἰσελθειν, ἱνα γεμισθη μου ὁ οἰκος·
Ac	26 11	και κατα πασας τας συναγωγας πολλακις τιμωρων αὐτους *ἠναγκαζον* βλασφημειν,
	28 19	ἀντιλεγοντων δε των ἰουδαιων *ἠναγκασθην* ἐπικαλεσασθαι καισαρα.
2Co	12 11	γεγονα ἀφρων· ὑμεις με *ἠναγκασατε*.
Ga	2 3	ἀλλ οὐδε τιτος ὁ συν ἐμοι, ἑλλην ὤν, *ἠναγκασθη* περιτμηθηναι·
	14	εἰ συ ἰουδαιος ὑπαρχων ἐθνικως και οὐχι ἰουδαικως ζης, πως τα ἐθνη *ἀναγκαζεις* ἰουδαιζειν;
	6 12	ὁσοι θελουσιν εὐπροσωπησαι ἐν σαρκι, οὗτοι *ἀναγκαζουσιν* ὑμας περιτεμνεσθαι,

ἀναγκαιος [8]

Ac	10 24	ὁ δε κορνηλιος ἦν προσδοκων αὐτους, συγκαλεσαμενος τους συγγενεις αὐτου και τους *ἀναγκαιους* φιλους.
	13 46	ὑμιν ἦν *ἀναγκαιον* πρωτον λαληθηναι τον λογον του θεου·
1Co	12 22	ἀλλα πολλω μαλλον τα δοκουντα μελη του σωματος ἀσθενεστερα ὑπαρχειν *ἀναγκαια* ἐστιν,
2Co	9 5	*ἀναγκαιον* οὖν ἡγησαμην παρακαλεσαι τους ἀδελφους
Php	1 24	το δε ἐπιμενειν [ἐν] τη σαρκι *ἀναγκαιοτερον* δι ὑμας.
	2 25	*ἀναγκαιον* δε ἡγησαμην ἐπαφροδιτον τον ἀδελφον και συνεργον και συστρατιωτην μου, ὑμων δε ἀποστολον και λειτουργον της χρειας μου, πεμψαι προς ὑμας,
Tit	3 14	μανθανετωσαν δε και οἱ ἡμετεροι καλων ἐργων προιστασθαι εἰς τας *ἀναγκαιας* χρειας,
Heb	8 3	ὁθεν *ἀναγκαιον* ἐχειν τι και τουτον ὃ προσενεγκη.

ἀναγκαστως [1]

1Pt	5 2	ποιμανατε το ἐν ὑμιν ποιμνιον του θεου, [ἐπισκοπουντες] μη *ἀναγκαστως* ἀλλα ἑκουσιως κατα θεον,

ἀναγκη [18]

Mt	18 7	*ἀναγκη* γαρ ἐλθειν τα σκανδαλα, πλην οὐαι τω ἀνθρωπω δι οὗ το σκανδαλον ἐρχεται.
Lc	14 18	ἀγρον ἠγορασα, και ἐχω *ἀναγκην* ἐξελθων ἰδειν αὐτον·
	21 23	ἐσται γαρ *ἀναγκη* μεγαλη ἐπι της γης και ὀργη τω λαω τουτω,
	23 17 *	*ἀναγκην* δε εἰχεν ἀπολυειν αὐτοις κατα ἑορτην ἑνα.
Rm	13 5	διο *ἀναγκη* ὑποτασσεσθαι, οὐ μονον δια την ὀργην ἀλλα και δια την συνειδησιν.
1Co	7 26	νομιζω οὖν τουτο καλον ὑπαρχειν δια την ἐνεστωσαν *ἀναγκην*, ὅτι καλον ἀνθρωπω το οὑτως εἰναι.
	37	ὃς δε ἑστηκεν ἐν τη καρδια αὐτου ἑδραιος, μη ἐχων *ἀναγκην*,
	9 16	*ἀναγκη* γαρ μοι ἐπικειται·
2Co	6 4	ἐν ὑπομονη πολλη, ἐν θλιψεσιν, ἐν *ἀναγκαις*,
	9 7	ἑκαστος καθως προηρηται τη καρδια, μη ἐκ λυπης ἢ ἐξ *ἀναγκης*·
	12 10	διο εὐδοκω ἐν ἀσθενειαις, ἐν ὑβρεσιν, ἐν *ἀναγκαις*, ἐν διωγμοις και στενοχωριαις, ὑπερ χριστου·
1Th	3 7	δια τουτο παρεκληθημεν, ἀδελφοι, ἐφ ὑμιν ἐπι παση τη *ἀναγκη* και θλιψει ἡμων δια της ὑμων πιστεως,
Phm	14	χωρις δε της σης γνωμης οὐδεν ἠθελησα ποιησαι, ἱνα μη ὡς κατα *ἀναγκην* το ἀγαθον σου ἦ ἀλλα κατα ἑκουσιον.
Heb	7 12	μετατιθεμενης γαρ της ἱερωσυνης ἐξ *ἀναγκης* και νομου μεταθεσις γινεται.
	27	ὃς οὐκ ἐχει καθ ἡμεραν *ἀναγκην*, ὡσπερ οἱ ἀρχιερεις, προτερον ὑπερ των ἰδιων ἁμαρτιων θυσιας ἀναφερειν, ἐπειτα των του λαου·
	9 16	ὁπου γαρ διαθηκη, θανατον *ἀναγκη* φερεσθαι του διαθεμενου·
	23	*ἀναγκη* οὖν τα μεν ὑποδειγματα των ἐν τοις οὐρανοις τουτοις καθαριζεσθαι,
Ju	3	ἀγαπητοι, πασαν σπουδην ποιουμενος γραφειν ὑμιν περι της κοινης ἡμων σωτηριας, *ἀναγκην* ἐσχον γραψαι ὑμιν παρακαλων

ἀναγνωριζω [1]

Ac	7 13	και ἐν τω δευτερω *ἀνεγνωρισθη* ἰωσηφ τοις ἀδελφοις αὐτου,

ἀναγνωσις [3]

Ac	13 15	μετα δε την *ἀναγνωσιν* του νομου και των προφητων ἀπεστειλαν οἱ ἀρχισυναγωγοι προς αὐτους λεγοντες·
2Co	3 14	ἀχρι γαρ της σημερον ἡμερας το αὐτο καλυμμα ἐπι τη *ἀναγνωσει* της παλαιας διαθηκης μενει.
1Tm	4 13	ἑως ἐρχομαι προσεχε τη *ἀναγνωσει*, τη παρακλησει, τη διδασκαλια.

ἀναγω [23]

Mt	4 1	τοτε ὁ ἰησους *ἀνηχθη* εἰς την ἐρημον ὑπο του πνευματος πειρασθηναι ὑπο του διαβολου.
Lc	2 22	και ὁτε ἐπλησθησαν αἱ ἡμεραι του καθαρισμου αὐτων κατα τον νομον μωυσεως, *ἀνηγαγον* αὐτον εἰς ἱεροσολυμα παραστησαι τω κυριω,
	4 5	και *ἀναγαγων* αὐτον ἐδειξεν αὐτω πασας τας βασιλειας της οἰκουμενης ἐν στιγμη χρονου.
	8 22	και εἰπεν προς αὐτους· διελθωμεν εἰς το περαν της λιμνης· και *ἀνηχθησαν*.

ἀνάγω [23]

Ac   7 41   καὶ ἐμοσχοποιησαν ἐν ταις ἡμεραις ἐκειναις καὶ *ἀνηγαγον* θυσιαν τῳ εἰδωλῳ,

   9 39   ὃν παραγενομενον *ἀνηγαγον* εἰς το ὑπερωον,

  12 4   παραδους τεσσαρσιν τετραδιοις στρατιωτων φυλασσειν αὐτον, βουλομενος μετα το πασχα *ἀναγαγειν* αὐτον τῳ λαῳ.

  13 13   *ἀναχθεντες* δε ἀπο της παφου οἱ περι παυλον ἠλθον εἰς περγην της παμφυλιας·

  16 11   *ἀναχθεντες* δε ἀπο τρωαδος εὐθυδρομησαμεν εἰς σαμοθρακην,

    34   *ἀναγαγων* τε αὐτους εἰς τον οἰκον παρεθηκεν τραπεζαν,

  18 21   *ἀνηχθη* ἀπο της ἐφεσου, και κατελθων εἰς καισαρειαν,

  20 3   γενομενης ἐπιβουλης αὐτῳ ὑπο των ἰουδαιων μελλοντι *ἀναγεσθαι* εἰς την συριαν, ἐγενετο γνωμης του ὑποστρεφειν δια μακεδονιας.

   13   ἡμεις δε προελθοντες ἐπι το πλοιον *ἀνηχθημεν* ἐπι την ἀσσον,

  21 1   ὡς δε ἐγενετο *ἀναχθηναι* ἡμας ἀποσπασθεντας ἀπ᾽ αὐτων, εὐθυδρομησαντες ἠλθομεν εἰς την κω,

   2   και εὑροντες πλοιον διαπερων εἰς φοινικην, ἐπιβαντες *ἀνηχθημεν.*

  27 2   ἐπιβαντες δε πλοιῳ ἀδραμυττηνῳ μελλοντι πλειν εἰς τους κατα την ἀσιαν τοπους *ἀνηχθημεν,*

   4   κακειθεν *ἀναχθεντες* ὑπεπλευσαμεν την κυπρον δια το τους ἀνεμους εἰναι ἐναντιους,

   12   ἀνευθετου δε του λιμενος ὑπαρχοντος προς παραχειμασιαν οἱ πλειονες ἐθεντο βουλην *ἀναχθηναι* ἐκειθεν,

   21   ἐδει μεν, ὦ ἀνδρες, πειθαρχησαντας μοι μη *ἀναγεσθαι* ἀπο της κρητης·

  28 10   οἱ και πολλαις τιμαις ἐτιμησαν ἡμας και *ἀναγομενοις* ἐπεθεντο τα προς τας χρειας.

   11   μετα δε τρεις μηνας *ἀνηχθημεν* ἐν πλοιῳ παρακεχειμακοτι ἐν τῃ νησῳ, ἀλεξανδρινῳ, παρασημῳ διοσκουροις.

Rm   10 7   τίς καταβησεται εἰς την ἀβυσσον; τουτ᾽ ἐστιν χριστον ἐκ νεκρων *ἀναγαγειν.*

Heb   13 20   ὁ δε θεος της εἰρηνης, ὁ *ἀναγαγων* ἐκ νεκρων τον ποιμενα των προβατων τον μεγαν ἐν αἱματι διαθηκης αἰωνιου, τον κυριον ἡμων ἰησουν, καταρτισαι ὑμας ἐν παντι ἀγαθῳ

ἀναδεικνυμι [2]

Lc   10 1   μετα δε ταυτα *ἀνεδειξεν* ὁ κυριος ἑτερους ἑβδομηκοντα[δυο],

Ac   1 24   *ἀναδειξον* ὃν ἐξελεξω ἐκ τουτων των δυο

ἀναδειξις [1]

Lc   1 80   το δε παιδιον ηὐξανεν και ἐκραταιουτο πνευματι, και ἠν ἐν ταις ἐρημοις ἑως ἡμερας *ἀναδειξεως* αὐτου προς τον ἰσραηλ.

ἀναδεχομαι [2]

Ac   28 7   ἐν δε τοις περι τον τοπον ἐκεινον ὑπηρχεν χωρια τῳ πρωτῳ της νησου ὀνοματι ποπλιῳ, ὃς *ἀναδεξαμενος* ἡμας ἡμερας τρεις φιλοφρονως ἐξενισεν.

Heb   11 17   και τον μονογενη προσεφερεν ὁ τας ἐπαγγελιας *ἀναδεξαμενος,*

ἀναδιδωμι [1]

Ac   23 33   οἱτινες εἰσελθοντες εἰς την καισαρειαν και *ἀναδοντες* την ἐπιστολην τῳ ἡγεμονι,

ἀναζαω [2]

Lc   15 24   και φερετε τον μοσχον τον σιτευτον, θυσατε, και φαγοντες εὐφρανθωμεν, ὁτι οὑτος ὁ υἱος μου νεκρος ἠν και *ἀνεζησεν,*

Rm   7 9   ἐλθουσης δε της ἐντολης ἡ ἁμαρτια *ἀνεζησεν,*

ἀναζητεω [3]

Lc   2 44   νομισαντες δε αὐτον εἰναι ἐν τῃ συνοδιᾳ ἠλθον ἡμερας ὁδον και *ἀνεζητουν* αὐτον ἐν τοις συγγενευσιν και τοις γνωστοις,

   45   και μη εὑροντες ὑπεστρεψαν εἰς ἰερουσαλημ *ἀναζητουντες* αὐτον.

Ac   11 25   ἐξηλθεν δε εἰς ταρσον *ἀναζητησαι* σαυλον,

ἀναζωννυμαι [1]

1Pt   1 13   διο *ἀναζωσαμενοι* τας ὀσφυας της διανοιας ὑμων, νηφοντες, τελειως ἐλπισατε ἐπι την φερομενην ὑμιν χαριν ἐν ἀποκαλυψει ἰησου χριστου.

ἀναζωπυρεω [1]

2Tm   1 6   δι᾽ ἡν αἰτιαν ἀναμιμνησκω σε *ἀναζωπυρειν* το χαρισμα του θεου,

ἀναθαλλω [1]

Php   4 10   ἐχαρην δε ἐν κυριῳ μεγαλως ὁτι ἠδη ποτε *ἀνεθαλετε* το ὑπερ ἐμου φρονειν·

ἀναθεμα [6]

Ac   23 14   *ἀναθεματι* ἀνεθεματισαμεν ἑαυτους μηδενος γευσασθαι ἑως οὑ ἀποκτεινωμεν τον παυλον.

Rm   9 3   ηὐχομην γαρ *ἀναθεμα* εἰναι αὐτος ἐγω ἀπο του χριστου ὑπερ των ἀδελφων μου των συγγενων μου κατα σαρκα,

1Co   12 3   διο γνωριζω ὑμιν ὁτι οὐδεις ἐν πνευματι θεου λαλων λεγει· *ἀναθεμα* ἰησους·

  16 22   εἰ τις οὐ φιλει τον κυριον, ἠτω *ἀναθεμα.*

Ga   1 8   ἀλλα και ἐαν ἡμεις ἠ ἀγγελος ἐξ οὐρανου εὐαγγελιζηται [ὑμιν] παρ᾽ ὃ εὐηγγελισαμεθα ὑμιν, *ἀναθεμα* ἐστω.

   9   εἰ τις ὑμας εὐαγγελιζεται παρ᾽ ὃ παρελαβετε, *ἀναθεμα* ἐστω.

ἀναθεματιζω [4]

Mc   14 71   ὁ δε ἠρξατο *ἀναθεματιζειν* και ὀμνυναι ὁτι οὐκ οἰδα τον ἀνθρωπον τουτον ὃν λεγετε.

Ac   23 12   γενομενης δε ἡμερας ποιησαντες συστροφην οἱ ἰουδαιοι *ἀνεθεματισαν* ἑαυτους, λεγοντες μητε φαγειν μητε πιειν ἑως οὑ ἀποκτεινωσιν τον παυλον.

   14   *ἀναθεματι* ἀνεθεματισαμεν ἑαυτους μηδενος γευσασθαι ἑως οὑ ἀποκτεινωμεν τον παυλον.

   21   ἐνεδρευουσιν γαρ αὐτον ἐξ αὐτων ἀνδρες πλειους τεσσερακοντα, οἱτινες *ἀνεθεματισαν* ἑαυτους μητε φαγειν μητε πιειν ἑως οὑ ἀνελωσιν αὐτον,

ἀναθεωρεω [2]

Ac   17 23   διερχομενος γαρ και *ἀναθεωρων* τα σεβασματα ὑμων εὑρον και βωμον ἐν ᾡ ἐπεγεγραπτο·

Heb   13 7   ὦν *ἀναθεωρουντες* την ἐκβασιν της ἀναστροφης μιμεισθε την πιστιν.

ἀναθημα [1]

Lc   21 5   και τινων λεγοντων περι του ἱερου, ὁτι λιθοις καλοις και *ἀναθημασιν* κεκοσμηται,

ἀναιδεια [1]

Lc   11 8   εἰ και οὐ δωσει αὐτῳ ἀναστας δια το εἰναι φιλον αὐτου, δια γε την *ἀναιδειαν* αὐτου ἐγερθεις δωσει αὐτῳ ὁσων χρηζει.

ἀναιρεσις [1]

Ac   8 1   σαυλος δε ἠν συνευδοκων τῃ *ἀναιρεσει* αὐτου.

ἀναιρεω [24]

Mt   2 16   και ἀποστειλας *ἀνειλεν* παντας τους παιδας τους ἐν βηθλεεμ και ἐν πασι τοις ὁριοις αὐτης ἀπο διετους και κατωτερω,

Lc   22 2   και ἐζητουν οἱ ἀρχιερεις και οἱ γραμματεις το πως *ἀνελωσιν* αὐτον·

  23 32   ἠγοντο δε και ἑτεροι κακουργοι δυο συν αὐτῳ *ἀναιρεθηναι.*

Ac   2 23   τουτον τῃ ὡρισμενῃ βουλῃ και προγνωσει του θεου ἐκδοτον δια χειρος ἀνομων προσπηξαντες *ἀνειλατε,*

  5 33   οἱ δε ἀκουσαντες διεπριοντο και ἐβουλοντο *ἀνελειν* αὐτους.

   36   ὁς *ἀνῃρεθη,* και παντες ὁσοι ἐπειθοντο αὐτῳ διελυθησαν και ἐγενοντο εἰς οὐδεν.

  7 21   ἐκτεθεντος δε αὐτου *ἀνειλατο* αὐτον ἡ θυγατηρ φαραω και ἀνεθρεψατο αὐτον ἑαυτῃ εἰς υἱον.

   28   μη *ἀνελειν* με συ θελεις ὃν τροπον ἀνειλες ἐχθες τον αἰγυπτιον;

   28   μη *ἀνελειν* με συ θελεις ὃν τροπον *ἀνειλες* ἐχθες τον αἰγυπτιον;

  9 23   ὡς δε ἐπληρουντο ἡμεραι ἱκαναι, συνεβουλευσαντο οἱ ἰουδαιοι *ἀνελειν* αὐτον·

   24   παρετηρουντο δε και τας πυλας ἡμερας τε και νυκτος ὁπως αὐτον *ἀνελωσιν·*

   29   ἐλαλει τε και συνεζητει προς τους ἑλληνιστας· οἱ δε ἐπεχειρουν *ἀνελειν* αὐτον.

ἀναιρεω [24]

Ac   10 39   ὃν καὶ ἀνεῖλαν κρεμασαντες ἐπὶ ξυλου.
    12 2   ἀνεῖλεν δὲ ἰακωβον τὸν ἀδελφον ἰωαννου μαχαιρῃ.
    13 28   καὶ μηδεμιαν αἰτιαν θανατου εὑροντες ᾐτησαντο πιλατον ἀναιρεθῆναι αὐτον·
    16 27   ἐξυπνος δὲ γενομενος ὁ δεσμοφυλαξ καὶ ἰδων ἀνεῳγμενας τας θυρας της φυλακης, σπασαμενος [την] μαχαιραν ἠμελλεν ἑαυτον ἀναιρειν,
    22 20   καὶ ὅτε ἐξεχυννετο τὸ αἷμα στεφανου του μαρτυρος σου, καὶ αὐτος ἠμην ἐφεστως καὶ συνευδοκων καὶ φυλασσων τα ἱματια των ἀναιρουντων αὐτον.
    23 15   ἡμεις δὲ πρὸ του ἐγγισαι αὐτον ἑτοιμοι ἐσμεν του ἀνελειν αὐτον.
    21   ἐνεδρευουσιν γὰρ αὐτον ἐξ αὐτων ἀνδρες πλειους τεσσερακοντα, οἵτινες ἀνεθεματισαν ἑαυτους μητε φαγειν μητε πιειν ἕως οὗ ἀνελωσιν αὐτον,
    27   τὸν ἀνδρα τουτον συλλημφθεντα ὑπὸ των ἰουδαιων καὶ μελλοντα ἀναιρεισθαι ὑπ αὐτων ἐπιστας συν τῳ στρατευματι ἐξειλαμην,
    25 3   ὅπως μεταπεμψηται αὐτον εἰς ἰερουσαλημ, ἐνεδραν ποιουντες ἀνελειν αὐτον κατα την ὁδον.
    26 10   ἀναιρουμενων τε αὐτων κατηνεγκα ψηφον,
2Th   2 8   καὶ τοτε ἀποκαλυφθησεται ὁ ἀνομος, ὃν ὁ κυριος [ἰησους] ἀνελει τῳ πνευματι του στοματος αὐτου
Heb   10 9   ἀναιρει τὸ πρωτον ἱνα τὸ δευτερον στηση·

ἀναιτιος [2]

Mt   12 5   ἢ οὐκ ἀνεγνωτε ἐν τῳ νομῳ ὅτι τοις σαββασιν οἱ ἱερεις ἐν τῳ ἱερῳ τὸ σαββατον βεβηλουσιν καὶ ἀναιτιοι εἰσιν;
    7   οὐκ ἂν κατεδικασατε τους ἀναιτιους.

ἀνακαθιζω [2]

Lc   7 15   καὶ ἀνεκαθισεν ὁ νεκρος καὶ ἠρξατο λαλειν,
Ac   9 40   ἡ δὲ ἠνοιξεν τους ὀφθαλμους αὐτης, καὶ ἰδουσα τὸν πετρον ἀνεκαθισεν.

ἀνακαινιζω [1]

Heb   6 6   καὶ παραπεσοντας, παλιν ἀνακαινιζειν εἰς μετανοιαν,

ἀνακαινοω [2]

2Co   4 16   ἀλλ εἰ καὶ ὁ ἐξω ἡμων ἀνθρωπος διαφθειρεται, ἀλλ ὁ ἐσω ἡμων ἀνακαινουται ἡμερᾳ καὶ ἡμερᾳ.
Col   3 10   καὶ ἐνδυσαμενοι τὸν νεον τὸν ἀνακαινουμενον εἰς ἐπιγνωσιν κατ εἰκονα του κτισαντος αὐτον,

ἀνακαινωσις [2]

Rm   12 2   καὶ μη συσχηματιζεσθε τῳ αἰωνι τουτῳ, ἀλλα μεταμορφουσθε τῃ ἀνακαινωσει του νοος,
Tit   3 5   οὐκ ἐξ ἐργων των ἐν δικαιοσυνῃ ἃ ἐποιησαμεν ἡμεις, ἀλλα κατα τὸ αὐτου ἐλεος ἐσωσεν ἡμας δια λουτρου παλιγγενεσιας καὶ ἀνακαινωσεως πνευματος ἁγιου,

ἀνακαλυπτω [2]

2Co   3 14   ἀχρι γὰρ της σημερον ἡμερας τὸ αὐτο καλυμμα ἐπι τῃ ἀναγνωσει της παλαιας διαθηκης μενει, μη ἀνακαλυπτομενον ὅτι ἐν χριστῳ καταργειται·
    18   ἡμεις δὲ παντες ἀνακεκαλυμμενῳ προσωπῳ την δοξαν κυριου κατοπτριζομενοι την αὐτην εἰκονα μεταμορφουμεθα ἀπο δοξης εἰς δοξαν,

ἀνακαμπτω [4]

Mt   2 12   καὶ χρηματισθεντες κατ οναρ μη ἀνακαμψαι προς ἡρωδην,
Lc   10 6   εἰ δὲ μηγε ἐφ ὑμας ἀνακαμψει.
Ac   18 21   παλιν ἀνακαμψω προς ὑμας του θεου θελοντος,
Heb   11 15   καὶ εἰ μεν ἐκεινης ἐμνημονευον ἀφ ἧς ἐξεβησαν, εἰχον ἂν καιρον ἀνακαμψαι·

ἀνακειμαι [14]

Mt   9 10   καὶ ἐγενετο αὐτου ἀνακειμενου ἐν τῃ οἰκιᾳ,
    22 10   καὶ ἐπλησθη ὁ γαμος ἀνακειμενων.
    11   εἰσελθων δὲ ὁ βασιλευς θεασασθαι τους ἀνακειμενους εἰδεν ἐκει ἀνθρωπον οὐκ ἐνδεδυμενον ἐνδυμα γαμου·

ἀνακειμαι [14]

Mt   26 7   του δὲ ἰησου γενομενου ἐν βηθανιᾳ ἐν οἰκιᾳ σιμωνος του λεπρου, προσηλθεν αὐτῳ γυνη ἐχουσα ἀλαβαστρον μυρου βαρυτιμου καὶ κατεχεεν ἐπι της κεφαλης αὐτου ἀνακειμενου·
    20   ὀψιας δὲ γενομενης ἀνεκειτο μετα των δωδεκα.
Mc   6 26   καὶ περιλυπος γενομενος ὁ βασιλευς δια τους ὁρκους καὶ τους ἀνακειμενους οὐκ ἠθελησεν ἀθετησαι αὐτην.
    14 18   καὶ ἀνακειμενων αὐτων καὶ ἐσθιοντων ὁ ἰησους εἰπεν·
    16 14   ὑστερον [δὲ] ἀνακειμενοις αὐτοις τοις ἐνδεκα ἐφανερωθη,
Lc   22 27   τις γὰρ μειζων, ὁ ἀνακειμενος ἢ ὁ διακονων; οὐχι ὁ ἀνακειμενος;
    27   τις γὰρ μειζων, ὁ ἀνακειμενος ἢ ὁ διακονων; οὐχι ὁ ἀνακειμενος;
Jh   6 11   ἐλαβεν οὖν τους ἀρτους ὁ ἰησους καὶ εὐχαριστησας διεδωκεν τοις ἀνακειμενοις,
    12 2   ὁ δὲ λαζαρος εἷς ἦν ἐκ των ἀνακειμενων συν αὐτῳ·
    13 23   ἦν ἀνακειμενος εἷς ἐκ των μαθητων αὐτου ἐν τῳ κολπῳ του ἰησου, ὃν ἠγαπα ὁ ἰησους·
    28   τουτο [δὲ] οὐδεις ἐγνω των ἀνακειμενων προς τι εἰπεν αὐτῳ·

ἀνακεφαλαιοομαι [2]

Rm   13 9   ἐν τῳ λογῳ τουτῳ ἀνακεφαλαιουται, [ἐν τῳ]· ἀγαπησεις τον πλησιον σου ὡς σεαυτον.
Eph   1 10   ἀνακεφαλαιωσασθαι τα παντα ἐν τῳ χριστῳ, τα ἐπι τοις οὐρανοις καὶ τα ἐπι της γης·

ἀνακλινω [6]

Mt   8 11   λεγω δὲ ὑμιν ὅτι πολλοι ἀπο ἀνατολων καὶ δυσμων ἡξουσιν καὶ ἀνακλιθησονται μετα ἀβρααμ καὶ ἰσαακ καὶ ἰακωβ ἐν τῃ βασιλειᾳ των οὐρανων·
    14 19   καὶ κελευσας τους ὀχλους ἀνακλιθηναι ἐπι του χορτου,
Mc   6 39   καὶ ἐπεταξεν αὐτοις ἀνακλιναι παντας συμποσια συμποσια ἐπι τῳ χλωρῳ χορτῳ.
Lc   2 7   καὶ ἐτεκεν τον υἱον αὐτης τον πρωτοτοκον, καὶ ἐσπαργανωσεν αὐτον καὶ ἀνεκλινεν αὐτον ἐν φατνῃ,
    12 37   ἀμην λεγω ὑμιν ὅτι περιζωσεται καὶ ἀνακλινει αὐτους καὶ παρελθων διακονησει αὐτοις.
    13 29   καὶ ἡξουσιν ἀπο ἀνατολων καὶ δυσμων καὶ ἀπο βορρα καὶ νοτου, καὶ ἀνακλιθησονται ἐν τῃ βασιλειᾳ του θεου.

ἀνακραζω [5]

Mc   1 23   καὶ ἀνεκραξεν λεγων· τι ἡμιν καὶ σοι,
    6 49   οἱ δὲ ἰδοντες αὐτον ἐπι της θαλασσης περιπατουντα ἐδοξαν ὅτι φαντασμα ἐστιν, καὶ ἀνεκραξαν·
Lc   4 33   καὶ ἀνεκραξεν φωνῃ μεγαλῃ· ἐα, τι ἡμιν καὶ σοι, ἰησου ναζαρηνε;
    8 28   ἰδων δὲ τον ἰησουν ἀνακραξας προσεπεσεν αὐτῳ καὶ φωνῃ μεγαλῃ εἰπεν·
    23 18   ἀνεκραγον δὲ παμπληθει λεγοντες· αἰρε τουτον, ἀπολυσον δὲ ἡμιν τον βαραββαν·

ἀνακρινω [16]

Lc   23 14   καὶ ἰδου ἐγω ἐνωπιον ὑμων ἀνακρινας οὐθεν εὑρον ἐν τῳ ἀνθρωπῳ τουτῳ αἰτιον ὧν κατηγορειτε κατ αὐτου.
Ac   4 9   εἰ ἡμεις σημερον ἀνακρινομεθα ἐπι εὐεργεσιᾳ ἀνθρωπου ἀσθενους, ἐν τινι οὑτος σεσωται,
    12 19   ἡρωδης δὲ ἐπιζητησας αὐτον καὶ μη εὑρων, ἀνακρινας τους φυλακας ἐκελευσεν ἀπαχθηναι,
    17 11   οἵτινες ἐδεξαντο τον λογον μετα πασης προθυμιας, καθ ἡμεραν ἀνακρινοντες τας γραφας εἰ ἐχοι ταυτα οὑτως.
    24 8   παρ οὗ δυνηση αὐτος ἀνακρινας περι παντων τουτων ἐπιγνωναι ὧν ἡμεις κατηγορουμεν αὐτου.
    28 18   οἵτινες ἀνακριναντες με ἐβουλοντο ἀπολυσαι δια τὸ μηδεμιαν αἰτιαν θανατου ὑπαρχειν ἐν ἐμοι·
1Co   2 14   μωρια γὰρ αὐτῳ ἐστιν, καὶ οὐ δυναται γνωναι, ὅτι πνευματικως ἀνακρινεται.
    15   ὁ δὲ πνευματικος ἀνακρινει [τα] παντα, αὐτος δὲ ὑπ οὐδενος ἀνακρινεται.
    15   ὁ δὲ πνευματικος ἀνακρινει [τα] παντα, αὐτος δὲ ὑπ οὐδενος ἀνακρινεται.
    4 3   ἐμοι δὲ εἰς ἐλαχιστον ἐστιν ἱνα ὑφ ὑμων ἀνακριθω ἢ ὑπο ἀνθρωπινης ἡμερας·
    3   ἀλλ οὐδε ἐμαυτον ἀνακρινω·
    4   ὁ δὲ ἀνακρινων με κυριος ἐστιν.
    9 3   ἡ ἐμη ἀπολογια τοις ἐμε ἀνακρινουσιν ἐστιν αὑτη.

ἀνακρινω [16]

1Co	10 25	παν το ἐν μακελλω πωλουμενον ἐσθιετε μηδεν ἀνακρινοντες δια την συνειδησιν·
	27	εἰ τις καλει ὑμας των ἀπιστων και θελετε πορευεσθαι, παν το παρατιθεμενον ὑμιν ἐσθιετε μηδεν ἀνακρινοντες δια την συνειδησιν.
	14 24	ἐαν δε παντες προφητευωσιν, εἰσελθη δε τις ἀπιστος ἢ ἰδιωτης, ἐλεγχεται ὑπο παντων, ἀνακρινεται ὑπο παντων,

ἀνακρισις [1]

Ac	25 26	διο προηγαγον αὐτον ἐφ ὑμων και μαλιστα ἐπι σοῦ, βασιλευ ἀγριππα, ὁπως της ἀνακρισεως γενομενης σχω τί γραψω·

ἀνακυπτω [4]

Lc	13 11	και ἠν συγκυπτουσα και μη δυναμενη ἀνακυψαι εἰς το παντελες.
	21 28	ἀρχομενων δε τουτων γινεσθαι ἀνακυψατε και ἐπαρατε τας κεφαλας ὑμων, διοτι ἐγγιζει ἡ ἀπολυτρωσις ὑμων.
Jh	8 7*	ὡς δε ἐπεμενον ἐρωτωντες αὐτον, ἀνεκυψεν και εἰπεν αὐτοις·
	10*	ἀνακυψας δε ὁ ἰησους εἰπεν αὐτη·

ἀναλαμβανω [13]

Mc	16 19	ὁ μεν οὖν κυριος ἰησους μετα το λαλησαι αὐτοις ἀνελημφθη εἰς τον οὐρανον και ἐκαθισεν ἐκ δεξιων του θεου.
Ac	1 2	ἀχρι ἡς ἡμερας ἐντειλαμενος τοις ἀποστολοις δια πνευματος ἀγιου οὑς ἐξελεξατο ἀνελημφθη·
	11	οὑτος ὁ ἰησους ὁ ἀναλημφθεις ἀφ ὑμων εἰς τον οὐρανον οὑτως ἐλευσεται ὁν τροπον ἐθεασασθε αὐτον πορευομενον εἰς τον οὐρανον.
	22	ἀρξαμενος ἀπο του βαπτισματος ἰωαννου ἑως της ἡμερας ἡς ἀνελημφθη ἀφ ἡμων,
	7 43	και ἀνελαβετε την σκηνην του μολοχ και το ἀστρον του θεου [ὑμων] ῥαιφαν, τους τυπους οὑς ἐποιησατε προσκυνειν αὐτοις·
	10 16	τουτο δε ἐγενετο ἐπι τρις, και εὐθυς ἀνελημφθη το σκευος εἰς τον οὐρανον.
	20 13	ἡμεις δε προελθοντες ἐπι το πλοιον ἀνηχθημεν ἐπι την ἀσσον, ἐκειθεν μελλοντες ἀναλαμβανειν τον παυλον·
	14	ὡς δε συνεβαλλεν ἡμιν εἰς την ἀσσον, ἀναλαβοντες αὐτον ἠλθομεν εἰς μιτυληνην·
	23 31	οἱ μεν οὖν στρατιωται κατα το διατεταγμενον αὐτοις ἀναλαβοντες τον παυλον ἠγαγον δια νυκτος εἰς την ἀντιπατριδα·
Eph	6 13	δια τουτο ἀναλαβετε την πανοπλιαν του θεου,
	16	ἐν πασιν ἀναλαβοντες τον θυρεον της πιστεως,
1Tm	3 16	ἐκηρυχθη ἐν ἐθνεσιν, ἐπιστευθη ἐν κοσμω, ἀνελημφθη ἐν δοξη.
2Tm	4 11	μαρκον ἀναλαβων ἀγε μετα σεαυτου·

ἀναλημψις [1]

Lc	9 51	ἐγενετο δε ἐν τω συμπληρουσθαι τας ἡμερας της ἀναλημψεως αὐτου και αὐτος το προσωπον ἐστηρισεν του πορευεσθαι εἰς ἰερουσαλημ,

ἀναλισκω [2]

Lc	9 54	κυριε, θελεις εἰπωμεν πυρ καταβηναι ἀπο του οὐρανου και ἀναλωσαι αὐτους;
Ga	5 15	εἰ δε ἀλληλους δακνετε και κατεσθιετε, βλεπετε μη ὑπ ἀλληλων ἀναλωθητε.

ἀναλογια [1]

Rm	12 6	εἰτε προφητειαν, κατα την ἀναλογιαν της πιστεως·

ἀναλογιζομαι [1]

Heb	12 3	ἀναλογισασθε γαρ τον τοιαυτην ὑπομεμενηκοτα ὑπο των ἁμαρτωλων εἰς ἑαυτον ἀντιλογιαν,

ἀναλος [1]

Mc	9 50	ἐαν δε το ἁλας ἀναλον γενηται, ἐν τίνι αὐτο ἀρτυσετε;

ἀναλυσις [1]

2Tm	4 6	ἐγω γαρ ἡδη σπενδομαι, και ὁ καιρος της ἀναλυσεως μου ἐφεστηκεν.

ἀναλυω [2]

Lc	12 36	και ὑμεις ὁμοιοι ἀνθρωποις προσδεχομενοις τον κυριον ἑαυτων, ποτε ἀναλυση ἐκ των γαμων, ἱνα ἐλθοντος και κρουσαντος εὐθεως ἀνοιξωσιν αὐτω.
Php	1 23	συνεχομαι δε ἐκ των δυο, την ἐπιθυμιαν ἐχων εἰς το ἀναλυσαι και συν χριστω εἰναι,

ἀναμαρτητος [1]

Jh	8 7*	ὁ ἀναμαρτητος ὑμων πρωτος ἐπ αὐτην βαλετω λιθον.

ἀναμενω [1]

1Th	1 10	και ἀναμενειν τον υἱον αὐτου ἐκ των οὐρανων,

ἀναμιμνησκω [6]

Mc	11 21	και ἀναμνησθεις ὁ πετρος λεγει αὐτω· ῥαββι, ἰδε ἡ συκη ἡν κατηρασω ἐξηρανται.
	14 72	και ἀνεμνησθη ὁ πετρος το ῥημα ὡς εἰπεν αὐτω ὁ ἰησους ὁτι πριν ἀλεκτορα φωνησαι δις τρις με ἀπαρνηση·
1Co	4 17	ὁς ἐστιν μου τεκνον ἀγαπητον και πιστον ἐν κυριω, ὁς ὑμας ἀναμνησει τας ὁδους μου τας ἐν χριστω [ἰησου],
2Co	7 15	και τα σπλαγχνα αὐτου περισσοτερως εἰς ὑμας ἐστιν ἀναμιμνησκομενου την παντων ὑμων ὑπακοην,
2Tm	1 6	δι ἡν αἰτιαν ἀναμιμνησκω σε ἀναζωπυρειν το χαρισμα του θεου,
Heb	10 32	ἀναμιμνησκεσθε δε τας προτερον ἡμερας,

ἀναμνησις [4]

Lc	22 19	τουτο ποιειτε εἰς την ἐμην ἀναμνησιν.
1Co	11 24	τουτο ποιειτε εἰς την ἐμην ἀναμνησιν.
	25	τουτο ποιειτε, ὁσακις ἐαν πινητε, εἰς την ἐμην ἀναμνησιν.
Heb	10 3	ἀλλ ἐν αὐταις ἀναμνησις ἁμαρτιων κατ ἐνιαυτον·

ἀνανεοομαι [1]

Eph	4 23	ἀνανεουσθαι δε τω πνευματι του νοος ὑμων

ἀνανηφω [1]

2Tm	2 26	και ἀνανηψωσιν ἐκ της του διαβολου παγιδος,

ἀνανιας [11]

Ac	5 1	ἀνηρ δε τις ἀνανιας ὀνοματι συν σαπφιρη τη γυναικι αὐτου ἐπωλησεν κτημα,
	3	ἀνανια, δια τί ἐπληρωσεν ὁ σατανας την καρδιαν σου, ψευσασθαι σε το πνευμα το ἁγιον και νοσφισασθαι ἀπο της τιμης του χωριου;
	5	ἀκουων δε ὁ ἀνανιας τους λογους τουτους πεσων ἐξεψυξεν·
9	10	ἠν δε τις μαθητης ἐν δαμασκω ὀνοματι ἀνανιας,
	10	και εἰπεν προς αὐτον ἐν ὁραματι ὁ κυριος· ἀνανια.
	12	ἰδου γαρ προσευχεται, και εἰδεν ἀνδρα [ἐν ὁραματι] ἀνανιαν ὀνοματι εἰσελθοντα και ἐπιθεντα αὐτω [τας] χειρας, ὁπως ἀναβλεψη·
	13	ἀπεκριθη δε ἀνανιας· κυριε, ἡκουσα ἀπο πολλων περι του ἀνδρος τουτου, ὁσα κακα τοις ἁγιοις σου ἐποιησεν ἐν ἰερουσαλημ·
	17	ἀπηλθεν δε ἀνανιας και εἰσηλθεν εἰς την οἰκιαν,
22 12	ἀνανιας δε τις, ἀνηρ εὐλαβης κατα τον νομον, μαρτυρουμενος ὑπο παντων των κατοικουντων ἰουδαιων, ἐλθων προς με και ἐπιστας εἰπεν μοι·
23 2	ὁ δε ἀρχιερευς ἀνανιας ἐπεταξεν τοις παρεστωσιν αὐτω τυπτειν αὐτου το στομα.
24 1	μετα δε πεντε ἡμερας κατεβη ὁ ἀρχιερευς ἀνανιας μετα πρεσβυτερων τινων και ῥητορος τερτυλλου τινος,

ἀναντιρρητος [1]

Ac	19 36	ἀναντιρρητων οὖν ὀντων τουτων δεον ἐστιν ὑμας κατεσταλμενους ὑπαρχειν και μηδεν προπετες πρασσειν.

ἀναντιρρητως [1]

Ac   10 29   διο και *ἀναντιρρητως* ἠλθον μεταπεμφθεις.

ἀναξιος [1]

1Co   6 2   και εἰ ἐν ὑμιν κρινεται ὁ κοσμος, *ἀναξιοι* ἐστε κριτηριων ἐλαχιστων;

ἀναξιως [1]

1Co   11 27   ὡστε ὁς ἀν ἐσθιη τον ἀρτον ἠ πινη το ποτηριον του κυριου *ἀναξιως*, ἐνοχος ἐσται του σωματος και του αἱματος του κυριου.

ἀναπαυσις [5]

Mt   11 29   και εὑρησετε *ἀναπαυσιν* ταις ψυχαις ὑμων·
    12 43   ὁταν δε το ἀκαθαρτον πνευμα ἐξελθη ἀπο του ἀνθρωπου, διερχεται δι ἀνυδρων τοπων ζητουν *ἀναπαυσιν*,
Lc   11 24   ὁταν το ἀκαθαρτον πνευμα ἐξελθη ἀπο του ἀνθρωπου, διερχεται δι ἀνυδρων τοπων ζητουν *ἀναπαυσιν*, και μη εὑρισκον [τοτε] λεγει·
Apc   4 8   και *ἀναπαυσιν* οὐκ ἐχουσιν ἡμερας και νυκτος λεγοντες·
    14 11   και οὐκ ἐχουσιν *ἀναπαυσιν* ἡμερας και νυκτος οἱ προσκυνουντες το θηριον και την εἰκονα αὐτου,

ἀναπαυω [12]

Mt   11 28   δευτε προς με παντες οἱ κοπιωντες και πεφορτισμενοι, καγω *ἀναπαυσω* ὑμας.
    26 45   καθευδετε [το] λοιπον και *ἀναπαυεσθε*·
Mc   6 31   δευτε ὑμεις αὐτοι κατ ἰδιαν εἰς ἐρημον τοπον και *ἀναπαυσασθε* ὀλιγον.
    14 41   καθευδετε το λοιπον και *ἀναπαυεσθε*· ἀπεχει·
Lc   12 19   ψυχη, ἐχεις πολλα ἀγαθα κειμενα εἰς ἐτη πολλα· *ἀναπαυου*, φαγε, πιε, εὐφραινου.
1Co   16 18   *ἀνεπαυσαν* γαρ το ἐμον πνευμα και το ὑμων.
2Co   7 13   ἐπι δε τη παρακλησει ἡμων περισσοτερως μαλλον ἐχαρημεν ἐπι τη χαρα τιτου, ὁτι *ἀναπεπαυται* το πνευμα αὐτου ἀπο παντων ὑμων·
Phm   7   χαραν γαρ πολλην ἐσχον και παρακλησιν ἐπι τη ἀγαπη σου, ὁτι τα σπλαγχνα των ἁγιων *ἀναπεπαυται* δια σου, ἀδελφε.
    20   *ἀναπαυσον* μου τα σπλαγχνα ἐν χριστω.
1Pt   4 14   εἰ ὀνειδιζεσθε ἐν ὀνοματι χριστου, μακαριοι, ὁτι το της δοξης και το του θεου πνευμα ἐφ ὑμας *ἀναπαυεται*.
Apc   6 11   και ἐρρεθη αὐτοις ἱνα *ἀναπαυσονται* ἐτι χρονον μικρον,
    14 13   ναι, λεγει το πνευμα, ἱνα *ἀναπαησονται* ἐκ των κοπων αὐτων·

ἀναπειθω [1]

Ac   18 13   και ἠγαγον αὐτον ἐπι το βημα, λεγοντες ὁτι παρα τον νομον *ἀναπειθει* οὑτος τους ἀνθρωπους σεβεσθαι τον θεον.

ἀναπειρος [2]

Lc   14 13   ἀλλ ὁταν δοχην ποιης, καλει πτωχους, *ἀναπειρους*, χωλους, τυφλους·
    21   και τους πτωχους και *ἀναπειρους* και τυφλους και χωλους εἰσαγαγε ὡδε.

ἀναπεμπω [5]

Lc   23 7   και ἐπιγνους ὁτι ἐκ της ἐξουσιας ἡρωδου ἐστιν, *ἀνεπεμψεν* αὐτον προς ἡρωδην,
    11   ἐξουθενησας δε αὐτον [και] ὁ ἡρωδης συν τοις στρατευμασιν αὐτου και ἐμπαιξας, περιβαλων ἐσθητα λαμπραν *ἀνεπεμψεν* αὐτον τω πιλατω.
    15   ἀλλ οὐδε ἡρωδης· *ἀνεπεμψεν* γαρ αὐτον προς ἡμας·
Ac   25 21   του δε παυλου ἐπικαλεσαμενου τηρηθηναι αὐτον εἰς την του σεβαστου διαγνωσιν, ἐκελευσα τηρεισθαι αὐτον ἑως οὑ *ἀναπεμψω* αὐτον προς καισαρα.
Phm   12   ὁν *ἀνεπεμψα* σοι, αὐτον, τουτ ἐστιν τα ἐμα σπλαγχνα·

ἀναπηδαω [1]

Mc   10 50   ὁ δε ἀποβαλων το ἱματιον αὐτου *ἀναπηδησας* ἠλθεν προς τον ἰησουν.

ἀναπιπτω [12]

Mt   15 35   και παραγγειλας τω ὀχλω *ἀναπεσειν* ἐπι την γην ἐλαβεν τους ἑπτα ἀρτους και τους ἰχθυας και εὐχαριστησας ἐκλασεν και ἐδιδου τοις μαθηταις,
Mc   6 40   και *ἀνεπεσαν* πρασιαι πρασιαι κατα ἑκατον και κατα πεντηκοντα.
    8 6   και παραγγελλει τω ὀχλω *ἀναπεσειν* ἐπι της γης·
Lc   11 37   εἰσελθων δε *ἀνεπεσεν*.
    14 10   ἀλλ ὁταν κληθης, πορευθεις *ἀναπεσε* εἰς τον ἐσχατον τοπον, ἱνα ὁταν ἐλθη ὁ κεκληκως σε ἐρει σοι· φιλε, προσαναβηθι ἀνωτερον·
    17 7   τις δε ἐξ ὑμων δουλον ἐχων ἀροτριωντα ἠ ποιμαινοντα, ὁς εἰσελθοντι ἐκ του ἀγρου ἐρει αὐτω· εὐθεως παρελθων *ἀναπεσε*,
    22 14   και ὁτε ἐγενετο ἡ ὡρα, *ἀνεπεσεν*, και οἱ ἀποστολοι συν αὐτω
Jh   6 10   ποιησατε τους ἀνθρωπους *ἀναπεσειν*.
    10   *ἀνεπεσαν* οὐν οἱ ἀνδρες τον ἀριθμον ὡς πεντακισχιλιοι.
    13 12   ὁτε οὐν ἐνιψεν τους ποδας αὐτων [και] ἐλαβεν τα ἱματια αὐτου και *ἀνεπεσεν* παλιν, εἰπεν αὐτοις·
    25   *ἀναπεσων* οὐν ἐκεινος οὑτως ἐπι το στηθος του ἰησου λεγει αὐτω·
    21 20   ἐπιστραφεις ὁ πετρος βλεπει τον μαθητην ὁν ἠγαπα ὁ ἰησους ἀκολουθουντα, ὁς και *ἀνεπεσεν* ἐν τω δειπνω ἐπι το στηθος αὐτου

ἀναπληροω [6]

Mt   13 14   και *ἀναπληρουται* αὐτοις ἡ προφητεια ἡσαιου ἡ λεγουσα·
1Co   14 16   ἐπει ἐαν εὐλογης [ἐν] πνευματι, ὁ *ἀναπληρων* τον τοπον του ἰδιωτου πως ἐρει το ἀμην ἐπι τη ση εὐχαριστια;
    16 17   χαιρω δε ἐπι τη παρουσια στεφανα και φορτουνατου και ἀχαικου, ὁτι το ὑμετερον ὑστερημα οὑτοι *ἀνεπληρωσαν*·
Ga   6 2   ἀλληλων τα βαρη βασταζετε, και οὑτως *ἀναπληρωσετε* τον νομον του χριστου.
Php   2 30   ὁτι δια το ἐργον χριστου μεχρι θανατου ἠγγισεν παραβολευσαμενος τη ψυχη, ἱνα *ἀναπληρωση* το ὑμων ὑστερημα της προς με λειτουργιας.
1Th   2 16   κωλυοντων ἡμας τοις ἐθνεσιν λαλησαι ἱνα σωθωσιν, εἰς το *ἀναπληρωσαι* αὐτων τας ἁμαρτιας παντοτε.

ἀναπολογητος [2]

Rm   1 20   τα γαρ ἀορατα αὐτου ἀπο κτισεως κοσμου τοις ποιημασιν νοουμενα καθοραται, ἡ τε ἀιδιος αὐτου δυναμις και θειοτης, εἰς το εἰναι αὐτους *ἀναπολογητους*,
    2 1   διο *ἀναπολογητος* εἰ, ὠ ἀνθρωπε πας ὁ κρινων·

ἀναπτυσσω [1]

Lc   4 17   και *ἀναπτυξας* το βιβλιον εὑρεν τον τοπον οὑ ἠν γεγραμμενον·

ἀναπτω [2]

Lc   12 49   πυρ ἠλθον βαλειν ἐπι την γην, και τι θελω εἰ ἠδη *ἀνηφθη*.
Ja   3 5   ἰδου ἡλικον πυρ ἡλικην ὑλην *ἀναπτει*·

ἀναριθμητος [1]

Heb   11 12   καθως τα ἀστρα του οὐρανου τω πληθει και ὡς ἡ ἀμμος ἡ παρα το χειλος της θαλασσης ἡ *ἀναριθμητος*.

ἀνασειω [2]

Mc   15 11   οἱ δε ἀρχιερεις *ἀνεσεισαν* τον ὀχλον ἱνα μαλλον τον βαραββαν ἀπολυση αὐτοις.
Lc   23 5   οἱ δε ἐπισχυον λεγοντες ὁτι *ἀνασειει* τον λαον,

ἀνασκευαζω [1]

Ac   15 24   ἐπειδη ἠκουσαμεν ὁτι τινες ἐξ ἡμων [ἐξελθοντες] ἐταραξαν ὑμας λογοις *ἀνασκευαζοντες* τας ψυχας ὑμων, οἱς οὐ διεστειλαμεθα, ἐδοξεν ἡμιν γενομενοις ὁμοθυμαδον,

ἀνασπαω [2]

Lc   14 5   τινος ὑμων υἱος ἠ βους εἰς φρεαρ πεσειται, και οὐκ εὐθεως *ἀνασπασει* αὐτον ἐν ἡμερα του σαββατου;
Ac   11 10   τουτο δε ἐγενετο ἐπι τρις, και *ἀνεσπασθη* παλιν ἁπαντα εἰς τον οὐρανον.

ἀναστασις [42]

Mt	22 23	ἐν ἐκεινη τη ἡμερα προσηλθον αὐτω σαδδουκαιοι, λεγοντες μη εἰναι *ἀναστασιν*,
	28	ἐν τη *ἀναστασει* οὐν τινος των ἑπτα ἐσται γυνη;
	30	ἐν γαρ τη *ἀναστασει* οὐτε γαμουσιν οὐτε γαμιζονται, ἀλλ ὡς ἀγγελοι ἐν τω οὐρανω εἰσιν.
	31	περι δε της *ἀναστασεως* των νεκρων οὐκ ἀνεγνωτε το ῥηθεν ὑμιν ὑπο του θεου λεγοντος·
Mc	12 18	και ἐρχονται σαδδουκαιοι προς αὐτον, οἱτινες λεγουσιν *ἀναστασιν* μη εἰναι,
	23	ἐν τη *ἀναστασει*, [ὁταν ἀναστωσιν,] τινος αὐτων ἐσται γυνη;
Lc	2 34	ἰδου οὑτος κειται εἰς πτωσιν και *ἀναστασιν* πολλων ἐν τω ἰσραηλ και εἰς σημειον ἀντιλεγομενον και σου [δε] αὐτης την ψυχην διελευσεται ῥομφαια,
	14 14	ἀνταποδοθησεται γαρ σοι ἐν τη *ἀναστασει* των δικαιων.
	20 27	προσελθοντες δε τινες των σαδδουκαιων, οἱ [ἀντι]λεγοντες *ἀναστασιν* μη εἰναι,
	33	ἡ γυνη οὐν ἐν τη *ἀναστασει* τινος αὐτων γινεται γυνη;
	35	οἱ δε καταξιωθεντες του αἰωνος ἐκεινου τυχειν και της *ἀναστασεως* της ἐκ νεκρων οὐτε γαμουσιν οὐτε γαμιζονται·
	36	και υἱοι εἰσιν θεου της *ἀναστασεως* υἱοι ὀντες.
Jh	5 29	μη θαυμαζετε τουτο, ὁτι ἐρχεται ὡρα ἐν ἡ παντες οἱ ἐν τοις μνημειοις ἀκουσουσιν της φωνης αὐτου και ἐκπορευσονται οἱ τα ἀγαθα ποιησαντες εἰς *ἀναστασιν* ζωης,
	29	ὁτι ἐρχεται ὡρα ἐν ἡ παντες οἱ ἐν τοις μνημειοις ἀκουσουσιν της φωνης αὐτου και ἐκπορευσονται οἱ τα ἀγαθα ποιησαντες εἰς *ἀναστασιν* ζωης, οἱ δε τα φαυλα πραξαντες εἰς *ἀναστασιν* κρισεως.
	11 24	οἰδα ὁτι ἀναστησεται ἐν τη *ἀναστασει* ἐν τη ἐσχατη ἡμερα.
	25	ἐγω εἰμι ἡ *ἀναστασις* και ἡ ζωη·
Ac	1 22	μαρτυρα της *ἀναστασεως* αὐτου συν ἡμιν γενεσθαι ἑνα τουτων.
	2 31	προιδων ἐλαλησεν περι της *ἀναστασεως* του χριστου, ὁτι οὐτε ἐγκατελειφθη εἰς ἁδην οὐτε ἡ σαρξ αὐτου εἰδεν διαφθοραν.
	4 2	διαπονουμενοι δια το διδασκειν αὐτους τον λαον και καταγγελλειν ἐν τω ἰησου την *ἀναστασιν* την ἐκ νεκρων,
	33	και δυναμει μεγαλη ἀπεδιδουν το μαρτυριον οἱ ἀποστολοι της *ἀναστασεως* του κυριου ἰησου,
	17 18	ὁτι τον ἰησουν και την *ἀναστασιν* εὐηγγελιζετο.
	32	ἀκουσαντες δε *ἀναστασιν* νεκρων, οἱ μεν ἐχλευαζον,
	23 6	περι ἐλπιδος και *ἀναστασεως* νεκρων [ἐγω] κρινομαι.
	8	σαδδουκαιοι μεν γαρ λεγουσιν μη εἰναι *ἀναστασιν* μητε ἀγγελον μητε πνευμα, φαρισαιοι δε ὁμολογουσιν τα ἀμφοτερα.
	24 15	ἐλπιδα ἐχων εἰς τον θεον, ἡν και αὐτοι οὑτοι προσδεχονται, *ἀναστασιν* μελλειν ἐσεσθαι δικαιων τε και ἀδικων.
	21	ἡ περι μιας ταυτης φωνης ἡς ἐκεκραξα ἐν αὐτοις ἑστως ὁτι περι *ἀναστασεως* νεκρων ἐγω κρινομαι σημερον ἐφ ὑμων.
	26 23	εἰ παθητος ὁ χριστος, εἰ πρωτος ἐξ *ἀναστασεως* νεκρων φως μελλει καταγγελλειν τω τε λαω και τοις ἐθνεσιν.
Rm	1 4	του ὁρισθεντος υἱου θεου ἐν δυναμει κατα πνευμα ἁγιωσυνης ἐξ *ἀναστασεως* νεκρων,
	6 5	εἰ γαρ συμφυτοι γεγοναμεν τω ὁμοιωματι του θανατου αὐτου, ἀλλα και της *ἀναστασεως* ἐσομεθα·
1Co	15 12	εἰ δε χριστος κηρυσσεται ὁτι ἐκ νεκρων ἐγηγερται, πως λεγουσιν ἐν ὑμιν τινες ὁτι *ἀναστασις* νεκρων οὐκ ἐστιν;
	13	εἰ δε *ἀναστασις* νεκρων οὐκ ἐστιν, οὐδε χριστος ἐγηγερται·
	21	ἐπειδη γαρ δι ἀνθρωπου θανατος, και δι ἀνθρωπου *ἀναστασις* νεκρων.
	42	οὑτως και ἡ *ἀναστασις* των νεκρων.
Php	3 10	του γνωναι αὐτον και την δυναμιν της *ἀναστασεως* αὐτου και [την] κοινωνιαν [των] παθηματων αὐτου,
2Tm	2 18	οἱτινες περι την ἀληθειαν ἠστοχησαν, λεγοντες [την] *ἀναστασιν* ἠδη γεγονεναι,
Heb	6 2	μη παλιν θεμελιον καταβαλλομενοι μετανοιας ἀπο νεκρων ἐργων, και πιστεως ἐπι θεον, βαπτισμων διδαχης, ἐπιθεσεως τε χειρων, *ἀναστασεως* τε νεκρων,
	11 35	ἐλαβον γυναικες ἐξ *ἀναστασεως* τους νεκρους αὐτων·
	35	οὐ προσδεξαμενοι την ἀπολυτρωσιν, ἱνα κρειττονος *ἀναστασεως* τυχωσιν·
1Pt	1 3	ὁ κατα το πολυ αὐτου ἐλεος ἀναγεννησας ἡμας εἰς ἐλπιδα ζωσαν δι *ἀναστασεως* ἰησου χριστου ἐκ νεκρων,
	3 21	οὐ σαρκος ἀποθεσις ῥυπου ἀλλα συνειδησεως ἀγαθης ἐπερωτημα εἰς θεον, δι *ἀναστασεως* ἰησου χριστου,
Apc	20 5	αὑτη ἡ *ἀναστασις* ἡ πρωτη.
	6	μακαριος και ἁγιος ὁ ἐχων μερος ἐν τη *ἀναστασει* τη πρωτη·

ἀναστατοω [3]

Ac	17 6	βοωντες ὁτι οἱ την οἰκουμενην *ἀναστατωσαντες* οὑτοι και ἐνθαδε παρεισιν,
	21 38	οὐκ ἀρα συ εἰ ὁ αἰγυπτιος ὁ προ τουτων των ἡμερων *ἀναστατωσας* και ἐξαγαγων εἰς την ἐρημον τους τετρακισχιλιους ἀνδρας των σικαριων;
Ga	5 12	ὀφελον και ἀποκοψονται οἱ *ἀναστατουντες* ὑμας.

ἀνασταυροω [1]

Heb	6 6	*ἀνασταυρουντας* ἑαυτοις τον υἱον του θεου και παραδειγματιζοντας.

ἀναστεναζω [1]

Mc	8 12	και *ἀναστεναξας* τω πνευματι αὐτου λεγει· τι ἡ γενεα αὑτη ζητει σημειον;

ἀναστρεφω [9]

Ac	5 22	*ἀναστρεψαντες* δε ἀπηγγειλαν λεγοντες ὁτι το δεσμωτηριον εὑρομεν κεκλεισμενον ἐν παση ἀσφαλεια και τους φυλακας ἑστωτας ἐπι των θυρων, ἀνοιξαντες δε ἐσω οὐδενα εὑρομεν.
	15 16	μετα ταυτα *ἀναστρεψω* και ἀνοικοδομησω την σκηνην δαυιδ την πεπτωκυιαν,
2Co	1 12	το μαρτυριον της συνειδησεως ἡμων, ὁτι ἐν ἁπλοτητι και εἰλικρινεια του θεου, [και] οὐκ ἐν σοφια σαρκικη ἀλλ ἐν χαριτι θεου, *ἀνεστραφημεν* ἐν τω κοσμω,
Eph	2 3	ἐν οἱς και ἡμεις παντες *ἀνεστραφημεν* ποτε ἐν ταις ἐπιθυμιαις της σαρκος ἡμων,
1Tm	3 15	ἐαν δε βραδυνω, ἱνα εἰδης πως δει ἐν οἰκω θεου *ἀναστρεφεσθαι*,
Heb	10 33	τουτο δε κοινωνοι των οὑτως *ἀναστρεφομενων* γενηθεντες.
	13 18	πειθομεθα γαρ ὁτι καλην συνειδησιν ἐχομεν, ἐν πασιν καλως θελοντες *ἀναστρεφεσθαι*.
1Pt	1 17	ἐν φοβω τον της παροικιας ὑμων χρονον *ἀναστραφητε*,
2Pt	2 18	ὑπερογκα γαρ ματαιοτητος φθεγγομενοι δελεαζουσιν ἐν ἐπιθυμιαις σαρκος ἀσελγειαις τους ὀλιγως ἀποφευγοντας τους ἐν πλανη *ἀναστρεφομενους*,

ἀναστροφη [13]

Ga	1 13	ἠκουσατε γαρ την ἐμην *ἀναστροφην* ποτε ἐν τω ἰουδαισμω,
Eph	4 22	ἀποθεσθαι ὑμας κατα την προτεραν *ἀναστροφην* τον παλαιον ἀνθρωπον τον φθειρομενον κατα τας ἐπιθυμιας της ἀπατης,
1Tm	4 12	ἀλλα τυπος γινου των πιστων ἐν λογω, ἐν *ἀναστροφη*, ἐν ἀγαπη, ἐν πιστει, ἐν ἁγνεια.
Heb	13 7	ὡν ἀναθεωρουντες την ἐκβασιν της *ἀναστροφης* μιμεισθε την πιστιν.
Ja	3 13	δειξατω ἐκ της καλης *ἀναστροφης* τα ἐργα αὐτου ἐν πραυτητι σοφιας.
1Pt	1 15	ἀλλα κατα τον καλεσαντα ὑμας ἁγιον και αὐτοι ἁγιοι ἐν παση *ἀναστροφη* γενηθητε,
	18	εἰδοτες ὁτι οὐ φθαρτοις, ἀργυριω ἡ χρυσιω, ἐλυτρωθητε ἐκ της ματαιας ὑμων *ἀναστροφης* πατροπαραδοτου, ἀλλα τιμιω αἱματι ὡς ἀμνου ἀμωμου και ἀσπιλου χριστου,
	2 12	την *ἀναστροφην* ὑμων ἐν τοις ἐθνεσιν ἐχοντες καλην,
	3 1	ἱνα και εἰ τινες ἀπειθουσιν τω λογω, δια της των γυναικων *ἀναστροφης* ἀνευ λογου κερδηθησονται,
	2	ἐποπτευσαντες την ἐν φοβω ἁγνην *ἀναστροφην* ὑμων.
	16	συνειδησιν ἐχοντες ἀγαθην, ἱνα ἐν ὡ καταλαλεισθε καταισχυνθωσιν οἱ ἐπηρεαζοντες ὑμων την ἀγαθην ἐν χριστω *ἀναστροφην*.
2Pt	2 7	και δικαιον λωτ καταπονουμενον ὑπο της των ἀθεσμων ἐν ἀσελγεια *ἀναστροφης* ἐρρυσατο·
	3 11	τουτων οὑτως παντων λυομενων ποταπους δει ὑπαρχειν [ὑμας] ἐν ἁγιαις *ἀναστροφαις* και εὐσεβειαις,

ἀνατασσομαι [1]

Lc	1 1	ἐπειδηπερ πολλοι ἐπεχειρησαν *ἀναταξασθαι* διηγησιν περι των πεπληροφορημενων ἐν ἡμιν πραγματων, καθως παρεδοσαν ἡμιν οἱ ἀπ ἀρχης αὐτοπται και ὑπηρεται γενομενοι του λογου,

ἀνατελλω [9]

Mt	4 16	και τοις καθημενοις ἐν χωρα και σκια θανατου, φως *ἀνετειλεν* αὐτοις.

ἀνατελλω [9]

Mt	5 45	ὅπως γενησθε υἱοι του πατρος ὑμων του ἐν οὐρανοις, ὅτι τον ἡλιον αὐτου *ἀνατελλει* ἐπι πονηρους και ἀγαθους και βρεχει ἐπι δικαιους και ἀδικους.
	13 6	ἡλιου δε *ἀνατειλαντος* ἐκαυματισθη, και δια το μη ἐχειν ῥιζαν ἐξηρανθη.
Mc	4 6	και ὁτε *ἀνετειλεν* ὁ ἡλιος ἐκαυματισθη,
	16 2	και λιαν πρωι τη μια των σαββατων ἐρχονται ἐπι το μνημειον, *ἀνατειλαντος* του ἡλιου.
Lc	12 54	ὁταν ἰδητε την νεφελην *ἀνατελλουσαν* ἐπι δυσμων, εὐθεως λεγετε ὁτι ὀμβρος ἐρχεται, και γινεται οὑτως·
Heb	7 14	προδηλον γαρ ὁτι ἐξ ἰουδα *ἀνατεταλκεν* ὁ κυριος ἡμων,
Ja	1 11	*ἀνετειλεν* γαρ ὁ ἡλιος συν τω καυσωνι και ἐξηρανεν τον χορτον,
2Pt	1 19	ᾡ καλως ποιειτε προσεχοντες ὡς λυχνω φαινοντι ἐν αὐχμηρω τοπω, ἑως οὑ ἡμερα διαυγαση και φωσφορος *ἀνατειλη* ἐν ταις καρδιαις ὑμων·

ἀνατιθεμαι [2]

Ac	25 14	ὡς δε πλειους ἡμερας διετριβον ἐκει, ὁ φηστος τω βασιλει *ἀνεθετο* τα κατα τον παυλον λεγων·
Ga	2 2	και *ἀνεθεμην* αὐτοις το εὐαγγελιον ὁ κηρυσσω ἐν τοις ἐθνεσιν, κατ ἰδιαν δε τοις δοκουσιν,

ἀνατολη [11]

Mt	2 1	ἰδου μαγοι ἀπο *ἀνατολων* παρεγενοντο εἰς ἱεροσολυμα λεγοντες·
	2	εἰδομεν γαρ αὐτου τον ἀστερα ἐν τη *ἀνατολη*,
	9	και ἰδου ὁ ἀστηρ, ὁν εἰδον ἐν τη *ἀνατολη*,
	8 11	λεγω δε ὑμιν ὁτι πολλοι ἀπο *ἀνατολων* και δυσμων ἡξουσιν και ἀνακλιθησονται μετα ἀβρααμ και ἰσαακ και ἰακωβ ἐν τη βασιλεια των οὐρανων·
	24 27	ὡσπερ γαρ ἡ ἀστραπη ἐξερχεται ἀπο *ἀνατολων* και φαινεται ἑως δυσμων, οὑτως ἐσται ἡ παρουσια του υἱου του ἀνθρωπου·
Mc	16 8*	μετα δε ταυτα και αὐτος ὁ ἰησους ἀπο *ἀνατολης* και ἀχρι δυσεως ἐξαπεστειλεν δι αὐτων το ἱερον και ἀφθαρτον κηρυγμα της αἰωνιου σωτηριας ἀμην.
Lc	1 78	του δουναι γνωσιν σωτηριας τω λαω αὐτου ἐν ἀφεσει ἁμαρτιων αὐτων, δια σπλαγχνα ἐλεους θεου ἡμων, ἐν οἱς ἐπισκεψεται ἡμας *ἀνατολη* ἐξ ὑψους,
	13 29	και ἡξουσιν ἀπο *ἀνατολων* και δυσμων και ἀπο βορρα και νοτου, και ἀνακλιθησονται ἐν τη βασιλεια του θεου.
Apc	7 2	και εἰδον ἀλλον ἀγγελον ἀναβαινοντα ἀπο *ἀνατολης* ἡλιου,
	16 12	και ἐξηρανθη το ὑδωρ αὐτου, ἱνα ἑτοιμασθη ἡ ὁδος των βασιλεων των ἀπο *ἀνατολης* ἡλιου.
	21 13	ἀπο *ἀνατολης* πυλωνες τρεις, και ἀπο βορρα πυλωνες τρεις,

ἀνατρεπω [3]

Jh	2 15	και των κολλυβιστων ἐξεχεεν το κερμα και τας τραπεζας *ἀνετρεψεν*,
2Tm	2 18	λεγοντες [την] ἀναστασιν ἡδη γεγονεναι, και *ἀνατρεπουσιν* την τινων πιστιν.
Tit	1 11	οὑς δει ἐπιστομιζειν, οἱτινες ὁλους οἰκους *ἀνατρεπουσιν* διδασκοντες ἁ μη δει αἰσχρου κερδους χαριν.

ἀνατρεφω [3]

Ac	7 20	ὁς *ἀνετραφη* μηνας τρεις ἐν τω οἰκω του πατρος·
	21	ἐκτεθεντος δε αὐτου ἀνειλατο αὐτον ἡ θυγατηρ φαραω και *ἀνεθρεψατο* αὐτον ἑαυτη εἰς υἱον.
	22 3	ἐγω εἰμι ἀνηρ ἰουδαιος, γεγεννημενος ἐν ταρσω της κιλικιας, *ἀνατεθραμμενος* δε ἐν τη πολει ταυτη,

ἀναφαινω [2]

Lc	19 11	δια το ἐγγυς εἰναι ἱερουσαλημ αὐτον και δοκειν αὐτους ὁτι παραχρημα μελλει ἡ βασιλεια του θεου *ἀναφαινεσθαι*·
Ac	21 3	*ἀναφαναντες* δε την κυπρον και καταλιποντες αὐτην εὐωνυμον ἐπλεομεν εἰς συριαν,

ἀναφερω [10]

Mt	17 1	και μεθ ἡμερας ἑξ παραλαμβανει ὁ ἰησους τον πετρον και ἰακωβον και ἰωαννην τον ἀδελφον αὐτου, και *ἀναφερει* αὐτους εἰς ὁρος ὑψηλον κατ ἰδιαν.

ἀναφερω [10]

Mc	9 2	και μετα ἡμερας ἑξ παραλαμβανει ὁ ἰησους τον πετρον και τον ἰακωβον και τον ἰωαννην, και *ἀναφερει* αὐτους εἰς ὁρος ὑψηλον κατ ἰδιαν μονους.
Lc	24 51	και ἐγενετο ἐν τω εὐλογειν αὐτον αὐτους διεστη ἀπ αὐτων και *ἀνεφερετο* εἰς τον οὐρανον.
Heb	7 27	ὁς οὐκ ἐχει καθ ἡμεραν ἀναγκην, ὡσπερ οἱ ἀρχιερεις, προτερον ὑπερ των ἰδιων ἁμαρτιων θυσιας *ἀναφερειν*, ἐπειτα των του λαου·
	27	τουτο γαρ ἐποιησεν ἐφαπαξ ἑαυτον *ἀνενεγκας*.
	9 28	και καθ ὁσον ἀποκειται τοις ἀνθρωποις ἁπαξ ἀποθανειν, μετα δε τουτο κρισις, οὑτως και ὁ χριστος, ἁπαξ προσενεχθεις εἰς το πολλων *ἀνενεγκειν* ἁμαρτιας,
	13 15	δι αὐτου [οὖν] *ἀναφερωμεν* θυσιαν αἰνεσεως δια παντος τω θεω,
Ja	2 21	ἀβρααμ ὁ πατηρ ἡμων οὐκ ἐξ ἐργων ἐδικαιωθη, *ἀνενεγκας* ἰσαακ τον υἱον αὐτου ἐπι το θυσιαστηριον;
1Pt	2 5	και αὐτοι ὡς λιθοι ζωντες οἰκοδομεισθε οἰκος πνευματικος εἰς ἱερατευμα ἁγιον, *ἀνενεγκαι* πνευματικας θυσιας εὐπροσδεκτους [τω] θεω δια ἰησου χριστου·
	24	ὁς τας ἁμαρτιας ἡμων αὐτος *ἀνηνεγκεν* ἐν τω σωματι αὐτου ἐπι το ξυλον,

ἀναφωνεω [1]

Lc	1 42	και ἐπλησθη πνευματος ἁγιου ἡ ἐλισαβετ, και *ἀνεφωνησεν* κραυγη μεγαλη και εἰπεν·

ἀναχυσις [1]

1Pt	4 4	ἐν ᾡ ξενιζονται μη συντρεχοντων ὑμων εἰς την αὐτην της ἀσωτιας *ἀναχυσιν*, βλασφημουντες·

ἀναχωρεω [14]

Mt	2 12	δι ἀλλης ὁδου *ἀνεχωρησαν* εἰς την χωραν αὐτων.
	13	*ἀναχωρησαντων* δε αὐτων, ἰδου ἀγγελος κυριου φαινεται κατ ὀναρ τω ἰωσηφ λεγων·
	14	ὁ δε ἐγερθεις παρελαβεν το παιδιον και την μητερα αὐτου νυκτος και *ἀνεχωρησεν* εἰς αἰγυπτον,
	22	χρηματισθεις δε κατ ὀναρ *ἀνεχωρησεν* εἰς τα μερη της γαλιλαιας,
	4 12	ἀκουσας δε ὁτι ἰωαννης παρεδοθη *ἀνεχωρησεν* εἰς την γαλιλαιαν.
	9 24	και ἐλθων ὁ ἰησους εἰς την οἰκιαν του ἀρχοντος και ἰδων τους αὐλητας και τον ὀχλον θορυβουμενον ἐλεγεν· *ἀναχωρειτε*· οὐ γαρ ἀπεθανεν το κορασιον ἀλλα καθευδει.
	12 15	ὁ δε ἰησους γνους *ἀνεχωρησεν* ἐκειθεν.
	14 13	ἀκουσας δε ὁ ἰησους *ἀνεχωρησεν* ἐκειθεν ἐν πλοιω εἰς ἐρημον τοπον κατ ἰδιαν·
	15 21	και ἐξελθων ἐκειθεν ὁ ἰησους *ἀνεχωρησεν* εἰς τα μερη τυρου και σιδωνος.
	27 5	και ῥιψας τα ἀργυρια εἰς τον ναον *ἀνεχωρησεν*, και ἀπελθων ἀπηγξατο.
Mc	3 7	και ὁ ἰησους μετα των μαθητων αὐτου *ἀνεχωρησεν* προς την θαλασσαν·
Jh	6 15	ἰησους οὖν γνους ὁτι μελλουσιν ἐρχεσθαι και ἀρπαζειν αὐτον ἱνα ποιησωσιν βασιλεα, *ἀνεχωρησεν* παλιν εἰς το ὁρος αὐτος μονος.
Ac	23 19	ἐπιλαβομενος δε της χειρος αὐτου ὁ χιλιαρχος και *ἀναχωρησας* κατ ἰδιαν ἐπυνθανετο·
	26 31	και *ἀναχωρησαντες* ἐλαλουν προς ἀλληλους λεγοντες ὁτι οὐδεν θανατου ἡ δεσμων ἀξιον [τι] πρασσει ὁ ἀνθρωπος οὑτος.

ἀναψυξις [1]

Ac	3 20	ὁπως ἀν ἐλθωσιν καιροι *ἀναψυξεως* ἀπο προσωπου του κυριου και ἀποστειλη τον προκεχειρισμενον ὑμιν χριστον ἰησουν,

ἀναψυχω [1]

2Tm	1 16	δωη ἐλεος ὁ κυριος τω ὀνησιφορου οἰκω, ὁτι πολλακις με *ἀνεψυξεν* και την ἁλυσιν μου οὐκ ἐπαισχυνθη,

ἀνδραποδιστης [1]

1Tm	1 10	πορνοις, ἀρσενοκοιταις, *ἀνδραποδισταις*, ψευσταις, ἐπιορκοις,

ἀνδρεας [13]

Mt	4 18	περιπατων δε παρα την θαλασσαν της γαλιλαιας είδεν δυο ἀδελφους, σιμωνα τον λεγομενον πετρον και *ἀνδρεαν* τον ἀδελφον αὐτου,
	10 2	πρωτος σιμων ὁ λεγομενος πετρος και *ἀνδρεας* ὁ ἀδελφος αὐτου,
Mc	1 16	και παραγων παρα την θαλασσαν της γαλιλαιας είδεν σιμωνα και *ἀνδρεαν* τον ἀδελφον σιμωνος ἀμφιβαλλοντας ἐν τη θαλασση·
	29	και εὐθυς ἐκ της συναγωγης ἐξελθοντες ἠλθον εἰς την οἰκιαν σιμωνος και *ἀνδρεου* μετα ἰακωβου και ἰωαννου.
	3 18	και *ἀνδρεαν* και φιλιππον και βαρθολομαιον και μαθθαιον και θωμαν και ἰακωβον τον του ἀλφαιου και θαδδαιον και σιμωνα τον καναναιον και ἰουδαν ἰσκαριωθ,
	13 3	και καθημενου αὐτου εἰς το ὀρος των ἐλαιων κατεναντι του ἱερου, ἐπηρωτα αὐτον κατ ἰδιαν πετρος και ἰακωβος και ἰωαννης και *ἀνδρεας*· εἰπον ἡμιν, ποτε ταυτα ἐσται,
Lc	6 14	σιμωνα, ὁν και ὠνομασεν πετρον, και *ἀνδρεαν* τον ἀδελφον αὐτου,
Jh	1 40	ἠν *ἀνδρεας* ὁ ἀδελφος σιμωνος πετρου εἱς ἐκ των δυο των ἀκουσαντων παρα ἰωαννου και ἀκολουθησαντων αὐτω·
	44	ἠν δε ὁ φιλιππος ἀπο βηθσαιδα, ἐκ της πολεως *ἀνδρεου* και πετρου.
	6 8	λεγει αὐτω εἱς ἐκ των μαθητων αὐτου, *ἀνδρεας* ὁ ἀδελφος σιμωνος πετρου· ἐστιν παιδαριον ὡδε ὁς ἐχει πεντε ἀρτους κριθινους και δυο ὀψαρια·
	12 22	ἐρχεται ὁ φιλιππος και λεγει τω *ἀνδρεα*·
	22	ἐρχεται *ἀνδρεας* και φιλιππος και λεγουσιν τω ἰησου.
Ac	1 13	ὁ τε πετρος και ἰωαννης και ἰακωβος και *ἀνδρεας*,

ἀνδριζομαι [1]

1Co	16 13	γρηγορειτε, στηκετε ἐν τη πιστει, *ἀνδριζεσθε*, κραταιουσθε.

ἀνδρονικος [1]

Rm	16 7	ἀσπασασθε *ἀνδρονικον* και ἰουνιαν τους συγγενεις μου και συναιχμαλωτους μου,

ἀνδροφονος [1]

1Tm	1 9	πατρολωαις και μητρολωαις, *ἀνδροφονοις*,

ἀνεγκλητος [5]

1Co	1 8	ὁς και βεβαιωσει ὑμας ἑως τελους *ἀνεγκλητους* ἐν τη ἡμερα του κυριου ἡμων ἰησου [χριστου].
Col	1 22	παραστησαι ὑμας ἁγιους και ἀμωμους και *ἀνεγκλητους* κατενωπιον αὐτου,
1Tm	3 10	εἰτα διακονειτωσαν *ἀνεγκλητοι* ὀντες.
Tit	1 6	εἰ τις ἐστιν *ἀνεγκλητος*, μιας γυναικος ἀνηρ, τεκνα ἐχων πιστα, μη ἐν κατηγορια ἀσωτιας ἠ ἀνυποτακτα.
	7	δει γαρ τον ἐπισκοπον *ἀνεγκλητον* εἰναι ὡς θεου οἰκονομον,

ἀνεκδιηγητος [1]

2Co	9 15	χαρις τω θεω ἐπι τη *ἀνεκδιηγητω* αὐτου δωρεα.

ἀνεκλαλητος [1]

1Pt	1 8	εἰς ὁν ἀρτι μη ὁρωντες πιστευοντες δε ἀγαλλιασθε χαρα *ἀνεκλαλητω* και δεδοξασμενη,

ἀνεκλειπτος [1]

Lc	12 33	ποιησατε ἑαυτοις βαλλαντια μη παλαιουμενα, θησαυρον *ἀνεκλειπτον* ἐν τοις οὐρανοις, ὁπου κλεπτης οὐκ ἐγγιζει οὐδε σης διαφθειρει·

ἀνεκτοτερος [5]

Mt	10 15	*ἀνεκτοτερον* ἐσται γη σοδομων και γομορρων ἐν ἡμερα κρισεως ἠ τη πολει ἐκεινη.
	11 22	τυρω και σιδωνι *ἀνεκτοτερον* ἐσται ἐν ἡμερα κρισεως ἠ ὑμιν.
	24	πλην λεγω ὑμιν ὁτι γη σοδομων *ἀνεκτοτερον* ἐσται ἐν ἡμερα κρισεως ἠ σοι.
Lc	10 12	λεγω ὑμιν ὁτι σοδομοις ἐν τη ἡμερα ἐκεινη *ἀνεκτοτερον* ἐσται ἠ τη πολει ἐκεινη.
	14	πλην τυρω και σιδωνι *ἀνεκτοτερον* ἐσται ἐν τη κρισει ἠ ὑμιν.

ἀνελεημων [1]

Rm	1 31	μεστους φθονου φονου ἐριδος δολου κακοηθειας, ψιθυριστας, καταλαλους, θεοστυγεις, ὑβριστας, ὑπερηφανους, ἀλαζονας, ἐφευρετας κακων, γονευσιν ἀπειθεις, ἀσυνετους, ἀσυνθετους, ἀστοργους, *ἀνελεημονας*·

ἀνελεος [1]

Ja	2 13	ἡ γαρ κρισις *ἀνελεος* τω μη ποιησαντι ἐλεος·

ἀνεμιζομαι [1]

Ja	1 6	ὁ γαρ διακρινομενος ἐοικεν κλυδωνι θαλασσης *ἀνεμιζομενω* και ῥιπιζομενω.

ἀνεμος [31]

Mt	7 25	και κατεβη ἡ βροχη και ἠλθον οἱ ποταμοι και ἐπνευσαν οἱ *ἀνεμοι* και προσεπεσαν τη οἰκια ἐκεινη,
	27	και κατεβη ἡ βροχη και ἠλθον οἱ ποταμοι και ἐπνευσαν οἱ *ἀνεμοι* και προσεκοψαν τη οἰκια ἐκεινη,
	8 26	τοτε ἐγερθεις ἐπετιμησεν τοις *ἀνεμοις* και τη θαλασση,
	27	ποταπος ἐστιν οὑτος, ὁτι και οἱ *ἀνεμοι* και ἡ θαλασσα αὐτω ὑπακουουσιν;
	11 7	τι ἐξηλθατε εἰς την ἐρημον θεασασθαι; καλαμον ὑπο *ἀνεμου* σαλευομενον;
	14 24	το δε πλοιον ἠδη σταδιους πολλους ἀπο της γης ἀπειχεν, βασανιζομενον ὑπο των κυματων, ἠν γαρ ἐναντιος ὁ *ἀνεμος*.
	30	βλεπων δε τον *ἀνεμον* [ἰσχυρον] ἐφοβηθη,
	32	και ἀναβαντων αὐτων εἰς το πλοιον ἐκοπασεν ὁ *ἀνεμος*.
	24 31	και ἐπισυναξουσιν τους ἐκλεκτους αὐτου ἐκ των τεσσαρων *ἀνεμων* ἀπ ἀκρων οὐρανων ἑως [των] ἀκρων αὐτων.
Mc	4 37	και γινεται λαιλαψ μεγαλη *ἀνεμου*,
	39	και διεγερθεις ἐπετιμησεν τω *ἀνεμω* και εἰπεν τη θαλασση·
	39	και ἐκοπασεν ὁ *ἀνεμος* και ἐγενετο γαληνη μεγαλη.
	41	τις ἀρα οὑτος ἐστιν, ὁτι και ὁ *ἀνεμος* και ἡ θαλασσα ὑπακουει αὐτω;
	6 48	και ἰδων αὐτους βασανιζομενους ἐν τω ἐλαυνειν, ἠν γαρ ὁ *ἀνεμος* ἐναντιος αὐτοις, περι τεταρτην φυλακην της νυκτος ἐρχεται προς αὐτους περιπατων ἐπι της θαλασσης·
	51	και ἀνεβη προς αὐτους εἰς το πλοιον, και ἐκοπασεν ὁ *ἀνεμος*·
	13 27	και τοτε ἀποστελει τους ἀγγελους και ἐπισυναξει τους ἐκλεκτους [αὐτου] ἐκ των τεσσαρων *ἀνεμων* ἀπ ἀκρου γης ἑως ἀκρου οὐρανου.
Lc	7 24	τι ἐξηλθατε εἰς την ἐρημον θεασασθαι; καλαμον ὑπο *ἀνεμου* σαλευομενον;
	8 23	και κατεβη λαιλαψ *ἀνεμου* εἰς την λιμνην,
	24	ὁ δε διεγερθεις ἐπετιμησεν τω *ἀνεμω* και τω κλυδωνι του ὑδατος·
	25	τις ἀρα οὑτος ἐστιν, ὁτι και τοις *ἀνεμοις* ἐπιτασσει και τω ὑδατι, και ὑπακουουσιν αὐτω;
Jh	6 18	ἡ τε θαλασσα *ἀνεμου* μεγαλου πνεοντος διεγειρετο.
Ac	27 4	κακειθεν ἀναχθεντες ὑπεπλευσαμεν την κυπρον δια το τους *ἀνεμους* εἰναι ἐναντιους,
	7	ἐν ἱκαναις δε ἡμεραις βραδυπλοουντες και μολις γενομενοι κατα την κνιδον, μη προσεωντος ἡμας του *ἀνεμου*, ὑπεπλευσαμεν την κρητην κατα σαλμωνην,
	14	μετ οὐ πολυ δε ἐβαλεν κατ αὐτης *ἀνεμος* τυφωνικος ὁ καλουμενος εὐρακυλων·
	15	συναρπασθεντος δε του πλοιου και μη δυναμενου ἀντοφθαλμειν τω *ἀνεμω* ἐπιδοντες ἐφερομεθα.
Eph	4 14	ἱνα μηκετι ὡμεν νηπιοι, κλυδωνιζομενοι και περιφερομενοι παντι *ἀνεμω* της διδασκαλιας ἐν τη κυβεια των ἀνθρωπων,
Ja	3 4	ἰδου και τα πλοια, τηλικαυτα ὀντα και ὑπο *ἀνεμων* σκληρων ἐλαυνομενα,
Ju	12	νεφελαι ἀνυδροι ὑπο *ἀνεμων* παραφερομεναι,
Apc	6 13	ὡς συκη βαλλει τους ὀλυνθους αὐτης ὑπο *ἀνεμου* μεγαλου σειομενη,
	7 1	μετα τουτο είδον τεσσαρας ἀγγελους ἑστωτας ἐπι τας τεσσαρας γωνιας της γης, κρατουντας τους τεσσαρας *ἀνεμους* της γης,
	1	κρατουντας τους τεσσαρας *ἀνεμους* της γης, ἱνα μη πνεη *ἀνεμος* ἐπι της γης μητε ἐπι της θαλασσης μητε ἐπι παν δενδρον.

ἀνενδεκτος [1]

Lc	17 1	*ἀνενδεκτον* ἐστιν του τα σκανδαλα μη ἐλθειν, πλην οὐαι δι οὑ ἐρχεται·

ἀνεξεραυνητος [1]

Rm   11 33 ὡς *ἀνεξεραυνητα* τα κριματα αὐτου και ἀνεξιχνιαστοι αἱ
ὁδοι αὐτου.

ἀνεξικακος [1]

2Tm   2 24 ἀλλα ἡπιον εἰναι προς παντας, διδακτικον, *ἀνεξικακον*, ἐν
πραυτητι παιδευοντα τους ἀντιδιατιθεμενους,

ἀνεξιχνιαστος [2]

Rm   11 33 ὡς ἀνεξεραυνητα τα κριματα αὐτου και *ἀνεξιχνιαστοι* αἱ
ὁδοι αὐτου.

Eph   3 8 ἐμοι τω ἐλαχιστοτερω παντων ἁγιων ἐδοθη ἡ χαρις αὐτη, τοις
ἐθνεσιν εὐαγγελισασθαι το *ἀνεξιχνιαστον* πλουτος του
χριστου,

ἀνεπαισχυντος [1]

2Tm   2 15 σπουδασον σεαυτον δοκιμον παραστησαι τω θεω, ἐργατην
ἀνεπαισχυντον,

ἀνεπιλημπτος [3]

1Tm   3 2 δει οὐν τον ἐπισκοπον *ἀνεπιλημπτον* εἰναι,

      5 7 και ταυτα παραγγελλε, ἱνα *ἀνεπιλημπτοι* ὡσιν.

      6 14 τηρησαι σε την ἐντολην ἀσπιλον *ἀνεπιλημπτον* μεχρι της
ἐπιφανειας του κυριου ἡμων ἰησου χριστου,

ἀνερχομαι [3]

Jh   6 3 *ἀνηλθεν* δε εἰς το ὁρος ἰησους,

Ga   1 17 οὐδε *ἀνηλθον* εἰς ἱεροσολυμα προς τους προ ἐμου
ἀποστολους,

      18 ἐπειτα μετα ἐτη τρια *ἀνηλθον* εἰς ἱεροσολυμα ἱστορησαι
κηφαν,

ἀνεσις [5]

Ac   24 23 διαταξαμενος τω ἑκατονταρχη τηρεισθαι αὐτον ἐχειν τε
ἀνεσιν και μηδενα κωλυειν των ἰδιων αὐτου ὑπηρετειν αὐτω.

2Co   2 13 ἐλθων δε εἰς την τρωαδα εἰς το εὐαγγελιον του χριστου, και
θυρας μοι ἀνεωγμενης ἐν κυριω, οὐκ ἐσχηκα *ἀνεσιν* τω
πνευματι μου

      7 5 και γαρ ἐλθοντων ἡμων εἰς μακεδονιαν οὐδεμιαν ἐσχηκεν
ἀνεσιν ἡ σαρξ ἡμων,

      8 13 οὐ γαρ ἱνα ἀλλοις *ἀνεσις*, ὑμιν θλιψις, ἀλλ ἐξ ἰσοτητος

2Th   1 7 εἰπερ δικαιον παρα θεω ἀνταποδουναι τοις θλιβουσιν ὑμας
θλιψιν και ὑμιν τοις θλιβομενοις *ἀνεσιν* μεθ ἡμων,

ἀνεταζω [2]

Ac   22 24 ἐκελευσεν ὁ χιλιαρχος εἰσαγεσθαι αὐτον εἰς την παρεμβολην,
εἰπας μαστιξιν *ἀνεταζεσθαι* αὐτον,

      29 εὐθεως οὐν ἀπεστησαν ἀπ αὐτου οἱ μελλοντες αὐτον
ἀνεταζειν·

ἀνευ [3]

Mt   10 29 οὐχι δυο στρουθια ἀσσαριου πωλειται; και ἐν ἐξ αὐτων οὐ
πεσειται ἐπι την γην *ἀνευ* του πατρος ὑμων.

1Pt   3 1 ἱνα και εἰ τινες ἀπειθουσιν τω λογω, δια της των γυναικων
ἀναστροφης *ἀνευ* λογου κερδηθησονται,

      4 9 φιλοξενοι εἰς ἀλληλους *ἀνευ* γογγυσμου·

ἀνευθετος [1]

Ac   27 12 *ἀνευθετου* δε του λιμενος ὑπαρχοντος προς παραχειμασιαν οἱ
πλειονες ἐθεντο βουλην ἀναχθηναι ἐκειθεν,

ἀνευρισκω [2]

Lc   2 16 και ἠλθαν σπευσαντες, και *ἀνευραν* την τε μαριαμ και τον
ἰωσηφ και το βρεφος κειμενον ἐν τη φατνη·

Ac   21 4 *ἀνευροντες* δε τους μαθητας ἐπεμειναμεν αὐτου ἡμερας ἑπτα·

ἀνεχομαι [15]

Mt   17 17 ὠ γενεα ἀπιστος και διεστραμμενη, ἑως ποτε μεθ ὑμων
ἐσομαι; ἑως ποτε *ἀνεξομαι* ὑμων;

Mc   9 19 ὠ γενεα ἀπιστος, ἑως ποτε προς ὑμας ἐσομαι; ἑως ποτε
ἀνεξομαι ὑμων;

Lc   9 41 ὠ γενεα ἀπιστος και διεστραμμενη, ἑως ποτε ἐσομαι προς
ὑμας και *ἀνεξομαι* ὑμων;

Ac   18 14 εἰ μεν ἠν ἀδικημα τι ἡ ῥαδιουργημα πονηρον, ὠ ἰουδαιοι,
κατα λογον ἀν *ἀνεσχομην* ὑμων·

1Co   4 12 λοιδορουμενοι εὐλογουμεν, διωκομενοι *ἀνεχομεθα*,
δυσφημουμενοι παρακαλουμεν·

2Co   11 1 ὀφελον *ἀνειχεσθε* μου μικρον τι ἀφροσυνης·

      1 ὀφελον *ἀνειχεσθε* μου μικρον τι ἀφροσυνης· ἀλλα και
ἀνεχεσθε μου.

      4 εἰ μεν γαρ ὁ ἐρχομενος ἀλλον ἰησουν κηρυσσει ὁν οὐκ
ἐκηρυξαμεν, ἡ πνευμα ἑτερον λαμβανετε ὁ οὐκ ἐλαβετε, ἡ
εὐαγγελιον ἑτερον ὁ οὐκ ἐδεξασθε, καλως *ἀνεχεσθε*.

      19 ἡδεως γαρ *ἀνεχεσθε* των ἀφρονων φρονιμοι ὀντες·

      20 *ἀνεχεσθε* γαρ εἰ τις ὑμας καταδουλοι, εἰ τις κατεσθιει, εἰ τις
λαμβανει, εἰ τις ἐπαιρεται, εἰ τις εἰς προσωπον ὑμας δερει.

Eph   4 2 μετα μακροθυμιας, *ἀνεχομενοι* ἀλληλων ἐν ἀγαπη,

Col   3 13 *ἀνεχομενοι* ἀλληλων και χαριζομενοι ἑαυτοις, ἐαν τις προς
τινα ἐχη μομφην·

2Th   1 4 ἐν πασιν τοις διωγμοις ὑμων και ταις θλιψεσιν αἱς *ἀνεχεσθε*,

2Tm   4 3 ἐσται γαρ καιρος ὁτε της ὑγιαινουσης διδασκαλιας οὐκ
ἀνεξονται,

Heb   13 22 παρακαλω δε ὑμας, ἀδελφοι, *ἀνεχεσθε* του λογου της
παρακλησεως·

ἀνεψιος [1]

Col   4 10 ἀσπαζεται ὑμας ἀρισταρχος ὁ συναιχμαλωτος μου, και
μαρκος ὁ *ἀνεψιος* βαρναβα,

ἀνηθον [1]

Mt   23 23 οὐαι ὑμιν, γραμματεις και φαρισαιοι ὑποκριται, ὁτι
ἀποδεκατουτε το ἡδυοσμον και το *ἀνηθον* και το κυμινον,

ἀνηκω [3]

Eph   5 4 και αἰσχροτης και μωρολογια ἡ εὐτραπελια, ἁ οὐκ *ἀνηκεν*,
ἀλλα μαλλον εὐχαριστια.

Col   3 18 αἱ γυναικες, ὑποτασσεσθε τοις ἀνδρασιν, ὡς *ἀνηκεν* ἐν κυριω.

Phm   8 διο, πολλην ἐν χριστω παρρησιαν ἐχων ἐπιτασσειν σοι το
ἀνηκον, δια την ἀγαπην μαλλον παρακαλω·

ἀνημερος [1]

2Tm   3 3 γονευσιν ἀπειθεις, ἀχαριστοι, ἀνοσιοι, ἀστοργοι, ἀσπονδοι,
διαβολοι, ἀκρατεις, *ἀνημεροι*, ἀφιλαγαθοι,

ἀνηρ [216]

Mt   1 16 ἰακωβ δε ἐγεννησεν τον ἰωσηφ τον *ἀνδρα* μαριας,

      19 ἰωσηφ δε ὁ *ἀνηρ* αὐτης, δικαιος ὡν και μη θελων αὐτην
δειγματισαι,

      7 24 πας οὐν ὁστις ἀκουει μου τους λογους τουτους και ποιει
αὐτους, ὁμοιωθησεται *ἀνδρι* φρονιμω,

      26 και πας ὁ ἀκουων μου τους λογους τουτους και μη ποιων
αὐτους ὁμοιωθησεται *ἀνδρι* μωρω,

      12 41 *ἀνδρες* νινευιται ἀναστησονται ἐν τη κρισει μετα της γενεας
ταυτης και κατακρινουσιν αὐτην·

      14 21 οἱ δε ἐσθιοντες ἠσαν *ἀνδρες* ὡσει πεντακισχιλιοι χωρις
γυναικων και παιδιων.

      35 και ἐπιγνοντες αὐτον οἱ *ἀνδρες* του τοπου ἐκεινου
ἀπεστειλαν εἰς ὁλην την περιχωρον ἐκεινην,

      15 38 οἱ δε ἐσθιοντες ἠσαν τετρακισχιλιοι *ἀνδρες* χωρις γυναικων
και παιδιων.

Mc   6 20 ὁ γαρ ἡρωδης ἐφοβειτο τον ἰωαννην, εἰδως αὐτον *ἀνδρα*
δικαιον και ἁγιον, και συνετηρει αὐτον, και ἀκουσας αὐτου
πολλα ἠπορει, και ἡδεως αὐτου ἠκουεν.

      44 και ἠσαν οἱ φαγοντες [τους ἀρτους] πεντακισχιλιοι *ἀνδρες*.

      10 2 και προσελθοντες φαρισαιοι ἐπηρωτων αὐτον εἰ ἐξεστιν
ἀνδρι γυναικα ἀπολυσαι,

      12 και ἐαν αὐτη ἀπολυσασα τον *ἀνδρα* αὐτης γαμηση ἀλλον,
μοιχαται.

Lc   1 27 προς παρθενον ἐμνηστευμενην *ἀνδρι* ὡ ὀνομα ἰωσηφ, ἐξ
οἰκου δαυιδ, και το ὀνομα της παρθενου μαριαμ.

      34 πως ἐσται τουτο, ἐπει *ἀνδρα* οὐ γινωσκω;

ἀνήρ [216]

Lc	2 36	αὕτη προβεβηκυια ἐν ἡμεραις πολλαις, ζησασα μετα *ἀνδρος* ἐτη ἑπτα ἀπο της παρθενιας αὑτης,
	5 8	ἐξελθε ἀπ ἐμου, ὁτι *ἀνηρ* ἁμαρτωλος εἰμι, κυριε.
	12	και ἐγενετο ἐν τω εἰναι αὐτον ἐν μια των πολεων και ἰδου *ἀνηρ* πληρης λεπρας·
	18	και ἰδου *ἀνδρες* φεροντες ἐπι κλινης ἀνθρωπον ὁς ἡν παραλελυμενος,
	6 8	εἰπεν δε τω *ἀνδρι* τω ξηραν ἐχοντι την χειρα· ἐγειρε και στηθι εἰς το μεσον·
	7 20	παραγενομενοι δε προς αὐτον οἱ *ἀνδρες* εἰπαν·
	8 27	ἐξελθοντι δε αὐτω ἐπι την γην ὑπηντησεν *ἀνηρ* τις ἐκ της πολεως ἐχων δαιμονια,
	38	ἐδειτο δε αὐτου ὁ *ἀνηρ* ἀφ οὑ ἐξεληλυθει τα δαιμονια εἰναι συν αὐτω·
	41	και ἰδου ἡλθεν *ἀνηρ* ᾡ ὀνομα ἰαιρος, και οὑτος ἀρχων της συναγωγης ὑπηρχεν·
	9 14	ἠσαν γαρ ὡσει *ἀνδρες* πεντακισχιλιοι.
	30	και ἰδου *ἀνδρες* δυο συνελαλουν αὐτω,
	32	διαγρηγορησαντες δε εἰδον την δοξαν αὐτου και τους δυο *ἀνδρας* τους συνεστωτας αὐτω.
	38	και ἰδου *ἀνηρ* ἀπο του ὀχλου ἐβοησεν λεγων·
	11 31	βασιλισσα νοτου ἐγερθησεται ἐν τη κρισει μετα των *ἀνδρων* της γενεας ταυτης και κατακρινει αὐτους·
	32	*ἀνδρες* νινευιται ἀναστησονται ἐν τη κρισει μετα της γενεας ταυτης και κατακρινουσιν αὐτην·
	14 24	λεγω γαρ ὑμιν ὁτι οὐδεις των *ἀνδρων* ἐκεινων των κεκλημενων γευσεται μου του δειπνου.
	16 18	πας ὁ ἀπολυων την γυναικα αὐτου και γαμων ἑτεραν μοιχευει, και ὁ ἀπολελυμενην ἀπο *ἀνδρος* γαμων μοιχευει.
	17 12	και εἰσερχομενου αὐτου εἰς τινα κωμην ἀπηντησαν [αὐτω] δεκα λεπροι *ἀνδρες*,
	19 2	και ἰδου *ἀνηρ* ὀνοματι καλουμενος ζακχαιος, και αὐτος ἡν ἀρχιτελωνης,
	7	και ἰδοντες παντες διεγογγυζον λεγοντες ὁτι παρα ἁμαρτωλω *ἀνδρι* εἰσηλθεν καταλυσαι.
	22 63	και οἱ *ἀνδρες* οἱ συνεχοντες αὐτον ἐνεπαιζον αὐτω δεροντες,
	23 50	και ἰδου *ἀνηρ* ὀνοματι ἰωσηφ βουλευτης ὑπαρχων, [και] *ἀνηρ* ἀγαθος και δικαιος,
	50	και ἰδου *ἀνηρ* ὀνοματι ἰωσηφ βουλευτης ὑπαρχων, [και] *ἀνηρ* ἀγαθος και δικαιος,
	24 4	και ἐγενετο ἐν τω ἀπορεισθαι αὐτας περι τουτου και ἰδου *ἀνδρες* δυο ἐπεστησαν αὐταις ἐν ἐσθητι ἀστραπτουση·
	19	τα περι ἰησου του ναζαρηνου, ὁς ἐγενετο *ἀνηρ* προφητης δυνατος ἐν ἐργω και λογω ἐναντιον του θεου και παντος του λαου,
Jh	1 13	οἱ οὐκ ἐξ αἱματων οὐδε ἐκ θεληματος σαρκος οὐδε ἐκ θεληματος *ἀνδρος* ἀλλ ἐκ θεου ἐγεννηθησαν.
	30	ὀπισω μου ἐρχεται *ἀνηρ* ὁς ἐμπροσθεν μου γεγονεν,
	4 16	ὑπαγε φωνησον τον *ἀνδρα* σου και ἐλθε ἐνθαδε.
	17	ἀπεκριθη ἡ γυνη και εἰπεν αὐτω· οὐκ ἐχω *ἀνδρα*.
	17	λεγει αὐτη ὁ ἰησους· καλως εἰπας ὁτι *ἀνδρα* οὐκ ἐχω·
	18	καλως εἰπας ὁτι *ἀνδρα* οὐκ ἐχω· πεντε γαρ *ἀνδρας* ἐσχες,
	18	πεντε γαρ *ἀνδρας* ἐσχες, και νυν ὁν ἐχεις οὐκ ἐστιν σου *ἀνηρ·*
	6 10	ἀνεπεσαν οὑν οἱ *ἀνδρες* τον ἀριθμον ὡς πεντακισχιλιοι.
Ac	1 10	και ὡς ἀτενιζοντες ἠσαν εἰς τον οὐρανον πορευομενου αὐτου, και ἰδου *ἀνδρες* δυο παρειστηκεισαν αὐτοις ἐν ἐσθησεσι λευκαις,
	11	*ἀνδρες* γαλιλαιοι, τι ἑστηκατε [ἐμ]βλεποντες εἰς τον οὐρανον;
	16	*ἀνδρες* ἀδελφοι, ἐδει πληρωθηναι την γραφην
	21	δει οὑν των συνελθοντων ἡμιν *ἀνδρων* ἐν παντι χρονω ᾡ εἰσηλθεν και ἐξηλθεν ἐφ ἡμας ὁ κυριος ἰησους,
	2 5	ἠσαν δε εἰς ἰερουσαλημ κατοικουντες ἰουδαιοι, *ἀνδρες* εὐλαβεις ἀπο παντος ἐθνους των ὑπο τον οὐρανον·
	14	*ἀνδρες* ἰουδαιοι και οἱ κατοικουντες ἰερουσαλημ παντες, τουτο ὑμιν γνωστον ἐστω,
	22	*ἀνδρες* ἰσραηλιται, ἀκουσατε τους λογους τουτους·
	22	ἰησουν τον ναζωραιον, *ἀνδρα* ἀποδεδειγμενον ἀπο του θεου εἰς ὑμας δυναμεσι και τερασι και σημειοις,
	29	*ἀνδρες* ἀδελφοι, ἐξον εἰπειν μετα παρρησιας προς ὑμας περι του πατριαρχου δαυιδ,
	37	τι ποιησωμεν, *ἀνδρες* ἀδελφοι;
	3 2	και τις *ἀνηρ* χωλος ἐκ κοιλιας μητρος αὐτου ὑπαρχων ἐβασταζετο,
	12	*ἀνδρες* ἰσραηλιται, τι θαυμαζετε ἐπι τουτω, ἡ ἡμιν τι ἀτενιζετε ὡς ἰδια δυναμει ἠ εὐσεβεια πεποιηκοσιν του περιπατειν αὐτον;
	14	ὑμεις δε τον ἁγιον και δικαιον ἠρνησασθε, και ἠτησασθε *ἀνδρα* φονεα χαρισθηναι ὑμιν,

ἀνήρ [216]

Ac	4 4	πολλοι δε των ἀκουσαντων τον λογον ἐπιστευσαν, και ἐγενηθη [ὁ] ἀριθμος των *ἀνδρων* [ὡς] χιλιαδες πεντε.
	5 1	*ἀνηρ* δε τις ἀνανιας ὀνοματι συν σαπφιρη τη γυναικι αὐτου ἐπωλησεν κτημα,
	9	ἰδου οἱ ποδες των θαψαντων τον *ἀνδρα* σου ἐπι τη θυρα και ἐξοισουσιν σε.
	10	εἰσελθοντες δε οἱ νεανισκοι εὑρον αὐτην νεκραν, και ἐξενεγκαντες ἐθαψαν προς τον *ἀνδρα* αὐτης.
	14	μαλλον δε προσετιθεντο πιστευοντες τω κυριω, πληθη *ἀνδρων* τε και γυναικων·
	25	παραγενομενος δε τις ἀπηγγειλεν αὐτοις ὁτι ἰδου οἱ *ἀνδρες*, οὑς ἐθεσθε ἐν τη φυλακη, εἰσιν ἐν τω ἱερω ἑστωτες και διδασκοντες τον λαον.
	35	*ἀνδρες* ἰσραηλιται, προσεχετε ἑαυτοις ἐπι τοις ἀνθρωποις τουτοις τι μελλετε πρασσειν.
	36	προ γαρ τουτων των ἡμερων ἀνεστη θευδας, λεγων εἰναι τινα ἑαυτον, ᾡ προσεκλιθη *ἀνδρων* ἀριθμος ὡς τετρακοσιων·
	6 3	ἐπισκεψασθε δε, ἀδελφοι, *ἀνδρας* ἐξ ὑμων μαρτυρουμενους ἑπτα πληρεις πνευματος και σοφιας,
	5	και ἐξελεξαντο στεφανον, *ἀνδρα* πληρη πιστεως και πνευματος ἁγιου,
	11	τοτε ὑπεβαλον *ἀνδρας* λεγοντας ὁτι ἀκηκοαμεν αὐτου λαλουντος ῥηματα βλασφημα εἰς μωυσην και τον θεον·
	7 2	*ἀνδρες* ἀδελφοι και πατερες, ἀκουσατε.
	26	*ἀνδρες*, ἀδελφοι ἐστε· ἱνατι ἀδικειτε ἀλληλους;
	8 2	συνεκομισαν δε τον στεφανον *ἀνδρες* εὐλαβεις και ἐποιησαν κοπετον μεγαν ἐπ αὐτω.
	3	σαυλος δε ἐλυμαινετο την ἐκκλησιαν κατα τους οἰκους εἰσπορευομενος, συρων τε *ἀνδρας* και γυναικας παρεδιδου εἰς φυλακην.
	9	*ἀνηρ* δε τις ὀνοματι σιμων προυπηρχεν ἐν τη πολει μαγευων και ἐξιστανων το ἐθνος της σαμαρειας, λεγων εἰναι τινα ἑαυτον μεγαν,
	12	ὁτε δε ἐπιστευσαν τω φιλιππω εὐαγγελιζομενω περι της βασιλειας του θεου και του ὀνοματος ἰησου χριστου, ἐβαπτιζοντο *ἀνδρες* τε και γυναικες.
	27	και ἰδου *ἀνηρ* αἰθιοψ εὐνουχος δυναστης κανδακης βασιλισσης αἰθιοπων,
	9 2	ὁπως ἐαν τινας εὑρη της ὁδου ὀντας, *ἀνδρας* τε και γυναικας, δεδεμενους ἀγαγη εἰς ἰερουσαλημ.
	7	οἱ δε *ἀνδρες* οἱ συνοδευοντες αὐτω εἱστηκεισαν ἐνεοι, ἀκουοντες μεν της φωνης, μηδενα δε θεωρουντες.
	12	ἰδου γαρ προσευχεται, και εἰδεν *ἀνδρα* [ἐν ὁραματι] ἀνανιαν ὀνοματι εἰσελθοντα και ἐπιθεντα αὐτω [τας] χειρας, ὁπως ἀναβλεψη.
	13	κυριε, ἠκουσα ἀπο πολλων περι του *ἀνδρος* τουτου, ὁσα κακα τοις ἁγιοις σου ἐποιησεν ἐν ἰερουσαλημ·
	38	ἐγγυς δε οὐσης λυδδας τη ἰοππη οἱ μαθηται ἀκουσαντες ὁτι πετρος ἐστιν ἐν αὐτη ἀπεστειλαν δυο *ἀνδρας* προς αὐτον παρακαλουντες·
	10 1	*ἀνηρ* δε τις ἐν καισαρεια ὀνοματι κορνηλιος, ἑκατονταρχης ἐκ σπειρης της καλουμενης ἰταλικης,
	5	και νυν πεμψον *ἀνδρας* εἰς ἰοππην και μεταπεμψαι σιμωνα τινα ὁς ἐπικαλειται πετρος·
	17	ὡς δε ἐν ἑαυτω διηπορει ὁ πετρος τι ἀν εἰη το ὁραμα ὁ εἰδεν, ἰδου οἱ *ἀνδρες* οἱ ἀπεσταλμενοι ὑπο του κορνηλιου διερωτησαντες την οἰκιαν του σιμωνος ἐπεστησαν ἐπι τον πυλωνα,
	19	ἰδου *ἀνδρες* τρεις ζητουντες σε·
	21	καταβας δε πετρος προς τους *ἀνδρας* εἰπεν·
	22	κορνηλιος ἑκατονταρχης, *ἀνηρ* δικαιος και φοβουμενος τον θεον,
	28	ὑμεις ἐπιστασθε ὡς ἀθεμιτον ἐστιν *ἀνδρι* ἰουδαιω κολλασθαι ἡ προσερχεσθαι ἀλλοφυλω·
	30	και ἰδου *ἀνηρ* ἐστη ἐνωπιον μου ἐν ἐσθητι λαμπρα, και φησιν·
	11 3	ὁτε δε ἀνεβη πετρος εἰς ἰερουσαλημ, διεκρινοντο προς αὐτον οἱ ἐκ περιτομης λεγοντες ὁτι εἰσηλθες προς *ἀνδρας* ἀκροβυστιαν ἐχοντας και συνεφαγες αὐτοις.
	11	και ἰδου ἐξαυτης τρεις *ἀνδρες* ἐπεστησαν ἐπι την οἰκιαν ἐν ᾑ ἡμεν,
	12	και εἰσηλθομεν εἰς τον οἰκον του *ἀνδρος*.
	20	ἠσαν δε τινες ἐξ αὐτων *ἀνδρες* κυπριοι και κυρηναιοι,
	24	και παρεκαλει παντας τη προθεσει της καρδιας προσμενειν τω κυριω, ὁτι ἡν *ἀνηρ* ἀγαθος και πληρης πνευματος ἁγιου και πιστεως.
	13 6	διελθοντες δε ὁλην την νησον ἀχρι παφου εὑρον *ἀνδρα* τινα μαγον ψευδοπροφητην ἰουδαιον,
	7	ὁς ἡν συν τω ἀνθυπατω σεργιω παυλω, *ἀνδρι* συνετω.

ἀνήρ [216]

Ac	13 15	ἄνδρες ἀδελφοι, εἰ τις ἐστιν ἐν ὑμιν λογος παρακλησεως προς τον λαον, λεγετε.
	16	ἄνδρες ἰσραηλιται και οἱ φοβουμενοι τον θεον, ἀκουσατε.
	21	και ἐδωκεν αὐτοις ὁ θεος τον σαουλ υἱον κις, ἄνδρα ἐκ φυλης βενιαμιν, ἐτη τεσσερακοντα·
	22	εὑρον δαυιδ τον του ἰεσσαι, ἄνδρα κατα την καρδιαν μου, ὁς ποιησει παντα τα θεληματα μου.
	26	ἄνδρες ἀδελφοι, υἱοι γενους ἀβρααμ και οἱ ἐν ὑμιν φοβουμενοι τον θεον, ἡμιν ὁ λογος της σωτηριας ταυτης ἐξαπεσταλη.
	38	γνωστον οὐν ἐστω ὑμιν, ἄνδρες ἀδελφοι, ὁτι δια τουτου ὑμιν ἀφεσις ἁμαρτιων καταγγελλεται,
	14 8	και τις ἀνηρ ἀδυνατος ἐν λυστροις τοις ποσιν ἐκαθητο,
	15	ἄνδρες, τί ταυτα ποιειτε;
	15 7	ἄνδρες ἀδελφοι, ὑμεις ἐπιστασθε ὁτι ἀφ᾽ ἡμερων ἀρχαιων ἐν ὑμιν ἐξελεξατο ὁ θεος δια του στοματος μου ἀκουσαι τα ἐθνη τον λογον του εὐαγγελιου και πιστευσαι.
	13	ἄνδρες ἀδελφοι, ἀκουσατε μου.
	22	τοτε ἐδοξε τοις ἀποστολοις και τοις πρεσβυτεροις συν ὁλη τη ἐκκλησια ἐκλεξαμενους ἄνδρας ἐξ αὐτων πεμψαι εἰς ἀντιοχειαν συν τω παυλω και βαρναβα,
	22	ἰουδαν τον καλουμενον βαρσαββαν και σιλαν, ἄνδρας ἡγουμενους ἐν τοις ἀδελφοις,
	25	ἐδοξεν ἡμιν γενομενοις ὁμοθυμαδον, ἐκλεξαμενοις ἄνδρας πεμψαι προς ὑμας συν τοις ἀγαπητοις ἡμων βαρναβα και παυλω,
	16 9	ἀνηρ μακεδων τις ἠν ἑστως και παρακαλων αὐτον και λεγων·
	17 5	ζηλωσαντες δε οἱ ἰουδαιοι και προσλαβομενοι των ἀγοραιων ἄνδρας τινας πονηρους και ὀχλοποιησαντες ἐθορυβουν την πολιν,
	12	πολλοι μεν οὐν ἐξ αὐτων ἐπιστευσαν, και των ἑλληνιδων γυναικων των εὐσχημονων και ἀνδρων οὐκ ὀλιγοι.
	22	ἄνδρες ἀθηναιοι, κατα παντα ὡς δεισιδαιμονεστερους ὑμας θεωρω.
	31	καθοτι ἐστησεν ἡμεραν ἐν ᾑ μελλει κρινειν την οἰκουμενην ἐν δικαιοσυνη, ἐν ἀνδρι ᾡ ὡρισεν,
	34	τινες δε ἄνδρες κολληθεντες αὐτω ἐπιστευσαν,
	18 24	ἰουδαιος δε τις ἀπολλως ὀνοματι, ἀλεξανδρευς τω γενει, ἀνηρ λογιος, κατηντησεν εἰς ἐφεσον, δυνατος ὡν ἐν ταις γραφαις.
	19 7	ἠσαν δε οἱ παντες ἄνδρες ὡσει δωδεκα.
	25	ἄνδρες, ἐπιστασθε ὁτι ἐκ ταυτης της ἐργασιας ἡ εὐπορια ἡμιν ἐστιν,
	35	ἄνδρες ἐφεσιοι, τίς γαρ ἐστιν ἀνθρωπων ὁς οὐ γινωσκει την ἐφεσιων πολιν νεωκορον οὐσαν της μεγαλης ἀρτεμιδος και του διοπετους;
	37	ἠγαγετε γαρ τους ἄνδρας τουτους οὐτε ἱεροσυλους οὐτε βλασφημουντας την θεον ἡμων.
	20 30	και ἐξ ὑμων αὐτων ἀναστησονται ἄνδρες λαλουντες διεστραμμενα του ἀποσπαν τους μαθητας ὀπισω αὐτων.
	21 11	τον ἀνδρα οὑ ἐστιν ἡ ζωνη αὐτη οὑτως δησουσιν ἐν ἱερουσαλημ οἱ ἰουδαιοι και παραδωσουσιν εἰς χειρας ἐθνων.
	23	εἰσιν ἡμιν ἄνδρες τεσσαρες εὐχην ἐχοντες ἐφ᾽ ἑαυτων·
	26	τοτε ὁ παυλος παραλαβων τους ἀνδρας τη ἐχομενη ἡμερα συν αὐτοις ἁγνισθεις εἰσηει εἰς το ἱερον,
	28	και ἐπεβαλον ἐπ᾽ αὐτον τας χειρας, κραζοντες· ἄνδρες ἰσραηλιται, βοηθειτε·
	38	οὐκ ἀρα συ εἰ ὁ αἰγυπτιος ὁ προ τουτων των ἡμερων ἀναστατωσας και ἐξαγαγων εἰς την ἐρημον τους τετρακισχιλιους ἀνδρας των σικαριων;
	22 1	ἄνδρες ἀδελφοι και πατερες, ἀκουσατε μου της προς ὑμας νυνι ἀπολογιας.
	3	ἐγω εἰμι ἀνηρ ἰουδαιος, γεγεννημενος ἐν ταρσω της κιλικιας,
	4	ὁς ταυτην την ὁδον ἐδιωξα ἀχρι θανατου, δεσμευων και παραδιδους εἰς φυλακας ἀνδρας τε και γυναικας,
	12	ἁνανιας δε τις, ἀνηρ εὐλαβης κατα τον νομον, μαρτυρουμενος ὑπο παντων των κατοικουντων ἰουδαιων, ἐλθων προς με και ἐπιστας εἰπεν μοι·
	23 1	ἄνδρες ἀδελφοι, ἐγω παση συνειδησει ἀγαθη πεπολιτευμαι τω θεω ἀχρι ταυτης της ἡμερας.
	6	ἄνδρες ἀδελφοι, ἐγω φαρισαιος εἰμι, υἱος φαρισαιων·
	21	ἐνεδρευουσιν γαρ αὐτον ἐξ αὐτων ἄνδρες πλειους τεσσερακοντα,
	27	τον ἀνδρα τουτον συλλημφθεντα ὑπο των ἰουδαιων και μελλοντα ἀναιρεισθαι ὑπ᾽ αὐτων ἐπιστας συν τω στρατευματι ἐξειλαμην,
	30	μηνυθεισης δε μοι ἐπιβουλης εἰς τον ἀνδρα ἐσεσθαι, ἐξαυτης ἐπεμψα προς σε,

ἀνήρ [216]

Ac	24 5	εὑροντες γαρ τον ἀνδρα τουτον λοιμον και κινουντα στασεις πασιν τοις ἰουδαιοις τοις κατα την οἰκουμενην πρωτοστατην τε της των ναζωραιων αἱρεσεως,
	25 5	οἱ οὐν ἐν ὑμιν, φησιν, δυνατοι συγκαταβαντες, εἰ τι ἐστιν ἐν τω ἀνδρι ἀτοπον, κατηγορειτωσαν αὐτου.
	14	ἀνηρ τις ἐστιν καταλελειμμενος ὑπο φηλικος δεσμιος, περι οὑ γενομενου μου εἰς ἱεροσολυμα ἐνεφανισαν οἱ ἀρχιερεις και οἱ πρεσβυτεροι των ἰουδαιων,
	17	συνελθοντων οὐν [αὐτων] ἐνθαδε ἀναβολην μηδεμιαν ποιησαμενος τη ἑξης καθισας ἐπι του βηματος ἐκελευσα ἀχθηναι τον ἀνδρα·
	23	και εἰσελθοντων εἰς το ἀκροατηριον συν τε χιλιαρχοις και ἀνδρασιν τοις κατ᾽ ἐξοχην της πολεως,
	24	ἀγριππα βασιλευ και παντες οἱ συμπαροντες ἡμιν ἀνδρες,
	27 10	ἄνδρες, θεωρω ὁτι μετα ὑβρεως και πολλης ζημιας οὐ μονον του φορτιου και του πλοιου ἀλλα και των ψυχων ἡμων μελλειν ἐσεσθαι τον πλουν.
	21	ἐδει μεν, ὠ ἀνδρες, πειθαρχησαντας μοι μη ἀναγεσθαι ἀπο της κρητης
	25	διο εὐθυμειτε, ἄνδρες· πιστευω γαρ τω θεω ὁτι οὑτως ἐσται καθ᾽ ὁν τροπον λελαληται μοι.
	28 17	ἐγω, ἄνδρες ἀδελφοι, οὐδεν ἐναντιον ποιησας τω λαω ἠ τοις ἐθεσι τοις πατρωοις,
Rm	4 8	μακαριος ἀνηρ οὑ οὐ μη λογισηται κυριος ἁμαρτιαν.
	7 2	ἡ γαρ ὑπανδρος γυνη τω ζωντι ἀνδρι δεδεται νομω·
	2	ἐαν δε ἀποθανη ὁ ἀνηρ, κατηργηται ἀπο του νομου του ἀνδρος.
	2	ἐαν δε ἀποθανη ὁ ἀνηρ, κατηργηται ἀπο του νομου του ἀνδρος.
	3	ἀρα οὐν ζωντος του ἀνδρος μοιχαλις χρηματισει ἐαν γενηται ἀνδρι ἑτερω·
	3	ἀρα οὐν ζωντος του ἀνδρος μοιχαλις χρηματισει ἐαν γενηται ἀνδρι ἑτερω·
	3	ἐαν δε ἀποθανη ὁ ἀνηρ, ἐλευθερα ἐστιν ἀπο του νομου,
	3	ἐαν δε ἀποθανη ὁ ἀνηρ, ἐλευθερα ἐστιν ἀπο του νομου, του μη εἰναι αὐτην μοιχαλιδα γενομενην ἀνδρι ἑτερω.
	11 4	κατελιπον ἐμαυτω ἑπτακισχιλιους ἀνδρας, οἱτινες οὐκ ἐκαμψαν γονυ τη βααλ.
1Co	7 2	δια δε τας πορνειας ἑκαστος την ἑαυτου γυναικα ἐχετω, και ἑκαστη τον ἰδιον ἀνδρα ἐχετω.
	3	τη γυναικι ὁ ἀνηρ την ὀφειλην ἀποδιδοτω, ὁμοιως δε και ἡ γυνη τω ἀνδρι.
	3	τη γυναικι ὁ ἀνηρ την ὀφειλην ἀποδιδοτω, ὁμοιως δε και ἡ γυνη τω ἀνδρι.
	4	ἡ γυνη του ἰδιου σωματος οὐκ ἐξουσιαζει ἀλλα ὁ ἀνηρ·
	4	ὁμοιως δε και ὁ ἀνηρ του ἰδιου σωματος οὐκ ἐξουσιαζει ἀλλα ἡ γυνη.
	10	τοις δε γεγαμηκοσιν παραγγελλω, οὐκ ἐγω ἀλλα ὁ κυριος, γυναικα ἀπο ἀνδρος μη χωρισθηναι,
	11	ἐαν δε και χωρισθη, μενετω ἀγαμος ἠ τω ἀνδρι καταλλαγητω·
	11	και ἀνδρα γυναικα μη ἀφιεναι.
	13	και γυνη εἰ τις ἐχει ἀνδρα ἀπιστον, και οὑτος συνευδοκει οἰκειν μετ᾽ αὐτης, μη ἀφιετω τον ἀνδρα.
	13	και γυνη εἰ τις ἐχει ἀνδρα ἀπιστον, και οὑτος συνευδοκει οἰκειν μετ᾽ αὐτης, μη ἀφιετω τον ἀνδρα.
	14	ἡγιασται γαρ ὁ ἀνηρ ὁ ἀπιστος ἐν τη γυναικι,
	16	τί γαρ οἰδας, γυναι, εἰ τον ἀνδρα σωσεις;
	16	ἠ τί οἰδας, ἀνερ, εἰ την γυναικα σωσεις;
	34	πως ἀρεση τω ἀνδρι.
	39	γυνη δεδεται ἐφ᾽ ὁσον χρονον ζη ὁ ἀνηρ αὐτης·
	39	ἐαν δε κοιμηθη ὁ ἀνηρ, ἐλευθερα ἐστιν ᾡ θελει γαμηθηναι, μονον ἐν κυριω.
	11 3	θελω δε ὑμας εἰδεναι ὁτι παντος ἀνδρος ἡ κεφαλη ὁ χριστος ἐστιν,
	3	θελω δε ὑμας εἰδεναι ὁτι παντος ἀνδρος ἡ κεφαλη ὁ χριστος ἐστιν, κεφαλη δε γυναικος ὁ ἀνηρ,
	4	πας ἀνηρ προσευχομενος ἠ προφητευων κατα κεφαλης ἐχων καταισχυνει την κεφαλην αὐτου.
	7	ἀνηρ μεν γαρ οὐκ ὀφειλει κατακαλυπτεσθαι την κεφαλην, εἰκων και δοξα θεου ὑπαρχων·
	7	ἡ γυνη δε δοξα ἀνδρος ἐστιν.
	8	οὐ γαρ ἐστιν ἀνηρ ἐκ γυναικος, ἀλλα γυνη ἐξ ἀνδρος·
	8	οὐ γαρ ἐστιν ἀνηρ ἐκ γυναικος, ἀλλα γυνη ἐξ ἀνδρος·
	9	και γαρ οὐκ ἐκτισθη ἀνηρ δια την γυναικα, ἀλλα γυνη δια τον ἀνδρα.
	9	και γαρ οὐκ ἐκτισθη ἀνηρ δια την γυναικα, ἀλλα γυνη δια τον ἀνδρα.
	11	πλην οὐτε γυνη χωρις ἀνδρος οὐτε ἀνηρ χωρις γυναικος ἐν κυριω·

ἀνήρ [216]

1Co	11 11	πλην ουτε γυνη χωρις ανδρος ουτε *ανηρ* χωρις γυναικος εν κυριω·
	12	ωσπερ γαρ η γυνη εκ του *ανδρος*, ουτως και ο ανηρ δια της γυναικος·
	12	ωσπερ γαρ η γυνη εκ του ανδρος, ουτως και ο *ανηρ* δια της γυναικος·
	14	ουδε η φυσις αυτη διδασκει υμας οτι *ανηρ* μεν εαν κομα, ατιμια αυτω εστιν, γυνη δε εαν κομα, δοξα αυτη εστιν;
	13 11	οτε γεγονα *ανηρ*, κατηργηκα τα του νηπιου.
	14 35	ει δε τι μαθειν θελουσιν, εν οικω τους ιδιους *ανδρας* επερωτατωσαν·
2Co	11 2	ηρμοσαμην γαρ υμας ενι *ανδρι* παρθενον αγνην παραστησαι τω χριστω·
Ga	4 27	οτι πολλα τα τεκνα της ερημου μαλλον η της εχουσης τον *ανδρα*.
Eph	4 13	εις *ανδρα* τελειον, εις μετρον ηλικιας του πληρωματος του χριστου,
	5 22	αι γυναικες τοις ιδιοις *ανδρασιν* ως τω κυριω,
	23	οτι *ανηρ* εστιν κεφαλη της γυναικος ως και ο χριστος κεφαλη της εκκλησιας,
	24	αλλα ως η εκκλησια υποτασσεται τω χριστω, ουτως και αι γυναικες τοις *ανδρασιν* εν παντι.
	25	οι *ανδρες*, αγαπατε τας γυναικας,
	28	ουτως οφειλουσιν [και] οι *ανδρες* αγαπαν τας εαυτων γυναικας ως τα εαυτων σωματα.
	33	η δε γυνη ινα φοβηται τον *ανδρα*.
Col	3 18	αι γυναικες, υποτασσεσθε τοις *ανδρασιν*, ως ανηκεν εν κυριω.
	19	οι *ανδρες*, αγαπατε τας γυναικας και μη πικραινεσθε προς αυτας.
1Tm	2 8	βουλομαι ουν προσευχεσθαι τους *ανδρας* εν παντι τοπω επαιροντας οσιους χειρας χωρις οργης και διαλογισμου.
	12	διδασκειν δε γυναικι ουκ επιτρεπω, ουδε αυθεντειν *ανδρος*, αλλ ειναι εν ησυχια.
	3 2	δει ουν τον επισκοπον ανεπιλημπτον ειναι, μιας γυναικος *ανδρα*, νηφαλιον, σωφρονα, κοσμιον, φιλοξενον, διδακτικον,
	12	διακονοι εστωσαν μιας γυναικος *ανδρες*,
	5 9	χηρα καταλεγεσθω μη ελαττον ετων εξηκοντα γεγονυια, ενος *ανδρος* γυνη,
Tit	1 6	ει τις εστιν ανεγκλητος, μιας γυναικος *ανηρ*, τεκνα εχων πιστα, μη εν κατηγορια ασωτιας η ανυποτακτα.
	2 5	ινα σωφρονιζωσιν τας νεας φιλανδρους ειναι, φιλοτεκνους, σωφρονας, αγνας, οικουργους, αγαθας, υποτασσομενας τοις ιδιοις *ανδρασιν*,
Ja	1 8	*ανηρ* διψυχος, ακαταστατος εν πασαις ταις οδοις αυτου.
	12	μακαριος *ανηρ* ος υπομενει πειρασμον,
	20	οργη γαρ *ανδρος* δικαιοσυνην θεου ουκ εργαζεται.
	23	οτι ει τις ακροατης λογου εστιν και ου ποιητης, ουτος εοικεν *ανδρι* κατανοουντι το προσωπον της γενεσεως αυτου εν εσοπτρω·
	2 2	εαν γαρ εισελθη εις συναγωγην υμων *ανηρ* χρυσοδακτυλιος εν εσθητι λαμπρα,
	3 2	ει τις εν λογω ου πταιει, ουτος τελειος *ανηρ*,
1Pt	3 1	ομοιως [αι] γυναικες, υποτασσομεναι τοις ιδιοις *ανδρασιν*,
	5	ουτως γαρ ποτε και αι αγιαι γυναικες αι ελπιζουσαι εις θεον εκοσμουν εαυτας, υποτασσομεναι τοις ιδιοις *ανδρασιν*.
	7	οι *ανδρες* ομοιως, συνοικουντες κατα γνωσιν ως ασθενεστερω σκευει τω γυναικειω,
Apc	21 2	και την πολιν την αγιαν ιερουσαλημ καινην ειδον καταβαινουσαν εκ του ουρανου απο του θεου, ητοιμασμενην ως νυμφην κεκοσμημενην τω *ανδρι* αυτης.

ἀνθίστημι [14]

Mt	5 39	εγω δε λεγω υμιν μη *αντιστηναι* τω πονηρω·
Lc	21 15	εγω γαρ δωσω υμιν στομα και σοφιαν, η ου δυνησονται *αντιστηναι* η αντειπειν απαντες οι αντικειμενοι υμιν.
Ac	6 10	και ουκ ισχυον *αντιστηναι* τη σοφια και τω πνευματι ω ελαλει.
	13 8	*ανθιστατο* δε αυτοις ελυμας ο μαγος, ουτως γαρ μεθερμηνευεται το ονομα αυτου, ζητων διαστρεψαι τον ανθυπατον απο της πιστεως.
Rm	9 19	τι [ουν] ετι μεμφεται; τω γαρ βουληματι αυτου τις *ανθεστηκεν*;
	13 2	ωστε ο αντιτασσομενος τη εξουσια τη του θεου διαταγη *ανθεστηκεν*,
	2	οι δε *ανθεστηκοτες* εαυτοις κριμα λημψονται.
Ga	2 11	οτε δε ηλθεν κηφας εις αντιοχειαν, κατα προσωπον αυτω *αντεστην*,

ἀνθίστημι [14]

Eph	6 13	δια τουτο αναλαβετε την πανοπλιαν του θεου, ινα δυνηθητε *αντιστηναι* εν τη ημερα τη πονηρα και απαντα κατεργασαμενοι στηναι.
2Tm	3 8	ον τροπον δε ιαννης και ιαμβρης *αντεστησαν* μωυσει, ουτως και ουτοι ανθισταντι τη αληθεια,
	8	ον τροπον δε ιαννης και ιαμβρης *αντεστησαν* μωυσει, ουτως και ουτοι *ανθισταντι* τη αληθεια,
	4 15	ον και συ φυλασσου· λιαν γαρ *αντεστη* τοις ημετεροις λογοις.
Ja	4 7	*αντιστητε* δε τω διαβολω, και φευξεται αφ υμων·
1Pt	5 9	ω *αντιστητε* στερεοι τη πιστει, ειδοτες τα αυτα των παθηματων τη εν [τω] κοσμω υμων αδελφοτητι επιτελεισθαι.

ἀνθομολογέομαι [1]

Lc	2 38	και αυτη τη ωρα επιστασα *ανθωμολογειτο* τω θεω και ελαλει περι αυτου πασιν τοις προσδεχομενοις λυτρωσιν ιερουσαλημ.

ἄνθος [4]

Ja	1 10	ο δε πλουσιος εν τη ταπεινωσει αυτου, οτι ως *ανθος* χορτου παρελευσεται.
	11	και το *ανθος* αυτου εξεπεσεν και η ευπρεπεια του προσωπου αυτου απωλετο·
1Pt	1 24	και πασα δοξα αυτης ως *ανθος* χορτου·
	24	και το *ανθος* εξεπεσεν·

ἀνθρακιά [2]

Jh	18 18	ειστηκεισαν δε οι δουλοι και οι υπηρεται *ανθρακιαν* πεποιηκοτες, οτι ψυχος ην,
	21 9	ως ουν απεβησαν εις την γην, βλεπουσιν *ανθρακιαν* κειμενην και οψαριον επικειμενον και αρτον.

ἄνθραξ [1]

Rm	12 20	τουτο γαρ ποιων *ανθρακας* πυρος σωρευσεις επι την κεφαλην αυτου.

ἀνθρωπάρεσκος [2]

Eph	6 6	οι δουλοι, υπακουετε τοις κατα σαρκα κυριοις μετα φοβου και τρομου εν απλοτητι της καρδιας υμων ως τω χριστω, μη κατ οφθαλμοδουλιαν ως *ανθρωπαρεσκοι*,
Col	3 22	οι δουλοι, υπακουετε κατα παντα τοις κατα σαρκα κυριοις, μη εν οφθαλμοδουλια ως *ανθρωπαρεσκοι*,

ἀνθρώπινος [7]

Ac	17 25	ουδε υπο χειρων *ανθρωπινων* θεραπευεται προσδεομενος τινος, αυτος διδους πασι ζωην και πνοην και τα παντα·
Rm	6 19	*ανθρωπινον* λεγω δια την ασθενειαν της σαρκος υμων.
1Co	2 13	α και λαλουμεν ουκ εν διδακτοις *ανθρωπινης* σοφιας λογοις,
	4 3	εμοι δε εις ελαχιστον εστιν ινα υφ υμων ανακριθω η υπο *ανθρωπινης* ημερας·
	10 13	πειρασμος υμας ουκ ειληφεν ει μη *ανθρωπινος*·
Ja	3 7	πασα γαρ φυσις θηριων τε και πετεινων, ερπετων τε και εναλιων δαμαζεται και δεδαμασται τη φυσει τη *ανθρωπινη*·
1Pt	2 13	υποταγητε παση *ανθρωπινη* κτισει δια τον κυριον·

ἀνθρωποκτόνος [3]

Jh	8 44	εκεινος *ανθρωποκτονος* ην απ αρχης,
1Jh	3 15	πας ο μισων τον αδελφον αυτου *ανθρωποκτονος* εστιν,
	15	και οιδατε οτι πας *ανθρωποκτονος* ουκ εχει ζωην αιωνιον εν αυτω μενουσαν.

ἄνθρωπος [551]

Mt	4 4	ουκ επ αρτω μονω ζησεται ο *ανθρωπος*,
	19	δευτε οπισω μου, και ποιησω υμας αλιεις *ανθρωπων*.
	5 13	εις ουδεν ισχυει ετι ει μη βληθεν εξω καταπατεισθαι υπο των *ανθρωπων*.
	16	ουτως λαμψατω το φως υμων εμπροσθεν των *ανθρωπων*,
	19	ος εαν ουν λυση μιαν των εντολων τουτων των ελαχιστων και διδαξη ουτως τους *ανθρωπους*, ελαχιστος κληθησεται εν τη βασιλεια των ουρανων·
	6 1	προσεχετε [δε] την δικαιοσυνην υμων μη ποιειν εμπροσθεν των *ανθρωπων* προς το θεαθηναι αυτοις·

ἄνθρωπος [551]

Mt

6 2 ὥσπερ οἱ ὑποκριται ποιουσιν ἐν ταις συναγογαις και ἐν ταις
      ρυμαις, ὁπως δοξασθωσιν ὑπο των *ἀνθρωπων·*

   5 ὁτι φιλουσιν ἐν ταις συναγωγαις και ἐν ταις γωνιαις των
      πλατεων ἑστωτες προσευχεσθαι, ὁπως φανωσιν τοις
      ἀνθρωποις·

  14 ἐαν γαρ ἀφητε τοις *ἀνθρωποις* τα παραπτωματα αὐτων,
      ἀφησει και ὑμιν ὁ πατηρ ὑμων ὁ οὐρανιος·

  15 ἐαν δε μη ἀφητε τοις *ἀνθρωποις,* οὐδε ὁ πατηρ ὑμων ἀφησει
      τα παραπτωματα ὑμων.

  16 ἀφανιζουσιν γαρ τα προσωπα αὐτων ὁπως φανωσιν τοις
      ἀνθρωποις νηστευοντες·

  18 ὁπως μη φανης τοις *ἀνθρωποις* νηστευων ἀλλα τω πατρι σου
      τω ἐν τω κρυφαιω·

7 9 ἠ τις ἐστιν ἐξ ὑμων *ἀνθρωπος,* ὁν αἰτησει ὁ υἱος αὐτου ἀρτον,

  12 παντα οὐν ὁσα ἐαν θελητε ἱνα ποιωσιν ὑμιν οἱ *ἀνθρωποι,*

8 9 και γαρ ἐγω *ἀνθρωπος* εἰμι ὑπο ἐξουσιαν,

  20 ὁ δε υἱος του *ἀνθρωπου* οὐκ ἐχει που την κεφαλην κλινη.

  27 οἱ δε *ἀνθρωποι* ἐθαυμασαν λεγοντες·

9 6 ἱνα δε εἰδητε ὁτι ἐξουσιαν ἐχει ὁ υἱος του *ἀνθρωπου* ἐπι της
      γης ἀφιεναι ἀμαρτιας τοτε λεγει τω παραλυτικω·

   8 ἰδοντες δε οἱ ὀχλοι ἐφοβηθησαν και ἐδοξασαν τον θεον τον
      δοντα ἐξουσιαν τοιαυτην τοις *ἀνθρωποις.*

   9 και παραγων ὁ ἰησους ἐκειθεν εἰδεν *ἀνθρωπον* καθημενον ἐπι
      το τελωνιον,

  32 αὐτων δε ἐξερχομενων, ἰδου προσηνεγκαν αὐτω *ἀνθρωπον*
      κωφον δαιμονιζομενον.

10 17 προσεχετε δε ἀπο των *ἀνθρωπων·* παραδωσουσιν γαρ ὑμας
       εἰς συνεδρια,

   23 οὐ μη τελεσητε τας πολεις του ἰσραηλ ἑως ἀν ἐλθη ὁ υἱος του
       ἀνθρωπου.

   32 πας οὐν ὁστις ὁμολογησει ἐν ἐμοι ἐμπροσθεν των *ἀνθρωπων,*
       ὁμολογησω καγω ἐν αὐτω ἐμπροσθεν του πατρος μου του ἐν
       [τοις] οὐρανοις·

   33 ὁστις δ ἀν ἀρνησηται με ἐμπροσθεν των *ἀνθρωπων,*
       ἀρνησομαι καγω αὐτον ἐμπροσθεν του πατρος μου του ἐν
       [τοις] οὐρανοις.

   35 ἠλθον γαρ διχασαι *ἀνθρωπον* κατα του πατρος αὐτου και
       θυγατερα κατα της μητρος αὐτης και νυμφην κατα της
       πενθερας αὐτης,

   36 και ἐχθροι του *ἀνθρωπου* οἱ οἰκιακοι αὐτου.

11 8 ἀλλα τι ἐξηλθατε ἰδειν; *ἀνθρωπον* ἐν μαλακοις ἠμφιεσμενον;

   19 ἠλθεν ὁ υἱος του *ἀνθρωπου* ἐσθιων και πινων,

   19 ἰδου *ἀνθρωπος* φαγος και οἰνοποτης, τελωνων φιλος και
       ἀμαρτωλων.

12 8 κυριος γαρ ἐστιν του σαββατου ὁ υἱος του *ἀνθρωπου.*

   10 και ἰδου *ἀνθρωπος* χειρα ἐχων ξηραν·

   11 τις ἐσται ἐξ ὑμων *ἀνθρωπος* ὁς ἐξει προβατον ἑν,

   12 ποσω οὐν διαφερει *ἀνθρωπος* προβατου.

   13 τοτε λεγει τω *ἀνθρωπω·* ἐκτεινον σου την χειρα.

   31 πασα ἀμαρτια και βλασφημια ἀφεθησεται τοις *ἀνθρωποις,*

   32 και ὁς ἐαν εἰπη λογον κατα του υἱου του *ἀνθρωπου,*
       ἀφεθησεται αὐτω·

   35 ὁ ἀγαθος *ἀνθρωπος* ἐκ του ἀγαθου θησαυρου ἐκβαλλει
       ἀγαθα,

   35 και ὁ πονηρος *ἀνθρωπος* ἐκ του πονηρου θησαυρου ἐκβαλλει
       πονηρα.

   36 λεγω δε ὑμιν ὁτι παν ρημα ἀργον ὁ λαλησουσιν οἱ *ἀνθρωποι,*
       ἀποδωσουσιν περι αὐτου λογον ἐν ἡμερα κρισεως·

   40 οὑτως ἐσται ὁ υἱος του *ἀνθρωπου* ἐν τη καρδια της γης τρεις
       ἡμερας και τρεις νυκτας.

   43 ὁταν δε το ἀκαθαρτον πνευμα ἐξελθη ἀπο του *ἀνθρωπου,*
       διερχεται δι ἀνυδρων τοπων ζητουν ἀναπαυσιν,

   45 και γινεται τα ἐσχατα του *ἀνθρωπου* ἐκεινου χειρονα των
       πρωτων.

13 24 ὡμοιωθη ἡ βασιλεια των οὐρανων *ἀνθρωπω* σπειραντι καλον
       σπερμα ἐν τω ἀγρω αὐτου.

   25 ἐν δε τω καθευδειν τους *ἀνθρωπους* ἠλθεν αὐτου ὁ ἐχθρος
       και ἐπεσπειρεν ζιζανια ἀνα μεσον του σιτου και ἀπηλθεν.

   28 ἐχθρος *ἀνθρωπος* τουτο ἐποιησεν.

   31 ὁμοια ἐστιν ἡ βασιλεια των οὐρανων κοκκω σιναπεως, ὁν
       λαβων *ἀνθρωπος* ἐσπειρεν ἐν τω ἀγρω αὐτου·

   37 ὁ σπειρων το καλον σπερμα ἐστιν ὁ υἱος του *ἀνθρωπου·*

   41 ἀποστελει ὁ υἱος του *ἀνθρωπου* τους ἀγγελους αὐτου,

   44 ὁμοια ἐστιν ἡ βασιλεια των οὐρανων θησαυρω κεκρυμμενω
       ἐν τω ἀγρω, ὁν εὑρων *ἀνθρωπος* ἐκρυψεν,

   45 παλιν ὁμοια ἐστιν ἡ βασιλεια των οὐρανων *ἀνθρωπω* ἐμπορω
       ζητουντι καλους μαργαριτας·

   52 δια τουτο πας γραμματευς μαθητευθεις τη βασιλεια των
       οὐρανων ὁμοιος ἐστιν *ἀνθρωπω* οἰκοδεσποτη,

ἄνθρωπος [551]

Mt

15 9 ματην δε σεβονται με, διδασκοντες διδασκαλιας ἐνταλματα
       ἀνθρωπων.

   11 οὐ το εἰσερχομενον εἰς το στομα κοινοι τον *ἀνθρωπον,*

   11 ἀλλα το ἐκπορευομενον ἐκ του στοματος, τουτο κοινοι τον
       ἀνθρωπον.

   18 τα δε ἐκπορευομενα ἐκ του στοματος ἐκ της καρδιας
       ἐξερχεται, κακεινα κοινοι τον *ἀνθρωπον.*

   20 ἐκ γαρ της καρδιας ἐξερχονται διαλογισμοι πονηροι, φονοι,
       μοιχειαι, πορνειαι, κλοπαι, ψευδομαρτυριαι, βλασφημιαι.
       ταυτα ἐστιν τα κοινουντα τον *ἀνθρωπον.*

   20 το δε ἀνιπτοις χερσιν φαγειν οὐ κοινοι τον *ἀνθρωπον.*

16 13 τινα λεγουσιν οἱ *ἀνθρωποι* εἰναι τον υἱον του *ἀνθρωπου;*

   13 τινα λεγουσιν οἱ ἀνθρωποι εἰναι τον υἱον του *ἀνθρωπου;*

   23 σκανδαλον εἰ ἐμου, ὁτι οὐ φρονεις τα του θεου ἀλλα τα των
       ἀνθρωπων.

   26 τι γαρ ὠφεληθησεται *ἀνθρωπος,* ἐαν τον κοσμον ὁλον
       κερδηση, την δε ψυχην αὐτου ζημιωθη;

   26 τι γαρ ὠφεληθησεται *ἀνθρωπος,* ἐαν τον κοσμον ὁλον
       κερδηση, την δε ψυχην αὐτου ζημιωθη; ἠ τι δωσει *ἀνθρωπος*
       ἀνταλλαγμα της ψυχης αὐτου;

   27 μελλει γαρ ὁ υἱος του *ἀνθρωπου* ἐρχεσθαι ἐν τη δοξη του
       πατρος αὐτου μετα των ἀγγελων αὐτου,

   28 ἀμην λεγω ὑμιν ὁτι εἰσιν τινες των ὡδε ἑστωτων οἱτινες οὐ
       μη γευσωνται θανατου ἑως ἀν ἰδωσιν τον υἱον του *ἀνθρωπου*
       ἐρχομενον ἐν τη βασιλεια αὐτου.

17 9 μηδενι εἰπητε το ὁραμα ἑως οὑ ὁ υἱος του *ἀνθρωπου* ἐκ
       νεκρων ἐγερθη.

   12 οὑτως και ὁ υἱος του *ἀνθρωπου* μελλει πασχειν ὑπ αὐτων.

   14 και ἐλθοντων προς τον ὀχλον προσηλθεν αὐτω *ἀνθρωπος*
       γονυπετων αὐτον και λεγων·

   22 μελλει ὁ υἱος του *ἀνθρωπου* παραδιδοσθαι εἰς χειρας
       ἀνθρωπων, και ἀποκτενουσιν αὐτον, και τη τριτη ἡμερα
       ἐγερθησεται.

   22 μελλει ὁ υἱος του ἀνθρωπου παραδιδοσθαι εἰς χειρας
       ἀνθρωπων, και ἀποκτενουσιν αὐτον, και τη τριτη ἡμερα
       ἐγερθησεται.

18 7 ἀναγκη γαρ ἐλθειν τα σκανδαλα, πλην οὐαι τω *ἀνθρωπω* δι
       οὑ το σκανδαλον ἐρχεται.

   11 * ἠλθεν γαρ ὁ υἱος του *ἀνθρωπου* σωσαι το ἀπολωλος.

   12 ἐαν γενηται τινι *ἀνθρωπω* ἑκατον προβατα και πλανηθη ἑν ἐξ
       αὐτων, οὐχι ἀφησει τα ἐνενηκονταεννεα ἐπι τα ορη και
       πορευθεις ζητει το πλανωμενον;

   23 δια τουτο ὡμοιωθη ἡ βασιλεια των οὐρανων *ἀνθρωπω*
       βασιλει, ὁς ἠθελησεν συναραι λογον μετα των δουλων αὐτου.

19 3 και προσηλθον αὐτω φαρισαιοι πειραζοντες αὐτον και
       λεγοντες· εἰ ἐξεστιν *ἀνθρωπω* ἀπολυσαι την γυναικα αὐτου
       κατα πασαν αἰτιαν;

    5 ἑνεκα τουτου καταλειψει *ἀνθρωπος* τον πατερα και την
       μητερα και κολληθησεται τη γυναικι αὐτου, και ἐσονται οἱ
       δυο εἰς σαρκα μιαν.

    6 ὁ οὐν ὁ θεος συνεζευξεν, *ἀνθρωπος* μη χωριζετω.

   10 εἰ οὑτως ἐστιν ἡ αἰτια του *ἀνθρωπου* μετα της γυναικος, οὐ
       συμφερει γαμησαι.

   12 και εἰσιν εὐνουχοι οἱτινες εὐνουχισθησαν ὑπο των
       ἀνθρωπων,

   26 παρα *ἀνθρωποις* τουτο ἀδυνατον ἐστιν, παρα δε θεω παντα
       δυνατα.

   28 ἐν τη παλιγγενεσια, ὁταν καθιση ὁ υἱος του *ἀνθρωπου* ἐπι
       θρονου δοξης αὐτου, καθησεσθε και ὑμεις ἐπι δωδεκα
       θρονους κρινοντες τας δωδεκα φυλας του ἰσραηλ.

20 1 ὁμοια γαρ ἐστιν ἡ βασιλεια των οὐρανων *ἀνθρωπω*
       οἰκοδεσποτη,

   18 και ὁ υἱος του *ἀνθρωπου* παραδοθησεται τοις ἀρχιερευσιν
       και γραμματευσιν,

   28 ὡσπερ ὁ υἱος του *ἀνθρωπου* οὐκ ἠλθεν διακονηθηναι, ἀλλα
       διακονησαι και δουναι την ψυχην αὐτου λυτρον ἀντι πολλων.

21 25 το βαπτισμα το ἰωαννου ποθεν ἠν; ἐξ οὐρανου ἠ ἐξ
       ἀνθρωπων;

   26 ἐαν δε εἰπωμεν· ἐξ *ἀνθρωπων,* φοβουμεθα τον ὀχλον· παντες
       γαρ ὡς προφητην ἐχουσιν τον ἰωαννην.

   28 *ἀνθρωπος* εἰχεν τεκνα δυο·

   33 *ἀνθρωπος* ἠν οἰκοδεσποτης ὁστις ἐφυτευσεν ἀμπελωνα,

22 2 ὡμοιωθη ἡ βασιλεια των οὐρανων *ἀνθρωπω* βασιλει, ὁστις
       ἐποιησεν γαμους τω υἱω αὐτου.

   11 εἰσελθων δε ὁ βασιλευς θεασασθαι τους ἀνακειμενους εἰδεν
       ἐκει *ἀνθρωπον* οὐκ ἐνδεδυμενον ἐνδυμα γαμου·

   16 και οὐ μελει σοι περι οὐδενος, οὐ γαρ βλεπεις εἰς προσωπον
       ἀνθρωπων·

ἄνθρωπος [551]

Mt	23 4	δεσμευουσιν δε φορτια βαρεα [και δυσβαστακτα] και ἐπιτιθεασιν ἐπι τους ὠμους των ἀνθρωπων,
	5	παντα δε τα ἐργα αὐτων ποιουσιν προς το θεαθηναι τοις ἀνθρωποις·
	7	φιλουσιν δε την πρωτοκλισιαν ἐν τοις δειπνοις και τας πρωτοκαθεδριας ἐν ταις συναγωγαις και τους ἀσπασμους ἐν ταις ἀγοραις και καλεισθαι ὑπο των ἀνθρωπων ῥαββι.
	13	οὐαι ὑμιν, γραμματεις και φαρισαιοι ὑποκριται, ὁτι κλειετε την βασιλειαν των οὐρανων ἐμπροσθεν των ἀνθρωπων·
	28	οὑτως και ὑμεις ἐξωθεν μεν φαινεσθε τοις ἀνθρωποις δικαιοι, ἐσωθεν δε ἐστε μεστοι ὑποκρισεως και ἀνομιας.
	24 27	ὡσπερ γαρ ἡ ἀστραπη ἐξερχεται ἀπο ἀνατολων και φαινεται ἑως δυσμων, οὑτως ἐσται ἡ παρουσια του υἱου του ἀνθρωπου·
	30	και τοτε φανησεται το σημειον του υἱου του ἀνθρωπου ἐν οὐρανῳ,
	30	και τοτε κοψονται πασαι αἱ φυλαι της γης και ὀψονται τον υἱον του ἀνθρωπου ἐρχομενον ἐπι των νεφελων του οὐρανου μετα δυναμεως και δοξης πολλης·
	37	ὡσπερ γαρ αἱ ἡμεραι του νωε, οὑτως ἐσται ἡ παρουσια του υἱου του ἀνθρωπου.
	39	οὑτως ἐσται [και] ἡ παρουσια του υἱου του ἀνθρωπου.
	44	δια τουτο και ὑμεις γινεσθε ἑτοιμοι, ὁτι ῃ οὐ δοκειτε ὡρα ὁ υἱος του ἀνθρωπου ἐρχεται.
	25 14	ὡσπερ γαρ ἀνθρωπος ἀποδημων ἐκαλεσεν τους ἰδιους δουλους και παρεδωκεν αὐτοις τα ὑπαρχοντα αὐτου,
	24	κυριε, ἐγνων σε ὁτι σκληρος εἰ ἀνθρωπος, θεριζων ὁπου οὐκ ἐσπειρας, και συναγων ὁθεν οὐ διεσκορπισας·
	31	ὁταν δε ἐλθῃ ὁ υἱος του ἀνθρωπου ἐν τῃ δοξῃ αὐτου και παντες οἱ ἀγγελοι μετ αὐτου, τοτε καθισει ἐπι θρονου δοξης αὐτου·
	26 2	οἰδατε ὁτι μετα δυο ἡμερας το πασχα γινεται, και ὁ υἱος του ἀνθρωπου παραδιδοται εἰς το σταυρωθηναι.
	24	ὁ μεν υἱος του ἀνθρωπου ὑπαγει καθως γεγραπται περι αὐτου,
	24	οὐαι δε τῳ ἀνθρωπῳ ἐκεινῳ δι οὑ ὁ υἱος του ἀνθρωπου παραδιδοται·
	24	οὐαι δε τῳ ἀνθρωπῳ ἐκεινῳ δι οὑ ὁ υἱος του ἀνθρωπου παραδιδοται·
	24	οὐαι δε τῳ ἀνθρωπῳ ἐκεινῳ δι οὑ ὁ υἱος του ἀνθρωπου παραδιδοται· καλον ἠν αὐτῳ εἰ οὐκ ἐγεννηθη ὁ ἀνθρωπος ἐκεινος.
	45	ἰδου ἠγγικεν ἡ ὡρα και ὁ υἱος του ἀνθρωπου παραδιδοται εἰς χειρας ἁμαρτωλων.
	64	ἀπ ἀρτι ὀψεσθε τον υἱον του ἀνθρωπου καθημενον ἐκ δεξιων της δυναμεως και ἐρχομενον ἐπι των νεφελων του οὐρανου.
	72	και παλιν ἠρνησατο μετα ὁρκου ὁτι οὐκ οἰδα τον ἀνθρωπον.
	74	τοτε ἠρξατο καταθεματιζειν και ὀμνυειν ὁτι οὐκ οἰδα τον ἀνθρωπον.
	27 32	ἐξερχομενοι δε εὑρον ἀνθρωπον κυρηναιον, ὀνοματι σιμωνα
	57	ὀψιας δε γενομενης ἠλθεν ἀνθρωπος πλουσιος ἀπο ἀριμαθαιας, τουνομα ἰωσηφ, ὁς και αὐτος ἐμαθητευθη τῳ ἰησου·
Mc	1 17	δευτε ὀπισω μου, και ποιησω ὑμας γενεσθαι ἁλιεις ἀνθρωπων.
	23	και εὐθυς ἠν ἐν τῃ συναγωγῃ αὐτων ἀνθρωπος ἐν πνευματι ἀκαθαρτῳ,
	2 10	ἱνα δε εἰδητε ὁτι ἐξουσιαν ἐχει ὁ υἱος του ἀνθρωπου ἀφιεναι ἁμαρτιας ἐπι της γης, λεγει τῳ παραλυτικῳ·
	27	το σαββατον δια τον ἀνθρωπον ἐγενετο,
	27	το σαββατον δια τον ἀνθρωπον ἐγενετο, και οὐχ ὁ ἀνθρωπος δια το σαββατον·
	28	ὡστε κυριος ἐστιν ὁ υἱος του ἀνθρωπου και του σαββατου.
	3 1	και ἠν ἐκει ἀνθρωπος ἐξηραμμενην ἐχων την χειρα·
	3	και λεγει τῳ ἀνθρωπῳ τῳ την ξηραν χειρα ἐχοντι· ἐγειρε εἰς το μεσον.
	5	συλλυπουμενος ἐπι τῃ πωρωσει της καρδιας αὐτων, λεγει τῳ ἀνθρωπῳ· ἐκτεινον την χειρα.
	28	ἀμην λεγω ὑμιν ὁτι παντα ἀφεθησεται τοις υἱοις των ἀνθρωπων τα ἁμαρτηματα και αἱ βλασφημιαι,
	4 26	οὑτως ἐστιν ἡ βασιλεια του θεου, ὡς ἀνθρωπος βαλῃ τον σπορον ἐπι της γης,
	5 2	και ἐξελθοντος αὐτου ἐκ του πλοιου, εὐθυς ὑπηντησεν αὐτῳ ἐκ των μνημειων ἀνθρωπος ἐν πνευματι ἀκαθαρτῳ,
	8	ἐλεγεν γαρ αὐτῳ· ἐξελθε το πνευμα το ἀκαθαρτον ἐκ του ἀνθρωπου.
	7 7	ματην δε σεβονται με, διδασκοντες διδασκαλιας ἐνταλματα ἀνθρωπων.
	8	ἀφεντες την ἐντολην του θεου κρατειτε την παραδοσιν των ἀνθρωπων.

ἄνθρωπος [551]

Mc	7 11	ἐαν εἰπῃ ἀνθρωπος τῳ πατρι ἠ τῃ μητρι· κορβαν, ὁ ἐστιν δωρον, ὁ ἐαν ἐξ ἐμου ὠφεληθῃς,
	15	οὐδεν ἐστιν ἐξωθεν του ἀνθρωπου εἰσπορευομενον εἰς αὐτον ὁ δυναται κοινωσαι αὐτον·
	15	οὐδεν ἐστιν ἐξωθεν του ἀνθρωπου εἰσπορευομενον εἰς αὐτον ὁ δυναται κοινωσαι αὐτον· ἀλλα τα ἐκ του ἀνθρωπου ἐκπορευομενα ἐστιν τα κοινουντα τον ἀνθρωπον.
	15	οὐδεν ἐστιν ἐξωθεν του ἀνθρωπου εἰσπορευομενον εἰς αὐτον ὁ δυναται κοινωσαι αὐτον· ἀλλα τα ἐκ του ἀνθρωπου ἐκπορευομενα ἐστιν τα κοινουντα τον ἀνθρωπον.
	18	οὐ νοειτε ὁτι παν το ἐξωθεν εἰσπορευομενον εἰς τον ἀνθρωπον οὐ δυναται αὐτον κοινωσαι,
	20	ἐλεγεν δε ὁτι το ἐκ του ἀνθρωπου ἐκπορευομενον, ἐκεινο κοινοι τον ἀνθρωπον.
	20	ἐλεγεν δε ὁτι το ἐκ του ἀνθρωπου ἐκπορευομενον, ἐκεινο κοινοι τον ἀνθρωπον.
	21	ἐσωθεν γαρ ἐκ της καρδιας των ἀνθρωπων οἱ διαλογισμοι οἱ κακοι ἐκπορευονται, πορνειαι, κλοπαι, φονοι, μοιχειαι, πλεονεξιαι, πονηριαι, δολος, ἀσελγεια, ὀφθαλμος πονηρος, βλασφημια, ὑπερηφανια, ἀφροσυνη·
	23	παντα ταυτα τα πονηρα ἐσωθεν ἐκπορευεται και κοινοι τον ἀνθρωπον.
	8 24	βλεπω τους ἀνθρωπους, ὁτι ὡς δενδρα ὁρω περιπατουντας.
	27	και ἐν τῃ ὁδῳ ἐπηρωτα τους μαθητας αὐτου λεγων αὐτοις· τινα με λεγουσιν οἱ ἀνθρωποι εἰναι;
	31	και ἠρξατο διδασκειν αὐτους ὁτι δει τον υἱον του ἀνθρωπου πολλα παθειν,
	33	ὑπαγε ὀπισω μου, σατανα, ὁτι οὐ φρονεις τα του θεου ἀλλα τα των ἀνθρωπων.
	36	τι γαρ ὠφελει ἀνθρωπον κερδησαι τον κοσμον ὁλον και ζημιωθηναι την ψυχην αὐτου;
	37	τι γαρ δοι ἀνθρωπος ἀνταλλαγμα της ψυχης αὐτου;
	38	ὁς γαρ ἐαν ἐπαισχυνθῃ με και τους ἐμους λογους ἐν τῃ γενεᾳ ταυτῃ τῃ μοιχαλιδι και ἁμαρτωλῳ, και ὁ υἱος του ἀνθρωπου ἐπαισχυνθησεται αὐτον,
	9 9	και καταβαινοντων αὐτων ἐκ του ὁρους διεστειλατο αὐτοις ἱνα μηδενι ἁ εἰδον διηγησωνται, εἰ μη ὁταν ὁ υἱος του ἀνθρωπου ἐκ νεκρων ἀναστῃ.
	12	και πως γεγραπται ἐπι τον υἱον του ἀνθρωπου, ἱνα πολλα παθῃ και ἐξουδενηθῃ;
	31	και ἐλεγεν αὐτοις ὁτι ὁ υἱος του ἀνθρωπου παραδιδοται εἰς χειρας ἀνθρωπων, και ἀποκτενουσιν αὐτον, και ἀποκτανθεις μετα τρεις ἡμερας ἀναστησεται.
	31	και ἐλεγεν αὐτοις ὁτι ὁ υἱος του ἀνθρωπου παραδιδοται εἰς χειρας ἀνθρωπων, και ἀποκτενουσιν αὐτον, και ἀποκτανθεις μετα τρεις ἡμερας ἀναστησεται.
	10 7	ἑνεκεν τουτου καταλειψει ἀνθρωπος τον πατερα αὐτου και την μητερα [και προσκολληθησεται προς την γυναικα αὐτου,] και ἐσονται οἱ δυο εἰς σαρκα μιαν·
	9	ὁ οὐν ὁ θεος συνεζευξεν, ἀνθρωπος μη χωριζετω.
	27	παρα ἀνθρωποις ἀδυνατον, ἀλλ οὐ παρα θεῳ· παντα γαρ δυνατα παρα τῳ θεῳ.
	33	και ὁ υἱος του ἀνθρωπου παραδοθησεται τοις ἀρχιερευσιν και τοις γραμματευσιν,
	45	και γαρ ὁ υἱος του ἀνθρωπου οὐκ ἠλθεν διακονηθηναι ἀλλα διακονησαι και δουναι την ψυχην αὐτου λυτρον ἀντι πολλων.
	11 2	ὑπαγετε εἰς την κωμην την κατεναντι ὑμων, και εὐθυς εἰσπορευομενοι εἰς αὐτην εὑρησετε πωλον δεδεμενον ἐφ ὁν οὐδεις οὐπω ἀνθρωπων ἐκαθισεν·
	30	το βαπτισμα το ἰωαννου ἐξ οὐρανου ἠν ἠ ἐξ ἀνθρωπων; ἀποκριθητε μοι.
	32	ἀλλα εἰπωμεν· ἐξ ἀνθρωπων; ἐφοβουντο τον ὀχλον· ἁπαντες γαρ εἰχον τον ἰωαννην ὀντως ὁτι προφητης ἠν.
	12 1	ἀμπελωνα ἀνθρωπος ἐφυτευσεν,
	14	οὐ γαρ βλεπεις εἰς προσωπον ἀνθρωπων, ἀλλ ἐπ ἀληθειας την ὁδον του θεου διδασκεις·
	13 26	και τοτε ὀψονται τον υἱον του ἀνθρωπου ἐρχομενον ἐν νεφελαις μετα δυναμεως πολλης και δοξης.
	34	ὡς ἀνθρωπος ἀποδημος ἀφεις την οἰκιαν αὐτου και δους τοις δουλοις αὐτου την ἐξουσιαν, ἑκαστῳ το ἐργον αὐτου,
	14 13	ὑπαγετε εἰς την πολιν, και ἀπαντησει ὑμιν ἀνθρωπος κεραμιον ὑδατος βασταζων·
	21	ὁτι ὁ μεν υἱος του ἀνθρωπου ὑπαγει καθως γεγραπται περι αὐτου·
	21	οὐαι δε τῳ ἀνθρωπῳ ἐκεινῳ δι οὑ ὁ υἱος του ἀνθρωπου παραδιδοται·
	21	οὐαι δε τῳ ἀνθρωπῳ ἐκεινῳ δι οὑ ὁ υἱος του ἀνθρωπου παραδιδοται·
	21	καλον αὐτῳ εἰ οὐκ ἐγεννηθη ὁ ἀνθρωπος ἐκεινος.

ἄνθρωπος [551]

Mc	14 41	ἦλθεν ἡ ὥρα, ἰδου παραδιδοται ὁ υἱος του *ἄνθρωπου* εἰς τας χειρας των ἁμαρτωλων.
	62	και ὀψεσθε τον υἱον του *ἄνθρωπου* ἐκ δεξιων καθημενον της δυναμεως και ἐρχομενον μετα των νεφελων του οὐρανου.
	71	ὁ δε ἠρξατο ἀναθεματιζειν και ὀμνυναι ὁτι οὐκ οἰδα τον *ἄνθρωπον* τουτον ὁν λεγετε.
	15 39	ἀληθως οὑτος ὁ *ἄνθρωπος* υἱος θεου ἠν.
Lc	1 25	λεγουσα ὁτι οὑτως μοι πεποιηκεν κυριος ἐν ἡμεραις αἱς ἐπειδεν ἀφελειν ὀνειδος μου ἐν *ἀνθρωποις.*
	2 14	δοξα ἐν ὑψιστοις θεω και ἐπι γης εἰρηνη ἐν *ἀνθρωποις* εὐδοκιας.
	25	και ἰδου *ἄνθρωπος* ἠν ἐν ἰερουσαλημ ᾡ ὀνομα συμεων,
	25	και ὁ *ἄνθρωπος* οὑτος δικαιος και εὐλαβης, προσδεχομενος παρακλησιν του ἰσραηλ, και πνευμα ἠν ἁγιον ἐπ αὐτο.
	52	και ἰησους προεκοπτεν [ἐν τη] σοφια και ἡλικια και χαριτι παρα θεω και *ἀνθρωποις.*
	4 4	γεγραπται ὁτι οὐκ ἐπ ἀρτω μονω ζησεται ὁ *ἄνθρωπος.*
	33	και ἐν τη συναγωγη ἠν *ἄνθρωπος* ἐχων πνευμα δαιμονιου ἀκαθαρτου,
	5 10	μη φοβου· ἀπο του νυν *ἀνθρωπους* ἐση ζωγρων.
	18	και ἰδου ἀνδρες φεροντες ἐπι κλινης *ἄνθρωπον* ὁς ἠν παραλελυμενος,
	20	*ἄνθρωπε,* ἀφεωνται σοι αἱ ἁμαρτιαι σου.
	24	ἱνα δε εἰδητε ὁτι ὁ υἱος του *ἄνθρωπου* ἐξουσιαν ἐχει ἐπι της γης ἀφιεναι ἁμαρτιας, εἰπεν τω παραλελυμενω·
	6 5	κυριος ἐστιν του σαββατου ὁ υἱος του *ἄνθρωπου.*
	6	και ἠν *ἄνθρωπος* ἐκει και ἡ χειρ αὐτου ἡ δεξια ἠν ξηρα·
	22	μακαριοι ἐστε ὁταν μισησωσιν ὑμας οἱ *ἄνθρωποι,*
	22	μακαριοι ἐστε ὁταν μισησωσιν ὑμας οἱ *ἄνθρωποι,* και ὁταν ἀφορισωσιν ὑμας και ὀνειδισωσιν και ἐκβαλωσιν το ὀνομα ὑμων ὡς πονηρον ἑνεκα του υἱου του *ἄνθρωπου.*
	26	οὐαι ὁταν καλως εἰπωσιν ὑμας παντες οἱ *ἄνθρωποι·*
	31	και καθως θελετε ἱνα ποιωσιν ὑμιν οἱ *ἄνθρωποι,* ποιειτε αὐτοις ὁμοιως.
	45	ὁ ἀγαθος *ἄνθρωπος* ἐκ του ἀγαθου θησαυρου της καρδιας προφερει το ἀγαθον,
	48	ὁμοιος ἐστιν *ἀνθρωπω* οἰκοδομουντι οἰκιαν,
	49	ὁ δε ἀκουσας και μη ποιησας ὁμοιος ἐστιν *ἀνθρωπω* οἰκοδομησαντι οἰκιαν ἐπι την γην χωρις θεμελιου,
	7 8	και γαρ ἐγω *ἄνθρωπος* εἰμι ὑπο ἐξουσιαν τασσομενος,
	25	ἀλλα τι ἐξηλθατε ἰδειν; *ἄνθρωπον* ἐν μαλακοις ἱματιοις ἠμφιεσμενον;
	31	τινι οὐν ὁμοιωσω τους *ἀνθρωπους* της γενεας ταυτης, και τινι εἰσιν ὁμοιοι;
	34	ἐληλυθεν ὁ υἱος του *ἄνθρωπου* ἐσθιων και πινων, και λεγετε·
	34	ἰδου *ἄνθρωπος* φαγος και οἰνοποτης, φιλος τελωνων και ἁμαρτωλων.
	8 29	παρηγγειλεν γαρ τω πνευματι τω ἀκαθαρτω ἐξελθειν ἀπο του *ἀνθρωπου.*
	33	ἐξελθοντα δε τα δαιμονια ἀπο του *ἀνθρωπου* εἰσηλθον εἰς τους χοιρους,
	35	και εὑρον καθημενον τον *ἄνθρωπον* ἀφ οὑ τα δαιμονια ἐξηλθεν ἱματισμενον και σωφρονουντα παρα τους ποδας του ἰησου, και ἐφοβηθησαν.
	9 22	εἰπων ὁτι δει τον υἱον του *ἄνθρωπου* πολλα παθειν και ἀποδοκιμασθηναι ἀπο των πρεσβυτερων και ἀρχιερεων και γραμματεων και ἀποκτανθηναι και τη τριτη ἡμερα ἐγερθηναι.
	25	τι γαρ ὠφελειται *ἄνθρωπος* κερδησας τον κοσμον ὁλον ἑαυτον δε ἀπολεσας ἠ ζημιωθεις;
	26	ὁς γαρ ἀν ἐπαισχυνθη με και τους ἐμους λογους, τουτον ὁ υἱος του *ἄνθρωπου* ἐπαισχυνθησεται, ὁταν ἐλθη ἐν τη δοξη αὐτου και του πατρος και των ἁγιων ἀγγελων.
	44	ὁ γαρ υἱος του *ἄνθρωπου* μελλει παραδιδοσθαι εἰς χειρας *ἀνθρωπων.*
	44	ὁ γαρ υἱος του *ἄνθρωπου* μελλει παραδιδοσθαι εἰς χειρας *ἀνθρωπων.*
	58	αἱ ἀλωπεκες φωλεους ἐχουσιν και τα πετεινα του οὐρανου κατασκηνωσεις, ὁ δε υἱος του *ἄνθρωπου* οὐκ ἐχει που την κεφαλην κλινη.
	10 30	*ἄνθρωπος* τις κατεβαινεν ἀπο ἰερουσαλημ εἰς ἰεριχω,
	11 24	ὁταν το ἀκαθαρτον πνευμα ἐξελθη ἀπο του *ἀνθρωπου,* διερχεται δι ἀνυδρων τοπων ζητουν ἀναπαυσιν, και μη εὑρισκον [τοτε] λεγει·
	26	και γινεται τα ἐσχατα του *ἀνθρωπου* ἐκεινου χειρονα των πρωτων.
	30	καθως γαρ ἐγενετο ἰωνας τοις νινευιταις σημειον, οὑτως ἐσται και ὁ υἱος του *ἄνθρωπου* τη γενεα ταυτη.

ἄνθρωπος [551]

Lc	11 44	οὐαι ὑμιν, ὁτι ἐστε ὡς τα μνημεια τα ἀδηλα, και οἱ *ἄνθρωποι* [οἱ] περιπατουντες ἐπανω οὐκ οἰδασιν.
	46	και ὑμιν τοις νομικοις οὐαι, ὁτι φορτιζετε τους *ἀνθρωπους* φορτια δυσβαστακτα, και αὐτοι ἑνι των δακτυλων ὑμων οὐ προσψαυετε τοις φορτιοις.
	12 8	πας ὁς ἀν ὁμολογηση ἐν ἐμοι ἐμπροσθεν των *ἀνθρωπων,* και ὁ υἱος του *ἄνθρωπου* ὁμολογησει ἐν αὐτω ἐμπροσθεν των ἀγγελων του θεου.
	8	πας ὁς ἀν ὁμολογηση ἐν ἐμοι ἐμπροσθεν των *ἀνθρωπων,* και ὁ υἱος του *ἄνθρωπου* ὁμολογησει ἐν αὐτω ἐμπροσθεν των ἀγγελων του θεου·
	9	ὁ δε ἀρνησαμενος με ἐνωπιον των *ἀνθρωπων* ἀπαρνηθησεται ἐνωπιον των ἀγγελων του θεου.
	10	και πας ὁς ἐρει λογον εἰς τον υἱον του *ἄνθρωπου,* ἀφεθησεται αὐτω·
	14	*ἄνθρωπε,* τις με κατεστησεν κριτην ἠ μεριστην ἐφ ὑμας;
	16	*ἄνθρωπου* τινος πλουσιου εὐφορησεν ἡ χωρα.
	36	και ὑμεις ὁμοιοι *ἀνθρωποις* προσδεχομενοις τον κυριον ἑαυτων, ποτε ἀναλυση ἐκ των γαμων, ἱνα ἐλθοντος και κρουσαντος εὐθεως ἀνοιξωσιν αὐτω.
	40	και ὑμεις γινεσθε ἑτοιμοι, ὁτι ἡ ὡρα οὐ δοκειτε ὁ υἱος του *ἄνθρωπου* ἐρχεται.
	13 4	ἠ ἐκεινοι οἱ δεκαοκτω ἐφ οὑς ἐπεσεν ὁ πυργος ἐν τω σιλωαμ και ἀπεκτεινεν αὐτους, δοκειτε ὁτι αὐτοι ὀφειλεται ἐγενοντο παρα παντας τους *ἀνθρωπους* τους κατοικουντας ἰερουσαλημ;
	19	ὁμοια ἐστιν κοκκω σιναπεως, ὁν λαβων *ἄνθρωπος* ἐβαλεν εἰς κηπον ἑαυτου,
	14 2	και ἰδου *ἄνθρωπος* τις ἠν ὑδρωπικος ἐμπροσθεν αὐτου.
	16	*ἄνθρωπος* τις ἐποιει δειπνον μεγα, και ἐκαλεσεν πολλους,
	30	ὁτι οὑτος ὁ *ἄνθρωπος* ἠρξατο οἰκοδομειν και οὐκ ἰσχυσεν ἐκτελεσαι.
	15 4	τις *ἄνθρωπος* ἐξ ὑμων ἐχων ἑκατον προβατα και ἀπολεσας ἐξ αὐτων ἑν οὐ καταλειπει τα ἐνενηκονταεννεα ἐν τη ἐρημω και πορευεται ἐπι το ἀπολωλος ἑως εὑρη αὐτο;
	11	*ἄνθρωπος* τις εἰχεν δυο υἱους.
	16 1	*ἄνθρωπος* τις ἠν πλουσιος ὁς εἰχεν οἰκονομον, και οὑτος διεβληθη αὐτω ὡς διασκορπιζων τα ὑπαρχοντα αὐτου.
	15	ὑμεις ἐστε οἱ δικαιουντες ἑαυτους ἐνωπιον των *ἀνθρωπων,* ὁ δε θεος γινωσκει τας καρδιας ὑμων·
	15	ὁ δε θεος γινωσκει τας καρδιας ὑμων· ὁτι το ἐν *ἀνθρωποις* ὑψηλον βδελυγμα ἐνωπιον του θεου.
	19	*ἄνθρωπος* δε τις ἠν πλουσιος, και ἐνεδιδυσκετο πορφυραν και βυσσον εὐφραινομενος καθ ἡμεραν λαμπρως.
	17 22	ἐλευσονται ἡμεραι ὁτε ἐπιθυμησετε μιαν των ἡμερων του υἱου του *ἄνθρωπου* ἰδειν και οὐκ ὀψεσθε.
	24	ὡσπερ γαρ ἡ ἀστραπη ἀστραπτουσα ἐκ της ὑπο τον οὐρανον εἰς την ὑπ οὐρανον λαμπει, οὑτως ἐσται ὁ υἱος του *ἄνθρωπου* [ἐν τη ἡμερα αὐτου].
	26	και καθως ἐγενετο ἐν ταις ἡμεραις νωε, οὑτως ἐσται και ἐν ταις ἡμεραις του υἱου του *ἄνθρωπου·*
	30	κατα τα αὐτα ἐσται ἡ ἡμερα ὁ υἱος του *ἄνθρωπου* ἀποκαλυπτεται.
	18 2	κριτης τις ἠν ἐν τινι πολει τον θεον μη φοβουμενος και *ἄνθρωπον* μη ἐντρεπομενος.
	4	εἰ και τον θεον οὐ φοβουμαι οὐδε *ἄνθρωπον* ἐντρεπομαι, δια γε το παρεχειν μοι κοπον την χηραν ταυτην ἐκδικησω αὐτην,
	8	πλην ὁ υἱος του *ἄνθρωπου* ἐλθων ἀρα εὑρησει την πιστιν ἐπι της γης;
	10	*ἄνθρωποι* δυο ἀνεβησαν εἰς το ἱερον προσευξασθαι, ὁ εἱς φαρισαιος και ὁ ἑτερος τελωνης.
	11	ὁ θεος, εὐχαριστω σοι ὁτι οὐκ εἰμι ὡσπερ οἱ λοιποι των *ἀνθρωπων,* ἁρπαγες, ἀδικοι, μοιχοι, ἠ και ὡς οὑτος ὁ τελωνης·
	27	τα ἀδυνατα παρα *ἀνθρωποις* δυνατα παρα τω θεω ἐστιν.
	31	ἰδου ἀναβαινομεν εἰς ἰερουσαλημ, και τελεσθησεται παντα τα γεγραμμενα δια των προφητων τω υἱω του *ἄνθρωπου·*
	19 10	ἠλθεν γαρ ὁ υἱος του *ἄνθρωπου* ζητησαι και σωσαι το ἀπολωλος.
	12	*ἄνθρωπος* τις εὐγενης ἐπορευθη εἰς χωραν μακραν λαβειν ἑαυτω βασιλειαν και ὑποστρεψαι.
	21	ἐφοβουμην γαρ σε, ὁτι *ἄνθρωπος* αὐστηρος εἰ, αἱρεις ὁ οὐκ ἐθηκας, και θεριζεις ὁ οὐκ ἐσπειρας.
		ᾐδεις ὁτι ἐγω *ἄνθρωπος* αὐστηρος εἰμι, αἱρων ὁ οὐκ ἐθηκα, και θεριζων ὁ οὐκ ἐσπειρα.
	30	ἐν ᾑ εἰσπορευομενοι εὑρησετε πωλον δεδεμενον, ἐφ ὁν οὐδεις πωποτε *ἀνθρωπων* ἐκαθισεν,
	20 4	το βαπτισμα ἰωαννου ἐξ οὐρανου ἠν ἠ ἐξ *ἀνθρωπων;*
	6	ἐαν δε εἰπωμεν· ἐξ *ἀνθρωπων,* ὁ λαος ἁπας καταλιθασει ἡμας·
	9	*ἄνθρωπος* [τις] ἐφυτευσεν ἀμπελωνα,

ἄνθρωπος [551]

Lc 21 26 καὶ ἐπὶ τῆς γῆς συνοχὴ ἐθνῶν ἐν ἀπορίᾳ ἤχους θαλασσης καὶ σαλου, ἀποψυχοντων *ἀνθρωπων* ἀπὸ φοβου καὶ προσδοκιας τῶν ἐπερχομενων τῇ οἰκουμενῃ·

27 καὶ τοτε ὀψονται τὸν υἱον τοῦ *ἀνθρωπου* ἐρχομενον ἐν νεφελῃ μετα δυναμεως καὶ δοξης πολλης.

36 ἀγρυπνειτε δε ἐν παντι καιρω δεομενοι ἵνα κατισχυσητε ἐκφυγειν ταυτα παντα τα μελλοντα γινεσθαι, καὶ σταθηναι ἐμπροσθεν τοῦ υἱου τοῦ *ἀνθρωπου*.

22 10 ἰδου εἰσελθοντων ὑμων εἰς τὴν πολιν συναντησει ὑμιν *ἀνθρωπος* κεραμιον ὑδατος βασταζων·

22 ὅτι ὁ υἱος μεν τοῦ *ἀνθρωπου* κατα τὸ ὡρισμενον πορευεται,

22 πλὴν οὐαι τῷ *ἀνθρωπῳ* ἐκεινῳ δι οὗ παραδιδοται.

48 ἰουδα, φιληματι τὸν υἱον τοῦ *ἀνθρωπου* παραδιδως;

58 ὁ δε πετρος ἐφη· *ἀνθρωπε*, οὐκ εἰμι.

60 *ἀνθρωπε*, οὐκ οἰδα ὁ λεγεις.

69 ἀπο τοῦ νυν δε ἐσται ὁ υἱος τοῦ *ἀνθρωπου* καθημενος ἐκ δεξιων τῆς δυναμεως τοῦ θεου.

23 4 οὐδεν εὑρισκω αἰτιον ἐν τῷ *ἀνθρωπῳ* τουτῳ.

6 πιλατος δε ἀκουσας ἐπηρωτησεν εἰ ὁ *ἀνθρωπος* γαλιλαιος ἐστιν,

14 προσηνεγκατε μοι τὸν *ἀνθρωπον* τουτον ὡς ἀποστρεφοντα τὸν λαον,

14 καὶ ἰδου ἐγω ἐνωπιον ὑμων ἀνακρινας οὐθεν εὑρον ἐν τῷ *ἀνθρωπῳ* τουτῳ αἰτιον ὧν κατηγορειτε κατ αὐτου.

47 ὀντως ὁ *ἀνθρωπος* οὑτος δικαιος ἠν.

24 7 λεγων τὸν υἱον τοῦ *ἀνθρωπου* ὅτι δει παραδοθηναι εἰς χειρας *ἀνθρωπων* ἁμαρτωλων καὶ σταυρωθηναι καὶ τῃ τριτῃ ἡμερᾳ ἀναστηναι.

7 λεγων τὸν υἱον τοῦ *ἀνθρωπου* ὅτι δει παραδοθηναι εἰς χειρας *ἀνθρωπων* ἁμαρτωλων καὶ σταυρωθηναι καὶ τῃ τριτῃ ἡμερᾳ ἀναστηναι.

Jh 1 4 καὶ ἡ ζωη ἠν τὸ φως τῶν *ἀνθρωπων*·

6 ἐγενετο *ἀνθρωπος*, ἀπεσταλμενος παρα θεου,

9 ἠν τὸ φως τὸ ἀληθινον, ὁ φωτιζει παντα *ἀνθρωπον*,

51 ὀψεσθε τὸν οὐρανον ἀνεωγοτα καὶ τους ἀγγελους τοῦ θεου ἀναβαινοντας καὶ καταβαινοντας ἐπι τὸν υἱον τοῦ *ἀνθρωπου*.

2 10 πας *ἀνθρωπος* πρωτον τὸν καλον οἰνον τιθησιν,

25 καὶ ὅτι οὐ χρειαν εἰχεν ἵνα τις μαρτυρηση περι τοῦ *ἀνθρωπου*·

25 αὐτος γαρ ἐγινωσκεν τι ἠν ἐν τῷ *ἀνθρωπῳ*.

3 1 ἠν δε *ἀνθρωπος* ἐκ των φαρισαιων, νικοδημος ὀνομα αὐτῳ,

4 πως δυναται *ἀνθρωπος* γεννηθηναι γερων ὠν;

13 καὶ οὐδεις ἀναβεβηκεν εἰς τὸν οὐρανον εἰ μη ὁ ἐκ τοῦ οὐρανου καταβας, ὁ υἱος τοῦ *ἀνθρωπου*.

14 καὶ καθως μωυσης ὑψωσεν τὸν ὀφιν ἐν τῃ ἐρημῳ, οὑτως ὑψωθηναι δει τὸν υἱον τοῦ *ἀνθρωπου*,

19 αὑτη δε ἐστιν ἡ κρισις, ὅτι τὸ φως ἐληλυθεν εἰς τὸν κοσμον καὶ ἠγαπησαν οἱ *ἀνθρωποι* μαλλον τὸ σκοτος ἠ τὸ φως·

27 οὐ δυναται *ἀνθρωπος* λαμβανειν οὐδε ἑν ἐαν μη ῃ δεδομενον αὐτῳ ἐκ τοῦ οὐρανου.

4 28 καὶ λεγει τοις *ἀνθρωποις*· δευτε ἰδετε *ἀνθρωπον* ὁς εἰπεν μοι παντα ὁσα ἐποιησα·

29 δευτε ἰδετε *ἀνθρωπον* ὁς εἰπεν μοι παντα ὁσα ἐποιησα·

50 ἐπιστευσεν ὁ *ἀνθρωπος* τῷ λογῳ ὁν εἰπεν αὐτῳ ὁ ἰησους,

5 5 ἠν δε τις *ἀνθρωπος* ἐκει τριακοντακαιοκτω ἐτη ἐχων ἐν τῃ ἀσθενεια αὐτου·

7 κυριε, *ἀνθρωπον* οὐκ ἐχω, ἵνα ὁταν ταραχθη τὸ ὑδωρ βαλη με εἰς τὴν κολυμβηθραν·

9 καὶ εὐθεως ἐγενετο ὑγιης ὁ *ἀνθρωπος*,

12 τις ἐστιν ὁ *ἀνθρωπος* ὁ εἰπων σοι·

15 ἀπηλθεν ὁ *ἀνθρωπος* καὶ ἀνηγγειλεν τοις ἰουδαιοις ὅτι ἰησους ἐστιν ὁ ποιησας αὐτον ὑγιη.

27 καὶ ἐξουσιαν ἐδωκεν αὐτῳ κρισιν ποιειν, ὅτι υἱος *ἀνθρωπου* ἐστιν.

34 ἐγω δε οὐ παρα *ἀνθρωπου* τὴν μαρτυριαν λαμβανω, ἀλλα ταυτα λεγω ἵνα ὑμεις σωθητε.

41 δοξαν παρα *ἀνθρωπων* οὐ λαμβανω.

6 10 ποιησατε τους *ἀνθρωπους* ἀναπεσειν.

14 οἱ οὐν *ἀνθρωποι* ἰδοντες ὁ ἐποιησεν σημειον ἐλεγον ὅτι οὑτος ἐστιν ἀληθως ὁ προφητης ὁ ἐρχομενος εἰς τὸν κοσμον.

27 ἐργαζεσθε μη τὴν βρωσιν τὴν ἀπολλυμενην, ἀλλα τὴν βρωσιν τὴν μενουσαν εἰς ζωην αἰωνιον, ἡν ὁ υἱος τοῦ *ἀνθρωπου* ὑμιν δωσει·

53 ἐαν μη φαγητε τὴν σαρκα τοῦ υἱου τοῦ *ἀνθρωπου* καὶ πιητε αὐτου τὸ αἱμα, οὐκ ἐχετε ζωην ἐν ἑαυτοις.

62 τουτο ὑμας σκανδαλιζει; ἐαν οὐν θεωρητε τὸν υἱον τοῦ *ἀνθρωπου* ἀναβαινοντα ὁπου ἠν τὸ προτερον;

Jh 7 22 δια τουτο μωυσης δεδωκεν ὑμιν τὴν περιτομην, οὐχ ὅτι ἐκ τοῦ μωυσεως ἐστιν ἀλλ ἐκ των πατερων, καὶ ἐν σαββατῳ περιτεμνετε *ἀνθρωπον*.

23 εἰ περιτομην λαμβανει ὁ *ἀνθρωπος* ἐν σαββατῳ ἵνα μη λυθη ὁ νομος μωυσεως, ἐμοι χολατε ὅτι ὁλον *ἀνθρωπον* ὑγιη ἐποιησα ἐν σαββατῳ;

23 εἰ περιτομην λαμβανει ὁ *ἀνθρωπος* ἐν σαββατῳ ἵνα μη λυθη ὁ νομος μωυσεως, ἐμοι χολατε ὅτι ὁλον *ἀνθρωπον* ὑγιη ἐποιησα ἐν σαββατῳ;

46 οὐδεποτε ἐλαλησεν οὑτως *ἀνθρωπος*.

51 μη ὁ νομος ἡμων κρινει τὸν *ἀνθρωπον* ἐαν μη ἀκουση πρωτον παρ αὐτου καὶ γνω τι ποιει;

8 17 καὶ ἐν τῷ νομῳ δε τῷ ὑμετερῳ γεγραπται ὅτι δυο *ἀνθρωπων* ἡ μαρτυρια ἀληθης ἐστιν.

28 ὁταν ὑψωσητε τὸν υἱον τοῦ *ἀνθρωπου*, τοτε γνωσεσθε ὅτι ἐγω εἰμι,

40 νυν δε ζητειτε με ἀποκτειναι, *ἀνθρωπον* ὁς τὴν ἀληθειαν ὑμιν λελαληκα,

9 1 καὶ παραγων εἰδεν *ἀνθρωπον* τυφλον ἐκ γενετης.

11 ὁ *ἀνθρωπος* ὁ λεγομενος ἰησους πηλον ἐποιησεν καὶ ἐπεχρισεν μου τους ὀφθαλμους καὶ εἰπεν μοι ὅτι ὑπαγε εἰς τὸν σιλωαμ καὶ νιψαι·

16 οὐκ ἐστιν οὑτος παρα θεου ὁ *ἀνθρωπος*, ὅτι τὸ σαββατον οὐ τηρει.

16 πως δυναται *ἀνθρωπος* ἁμαρτωλος τοιαυτα σημεια ποιειν;

24 ἐφωνησαν οὐν τὸν *ἀνθρωπον* ἐκ δευτερου ὁς ἠν τυφλος,

24 ἡμεις οἰδαμεν ὅτι οὑτος ὁ *ἀνθρωπος* ἁμαρτωλος ἐστιν.

30 ἀπεκριθη ὁ *ἀνθρωπος* καὶ εἰπεν αὐτοις· ἐν τουτῳ γαρ τὸ θαυμαστον ἐστιν, ὅτι ὑμεις οὐκ οἰδατε ποθεν ἐστιν, καὶ ἡνοιξεν μου τους ὀφθαλμους.

35 συ πιστευεις εἰς τὸν υἱον τοῦ *ἀνθρωπου*;

10 33 περι καλου ἐργου οὐ λιθαζομεν σε ἀλλα περι βλασφημιας, καὶ ὅτι συ *ἀνθρωπος* ὠν ποιεις σεαυτον θεον.

11 47 τι ποιουμεν, ὅτι οὑτος ὁ *ἀνθρωπος* πολλα ποιει σημεια;

50 ὑμεις οὐκ οἰδατε οὐδεν, οὐδε λογιζεσθε ὅτι συμφερει ὑμιν ἵνα εἰς *ἀνθρωπος* ἀποθανη ὑπερ τοῦ λαου καὶ μη ὁλον τὸ ἐθνος ἀποληται.

12 23 ἐληλυθεν ἡ ὡρα ἵνα δοξασθη ὁ υἱος τοῦ *ἀνθρωπου*.

34 ἡμεις ἠκουσαμεν ἐκ τοῦ νομου ὅτι ὁ χριστος μενει εἰς τὸν αἰωνα, καὶ πως λεγεις συ ὅτι δει ὑψωθηναι τὸν υἱον τοῦ *ἀνθρωπου*;

34 τις ἐστιν οὑτος ὁ υἱος τοῦ *ἀνθρωπου*;

43 ἠγαπησαν γαρ τὴν δοξαν των *ἀνθρωπων* μαλλον ἡπερ τὴν δοξαν τοῦ θεου.

13 31 νυν ἐδοξασθη ὁ υἱος τοῦ *ἀνθρωπου*, καὶ ὁ θεος ἐδοξασθη ἐν αὐτῳ·

16 21 ὁταν δε γεννηση τὸ παιδιον, οὐκετι μνημονευει τῆς θλιψεως δια τὴν χαραν ὅτι ἐγεννηθη *ἀνθρωπος* εἰς τὸν κοσμον.

17 6 ἐφανερωσα σου τὸ ὀνομα τοις *ἀνθρωποις* οὑς ἐδωκας μοι ἐκ τοῦ κοσμου.

18 14 ἠν δε καιαφας ὁ συμβουλευσας τοις ἰουδαιοις ὅτι συμφερει ἑνα *ἀνθρωπον* ἀποθανειν ὑπερ τοῦ λαου.

17 μη καὶ συ ἐκ των μαθητων εἰ τοῦ *ἀνθρωπου* τουτου;

29 τινα κατηγοριαν φερετε [κατα] τοῦ *ἀνθρωπου* τουτου;

19 5 καὶ λεγει αὐτοις· ἰδου ὁ *ἀνθρωπος*.

Ac 4 9 εἰ ἡμεις σημερον ἀνακρινομεθα ἐπι εὐεργεσια *ἀνθρωπου* ἀσθενους, ἐν τινι οὑτος σεσωται,

12 οὐδε γαρ ὀνομα ἐστιν ἑτερον ὑπο τὸν οὐρανον τὸ δεδομενον ἐν *ἀνθρωποις* ἐν ῳ δει σωθηναι ἡμας.

13 καὶ καταλαβομενοι ὅτι *ἀνθρωποι* ἀγραμματοι εἰσιν καὶ ἰδιωται, ἐθαυμαζον, ἐπεγινωσκον τε αὐτους ὅτι συν τῷ ἰησου ἠσαν,

14 τον τε *ἀνθρωπον* βλεποντες συν αὐτοις ἑστωτα τὸν τεθεραπευμενον, οὐδεν εἰχον ἀντειπειν.

16 τι ποιησωμεν τοις *ἀνθρωποις* τουτοις;

17 ἀλλ ἵνα μη ἐπι πλειον διανεμηθη εἰς τὸν λαον, ἀπειλησωμεθα αὐτοις μηκετι λαλειν ἐπι τῷ ὀνοματι τουτῳ μηδενι *ἀνθρωπων*.

22 ἐτων γαρ ἠν πλειονων τεσσερακοντα ὁ *ἀνθρωπος* ἐφ ὁν γεγονει τὸ σημειον τουτο τῆς ἰασεως.

5 4 οὐκ ἐψευσω *ἀνθρωποις* ἀλλα τῷ θεῳ.

28 καὶ ἰδου πεπληρωκατε τὴν ἰερουσαλημ τῆς διδαχης ὑμων, καὶ βουλεσθε ἐπαγαγειν ἐφ ἡμας τὸ αἱμα τοῦ *ἀνθρωπου* τουτου.

29 πειθαρχειν δει θεῳ μαλλον ἠ *ἀνθρωποις*.

34 ἐκελευσεν ἐξω βραχυ τους *ἀνθρωπους* ποιησαι, εἰπεν τε προς αὐτους·

35 ἀνδρες ἰσραηλιται, προσεχετε ἑαυτοις ἐπι τοις *ἀνθρωποις* τουτοις τι μελλετε πρασσειν.

38 καὶ τα νυν λεγω ὑμιν, ἀποστητε ἀπο των *ἀνθρωπων* τουτων καὶ ἀφετε αὐτους·

ἄνθρωπος [551]

Ac 5 38 ὅτι ἐαν ᾖ ἐξ ἀνθρώπων ἡ βουλὴ αὕτη ἢ τὸ ἔργον τοῦτο, καταλυθησεται·

6 13 ὁ ἄνθρωπος οὗτος οὐ παυεται λαλων ῥηματα κατα του τοπου του ἁγιου [τουτου] και του νομου·

7 56 ἰδου θεωρω τους οὐρανους διηνοιγμενους και τον υἱον του ἀνθρωπου ἐκ δεξιων ἑστωτα του θεου.

9 33 εὑρεν δε ἐκει ἄνθρωπον τινα ὀνοματι αἰνεαν ἐξ ἐτων ὀκτω κατακειμενον ἐπι κραβαττου,

10 26 ὁ δε πετρος ἠγειρεν αὐτον λεγων· ἀναστηθι· και ἐγω αὐτος ἄνθρωπος εἰμι.

28 καμοι ὁ θεος ἐδειξεν μηδενα κοινον ἢ ἀκαθαρτον λεγειν ἄνθρωπον·

12 22 θεου φωνη και οὐκ ἀνθρωπου.

14 11 οἱ θεοι ὁμοιωθεντες ἀνθρωποις κατεβησαν προς ἡμας,

15 και ἡμεις ὁμοιοπαθεις ἐσμεν ὑμιν ἄνθρωποι,

15 17 ὁπως ἂν ἐκζητησωσιν οἱ καταλοιποι των ἀνθρωπων τον κυριον,

26 ἐκλεξαμενοις ἀνδρας πεμψαι προς ὑμας συν τοις ἀγαπητοις ἡμων βαρναβα και παυλω, ἀνθρωποις παραδεδωκοσι τας ψυχας αὐτων ὑπερ του ὀνοματος του κυριου ἡμων ἰησου χριστου.

16 17 οὑτοι οἱ ἄνθρωποι δουλοι του θεου του ὑψιστου εἰσιν, οἱτινες καταγγελλουσιν ὑμιν ὁδον σωτηριας.

20 οὑτοι οἱ ἄνθρωποι ἐκταρασσουσιν ἡμων την πολιν,

35 ἀπολυσον τους ἀνθρωπους ἐκεινους.

37 ἀνθρωπους ῥωμαιους ὑπαρχοντας, ἐβαλαν εἰς φυλακην·

17 26 ἐποιησεν τε ἐξ ἑνος παν ἐθνος ἀνθρωπων κατοικειν ἐπι παντος προσωπου της γης,

29 γενος οὖν ὑπαρχοντες του θεου οὐκ ὀφειλομεν νομιζειν, χρυσω ἢ ἀργυρω ἢ λιθω, χαραγματι τεχνης και ἐνθυμησεως ἀνθρωπου, το θειον εἰναι ὁμοιον.

30 τους μεν οὖν χρονους της ἀγνοιας ὑπεριδων ὁ θεος τα νυν παραγγελλει τοις ἀνθρωποις παντας πανταχου μετανοειν,

18 13 και ἠγαγον αὐτον ἐπι το βημα, λεγοντες ὁτι παρα τον νομον ἀναπειθει οὑτος τους ἀνθρωπους σεβεσθαι τον θεον.

19 16 και ἐφαλομενος ὁ ἄνθρωπος ἐπ αὐτους, ἐν ᾧ ἠν το πνευμα το πονηρον,

35 ἀνδρες ἐφεσιοι, τις γαρ ἐστιν ἀνθρωπων ὁς οὐ γινωσκει την ἐφεσιων πολιν νεωκορον οὐσαν της μεγαλης ἀρτεμιδος και του διοπετους;

21 28 οὑτος ἐστιν ὁ ἄνθρωπος ὁ κατα του λαου και του νομου και του τοπου τουτου παντας πανταχη διδασκων,

39 ἐγω ἄνθρωπος μεν εἰμι ἰουδαιος, ταρσευς, της κιλικιας οὐκ ἀσημου πολεως πολιτης·

22 15 και ἰδειν τον δικαιον και ἀκουσαι φωνην ἐκ του στοματος αὐτου, ὁτι ἐση μαρτυς αὐτω προς παντας ἀνθρωπους ὡν ἑωρακας και ἠκουσας.

25 ὡς δε προετειναν αὐτον τοις ἱμασιν, εἰπεν προς τον ἑστωτα ἑκατονταρχον ὁ παυλος· εἰ ἀνθρωπον ῥωμαιον και ἀκατακριτον ἐξεστιν ὑμιν μαστιζειν;

26 τι μελλεις ποιειν; ὁ γαρ ἄνθρωπος οὑτος ῥωμαιος ἐστιν.

23 9 οὐδεν κακον εὑρισκομεν ἐν τω ἀνθρωπω τουτω·

24 16 ἐν τουτω και αὐτος ἀσκω ἀπροσκοπον συνειδησιν ἐχειν προς τον θεον και τους ἀνθρωπους δια παντος.

25 16 προς οὑς ἀπεκριθην ὁτι οὐκ ἐστιν ἐθος ῥωμαιοις χαριζεσθαι τινα ἄνθρωπον πριν ἢ ὁ κατηγορουμενος κατα προσωπον ἐχοι τους κατηγορους τοπον τε ἀπολογιας λαβοι περι του ἐγκληματος.

22 ἐβουλομην και αὐτος του ἀνθρωπου ἀκουσαι.

26 31 και ἀναχωρησαντες ἐλαλουν προς ἀλληλους λεγοντες ὁτι οὐδεν θανατου ἢ δεσμων ἀξιον [τι] πρασσει ὁ ἄνθρωπος οὑτος.

32 ἀπολελυσθαι ἐδυνατο ὁ ἄνθρωπος οὑτος εἰ μη ἐπεκεκλητο καισαρα.

28 4 παντως φονευς ἐστιν ὁ ἄνθρωπος οὑτος, ὁν διασωθεντα ἐκ της θαλασσης ἡ δικη ζην οὐκ εἰασεν.

Rm 1 18 ἀποκαλυπτεται γαρ ὀργη θεου ἀπ οὐρανου ἐπι πασαν ἀσεβειαν και ἀδικιαν ἀνθρωπων των την ἀληθειαν ἐν ἀδικια κατεχοντων,

23 φασκοντες εἰναι σοφοι ἐμωρανθησαν, και ἠλλαξαν την δοξαν του ἀφθαρτου θεου ἐν ὁμοιωματι εἰκονος φθαρτου ἀνθρωπου και πετεινων και τετραποδων και ἑρπετων·

2 1 διο ἀναπολογητος εἰ, ὠ ἄνθρωπε πας ὁ κρινων·

3 λογιζη δε τουτο, ὠ ἄνθρωπε ὁ κρινων τους τα τοιαυτα πρασσοντας και ποιων αὐτα, ὁτι συ ἐκφευξη το κριμα του θεου;

9 θλιψις και στενοχωρια ἐπι πασαν ψυχην ἀνθρωπου του κατεργαζομενου το κακον,

ἄνθρωπος [551]

Rm 2 16 ἐν ἡμερα ὁτε κρινει ὁ θεος τα κρυπτα των ἀνθρωπων κατα το εὐαγγελιον μου δια χριστου ἰησου.

29 ἀλλ ὁ ἐν τω κρυπτω ἰουδαιος, και περιτομη καρδιας ἐν πνευματι οὐ γραμματι, οὑ ὁ ἐπαινος οὐκ ἐξ ἀνθρωπων ἀλλ ἐκ του θεου.

3 4 γινεσθω δε ὁ θεος ἀληθης, πας δε ἄνθρωπος ψευστης,

5 κατα ἄνθρωπον λεγω. μη γενοιτο·

28 λογιζομεθα γαρ δικαιουσθαι πιστει ἄνθρωπον χωρις ἐργων νομου.

4 6 καθαπερ και δαυιδ λεγει τον μακαρισμον του ἀνθρωπου ᾧ ὁ θεος λογιζεται δικαιοσυνην χωρις ἐργων·

5 12 δια τουτο ὡσπερ δι ἑνος ἀνθρωπου ἡ ἁμαρτια εἰς τον κοσμον εἰσηλθεν, και δια της ἁμαρτιας ὁ θανατος, και οὑτως εἰς παντας ἀνθρωπους ὁ θανατος διηλθεν,

12 δια τουτο ὡσπερ δι ἑνος ἀνθρωπου ἡ ἁμαρτια εἰς τον κοσμον εἰσηλθεν, και δια της ἁμαρτιας ὁ θανατος, και οὑτως εἰς παντας ἀνθρωπους ὁ θανατος διηλθεν,

15 εἰ γαρ τω του ἑνος παραπτωματι οἱ πολλοι ἀπεθανον, πολλω μαλλον ἡ χαρις του θεου και ἡ δωρεα ἐν χαριτι τη του ἑνος ἀνθρωπου ἰησου χριστου εἰς τους πολλους ἐπερισσευσεν.

18 ἀρα οὖν ὡς δι ἑνος παραπτωματος εἰς παντας ἀνθρωπους εἰς κατακριμα, οὑτως και δι ἑνος δικαιωματος εἰς παντας ἀνθρωπους εἰς δικαιωσιν ζωης·

18 ἀρα οὖν ὡς δι ἑνος παραπτωματος εἰς παντας ἀνθρωπους εἰς κατακριμα, οὑτως και δι ἑνος δικαιωματος εἰς παντας ἀνθρωπους εἰς δικαιωσιν ζωης·

19 ὡσπερ γαρ δια της παρακοης του ἑνος ἀνθρωπου ἁμαρτωλοι κατεσταθησαν οἱ πολλοι, οὑτως και δια της ὑπακοης του ἑνος δικαιοι κατασταθησονται οἱ πολλοι.

6 6 τουτο γινωσκοντες, ὁτι ὁ παλαιος ἡμων ἄνθρωπος συνεσταυρωθη, ἱνα καταργηθη το σωμα της ἁμαρτιας, του μηκετι δουλευειν ἡμας τη ἁμαρτια·

7 1 ἡ ἀγνοειτε, ἀδελφοι, γινωσκουσιν γαρ νομον λαλω, ὁτι ὁ νομος κυριευει του ἀνθρωπου ἐφ ὁσον χρονον ζη;

22 συνηδομαι γαρ τω νομω του θεου κατα τον ἐσω ἄνθρωπον,

24 ταλαιπωρος ἐγω ἄνθρωπος· τις με ῥυσεται ἐκ του σωματος του θανατου τουτου;

9 20 ὠ ἄνθρωπε, μενουνγε συ τις εἰ ὁ ἀνταποκρινομενος τω θεω;

10 5 μωυσης γαρ γραφει την δικαιοσυνην την ἐκ [του] νομου ὁτι ὁ ποιησας αὐτα ἄνθρωπος ζησεται ἐν αὐτοις.

12 17 προνοουμενοι καλα ἐνωπιον παντων ἀνθρωπων·

18 εἰ δυνατον, το ἐξ ὑμων, μετα παντων ἀνθρωπων εἰρηνευοντες·

14 18 ὁ γαρ ἐν τουτω δουλευων τω χριστω εὐαρεστος τω θεω και δοκιμος τοις ἀνθρωποις.

20 παντα μεν καθαρα, ἀλλα κακον τω ἀνθρωπω τω δια προσκομματος ἐσθιοντι.

1Co 1 25 ὁτι το μωρον του θεου σοφωτερον των ἀνθρωπων ἐστιν,

25 ὁτι το μωρον του θεου σοφωτερον των ἀνθρωπων ἐστιν, και το ἀσθενες του θεου ἰσχυροτερον των ἀνθρωπων.

2 5 ἀλλ ἐν ἀποδειξει πνευματος και δυναμεως, ἱνα ἡ πιστις ὑμων μη ᾑ ἐν σοφια ἀνθρωπων ἀλλ ἐν δυναμει θεου.

9 ἁ ὀφθαλμος οὐκ εἰδεν και οὑς οὐκ ἠκουσεν και ἐπι καρδιαν ἀνθρωπου οὐκ ἀνεβη, ἁ ἡτοιμασεν ὁ θεος τοις ἀγαπωσιν αὐτον.

11 τις γαρ οἰδεν ἀνθρωπων τα του ἀνθρωπου εἰ μη το πνευμα του ἀνθρωπου το ἐν αὐτω;

11 τις γαρ οἰδεν ἀνθρωπων τα του ἀνθρωπου εἰ μη το πνευμα του ἀνθρωπου το ἐν αὐτω;

11 τις γαρ οἰδεν ἀνθρωπων τα του ἀνθρωπου εἰ μη το πνευμα του ἀνθρωπου το ἐν αὐτω;

14 ψυχικος δε ἄνθρωπος οὐ δεχεται τα του πνευματος του θεου·

3 3 ὁπου γαρ ἐν ὑμιν ζηλος και ἐρις, οὐχι σαρκικοι ἐστε και κατα ἄνθρωπον περιπατειτε;

4 ὁταν γαρ λεγη τις· ἐγω μεν εἰμι παυλου, ἑτερος δε· ἐγω ἀπολλω, οὐκ ἄνθρωποι ἐστε;

21 ὡστε μηδεις καυχασθω ἐν ἀνθρωποις·

4 1 οὑτως ἡμας λογιζεσθω ἄνθρωπος ὡς ὑπηρετας χριστου και οἰκονομους μυστηριων θεου.

9 δοκω γαρ, ὁ θεος ἡμας τους ἀποστολους ἐσχατους ἀπεδειξεν ὡς ἐπιθανατιους, ὁτι θεατρον ἐγενηθημεν τω κοσμω και ἀγγελοις και ἀνθρωποις.

6 18 παν ἁμαρτημα ὁ ἐαν ποιηση ἄνθρωπος ἐκτος του σωματος ἐστιν·

7 1 περι δε ὡν ἐγραψατε, καλον ἀνθρωπω γυναικος μη ἁπτεσθαι·

7 θελω δε παντας ἀνθρωπους εἰναι ὡς ἐμαυτον·

23 τιμης ἠγορασθητε· μη γινεσθε δουλοι ἀνθρωπων.

26 νομιζω οὖν τουτο καλον ὑπαρχειν δια την ἐνεστωσαν ἀναγκην, ὁτι καλον ἀνθρωπω το οὑτως εἰναι.

ἄνθρωπος [551]

1Co	9 8	μη κατα ἄνθρωπον ταυτα λαλω, ἤ και ὁ νομος ταυτα οὐ λεγει;
	11 28	δοκιμαζετω δε ἄνθρωπος ἑαυτον,
	13 1	ἐαν ταις γλωσσαις των ἄνθρωπων λαλω και των ἀγγελων, ἀγαπην δε μη ἐχω, γεγονα χαλκος ἠχων ἤ κυμβαλον ἀλαλαζον.
	14 2	ὁ γαρ λαλων γλωσση οὐκ ἄνθρωποις λαλει ἀλλα θεω·
	3	ὁ δε προφητευων ἄνθρωποις λαλει οἰκοδομην και παρακλησιν και παραμυθιαν.
	15 19	εἰ ἐν τη ζωη ταυτη ἐν χριστω ἠλπικοτες ἐσμεν μονον, ἐλεεινοτεροι παντων ἄνθρωπων ἐσμεν.
	21	ἐπειδη γαρ δι ἄνθρωπου θανατος, και δι ἀνθρωπου ἀναστασις νεκρων.
	21	ἐπειδη γαρ δι ἀνθρωπου θανατος, και δι ἀνθρωπου ἀναστασις νεκρων.
	32	εἰ κατα ἄνθρωπον ἐθηριομαχησα ἐν ἐφεσω, τί μοι το ὀφελος;
	39	οὐ πασα σαρξ ἡ αὐτη σαρξ, ἀλλα ἀλλη μεν ἀνθρωπων,
	45	ἐγενετο ὁ πρωτος ἄνθρωπος ἀδαμ εἰς ψυχην ζωσαν·
	47	ὁ πρωτος ἄνθρωπος ἐκ γης χοικος,
	47	ὁ πρωτος ἄνθρωπος ἐκ γης χοικος, ὁ δευτερος ἄνθρωπος ἐξ οὐρανου.
2Co	3 2	ἡ ἐπιστολη ἡμων ὑμεις ἐστε, ἐγγεγραμμενη ἐν ταις καρδιαις ἡμων, γινωσκομενη και ἀναγινωσκομενη ὑπο παντων ἀνθρωπων,
	4 2	ἀλλα τη φανερωσει της ἀληθειας συνιστανοντες ἑαυτους προς πασαν συνειδησιν ἀνθρωπων ἐνωπιον του θεου.
	16	ἀλλ εἰ και ὁ ἐξω ἡμων ἄνθρωπος διαφθειρεται, ἀλλ ὁ ἐσω ἡμων ἀνακαινουται ἡμερα και ἡμερα.
	5 11	εἰδοτες οὖν τον φοβον του κυριου ἄνθρωπους πειθομεν, θεω δε πεφανερωμεθα·
	8 21	προνοουμεν γαρ καλα οὐ μονον ἐνωπιον κυριου ἀλλα και ἐνωπιον ἀνθρωπων.
	12 2	οἰδα ἄνθρωπον ἐν χριστω προ ἐτων δεκατεσσαρων,
	3	και οἰδα τον τοιουτον ἄνθρωπον εἰτε ἐν σωματι εἰτε χωρις του σωματος οὐκ οἰδα, ὁ θεος οἰδεν, ὁτι ἡρπαγη εἰς τον παραδεισον
	4	και ἡκουσεν ἀρρητα ρηματα, ἁ οὐκ ἐξον ἀνθρωπω λαλησαι.
Ga	1 1	παυλος ἀποστολος, οὐκ ἀπ ἀνθρωπων οὐδε δι ἀνθρωπου ἀλλα δια ἰησου χριστου και θεου πατρος του ἐγειραντος αὐτον ἐκ νεκρων,
	1	παυλος ἀποστολος, οὐκ ἀπ ἀνθρωπων οὐδε δι ἀνθρωπου ἀλλα δια ἰησου χριστου και θεου πατρος του ἐγειραντος αὐτον ἐκ νεκρων,
	10	ἀρτι γαρ ἀνθρωπους πειθω ἤ τον θεον;
	10	ἀρτι γαρ ἀνθρωπους πειθω ἤ τον θεον; ἤ ζητω ἀνθρωποις ἀρεσκειν;
	10	εἰ ἐτι ἀνθρωποις ἠρεσκον, χριστου δουλος οὐκ ἀν ἠμην.
	11	γνωριζω γαρ ὑμιν, ἀδελφοι, το εὐαγγελιον το εὐαγγελισθεν ὑπ ἐμου ὁτι οὐκ ἐστιν κατα ἄνθρωπον·
	12	οὐδε γαρ ἐγω παρα ἀνθρωπου παρελαβον αὐτο οὐτε ἐδιδαχθην,
	2 6	προσωπον [ὁ] θεος ἀνθρωπου οὐ λαμβανει
	16	εἰδοτες [δε] ὁτι οὐ δικαιουται ἄνθρωπος ἐξ ἐργων νομου ἐαν μη δια πιστεως ἰησου χριστου, και ἡμεις εἰς χριστον ἰησουν ἐπιστευσαμεν,
	3 15	ἀδελφοι, κατα ἄνθρωπον λεγω.
	15	ὁμως ἀνθρωπου κεκυρωμενην διαθηκην οὐδεις ἀθετει ἤ ἐπιδιατασσεται.
	5 3	μαρτυρομαι δε παλιν παντι ἀνθρωπω περιτεμνομενω ὁτι ὀφειλετης ἐστιν ὁλον τον νομον ποιησαι.
	6 1	ἀδελφοι, ἐαν και προλημφθη ἄνθρωπος ἐν τινι παραπτωματι, ὑμεις οἱ πνευματικοι καταρτιζετε τον τοιουτον ἐν πνευματι πραυτητος,
	7	ὁ γαρ ἐαν σπειρη ἄνθρωπος, τουτο και θερισει·
Eph	2 15	ἰνα τους δυο κτιση ἐν αὐτω εἰς ἑνα καινον ἄνθρωπον ποιων εἰρηνην,
	3 5	ὁ ἑτεραις γενεαις οὐκ ἐγνωρισθη τοις υἱοις των ἀνθρωπων ὡς νυν ἀπεκαλυφθη τοις ἀγιοις ἀποστολοις αὐτου και προφηταις ἐν πνευματι,
	16	ἰνα δω ὑμιν κατα το πλουτος της δοξης αὐτου δυναμει κραταιωθηναι δια του πνευματος αὐτου εἰς τον ἐσω ἄνθρωπον,
	4 8	ἐδωκεν δοματα τοις ἀνθρωποις.
	14	ἰνα μηκετι ὠμεν νηπιοι, κλυδωνιζομενοι και περιφερομενοι παντι ἀνεμω της διδασκαλιας ἐν τη κυβεια των ἀνθρωπων,
	22	ἀποθεσθαι ὑμας κατα την προτεραν ἀναστροφην τον παλαιον ἄνθρωπον τον φθειρομενον κατα τας ἐπιθυμιας της ἀπατης,

ἄνθρωπος [551]

Eph	4 24	και ἐνδυσασθαι τον καινον ἄνθρωπον τον κατα θεον κτισθεντα ἐν δικαιοσυνη και ὁσιοτητι της ἀληθειας.
	5 31	ἀντι τουτου καταλειψει ἄνθρωπος [τον] πατερα και [την] μητερα και προσκολληθησεται προς την γυναικα αὐτου,
	6 7	ἀλλ ὡς δουλοι χριστου ποιουντες το θελημα του θεου ἐκ ψυχης, μετ εὐνοιας δουλευοντες ὡς τω κυριω και οὐκ ἀνθρωποις,
Php	2 7	ἀλλα ἑαυτον ἐκενωσεν μορφην δουλου λαβων, ἐν ὁμοιωματι ἀνθρωπων γενομενος·
	7	και σχηματι εὑρεθεις ὡς ἄνθρωπος ἐταπεινωσεν ἑαυτον γενομενος ὑπηκοος μεχρι θανατου,
	4 5	το ἐπιεικες ὑμων γνωσθητω πασιν ἀνθρωποις.
Col	1 28	ὁν ἡμεις καταγγελλομεν νουθετουντες παντα ἄνθρωπον και διδασκοντες παντα ἄνθρωπον ἐν παση σοφια,
	28	ὁν ἡμεις καταγγελλομεν νουθετουντες παντα ἄνθρωπον και διδασκοντες παντα ἄνθρωπον ἐν παση σοφια,
	28	ὁν ἡμεις καταγγελλομεν νουθετουντες παντα ἄνθρωπον και διδασκοντες παντα ἄνθρωπον ἐν παση σοφια, ἰνα παραστησωμεν παντα ἄνθρωπον τελειον ἐν χριστω·
	2 8	βλεπετε μη τις ὑμας ἐσται ὁ συλαγωγων δια της φιλοσοφιας και κενης ἀπατης κατα την παραδοσιν των ἀνθρωπων,
	22	ἀ ἐστιν παντα εἰς φθοραν τη ἀποχρησει, κατα τα ἐνταλματα και διδασκαλιας των ἀνθρωπων;
	3 9	ἀπεκδυσαμενοι τον παλαιον ἄνθρωπον συν ταις πραξεσιν αὐτου,
	23	ὁ ἐαν ποιητε, ἐκ ψυχης ἐργαζεσθε ὡς τω κυριω και οὐκ ἀνθρωποις,
1Th	2 4	οὐχ ὡς ἀνθρωποις ἀρεσκοντες, ἀλλα θεω τω δοκιμαζοντι τας καρδιας ἡμων.
	6	οὐτε ζητουντες ἐξ ἀνθρωπων δοξαν, οὐτε ἀφ ὑμων οὐτε ἀπ ἀλλων,
	13	ὁτι παραλαβοντες λογον ἀκοης παρ ἡμων του θεου ἐδεξασθε οὐ λογον ἀνθρωπων
	15	και θεω μη ἀρεσκοντων, και πασιν ἀνθρωποις ἐναντιων,
	4 8	τοιγαρουν ὁ ἀθετων οὐκ ἄνθρωπον ἀθετει ἀλλα τον θεον τον [και] διδοντα το πνευμα αὐτου το ἀγιον εἰς ὑμας.
2Th	2 3	ὁτι ἐαν μη ἐλθη ἡ ἀποστασια πρωτον και ἀποκαλυφθη ὁ ἄνθρωπος της ἀνομιας,
	3 2	ἰνα ὁ λογος του κυριου τρεχη και δοξαζηται καθως και προς ὑμας, και ἰνα ρυσθωμεν ἀπο των ἀτοπων και πονηρων ἀνθρωπων·
1Tm	2 1	παρακαλω οὖν πρωτον παντων ποιεισθαι δεησεις, προσευχας, ἐντευξεις, εὐχαριστιας, ὑπερ παντων ἀνθρωπων,
	4	τουτο καλον και ἀποδεκτον ἐνωπιον του σωτηρος ἡμων θεου, ὁς παντας ἀνθρωπους θελει σωθηναι και εἰς ἐπιγνωσιν ἀληθειας ἐλθειν.
	5	εἰς γαρ θεος, εἰς και μεσιτης θεου και ἀνθρωπων, ἄνθρωπος χριστος ἰησους,
	5	εἰς γαρ θεος, εἰς και μεσιτης θεου και ἀνθρωπων, ἄνθρωπος χριστος ἰησους,
	4 10	ὁτι ἠλπικαμεν ἐπι θεω ζωντι, ὁς ἐστιν σωτηρ παντων ἀνθρωπων,
	5 24	τινων ἀνθρωπων αἱ ἀμαρτιαι προδηλοι εἰσιν προαγουσαι εἰς κρισιν, τισιν δε και ἐπακολουθουσιν·
	6 5	διαπαρατριβαι διεφθαρμενων ἀνθρωπων τον νουν και ἀπεστερημενων της ἀληθειας,
	9	αἱτινες βυθιζουσιν τους ἀνθρωπους εἰς ὀλεθρον και ἀπωλειαν.
	11	συ δε, ὠ ἄνθρωπε θεου, ταυτα φευγε·
	16	ὁ μονος ἐχων ἀθανασιαν, φως οἰκων ἀπροσιτον, ὁν εἰδεν οὐδεις ἀνθρωπων οὐδε ἰδειν δυναται·
2Tm	2 2	και ἁ ἡκουσας παρ ἐμου δια πολλων μαρτυρων, ταυτα παραθου πιστοις ἀνθρωποις,
	3 2	ἐσονται γαρ οἱ ἄνθρωποι φιλαυτοι,
	8	ἄνθρωποι κατεφθαρμενοι τον νουν, ἀδοκιμοι περι την πιστιν.
	13	πονηροι δε ἄνθρωποι και γοητες προκοψουσιν ἐπι το χειρον,
	17	ἰνα ἀρτιος ἠ ὁ του θεου ἄνθρωπος, προς παν ἐργον ἀγαθον ἐξηρτισμενος.
Tit	1 14	ἰνα ὑγιαινωσιν ἐν τη πιστει, μη προσεχοντες ἰουδαικοις μυθοις και ἐντολαις ἀνθρωπων ἀποστρεφομενων την ἀληθειαν.
	2 11	ἐπεφανη γαρ ἡ χαρις του θεου σωτηριος πασιν ἀνθρωποις,
	3 2	μηδενα βλασφημειν, ἀμαχους εἰναι, ἐπιεικεις, πασαν ἐνδεικνυμενους πραυτητα προς παντας ἀνθρωπους.
	8	ταυτα ἐστιν καλα και ὠφελιμα τοις ἀνθρωποις·
	10	αἱρετικον ἄνθρωπον μετα μιαν και δευτεραν νουθεσιαν παραιτου,
Heb	2 6	τί ἐστιν ἄνθρωπος ὁτι μιμνησκη αὐτου;
	6	τί ἐστιν ἄνθρωπος ὁτι μιμνησκη αὐτου; ἤ υἱος ἀνθρωπου ὁτι ἐπισκεπτη αὐτον;

ἄνθρωπος [551]

Heb 5 1 πας γαρ ἀρχιερευς ἐξ *ἀνθρωπων* λαμβανομενος ὑπερ ἀνθρωπων καθισταται τα προς τον θεον,

    1 πας γαρ ἀρχιερευς ἐξ *ἀνθρωπων* λαμβανομενος ὑπερ ἀνθρωπων καθισταται τα προς τον θεον,

6 16 *ἀνθρωποι* γαρ κατα του μειζονος ὀμνυουσιν,

7 8 και ὡδε μεν δεκατας ἀποθνησκοντες *ἀνθρωποι* λαμβανουσιν,

   28 ὁ νομος γαρ *ἀνθρωπους* καθιστησιν ἀρχιερεις ἐχοντας ἀσθενειαν,

8 2 ἡν ἐπηξεν ὁ κυριος, ουκ *ἀνθρωπος*.

9 27 και καθ ὁσον ἀποκειται τοις *ἀνθρωποις* ἁπαξ ἀποθανειν, μετα δε τουτο κρισις, ουτως και ὁ χριστος, ἁπαξ προσενεχθεις εἰς το πολλων ἀνενεγκειν ἁμαρτιας,

13 6 κυριος ἐμοι βοηθος, [και] ου φοβηθησομαι· τι ποιησει μοι *ἀνθρωπος*;

Ja 1 7 μη γαρ οἰεσθω ὁ *ἀνθρωπος* ἐκεινος ὁτι λημψεται τι παρα του κυριου,

   19 ἐστω δε πας *ἀνθρωπος* ταχυς εἰς το ἀκουσαι,

2 20 θελεις δε γνωναι, ὠ *ἀνθρωπε* κενε, ὁτι ἡ πιστις χωρις των ἐργων ἀργη ἐστιν;

   24 ὁρατε ὁτι ἐξ ἐργων δικαιουται *ἀνθρωπος* και ουκ ἐκ πιστεως μονον.

3 8 την δε γλωσσαν ουδεις δαμασαι δυναται *ἀνθρωπων*·

   9 και ἐν αὐτη καταρωμεθα τους *ἀνθρωπους* τους καθ ὁμοιωσιν θεου γεγονοτας·

5 17 ἠλιας *ἀνθρωπος* ἠν ὁμοιοπαθης ἡμιν,

1Pt 2 4 προς ὁν προσερχομενοι, λιθον ζωντα, ὑπο *ἀνθρωπων* μεν ἀποδεδοκιμασμενον παρα δε θεω ἐκλεκτον ἐντιμον,

   15 ὁτι ουτως ἐστιν το θελημα του θεου, ἀγαθοποιουντας φιμουν την των ἀφρονων *ἀνθρωπων* ἀγνωσιαν·

3 4 ἀλλ ὁ κρυπτος της καρδιας *ἀνθρωπος* ἐν τω ἀφθαρτω του πραεως και ἡσυχιου πνευματος,

4 2 εἰς το μηκετι *ἀνθρωπων* ἐπιθυμιαις ἀλλα θεληματι θεου τον ἐπιλοιπον ἐν σαρκι βιωσαι χρονον,

   6 εἰς τουτο γαρ και νεκροις εὐηγγελισθη, ἱνα κριθωσι μεν κατα *ἀνθρωπους* σαρκι,

2Pt 1 21 ου γαρ θεληματι *ἀνθρωπου* ἠνεχθη προφητεια ποτε,

   21 ἀλλα ὑπο πνευματος ἁγιου φερομενοι ἐλαλησαν ἀπο θεου *ἀνθρωποι*.

2 16 ὑποζυγιον ἀφωνον ἐν *ἀνθρωπου* φωνη φθεγξαμενον ἐκωλυσεν την του προφητου παραφρονιαν.

3 7 οἱ δε νυν ουρανοι και ἡ γη τω αὐτω λογω τεθησαυρισμενοι εἰσιν πυρι τηρουμενοι εἰς ἡμεραν κρισεως και ἀπωλειας των ἀσεβων *ἀνθρωπων*.

1Jh 5 9 εἰ την μαρτυριαν των *ἀνθρωπων* λαμβανομεν, ἡ μαρτυρια του θεου μειζων ἐστιν,

Ju 4 παρεισεδυσαν γαρ τινες *ἀνθρωποι*, οἱ παλαι προγεγραμμενοι εἰς τουτο το κριμα,

Apc 1 13 και ἐπιστρεψας εἰδον ἑπτα λυχνιας χρυσας, και ἐν μεσω των λυχνιων ὁμοιον υἱον *ἀνθρωπου*,

4 7 και το τριτον ζωον ἐχων το προσωπον ὡς *ἀνθρωπου*,

8 11 και πολλοι των *ἀνθρωπων* ἀπεθανον ἐκ των ὑδατων ὁτι ἐπικρανθησαν.

9 4 και ἐρρεθη αὐταις ἱνα μη ἀδικησουσιν τον χορτον της γης ουδε παν χλωρον ουδε παν δενδρον, εἰ μη τους *ἀνθρωπους*

   5 και ὁ βασανισμος αὐτων ὡς βασανισμος σκορπιου, ὁταν παιση *ἀνθρωπον*·

   6 και ἐν ταις ἡμεραις ἐκειναις ζητησουσιν οἱ *ἀνθρωποι* τον θανατον και ου μη εὑρησουσιν αὐτον,

   7 και τα προσωπα αὐτων ὡς προσωπα *ἀνθρωπων*,

   10 και ἐν ταις ουραις αὐτων ἡ ἐξουσια αὐτων ἀδικησαι τους *ἀνθρωπους* μηνας πεντε.

   15 και ἐλυθησαν οἱ τεσσαρες ἀγγελοι οἱ ἡτοιμασμενοι εἰς την ὡραν και ἡμεραν και μηνα και ἐνιαυτον, ἱνα ἀποκτεινωσιν το τριτον των *ἀνθρωπων*.

   18 ἀπο των τριων πληγων τουτων ἀπεκτανθησαν το τριτον των *ἀνθρωπων*,

   20 και οἱ λοιποι των *ἀνθρωπων*, οἱ ουκ ἀπεκτανθησαν ἐν ταις πληγαις ταυταις,

11 13 και ἀπεκτανθησαν ἐν τω σεισμω ὀνοματα *ἀνθρωπων* χιλιαδες ἑπτα,

13 13 και ποιει σημεια μεγαλα, ἱνα και πυρ ποιη ἐκ του ουρανου καταβαινειν εἰς την γην ἐνωπιον των *ἀνθρωπων*.

   18 ἀριθμος γαρ *ἀνθρωπου* ἐστιν.

14 4 οὑτοι ἠγορασθησαν ἀπο των *ἀνθρωπων* ἀπαρχη τω θεω και τω ἀρνιω,

   14 και ἐπι την νεφελην καθημενον ὁμοιον υἱον *ἀνθρωπου*,

16 2 και ἐγενετο ἑλκος κακον και πονηρον ἐπι τους *ἀνθρωπους* τους ἐχοντας το χαραγμα του θηριου και τους προσκυνουντας τη εἰκονι αὐτου.

ἄνθρωπος [551]

Apc 16 8 και ἐδοθη αὐτω καυματισαι τους *ἀνθρωπους* ἐν πυρι.

   9 και ἐκαυματισθησαν οἱ *ἀνθρωποι* καυμα μεγα,

   18 και σεισμος ἐγενετο μεγας, οἱος ουκ ἐγενετο ἀφ οὑ *ἀνθρωπος* ἐγενετο ἐπι της γης,

   21 και χαλαζα μεγαλη ὡς ταλαντιαια καταβαινει ἐκ του ουρανου ἐπι τους *ἀνθρωπους*·

   21 και ἐβλασφημησαν οἱ *ἀνθρωποι* τον θεον ἐκ της πληγης της χαλαζης,

18 13 και ἱππων και ῥεδων και σωματων, και ψυχας *ἀνθρωπων*.

21 3 ἰδου ἡ σκηνη του θεου μετα των *ἀνθρωπων*,

   17 και ἐμετρησεν το τειχος αὐτης ἑκατοντεσσερακοντατεσσαρων πηχων, μετρον *ἀνθρωπου*, ὁ ἐστιν ἀγγελου.

ἀνθύπατος [5]

Ac 13 7 ὡ ὀνομα βαριησου, ὁς ἠν συν τω *ἀνθυπατω* σεργιω παυλω,

   8 ἀνθιστατο δε αὐτοις ἐλυμας ὁ μαγος, ουτως γαρ μεθερμηνευεται το ὀνομα αὐτου, ζητων διαστρεψαι τον *ἀνθυπατον* ἀπο της πιστεως.

   12 τοτε ἰδων ὁ *ἀνθυπατος* το γεγονος ἐπιστευσεν, ἐκπλησσομενος ἐπι τη διδαχη του κυριου.

18 12 γαλλιωνος δε *ἀνθυπατου* ὀντος της ἀχαιας κατεπεστησαν ὁμοθυμαδον οἱ ἰουδαιοι τω παυλω

19 38 εἰ μεν ουν δημητριος και οἱ συν αὐτω τεχνιται ἐχουσι προς τινα λογον, ἀγοραιοι ἀγονται και *ἀνθυπατοι* εἰσιν, ἐγκαλειτωσαν ἀλληλοις.

ἀνίημι [4]

Ac 16 26 ἠνεωχθησαν δε παραχρημα αἱ θυραι πασαι, και παντων τα δεσμα *ἀνεθη*.

27 40 ἁμα *ἀνεντες* τας ζευκτηριας των πηδαλιων, και ἐπαραντες τον ἀρτεμωνα τη πνεουση κατειχον εἰς τον αἰγιαλον.

Eph 6 9 τα αὐτα ποιειτε προς αὐτους, *ἀνιεντες* την ἀπειλην,

Heb 13 5 ου μη σε *ἀνω* ουδ ου μη σε ἐγκαταλιπω·

ἄνιπτος [2]

Mt 15 20 το δε *ἀνιπτοις* χερσιν φαγειν ου κοινοι τον ἀνθρωπον.

Mc 7 2 και ἰδοντες τινας των μαθητων αὐτου ὁτι κοιναις χερσιν, τουτ ἐστιν *ἀνιπτοις*, ἐσθιουσιν τους ἀρτους,

ἀνίστημι [108]

Mt 9 9 και *ἀναστας* ἠκολουθησεν αὐτω.

12 41 ἀνδρες νινευιται *ἀναστησονται* ἐν τη κρισει μετα της γενεας ταυτης και κατακρινουσιν αὐτην·

22 24 διδασκαλε, μωυσης εἰπεν· ἐαν τις ἀποθανη μη ἐχων τεκνα, ἐπιγαμβρευσει ὁ ἀδελφος αὐτου την γυναικα αὐτου και *ἀναστησει* σπερμα τω ἀδελφω αὐτου.

26 62 και *ἀναστας* ὁ ἀρχιερευς εἰπεν αὐτω·

Mc 1 35 και πρωι ἐννυχα λιαν *ἀναστας* ἐξηλθεν και ἀπηλθεν εἰς ἐρημον τοπον,

2 14 και *ἀναστας* ἠκολουθησεν αὐτω.

3 26 και εἰ ὁ σατανας *ἀνεστη* ἐφ ἑαυτον και ἐμερισθη, ου δυναται στηναι ἀλλα τελος ἐχει.

5 42 και εὐθυς *ἀνεστη* το κορασιον και περιεπατει·

7 24 ἐκειθεν δε *ἀναστας* ἀπηλθεν εἰς τα ὁρια τυρου.

8 31 και ἠρξατο διδασκειν αὐτους ὁτι δει τον υἱον του ἀνθρωπου πολλα παθειν, και ἀποδοκιμασθηναι ὑπο των πρεσβυτερων και των ἀρχιερεων και των γραμματεων και ἀποκτανθηναι και μετα τρεις ἡμερας *ἀναστηναι*·

9 9 και καταβαινοντων αὐτων ἐκ του ὁρους διεστειλατο αὐτοις ἱνα μηδενι ἁ εἰδον διηγησονται, εἰ μη ὁταν ὁ υἱος του ἀνθρωπου ἐκ νεκρων *ἀναστη*.

   10 και τον λογον ἐκρατησαν προς ἑαυτους συζητουντες τι ἐστιν το ἐκ νεκρων *ἀναστηναι*.

   27 ὁ δε ἰησους κρατησας της χειρος αὐτου ἠγειρεν αὐτον, και *ἀνεστη*.

   31 και ἐλεγεν αὐτοις ὁτι ὁ υἱος του ἀνθρωπου παραδιδοται εἰς χειρας ἀνθρωπων, και ἀποκτενουσιν αὐτον, και ἀποκτανθεις μετα τρεις ἡμερας *ἀναστησεται*.

10 1 και ἐκειθεν *ἀναστας* ἐρχεται εἰς τα ὁρια της ἰουδαιας [και] περαν του ἰορδανου,

   34 και μετα τρεις ἡμερας *ἀναστησεται*.

12 23 ἐν τη *ἀναστασει*, [ὁταν ἀναστωσιν,] τινος αὐτων ἐσται γυνη·

   25 ὁταν γαρ ἐκ νεκρων *ἀναστωσιν*, ουτε γαμουσιν ουτε γαμιζονται, ἀλλ εἰσιν ὡς ἀγγελοι ἐν τοις ουρανοις.

ἀνίστημι [108]

Mc	14 57	καὶ τινες *ἀναστάντες* ἐψευδομαρτυρουν κατ αὐτου λεγοντες ὁτι ἡμεις ἠκουσαμεν αὐτου λεγοντος ὁτι ἐγω καταλυσω τον ναον τουτον τον χειροποιητον και δια τριων ἡμερων ἀλλον ἀχειροποιητον οἰκοδομησω.
	60	καὶ *ἀναστὰς* ὁ ἀρχιερευς εἰς μεσον ἐπηρωτησεν τον ἰησουν λεγων·
	16 9	*ἀναστὰς* δε πρωι πρωτη σαββατου ἐφανη πρωτον μαρια τῃ μαγδαληνῃ,
Lc	1 39	*ἀναστᾶσα* δε μαριαμ ἐν ταις ἡμεραις ταυταις ἐπορευθη εἰς την ὀρεινην μετα σπουδης εἰς πολιν ιουδα,
	4 16	και εἰσηλθεν κατα το εἰωθος αὐτῳ ἐν τῃ ἡμερᾳ των σαββατων εἰς την συναγωγην, και *ἀνέστη* ἀναγνωναι.
	29	και *ἀναστάντες* ἐξεβαλον αὐτον ἐξω της πολεως,
	38	*ἀναστὰς* δε ἀπο της συναγωγης εἰσηλθεν εἰς την οἰκιαν σιμωνος.
	39	παραχρημα δε *ἀναστᾶσα* διηκονει αὐτοις.
	5 25	και παραχρημα *ἀναστὰς* ἐνωπιον αὐτων, ἀρας ἐφ ὁ κατεκειτο, ἀπηλθεν εἰς τον οἰκον αὐτου δοξαζων τον θεον.
	28	και καταλιπων παντα *ἀναστὰς* ἠκολουθει αὐτῳ.
	6 8	και *ἀναστὰς* ἐστη.
	8 55	και ἐπεστρεψεν το πνευμα αὐτης, και *ἀνέστη* παραχρημα,
	9 8	και διηπορει δια το λεγεσθαι ὑπο τινων ὁτι ἰωαννης ἠγερθη ἐκ νεκρων, ὑπο τινων δε ὁτι ἡλιας ἐφανη, ἀλλων δε ὁτι προφητης τις των ἀρχαιων *ἀνέστη.*
	19	ἰωαννην τον βαπτιστην, ἀλλοι δε ἡλιαν, ἀλλοι δε ὁτι προφητης τις των ἀρχαιων *ἀνέστη.*
	10 25	και ἰδου νομικος τις *ἀνέστη* ἐκπειραζων αὐτον λεγων·
	11 7	οὐ δυναμαι *ἀναστὰς* δουναι σοι.
	8	εἰ και οὐ δωσει αὐτῳ *ἀναστὰς* δια το εἰναι φιλον αὐτου, δια γε την ἀναιδειαν αὐτου ἐγερθεις δωσει αὐτῳ ὁσων χρῃζει.
	32	ἀνδρες νινευιται *ἀναστησονται* ἐν τῃ κρισει μετα της γενεας ταυτης και κατακρινουσιν αὐτην·
	15 18	*ἀναστὰς* πορευσομαι πρως τον πατερα μου και ἐρω αὐτῳ·
	20	και *ἀναστὰς* ἠλθεν προς τον πατερα ἑαυτου.
	16 31	εἰ μωυσεως και των προφητων οὐκ ἀκουουσιν, οὐδ ἐαν τις ἐκ νεκρων *ἀναστῃ* πεισθησονται.
	17 19	*ἀναστὰς* πορευου· ἡ πιστις σου σεσωκεν σε.
	18 33	και μαστιγωσαντες ἀποκτενουσιν αὐτον, και τῃ ἡμερᾳ τῃ τριτῃ *ἀναστησεται.*
	22 45	και *ἀναστὰς* ἀπο της προσευχης, ἐλθων προς τους μαθητας εὑρεν κοιμωμενους αὐτους ἀπο της λυπης,
	46	τι καθευδετε; *ἀναστάντες* προσευχεσθε, ἱνα μη εἰσελθητε εἰς πειρασμον.
	23 1	και *ἀναστὰν* ἀπαν το πληθος αὐτων ἠγαγον αὐτον ἐπι τον πιλατον.
	24 7	λεγων τον υἱον του ἀνθρωπου ὁτι δει παραδοθηναι εἰς χειρας ἀνθρωπων ἀμαρτωλων και σταυρωθηναι και τῃ τριτῃ ἡμερᾳ *ἀναστηναι.*
	12	ὁ δε πετρος *ἀναστὰς* ἐδραμεν ἐπι το μνημειον
	33	και *ἀναστάντες* αὐτῃ τῃ ὡρᾳ ὑπεστρεψαν εἰς ἰερουσαλημ,
	46	και εἰπεν αὐτοις ὁτι οὑτως γεγραπται παθειν τον χριστον και *ἀναστηναι* ἐκ νεκρων τῃ τριτῃ ἡμερᾳ,
Jh	6 39	ἱνα παν ὁ δεδωκεν μοι μη ἀπολεσω ἐξ αὐτου, ἀλλα *ἀναστησω* αὐτο [ἐν] τῃ ἐσχατῃ ἡμερᾳ.
	40	ἱνα πας ὁ θεωρων τον υἱον και πιστευων εἰς αὐτον ἐχῃ ζωην αἰωνιον, και *ἀναστησω* αὐτον ἐγω [ἐν] τῃ ἐσχατῃ ἡμερᾳ.
	44	καγω *ἀναστησω* αὐτον ἐν τῃ ἐσχατῃ ἡμερᾳ.
	54	καγω *ἀναστησω* αὐτον τῃ ἐσχατῃ ἡμερᾳ.
	11 23	*ἀναστησεται* ὁ ἀδελφος σου.
	24	οἰδα ὁτι *ἀναστησεται* ἐν τῃ ἀναστασει ἐν τῃ ἐσχατῃ ἡμερᾳ.
	31	οἱ οὐν ἰουδαιοι οἱ ὀντες μετ αὐτης ἐν τῃ οἰκιᾳ και παραμυθουμενοι αὐτην, ἰδοντες την μαριαμ ὁτι ταχεως *ἀνέστη* και ἐξηλθεν, ἠκολουθησαν αὐτῃ,
	20 9	οὐδεπω γαρ ᾐδεισαν την γραφην, ὁτι δει αὐτον ἐκ νεκρων *ἀναστηναι.*
Ac	1 15	και ἐν ταις ἡμεραις ταυταις *ἀναστὰς* πετρος ἐν μεσῳ των ἀδελφων εἰπεν· ἠν τε ὀχλος ὀνοματων ἐπι το αὐτο ὡσει ἑκατονεικοσι·
	2 24	ὁν ὁ θεος *ἀνέστησεν* λυσας τας ὡδινας του θανατου, καθοτι οὐκ ἠν δυνατον κρατεισθαι αὐτον ὑπ αὐτου.
	32	τουτον τον ἰησουν *ἀνέστησεν* ὁ θεος, οὑ παντες ἡμεις ἐσμεν μαρτυρες·
	3 22	μωυσης μεν εἰπεν ὁτι προφητην ὑμιν *ἀναστησει* κυριος ὁ θεος ὑμων ἐκ των ἀδελφων ὑμων ὡς ἐμε·
	26	ὑμιν πρωτον *ἀναστησας* ὁ θεος τον παιδα αὐτου ἀπεστειλεν αὐτον εὐλογουντα ὑμας ἐν τω ἀποστρεφειν ἑκαστον ἀπο των πονηριων ὑμων.
	5 6	*ἀναστάντες* δε οἱ νεωτεροι συνεστειλαν αὐτον και ἐξενεγκαντες ἐθαψαν.
Ac	5 17	*ἀναστὰς* δε ὁ ἀρχιερευς και παντες οἱ συν αὐτῳ, ἡ οὐσα αἱρεσις των σαδδουκαιων,
	34	*ἀναστὰς* δε τις ἐν τω συνεδριω φαρισαιος ὀνοματι γαμαλιηλ,
	36	προ γαρ τουτων των ἡμερων *ἀνέστη* θευδας, λεγων εἰναι τινα ἑαυτον, ᾡ προσεκλιθη ἀνδρων ἀριθμος ὡς τετρακοσιων·
	37	μετα τουτον *ἀνέστη* ἰουδας ὁ γαλιλαιος ἐν ταις ἡμεραις της ἀπογραφης και ἀπεστησεν λαον ὀπισω αὐτου·
	6 9	*ἀνέστησαν* δε τινες των ἐκ της συναγωγης της λεγομενης λιβερτινων και κυρηναιων και ἀλεξανδρεων και των ἀπο κιλικιας και ἀσιας συζητουντες τῳ στεφανῳ·
	7 18	ηὐξησεν ὁ λαος και ἐπληθυνθη ἐν αἰγυπτῳ, ἀχρι οὑ *ἀνέστη* βασιλευς ἑτερος [ἐπ αἰγυπτον],
	37	προφητην ὑμιν *ἀναστησει* ὁ θεος ἐκ των ἀδελφων ὑμων ὡς ἐμε.
	8 26	*ἀναστηθι* και πορευου κατα μεσημβριαν ἐπι την ὁδον την καταβαινουσαν ἀπο ἰερουσαλημ εἰς γαζαν·
	27	και *ἀναστὰς* ἐπορευθη.
	9 6	ἀλλα *ἀναστηθι* και εἰσελθε εἰς την πολιν, και λαληθησεται σοι ὁτι σε δει ποιειν.
	11	*ἀναστὰς* πορευθητι ἐπι την ῥυμην την καλουμενην εὐθειαν και ζητησον ἐν οἰκιᾳ ιουδα σαυλον ὀνοματι ταρσεα·
	18	και *ἀναστὰς* ἐβαπτισθη, και λαβων τροφην ἐνισχυσεν.
	34	αἰνεα, ἰαται σε ἰησους χριστος· *ἀναστηθι* και στρωσον σεαυτῳ.
	34	και εὐθεως *ἀνέστη.* και εἰδαν αὐτον παντες οἱ κατοικουντες λυδδα και τον σαρωνα,
	39	*ἀναστὰς* δε πετρος συνηλθεν αὐτοις·
	40	και ἐπιστρεψας προς το σωμα εἰπεν· ταβιθα, *ἀναστηθι.*
	41	δους δε αὐτῃ χειρα *ἀνέστησεν* αὐτην·
	10 13	*ἀναστὰς*, πετρε, θυσον και φαγε.
	20	ἀλλα *ἀναστὰς* καταβηθι, και πορευου συν αὐτοις μηδεν διακρινομενος·
	23	τῃ δε ἐπαυριον *ἀναστὰς* ἐξηλθεν συν αὐτοις,
	26	ὁ δε πετρος ἠγειρεν αὐτον λεγων· *ἀναστηθι·* και ἐγω αὐτος ἀνθρωπος εἰμι.
	41	ἀλλα μαρτυσιν τοις προκεχειροτονημενοις ὑπο του θεου, ἡμιν, οἱτινες συνεφαγομεν και συνεπιομεν αὐτῳ μετα το *ἀναστηναι* αὐτον ἐκ νεκρων·
	11 7	*ἀναστὰς*, πετρε, θυσον και φαγε.
	28	*ἀναστὰς* δε εἰς ἐξ αὐτων ὀνοματι ἀγαβος ἐσημανεν δια του πνευματος λιμον μεγαλην μελλειν ἐσεσθαι ἐφ ὁλην την οἰκουμενην·
	12 7	παταξας δε την πλευραν του πετρου ἠγειρεν αὐτον λεγων· *ἀναστα* ἐν ταχει.
	13 16	*ἀναστὰς* δε παυλος και κατασεισας τῃ χειρι εἰπεν·
	33	και ἡμεις ὑμας εὐαγγελιζομεθα την προς τους πατερας ἐπαγγελιαν γενομενην, ὁτι ταυτην ὁ θεος ἐκπεπληρωκεν τοις τεκνοις [αὐτων] ἡμιν *ἀναστησας* ἰησουν.
	34	ὁτι δε *ἀνέστησεν* αὐτον ἐκ νεκρων μηκετι μελλοντα ὑποστρεφειν εἰς διαφθοραν, οὑτως εἰρηκεν ὁτι δωσω ὑμιν τα ὁσια δαυιδ τα πιστα.
	14 10	*ἀναστηθι* ἐπι τους ποδας σου ὀρθος.
	20	κυκλωσαντων δε των μαθητων αὐτον *ἀναστὰς* εἰσηλθεν εἰς την πολιν.
	15 7	πολλης δε ζητησεως γενομενης *ἀναστὰς* πετρος εἰπεν προς αὐτους·
	17 3	και ἐπι σαββατα τρια διελεξατο αὐτοις ἀπο των γραφων, διανοιγων και παρατιθεμενος ὁτι τον χριστον ἐδει παθειν και *ἀναστηναι* ἐκ νεκρων,
	31	πιστιν παρασχων πασιν *ἀναστησας* αὐτον ἐκ νεκρων.
	20 30	και ἐξ ὑμων αὐτων *ἀναστησονται* ἀνδρες λαλουντες διεστραμμενα του ἀποσπαν τους μαθητας ὀπισω αὐτων.
	22 10	*ἀναστὰς* πορευου εἰς δαμασκον, κακει σοι λαληθησεται περι παντων ὡν τετακται σοι ποιησαι.
	16	*ἀναστὰς* βαπτισαι και ἀπολουσαι τας ἁμαρτιας σου, ἐπικαλεσαμενος το ὀνομα αὐτου.
	23 9	ἐγενετο δε κραυγη μεγαλη, και *ἀναστάντες* τινες των γραμματεων του μερους των φαρισαιων διεμαχοντο λεγοντες·
	26 16	ἀλλα *ἀναστηθι* και στηθι ἐπι τους ποδας σου·
	30	*ἀνέστη* τε ὁ βασιλευς και ὁ ἡγεμων ἡ τε βερνικη και οἱ συγκαθημενοι αὐτοις,
Rm	15 12	ἐσται ἡ ῥιζα του ιεσσαι, και ὁ *ἀνιστάμενος* ἀρχειν ἐθνων· ἐπ αὐτῳ ἐθνη ἐλπιουσιν.
1Co	10 7	ἐκαθισεν ὁ λαος φαγειν και πειν, και *ἀνέστησαν* παιζειν.
Eph	5 14	ἐγειρε, ὁ καθευδων, και *ἀναστα* ἐκ των νεκρων,
1Th	4 14	εἰ γαρ πιστευομεν ὁτι ἰησους ἀπεθανεν και *ἀνέστη*, οὑτως και ὁ θεος τους κοιμηθεντας δια του ἰησου ἀξει συν αὐτῳ.
	16	και οἱ νεκροι ἐν χριστω *ἀναστησονται* πρωτον,

ἀνίστημι [108]

Heb 7 11 τίς ἔτι χρεία κατα την ταξιν μελχισεδεκ ἕτερον *ἀνίστασθαι* ἱερεα και οὐ κατα την ταξιν ἀαρων λεγεσθαι;
15 και περισσοτερον ἔτι καταδηλον ἐστιν, εἰ κατα την ὁμοιοτητα μελχισεδεκ *ἀνισταται* ἱερευς ἕτερος,

ἄννα [1]

Lc 2 36 και ἦν *ἄννα* προφητις, θυγατηρ φανουηλ, ἐκ φυλης ἀσηρ·

ἄννας [4]

Lc 3 2 και λυσανιου της ἀβιληνης τετρααρχουντος, ἐπι ἀρχιερεως *ἄννα* και καιαφα,
Jh 18 13 ἡ οὖν σπειρα και ὁ χιλιαρχος και οἱ ὑπηρεται των ἰουδαιων συνελαβον τον ἰησουν και ἐδησαν αὐτον, και ἠγαγον προς *ἄνναν* πρωτον·
24 ἀπεστειλεν οὖν αὐτον ὁ *ἄννας* δεδεμενον προς καιαφαν τον ἀρχιερεα.
Ac 4 6 και *ἄννας* ὁ ἀρχιερευς και καιαφας και ἰωαννης και ἀλεξανδρος και ὁσοι ἦσαν ἐκ γενους ἀρχιερατικου,

ἀνόητος [6]

Lc 24 25 ὦ *ἀνοητοι* και βραδεις τη καρδια του πιστευειν ἐπι πασιν οἷς ἐλαλησαν οἱ προφηται·
Rm 1 14 ἑλλησιν τε και βαρβαροις, σοφοις τε και *ἀνοητοις* ὀφειλετης εἰμι·
Ga 3 1 ὦ *ἀνοητοι* γαλαται, τίς ὑμας ἐβασκανεν,
3 οὑτως *ἀνοητοι* ἐστε; ἐναρξαμενοι πνευματι νυν σαρκι ἐπιτελεισθε;
1Tm 6 9 οἱ δε βουλομενοι πλουτειν ἐμπιπτουσιν εἰς πειρασμον και παγιδα και ἐπιθυμιας πολλας *ἀνοητους* και βλαβερας,
Tit 3 3 ἦμεν γαρ ποτε και ἡμεις *ἀνοητοι*,

ἄνοια [2]

Lc 6 11 αὐτοι δε ἐπλησθησαν *ἀνοιας*, και διελαλουν προς ἀλληλους τί ἂν ποιησαιεν τῳ ἰησου.
2Tm 3 9 ἡ γαρ *ἄνοια* αὐτων ἐκδηλος ἐσται πασιν,

ἀνοίγω [77]

Mt 2 11 και *ἀνοιξαντες* τους θησαυρους αὐτων προσηνεγκαν αὐτῳ δωρα,
3 16 και ἰδου *ἠνεῳχθησαν* [αὐτῳ] οἱ οὐρανοι,
5 2 και *ἀνοιξας* το στομα αὐτου ἐδιδασκεν αὐτους λεγων·
7 7 κρουετε, και *ἀνοιγησεται* ὑμιν.
8 και τῳ κρουοντι *ἀνοιγησεται*.
9 30 και *ἠνεῳχθησαν* αὐτων οἱ ὀφθαλμοι.
13 35 *ἀνοιξω* ἐν παραβολαις το στομα μου, ἐρευξομαι κεκρυμμενα ἀπο καταβολης [κοσμου].
17 27 και *ἀνοιξας* το στομα αὐτου εὑρησεις στατηρα·
20 33 λεγουσιν αὐτῳ· κυριε, ἱνα *ἀνοιγωσιν* οἱ ὀφθαλμοι ἡμων.
25 11 κυριε κυριε, *ἀνοιξον* ἡμιν.
27 52 και τα μνημεια *ἠνεῳχθησαν* και πολλα σωματα των κεκοιμημενων ἁγιων ἠγερθησαν·
Mc 7 35 και [εὐθεως] *ἠνοιγησαν* αὐτου αἱ ἀκοαι,
Lc 1 64 *ἀνεῳχθη* δε το στομα αὐτου παραχρημα και ἡ γλωσσα αὐτου,
3 21 ἐγενετο δε ἐν τῳ βαπτισθηναι ἁπαντα τον λαον και ἰησου βαπτισθεντος και προσευχομενου *ἀνεῳχθηναι* τον οὐρανον και καταβηναι το πνευμα το ἁγιον σωματικῳ εἰδει ὡς περιστεραν ἐπ᾽ αὐτον,
11 9 ζητειτε, και εὑρησετε· κρουετε, και *ἀνοιγησεται* ὑμιν.
10 πας γαρ ὁ αἰτων λαμβανει, και ὁ ζητων εὑρισκει, και τῳ κρουοντι *ἀνοιγ[ησ]εται*.
12 36 και ὑμεις ὁμοιοι ἀνθρωποις προσδεχομενοις τον κυριον ἑαυτων, ποτε ἀναλυση ἐκ των γαμων, ἱνα ἐλθοντος και κρουσαντος εὐθεως *ἀνοιξωσιν* αὐτῳ.
13 25 και ἀρξησθε ἐξω ἑσταναι και κρουειν την θυραν λεγοντες· κυριε, *ἀνοιξον* ἡμιν.
Jh 1 51 ὀψεσθε τον οὐρανον *ἀνεῳγοτα* και τους ἀγγελους του θεου ἀναβαινοντας και καταβαινοντας ἐπι τον υἱον του ἀνθρωπου.
9 10 πῶς [οὖν] *ἠνεῳχθησαν* σου οἱ ὀφθαλμοι;
14 ἦν δε σαββατον ἐν ᾗ ἡμερα τον πηλον ἐποιησεν ὁ ἰησους και *ἀνεῳξεν* αὐτου τους ὀφθαλμους.
17 τί συ λεγεις περι αὐτου, ὁτι *ἠνεῳξεν* σου τους ὀφθαλμους;
21 πῶς δε νυν βλεπει οὐκ οἰδαμεν, ἢ τίς *ἠνεῳξεν* αὐτου τους ὀφθαλμους ἡμεις οὐκ οἰδαμεν·
26 πῶς *ἠνοιξεν* σου τους ὀφθαλμους;

ἀνοίγω [77]

Jh 9 30 ἐν τουτῳ γαρ το θαυμαστον ἐστιν, ὁτι ὑμεις οὐκ οἰδατε ποθεν ἐστιν, και *ἠνοιξεν* μου τους ὀφθαλμους.
32 ἐκ του αἰωνος οὐκ ἠκουσθη ὁτι *ἠνεῳξεν* τις ὀφθαλμους τυφλου γεγεννημενου·
10 3 τουτῳ ὁ θυρωρος *ἀνοιγει*, και τα προβατα της φωνης αὐτου ἀκουει,
21 ταυτα τα ῥηματα οὐκ ἐστιν δαιμονιζομενου· μη δαιμονιον δυναται τυφλων ὀφθαλμους *ἀνοιξαι*;
11 37 οὐκ ἐδυνατο οὑτος ὁ *ἀνοιξας* τους ὀφθαλμους του τυφλου ποιησαι ἱνα και οὑτος μη ἀποθανη;
Ac 5 19 ἀγγελος δε κυριου δια νυκτος *ἀνοιξας* τας θυρας της φυλακης ἐξαγαγων τε αὐτους εἰπεν·
23 ἀναστρεψαντες δε ἀπηγγειλαν λεγοντες ὁτι το δεσμωτηριον εὑρομεν κεκλεισμενον ἐν παση ἀσφαλεια και τους φυλακας ἑστωτας ἐπι των θυρων, *ἀνοιξαντες* δε ἐσω οὐδενα εὑρομεν.
8 32 οὑτως οὐκ *ἀνοιγει* το στομα αὐτου.
35 *ἀνοιξας* δε ὁ φιλιππος το στομα αὐτου και ἀρξαμενος ἀπο της γραφης ταυτης εὐηγγελισατο αὐτῳ τον ἰησουν.
9 8 ἠγερθη δε σαυλος ἀπο της γης, *ἀνεῳγμενων* δε των ὀφθαλμων αὐτου οὐδεν ἐβλεπεν·
40 ἡ δε *ἠνοιξεν* τους ὀφθαλμους αὐτης, και ἰδουσα τον πετρον ἀνεκαθισεν.
10 11 και θεωρει τον οὐρανον *ἀνεῳγμενον* και καταβαινον σκευος τι ὡς ὀθονην μεγαλην,
34 *ἀνοιξας* δε πετρος το στομα εἰπεν·
12 10 διελθοντες δε πρωτην φυλακην και δευτεραν ἠλθαν ἐπι την πυλην την σιδηραν την φερουσαν εἰς την πολιν, ἡτις αὐτοματη *ἠνοιγη* αὐτοις,
14 και ἐπιγνουσα την φωνην του πετρου ἀπο της χαρας οὐκ *ἠνοιξεν* τον πυλωνα,
16 *ἀνοιξαντες* δε εἰδαν αὐτον και ἐξεστησαν.
14 27 ἀνηγγελλον ὁσα ἐποιησεν ὁ θεος μετ᾽ αὐτων, και ὁτι *ἠνοιξεν* τοις ἐθνεσιν θυραν πιστεως.
16 26 *ἠνεῳχθησαν* δε παραχρημα αἱ θυραι πασαι, και παντων τα δεσμα ἀνεθη.
27 ἐξυπνος δε γενομενος ὁ δεσμοφυλαξ και ἰδων *ἀνεῳγμενας* τας θυρας της φυλακης, σπασαμενος [την] μαχαιραν ἠμελλεν ἑαυτον ἀναιρειν,
18 14 μελλοντος δε του παυλου *ἀνοιγειν* το στομα εἰπεν ὁ γαλλιων προς τους ἰουδαιους·
26 18 *ἀνοιξαι* ὀφθαλμους αὐτων, του ἐπιστρεψαι ἀπο σκοτους εἰς φως και της ἐξουσιας του σατανα ἐπι τον θεον,
Rm 3 13 ταφος *ἀνεῳγμενος* ὁ λαρυγξ αὐτων, ταις γλωσσαις αὐτων ἐδολιουσαν,
1Co 16 9 θυρα γαρ μοι *ἀνεῳγεν* μεγαλη και ἐνεργης,
2Co 2 12 ἐλθων δε εἰς την τρῳαδα εἰς το εὐαγγελιον του χριστου, και θυρας μοι *ἀνεῳγμενης* ἐν κυριῳ, οὐκ ἐσχηκα ἀνεσιν τῳ πνευματι μου
6 11 το στομα ἡμων *ἀνεῳγεν* προς ὑμας, κορινθιοι, ἡ καρδια ἡμων πεπλατυνται·
Col 4 3 προσευχομενοι ἁμα και περι ἡμων, ἱνα ὁ θεος *ἀνοιξη* ἡμιν θυραν του λογου,
Apc 3 7 ὁ *ἀνοιγων* και οὐδεις κλεισει, και κλειων και οὐδεις *ἀνοιγει*·
7 ὁ *ἀνοιγων* και οὐδεις κλεισει, και κλειων και οὐδεις *ἀνοιγει*·
8 ἰδου δεδωκα ἐνωπιον σου θυραν *ἠνεῳγμενην*,
20 ἐαν τις ἀκουση της φωνης μου και *ἀνοιξη* την θυραν, [και] εἰσελευσομαι προς αὐτον
4 1 μετα ταυτα εἰδον, και ἰδου θυρα *ἠνεῳγμενη* ἐν τῳ οὐρανῳ,
5 2 τίς ἀξιος *ἀνοιξαι* το βιβλιον και λυσαι τας σφραγιδας αὐτου;
3 και οὐδεις ἐδυνατο ἐν τῳ οὐρανῳ οὐδε ἐπι της γης οὐδε ὑποκατω της γης *ἀνοιξαι* το βιβλιον οὐτε βλεπειν αὐτο.
4 και ἐκλαιον πολυ, ὁτι οὐδεις ἀξιος εὑρεθη *ἀνοιξαι* το βιβλιον οὐτε βλεπειν αὐτο.
5 ἰδου ἐνικησεν ὁ λεων ὁ ἐκ της φυλης ἰουδα, ἡ ριζα δαυιδ, *ἀνοιξαι* το βιβλιον και τας ἑπτα σφραγιδας αὐτου.
9 ἀξιος εἶ λαβειν το βιβλιον και *ἀνοιξαι* τας σφραγιδας αὐτου,
6 1 και εἰδον ὁτε *ἠνοιξεν* το ἀρνιον μιαν ἐκ των ἑπτα σφραγιδων,
3 και ὁτε *ἠνοιξεν* την σφραγιδα την δευτεραν, ἠκουσα του δευτερου ζῳου λεγοντος·
5 και ὁτε *ἠνοιξεν* την σφραγιδα την τριτην, ἠκουσα του τριτου ζῳου λεγοντος·
7 και ὁτε *ἠνοιξεν* την σφραγιδα την τεταρτην, ἠκουσα φωνην του τεταρτου ζῳου λεγοντος·
9 και ὁτε *ἠνοιξεν* την πεμπτην σφραγιδα, εἰδον ὑποκατω του θυσιαστηριου τας ψυχας των ἐσφαγμενων
12 και εἰδον ὁτε *ἠνοιξεν* την σφραγιδα την ἑκτην,
8 1 και ὁταν *ἠνοιξεν* την σφραγιδα την ἑβδομην, ἐγενετο σιγη ἐν τῳ οὐρανῳ ὡς ἡμιωριον.
9 2 και *ἠνοιξεν* το φρεαρ της ἀβυσσου·

ἀνοιγω [77]

Apc 10 2   και εχων εν τη χειρι αυτου βιβλαριδιον *ηνεωγμενον.*
     8   υπαγε λαβε το βιβλιον το *ηνεωγμενον* εν τη χειρι του αγγελου του εστωτος επι της θαλασσης και επι της γης.
   11 19   και *ηνοιγη* ο ναος του θεου ο εν τω ουρανω,
   12 16   και *ηνοιξεν* η γη το στομα αυτης και κατεπιεν τον ποταμον ον εβαλεν ο δρακων εκ του στοματος αυτου.
   13 6   και *ηνοιξεν* το στομα αυτου εις βλασφημιας προς τον θεον,
   15 5   και *ηνοιγη* ο ναος της σκηνης του μαρτυριου εν τω ουρανω,
   19 11   και ειδον τον ουρανον *ηνεωγμενον,*
   20 12   και βιβλια *ηνοιχθησαν·* και αλλο βιβλιον *ηνοιχθη,*
     12   και αλλο βιβλιον *ηνοιχθη,* ο εστιν της ζωης·

ἀνοικοδομεω [2]

Ac 15 16   μετα ταυτα αναστρεψω και *ανοικοδομησω* την σκηνην δαυιδ την πεπτωκυιαν,
     16   και τα κατεσκαμμενα αυτης *ανοικοδομησω* και ανορθωσω αυτην,

ἀνοιξις [1]

Eph 6 19   και υπερ εμου, ινα μοι δοθη λογος εν *ανοιξει* του στοματος μου,

ἀνομια [15]

Mt 7 23   αποχωρειτε απ εμου οι εργαζομενοι την *ανομιαν.*
   13 41   και συλλεξουσιν εκ της βασιλειας αυτου παντα τα σκανδαλα και τους ποιουντας την *ανομιαν,*
   23 28   ουτως και υμεις εξωθεν μεν φαινεσθε τοις ανθρωποις δικαιοι, εσωθεν δε εστε μεστοι υποκρισεως και *ανομιας.*
   24 12   και δια το πληθυνθηναι την *ανομιαν* ψυγησεται η αγαπη των πολλων·
Rm 4 7   μακαριοι ων αφεθησαν αι *ανομιαι* και ων επεκαλυφθησαν αι αμαρτιαι·
   6 19   ωσπερ γαρ παρεστησατε τα μελη υμων δουλα τη ακαθαρσια και τη *ανομια* εις την ανομιαν, ουτως νυν παραστησατε τα μελη υμων δουλα τη δικαιοσυνη εις αγιασμον.
     19   ωσπερ γαρ παρεστησατε τα μελη υμων δουλα τη ακαθαρσια και τη ανομια εις την *ανομιαν,* ουτως νυν παραστησατε τα μελη υμων δουλα τη δικαιοσυνη εις αγιασμον.
2Co 6 14   τις γαρ μετοχη δικαιοσυνη και *ανομια,* η τις κοινωνια φωτι προς σκοτος;
2Th 2 3   οτι εαν μη ελθη η αποστασια πρωτον και αποκαλυφθη ο ανθρωπος της *ανομιας,*
     7   το γαρ μυστηριον ηδη ενεργειται της *ανομιας·*
Tit 2 14   ος εδωκεν εαυτον υπερ ημων ινα λυτρωσηται ημας απο πασης *ανομιας* και καθαριση εαυτω λαον περιουσιον,
Heb 1 9   ηγαπησας δικαιοσυνην και εμισησας *ανομιαν·*
   10 17   και των αμαρτιων αυτων και των *ανομιων* αυτων ου μη μνησθησομαι ετι.
1Jh 3 4   πας ο ποιων την αμαρτιαν και την *ανομιαν* ποιει,
     4   και η αμαρτια εστιν η *ανομια.*

ἀνομος [10]

Mc 15 28 *   και μετα *ανομων* ελογισθη.
Lc 22 37   λεγω γαρ υμιν οτι τουτο το γεγραμμενον δει τελεσθηναι εν εμοι, το· και μετα *ανομων* ελογισθη·
Ac 2 23   τουτον τη ωρισμενη βουλη και προγνωσει του θεου εκδοτον δια χειρος *ανομων* προσπηξαντες ανειλατε,
1Co 9 21   τοις *ανομοις* ως ανομος, μη ων ανομος θεου αλλ εννομος χριστου,
     21   τοις ανομοις ως *ανομος,* μη ων ανομος θεου αλλ εννομος χριστου,
     21   τοις ανομοις ως ανομος, μη ων *ανομος* θεου αλλ εννομος χριστου,
     21   τοις ανομοις ως ανομος, μη ων ανομος θεου αλλ εννομος χριστου, ινα κερδανω τους *ανομους·*
2Th 2 8   και τοτε αποκαλυφθησεται ο *ανομος,*
1Tm 1 9   οτι δικαιω νομος ου κειται, *ανομοις* δε και ανυποτακτοις,
2Pt 2 8   βλεμματι γαρ και ακοη ο δικαιος εγκατοικων εν αυτοις ημεραν εξ ημερας ψυχην δικαιαν *ανομοις* εργοις εβασανιζεν·

ἀνομως [2]

Rm 2 12   οσοι γαρ *ανομως* ημαρτον, ανομως και απολουνται·
     12   οσοι γαρ ανομως ημαρτον, *ανομως* και απολουνται·

ἀνορθοω [3]

Lc 13 13   και παραχρημα *ανωρθωθη,* και εδοξαζεν τον θεον.
Ac 15 16   και τα κατεσκαμμενα αυτης ανοικοδομησω και *ανορθωσω* αυτην,
Heb 12 12   διο τας παρειμενας χειρας και τα παραλελυμενα γονατα *ανορθωσατε,*

ἀνοσιος [2]

1Tm 1 9   ασεβεσι και αμαρτωλοις, *ανοσιοις* και βεβηλοις,
2Tm 3 2   γονευσιν απειθεις, αχαριστοι, *ανοσιοι,* αστοργοι, ασπονδοι, διαβολοι, ακρατεις, ανημεροι, αφιλαγαθοι,

ἀνοχη [2]

Rm 2 4   η του πλουτου της χρηστοτητος αυτου και της *ανοχης* και της μακροθυμιας καταφρονεις, αγνοων οτι το χρηστον του θεου εις μετανοιαν σε αγει;
     3 26   εις ενδειξιν της δικαιοσυνης αυτου δια την παρεσιν των προγεγονοτων αμαρτηματων εν τη *ανοχη* του θεου,

ἀνταγωνιζομαι [1]

Heb 12 4   ουπω μεχρις αιματος αντικατεστητε προς την αμαρτιαν *ανταγωνιζομενοι,*

ἀνταλλαγμα [2]

Mt 16 26   τι γαρ ωφεληθησεται ανθρωπος, εαν τον κοσμον ολον κερδηση, την δε ψυχην αυτου ζημιωθη; η τι δωσει ανθρωπος *ανταλλαγμα* της ψυχης αυτου;
Mc 8 37   τι γαρ δοι ανθρωπος *ανταλλαγμα* της ψυχης αυτου;

ἀνταναπληροω [1]

Col 1 24   και *ανταναπληρω* τα υστερηματα των θλιψεων του χριστου εν τη σαρκι μου υπερ του σωματος αυτου,

ἀνταποδιδωμι [7]

Lc 14 14   και μακαριος εση, οτι ουκ εχουσιν *ανταποδουναι* σοι·
     14   *ανταποδοθησεται* γαρ σοι εν τη αναστασει των δικαιων.
Rm 11 35   η τις προεδωκεν αυτω, και *ανταποδοθησεται* αυτω;
   12 19   εμοι εκδικησις, εγω *ανταποδωσω,* λεγει κυριος.
1Th 3 9   τινα γαρ ευχαριστιαν δυναμεθα τω θεω *ανταποδουναι* περι υμων επι παση τη χαρα η χαιρομεν δι υμας εμπροσθεν του θεου ημων,
2Th 1 6   ειπερ δικαιον παρα θεω *ανταποδουναι* τοις θλιβουσιν υμας θλιψιν
Heb 10 30   οιδαμεν γαρ τον ειποντα· εμοι εκδικησις, εγω *ανταποδωσω·*

ἀνταποδομα [2]

Lc 14 12   μηποτε και αυτοι αντικαλεσωσιν σε και γενηται *ανταποδομα* σοι.
Rm 11 9   γενηθητω η τραπεζα αυτων εις παγιδα και εις θηραν και εις σκανδαλον και εις *ανταποδομα* αυτοις,

ἀνταποδοσις [1]

Col 3 24   ειδοτες οτι απο κυριου απολημψεσθε την *ανταποδοσιν* της κληρονομιας.

ἀνταποκρινομαι [2]

Lc 14 6   και ουκ ισχυσαν *ανταποκριθηναι* προς ταυτα.
Rm 9 20   ω ανθρωπε, μενουνγε συ τις ει ο *ανταποκρινομενος* τω θεω;

ἀντεχομαι [4]

Mt 6 24   η ενος *ανθεξεται* και του ετερου καταφρονησει.
Lc 16 13   η γαρ τον ενα μισησει και τον ετερον αγαπησει, η ενος *ανθεξεται* και του ετερου καταφρονησει.
1Th 5 14   *αντεχεσθε* των ασθενων, μακροθυμειτε προς παντας.
Tit 1 9   μη αισχροκερδη, αλλα φιλοξενον, φιλαγαθον, σωφρονα, δικαιον, οσιον, εγκρατη, *αντεχομενον* του κατα την διδαχην πιστου λογου,

ἀντι [22]

Mt	2 22	ἀκουσας δε ὁτι ἀρχελαος βασιλευει της ιουδαιας *ἀντι* του πατρος αὑτου ἡρωδου ἐφοβηθη ἐκει ἀπελθειν·
	5 38	ὀφθαλμον *ἀντι* ὀφθαλμου και ὀδοντα *ἀντι* ὀδοντος.
	38	ὀφθαλμον *ἀντι* ὀφθαλμου και ὀδοντα *ἀντι* ὀδοντος.
	17 27	και ἀνοιξας το στομα αὑτου εὑρησεις στατηρα· ἐκεινον λαβων δος αὑτοις *ἀντι* ἐμου και σου.
	20 28	ὡσπερ ὁ υἱος του ἀνθρωπου οὐκ ἠλθεν διακονηθηναι, ἀλλα διακονησαι και δουναι την ψυχην αὑτου λυτρον *ἀντι* πολλων.
Mc	10 45	και γαρ ὁ υἱος του ἀνθρωπου οὐκ ἠλθεν διακονηθηναι ἀλλα διακονησαι και δουναι την ψυχην αὑτου λυτρον *ἀντι* πολλων.
Lc	1 20	και ἰδου ἐση σιωπων και μη δυναμενος λαλησαι ἀχρι ἡς ἡμερας γενηται ταυτα, *ἀνθ* ὡν οὐκ ἐπιστευσας τοις λογοις μου, οἱτινες πληρωθησονται εἰς τον καιρον αὑτων.
	11 11	τινα δε ἐξ ὑμων τον πατερα αἰτησει ὁ υἱος ἰχθυν, και *ἀντι* ἰχθυος ὀφιν αὐτω ἐπιδωσει;
	12 3	*ἀνθ* ὡν ὁσα ἐν τη σκοτια εἰπατε ἐν τω φωτι ἀκουσθησεται,
	19 44	και οὐκ ἀφησουσιν λιθον ἐπι λιθον ἐν σοι, *ἀνθ* ὡν οὐκ ἐγνως τον καιρον της ἐπισκοπης σου.
Jh	1 16	ὁτι ἐκ του πληρωματος αὑτου ἡμεις παντες ἐλαβομεν, και χαριν *ἀντι* χαριτος·
Ac	12 23	παραχρημα δε ἐπαταξεν αὐτον ἀγγελος κυριου *ἀνθ* ὡν οὐκ ἐδωκεν την δοξαν τω θεω,
Rm	12 17	μηδενι κακον *ἀντι* κακου ἀποδιδοντες·
1Co	11 15	ὁτι ἡ κομη *ἀντι* περιβολαιου δεδοται [αὑτη].
Eph	5 31	*ἀντι* τουτου καταλειψει ἀνθρωπος [τον] πατερα και [την] μητερα και προσκολληθησεται προς την γυναικα αὑτου,
1Th	5 15	ὁρατε μη τις κακον *ἀντι* κακου τινι ἀποδω,
2Th	2 10	και ἐν παση ἀπατη ἀδικιας τοις ἀπολλυμενοις, *ἀνθ* ὡν την ἀγαπην της ἀληθειας οὐκ ἐδεξαντο εἰς το σωθηναι αὑτους.
Heb	12 2	ἀφορωντες εἰς τον της πιστεως ἀρχηγον και τελειωτην ἰησουν, ὁς *ἀντι* της προκειμενης αὐτω χαρας ὑπεμεινεν σταυρον αἰσχυνης καταφρονησας,
	16	μη τις πορνος ἠ βεβηλος ὡς ἠσαυ, ὁς *ἀντι* βρωσεως μιας ἀπεδετο τα πρωτοτοκια ἑαυτου.
Ja	4 15	*ἀντι* του λεγειν ὑμας· ἐαν ὁ κυριος θεληση, και ζησομεν και ποιησομεν τουτο ἠ ἐκεινο.
1Pt	3 9	μη ἀποδιδοντες κακον *ἀντι* κακου ἠ λοιδοριαν *ἀντι* λοιδοριας,
	9	μη ἀποδιδοντες κακον *ἀντι* κακου ἠ λοιδοριαν *ἀντι* λοιδοριας,

ἀντιβαλλω [1]

Lc	24 17	τινες οἱ λογοι οὑτοι οὑς *ἀντιβαλλετε* προς ἀλληλους περιπατουντες; και ἐσταθησαν σκυθρωποι.

ἀντιδιατιθεμαι [1]

2Tm	2 25	ἀλλα ἡπιον εἰναι προς παντας, διδακτικον, ἀνεξικακον, ἐν πραυτητι παιδευοντα τους *ἀντιδιατιθεμενους*,

ἀντιδικος [5]

Mt	5 25	ἰσθι εὐνοων τω *ἀντιδικω* σου ταχυ ἑως ὁτου εἰ μετ αὑτου ἐν τη ὁδω·
	25	μηποτε σε παραδω ὁ *ἀντιδικος* τω κριτη και ὁ κριτης τω ὑπηρετη,
Lc	12 58	ὡς γαρ ὑπαγεις μετα του *ἀντιδικου* σου ἐπ ἀρχοντα, ἐν τη ὁδω δος ἐργασιαν ἀπηλλαχθαι ἀπ αὑτου,
	18 3	ἐκδικησον με ἀπο του *ἀντιδικου* μου.
1Pt	5 8	ὁ *ἀντιδικος* ὑμων διαβολος ὡς λεων ὡρυομενος περιπατει ζητων [τινα] καταπιειν·

ἀντιθεσις [1]

1Tm	6 20	ὠ τιμοθεε, την παραθηκην φυλαξον, ἐκτρεπομενος τας βεβηλους κενοφωνιας και *ἀντιθεσεις* της ψευδωνυμου γνωσεως.

ἀντικαθιστημι [1]

Heb	12 4	οὐπω μεχρις αἱματος *ἀντικατεστητε* προς την ἁμαρτιαν ἀνταγωνιζομενοι,

ἀντικαλεω [1]

Lc	14 12	μηποτε και αὐτοι *ἀντικαλεσωσιν* σε και γενηται ἀνταποδομα σοι.

ἀντικειμαι [8]

Lc	13 17	και ταυτα λεγοντος αὑτου κατησχυνοντο παντες οἱ *ἀντικειμενοι* αὐτω και πας ὁ ὀχλος ἐχαιρεν ἐπι πασιν τοις ἐνδοξοις τοις γινομενοις ὑπ αὑτου.
	21 15	ἐγω γαρ δωσω ὑμιν στομα και σοφιαν, ἡ οὐ δυνησονται ἀντιστηναι ἠ ἀντειπειν ἁπαντες οἱ *ἀντικειμενοι* ὑμιν.
1Co	16 9	θυρα γαρ μοι ἀνεωγεν μεγαλη και ἐνεργης, και *ἀντικειμενοι* πολλοι.
Ga	5 17	ταυτα γαρ ἀλληλοις *ἀντικειται*, ἰνα μη ἁ ἐαν θελητε ταυτα ποιητε.
Php	1 28	μια ψυχη συναθλουντες τη πιστει του εὐαγγελιου, και μη πτυρομενοι ἐν μηδενι ὑπο των *ἀντικειμενων*,
2Th	2 4	ὁ υἱος της ἀπωλειας, ὁ *ἀντικειμενος* και ὑπεραιρομενος ἐπι παντα λεγομενον θεον ἠ σεβασμα,
1Tm	1 10	και εἰ τι ἑτερον τη ὑγιαινουση διδασκαλια *ἀντικειται*,
	5 14	βουλομαι οὐν νεωτερας γαμειν, τεκνογονειν, οἰκοδεσποτειν, μηδεμιαν ἀφορμην διδοναι τω *ἀντικειμενω* λοιδοριας χαριν·

ἀντικρυς [1]

Ac	20 15	κἀκειθεν ἀποπλευσαντες τη ἐπιουση κατηντησαμεν *ἀντικρυς* χιου,

ἀντιλαμβανομαι [3]

Lc	1 54	*ἀντελαβετο* ἰσραηλ παιδος αὑτου, μνησθηναι ἐλεους,
Ac	20 35	παντα ὑπεδειξα ὑμιν, ὁτι οὑτως κοπιωντας δει *ἀντιλαμβανεσθαι* των ἀσθενουντων,
1Tm	6 2	ἀλλα μαλλον δουλευετωσαν, ὁτι πιστοι εἰσιν και ἀγαπητοι οἱ της εὐεργεσιας *ἀντιλαμβανομενοι*.

ἀντιλεγω [11]

Lc	2 34	ἰδου οὑτος κειται εἰς πτωσιν και ἀναστασιν πολλων ἐν τω ἰσραηλ και εἰς σημειον *ἀντιλεγομενον* και σου [δε] αὑτης την ψυχην διελευσεται ρομφαια,
	20 27	προσελθοντες δε τινες των σαδδουκαιων, οἱ *[ἀντι]λεγοντες* ἀναστασιν μη εἰναι,
	21 15	ἐγω γαρ δωσω ὑμιν στομα και σοφιαν, ἡ οὐ δυνησονται ἀντιστηναι ἠ ἀντειπειν ἁπαντες οἱ ἀντικειμενοι ὑμιν.
Jh	19 12	πας ὁ βασιλεα ἑαυτον ποιων *ἀντιλεγει* τω καισαρι.
Ac	4 14	τον τε ἀνθρωπον βλεποντες συν αὑτοις ἑστωτα τον τεθεραπευμενον, οὐδεν εἰχον *ἀντειπειν*.
	13 45	ἰδοντες δε οἱ ιουδαιοι τους ὀχλους ἐπλησθησαν ζηλου, και *ἀντελεγον* τοις ὑπο παυλου λαλουμενοις·βλασφημουντες.
	28 19	*ἀντιλεγοντων* δε των ιουδαιων ἠναγκασθην ἐπικαλεσασθαι καισαρα,
	22	περι μεν γαρ της αἱρεσεως ταυτης γνωστον ἡμιν ἐστιν ὁτι πανταχου *ἀντιλεγεται*.
Rm	10 21	ὁλην την ἡμεραν ἐξεπετασα τας χειρας μου προς λαον ἀπειθουντα και *ἀντιλεγοντα*.
Tit	1 9	φιλαγαθον, σωφρονα, δικαιον, ὁσιον, ἐγκρατη, ἀντεχομενον του κατα την διδαχην πιστου λογου, ἰνα δυνατος ἡ και παρακαλειν ἐν τη διδασκαλια τη ὑγιαινουση και τους *ἀντιλεγοντας* ἐλεγχειν.
	2 9	δουλους ἰδιοις δεσποταις ὑποτασσεσθαι ἐν πασιν, εὐαρεστους εἰναι, μη *ἀντιλεγοντας*, μη νοσφιζομενους,

ἀντιλημψις [1]

1Co	12 28	ἐπειτα δυναμεις, ἐπειτα χαρισματα ἰαματων, *ἀντιλημψεις*, κυβερνησεις, γενη γλωσσων.

ἀντιλογια [4]

Heb	6 16	και πασης αὑτοις *ἀντιλογιας* περας εἰς βεβαιωσιν ὁ ὁρκος·
	7 7	χωρις δε πασης *ἀντιλογιας* το ἐλαττον ὑπο του κρειττονος εὐλογειται.
	12 3	ἀναλογισασθε γαρ τον τοιαυτην ὑπομεμενηκοτα ὑπο των ἁμαρτωλων εἰς ἑαυτον *ἀντιλογιαν*,
Ju	11	και τη *ἀντιλογια* του κορε ἀπωλοντο.

ἀντιλοιδορεω [1]

1Pt	2 23	ὁς λοιδορουμενος οὐκ *ἀντελοιδορει*, πασχων οὐκ ἠπειλει,

ἀντιλυτρον [1]

1Tm	2 6	ἀνθρωπος χριστος ἰησους, ὁ δους ἑαυτον *ἀντιλυτρον* ὑπερ παντων,

ἀντιμετρεω [1]

Lc   6 38   ᾧ γαρ μετρῳ μετρειτε *ἀντιμετρηθησεται* ὑμιν.

ἀντιμισθια [2]

Rm   1 27   ἀρσενες ἐν ἀρσεσιν την ἀσχημοσυνην κατεργαζομενοι και την *ἀντιμισθιαν* ἣν ἐδει της πλανης αὐτων ἐν ἑαυτοις ἀπολαμβανοντες.

2Co   6 13   την δε αὐτην *ἀντιμισθιαν*, ὡς τεκνοις λεγω, πλατυνθητε και ὑμεις.

ἀντιοχεια [18]

Ac   11 19   οἱ μεν οὖν διασπαρεντες ἀπο της θλιψεως της γενομενης ἐπι στεφανῳ διηλθον ἑως φοινικης και κυπρου και *ἀντιοχειας*,

     20   ἦσαν δε τινες ἐξ αὐτων ἀνδρες κυπριοι και κυρηναιοι, οἱτινες ἐλθοντες εἰς *ἀντιοχειαν* ἐλαλουν και προς τους ἑλληνιστας,

     22   και ἐξαπεστειλαν βαρναβαν [διελθειν] ἑως *ἀντιοχειας*·

     26   ἐξηλθεν δε εἰς ταρσον ἀναζητησαι σαυλον, και εὑρων ἠγαγεν εἰς *ἀντιοχειαν*.

     26   ἐγενετο δε αὐτοις και ἐνιαυτον ὁλον συναχθηναι ἐν τη ἐκκλησιᾳ και διδαξαι ὀχλον ἱκανον, χρηματισαι τε πρωτως ἐν *ἀντιοχειᾳ* τους μαθητας χριστιανους.

     27   ἐν ταυταις δε ταις ἡμεραις κατηλθον ἀπο ἱεροσολυμων προφηται εἰς *ἀντιοχειαν*·

   13 1   ἦσαν δε ἐν *ἀντιοχειᾳ* κατα την οὐσαν ἐκκλησιαν προφηται και διδασκαλοι ὁ τε βαρναβας και συμεων ὁ καλουμενος νιγερ,

     14   αὐτοι δε διελθοντες ἀπο της περγης παρεγενοντο εἰς *ἀντιοχειαν* την πισιδιαν,

   14 19   ἐπηλθαν δε ἀπο *ἀντιοχειας* και ἱκονιου ἰουδαιοι,

     21   εὐαγγελισαμενοι τε την πολιν ἐκεινην και μαθητευσαντες ἱκανους ὑπεστρεψαν εἰς την λυστραν και εἰς ἱκονιον και [εἰς] *ἀντιοχειαν*,

     26   και λαλησαντες ἐν περγη τον λογον κατεβησαν εἰς ἀτταλειαν, κακειθεν ἀπεπλευσαν εἰς *ἀντιοχειαν*,

   15 22   τοτε ἐδοξε τοις ἀποστολοις και τοις πρεσβυτεροις συν ὁλη τη ἐκκλησιᾳ ἐκλεξαμενους ἀνδρας ἐξ αὐτων πεμψαι εἰς *ἀντιοχειαν* συν τῳ παυλῳ και βαρναβᾳ,

     23   οἱ ἀποστολοι και οἱ πρεσβυτεροι ἀδελφοι τοις κατα την *ἀντιοχειαν* και συριαν και κιλικιαν ἀδελφοις τοις ἐξ ἐθνων χαιρειν.

     30   οἱ μεν οὖν ἀπολυθεντες κατηλθον εἰς *ἀντιοχειαν*, και συναγαγοντες το πληθος ἐπεδωκαν την ἐπιστολην.

     35   παυλος δε και βαρναβας διετριβον ἐν *ἀντιοχειᾳ*,

   18 22   ἀναβας και ἀσπασαμενος την ἐκκλησιαν, κατεβη εἰς *ἀντιοχειαν*,

Ga   2 11   ὁτε δε ἠλθεν κηφας εἰς *ἀντιοχειαν*, κατα προσωπον αὐτῳ ἀντεστην,

2Tm   3 11   τοις διωγμοις, τοις παθημασιν, οἱα μοι ἐγενετο ἐν *ἀντιοχειᾳ*, ἐν ἱκονιῳ, ἐν λυστροις·

ἀντιοχευς [1]

Ac   6 5   και φιλιππον και προχορον και νικανορα και τιμωνα και παρμεναν και νικολαον προσηλυτον *ἀντιοχεα*,

ἀντιπαρερχομαι [2]

Lc   10 31   κατα συγκυριαν δε ἱερευς τις κατεβαινεν ἐν τη ὁδῳ ἐκεινη, και ἰδων αὐτον *ἀντιπαρηλθεν*.

     32   ὁμοιως δε και λευιτης [γενομενος] κατα τον τοπον ἐλθων και ἰδων *ἀντιπαρηλθεν*.

ἀντιπας [1]

Apc   2 13   και οὐκ ἠρνησω την πιστιν μου και ἐν ταις ἡμεραις *ἀντιπας* ὁ μαρτυς μου ὁ πιστος μου,

ἀντιπατρις [1]

Ac   23 31   οἱ μεν οὖν στρατιωται κατα το διατεταγμενον αὐτοις ἀναλαβοντες τον παυλον ἠγαγον δια νυκτος εἰς την *ἀντιπατριδα*·

ἀντιπερα [1]

Lc   8 26   και κατεπλευσαν εἰς την χωραν των γερασηνων, ἡτις ἐστιν *ἀντιπερα* της γαλιλαιας.

ἀντιπιπτω [1]

Ac   7 51   σκληροτραχηλοι και ἀπεριτμητοι καρδιαις και τοις ὠσιν, ὑμεις ἀει τῳ πνευματι τῳ ἁγιῳ *ἀντιπιπτετε*, ὡς οἱ πατερες ὑμων και ὑμεις.

ἀντιστρατευομαι [1]

Rm   7 23   βλεπω δε ἑτερον νομον ἐν τοις μελεσιν μου *ἀντιστρατευομενον* τῳ νομῳ του νοος μου

ἀντιτασσομαι [5]

Ac   18 6   *ἀντιτασσομενων* δε αὐτων και βλασφημουντων ἐκτιναξαμενος τα ἱματια εἰπεν προς αὐτους·

Rm   13 2   ὡστε ὁ *ἀντιτασσομενος* τη ἐξουσιᾳ τη του θεου διαταγη ἀνθεστηκεν·

Ja   4 6   ὁ θεος ὑπερηφανοις *ἀντιτασσεται*, ταπεινοις δε διδωσιν χαριν.

     5 6   κατεδικασατε, ἐφονευσατε τον δικαιον· οὐκ *ἀντιτασσεται* ὑμιν.

1Pt   5 5   παντες δε ἀλληλοις την ταπεινοφροσυνην ἐγκομβωσασθε, ὁτι [ὁ] θεος ὑπερηφανοις *ἀντιτασσεται*,

ἀντιτυπος [2]

Heb   9 24   οὐ γαρ εἰς χειροποιητα εἰσηλθεν ἁγια χριστος, *ἀντιτυπα* των ἀληθινων, ἀλλ εἰς αὐτον τον οὐρανον,

1Pt   3 21   ὁ και ὑμας *ἀντιτυπον* νυν σῳζει βαπτισμα,

ἀντιχριστος [5]

1Jh   2 18   και καθως ἠκουσατε ὁτι *ἀντιχριστος* ἐρχεται, και νυν *ἀντιχριστοι* πολλοι γεγονασιν·

     18   και καθως ἠκουσατε ὁτι *ἀντιχριστος* ἐρχεται, και νυν *ἀντιχριστοι* πολλοι γεγονασιν·

     22   οὑτος ἐστιν ὁ *ἀντιχριστος*, ὁ ἀρνουμενος τον πατερα και τον υἱον.

     4 3   και τουτο ἐστιν το του *ἀντιχριστου*, ὁ ἀκηκοατε ὁτι ἐρχεται,

2Jh   7   οὑτος ἐστιν ὁ πλανος και ὁ *ἀντιχριστος*.

ἀντλεω [4]

Jh   2 8   και λεγει αὐτοις· *ἀντλησατε* νυν και φερετε τῳ ἀρχιτρικλινῳ.

     9   και οὐκ ἠδει ποθεν ἐστιν, οἱ δε διακονοι ἠδεισαν οἱ *ἠντληκοτες* το ὑδωρ,

     4 7   ἐρχεται γυνη ἐκ της σαμαρειας *ἀντλησαι* ὑδωρ.

     15   κυριε, δος μοι τουτο το ὑδωρ, ἱνα μη διψω μηδε διερχωμαι ἐνθαδε *ἀντλειν*.

ἀντλημα [1]

Jh   4 11   κυριε, οὐτε *ἀντλημα* ἐχεις και το φρεαρ ἐστιν βαθυ·

ἀντοφθαλμεω [1]

Ac   27 15   συναρπασθεντος δε του πλοιου και μη δυναμενου *ἀντοφθαλμειν* τῳ ἀνεμῳ ἐπιδοντες ἐφερομεθα.

ἀνυδρος [4]

Mt   12 43   ὁταν δε το ἀκαθαρτον πνευμα ἐξελθη ἀπο του ἀνθρωπου, διερχεται δι *ἀνυδρων* τοπων ζητουν ἀναπαυσιν,

Lc   11 24   ὁταν το ἀκαθαρτον πνευμα ἐξελθη ἀπο του ἀνθρωπου, διερχεται δι *ἀνυδρων* τοπων ζητουν ἀναπαυσιν, και μη εὑρισκον [τοτε] λεγει·

2Pt   2 17   οὑτοι εἰσιν πηγαι *ἀνυδροι* και ὁμιχλαι ὑπο λαιλαπος ἐλαυνομεναι,

Ju   12   νεφελαι *ἀνυδροι* ὑπο ἀνεμων παραφερομεναι,

ἀνυποκριτος [6]

Rm   12 9   ἡ ἀγαπη *ἀνυποκριτος*. ἀποστυγουντες το πονηρον, κολλωμενοι τῳ ἀγαθῳ·

2Co   6 6   ἐν ἀγαπη *ἀνυποκριτῳ*, ἐν λογῳ ἀληθειας, ἐν δυναμει θεου·

1Tm   1 5   το δε τελος της παραγγελιας ἐστιν ἀγαπη ἐκ καθαρας καρδιας και συνειδησεως ἀγαθης και πιστεως *ἀνυποκριτου*,

2Tm   1 5   ὑπομνησιν λαβων της ἐν σοι *ἀνυποκριτου* πιστεως,

Ja   3 17   ἐπειτα εἰρηνικη, ἐπιεικης, εὐπειθης, μεστη ἐλεους και καρπων ἀγαθων, ἀδιακριτος, *ἀνυποκριτος*.

ἀνυπόκριτος [6]

1Pt 1 22 τας ψυχας ὑμων ἡγνικοτες ἐν τῃ ὑπακοῃ της ἀληθειας εἰς φιλαδελφιαν ἀνυπόκριτον,

ἀνυπότακτος [4]

1Tm 1 9 ὅτι δικαιῳ νομος οὐ κειται, ἀνομοις δε και ἀνυποτακτοις,
Tit 1 6 εἴ τις ἐστιν ἀνεγκλητος, μιας γυναικος ἀνηρ, τεκνα ἐχων πιστα, μη ἐν κατηγορια ἀσωτιας ἢ ἀνυποτακτα.
10 εἰσιν γαρ πολλοι [και] ἀνυποτακτοι, ματαιολογοι και φρεναπαται, μαλιστα οἱ ἐκ της περιτομης,
Heb 2 8 ἐν τῳ γαρ ὑποταξαι [αὐτῳ] τα παντα οὐδεν ἀφηκεν αὐτῳ ἀνυποτακτον.

ἄνω [9]

Jh 2 7 και ἐγεμισαν αὐτας ἑως ἄνω.
8 23 ὑμεις ἐκ των κατω ἐστε, ἐγω ἐκ των ἄνω εἰμι·
11 41 ὁ δε ἰησους ἠρεν τους ὀφθαλμους ἄνω και εἰπεν·
Ac 2 19 και δωσω τερατα ἐν τῳ οὐρανῳ ἄνω και σημεια ἐπι της γης κατω,
Ga 4 26 ἡ δε ἄνω ἱερουσαλημ ἐλευθερα ἐστιν, ἡτις ἐστιν μητηρ ἡμων·
Php 3 14 κατα σκοπον διωκω εἰς το βραβειον της ἄνω κλησεως του θεου ἐν χριστῳ ἰησου.
Col 3 1 εἰ οὖν συνηγερθητε τῳ χριστῳ, τα ἄνω ζητειτε,
2 τα ἄνω φρονειτε, μη τα ἐπι της γης.
Heb 12 15 μη τις ῥιζα πικριας ἄνω φυουσα ἐνοχλῃ και δια ταυτης μιανθωσιν οἱ πολλοι,

ἄνωθεν [13]

Mt 27 51 και ἰδου το καταπετασμα του ναου ἐσχισθη ἀπ ἄνωθεν ἑως κατω εἰς δυο,
Mc 15 38 και το καταπετασμα του ναου ἐσχισθη εἰς δυο ἀπ ἄνωθεν ἑως κατω.
Lc 1 3 ἐδοξε καμοι παρηκολουθηκοτι ἄνωθεν πασιν ἀκριβως καθεξης σοι γραψαι, κρατιστε θεοφιλε, ἱνα ἐπιγνως περι ὦν κατηχηθης λογων την ἀσφαλειαν,
Jh 3 3 ἐαν μη τις γεννηθῃ ἄνωθεν, οὐ δυναται ἰδειν την βασιλειαν του θεου.
7 δει ὑμας γεννηθηναι ἄνωθεν.
31 ὁ ἄνωθεν ἐρχομενος ἐπανω παντων ἐστιν·
19 11 οὐκ εἰχες ἐξουσιαν κατ ἐμου οὐδεμιαν εἰ μη ἠν δεδομενον σοι ἄνωθεν·
23 ἠν δε ὁ χιτων ἀραφος, ἐκ των ἄνωθεν ὑφαντος δι ὁλου.
Ac 26 5 ἰσασι παντες [οἱ] ἰουδαιοι, προγινωσκοντες με ἄνωθεν, ἐαν θελωσι μαρτυρειν,
Ga 4 9 πως ἐπιστρεφετε παλιν ἐπι τα ἀσθενη και πτωχα στοιχεια, οἱς παλιν ἄνωθεν δουλευειν θελετε;
Ja 1 17 πασα δοσις ἀγαθη και παν δωρημα τελειον ἄνωθεν ἐστιν,
3 15 οὐκ ἐστιν αὑτη ἡ σοφια ἄνωθεν κατερχομενη,
17 ἡ δε ἄνωθεν σοφια πρωτον μεν ἀγνη ἐστιν,

ἀνωτερικος [1]

Ac 19 1 ἐγενετο δε ἐν τῳ τον ἀπολλω εἰναι ἐν κορινθῳ παυλον διελθοντα τα ἀνωτερικα μερη [κατ]ελθειν εἰς ἐφεσον και εὑρειν τινας μαθητας,

ἀνωτερον [2]

Lc 14 10 φιλε, προσαναβηθι ἀνωτερον·
Heb 10 8 ἀνωτερον λεγων ὅτι θυσιας και προσφορας και ὁλοκαυτωματα και περι ἁμαρτιας οὐκ ἠθελησας οὐδε εὐδοκησας,

ἀνωφελης [2]

Tit 3 9 εἰσιν γαρ ἀνωφελεις και ματαιοι.
Heb 7 18 ἀθετησις μεν γαρ γινεται προαγουσης ἐντολης δια το αὑτης ἀσθενες και ἀνωφελες,

ἀξινη [2]

Mt 3 10 ἠδη δε ἡ ἀξινη προς την ῥιζαν των δενδρων κειται·
Lc 3 9 ἠδη δε και ἡ ἀξινη προς την ῥιζαν των δενδρων κειται·

ἀξιος [41]

Mt 3 8 ποιησατε οὖν καρπον ἀξιον της μετανοιας·

ἀξιος [41]

Mt 10 10 ἀξιος γαρ ὁ ἐργατης της τροφης αὐτου.
11 εἰς ἡν δ ἀν πολιν ἢ κωμην εἰσελθητε, ἐξετασατε τις ἐν αὑτῃ ἀξιος ἐστιν·
13 και ἐαν μεν ἠ ἡ οἰκια ἀξια, ἐλθατω ἡ εἰρηνη ὑμων ἐπ αὐτην·
13 ἐαν δε μη ἠ ἀξια, ἡ εἰρηνη ὑμων προς ὑμας ἐπιστραφητω.
37 ὁ φιλων πατερα ἢ μητερα ὑπερ ἐμε οὐκ ἐστιν μου ἀξιος·
37 και ὁ φιλων υἱον ἢ θυγατερα ὑπερ ἐμε οὐκ ἐστιν μου ἀξιος·
38 και ὁς οὐ λαμβανει τον σταυρον αὐτου και ἀκολουθει ὀπισω μου, οὐκ ἐστιν μου ἀξιος.
22 8 ὁ μεν γαμος ἑτοιμος ἐστιν, οἱ δε κεκλημενοι οὐκ ἠσαν ἀξιοι·
Lc 3 8 ποιησατε οὖν καρπους ἀξιους της μετανοιας· και μη ἀρξησθε λεγειν ἐν ἑαυτοις· πατερα ἐχομεν τον ἀβρααμ·
7 4 οἱ δε παραγενομενοι προς τον ἰησουν παρεκαλουν αὐτον σπουδαιως, λεγοντες ὅτι ἀξιος ἐστιν ᾧ παρεξῃ τουτο·
10 7 ἀξιος γαρ ὁ ἐργατης του μισθου αὐτου.
12 48 ὁ δε μη γνους, ποιησας δε ἀξια πληγων, δαρησεται ὀλιγας.
15 19 πατερ, ἡμαρτον εἰς τον οὐρανον και ἐνωπιον σου, οὐκετι εἰμι ἀξιος κληθηναι υἱος σου·
21 πατερ, ἡμαρτον εἰς τον οὐρανον και ἐνωπιον σου, οὐκετι εἰμι ἀξιος κληθηναι υἱος σου.
23 15 και ἰδου οὐδεν ἀξιον θανατου ἐστιν πεπραγμενον αὐτῳ·
41 και ἡμεις μεν δικαιως, ἀξια γαρ ὦν ἐπραξαμεν ἀπολαμβανομεν·
Jh 1 27 ὁ ὀπισω μου ἐρχομενος, οὐ οὐκ εἰμι [ἐγω] ἀξιος ἱνα λυσω αὐτου τον ἱμαντα του ὑποδηματος.
Ac 13 25 ἀλλ ἰδου ἐρχεται μετ ἐμε οὐ οὐκ εἰμι ἀξιος το ὑποδημα των ποδων λυσαι.
46 ἐπειδη ἀπωθεισθε αὐτον και οὐκ ἀξιους κρινετε ἑαυτους της αἰωνιου ζωης, ἰδου στρεφομεθα εἰς τα ἐθνη.
23 29 ὁν εὑρον ἐγκαλουμενον περι ζητηματων του νομου αὐτων, μηδεν δε ἀξιον θανατου ἠ δεσμων ἐχοντα ἐγκλημα.
25 11 εἰ μεν οὖν ἀδικω και ἀξιον θανατου πεπραχα τι, οὐ παραιτουμαι το ἀποθανειν·
25 ἐγω δε κατελαβομην μηδεν ἀξιον αὐτον θανατου πεπραχεναι, αὐτου δε τουτου ἐπικαλεσαμενου τον σεβαστον ἐκρινα πεμπειν.
26 20 και τοις ἐθνεσιν ἀπηγγελλον μετανοειν και ἐπιστρεφειν ἐπι τον θεον, ἀξια της μετανοιας ἐργα πρασσοντας.
31 και ἀναχωρησαντες ἐλαλουν προς ἀλληλους λεγοντες ὅτι οὐδεν θανατου ἠ δεσμων ἀξιον [τι] πρασσει ὁ ἀνθρωπος οὑτος.
Rm 1 32 οἱτινες το δικαιωμα του θεου ἐπιγνοντες, ὅτι οἱ τα τοιαυτα πρασσοντες ἀξιοι θανατου εἰσιν,
8 18 λογιζομαι γαρ ὅτι οὐκ ἀξια τα παθηματα του νυν καιρου προς την μελλουσαν δοξαν ἀποκαλυφθηναι εἰς ἡμας.
1Co 16 4 ἐαν δε ἀξιον ἠ του καμε πορευεσθαι, συν ἐμοι πορευσονται.
2Th 1 3 εὐχαριστειν ὀφειλομεν τῳ θεῳ παντοτε περι ὑμων, ἀδελφοι, καθως ἀξιον ἐστιν,
1Tm 1 15 πιστος ὁ λογος και πασης ἀποδοχης ἀξιος·
4 9 πιστος ὁ λογος και πασης ἀποδοχης ἀξιος·
5 18 λεγει γαρ ἡ γραφη· βουν ἀλοωντα οὐ φιμωσεις, και· ἀξιος ὁ ἐργατης του μισθου αὐτου.
6 1 ὁσοι εἰσιν ὑπο ζυγον δουλοι, τους ἰδιους δεσποτας πασης τιμης ἀξιους ἡγεισθωσαν,
Heb 11 38 περιηλθον ἐν μηλωταις, ἐν αἰγειοις δερμασιν, ὑστερουμενοι, θλιβομενοι, κακουχουμενοι, ὦν οὐκ ἠν ἀξιος ὁ κοσμος,
Apc 3 4 και περιπατησουσιν μετ ἐμου ἐν λευκοις, ὅτι ἀξιοι εἰσιν.
4 11 ἀξιος εἰ, ὁ κυριος και ὁ θεος ἡμων, λαβειν την δοξαν και την τιμην και την δυναμιν,
5 2 τις ἀξιος ἀνοιξαι το βιβλιον και λυσαι τας σφραγιδας αὐτου;
4 και ἐκλαιον πολυ, ὅτι οὐδεις ἀξιος εὑρεθη ἀνοιξαι το βιβλιον οὐτε βλεπειν αὐτο.
9 ἀξιος εἰ λαβειν το βιβλιον και ἀνοιξαι τας σφραγιδας αὐτου,
12 ἀξιον ἐστιν το ἀρνιον το ἐσφαγμενον λαβειν την δυναμιν και πλουτον και σοφιαν και ἰσχυν και τιμην και δοξαν και εὐλογιαν.
16 6 και αἱμα αὐτοις [δ]εδωκας πιειν· ἀξιοι εἰσιν.

ἀξιόω [7]

Lc 7 7 οὐ γαρ ἱκανος εἰμι ἱνα ὑπο την στεγην μου εἰσελθῃς· διο οὐδε ἐμαυτον ἠξιωσα προς σε ἐλθειν·
Ac 15 38 παυλος δε ἠξιου, τον ἀποσταντα ἀπ αὐτων ἀπο παμφυλιας και μη συνελθοντα αὐτοις εἰς το ἐργον, μη συμπαραλαμβανειν τουτον.
28 22 ἀξιουμεν δε παρα σου ἀκουσαι ἁ φρονεις·
2Th 1 11 εἰς ὁ και προσευχομεθα παντοτε περι ὑμων, ἱνα ὑμας ἀξιωσῃ της κλησεως ὁ θεος ἡμων
1Tm 5 17 οἱ καλως προεστωτες πρεσβυτεροι διπλης τιμης ἀξιουσθωσαν,

ἀξιοω [7]

Heb 3 3 πλειονος γαρ ουτος δοξης παρα μωυσην ἠξιωται καθ ὁσον πλειονα τιμην ἐχει του οἰκου ὁ κατασκευασας αὐτον.

10 29 ποσῳ δοκειτε χειρονος ἀξιωθησεται τιμωριας ὁ τον υἱον του θεου καταπατησας

ἀξιως [6]

Rm 16 2 συνιστημι δε ὑμιν φοιβην την ἀδελφην ἡμων, οὐσᾰν [και] διακονον της ἐκκλησιας της ἐν κεγχρεαις, ἱνα αὐτην προσδεξησθε ἐν κυριῳ ἀξιως των ἁγιων,

Eph 4 1 παρακαλω οὐν ὑμας ἐγω ὁ δεσμιος ἐν κυριῳ ἀξιως περιπατησαι της κλησεως ἡς ἐκληθητε,

Php 1 27 μονον ἀξιως του εὐαγγελιου του χριστου πολιτευεσθε,

Col 1 10 περιπατησαι ἀξιως του κυριου εἰς πασαν ἀρεσκειαν,

1Th 2 12 εἰς το περιπατειν ὑμας ἀξιως του θεου του καλουντος ὑμας εἰς την ἑαυτου βασιλειαν και δοξαν.

3Jh 6 οὑς καλως ποιησεις προπεμψας ἀξιως του θεου·

ἀορατος [5]

Rm 1 20 τα γαρ ἀορατα αὐτου ἀπο κτισεως κοσμου τοις ποιημασιν νοουμενα καθοραται, ἡ τε ἀιδιος αὐτου δυναμις και θειοτης, εἰς το εἰναι αὐτους ἀναπολογητους,

Col 1 15 ὁς ἐστιν εἰκων του θεου του ἀορατου, πρωτοτοκος πασης κτισεως,

16 ὁτι ἐν αὐτῳ ἐκτισθη τα παντα ἐν τοις οὐρανοις και ἐπι της γης, τα ὁρατα και τα ἀορατα, εἰτε θρονοι εἰτε κυριοτητες εἰτε ἀρχαι εἰτε ἐξουσιαι·

1Tm 1 17 τῳ δε βασιλει των αἰωνων, ἀφθαρτῳ ἀορατῳ μονῳ θεῳ, τιμη και δοξα εἰς τους αἰωνας των αἰωνων·

Heb 11 27 τον γαρ ἀορατον ὡς ὁρων ἐκαρτερησεν.

ἀπαγγελλω [45]

Mt 2 8 ἐπαν δε εὑρητε, ἀπαγγειλατε μοι,

8 33 και ἀπελθοντες εἰς την πολιν ἀπηγγειλαν παντα και τα των δαιμονιζομενων.

11 4 πορευθεντες ἀπαγγειλατε ἰωαννῃ ἁ ἀκουετε και βλεπετε·

12 18 και κρισιν τοις ἐθνεσιν ἀπαγγελει.

14 12 και προσελθοντες οἱ μαθηται αὐτου ἡραν το πτωμα και ἐθαψαν αὐτο[ν], και ἐλθοντες ἀπηγγειλαν τῳ ἰησου.

28 8 και ἀπελθουσαι ταχυ ἀπο του μνημειου μετα φοβου και χαρας μεγαλης ἐδραμον ἀπαγγειλαι τοις μαθηταις αὐτου.

10 μη φοβεισθε· ὑπαγετε ἀπαγγειλατε τοις ἀδελφοις μου ἱνα ἀπελθωσιν εἰς την γαλιλαιαν, κἀκει με ὀψονται.

11 πορευομενων δε αὐτων ἰδου τινες της κουστωδιας ἐλθοντες εἰς την πολιν ἀπηγγειλαν τοις ἀρχιερευσιν ἁπαντα τα γενομενα.

Mc 5 14 και οἱ βοσκοντες αὐτους ἐφυγον και ἀπηγγειλαν εἰς την πολιν και εἰς τους ἀγρους·

19 ὑπαγε εἰς τον οἰκον σου προς τους σους και ἀπαγγειλον αὐτοις ὁσα ὁ κυριος σοι πεποιηκεν και ἠλεησεν σε.

6 30 και συναγονται οἱ ἀποστολοι προς τον ἰησουν, και ἀπηγγειλαν αὐτῳ παντα ὁσα ἐποιησαν και ὁσα ἐδιδαξαν.

16 10 ἐκεινη πορευθεισα ἀπηγγειλεν τοις μετ αὐτου γενομενοις πενθουσι και κλαιουσιν·

13 κἀκεινοι ἀπελθοντες ἀπηγγειλαν τοις λοιποις·

Lc 7 18 και ἀπηγγειλαν ἰωαννῃ οἱ μαθηται αὐτου περι παντων τουτων.

22 πορευθεντες ἀπαγγειλατε ἰωαννῃ ἁ εἰδετε και ἠκουσατε·

8 20 ἀπηγγελη δε αὐτῳ· ἡ μητηρ σου και οἱ ἀδελφοι σου ἑστηκασιν ἐξω ἰδειν θελοντες σε.

34 ἰδοντες δε οἱ βοσκοντες το γεγονος ἐφυγον και ἀπηγγειλαν εἰς την πολιν και εἰς τους ἀγρους.

36 ἀπηγγειλαν δε αὐτοις οἱ ἰδοντες πως ἐσωθη ὁ δαιμονισθεις.

47 ἰδουσα δε ἡ γυνη ὁτι οὐκ ἐλαθεν, τρεμουσα ἠλθεν και προσπεσουσα αὐτῳ δι ἡν αἰτιαν ἡψατο αὐτου ἀπηγγειλεν ἐνωπιον παντος του λαου, και ὡς ἰαθη παραχρημα.

9 36 και αὐτοι ἐσιγησαν και οὐδενι ἀπηγγειλαν ἐν ἐκειναις ταις ἡμεραις οὐδεν ὡν ἑωρακαν.

13 1 παρησαν δε τινες ἐν αὐτῳ τῳ καιρῳ ἀπαγγελλοντες αὐτῳ περι των γαλιλαιων ὡν το αἱμα πιλατος ἐμιξεν μετα των θυσιων αὐτων.

14 21 και παραγενομενος ὁ δουλος ἀπηγγειλεν τῳ κυριῳ αὐτου ταυτα.

18 37 ἀπηγγειλαν δε αὐτῳ ὁτι ἰησους ὁ ναζωραιος παρερχεται.

24 9 και ὑποστρεψασαι ἀπο του μνημειου ἀπηγγειλαν ταυτα παντα τοις ἑνδεκα και πασιν τοις λοιποις.

ἀπαγγελλω [45]

Jh 16 25 ἐρχεται ὡρα ὁτε οὐκετι ἐν παροιμιαις λαλησω ὑμιν, ἀλλα παρρησιᾳ περι του πατρος ἀπαγγελω ὑμιν.

Ac 4 23 ἀπολυθεντες δε ἡλθον προς τους ἰδιους και ἀπηγγειλαν ὁσα προς αὐτους οἱ ἀρχιερεις και οἱ πρεσβυτεροι εἰπαν.

5 22 ἀναστρεψαντες δε ἀπηγγειλαν λεγοντες ὁτι το δεσμωτηριον εὑρομεν κεκλεισμενον ἐν παση ἀσφαλεια και τους φυλακας ἑστωτας ἐπι των θυρων, ἀνοιξαντες δε ἐσω οὐδενα εὑρομεν.

25 παραγενομενος δε τις ἀπηγγειλεν αὐτοις ὁτι ἰδου οἱ ἀνδρες, οὑς ἐθεσθε ἐν τη φυλακη, εἰσιν ἐν τῳ ἱερῳ ἑστωτες και διδασκοντες τον λαον.

11 13 ἀπηγγειλεν δε ἡμιν πως εἰδεν [τον] ἀγγελον ἐν τῳ οἰκῳ αὐτου σταθεντα και εἰποντα·

12 14 εἰσδραμουσα δε ἀπηγγειλεν ἑσταναι τον πετρον προ του πυλωνος.

17 ἀπαγγειλατε ἰακωβῳ και τοις ἀδελφοις ταυτα.

15 27 ἀπεσταλκαμεν οὐν ἰουδαν και σιλαν, και αὐτους δια λογου ἀπαγγελλοντας τα αὐτα.

16 36 ἀπηγγειλεν δε ὁ δεσμοφυλαξ τους λογους [τουτους] προς τον παυλον,

38 ἀπηγγειλαν δε τοις στρατηγοις οἱ ῥαβδουχοι τα ῥηματα ταυτα.

22 26 ἀκουσας δε ὁ ἑκατονταρχης προσελθων τῳ χιλιαρχῳ ἀπηγγειλεν λεγων·

23 16 ἀκουσας δε ὁ υἱος της ἀδελφης παυλου την ἐνεδραν, παραγενομενος και εἰσελθων εἰς την παρεμβολην ἀπηγγειλεν τῳ παυλῳ.

17 τον νεανιαν τουτον ἀπαγαγε προς τον χιλιαρχον, ἐχει γαρ ἀπαγγειλαι τι αὐτῳ.

19 τι ἐστιν ὁ ἐχεις ἀπαγγειλαι μοι;

26 20 και τοις ἐθνεσιν ἀπηγγελλον μετανοειν και ἐπιστρεφειν ἐπι τον θεον,

28 21 ἡμεις οὐτε γραμματα περι σου ἐδεξαμεθα ἀπο της ἰουδαιας, οὐτε παραγενομενος τις των ἀδελφων ἀπηγγειλεν ἡ ἐλαλησεν τι περι σου πονηρον.

1Co 14 25 και οὑτως πεσων ἐπι προσωπον προσκυνησει τῳ θεῳ, ἀπαγγελλων ὁτι ὀντως ὁ θεος ἐν ὑμιν ἐστιν.

1Th 1 9 αὐτοι γαρ περι ἡμων ἀπαγγελλουσιν ὁποιαν εἰσοδον ἐσχομεν προς ὑμας,

Heb 2 12 ἀπαγγελω το ὀνομα σου τοις ἀδελφοις μου,

1Jh 1 2 και ἑωρακαμεν και μαρτυρουμεν και ἀπαγγελλομεν ὑμιν την ζωην την αἰωνιον,

3 ὁ ἑωρακαμεν και ἀκηκοαμεν, ἀπαγγελλομεν και ὑμιν,

ἀπαγχομαι [1]

Mt 27 5 και ῥιψας τα ἀργυρια εἰς τον ναον ἀνεχωρησεν, και ἀπελθων ἀπηγξατο.

ἀπαγω [16]

Mt 7 13 ὁτι πλατεια ἡ πυλη και εὐρυχωρος ἡ ὁδος ἡ ἀπαγουσα εἰς την ἀπωλειαν,

14 τι στενη ἡ πυλη και τεθλιμμενη ἡ ὁδος ἡ ἀπαγουσα εἰς την ζωην,

26 57 οἱ δε κρατησαντες τον ἰησουν ἀπηγαγον προς καιαφαν τον ἀρχιερεα,

27 2 και δησαντες αὐτον ἀπηγαγον και παρεδωκαν πιλατῳ τῳ ἡγεμονι.

31 και ἀπηγαγον αὐτον εἰς το σταυρωσαι.

Mc 14 44 ὁν ἀν φιλησω αὐτος ἐστιν· κρατησατε αὐτον και ἀπαγετε ἀσφαλως.

53 και ἀπηγαγον τον ἰησουν προς τον ἀρχιερεα,

15 16 οἱ δε στρατιωται ἀπηγαγον αὐτον ἐσω της αὐλης, ὁ ἐστιν πραιτωριον, και συγκαλουσιν ὁλην την σπειραν.

Lc 13 15 ὑποκριται, ἑκαστος ὑμων τῳ σαββατῳ οὐ λυει τον βουν αὐτου ἡ τον ὀνον ἀπο της φατνης και ἀπαγαγων ποτιζει;

21 12 παραδιδοντες εἰς τας συναγωγας και φυλακας, ἀπαγομενους ἐπι βασιλεις και ἡγεμονας ἑνεκεν του ὀνοματος μου·

22 66 και ἀπηγαγον αὐτον εἰς το συνεδριον αὐτων, λεγοντες·

23 26 και ὡς ἀπηγαγον αὐτον ἐπιλαβομενοι σιμωνα τινα κυρηναιον ἐρχομενον ἀπ ἀγρου ἐπεθηκαν αὐτῳ τον σταυρον φερειν ὀπισθεν του ἰησου.

Ac 12 19 ἡρωδης δε ἐπιζητησας αὐτον και μη εὑρων, ἀνακρινας τους φυλακας ἐκελευσεν ἀπαχθηναι,

23 17 τον νεανιαν τουτον ἀπαγαγε προς τον χιλιαρχον, ἐχει γαρ ἀπαγγειλαι τι αὐτῳ.

24 7* παρελθων δε λυσιας ὁ χιλιαρχος μετα πολλης βιας ἐκ των χειρων ἡμων ἀπηγαγεν,

ἀπαγω [16]

1Co 12 2 οἴδατε ὅτι ὅτε ἐθνη ἦτε προς τα εἰδωλα τα ἀφωνα ὡς ἀν ἠγεσθε *ἀπαγομενοι.*

ἀπαιδευτος [1]

2Tm 2 23 τας δε μωρας και *ἀπαιδευτους* ζητησεις παραιτου,

ἀπαιρομαι [3]

Mt 9 15 ἐλευσονται δε ἡμεραι ὁταν *ἀπαρθη* ἀπ αὐτων ὁ νυμφιος,
Mc 2 20 ἐλευσονται δε ἡμεραι ὁταν *ἀπαρθη* ἀπ αὐτων ὁ νυμφιος,
Lc 5 35 ἐλευσονται δε ἡμεραι, και ὁταν *ἀπαρθη* ἀπ αὐτων ὁ νυμφιος, τοτε νηστευσουσιν ἐν ἐκειναις ταις ἡμεραις.

ἀπαιτεω [2]

Lc 6 30 παντι αἰτουντι σε διδου, και ἀπο του αἰροντος τα σα μη *ἀπαιτει.*
12 20 ἀφρων, ταυτη τη νυκτι την ψυχην σου *ἀπαιτουσιν* ἀπο σου· ἀ δε ἡτοιμασας, τινι ἐσται;

ἀπαλγεω [1]

Eph 4 19 οἰτινες *ἀπηλγηκοτες* ἐαυτους παρεδωκαν τη ἀσελγειᾳ εἰς ἐργασιαν ἀκαθαρσιας πασης ἐν πλεονεξιᾳ.

ἀπαλλασσω [3]

Lc 12 58 ὡς γαρ ὑπαγεις μετα του ἀντιδικου σου ἐπ ἀρχοντα, ἐν τη ὁδῳ δος ἐργασιαν *ἀπηλλαχθαι* ἀπ αὐτου,
Ac 19 12 ὡστε και ἐπι τους ἀσθενουντας ἀποφερεσθαι ἀπο του χρωτος αὐτου σουδαρια ἠ σιμικινθια και *ἀπαλλασσεσθαι* ἀπ αὐτων τας νοσους,
Heb 2 15 και *ἀπαλλαξη* τουτους, ὁσοι φοβῳ θανατου δια παντος του ζην ἐνοχοι ἠσαν δουλειας.

ἀπαλλοτριοομαι [3]

Eph 2 12 ὁτι ἠτε τω καιρω ἐκεινω χωρις χριστου, *ἀπηλλοτριωμενοι* της πολιτειας του ἰσραηλ και ξενοι των διαθηκων της ἐπαγγελιας,
4 18 ἐσκοτωμενοι τη διανοιᾳ ὀντες, *ἀπηλλοτριωμενοι* της ζωης του θεου,
Col 1 21 και ὑμας ποτε ὀντας *ἀπηλλοτριωμενους* και ἐχθρους τη διανοιᾳ ἐν τοις ἐργοις τοις πονηροις, νυνι δε ἀποκατηλλαξεν

ἀπαλος [2]

Mt 24 32 ὁταν ἠδη ὁ κλαδος αὐτης γενηται *ἀπαλος* και τα φυλλα ἐκφυη, γινωσκετε ὁτι ἐγγυς το θερος·
Mc 13 28 ἀπο δε της συκης μαθετε την παραβολην· ὁταν ἠδη ὁ κλαδος αὐτης *ἀπαλος* γενηται και ἐκφυη τα φυλλα, γινωσκετε ὁτι ἐγγυς το θερος ἐστιν·

ἀπανταω [2]

Mc 14 13 ὑπαγετε εἰς την πολιν, και *ἀπαντησει* ὑμιν ἀνθρωπος κεραμιον ὑδατος βασταζων·
Lc 17 12 και εἰσερχομενου αὐτου εἰς τινα κωμην *ἀπηντησαν* [αὐτω] δεκα λεπροι ἀνδρες,

ἀπαντησις [3]

Mt 25 6 ἰδου ὁ νυμφιος, ἐξερχεσθε εἰς *ἀπαντησιν* [αὐτου].
Ac 28 15 κακειθεν οἰ ἀδελφοι ἀκουσαντες τα περι ἡμων ἠλθαν εἰς *ἀπαντησιν* ἡμιν ἀχρι ἀππιουφορου και τριωνταβερνων,
1Th 4 17 ἐπειτα ἡμεις οἰ ζωντες οἰ περιλειπομενοι ἀμα συν αὐτοις ἀρπαγησομεθα ἐν νεφελαις εἰς *ἀπαντησιν* του κυριου εἰς ἀερα·

ἀπαξ [14]

2Co 11 25 τρις ἐρραβδισθην, *ἀπαξ* ἐλιθασθην, τρις ἐναυαγησα, νυχθημερον ἐν τω βυθω πεποιηκα·
Php 4 16 ὁτι και ἐν θεσσαλονικη και *ἀπαξ* και δις εἰς την χρειαν μοι ἐπεμψατε.
1Th 2 18 διοτι ἠθελησαμεν ἐλθειν προς ὑμας, ἐγω μεν παυλος και *ἀπαξ* και δις,

ἀπαξ [14]

Heb 6 4 ἀδυνατον γαρ τους *ἀπαξ* φωτισθεντας γευσαμενους τε της δωρεας της ἐπουρανιου
9 7 εἰς δε την δευτεραν *ἀπαξ* του ἐνιαυτου μονος ὁ ἀρχιερευς,
26 νυνι δε *ἀπαξ* ἐπι συντελειᾳ των αἰωνων εἰς ἀθετησιν [της] ἀμαρτιας δια της θυσιας αὐτου πεφανερωται.
27 και καθ ὁσον ἀποκειται τοις ἀνθρωποις *ἀπαξ* ἀποθανειν, μετα δε τουτο κρισις, οὑτως και ὁ χριστος, *ἀπαξ* προσενεχθεις εἰς το πολλων ἀνενεγκειν ἀμαρτιας,
28 και καθ ὁσον ἀποκειται τοις ἀνθρωποις *ἀπαξ* ἀποθανειν, μετα δε τουτο κρισις, οὑτως και ὁ χριστος, *ἀπαξ* προσενεχθεις εἰς το πολλων ἀνενεγκειν ἀμαρτιας,
10 2 ἐπει οὐκ ἀν ἐπαυσαντο προσφερομεναι, δια το μηδεμιαν ἐχειν ἐτι συνειδησιν ἀμαρτιων τους λατρευοντας *ἀπαξ* κεκαθαρισμενους;
12 26 ἐτι *ἀπαξ* ἐγω σεισω οὐ μονον την γην ἀλλα και τον οὐρανον.
27 το δε ἐτι *ἀπαξ* δηλοι [την] των σαλευομενων μεταθεσιν ὡς πεποιημενων,
1Pt 3 18 ὁτι και χριστος *ἀπαξ* περι ἀμαρτιων ἐπαθεν, δικαιος ὑπερ ἀδικων,
Ju 3 ἀναγκην ἐσχον γραψαι ὑμιν παρακαλων ἐπαγωνιζεσθαι τη *ἀπαξ* παραδοθειση τοις ἀγιοις πιστει.
5 ὑπομνησαι δε ὑμας βουλομαι, εἰδοτας [ὑμας] παντα, ὁτι [ὁ] κυριος *ἀπαξ* λαον ἐκ γης αἰγυπτου σωσας το δευτερον τους μη πιστευσαντας ἀπωλεσεν,

ἀπαραβατος [1]

Heb 7 24 ὁ δε δια το μενειν αὐτον εἰς τον αἰωνα *ἀπαραβατον* ἐχει την ἰερωσυνην·

ἀπαρασκευαστος [1]

2Co 9 4 μη πως ἐαν ἐλθωσιν συν ἐμοι μακεδονες και εὑρωσιν ὑμας *ἀπαρασκευαστους* καταισχυνθωμεν ἡμεις, ἰνα μη λεγω ὑμεις, ἐν τη ὑποστασει ταυτη.

ἀπαρνεομαι [11]

Mt 16 24 εἰ τις θελει ὀπισω μου ἐλθειν, *ἀπαρνησασθω* ἐαυτον και ἀρατω τον σταυρον αὐτου, και ἀκολουθειτω μοι.
26 34 ἀμην λεγω σοι ὁτι ἐν ταυτη τη νυκτι πριν ἀλεκτορα φωνησαι τρις *ἀπαρνηση* με.
35 καν δεη με συν σοι ἀποθανειν, οὐ μη σε *ἀπαρνησομαι.*
75 και ἐμνησθη ὁ πετρος του ῥηματος ἰησου εἰρηκοτος ὁτι πριν ἀλεκτορα φωνησαι τρις *ἀπαρνηση* με·
Mc 8 34 εἰ τις θελει ὀπισω μου ἀκολουθειν, *ἀπαρνησασθω* ἐαυτον και ἀρατω τον σταυρον αὐτου, και ἀκολουθειτω μοι.
14 30 ἀμην λεγω σοι ὁτι συ σημερον ταυτη τη νυκτι πριν ἠ δις ἀλεκτορα φωνησαι τρις με *ἀπαρνηση.*
31 ἐαν δεη με συναποθανειν σοι, οὐ μη σε *ἀπαρνησομαι.*
72 και ἀνεμνησθη ὁ πετρος το ῥημα ὡς εἰπεν αὐτω ὁ ἰησους ὁτι πριν ἀλεκτορα φωνησαι δις τρις με *ἀπαρνηση·*
Lc 12 9 ὁ δε ἀρνησαμενος με ἐνωπιον των ἀνθρωπων *ἀπαρνηθησεται* ἐνωπιον των ἀγγελων του θεου.
22 34 λεγω σοι, πετρε, οὐ φωνησει σημερον ἀλεκτωρ ἐως τρις με *ἀπαρνηση* εἰδεναι.
61 και ὑπεμνησθη ὁ πετρος του ῥηματος του κυριου, ὡς εἰπεν αὐτω ὁτι πριν ἀλεκτορα φωνησαι σημερον *ἀπαρνηση* με τρις.

ἀπαρτισμος [1]

Lc 14 28 τις γαρ ἐξ ὑμων θελων πυργον οἰκοδομησαι οὐχι πρωτον καθισας ψηφιζει την δαπανην, εἰ ἐχει εἰς *ἀπαρτισμον;*

ἀπαρχη [9]

Rm 8 23 οὐ μονον δε, ἀλλα και αὐτοι την *ἀπαρχην* του πνευματος ἐχοντες ἡμεις και αὐτοι ἐν ἐαυτοις στεναζομεν υἰοθεσιαν ἀπεκδεχομενοι,
11 16 εἰ δε ἡ *ἀπαρχη* ἀγια, και το φυραμα·
16 5 ἀσπασασθε ἐπαινετον τον ἀγαπητον μου, ὁς ἐστιν *ἀπαρχη* της ἀσιας εἰς χριστον.
1Co 15 20 νυνι δε χριστος ἐγηγερται ἐκ νεκρων, *ἀπαρχη* των κεκοιμημενων.
23 *ἀπαρχη* χριστος, ἐπειτα οἰ του χριστου ἐν τη παρουσιᾳ αὐτου,
16 15 οἰδατε την οἰκιαν στεφανα, ὁτι ἐστιν *ἀπαρχη* της ἀχαιας και εἰς διακονιαν τοις ἀγιοις ἐταξαν ἐαυτους·
2Th 2 13 ὁτι εἰλατο ὑμας ὁ θεος *ἀπαρχην* εἰς σωτηριαν ἐν ἀγιασμω πνευματος και πιστει ἀληθειας,

ἀπαρχη [9]

Ja	1 18	βουληθεις ἀπεκυησεν ἡμας λογω ἀληθειας, εἰς το εἰναι ἡμας ἀπαρχην τινα των αὐτου κτισματων.
Apc	14 4	οὑτοι ἡγορασθησαν ἀπο των ἀνθρωπων ἀπαρχη τω θεω και τω ἀρνιω,

ἀπας [34]

Mt	6 32	οἰδεν γαρ ὁ πατηρ ὑμων ὁ οὐρανιος ὁτι χρηζετε τουτων ἀπαντων.
	24 39	και οὐκ ἐγνωσαν ἑως ἠλθεν ὁ κατακλυσμος και ἠρεν ἀπαντας,
	28 11	πορευομενων δε αὐτων ἰδου τινες της κουστωδιας ἐλθοντες εἰς την πολι ἀπηγγειλαν τοις ἀρχιερευσιν ἀπαντα τα γενομενα.
Mc	1 27	και ἐθαμβηθησαν ἀπαντες, ὡστε συζητειν προς ἑαυτους λεγοντας·
	8 25	εἰτα παλιν ἐπεθηκεν τας χειρας ἐπι τους ὀφθαλμους αὐτου, και διεβλεψεν και ἀπεκατεστη, και ἐνεβλεπεν τηλαυγως ἀπαντα.
	11 32	ἀλλα εἰπωμεν· ἐξ ἀνθρωπων; ἐφοβουντο τον ὀχλον· ἀπαντες γαρ εἰχον τον ἰωαννην ὀντως ὁτι προφητης ἠν.
	16 15	πορευθεντες εἰς τον κοσμον ἀπαντα κηρυξατε το εὐαγγελιον παση τη κτισει.
Lc	3 21	ἐγενετο δε ἐν τω βαπτισθηναι ἀπαντα τον λαον και ἰησου βαπτισθεντος και προσευχομενου ἀνεωχθηναι τον οὐρανον και καταβηναι το πνευμα το ἀγιον σωματικω εἰδει ὡς περιστεραν ἐπ αὐτον,
	4 6	σοι δωσω την ἐξουσιαν ταυτην ἀπασαν και την δοξαν αὐτων,
	40	δυνοντος δε του ἡλιου ἀπαντες ὁσοι εἰχον ἀσθενουντας νοσοις ποικιλαις ἠγαγον αὐτους προς αὐτον·
	5 26	και ἐκστασις ἐλαβεν ἀπαντας, και ἐδοξαζον τον θεον,
	8 37	και ἠρωτησεν αὐτον ἀπαν το πληθος της περιχωρου των γερασηνων ἀπελθειν ἀπ αὐτων, ὁτι φοβω μεγαλω συνειχοντο·
	9 15	και ἐποιησαν οὑτως και κατεκλιναν ἀπαντας.
	15 13	και μετ οὐ πολλας ἡμερας συναγαγων ἀπαντα ὁ νεωτερος υἱος ἀπεδημησεν εἰς χωραν μακραν,
	19 37	ἐγγιζοντος δε αὐτου ἠδη προς τη καταβασει του ὀρους των ἐλαιων ἠρξαντο ἀπαν το πληθος των μαθητων χαιροντες αἰνειν τον θεον φωνη μεγαλη περι πασων ὡν εἰδον δυναμεων,
	48	ὁ λαος γαρ ἀπας ἐξεκρεματο αὐτου ἀκουων.
	20 6	ἐαν δε εἰπωμεν· ἐξ ἀνθρωπων, ὁ λαος ἀπας καταλιθασει ἡμας·
	21 15	ἐγω γαρ δωσω ὑμιν στομα και σοφιαν, ἡ οὐ δυνησονται ἀντιστηναι ἡ ἀντειπειν ἀπαντες οἱ ἀντικειμενοι ὑμιν.
	23 1	και ἀναστιαν ἀπαν το πληθος αὐτων ἠγαγον αὐτον ἐπι τον πιλατον.
Jh	4 25	ὁταν ἐλθη ἐκεινος, ἀναγγελει ἡμιν ἀπαντα.
Ac	2 7	οὐχ ἰδου ἀπαντες οὑτοι εἰσιν οἱ λαλουντες γαλιλαιοι;
	44	παντες δε οἱ πιστευοντες ἠσαν ἐπι το αὐτο και εἰχον ἀπαντα κοινα,
	4 31	και ἐπλησθησαν ἀπαντες του ἁγιου πνευματος, και ἐλαλουν τον λογον του θεου μετα παρρησιας.
	32	και οὐδε εἱς τι των ὑπαρχοντων αὐτω ἐλεγεν ἰδιον εἰναι, ἀλλ ἠν αὐτοις ἀπαντα κοινα.
	5 16	φεροντες ἀσθενεις και ὀχλουμενους ὑπο πνευματων ἀκαθαρτων, οἱτινες ἐθεραπευοντο ἀπαντες.
	10 8	και ἐξηγησαμενος ἀπαντα αὐτοις ἀπεστειλεν αὐτους εἰς την ἰοππην.
	11 10	τουτο δε ἐγενετο ἐπι τρις, και ἀνεσπασθη παλιν ἀπαντα εἰς τον οὐρανον.
	16 3	ἠδεισαν γαρ ἀπαντες ὁτι ἑλλην ὁ πατηρ αὐτου ὑπηρχεν.
	28	μηδεν πραξης σεαυτω κακον, ἀπαντες γαρ ἐσμεν ἐνθαδε.
	25 24	θεωρειτε τουτον περι οὑ ἀπαν το πληθος των ἰουδαιων ἐνετυχον μοι ἐν τε ἱεροσολυμοις και ἐνθαδε,
	27 33	ἀχρι δε οὑ ἡμερα ἡμελλεν γινεσθαι, παρεκαλει ὁ παυλος ἀπαντας μεταλαβειν τροφης λεγων·
Eph	6 13	δια τουτο ἀναλαβετε την πανοπλιαν του θεου, ἱνα δυνηθητε ἀντιστηναι ἐν τη ἡμερα τη πονηρα και ἀπαντα κατεργασαμενοι στηναι.
1Tm	1 16	ἀλλα δια τουτο ἠλεηθην, ἱνα ἐν ἐμοι πρωτω ἐνδειξηται χριστος ἰησους την ἀπασαν μακροθυμιαν,
Ja	3 2	πολλα γαρ πταιομεν ἀπαντες·

ἀπασπαζομαι [1]

Ac	21 6	και θεντες τα γονατα ἐπι τον αἰγιαλον προσευξαμενοι ἀπησπασαμεθα ἀλληλους,

ἀπαταω [3]

Eph	5 6	μηδεις ὑμας ἀπατατω κενοις λογοις·
1Tm	2 14	και ἀδαμ οὐκ ἠπατηθη, ἡ δε γυνη ἐξαπατηθεισα ἐν παραβασει γεγονεν·
Ja	1 26	εἰ τις δοκει θρησκος εἰναι, μη χαλιναγωγων γλωσσαν αὐτου ἀλλα ἀπατων καρδιαν αὐτου, τουτου ματαιος ἡ θρησκεια.

ἀπατη [7]

Mt	13 22	και ἡ μεριμνα του αἰωνος και ἡ ἀπατη του πλουτου συμπνιγει τον λογον,
Mc	4 19	οὑτοι εἰσιν οἱ τον λογον ἀκουσαντες, και αἱ μεριμναι του αἰωνος και ἡ ἀπατη του πλουτου και αἱ περι τα λοιπα ἐπιθυμιαι εἰσπορευομεναι συμπνιγουσιν τον λογον, και ἀκαρπος γινεται.
Eph	4 22	ἀποθεσθαι ὑμας κατα την προτεραν ἀναστροφην τον παλαιον ἀνθρωπον τον φθειρομενον κατα τας ἐπιθυμιας της ἀπατης,
Col	2 8	βλεπετε μη τις ὑμας ἐσται ὁ συλαγωγων δια της φιλοσοφιας και κενης ἀπατης κατα την παραδοσιν των ἀνθρωπων,
2Th	2 10	ἐν παση δυναμει και σημειοις και τερασιν ψευδους και ἐν παση ἀπατη ἀδικιας τοις ἀπολλυμενοις,
Heb	3 13	ἀλλα παρακαλειτε ἑαυτους καθ ἑκαστην ἡμεραν, ἀχρις οὑ το σημερον καλειται, ἱνα μη σκληρυνθη τις ἐξ ὑμων ἀπατη της ἀμαρτιας·
2Pt	2 13	σπιλοι και μωμοι ἐντρυφωντες ἐν ταις ἀπαταις αὐτων συνευωχουμενοι ὑμιν,

ἀπατωρ [1]

Heb	7 3	ὁ ἐστιν βασιλευς εἰρηνης, ἀπατωρ, ἀμητωρ, ἀγενεαλογητος,

ἀπαυγασμα [1]

Heb	1 3	ὁς ὠν ἀπαυγασμα της δοξης και χαρακτηρ της ὑποστασεως αὐτου,

ἀπειθεια [7]

Rm	11 30	ὡσπερ γαρ ὑμεις ποτε ἠπειθησατε τω θεω, νυν δε ἠλεηθητε τη τουτων ἀπειθεια, οὑτως και οὑτοι νυν ἠπειθησαν τω ὑμετερω ἐλεει ἱνα και αὐτοι [νυν] ἐλεηθωσιν.
	32	συνεκλεισεν γαρ ὁ θεος τους παντας εἰς ἀπειθειαν ἱνα τους παντας ἐλεηση.
Eph	2 2	κατα τον ἀρχοντα της ἐξουσιας του ἀερος, του πνευματος του νυν ἐνεργουντος ἐν τοις υἱοις της ἀπειθειας·
	5 6	δια ταυτα γαρ ἐρχεται ἡ ὀργη του θεου ἐπι τους υἱους της ἀπειθειας.
Col	3 6	και την πλεονεξιαν ἡτις ἐστιν εἰδωλολατρια, δι ἁ ἐρχεται ἡ ὀργη του θεου [ἐπι τους υἱους της ἀπειθειας]·
Heb	4 6	ἐπει οὑν ἀπολειπεται τινας εἰσελθειν εἰς αὐτην, και οἱ προτερον εὐαγγελισθεντες οὐκ εἰσηλθον δι ἀπειθειαν, παλιν τινα ὁριζει ἡμεραν,
	11	σπουδασωμεν οὑν εἰσελθειν εἰς ἐκεινην την καταπαυσιν, ἱνα μη ἐν τω αὐτω τις ὑποδειγματι πεση της ἀπειθειας.

ἀπειθεω [14]

Jh	3 36	ὁ δε ἀπειθων τω υἱω οὐκ ὀψεται ζωην,
Ac	14 2	οἱ δε ἀπειθησαντες ἰουδαιοι ἐπηγειραν και ἐκακωσαν τας ψυχας των ἐθνων κατα των ἀδελφων.
	19 9	ὡς δε τινες ἐσκληρυνοντο και ἠπειθουν κακολογουντες την ὁδον ἐνωπιον του πληθους, ἀποστας ἀπ αὐτων ἀφωρισεν τους μαθητας,
Rm	2 8	τοις δε ἐξ ἐριθειας και ἀπειθουσι τη ἀληθεια πειθομενοις δε τη ἀδικια, ὀργη και θυμος.
	10 21	ὁλην την ἡμεραν ἐξεπετασα τας χειρας μου προς λαον ἀπειθουντα και ἀντιλεγοντα.
	11 30	ὡσπερ γαρ ὑμεις ποτε ἠπειθησατε τω θεω, νυν δε ἠλεηθητε τη τουτων ἀπειθεια, οὑτως και οὑτοι νυν ἠπειθησαν τω ὑμετερω ἐλεει ἱνα και αὐτοι [νυν] ἐλεηθωσιν.
	31	ὡσπερ γαρ ὑμεις ποτε ἠπειθησατε τω θεω, νυν δε ἠλεηθητε τη τουτων ἀπειθεια, οὑτως και οὑτοι νυν ἠπειθησαν τω ὑμετερω ἐλεει ἱνα και αὐτοι [νυν] ἐλεηθωσιν.
	15 31	ἱνα ρυσθω ἀπο των ἀπειθουντων ἐν τη ἰουδαια
Heb	3 18	τισιν δε ὡμοσεν μη εἰσελευσεσθαι εἰς την καταπαυσιν αὐτου εἰ μη τοις ἀπειθησασιν;
	11 31	πιστει ρααβ ἡ πορνη οὐ συναπωλετο τοις ἀπειθησασιν,
1Pt	2 8	οἱ προσκοπτουσιν τω λογω ἀπειθουντες, εἰς ὁ και ἐτεθησαν·

ἀπειθεω [14]

1Pt	3 1	ἰνα και εἰ τινες ἀπειθουσιν τω λογω, δια της των γυναικων ἀναστροφης ἀνευ λογου κερδηθησονται,
	20	ἐν ᾡ και τοις ἐν φυλακῃ πνευμασιν πορευθεις ἐκηρυξεν, ἀπειθησασιν ποτε ὀτε ἀπεξεδεχετο ἡ του θεου μακροθυμια ἐν ἡμεραις νωε
	4 17	εἰ δε πρωτον ἀφ ἡμων, τι το τελος των ἀπειθουντων τω του θεου εὐαγγελιω;

ἀπειθης [6]

Lc	1 17	και αὐτος προελευσεται ἐνωπιον αὐτου ἐν πνευματι και δυναμει ἠλιου, ἐπιστρεψαι καρδιας πατερων ἐπι τεκνα και ἀπειθεις ἐν φρονησει δικαιων, ἐτοιμασαι κυριω λαον κατεσκευασμενον.
Ac	26 19	ὀθεν, βασιλευ ἀγριππα, οὐκ ἐγενομην ἀπειθης τῃ οὐρανιω ὀπτασια,
Rm	1 30	μεστους φθονου φονου ἐριδος δολου κακοηθειας, ψιθυριστας, καταλαλους, θεοστυγεις, ὑβριστας, ὑπερηφανους, ἀλαζονας, ἐφευρετας κακων, γονευσιν ἀπειθεις, ἀσυνετους, ἀσυνθετους, ἀστοργους, ἀνελεημονας·
2Tm	3 2	γονευσιν ἀπειθεις, ἀχαριστοι, ἀνοσιοι· ἀστοργοι, ἀσπονδοι, διαβολοι, ἀκρατεις, ἀνημεροι, ἀφιλαγαθοι,
Tit	1 16	βδελυκτοι ὀντες και ἀπειθεις και προς παν ἐργον ἀγαθον ἀδοκιμοι.
	3 3	ἠμεν γαρ ποτε και ἠμεις ἀνοητοι, ἀπειθεις, πλανωμενοι, δουλευοντες ἐπιθυμιαις και ἡδοναις ποικιλαις,

ἀπειλεω [2]

Ac	4 17	ἀλλ ἰνα μη ἐπι πλειον διανεμηθη εἰς τον λαον, ἀπειλησωμεθα αὐτοις μηκετι λαλειν ἐπι τω ὀνοματι τουτω μηδενι ἀνθρωπων.
1Pt	2 23	ὁς λοιδορουμενος οὐκ ἀντελοιδορει, πασχων οὐκ ἠπειλει,

ἀπειλη [3]

Ac	4 29	και τα νυν, κυριε, ἐπιδε ἐπι τας ἀπειλας αὐτων,
	9 1	ὁ δε σαυλος ἐτι ἐμπνεων ἀπειλης και φονου εἰς τους μαθητας του κυριου, προσελθων τω ἀρχιερει ἠτησατο παρ αὐτου ἐπιστολας εἰς δαμασκον προς τας συναγωγας,
Eph	6 9	τα αὐτα ποιειτε προς αὐτους, ἀνιεντες την ἀπειλην,

ἀπειμι [7]

1Co	5 3	ἐγω μεν γαρ, ἀπων τω σωματι, παρων δε τω πνευματι, ἠδη κεκρικα ὡς παρων τον οὐτως τουτο κατεργασαμενον
2Co	10 1	ὁς κατα προσωπον μεν ταπεινος ἐν ὑμιν, ἀπων δε θαρρω εἰς ὑμας·
	11	τουτο λογιζεσθω ὁ τοιουτος, ὁτι οἱοι ἐσμεν τω λογω δι ἐπιστολων ἀποντες, τοιουτοι και παροντες τω ἐργω.
	13 2	προειρηκα και προλεγω, ὡς παρων το δευτερον και ἀπων νυν, τοις προημαρτηκοσιν και τοις λοιποις πασιν,
	10	δια τουτο ταυτα ἀπων γραφω, ἰνα παρων μη ἀποτομως χρησωμαι κατα την ἐξουσιαν
Php	1 27	μονον ἀξιως του εὐαγγελιου του χριστου πολιτευεσθε, ἰνα εἰτε ἐλθων και ἰδων ὑμας εἰτε ἀπων ἀκουω τα περι ὑμων, ὁτι στηκετε ἐν ἐνι πνευματι,
Col	2 5	εἰ γαρ και τη σαρκι ἀπειμι, ἀλλα τω πνευματι συν ὑμιν εἰμι,

ἀπειμι [1]

Ac	17 10	οἱ δε ἀδελφοι εὐθεως δια νυκτος ἐξεπεμψαν τον τε παυλον και τον σιλαν εἰς βεροιαν, οἰτινες παραγενομενοι εἰς την συναγωγην των ἰουδαιων ἀπῃεσαν·

ἀπειπον [1]

2Co	4 2	οὐκ ἐγκακουμεν, ἀλλα ἀπειπαμεθα τα κρυπτα της αἰσχυνης,

ἀπειραστος [1]

Ja	1 13	ὁ γαρ θεος ἀπειραστος ἐστιν κακων,

ἀπειρος [1]

Heb	5 13	πας γαρ ὁ μετεχων γαλακτος ἀπειρος λογου δικαιοσυνης, νηπιος γαρ ἐστιν·

ἀπεκδεχομαι [8]

Rm	8 19	ἡ γαρ ἀποκαραδοκια της κτισεως την ἀποκαλυψιν των υἱων του θεου ἀπεκδεχεται.
	23	οὐ μονον δε, ἀλλα και αὐτοι την ἀπαρχην του πνευματος ἐχοντες ἡμεις και αὐτοι ἐν ἑαυτοις στεναζομεν υἱοθεσιαν ἀπεκδεχομενοι,
	25	εἰ δε ὁ οὐ βλεπομεν ἐλπιζομεν, δι ὑπομονης ἀπεκδεχομεθα.
1Co	1 7	ὡστε ὑμας μη ὑστερεισθαι ἐν μηδενι χαρισματι, ἀπεκδεχομενους την ἀποκαλυψιν του κυριου ἡμων ἰησου χριστου·
Ga	5 5	ἡμεις γαρ πνευματι ἐκ πιστεως ἐλπιδα δικαιοσυνης ἀπεκδεχομεθα.
Php	3 20	ἡμων γαρ το πολιτευμα ἐν οὐρανοις ὑπαρχει, ἐξ οὑ και σωτηρα ἀπεκδεχομεθα κυριον ἰησουν χριστον,
Heb	9 28	ἐκ δευτερου χωρις ἁμαρτιας ὀφθησεται τοις αὐτον ἀπεκδεχομενοις εἰς σωτηριαν.
1Pt	3 20	ἐν ᾡ και τοις ἐν φυλακη πνευμασιν πορευθεις ἐκηρυξεν, ἀπειθησασιν ποτε ὀτε ἀπεξεδεχετο ἡ του θεου μακροθυμια ἐν ἡμεραις νωε

ἀπεκδυομαι [2]

Col	2 15	ἀπεκδυσαμενος τας ἀρχας και τας ἐξουσιας ἐδειγματισεν ἐν παρρησια, θριαμβευσας αὐτους ἐν αὐτω.
	3 9	ἀπεκδυσαμενοι τον παλαιον ἀνθρωπον συν ταις πραξεσιν αὐτου,

ἀπεκδυσις [1]

Col	2 11	ἐν ᾡ και περιετμηθητε περιτομη ἀχειροποιητω ἐν τη ἀπεκδυσει του σωματος της σαρκος,

ἀπελαυνω [1]

Ac	18 16	και ἀπηλασεν αὐτους ἀπο του βηματος.

ἀπελεγμος [1]

Ac	19 27	οὐ μονον δε τουτο κινδυνευει ἡμιν το μερος εἰς ἀπελεγμον ἐλθειν, ἀλλα και το της μεγαλης θεας ἀρτεμιδος ἱερον εἰς οὐθεν λογισθηναι,

ἀπελευθερος [1]

1Co	7 22	ὁ γαρ ἐν κυριω κληθεις δουλος ἀπελευθερος κυριου ἐστιν·

ἀπελλης [1]

Rm	16 10	ἀσπασασθε ἀπελλην τον δοκιμον ἐν χριστω.

ἀπελπιζω [1]

Lc	6 35	πλην ἀγαπατε τους ἐχθρους ὑμων και ἀγαθοποιειτε και δανιζετε μηδεν ἀπελπιζοντες·

ἀπεναντι [5]

Mt	27 24	ἰδων δε ὁ πιλατος ὁτι οὐδεν ὠφελει ἀλλα μαλλον θορυβος γινεται, λαβων ὑδωρ ἀπενιψατο τας χειρας ἀπεναντι του ὀχλου λεγων·
	61	ἠν δε ἐκει μαριαμ ἡ μαγδαληνη και ἡ ἀλλη μαρια, καθημεναι ἀπεναντι του ταφου.
Ac	3 16	και ἡ πιστις ἡ δι αὐτου ἐδωκεν αὐτω την ὁλοκληριαν ταυτην ἀπεναντι παντων ὑμων.
	17 7	και οὑτοι παντες ἀπεναντι των δογματων καισαρος πρασσουσιν, βασιλεα ἑτερον λεγοντες εἰναι ἰησουν.
Rm	3 18	οὐκ ἐστιν φοβος θεου ἀπεναντι των ὀφθαλμων αὐτων.

ἀπεραντος [1]

1Tm	1 4	ἰνα παραγγειλης τισιν μη ἑτεροδιδασκαλειν μηδε προσεχειν μυθοις και γενεαλογιαις ἀπεραντοις,

ἀπερισπαστως [1]

1Co	7 35	οὐχ ἰνα βροχον ὑμιν ἐπιβαλω, ἀλλα προς το εὐσχημον και εὐπαρεδρον τω κυριω ἀπερισπαστως.

ἀπερίτμητος [1]

Ac 7 51 σκληροτράχηλοι καὶ *ἀπερίτμητοι* καρδίαις καὶ τοῖς ὠσίν, ὑμεῖς ἀεὶ τῷ πνεύματι τῷ ἁγίῳ ἀντιπίπτετε, ὡς οἱ πατερες ὑμῶν καὶ ὑμεῖς.

ἀπέρχομαι [118]

Mt 2 22 ἀκούσας δὲ ὅτι ἀρχελαος βασιλεύει τῆς ἰουδαίας ἀντὶ τοῦ πατρὸς αὐτοῦ ἡρῳδου ἐφοβήθη ἐκεῖ *ἀπελθεῖν·*
4 24 καὶ *ἀπῆλθεν* ἡ ἀκοη αὐτοῦ εἰς ὅλην τὴν συριαν·
5 30 συμφερει γαρ σοι ἱνα ἀπόληται ἓν τῶν μελῶν σου καὶ μὴ ὅλον τὸ σῶμα σου εἰς γεενναν *ἀπελθη.*
8 18 ἰδὼν δὲ ὁ ἰησοῦς ὄχλον περὶ αὐτὸν ἐκελευσεν *ἀπελθεῖν* εἰς τὸ περαν.
19 ἀκολουθησω σοι ὅπου ἐὰν *ἀπερχη.*
21 ἐπιτρεψον μοι πρῶτον *ἀπελθεῖν* καὶ θαψαι τὸν πατερα μου.
32 οἱ δὲ ἐξελθοντες *ἀπῆλθον* εἰς τοὺς χοιρους·
33 καὶ *ἀπελθοντες* εἰς τὴν πολιν ἀπηγγειλαν παντα καὶ τὰ τῶν δαιμονιζομενων.
9 7 καὶ ἐγερθεὶς *ἀπῆλθεν* εἰς τὸν οἶκον αὐτοῦ.
10 5 εἰς ὁδὸν ἐθνῶν μὴ *ἀπελθητε,*
13 25 ἐν δὲ τῷ καθευδειν τοὺς ἀνθρωπους ἦλθεν αὐτοῦ ὁ ἐχθρος καὶ ἐπεσπειρεν ζιζανια ἀνὰ μεσον τοῦ σιτου καὶ *ἀπῆλθεν.*
28 θελεις οὖν *ἀπελθοντες* συλλεξωμεν αὐτα;
46 εὑρὼν δὲ ἕνα πολυτιμον μαργαριτην *ἀπελθὼν* πεπρακεν παντα ὅσα εἶχεν καὶ ἠγορασεν αὐτον.
14 15 ἀπολυσον τοὺς ὄχλους, ἱνα *ἀπελθοντες* εἰς τὰς κωμας ἀγορασωσιν ἑαυτοῖς βρωματα.
16 οὐ χρειαν ἐχουσιν *ἀπελθεῖν·* δοτε αὐτοῖς ὑμεῖς φαγεῖν.
16 4 καὶ καταλιπων αὐτοὺς *ἀπῆλθεν.*
21 ἀπο τοτε ἠρξατο ὁ ἰησοῦς δεικνυειν τοῖς μαθηταῖς αὐτοῦ ὅτι δει αὐτὸν εἰς ἱεροσολυμα *ἀπελθεῖν* καὶ πολλὰ παθεῖν ἀπὸ τῶν πρεσβυτερων καὶ ἀρχιερεων καὶ γραμματεων καὶ ἀποκτανθῆναι καὶ τῇ τριτῃ ἡμερα ἐγερθηναι.
18 30 ὁ δὲ οὐκ ἠθελεν, ἀλλὰ *ἀπελθὼν* ἐβαλεν αὐτὸν εἰς φυλακην ἑως ἀποδῷ τὸ ὀφειλομενον.
19 22 ἀκούσας δὲ ὁ νεανισκος τὸν λογον *ἀπῆλθεν* λυπουμενος·
20 5 οἱ δὲ *ἀπῆλθον.*
21 29 οὐ θελω, ὑστερον δὲ μεταμεληθεὶς *ἀπῆλθεν.*
30 ἐγω, κυριε, καὶ οὐκ *ἀπῆλθεν.*
22 5 οἱ δὲ ἀμελησαντες *ἀπῆλθον,* ὃς μὲν εἰς τὸν ἰδιον ἀγρον, ὃς δὲ ἐπὶ τὴν ἐμποριαν αὐτοῦ·
22 καὶ ἀκούσαντες ἐθαυμασαν, καὶ ἀφεντες αὐτὸν *ἀπῆλθαν.*
25 10 *ἀπερχομενων* δὲ αὐτῶν ἀγορασαι ἦλθεν ὁ νυμφιος,
18 ὁ δὲ τὸ ἓν λαβὼν *ἀπελθὼν* ὠρυξεν γῆν καὶ ἐκρυψεν τὸ ἀργυριον τοῦ κυριου αὐτοῦ.
25 καὶ φοβηθεὶς *ἀπελθὼν* ἐκρυψα τὸ ταλαντον σου ἐν τῇ γῇ· ἰδε ἐχεις τὸ σον.
46 καὶ ἀπελευσονται οὗτοι εἰς κολασιν αἰωνιον, οἱ δὲ δικαιοι εἰς ζωην αἰωνιον.
26 36 καθισατε αὐτου ἑως [οὗ] *ἀπελθὼν* ἐκεῖ προσευξωμαι.
42 παλιν ἐκ δευτερου *ἀπελθὼν* προσηυξατο λεγων·
44 καὶ ἀφεὶς αὐτοὺς παλιν *ἀπελθὼν* προσηυξατο ἐκ τριτου, τὸν αὐτὸν λογον εἰπων παλιν.
27 5 καὶ ῥιψας τὰ ἀργυρια εἰς τὸν ναον ἀνεχωρησεν, καὶ *ἀπελθὼν*
60 καὶ προσκυλισας λιθον μεγαν τῇ θυρα τοῦ μνημειου *ἀπῆλθεν.*
28 8 καὶ *ἀπελθουσαι* ταχυ ἀπὸ τοῦ μνημειου μετὰ φοβου καὶ χαρας μεγαλης ἐδραμον ἀπαγγειλαι τοῖς μαθηταῖς αὐτοῦ.
10 μὴ φοβεισθε· ὑπαγετε ἀπαγγειλατε τοῖς ἀδελφοῖς μου ἱνα *ἀπελθωσιν* εἰς τὴν γαλιλαιαν, κακει με ὀψονται.

Mc 1 20 καὶ ἀφεντες τὸν πατερα αὐτῶν ζεβεδαιον ἐν τῷ πλοιῳ μετὰ τῶν μισθωτων *ἀπῆλθον* ὀπισω αὐτου.
35 καὶ πρωι ἐννυχα λιαν ἀναστας ἐξῆλθεν καὶ *ἀπῆλθεν* εἰς ἐρημον τοπον,
42 καὶ εὐθὺς *ἀπῆλθεν* ἀπ αὐτοῦ ἡ λεπρα,
3 13 καὶ προσκαλειται οὓς ἠθελεν αὐτος, καὶ *ἀπῆλθον* πρὸς αὐτον.
5 17 καὶ ἠρξαντο παρακαλειν αὐτὸν *ἀπελθεῖν* ἀπο τῶν ὁριων αὐτων.
20 καὶ *ἀπῆλθεν* καὶ ἠρξατο κηρυσσειν ἐν τῇ δεκαπολει ὁσα ἐποιησεν αὐτῷ ὁ ἰησους,
24 καὶ *ἀπῆλθεν* μετ αὐτου.
6 27 καὶ *ἀπελθὼν* ἀπεκεφαλισεν αὐτὸν ἐν τῇ φυλακῃ,
32 καὶ *ἀπῆλθον* ἐν τῷ πλοιῳ εἰς ἐρημον τοπον κατ ἰδιαν.
36 ἀπολυσον αὐτους, ἱνα *ἀπελθοντες* εἰς τοὺς κυκλῳ ἀγρους καὶ κωμας ἀγορασωσιν ἑαυτοῖς τί φαγωσιν.
37 *ἀπελθοντες* ἀγορασωμεν δηναριων διακοσιων ἀρτους, καὶ δωσομεν αὐτοῖς φαγειν;
46 καὶ ἀποταξαμενος αὐτοῖς *ἀπῆλθεν* εἰς τὸ ὀρος προσευξασθαι.
7 24 ἐκειθεν δὲ ἀναστας *ἀπῆλθεν* εἰς τὰ ὁρια τυρου.

Mc 7 30 καὶ *ἀπελθουσα* εἰς τὸν οἶκον αὐτῆς εὑρεν τὸ παιδιον βεβλημενον ἐπὶ τὴν κλινην καὶ τὸ δαιμονιον ἐξεληλυθος.
8 13 καὶ ἀφεὶς αὐτους παλιν ἐμβας *ἀπῆλθεν* εἰς τὸ περαν.
9 43 καλον ἐστιν σε κυλλον εἰσελθειν εἰς τὴν ζωην, ἢ τὰς δυο χειρας ἐχοντα *ἀπελθειν* εἰς τὴν γεενναν, εἰς τὸ πυρ τὸ ἀσβεστον.
10 22 ὁ δὲ στυγνασας ἐπὶ τῷ λογῳ *ἀπῆλθεν* λυπουμενος, ἦν γαρ ἐχων κτηματα πολλα.
11 4 καὶ *ἀπῆλθον* καὶ εὑρον πωλον δεδεμενον πρὸς θυραν ἐξω ἐπὶ τοῦ ἀμφοδου, καὶ λυουσιν αὐτον.
12 12 καὶ ἀφεντες αὐτὸν *ἀπῆλθον.*
14 10 καὶ ἰουδας ἰσκαριωθ, ὁ εἷς τῶν δωδεκα, *ἀπῆλθεν* πρὸς τοὺς ἀρχιερεις ἱνα αὐτὸν παραδοι αὐτοις.
12 ποῦ θελεις *ἀπελθοντες* ἑτοιμασωμεν ἱνα φαγῃς τὸ πασχα;
39 καὶ παλιν *ἀπελθὼν* προσηυξατο τὸν αὐτὸν λογον εἰπων.
16 13 κακεινοι *ἀπελθοντες* ἀπηγγειλαν τοῖς λοιποις·

Lc 1 23 καὶ ἐγενετο ὡς ἐπλησθησαν αἱ ἡμεραι τῆς λειτουργιας αὐτου, *ἀπῆλθεν* εἰς τὸν οἶκον αὐτου.
38 καὶ *ἀπῆλθεν* ἀπ αὐτῆς ὁ ἀγγελος.
2 15 καὶ ἐγενετο ὡς *ἀπῆλθον* ἀπ αὐτῶν εἰς τὸν οὐρανον οἱ ἀγγελοι, οἱ ποιμενες ἐλαλουν πρὸς ἀλληλους·
5 13 καὶ εὐθεως ἡ λεπρα *ἀπῆλθεν* ἀπ αὐτου.
14 καὶ αὐτὸς παρηγγειλεν αὐτῷ μηδενι εἰπειν, ἀλλὰ *ἀπελθὼν* δειξον σεαυτὸν τῷ ἱερει,
25 καὶ παραχρημα ἀναστας ἐνωπιον αὐτων, ἀρας ἐφ ὁ κατεκειτο, *ἀπῆλθεν* εἰς τὸν οἶκον αὐτου δοξαζων τὸν θεον.
7 24 *ἀπελθοντων* δὲ τῶν ἀγγελων ἰωαννου ἠρξατο λεγειν πρὸς τοὺς ὀχλους περὶ ἰωαννου·
8 31 καὶ παρεκαλουν αὐτὸν ἱνα μὴ ἐπιταξῃ αὐτοῖς εἰς τὴν ἀβυσσον *ἀπελθειν.*
37 καὶ ἠρωτησεν αὐτὸν ἀπαν τὸ πληθος τῆς περιχωρου τῶν γερασηνων *ἀπελθειν* ἀπ αὐτων, ὅτι φοβῳ μεγαλῳ συνειχοντο·
39 καὶ *ἀπῆλθεν* καθ ὁλην τὴν πολιν κηρυσσων ὁσα ἐποιησεν αὐτῷ ὁ ἰησους.
9 57 ἀκολουθησω σοι ὁπου ἐὰν *ἀπερχη.*
59 [κυριε] ἐπιτρεψον μοι *ἀπελθοντι* πρῶτον θαψαι τὸν πατερα μου.
60 ἀφες τοὺς νεκρους θαψαι τοὺς ἑαυτων νεκρους, συ δὲ *ἀπελθὼν* διαγγελλε τὴν βασιλειαν τοῦ θεου.
10 30 καὶ λῃσταις περιεπεσεν, οἱ καὶ ἐκδυσαντες αὐτὸν καὶ πληγας ἐπιθεντες ἀφεντες ἡμιθανη.
17 23 ἰδου ἐκει, [ἢ] ἰδου ὡδε· μὴ *ἀπελθητε* μηδὲ διωξητε.
19 32 *ἀπελθοντες* δὲ οἱ ἀπεσταλμενοι εὑρον καθως εἰπεν αὐτοις.
22 4 καὶ *ἀπελθὼν* συνελαλησεν τοῖς ἀρχιερευσιν καὶ στρατηγοις τὸ πῶς αὐτοῖς παραδῷ αὐτον.
13 *ἀπελθοντες* δὲ εὑρον καθως εἰρηκει αὐτοις,
24 12 καὶ *ἀπῆλθεν* πρὸς ἑαυτὸν θαυμαζων τὸ γεγονος.
24 καὶ *ἀπῆλθον* τινες τῶν συν ἡμιν ἐπὶ τὸ μνημειον,

Jh 4 3 ἀφηκεν τὴν ἰουδαιαν καὶ *ἀπῆλθεν* παλιν εἰς τὴν γαλιλαιαν.
8 οἱ γαρ μαθηται αὐτοῦ *ἀπεληλυθεισαν* εἰς τὴν πολιν,
28 ἀφηκεν οὖν τὴν ὑδριαν αὐτῆς ἡ γυνη καὶ *ἀπῆλθεν* εἰς τὴν πολιν,
47 οὗτος ἀκούσας ὅτι ἰησους ἡκει ἐκ τῆς ἰουδαιας εἰς τὴν γαλιλαιαν, *ἀπῆλθεν* πρὸς αὐτὸν καὶ ἠρωτα ἱνα καταβῃ καὶ ἰασηται αὐτοῦ τὸν υἱον·
5 15 *ἀπῆλθεν* ὁ ἀνθρωπος καὶ ἀνηγγειλεν τοῖς ἰουδαιοις ὅτι ἰησους ἐστὶν ὁ ποιησας αὐτὸν ὑγιη.
6 1 μετὰ ταυτα *ἀπῆλθεν* ὁ ἰησους περαν τῆς θαλασσης τῆς γαλιλαιας τῆς τιβεριαδος.
22 καὶ ὅτι οὐ συνεισῆλθεν τοῖς μαθηταῖς αὐτοῦ ὁ ἰησους εἰς τὸ πλοιον ἀλλὰ μονοι οἱ μαθηται αὐτοῦ *ἀπῆλθον·*
66 ἐκ τουτου πολλοι [ἐκ] τῶν μαθητων *ἀπῆλθον* εἰς τὰ ὀπισω καὶ οὐκετι μετ αὐτοῦ περιεπατουν.
68 κυριε, πρὸς τίνα *ἀπελευσομεθα;*
9 7 *ἀπῆλθεν* οὖν καὶ ἐνιψατο, καὶ ἦλθεν βλεπων.
11 *ἀπελθὼν* οὖν καὶ νιψαμενος ἀνεβλεψα.
10 40 καὶ *ἀπῆλθεν* παλιν περαν τοῦ ἰορδανου εἰς τὸν τοπον ὁπου ἦν ἰωαννης τὸ πρωτον βαπτιζων,
11 28 καὶ τουτο εἰπουσα *ἀπῆλθεν* καὶ ἐφωνησεν μαριαμ τὴν ἀδελφην αὐτῆς λαθρα εἰπουσα·
46 τινες δὲ ἐξ αὐτῶν *ἀπῆλθον* πρὸς τοὺς φαρισαιους καὶ εἰπαν αὐτοῖς ἃ ἐποιησεν ἰησους.
54 ὁ οὖν ἰησους οὐκετι παρρησιᾳ περιεπατει ἐν τοῖς ἰουδαιοις, ἀλλὰ *ἀπῆλθεν* ἐκειθεν εἰς τὴν χωραν ἐγγυς τῆς ἐρημου,
12 19 θεωρειτε ὅτι οὐκ ὠφελειτε οὐδεν· ἰδε ὁ κοσμος ὀπισω αὐτοῦ *ἀπῆλθεν.*
36 ταυτα ἐλαλησεν ἰησους, καὶ *ἀπελθὼν* ἐκρυβη ἀπ αὐτων.
16 7 ἀλλ ἐγω τὴν ἀληθειαν λεγω ὑμιν, συμφερει ὑμιν ἱνα ἐγω *ἀπελθω.*

ἀπερχομαι [118]

Jh	16 7	ἐαν γαρ μη *ἀπελθω*, ὁ παρακλητος ούκ ἐλευσεται προς ύμας·
	18 6	ώς ούν είπεν αύτοις· ἐγω είμι, *ἀπηλθον* είς τα ὀπισω και ἐπεσαν χαμαι.
	20 10	*ἀπηλθον* ούν παλιν προς αύτους οἱ μαθηται.
Ac	4 15	κελευσαντες δε αύτους ἐξω του συνεδριου *ἀπελθειν*, συνεβαλλον προς ἀλληλους λεγοντες·
	5 26	τοτε *ἀπελθων* ὁ στρατηγος συν τοις ύπηρεταις ήγεν αύτους, ού μετα βιας,
	9 12	*ἀπηλθεν* δε ἀνανιας και είσηλθεν είς την οίκιαν,
	10 7	ώς δε *ἀπηλθεν* ὁ ἀγγελος ὁ λαλων αύτω, φωνησας δυο των οίκετων και στρατιωτην εύσεβη των προσκαρτερουντων αύτω,
	16 39	και ἐλθοντες παρεκαλεσαν αύτους, και ἐξαγαγοντες ήρωτων *ἀπελθειν* ἀπο της πολεως.
	23 32	τη δε ἐπαυριον ἐασαντες τους ἱππεις *ἀπερχεσθαι* συν αύτω, ὑπεστρεψαν είς την παρεμβολην·
	28 29 *	και ταυτα αύτου είποντος *ἀπηλθον* οἱ ίουδαιοι πολλην ἐχοντες ἐν ἑαυτοις συζητησιν.
Rm	15 28	τουτο ούν ἐπιτελεσας, και σφραγισαμενος αύτοις τον καρπον τουτον, *ἀπελευσομαι* δι ὑμων είς σπανιαν·
Ga	1 17	ούδε ἀνηλθον είς ίεροσολυμα προς τους προ ἐμου ἀποστολους, ἀλλα *ἀπηλθον* είς ἀραβιαν,
Ja	1 24	κατενοησεν γαρ ἑαυτον και *ἀπεληλυθεν*,
Ju	7	τον ὁμοιον τροπον τουτοις ἐκπορνευσασαι και *ἀπελθουσαι* ὀπισω σαρκος ἑτερας, προκεινται δειγμα πυρος αίωνιου δικην ὑπεχουσαι.
Apc	9 12	ἡ ούαι ἡ μια *ἀπηλθεν·* ίδου ἐρχεται ἐτι δυο ούαι μετα ταυτα.
	10 9	και *ἀπηλθα* προς τον ἀγγελον, λεγων αύτω δουναι μοι το βιβλαριδιον.
	11 14	ἡ ούαι ἡ δευτερα *ἀπηλθεν·*
	12 17	και *ἀπηλθεν* ποιησαι πολεμον μετα των λοιπων του σπερματος αύτης,
	16 2	και *ἀπηλθεν* ὁ πρωτος και ἐξεχεεν την φιαλην αύτου είς την γην·
	18 14	και ἡ ὀπωρα σου της ἐπιθυμιας της ψυχης *ἀπηλθεν* ἀπο σοῦ,
	21 1	ὁ γαρ πρωτος ούρανος και ἡ πρωτη γη *ἀπηλθαν*,
	4	ούτε πενθος ούτε κραυγη ούτε πονος ούκ ἐσται ἐτι· [ότι] τα πρωτα *ἀπηλθαν*.

ἀπεχω [19]

Mt	6 2	ἀμην λεγω ὑμιν, *ἀπεχουσιν* τον μισθον αύτων.
	5	ἀμην λεγω ὑμιν, *ἀπεχουσιν* τον μισθον αύτων.
	16	ἀμην λεγω ὑμιν, *ἀπεχουσιν* τον μισθον αύτων.
	14 24	το δε πλοιον ήδη σταδιους πολλους ἀπο της γης *ἀπειχεν.*
	15 8	ὁ λαος ούτος τοις χειλεσιν με τιμα, ἡ δε καρδια αύτων πορρω *ἀπεχει* ἀπ ἐμου·
Mc	7 6	ώς γεγραπται [ότι] ούτος ὁ λαος τοις χειλεσιν με τιμα, ἡ δε καρδια αύτων πορρω *ἀπεχει* ἀπ ἐμου·
	14 41	καθευδετε το λοιπον και ἀναπαυεσθε· *ἀπεχει·*
Lc	6 24	πλην ούαι ὑμιν τοις πλουσιοις, ότι *ἀπεχετε* την παρακλησιν ὑμων.
	7 6	ήδη δε αύτου ού μακραν *ἀπεχοντος* ἀπο της οίκιας, ἐπεμψεν φιλους ὁ ἑκατονταρχης λεγων αύτω·
	15 20	ἐτι δε αύτου μακραν *ἀπεχοντος* είδεν αύτον ὁ πατηρ αύτου και ἐσπλαγχνισθη,
	24 13	και ίδου δυο ἐξ αύτων ἐν αύτη τη ἡμερᾳ ήσαν πορευομενοι είς κωμην *ἀπεχουσαν* σταδιους ἐξηκοντα ἀπο ίερουσαλημ, ἡ ὀνομα ἐμμαους,
Ac	15 20	ἀλλα ἐπιστειλαι αύτοις του *ἀπεχεσθαι* των ἀλισγηματων των είδωλων και της πορνειας και του πνικτου και του αίματος.
	29	ἐδοξεν γαρ τω πνευματι τω ἀγιω και ἡμιν μηδεν πλεον ἐπιτιθεσθαι ὑμιν βαρος πλην τουτων των ἐπαναγκες, *ἀπεχεσθαι* είδωλοθυτων και αίματος και πνικτων και πορνειας·
Php	4 18	*ἀπεχω* δε παντα και περισσευω·
1Th	4 3	τουτο γαρ ἐστιν θελημα του θεου, ὁ ἀγιασμος ὑμων, *ἀπεχεσθαι* ὑμας ἀπο της πορνειας,
	5 22	ἀπο παντος είδους πονηρου *ἀπεχεσθε*.
1Tm	4 3	κωλυοντων γαμειν, *ἀπεχεσθαι* βρωματων, ἁ ὁ θεος ἐκτισεν είς μεταλημψιν μετα εύχαριστιας τοις πιστοις και ἐπεγνωκοσι την ἀληθειαν.
Phm	15	ταχα γαρ δια τουτο ἐχωρισθη προς ώραν, ίνα αίωνιον αύτον *ἀπεχης*,
1Pt	2 11	ἀγαπητοι, παρακαλω ώς παροικους και παρεπιδημους *ἀπεχεσθαι* των σαρκικων ἐπιθυμιων,

ἀπιστεω [8]

Mc	16 11	κακεινοι ἀκουσαντες ότι ζη και ἐθεαθη ὑπ αύτης *ήπιστησαν.*
	16	ὁ πιστευσας και βαπτισθεις σωθησεται, ὁ δε *ἀπιστησας* κατακριθησεται.
Lc	24 11	και ἐφανησαν ἐνωπιον αύτων ώσει ληρος τα ῥηματα ταυτα, και *ήπιστουν* αύταις.
	41	ἐτι δε *ἀπιστουντων* αύτων ἀπο της χαρας και θαυμαζοντων, είπεν αύτοις·
Ac	28 24	και οἱ μεν ἐπειθοντο τοις λεγομενοις, οἱ δε *ήπιστουν·*
Rm	3 3	εί *ήπιστησαν* τινες, μη ἡ *ἀπιστια* αύτων την πιστιν του θεου καταργησει;
2Tm	2 13	εί *ἀπιστουμεν*, ἐκεινος πιστος μενει,
1Pt	2 7	*ἀπιστουσιν* δε λιθος ὁν ἀπεδοκιμασαν οἱ οίκοδομουντες,

ἀπιστια [11]

Mt	13 58	και ούκ ἐποιησεν ἐκει δυναμεις πολλας δια την *ἀπιστιαν* αύτων.
Mc	6 6	και ἐθαυμαζεν δια την *ἀπιστιαν* αύτων.
	9 24	πιστευω· βοηθει μου τη *ἀπιστιᾳ*.
	16 14	και ώνειδισεν την *ἀπιστιαν* αύτων και σκληροκαρδιαν ότι τοις θεασαμενοις αύτον ἐγηγερμενον ούκ ἐπιστευσαν.
Rm	3 3	εί *ήπιστησαν* τινες, μη ἡ *ἀπιστια* αύτων την πιστιν του θεου καταργησει;
	4 20	είς δε την ἐπαγγελιαν του θεου ού διεκριθη τη *ἀπιστιᾳ*,
	11 20	τη *ἀπιστιᾳ* ἐξεκλασθησαν, συ δε τη πιστει ἐστηκας.
	23	κακεινοι δε, ἐαν μη ἐπιμενωσιν τη *ἀπιστιᾳ*, ἐγκεντρισθησονται·
1Tm	1 13	ἀλλα ήλεηθην, ότι ἀγνοων ἐποιησα ἐν *ἀπιστιᾳ*,
Heb	3 12	βλεπετε, ἀδελφοι, μηποτε ἐσται ἐν τινι ὑμων καρδια πονηρα *ἀπιστιας* ἐν τω ἀποστηναι ἀπο θεου ζωντος,
	19	και βλεπομεν ότι ούκ ήδυνηθησαν είσελθειν δι *ἀπιστιαν*.

ἄπιστος [23]

Mt	17 17	ώ γενεα *ἀπιστος* και διεστραμμενη, ἐως ποτε μεθ ὑμων ἐσομαι;
Mc	9 19	ώ γενεα *ἀπιστος*, ἐως ποτε προς ὑμας ἐσομαι; ἐως ποτε ἀνεξομαι ὑμων;
Lc	9 41	ώ γενεα *ἀπιστος* και διεστραμμενη, ἐως ποτε ἐσομαι προς ὑμας και ἀνεξομαι ὑμων;
	12 46	και το μερος αύτου μετα των *ἀπιστων* θησει.
Jh	20 27	και μη γινου *ἀπιστος* ἀλλα πιστος.
Ac	26 8	τι *ἀπιστον* κρινεται παρ ὑμιν εί ὁ θεος νεκρους ἐγειρει;
1Co	6 6	ἀλλα ἀδελφος μετα ἀδελφου κρινεται, και τουτο ἐπι *ἀπιστων*;
	7 12	εί τις ἀδελφος γυναικα ἐχει *ἀπιστον*, και αύτη συνευδοκει οίκειν μετ αύτου, μη ἀφιετω αύτην·
	13	και γυνη εί τις ἐχει ἀνδρα *ἀπιστον*, και ούτος συνευδοκει οίκειν μετ αύτης, μη ἀφιετω τον ἀνδρα.
	14	ἡγιασται γαρ ὁ ἀνηρ ὁ *ἀπιστος* ἐν τη γυναικι,
	14	ἡγιασται γαρ ὁ ἀνηρ ὁ *ἀπιστος* ἐν τη γυναικι, και ἡγιασται ἡ γυνη ἡ *ἀπιστος* ἐν τω ἀδελφω·
	15	εί δε ὁ *ἀπιστος* χωριζεται, χωριζεσθω·
	10 27	εί τις καλει ὑμας των *ἀπιστων* και θελετε πορευεσθαι, παν το παρατιθεμενον ὑμιν ἐσθιετε μηδεν ἀνακρινοντες δια την συνειδησιν.
	14 22	ώστε αἱ γλωσσαι είς σημειον είσιν ού τοις πιστευουσιν ἀλλα τοις *ἀπιστοις*,
	22	ώστε αἱ γλωσσαι είς σημειον είσιν ού τοις πιστευουσιν ἀλλα τοις *ἀπιστοις*, ἡ δε προφητεια ού τοις *ἀπιστοις* ἀλλα τοις πιστευουσιν.
	23	ἐαν ούν συνελθη ἡ ἐκκλησια ὁλη ἐπι το αύτο και παντες λαλωσιν γλωσσαις, είσελθωσιν δε ίδιωται ἡ *ἀπιστοι*, ούκ ἐρουσιν ότι μαινεσθε;
	24	ἐαν δε παντες προφητευωσιν, είσελθη δε τις *ἀπιστος* ἡ ίδιωτης, ἐλεγχεται ὑπο παντων, ἀνακρινεται ὑπο παντων,
2Co	4 4	ἐν οἱς ὁ θεος του αίωνος τουτου ἐτυφλωσεν τα νοηματα των *ἀπιστων* είς το μη αύγασαι τον φωτισμον του εύαγγελιου της δοξης του χριστου,
	6 14	μη γινεσθε ἑτεροζυγουντες *ἀπιστοις·*
	15	τις δε συμφωνησις χριστου προς βελιαρ, ἡ τις μερις πιστω μετα *ἀπιστου*;
1Tm	5 8	εί δε τις των ίδιων και μαλιστα οίκειων ού προνοει, την πιστιν ήρνηται και ἐστιν *ἀπιστου* χειρων.
Tit	1 15	τοις δε μεμιαμμενοις και *ἀπιστοις* ούδεν καθαρον,
Apc	21 8	τοις δε δειλοις και *ἀπιστοις* και ἐβδελυγμενοις και φονευσιν και πορνοις και φαρμακοις και είδωλολατραις και πασιν τοις ψευδεσιν το μερος αύτων ἐν τη λιμνη

ἁπλοτης [8]

Rm 12 8 ὁ μεταδιδους ἐν ἁπλοτητι, ὁ προισταμενος ἐν σπουδῃ, ὁ ἐλεων ἐν ἱλαροτητι.

2Co 1 12 το μαρτυριον της συνειδησεως ἡμων, ὁτι ἐν ἁπλοτητι και εἰλικρινειᾳ του θεου, [και] οὐκ ἐν σοφιᾳ σαρκικῃ ἀλλ ἐν χαριτι θεου, ἀνεστραφημεν ἐν τῳ κοσμῳ,

8 2 ὁτι ἐν πολλῃ δοκιμῃ θλιψεως ἡ περισσεια της χαρας αὐτων και ἡ κατα βαθους πτωχεια αὐτων ἐπερισσευσεν εἰς το πλουτος της ἁπλοτητος αὐτων·

9 11 ἐν παντι πλουτιζομενοι εἰς πασαν ἁπλοτητα,

13 δια της δοκιμης της διακονιας ταυτης δοξαζοντες τον θεον ἐπι τῃ ὑποταγῃ της ὁμολογιας ὑμων εἰς το εὐαγγελιον του χριστου και ἁπλοτητι της κοινωνιας εἰς αὐτους και εἰς παντας,

11 3 φοβουμαι δε μη πως, ὡς ὁ ὀφις ἐξηπατησεν εὑαν ἐν τῃ πανουργιᾳ αὐτου, φθαρη τα νοηματα ὑμων ἀπο της ἁπλοτητος [και της ἁγνοτητος] της εἰς τον χριστον.

Eph 6 5 οἱ δουλοι, ὑπακουετε τοις κατα σαρκα κυριοις μετα φοβου και τρομου ἐν ἁπλοτητι της καρδιας ὑμων ὡς τῳ χριστῳ,

Col 3 22 μη ἐν ὀφθαλμοδουλιᾳ ὡς ἀνθρωπαρεσκοι, ἀλλ ἐν ἁπλοτητι καρδιας φοβουμενοι τον κυριον.

ἁπλους [2]

Mt 6 22 ἐαν οὐν ἡ ὁ ὀφθαλμος σου ἁπλους, ὁλον το σωμα σου φωτεινον ἐσται·

Lc 11 34 ὁταν ὁ ὀφθαλμος σου ἁπλους ἡ, και ὁλον το σωμα σου φωτεινον ἐστιν·

ἁπλως [1]

Ja 1 5 εἰ δε τις ὑμων λειπεται σοφιας, αἰτειτω παρα του διδοντος θεου πασιν ἁπλως και μη ὀνειδιζοντος,

ἀπο [646]

cf append.

ἀποβαινω [4]

Lc 5 2 οἱ δε ἁλιεις ἀπ αὐτων ἀποβαντες ἐπλυνον τα δικτυα.

21 13 ἀποβησεται ὑμιν εἰς μαρτυριον.

Jh 21 9 ὡς οὐν ἀπεβησαν εἰς την γην, βλεπουσιν ἀνθρακιαν κειμενην και ὀψαριον ἐπικειμενον και ἀρτον.

Php 1 19 οἰδα γαρ ὁτι τουτο μοι ἀποβησεται εἰς σωτηριαν δια της ὑμων δεησεως και ἐπιχορηγιας του πνευματος ἰησου χριστου,

ἀποβαλλω [2]

Mc 10 50 ὁ δε ἀποβαλων το ἱματιον αὐτου ἀναπηδησας ἠλθεν προς τον ἰησουν.

Heb 10 35 μη ἀποβαλητε οὐν την παρρησιαν ὑμων, ἡτις ἐχει μεγαλην μισθαποδοσιαν.

ἀποβλεπω [1]

Heb 11 26 ἀπεβλεπεν γαρ εἰς την μισθαποδοσιαν.

ἀποβλητος [1]

1Tm 4 4 ὁτι παν κτισμα θεου καλον, και οὐδεν ἀποβλητον μετα εὐχαριστιας λαμβανομενον·

ἀποβολη [2]

Ac 27 22 ἀποβολη γαρ ψυχης οὐδεμια ἐσται ἐξ ὑμων πλην του πλοιου.

Rm 11 15 εἰ γαρ ἡ ἀποβολη αὐτων καταλλαγη κοσμου, τις ἡ προσλημψις εἰ μη ζωη ἐκ νεκρων;

ἀπογινομαι [1]

1Pt 2 24 ἱνα ταις ἁμαρτιαις ἀπογενομενοι τῃ δικαιοσυνῃ ζησωμεν·

ἀπογραφη [2]

Lc 2 2 αὑτη ἀπογραφη πρωτη ἐγενετο ἡγεμονευοντος της συριας κυρηνιου.

Ac 5 37 μετα τουτον ἀνεστη ἰουδας ὁ γαλιλαιος ἐν ταις ἡμεραις της ἀπογραφης και ἀπεστησεν λαον ὀπισω αὐτου·

ἀπογραφομαι [4]

Lc 2 1 ἐγενετο δε ἐν ταις ἡμεραις ἐκειναις ἐξηλθεν δογμα παρα καισαρος αὐγουστου ἀπογραφεσθαι πασαν την οἰκουμενην.

3 και ἐπορευοντο παντες ἀπογραφεσθαι, ἑκαστος εἰς την ἑαυτου πολιν.

5 ἀπογραψασθαι συν μαριαμ τῃ ἐμνηστευμενῃ αὐτῳ, οὐσῃ ἐγκυῳ.

Heb 12 23 και ἐκκλησιᾳ πρωτοτοκων ἀπογεγραμμενων ἐν οὐρανοις,

ἀποδεικνυμι [4]

Ac 2 22 ἰησουν τον ναζωραιον, ἀνδρα ἀποδεδειγμενον ἀπο του θεου εἰς ὑμας δυναμεσι και τερασι και σημειοις,

25 7 πολλα και βαρεα αἰτιωματα καταφεροντες, ἀ οὐκ ἰσχυον ἀποδειξαι,

1Co 4 9 δοκω γαρ, ὁ θεος ἡμας τους ἀποστολους ἐσχατους ἀπεδειξεν ὡς ἐπιθανατιους,

2Th 2 4 ὡστε αὐτον εἰς τον ναον του θεου καθισαι, ἀποδεικνυντα ἑαυτον ὁτι ἐστιν θεος.

ἀποδειξις [1]

1Co 2 4 και ὁ λογος μου και το κηρυγμα μου οὐκ ἐν πειθοι[ς] σοφιας [λογοις], ἀλλ ἐν ἀποδειξει πνευματος και δυναμεως,

ἀποδεκατοω [4]

Mt 23 23 οὐαι ὑμιν, γραμματεις και φαρισαιοι ὑποκριται, ὁτι ἀποδεκατουτε το ἡδυοσμον και το ἀνηθον και το κυμινον,

Lc 11 42 ἀλλα οὐαι ὑμιν τοις φαρισαιοις, ὁτι ἀποδεκατουτε το ἡδυοσμον και το πηγανον και παν λαχανον,

18 12 νηστευω δις του σαββατου, ἀποδεκατω παντα ὁσα κτωμαι.

Heb 7 5 και οἱ μεν ἐκ των υἱων λευι την ἱερατειαν λαμβανοντες ἐντολην ἐχουσιν ἀποδεκατουν τον λαον κατα τον νομον,

ἀποδεκτος [2]

1Tm 2 3 τουτο καλον και ἀποδεκτον ἐνωπιον του σωτηρος ἡμων θεου,

5 4 τουτο γαρ ἐστιν ἀποδεκτον ἐνωπιον του θεου.

ἀποδεχομαι [7]

Lc 8 40 ἐν δε τῳ ὑποστρεφειν τον ἰησουν ἀπεδεξατο αὐτον ὁ ὀχλος·

9 11 και ἀποδεξαμενος αὐτους ἐλαλει αὐτοις περι της βασιλειας του θεου,

Ac 2 41 οἱ μεν οὐν ἀποδεξαμενοι τον λογον αὐτου ἐβαπτισθησαν,

18 27 βουλομενου δε αὐτου διελθειν εἰς την ἀχαιαν, προτρεψαμενοι οἱ ἀδελφοι ἐγραψαν τοις μαθηταις ἀποδεξασθαι αὐτον·

21 17 γενομενων δε ἡμων εἰς ἱεροσολυμα ἀσμενως ἀπεδεξαντο ἡμας οἱ ἀδελφοι.

24 3 πολλης εἰρηνης τυγχανοντες δια σου και διορθωματων γινομενων τῳ ἐθνει τουτῳ δια της σης προνοιας, παντη τε και πανταχου ἀποδεχομεθα,

28 30 ἐνεμεινεν δε διετιαν ὁλην ἐν ἰδιῳ μισθωματι, και ἀπεδεχετο παντας τους εἰσπορευομενους προς αὐτον,

ἀποδημεω [6]

Mt 21 33 και ἐξεδετο αὐτον γεωργοις, και ἀπεδημησεν.

25 14 ὡσπερ γαρ ἀνθρωπος ἀποδημων ἐκαλεσεν τους ἰδιους δουλους και παρεδωκεν αὐτοις τα ὑπαρχοντα αὐτου,

15 ᾡ δε δυο, ᾡ δε ἑν, ἑκαστῳ κατα την ἰδιαν δυναμιν, και ἀπεδημησεν.

Mc 12 1 και ἐξεδετο αὐτον γεωργοις, και ἀπεδημησεν.

Lc 15 13 και μετ οὐ πολλας ἡμερας συναγαγων ἁπαντα ὁ νεωτερος υἱος ἀπεδημησεν εἰς χωραν μακραν,

20 9 ἀνθρωπος [τις] ἐφυτευσεν ἀμπελωνα, και ἐξεδετο αὐτον γεωργοις, και ἀπεδημησεν χρονους ἱκανους.

ἀποδημος [1]

Mc 13 34 ὡς ἀνθρωπος ἀποδημος ἀφεις την οἰκιαν αὐτου και δους τοις δουλοις αὐτου την ἐξουσιαν, ἑκαστῳ το ἐργον αὐτου,

ἀποδιδωμι [48]

Mt 5 26 οὐ μη ἐξελθῃς ἐκειθεν ἑως ἀν ἀποδῳς τον ἐσχατον κοδραντην.

33 οὐκ ἐπιορκησεις, ἀποδωσεις δε τῳ κυριῳ τους ὁρκους σου.

6 4 και ὁ πατηρ σου ὁ βλεπων ἐν τῳ κρυπτῳ ἀποδωσει σοι.

ἀποδίδωμι [48]

Mt 6 6 και ὁ πατηρ σου ὁ βλεπων ἐν τω κρυπτω *ἀποδωσει* σοι.

    18 και ὁ πατηρ σου ὁ βλεπων ἐν τω κρυφαιω *ἀποδωσει* σοι.

    12 36 λεγω δε ὑμιν ὁτι παν ῥημα ἀργον ὁ λαλησουσιν οἱ ἀνθρωποι, *ἀποδωσουσιν* περι αὐτου λογον ἐν ἡμερα κρισεως·

    16 27 μελλει γαρ ὁ υἱος του ἀνθρωπου ἐρχεσθαι ἐν τη δοξη του πατρος αὐτου μετα των ἀγγελων αὐτου, και τοτε *ἀποδωσει* ἑκαστω κατα την πραξιν αὐτου.

    18 25 μη ἐχοντος δε αὐτου *ἀποδουναι*, ἐκελευσεν αὐτον ὁ κυριος πραθηναι και την γυναικα και τα τεκνα και παντα ὁσα ἐχει, και *ἀποδοθηναι*.

    25 μη ἐχοντος δε αὐτου *ἀποδουναι*, ἐκελευσεν αὐτον ὁ κυριος πραθηναι και την γυναικα και τα τεκνα και παντα ὁσα ἐχει, και *ἀποδοθηναι*.

    26 μακροθυμησον ἐπ' ἐμοι, και παντα *ἀποδωσω* σοι.

    28 και κρατησας αὐτον ἐπνιγεν λεγων· *ἀποδος* εἰ τι ὀφειλεις.

    29 μακροθυμησον ἐπ' ἐμοι, και *ἀποδωσω* σοι.

    30 ὁ δε οὐκ ἠθελεν, ἀλλα ἀπελθων ἐβαλεν αὐτον εἰς φυλακην ἑως *ἀποδω* το ὀφειλομενον.

    34 και ὀργισθεις ὁ κυριος αὐτου παρεδωκεν αὐτον τοις βασανισταις ἑως οὑ *ἀποδω* παν το ὀφειλομενον.

    20 8 καλεσον τους ἐργατας και *ἀποδος* αὐτοις τον μισθον,

    21 41 και τον ἀμπελωνα ἐκδωσεται ἀλλοις γεωργοις, οἱτινες *ἀποδωσουσιν* αὐτω τους καρπους ἐν τοις καιροις αὐτων.

    22 21 *ἀποδοτε* οὐν τα καισαρος καισαρι και τα του θεου τω θεω.

    27 58 τοτε ὁ πιλατος ἐκελευσεν *ἀποδοθηναι*.

Mc 12 17 τα καισαρος *ἀποδοτε* καισαρι και τα του θεου τω θεω.

Lc 4 20 και πτυξας το βιβλιον *ἀποδους* τω ὑπηρετη ἐκαθισεν·

    7 42 μη ἐχοντων αὐτων *ἀποδουναι* ἀμφοτεροις ἐχαρισατο.

    9 42 και ἰασατο τον παιδα και *ἀπεδωκεν* αὐτον τω πατρι αὐτου.

    10 35 ἐπιμεληθητι αὐτου, και ὁτι ἀν προσδαπανησης ἐγω ἐν τω ἐπανερχεσθαι με *ἀποδωσω* σοι.

    12 59 οὐ μη ἐξελθης ἐκειθεν ἑως και το ἐσχατον λεπτον *ἀποδως*.

    16 2 *ἀποδος* τον λογον της οἰκονομιας σου· οὐ γαρ δυνη ἐτι οἰκονομειν.

    19 8 και εἰ τινος τι ἐσυκοφαντησα, *ἀποδιδωμι* τετραπλουν.

    20 25 τοινυν *ἀποδοτε* τα καισαρος καισαρι και τα του θεου τω θεω.

Ac 4 33 και δυναμει μεγαλη *ἀπεδιδουν* το μαρτυριον οἱ ἀποστολοι της ἀναστασεως του κυριου ἰησου,

    5 8 εἰπε μοι, εἰ τοσουτου το χωριον *ἀπεδοσθε*;

    7 9 και οἱ πατριαρχαι ζηλωσαντες τον ἰωσηφ *ἀπεδοντο* εἰς αἰγυπτον·

    19 40 μηδενος αἰτιου ὑπαρχοντος, περι οὑ [οὐ] δυνησομεθα *ἀποδουναι* λογον περι της συστροφης ταυτης.

Rm 2 6 του θεου, ὁς *ἀποδωσει* ἑκαστω κατα τα ἐργα αὐτου·

    12 17 μηδενι κακον ἀντι κακου *ἀποδιδοντες*·

    13 7 *ἀποδοτε* πασιν τας ὀφειλας, τω τον φορον τον φορον,

1Co 7 3 τη γυναικι ὁ ἀνηρ την ὀφειλην *ἀποδιδοτω*, ὁμοιως δε και ἡ γυνη τω ἀνδρι.

1Th 5 15 ὁρατε μη τις κακον ἀντι κακου τινι *ἀποδω*,

1Tm 5 4 εἰ δε τις χηρα τεκνα ἠ ἐκγονα ἐχει, μανθανετωσαν πρωτον τον ἰδιον οἰκον εὐσεβειν και ἀμοιβας *ἀποδιδοναι* τοις προγονοις·

2Tm 4 8 λοιπον ἀποκειται μοι ὁ της δικαιοσυνης στεφανος, ὁν *ἀποδωσει* μοι ὁ κυριος ἐν ἐκεινη τη ἡμερα,

    14 *ἀποδωσει* αὐτω ὁ κυριος κατα τα ἐργα αὐτου·

Heb 12 11 ὑστερον δε καρπον εἰρηνικον τοις δι' αὐτης γεγυμνασμενοις *ἀποδιδωσιν* δικαιοσυνης.

    16 μη τις πορνος ἠ βεβηλος ὡς ἠσαυ, ὁς ἀντι βρωσεως μιας *ἀπεδετο* τα πρωτοτοκια ἑαυτου.

    13 17 αὐτοι γαρ ἀγρυπνουσιν ὑπερ των ψυχων ὑμων ὡς λογον *ἀποδωσοντες*·

1Pt 3 9 μη *ἀποδιδοντες* κακον ἀντι κακου ἠ λοιδοριαν ἀντι λοιδοριας,

    4 5 οἱ *ἀποδωσουσιν* λογον τω ἑτοιμως ἐχοντι κριναι ζωντας και νεκρους.

Apc 18 6 *ἀποδοτε* αὐτη ὡς και αὐτη *ἀπεδωκεν*,

    6 ἀποδοτε αὐτη ὡς και αὐτη *ἀπεδωκεν*,

    22 2 ποιουν καρπους δωδεκα, κατα μηνα ἑκαστον *ἀποδιδουν* τον καρπον αὐτου,

    12 και ὁ μισθος μου μετ' ἐμου, *ἀποδουναι* ἑκαστω ὡς το ἐργον ἐστιν αὐτου.

ἀποδιοριζω [1]

Ju 19 οὑτοι εἰσιν οἱ *ἀποδιοριζοντες*, ψυχικοι, πνευμα μη ἐχοντες.

ἀποδοκιμαζω [9]

Mt 21 42 λιθον ὁν *ἀπεδοκιμασαν* οἱ οἰκοδομουντες, οὑτος ἐγενηθη εἰς κεφαλην γωνιας·

Mc 8 31 και ἡρξατο διδασκειν αὐτους ὁτι δει τον υἱον του ἀνθρωπου πολλα παθειν, και *ἀποδοκιμασθηναι* ὑπο των πρεσβυτερων και των ἀρχιερεων και των γραμματεων και ἀποκτανθηναι και μετα τρεις ἡμερας ἀναστηναι·

    12 10 λιθον ὁν *ἀπεδοκιμασαν* οἱ οἰκοδομουντες, οὑτος ἐγενηθη εἰς κεφαλην γωνιας·

Lc 9 22 εἰπων ὁτι δει τον υἱον του ἀνθρωπου πολλα παθειν και *ἀποδοκιμασθηναι* ἀπο των πρεσβυτερων και ἀρχιερεων και γραμματεων και ἀποκτανθηναι και τη τριτη ἡμερα ἐγερθηναι.

    17 25 πρωτον δε δει αὐτον πολλα παθειν και *ἀποδοκιμασθηναι* ἀπο της γενεας ταυτης.

    20 17 λιθον ὁν *ἀπεδοκιμασαν* οἱ οἰκοδομουντες, οὑτος ἐγενηθη εἰς κεφαλην γωνιας·

Heb 12 17 ἰστε γαρ ὁτι και μετεπειτα θελων κληρονομησαι την εὐλογιαν *ἀπεδοκιμασθη*,

1Pt 2 4 προς ὁν προσερχομενοι, λιθον ζωντα, ὑπο ἀνθρωπων μεν *ἀποδεδοκιμασμενον* παρα δε θεω ἐκλεκτον ἐντιμον,

    7 ἀπιστουσιν δε λιθος ὁν *ἀπεδοκιμασαν* οἱ οἰκοδομουντες,

ἀποδοχη [2]

1Tm 1 15 πιστος ὁ λογος και πασης *ἀποδοχης* ἀξιος,

    4 9 πιστος ὁ λογος και πασης *ἀποδοχης* ἀξιος·

ἀποθεσις [2]

1Pt 3 21 ὁ και ὑμας ἀντιτυπον νυν σωζει βαπτισμα, οὐ σαρκος *ἀποθεσις* ῥυπου ἀλλα συνειδησεως ἀγαθης ἐπερωτημα εἰς θεον,

2Pt 1 14 εἰδως ὁτι ταχινη ἐστιν ἡ *ἀποθεσις* του σκηνωματος μου,

ἀποθηκη [6]

Mt 3 12 και συναξει τον σιτον αὐτου εἰς την *ἀποθηκην*,

    6 26 ἐμβλεψατε εἰς τα πετεινα του οὐρανου, ὁτι οὐ σπειρουσιν οὐδε θεριζουσιν οὐδε συναγουσιν εἰς *ἀποθηκας*,

    13 30 τον δε σιτον συναγαγετε εἰς την *ἀποθηκην* μου.

Lc 3 17 οὑ το πτυον ἐν τη χειρι αὐτου διακαθαραι την ἀλωνα αὐτου και συναγαγειν τον σιτον εἰς την *ἀποθηκην* αὐτου,

    12 18 καθελω μου τας *ἀποθηκας* και μειζονας οἰκοδομησω,

    24 κατανοησατε τους κορακας, ὁτι οὐ σπειρουσιν οὐδε θεριζουσιν, οἱς οὐκ ἐστιν ταμειον οὐδε *ἀποθηκη*, και ὁ θεος τρεφει αὐτους·

ἀποθησαυριζω [1]

1Tm 6 19 *ἀποθησαυριζοντας* ἑαυτοις θεμελιον καλον εἰς το μελλον,

ἀποθλιβω [1]

Lc 8 45 ἐπιστατα, οἱ ὀχλοι συνεχουσιν σε και *ἀποθλιβουσιν*.

ἀποθνησκω [111]

Mt 8 32 και ἰδου ὡρμησεν πασα ἡ ἀγελη κατα του κρημνου εἰς την θαλασσαν, και *ἀπεθανον* ἐν τοις ὑδασιν.

    9 24 οὐ γαρ *ἀπεθανεν* το κορασιον ἀλλα καθευδει.

    22 24 διδασκαλε, μωυσης εἰπεν· ἐαν τις *ἀποθανη* μη ἐχων τεκνα, ἐπιγαμβρευσει ὁ ἀδελφος αὐτου την γυναικα αὐτου και ἀναστησει σπερμα τω ἀδελφω αὐτου.

    27 ὑστερον δε παντων *ἀπεθανεν* ἡ γυνη.

    26 35 καν δεη με συν σοι *ἀποθανειν*, οὐ μη σε ἀπαρνησομαι.

Mc 5 35 ἐτι αὐτου λαλουντος ἐρχονται ἀπο του ἀρχισυναγωγου λεγοντες ὁτι ἡ θυγατηρ σου *ἀπεθανεν*·

    39 τι θορυβεισθε και κλαιετε; το παιδιον οὐκ *ἀπεθανεν* ἀλλα καθευδει.

    9 26 και ἐγενετο ὡσει νεκρος, ὡστε τους πολλους λεγειν ὁτι *ἀπεθανεν*.

    12 19 διδασκαλε, μωυσης ἐγραψεν ἡμιν ὁτι ἐαν τινος ἀδελφος *ἀποθανη* και καταλιπη γυναικα και μη ἀφη τεκνον, ἱνα λαβη ὁ ἀδελφος αὐτου την γυναικα και ἐξαναστηση σπερμα τω ἀδελφω αὐτου.

    20 και ὁ πρωτος ἐλαβεν γυναικα, και *ἀποθνησκων* οὐκ ἀφηκεν σπερμα·

    21 και ὁ δευτερος ἐλαβεν αὐτην, και *ἀπεθανεν* μη καταλιπων σπερμα·

ἀποθνησκω [111]

Mc 12 22 ἐσχατον παντων και ἡ γυνη *ἀπεθανεν.*

15 44 και προσκαλεσαμενος τον κεντυριωνα ἐπηρωτησεν αυτον εἰ παλαι *ἀπεθανεν.*

Lc 8 42 και πεσων παρα τους ποδας [του] ἰησου παρεκαλει αυτον εἰσελθειν εἰς τον οἰκον αυτου, ὁτι θυγατηρ μονογενης ἡν αυτω ὡς ἐτων δωδεκα και αυτη *ἀπεθνησκεν.*

52 μη κλαιετε· οὐ γαρ *ἀπεθανεν* ἀλλα καθευδει.

53 και κατεγελων αυτου, εἰδοτες ὁτι *ἀπεθανεν.*

16 22 ἐγενετο δε *ἀποθανειν* τον πτωχον και ἀπενεχθηναι αυτον ὑπο των ἀγγελων εἰς τον κολπον ἀβρααμ·

22 *ἀπεθανεν* δε και ὁ πλουσιος και ἐταφη.

20 28 ἐαν τινος ἀδελφος *ἀποθανη* ἐχων γυναικα, και οὑτος ἀτεκνος ἡ, ἱνα λαβη ὁ ἀδελφος αυτου την γυναικα και ἐξαναστηση σπερμα τω ἀδελφω αυτου.

29 και ὁ πρωτος λαβων γυναικα *ἀπεθανεν* ἀτεκνος·

31 και ὁ δευτερος και ὁ τριτος ἐλαβεν αὑτην, ὡσαυτως δε και οἱ ἑπτα οὐ κατελιπον τεκνα και *ἀπεθανον.*

32 ὑστερον και ἡ γυνη *ἀπεθανεν.*

36 οὐδε γαρ *ἀποθανειν* ἐτι δυνανται, ἰσαγγελοι γαρ εἰσιν,

Jh 4 47 ἀπηλθεν προς αυτον και ἠρωτα ἱνα καταβη και ἰασηται αυτου τον υἱον· ἠμελλεν γαρ *ἀποθνησκειν.*

49 κυριε, καταβηθι πριν *ἀποθανειν* το παιδιον μου.

6 49 οἱ πατερες ὑμων ἐφαγον ἐν τη ἐρημω το μαννα και *ἀπεθανον·*

50 οὑτος ἐστιν ὁ ἀρτος ὁ ἐκ του οὐρανου καταβαινων, ἱνα τις ἐξ αυτου φαγη και μη *ἀποθανη.*

58 οὑτος ἐστιν ὁ ἀρτος ὁ ἐξ οὐρανου καταβας, οὐ καθως ἐφαγον οἱ πατερες και *ἀπεθανον·*

8 21 ἐγω ὑπαγω και ζητησετε με, και ἐν τη ἀμαρτια ὑμων *ἀποθανεισθε·*

24 εἰπον οὐν ὑμιν ὁτι *ἀποθανεισθε* ἐν ταις ἀμαρτιαις ὑμων·

24 ἐαν γαρ μη πιστευσητε ὁτι ἐγω εἰμι, *ἀποθανεισθε* ἐν ταις ἀμαρτιαις ὑμων.

52 ἀβρααμ *ἀπεθανεν* και οἱ προφηται, και συ λεγεις·

53 μη συ μειζων εἰ του πατρος ἡμων ἀβρααμ, ὁστις *ἀπεθανεν;*

53 και οἱ προφηται *ἀπεθανον·* τινα σεαυτον ποιεις;

11 14 λαζαρος *ἀπεθανεν,* και χαιρω δι ὑμας,

16 ἀγωμεν και ἡμεις ἱνα *ἀποθανωμεν* μετ αυτου.

21 κυριε, εἰ ἡς ὡδε, οὐκ ἀν *ἀπεθανεν* ὁ ἀδελφος μου.

25 ὁ πιστευων εἰς ἐμε καν *ἀποθανη* ζησεται,

26 και πας ὁ ζων και πιστευων εἰς ἐμε οὐ μη *ἀποθανη* εἰς τον αἰωνα·

32 κυριε, εἰ ἡς ὡδε, οὐκ ἀν μου *ἀπεθανεν* ὁ ἀδελφος.

37 οὐκ ἐδυνατο οὑτος ὁ ἀνοιξας τους ὀφθαλμους του τυφλου ποιησαι ἱνα και οὑτος μη *ἀποθανη;*

50 ὑμεις οὐκ οἰδατε οὐδεν, οὐδε λογιζεσθε ὁτι συμφερει ὑμιν ἱνα εἱς ἀνθρωπος *ἀποθανη* ὑπερ του λαου και μη ὁλον το ἐθνος ἀποληται.

51 ἀλλα ἀρχιερευς ὡν του ἐνιαυτου ἐκεινου ἐπροφητευσεν ὁτι ἐμελλεν ἰησους *ἀποθνησκειν* ὑπερ του ἐθνους,

12 24 ἐαν μη ὁ κοκκος του σιτου πεσων εἰς την γην *ἀποθανη,* αυτος μονος μενει·

24 ἐαν δε *ἀποθανη,* πολυν καρπον φερει.

33 τουτο δε ἐλεγεν σημαινων ποιω θανατω ἠμελλεν *ἀποθνησκειν.*

18 14 ἡν δε καιαφας ὁ συμβουλευσας τοις ἰουδαιοις ὁτι συμφερει ἑνα ἀνθρωπον *ἀποθανειν* ὑπερ του λαου.

32 ἱνα ὁ λογος του ἰησου πληρωθη ὁν εἰπεν σημαινων ποιω θανατω ἠμελλεν *ἀποθνησκειν.*

19 7 ἡμεις νομον ἐχομεν, και κατα τον νομον ὀφειλει *ἀποθανειν,*

21 23 ἐξηλθεν οὐν οὑτος ὁ λογος εἰς τους ἀδελφους ὁτι ὁ μαθητης ἐκεινος οὐκ *ἀποθνησκει·*

23 οὐκ εἰπεν δε αυτω ὁ ἰησους ὁτι οὐκ *ἀποθνησκει,* ἀλλ ἐαν αυτον θελω μενειν ἑως ἐρχομαι, [τι προς σε];

Ac 7 4 κακειθεν μετα το *ἀποθανειν* τον πατερα αυτου μετωκισεν αυτον εἰς την γην ταυτην εἰς ἡν ὑμεις νυν κατοικειτε,

9 37 ἐγενετο δε ἐν ταις ἡμεραις ἐκειναις ἀσθενησασαν αὐτην *ἀποθανειν·*

21 13 ἐγω γαρ οὐ μονον δεθηναι ἀλλα και *ἀποθανειν* εἰς ἰερουσαλημ ἑτοιμως ἐχω ὑπερ του ὀνοματος του κυριου ἰησου.

25 11 εἰ μεν οὐν ἀδικω και ἀξιον θανατου πεπραχα τι, οὐ παραιτουμαι το *ἀποθανειν·*

Rm 5 6 ἐτι γαρ χριστος ὀντων ἡμων ἀσθενων ἐτι κατα καιρον ὑπερ ἀσεβων *ἀπεθανεν.*

7 μολις γαρ ὑπερ δικαιου τις *ἀποθανειται·*

7 ὑπερ γαρ του ἀγαθου ταχα τις και τολμα *ἀποθανειν·*

8 συνιστησιν δε την ἑαυτου ἀγαπην εἰς ἡμας ὁ θεος ὁτι ἐτι ἁμαρτωλων ὀντων ἡμων χριστος ὑπερ ἡμων *ἀπεθανεν.*

Rm 5 15 εἰ γαρ τω του ἑνος παραπτωματι οἱ πολλοι *ἀπεθανον,* πολλω μαλλον ἡ χαρις του θεου και ἡ δωρεα ἐν χαριτι τη του ἑνος ἀνθρωπου ἰησου χριστου εἰς τους πολλους ἐπερισσευσεν.

6 2 οἱτινες *ἀπεθανομεν* τη ἁμαρτια, πως ἐτι ζησομεν ἐν αὐτη;

7 ὁ γαρ *ἀποθανων* δεδικαιωται ἀπο της ἁμαρτιας.

8 εἰ δε *ἀπεθανομεν* συν χριστω, πιστευομεν ὁτι και συζησομεν αυτω,

9 πιστευομεν ὁτι και συζησομεν αυτω, εἰδοτες ὁτι χριστος ἐγερθεις ἐκ νεκρων οὐκετι *ἀποθνησκει,*

10 ὁ γαρ *ἀπεθανεν,* τη ἁμαρτια ἀπεθανεν ἐφαπαξ·

10 ὁ γαρ ἀπεθανεν, τη ἁμαρτια *ἀπεθανεν* ἐφαπαξ·

7 2 ἐαν δε *ἀποθανη* ὁ ἀνηρ, κατηργηται ἀπο του νομου του ἀνδρος.

3 ἐαν δε *ἀποθανη* ὁ ἀνηρ, ἐλευθερα ἐστιν ἀπο του νομου,

6 νυνι δε κατηργηθημεν ἀπο του νομου, *ἀποθανοντες* ἐν ὡ κατειχομεθα,

10 ἐγω δε *ἀπεθανον,* και εὑρεθη μοι ἡ ἐντολη ἡ εἰς ζωην,

8 13 εἰ γαρ κατα σαρκα ζητε, μελλετε *ἀποθνησκειν·*

34 τις ὁ κατακρινων; χριστος [ἰησους] ὁ *ἀποθανων,* μαλλον δε ἐγερθεις,

14 7 οὐδεις γαρ ἡμων ἑαυτω ζη, και οὐδεις ἑαυτω *ἀποθνησκει·*

8 ἐαν τε γαρ ζωμεν, τω κυριω ζωμεν, ἐαν τε *ἀποθνησκωμεν,* τω κυριω *ἀποθνησκομεν.*

8 ἐαν τε γαρ ζωμεν, τω κυριω ζωμεν, ἐαν τε *ἀποθνησκωμεν,* τω κυριω *ἀποθνησκομεν.*

8 ἐαν τε οὐν ζωμεν ἐαν τε *ἀποθνησκωμεν,* του κυριου ἐσμεν.

9 εἰς τουτο γαρ χριστος *ἀπεθανεν* και ἐζησεν, ἱνα και νεκρων και ζωντων κυριευση.

15 μη τω βρωματι σου ἐκεινον ἀπολλυε, ὑπερ οὑ χριστος *ἀπεθανεν.*

1Co 8 11 ἀπολλυται γαρ ὁ ἀσθενων ἐν τη ση γνωσει, ὁ ἀδελφος δι ὁν χριστος *ἀπεθανεν.*

9 15 καλον γαρ μοι μαλλον *ἀποθανειν* ἡ το καυχημα μου οὐδεις κενωσει.

15 3 παρεδωκα γαρ ὑμιν ἐν πρωτοις, ὁ και παρελαβον, ὁτι χριστος *ἀπεθανεν* ὑπερ των ἁμαρτιων ἡμων κατα τας γραφας,

22 ὡσπερ γαρ ἐν τω ἀδαμ παντες *ἀποθνησκουσιν,* οὑτως και ἐν τω χριστω παντες ζωοποιηθησονται.

31 καθ ἡμεραν *ἀποθνησκω,* νη την ὑμετεραν καυχησιν, [ἀδελφοι],

32 εἰ νεκροι οὐκ ἐγειρονται, φαγωμεν και πιωμεν, αὐριον γαρ *ἀποθνησκομεν.*

36 ἀφρων, συ ὁ σπειρεις, οὐ ζωοποιειται ἐαν μη *ἀποθανη·*

2Co 5 14 κριναντας τουτο, ὁτι εἱς ὑπερ παντων *ἀπεθανεν·*

14 ἀρα οἱ παντες *ἀπεθανον·*

15 και ὑπερ παντων *ἀπεθανεν* ἱνα οἱ ζωντες μηκετι ἑαυτοις ζωσιν ἀλλα τω ὑπερ αυτων *ἀποθανοντι* και ἐγερθεντι.

15 και ὑπερ παντων ἀπεθανεν ἱνα οἱ ζωντες μηκετι ἑαυτοις ζωσιν ἀλλα τω ὑπερ αυτων *ἀποθανοντι* και ἐγερθεντι.

6 9 ὡς *ἀποθνησκοντες* και ἰδου ζωμεν, ὡς παιδευομενοι και μη θανατουμενοι,

Ga 2 19 ἐγω γαρ δια νομου νομω *ἀπεθανον* ἱνα θεω ζησω,

21 εἰ γαρ δια νομου δικαιοσυνη, ἀρα χριστος δωρεαν *ἀπεθανεν.*

Php 1 21 ἐμοι γαρ το ζην χριστος και το *ἀποθανειν* κερδος.

Col 2 20 εἰ *ἀπεθανετε* συν χριστω ἀπο των στοιχειων του κοσμου, τι ὡς ζωντες ἐν κοσμω δογματιζεσθε·

3 3 *ἀπεθανετε* γαρ, και ἡ ζωη ὑμων κεκρυπται συν τω χριστω ἐν τω θεω·

1Th 4 14 εἰ γαρ πιστευομεν ὁτι ἰησους *ἀπεθανεν* και ἀνεστη, οὑτως και ὁ θεος τους κοιμηθεντας δια του ἰησου ἀξει συν αυτω.

5 10 δια του κυριου ἡμων ἰησου χριστου, του *ἀποθανοντος* ὑπερ ἡμων,

Heb 7 8 και ὡδε μεν δεκατας *ἀποθνησκοντες* ἀνθρωποι λαμβανουσιν,

9 27 και καθ ὁσον ἀποκειται τοις ἀνθρωποις ἁπαξ *ἀποθανειν,* μετα δε τουτο κρισις, οὑτως και ὁ χριστος, ἁπαξ προσενεχθεις εἰς το πολλων ἀνενεγκειν ἁμαρτιας,

10 28 ἀθετησας τις νομον μωυσεως χωρις οἰκτιρμων ἐπι δυσιν ἡ τρισιν μαρτυσιν *ἀποθνησκει·*

11 4 και δι αὐτης *ἀποθανων* ἐτι λαλει.

13 κατα πιστιν *ἀπεθανον* οὑτοι παντες,

21 πιστει ἰακωβ *ἀποθνησκων* ἑκαστον των υἱων ἰωσηφ εὐλογησεν,

37 ἐλιθασθησαν, ἐπρισθησαν, ἐν φονω μαχαιρης *ἀπεθανον,*

Ju 12 δενδρα φθινοπωρινα ἀκαρπα δις *ἀποθανοντα* ἐκριζωθεντα,

Apc 3 2 και στηρισον τα λοιπα ἀ ἐμελλον *ἀποθανειν·*

8 9 και *ἀπεθανεν* το τριτον των κτισματων των ἐν τη θαλασση,

11 και πολλοι των ἀνθρωπων *ἀπεθανον* ἐκ των ὑδατων ὁτι ἐπικρανθησαν.

ἀποθνησκω [111]

Apc 9 6 και επιθυμησουσιν *αποθανειν* και φευγει ο θανατος απ αυτων.

14 13 μακαριοι οι νεκροι οι εν κυριω *αποθνησκοντες* απ αρτι.

16 3 και εγενετο αιμα ως νεκρου, και πασα ψυχη ζωης *απεθανεν*,

ἀποκαθιστημι [8]

Mt 12 13 και εξετεινεν, και *απεκατεσταθη* υγιης ως η αλλη.

17 11 ηλιας μεν ερχεται και *αποκαταστησει* παντα

Mc 3 5 και εξετεινεν, και *απεκατεσταθη* η χειρ αυτου.

8 25 ειτα παλιν επεθηκεν τας χειρας επι τους οφθαλμους αυτου, και διεβλεψεν και *απεκατεστη*, και ενεβλεπεν τηλαυγως απαντα.

9 12 ηλιας μεν ελθων πρωτον *αποκαθιστανει* παντα·

Lc 6 10 ο δε εποιησεν, και *απεκατεσταθη* η χειρ αυτου.

Ac 1 6 κυριε, ει εν τω χρονω τουτω *αποκαθιστανεις* την βασιλειαν τω ισραηλ;

Heb 13 19 περισσοτερως δε παρακαλω τουτο ποιησαι, ινα ταχιον *αποκατασταθω* υμιν.

ἀποκαλυπτω [26]

Mt 10 26 ουδεν γαρ εστιν κεκαλυμμενον ο ουκ *αποκαλυφθησεται*,

11 25 οτι εκρυψας ταυτα απο σοφων και συνετων, και *απεκαλυψας* νηπιοις·

27 ουδε τον πατερα τις επιγινωσκει ει μη ο υιος και ω εαν βουληται ο υιος *αποκαλυψαι*.

16 17 μακαριος ει, σιμων βαριωνα, οτι σαρξ και αιμα ουκ *απεκαλυψεν* σοι αλλ ο πατηρ μου ο εν τοις ουρανοις.

Lc 2 35 ιδου ουτος κειται εις πτωσιν και αναστασιν πολλων εν τω ισραηλ και εις σημειον αντιλεγομενον και σου [δε] αυτης την ψυχην διελευσεται ρομφαια, οπως αν *αποκαλυφθωσιν* εκ πολλων καρδιων διαλογισμοι.

10 21 εξομολογουμαι σοι, πατερ, κυριε του ουρανου και της γης, οτι απεκρυψας ταυτα απο σοφων και συνετων, και *απεκαλυψας* αυτα νηπιοις·

22 και ουδεις γινωσκει τις εστιν ο υιος ει μη ο πατηρ, και τις εστιν ο πατηρ ει μη ο υιος και ω εαν βουληται ο υιος *αποκαλυψαι*.

12 2 ουδεν δε συγκεκαλυμμενον εστιν ο ουκ *αποκαλυφθησεται*, και κρυπτον ο ου γνωσθησεται.

17 30 κατα τα αυτα εσται η ημερα ο υιος του ανθρωπου *αποκαλυπτεται*.

Jh 12 38 κυριε, τις επιστευσεν τη ακοη ημων; και ο βραχιων κυριου τινι *απεκαλυφθη*;

Rm 1 17 δικαιοσυνη γαρ θεου εν αυτω *αποκαλυπτεται* εκ πιστεως εις πιστιν,

18 *αποκαλυπτεται* γαρ οργη θεου απ ουρανου επι πασαν ασεβειαν και αδικιαν ανθρωπων των την αληθειαν εν αδικια κατεχοντων,

8 18 λογιζομαι γαρ οτι ουκ αξια τα παθηματα του νυν καιρου προς την μελλουσαν δοξαν *αποκαλυφθηναι* εις ημας.

1Co 2 10 ημιν δε *απεκαλυψεν* ο θεος δια του πνευματος·

3 13 η γαρ ημερα δηλωσει, οτι εν πυρι *αποκαλυπτεται*,

14 30 εαν δε αλλω *αποκαλυφθη* καθημενω, ο πρωτος σιγατω.

Ga 1 16 *αποκαλυψαι* τον υιον αυτου εν εμοι, ινα ευαγγελιζωμαι αυτον εν τοις εθνεσιν,

3 23 προ του δε ελθειν την πιστιν υπο νομον εφρουρουμεθα συγκλειομενοι εις την μελλουσαν πιστιν *αποκαλυφθηναι*.

Eph 3 5 ο ετεραις γενεαις ουκ εγνωρισθη τοις υιοις των ανθρωπων ως νυν *απεκαλυφθη* τοις αγιοις αποστολοις αυτου και προφηταις εν πνευματι,

Php 3 15 και ει τι ετερως φρονειτε, και τουτο ο θεος υμιν *αποκαλυψει*·

2Th 2 3 οτι εαν μη ελθη η αποστασια πρωτον και *αποκαλυφθη* ο ανθρωπος της ανομιας,

6 και νυν το κατεχον οιδατε, εις το *αποκαλυφθηναι* αυτον εν τω εαυτου καιρω.

8 και τοτε *αποκαλυφθησεται* ο ανομος,

1Pt 1 5 τετηρημενην εν ουρανοις εις υμας τους εν δυναμει θεου φρουρουμενους δια πιστεως εις σωτηριαν ετοιμην *αποκαλυφθηναι* εν καιρω εσχατω.

12 οις *απεκαλυφθη* οτι ουχ εαυτοις υμιν δε διηκονουν αυτα,

5 1 ο και της μελλουσης *αποκαλυπτεσθαι* δοξης κοινωνος·

ἀποκαλυψις [18]

Lc 2 32 ο ητοιμασας κατα προσωπον παντων των λαων, φως εις *αποκαλυψιν* εθνων και δοξαν λαου σου ισραηλ.

ἀποκαλυψις [18]

Rm 2 5 κατα δε την σκληροτητα σου και αμετανοητον καρδιαν θησαυριζεις σεαυτω οργην εν ημερα οργης και *αποκαλυψεως* δικαιοκρισιας του θεου,

8 19 η γαρ αποκαραδοκια της κτισεως την *αποκαλυψιν* των υιων του θεου απεκδεχεται.

16 25 [τω δε δυναμενω υμας στηριξαι κατα το ευαγγελιον μου και το κηρυγμα ιησου χριστου], [κατα *αποκαλυψιν* μυστηριου χρονοις αιωνιοις σεσιγημενου],

1Co 1 7 ωστε υμας μη υστερεισθαι εν μηδενι χαρισματι, απεκδεχομενους την *αποκαλυψιν* του κυριου ημων ιησου χριστου·

14 6 τι υμας ωφελησω, εαν μη υμιν λαλησω η εν *αποκαλυψει* η εν γνωσει η εν προφητεια η [εν] διδαχη;

26 οταν συνερχησθε, εκαστος ψαλμον εχει, διδαχην εχει, *αποκαλυψιν* εχει, γλωσσαν εχει, ερμηνειαν εχει·

2Co 12 1 ελευσομαι δε εις οπτασιας και *αποκαλυψεις* κυριου.

7 φειδομαι δε, μη τις εις εμε λογισηται υπερ ο βλεπει με η ακουει [τι] εξ εμου και τη υπερβολη των *αποκαλυψεων*.

Ga 1 12 ουδε γαρ εγω παρα ανθρωπου παρελαβον αυτο ουτε εδιδαχθην, αλλα δι *αποκαλυψεως* ιησου χριστου.

2 2 ανεβην δε κατα *αποκαλυψιν*·

Eph 1 17 ινα ο θεος του κυριου ημων ιησου χριστου, ο πατηρ της δοξης, δωη υμιν πνευμα σοφιας και *αποκαλυψεως* εν επιγνωσει αυτου,

3 3 τουτου χαριν εγω παυλος ο δεσμιος του χριστου [ιησου] υπερ υμων των εθνων ει γε ηκουσατε την οικονομιαν της χαριτος του θεου της δοθεισης μοι εις υμας, [οτι] κατα *αποκαλυψιν* εγνωρισθη μοι το μυστηριον,

2Th 1 7 εν τη *αποκαλυψει* του κυριου ιησου απ ουρανου μετ αγγελων δυναμεως αυτου εν πυρι φλογος,

1Pt 1 7 ευρεθη εις επαινον και δοξαν και τιμην εν *αποκαλυψει* ιησου χριστου·

13 τελειως ελπισατε επι την φερομενην υμιν χαριν εν *αποκαλυψει* ιησου χριστου.

4 13 αλλα καθο κοινωνειτε τοις του χριστου παθημασιν χαιρετε, ινα και εν τη *αποκαλυψει* της δοξης αυτου χαρητε αγαλλιωμενοι.

Apc 1 1 *αποκαλυψις* ιησου χριστου, ην εδωκεν αυτω ο θεος,

ἀποκαραδοκια [2]

Rm 8 19 η γαρ *αποκαραδοκια* της κτισεως την αποκαλυψιν των υιων του θεου απεκδεχεται.

Php 1 20 κατα την *αποκαραδοκιαν* και ελπιδα μου οτι εν ουδενι αισχυνθησομαι,

ἀποκαταλλασσω [3]

Eph 2 16 και *αποκαταλλαξη* τους αμφοτερους εν ενι σωματι τω θεω δια του σταυρου,

Col 1 20 οτι εν αυτω ευδοκησεν παν το πληρωμα·κατοικησαι και δι αυτου *αποκαταλλαξαι* τα παντα εις αυτον,

22 νυνι δε *αποκατηλλαξεν* εν τω σωματι της σαρκος αυτου δια του θανατου,

ἀποκαταστασις [1]

Ac 3 21 και αποστειλη τον προκεχειρισμενον υμιν χριστον ιησουν, ον δει ουρανον μεν δεξασθαι αχρι χρονων *αποκαταστασεως* παντων ων ελαλησεν ο θεος

ἀποκειμαι [4]

Lc 19 20 κυριε, ιδου η μνα σου, ην ειχον *αποκειμενην* εν σουδαριω·

Col 1 5 δια την ελπιδα την *αποκειμενην* υμιν εν τοις ουρανοις,

2Tm 4 8 λοιπον *αποκειται* μοι ο της δικαιοσυνης στεφανος,

Heb 9 27 και καθ οσον *αποκειται* τοις ανθρωποις απαξ αποθανειν, μετα δε τουτο κρισις, ουτως και ο χριστος, απαξ προσενεχθεις εις το πολλων ανενεγκειν αμαρτιας,

ἀποκεφαλιζω [4]

Mt 14 10 και πεμψας *απεκεφαλισεν* [τον] ιωαννην εν τη φυλακη.

Mc 6 16 ακουσας δε ο ηρωδης ελεγεν· ον εγω *απεκεφαλισα* ιωαννην, ουτος ηγερθη.

27 και απελθων *απεκεφαλισεν* αυτον εν τη φυλακη,

Lc 9 9 ιωαννην εγω *απεκεφαλισα*· τις δε εστιν ουτος περι ου ακουω τοιαυτα;

ἀποκλειω [1]

Lc 13 25 ἀφ οὗ ἂν ἐγερθῃ ὁ οἰκοδεσποτης και *ἀποκλειση* την θυραν, και ἀρξησθε ἐξω ἑσταναι και κρουειν την θυραν λεγοντες·

ἀποκοπτω [6]

Mc 9 43 και ἐαν σκανδαλιζη σε ἡ χειρ σου, *ἀποκοψον* αὐτην·

45 και ἐαν ὁ πους σου σκανδαλιζη σε, *ἀποκοψον* αὐτον·

Jh 18 10 σιμων οὖν πετρος ἐχων μαχαιραν εἱλκυσεν αὐτην και ἐπαισεν τον του ἀρχιερεως δουλον και *ἀπεκοψεν* αὐτου το ὠταριον το δεξιον·

26 λεγει εἷς ἐκ των δουλων του ἀρχιερεως, συγγενης ὢν οὗ *ἀπεκοψεν* πετρος το ὠτιον· οὐκ ἐγω σε εἰδον ἐν τω κηπω μετ αὐτου;

Ac 27 32 τοτε *ἀπεκοψαν* οἱ στρατιωται τα σχοινια της σκαφης και εἰασαν αὐτην ἐκπεσειν.

Ga 5 12 ὀφελον και *ἀποκοψονται* οἱ ἀναστατουντες ὑμας.

ἀποκριμα [1]

2Co 1 9 ἀλλα αὐτοι ἐν ἑαυτοις το *ἀποκριμα* του θανατου ἐσχηκαμεν,

ἀποκρινομαι [232]

Mt 3 15 *ἀποκριθεις* δε ὁ ιησους εἰπεν αὐτω· ἀφες ἀρτι·

4 4 ὁ δε *ἀποκριθεις* εἰπεν· γεγραπται·

8 8 και *ἀποκριθεις* ὁ ἑκατονταρχος ἐφη·

11 4 και *ἀποκριθεις* ὁ ιησους εἰπεν αὐτοις· πορευθεντες ἀπαγγειλατε ιωαννη ἃ ἀκουετε και βλεπετε·

25 ἐν ἐκεινω τω καιρω *ἀποκριθεις* ὁ ιησους εἰπεν· ἐξομολογουμαι σοι πατερ κυριε του οὐρανου και της γης,

12 38 τοτε *ἀπεκριθησαν* αὐτω τινες των γραμματεων και φαρισαιων λεγοντες·

39 ὁ δε *ἀποκριθεις* εἰπεν αὐτοις· γενεα πονηρα και μοιχαλις σημειον ἐπιζητει,

48 ὁ δε *ἀποκριθεις* εἰπεν τω λεγοντι αὐτω· τίς ἐστιν ἡ μητηρ μου,

13 11 ὁ δε *ἀποκριθεις* εἰπεν αὐτοις· ὁτι ὑμιν δεδοται γνωναι τα μυστηρια της βασιλειας των οὐρανων,

37 ὁ δε *ἀποκριθεις* εἰπεν· ὁ σπειρων το καλον σπερμα ἐστιν ὁ υἱος του ἀνθρωπου·

14 28 *ἀποκριθεις* δε αὐτω ὁ πετρος εἰπεν· κυριε, εἰ συ εἰ, κελευσον με ἐλθειν προς σε ἐπι τα ὑδατα.

15 3 ὁ δε *ἀποκριθεις* εἰπεν αὐτοις· δια τί και ὑμεις παραβαινετε την ἐντολην του θεου δια την παραδοσιν ὑμων;

13 ὁ δε *ἀποκριθεις* εἰπεν· πασα φυτεια ἣν οὐκ ἐφυτευσεν ὁ πατηρ μου ὁ οὐρανιος ἐκριζωθησεται.

15 *ἀποκριθεις* δε ὁ πετρος εἰπεν αὐτω· φρασον ἡμιν την παραβολην [ταυτην].

23 ὁ δε οὐκ *ἀπεκριθη* αὐτη λογον.

24 ὁ δε *ἀποκριθεις* εἰπεν· οὐκ ἀπεσταλην εἰ μη εἰς τα προβατα τα ἀπολωλοτα οἰκου ισραηλ.

26 ὁ δε *ἀποκριθεις* εἰπεν· οὐκ ἐστιν καλον λαβειν τον ἀρτον των τεκνων και βαλειν τοις κυναριοις.

28 τοτε *ἀποκριθεις* ὁ ιησους εἰπεν αὐτη· ὠ γυναι, μεγαλη σου ἡ πιστις·

16 2 ὁ δε *ἀποκριθεις* εἰπεν αὐτοις· [ὀψιας γενομενης λεγετε· εὐδια, πυρραζει γαρ ὁ οὐρανος· και πρωι· σημερον χειμων, πυρραζει γαρ στυγναζων ὁ οὐρανος].

16 *ἀποκριθεις* δε σιμων πετρος εἰπεν· συ εἰ ὁ χριστος ὁ υἱος του θεου του ζωντος.

17 *ἀποκριθεις* δε ὁ ιησους εἰπεν αὐτω· μακαριος εἰ, σιμων βαριωνα, ὁτι σαρξ και αἱμα οὐκ ἀπεκαλυψεν σοι ἀλλ ὁ πατηρ μου ὁ ἐν τοις οὐρανοις.

17 4 *ἀποκριθεις* δε ὁ πετρος εἰπεν τω ιησου· κυριε, καλον ἐστιν ἡμας ὡδε εἰναι·

11 ὁ δε *ἀποκριθεις* εἰπεν· ἡλιας μεν ἐρχεται και ἀποκαταστησει παντα·

17 *ἀποκριθεις* δε ὁ ιησους εἰπεν· ὠ γενεα ἀπιστος και διεστραμμενη, ἑως ποτε μεθ ὑμων ἐσομαι;

19 4 ὁ δε *ἀποκριθεις* εἰπεν· οὐκ ἀνεγνωτε ὁτι ὁ κτισας ἀπ ἀρχης ἀρσεν και θηλυ ἐποιησεν αὐτους;

27 τοτε *ἀποκριθεις* ὁ πετρος εἰπεν αὐτω· ἰδου ἡμεις ἀφηκαμεν παντα και ἠκολουθησαμεν σοι· τί ἀρα ἐσται ἡμιν;

20 13 ὁ δε *ἀποκριθεις* ἑνι αὐτων εἰπεν· ἑταιρε, οὐκ ἀδικω σε· οὐχι δηναριου συνεφωνησας μοι;

22 *ἀποκριθεις* δε ὁ ιησους εἰπεν· οὐκ οἰδατε τί αἰτεισθε.

21 21 *ἀποκριθεις* δε ὁ ιησους εἰπεν αὐτοις· ἀμην λεγω ὑμιν,

24 *ἀποκριθεις* δε ὁ ιησους εἰπεν αὐτοις· ἐρωτησω ὑμας καγω λογον ἑνα, ὃν ἐαν εἰπητε μοι, καγω ὑμιν ἐρω ἐν ποια ἐξουσια ταυτα ποιω.

ἀποκρινομαι [232]

Mt 21 27 και *ἀποκριθεντες* τω ιησου εἰπαν· οὐκ οἰδαμεν.

29 ὁ δε *ἀποκριθεις* εἰπεν· οὐ θελω, ὑστερον δε μεταμεληθεις ἀπηλθεν.

30 ὁ δε *ἀποκριθεις* εἰπεν· ἐγω, κυριε, και οὐκ ἀπηλθεν.

22 1 και *ἀποκριθεις* ὁ ιησους παλιν εἰπεν ἐν παραβολαις αὐτοις λεγων· ὡμοιωθη ἡ βασιλεια των οὐρανων ἀνθρωπω βασιλει, ὁστις ἐποιησεν γαμους τω υἱω αὐτου.

29 *ἀποκριθεις* δε ὁ ιησους εἰπεν αὐτοις· πλανασθε μη εἰδοτες τας γραφας μηδε την δυναμιν του θεου.

46 και οὐδεις ἐδυνατο *ἀποκριθηναι* αὐτω λογον οὐδε ἐτολμησεν τις ἀπ ἐκεινης της ἡμερας ἐπερωτησαι αὐτον οὐκετι.

24 2 ὁ δε *ἀποκριθεις* εἰπεν αὐτοις· οὐ βλεπετε ταυτα παντα;

4 και *ἀποκριθεις* ὁ ιησους εἰπεν αὐτοις· βλεπετε μη τις ὑμας πλανηση·

25 9 *ἀπεκριθησαν* δε αἱ φρονιμοι λεγουσαι· μηποτε οὐ μη ἀρκεση ἡμιν και ὑμιν· πορευεσθε μαλλον προς τους πωλουντας και ἀγορασατε ἑαυταις.

12 ὁ δε *ἀποκριθεις* εἰπεν· ἀμην λεγω ὑμιν, οὐκ οἰδα ὑμας.

26 *ἀποκριθεις* δε ὁ κυριος αὐτου εἰπεν αὐτω· πονηρε δουλε και ὀκνηρε, ἠδεις ὁτι θεριζω ὁπου οὐκ ἐσπειρα, και συναγω ὁθεν οὐ διεσκορπισα;

37 τοτε *ἀποκριθησονται* αὐτω οἱ δικαιοι λεγοντες· κυριε, ποτε σε εἰδομεν πεινωντα και ἐθρεψαμεν, ἢ διψωντα και ἐποτισαμεν;

40 και *ἀποκριθεις* ὁ βασιλευς ἐρει αὐτοις· ἀμην λεγω ὑμιν, ἐφ ὁσον ἐποιησατε ἑνι τουτων των ἀδελφων μου των ἐλαχιστων, ἐμοι ἐποιησατε.

44 τοτε *ἀποκριθησονται* και αὐτοι λεγοντες· κυριε, ποτε σε εἰδομεν πεινωντα ἢ διψωντα ἢ ξενον ἢ γυμνον ἢ ἀσθενη ἢ ἐν φυλακη και οὐ διηκονησαμεν σοι;

45 τοτε *ἀποκριθησεται* αὐτοις λεγων· ἀμην λεγω ὑμιν, ἐφ ὁσον οὐκ ἐποιησατε ἑνι τουτων των ἐλαχιστων, οὐδε ἐμοι ἐποιησατε.

26 23 ὁ δε *ἀποκριθεις* εἰπεν· ὁ ἐμβαψας μετ ἐμου την χειρα ἐν τω τρυβλιω, οὑτος με παραδωσει.

25 *ἀποκριθεις* δε ιουδας ὁ παραδιδους αὐτον εἰπεν· μητι ἐγω εἰμι, ῥαββι;

33 *ἀποκριθεις* δε ὁ πετρος εἰπεν αὐτω· εἰ παντες σκανδαλισθησονται ἐν σοι, ἐγω οὐδεποτε σκανδαλισθησομαι.

62 οὐδεν *ἀποκρινη*, τί οὑτοι σου καταμαρτυρουσιν;

66 οἱ δε *ἀποκριθεντες* εἰπαν· ἐνοχος θανατου ἐστιν.

27 12 και ἐν τω κατηγορεισθαι αὐτον ὑπο των ἀρχιερεων και πρεσβυτερων οὐδεν *ἀπεκρινατο*.

14 και οὐκ *ἀπεκριθη* αὐτω προς οὐδε ἑν ῥημα, ὡστε θαυμαζειν τον ἡγεμονα λιαν.

21 *ἀποκριθεις* δε ὁ ἡγεμων εἰπεν αὐτοις· τίνα θελετε ἀπο των δυο ἀπολυσω ὑμιν;

25 και *ἀποκριθεις* πας ὁ λαος εἰπεν· το αἱμα αὐτου ἐφ ἡμας και ἐπι τα τεκνα ἡμων.

28 5 *ἀποκριθεις* δε ὁ ἀγγελος εἰπεν ταις γυναιξιν· μη φοβεισθε ὑμεις·

Mc 3 33 και *ἀποκριθεις* αὐτοις λεγει· τίς ἐστιν ἡ μητηρ μου και οἱ ἀδελφοι [μου];

6 37 ὁ δε *ἀποκριθεις* εἰπεν αὐτοις· δοτε αὐτοις ὑμεις φαγειν.

7 28 ἡ δε *ἀπεκριθη* και λεγει αὐτω· κυριε· και τα κυναρια ὑποκατω της τραπεζης ἐσθιουσιν ἀπο των ψιχιων των παιδιων.

8 4 και *ἀπεκριθησαν* αὐτω οἱ μαθηται αὐτου ὁτι ποθεν τουτους δυνησεται τις ὡδε χορτασαι ἀρτων ἐπ ἐρημιας;

29 *ἀποκριθεις* ὁ πετρος λεγει αὐτω· συ εἰ ὁ χριστος.

9 5 και *ἀποκριθεις* ὁ πετρος λεγει τω ιησου· ῥαββι, καλον ἐστιν ἡμας ὡδε εἰναι, και ποιησωμεν τρεις σκηνας, σοι μιαν και μωυσει μιαν και ἡλια μιαν.

6 οὐ γαρ ἠδει τί *ἀποκριθη*· ἐκφοβοι γαρ ἐγενοντο.

17 και *ἀπεκριθη* αὐτω εἷς ἐκ του ὀχλου· διδασκαλε, ἠνεγκα τον υἱον μου προς σε, ἐχοντα πνευμα ἀλαλον·

19 ὁ δε *ἀποκριθεις* αὐτοις λεγει· ὠ γενεα ἀπιστος, ἑως ποτε προς ὑμας ἐσομαι;

10 3 ὁ δε *ἀποκριθεις* εἰπεν αὐτοις· τί ὑμιν ἐνετειλατο μωυσης;

ὁ δε ιησους παλιν *ἀποκριθεις* λεγει αὐτοις· τεκνα, πως δυσκολον ἐστιν εἰς την βασιλειαν του θεου εἰσελθειν·

51 και *ἀποκριθεις* αὐτω ὁ ιησους εἰπεν· τί σοι θελεις ποιησω;

11 14 και *ἀποκριθεις* εἰπεν αὐτη· μηκετι εἰς τον αἰωνα ἐκ σου μηδεις καρπον φαγοι.

22 και *ἀποκριθεις* ὁ ιησους λεγει αὐτοις· ἐχετε πιστιν θεου.

29 ἐπερωτησω ὑμας ἑνα λογον, και *ἀποκριθητε* μοι, και ἐρω ὑμιν ἐν ποια ἐξουσια ταυτα ποιω.

30 το βαπτισμα το ιωαννου ἐξ οὐρανου ἠν ἢ ἐξ ἀνθρωπων; *ἀποκριθητε* μοι.

ἀποκρινομαι [232]

Mc	11 33	καὶ *ἀποκριθέντες* τῷ ἰησου λεγουσιν· οὐκ οἴδαμεν.
	12 28	καὶ προσελθων εἰς των γραμματεων, ἀκουσας αὐτων συζητουντων, ἰδων ὅτι καλως *ἀπεκριθη* αὐτοις,
	29	*ἀπεκριθη* ὁ ἰησους ὅτι πρωτη ἐστιν· ἀκουε, ἰσραηλ, κυριος ὁ θεος ἡμων κυριος εἷς ἐστιν,
	34	καὶ ὁ ἰησους, ἰδων [αὐτον] ὅτι νουνεχως *ἀπεκριθη*, εἰπεν αὐτῳ· οὐ μακραν εἶ ἀπο της βασιλειας του θεου.
	35	καὶ *ἀποκριθεις* ὁ ἰησους ἐλεγεν διδασκων ἐν τῳ ἱερῳ· πως λεγουσιν οἱ γραμματεις ὅτι ὁ χριστος υἱος δαυιδ ἐστιν;
	14 40	καὶ οὐκ ᾔδεισαν τί *ἀποκριθωσιν* αὐτῳ.
	48	καὶ *ἀποκριθεις* ὁ ἰησους εἰπεν αὐτοις· ὡς ἐπι λῃστην ἐξηλθατε μετα μαχαιρων και ξυλων συλλαβειν με;
	60	οὐκ *ἀποκρινῃ* οὐδεν τί οὗτοι σου καταμαρτυρουσιν;
	61	ὁ δε ἐσιωπα και οὐκ *ἀπεκρινατο* οὐδεν.
	15 2	ὁ δε *ἀποκριθεις* αὐτῳ λεγει· συ λεγεις.
	4	οὐκ *ἀποκρινῃ* οὐδεν; ἴδε ποσα σου κατηγορουσιν.
	5	ὁ δε ἰησους οὐκετι οὐδεν *ἀπεκριθη*, ὥστε θαυμαζειν τον πιλατον.
	9	ὁ δε πιλατος *ἀπεκριθη* αὐτοις λεγων· θελετε ἀπολυσω ὑμιν τον βασιλεα των ἰουδαιων;
	12	ὁ δε πιλατος παλιν *ἀποκριθεις* ἐλεγεν αὐτοις· τί οὖν [θελετε] ποιησω [ὃν λεγετε] τον βασιλεα των ἰουδαιων;
Lc	1 19	καὶ *ἀποκριθεις* ὁ ἀγγελος εἰπεν αὐτῳ· ἐγω εἰμι γαβριηλ ὁ παρεστηκως ἐνωπιον του θεου,
	35	καὶ *ἀποκριθεις* ὁ ἀγγελος εἰπεν αὐτῃ· πνευμα ἁγιον ἐπελευσεται ἐπι σέ,
	60	καὶ *ἀποκριθεισα* ἡ μητηρ αὐτου εἰπεν· οὐχι, ἀλλα κληθησεται ἰωαννης.
	3 11	*ἀποκριθεις* δε ἐλεγεν αὐτοις· ὁ ἐχων δυο χιτωνας μεταδοτω τῳ μη ἐχοντι,
	16	*ἀπεκρινατο* λεγων πασιν ὁ ἰωαννης· ἐγω μεν ὑδατι βαπτιζω ὑμας·
	4 4	καὶ *ἀπεκριθη* προς αὐτον ὁ ἰησους· γεγραπται ὅτι οὐκ ἐπ ἀρτῳ μονῳ ζησεται ὁ ἀνθρωπος.
	8	καὶ *ἀποκριθεις* ὁ ἰησους εἰπεν αὐτῳ· γεγραπται· κυριον τον θεον σου προσκυνησεις και αὐτῳ μονῳ λατρευσεις.
	12	καὶ *ἀποκριθεις* εἰπεν αὐτῳ ὁ ἰησους ὅτι εἰρηται· οὐκ ἐκπειρασεις κυριον τον θεον σου.
	5 5	καὶ *ἀποκριθεις* σιμων εἰπεν· ἐπιστατα, δι ὁλης νυκτος κοπιασαντες οὐδεν ἐλαβομεν·
	22	ἐπιγνους δε ὁ ἰησους τους διαλογισμους αὐτων, *ἀποκριθεις* εἰπεν προς αὐτους· τί διαλογιζεσθε ἐν ταις καρδιαις ὑμων;
	31	καὶ *ἀποκριθεις* ὁ ἰησους προς αὐτους· οὐ χρειαν ἐχουσιν οἱ ὑγιαινοντες ἰατρου ἀλλα οἱ κακως ἐχοντες·
	6 3	καὶ *ἀποκριθεις* προς αὐτους εἰπεν ὁ ἰησους· οὐδε τουτο ἀνεγνωτε ὃ ἐποιησεν δαυιδ, ὁτε ἐπεινασεν αὐτος και οἱ μετ αὐτου [ὀντες];
	7 22	καὶ *ἀποκριθεις* εἰπεν αὐτοις· πορευθεντες ἀπαγγειλατε ἰωαννῃ ἃ εἰδετε και ἠκουσατε·
	40	καὶ *ἀποκριθεις* ὁ ἰησους εἰπεν προς αὐτον· σιμων, ἐχω σοι τι εἰπειν.
	43	*ἀποκριθεις* σιμων εἰπεν· ὑπολαμβανω ὁτι ᾧ το πλειον ἐχαρισατο.
	8 21	ὁ δε *ἀποκριθεις* εἰπεν προς αὐτους· μητηρ μου και ἀδελφοι μου οὗτοι εἰσιν οἱ τον λογον του θεου ἀκουοντες και ποιουντες.
	50	ὁ δε ἰησους ἀκουσας *ἀπεκριθη* αὐτῳ· μη φοβου· μονον πιστευσον, και σωθησεται.
	9 19	οἱ δε *ἀποκριθεντες* εἰπαν· ἰωαννην τον βαπτιστην,
	20	πετρος δε *ἀποκριθεις* εἰπεν· τον χριστον του θεου.
	41	*ἀποκριθεις* δε ὁ ἰησους εἰπεν· ὦ γενεα ἀπιστος και διεστραμμενη, ἑως ποτε ἐσομαι προς ὑμας και ἀνεξομαι ὑμων;
	49	*ἀποκριθεις* δε ἰωαννης εἰπεν· ἐπιστατα, εἰδομεν τινα ἐν τῳ ὀνοματι σου ἐκβαλλοντα δαιμονια,
	10 27	ὁ δε *ἀποκριθεις* εἰπεν· ἀγαπησεις κυριον τον θεον σου ἐξ ὁλης [της] καρδιας σου και ἐν ὁλῃ τῃ ψυχῃ σου και ἐν ὁλῃ τῃ ἰσχυι σου και ἐν ὁλῃ τῃ διανοιᾳ σου,
	28	ὀρθως *ἀπεκριθης*· τουτο ποιει και ζηση.
	41	*ἀποκριθεις* δε εἰπεν αὐτῃ ὁ κυριος· μαρθα μαρθα, μεριμνας και θορυβαζῃ περι πολλα,
	11 7	κακεινος ἐσωθεν *ἀποκριθεις* εἰπῃ· μη μοι κοπους παρεχε·
	45	*ἀποκριθεις* δε τις των νομικων λεγει αὐτῳ·
	13 2	καὶ *ἀποκριθεις* εἰπεν αὐτοις· δοκειτε ὁτι οἱ γαλιλαιοι οὗτοι ἁμαρτωλοι παρα παντας τους γαλιλαιους ἐγενοντο, ὁτι ταυτα πεπονθασιν;
	14	ὁ δε *ἀποκριθεις* λεγει αὐτῳ· κυριε, ἀφες αὐτην και τουτο το ἐτος,
	14	*ἀποκριθεις* δε ὁ ἀρχισυναγωγος, ἀγανακτων ὁτι τῳ σαββατῳ ἐθεραπευσεν ὁ ἰησους,

ἀποκρινομαι [232]

Lc	13 15	*ἀπεκριθη* δε αὐτῳ ὁ κυριος και εἰπεν· ὑποκριται, ἑκαστος ὑμων τῳ σαββατῳ οὐ λυει τον βουν αὐτου ἢ τον ὀνον ἀπο της φατνης και ἀπαγαγων ποτιζει;
	25	καὶ *ἀποκριθεις* ἐρει ὑμιν· οὐκ οἶδα ὑμας ποθεν ἐστε.
	14 3	καὶ *ἀποκριθεις* ὁ ἰησους εἰπεν προς τους νομικους και φαρισαιους λεγων· ἐξεστιν τῳ σαββατῳ θεραπευσαι ἢ οὔ;
	15 29	ὁ δε *ἀποκριθεις* εἰπεν τῳ πατρι αὐτου· ἰδου τοσαυτα ἐτη δουλευω σοι και οὐδεποτε ἐντολην σου παρηλθον,
	17 17	*ἀποκριθεις* δε ὁ ἰησους εἰπεν· οὐχ οἱ δεκα ἐκαθαρισθησαν;
	20	ἐπερωτηθεις δε ὑπο των φαρισαιων ποτε ἐρχεται ἡ βασιλεια του θεου, *ἀπεκριθη* αὐτοις και εἰπεν· οὐκ ἐρχεται ἡ βασιλεια του θεου μετα παρατηρησεως,
	37	καὶ *ἀποκριθεντες* λεγουσιν αὐτῳ· που, κυριε;
	19 40	καὶ *ἀποκριθεις* εἰπεν· λεγω ὑμιν, ἐαν οὗτοι σιωπησουσιν, οἱ λιθοι κραξουσιν.
	20 3	*ἀποκριθεις* δε εἰπεν προς αὐτους· ἐρωτησω ὑμας καγω λογον, και εἰπατε μοι·
	7	καὶ *ἀπεκριθησαν* μη εἰδεναι ποθεν.
	39	*ἀποκριθεντες* δε τινες των γραμματεων εἰπαν· διδασκαλε, καλως εἰπας.
	22 51	*ἀποκριθεις* δε ὁ ἰησους εἰπεν· ἐατε ἑως τουτου·
	68	ἐαν δε ἐρωτησω, οὐ μη *ἀποκριθητε*.
	23 3	ὁ δε *ἀποκριθεις* αὐτῳ ἐφη· συ λεγεις.
	9	αὐτος δε οὐδεν *ἀπεκρινατο* αὐτῳ.
	40	*ἀποκριθεις* δε ὁ ἑτερος ἐπιτιμων αὐτῳ ἐφη·
	24 18	*ἀποκριθεις* δε εἰς ὀνοματι κλεοπας εἰπεν προς αὐτον· συ μονος παροικεις ἰερουσαλημ και οὐκ ἐγνως τα γενομενα ἐν αὐτῃ ἐν ταις ἡμεραις ταυταις;
Jh	1 21	καὶ *ἀπεκριθη*· οὔ.
	26	*ἀπεκριθη* αὐτοις ὁ ἰωαννης λεγων· ἐγω βαπτιζω ἐν ὑδατι·
	48	*ἀπεκριθη* ἰησους και εἰπεν αὐτῳ· προ του σε φιλιππον φωνησαι ὀντα ὑπο την συκην εἰδον σε.
	49	*ἀπεκριθη* αὐτῳ ναθαναηλ· ῥαββι,
	50	*ἀπεκριθη* ἰησους και εἰπεν αὐτῳ· ὁτι εἰπον σοι ὁτι εἰδον σε ὑποκατω της συκης, πιστευεις; μειζω τουτων ὀψη.
	2 18	*ἀπεκριθησαν* οὖν οἱ ἰουδαιοι και εἰπαν αὐτῳ· τί σημειον δεικνυεις ἡμιν,
	19	*ἀπεκριθη* ἰησους και εἰπεν αὐτοις· λυσατε τον ναον τουτον,
	3 3	*ἀπεκριθη* ἰησους και εἰπεν αὐτῳ· ἀμην ἀμην λεγω σοι,
	5	*ἀπεκριθη* ἰησους· ἀμην ἀμην λεγω σοι, ·
	9	*ἀπεκριθη* νικοδημος και εἰπεν αὐτῳ· πως δυναται ταυτα γενεσθαι;
	10	*ἀπεκριθη* ἰησους και εἰπεν αὐτῳ· συ εἶ ὁ διδασκαλος του ἰσραηλ και ταυτα οὐ γινωσκεις;
	27	*ἀπεκριθη* ἰωαννης και εἰπεν· οὐ δυναται ἀνθρωπος λαμβανειν οὐδε ἓν ἐαν μη ᾖ δεδομενον αὐτῳ ἐκ του οὐρανου.
	4 10	*ἀπεκριθη* ἰησους και εἰπεν αὐτῃ· εἰ ᾔδεις την δωρεαν του θεου,
	13	*ἀπεκριθη* ἰησους και εἰπεν αὐτῃ· πας ὁ πινων ἐκ του ὑδατος τουτου διψησει παλιν·
	17	*ἀπεκριθη* ἡ γυνη και εἰπεν αὐτῳ· οὐκ ἐχω ἀνδρα.
	5 7	*ἀπεκριθη* αὐτῳ ὁ ἀσθενων· κυριε, ἀνθρωπον οὐκ ἐχω,
	11	ὁ δε *ἀπεκριθη* αὐτοις· ὁ ποιησας με ὑγιη, ἐκεινος μοι εἰπεν·
	17	ὁ δε ἰησους *ἀπεκρινατο* αὐτοις· ὁ πατηρ μου ἑως ἀρτι ἐργαζεται,
	19	*ἀπεκρινατο* οὖν ὁ ἰησους και ἐλεγεν αὐτοις· ἀμην ἀμην λεγω ὑμιν, οὐ δυναται ὁ υἱος ποιειν ἀφ ἑαυτου οὐδεν,
	6 7	*ἀπεκριθη* αὐτῳ [ὁ] φιλιππος· διακοσιων δηναριων ἀρτοι οὐκ ἀρκουσιν αὐτοις, ἱνα ἑκαστος βραχυ [τι] λαβη.
	26	*ἀπεκριθη* αὐτοις ὁ ἰησους και εἰπεν· ἀμην ἀμην λεγω ὑμιν, ζητειτε με οὐχ ὁτι εἰδετε σημεια,
	29	*ἀπεκριθη* [ὁ] ἰησους και εἰπεν αὐτοις· τουτο ἐστιν το ἐργον του θεου, ἱνα πιστευητε εἰς ὃν ἀπεστειλεν ἐκεινος.
	43	*ἀπεκριθη* ἰησους και εἰπεν αὐτοις· μη γογγυζετε μετ ἀλληλων.
	68	*ἀπεκριθη* αὐτῳ σιμων πετρος· κυριε, προς τινα ἀπελευσομεθα;
	70	*ἀπεκριθη* αὐτοις ὁ ἰησους· οὐκ ἐγω ὑμας τους δωδεκα ἐξελεξαμην;
	7 16	*ἀπεκριθη* οὖν αὐτοις [ὁ] ἰησους και εἰπεν· ἡ ἐμη διδαχη οὐκ ἐστιν ἐμη ἀλλα του πεμψαντος με·
	20	*ἀπεκριθη* ὁ ὀχλος· δαιμονιον ἐχεις· τίς σε ζητει ἀποκτειναι;
	21	*ἀπεκριθη* ἰησους και εἰπεν αὐτοις· ἐν ἐργον ἐποιησα και παντες θαυμαζετε.
	46	*ἀπεκριθησαν* οἱ ὑπηρεται· οὐδεποτε ἐλαλησεν οὑτως ἀνθρωπος.
	47	*ἀπεκριθησαν* οὖν αὐτοις οἱ φαρισαιοι· μη και ὑμεις πεπλανησθε;
	52	*ἀπεκριθησαν* και εἰπαν αὐτῳ· μη και συ ἐκ της γαλιλαιας εἶ;
	8 14	*ἀπεκριθη* ἰησους και εἰπεν αὐτοις· καν ἐγω μαρτυρω περι ἐμαυτου, ἀληθης ἐστιν ἡ μαρτυρια μου,

ἀποκρινομαι [232]

Jh 8 19 ἀπεκριθη ἰησους· οὔτε ἐμε οἴδατε οὔτε τον πατερα μου·

33 ἀπεκριθησαν προς αὐτον· σπερμα ἀβρααμ ἐσμεν, και οὐδενι δεδουλευκαμεν πωποτε·

34 ἀπεκριθη αὐτοις ὁ ἰησους· ἀμην ἀμην λεγω ὑμιν ὅτι πας ὁ ποιων την ἁμαρτιαν δουλος ἐστιν της ἁμαρτιας.

39 ἀπεκριθησαν και εἰπαν αὐτῳ· ὁ πατηρ ἡμων ἀβρααμ ἐστιν.

48 ἀπεκριθησαν οἱ ἰουδαιοι και εἰπαν αὐτῳ· οὐ καλως λεγομεν ἡμεις ὅτι σαμαριτης εἰ συ και δαιμονιον ἐχεις;

49 ἀπεκριθη ἰησους· ἐγω δαιμονιον οὐκ ἐχω, ἀλλα τιμω τον πατερα μου,

54 ἀπεκριθη ἰησους· ἐαν ἐγω δοξασω ἐμαυτον, ἡ δοξα μου οὐδεν ἐστιν·

9 3 ἀπεκριθη ἰησους· οὔτε οὗτος ἡμαρτεν οὔτε οἱ γονεις αὐτου, ἀλλ ἱνα φανερωθη τα ἐργα του θεου ἐν αὐτῳ.

11 ἀπεκριθη ἐκεινος· ὁ ἀνθρωπος ὁ λεγομενος ἰησους πηλον ἐποιησεν και ἐπεχρισεν μου τους ὀφθαλμους και εἰπεν μοι ὅτι ὑπαγε εἰς τον σιλωαμ και νιψαι·

20 ἀπεκριθησαν οὖν οἱ γονεις αὐτου και εἰπαν. οἴδαμεν ὅτι οὗτος ἐστιν ὁ υἱος ἡμων και ὅτι τυφλος ἐγεννηθη·

25 ἀπεκριθη οὖν ἐκεινος· εἰ ἁμαρτωλος ἐστιν οὐκ οἰδα· ἑν οἰδα, ὅτι τυφλος ὠν ἀρτι βλεπω.

27 ἀπεκριθη αὐτοις· εἰπον ὑμιν ἠδη και οὐκ ἠκουσατε·

30 ἀπεκριθη ὁ ἀνθρωπος και εἰπεν αὐτοις· ἐν τουτῳ γαρ το θαυμαστον ἐστιν, ὅτι ὑμεις οὐκ οἴδατε ποθεν ἐστιν, και ἠνοιξεν μου τους ὀφθαλμους.

34 ἀπεκριθησαν και εἰπαν αὐτῳ· ἐν ἁμαρτιαις συ ἐγεννηθης ὁλος, και συ διδασκεις ἡμας;

36 ἀπεκριθη ἐκεινος και εἰπεν· και τις ἐστιν, κυριε, ἱνα πιστευσω εἰς αὐτον;

10 25 ἀπεκριθη αὐτοις ὁ ἰησους· εἰπον ὑμιν, και οὐ πιστευετε·

32 ἀπεκριθη αὐτοις ὁ ἰησους· πολλα ἐργα καλα ἐδειξα ὑμιν ἐκ του πατρος·

33 ἀπεκριθησαν αὐτῳ οἱ ἰουδαιοι· περι καλου ἐργου οὐ λιθαζομεν σε ἀλλα περι βλασφημιας,

34 ἀπεκριθη αὐτοις [ὁ] ἰησους· οὐκ ἐστιν γεγραμμενον ἐν τῳ νομῳ ὑμων ὅτι ἐγω εἰπα· θεοι ἐστε;

11 9 ἀπεκριθη ἰησους· οὐχι δωδεκα ὡραι εἰσιν της ἡμερας;

12 23 ὁ δε ἰησους ἀποκρινεται αὐτοις λεγων· ἐληλυθεν ἡ ὡρα ἱνα δοξασθη ὁ υἱος του ἀνθρωπου.

30 ἀπεκριθη ἰησους και εἰπεν· οὐ δι ἐμε ἡ φωνη αὐτη γεγονεν ἀλλα δι ὑμας.

34 ἀπεκριθη οὖν αὐτῳ ὁ ὀχλος· ἡμεις ἠκουσαμεν ἐκ του νομου ὅτι ὁ χριστος μενει εἰς τον αἰωνα,

13 7 ἀπεκριθη ἰησους και εἰπεν αὐτῳ· ὁ ἐγω ποιω συ οὐκ οἰδας ἀρτι, γνωση δε μετα ταυτα.

8 ἀπεκριθη ἰησους αὐτῳ· ἐαν μη νιψω σε, οὐκ ἐχεις μερος μετ ἐμου.

26 ἀποκρινεται [ὁ] ἰησους· ἐκεινος ἐστιν ᾡ ἐγω βαψω το ψωμιον και δωσω αὐτῳ.

36 ἀπεκριθη [αὐτῳ] ἰησους· ὁπου ὑπαγω οὐ δυνασαι μοι νυν ἀκολουθησαι, ἀκολουθησεις δε ὑστερον.

38 ἀποκρινεται ἰησους· την ψυχην σου ὑπερ ἐμου θησεις;

14 23 ἀπεκριθη ἰησους και εἰπεν αὐτῳ· ἐαν τις ἀγαπα με, τον λογον μου τηρησει,

16 31 ἀπεκριθη αὐτοις ἰησους· ἀρτι πιστευετε;

18 5 ἀπεκριθησαν αὐτῳ· ἰησουν τον ναζωραιον.

8 ἀπεκριθη ἰησους· εἰπον ὑμιν ὅτι ἐγω εἰμι.

20 ἀπεκριθη αὐτῳ ἰησους· ἐγω παρρησιᾳ λελαληκα τῳ κοσμῳ·

22 οὑτως ἀποκρινη τῳ ἀρχιερει;

23 ἀπεκριθη αὐτῳ ἰησους· εἰ κακως ἐλαλησα, μαρτυρησον περι του κακου·

30 ἀπεκριθησαν και εἰπαν αὐτῳ· εἰ μη ἡν οὑτος κακον ποιων, οὐκ ἀν σοι παρεδωκαμεν αὐτον.

34 ἀπεκριθη ἰησους· ἀπο σεαυτου συ τουτο λεγεις, ἡ ἀλλοι εἰπον σοι περι ἐμου;

35 ἀπεκριθη ὁ πιλατος· μητι ἐγω ἰουδαιος εἰμι;

36 ἀπεκριθη ἰησους· ἡ βασιλεια ἡ ἐμη οὐκ ἐστιν ἐκ του κοσμου τουτου·

37 ἀπεκριθη ὁ ἰησους· συ λεγεις ὅτι βασιλευς εἰμι.

19 7 ἀπεκριθησαν αὐτῳ οἱ ἰουδαιοι· ἡμεις νομον ἐχομεν,

11 ἀπεκριθη [αὐτῳ] ἰησους· οὐκ εἰχες ἐξουσιαν κατ ἐμου οὐδεμιαν εἰ μη ἡν δεδομενον σοι ἀνωθεν·

15 ἀπεκριθησαν οἱ ἀρχιερεις· οὐκ ἐχομεν βασιλεα εἰ μη καισαρα.

22 ἀπεκριθη ὁ πιλατος· ὁ γεγραφα, γεγραφα.

20 28 ἀπεκριθη θωμας και εἰπεν αὐτῳ· ὁ κυριος μου και ὁ θεος μου.

21 5 ἀπεκριθησαν αὐτῳ· οὐ.

ἀποκρινομαι [232]

Ac 3 12 ἰδων δε ὁ πετρος ἀπεκρινατο προς τον λαον· ἀνδρες ἰσραηλιται, τι θαυμαζετε ἐπι τουτῳ, ἡ ἡμιν τι ἀτενιζετε ὡς ἰδιᾳ δυναμει ἡ εὐσεβειᾳ πεποιηκοσιν του περιπατειν αὐτον;

4 19 ὁ δε πετρος και ἰωαννης ἀποκριθεντες εἰπον προς αὐτους·

5 8 ἀπεκριθη δε προς αὐτην πετρος· εἰπε μοι, εἰ τοσουτου το χωριον ἀπεδοσθε;

29 ἀποκριθεις δε πετρος και οἱ ἀποστολοι εἰπαν· πειθαρχειν δει θεῳ μαλλον ἡ ἀνθρωποις.

8 24 ἀποκριθεις δε ὁ σιμων εἰπεν· δεηθητε ὑμεις ὑπερ ἐμου προς τον κυριον, ὁπως μηδεν ἐπελθη ἐπ ἐμε ὡν εἰρηκατε.

34 ἀποκριθεις δε ὁ εὐνουχος τῳ φιλιππῳ εἰπεν· δεομαι σου, περι τινος ὁ προφητης λεγει τουτο;

37 * ἀποκριθεις δε εἰπεν· πιστευω τον υἱον του θεου εἰναι τον ἰησουν χριστον.

9 13 ἀπεκριθη δε ἀνανιας· κυριε, ἠκουσα ἀπο πολλων περι του ἀνδρος τουτου, ὁσα κακα τοις ἁγιοις σου ἐποιησεν ἐν ἰερουσαλημ·

10 46 τοτε ἀπεκριθη πετρος· μητι το ὑδωρ δυναται κωλυσαι τις του μη βαπτισθηναι τουτους,

11 9 ἀπεκριθη δε φωνη ἐκ δευτερου ἐκ του οὐρανου· ἁ ὁ θεος ἐκαθαρισεν συ μη κοινου.

15 13 μετα δε το σιγησαι αὐτους ἀπεκριθη ἰακωβος λεγων· ἀνδρες ἀδελφοι, ἀκουσατε μου.

19 15 ἀπεκριθεν δε το πνευμα το πονηρον εἰπεν αὐτοις· τον [μεν] ἰησουν γινωσκω και τον παυλον ἐπισταμαι·

21 13 τοτε ἀπεκριθη ὁ παυλος· τι ποιειτε κλαιοντες και συνθρυπτοντες μου την καρδιαν;

22 8 ἐγω δε ἀπεκριθην· τις εἰ, κυριε;

28 ἀπεκριθη δε ὁ χιλιαρχος· ἐγω πολλου κεφαλαιου την πολιτειαν ταυτην ἐκτησαμην.

24 10 ἀπεκριθη τε ὁ παυλος, νευσαντος αὐτῳ του ἡγεμονος λεγειν· ἐκ πολλων ἐτων ὀντα σε κριτην

25 διαλεγομενου δε αὐτου περι δικαιοσυνης και ἐγκρατειας και του κριματος του μελλοντος ἐμφοβος γενομενος ὁ φηλιξ ἀπεκριθη· το νυν ἐχον πορευου,

25 4 ὁ μεν οὖν φηστος ἀπεκριθη τηρεισθαι τον παυλον εἰς καισαρειαν,

9 ὁ φηστος δε θελων τοις ἰουδαιοις χαριν καταθεσθαι, ἀποκριθεις τῳ παυλῳ εἰπεν· θελεις εἰς ἰεροσολυμα ἀναβας ἐκει περι τουτων κριθηναι ἐπ ἐμου;

12 τοτε ὁ φηστος συλλαλησας μετα του συμβουλιου ἀπεκριθη· καισαρα ἐπικεκλησαι, ἐπι καισαρα πορευση.

16 προς οὑς ἀπεκριθην ὅτι οὐκ ἐστιν ἐθος ῥωμαιοις χαριζεσθαι τινα ἀνθρωπον πριν ἡ ὁ κατηγορουμενος κατα προσωπον ἐχοι τους κατηγορους τυπον τε ἀπολογιας λαβοι περι του ἐγκληματος.

Col 4 6 ὁ λογος ὑμων παντοτε ἐν χαριτι, ἁλατι ἡρτυμενος, εἰδεναι πως δει ὑμας ἑνι ἑκαστῳ ἀποκρινεσθαι.

Apc 7 13 και ἀπεκριθη εἱς ἐκ των πρεσβυτερων λεγων μοι·

ἀποκρισις [4]

Lc 2 47 ἐξισταντο δε παντες οἱ ἀκουοντες αὐτου ἐπι τη συνεσει και ταις ἀποκρισεσιν αὐτου.

20 26 και θαυμασαντες ἐπι τη ἀποκρισει αὐτου ἐσιγησαν.

Jh 1 22 ἱνα ἀποκρισιν δωμεν τοις πεμψασιν ἡμας·

19 9 ὁ δε ἰησους ἀποκρισιν οὐκ ἐδωκεν αὐτῳ.

ἀποκρυπτω [4]

Lc 10 21 ἐξομολογουμαι σοι, πατερ, κυριε του οὐρανου και της γης, ὅτι ἀπεκρυψας ταυτα ἀπο σοφων και συνετων, και ἀπεκαλυψας αὐτα νηπιοις·

1Co 2 7 ἀλλα λαλουμεν θεου σοφιαν ἐν μυστηριῳ, την ἀποκεκρυμμενην, ἡν προωρισεν ὁ θεος προ των αἰωνων εἰς δοξαν ἡμων·

Eph 3 9 και φωτισαι [παντας] τις ἡ οἰκονομια του μυστηριου του ἀποκεκρυμμενου ἀπο των αἰωνων ἐν τῳ θεῳ τῳ τα παντα κτισαντι,

Col 1 26 την δοθεισαν μοι εἰς ὑμας πληρωσαι τον λογον του θεου, το μυστηριον το ἀποκεκρυμμενον ἀπο των αἰωνων και ἀπο των γενεων

ἀποκρυφος [3]

Mc 4 22 οὐδε ἐγενετο ἀποκρυφον, ἀλλ ἱνα ἐλθη εἰς φανερον.

Lc 8 17 οὐ γαρ ἐστιν κρυπτον ὁ οὐ φανερον γενησεται, οὐδε ἀποκρυφον ὁ οὐ μη γνωσθη και εἰς φανερον ἐλθη.

ἀπόκρυφος [3]

Col 2 3   εἰς ἐπιγνωσιν του μυστηριου του θεου, χριστου, ἐν ᾧ εἰσιν παντες οἱ θησαυροι της σοφιας και γνωσεως *ἀπόκρυφοι.*

ἀποκτείνω [74]

Mt 10 28   και μη φοβεισθε ἀπο των *ἀποκτεννοντων* το σωμα,

28   και μη φοβεισθε ἀπο των *ἀποκτεννοντων* το σωμα, την δε ψυχην μη δυναμενων *ἀποκτειναι·*

14 5   και θελων αὐτον *ἀποκτειναι* ἐφοβηθη τον ὀχλον,

16 21   ἀπο τοτε ἠρξατο ὁ ἰησους δεικνυειν τοις μαθηταις αὐτου ὀτι δει αὐτον εἰς ἱεροσολυμα ἀπελθειν και πολλα παθειν ἀπο των πρεσβυτερων και ἀρχιερεων και γραμματεων και *ἀποκτανθηναι* και τη τριτη ἡμερᾳ ἐγερθηναι.

17 23   μελλει ὁ υἱος του ἀνθρωπου παραδιδοσθαι εἰς χειρας ἀνθρωπων, και *ἀποκτενουσιν* αὐτον, και τη τριτη ἡμερᾳ ἐγερθησεται.

21 35   και λαβοντες οἱ γεωργοι τους δουλους αὐτου ὀν μεν ἐδειραν, ὀν δε *ἀπεκτειναν,* ὀν δε ἐλιθοβολησαν.

38   οὑτος ἐστιν ὁ κληρονομος· δευτε *ἀποκτεινωμεν* αὐτον και σχωμεν την κληρονομιαν αὐτου·

39   και λαβοντες αὐτον ἐξεβαλον ἐξω του ἀμπελωνος και *ἀπεκτειναν.*

22 6   οἱ δε λοιποι κρατησαντες τους δουλους αὐτου ὑβρισαν και *ἀπεκτειναν.*

23 34   δια τουτο ἰδου ἐγω ἀποστελλω προς ὑμας προφητας και σοφους και γραμματεις· ἐξ αὐτων *ἀποκτενειτε* και σταυρωσετε,

37   ἱερουσαλημ ἱερουσαλημ, ἡ *ἀποκτεινουσα* τους προφητας και λιθοβολουσα τους ἀπεσταλμενους προς αὐτην,

24 9   τοτε παραδωσουσιν ὑμας εἰς θλιψιν και *ἀποκτενουσιν* ὑμας,

26 4   τοτε συνηχθησαν οἱ ἀρχιερεις και οἱ πρεσβυτεροι του λαου εἰς την αὐλην του ἀρχιερεως του λεγομενου καιαφα, και συνεβουλευσαντο ἰνα τον ἰησουν δολῳ κρατησωσιν και *ἀποκτεινωσιν·*

Mc 3 4   ἐξεστιν τοις σαββασιν ἀγαθον ποιησαι ἠ κακοποιησαι, ψυχην σωσαι ἠ *ἀποκτειναι;*

6 19   ἡ δε ἡρωδιας ἐνειχεν αὐτῳ και ἠθελεν αὐτον *ἀποκτειναι,*

8 31   και ἠρξατο διδασκειν αὐτους ὀτι δει τον υἱον του ἀνθρωπου πολλα παθειν, και ἀποδοκιμασθηναι ὑπο των πρεσβυτερων και των ἀρχιερεων και των γραμματεων και *ἀποκτανθηναι* και μετα τρεις ἡμερας ἀναστηναι.

9 31   και ἐλεγεν αὐτοις ὀτι ὁ υἱος του ἀνθρωπου παραδιδοται εἰς χειρας ἀνθρωπων, και *ἀποκτενουσιν* αὐτον, και *ἀποκτανθεις* μετα τρεις ἡμερας ἀναστησεται.

31   και ἐλεγεν αὐτοις ὀτι ὁ υἱος του ἀνθρωπου παραδιδοται εἰς χειρας ἀνθρωπων, και *ἀποκτενουσιν* αὐτον, και *ἀποκτανθεις* μετα τρεις ἡμερας ἀναστησεται.

10 34   και κατακρινουσιν αὐτον θανατῳ και παραδωσουσιν αὐτον τοις ἐθνεσιν και ἐμπαιξουσιν αὐτῳ και ἐμπτυσουσιν αὐτῳ και μαστιγωσουσιν αὐτον και *ἀποκτενουσιν,*

12 5   και ἀλλον ἀπεστειλεν· κακεινον *ἀπεκτειναν,* και πολλους ἀλλους, οὑς μεν δεροντες, οὑς δε *ἀποκτεννοντες.*

5   και ἀλλον ἀπεστειλεν· κακεινον *ἀπεκτειναν,* και πολλους ἀλλους, οὑς μεν δεροντες, οὑς δε *ἀποκτεννοντες.*

7   ἐκεινοι δε οἱ γεωργοι προς ἑαυτους εἰπαν ὀτι οὑτος ἐστιν ὁ κληρονομος· δευτε *ἀποκτεινωμεν* αὐτον, και ἡμων ἐσται ἡ κληρονομια.

8   και λαβοντες *ἀπεκτειναν* αὐτον, και ἐξεβαλον αὐτον ἐξω του ἀμπελωνος.

14 1   και ἐζητουν οἱ ἀρχιερεις και οἱ γραμματεις πως αὐτον ἐν δολῳ κρατησαντες *ἀποκτεινωσιν.*

Lc 9 22   εἰπων ὀτι δει τον υἱον του ἀνθρωπου πολλα παθειν και ἀποδοκιμασθηναι ἀπο των πρεσβυτερων και ἀρχιερεων και γραμματεων και *ἀποκτανθηναι* και τη τριτη ἡμερᾳ ἐγερθηναι.

11 47   οὐαι ὑμιν, ὀτι οἰκοδομειτε τα μνημεια των προφητων, οἱ δε πατερες ὑμων *ἀπεκτειναν* αὐτους.

48   ἀρα μαρτυρες ἐστε και συνευδοκειτε τοις ἐργοις των πατερων ὑμων, ὀτι αὐτοι μεν *ἀπεκτειναν* αὐτους,

49   ἀποστελω εἰς αὐτους προφητας και ἀποστολους, και ἐξ αὐτων *ἀποκτενουσιν* και διωξουσιν,

12 4   μη φοβηθητε ἀπο των *ἀποκτεινοντων* το σωμα και μετα ταυτα μη ἐχοντων περισσοτερον τι ποιησαι.

5   φοβηθητε τον μετα το *ἀποκτειναι* ἐχοντα ἐξουσιαν ἐμβαλειν εἰς την γεενναν.

13 4   ἠ ἐκεινοι οἱ δεκαοκτω ἐφ οὑς ἐπεσεν ὁ πυργος ἐν τῳ σιλωαμ και *ἀπεκτεινεν* αὐτους, δοκειτε ὀτι αὐτοι ὀφειλεται ἐγενοντο παρα παντας τους ἀνθρωπους τους κατοικουντας ἱερουσαλημ;

31   ἐξελθε και πορευου ἐντευθεν, ὀτι ἡρωδης θελει σε *ἀποκτειναι.*

ἀποκτείνω [74]

Lc 13 34   ἱερουσαλημ ἱερουσαλημ, ἡ *ἀποκτεινουσα* τους προφητας και λιθοβολουσα τους ἀπεσταλμενους προς αὐτην,

18 33   και μαστιγωσαντες *ἀποκτενουσιν* αὐτον, και τη ἡμερᾳ τη τριτη ἀναστησεται.

20 14   οὑτος ἐστιν ὁ κληρονομος· *ἀποκτεινωμεν* αὐτον, ἰνα ἡμων γενηται ἡ κληρονομια.

15   και ἐκβαλοντες αὐτον ἐξω του ἀμπελωνος *ἀπεκτειναν.*

Jh 5 18   δια τουτο οὐν μαλλον ἐζητουν αὐτον οἱ ἰουδαιοι *ἀποκτειναι,* ὀτι οὐ μονον ἐλυεν το σαββατον, ἀλλα και πατερα ἰδιον ἐλεγεν τον θεον,

7 1   οὐ γαρ ἠθελεν ἐν τη ἰουδαιᾳ περιπατειν, ὀτι ἐζητουν αὐτον οἱ ἰουδαιοι *ἀποκτειναι.*

19   τι με ζητειτε *ἀποκτειναι;*

20   δαιμονιον ἐχεις· τις σε ζητει *ἀποκτειναι;*

25   οὐχ οὑτος ἐστιν ὀν ζητουσιν *ἀποκτειναι;*

8 22   μητι *ἀποκτενει* ἑαυτον, ὀτι λεγει· ὀπου ἐγω ὑπαγω ὑμεις οὐ δυνασθε ἐλθειν;

37   οἰδα ὀτι σπερμα ἀβρααμ ἐστε· ἀλλα ζητειτε με *ἀποκτειναι,* ὀτι ὁ λογος ὁ ἐμος οὐ χωρει ἐν ὑμιν.

40   νυν δε ζητειτε με *ἀποκτειναι,* ἀνθρωπον ὀς την ἀληθειαν ὑμιν λελαληκα,

11 53   ἀπ ἐκεινης οὐν της ἡμερας ἐβουλευσαντο ἰνα *ἀποκτεινωσιν* αὐτον.

12 10   ἐβουλευσαντο δε οἱ ἀρχιερεις ἰνα και τον λαζαρον *ἀποκτεινωσιν,*

16 2   ἀλλ ἐρχεται ὠρα ἰνα πας ὁ *ἀποκτεινας* ὑμας δοξη λατρειαν προσφερειν τῳ θεῳ.

18 31   ἡμιν οὐκ ἐξεστιν *ἀποκτειναι* οὐδενα·

Ac 3 15   και ἠτησασθε ἀνδρα φονεα χαρισθηναι ὑμιν, τον δε ἀρχηγον της ζωης *ἀπεκτεινατε,*

7 52   και *ἀπεκτειναν* τους προκαταγγειλαντας περι της ἐλευσεως του δικαιου,

21 31   ζητουντων τε αὐτον *ἀποκτειναι* ἀνεβη φασις τῳ χιλιαρχῳ της σπειρης ὀτι ὀλη συγχυννεται ἱερουσαλημ·

23 12   γενομενης δε ἡμερας ποιησαντες συστροφην οἱ ἰουδαιοι ἀνεθεματισαν ἑαυτους, λεγοντες μητε φαγειν μητε πιειν ἐως οὑ *ἀποκτεινωσιν* τον παυλον.

14   ἀναθεματι ἀνεθεματισαμεν ἑαυτους μηδενος γευσασθαι ἐως οὑ *ἀποκτεινωμεν* τον παυλον.

27 42   των δε στρατιωτων βουλη ἐγενετο ἰνα τους δεσμωτας *ἀποκτεινωσιν,* μη τις ἐκκολυμβησας διαφυγη·

Rm 7 11   ἡ γαρ ἀμαρτια ἀφορμην λαβουσα δια της ἐντολης ἐξηπατησεν με και δι αὐτης *ἀπεκτεινεν.*

11 3   κυριε, τους προφητας σου *ἀπεκτειναν,*

2Co 3 6   το γαρ γραμμα *ἀποκτεννει,* το δε πνευμα ζωοποιει.

Eph 2 16   και ἀποκαταλλαξη τους ἀμφοτερους ἐν ἑνι σωματι τῳ θεῳ δια του σταυρου, *ἀποκτεινας* την ἐχθραν ἐν αὐτῳ·

1Th 2 15   των και τον κυριον *ἀποκτειναντων* ἰησουν και τους προφητας,

Apc 2 13   και οὐκ ἠρνησω την πιστιν μου και ἐν ταις ἡμεραις ἀντιπας ὁ μαρτυς μου ὁ πιστος μου, ὀς *ἀπεκτανθη* παρ ὑμιν, ὀπου ὁ σατανας κατοικει.

23   και τα τεκνα αὐτης *ἀποκτενω* ἐν θανατῳ·

6 8   και ἐδοθη αὐτοις ἐξουσια ἐπι το τεταρτον της γης, *ἀποκτειναι* ἐν ρομφαιᾳ και ἐν λιμῳ και ἐν θανατῳ και ὑπο των θηριων της γης.

11   ἐως πληρωθωσιν και οἱ συνδουλοι αὐτων και οἱ ἀδελφοι αὐτων οἱ μελλοντες *ἀποκτεννεσθαι* ὡς και αὐτοι.

9 5   και ἐδοθη αὐτοις ἰνα μη *ἀποκτεινωσιν* αὐτους,

15   και ἐλυθησαν οἱ τεσσαρες ἀγγελοι οἱ ἡτοιμασμενοι εἰς την ὠραν και ἡμεραν και μηνα και ἐνιαυτον, ἰνα *ἀποκτεινωσιν* το τριτον των ἀνθρωπων.

18   ἀπο των τριων πληγων τουτων *ἀπεκτανθησαν* το τριτον των ἀνθρωπων,

20   και οἱ λοιποι των ἀνθρωπων, οἱ οὐκ *ἀπεκτανθησαν* ἐν ταις πληγαις ταυταις,

11 5   και εἰ τις θεληση αὐτους ἀδικησαι, οὑτως δει αὐτον *ἀποκτανθηναι.*

7   το θηριον το ἀναβαινον ἐκ της ἀβυσσου ποιησει μετ αὐτων πολεμον και νικησει αὐτους και *ἀποκτενει* αὐτους.

13   και *ἀπεκτανθησαν* ἐν τῳ σεισμῳ ὀνοματα ἀνθρωπων χιλιαδες ἑπτα,

13 10   εἰ τις ἐν μαχαιρη *ἀποκτανθηναι,* αὐτον ἐν μαχαιρη *ἀποκτανθηναι.*

10   εἰ τις ἐν μαχαιρη *ἀποκτανθηναι,* αὐτον ἐν μαχαιρη *ἀποκτανθηναι.*

15   ἰνα και λαληση ἡ εἰκων του θηριου, και ποιηση [ἰνα] ὀσοι ἐαν μη προσκυνησωσιν τη εἰκονι του θηριου *ἀποκτανθωσιν.*

ἀποκτεινω [74]

Apc	19 21	και οί λοιποι ἀπεκτανθησαν ἐν τη ρομφαια του καθημενου ἐπι του ἱππου τη ἐξελθουση ἐκ του στοματος αὐτου,

ἀποκυεω [2]

Ja	1 15	ἡ δε ἁμαρτια ἀποτελεσθεισα ἀποκυει θανατον.
	18	βουληθεις ἀπεκυησεν ἡμας λογω ἀληθειας,

ἀποκυλιω [4]

Mt	28 2	ἀγγελος γαρ κυριου καταβας ἐξ οὐρανου και προσελθων ἀπεκυλισεν τον λιθον και ἐκαθητο ἐπανω αὐτου.
Mc	16 3	τίς ἀποκυλισει ἡμιν τον λιθον ἐκ της θυρας του μνημειου;
	4	και ἀναβλεψασαι θεωρουσιν ὁτι ἀποκεκυλισται ὁ λιθος· ἡν γαρ μεγας σφοδρα.
Lc	24 2	εὑρον δε τον λιθον ἀποκεκυλισμενον ἀπο του μνημειου,

ἀπολαμβανω [10]

Mc	7 33	και ἀπολαβομενος αὐτον ἀπο του ὀχλου κατ ἰδιαν ἐβαλεν τους δακτυλους αὐτου εἰς τα ὡτα αὐτου και πτυσας ἡψατο της γλωσσης αὐτου,
Lc	6 34	και ἁμαρτωλοι ἁμαρτωλοις δανιζουσιν ἱνα ἀπολαβωσιν τα ἰσα.
	15 27	ὁ δε εἰπεν αὐτω ὁτι ὁ ἀδελφος σου ἡκει, και ἐθυσεν ὁ πατηρ σου τον μοσχον τον σιτευτον, ὁτι ὑγιαινοντα αὐτον ἀπελαβεν.
	16 25	τεκνον, μνησθητι ὁτι ἀπελαβες τα ἀγαθα σου ἐν τη ζωη σου, και λαζαρος ὁμοιως τα κακα·
	18 30	ὁς οὐχι μη [ἀπο]λαβη πολλαπλασιονα ἐν τω καιρω τουτω και ἐν τω αἰωνι τω ἐρχομενω ζωην αἰωνιον;
	23 41	και ἡμεις μεν δικαιως, ἀξια γαρ ὡν ἐπραξαμεν ἀπολαμβανομεν·
Rm	1 27	ἀρσενες ἐν ἀρσεσιν την ἀσχημοσυνην κατεργαζομενοι και την ἀντιμισθιαν ἡν ἐδει της πλανης αὐτων ἐν ἑαυτοις ἀπολαμβανοντες.
Ga	4 5	ἱνα τους ὑπο νομον ἐξαγοραση, ἱνα την υἱοθεσιαν ἀπολαβωμεν.
Col	3 24	εἰδοτες ὁτι ἀπο κυριου ἀπολημψεσθε την ἀνταποδοσιν της κληρονομιας.
2Jh	8	βλεπετε ἑαυτους, ἱνα μη ἀπολεσητε ἁ εἰργασαμεθα, ἀλλα μισθον πληρη ἀπολαβητε.

ἀπολαυσις [2]

1Tm	6 17	μηδε ἡλπικεναι ἐπι πλουτου ἀδηλοτητι, ἀλλ ἐπι θεω τω παρεχοντι ἡμιν παντα πλουσιως εἰς ἀπολαυσιν,
Heb	11 25	μαλλον ἑλομενος συγκακουχεισθαι τω λαω του θεου ἡ προσκαιρον ἐχειν ἁμαρτιας ἀπολαυσιν,

ἀπολειπω [7]

2Tm	4 13	τον φαιλονην, ὁν ἀπελιπον ἐν τρωαδι παρα καρπω, ἐρχομενος φερε, και τα βιβλια, μαλιστα τας μεμβρανας.
	20	ἐραστος ἐμεινεν ἐν κορινθω, τροφιμον δε ἀπελιπον ἐν μιλητω ἀσθενουντα.
Tit	1 5	τουτου χαριν ἀπελιπον σε ἐν κρητη, ἱνα τα λειποντα ἐπιδιορθωση,
Heb	4 6	ἐπει οὐν ἀπολειπεται τινας εἰσελθειν εἰς αὐτην, και οἱ προτερον εὐαγγελισθεντες οὐκ εἰσηλθον δι ἀπειθειαν, παλιν τινα ὁριζει ἡμεραν,
	9	ἀρα ἀπολειπεται σαββατισμος τω λαω του θεου.
	10 26	ἑκουσιως γαρ ἁμαρτανοντων ἡμων μετα το λαβειν την ἐπιγνωσιν της ἀληθειας, οὐκετι περι ἁμαρτιων ἀπολειπεται θυσια,
Ju	6	ἀγγελους τε τους μη τηρησαντας την ἑαυτων ἀρχην ἀλλα ἀπολιποντας το ἰδιον οἰκητηριον εἰς κρισιν μεγαλης ἡμερας δεσμοις ἀιδιοις ὑπο ζοφον τετηρηκεν·

ἀπολλυμι [91]

Mt	2 13	μελλει γαρ ἡρωδης ζητειν το παιδιον του ἀπολεσαι αὐτο.
	5 29	συμφερει γαρ σοι ἱνα ἀπολ ηται ἐν των μελων σου και μη ὁλον το σωμα σου βληθη εἰς γεενναν.
	30	συμφερει γαρ σοι ἱνα ἀπολ ηται ἐν των μελων σου και μη ὁλον το σωμα σου εἰς γεενναν ἀπελθη.
	8 25	σωσον, ἀπολλυμεθα.
	9 17	και ὁ οἰνος ἐκχειται και οἱ ἀσκοι ἀπολλυνται.

ἀπολλυμι [91]

Mt	10 6	πορευεσθε δε μαλλον προς τα προβατα τα ἀπολωλοτα οἰκου ἰσραηλ.
	28	φοβεισθε δε μαλλον τον δυναμενον και ψυχην και σωμα ἀπολεσαι ἐν γεεννη.
	39	ὁ εὑρων την ψυχην αὐτου ἀπολεσει αὐτην,
	39	και ὁ ἀπολεσας την ψυχην αὐτου ἐνεκεν ἐμου εὑρησει αὐτην.
	42	οὐ μη ἀπολεση τον μισθον αὐτου.
	12 14	ἐξελθοντες δε οἱ φαρισαιοι συμβουλιον ἐλαβον κατ αὐτου, ὁπως αὐτον ἀπολεσωσιν.
	15 24	οὐκ ἀπεσταλην εἰ μη εἰς τα προβατα τα ἀπολωλοτα οἰκου ἰσραηλ.
	16 25	ὁς γαρ ἐαν θελη την ψυχην αὐτου σωσαι, ἀπολεσει αὐτην·
	25	ὁς δ ἀν ἀπολεση την ψυχην αὐτου ἐνεκεν ἐμου, εὑρησει αὐτην.
	18 11 *	ἡλθεν γαρ ὁ υἱος του ἀνθρωπου σωσαι το ἀπολωλος.
	14	οὑτως οὐκ ἐστιν θελημα ἐμπροσθεν του πατρος ὑμων του ἐν οὐρανοις ἱνα ἀποληται ἐν των μικρων τουτων.
	21 41	κακους κακως ἀπολεσει αὐτους,
	22 7	ὁ δε βασιλευς ὠργισθη, και πεμψας τα στρατευματα αὐτου ἀπωλεσεν τους φονεις ἐκεινους και την πολιν αὐτων ἐνεπρησεν.
	26 52	παντες γαρ οἱ λαβοντες μαχαιραν ἐν μαχαιρη ἀπολουνται.
	27 20	οἱ δε ἀρχιερεις και οἱ πρεσβυτεροι ἐπεισαν τους ὀχλους ἱνα αἰτησωνται τον βαραββαν, τον δε ἰησουν ἀπολεσωσιν.
Mc	1 24	ἡλθες ἀπολεσαι ἡμας; οἰδα σε τίς εἰ, ὁ ἁγιος του θεου.
	2 22	και ὁ οἰνος ἀπολλυται και οἱ ἀσκοι.
	3 6	και ἐξελθοντες οἱ φαρισαιοι εὐθυς μετα των ἡρωδιανων συμβουλιον ἐδιδουν κατ αὐτου, ὁπως αὐτον ἀπολεσωσιν.
	4 38	διδασκαλε, οὐ μελει σοι ὁτι ἀπολλυμεθα;
	8 35	ὁς γαρ ἐαν θελη την ψυχην αὐτου σωσαι, ἀπολεσει αὐτην·
	35	ὁς δ ἀν ἀπολεσει την ψυχην αὐτου ἐνεκεν ἐμου και του εὐαγγελιου, σωσει αὐτην.
	9 22	και πολλακις και εἰς πυρ αὐτον ἐβαλεν και εἰς ὑδατα ἱνα ἀπολεση αὐτον·
	41	ὁς γαρ ἀν ποτιση ὑμας ποτηριον ὑδατος ἐν ὀνοματι, ὁτι χριστου ἐστε, ἀμην λεγω ὑμιν ὁτι οὐ μη ἀπολεση τον μισθον αὐτου.
	11 18	και ἡκουσαν οἱ ἀρχιερεις και οἱ γραμματεις, και ἐζητουν πῶς αὐτον ἀπολεσωσιν·
	12 9	τί [οὐν] ποιησει ὁ κυριος του ἀμπελωνος; ἐλευσεται και ἀπολεσει τους γεωργους, και δωσει τον ἀμπελωνα ἀλλοις.
Lc	4 34	ἐα, τί ἡμιν και σοί, ἰησου ναζαρηνε; ἡλθες ἀπολεσαι ἡμας;
	5 37	εἰ δε μηγε ρηξει ὁ οἰνος ὁ νεος τους ἀσκους, και αὐτος ἐκχυθησεται και οἱ ἀσκοι ἀπολουνται.
	6 9	ἐπερωτω ὑμας εἰ ἐξεστιν τω σαββατω ἀγαθοποιησαι ἡ κακοποιησαι, ψυχην σωσαι ἡ ἀπολεσαι;
	8 24	προσελθοντες δε διηγειραν αὐτον λεγοντες· ἐπιστατα ἐπιστατα, ἀπολλυμεθα.
	9 24	ὁς γαρ ἀν θελη την ψυχην αὐτου σωσαι, ἀπολεσει αὐτην·
	24	ὁς δ ἀν ἀπολεσει την ψυχην αὐτου ἐνεκεν ἐμου, οὑτος σωσει αὐτην.
	25	τί γαρ ὠφελειται ἀνθρωπος κερδησας τον κοσμον ὁλον ἑαυτον δε ἀπολεσας ἡ ζημιωθεις;
	11 51	ἀπο αἱματος ἀβελ ἑως αἱματος ζαχαριου του ἀπολομενου μεταξυ του θυσιαστηριου και του οἰκου·
	13 3	οὐχι, λεγω ὑμιν, ἀλλ ἐαν μη μετανοητε, παντες ὁμοιως ἀπολεισθε.
	5	οὐχι, λεγω ὑμιν, ἀλλ ἐαν μη μετανοητε, παντες ὡσαυτως ἀπολεισθε.
	33	πλην δει με σημερον και αὐριον και τη ἐχομενη πορευεσθαι, ὁτι οὐκ ἐνδεχεται προφητην ἀπολεσθαι ἐξω ἰερουσαλημ.
	15 4	τίς ἀνθρωπος ἐξ ὑμων ἐχων ἑκατον προβατα και ἀπολεσας ἐξ αὐτων ἑν οὐ καταλειπει τα ἐνενηκονταεννεα ἐν τη ἐρημω και πορευεται ἐπι το ἀπολωλος ἑως εὑρη αὐτο;
	4	τίς ἀνθρωπος ἐξ ὑμων ἐχων ἑκατον προβατα και ἀπολεσας ἐξ αὐτων ἑν οὐ καταλειπει τα ἐνενηκονταεννεα ἐν τη ἐρημω και πορευεται ἐπι το ἀπολωλος ἑως εὑρη αὐτο;
	6	συγχαρητε μοι, ὁτι εὑρον το προβατον μου το ἀπολωλος.
	8	ἡ τίς γυνη δραχμας ἐχουσα δεκα, ἐαν ἀπολεση δραχμην μιαν, οὐχι ἀπτει λυχνον και σαροι την οἰκιαν και ζητει ἐπιμελως ἑως οὑ εὑρη;
	9	συγχαρητε μοι, ὁτι εὑρον την δραχμην ἡν ἀπωλεσα.
	17	ποσοι μισθιοι του πατρος μου περισσευονται ἀρτων, ἐγω δε λιμω ὡδε ἀπολλυμαι.
	24	ὁτι οὑτος ὁ υἱος μου νεκρος ἡν και ἀνεζησεν, ἡν ἀπολωλως και εὑρεθη·
	32	εὐφρανθηναι δε και χαρηναι ἐδει, ὁτι ὁ ἀδελφος σου οὑτος νεκρος ἡν και ἐζησεν, και ἀπολωλως και εὑρεθη.
	17 27	και ἡλθεν ὁ κατακλυσμος και ἀπωλεσεν παντας.

ἀπόλλυμι [91]

Lc 17 29 ἡ δε ἡμερα ἐξηλθεν λωτ ἀπο σοδομων, ἐβρεξεν πυρ και θειον ἀπ οὐρανου και *ἀπωλεσεν* παντας.

33 ὃς ἐαν ζητηση την ψυχην αὐτου περιποιησασθαι, *ἀπολεσει* αὐτην, ὃς δ ἀν *ἀπολεση*, ζωογονησει αὐτην.

33 ὃς ἐαν ζητηση την ψυχην αὐτου περιποιησασθαι, *ἀπολεσει* αὐτην, ὃς δ ἀν *ἀπολεση*, ζωογονησει αὐτην.

19 10 ἠλθεν γαρ ὁ υἱος του ἀνθρωπου ζητησαι και σωσαι το *ἀπολωλος.*

47 οἱ δε ἀρχιερεις και οἱ γραμματεις ἐζητουν αὐτον *ἀπολεσαι* και οἱ πρωτοι του λαου,

20 16 ἐλευσεται και *ἀπολεσει* τους γεωργους τουτους,

21 18 και θριξ ἐκ της κεφαλης ὑμων οὐ μη *ἀποληται·*

Jh 3 16 ὡστε τον υἱον τον μονογενη ἐδωκεν, ἱνα πας ὁ πιστευων εἰς αὐτον μη *ἀποληται* ἀλλ ἐχη ζωην αἰωνιον.

6 12 συναγαγετε τα περισσευσαντα κλασματα, ἱνα μη τι *ἀποληται.*

27 ἐργαζεσθε μη την βρωσιν την *ἀπολλυμενην*, ἀλλα την βρωσιν την μενουσαν εἰς ζωην αἰωνιον, ἡν ὁ υἱος του ἀνθρωπου ὑμιν δωσει·

39 τουτο δε ἐστιν το θελημα του πεμψαντος με, ἱνα παν ὁ δεδωκεν μοι μη *ἀπολεσω* ἐξ αὐτου,

10 10 ὁ κλεπτης οὐκ ἐρχεται εἰ μη ἱνα κλεψη και θυση και *ἀπολεση·*

28 καγω διδωμι αὐτοις ζωην αἰωνιον, και οὐ μη *ἀπολωνται* εἰς τον αἰωνα,

11 50 ὑμεις οὐκ οἰδατε οὐδεν, οὐδε λογιζεσθε ὁτι συμφερει ὑμιν ἱνα εἱς ἀνθρωπος ἀποθανη ὑπερ του λαου και μη ὁλον το ἐθνος *ἀποληται.*

12 25 ὁ φιλων την ψυχην αὐτου *ἀπολλυει* αὐτην,

17 12 και ἐφυλαξα, και οὐδεις ἐξ αὐτων *ἀπωλετο* εἰ μη ὁ υἱος της ἀπωλειας,

18 9 ἱνα πληρωθη ὁ λογος ὁν εἰπεν, ὁτι οὑς δεδωκας μοι, οὐκ *ἀπωλεσα* ἐξ αὐτων οὐδενα.

Ac 5 37 κακεινος *ἀπωλετο*, και παντες ὁσοι ἐπειθοντο αὐτω διεσκορπισθησαν.

27 34 οὐδενος γαρ ὑμων θριξ ἀπο της κεφαλης *ἀπολειται.*

Rm 2 12 ὁσοι γαρ ἀνομως ἡμαρτον, ἀνομως και *ἀπολουνται·*

14 15 μη τω βρωματι σου ἐκεινον *ἀπολλυε*, ὑπερ οὑ χριστος ἀπεθανεν.

1Co 1 18 ὁ λογος γαρ ὁ του σταυρου τοις μεν *ἀπολλυμενοις* μωρια ἐστιν, τοις δε σωζομενοις ἡμιν δυναμις θεου ἐστιν.

19 *ἀπολω* την σοφιαν των σοφων, και την συνεσιν των συνετων ἀθετησω.

8 11 *ἀπολλυται* γαρ ὁ ἀσθενων ἐν τη ση γνωσει, ὁ ἀδελφος δι ὁν χριστος ἀπεθανεν.

10 9 μηδε ἐκπειραζωμεν τον χριστον, καθως τινες αὐτων ἐπειρασαν και ὑπο των ὀφεων *ἀπωλλυντο.*

10 μηδε γογγυζετε, καθαπερ τινες αὐτων ἐγογγυσαν, και *ἀπωλοντο* ὑπο του ὀλοθρευτου.

15 18 ἀρα και οἱ κοιμηθεντες ἐν χριστω *ἀπωλοντο.*

2Co 2 15 ὁτι χριστου εὐωδια ἐσμεν τω θεω ἐν τοις σωζομενοις και ἐν τοις *ἀπολλυμενοις,*

4 3 εἰ δε και ἐστιν κεκαλυμμενον το εὐαγγελιον ἡμων, ἐν τοις *ἀπολλυμενοις* ἐστιν κεκαλυμμενον,

9 διωκομενοι ἀλλ οὐκ ἐγκαταλειπομενοι, καταβαλλομενοι ἀλλ οὐκ *ἀπολλυμενοι,*

2Th 2 10 ἐν παση δυναμει και σημειοις και τερασιν ψευδους και ἐν παση ἀπατη ἀδικιας τοις *ἀπολλυμενοις,*

Heb 1 11 αὐτοι *ἀπολουνται*, συ δε διαμενεις·

Ja 1 11 και το ἀνθος αὐτου ἐξεπεσεν και ἡ εὐπρεπεια του προσωπου αὐτου *ἀπωλετο·*

4 12 εἱς ἐστιν [ὁ] νομοθετης και κριτης, ὁ δυναμενος σωσαι και *ἀπολεσαι·*

1Pt 1 7 ἱνα το δοκιμιον ὑμων της πιστεως πολυτιμοτερον χρυσιου του *ἀπολλυμενου,*

2Pt 3 6 δι ὡν ὁ τοτε κοσμος ὑδατι κατακλυσθεις *ἀπωλετο·*

9 ἀλλα μακροθυμει εἰς ὑμας, μη βουλομενος τινας *ἀπολεσθαι* ἀλλα παντας εἰς μετανοιαν χωρησαι.

2Jh 8 βλεπετε ἑαυτους, ἱνα μη *ἀπολεσητε* ἁ εἰργασαμεθα,

Ju 5 ὑπομνησαι δε ὑμας βουλομαι, εἰδοτας [ὑμας] παντα, ὁτι [ὁ] κυριος ἁπαξ λαον ἐκ γης αἰγυπτου σωσας το δευτερον τους μη πιστευσαντας *ἀπωλεσεν,*

11 και τη ἀντιλογια του κορε *ἀπωλοντο.*

Apc 18 14 και παντα τα λιπαρα και τα λαμπρα *ἀπωλετο* ἀπο σου,

ἀπολλυων [1]

Apc 9 11 και ἐν τη ἑλληνικη ὀνομα ἐχει *ἀπολλυων.*

ἀπολλωνια [1]

Ac 17 1 διοδευσαντες δε την ἀμφιπολιν και την *ἀπολλωνιαν* ἠλθον εἰς θεσσαλονικην,

ἀπολλως [10]

Ac 18 24 ἰουδαιος δε τις *ἀπολλως* ὀνοματι, ἀλεξανδρευς τω γενει, ἀνηρ λογιος, κατηντησεν εἰς ἐφεσον, δυνατος ὠν ἐν ταις γραφαις.

19 1 ἐγενετο δε ἐν τω τον *ἀπολλω* εἰναι ἐν κορινθω παυλον διελθοντα τα ἀνωτερικα μερη [κατ]ελθειν εἰς ἐφεσον και εὑρειν τινας μαθητας,

1Co 1 12 ἐγω μεν εἰμι παυλου, ἐγω δε *ἀπολλω*, ἐγω δε κηφα, ἐγω δε χριστου.

3 4 ὁταν γαρ λεγη τις· ἐγω μεν εἰμι παυλου, ἑτερος δε· ἐγω *ἀπολλω*, οὐκ ἀνθρωποι ἐστε;

5 τι οὐν ἐστιν *ἀπολλως*; τι δε ἐστιν παυλος;

6 ἐγω ἐφυτευσα, *ἀπολλως* ἐποτισεν, ἀλλα ὁ θεος ηὐξανεν·

22 παντα γαρ ὑμων ἐστιν, εἰτε παυλος εἰτε *ἀπολλως* εἰτε κηφας, εἰτε κοσμος εἰτε ζωη εἰτε θανατος,

4 6 ταυτα δε, ἀδελφοι, μετεσχηματισα εἰς ἐμαυτον και *ἀπολλων* δι ὑμας, ἱνα ἐν ἡμιν μαθητε το μη ὑπερ ἁ γεγραπται,

16 12 περι δε *ἀπολλω* του ἀδελφου, πολλα παρεκαλεσα αὐτον ἱνα ἐλθη προς ὑμας μετα των ἀδελφων·

Tit 3 13 ζηναν τον νομικον και *ἀπολλων* σπουδαιως προπεμψον, ἱνα μηδεν αὐτοις λειπη.

ἀπολογεομαι [10]

Lc 12 11 ὁταν δε εἰσφερωσιν ὑμας ἐπι τας συναγωγας και τας ἀρχας και τας ἐξουσιας, μη μεριμνησητε πως ἠ τι *ἀπολογησησθε* ἠ τι εἰπητε·

21 14 θετε οὐν ἐν ταις καρδιαις ὑμων μη προμελεταν *ἀπολογηθηναι·*

Ac 19 33 ὁ δε ἀλεξανδρος κατασεισας την χειρα ἠθελεν *ἀπολογεισθαι* τω δημω.

24 10 ἐκ πολλων ἐτων ὀντα σε κριτην τω ἐθνει τουτω ἐπισταμενος εὐθυμως τα περι ἐμαυτου *ἀπολογουμαι,*

25 8 του παυλου *ἀπολογουμενου* ὁτι οὐτε εἰς τον νομον των ἰουδαιων οὐτε εἰς το ἱερον οὐτε εἰς καισαρα τι ἡμαρτον.

26 1 τοτε ὁ παυλος ἐκτεινας την χειρα *ἀπελογειτο·* περι παντων ὡν ἐγκαλουμαι ὑπο ἰουδαιων, βασιλευ ἀγριππα,

2 περι παντων ὡν ἐγκαλουμαι ὑπο ἰουδαιων, βασιλευ ἀγριππα, ἡγημαι ἐμαυτον μακαριον ἐπι σου μελλων σημερον *ἀπολογεισθαι,*

24 ταυτα δε αὐτου *ἀπολογουμενου* ὁ φηστος μεγαλη τη φωνη φησιν·

Rm 2 15 συμμαρτυρουσης αὐτων της συνειδησεως και μεταξυ ἀλληλων των λογισμων κατηγορουντων ἠ και *ἀπολογουμενων,*

2Co 12 19 παλαι δοκειτε ὁτι ὑμιν *ἀπολογουμεθα.*

ἀπολογια [8]

Ac 22 1 ἀνδρες ἀδελφοι και πατερες, ἀκουσατε μου της προς ὑμας νυνι *ἀπολογιας.*

25 16 προς οὑς ἀπεκριθην ὁτι οὐκ ἐστιν ἐθος ῥωμαιοις χαριζεσθαι τινα ἀνθρωπον πριν ἠ ὁ κατηγορουμενος κατα προσωπον ἐχοι τους κατηγορους τοπον τε *ἀπολογιας* λαβοι περι του ἐγκληματος.

1Co 9 3 ἡ ἐμη *ἀπολογια* τοις ἐμε ἀνακρινουσιν ἐστιν αὑτη.

2Co 7 11 ἰδου γαρ αὐτο τουτο το κατα θεον λυπηθηναι ποσην κατειργασατο ὑμιν σπουδην, ἀλλα *ἀπολογιαν*, ἀλλα ἀγανακτησιν, ἀλλα φοβον, ἀλλα ἐπιποθησιν, ἀλλα ζηλον, ἀλλα ἐκδικησιν.

Php 1 7 ἐν τε τοις δεσμοις μου και ἐν τη *ἀπολογια* και βεβαιωσει του εὐαγγελιου συγκοινωνους μου της χαριτος παντας ὑμας ὀντας.

16 οἱ μεν ἐξ ἀγαπης, εἰδοτες ὁτι εἰς *ἀπολογιαν* του εὐαγγελιου κειμαι,

2Tm 4 16 ἐν τη πρωτη μου *ἀπολογια* οὐδεις μοι παρεγενετο,

1Pt 3 15 ἑτοιμοι ἀει προς *ἀπολογιαν* παντι τω αἰτουντι ὑμας λογον περι της ἐν ὑμιν ἐλπιδος,

ἀπολουομαι [2]

Ac 22 16 ἀναστας βαπτισαι και *ἀπολουσαι* τας ἁμαρτιας σου, ἐπικαλεσαμενος το ὀνομα αὐτου.

1Co 6 11 ἀλλα *ἀπελουσασθε*, ἀλλα ἡγιασθητε, ἀλλα ἐδικαιωθητε ἐν τω ὀνοματι του κυριου ἰησου χριστου και ἐν τω πνευματι του θεου ἡμων.

ἀπολυτρωσις [10]

Lc	21 28	ἀρχομενων δε τουτων γινεσθαι ἀνακυψατε και ἐπαρατε τας κεφαλας ὑμων, διοτι ἐγγιζει ἡ *ἀπολυτρωσις* ὑμων.
Rm	3 24	παντες γαρ ἡμαρτον και ὑστερουνται της δοξης του θεου, δικαιουμενοι δωρεαν τη αὐτου χαριτι δια της *ἀπολυτρωσεως* της ἐν χριστῳ ἰησου·
	8 23	ἀλλα και αὐτοι την ἀπαρχην του πνευματος ἐχοντες ἡμεις και αὐτοι ἐν ἑαυτοις στεναζομεν υἱοθεσιαν ἀπεκδεχομενοι, την *ἀπολυτρωσιν* του σωματος ἡμων.
1Co	1 30	ὁς ἐγενηθη σοφια ἡμιν ἀπο θεου, δικαιοσυνη τε και ἁγιασμος και *ἀπολυτρωσις*, ἱνα καθως γεγραπται·
Eph	1 7	ἐν ᾡ ἐχομεν την *ἀπολυτρωσιν* δια του αἱματος αὐτου,
	14	ὁ ἐστιν ἀρραβων της κληρονομιας ἡμων, εἰς *ἀπολυτρωσιν* της περιποιησεως,
	4 30	και μη λυπειτε το πνευμα το ἁγιον του θεου, ἐν ᾡ ἐσφραγισθητε εἰς ἡμεραν *ἀπολυτρωσεως*.
Col	1 14	ὁς ἐρρυσατο ἡμας ἐκ της ἐξουσιας του σκοτους και μετεστησεν εἰς την βασιλειαν του υἱου της ἀγαπης αὐτου, ἐν ᾡ ἐχομεν την *ἀπολυτρωσιν*,
Heb	9 15	και δια τουτο διαθηκης καινης μεσιτης ἐστιν, ὁπως θανατου γενομενου εἰς *ἀπολυτρωσιν* των ἐπι τη πρωτη διαθηκη παραβασεων την ἐπαγγελιαν λαβωσιν οἱ κεκλημενοι της αἰωνιου κληρονομιας.
	11 35	ἀλλοι δε ἐτυμπανισθησαν, οὐ προσδεξαμενοι την *ἀπολυτρωσιν*,

ἀπολυω [67]

Mt	1 19	ἐβουληθη λαθρα *ἀπολυσαι* αὐτην.
	5 31	ὁς ἀν *ἀπολυση* την γυναικα αὐτου, δοτω αὐτη ἀποστασιον.
	32	ἐγω δε λεγω ὑμιν ὁτι πας ὁ *ἀπολυων* την γυναικα αὐτου παρεκτος λογου πορνειας ποιει αὐτην μοιχευθηναι,
	32	και ὁς ἐαν *ἀπολελυμενην* γαμηση, μοιχαται.
	14 15	*ἀπολυσον* τους ὀχλους, ἱνα ἀπελθοντες εἰς τας κωμας ἀγορασωσιν ἑαυτοις βρωματα.
	22	και εὐθεως ἠναγκασεν τους μαθητας ἐμβηναι εἰς το πλοιον και προαγειν αὐτον εἰς το περαν, ἑως οὑ *ἀπολυση* τους ὀχλους.
	23	και *ἀπολυσας* τους ὀχλους ἀνεβη εἰς το ὀρος κατ ἰδιαν προσευξασθαι.
	15 23	*ἀπολυσον* αὐτην, ὁτι κραζει ὀπισθεν ἡμων.
	32	και *ἀπολυσαι* αὐτους νηστεις οὐ θελω, μηποτε ἐκλυθωσιν ἐν τη ὁδῳ.
	39	και *ἀπολυσας* τους ὀχλους ἐνεβη εἰς το πλοιον,
	18 27	σπλαγχνισθεις δε ὁ κυριος του δουλου ἐκεινου *ἀπελυσεν* αὐτον, και το δανειον ἀφηκεν αὐτῳ.
	19 3	και προσηλθον αὐτῳ φαρισαιοι πειραζοντες αὐτον και λεγοντες· εἰ ἐξεστιν ἀνθρωπῳ *ἀπολυσαι* την γυναικα αὐτου κατα πασαν αἰτιαν;
	7	τι οὐν μωυσης ἐνετειλατο δουναι βιβλιον ἀποστασιου και *ἀπολυσαι* [αὐτην];
	8	λεγει αὐτοις· ὁτι μωυσης προς την σκληροκαρδιαν ὑμων ἐπετρεψεν ὑμιν *ἀπολυσαι* τας γυναικας ὑμων· ἀπ ἀρχης δε οὐ γεγονεν οὑτως.
	9	λεγω δε ὑμιν ὁτι ὁς ἀν *ἀπολυση* την γυναικα αὐτου μη ἐπι πορνεια και γαμηση ἀλλην, μοιχαται.
	27 15	κατα δε ἑορτην εἰωθει ὁ ἡγεμων *ἀπολυειν* ἑνα τω ὀχλω δεσμιον ὁν ἠθελον.
	17	τινα θελετε *ἀπολυσω* ὑμιν, [ἰησουν τον] βαραββαν ἡ ἰησουν τον λεγομενον χριστον;
	21	τινα θελετε ἀπο των δυο *ἀπολυσω* ὑμιν;
	26	τοτε *ἀπελυσεν* αὐτοις τον βαραββαν,
Mc	6 36	*ἀπολυσον* αὐτους, ἱνα ἀπελθοντες εἰς τους κυκλῳ ἀγρους και κωμας ἀγορασωσιν ἑαυτοις τι φαγωσιν.
	45	και εὐθυς ἠναγκασεν τους μαθητας αὐτου ἐμβηναι εἰς το πλοιον και προαγειν εἰς το περαν προς βηθσαιδαν, ἑως αὐτος *ἀπολυει* τον ὀχλον.
	8 3	και ἐαν *ἀπολυσω* αὐτους νηστεις εἰς οἰκον αὐτων, ἐκλυθησονται ἐν τη ὁδῳ·
	9	ἠσαν δε ὡς τετρακισχιλιοι. και *ἀπελυσεν* αὐτους.
	10 2	και προσελθοντες φαρισαιοι ἐπηρωτων αὐτον εἰ ἐξεστιν ἀνδρι γυναικα *ἀπολυσαι*,
	4	ἐπετρεψεν μωυσης βιβλιον ἀποστασιου γραψαι και *ἀπολυσαι*.
	11	ὁς ἀν *ἀπολυση* την γυναικα αὐτου και γαμηση ἀλλην, μοιχαται ἐπ αὐτην·
	12	και ἐαν αὐτη *ἀπολυσασα* τον ἀνδρα αὐτης γαμηση ἀλλον, μοιχαται.
	15 6	κατα δε ἑορτην *ἀπελυεν* αὐτοις ἑνα δεσμιον ὁν παρητουντο.
	9	θελετε *ἀπολυσω* ὑμιν τον βασιλεα των ἰουδαιων;

ἀπολυω [67]

Mc	15 11	οἱ δε ἀρχιερεις ἀνεσεισαν τον ὀχλον ἱνα μαλλον τον βαραββαν *ἀπολυση* αὐτοις.
	15	ὁ δε πιλατος βουλομενος τω ὀχλῳ το ἱκανον ποιησαι *ἀπελυσεν* αὐτοις τον βαραββαν,
Lc	2 29	νυν *ἀπολυεις* τον δουλον σου, δεσποτα, κατα το ῥημα σου ἐν εἰρηνη·
	6 37	*ἀπολυετε*, και *ἀπολυθησεσθε*·
	37	*ἀπολυετε*, και *ἀπολυθησεσθε*·
	8 38	*ἀπελυσεν* δε αὐτον λεγων·
	9 12	*ἀπολυσον* τον ὀχλον, ἱνα πορευθεντες εἰς τας κυκλῳ κωμας και ἀγρους καταλυσωσιν και εὑρωσιν ἐπισιτισμον, ὁτι ὡδε ἐν ἐρημῳ τοπῳ ἐσμεν.
	13 12	γυναι, *ἀπολυσαι* της ἀσθενειας σου,
	14 4	και ἐπιλαβομενος ἰασατο αὐτον και *ἀπελυσεν*.
	16 18	πας ὁ *ἀπολυων* την γυναικα αὐτου και γαμων ἑτεραν μοιχευει, και ὁ *ἀπολελυμενην* ἀπο ἀνδρος γαμων μοιχευει.
	18	πας ὁ *ἀπολυων* την γυναικα αὐτου και γαμων ἑτεραν μοιχευει, και ὁ *ἀπολελυμενην* ἀπο ἀνδρος γαμων μοιχευει.
	23 16	παιδευσας οὐν αὐτον *ἀπολυσω*.
	17 *	ἀναγκην δε εἰχεν *ἀπολυειν* αὐτοις κατα ἑορτην ἑνα.
	20	αἰρε τουτον, *ἀπολυσον* δε ἡμιν τον βαραββαν·
	20	παλιν δε ὁ πιλατος προσεφωνησεν αὐτοις, θελων *ἀπολυσαι* τον ἰησουν.
	22	οὐδεν αἰτιον θανατου εὑρον ἐν αὐτῳ· παιδευσας οὐν αὐτον *ἀπολυσω*.
	25	*ἀπελυσεν* δε τον δια στασιν και φονον βεβλημενον εἰς φυλακην, ὁν ἠτουντο, τον δε ἰησουν παρεδωκεν τῳ θεληματι αὐτων.
Jh	18 39	ἐστιν δε συνηθεια ὑμιν ἱνα ἑνα *ἀπολυσω* ὑμιν ἐν τω πασχα·
	39	βουλεσθε οὐν *ἀπολυσω* ὑμιν τον βασιλεα των ἰουδαιων;
	19 10	οὐκ οἰδας ὁτι ἐξουσιαν ἐχω *ἀπολυσαι* σε και ἐξουσιαν ἐχω σταυρωσαι σε;
	12	ἐκ τουτου ὁ πιλατος ἐζητει *ἀπολυσαι* αὐτον·
	12	ἐαν τουτον *ἀπολυσης*, οὐκ εἰ φιλος του καισαρος·
Ac	3 13	ὁ θεος των πατερων ἡμων, ἐδοξασεν τον παιδα αὐτου ἰησουν, ὁν ὑμεις μεν παρεδωκατε και ἠρνησασθε κατα προσωπον πιλατου, κριναντος ἐκεινου *ἀπολυειν*·
	4 21	οἱ δε προσαπειλησαμενοι *ἀπελυσαν* αὐτους, μηδεν εὑρισκοντες το πως κολασωνται αὐτους, δια τον λαον, ὁτι παντες ἐδοξαζον τον θεον ἐπι τω γεγονοτι·
	23	*ἀπολυθεντες* δε ἠλθον προς τους ἰδιους και ἀπηγγειλαν ὁσα προς αὐτους οἱ ἀρχιερεις και οἱ πρεσβυτεροι εἰπαν.
	5 40	ἐπεισθησαν δε αὐτῳ, και προσκαλεσαμενοι τους ἀποστολους δειραντες παρηγγειλαν μη λαλειν ἐπι τω ὀνοματι του ἰησου και *ἀπελυσαν*.
	13 3	τοτε νηστευσαντες και προσευξαμενοι και ἐπιθεντες τας χειρας αὐτοις *ἀπελυσαν*.
	15 30	οἱ μεν οὐν *ἀπολυθεντες* κατηλθον εἰς ἀντιοχειαν, και συναγαγοντες το πληθος ἐπεδωκαν την ἐπιστολην.
	33	ποιησαντες δε χρονον *ἀπελυθησαν* μετ εἰρηνης ἀπο των ἀδελφων προς τους ἀποστειλαντας αὐτους.
	16 35	*ἀπολυσον* τους ἀνθρωπους ἐκεινους.
	36	ἀπηγγειλεν δε ὁ δεσμοφυλαξ τους λογους [τουτους] προς τον παυλον, ὁτι ἀπεσταλκαν οἱ στρατηγοι ἱνα *ἀπολυθητε*.
	17 9	και λαβοντες το ἱκανον παρα του ἰασονος και των λοιπων *ἀπελυσαν* αὐτους.
	19 40	και ταυτα εἰπων *ἀπελυσεν* την ἐκκλησιαν.
	23 22	ὁ μεν οὐν χιλιαρχος *ἀπελυσε* τον νεανισκον, παραγγειλας μηδενι ἐκλαλησαι ὁτι ταυτα ἐνεφανισας προς με.
	26 32	*ἀπολελυσθαι* ἐδυνατο ὁ ἀνθρωπος οὑτος εἰ μη ἐπεκεκλητο καισαρα.
	28 18	οἱτινες ἀνακριναντες με ἐβουλοντο *ἀπολυσαι* δια το μηδεμιαν αἰτιαν θανατου ὑπαρχειν ἐν ἐμοι·
	25	ἀσυμφωνοι δε ὀντες προς ἀλληλους *ἀπελυοντο*,
Heb	13 23	γινωσκετε τον ἀδελφον ἡμων τιμοθεον *ἀπολελυμενον*,

ἀπομασσομαι [1]

Lc	10 11	και τον κονιορτον τον κολληθεντα ἡμιν ἐκ της πολεως ὑμων εἰς τους ποδας *ἀπομασσομεθα* ὑμιν·

ἀπονεμω [1]

1Pt	3 7	*ἀπονεμοντες* τιμην ὡς και συγκληρονομοις χαριτος ζωης.

ἀπονίπτω [1]

Mt 27 24 ἰδων δε ὁ πιλατος ὁτι οὐδεν ὠφελει ἀλλα μαλλον θορυβος γινεται, λαβων ὑδωρ *ἀπενιψατο* τας χειρας ἀπεναντι του ὀχλου λεγων·

ἀποπίπτω [1]

Ac 9 18 και εὐθεως *ἀπεπεσαν* αὐτου ἀπο των ὀφθαλμων ὡς λεπιδες, ἀνεβλεψεν τε,

ἀποπλαναω [2]

Mc 13 22 ἐγερθησονται γαρ ψευδοχριστοι και ψευδοπροφηται και δωσουσιν σημεια και τερατα προς το *ἀποπλαναν*, εἰ δυνατον, τους ἐκλεκτους.

1Tm 6 10 φιλαργυρια, ἡς τινες ὀρεγομενοι *ἀπεπλανηθησαν* ἀπο της πιστεως και ἑαυτους περιεπειραν ὀδυναις πολλαις.

ἀποπλεω [4]

Ac 13 4 αὐτοι μεν οὐν ἐκπεμφθεντες ὑπο του ἁγιου πνευματος κατηλθον εἰς σελευκειαν, ἐκειθεν τε *ἀπεπλευσαν* εἰς κυπρον,

14 26 και λαλησαντες ἐν περγη τον λογον κατεβησαν εἰς ἀτταλειαν, κακειθεν *ἀπεπλευσαν* εἰς ἀντιοχειαν,

20 15 κακειθεν *ἀποπλευσαντες* τη ἐπιουση κατηντησαμεν ἀντικρυς χιου,

27 1 ὡς δε ἐκριθη του *ἀποπλειν* ἡμας εἰς την ἰταλιαν, παρεδιδουν τον τε παυλον και τινας ἑτερους δεσμωτας ἑκατονταρχη ὀνοματι ἰουλιω σπειρης σεβαστης.

ἀποπνιγω [2]

Lc 8 7 και ἑτερον ἐπεσεν ἐν μεσω των ἀκανθων, και συμφυεισαι αἱ ἀκανθαι *ἀπεπνιξαν* αὐτο.

33 και ὡρμησεν ἡ ἀγελη κατα του κρημνου εἰς την λιμνην και *ἀπεπνιγη*.

ἀπορεω [6]

Mc 6 20 ὁ γαρ ἡρωδης ἐφοβειτο τον ἰωαννην, εἰδως αὐτον ἀνδρα δικαιον και ἁγιον, και συνετηρει αὐτον, και ἀκουσας αὐτου πολλα *ἠπορει*, και ἡδεως αὐτου ἠκουεν.

Lc 24 4 και ἐγενετο ἐν τω *ἀπορεισθαι* αὐτας περι τουτου και ἰδου ἀνδρες δυο ἐπεστησαν αὐταις ἐν ἐσθητι ἀστραπτουση·

Jh 13 22 ἐβλεπον εἰς ἀλληλους οἱ μαθηται *ἀπορουμενοι* περι τινος λεγει.

Ac 25 20 *ἀπορουμενος* δε ἐγω την περι τουτων ζητησιν ἐλεγον εἰ βουλοιτο πορευεσθαι εἰς ἰεροσολυμα κακει κρινεσθαι περι τουτων.

2Co 4 8 *ἀπορουμενοι* ἀλλ οὐκ ἐξαπορουμενοι, διωκομενοι ἀλλ οὐκ ἐγκαταλειπομενοι,

Ga 4 20 ἠθελον δε παρειναι προς ὑμας ἀρτι και ἀλλαξαι την φωνην μου, ὁτι *ἀπορουμαι* ἐν ὑμιν.

ἀπορια [1]

Lc 21 25 και ἐπι της γης συνοχη ἐθνων ἐν *ἀπορια* ἠχους θαλασσης και σαλου, ἀποψυχοντων ἀνθρωπων ἀπο φοβου και προσδοκιας των ἐπερχομενων τη οἰκουμενη·

ἀποριπτω [1]

Ac 27 43 ἐκελευσεν τε τους δυναμενους κολυμβαν *ἀποριψαντας* πρωτους ἐπι την γην ἐξιεναι,

ἀπορφανιζω [1]

1Th 2 17 ἡμεις δε, ἀδελφοι, *ἀπορφανισθεντες* ἀφ ὑμων προς καιρον ὡρας προσωπω οὐ καρδια,

ἀποσκιασμα [1]

Ja 1 17 καταβαινον ἀπο του πατρος των φωτων, παρ ᾧ οὐκ ἐνι παραλλαγη ἠ τροπης *ἀποσκιασμα*.

ἀποσπαω [4]

Mt 26 51 και ἰδου εἰς των μετα ἰησου ἐκτεινας την χειρα *ἀπεσπασεν* την μαχαιραν αὐτου,

ἀποσπαω [4]

Lc 22 41 και αὐτος *ἀπεσπασθη* ἀπ αὐτων ὡσει λιθου βολην,

Ac 20 30 και ἐξ ὑμων αὐτων ἀναστησονται ἀνδρες λαλουντες διεστραμμενα του *ἀποσπαν* τους μαθητας ὀπισω αὐτων.

21 1 ὡς δε ἐγενετο ἀναχθηναι ἡμας *ἀποσπασθεντας* ἀπ αὐτων, εὐθυδρομησαντες ἠλθομεν εἰς την κω,

ἀποστασια [2]

Ac 21 21 κατηχηθησαν δε περι σου ὁτι *ἀποστασιαν* διδασκεις ἀπο μωυσεως τους κατα τα ἐθνη παντας ἰουδαιους,

2Th 2 3 ὁτι ἐαν μη ἐλθη ἡ *ἀποστασια* πρωτον και ἀποκαλυφθη ὁ ἀνθρωπος της ἀνομιας,

ἀποστασιον [3]

Mt 5 31 ὁς ἀν ἀπολυση την γυναικα αὐτου, δοτω αὐτη *ἀποστασιον*.

19 7 τι οὐν μωυσης ἐνετειλατο δουναι βιβλιον *ἀποστασιου* και ἀπολυσαι [αὐτην];

Mc 10 4 ἐπετρεψεν μωυσης βιβλιον *ἀποστασιου* γραψαι και ἀπολυσαι.

ἀποστεγαζω [1]

Mc 2 4 και μη δυναμενοι προσενεγκαι αὐτω δια τον ὀχλον *ἀπεστεγασαν* την στεγην ὁπου ἠν,

ἀποστελλω [132]

Mt 2 16 και *ἀποστειλας* ἀνειλεν παντας τους παιδας τους ἐν βηθλεεμ και ἐν πασι τοις ὁριοις αὐτης ἀπο διετους και κατωτερω,

8 31 *ἀποστειλον* ἡμας εἰς την ἀγελην των χοιρων.

10 5 τουτους τους δωδεκα *ἀπεστειλεν* ὁ ἰησους παραγγειλας αὐτοις λεγων·

16 ἰδου ἐγω *ἀποστελλω* ὑμας ὡς προβατα ἐν μεσω λυκων·

40 και ὁ ἐμε δεχομενος δεχεται τον *ἀποστειλαντα* με.

11 10 ἰδου ἐγω *ἀποστελλω* τον ἀγγελον μου προ προσωπου σου,

13 41 *ἀποστελει* ὁ υἱος του ἀνθρωπου τους ἀγγελους αὐτου,

14 35 και ἐπιγνοντες αὐτον οἱ ἀνδρες του τοπου ἐκεινου *ἀπεστειλαν* εἰς ὁλην την περιχωρον ἐκεινην,

15 24 οὐκ *ἀπεσταλην* εἰ μη εἰς τα προβατα τα ἀπολωλοτα οἰκου ἰσραηλ.

20 2 συμφωνησας δε μετα των ἐργατων ἐκ δηναριου την ἡμεραν *ἀπεστειλεν* αὐτους εἰς τον ἀμπελωνα αὐτου.

21 1 και ὁτε ἠγγισαν εἰς ἰεροσολυμα και ἠλθον εἰς βηθφαγη εἰς το ὁρος των ἐλαιων, τοτε ἰησους *ἀπεστειλεν* δυο μαθητας λεγων αὐτοις·

3 ἐρειτε ὁτι ὁ κυριος αὐτων χρειαν ἐχει· εὐθυς δε *ἀποστελει* αὐτους.

34 ὁτε δε ἠγγισεν ὁ καιρος των καρπων, *ἀπεστειλεν* τους δουλους αὐτου προς τους γεωργους λαβειν τους καρπους αὐτου.

36 παλιν *ἀπεστειλεν* ἀλλους δουλους πλειονας των πρωτων,

37 ὑστερον δε *ἀπεστειλεν* προς αὐτους τον υἱον αὐτου λεγων·

22 3 και *ἀπεστειλεν* τους δουλους αὐτου καλεσαι τους κεκλημενους εἰς τους γαμους, και οὐκ ἠθελον ἐλθειν.

4 παλιν *ἀπεστειλεν* ἀλλους δουλους λεγων·

16 και *ἀποστελλουσιν* αὐτω τους μαθητας αὐτων μετα των ἡρωδιανων λεγοντες·

23 34 δια τουτο ἰδου ἐγω *ἀποστελλω* προς ὑμας προφητας και σοφους και γραμματεις·

37 ἰερουσαλημ ἰερουσαλημ, ἡ ἀποκτεινουσα τους προφητας και λιθοβολουσα τους *ἀπεσταλμενους* προς αὐτην,

24 31 και *ἀποστελει* τους ἀγγελους αὐτου μετα σαλπιγγος μεγαλης,

27 19 καθημενου δε αὐτου ἐπι του βηματος *ἀπεστειλεν* προς αὐτον ἡ γυνη αὐτου λεγουσα·

Mc 1 2 ἰδου *ἀποστελλω* τον ἀγγελον μου προ προσωπου σου,

3 14 και ἰνα *ἀποστελλη* αὐτους κηρυσσειν και ἐχειν ἐξουσιαν ἐκβαλλειν τα δαιμονια· [και ἐποιησεν τους δωδεκα],

31 και ἐρχεται ἡ μητηρ αὐτου και οἱ ἀδελφοι αὐτου, και ἐξω στηκοντες *ἀπεστειλαν* προς αὐτον καλουντες αὐτον.

4 29 εὐθυς *ἀποστελλει* το δρεπανον.

5 10 και παρεκαλει αὐτον πολλα ἰνα μη αὐτα *ἀποστειλη* ἐξω της χωρας.

6 7 και προσκαλειται τους δωδεκα, και ἠρξατο αὐτους *ἀποστελλειν* δυο δυο,

17 αὐτος γαρ ὁ ἡρωδης *ἀποστειλας* ἐκρατησεν τον ἰωαννην και ἐδησεν αὐτον ἐν φυλακη δια ἡρωδιαδα την γυναικα φιλιππου του ἀδελφου αὐτου,

27 και εὐθυς *ἀποστειλας* ὁ βασιλευς σπεκουλατορα ἐπεταξεν ἐνεγκαι την κεφαλην αὐτου.

ἀποστελλω [132]

Mc

8 26   και ἀπεστειλεν αὐτον εἰς οἰκον αὐτου λεγων·

9 37   και ὃς ἂν ἐμε δεχηται, οὐκ ἐμε δεχεται ἀλλα τον ἀποστειλαντα με.

11 1   και ὁτε ἐγγιζουσιν εἰς ἱεροσολυμα εἰς βηθφαγη και βηθανιαν προς το ὁρος των ἐλαιων, ἀποστελλει δυο των μαθητων αὐτου και λεγει αὐτοις·

3   εἰπατε· ὁ κυριος αὐτου χρειαν ἐχει, και εὐθυς αὐτον ἀποστελλει παλιν ὡδε.

12 2   και ἀπεστειλεν προς τους γεωργους τῳ καιρῳ δουλον,

3   και λαβοντες αὐτον ἐδειραν και ἀπεστειλαν κενον.

4   και παλιν ἀπεστειλεν προς αὐτους ἀλλον δουλον·

5   και ἀλλον ἀπεστειλεν· κακεινον ἀπεκτειναν, και πολλους ἀλλους, οὓς μεν δεροντες, οὓς δε ἀποκτεννοντες.

6   ἀπεστειλεν αὐτον ἐσχατον προς αὐτους λεγων ὁτι ἐντραπησονται τον υἱον μου.

13   και ἀποστελλουσιν προς αὐτον τινας των φαρισαιων και των ἡρῳδιανων ἱνα αὐτον ἀγρευσωσιν λογῳ.

13 27   και τοτε ἀποστελει τους ἀγγελους και ἐπισυναξει τους ἐκλεκτους [αὐτου] ἐκ των τεσσαρων ἀνεμων ἀπ ἀκρου γης ἑως ἀκρου οὐρανου.

14 13   και ἀποστελλει δυο των μαθητων αὐτου και λεγει αὐτοις·

Lc

1 19   ἐγω εἰμι γαβριηλ ὁ παρεστηκως ἐνωπιον του θεου, και ἀπεσταλην λαλησαι προς σε και εὐαγγελισασθαι σοι ταυτα·

26   ἐν δε τῳ μηνι τῳ ἑκτῳ ἀπεσταλη ὁ ἀγγελος γαβριηλ ἀπο του θεου εἰς πολιν της γαλιλαιας ῃ ὀνομα ναζαρεθ,

4 18   εὐαγγελισασθαι πτωχοις, με, κηρυξαι αἰχμαλωτοις ἀφεσιν και τυφλοις ἀναβλεψιν, ἀποστειλαι τεθραυσμενους ἐν ἀφεσει, κηρυξαι ἐνιαυτον κυριου δεκτον.

18   εὐαγγελισασθαι πτωχοις, ἀπεσταλκεν με, κηρυξαι αἰχμαλωτοις ἀφεσιν και τυφλοις ἀναβλεψιν, ἀποστειλαι τεθραυσμενους ἐν ἀφεσει, κηρυξαι ἐνιαυτον κυριου δεκτον.

43   ὁ δε εἰπεν προς αὐτους ὁτι και ταις ἑτεραις πολεσιν εὐαγγελισασθαι με δει την βασιλειαν του θεου, ὁτι ἐπι τουτο ἀπεσταλην.

7 3   ἀκουσας δε περι του ἰησου ἀπεστειλεν προς αὐτον πρεσβυτερους των ἰουδαιων, ἐρωτων αὐτον ὁπως ἐλθων διασωσῃ τον δουλον αὐτου.

20   ἰωαννης ὁ βαπτιστης ἀπεστειλεν ἡμας προς σε λεγων· συ εἰ ὁ ἐρχομενος, ἢ ἀλλον προσδοκωμεν;

27   ἰδου ἀποστελλω τον ἀγγελον μου προ προσωπου σου·

9 2   και ἀπεστειλεν αὐτους κηρυσσειν την βασιλειαν του θεου και ἰασθαι [τους ἀσθενεις],

48   και ὃς ἂν ἐμε δεξηται, δεχεται τον ἀποστειλαντα με·

52   και ἀπεστειλεν ἀγγελους προ προσωπου αὐτου.

10 1   και ἀπεστειλεν αὐτους ἀνα δυο [δυο] προ προσωπου αὐτου εἰς πασαν πολιν και τοπον οὑ ἠμελλεν αὐτος ἐρχεσθαι.

3   ὑπαγετε· ἰδου ἀποστελλω ὑμας ὡς ἀρνας ἐν μεσῳ λυκων.

16   ὁ δε ἐμε ἀθετων ἀθετει τον ἀποστειλαντα με·

11 49   ἀποστελω εἰς αὐτους προφητας και ἀποστολους,

13 34   ἰερουσαλημ ἰερουσαλημ, ἡ ἀποκτεινουσα τους προφητας και λιθοβολουσα τους ἀπεσταλμενους προς αὐτην,

14 17   και ἀπεστειλεν τον δουλον αὐτου τῃ ὡρᾳ του δειπνου εἰπειν τοις κεκλημενοις·

32   εἰ δε μηγε, ἐτι αὐτου πορρω ὀντος πρεσβειαν ἀποστειλας ἐρωτα τα προς εἰρηνην.

19 14   οἱ δε πολιται αὐτου ἐμισουν αὐτον, και ἀπεστειλαν πρεσβειαν ὀπισω αὐτου λεγοντες·

29   και ἐγενετο ὡς ἠγγισεν εἰς βηθφαγη και βηθανια[ν] προς το ὁρος το καλουμενον ἐλαιων, ἀπεστειλεν δυο των μαθητων λεγων·

32   ἀπελθοντες δε οἱ ἀπεσταλμενοι εὑρον καθως εἰπεν αὐτοις.

20 10   και καιρῳ ἀπεστειλεν προς τους γεωργους δουλον, ἱνα ἀπο του καρπου του ἀμπελωνος δωσουσιν αὐτῳ·

20   και παρατηρησαντες ἀπεστειλαν ἐγκαθετους ὑποκρινομενους ἑαυτους δικαιους εἰναι,

22 8   και ἀπεστειλεν πετρον και ἰωαννην εἰπων·

35   ὁτε ἀπεστειλα ὑμας ἀτερ βαλλαντιου και πηρας και ὑποδηματων, μη τινος ὑστερησατε;

24 49   και [ἰδου] ἐγω ἀποστελλω την ἐπαγγελιαν του πατρος μου ἐφ ὑμας·

Jh

1 6   ἐγενετο ἀνθρωπος, ἀπεσταλμενος παρα θεου, ὀνομα αὐτῳ ἰωαννης·

19   και αὑτη ἐστιν ἡ μαρτυρια του ἰωαννου, ὁτε ἀπεστειλαν [προς αὐτον] οἱ ἰουδαιοι ἐξ ἱεροσολυμων ἱερεις και λευιτας ἱνα ἐρωτησωσιν αὐτον·

24   και ἀπεσταλμενοι ἠσαν ἐκ των φαρισαιων.

3 17   οὑ γαρ ἀπεστειλεν ὁ θεος τον υἱον εἰς τον κοσμον ἱνα κρινῃ τον κοσμον,

ἀποστελλω [132]

Jh

3 28   [ὁτι] οὐκ εἰμι ἐγω ὁ χριστος, ἀλλ ὁτι ἀπεσταλμενος εἰμι ἐμπροσθεν ἐκεινου.

34   ὁν γαρ ἀπεστειλεν ὁ θεος τα ρηματα του θεου λαλει·

4 38   ἐγω ἀπεστειλα ὑμας θεριζειν ὁ οὐχ ὑμεις κεκοπιακατε·

5 33   ὑμεις ἀπεσταλκατε προς ἰωαννην, και μεμαρτυρηκεν τῃ ἀληθειᾳ·

36   τα γαρ ἐργα ἁ δεδωκεν μοι ὁ πατηρ ἱνα τελειωσω αὐτα, αὐτα τα ἐργα ἁ ποιω μαρτυρει περι ἐμου ὁτι ὁ πατηρ με ἀπεσταλκεν.

38   ὁτι ὁν ἀπεστειλεν ἐκεινος, τουτῳ ὑμεις οὐ πιστευετε.

6 29   τουτο ἐστιν το ἐργον του θεου, ἱνα πιστευητε εἰς ὁν ἀπεστειλεν ἐκεινος.

57   καθως ἀπεστειλεν με ὁ ζων πατηρ καγω ζω δια τον πατερα,

7 29   ἐγω οἰδα αὐτον, ὁτι παρ αὐτου εἰμι κακεινος με ἀπεστειλεν.

32   ἠκουσαν οἱ φαρισαιοι του ὀχλου γογγυζοντος περι αὐτου ταυτα, και ἀπεστειλαν οἱ ἀρχιερεις και οἱ φαρισαιοι ὑπηρετας ἱνα πιασωσιν αὐτον.

8 42   οὐδε γαρ ἀπ ἐμαυτου ἐληλυθα, ἀλλ ἐκεινος με ἀπεστειλεν.

9 7   ὑπαγε νιψαι εἰς την κολυμβηθραν του σιλωαμ ὁ ἑρμηνευεται ἀπεσταλμενος.

10 36   ὁν ὁ πατηρ ἡγιασεν και ἀπεστειλεν εἰς τον κοσμον ὑμεις λεγετε ὁτι βλασφημεις,

11 3   ἀπεστειλαν οὐν αἱ ἀδελφαι προς αὐτον λεγουσαι·

42   ἀλλα δια τον ὀχλον τον περιεστωτα εἰπον, ἱνα πιστευσωσιν ὁτι συ με ἀπεστειλας.

17 3   αὑτη δε ἐστιν ἡ αἰωνιος ζωη, ἱνα γινωσκωσιν σε τον μονον ἀληθινον θεον και ὁν ἀπεστειλας ἰησουν χριστον.

8   και ἐγνωσαν ἀληθως ὁτι παρα σου ἐξηλθον, και ἐπιστευσαν ὁτι συ με ἀπεστειλας.

18   καθως ἐμε ἀπεστειλας εἰς τον κοσμον, καγω ἀπεστειλα αὐτους εἰς τον κοσμον·

18   καθως ἐμε ἀπεστειλας εἰς τον κοσμον, καγω ἀπεστειλα αὐτους εἰς τον κοσμον·

21   ἱνα και αὐτοι ἐν ἡμιν ὡσιν, ἱνα ὁ κοσμος πιστευῃ ὁτι συ με ἀπεστειλας·

23   ἱνα γινωσκῃ ὁ κοσμος ὁτι συ με ἀπεστειλας και ἠγαπησας αὐτους καθως ἐμε ἠγαπησας.

25   ἐγω δε σε ἐγνων, και οὑτοι ἐγνωσαν ὁτι συ με ἀπεστειλας.

18 24   ἀπεστειλεν οὐν αὐτον ὁ ἀννας δεδεμενον προς καιαφαν τον ἀρχιερεα.

20 21   καθως ἀπεσταλκεν με ὁ πατηρ, καγω πεμπω ὑμας.

Ac

3 20   ὁπως ἂν ἐλθωσιν καιροι ἀναψυξεως ἀπο προσωπου του κυριου και ἀποστειλῃ τον προκεχειρισμενον ὑμιν χριστον ἰησουν,

26   ὑμιν πρωτον ἀναστησας ὁ θεος τον παιδα αὐτου ἀπεστειλεν αὐτον εὐλογουντα ὑμας ἐν τῳ ἀποστρεφειν ἑκαστον ἀπο των πονηριων ὑμων.

5 21   παραγενομενος δε ὁ ἀρχιερευς και οἱ συν αὐτῳ συνεκαλεσαν το συνεδριον και πασαν την γερουσιαν των υἱων ἰσραηλ, και ἀπεστειλαν εἰς το δεσμωτηριον ἀχθηναι αὐτους.

7 14   ἀποστειλας δε ἰωσηφ μετεκαλεσατο ἰακωβ τον πατερα αὐτου και πασαν την συγγενειαν ἐν ψυχαις ἑβδομηκονταπεντε.

34   και νυν δευρο ἀποστειλω σε εἰς αἰγυπτον.

35   τουτον ὁ θεος [και] ἀρχοντα και λυτρωτην ἀπεσταλκεν συν χειρι ἀγγελου του ὀφθεντος αὐτῳ ἐν τῃ βατῳ.

8 14   ἀκουσαντες δε οἱ ἐν ἱεροσολυμοις ἀποστολοι ὁτι δεδεκται ἡ σαμαρεια τον λογον του θεου, ἀπεστειλαν προς αὐτους πετρον και ἰωαννην,

9 17   σαουλ ἀδελφε, ὁ κυριος ἀπεσταλκεν με, ἰησους ὁ ὀφθεις σοι ἐν τῃ ὁδῳ ῃ ἠρχου, ὁπως ἀναβλεψῃς και πλησθῃς πνευματος ἀγιου.

38   ἐγγυς δε οὐσης λυδδας τῃ ἰοππῃ οἱ μαθηται ἀκουσαντες ὁτι πετρος ἐστιν ἐν αὐτῃ ἀπεστειλαν δυο ἀνδρας προς αὐτον παρακαλουντες·

10 8   και ἐξηγησαμενος ἀπαντα αὐτοις ἀπεστειλεν αὐτους εἰς την ἰοππην.

17   ὡς δε ἐν ἑαυτῳ διηπορει ὁ πετρος τι ἂν εἰη το ὁραμα ὁ εἰδεν, ἰδου οἱ ἀνδρες οἱ ἀπεσταλμενοι ὑπο του κορνηλιου διερωτησαντες την οἰκιαν του σιμωνος ἐπεστησαν ἐπι τον πυλωνα,

20   και πορευου συν αὐτοις μηδεν διακρινομενος, ὁτι ἐγω ἀπεσταλκα αὐτους.

36   τον λογον [ὁν] ἀπεστειλεν τοις υἱοις ἰσραηλ εὐαγγελιζομενος εἰρηνην δια ἰησου χριστου·

11 11   και ἰδου ἐξαυτης τρεις ἀνδρες ἐπεστησαν ἐπι την οἰκιαν ἐν ῃ ἠμεν, ἀπεσταλμενοι ἀπο καισαρειας προς με.

13   ἀποστειλον εἰς ἰοππην και μεταπεμψαι σιμωνα τον ἐπικαλουμενον πετρον,

ἀποστελλω [132]

Ac 11 30 ὃ και ἐποιησαν *ἀποστειλαντες* προς τους πρεσβυτερους δια χειρος βαρναβα και σαυλου.

13 15 μετα δε την ἀναγνωσιν του νομου και των προφητων *ἀπεστειλαν* οἱ ἀρχισυναγωγοι προς αὐτους λεγοντες·

15 27 *ἀπεσταλκαμεν* οὐν ιουδαν και σιλαν, και αὐτους δια λογου ἀπαγγελλοντας τα αὐτα.

33 ποιησαντες δε χρονον ἀπελυθησαν μετ εἰρηνης ἀπο των ἀδελφων προς τους *ἀποστειλαντας* αὐτους.

16 35 ἡμερας δε γενομενης *ἀπεστειλαν* οἱ στρατηγοι τους ῥαβδουχους λεγοντες·

36 ἀπηγγειλεν δε ὁ δεσμοφυλαξ τους λογους [τουτους] προς τον παυλον, ὅτι *ἀπεσταλκαν* οἱ στρατηγοι ἱνα ἀπολυθητε.

19 22 *ἀποστειλας* δε εἰς την μακεδονιαν δυο των διακονουντων αὐτῳ, τιμοθεον και ἐραστον,

26 17 ἐξαιρουμενος σε ἐκ του λαου και ἐκ των ἐθνων, εἰς οὑς ἐγω *ἀποστελλω* σε,

28 28 γνωστον οὐν ἐστω ὑμιν ὅτι τοις ἐθνεσιν *ἀπεσταλη* τουτο το σωτηριον του θεου·

Rm 10 15 πως δε ἀκουσωσιν χωρις κηρυσσοντος; πως δε κηρυξωσιν ἐαν μη *ἀποσταλωσιν*;

1Co 1 17 οὐ γαρ *ἀπεστειλεν* με χριστος βαπτιζειν ἀλλα εὐαγγελιζεσθαι,

2Co 12 17 μη τινα ὡν *ἀπεσταλκα* προς ὑμας, δι αὐτου ἐπλεονεκτησα ὑμας;

2Tm 4 12 τυχικον δε *ἀπεστειλα* εἰς ἐφεσον.

Heb 1 14 οὐχι παντες εἰσιν λειτουργικα πνευματα εἰς διακονιαν *ἀποστελλομενα* δια τους μελλοντας κληρονομειν σωτηριαν;

1Pt 1 12 ἁ νυν ἀνηγγελη ὑμιν δια των εὐαγγελισαμενων ὑμας [ἐν] πνευματι ἁγιω *ἀποσταλεντι* ἀπ οὐρανου,

1Jh 4 9 ἐν τουτω ἐφανερωθη ἡ ἀγαπη του θεου ἐν ἡμιν, ὅτι τον υἱον αὐτου τον μονογενη *ἀπεσταλκεν* ὁ θεος εἰς τον κοσμον ἱνα ζησωμεν δι αὐτου.

10 και *ἀπεστειλεν* τον υἱον αὐτου ἱλασμον περι των ἁμαρτιων ἡμων.

14 και ἡμεις τεθεαμεθα και μαρτυρουμεν ὅτι ὁ πατηρ *ἀπεσταλκεν* τον υἱον σωτηρα του κοσμου.

Apc 1 1 και ἐσημανεν *ἀποστειλας* δια του ἀγγελου αὐτου τω δουλω αὐτου ἰωαννη,

5 6 ἐχων κερατα ἑπτα και ὀφθαλμους ἑπτα, οἱ εἰσιν τα [ἑπτα] πνευματα του θεου *ἀπεσταλμενοι* εἰς πασαν την γην.

22 6 και ὁ κυριος ὁ θεος των πνευματων των προφητων *ἀπεστειλεν* τον ἀγγελον αὐτου δειξαι τοις δουλοις αὐτου ἁ δει γενεσθαι ἐν ταχει.

ἀποστερεω [6]

Mc 10 19 μη φονευσης, μη μοιχευσης, μη κλεψης, μη ψευδομαρτυρησης, μη *ἀποστερησης*, τιμα τον πατερα σου και την μητερα.

1Co 6 7 δια τι οὐχι μαλλον *ἀποστερεισθε*;

8 ἀλλα ὑμεις ἀδικειτε και *ἀποστερειτε*, και τουτο ἀδελφους.

7 5 μη *ἀποστερειτε* ἀλληλους,

1Tm 6 5 διαπαρατριβαι διεφθαρμενων ἀνθρωπων τον νουν και *ἀπεστερημενων* της ἀληθειας,

Ja 5 4 ἰδου ὁ μισθος των ἐργατων των ἀμησαντων τας χωρας ὑμων ὁ *ἀπεστερημενος* ἀφ ὑμων κραζει,

ἀποστολη [4]

Ac 1 25 ἀναδειξον ὁν ἐξελεξω ἐκ τουτων των δυο ἑνα λαβειν τον τοπον της διακονιας ταυτης και *ἀποστολης*,

Rm 1 5 ἰησου χριστου του κυριου ἡμων, δι οὑ ἐλαβομεν χαριν και *ἀποστολην* εἰς ὑπακοην πιστεως ἐν πασιν τοις ἐθνεσιν ὑπερ του ὀνοματος αὐτου,

1Co 9 2 ἡ γαρ σφραγις μου της *ἀποστολης* ὑμεις ἐστε ἐν κυριω.

Ga 2 8 ὁ γαρ ἐνεργησας πετρω εἰς *ἀποστολην* της περιτομης ἐνηργησεν και ἐμοι εἰς τα ἐθνη,

ἀποστολος [80]

Mt 10 2 των δε δωδεκα *ἀποστολων* τα ὀνοματα ἐστιν ταυτα·

Mc 3 14 και ἐποιησεν δωδεκα [οὑς και *ἀποστολους* ὠνομασεν],

6 30 και συναγονται οἱ *ἀποστολοι* προς τον ἰησουν,

Lc 6 13 και ἐκλεξαμενος ἀπ αὐτων δωδεκα, οὑς και *ἀποστολους* ὠνομασεν,

9 10 και ὑποστρεψαντες οἱ *ἀποστολοι* διηγησαντο αὐτω ὁσα ἐποιησαν.

11 49 *ἀποστελω* εἰς αὐτους προφητας και *ἀποστολους*,

17 5 και εἰπαν οἱ *ἀποστολοι* τω κυριω· προσθες ἡμιν πιστιν.

22 14 και ὁτε ἐγενετο ἡ ὡρα, ἀνεπεσεν, και οἱ *ἀποστολοι* συν αὐτω.

ἀποστολος [80]

Lc 24 10 και αἱ λοιπαι συν αὐταις ἐλεγον προς τους *ἀποστολους* ταυτα.

Jh 13 16 οὐκ ἐστιν δουλος μειζων του κυριου αὐτου, οὐδε *ἀποστολος* μειζων του πεμψαντος αὐτον.

Ac 1 2 ἀχρι ἡς ἡμερας ἐντειλαμενος τοις *ἀποστολοις* δια πνευματος ἁγιου οὑς ἐξελεξατο ἀνελημφθη·

26 και συγκατεψηφισθη μετα των ἑνδεκα *ἀποστολων*.

2 37 εἰπον τε προς τον πετρον και τους λοιπους *ἀποστολους*· τι ποιησωμεν, ἀνδρες ἀδελφοι;

42 ἡσαν δε προσκαρτερουντες τη διδαχη των *ἀποστολων* και τη κοινωνια, τη κλασει του ἀρτου και ταις προσευχαις.

43 ἐγινετο δε παση ψυχη φοβος· πολλα τε τερατα και σημεια δια των *ἀποστολων* ἐγινετο.

4 33 και δυναμει μεγαλη ἀπεδιδουν το μαρτυριον οἱ *ἀποστολοι* της ἀναστασεως του κυριου ἰησου,

35 ὁσοι γαρ κτητορες χωριων ἡ οἰκιων ὑπηρχον, πωλουντες ἐφερον τας τιμας των πιπρασκομενων και ἐτιθουν παρα τους ποδας των *ἀποστολων*·

36 ἰωσηφ δε ὁ ἐπικληθεις βαρναβας ἀπο των *ἀποστολων*, ὁ ἐστιν μεθερμηνευομενον υἱος παρακλησεως, λευιτης, κυπριος τω γενει,

37 ὑπαρχοντος αὐτω ἀγρου, πωλησας ἡνεγκεν το χρημα και ἐθηκεν προς τους ποδας των *ἀποστολων*.

5 2 και ἐνεγκας μερος τι παρα τους ποδας των *ἀποστολων* ἐθηκεν.

12 δια δε των χειρων των *ἀποστολων* ἐγινετο σημεια και τερατα πολλα ἐν τω λαω·

18 ἐπλησθησαν ζηλου και ἐπεβαλον τας χειρας ἐπι τους *ἀποστολους* και ἐθεντο αὐτους ἐν τηρησει δημοσια.

29 ἀποκριθεις δε πετρος και οἱ *ἀποστολοι* εἰπαν· πειθαρχειν δει θεω μαλλον ἡ ἀνθρωποις.

40 ἐπεισθησαν δε αὐτω, και προσκαλεσαμενοι τους *ἀποστολους* δειραντες παρηγγειλαν μη λαλειν ἐπι τω ὀνοματι του ἰησου και ἀπελυσαν.

6 6 και φιλιππον και προχορον και νικανορα και τιμωνα και παρμεναν και νικολαον προσηλυτον ἀντιοχεα, οὑς ἐστησαν ἐνωπιον των *ἀποστολων*,

8 1 παντες δε διεσπαρησαν κατα τας χωρας της ἰουδαιας και σαμαρειας πλην των *ἀποστολων*.

14 ἀκουσαντες δε οἱ ἐν ἱεροσολυμοις *ἀποστολοι* ὁτι δεδεκται ἡ σαμαρεια τον λογον του θεου, ἀπεστειλαν προς αὐτους πετρον και ἰωαννην,

18 ἰδων δε ὁ σιμων ὁτι δια της ἐπιθεσεως των χειρων των *ἀποστολων* διδοται το πνευμα, προσηνεγκεν αὐτοις χρηματα λεγων·

9 27 βαρναβας δε ἐπιλαβομενος αὐτον ἡγαγεν προς τους *ἀποστολους*,

11 1 ἠκουσαν δε οἱ *ἀποστολοι* και οἱ ἀδελφοι οἱ ὀντες κατα την ἰουδαιαν ὁτι και τα ἐθνη ἐδεξαντο τον λογον του θεου.

14 4 και οἱ μεν ἡσαν συν τοις ἰουδαιοις, οἱ δε συν τοις *ἀποστολοις*.

14 ἀκουσαντες δε οἱ *ἀποστολοι* βαρναβας και παυλος, διαρρηξαντες τα ἱματια αὐτων ἐξεπηδησαν εἰς τον ὀχλον, κραζοντες και λεγοντες·

15 2 ἐταξαν ἀναβαινειν παυλον και βαρναβαν και τινας ἀλλους ἐξ αὐτων προς τους *ἀποστολους* και πρεσβυτερους εἰς ἱερουσαλημ περι του ζητηματος τουτου.

4 παραγενομενοι δε εἰς ἱερουσαλημ παρεδεχθησαν ἀπο της ἐκκλησιας και των *ἀποστολων* και των πρεσβυτερων,

6 συνηχθησαν τε οἱ *ἀποστολοι* και οἱ πρεσβυτεροι ἰδειν περι του λογου τουτου.

22 τοτε ἐδοξε τοις *ἀποστολοις* και τοις πρεσβυτεροις συν ὁλη τη ἐκκλησια ἐκλεξαμενους ἀνδρας ἐξ αὐτων πεμψαι εἰς ἀντιοχειαν συν τω παυλω και βαρναβα,

23 οἱ *ἀποστολοι* και οἱ πρεσβυτεροι ἀδελφοι τοις κατα την ἀντιοχειαν και συριαν και κιλικιαν ἀδελφοις τοις ἐξ ἐθνων χαιρειν.

16 4 ὡς δε διεπορευοντο τας πολεις, παρεδιδοσαν αὐτοις φυλασσειν τα δογματα τα κεκριμενα ὑπο των *ἀποστολων* και πρεσβυτερων των ἐν ἱεροσολυμοις.

Rm 1 1 παυλος δουλος χριστου ἰησου, κλητος *ἀποστολος* ἀφωρισμενος εἰς εὐαγγελιον θεου,

11 13 ἐφ ὁσον μεν οὐν εἰμι ἐγω ἐθνων *ἀποστολος*, την διακονιαν μου δοξαζω,

16 7 ἀσπασασθε ἀνδρονικον και ἰουνιαν τους συγγενεις μου και συναιχμαλωτους μου, οἱτινες εἰσιν ἐπισημοι ἐν τοις *ἀποστολοις*,

1Co 1 1 παυλος κλητος *ἀποστολος* χριστου ἰησου δια θεληματος θεου και σωσθενης ὁ ἀδελφος

ἀπόστολος [80]

1Co	4 9	δοκω γαρ, ὁ θεος ἡμας τους *ἀποστολους* ἐσχατους ἀπεδειξεν ὡς ἐπιθανατιους,
	9 1	οὐκ εἰμι ἐλευθερος; οὐκ εἰμι *ἀποστολος;*
	2	εἰ ἀλλοις οὐκ εἰμι *ἀποστολος,* ἀλλα γε ὑμιν εἰμι·
	5	μη οὐκ ἐχομεν ἐξουσιαν ἀδελφην γυναικα περιαγειν, ὡς και οἱ λοιποι *ἀποστολοι* και οἱ ἀδελφοι του κυριου και κηφας;
	12 28	και οὑς μεν ἐθετο ὁ θεος ἐν τη ἐκκλησια πρωτον *ἀποστολους,* δευτερον προφητας, τριτον διδασκαλους,
	29	μη παντες *ἀποστολοι;* μη παντες προφηται;
	15 7	ἐπειτα ὡφθη ἰακωβω, εἰτα τοις *ἀποστολοις* πασιν·
	9	ἐγω γαρ εἰμι ὁ ἐλαχιστος των *ἀποστολων,*
	9	ἐγω γαρ εἰμι ὁ ἐλαχιστος των *ἀποστολων,* ὁς οὐκ εἰμι ἱκανος καλεισθαι *ἀποστολος,*
2Co	1 1	παυλος *ἀποστολος* χριστου ἰησου δια θεληματος θεου και τιμοθεος ὁ ἀδελφος τη ἐκκλησια του θεου τη οὐση ἐν κορινθω συν τοις ἁγιοις πασιν τοις οὐσιν ἐν ὁλη τη ἀχαια·
	8 23	εἰτε ἀδελφοι ἡμων, *ἀποστολοι* ἐκκλησιων, δοξα χριστου.
	11 5	λογιζομαι γαρ μηδεν ὑστερηκεναι των ὑπερλιαν *ἀποστολων.*
	13	οἱ γαρ τοιουτοι ψευδαποστολοι, ἐργαται δολιοι, μετασχηματιζομενοι εἰς *ἀποστολους* χριστου.
	12 11	οὐδεν γαρ ὑστερησα των ὑπερλιαν *ἀποστολων,* εἰ και οὐδεν εἰμι.
	12	τα μεν σημεια του *ἀποστολου* κατειργασθη ἐν ὑμιν ἐν παση ὑπομονη,
Ga	1 1	παυλος *ἀποστολος,* οὐκ ἀπ ἀνθρωπων οὐδε δι ἀνθρωπου ἀλλα δια ἰησου χριστου και θεου πατρος του ἐγειραντος αὐτον ἐκ νεκρων,
	17	οὐδε ἀνηλθον εἰς ἱεροσολυμα προς τους προ ἐμου *ἀποστολους,*
	19	ἐτερον δε των *ἀποστολων* οὐκ εἰδον, εἰ μη ἰακωβον τον ἀδελφον του κυριου.
Eph	1 1	παυλος *ἀποστολος* χριστου ἰησου δια θεληματος θεου τοις ἁγιοις τοις οὐσιν [ἐν ἐφεσω] και πιστοις ἐν χριστω ἰησου·
	2 20	ἀλλα ἐστε συμπολιται των ἁγιων και οἰκειοι του θεου, ἐποικοδομηθεντες ἐπι τω θεμελιω των *ἀποστολων* και προφητων,
	3 5	ὁ ἐτεραις γενεαις οὐκ ἐγνωρισθη τοις υἱοις των ἀνθρωπων ὡς νυν ἀπεκαλυφθη τοις ἁγιοις *ἀποστολοις* αὐτου και προφηταις ἐν πνευματι,
	4 11	και αὐτος ἐδωκεν τους μεν *ἀποστολους,* τους δε προφητας, τους δε εὐαγγελιστας, τους δε ποιμενας και διδασκαλους,
Php	2 25	ἀναγκαιον δε ἡγησαμην ἐπαφροδιτον τον ἀδελφον και συνεργον και συστρατιωτην μου, ὑμων δε *ἀποστολον* και λειτουργον της χρειας μου, πεμψαι προς ὑμας,
Col	1 1	παυλος *ἀποστολος* χριστου ἰησου δια θεληματος θεου και τιμοθεος ὁ ἀδελφος
1Th	2 7	δυναμενοι ἐν βαρει εἰναι ὡς χριστου *ἀποστολοι,*
1Tm	1 1	παυλος *ἀποστολος* χριστου ἰησου κατ ἐπιταγην θεου σωτηρος ἡμων και χριστου ἰησου της ἐλπιδος ἡμων
	2 7	εἰς ὁ ἐτεθην ἐγω κηρυξ και *ἀποστολος,* ἀληθειαν λεγω, οὐ ψευδομαι, διδασκαλος ἐθνων ἐν πιστει και ἀληθεια.
2Tm	1 1	παυλος *ἀποστολος* χριστου ἰησου δια θεληματος θεου κατ ἐπαγγελιαν ζωης της ἐν χριστω ἰησου
	11	δια του εὐαγγελιου, εἰς ὁ ἐτεθην ἐγω κηρυξ και *ἀποστολος* και διδασκαλος·
Tit	1 1	παυλος δουλος θεου, *ἀποστολος* δε ἰησου χριστου κατα πιστιν ἐκλεκτων θεου και ἐπιγνωσιν ἀληθειας της κατ εὐσεβειαν
Heb	3 1	κατανοησατε τον *ἀποστολον* και ἀρχιερεα της ὁμολογιας ἡμων ἰησουν,
1Pt	1 1	πετρος *ἀποστολος* ἰησου χριστου ἐκλεκτοις παρεπιδημοις διασπορας ποντου, γαλατιας, καππαδοκιας, ἀσιας και βιθυνιας,
2Pt	1 1	συμεων πετρος δουλος και *ἀποστολος* ἰησου χριστου τοις ἰσοτιμον ἡμιν λαχουσιν πιστιν ἐν δικαιοσυνη του θεου ἡμων και σωτηρος ἰησου χριστου·
	3 2	μνησθηναι των προειρημενων ῥηματων ὑπο των ἁγιων προφητων και της των *ἀποστολων* ὑμων ἐντολης του κυριου και σωτηρος,
Ju	17	ὑμεις δε, ἀγαπητοι, μνησθητε των ῥηματων των προειρημενων ὑπο των *ἀποστολων* του κυριου ἡμων ἰησου χριστου,
Apc	2 2	και ἐπειρασας τους λεγοντας ἑαυτους *ἀποστολους* και οὐκ εἰσιν,
	18 20	εὐφραινου ἐπ αὐτη, οὐρανε και οἱ ἁγιοι και οἱ *ἀποστολοι* και οἱ προφηται,
	21 14	και ἐπ αὐτων δωδεκα ὀνοματα των δωδεκα *ἀποστολων* του ἀρνιου.

ἀποστοματιζω [1]

Lc	11 53	κακειθεν ἐξελθοντος αὐτου ἠρξαντο οἱ γραμματεις και οἱ φαρισαιοι δεινως ἐνεχειν και *ἀποστοματιζειν* αὐτον περι πλειονων,

ἀποστρεφω [9]

Mt	5 42	και τον θελοντα ἀπο σου δανισασθαι μη *ἀποστραφης.*
	26 52	*ἀποστρεψον* την μαχαιραν σου εἰς τον τοπον αὐτης·
Lc	23 14	προσηνεγκατε μοι τον ἀνθρωπον τουτον ὡς *ἀποστρεφοντα* τον λαον,
Ac	3 26	ὑμιν πρωτον ἀναστησας ὁ θεος τον παιδα αὐτου ἀπεστειλεν αὐτον εὐλογουντα ὑμας ἐν τω *ἀποστρεφειν* ἑκαστον ἀπο των πονηριων ὑμων.
Rm	11 26	ἡξει ἐκ σιων ὁ ῥυομενος, *ἀποστρεψει* ἀσεβειας ἀπο ἰακωβ.
2Tm	1 15	οἰδας τουτο, ὁτι *ἀπεστραφησαν* με παντες οἱ ἐν τη ἀσια,
	4 4	και ἀπο μεν της ἀληθειας την ἀκοην *ἀποστρεψουσιν,*
Tit	1 14	ἱνα ὑγιαινωσιν ἐν τη πιστει, μη προσεχοντες ἰουδαικοις μυθοις και ἐντολαις ἀνθρωπων *ἀποστρεφομενων* την ἀληθειαν.
Heb	12 25	εἰ γαρ ἐκεινοι οὐκ ἐξεφυγον ἐπι γης παραιτησαμενοι τον χρηματιζοντα, πολυ μαλλον ἡμεις οἱ τον ἀπ οὐρανων *ἀποστρεφομενοι·*

ἀποστυγεω [1]

Rm	12 9	*ἀποστυγουντες* το πονηρον, κολλωμενοι τω ἀγαθω·

ἀποσυναγωγος [3]

Jh	9 22	ἠδη γαρ συνετεθειντο οἱ ἰουδαιοι ἱνα ἐαν τις αὐτον ὁμολογηση χριστον, *ἀποσυναγωγος* γενηται·
	12 42	ἀλλα δια τους φαρισαιους οὐχ ὡμολογουν, ἱνα μη *ἀποσυναγωγοι* γενωνται·
	16 2	*ἀποσυναγωγους* ποιησουσιν ὑμας·

ἀποτασσομαι [6]

Mc	6 46	και *ἀποταξαμενος* αὐτοις ἀπηλθεν εἰς το ὀρος προσευξασθαι.
Lc	9 61	ἀκολουθησω σοι, κυριε· πρωτον δε ἐπιτρεψον μοι *ἀποταξασθαι* τοις εἰς τον οἰκον μου.
	14 33	οὑτως οὐν πας ἐξ ὑμων ὁς οὐκ *ἀποτασσεται* πασιν τοις ἑαυτου ὑπαρχουσιν οὐ δυναται εἰναι μου μαθητης.
Ac	18 18	ὁ δε παυλος ἐτι προσμεινας ἡμερας ἱκανας, τοις ἀδελφοις *ἀποταξαμενος* ἐξεπλει εἰς την συριαν,
	21	οὐκ ἐπενευσεν, ἀλλα *ἀποταξαμενος* και εἰπων·
2Co	2 13	ἀλλα *ἀποταξαμενος* αὐτοις ἐξηλθον εἰς μακεδονιαν.

ἀποτελεω [2]

Lc	13 32	ἰδου ἐκβαλλω δαιμονια και ἰασεις *ἀποτελω* σημερον και αὐριον, και τη τριτη τελειουμαι.
Ja	1 15	ἡ δε ἁμαρτια *ἀποτελεσθεισα* ἀποκυει θανατον.

ἀποτίθεμαι [9]

Mt	14 3	ὁ γαρ ἡρωδης κρατησας τον ἰωαννην ἐδησεν [αὐτον] και ἐν φυλακη *ἀπεθετο* δια ἡρωδιαδα την γυναικα φιλιππου του ἀδελφου αὐτου·
Ac	7 58	και οἱ μαρτυρες *ἀπεθεντο* τα ἱματια αὐτων παρα τους ποδας νεανιου καλουμενου σαυλου.
Rm	13 12	*ἀποθωμεθα* οὐν τα ἐργα του σκοτους, ἐνδυσωμεθα [δε] τα ὁπλα του φωτος.
Eph	4 22	*ἀποθεσθαι* ὑμας κατα την προτεραν ἀναστροφην τον παλαιον ἀνθρωπον τον φθειρομενον κατα τας ἐπιθυμιας της ἀπατης,
	25	διο *ἀποθεμενοι* το ψευδος λαλειτε ἀληθειαν ἑκαστος μετα του πλησιον αὐτου,
Col	3 8	νυνι δε *ἀποθεσθε* και ὑμεις τα παντα,
Heb	12 1	τοιγαρουν και ἡμεις, τοσουτον ἐχοντες περικειμενον ἡμιν νεφος μαρτυρων, ὀγκον *ἀποθεμενοι* παντα και την εὐπεριστατον ἁμαρτιαν,
Ja	1 21	διο *ἀποθεμενοι* πασαν ῥυπαριαν και περισσειαν κακιας ἐν πραυτητι
1Pt	2 1	*ἀποθεμενοι* οὐν πασαν κακιαν και παντα δολον και ὑποκρισεις και φθονους και πασας καταλαλιας,

ἀποτινασσω [2]

Lc 9 5 και ὁσοι ἀν μη δεχωνται ὑμας, ἐξερχομενοι ἀπο της πολεως ἐκεινης τον κονιορτον ἀπο των ποδων ὑμων ἀποτινασσετε εἰς μαρτυριον ἐπ αὐτους.

Ac 28 5 ὁ μεν οὐν ἀποτιναξας το θηριον εἰς το πυρ ἐπαθεν οὐδεν κακον·

ἀποτινω [1]

Phm 19 ἐγω παυλος ἐγραψα τη ἐμη χειρι, ἐγω ἀποτισω·

ἀποτολμαω [1]

Rm 10 20 ἡσαιας δε ἀποτολμα και λεγει· εὑρεθην [ἐν] τοις ἐμε μη ζητουσιν, ἐμφανης ἐγενομην τοις ἐμε μη ἐπερωτωσιν.

ἀποτομια [2]

Rm 11 22 ἱδε οὐν χρηστοτητα και ἀποτομιαν θεου·

22 ἐπι μεν τους πεσοντας ἀποτομια, ἐπι δε σέ χρηστοτης θεου,

ἀποτομως [2]

2Co 13 10 δια τουτο ταυτα ἀπων γραφω, ἱνα παρων μη ἀποτομως χρησωμαι κατα την ἐξουσιαν

Tit 1 13 δι ἡν αἰτιαν ἐλεγχε αὐτους ἀποτομως,

ἀποτρεπω [1]

2Tm 3 5 ἐχοντες μορφωσιν εὐσεβειας την δε δυναμιν αὐτης ἡρνημενοι· και τουτους ἀποτρεπου.

ἀπουσια [1]

Php 2 12 καθως παντοτε ὑπηκουσατε, μη ὡς ἐν τη παρουσια μου μονον ἀλλα νυν πολλω μαλλον ἐν τη ἀπουσια μου,

ἀποφερω [6]

Mc 15 1 δησαντες τον ἰησουν ἀπηνεγκαν και παρεδωκαν πιλατω.

Lc 16 22 ἐγενετο δε ἀποθανειν τον πτωχον και ἀπενεχθηναι αὐτον ὑπο των ἀγγελων εἰς τον κολπον ἀβρααμ·

Ac 19 12 ὡστε και ἐπι τους ἀσθενουντας ἀποφερεσθαι ἀπο του χρωτος αὐτου σουδαρια ἡ σιμικινθια και ἀπαλλασσεσθαι ἀπ αὐτων τας νοσους,

1Co 16 3 ὁταν δε παραγενωμαι, οὑς ἐαν δοκιμασητε, δι ἐπιστολων τουτους πεμψω ἀπενεγκειν την χαριν ὑμων εἰς ἰερουσαλημ·

Apc 17 3 και ἀπηνεγκεν με εἰς ἐρημον ἐν πνευματι.

21 10 και ἀπηνεγκεν με ἐν πνευματι ἐπι ὀρος μεγα και ὑψηλον,

ἀποφευγω [3]

2Pt 1 4 ἱνα δια τουτων γενησθε θειας κοινωνοι φυσεως, ἀποφυγοντες της ἐν τω κοσμω ἐν ἐπιθυμια φθορας.

2 18 ὑπερογκα γαρ ματαιοτητος φθεγγομενοι δελεαζουσιν ἐν ἐπιθυμιαις σαρκος ἀσελγειαις τους ὀλιγως ἀποφευγοντας τους ἐν πλανη ἀναστρεφομενους·

20 εἰ γαρ ἀποφυγοντες τα μιασματα του κοσμου ἐν ἐπιγνωσει του κυριου [ἡμων] και σωτηρος ἰησου χριστου, τουτοις δε παλιν ἐμπλακεντες ἡττωνται, γεγονεν αὐτοις τα ἐσχατα χειρονα των πρωτων.

ἀποφθεγγομαι [3]

Ac 2 4 και ἠρξαντο λαλειν ἑτεραις γλωσσαις καθως το πνευμα ἐδιδου ἀποφθεγγεσθαι αὐτοις.

14 σταθεις δε ὁ πετρος συν τοις ἑνδεκα ἐπηρεν την φωνην αὐτου και ἀπεφθεγξατο αὐτοις· ἀνδρες ἰουδαιοι και οἰ κατοικουντες ἰερουσαλημ παντες,

26 25 οὐ μαινομαι, φησιν, κρατιστε φηστε, ἀλλα ἀληθειας και σωφροσυνης ῥηματα ἀποφθεγγομαι.

ἀποφορτιζομαι [1]

Ac 21 3 και κατηλθομεν εἰς τυρον· ἐκεισε γαρ το πλοιον ἠν ἀποφορτιζομενον τον γομον.

ἀποχρησις [1]

Col 2 22 μη ἀψη μηδε γευση μηδε θιγης, ἁ ἐστιν παντα εἰς φθοραν τη ἀποχρησει,

ἀποχωρεω [3]

Mt 7 23 ἀποχωρειτε ἀπ ἐμου οἰ ἐργαζομενοι την ἀνομιαν.

Lc 9 39 και ἐξαιφνης κραζει και σπαρασσει αὐτον μετα ἀφρου, και μογις ἀποχωρει ἀπ αὐτου συντριβον αὐτον·

Ac 13 13 ἰωαννης δε ἀποχωρησας ἀπ αὐτων ὑπεστρεψεν εἰς ἰεροσολυμα.

ἀποχωριζομαι [2]

Ac 15 39 ἐγενετο δε παροξυσμος, ὡστε ἀποχωρισθηναι αὐτους ἀπ ἀλληλων,

Apc 6 14 και ὁ οὐρανος ἀπεχωρισθη ὡς βιβλιον ἑλισσομενον,

ἀποψυχω [1]

Lc 21 26 και ἐπι της γης συνοχη ἐθνων ἐν ἀπορια ἠχους θαλασσης και σαλου, ἀποψυχοντων ἀνθρωπων ἀπο φοβου και προσδοκιας των ἐπερχομενων τη οἰκουμενη·

ἁππιος [1]

Ac 28 15 κακειθεν οἰ ἀδελφοι ἀκουσαντες τα περι ἡμων ἠλθαν εἰς ἀπαντησιν ἡμιν ἀχρι ἁππιουφορου και τριωνταβερνων,

ἁππιουφορον [1]

Ac 28 15 κακειθεν οἰ ἀδελφοι ἀκουσαντες τα περι ἡμων ἠλθαν εἰς ἀπαντησιν ἡμιν ἀχρι ἁππιουφορου και τριωνταβερνων,

ἀπροσιτος [1]

1Tm 6 16 ὁ μονος ἐχων ἀθανασιαν, φως οἰκων ἀπροσιτον,

ἀπροσκοπος [3]

Ac 24 16 ἐν τουτω και αὐτος ἀσκω ἀπροσκοπον συνειδησιν ἐχειν προς τον θεον και τους ἀνθρωπους δια παντος.

1Co 10 32 ἀπροσκοποι και ἰουδαιοις γινεσθε και ἑλλησιν και τη ἐκκλησια του θεου,

Php 1 10 εἰς το δοκιμαζειν ὑμας τα διαφεροντα, ἱνα ἠτε εἰλικρινεις και ἀπροσκοποι εἰς ἡμεραν χριστου,

ἀπροσωπολημπτως [1]

1Pt 1 17 και εἰ πατερα ἐπικαλεισθε τον ἀπροσωπολημπτως κρινοντα κατα το ἑκαστου ἐργον, ἐν φοβω τον της παροικιας ὑμων χρονον ἀναστραφητε,

ἀπταιστος [1]

Ju 24 τω δε δυναμενω φυλαξαι ὑμας ἀπταιστους και στησαι κατενωπιον της δοξης αὐτου ἀμωμους ἐν ἀγαλλιασει,

ἁπτω [39]

Mt 8 3 και ἐκτεινας την χειρα ἡψατο αὐτου λεγων·

15 και ἡψατο της χειρος αὐτης,

9 20 και ἰδου γυνη αἰμορροουσα δωδεκα ἐτη προσελθουσα ὀπισθεν ἡψατο του κρασπεδου του ἰματιου αὐτου·

21 ἐαν μονον ἀψωμαι του ἰματιου αὐτου, σωθησομαι.

29 τοτε ἡψατο των ὀφθαλμων αὐτων λεγων·

14 36 και παρεκαλουν αὐτον ἱνα μονον ἀψωνται του κρασπεδου του ἰματιου αὐτου·

36 και ὁσοι ἡψαντο διεσωθησαν.

17 7 και προσηλθεν ὁ ἰησους και ἀψαμενος αὐτων εἰπεν·

20 34 σπλαγχνισθεις δε ὁ ἰησους ἡψατο των ὀμματων αὐτων, και εὐθεως ἀνεβλεψαν και ἠκολουθησαν αὐτω.

Mc 1 41 και σπλαγχνισθεις ἐκτεινας την χειρα αὐτου ἡψατο και λεγει αὐτω·

3 10 πολλους γαρ ἐθεραπευσεν, ὡστε ἐπιπιπτειν αὐτω ἱνα αὐτου ἀψωνται ὁσοι εἰχον μαστιγας.

5 27 ἀκουσασα περι του ἰησου, ἐλθουσα ἐν τω ὀχλω ὀπισθεν ἡψατο του ἰματιου αὐτου·

ἅπτω [39]

Mc 5 28 ἔλεγεν γαρ ὅτι ἐαν ἅψωμαι καν των ἱματιων αυτου, σωθησομαι.
30 ἐπιστραφεις ἐν τω ὀχλω ἔλεγεν· τίς μου ἥψατο των ἱματιων;
31 βλεπεις τον ὀχλον συνθλιβοντα σε, και λεγεις· τίς μου ἥψατο;
6 56 και παρεκαλουν αυτον ἱνα καν του κρασπεδου του ἱματιου αυτου ἅψωνται·
56 και ὁσοι ἀν ἥψαντο αυτου ἐσωζοντο.
7 33 και ἀπολαβομενος αυτον ἀπο του ὀχλου κατ ἰδιαν ἐβαλεν τους δακτυλους αυτου εἰς τα ὠτα αυτου και πτυσας ἥψατο της γλωσσης αυτου,
8 22 και φερουσιν αυτω τυφλον, και παρακαλουσιν αυτον ἱνα αυτου ἅψηται.
10 13 και προσεφερον αυτω παιδια ἱνα αυτων ἅψηται·
Lc 5 13 και ἐκτεινας την χειρα ἥψατο αυτου λεγων·
6 19 και πας ὁ ὀχλος ἐζητουν ἅπτεσθαι αυτου,
7 14 και προσελθων ἥψατο της σορου.
39 οὑτος εἰ ἠν προφητης, ἐγινωσκεν ἀν τίς και ποταπη ἡ γυνη ἡτις ἅπτεται αυτου, ὁτι ἁμαρτωλος ἐστιν.
8 16 οὐδεις δε λυχνον ἁψας καλυπτει αυτον σκευει ἠ ὑποκατω κλινης τιθησιν,
44 ἡτις [ἰατροις προσαναλωσασα ὁλον τον βιον] οὐκ ἰσχυσεν ἀπ οὐδενος θεραπευθηναι, προσελθουσα ὀπισθεν ἥψατο του κρασπεδου του ἱματιου αυτου,
45 τίς ὁ ἁψαμενος μου;
46 ἥψατο μου τις· ἐγω γαρ ἐγνων δυναμιν ἐξεληλυθυιαν ἀπ ἐμου.
47 ἰδουσα δε ἡ γυνη ὁτι οὐκ ἐλαθεν, τρεμουσα ἠλθεν και προσπεσουσα αυτω δι ἡν αἰτιαν ἥψατο αυτου ἀπηγγειλεν ἐνωπιον παντος του λαου, και ὡς ἰαθη παραχρημα.
11 33 οὐδεις λυχνον ἁψας εἰς κρυπτην τιθησιν [οὐδε ὑπο τον μοδιον,] ἀλλ ἐπι την λυχνιαν, ἱνα οἱ εἰσπορευομενοι το φως βλεπωσιν.
15 8 ἠ τίς γυνη δραχμας ἐχουσα δεκα, ἐαν ἀπολεση δραχμην μιαν, οὐχι ἁπτει λυχνον και σαροι την οἰκιαν και ζητει ἐπιμελως ἑως οὑ εὑρη;
18 15 προσεφερον δε αυτω και τα βρεφη ἱνα αυτων ἁπτηται·
22 51 και ἁψαμενος του ὠτιου ἰασατο αυτον.
Jh 20 17 μη μου ἁπτου, οὐπω γαρ ἀναβεβηκα προς τον πατερα·
Ac 28 2 ἁψαντες γαρ πυραν προσελαβοντο παντας ἡμας δια τον ὑετον τον ἐφεστωτα και δια το ψυχος.
1Co 7 1 περι δε ὡν ἐγραψατε, καλον ἀνθρωπω γυναικος μη ἁπτεσθαι·
2Co 6 17 και ἀκαθαρτου μη ἁπτεσθε· καγω εἰσδεξομαι ὑμας,
Col 2 21 μη ἁψη μηδε γευση μηδε θιγης, ἁ ἐστιν παντα εἰς φθοραν τη ἀποχρησει,
1Jh 5 18 ἀλλ ὁ γεννηθεις ἐκ του θεου τηρει αυτον, και ὁ πονηρος οὐχ ἁπτεται αυτου.

Ἀπφια [1]

Phm 2 και Ἀπφια τη ἀδελφη και Ἀρχιππω τω συστρατιωτη ἡμων και τη κατ οἰκον σου ἐκκλησια·

ἀπωθεομαι [6]

Ac 7 27 ὁ δε ἀδικων τον πλησιον ἀπωσατο αυτον εἰπων·
39 ἀλλα ἀπωσαντο και ἐστραφησαν ἐν ταις καρδιαις αυτων εἰς αἰγυπτον, εἰποντες τω ἀαρων·
13 46 ἐπειδη ἀπωθεισθε αυτον και οὐκ ἀξιους κρινετε ἑαυτους της αἰωνιου ζωης, ἰδου στρεφομεθα εἰς τα ἐθνη.
Rm 11 1 λεγω οὐν, μη ἀπωσατο ὁ θεος τον λαον αυτου;
2 οὐκ ἀπωσατο ὁ θεος τον λαον αυτου ὁν προεγνω.
1Tm 1 19 ἐχων πιστιν και ἀγαθην συνειδησιν, ἡν τινες ἀπωσαμενοι περι την πιστιν ἐναυαγησαν·

ἀπωλεια [18]

Mt 7 13 ὁτι πλατεια ἡ πυλη και εὐρυχωρος ἡ ὁδος ἡ ἀπαγουσα εἰς την ἀπωλειαν,
26 8 εἰς τί ἡ ἀπωλεια αὑτη;
Mc 14 4 εἰς τί ἡ ἀπωλεια αὑτη του μυρου γεγονεν;
Jh 17 12 και ἐφυλαξα, και οὐδεις ἐξ αυτων ἀπωλετο εἰ μη ὁ υἱος της ἀπωλειας,
Ac 8 20 το ἀργυριον σου συν σοι εἰη εἰς ἀπωλειαν, ὁτι την δωρεαν του θεου ἐνομισας δια χρηματων κτασθαι.
Rm 9 22 εἰ δε θελων ὁ θεος ἐνδειξασθαι την ὀργην και γνωρισαι το δυνατον αυτου ἠνεγκεν ἐν πολλη μακροθυμια σκευη ὀργης κατηρτισμενα εἰς ἀπωλειαν,
Php 1 28 και μη πτυρομενοι ἐν μηδενι ὑπο των ἀντικειμενων, ἡτις ἐστιν αυτοις ἐνδειξις ἀπωλειας,
3 19 τους ἐχθρους του σταυρου του χριστου, ὡν το τελος ἀπωλεια,

ἀπωλεια [18]

2Th 2 3 ὁτι ἐαν μη ἐλθη ἡ ἀποστασια πρωτον και ἀποκαλυφθη ὁ ἀνθρωπος της ἀνομιας, ὁ υἱος της ἀπωλειας,
1Tm 6 9 αἱτινες βυθιζουσιν τους ἀνθρωπους εἰς ὀλεθρον και ἀπωλειαν.
Heb 10 39 ἡμεις δε οὐκ ἐσμεν ὑποστολης εἰς ἀπωλειαν, ἀλλα πιστεως εἰς περιποιησιν ψυχης.
2Pt 2 1 ὡς και ἐν ὑμιν ἐσονται ψευδοδιδασκαλοι, οἱτινες παρεισαξουσιν αἱρεσεις ἀπωλειας,
1 και τον ἀγορασαντα αυτους δεσποτην ἀρνουμενοι, ἐπαγοντες ἑαυτοις ταχινην ἀπωλειαν·
3 οἱς το κριμα ἐκπαλαι οὐκ ἀργει, και ἡ ἀπωλεια αυτων οὐ νυσταζει.
3 7 οἱ δε νυν οὐρανοι και ἡ γη τω αυτω λογω τεθησαυρισμενοι εἰσιν πυρι τηρουμενοι εἰς ἡμεραν κρισεως και ἀπωλειας των ἀσεβων ἀνθρωπων.
16 ἐν αἱς ἐστιν δυσνοητα τινα, ἁ οἱ ἀμαθεις και ἀστηρικτοι στρεβλουσιν ὡς και τας λοιπας γραφας προς την ἰδιαν αυτων ἀπωλειαν.
Apc 17 8 το θηριον ὁ εἰδες ἠν και οὐκ ἐστιν, και μελλει ἀναβαινειν ἐκ της ἀβυσσου και εἰς ἀπωλειαν ὑπαγει·
11 και ἐκ των ἑπτα ἐστιν, και εἰς ἀπωλειαν ὑπαγει.

ἄρα [49]

Mt 7 20 ἄρα γε ἀπο των καρπων αυτων ἐπιγνωσεσθε αυτους.
12 28 εἰ δε ἐν πνευματι θεου ἐγω ἐκβαλλω τα δαιμονια, ἄρα ἐφθασεν ἐφ ὑμας ἡ βασιλεια του θεου.
17 26 εἰποντος δε· ἀπο των ἀλλοτριων, ἐφη αυτω ὁ ἰησους· ἄρα γε ἐλευθεροι εἰσιν οἱ υἱοι.
18 1 τίς ἄρα μειζων ἐστιν ἐν τη βασιλεια των οὐρανων;
19 25 τίς ἄρα δυναται σωθηναι;
27 ἰδου ἡμεις ἀφηκαμεν παντα και ἠκολουθησαμεν σοι· τί ἄρα ἐσται ἡμιν;
24 45 τίς ἄρα ἐστιν ὁ πιστος δουλος και φρονιμος ὁν κατεστησεν ὁ κυριος ἐπι της οἰκετειας αυτου του δουναι αυτοις την τροφην ἐν καιρω;
Mc 4 41 τίς ἄρα οὑτος ἐστιν, ὁτι και ὁ ἀνεμος και ἡ θαλασσα ὑπακουει αυτω;
11 13 και ἰδων συκην ἀπο μακροθεν ἐχουσαν φυλλα ἠλθεν εἰ ἄρα τι εὑρησει ἐν αυτη,
Lc 1 66 τί ἄρα το παιδιον τουτο ἐσται; και γαρ χειρ κυριου ἠν μετ αυτου.
8 25 τίς ἄρα οὑτος ἐστιν, ὁτι και τοις ἀνεμοις ἐπιτασσει και τω ὑδατι, και ὑπακουουσιν αυτω;
11 20 εἰ δε ἐν δακτυλω θεου [ἐγω] ἐκβαλλω τα δαιμονια, ἄρα ἐφθασεν ἐφ ὑμας ἡ βασιλεια του θεου.
48 ἄρα μαρτυρες ἐστε και συνευδοκειτε τοις ἐργοις των πατερων ὑμων,
12 42 τίς ἄρα ἐστιν ὁ πιστος οἰκονομος ὁ φρονιμος, ὁν καταστησει ὁ κυριος ἐπι της θεραπειας αυτου του διδοναι ἐν καιρω [το] σιτομετριον;
22 23 και αυτοι ἠρξαντο συζητειν προς ἑαυτους το τίς ἄρα εἰη ἐξ αυτων ὁ τουτο μελλων πρασσειν.
Ac 8 22 και δεηθητι του κυριου εἰ ἄρα ἀφεθησεται σοι ἡ ἐπινοια της καρδιας σου·
11 18 ἄρα και τοις ἐθνεσιν ὁ θεος την μετανοιαν εἰς ζωην ἐδωκεν.
12 18 γενομενης δε ἡμερας ἠν ταραχος οὐκ ὀλιγος ἐν τοις στρατιωταις, τί ἄρα ὁ πετρος ἐγενετο.
17 27 ζητειν τον θεον, εἰ ἄρα γε ψηλαφησειαν αυτον και εὑροιεν,
21 38 οὐκ ἄρα συ εἰ ὁ αἰγυπτιος ὁ προ τουτων των ἡμερων ἀναστατωσας και ἐξαγαγων εἰς την ἐρημον τους τετρακισχιλιους ἀνδρας των σικαριων;
Rm 5 18 ἄρα οὐν ὡς δι ἑνος παραπτωματος εἰς παντας ἀνθρωπους εἰς κατακριμα, οὑτως και δι ἑνος δικαιωματος εἰς παντας ἀνθρωπους εἰς δικαιωσιν ζωης·
7 3 ἄρα οὐν ζωντος του ἀνδρος μοιχαλις χρηματισει ἐαν γενηται ἀνδρι ἑτερω·
21 εὑρισκω ἄρα τον νομον τω θελοντι ἐμοι ποιειν το καλον,
25 ἄρα οὐν αυτος ἐγω τω μεν νοι δουλευω νομω θεου, τη δε σαρκι νομω ἁμαρτιας.
8 1 οὐδεν ἄρα νυν κατακριμα τοις ἐν χριστω ἰησου.
12 ἄρα οὐν ἀδελφοι, ὀφειλεται ἐσμεν, οὐ τη σαρκι του κατα σαρκα ζην·
9 16 ἄρα οὐν οὐ του θελοντος οὐδε του τρεχοντος, ἀλλα του ἐλεωντος θεου.
18 ἄρα οὐν ὁν θελει ἐλεει, ὁν δε θελει σκληρυνει.
10 17 ἄρα ἡ πιστις ἐξ ἀκοης, ἡ δε ἀκοη δια ῥηματος χριστου.
14 12 ἄρα [οὐν] ἑκαστος ἡμων περι ἑαυτου λογον δωσει [τω θεω].
19 ἄρα οὐν τα της εἰρηνης διωκωμεν και τα της οἰκοδομης της εἰς ἀλληλους.

ἄρα [49]

1Co	5 10	οὐ παντως τοις πορνοις του κοσμου τουτου ή τοις πλεονεκταις και ἁρπαξιν ή εἰδωλολατραις, ἐπει ὠφειλετε *ἄρα* ἐκ του κοσμου ἐξελθειν.
	7 14	ἐπει *ἄρα* τα τεκνα ὑμων ἀκαθαρτα ἐστιν, νυν δε ἁγια ἐστιν.
	15 14	εἰ δε χριστος οὐκ ἐγηγερται, κενον *ἄρα* [και] το κηρυγμα ἡμων,
	15	ὁτι ἐμαρτυρησαμεν κατα του θεου ὁτι ἠγειρεν τον χριστον, ὁν οὐκ ἠγειρεν εἰπερ *ἄρα* νεκροι οὐκ ἐγειρονται.
	18	*ἄρα* και οἱ κοιμηθεντες ἐν χριστῳ ἀπωλοντο.
2Co	1 17	τουτο οὐν βουλομενος μητι *ἄρα* τη ἐλαφρια ἐχρησαμην;
	5 14	*ἄρα* οἱ παντες ἀπεθανον.
	7 12	*ἄρα* εἰ και ἐγραψα ὑμιν, οὐχ ἑνεκεν του ἀδικησαντος οὐδε ἑνεκεν του ἀδικηθεντος,
Ga	2 21	εἰ γαρ δια νομου δικαιοσυνη, *ἄρα* χριστος δωρεαν ἀπεθανεν.
	3 7	γινωσκετε *ἄρα* ὁτι οἱ ἐκ πιστεως, οὑτοι υἱοι εἰσιν ἀβρααμ.
	29	εἰ δε ὑμεις χριστου, *ἄρα* του ἀβρααμ σπερμα ἐστε, κατ ἐπαγγελιαν κληρονομοι.
	5 11	*ἄρα* κατηργηται το σκανδαλον του σταυρου.
	6 10	*ἄρα* οὖν ὡς καιρον ἐχομεν, ἐργαζωμεθα το ἀγαθον προς παντας,
Eph	2 19	*ἄρα* οὖν οὐκετι ἐστε ξενοι και παροικοι,
1Th	5 6	*ἄρα* οὖν μη καθευδωμεν ὡς οἱ λοιποι,
2Th	2 15	*ἄρα* οὖν, ἀδελφοι, στηκετε, και κρατειτε τας παραδοσεις
Heb	4 9	*ἄρα* ἀπολειπεται σαββατισμος τῳ λαῳ του θεου.
	12 8	εἰ δε χωρις ἐστε παιδειας, ἡς μετοχοι γεγονασιν παντες, *ἄρα* νοθοι και οὐχ υἱοι ἐστε.

ἆρα [3]

Lc	18 8	πλην ὁ υἱος του ἀνθρωπου ἐλθων *ἆρα* εὑρησει την πιστιν ἐπι της γης;
Ac	8 30	*ἆρα* γε γινωσκεις ἁ ἀναγινωσκεις;
Ga	2 17	εἰ δε ζητουντες δικαιωθηναι ἐν χριστῳ εὑρεθημεν και αὐτοι ἁμαρτωλοι, *ἆρα* χριστος ἁμαρτιας διακονος;

ἀρά [1]

Rm	3 14	ἱος ἀσπιδων ὑπο τα χειλη αὐτων· ὡν το στομα *ἀρας* και πικριας γεμει·

ἀραβια [2]

Ga	1 17	οὐδε ἀνηλθον εἰς ἱεροσολυμα προς τους προ ἐμου ἀποστολους, ἀλλα ἀπηλθον εἰς *ἀραβιαν*,
	4 25	το δε ἁγαρ σινα ὁρος ἐστιν ἐν τη *ἀραβιᾳ*·

ἀραμ [2]

Mt	1 3	ἑσρωμ δε ἐγεννησεν τον *ἀραμ*,
	4	*ἀραμ* δε ἐγεννησεν τον ἀμιναδαβ,

ἀραφος [1]

Jh	19 23	ἠν δε ὁ χιτων *ἀραφος*, ἐκ των ἀνωθεν ὑφαντος δι ὁλου.

ἀραψ [1]

Ac	2 11	και οἱ ἐπιδημουντες ρωμαιοι, ἰουδαιοι τε και προσηλυτοι, κρητες και *ἀραβες*,

ἀργεω [1]

2Pt	2 3	οἱς το κριμα ἐκπαλαι οὐκ *ἀργει*,

ἀργος [8]

Mt	12 36	λεγω δε ὑμιν ὁτι παν ρημα *ἀργον* ὁ λαλησουσιν οἱ ἀνθρωποι, ἀποδωσουσιν περι αὐτου λογον ἐν ἡμερᾳ κρισεως·
	20 3	και ἐξελθων περι τριτην ὡραν εἰδεν ἀλλους ἑστωτας ἐν τη ἀγορᾳ *ἀργους*,
	6	τί ὡδε ἑστηκατε ὁλην την ἡμεραν *ἀργοι*;
1Tm	5 13	ἁμα δε και *ἀργαι* μανθανουσιν περιερχομεναι τας οἰκιας,
	13	οὐ μονον δε *ἀργαι* ἀλλα και φλυαροι και περιεργοι,
Tit	1 12	κρητες ἀει ψευσται, κακα θηρια, γαστερες *ἀργαι*.
Ja	2 20	θελεις δε γνωναι, ὡ ἀνθρωπε κενε, ὁτι ἡ πιστις χωρις των ἐργων *ἀργη* ἐστιν;
2Pt	1 8	ταυτα γαρ ὑπαρχοντα και πλεοναζοντα οὐκ *ἀργους* οὐδε ἀκαρπους καθιστησιν εἰς την του κυριου ἡμων ἰησου χριστου ἐπιγνωσιν·

ἀργυριον [20]

Mt	25 18	ὁ δε το ἑν λαβων ἀπελθων ὡρυξεν γην και ἐκρυψεν το *ἀργυριον* του κυριου αὐτου.
	27	ἐδει σε οὖν βαλειν τα *ἀργυρια* μου τοις τραπεζιταις,
	26 15	οἱ δε ἐστησαν αὐτῳ τριακοντα *ἀργυρια*.
	27 3	τοτε ἰδων ἰουδας ὁ παραδιδους αὐτον ὁτι κατεκριθη, μεταμεληθεις ἐστρεψεν τα τριακοντα *ἀργυρια* τοις ἀρχιερευσιν και πρεσβυτεροις λεγων·
	5	και ριψας τα *ἀργυρια* εἰς τον ναον ἀνεχωρησεν, και ἀπελθων ἀπηγξατο.
	6	οἱ δε ἀρχιερεις λαβοντες τα *ἀργυρια* εἰπαν·
	9	και ἐλαβον τα τριακοντα *ἀργυρια*, την τιμην του τετιμημενου ὁν ἐτιμησαντο ἀπο υἱων ἰσραηλ,
	28 12	και συναχθεντες μετα των πρεσβυτερων συμβουλιον τε λαβοντες *ἀργυρια* ἱκανα ἐδωκαν τοις στρατιωταις,
	15	οἱ δε λαβοντες τα *ἀργυρια* ἐποιησαν ὡς ἐδιδαχθησαν.
Mc	14 11	οἱ δε ἀκουσαντες ἐχαρησαν και ἐπηγγειλαντο αὐτῳ *ἀργυριον* δουναι.
Lc	9 3	μηδεν αἰρετε εἰς την ὁδον, μητε ραβδον μητε πηραν μητε ἀρτον μητε *ἀργυριον* μητε [ἀνα] δυο χιτωνας ἐχειν.
	19 15	και εἰπεν φωνηθηναι αὐτῳ τους δουλους τουτους οἱς δεδωκει το *ἀργυριον*, ἱνα γνοι τί διεπραγματευσαντο.
	23	και δια τί οὐκ ἐδωκας μου το *ἀργυριον* ἐπι τραπεζαν;
	22 5	και ἐχαρησαν, και συνεθεντο αὐτῳ *ἀργυριον* δουναι.
Ac	3 6	*ἀργυριον* και χρυσιον οὐχ ὑπαρχει μοι· ὁ δε ἐχω, τουτο σοι διδωμι·
	7 16	και μετετεθησαν εἰς συχεμ και ἐτεθησαν ἐν τῳ μνηματι ῳ ὠνησατο ἀβρααμ τιμης *ἀργυριου* παρα των υἱων ἑμμορ ἐν συχεμ.
	8 20	το *ἀργυριον* σου συν σοι εἰη εἰς ἀπωλειαν, ὁτι την δωρεαν του θεου ἐνομισας δια χρηματων κτασθαι.
	19 19	και συνεψηφισαν τας τιμας αὐτων και εὑρον *ἀργυριου* μυριαδας πεντε.
	20 33	*ἀργυριου* ή χρυσιου ή ἱματισμου οὐδενος ἐπεθυμησα·
1Pt	1 18	εἰδοτες ὁτι οὐ φθαρτοις, *ἀργυριῳ* ή χρυσιῳ, ἐλυτρωθητε ἐκ της ματαιας ὑμων ἀναστροφης πατροπαραδοτου, ἀλλα τιμιῳ αἱματι ὡς ἀμνου ἀμωμου και ἀσπιλου χριστου,

ἀργυροκοπος [1]

Ac	19 24	δημητριος γαρ τις ὀνοματι, *ἀργυροκοπος*, ποιων ναους ἀργυρους ἀρτεμιδος παρειχετο τοις τεχνιταις οὐκ ὀλιγην ἐργασιαν,

ἀργυρος [5]

Mt	10 9	μη κτησησθε χρυσον μηδε *ἀργυρον* μηδε χαλκον εἰς τας ζωνας ὑμων,
Ac	17 29	γενος οὖν ὑπαρχοντες του θεου οὐκ ὀφειλομεν νομιζειν, χρυσῳ ή *ἀργυρῳ* ή λιθῳ, χαραγματι τεχνης και ἐνθυμησεως ἀνθρωπου, το θειον εἰναι ὁμοιον.
1Co	3 12	εἰ δε τις ἐποικοδομει ἐπι τον θεμελιον χρυσον, *ἀργυρον*, λιθους τιμιους, ξυλα, χορτον, καλαμην, ἑκαστου το ἐργον φανερον γενησεται·
Ja	5 3	ὁ χρυσος ὑμων και ὁ *ἀργυρος* κατιωται,
Apc	18 12	ὁτι τον γομον αὐτων οὐδεις ἀγοραζει οὐκετι, γομον χρυσου και *ἀργυρου*

ἀργυρους [3]

Ac	19 24	δημητριος γαρ τις ὀνοματι, ἀργυροκοπος, ποιων ναους *ἀργυρους* ἀρτεμιδος παρειχετο τοις τεχνιταις οὐκ ὀλιγην ἐργασιαν,
2Tm	2 20	ἐν μεγαλη δε οἰκιᾳ οὐκ ἐστιν μονον σκευη χρυσα και *ἀργυρα*, ἀλλα και ξυλινα και ὀστρακινα.
Apc	9 20	ἱνα μη προσκυνησουσιν τα δαιμονια και τα εἰδωλα τα χρυσα και τα *ἀργυρα* και τα χαλκα και τα λιθινα και τα ξυλινα,

ἀρειος [2]

Ac	17 19	ἐπιλαβομενοι τε αὐτου ἐπι τον *ἀρειονπαγον* ἠγαγον, λεγοντες·
	22	σταθεις δε [ὁ] παυλος ἐν μεσῳ του *ἀρειουπαγου* ἐφη·

ἀρειοσπαγος [2]

Ac	17 19	ἐπιλαβομενοι τε αὐτου ἐπι τον *ἀρειονπαγον* ἠγαγον, λεγοντες·
	22	σταθεις δε [ὁ] παυλος ἐν μεσῳ του *ἀρειουπαγου* ἐφη·

ἀρεοπαγιτης [1]

Ac 17 34 τινες δε ἀνδρες κολληθεντες αὐτω ἐπιστευσαν, ἐν οἱς και διονυσιος ὁ *ἀρεοπαγιτης* και γυνη ὀνοματι δαμαρις και ἑτεροι συν αὐτοις.

ἀρεσκεια [1]

Col 1 10 περιπατησαι ἀξιως του κυριου εἰς πασαν *ἀρεσκειαν,*

ἀρεσκω [17]

Mt 14 6 γενεσιοις δε γενομενοις του ἡρωδου ὠρχησατο ἡ θυγατηρ της ἡρωδιαδος ἐν τω μεσω και *ἠρεσεν* τω ἡρωδη,
Mc 6 22 και εἰσελθουσης της θυγατρος αὐτου ἡρωδιαδος και ὀρχησαμενης, *ἠρεσεν* τω ἡρωδη και τοις συνανακειμενοις.
Ac 6 5 και *ἠρεσεν* ὁ λογος ἐνωπιον παντος του πληθους,
Rm 8 8 οἱ δε ἐν σαρκι ὀντες θεω *ἀρεσαι* οὐ δυνανται.
15 1 ὀφειλομεν δε ἡμεις οἱ δυνατοι τα ἀσθενηματα των ἀδυνατων βασταζειν, και μη ἑαυτοις *ἀρεσκειν.*
2 ἑκαστος ἡμων τω πλησιον *ἀρεσκετω* εἰς το ἀγαθον προς οἰκοδομην·
3 και γαρ ὁ χριστος οὐχ ἑαυτω *ἠρεσεν·*
1Co 7 32 ὁ ἀγαμος μεριμνα τα του κυριου, πῶς *ἀρεση* τω κυριω·
33 ὁ δε γαμησας μεριμνα τα του κοσμου, πῶς *ἀρεση* τη γυναικι,
34 πῶς *ἀρεση* τω ἀνδρι.
10 33 καθως καγω παντα πασιν *ἀρεσκω,* μη ζητων το ἐμαυτου συμφορον ἀλλα το των πολλων, ἱνα σωθωσιν.
Ga 1 10 ἀρτι γαρ ἀνθρωπους πειθω ἡ τον θεον; ἡ ζητω ἀνθρωποις *ἀρεσκειν;*
10 εἰ ἐτι ἀνθρωποις *ἠρεσκον,* χριστου δουλος οὐκ ἀν ἠμην.
1Th 2 4 οὐχ ὡς ἀνθρωποις *ἀρεσκοντες* ἀλλα θεω τω δοκιμαζοντι τας καρδιας ἡμων.
15 και ἡμας ἐκδιωξαντων, και θεω μη *ἀρεσκοντων,*
4 1 λοιπον οὐν, ἀδελφοι, ἐρωτωμεν ὑμας και παρακαλουμεν ἐν κυριω ἰησου, ἱνα καθως παρελαβετε παρ ἡμων το πῶς δει ὑμας περιπατειν και *ἀρεσκειν* θεω, καθως και περιπατειτε,
2Tm 2 4 οὐδεις στρατευομενος ἐμπλεκεται ταις του βιου πραγματειαις, ἱνα τω στρατολογησαντι *ἀρεση.*

ἀρεστος [4]

Jh 8 29 οὐκ ἀφηκεν με μονον, ὁτι ἐγω τα *ἀρεστα* αὐτω ποιω παντοτε.
Ac 6 2 οὐκ *ἀρεστον* ἐστιν ἡμας καταλειψαντας τον λογον του θεου διακονειν τραπεζαις.
12 3 ἰδων δε ὁτι *ἀρεστον* ἐστιν τοις ἰουδαιοις προσεθετο συλλαβειν και πετρον,
1Jh 3 22 ὁτι τας ἐντολας αὐτου τηρουμεν και τα *ἀρεστα* ἐνωπιον αὐτου ποιουμεν.

ἀρετας [1]

2Co 11 32 ἐν δαμασκω ὁ ἐθναρχης *ἀρετα* του βασιλεως ἐφρουρει την πολιν δαμασκηνων πιασαι με,

ἀρετη [5]

Php 4 8 εἰ τις *ἀρετη* και εἰ τις ἐπαινος, ταυτα λογιζεσθε·
1Pt 2 9 ὁπως τας *ἀρετας* ἐξαγγειλητε του ἐκ σκοτους ὑμας καλεσαντος εἰς το θαυμαστον αὐτου φως·
2Pt 1 3 του καλεσαντος ἡμας ἰδια δοξη και *ἀρετη,*
5 και αὐτο τουτο δε σπουδην πασαν παρεισενεγκαντες ἐπιχορηγησατε ἐν τη πιστει ὑμων την *ἀρετην,*
5 ἐν δε τη *ἀρετη* την γνωσιν, ἐν δε τη γνωσει την ἐγκρατειαν,

ἀρην [1]

Lc 10 3 ὑπαγετε· ἰδου ἀποστελλω ὑμας ὡς *ἀρνας* ἐν μεσω λυκων.

ἀριθμεω [3]

Mt 10 30 ὑμων δε και αἱ τριχες της κεφαλης πασαι *ἠριθμημεναι* εἰσιν.
Lc 12 7 ἀλλα και αἱ τριχες της κεφαλης ὑμων πασαι *ἠριθμηνται.*
Apc 7 9 και ἰδου ὀχλος πολυς, ὁν *ἀριθμησαι* αὐτον οὐδεις ἐδυνατο,

ἀριθμος [18]

Lc 22 3 εἰσηλθεν δε σατανας εἰς ἰουδαν τον καλουμενον ἰσκαριωτην, ὀντα ἐκ του *ἀριθμου* των δωδεκα·
Jh 6 10 ἀνεπεσαν οὐν οἱ ἀνδρες τον *ἀριθμον* ὡς πεντακισχιλιοι.

ἀριθμος [18]

Ac 4 4 πολλοι δε των ἀκουσαντων τον λογον ἐπιστευσαν, και ἐγενηθη [ὁ] *ἀριθμος* των ἀνδρων [ὡς] χιλιαδες πεντε.
5 36 προ γαρ τουτων των ἡμερων ἀνεστη θευδας, λεγων εἰναι τινα ἑαυτον, ᾡ προσεκλιθη ἀνδρων *ἀριθμος* ὡς τετρακοσιων·
6 7 και ἐπληθυνετο ὁ *ἀριθμος* των μαθητων ἐν ἱερουσαλημ σφοδρα,
11 21 πολυς τε *ἀριθμος* ὁ πιστευσας ἐπεστρεψεν ἐπι τον κυριον.
16 5 αἱ μεν οὐν ἐκκλησιαι ἐστερεουντο τη πιστει και ἐπερισσευον τω *ἀριθμω* καθ ἡμεραν.
Rm 9 27 ἐαν ἡ ὁ *ἀριθμος* των υἱων ἰσραηλ ὡς ἡ ἀμμος της θαλασσης, το ὑπολειμμα σωθησεται·
Apc 5 11 και ἠν ὁ *ἀριθμος* αὐτων μυριαδες μυριαδων και χιλιαδες χιλιαδων, λεγοντες φωνη μεγαλη·
7 4 και ἠκουσα τον *ἀριθμον* των ἐσφραγισμενων,
9 16 και ὁ *ἀριθμος* των στρατευματων του ἱππικου δισμυριαδες μυριαδων·
16 και ὁ *ἀριθμος* των στρατευματων του ἱππικου δισμυριαδες μυριαδων· ἠκουσα τον *ἀριθμον* αὐτων.
13 17 και ἱνα μη τις δυνηται ἀγορασαι ἡ πωλησαι εἰ μη ὁ ἐχων το χαραγμα το ὀνομα του θηριου ἡ τον *ἀριθμον* του ὀνοματος αὐτου.
18 ὁ ἐχων νουν ψηφισατω τον *ἀριθμον* του θηριου·
18 *ἀριθμος* γαρ ἀνθρωπου ἐστιν.
18 και ὁ *ἀριθμος* αὐτου ἐξακοσιοιεξηκονταεξ.
15 2 και τους νικωντας ἐκ του θηριου και ἐκ της εἰκονος αὐτου και ἐκ του *ἀριθμου* του ὀνοματος αὐτου ἑστωτας ἐπι την θαλασσαν την ὑαλινην,
20 8 συναγαγειν αὐτους εἰς τον πολεμον, ὡν ὁ *ἀριθμος* αὐτων ὡς ἡ ἀμμος της θαλασσης.

ἀριμαθαια [4]

Mt 27 57 ὀψιας δε γενομενης ἠλθεν ἀνθρωπος πλουσιος ἀπο *ἀριμαθαιας,* τουνομα ἰωσηφ, ὁς και αὐτος ἐμαθητευθη τω ἰησου·
Mc 15 43 ἐλθων ἰωσηφ [ὁ] ἀπο *ἀριμαθαιας,* εὐσχημων βουλευτης, ὁς και αὐτος ἠν προσδεχομενος την βασιλειαν του θεου,
Lc 23 51 ἀπο *ἀριμαθαιας* πολεως των ἰουδαιων, ὁς προσεδεχετο την βασιλειαν του θεου,
Jh 19 38 μετα δε ταυτα ἠρωτησεν τον πιλατον ἰωσηφ [ὁ] ἀπο *ἀριμαθαιας,* ὠν μαθητης του ἰησου κεκρυμμενος δε δια τον φοβον των ἰουδαιων, ἱνα ἀρη το σωμα του ἰησου·

ἀρισταρχος [5]

Ac 19 29 ὡρμησαν τε ὁμοθυμαδον εἰς το θεατρον, συναρπασαντες γαιον και *ἀρισταρχον* μακεδονας, συνεκδημους παυλου.
20 4 συνειπετο δε αὐτω σωπατρος πυρρου βεροιαιος, θεσσαλονικεων δε *ἀρισταρχος* και σεκουνδος, και γαιος δερβαιος και τιμοθεος, ἀσιανοι δε τυχικος και τροφιμος.
27 2 ὀντος συν ἡμιν *ἀρισταρχου* μακεδονος θεσσαλονικεως·
Col 4 10 ἀσπαζεται ὑμας *ἀρισταρχος* ὁ συναιχμαλωτος μου,
Phm 24 ἀσπαζεται σε ἐπαφρας ὁ συναιχμαλωτος μου ἐν χριστω ἰησου, μαρκος, *ἀρισταρχος,* δημας, λουκας, οἱ συνεργοι μου.

ἀρισταω [3]

Lc 11 37 ἐν δε τω λαλησαι ἐρωτα αὐτον φαρισαιος ὁπως *ἀριστηση* παρ αὐτω·
Jh 21 12 λεγει αὐτοις ὁ ἰησους· δευτε *ἀριστησατε.*
15 ὁτε οὐν *ἠριστησαν,* λεγει τω σιμωνι πετρω ὁ ἰησους·

ἀριστερος [4]

Mt 6 3 σου δε ποιουντος ἐλεημοσυνην μη γνωτω ἡ *ἀριστερα* σου τί ποιει ἡ δεξια σου,
Mc 10 37 δος ἡμιν ἱνα εἱς σου ἐκ δεξιων και εἱς ἐξ *ἀριστερων* καθισωμεν ἐν τη δοξη σου.
Lc 23 33 ἐκει ἐσταυρωσαν αὐτον και τους κακουργους, ὁν μεν ἐκ δεξιων ὁν δε ἐξ *ἀριστερων.*
2Co 6 7 δια των ὁπλων της δικαιοσυνης των δεξιων και *ἀριστερων.*

ἀριστοβουλος [1]

Rm 16 10 ἀσπασασθε τους ἐκ των *ἀριστοβουλου.*

ἀριστον [3]

Mt 22 4 εἰπατε τοις κεκλημενοις· ἰδου το *ἀριστον* μου ἡτοιμακα,

ἄριστον [3]

Lc	11 38	ὁ δε φαρισαιος ἰδων ἐθαυμασεν ὅτι οὐ πρωτον ἐβαπτισθη προ του ἀριστου.
	14 12	ἔλεγεν δε και τω κεκληκοτι αὐτον· ὅταν ποιης ἄριστον ἠ δειπνον, μη φώνει τους φιλους σου

ἀρκετος [3]

Mt	6 34	ἀρκετον τη ἡμερα ἡ κακια αὐτης.
	10 25	ἀρκετον τω μαθητη ἱνα γενηται ὡς ὁ διδασκαλος αὐτου,
1Pt	4 3	ἀρκετος γαρ ὁ παρεληλυθως χρονος το βουλημα των ἐθνων κατειργασθαι,

ἀρκεω [8]

Mt	25 9	μηποτε οὐ μη ἀρκεση ἡμιν και ὑμιν· πορευεσθε μαλλον προς τους πωλουντας και ἀγορασατε ἑαυταις.
Lc	3 14	μηδενα διασεισητε μηδε συκοφαντησητε, και ἀρκεισθε τοις ὀψωνιοις ὑμων.
Jh	6 7	διακοσιων δηναριων ἀρτοι οὐκ ἀρκουσιν αὐτοις, ἱνα ἑκαστος βραχυ [τι] λαβη
	14 8	κυριε, δειξον ἡμιν τον πατερα, και ἀρκει ἡμιν.
2Co	12 9	ἀρκει σοι ἡ χαρις μου· ἡ γαρ δυναμις ἐν ἀσθενεια τελειται.
1Tm	6 8	ἐχοντες δε διατροφας και σκεπασματα, τουτοις ἀρκεσθησομεθα.
Heb	13 5	ἀφιλαργυρος ὁ τροπος, ἀρκουμενοι τοις παρουσιν·
3Jh	10	λογοις πονηροις φλυαρων ἡμας, και μη ἀρκουμενος ἐπι τουτοις

ἀρκος [1]

Apc	13 2	και το θηριον ὁ εἰδον ἠν ὁμοιον παρδαλει, και οἱ ποδες αὐτου ὡς ἀρκου,

ἀρμα [4]

Ac	8 28	ὁς ἐληλυθει προσκυνησων εἰς ἱερουσαλημ, ἠν τε ὑποστρεφων και καθημενος ἐπι του ἀρματος αὐτου και ἀνεγινωσκεν τον προφητην ἠσαιαν.
	29	προσελθε και κολληθητι τω ἀρματι τουτω.
	38	και ἐκελευσεν στηναι το ἀρμα,
Apc	9 9	και ἡ φωνη των πτερυγων αὐτων ὡς φωνη ἀρματων ἱππων πολλων τρεχοντων εἰς πολεμον.

ἀρμαγεδων [1]

Apc	16 16	και συνηγαγεν αὐτους εἰς τον τοπον τον καλουμενον ἑβραιστι ἀρμαγεδων.

ἀρμοζω [1]

2Co	11 2	ἡρμοσαμην γαρ ὑμας ἑνι ἀνδρι παρθενον ἀγνην παραστησαι τω χριστω·

ἀρμος [1]

Heb	4 12	και δικνουμενος ἀχρι μερισμου ψυχης και πνευματος, ἀρμων τε και μυελων,

ἀρνεομαι [33]

Mt	10 33	ὁστις δ ἀν ἀρνησηται με ἐμπροσθεν των ἀνθρωπων, ἀρνησομαι καγω αὐτον ἐμπροσθεν του πατρος μου του ἐν [τοις] οὐρανοις.
	33	ὁστις δ ἀν ἀρνησηται με ἐμπροσθεν των ἀνθρωπων, ἀρνησομαι καγω αὐτον ἐμπροσθεν του πατρος μου του ἐν [τοις] οὐρανοις.
	26 70	ὁ δε ἡρνησατο ἐμπροσθεν παντων λεγων· οὐκ οἰδα τί λεγεις.
	72	και παλιν ἡρνησατο μετα ὁρκου ὁτι οὐκ οἰδα τον ἀνθρωπον.
Mc	14 68	ὁ δε ἡρνησατο λεγων· οὐτε οἰδα οὐτε ἐπισταμαι συ τί λεγεις.
	70	ὁ δε παλιν ἡρνειτο.
Lc	8 45	ἀρνουμενων δε παντων εἰπεν ὁ πετρος·
	9 23	εἰ τις θελει ὀπισω μου ἐρχεσθαι, ἀρνησασθω ἑαυτον και ἀρατω τον σταυρον αὐτου καθ ἡμεραν, και ἀκολουθειτω μοι.
	12 9	ὁ δε ἀρνησαμενος με ἐνωπιον των ἀνθρωπων ἀπαρνηθησεται ἐνωπιον των ἀγγελων του θεου.
	22 57	ὁ δε ἡρνησατο λεγων· οὐκ οἰδα αὐτον, γυναι.
Jh	1 20	και ὡμολογησεν και οὐκ ἡρνησατο,
	13 38	οὐ μη ἀλεκτωρ φωνηση ἑως οὐ ἀρνηση με τρις.
	18 25	ἡρνησατο ἐκεινος και εἰπεν· οὐκ εἰμι.

ἀρνεομαι [33]

Jh	18 27	παλιν οὐν ἡρνησατο πετρος, και εὐθεως ἀλεκτωρ ἐφωνησεν.
Ac	3 13	ὁ θεος των πατερων ἡμων, ἐδοξασεν τον παιδα αὐτου ἰησουν, ὁν ὑμεις μεν παρεδωκατε και ἡρνησασθε κατα προσωπον πιλατου, κριναντος ἐκεινου ἀπολυειν·
	14	ὑμεις δε τον ἁγιον και δικαιον ἡρνησασθε,
	4 16	ὁτι μεν γαρ γνωστον σημειον γεγονεν δι αὐτων, πασιν τοις κατοικουσιν ἱερουσαλημ φανερον, και οὐ δυναμεθα ἀρνεισθαι·
	7 35	τουτον τον μωυσην, ὁν ἡρνησαντο εἰποντες·
1Tm	5 8	εἰ δε τις των ἰδιων και μαλιστα οἰκειων οὐ προνοει, την πιστιν ἡρνηται και ἐστιν ἀπιστου χειρων.
2Tm	2 12	εἰ ἀρνησομεθα, κακεινος ἀρνησεται ἡμας·
	12	εἰ ἀρνησομεθα, κακεινος ἀρνησεται ἡμας·
	13	εἰ ἀπιστουμεν, ἐκεινος πιστος μενει, ἀρνησασθαι γαρ ἑαυτον οὐ δυναται.
	3 5	ἐχοντες μορφωσιν εὐσεβειας την δε δυναμιν αὐτης ἡρνημενοι·
Tit	1 16	θεον ὁμολογουσιν εἰδεναι, τοις δε ἐργοις ἀρνουνται,
	2 12	παιδευουσα ἡμας, ἱνα ἀρνησαμενοι την ἀσεβειαν και τας κοσμικας ἐπιθυμιας σωφρονως και δικαιως και εὐσεβως ζησωμεν ἐν τω νυν αἰωνι,
Heb	11 24	πιστει μωυσης μεγας γενομενος ἡρνησατο λεγεσθαι υἱος θυγατρος φαραω,
2Pt	2 1	οἱτινες παρεισαξουσιν αἱρεσεις ἀπωλειας, και τον ἀγορασαντα αὐτους δεσποτην ἀρνουμενοι,
1Jh	2 22	τίς ἐστιν ὁ ψευστης εἰ μη ὁ ἀρνουμενος ὁτι ἰησους οὐκ ἐστιν ὁ χριστος;
	22	οὐτος ἐστιν ὁ ἀντιχριστος, ὁ ἀρνουμενος τον πατερα και τον υἱον.
	23	πας ὁ ἀρνουμενος τον υἱον οὐδε τον πατερα ἐχει·
Ju	4	ἀσεβεις, την του θεου ἡμων χαριτα μετατιθεντες εἰς ἀσελγειαν και τον μονον δεσποτην και κυριον ἡμων ἰησουν χριστον ἀρνουμενοι.
Apc	2 13	και οὐκ ἡρνησω την πιστιν μου και ἐν ταις ἡμεραις ἀντιπας ὁ μαρτυς μου ὁ πιστος μου,
	3 8	και ἐτηρησας μου τον λογον και οὐκ ἡρνησω το ὀνομα μου.

ἀρνι [1]

Lc	3 33	του ἀμιναδαβ του ἀδμιν του ἀρνι του ἐσρωμ του φαρες του ἰουδα

ἀρνιον [30]

Jh	21 15	βοσκε τα ἀρνια μου.
Apc	5 6	και εἰδον ἐν μεσω του θρονου και των τεσσαρων ζωων και ἐν μεσω των πρεσβυτερων ἀρνιον ἑστηκος ὡς ἐσφαγμενον,
	8	και ὁτε ἐλαβεν το βιβλιον, τα τεσσαρα ζωα και οἱ εἰκοσιτεσσαρες πρεσβυτεροι ἐπεσαν ἐνωπιον του ἀρνιου,
	12	ἀξιον ἐστιν το ἀρνιον το ἐσφαγμενον λαβειν την δυναμιν και πλουτον και σοφιαν και ἰσχυν και τιμην και δοξαν και εὐλογιαν.
	13	τω καθημενω ἐπι τω θρονω και τω ἀρνιω ἡ εὐλογια και ἡ τιμη και ἡ δοξα και το κρατος εἰς τους αἰωνας των αἰωνων.
	6 1	και εἰδον ὁτε ἠνοιξεν το ἀρνιον μιαν ἐκ των ἑπτα σφραγιδων,
	16	και κρυψατε ἡμας ἀπο προσωπου του καθημενου ἐπι του θρονου και ἀπο της ὀργης του ἀρνιου,
	7 9	ἑστωτες ἐνωπιον του θρονου και ἐνωπιον του ἀρνιου,
	10	ἡ σωτηρια τω θεω ἡμων τω καθημενω ἐπι τω θρονω και τω ἀρνιω.
	14	και ἐπλυναν τας στολας αὐτων και ἐλευκαναν αὐτας ἐν τω αἱματι του ἀρνιου.
	17	ὁτι το ἀρνιον το ἀνα μεσον του θρονου ποιμανει αὐτους και ὁδηγησει αὐτους ἐπι ζωης πηγας ὑδατων.
	12 11	και αὐτοι ἐνικησαν αὐτον δια το αἱμα του ἀρνιου και δια τον λογον της μαρτυριας αὐτων,
	13 8	και προσκυνησουσιν αὐτον παντες οἱ κατοικουντες ἐπι της γης, οὐ οὐ γεγραπται το ὀνομα αὐτου ἐν τω βιβλιω της ζωης του ἀρνιου
	11	και εἰδον ἀλλο θηριον ἀναβαινον ἐκ της γης, και εἰχεν κερατα δυο ὁμοια ἀρνιω,
	14 1	και εἰδον, και ἰδου το ἀρνιον ἑστος ἐπι το ὀρος σιων,
	4	οὐτοι οἱ ἀκολουθουντες τω ἀρνιω ὁπου ἀν ὑπαγη.
	4	οὐτοι ἡγορασθησαν ἀπο των ἀνθρωπων ἀπαρχη τω θεω και τω ἀρνιω,
	10	και βασανισθησεται ἐν πυρι και θειω ἐνωπιον ἀγγελων ἁγιων και ἐνωπιον του ἀρνιου.
	15 3	και ἀδουσιν την ᾠδην μωυσεως του δουλου του θεου και την ᾠδην του ἀρνιου, λεγοντες·

ἀρνίον [30]

Apc	17 14	οὗτοι μετα του *ἀρνιου* πολεμησουσιν και το *ἀρνιον* νικησει αὐτους,
	14	οὗτοι μετα του *ἀρνιου* πολεμησουσιν και το *ἀρνιον* νικησει αὐτους,
	19 7	και δωσωμεν την δοξαν αὐτω, ὁτι ἠλθεν ὁ γαμος του *ἀρνιου*,
	9	μακαριοι οἱ εἰς το δειπνον του γαμου του *ἀρνιου* κεκλημενοι.
	21 9	δευρο, δειξω σοι την νυμφην την γυναικα του *ἀρνιου*.
	14	και ἐπ αὐτων δωδεκα ὀνομα των δωδεκα ἀποστολων του *ἀρνιου*.
	22	ὁ γαρ κυριος ὁ θεος ὁ παντοκρατωρ ναος αὐτης ἐστιν, και το *ἀρνιον*.
	23	ἡ γαρ δοξα του θεου ἐφωτισεν αὐτην, και ὁ λυχνος αὐτης το *ἀρνιον*.
	27	και οὐ μη εἰσελθη εἰς αὐτην παν κοινον και [ὁ] ποιων βδελυγμα και ψευδος, εἰ μη οἱ γεγραμμενοι ἐν τω βιβλιω της ζωης του *ἀρνιου*.
	22 1	και ἐδειξεν μοι ποταμον ὑδατος ζωης λαμπρον ὡς κρυσταλλον, ἐκπορευομενον ἐκ του θρονου του θεου και του *ἀρνιου*.
	3	και ὁ θρονος του θεου και του *ἀρνιου* ἐν αὐτη ἐσται,

ἀροτριαω [3]

Lc	17 7	τίς δε ἐξ ὑμων δουλον ἐχων *ἀροτριωντα* ἠ ποιμαινοντα, ὁς εἰσελθοντι ἐκ του ἀγρου ἐρει αὐτω· εὐθεως παρελθων ἀναπεσε,
1Co	9 10	δι ἡμας γαρ ἐγραφη, ὁτι ὀφειλει ἐπ ἐλπιδι ὁ *ἀροτριων ἀροτριαν*,
	10	δι ἡμας γαρ ἐγραφη, ὁτι ὀφειλει ἐπ ἐλπιδι ὁ *ἀροτριων ἀροτριαν*,

ἀροτρον [1]

Lc	9 62	οὐδεις ἐπιβαλων την χειρα ἐπ *ἀροτρον* και βλεπων εἰς τα ὀπισω εὐθετος ἐστιν τη βασιλεια του θεου.

ἀρπαγη [3]

Mt	23 25	οὐαι ὑμιν, γραμματεις και φαρισαιοι ὑποκριται, ὁτι καθαριζετε το ἐξωθεν του ποτηριου και της παροψιδος, ἐσωθεν δε γεμουσιν ἐξ *ἀρπαγης* και ἀκρασιας.
Lc	11 39	νυν ὑμεις οἱ φαρισαιοι το ἐξωθεν του ποτηριου και του πινακος καθαριζετε, το δε ἐσωθεν ὑμων γεμει *ἀρπαγης* και πονηριας.
Heb	10 34	και την *ἀρπαγην* των ὑπαρχοντων ὑμων μετα χαρας προσεδεξασθε,

ἀρπαγμος [1]

Php	2 6	τουτο φρονειτε ἐν ὑμιν ὁ και ἐν χριστω ἰησου, ὁς ἐν μορφη θεου ὑπαρχων οὐχ *ἀρπαγμον* ἡγησατο το εἰναι ἰσα θεω,

ἀρπαζω [14]

Mt	11 12	ἀπο δε των ἡμερων ἰωαννου του βαπτιστου ἑως ἀρτι ἡ βασιλεια των οὐρανων βιαζεται, και βιασται *ἀρπαζουσιν* αὐτην.
	12 29	ἠ πως δυναται τις εἰσελθειν εἰς την οἰκιαν του ἰσχυρου και τα σκευη αὐτου *ἀρπασαι*,
	13 19	παντος ἀκουοντος τον λογον της βασιλειας και μη συνιεντος ἐρχεται ὁ πονηρος και *ἀρπαζει* το ἐσπαρμενον ἐν τη καρδια αὐτου·
Jh	6 15	ἰησους οὐν γνους ὁτι μελλουσιν ἐρχεσθαι και *ἀρπαζειν* αὐτον ἱνα ποιησωσιν βασιλεα, ἀνεχωρησεν παλιν εἰς το ὀρος αὐτος μονος.
	10 12	και ὁ λυκος *ἀρπαζει* αὐτα και σκορπιζει·
	28	και οὐ μη ἀπολωνται εἰς τον αἰωνα, και οὐχ *ἀρπασει* τις αὐτα ἐκ της χειρος μου.
	29	και οὐδεις δυναται *ἀρπαζειν* ἐκ της χειρος του πατρος.
Ac	8 39	ὁτε δε ἀνεβησαν ἐκ του ὑδατος, πνευμα κυριου *ἡρπασεν* τον φιλιππον,
	23 10	ἐκελευσεν το στρατευμα καταβαν *ἀρπασαι* αὐτον ἐκ μεσου αὐτων ἀγειν τε εἰς την παρεμβολην.
2Co	12 2	εἰτε ἐν σωματι οὐκ οἰδα, εἰτε ἐκτος του σωματος οὐκ οἰδα, ὁ θεος οἰδεν, *ἀρπαγεντα* τον τοιουτον ἑως τριτου οὐρανου.
	4	και οἰδα τον τοιουτον ἀνθρωπον εἰτε ἐν σωματι εἰτε χωρις του σωματος οὐκ οἰδα, ὁ θεος οἰδεν, ὁτι *ἡρπαγη* εἰς τον παραδεισον

ἀρπαζω [14]

1Th	4 17	ἐπειτα ἡμεις οἱ ζωντες οἱ περιλειπομενοι ἁμα συν αὐτοις *ἀρπαγησομεθα* ἐν νεφελαις εἰς ἀπαντησιν του κυριου εἰς ἀερα·
Ju	23	και οὑς μεν ἐλεατε διακρινομενους οὑς δε σωζετε ἐκ πυρος *ἀρπαζοντες*, οὑς δε ἐλεατε ἐν φοβω,
Apc	12 5	και *ἡρπασθη* το τεκνον αὐτης προς τον θεον και προς τον θρονον αὐτου.

ἀρπαξ [5]

Mt	7 15	ἐσωθεν δε εἰσιν λυκοι *ἀρπαγες*.
Lc	18 11	*ἀρπαγες*, ἀδικοι, μοιχοι, ἠ και ὡς οὑτος ὁ τελωνης·
1Co	5 10	οὐ παντως τοις πορνοις του κοσμου τουτου ἠ τοις πλεονεκταις και *ἀρπαξιν* ἠ εἰδωλολατραις,
	11	νυν δε ἐγραψα ὑμιν μη συναναμιγνυσθαι ἐαν τις ἀδελφος ὀνομαζομενος ἠ πορνος ἠ πλεονεκτης ἠ εἰδωλολατρης ἠ λοιδορος ἠ μεθυσος ἠ *ἀρπαξ*,
	6 10	οὐτε πορνοι οὐτε εἰδωλολατραι οὐτε μοιχοι οὐτε μαλακοι οὐτε ἀρσενοκοιται οὐτε κλεπται οὐτε πλεονεκται, οὐ μεθυσοι, οὐ λοιδοροι, οὐχ *ἀρπαγες* βασιλειαν θεου κληρονομησουσιν.

ἀρραβων [3]

2Co	1 22	ὁ και σφραγισαμενος ἡμας και δους τον *ἀρραβωνα* του πνευματος ἐν ταις καρδιαις ἡμων.
	5 5	ὁ δε κατεργασαμενος ἡμας εἰς αὐτο τουτο θεος, ὁ δους ἡμιν τον *ἀρραβωνα* του πνευματος.
Eph	1 14	ἐν ᾡ και πιστευσαντες ἐσφραγισθητε τω πνευματι της ἐπαγγελιας τω ἁγιω, ὁ ἐστιν *ἀρραβων* της κληρονομιας ἡμων,

ἀρρητος [1]

2Co	12 4	και ἠκουσεν *ἀρρητα* ῥηματα,

ἀρρωστος [5]

Mt	14 14	και ἐξελθων εἰδεν πολυν ὀχλον, και ἐσπλαγχνισθη ἐπ αὐτοις και ἐθεραπευσεν τους *ἀρρωστους* αὐτων.
Mc	6 5	και οὐκ ἐδυνατο ἐκει ποιησαι οὐδεμιαν δυναμιν, εἰ μη ὀλιγοις *ἀρρωστοις* ἐπιθεις τας χειρας ἐθεραπευσεν.
	13	και ἠλειφον ἐλαιω πολλους *ἀρρωστους* και ἐθεραπευον.
	16 18	ἐπι *ἀρρωστους* χειρας ἐπιθησουσιν και καλως ἑξουσιν.
1Co	11 30	δια τουτο ἐν ὑμιν πολλοι ἀσθενεις και *ἀρρωστοι* και κοιμωνται ἱκανοι.

ἀρσενοκοιτης [2]

1Co	6 9	οὐτε πορνοι οὐτε εἰδωλολατραι οὐτε μοιχοι οὐτε μαλακοι οὐτε *ἀρσενοκοιται* οὐτε κλεπται οὐτε πλεονεκται, οὐ μεθυσοι, οὐ λοιδοροι, οὐχ ἀρπαγες βασιλειαν θεου κληρονομησουσιν.
1Tm	1 10	πορνοις, *ἀρσενοκοιταις*, ἀνδραποδισταις, ψευσταις, ἐπιορκοις,

ἀρσην [9]

Mt	19 4	οὐκ ἀνεγνωτε ὁτι ὁ κτισας ἀπ ἀρχης *ἀρσεν* και θηλυ ἐποιησεν αὐτους;
Mc	10 6	ἀπο δε ἀρχης κτισεως *ἀρσεν* και θηλυ ἐποιησεν αὐτους·
Lc	2 23	ἀνηγαγον αὐτον εἰς ἱεροσολυμα παραστησαι τω κυριω, καθως γεγραπται ἐν νομω κυριου ὁτι παν *ἀρσεν* διανοιγον μητραν ἁγιον τω κυριω κληθησεται,
Rm	1 27	ὁμοιως τε και οἱ *ἀρσενες* ἀφεντες την φυσικην χρησιν της θηλειας ἐξεκαυθησαν ἐν τη ὀρεξει αὐτων εἰς ἀλληλους,
	27	*ἀρσενες* ἐν ἀρσεσιν την ἀσχημοσυνην κατεργαζομενοι και την ἀντιμισθιαν ἡν ἐδει της πλανης αὐτων ἐν ἑαυτοις ἀπολαμβανοντες.
	27	*ἀρσενες* ἐν *ἀρσεσιν* την ἀσχημοσυνην κατεργαζομενοι και την ἀντιμισθιαν ἡν ἐδει της πλανης αὐτων ἐν ἑαυτοις ἀπολαμβανοντες.
Ga	3 28	οὐκ ἐνι ἰουδαιος οὐδε ἑλλην, οὐκ ἐνι δουλος οὐδε ἐλευθερος, οὐκ ἐνι *ἀρσεν* και θηλυ·
Apc	12 5	και ἐτεκεν υἱον *ἀρσεν*, ὁς μελλει ποιμαινειν παντα τα ἐθνη ἐν ῥαβδω σιδηρα·
	13	και ὁτε εἰδεν ὁ δρακων ὁτι ἐβληθη εἰς την γην, ἐδιωξεν την γυναικα ἡτις ἐτεκεν τον *ἀρσενα*.

ἄρτεμας [1]

Tit	3 12	ὁταν πεμψω *ἀρτεμαν* προς σε ἠ τυχικον, σπουδασον ἐλθειν προς με εἰς νικοπολιν·

ἄρτεμις [5]

Ac 19 24 δημητριος γαρ τις ονοματι, ἀργυροκοπος, ποιων ναους
ἀργυρους *ἀρτεμιδος* παρειχετο τοις τεχνιταις οὐκ ὀλιγην
ἐργασιαν,
27 οὐ μονον δε τουτο κινδυνευει ἡμιν το μερος εἰς ἀπελεγμον
ἐλθειν, ἀλλα και το της μεγαλης θεας *ἀρτεμιδος* ἱερον εἰς
οὐθεν λογισθηναι,
28 μεγαλη ἡ *ἀρτεμις* ἐφεσιων.
34 μεγαλη ἡ *ἀρτεμις* ἐφεσιων.
35 ἀνδρες ἐφεσιοι, τις γαρ ἐστιν ἀνθρωπων ὁς οὐ γινωσκει την
ἐφεσιων πολιν νεωκορον οὐσαν της μεγαλης *ἀρτεμιδος* και
του διοπετους;

ἀρτεμων [1]

Ac 27 40 ἁμα ἀνεντες τας ζευκτηριας των πηδαλιων, και ἐπαραντες τον
ἀρτεμωνα τῃ πνεουσῃ κατειχον εἰς τον αἰγιαλον.

ἄρτι [36]

Mt 3 15 ἀποκριθεις δε ὁ ἰησους εἰπεν αὐτῳ· ἀφες *ἀρτι*·
9 18 ἰδου ἀρχων εἰς ἐλθων προσεκυνει αὐτῳ λεγων ὁτι ἡ θυγατηρ
μου *ἀρτι* ἐτελευτησεν·
11 12 ἀπο δε των ἡμερων ἰωαννου του βαπτιστου ἑως *ἀρτι* ἡ
βασιλεια των οὐρανων βιαζεται,
23 39 λεγω γαρ ὑμιν, οὐ μη με ἰδητε ἀπ *ἀρτι* ἑως ἀν εἰπητε·
26 29 οὐ μη πιω ἀπ *ἀρτι* ἐκ τουτου του γενηματος της ἀμπελου ἑως
της ἡμερας ἐκεινης ὁταν αὐτο πινω μεθ ὑμων καινον ἐν τῃ
βασιλειᾳ του πατρος μου.
53 ἡ δοκεις ὁτι οὐ δυναμαι παρακαλεσαι τον πατερα μου, και
παραστησει μοι *ἀρτι* πλειω δωδεκα λεγιωνας ἀγγελων;
64 ἀπ *ἀρτι* ὀψεσθε τον υἱον του ἀνθρωπου καθημενον ἐκ δεξιων
της δυναμεως και ἐρχομενον ἐπι των νεφελων του οὐρανου.
Jh 2 10 συ τετηρηκας τον καλον οἰνον ἑως *ἀρτι*.
5 17 ὁ πατηρ μου ἑως *ἀρτι* ἐργαζεται, καγω ἐργαζομαι·
9 19 οὑτος ἐστιν ὁ υἱος ὑμων, ὁν ὑμεις λεγετε ὁτι τυφλος
ἐγεννηθη; πως οὐν βλεπει *ἀρτι*;
25 εἰ ἁμαρτωλος ἐστιν οὐκ οἰδα· ἑν οἰδα, ὁτι τυφλος ὡν *ἀρτι*
βλεπω.
13 7 ὁ ἐγω ποιω συ οὐκ οἰδας *ἀρτι*, γνωσῃ δε μετα ταυτα.
19 ἀπ *ἀρτι* λεγω ὑμιν προ του γενεσθαι, ἱνα πιστευσητε ὁταν
γενηται ὁτι ἐγω εἰμι.
33 ζητησετε με, και καθως εἰπον τοις ἰουδαιοις ὁτι ὁπου ἐγω
ὑπαγω ὑμεις οὐ δυνασθε ἐλθειν, και ὑμιν λεγω *ἀρτι*.
37 κυριε, δια τι οὐ δυναμαι σοι ἀκολουθησαι *ἀρτι*;
14 7 [και] ἀπ *ἀρτι* γινωσκετε αὐτον και ἑωρακατε αὐτον.
16 12 ἐτι πολλα ἐχω ὑμιν λεγειν, ἀλλ οὐ δυνασθε βασταζειν *ἀρτι*·
24 ἑως *ἀρτι* οὐκ ἠτησατε οὐδεν ἐν τῳ ὀνοματι μου·
31 ἀπεκριθη αὐτοις ἰησους· *ἀρτι* πιστευετε;
1Co 4 11 ἀχρι της *ἀρτι* ὡρας και πεινωμεν και διψωμεν και
γυμνιτευομεν
13 ὡς περικαθαρματα του κοσμου ἐγενηθημεν, παντων περιψημα
ἑως *ἀρτι*.
8 7 τινες δε τῃ συνηθειᾳ ἑως *ἀρτι* του εἰδωλου ὡς εἰδωλοθυτον
ἐσθιουσιν,
13 12 βλεπομεν γαρ *ἀρτι* δι ἐσοπτρου ἐν αἰνιγματι,
12 *ἀρτι* γινωσκω ἐκ μερους, τοτε δε ἐπιγνωσομαι καθως και
ἐπεγνωσθην.
15 6 ἐπειτα ὠφθη ἐπανω πεντακοσιοις ἀδελφοις ἐφαπαξ, ἐξ ὡν οἱ
πλειονες μενουσιν ἑως *ἀρτι*,
16 7 οὐ θελω γαρ ὑμας *ἀρτι* ἐν παροδῳ ἰδειν·
Ga 1 9 ὡς προειρηκαμεν, και *ἀρτι* παλιν λεγω,
10 *ἀρτι* γαρ ἀνθρωπους πειθω ἡ τον θεον;
4 20 ἠθελον δε παρειναι προς ὑμας *ἀρτι* και ἀλλαξαι την φωνην
μου,
1Th 3 6 *ἀρτι* δε ἐλθοντος τιμοθεου προς ὑμας ἀφ ὑμων
2Th 2 7 μονον ὁ κατεχων *ἀρτι* ἑως ἐκ μεσου γενηται.
1Pt 1 6 ἐν ῳ ἀγαλλιασθε, ὀλιγον *ἀρτι* εἰ δεον [ἐστιν] λυπηθεντες ἐν
ποικιλοις πειρασμοις,
8 εἰς ὁν *ἀρτι* μη ὁρωντες πιστευοντες δε ἀγαλλιασθε χαρᾳ
ἀνεκλαλητῳ και δεδοξασμενῃ·
1Jh 2 9 ὁ λεγων ἐν τῳ φωτι εἰναι και τον ἀδελφον αὐτου μισων ἐν τῃ
σκοτιᾳ ἐστιν ἑως *ἀρτι*.
Apc 12 10 *ἀρτι* ἐγενετο ἡ σωτηρια και ἡ δυναμις και ἡ βασιλεια του
θεου ἡμων
14 13 μακαριοι οἱ νεκροι οἱ ἐν κυριῳ ἀποθνῃσκοντες ἀπ *ἀρτι*.

ἀρτιγεννητος [1]

1Pt 2 2 ὡς *ἀρτιγεννητα* βρεφη το λογικον ἀδολον γαλα ἐπιποθησατε,

ἄρτιος [1]

2Tm 3 17 ἱνα *ἀρτιος* ῃ ὁ του θεου ἀνθρωπος, προς παν ἐργον ἀγαθον
ἐξηρτισμενος.

ἄρτος [97]

Mt 4 3 εἰ υἱος εἰ του θεου, εἰπε ἱνα οἱ λιθοι οὑτοι *ἀρτοι* γενωνται.
4 οὐκ ἐπ *ἀρτῳ* μονῳ ζησεται ὁ ἀνθρωπος,
6 11 τον *ἀρτον* ἡμων τον ἐπιουσιον δος ἡμιν σημερον·
7 9 ὁν αἰτησει ὁ υἱος αὐτου *ἀρτον*,
12 4 πως εἰσηλθεν εἰς τον οἰκον του θεου και τους *ἀρτους* της
προθεσεως ἐφαγον,
14 17 οὐκ ἐχομεν ὡδε εἰ μη πεντε *ἀρτους* και δυο ἰχθυας.
19 λαβων τους πεντε *ἀρτους* και τους δυο ἰχθυας, ἀναβλεψας εἰς
τον οὐρανον εὐλογησεν, και κλασας ἐδωκεν τοις μαθηταις
τους *ἀρτους*,
19 λαβων τους πεντε *ἀρτους* και τους δυο ἰχθυας, ἀναβλεψας εἰς
τον οὐρανον εὐλογησεν, και κλασας ἐδωκεν τοις μαθηταις
τους *ἀρτους*,
15 2 δια τι οἱ μαθηται σου παραβαινουσιν την παραδοσιν των
πρεσβυτερων; οὐ γαρ νιπτονται τας χειρας [αὐτων] ὁταν
ἀρτον ἐσθιωσιν.
26 οὐκ ἐστιν καλον λαβειν τον *ἀρτον* των τεκνων και βαλειν
τοις κυναριοις.
33 ποθεν ἡμιν ἐν ἐρημιᾳ *ἀρτοι* τοσουτοι ὡστε χορτασαι ὀχλον
τοσουτον;
34 και λεγει αὐτοις ὁ ἰησους· ποσους *ἀρτους* ἐχετε;
36 και παραγγειλας τῳ ὀχλῳ ἀναπεσειν ἐπι την γην ἐλαβεν τους
ἑπτα *ἀρτους* και τους ἰχθυας και εὐχαριστησας ἐκλασεν και
ἐδιδου τοις μαθηταις,
16 5 και ἐλθοντες οἱ μαθηται εἰς το περαν ἐπελαθοντο *ἀρτους*
λαβειν.
7 οἱ δε διελογιζοντο ἐν ἑαυτοις λεγοντες ὁτι *ἀρτους* οὐκ
ἐλαβομεν.
8 τι διαλογιζεσθε ἐν ἑαυτοις, ὀλιγοπιστοι, ὁτι *ἀρτους* οὐκ ἐχετε;
9 οὐπω νοειτε, οὐδε μνημονευετε τους πεντε *ἀρτους* των
πεντακισχιλιων και ποσους κοφινους ἐλαβετε;
10 οὐπω νοειτε, οὐδε μνημονευετε τους πεντε *ἀρτους* των
πεντακισχιλιων και ποσους κοφινους ἐλαβετε; οὐδε τους ἑπτα
ἀρτους των τετρακισχιλιων και ποσας σπυριδας ἐλαβετε;
11 πως οὐ νοειτε ὁτι οὐ περι *ἀρτων* εἰπον ὑμιν; προσεχετε δε
ἀπο της ζυμης των φαρισαιων και σαδδουκαιων.
12 τοτε συνηκαν ὁτι οὐκ εἰπεν προσεχειν ἀπο της ζυμης των
ἀρτων, ἀλλα ἀπο της διδαχης των φαρισαιων και
σαδδουκαιων.
26 26 ἐσθιοντων δε αὐτων λαβων ὁ ἰησους *ἀρτον* και εὐλογησας
ἐκλασεν και δους τοις μαθηταις εἰπεν·
Mc 2 26 πως εἰσηλθεν εἰς τον οἰκον του θεου ἐπι ἀβιαθαρ ἀρχιερεως
και τους *ἀρτους* της προθεσεως ἐφαγεν,
3 20 και συνερχεται παλιν [ὁ] ὀχλος, ὡστε μη δυνασθαι αὐτους
μηδε *ἀρτον* φαγειν.
6 8 και παρηγγειλεν αὐτοις ἱνα μηδεν αἰρωσιν εἰς ὁδον εἰ μη
ῥαβδον μονον, μη *ἀρτον*, μη πηραν, μη εἰς την ζωνην χαλκον,
37 ἀπελθοντες ἀγορασωμεν δηναριων διακοσιων *ἀρτους*, και
δωσομεν αὐτοις φαγειν;
38 ὁ δε λεγει αὐτοις· ποσους *ἀρτους* ἐχετε;
41 και λαβων τους πεντε *ἀρτους* και τους δυο ἰχθυας, ἀναβλεψας
εἰς τον οὐρανον εὐλογησεν και κατεκλασεν τους *ἀρτους* και
ἐδιδου τοις μαθηταις [αὐτου] ἱνα παρατιθωσιν αὐτοις,
41 και λαβων τους πεντε *ἀρτους* και τους δυο ἰχθυας, ἀναβλεψας
εἰς τον οὐρανον εὐλογησεν και κατεκλασεν τους *ἀρτους* και
ἐδιδου τοις μαθηταις [αὐτου] ἱνα παρατιθωσιν αὐτοις,
44 και ἠσαν οἱ φαγοντες [τους *ἀρτους*] πεντακισχιλιοι ἀνδρες.
52 οὐ γαρ συνηκαν ἐπι τοις *ἀρτοις*, ἀλλ ἡν αὐτων ἡ καρδια
πεπωρωμενη.
7 2 και ἰδοντες τινας των μαθητων αὐτου ὁτι κοιναις χερσιν,
τουτ ἐστιν ἀνιπτοις, ἐσθιουσιν τους *ἀρτους*,
5 δια τι οὐ περιπατουσιν οἱ μαθηται σου κατα την παραδοσιν
των πρεσβυτερων, ἀλλα κοιναις χερσιν ἐσθιουσιν τον *ἀρτον*;
27 οὐ γαρ ἐστιν καλον λαβειν τον *ἀρτον* των τεκνων και τοις
κυναριοις βαλειν.
8 4 και ἀπεκριθησαν αὐτῳ οἱ μαθηται αὐτου ὁτι ποθεν τουτους
δυνησεται τις ὡδε χορτασαι *ἀρτων* ἐπ ἐρημιας;
5 και ἠρωτα αὐτους· ποσους ἐχετε *ἀρτους*;
6 και λαβων τους ἑπτα *ἀρτους* εὐχαριστησας ἐκλασεν και
ἐδιδου τοις μαθηταις αὐτου ἱνα παρατιθωσιν, και παρεθηκαν
τῳ ὀχλῳ·
14 και ἐπελαθοντο λαβειν *ἀρτους*, και εἰ μη ἑνα *ἀρτον* οὐκ εἰχον
μεθ ἑαυτων ἐν τῳ πλοιῳ.

ἄρτος [97]

Mc	8 14	και ἐπελαθοντο λαβειν ἄρτους, και εἰ μη ἑνα ἄρτον οὐκ εἰχον μεθ ἑαυτων ἐν τω πλοιω.
	16	και διελογιζοντο πρυς ἀλληλους ὁτι ἄρτους οὐκ ἐχουσιν.
	17	τί διαλογιζεσθε ὁτι ἄρτους οὐκ ἐχετε;
	19	και οὐ μνημονευετε, ὁτε τους πεντε ἄρτους ἐκλασα εἰς τους πεντακισχιλιους, ποσους κοφινους κλασματων πληρεις ἠρατε;
	14 22	και ἐσθιοντων αὐτων λαβων ἄρτον εὐλογησας ἐκλασεν και ἐδωκεν αὐτοις και εἰπεν.
Lc	4 3	εἰ υἱος εἰ του θεου, εἰπε τω λιθω τουτω ἱνα γενηται ἄρτος.
	4	γεγραπται ὁτι οὐκ ἐπ ἄρτω μονω ζησεται ὁ ἀνθρωπος.
	6 4	[ὡς] εἰσηλθεν εἰς τον οἰκον του θεου και τους ἄρτους της προθεσεως λαβων ἐφαγεν και ἐδωκεν τοις μετ αὐτου,
	7 33	ἐληλυθεν γαρ ἰωαννης ὁ βαπτιστης μη ἐσθιων ἄρτον μητε πινων οἰνον, και λεγετε·
	9 3	μηδεν αἱρετε εἰς την ὁδον, μητε ῥαβδον μητε πηραν μητε ἄρτον μητε ἀργυριον μητε [ἀνα] δυο χιτωνας ἐχειν.
	13	οὐκ εἰσιν ἡμιν πλειον ἠ ἄρτοι πεντε και ἰχθυες δυο,
	16	λαβων δε τους πεντε ἄρτους και τους δυο ἰχθυας, ἀναβλεψας εἰς τον οὐρανον εὐλογησεν αὐτους και κατεκλασεν, και ἐδιδου τοις μαθηταις παραθειναι τω ὀχλω.
	11 3	ἐλθετω ἡ βασιλεια σου· τον ἄρτον ἡμων τον ἐπιουσιον διδου ἡμιν το καθ ἡμεραν·
	5	φιλε, χρησον μοι τρεις ἄρτους, ἐπειδη φιλος μου παρεγενετο ἐξ ὁδου προς με και οὐκ ἐχω ὁ παραθησω αὐτω·
	14 1	και ἐγενετο ἐν τω ἐλθειν αὐτον εἰς οἰκον τινος των ἀρχοντων [των] φαρισαιων σαββατω φαγειν ἄρτον,
	15	μακαριος ὁστις φαγεται ἄρτον ἐν τη βασιλεια του θεου.
	15 17	ποσοι μισθιοι του πατρος μου περισσευονται ἄρτων, ἐγω δε λιμω ὡδε ἀπολλυμαι.
	22 19	και λαβων ἄρτον εὐχαριστησας ἐκλασεν και ἐδωκεν αὐτοις λεγων·
	24 30	και ἐγενετο ἐν τω κατακλιθηναι αὐτον μετ αὐτων λαβων τον ἄρτον εὐλογησεν και κλασας ἐπεδιδου αὐτοις·
	35	και αὐτοι ἐξηγουντο τα ἐν τη ὁδω και ὡς ἐγνωσθη αὐτοις ἐν τη κλασει του ἄρτου.
Jh	6 5	ποθεν ἀγορασωμεν ἄρτους ἱνα φαγωσιν οὑτοι;
	7	διακοσιων δηναριων ἄρτοι οὐκ ἀρκουσιν αὐτοις, ἱνα ἑκαστος βραχυ [τι] λαβη.
	9	ἐστιν παιδαριον ὡδε ὁς ἐχει πεντε ἄρτους κριθινους και δυο ὀψαρια·
	11	ἐλαβεν οὐν τους ἄρτους ὁ ἰησους και εὐχαριστησας διεδωκεν τοις ἀνακειμενοις,
	13	συνηγαγον οὐν, και ἐγεμισαν δωδεκα κοφινους κλασματων ἐκ των πεντε ἄρτων των κριθινων ἁ ἐπερισσευσαν τοις βεβρωκοσιν.
	23	ἀλλα ἡλθεν πλοια[ρια] ἐκ τιβεριαδος ἐγγυς του τοπου ὁπου ἐφαγον τον ἄρτον εὐχαριστησαντος του κυριου.
	26	ἀμην ἀμην λεγω ὑμιν, ζητειτε με οὐχ ὁτι εἰδετε σημεια, ἀλλ ὁτι ἐφαγετε ἐκ των ἀρτων και ἐχορτασθητε.
	31	ἄρτον ἐκ του οὐρανου ἐδωκεν αὐτοις φαγειν.
	32	ἀμην ἀμην λεγω ὑμιν, οὐ μωυσης δεδωκεν ὑμιν τον ἄρτον ἐκ του οὐρανου,
	32	ἀμην ἀμην λεγω ὑμιν, οὐ μωυσης δεδωκεν ὑμιν τον ἄρτον ἐκ του οὐρανου, ἀλλ ὁ πατηρ μου διδωσιν ὑμιν τον ἄρτον ἐκ του οὐρανου τον ἀληθινον·
	33	ὁ γαρ ἄρτος του θεου ἐστιν ὁ καταβαινων ἐκ του οὐρανου και ζωην διδους τω κοσμω.
	34	κυριε, παντοτε δος ἡμιν τον ἄρτον τουτον.
	35	ἐγω εἰμι ὁ ἄρτος της ζωης·
	41	ἐγω εἰμι ὁ ἄρτος ὁ καταβας ἐκ του οὐρανου,
	48	ἐγω εἰμι ὁ ἄρτος της ζωης.
	50	οὑτος ἐστιν ὁ ἄρτος ὁ ἐκ του οὐρανου καταβαινων, ἱνα τις ἐξ αὐτου φαγη και μη ἀποθανη.
	51	ἐγω εἰμι ὁ ἄρτος ὁ ζων ὁ ἐκ του οὐρανου καταβας·
	51	ἐαν τις φαγη ἐκ τουτου του ἄρτου, ζησει εἰς τον αἰωνα·
	51	και ὁ ἄρτος δε ὁν ἐγω δωσω ἡ σαρξ μου ἐστιν ὑπερ της του κοσμου ζωης.
	58	οὑτος ἐστιν ὁ ἄρτος ὁ ἐξ οὐρανου καταβας, οὐ καθως ἐφαγον οἱ πατερες και ἀπεθανον·
	58	ὁ τρωγων τουτον τον ἄρτον ζησει εἰς τον αἰωνα.
	13 18	ὁ τρωγων μου τον ἄρτον ἐπηρεν ἐπ ἐμε την πτερναν αὐτου.
	21 9	ὡς οὐν ἀπεβησαν εἰς την γην, βλεπουσιν ἀνθρακιαν κειμενην και ὀψαριον ἐπικειμενον και ἄρτον.
	13	ἐρχεται ἰησους και λαμβανει τον ἄρτον και διδωσιν αὐτοις,
Ac	2 42	ἠσαν δε προσκαρτερουντες τη διδαχη των ἀποστολων και τη κοινωνια, τη κλασει του ἄρτου και ταις προσευχαις.
	46	κλωντες τε κατ οἰκον ἄρτον, μετελαμβανον τροφης ἐν ἀγαλλιασει και ἀφελοτητι καρδιας,

ἄρτος [97]

Ac	20 7	ἐν δε τη μια των σαββατων συνηγμενων ἡμων κλασαι ἄρτον ὁ παυλος διελεγετο αὐτοις,
	11	ἀναβας δε και κλασας τον ἄρτον και γευσαμενος, ἐφ ἱκανον τε ὁμιλησας ἀχρι αὐγης, οὑτως ἐξηλθεν.
	27 35	εἰπας δε ταυτα και λαβων ἄρτον εὐχαριστησεν τω θεω ἐνωπιον παντων και κλασας ἠρξατο ἐσθιειν.
1Co	10 16	τον ἄρτον ὁν κλωμεν, οὐχι κοινωνια του σωματος του χριστου ἐστιν;
	17	ὁτι εἱς ἄρτος, ἑν σωμα οἱ πολλοι ἐσμεν·
	17	οἱ γαρ παντες ἐκ του ἑνος ἄρτου μετεχομεν.
	11 23	ὁτι ὁ κυριος ἰησους ἐν τη νυκτι ἡ παρεδιδετο ἐλαβεν ἄρτον και εὐχαριστησας ἐκλασεν και εἰπεν·
	26	ὁσακις γαρ ἐαν ἐσθιητε τον ἄρτον τουτον και το ποτηριον πινητε, τον θανατον του κυριου καταγγελλετε, ἀχρι οὑ ἐλθη.
	27	ὡστε ὁς ἀν ἐσθιη τον ἄρτον ἡ πινη το ποτηριον του κυριου ἀναξιως, ἐνοχος ἐσται του σωματος και του αἱματος του κυριου.
	28	και οὑτως ἐκ του ἄρτου ἐσθιετω και ἐκ του ποτηριου πινετω·
2Co	9 10	ὁ δε ἐπιχορηγων σπορον τω σπειροντι και ἄρτον εἰς βρωσιν χορηγησει
2Th	3 8	οὐδε δωρεαν ἄρτον ἐφαγομεν παρα τινος,
	12	τοις δε τοιουτοις παραγγελλομεν και παρακαλουμεν ἐν κυριω ἰησου χριστω ἱνα μετα ἡσυχιας ἐργαζομενοι τον ἑαυτων ἄρτον ἐσθιωσιν.
Heb	9 2	σκηνη γαρ κατεσκευασθη ἡ πρωτη, ἐν ἡ ἡ τε λυχνια και ἡ τραπεζα και ἡ προθεσις των ἄρτων,

ἀρτυω [3]

Mc	9 50	ἐαν δε το ἁλας ἀναλον γενηται, ἐν τινι αὐτο ἀρτυσετε;
Lc	14 34	ἐαν δε και το ἁλας μωρανθη, ἐν τινι ἀρτυθησεται;
Col	4 6	ὁ λογος ὑμων παντοτε ἐν χαριτι, ἁλατι ἠρτυμενος, εἰδεναι πως δει ὑμας ἑνι ἑκαστω ἀποκρινεσθαι.

ἀρφαξαδ [1]

Lc	3 36	του καιναμ του ἀρφαξαδ του σημ του νωε του λαμεχ

ἀρχαγγελος [2]

1Th	4 16	ὁτι αὐτος ὁ κυριος ἐν κελευσματι, ἐν φωνη ἀρχαγγελου και ἐν σαλπιγγι θεου, καταβησεται ἀπ οὐρανου,
Ju	9	ὁ δε μιχαηλ ὁ ἀρχαγγελος, ὁτε τω διαβολω διακρινομενος διελεγετο περι του μωυσεως σωματος, οὐκ ἐτολμησεν κρισιν ἐπενεγκειν βλασφημιας,

ἀρχαιος [11]

Mt	5 21	ἠκουσατε ὁτι ἐρρεθη τοις ἀρχαιοις· οὐ φονευσεις·
	33	παλιν ἠκουσατε ὁτι ἐρρεθη τοις ἀρχαιοις· οὐκ ἐπιορκησεις,
Lc	9 8	και διηπορει δια το λεγεσθαι ὑπο τινων ὁτι ἰωαννης ἠγερθη ἐκ νεκρων, ὑπο τινων δε ὁτι ἡλιας ἐφανη, ἀλλων δε ὁτι προφητης τις των ἀρχαιων ἀνεστη.
	19	ἰωαννην τον βαπτιστην, ἀλλοι δε ἡλιαν, ἀλλοι δε ὁτι προφητης τις των ἀρχαιων ἀνεστη.
Ac	15 7	ἀνδρες ἀδελφοι, ὑμεις ἐπιστασθε ὁτι ἀφ ἡμερων ἀρχαιων ἐν ὑμιν ἐξελεξατο ὁ θεος δια του στοματος μου ἀκουσαι τα ἐθνη τον λογον του εὐαγγελιου και πιστευσαι.
	21	μωυσης γαρ ἐκ γενεων ἀρχαιων κατα πολιν τους κηρυσσοντας αὐτον ἐχει ἐν ταις συναγωγαις κατα παν σαββατον ἀναγινωσκομενος.
	21 16	ἀγοντες παρ ὡ ξενισθωμεν μνασωνι τινι κυπριω, ἀρχαιω μαθητη.
2Co	5 17	τα ἀρχαια παρηλθεν, ἰδου γεγονεν καινα.
2Pt	2 5	και ἀρχαιου κοσμου οὐκ ἐφεισατο, ἀλλα ὀγδοον νωε δικαιοσυνης κηρυκα ἐφυλαξεν,
Apc	12 9	και ἐβληθη ὁ δρακων ὁ μεγας, ὁ ὀφις ὁ ἀρχαιος,
	20 2	και ἐκρατησεν τον δρακοντα, ὁ ὀφις ὁ ἀρχαιος,

ἀρχελαος [1]

Mt	2 22	ἀκουσας δε ὁτι ἀρχελαος βασιλευει της ἰουδαιας ἀντι του πατρος αὐτου ἡρωδου ἐφοβηθη ἐκει ἀπελθειν·

ἀρχη [55]

Mt	19 4	οὐκ ἀνεγνωτε ὁτι ὁ κτισας ἀπ ἀρχης ἀρσεν και θηλυ ἐποιησεν αὐτους;

ἀρχή [55]

Mt 19 8 λεγει αὐτοις· ὅτι μωϋσης προς την σκληροκαρδιαν ὑμων ἐπετρεψεν ὑμιν ἀπολυσαι τας γυναικας ὑμων· ἀπ ἀρχης δε οὐ γεγονεν οὑτως.

24 8 παντα δε ταυτα ἀρχη ὠδινων.

21 ἐσται γαρ τοτε θλιψις μεγαλη, οἱα οὐ γεγονεν ἀπ ἀρχης κοσμου ἑως του νυν οὐδ οὐ μη γενηται.

Mc 1 1 ἀρχη του εὐαγγελιου ἰησου χριστου [υἱου θεου].

10 6 ἀπο δε ἀρχης κτισεως ἀρσεν και θηλυ ἐποιησεν αὐτους·

13 8 ἐσονται σεισμοι κατα τοπους, ἐσονται λιμοι· ἀρχη ὠδινων ταυτα.

19 ἐσονται γαρ αἱ ἡμεραι ἐκειναι θλιψις, οἱα οὐ γεγονεν τοιαυτη ἀπ ἀρχης κτισεως ἡν ἐκτισεν ὁ θεος ἑως του νυν και οὐ μη γενηται.

Lc 1 2 ἐπειδηπερ πολλοι ἐπεχειρησαν ἀναταξασθαι διηγησιν περι των πεπληροφορημενων ἐν ἡμιν πραγματων, καθως παρεδοσαν ἡμιν οἱ ἀπ ἀρχης αὐτοπται και ὑπηρεται γενομενοι του λογου,

12 11 ὁταν δε εἰσφερωσιν ὑμας ἐπι τας συναγωγας και τας ἀρχας και τας ἐξουσιας, μη μεριμνησητε πως ἡ τι ἀπολογησησθε ἡ τι εἰπητε·

20 20 ἱνα ἐπιλαβωνται αὐτου λογου, ὡστε παραδουναι αὐτον τη ἀρχη και τη ἐξουσια του ἡγεμονος.

Jh 1 1 ἐν ἀρχη ἡν ὁ λογος,

2 οὑτος ἡν ἐν ἀρχη προς τον θεον.

2 11 ταυτην ἐποιησεν ἀρχην των σημειων ὁ ἰησους ἐν κανα της γαλιλαιας και ἐφανερωσεν την δοξαν αὐτου,

6 64 ἡδει γαρ ἐξ ἀρχης ὁ ἰησους τινες εἰσιν οἱ μη πιστευοντες και τις ἐστιν ὁ παραδωσων αὐτον.

8 25 εἰπεν αὐτοις ὁ ἰησους· την ἀρχην ὅτι και λαλω ὑμιν;

44 ἐκεινος ἀνθρωποκτονος ἡν ἀπ ἀρχης,

15 27 και ὑμεις δε μαρτυρειτε, ὅτι ἀπ ἀρχης μετ ἐμου ἐστε.

16 4 ταυτα δε ὑμιν ἐξ ἀρχης οὐκ εἰπον, ὅτι μεθ ὑμων ἡμην.

Ac 10 11 και θεωρει τον οὐρανον ἀνεωγμενον και καταβαινον σκευος τι ὡς ὀθονην μεγαλην, τεσσαρσιν ἀρχαις καθιεμενον ἐπι της γης,

11 5 και εἰδον ἐν ἐκστασει ὁραμα, καταβαινον σκευος τι ὡς ὀθονην μεγαλην τεσσαρσιν ἀρχαις καθιεμενην ἐκ του οὐρανου,

15 ἐν δε τω ἀρξασθαι με λαλειν ἐπεπεσεν το πνευμα το ἁγιον ἐπ αὐτους ὡσπερ και ἐφ ἡμας ἐν ἀρχη.

26 4 την μεν οὐν βιωσιν μου [την] ἐκ νεοτητος την ἀπ ἀρχης γενομενην ἐν τω ἐθνει μου ἐν τε ἱεροσολυμοις ἰσασι παντες [οἱ] ἰουδαιοι,

Rm 8 38 πεπεισμαι γαρ ὁτι οὐτε θανατος οὐτε ζωη οὐτε ἀγγελοι οὐτε ἀρχαι οὐτε ἐνεστωτα οὐτε μελλοντα οὐτε δυναμεις οὐτε ὑψωμα οὐτε βαθος οὐτε τις κτισις ἑτερα δυνησεται ἡμας χωρισαι ἀπο της ἀγαπης του θεου της ἐν χριστω ἰησου τω κυριω ἡμων.

1Co 15 24 εἰτα το τελος, ὁταν παραδιδω την βασιλειαν τω θεω και πατρι, ὁταν καταργηση πασαν ἀρχην και πασαν ἐξουσιαν και δυναμιν.

Eph 1 21 και καθισας ἐν δεξια αὐτου ἐν τοις ἐπουρανιοις ὑπερανω πασης ἀρχης και ἐξουσιας

3 10 ἱνα γνωρισθη νυν ταις ἀρχαις και ταις ἐξουσιαις ἐν τοις ἐπουρανιοις δια της ἐκκλησιας ἡ πολυποικιλος σοφια του θεου,

6 12 ὁτι οὐκ ἐστιν ἡμιν ἡ παλη προς αἱμα και σαρκα, ἀλλα προς τας ἀρχας,

Php 4 15 οἰδατε δε και ὑμεις, φιλιππησιοι, ὁτι ἐν ἀρχη του εὐαγγελιου, ὁτε ἐξηλθον ἀπο μακεδονιας, οὐδεμια μοι ἐκκλησια ἐκοινωνησεν

Col 1 16 ὁτι ἐν αὐτω ἐκτισθη τα παντα ἐν τοις οὐρανοις και ἐπι της γης, τα ὁρατα και τα ἀορατα, εἰτε θρονοι εἰτε κυριοτητες εἰτε ἀρχαι εἰτε ἐξουσιαι·

18 ὁς ἐστιν ἀρχη, πρωτοτοκος ἐκ των νεκρων, ἱνα γενηται ἐν πασιν αὐτος πρωτευων,

2 10 και ἐστε ἐν αὐτω πεπληρωμενοι, ὁς ἐστιν ἡ κεφαλη πασης ἀρχης και ἐξουσιας,

15 ἀπεκδυσαμενος τας ἀρχας και τας ἐξουσιας ἐδειγματισεν ἐν παρρησια, θριαμβευσας αὐτους ἐν αὐτω.

Tit 3 1 ὑπομιμνησκε αὐτους ἀρχαις ἐξουσιαις ὑποτασσεσθαι,

Heb 1 10 συ κατ ἀρχας, κυριε, την γην ἐθεμελιωσας,

2 3 ἡτις ἀρχην λαβουσα λαλεισθαι δια του κυριου, ὑπο των ἀκουσαντων εἰς ἡμας ἐβεβαιωθη,

3 14 μετοχοι γαρ του χριστου γεγοναμεν, ἐανπερ την ἀρχην της ὑποστασεως μεχρι τελους βεβαιαν κατασχωμεν.

5 12 και γαρ ὀφειλοντες εἰναι διδασκαλοι δια τον χρονον, παλιν χρειαν ἐχετε του διδασκειν ὑμας τινα τα στοιχεια της ἀρχης των λογιων του θεου,

ἀρχή [55]

Heb 6 1 διο ἀφεντες τον της ἀρχης του χριστου λογον ἐπι την τελειοτητα φερωμεθα,

7 3 μητε ἀρχην ἡμερων μητε ζωης τελος ἐχων,

2Pt 3 4 ἀφ ἡς γαρ οἱ πατερες ἐκοιμηθησαν, παντα οὑτως διαμενει ἀπ ἀρχης κτισεως.

1Jh 1 1 ὁ ἡν ἀπ ἀρχης, ὁ ἀκηκοαμεν, ὁ ἑωρακαμεν τοις ὀφθαλμοις ἡμων,

2 7 ἀγαπητοι, οὐκ ἐντολην καινην γραφω ὑμιν, ἀλλ ἐντολην παλαιαν ἡν εἰχετε ἀπ ἀρχης·

13 γραφω ὑμιν, πατερες, ὁτι ἐγνωκατε τον ἀπ ἀρχης.

14 ἐγραψα ὑμιν, πατερες, ὁτι ἐγνωκατε τον ἀπ ἀρχης.

24 ὑμεις ὁ ἠκουσατε ἀπ ἀρχης, ἐν ὑμιν μενετω.

24 ἐαν ἐν ὑμιν μεινη ὁ ἀπ ἀρχης ἠκουσατε, και ὑμεις ἐν τω υἱω και ἐν τω πατρι μενειτε.

3 8 ὁ ποιων την ἁμαρτιαν ἐκ του διαβολου ἐστιν, ὁτι ἀπ ἀρχης ὁ διαβολος ἁμαρτανει.

11 ὁτι αὑτη ἐστιν ἡ ἀγγελια ἡν ἠκουσατε ἀπ ἀρχης, ἱνα ἀγαπωμεν ἀλληλους·

2Jh 5 και νυν ἐρωτω σε, κυρια, οὐχ ὡς ἐντολην καινην γραφων σοι, ἀλλα ἡν εἰχομεν ἀπ ἀρχης, ἱνα ἀγαπωμεν ἀλληλους.

6 αὑτη ἡ ἐντολη ἐστιν, καθως ἠκουσατε ἀπ ἀρχης, ἱνα ἐν αὐτη περιπατητε.

Ju 6 ἀγγελους τε τους μη τηρησαντας την ἑαυτων ἀρχην ἀλλα ἀπολιποντας το ἰδιον οἰκητηριον εἰς κρισιν μεγαλης ἡμερας δεσμοις ἀιδιοις ὑπο ζοφον τετηρηκεν·

Apc 3 14 ταδε λεγει ὁ ἀμην, ὁ μαρτυς ὁ πιστος και ἀληθινος, ἡ ἀρχη της κτισεως του θεου· οἰδα σου τα ἐργα,

21 6 ἐγω [εἰμι] το ἀλφα και το ὠ, ἡ ἀρχη και το τελος.

22 13 ὁ πρωτος και ὁ ἐσχατος, ἡ ἀρχη και το τελος.

ἀρχηγος [4]

Ac 3 15 και ἠτησασθε ἀνδρα φονεα χαρισθηναι ὑμιν, τον δε ἀρχηγον της ζωης ἀπεκτεινατε,

5 31 τουτον ὁ θεος ἀρχηγον και σωτηρα ὑψωσεν τη δεξια αὐτου [του] δουναι μετανοιαν τω ἰσραηλ και ἀφεσιν ἁμαρτιων.

Heb 2 10 ἐπρεπεν γαρ αὐτω, δι ὁν τα παντα και δι οὑ τα παντα, πολλους υἱους εἰς δοξαν ἀγαγοντα τον ἀρχηγον της σωτηριας αὐτων δια παθηματων τελειωσαι.

12 2 δι ὑπομονης τρεχωμεν τον προκειμενον ἡμιν ἀγωνα, ἀφορωντες εἰς τον της πιστεως ἀρχηγον και τελειωτην ἰησουν,

ἀρχιερατικος [1]

Ac 4 6 και ἀννας ὁ ἀρχιερευς και καιαφας και ἰωαννης και ἀλεξανδρος και ὁσοι ἡσαν ἐκ γενους ἀρχιερατικου,

ἀρχιερευς [122]

Mt 2 4 και συναγαγων παντας τους ἀρχιερεις και γραμματεις του λαου ἐπυνθανετο παρ αὐτων που ὁ χριστος γενναται.

16 21 ἀπο τοτε ἠρξατο ὁ ἰησους δεικνυειν τοις μαθηταις αὐτου ὁτι δει αὐτον εἰς ἱεροσολυμα ἀπελθειν και πολλα παθειν ἀπο των πρεσβυτερων και ἀρχιερεων και γραμματεων και ἀποκτανθηναι και τη τριτη ἡμερα ἐγερθηναι.

20 18 και ὁ υἱος του ἀνθρωπου παραδοθησεται τοις ἀρχιερευσιν και γραμματευσιν,

21 15 ἰδοντες δε οἱ ἀρχιερεις και οἱ γραμματεις τα θαυμασια ἁ ἐποιησεν και τους παιδας τους κραζοντας ἐν τω ἱερω και λεγοντας· ὡσαννα τω υἱω δαυιδ, ἠγανακτησαν,

23 και ἐλθοντος αὐτου εἰς το ἱερον προσηλθον αὐτω διδασκοντι οἱ ἀρχιερεις και οἱ πρεσβυτεροι του λαου λεγοντες·

45 και ἀκουσαντες οἱ ἀρχιερεις και οἱ φαρισαιοι τας παραβολας αὐτου ἐγνωσαν ὁτι περι αὐτων λεγει·

26 3 τοτε συνηχθησαν οἱ ἀρχιερεις και οἱ πρεσβυτεροι του λαου εἰς την αὐλην του ἀρχιερεως του λεγομενου καιαφα,

3 τοτε συνηχθησαν οἱ ἀρχιερεις και οἱ πρεσβυτεροι του λαου εἰς την αὐλην του ἀρχιερεως του λεγομενου καιαφα,

14 τοτε πορευθεις εἰς των δωδεκα, ὁ λεγομενος ἰουδας ἰσκαριωτης, προς τους ἀρχιερεις εἰπεν·

47 ἰδου ἰουδας εἰς των δωδεκα ἡλθεν, και μετ αὐτου ὀχλος πολυς μετα μαχαιρων και ξυλων ἀπο των ἀρχιερεων και πρεσβυτερων του λαου.

51 και ἰδου εἰς των μετα ἰησου ἐκτεινας την χειρα ἀπεσπασεν την μαχαιραν αὐτου, και παταξας τον δουλον του ἀρχιερεως ἀφειλεν αὐτου το ὠτιον.

57 οἱ δε κρατησαντες τον ἰησουν ἀπηγαγον προς καιαφαν τον ἀρχιερεα,

ἀρχιερεύς [122]

Mt	26 58	ὁ δε πετρος ἠκολουθει αὐτω ἀπο μακροθεν ἑως της αὐλης του *ἀρχιερεως*,
	59	οἱ δε *ἀρχιερεις* και το συνεδριον ὁλον ἐζητουν ψευδομαρτυριαν κατα του ἰησου ὁπως αὐτον θανατωσωσιν,
	62	και ἀναστας ὁ *ἀρχιερευς* εἰπεν αὐτω·
	63	και ὁ *ἀρχιερευς* εἰπεν αὐτω·
	65	τοτε ὁ *ἀρχιερευς* διερρηξεν τα ἱματια αὐτου λεγων·
	27 1	πρωιας δε γενομενης συμβουλιον ἐλαβον παντες οἱ *ἀρχιερεις* και οἱ πρεσβυτεροι του λαου κατα του ἰησου ὡστε θανατωσαι αὐτον·
	3	τοτε ἰδων ἰουδας ὁ παραδιδους αὐτον ὁτι κατεκριθη, μεταμεληθεις ἐστρεψεν τα τριακοντα ἀργυρια τοις *ἀρχιερευσιν* και πρεσβυτεροις λεγων·
	6	οἱ δε *ἀρχιερεις* λαβοντες τα ἀργυρια εἰπαν·
	12	και ἐν τω κατηγορεισθαι αὐτον ὑπο των *ἀρχιερεων* και πρεσβυτερων οὐδεν ἀπεκρινατο.
	20	οἱ δε *ἀρχιερεις* και οἱ πρεσβυτεροι ἐπεισαν τους ὀχλους ἱνα αἰτησωνται τον βαραββαν, τον δε ἰησουν ἀπολεσωσιν.
	41	ὁμοιως και οἱ *ἀρχιερεις* ἐμπαιζοντες μετα των γραμματεων και πρεσβυτερων ἐλεγον·
	62	τη δε ἐπαυριον, ἡτις ἐστιν μετα την παρασκευην, συνηχθησαν οἱ *ἀρχιερεις* και οἱ φαρισαιοι προς πιλατον
	28 11	πορευομενων δε αὐτων ἰδου τινες της κουστωδιας ἐλθοντες εἰς την πολιν ἀπηγγειλαν τοις *ἀρχιερευσιν* ἁπαντα τα γενομενα.
Mc	2 26	πως εἰσηλθεν εἰς τον οἰκον του θεου ἐπι ἀβιαθαρ *ἀρχιερεως* και τους ἀρτους της προθεσεως ἐφαγεν,
	8 31	και ἠρξατο διδασκειν αὐτους ὁτι δει τον υἱον του ἀνθρωπου πολλα παθειν, και ἀποδοκιμασθηναι ὑπο των πρεσβυτερων και των *ἀρχιερεων* και των γραμματεων και ἀποκτανθηναι και μετα τρεις ἡμερας ἀναστηναι·
	10 33	και ὁ υἱος του ἀνθρωπου παραδοθησεται τοις *ἀρχιερευσιν* και τοις γραμματευσιν,
	11 18	και ἠκουσαν οἱ *ἀρχιερεις* και οἱ γραμματεις, και ἐζητουν πως αὐτον ἀπολεσωσιν·
	27	και ἐν τω ἱερω περιπατουντος αὐτου ἐρχονται προς αὐτον οἱ *ἀρχιερεις* και οἱ γραμματεις και οἱ πρεσβυτεροι,
	14 1	και ἐζητουν οἱ *ἀρχιερεις* και οἱ γραμματεις πως αὐτον ἐν δολω κρατησαντες ἀποκτεινωσιν·
	10	και ἰουδας ἰσκαριωθ, ὁ εἱς των δωδεκα, ἀπηλθεν προς τους *ἀρχιερεις* ἱνα αὐτον παραδοι αὐτοις.
	43	και μετ αὐτου ὀχλος μετα μαχαιρων και ξυλων παρα των *ἀρχιερεων* και των γραμματεων και των πρεσβυτερων.
	47	εἱς δε [τις] των παρεστηκοτων σπασαμενος την μαχαιραν ἐπαισεν τον δουλον του *ἀρχιερεως* και ἀφειλεν αὐτου το ὠταριον.
	53	και ἀπηγαγον τον ἰησουν προς τον *ἀρχιερεα*,
	53	και συνερχονται παντες οἱ *ἀρχιερεις* και οἱ πρεσβυτεροι και οἱ γραμματεις.
	54	και ὁ πετρος ἀπο μακροθεν ἠκολουθησεν αὐτω ἑως ἐσω εἰς την αὐλην του *ἀρχιερεως*·
	55	οἱ δε *ἀρχιερεις* και ὁλον το συνεδριον ἐζητουν κατα του ἰησου μαρτυριαν εἰς το θανατωσαι αὐτον, και οὐχ ηὑρισκον·
	60	και ἀναστας ὁ *ἀρχιερευς* εἰς μεσον ἐπηρωτησεν τον ἰησουν λεγων·
	61	παλιν ὁ *ἀρχιερευς* ἐπηρωτα αὐτον και λεγει αὐτω·
	63	ὁ δε *ἀρχιερευς* διαρρηξας τους χιτωνας αὐτου λεγει·
	66	και ὀντος του πετρου κατω ἐν τη αὐλη ἐρχεται μια των παιδισκων του *ἀρχιερεως*·
	15 1	και εὐθυς πρωι συμβουλιον ποιησαντες οἱ *ἀρχιερεις* μετα των πρεσβυτερων και γραμματεων και ὁλον το συνεδριον,
	3	και κατηγορουν αὐτου οἱ *ἀρχιερεις* πολλα.
	10	ἐγινωσκεν γαρ ὁτι δια φθονον παραδεδωκεισαν αὐτον οἱ *ἀρχιερεις*.
	11	οἱ δε *ἀρχιερεις* ἀνεσεισαν τον ὀχλον ἱνα μαλλον τον βαραββαν ἀπολυση αὐτοις.
	31	ὁμοιως και οἱ *ἀρχιερεις* ἐμπαιζοντες προς ἀλληλους μετα των γραμματεων ἐλεγον·
Lc	3 2	και λυσανιου της ἀβιληνης τετρααρχουντος, ἐπι *ἀρχιερεως* ἁννα και καιαφα,
	9 22	εἰπων ὁτι δει τον υἱον του ἀνθρωπου πολλα παθειν και ἀποδοκιμασθηναι ἀπο των πρεσβυτερων και *ἀρχιερεων* και γραμματεων και ἀποκτανθηναι και τη τριτη ἡμερα ἐγερθηναι.
	19 47	οἱ δε *ἀρχιερεις* και οἱ γραμματεις ἐζητουν αὐτον ἀπολεσαι και οἱ πρωτοι του λαου,
	20 1	και ἐγενετο ἐν μια των ἡμερων διδασκοντος αὐτου τον λαον ἐν τω ἱερω και εὐαγγελιζομενου ἐπεστησαν οἱ *ἀρχιερεις* και οἱ γραμματεις συν τοις πρεσβυτεροις,

ἀρχιερεύς [122]

Lc	20 19	και ἐζητησαν οἱ γραμματεις και οἱ *ἀρχιερεις* ἐπιβαλειν ἐπ αὐτον τας χειρας ἐν αὐτη τη ὡρα,
	22 2	και ἐζητουν οἱ *ἀρχιερεις* και οἱ γραμματεις το πως ἀνελωσιν αὐτον·
	4	και ἀπελθων συνελαλησεν τοις *ἀρχιερευσιν* και στρατηγοις το πως αὐτοις παραδω αὐτον.
	50	και ἐπαταξεν εἱς τις ἐξ αὐτων του *ἀρχιερεως* τον δουλον και ἀφειλεν το οὐς αὐτου το δεξιον.
	52	εἰπεν δε ἰησους προς τους παραγενομενους ἐπ αὐτον *ἀρχιερεις* και στρατηγους του ἱερου και πρεσβυτερους· ὡς ἐπι ληστην ἐξηλθατε μετα μαχαιρων και ξυλων;
	54	συλλαβοντες δε αὐτον ἠγαγον και εἰσηγαγον εἰς την οἰκιαν του *ἀρχιερεως*·
	66	και ὡς ἐγενετο ἡμερα, συνηχθη το πρεσβυτεριον του λαου, *ἀρχιερεις* τε και γραμματεις,
	23 4	ὁ δε πιλατος εἰπεν προς τους *ἀρχιερεις* και τους ὀχλους·
	10	εἱστηκεισαν δε οἱ *ἀρχιερεις* και οἱ γραμματεις εὐτονως κατηγορουντες αὐτου.
	13	πιλατος δε συγκαλεσαμενος τους *ἀρχιερεις* και τους ἀρχοντας και τον λαον
	24 20	ὁπως τε παρεδωκαν αὐτον οἱ *ἀρχιερεις* και οἱ ἀρχοντες ἡμων εἰς κριμα θανατου και ἐσταυρωσαν αὐτον.
Jh	7 32	ἠκουσαν οἱ φαρισαιοι του ὀχλου γογγυζοντος περι αὐτου ταυτα, και ἀπεστειλαν οἱ *ἀρχιερεις* και οἱ φαρισαιοι ὑπηρετας ἱνα πιασωσιν αὐτον.
	45	ἠλθον οὐν οἱ ὑπηρεται προς τους *ἀρχιερεις* και φαρισαιους,
	11 47	συνηγαγον οὐν οἱ *ἀρχιερεις* και οἱ φαρισαιοι συνεδριον,
	49	εἱς δε τις ἐξ αὐτων καιαφας, *ἀρχιερευς* ὠν του ἐνιαυτου ἐκεινου, εἰπεν αὐτοις·
	51	τουτο δε ἀφ ἑαυτου οὐκ εἰπεν, ἀλλα *ἀρχιερευς* ὠν του ἐνιαυτου ἐκεινου ἐπροφητευσεν
	57	δεδωκεισαν δε οἱ *ἀρχιερεις* και οἱ φαρισαιοι ἐντολας ἱνα ἐαν τις γνω που ἐστιν μηνυση, ὁπως πιασωσιν αὐτον.
	12 10	ἐβουλευσαντο δε οἱ *ἀρχιερεις* ἱνα και τον λαζαρον ἀποκτεινωσιν,
	18 3	ὁ οὐν ἰουδας λαβων την σπειραν και ἐκ των *ἀρχιερεων* και ἐκ των φαρισαιων ὑπηρετας ἐρχεται ἐκει μετα φανων και λαμπαδων και ὁπλων.
	10	σιμων οὐν πετρος ἐχων μαχαιραν εἱλκυσεν αὐτην και ἐπαισεν τον του *ἀρχιερεως* δουλον και ἀπεκοψεν αὐτου το ὠταριον το δεξιον·
	13	ἠν γαρ πενθερος του καιαφα, ὁς ἠν *ἀρχιερευς* του ἐνιαυτου ἐκεινου·
	15	ὁ δε μαθητης ἐκεινος ἠν γνωστος τω *ἀρχιερει*,
	15	ὁ δε μαθητης ἐκεινος ἠν γνωστος τω *ἀρχιερει*, και συνεισηλθεν τω ἰησου εἰς την αὐλην του *ἀρχιερεως*,
	16	ἐξηλθεν οὐν ὁ μαθητης ὁ ἀλλος ὁ γνωστος του *ἀρχιερεως* και εἰπεν τη θυρωρω,
	19	ὁ οὐν *ἀρχιερευς* ἠρωτησεν τον ἰησουν περι των μαθητων αὐτου και περι της διδαχης αὐτου.
	22	οὑτως ἀποκρινη τω *ἀρχιερει*;
	24	ἀπεστειλεν οὐν αὐτον ὁ ἁννας δεδεμενον προς καιαφαν τον *ἀρχιερεα*.
	26	λεγει εἱς ἐκ των δουλων του *ἀρχιερεως*, συγγενης ὠν οὑ ἀπεκοψεν πετρος το ὠτιον· οὐκ ἐγω σε εἰδον ἐν τω κηπω μετ αὐτου;
	35	το ἐθνος το σον και οἱ *ἀρχιερεις* παρεδωκαν σε ἐμοι· τι ἐποιησας;
	19 6	ὁτε οὐν εἰδον αὐτον οἱ *ἀρχιερεις* και οἱ ὑπηρεται, ἐκραυγασαν λεγοντες·
	15	ἀπεκριθησαν οἱ *ἀρχιερεις*· οὐκ ἐχομεν βασιλεα εἰ μη καισαρα.
	21	ἐλεγον οὐν τω πιλατω οἱ *ἀρχιερεις* των ἰουδαιων· μη γραφε· ὁ βασιλευς των ἰουδαιων, ἀλλ ὁτι ἐκεινος εἰπεν· βασιλευς εἰμι των ἰουδαιων.
Ac	4 6	και ἁννας ὁ *ἀρχιερευς* και καιαφας και ἰωαννης και ἀλεξανδρος και ὁσοι ἠσαν ἐκ γενους ἀρχιερατικου,
	23	ἀπολυθεντες δε ἠλθον προς τους ἰδιους και ἀπηγγειλαν ὁσα προς αὐτους οἱ *ἀρχιερεις* και οἱ πρεσβυτεροι εἰπαν.
	5 17	ἀναστας δε ὁ *ἀρχιερευς* και παντες οἱ συν αὐτω, ἡ οὐσα αἱρεσις των σαδδουκαιων,
	21	παραγενομενος δε ὁ *ἀρχιερευς* και οἱ συν αὐτω συνεκαλεσαν το συνεδριον και πασαν την γερουσιαν των υἱων ἰσραηλ,
	24	ὡς δε ἠκουσαν τους λογους τουτους ὁ τε στρατηγος του ἱερου και οἱ *ἀρχιερεις*, διηπορουν περι αὐτων τι ἀν γενοιτο τουτο.
	27	και ἐπηρωτησεν αὐτους ὁ *ἀρχιερευς* λεγων· [οὐ] παραγγελια παρηγγειλαμεν ὑμιν μη διδασκειν ἐπι τω ὀνοματι τουτω;
	7 1	εἰπεν δε ὁ *ἀρχιερευς*· εἰ ταυτα οὑτως ἐχει;

ἀρχιερευς [122]

Ac 9 1 ὁ δε σαυλος ἐτι ἐμπνεων ἀπειλης και φονου εἰς τους μαθητας
του κυριου, προσελθων τω *ἀρχιερει* ἠτησατο παρ αὐτου
ἐπιστολας εἰς δαμασκον προς τας συναγωγας,

14 και ὡδε ἐχει ἐξουσιαν παρα των *ἀρχιερεων* δησαι παντας
τους ἐπικαλουμενους το ὀνομα σου.

21 οὐχ οὑτος ἐστιν ὁ πορθησας εἰς ἰερουσαλημ τους
ἐπικαλουμενους το ὀνομα τουτο, και ὡδε εἰς τουτο ἐληλυθει,
ἱνα δεδεμενους αὐτους ἀγαγη ἐπι τους *ἀρχιερεις;*

19 14 ἠσαν δε τινος σκευα ἰουδαιου *ἀρχιερεως* ἑπτα υἱοι τουτο
ποιουντες.

22 5 δεσμευων και παραδιδους εἰς φυλακας ἀνδρας τε και
γυναικας, ὡς και ὁ *ἀρχιερευς* μαρτυρει μοι και παν το
πρεσβυτεριον·

30 ἐλυσεν αὐτον, και ἐκελευσεν συνελθειν τους *ἀρχιερεις* και
παν το συνεδριον,

23 2 ὁ δε *ἀρχιερευς* ἀνανιας ἐπεταξεν τοις παρεστωσιν αὐτω
τυπτειν αὐτου το στομα.

4 τον *ἀρχιερεα* του θεου λοιδορεις;

5 οὐκ ἠδειν, ἀδελφοι, ὁτι ἐστιν *ἀρχιερευς·*

14 οἱτινες προσελθοντες τοις *ἀρχιερευσιν* και τοις πρεσβυτεροις
εἰπαν·

24 1 μετα δε πεντε ἡμερας κατεβη ὁ *ἀρχιερευς* ἀνανιας μετα
πρεσβυτερων τινων και ῥητορος τερτυλλου τινος,

25 2 ἐνεφανισαν τε αὐτω οἱ *ἀρχιερεις* και οἱ πρωτοι των ἰουδαιων
κατα του παυλου,

15 ἀνηρ τις ἐστιν καταλελειμμενος ὑπο φηλικος δεσμιος, περι οὑ
γενομενου μου εἰς ἰεροσολυμα ἐνεφανισαν οἱ *ἀρχιερεις* και οἱ
πρεσβυτεροι των ἰουδαιων,

26 10 ὁ και ἐποιησα ἐν ἰεροσολυμοις, και πολλους τε των ἁγιων
ἐγω ἐν φυλακαις κατεκλεισα την παρα των *ἀρχιερεων*
ἐξουσιαν λαβων,

12 ἐν οἱς πορευομενος εἰς την δαμασκον μετ ἐξουσιας και
ἐπιτροπης της των *ἀρχιερεων,*

Heb 2 17 ὁθεν ὠφειλεν κατα παντα τοις ἀδελφοις ὁμοιωθηναι, ἱνα
ἐλεημων γενηται και πιστος *ἀρχιερευς* τα προς τον θεον,

3 1 κατανοησατε τον ἀποστολον και *ἀρχιερεα* της ὁμολογιας
ἡμων ἰησουν,

4 14 ἐχοντες οὐν *ἀρχιερεα* μεγαν διεληλυθοτα τους οὐρανους,
ἰησουν τον υἱον του θεου, κρατωμεν της ὁμολογιας.

15 οὐ γαρ ἐχομεν *ἀρχιερεα* μη δυναμενον συμπαθησαι ταις
ἀσθενειαις ἡμων,

5 1 πας γαρ *ἀρχιερευς* ἐξ ἀνθρωπων λαμβανομενος ὑπερ
ἀνθρωπων καθισταται τα προς τον θεον,

5 οὑτως και ὁ χριστος οὐχ ἑαυτον ἐδοξασεν γενηθηναι
ἀρχιερεα,

10 προσαγορευθεις ὑπο του θεου *ἀρχιερευς* κατα την ταξιν
μελχισεδεκ.

6 20 ὁπου προδρομος ὑπερ ἡμων εἰσηλθεν ἰησους, κατα την ταξιν
μελχισεδεκ *ἀρχιερευς* γενομενος εἰς τον αἰωνα.

7 26 τοιουτος γαρ ἡμιν και ἐπρεπεν *ἀρχιερευς,* ὁσιος, ἀκακος,
ἀμιαντος, κεχωρισμενος ἀπο των ἁμαρτωλων, και ὑψηλοτερος
των οὐρανων γενομενος·

27 ὁς οὐκ ἐχει καθ ἡμεραν ἀναγκην, ὡσπερ οἱ *ἀρχιερεις,*
προτερον ὑπερ των ἰδιων ἁμαρτιων θυσιας ἀναφερειν, ἐπειτα
των του λαου·

28 ὁ νομος γαρ ἀνθρωπους καθιστησιν *ἀρχιερεις* ἐχοντας
ἀσθενειαν,

8 1 τοιουτον ἐχομεν *ἀρχιερεα,* ὁς ἐκαθισεν ἐν δεξια του θρονου
της μεγαλωσυνης ἐν τοις οὐρανοις,

3 πας γαρ *ἀρχιερευς* εἰς το προσφερειν δωρα τε και θυσιας
καθισταται·

9 7 εἰς δε την δευτεραν ἁπαξ του ἐνιαυτου μονος ὁ *ἀρχιερευς,*

11 χριστος δε παραγενομενος *ἀρχιερευς* των γενομενων ἀγαθων,

25 οὐδ ἱνα πολλακις προσφερη ἑαυτον, ὡσπερ ὁ *ἀρχιερευς*
εἰσερχεται εἰς τα ἁγια κατ ἐνιαυτον ἐν αἱματι ἀλλοτριω,

13 11 ὡν γαρ εἰσφερεται ζωων το αἱμα περι ἁμαρτιας εἰς τα ἁγια
δια του *ἀρχιερεως,* τουτων τα σωματα κατακαιεται ἐξω της
παρεμβολης.

ἀρχιποιμην [1]

1Pt 5 4 και φανερωθεντος του *ἀρχιποιμενος* κομιεισθε τον
ἀμαραντινον της δοξης στεφανον.

ἀρχιππος [2]

Col 4 17 και εἰπατε *ἀρχιππω·* βλεπε την διακονιαν ἡν παρελαβες ἐν
κυριω,

ἀρχιππος [2]

Phm 2 και ἀπφια τη ἀδελφη και *ἀρχιππω* τω συστρατιωτη ἡμων και
τη κατ οἰκον σου ἐκκλησια·

ἀρχισυναγωγος [9]

Mc 5 22 και ἐρχεται εἰς των *ἀρχισυναγωγων,* ὀνοματι ἰαιρος, και ἰδων
αὐτον πιπτει προς τους ποδας αὐτου,

35 ἐτι αὐτου λαλουντος ἐρχονται ἀπο του *ἀρχισυναγωγου*
λεγοντες ὁτι ἡ θυγατηρ σου ἀπεθανεν·

36 ὁ δε ἰησους παρακουσας τον λογον λαλουμενον λεγει τω
ἀρχισυναγωγω· μη φοβου, μονον πιστευε και οὐκ ἀφηκεν
οὐδενα μετ αὐτου συνακολουθησαι εἰ μη τον πετρον και
ἰακωβον και ἰωαννην τον ἀδελφον ἰακωβου.

38 και ἐρχονται εἰς τον οἰκον του *ἀρχισυναγωγου,* και θεωρει
θορυβον, και κλαιοντας και ἀλαλαζοντας πολλα,

Lc 8 49 ἐτι αὐτου λαλουντος ἐρχεται τις παρα του *ἀρχισυναγωγου*
λεγων ὁτι τεθνηκεν ἡ θυγατηρ σου·

13 14 ἀποκριθεις δε ὁ *ἀρχισυναγωγος,* ἀγανακτων ὁτι τω σαββατω
ἐθεραπευσεν ὁ ἰησους,

Ac 13 15 μετα δε την ἀναγνωσιν του νομου και των προφητων
ἀπεστειλαν οἱ *ἀρχισυναγωγοι* προς αὐτους λεγοντες·

18 8 κρισπος δε ὁ *ἀρχισυναγωγος* ἐπιστευσεν τω κυριω συν ὁλω
τω οἰκω αὐτου,

17 ἐπιλαβομενοι δε παντες σωσθενην τον *ἀρχισυναγωγον*
ἐτυπτον ἐμπροσθεν του βηματος·

ἀρχιτεκτων [1]

1Co 3 10 κατα την χαριν του θεου την δοθεισαν μοι ὡς σοφος
ἀρχιτεκτων θεμελιον ἐθηκα, ἀλλος δε ἐποικοδομει.

ἀρχιτελωνης [1]

Lc 19 2 και ἰδου ἀνηρ ὀνοματι καλουμενος ζακχαιος, και αὐτος ἠν
ἀρχιτελωνης,

ἀρχιτρικλινος [3]

Jh 2 8 και λεγει αὐτοις· ἀντλησατε νυν και φερετε τω *ἀρχιτρικλινω.*

9 ὡς δε ἐγευσατο ὁ *ἀρχιτρικλινος* το ὑδωρ οἰνον γεγενημενον,

9 φωνει τον νυμφιον ὁ *ἀρχιτρικλινος* και λεγει αὐτω·

ἀρχω [86]

Mt 4 17 ἀπο τοτε *ἠρξατο* ὁ ἰησους κηρυσσειν και λεγειν·

11 7 τουτων δε πορευομενων *ἠρξατο* ὁ ἰησους λεγειν τοις ὀχλοις
περι ἰωαννου·

20 τοτε *ἠρξατο* ὀνειδιζειν τας πολεις ἐν αἱς ἐγενοντο αἱ πλεισται
δυναμεις αὐτου,

12 1 και *ἠρξαντο* τιλλειν σταχυας και ἐσθιειν.

14 30 και *ἀρξαμενος* καταποντιζεσθαι ἐκραξεν λεγων·

16 21 ἀπο τοτε *ἠρξατο* ὁ ἰησους δεικνυειν τοις μαθηταις αὐτου ὁτι
δει αὐτον εἰς ἰεροσολυμα ἀπελθειν και πολλα παθειν ἀπο των
πρεσβυτερων και ἀρχιερεων και γραμματεων και
ἀποκτανθηναι και τη τριτη ἡμερα ἐγερθηναι.

22 και προσλαβομενος αὐτον ὁ πετρος *ἠρξατο* ἐπιτιμαν αὐτω
λεγων· ἱλεως σοι, κυριε· οὐ μη ἐσται σοι τουτο.

18 24 *ἀρξαμενου* δε αὐτου συναιρειν, προσηνεχθη αὐτω εἱς
ὀφειλετης μυριων ταλαντων.

20 8 καλεσον τους ἐργατας και ἀποδος αὐτοις τον μισθον,
ἀρξαμενος ἀπο των ἐσχατων ἑως των πρωτων.

24 49 και *ἀρξηται* τυπτειν τους συνδουλους αὐτου,

26 22 και λυπουμενοι σφοδρα *ἠρξαντο* λεγειν αὐτω εἱς ἑκαστος·
μητι ἐγω εἰμι, κυριε;

37 και παραλαβων τον πετρον και τους δυο υἱους ζεβεδαιου
ἠρξατο λυπεισθαι και ἀδημονειν.

74 τοτε *ἠρξατο* καταθεματιζειν και ὀμνυειν ὁτι οὐκ οἰδα τον
ἀνθρωπον.

Mc 1 45 ὁ δε ἐξελθων *ἠρξατο* κηρυσσειν πολλα και διαφημιζειν τον
λογον,

2 23 και οἱ μαθηται αὐτου *ἠρξαντο* ὁδον ποιειν τιλλοντες τους
σταχυας.

4 1 και παλιν *ἠρξατο* διδασκειν παρα την θαλασσαν·

5 17 και *ἠρξαντο* παρακαλειν αὐτον ἀπελθειν ἀπο των ὁριων
αὐτων.

20 και ἀπηλθεν και *ἠρξατο* κηρυσσειν ἐν τη δεκαπολει ὁσα
ἐποιησεν αὐτω ὁ ἰησους,

6 2 και γενομενου σαββατου *ἠρξατο* διδασκειν ἐν τη συναγωγη

ἄρχω [86]

Mc 6 7 καὶ προσκαλεῖται τοὺς δωδεκα, καὶ *ἤρξατο* αὐτους ἀποστελλειν δυο δυο,

34 καὶ ἐξελθων εἶδεν πολυν ὀχλον, καὶ ἐσπλαγχνισθη ἐπ αὐτους ὅτι ἦσαν ὡς προβατα μη ἐχοντα ποιμενα, καὶ *ἤρξατο* διδασκειν αὐτους πολλα.

55 καὶ ἐξελθοντων αὐτων ἐκ του πλοιου εὐθυς ἐπιγνοντες αὐτον περιεδραμον ὁλην την χωραν ἐκεινην καὶ *ἤρξαντο* ἐπι τοις κραβαττοις τους κακως ἐχοντας περιφερειν,

8 11 καὶ ἐξηλθον οἱ φαρισαιοι καὶ *ἤρξαντο* συζητειν αὐτω,

31 καὶ *ἤρξατο* διδασκειν αὐτους ὅτι δει τον υἱον του ἀνθρωπου πολλα παθειν.

32 καὶ προσλαβομενος ὁ πετρος αὐτον *ἤρξατο* ἐπιτιμαν αὐτω.

10 28 *ἤρξατο* λεγειν ὁ πετρος αὐτω· ἰδου ἡμεις ἀφηκαμεν παντα καὶ ἠκολουθηκαμεν σοι.

32 καὶ παραλαβων παλιν τους δωδεκα *ἤρξατο* αὐτοις λεγειν τα μελλοντα αὐτω συμβαινειν,

41 καὶ ἀκουσαντες οἱ δεκα *ἤρξαντο* ἀγανακτειν περι ἰακωβου καὶ ἰωαννου.

42 οἴδατε ὅτι οἱ δοκουντες *ἄρχειν* των ἐθνων κατακυριευουσιν αὐτων καὶ οἱ μεγαλοι αὐτων κατεξουσιαζουσιν αὐτων.

47 καὶ ἀκουσας ὅτι ἰησους ὁ ναζαρηνος ἐστιν *ἤρξατο* κραζειν καὶ λεγειν· υἱε δαυιδ ἰησου, ἐλεησον με.

11 15 καὶ εἰσελθων εἰς το ἱερον *ἤρξατο* ἐκβαλλειν τους πωλουντας καὶ τους ἀγοραζοντας ἐν τω ἱερω,

12 1 καὶ *ἤρξατο* αὐτοις ἐν παραβολαις λαλειν.

13 5 ὁ δε ἰησους *ἤρξατο* λεγειν αὐτοις· βλεπετε μη τις ὑμας πλανηση.

14 19 *ἤρξαντο* λυπεισθαι καὶ λεγειν αὐτω εἰς κατα εἰς· μητι ἐγω;

33 καὶ παραλαμβανει τον πετρον καὶ [τον] ἰακωβον καὶ [τον] ἰωαννην μετ αὐτου, καὶ *ἤρξατο* ἐκθαμβεισθαι καὶ ἀδημονειν,

65 καὶ *ἤρξαντο* τινες ἐμπτυειν αὐτω καὶ περικαλυπτειν αὐτου το προσωπον καὶ κολαφιζειν αὐτον καὶ λεγειν αὐτω·

69 καὶ ἡ παιδισκη ἰδουσα αὐτον *ἤρξατο* παλιν λεγειν τοις παρεστωσιν ὅτι οὗτος ἐξ αὐτων ἐστιν.

71 ὁ δε *ἤρξατο* ἀναθεματιζειν καὶ ὀμνυναι ὅτι οὐκ οἶδα τον ἀνθρωπον τουτον ὃν λεγετε.

15 8 καὶ ἀναβας ὁ ὀχλος *ἤρξατο* αἰτεισθαι καθως ἐποιει αὐτοις.

18 καὶ *ἤρξαντο* ἀσπαζεσθαι αὐτον· χαιρε, βασιλευ των ἰουδαιων·

Lc 3 8 ποιησατε οὖν καρπους ἀξιους της μετανοιας· καὶ μη *ἀρξησθε* λεγειν ἐν ἑαυτοις· πατερα ἐχομεν τον ἀβρααμ·

23 καὶ αὐτος ἦν ἰησους *ἀρχομενος* ὡσει ἐτων τριακοντα,

4 21 *ἤρξατο* δε λεγειν προς αὐτους ὅτι σημερον πεπληρωται ἡ γραφη αὐτη ἐν τοις ὠσιν ὑμων.

5 21 καὶ *ἤρξαντο* διαλογιζεσθαι οἱ γραμματεις καὶ οἱ φαρισαιοι λεγοντες·

7 15 καὶ ἀνεκαθισεν ὁ νεκρος καὶ *ἤρξατο* λαλειν,

24 ἀπελθοντων δε των ἀγγελων ἰωαννου *ἤρξατο* λεγειν προς τους ὀχλους περι ἰωαννου·

38 καὶ στασα ὀπισω παρα τους ποδας αὐτου κλαιουσα, τοις δακρυσιν *ἤρξατο* βρεχειν τους ποδας αὐτου,

49 καὶ *ἤρξαντο* οἱ συνανακειμενοι λεγειν ἐν ἑαυτοις·

9 12 ἡ δε ἡμερα *ἤρξατο* κλινειν·

11 29 των δε ὀχλων ἐπαθροιζομενων *ἤρξατο* λεγειν·

53 κἀκειθεν ἐξελθοντος αὐτου *ἤρξαντο* οἱ γραμματεις καὶ οἱ φαρισαιοι δεινως ἐνεχειν καὶ ἀποστοματιζειν αὐτον περι πλειονων,

12 1 *ἤρξατο* λεγειν προς τους μαθητας αὐτου πρωτον·

45 καὶ *ἀρξηται* τυπτειν τους παιδας καὶ τας παιδισκας, ἐσθιειν τε καὶ πινειν καὶ μεθυσκεσθαι,

13 25 ἀφ οὗ ἂν ἐγερθη ὁ οἰκοδεσποτης καὶ ἀποκλειση την θυραν, καὶ *ἀρξησθε* ἐξω ἑσταναι καὶ κρουειν την θυραν λεγοντες·

26 τοτε *ἀρξεσθε* λεγειν· ἐφαγομεν ἐνωπιον σου καὶ ἐπιομεν, καὶ ἐν ταις πλατειαις ἡμων ἐδιδαξας.

14 9 καὶ τοτε *ἀρξη* μετα αἰσχυνης τον ἐσχατον τοπον κατεχειν.

18 καὶ *ἤρξαντο* ἀπο μιας παντες παραιτεισθαι.

29 *ἀρξωνται* αὐτω ἐμπαιζειν λεγοντες·

30 ὅτι οὗτος ὁ ἀνθρωπος *ἤρξατο* οἰκοδομειν καὶ οὐκ ἰσχυσεν ἐκτελεσαι.

15 14 δαπανησαντος δε αὐτου παντα ἐγενετο λιμος ἰσχυρα κατα την χωραν ἐκεινην, καὶ αὐτος *ἤρξατο* ὑστερεισθαι.

24 καὶ *ἤρξαντο* εὐφραινεσθαι·

19 37 ἐγγιζοντος δε αὐτου ἤδη προς τη καταβασει του ὀρους των ἐλαιων *ἤρξαντο* ἀπαν το πληθος των μαθητων χαιροντες αἰνειν τον θεον φωνη μεγαλη περι πασων ὧν εἶδον δυναμεων,

45 καὶ εἰσελθων εἰς το ἱερον *ἤρξατο* ἐκβαλλειν τους πωλουντας, λεγων αὐτοις·

20 9 *ἤρξατο* δε προς τον λαον λεγειν την παραβολην ταυτην.

21 28 *ἀρχομενων* δε τουτων γινεσθαι ἀνακυψατε καὶ ἐπαρατε τας κεφαλας ὑμων, διοτι ἐγγιζει ἡ ἀπολυτρωσις ὑμων.

ἄρχω [86]

Lc 22 23 καὶ αὐτοι *ἤρξαντο* συζητειν προς ἑαυτους το τίς ἄρα εἴη ἐξ αὐτων ὁ τουτο μελλων πρασσειν.

23 2 *ἤρξαντο* δε κατηγορειν αὐτου λεγοντες·

5 διδασκων καθ ὁλης της ἰουδαιας, καὶ *ἀρξαμενος* ἀπο της γαλιλαιας ἑως ὧδε.

30 τοτε *ἀρχονται* λεγειν τοις ὀρεσιν·

24 27 καὶ *ἀρξαμενος* ἀπο μωυσεως καὶ ἀπο παντων των προφητων διερμηνευσεν αὐτοις ἐν πασαις ταις γραφαις τα περι ἑαυτου.

47 καὶ κηρυχθηναι ἐπι τω ὀνοματι αὐτου μετανοιαν εἰς ἀφεσιν ἁμαρτιων εἰς παντα τα ἐθνη, *ἀρξαμενοι* ἀπο ἰερουσαλημ.

Jh 8 9* οἱ δε ἀκουσαντες ἐξηρχοντο εἰς καθ εἰς *ἀρξαμενοι* ἀπο των πρεσβυτερων,

13 5 εἶτα βαλλει ὑδωρ εἰς τον νιπτηρα, καὶ *ἤρξατο* νιπτειν τους ποδας των μαθητων καὶ ἐκμασσειν τω λεντιω ὧ ἦν διεζωσμενος.

Ac 1 1 τον μεν πρωτον λογον ἐποιησαμην περι παντων, ὦ θεοφιλε, ὧν *ἤρξατο* ὁ ἰησους ποιειν τε καὶ διδασκειν,

22 *ἀρξαμενος* ἀπο του βαπτισματος ἰωαννου ἑως της ἡμερας ἧς ἀνελημφθη ἀφ ἡμων,

2 4 καὶ *ἤρξαντο* λαλειν ἑτεραις γλωσσαις καθως το πνευμα ἐδιδου ἀποφθεγγεσθαι αὐτοις.

8 35 ἀνοιξας δε ὁ φιλιππος το στομα αὐτου καὶ *ἀρξαμενος* ἀπο της γραφης ταυτης εὐηγγελισατο αὐτω τον ἰησουν.

10 37 ὑμεις οἴδατε το γενομενον ῥημα καθ ὁλης της ἰουδαιας, *ἀρξαμενος* ἀπο της γαλιλαιας μετα το βαπτισμα ὁ ἐκηρυξεν ἰωαννης,

11 4 *ἀρξαμενος* δε πετρος ἐξετιθετο αὐτοις καθεξης λεγων·

15 ἐν δε τω *ἀρξασθαι* με λαλειν ἐπεπεσεν το πνευμα το ἁγιον ἐπ αὐτους ὡσπερ καὶ ἐφ ἡμας ἐν ἀρχη.

18 26 οὗτος τε *ἤρξατο* παρρησιαζεσθαι ἐν τη συναγωγη.

24 2 κληθεντος δε αὐτου *ἤρξατο* κατηγορειν ὁ τερτυλλος λεγων·

27 35 εἰπας δε ταυτα καὶ λαβων ἀρτον εὐχαριστησεν τω θεω ἐνωπιον παντων καὶ κλασας *ἤρξατο* ἐσθιειν.

Rm 15 12 ἐσται ἡ ῥιζα του ἰεσσαι, καὶ ὁ ἀνισταμενος *ἄρχειν* ἐθνων· ἐπ αὐτω ἐθνη ἐλπιουσιν.

2Co 3 1 *ἀρχομεθα* παλιν ἑαυτους συνιστανειν;

1Pt 4 17 ὅτι [ὁ] καιρος του *ἀρξασθαι* το κριμα ἀπο του οἰκου του θεου·

ἄρχων [37]

Mt 9 18 ἰδου *ἄρχων* εἰς ἐλθων προσεκυνει αὐτω λεγων ὅτι ἡ θυγατηρ μου ἄρτι ἐτελευτησεν·

23 καὶ ἐλθων ὁ ἰησους εἰς την οἰκιαν του *ἄρχοντος* καὶ ἰδων τους αὐλητας καὶ τον ὀχλον θορυβουμενον ἐλεγεν·

34 ἐν τω *ἄρχοντι* των δαιμονιων ἐκβαλλει τα δαιμονια.

12 24 οὗτος οὐκ ἐκβαλλει τα δαιμονια εἰ μη ἐν τω βεελζεβουλ *ἄρχοντι* των δαιμονιων.

20 25 οἴδατε ὅτι οἱ *ἄρχοντες* των ἐθνων κατακυριευουσιν αὐτων καὶ οἱ μεγαλοι κατεξουσιαζουσιν αὐτων.

Mc 3 22 καὶ ὅτι ἐν τω *ἄρχοντι* των δαιμονιων ἐκβαλλει τα δαιμονια. καὶ προσκαλεσαμενος αὐτους ἐν παραβολαις ἐλεγεν αὐτοις·

Lc 8 41 καὶ ἰδου ἦλθεν ἀνηρ ὦ ὀνομα ἰαιρος, καὶ οὗτος *ἄρχων* της συναγωγης ὑπηρχεν·

11 15 ἐν βεελζεβουλ τω *ἄρχοντι* των δαιμονιων ἐκβαλλει τα δαιμονια·

12 58 ὡς γαρ ὑπαγεις μετα του ἀντιδικου σου ἐπ *ἄρχοντα*, ἐν τη ὁδω δος ἐργασιαν ἀπηλλαχθαι ἀπ αὐτου,

14 1 καὶ ἐγενετο ἐν τω ἐλθειν αὐτον εἰς οἰκον τινος των *ἀρχοντων* [των] φαρισαιων σαββατω φαγειν ἀρτον,

18 18 καὶ ἐπηρωτησεν τις αὐτον *ἄρχων* λεγων· διδασκαλε ἀγαθε, τί ποιησας ζωην αἰωνιον κληρονομησω;

23 13 πιλατος δε συγκαλεσαμενος τους ἀρχιερεις καὶ τους *ἄρχοντας* καὶ τον λαον

35 ἐξεμυκτηριζον δε καὶ οἱ *ἄρχοντες* λεγοντες·

24 20 ὁπως τε παρεδωκαν αὐτον οἱ ἀρχιερεις καὶ οἱ *ἄρχοντες* ἡμων εἰς κριμα θανατου καὶ ἐσταυρωσαν αὐτον.

Jh 3 1 νικοδημος ὀνομα αὐτω, *ἄρχων* των ἰουδαιων·

7 26 μηποτε ἀληθως ἐγνωσαν οἱ *ἄρχοντες* ὅτι οὗτος ἐστιν ὁ χριστος;

48 μη τις ἐκ των *ἀρχοντων* ἐπιστευσεν εἰς αὐτον ἢ ἐκ των φαρισαιων;

12 31 νυν ὁ *ἄρχων* του κοσμου τουτου ἐκβληθησεται ἐξω·

42 ὁμως μεντοι καὶ ἐκ των *ἀρχοντων* πολλοι ἐπιστευσαν εἰς αὐτον,

14 30 οὐκετι πολλα λαλησω μεθ ὑμων, ἐρχεται γαρ ὁ του κοσμου *ἄρχων·*

16 11 περι δε κρισεως, ὅτι ὁ *ἄρχων* του κοσμου τουτου κεκριται.

ἄρχων [37]

Ac	3 17	καὶ νυν, ἀδελφοι, οἰδα ὁτι κατα ἀγνοιαν ἐπραξατε, ὡσπερ καὶ οἱ *ἄρχοντες* ὑμων·
	4 5	ἐγενετο δε ἐπι την αὐριον συναχϑηναι αὐτων τους *ἄρχοντας* και τους πρεσβυτερους και τους γραμματεις ἐν ἱερουσαλημ,
	8	*ἄρχοντες* του λαου και πρεσβυτεροι, εἰ ἡμεις σημερον ἀνακρινομεϑα ἐπι εὐεργεσια ἀνϑρωπου *ἀσϑενους*, ἐν τίνι οὑτος σεσωται,
	26	παρεστησαν οἱ βασιλεις της γης και οἱ *ἄρχοντες* συνηχϑησαν ἐπι το αὐτο κατα του κυριου και κατα του χριστου αὐτου.
	7 27	τίς σε κατεστησεν *ἄρχοντα* και δικαστην ἐφ ἡμων;
	35	τίς σε κατεστησεν *ἄρχοντα* και δικαστην;
	35	τουτον ὁ ϑεος [και] *ἄρχοντα* και λυτρωτην ἀπεσταλκεν συν χειρι ἀγγελου του ὀφϑεντος αὐτω ἐν τη βατω.
	13 27	οἱ γαρ κατοικουντες ἐν ἱερουσαλημ και οἱ *ἄρχοντες* αὐτων τουτον ἀγνοησαντες και τας φωνας των προφητων τας κατα παν σαββατον ἀναγινωσκομενας κριναντες ἐπληρωσαν,
	14 5	ὡς δε ἐγενετο ὁρμη των ἐϑνων τε και ἰουδαιων συν τοις *ἄρχουσιν* αὐτων ὑβρισαι και λιϑοβολησαι αὐτους,
	16 19	ἰδοντες δε οἱ κυριοι αὐτης ὁτι ἐξηλϑεν ἡ ἐλπις της ἐργασιας αὐτων, ἐπιλαβομενοι τον παυλον και τον σιλαν εἱλκυσαν εἰς την ἀγοραν ἐπι τους *ἄρχοντας*,
	23 5	γεγραπται γαρ ὁτι *ἄρχοντα* του λαου σου οὐκ ἐρεις κακως.
Rm	13 3	οἱ γαρ *ἄρχοντες* οὐκ εἰσιν φοβος τω ἀγαϑω ἐργω ἀλλα τω κακω.
1Co	2 6	σοφιαν δε λαλουμεν ἐν τοις τελειοις, σοφιαν δε οὐ του αἰωνος τουτου οὐδε των *ἀρχοντων* του αἰωνος τουτου των καταργουμενων·
	8	ἡν οὐδεις των *ἀρχοντων* του αἰωνος τουτου ἐγνωκεν·
Eph	2 2	κατα τον αἰωνα του κοσμου τουτου, κατα τον *ἄρχοντα* της ἐξουσιας του ἀερος,
Apc	1 5	ὁ πρωτοτοκος των νεκρων και ὁ *ἄρχων* των βασιλεων της γης.

ἄρωμα [4]

Mc	16 1	και διαγενομενου του σαββατου μαρια ἡ μαγδαληνη και μαρια ἡ [του] ἰακωβου και σαλωμη ἠγορασαν *ἀρωματα* ἱνα ἐλϑουσαι ἀλειψωσιν αὐτον.
Lc	23 56	ὑποστρεψασαι δε ἡτοιμασαν *ἀρωματα* και μυρα.
	24 1	τη δε μια των σαββατων ὀρθρου βαθεως ἐπι το μνημα ἠλϑον φερουσαι ἁ ἡτοιμασαν *ἀρωματα*.
Jh	19 40	ἐλαβον οὐν το σωμα του ἰησου και ἐδησαν αὐτο ὀθονιοις μετα των *ἀρωματων*,

ἀσαλευτος [2]

Ac	27 41	και ἡ μεν πρωρα ἐρεισασα ἐμεινεν *ἀσαλευτος*, ἡ δε πρυμνα ἐλυετο ὑπο της βιας [των κυματων].
Heb	12 28	διο βασιλειαν *ἀσαλευτον* παραλαμβανοντες ἐχωμεν χαριν,

ἀσαφ [2]

Mt	1 7	ἀβια δε ἐγεννησεν τον *ἀσαφ*,
	8	*ἀσαφ* δε ἐγεννησεν τον ἰωσαφατ,

ἀσβεστος [3]

Mt	3 12	το δε ἀχυρον κατακαυσει πυρι *ἀσβεστω*.
Mc	9 43	καλον ἐστιν σε κυλλον εἰσελθειν εἰς την ζωην, ἡ τας δυο χειρας ἐχοντα ἀπελθειν εἰς την γεενναν, εἰς το πυρ το *ἀσβεστον*.
Lc	3 17	το δε ἀχυρον κατακαυσει πυρι *ἀσβεστω*.

ἀσεβεια [6]

Rm	1 18	ἀποκαλυπτεται γαρ ὀργη ϑεου ἀπ οὐρανου ἐπι πασαν *ἀσεβειαν* και ἀδικιαν ἀνϑρωπων των την ἀληθειαν ἐν ἀδικια κατεχοντων,
	11 26	ἡξει ἐκ σιων ὁ ῥυομενος, ἀποστρεψει *ἀσεβειας* ἀπο ἰακωβ.
2Tm	2 16	ἐπι πλειον γαρ προκοψουσιν *ἀσεβειας*,
Tit	2 12	παιδευουσα ἡμας, ἱνα ἀρνησαμενοι την *ἀσεβειαν* και τας κοσμικας ἐπιθυμιας σωφρονως και δικαιως και εὐσεβως ζησωμεν ἐν τω νυν αἰωνι,
Ju	15	ποιησαι κρισιν κατα παντων και ἐλεγξαι πασαν ψυχην περι παντων των ἐργων *ἀσεβειας* αὐτων ὡν ἠσεβησαν
	18	[ὁτι] ἐπ ἐσχατου [του] χρονου ἐσονται ἐμπαικται κατα τας ἑαυτων ἐπιθυμιας πορευομενοι των *ἀσεβειων*.

ἀσεβεω [2]

2Pt	2 6	και πολεις σοδομων και γομορρας τεφρωσας [καταστροφη] κατεκρινεν, ὑποδειγμα μελλοντων *ἀσεβε[σ]ιν* τεθεικως,
Ju	15	ποιησαι κρισιν κατα παντων και ἐλεγξαι πασαν ψυχην περι παντων των ἐργων ἀσεβειας αὐτων ὡν *ἠσεβησαν*·

ἀσεβης [9]

Rm	4 5	τω δε μη ἐργαζομενω, πιστευοντι δε ἐπι τον δικαιουντα τον *ἀσεβη*, λογιζεται ἡ πιστις αὐτου εἰς δικαιοσυνην,
	5 6	ἐτι γαρ χριστος ὀντων ἡμων *ἀσεβων* ἐτι κατα καιρον ὑπερ *ἀσεβων* ἀπεθανεν.
1Tm	1 9	*ἀσεβεσι* και ἁμαρτωλοις, ἀνοσιοις και βεβηλοις,
1Pt	4 18	και εἰ ὁ δικαιος μολις σωζεται, ὁ *ἀσεβης* και ἁμαρτωλος που φανειται;
2Pt	2 5	ἀλλα ὀγδοον νωε δικαιοσυνης κηρυκα ἐφυλαξεν, κατακλυσμον κοσμω *ἀσεβων* ἐπαξας,
	6	και πολεις σοδομων και γομορρας τεφρωσας [καταστροφη] κατεκρινεν, ὑποδειγμα μελλοντων *ἀσεβε[σ]ιν* τεθεικως,
	3 7	οἱ δε νυν οὐρανοι και ἡ γη τω αὐτω λογω τεθησαυρισμενοι εἰσιν πυρι τηρουμενοι εἰς ἡμεραν κρισεως και ἀπωλειας των *ἀσεβων* ἀνϑρωπων.
Ju	4	οἱ παλαι προγεγραμμενοι εἰς τουτο το κριμα, *ἀσεβεις*,
	15	και περι παντων των σκληρων ὡν ἐλαλησαν κατ αὐτου ἁμαρτωλοι *ἀσεβεις*.

ἀσελγεια [10]

Mc	7 22	ἐσωθεν γαρ ἐκ της καρδιας των ἀνϑρωπων οἱ διαλογισμοι οἱ κακοι ἐκπορευονται, πορνειαι, κλοπαι, φονοι, μοιχειαι, πλεονεξιαι, πονηριαι, δολος, *ἀσελγεια*, ὀφθαλμος πονηρος, βλασφημια, ὑπερηφανια, ἀφροσυνη·
Rm	13 13	ὡς ἐν ἡμερα εὐσχημονως περιπατησωμεν, μη κωμοις και μεθαις, μη κοιταις και *ἀσελγειαις*, μη ἐριδι και ζηλω·
2Co	12 21	και πενθησω πολλους των προημαρτηκοτων και μη μετανοησαντων ἐπι τη ἀκαθαρσια και πορνεια και *ἀσελγεια* ἡ ἐπραξαν.
Ga	5 19	ἁτινα ἐστιν πορνεια, ἀκαθαρσια, *ἀσελγεια*, εἰδωλολατρια,
Eph	4 19	οἱτινες ἀπηλγηκοτες ἑαυτους παρεδωκαν τη *ἀσελγεια* εἰς ἐργασιαν ἀκαθαρσιας πασης ἐν πλεονεξια.
1Pt	4 3	ἀρκετος γαρ ὁ παρεληλυθως χρονος το βουλημα των ἐθνων κατειργασθαι, πεπορευμενους ἐν *ἀσελγειαις*,
2Pt	2 2	και πολλοι ἐξακολουθησουσιν αὐτων ταις *ἀσελγειαις*,
	7	και δικαιον λωτ καταπονουμενον ὑπο της των ἀθεσμων ἐν *ἀσελγεια* ἀναστροφης ἐρρυσατο·
	18	ὑπερογκα γαρ ματαιοτητος φθεγγομενοι δελεαζουσιν ἐν ἐπιθυμιαις σαρκος *ἀσελγειαις* τους ὀλιγως ἀποφευγοντας τους ἐν πλανη ἀναστρεφομενους,
Ju	4	*ἀσεβεις*, την του ϑεου ἡμων χαριτα μετατιθεντες εἰς *ἀσελγειαν* και τον μονον δεσποτην και κυριον ἡμων ἰησουν χριστον ἀρνουμενοι.

ἀσημος [1]

Ac	21 39	ἐγω ἀνθρωπος μεν εἰμι ἰουδαιος, ταρσευς, της κιλικιας οὐκ *ἀσημου* πολεως πολιτης·

ἀσηρ [2]

Lc	2 36	και ἠν ἀννα προφητις, θυγατηρ φανουηλ, ἐκ φυλης *ἀσηρ*·
Apc	7 6	ἐκ φυλης *ἀσηρ* δωδεκα χιλιαδες,

ἀσϑενεια [24]

Mt	8 17	αὐτος τας *ἀσϑενειας* ἡμων ἐλαβεν και τας νοσους ἐβαστασεν.
Lc	5 15	και συνηρχοντο ὀχλοι πολλοι ἀκουειν και θεραπευεσθαι ἀπο των *ἀσϑενειων* αὐτων·
	8 2	και γυναικες τινες αἱ ἠσαν τεθεραπευμεναι ἀπο πνευματων πονηρων και *ἀσϑενειων*,
	13 11	και ἰδου γυνη πνευμα ἐχουσα *ἀσϑενειας* ἐτη δεκαοκτω,
	12	γυναι, ἀπολελυσαι της *ἀσϑενειας* σου,
Jh	5 5	ἠν δε τις ἀνθρωπος ἐκει τριακονταικαιοκτω ἐτη ἐχων ἐν τη *ἀσϑενεια* αὐτου·
	11 4	αὑτη ἡ *ἀσϑενεια* οὐκ ἐστιν προς θανατον ἀλλ ὑπερ της δοξης του ϑεου,
Ac	28 9	τουτου δε γενομενου και οἱ λοιποι οἱ ἐν τη νησω ἐχοντες *ἀσϑενειας* προσηρχοντο και ἐθεραπευοντο,
Rm	6 19	ἀνθρωπινον λεγω δια την *ἀσϑενειαν* της σαρκος ὑμων.
	8 26	ὡσαυτως δε και το πνευμα συναντιλαμβανεται τη *ἀσϑενεια* ἡμων·

ἀσθενεια [24]

1Co 2 3 καγω ἐν ἀσθενειᾳ και ἐν φοβῳ και ἐν τρομῳ πολλῳ ἐγενομην προς ὑμας,
15 43 σπειρεται ἐν ἀσθενειᾳ, ἐγειρεται ἐν δυναμει·
2Co 11 30 εἰ καυχασθαι δει, τα της ἀσθενειας μου καυχησομαι.
12 5 ὑπερ του τοιουτου καυχησομαι, ὑπερ δε ἐμαυτου οὐ καυχησομαι εἰ μη ἐν ταις ἀσθενειαις.
9 ἀρκει σοι ἡ χαρις μου· ἡ γαρ δυναμις ἐν ἀσθενειᾳ τελειται.
9 ἡδιστα οὖν μαλλον καυχησομαι ἐν ταις ἀσθενειαις μου,
10 διο εὐδοκω ἐν ἀσθενειαις, ἐν ὑβρεσιν, ἐν ἀναγκαις, ἐν διωγμοις και στενοχωριαις, ὑπερ χριστου·
13 4 και γαρ ἐσταυρωθη ἐξ ἀσθενειας, ἀλλα ζη ἐκ δυναμεως θεου.
Ga 4 13 οἰδατε δε ὁτι δι ἀσθενειαν της σαρκος εὐηγγελισαμην ὑμιν το προτερον,
1Tm 5 23 μηκετι ὑδροποτει, ἀλλα οἰνῳ ὀλιγῳ χρω δια τον στομαχον και τας πυκνας σου ἀσθενειας.
Heb 4 15 οὐ γαρ ἐχομεν ἀρχιερεα μη δυναμενον συμπαθησαι ταις ἀσθενειαις ἡμων,
5 2 μετριοπαθειν δυναμενος τοις ἀγνοουσιν και πλανωμενοις, ἐπει και αὐτος περικειται ἀσθενειαν,
7 28 ὁ νομος γαρ ἀνθρωπους καθιστησιν ἀρχιερεις ἐχοντας ἀσθενειαν,
11 34 ἐδυναμωθησαν ἀπο ἀσθενειας, ἐγενηθησαν ἰσχυροι ἐν πολεμῳ, παρεμβολας ἐκλιναν ἀλλοτριων.

ἀσθενεω [33]

Mt 10 8 ἀσθενουντας θεραπευετε, νεκρους ἐγειρετε,
25 36 ἠσθενησα και ἐπεσκεψασθε με, ἐν φυλακη ἠμην και ἠλθατε προς με.
39 ποτε δε σε εἰδομεν ἀσθενουντα ἠ ἐν φυλακη και ἠλθομεν προς σέ;
Mc 6 56 και ὁπου ἀν εἰσεπορευετο εἰς κωμας ἠ εἰς πολεις ἠ εἰς ἀγρους, ἐν ταις ἀγοραις ἐτιθησαν τους ἀσθενουντας,
Lc 4 40 δυνοντος δε του ἡλιου ἀπαντες ὁσοι εἰχον ἀσθενουντας νοσοις ποικιλαις ἠγαγον αὐτους προς αὐτον·
Jh 4 46 και ἠν τις βασιλικος οὑ ὁ υἱος ἠσθενει ἐν καφαρναουμ·
5 3 ἐν ταυταις κατεκειτο πληθος των ἀσθενουντων, τυφλων, χωλων, ξηρων.
7 ἀπεκριθη αὐτῳ ὁ ἀσθενων· κυριε, ἀνθρωπον οὐκ ἐχω,
6 2 ἠκολουθει δε αὐτῳ ὀχλος πολυς, ὁτι ἐθεωρουν τα σημεια ἁ ἐποιει ἐπι των ἀσθενουντων.
11 1 ἠν δε τις ἀσθενων, λαζαρος ἀπο βηθανιας,
2 ἠν δε μαριαμ ἡ ἀλειψασα τον κυριον μυρῳ και ἐκμαξασα τους ποδας αὐτου ταις θριξιν αὐτης, ἡς ὁ ἀδελφος λαζαρος ἠσθενει.
3 κυριε, ἰδε ὁν φιλεις ἀσθενει.
6 ὡς οὖν ἠκουσεν ὁτι ἀσθενει, τοτε μεν ἐμεινεν ἐν ᾡ ἠν τοπῳ δυο ἡμερας·
Ac 9 37 ἐγενετο δε ἐν ταις ἡμεραις ἐκειναις ἀσθενησασαν αὐτην ἀποθανειν·
19 12 ὡστε και ἐπι τους ἀσθενουντας ἀποφερεσθαι ἀπο του χρωτος αὐτου σουδαρια ἠ σιμικινθια και ἀπαλλασσεσθαι ἀπ αὐτων τας νοσους,
20 35 παντα ὑπεδειξα ὑμιν, ὁτι οὑτως κοπιωντας δει ἀντιλαμβανεσθαι των ἀσθενουντων,
Rm 4 19 και μη ἀσθενησας τη πιστει κατενοησεν το ἑαυτου σωμα [ἠδη] νενεκρωμενον, ἑκατονταετης που ὑπαρχων,
8 3 το γαρ ἀδυνατον του νομου, ἐν ᾡ ἠσθενει δια της σαρκος, ὁ θεος τον ἑαυτου υἱον πεμψας ἐν ὁμοιωματι σαρκος ἁμαρτιας και περι ἁμαρτιας κατεκρινεν την ἁμαρτιαν ἐν τη σαρκι,
14 1 τον δε ἀσθενουντα τη πιστει προσλαμβανεσθε, μη εἰς διακρισεις διαλογισμων.
2 ὁς μεν πιστευει φαγειν παντα, ὁ δε ἀσθενων λαχανα ἐσθιει.
1Co 8 11 ἀπολλυται γαρ ὁ ἀσθενων ἐν τη ση γνωσει, ὁ ἀδελφος δι ὁν χριστος ἀπεθανεν.
12 οὑτως δε ἁμαρτανοντες εἰς τους ἀδελφους και τυπτοντες αὐτων την συνειδησιν ἀσθενουσαν εἰς χριστον ἁμαρτανετε.
2Co 11 21 κατα ἀτιμιαν λεγω, ὡς ὁτι ἡμεις ἠσθενηκαμεν·
29 τις ἀσθενει, και οὐκ ἀσθενω;
29 τις ἀσθενει, και οὐκ ἀσθενω;
12 10 ὁταν γαρ ἀσθενω, τοτε δυνατος εἰμι.
13 3 ἐπει δοκιμην ζητειτε του ἐν ἐμοι λαλουντος χριστου, ὁς εἰς ὑμας οὐκ ἀσθενει ἀλλα δυνατει ἐν ὑμιν.
4 και γαρ ἡμεις ἀσθενουμεν ἐν αὐτῳ, ἀλλα ζησομεν συν αὐτῳ ἐκ δυναμεως θεου εἰς ὑμας.
9 χαιρομεν γαρ ὁταν ἡμεις ἀσθενωμεν, ὑμεις δε δυνατοι ἠτε· τουτο και εὐχομεθα, την ὑμων καταρτισιν.
Php 2 26 ἐπειδη ἐπιποθων ἠν παντας ὑμας, και ἀδημονων, διοτι ἠκουσατε ὁτι ἠσθενησεν.

Php 2 27 και γαρ ἠσθενησεν παραπλησιον θανατῳ·
2Tm 4 20 ἐραστος ἐμεινεν ἐν κορινθῳ, τροφιμον δε ἀπελιπον ἐν μιλητῳ ἀσθενουντα.
Ja 5 14 ἀσθενει τις ἐν ὑμιν; προσκαλεσασθω τους πρεσβυτερους της ἐκκλησιας,

ἀσθενημα [1]

Rm 15 1 ὀφειλομεν δε ἡμεις οἱ δυνατοι τα ἀσθενηματα των ἀδυνατων βασταζειν,

ἀσθενης [26]

Mt 25 43 ξενος ἠμην και οὐ συνηγαγετε με, γυμνος και οὐ περιεβαλετε με, ἀσθενης και ἐν φυλακη και οὐκ ἐπεσκεψασθε με.
44 κυριε, ποτε σε εἰδομεν πεινωντα ἠ διψωντα ἠ ξενον ἠ γυμνον ἠ ἀσθενη ἠ ἐν φυλακη και οὐ διηκονησαμεν σοι;
26 41 το μεν πνευμα προθυμον, ἡ δε σαρξ ἀσθενης.
Mc 14 38 το μεν πνευμα προθυμον, ἡ δε σαρξ ἀσθενης.
Lc 9 2 και ἀπεστειλεν αὐτους κηρυσσειν την βασιλειαν του θεου και ἰασθαι [τους ἀσθενεις],
10 9 και θεραπευετε τους ἐν αὐτη ἀσθενεις, και λεγετε αὐτοις·
Ac 4 9 εἰ ἡμεις σημερον ἀνακρινομεθα ἐπι εὐεργεσια ἀνθρωπου ἀσθενους, ἐν τινι οὑτος σεσωται,
5 15 ὡστε και εἰς τας πλατειας ἐκφερειν τους ἀσθενεις και τιθεναι ἐπι κλιναριων και κραβαττων, ἱνα ἐρχομενου πετρου καν ἡ σκια ἐπισκιαση τινι αὐτων.
16 συνηρχετο δε και το πληθος των περιξ πολεων ἰερουσαλημ, φεροντες ἀσθενεις και ὀχλουμενους ὑπο πνευματων ἀκαθαρτων,
Rm 5 6 ἐτι γαρ χριστος ὀντων ἡμων ἀσθενων ἐτι κατα καιρον ὑπερ ἀσεβων ἀπεθανεν.
1Co 1 25 ὁτι το μωρον του θεου σοφωτερον των ἀνθρωπων ἐστιν, και το ἀσθενες του θεου ἰσχυροτερον των ἀνθρωπων.
27 και τα ἀσθενη του κοσμου ἐξελεξατο ὁ θεος ἱνα καταισχυνη τα ἰσχυρα,
4 10 ἡμεις ἀσθενεις, ὑμεις δε ἰσχυροι· ὑμεις ἐνδοξοι, ἡμεις δε ἀτιμοι.
8 7 και ἡ συνειδησις αὐτων ἀσθενης οὐσα μολυνεται.
9 βλεπετε δε μη πως ἡ ἐξουσια ὑμων αὑτη προσκομμα γενηται τοις ἀσθενεσιν.
10 ἐαν γαρ τις ἰδη σέ τον ἐχοντα γνωσιν ἐν εἰδωλειῳ κατακειμενον, οὐχι ἡ συνειδησις αὐτου ἀσθενους ὀντος οἰκοδομηθησεται εἰς το τα εἰδωλοθυτα ἐσθιειν;
9 22 ἐγενομην τοις ἀσθενεσιν ἀσθενης, ἱνα τους ἀσθενεις κερδησω·
22 ἐγενομην τοις ἀσθενεσιν ἀσθενης, ἱνα τους ἀσθενεις κερδησω·
22 ἐγενομην τοις ἀσθενεσιν ἀσθενης, ἱνα τους ἀσθενεις κερδησω·
11 30 δια τουτο ἐν ὑμιν πολλοι ἀσθενεις και ἀρρωστοι και κοιμωνται ἱκανοι.
12 22 ἀλλα πολλῳ μαλλον τα δοκουντα μελη του σωματος ἀσθενεστερα ὑπαρχειν ἀναγκαια ἐστιν,
2Co 10 10 ἡ δε παρουσια του σωματος ἀσθενης και ὁ λογος ἐξουθενημενος.
Ga 4 9 μαλλον δε γνωσθεντες ὑπο θεου, πως ἐπιστρεφετε παλιν ἐπι τα ἀσθενη και πτωχα στοιχεια,
1Th 5 14 ἀντεχεσθε των ἀσθενων, μακροθυμειτε προς παντας.
Heb 7 18 ἀθετησις μεν γαρ γινεται προαγουσης ἐντολης δια το αὐτης ἀσθενες και ἀνωφελες,
1Pt 3 7 οἱ ἀνδρες ὁμοιως, συνοικουντες κατα γνωσιν ὡς ἀσθενεστερῳ σκευει τω γυναικειω,

ἀσια [18]

Ac 2 9 ποντον και την ἀσιαν, φρυγιαν τε και παμφυλιαν,
6 9 ἀνεστησαν δε τινες ἐκ της συναγωγης της λεγομενης λιβερτινων και κυρηναιων και ἀλεξανδρεων και των ἀπο κιλικιας και ἀσιας συζητουντες τω στεφανῳ,
16 6 διηλθον δε την φρυγιαν και γαλατικην χωραν, κωλυθεντες ὑπο του ἁγιου πνευματος λαλησαι τον λογον ἐν τη ἀσια·
19 10 τουτο δε ἐγενετο ἐπι ἐτη δυο, ὡστε παντας τους κατοικουντας την ἀσιαν ἀκουσαι τον λογον του κυριου,
22 αὐτος ἐπεσχεν χρονον εἰς την ἀσιαν.
26 και θεωρειτε και ἀκουετε ὁτι οὐ μονον ἐφεσου ἀλλα σχεδον πασης της ἀσιας ὁ παυλος οὑτος πεισας μετεστησεν ἱκανον ὀχλον,

ἀσια [18]

Ac	19 27	μελλειν τε και καθαιρεισθαι της μεγαλειοτητος αυτης, ην ολη ἡ ἀσια και ἡ οικουμενη σεβεται.
	20 16	κεκρικει γαρ ὁ παυλος παραπλευσαι την εφεσον, ὁπως μη γενηται αυτω χρονοτριβησαι εν τη ἀσια·
	18	ὑμεις επιστασθε, απο πρωτης ἡμερας αφ᾽ ἡς επεβην εις την ἀσιαν, πως μεθ᾽ ὑμων τον παντα χρονον εγενομην,
	21 27	ὡς δε εμελλον αἱ ἑπτα ἡμεραι συντελεισθαι, οἱ απο της ἀσιας ιουδαιοι θεασαμενοι αυτον εν τω ιερω συνεχεον παντα τον οχλον,
	24 19	τινες δε απο της ἀσιας ιουδαιοι, οὑς εδει επι σου παρειναι και κατηγορειν ει τι εχοιεν προς εμε.
	27 2	επιβαντες δε πλοιω αδραμυττηνω μελλοντι πλειν εις τους κατα την ἀσιαν τοπους ανηχθημεν,
Rm	16 5	ἀσπασθε επαινετον τον αγαπητον μου, ὁς εστιν απαρχη της ἀσιας εις χριστον.
1Co	16 19	ἀσπαζονται ὑμας αἱ εκκλησιαι της ἀσιας.
2Co	1 8	ου γαρ θελομεν ὑμας αγνοειν, αδελφοι, ὑπερ της θλιψεως ἡμων της γενομενης εν τη ἀσια,
2Tm	1 15	οιδας τουτο, ὁτι απεστραφησαν με παντες οἱ εν τη ἀσια,
1Pt	1 1	πετρος αποστολος ιησου χριστου εκλεκτοις παρεπιδημοις διασπορας ποντου, γαλατιας, καππαδοκιας, ἀσιας και βιθυνιας,
Apc	1 4	ιωαννης ταις ἑπτα εκκλησιαις ταις εν τη ἀσια·

ἀσιανος [1]

Ac	20 4	συνειπετο δε αυτω σωπατρος πυρρου βεροιαιος, θεσσαλονικεων δε αρισταρχος και σεκουνδος, και γαιος δερβαιος και τιμοθεος, ἀσιανοι δε τυχικος και τροφιμος.

ἀσιαρχης [1]

Ac	19 31	τινες δε και των ἀσιαρχων, οντες αυτω φιλοι, πεμψαντες προς αυτον παρεκαλουν μη δουναι ἑαυτον εις το θεατρον.

ἀσιτια [1]

Ac	27 21	πολλης τε ἀσιτιας ὑπαρχουσης τοτε σταθεις ὁ παυλος εν μεσω αυτων ειπεν·

ἀσιτος [1]

Ac	27 33	τεσσαρεσκαιδεκατην σημερον ἡμεραν προσδοκωντες ἀσιτοι διατελειτε,

ἀσκεω [1]

Ac	24 16	εν τουτω και αυτος ἀσκω απροσκοπον συνειδησιν εχειν προς τον θεον και τους ανθρωπους δια παντος.

ἀσκος [12]

Mt	9 17	ουδε βαλλουσιν οινον νεον εις ἀσκους παλαιους·
	17	ει δε μηγε, ρηγνυνται οἱ ἀσκοι, και ὁ οινος εκχειται και οἱ ἀσκοι απολλυνται.
	17	και ὁ οινος εκχειται και οἱ ἀσκοι απολλυνται.
	17	αλλα βαλλουσιν οινον νεον εις ἀσκους καινους,
Mc	2 22	και ουδεις βαλλει οινον νεον εις ἀσκους παλαιους·
	22	ει δε μη, ρηξει ὁ οινος τους ἀσκους,
	22	και ὁ οινος απολλυται και οἱ ἀσκοι.
	22	αλλα οινον νεον εις ἀσκους καινους.
Lc	5 37	και ουδεις βαλλει οινον νεον εις ἀσκους παλαιους·
	37	ει δε μηγε ρηξει ὁ οινος ὁ νεος τους ἀσκους. και αυτος εκχυθησεται και οἱ ασκοι απολουνται.
	37	ει δε μηγε ρηξει ὁ οινος ὁ νεος τους ἀσκους, και αυτος εκχυθησεται και οἱ ἀσκοι απολουνται.
	38	αλλα οινον νεον εις ἀσκους καινους βλητεον.

ἀσμενως [1]

Ac	21 17	γενομενων δε ἡμων εις ιεροσολυμα ἀσμενως απεδεξαντο ἡμας οἱ αδελφοι.

ἀσοφος [1]

Eph	5 15	βλεπετε ουν ακριβως πως περιπατειτε, μη ὡς ἀσοφοι αλλ᾽ ὡς σοφοι,

ἀσπαζομαι [59]

Mt	5 47	και εαν ἀσπασησθε τους αδελφους ὑμων μονον, τι περισσον ποιειτε;
	10 12	εισερχομενοι δε εις την οικιαν ἀσπασασθε αυτην·
Mc	9 15	και ευθυς πας ὁ οχλος ιδοντες αυτον εξεθαμβηθησαν, και προστρεχοντες ἠσπαζοντο αυτον.
	15 18	και ηρξαντο ἀσπαζεσθαι αυτον· χαιρε, βασιλευ των ιουδαιων·
Lc	1 40	και εισηλθεν εις τον οικον ζαχαριου και ἠσπασατο την ελισαβετ.
	10 4	μη βασταζετε βαλλαντιον, μη πηραν, μη ὑποδηματα· και μηδενα κατα την ὁδον ἀσπασησθε.
Ac	18 22	αναβας και ἀσπασαμενος την εκκλησιαν, κατεβη εις αντιοχειαν,
	20 1	μετα δε το παυσασθαι τον θορυβον μεταπεμψαμενος ὁ παυλος τους μαθητας και παρακαλεσας, ἀσπασαμενος εξηλθεν πορευεσθαι εις μακεδονιαν.
	21 7	και ἀσπασαμενοι τους αδελφους εμειναμεν ἡμεραν μιαν παρ᾽ αυτοις.
	19	και ἀσπασαμενος αυτους εξηγειτο καθ᾽ ἑν ἑκαστον ὡν εποιησεν ὁ θεος εν τοις εθνεσιν δια της διακονιας αυτου.
	25 13	ἡμερων δε διαγενομενων τινων αγριππας ὁ βασιλευς και βερνικη κατηντησαν εις καισαρειαν ἀσπασαμενοι τον φηστον.
Rm	16 3	ἀσπασασθε πρισκαν και ακυλαν τους συνεργους μου εν χριστω ιησου,
	5	ἀσπασασθε επαινετον τον αγαπητον μου, ὁς εστιν απαρχη της ἀσιας εις χριστον.
	6	ἀσπασασθε μαριαν, ἡτις πολλα εκοπιασεν εις ὑμας.
	7	ἀσπασασθε ανδρονικον και ιουνιαν τους συγγενεις μου και συναιχμαλωτους μου,
	8	ἀσπασασθε αμπλιατον τον αγαπητον μου εν κυριω.
	9	ἀσπασασθε ουρβανον τον συνεργον ἡμων εν χριστω και σταχυν τον αγαπητον μου.
	10	ἀσπασασθε απελλην τον δοκιμον εν χριστω.
	10	ἀσπασασθε τους εκ των αριστοβουλου.
	11	ἀσπασασθε ἡρωδιωνα τον συγγενη μου.
	11	ἀσπασασθε τους εκ των ναρκισσου τους οντας εν κυριω.
	12	ἀσπασασθε τρυφαιναν και τρυφωσαν τας κοπιωσας εν κυριω.
	12	ἀσπασασθε περσιδα την αγαπητην, ἡτις πολλα εκοπιασεν εν κυριω.
	13	ἀσπασασθε ρουφον τον εκλεκτον εν κυριω και την μητερα αυτου και εμου.
	14	ἀσπασασθε ασυγκριτον, φλεγοντα, ἑρμην, πατροβαν, ἑρμαν, και τους συν αυτοις αδελφους.
	15	ἀσπασασθε φιλολογον και ιουλιαν, νηρεα και την αδελφην αυτου, και ολυμπαν, και τους συν αυτοις παντας ἁγιους.
	16	ἀσπασασθε αλληλους εν φιληματι ἁγιω.
	16	ἀσπαζονται ὑμας αἱ εκκλησιαι πασαι του χριστου.
	21	ἀσπαζεται ὑμας τιμοθεος ὁ συνεργος μου, και λουκιος και ιασων και σωσιπατρος οἱ συγγενεις μου.
	22	ἀσπαζομαι ὑμας εγω τερτιος ὁ γραψας την επιστολην εν κυριω.
	23	ἀσπαζεται ὑμας γαιος ὁ ξενος μου και ολης της εκκλησιας.
	23	ἀσπαζεται ὑμας εραστος ὁ οικονομος της πολεως και κουαρτος ὁ αδελφος.
1Co	16 19	ἀσπαζονται ὑμας αἱ εκκλησιαι της ἀσιας.
	19	ἀσπαζεται ὑμας εν κυριω πολλα ακυλας και πρισκα συν τη κατ᾽ οικον αυτων εκκλησια.
	20	ἀσπαζονται ὑμας οἱ αδελφοι παντες.
	20	ἀσπασασθε αλληλους εν φιληματι ἁγιω.
2Co	13 12	ἀσπασασθε αλληλους εν ἁγιω φιληματι.
	12	ἀσπαζονται ὑμας οἱ ἁγιοι παντες.
Php	4 21	ἀσπασασθε παντα ἁγιον εν χριστω ιησου.
	21	ἀσπαζονται ὑμας οἱ συν εμοι αδελφοι.
	22	ἀσπαζονται ὑμας παντες οἱ ἁγιοι,
Col	4 10	ἀσπαζεται ὑμας αρισταρχος ὁ συναιχμαλωτος μου,
	12	ἀσπαζεται ὑμας επαφρας ὁ εξ ὑμων,
	14	ἀσπαζεται ὑμας λουκας ὁ ιατρος ὁ αγαπητος και δημας.
	15	ἀσπασασθε τους εν λαοδικεια αδελφους και νυμφαν και την κατ᾽ οικον αυτης εκκλησιαν.
1Th	5 26	ἀσπασασθε τους αδελφους παντας εν φιληματι ἁγιω.
2Tm	4 19	ἀσπασαι πρισκαν και ακυλαν και τον ονησιφορου οικον.
	21	ἀσπαζεται σε ευβουλος και πουδης και λινος και κλαυδια και οἱ αδελφοι παντες.
Tit	3 15	ἀσπαζονται σε οἱ μετ᾽ εμου παντες.
	15	ἀσπασαι τους φιλουντας ἡμας εν πιστει.
Phm	23	ἀσπαζεται σε επαφρας ὁ συναιχμαλωτος μου εν χριστω ιησου, μαρκος, αρισταρχος, δημας, λουκας, οἱ συνεργοι μου.
Heb	11 13	μη λαβοντες τας επαγγελιας, αλλα πορρωθεν αυτας ιδοντες και ἀσπασαμενοι.

ἀσπαζομαι [59]

Heb	13 24	ἀσπασασθε παντας τους ἡγουμενους ὑμων και παντας τους ἁγιους.
	24	ἀσπαζονται ὑμας οἱ ἀπο της ἰταλιας.
1Pt	5 13	ἀσπαζεται ὑμας ἡ ἐν βαβυλωνι συνεκλεκτη και μαρκος ὁ υἱος μου.
	14	ἀσπασασθε ἀλληλους ἐν φιληματι ἀγαπης.
2Jh	13	ἀσπαζεται σε τα τεκνα της ἀδελφης σου της ἐκλεκτης.
3Jh	15	ἀσπαζονται σε οἱ φιλοι. ἀσπαζου τους φιλους κατ ὀνομα.
	15	ἀσπαζονται σε οἱ φιλοι. ἀσπαζου τους φιλους κατ ὀνομα.

ἀσπασμος [10]

Mt	23 7	φιλουσιν δε την πρωτοκλισιαν ἐν τοις δειπνοις και τας πρωτοκαθεδριας ἐν ταις συναγωγαις και τους ἀσπασμους ἐν ταις ἀγοραις και καλεισθαι ὑπο των ἀνθρωπων ῥαββι.
Mc	12 38	βλεπετε ἀπο των γραμματεων των θελοντων ἐν στολαις περιπατειν και ἀσπασμους ἐν ταις ἀγοραις και πρωτοκαθεδριας ἐν ταις συναγωγαις και πρωτοκλισιας ἐν τοις δειπνοις·
Lc	1 29	ἡ δε ἐπι τω λογω διεταραχθη, και διελογιζετο ποταπος εἰη ὁ ἀσπασμος οὑτος.
	41	και ἐγενετο ὡς ἠκουσεν τον ἀσπασμον της μαριας ἡ ἐλισαβετ, ἐσκιρτησεν το βρεφος ἐν τη κοιλια αὐτης,
	44	ἰδου γαρ ὡς ἐγενετο ἡ φωνη του ἀσπασμου σου εἰς τα ὠτα μου, ἐσκιρτησεν ἐν ἀγαλλιασει το βρεφος ἐν τη κοιλια μου.
	11 43	οὐαι ὑμιν τοις φαρισαιοις, ὁτι ἀγαπατε την πρωτοκαθεδριαν ἐν ταις συναγωγαις και τους ἀσπασμους ἐν ταις ἀγοραις.
	20 46	προσεχετε ἀπο των γραμματεων των θελοντων περιπατειν ἐν στολαις και φιλουντων ἀσπασμους ἐν ταις ἀγοραις
1Co	16 21	ὁ ἀσπασμος τη ἐμη χειρι παυλου.
Col	4 18	ὁ ἀσπασμος τη ἐμη χειρι παυλου.
2Th	3 17	ὁ ἀσπασμος τη ἐμη χειρι παυλου, ὁ ἐστιν σημειον ἐν παση ἐπιστολη·

ἀσπιλος [4]

1Tm	6 14	τηρησαι σε την ἐντολην ἀσπιλον ἀνεπιλημπτον μεχρι της ἐπιφανειας του κυριου ἡμων ἰησου χριστου,
Ja	1 27	ἀσπιλον ἑαυτον τηρειν ἀπο του κοσμου.
1Pt	1 19	εἰδοτες ὁτι οὐ φθαρτοις, ἀργυριω ἡ χρυσιω, ἐλυτρωθητε ἐκ της ματαιας ὑμων ἀναστροφης πατροπαραδοτου, ἀλλα τιμιω αἱματι ὡς ἀμνου ἀμωμου και ἀσπιλου χριστου,
2Pt	3 14	διο, ἀγαπητοι, ταυτα προσδοκωντες σπουδασατε ἀσπιλοι και ἀμωμητοι αὐτω εὑρεθηναι ἐν εἰρηνη,

ἀσπις [1]

Rm	3 13	ἰος ἀσπιδων ὑπο τα χειλη αὐτων· ὡν το στομα ἀρας και πικριας γεμει·

ἀσπονδος [1]

2Tm	3 3	γονευσιν ἀπειθεις, ἀχαριστοι, ἀνοσιοι, ἀστοργοι, ἀσπονδοι, διαβολοι, ἀκρατεις, ἀνημεροι, ἀφιλαγαθοι,

ἀσσαριον [2]

Mt	10 29	οὐχι δυο στρουθια ἀσσαριου πωλειται;
Lc	12 6	οὐχι πεντε στρουθια πωλουνται ἀσσαριων δυο;

ἀσσον [1]

Ac	27 13	ὑποπνευσαντος δε νοτου δοξαντες της προθεσεως κεκρατηκεναι, ἀραντες ἀσσον παρελεγοντο την κρητην.

ἀσσος [2]

Ac	20 13	ἡμεις δε προελθοντες ἐπι το πλοιον ἀνηχθημεν ἐπι την ἀσσον,
	14	ὡς δε συνεβαλλεν ἡμιν εἰς την ἀσσον, ἀναλαβοντες αὐτον ἠλθομεν εἰς μιτυληνην·

ἀστατεω [1]

1Co	4 11	και κολαφιζομεθα και ἀστατουμεν και κοπιωμεν ἐργαζομενοι ταις ἰδιαις χερσιν·

ἀστειος [2]

Ac	7 20	ἐν ᾡ καιρω ἐγεννηθη μωυσης, και ἠν ἀστειος τω θεω·
Heb	11 23	πιστει μωυσης γεννηθεις ἐκρυβη τριμηνον ὑπο των πατερων αὐτου, διοτι εἰδον ἀστειον το παιδιον,

ἀστηρ [24]

Mt	2 2	εἰδομεν γαρ αὐτου τον ἀστερα ἐν τη ἀνατολη,
	7	τοτε ἡρωδης λαθρα καλεσας τους μαγους ἠκριβωσεν παρ αὐτων τον χρονον του φαινομενου ἀστερος,
	9	και ἰδου ὁ ἀστηρ, ὁν εἰδον ἐν τη ἀνατολη,
	10	ἰδοντες δε τον ἀστερα ἐχαρησαν χαραν μεγαλην σφοδρα.
	24 29	και οἱ ἀστερες πεσουνται ἀπο του οὐρανου,
Mc	13 25	και οἱ ἀστερες ἐσονται ἐκ του οὐρανου πιπτοντες,
1Co	15 41	ἀλλη δοξα σεληνης, και ἀλλη δοξα ἀστερων·
	41	ἀστηρ γαρ ἀστερος διαφερει ἐν δοξη.
	41	ἀστηρ γαρ ἀστερος διαφερει ἐν δοξη.
Ju	13	ἀστερες πλανηται, οἱς ὁ ζοφος του σκοτους εἰς αἰωνα τετηρηται.
Apc	1 16	και ἐχων ἐν τη δεξια χειρι αὐτου ἀστερας ἑπτα,
	20	το μυστηριον των ἑπτα ἀστερων οὑς εἰδες ἐπι της δεξιας μου,
	20	οἱ ἑπτα ἀστερες ἀγγελοι των ἑπτα ἐκκλησιων εἰσιν,
	2 1	ταδε λεγει ὁ κρατων τους ἑπτα ἀστερας ἐν τη δεξια αὐτου,
	28	και δωσω αὐτω τον ἀστερα τον πρωινον.
	3 1	ταδε λεγει ὁ ἐχων τα ἑπτα πνευματα του θεου και τους ἑπτα ἀστερας· οἰδα σου τα ἐργα,
	6 13	και οἱ ἀστερες του οὐρανου ἐπεσαν εἰς την γην,
	8 10	και ἐπεσεν ἐκ του οὐρανου ἀστηρ μεγας καιομενος ὡς λαμπας,
	11	και το ὀνομα του ἀστερος λεγεται ὁ ἀψινθος.
	12	και ἐπληγη το τριτον του ἡλιου και το τριτον της σεληνης και το τριτον των ἀστερων,
	9 1	και εἰδον ἀστερα ἐκ του οὐρανου πεπτωκοτα εἰς την γην,
	12 1	και ἡ σεληνη ὑποκατω των ποδων αὐτης, και ἐπι της κεφαλης αὐτης στεφανος ἀστερων δωδεκα,
	4	και ἡ οὐρα αὐτου συρει το τριτον των ἀστερων του οὐρανου,
	22 16	ἐγω εἰμι ἡ ῥιζα και το γενος δαυιδ, ὁ ἀστηρ ὁ λαμπρος ὁ πρωινος.

ἀστηρικτος [2]

2Pt	2 14	δελεαζοντες ψυχας ἀστηρικτους, καρδιαν γεγυμνασμενην πλεονεξιας ἐχοντες,
	3 16	ἐν αἱς ἐστιν δυσνοητα τινα, ἁ οἱ ἀμαθεις και ἀστηρικτοι στρεβλουσιν ὡς και τας λοιπας γραφας προς την ἰδιαν αὐτων ἀπωλειαν.

ἀστοργος [2]

Rm	1 31	μεστους φθονου φονου ἐριδος δολου κακοηθειας, ψιθυριστας, καταλαλους, θεοστυγεις, ὑβριστας, ὑπερηφανους, ἀλαζονας, ἐφευρετας κακων, γονευσιν ἀπειθεις, ἀσυνετους, ἀσυνθετους, ἀστοργους, ἀνελεημονας·
2Tm	3 3	γονευσιν ἀπειθεις, ἀχαριστοι, ἀνοσιοι, ἀστοργοι, ἀσπονδοι, διαβολοι, ἀκρατεις, ἀνημεροι, ἀφιλαγαθοι,

ἀστοχεω [3]

1Tm	1 6	ὡν τινες ἀστοχησαντες ἐξετραπησαν εἰς ματαιολογιαν,
	6 21	ἐκτρεπομενος τας βεβηλους κενοφωνιας και ἀντιθεσεις της ψευδωνυμου γνωσεως, ἡν τινες ἐπαγγελλομενοι περι την πιστιν ἠστοχησαν.
2Tm	2 18	ὡν ἐστιν ὑμεναιος και φιλητος, οἱτινες περι την ἀληθειαν ἠστοχησαν,

ἀστραπη [9]

Mt	24 27	ὡσπερ γαρ ἡ ἀστραπη ἐξερχεται ἀπο ἀνατολων και φαινεται ἑως δυσμων, οὑτως ἐσται ἡ παρουσια του υἱου του ἀνθρωπου·
	28 3	ἠν δε ἡ ἰδεα αὐτου ὡς ἀστραπη,
Lc	10 18	ἐθεωρουν τον σαταναν ὡς ἀστραπην ἐκ του οὐρανου πεσοντα.
	11 36	εἰ οὐν το σωμα σου ὁλον φωτεινον, μη ἐχον μερος τι σκοτεινον, ἐσται φωτεινον ὁλον ὡς ὁταν ὁ λυχνος τη ἀστραπη φωτιζη σε.
	17 24	ὡσπερ γαρ ἡ ἀστραπη ἀστραπτουσα ἐκ της ὑπο τον οὐρανον εἰς την ὑπ οὐρανον λαμπει, οὑτως ἐσται ὁ υἱος του ἀνθρωπου [ἐν τη ἡμερα αὐτου].
Apc	4 5	και ἐκ του θρονου ἐκπορευονται ἀστραπαι και φωναι και βρονται·

ἀστραπη [9]

Apc 8 5   και έγενοντο βρονται και φωναι και *ἀστραπαι* και σεισμος.

11 19   και έγενοντο *ἀστραπαι* και φωναι και βρονται και σεισμος και χαλαζα μεγαλη.

16 18   και έγενοντο *ἀστραπαι* και φωναι και βρονται,

ἀστραπτω [2]

Lc 17 24   ώσπερ γαρ ή ἀστραπη *ἀστραπτουσα* έκ της ὐπο τον ούρανον εἰς την ὐπ ούρανον λαμπει, οὐτως ἐσται ὁ υίος του ἀνθρωπου [ἐν τη ήμερα αύτου].

24 4   και έγενετο ἐν τω ἀπορεισθαι αὐτας περι τουτου και ἰδου ἀνδρες δυο ἐπεστησαν αύταις ἐν ἐσθητι *ἀστραπτουση·*

ἀστρον [4]

Lc 21 25   και ἐσονται σημεια ἐν ήλιω και σεληνη και *ἀστροις,*

Ac 7 43   και ἀνελαβετε την σκηνην του μολοχ και το *ἀστρον* του θεου [ύμων] ραιφαν, τους τυπους οὐς ἐποιησατε προσκυνειν αύτοις·

27 20   μητε δε ήλιου μητε *ἀστρων* ἐπιφαινοντων ἐπι πλειονας ήμερας,

Heb 11 12   καθως τα *ἀστρα* του ούρανου τω πληθει και ὡς ή ἀμμος ή παρα το χειλος της θαλασσης ή ἀναριθμητος.

ἀσυγκριτος [1]

Rm 16 14   ἀσπασασθε *ἀσυγκριτον,* φλεγοντα, έρμην, πατροβαν, έρμαν, και τους συν αύτοις ἀδελφους.

ἀσυμφωνος [1]

Ac 28 25   *ἀσυμφωνοι* δε ὀντες προς ἀλληλους ἀπελυοντο,

ἀσυνετος [5]

Mt 15 16   ὁ δε είπεν· ἀκμην και ύμεις *ἀσυνετοι* ἐστε;

Mc 7 18   και λεγει αύτοις· οὐτως και ύμεις *ἀσυνετοι* ἐστε;

Rm 1 21   ἀλλ έματαιωθησαν ἐν τοις διαλογισμοις αύτων, και ἐσκοτισθη ή *ἀσυνετος* αύτων καρδια.

31   μεστους φθονου φονου ἐριδος δολου κακοηθειας, ψιθυριστας, καταλαλους, θεοστυγεις, ὑβριστας, ὑπερηφανους, ἀλαζονας, ἐφευρετας κακων, γονευσιν ἀπειθεις, *ἀσυνετους,* ἀσυνθετους, ἀστοργους, ἀνελεημονας·

10 19   ἐγω παραζηλωσω ύμας ἐπ ούκ ἐθνει, ἐπ ἐθνει *ἀσυνετω* παροργιω ύμας.

ἀσυνθετος [1]

Rm 1 31   μεστους φθονου φονου ἐριδος δολου κακοηθειας, ψιθυριστας, καταλαλους, θεοστυγεις, ὑβριστας, ὑπερηφανους, ἀλαζονας, ἐφευρετας κακων, γονευσιν ἀπειθεις, ἀσυνετους, *ἀσυνθετους,* ἀστοργους, ἀνελεημονας·

ἀσφαλεια [3]

Lc 1 4   ἐδοξε καμοι παρηκολουθηκοτι ἀνωθεν πασιν ἀκριβως καθεξης σοι γραψαι, κρατιστε θεοφιλε, ἰνα ἐπιγνως περι ὡν κατηχηθης λογων την *ἀσφαλειαν.*

Ac 5 23   ἀναστρεψαντες δε ἀπηγγειλαν λεγοντες ὀτι το δεσμωτηριον εὐρομεν κεκλεισμενον ἐν παση *ἀσφαλεια* και τους φυλακας ἐστωτας ἐπι των θυρων, ἀνοιξαντες δε ἐσω ούδενα εὐρομεν.

1Th 5 3   ὀταν λεγωσιν· εἰρηνη και *ἀσφαλεια,* τοτε αἰφνιδιος αύτοις ἐφισταται ὀλεθρος ὡσπερ ή ὡδιν τη ἐν γαστρι ἐχουση,

ἀσφαλης [5]

Ac 21 34   μη δυναμενου δε αύτου γνωναι το *ἀσφαλες* δια τον θορυβον, ἐκελευσεν ἀγεσθαι αύτον εἰς την παρεμβολην.

22 30   τη δε ἐπαυριον βουλομενος γνωναι το *ἀσφαλες,* το τί κατηγορειται ὐπο των ἰουδαιων,

25 26   περι οὐ *ἀσφαλες* τι γραψαι τω κυριω ούκ ἐχω·

Php 3 1   τα αύτα γραφειν ύμιν ἐμοι μεν ούκ όκνηρον, ύμιν δε *ἀσφαλες.*

Heb 6 19   κρατησαι της προκειμενης ἐλπιδος· ἠν ὡς ἀγκυραν ἐχομεν της ψυχης *ἀσφαλη* τε και βεβαιαν

ἀσφαλιζομαι [4]

Mt 27 64   κελευσον ούν *ἀσφαλισθηναι* τον ταφον ἐως της τριτης ήμερας,

65   ἐχετε κουστωδιαν· ύπαγετε *ἀσφαλισασθε* ὡς οἰδατε.

66   οἱ δε πορευθεντες *ἠσφαλισαντο* τον ταφον σφραγισαντες τον λιθον μετα της κουστωδιας.

Ac 16 24   ὁς παραγγελιαν τοιαυτην λαβων ἐβαλεν αύτους εἰς την ἐσωτεραν φυλακην και τους ποδας *ἠσφαλισατο* αύτων εἰς το ξυλον.

ἀσφαλως [3]

Mc 14 44   ὀν ἀν φιλησω αύτος ἐστιν· κρατησατε αύτον και ἀπαγετε *ἀσφαλως.*

Ac 2 36   *ἀσφαλως* ούν γινωσκετω πας οἰκος ἰσραηλ ὀτι και κυριον αύτον και χριστον ἐποιησεν ὁ θεος,

16 23   πολλας τε ἐπιθεντες αύτοις πληγας ἐβαλον εἰς φυλακην, παραγγειλαντες τω δεσμοφυλακι *ἀσφαλως* τηρειν αύτους·

ἀσχημονεω [2]

1Co 7 36   εἰ δε τις *ἀσχημονειν* ἐπι την παρθενον αύτου νομιζει, ἐαν ή ὑπερακμος, και οὐτως ὀφειλει γινεσθαι, ὁ θελει ποιειτω·

13 5   ού ζηλοι, [ή ἀγαπη] ού περπερευεται, ού φυσιουται, ούκ *ἀσχημονει,* ού ζητει τα ἐαυτης, ού παροξυνεται, ού λογιζεται το κακον, ού χαιρει ἐπι τη ἀδικια, συγχαιρει δε τη ἀληθεια·

ἀσχημοσυνη [2]

Rm 1 27   ἀρσενες ἐν ἀρσεσιν την *ἀσχημοσυνην* κατεργαζομενοι και την ἀντιμισθιαν ἠν ἐδει της πλανης αύτων ἐν ἐαυτοις ἀπολαμβανοντες.

Apc 16 15   μακαριος ὁ γρηγορων και τηρων τα ἱματια αύτου, ἰνα μη γυμνος περιπατη και βλεπωσιν την *ἀσχημοσυνην* αύτου.

ἀσχημων [1]

1Co 12 23   και τα *ἀσχημονα* ήμων εύσχημοσυνην περισσοτεραν ἐχει,

ἀσωτια [3]

Eph 5 18   και μη μεθυσκεσθε οἰνω, ἐν ὡ ἐστιν *ἀσωτια,* ἀλλα πληρουσθε ἐν πνευματι,

Tit 1 6   εἰ τις ἐστιν ἀνεγκλητος, μιας γυναικος ἀνηρ, τεκνα ἐχων πιστα, μη ἐν κατηγορια *ἀσωτιας* ή ἀνυποτακτα.

1Pt 4 4   ἐν ὡ ξενιζονται μη συντρεχοντων ύμων εἰς την αύτην της *ἀσωτιας* ἀναχυσιν, βλασφημουντες·

ἀσωτως [1]

Lc 15 13   και ἐκει διεσκορπισεν την ούσιαν αύτου ζων *ἀσωτως.*

ἀτακτεω [1]

2Th 3 7   αύτοι γαρ οἰδατε πῶς δει μιμεισθαι ήμας, ὀτι ούκ *ἠτακτησαμεν* ἐν ύμιν,

ἀτακτος [1]

1Th 5 14   παρακαλουμεν δε ύμας, ἀδελφοι, νουθετειτε τους *ἀτακτους,*

ἀτακτως [2]

2Th 3 6   στελλεσθαι ύμας ἀπο παντος ἀδελφου *ἀτακτως* περιπατουντος και μη κατα την παραδοσιν ἠν παρελαβοσαν παρ ήμων.

11   ἀκουομεν γαρ τινας περιπατουντας ἐν ύμιν *ἀτακτως,* μηδεν ἐργαζομενους ἀλλα περιεργαζομενους·

ἀτεκνος [2]

Lc 20 28   ἐαν τινος ἀδελφος ἀποθανη ἐχων γυναικα, και οὐτος *ἀτεκνος* ή, ἰνα λαβη ὁ ἀδελφος αύτου την γυναικα και ἐξαναστηση σπερμα τω ἀδελφω αύτου.

29   και ὁ πρωτος λαβων γυναικα ἀπεθανεν *ἀτεκνος·*

ἀτενίζω [14]

Lc 4 20 καὶ παντων οἱ ὀφθαλμοι ἐν τῃ συναγωγῃ ἠσαν ἀτενιζοντες αὐτῳ.

22 56 ἰδουσα δε αὐτον παιδισκη τις καθημενον προς το φως καὶ ἀτενισασα αὐτῳ εἰπεν·

Ac 1 10 καὶ ὡς ἀτενιζοντες ἠσαν εἰς τον οὐρανον πορευομενου αὐτου, καὶ ἰδου ἀνδρες δυο παρειστηκεισαν αὐτοις ἐν ἐσθησεσι λευκαις,

3 4 ἀτενισας δε πετρος εἰς αὐτον συν τῳ ἰωαννῃ εἰπεν·

12 ἀνδρες ἰσραηλιται, τί θαυμαζετε ἐπι τουτο, ἢ ἡμιν τί ἀτενιζετε ὡς ἰδιᾳ δυναμει ἢ εὐσεβειᾳ πεποιηκοσιν του περιπατειν αὐτον;

6 15 καὶ ἀτενισαντες εἰς αὐτον παντες οἱ καθεζομενοι ἐν τῳ συνεδριῳ εἰδον το προσωπον αὐτου ὡσει προσωπον ἀγγελου.

7 55 ὑπαρχων δε πληρης πνευματος ἁγιου ἀτενισας εἰς τον οὐρανον εἰδεν δοξαν θεου καὶ ἰησουν ἑστωτα ἐκ δεξιων του θεου,

10 4 ὁ δε ἀτενισας αὐτῳ καὶ ἐμφοβος γενομενος εἰπεν·

11 6 εἰς ἡν ἀτενισας κατενοουν, καὶ εἰδον τα τετραποδα της γης καὶ τα θηρια καὶ τα ἑρπετα καὶ τα πετεινα του οὐρανου.

13 9 σαυλος δε, ὁ καὶ παυλος, πλησθεις πνευματος ἁγιου ἀτενισας εἰς αὐτον εἰπεν·

14 9 ὁς ἀτενισας αὐτῳ καὶ ἰδων ὁτι ἐχει πιστιν του σωθηναι,

23 1 ἀτενισας δε ὁ παυλος τῳ συνεδριῳ εἰπεν·

2Co 3 7 εἰ δε ἡ διακονια του θανατου ἐν γραμμασιν ἐντετυπωμενη λιθοις ἐγενηθη ἐν δοξῃ, ὡστε μη δυνασθαι ἀτενισαι τους υἱους ἰσραηλ εἰς το προσωπον μωυσεως

13 καὶ οὐ καθαπερ μωυσης ἐτιθει καλυμμα ἐπι το προσωπον αὐτου, προς το μη ἀτενισαι τους υἱους ἰσραηλ εἰς το τελος του καταργουμενου.

ἀτερ [2]

Lc 22 6 καὶ ἐξωμολογησεν, καὶ ἐζητει εὐκαιριαν του παραδουναι αὐτον ἀτερ ὀχλου αὐτοις.

35 ὁτε ἀπεστειλα ὑμας ἀτερ βαλλαντιου καὶ πηρας καὶ ὑποδηματων, μη τινος ὑστερησατε;

ἀτιμαζω [7]

Mc 12 4 καὶ παλιν ἀπεστειλεν προς αὐτους ἀλλον δουλον· κακεινον ἐκεφαλιωσαν καὶ ἠτιμασαν.

Lc 20 11 οἱ δε κακεινον δειραντες καὶ ἀτιμασαντες ἐξαπεστειλαν κενον.

Jh 8 49 ἐγω δαιμονιον οὐκ ἐχω, ἀλλα τιμω τον πατερα μου, καὶ ὑμεις ἀτιμαζετε με.

Ac 5 41 οἱ μεν οὐν ἐπορευοντο χαιροντες ἀπο προσωπου του συνεδριου, ὁτι κατηξιωθησαν ὑπερ του ὀνοματος ἀτιμασθηναι·

Rm 1 24 διο παρεδωκεν αὐτους ὁ θεος ἐν ταις ἐπιθυμιαις των καρδιων αὐτων εἰς ἀκαθαρσιαν του ἀτιμαζεσθαι τα σωματα αὐτων ἐν αὐτοις.

2 23 ὁς ἐν νομῳ καυχασαι, δια της παραβασεως του νομου τον θεον ἀτιμαζεις;

Ja 2 6 ὑμεις δε ἠτιμασατε τον πτωχον.

ἀτιμια [7]

Rm 1 26 δια τουτο παρεδωκεν αὐτους ὁ θεος εἰς παθη ἀτιμιας·

9 21 ἠ οὐκ ἐχει ἐξουσιαν ὁ κεραμευς του πηλου ἐκ του αὐτου φυραματος ποιησαι ὁ μεν εἰς τιμην σκευος, ὁ δε εἰς ἀτιμιαν;

1Co 11 14 οὐδε ἡ φυσις αὐτη διδασκει ὑμας ὁτι ἀνηρ μεν ἐαν κομᾳ, ἀτιμια αὐτῳ ἐστιν, γυνη δε ἐαν κομᾳ, δοξα αὐτῃ ἐστιν;

15 43 σπειρεται ἐν ἀτιμιᾳ, ἐγειρεται ἐν δοξῃ·

2Co 6 8 δια δοξης καὶ ἀτιμιας, δια δυσφημιας καὶ εὐφημιας·

11 21 κατα ἀτιμιαν λεγω, ὡς ὁτι ἡμεις ἠσθενηκαμεν·

2Tm 2 20 καὶ ἁ μεν εἰς τιμην ἁ δε εἰς ἀτιμιαν·

ἀτιμος [4]

Mt 13 57 οὐκ ἐστιν προφητης ἀτιμος εἰ μη ἐν τῃ πατριδι καὶ ἐν τῃ οἰκιᾳ αὐτου.

Mc 6 4 καὶ ἐλεγεν αὐτοις ὁ ἰησους ὁτι οὐκ ἐστιν προφητης ἀτιμος εἰ μη ἐν τῃ πατριδι αὐτου καὶ ἐν τοις συγγενευσιν αὐτου καὶ ἐν τῃ οἰκιᾳ αὐτου.

1Co 4 10 ἡμεις ἀσθενεις, ὑμεις δε ἰσχυροι· ὑμεις ἐνδοξοι, ἡμεις δε ἀτιμοι.

12 23 καὶ ἁ δοκουμεν ἀτιμοτερα εἰναι του σωματος, τουτοις τιμην περισσοτεραν περιτιθεμεν,

ἀτμις [2]

Ac 2 19 καὶ δωσω τερατα ἐν τῳ οὐρανῳ ἀνω καὶ σημεια ἐπι της γης κατω, αἱμα καὶ πυρ καὶ ἀτμιδα καπνου.

Ja 4 14 ἀτμις γαρ ἐστε ἡ προς ὀλιγον φαινομενη, ἐπειτα καὶ ἀφανιζομενη·

ἀτομος [1]

1Co 15 52 παντες οὐ κοιμηθησομεθα, παντες δε ἀλλαγησομεθα, ἐν ἀτομῳ, ἐν ῥιπῃ ὀφθαλμου, ἐν τῃ ἐσχατῃ σαλπιγγι·

ἀτοπος [4]

Lc 23 41 οὑτος δε οὐδεν ἀτοπον ἐπραξεν.

Ac 25 5 οἱ οὐν ἐν ὑμιν, φησιν, δυνατοι συγκαταβαντες, εἰ τι ἐστιν ἐν τῳ ἀνδρι ἀτοπον, κατηγορειτωσαν αὐτου.

28 6 ἐπι πολυ δε αὐτων προσδοκωντων καὶ θεωρουντων μηδεν ἀτοπον εἰς αὐτον γινομενον, μεταβαλομενοι ἐλεγον αὐτον εἰναι θεον.

2Th 3 2 ἱνα ὁ λογος του κυριου τρεχῃ καὶ δοξαζηται καθως καὶ προς ὑμας, καὶ ἱνα ῥυσθωμεν ἀπο των ἀτοπων καὶ πονηρων ἀνθρωπων·

ἀτταλεια [1]

Ac 14 25 καὶ λαλησαντες ἐν περγῃ τον λογον κατεβησαν εἰς ἀτταλειαν.

αὐγαζω [1]

2Co 4 4 ἐν οἱς ὁ θεος του αἰωνος τουτου ἐτυφλωσεν τα νοηματα των ἀπιστων εἰς το μη αὐγασαι τον φωτισμον του εὐαγγελιου της δοξης του χριστου,

αὐγη [1]

Ac 20 11 ἀναβας δε καὶ κλασας τον ἀρτον καὶ γευσαμενος, ἐφ ἱκανον τε ὁμιλησας ἀχρι αὐγης, οὑτως ἐξηλθεν.

αὐγουστος [1]

Lc 2 1 ἐγενετο δε ἐν ταις ἡμεραις ἐκειναις ἐξηλθεν δογμα παρα καισαρος αὐγουστου ἀπογραφεσθαι πασαν την οἰκουμενην.

αὐθαδης [2]

Tit 1 7 μη αὐθαδη, μη ὀργιλον, μη παροινον, μη πληκτην, μη αἰσχροκερδη, ἀλλα φιλοξενον,

2Pt 2 10 τολμηται αὐθαδεις, δοξας οὐ τρεμουσιν βλασφημουντες,

αὐθαιρετος [2]

2Co 8 3 αὐθαιρετοι μετα πολλης παρακλησεως δεομενοι ἡμων την χαριν καὶ την κοινωνιαν της διακονιας της εἰς τους ἁγιους,

17 ὁτι την μεν παρακλησιν ἐδεξατο, σπουδαιοτερος δε ὑπαρχων αὐθαιρετος ἐξηλθεν προς ὑμας.

αὐθεντεω [1]

1Tm 2 12 διδασκειν δε γυναικι οὐκ ἐπιτρεπω, οὐδε αὐθεντειν ἀνδρος, ἀλλ εἰναι ἐν ἡσυχιᾳ.

αὐλεω [3]

Mt 11 17 ηὐλησαμεν ὑμιν καὶ οὐκ ὠρχησασθε·

Lc 7 32 ηὐλησαμεν ὑμιν καὶ οὐκ ὠρχησασθε· ἐθρηνησαμεν καὶ οὐκ ἐκλαυσατε.

1Co 14 7 ἐαν διαστολην τοις φθογγοις μη δῳ, πως γνωσθησεται το αὐλουμενον ἢ το κιθαριζομενον;

αὐλη [12]

Mt 26 3 τοτε συνηχθησαν οἱ ἀρχιερεις καὶ οἱ πρεσβυτεροι του λαου εἰς την αὐλην του ἀρχιερεως του λεγομενου καιαφα,

58 ὁ δε πετρος ἠκολουθει αὐτῳ ἀπο μακροθεν ἑως της αὐλης του ἀρχιερεως,

69 ὁ δε πετρος ἐκαθητο ἐξω ἐν τῃ αὐλῃ·

Mc 14 54 καὶ ὁ πετρος ἀπο μακροθεν ἠκολουθησεν αὐτῳ ἑως ἐσω εἰς την αὐλην του ἀρχιερεως,

αὐλή [12]

Mc 14 66 καὶ ὄντος τοῦ πετρου κατω ἐν τῃ *αὐλῃ* ἐρχεται μια των παιδισκων του ἀρχιερεως,

15 16 οἱ δε στρατιωται ἀπηγαγον αὐτον ἐσω της *αὐλης,* ὁ ἐστιν πραιτωριον, και συγκαλουσιν ὁλην την σπειραν.

Lc 11 21 ὁταν ὁ ἰσχυρος καθωπλισμενος φυλασσῃ την ἑαυτου *αὐλην,* ἐν εἰρηνῃ ἐστιν τα ὑπαρχοντα αὐτου·

22 55 περιαψαντων δε πυρ ἐν μεσῳ της *αὐλης* και συγκαθισαντων ἐκαθητο ὁ πετρος μεσος αὐτων.

Jh 10 1 ὁ μη εἰσερχομενος δια της θυρας εἰς την *αὐλην* των προβατων ἀλλα ἀναβαινων ἀλλαχοθεν, ἐκεινος κλεπτης ἐστιν και λῃστης·

16 και ἀλλα προβατα ἐχω ἁ οὐκ ἐστιν ἐκ της *αὐλης* ταυτης·

18 15 ὁ δε μαθητης ἐκεινος ἠν γνωστος τῳ ἀρχιερει, και συνεισηλθεν τῳ ἰησου εἰς την *αὐλην* του ἀρχιερεως,

Apc 11 2 και την *αὐλην* την ἐξωθεν του ναου ἐκβαλε ἐξωθεν και μη αὐτην μετρησῃς,

αὐλητης [2]

Mt 9 23 και ἐλθων ὁ ἰησους εἰς την οἰκιαν του ἀρχοντος και ἰδων τους *αὐλητας* και τον ὀχλον θορυβουμενον ἐλεγεν·

Apc 18 22 και φωνη κιθαρωδων και μουσικων και *αὐλητων* και σαλπιστων οὐ μη ἀκουσθῃ ἐν σοι ἐτι,

αὐλιζομαι [2]

Mt 21 17 και καταλιπων αὐτους ἐξηλθεν ἐξω της πολεως εἰς βηθανιαν, και *ηὐλισθη* ἐκει.

Lc 21 37 ἠν δε τας ἡμερας ἐν τῳ ἱερῳ διδασκων, τας δε νυκτας ἐξερχομενος *ηὐλιζετο* εἰς το ὀρος το καλουμενον ἐλαιων.

αὐλος [1]

1Co 14 7 ὁμως τα ἀψυχα φωνην διδοντα, εἰτε *αὐλος* εἰτε κιθαρα,

αὐξανω [23]

Mt 6 28 καταμαθετε τα κρινα του ἀγρου, πῶς *αὐξανουσιν·* οὐ κοπιωσιν οὐδε νηθουσιν·

13 32 ὁταν δε *αὐξηθῃ,* μειζον των λαχανων ἐστιν και γινεται δενδρον,

Mc 4 8 και ἀλλα ἐπεσεν εἰς την γην την καλην και ἐδιδου καρπον ἀναβαινοντα και *αὐξανομενα* και ἐφερεν ἐν τριακοντα και ἐν ἑξηκοντα και ἐν ἑκατον.

Lc 1 80 το δε παιδιον *ηὐξανεν* και ἐκραταιουτο πνευματι,

2 40 το δε παιδιον *ηὐξανεν* και ἐκραταιουτο πληρουμενον σοφια,

12 27 κατανοησατε τα κρινα, πῶς *αὐξανει·*

13 19 και *ηὐξησεν* και ἐγενετο εἰς δενδρον, και τα πετεινα του οὐρανου κατεσκηνωσεν ἐν τοις κλαδοις αὐτου.

Jh 3 30 ἐκεινον δει *αὐξανειν,* ἐμε δε ἐλαττουσθαι.

Ac 6 7 και ὁ λογος του θεου *ηὐξανεν,*

7 17 καθως δε ἠγγιζεν ὁ χρονος της ἐπαγγελιας ἡς ὡμολογησεν ὁ θεος τῳ ἀβρααμ, *ηὐξησεν* ὁ λαος και ἐπληθυνθη ἐν αἰγυπτῳ,

12 24 ὁ δε λογος του θεου *ηὐξανεν* και ἐπληθυνετο.

19 20 οὑτως κατα κρατος του κυριου ὁ λογος *ηὐξανεν* και ἰσχυεν.

1Co 3 6 ἐγω ἐφυτευσα, ἀπολλως ἐποτισεν, ἀλλα ὁ θεος *ηὐξανεν·*

7 ὡστε οὐτε ὁ φυτευων ἐστιν τι οὐτε ὁ ποτιζων, ἀλλ ὁ *αὐξανων* θεος.

2Co 9 10 και πληθυνει τον σπορον ὑμων και *αὐξησει* τα γενηματα της δικαιοσυνης ὑμων·

10 15 ἐλπιδα δε ἐχοντες *αὐξανομενης* της πιστεως ὑμων ἐν ὑμιν μεγαλυνθηναι κατα τον κανονα ἡμων εἰς περισσειαν,

Eph 2 21 ἐν ᾡ πασα οἰκοδομη συναρμολογουμενη *αὐξει* εἰς ναον ἁγιον ἐν κυριῳ,

4 15 ἀληθευοντες δε ἐν ἀγαπῃ *αὐξησωμεν* εἰς αὐτον τα παντα,

Col 1 6 καθως και ἐν παντι τῳ κοσμῳ ἐστιν καρποφορουμενον και *αὐξανομενον* καθως και ἐν ὑμιν,

10 ἐν παντι ἐργῳ ἀγαθῳ καρποφορουντες και *αὐξανομενοι* τῃ ἐπιγνωσει του θεου,

2 19 και οὐ κρατων την κεφαλην, ἐξ οὑ παν το σωμα δια των ἁφων και συνδεσμων ἐπιχορηγουμενον και συμβιβαζομενον *αὐξει* την *αὐξησιν* του θεου.

1Pt 2 2 ὡς ἀρτιγεννητα βρεφη το λογικον ἀδολον γαλα ἐπιποθησατε, ἱνα ἐν αὐτῳ *αὐξηθητε* εἰς σωτηριαν,

2Pt 3 18 *αὐξανετε* δε ἐν χαριτι και γνωσει του κυριου ἡμων και σωτηρος ἰησου χριστου.

αὐξησις [2]

Eph 4 16 κατ ἐνεργειαν ἐν μετρῳ ἑνος ἑκαστου μερους την *αὐξησιν* του σωματος ποιειται εἰς οἰκοδομην ἑαυτου ἐν ἀγαπῃ.

Col 2 19 και οὐ κρατων την κεφαλην, ἐξ οὑ παν το σωμα δια των ἁφων και συνδεσμων ἐπιχορηγουμενον και συμβιβαζομενον *αὐξει* την *αὐξησιν* του θεου.

αὐριον [14]

Mt 6 30 εἰ δε τον χορτον του ἀγρου σημερον ὀντα και *αὐριον* εἰς κλιβανον βαλλομενον ὁ θεος οὑτως ἀμφιεννυσιν,

34 μη οὐν μεριμνησητε εἰς την *αὐριον,*

34 ἡ γαρ *αὐριον* μεριμνησει ἑαυτης·

Lc 10 35 και ἐπι την *αὐριον* ἐκβαλων ἐδωκεν δυο δηναρια τῳ πανδοχει και εἰπεν·

12 28 εἰ δε ἐν ἀγρῳ τον χορτον ὀντα σημερον και *αὐριον* εἰς κλιβανον βαλλομενον ὁ θεος οὑτως ἀμφιεζει, ποσῳ μαλλον ὑμας, ὀλιγοπιστοι.

13 32 ἰδου ἐκβαλλω δαιμονια και ἰασεις ἀποτελω σημερον και *αὐριον,* και τῃ τριτῃ τελειουμαι.

33 πλην δει με σημερον και *αὐριον* και τῃ ἐχομενῃ πορευεσθαι, ὁτι οὐκ ἐνδεχεται προφητην ἀπολεσθαι ἐξω ἰερουσαλημ.

Ac 4 3 και ἐπεβαλον αὐτοις τας χειρας και ἐθεντο εἰς τηρησιν εἰς την *αὐριον·*

5 ἐγενετο δε ἐπι την *αὐριον* συναχθηναι αὐτων τους ἀρχοντας και τους πρεσβυτερους και τους γραμματεις ἐν ἰερουσαλημ,

23 20 εἰπεν δε ὁτι οἱ ἰουδαιοι συνεθεντο του ἐρωτησαι σε ὁπως *αὐριον* τον παυλον καταγαγῃς εἰς το συνεδριον ὡς μελλον τι ἀκριβεστερον πυνθανεσθαι περι αὐτου.

25 22 *αὐριον,* φησιν, ἀκουσῃ αὐτου.

1Co 15 32 εἰ νεκροι οὐκ ἐγειρονται, φαγωμεν και πιωμεν, *αὐριον* γαρ ἀποθνησκομεν.

Ja 4 13 σημερον ἠ *αὐριον* πορευσομεθα εἰς τηνδε την πολιν και ποιησομεν ἐκει ἐνιαυτον και ἐμπορευσομεθα και κερδησομεν·

14 οἱτινες οὐκ ἐπιστασθε το της *αὐριον* ποια ἡ ζωη ὑμων.

αὐστηρος [2]

Lc 19 21 ἐφοβουμην γαρ σε, ὁτι ἀνθρωπος *αὐστηρος* εἰ, αἰρεις ὁ οὐκ ἐθηκας, και θεριζεις ὁ οὐκ ἐσπειρας.

22 ᾐδεις ὁτι ἐγω ἀνθρωπος *αὐστηρος* εἰμι, αἰρων ὁ οὐκ ἐθηκα, και θεριζων ὁ οὐκ ἐσπειρα;

αὐταρκεια [2]

2Co 9 8 δυναται δε ὁ θεος πασαν χαριν περισσευσαι εἰς ὑμας, ἱνα ἐν παντι παντοτε πασαν *αὐταρκειαν* ἐχοντες περισσευητε εἰς παν ἐργον ἀγαθον,

1Tm 6 6 ἐστιν δε πορισμος μεγας ἡ εὐσεβεια μετα *αὐταρκειας·*

αὐταρκης [1]

Php 4 11 ἐγω γαρ ἐμαθον ἐν οἱς εἰμι *αὐταρκης* εἰναι.

αὐτοκατακριτος [1]

Tit 3 11 αἱρετικον ἀνθρωπον μετα μιαν και δευτεραν νουθεσιαν παραιτου, εἰδως ὁτι ἐξεστραπται ὁ τοιουτος και ἁμαρτανει ὠν *αὐτοκατακριτος.*

αὐτοματος [2]

Mc 4 28 *αὐτοματη* ἡ γη καρποφορει, πρωτον χορτον, εἰτα σταχυν, εἰτα πληρη[ς] σιτον ἐν τῳ σταχυι.

Ac 12 10 διελθοντες δε πρωτην φυλακην και δευτεραν ἠλθαν ἐπι την πυλην την σιδηραν την φερουσαν εἰς την πολιν, ἡτις *αὐτοματη* ἠνοιγη αὐτοις,

αὐτοπτης [1]

Lc 1 2 ἐπειδηπερ πολλοι ἐπεχειρησαν ἀναταξασθαι διηγησιν περι των πεπληροφορημενων ἐν ἡμιν πραγματων, καθως παρεδοσαν ἡμιν οἱ ἀπ ἀρχης *αὐτοπται* και ὑπηρεται γενομενοι του λογου,

αὐτος [5601]

cf append.

αὐτου [4]

Mt	26 36	καθισατε αὐτου ἑως [οὑ] ἀπελθων ἐκει προσευξωμαι.
Lc	9 27	λεγω δε ὑμιν ἀληθως, εἰσιν τινες των αὐτου ἑστηκοτων οἱ οὐ μη γευσωνται θανατου ἑως ἀν ἰδωσιν την βασιλειαν του θεου.
Ac	18 19	κατηντησαν δε εἰς ἐφεσον, κακεινους κατελιπεν αὐτου,
	21 4	ἀνευροντες δε τους μαθητας ἐπεμειναμεν αὐτου ἡμερας ἑπτα·

αὐτοφωρος [1]

Jh	8 4*	διδασκαλε, αὑτη ἡ γυνη κατειληπται ἐπ αὐτοφωρῳ μοιχευομενη·

αὐτοχειρ [1]

Ac	27 19	και τη τριτη αὐτοχειρες την σκευην του πλοιου ἐρριψαν.

αὐχεω [1]

Ja	3 5	οὑτως και ἡ γλωσσα μικρον μελος ἐστιν και μεγαλα αὐχει.

αὐχμηρος [1]

2Pt	1 19	ᾡ καλως ποιειτε προσεχοντες ὡς λυχνῳ φαινοντι ἐν αὐχμηρῳ τοπῳ,

ἀφαιρεω [10]

Mt	26 51	και ἰδου εἱς των μετα ἰησου ἐκτεινας την χειρα ἀπεσπασεν την μαχαιραν αὐτου, και παταξας τον δουλον του ἀρχιερεως ἀφειλεν αὐτου το ὠτιον.
Mc	14 47	εἱς δε [τις] των παρεστηκοτων σπασαμενος την μαχαιραν ἐπαισεν τον δουλον του ἀρχιερεως και ἀφειλεν αὐτου το ὠταριον.
Lc	1 25	λεγουσα ὁτι οὑτως μοι πεποιηκεν κυριος ἐν ἡμεραις αἱς ἐπειδεν ἀφελειν ὀνειδος μου ἐν ἀνθρωποις.
	10 42	μαριαμ γαρ την ἀγαθην μεριδα ἐξελεξατο, ἡτις οὐκ ἀφαιρεθησεται αὐτης.
	16 3	τι ποιησω, ὁτι ὁ κυριος μου ἀφαιρειται την οἰκονομιαν ἀπ ἐμου;
	22 50	και ἐπαταξεν εἱς τις ἐξ αὐτων του ἀρχιερεως τον δουλον και ἀφειλεν το οὐς αὐτου το δεξιον.
Rm	11 27	και αὑτη αὐτοις ἡ παρ ἐμου διαθηκη, ὁταν ἀφελωμαι τας ἁμαρτιας αὐτων.
Heb	10 4	ἀδυνατον γαρ αἱμα ταυρων και τραγων ἀφαιρειν ἁμαρτιας.
Apc	22 19	και ἐαν τις ἀφελη ἀπο των λογων του βιβλιου της προφητειας ταυτης, ἀφελει ὁ θεος το μερος αὐτου ἀπο του ξυλου της ζωης
	19	και ἐαν τις ἀφελη ἀπο των λογων του βιβλιου της προφητειας ταυτης, ἀφελει ὁ θεος το μερος αὐτου ἀπο του ξυλου της ζωης

ἀφανης [1]

Heb	4 13	και οὐκ ἐστιν κτισις ἀφανης ἐνωπιον αὐτου,

ἀφανιζω [5]

Mt	6 16	ἀφανιζουσιν γαρ τα προσωπα αὐτων ὁπως φανωσιν τοις ἀνθρωποις νηστευοντες·
	19	μη θησαυριζετε ὑμιν θησαυρους ἐπι της γης, ὁπου σης και βρωσις ἀφανιζει,
	20	θησαυριζετε δε ὑμιν θησαυρους ἐν οὐρανῳ, ὁπου οὐτε σης οὐτε βρωσις ἀφανιζει,
Ac	13 41	ἰδετε, οἱ καταφρονηται, και θαυμασατε και ἀφανισθητε,
Ja	4 14	ἀτμις γαρ ἐστε ἡ προς ὀλιγον φαινομενη, ἐπειτα και ἀφανιζομενη·

ἀφανισμος [1]

Heb	8 13	το δε παλαιουμενον και γηρασκον ἐγγυς ἀφανισμου.

ἀφαντος [1]

Lc	24 31	και αὐτος ἀφαντος ἐγενετο ἀπ αὐτων.

ἀφεδρων [2]

Mt	15 17	οὐ νοειτε ὁτι παν το εἰσπορευομενον εἰς το στομα εἰς την κοιλιαν χωρει και εἰς ἀφεδρωνα ἐκβαλλεται;

ἀφεδρων [2]

Mc	7 19	οὐ νοειτε ὁτι παν το ἐξωθεν εἰσπορευομενον εἰς τον ἀνθρωπον οὐ δυναται αὐτον κοινωσαι, ὁτι οὐκ εἰσπορευεται αὐτου εἰς την καρδιαν ἀλλ εἰς την κοιλιαν, και εἰς τον ἀφεδρωνα ἐκπορευεται, καθαριζων παντα τα βρωματα;

ἀφειδια [1]

Col	2 23	ἀτινα ἐστιν λογον μεν ἐχοντα σοφιας ἐν ἐθελοθρησκια και ταπεινοφροσυνη [και] ἀφειδια σωματος,

ἀφελοτης [1]

Ac	2 46	κλωντες τε κατ οἰκον ἀρτον, μετελαμβανον τροφης ἐν ἀγαλλιασει και ἀφελοτητι καρδιας,

ἀφεσις [17]

Mt	26 28	πιετε ἐξ αὐτου παντες· τουτο γαρ ἐστιν το αἱμα μου της διαθηκης το περι πολλων ἐκχυννομενον εἰς ἀφεσιν ἁμαρτιων.
Mc	1 4	ἐγενετο ἰωαννης [ὁ] βαπτιζων ἐν τη ἐρημῳ κηρυσσων βαπτισμα μετανοιας εἰς ἀφεσιν ἁμαρτιων.
	3 29	ὁς δ ἀν βλασφημηση εἰς το πνευμα το ἁγιον, οὐκ ἐχει ἀφεσιν εἰς τον αἰωνα,
Lc	1 77	προπορευση γαρ ἐνωπιον κυριου ἑτοιμασαι ὁδους αὐτου, του δουναι γνωσιν σωτηριας τῳ λαῳ αὐτου ἐν ἀφεσει ἁμαρτιων αὐτων,
	3 3	και ἠλθεν εἰς πασαν την περιχωρον του ἰορδανου κηρυσσων βαπτισμα μετανοιας εἰς ἀφεσιν ἁμαρτιων,
	4 18	εὐαγγελισασθαι πτωχοις, ἀπεσταλκεν με, κηρυξαι αἰχμαλωτοις ἀφεσιν και τυφλοις ἀναβλεψιν, ἀποστειλαι τεθραυσμενους ἐν ἀφεσει, κηρυξαι ἐνιαυτον κυριου δεκτον.
	18	εὐαγγελισασθαι πτωχοις, ἀπεσταλκεν με, κηρυξαι αἰχμαλωτοις ἀφεσιν και τυφλοις ἀναβλεψιν, ἀποστειλαι τεθραυσμενους ἐν ἀφεσει, κηρυξαι ἐνιαυτον κυριου δεκτον.
	24 47	και κηρυχθηναι ἐπι τῳ ὀνοματι αὐτου μετανοιαν εἰς ἀφεσιν ἁμαρτιων εἰς παντα τα ἐθνη, ἀρξαμενοι ἀπο ἱερουσαλημ.
Ac	2 38	μετανοησατε, [φησιν,] και βαπτισθητω ἑκαστος ὑμων ἐπι τῳ ὀνοματι ἰησου χριστου εἰς ἀφεσιν των ἁμαρτιων ὑμων,
	5 31	τουτον ὁ θεος ἀρχηγον και σωτηρα ὑψωσεν τη δεξια αὐτου [του] δουναι μετανοιαν τῳ ἰσραηλ και ἀφεσιν ἁμαρτιων.
	10 43	τουτῳ παντες οἱ προφηται μαρτυρουσιν, ἀφεσιν ἁμαρτιων λαβειν δια του ὀνοματος αὐτου παντα τον πιστευοντα εἰς αὐτον.
	13 38	γνωστον οὐν ἐστω ὑμιν, ἀνδρες ἀδελφοι, ὁτι δια τουτου ὑμιν ἀφεσις ἁμαρτιων καταγγελλεται,
	26 18	του λαβειν αὐτους ἀφεσιν ἁμαρτιων και κληρον ἐν τοις ἡγιασμενοις πιστει τη εἰς ἐμε.
Eph	1 7	ἐν ᾡ ἐχομεν την ἀπολυτρωσιν δια του αἱματος αὐτου, την ἀφεσιν των παραπτωματων,
Col	1 14	ἐν ᾡ ἐχομεν την ἀπολυτρωσιν, την ἀφεσιν των ἁμαρτιων·
Heb	9 22	και χωρις αἱματεκχυσιας οὐ γινεται ἀφεσις.
	10 18	ὁπου δε ἀφεσις τουτων, οὐκετι προσφορα περι ἁμαρτιας.

ἀφη [2]

Eph	4 16	ἐξ οὑ παν το σωμα συναρμολογουμενον και συμβιβαζομενον δια πασης ἀφης της ἐπιχορηγιας
Col	2 19	και οὐ κρατων την κεφαλην, ἐξ οὑ παν το σωμα δια των ἀφων και συνδεσμων ἐπιχορηγουμενον και συμβιβαζομενον αὐξει την αὐξησιν του θεου.

ἀφθαρσια [7]

Rm	2 7	τοις μεν καθ ὑπομονην ἐργου ἀγαθου δοξαν και τιμην και ἀφθαρσιαν ζητουσιν ζωην αἰωνιον·
1Co	15 42	σπειρεται ἐν φθορᾳ, ἐγειρεται ἐν ἀφθαρσιᾳ·
	50	τουτο δε φημι, ἀδελφοι, ὁτι σαρξ και αἱμα βασιλειαν θεου κληρονομησαι οὐ δυνανται, οὐδε ἡ φθορα την ἀφθαρσιαν κληρονομει.
	53	δει γαρ το φθαρτον τουτο ἐνδυσασθαι ἀφθαρσιαν και το θνητον τουτο ἐνδυσασθαι ἀθανασιαν.
	54	ὁταν δε το φθαρτον τουτο ἐνδυσηται ἀφθαρσιαν και το θνητον τουτο ἐνδυσηται ἀθανασιαν, τοτε γενησεται ὁ λογος ὁ γεγραμμενος·
Eph	6 24	ἡ χαρις μετα παντων των ἀγαπωντων τον κυριον ἡμων ἰησουν χριστον ἐν ἀφθαρσιᾳ.
2Tm	1 10	του σωτηρος ἡμων χριστου ἰησου, καταργησαντος μεν τον θανατον φωτισαντος δε ζωην και ἀφθαρσιαν

ἄφθαρτος [8]

Mc 16 8* μετα δε ταυτα και αυτος ὁ ἰησους ἀπο ἀνατολης και ἀχρι δυσεως ἐξαπεστειλεν δι αὐτων το ἱερον και ἀφθαρτον κηρυγμα της αἰωνιου σωτηριας ἀμην.

Rm 1 23 φασκοντες εἶναι σοφοι ἐμωρανθησαν, και ἠλλαξαν την δοξαν του ἀφθαρτου θεου ἐν ὁμοιωματι εἰκονος φθαρτου ἀνθρωπου και πετεινων και τετραποδων και ἑρπετων·

1Co 9 25 πας δε ὁ ἀγωνιζομενος παντα ἐγκρατευεται, ἐκεινοι μεν οὐν ἱνα φθαρτον στεφανον λαβωσιν, ἡμεις δε ἀφθαρτον.

15 52 σαλπισει γαρ, και οἱ νεκροι ἐγερθησονται ἀφθαρτοι,

1Tm 1 17 τῳ δε βασιλει των αἰωνων, ἀφθαρτῳ ἀορατῳ μονῳ θεῳ, τιμη και δοξα εἰς τους αἰωνας των αἰωνων·

1Pt 1 4 εἰς κληρονομιαν ἀφθαρτον και ἀμιαντον και ἀμαραντον,

23 ἀναγεγεννημενοι οὐκ ἐκ σπορας φθαρτης ἀλλα ἀφθαρτου δια λογου ζωντος θεου και μενοντος.

3 4 ἀλλ ὁ κρυπτος της καρδιας ἀνθρωπος ἐν τῳ ἀφθαρτῳ του πραεως και ἡσυχιου πνευματος,

ἀφθορια [1]

Tit 2 7 σεαυτον παρεχομενος τυπον καλων ἐργων, ἐν τῃ διδασκαλιᾳ ἀφθοριαν, σεμνοτητα, λογον ὑγιη ἀκαταγνωστον,

ἀφίημι [146]

Mt 3 15 ἀποκριθεις δε ὁ ἰησους εἰπεν αὐτῳ· ἀφες ἀρτι·
15 τοτε ἀφιησιν αὐτον.
4 11 τοτε ἀφιησιν αὐτον ὁ διαβολος,
20 οἱ δε εὐθεως ἀφεντες τα δικτυα ἠκολουθησαν αὐτῳ.
22 οἱ δε εὐθεως ἀφεντες το πλοιον και τον πατερα αὐτων ἠκολουθησαν αὐτῳ.
5 24 ἀφες ἐκει το δωρον σου ἐμπροσθεν του θυσιαστηριου,
40 και τῳ θελοντι σοι κριθηναι και τον χιτωνα σου λαβειν, ἀφες αὐτῳ και το ἱματιον·
6 12 και ἀφες ἡμιν τα ὀφειληματα ἡμων,
12 και ἀφες ἡμιν τα ὀφειληματα ἡμων, ὡς και ἡμεις ἀφηκαμεν τοις ὀφειλεταις ἡμων·
14 ἐαν γαρ ἀφητε τοις ἀνθρωποις τα παραπτωματα αὐτων, ἀφησει και ὑμιν ὁ πατηρ ὑμων ὁ οὐρανιος·
14 ἀφησει και ὑμιν ὁ πατηρ ὑμων ὁ οὐρανιος·
15 ἐαν δε μη ἀφητε τοις ἀνθρωποις, οὐδε ὁ πατηρ ὑμων ἀφησει τα παραπτωματα ὑμων.
15 ἐαν δε μη ἀφητε τοις ἀνθρωποις, οὐδε ὁ πατηρ ὑμων ἀφησει τα παραπτωματα ὑμων.
7 4 ἀφες ἐκβαλω το καρφος ἐκ του ὀφθαλμου σου,
8 15 και ἀφηκεν αὐτην ὁ πυρετος·
22 ἀκολουθει μοι, και ἀφες τους νεκρους θαψαι τους ἑαυτων νεκρους.
9 2 ἀφιενται σου αἱ ἁμαρτιαι.
5 ἀφιενται σου αἱ ἁμαρτιαι,
6 ἱνα δε εἰδητε ὁτι ἐξουσιαν ἐχει ὁ υἱος του ἀνθρωπου ἐπι της γης ἀφιεναι ἁμαρτιας τοτε λεγει τῳ παραλυτικῳ·
12 31 πασα ἁμαρτια και βλασφημια ἀφεθησεται τοις ἀνθρωποις,
31 ἡ δε του πνευματος βλασφημια οὐκ ἀφεθησεται.
32 και ὁς ἐαν εἰπη λογον κατα του υἱου του ἀνθρωπου, ἀφεθησεται αὐτῳ·
32 οὐκ ἀφεθησεται αὐτῳ οὐτε ἐν τουτῳ τῳ αἰωνι οὐτε ἐν τῳ μελλοντι.
13 30 ἀφετε συναυξανεσθαι ἀμφοτερα ἑως του θερισμου·
36 τοτε ἀφεις τους ὀχλους ἠλθεν εἰς την οἰκιαν.
15 14 ἀφετε αὐτους· τυφλοι εἰσιν ὁδηγοι [τυφλων]·
18 12 ἐαν γενηται τινι ἀνθρωπῳ ἑκατον προβατα και πλανηθη ἐν ἐξ αὐτων, οὐχι ἀφησει τα ἐνενηκονταεννεα ἐπι τα ὀρη και πορευθεις το πλανωμενον;
21 κυριε, ποσακις ἁμαρτησει εἰς ἐμε ὁ ἀδελφος μου και ἀφησω αὐτῳ; ἑως ἑπτακις;
27 σπλαγχνισθεις δε ὁ κυριος του δουλου ἐκεινου ἀπελυσεν αὐτον, και το δανειον ἀφηκεν αὐτῳ.
32 δουλε πονηρε, πασαν την ὀφειλην ἐκεινην ἀφηκα σοι, ἐπει παρεκαλεσας με·
35 οὑτως και ὁ πατηρ μου ὁ οὐρανιος ποιησει ὑμιν, ἐαν μη ἀφητε ἑκαστος τῳ ἀδελφῳ αὐτου ἀπο των καρδιων ὑμων.
19 14 ἀφετε τα παιδια και μη κωλυετε αὐτα ἐλθειν προς με·
27 ἰδου ἡμεις ἀφηκαμεν παντα και ἠκολουθησαμεν σοι· τι ἀρα ἐσται ἡμιν;
29 και πας ὁστις ἀφηκεν οἰκιας ἠ ἀδελφους ἠ ἀδελφας ἠ πατερα ἠ μητερα ἠ τεκνα ἠ ἀγρους ἑνεκεν του ὀνοματος μου, ἑκατονταπλασιονα λημψεται και ζωην αἰωνιον κληρονομησει.
22 22 και ἀκουσαντες ἐθαυμασαν, και ἀφεντες αὐτον ἀπηλθαν.

ἀφίημι [146]

Mt 22 25 και ὁ πρωτος γημας ἐτελευτησεν, και μη ἐχων σπερμα ἀφηκεν την γυναικα αὐτου τῳ ἀδελφῳ αὐτου·
23 13 ὑμεις γαρ οὐκ εἰσερχεσθε, οὐδε τους εἰσερχομενους ἀφιετε εἰσελθειν.
23 και ἀφηκατε τα βαρυτερα του νομου, την κρισιν και το ἐλεος και την πιστιν·
23 ταυτα [δε] ἐδει ποιησαι κακεινα μη ἀφιεναι.
38 ἰδου ἀφιεται ὑμιν ὁ οἰκος ὑμων ἐρημος.
24 2 ἀμην λεγω ὑμιν, οὐ μη ἀφεθῃ ὡδε λιθος ἐπι λιθον ὁς οὐ καταλυθησεται.
40 τοτε δυο ἐσονται ἐν τῳ ἀγρῳ, εἰς παραλαμβανεται και εἰς ἀφιεται·
41 δυο ἀληθουσαι ἐν τῳ μυλῳ, μια παραλαμβανεται και μια ἀφιεται.
26 44 και ἀφεις αὐτους παλιν ἀπελθων προσηυξατο ἐκ τριτου, τον αὐτον λογον εἰπων παλιν.
56 τοτε οἱ μαθηται παντες ἀφεντες αὐτον ἐφυγον.
27 49 ἀφες ἰδωμεν εἰ ἐρχεται ἡλιας σωσων αὐτον.
50 ὁ δε ἰησους παλιν κραξας φωνῃ μεγαλῃ ἀφηκεν το πνευμα.
Mc 1 18 και εὐθυς ἀφεντες τα δικτυα ἠκολουθησαν αὐτῳ.
20 και ἀφεντες τον πατερα αὐτων ζεβεδαιον ἐν τῳ πλοιῳ μετα των μισθωτων ἀπηλθον ὀπισω αὐτου.
31 και ἀφηκεν αὐτην ὁ πυρετος, και διηκονει αὐτοις.
34 και οὐκ ἠφιεν λαλειν τα δαιμονια, ὁτι ᾐδεισαν αὐτον.
2 5 και ἰδων ὁ ἰησους την πιστιν αὐτων λεγει τῳ παραλυτικῳ· τεκνον, ἀφιενται σου αἱ ἁμαρτιαι.
7 τις δυναται ἀφιεναι ἁμαρτιας εἰ μη εἱς ὁ θεος;
9 τι ἐστιν εὐκοπωτερον, εἰπειν τῳ παραλυτικῳ· ἀφιενται σου αἱ ἁμαρτιαι, ἠ εἰπειν· ἐγειρε και ἀρον τον κραβαττον σου και περιπατει;
10 ἱνα δε εἰδητε ὁτι ἐξουσιαν ἐχει ὁ υἱος του ἀνθρωπου ἀφιεναι ἁμαρτιας ἐπι της γης, λεγει τῳ παραλυτικῳ·
3 28 ἀμην λεγω ὑμιν ὁτι παντα ἀφεθησεται τοις υἱοις των ἀνθρωπων τα ἁμαρτηματα και αἱ βλασφημιαι,
4 12 και ἀκουοντες ἀκουωσιν και μη συνιωσιν, μηποτε ἐπιστρεψωσιν και ἀφεθῃ αὐτοις.
36 και ἀφεντες τον ὀχλον παραλαμβανουσιν αὐτον ὡς ἠν ἐν τῳ πλοιῳ,
5 19 και οὐκ ἀφηκεν αὐτον, ἀλλα λεγει αὐτῳ·
37 ὁ δε ἰησους παρακουσας τον λογον λαλουμενον λεγει τῳ ἀρχισυναγωγῳ· μη φοβου, μονον πιστευε και οὐκ ἀφηκεν οὐδενα μετ αὐτου συνακολουθησαι εἰ μη τον πετρον και ἰακωβον και ἰωαννην τον ἀδελφον ἰακωβου.
7 8 ἀφεντες την ἐντολην του θεου κρατειτε την παραδοσιν των ἀνθρωπων.
12 οὐκετι ἀφιετε αὐτον οὐδεν ποιησαι τῳ πατρι ἠ τῃ μητρι, ἀκυρουντες τον λογον του θεου τῃ παραδοσει ὑμων ῃ παρεδωκατε·
27 και ἐλεγεν αὐτῃ· ἀφες πρωτον χορτασθηναι τα τεκνα·
8 13 και ἀφεις αὐτους παλιν ἐμβας ἀπηλθεν εἰς το περαν.
10 14 ἀφετε τα παιδια ἐρχεσθαι προς με, μη κωλυετε αὐτα· των γαρ τοιουτων ἐστιν ἡ βασιλεια του θεου.
28 ἰδου ἡμεις ἀφηκαμεν παντα και ἠκολουθηκαμεν σοι.
29 ἀμην λεγω ὑμιν, οὐδεις ἐστιν ὁς ἀφηκεν οἰκιαν ἠ ἀδελφους ἠ ἀδελφας ἠ μητερα ἠ πατερα ἠ τεκνα ἠ ἀγρους ἑνεκεν ἐμου και ἑνεκεν του εὐαγγελιου,
11 6 οἱ δε εἰπαν αὐτοις καθως εἰπεν ὁ ἰησους· και ἀφηκαν αὐτους.
16 και οὐκ ἠφιεν ἱνα τις διενεγκῃ σκευος δια του ἱερου,
25 και ὁταν στηκετε προσευχομενοι, ἀφιετε εἰ τι ἐχετε κατα τινος,
25 ἀφιετε εἰ τι ἐχετε κατα τινος, ἱνα και ὁ πατηρ ὑμων ὁ ἐν τοις οὐρανοις ἀφῃ ὑμιν τα παραπτωματα ὑμων.
26* εἰ δε ὑμεις οὐκ ἀφιετε,
26* οὐδε ὁ πατηρ ὑμων ὁ ἐν τοις οὐρανοις ἀφησει τα παραπτωματα ὑμων.
12 12 και ἀφεντες αὐτον ἀπηλθον.
19 διδασκαλε, μωυσης ἐγραψεν ἡμιν ὁτι ἐαν τινος ἀδελφος ἀποθανῃ και καταλιπῃ γυναικα και μη ἀφῃ τεκνον, ἱνα λαβῃ ὁ ἀδελφος αὐτου την γυναικα και ἐξαναστησῃ σπερμα τῳ ἀδελφῳ αὐτου.
20 και ὁ πρωτος ἐλαβεν γυναικα, και ἀποθνησκων οὐκ ἀφηκεν σπερμα·
22 και οἱ ἑπτα οὐκ ἀφηκαν σπερμα.
13 2 οὐ μη ἀφεθῃ ὡδε λιθος ἐπι λιθον ὁς οὐ μη καταλυθῃ.
34 ὡς ἀνθρωπος ἀποδημος ἀφεις την οἰκιαν αὐτου και δους τοις δουλοις αὐτου την ἐξουσιαν, ἑκαστῳ το ἐργον αὐτου,
14 6 ἀφετε αὐτην· τι αὐτῃ κοπους παρεχετε;
50 και ἀφεντες αὐτον ἐφυγον παντες.
15 36 ἀφετε ἰδωμεν εἰ ἐρχεται ἡλιας καθελειν αὐτον.

ἀφίημι [146]

Mc	15 37	ὁ δε ἰησους ἀφεις φωνην μεγαλην ἐξεπνευσεν.
Lc	4 39	και ἐπιστας ἐπανω αὐτης ἐπετιμησεν τω πυρετω, και ἀφηκεν αὐτην·
	5 11	και καταγαγοντες τα πλοια ἐπι την γην, ἀφεντες παντα ἠκολουθησαν αὐτω.
	20	ἀνθρωπε, ἀφεωνται σοι αἱ ἁμαρτιαι σου.
	21	τίς δυναται ἁμαρτιας ἀφειναι εἰ μη μονος ὁ θεος;
	23	τί ἐστιν εὐκοπωτερον, εἰπειν· ἀφεωνται σοι αἱ ἁμαρτιαι σου, ἠ εἰπειν· ἐγειρε και περιπατει;
	24	ἱνα δε εἰδητε ὁτι ὁ υἱος του ἀνθρωπου ἐξουσιαν ἐχει ἐπι της γης ἀφιεναι ἁμαρτιας, εἰπεν τω παραλελυμενω·
	6 42	ἀδελφε, ἀφες ἐκβαλω το καρφος το ἐν τω ὀφθαλμω σου, αὐτος την ἐν τω ὀφθαλμω σου δοκον οὐ βλεπων;
	7 47	οὗ χαριν λεγω σοι, ἀφεωνται αἱ ἁμαρτιαι αὐτης αἱ πολλαι, ὁτι ἠγαπησεν πολυ·
	47	ᾧ δε ὀλιγον ἀφιεται, ὀλιγον ἀγαπα.
	48	ἀφεωνται σου αἱ ἁμαρτιαι.
	49	τίς οὑτος ἐστιν, ὁς και ἁμαρτιας ἀφιησιν;
	8 51	ἐλθων δε εἰς την οἰκιαν οὐκ ἀφηκεν εἰσελθειν τινα συν αὐτω εἰ μη πετρον και ἰωαννην και ἰακωβον και τον πατερα της παιδος και την μητερα.
	9 60	ἀφες τους νεκρους θαψαι τους ἑαυτων νεκρους, συ δε ἀπελθων διαγγελλε την βασιλειαν του θεου.
	10 30	και λησταις περιεπεσεν, οἱ και ἐκδυσαντες αὐτον και πληγας ἐπιθεντες ἀπηλθον ἀφεντες ἡμιθανη.
	11 4	και ἀφες ἡμιν τας ἁμαρτιας ἡμων, και γαρ αὐτοι ἀφιομεν παντι ὀφειλοντι ἡμιν·
	4	και ἀφες ἡμιν τας ἁμαρτιας ἡμων, και γαρ αὐτοι ἀφιομεν παντι ὀφειλοντι ἡμιν·
	12 10	και πας ὁς ἐρει λογον εἰς τον υἱον του ἀνθρωπου, ἀφεθησεται αὐτω·
	10	τω δε εἰς το ἁγιον πνευμα βλασφημησαντι οὐκ ἀφεθησεται.
	39	τουτο δε γινωσκετε, ὁτι εἰ ᾐδει ὁ οἰκοδεσποτης ποια ὡρα ὁ κλεπτης ἐρχεται, οὐκ ἀν ἀφηκεν διορυχθηναι τον οἰκον αὐτου.
	13 8	κυριε, ἀφες αὐτην και τουτο το ἐτος, ἑως ὁτου σκαψω περι αὐτην και βαλω κοπρια,
	35	ἰδου ἀφιεται ὑμιν ὁ οἰκος ὑμων.
	17 3	ἐαν ἁμαρτη ὁ ἀδελφος σου, ἐπιτιμησον αὐτω, και ἐαν μετανοηση, ἀφες αὐτω·
	4	και ἐαν ἑπτακις της ἡμερας ἁμαρτηση εἰς σε και ἑπτακις ἐπιστρεψη προς σε λεγων· μετανοω, ἀφησεις αὐτω.
	34	λεγω ὑμιν, ταυτη τη νυκτι ἐσονται δυο ἐπι κλινης μιας, ὁ εἱς παραλημφθησεται και ὁ ἑτερος ἀφεθησεται·
	35	ἐσονται δυο ἀληθουσαι ἐπι το αὐτο, ἡ μια παραλημφθησεται ἡ δε ἑτερα ἀφεθησεται.
	36 *	δυο ἐν ἀγρω· εἱς παραλημφθησεται και ὁ ἑτερος ἀφεθησεται.
	18 16	ἀφετε τα παιδια ἐρχεσθαι προς με και μη κωλυετε αὐτα·
	28	ἰδου ἡμεις ἀφεντες τα ἰδια ἠκολουθησαμεν σοι.
	29	ἀμην λεγω ὑμιν ὁτι οὐδεις ἐστιν ὁς ἀφηκεν οἰκιαν ἠ γυναικα ἠ ἀδελφους ἠ γονεις ἠ τεκνα ἑνεκεν της βασιλειας του θεου,
	19 44	και οὐκ ἀφησουσιν λιθον ἐπι λιθον ἐν σοι, ἀνθ ὡν οὐκ ἐγνως τον καιρον της ἐπισκοπης σου.
	21 6	ταυτα ἁ θεωρειτε, ἐλευσονται ἡμεραι ἐν αἱς οὐκ ἀφεθησεται λιθος ἐπι λιθω ὁς οὐ καταλυθησεται.
	23 34	[πατερ, ἀφες αὐτοις· οὐ γαρ οἰδασιν τί ποιουσιν].
Jh	4 3	ἀφηκεν την ἰουδαιαν και ἀπηλθεν παλιν εἰς την γαλιλαιαν.
	28	ἀφηκεν οὐν την ὑδριαν αὐτης ἡ γυνη και ἀπηλθεν εἰς την πολιν,
	52	εἰπαν οὐν αὐτω ὁτι ἐχθες ὡραν ἑβδομην ἀφηκεν αὐτον ὁ πυρετος.
	8 29	οὐκ ἀφηκεν με μονον, ὁτι ἐγω τα ἀρεστα αὐτω ποιω παντοτε.
	10 12	ὁ μισθωτος και οὐκ ὠν ποιμην, οὑ οὐκ ἐστιν τα προβατα ἰδια, θεωρει τον λυκον ἐρχομενον και ἀφιησιν τα προβατα και φευγει,
	11 44	λυσατε αὐτον και ἀφετε αὐτον ὑπαγειν.
	48	ἐαν ἀφωμεν αὐτον οὑτως, παντες πιστευσουσιν εἰς αὐτον,
	12 7	ἀφες αὐτην, ἱνα εἰς την ἡμεραν του ἐνταφιασμου μου τηρηση αὐτο·
	14 18	οὐκ ἀφησω ὑμας ὀρφανους, ἐρχομαι προς ὑμας.
	27	εἰρηνην ἀφιημι ὑμιν, εἰρηνην την ἐμην διδωμι ὑμιν·
	16 28	παλιν ἀφιημι τον κοσμον και πορευομαι προς τον πατερα.
	32	ἰδου ἐρχεται ὡρα και ἐληλυθεν ἱνα σκορπισθητε ἑκαστος εἰς τα ἰδια καμε μονον ἀφητε·
	18 8	εἰ οὐν ἐμε ζητειτε, ἀφετε τουτους ὑπαγειν·
	20 23	ἀν τινων ἀφητε τας ἁμαρτιας ἀφεωνται αὐτοις·
	23	ἀν τινων ἀφητε τας ἁμαρτιας, ἀφεωνται αὐτοις·
Ac	5 38	και τα νυν λεγω ὑμιν, ἀποστητε ἀπο των ἀνθρωπων τουτων και ἀφετε αὐτους·

ἀφίημι [146]

Ac	8 22	και δεηθητι του κυριου εἰ ἀρα ἀφεθησεται σοι ἡ ἐπινοια της καρδιας σου·
	14 17	καιτοι οὐκ ἀμαρτυρον αὐτον ἀφηκεν ἀγαθουργων,
Rm	1 27	ὁμοιως τε και οἱ ἀρσενες ἀφεντες την φυσικην χρησιν της θηλειας ἐξεκαυθησαν ἐν τη ὀρεξει αὐτων εἰς ἀλληλους,
	4 7	μακαριοι ὡν ἀφεθησαν αἱ ἀνομιαι και ὡν ἐπεκαλυφθησαν αἱ ἁμαρτιαι·
1Co	7 11	και ἀνδρα γυναικα μη ἀφιεναι.
	12	εἰ τις ἀδελφος γυναικα ἐχει ἀπιστον, και αὑτη συνευδοκει οἰκειν μετ αὐτου, μη ἀφιετω αὐτην·
	13	και γυνη εἰ τις ἐχει ἀνδρα ἀπιστον, και οὑτος συνευδοκει οἰκειν μετ αὐτης, μη ἀφιετω τον ἀνδρα.
Heb	2 8	ἐν τω γαρ ὑποταξαι [αὐτω] τα παντα οὐδεν ἀφηκεν αὐτω ἀνυποτακτον.
	6 1	διο ἀφεντες τον της ἀρχης του χριστου λογον ἐπι την τελειοτητα φερωμεθα,
Ja	5 15	καν ἁμαρτιας ᾐ πεποιηκως, ἀφεθησεται αὐτω.
1Jh	1 9	πιστος ἐστιν και δικαιος, ἱνα ἀφη ἡμιν τας ἁμαρτιας και καθαριση ἡμας ἀπο πασης ἀδικιας.
	2 12	γραφω ὑμιν, τεκνια, ὁτι ἀφεωνται ὑμιν αἱ ἁμαρτιαι δια το ὀνομα αὐτου.
Apc	2 4	ἀλλα ἐχω κατα σου ὁτι την ἀγαπην σου την πρωτην ἀφηκες.
	20	ἀλλα ἐχω κατα σου ὁτι ἀφεις την γυναικα ἰεζαβελ,
	11 9	και τα πτωματα αὐτων οὐκ ἀφιουσιν τεθηναι εἰς μνημα.

ἀφικνέομαι [1]

Rm	16 19	ἡ γαρ ὑμων ὑπακοη εἰς παντας ἀφικετο·

ἀφιλάγαθος [1]

2Tm	3 3	γονευσιν ἀπειθεις, ἀχαριστοι, ἀνοσιοι, ἀστοργοι, ἀσπονδοι, διαβολοι, ἀκρατεις, ἀνημεροι, ἀφιλαγαθοι,

ἀφιλάργυρος [2]

1Tm	3 3	μη παροινον, μη πληκτην, ἀλλα ἐπιεικη, ἀμαχον, ἀφιλαργυρον,
Heb	13 5	ἀφιλαργυρος ὁ τροπος, ἀρκουμενοι τοις παρουσιν·

ἄφιξις [1]

Ac	20 29	ἐγω οἰδα ὁτι εἰσελευσονται μετα την ἀφιξιν μου λυκοι βαρεις εἰς ὑμας μη φειδομενοι του ποιμνιου,

ἀφίστημι [14]

Lc	2 37	και αὑτη χηρα ἑως ἐτων ὀγδοηκοντατεσσαρων, ἡ οὐκ ἀφιστατο του ἱερου νηστειαις και δεησεσιν λατρευουσα νυκτα και ἡμεραν.
	4 13	και συντελεσας παντα πειρασμον ὁ διαβολος ἀπεστη ἀπ αὐτου ἀχρι καιρου.
	8 13	και οὑτοι ριζαν οὐκ ἐχουσιν, οἱ προς καιρον πιστευουσιν και ἐν καιρω πειρασμου ἀφιστανται.
	13 27	οὐκ οἰδα [ὑμας] ποθεν ἐστε· ἀποστητε ἀπ ἐμου παντες ἐργαται ἀδικιας.
Ac	5 37	μετα τουτον ἀνεστη ἰουδας ὁ γαλιλαιος ἐν ταις ἡμεραις της ἀπογραφης και ἀπεστησεν λαον ὀπισω αὐτου·
	38	και τα νυν λεγω ὑμιν, ἀποστητε ἀπο των ἀνθρωπων τουτων και ἀφετε αὐτους·
	12 10	και ἐξελθοντες προηλθον ρυμην μιαν, και εὐθεως ἀπεστη ὁ ἀγγελος ἀπ αὐτου.
	15 38	παυλος δε ἠξιου, τον ἀποσταντα ἀπ αὐτων ἀπο παμφυλιας και μη συνελθοντα αὐτοις εἰς το ἐργον, μη συμπαραλαμβανειν τουτον.
	19 9	ὡς δε τινες ἐσκληρυνοντο και ἠπειθουν κακολογουντες την ὁδον ἐνωπιον του πληθους, ἀποστας ἀπ αὐτων ἀφωρισεν τους μαθητας,
	22 29	εὐθεως οὐν ἀπεστησαν ἀπ αὐτου οἱ μελλοντες αὐτον ἀνεταζειν·
2Co	12 8	ὑπερ τουτου τρις τον κυριον παρεκαλεσα, ἱνα ἀποστη ἀπ ἐμου.
1Tm	4 1	το δε πνευμα ρητως λεγει ὁτι ἐν ὑστεροις καιροις ἀποστησονται τινες της πιστεως,
2Tm	2 19	ἐγνω κυριος τους ὀντας αὐτου, και· ἀποστητω ἀπο ἀδικιας πας ὁ ὀνομαζων το ὀνομα κυριου.
Heb	3 12	βλεπετε, ἀδελφοι, μηποτε ἐσται ἐν τινι ὑμων καρδια πονηρα ἀπιστιας ἐν τω ἀποστηναι ἀπο θεου ζωντος,

ἄφνω [3]

Ac	2 2	καὶ ἐγένετο ἄφνω ἐκ τοῦ οὐρανοῦ ἦχος ὥσπερ φερομενης πνοης βιαιας και επληρωσεν ὅλον τον οἶκον οὗ ἦσαν καθημενοι,
	16 26	ἄφνω δε σεισμος εγενετο μεγας, ὥστε σαλευθηναι τα θεμελια του δεσμωτηριου·
	28 6	οἱ δε προσεδοκων αυτον μελλειν πιμπρασθαι ἢ καταπιπτειν ἄφνω νεκρον.

ἀφοβως [4]

Lc	1 74	ὅρκον ὃν ὤμοσεν προς ἀβρααμ τον πατερα ἡμων, του δουναι ἡμιν ἀφοβως ἐκ χειρος ἐχθρων ῥυσθεντας λατρευειν αὐτω ἐν ὁσιοτητι και δικαιοσυνη ἐνωπιον αὐτου πασαις ταις ἡμεραις ἡμων.
1Co	16 10	ἐαν δε ἐλθη τιμοθεος, βλεπετε ἱνα ἀφοβως γενηται προς ὑμας·
Php	1 14	και τους πλειονας των ἀδελφων ἐν κυριω πεποιθοτας τοις δεσμοις μου περισσοτερως τολμαν ἀφοβως τον λογον λαλειν.
Ju	12	οὑτοι εἰσιν οἱ ἐν ταις ἀγαπαις ὑμων σπιλαδες συνευωχουμενοι ἀφοβως,

ἀφομοιοω [1]

Heb	7 3	ἀφομοιωμενος δε τω υἱω του θεου, μενει ἱερευς εἰς το διη\.εκες.

ἀφοραω [2]

Php	2 23	τουτον μεν οὖν ἐλπιζω πεμψαι ὡς ἂν ἀφιδω τα περι ἐμε ἐξαυτης·
Heb	12 2	δι ὑπομονης τρεχωμεν τον προκειμενον ἡμιν ἀγωνα, ἀφορωντες εἰς τον της πιστεως ἀρχηγον και τελειωτην ἰησουν,

ἀφοριζω [10]

Mt	13 49	ἐξελευσονται οἱ ἀγγελοι και ἀφοριουσιν τους πονηρους ἐκ μεσου των δικαιων,
	25 32	και ἀφορισει αὐτους ἀπ ἀλληλων, ὥσπερ ὁ ποιμην ἀφοριζει τα προβατα ἀπο των ἐριφων,
	32	και ἀφορισει αὐτους ἀπ ἀλληλων, ὥσπερ ὁ ποιμην ἀφοριζει τα προβατα ἀπο των ἐριφων,
Lc	6 22	μακαριοι ἐστε ὁταν μισησωσιν ὑμας οἱ ἀνθρωποι, και ὁταν ἀφορισωσιν ὑμας και ὀνειδισωσιν και ἐκβαλωσιν το ὀνομα ὑμων ὡς πονηρον ἑνεκα του υἱου του ἀνθρωπου.
Ac	13 2	ἀφορισατε δη μοι τον βαρναβαν και σαυλον εἰς το ἐργον ὁ προσκεκλημαι αὐτους·
	19 9	ὡς δε τινες ἐσκληρυνοντο και ἠπειθουν κακολογουντες την ὁδον ἐνωπιον του πληθους, ἀποστας ἀπ αὐτων ἀφωρισεν τους μαθητας,
Rm	1 1	παυλος δουλος χριστου ἰησου, κλητος ἀποστολος ἀφωρισμενος εἰς εὐαγγελιον θεου,
2Co	6 17	διο ἐξελθατε ἐκ μεσου αὐτων και ἀφορισθητε, λεγει κυριος,
Ga	1 15	ὁτε δε εὐδοκησεν [ὁ θεος] ὁ ἀφορισας με ἐκ κοιλιας μητρος μου και καλεσας δια της χαριτος αὐτου
	2 12	ὁτε δε ἠλθον, ὑπεστελλεν και ἀφωριζεν ἑαυτον, φοβουμενος τους ἐκ περιτομης·

ἀφορμη [7]

Rm	7 8	ἀφορμην δε λαβουσα ἡ ἁμαρτια δια της ἐντολης κατειργασατο ἐν ἐμοι πασαν ἐπιθυμιαν·
	11	ἡ γαρ ἁμαρτια ἀφορμην λαβουσα δια της ἐντολης ἐξηπατησεν με και δι αὐτης ἀπεκτεινεν.
2Co	5 12	οὑ παλιν ἑαυτους συνιστανομεν ὑμιν, ἀλλα ἀφορμην διδοντες ὑμιν καυχηματος ὑπερ ἡμων,
	11 12	ὁ δε ποιω, και ποιησω, ἱνα ἐκκοψω την ἀφορμην των θελοντων ἀφορμην,
	12	ὁ δε ποιω, και ποιησω, ἱνα ἐκκοψω την ἀφορμην των θελοντων ἀφορμην,
Ga	5 13	μονον μη την ἐλευθεριαν εἰς ἀφορμην τη σαρκι, ἀλλα δια της ἀγαπης δουλευετε ἀλληλοις.
1Tm	5 14	βουλομαι οὖν νεωτερας γαμειν, τεκνογονειν, οἰκοδεσποτειν, μηδεμιαν ἀφορμην διδοναι τω ἀντικειμενω λοιδοριας χαριν·

ἀφριζω [2]

Mc	9 18	και ὁπου ἐαν αὐτον καταλαβη, ῥησσει αὐτον, και ἀφριζει και τριζει τους ὀδοντας και ξηραινεται·

ἀφριζω [2]

Mc	9 20	και ἰδων αὐτον το πνευμα εὐθυς συνεσπαραξεν αὐτον, και πεσων ἐπι της γης ἐκυλιετο ἀφριζων.

ἀφρος [1]

Lc	9 39	και ἰδου πνευμα λαμβανει αὐτον, και ἐξαιφνης κραζει και σπαρασσει αὐτον μετα ἀφρου,

ἀφροσυνη [4]

Mc	7 22	ἐσωθεν γαρ ἐκ της καρδιας των ἀνθρωπων οἱ διαλογισμοι οἱ κακοι ἐκπορευονται, πορνειαι, κλοπαι, φονοι, μοιχειαι, πλεονεξιαι, πονηριαι, δολος, ἀσελγεια, ὀφθαλμος πονηρος, βλασφημια, ὑπερηφανια, ἀφροσυνη·
2Co	11 1	ὀφελον ἀνειχεσθε μου μικρον τι ἀφροσυνης·
	17	οὑ κατα κυριον λαλω, ἀλλ ὡς ἐν ἀφροσυνη, ἐν ταυτη τη ὑποστασει της καυχησεως.
	21	ἐν ᾡ δ ἀν τις τολμα, ἐν ἀφροσυνη λεγω, τολμω καγω.

ἀφρων [11]

Lc	11 40	ἀφρονες, οὐχ ὁ ποιησας το ἐξωθεν και το ἐσωθεν ἐποιησεν;
	12 20	ἀφρων, ταυτη τη νυκτι την ψυχην σου ἀπαιτουσιν ἀπο σου· ἁ δε ἡτοιμασας, τινι ἐσται;
Rm	2 20	πεποιθας τε σεαυτον ὁδηγον εἰναι τυφλων, φως των ἐν σκοτει, παιδευτην ἀφρονων, διδασκαλον νηπιων,
1Co	15 36	ἀφρων, συ ὁ σπειρεις, οὐ ζωοποιειται ἐαν μη ἀποθανη·
2Co	11 16	παλιν λεγω, μη τις με δοξη ἀφρονα εἰναι·
	16	εἰ δε μη γε, καν ὡς ἀφρονα δεξασθε με,
	19	ἡδεως γαρ ἀνεχεσθε των ἀφρονων φρονιμοι ὀντες·
	12 6	ἐαν γαρ θελησω καυχησασθαι, οὐκ ἐσομαι ἀφρων, ἀληθειαν γαρ ἐρω·
	11	γεγονα ἀφρων· ὑμεις με ἠναγκασατε.
Eph	5 17	δια τουτο μη γινεσθε ἀφρονες, ἀλλα συνιετε τι το θελημα του κυριου.
1Pt	2 15	ὁτι οὑτως ἐστιν το θελημα του θεου, ἀγαθοποιουντας φιμουν την των ἀφρονων ἀνθρωπων ἀγνωσιαν·

ἀφυπνοω [1]

Lc	8 23	πλεοντων δε αὐτων ἀφυπνωσεν.

ἀφωνος [4]

Ac	8 32	ὡς προβατον ἐπι σφαγην ἠχθη, και ὡς ἀμνος ἐναντιον του κειραντος αὐτον ἀφωνος,
1Co	12 2	οἰδατε ὁτι ὁτε ἐθνη ἠτε προς τα εἰδωλα τα ἀφωνα ὡς ἀν ἠγεσθε ἀπαγομενοι.
	14 10	τοσαυτα εἰ τυχοι γενη φωνων εἰσιν ἐν κοσμω, και οὐδεν ἀφωνον·
2Pt	2 16	ὑποζυγιον ἀφωνον ἐν ἀνθρωπου φωνη φθεγξαμενον ἐκωλυσεν την του προφητου παραφρονιαν.

ἀχαζ [2]

Mt	1 9	ἰωαθαμ δε ἐγεννησεν τον ἀχαζ,
	9	ἀχαζ δε ἐγεννησεν τον ἐζεκιαν,

ἀχαια [10]

Ac	18 12	γαλλιωνος δε ἀνθυπατου ὀντος της ἀχαιας κατεπεστησαν ὁμοθυμαδον οἱ ἰουδαιοι τω παυλω
	27	βουλομενου δε αὐτου διελθειν εἰς την ἀχαιαν, προτρεψαμενοι οἱ ἀδελφοι ἐγραψαν τοις μαθηταις ἀποδεξασθαι αὐτον·
	19 21	ὡς δε ἐπληρωθη ταυτα, ἐθετο ὁ παυλος ἐν τω πνευματι διελθων την μακεδονιαν και ἀχαιαν πορευεσθαι εἰς ἱεροσολυμα,
Rm	15 26	εὐδοκησαν γαρ μακεδονια και ἀχαια κοινωνιαν τινα ποιησασθαι εἰς τους πτωχους των ἁγιων των ἐν ἱερουσαλημ.
1Co	16 15	οἰδατε την οἰκιαν στεφανα, ὁτι ἐστιν ἀπαρχη της ἀχαιας και εἰς διακονιαν τοις ἁγιοις ἐταξαν ἑαυτους·
2Co	1 1	παυλος ἀποστολος χριστου ἰησου δια θεληματος θεου και τιμοθεος ὁ ἀδελφος τη ἐκκλησια του θεου τη οὐση ἐν κορινθω συν τοις ἁγιοις πασιν τοις οὐσιν ἐν ὁλη τη ἀχαια·
	9 2	οἰδα γαρ την προθυμιαν ὑμων ἡν ὑπερ ὑμων καυχωμαι μακεδοσιν ὁτι ἀχαια παρεσκευασται ἀπο περυσι,
	11 10	ἐστιν ἀληθεια χριστου ἐν ἐμοι, ὁτι ἡ καυχησις αὐτη οὐ φραγησεται εἰς ἐμε ἐν τοις κλιμασιν της ἀχαιας.

ἀχαια [10]

1Th 1 7 ὥστε γενεσθαι ὑμας τυπον πασιν τοις πιστευουσιν ἐν τη μακεδονιᾳ και ἐν τη ἀχαια.

8 ἀφ ὑμων γαρ ἐξηχηται ὁ λογος του κυριου οὐ μονον ἐν τη μακεδονιᾳ και [ἐν τη] ἀχαιᾳ, ἀλλ ἐν παντι τοπω ἡ πιστις ὑμων ἡ προς τον θεον ἐξεληλυθεν,

ἀχαικος [1]

1Co 16 17 χαιρω δε ἐπι τη παρουσια στεφανα και φορτουνατου και ἀχαικου,

ἀχαριστος [2]

Lc 6 35 και ἐσται ὁ μισθος ὑμων πολυς, και ἐσεσθε υἱοι ὑψιστου, ὁτι αὐτος χρηστος ἐστιν ἐπι τους ἀχαριστους και πονηρους.

2Tm 3 2 γονευσιν ἀπειθεις, ἀχαριστοι, ἀνοσιοι, ἀστοργοι, ἀσπονδοι, διαβολοι, ἀκρατεις, ἀνημεροι, ἀφιλαγαθοι,

ἀχειροποιητος [3]

Mc 14 58 και τινες ἀνασταντες ἐψευδομαρτυρουν κατ αὐτου λεγοντες ὁτι ἡμεις ἠκουσαμεν αὐτου λεγοντος ὁτι ἐγω καταλυσω τον ναον τουτον τον χειροποιητον και δια τριων ἡμερων ἀλλον ἀχειροποιητον οἰκοδομησω.

2Co 5 1 οἰκοδομην ἐκ θεου ἐχομεν, οἰκιαν ἀχειροποιητον αἰωνιον ἐν τοις οὐρανοις.

Col 2 11 ἐν ᾧ και περιετμηθητε περιτομη ἀχειροποιητῳ ἐν τη ἀπεκδυσει του σωματος της σαρκος,

ἀχιμ, [2]

Mt 1 14 σαδωκ δε ἐγεννησεν τον ἀχιμ,

14 ἀχιμ δε ἐγεννησεν τον ἐλιουδ,

ἀχλυς [1]

Ac 13 11 παραχρημα τε ἐπεσεν ἐπ αὐτον ἀχλυς και σκοτος,

ἀχρειοομαι [1]

Rm 3 12 παντες ἐξεκλιναν, ἁμα ἠχρεωθησαν·

ἀχρειος [2]

Mt 25 30 και τον ἀχρειον δουλον ἐκβαλετε εἰς το σκοτος το ἐξωτερον·

Lc 17 10 οὑτως και ὑμεις, ὁταν ποιησητε παντα τα διαταχθεντα ὑμιν, λεγετε ὁτι δουλοι ἀχρειοι ἐσμεν, ὁ ὠφειλομεν ποιησαι πεποιηκαμεν.

ἀχρηστος [1]

Phm 11 ὀνησιμον, τον ποτε σοι ἀχρηστον νυνι δε [και] σοι και ἐμοι εὐχρηστον,

ἀχρι [49]

Mt 24 38 γαμουντες και γαμιζοντες, ἀχρι ἡς ἡμερας εἰσηλθεν νωε εἰς την κιβωτον,

Mc 16 8* μετα δε ταυτα και αὐτος ὁ ἰησους ἀπο ἀνατολης και ἀχρι δυσεως ἐξαπεστειλεν δι αὐτων το ἱερον και ἀφθαρτον κηρυγμα της αἰωνιου σωτηριας ἀμην.

Lc 1 20 και ἰδου ἐση σιωπων και μη δυναμενος λαλησαι ἀχρι ἡς ἡμερας γενηται ταυτα,

4 13 και συντελεσας παντα πειρασμον ὁ διαβολος ἀπεστη ἀπ αὐτου ἀχρι καιρου.

17 27 ἠσθιον, ἐπινον, ἐγαμουν, ἐγαμιζοντο, ἀχρι ἡς ἡμερας εἰσηλθεν νωε εἰς την κιβωτον,

21 24 και ἰερουσαλημ ἐσται πατουμενη ὑπο ἐθνων, ἀχρι οὑ πληρωθωσιν καιροι ἐθνων.

Ac 1 2 ἀχρι ἡς ἡμερας ἐντειλαμενος τοις ἀποστολοις δια πνευματος ἁγιου οὑς ἐξελεξατο ἀνελημφθη·

2 29 ὁτι και ἐτελευτησεν και ἐταφη, και το μνημα αὐτου ἐστιν ἐν ἡμιν ἀχρι της ἡμερας ταυτης.

3 21 και ἀποστειλη τον προκεχειρισμενον ὑμιν χριστον ἰησουν, ὁν δει οὐρανον μεν δεξασθαι ἀχρι χρονων ἀποκαταστασεως παντων ὡν ἐλαλησεν ὁ θεος.

7 18 ηὐξησεν ὁ λαος και ἐπληθυνθη ἐν αἰγυπτω, ἀχρι οὑ ἀνεστη βασιλευς ἑτερος [ἐπ αἰγυπτον],

ἀχρι [49]

Ac 11 5 καταβαινον σκευος τι ὡς ὀθονην μεγαλην τεσσαρσιν ἀρχαις καθιεμενην ἐκ του οὐρανου, και ἠλθεν ἀχρι ἐμου·

13 6 διελθοντες δε ὁλην την νησον ἀχρι παφου εὑρον ἀνδρα τινα μαγον ψευδοπροφητην ἰουδαιον

11 και νυν ἰδου χειρ κυριου ἐπι σε, και ἐση τυφλος μη βλεπων τον ἡλιον ἀχρι καιρου.

20 6 και ἠλθομεν προς αὐτους εἰς την τρωαδα ἀχρι ἡμερων πεντε,

11 ἀναβας δε και κλασας τον ἀρτον και γευσαμενος, ἐφ ἱκανον τε ὁμιλησας ἀχρι αὐγης, οὑτως ἐξηλθεν.

22 4 ὁς ταυτην την ὁδον ἐδιωξα ἀχρι θανατου, δεσμευων και παραδιδους εἰς φυλακας ἀνδρας τε και γυναικας,

22 ἠκουον δε αὐτου ἀχρι τουτου του λογου,

23 1 ἀνδρες ἀδελφοι, ἐγω παση συνειδησει ἀγαθη πεπολιτευμαι τω θεω ἀχρι ταυτης της ἡμερας.

26 22 ἐπικουριας οὐν τυχων της ἀπο του θεου ἀχρι της ἡμερας ταυτης ἐστηκα μαρτυρομενος μικρω τε και μεγαλω,

27 33 ἀχρι δε οὑ ἡμερα ἠμελλεν γινεσθαι, παρεκαλει ὁ παυλος ἁπαντας μεταλαβειν τροφης λεγων·

28 15 κακειθεν οἱ ἀδελφοι ἀκουσαντες τα περι ἡμων ἠλθαν εἰς ἀπαντησιν ἡμιν ἀχρι ἀππιουφορου και τριωνταβερνων,

Rm 1 13 οὐ θελω δε ὑμας ἀγνοειν, ἀδελφοι, ὁτι πολλακις προεθεμην ἐλθειν προς ὑμας, και ἐκωλυθην ἀχρι του δευρο,

5 13 ἀχρι γαρ νομου ἁμαρτια ἠν ἐν κοσμω, ἁμαρτια δε οὐκ ἐλλογειται μη ὀντος νομου·

8 22 οἰδαμεν γαρ ὁτι πασα ἡ κτισις συστεναζει και συνωδινει ἀχρι του νυν·

11 25 ἱνα μη ἠτε [παρ] ἑαυτοις φρονιμοι, ὁτι πωρωσις ἀπο μερους τω ἰσραηλ γεγονεν ἀχρι οὑ το πληρωμα των ἐθνων εἰσελθη.

1Co 4 11 ἀχρι της ἀρτι ὡρας και πεινωμεν και διψωμεν και γυμνιτευομεν

11 26 ὁσακις γαρ ἐαν ἐσθιητε τον ἀρτον τουτον και το ποτηριον πινητε, τον θανατον του κυριου καταγγελλετε, ἀχρι οὑ ἐλθη.

15 25 δει γαρ αὐτον βασιλευειν ἀχρι οὑ θη παντας τους ἐχθρους ὑπο τους ποδας αὐτου.

2Co 3 14 ἀχρι γαρ της σημερον ἡμερας το αὐτο καλυμμα ἐπι τη ἀναγνωσει της παλαιας διαθηκης μενει,

10 13 ἀλλα κατα το μετρον του κανονος οὑ ἐμερισεν ἡμιν ὁ θεος μετρου, ἐφικεσθαι ἀχρι και ὑμων.

14 ἀχρι γαρ και ὑμων ἐφθασαμεν ἐν τω εὐαγγελιω του χριστου,

Ga 3 19 των παραβασεων χαριν προσετεθη, ἀχρις οὑ ἀν ἐλθη το σπερμα ᾡ ἐπηγγελται,

4 2 οὐδεν διαφερει δουλου κυριος παντων ὡν, ἀλλα ὑπο ἐπιτροπους ἐστιν και οἰκονομους ἀχρι της προθεσμιας του πατρος.

Php 1 5 ἐπι τη κοινωνια ὑμων εἰς το εὐαγγελιον ἀπο της πρωτης ἡμερας ἀχρι του νυν,

6 πεποιθως αὐτο τουτο, ὁτι ὁ ἐναρξαμενος ἐν ὑμιν ἐργον ἀγαθον ἐπιτελεσει ἀχρι ἡμερας χριστου ἰησου·

Heb 3 13 ἀλλα παρακαλειτε ἑαυτους καθ ἑκαστην ἡμεραν, ἀχρις οὑ το σημερον καλειται, ἱνα μη σκληρυνθη τις ἐξ ὑμων ἀπατη της ἁμαρτιας·

4 12 ζων γαρ ὁ λογος του θεου και ἐνεργης και τομωτερος ὑπερ πασαν μαχαιραν διστομον και δικνουμενος ἀχρι μερισμου ψυχης και πνευματος,

6 11 ἐπιθυμουμεν δε ἑκαστον ὑμων την αὐτην ἐνδεικνυσθαι σπουδην προς την πληροφοριαν της ἐλπιδος ἀχρι τελους,

Apc 2 10 γινου πιστος ἀχρι θανατου, και δωσω σοι τον στεφανον της ζωης.

25 πλην ὁ ἐχετε κρατησατε ἀχρι[ς] οὑ ἀν ἡξω.

26 και ὁ νικων και ὁ τηρων ἀχρι τελους τα ἐργα μου, δωσω αὐτω ἐξουσιαν ἐπι των ἐθνων,

7 3 ἀχρι σφραγισωμεν τους δουλους του θεου ἡμων ἐπι των μετωπων αὐτων.

12 11 και οὐκ ἠγαπησαν την ψυχην αὐτων ἀχρι θανατου.

14 20 και ἐξηλθεν αἱμα ἐκ της ληνου ἀχρι των χαλινων των ἱππων,

15 8 και οὐδεις ἐδυνατο εἰσελθειν εἰς τον ναον ἀχρι τελεσθωσιν αἱ ἑπτα πληγαι των ἑπτα ἀγγελων.

17 17 και ποιησαι μιαν γνωμην και δουναι την βασιλειαν αὐτων τω θηριω, ἀχρι τελεσθησονται οἱ λογοι του θεου.

18 5 ὁτι ἐκολληθησαν αὐτης αἱ ἁμαρτιαι ἀχρι του οὐρανου,

20 3 ἱνα μη πλανηση ἐτι τα ἐθνη, ἀχρι τελεσθη τα χιλια ἐτη·

5 οἱ λοιποι των νεκρων οὐκ ἐζησαν ἀχρι τελεσθη τα χιλια ἐτη.

ἀχυρον [2]

Mt 3 12 το δε ἀχυρον κατακαυσει πυρι ἀσβεστω.

Lc 3 17 το δε ἀχυρον κατακαυσει πυρι ἀσβεστω.

ἀψευδής [1]

Tit 1 2 ἐπ ἐλπιδι ζωης αἰωνιου, ἣν ἐπηγγειλατο ὁ *ἀψευδης* θεος προ χρονων αἰωνιων,

ἀψινθος [2]

Apc 8 11 και το ὀνομα του ἀστερος λεγεται ὁ *ἀψινθος*.
11 και ἐγενετο το τριτον των ὑδατων εἰς *ἀψινθον*,

ἀψυχος [1]

1Co 14 7 ὁμως τα *ἀψυχα* φωνην διδοντα, εἰτε αὐλος εἰτε κιθαρα,

B

βααλ [1]

Rm 11 4 κατελιπον ἐμαυτω ἑπτακισχιλιους ἀνδρας, οἱτινες οὐκ ἐκαμψαν γονυ τη *βααλ*.

βαβυλων [12]

Mt 1 11 ἰωσιας δε ἐγεννησεν τον ἰεχονιαν και τους ἀδελφους αὐτου ἐπι της μετοικεσιας *βαβυλωνος*.
12 μετα δε την μετοικεσιαν *βαβυλωνος* ἰεχονιας ἐγεννησεν τον σαλαθιηλ,
17 και ἀπο δαυιδ ἑως της μετοικεσιας *βαβυλωνος* γενεαι δεκατεσσαρες,
17 και ἀπο της μετοικεσιας *βαβυλωνος* ἑως του χριστου γενεαι ϸεκατεσσαρες.
Ac 7 43 και μετοικιω ὑμας ἐπεκεινα *βαβυλωνος*.
1Pt 5 13 ἀσπαζεται ὑμας ἡ ἐν *βαβυλωνι* συνεκλεκτη και μαρκος ὁ υἱος μου.
Apc 14 8 ἐπεσεν ἐπεσεν *βαβυλων* ἡ μεγαλη,
16 19 και *βαβυλων* ἡ μεγαλη ἐμνησθη ἐνωπιον του θεου δουναι αὐτη το ποτηριον του οἰνου του θυμου της ὀργης αὐτου.
17 5 *βαβυλων* ἡ μεγαλη, ἡ μητηρ των πορνων και των βδελυγματων της γης.
18 2 ἐπεσεν ἐπεσεν *βαβυλων* ἡ μεγαλη,
10 οὐαι οὐαι, ἡ πολις ἡ μεγαλη, *βαβυλων* ἡ πολις ἡ ἰσχυρα,
21 οὑτως ὁρμηματι βληθησεται *βαβυλων* ἡ μεγαλη πολις,

βαθμος [1]

1Tm 3 13 οἱ γαρ καλως διακονησαντες *βαθμον* ἑαυτοις καλον περιποιουνται και πολλην παρρησιαν ἐν πιστει τη ἐν χριστω ἰησου.

βαθος [8]

Mt 13 5 και εὐθεως ἐξανετειλεν δια το μη ἐχειν *βαθος* γης·
Mc 4 5 και εὐθυς ἐξανετειλεν δια το μη ἐχειν *βαθος* γης·
Lc 5 4 ἐπαναγαγε εἰς το *βαθος*, και χαλασατε τα δικτυα ὑμων εἰς ἀγραν.
Rm 8 39 πεπεισμαι γαρ ὀτι οὐτε θανατος οὐτε ζωη οὐτε ἀγγελοι οὐτε ἀρχαι οὐτε ἐνεστωτα οὐτε μελλοντα οὐτε δυναμεις οὐτε ὑψωμα οὐτε *βαθος* οὐτε τις κτισις ἑτερα δυνησεται ἡμας χωρισαι ἀπο της ἀγαπης του θεου της ἐν χριστω ἰησου τω κυριω ἡμων.
11 33 ὠ *βαθος* πλουτου και σοφιας και γνωσεως θεου·
1Co 2 10 το γαρ πνευμα παντα ἐραυνα, και τα *βαθη* του θεου.
2Co 8 2 ὀτι ἐν πολλη δοκιμη θλιψεως ἡ περισσεια της χαρας αὐτων και ἡ κατα *βαθους* πτωχεια αὐτων ἐπερισσευσεν εἰς το πλουτος της ἀπλοτητος αὐτων·
Eph 3 18 ἰνα ἐξισχυσητε καταλαβεσθαι συν πασιν τοις ἀγιοις τι το πλατος και μηκος και ὑψος και *βαθος*,

βαθυνω [1]

Lc 6 48 ὁμοιος ἐστιν ἀνθρωπω οἰκοδομουντι οἰκιαν, ὁς ἐσκαψεν και *ἐβαθυνεν* και ἐθηκεν θεμελιον ἐπι την πετραν·

βαθυς [4]

Lc 24 1 τη δε μια των σαββατων ὀρθρου *βαθεως* ἐπι το μνημα ἠλθον φερουσαι ἁ ἡτοιμασαν ἀρωματα.
Jh 4 11 κυριε, οὐτε ἀντλημα ἐχεις και το φρεαρ ἐστιν *βαθυ*·
Ac 20 9 καθεζομενος δε τις νεανιας ὀνοματι εὐτυχος ἐπι της θυριδος, καταφερομενος ὑπνω *βαθει*, διαλεγομενου του παυλου ἐπι πλειον,
Apc 2 24 ὁσοι οὐκ ἐχουσιν την διδαχην ταυτην, οἱτινες οὐκ ἐγνωσαν τα *βαθεα* του σατανα, ὡς λεγουσιν·

βαιον [1]

Jh 12 13 τη ἐπαυριον ὁ ὀχλος πολυς ὁ ἐλθων εἰς την ἑορτην, ἀκουσαντες ὀτι ἐρχεται [ὁ] ἰησους εἰς ἰεροσολυμα, ἐλαβον τα *βαια* των φοινικων

βαλααμ [3]

2Pt 2 15 καταλειποντες εὐθειαν ὁδον ἐπλανηθησαν, ἐξακολουθησαντες τη ὁδω του *βαλααμ* του βοσορ,
Ju 11 και τη πλανη του *βαλααμ* μισθου ἐξεχυθησαν,
Apc 2 14 ἀλλ ἐχω κατα σου ὀλιγα, ὀτι ἐχεις ἐκει κρατουντας την διδαχην *βαλααμ*,

βαλακ [1]

Apc 2 14 ὀτι ἐχεις ἐκει κρατουντας την διδαχην βαλααμ, ὁς ἐδιδασκεν τω *βαλακ* βαλειν σκανδαλον ἐνωπιον των υἱων ἰσραηλ,

βαλλαντιον [4]

Lc 10 4 μη βασταζετε *βαλλαντιον*, μη πηραν, μη ὑποδηματα· και μηδενα κατα την ὁδον ἀσπασησθε.
12 33 ποιησατε ἑαυτοις *βαλλαντια* μη παλαιουμενα, θησαυρον ἀνεκλειπτον ἐν τοις οὐρανοις, ὁπου κλεπτης οὐκ ἐγγιζει οὐδε σης διαφθειρει·
22 35 ὀτε ἀπεστειλα ὑμας ἀτερ *βαλλαντιου* και πηρας και ὑποδηματων, μη τινος ὑστερησατε;
36 ἀλλα νυν ὁ ἐχων *βαλλαντιον* ἀρατω, ὁμοιως και πηραν, και ὁ μη ἐχων πωλησατω το ἱματιον αὐτου και ἀγορασατω μαχαιραν.

βαλλω [122]

Mt 3 10 παν οὐν δενδρον μη ποιουν καρπον καλον ἐκκοπτεται και εἰς πυρ *βαλλεται*.
4 6 εἰ υἱος εἰ του θεου, *βαλε* σεαυτον κατω·
18 *βαλλοντας* ἀμφιβληστρον εἰς την θαλασσαν·
5 13 εἰς οὐδεν ἰσχυει ἐτι εἰ μη *βληθεν* ἐξω καταπατεισθαι ὑπο των ἀνθρωπων.
25 και εἰς φυλακην *βληθηση*·
29 εἰ δε ὁ ὀφθαλμος σου ὁ δεξιος σκανδαλιζει σε, ἐξελε αὐτον και *βαλε* ἀπο σου·
29 συμφερει γαρ σοι ἰνα ἀποληται ἑν των μελων σου και μη ὁλον το σωμα σου *βληθη* εἰς γεενναν.
30 και εἰ ἡ δεξια σου χειρ σκανδαλιζει σε, ἐκκοψον αὐτην και *βαλε* ἀπο σου·
6 30 εἰ δε τον χορτον του ἀγρου σημερον ὀντα και αὐριον εἰς κλιβανον *βαλλομενον* ὁ θεος οὑτως ἀμφιεννυσιν,
7 6 μηδε *βαλητε* τους μαργαριτας ὑμων ἐμπροσθεν των χοιρων,
19 παν δενδρον μη ποιουν καρπον καλον ἐκκοπτεται και εἰς πυρ *βαλλεται*.
8 6 ὁ παις μου *βεβληται* ἐν τη οἰκια παραλυτικος,
14 και ἐλθων ὁ ἰησους εἰς την οἰκιαν πετρου εἰδεν την πενθεραν αὐτου *βεβλημενην* και πυρεσσουσαν·
9 2 και ἰδου προσεφερον αὐτω παραλυτικον ἐπι κλινης *βεβλημενον*.
17 οὐδε *βαλλουσιν* οἰνον νεον εἰς ἀσκους παλαιους·
17 ἀλλα *βαλλουσιν* οἰνον νεον εἰς ἀσκους καινους,
10 34 μη νομισητε ὀτι ἠλθον *βαλειν* εἰρηνην ἐπι την γην·
34 οὐκ ἠλθον *βαλειν* εἰρηνην ἀλλα μαχαιραν.
13 42 και *βαλουσιν* αὐτους εἰς την καμινον του πυρος·
47 παλιν ὁμοια ἐστιν ἡ βασιλεια των οὐρανων σαγηνη *βληθειση* εἰς την θαλασσαν και ἐκ παντος γενους συναγαγουση·
48 τα δε σαπρα ἐξω *ἐβαλον*.
50 και *βαλουσιν* αὐτους εἰς την καμινον του πυρος·
15 26 οὐκ ἐστιν καλον λαβειν τον ἀρτον των τεκνων και *βαλειν* τοις κυναριοις.

βαλλω [122]

Mt	17 27	ἱνα δε μη σκανδαλισωμεν αὐτους, πορευθεις εἰς θαλασσαν βαλε ἀγκιστρον και τον ἀναβαντα πρωτον ἰχθυν ἀρον, και ἀνοιξας το στομα αὐτου εὑρησεις στατηρα·
	18 8	εἰ δε ἡ χειρ σου ἠ ὁ πους σου σκανδαλιζει σε, ἐκκοψον αὐτον και βαλε ἀπο σου·
	8	καλον σοι ἐστιν εἰσελθειν εἰς την ζωην κυλλον ἠ χωλον, ἠ δυο χειρας ἠ δυο ποδας ἐχοντα βληθηναι εἰς το πυρ το αἰωνιον.
	9	και εἰ ὁ ὀφθαλμος σου σκανδαλιζει σε, ἐξελε αὐτον και βαλε ἀπο σου·
	9	καλον σοι ἐστιν μονοφθαλμον εἰς την ζωην εἰσελθειν, ἠ δυο ὀφθαλμους ἐχοντα βληθηναι εἰς την γεενναν του πυρος.
	30	ὁ δε οὐκ ἠθελεν, ἀλλα ἀπελθων ἐβαλεν αὐτον εἰς φυλακην ἑως ἀποδω το ὀφειλομενον.
	21 21	ἀρθητι και βληθητι εἰς την θαλασσαν, γενησεται·
	25 27	ἐδει σε οὖν βαλειν τα ἀργυρια μου τοις τραπεζιταις,
	26 12	βαλουσα γαρ αὑτη το μυρον τουτο ἐπι του σωματος μου προς το ἐνταφιασαι με ἐποιησεν.
	27 6	οὐκ ἐξεστιν βαλειν αὐτα εἰς τον κορβαναν, ἐπει τιμη αἱματος ἐστιν.
	35	σταυρωσαντες δε αὐτον διεμερισαντο τα ἱματια αὐτου βαλλοντες κληρον,
Mc	2 22	και οὑδεις βαλλει οἰνον νεον εἰς ἀσκους παλαιους·
	4 26	οὑτως ἐστιν ἡ βασιλεια του θεου, ὡς ἀνθρωπος βαλη τον σπορον ἐπι της γης,
	7 27	οὐ γαρ ἐστιν καλον λαβειν τον ἀρτον των τεκνων και τοις κυναριοις βαλειν.
	30	και ἀπελθουσα εἰς τον οἰκον αὐτης εὑρεν το παιδιον βεβλημενον ἐπι την κλινην και το δαιμονιον ἐξεληλυθος.
	33	και ἀπολαβομενος αὐτον ἀπο του ὀχλου κατ ἰδιαν ἐβαλεν τους δακτυλους αὐτου εἰς τα ὠτα αὐτου και πτυσας ἡψατο της γλωσσης αὐτου,
	9 22	και πολλακις και εἰς πυρ αὐτον ἐβαλεν και εἰς ὑδατα ἱνα ἀπολεση αὐτον·
	42	και ὁς ἀν σκανδαλιση ἑνα των μικρων τουτων των πιστευοντων [εἰς ἐμε,] καλον ἐστιν αὐτω μαλλον εἰ περικειται μυλος ὀνικος περι τον τραχηλον αὐτου και βεβληται εἰς την θαλασσαν.
	45	καλον ἐστιν σε εἰσελθειν εἰς την ζωην χωλον, ἠ τους δυο ποδας ἐχοντα βληθηναι εἰς την γεενναν.
	47	καλον σε ἐστιν μονοφθαλμον εἰσελθειν εἰς την βασιλειαν του θεου, ἠ δυο ὀφθαλμους ἐχοντα βληθηναι εἰς την γεενναν,
	11 23	ἀμην λεγω ὑμιν ὁτι ὁς ἀν εἰπη τω ὀρει τουτω· ἀρθητι και βληθητι εἰς την θαλασσαν, και μη διακριθη ἐν τη καρδια αὐτου ἀλλα πιστευη ὁτι ὁ λαλει γινεται, ἐσται αὐτω.
	12 41	και καθισας κατεναντι του γαζοφυλακιου ἐθεωρει πῶς ὁ ὀχλος βαλλει χαλκον εἰς το γαζοφυλακιον·
	41	και πολλοι πλουσιοι ἐβαλλον πολλα·
	42	και ἐλθουσα μια χηρα πτωχη ἐβαλεν λεπτα δυο, ὁ ἐστιν κοδραντης.
	43	ἀμην λεγω ὑμιν ὁτι ἡ χηρα αὑτη ἡ πτωχη πλειον παντων ἐβαλεν των βαλλοντων εἰς το γαζοφυλακιον·
	43	ἀμην λεγω ὑμιν ὁτι ἡ χηρα αὑτη ἡ πτωχη πλειον παντων ἐβαλεν των βαλλοντων εἰς το γαζοφυλακιον·
	44	παντες γαρ ἐκ του περισσευοντος αὐτοις ἐβαλον, αὑτη δε ἐκ της ὑστερησεως αὐτης παντα ὁσα εἰχεν ἐβαλεν, ὁλον τον βιον αὐτης.
	44	παντες γαρ ἐκ του περισσευοντος αὐτοις ἐβαλον, αὑτη δε ἐκ της ὑστερησεως αὐτης παντα ὁσα εἰχεν ἐβαλεν, ὁλον τον βιον αὐτης.
	15 24	και διαμεριζονται τα ἱματια αὐτου, βαλλοντες κληρον ἐπ αὐτα τις τι ἀρη.
Lc	3 9	παν οὖν δενδρον μη ποιουν καρπον καλον ἐκκοπτεται και εἰς πυρ βαλλεται.
	4 9	εἰ υἱος εἰ του θεου, βαλε σεαυτον ἐντευθεν κατω·
	5 37	και οὑδεις βαλλει οἰνον νεον εἰς ἀσκους παλαιους·
	12 28	εἰ δε ἐν ἀγρω τον χορτον ὀντα σημερον και αὐριον εἰς κλιβανον βαλλομενον ὁ θεος οὑτως ἀμφιεζει, ποσω μαλλον ὑμας, ὀλιγοπιστοι.
	49	πυρ ἠλθον βαλειν ἐπι την γην, και τι θελω εἰ ἠδη ἀνηφθη.
	58	και ὁ κριτης σε παραδωσει τω πρακτορι, και ὁ πρακτωρ σε βαλει εἰς φυλακην.
	13 8	κυριε, ἀφες αὐτην και τουτο το ἐτος, ἑως ὁτου σκαψω περι αὐτην και βαλω κοπρια,
	19	ὁμοια ἐστιν κοκκω σιναπεως, ὁν λαβων ἀνθρωπος ἐβαλεν εἰς κηπον ἑαυτου,
	14 35	οὐτε εἰς γην οὐτε εἰς κοπριαν εὑθετον ἐστιν· ἐξω βαλλουσιν αὐτο.

βαλλω [122]

Lc	16 20	πτωχος δε τις ὀνοματι λαζαρος ἐβεβλητο προς τον πυλωνα αὐτου εἱλκωμενος και ἐπιθυμων χορτασθηναι ἀπο των πιπτοντων ἀπο της τραπεζης του πλουσιου·
	21 1	ἀναβλεψας δε εἰδεν τους βαλλοντας εἰς το γαζοφυλακιον τα δωρα αὐτων πλουσιους.
	2	εἰδεν δε τινα χηραν πενιχραν βαλλουσαν ἐκει λεπτα δυο,
	3	ἀληθως λεγω ὑμιν ὁτι ἡ χηρα αὑτη ἡ πτωχη πλειον παντων ἐβαλεν·
	4	παντες γαρ οὑτοι ἐκ του περισσευοντος αὐτοις ἐβαλον εἰς τα δωρα,
	4	αὑτη δε ἐκ του ὑστερηματος αὐτης παντα τον βιον ὁν εἰχεν ἐβαλεν.
	23 19	ὁστις ἠν δια στασιν τινα γενομενην ἐν τη πολει και φονον βληθεις ἐν τη φυλακη.
	25	ἀπελυσεν δε τον δια στασιν και φονον βεβλημενον εἰς φυλακην, ὁν ἠτουντο, τον δε ἰησουν παρεδωκεν τω θεληματι αὐτων.
	34	διαμεριζομενοι δε τα ἱματια αὐτου ἐβαλον κληρους.
Jh	3 24	οὑπω γαρ ἠν βεβλημενος εἰς την φυλακην ὁ ἰωαννης.
	5 7	κυριε, ἀνθρωπον οὐκ ἐχω, ἱνα ὁταν ταραχθη το ὑδωρ βαλη με εἰς την κολυμβηθραν·
	8 7 *	ὁ ἀναμαρτητος ὑμων πρωτος ἐπ αὐτην βαλετω λιθον.
	59	ἠραν οὖν λιθους ἱνα βαλωσιν ἐπ αὐτον·
	12 6	εἰπεν δε τουτο οὐχ ὁτι περι των πτωχων ἐμελεν αὐτω, ἀλλ ὁτι κλεπτης ἠν και το γλωσσοκομον ἐχων τα βαλλομενα ἐβασταζεν.
	13 2	και δειπνου γινομενου, του διαβολου ἠδη βεβληκοτος εἰς την καρδιαν ἱνα παραδοι αὐτον ἰουδας σιμωνος ἰσκαριωτου,
	5	εἰτα βαλλει ὑδωρ εἰς τον νιπτηρα, και ἠρξατο νιπτειν τους ποδας των μαθητων και ἐκμασσειν τω λεντιω ᾡ ἠν διεζωσμενος.
	15 6	ἐαν μη τις μενη ἐν ἐμοι, ἐβληθη ἐξω ὡς το κλημα και ἐξηρανθη,
	6	και συναγουσιν αὐτα και εἰς το πυρ βαλλουσιν, και καιεται.
	18 11	βαλε την μαχαιραν εἰς την θηκην·
	19 24	διεμερισαντο τα ἱματια μου ἑαυτοις και ἐπι τον ἱματισμον μου ἐβαλον κληρον.
	20 25	ἐαν μη ἰδω ἐν ταις χερσιν αὐτου τον τυπον των ἡλων και βαλω τον δακτυλον μου εἰς τον τυπον των ἡλων και βαλω μου την χειρα εἰς την πλευραν αὐτου, οὐ μη πιστευσω.
	25	ἐαν μη ἰδω ἐν ταις χερσιν αὐτου τον τυπον των ἡλων και βαλω τον δακτυλον μου εἰς τον τυπον των ἡλων και βαλω μου την χειρα εἰς την πλευραν αὐτου, οὐ μη πιστευσω.
	27	και φερε την χειρα σου και βαλε εἰς την πλευραν μου,
	21 6	βαλετε εἰς τα δεξια μερη του πλοιου το δικτυον, και εὑρησετε.
	6	ἐβαλον οὖν, και οὐκετι αὐτο ἑλκυσαι ἰσχυον ἀπο του πληθους των ἰχθυων.
	7	ἀκουσας ὁτι ὁ κυριος ἐστιν, τον ἐπενδυτην διεζωσατο, ἠν γαρ γυμνος, και ἐβαλεν ἑαυτον εἰς την θαλασσαν·
Ac	16 23	πολλας τε ἐπιθεντες αὐτοις πληγας ἐβαλον εἰς φυλακην,
	24	ὁς παραγγελιαν τοιαυτην λαβων ἐβαλεν αὐτους εἰς την ἐσωτεραν φυλακην και τους ποδας ἠσφαλισατο αὐτων εἰς ξυλον.
	37	ἀνθρωπους ῥωμαιους ὑπαρχοντας, ἐβαλαν εἰς φυλακην·
	22 23	κραυγαζοντων τε αὐτων και ῥιπτουντων τα ἱματια και κονιορτον βαλλοντων εἰς τον ἀερα, ἐκελευσεν ὁ χιλιαρχος εἰσαγεσθαι αὐτον εἰς την παρεμβολην,
	27 14	μετ οὐ πολυ δε ἐβαλεν κατ αὐτης ἀνεμος τυφωνικος ὁ καλουμενος εὑρακυλων·
Ja	3 3	εἰ δε των ἱππων τους χαλινους εἰς τα στοματα βαλλομεν εἰς το πειθεσθαι αὐτους ἡμιν, και ὁλον το σωμα αὐτων μεταγομεν.
1Jh	4 18	φοβος οὐκ ἐστιν ἐν τη ἀγαπη, ἀλλ ἡ τελεια ἀγαπη ἐξω βαλλει τον φοβον.
Apc	2 10	ἰδου μελλει βαλλειν ὁ διαβολος ἐξ ὑμων εἰς φυλακην ἱνα πειρασθητε,
	14	ὁτι ἐχεις ἐκει κρατουντας την διδαχην βαλααμ, ὁς ἐδιδασκεν τω βαλακ βαλειν σκανδαλον ἐνωπιον των υἱων ἰσραηλ,
	22	ἰδου βαλλω αὐτην εἰς κλινην,
	24	οὐ βαλλω ἐφ ὑμας ἀλλο βαρος·
	4 10	και βαλουσιν τους στεφανους αὐτων ἐνωπιον του θρονου, λεγοντες·
	6 13	ὡς συκη βαλλει τους ὀλυνθους αὐτης ὑπο ἀνεμου μεγαλου σειομενη,
	8 5	και ἐγεμισεν αὐτον ἐκ του πυρος του θυσιαστηριου και ἐβαλεν εἰς την γην·
	7	και ἐγενετο χαλαζα και πυρ μεμιγμενα ἐν αἱματι και ἐβληθη εἰς την γην·
	8	και ὡς ὀρος μεγα πυρι καιομενον ἐβληθη εἰς την θαλασσαν·

βαλλω [122]

Apc 12 4   και ἡ ουρα αυτου συρει το τριτον των ἀστερων του οὐρανου, και ἔβαλεν αὐτους εἰς την γην.

9   και ἐβληθη ὁ δρακων ὁ μεγας, ὁ ὀφις ὁ ἀρχαιος,

9   ἐβληθη εἰς την γην, και οἱ ἀγγελοι αὐτου μετ αὐτου ἐβληθησαν.

9   ἐβληθη εἰς την γην, και οἱ ἀγγελοι αὐτου μετ αὐτου ἐβληθησαν.

10   ὁτι ἐβληθη ὁ κατηγωρ των ἀδελφων ἡμων,

13   και ὁτε εἰδεν ὁ δρακων ὁτι ἐβληθη εἰς την γην, ἐδιωξεν την γυναικα ἡτις ἐτεκεν τον ἀρσενα.

15   και ἐβαλεν ὁ ὀφις ἐκ του στοματος αὐτου ὀπισω της γυναικος ὑδωρ ὡς ποταμον,

16   και ἡνοιξεν ἡ γη το στομα αὐτης και κατεπιεν τον ποταμον ὁν ἐβαλεν ὁ δρακων ἐκ του στοματος αὐτου.

14 16   και ἐβαλεν ὁ καθημενος ἐπι της νεφελης το δρεπανον αὐτου ἐπι την γην,

19   και ἐβαλεν ὁ ἀγγελος το δρεπανον αὐτου εἰς την γην,

19   και ἐτρυγησεν την ἀμπελον της γης και ἐβαλεν εἰς την ληνον του θυμου του θεου τον μεγαν.

18 19   και ἐβαλον χουν ἐπι τας κεφαλας αὐτων και ἐκραζον κλαιοντες και πενθουντες, λεγοντες·

21   και ἡρεν εἱς ἀγγελος ἰσχυρος λιθον ὡς μυλινον μεγαν, και ἐβαλεν εἰς την θαλασσαν λεγων·

21   ουτως ὁρμηματι βληθησεται βαβυλων ἡ μεγαλη πολις,

19 20   ζωντες ἐβληθησαν οἱ δυο εἰς την λιμνην του πυρος της καιομενης ἐν θειῳ.

20 3   και ἐβαλεν αὐτον εἰς την ἀβυσσον,

10   και ὁ διαβολος ὁ πλανων αὐτους ἐβληθη εἰς την λιμνην του πυρος και θειου,

14   και ὁ θανατος και ὁ ἁδης ἐβληθησαν εἰς την λιμνην του πυρος.

15   και εἰ τις οὐχ εὑρεθη ἐν τῃ βιβλῳ της ζωης γεγραμμενος, ἐβληθη εἰς την λιμνην του πυρος.

βαπτιζω [77]

Mt 3 6   και ἐβαπτιζοντο ἐν τῳ ἰορδανῃ ποταμῳ ὑπ αὐτου ἐξομολογουμενοι τας ἁμαρτιας αὐτων.

11   ἐγω μεν ὑμας βαπτιζω ἐν ὑδατι εἰς μετανοιαν· ὁ δε ὀπισω μου ἐρχομενος ἰσχυροτερος μου ἐστιν,

11   αὐτος ὑμας βαπτισει ἐν πνευματι ἁγιῳ και πυρι·

13   τοτε παραγινεται ὁ ἰησους ἀπο της γαλιλαιας ἐπι τον ἰορδανην προς τον ἰωαννην του βαπτισθηναι ὑπ αὐτου.

14   ἐγω χρειαν ἐχω ὑπο σου βαπτισθηναι,

16   βαπτισθεις δε ὁ ἰησους εὐθυς ἀνεβη ἀπο του ὑδατος·

28 19   πορευθεντες οὖν μαθητευσατε παντα τα ἐθνη, βαπτιζοντες αὐτους εἰς το ὀνομα του πατρος και του υἱου και του ἁγιου πνευματος, διδασκοντες αὐτους τηρειν παντα ὁσα ἐνετειλαμην ὑμιν·

Mc 1 4   ἐγενετο ἰωαννης [ὁ] βαπτιζων ἐν τῃ ἐρημῳ κηρυσσων βαπτισμα μετανοιας εἰς ἀφεσιν ἁμαρτιων.

5   και ἐβαπτιζοντο ὑπ αὐτου ἐν τῳ ἰορδανῃ ποταμῳ ἐξομολογουμενοι τας ἁμαρτιας αὐτων.

8   ἐγω ἐβαπτισα ὑμας ὑδατι, αὐτος δε βαπτισει ὑμας ἐν πνευματι ἁγιῳ.

8   ἐγω ἐβαπτισα ὑμας ὑδατι, αὐτος δε βαπτισει ὑμας ἐν πνευματι ἁγιῳ.

9   και ἐγενετο ἐν ἐκειναις ταις ἡμεραις ἠλθεν ἰησους ἀπο ναζαρετ της γαλιλαιας και ἐβαπτισθη εἰς τον ἰορδανην ὑπο ἰωαννου.

6 14   και ἡκουσεν ὁ βασιλευς ἡρωδης, φανερον γαρ ἐγενετο το ὀνομα αὐτου, και ἐλεγον ὁτι ἰωαννης ὁ βαπτιζων ἐγηγερται ἐκ νεκρων,

24   ἡ δε εἰπεν· την κεφαλην ἰωαννου του βαπτιζοντος.

7 4   και ἀπ ἀγορας ἐαν μη βαπτισωνται οὐκ ἐσθιουσιν,

10 38   δυνασθε πιειν το ποτηριον ὁ ἐγω πινω, ἠ το βαπτισμα ὁ ἐγω βαπτιζομαι βαπτισθηναι;

38   δυνασθε πιειν το ποτηριον ὁ ἐγω πινω, ἠ το βαπτισμα ὁ ἐγω βαπτιζομαι βαπτισθηναι;

39   το ποτηριον ὁ ἐγω πινω πιεσθε, και το βαπτισμα ὁ ἐγω βαπτιζομαι βαπτισθησεσθε·

39   το ποτηριον ὁ ἐγω πινω πιεσθε, και το βαπτισμα ὁ ἐγω βαπτιζομαι βαπτισθησεσθε·

16 16   ὁ πιστευσας και βαπτισθεις σωθησεται, ὁ δε ἀπιστησας κατακριθησεται.

Lc 3 7   ἐλεγεν οὖν τοις ἐκπορευομενοις ὀχλοις βαπτισθηναι ὑπ αὐτου· γεννηματα ἐχιδνων, τις ὑπεδειξεν ὑμιν φυγειν ἀπο της μελλουσης ὀργης;

12   ἠλθον δε και τελωναι βαπτισθηναι και εἰπαν προς αὐτον·

βαπτιζω [77]

Lc 3 16   ἐγω μεν ὑδατι βαπτιζω ὑμας· ἐρχεται δε ὁ ἰσχυροτερος μου, οὗ οὐκ εἰμι ἰκανος λυσαι τον ἱμαντα των ὑποδηματων αὐτου·

16   αὐτος ὑμας βαπτισει ἐν πνευματι ἁγιῳ και πυρι·

21   ἐγενετο δε ἐν τῳ βαπτισθηναι ἁπαντα τον λαον και ἰησου βαπτισθεντος και προσευχομενου ἀνεῳχθηναι τον οὐρανον και καταβηναι το πνευμα το ἁγιον σωματικῳ εἰδει ὡς περιστεραν ἐπ αὐτον,

21   ἐγενετο δε ἐν τῳ βαπτισθηναι ἁπαντα τον λαον και ἰησου βαπτισθεντος και προσευχομενου ἀνεῳχθηναι τον οὐρανον και καταβηναι το πνευμα το ἁγιον σωματικῳ εἰδει ὡς περιστεραν ἐπ αὐτον,

7 29   και πας ὁ λαος ἀκουσας και οἱ τελωναι ἐδικαιωσαν τον θεον, βαπτισθεντες το βαπτισμα ἰωαννου·

30   οἱ δε φαρισαιοι και οἱ νομικοι την βουλην του θεου ἠθετησαν εἰς ἑαυτους, μη βαπτισθεντες ὑπ αὐτου.

11 38   ὁ δε φαρισαιος ἰδων ἐθαυμασεν ὁτι οὐ πρωτον ἐβαπτισθη προ του ἀριστου.

12 50   βαπτισμα δε ἐχω βαπτισθηναι, και πως συνεχομαι ἑως ὁτου τελεσθη.

Jh 1 25   τι οὖν βαπτιζεις εἰ συ οὐκ εἰ ὁ χριστος οὐδε ἠλιας οὐδε ὁ προφητης;

26   ἀπεκριθη αὐτοις ὁ ἰωαννης λεγων· ἐγω βαπτιζω ἐν ὑδατι·

28   ταυτα ἐν βηθανια ἐγενετο περαν του ἰορδανου, ὁπου ἠν ὁ ἰωαννης βαπτιζων.

31   ἀλλ ἱνα φανερωθη τω ἰσραηλ, δια τουτο ἠλθον ἐγω ἐν ὑδατι βαπτιζων.

33   ἀλλ ὁ πεμψας με βαπτιζειν ἐν ὑδατι, ἐκεινος μοι εἰπεν·

33   ἐφ ὁν ἀν ἰδης το πνευμα καταβαινον και μενον ἐπ αὐτον, οὑτος ἐστιν ὁ βαπτιζων ἐν πνευματι ἁγιῳ.

3 22   μετα ταυτα ἠλθεν ὁ ἰησους και οἱ μαθηται αὐτου εἰς την ἰουδαιαν γην, και ἐκει διετριβεν μετ αὐτων και ἐβαπτιζεν.

23   ἠν δε και ὁ ἰωαννης βαπτιζων ἐν αἰνων ἐγγυς του σαλειμ,

23   και παρεγινοντο και ἐβαπτιζοντο·

26   ἰδε οὑτος βαπτιζει και παντες ἐρχονται προς αὐτον.

4 1   ὡς οὖν ἐγνω ὁ ἰησους ὁτι ἡκουσαν οἱ φαρισαιοι ὁτι ἰησους πλειονας μαθητας ποιει και βαπτιζει ἡ ἰωαννης,

2   καιτοιγε ἰησους αὐτος οὐκ ἐβαπτιζεν ἀλλ οἱ μαθηται αὐτου,

10 40   και ἀπηλθεν παλιν περαν του ἰορδανου εἰς τον τοπον ὁπου ἠν ἰωαννης το πρωτον βαπτιζων,

Ac 1 5   ὁτι ἰωαννης μεν ἐβαπτισεν ὑδατι, ὑμεις δε ἐν πνευματι βαπτισθησεσθε ἁγιῳ οὐ μετα πολλας ταυτας ἡμερας.

5   ὁτι ἰωαννης μεν ἐβαπτισεν ὑδατι, ὑμεις δε ἐν πνευματι βαπτισθησεσθε ἁγιῳ οὐ μετα πολλας ταυτας ἡμερας.

2 38   μετανοησατε, [φησιν,] και βαπτισθητω ἑκαστος ὑμων ἐπι τῳ ὀνοματι ἰησου χριστου εἰς ἀφεσιν των ἁμαρτιων ὑμων,

41   οἱ μεν οὖν ἀποδεξαμενοι τον λογον αὐτου ἐβαπτισθησαν,

8 12   ὁτε δε ἐπιστευσαν τῳ φιλιππῳ εὐαγγελιζομενῳ περι της βασιλειας του θεου και του ὀνοματος ἰησου χριστου, ἐβαπτιζοντο ἀνδρες τε και γυναικες.

13   ὁ δε σιμων και αὐτος ἐπιστευσεν, και βαπτισθεις ἠν προσκαρτερων τῳ φιλιππῳ,

16   οὐδεπω γαρ ἠν ἐπ οὐδενι αὐτων ἐπιπεπτωκος, μονον δε βεβαπτισμενοι ὑπηρχον εἰς το ὀνομα του κυριου ἰησου.

36   ἰδου ὑδωρ· τι κωλυει με βαπτισθηναι;

38   και κατεβησαν ἀμφοτεροι εἰς το ὑδωρ, ὁ τε φιλιππος και ὁ εὐνουχος, και ἐβαπτισεν αὐτον.

9 18   και ἀναστας ἐβαπτισθη, και λαβων τροφην ἐνισχυσεν.

10 47   μητι το ὑδωρ δυναται κωλυσαι τις του μη βαπτισθηναι τουτους, οἱτινες το πνευμα το ἁγιον ἐλαβον ὡς και ἡμεις;

48   προσεταξεν δε αὐτους ἐν τῳ ὀνοματι ἰησου χριστου βαπτισθηναι.

11 16   ἰωαννης μεν ἐβαπτισεν ὑδατι, ὑμεις δε βαπτισθησεσθε ἐν πνευματι ἁγιῳ.

16   ἰωαννης μεν ἐβαπτισεν ὑδατι, ὑμεις δε βαπτισθησεσθε ἐν πνευματι ἁγιῳ.

16 15   ὡς δε ἐβαπτισθη και ὁ οἰκος αὐτης, παρεκαλεσεν λεγουσα·

33   και ἐβαπτισθη αὐτος και οἱ αὐτου παντες παραχρημα,

18 8   και πολλοι των κορινθιων ἀκουοντες ἐπιστευον και ἐβαπτιζοντο.

19 3   εἰπεν τε· εἰς τι οὖν ἐβαπτισθητε;

4   ἰωαννης ἐβαπτισεν βαπτισμα μετανοιας, τῳ λαῳ λεγων εἰς τον ἐρχομενον μετ αὐτον ἱνα πιστευσωσιν, τουτ ἐστιν εἰς τον ἰησουν.

5   ἀκουσαντες δε ἐβαπτισθησαν εἰς το ὀνομα του κυριου ἰησου·

22 16   ἀναστας βαπτισαι και ἀπολουσαι τας ἁμαρτιας σου, ἐπικαλεσαμενος το ὀνομα αὐτου.

Rm 6 3   ἡ ἀγνοειτε ὁτι ὁσοι ἐβαπτισθημεν εἰς χριστον ἰησουν, εἰς τον θανατον αὐτου ἐβαπτισθημεν;

βαπτιζω [77]

Rm 6 3 ἡ ἀγνοειτε ὁτι ὁσοι ἐβαπτισθημεν εἰς χριστον ἰησουν, εἰς τον θανατον αὐτου *ἐβαπτισθημεν;*

1Co 1 13 μη παυλος ἐσταυρωθη ὑπερ ὑμων, ἡ εἰς το ὀνομα παυλου *ἐβαπτισθητε;*

14 εὐχαριστω [τω θεω] ὁτι οὐδενα ὑμων *ἐβαπτισα* εἰ μη κρισπον και γαιον·

15 ἱνα μη τις εἰπη ὁτι εἰς το ἐμον ὀνομα *ἐβαπτισθητε.*

16 *ἐβαπτισα* δε και τον στεφανα οἰκον·

16 λοιπον οὐκ οἰδα εἰ τινα ἀλλον *ἐβαπτισα.*

17 οὐ γαρ ἀπεστειλεν με χριστος *βαπτιζειν* ἀλλα εὐαγγελιζεσθαι,

10 2 και παντες εἰς τον μωυσην *ἐβαπτισθησαν* ἐν τη νεφελη και ἐν τη θαλασση,

12 13 και γαρ ἐν ἑνι πνευματι ἡμεις παντες εἰς ἑν σωμα *ἐβαπτισθημεν,*

15 29 ἐπει τι ποιησουσιν οἱ *βαπτιζομενοι* ὑπερ των νεκρων;

29 εἰ ὁλως νεκροι οὐκ ἐγειρονται, τι και *βαπτιζονται* ὑπερ αὐτων;

Ga 3 27 ὁσοι γαρ εἰς χριστον *ἐβαπτισθητε,* χριστον ἐνεδυσασθε.

βαπτισμα [19]

Mt 3 7 ἰδων δε πολλους των φαρισαιων και σαδδουκαιων ἐρχομενους ἐπι το *βαπτισμα* αὐτου εἰπεν αὐτοις·

21 25 το *βαπτισμα* το ἰωαννου ποθεν ἠν; ἐξ οὐρανου ἡ ἐξ ἀνθρωπων;

Mc 1 4 ἐγενετο ἰωαννης [ὁ] βαπτιζων ἐν τη ἐρημω κηρυσσων *βαπτισμα* μετανοιας εἰς ἀφεσιν ἁμαρτιων.

10 38 δυνασθε πιειν το ποτηριον ὁ ἐγω πινω, ἡ το *βαπτισμα* ὁ ἐγω βαπτιζομαι βαπτισθηναι;

39 το ποτηριον ὁ ἐγω πινω πιεσθε, και το *βαπτισμα* ὁ ἐγω βαπτιζομαι βαπτισθησεσθε·

11 30 το *βαπτισμα* το ἰωαννου ἐξ οὐρανου ἠν ἡ ἐξ ἀνθρωπων; ἀποκριθητε μοι.

Lc 3 3 και ἠλθεν εἰς πασαν την περιχωρον του ἰορδανου κηρυσσων *βαπτισμα* μετανοιας εἰς ἀφεσιν ἁμαρτιων,

7 29 και πας ὁ λαος ἀκουσας και οἱ τελωναι ἐδικαιωσαν τον θεον, βαπτισθεντες το *βαπτισμα* ἰωαννου·

12 50 *βαπτισμα* δε ἐχω βαπτισθηναι, και πως συνεχομαι ἑως ὁτου τελεσθη.

20 4 το *βαπτισμα* ἰωαννου ἐξ οὐρανου ἠν ἡ ἐξ ἀνθρωπων;

Ac 1 22 ἀρξαμενος ἀπο του *βαπτισματος* ἰωαννου ἑως της ἡμερας ἡς ἀνελημφθη ἀφ ἡμων,

10 37 ὑμεις οἰδατε το γενομενον ῥημα καθ ὁλης της ἰουδαιας, ἀρξαμενος ἀπο της γαλιλαιας μετα το *βαπτισμα* ὁ ἐκηρυξεν ἰωαννης·

13 24 προκηρυξαντος ἰωαννου προ προσωπου της εἰσοδου αὐτου *βαπτισμα* μετανοιας παντι τω λαω ἰσραηλ·

18 25 και ζεων τω πνευματι ἐλαλει και ἐδιδασκεν ἀκριβως τα περι του ἰησου, ἐπισταμενος μονον το *βαπτισμα* ἰωαννου·

19 3 οἱ δε εἰπαν· εἰς το ἰωαννου *βαπτισμα.*

4 ἰωαννης ἐβαπτισεν *βαπτισμα* μετανοιας, τω λαω λεγων εἰς τον ἐρχομενον μετ αὐτον ἱνα πιστευσωσιν, τουτ ἐστιν εἰς τον ἰησουν·

Rm 6 4 συνεταφημεν οὐν αὐτω δια του *βαπτισματος* εἰς τον θανατον,

Eph 4 5 εἱς κυριος, μια πιστις, ἑν *βαπτισμα,*

1Pt 3 21 ὁ και ὑμας ἀντιτυπον νυν σωζει *βαπτισμα,*

βαπτισμος [4]

Mc 7 4 και ἀλλα πολλα ἐστιν ἁ παρελαβον κρατειν, *βαπτισμους* ποτηριων και ξεστων και χαλκιων [και κλινων],

Col 2 12 συνταφεντες αὐτω ἐν τω *βαπτισμω,*

Heb 6 2 μη παλιν θεμελιον καταβαλλομενοι μετανοιας ἀπο νεκρων ἐργων, και πιστεως ἐπι θεον, *βαπτισμων* διδαχης, ἐπιθεσεως τε χειρων, ἀναστασεως τε νεκρων,

9 10 μη δυναμεναι κατα συνειδησιν τελειωσαι τον λατρευοντα, μονον ἐπι βρωμασιν και πομασιν και διαφοροις *βαπτισμοις.*

βαπτιστης [12]

Mt 3 1 ἐν δε ταις ἡμεραις ἐκειναις παραγινεται ἰωαννης ὁ *βαπτιστης* κηρυσσων ἐν τη ἐρημω της ἰουδαιας,

11 11 οὐκ ἐγηγερται ἐν γεννητοις γυναικων μειζων ἰωαννου του *βαπτιστου·*

12 ἀπο δε των ἡμερων ἰωαννου του *βαπτιστου* ἑως ἀρτι ἡ βασιλεια των οὐρανων βιαζεται,

14 2 και εἰπεν τοις παισιν αὐτου· οὑτος ἐστιν ἰωαννης ὁ *βαπτιστης·*

βαπτιστης [12]

Mt 14 8 δος μοι, φησιν, ὡδε ἐπι πινακι την κεφαλην ἰωαννου του *βαπτιστου.*

16 14 οἱ δε εἰπαν· οἱ μεν ἰωαννην τον *βαπτιστην,* ἀλλοι δε ἡλιαν, ἑτεροι δε ἰερεμιαν ἡ ἑνα των προφητων.

17 13 τοτε συνηκαν οἱ μαθηται ὁτι περι ἰωαννου του *βαπτιστου* εἰπεν αὐτοις.

Mc 6 25 θελω ἱνα ἐξαυτης δως μοι ἐπι πινακι την κεφαλην ἰωαννου του *βαπτιστου.*

8 28 οἱ δε εἰπαν αὐτω λεγοντες [ὁτι] ἰωαννην τον *βαπτιστην,* και ἀλλοι ἡλιαν, ἀλλοι δε ὁτι εἱς των προφητων.

Lc 7 20 ἰωαννης ὁ *βαπτιστης* ἀπεστειλεν ἡμας προς σε λεγων· συ εἰ ὁ ἐρχομενος, ἡ ἀλλον προσδοκωμεν;

33 ἐληλυθεν γαρ ἰωαννης ὁ *βαπτιστης* μη ἐσθιων ἀρτον μητε πινων οἰνον, και λεγετε·

9 19 ἰωαννην τον *βαπτιστην,* ἀλλοι δε ἡλιαν, ἀλλοι δε ὁτι προφητης τις των ἀρχαιων ἀνεστη.

βαπτω [4]

Lc 16 24 πατερ ἀβρααμ, ἐλεησον με και πεμψον λαζαρον ἱνα *βαψη* το ἀκρον του δακτυλου αὐτου ὑδατος και καταψυξη την γλωσσαν μου,

Jh 13 26 ἐκεινος ἐστιν ω ἐγω *βαψω* το ψωμιον και δωσω αὐτω.

26 *βαψας* οὐν το ψωμιον [λαμβανει και] διδωσιν ἰουδα σιμωνος ἰσκαριωτου.

Apc 19 13 και περιβεβλημενος ἱματιον *βεβαμμενον* αἱματι,

βαραββας [11]

Mt 27 16 εἰχον δε τοτε δεσμιον ἐπισημον λεγομενον [ἰησουν] *βαραββαν.*

17 τινα θελετε ἀπολυσω ὑμιν, [ἰησουν τον] *βαραββαν* ἡ ἰησουν τον λεγομενον χριστον;

20 οἱ δε ἀρχιερεις και οἱ πρεσβυτεροι ἐπεισαν τους ὀχλους ἱνα αἰτησωνται τον *βαραββαν,* τον δε ἰησουν ἀπολεσωσιν.

21 οἱ δε εἰπαν· τον *βαραββαν.*

26 τοτε ἀπελυσεν αὐτοις τον *βαραββαν,*

Mc 15 7 ἠν δε ὁ λεγομενος *βαραββας* μετα των στασιαστων δεδεμενος, οἱτινες ἐν τη στασει φονον πεποιηκεισαν.

11 οἱ δε ἀρχιερεις ἀνεσεισαν τον ὀχλον ἱνα μαλλον τον *βαραββαν* ἀπολυση αὐτοις.

15 ὁ δε πιλατος βουλομενος τω ὀχλω το ἱκανον ποιησαι ἀπελυσεν αὐτοις τον *βαραββαν,*

Lc 23 18 αἰρε τουτον, ἀπολυσον δε ἡμιν τον *βαραββαν·*

Jh 18 40 μη τουτον, ἀλλα τον *βαραββαν.*

40 ἠν δε ὁ *βαραββας* ληστης.

βαρακ [1]

Heb 11 32 ἐπιλειψει με γαρ διηγουμενον ὁ χρονος περι γεδεων, *βαρακ,* σαμψων, ἰεφθαε, δαυιδ τε και σαμουηλ και των προφητων,

βαραχιας [1]

Mt 23 35 ὁπως ἐλθη ἐφ ὑμας παν αἱμα δικαιον ἐκχυννομενον ἐπι της γης ἀπο του αἱματος ἀβελ του δικαιου ἑως του αἱματος ζαχαριου υἱου *βαραχιου,* ὁν ἐφονευσατε μεταξυ του ναου και του θυσιαστηριου.

βαρβαρος [6]

Ac 28 2 οἱ τε *βαρβαροι* παρειχον οὐ την τυχουσαν φιλανθρωπιαν ἡμιν·

4 ὡς δε εἰδον οἱ *βαρβαροι* κρεμαμενον το θηριον ἐκ της χειρος αὐτου, προς ἀλληλους ἐλεγον·

Rm 1 14 ἑλλησιν τε και *βαρβαροις,* σοφοις τε και ἀνοητοις ὀφειλετης εἰμι·

1Co 14 11 ἐαν οὐν μη εἰδω την δυναμιν της φωνης, ἐσομαι τω λαλουντι *βαρβαρος* και ὁ λαλων ἐν ἐμοι βαρβαρος.

11 ἐαν οὐν μη εἰδω την δυναμιν της φωνης, ἐσομαι τω λαλουντι βαρβαρος και ὁ λαλων ἐν ἐμοι *βαρβαρος.*

Col 3 11 ὁπου οὐκ ἐνι ἑλλην και ἰουδαιος, περιτομη και ἀκροβυστια, *βαρβαρος,* σκυθης, δουλος, ἐλευθερος, ἀλλα [τα] παντα και ἐν πασιν χριστος.

βαρεω [6]

Mt 26 43 και ἐλθων παλιν εὑρεν αὐτους καθευδοντας, ἠσαν γαρ αὐτων οἱ ὀφθαλμοι *βεβαρημενοι.*

βαρεω [6]

Lc	9 32	ὁ δε πετρος και οἱ συν αὐτω ἠσαν βεβαρημενοι ὑπνω·
	21 34	προσεχετε δε ἑαυτοις μηποτε βαρηθωσιν ὑμων αἱ καρδιαι ἐν κραιπαλη και μεθη και μεριμναις βιωτικαις,
2Co	1 8	οὐ γαρ θελομεν ὑμας ἀγνοειν, ἀδελφοι, ὑπερ της θλιψεως ἡμων της γενομενης ἐν τη ἀσια, ὁτι καθ ὑπερβολην ὑπερ δυναμιν ἐβαρηθημεν,
	5 4	και γαρ οἱ ὀντες ἐν τω σκηνει στεναζομεν βαρουμενοι,
1Tm	5 16	και μη βαρεισθω ἡ ἐκκλησια, ἱνα ταις ὀντως χηραις ἐπαρκεση.

βαρεως [2]

Mt	13 15	και τοις ὠσιν βαρεως ἠκουσαν, και τους ὀφθαλμους αὐτων ἐκαμμυσαν·
Ac	28 27	ἐπαχυνθη γαρ ἡ καρδια του λαου τουτου, και τοις ὠσιν βαρεως ἠκουσαν,

βαρθολομαιος [4]

Mt	10 3	φιλιππος και βαρθολομαιος,
Mc	3 18	και ἀνδρεαν και φιλιππον και βαρθολομαιον και μαθθαιον και θωμαν και ἰακωβον τον του ἀλφαιου και θαδδαιον και σιμωνα τον καναναιον και ἰουδαν ἰσκαριωθ,
Lc	6 14	και ἰακωβον και ἰωαννην, και φιλιππον και βαρθολομαιον,
Ac	1 13	φιλιππος και θωμας, βαρθολομαιος και μαθθαιος,

βαριησους [1]

Ac	13 6	διελθοντες δε ὁλην την νησον ἀχρι παφου εὑρον ἀνδρα τινα μαγον ψευδοπροφητην ἰουδαιον, ᾧ ὀνομα βαριησου,

βαριωνα [1]

Mt	16 17	μακαριος εἰ, σιμων βαριωνα, ὁτι σαρξ και αἱμα οὐκ ἀπεκαλυψεν σοι ἀλλ ὁ πατηρ μου ὁ ἐν τοις οὐρανοις.

βαρναβας [28]

Ac	4 36	ἰωσηφ δε ὁ ἐπικληθεις βαρναβας ἀπο των ἀποστολων, ὁ ἐστιν μεθερμηνευομενον υἱος παρακλησεως, λευιτης, κυπριος τω γενει,
	9 27	βαρναβας δε ἐπιλαβομενος αὐτον ἠγαγεν προς τους ἀποστολους,
	11 22	και ἐξαπεστειλαν βαρναβαν [διελθειν] ἑως ἀντιοχειας·
	30	ὁ και ἐποιησαν ἀποστειλαντες προς τους πρεσβυτερους δια χειρος βαρναβα και σαυλου.
	12 25	βαρναβας δε και σαυλος ὑπεστρεψαν εἰς ἰερουσαλημ,
	13 1	ἠσαν δε ἐν ἀντιοχεια κατα την οὐσαν ἐκκλησιαν προφηται και διδασκαλοι ὁ τε βαρναβας και συμεων ὁ καλουμενος νιγερ,
	2	ἀφορισατε δη μοι τον βαρναβαν και σαυλον εἰς το ἐργον ὁ προσκεκλημαι αὐτους·
	7	οὑτος προσκαλεσαμενος βαρναβαν και σαυλον ἐπεζητησεν ἀκουσαι τον λογον του θεου·
	43	λυθεισης δε της συναγωγης ἠκολουθησαν πολλοι των ἰουδαιων και των σεβομενων προσηλυτων τω παυλω και τω βαρναβα,
	46	παρρησιασαμενοι τε ὁ παυλος και ὁ βαρναβας εἰπαν·
	50	οἱ δε ἰουδαιοι παρωτρυναν τας σεβομενας γυναικας τας εὐσχημονας και τους πρωτους της πολεως, και ἐπηγειραν διωγμον ἐπι τον παυλον και βαρναβαν,
	14 12	ἐκαλουν τε τον βαρναβαν δια, τον δε παυλον ἑρμην,
	14	ἀκουσαντες δε οἱ ἀποστολοι βαρναβας και παυλος, διαρρηξαντες τα ἱματια αὐτων ἐξεπηδησαν εἰς τον ὀχλον, κραζοντες και λεγοντες·
	20	και τη ἐπαυριον ἐξηλθεν συν τω βαρναβα εἰς δερβην.
	15 2	γενομενης δε στασεως και ζητησεως οὐκ ὀλιγης τω παυλω και τω βαρναβα προς αὐτους, ἐταξαν ἀναβαινειν παυλον και βαρναβαν
	2	γενομενης δε στασεως και ζητησεως οὐκ ὀλιγης τω παυλω και τω βαρναβα προς αὐτους, ἐταξαν ἀναβαινειν παυλον και βαρναβαν
	12	ἐσιγησεν δε παν το πληθος, και ἠκουον βαρναβα και παυλου ἐξηγουμενων ὁσα ἐποιησεν ὁ θεος σημεια και τερατα ἐν τοις ἐθνεσιν δι αὐτων.
	22	τοτε ἐδοξε τοις ἀποστολοις και τοις πρεσβυτεροις συν ὁλη τη ἐκκλησια ἐκλεξαμενους ἀνδρας ἐξ αὐτων πεμψαι εἰς ἀντιοχειαν συν τω παυλω και βαρναβα,

βαρναβας [28]

Ac	15 25	ἐδοξεν ἡμιν γενομενοις ὁμοθυμαδον, ἐκλεξαμενοις ἀνδρας πεμψαι προς ὑμας συν τοις ἀγαπητοις ἡμων βαρναβα και παυλω,
	35	παυλος δε και βαρναβας διετριβον ἐν ἀντιοχεια,
	36	μετα δε τινας ἡμερας εἰπεν προς βαρναβαν παυλος· ἐπιστρεψαντες δη ἐπισκεψωμεθα τους ἀδελφους κατα πολιν πασαν
	37	βαρναβας δε ἐβουλετο συμπαραλαβειν και τον ἰωαννην τον καλουμενον μαρκον·
	39	ἐγενετο δε παροξυσμος, ὡστε ἀποχωρισθηναι αὐτους ἀπ ἀλληλων, τον τε βαρναβαν παραλαβοντα τον μαρκον ἐκπλευσαι εἰς κυπρον.
1Co	9 6	ἡ μονος ἐγω και βαρναβας οὐκ ἐχομεν ἐξουσιαν μη ἐργαζεσθαι;
Ga	2 1	ἐπειτα δια δεκατεσσαρων ἐτων παλιν ἀνεβην εἰς ἰεροσολυμα μετα βαρναβα,
	9	ἰακωβος και κηφας και ἰωαννης, οἱ δοκουντες στυλοι εἰναι, δεξιας ἐδωκαν ἐμοι και βαρναβα κοινωνιας,
	13	και συνυπεκριθησαν αὐτω [και] οἱ λοιποι ἰουδαιοι, ὡστε και βαρναβας συναπηχθη αὐτων τη ὑποκρισει.
Col	4 10	ἀσπαζεται ὑμας ἀρισταρχος ὁ συναιχμαλωτος μου, και μαρκος ὁ ἀνεψιος βαρναβα,

βαρος [6]

Mt	20 12	οὑτοι οἱ ἐσχατοι μιαν ὡραν ἐποιησαν, και ἰσους ἡμιν αὐτους ἐποιησας τοις βαστασασι το βαρος της ἡμερας και τον καυσωνα.
Ac	15 28	ἐδοξεν γαρ τω πνευματι τω ἁγιω και ἡμιν μηδεν πλεον ἐπιτιθεσθαι ὑμιν βαρος πλην τουτων των ἐπαναγκες,
2Co	4 17	το γαρ παραυτικα ἐλαφρον της θλιψεως ἡμων καθ ὑπερβολην εἰς ὑπερβολην αἰωνιον βαρος δοξης κατεργαζεται ἡμιν,
Ga	6 2	ἀλληλων τα βαρη βασταζετε, και οὑτως ἀναπληρωσετε τον νομον του χριστου.
1Th	2 7	δυναμενοι ἐν βαρει εἰναι ὡς χριστου ἀποστολοι,
Apc	2 24	οὐ βαλλω ἐφ ὑμας ἀλλο βαρος·

βαρσαββας [2]

Ac	1 23	και ἐστησαν δυο, ἰωσηφ τον καλουμενον βαρσαββαν, ὁς ἐπεκληθη ἰουστος, και μαθθιαν.
	15 22	ἰουδαν τον καλουμενον βαρσαββαν και σιλαν, ἀνδρας ἡγουμενους ἐν τοις ἀδελφοις,

βαρτιμαιος [1]

Mc	10 46	και ἐκπορευομενου αὐτου ἀπο ἰεριχω και των μαθητων αὐτου και ὀχλου ἱκανου ὁ υἱος τιμαιου βαρτιμαιος, τυφλος προσαιτης, ἐκαθητο παρα την ὁδον.

βαρυς [6]

Mt	23 4	δεσμευουσιν δε φορτια βαρεα [και δυσβαστακτα] και ἐπιτιθεασιν ἐπι τους ὠμους των ἀνθρωπων,
	23	και ἀφηκατε τα βαρυτερα του νομου, την κρισιν και το ἐλεος και την πιστιν·
Ac	20 29	ἐγω οἰδα ὁτι εἰσελευσονται μετα την ἀφιξιν μου λυκοι βαρεις εἰς ὑμας μη φειδομενοι του ποιμνιου,
	25 7	παραγενομενου δε αὐτου περιεστησαν αὐτον οἱ ἀπο ἰεροσολυμων καταβεβηκοτες ἰουδαιοι, πολλα και βαρεα αἰτιωματα καταφεροντες,
2Co	10 10	ὁτι αἱ ἐπιστολαι μεν, φησιν, βαρειαι και ἰσχυραι,
1Jh	5 3	και αἱ ἐντολαι αὐτου βαρειαι οὐκ εἰσιν,

βαρυτιμος [1]

Mt	26 7	του δε ἰησου γενομενου ἐν βηθανια ἐν οἰκια σιμωνος του λεπρου, προσηλθεν αὐτω γυνη ἐχουσα ἀλαβαστρον μυρου βαρυτιμου και κατεχεεν ἐπι της κεφαλης αὐτου ἀνακειμενου.

βασανιζω [12]

Mt	8 6	ὁ παις μου βεβληται ἐν τη οἰκια παραλυτικος, δεινως βασανιζομενος.
	29	ἠλθες ὡδε προ καιρου βασανισαι ἡμας;
	14 24	το δε πλοιον ἠδη σταδιους πολλους ἀπο της γης ἀπειχεν, βασανιζομενον ὑπο των κυματων, ἠν γαρ ἐναντιος ὁ ἀνεμος.
Mc	5 7	ὁρκιζω σε τον θεον, μη με βασανισης.

βασανιζω [12]

Mc 6 48 καὶ ἰδὼν αὐτοὺς *βασανιζομένους* ἐν τῷ ἐλαυνειν, ἦν γὰρ ὁ ἄνεμος ἐναντιος αὐτοις, περι τεταρτην φυλακην της νυκτος ἔρχεται προς αὐτους περιπατων ἐπι της θαλασσης·

Lc 8 28 δεομαι σου, μη με *βασανισης.*

2Pt 2 8 βλεμματι γαρ και ἀκοῃ ὁ δικαιος ἐγκατοικων ἐν αὐτοις ἡμεραν ἐξ ἡμερας ψυχην δικαιαν ἀνομοις ἐργοις *ἐβασανιζεν·*

Apc 9 5 και ἐδοθη αὐτοις ἱνα μη ἀποκτεινωσιν αὐτους, ἀλλ ἱνα *βασανισθησονται* μηνας πεντε·

11 10 ὁτι οὑτοι οἱ δυο προφηται *ἐβασανισαν* τους κατοικουντας ἐπι της γης.

12 2 και κραζει ὠδινουσα και *βασανιζομενη* τεκειν.

14 10 και *βασανισθησεται* ἐν πυρι και θειῳ ἐνωπιον ἀγγελων ἁγιων και ἐνωπιον του ἀρνιου.

20 10 και *βασανισθησονται* ἡμερας και νυκτος εἰς τους αἰωνας των αἰωνων.

βασανισμος [6]

Apc 9 5 και ὁ *βασανισμος* αὐτων ὡς *βασανισμος* σκορπιου,

5 και ὁ *βασανισμος* αὐτων ὡς *βασανισμος* σκορπιου,

14 11 και ὁ καπνος του *βασανισμου* αὐτων εἰς αἰωνας αἰωνων ἀναβαινει,

18 7 ὁσα ἐδοξασεν αὑτην και ἐστρηνιασεν, τοσουτον δοτε αὑτῃ *βασανισμον* και πενθος.

10 ἀπο μακροθεν ἑστηκοτες δια τον φοβον του *βασανισμου* αὐτης, λεγοντες·

15 ἀπο μακροθεν στησονται δια τον φοβον του *βασανισμου* αὐτης κλαιοντες και πενθουντες, λεγοντες·

βασανιστης [1]

Mt 18 34 και ὀργισθεις ὁ κυριος αὐτου παρεδωκεν αὐτον τοις *βασανισταις* ἑως οὑ ἀποδω παν το ὀφειλομενον.

βασανος [3]

Mt 4 24 και προσηνεγκαν αὐτῳ παντας τους κακως ἐχοντας ποικιλαις νοσοις και *βασανοις* συνεχομενους,

Lc 16 23 και ἐν τῳ ἁδῃ ἐπαρας τους ὀφθαλμους αὐτου, ὑπαρχων ἐν *βασανοις,* ὁρα ἀβρααμ ἀπο μακροθεν και λαζαρον ἐν τοις κολποις αὐτου.

28 ὁπως διαμαρτυρηται αὐτοις, ἱνα μη και αὐτοι ἐλθωσιν εἰς τον τοπον τουτον της *βασανου.*

βασιλεια [162]

Mt 3 2 μετανοειτε· ἡγγικεν γαρ ἡ *βασιλεια* των οὐρανων.

4 8 και δεικνυσιν αὐτῳ πασας τας *βασιλειας* του κοσμου και την δοξαν αὐτων,

17 μετανοειτε· ἡγγικεν γαρ ἡ *βασιλεια* των οὐρανων.

23 διδασκων ἐν ταις συναγωγαις αὐτων και κηρυσσων το εὐαγγελιον της *βασιλειας* και θεραπευων πασαν νοσον και πασαν μαλακιαν ἐν τῳ λαῳ.

5 3 μακαριοι οἱ πτωχοι τῳ πνευματι, ὁτι αὐτων ἐστιν ἡ *βασιλεια* των οὐρανων.

10 μακαριοι οἱ δεδιωγμενοι ἑνεκεν δικαιοσυνης, ὁτι αὐτων ἐστιν ἡ *βασιλεια* των οὐρανων.

19 ὁς ἐαν οὐν λυσῃ μιαν των ἐντολων τουτων των ἐλαχιστων και διδαξῃ οὑτως τους ἀνθρωπους, ἐλαχιστος κληθησεται ἐν τῃ *βασιλειᾳ* των οὐρανων·

19 ὁς δ ἀν ποιησῃ και διδαξῃ, οὑτος μεγας κληθησεται ἐν τῃ *βασιλειᾳ* των οὐρανων.

20 λεγω γαρ ὑμιν ὁτι ἐαν μη περισσευσῃ ὑμων ἡ δικαιοσυνη πλειον των γραμματεων και φαρισαιων, οὐ μη εἰσελθητε εἰς την *βασιλειαν* των οὐρανων.

6 10 ἐλθετω ἡ *βασιλεια* σου·

33 ζητειτε δε πρωτον την *βασιλειαν* [του θεου] και την δικαιοσυνην αὐτου,

7 21 οὐ πας ὁ λεγων μοι κυριε κυριε, εἰσελευσεται εἰς την *βασιλειαν* των οὐρανων,

8 11 λεγω δε ὑμιν ὁτι πολλοι ἀπο ἀνατολων και δυσμων ἡξουσιν και ἀνακλιθησονται μετα ἀβρααμ και ἰσαακ και ἰακωβ ἐν τῃ *βασιλειᾳ* των οὐρανων·

12 οἱ δε υἱοι της *βασιλειας* ἐκβληθησονται εἰς το σκοτος το ἐξωτερον·

9 35 και περιηγεν ὁ ἰησους τας πολεις πασας και τας κωμας, διδασκων ἐν ταις συναγωγαις αὐτων και κηρυσσων το εὐαγγελιον της *βασιλειας* και θεραπευων πασαν νοσον και πασαν μαλακιαν.

βασιλεια [162]

Mt 10 7 πορευομενοι δε κηρυσσετε λεγοντες ὁτι ἡγγικεν ἡ *βασιλεια* των οὐρανων.

11 11 ὁ δε μικροτερος ἐν τῃ *βασιλειᾳ* των οὐρανων μειζων αὐτου ἐστιν.

12 ἀπο δε των ἡμερων ἰωαννου του βαπτιστου ἑως ἀρτι ἡ *βασιλεια* των οὐρανων βιαζεται,

12 25 πασα *βασιλεια* μερισθεισα καθ ἑαυτης ἐρημουται,

26 πως οὐν σταθησεται ἡ *βασιλεια* αὐτου;

28 εἰ δε ἐν πνευματι θεου ἐγω ἐκβαλλω τα δαιμονια, ἀρα ἐφθασεν ἐφ ὑμας ἡ *βασιλεια* του θεου.

13 11 ὁ δε ἀποκριθεις εἰπεν αὐτοις· ὁτι ὑμιν δεδοται γνωναι τα μυστηρια της *βασιλειας* των οὐρανων,

19 παντος ἀκουοντος τον λογον της *βασιλειας* και μη συνιεντος ἔρχεται ὁ πονηρος και ἁρπαζει το ἐσπαρμενον ἐν τῃ καρδιᾳ αὐτου·

24 ὡμοιωθη ἡ *βασιλεια* των οὐρανων ἀνθρωπῳ σπειραντι καλον σπερμα ἐν τῳ ἀγρῳ αὐτου.

31 ὁμοια ἐστιν ἡ *βασιλεια* των οὐρανων κοκκῳ σιναπεως,

33 ὁμοια ἐστιν ἡ *βασιλεια* των οὐρανων ζυμῃ,

38 το δε καλον σπερμα, οὑτοι εἰσιν οἱ υἱοι της *βασιλειας·*

41 και συλλεξουσιν ἐκ της *βασιλειας* αὐτου παντα τα σκανδαλα και τους ποιουντας την ἀνομιαν,

43 τοτε οἱ δικαιοι ἐκλαμψουσιν ὡς ὁ ἡλιος ἐν τῃ *βασιλειᾳ* του πατρος αὐτων.

44 ὁμοια ἐστιν ἡ *βασιλεια* των οὐρανων θησαυρῳ κεκρυμμενῳ ἐν τῳ ἀγρῳ,

45 παλιν ὁμοια ἐστιν ἡ *βασιλεια* των οὐρανων ἀνθρωπῳ ἐμπορῳ ζητουντι καλους μαργαριτας·

47 παλιν ὁμοια ἐστιν ἡ *βασιλεια* των οὐρανων σαγηνῃ βληθεισῃ εἰς την θαλασσαν και ἐκ παντος γενους συναγαγουσῃ·

52 δια τουτο πας γραμματευς μαθητευθεις τῃ *βασιλειᾳ* των οὐρανων ὁμοιος ἐστιν ἀνθρωπῳ οἰκοδεσποτῃ,

16 19 δωσω σοι τας κλειδας της *βασιλειας* των οὐρανων,

28 ἀμην λεγω ὑμιν ὁτι εἰσιν τινες των ὡδε ἑστωτων οἱτινες οὐ μη γευσωνται θανατου ἑως ἀν ἰδωσιν τον υἱον του ἀνθρωπου ἐρχομενον ἐν τῃ *βασιλειᾳ* αὐτου.

18 1 τίς ἀρα μειζων ἐστιν ἐν τῃ *βασιλειᾳ* των οὐρανων;

3 ἀμην λεγω ὑμιν, ἐαν μη στραφητε και γενησθε ὡς τα παιδια, οὐ μη εἰσελθητε εἰς την *βασιλειαν* των οὐρανων.

4 ὁστις οὐν ταπεινωσει ἑαυτον ὡς το παιδιον τουτο, οὑτος ἐστιν ὁ μειζων ἐν τῃ *βασιλειᾳ* των οὐρανων.

23 δια τουτο ὡμοιωθη ἡ *βασιλεια* των οὐρανων ἀνθρωπῳ βασιλει, ὁς ἠθελησεν συναραι λογον μετα των δουλων αὐτου.

19 12 και εἰσιν εὐνουχοι οἱτινες εὐνουχισαν ἑαυτους δια την *βασιλειαν* των οὐρανων.

14 ἀφετε τα παιδια και μη κωλυετε αὐτα ἐλθειν προς με· των γαρ τοιουτων ἐστιν ἡ *βασιλεια* των οὐρανων.

23 ἀμην λεγω ὑμιν ὁτι πλουσιος δυσκολως εἰσελευσεται εἰς την *βασιλειαν* των οὐρανων.

24 εὐκοπωτερον ἐστιν καμηλον δια τρυπηματος ραφιδος διελθειν ἡ πλουσιον εἰσελθειν εἰς την *βασιλειαν* του θεου.

20 1 ὁμοια γαρ ἐστιν ἡ *βασιλεια* των οὐρανων ἀνθρωπῳ οἰκοδεσποτῃ,

21 εἰπε ἱνα καθισωσιν οὑτοι οἱ δυο υἱοι μου εἱς ἐκ δεξιων σου και εἱς ἐξ εὐωνυμων σου ἐν τῃ *βασιλειᾳ* σου.

21 31 ἀμην λεγω ὑμιν ὁτι οἱ τελωναι και αἱ πορναι προαγουσιν ὑμας εἰς την *βασιλειαν* του θεου.

43 δια τουτο λεγω ὑμιν ὁτι ἀρθησεται ἀφ ὑμων ἡ *βασιλεια* του θεου και δοθησεται ἐθνει ποιουντι τους καρπους αὐτης.

22 2 ὡμοιωθη ἡ *βασιλεια* των οὐρανων ἀνθρωπῳ βασιλει, ὁστις ἐποιησεν γαμους τῳ υἱῳ αὐτου.

23 13 οὐαι δε ὑμιν, γραμματεις και φαρισαιοι ὑποκριται, ὁτι κλειετε την *βασιλειαν* των οὐρανων ἐμπροσθεν των ἀνθρωπων·

24 7 ἐγερθησεται γαρ ἐθνος ἐπι ἐθνος και *βασιλεια* ἐπι βασιλειαν,

7 ἐγερθησεται γαρ ἐθνος ἐπι ἐθνος και βασιλεια ἐπι *βασιλειαν,*

14 και κηρυχθησεται τουτο το εὐαγγελιον της *βασιλειας* ἐν ὁλῃ τῃ οἰκουμενῃ εἰς μαρτυριον πασιν τοις ἐθνεσιν,

25 1 τοτε ὁμοιωθησεται ἡ *βασιλεια* των οὐρανων δεκα παρθενοις,

34 δευτε οἱ εὐλογημενοι του πατρος μου, κληρονομησατε την ἡτοιμασμενην ὑμιν *βασιλειαν* ἀπο καταβολης κοσμου.

26 29 οὐ μη πιω ἀπ ἀρτι ἐκ τουτου του γενηματος της ἀμπελου ἑως της ἡμερας ἐκεινης ὁταν αὐτο πινω μεθ ὑμων καινον ἐν τῃ *βασιλειᾳ* του πατρος μου.

Mc 1 15 μετα δε το παραδοθηναι τον ἰωαννην ἡλθεν ὁ ἰησους εἰς την γαλιλαιαν κηρυσσων το εὐαγγελιον του θεου και λεγων, ὁτι πεπληρωται ὁ καιρος και ἡγγικεν ἡ *βασιλεια* του θεου·

3 24 και ἐαν *βασιλεια* ἐφ ἑαυτην μερισθῃ, οὐ δυναται σταθηναι ἡ *βασιλεια* ἐκεινη·

βασιλεια [162]

Mc	3 24	και εαν βασιλεια εφ εαυτην μερισθη, ου δυναται σταθηναι η βασιλεια εκεινη·
	4 11	υμιν το μυστηριον δεδοται της βασιλειας του θεου·
	26	ουτως εστιν η βασιλεια του θεου, ως ανθρωπος βαλη τον σπορον επι της γης,
	30	και ελεγεν· πως ομοιωσωμεν την βασιλειαν του θεου, η εν τινι αυτην παραβολη θωμεν;
	6 23	και ωμοσεν αυτη [πολλα] οτι εαν με αιτησης δωσω σοι εως ημισους της βασιλειας μου.
	9 1	αμην λεγω υμιν οτι εισιν τινες ωδε των εστηκοτων οιτινες ου μη γευσωνται θανατου εως αν ιδωσιν την βασιλειαν του θεου εληλυθυιαν εν δυναμει.
	47	καλον σε εστιν μονοφθαλμον εισελθειν εις την βασιλειαν του θεου, η δυο οφθαλμους εχοντα βληθηναι εις την γεενναν,
	10 14	αφετε τα παιδια ερχεσθαι προς με, μη κωλυετε αυτα· των γαρ τοιουτων εστιν η βασιλεια του θεου.
	15	ος αν μη δεξηται την βασιλειαν του θεου ως παιδιον, ου μη εισελθη εις αυτην.
	23	πως δυσκολως οι τα χρηματα εχοντες εις την βασιλειαν του θεου εισελευσονται.
	24	τεκνα, πως δυσκολον εστιν εις την βασιλειαν του θεου εισελθειν·
	25	ευκοπωτερον εστιν καμηλον δια [της] τρυμαλιας [της] ραφιδος διελθειν η πλουσιον εις την βασιλειαν του θεου εισελθειν.
	11 10	ευλογημενη η ερχομενη βασιλεια του πατρος ημων δαυιδ· ωσαννα εν τοις υψιστοις.
	12 34	ου μακραν ει απο της βασιλειας του θεου.
	13 8	εγερθησεται γαρ εθνος επ εθνος και βασιλεια επι βασιλειαν.
	8	εγερθησεται γαρ εθνος επ εθνος και βασιλεια επι βασιλειαν.
	14 25	αμην λεγω υμιν οτι ουκετι ου μη πιω εκ του γενηματος της αμπελου εως της ημερας εκεινης οταν αυτο πινω καινον εν τη βασιλεια του θεου.
	15 43	ελθων ιωσηφ [ο] απο αριμαθαιας, ευσχημων βουλευτης, ος και αυτος ην προσδεχομενος την βασιλειαν του θεου,
Lc	1 33	και βασιλευσει επι τον οικον ιακωβ εις τους αιωνας, και της βασιλειας αυτου ουκ εσται τελος.
	4 5	και αναγαγων αυτον εδειξεν αυτω πασας τας βασιλειας της οικουμενης εν στιγμη χρονου.
	43	ο δε ειπεν προς αυτους οτι και ταις ετεραις πολεσιν ευαγγελισασθαι με δει την βασιλειαν του θεου, οτι επι τουτο απεσταλην.
	6 20	μακαριοι οι πτωχοι, οτι υμετερα εστιν η βασιλεια του θεου.
	7 28	ο δε μικροτερος εν τη βασιλεια του θεου μειζων αυτου εστιν.
	8 1	και εγενετο εν τω καθεξης και αυτος διωδευεν κατα πολιν και κωμην κηρυσσων και ευαγγελιζομενος την βασιλειαν του θεου,
	10	υμιν δεδοται γνωναι τα μυστηρια της βασιλειας του θεου,
	9 2	και απεστειλεν αυτους κηρυσσειν την βασιλειαν του θεου και ιασθαι [τους ασθενεις],
	11	και αποδεξαμενος αυτους ελαλει αυτοις περι της βασιλειας του θεου,
	27	λεγω δε υμιν αληθως, εισιν τινες των αυτου εστηκοτων οι ου μη γευσωνται θανατου εως αν ιδωσιν την βασιλειαν του θεου.
	60	αφες τους νεκρους θαψαι τους εαυτων νεκρους, συ δε απελθων διαγγελλε την βασιλειαν του θεου.
	62	ουδεις επιβαλων την χειρα επ αροτρον και βλεπων εις τα οπισω ευθετος εστιν τη βασιλεια του θεου.
	10 9	ηγγικεν εφ υμας η βασιλεια του θεου.
	11	πλην τουτο γινωσκετε, οτι ηγγικεν η βασιλεια του θεου.
	11 2	ελθετω η βασιλεια σου· τον αρτον ημων τον επιουσιον διδου ημιν το καθ ημεραν·
	17	πασα βασιλεια εφ εαυτην διαμερισθεισα ερημουται,
	18	ει δε και ο σατανας εφ εαυτον διεμερισθη, πως σταθησεται η βασιλεια αυτου;
	20	ει δε εν δακτυλω θεου [εγω] εκβαλλω τα δαιμονια, αρα εφθασεν εφ υμας η βασιλεια του θεου.
	12 31	πλην ζητειτε την βασιλειαν αυτου, και ταυτα προστεθησεται υμιν.
	32	μη φοβου, το μικρον ποιμνιον· οτι ευδοκησεν ο πατηρ υμων δουναι υμιν την βασιλειαν.
	13 18	τινι ομοια εστιν η βασιλεια του θεου, και τινι ομοιωσω αυτην;
	20	τινι ομοιωσω την βασιλειαν του θεου;
	28	εκει εσται ο κλαυθμος και ο βρυγμος των οδοντων, οταν οψησθε αβρααμ και ισαακ και ιακωβ και παντας τους προφητας εν τη βασιλεια του θεου, υμας δε εκβαλλομενους εξω.

βασιλεια [162]

Lc	13 29	και ηξουσιν απο ανατολων και δυσμων και απο βορρα και νοτου, και ανακλιθησονται εν τη βασιλεια του θεου.
	14 15	μακαριος οστις φαγεται αρτον εν τη βασιλεια του θεου.
	16 16	απο τοτε η βασιλεια του θεου ευαγγελιζεται και πας εις αυτην βιαζεται.
	17 20	επερωτηθεις δε υπο των φαρισαιων ποτε ερχεται η βασιλεια του θεου, απεκριθη αυτοις και ειπεν·
	20	ουκ ερχεται η βασιλεια του θεου μετα παρατηρησεως,
	21	ιδου ωδε η· εκει· ιδου γαρ η βασιλεια του θεου εντος υμων εστιν.
	18 16	των γαρ τοιουτων εστιν η βασιλεια του θεου.
	17	ος αν μη δεξηται την βασιλειαν του θεου ως παιδιον, ου μη εισελθη εις αυτην.
	24	πως δυσκολως οι τα χρηματα εχοντες εις την βασιλειαν του θεου εισπορευονται·
	25	ευκοπωτερον γαρ εστιν καμηλον δια τρηματος βελονης εισελθειν η πλουσιον εις την βασιλειαν του θεου εισελθειν.
	29	αμην λεγω υμιν οτι ουδεις εστιν ος αφηκεν οικιαν η γυναικα η αδελφους η γονεις η τεκνα ενεκεν της βασιλειας του θεου,
	19 11	δια το εγγυς ειναι ιερουσαλημ αυτον και δοκειν αυτους οτι παραχρημα μελλει η βασιλεια του θεου αναφαινεσθαι·
	12	ανθρωπος τις ευγενης επορευθη εις χωραν μακραν λαβειν εαυτω βασιλειαν και υποστρεψαι.
	15	και εγενετο εν τω επανελθειν αυτον λαβοντα την βασιλειαν και ειπεν φωνηθηναι αυτω τους δουλους τουτους
	21 10	εγερθησεται εθνος επ εθνος και βασιλεια επι βασιλειαν,
	10	εγερθησεται εθνος επ εθνος και βασιλεια επι βασιλειαν,
	31	ουτως και υμεις, οταν ιδητε ταυτα γινομενα, γινωσκετε οτι εγγυς εστιν η βασιλεια του θεου.
	22 16	λεγω γαρ υμιν οτι ου μη φαγω αυτο εως οτου πληρωθη εν τη βασιλεια του θεου.
	18	λεγω γαρ υμιν, [οτι] ου μη πιω απο του νυν απο του γενηματος της αμπελου εως ου η βασιλεια του θεου ελθη.
	29	καγω διατιθεμαι υμιν καθως διεθετο μοι ο πατηρ μου βασιλειαν,
	30	καγω διατιθεμαι υμιν καθως διεθετο μοι ο πατηρ μου βασιλειαν, ινα εσθητε και πινητε επι της τραπεζης μου εν τη βασιλεια μου,
	23 42	ιησου, μνησθητι μου οταν ελθης εις την βασιλειαν σου.
	51	απο αριμαθαιας πολεως των ιουδαιων, ος προσεδεχετο την βασιλειαν του θεου,
Jh	3 3	εαν μη τις γεννηθη ανωθεν, ου δυναται ιδειν την βασιλειαν του θεου.
	5	εαν μη τις γεννηθη εξ υδατος και πνευματος, ου δυναται εισελθειν εις την βασιλειαν του θεου.
	18 36	η βασιλεια η εμη ουκ εστιν εκ του κοσμου τουτου·
	36	ει εκ του κοσμου τουτου ην η βασιλεια η εμη, οι υπηρεται οι εμοι ηγωνιζοντο [αν],
	36	νυν δε η βασιλεια η εμη ουκ εστιν εντευθεν.
Ac	1 3	δι ημερων τεσσερακοντα οπτανομενος αυτοις και λεγων τα περι της βασιλειας του θεου·
	6	κυριε, ει εν τω χρονω τουτω αποκαθιστανεις την βασιλειαν τω ισραηλ;
	8 12	οτε δε επιστευσαν τω φιλιππω ευαγγελιζομενω περι της βασιλειας του θεου και του ονοματος ιησου χριστου, εβαπτιζοντο ανδρες τε και γυναικες.
	14 22	παρακαλουντες εμμενειν τη πιστει, και οτι δια πολλων θλιψεων δει ημας εισελθειν εις την βασιλειαν του θεου.
	19 8	εισελθων δε εις την συναγωγην επαρρησιαζετο επι μηνας τρεις διαλεγομενος και πειθων [τα] περι της βασιλειας του θεου.
	20 25	και νυν ιδου εγω οιδα οτι ουκετι οψεσθε το προσωπον μου υμεις παντες εν οις διηλθον κηρυσσων την βασιλειαν.
	28 23	ταξαμενοι δε αυτω ημεραν ηλθον προς αυτον εις την ξενιαν πλειονες, οις εξετιθετο διαμαρτυρομενος την βασιλειαν του θεου,
	31	και απεδεχετο παντας τους εισπορευομενους προς αυτον, κηρυσσων την βασιλειαν του θεου και διδασκων τα περι του κυριου ιησου χριστου μετα πασης παρρησιας ακωλυτως.
Rm	14 17	ου γαρ εστιν η βασιλεια του θεου βρωσις και ποσις,
1Co	4 20	ου γαρ εν λογω η βασιλεια του θεου, αλλ εν δυναμει.
	6 9	η ουκ οιδατε οτι αδικοι θεου βασιλειαν ου κληρονομησουσιν;
	10	ουτε πορνοι ουτε ειδωλολατραι ουτε μοιχοι ουτε μαλακοι ουτε αρσενοκοιται ουτε κλεπται ουτε πλεονεκται, ου μεθυσοι, ου λοιδοροι, ουχ αρπαγες βασιλειαν θεου κληρονομησουσιν.
	15 24	ειτα το τελος, οταν παραδιδω την βασιλειαν τω θεω και πατρι,
	50	τουτο δε φημι, αδελφοι, οτι σαρξ και αιμα βασιλειαν θεου κληρονομησαι ου δυνανται,

βασιλεια [162]

Ga   5 21   ὅτι οἱ τα τοιαυτα πρασσοντες *βασιλειαν* θεου οὐ κληρονομησουσιν.

Eph   5 5   ὅτι πας πορνος ἢ ἀκαθαρτος ἢ πλεονεκτης, ὅ ἐστιν εἰδωλολατρης, οὐκ ἔχει κληρονομιαν ἐν τῇ *βασιλειᾳ* του χριστου και θεου.

Col   1 13   ὃς ἐρρυσατο ἡμας ἐκ της ἐξουσιας του σκοτους και μετεστησεν εἰς την *βασιλειαν* του υἱου της ἀγαπης αὐτου,

  4 11   οὗτοι μονοι συνεργοι εἰς την *βασιλειαν* του θεου,

1Th   2 12   εἰς το περιπατειν ὑμας ἀξιως του θεου του καλουντος ὑμας εἰς την ἑαυτου *βασιλειαν* και δοξαν.

2Th   1 5   ἐνδειγμα της δικαιας κρισεως του θεου, εἰς το καταξιωθηναι ὑμας της *βασιλειας* του θεου,

2Tm   4 1   του μελλοντος κρινειν ζωντας και νεκρους, και την ἐπιφανειαν αὐτου και την *βασιλειαν* αὐτου·

  18   ρυσεται με ὁ κυριος ἀπο παντος ἐργου πονηρου και σωσει εἰς την *βασιλειαν* αὐτου την ἐπουρανιον·

Heb   1 8   και ἡ ραβδος της εὐθυτητος ραβδος της *βασιλειας* σου.

  11 33   περι γεδεων, βαρακ, σαμψων, ἰεφθαε, δαυιδ τε και σαμουηλ και των προφητων, οἱ δια πιστεως κατηγωνισαντο *βασιλειας*, ἠργασαντο δικαιοσυνην,

  12 28   διο *βασιλειαν* ἀσαλευτον παραλαμβανοντες ἐχωμεν χαριν,

Ja   2 5   οὐχ ὁ θεος ἐξελεξατο τους πτωχους τῳ κοσμῳ πλουσιους ἐν πιστει και κληρονομους της *βασιλειας* ἧς ἐπηγγειλατο τοις ἀγαπωσιν αὐτον·

2Pt   1 11   οὕτως γαρ πλουσιως ἐπιχορηγηθησεται ὑμιν ἡ εἰσοδος εἰς την αἰωνιον *βασιλειαν* του κυριου ἡμων και σωτηρος ἰησου χριστου.

Apc   1 6   και ἐποιησεν ἡμας *βασιλειαν*, ἱερεις τῳ θεῳ και πατρι αὐτου,

  9   ἐγω ἰωαννης, ὁ ἀδελφος ὑμων και συγκοινωνος ἐν τῇ θλιψει και *βασιλειᾳ* και ὑπομονῃ ἐν ἰησου,

  5 10   και ἐποιησας αὐτους τῳ θεῳ ἡμων *βασιλειαν* και ἱερεις,

  11 15   ἐγενετο ἡ *βασιλεια* του κοσμου του κυριου ἡμων και του χριστου αὐτου,

  12 10   ἀρτι ἐγενετο ἡ σωτηρια και ἡ δυναμις και ἡ *βασιλεια* του θεου ἡμων

  16 10   και ἐγενετο ἡ *βασιλεια* αὐτου ἐσκοτωμενη,

  17 12   και τα δεκα κερατα ἃ εἰδες δεκα *βασιλεις* εἰσιν, οἱτινες *βασιλειαν* οὐπω ἐλαβον,

  17   ὁ γαρ θεος ἐδωκεν εἰς τας καρδιας αὐτων ποιησαι την γνωμην αὐτου, και ποιησαι μιαν γνωμην και δουναι την *βασιλειαν* αὐτων τῳ θηριῳ.

  18   και ἡ γυνη ἣν εἰδες ἐστιν ἡ πολις ἡ μεγαλη ἡ ἐχουσα *βασιλειαν* ἐπι των *βασιλεων* της γης.

βασιλειος [2]

Lc   7 25   ἰδου οἱ ἐν ἱματισμῳ ἐνδοξῳ και τρυφῃ ὑπαρχοντες ἐν τοις *βασιλειοις* εἰσιν.

1Pt   2 9   ὑμεις δε γενος ἐκλεκτον, *βασιλειον* ἱερατευμα, ἐθνος ἀγιον, λαος εἰς περιποιησιν,

βασιλευς [115]

Mt   1 6   ἰεσσαι δε ἐγεννησεν τον δαυιδ τον *βασιλεα*.

  2 1   του δε ἰησου γεννηθεντος ἐν βηθλεεμ της ἰουδαιας ἐν ἡμεραις ἡρωδου του *βασιλεως*,

  2   που ἐστιν ὁ τεχθεις *βασιλευς* των ἰουδαιων;

  3   ἀκουσας δε ὁ *βασιλευς* ἡρωδης ἐταραχθη,

  9   οἱ δε ἀκουσαντες του *βασιλεως* ἐπορευθησαν·

  5 35   μητε εἰς ἱεροσολυμα, ὁτι πολις ἐστιν του μεγαλου *βασιλεως*·

  10 18   και ἐπι ἡγεμονας δε και *βασιλεις* ἀχθησεσθε ἑνεκεν ἐμου,

  11 8   ἰδου οἱ τα μαλακα φορουντες ἐν τοις οἰκοις των *βασιλεων* εἰσιν.

  14 9   και λυπηθεις ὁ *βασιλευς* δια τους ὁρκους και τους συνανακειμενους ἐκελευσεν δοθηναι.

  17 25   οἱ *βασιλεις* της γης ἀπο τινων λαμβανουσιν τελη ἢ κηνσον; ἀπο των υἱων αὐτων ἢ ἀπο των ἀλλοτριων;

  18 23   δια τουτο ὡμοιωθη ἡ *βασιλεια* των οὐρανων ἀνθρωπῳ *βασιλει*, ὃς ἠθελησεν συναραι λογον μετα των δουλων αὐτου.

  21 5   εἰπατε τῃ θυγατρι σιων· ἰδου ὁ *βασιλευς* σου ἐρχεται σοι πραυς και ἐπιβεβηκως ἐπι ὀνον και ἐπι πωλον υἱον ὑποζυγιου.

  22 2   ὡμοιωθη ἡ *βασιλεια* των οὐρανων ἀνθρωπῳ *βασιλει*, ὁστις ἐποιησεν γαμους τῳ υἱῳ αὐτου.

  7   ὁ δε *βασιλευς* ὠργισθη,

  11   εἰσελθων δε ὁ *βασιλευς* θεασασθαι τους ἀνακειμενους εἰδεν ἐκει ἀνθρωπον οὐκ ἐνδεδυμενον ἐνδυμα γαμου·

  13   τοτε ὁ *βασιλευς* εἰπεν τοις διακονοις·

βασιλευς [115]

Mt   25 34   τοτε ἐρει ὁ *βασιλευς* τοις ἐκ δεξιων αὐτου· δευτε οἱ εὐλογημενοι του πατρος μου, κληρονομησατε την ἡτοιμασμενην ὑμιν *βασιλειαν* ἀπο καταβολης κοσμου.

  40   και ἀποκριθεις ὁ *βασιλευς* ἐρει αὐτοις· ἀμην λεγω ὑμιν, ἐφ ὁσον ἐποιησατε ἑνι τουτων των ἀδελφων μου των ἐλαχιστων, ἐμοι ἐποιησατε.

  27 11   συ εἰ ὁ *βασιλευς* των ἰουδαιων;

  29   χαιρε, *βασιλευ* των ἰουδαιων,

  37   οὗτος ἐστιν ἰησους ὁ *βασιλευς* των ἰουδαιων.

  42   *βασιλευς* ἰσραηλ ἐστιν, καταβατω νυν ἀπο του σταυρου και πιστευσομεν ἐπ αὐτον.

Mc   6 14   και ἠκουσεν ὁ *βασιλευς* ἡρωδης, φανερον γαρ ἐγενετο το ὀνομα αὐτου, και ἐλεγον ὁτι ἰωαννης ὁ βαπτιζων ἐγηγερται ἐκ νεκρων,

  22   εἰπεν ὁ *βασιλευς* τῳ κορασιῳ· αἰτησον με ὁ ἐαν θελῃς,

  25   και εἰσελθουσα εὐθυς μετα σπουδης προς τον *βασιλεα* ᾐτησατο λεγουσα·

  26   και περιλυπος γενομενος ὁ *βασιλευς* δια τους ὁρκους και τους ἀνακειμενους οὐκ ἠθελησεν ἀθετησαι αὐτην.

  27   και εὐθυς ἀποστειλας ὁ *βασιλευς* σπεκουλατορα ἐπεταξεν ἐνεγκαι την κεφαλην αὐτου.

  13 9   παραδωσουσιν ὑμας εἰς συνεδρια και εἰς συναγωγας δαρησεσθε και ἐπι ἡγεμονων και *βασιλεων* σταθησεσθε ἑνεκεν ἐμου, εἰς μαρτυριον αὐτοις.

  15 2   συ εἰ ὁ *βασιλευς* των ἰουδαιων;

  9   θελετε ἀπολυσω ὑμιν τον *βασιλεα* των ἰουδαιων;

  12   τι οὖν [θελετε] ποιησω [ὃν λεγετε] τον *βασιλεα* των ἰουδαιων;

  18   χαιρε, *βασιλευ* των ἰουδαιων·

  26   και ἦν ἡ ἐπιγραφη της αἰτιας αὐτου ἐπιγεγραμμενη· ὁ *βασιλευς* των ἰουδαιων.

  32   ὁ χριστος ὁ *βασιλευς* ἰσραηλ καταβατω νυν ἀπο του σταυρου, ἱνα ἰδωμεν και πιστευσωμεν.

Lc   1 5   ἐγενετο ἐν ταις ἡμεραις ἡρωδου *βασιλεως* της ἰουδαιας ἱερευς τις ὀνοματι ζαχαριας ἐξ ἐφημεριας ἀβια,

  10 24   λεγω γαρ ὑμιν ὁτι πολλοι προφηται και *βασιλεις* ἠθελησαν ἰδειν ἃ ὑμεις βλεπετε και οὐκ εἰδαν, και ἀκουσαι ἃ ἀκουετε και οὐκ ἠκουσαν.

  14 31   ἢ τις *βασιλευς* πορευομενος ἑτερῳ *βασιλει* συμβαλειν εἰς πολεμον οὐχι καθισας πρωτον βουλευσεται εἰ δυνατος ἐστιν ἐν δεκα χιλιασιν ὑπαντησαι τῳ μετα εἰκοσι χιλιαδων ἐρχομενῳ ἐπ αὐτον;

  31   ἢ τις *βασιλευς* πορευομενος ἑτερῳ *βασιλει* συμβαλειν εἰς πολεμον οὐχι καθισας πρωτον βουλευσεται εἰ δυνατος ἐστιν ἐν δεκα χιλιασιν ὑπαντησαι τῳ μετα εἰκοσι χιλιαδων ἐρχομενῳ ἐπ αὐτον;

  19 38   εὐλογημενος ὁ ἐρχομενος, ὁ *βασιλευς* ἐν ὀνοματι κυριου· ἐν οὐρανῳ εἰρηνη και δοξα ἐν ὑψιστοις.

  21 12   παραδιδοντες εἰς τας συναγωγας και φυλακας, ἀπαγομενους ἐπι *βασιλεις* και ἡγεμονας ἑνεκεν του ὀνοματος μου·

  22 25   οἱ *βασιλεις* των ἐθνων κυριευουσιν αὐτων, και οἱ ἐξουσιαζοντες αὐτων εὐεργεται καλουνται.

  23 2   και λεγοντα ἑαυτον χριστον *βασιλεα* εἰναι.

  3   συ εἰ ὁ *βασιλευς* των ἰουδαιων;

  37   εἰ συ εἰ ὁ *βασιλευς* των ἰουδαιων, σωσον σεαυτον.

  38   ὁ *βασιλευς* των ἰουδαιων οὗτος.

Jh   1 49   συ εἰ ὁ υἱος του θεου, συ *βασιλευς* εἰ του ἰσραηλ.

  6 15   ἰησους οὖν γνους ὁτι μελλουσιν ἐρχεσθαι και ἁρπαζειν αὐτον ἱνα ποιησωσιν *βασιλεα*, ἀνεχωρησεν παλιν εἰς το ὀρος αὐτος μονος.

  12 13   ὡσαννα, εὐλογημενος ὁ ἐρχομενος ἐν ὀνοματι κυριου, [και] ὁ *βασιλευς* του ἰσραηλ.

  15   ἰδου ὁ *βασιλευς* σου ἐρχεται, καθημενος ἐπι πωλον ὀνου.

  18 33   συ εἰ ὁ *βασιλευς* των ἰουδαιων;

  37   οὐκουν *βασιλευς* εἰ συ;

  37   συ λεγεις ὁτι *βασιλευς* εἰμι.

  39   βουλεσθε οὖν ἀπολυσω ὑμιν τον *βασιλεα* των ἰουδαιων;

  19 3   χαιρε ὁ *βασιλευς* των ἰουδαιων·

  12   πας ὁ *βασιλεα* ἑαυτον ποιων ἀντιλεγει τῳ καισαρι.

  14   ἰδε ὁ *βασιλευς* ὑμων.

  15   τον *βασιλεα* ὑμων σταυρωσω;

  15   οὐκ ἐχομεν *βασιλεα* εἰ μη καισαρα.

  19   ἦν δε γεγραμμενον· ἰησους ὁ ναζωραιος ὁ *βασιλευς* των ἰουδαιων.

  21   μη γραφε· ὁ *βασιλευς* των ἰουδαιων, ἀλλ ὁτι ἐκεινος εἰπεν· *βασιλευς* εἰμι των ἰουδαιων.

  21   μη γραφε· ὁ *βασιλευς* των ἰουδαιων, ἀλλ ὁτι ἐκεινος εἰπεν· *βασιλευς* εἰμι των ἰουδαιων.

Ac   4 26   παρεστησαν οἱ *βασιλεις* της γης και οἱ ἀρχοντες συνηχθησαν ἐπι το αὐτο κατα του κυριου και κατα του χριστου αὐτου.

βασιλευς [115]

Ac 7 10 και εδωκεν αυτω χαριν και σοφιαν εναντιον φαραω *βασιλεως* αιγυπτου,

18 ηυξησεν ο λαος και επληθυνθη εν αιγυπτω, αχρι ου ανεστη *βασιλευς* ετερος [επ αιγυπτον],

9 15 πορευου, οτι σκευος εκλογης εστιν μοι ουτος του βαστασαι το ονομα μου ενωπιον εθνων τε και *βασιλεων* υιων τε ισραηλ·

12 1 κατ εκεινον δε τον καιρον επεβαλεν ηρωδης ο *βασιλευς* τας χειρας κακωσαι τινας των απο της εκκλησιας.

20 ομοθυμαδον δε παρησαν προς αυτον, και πεισαντες βλαστον τον επι του κοιτωνος του *βασιλεως* ητουντο ειρηνην,

13 21 κακειθεν ητησαντο *βασιλεα*, και εδωκεν αυτοις ο θεος τον σαουλ υιον κις,

22 και μεταστησας αυτον ηγειρεν τον δαυιδ αυτοις εις *βασιλεα*, ω και ειπεν μαρτυρησας·

17 7 και ουτοι παντες απεναντι των δογματων καισαρος πρασσουσιν, *βασιλεα* ετερον λεγοντες ειναι ιησουν.

25 13 ημερων δε διαγενομενων τινων αγριππας ο *βασιλευς* και βερνικη κατηντησαν εις καισαρειαν ασπασαμενοι τον φηστον.

14 ως δε πλειους ημερας διετριβον εκει, ο φηστος τω *βασιλει* ανεθετο τα κατα τον παυλον λεγων·

24 αγριππα *βασιλευ* και παντες οι συμπαροντες ημιν ανδρες,

26 διο προηγαγον αυτον εφ υμων και μαλιστα επι σου, *βασιλευ* αγριππα, οπως της ανακρισεως γενομενης σχω τι γραψω·

26 2 περι παντων ων εγκαλουμαι υπο ιουδαιων, *βασιλευ* αγριππα, ηγημαι εμαυτον μακαριον επι σου μελλων σημερον απολογεισθαι,

7 περι ης ελπιδος εγκαλουμαι υπο ιουδαιων, *βασιλευ*.

13 ημερας μεσης κατα την οδον ειδον, *βασιλευ*, ουρανοθεν υπερ την λαμπροτητα του ηλιου περιλαμψαν με φως και τους συν εμοι πορευομενους·

19 οθεν, *βασιλευ* αγριππα, ουκ εγενομην απειθης τη ουρανιω οπτασια,

26 επισταται γαρ περι τουτων ο *βασιλευς*, προς ον και παρρησιαζομενος λαλω·

27 πιστευεις, *βασιλευ* αγριππα, τοις προφηταις,

30 ανεστη τε ο *βασιλευς* και ο ηγεμων η τε βερνικη και οι συγκαθημενοι αυτοις,

2Co 11 32 εν δαμασκω ο εθναρχης αρετα του *βασιλεως* εφρουρει την πολιν δαμασκηνων πιασαι με,

1Tm 1 17 τω δε *βασιλει* των αιωνων, αφθαρτω αορατω μονω θεω, τιμη και δοξα εις τους αιωνας των αιωνων·

2 2 υπερ *βασιλεων* και παντων των εν υπεροχη οντων,

6 15 ην καιροις ιδιοις δειξει ο μακαριος και μονος δυναστης, ο *βασιλευς* των *βασιλευοντων* και κυριος των κυριευοντων,

Heb 7 1 ουτος γαρ ο μελχισεδεκ, *βασιλευς* σαλημ, ιερευς του θεου του υψιστου,

1 ουτος γαρ ο μελχισεδεκ, *βασιλευς* σαλημ, ιερευς του θεου του υψιστου, ο συναντησας αβρααμ υποστρεφοντι απο της κοπης των *βασιλεων* και ευλογησας αυτον,

2 πρωτον μεν ερμηνευομενος *βασιλευς* δικαιοσυνης,

2 πρωτον μεν ερμηνευομενος βασιλευς δικαιοσυνης, επειτα δε και *βασιλευς* σαλημ,

2 ο εστιν *βασιλευς* ειρηνης, απατωρ, αμητωρ, αγενεαλογητος,

11 23 και ουκ εφοβηθησαν το διαταγμα του *βασιλεως*.

27 πιστει κατελιπεν αιγυπτον, μη φοβηθεις τον θυμον του *βασιλεως*·

1Pt 2 13 υποταγητε παση ανθρωπινη κτισει δια τον κυριον· ειτε *βασιλει* ως υπερεχοντι, ειτε ηγεμοσιν ως δι αυτου πεμπομενοις·

17 τον θεον φοβεισθε, τον *βασιλεα* τιματε.

Apc 1 5 ο πρωτοτοκος των νεκρων και ο αρχων των *βασιλεων* της γης.

6 15 και οι *βασιλεις* της γης και οι μεγιστανες και οι χιλιαρχοι και οι πλουσιοι και οι ισχυροι και πας δουλος και ελευθερος εκρυψαν εαυτους

9 11 εχουσιν επ αυτων *βασιλεα* τον αγγελον της αβυσσου,

10 11 δει σε παλιν προφητευσαι επι λαοις και εθνεσιν και γλωσσαις και *βασιλευσιν* πολλοις.

15 3 δικαιαι και αληθιναι αι οδοι σου, ο *βασιλευς* των εθνων·

16 12 και εξηρανθη το υδωρ αυτου, ινα ετοιμασθη η οδος των *βασιλεων* των απο ανατολης ηλιου.

14 εισιν γαρ πνευματα δαιμονιων ποιουντα σημεια, α εκπορευεται επι τους *βασιλεις* της οικουμενης ολης,

17 2 δευρο, δειξω σοι το κριμα της πορνης της μεγαλης της καθημενης επι υδατων πολλων, μεθ ης επορνευσαν οι *βασιλεις* της γης,

βασιλευς [115]

Apc 17 9 αι επτα κεφαλαι επτα ορη εισιν, οπου η γυνη καθηται επ αυτων, και *βασιλεις* επτα εισιν·

12 και τα δεκα κερατα α ειδες δεκα *βασιλεις* εισιν,

12 οιτινες βασιλειαν ουπω ελαβον, αλλα εξουσιαν ως *βασιλεις* μιαν ωραν λαμβανουσιν μετα του θηριου.

14 ουτοι μετα του αρνιου πολεμησουσιν και το αρνιον νικησει αυτους, οτι κυριος κυριων εστιν και *βασιλευς* βασιλεων,

14 ουτοι μετα του αρνιου πολεμησουσιν και το αρνιον νικησει αυτους, οτι κυριος κυριων εστιν και βασιλευς *βασιλεων*,

18 και η γυνη ην ειδες εστιν η πολις η μεγαλη η εχουσα βασιλειαν επι των *βασιλεων* της γης.

18 3 και οι *βασιλεις* της γης μετ αυτης επορνευσαν,

9 και κλαυσουσιν και κοψονται επ αυτην οι *βασιλεις* της γης οι μετ αυτης πορνευσαντες και στρηνιασαντες,

19 16 και εχει επι το ιματιον και επι τον μηρον αυτου ονομα γεγραμμενον· *βασιλευς* βασιλεων και κυριος κυριων.

16 και εχει επι το ιματιον και επι τον μηρον αυτου ονομα γεγραμμενον· βασιλευς *βασιλεων* και κυριος κυριων.

18 δευτε συναχθητε εις το δειπνον το μεγα του θεου, ινα φαγητε σαρκας *βασιλεων*

19 και ειδον το θηριον και τους *βασιλεις* της γης και τα στρατευματα αυτων συνηγμενα ποιησαι τον πολεμον μετα του καθημενου επι του ιππου και μετα του στρατευματος αυτου.

21 24 και οι *βασιλεις* της γης φερουσιν την δοξαν αυτων εις αυτην·

βασιλευω [21]

Mt 2 22 ακουσας δε οτι αρχελαος *βασιλευει* της ιουδαιας αντι του πατρος αυτου ηρωδου εφοβηθη εκει απελθειν·

Lc 1 33 και *βασιλευσει* επι τον οικον ιακωβ εις τους αιωνας,

19 14 ου θελομεν τουτον *βασιλευσαι* εφ ημας.

27 πλην τους εχθρους μου τουτους τους μη θελησαντας με *βασιλευσαι* επ αυτους αγαγετε ωδε και κατασφαξατε αυτους εμπροσθεν μου.

Rm 5 14 αλλα *εβασιλευσεν* ο θανατος απο αδαμ μεχρι μωυσεως

17 ει γαρ τω του ενος παραπτωματι ο θανατος *εβασιλευσεν* δια του ενος,

17 πολλω μαλλον οι την περισσειαν της χαριτος και της δωρεας της δικαιοσυνης λαμβανοντες εν ζωη *βασιλευσουσιν* δια του ενος ιησου χριστου.

21 ινα ωσπερ *εβασιλευσεν* η αμαρτια εν τω θανατω, ουτως και η χαρις *βασιλευση* δια δικαιοσυνης εις ζωην αιωνιον δια ιησου χριστου του κυριου ημων.

21 ινα ωσπερ εβασιλευσεν η αμαρτια εν τω θανατω, ουτως και η χαρις *βασιλευση* δια δικαιοσυνης εις ζωην αιωνιον δια ιησου χριστου του κυριου ημων.

6 12 μη ουν *βασιλευετω* η αμαρτια εν τω θνητω υμων σωματι εις το υπακουειν ταις επιθυμιαις αυτου,

1Co 4 8 ηδη κεκορεσμενοι εστε· ηδη επλουτησατε· χωρις ημων *εβασιλευσατε*·

8 και οφελον γε *εβασιλευσατε*, ινα και ημεις υμιν συμβασιλευσωμεν.

15 25 δει γαρ αυτον *βασιλευειν* αχρι ου θη παντας τους εχθρους υπο τους ποδας αυτου.

1Tm 6 15 ην καιροις ιδιοις δειξει ο μακαριος και μονος δυναστης, ο βασιλευς των *βασιλευοντων* και κυριος των κυριευοντων,

Apc 5 10 και *βασιλευσουσιν* επι της γης.

11 15 και *βασιλευσει* εις τους αιωνας των αιωνων.

17 ευχαριστουμεν σοι, κυριε ο θεος ο παντοκρατωρ, ο ων και ο ην, οτι ειληφας την δυναμιν σου την μεγαλην και *εβασιλευσας*·

19 6 αλληλουια, οτι *εβασιλευσεν* κυριος ο θεος [ημων] ο παντοκρατωρ.

20 4 και εζησαν και *εβασιλευσαν* μετα του χριστου χιλια ετη.

6 και *βασιλευσουσιν* μετ αυτου [τα] χιλια ετη.

22 5 και *βασιλευσουσιν* εις τους αιωνας των αιωνων.

βασιλικος [5]

Jh 4 46 και ην τις *βασιλικος* ου ο υιος ησθενει εν καφαρναουμ·

49 λεγει προς αυτον ο *βασιλικος*· κυριε, καταβηθι πριν αποθανειν το παιδιον μου.

Ac 12 20 και πεισαντες βλαστον τον επι του κοιτωνος του βασιλεως ητουντο ειρηνην, δια το τρεφεσθαι αυτων την χωραν απο της *βασιλικης*.

21 τακτη δε ημερα ο ηρωδης ενδυσαμενος εσθητα *βασιλικην* [και] καθισας επι του βηματος εδημηγορει προς αυτους·

βασιλικος [5]

Ja   2 8   εἰ μεντοι νομον τελειτε βασιλικον κατα την γραφην· ἀγαπησεις τον πλησιον σου ὡς σεαυτον, καλως ποιειτε·

βασιλισσα [4]

Mt   12 42   βασιλισσα νοτου ἐγερθησεται ἐν τη κρισει μετα της γενεας ταυτης και κατακρινει αὐτην·

Lc   11 31   βασιλισσα νοτου ἐγερθησεται ἐν τη κρισει μετα των ἀνδρων της γενεας ταυτης και κατακρινει αὐτους·

Ac   8 27   και ἰδου ἀνηρ αἰθιοψ εὐνουχος δυναστης κανδακης βασιλισσης αἰθιοπων,

Apc   18 7   ὁτι ἐν τη καρδια αὐτης λεγει ὁτι καθημαι βασιλισσα και χηρα οὐκ εἰμι και πενθος οὐ μη ἰδω·

βασις [1]

Ac   3 7   παραχρημα δε ἐστερεωθησαν αἱ βασεις αὐτου και τα σφυδρα,

βασκαινω [1]

Ga   3 1   ὦ ἀνοητοι γαλαται, τίς ὑμας ἐβασκανεν,

βασταζω [27]

Mt   3 11   οὑ οὐκ εἰμι ἱκανος τα ὑποδηματα βαστασαι·

  8 17   αὐτος τας ἀσθενειας ἡμων ἐλαβεν και τας νοσους ἐβαστασεν.

  20 12   οὑτοι οἱ ἐσχατοι μιαν ὡραν ἐποιησαν, και ἰσους ἡμιν αὐτους ἐποιησας τοις βαστασασι το βαρος της ἡμερας και τον καυσωνα.

Mc   14 13   ὑπαγετε εἰς την πολιν, και ἀπαντησει ὑμιν ἀνθρωπος κεραμιον ὑδατος βασταζων·

Lc   7 14   οἱ δε βασταζοντες ἐστησαν, και εἰπεν·

  10 4   μη βασταζετε βαλλαντιον, μη πηραν, μη ὑποδηματα· και μηδενα κατα την ὁδον ἀσπασησθε.

  11 27   μακαρια ἡ κοιλια ἡ βαστασασα σε και μαστοι οὑς ἐθηλασας.

  14 27   ὁστις οὐ βασταζει τον σταυρον ἑαυτου και ἐρχεται ὀπισω μου, οὐ δυναται εἰναι μου μαθητης.

  22 10   ἰδου εἰσελθοντων ὑμων εἰς την πολιν συναντησει ὑμιν ἀνθρωπος κεραμιον ὑδατος βασταζων·

Jh   10 31   ἐβαστασαν παλιν λιθους οἱ ἰουδαιοι ἱνα λιθασωσιν αὐτον.

  12 6   εἰπεν δε τουτο οὐχ ὁτι περι των πτωχων ἐμελεν αὐτω, ἀλλ ὁτι κλεπτης ἠν και το γλωσσοκομον ἐχων τα βαλλομενα ἐβασταζεν.

  16 12   ἐτι πολλα ἐχω ὑμιν λεγειν, ἀλλ οὐ δυνασθε βασταζειν ἀρτι·

  19 17   και βασταζων ἑαυτω τον σταυρον ἐξηλθεν εἰς τον λεγομενον κρανιου τοπον, ὁ λεγεται ἑβραιστι γολγοθα, ὁπου αὐτον ἐσταυρωσαν,

  20 15   κυριε, εἰ συ ἐβαστασας αὐτον, εἰπε μοι ποῦ ἐθηκας αὐτον, καγω αὐτον ἀρω.

Ac   3 2   και τις ἀνηρ χωλος ἐκ κοιλιας μητρος αὐτου ὑπαρχων ἐβασταζετο,

  9 15   πορευου, ὁτι σκευος ἐκλογης ἐστιν μοι οὑτος του βαστασαι το ὀνομα μου ἐνωπιον ἐθνων τε και βασιλεων υἱων τε ἰσραηλ·

  15 10   νυν οὐν τί πειραζετε τον θεον, ἐπιθειναι ζυγον ἐπι τον τραχηλον των μαθητων, ὁν οὐτε οἱ πατερες ἡμων οὐτε ἡμεις ἰσχυσαμεν βαστασαι;

  21 35   ὁτε δε ἐγενετο ἐπι τους ἀναβαθμους, συνεβη βασταζεσθαι αὐτον ὑπο των στρατιωτων δια την βιαν του ὀχλου.

Rm   11 18   εἰ δε κατακαυχασαι, οὐ συ την ῥιζαν βασταζεις ἀλλα ἡ ῥιζα σέ.

  15 1   ὀφειλομεν δε ἡμεις οἱ δυνατοι τα ἀσθενηματα των ἀδυνατων βασταζειν,

Ga   5 10   ὁ δε ταρασσων ὑμας βαστασει το κριμα, ὁστις ἐαν ἠ.

  6 2   ἀλληλων τα βαρη βασταζετε, και οὑτως ἀναπληρωσετε τον νομον του χριστου.

  5   ἐκαστος γαρ το ἰδιον φορτιον βαστασει.

  17   ἐγω γαρ τα στιγματα του ἰησου ἐν τω σωματι μου βασταζω.

Apc   2 2   οἰδα τα ἐργα σου και τον κοπον και την ὑπομονην σου, και ὁτι οὐ δυνη βαστασαι κακους,

  3   και ὑπομονην ἐχεις, και ἐβαστασας δια το ὀνομα μου,

  17 7   ἐγω ἐρω σοι το μυστηριον της γυναικος και του θηριου του βασταζοντος αὐτην του ἐχοντος τας ἑπτα κεφαλας και τα δεκα κερατα.

βατος [5]

Mc   12 26   περι δε των νεκρων ὁτι ἐγειρονται, οὐκ ἀνεγνωτε ἐν τη βιβλω μωυσεως ἐπι του βατου πως εἰπεν αὐτω ὁ θεος λεγων·

βατος [5]

Lc   6 44   οὐ γαρ ἐξ ἀκανθων συλλεγουσιν συκα, οὐδὲ ἐκ βατου σταφυλην τρυγωσιν.

  20 37   ὁτι δε ἐγειρονται οἱ νεκροι, και μωυσης ἐμηνυσεν ἐπι της βατου,

Ac   7 30   και πληρωθεντων ἐτων τεσσερακοντα ὠφθη αὐτω ἐν τη ἐρημω του ὁρους σινα ἀγγελος ἐν φλογι πυρος βατου.

  35   τουτον ὁ θεος [και] ἀρχοντα και λυτρωτην ἀπεσταλκεν συν χειρι ἀγγελου του ὀφθεντος αὐτω ἐν τη βατω.

βατος [1]

Lc   16 6   ὁ δε εἰπεν· ἑκατον βατους ἐλαιου.

βατραχος [1]

Apc   16 13   και εἰδον ἐκ του στοματος του δρακοντος και ἐκ του στοματος του θηριου και ἐκ του στοματος του ψευδοπροφητου πνευματα τρια ἀκαθαρτα ὡς βατραχοι·

βατταλογεω [1]

Mt   6 7   προσευχομενοι δε μη βατταλογησητε ὡσπερ οἱ ἐθνικοι·

βδελυγμα [6]

Mt   24 15   ὁταν οὐν ἰδητε το βδελυγμα της ἐρημωσεως το ῥηθεν δια δανιηλ του προφητου ἑστος ἐν τοπω ἁγιω, ὁ ἀναγινωσκων νοειτω, τοτε οἱ ἐν τη ἰουδαια φευγετωσαν εἰς τα ὀρη,

Mc   13 14   ὁταν δε ἰδητε το βδελυγμα της ἐρημωσεως ἑστηκοτα ὁπου οὐ δει, ὁ ἀναγινωσκων νοειτω,

Lc   16 15   ὁ δε θεος γινωσκει τας καρδιας ὑμων· ὁτι το ἐν ἀνθρωποις ὑψηλον βδελυγμα ἐνωπιον του θεου.

Apc   17 4   ἐχουσα ποτηριον χρυσουν ἐν τη χειρι αὐτης γεμον βδελυγματων και τα ἀκαθαρτα της πορνειας αὐτης,

  5   βαβυλων ἡ μεγαλη, ἡ μητηρ των πορνων και των βδελυγματων της γης.

  21 27   και οὐ μη εἰσελθη εἰς αὐτην παν κοινον και [ὁ] ποιων βδελυγμα και ψευδος,

βδελυκτος [1]

Tit   1 16   βδελυκτοι ὀντες και ἀπειθεις και προς παν ἐργον ἀγαθον ἀδοκιμοι.

βδελυσσομαι [2]

Rm   2 22   ὁ λεγων μη μοιχευειν μοιχευεις; ὁ βδελυσσομενος τα εἰδωλα ἱεροσυλεις;

Apc   21 8   τοις δε δειλοις και ἀπιστοις και ἐβδελυγμενοις και φονευσιν και πορνοις και φαρμακοις και εἰδωλολατραις και πασιν τοις ψευδεσιν το μερος αὐτων ἐν τη λιμνη

βεβαιος [8]

Rm   4 16   δια τουτο ἐκ πιστεως, ἱνα κατα χαριν, εἰς το εἰναι βεβαιαν την ἐπαγγελιαν παντι τω σπερματι,

2Co   1 7   και ἡ ἐλπις ἡμων βεβαια ὑπερ ὑμων

Heb   2 2   εἰ γαρ ὁ δι ἀγγελων λαληθεις λογος ἐγενετο βεβαιος, και πασα παραβασις και παρακοη ἐλαβεν ἐνδικον μισθαποδοσιαν, πως ἡμεις ἐκφευξομεθα τηλικαυτης ἀμελησαντες σωτηριας;

  3 14   μετοχοι γαρ του χριστου γεγοναμεν, ἐανπερ την ἀρχην της ὑποστασεως μεχρι τελους βεβαιαν κατασχωμεν·

  6 19   κρατησαι της προκειμενης ἐλπιδος· ἡν ὡς ἀγκυραν ἐχομεν της ψυχης ἀσφαλη τε και βεβαιαν

  9 17   διαθηκη γαρ ἐπι νεκροις βεβαια,

2Pt   1 10   διο μαλλον, ἀδελφοι, σπουδασατε βεβαιαν ὑμων την κλησιν και ἐκλογην ποιεισθαι·

  19   και ἐχομεν βεβαιοτερον τον προφητικον λογον,

βεβαιοω [8]

Mc   16 20   ἐκεινοι δε ἐξελθοντες ἐκηρυξαν πανταχου, του κυριου συνεργουντος και τον λογον βεβαιουντος δια των ἐπακολουθουντων σημειων.

Rm   15 8   λεγω γαρ χριστον διακονον γεγενησθαι περιτομης ὑπερ ἀληθειας θεου, εἰς το βεβαιωσαι τας ἐπαγγελιας των πατερων,

1Co   1 6   καθως το μαρτυριον του χριστου ἐβεβαιωθη ἐν ὑμιν,

βεβαιοω [8]

1Co	1 8	ὃς καὶ βεβαιωσει ὑμας ἑως τελους ἀνεγκλητους ἐν τῃ ἡμερᾳ του κυριου ἡμων ἰησου [χριστου].
2Co	1 21	ὁ δε βεβαιων ἡμας συν ὑμιν εἰς χριστον καὶ χρισας ἡμας θεος,
Col	2 7	ἐν αὐτῳ περιπατειτε, ἐρριζωμενοι καὶ ἐποικοδομουμενοι ἐν αὐτῳ καὶ βεβαιουμενοι τῃ πιστει καθως ἐδιδαχθητε,
Heb	2 3	ἡτις ἀρχην λαβουσα λαλεισθαι δια του κυριου, ὑπο των ἀκουσαντων εἰς ἡμας ἐβεβαιωθη,
	13 9	καλον γαρ χαριτι βεβαιουσθαι την καρδιαν, οὐ βρωμασιν,

βεβαιωσις [2]

Php	1 7	ἐν τε τοις δεσμοις μου καὶ ἐν τῃ ἀπολογιᾳ καὶ βεβαιωσει του εὐαγγελιου συγκοινωνους μου της χαριτος παντας ὑμας ὀντας.
Heb	6 16	καὶ πασης αὐτοις ἀντιλογιας περας εἰς βεβαιωσιν ὁ ὁρκος·

βεβηλος [5]

1Tm	1 9	ἀσεβεσι καὶ ἁμαρτωλοις, ἀνοσιοις καὶ βεβηλοις,
	4 7	τους δε βεβηλους καὶ γραωδεις μυθους παραιτου.
	6 20	ὦ τιμοθεε, την παραθηκην φυλαξον, ἐκτρεπομενος τας βεβηλους κενοφωνιας καὶ ἀντιθεσεις της ψευδωνυμου γνωσεως,
2Tm	2 16	τας δε βεβηλους κενοφωνιας περιστασο·
Heb	12 16	μη τις πορνος ἠ βεβηλος ὡς ἠσαυ,

βεβηλοω [2]

Mt	12 5	ἠ οὐκ ἀνεγνωτε ἐν τῳ νομῳ ὁτι τοις σαββασιν οἱ ἱερεις ἐν τῳ ἱερῳ το σαββατον βεβηλουσιν καὶ ἀναιτιοι εἰσιν;
Ac	24 6	ὃς καὶ το ἱερον ἐπειρασεν βεβηλωσαι,

βεελζεβουλ [7]

Mt	10 25	εἰ τον οἰκοδεσποτην βεελζεβουλ ἐπεκαλεσαν, ποσῳ μαλλον τους οἰκιακους αὐτου.
	12 24	οὑτος οὐκ ἐκβαλλει τα δαιμονια εἰ μη ἐν τῳ βεελζεβουλ ἀρχοντι των δαιμονιων.
	27	καὶ εἰ ἐγω ἐν βεελζεβουλ ἐκβαλλω τα δαιμονια, οἱ υἱοι ὑμων ἐν τινι ἐκβαλλουσιν;
Mc	3 22	καὶ οἱ γραμματεις οἱ ἀπο ἱεροσολυμων καταβαντες ἐλεγον ὁτι βεελζεβουλ ἐχει,
Lc	11 15	ἐν βεελζεβουλ τῳ ἀρχοντι των δαιμονιων ἐκβαλλει τα δαιμονια·
	18	ὁτι λεγετε ἐν βεελζεβουλ ἐκβαλλειν με τα δαιμονια.
	19	εἰ δε ἐγω ἐν βεελζεβουλ ἐκβαλλω τα δαιμονια, οἱ υἱοι ὑμων ἐν τινι ἐκβαλλουσιν;

βελιαρ [1]

2Co	6 15	τις δε συμφωνησις χριστου προς βελιαρ, ἠ τις μερις πιστῳ μετα ἀπιστου;

βελονη [1]

Lc	18 25	εὐκοπωτερον γαρ ἐστιν καμηλον δια τρηματος βελονης εἰσελθειν ἠ πλουσιον εἰς την βασιλειαν του θεου εἰσελθειν.

βελος [1]

Eph	6 16	ἐν πασιν ἀναλαβοντες τον θυρεον της πιστεως, ἐν ᾡ δυνησεσθε παντα τα βελη του πονηρου [τα] πεπυρωμενα σβεσαι·

βελτιων [1]

2Tm	1 18	καὶ ὁσα ἐν ἐφεσῳ διηκονησεν, βελτιον συ γινωσκεις.

βενιαμιν [4]

Ac	13 21	καὶ ἐδωκεν αὐτοις ὁ θεος τον σαουλ υἱον κις, ἀνδρα ἐκ φυλης βενιαμιν, ἐτη τεσσερακοντα·
Rm	11 1	καὶ γαρ ἐγω ἰσραηλιτης εἰμι, ἐκ σπερματος ἀβρααμ, φυλης βενιαμιν.
Php	3 5	περιτομῃ ὀκταημερος, ἐκ γενους ἰσραηλ, φυλης βενιαμιν. ἑβραιος ἐξ ἑβραιων,
Apc	7 8	ἐκ φυλης βενιαμιν δωδεκα χιλιαδες ἐσφραγισμενοι.

βερνικη [3]

Ac	25 13	ἡμερων δε διαγενομενων τινων ἀγριππας ὁ βασιλευς καὶ βερνικη κατηντησαν εἰς καισαρειαν ἀσπασαμενοι τον φηστον.
	23	τῃ οὐν ἐπαυριον ἐλθοντος του ἀγριππα καὶ της βερνικης μετα πολλης φαντασιας
	26 30	ἀνεστη τε ὁ βασιλευς καὶ ὁ ἡγεμων ἡ τε βερνικη καὶ οἱ συγκαθημενοι αὐτοις,

βεροια [2]

Ac	17 10	οἱ δε ἀδελφοι εὐθεως δια νυκτος ἐξεπεμψαν τον τε παυλον καὶ τον σιλαν εἰς βεροιαν,
	13	ὡς δε ἐγνωσαν οἱ ἀπο της θεσσαλονικης ἰουδαιοι ὁτι καὶ ἐν τῃ βεροιᾳ κατηγγελη ὑπο του παυλου ὁ λογος του θεου, ἠλθον κακει σαλευοντες καὶ ταρασσοντες τους ὀχλους.

βεροιαιος [1]

Ac	20 4	συνειπετο δε αὐτῳ σωπατρος πυρρου βεροιαιος, θεσσαλονικεων δε ἀρισταρχος καὶ σεκουνδος, καὶ γαιος δερβαιος καὶ τιμοθεος, ἀσιανοι δε τυχικος καὶ τροφιμος.

βηθανια [12]

Mt	21 17	καὶ καταλιπων αὐτους ἐξηλθεν ἐξω της πολεως εἰς βηθανιαν, καὶ ηὐλισθη ἐκει.
	26 6	του δε ἰησου γενομενου ἐν βηθανιᾳ ἐν οἰκιᾳ σιμωνος του λεπρου, προσηλθεν αὐτῳ γυνη ἐχουσα ἀλαβαστρον μυρου βαρυτιμου καὶ κατεχεεν ἐπι της κεφαλης αὐτου ἀνακειμενου.
Mc	11 1	καὶ ὁτε ἐγγιζουσιν εἰς ἱεροσολυμα εἰς βηθφαγη καὶ βηθανιαν προς το ὀρος των ἐλαιων, ἀποστελλει δυο των μαθητων αὐτου καὶ λεγει αὐτοις·
	11	καὶ περιβλεψαμενος παντα, ὀψιας ἠδη οὑσης της ὡρας, ἐξηλθεν εἰς βηθανιαν μετα των δωδεκα.
	12	καὶ τῃ ἐπαυριον ἐξελθοντων αὐτων ἀπο βηθανιας ἐπεινασεν.
	14 3	καὶ ὀντος αὐτου ἐν βηθανιᾳ ἐν τῃ οἰκιᾳ σιμωνος του λεπρου, κατακειμενου αὐτου ἠλθεν γυνη ἐχουσα ἀλαβαστρον μυρου ναρδου πιστικης πολυτελους·
Lc	19 29	καὶ ἐγενετο ὡς ἠγγισεν εἰς βηθφαγη καὶ βηθανια[ν] προς το ὀρος το καλουμενον ἐλαιων, ἀπεστειλεν δυο των μαθητων λεγων·
	24 50	ἐξηγαγεν δε αὐτους [ἐξω] ἑως προς βηθανιαν,
Jh	1 28	ταυτα ἐν βηθανιᾳ ἐγενετο περαν του ἰορδανου,
	11 1	ἠν δε τις ἀσθενων, λαζαρος ἀπο βηθανιας,
	18	ἠν δε ἡ βηθανια ἐγγυς των ἱεροσολυμων ὡς ἀπο σταδιων δεκαπεντε.
	12 1	ὁ οὐν ἰησους προ ἑξ ἡμερων του πασχα ἠλθεν εἰς βηθανιαν,

βηθζαθα [1]

Jh	5 2	ἐστιν δε ἐν τοις ἱεροσολυμοις ἐπι τῃ προβατικῃ κολυμβηθρα, ἡ ἐπιλεγομενη ἑβραιστι βηθζαθα, πεντε στοας ἐχουσα.

βηθλεεμ [8]

Mt	2 1	του δε ἰησου γεννηθεντος ἐν βηθλεεμ της ἰουδαιας ἐν ἡμεραις ἡρωδου του βασιλεως,
	5	οἱ δε εἰπαν αὐτῳ· ἐν βηθλεεμ της ἰουδαιας·
	6	καὶ συ βηθλεεμ, γη ἰουδα,
	8	καὶ πεμψας αὐτους εἰς βηθλεεμ εἰπεν·
	16	καὶ ἀποστειλας ἀνειλεν παντας τους παιδας τους ἐν βηθλεεμ καὶ ἐν πασι τοις ὁριοις αὐτης ἀπο διετους καὶ κατωτερω,
Lc	2 4	ἀνεβη δε καὶ ἰωσηφ ἀπο της γαλιλαιας ἐκ πολεως ναζαρεθ εἰς την ἰουδαιαν εἰς πολιν δαυιδ ἡτις καλειται βηθλεεμ,
	15	διελθωμεν δη ἑως βηθλεεμ καὶ ἰδωμεν το ῥημα τουτο το γεγονος ὁ ὁ κυριος ἐγνωρισεν ἡμιν.
Jh	7 42	οὐχ ἡ γραφη εἰπεν ὁτι ἐκ του σπερματος δαυιδ, καὶ ἀπο βηθλεεμ της κωμης ὁπου ἠν δαυιδ, ἐρχεται ὁ χριστος;

βηθσαιδα [7]

Mt	11 21	οὐαι σοι, χοραζιν· οὐαι σοι, βηθσαιδα·
Mc	6 45	καὶ εὐθυς ἠναγκασεν τους μαθητας αὐτου ἐμβηναι εἰς το πλοιον καὶ προαγειν εἰς το περαν προς βηθσαιδαν,
	8 22	καὶ ἐρχονται εἰς βηθσαιδαν.
Lc	9 10	καὶ παραλαβων αὐτους ὑπεχωρησεν κατ ἰδιαν εἰς πολιν καλουμενην βηθσαιδα.
	10 13	οὐαι σοι, χοραζιν, οὐαι σοι, βηθσαιδα·
Jh	1 44	ἠν δε ὁ φιλιππος ἀπο βηθσαιδα.

βηθσαιδα [7]

Jh   12 21   ουτοι ουν προσηλθον φιλιππω τω απο βηθσαιδα της
γαλιλαιας,

βηθφαγη [3]

Mt   21 1   και οτε ηγγισαν εις ιεροσολυμα και ηλθον εις βηθφαγη εις το
ορος των ελαιων, τοτε ιησους απεστειλεν δυο μαθητας λεγων
αυτοις·

Mc   11 1   και οτε εγγιζουσιν εις ιεροσολυμα εις βηθφαγη και βηθανιαν
προς το ορος των ελαιων, αποστελλει δυο των μαθητων
αυτου και λεγει αυτοις·

Lc   19 29   και εγενετο ως ηγγισεν εις βηθφαγη και βηθανια[ν] προς το
ορος το καλουμενον ελαιων, απεστειλεν δυο των μαθητων
λεγων·

βημα [12]

Mt   27 19   καθημενου δε αυτου επι του βηματος απεστειλεν προς αυτον
η γυνη αυτου λεγουσα·

Jh   19 13   και εκαθισεν επι βηματος εις τοπον λεγομενον λιθοστρωτον,
εβραιστι δε γαββαθα.

Ac   7 5   και ουκ εδωκεν αυτω κληρονομιαν εν αυτη ουδε βημα ποδος,

   12 21   τακτη δε ημερα ο ηρωδης ενδυσαμενος εσθητα βασιλικην
[και] καθισας επι του βηματος εδημηγορει προς αυτους·

   18 12   γαλλιωνος δε ανθυπατου οντος της αχαιας κατεπεστησαν
ομοθυμαδον οι ιουδαιοι τω παυλω και ηγαγον αυτον επι το
βημα,

   16   και απηλασεν αυτους απο του βηματος.

   17   επιλαβομενοι δε παντες σωσθενην τον αρχισυναγωγον
ετυπτον εμπροσθεν του βηματος·

   25 6   τη επαυριον καθισας επι του βηματος εκελευσεν τον παυλον
αχθηναι.

   10   επι του βηματος καισαρος εστως ειμι, ου με δει κρινεσθαι.

   17   συνελθοντων ουν [αυτων] ενθαδε αναβολην μηδεμιαν
ποιησαμενος τη εξης καθισας επι του βηματος εκελευσα
αχθηναι τον ανδρα·

Rm   14 10   παντες γαρ παραστησομεθα τω βηματι του θεου.

2Co   5 10   · τους γαρ παντας ημας φανερωθηναι δει εμπροσθεν του
βηματος του χριστου,

βηρυλλος [1]

Apc   21 20   ο εβδομος χρυσολιθος, ο ογδοος βηρυλλος,

βια [4]

Ac   5 26   τοτε απελθων ο στρατηγος συν τοις υπηρεταις ηγεν αυτους,
ου μετα βιας,

   21 35   οτε δε εγενετο επι τους αναβαθμους, συνεβη βασταζεσθαι
αυτον υπο των στρατιωτων δια την βιαν του οχλου·

   24 7*   παρελθων δε λυσιας ο χιλιαρχος μετα πολλης βιας εκ των
χειρων ημων απηγαγεν,

   27 41   και η μεν πρωρα ερεισασα εμεινεν ασαλευτος, η δε πρυμνα
ελυετο υπο της βιας [των κυματων].

βιαζομαι [2]

Mt   11 12   απο δε των ημερων ιωαννου του βαπτιστου εως αρτι η
βασιλεια των ουρανων βιαζεται,

Lc   16 16   απο τοτε η βασιλεια του θεου ευαγγελιζεται και πας εις
αυτην βιαζεται.

βιαιος [1]

Ac   2 2   και εγενετο αφνω εκ του ουρανου ηχος ωσπερ φερομενης
πνοης βιαιας και επληρωσεν ολον τον οικον ου ησαν
καθημενοι,

βιαστης [1]

Mt   11 12   απο δε των ημερων ιωαννου του βαπτιστου εως αρτι η
βασιλεια των ουρανων βιαζεται, και βιασται αρπαζουσιν
αυτην.

βιβλαριδιον [3]

Apc   10 2   και εχων εν τη χειρι αυτου βιβλαριδιον ηνεωγμενον.

   9   και απηλθα προς τον αγγελον, λεγων αυτω δουναι μοι το
βιβλαριδιον.

βιβλαριδιον [3]

Apc   10 10   και ελαβον το βιβλαριδιον εκ της χειρος του αγγελου και
κατεφαγον αυτο,

βιβλιον [34]

Mt   19 7   τι ουν μωυσης ενετειλατο δουναι βιβλιον αποστασιου και
απολυσαι [αυτην];

Mc   10 4   επετρεψεν μωυσης βιβλιον αποστασιου γραψαι και απολυσαι.

Lc   4 17   και επεδοθη αυτω βιβλιον του προφητου ησαιου,

   17   και αναπτυξας το βιβλιον ευρεν τον τοπον ου ην
γεγραμμενον·

   20   και πτυξας το βιβλιον αποδους τω υπηρετη εκαθισεν·

Jh   20 30   πολλα μεν ουν και αλλα σημεια εποιησεν ο ιησους ενωπιον
των μαθητων [αυτου], α ουκ εστιν γεγραμμενα εν τω βιβλιω
τουτω·

   21 25   ατινα εαν γραφηται καθ εν, ουδ αυτον οιμαι τον κοσμον
χωρησειν τα γραφομενα βιβλια.

Ga   3 10   γεγραπται γαρ οτι επικαταρατος πας ος ουκ εμμενει πασιν
τοις γεγραμμενοις εν τω βιβλιω του νομου του ποιησαι αυτα.

2Tm   4 13   τον φαιλονην, ον απελιπον εν τρωαδι παρα καρπω, ερχομενος
φερε, και τα βιβλια, μαλιστα τας μεμβρανας.

Heb   9 19   αυτο τε το βιβλιον και παντα τον λαον ερραντισεν, λεγων·

   10 7   ιδου ηκω, εν κεφαλιδι βιβλιου γεγραπται περι εμου, του
ποιησαι ο θεος το θελημα σου.

Apc   1 11   ο βλεπεις γραψον εις βιβλιον και πεμψον ταις επτα
εκκλησιαις,

   5 1   και ειδον επι την δεξιαν του καθημενου επι του θρονου
βιβλιον γεγραμμενον εσωθεν και οπισθεν,

   2   τις αξιος ανοιξαι το βιβλιον και λυσαι τας σφραγιδας αυτου;

   3   και ουδεις εδυνατο εν τω ουρανω ουδε επι της γης ουδε
υποκατω της γης ανοιξαι το βιβλιον ουτε βλεπειν αυτο.

   4   και εκλαιον πολυ, οτι ουδεις αξιος ευρεθη ανοιξαι το βιβλιον
ουτε βλεπειν αυτο.

   5   ιδου ενικησεν ο λεων ο εκ της φυλης ιουδα, η ριζα δαυιδ,
ανοιξαι το βιβλιον και τας επτα σφραγιδας αυτου.

   8   και οτε ελαβεν το βιβλιον, τα τεσσαρα ζωα και οι
εικοσιτεσσαρες πρεσβυτεροι επεσαν ενωπιον του αρνιου,

   9   αξιος ει λαβειν το βιβλιον και ανοιξαι τας σφραγιδας αυτου,

   6 14   και ο ουρανος απεχωρισθη ως βιβλιον ελισσομενον,

   10 8   υπαγε λαβε το βιβλιον το ηνεωγμενον εν τη χειρι του
αγγελου του εστωτος επι της θαλασσης και επι της γης.

   13 8   και προσκυνησουσιν αυτον παντες οι κατοικουντες επι της
γης, ου ου γεγραπται το ονομα αυτου εν τω βιβλιω της ζωης
του αρνιου

   17 8   και θαυμασθησονται οι κατοικουντες επι της γης, ων ου
γεγραπται το ονομα επι το βιβλιον της ζωης απο καταβολης
κοσμου,

   20 12   και βιβλια ηνοιχθησαν· και αλλο βιβλιον ηνοιχθη,

   12   και αλλο βιβλιον ηνοιχθη, ο εστιν της ζωης·

   12   και εκριθησαν οι νεκροι εκ των γεγραμμενων εν τοις βιβλιοις
κατα τα εργα αυτων.

   21 27   και ου μη εισελθη εις αυτην παν κοινον και [ο] ποιων
βδελυγμα και ψευδος, ει μη οι γεγραμμενοι εν τω βιβλιω της
ζωης του αρνιου.

   22 7   μακαριος ο τηρων τους λογους της προφητειας του βιβλιου
τουτου.

   9   συνδουλος σου ειμι και των αδελφων σου των προφητων και
των τηρουντων τους λογους του βιβλιου τουτου·

   10   μη σφραγισης τους λογους της προφητειας του βιβλιου
τουτου·

   18   μαρτυρω εγω παντι τω ακουοντι τους λογους της προφητειας
του βιβλιου τουτου·

   18   εαν τις επιθη επ αυτα, επιθησει ο θεος επ αυτον τας πληγας
τας γεγραμμενας εν τω βιβλιω τουτω·

   19   και εαν τις αφελη απο των λογων του βιβλιου της προφητειας
ταυτης, αφελει ο θεος το μερος αυτου απο του ξυλου της ζωης

   19   αφελει ο θεος το μερος αυτου απο του ξυλου της ζωης και εκ
της πολεως της αγιας, των γεγραμμενων εν τω βιβλιω τουτω.

βιβλος [10]

Mt   1 1   βιβλος γενεσεως ιησου χριστου υιου δαυιδ υιου αβρααμ.

Mc   12 26   περι δε των νεκρων οτι εγειρονται, ουκ ανεγνωτε εν τη βιβλω
μωυσεως επι του βατου πως ειπεν αυτω ο θεος λεγων·

Lc   3 4   ως γεγραπται εν βιβλω λογων ησαιου του προφητου· φωνη
βοωντος εν τη ερημω·

   20 12   αυτος γαρ δαυιδ λεγει εν βιβλω ψαλμων· ειπεν κυριος τω
κυριω μου·

βιβλος [10]

Ac 1 20 γεγραπται γαρ ἐν βιβλω ψαλμων· γενηθητω ἡ ἐπαυλις αὐτου ἐρημος και μη ἐστω ὁ κατοικων ἐν αὐτη,

7 42 ἐστρεψεν δε ὁ θεος και παρεδωκεν αὐτους λατρευειν τη στρατια του οὐρανου, καθως γεγραπται ἐν βιβλω των προφητων· μη σφαγια και θυσιας προσηνεγκατε μοι

19 19 ἱκανοι δε των τα περιεργα πραξαντων συνενεγκαντες τας βιβλους κατεκαιον ἐνωπιον παντων·

Php 4 3 αἰτινες ἐν τω εὐαγγελιω συνηθλησαν μοι μετα και κλημεντος και των λοιπων συνεργων μου, ὡν τα ὀνοματα ἐν βιβλω ζωης.

Apc 3 5 και οὐ μη ἐξαλειψω το ὀνομα αὐτου ἐκ της βιβλου της ζωης,

20 15 και εἰ τις οὐχ εὑρεθη ἐν τη βιβλω της ζωης γεγραμμενος, ἐβληθη εἰς την λιμνην του πυρος.

βιβρωσκω [1]

Jh 6 13 συνηγαγον οὐν, και ἐγεμισαν δωδεκα κοφινους κλασματων ἐκ των πεντε ἀρτων των κριθινων ἁ ἐπερισσευσαν τοις βεβρωκοσιν.

βιθυνια [2]

Ac 16 7 ἐλθοντες δε κατα την μυσιαν ἐπειραζον εἰς την βιθυνιαν πορευθηναι,

1Pt 1 1 πετρος ἀποστολος ἰησου χριστου ἐκλεκτοις παρεπιδημοις διασπορας ποντου, γαλατιας, καππαδοκιας, ἀσιας και βιθυνιας,

βιος [10]

Mc 12 44 παντες γαρ ἐκ του περισσευοντος αὐτοις ἐβαλον, αὑτη δε ἐκ της ὑστερησεως αὐτης παντα ὁσα εἰχεν ἐβαλεν, ὁλον τον βιον αὐτης.

Lc 8 14 και ὑπο μεριμνων και πλουτου και ἡδονων του βιου πορευομενοι συμπνιγονται και οὐ τελεσφορουσιν.

43 και γυνη οὐσα ἐν ρυσει αἱματος ἀπο ἐτων δωδεκα, ἡτις [ἰατροις προσαναλωσασα ὁλον τον βιον] οὐκ ἰσχυσεν ἀπ οὐδενος θεραπευθηναι,

15 12 ὁ δε διειλεν αὐτοις τον βιον.

30 ὁτε δε ὁ υἱος σου οὑτος ὁ καταφαγων σου τον βιον μετα πορνων ἡλθεν, ἐθυσας αὐτω τον σιτευτον μοσχον.

21 4 αὑτη δε ἐκ του ὑστερηματος αὐτης παντα τον βιον ὁν εἰχεν ἐβαλεν.

1Tm 2 2 ἱνα ἡρεμον και ἡσυχιον βιον διαγωμεν ἐν παση εὐσεβεια και σεμνοτητι.

2Tm 2 4 οὐδεις στρατευομενος ἐμπλεκεται ταις του βιου πραγματειαις,

1Jh 2 16 ὁτι παν το ἐν τω κοσμω, ἡ ἐπιθυμια της σαρκος και ἡ ἐπιθυμια των ὀφθαλμων και ἡ ἀλαζονεια του βιου, οὐκ ἐστιν ἐκ του πατρος,

3 17 ὁς δ ἀν ἐχη τον βιον του κοσμου και θεωρη τον ἀδελφον αὐτου χρειαν ἐχοντα και κλειση τα σπλαγχνα αὐτου ἀπ αὐτου, πως ἡ ἀγαπη του θεου μενει ἐν αὐτω;

βιοω [1]

1Pt 4 2 εἰς το μηκετι ἀνθρωπων ἐπιθυμιαις ἀλλα θεληματι θεου τον ἐπιλοιπον ἐν σαρκι βιωσαι χρονον.

βιωσις [1]

Ac 26 4 την μεν οὐν βιωσιν μου [την] ἐκ νεοτητος την ἀπ ἀρχης γενομενην ἐν τω ἐθνει μου ἐν τε ἱεροσολυμοις ἰσασι παντες [οἱ] ἰουδαιοι,

βιωτικος [3]

Lc 21 34 προσεχετε δε ἑαυτοις μηποτε βαρηθωσιν ὑμων αἱ καρδιαι ἐν κραιπαλη και μεθη και μεριμναις βιωτικαις,

1Co 6 3 οὐκ οἰδατε ὁτι ἀγγελους κρινουμεν, μητι γε βιωτικα;

4 βιωτικα μεν οὐν κριτηρια ἐαν ἐχητε, τους ἐξουθενημενους ἐν τη ἐκκλησια, τουτους καθιζετε;

βλαβερος [1]

1Tm 6 9 οἱ δε βουλομενοι πλουτειν ἐμπιπτουσιν εἰς πειρασμον και παγιδα και ἐπιθυμιας πολλας ἀνοητους και βλαβερας,

βλαπτω [2]

Mc 16 18 [και ἐν ταις χερσιν] ὀφεις ἀρουσιν καν θανασιμον τι πιωσιν οὐ μη αὐτους βλαψη,

Lc 4 35 και ριψαν αὐτον το δαιμονιον εἰς το μεσον ἐξηλθεν ἀπ αὐτου μηδεν βλαψαν αὐτον.

βλαστανω [4]

Mt 13 26 ὁτε δε ἐβλαστησεν ὁ χορτος και καρπον ἐποιησεν, τοτε ἐφανη και τα ζιζανια.

Mc 4 27 και ὁ σπορος βλαστα και μηκυνεται ὡς οὐκ οἰδεν αὐτος.

Heb 9 4 ἐν ἡ σταμνος χρυση ἐχουσα το μαννα και ἡ ραβδος ἀαρων ἡ βλαστησασα και αἱ πλακες της διαθηκης,

Ja 5 18 και ὁ οὐρανος ὑετον ἐδωκεν και ἡ γη ἐβλαστησεν τον καρπον αὐτης.

βλαστος [1]

Ac 12 20 ὁμοθυμαδον δε παρησαν προς αὐτον, και πεισαντες βλαστον τον ἐπι του κοιτωνος του βασιλεως ἡτουντο εἰρηνην,

βλασφημεω [34]

Mt 9 3 και ἰδου τινες των γραμματεων εἰπαν ἐν ἑαυτοις· οὑτος βλασφημει.

26 65 ἐβλασφημησεν· τι ἐτι χρειαν ἐχομεν μαρτυρων;

27 39 οἱ δε παραπορευομενοι ἐβλασφημουν αὐτον κινουντες τας κεφαλας αὐτων και λεγοντες·

Mc 2 7 τι οὑτος οὑτως λαλει; βλασφημει·

3 28 ἀμην λεγω ὑμιν ὁτι παντα ἀφεθησεται τοις υἱοις των ἀνθρωπων τα ἁμαρτηματα και αἱ βλασφημιαι, ὁσα ἐαν βλασφημησωσιν·

29 ὁς δ ἀν βλασφημηση εἰς το πνευμα το ἁγιον, οὐκ ἐχει ἀφεσιν εἰς τον αἰωνα,

15 29 και οἱ παραπορευομενοι ἐβλασφημουν αὐτον κινουντες τας κεφαλας αὐτων και λεγοντες·

Lc 12 10 τω δε εἰς το ἁγιον πνευμα βλασφημησαντι οὐκ ἀφεθησεται.

22 65 και ἑτερα πολλα βλασφημουντες ἐλεγον εἰς αὐτον.

23 39 εἰς δε των κρεμασθεντων κακουργων ἐβλασφημει αὐτον λεγων· οὐχι συ εἰ ὁ χριστος;

Jh 10 36 ὁν ὁ πατηρ ἡγιασεν και ἀπεστειλεν εἰς τον κοσμον ὑμεις λεγετε ὁτι βλασφημεις,

Ac 13 45 ἰδοντες δε οἱ ἰουδαιοι τους ὀχλους ἐπλησθησαν ζηλου, και ἀντελεγον τοις ὑπο παυλου λαλουμενοις βλασφημουντες.

18 6 ἀντιτασσομενων δε αὐτων και βλασφημουντων ἐκτιναξαμενος τα ἱματια εἰπεν προς αὐτους·

19 37 ἡγαγετε γαρ τους ἀνδρας τουτους οὐτε ἱεροσυλους οὐτε βλασφημουντας την θεον ἡμων.

26 11 και κατα πασας τας συναγωγας πολλακις τιμωρων αὐτους ἠναγκαζον βλασφημειν,

Rm 2 24 το γαρ ὀνομα του θεου δι ὑμας βλασφημειται ἐν τοις ἐθνεσιν, καθως γεγραπται.

3 8 και μη καθως βλασφημουμεθα και καθως φασιν τινες ἡμας λεγειν ὁτι ποιησωμεν τα κακα ἱνα ἐλθη τα ἀγαθα;

14 16 μη βλασφημεισθω οὐν ὑμων το ἀγαθον.

1Co 10 30 εἰ ἐγω χαριτι μετεχω, τι βλασφημουμαι ὑπερ οὑ ἐγω εὐχαριστω;

1Tm 1 20 ὡν ἐστιν ὑμεναιος και ἀλεξανδρος, οὑς παρεδωκα τω σατανα, ἱνα παιδευθωσιν μη βλασφημειν.

6 1 ὁσοι εἰσιν ὑπο ζυγον δουλοι, τους ἰδιους δεσποτας πασης τιμης ἀξιους ἡγεισθωσαν, ἱνα μη το ὀνομα του θεου και ἡ διδασκαλια βλασφημηται.

Tit 2 5 ἱνα μη ὁ λογος του θεου βλασφημηται.

3 2 μηδενα βλασφημειν, ἀμαχους εἰναι, ἐπιεικεις, πασαν ἐνδεικνυμενους πραυτητα προς παντας ἀνθρωπους.

Ja 2 7 οὐκ αὐτοι βλασφημουσιν το καλον ὀνομα το ἐπικληθεν ἐφ ὑμας;

1Pt 4 4 ἐν ᾡ ξενιζονται μη συντρεχοντων ὑμων εἰς την αὐτην της ἀσωτιας ἀναχυσιν, βλασφημουντες·

2Pt 2 2 δι οὑς ἡ ὁδος της ἀληθειας βλασφημηθησεται·

10 τολμηται αὐθαδεις, δοξας οὐ τρεμουσιν βλασφημουντες,

12 οὑτοι δε, ὡς ἀλογα ζωα γεγεννημενα φυσικα εἰς ἁλωσιν και φθοραν, ἐν οἱς ἀγνοουσιν βλασφημουντες,

Ju 8 ὁμοιως μεντοι και οὑτοι ἐνυπνιαζομενοι σαρκα μεν μιαινουσιν, κυριοτητα δε ἀθετουσιν, δοξας δε βλασφημουσιν.

10 οὑτοι δε ὁσα μεν οὐκ οἰδασιν βλασφημουσιν,

Apc 13 6 και ἠνοιξεν το στομα αὐτου εἰς βλασφημιας προς τον θεον, βλασφημησαι το ὀνομα αὐτου και την σκηνην αὐτου,

16 9 και ἐβλασφημησαν το ὀνομα του θεου του ἐχοντος την ἐξουσιαν ἐπι τας πληγας ταυτας,

βλασφημεω [34]

Apc	16 11	και *ἐβλασφημησαν* τον θεον του ουρανου ἐκ των πονων αὐτων και ἐκ των ἑλκων αὐτων,
	21	και *ἐβλασψημησαν* οἱ ἀνθρωποι τον θεον ἐκ της πληγης της χαλαζης,

βλασφημια [18]

Mt	12 31	πασα ἁμαρτια και *βλασφημια* ἀφεθησεται τοις ἀνθρωποις,
	31	ἡ δε του πνευματος *βλασφημια* οὐκ ἀφεθησεται.
	15 19	ἐκ γαρ της καρδιας ἐξερχονται διαλογισμοι πονηροι, φονοι, μοιχειαι, πορνειαι, κλοπαι, ψευδομαρτυριαι, *βλασφημιαι*.
	26 65	ἰδε νυν ἠκουσατε την *βλασφημιαν·* τί ὑμιν δοκει;
Mc	3 28	ἀμην λεγω ὑμιν ὁτι παντα ἀφεθησεται τοις υἱοις των ἀνθρωπων τα ἁμαρτηματα και αἱ *βλασφημιαι*,
	7 22	ἐσωθεν γαρ ἐκ της καρδιας των ἀνθρωων οἱ διαλογισμοι οἱ κακοι ἐκπορευονται, πορνειαι, κλοπαι, φονοι, μοιχειαι, πλεονεξιαι, πονηριαι, δολος, ἀσελγεια, ὀφθαλμος πονηρος, *βλασφημια*, ὑπερηφανια, ἀφροσυνη·
	14 64	ἠκουσατε της *βλασφημιας·* τί ὑμιν φαινεται;
Lc	5 21	τίς ἐστιν οὑτος ὁς λαλει *βλασφημιας*;
Jh	10 33	περι καλου ἐργου οὐ λιθαζομεν σε ἀλλα περι *βλασφημιας*,
Eph	4 31	πασα πικρια και θυμος και ὀργη και κραυγη και *βλασφημια* ἀρθητω ἀφ ὑμων συν παση κακια.
Col	3 8	νυνι δε ἀποθεσθε και ὑμεις τα παντα, ὀργην, θυμον, κακιαν, *βλασφημιαν*, αἰσχρολογιαν ἐκ του στοματος ὑμων·
1Tm	6 4	ἀλλα νοσων περι ζητησεις και λογομαχιας, ἐξ ὡν γινεται φθονος, ἐρις, *βλασφημιαι*, ὑπονοιαι πονηραι,
Ju	9	ὁ δε μιχαηλ ὁ ἀρχαγγελος, ὁτε τω διαβολω διακρινομενος διελεγετο περι του μωυσεως σωματος, οὐκ ἐτολμησεν κρισιν ἐπενεγκειν *βλασφημιας*,
Apc	2 9	οἰδα σου την θλιψιν και την πτωχειαν, ἀλλα πλουσιος εἱ, και την *βλασφημιαν* ἐκ των λεγοντων ἰουδαιους εἰναι ἑαυτους, και οὐκ εἰσιν ἀλλα συναγωγη του σατανα·
	13 1	και ἐπι τας κεφαλας αὐτου ὀνομα[τα] *βλασφημιας*.
	5	και ἐδοθη αὐτω στομα λαλουν μεγαλα και *βλασφημιας*,
	6	και ἠνοιξεν το στομα αὐτου εἰς *βλασφημιας* προς τον θεον,
	17 3	και εἰδον γυναικα καθημενην ἐπι θηριον κοκκινον, γεμον[τα] ὀνοματα *βλασφημιας*,

βλασφημος [4]

Ac	6 11	τοτε ὑπεβαλον ἀνδρας λεγοντας ὁτι ἀκηκοαμεν αὐτου λαλουντος ῥηματα *βλασφημα* εἰς μωυσην και τον θεον·
1Tm	1 13	ὁτι πιστον με ἡγησατο θεμενος εἰς διακονιαν, το προτερον ὀντα *βλασφημον* και διωκτην και ὑβριστην·
2Tm	3 2	ἐσονται γαρ οἱ ἀνθρωποι φιλαυτοι, φιλαργυροι, ἀλαζονες, ὑπερηφανοι, *βλασφημοι*,
2Pt	2 11	ὁπου ἀγγελοι ἰσχυι και δυναμει μειζονες ὀντες οὐ φερουσιν κατ αὐτων παρα κυριου *βλασφημον* κρισιν.

βλεμμα [1]

2Pt	2 8	*βλεμματι* γαρ και ἀκοη ὁ δικαιος ἐγκατοικων ἐν αὐτοις ἡμεραν ἐξ ἡμερας ψυχην δικαιαν ἀνομοις ἐργοις ἐβασανιζεν·

βλεπω [133]

Mt	5 28	ἐγω δε λεγω ὑμιν ὁτι πας ὁ *βλεπων* γυναικα προς το ἐπιθυμησαι αὐτην ἠδη ἐμοιχευσεν αὐτην ἐν τη καρδια αὐτου.
	6 4	και ὁ πατηρ σου ὁ *βλεπων* ἐν τω κρυπτω ἀποδωσει σοι.
	6	και ὁ πατηρ σου ὁ *βλεπων* ἐν τω κρυπτω ἀποδωσει σοι.
	18	και ὁ πατηρ σου ὁ *βλεπων* ἐν τω κρυφαιω ἀποδωσει σοι.
	7 3	τί δε *βλεπεις* το καρφος το ἐν τω ὀφθαλμω του ἀδελφου σου,
	11 4	πορευθεντες ἀπαγγειλατε ἰωαννη ἁ ἀκουετε και *βλεπετε·*
	12 22	και ἐθεραπευσεν αὐτον, ὡστε τον κωφον λαλειν και *βλεπειν*.
	13 13	δια τουτο ἐν παραβολαις αὐτοις λαλω, ὁτι *βλεποντες* οὐ *βλεπουσιν* και ἀκουοντες οὐκ ἀκουουσιν οὐδε συνιουσιν.
	13	δια τουτο ἐν παραβολαις αὐτοις λαλω, ὁτι *βλεποντες* οὐ *βλεπουσιν* και ἀκουοντες οὐκ ἀκουουσιν οὐδε συνιουσιν.
	14	ἀκοη ἀκουσετε και οὐ μη συνητε, και *βλεποντες* βλεψετε και οὐ μη ἰδητε.
	14	ἀκοη ἀκουσετε και οὐ μη συνητε, και *βλεποντες* βλεψετε και οὐ μη ἰδητε.
	16	ὑμων δε μακαριοι οἱ ὀφθαλμοι ὁτι *βλεπουσιν·*
	17	ἀμην γαρ λεγω ὑμιν ὁτι πολλοι προφηται και δικαιοι ἐπεθυμησαν ἰδειν ἁ *βλεπετε* και οὐκ εἰδαν,
	14 30	*βλεπων* δε τον ἀνεμον [ἰσχυρον] ἐφοβηθη,

βλεπω [133]

Mt	15 31	ὡστε τον ὀχλον θαυμασαι *βλεποντας* κωφους λαλουντας, κυλλους ὑγιεις και χωλους περιπατουντας και τυφλους *βλεποντας·*
	31	ὡστε τον ὀχλον θαυμασαι *βλεποντας* κωφους λαλουντας, κυλλους ὑγιεις και χωλους περιπατουντας και τυφλους *βλεποντας·*
	18 10	λεγω γαρ ὑμιν ὁτι οἱ ἀγγελοι αὐτων ἐν οὐρανοις δια παντος *βλεπουσι* το προσωπον του πατρος μου του ἐν οὐρανοις.
	22 16	και οὐ μελει σοι περι οὐδενος, οὐ γαρ *βλεπεις* εἰς προσωπον ἀνθρωπων·
	24 2	οὐ *βλεπετε* ταυτα παντα; ἀμην λεγω ὑμιν, οὐ μη ἀφεθη ὡδε λιθος ἐπι λιθον ὁς οὐ καταλυθησεται.
	4	*βλεπετε* μη τις ὑμας πλανηση.
Mc	4 12	ἐκεινοις δε τοις ἐξω ἐν παραβολαις τα παντα γινεται, ἱνα *βλεποντες* βλεπωσιν και μη ἰδωσιν,
	12	ἐκεινοις δε τοις ἐξω ἐν παραβολαις τα παντα γινεται, ἱνα *βλεποντες* βλεπωσιν και μη ἰδωσιν,
	24	και ἐλεγεν αὐτοις· ϼλεπετε τί ἀκουετε.
	5 31	*βλεπεις* τον ὀχλον συνθλιβοντα σε, και λεγεις· τίς μου ἡψατο;
	8 15	ὁρατε, *βλεπετε* ἀπο της ζυμης των φαρισαιων και της ζυμης ἡρωδου.
	18	ὀφθαλμους ἐχοντες οὐ *βλεπετε*, και ὡτα ἐχοντες οὐκ ἀκουετε;
	23	και πτυσας εἰς τα ὀμματα αὐτου, ἐπιθεις τας χειρας αὐτω, ἐπηρωτα αὐτον· εἰ τι *βλεπεις*;
		βλεπω τους ἀνθρωπους, ὁτι ὡς δενδρα ὁρω περιπατουντας·
	12 14	οὐ γαρ *βλεπεις* εἰς προσωπον ἀνθρωπων, ἀλλ ἐπ ἀληθειας την ὁδον του θεου διδασκεις·
	38	*βλεπετε* ἀπο των γραμματεων των θελοντων ἐν στολαις περιπατειν και ἀσπασμους ἐν ταις ἀγοραις και πρωτοκαθεδριας ἐν ταις συναγωγαις και πρωτοκλισιας ἐν τοις δειπνοις·
	13 2	*βλεπεις* ταυτας τας μεγαλας οἰκοδομας;
	5	*βλεπετε* μη τις ὑμας πλανηση.
	9	*βλεπετε* δε ὑμεις ἑαυτους·
	23	ὑμεις δε *βλεπετε·* προειρηκα ὑμιν παντα.
	33	*βλεπετε*, ἀγρυπνειτε· οὐκ οἰδατε γαρ ποτε ὁ καιρος ἐστιν.
Lc	6 41	τί δε *βλεπεις* το καρφος το ἐν τω ὀφθαλμω του ἀδελφου σου, την δε δοκον την ἐν τω ἰδιω ὀφθαλμω οὐ κατανοεις;
	42	ἀδελφε, ἀφες ἐκβαλω το καρφος το ἐν τω ὀφθαλμω σου, αὐτος την ἐν τω ὀφθαλμω σου δοκον οὐ *βλεπων*;
	7 21	και τυφλοις πολλοις ἐχαρισατο *βλεπειν*.
	44	*βλεπεις* ταυτην την γυναικα;
	8 10	τοις δε λοιποις ἐν παραβολαις, ἱνα *βλεποντες* μη βλεπωσιν και ἀκουοντες μη συνιωσιν.
	10	τοις δε λοιποις ἐν παραβολαις, ἱνα βλεποντες μη *βλεπωσιν* και ἀκουοντες μη συνιωσιν.
	16	ἀλλ ἐπι λυχνιας τιθησιν, ἱνα οἱ εἰσπορευομενοι *βλεπωσιν* το φως.
	18	*βλεπετε* οὐν πως ἀκουετε·
	9 62	οὐδεις ἐπιβαλων την χειρα ἐπ ἀροτρον και *βλεπων* εἰς τα ὀπισω εὐθετος ἐστιν τη βασιλεια του θεου.
	10 23	μακαριοι οἱ ὀφθαλμοι οἱ *βλεποντες* ἁ βλεπετε.
	23	μακαριοι οἱ ὀφθαλμοι οἱ βλεποντες ἁ *βλεπετε*.
	24	λεγω γαρ ὑμιν ὁτι πολλοι προφηται και βασιλεις ἠθελησαν ἰδειν ἁ ὑμεις *βλεπετε* και οὐκ εἰδαν, και ἀκουσαι ἁ ἀκουετε και οὐκ ἠκουσαν.
	11 33	οὐδεις λυχνον ἀψας εἰς κρυπτην τιθησιν [οὐδε ὑπο τον μοδιον,] ἀλλ ἐπι την λυχνιαν, ἱνα οἱ εἰσπορευομενοι το φως *βλεπωσιν*.
	21 8	ὁ δε εἰπεν· *βλεπετε* μη πλανηθητε·
	30	ὁταν προβαλωσιν ἠδη, *βλεποντες* ἀφ ἑαυτων γινωσκετε ὁτι ἠδη ἐγγυς το θερος ἐστιν·
	24 12	και παρακυψας *βλεπει* τα ὀθονια μονα·
Jh	1 29	τη ἐπαυριον *βλεπει* τον ἰησουν ἐρχομενον προς αὐτον,
	5 19	ἐαν μη τι *βλεπη* τον πατερα ποιουντα·
	9 7	ἀπηλθεν οὐν και ἐνιψατο, και ἠλθεν *βλεπων*.
	15	πηλον ἐπεθηκεν μου ἐπι τους ὀφθαλμους, και ἐνιψαμην, και *βλεπω*.
	19	οὑτος ἐστιν ὁ υἱος ὑμων, ὁν ὑμεις λεγετε ὁτι τυφλος ἐγεννηθη; πως οὐν *βλεπει* ἀρτι;
	21	πως δε νυν *βλεπει* οὐκ οἰδαμεν, ἡ τίς ἡνοιξεν αὐτου τους ὀφθαλμους ἡμεις οὐκ οἰδαμεν·
	25	εἰ ἁμαρτωλος ἐστιν οὐκ οἰδα· ἑν οἰδα, ὁτι τυφλος ὡν ἀρτι *βλεπω*.
	39	εἰς κριμα ἐγω εἰς τον κοσμον τουτον ἠλθον, ἱνα οἱ μη *βλεποντες* βλεπωσιν και οἱ βλεποντες τυφλοι γενωνται.
	39	εἰς κριμα ἐγω εἰς τον κοσμον τουτον ἠλθον, ἱνα οἱ μη βλεποντες *βλεπωσιν* και οἱ βλεποντες τυφλοι γενωνται.

βλεπω [133]

Jh	9 39	εἰς κριμα ἐγω εἰς τον κοσμον τουτον ἠλθον, ἱνα οἱ μη βλεποντες βλεπωσιν και οἱ βλεποντες τυφλοι γενωνται.
	41	νυν δε λεγετε ὁτι βλεπομεν· ἡ ἁμαρτια ὑμων μενει.
	11 9	ἐαν τις περιπατη ἐν τη ἡμερᾳ, οὐ προσκοπτει, ὁτι το φως του κοσμου τουτου βλεπει·
	13 22	ἐβλεπον εἰς ἀλληλους οἱ μαθηται ἀπορουμενοι περι τινος λεγει.
	20 1	τη δε μια των σαββατων μαρια ἡ μαγδαληνη ἐρχεται πρωι σκοτιας ἐτι οὐσης εἰς το μνημειον, και βλεπει τον λιθον ἠρμενον ἐκ του μνημειου.
	5	και παρακυψας βλεπει κειμενα τα ὀθονια, οὐ μεντοι εἰσηλθεν.
	21 9	ὡς οὐν ἀπεβησαν εἰς την γην, βλεπουσιν ἀνθρακιαν κειμενην και ὀψαριον ἐπικειμενον και ἀρτον.
	20	ἐπιστραφεις ὁ πετρος βλεπει τον μαθητην ὁν ἠγαπα ὁ ἰησους ἀκολουθουντα,
Ac	1 9	και ταυτα εἰπων βλεποντων αὐτων ἐπηρθη,
	11	ἀνδρες γαλιλαιοι, τι ἑστηκατε [ἐμ]βλεποντες εἰς τον οὐρανον;
	2 33	τη δεξιᾳ οὐν του θεου ὑψωθεις την τε ἐπαγγελιαν του πνευματος του ἁγιου λαβων παρα του πατρος ἐξεχεεν τουτο ὁ ὑμεις [και] βλεπετε και ἀκουετε.
	3 4	ἀτενισας δε πετρος εἰς αὐτον συν τω ἰωαννη εἰπεν· βλεψον εἰς ἡμας.
	4 14	τον τε ἀνθρωπον βλεποντες συν αὐτοις ἑστωτα τον τεθεραπευμενον, οὐδεν εἰχον ἀντειπειν.
	8 6	προσειχον δε οἱ ὀχλοι τοις λεγομενοις ὑπο του φιλιππου ὁμοθυμαδον ἐν τω ἀκουειν αὐτους και βλεπειν τα σημεια ἁ ἐποιει.
	9 8	ἠγερθη δε σαυλος ἀπο της γης, ἀνεωγμενων δε των ὀφθαλμων αὐτου οὐδεν ἐβλεπεν·
	9	και ἠν ἡμερας τρεις μη βλεπων, και οὐκ ἐφαγεν οὐδε ἐπιεν.
	12 9	και οὐκ ἠδει ὁτι ἀληθες ἐστιν το γινομενον δια του ἀγγελου, ἐδοκει δε ὁραμα βλεπειν.
	13 11	και νυν ἰδου χειρ κυριου ἐπι σε, και ἐση τυφλος μη βλεπων τον ἡλιον ἀχρι καιρου.
	40	βλεπετε οὐν μη ἐπελθη το εἰρημενον ἐν τοις προφηταις·
	27 12	εἰ πως δυναιντο καταντησαντες εἰς φοινικα παραχειμασαι, λιμενα της κρητης βλεποντα κατα λιβα και κατα χωρον.
	28 26	ἀκοη ἀκουσετε και οὐ μη συνητε, και βλεποντες βλεψετε και οὐ μη ἰδητε·
	26	ἀκοη ἀκουσετε και οὐ μη συνητε, και βλεποντες βλεψετε και οὐ μη ἰδητε·
Rm	7 23	βλεπω δε ἑτερον νομον ἐν τοις μελεσιν μου
	8 24	τη γαρ ἐλπιδι ἐσωθημεν· ἐλπις δε βλεπομενη οὐκ ἐστιν ἐλπις·
	24	ἐλπις δε βλεπομενη οὐκ ἐστιν ἐλπις· ὁ γαρ βλεπει τις, ἐλπιζει;
	25	εἰ δε ὁ οὐ βλεπομεν ἐλπιζομεν, δι ὑπομονης ἀπεκδεχομεθα.
	11 8	ἐδωκεν αὐτοις ὁ θεος πνευμα κατανυξεως, ὀφθαλμους του μη βλεπειν και ὠτα του μη ἀκουειν, ἑως της σημερον ἡμερας.
	10	σκοτισθητωσαν οἱ ὀφθαλμοι αὐτων του μη βλεπειν,
1Co	1 26	βλεπετε γαρ την κλησιν ὑμων, ἀδελφοι, ὁτι οὐ πολλοι σοφοι κατα σαρκα.
	3 10	ἑκαστος δε βλεπετω πως ἐποικοδομει.
	8 9	βλεπετε δε μη πως ἡ ἐξουσια ὑμων αὑτη προσκομμα γενηται τοις ἀσθενεσιν.
	10 12	ὡστε ὁ δοκων ἑσταναι βλεπετω μη πεση.
	18	βλεπετε τον ἰσραηλ κατα σαρκα·
	13 12	βλεπομεν γαρ ἀρτι δι ἐσοπτρου ἐν αἰνιγματι,
	16 10	ἐαν δε ἐλθη τιμοθεος, βλεπετε ἱνα ἀφοβως γενηται προς ὑμας·
2Co	4 18	μη σκοπουντων ἡμων τα βλεπομενα ἀλλα τα μη βλεπομενα·
	18	μη σκοπουντων ἡμων τα βλεπομενα ἀλλα τα μη βλεπομενα·
	18	τα γαρ βλεπομενα προσκαιρα, τα δε μη βλεπομενα αἰωνια.
	18	τα γαρ βλεπομενα προσκαιρα, τα δε μη βλεπομενα αἰωνια.
	7 8	εἰ και μετεμελομην, βλεπω [γαρ] ὁτι ἡ ἐπιστολη ἐκεινη εἰ και προς ὡραν ἐλυπησεν ὑμας, νυν χαιρω,
	10 7	τα κατα προσωπον βλεπετε.
	12 6	φειδομαι δε, μη τις εἰς ἐμε λογισηται ὑπερ ὁ βλεπει με ἠ ἀκουει [τι] ἐξ ἐμου
Ga	5 15	εἰ δε ἀλληλους δακνετε και κατεσθιετε, βλεπετε μη ὑπ ἀλληλων ἀναλωθητε.
Eph	5 15	βλεπετε οὐν ἀκριβως πως περιπατειτε,
Php	3 2	βλεπετε τους κυνας, βλεπετε τους κακους ἐργατας,
	2	βλεπετε τους κυνας, βλεπετε τους κακους ἐργατας,
	2	βλεπετε τους κακους ἐργατας, βλεπετε την κατατομην.
Col	2 5	ἀλλα τω πνευματι συν ὑμιν εἰμι, χαιρων και βλεπων ὑμων την ταξιν και το στερεωμα της εἰς χριστον πιστεως ὑμων.
	8	βλεπετε μη τις ὑμας ἐσται ὁ συλαγωγων δια της φιλοσοφιας και κενης ἀπατης κατα την παραδοσιν των ἀνθρωπων,
	4 17	βλεπε την διακονιαν ἡν παρελαβες ἐν κυριω,
Heb	2 9	τον δε βραχυ τι παρ ἀγγελους ἠλαττωμενον βλεπομεν ἰησουν δια το παθημα του θανατου δοξη και τιμη ἐστεφανωμενον,

βλεπω [133]

Heb	3 12	βλεπετε, ἀδελφοι, μηποτε ἐσται ἐν τινι ὑμων καρδια πονηρα ἀπιστιας ἐν τω ἀποστηναι ἀπο θεου ζωντος,
	19	και βλεπομεν ὁτι οὐκ ἠδυνηθησαν εἰσελθειν δι ἀπιστιαν.
	10 25	και τοσουτω μαλλον ὁσω βλεπετε ἐγγιζουσαν την ἡμεραν.
	11 1	ἐστιν δε πιστις ἐλπιζομενων ὑποστασις, πραγματων ἐλεγχος οὐ βλεπομενων.
	3	πιστει νοουμεν κατηρτισθαι τους αἰωνας ῥηματι θεου, εἰς το μη ἐκ φαινομενων το βλεπομενον γεγονεναι.
	7	πιστει χρηματισθεις νωε περι των μηδεπω βλεπομενων,
	12 25	βλεπετε μη παραιτησησθε τον λαλουντα·
Ja	2 22	βλεπεις ὁτι ἡ πιστις συνηργει τοις ἐργοις αὐτου,
2Jh	8	βλεπετε ἑαυτους, ἱνα μη ἀπολεσητε ἁ εἰργασαμεθα,
Apc	1 11	ὁ βλεπεις γραψον εἰς βιβλιον και πεμψον ταις ἑπτα ἐκκλησιαις,
	12	και ἐπεστρεψα βλεπειν την φωνην ἡτις ἐλαλει μετ ἐμου·
	3 18	και κολλ[ο]υριον ἐγχρισαι τους ὀφθαλμους σου ἱνα βλεπης.
	5 3	και οὐδεις ἐδυνατο ἐν τω οὐρανω οὐδε ἐπι της γης οὐδε ὑποκατω της γης ἀνοιξαι το βιβλιον οὐτε βλεπειν αὐτο.
	4	και ἐκλαιον πολυ, ὁτι οὐδεις ἀξιος εὑρεθη ἀνοιξαι το βιβλιον οὐτε βλεπειν αὐτο.
	9 20	και τα εἰδωλα τα χρυσα και τα ἀργυρα και τα χαλκα και τα λιθινα και τα ξυλινα, ἁ οὐτε βλεπειν δυνανται οὐτε ἀκουειν οὐτε περιπατειν,
	11 9	και βλεπουσιν ἐκ των λαων και φυλων και γλωσσων και ἐθνων το πτωμα αὐτων ἡμερας τρεις και ἡμισυ,
	16 15	μακαριος ὁ γρηγορων και τηρων τα ἱματια αὐτου, ἱνα μη γυμνος περιπατη και βλεπωσιν την ἀσχημοσυνην αὐτου.
	17 8	βλεποντων το θηριον ὁτι ἠν και οὐκ ἐστιν και παρεσται.
	18 9	και κλαυσουσιν και κοψονται ἐπ αὐτην οἱ βασιλεις της γης οἱ μετ αὐτης πορνευσαντες και στρηνιασαντες, ὁταν βλεπωσιν τον καπνον της πυρωσεως αὐτης,
	18	και ἐκραζον βλεποντες τον καπνον της πυρωσεως αὐτης λεγοντες·
	22 8	καγω ἰωαννης ὁ ἀκουων και βλεπων ταυτα.
	8	και ὁτε ἠκουσα και ἐβλεψα, ἐπεσα προσκυνησαι ἐμπροσθεν των ποδων του ἀγγελου του δεικνυοντος μοι ταυτα.

βλητεος [1]

Lc	5 38	ἀλλα οἰνον νεον εἰς ἀσκους καινους βλητεον.

βοανηργες [1]

Mc	3 17	και ἰακωβον τον του ζεβεδαιου και ἰωαννην τον ἀδελφον του ἰακωβου, και ἐπεθηκεν αὐτοις ὀνομα[τα] βοανηργες, ὁ ἐστιν υἱοι βροντης·

βοαω [12]

Mt	3 3	φωνη βοωντος ἐν τη ἐρημω· ἑτοιμασατε την ὁδον κυριου,
Mc	1 3	φωνη βοωντος ἐν τη ἐρημω· ἑτοιμασατε την ὁδον κυριου,
	15 34	και τη ἐνατη ὡρα ἐβοησεν ὁ ἰησους φωνη μεγαλη· ἐλωι ἐλωι λαμα σαβαχθανι;
Lc	3 4	φωνη βοωντος ἐν τη ἐρημω· ἑτοιμασατε την ὁδον κυριου,
	9 38	και ἰδου ἀνηρ ἀπο του ὀχλου ἐβοησεν λεγων· διδασκαλε, δεομαι σου ἐπιβλεψαι ἐπι τον υἱον μου,
	18 7	ὁ δε θεος οὐ μη ποιηση την ἐκδικησιν των ἐκλεκτων αὐτου των βοωντων αὐτω ἡμερας και νυκτος, και μακροθυμει ἐπ αὐτοις;
	38	και ἐβοησεν λεγων· ἰησου υἱε δαυιδ, ἐλεησον με.
Jh	1 23	ἐγω φωνη βοωντος ἐν τη ἐρημω· εὐθυνατε την ὁδον κυριου,
Ac	8 7	πολλοι γαρ των ἐχοντων πνευματα ἀκαθαρτα βοωντα φωνη μεγαλη ἐξηρχοντο·
	17 6	βοωντες ὁτι οἱ την οἰκουμενην ἀναστατωσαντες οὑτοι και ἐνθαδε παρεισιν,
	25 24	θεωρειτε τουτον περι οὑ ἁπαν το πληθος των ἰουδαιων ἐνετυχον μοι ἐν τε ἱεροσολυμοις και ἐνθαδε, βοωντες μη δειν αὐτον ζην μηκετι.
Ga	4 27	εὐφρανθητι, στειρα ἡ οὐ τικτουσα, ῥηξον και βοησον, ἡ οὐκ ὠδινουσα·

βοες [2]

Mt	1 5	σαλμων δε ἐγεννησεν τον βοες ἐκ της ῥαχαβ,
	5	βοες δε ἐγεννησεν τον ἰωβηδ ἐκ της ρουθ,

βοη [1]

Ja	5 4	και αἱ βοαι των θερισαντων εἰς τα ὠτα κυριου σαβαωθ εἰσεληλυθασιν.

βοηθεια [2]

Ac	27 17	ἠν ἀραντες βοηθειαις ἐχρωντο, ὑποζωννυντες το πλοιον·
Heb	4 16	προσερχωμεθα οὐν μετα παρρησιας τω θρονω της χαριτος, ἱνα λαβωμεν ἐλεος και χαριν εὑρωμεν εἰς εὐκαιρον βοηθειαν.

βοηθεω [8]

Mt	15 25	ἡ δε ἐλθουσα προσεκυνει αὐτω λεγουσα· κυριε, βοηθει μοι.
Mc	9 22	ἀλλ εἰ τι δυνη, βοηθησον ἡμιν σπλαγχνισθεις ἐφ ἡμας.
	24	πιστευω· βοηθει μου τη ἀπιστια.
Ac	16 9	διαβας εἰς μακεδονιαν βοηθησον ἡμιν.
	21 28	και ἐπεβαλον ἐπ αὐτον τας χειρας, κραζοντες· ἀνδρες ἰσραηλιται, βοηθειτε·
2Co	6 2	καιρω δεκτω ἐπηκουσα σου και ἐν ἡμερα σωτηριας ἐβοηθησα σοι·
Heb	2 18	ἐν ὡ γαρ πεπονθεν αὐτος πειρασθεις, δυναται τοις πειραζομενοις βοηθησαι.
Apc	12 16	και ἐβοηθησεν ἡ γη τη γυναικι,

βοηθος [1]

Heb	13 6	κυριος ἐμοι βοηθος, [και] οὐ φοβηθησομαι·

βοθυνος [3]

Mt	12 11	τις ἐσται ἐξ ὑμων ἀνθρωπος ὁς ἐξει προβατον ἐν, και ἐαν ἐμπεση τουτο τοις σαββασιν εἰς βοθυνον,
	15 14	τυφλος δε τυφλον ἐαν ὁδηγη, ἀμφοτεροι εἰς βοθυνον πεσουνται.
Lc	6 39	μητι δυναται τυφλος τυφλον ὁδηγειν; οὐχι ἀμφοτεροι εἰς βοθυνον ἐμπεσουνται;

βολη [1]

Lc	22 41	και αὐτος ἀπεσπασθη ἀπ αὐτων ὡσει λιθου βολην,

βολιζω [2]

Ac	27 28	και βολισαντες εὑρον ὀργυιας εἰκοσι, βραχυ δε διαστησαντες και παλιν βολισαντες εὑρον ὀργυιας δεκαπεντε·
	28	και βολισαντες εὑρον ὀργυιας εἰκοσι, βραχυ δε διαστησαντες και παλιν βολισαντες εὑρον ὀργυιας δεκαπεντε·

βοος [1]

Lc	3 32	του ἰεσσαι του ἰωβηδ του βοος του σαλα του ναασσων

βορβορος [1]

2Pt	2 22	ὑς λουσαμενη εἰς κυλισμον βορβορου.

βορρας [2]

Lc	13 29	και ἡξουσιν ἀπο ἀνατολων και δυσμων και ἀπο βορρα και νοτου, και ἀνακλιθησονται ἐν τη βασιλεια του θεου.
Apc	21 13	ἀπο ἀνατολης πυλωνες τρεις, και ἀπο βορρα πυλωνες τρεις,

βοσκω [9]

Mt	8 30	ἠν δε μακραν ἀπ αὐτων ἀγελη χοιρων πολλων βοσκομενη.
	33	οἱ δε βοσκοντες ἐφυγον,
Mc	5 11	ἠν δε ἐκει προς τω ὀρει ἀγελη χοιρων μεγαλη βοσκομενη·
	14	και οἱ βοσκοντες αὐτους ἐφυγον και ἀπηγγειλαν εἰς την πολιν και εἰς τους ἀγρους·
Lc	8 32	ἠν δε ἐκει ἀγελη χοιρων ἱκανων βοσκομενη ἐν τω ὀρει·
	34	ἰδοντες δε οἱ βοσκοντες το γεγονος ἐφυγον και ἀπηγγειλαν εἰς την πολιν και εἰς τους ἀγρους.
	15 15	και ἐπεμψεν αὐτον εἰς τους ἀγρους αὐτου βοσκειν χοιρους·
Jh	21 15	βοσκε τα ἀρνια μου.
	17	βοσκε τα προβατα μου.

βοσορ [1]

2Pt	2 15	καταλειποντες εὐθειαν ὁδον ἐπλανηθησαν, ἐξακολουθησαντες τη ὁδω του βαλααμ του βοσορ,

βοτανη [1]

Heb	6 7	γη γαρ ἡ πιουσα τον ἐπ αὐτης ἐρχομενον πολλακις ὑετον και τικτουσα βοτανην εὐθετον ἐκεινοις δι οὑς και γεωργειται, μεταλαμβανει εὐλογιας ἀπο του θεου·

βοτρυς [1]

Apc	14 18	πεμψον σου το δρεπανον το ὀξυ και τρυγησον τους βοτρυας της ἀμπελου της γης,

βουλευομαι [6]

Lc	14 31	ἡ τις βασιλευς πορευομενος ἑτερω βασιλει συμβαλειν εἰς πολεμον οὐχι καθισας πρωτον βουλευσεται εἰ δυνατος ἐστιν ἐν δεκα χιλιασιν ὑπαντησαι τω μετα εἰκοσι χιλιαδων ἐρχομενω ἐπ αὐτον;
Jh	11 53	ἀπ ἐκεινης οὐν της ἡμερας ἐβουλευσαντο ἱνα ἀποκτεινωσιν αὐτον.
	12 10	ἐβουλευσαντο δε οἱ ἀρχιερεις ἱνα και τον λαζαρον ἀποκτεινωσιν,
Ac	27 39	κολπον δε τινα κατενοουν ἐχοντα αἰγιαλον, εἰς ὁν ἐβουλευοντο εἰ δυναιντο ἐξωσαι το πλοιον.
2Co	1 17	ἡ ἁ βουλευομαι κατα σαρκα βουλευομαι, ἱνα ἡ παρ ἐμοι το ναι ναι και το οὐ οὐ;
	17	ἡ ἁ βουλευομαι κατα σαρκα βουλευομαι, ἱνα ἡ παρ ἐμοι το ναι ναι και το οὐ οὐ;

βουλευτης [2]

Mc	15 43	ἐλθων ἰωσηφ [ὁ] ἀπο ἀριμαθαιας, εὐσχημων βουλευτης, ὁς και αὐτος ἠν προσδεχομενος την βασιλειαν του θεου,
Lc	23 50	και ἰδου ἀνηρ ὀνοματι ἰωσηφ βουλευτης ὑπαρχων, [και] ἀνηρ ἀγαθος και δικαιος,

βουλη [12]

Lc	7 30	οἱ δε φαρισαιοι και οἱ νομικοι την βουλην του θεου ἠθετησαν εἰς ἑαυτους,
	23 51	οὑτος οὐκ ἠν συγκατατεθειμενος τη βουλη και τη πραξει αὐτων,
Ac	2 23	τουτον τη ὡρισμενη βουλη και προγνωσει του θεου ἐκδοτον δια χειρος ἀνομων προσπηξαντες ἀνειλατε,
	4 28	ἡρωδης τε και ποντιος πιλατος συν ἐθνεσιν και λαοις ἰσραηλ, ποιησαι ὁσα ἡ χειρ σου και ἡ βουλη [σου] προωρισεν γενεσθαι.
	5 38	ὁτι ἐαν ἡ ἐξ ἀνθρωπων ἡ βουλη αὑτη ἡ το ἐργον τουτο, καταλυθησεται·
	13 36	δαυιδ μεν γαρ ἰδια γενεα ὑπηρετησας τη του θεου βουλη ἐκοιμηθη και προσετεθη προς τους πατερας αὐτου και εἰδεν διαφθοραν·
	20 27	οὐ γαρ ὑπεστειλαμην του μη ἀναγγειλαι πασαν την βουλην του θεου ὑμιν.
	27 12	ἀνευθετου δε του λιμενος ὑπαρχοντος προς παραχειμασιαν οἱ πλειονες ἐθεντο βουλην ἀναχθηναι ἐκειθεν,
	42	των δε στρατιωτων βουλη ἐγενετο ἱνα τους δεσμωτας ἀποκτεινωσιν, μη τις ἐκκολυμβησας διαφυγη·
1Co	4 5	ἑως ἀν ἐλθη ὁ κυριος, ὁς και φωτισει τα κρυπτα του σκοτους και φανερωσει τας βουλας των καρδιων·
Eph	1 11	ἐν αὐτω, ἐν ὡ και ἐκληρωθημεν προορισθεντες κατα προθεσιν του τα παντα ἐνεργουντος κατα την βουλην του θεληματος αὐτου,
Heb	6 17	ἐν ὡ περισσοτερον βουλομενος ὁ θεος ἐπιδειξαι τοις κληρονομοις της ἐπαγγελιας το ἀμεταθετον της βουλης αὐτου ἐμεσιτευσεν ὁρκω,

βουλημα [3]

Ac	27 43	ὁ δε ἑκατονταρχης βουλομενος διασωσαι τον παυλον ἐκωλυσεν αὐτους του βουληματος,
Rm	9 19	τι [οὐν] ἐτι μεμφεται; τω γαρ βουληματι αὐτου τις ἀνθεστηκεν;
1Pt	4 3	ἀρκετος γαρ ὁ παρεληλυθως χρονος το βουλημα των ἐθνων κατειργασθαι,

βουλομαι [37]

Mt	1 19	*ἐβουληθη* λαθρα ἀπολυσαι αὐτην.
	11 27	οὐδε τον πατερα τις ἐπιγινωσκει εἰ μη ὁ υἱος και ᾧ ἐαν *βουληται* ὁ υἱος ἀποκαλυψαι.
Mc	15 15	ὁ δε πιλατος *βουλομενος* τω ὀχλω το ἱκανον ποιησαι ἀπελυσεν αὐτοις τον βαραββαν,
Lc	10 22	και οὐδεις γινωσκει τίς ἐστιν ὁ υἱος εἰ μη ὁ πατηρ, και τίς ἐστιν ὁ πατηρ εἰ μη ὁ υἱος και ᾧ ἐαν *βουληται* ὁ υἱος ἀποκαλυψαι.
	22 42	πατερ, εἰ *βουλει* παρενεγκε τουτο το ποτηριον ἀπ ἐμου·
Jh	18 39	*βουλεσθε* οὖν ἀπολυσω ὑμιν τον βασιλεα των ἰουδαιων;
Ac	5 28	και ἰδου πεπληρωκατε την ἱερουσαλημ της διδαχης ὑμων, και *βουλεσθε* ἐπαγαγειν ἐφ ἡμας το αἱμα του ἀνθρωπου τουτου.
	33	οἱ δε ἀκουσαντες διεπριοντο και *ἐβουλοντο* ἀνελειν αὐτους.
	12 4	παραδους τεσσαρσιν τετραδιοις στρατιωτων φυλασσειν αὐτον, *βουλομενος* μετα το πασχα ἀναγαγειν αὐτον τω λαω.
	15 37	βαρναβας δε *ἐβουλετο* συμπαραλαβειν και τον ἰωαννην τον καλουμενον μαρκον·
	17 20	*βουλομεθα* οὖν γνωναι τίνα θελει ταυτα εἰναι.
	18 15	κριτης ἐγω τουτων οὐ *βουλομαι* εἰναι.
	27	*βουλομενου* δε αὐτου διελθειν εἰς την ἀχαιαν, προτρεψαμενοι οἱ ἀδελφοι ἐγραψαν τοις μαθηταις ἀποδεξασθαι αὐτον·
	19 30	παυλου δε *βουλομενου* εἰσελθειν εἰς τον δημον οὐκ εἰων αὐτον οἱ μαθηται·
	22 30	τη δε ἐπαυριον *βουλομενος* γνωναι το ἀσφαλες, το τί κατηγορειται ὑπο των ἰουδαιων,
	23 28	*βουλομενος* τε ἐπιγνωναι την αἰτιαν δι ἡν ἐνεκαλουν αὐτω, κατηγαγον εἰς το συνεδριον αὐτων·
	25 20	ἀπορουμενος δε ἐγω την περι τουτων ζητησιν ἐλεγον εἰ *βουλοιτο* πορευεσθαι εἰς ἱεροσολυμα κακει κρινεσθαι περι τουτων.
	22	*ἐβουλομην* και αὐτος του ἀνθρωπου ἀκουσαι.
	27 43	ὁ δε ἑκατονταρχης *βουλομενος* διασωσαι τον παυλον ἐκωλυσεν αὐτους του βουληματος,
	28 18	οἱτινες ἀνακριναντες με *ἐβουλοντο* ἀπολυσαι δια το μηδεμιαν αἰτιαν θανατου ὑπαρχειν ἐν ἐμοι·
1Co	12 11	παντα δε ταυτα ἐνεργει το ἐν και το αὐτο πνευμα, διαιρουν ἰδιᾳ ἑκαστω καθως *βουλεται*.
2Co	1 15	και ταυτη τη πεποιθησει *ἐβουλομην* προτερον προς ὑμας ἐλθειν ἱνα δευτεραν χαριν σχητε,
	17	τουτο οὖν *βουλομενος* μητι ἀρα τη ἐλαφριᾳ ἐχρησαμην;
Php	1 12	γινωσκειν δε ὑμας *βουλομαι*, ἀδελφοι, ὁτι τα κατ ἐμε μαλλον εἰς προκοπην του εὐαγγελιου ἐληλυθεν.
1Tm	2 8	*βουλομαι* οὖν προσευχεσθαι τους ἀνδρας ἐν παντι τοπω ἐπαιροντας ὁσιους χειρας χωρις ὀργης και διαλογισμου.
	5 14	*βουλομαι* οὖν νεωτερας γαμειν,
	6 9	οἱ δε *βουλομενοι* πλουτειν ἐμπιπτουσιν εἰς πειρασμον και παγιδα και ἐπιθυμιας πολλας ἀνοητους και βλαβερας,
Tit	3 8	και περι τουτων *βουλομαι* σε διαβεβαιουσθαι, ἱνα φροντιζωσιν καλων ἐργων προιστασθαι οἱ πεπιστευκοτες θεω.
Phm	13	ὁν ἐγω *ἐβουλομην* προς ἐμαυτον κατεχειν,
Heb	6 17	ἐν ᾧ περισσοτερον *βουλομενος* ὁ θεος ἐπιδειξαι τοις κληρονομοις της ἐπαγγελιας το ἀμεταθετον της βουλης αὐτου ἐμεσιτευσεν ὁρκω,
Ja	1 18	*βουληθεις* ἀπεκυησεν ἡμας λογω ἀληθειας,
	3 4	μεταγεται ὑπο ἐλαχιστου πηδαλιου ὁπου ἡ ὁρμη του εὐθυνοντος *βουλεται*.
	4 4	ὁς ἐαν οὖν *βουληθη* φιλος εἰναι του κοσμου, ἐχθρος του θεου καθισταται.
2Pt	3 9	ἀλλα μακροθυμει εἰς ὑμας, μη *βουλομενος* τινας ἀπολεσθαι ἀλλα παντας εἰς μετανοιαν χωρησαι.
2Jh	12	πολλα ἐχων ὑμιν γραφειν οὐκ *ἐβουληθην* δια χαρτου και μελανος,
3Jh	10	οὐτε αὐτος ἐπιδεχεται τους ἀδελφους και τους *βουλομενους* κωλυει και ἐκ της ἐκκλησιας ἐκβαλλει.
Ju	5	ὑπομνησαι δε ὑμας *βουλομαι*, εἰδοτας [ὑμας] παντα, ὁτι [ὁ] κυριος ἀπαξ λαον ἐκ γης αἰγυπτου σωσας το δευτερον τους μη πιστευσαντας ἀπωλεσεν,

βουνος [2]

Lc	3 5	πασα φαραγξ πληρωθησεται και παν ὀρος και *βουνος* ταπεινωθησεται,
	23 30	πεσετε ἐφ ἡμας, και τοις *βουνοις*· καλυψατε ἡμας·

βους [8]

Lc	13 15	ὑποκριται, ἑκαστος ὑμων τω σαββατω οὐ λυει τον *βουν* αὐτου ἡ τον ὀνον ἀπο της φατνης και ἀπαγαγων ποτιζει;

βους [8]

Lc	14 5	τίνος ὑμων υἱος ἡ *βους* εἰς φρεαρ πεσειται, και οὐκ εὐθεως ἀνασπασει αὐτον ἐν ἡμερα του σαββατου;
	19	και ἑτερος εἰπεν· ζευγη *βοων* ἠγορασα πεντε, και πορευομαι δοκιμασαι αὐτα·
Jh	2 14	και εὑρεν ἐν τω ἱερω τους πωλουντας *βοας* και προβατα και περιστερας και τους κερματιστας καθημενους,
	15	και ποιησας φραγελλιον ἐκ σχοινιων παντας ἐξεβαλεν ἐκ του ἱερου, τα τε προβατα και τους *βοας*,
1Co	9 9	οὐ κημωσεις *βουν* ἀλοωντα.
	9	μη των *βοων* μελει τω θεω;
1Tm	5 18	λεγει γαρ ἡ γραφη· *βουν* ἀλοωντα οὐ φιμωσεις, και· ἀξιος ὁ ἐργατης του μισθου αὐτου.

βραβειον [2]

1Co	9 24	οὐκ οἰδατε ὁτι οἱ ἐν σταδιω τρεχοντες παντες μεν τρεχουσιν, εἰς δε λαμβανει το *βραβειον*;
Php	3 14	κατα σκοπον διωκω εἰς το *βραβειον* της ἀνω κλησεως του θεου ἐν χριστω ἰησου.

βραβευω [1]

Col	3 15	και ἡ εἰρηνη του χριστου *βραβευετω* ἐν ταις καρδιαις ὑμων,

βραδυνω [2]

1Tm	3 15	ἐαν δε *βραδυνω*, ἱνα εἰδης πως δει ἐν οἰκω θεου ἀναστρεφεσθαι,
2Pt	3 9	οὐ *βραδυνει* κυριος της ἐπαγγελιας, ὡς τινες βραδυτητα ἡγουνται,

βραδυπλοεω [1]

Ac	27 7	ἐν ἱκαναις δε ἡμεραις *βραδυπλοουντες* και μολις γενομενοι κατα την κνιδον, μη προσεωντος ἡμας του ἀνεμου, ὑπεπλευσαμεν την κρητην κατα σαλμωνην,

βραδυς [3]

Lc	24 25	ὡ ἀνοητοι και *βραδεις* τη καρδια του πιστευειν ἐπι πασιν οἱς ἐλαλησαν οἱ προφηται·
Ja	1 19	ἐστω δε πας ἀνθρωπος ταχυς εἰς το ἀκουσαι, *βραδυς* εἰς το λαλησαι, βραδυς εἰς ὀργην·
	19	ἐστω δε πας ἀνθρωπος ταχυς εἰς το ἀκουσαι, βραδυς εἰς το λαλησαι, *βραδυς* εἰς ὀργην·

βραδυτης [1]

2Pt	3 9	οὐ βραδυνει κυριος της ἐπαγγελιας, ὡς τινες *βραδυτητα* ἡγουνται,

βραχιων [3]

Lc	1 51	και ἁγιον το ὀνομα αὐτου, και το ἐλεος αὐτου εἰς γενεας και γενεας τοις φοβουμενοις αὐτον ἐποιησεν κρατος ἐν *βραχιονι* αὐτου, διεσκορπισεν ὑπερηφανους διανοια καρδιας αὐτων·
Jh	12 38	κυριε, τίς ἐπιστευσεν τη ἀκοη ἡμων; και ὁ *βραχιων* κυριου τίνι ἀπεκαλυφθη;
Ac	13 17	και τον λαον ὑψωσεν ἐν τη παροικια ἐν γη αἰγυπτου, και μετα *βραχιονος* ὑψηλου ἐξηγαγεν αὐτους ἐξ αὐτης,

βραχυς [7]

Lc	22 58	και μετα *βραχυ* ἑτερος ἰδων αὐτον ἐφη·
Jh	6 7	διακοσιων δηναριων ἀρτοι οὐκ ἀρκουσιν αὐτοις, ἱνα ἑκαστος *βραχυ* [τι] λαβη.
Ac	5 34	ἐκελευσεν ἐξω *βραχυ* τους ἀνθρωπους ποιησαι, εἰπεν τε προς αὐτους·
	27 28	και βολισαντες εὑρον ὀργυιας εἰκοσι, *βραχυ* δε διαστησαντες και παλιν βολισαντες εὑρον ὀργυιας δεκαπεντε·
Heb	2 7	ἠλαττωσας αὐτον *βραχυ* τι παρ ἀγγελους,
	9	τον δε *βραχυ* τι παρ ἀγγελους ἠλαττωμενον βλεπομεν ἰησουν δια το παθημα του θανατου δοξη και τιμη ἐστεφανωμενον,
	13 22	και γαρ δια *βραχεων* ἐπεστειλα ὑμιν.

βρεφος [8]

Lc 1 41 και εγενετο ως ηκουσεν τον ασπασμον της μαριας η ελισαβετ, εσκιρτησεν το βρεφος εν τη κοιλια αυτης,

44 ιδου γαρ ως εγενετο η φωνη του ασπασμου σου εις τα ωτα μου, εσκιρτησεν εν αγαλλιασει το βρεφος εν τη κοιλια μου.

2 12 και τουτο υμιν το σημειον, ευρησετε βρεφος εσπαργανωμενον και κειμενον εν φατνη.

16 και ηλθαν σπευσαντες, και ανευραν την τε μαριαμ και τον ιωσηφ και το βρεφος κειμενον εν τη φατνη·

18 15 προσεφερον δε αυτω και τα βρεφη ινα αυτων απτηται·

Ac 7 19 ουτος κατασοφισαμενος το γενος ημων εκακωσεν τους πατερας [ημων] του ποιειν τα βρεφη εκθετα αυτων εις το μη ζωογονεισθαι.

2Tm 3 15 και οτι απο βρεφους [τα] ιερα γραμματα οιδας, τα δυναμενα σε σοφισαι εις σωτηριαν δια πιστεως της εν χριστω ιησου.

1Pt 2 2 ως αρτιγεννητα βρεφη το λογικον αδολον γαλα επιποθησατε,

βρεχω [7]

Mt 5 45 οπως γενησθε υιοι του πατρος υμων του εν ουρανοις, οτι τον ηλιον αυτου ανατελλει επι πονηρους και αγαθους και βρεχει επι δικαιους και αδικους.

Lc 7 38 και στασα οπισω παρα τους ποδας αυτου κλαιουσα, τοις δακρυσιν ηρξατο βρεχειν τους ποδας αυτου,

44 αυτη δε τοις δακρυσιν εβρεξεν μου τους ποδας και ταις θριξιν αυτης εξεμαξεν.

17 29 η δε ημερα εξηλθεν λωτ απο σοδομων, εβρεξεν πυρ και θειον απ ουρανου και απωλεσεν παντας.

Ja 5 17 ηλιας ανθρωπος ην ομοιοπαθης ημιν, και προσευχη προσηυξατο του μη βρεξαι,

17 και ουκ εβρεξεν επι της γης ενιαυτους τρεις και μηνας εξ·

Apc 11 6 ουτοι εχουσιν την εξουσιαν κλεισαι τον ουρανον, ινα μη υετος βρεχη τας ημερας της προφητειας αυτων,

βροντη [12]

Mc 3 17 και ιακωβον τον του ζεβεδαιου και ιωαννην τον αδελφον του ιακωβου, και επεθηκεν αυτοις ονομα[τα] βοανηργες, ο εστιν υιοι βροντης·

Jh 12 29 ο ουν οχλος ο εστως και ακουσας ελεγεν βροντην γεγονεναι·

Apc 4 5 και εκ του θρονου εκπορευονται αστραπαι και φωναι και βρονται·

6 1 και ηκουσα ενος εκ των τεσσαρων ζωων λεγοντος ως φωνη βροντης· ερχου.

8 5 και εγενοντο βρονται και φωναι και αστραπαι και σεισμος.

10 3 και οτε εκραξεν, ελαλησαν αι επτα βρονται τας εαυτων φωνας.

4 και οτε ελαλησαν αι επτα βρονται, ημελλον γραφειν·

4 σφραγισον α ελαλησαν αι επτα βρονται,

11 19 και εγενοντο αστραπαι και φωναι και βρονται και σεισμος και χαλαζα μεγαλη.

14 2 και ηκουσα φωνην εκ του ουρανου ως φωνην υδατων πολλων και ως φωνην βροντης μεγαλης,

16 18 και εγενοντο αστραπαι και φωναι και βρονται,

19 6 και ηκουσα ως φωνην οχλου πολλου και ως φωνην υδατων πολλων και ως φωνην βροντων ισχυρων, λεγοντων·

βροχη [2]

Mt 7 25 και κατεβη η βροχη και ηλθον οι ποταμοι και επνευσαν οι ανεμοι και προσεπεσαν τη οικια εκεινη,

27 και κατεβη η βροχη και ηλθον οι ποταμοι και επνευσαν οι ανεμοι και προσεκοψαν τη οικια εκεινη,

βροχος [1]

1Co 7 35 τουτο δε προς το υμων αυτων συμφορον λεγω, ουχ ινα βροχον υμιν επιβαλω,

βρυγμος [7]

Mt 8 12 εκει εσται ο κλαυθμος και ο βρυγμος των οδοντων.

13 42 και βαλουσιν αυτους εις την καμινον του πυρος· εκει εσται ο κλαυθμος και ο βρυγμος των οδοντων.

50 και βαλουσιν αυτους εις την καμινον του πυρος· εκει εσται ο κλαυθμος και ο βρυγμος των οδοντων.

22 13 δησαντες αυτου ποδας και χειρας εκβαλετε αυτον εις το σκοτος το εξωτερον· εκει εσται ο κλαυθμος και ο βρυγμος των οδοντων.

24 51 εκει εσται ο κλαυθμος και ο βρυγμος των οδοντων.

βρυγμος [7]

Mt 25 30 εκει εσται ο κλαυθμος και ο βρυγμος των οδοντων.

Lc 13 28 εκει εσται ο κλαυθμος και ο βρυγμος των οδοντων, οταν οψησθε αβρααμ και ισαακ και ιακωβ και παντας τους προφητας εν τη βασιλεια του θεου, υμας δε εκβαλλομενους εξω.

βρυχω [1]

Ac 7 54 ακουοντες δε ταυτα διεπριοντο ταις καρδιαις αυτων και εβρυχον τους οδοντας επ αυτον.

βρυω [1]

Ja 3 11 μητι η πηγη εκ της αυτης οπης βρυει το γλυκυ και το πικρον;

βρωμα [17]

Mt 14 15 απολυσον τους οχλους, ινα απελθοντες εις τας κωμας αγορασωσιν εαυτοις βρωματα.

Mc 7 19 ου νοειτε οτι παν το εξωθεν εισπορευομενον εις τον ανθρωπον ου δυναται αυτον κοινωσαι, οτι ουκ εισπορευεται αυτου εις την καρδιαν αλλ εις την κοιλιαν, και εις τον αφεδρωνα εκπορευεται, καθαριζων παντα τα βρωματα;

Lc 3 11 ο εχων δυο χιτωνας μεταδοτω τω μη εχοντι, και ο εχων βρωματα ομοιως ποιειτω.

9 13 ουκ εισιν ημιν πλειον η αρτοι πεντε και ιχθυες δυο, ει μητι πορευθεντες ημεις αγορασωμεν εις παντα τον λαον τουτον βρωματα.

Jh 4 34 εμον βρωμα εστιν ινα ποιησω το θελημα του πεμψαντος με και τελειωσω αυτου το εργον.

Rm 14 15 ει γαρ δια βρωμα ο αδελφος σου λυπειται, ουκετι κατα αγαπην περιπατεις.

15 μη τω βρωματι σου εκεινον απολλυε, υπερ ου χριστος απεθανεν.

20 μη ενεκεν βρωματος καταλυε το εργον του θεου.

1Co 3 2 γαλα υμας εποτισα, ου βρωμα· ουπω γαρ εδυνασθε.

6 13 τα βρωματα τη κοιλια, και η κοιλια τοις βρωμασιν·

13 τα βρωματα τη κοιλια, και η κοιλια τοις βρωμασιν·

8 8 βρωμα δε ημας ου παραστησει τω θεω·

13 διοπερ ει βρωμα σκανδαλιζει τον αδελφον μου, ου μη φαγω κρεα εις τον αιωνα,

10 3 και παντες το αυτο πνευματικον βρωμα εφαγον,

1Tm 4 3 κωλυοντων γαμειν, απεχεσθαι βρωματων, α ο θεος εκτισεν εις μεταλημψιν μετα ευχαριστιας τοις πιστοις και επεγνωκοσι την αληθειαν.

Heb 9 10 μη δυναμεναι κατα συνειδησιν τελειωσαι τον λατρευοντα, μονον επι βρωμασιν και πομασιν και διαφοροις βαπτισμοις,

13 9 καλον γαρ χαριτι βεβαιουσθαι την καρδιαν, ου βρωμασιν,

βρωσιμος [1]

Lc 24 41 εχετε τι βρωσιμον ενθαδε;

βρωσις [11]

Mt 6 19 μη θησαυριζετε υμιν θησαυρους επι της γης, οπου σης και βρωσις αφανιζει,

20 θησαυριζετε δε υμιν θησαυρους εν ουρανω, οπου ουτε σης ουτε βρωσις αφανιζει,

Jh 4 32 εγω βρωσιν εχω φαγειν ην υμεις ουκ οιδατε.

6 27 εργαζεσθε μη την βρωσιν την απολλυμενην, αλλα την βρωσιν την μενουσαν εις ζωην αιωνιον, ην ο υιος του ανθρωπου υμιν δωσει·

27 εργαζεσθε μη την βρωσιν την απολλυμενην, αλλα την βρωσιν την μενουσαν εις ζωην αιωνιον, ην ο υιος του ανθρωπου υμιν δωσει·

55 η γαρ σαρξ μου αληθης εστιν βρωσις,

Rm 14 17 ου γαρ εστιν η βασιλεια του θεου βρωσις και ποσις,

1Co 8 4 περι της βρωσεως ουν των ειδωλοθυτων οιδαμεν οτι ουδεν ειδωλον εν κοσμω,

2Co 9 10 ο δε επιχορηγων σπορον τω σπειροντι και αρτον εις βρωσιν χορηγησει

Col 2 16 μη ουν τις υμας κρινετω εν βρωσει και εν ποσει η εν μερει εορτης η νεομηνιας η σαββατων,

Heb 12 16 μη τις πορνος η βεβηλος ως ησαυ, ος αντι βρωσεως μιας απεδετο τα πρωτοτοκια εαυτου.

βυθιζω [2]

Lc   5 7   και ηλθον, και επλησαν αμφοτερα τα πλοια ωστε *βυθιζεσθαι* αυτα.

1Tm 6 9   αιτινες *βυθιζουσιν* τους ανθρωπους εις ολεθρον και απωλειαν.

βυθος [1]

2Co 11 25 τρις ερραβδισθην, απαξ ελιθασθην, τρις εναυαγησα, νυχθημερον εν τω *βυθω* πεποιηκα·

βυρσευς [3]

Ac   9 43 εγενετο δε ημερας ικανας μειναι εν ιοππη παρα τινι σιμωνι *βυρσει.*

    10 6 ουτος ξενιζεται παρα τινι σιμωνι *βυρσει,* ω εστιν οικια παρα θαλασσαν.

      32 ουτος ξενιζεται εν οικια σιμωνος *βυρσεως* παρα θαλασσαν.

βυσσινος [5]

Apc 18 12 και λιθου τιμιου και μαργαριτων και *βυσσινου*

     16 ουαι ουαι, η πολις η μεγαλη, η περιβεβλημενη *βυσσινον* και πορφυρουν και κοκκινον,

  19 8 και εδοθη αυτη ινα περιβαληται *βυσσινον* λαμπρον καθαρον·

      8 το γαρ *βυσσινον* τα δικαιωματα των αγιων εστιν.

     14 και τα στρατευματα [τα] εν τω ουρανω ηκολουθει αυτω εφ ιπποις λευκοις, ενδεδυμενοι *βυσσινον* λευκον καθαρον.

βυσσος [1]

Lc 16 19 ανθρωπος δε τις ην πλουσιος, και ενεδιδυσκετο πορφυραν και *βυσσον* ευφραινομενος καθ ημεραν λαμπρως.

βωμος [1]

Ac 17 23 διερχομενος γαρ και αναθεωρων τα σεβασματα υμων ευρον και *βωμον* εν ω επεγεγραπτο·

Γ

γαββαθα [1]

Jh 19 13 και εκαθισεν επι βηματος εις τοπον λεγομενον λιθοστρωτον, εβραιστι δε *γαββαθα.*

γαβριηλ [2]

Lc   1 19 εγω ειμι *γαβριηλ* ο παρεστηκως ενωπιον του θεου,

     26 εν δε τω μηνι τω εκτω απεσταλη ο αγγελος *γαβριηλ* απο του θεου εις πολιν της γαλιλαιας η ονομα ναζαρεθ,

γαγγραινα [1]

2Tm 2 17 και ο λογος αυτων ως *γαγγραινα* νομην εξει·

γαδ [1]

Apc 7 5 εκ φυλης *γαδ* δωδεκα χιλιαδες,

γαδαρηνος [1]

Mt   8 28 και ελθοντος αυτου εις το περαν εις την χωραν των *γαδαρηνων* υπηντησαν αυτω δυο δαιμονιζομενοι εκ των μνημειων εξερχομενοι,

γαζα [1]

Ac   8 27 και ιδου ανηρ αιθιοψ ευνουχος δυναστης κανδακης βασιλισσης αιθιοπων, ος ην επι πασης της *γαζης* αυτης,

γαζα [1]

Ac   8 26 αναστηθι και πορευου κατα μεσημβριαν επι την οδον την καταβαινουσαν απο ιερουσαλημ εις *γαζαν*·

γαζοφυλακιον [5]

Mc 12 41 και καθισας κατεναντι του *γαζοφυλακιου* εθεωρει πως ο οχλος βαλλει χαλκον εις το *γαζοφυλακιον*·

     41 και καθισας κατεναντι του *γαζοφυλακιου* εθεωρει πως ο οχλος βαλλει χαλκον εις το *γαζοφυλακιον*·

     43 αμην λεγω υμιν οτι η χηρα αυτη η πτωχη πλειον παντων εβαλεν των βαλλοντων εις το *γαζοφυλακιον*·

Lc 21 1 αναβλεψας δε ειδεν τους βαλλοντας εις το *γαζοφυλακιον* τα δωρα αυτων πλουσιους.

Jh   8 20 ταυτα τα ρηματα ελαλησεν εν τω *γαζοφυλακιω* διδασκων εν τω ιερω·

γαιος [5]

Ac 19 29 ωρμησαν τε ομοθυμαδον εις το θεατρον, συναρπασαντες *γαιον* και αρισταρχον μακεδονας, συνεκδημους παυλου.

  20 4 συνειπετο δε αυτω σωπατρος πυρρου βεροιαιος, θεσσαλονικεων δε αρισταρχος και σεκουνδος, και *γαιος* δερβαιος και τιμοθεος, ασιανοι δε τυχικος και τροφιμος.

Rm 16 23 ασπαζεται υμας *γαιος* ο ξενος μου και ολης της εκκλησιας.

1Co   1 14 ευχαριστω [τω θεω] οτι ουδενα υμων εβαπτισα ει μη κρισπον και *γαιον·*

3Jh   1 ο πρεσβυτερος *γαιω* τω αγαπητω, ον εγω αγαπω εν αληθεια.

γαλα [5]

1Co   3 2 *γαλα* υμας εποτισα, ου βρωμα· ουπω γαρ εδυνασθε.

    9 7 η τις ποιμαινει ποιμνην και εκ του *γαλακτος* της ποιμνης ουκ εσθιει;

Heb   5 12 και γεγονατε χρειαν εχοντες *γαλακτος,* [και] ου στερεας τροφης.

    13 πας γαρ ο μετεχων *γαλακτος* απειρος λογου δικαιοσυνης, νηπιος γαρ εστιν·

1Pt   2 2 ως αρτιγεννητα βρεφη το λογικον αδολον *γαλα* επιποθησατε,

γαλατης [1]

Ga   3 1 ω ανοητοι *γαλαται,* τις υμας εβασκανεν,

γαλατια [4]

1Co 16 1 περι δε της λογειας της εις τους αγιους, ωσπερ διεταξα ταις εκκλησιαις της *γαλατιας,* ουτως και υμεις ποιησατε.

Ga   1 2 ταις εκκλησιαις της *γαλατιας·* χαρις υμιν και ειρηνη

2Tm   4 10 και επορευθη εις θεσσαλονικην, κρησκης εις *γαλατιαν,* τιτος εις δαλματιαν·

1Pt   1 1 πετρος αποστολος ιησου χριστου εκλεκτοις παρεπιδημοις διασπορας ποντου, *γαλατιας,* καππαδοκιας, ασιας και βιθυνιας,

γαλατικος [2]

Ac 16 6 διηλθον δε την φρυγιαν και *γαλατικην* χωραν,

  18 23 και ποιησας χρονον τινα εξηλθεν, διερχομενος καθεξης την *γαλατικην* χωραν και φρυγιαν,

γαληνη [3]

Mt   8 26 και εγενετο *γαληνη* μεγαλη.

Mc   4 39 και εκοπασεν ο ανεμος, και εγενετο *γαληνη* μεγαλη.

Lc   8 24 και επαυσαντο, και εγενετο *γαληνη.*

γαλιλαια [61]

Mt   2 22 χρηματισθεις δε κατ οναρ ανεχωρησεν εις τα μερη της *γαλιλαιας,*

   3 13 τοτε παραγινεται ο ιησους απο της *γαλιλαιας* επι τον ιορδανην προς τον ιωαννην του βαπτισθηναι υπ αυτου.

   4 12 ακουσας δε οτι ιωαννης παρεδοθη ανεχωρησεν εις την *γαλιλαιαν.*

    15 *γαλιλαια* των εθνων,

    18 περιπατων δε παρα την θαλασσαν της *γαλιλαιας* ειδεν δυο αδελφους,

    23 και περιηγεν εν ολη τη *γαλιλαια,*

γαλιλαια [61]

Mt 4 25 και ηκολουθησαν αυτω οχλοι πολλοι απο της γαλιλαιας και δεκαπολεως και ιεροσολυμων και ιουδαιας και περαν του ιορδανου.

15 29 και μεταβας εκειθεν ὁ ιησους ηλθεν παρα την θαλασσαν της γαλιλαιας,

17 22 συστρεφομενων δε αυτων ἐν τη γαλιλαια ειπεν αυτοις ὁ ιησους· μελλει ὁ υιος του ανθρωπου παραδιδοσθαι εἰς χειρας ανθρωπων, και αποκτενουσιν αυτον, και τη τριτη ημερα εγερθησεται.

19 1 και εγενετο οτε ετελεσεν ὁ ιησους τους λογους τουτους, μετηρεν απο της γαλιλαιας και ηλθεν εἰς τα ορια της ιουδαιας περαν του ιορδανου.

21 11 ουτος εστιν ὁ προφητης ιησους ὁ απο ναζαρεθ της γαλιλαιας.

26 32 μετα δε το εγερθηναι με προαξω υμας εἰς την γαλιλαιαν.

27 55 ησαν δε εκει γυναικες πολλαι απο μακροθεν θεωρουσαι, αιτινες ηκολουθησαν τω ιησου απο της γαλιλαιας διακονουσαι αυτω·

28 7 και ιδου προαγει υμας εἰς την γαλιλαιαν, εκει αυτον οψεσθε.

10 μη φοβεισθε· υπαγετε απαγγειλατε τοις αδελφοις μου ινα απελθωσιν εἰς την γαλιλαιαν, κακει με οψονται.

16 οι δε ενδεκα μαθηται επορευθησαν εἰς την γαλιλαιαν,

Mc 1 9 και εγενετο εν εκειναις ταις ημεραις ηλθεν ιησους απο ναζαρετ της γαλιλαιας και εβαπτισθη εἰς τον ιορδανην υπο ιωαννου.

14 μετα δε το παραδοθηναι τον ιωαννην ηλθεν ὁ ιησους εἰς την γαλιλαιαν κηρυσσων το ευαγγελιον του θεου και λεγων,

16 και παραγων παρα την θαλασσαν της γαλιλαιας ειδεν σιμωνα και ανδρεαν τον αδελφον σιμωνος αμφιβαλλοντας εν τη θαλασση·

28 και εξηλθεν ἡ ακοη αυτου ευθυς πανταχου εἰς ολην την περιχωρον της γαλιλαιας.

39 και ηλθεν κηρυσσων εἰς τας συναγωγας αυτων εἰς ολην την γαλιλαιαν και τα δαιμονια εκβαλλων.

3 7 και πολυ πληθος απο της γαλιλαιας [ηκολουθησεν]·

6 21 και γενομενης ημερας ευκαιρου οτε ηρωδης τοις γενεσιοις αυτου δειπνον εποιησεν τοις μεγιστασιν αυτου και τοις χιλιαρχοις και τοις πρωτοις της γαλιλαιας,

7 31 και παλιν εξελθων εκ των οριων τυρου ηλθεν δια σιδωνος εἰς την θαλασσαν της γαλιλαιας ανα μεσον των οριων δεκαπολεως.

9 30 κακειθεν εξελθοντες παρεπορευοντο δια της γαλιλαιας,

14 28 αλλα μετα το εγερθηναι με προαξω υμας εἰς την γαλιλαιαν.

15 41 εν αις και μαρια ἡ μαγδαληνη και μαρια ἡ ιακωβου του μικρου και ιωσητος μητηρ και σαλωμη, αἱ οτε ην εν τη γαλιλαια ηκολουθουν αυτω και διηκονουν αυτω,

16 7 αλλα υπαγετε ειπατε τοις μαθηταις αυτου και τω πετρω οτι προαγει υμας εἰς την γαλιλαιαν·

Lc 1 26 εν δε τω μηνι τω εκτω απεσταλη ὁ αγγελος γαβριηλ απο του θεου εἰς πολιν της γαλιλαιας ἡ ονομα ναζαρεθ,

2 4 ανεβη δε και ιωσηφ απο της γαλιλαιας εκ πολεως ναζαρεθ εἰς την ιουδαιαν εἰς πολιν δαυιδ ητις καλειται βηθλεεμ,

39 και ως ετελεσαν παντα τα κατα τον νομον κυριου, επεστρεψαν εἰς την γαλιλαιαν εἰς πολιν εαυτων ναζαρεθ.

3 1 ηγεμονευοντος ποντιου πιλατου της ιουδαιας, και τετρααρχουντος της γαλιλαιας ηρωδου,

4 14 και υπεστρεψεν ὁ ιησους εν τη δυναμει του πνευματος εἰς την γαλιλαιαν·

31 και κατηλθεν εἰς καφαρναουμ πολιν της γαλιλαιας.

5 17 και ησαν καθημενοι φαρισαιοι και νομοδιδασκαλοι οι ησαν εληλυθοτες εκ πασης κωμης της γαλιλαιας και ιουδαιας και ιερουσαλημ·

8 26 και κατεπλευσαν εἰς την χωραν των γερασηνων, ητις εστιν αντιπερα της γαλιλαιας.

17 11 και εγενετο εν τω πορευεσθαι εἰς ιερουσαλημ, και αυτος διηρχετο δια μεσον σαμαρειας και γαλιλαιας.

23 5 διδασκων καθ ολης της ιουδαιας, και αρξαμενος απο της γαλιλαιας εως ωδε.

49 ειστηκεισαν δε παντες οι γνωστοι αυτω απο μακροθεν, και γυναικες αἱ συνακολουθουσαι αυτω απο της γαλιλαιας, ορωσαι ταυτα.

55 κατακολουθησασαι δε αι γυναικες, αιτινες ησαν συνεληλυθυιαι εκ της γαλιλαιας αυτω,

24 6 μνησθητε ως ελαλησεν υμιν ετι ων εν τη γαλιλαια,

Jh 1 43 τη επαυριον ηθελησεν εξελθειν εἰς την γαλιλαιαν,

2 1 και τη ημερα τη τριτη γαμος εγενετο εν κανα της γαλιλαιας,

11 ταυτην εποιησεν αρχην των σημειων ὁ ιησους εν κανα της γαλιλαιας και εφανερωσεν την δοξαν αυτου,

4 3 αφηκεν την ιουδαιαν και απηλθεν παλιν εἰς την γαλιλαιαν.

43 μετα δε τας δυο ημερας εξηλθεν εκειθεν εἰς την γαλιλαιαν.

γαλιλαια [61]

Jh 4 45 οτε ουν ηλθεν εἰς την γαλιλαιαν, εδεξαντο αυτον οι γαλιλαιοι,

46 ηλθεν ουν παλιν εἰς την κανα της γαλιλαιας,

47 και ην τις βασιλικος ου ὁ υιος ησθενει εν καφαρναουμ· ουτος ακουσας οτι ιησους ηκει εκ της ιουδαιας εἰς την γαλιλαιαν,

54 τουτο [δε] παλιν δευτερον σημειον εποιησεν ὁ ιησους ελθων εκ της ιουδαιας εἰς την γαλιλαιαν.

6 1 μετα ταυτα απηλθεν ὁ ιησους περαν της θαλασσης της γαλιλαιας της τιβεριαδος.

7 1 και μετα ταυτα περιεπατει ὁ ιησους εν τη γαλιλαια·

9 ταυτα δε ειπων αυτος εμεινεν εν τη γαλιλαια.

41 μη γαρ εκ της γαλιλαιας ὁ χριστος ερχεται;

52 μη και συ εκ της γαλιλαιας ει;

52 εραυνησον και ιδε οτι εκ της γαλιλαιας προφητης ουκ εγειρεται.

12 21 ουτοι ουν προσηλθον φιλιππω τω απο βηθσαιδα της γαλιλαιας,

21 2 ησαν ομου σιμων πετρος και θωμας ὁ λεγομενος διδυμος και ναθαναηλ ὁ απο κανα της γαλιλαιας και οι του ζεβεδαιου και αλλοι εκ των μαθητων αυτου δυο.

Ac 9 31 ἡ μεν ουν εκκλησια καθ ολης της ιουδαιας και γαλιλαιας και σαμαρειας ειχεν ειρηνην οικοδομουμενη

10 37 υμεις οιδατε το γενομενον ρημα καθ ολης της ιουδαιας, αρξαμενος απο της γαλιλαιας μετα το βαπτισμα ὁ εκηρυξεν ιωαννης,

13 31 ὁς ωφθη επι ημερας πλειους τοις συναναβασιν αυτω απο της γαλιλαιας εἰς ιερουσαλημ,

γαλιλαιος [11]

Mt 26 69 και συ ησθα μετα ιησου του γαλιλαιου.

Mc 14 70 αληθως εξ αυτων ει· και γαρ γαλιλαιος ει.

Lc 13 1 παρησαν δε τινες εν αυτω τω καιρω απαγγελλοντες αυτω περι των γαλιλαιων ων το αιμα πιλατος εμιξεν μετα των θυσιων αυτων.

2 δοκειτε οτι οι γαλιλαιοι ουτοι αμαρτωλοι παρα παντας τους γαλιλαιους εγενοντο, οτι ταυτα πεπονθασιν;

2 δοκειτε οτι οι γαλιλαιοι ουτοι αμαρτωλοι παρα πανιας τους γαλιλαιους εγενοντο, οτι ταυτα πεπονθασιν;

22 59 επ αληθειας και ουτος μετ αυτου ην, και γαρ γαλιλαιος εστιν.

23 6 πιλατος δε ακουσας επηρωτησεν ει ὁ ανθρωπος γαλιλαιος εστιν,

Jh 4 45 οτε ουν ηλθεν εἰς την γαλιλαιαν, εδεξαντο αυτον οι γαλιλαιοι,

Ac 1 11 ανδρες γαλιλαιοι, τι εστηκατε [εμ]βλεποντες εἰς τον ουρανον;

2 7 ουχ ιδου απαντες ουτοι εισιν οι λαλουντες γαλιλαιοι;

5 37 μετα τουτον ανεστη ιουδας ὁ γαλιλαιος εν ταις ημεραις της απογραφης και απεστησεν λαον οπισω αυτου·

γαλλιων [3]

Ac 18 12 γαλλιωνος δε ανθυπατου οντος της αχαιας κατεπεστησαν ομοθυμαδον οι ιουδαιοι τω παυλω

14 μελλοντος δε του παυλου ανοιγειν το στομα ειπεν ὁ γαλλιων προς τους ιουδαιους· ει μεν ην αδικημα τι ἡ ραδιουργημα πονηρον, ω ιουδαιοι, κατα λογον αν ανεσχομην υμων·

17 και ουδεν τουτων τω γαλλιωνι εμελεν.

γαμαλιηλ [2]

Ac 5 34 αναστας δε τις εν τω συνεδριω φαρισαιος ονοματι γαμαλιηλ,

22 3 ανατεθραμμενος δε εν τη πολει ταυτη, παρα τους ποδας γαμαλιηλ πεπαιδευμενος κατα ακριβειαν του πατρωου νομου,

γαμεω [28]

Mt 5 32 και ὁς εαν απολελυμενην γαμηση, μοιχαται.

19 9 λεγω δε υμιν οτι ὁς αν απολυση την γυναικα αυτου μη επι πορνεια και γαμηση αλλην, μοιχαται.

10 ει ουτως εστιν ἡ αιτια του ανθρωπου μετα της γυναικος, ου συμφερει γαμησαι.

22 25 και ὁ πρωτος γημας ετελευτησεν, και μη εχων σπερμα αφηκεν την γυναικα αυτου τω αδελφω αυτου·

30 εν γαρ τη αναστασει ουτε γαμουσιν ουτε γαμιζονται, αλλ ως αγγελοι εν τω ουρανω εισιν.

24 38 ως γαρ ησαν εν ταις ημεραις [εκειναις] ταις προ του κατακλυσμου τρωγοντες και πινοντες, γαμουντες και γαμιζοντες,

γαμεω [28]

Mc	6 17	αυτος γαρ ὁ ἡρωδης ἀποστειλας ἐκρατησεν τον ιωαννην και ἐδησεν αὐτον ἐν φυλακῃ δια ἡρωδιαδα την γυναικα φιλιππου του ἀδελφου αὐτου, ὁτι αὐτην *ἐγαμησεν*
	10 11	ὁς ἀν ἀπολυσῃ την γυναικα αὐτου και *γαμησῃ* ἀλλην, μοιχαται ἐπ αὐτην·
	12	και ἐαν αὐτη ἀπολυσασα τον ἀνδρα αὐτης *γαμησῃ* ἀλλον, μοιχαται.
	12 25	ὁταν γαρ ἐκ νεκρων ἀναστωσιν, οὐτε *γαμουσιν* οὐτε γαμιζονται, ἀλλ εἰσιν ὡς ἀγγελοι ἐν τοις οὐρανοις.
Lc	14 20	και ἑτερος εἰπεν· γυναικα *ἐγημα*, και δια τουτο οὐ δυναμαι ἐλθειν.
	16 18	πας ὁ ἀπολυων την γυναικα αὐτου και *γαμων* ἑτεραν μοιχευει, και ὁ ἀπολελυμενην ἀπο ἀνδρος *γαμων* μοιχευει.
	18	πας ὁ ἀπολυων την γυναικα αὐτου και *γαμων* ἑτεραν μοιχευει, και ὁ ἀπολελυμενην ἀπο ἀνδρος *γαμων* μοιχευει.
	17 27	ἠσθιον, ἐπινον, *ἐγαμουν*, ἐγαμιζοντο, ἀχρι ἡς ἡμερας εἰσηλθεν νωε εἰς την κιβωτον,
	20 34	οἱ υἱοι του αἰωνος τουτου *γαμουσιν* και γαμισκονται,
	35	οἱ δε καταξιωθεντες του αἰωνος ἐκεινου τυχειν και της ἀναστασεως της ἐκ νεκρων οὐτε *γαμουσιν* οὐτε γαμιζονται·
1Co	7 9	εἰ δε οὐκ ἐγκρατευονται, *γαμησατωσαν·*
	9	κρειττον γαρ ἐστιν *γαμησαι* ἡ πυρουσθαι.
	10	τοις δε *γεγαμηκοσιν* παραγγελλω, οὐκ ἐγω ἀλλα ὁ κυριος, γυναικα ἀπο ἀνδρος μη χωρισθηναι,
	28	ἐαν δε και *γαμησῃς*, οὐχ ἡμαρτες,
	28	και ἐαν *γημῃ* ἡ παρθενος, οὐχ ἡμαρτεν·
	33	ὁ δε *γαμησας* μεριμνα τα του κοσμου, πως ἀρεσῃ τῃ γυναικι,
	34	ἡ δε *γαμησασα* μεριμνα τα του κοσμου, πως ἀρεσῃ τῳ ἀνδρι.
	36	ὁ θελει ποιειτω· οὐχ ἁμαρτανει· *γαμειτωσαν.*
	39	ἐαν δε κοιμηθῃ ὁ ἀνηρ, ἐλευθερα ἐστιν ᾡ θελει *γαμηθηναι*, μονον ἐν κυριῳ·
1Tm	4 3	κωλυοντων *γαμειν*, ἀπεχεσθαι βρωματων, ἁ ὁ θεος ἐκτισεν εἰς μεταλημψιν μετα εὐχαριστιας τοις πιστοις και ἐπεγνωκοσι την ἀληθειαν.
	5 11	ὁταν γαρ καταστρηνιασωσιν του χριστου, *γαμειν* θελουσιν,
	14	βουλομαι οὐν νεωτερας *γαμειν*,

γαμιζω [7]

Mt	22 30	ἐν γαρ τῃ ἀναστασει οὐτε γαμουσιν οὐτε *γαμιζονται*, ἀλλ ὡς ἀγγελοι ἐν τῳ οὐρανῳ εἰσιν.
	24 38	ὡς γαρ ἠσαν ἐν ταις ἡμεραις [ἐκειναις] ταις προ του κατακλυσμου τρωγοντες και πινοντες, γαμουντες και *γαμιζοντες*,
Mc	12 25	ὁταν γαρ ἐκ νεκρων ἀναστωσιν, οὐτε γαμουσιν οὐτε *γαμιζονται*, ἀλλ εἰσιν ὡς ἀγγελοι ἐν τοις οὐρανοις.
Lc	17 27	ἠσθιον, ἐπινον, ἐγαμουν, *ἐγαμιζοντο*, ἀχρι ἡς ἡμερας εἰσηλθεν νωε εἰς την κιβωτον,
	20 35	οἱ δε καταξιωθεντες του αἰωνος ἐκεινου τυχειν και της ἀναστασεως της ἐκ νεκρων οὐτε γαμουσιν οὐτε *γαμιζονται·*
1Co	7 38	ὡστε και ὁ *γαμιζων* την ἑαυτου παρθενον καλως ποιει,
	38	ὡστε και ὁ *γαμιζων* την ἑαυτου παρθενον καλως ποιει, και ὁ μη *γαμιζων* κρεισσον ποιησει.

γαμισκω [1]

Lc	20 34	οἱ υἱοι του αἰωνος τουτου γαμουσιν και *γαμισκονται*,

γαμος [16]

Mt	22 2	ὡμοιωθη ἡ βασιλεια των οὐρανων ἀνθρωπῳ βασιλει, ὁστις ἐποιησεν *γαμους* τῳ υἱῳ αὐτου.
	3	και ἀπεστειλεν τους δουλους αὐτου καλεσαι τους κεκλημενους εἰς τους *γαμους*, και οὐκ ἠθελον ἐλθειν.
	4	οἱ ταυροι μου και τα σιτιστα τεθυμενα, και παντα ἑτοιμα· δευτε εἰς τους *γαμους.*
	8	ὁ μεν *γαμος* ἑτοιμος ἐστιν, οἱ δε κεκλημενοι οὐκ ἠσαν ἀξιοι·
	9	πορευεσθε οὐν ἐπι τας διεξοδους των ὁδων, και ὁσους ἐαν εὑρητε καλεσατε εἰς τους *γαμους.*
	10	και ἐπλησθη ὁ *γαμος* ἀνακειμενων.
	11	εἰσελθων δε ὁ βασιλευς θεασασθαι τους ἀνακειμενους εἰδεν ἐκει ἀνθρωπον οὐκ ἐνδεδυμενον ἐνδυμα *γαμου·*
	12	ἑταιρε, πως εἰσηλθες ὡδε μη ἐχων ἐνδυμα *γαμου;*
	25 10	και αἱ ἑτοιμοι εἰσηλθον μετ αὐτου εἰς τους *γαμους*,
Lc	12 36	και ὑμεις ὁμοιοι ἀνθρωποις προσδεχομενοις τον κυριον ἑαυτων, ποτε ἀναλυσῃ ἐκ των *γαμων*, ἱνα ἐλθοντος και κρουσαντος εὐθεως ἀνοιξωσιν αὐτῳ.
	14 8	ὁταν κληθῃς ὑπο τινος εἰς *γαμους*, μη κατακλιθῃς εἰς την πρωτοκλισιαν,

γαμος [16]

Jh	2 1	και τῃ ἡμερᾳ τῃ τριτῃ *γαμος* ἐγενετο ἐν κανα της γαλιλαιας,
	2	ἐκληθη δε και ὁ ἰησους και οἱ μαθηται αὐτου εἰς τον *γαμον.*
Heb	13 4	τιμιος ὁ *γαμος* ἐν πασιν και ἡ κοιτη ἀμιαντος·
Apc	19 7	και δωσωμεν την δοξαν αὐτῳ, ὁτι ἠλθεν ὁ *γαμος* του ἀρνιου,
	9	μακαριοι οἱ εἰς το δειπνον του *γαμου* του ἀρνιου κεκλημενοι.

γαρ [1042]

cf append.

γαστηρ [9]

Mt	1 18	πριν ἡ συνελθειν αὐτους εὑρεθη ἐν *γαστρι* ἐχουσα ἐκ πνευματος ἁγιου.
	23	ἰδου ἡ παρθενος ἐν *γαστρι* ἑξει και τεξεται υἱον,
	24 19	οὐαι δε ταις ἐν *γαστρι* ἐχουσαις και ταις θηλαζουσαις ἐν ἐκειναις ταις ἡμεραις.
Mc	13 17	οὐαι δε ταις ἐν *γαστρι* ἐχουσαις και ταις θηλαζουσαις ἐν ἐκειναις ταις ἡμεραις.
Lc	1 31	και ἰδου συλλημψῃ ἐν *γαστρι* και τεξῃ υἱον, και καλεσεις το ὀνομα αὐτου ιησουν.
	21 23	οὐαι ταις ἐν *γαστρι* ἐχουσαις και ταις θηλαζουσαις ἐν ἐκειναις ταις ἡμεραις·
1Th	5 3	ὁταν λεγωσιν· εἰρηνη και ἀσφαλεια, τοτε αἰφνιδιος αὐτοις ἐφισταται ὀλεθρος ὡσπερ ἡ ὠδιν τῃ ἐν *γαστρι* ἐχουσῃ,
Tit	1 12	κρητες ἀει ψευσται, κακα θηρια, *γαστερες* ἀργαι.
Apc	12 2	και ἐν *γαστρι* ἐχουσα, και κραζει ὠδινουσα και βασανιζομενη τεκειν.

γε [28]

Mt	6 1	εἰ δε μη*γε*, μισθον οὐκ ἐχετε παρα τῳ πατρι ὑμων τῳ ἐν τοις οὐρανοις.
	7 20	ἀρα *γε* ἀπο των καρπων αὐτων ἐπιγνωσεσθε αὐτους.
	9 17	οὐδε βαλλουσιν οἰνον νεον εἰς ἀσκους παλαιους· εἰ δε μη*γε*, ῥηγνυνται οἱ ἀσκοι,
	17 26	εἰποντος δε· ἀπο των ἀλλοτριων, ἐφη αὐτῳ ὁ ιησους· ἀρα *γε* ἐλευθεροι εἰσιν οἱ υἱοι.
Lc	5 36	εἰ δε μη*γε*, και το καινον σχισει και τῳ παλαιῳ οὐ συμφωνησει το ἐπιβλημα το ἀπο του καινου.
	37	εἰ δε μη*γε* ῥηξει ὁ οἰνος ὁ νεος τους ἀσκους, και αὐτος ἐκχυθησεται και οἱ ἀσκοι ἀπολουνται.
	10 6	εἰ δε μη*γε* ἐφ ὑμας ἀνακαμψει.
	11 8	εἰ και οὐ δωσει αὐτῳ ἀναστας δια το εἰναι φιλον αὐτου, δια *γε* την ἀναιδειαν αὐτου ἐγερθεις δωσει αὐτῳ ὁσων χρῃζει.
	13 9	καν μεν ποιησῃ καρπον εἰς το μελλον· εἰ δε μη*γε*, ἐκκοψεις αὐτην.
	14 32	εἰ δε μη*γε*, ἐτι αὐτου πορρω ὀντος πρεσβειαν ἀποστειλας ἐρωτα τα προς εἰρηνην.
	18 5	εἰ και τον θεον οὐ φοβουμαι οὐδε ἀνθρωπον ἐντρεπομαι, δια *γε* το παρεχειν μοι κοπον την χηραν ταυτην ἐκδικησω αὐτην,
	19 17	εὐ *γε*, ἀγαθε δουλε, ὁτι ἐν ἐλαχιστῳ πιστος ἐγενου, ἰσθι ἐξουσιαν ἐχων ἐπανω δεκα πολεων.
	24 21	ἀλλα *γε* και συν πασιν τουτοις τριτην ταυτην ἡμεραν ἀγει ἀφ οὑ ταυτα ἐγενετο.
Jh	4 2	καιτοι*γε* ιησους αὐτος οὐκ ἐβαπτιζεν ἀλλ οἱ μαθηται αὐτου,
Ac	2 18	και *γε* ἐπι τους δουλους μου και ἐπι τας δουλας μου ἐν ταις ἡμεραις ἐκειναις ἐκχεω ἀπο του πνευματος μου,
	8 30	ἀρα *γε* γινωσκεις ἁ ἀναγινωσκεις;
	17 27	ζητειν τον θεον, εἰ ἀρα *γε* ψηλαφησειαν αὐτον και εὑροιεν,
	27	και *γε* οὐ μακραν ἀπο ἑνος ἑκαστου ἡμων ὑπαρχοντα.
Rm	8 32	ὁς *γε* του ἰδιου υἱου οὐκ ἐφεισατο, ἀλλα ὑπερ ἡμων παντων παρεδωκεν αὐτον, πως οὐχι και συν αὐτῳ τα παντα ἡμιν χαρισεται;
1Co	4 8	και ὀφελον *γε* ἐβασιλευσατε, ἱνα και ἡμεις ὑμιν συμβασιλευσωμεν.
	6 3	οὐκ οἰδατε ὁτι ἀγγελους κρινουμεν, μητι *γε* βιωτικα;
	9 2	εἰ ἀλλοις οὐκ εἰμι ἀποστολος, ἀλλα *γε* ὑμιν εἰμι·
2Co	5 3	εἰ *γε* και ἐκδυσαμενοι οὐ γυμνοι εὑρεθησομεθα.
	11 16	εἰ δε μη *γε*, καν ὡς ἀφρονα δεξασθε με,
Ga	3 4	τοσαυτα ἐπαθετε εἰκῃ; εἰ *γε* και εἰκη.
Eph	3 2	τουτου χαριν ἐγω παυλος ὁ δεσμιος του χριστου [ιησου] ὑπερ ὑμων των ἐθνων εἰ *γε* ἠκουσατε την οἰκονομιαν της χαριτος του θεου της δοθεισης μοι εἰς ὑμας,
	4 21	εἰ *γε* αὐτον ἠκουσατε και ἐν αὐτῳ ἐδιδαχθητε καθως ἐστιν ἀληθεια ἐν τῳ ιησου,
Col	1 23	εἰ *γε* ἐπιμενετε τῃ πιστει τεθεμελιωμενοι και ἑδραιοι

γεδεων [1]

Heb 11 32 ἐπιλειψει με γαρ διηγουμενον ὁ χρονος περι γεδεων, βαρακ, σαμψων, ἰεφθαε, δαυιδ τε και σαμουηλ και των προφητων,

γεεννα [12]

Mt 5 22 ὃς δ ἀν εἰπῃ μωρε, ἐνοχος ἐσται εἰς την γεενναν του πυρος.
29 συμφερει γαρ σοι ἰνα ἀποληται ἐν των μελων σου και μη ὁλον το σωμα σου βληθῃ εἰς γεενναν.
30 συμφερει γαρ σοι ἰνα ἀποληται ἐν των μελων σου και μη ὁλον το σωμα σου εἰς γεενναν ἀπελθῃ.
10 28 φοβεισθε δε μαλλον τον δυναμενον και ψυχην και σωμα ἀπολεσαι ἐν γεεννῃ.
18 9 καλον σοι ἐστιν μονοφθαλμον εἰς την ζωην εἰσελθειν, ἠ δυο ὀφθαλμους ἐχοντα βληθηναι εἰς την γεενναν του πυρος.
23 15 και ὁταν γενηται, ποιειτε αὐτον υἰον γεεννης διπλοτερον ὑμων.
33 ὀφεις, γεννηματα ἐχιδνων, πως φυγητε ἀπο της κρισεως της γεεννης;
Mc 9 43 καλον ἐστιν σε κυλλον εἰσελθειν εἰς την ζωην, ἠ τας δυο χειρας ἐχοντα ἀπελθειν εἰς την γεενναν, εἰς το πυρ το ἀσβεστον.
45 καλον ἐστιν σε εἰσελθειν εἰς την ζωην χωλον, ἠ τους δυο ποδας ἐχοντα βληθηναι εἰς την γεενναν.
47 καλον σε ἐστιν μονοφθαλμον εἰσελθειν εἰς την βασιλειαν του θεου, ἠ δυο ὀφθαλμους ἐχοντα βληθηναι εἰς την γεενναν,
Lc 12 5 φοβηθητε τον μετα το ἀποκτειναι ἐχοντα ἐξουσιαν ἐμβαλειν εἰς την γεενναν.
Ja 3 6 ἡ σπιλουσα ὁλον το σωμα και φλογιζουσα τον τροχον της γενεσεως και φλογιζομενη ὑπο της γεεννης.

γεθσημανι [2]

Mt 26 36 τοτε ἐρχεται μετ αὐτων ὁ ἰησους εἰς χωριον λεγομενον γεθσημανι,
Mc 14 32 και ἐρχονται εἰς χωριον οὑ το ὀνομα γεθσημανι,

γειτων [4]

Lc 14 12 μη φωνει τους φιλους σου μηδε τους ἀδελφους σου μηδε τους συγγενεις σου μηδε γειτονας πλουσιους,
15 6 και ἐλθων εἰς τον οικον συγκαλει τους φιλους και τους γειτονας, λεγων αὐτοις·
9 και εὑρουσα συγκαλει τας φιλας και γειτονας λεγουσα·
Jh 9 8 οἱ οὐν γειτονες και οἱ θεωρουντες αὐτον το προτερον, ὁτι προσαιτης ἠν, ἐλεγον·

γελαω [2]

Lc 6 21 μακαριοι οἱ κλαιοντες νυν, ὁτι γελασετε.
25 οὐαι, οἱ γελωντες νυν, ὁτι πενθησετε και κλαυσετε.

γελως [1]

Ja 4 9 ὁ γελως ὑμων εἰς πενθος μετατραπητω και ἡ χαρα εἰς κατηφειαν.

γεμιζω [8]

Mc 4 37 και τα κυματα ἐπεβαλλεν εἰς το πλοιον, ὡστε ἠδη γεμιζεσθαι το πλοιον.
15 36 δραμων δε τις [και] γεμισας σπογγον ὀξους περιθεις καλαμῳ ἐποτιζεν αὐτον,
Lc 14 23 ἐξελθε εἰς τας ὁδους και φραγμους και ἀναγκασον εἰσελθειν, ἰνα γεμισθῃ μου ὁ οικος·
Jh 2 7 λεγει αὐτοις ὁ ἰησους· γεμισατε τας ὑδριας ὑδατος.
7 και ἐγεμισαν αὐτας ἑως ἀνω.
6 13 συνηγαγον οὐν, και ἐγεμισαν δωδεκα κοφινους κλασματων ἐκ των πεντε ἀρτων των κριθινων ἁ ἐπερισσευσαν τοις βεβρωκοσιν.
Apc 8 5 και εἰληφεν ὁ ἀγγελος τον λιβανωτον, και ἐγεμισεν αὐτον ἐκ του πυρος του θυσιαστηριου
15 8 και ἐγεμισθη ὁ ναος καπνου ἐκ της δοξης του θεου

γεμω [11]

Mt 23 25 οὐαι ὑμιν, γραμματεις και φαρισαιοι ὑποκριται, ὁτι καθαριζετε το ἐξωθεν του ποτηριου και της παροψιδος, ἐσωθεν δε γεμουσιν ἐξ ἁρπαγης και ἀκρασιας.

γεμω [11]

Mt 23 27 ὁτι παρομοιαζετε ταφοις κεκονιαμενοις, οἱτινες ἐξωθεν μεν φαινονται ὡραιοι, ἐσωθεν δε γεμουσιν ὀστεων νεκρων και πασης ἀκαθαρσιας.
Lc 11 39 νυν ὑμεις οἱ φαρισαιοι το ἐξωθεν του ποτηριου και του πινακος καθαριζετε, το δε ἐσωθεν ὑμων γεμει ἁρπαγης και πονηριας.
Rm 3 14 ἰος ἀσπιδων ὑπο τα χειλη αὐτων· ὡν το στομα ἀρας και πικριας γεμει·
Apc 4 6 και ἐν μεσῳ του θρονου και κυκλῳ του θρονου τεσσαρα ζωα γεμοντα ὀφθαλμων ἐμπροσθεν και ὀπισθεν.
8 και τα τεσσαρα ζωα, ἐν καθ ἐν αὐτων ἐχων ἀνα πτερυγας ἑξ, κυκλοθεν και ἐσωθεν γεμουσιν ὀφθαλμων·
5 8 τα τεσσαρα ζωα και οἱ εἰκοσιτεσσαρες πρεσβυτεροι ἐπεσαν ἐνωπιον του ἀρνιου, ἐχοντες ἑκαστος κιθαραν και φιαλας χρυσας γεμουσας θυμιαματων,
15 7 και ἐν ἐκ των τεσσαρων ζωων ἐδωκεν τοις ἑπτα ἀγγελοις ἑπτα φιαλας χρυσας γεμουσας του θυμου του θεου του ζωντος εἰς τους αἰωνας των αἰωνων.
17 3 και εἰδον γυναικα καθημενην ἐπι θηριον κοκκινον, γεμον[τα] ὀνοματα βλασφημιας,
4 ἐχουσα ποτηριον χρυσουν ἐν τῃ χειρι αὐτης γεμον βδελυγματων και τα ἀκαθαρτα της πορνειας αὐτης·
21 9 και ἠλθεν εἰς ἐκ των ἑπτα ἀγγελων των ἐχοντων τας ἑπτα φιαλας, των γεμοντων των ἑπτα πληγων των ἐσχατων,

γενεα [43]

Mt 1 17 πασαι οὐν αἱ γενεαι ἀπο ἀβρααμ ἑως δαυιδ γενεαι δεκατεσσαρες,
17 πασαι οὐν αἱ γενεαι ἀπο ἀβρααμ ἑως δαυιδ γενεαι δεκατεσσαρες,
17 και ἀπο δαυιδ ἑως της μετοικεσιας βαβυλωνος γενεαι δεκατεσσαρες,
17 και ἀπο της μετοικεσιας βαβυλωνος ἑως του χριστου γενεαι δεκατεσσαρες.
11 16 τινι δε ὁμοιωσω την γενεαν ταυτην;
12 39 γενεα πονηρα και μοιχαλις σημειον ἐπιζητει,
41 ἀνδρες νινευιται ἀναστησονται ἐν τῃ κρισει μετα της γενεας ταυτης και κατακρινουσιν αὐτην·
42 βασιλισσα νοτου ἐγερθησεται ἐν τῃ κρισει μετα της γενεας ταυτης και κατακρινει αὐτην·
45 οὑτως ἐσται και τῃ γενεᾳ ταυτῃ τῃ πονηρᾳ.
16 4 γενεα πονηρα και μοιχαλις σημειον ἐπιζητει,
17 17 ὡ γενεα ἀπιστος και διεστραμμενη, ἑως ποτε μεθ ὑμων ἐσομαι;
23 36 ἀμην λεγω ὑμιν, ἡξει ταυτα παντα ἐπι την γενεαν ταυτην.
24 34 ἀμην λεγω ὑμιν ὁτι οὐ μη παρελθῃ ἡ γενεα αὑτη ἑως ἀν παντα ταυτα γενηται.
Mc 8 12 τι ἡ γενεα αὑτη ζητει σημειον;
12 εἰ δοθησεται τῃ γενεᾳ ταυτῃ σημειον.
38 ὃς γαρ ἐαν ἐπαισχυνθῃ με και τους ἐμους λογους ἐν τῃ γενεᾳ ταυτῃ τῃ μοιχαλιδι και ἁμαρτωλῳ,
9 19 ὡ γενεα ἀπιστος, ἑως ποτε προς ὑμας ἐσομαι; ἑως ποτε ἀνεξομαι ὑμων;
13 30 ἀμην λεγω ὑμιν ὁτι οὐ μη παρελθῃ ἡ γενεα αὑτη μεχρις οὑ ταυτα παντα γενηται.
Lc 1 48 ἰδου γαρ ἀπο του νυν μακαριουσιν με πασαι αἱ γενεαι·
50 και ἁγιον το ὀνομα αὐτου, και το ἐλεος αὐτου εἰς γενεας και γενεας τοις φοβουμενοις αὐτον ἐποιησεν κρατος ἐν βραχιονι αὐτου, διεσκορπισεν ὑπερηφανους διανοιᾳ καρδιας αὐτων·
50 και ἁγιον το ὀνομα αὐτου, και το ἐλεος αὐτου εἰς γενεας και γενεας τοις φοβουμενοις αὐτον ἐποιησεν κρατος ἐν βραχιονι αὐτου, διεσκορπισεν ὑπερηφανους διανοιᾳ καρδιας αὐτων·
7 31 τινι οὐν ὁμοιωσω τους ἀνθρωπους της γενεας ταυτης, και τινι εἰσιν ὁμοιοι;
9 41 ὡ γενεα ἀπιστος και διεστραμμενη, ἑως ποτε ἐσομαι προς ὑμας και ἀνεξομαι ὑμων;
11 29 ἡ γενεα αὑτη γενεα πονηρα ἐστιν·
29 ἡ γενεα αὑτη γενεα πονηρα ἐστιν·
30 καθως γαρ ἐγενετο ἰωνας τοις νινευιταις σημειον, οὑτως ἐσται και ὁ υἱος του ἀνθρωπου τῃ γενεᾳ ταυτῃ.
31 βασιλισσα νοτου ἐγερθησεται ἐν τῃ κρισει μετα των ἀνδρων της γενεας ταυτης και κατακρινει αὐτους·
32 ἀνδρες νινευιται ἀναστησονται ἐν τῃ κρισει μετα της γενεας ταυτης και κατακρινουσιν αὐτην·
50 και ἐξ αὐτων ἀποκτενουσιν και διωξουσιν, ἰνα ἐκζητηθῃ το αἱμα παντων των προφητων το ἐκκεχυμενον ἀπο καταβολης κοσμου ἀπο της γενεας ταυτης,
51 ναι λεγω ὑμιν, ἐκζητηθησεται ἀπο της γενεας ταυτης.

γενεα [43]

Lc 16 8 ὅτι οἱ υἱοι του αἰωνος τουτου φρονιμωτεροι ὑπερ τους υἱους του φωτος εἰς την γενεαν την ἑαυτων εἰσιν.

17 25 πρωτον δε δει αὐτον πολλα παθειν και ἀποδοκιμασθηναι ἀπο της γενεας ταυτης.

21 32 ἀμην λεγω ὑμιν ὅτι οὐ μη παρελθη ἡ γενεα αὑτη ἑως ἁν παντα γενηται.

Ac 2 40 σωθητε ἀπο της γενεας της σκολιας ταυτης.

8 33 την γενεαν αὐτου τις διηγησεται;

13 36 δαυιδ μεν γαρ ἰδια γενεα ὑπηρετησας τη του θεου βουλη ἐκοιμηθη και προσετεθη προς τους πατερας αὐτου και εἰδεν διαφθοραν·

14 16 ὃς ἐν ταις παρωχημεναις γενεαις εἰασεν παντα τα ἐθνη πορευεσθαι ταις ὁδοις αὐτων·

15 21 μωυσης γαρ ἐκ γενεων ἀρχαιων κατα πολιν τους κηρυσσοντας αὐτον ἐχει ἐν ταις συναγωγαις κατα παν σαββατον ἀναγινωσκομενος.

Eph 3 5 ὃ ἑτεραις γενεαις οὐκ ἐγνωρισθη τοις υἱοις των ἀνθρωπων ὡς νυν ἀπεκαλυφθη τοις ἁγιοις ἀποστολοις αὐτου και προφηταις ἐν πνευματι,

21 αὐτω ἡ δοξα ἐν τη ἐκκλησια και ἐν χριστω ἰησου εἰς πασας τας γενεας του αἰωνος των αἰωνων·

Php 2 15 ἱνα γενησθε ἀμεμπτοι και ἀκεραιοι, τεκνα θεου ἀμωμα μεσον γενεας σκολιας και διεστραμμενης,

Col 1 26 την δοθεισαν μοι εἰς ὑμας πληρωσαι τον λογον του θεου, το μυστηριον το ἀποκεκρυμμενον ἀπο των αἰωνων και ἀπο των γενεων

Heb 3 10 διο προσωχθισα τη γενεα ταυτη και εἰπον·

γενεαλογεομαι [1]

Heb 7 6 ὁ δε μη γενεαλογουμενος ἐξ αὐτων δεδεκατωκεν ἀβρααμ,

γενεαλογια [2]

1Tm 1 4 ἱνα παραγγειλης τισιν μη ἑτεροδιδασκαλειν μηδε προσεχειν μυθοις και γενεαλογιαις ἀπεραντοις,

Tit 3 9 μωρας δε ζητησεις και γενεαλογιας και ἐρεις και μαχας νομικας περιιστασο·

γενεσια [2]

Mt 14 6 γενεσιοις δε γενομενοις του ἡρωδου ὠρχησατο ἡ θυγατηρ της ἡρωδιαδος ἐν τω μεσω και ἠρεσεν τω ἡρωδη,

Mc 6 21 και γενομενης ἡμερας εὐκαιρου ὅτε ἡρωδης τοις γενεσιοις αὐτου δειπνον ἐποιησεν τοις μεγιστασιν αὐτου και τοις χιλιαρχοις και τοις πρωτοις της γαλιλαιας,

γενεσις [5]

Mt 1 1 βιβλος γενεσεως ἰησου χριστου υἱου δαυιδ υἱου ἀβρααμ.

18 του δε ἰησου χριστου ἡ γενεσις οὑτως ἡν.

Lc 1 14 και ἐσται χαρα σοι και ἀγαλλιασις, και πολλοι ἐπι τη γενεσει αὐτου χαρησονται.

Ja 1 23 ὅτι εἰ τις ἀκροατης λογου ἐστιν και οὐ ποιητης, οὑτος ἐοικεν ἀνδρι κατανοουντι το προσωπον της γενεσεως αὐτου ἐν ἐσοπτρω·

3 6 ἡ σπιλουσα ὁλον το σωμα και φλογιζουσα τον τροχον της γενεσεως και φλογιζομενη ὑπο της γεεννης.

γενετη [1]

Jh 9 1 και παραγων εἰδεν ἀνθρωπον τυφλον ἐκ γενετης.

γενημα [4]

Mt 26 29 οὐ μη πιω ἀπ ἀρτι ἐκ τουτου του γενηματος της ἀμπελου ἑως της ἡμερας ἐκεινης ὁταν αὐτο πινω μεθ ὑμων καινον ἐν τη βασιλεια του πατρος μου.

Mc 14 25 ἀμην λεγω ὑμιν ὁτι οὐκετι οὐ μη πιω ἐκ του γενηματος της ἀμπελου ἑως της ἡμερας ἐκεινης ὁταν αὐτο πινω καινον ἐν τη βασιλεια του θεου.

Lc 22 18 λεγω γαρ ὑμιν, [ὁτι] οὐ μη πιω ἀπο του νυν ἀπο του γενηματος της ἀμπελου ἑως οὑ ἡ βασιλεια του θεου ἐλθη.

2Co 9 10 και πληθυνει τον σπορον ὑμων και αὐξησει τα γενηματα της δικαιοσυνης ὑμων·

γενναω [97]

Mt 1 2 ἀβρααμ ἐγεννησεν τον ἰσαακ.

γενναω [97]

Mt 1 2 ἰσαακ δε ἐγεννησεν τον ἰακωβ,

2 ἰακωβ δε ἐγεννησεν τον ἰουδαν και τους ἀδελφους αὐτου,

3 ἰουδας δε ἐγεννησεν τον φαρες και τον ζαρα ἐκ της θαμαρ,

3 φαρες δε ἐγεννησεν τον ἑσρωμ,

3 ἑσρωμ δε ἐγεννησεν τον ἀραμ,

4 ἀραμ δε ἐγεννησεν τον ἀμιναδαβ,

4 ἀμιναδαβ δε ἐγεννησεν τον ναασσων,

4 ναασσων δε ἐγεννησεν τον σαλμων,

5 σαλμων δε ἐγεννησεν τον βοες ἐκ της ῥαχαβ,

5 βοες δε ἐγεννησεν τον ἰωβηδ ἐκ της ῥουθ,

5 ἰωβηδ δε ἐγεννησεν τον ἰεσσαι,

6 ἰεσσαι δε ἐγεννησεν τον δαυιδ τον βασιλεα.

6 δαυιδ δε ἐγεννησεν τον σολομωνα ἐκ της του οὐριου,

7 σολομων δε ἐγεννησεν τον ῥοβοαμ,

7 ῥοβοαμ δε ἐγεννησεν τον ἀβια,

7 ἀβια δε ἐγεννησεν τον ἀσαφ,

8 ἀσαφ δε ἐγεννησεν τον ἰωσαφατ,

8 ἰωσαφατ δε ἐγεννησεν τον ἰωραμ,

8 ἰωραμ δε ἐγεννησεν τον ὀζιαν,

9 ὀζιας δε ἐγεννησεν τον ἰωαθαμ,

9 ἰωαθαμ δε ἐγεννησεν τον ἀχαζ,

9 ἀχαζ δε ἐγεννησεν τον ἑζεκιαν,

10 ἑζεκιας δε ἐγεννησεν τον μανασση,

10 μανασσης δε ἐγεννησεν τον ἀμως,

10 ἀμως δε ἐγεννησεν τον ἰωσιαν,

11 ἰωσιας δε ἐγεννησεν τον ἰεχονιαν και τους ἀδελφους αὐτου ἐπι της μετοικεσιας βαβυλωνος.

12 μετα δε την μετοικεσιαν βαβυλωνος ἰεχονιας ἐγεννησεν τον σαλαθιηλ,

12 σαλαθιηλ δε ἐγεννησεν τον ζοροβαβελ,

13 ζοροβαβελ δε ἐγεννησεν τον ἀβιουδ,

13 ἀβιουδ δε ἐγεννησεν τον ἐλιακιμ,

13 ἐλιακιμ δε ἐγεννησεν τον ἀζωρ,

14 ἀζωρ δε ἐγεννησεν τον σαδωκ,

14 σαδωκ δε ἐγεννησεν τον ἀχιμ,

14 ἀχιμ δε ἐγεννησεν τον ἐλιουδ,

15 ἐλιουδ δε ἐγεννησεν τον ἐλεαζαρ,

15 ἐλεαζαρ δε ἐγεννησεν τον ματθαν,

15 ματθαν δε ἐγεννησεν τον ἰακωβ,

16 ἰακωβ δε ἐγεννησεν τον ἰωσηφ τον ἀνδρα μαριας,

16 ἐξ ἡς ἐγεννηθη ἰησους ὁ λεγομενος χριστος.

20 το γαρ ἐν αὐτη γεννηθεν ἐκ πνευματος ἐστιν ἁγιου.

2 1 του δε ἰησου γεννηθεντος ἐν βηθλεεμ της ἰουδαιας ἐν ἡμεραις ἡρωδου του βασιλεως,

4 και συναγαγων παντας τους ἀρχιερεις και γραμματεις του λαου ἐπυνθανετο παρ αὐτων που ὁ χριστος γενναται.

19 12 εἰσιν γαρ εὐνουχοι οἱτινες ἐκ κοιλιας μητρος ἐγεννηθησαν οὑτως,

26 24 οὐαι δε τω ἀνθρωπω ἐκεινω δι οὑ ὁ υἱος του ἀνθρωπου παραδιδοται· καλον ἠν αὐτω εἰ οὐκ ἐγεννηθη ὁ ἀνθρωπος ἐκεινος.

Mc 14 21 καλον αὐτω εἰ οὐκ ἐγεννηθη ὁ ἀνθρωπος ἐκεινος.

Lc 1 13 και ἡ γυνη σου ἐλισαβετ γεννησει υἱον σοι, και καλεσεις το ὀνομα αὐτου ἰωαννην·

35 διο και το γεννωμενον ἁγιον κληθησεται υἱος θεου.

57 τη δε ἐλισαβετ ἐπλησθη ὁ χρονος του τεκειν αὐτην, και ἐγεννησεν υἱον.

23 29 και αἱ κοιλιαι αἱ οὐκ ἐγεννησαν·

Jh 1 13 οἱ οὐκ ἐξ αἱματων οὐδε ἐκ θεληματος σαρκος οὐδε ἐκ θεληματος ἀνδρος ἀλλ ἐκ θεου ἐγεννηθησαν.

3 3 ἐαν μη τις γεννηθη ἀνωθεν, οὐ δυναται ἰδειν την βασιλειαν του θεου.

4 πως δυναται ἀνθρωπος γεννηθηναι γερων ὡν;

4 μη δυναται εἰς την κοιλιαν της μητρος αὐτου δευτερον εἰσελθειν και γεννηθηναι;

5 ἀμην ἀμην λεγω σοι, ἐαν μη τις γεννηθη ἐξ ὑδατος και πνευματος, οὐ δυναται εἰσελθειν εἰς την βασιλειαν του θεου.

6 το γεγεννημενον ἐκ της σαρκος σαρξ ἐστιν,

6 το γεγεννημενον ἐκ της σαρκος σαρξ ἐστιν, και το γεγεννημενον ἐκ του πνευματος πνευμα ἐστιν.

7 δει ὑμας γεννηθηναι ἀνωθεν.

8 οὑτως ἐστιν πας ὁ γεγεννημενος ἐκ του πνευματος.

8 41 ἡμεις ἐκ πορνειας οὐ γεγεννημεθα, ἑνα πατερα ἐχομεν τον θεον.

9 2 ῥαββι, τις ἡμαρτεν, οὑτος ἡ οἱ γονεις αὐτου, ἱνα τυφλος γεννηθη;

19 οὑτος ἐστιν ὁ υἱος ὑμων, ὃν ὑμεις λεγετε ὁτι τυφλος ἐγεννηθη; πως οὑν βλεπει ἀρτι;

γενναω [97]

Jh	9 20	οἴδαμεν ὅτι οὗτος ἐστιν ὁ υἱος ἡμων και ὅτι τυφλος ἐγεννηθη·
	32	ἐκ του αἰωνος οὐκ ἠκουσθη ὅτι ἠνεωξεν τις ὀφθαλμους τυφλου γεγεννημενου·
	34	ἐν ἁμαρτιαις συ ἐγεννηθης ὅλος, και συ διδασκεις ἡμας;
	16 21	ὅταν δε γεννηση το παιδιον, οὐκετι μνημονευει της θλιψεως δια την χαραν ὅτι ἐγεννηθη ἀνθρωπος εἰς τον κοσμον.
	21	ὅταν δε γεννηση το παιδιον, οὐκετι μνημονευει της θλιψεως δια την χαραν ὅτι ἐγεννηθη ἀνθρωπος εἰς τον κοσμον.
	18 37	ἐγω εἰς τουτο γεγεννημαι και εἰς τουτο ἐληλυθα εἰς τον κοσμον, ἱνα μαρτυρησω τη ἀληθεια·
Ac	2 8	και πως ἡμεις ἀκουομεν ἑκαστος τη ἰδια διαλεκτω ἡμων ἐν ἡ ἐγεννηθημεν,
	7 8	και οὑτως ἐγεννησεν τον ἰσαακ και περιετεμεν αὐτον τη ἡμερα τη ὀγδοη,
	20	ἐν ᾡ καιρω ἐγεννηθη μωυσης, και ἠν ἀστειος τω θεω·
	29	και ἐγενετο παροικος ἐν γη μαδιαμ, οὑ ἐγεννησεν υἱους δυο.
	13 33	υἱος μου εἰ συ, ἐγω σημερον γεγεννηκα σε.
	22 3	ἐγω εἰμι ἀνηρ ἰουδαιος, γεγεννημενος ἐν ταρσω της κιλικιας,
	28	ὁ δε παυλος ἐφη· ἐγω δε και γεγεννημαι.
Rm	9 11	μηπω γαρ γεννηθεντων μηδε πραξαντων τι ἀγαθον ἠ φαυλον,
1Co	4 15	ἐν γαρ χριστω ἰησου δια του εὐαγγελιου ἐγω ὑμας ἐγεννησα.
Ga	4 23	ἀλλ᾿ ὁ μεν ἐκ της παιδισκης κατα σαρκα γεγεννηται,
	24	αὑται γαρ εἰσιν δυο διαθηκαι, μια μεν ἀπο ὀρους σινα, εἰς δουλειαν γεννωσα, ἡτις ἐστιν ἀγαρ.
	29	ἀλλ᾿ ὡσπερ τοτε ὁ κατα σαρκα γεννηθεις ἐδιωκεν τον κατα πνευμα, οὑτως και νυν.
2Tm	2 23	τας δε μωρας και ἀπαιδευτους ζητησεις παραιτου, εἰδως ὅτι γεννωσιν μαχας·
Phm	10	παρακαλω σε περι του ἐμου τεκνου, ὁν ἐγεννησα ἐν τοις δεσμοις,
Heb	1 5	υἱος μου εἰ συ, ἐγω σημερον γεγεννηκα σε;
	5 5	ἐγω σημερον γεγεννηκα σε·
	11 12	διο και ἀφ᾿ ἑνος ἐγεννηθησαν, και ταυτα νενεκρωμενου,
	23	πιστει μωυσης γεννηθεις ἐκρυβη τριμηνον ὑπο των πατερων αὐτου,
2Pt	2 12	οὑτοι δε, ὡς ἀλογα ζωα γεγεννημενα φυσικα εἰς ἁλωσιν και φθοραν, ἐν οἱς ἀγνοουσιν βλασφημουντες,
1Jh	2 29	ἐαν εἰδητε ὅτι δικαιος ἐστιν, γινωσκετε ὅτι και πας ὁ ποιων την δικαιοσυνην ἐξ αὐτου γεγεννηται.
	3 9	πας ὁ γεγεννημενος ἐκ του θεου ἁμαρτιαν οὐ ποιει,
	9	και οὐ δυναται ἁμαρτανειν, ὅτι ἐκ του θεου γεγεννηται.
	4 7	και πας ὁ ἀγαπων ἐκ του θεου γεγεννηται και γινωσκει τον θεον·
	5 1	πας ὁ πιστευων ὅτι ἰησους ἐστιν ὁ χριστος ἐκ του θεου γεγεννηται,
	1	και πας ὁ ἀγαπων τον γεννησαντα ἀγαπα [και] τον γεγεννημενον ἐξ αὐτου.
	1	και πας ὁ ἀγαπων τον γεννησαντα ἀγαπα [και] τον γεγεννημενον ἐξ αὐτου.
	4	ὅτι παν το γεγεννημενον ἐκ του θεου νικα τον κοσμον·
	18	οἴδαμεν ὅτι πας ὁ γεγεννημενος ἐκ του θεου οὐχ ἁμαρτανει,
	18	οἴδαμεν ὅτι πας ὁ γεγεννημενος ἐκ του θεου οὐχ ἁμαρτανει, ἀλλ᾿ ὁ γεννηθεις ἐκ του θεου τηρει αὐτον,

γεννημα [4]

Mt	3 7	γεννηματα ἐχιδνων, τις ὑπεδειξεν ὑμιν φυγειν ἀπο της μελλουσης ὀργης;
	12 34	γεννηματα ἐχιδνων, πως δυνασθε ἀγαθα λαλειν πονηροι ὀντες;
	23 33	ὀφεις, γεννηματα ἐχιδνων, πως φυγητε ἀπο της κρισεως της γεεννης;
Lc	3 7	γεννηματα ἐχιδνων, τις ὑπεδειξεν ὑμιν φυγειν ἀπο της μελλουσης ὀργης;

γεννησαρετ [3]

Mt	14 34	και διαπερασαντες ἠλθον ἐπι την γην εἰς γεννησαρετ.
Mc	6 53	και διαπερασαντες ἐπι την γην ἠλθον εἰς γεννησαρετ και προσωρμισθησαν.
Lc	5 1	ἐγενετο δε ἐν τω τον ὀχλον ἐπικεισθαι αὐτω και ἀκουειν τον λογον του θεου, και αὐτος ἠν ἑστως παρα την λιμνην γεννησαρετ,

γεννητος [2]

Mt	11 11	οὐκ ἐγηγερται ἐν γεννητοις γυναικων μειζων ἰωαννου του βαπτιστου·

γεννητος [2]

Lc	7 28	μειζων ἐν γεννητοις γυναικων ἰωαννου οὐδεις ἐστιν·

γενος [21]

Mt	13 47	παλιν ὁμοια ἐστιν ἡ βασιλεια των οὐρανων σαγηνη βληθειση εἰς την θαλασσαν και ἐκ παντος γενους συναγαγουση·
	17 21 *	τουτο δε το γενος οὐκ ἐκπορευεται, εἰ μη ἐν προσευχη και νηστεια.
Mc	7 26	ἡ δε γυνη ἠν ἑλληνις, συροφοινικισσα τω γενει·
	9 29	τουτο το γενος ἐν οὐδενι δυναται ἐξελθειν εἰ μη ἐν προσευχη.
Ac	4 6	και ἁννας ὁ ἀρχιερευς και καιαφας και ἰωαννης και ἀλεξανδρος και ὁσοι ἠσαν ἐκ γενους ἀρχιερατικου,
	36	ἰωσηφ δε ὁ ἐπικληθεις βαρναβας ἀπο των ἀποστολων, ὁ ἐστιν μεθερμηνευομενον υἱος παρακλησεως, λευιτης, κυπριος τω γενει,
	7 13	και φανερον ἐγενετο τω φαραω το γενος ἰωσηφ.
	19	οὑτος κατασοφισαμενος το γενος ἡμων ἐκακωσεν τους πατερας [ἡμων] του ποιειν τα βρεφη ἐκθετα αὐτων εἰς το μη ζωογονεισθαι.
	13 26	ἀνδρες ἀδελφοι, υἱοι γενους ἀβρααμ και οἱ ἐν ὑμιν φοβουμενοι τον θεον, ἡμιν ὁ λογος της σωτηριας ταυτης ἐξαπεσταλη.
	17 28	του γαρ και γενος ἐσμεν.
	29	γενος οὐν ὑπαρχοντες του θεου οὐκ ὀφειλομεν νομιζειν, χρυσω ἠ ἀργυρω ἠ λιθω, χαραγματι τεχνης και ἐνθυμησεως ἀνθρωπου, το θειον εἰναι ὁμοιον.
	18 2	και εὑρων τινα ἰουδαιον ὀνοματι ἀκυλαν, ποντικον τω γενει, προσφατως ἐληλυθοτα ἀπο της ἰταλιας,
	24	ἰουδαιος δε τις ἀπολλως ὀνοματι, ἀλεξανδρευς τω γενει, ἀνηρ λογιος, κατηντησεν εἰς ἐφεσον, δυνατος ὠν ἐν ταις γραφαις.
1Co	12 10	ἀλλω [δε] διακρισεις πνευματων, ἑτερω γενη γλωσσων,
	28	ἐπειτα δυναμεις, ἐπειτα χαρισματα ἰαματων, ἀντιλημψεις, κυβερνησεις, γενη γλωσσων.
	14 10	τοσαυτα εἰ τυχοι γενη φωνων εἰσιν ἐν κοσμω, και οὐδεν ἀφωνον·
2Cυ	11 26	κινδυνοις ἐκ γενους, κινδυνοις ἐξ ἐθνων, κινδυνοις ἐν πολει,
Ga	1 14	και προεκοπτον ἐν τω ἰουδαισμω ὑπερ πολλους συνηλικιωτας ἐν τω γενει μου,
Php	3 5	περιτομη ὀκταημερος, ἐκ γενους ἰσραηλ, φυλης βενιαμιν, ἑβραιος ἐξ ἑβραιων,
1Pt	2 9	ὑμεις δε γενος ἐκλεκτον, βασιλειον ἱερατευμα, ἐθνος ἁγιον, λαος εἰς περιποιησιν,
Apc	22 16	ἐγω εἰμι ἡ ριζα και το γενος δαυιδ,

γερασηνος [3]

Mc	5 1	και ἠλθον εἰς το περαν της θαλασσης εἰς την χωραν των γερασηνων.
Lc	8 26	και κατεπλευσαν εἰς την χωραν των γερασηνων,
	37	και ἠρωτησεν αὐτον ἁπαν το πληθος της περιχωρου των γερασηνων ἀπελθειν ἀπ᾿ αὐτων, ὅτι φοβω μεγαλω συνειχοντο·

γερουσια [1]

Ac	5 21	παραγενομενος δε ὁ ἀρχιερευς και οἱ συν αὐτω συνεκαλεσαν το συνεδριον και πασαν την γερουσιαν των υἱων ἰσραηλ,

γερων [1]

Jh	3 4	πως δυναται ἀνθρωπος γεννηθηναι γερων ὠν;

γευομαι [15]

Mt	16 28	ἀμην λεγω ὑμιν ὅτι εἰσιν τινες των ὡδε ἑστωτων οἱτινες οὐ μη γευσωνται θανατου ἑως ἀν ἰδωσιν τον υἱον του ἀνθρωπου ἐρχομενον ἐν τη βασιλεια αὐτου.
	27 34	και γευσαμενος οὐκ ἠθελησεν πιειν.
Mc	9 1	ἀμην λεγω ὑμιν ὅτι εἰσιν τινες ὡδε των ἑστηκοτων οἱτινες οὐ μη γευσωνται θανατου ἑως ἀν ἰδωσιν την βασιλειαν του θεου ἐληλυθυιαν ἐν δυναμει.
Lc	9 27	λεγω δε ὑμιν ἀληθως, εἰσιν τινες των αὐτου ἑστηκοτων οἱ οὐ μη γευσωνται θανατου ἑως ἀν ἰδωσιν την βασιλειαν του θεου.
	14 24	λεγω γαρ ὑμιν ὅτι οὐδεις των ἀνδρων ἐκεινων των κεκλημενων γευσεται μου του δειπνου.
Jh	2 9	ὡς δε ἐγευσατο ὁ ἀρχιτρικλινος το ὑδωρ οἰνον γεγενημενον,
	8 52	ἐαν τις τον λογον μου τηρηση, οὐ μη γευσηται θανατου εἰς τον αἰωνα.
Ac	10 10	ἐγενετο δε προσπεινος και ἠθελεν γευσασθαι·

γευομαι [15]

Ac 20 11   ἀναβας δε και κλασας τον ἀρτον και γευσαμενος, ἐφ ἱκανον τε ὁμιλησας ἀχρι αὐγης, οὑτως ἐξηλθεν.

23 14   ἀναθεματι ἀνεθεματισαμεν ἑαυτους μηδενος γευσασθαι ἑως οὑ ἀποκτεινωμεν τον παυλον.

Col 2 21   μη ἁψη μηδε γευση μηδε θιγης, ἁ ἐστιν παντα εἰς φθοραν τη ἀποχρησει,

Heb 2 9   ὁπως χαριτι θεου ὑπερ παντος γευσηται θανατου.

6 4   ἀδυνατον γαρ τους ἁπαξ φωτισθεντας γευσαμενους τε της δωρεας της ἐπουρανιου

5   και καλον γευσαμενους θεου ῥημα δυναμεις τε μελλοντος αἰωνος,

1Pt 2 3   εἰ ἐγευσασθε ὁτι χρηστος ὁ κυριος.

γεωργεομαι [1]

Heb 6 7   γη γαρ ἡ πιουσα τον ἐπ αὐτης ἐρχομενον πολλακις ὑετον και τικτουσα βοτανην εὐθετον ἐκεινοις δι οὑς και γεωργειται, μεταλαμβανει εὐλογιας ἀπο του θεου·

γεωργιον [1]

1Co 3 9   θεου γαρ ἐσμεν συνεργοι· θεου γεωργιον, θεου οἰκοδομη ἐστε.

γεωργος [19]

Mt 21 33   και ἐξεδετο αὐτον γεωργοις, και ἀπεδημησεν.

34   ὁτε δε ἡγγισεν ὁ καιρος των καρπων, ἀπεστειλεν τους δουλους αὐτου προς τους γεωργους λαβειν τους καρπους αὐτου.

35   και λαβοντες οἱ γεωργοι τους δουλους αὐτου ὁν μεν ἐδειραν, ὁν δε ἀπεκτειναν, ὁν δε ἐλιθοβολησαν.

38   οἱ δε γεωργοι ἰδοντες τον υἱον εἰπον ἐν ἑαυτοις·

40   ὁταν οὐν ἐλθη ὁ κυριος του ἀμπελωνος, τι ποιησει τοις γεωργοις ἐκεινοις;

41   και τον ἀμπελωνα ἐκδωσεται ἀλλοις γεωργοις, οἱτινες ἀποδωσουσιν αὐτω τους καρπους ἐν τοις καιροις αὐτων.

Mc 12 1   και ἐξεδετο αὐτον γεωργοις, και ἀπεδημησεν.

2   και ἀπεστειλεν προς τους γεωργους τω καιρω δουλον,

2   και ἀπεστειλεν προς τους γεωργους τω καιρω δουλον, ἱνα παρα των γεωργων λαβη ἀπο των καρπων του ἀμπελωνος·

7   ἐκεινοι δε οἱ γεωργοι προς ἑαυτους εἰπαν ὁτι οὑτος ἐστιν ὁ κληρονομος· δευτε ἀποκτεινωμεν αὐτον, και ἡμων ἐσται ἡ κληρονομια.

9   τι [οὐν] ποιησει ὁ κυριος του ἀμπελωνος; ἐλευσεται και ἀπολεσει τους γεωργους, και δωσει τον ἀμπελωνα ἀλλοις.

Lc 20 9   ἀνθρωπος [τις] ἐφυτευσεν ἀμπελωνα, και ἐξεδετο αὐτον γεωργοις, και ἀπεδημησεν χρονους ἱκανους.

10   και καιρω ἀπεστειλεν προς τους γεωργους δουλον, ἱνα ἀπο του καρπου του ἀμπελωνος δωσουσιν αὐτω·

10   οἱ δε γεωργοι ἐξαπεστειλαν αὐτον δειραντες κενον.

14   ἰδοντες δε αὐτον οἱ γεωργοι διελογιζοντο προς ἀλληλους λεγοντες·

16   ἐλευσεται και ἀπολεσει τους γεωργους τουτους,

Jh 15 1   ἐγω εἰμι ἡ ἀμπελος ἡ ἀληθινη, και ὁ πατηρ μου ὁ γεωργος ἐστιν.

2Tm 2 6   τον κοπιωντα γεωργον δει πρωτον των καρπων μεταλαμβανειν.

Ja 5 7   ἰδου ὁ γεωργος ἐκδεχεται τον τιμιον καρπον της γης,

γη [250]

Mt 2 6   και συ βηθλεεμ, γη ἰουδα, οὐδαμως ἐλαχιστη εἰ ἐν τοις ἡγεμοσιν ἰουδα.

20   ἐγερθεις παραλαβε το παιδιον και την μητερα αὐτου, και πορευου εἰς γην ἰσραηλ·

21   ὁ δε ἐγερθεις παρελαβεν το παιδιον και την μητερα αὐτου και εἰσηλθεν εἰς γην ἰσραηλ.

4 15   γη ζαβουλων και γη νεφθαλιμ, ὁδον θαλασσης,

15   γη ζαβουλων και γη νεφθαλιμ, ὁδον θαλασσης,

5 5   μακαριοι οἱ πραεις, ὁτι αὐτοι κληρονομησουσιν την γην.

13   ὑμεις ἐστε το ἁλας της γης·

18   ἑως ἀν παρελθη ὁ οὐρανος και ἡ γη, ἰωτα ἐν ἡ μια κεραια οὐ μη παρελθη ἀπο του νομου,

35   μητε ἐν τη γη, ὁτι ὑποποδιον ἐστιν των ποδων αὐτου·

6 10   γενηθητω το θελημα σου, ὡς ἐν οὐρανω και ἐπι γης·

19   μη θησαυριζετε ὑμιν θησαυρους ἐπι της γης,

9 6   ἱνα δε εἰδητε ὁτι ἐξουσιαν ἐχει ὁ υἱος του ἀνθρωπου ἐπι της γης ἀφιεναι ἁμαρτιας τοτε λεγει τω παραλυτικω·

γη [250]

Mt 9 26   και ἐξηλθεν ἡ φημη αὑτη εἰς ὁλην την γην ἐκεινην.

31   οἱ δε ἐξελθοντες διεφημισαν αὐτον ἐν ὁλη τη γη ἐκεινη.

10 15   ἀνεκτοτερον ἐσται γη σοδομων και γομορρων ἐν ἡμερα κρισεως ἡ τη πολει ἐκεινη.

29   οὐχι δυο στρουθια ἀσσαριου πωλειται; και ἑν ἐξ αὐτων οὐ πεσειται ἐπι την γην ἀνευ του πατρος ὑμων.

34   μη νομισητε ὁτι ἡλθον βαλειν εἰρηνην ἐπι την γην·

11 24   πλην λεγω ὑμιν ὁτι γη σοδομων ἀνεκτοτερον ἐσται ἐν ἡμερα κρισεως ἡ σοι.

25   ἐξομολογουμαι σοι πατερ κυριε του οὐρανου και της γης, ὁτι ἐκρυψας ταυτα ἀπο σοφων και συνετων,

12 40   οὑτως ἐσται ὁ υἱος του ἀνθρωπου ἐν τη καρδια της γης τρεις ἡμερας και τρεις νυκτας.

42   βασιλισσα νοτου ἐγερθησεται ἐν τη κρισει μετα της γενεας ταυτης και κατακρινει αὐτην· ὁτι ἡλθεν ἐκ των περατων της γης ἀκουσαι την σοφιαν σολομωνος,

13 5   ἀλλα δε ἐπεσεν ἐπι τα πετρωδη ὁπου οὐκ εἰχεν γην πολλην,

5   και εὐθεως ἐξανετειλεν δια το μη ἐχειν βαθος γης·

8   ἀλλα δε ἐπεσεν ἐπι την γην την καλην και ἐδιδου καρπον,

23   ὁ δε ἐπι την καλην γην σπαρεις, οὑτος ἐστιν ὁ τον λογον ἀκουων και συνιεις,

14 24   το δε πλοιον ἡδη σταδιους πολλους ἀπο της γης ἀπειχεν,

34   και διαπερασαντες ἡλθον ἐπι την γην εἰς γεννησαρετ.

15 35   και παραγγειλας τω ὀχλω ἀναπεσειν ἐπι την γην ἐλαβεν τους ἑπτα ἀρτους και τους ἰχθυας και εὐχαριστησας ἐκλασεν και ἐδιδου τοις μαθηταις,

16 19   και ὁ ἐαν δησης ἐπι της γης ἐσται δεδεμενον ἐν τοις οὐρανοις, και ὁ ἐαν λυσης ἐπι της γης ἐσται λελυμενον ἐν τοις οὐρανοις.

19   και ὁ ἐαν δησης ἐπι της γης ἐσται δεδεμενον ἐν τοις οὐρανοις, και ὁ ἐαν λυσης ἐπι της γης ἐσται λελυμενον ἐν τοις οὐρανοις.

17 25   οἱ βασιλεις της γης ἀπο τινων λαμβανουσιν τελη ἡ κηνσον; ἀπο των υἱων αὐτων ἡ ἀπο των ἀλλοτριων;

18 18   ὁσα ἐαν δησητε ἐπι της γης ἐσται δεδεμενα ἐν οὐρανω, και ὁσα ἐαν λυσητε ἐπι της γης ἐσται λελυμενα ἐν οὐρανω.

18   ὁσα ἐαν δησητε ἐπι της γης ἐσται δεδεμενα ἐν οὐρανω, και ὁσα ἐαν λυσητε ἐπι της γης ἐσται λελυμενα ἐν οὐρανω.

19   παλιν [ἀμην] λεγω ὑμιν ὁτι ἐαν δυο συμφωνησωσιν ἐξ ὑμων ἐπι της γης περι παντος πραγματος οὑ ἐαν αἰτησωνται, γενησεται αὐτοις παρα του πατρος μου του ἐν οὐρανοις.

23 9   και πατερα μη καλεσητε ὑμων ἐπι της γης· εἱς γαρ ἐστιν ὑμων ὁ πατηρ ὁ οὐρανιος.

35   ὁπως ἐλθη ἐφ ὑμας παν αἱμα δικαιον ἐκχυννομενον ἐπι της γης ἀπο του αἱματος ἀβελ του δικαιου ἑως του αἱματος ζαχαριου υἱου βαραχιου, ὁν ἐφονευσατε μεταξυ του ναου και του θυσιαστηριου.

24 30   και τοτε κοψονται πασαι αἱ φυλαι της γης και ὀψονται τον υἱον του ἀνθρωπου ἐρχομενον ἐπι των νεφελων του οὐρανου μετα δυναμεως και δοξης πολλης·

35   ὁ οὐρανος και ἡ γη παρελευσεται, οἱ δε λογοι μου οὐ μη παρελθωσιν.

25 18   ὁ δε το ἑν λαβων ἀπελθων ὠρυξεν γην και ἐκρυψεν το ἀργυριον του κυριου αὐτου.

25   και φοβηθεις ἀπελθων ἐκρυψα το ταλαντον σου ἐν τη γη· ἰδε ἐχεις το σον.

27 45   ἀπο δε ἑκτης ὡρας σκοτος ἐγενετο ἐπι πασαν την γην ἑως ὡρας ἐνατης.

51   και ἡ γη ἐσεισθη, και αἱ πετραι ἐσχισθησαν,

28 18   ἐδοθη μοι πασα ἐξουσια ἐν οὐρανω και ἐπι [της] γης.

Mc 2 10   ἱνα δε εἰδητε ὁτι ἐξουσιαν ἐχει ὁ υἱος του ἀνθρωπου ἀφιεναι ἁμαρτιας ἐπι της γης, λεγει τω παραλυτικω·

4 1   και πας ὁ ὀχλος προς την θαλασσαν ἐπι της γης ἡσαν.

5   και ἀλλο ἐπεσεν ἐπι το πετρωδες ὁπου οὐκ εἰχεν γην πολλην,

5   και εὐθυς ἐξανετειλεν δια το μη ἐχειν βαθος γης·

8   και ἀλλα ἐπεσεν εἰς την γην την καλην και ἐδιδου καρπον ἀναβαινοντα και αὐξανομενα και ἐφερεν ἐν τριακοντα και ἐν ἑξηκοντα και ἐν ἑκατον.

20   και ἐκεινοι εἰσιν οἱ ἐπι την γην την καλην σπαρεντες, οἱτινες ἀκουουσιν τον λογον και παραδεχονται και καρποφορουσιν ἐν τριακοντα και ἐν ἑξηκοντα και ἐν ἑκατον.

26   οὑτως ἐστιν ἡ βασιλεια του θεου, ὡς ἀνθρωπος βαλη τον σπορον ἐπι της γης,

28   αὐτοματη ἡ γη καρποφορει, πρωτον χορτον, εἰτα σταχυν, εἰτα πληρη[ς] σιτον ἐν τω σταχυι.

31   ὡς κοκκω σιναπεως, ὁς ὁταν σπαρη ἐπι της γης, μικροτερον ὁν παντων των σπερματων των ἐπι της γης,

31   ὡς κοκκω σιναπεως, ὁς ὁταν σπαρη ἐπι της γης, μικροτερον ὁν παντων των σπερματων των ἐπι της γης,

γη [250]

Mc 6 47 και οψιας γενομενης ην το πλοιον εν μεσω της θαλασσης, και αυτος μονος επι της γης.

53 και διαπερασαντες επι την γην ηλθον εις γεννησαρετ και προσωρμισθησαν.

8 6 και παραγγελλει τω οχλω αναπεσειν επι της γης·

9 3 και τα ιματια αυτου εγενετο στιλβοντα λευκα λιαν, οια γναφευς επι της γης ου δυναται ουτως λευκαναι.

20 και ιδων το πνευμα ευθυς συνεσπαραξεν αυτον, και πεσων επι της γης εκυλιετο αφριζων.

13 27 και τοτε αποστελει τους αγγελους και επισυναξει τους εκλεκτους [αυτου] εκ των τεσσαρων ανεμων απ ακρου γης εως ακρου ουρανου.

31 ο ουρανος και η γη παρελευσονται, οι δε λογοι μου ου μη παρελευσονται.

14 35 και προελθων μικρον επιπτεν επι της γης,

15 33 και γενομενης ωρας εκτης σκοτος εγενετο εφ ολην την γην εως ωρας ενατης.

Lc 2 14 δοξα εν υψιστοις θεω και επι γης ειρηνη εν ανθρωποις ευδοκιας.

4 25 οτε εκλεισθη ο ουρανος επι ετη τρια και μηνας εξ, ως εγενετο λιμος μεγας επι πασαν την γην,

5 3 εμβας δε εις εν των πλοιων, ο ην σιμωνος, ηρωτησεν αυτον απο της γης επαναγαγειν ολιγον.

11 και καταγαγοντες τα πλοια επι την γην, αφεντες παντα ηκολουθησαν αυτω.

24 ινα δε ειδητε οτι ο υιος του ανθρωπου εξουσιαν εχει επι της γης αφιεναι αμαρτιας, ειπεν τω παραλελυμενω·

6 49 ο δε ακουσας και μη ποιησας ομοιος εστιν ανθρωπω οικοδομησαντι οικιαν επι την γην χωρις θεμελιου,

8 8 και ετερον επεσεν εις την γην την αγαθην και φυεν εποιησεν καρπον εκατονταπλασιονα.

15 το δε εν τη καλη γη, ουτοι εισιν οιτινες εν καρδια καλη και αγαθη ακουσαντες τον λογον κατεχουσιν και καρποφορουσιν εν υπομονη.

27 εξελθοντι δε αυτω επι την γην υπηντησεν ανηρ τις εκ της πολεως εχων δαιμονια,

10 21 εξομολογουμαι σοι, πατερ, κυριε του ουρανου και της γης, οτι απεκρυψας ταυτα απο σοφων και συνετων, και απεκαλυψας αυτα νηπιοις·

11 31 οτι ηλθεν εκ των περατων της γης ακουσαι την σοφιαν σολομωνος, και ιδου πλειον σολομωνος ωδε.

12 49 πυρ ηλθον βαλειν επι την γην, και τι θελω ει ηδη ανηφθη.

51 δοκειτε οτι ειρηνην παρεγενομην δουναι εν τη γη;

56 υποκριται, το προσωπον της γης και του ουρανου οιδατε δοκιμαζειν, τον καιρον δε τουτον πως ουκ οιδατε δοκιμαζειν;

13 7 εκκοψον [ουν] αυτην· ινατι και την γην καταργει;

14 35 ουτε εις γην ουτε εις κοπριαν ευθετον εστιν·

16 17 ευκοπωτερον δε εστιν τον ουρανον και την γην παρελθειν η του νομου μιαν κεραιαν πεσειν.

18 8 πλην ο υιος του ανθρωπου ελθων αρα ευρησει την πιστιν επι της γης;

21 23 εσται γαρ αναγκη μεγαλη επι της γης και οργη τω λαω τουτω,

25 και επι της γης συνοχη εθνων εν απορια ηχους θαλασσης και σαλου, αποψυχοντων ανθρωπων απο φοβου και προσδοκιας των επερχομενων τη οικουμενη·

33 ο ουρανος και η γη παρελευσονται, οι δε λογοι μου ου μη παρελευσονται.

35 επεισελευσεται γαρ επι παντας τους καθημενους επι προσωπον πασης της γης.

22 44 [και εγενετο ο ιδρως αυτου ωσει θρομβοι αιματος καταβαινοντες επι την γην].

23 44 και ην ηδη ωσει ωρα εκτη και σκοτος εγενετο εφ ολην την γην εως ωρας ενατης του ηλιου εκλιποντος·

24 5 εμφοβων δε γενομενων αυτων και κλινουσων τα προσωπα εις την γην,

Jh 3 22 μετα ταυτα ηλθεν ο ιησους και οι μαθηται αυτου εις την ιουδαιαν γην,

31 ο ων εκ της γης εκ της γης εστιν και εκ της γης λαλει.

31 ο ων εκ της γης εκ της γης εστιν και εκ της γης λαλει.

31 ο ων εκ της γης εκ της γης εστιν και εκ της γης λαλει.

6 21 και ευθεως εγενετο το πλοιον επι της γης εις ην υπηγον.

8 6* ο δε ιησους κατω κυψας τω δακτυλω κατεγραφεν εις την γην.

8* και παλιν κατακυψας εγραφεν εις την γην.

12 24 εαν μη ο κοκκος του σιτου πεσων εις την γην αποθανη, αυτος μονος μενει·

32 καγω εαν υψωθω εκ της γης, παντας ελκυσω προς εμαυτον.

17 4 εγω σε εδοξασα επι της γης, το εργον τελειωσας ο δεδωκας μοι ινα ποιησω·

γη [250]

Jh 21 8 οι δε αλλοι μαθηται τω πλοιαριω ηλθον, ου γαρ ησαν μακραν απο της γης αλλα ως απο πηχων διακοσιων, συροντες το δικτυον των ιχθυων.

9 ως ουν απεβησαν εις την γην, βλεπουσιν ανθρακιαν κειμενην και οψαριον επικειμενον και αρτον.

11 ανεβη ουν σιμων πετρος και ειλκυσεν το δικτυον εις την γην μεστον ιχθυων μεγαλων εκατονπεντηκοντατριων·

Ac 1 8 και εσεσθε μου μαρτυρες εν τε ιερουσαλημ και [εν] παση τη ιουδαια και σαμαρεια και εως εσχατου της γης.

2 19 και δωσω τερατα εν τω ουρανω ανω και σημεια επι της γης κατω,

3 25 και εν τω σπερματι σου [εν]ευλογηθησονται πασαι αι πατριαι της γης.

4 24 δεσποτα, συ ο ποιησας τον ουρανον και την γην και την θαλασσαν και παντα τα εν αυτοις,

26 παρεστησαν οι βασιλεις της γης και οι αρχοντες συνηχθησαν επι το αυτο κατα του κυριου και κατα του χριστου αυτου.

7 3 εξελθε εκ της γης σου και [εκ] της συγγενειας σου, και δευρο εις την γην ην αν σοι δειξω.

3 εξελθε εκ της γης σου και [εκ] της συγγενειας σου, και δευρο εις την γην ην αν σοι δειξω.

4 τοτε εξελθων εκ γης χαλδαιων κατωκησεν εν χαρραν.

4 κακειθεν μετα το αποθανειν τον πατερα αυτου μετωκισεν αυτον εις την γην ταυτην εις ην υμεις νυν κατοικειτε,

6 ελαλησεν δε ουτως ο θεος, οτι εσται το σπερμα αυτου παροικον εν γη αλλοτρια,

29 εφυγεν δε μωυσης εν τω λογω τουτω, και εγενετο παροικος εν γη μαδιαμ,

33 λυσον το υποδημα των ποδων σου· ο γαρ τοπος εφ ω εστηκας γη αγια εστιν.

36 ουτος εξηγαγεν αυτους ποιησας τερατα και σημεια εν γη αιγυπτω και εν ερυθρα θαλασση και εν τη ερημω ετη τεσσερακοντα.

40 ο γαρ μωυσης ουτος, ος εξηγαγεν ημας εκ γης αιγυπτου, ουκ οιδαμεν τι εγενετο αυτω.

49 ο ουρανος μοι θρονος, η δε γη υποποδιον των ποδων μου·

8 33 την γενεαν αυτου τις διηγησεται; οτι αιρεται απο της γης η ζωη αυτου.

9 4 και πεσων επι την γην ηκουσεν φωνην λεγουσαν αυτω·

8 ηγερθη δε σαυλος απο της γης, ανεωγμενων δε των οφθαλμων αυτου ουδεν εβλεπεν·

10 11 και θεωρει τον ουρανον ανεωγμενον και καταβαινον σκευος τι ως οθονην μεγαλην, τεσσαρσιν αρχαις καθιεμενον επι της γης,

12 εν ω υπηρχεν παντα τα τετραποδα και ερπετα της γης και πετεινα του ουρανου.

11 6 εις ην ατενισας κατενοουν, και ειδον τα τετραποδα της γης και τα θηρια και τα ερπετα και τα πετεινα του ουρανου.

13 17 ο θεος του λαου τουτου ισραηλ εξελεξατο τους πατερας ημων, και τον λαον υψωσεν εν τη παροικια εν γη αιγυπτου,

19 και καθελων εθνη επτα εν γη χανααν κατεκληρονομησεν την γην αυτων ως ετεσιν τετρακοσιοισκαιπεντηκοντα.

19 και καθελων εθνη επτα εν γη χανααν κατεκληρονομησεν την γην αυτων ως ετεσιν τετρακοσιοισκαιπεντηκοντα.

47 τεθεικα σε εις φως εθνων του ειναι σε εις σωτηριαν εως εσχατου της γης.

14 15 ευαγγελιζομενοι υμας απο τουτων των ματαιων επιστρεφειν επι θεον ζωντα, ος εποιησεν τον ουρανον και την γην και την θαλασσαν και παντα τα εν αυτοις·

17 24 ο θεος ο ποιησας τον κοσμον και παντα τα εν αυτω, ουτος ουρανου και γης υπαρχων κυριος ουκ εν χειροποιητοις ναοις κατοικει,

26 εποιησεν τε εξ ενος παν εθνος ανθρωπων κατοικειν επι παντος προσωπου της γης,

22 22 αιρε απο της γης τον τοιουτον· ου γαρ καθηκεν αυτον ζην.

26 14 παντων τε καταπεσοντων ημων εις την γην ηκουσα φωνην λεγουσαν προς με τη εβραιδι διαλεκτω·

27 39 οτε δε ημερα εγενετο, την γην ουκ επεγινωσκον,

43 εκελευσεν τε τους δυναμενους κολυμβαν απορριψαντας πρωτους επι την γην εξιεναι,

44 και ουτως εγενετο παντας διασωθηναι επι την γην.

Rm 9 17 οπως ενδειξωμαι εν σοι την δυναμιν μου, και οπως διαγγελη το ονομα μου εν παση τη γη.

28 λογον γαρ συντελων και συντεμνων ποιησει κυριος επι της γης.

10 18 εις πασαν την γην εξηλθεν ο φθογγος αυτων,

1Co 8 5 και γαρ ειπερ εισιν λεγομενοι θεοι ειτε εν ουρανω ειτε επι γης, ωσπερ εισιν θεοι πολλοι και κυριοι πολλοι, αλλ ημιν εις θεος ο πατηρ,

γη [250]

1Co	10 26	του κυριου γαρ ή *γη* και το πληρωμα αυτης.
	15 47	ὁ πρωτος ἀνθρωπος ἐκ *γης* χοικος,
Eph	1 10	ἀνακεφαλαιωσασθαι τα παντα τα ἐν τω χριστω, τα ἐπι τοις ουρανοις και τα ἐπι της *γης·*
	3 15	τουτου χαριν καμπτω τα γονατα μου προς τον πατερα, ἐξ οὗ πασα πατρια ἐν ουρανοις και ἐπι *γης* ὀνομαζεται,
	4 9	το δε ἀνεβη τί ἐστιν εἰ μη ὅτι και κατεβη εἰς τα κατωτερα [μερη] της *γης;*
	6 3	ἵνα εὖ σοι γενηται και ἐση μακροχρονιος ἐπι της *γης.*
Col	1 16	ὅτι ἐν αὐτω ἐκτισθη τα παντα ἐν τοις ουρανοις και ἐπι της *γης,* τα ὁρατα και τα ἀορατα, εἰτε θρονοι εἰτε κυριοτητες εἰτε ἀρχαι εἰτε ἐξουσιαι·
	20	εἰρηνοποιησας δια του αἱματος του σταυρου αὐτου, [δι αὐτου] εἰτε τα ἐπι της *γης* εἰτε τα ἐν τοις ουρανοις.
	3 2	τα ἀνω φρονειτε, μη τα ἐπι της *γης.*
	5	νεκρωσατε οὖν τα μελη τα ἐπι της *γης,*
Heb	1 10	συ κατ ἀρχας, κυριε, την *γην* ἐθεμελιωσας,
	6 7	*γη* γαρ ή πιουσα τον ἐπ αὐτης ἐρχομενον πολλακις ὑετον και τικτουσα βοτανην εὐθετον ἐκεινοις δι οὗς και γεωργειται, μεταλαμβανει εὐλογιας ἀπο του θεου·
	8 4	εἰ μεν οὖν ἠν ἐπι *γης,* οὐδ ἀν ἠν ἱερευς,
	9	οὐ κατα την διαθηκην ἡν ἐποιησα τοις πατρασιν αὐτων ἐν ἡμερα ἐπιλαβομενου μου της χειρος αὐτων ἐξαγαγειν αὐτους ἐκ *γης* αἰγυπτου,
	11 9	πιστει παρωκησεν εἰς *γην* της ἐπαγγελιας ὡς ἀλλοτριαν, ἐν σκηναις κατοικησας,
	13	και ὁμολογησαντες ὁτι ξενοι και παρεπιδημοι εἰσιν ἐπι της *γης.*
	29	πιστει διεβησαν την ἐρυθραν θαλασσαν ὡς δια ξηρας *γης,*
	38	ἐπι ἐρημιαις πλανωμενοι και ὀρεσιν και σπηλαιοις και ταις ὁπαις της *γης.*
	12 25	εἰ γαρ ἐκεινοι οὐκ ἐξεφυγον ἐπι *γης* παραιτησαμενοι τον χρηματιζοντα, πολυ μαλλον ἡμεις οἱ τον ἀπ οὐρανων ἀποστρεφομενοι·
	26	οὗ ἡ φωνη την *γην* ἐσαλευσεν τοτε, νυν δε ἐπηγγελται λεγων·
	26	ἐτι ἀπαξ ἐγω σεισω οὐ μονον την *γην* ἀλλα και τον οὐρανον.
Ja	5 5	ἐτρυφησατε ἐπι της *γης* και ἐσπαταλησατε,
	7	ἰδου ὁ γεωργος ἐκδεχεται τον τιμιον καρπον της *γης,*
	12	μη ὀμνυετε, μητε τον οὐρανον μητε την *γην* μητε ἀλλον τινα ὁρκον·
	17	και οὐκ ἐβρεξεν ἐπι της *γης* ἐνιαυτους τρεις και μηνας ἐξ·
	18	και ὁ οὐρανος ὑετον ἐδωκεν και ή *γη* ἐβλαστησεν τον καρπον αὐτης.
2Pt	3 5	ὁτι οὐρανοι ἠσαν ἐκπαλαι και *γη* ἐξ ὑδατος και δι ὑδατος συνεστωσα τω του θεου λογω,
	7	οἱ δε νυν οὐρανοι και ή *γη* τω αὐτω λογω τεθησαυρισμενοι εἰσιν πυρι τηρουμενοι εἰς ἡμεραν κρισεως και ἀπωλειας των ἀσεβων ἀνθρωπων.
	10	στοιχεια δε καυσουμενα λυθησεται, και *γη* και τα ἐν αὐτη ἐργα εὑρεθησεται.
	13	καινους δε οὐρανους και *γην* καινην κατα το ἐπαγγελμα αὐτου προσδοκωμεν,
Ju	5	ὑπομνησαι δε ὑμας βουλομαι, εἰδοτας [ὑμας] παντα, ὁτι [ὁ] κυριος ἀπαξ λαον ἐκ *γης* αἰγυπτου σωσας το δευτερον τους μη πιστευσαντας ἀπωλεσεν,
Apc	1 5	ὁ πρωτοτοκος των νεκρων και ὁ ἀρχων των βασιλεων της *γης.*
	7	και κοψονται ἐπ αὐτον πασαι αἱ φυλαι της *γης.*
	3 10	της μελλουσης ἐρχεσθαι ἐπι της οἰκουμενης ὁλης, πειρασαι τους κατοικουντας ἐπι της *γης.*
	5 3	και οὐδεις ἐδυνατο ἐν τω οὐρανω οὐδε ἐπι της *γης* οὐδε ὑποκατω της *γης* ἀνοιξαι το βιβλιον οὐτε βλεπειν αὐτο.
	3	και οὐδεις ἐδυνατο ἐν τω οὐρανω οὐδε ἐπι της *γης* οὐδε ὑποκατω της *γης* ἀνοιξαι το βιβλιον οὐτε βλεπειν αὐτο.
	6	ἐχων κερατα ἑπτα και ὀφθαλμους ἑπτα, οἱ εἰσιν τα [ἑπτα] πνευματα του θεου ἀπεσταλμενοι εἰς πασαν την *γην.*
	10	και βασιλευσουσιν ἐπι της *γης.*
	13	και παν κτισμα ὁ ἐν τω οὐρανω και ἐπι της *γης* και ὑποκατω της *γης* και ἐπι της θαλασσης
	13	και παν κτισμα ὁ ἐν τω οὐρανω και ἐπι της *γης* και ὑποκατω της *γης* και ἐπι της θαλασσης,
	6 4	και ἐξηλθεν ἀλλος ἱππος πυρρος, και τω καθημενω ἐπ αὐτον ἐδοθη αὐτω λαβειν την εἰρηνην ἐκ της *γης*
	8	και ἐδοθη αὐτοις ἐξουσια ἐπι το τεταρτον της *γης,* ἀποκτειναι
	8	ἐν ῥομφαια και ἐν λιμω και ἐν θανατω και ὑπο των θηριων της *γης.*
	10	ἑως ποτε, ὁ δεσποτης ὁ ἁγιος και ἀληθινος, οὐ κρινεις και ἐκδικεις το αἱμα ἡμων ἐκ των κατοικουντων ἐπι της *γης;*

γη [250]

Apc	6 13	και οἱ ἀστερες του οὐρανου ἐπεσαν εἰς την *γην,*
	15	και οἱ βασιλεις της *γης* και οἱ μεγιστανες και οἱ χιλιαρχοι και οἱ πλουσιοι και οἱ ἰσχυροι και πας δουλος και ἐλευθερος ἐκρυψαν ἑαυτους
	7 1	μετα τουτο εἰδον τεσσαρας ἀγγελους ἑστωτας ἐπι τας τεσσαρας γωνιας της *γης,*
	1	μετα τουτο εἰδον τεσσαρας ἀγγελους ἑστωτας ἐπι τας τεσσαρας γωνιας της *γης,* κρατουντας τους τεσσαρας ἀνεμους της *γης,*
	1	κρατουντας τους τεσσαρας ἀνεμους της *γης,* ἱνα μη πνεη ἀνεμος ἐπι της *γης* μητε ἐπι της θαλασσης μητε ἐπι παν δενδρον.
	2	και ἐκραξεν φωνη μεγαλη τοις τεσσαρσιν ἀγγελοις οἱς ἐδοθη αὐτοις ἀδικησαι την *γην* και την θαλασσαν, λεγων·
		μη ἀδικησητε την *γην* μητε την θαλασσαν μητε τα δενδρα,
	8 5	και ἐγεμισεν αὐτον ἐκ του πυρος του θυσιαστηριου και ἐβαλεν εἰς την *γην·*
	7	και ἐγενετο χαλαζα και πυρ μεμιγμενα ἐν αἱματι και ἐβληθη εἰς την *γην·*
	7	και το τριτον της *γης* κατεκαη,
	13	οὐαι οὐαι οὐαι τους κατοικουντας ἐπι της *γης*
	9 1	και εἰδον ἀστερα ἐκ του οὐρανου πεπτωκοτα εἰς την *γην,*
	3	και ἐκ του καπνου ἐξηλθον ἀκριδες εἰς την *γην,*
	3	και ἐδοθη αὐταις ἐξουσια ὡς ἐχουσιν ἐξουσιαν οἱ σκορπιοι της *γης.*
	4	και ἐρρεθη αὐταις ἱνα μη ἀδικησουσιν τον χορτον της *γης* οὐδε παν χλωρον οὐδε παν δενδρον,
	10 2	και ἐθηκεν τον ποδα αὐτου τον δεξιον ἐπι της θαλασσης, τον δε εὐωνυμον ἐπι της *γης,*
	5	και ὁ ἀγγελος, ὁν εἰδον ἑστωτα ἐπι της θαλασσης και ἐπι της *γης,* ἠρεν την χειρα αὐτου την δεξιαν εἰς τον οὐρανον,
	6	και ὠμοσεν ἐν τω ζωντι εἰς τους αἰωνας των αἰωνων, ὁς ἐκτισεν τον οὐρανον και τα ἐν αὐτω και την *γην* και τα ἐν αὐτη και την θαλασσαν και τα ἐν αὐτη, ὁτι χρονος οὐκετι ἐσται,
	8	ὑπαγε λαβε το βιβλιον το ἡνεωγμενον ἐν τη χειρι του ἀγγελου του ἑστωτος ἐπι της θαλασσης και ἐπι της *γης.*
	11 4	οὐτοι εἰσιν αἱ δυο ἐλαιαι και αἱ δυο λυχνιαι αἱ ἐνωπιον του κυριου της *γης* ἑστωτες.
	6	και ἐξουσιαν ἐχουσιν ἐπι των ὑδατων στρεφειν αὐτα εἰς αἱμα και παταξαι την *γην* ἐν παση πληγη ὁσακις ἐαν θελησωσιν.
	10	και οἱ κατοικουντες ἐπι της *γης* χαιρουσιν ἐπ αὐτοις και εὐφραινονται.
	10	ὁτι οὐτοι οἱ δυο προφηται ἐβασανισαν τους κατοικουντας ἐπι της *γης.*
	18	και διαφθειραι τους διαφθειροντας την *γην.*
	12 4	και ή οὐρα αὐτου συρει το τριτον των ἀστερων του οὐρανου, και ἐβαλεν αὐτους εἰς την *γην·*
	9	ἐβληθη εἰς την *γην,* και οἱ ἀγγελοι αὐτου μετ αὐτου ἐβληθησαν.
	12	οὐαι την *γην* και την θαλασσαν,
	13	και ὁτε εἰδεν ὁ δρακων ὁτι ἐβληθη εἰς την *γην,* ἐδιωξεν την γυναικα ἡτις ἐτεκεν τον ἀρσενα.
	16	και ἐβοηθησεν ή *γη* τη γυναικι,
	16	και ἠνοιξεν ή *γη* το στομα αὐτης και κατεπιεν τον ποταμον ὁν ἐβαλεν ὁ δρακων ἐκ του στοματος αὐτου.
	13 3	και ἐθαυμασθη ὁλη ή *γη* ὀπισω του θηριου,
	8	και προσκυνησουσιν αὐτον παντες οἱ κατοικουντες ἐπι της *γης,*
	11	και εἰδον ἀλλο θηριον ἀναβαινον ἐκ της *γης,*
	12	και ποιει την *γην* και τους ἐν αὐτη κατοικουντας ἱνα προσκυνησουσιν το θηριον το πρωτον,
	13	και ποιει σημεια μεγαλα, ἱνα και πυρ ποιη ἐκ του οὐρανου καταβαινειν εἰς την *γην* ἐνωπιον των ἀνθρωπων.
	14	και πλανα τους κατοικουντας ἐπι της *γης* δια τα σημεια ἁ ἐδοθη αὐτω ποιησαι ἐνωπιον του θηριου,
	14	λεγων τοις κατοικουσιν ἐπι της *γης* ποιησαι εἰκονα τω θηριω,
	14 3	και οὐδεις ἐδυνατο μαθειν την ὠδην εἰ μη αἱ ἑκατοντεσσερακοντατεσσαρες χιλιαδες, οἱ ἠγορασμενοι ἀπο της *γης.*
	6	ἐχοντα εὐαγγελιον αἰωνιον εὐαγγελισαι ἐπι τους καθημενους ἐπι της *γης* και ἐπι παν ἐθνος και φυλην και γλωσσαν και λαον,
	7	και προσκυνησατε τω ποιησαντι τον οὐρανον και την *γην* και θαλασσαν και πηγας ὑδατων·
	15	πεμψον το δρεπανον σου και θερισον, ὁτι ἠλθεν ή ὡρα θερισαι, ὁτι ἐξηρανθη ὁ θερισμος της *γης.*
	16	και ἐβαλεν ὁ καθημενος ἐπι της νεφελης το δρεπανον αὐτου ἐπι την *γην.*

γη [250]

Apc 14 16 και εβαλεν ο καθημενος επι της νεφελης το δρεπανον αυτου επι την γην, και εθερισθη η γη.

18 πεμψον σου το δρεπανον το οξυ και τρυγησον τους βοτρυας της αμπελου της γης,

19 και εβαλεν ο αγγελος το δρεπανον αυτου εις την γην,

19 και ετρυγησεν την αμπελον της γης

16 1 υπαγετε και εκχεετε τας επτα φιαλας του θυμου του θεου εις την γην.

2 και απηλθεν ο πρωτος και εξεχεεν την φιαλην αυτου εις την γην·

18 και σεισμος εγενετο μεγας, οιος ουκ εγενετο αφ ου ανθρωπος εγενετο επι της γης,

17 2 δευρο, δειξω σοι το κριμα της πορνης της μεγαλης της καθημενης επι υδατων πολλων, μεθ ης επορνευσαν οι βασιλεις της γης,

2 και εμεθυσθησαν οι κατοικουντες την γην εκ του οινου της πορνειας αυτης.

5 βαβυλων η μεγαλη, η μητηρ των πορνων και των βδελυγματων της γης.

8 και θαυμασθησονται οι κατοικουντες επι της γης,

18 και η γυνη ην ειδες εστιν η πολις η μεγαλη η εχουσα βασιλειαν επι των βασιλεων της γης.

18 1 και η γη εφωτισθη εκ της δοξης αυτου.

3 και οι βασιλεις της γης μετ αυτης επορνευσαν,

3 και οι εμποροι της γης εκ της δυναμεως του στρηνους αυτης επλουτησαν.

9 και κλαυσουσιν και κοψονται επ αυτην οι βασιλεις της γης οι μετ αυτης πορνευσαντες και στρηνιασαντες,

11 και οι εμποροι της γης κλαιουσιν και πενθουσιν επ αυτην,

23 οτι οι εμποροι σου ησαν οι μεγιστανες της γης,

24 και εν αυτη αιμα προφητων και αγιων ευρεθη και παντων των εσφαγμενων επι της γης.

19 2 οτι εκρινεν την πορνην την μεγαλην ητις εφθειρεν την γην εν τη πορνεια αυτης,

19 και ειδον το θηριον και τους βασιλεις της γης και τα στρατευματα αυτων συνηγμενα ποιησαι τον πολεμον μετα του καθημενου επι του ιππου και μετα του στρατευματος αυτου.

20 8 και εξελευσεται πλανησαι τα εθνη τα εν ταις τεσσαρσιν γωνιαις της γης,

9 και ανεβησαν επι το πλατος της γης,

11 και ειδον θρονον μεγαν λευκον και τον καθημενον επ αυτου ου απο του προσωπου εφυγεν η γη και ο ουρανος,

21 1 και ειδον ουρανον καινον και γην καινην·

1 ο γαρ πρωτος ουρανος και η πρωτη γη απηλθαν,

24 και οι βασιλεις της γης φερουσιν την δοξαν αυτων εις αυτην·

γηρας [1]

Lc 1 36 και ιδου ελισαβετ η συγγενις σου και αυτη συνειληφεν υιον εν γηρει αυτης,

γηρασκω [2]

Jh 21 18 οταν δε γηρασης, εκτενεις τας χειρας σου, και αλλος σε ζωσει και οισει οπου ου θελεις.

Heb 8 13 το δε παλαιουμενον και γηρασκον εγγυς αφανισμου.

γινομαι [670]

Mt 1 22 τουτο δε ολον γεγονεν ινα πληρωθη το ρηθεν υπο κυριου δια του προφητου λεγοντος·

4 3 ει υιος ει του θεου, ειπε ινα οι λιθοι ουτοι αρτοι γενωνται.

5 18 ιωτα εν η μια κεραια ου μη παρελθη απο του νομου, εως αν παντα γενηται.

45 αγαπατε τους εχθρους υμων και προσευχεσθε υπερ των διωκοντων υμας· οπως γενησθε υιοι του πατρος υμων του εν ουρανοις,

6 10 γενηθητω το θελημα σου, ως εν ουρανω και επι γης·

16 οταν δε νηστευητε, μη γινεσθε ως οι υποκριται σκυθρωποι·

7 28 και εγενετο οτε ετελεσεν ο ιησους τους λογους τουτους,

8 13 ως επιστευσας γενηθητω σοι.

16 οψιας δε γενομενης προσηνεγκαν αυτω δαιμονιζομενους πολλους,

24 και ιδου σεισμος μεγας εγενετο εν τη θαλασση,

26 και εγενετο γαληνη μεγαλη.

9 10 και εγενετο αυτου ανακειμενου εν τη οικια,

16 αιρει γαρ το πληρωμα αυτου απο του ιματιου, και χειρον σχισμα γινεται.

γινομαι [670]

Mt 9 29 κατα την πιστιν υμων γενηθητω υμιν.

10 16 γινεσθε ουν φρονιμοι ως οι οφεις και ακεραιοι ως αι περιστεραι.

25 αρκετον τω μαθητη ινα γενηται ως ο διδασκαλος αυτου,

11 1 και εγενετο οτε ετελεσεν ο ιησους διατασσων τοις δωδεκα μαθηταις αυτου,

20 τοτε ηρξατο ονειδιζειν τας πολεις εν αις εγενοντο αι πλεισται δυναμεις αυτου,

21 οτι ει εν τυρω και σιδωνι εγενοντο αι δυναμεις αι γενομεναι εν υμιν, παλαι αν εν σακκω και σποδω μετενοησαν.

21 οτι ει εν τυρω και σιδωνι εγενοντο αι δυναμεις αι γενομεναι εν υμιν, παλαι αν εν σακκω και σποδω μετενοησαν.

23 οτι ει εν σοδομοις εγενηθησαν αι δυναμεις αι γενομεναι εν σοι, εμεινεν αν μεχρι της σημερον.

23 οτι ει εν σοδομοις εγενηθησαν αι δυναμεις αι γενομεναι εν σοι, εμεινεν αν μεχρι της σημερον.

26 ναι ο πατηρ, οτι ουτως ευδοκια εγενετο εμπροσθεν σου.

12 45 και γινεται τα εσχατα του ανθρωπου εκεινου χειρονα των πρωτων.

13 21 γενομενης δε θλιψεως η διωγμου δια τον λογον ευθυς σκανδαλιζεται.

22 και η μεριμνα του αιωνος και η απατη του πλουτου συμπνιγει τον λογον, και ακαρπος γινεται.

32 οταν δε αυξηθη, μειζον των λαχανων εστιν και γινεται δενδρον,

53 και εγενετο οτε ετελεσεν ο ιησους τας παραβολας ταυτας,

14 6 γενεσιοις δε γενομενοις του ηρωδου ωρχησατο η θυγατηρ της ηρωδιαδος εν τω μεσω και ηρεσεν τω ηρωδη,

15 οψιας δε γενομενης προσηλθον αυτω οι μαθηται λεγοντες·

23 οψιας δε γενομενης μονος ην εκει.

15 28 ω γυναι, μεγαλη σου η πιστις· γενηθητω σοι ως θελεις.

16 2 [οψιας γενομενης λεγετε· ευδια, πυρραζει γαρ ο ουρανος· και πρωι· σημερον χειμων, πυρραζει γαρ στυγναζων ο ουρανος].

17 2 και ελαμψεν το προσωπον αυτου ως ο ηλιος, τα δε ιματια αυτου εγενετο λευκα ως το φως.

18 3 αμην λεγω υμιν, εαν μη στραφητε και γενησθε ως τα παιδια, ου μη εισελθητε εις την βασιλειαν των ουρανων.

12 εαν γενηται τινι ανθρωπω εκατον προβατα και πλανηθη εν εξ αυτων, ουχι αφησει τα ενενηκονταεννεα επι τα ορη και πορευθεις ζητει το πλανωμενον;

13 και εαν γενηται ευρειν αυτο, αμην λεγω υμιν οτι χαιρει επ αυτω μαλλον η επι τοις ενενηκονταεννεα τοις μη πεπλανημενοις.

19 παλιν [αμην] λεγω υμιν οτι εαν δυο συμφωνησωσιν εξ υμων επι της γης περι παντος πραγματος ου εαν αιτησωνται, γενησεται αυτοις παρα του πατρος μου του εν ουρανοις.

31 ιδοντες ουν οι συνδουλοι αυτου τα γενομενα ελυπηθησαν σφοδρα,

31 και ελθοντες διεσαφησαν τω κυριω εαυτων παντα τα γενομενα.

19 1 και εγενετο οτε ετελεσεν ο ιησους τους λογους τουτους, μετηρεν απο της γαλιλαιας και ηλθεν εις τα ορια της ιουδαιας περαν του ιορδανου.

8 λεγει αυτοις· οτι μωυσης προς την σκληροκαρδιαν υμων επετρεψεν υμιν απολυσαι τας γυναικας υμων· απ αρχης δε ου γεγονεν ουτως.

20 8 οψιας δε γενομενης λεγει ο κυριος του αμπελωνος τω επιτροπω αυτου·

26 αλλ ος εαν θελη εν υμιν μεγας γενεσθαι, εσται υμων διακονος,

21 4 τουτο δε γεγονεν ινα πληρωθη το ρηθεν δια του προφητου λεγοντος·

19 μηκετι εκ σου καρπος γενηται εις τον αιωνα.

21 αρθητι και βληθητι εις την θαλασσαν, γενησεται·

42 λιθον ον απεδοκιμασαν οι οικοδομουντες, ουτος εγενηθη εις κεφαλην γωνιας·

42 παρα κυριου εγενετο αυτη, και εστιν θαυμαστη εν οφθαλμοις ημων;

23 15 και οταν γενηται, ποιειτε αυτον υιον γεεννης διπλοτερον υμων.

26 φαρισαιε τυφλε, καθαρισον πρωτον το εντος του ποτηριου ινα γενηται και το εκτος αυτου καθαρον.

24 6 δει γαρ γενεσθαι, αλλ ουπω εστιν το τελος.

20 προσευχεσθε δε ινα μη γενηται η φυγη υμων χειμωνος μηδε σαββατω·

21 εσται γαρ τοτε θλιψις μεγαλη, οια ου γεγονεν απ αρχης κοσμου εως του νυν ουδ ου μη γενηται.

21 εσται γαρ τοτε θλιψις μεγαλη, οια ου γεγονεν απ αρχης κοσμου εως του νυν ουδ ου μη γενηται.

γινομαι [670]

Mt 24 32 ὅταν ἤδη ὁ κλαδος αὐτης γενηται ἁπαλος και τα φυλλα ἐκφυη, γινωσκετε ὁτι ἐγγυς το θερος·

34 ἁμην λεγω ὑμιν ὁτι οὐ μη παρελθη ἡ γενεα αὑτη ἑως ἀν παντα ταυτα *γενηται*.

44 δια τουτο και ὑμεις *γινεσθε* ἑτοιμοι, ὁτι ἡ οὐ δοκειτε ὡρα ὁ υἱος του ἀνθρωπου ἐρχεται.

25 6 μεσης δε νυκτος κραυγη *γεγονεν*· ἰδου ὁ νυμφιος, ἐξερχεσθε εἰς ἀπαντησιν [αὐτου].

26 1 και *ἐγενετο* ὁτε ἐτελεσεν ὁ ἰησους παντας τους λογους τουτους, εἰπεν τοις μαθηταις αὐτου·

2 οἰδατε ὁτι μετα δυο ἡμερας το πασχα *γινεται*, και ὁ υἱος του ἀνθρωπου παραδιδοται εἰς το σταυρωθηναι.

5 μη ἐν τη ἑορτη, ἱνα μη θορυβος *γενηται* ἐν τῳ λαῳ.

6 του δε ἰησου *γενομενου* ἐν βηθανιᾳ ἐν οἰκιᾳ σιμωνος του λεπρου, προσηλθεν αὐτῳ γυνη ἐχουσα ἀλαβαστρον μυρου βαρυτιμου και κατεχεεν ἐπι της κεφαλης αὐτου ἀνακειμενου.

20 ὀψιας δε *γενομενης* ἀνεκειτο μετα των δωδεκα.

42 πατερ μου, εἰ οὐ δυναται τουτο παρελθειν ἐαν μη αὐτο πιω, *γενηθητω* το θελημα σου.

54 πως οὐν πληρωθωσιν αἱ γραφαι ὁτι οὑτως δει *γενεσθαι*;

56 τουτο δε ὁλον *γεγονεν* ἱνα πληρωθωσιν αἱ γραφαι των προφητων.

27 1 πρωιας δε *γενομενης* συμβουλιον ἐλαβον παντες οἱ ἀρχιερεις και οἱ πρεσβυτεροι του λαου κατα του ἰησου ὡστε θανατωσαι αὐτον·

24 ἰδων δε ὁ πιλατος ὁτι οὐδεν ὠφελει ἀλλα μαλλον θορυβος *γινεται*, λαβων ὑδωρ ἀπενιψατο τας χειρας ἀπεναντι του ὀχλου λεγων·

45 ἀπο δε ἑκτης ὡρας σκοτος *ἐγενετο* ἐπι πασαν την γην ἑως ὡρας ἐνατης.

54 ὁ δε ἑκατονταρχος και οἱ μετ αὐτου τηρουντες τον ἰησουν ἰδοντες τον σεισμον και τα *γινομενα* ἐφοβηθησαν σφοδρα, λεγοντες·

57 ὀψιας δε *γενομενης* ἠλθεν ἀνθρωπος πλουσιος ἀπο ἀριμαθαιας, τουνομα ἰωσηφ, ὁς και αὐτος ἐμαθητευθη τω ἰησου·

28 2 και ἰδου σεισμος *ἐγενετο* μεγας·

4 ἀπο δε του φοβου αὐτου ἐσεισθησαν οἱ τηρουντες και *ἐγενηθησαν* ὡς νεκροι.

11 πορευομενων δε αὐτων ἰδου τινες της κουστωδιας ἐλθοντες εἰς την πολιν ἀπηγγειλαν τοις ἀρχιερευσιν ἁπαντα τα *γενομενα*.

Mc 1 4 *ἐγενετο* ἰωαννης [ὁ] βαπτιζων ἐν τη ἐρημω κηρυσσων βαπτισμα μετανοιας εἰς ἀφεσιν ἁμαρτιων.

9 και *ἐγενετο* ἐν ἐκειναις ταις ἡμεραις ἠλθεν ἰησους ἀπο ναζαρετ της γαλιλαιας και ἐβαπτισθη εἰς τον ἰορδανην ὑπο ἰωαννου·

11 και φωνη *ἐγενετο* ἐκ των οὐρανων· συ εἰ ὁ υἱος μου ὁ ἀγαπητος,

17 δευτε ὀπισω μου, και ποιησω ὑμας *γενεσθαι* ἁλιεις ἀνθρωπων.

32 ὀψιας δε *γενομενης*, ὁτε ἐδυ ὁ ἡλιος, ἐφερον προς αὐτον παντας τους κακως ἐχοντας και τους δαιμονιζομενους·

2 15 και *γινεται* κατακεισθαι αὐτον ἐν τη οἰκιᾳ αὐτου,

21 και χειρον σχισμα *γινεται*.

23 και *ἐγενετο* αὐτον ἐν τοις σαββασιν παραπορευεσθαι δια των σποριμων,

27 το σαββατον δια τον ἀνθρωπον *ἐγενετο*,

4 4 και *ἐγενετο* ἐν τῳ σπειρειν ὁ μεν ἐπεσεν παρα την ὁδον,

10 και ὁτε *ἐγενετο* κατα μονας, ἠρωτων αὐτον οἱ περι αὐτον συν τοις δωδεκα τας παραβολας.

11 ὑμιν το μυστηριον δεδοται της βασιλειας του θεου· ἐκεινοις δε τοις ἐξω ἐν παραβολαις τα παντα *γινεται*,

17 εἰτα *γενομενης* θλιψεως ἡ διωγμου δια τον λογον εὐθυς σκανδαλιζονται.

19 οὑτοι εἰσιν οἱ τον λογον ἀκουσαντες, και αἱ μεριμναι του αἰωνος και ἡ ἀπατη του πλουτου και αἱ περι τα λοιπα ἐπιθυμιαι εἰσπορευομεναι συμπνιγουσιν τον λογον, και ἀκαρπος *γινεται*.

22 οὐδε *ἐγενετο* ἀποκρυφον, ἀλλ ἱνα ἐλθη εἰς φανερον.

32 και ὁταν σπαρη, ἀναβαινει και *γινεται* μειζον παντων των λαχανων,

35 και λεγει αὐτοις ἐν ἐκεινη τη ἡμερα ὀψιας *γενομενης*· διελθωμεν εἰς το περαν.

37 και *γινεται* λαιλαψ μεγαλη ἀνεμου,

39 και ἐκοπασεν ὁ ἀνεμος, και *ἐγενετο* γαληνη μεγαλη.

5 14 και ἠλθον ἰδειν τι ἐστιν το *γεγονος*.

16 και διηγησαντο αὐτοις οἱ ἰδοντες πως *ἐγενετο* τω δαιμονιζομενω και περι των χοιρων.

γινομαι [670]

Mc 5 33 ἡ δε γυνη φοβηθεισα και τρεμουσα, εἰδυια ὁ *γεγονεν* αὐτη, ἠλθεν και προσεπεσεν αὐτω και εἰπεν αὐτω πασαν την ἀληθειαν.

6 2 και *γενομενου* σαββατου ἠρξατο διδασκειν ἐν τη συναγωγη·

2 ποθεν τουτω ταυτα, και τις ἡ σοφια ἡ δοθεισα τουτω, και αἱ δυναμεις τοιαυται δια των χειρων αὐτου *γινομεναι*;

14 και ἠκουσεν ὁ βασιλευς ἡρωδης, φανερον γαρ *ἐγενετο* το ὀνομα αὐτου, και ἐλεγον ὁτι ἰωαννης ὁ βαπτιζων ἐγηγερται ἐκ νεκρων,

21 και *γενομενης* ἡμερας εὐκαιρου ὁτε ἡρωδης τοις γενεσιοις αὐτου δειπνον ἐποιησεν τοις μεγιστασιν αὐτου και τοις χιλιαρχοις και τοις πρωτοις της γαλιλαιας,

26 και περιλυπος *γενομενος* ὁ βασιλευς δια τους ὁρκους και τους ἀνακειμενους οὐκ ἠθελησεν ἀθετησαι αὐτην.

35 και ἠδη ὡρας πολλης *γενομενης* προσελθοντες αὐτω οἱ μαθηται αὐτου ἐλεγον ὁτι ἐρημος ἐστιν ὁ τοπος και ἠδη ὡρα πολλη·

47 και ὀψιας *γενομενης* ἠν το πλοιον ἐν μεσω της θαλασσης,

9 3 και τα ἱματια αὐτου *ἐγενετο* στιλβοντα λευκα λιαν, οἱα γναφευς ἐπι της γης οὐ δυναται οὑτως λευκαναι.

6 οὐ γαρ ἠδει τι ἀποκριθη· ἐκφοβοι γαρ *ἐγενοντο*.

7 και *ἐγενετο* νεφελη ἐπισκιαζουσα αὐτοις,

7 και *ἐγενετο* φωνη ἐκ της νεφελης· οὑτος ἐστιν ὁ υἱος μου ὁ ἀγαπητος, ἀκουετε αὐτου.

21 ποσος χρονος ἐστιν ὡς τουτο *γεγονεν* αὐτω;

26 και *ἐγενετο* ὡσει νεκρος, ὡστε τους πολλους λεγειν ὁτι ἀπεθανεν.

33 και ἐν τη οἰκιᾳ *γενομενος* ἐπηρωτα αὐτους· τι ἐν τη ὁδω διελογιζεσθε;

50 ἐαν δε το ἁλας ἀναλον *γενηται*, ἐν τινι αὐτο ἀρτυσετε;

10 43 οὐχ οὑτως δε ἐστιν ἐν ὑμιν· ἀλλ ὁς ἀν θελη μεγας *γενεσθαι* ἐν ὑμιν, ἐσται ὑμων διακονος,

11 19 και ὁταν ὀψε *ἐγενετο*, ἐξεπορευοντο ἐξω της πολεως.

23 ἁμην λεγω ὑμιν ὁτι ὁς ἀν εἰπη τω ὀρει τουτω· ἀρθητι και βληθητι εἰς την θαλασσαν, και μη διακριθη ἐν τη καρδιᾳ αὐτου ἀλλα πιστευη ὁτι ὁ λαλει *γινεται*, ἐσται αὐτω.

12 10 λιθον ὁν ἀπεδοκιμασαν οἱ οἰκοδομουντες, οὑτος *ἐγενηθη* εἰς κεφαλην γωνιας·

11 παρα κυριου *ἐγενετο* αὑτη, και ἐστιν θαυμαστη ἐν ὀφθαλμοις ἡμων;

13 7 δει *γενεσθαι*, ἀλλ οὑπω το τελος.

18 προσευχεσθε δε ἱνα μη *γενηται* χειμωνος·

19 ἐσονται γαρ αἱ ἡμεραι ἐκειναι θλιψις, οἱα οὐ *γεγονεν* τοιαυτη ἀπ ἀρχης κτισεως ἡν ἐκτισεν ὁ θεος ἑως του νυν και οὐ μη *γενηται*.

19 ἐσονται γαρ αἱ ἡμεραι ἐκειναι θλιψις, οἱα οὐ *γεγονεν* τοιαυτη ἀπ ἀρχης κτισεως ἡν ἐκτισεν ὁ θεος ἑως του νυν και οὐ μη *γενηται*.

28 ἀπο δε της συκης μαθετε την παραβολην· ὁταν ἠδη ὁ κλαδος αὐτης ἁπαλος *γενηται* και ἐκφυη τα φυλλα, γινωσκετε ὁτι ἐγγυς το θερος ἐστιν·

29 οὑτως και ὑμεις, ὁταν ἰδητε ταυτα *γινομενα*, γινωσκετε ὁτι ἐγγυς ἐστιν ἐπι θυραις.

30 ἁμην λεγω ὑμιν ὁτι οὐ μη παρελθη ἡ γενεα αὑτη μεχρις οὑ ταυτα παντα *γενηται*.

14 4 εἰς τι ἡ ἀπωλεια αὑτη του μυρου *γεγονεν*;

17 και ὀψιας *γενομενης* ἐρχεται μετα των δωδεκα.

15 33 και *γενομενης* ὡρας ἑκτης σκοτος *ἐγενετο* ἐφ ὁλην την γην ἑως ὡρας ἐνατης.

33 και *γενομενης* ὡρας ἑκτης σκοτος *ἐγενετο* ἐφ ὁλην την γην ἑως ὡρας ἐνατης.

42 και ἠδη ὀψιας *γενομενης*, ἐπει ἠν παρασκευη, ὁ ἐστιν προσαββατον, ἐλθων ἰωσηφ [ὁ] ἀπο ἀριμαθαιας,

16 10 ἐκεινη πορευθεισα ἀπηγγειλεν τοις μετ αὐτου *γενομενοις* πενθουσι και κλαιουσιν·

Lc 1 2 ἐπειδηπερ πολλοι ἐπεχειρησαν ἀναταξασθαι διηγησιν περι των πεπληροφορημενων ἐν ἡμιν πραγματων, καθως παρεδοσαν ἡμιν οἱ ἀπ ἀρχης αὐτοπται και ὑπηρεται *γενομενοι* του λογου,

5 *ἐγενετο* ἐν ταις ἡμεραις ἡρωδου βασιλεως της ἰουδαιας ἱερευς τις ὀνοματι ζαχαριας ἐξ ἐφημεριας ἀβια,

8 *ἐγενετο* δε ἐν τω ἱερατευειν αὐτον ἐν τη ταξει της ἐφημεριας αὐτου ἐναντι του θεου,

20 και ἰδου ἐση σιωπων και μη δυναμενος λαλησαι ἀχρι ἡς ἡμερας *γενηται* ταυτα,

23 και *ἐγενετο* ὡς ἐπλησθησαν αἱ ἡμεραι της λειτουργιας αὐτου, ἀπηλθεν εἰς τον οἰκον αὐτου.

38 ἰδου ἡ δουλη κυριου· *γενοιτο* μοι κατα το ρημα σου.

γινομαι [670]

Lc 1 41 και *έγενετο* ώς ήκουσεν τον άσπασμον της μαριας ή έλισαβετ, έσκιρτησεν το βρεφος έν τη κοιλια αύτης,

44 ίδου γαρ ώς *έγενετο* ή φωνη του άσπασμου σου είς τα ώτα μου, έσκιρτησεν έν άγαλλιασει το βρεφος έν τη κοιλια μου.

59 και *έγενετο* έν τη ήμερα τη όγδοη ήλθον περιτεμειν το παιδιον,

65 και *έγενετο* έπι παντας φοβος τους περιοικουντας αύτους,

2 1 *έγενετο* δε έν ταις ήμεραις έκειναις έξηλθεν δογμα παρα καισαρος αύγουστου άπογραφεσθαι πασαν την οίκουμενην.

2 αύτη άπογραφη πρωτη *έγενετο* ήγεμονευοντος της συριας κυρηνιου.

6 *έγενετο* δε έν τω είναι αύτους έκει έπλησθησαν αί ήμεραι του τεκειν αύτην,

13 και έξαιφνης *έγενετο* συν τω άγγελω πληθος στρατιας ούρανιου αίνουντων τον θεον και λεγοντων·

15 και *έγενετο* ώς άπηλθον άπ αύτων είς τον ούρανον οί άγγελοι, οί ποιμενες έλαλουν προς άλληλους·

15 διελθωμεν δη έως βηθλεεμ και ίδωμεν το ρημα τουτο το *γεγονος* ό ό κυριος έγνωρισεν ήμιν.

42 και ότε *έγενετο* έτων δωδεκα, άναβαινοντων αύτων κατα το έθος της έορτης,

46 και *έγενετο* μετα ήμερας τρεις εύρον αύτον έν τω ίερω καθεζομενον έν μεσω των διδασκαλων και άκουοντα αύτων και έπερωτωντα αύτους·

3 2 έπι άρχιερεως άννα και καιαφα, *έγενετο* ρημα θεου έπι ίωαννην τον ζαχαριου υίον έν τη έρημω.

21 *έγενετο* δε έν τω βαπτισθηναι άπαντα τον λαον και ίησου βαπτισθεντος και προσευχομενου άνεωχθηναι τον ούρανον και καταβηναι το πνευμα το άγιον σωματικω είδει ώς περιστεραν έπ αύτον,

22 και φωνην έξ ούρανου *γενεσθαι*· συ εί ό υίος μου ό άγαπητος, έν σοί εύδοκησα.

4 3 εί υίος εί του θεου, είπε τω λιθω τουτω ίνα *γενηται* άρτος.

23 όσα ήκουσαμεν *γενομενα* είς την καφαρναουμ, ποιησον και ώδε έν τη πατριδι σου.

25 ότε έκλεισθη ό ούρανος έπι έτη τρια και μηνας έξ, ώς *έγενετο* λιμος μεγας έπι πασαν την γην,

36 και *έγενετο* θαμβος έπι παντας,

42 *γενομενης* δε ήμερας έξελθων έπορευθη είς έρημον τοπον·

5 1 *έγενετο* δε έν τω τον όχλον έπικεισθαι αύτω και άκουειν τον λογον του θεου, και αύτος ήν έστως παρα την λιμνην γεννησαρετ,

12 και *έγενετο* έν τω είναι αύτον έν μια των πολεων και ίδου άνηρ πληρης λεπρας·

17 και *έγενετο* έν μια των ήμερων και αύτος ήν διδασκων,

6 1 *έγενετο* δε έν σαββατω διαπορευεσθαι αύτον δια σποριμων,

6 *έγενετο* δε έν έτερω σαββατω είσελθειν αύτον είς την συναγωγην και διδασκειν·

12 *έγενετο* δε έν ταις ήμεραις ταυταις έξελθειν αύτον είς το όρος προσευξασθαι,

13 και ότε *έγενετο* ήμερα, προσεφωνησεν τους μαθητας αύτου,

16 και ίουδαν ίακωβου, και ίουδαν ίσκαριωθ, ός *έγενετο* προδοτης,

36 *γινεσθε* οίκτιρμονες, καθως [και] ό πατηρ ύμων οίκτιρμων έστιν.

48 πλημμυρης δε *γενομενης* προσερηξεν ό ποταμος τη οίκια έκεινη,

49 και εύθυς συνεπεσεν, και *έγενετο* το ρηγμα της οίκιας έκεινης μεγα.

7 11 και *έγενετο* έν τω έξης έπορευθη είς πολιν καλουμενην ναιν,

8 1 και *έγενετο* έν τω καθεξης και αύτος διωδευεν κατα πολιν και κωμην κηρυσσων και εύαγγελιζομενος την βασιλειαν του θεου,

17 ού γαρ έστιν κρυπτον ό ού φανερον *γενησεται*,

22 *έγενετο* δε έν μια των ήμερων και αύτος ένεβη είς πλοιον και οί μαθηται αύτου,

24 και έπαυσαντο, και *έγενετο* γαληνη.

34 ίδοντες δε οί βοσκοντες το *γεγονος* έφυγον και άπηγγειλαν είς την πολιν και είς τους άγρους.

35 έξηλθον δε ίδειν το *γεγονος*, και ήλθον προς τον ίησουν,

56 ό δε παρηγγειλεν αύτοις μηδενι είπειν το *γεγονος*.

9 7 ήκουσεν δε ήρωδης ό τετρααρχης τα *γινομενα* παντα,

18 και *έγενετο* έν τω είναι αύτον προσευχομενον κατα μονας συνησαν αύτω οί μαθηται.

28 *έγενετο* δε μετα τους λογους τουτους ώσει ήμεραι όκτω, [και] παραλαβων πετρον και ίωαννην και ίακωβον άνεβη είς το όρος προσευξασθαι.

γινομαι [670]

Lc 9 29 και *έγενετο* έν τω προσευχεσθαι αύτον το είδος του προσωπου αύτου έτερον και ό ίματισμος αύτου λευκος έξαστραπτων.

33 και *έγενετο* έν τω διαχωριζεσθαι αύτους άπ αύτου είπεν ό πετρος προς τον ίησουν·

34 ταυτα δε αύτου λεγοντος *έγενετο* νεφελη και έπεσκιαζεν αύτους·

35 και φωνη *έγενετο* έκ της νεφελης λεγουσα·

36 και έν τω *γενεσθαι* την φωνην εύρεθη ίησους μονος.

37 *έγενετο* δε τη έξης ήμερα κατελθοντων αύτων άπο του όρους συνηντησεν αύτω όχλος πολυς.

51 *έγενετο* δε έν τω συμπληρουσθαι τας ήμερας της άναλημψεως αύτου και αύτος το προσωπον έστηρισεν του πορευεσθαι είς ίερουσαλημ,

10 13 ότι εί έν τυρω και σιδωνι *έγενηθησαν* αί δυναμεις αί *γενομεναι* έν ύμιν, παλαι άν έν σακκω και σποδω καθημενοι μετενοησαν.

13 ότι εί έν τυρω και σιδωνι έγενηθησαν αί δυναμεις αί *γενομεναι* έν ύμιν, παλαι άν έν σακκω και σποδω καθημενοι μετενοησαν.

21 ναι, ό πατηρ, ότι ούτως εύδοκια *έγενετο* έμπροσθεν σου.

32 όμοιως δε και λευιτης [*γενομενος*] κατα τον τοπον έλθων και ίδων άντιπαρηλθεν.

36 τίς τουτων των τριων πλησιον δοκει σοι *γεγονεναι* του έμπεσοντος είς τους ληστας;

11 1 και *έγενετο* έν τω είναι αύτον έν τοπω τινι προσευχομενον, ώς έπαυσατο, είπεν τις των μαθητων αύτου προς αύτον·

14 *έγενετο* δε του δαιμονιου έξελθοντος έλαλησεν ό κωφος·

26 και *γινεται* τα έσχατα του άνθρωπου έκεινου χειρονα των πρωτων.

27 *έγενετο* δε έν τω λεγειν αύτον ταυτα έπαρασα τις φωνην γυνη έκ του όχλου είπεν αύτω·

30 καθως γαρ *έγενετο* ίωνας τοις νινευιταις σημειον, ούτως έσται και ό υίος του άνθρωπου τη γενεα ταυτη.

12 40 και ύμεις *γινεσθε* έτοιμοι, ότι ή ώρα ού δοκειτε ό υίος του άνθρωπου έρχεται.

54 όταν ίδητε την νεφελην άνατελλουσαν έπι δυσμων, εύθεως λεγετε ότι όμβρος έρχεται, και *γινεται* ούτως·

55 και όταν νοτον πνεοντα, λεγετε ότι καυσων έσται, και *γινεται*.

13 2 δοκειτε ότι οί γαλιλαιοι ούτοι άμαρτωλοι παρα παντας τους γαλιλαιους *έγενοντο*, ότι ταυτα πεπονθασιν;

4 ή έκεινοι οί δεκαοκτω έφ ούς έπεσεν ό πυργος έν τω σιλωαμ και άπεκτεινεν αύτους, δοκειτε ότι αύτοι όφειλεται *έγενοντο* παρα παντας τους άνθρωπους τους κατοικουντας ίερουσαλημ;

17 και ταυτα λεγοντος αύτου κατησχυνοντο παντες οί άντικειμενοι αύτω και πας ό όχλος έχαιρεν έπι πασιν τοις ένδοξοις τοις *γινομενοις* ύπ αύτου.

19 και ηύξησεν και *έγενετο* είς δενδρον, και τα πετεινα του ούρανου κατεσκηνωσεν έν τοις κλαδοις αύτου.

14 1 και *έγενετο* έν τω έλθειν αύτον είς οίκον τινος των άρχοντων [των] φαρισαιων σαββατω φαγειν άρτον,

12 μηποτε και αύτοι άντικαλεσωσιν σε και *γενηται* άνταποδομα σοι.

22 κυριε, *γεγονεν* ό έπεταξας, και έτι τοπος έστιν.

15 10 ούτως, λεγω ύμιν, *γινεται* χαρα ένωπιον των άγγελων του θεου έπι ένι άμαρτωλω μετανοουντι.

14 δαπανησαντος δε αύτου παντα *έγενετο* λιμος ίσχυρα κατα την χωραν έκεινην,

16 11 εί ούν έν τω άδικω μαμωνα πιστοι ούκ *έγενεσθε*, το άληθινον τίς ύμιν πιστευσει;

12 και εί έν τω άλλοτριω πιστοι ούκ *έγενεσθε*, το ύμετερον τίς ύμιν δωσει;

22 *έγενετο* δε άποθανειν τον πτωχον και άπενεχθηναι αύτον ύπο των άγγελων είς τον κολπον άβρααμ·

17 11 και *έγενετο* έν τω πορευεσθαι είς ίερουσαλημ, και αύτος διηρχετο δια μεσον σαμαρειας και γαλιλαιας.

14 και *έγενετο* έν τω ύπαγειν αύτους έκαθαρισθησαν.

26 και καθως *έγενετο* έν ταις ήμεραις νωε, ούτως έσται και έν ταις ήμεραις του υίου του άνθρωπου·

28 όμοιως καθως *έγενετο* έν ταις ήμεραις λωτ·

18 23 ό δε άκουσας ταυτα περιλυπος *έγενηθη*, ήν γαρ πλουσιος σφοδρα.

24 ίδων δε αύτον ό ίησους [περιλυπον *γενομενον*] είπεν·

35 *έγενετο* δε έν τω έγγιζειν αύτον είς ίεριχω τυφλος τις έκαθητο παρα την όδον έπαιτων.

19 9 είπεν δε προς αύτον ό ίησους ότι σημερον σωτηρια τω οίκω τουτω *έγενετο*.

γινομαι [670]

Lc 19 15 και *έγενετο* έν τω έπανελθειν αύτον λαβοντα την βασιλειαν και είπεν φωνηθηναι αύτω τους δουλους τουτους

17 εύ γε, άγαθε δουλε, ότι έν έλαχιστω πιστος *έγενου*, ίσθι έξουσιαν έχων έπανω δεκα πολεων.

19 και συ έπανω *γινου* πεντε πολεων.

29 και *έγενετο* ώς ήγγισεν είς βηθφαγη και βηθανια[ν] προς το όρος το καλουμενον έλαιων, άπεστειλεν δυο των μαθητων λεγων·

20 1 και *έγενετο* έν μια των ήμερων διδασκοντος αύτου τον λαον έν τω ίερω και εύαγγελιζομενου έπεστησαν οί άρχιερεις και οί γραμματεις συν τοις πρεσβυτεροις,

14 ούτος έστιν ό κληρονομος· άποκτεινωμεν αύτον, ίνα ήμων *γενηται* ή κληρονομια.

16 άκουσαντες δε είπαν· μη *γενοιτο*.

17 λιθον όν άπεδοκιμασαν οί οίκοδομουντες, ούτος *έγενηθη* είς κεφαλην γωνιας;

33 ή γυνη ούν έν τη άναστασει τίνος αύτων *γινεται* γυνη;

21 7 διδασκαλε, πότε ούν ταυτα έσται; και τί το σημειον όταν μελλη ταυτα *γινεσθαι*;

9 δει γαρ ταυτα *γενεσθαι* πρωτον, άλλ ούκ εύθεως το τελος.

28 άρχομενων δε τουτων *γινεσθαι* άνακυψατε και έπαρατε τας κεφαλας ύμων, διοτι έγγιζει ή άπολυτρωσις ύμων.

31 ούτως και ύμεις, όταν ίδητε ταυτα *γινομενα*, γινωσκετε ότι έγγυς έστιν ή βασιλεια του θεου.

32 άμην λεγω ύμιν ότι ού μη παρελθη ή γενεα αύτη έως άν παντα *γενηται*.

36 άγρυπνειτε δε έν παντι καιρω δεομενοι ίνα κατισχυσητε έκφυγειν ταυτα παντα τα μελλοντα *γινεσθαι*,

22 14 και ότε *έγενετο* ή ώρα, άνεπεσεν, και οί άποστολοι συν αύτω.

24 *έγενετο* δε και φιλονεικια έν αύτοις, το τίς αύτων δοκει είναι μειζων.

26 ύμεις δε ούχ ούτως, άλλ ό μειζων έν ύμιν *γινεσθω* ώς ό νεωτερος, και ό ήγουμενος ώς ό διακονων.

40 *γενομενος* δε έπι του τοπου είπεν αύτοις·

42 πλην μη το θελημα μου άλλα το σον *γινεσθω*.

44 [και *γενομενος* έν άγωνια έκτενεστερον προσηυχετο]·

44 [και *έγενετο* ό ίδρως αύτου ώσει θρομβοι αίματος καταβαινοντες έπι την γην].

66 και ώς *έγενετο* ήμερα, συνηχθη το πρεσβυτεριον του λαου,

23 8 και ήλπιζεν τι σημειον ίδειν ύπ αύτου *γινομενον*.

12 *έγενοντο* δε φιλοι ό τε ήρωδης και ό πιλατος έν αύτη τη ήμερα μετ άλληλων·

19 όστις ήν δια στασιν τινα *γενομενην* έν τη πολει και φονον βληθεις έν τη φυλακη.

24 και πιλατος έπεκρινεν *γενεσθαι* το αίτημα αύτων·

31 ότι εί έν τω ύγρω ξυλω ταυτα ποιουσιν, έν τω ξηρω τί *γενηται*;

44 και ήν ήδη ώσει ώρα έκτη και σκοτος *έγενετο* έφ όλην την γην έως ώρας ένατης του ήλιου έκλιποντος·

47 ίδων δε ό έκατονταρχης το *γενομενον* έδοξαζεν τον θεον λεγων·

48 και παντες οί συμπαραγενομενοι όχλοι έπι την θεωριαν ταυτην, θεωρησαντες τα *γενομενα*, τυπτοντες τα στηθη ύπεστρεφον.

24 4 και *έγενετο* έν τω άπορεισθαι αύτας περι τουτου και ίδου άνδρες δυο έπεστησαν αύταις έν έσθητι άστραπτουση·

5 έμφοβων δε *γενομενων* αύτων και κλινουσων τα προσωπα είς την γην,

12 και άπηλθεν προς έαυτον θαυμαζων το *γεγονος*.

15 και *έγενετο* έν τω όμιλειν αύτους και συζητειν, και αύτος ίησους έγγισας συνεπορευετο αύτοις·

18 συ μονος παροικεις ίερουσαλημ και ούκ έγνως τα *γενομενα* έν αύτη έν ταις ήμεραις ταυταις;

19 τα περι ίησου του ναζαρηνου, ός *έγενετο* άνηρ προφητης δυνατος έν έργω και λογω έναντιον του θεου και παντος του λαου,

21 άλλα γε και συν πασιν τουτοις τριτην ταυτην ήμεραν άγει άφ ού ταυτα *έγενετο*.

22 άλλα και γυναικες τινες έξ ήμων έξεστησαν ήμας, *γενομεναι* όρθριναι έπι το μνημειον·

30 και *έγενετο* έν τω κατακλιθηναι αύτον μετ αύτων λαβων τον άρτον εύλογησεν και κλασας έπεδιδου αύτοις·

31 και αύτος άφαντος *έγενετο* άπ αύτων.

37 πτοηθεντες δε και έμφοβοι *γενομενοι* έδοκουν πνευμα θεωρειν.

51 και *έγενετο* έν τω εύλογειν αύτον αύτους διεστη άπ αύτων και άνεφερετο είς τον ούρανον.

Jh 1 3 παντα δι αύτου *έγενετο*,

3 και χωρις αύτου *έγενετο* ούδε έν ό γεγονεν.

γινομαι [670]

Jh 1 3 και χωρις αύτου *έγενετο* ούδε έν ό *γεγονεν*.

6 *έγενετο* άνθρωπος, άπεσταλμενος παρα θεου,

10 και ό κοσμος δι αύτου *έγενετο*,

12 όσοι δε έλαβον αύτον, έδωκεν αύτοις έξουσιαν τεκνα θεου *γενεσθαι*,

14 και ό λογος σαρξ *έγενετο* και έσκηνωσεν έν ήμιν,

15 ό όπισω μου έρχομενος έμπροσθεν μου *γεγονεν*,

17 ή χαρις και ή άληθεια δια ίησου χριστου *έγενετο*.

28 ταυτα έν βηθανια *έγενετο* περαν του ίορδανου,

30 όπισω μου έρχεται άνηρ ός έμπροσθεν μου *γεγονεν*,

2 1 και τη ήμερα τη τριτη γαμος *έγενετο* έν κανα της γαλιλαιας,

9 ώς δε έγευσατο ό άρχιτρικλινος το ύδωρ οίνον *γεγενημενον*,

3 9 άπεκριθη νικοδημος και είπεν αύτω· πως δυναται ταυτα *γενεσθαι*;

25 *έγενετο* ούν ζητησις έκ των μαθητων ίωαννου μετα ίουδαιου περι καθαρισμου.

4 14 ού μη διψησει είς τον αίωνα, άλλα το ύδωρ ό δωσω αύτω *γενησεται* έν αύτω πηγη ύδατος άλλομενου είς ζωην αίωνιον.

5 4* ό ούν πρωτος έμβας μετα την ταραχην του ύδατος ύγιης *έγινετο* οίωδηποτουν κατειχετο νοσηματι.

6 λεγει αύτω· θελεις ύγιης *γενεσθαι*;

9 και εύθεως *έγενετο* ύγιης ό άνθρωπος,

14 μετα ταυτα εύρισκει αύτον ό ίησους έν τω ίερω και είπεν αύτω· ίδε ύγιης *γεγονας*·

14 μηκετι άμαρτανε, ίνα μη χειρον σοι τι *γενηται*.

6 16 ώς δε όψια *έγενετο*, κατεβησαν οί μαθηται αύτου έπι την θαλασσαν,

17 και σκοτια ήδη *έγεγονει* και ούπω έληλυθει προς αύτους ό ίησους,

19 έληλακοτες ούν ώς σταδιους είκοσιπεντε ή τριακοντα θεωρουσιν τον ίησουν περιπατουντα έπι της θαλασσης και έγγυς του πλοιου *γινομενον*·

21 και εύθεως *έγενετο* το πλοιον έπι της γης είς ήν ύπηγον.

25 ραββι, πότε ώδε *γεγονας*;

7 43 σχισμα ούν *έγενετο* έν τω όχλω δι αύτον·

8 33 πως συ λεγεις ότι έλευθεροι *γενησεσθε*;

58 άμην άμην λεγω ύμιν, πριν άβρααμ *γενεσθαι* έγω είμι.

9 22 ήδη γαρ συνετεθειντο οί ίουδαιοι ίνα έαν τις αύτον όμολογηση χριστον, άποσυναγωγος *γενηται*.

27 μη και ύμεις θελετε αύτου μαθηται *γενεσθαι*;

39 είς κριμα έγω είς τον κοσμον τουτον ήλθον, ίνα οί μη βλεποντες βλεπωσιν και οί βλεποντες τυφλοι *γενωνται*.

10 16 και *γενησονται* μια ποιμνη, είς ποιμην.

19 σχισμα παλιν *έγενετο* έν τοις ίουδαιοις δια τους λογους τουτους·

22 *έγενετο* τοτε τα έγκαινια έν τοις ίεροσολυμοις· χειμων ήν·

35 εί έκεινους είπεν θεους προς ούς ό λογος του θεου *έγενετο*, και ού δυναται λυθηναι ή γραφη,

12 29 ό ούν όχλος ό έστως και άκουσας έλεγεν βροντην *γεγονεναι*·

30 ού δι έμε ή φωνη αύτη *γεγονεν* άλλα δι ύμας.

36 ώς το φως έχετε, πιστευετε είς το φως, ίνα υίοι φωτος *γενησθε*.

42 άλλα δια τους φαρισαιους ούχ ώμολογουν, ίνα μη άποσυναγωγοι *γενωνται*·

13 2 και δειπνου *γινομενου*, του διαβολου ήδη βεβληκοτος είς την καρδιαν ίνα παραδοι αύτον ίουδας σιμωνος ίσκαριωτου,

19 άπ άρτι λεγω ύμιν προ του *γενεσθαι*, ίνα πιστευσητε όταν γενηται ότι έγω είμι.

19 άπ άρτι λεγω ύμιν προ του *γενεσθαι*, ίνα πιστευσητε όταν γενηται ότι έγω είμι.

14 22 κυριε, [και] τί *γεγονεν* ότι ήμιν μελλεις έμφανιζειν σεαυτον και ούχι τω κοσμω;

29 και νυν είρηκα ύμιν πριν *γενεσθαι*, ίνα όταν γενηται πιστευσητε.

29 και νυν είρηκα ύμιν πριν *γενεσθαι*, ίνα όταν γενηται πιστευσητε.

15 7 έαν μεινητε έν έμοι και τα ρηματα μου έν ύμιν μεινη, ό έαν θελητε αίτησασθε, και *γενησεται* ύμιν.

8 έν τουτω έδοξασθη ό πατηρ μου, ίνα καρπον πολυν φερητε και *γενησθε* έμοι μαθηται.

16 20 ύμεις λυπηθησεσθε, άλλ ή λυπη ύμων είς χαραν *γενησεται*.

19 36 *έγενετο* γαρ ταυτα ίνα ή γραφη πληρωθη·

20 27 και μη *γινου* άπιστος άλλα πιστος.

21 4 πρωιας δε ήδη *γενομενης* έστη ίησους είς τον αίγιαλον·

Ac 1 16 άνδρες άδελφοι, έδει πληρωθηναι την γραφην ήν προειπεν το πνευμα το άγιον δια στοματος δαυιδ περι ίουδα του *γενομενου* όδηγου τοις συλλαβουσιν ίησουν.

18 και πρηνης *γενομενος* έλακησεν μεσος, και έξεχυθη παντα τα σπλαγχνα αύτου·

γινομαι [670]

Ac	1 19	και γνωστον *ἐγενετο* πασι τοις κατοικουσιν ἰερουσαλημ, ὡστε κληθηναι το χωριον ἐκεινο τῃ ἰδιᾳ διαλεκτῳ αὐτων ἀκελδαμαχ, τουτ ἐστιν χωριον αἱματος.
	20	*γενηθητω* ἡ ἐπαυλις αὐτου ἐρημος και μη ἐστω ὁ κατοικων ἐν αὐτῃ, και· την ἐπισκοπην αὐτου λαβετω ἑτερος.
	22	μαρτυρα της ἀναστασεως αὐτου συν ἡμιν *γενεσθαι* ἑνα τουτων.
2	2	και *ἐγενετο* ἀφνω ἐκ του οὐρανου ἠχος ὡσπερ φερομενης πνοης βιαιας και ἐπληρωσεν ὁλον τον οἰκον οὑ ἠσαν καθημενοι,
	6	*γενομενης* δε της φωνης ταυτης συνηλθεν το πληθος και συνεχυθη,
	43	*ἐγινετο* δε πασῃ ψυχῃ φοβος· πολλα τε τερατα και σημεια δια των ἀποστολων *ἐγινετο.*
	43	*ἐγινετο* δε πασῃ ψυχῃ φοβος· πολλα τε τερατα και σημεια δια των ἀποστολων *ἐγινετο.*
4	4	πολλοι δε των ἀκουσαντων τον λογον ἐπιστευσαν, και *ἐγενηθη* [ὁ] ἀριθμος των ἀνδρων [ὡς] χιλιαδες πεντε.
	5	*ἐγενετο* δε ἐπι την αὐριον συναχθηναι αὐτων τους ἀρχοντας και τους πρεσβυτερους και τους γραμματεις ἐν ἰερουσαλημ,
	11	οὑτος ἐστιν ὁ λιθος ὁ ἐξουθενηθεις ὑφ ὑμων των οἰκοδομων, ὁ *γενομενος* εἰς κεφαλην γωνιας.
	16	ὁτι μεν γαρ γνωστον σημειον *γεγονεν* δι αὐτων, πασιν τοις κατοικουσιν ἰερουσαλημ φανερον,
	21	οἱ δε προσαπειλησαμενοι ἀπελυσαν αὐτους, μηδεν εὑρισκοντες το πῶς κολασωνται αὐτους, δια τον λαον, ὁτι παντες ἐδοξαζον τον θεον ἐπι τῳ *γεγονοτι·*
	22	ἐτων γαρ ἠν πλειωνων τεσσερακοντα ὁ ἀνθρωπος ἐφ ὁν *γεγονει* το σημειον τουτο της ἰασεως.
	28	ἡρωδης τε και ποντιος πιλατος συν ἐθνεσιν και λαοις ἰσραηλ, ποιησαι ὁσα ἡ χειρ σου και ἡ βουλη [σου] προωρισεν *γενεσθαι.*
	30	ἐν τῳ την χειρα [σου] ἐκτεινειν σε εἰς ἰασιν και σημεια και τερατα *γινεσθαι* δια του ὀνοματος του ἀγιου παιδος σου ἰησου.
5	5	και *ἐγενετο* φοβος μεγας ἐπι παντας τους ἀκουοντας.
	7	*ἐγενετο* δε ὡς ὡρων τριων διαστημα και ἡ γυνη αὐτου μη εἰδυια το γεγονος εἰσηλθεν.
	7	*ἐγενετο* δε ὡς ὡρων τριων διαστημα και ἡ γυνη αὐτου μη εἰδυια το γεγονος εἰσηλθεν.
	11	και *ἐγενετο* φοβος μεγας ἐφ ὁλην την ἐκκλησιαν και ἐπι παντας τους ἀκουοντας ταυτα.
	12	δια δε των χειρων των ἀποστολων *ἐγινετο* σημεια και τερατα πολλα ἐν τῳ λαῳ·
	24	ὡς δε ἠκουσαν τους λογους τουτους ὁ τε στρατηγος του ἱερου και οἱ ἀρχιερεις, διηπορουν περι αὐτων τι ἀν *γενοιτο* τουτο.
	36	ὁς ἀνῃρεθη, και παντες ὁσοι ἐπειθοντο αὐτῳ διελυθησαν και *ἐγενοντο* εἰς οὐδεν.
6	1	ἐν δε ταις ἡμεραις ταυταις πληθυνοντων των μαθητων *ἐγενετο* γογγυσμος των ἑλληνιστων προς τους ἑβραιους,
7	13	και φανερον *ἐγενετο* τῳ φαραω το γενος ἰωσηφ.
	29	ἐφυγεν δε μωυσης ἐν τῳ λογῳ τουτῳ, και *ἐγενετο* παροικος ἐν γῃ μαδιαμ,
	31	προσερχομενου δε αὐτου κατανοησαι *ἐγενετο* φωνη κυριου· ἐγω ὁ θεος των πατερων σου, ὁ θεος ἀβρααμ και ἰσαακ και ἰακωβ.
	32	ἐντρομος δε *γενομενος* μωυσης οὐκ ἐτολμα κατανοησαι.
	38	οὑτος ἐστιν ὁ *γενομενος* ἐν τῃ ἐκκλησιᾳ ἐν τῃ ἐρημῳ μετα του ἀγγελου
	39	ᾡ οὐκ ἠθελησαν ὑπηκοοι *γενεσθαι* οἱ πατερες ἡμων,
	40	ὁ γαρ μωυσης οὑτος, ὁς ἐξηγαγεν ἡμας ἐκ γης αἰγυπτου, οὐκ οἰδαμεν τι *ἐγενετο* αὐτῳ.
	52	και ἀπεκτειναν τους προκαταγγειλαντας περι της ἐλευσεως του δικαιου, οὑ νυν ὑμεις προδοται και φονεις *ἐγενεσθε,*
8	1	*ἐγενετο* δε ἐν ἐκεινῃ τῃ ἡμερᾳ διωγμος μεγας ἐπι την ἐκκλησιαν την ἐν ἱεροσολυμοις·
	8	*ἐγενετο* δε πολλη χαρα ἐν τῃ πολει ἐκεινῃ.
	13	θεωρων τε σημεια και δυναμεις μεγαλας *γινομενας* ἐξιστατο.
9	3	ἐν δε τῳ πορευεσθαι *ἐγενετο* αὐτον ἐγγιζειν τῃ δαμασκῳ, ἐξαιφνης τε αὐτον περιηστραψεν φως ἐκ του οὐρανου,
	19	*ἐγενετο* δε μετα των ἐν δαμασκῳ μαθητων ἡμερας τινας,
	32	*ἐγενετο* δε πετρον διερχομενον δια παντων κατελθειν και προς τους ἀγιους τους κατοικουντας λυδδα.
	37	*ἐγενετο* δε ἐν ταις ἡμεραις ἐκειναις ἀσθενησασαν αὐτην ἀποθανειν·
	42	*γνωστον* δε *ἐγενετο* καθ ὁλης της ἰοππης, και ἐπιστευσαν πολλοι ἐπι τον κυριον.
	43	*ἐγενετο* δε ἡμερας ἱκανας μειναι ἐν ἰοππῃ παρα τινι σιμωνι βυρσει.

γινομαι [670]

Ac	10 4	ὁ δε ἀτενισας αὐτῳ και ἐμφοβος *γενομενος* εἰπεν·
	10	*ἐγενετο* δε προσπεινος και ἠθελεν γευσασθαι·
	10	παρασκευαζοντων δε αὐτων *ἐγενετο* ἐπ αὐτον ἐκστασις,
	13	και *ἐγενετο* φωνη προς αὐτον·
	16	τουτο δε *ἐγενετο* ἐπι τρις, και εὐθυς ἀνελημφθη το σκευος εἰς τον οὐρανον.
	25	ὡς δε *ἐγενετο* του εἰσελθειν τον πετρον, συναντησας αὐτῳ ὁ κορνηλιος πεσων ἐπι τους ποδας προσεκυνησεν.
	37	ὑμεις οἰδατε το *γενομενον* ῥημα καθ ὁλης της ἰουδαιας,
	40	τουτον ὁ θεος ἠγειρεν [ἐν] τῃ τριτῃ ἡμερᾳ και ἐδωκεν αὐτον ἐμφανη *γενεσθαι,*
11	10	τουτο δε *ἐγενετο* ἐπι τρις,
	19	οἱ μεν οὐν διασπαρεντες ἀπο της θλιψεως της *γενομενης* ἐπι στεφανῳ διηλθον ἑως φοινικης και κυπρου και ἀντιοχειας,
	26	*ἐγενετο* δε αὐτοις και ἐνιαυτον ὁλον συναχθηναι ἐν τῃ ἐκκλησιᾳ και διδαξαι ὀχλον ἱκανον,
	28	ἀναστας δε εἱς ἐξ αὐτων ὀνοματι ἀγαβος ἐσημανεν δια του πνευματος λιμον μεγαλην μελλειν ἐσεσθαι ἐφ ὁλην την οἰκουμενην· ἡτις *ἐγενετο* ἐπι κλαυδιου.
12	5	προσευχη δε ἠν ἐκτενως *γινομενη* ὑπο της ἐκκλησιας προς τον θεον περι αὐτου.
	9	και ἐξελθων ἠκολουθει, και οὐκ ᾐδει ὁτι ἀληθες ἐστιν το *γινομενον* δια του ἀγγελου,
	11	και ὁ πετρος ἐν ἑαυτῳ *γενομενος* εἰπεν·
	18	*γενομενης* δε ἡμερας ἠν ταραχος οὐκ ὀλιγος ἐν τοις στρατιωταις,
	18	*γενομενης* δε ἡμερας ἠν ταραχος οὐκ ὀλιγος ἐν τοις στρατιωταις, τι ἀρα ὁ πετρος *ἐγενετο.*
	23	παραχρημα δε ἐπαταξεν αὐτον ἀγγελος κυριου ἀνθ ὡν οὐκ ἐδωκεν την δοξαν τῳ θεῳ, και *γενομενος* σκωληκοβρωτος ἐξεψυξεν.
13	5	και *γενομενοι* ἐν σαλαμινι κατηγγελλον τον λογον του θεου ἐν ταις συναγωγαις των ἰουδαιων·
	12	τοτε ἰδων ὁ ἀνθυπατος το *γεγονος* ἐπιστευσεν, ἐκπλησσομενος ἐπι τῃ διδαχῃ του κυριου.
	32	και ἡμεις ὑμας εὐαγγελιζομεθα την προς τους πατερας ἐπαγγελιαν *γενομενην,*
14	1	*ἐγενετο* δε ἐν ἰκονιῳ κατα το αὐτο εἰσελθειν αὐτους εἰς την συναγωγην των ἰουδαιων και λαλησαι οὑτως ὡστε πιστευσαι ἰουδαιων τε και ἑλληνων πολυ πληθος.
	3	ἱκανον μεν οὐν χρονον διετριψαν παρρησιαζομενοι ἐπι τῳ κυριῳ τῳ μαρτυρουντι ἐπι τῳ λογῳ της χαριτος αὐτου, διδοντι σημεια και τερατα *γινεσθαι* δια των χειρων αὐτων.
	5	ὡς δε *ἐγενετο* ὁρμη των ἐθνων τε και ἰουδαιων συν τοις ἀρχουσιν αὐτων ὑβρισαι και λιθοβολησαι αὐτους,
15	2	*γενομενης* δε στασεως και ζητησεως οὐκ ὀλιγης τῳ παυλῳ και τῳ βαρναβᾳ προς αὐτους, ἐταξαν ἀναβαινειν παυλον και βαρναβαν
	7	πολλης δε ζητησεως *γενομενης* ἀναστας πετρος εἰπεν προς αὐτους·
	25	ἐπειδη ἠκουσαμεν ὁτι τινες ἐξ ἡμων [ἐξελθοντες] ἐταραξαν ὑμας λογοις ἀνασκευαζοντες τας ψυχας ὑμων, οἱς οὐ διεστειλαμεθα, ἐδοξεν ἡμιν *γενομενοις* ὁμοθυμαδον,
	39	*ἐγενετο* δε παροξυσμος, ὡστε ἀποχωρισθηναι αὐτους ἀπ ἀλληλων,
16	16	*ἐγενετο* δε πορευομενων ἡμων εἰς την προσευχην, παιδισκην τινα ἐχουσαν πνευμα πυθωνα ὑπαντησαι ἡμιν,
	26	ἀφνω δε σεισμος *ἐγενετο* μεγας, ὡστε σαλευθηναι τα θεμελια του δεσμωτηριου·
	27	ἐξυπνος δε *γενομενος* ὁ δεσμοφυλαξ και ἰδων ἀνεῳγμενας τας θυρας της φυλακης, σπασαμενος [την] μαχαιραν ἠμελλεν ἑαυτον ἀναιρειν,
	29	αἰτησας δε φωτα εἰσεπηδησεν, και ἐντρομος *γενομενος* προσεπεσεν τῳ παυλῳ και [τῳ] σιλᾳ,
	35	ἡμερας δε *γενομενης* ἀπεστειλαν οἱ στρατηγοι τους ῥαβδουχους λεγοντες·
19	1	*ἐγενετο* δε ἐν τῳ τον ἀπολλω εἰναι ἐν κορινθῳ παυλον διελθοντα τα ἀνωτερικα μερη [κατ]ελθειν εἰς ἐφεσον και εὑρειν τινας μαθητας,
	10	τουτο δε *ἐγενετο* ἐπι ἐτη δυο,
	17	τουτο δε *ἐγενετο* γνωστον πασιν ἰουδαιοις τε και ἑλλησιν τοις κατοικουσιν την ἐφεσον,
	21	εἰπων ὁτι μετα το *γενεσθαι* με ἐκει δει με και ῥωμην ἰδειν.
	23	*ἐγενετο* δε κατα τον καιρον ἐκεινον ταραχος οὐκ ὀλιγος περι της ὁδου.
	26	λεγων ὁτι οὐκ εἰσιν θεοι οἱ δια χειρων *γινομενοι.*
	28	ἀκουσαντες δε και *γενομενοι* πληρεις θυμου ἐκραζον λεγοντες·

γινομαι [670]

Ac | 19 | 34 | ἐπιγνοντες δε ὁτι ιουδαιος ἐστιν, φωνη ἐγενετο μια ἐκ παντων, ὡς ἐπι ὡρας δυο κραζοντων·
| 20 | 3 | γενομενης ἐπιβουλης αὐτω ὑπο των ιουδαιων μελλοντι ἀναγεσθαι εἰς την συριαν, ἐγενετο γνωμης του ὑποστρεφειν δια μακεδονιας.
| | 3 | γενομενης ἐπιβουλης αὐτω ὑπο των ιουδαιων μελλοντι ἀναγεσθαι εἰς την συριαν, ἐγενετο γνωμης του ὑποστρεφειν δια μακεδονιας.
| | 16 | κεκρικει γαρ ὁ παυλος παραπλευσαι την ἐφεσον, ὁπως μη γενηται αὐτω χρονοτριβησαι ἐν τη ἀσια.
| | 16 | ἐσπευδεν γαρ, εἰ δυνατον εἰη αὐτω, την ἡμεραν της πεντηκοστης γενεσθαι εἰς ιεροσολυμα.
| | 18 | ὑμεις ἐπιστασθε, ἀπο πρωτης ἡμερας ἀφ ἡς ἐπεβην εἰς την ἀσιαν, πως μεθ ὑμων τον παντα χρονον ἐγενομην,
| | 37 | ἱκανος δε κλαυθμος ἐγενετο παντων, και ἐπιπεσοντες ἐπι τον τραχηλον του παυλου κατεφιλουν αὐτον,
| 21 | 1 | ὡς δε ἐγενετο ἀναχθηναι ἡμας ἀποσπασθεντας ἀπ αὐτων, εὐθυδρομησαντες ἠλθομεν εἰς την κω,
| | 5 | ὁτε δε ἐγενετο ἡμας ἐξαρτισαι τας ἡμερας, ἐξελθοντες ἐπορευομεθα προπεμποντων ἡμας παντων συν γυναιξι και τεκνοις ἑως ἐξω της πολεως,
| | 14 | μη πειθομενου δε αὐτου ἡσυχασαμεν εἰποντες· του κυριου το θελημα γινεσθω.
| | 17 | γενομενων δε ἡμων εἰς ιεροσολυμα ἀσμενως ἀπεδεξαντο ἡμας οἱ ἀδελφοι.
| | 30 | ἐκινηθη τε ἡ πολις ὁλη και ἐγενετο συνδρομη του λαου,
| | 35 | ὁτε δε ἐγενετο ἐπι τους ἀναβαθμους, συνεβη βασταζεσθαι αὐτον ὑπο των στρατιωτων δια την βιαν του ὀχλου·
| | 40 | πολλης δε σιγης γενομενης προσεφωνησεν τη ἑβραιδι διαλεκτω λεγων·
| 22 | 6 | ἐγενετο δε μοι πορευομενω και ἐγγιζοντι τη δαμασκω περι μεσημβριαν ἐξαιφνης ἐκ του οὐρανου περιαστραψαι φως· ἱκανον περι ἐμε,
| | 17 | ἐγενετο δε μοι ὑποστρεψαντι εἰς ιερουσαλημ και προσευχομενου μου ἐν τω ιερω γενεσθαι με ἐν ἐκστασει,
| | 17 | ἐγενετο δε μοι ὑποστρεψαντι εἰς ιερουσαλημ και προσευχομενου μου ἐν τω ιερω γενεσθαι με ἐν ἐκστασει,
| 23 | 7 | τουτο δε αὐτου εἰποντος ἐγενετο στασις των φαρισαιων και σαδδουκαιων,
| | 9 | ἐγενετο δε κραυγη μεγαλη, και ἀναστάντες τινες των γραμματεων του μερους των φαρισαιων διεμαχοντο λεγοντες·
| | 10 | πολλης δε γινομενης στασεως φοβηθεις ὁ χιλιαρχος μη διασπασθη ὁ παυλος ὑπ αὐτων,
| | 12 | γενομενης δε ἡμερας ποιησαντες συστροφην οἱ ιουδαιοι ἀνεθεματισαν ἑαυτους, λεγοντες μητε φαγειν μητε πιειν ἑως οὑ ἀποκτεινωσιν τον παυλον.
| 24 | 2 | πολλης εἰρηνης τυγχανοντες δια σοῦ και διορθωματων γινομενων τω ἐθνει τουτω δια της σης προνοιας, παντη τε και πανταχου ἀποδεχομεθα,
| | 25 | διαλεγομενου δε αὐτου περι δικαιοσυνης και ἐγκρατειας και του κριματος του μελλοντος ἐμφοβος γενομενος ὁ φηλιξ ἀπεκριθη·
| 25 | 15 | ἀνηρ τις ἐστιν καταλελειμμενος ὑπο φηλικος δεσμιος, περι οὑ γενομενου μου εἰς ιεροσολυμα ἐνεφανισαν οἱ ἀρχιερεις και οἱ πρεσβυτεροι των ιουδαιων,
| | 26 | διο προηγαγον αὐτον ἐφ ὑμων και μαλιστα ἐπι σοῦ, βασιλευ ἀγριππα, ὁπως της ἀνακρισεως γενομενης σχω τι γραψω·
| 26 | 4 | την μεν οὐν βιωσιν μου [την] ἐκ νεοτητος την ἀπ ἀρχης γενομενην ἐν τω ἐθνει μου ἐν τε ιεροσολυμοις ἰσασι παντες [οἱ] ιουδαιοι,
| | 6 | και νυν ἐπ ἐλπιδι της εἰς τους πατερας ἡμων ἐπαγγελιας γενομενης ὑπο του θεου ἑστηκα κρινομενος,
| | 19 | ὁθεν, βασιλευ ἀγριππα, οὐκ ἐγενομην ἀπειθης τη οὐρανιω ὀπτασια,
| | 22 | οὐδεν ἐκτος λεγων ὡν τε οἱ προφηται ἐλαλησαν μελλοντων γινεσθαι και μωυσης, εἰ παθητος ὁ χριστος,
| | 29 | εὐξαιμην ἀν τω θεω και ἐν ὀλιγω και ἐν μεγαλω οὐ μονον σε ἀλλα και παντας τους ἀκουοντας μου σημερον γενεσθαι τοιουτους ὁποιος και ἐγω εἰμι,
| 27 | 7 | ἐν ἱκαναις δε ἡμεραις βραδυπλοουντες και μολις γενομενοι κατα την κνιδον, μη προσεωντος ἡμας του ἀνεμου, ὑπεπλευσαμεν την κρητην κατα σαλμωνην,
| | 16 | νησιον δε τι ὑποδραμοντες καλουμενον καυδα ἰσχυσαμεν μολις περικρατεις γενεσθαι της σκαφης,
| | 27 | ὡς δε τεσσαρεσκαιδεκατη νυξ ἐγενετο διαφερομενων ἡμων ἐν τω ἀδρια, κατα μεσον της νυκτος ὑπενοουν οἱ ναυται προσαγειν τινα αὐτοις χωραν.

γινομαι [670]

Ac | 27 | 29 | φοβουμενοι τε μη που κατα τραχεις τοπους ἐκπεσωμεν, ἐκ πρυμνης ῥιψαντες ἀγκυρας τεσσαρας ηὐχοντο ἡμεραν γενεσθαι.
| | 33 | ἀχρι δε οὑ ἡμερα ἡμελλεν γινεσθαι, παρεκαλει ὁ παυλος ἁπαντας μεταλαβειν τροφης λεγων·
| | 36 | εὐθυμοι δε γενομενοι παντες και αὐτοι προσελαβοντο τροφης.
| | 39 | ὁτε δε ἡμερα ἐγενετο, την γην οὐκ ἐπεγινωσκον,
| | 42 | των δε στρατιωτων βουλη ἐγενετο ἰνα τους δεσμωτας ἀποκτεινωσιν, μη τις ἐκκολυμβησας διαφυγη·
| | 44 | και οὑτως ἐγενετο παντας διασωθηναι ἐπι την γην.
| 28 | 6 | ἐπι πολυ δε αὐτων προσδοκωντων και θεωρουντων μηδεν ἀτοπον εἰς αὐτον γινομενον, μεταβαλομενοι ἐλεγον αὐτον εἰναι θεον.
| | 8 | ἐγενετο δε τον πατερα του ποπλιου πυρετοις και δυσεντεριω συνεχομενον κατακεισθαι,
| | 9 | τουτου δε γενομενου και οἱ λοιποι οἱ ἐν τη νησω ἐχοντες ἀσθενειας προσηρχοντο και ἐθεραπευοντο,
| | 17 | ἐγενετο δε μετα ἡμερας τρεις συγκαλεσασθαι αὐτον τους ὀντας των ιουδαιων πρωτους·
Rm | 1 | 3 | ὁ προεπηγγειλατο δια των προφητων αὐτου ἐν γραφαις ἀγιαις περι του υἱου αὐτου του γενομενου ἐκ σπερματος δαυιδ κατα σαρκα,
| 2 | 25 | ἐαν δε παραβατης νομου ης, ἡ περιτομη σου ἀκροβυστια γεγονεν.
| 3 | 4 | εἰ ἡπιστησαν τινες, μη ἡ ἀπιστια αὐτων την πιστιν του θεου καταργησει; μη γενοιτο·
| | 4 | γινεσθω δε ὁ θεος ἀληθης, πας δε ἀνθρωπος ψευστης,
| | 6 | κατα ἀνθρωπον λεγω. μη γενοιτο·
| | 19 | οἰδαμεν δε ὁτι ὁσα ὁ νομος λεγει τοις ἐν τω νομω λαλει, ἰνα παν στομα φραγη και ὑποδικος γενηται πας ὁ κοσμος τω θεω·
| | 31 | νομον οὐν καταργουμεν δια της πιστεως; μη γενοιτο·
| 4 | 18 | ὁς παρ ἐλπιδα ἐπ ἐλπιδι ἐπιστευσεν, εἰς το γενεσθαι αὐτον πατερα πολλων ἐθνων κατα το εἰρημενον·
| 6 | 2 | ἐπιμενωμεν τη ἀμαρτια, ἰνα ἡ χαρις πλεοναση; μη γενοιτο.
| | 5 | εἰ γαρ συμφυτοι γεγοναμεν τω ὁμοιωματι του θανατου αὐτου, ἀλλα και της ἀναστασεως ἐσομεθα·
| | 15 | ἀμαρτησωμεν, ὁτι οὐκ ἐσμεν ὑπο νομον ἀλλα ὑπο χαριν; μη γενοιτο.
| 7 | 3 | ἀρα οὐν ζωντος του ἀνδρος μοιχαλις χρηματισει ἐαν γενηται ἀνδρι ἑτερω·
| | 3 | ἐαν δε ἀποθανη ὁ ἀνηρ, ἐλευθερα ἐστιν ἀπο του νομου, του μη εἰναι αὐτην μοιχαλιδα γενομενην ἀνδρι ἑτερω.
| | 4 | ὡστε, ἀδελφοι μου, και ὑμεις ἐθανατωθητε τω νομω δια του σωματος του χριστου, εἰς το γενεσθαι ὑμας ἑτερω,
| | 7 | ὁ νομος ἀμαρτια; μη γενοιτο·
| | 13 | το οὐν ἀγαθον ἐμοι ἐγενετο θανατος;
| | 13 | το οὐν ἀγαθον ἐμοι ἐγενετο θανατος; μη γενοιτο·
| | 13 | ἀλλα ἡ ἀμαρτια, ἰνα φανη ἀμαρτια, δια του ἀγαθου μοι κατεργαζομενη θανατον, ἰνα γενηται καθ ὑπερβολην ἀμαρτωλος ἡ ἀμαρτια δια της ἐντολης.
| 9 | 14 | μη ἀδικια παρα τω θεω; μη γενοιτο.
| | 29 | εἰ μη κυριος σαβαωθ ἐγκατελιπεν ἡμιν σπερμα, ὡς σοδομα ἀν ἐγενηθημεν και ὡς γομορρα ἀν ὡμοιωθημεν.
| 10 | 20 | εὐρεθην [ἐν] τοις ἐμε μη ζητουσιν, ἐμφανης ἐγενομην τοις ἐμε μη ἐπερωτωσιν.
| 11 | 1 | λεγω οὐν, μη ἀπωσατο ὁ θεος τον λαον αὐτου; μη γενοιτο·
| | 5 | οὑτως οὐν και ἐν τω νυν καιρω λειμμα κατ ἐκλογην χαριτος γεγονεν·
| | 6 | εἰ δε χαριτι, οὐκετι ἐξ ἐργων, ἐπει ἡ χαρις οὐκετι γινεται χαρις.
| | 9 | γενηθητω ἡ τραπεζα αὐτων εἰς παγιδα και εἰς θηραν και εἰς σκανδαλον και εἰς ἀνταποδομα αὐτοις,
| | 11 | λεγω οὐν, μη ἐπταισαν ἰνα πεσωσιν; μη γενοιτο·
| | 17 | εἰ δε τινες των κλαδων ἐξεκλασθησαν, συ δε ἀγριελαιος ὡν ἐνεκεντρισθης ἐν αὐτοις και συγκοινωνος της ῥιζης της πιοτητος της ἐλαιας ἐγενου, μη κατακαυχω των κλαδων·
| | 25 | ἰνα μη ητε [παρ] ἑαυτοις φρονιμοι, ὁτι πωρωσις ἀπο μερους τω ισραηλ γεγονεν ἀχρι οὑ το πληρωμα των ἐθνων εἰσελθη.
| | 34 | τις γαρ ἐγνω νουν κυριου; ἡ τις συμβουλος αὐτου ἐγενετο·
| 12 | 16 | μη γινεσθε φρονιμοι παρ ἑαυτοις.
| 15 | 8 | λεγω γαρ χριστον διακονον γεγενησθαι περιτομης ὑπερ ἀληθειας θεου,
| | 16 | ιερουργουντα το εὐαγγελιον του θεου, ἰνα γενηται ἡ προσφορα των ἐθνων εὐπροσδεκτος,
| | 31 | ἰνα ῥυσθω ἀπο των ἀπειθουντων ἐν τη ιουδαια και ἡ διακονια μου ἡ εἰς ιερουσαλημ εὐπροσδεκτος τοις ἀγιοις γενηται,
| 16 | 2 | και γαρ αὐτη προστατις πολλων ἐγενηθη και ἐμου αὐτου.

γινομαι [670]

Rm 16 7 οἵτινες εἰσιν ἐπισημοι ἐν τοις ἀποστολοις, οἱ και προ ἐμου *γεγοναν* ἐν χριστω.

1Co 1 30 ἐξ αὐτου δε ὑμεις ἐστε ἐν χριστω ἰησου, ὃς *ἐγενηθη* σοφια ἡμιν ἀπο θεου,

2 3 καγω ἐν ἀσθενεια και ἐν φοβω και ἐν τρομω πολλω *ἐγενομην* προς ὑμας,

3 13 εἰ δε τις ἐποικοδομει ἐπι τον θεμελιον χρυσον, ἀργυρον, λιθους τιμιους, ξυλα, χορτον, καλαμην, ἑκαστου το ἐργον φανερον *γενησεται·*

18 εἰ τις δοκει σοφος εἰναι ἐν ὑμιν ἐν τω αἰωνι τουτω, μωρος *γενεσθω,* ἱνα γενηται σοφος.

18 εἰ τις δοκει σοφος εἰναι ἐν ὑμιν ἐν τω αἰωνι τουτω, μωρος γενεσθω, ἱνα *γενηται σοφος.*

4 5 και τοτε ὁ ἐπαινος *γενησεται* ἑκαστω ἀπο του θεου.

9 δοκω γαρ, ὁ θεος ἡμας τους ἀποστολους ἐσχατους ἀπεδειξεν ὡς ἐπιθανατιους, ὁτι θεατρον *ἐγενηθημεν* τω κοσμω και ἀγγελοις και ἀνθρωποις.

13 ὡς περικαθαρματα του κοσμου *ἐγενηθημεν,* παντων περιψημα ἑως ἀρτι.

16 παρακαλω οὐν ὑμας, μιμηται μου *γινεσθε.*

6 15 ἀρας οὐν τα μελη του χριστου ποιησω πορνης μελη; μη *γενοιτο.*

7 21 ἀλλ εἰ και δυνασαι ἐλευθερος *γενεσθαι,* μαλλον χρησαι.

23 τιμης ἠγορασθητε· μη *γινεσθε* δουλοι ἀνθρωπων.

36 εἰ δε τις ἀσχημονειν ἐπι την παρθενον αὐτου νομιζει, ἐαν ἠ ὑπερακμος, και οὑτως ὀφειλει *γινεσθαι,* ὁ θελει ποιειτω·

8 9 βλεπετε δε μη πως ἡ ἐξουσια ὑμων αὑτη προσκομμα *γενηται* τοις ἀσθενεσιν.

9 15 οὐκ ἐγραψα δε ταυτα ἱνα οὑτως *γενηται* ἐν ἐμοι·

20 και *ἐγενομην* τοις ἰουδαιοις ὡς ἰουδαιος,

22 *ἐγενομην* τοις ἀσθενεσιν ἀσθενης, ἱνα τους ἀσθενεις κερδησω·

22 τοις πασιν *γεγονα* παντα, ἱνα παντως τινας σωσω.

23 παντα δε ποιω δια το εὐαγγελιον, ἱνα συγκοινωνος αὐτου *γενωμαι.*

27 ἀλλα ὑπωπιαζω μου το σωμα και δουλαγωγω, μη πως ἀλλοις κηρυξας αὐτος ἀδοκιμος *γενωμαι.*

10 6 ταυτα δε τυποι ἡμων *ἐγενηθησαν,* εἰς το μη εἰναι ἡμας ἐπιθυμητας κακων,

7 μηδε εἰδωλολατραι *γινεσθε,* καθως τινες αὐτων·

20 οὐ θελω δε ὑμας κοινωνους των δαιμονιων *γινεσθαι.*

32 ἀπροσκοποι και ἰουδαιοις *γινεσθε* και ἑλλησιν και τη ἐκκλησια του θεου,

11 1 μιμηται μου *γινεσθε,* καθως καγω χριστου.

19 δει γαρ και αἱρεσεις ἐν ὑμιν εἰναι, ἱνα [και] οἱ δοκιμοι φανεροι *γενωνται* ἐν ὑμιν.

13 1 ἐαν ταις γλωσσαις των ἀνθρωπων λαλω και των ἀγγελων, ἀγαπην δε μη ἐχω, *γεγονα* χαλκος ἠχων ἠ κυμβαλον ἀλαλαζον.

11 ὁτε *γεγονα* ἀνηρ, κατηργηκα τα του νηπιου.

14 20 ἀδελφοι, μη παιδια *γινεσθε* ταις φρεσιν,

20 ἀλλα τη κακια νηπιαζετε, ταις δε φρεσιν τελειοι *γινεσθε.*

25 τα κρυπτα της καρδιας αὐτου φανερα *γινεται,*

26 παντα προς οἰκοδομην *γινεσθω.*

40 παντα δε εὐσχημονως και κατα ταξιν *γινεσθω.*

15 10 και ἡ χαρις αὐτου ἡ εἰς ἐμε οὐ κενη *ἐγενηθη,*

37 και ὁ σπειρεις, οὐ το σωμα το *γενησομενον* σπειρεις, ἀλλα γυμνον κοκκον εἰ τυχοι σιτου ἠ τινος των λοιπων·

45 *ἐγενετο* ὁ πρωτος ἀνθρωπος ἀδαμ εἰς ψυχην ζωσαν·

54 ὁταν δε το φθαρτον τουτο ἐνδυσηται ἀφθαρσιαν και το θνητον τουτο ἐνδυσηται ἀθανασιαν, τοτε *γενησεται* ὁ λογος ὁ γεγραμμενος·

58 τω δε θεω χαρις τω διδοντι ἡμιν το νικος δια του κυριου ἡμων ἰησου χριστου. ὡστε, ἀδελφοι μου ἀγαπητοι, ἑδραιοι *γινεσθε,*

16 2 κατα μιαν σαββατου ἑκαστος ὑμων παρ ἑαυτω τιθετω θησαυριζων ὁτι ἐαν εὐοδωται, ἱνα μη ὁταν ἐλθω τοτε λογειαι *γινωνται.*

10 ἐαν δε ἐλθη τιμοθεος, βλεπετε ἱνα ἀφοβως *γενηται* προς ὑμας·

14 παντα ὑμων ἐν ἀγαπη *γινεσθω.*

2Co 1 8 οὐ γαρ θελομεν ὑμας ἀγνοειν, ἀδελφοι, ὑπερ της θλιψεως ἡμων της *γενομενης* ἐν τη ἀσια,

19 ὁ του θεου γαρ υἱος ἰησους χριστος ὁ ἐν ὑμιν δι ἡμων κηρυχθεις, δι ἐμου και σιλουανου και τιμοθεου, οὐκ *ἐγενετο* ναι και οὐ,

19 οὐκ ἐγενετο ναι και οὐ, ἀλλα ναι ἐν αὐτω *γεγονεν.*

3 7 εἰ δε ἡ διακονια του θανατου ἐν γραμμασιν ἐντετυπωμενη λιθοις *ἐγενηθη* ἐν δοξη, ὡστε μη δυνασθαι ἀτενισαι τους υἱους ἰσραηλ εἰς το προσωπον μωυσεως

γινομαι [670]

2Co 5 17 τα ἀρχαια παρηλθεν, ἰδου *γεγονεν* καινα.

21 τον μη γνοντα ἁμαρτιαν ὑπερ ἡμων ἁμαρτιαν ἐποιησεν, ἱνα ἡμεις *γενωμεθα* δικαιοσυνη θεου ἐν αὐτω.

6 14 μη *γινεσθε* ἑτεροζυγουντες ἀπιστοις·

7 14 ἀλλ ὡς παντα ἐν ἀληθεια ἐλαλησαμεν ὑμιν, οὑτως και ἡ καυχησις ἡμων ἡ ἐπι τιτου ἀληθεια *ἐγενηθη.*

8 14 ἐν τω νυν καιρω το ὑμων περισσευμα εἰς το ἐκεινων ὑστερημα, ἱνα και το ἐκεινων περισσευμα *γενηται* εἰς το ὑμων ὑστερημα,

14 ἱνα και το ἐκεινων περισσευμα γενηται εἰς το ὑμων ὑστερημα, ὁπως *γενηται* ἰσοτης,

12 11 *γεγονα* ἀφρων· ὑμεις με ἠναγκασατε.

Ga 2 17 εἰ δε ζητουντες δικαιωθηναι ἐν χριστω εὑρεθημεν και αὐτοι ἁμαρτωλοι, ἀρα χριστος ἁμαρτιας διακονος; μη *γενοιτο.*

3 13 χριστος ἡμας ἐξηγορασεν ἐκ της καταρας του νομου *γενομενος* ὑπερ ἡμων καταρα,

14 ἱνα εἰς τα ἐθνη ἡ εὐλογια του ἀβρααμ *γενηται* ἐν χριστω ἰησου,

17 διαθηκην προκεκυρωμενην ὑπο του θεου ὁ μετα τετρακοσιακαιτριακοντα ἐτη *γεγονως* νομος οὐκ ἀκυροι, εἰς το καταργησαι την ἐπαγγελιαν.

21 ὁ οὐν νομος κατα των ἐπαγγελιων [του θεου]; μη *γενοιτο.*

24 ὡστε ὁ νομος παιδαγωγος ἡμων *γεγονεν* εἰς χριστον, ἱνα ἐκ πιστεως δικαιωθωμεν·

4 4 ἐξαπεστειλεν ὁ θεος τον υἱον αὐτου, *γενομενον* ἐκ γυναικος, γενομενον ὑπο νομον,

4 ἐξαπεστειλεν ὁ θεος τον υἱον αὐτου, γενομενον ἐκ γυναικος, *γενομενον* ὑπο νομον,

12 *γινεσθε* ὡς ἐγω, ὁτι καγω ὡς ὑμεις, ἀδελφοι, δεομαι ὑμων.

16 ὡστε ἐχθρος ὑμων *γεγονα* ἀληθευων ὑμιν;

5 26 μη *γινωμεθα* κενοδοξοι, ἀλληλους προκαλουμενοι, ἀλληλοις φθονουντες.

6 14 ἐμοι δε μη *γενοιτο* καυχασθαι εἰ μη ἐν τω σταυρω του κυριου ἡμων ἰησου χριστου,

Eph 2 13 νυνι δε ἐν χριστω ἰησου ὑμεις οἱ ποτε ὀντες μακραν *ἐγενηθητε* ἐγγυς ἐν τω αἱματι του χριστου.

3 7 δια του εὐαγγελιου, οὑ *ἐγενηθην* διακονος κατα την δωρεαν της χαριτος του θεου της δοθεισης μοι κατα την ἐνεργειαν της δυναμεως αὐτου.

4 32 *γινεσθε* [δε] εἰς ἀλληλους χρηστοι, εὐσπλαγχνοι, χαριζομενοι ἑαυτοις καθως και ὁ θεος ἐν χριστω ἐχαρισατο ὑμιν.

5 1 *γινεσθε* οὐν μιμηται του θεου, ὡς τεκνα ἀγαπητα,

7 μη οὐν *γινεσθε* συμμετοχοι αὐτων·

12 τα γαρ κρυφη *γινομενα* ὑπ αὐτων αἰσχρον ἐστιν και λεγειν·

17 δια τουτο μη *γινεσθε* ἀφρονες, ἀλλα συνιετε τι το θελημα του κυριου.

6 3 ἱνα εὐ σοι *γενηται* και ἐση μακροχρονιος ἐπι της γης.

Php 1 13 ὡστε τους δεσμους μου φανερους ἐν χριστω *γενεσθαι* ἐν ὁλω τω πραιτωριω και τοις λοιποις πασιν,

2 7 ἀλλα ἑαυτον ἐκενωσεν μορφην δουλου λαβων, ἐν ὁμοιωματι ἀνθρωπων *γενομενος·*

8 και σχηματι εὑρεθεις ὡς ἀνθρωπος ἐταπεινωσεν ἑαυτον *γενομενος* ὑπηκοος μεχρι θανατου,

15 παντα ποιειτε χωρις γογγυσμων και διαλογισμων, ἱνα *γενησθε* ἀμεμπτοι και ἀκεραιοι,

3 6 κατα ζηλος διωκων την ἐκκλησιαν, κατα δικαιοσυνην την ἐν νομω *γενομενος* ἀμεμπτος.

17 συμμιμηται μου *γινεσθε,* ἀδελφοι,

Col 1 18 ὁς ἐστιν ἀρχη, πρωτοτοκος ἐκ των νεκρων, ἱνα *γενηται* ἐν πασιν αὐτος πρωτευων·

23 του κηρυχθεντος ἐν παση κτισει τη ὑπο τον οὐρανον, οὑ *ἐγενομην* ἐγω παυλος διακονος.

25 ὁ ἐστιν ἡ ἐκκλησια, ἡς *ἐγενομην* ἐγω διακονος κατα την οἰκονομιαν του θεου

3 15 και εὐχαριστοι *γινεσθε.*

4 11 οὑτοι μονοι συνεργοι εἰς την βασιλειαν του θεου, οἱτινες *ἐγενηθησαν* μοι παρηγορια.

1Th 1 5 εἰδοτες, ἀδελφοι ἠγαπημενοι ὑπο [του] θεου, την ἐκλογην ὑμων, ὁτι το εὐαγγελιον ἡμων οὐκ *ἐγενηθη* εἰς ὑμας ἐν λογω μονον,

5 καθως οἰδατε οἱοι *ἐγενηθημεν* [ἐν] ὑμιν δι ὑμας.

6 και ὑμεις μιμηται ἡμων *ἐγενηθητε* και του κυριου,

7 ὡστε *γενεσθαι* ὑμας τυπον πασιν τοις πιστευουσιν ἐν τη μακεδονια και ἐν τη ἀχαια.

2 1 αὐτοι γαρ οἰδατε, ἀδελφοι, την εἰσοδον ἡμων την προς ὑμας, ὁτι οὐ κενη *γεγονεν,*

5 οὐτε γαρ ποτε ἐν λογω κολακειας *ἐγενηθημεν,* καθως οἰδατε, οὐτε ἐν προφασει πλεονεξιας,

7 ἀλλα *ἐγενηθημεν* νηπιοι ἐν μεσω ὑμων·

γινομαι [670]

1Th	2 8	οὕτως ὁμειρομενοι ὑμων εὐδοκουμεν μεταδουναι ὑμιν οὐ μονον το εὐαγγελιον του θεου ἀλλα και τας ἑαυτων ψυχας, διοτι ἀγαπητοι ἡμιν *ἐγενηθητε.*
	10	ὑμεις μαρτυρες και ὁ θεος, ὡς ὁσιως και δικαιως και ἀμεμπτως ὑμιν τοις πιστευουσιν *ἐγενηθημεν.*
	14	ὑμεις γαρ μιμηται *ἐγενηθητε,* ἀδελφοι, των ἐκκλησιων του θεου
	3 4	προελεγομεν ὑμιν ὅτι μελλομεν θλιβεσθαι, καθως και *ἐγενετο* και οἰδατε.
	5	μη πως ἐπειρασεν ὑμας ὁ πειραζων και εἰς κενον *γενηται* ὁ κοπος ἡμων.
2Th	2 7	μονον ὁ κατεχων ἀρτι ἑως ἐκ μεσου *γενηται.*
1Tm	2 14	ἡ δε γυνη ἐξαπατηθεισα ἐν παραβασει *γεγονεν·*
	4 12	μηδεις σου της νεοτητος καταφρονειτω, ἀλλα τυπος *γινου* των πιστων ἐν λογω,
	5 9	χηρα καταλεγεσθω μη ἐλαττον ἐτων ἑξηκοντα *γεγονυια,*
	6 4	ἀλλα νοσων περι ζητησεις και λογομαχιας, ἐξ ὡν *γινεται* φθονος, ἐρις, βλασφημιαι, ὑπονοιαι πονηραι,
2Tm	1 17	ὅτι πολλακις με ἀνεψυξεν και την ἁλυσιν μου οὐκ ἐπαισχυνθη, ἀλλα *γενομενος* ἐν ῥωμη σπουδαιως ἐζητησεν με και εὑρεν·
	2 18	οἱτινες περι την ἀληθειαν ἠστοχησαν, λεγοντες [την] ἀναστασιν ἠδη *γεγονεναι,*
	3 9	ἡ γαρ ἀνοια αὐτων ἐκδηλος ἐσται πασιν, ὡς και ἡ ἐκεινων *ἐγενετο.*
	11	τοις διωγμοις, τοις παθημασιν, οἱα μοι *ἐγενετο* ἐν ἀντιοχεια, ἐν ἰκονιω, ἐν λυστροις·
Tit	3 7	ἰνα δικαιωθεντες τη ἐκεινου χαριτι κληρονομοι *γενηθωμεν* κατ ἐλπιδα ζωης αἰωνιου.
Phm	6	ὁπως ἡ κοινωνια της πιστεως σου ἐνεργης *γενηται* ἐν ἐπιγνωσει παντος ἀγαθου του ἐν ἡμιν εἰς χριστον.
Heb	1 4	τοσουτω κρειττων *γενομενος* των ἀγγελων ὁσω διαφορωτερον παρ αὐτους κεκληρονομηκεν ὀνομα.
	2 2	εἰ γαρ ὁ δι ἀγγελων λαληθεις λογος *ἐγενετο* βεβαιος, και πασα παραβασις και παρακοη ἐλαβεν ἐνδικον μισθαποδοσιαν, πως ἡμεις ἐκφευξομεθα τηλικαυτης ἀμελησαντες σωτηριας;
	17	ὁθεν ὠφειλεν κατα παντα τοις ἀδελφοις ὁμοιωθηναι, ἰνα ἐλεημων *γενηται* και πιστος ἀρχιερευς τα προς τον θεον,
	3 14	μετοχοι γαρ του χριστου *γεγοναμεν,*
	4 3	καιτοι των ἐργων ἀπο καταβολης κοσμου *γενηθεντων.*
	5 5	οὑτως και ὁ χριστος οὐχ ἑαυτον ἐδοξασεν *γενηθηναι* ἀρχιερεα.
	9	και τελειωθεις *ἐγενετο* πασιν τοις ὑπακουουσιν αὐτω αἰτιος σωτηριας αἰωνιου,
	11	περι οὑ πολυς ἡμιν ὁ λογος και δυσερμηνευτος λεγειν, ἐπει νωθροι *γεγονατε* ταις ἀκοαις.
	12	και *γεγονατε* χρειαν ἐχοντες γαλακτος, [και] οὐ στερεας τροφης.
	6 4	και μετοχους *γενηθεντας* πνευματος ἁγιου
	12	ἐπιθυμουμεν δε ἑκαστον ὑμων την αὐτην ἐνδεικνυσθαι σπουδην προς την πληροφοριαν της ἐλπιδος ἀχρι τελους, ἰνα μη νωθροι *γενησθε,*
	20	ὁπου προδρομος ὑπερ ἡμων εἰσηλθεν ἰησους, κατα την ταξιν μελχισεδεκ ἀρχιερευς *γενομενος* εἰς τον αἰωνα.
	7 12	μετατιθεμενης γαρ της ἱερωσυνης ἐξ ἀναγκης και νομου μεταθεσις *γινεται.*
	16	εἰ κατα την ὁμοιοτητα μελχισεδεκ ἀνισταται ἱερευς ἑτερος, ὁς οὐ κατα νομον ἐντολης σαρκινης *γεγονεν* ἀλλα κατα δυναμιν ζωης ἀκαταλυτου.
	18	ἀθετησις μεν γαρ *γινεται* προαγουσης ἐντολης δια το αὐτης ἀσθενες και ἀνωφελες,
	20	οἱ μεν γαρ χωρις ὁρκωμοσιας εἰσιν ἱερεις *γεγονοτες,*
	22	κατα τοσουτο [και] κρειττονος διαθηκης *γεγονεν* ἐγγυος ἰησους.
	23	και οἱ μεν πλειονες εἰσιν *γεγονοτες* ἱερεις δια το θανατω κωλυεσθαι παραμενειν·
	26	τοιουτος γαρ ἡμιν και ἐπρεπεν ἀρχιερευς, ὁσιος, ἀκακος, ἀμιαντος, κεχωρισμενος ἀπο των ἁμαρτωλων, και ὑψηλοτερος των οὐρανων *γενομενος·*
	9 11	χριστος δε παραγενομενος ἀρχιερευς των *γενομενων* ἀγαθων,
	15	και δια τουτο διαθηκης καινης μεσιτης ἐστιν, ὁπως θανατου *γενομενου* εἰς ἀπολυτρωσιν των ἐπι τη πρωτη διαθηκη παραβασεων την ἐπαγγελιαν λαβωσιν οἱ κεκλημενοι της αἰωνιου κληρονομιας.
	22	και χωρις αἱματεκχυσιας οὐ *γινεται* ἀφεσις.
	10 33	τουτο δε κοινωνοι των οὑτως ἀναστρεφομενων *γενηθεντες·*
	11 3	πιστει νοουμεν κατηρτισθαι τους αἰωνας ῥηματι θεου, εἰς το μη ἐκ φαινομενων το βλεπομενον *γεγονεναι.*

γινομαι [670]

Heb	11 6	πιστευσαι γαρ δει τον προσερχομενον τω θεω, ὁτι ἐστιν και τοις ἐκζητουσιν αὐτον μισθαποδοτης *γινεται.*
	7	και της κατα πιστιν δικαιοσυνης *ἐγενετο* κληρονομος.
	24	πιστει μωυσης μεγας *γενομενος* ἠρνησατο λεγεσθαι υἱος θυγατρος φαραω,
	34	ἐδυναμωθησαν ἀπο ἀσθενειας, *ἐγενηθησαν* ἰσχυροι ἐν πολεμω, παρεμβολας ἐκλιναν ἀλλοτριων.
	12 8	εἰ δε χωρις ἐστε παιδειας, ἡς μετοχοι *γεγονασιν* παντες, ἀρα νοθοι και οὐχ υἱοι ἐστε.
Ja	1 12	μακαριος ἀνηρ ὁς ὑπομενει πειρασμον, ὁτι δοκιμος *γενομενος* λημψεται τον στεφανον της ζωης,
	22	*γινεσθε* δε ποιηται λογου, και μη μονον ἀκροαται παραλογιζομενοι ἑαυτους.
	25	ὁ δε παρακυψας εἰς νομον τελειον τον της ἐλευθεριας και παραμεινας, οὐκ ἀκροατης ἐπιλησμονης *γενομενος* ἀλλα ποιητης ἐργου,
	2 4	οὐ διεκριθητε ἐν ἑαυτοις και *ἐγενεσθε* κριται διαλογισμων πονηρων;
	10	ὁστις γαρ ὁλον τον νομον τηρηση, πταιση δε ἐν ἑνι, *γεγονεν* παντων ἐνοχος.
	11	εἰ δε οὐ μοιχευεις, φονευεις δε, *γεγονας* παραβατης νομου.
	3 1	μη πολλοι διδασκαλοι *γινεσθε,* ἀδελφοι μου, εἰδοτες ὁτι μειζον κριμα λημψομεθα.
	9	και ἐν αὐτη καταρωμεθα τους ἀνθρωπους τους καθ ὁμοιωσιν θεου *γεγονοτας·*
	10	οὐ χρη, ἀδελφοι μου, ταυτα οὑτως *γινεσθαι.*
	5 2	ὁ πλουτος ὑμων σεσηπεν, και τα ἱματια ὑμων σητοβρωτα *γεγονεν,*
1Pt	1 15	ἀλλα κατα τον καλεσαντα ὑμας ἁγιον και αὐτοι ἁγιοι ἐν παση ἀναστροφη *γενηθητε,*
	2 7	οὑτος *ἐγενηθη* εἰς κεφαλην γωνιας και λιθος προσκομματος και πετρα σκανδαλου·
	3 6	ἡς *ἐγενηθητε* τεκνα ἀγαθοποιουσαι και μη φοβουμεναι μηδεμιαν πτοησιν.
	13	και τις ὁ κακωσων ὑμας ἐαν του ἀγαθου ζηλωται *γενησθε;*
	4 12	ἀγαπητοι, μη ξενιζεσθε τη ἐν ὑμιν πυρωσει προς πειρασμον ὑμιν *γινομενη,*
	5 3	μηδ ὡς κατακυριευοντες των κληρων ἀλλα τυποι *γινομενοι* του ποιμνιου·
2Pt	1 4	δι ὡν τα τιμια και μεγιστα ἡμιν ἐπαγγελματα δεδωρηται, ἰνα δια τουτων *γενησθε* θειας κοινωνοι φυσεως,
	16	ἀλλ ἐπ̓οπται *γενηθεντες* της ἐκεινου μεγαλειοτητος.
	20	τουτο πρωτον γινωσκοντες, ὁτι πασα προφητεια γραφης ἰδιας ἐπιλυσεως οὐ *γινεται·*
	2 1	*ἐγενοντο* δε και ψευδοπροφηται ἐν τω λαω,
	20	εἰ γαρ ἀποφυγοντες τα μιασματα του κοσμου ἐν ἐπιγνωσει του κυριου [ἡμων] και σωτηρος ἰησου χριστου, τουτοις δε παλιν ἐμπλακεντες ἡττωνται, *γεγονεν* αὐτοις τα ἐσχατα χειρονα των πρωτων.
1Jh	2 18	και καθως ἠκουσατε ὁτι ἀντιχριστος ἐρχεται, και νυν ἀντιχριστοι πολλοι *γεγονασιν·*
2Jh	12	ἀλλα ἐλπιζω *γενεσθαι* προς ὑμας και στομα προς στομα λαλησαι,
3Jh	8	ἡμεις οὐν ὀφειλομεν ὑπολαμβανειν τους τοιουτους, ἰνα συνεργοι *γινωμεθα* τη ἀληθεια.
Apc	1 1	δειξαι τοις δουλοις αὐτου ἁ δει *γενεσθαι* ἐν ταχει,
	9	*ἐγενομην* ἐν τη νησω τη καλουμενη πατμω δια τον λογον του θεου και την μαρτυριαν ἰησου.
	10	*ἐγενομην* ἐν πνευματι ἐν τη κυριακη ἡμερα,
	18	και *ἐγενομην* νεκρος και ἰδου ζων εἰμι εἰς τους αἰωνας των αἰωνων,
	19	γραψον οὐν ἁ εἰδες και ἁ εἰσιν και ἁ μελλει *γενεσθαι* μετα ταυτα.
	2 8	ταδε λεγει ὁ πρωτος και ὁ ἐσχατος, ὁς *ἐγενετο* νεκρος και ἐζησεν·
	10	*γινου* πιστος ἀχρι θανατου, και δωσω σοι τον στεφανον της ζωης.
	3 2	*γινου* γρηγορων,
	4 1	ἀναβα ὡδε, και δειξω σοι ἁ δει *γενεσθαι* μετα ταυτα.
	2	εὐθεως *ἐγενομην* ἐν πνευματι·
	6 12	και σεισμος μεγας *ἐγενετο,* και ὁ ἡλιος ἐγενετο μελας ὡς σακκος τριχινος,
	12	και ὁ ἡλιος *ἐγενετο* μελας ὡς σακκος τριχινος,
	12	και ἡ σεληνη ὁλη *ἐγενετο* ὡς αἱμα,
	8 1	και ὁταν ἠνοιξεν την σφραγιδα την ἑβδομην, *ἐγενετο* σιγη ἐν τω οὐρανω ὡς ἡμιωριον.
	5	και *ἐγενοντο* βρονται και φωναι και ἀστραπαι και σεισμος.
	7	και *ἐγενετο* χαλαζα και πυρ μεμιγμενα ἐν αἱματι
	8	και *ἐγενετο* το τριτον της θαλασσης αἱμα,

γινομαι [670]

Apc 8 11 και *εγενετο* το τριτον των υδατων εις αψινθον,

11 13 και εν εκεινη τη ωρα *εγενετο* σεισμος μεγας,

13 και οι λοιποι εμφοβοι *εγενοντο* και εδωκαν δοξαν τω θεω του ουρανου.

15 και *εγενοντο* φωναι μεγαλαι εν τω ουρανω, λεγοντες·

15 *εγενετο* η βασιλεια του κοσμου του κυριου ημων και του χριστου αυτου,

19 και *εγενοντο* αστραπαι και φωναι και βρονται και σεισμος και χαλαζα μεγαλη.

12 7 και *εγενετο* πολεμος εν τω ουρανω,

10 αρτι *εγενετο* η σωτηρια και η δυναμις και η βασιλεια του θεου ημων

16 2 και *εγενετο* ελκος κακον και πονηρον επι τους ανθρωπους τους εχοντας το χαραγμα του θηριου και τους προσκυνουντας τη εικονι αυτου.

3 και *εγενετο* αιμα ως νεκρου, και πασα ψυχη ζωης απεθανεν.

4 και ο τριτος εξεχεεν την φιαλην αυτου εις τους ποταμους και τας πηγας των υδατων· και *εγενετο* αιμα.

10 και *εγενετο* η βασιλεια αυτου εσκοτωμενη,

17 και εξηλθεν φωνη μεγαλη εκ του ναου απο του θρονου λεγουσα· *γεγονεν*.

18 και *εγενοντο* αστραπαι και φωναι και βρονται,

18 και σεισμος *εγενετο* μεγας, οιος ουκ *εγενετο* αφ ου ανθρωπος *εγενετο* επι της γης,

18 και σεισμος *εγενετο* μεγας, οιος ουκ *εγενετο* αφ ου ανθρωπος *εγενετο* επι της γης,

18 και σεισμος *εγενετο* μεγας, οιος ουκ *εγενετο* αφ ου ανθρωπος *εγενετο* επι της γης,

19 και *εγενετο* η πολις η μεγαλη εις τρια μερη,

18 2 επεσεν επεσεν βαβυλων η μεγαλη, και *εγενετο* κατοικητηριον δαιμονιων

21 6 και ειπεν μοι· *γεγοναν*.

22 6 και ο κυριος ο θεος των πνευματων των προφητων απεστειλεν τον αγγελον αυτου δειξαι τοις δουλοις αυτου α δει *γενεσθαι* εν ταχει.

γινωσκω [222]

Mt 1 25 και ουκ *εγινωσκεν* αυτην εως ου ετεκεν υιον·

6 3 σου δε ποιουντος ελεημοσυνην μη *γνωτω* η αριστερα σου τι ποιει η δεξια σου,

7 23 και τοτε ομολογησω αυτοις οτι ουδεποτε *εγνων* υμας·

9 30 και ενεβριμηθη αυτοις ο ιησους λεγων· ορατε μηδεις *γινωσκετω*.

10 26 ουδεν γαρ εστιν κεκαλυμμενον ο ουκ αποκαλυφθησεται, και κρυπτον ο ου *γνωσθησεται*.

12 7 ει δε *εγνωκειτε* τι εστιν· ελεος θελω και ου θυσιαν,

15 ο δε ιησους *γνους* ανεχωρησεν εκειθεν.

33 εκ γαρ του καρπου το δενδρον *γινωσκεται*.

13 11 ο δε αποκριθεις ειπεν αυτοις· οτι υμιν δεδοται *γνωναι* τα μυστηρια της βασιλειας των ουρανων,

16 3 [το μεν προσωπον του ουρανου *γινωσκετε* διακρινειν], [τα δε σημεια των καιρων ου δυνασθε];

8 *γνους* δε ο ιησους ειπεν· τι διαλογιζεσθε εν εαυτοις, ολιγοπιστοι, οτι αρτους ουκ εχετε;

21 45 και ακουσαντες οι αρχιερεις και οι φαρισαιοι τας παραβολας αυτου *εγνωσαν* οτι περι αυτων λεγει·

22 18 *γνους* δε ο ιησους την πονηριαν αυτων ειπεν·

24 32 οταν ηδη ο κλαδος αυτης γενηται απαλος και τα φυλλα εκφυη, *γινωσκετε* οτι εγγυς το θερος·

33 ουτως και υμεις οταν ιδητε παντα ταυτα, *γινωσκετε* οτι εγγυς εστιν επι θυραις.

39 και ουκ *εγνωσαν* εως ηλθεν ο κατακλυσμος και ηρεν απαντας,

43 εκεινο δε *γινωσκετε* οτι ει ηδει ο οικοδεσποτης ποια φυλακη ο κλεπτης ερχεται, εγρηγορησεν αν και ουκ αν ειασεν διορυχθηναι την οικιαν αυτου.

50 ηξει ο κυριος του δουλου εκεινου εν ημερα η ου προσδοκα και εν ωρα η ου *γινωσκει*,

25 24 κυριε, *εγνων* σε οτι σκληρος ει ανθρωπος, θεριζων οπου ουκ εσπειρας, και συναγων οθεν ου διεσκορπισας·

26 10 *γνους* δε ο ιησους ειπεν αυτοις·

Mc 4 13 ουκ οιδατε την παραβολην ταυτην, και πως πασας τας παραβολας *γνωσεσθε*;

5 29 και *εγνω* τω σωματι οτι ιαται απο της μαστιγος.

43 και διεστειλατο αυτοις πολλα ινα μηδεις *γνοι* τουτο,

6 38 *γνωτε* λεγουσιν· πεντε, και δυο ιχθυας.

7 24 και εισελθων εις οικιαν ουδενα ηθελεν *γνωναι*,

8 17 και *γνους* λεγει αυτοις· τι διαλογιζεσθε οτι αρτους ουκ εχετε;

γινωσκω [222]

Mc 9 30 κακειθεν εξελθοντες παρεπορευοντο δια της γαλιλαιας, και ουκ ηθελεν ινα τις *γνοι*·

12 12 *εγνωσαν* γαρ οτι προς αυτους την παραβολην ειπεν.

13 28 απο δε της συκης μαθετε την παραβολην· οταν ηδη ο κλαδος αυτης απαλος γενηται και εκφυη τα φυλλα, *γινωσκετε* οτι εγγυς το θερος εστιν·

29 ουτως και υμεις, οταν ιδητε ταυτα γινομενα, *γινωσκετε* οτι εγγυς εστιν επι θυραις.

15 10 *εγινωσκεν* γαρ οτι δια φθονον παραδεδωκεισαν αυτον οι αρχιερεις.

45 και *γνους* απο του κεντυριωνος εδωρησατο το πτωμα τω ιωσηφ.

Lc 1 18 κατα τι *γνωσομαι* τουτο; εγω γαρ ειμι πρεσβυτης και η γυνη μου προβεβηκυια εν ταις ημεραις αυτης.

34 πως εσται τουτο, επει ανδρα ου *γινωσκω*;

2 43 και τελειωσαντων τας ημερας, εν τω υποστρεφειν αυτους υπεμεινεν ιησους ο παις εν ιερουσαλημ, και ουκ-*εγνωσαν* οι γονεις αυτου.

6 44 εκαστον γαρ δενδρον εκ του ιδιου καρπου *γινωσκεται*·

7 39 ουτος ει ην προφητης, *εγινωσκεν* αν τις και ποταπη η γυνη ητις απτεται αυτου, οτι αμαρτωλος εστιν.

8 10 υμιν δεδοται *γνωναι* τα μυστηρια της βασιλειας του θεου,

17 ου γαρ εστιν κρυπτον ο ου φανερον γενησεται, ουδε αποκρυφον ο ου μη *γνωσθη* και εις φανερον ελθη.

46 ηψατο μου τις· εγω γαρ *εγνων* δυναμιν εξεληλυθυιαν απ εμου.

9 11 οι δε οχλοι *γνοντες* ηκολουθησαν αυτω·

10 11 πλην τουτο *γινωσκετε*, οτι ηγγικεν η βασιλεια του θεου.

22 και ουδεις *γινωσκει* τις εστιν ο υιος ει μη ο πατηρ,

12 2 ουδεν δε συγκεκαλυμμενον εστιν ο ουκ αποκαλυφθησεται, και κρυπτον ο ου *γνωσθησεται*.

39 τουτο δε *γινωσκετε*, οτι ει ηδει ο οικοδεσποτης ποια ωρα ο κλεπτης ερχεται, ουκ αν αφηκεν διορυχθηναι τον οικον αυτου.

46 ηξει ο κυριος του δουλου εκεινου εν ημερα η ου προσδοκα και εν ωρα η ου *γινωσκει*, και διχοτομησει αυτον,

47 εκεινος δε ο δουλος ο *γνους* το θελημα του κυριου αυτου και μη ετοιμασας η ποιησας προς το θελημα αυτου δαρησεται πολλας·

48 ο δε μη *γνους*, ποιησας δε αξια πληγων, δαρησεται ολιγας.

16 4 *εγνων* τι ποιησω, ινα οταν μετασταθω εκ της οικονομιας δεξωνται με εις τους οικους αυτων.

15 υμεις εστε οι δικαιουντες εαυτους ενωπιον των ανθρωπων, ο δε θεος *γινωσκει* τας καρδιας υμων·

18 34 και ην το ρημα τουτο κεκρυμμενον απ αυτων, και ουκ *εγινωσκον* τα λεγομενα.

19 15 και ειπεν φωνηθηναι αυτω τους δουλους τουτους οις δεδωκει το αργυριον, ινα *γνοι* τι διεπραγματευσαντο.

42 λεγων οτι ει *εγνως* εν τη ημερα ταυτη και συ τα προς ειρηνην·

44 και ουκ αφησουσιν λιθον επι λιθον εν σοι, ανθ ων ουκ *εγνως* τον καιρον της επισκοπης σου.

20 19 και εφοβηθησαν τον λαον· *εγνωσαν* γαρ οτι προς αυτους ειπεν την παραβολην ταυτην.

21 20 οταν δε ιδητε κυκλουμενην υπο στρατοπεδων ιερουσαλημ, τοτε *γνωτε* οτι ηγγικεν η ερημωσις αυτης.

30 οταν προβαλωσιν ηδη, βλεποντες αφ εαυτων *γινωσκετε* οτι ηδη εγγυς το θερος εστιν·

31 ουτως και υμεις, οταν ιδητε ταυτα γινομενα, *γινωσκετε* οτι εγγυς εστιν η βασιλεια του θεου.

24 18 συ μονος παροικεις ιερουσαλημ και ουκ *εγνως* τα γενομενα εν αυτη εν ταις ημεραις ταυταις;

35 και αυτοι εξηγουντο τα εν τη οδω και ως *εγνωσθη* αυτοις εν τη κλασει του αρτου.

Jh 1 10 και ο κοσμος αυτον ουκ *εγνω*.

48 λεγει αυτω ναθαναηλ· ποθεν με *γινωσκεις*;

2 24 αυτος δε ιησους ουκ επιστευεν αυτον αυτοις δια το αυτον *γινωσκειν* παντας,

25 αυτος γαρ *εγινωσκεν* τι ην εν τω ανθρωπω.

3 10 συ ει ο διδασκαλος του ισραηλ και ταυτα ου *γινωσκεις*;

4 1 ως ουν *εγνω* ο ιησους οτι ηκουσαν οι φαρισαιοι οτι ιησους πλειονας μαθητας ποιει και βαπτιζει η ιωαννης,

53 *εγνω* ουν ο πατηρ οτι [εν] εκεινη τη ωρα εν η ειπεν αυτω ο ιησους· ο υιος σου ζη.

5 6 τουτον ιδων ο ιησους κατακειμενον, και *γνους* οτι πολυ ηδη χρονον εχει,

42 δοξαν παρα ανθρωπων ου λαμβανω, αλλα *εγνωκα* υμας οτι την αγαπην του θεου ουκ εχετε εν εαυτοις.

γινωσκω [222]

Jh	6 15	ιησους ουν *γνους* ὁτι μελλουσιν ερχεσθαι και ἁρπαζειν αυτον ἱνα ποιησωσιν βασιλεα, ανεχωρησεν παλιν εις το ὁρος αυτος μονος.
	69	ῥηματα ζωης αιωνιου εχεις· και ἡμεις πεπιστευκαμεν και *εγνωκαμεν* ὁτι συ ει ὁ ἁγιος του θεου.
	7 17	εαν τις θελη το θελημα αυτου ποιειν, *γνωσεται* περι της διδαχης, ποτερον εκ του θεου εστιν ἠ εγω απ εμαυτου λαλω.
	26	μηποτε αληθως *εγνωσαν* οι αρχοντες ὁτι ουτος εστιν ὁ χριστος;
	27	ὁ δε χριστος ὁταν ερχηται, ουδεις *γινωσκει* ποθεν εστιν.
	49	αλλα ὁ οχλος ουτος ὁ μη *γινωσκων* τον νομον επαρατοι εισιν.
	51	μη ὁ νομος ἡμων κρινει τον ανθρωπον εαν μη ακουση πρωτον παρ αυτου και *γνω* τι ποιει;
	8 27	ουκ *εγνωσαν* ὁτι τον πατερα αυτοις ελεγεν.
	28	ὁταν ὑψωσητε τον υἱον του ανθρωπου, τοτε *γνωσεσθε* ὁτι εγω ειμι,
	32	εαν ὑμεις μεινητε εν τω λογω τω εμω, αληθως μαθηται μου εστε, και *γνωσεσθε* την αληθειαν,
	43	δια τι την λαλιαν την εμην ου *γινωσκετε;*
	52	νυν *εγνωκαμεν* ὁτι δαιμονιον εχεις.
	55	και ουκ *εγνωκατε* αυτον, εγω δε οιδα αυτον.
	10 6	εκεινοι δε ουκ *εγνωσαν* τινα ην ἁ ελαλει αυτοις.
	14	εγω ειμι ὁ ποιμην ὁ καλος, και *γινωσκω* τα εμα και *γινωσκουσι* με τα εμα.
	14	εγω ειμι ὁ ποιμην ὁ καλος, και *γινωσκω* τα εμα και *γινωσκουσι* με τα εμα,
	15	και *γινωσκω* τα εμα και *γινωσκουσι* με τα εμα, καθως *γινωσκει* με ὁ πατηρ καγω *γινωσκω* τον πατερα,
	15	και *γινωσκω* τα εμα και *γινωσκουσι* με τα εμα, καθως *γινωσκει* με ὁ πατηρ καγω *γινωσκω* τον πατερα,
	27	τα προβατα τα εμα της φωνης μου ακουουσιν, καγω *γινωσκω* αυτα, και ακολουθουσιν μοι,
	38	τοις εργοις πιστευετε, ἱνα *γνωτε* και *γινωσκητε* ὁτι εν εμοι ὁ πατηρ καγω εν τω πατρι.
	38	τοις εργοις πιστευετε, ἱνα *γνωτε* και *γινωσκητε* ὁτι εν εμοι ὁ πατηρ καγω εν τω πατρι.
	11 57	δεδωκεισαν δε οι αρχιερεις και οι φαρισαιοι εντολας ἱνα εαν τις *γνω* που εστιν μηνυση, ὁπως πιασωσιν αυτον.
	12 9	*εγνω* ουν [ὁ] οχλος πολυς εκ των ιουδαιων ὁτι εκει εστιν,
	16	ταυτα ουκ *εγνωσαν* αυτου οι μαθηται το πρωτον,
	13 7	ὁ εγω ποιω συ ουκ οιδας αρτι, *γνωση* δε μετα ταυτα.
	12	*γινωσκετε* τι πεποιηκα ὑμιν;
	28	τουτο [δε] ουδεις *εγνω* των ανακειμενων προς τι ειπεν αυτω·
	35	εν τουτω *γνωσονται* παντες ὁτι εμοι μαθηται εστε, εαν αγαπην εχητε εν αλληλοις.
	14 7	ει *εγνωκατε* με, και τον πατερα μου *γνωσεσθε.*
	7	ει *εγνωκατε* με, και τον πατερα μου *γνωσεσθε.*
	7	[και] απ αρτι *γινωσκετε* αυτον και εωρακατε αυτον.
	9	τοσουτω χρονω μεθ ὑμων ειμι και ουκ *εγνωκας* με, φιλιππε;
	17	το πνευμα της αληθειας, ὁ ὁ κοσμος ου δυναται λαβειν, ὁτι ου θεωρει αυτο ουδε *γινωσκει·*
	17	ὑμεις *γινωσκετε* αυτο, ὁτι παρ ὑμιν μενει και εν ὑμιν εσται.
	20	εν εκεινη τη ἡμερα *γνωσεσθε* ὑμεις ὁτι εγω εν τω πατρι μου και ὑμεις εν εμοι καγω εν ὑμιν.
	31	και εν εμοι ουκ εχει ουδεν, αλλ ἱνα *γνω* ὁ κοσμος ὁτι αγαπω τον πατερα,
	15 18	ει ὁ κοσμος ὑμας μισει, *γινωσκετε* ὁτι εμε πρωτον ὑμων μεμισηκεν.
	16 3	και ταυτα ποιησουσιν ὁτι ουκ *εγνωσαν* τον πατερα ουδε εμε.
	19	*εγνω* [ὁ] ιησους ὁτι ηθελον αυτον ερωταν,
	17 3	αυτη δε εστιν ἡ αιωνιος ζωη, ἱνα *γινωσκωσιν* σε τον μονον αληθινον θεον και ὁν απεστειλας ιησουν χριστον.
	7	νυν *εγνωκαν* ὁτι παντα ὁσα δεδωκας μοι παρα σου εισιν·
	8	και *εγνωσαν* αληθως ὁτι παρα σου εξηλθον, και επιστευσαν ὁτι συ με απεστειλας.
	23	ἱνα *γινωσκη* ὁ κοσμος ὁτι συ με απεστειλας και ηγαπησας αυτους καθως εμε ηγαπησας.
	25	πατερ δικαιε, και ὁ κοσμος σε ουκ *εγνω,*
	25	εγω δε σε *εγνων,* και ουτοι *εγνωσαν* ὁτι συ με απεστειλας.
	25	εγω δε σε *εγνων,* και ουτοι *εγνωσαν* ὁτι συ με απεστειλας.
	19 4	ιδε αγω ὑμιν αυτον εξω, ἱνα *γνωτε* ὁτι ουδεμιαν αιτιαν ευρισκω εν αυτω.
	21 17	κυριε, παντα συ οιδας, συ *γινωσκεις* ὁτι φιλω σε·
Ac	1 7	ουχ ὑμων εστιν *γνωναι* χρονους ἠ καιρους ους ὁ πατηρ εθετο εν τη ιδια εξουσια,
	2 36	ασφαλως ουν *γινωσκετω* πας οικος ισραηλ ὁτι και κυριον αυτον και χριστον εποιησεν ὁ θεος,
	8 30	αρα γε *γινωσκεις* ἁ αναγινωσκεις;

γινωσκω [222]

Ac	9 24	*εγνωσθη* δε τω σαυλω ἡ επιβουλη αυτων.
	17 13	ὡς δε *εγνωσαν* οι απο της θεσσαλονικης ιουδαιοι ὁτι και εν τη βεροια κατηγγελη ὑπο του παυλου ὁ λογος του θεου, ηλθον κακει σαλευοντες και ταρασσοντες τους οχλους.
	19	δυναμεθα *γνωναι* τις ἡ καινη αὑτη ἡ ὑπο σου λαλουμενη διδαχη;
	20	βουλομεθα ουν *γνωναι* τινα θελει ταυτα ειναι.
	19 15	τον [μεν] ιησουν *γινωσκω* και τον παυλον επισταμαι· ὑμεις δε τινες εστε;
	35	ανδρες εφεσιοι, τις γαρ εστιν ανθρωπων ὁς ου *γινωσκει* την εφεσιων πολιν νεωκορον ουσαν της μεγαλης αρτεμιδος και του διοπετους;
	20 34	αυτοι *γινωσκετε* ὁτι ταις χρειαις μου και τοις ουσιν μετ εμου ὑπηρετησαν αἱ χειρες αυται.
	21 24	και δαπανησον επ αυτοις ἱνα ξυρησονται την κεφαλην, και *γνωσονται* παντες ὁτι ὡν κατηχηνται περι σου ουδεν εστιν,
	34	μη δυναμενου δε αυτου *γνωναι* το ασφαλες δια τον θορυβον, εκελευσεν αγεσθαι αυτον εις την παρεμβολην.
	37	ὁ δε εφη· ἑλληνιστι *γινωσκεις;*
	22 14	ὁ θεος των πατερων ἡμων προεχειρισατο σε *γνωναι* το θελημα αυτου
	30	τη δε επαυριον βουλομενος *γνωναι* το ασφαλες, το τι κατηγορειται ὑπο των ιουδαιων,
	23 6	*γνους* δε ὁ παυλος ὁτι το ἑν μερος εστιν σαδδουκαιων το δε ἑτερον φαρισαιων εκραζεν εν τω συνεδριω·
Rm	1 21	διοτι *γνοντες* τον θεον ουχ ὡς θεον εδοξασαν ἠ ηυχαριστησαν,
	2 18	ει δε συ ιουδαιος επονομαζη και επαναπαυη νομω και καυχασαι εν θεω και *γινωσκεις* το θελημα και δοκιμαζεις τα διαφεροντα κατηχουμενος εκ του νομου,
	3 17	και ὁδον ειρηνης ουκ *εγνωσαν.*
	6 6	τουτο *γινωσκοντες,* ὁτι ὁ παλαιος ἡμων ανθρωπος συνεσταυρωθη, ἱνα καταργηθη το σωμα της ἁμαρτιας, του μηκετι δουλευειν ἡμας τη ἁμαρτια·
	7 1	ἠ αγνοειτε, αδελφοι, *γινωσκουσιν* γαρ νομον λαλω, ὁτι ὁ νομος κυριευει του ανθρωπου εφ ὁσον χρονον ζη;
	7	αλλα την ἁμαρτιαν ουκ *εγνων* ει μη δια νομου·
	15	ὁ γαρ κατεργαζομαι ου *γινωσκω·*
	10 19	αλλα λεγω, μη ισραηλ ουκ *εγνω;*
	11 34	τις γαρ *εγνω* νουν κυριου; ἠ τις συμβουλος αυτου εγενετο;
1Co	1 21	επειδη γαρ εν τη σοφια του θεου ουκ *εγνω* ὁ κοσμος δια της σοφιας τον θεον, ευδοκησεν ὁ θεος δια της μωριας του κηρυγματος σωσαι τους πιστευοντας.
	2 8	ἡν ουδεις των αρχοντων του αιωνος τουτου *εγνωκεν·*
	8	ει γαρ *εγνωσαν,* ουκ αν τον κυριον της δοξης εσταυρωσαν·
	11	ουτως και τα του θεου ουδεις *εγνωκεν* ει μη το πνευμα του θεου.
	14	μωρια γαρ αυτω εστιν, και ου δυναται *γνωναι,* ὁτι πνευματικως ανακρινεται.
	16	τις γαρ *εγνω* νουν κυριου, ὁς συμβιβασει αυτον;
	3 20	κυριος *γινωσκει* τους διαλογισμους των σοφων, ὁτι εισιν ματαιοι.
	4 19	και *γνωσομαι* ου τον λογον των πεφυσιωμενων αλλα την δυναμιν·
	8 2	ει τις δοκει *εγνωκεναι* τι, ουπω *εγνω* καθως δει *γνωναι·*
	2	ει τις δοκει *εγνωκεναι* τι, ουπω *εγνω* καθως δει *γνωναι·*
	2	ει τις δοκει *εγνωκεναι* τι, ουπω *εγνω* καθως δει *γνωναι·*
	3	ει δε τις αγαπα τον θεον, ουτος *εγνωσται* υπ αυτου.
	13 9	εκ μερους γαρ *γινωσκομεν* και εκ μερους προφητευομεν·
	12	αρτι *γινωσκω* εκ μερους, τοτε δε επιγνωσομαι καθως και επεγνωσθην.
	14 7	εαν διαστολην τοις φθογγοις μη δω, πως *γνωσθησεται* το αυλουμενον ἠ το κιθαριζομενον;
	9	ουτως και ὑμεις δια της γλωσσης εαν μη ευσημον λογον δωτε, πως *γνωσθησεται* το λαλουμενον;
2Co	2 4	ουχ ἱνα λυπηθητε, αλλα την αγαπην ἱνα *γνωτε* ἡν εχω περισσοτερως εις ὑμας.
	9	εις τουτο γαρ και εγραψα, ἱνα *γνω* την δοκιμην ὑμων, ει εις παντα ὑπηκοοι εστε.
	3 2	ἡ επιστολη ἡμων ὑμεις εστε, εγγεγραμμενη εν ταις καρδιαις ἡμων, *γινωσκομενη* και αναγινωσκομενη ὑπο παντων ανθρωπων,
	5 16	ει και *εγνωκαμεν* κατα σαρκα χριστον, αλλα νυν ουκετι *γινωσκομεν.*
	16	ει και *εγνωκαμεν* κατα σαρκα χριστον, αλλα νυν ουκετι *γινωσκομεν.*
	21	τον μη *γνοντα* ἁμαρτιαν ὑπερ ἡμων ἁμαρτιαν εποιησεν,
	8 9	*γινωσκετε* γαρ την χαριν του κυριου ἡμων ιησου χριστου,
	13 6	ελπιζω δε ὁτι *γνωσεσθε* ὁτι ἡμεις ουκ εσμεν αδοκιμοι.

γινωσκω [222]

Ga	2 9	και γνοντες την χαριν την δοθεισαν μοι, ιακωβος και κηφας και ιωαννης,
	3 7	γινωσκετε αρα ότι οι έκ πιστεως, ούτοι υιοι είσιν άβρααμ.
	4 9	νυν δε γνοντες θεον, μαλλον δε γνωσθεντες ύπο θεου,
	9	μαλλον δε γνωσθεντες ύπο θεου,
Eph	3 19	γνωναι τε την ύπερβαλλουσαν της γνωσεως άγαπην του χριστου,
	5 5	τουτο γαρ ίστε γινωσκοντες,
	6 22	όν έπεμψα προς ύμας είς αύτο τουτο, ίνα γνωτε τα περι ήμων και παρακαλεση τας καρδιας ύμων.
Php	1 12	γινωσκειν δε ύμας βουλομαι, άδελφοι, ότι τα κατ έμε μαλλον είς προκοπην του εύαγγελιου έληλυθεν,
	2 19	έλπιζω δε έν κυριω ίησου τιμοθεον ταχεως πεμψαι ύμιν, ίνα καγω εύψυχω γνους τα περι ύμων.
	22	την δε δοκιμην αύτου γινωσκετε, ότι ώς πατρι τεκνον συν έμοι έδουλευσεν είς το εύαγγελιον.
	3 10	του γνωναι αύτον και την δυναμιν της άναστασεως αύτου και [την] κοινωνιαν [των] παθηματων αύτου,
	4 5	το έπιεικες ύμων γνωσθητω πασιν άνθρωποις.
Col	4 8	όν έπεμψα προς ύμας είς αύτο τουτο, ίνα γνωτε τα περι ήμων και παρακαλεση τας καρδιας ύμων,
1Th	3 5	δια τουτο καγω μηκετι στεγων έπεμψα είς το γνωναι την πιστιν ύμων,
2Tm	1 18	και όσα έν έφεσω διηκονησεν, βελτιον συ γινωσκεις.
	2 19	έγνω κυριος τους όντας αύτου, και· άποστητω άπο άδικιας πας ό όνομαζων το όνομα κυριου.
	3 1	τουτο δε γινωσκε, ότι έν έσχαταις ήμεραις ένστησονται καιροι χαλεποι·
Heb	3 10	αύτοι δε ούκ έγνωσαν τας όδους μου,
	8 11	γνωθι τον κυριον, ότι παντες είδησουσιν με άπο μικρου έως μεγαλου αύτων.
	10 34	και την άρπαγην των ύπαρχοντων ύμων μετα χαρας προσεδεξασθε, γινωσκοντες έχειν έαυτους κρειττονα ύπαρξιν και μενουσαν.
	13 23	γινωσκετε τον άδελφον ήμων τιμοθεον άπολελυμενον,
Ja	1 3	γινωσκοντες ότι το δοκιμιον ύμων της πιστεως κατεργαζεται ύπομονην.
	2 20	θελεις δε γνωναι, ώ άνθρωπε κενε, ότι ή πιστις χωρις των έργων άργη έστιν;
	5 20	γινωσκετω
2Pt	1 20	τουτο πρωτον γινωσκοντες, ότι πασα προφητεια γραφης ίδιας έπιλυσεως ού γινεται·
	3 3	τουτο πρωτον γινωσκοντες, ότι έλευσονται έπ έσχατων των ήμερων [έν] έμπαιγμονη έμπαικται κατα τας ίδιας έπιθυμιας αύτων πορευομενοι
1Jh	2 3	και έν τουτω γινωσκομεν ότι έγνωκαμεν αύτον, έαν τας έντολας αύτου τηρωμεν.
	3	και έν τουτω γινωσκομεν ότι έγνωκαμεν αύτον, έαν τας έντολας αύτου τηρωμεν.
	4	ό λεγων ότι έγνωκα αύτον, και τας έντολας αύτου μη τηρων, ψευστης έστιν,
	5	έν τουτω γινωσκομεν ότι έν αύτω έσμεν.
	13	γραφω ύμιν, πατερες, ότι έγνωκατε τον άπ άρχης.
	14	έγραψα ύμιν, παιδια, ότι έγνωκατε τον πατερα.
	14	έγραψα ύμιν, πατερες, ότι έγνωκατε τον άπ άρχης.
	18	όθεν γινωσκομεν ότι έσχατη ώρα έστιν.
	29	έαν είδητε ότι δικαιος έστιν, γινωσκετε ότι και πας ό ποιων την δικαιοσυνην έξ αύτου γεγεννηται.
	3 1	δια τουτο ό κοσμος ού γινωσκει ήμας, ότι ούκ έγνω αύτον.
	1	δια τουτο ό κοσμος ού γινωσκει ήμας, ότι ούκ έγνω αύτον.
	6	πας ό άμαρτανων ούχ έωρακεν αύτον ούδε έγνωκεν αύτον.
	16	έν τουτω έγνωκαμεν την άγαπην, ότι έκεινος ύπερ ήμων την ψυχην αύτου έθηκεν·
	19	[και] έν τουτω γνωσομεθα ότι έκ της άληθειας έσμεν,
	20	ότι έαν καταγινωσκη ήμων ή καρδια, ότι μειζων έστιν ό θεος της καρδιας ήμων και γινωσκει παντα.
	24	και έν τουτω γινωσκομεν ότι μενει έν ήμιν, έκ του πνευματος ού ήμιν έδωκεν.
	4 2	έν τουτω γινωσκετε το πνευμα του θεου·
	6	ό γινωσκων τον θεον άκουει ήμων,
	6	έκ τουτου γινωσκομεν το πνευμα της άληθειας και το πνευμα της πλανης.
	7	και πας ό άγαπων έκ του θεου γεγεννηται και γινωσκει τον θεον.
	8	ό μη άγαπων ούκ έγνω τον θεον,
	13	έν τουτω γινωσκομεν ότι έν αύτω μενομεν και αύτος έν ήμιν, ότι έκ του πνευματος αύτου δεδωκεν ήμιν.
	16	και ήμεις έγνωκαμεν και πεπιστευκαμεν την άγαπην ήν έχει ό θεος έν ήμιν.

γινωσκω [222]

1Jh	5 2	έν τουτω γινωσκομεν ότι άγαπωμεν τα τεκνα του θεου, όταν τον θεον άγαπωμεν
	20	οίδαμεν δε ότι ό υίος του θεου ήκει, και δεδωκεν ήμιν διανοιαν ίνα γινωσκωμεν τον άληθινον·
2Jh	1	ούς έγω άγαπω έν άληθεια, και ούκ έγω μονος άλλα και παντες οι έγνωκοτες την άληθειαν,
Apc	2 23	και γνωσονται πασαι αι έκκλησιαι ότι έγω είμι ό έραυνων νεφρους και καρδιας,
	24	όσοι ούκ έχουσιν την διδαχην ταυτην, οίτινες ούκ έγνωσαν τα βαθεα του σατανα, ώς λεγουσιν·
	3 3	και ού μη γνως ποιαν ώραν ήξω έπι σέ.
	9	ίδου ποιησω αύτους ίνα ήξουσιν και προσκυνησουσιν ένωπιον των ποδων σου, και γνωσιν ότι έγω ήγαπησα σε.

γλευκος [1]

Ac	2 13	έτεροι δε διαχλευαζοντες έλεγον ότι γλευκους μεμεστωμενοι είσιν.

γλυκυς [4]

Ja	3 11	μητι ή πηγη έκ της αύτης όπης βρυει το γλυκυ και το πικρον;
	12	ούτε άλυκον γλυκυ ποιησαι ύδωρ.
Apc	10 9	και πικρανει σου την κοιλιαν, άλλ έν τω στοματι σου έσται γλυκυ ώς μελι.
	10	και ήν έν τω στοματι μου ώς μελι γλυκυ·

γλωσσα [50]

Mc	7 33	και άπολαβομενος αύτον άπο του όχλου κατ ίδιαν έβαλεν τους δακτυλους αύτου είς τα ώτα αύτου και πτυσας ήψατο της γλωσσης αύτου,
	35	και έλυθη ό δεσμος της γλωσσης αύτου, και έλαλει όρθως.
	16 17	έν τω όνοματι μου δαιμονια έκβαλουσιν, γλωσσαις λαλησουσιν καιναις,
Lc	1 64	άνεωχθη δε το στομα αύτου παραχρημα και ή γλωσσα αύτου,
	16 24	πατερ άβρααμ, έλεησον με και πεμψον λαζαρον ίνα βαψη το άκρον του δακτυλου αύτου ύδατος και καταψυξη την γλωσσαν μου,
Ac	2 3	και ώφθησαν αύτοις διαμεριζομεναι γλωσσαι ώσει πυρος,
	4	και ήρξαντο λαλειν έτεραις γλωσσαις καθως το πνευμα έδιδου άποφθεγγεσθαι αύτοις.
	11	άκουομεν λαλουντων αύτων ταις ήμετεραις γλωσσαις τα μεγαλεια του θεου;
	26	δια τουτο ηύφρανθη ή καρδια μου και ήγαλλιασατο ή γλωσσα μου,
	10 46	ήκουον γαρ αύτων λαλουνιων γλωσσαις και μεγαλυνοντων τον θεον.
	19 6	και έπιθεντος αύτοις του παυλου [τας] χειρας ήλθε το πνευμα το άγιον έπ αύτους, έλαλουν τε γλωσσαις και έπροφητευον.
Rm	3 13	ταφος άνεωγμενος ό λαρυγξ αύτων, ταις γλωσσαις αύτων έδολιουσαν,
	14 11	ζω έγω, λεγει κυριος, ότι έμοι καμψει παν γονυ, και πασα γλωσσα έξομολογησεται τω θεω.
1Co	12 10	άλλω [δε] διακρισεις πνευματων, έτερω γενη γλωσσων,
	10	έτερω γενη γλωσσων, άλλω δε έρμηνεια γλωσσων·
	28	έπειτα δυναμεις, έπειτα χαρισματα ίαματων, άντιλημψεις, κυβερνησεις, γενη γλωσσων.
	30	μη παντες χαρισματα έχουσιν ίαματων; μη παντες γλωσσαις λαλουσιν;
	13 1	έαν ταις γλωσσαις των άνθρωπων λαλω και των άγγελων, άγαπην δε μη έχω, γεγονα χαλκος ήχων ή κυμβαλον άλαλαζον.
	8	είτε δε προφητειαι, καταργηθησονται· είτε γλωσσαι, παυσονται·
	14 2	ό γαρ λαλων γλωσση ούκ άνθρωποις λαλει άλλα θεω·
	4	ό λαλων γλωσση έαυτον οίκοδομει·
	5	θελω δε παντας ύμας λαλειν γλωσσαις,
	5	μειζων δε ό προφητευων ή ό λαλων γλωσσαις,
	6	νυν δε, άδελφοι, έαν έλθω προς ύμας γλωσσαις λαλων, τί ύμας ώφελησω,
	9	ούτως και ύμεις δια της γλωσσης έαν μη εύσημον λογον δωτε, πως γνωσθησεται το λαλουμενον;
	13	διο ό λαλων γλωσση προσευχεσθω ίνα διερμηνευη.
	14	έαν [γαρ] προσευχωμαι γλωσση, το πνευμα μου προσευχεται,
	18	εύχαριστω τω θεω, παντων ύμων μαλλον γλωσσαις λαλω·
	19	άλλα έν έκκλησια θελω πεντε λογους τω νοι μου λαλησαι, ίνα και άλλους κατηχησω, ή μυριους λογους έν γλωσση.

γλωσσα [50]

1Co	14 22	ὥστε αἱ *γλωσσαι* εἰς σημειον εἰσιν οὐ τοις πιστευουσιν ἀλλα τοις ἀπιστοις,
	23	ἐαν οὖν συνελθη ἡ ἐκκλησια ὁλη ἐπι το αὐτο και παντες λαλωσιν *γλωσσαις*, εἰσελθωσιν δε ἰδιωται ἡ ἀπιστοι, οὐκ ἐρουσιν ὁτι μαινεσθε;
	26	ὁταν συνερχησθε, ἑκαστος ψαλμον ἐχει, διδαχην ἐχει, ἀποκαλυψιν ἐχει, *γλωσσαν* ἐχει, ἑρμηνειαν ἐχει·
	27	εἰτε *γλωσση* τις λαλει, κατα δυο ἡ το πλειστον τρεις, και ἀνα μερος,
	39	ὡστε, ἀδελφοι [μου,] ζηλουτε το προφητευειν, και το λαλειν μη κωλυετε *γλωσσαις*·
Php	2 11	και πασα *γλωσσα* ἐξομολογησηται ὁτι κυριος ἰησους χριστος εἰς δοξαν θεου πατρος.
Ja	1 26	εἰ τις δοκει θρησκος εἰναι, μη χαλιναγωγων *γλωσσαν* αὐτου ἀλλα ἀπατων καρδιαν αὐτου, τουτου ματαιος ἡ θρησκεια.
	3 5	οὑτως και ἡ *γλωσσα* μικρον μελος ἐστιν και μεγαλα αὐχει.
	6	και ἡ *γλωσσα* πυρ, ὁ κοσμος της ἀδικιας,
	6	ἡ *γλωσσα* καθισταται ἐν τοις μελεσιν ἡμων,
	8	την δε *γλωσσαν* οὐδεις δαμασαι δυναται ἀνθρωπων·
1Pt	3 10	ὁ γαρ θελων ζωην ἀγαπαν και ἰδειν ἡμερας ἀγαθας παυσατω την *γλωσσαν* ἀπο κακου
1Jh	3 18	τεκνια, μη ἀγαπωμεν λογω μηδε τη *γλωσση*,
Apc	5 9	ὁτι ἐσφαγης και ἡγορασας τω θεω ἐν τω αἱματι σου ἐκ πασης φυλης και *γλωσσης* και λαου και ἐθνους,
	7 9	ὁν ἀριθμησαι αὐτον οὐδεις ἐδυνατο, ἐκ παντος ἐθνους και φυλων και λαων και *γλωσσων*,
	10 11	δει σε παλιν προφητευσαι ἐπι λαοις και ἐθνεσιν και *γλωσσαις* και βασιλευσιν πολλοις.
	11 9	και βλεπουσιν ἐκ των λαων και φυλων και *γλωσσων* και ἐθνων το πτωμα αὐτων ἡμερας τρεις και ἡμισυ,
	13 7	και ἐδοθη αὐτω ἐξουσια ἐπι πασαν φυλην και λαον και *γλωσσαν* και ἐθνος.
	14 6	ἐχοντα εὐαγγελιον αἰωνιον εὐαγγελισαι ἐπι τους καθημενους ἐπι της γης και ἐπι παν ἐθνος και φυλην και *γλωσσαν* και λαον,
	16 10	και ἐμασωντο τας *γλωσσας* αὐτων ἐκ του πονου,
	17 15	τα ὑδατα ἁ εἰδες, οὐ ἡ πορνη καθηται, λαοι και ὀχλοι εἰσιν και ἐθνη και *γλωσσαι*.

γλωσσοκομον [2]

Jh	12 6	εἰπεν δε τουτο οὐχ ὁτι περι των πτωχων ἐμελεν αὐτω, ἀλλ ὁτι κλεπτης ἡν και το *γλωσσοκομον* ἐχων τα βαλλομενα ἐβασταζεν.
	13 29	τινες γαρ ἐδοκουν, ἐπει το *γλωσσοκομον* εἰχεν ἰουδας, ὁτι λεγει αὐτω [ὁ] ἰησους·

γναφευς [1]

Mc	9 3	και τα ἱματια αὐτου ἐγενετο στιλβοντα λευκα λιαν, οἱα *γναφευς* ἐπι της γης οὐ δυναται οὑτως λευκαναι.

γνησιος [4]

2Co	8 8	οὐ κατ ἐπιταγην λεγω, ἀλλα δια της ἑτερων σπουδης και το της ὑμετερας ἀγαπης *γνησιον* δοκιμαζων·
Php	4 3	ναι ἐρωτω και σέ, *γνησιε* συζυγε, συλλαμβανου αὐταις,
1Tm	1 2	τιμοθεω *γνησιω* τεκνω ἐν πιστει· χαρις, ἐλεος, εἰρηνη ἀπο θεου πατρος και χριστου ἰησου του κυριου ἡμων.
Tit	1 4	τιτω *γνησιω* τεκνω κατα κοινην πιστιν· χαρις και εἰρηνη ἀπο θεου πατρος και χριστου ἰησου του σωτηρος ἡμων.

γνησιως [1]

Php	2 20	οὐδενα γαρ ἐχω ἰσοψυχον, ὁστις *γνησιως* τα περι ὑμων μεριμνησει·

γνοφος [1]

Heb	12 18	οὐ γαρ προσεληλυθατε ψηλαφωμενω και κεκαυμενω πυρι και *γνοφω* και ζοφω και θυελλη και σαλπιγγος ἠχω

γνωμη [9]

Ac	20 3	γενομενης ἐπιβουλης αὐτω ὑπο των ἰουδαιων μελλοντι ἀναγεσθαι εἰς την συριαν, ἐγενετο *γνωμης* του ὑποστρεφειν δια μακεδονιας.
1Co	1 10	ἠτε δε κατηρτισμενοι ἐν τω αὐτω νοι και ἐν τη αὐτη *γνωμη*.
	7 25	*γνωμην* δε διδωμι ὡς ἠλεημενος ὑπο κυριου πιστος εἰναι.

γνωμη [9]

1Co	7 40	μακαριωτερα δε ἐστιν ἐαν οὑτως μεινη, κατα την ἐμην *γνωμην*·
2Co	8 10	και *γνωμην* ἐν τουτω διδωμι·
Phm	14	χωρις δε της σης *γνωμης* οὐδεν ἠθελησα ποιησαι,
Apc	17 13	οὑτοι μιαν *γνωμην* ἐχουσιν, και την δυναμιν και ἐξουσιαν αὐτων τω θηριω διδοασιν.
	17	ὁ γαρ θεος ἐδωκεν εἰς τας καρδιας αὐτων ποιησαι την *γνωμην* αὐτου,
	17	ὁ γαρ θεος ἐδωκεν εἰς τας καρδιας αὐτων ποιησαι την *γνωμην* αὐτου, και ποιησαι μιαν *γνωμην* και δουναι την βασιλειαν αὐτων τω θηριω,

γνωριζω [25]

Lc	2 15	διελθωμεν δη ἑως βηθλεεμ και ἰδωμεν το ῥημα τουτο το γεγονος ὁ ὁ κυριος *ἐγνωρισεν* ἡμιν.
	17	ἰδοντες δε *ἐγνωρισαν* περι του ῥηματος του λαληθεντος αὐτοις περι του παιδιου τουτου.
Jh	15 15	ὑμας δε εἰρηκα φιλους, ὁτι παντα ἁ ἠκουσα παρα του πατρος μου *ἐγνωρισα* ὑμιν.
	17 26	και *ἐγνωρισα* αὐτοις το ὀνομα σου και γνωρισω, ἱνα ἡ ἀγαπη ἡν ἠγαπησας με ἐν αὐτοις ἡ καγω ἐν αὐτοις.
	26	και *ἐγνωρισα* αὐτοις το ὀνομα σου και *γνωρισω*, ἱνα ἡ ἀγαπη ἡν ἠγαπησας με ἐν αὐτοις ἡ καγω ἐν αὐτοις.
Ac	2 28	*ἐγνωρισας* μοι ὁδους ζωης, πληρωσεις με εὐφροσυνης μετα του προσωπου σου.
Rm	9 22	εἰ δε θελων ὁ θεος ἐνδειξασθαι την ὀργην και *γνωρισαι* το δυνατον αὐτου ἠνεγκεν ἐν πολλη μακροθυμια σκευη ὀργης κατηρτισμενα εἰς ἀπωλειαν,
	23	και ἱνα *γνωριση* τον πλουτον της δοξης αὐτου ἐπι σκευη ἐλεους,
	16 26	[κατα ἀποκαλυψιν μυστηριου χρονοις αἰωνιοις σεσιγημενου], [φανερωθεντος δε νυν δια τε γραφων προφητικων κατ ἐπιταγην του αἰωνιου θεου εἰς ὑπακοην πιστεως εἰς παντα τα ἐθνη *γνωρισθεντος*],
1Co	12 3	διο *γνωριζω* ὑμιν ὁτι οὐδεις ἐν πνευματι θεου λαλων λεγει·
	15 1	*γνωριζω* δε ὑμιν, ἀδελφοι, το εὐαγγελιον ὁ εὐηγγελισαμην ὑμιν,
2Co	8 1	*γνωριζομεν* δε ὑμιν, ἀδελφοι, την χαριν του θεου την δεδομενην ἐν ταις ἐκκλησιαις της μακεδονιας,
Ga	1 11	*γνωριζω* γαρ ὑμιν, ἀδελφοι, το εὐαγγελιον το εὐαγγελισθεν ὑπ ἐμου ὁτι οὐκ ἐστιν κατα ἀνθρωπον·
Eph	1 9	*γνωρισας* ἡμιν το μυστηριον του θεληματος αὐτου,
	3 3	τουτου χαριν ἐγω παυλος ὁ δεσμιος του χριστου [ἰησου] ὑπερ ὑμων των ἐθνων εἰ γε ἠκουσατε την οἰκονομιαν της χαριτος του θεου της δοθεισης μοι εἰς ὑμας, [ὁτι] κατα ἀποκαλυψιν *ἐγνωρισθη* μοι το μυστηριον,
	5	ὁ ἑτεραις γενεαις οὐκ *ἐγνωρισθη* τοις υἱοις των ἀνθρωπων ὡς νυν ἀπεκαλυφθη τοις ἁγιοις ἀποστολοις αὐτου και προφηταις ἐν πνευματι,
	10	ἱνα *γνωρισθη* νυν ταις ἀρχαις και ταις ἐξουσιαις ἐν τοις ἐπουρανιοις δια της ἐκκλησιας ἡ πολυποικιλος σοφια του θεου,
	6 19	ἱνα μοι δοθη λογος ἐν ἀνοιξει του στοματος μου, ἐν παρρησια *γνωρισαι* το μυστηριον του εὐαγγελιου,
	21	ἱνα δε εἰδητε και ὑμεις τα κατ ἐμε, τι πρασσω, παντα *γνωρισει* ὑμιν τυχικος ὁ ἀγαπητος ἀδελφος και πιστος διακονος ἐν κυριω,
Php	1 22	εἰ δε το ζην ἐν σαρκι, τουτο μοι καρπος ἐργου, και τι αἱρησομαι οὐ *γνωριζω*.
	4 6	μηδεν μεριμνατε, ἀλλ ἐν παντι τη προσευχη και τη δεησει μετα εὐχαριστιας τα αἰτηματα ὑμων *γνωριζεσθω* προς τον θεον.
Col	1 27	νυν δε ἐφανερωθη τοις ἁγιοις αὐτου, οἱς ἠθελησεν ὁ θεος *γνωρισαι* τι το πλουτος της δοξης του μυστηριου τουτου ἐν τοις ἐθνεσιν,
	4 7	τα κατ ἐμε παντα *γνωρισει* ὑμιν τυχικος ὁ ἀγαπητος ἀδελφος και πιστος διακονος και συνδουλος ἐν κυριω,
	9	παντα ὑμιν *γνωρισουσιν* τα ὡδε.
2Pt	1 16	οὐ γαρ σεσοφισμενοις μυθοις ἐξακολουθησαντες *ἐγνωρισαμεν* ὑμιν την του κυριου ἡμων ἰησου χριστου δυναμιν και παρουσιαν,

γνωσις [29]

Lc	1 77	προπορευση γαρ ἐνωπιον κυριου ἑτοιμασαι ὁδους αὐτου, του δουναι *γνωσιν* σωτηριας τω λαω αὐτου ἐν ἀφεσει ἁμαρτιων αὐτων,
	11 52	οὐαι ὑμιν τοις νομικοις, ὁτι ἠρατε την κλειδα της *γνωσεως*·

γνωσις [29]

Rm	2 20	ἐχοντα την μορφωσιν της γνωσεως και της ἀληθειας ἐν τω νομῳ·
	11 33	ὡ βαθος πλουτου και σοφιας και γνωσεως θεου·
	15 14	ὁτι και αὐτοι μεστοι ἐστε ἀγαθωσυνης, πεπληρωμενοι πασης [της] γνωσεως,
1Co	1 5	ὁτι ἐν παντι ἐπλουτισθητε ἐν αὐτῳ, ἐν παντι λογῳ και πασῃ γνωσει,
	8 1	περι δε των εἰδωλοθυτων, οἰδαμεν ὁτι παντες γνωσιν ἐχομεν.
	1	ἡ γνωσις φυσιοι, ἡ δε ἀγαπη οἰκοδομει·
	7	ἀλλ ' οὐκ ἐν πασιν ἡ γνωσις·
	10	ἐαν γαρ τις ἰδῃ σέ τον ἐχοντα γνωσιν ἐν εἰδωλειῳ κατακειμενον, οὐχι ἡ συνειδησις αὐτου ἀσθενους ὀντος οἰκοδομηθησεται εἰς το τα εἰδωλοθυτα ἐσθιειν;
	11	ἀπολλυται γαρ ὁ ἀσθενων ἐν τῃ σῃ γνωσει, ὁ ἀδελφος δι ' ὁν χριστος ἀπεθανεν.
	12 8	ᾡ μεν γαρ δια του πνευματος διδοται λογος σοφιας, ἀλλῳ δε λογος γνωσεως κατα το αὐτο πνευμα,
	13 2	και ἐαν ἐχω προφητειαν και εἰδω τα μυστηρια παντα και πασαν την γνωσιν, και ἐαν ἐχω πασαν την πιστιν ὡστε ὀρη μεθισταναι, ἀγαπην δε μη ἐχω, οὐθεν εἰμι.
	8	εἰτε γλωσσαι, παυσονται· εἰτε γνωσις, καταργηθησεται.
	14 6	τί ὑμας ὠφελησω, ἐαν μη ὑμιν λαλησω ἡ ἐν ἀποκαλυψει ἡ ἐν γνωσει ἡ ἐν προφητειᾳ ἡ [ἐν] διδαχῃ;
2Co	2 14	τω δε θεῳ χαρις τῳ παντοτε θριαμβευοντι ἡμας ἐν τῳ χριστῳ και την ὀσμην της γνωσεως αὐτου φανερουντι δι ' ἡμων ἐν παντι τοπῳ·
	4 6	ὁτι ὁ θεος ὁ εἰπων· ἐκ σκοτους φως λαμψει, ὁς ἐλαμψεν ἐν ταις καρδιαις ἡμων προς φωτισμον της γνωσεως της δοξης του θεου ἐν προσωπῳ [ἰησου] χριστου.
	6 6	ἐν νηστειαις, ἐν ἀγνοτητι, ἐν γνωσει,
	8 7	ἀλλ ' ὡσπερ ἐν παντι περισσευετε, πιστει και λογῳ και γνωσει και πασῃ σπουδῃ και τῃ ἐξ ἡμων ἐν ὑμιν ἀγαπῃ, ἱνα και ἐν ταυτῃ τῃ χαριτι περισσευητε.
	10 5	λογισμους καθαιρουντες και παν ὑψωμα ἐπαιρομενον κατα της γνωσεως του θεου,
	11 6	εἰ δε και ἰδιωτης τῳ λογῳ, ἀλλ ' οὐ τῃ γνωσει,
Eph	3 19	γνωναι τε την ὑπερβαλλουσαν της γνωσεως ἀγαπην του χριστου,
Php	3 8	ἀλλα μενουνγε και ἡγουμαι παντα ζημιαν εἰναι δια το ὑπερεχον της γνωσεως χριστου ἰησου του κυριου μου,
Col	2 3	εἰς ἐπιγνωσιν του μυστηριου του θεου, χριστου, ἐν ᾡ εἰσιν παντες οἱ θησαυροι της σοφιας και γνωσεως ἀποκρυφοι.
1Tm	6 20	ὡ τιμοθεε, την παραθηκην φυλαξον, ἐκτρεπομενος τας βεβηλους κενοφωνιας και ἀντιθεσεις της ψευδωνυμου γνωσεως,
1Pt	3 7	οἱ ἀνδρες ὁμοιως, συνοικουντες κατα γνωσιν ὡς ἀσθενεστερῳ σκευει τω γυναικειῳ,
2Pt	1 5	ἐν δε τῃ ἀρετῃ την γνωσιν, ἐν δε τῃ γνωσει την ἐγκρατειαν,
	6	ἐν δε τῃ ἀρετῃ την γνωσιν, ἐν δε τῃ γνωσει την ἐγκρατειαν,
	3 18	αὐξανετε δε ἐν χαριτι και γνωσει του κυριου ἡμων και σωτηρος ἰησου χριστου.

γνωστης [1]

Ac	26 3	ἡγημαι ἐμαυτον μακαριον ἐπι σοῦ μελλων σημερον ἀπολογεισθαι, μαλιστα γνωστην ὀντα σε παντων των κατα ἰουδαιους ἐθων τε και ζητηματων·

γνωστος [15]

Lc	2 44	νομισαντες δε αὐτον εἰναι ἐν τῃ συνοδιᾳ ἠλθον ἡμερας ὁδον και ἀνεζητουν αὐτον ἐν τοις συγγενευσιν και τοις γνωστοις,
	23 49	εἱστηκεισαν δε παντες οἱ γνωστοι αὐτῳ ἀπο μακροθεν, και γυναικες αἱ συνακολουθουσαι αὐτῳ ἀπο της γαλιλαιας, ὁρωσαι ταυτα.
Jh	18 15	ὁ δε μαθητης ἐκεινος ἠν γνωστος τω ἀρχιερει,
	16	ἐξηλθεν οὐν ὁ μαθητης ὁ ἀλλος ὁ γνωστος του ἀρχιερεως και εἰπεν τῃ θυρωρῳ,
Ac	1 19	και γνωστον ἐγενετο πασι τοις κατοικουσιν ἰερουσαλημ, ὡστε κληθηναι το χωριον ἐκεινο τῃ ἰδιᾳ διαλεκτῳ αὐτων ἀκελδαμαχ, τουτ ' ἐστιν χωριον αἱματος.
	2 14	ἀνδρες ἰουδαιοι και οἱ κατοικουντες ἰερουσαλημ παντες, τουτο ὑμιν γνωστον ἐστω,
	4 10	γνωστον ἐστω πασιν ὑμιν και παντι τῳ λαῳ ἰσραηλ, ὁτι ἐν τῳ ὀνοματι ἰησου χριστου του ναζωραιου, ὁν ὑμεις ἐσταυρωσατε, ὁν ὁ θεος ἠγειρεν ἐκ νεκρων, ἐν τουτῳ οὑτος παρεστηκεν ἐνωπιον ὑμων ὑγιης.
	16	ὁτι μεν γαρ γνωστον σημειον γεγονεν δι ' αὐτων, πασιν τοις κατοικουσιν ἰερουσαλημ φανερον,

γνωστος [15]

Ac	9 42	γνωστον δε ἐγενετο καθ ' ὁλης της ἰοππης, και ἐπιστευσαν πολλοι ἐπι τον κυριον.
	13 38	γνωστον οὐν ἐστω ὑμιν, ἀνδρες ἀδελφοι, ὁτι δια τουτου ὑμιν ἀφεσις ἁμαρτιων καταγγελλεται,
	15 18	λεγει κυριος ποιων ταυτα γνωστα ἀπ ' αἰωνος.
	19 17	τουτο δε ἐγενετο γνωστον πασιν ἰουδαιοις τε και ἑλλησιν τοις κατοικουσιν την ἐφεσον,
	28 22	περι μεν γαρ της αἱρεσεως ταυτης γνωστον ἡμιν ἐστιν ὁτι πανταχου ἀντιλεγεται.
	28	γνωστον οὐν ἐστω ὑμιν ὁτι τοις ἐθνεσιν ἀπεσταλη τουτο το σωτηριον του θεου·
Rm	1 19	διοτι το γνωστον του θεου φανερον ἐστιν ἐν αὐτοις·

γογγυζω [8]

Mt	20 11	λαβοντες δε ἐγογγυζον κατα του οἰκοδεσποτου λεγοντες·
Lc	5 30	και ἐγογγυζον οἱ φαρισαιοι και οἱ γραμματεις αὐτων προς τους μαθητας αὐτου λεγοντες· δια τί μετα των τελωνων και ἁμαρτωλων ἐσθιετε και πινετε;
Jh	6 41	ἐγογγυζον οὐν οἱ ἰουδαιοι περι αὐτου ὁτι εἰπεν·
	43	μη γογγυζετε μετ ' ἀλληλων.
	61	εἰδως δε ὁ ἰησους ἐν ἑαυτῳ ὁτι γογγυζουσιν περι τουτου οἱ μαθηται αὐτου, εἰπεν αὐτοις·
	7 32	ἠκουσαν οἱ φαρισαιοι του ὀχλου γογγυζοντος περι αὐτου ταυτα, και ἀπεστειλαν οἱ ἀρχιερεις και οἱ φαρισαιοι ὑπηρετας ἱνα πιασωσιν αὐτον.
1Co	10 10	μηδε γογγυζετε, καθαπερ τινες αὐτων ἐγογγυσαν,
	10	μηδε γογγυζετε, καθαπερ τινες αὐτων ἐγογγυσαν,

γογγυσμος [4]

Jh	7 12	και γογγυσμος περι αὐτου ἠν πολυς ἐν τοις ὀχλοις·
Ac	6 1	ἐν δε ταις ἡμεραις ταυταις πληθυνοντων των μαθητων ἐγενετο γογγυσμος των ἑλληνιστων προς τους ἑβραιους,
Php	2 14	παντα ποιειτε χωρις γογγυσμων και διαλογισμων,
1Pt	4 9	φιλοξενοι εἰς ἀλληλους ἀνευ γογγυσμου·

γογγυστης [1]

Ju	16	οὑτοι εἰσιν γογγυσται μεμψιμοιροι, κατα τας ἐπιθυμιας ἑαυτων πορευομενοι,

γοης [1]

2Tm	3 13	πονηροι δε ἀνθρωποι και γοητες προκοψουσιν ἐπι το χειρον,

γολγοθα [3]

Mt	27 33	και ἐλθοντες εἰς τοπον λεγομενον γολγοθα, ὁ ἐστιν κρανιου τοπος λεγομενος, ἐδωκαν αὐτῳ πιειν οἰνον μετα χολης μεμιγμενον·
Mc	15 22	και φερουσιν αὐτον ἐπι τον γολγοθαν τοπον,
Jh	19 17	και βασταζων ἑαυτῳ τον σταυρον ἐξηλθεν εἰς τον λεγομενον κρανιου τοπον, ὁ λεγεται ἑβραιστι γολγοθα, ὁπου αὐτον ἐσταυρωσαν,

γομορρα [4]

Mt	10 15	ἀνεκτοτερον ἐσται γῃ σοδομων και γομορρων ἐν ἡμερᾳ κρισεως ἡ τῃ πολει ἐκεινῃ.
Rm	9 29	εἰ μη κυριος σαβαωθ ἐγκατελιπεν ἡμιν σπερμα, ὡς σοδομα ἀν ἐγενηθημεν και ὡς γομορρα ἀν ὡμοιωθημεν.
2Pt	2 6	και πολεις σοδομων και γομορρας τεφρωσας [καταστροφῃ] κατεκρινεν,
Ju	7	ὡς σοδομα και γομορρα και αἱ περι αὐτας πολεις,

γομος [3]

Ac	21 3	και κατηλθομεν εἰς τυρον· ἐκεισε γαρ το πλοιον ἠν ἀποφορτιζομενον τον γομον.
Apc	18 11	και οἱ ἐμποροι της γης κλαιουσιν και πενθουσιν ἐπ ' αὐτην, ὁτι τον γομον αὐτων οὐδεις ἀγοραζει οὐκετι,
	12	ὁτι τον γομον αὐτων οὐδεις ἀγοραζει οὐκετι, γομον χρυσου και ἀργυρου

γονεις [20]

Mt	10 21	και ἐπαναστησονται τεκνα ἐπι γονεις και θανατωσουσιν αὐτους.

γονεις [20]

Mc	13 12	και επαναστησονται τεκνα επι γονεις και θανατωσουσιν αυτους·
Lc	2 27	και εν τω εισαγαγειν τους γονεις το παιδιον ιησουν του ποιησαι αυτους κατα το ειθισμενον του νομου περι αυτου, και αυτος εδεξατο αυτο εις τας αγκαλας και ευλογησεν τον θεον και ειπεν·
	41	και επορευοντο οι γονεις αυτου κατ ετος εις ιερουσαλημ τη εορτη του πασχα.
	43	και τελειωσαντων τας ημερας, εν τω υποστρεφειν αυτους υπεμεινεν ιησους ο παις εν ιερουσαλημ, και ουκ εγνωσαν οι γονεις αυτου.
	8 56	και εξεστησαν οι γονεις αυτης·
	18 29	αμην λεγω υμιν οτι ουδεις εστιν ος αφηκεν οικιαν η γυναικα η αδελφους η γονεις η τεκνα ενεκεν της βασιλειας του θεου,
	21 16	παραδοθησεσθε δε και υπο γονεων και αδελφων και συγγενων και φιλων,
Jh	9 2	ραββι, τις ημαρτεν, ουτος η οι γονεις αυτου, ινα τυφλος γεννηθη;
	3	ουτε ουτος ημαρτεν ουτε οι γονεις αυτου, αλλ ινα φανερωθη τα εργα του θεου εν αυτω.
	18	ουκ επιστευσαν ουν οι ιουδαιοι περι αυτου οτι ην τυφλος και ανεβλεψεν, εως οτου εφωνησαν τους γονεις αυτου του αναβλεψαντος
	20	απεκριθησαν ουν οι γονεις αυτου και ειπαν. οιδαμεν οτι ουτος εστιν ο υιος ημων και οτι τυφλος εγεννηθη·
	22	ταυτα ειπαν οι γονεις αυτου οτι εφοβουντο τους ιουδαιους·
	23	δια τουτο οι γονεις αυτου ειπαν οτι ηλικιαν εχει, αυτον επερωτησατε.
Rm	1 30	μεστους φθονου φονου εριδος δολου κακοηθειας, ψιθυριστας, καταλαλους, θεοστυγεις, υβριστας, υπερηφανους, αλαζονας, εφευρετας κακων, γονευσιν απειθεις, ασυνετους, ασυνθετους, αστοργους, ανελεημονας·
2Co	12 14	ου γαρ οφειλει τα τεκνα τοις γονευσιν θησαυριζειν, αλλα οι γονεις τοις τεκνοις.
	14	ου γαρ οφειλει τα τεκνα τοις γονευσιν θησαυριζειν, αλλα οι γονεις τοις τεκνοις.
Eph	6 1	τα τεκνα, υπακουετε τοις γονευσιν υμων [εν κυριω]·
Col	3 20	τα τεκνα, υπακουετε τοις γονευσιν κατα παντα,
2Tm	3 2	γονευσιν απειθεις, αχαριστοι, ανοσιοι, αστοργοι, ασπονδοι, διαβολοι, ακρατεις, ανημεροι, αφιλαγαθοι,

γονυ [12]

Mc	15 19	και τιθεντες τα γονατα προσεκυνουν αυτω.
Lc	5 8	ιδων δε σιμων πετρος προσεπεσεν τοις γονασιν ιησου λεγων·
	22 41	και θεις τα γονατα προσηυχετο λεγων·
Ac	7 60	θεις δε τα γονατα εκραξεν φωνη μεγαλη·
	9 40	εκβαλων δε εξω παντας ο πετρος και θεις τα γονατα προσηυξατο,
	20 36	και ταυτα ειπων, θεις τα γονατα αυτου συν πασιν αυτοις προσηυξατο.
	21 5	και θεντες τα γονατα επι τον αιγιαλον προσευξαμενοι απησπασαμεθα αλληλους,
Rm	11 4	κατελιπον εμαυτω επτακισχιλιους ανδρας, οιτινες ουκ εκαμψαν γονυ τη βααλ.
	14 11	ζω εγω, λεγει κυριος, οτι εμοι καμψει παν γονυ,
Eph	3 14	τουτου χαριν καμπτω τα γονατα μου προς τον πατερα,
Php	2 10	και εχαρισατο αυτω το ονομα το υπερ παν ονομα, ινα εν τω ονοματι ιησου παν γονυ καμψη επουρανιων και επιγειων και καταχθονιων,
Heb	12 12	διο τας παρειμενας χειρας και τα παραλελυμενα γονατα ανορθωσατε,

γονυπετεω [4]

Mt	17 14	και ελθοντων προς τον οχλον προσηλθεν αυτω ανθρωπος γονυπετων αυτον και λεγων·
	27 29	και γονυπετησαντες εμπροσθεν αυτου ενεπαιξαν αυτω λεγοντες·
Mc	1 40	και ερχεται προς αυτον λεπρος παρακαλων αυτον [και γονυπετων] και λεγων αυτω οτι εαν θελης δυνασαι με καθαρισαι.
	10 17	και εκπορευομενου αυτου εις οδον προσδραμων εις και γονυπετησας αυτον επηρωτα αυτον·

γραμμα [14]

Lc	16 6	δεξαι σου τα γραμματα και καθισας ταχεως γραψον πεντηκοντα.

γραμμα [14]

Lc	16 7	δεξαι σου τα γραμματα και γραψον ογδοηκοντα.
Jh	5 47	ει δε τοις εκεινου γραμμασιν ου πιστευετε, πως τοις εμοις ρημασιν πιστευσετε;
	7 15	πως ουτος γραμματα οιδεν μη μεμαθηκως;
Ac	26 24	τα πολλα σε γραμματα εις μανιαν περιτρεπει.
	28 21	ημεις ουτε γραμματα περι σου εδεξαμεθα απο της ιουδαιας, ουτε παραγενομενος τις των αδελφων απηγγειλεν η ελαλησεν τι περι σου πονηρον.
Rm	2 27	και κρινει η εκ φυσεως ακροβυστια τον νομον τελουσα σε τον δια γραμματος και περιτομης παραβατην νομου.
	29	αλλ ο εν τω κρυπτω ιουδαιος, και περιτομη καρδιας εν πνευματι ου γραμματι, ου ο επαινος ουκ εξ ανθρωπων αλλ εκ του θεου.
	7 6	αποθανοντες εν ω κατειχομεθα, ωστε δουλευειν ημας εν καινοτητι πνευματος και ου παλαιοτητι γραμματος.
2Co	3 6	ος και ικανωσεν ημας διακονους καινης διαθηκης, ου γραμματος αλλα πνευματος.
	6	το γαρ γραμμα αποκτεννει, το δε πνευμα ζωοποιει.
	7	ει δε η διακονια του θανατου εν γραμμασιν εντετυπωμενη λιθοις εγενηθη εν δοξη, ωστε μη δυνασθαι ατενισαι τους υιους ισραηλ εις το προσωπον μωσεως
Ga	6 11	ιδετε πηλικοις υμιν γραμμασιν εγραψα τη εμη χειρι.
2Tm	3 15	και οτι απο βρεφους [τα] ιερα γραμματα οιδας, τα δυναμενα σε σοφισαι εις σωτηριαν δια πιστεως της εν χριστω ιησου.

γραμματευς [64]

Mt	2 4	και συναγαγων παντας τους αρχιερεις και γραμματεις του λαου επυνθανετο παρ αυτων που ο χριστος γενναται.
	5 20	λεγω γαρ υμιν οτι εαν μη περισσευση υμων η δικαιοσυνη πλειον των γραμματεων και φαρισαιων, ου μη εισελθητε εις την βασιλειαν των ουρανων.
	7 29	ην γαρ διδασκων αυτους ως εξουσιαν εχων, και ουχ ως οι γραμματεις αυτων.
	8 19	και προσελθων εις γραμματευς ειπεν αυτω·
	9 3	και ιδου τινες των γραμματεων ειπαν εν εαυτοις·
	12 38	τοτε απεκριθησαν αυτω τινες των γραμματεων και φαρισαιων λεγοντες·
	13 52	δια τουτο πας γραμματευς μαθητευθεις τη βασιλεια των ουρανων ομοιος εστιν ανθρωπω οικοδεσποτη,
	15 1	τοτε προσερχονται τω ιησου απο ιεροσολυμων φαρισαιοι και γραμματεις λεγοντες·
	16 21	απο τοτε ηρξατο ο ιησους δεικνυειν τοις μαθηταις αυτου οτι δει αυτον εις ιεροσολυμα απελθειν και πολλα παθειν απο των πρεσβυτερων και αρχιερεων και γραμματεων και αποκτανθηναι και τη τριτη ημερα εγερθηναι.
	17 10	τι ουν οι γραμματεις λεγουσιν οτι ηλιαν δει ελθειν πρωτον;
	20 18	και ο υιος του ανθρωπου παραδοθησεται τοις αρχιερευσιν και γραμματευσιν,
	21 15	ιδοντες δε οι αρχιερεις και οι γραμματεις τα θαυμασια α εποιησεν και τους παιδας τους κραζοντας εν τω ιερω και λεγοντας· ωσαννα τω υιω δαυιδ, ηγανακτησαν,
	23 2	επι της μωυσεως καθεδρας εκαθισαν οι γραμματεις και οι φαρισαιοι.
	13	ουαι δε υμιν, γραμματεις και φαρισαιοι υποκριται, οτι κλειετε την βασιλειαν των ουρανων εμπροσθεν των ανθρωπων·
	14 *	ουαι υμιν, γραμματεις και φαρισαιοι, υποκριται, οτι κατεσθιετε τας οικιας των χηρων, και προφασει μακρα προσευχομενοι·
	15	ουαι υμιν, γραμματεις και φαρισαιοι υποκριται, οτι περιαγετε την θαλασσαν και την ξηραν ποιησαι ενα προσηλυτον,
	23	ουαι υμιν, γραμματεις και φαρισαιοι υποκριται, οτι αποδεκατουτε το ηδυοσμον και το ανηθον και το κυμινον,
	25	ουαι υμιν, γραμματεις και φαρισαιοι υποκριται, οτι καθαριζετε το εξωθεν του ποτηριου και της παροψιδος, εσωθεν δε γεμουσιν εξ αρπαγης και ακρασιας.
	27	ουαι υμιν, γραμματεις και φαρισαιοι υποκριται, οτι παρομοιαζετε ταφοις κεκονιαμενοις,
	29	ουαι υμιν, γραμματεις και φαρισαιοι υποκριται, οτι οικοδομειτε τους ταφους των προφητων και κοσμειτε τα μνημεια των δικαιων,
	34	δια τουτο ιδου εγω αποστελλω προς υμας προφητας και σοφους και γραμματεις·
	26 57	οι δε κρατησαντες τον ιησουν απηγαγον προς καιαφαν τον αρχιερεα, οπου οι γραμματεις και οι πρεσβυτεροι συνηχθησαν.
	27 41	ομοιως και οι αρχιερεις εμπαιζοντες μετα των γραμματεων και πρεσβυτερων ελεγον· αλλους εσωσεν, εαυτον ου δυναται σωσαι·

γραμματευς [64]

Mc 1 22 ἦν γαρ διδασκων αὐτους ὡς ἐξουσιαν ἐχων, και οὐχ ὡς οἱ *γραμματεις.*

2 6 ἦσαν δε τινες των *γραμματεων* ἐκει καθημενοι και διαλογιζομενοι ἐν ταις καρδιαις αὐτων·

16 και οἱ *γραμματεις* των φαρισαιων ἰδοντες ὁτι ἐσθιει μετα των ἁμαρτωλων και τελωνων ἐλεγον τοις μαθηταις αὐτου·

3 22 και οἱ *γραμματεις* οἱ ἀπο ἱεροσολυμων καταβαντες ἐλεγον ὁτι βεελζεβουλ ἐχει.

7 1 και συναγονται προς αὐτον οἱ φαρισαιοι και τινες των *γραμματεων* ἐλθοντες ἀπο ἱεροσολυμων.

5 και ἐπερωτωσιν αὐτον οἱ φαρισαιοι και οἱ *γραμματεις·* δια τί οὐ περιπατουσιν οἱ μαθηται σου κατα την παραδοσιν των πρεσβυτερων,

8 31 και ἡρξατο διδασκειν αὐτους ὁτι δει τον υἱον του ἀνθρωπου πολλα παθειν, και ἀποδοκιμασθηναι ὑπο των πρεσβυτερων και των ἀρχιερεων και των *γραμματεων* και ἀποκτανθηναι και μετα τρεις ἡμερας ἀναστηναι·

9 11 και ἐπηρωτων αὐτον λεγοντες· ὁτι λεγουσιν οἱ *γραμματεις* ὁτι ἡλιαν δει ἐλθειν πρωτον;

14 και ἐλθοντες προς τους μαθητας εἰδον ὀχλον πολυν περι αὐτους και *γραμματεις* συζητουντας προς αὐτους.

10 33 και ὁ υἱος του ἀνθρωπου παραδοθησεται τοις ἀρχιερευσιν και τοις *γραμματευσιν,*

11 18 και ἠκουσαν οἱ ἀρχιερεις και οἱ *γραμματεις,* και ἐζητουν πως αὐτον ἀπολεσωσιν·

27 και ἐν τω ἱερω περιπατουντος αὐτου ἐρχονται προς αὐτον οἱ ἀρχιερεις και οἱ *γραμματεις* και οἱ πρεσβυτεροι,

12 28 και προσελθων εἱς των *γραμματεων,* ἀκουσας αὐτων συζητουντων, ἰδων ὁτι καλως ἀπεκριθη αὐτοις,

32 και εἱπεν αὐτω ὁ *γραμματευς·* καλως, διδασκαλε, ἐπ ἀληθειας εἱπες ὁτι εἱς ἐστιν και οὐκ ἐστιν ἀλλος πλην αὐτου·

35 πως λεγουσιν οἱ *γραμματεις* ὁτι ὁ χριστος υἱος δαυιδ ἐστιν;

38 βλεπετε ἀπο των *γραμματεων* των θελοντων ἐν στολαις περιπατειν και ἀσπασμους ἐν ταις ἀγοραις και πρωτοκαθεδριας ἐν ταις συναγωγαις και πρωτοκλισιας ἐν τοις δειπνοις·

14 1 και ἐζητουν οἱ ἀρχιερεις και οἱ *γραμματεις* πως αὐτον ἐν δολω κρατησαντες ἀποκτεινωσιν.

43 και μετ αὐτου ὀχλος μετα μαχαιρων και ξυλων παρα των ἀρχιερεων και των *γραμματεων* και των πρεσβυτερων.

53 και συνερχονται παντες οἱ ἀρχιερεις και οἱ πρεσβυτεροι και οἱ *γραμματεις.*

15 1 και εὐθυς πρωι συμβουλιον ποιησαντες οἱ ἀρχιερεις μετα των πρεσβυτερων και *γραμματεων* και ὁλον το συνεδριον,

31 ὁμοιως και οἱ ἀρχιερεις ἐμπαιζοντες προς ἀλληλους μετα των *γραμματεων* ἐλεγον· ἀλλους ἐσωσεν, ἑαυτον οὐ δυναται σωσαι·

Lc 5 21 και ἡρξαντο διαλογιζεσθαι οἱ *γραμματεις* και οἱ φαρισαιοι λεγοντες·

30 και ἐγογγυζον οἱ φαρισαιοι και οἱ *γραμματεις* αὐτων προς τους μαθητας αὐτου λεγοντες· δια τί μετα των τελωνων και ἁμαρτωλων ἐσθιετε και πινετε;

6 7 παρετηρουντο δε αὐτον οἱ *γραμματεις* και οἱ φαρισαιοι εἰ ἐν τω σαββατω θεραπευει, ἱνα εὑρωσιν κατηγορειν αὐτου.

9 22 εἰπων ὁτι δει τον υἱον του ἀνθρωπου πολλα παθειν και ἀποδοκιμασθηναι ἀπο των πρεσβυτερων και ἀρχιερεων και *γραμματεων* και ἀποκτανθηναι και τη τριτη ἡμερα ἐγερθηναι.

11 53 κακειθεν ἐξελθοντος αὐτου ἡρξαντο οἱ *γραμματεις* και οἱ φαρισαιοι δεινως ἐνεχειν και ἀποστοματιζειν αὐτον περι πλειονων,

15 2 και διεγογγυζον οἱ τε φαρισαιοι και οἱ *γραμματεις* λεγοντες ὁτι οὑτος ἁμαρτωλους προσδεχεται και συνεσθιει αὐτοις.

19 47 οἱ δε ἀρχιερεις και οἱ *γραμματεις* ἐζητουν αὐτον ἀπολεσαι και οἱ πρωτοι του λαου,

20 1 και ἐγενετο ἐν μια των ἡμερων διδασκοντος αὐτου τον λαον ἐν τω ἱερω και εὐαγγελιζομενου ἐπεστησαν οἱ ἀρχιερεις και οἱ *γραμματεις* συν τοις πρεσβυτεροις,

19 και ἐζητησαν οἱ *γραμματεις* και οἱ ἀρχιερεις ἐπιβαλειν ἐπ αὐτον τας χειρας ἐν αὐτη τη ὡρα,

39 ἀποκριθεντες δε τινες των *γραμματεων* εἱπαν· διδασκαλε, καλως εἱπας.

46 προσεχετε ἀπο των *γραμματεων* των θελοντων περιπατειν ἐν στολαις

22 2 και ἐζητουν οἱ ἀρχιερεις και οἱ *γραμματεις* το πως ἀνελωσιν αὐτον·

66 και ὡς ἐγενετο ἡμερα, συνηχθη το πρεσβυτεριον του λαου, ἀρχιερεις τε και *γραμματεις,*

γραμματευς [64]

Lc 23 10 εἱστηκεισαν δε οἱ ἀρχιερεις και οἱ *γραμματεις* εὐτονως κατηγορουντες αὐτου.

Jh 8 3* ἀγουσιν δε οἱ *γραμματεις* και οἱ φαρισαιοι γυναικα ἐπι μοιχεια κατειλημμενην, και στησαντες αὐτην ἐν μεσω λεγουσιν αὐτω·

Ac 4 5 ἐγενετο δε ἐπι την αὐριον συναχθηναι αὐτων τους ἀρχοντας και τους πρεσβυτερους και τους *γραμματεις* ἐν ἱερουσαλημ,

6 12 συνεκινησαν τε τον λαον και τους πρεσβυτερους και τους *γραμματεις,*

19 35 καταστειλας δε ὁ *γραμματευς* τον ὀχλον φησιν·

23 9 ἐγενετο δε κραυγη μεγαλη, και ἀνασταντες τινες των *γραμματεων* του μερους των φαρισαιων διεμαχοντο λεγοντες·

1Co 1 20 που σοφος; που *γραμματευς;*

γραπτος [1]

Rm 2 15 οἱτινες ἐνδεικνυνται το ἐργον του νομου *γραπτον* ἐν ταις καρδιαις αὐτων,

γραφη [51]

Mt 21 42 οὐδεποτε ἀνεγνωτε ἐν ταις *γραφαις·* λιθον ὁν ἀπεδοκιμασαν οἱ οἰκοδομουντες, οὑτος ἐγενηθη εἰς κεφαλην γωνιας·

22 29 πλανασθε μη εἰδοτες τας *γραφας* μηδε την δυναμιν του θεου.

26 54 πως οὑν πληρωθωσιν αἱ *γραφαι* ὁτι οὑτως δει γενεσθαι;

56 τουτο δε ὁλον γεγονεν ἱνα πληρωθωσιν αἱ *γραφαι* των προφητων.

Mc 12 10 οὐδε την *γραφην* ταυτην ἀνεγνωτε· λιθον ὁν ἀπεδοκιμασαν οἱ οἰκοδομουντες, οὑτος ἐγενηθη εἰς κεφαλην γωνιας·

24 οὐ δια τουτο πλανασθε μη εἰδοτες τας *γραφας* μηδε την δυναμιν του θεου;

14 49 καθ ἡμεραν ἡμην προς ὑμας ἐν τω ἱερω διδασκων, και οὐκ ἐκρατησατε με· ἀλλ ἱνα πληρωθωσιν αἱ *γραφαι.*

15 28* και ἐπληρωθη ἡ *γραφη* ἡ λεγουσα· και μετα ἀνομων ἐλογισθη.

Lc 4 21 ἡρξατο δε λεγειν προς αὐτους ὁτι σημερον πεπληρωται ἡ *γραφη* αὑτη ἐν τοις ὠσιν ὑμων.

24 27 και ἀρξαμενος ἀπο μωυσεως και ἀπο παντων των προφητων διερμηνευσεν αὐτοις ἐν πασαις ταις *γραφαις* τα περι ἑαυτου.

32 οὐχι ἡ καρδια ἡμων καιομενη ἡν [ἐν ἡμιν], ὡς ἐλαλει ἡμιν ἐν τη ὁδω, ὡς διηνοιγεν ἡμιν τας *γραφας;*

45 τοτε διηνοιξεν αὐτων τον νουν του συνιεναι τας *γραφας·*

Jh 2 22 ἐμνησθησαν οἱ μαθηται αὐτου ὁτι τουτο ἐλεγεν, και ἐπιστευσαν τη *γραφη* και τω λογω ὁν εἱπεν ὁ ἰησους.

5 39 ἐρευνατε τας *γραφας,* ὁτι ὑμεις δοκειτε ἐν αὐταις ζωην αἰωνιον ἐχειν·

7 38 ὁ πιστευων εἰς ἐμε, καθως εἱπεν ἡ *γραφη,* ποταμοι ἐκ της κοιλιας αὐτου ρευσουσιν ὑδατος ζωντος.

42 οὐχ ἡ *γραφη* εἱπεν ὁτι ἐκ του σπερματος δαυιδ, και ἀπο βηθλεεμ της κωμης ὁπου ἡν δαυιδ, ἐρχεται ὁ χριστος;

10 35 εἰ ἐκεινους εἱπεν θεους προς οὑς ὁ λογος του θεου ἐγενετο, και οὐ δυναται λυθηναι ἡ *γραφη,*

13 18 οὐ περι παντων ὑμων λεγω· ἐγω οἱδα τινας ἐξελεξαμην· ἀλλ ἱνα ἡ *γραφη* πληρωθη·

17 12 και ἐφυλαξα, και οὐδεις ἐξ αὐτων ἀπωλετο εἰ μη ὁ υἱος της ἀπωλειας, ἱνα ἡ *γραφη* πληρωθη.

19 24 ἱνα ἡ *γραφη* πληρωθη [ἡ λεγουσα]· διεμερισαντο τα ἱματια μου ἑαυτοις και ἐπι τον ἱματισμον μου ἐβαλον κληρον.

28 μετα τουτο εἰδως ὁ ἰησους ὁτι ἡδη παντα τετελεσται, ἱνα τελειωθη ἡ *γραφη,* λεγει· διψω.

36 ἐγενετο γαρ ταυτα ἱνα ἡ *γραφη* πληρωθη·

37 και παλιν ἑτερα *γραφη* λεγει·

20 9 οὐδεπω γαρ ἡδεισαν την *γραφην,* ὁτι δει αὐτον ἐκ νεκρων ἀναστηναι.

Ac 1 16 ἀνδρες ἀδελφοι, ἐδει πληρωθηναι την *γραφην*

8 32 ἡ δε περιοχη της *γραφης* ἡν ἀνεγινωσκεν ἡν αὑτη· ὡς προβατον ἐπι σφαγην ἡχθη,

35 ἀνοιξας δε ὁ φιλιππος το στομα αὐτου και ἀρξαμενος ἀπο της *γραφης* ταυτης εὐηγγελισατο αὐτω τον ἰησουν.

17 2 κατα δε το εἰωθος τω παυλω εἰσηλθεν προς αὐτους, και ἐπι σαββατα τρια διελεξατο αὐτοις ἀπο των *γραφων,*

11 οἱτινες ἐδεξαντο τον λογον μετα πασης προθυμιας, καθ ἡμεραν ἀνακρινοντες τας *γραφας* εἰ ἐχοι ταυτα οὑτως.

18 24 ἰουδαιος δε τις ἀπολλως ὀνοματι, ἀλεξανδρευς τω γενει, ἀνηρ λογιος, κατηντησεν εἰς ἐφεσον, δυνατος ὡν ἐν ταις *γραφαις.*

28 εὐτονως γαρ τοις ἰουδαιοις διακατηλεγχετο δημοσια ἐπιδεικνυς δια των *γραφων* εἱναι τον χριστον ἰησουν.

Rm 1 2 κλητος ἀποστολος ἀφωρισμενος εἰς εὐαγγελιον θεου, ὁ προεπηγγειλατο δια των προφητων αὐτου ἐν *γραφαις* ἁγιαις

γραφη [51]

Rm 4 3 τί γαρ ή γραφη λεγει; έπιστευσεν δε άβρααμ τω θεω, και έλογισθη αύτω είς δικαιοσυνην.

9 17 λεγει γαρ ή γραφη τω φαραω ότι είς αύτο τουτο έξηγειρα σε,

10 11 λεγει γαρ ή γραφη· πας ό πιστευων έπ αύτω ού καταισχυνθησεται.

11 2 ή ούκ οίδατε έν ήλια τί λεγει ή γραφη, ώς έντυγχανει τω θεω κατα του ίσραηλ;

15 4 είς την ήμετεραν διδασκαλιαν έγραφη, ίνα δια της ύπομονης και δια της παρακλησεως των γραφων την έλπιδα έχωμεν.

16 26 [κατα άποκαλυψιν μυστηριου χρονοις αίωνιοις σεσιγημενου], [φανερωθεντος δε νυν δια τε γραφων προφητικων κατ έπιταγην του αίωνιου θεου είς ύπακοην πιστεως είς παντα τα έθνη γνωρισθεντος],

1Co 15 3 παρεδωκα γαρ ύμιν έν πρωτοις, ό και παρελαβον, ότι χριστος άπεθανεν ύπερ των άμαρτιων ήμων κατα τας γραφας,

4 και ότι έταφη, και ότι έγηγερται τη ήμερα τη τριτη κατα τας γραφας,

Ga 3 8 προιδουσα δε ή γραφη ότι έκ πιστεως δικαιοι τα έθνη ό θεος,

22 άλλα συνεκλεισεν ή γραφη τα παντα ύπο άμαρτιαν ίνα ή έπαγγελια έκ πιστεως ίησου χριστου δοθη τοις πιστευουσιν.

4 30 άλλα τί λεγει ή γραφη; έκβαλε την παιδισκην και τον υίον αύτης·

1Tm 5 18 λεγει γαρ ή γραφη· βουν άλοωντα ού φιμωσεις, και· άξιος ό έργατης του μισθου αύτου.

2Tm 3 16 πασα γραφη θεοπνευστος και ώφελιμος προς διδασκαλιαν,

Ja 2 8 εί μεντοι νομον τελειτε βασιλικον κατα την γραφην· άγαπησεις τον πλησιον σου ώς σεαυτον, καλως ποιειτε·

23 και έπληρωθη ή γραφη ή λεγουσα·

4 5 ή δοκειτε ότι κενως ή γραφη λεγει·

1Pt 2 6 διοτι περιεχει έν γραφη· ίδου τιθημι έν σιων λιθον άκρογωνιαιον έκλεκτον έντιμον,

2Pt 1 20 τουτο πρωτον γινωσκοντες, ότι πασα προφητεια γραφης ίδιας έπιλυσεως ού γινεται·

3 16 έν αίς έστιν δυσνοητα τινα, ά οί άμαθεις και άστηρικτοι στρεβλουσιν ώς και τας λοιπας γραφας προς την ίδιαν αύτων άπωλειαν.

γραφω [191]

Mt 2 5 ούτως γαρ γεγραπται δια του προφητου·

4 4 ό δε άποκριθεις είπεν· γεγραπται· ούκ έπ άρτω μονω ζησεται ό άνθρωπος,

6 βαλε σεαυτον κατω· γεγραπται γαρ ότι τοις άγγελοις αύτου έντελειται περι σου και έπι χειρων άρουσιν σε,

7 έφη αύτω ό ίησους· παλιν γεγραπται· ούκ έκπειρασεις κυριον τον θεον σου.

10 γεγραπται γαρ· κυριον τον θεον σου προσκυνησεις και αύτω μονω λατρευσεις.

11 10 ούτος έστιν περι ού γεγραπται· ίδου έγω άποστελλω τον άγγελον μου προ προσωπου σου,

21 13 γεγραπται· ό οίκος μου οίκος προσευχης κληθησεται, ύμεις δε αύτον ποιειτε σπηλαιον ληστων.

26 24 ό μεν υίος του άνθρωπου ύπαγει καθως γεγραπται περι αύτου,

31 γεγραπται γαρ· παταξω τον ποιμενα, και διασκορπισθησονται τα προβατα της ποιμνης·

27 37 και έπεθηκαν έπανω της κεφαλης αύτου την αίτιαν αύτου γεγραμμενην· ούτος έστιν ίησους ό βασιλευς των ίουδαιων.

Mc 1 2 καθως γεγραπται έν τω ήσαια τω προφητη· ίδου άποστελλω τον άγγελον μου προ προσωπου σου,

7 6 ώς γεγραπται [ότι] ούτος ό λαος τοις χειλεσιν με τιμα, ή δε καρδια αύτων πορρω άπεχει άπ έμου·

9 12 και πως γεγραπται έπι τον υίον του άνθρωπου, ίνα πολλα παθη και έξουδενηθη;

13 άλλα λεγω ύμιν ότι και ήλιας έληλυθεν, και έποιησαν αύτω όσα ήθελον, καθως γεγραπται έπ αύτον.

10 4 έπετρεψεν μωυσης βιβλιον άποστασιου γραψαι και άπολυσαι.

5 προς την σκληροκαρδιαν ύμων έγραψεν ύμιν την έντολην ταυτην.

11 17 ού γεγραπται ότι ό οίκος μου οίκος προσευχης κληθησεται πασιν τοις έθνεσιν;

12 19 διδασκαλε, μωυσης έγραψεν ήμιν ότι έαν τινος άδελφος άποθανη και καταλιπη γυναικα και μη άφη τεκνον, ίνα λαβη ό άδελφος αύτου την γυναικα και έξαναστηση σπερμα τω άδελφω αύτου.

14 21 ότι ό μεν υίος του άνθρωπου ύπαγει καθως γεγραπται περι αύτου·

γραφω [191]

Mc 14 27 και λεγει αύτοις ό ίησους ότι παντες σκανδαλισθησεσθε, ότι γεγραπται· παταξω τον ποιμενα, και τα προβατα διασκορπισθησονται.

Lc 1 3 έδοξε καμοι παρηκολουθηκοτι άνωθεν πασιν άκριβως καθεξης σοι γραψαι, κρατιστε θεοφιλε, ίνα έπιγνως περι ών κατηχηθης λογων την άσφαλειαν.

63 και αίτησας πινακιδιον έγραψεν λεγων· ίωαννης έστιν όνομα αύτου.

2 23 άνηγαγον αύτον είς ίεροσολυμα παραστησαι τω κυριω, καθως γεγραπται έν νομω κυριου ότι παν άρσεν διανοιγον μητραν άγιον τω κυριω κληθησεται,

3 4 ώς γεγραπται έν βιβλω λογων ήσαιου του προφητου· φωνη βοωντος έν τη έρημω·

4 4 γεγραπται ότι ούκ έπ άρτω μονω ζησεται ό άνθρωπος.

8 γεγραπται· κυριον τον θεον σου προσκυνησεις και αύτω μονω λατρευσεις.

10 γεγραπται γαρ ότι τοις άγγελοις αύτου έντελειται περι σου του διαφυλαξαι σε,

17 και άναπτυξας το βιβλιον εύρεν τον τοπον ού ήν γεγραμμενον· πνευμα κυριου έπ έμε,

7 27 ούτος έστιν περι ού γεγραπται· ίδου άποστελλω τον άγγελον μου προ προσωπου σου,

10 26 έν τω νομω τί γεγραπται; πως άναγινωσκεις;

16 6 δεξαι σου τα γραμματα και καθισας ταχεως γραψον πεντηκοντα.

7 δεξαι σου τα γραμματα και γραφον όγδοηκοντα.

18 31 ίδου άναβαινομεν είς ίερουσαλημ, και τελεσθησεται παντα τα γεγραμμενα δια των προφητων τω υίω του άνθρωπου·

19 46 γεγραπται· και έσται ό οίκος μου οίκος προσευχης·

20 17 τί ούν έστιν το γεγραμμενον τουτο· λιθον όν άπεδοκιμασαν οί οίκοδομουντες, ούτος έγενηθη είς κεφαλην γωνιας;

28 διδασκαλε, μωυσης έγραψεν ήμιν, έαν τινος άδελφος άποθανη έχων γυναικα, και ούτος άτεκνος ή, ίνα λαβη ό άδελφος αύτου την γυναικα και έξαναστηση σπερμα τω άδελφω αύτου.

21 22 και οί έν ταις χωραις μη είσερχεσθωσαν είς αύτην, ότι ήμεραι έκδικησεως αύται είσιν του πλησθηναι παντα τα γεγραμμενα.

22 37 λεγω γαρ ύμιν ότι τουτο το γεγραμμενον δει τελεσθηναι έν έμοι, το· και μετα άνομων έλογισθη·

24 44 ούτοι οί λογοι μου ούς έλαλησα προς ύμας έτι ών συν ύμιν, ότι δει πληρωθηναι παντα τα γεγραμμενα έν τω νομω μωυσεως και τοις προφηταις και ψαλμοις περι έμου.

46 και είπεν αύτοις ότι ούτως γεγραπται παθειν τον χριστον και άναστηναι έκ νεκρων τη τριτη ήμερα,

Jh 1 45 όν έγραψεν μωυσης έν τω νομω και οί προφηται εύρηκαμεν,

2 17 έμνησθησαν οί μαθηται αύτου ότι γεγραμμενον έστιν· ό ζηλος του οίκου σου καταφαγεται με.

5 46 περι γαρ έμου έκεινος έγραψεν.

6 31 οί πατερες ήμων το μαννα έφαγον έν τη έρημω, καθως έστιν γεγραμμενον· άρτον έκ του ούρανου έδωκεν αύτοις φαγειν.

45 έστιν γεγραμμενον έν τοις προφηταις· και έσονται παντες διδακτοι θεου·

8 8* και παλιν κατακυψας έγραφεν είς την γην.

17 και έν τω νομω δε τω ύμετερω γεγραπται ότι δυο άνθρωπων ή μαρτυρια άληθης έστιν.

10 34 ούκ έστιν γεγραμμενον έν τω νομω ύμων ότι έγω είπα· θεοι έστε;

12 14 εύρων δε ό ίησους όναριον έκαθισεν έπ αύτο, καθως έστιν γεγραμμενον· μη φοβου, θυγατηρ σιων·

16 άλλ ότε έδοξασθη ίησους, τοτε έμνησθησαν ότι ταυτα ήν έπ αύτω γεγραμμενα και ταυτα έποιησαν αύτω.

15 25 άλλ ίνα πληρωθη ό λογος ό έν τω νομω αύτων γεγραμμενος ότι έμισησαν με δωρεαν.

19 19 έγραψεν δε και τιτλον ό πιλατος και έθηκεν έπι του σταυρου·

19 ήν δε γεγραμμενον· ίησους ό ναζωραιος ό βασιλευς των ίουδαιων.

20 και ήν γεγραμμενον έβραιστι, ρωμαιστι, έλληνιστι.

21 μη γραφε· ό βασιλευς των ίουδαιων, άλλ ότι έκεινος είπεν· βασιλευς είμι των ίουδαιων.

22 άπεκριθη ό πιλατος· ό γεγραφα, γεγραφα.

22 άπεκριθη ό πιλατος· ό γεγραφα, γεγραφα.

20 30 πολλα μεν ούν και άλλα σημεια έποιησεν ό ίησους ένωπιον των μαθητων [αύτου], ά ούκ έστιν γεγραμμενα έν τω βιβλιω τουτω·

31 ταυτα δε γεγραπται ίνα πιστευ[σ]ητε ότι ίησους έστιν ό χριστος ό υίος του θεου,

21 24 ούτος έστιν ό μαθητης ό μαρτυρων περι τουτων και ό γραψας ταυτα,

γραφω [191]

Jh	21 25	ἅτινα ἐὰν *γραφηται* καθ ἕν, οὐδ αὐτὸν οἶμαι τὸν κοσμον χωρησειν τὰ *γραφομενα* βιβλια.
	25	ἅτινα ἐὰν *γραφηται* καθ ἕν, οὐδ αὐτὸν οἶμαι τὸν κοσμον χωρησειν τὰ *γραφομενα* βιβλια.
Ac	1 20	*γεγραπται* γὰρ ἐν βιβλῳ ψαλμων· γενηθητω ἡ ἐπαυλις αὐτοῦ ἐρημος και μη ἐστω ὁ κατοικων ἐν αὐτῃ,
	7 42	ἐστρεψεν δὲ ὁ θεος και παρεδωκεν αὐτους λατρευειν τῃ στρατιᾳ του οὐρανου, καθὼς *γεγραπται* ἐν βιβλῳ των προφητων· μη σφαγια και θυσιας προσηνεγκατε μοι
	13 29	ὡς δὲ ἐτελεσαν παντα τα περι αὐτου *γεγραμμενα*, καθελοντες ἀπο του ξυλου ἐθηκαν εἰς μνημειον.
	33	ὡς και ἐν τῳ ψαλμῳ *γεγραπται* τῳ δευτερῳ· υἱος μου εἶ συ, ἐγω σημερον γεγεννηκα σε.
	15 15	και τουτῳ συμφωνουσιν οἱ λογοι των προφητων, καθὼς *γεγραπται*· μετα ταυτα ἀναστρεψω και ἀνοικοδομησω την σκηνην δαυιδ την πεπτωκυιαν,
	23	*γραψαντες* δια χειρος αὐτων· οἱ ἀποστολοι και οἱ πρεσβυτεροι ἀδελφοι τοις κατα την ἀντιοχειαν και συριαν και κιλικιαν ἀδελφοις τοις ἐξ ἐθνων χαιρειν.
	18 27	βουλομενου δὲ αὐτου διελθειν εἰς την ἀχαιαν, προτρεψαμενοι οἱ ἀδελφοι *ἐγραψαν* τοις μαθηταις ἀποδεξασθαι αὐτον·
	23 5	*γεγραπται* γὰρ ὅτι ἀρχοντα του λαου σου οὐκ ἐρεις κακως.
	25	*γραψας* ἐπιστολην ἐχουσαν τον τυπον τουτον· κλαυδιος λυσιας τῳ κρατιστῳ ἡγεμονι φηλικι χαιρειν.
	24 14	ὅτι κατα την ὁδον ἣν λεγουσιν αἱρεσιν οὕτως λατρευω τῳ πατρῳῳ θεῳ, πιστευων πασι τοις κατα τον νομον και τοις ἐν τοις προφηταις *γεγραμμενοις*,
	25 26	περι οὗ ἀσφαλες τι *γραψαι* τῳ κυριῳ οὐκ ἐχω·
	26	διο προηγαγον αὐτον ἐφ ὑμων και μαλιστα ἐπι σοῦ, βασιλευ ἀγριππα, ὅπως της ἀνακρισεως γενομενης σχω τί *γραψω·*
Rm	1 17	δικαιοσυνη γὰρ θεου ἐν αὐτῳ ἀποκαλυπτεται ἐκ πιστεως εἰς πιστιν, καθὼς *γεγραπται*· ὁ δὲ δικαιος ἐκ πιστεως ζησεται.
	2 24	το γὰρ ὀνομα του θεου δι ὑμας βλασφημειται ἐν τοις ἐθνεσιν, καθὼς *γεγραπται*.
	3 4	γινεσθω δὲ ὁ θεος ἀληθης, πας δὲ ἀνθρωπος ψευστης, καθὼς *γεγραπται*· ὁπως ἂν δικαιωθης ἐν τοις λογοις σου και νικησεις ἐν τῳ κρινεσθαι σε.
	10	προῃτιασαμεθα γὰρ ἰουδαιους τε και ἑλληνας παντας ὑφ ἁμαρτιαν εἰναι, καθὼς *γεγραπται* ὅτι οὐκ ἐστιν δικαιος οὐδε εἱς, οὐκ ἐστιν ὁ συνιων,
	4 17	καθὼς *γεγραπται* ὅτι πατερα πολλων ἐθνων τεθεικα σε,
	23	οὐκ *ἐγραφη* δὲ δι αὐτον μονον ὅτι ἐλογισθη αὐτῳ, ἀλλα και δι ἡμας, οἱς μελλει λογιζεσθαι,
	8 36	καθὼς *γεγραπται* ὅτι ἑνεκεν σοῦ θανατουμεθα ὁλην την ἡμεραν, ἐλογισθημεν ὡς προβατα σφαγης.
	9 13	καθὼς *γεγραπται*· τον ἰακωβ ἠγαπησα, τον δὲ ἠσαυ ἐμισησα.
	33	προσεκοψαν τῳ λιθῳ του προσκομματος, καθὼς *γεγραπται*· ἰδου τιθημι ἐν σιων λιθον προσκομματος και πετραν σκανδαλου,
	10 5	μωυσης γὰρ *γραφει* την δικαιοσυνην την ἐκ [του] νομου ὅτι ὁ ποιησας αὐτα ἀνθρωπος ζησεται ἐν αὐτοις.
	15	καθὼς *γεγραπται*· ὡς ὡραιοι οἱ ποδες των εὐαγγελιζομενων [τα] ἀγαθα.
	11 8	οἱ δὲ λοιποι ἐπωρωθησαν, καθὼς *γεγραπται*· ἐδωκεν αὐτοις ὁ θεος πνευμα κατανυξεως,
	26	και οὕτως πας ἰσραηλ σωθησεται, καθὼς *γεγραπται*· ἡξει ἐκ σιων ὁ ῥυομενος, ἀποστρεψει ἀσεβειας ἀπο ἰακωβ.
	12 19	*γεγραπται* γὰρ· ἐμοι ἐκδικησις, ἐγω ἀνταποδωσω, λεγει κυριος.
	14 11	*γεγραπται* γὰρ· ζω ἐγω, λεγει κυριος, ὅτι ἐμοι καμψει παν γονυ,
	15 3	και γὰρ ὁ χριστος οὐχ ἑαυτῳ ἠρεσεν· ἀλλα καθὼς *γεγραπται*· οἱ ὀνειδισμοι των ὀνειδιζοντων σε ἐπεπεσαν ἐπ ἐμε.
	4	ὁσα γὰρ προεγραφη, εἰς την ἡμετεραν διδασκαλιαν *ἐγραφη*,
	9	τα δὲ ἐθνη ὑπερ ἐλεους δοξασαι τον θεον, καθὼς *γεγραπται*· δια τουτο ἐξομολογησομαι σοι ἐν ἐθνεσιν και τῳ ὀνοματι σου ψαλω.
	15	τολμηροτερον δὲ *ἐγραψα* ὑμιν ἀπο μερους, ὡς ἐπαναμιμνησκων ὑμας δια την χαριν την δοθεισαν μοι ὑπο του θεου
	21	ἀλλα καθὼς *γεγραπται*· οἱς οὐκ ἀνηγγελη περι αὐτου ὀψονται,
	16 22	ἀσπαζομαι ὑμας ἐγω τερτιος ὁ *γραψας* την ἐπιστολην ἐν κυριῳ.
1Co	1 19	*γεγραπται* γὰρ· ἀπολω την σοφιαν των σοφων, και την συνεσιν των συνετων ἀθετησω.
	31	ὁς ἐγενηθη σοφια ἡμιν ἀπο θεου, δικαιοσυνη τε και ἁγιασμος και ἀπολυτρωσις, ἱνα καθὼς *γεγραπται*· ὁ καυχωμενος ἐν κυριῳ καυχασθω.

γραφω [191]

1Co	2 9	ἀλλα καθὼς *γεγραπται*· ἃ ὀφθαλμος οὐκ εἰδεν και οὐς οὐκ ἠκουσεν και ἐπι καρδιαν ἀνθρωπου οὐκ ἀνεβη, ἃ ἡτοιμασεν ὁ θεος τοις ἀγαπωσιν αὐτον.
	3 19	*γεγραπται* γὰρ· ὁ δρασσομενος τους σοφους ἐν τῃ πανουργιᾳ αὐτων·
	4 6	ταυτα δε, ἀδελφοι, μετεσχηματισα εἰς ἐμαυτον και ἀπολλων δι ὑμας, ἱνα ἐν ἡμιν μαθητε το μη ὑπερ ἃ *γεγραπται*,
	14	οὐκ ἐντρεπων ὑμας *γραφω* ταυτα, ἀλλ ὡς τεκνα μου ἀγαπητα νουθετω[ν].
	5 9	*ἐγραψα* ὑμιν ἐν τῃ ἐπιστολῃ μη συναναμιγνυσθαι πορνοις,
	11	νυν δὲ *ἐγραψα* ὑμιν μη συναναμιγνυσθαι ἐαν τις ἀδελφος ὀνομαζομενος ἢ πορνος ἢ πλεονεκτης ἢ εἰδωλολατρης ἢ λοιδορος ἢ μεθυσος ἢ ἁρπαξ·
	7 1	περι δὲ ὡν *ἐγραψατε*, καλον ἀνθρωπῳ γυναικος μη ἁπτεσθαι·
	9 9	ἐν γὰρ τῳ μωυσεως νομῳ *γεγραπται*· οὐ κημωσεις βουν ἀλοωντα.
	10	δι ἡμας γὰρ *ἐγραφη*, ὅτι ὀφειλει ἐπ ἐλπιδι ὁ ἀροτριων ἀροτριαν,
	15	οὐκ *ἐγραψα* δὲ ταυτα ἱνα οὕτως γενηται ἐν ἐμοι·
	10 7	μηδε εἰδωλολατραι γινεσθε, καθὼς τινες αὐτων· ὡσπερ *γεγραπται*· ἐκαθισεν ὁ λαος φαγειν και πειν, και ἀνεστησαν παιζειν.
	11	*ἐγραφη* δὲ προς νουθεσιαν ἡμων, εἰς οὑς τα τελη των αἰωνων κατηντηκεν.
	14 21	ἐν τῳ νομῳ *γεγραπται* ὅτι ἐν ἑτερογλωσσοις και ἐν χειλεσιν ἑτερων λαλησω τῳ λαῳ τουτῳ,
	37	εἰ τις δοκει προφητης εἰναι ἢ πνευματικος, ἐπιγινωσκετω ἃ *γραφω* ὑμιν ὅτι κυριου ἐστιν ἐντολη·
	15 45	οὕτως και *γεγραπται*· ἐγενετο ὁ πρωτος ἀνθρωπος ἀδαμ εἰς ψυχην ζωσαν·
	54	ὁταν δὲ το φθαρτον τουτο ἐνδυσηται ἀφθαρσιαν και το θνητον τουτο ἐνδυσηται ἀθανασιαν, τοτε γενησεται ὁ λογος ὁ *γεγραμμενος*· κατεποθη ὁ θανατος εἰς νικος.
2Co	1 13	οὐ γὰρ ἀλλα *γραφομεν* ὑμιν ἀλλ ἢ ἃ ἀναγινωσκετε ἢ και ἐπιγινωσκετε,
	2 3	και *ἐγραψα* τουτο αὐτο ἱνα μη ἐλθων λυπην σχω ἀφ ὡν ἐδει με χαιρειν,
	4	ἐκ γὰρ πολλης θλιψεως και συνοχης καρδιας *ἐγραψα* ὑμιν δια πολλων δακρυων,
	9	εἰς τουτο γὰρ και *ἐγραψα*, ἱνα γνω την δοκιμην ὑμων, εἰ εἰς παντα ὑπηκοοι ἐστε.
	4 13	ἐχοντες δὲ το αὐτο πνευμα της πιστεως, κατα το *γεγραμμενον*· ἐπιστευσα, διο ἐλαλησα, και ἡμεις πιστευομεν,
	7 12	ἀρα εἰ και *ἐγραψα* ὑμιν, οὐχ ἑνεκεν του ἀδικησαντος οὐδε ἑνεκεν του ἀδικηθεντος,
	8 15	καθὼς *γεγραπται*· ὁ το πολυ οὐκ ἐπλεονασεν, και ὁ το ὀλιγον οὐκ ἠλαττονησεν.
	9 1	περι μεν γὰρ της διακονιας της εἰς τους ἁγιους περισσον μοι ἐστιν το *γραφειν* ὑμιν·
	9	καθὼς *γεγραπται*· ἐσκορπισεν, ἐδωκεν τοις πενησιν,
	13 10	δια τουτο ταυτα ἀπων *γραφω*, ἱνα παρων μη ἀποτομως χρησωμαι κατα την ἐξουσιαν
Ga	1 20	ἃ δὲ *γραφω* ὑμιν, ἰδου ἐνωπιον του θεου ὅτι οὐ ψευδομαι.
	3 10	*γεγραπται* γὰρ ὅτι ἐπικαταρατος πας ὁς οὐκ ἐμμενει πασιν τοις *γεγραμμενοις* ἐν τῳ βιβλιῳ του νομου του ποιησαι αὐτα.
	10	*γεγραπται* γὰρ ὅτι ἐπικαταρατος πας ὁς οὐκ ἐμμενει πασιν τοις *γεγραμμενοις* ἐν τῳ βιβλιῳ του νομου του ποιησαι αὐτα.
	13	ὅτι *γεγραπται*· ἐπικαταρατος πας ὁ κρεμαμενος ἐπι ξυλου,
	4 22	*γεγραπται* γὰρ ὅτι ἀβρααμ δυο υἱους ἐσχεν,
	27	*γεγραπται* γὰρ· εὐφρανθητι, στειρα ἡ οὐ τικτουσα,
	6 11	ἰδετε πηλικοις ὑμιν γραμμασιν *ἐγραψα* τῃ ἐμῃ χειρι.
Php	3 1	τα αὐτα *γραφειν* ὑμιν ἐμοι μεν οὐκ ὀκνηρον, ὑμιν δε ἀσφαλες.
1Th	4 9	περι δὲ της φιλαδελφιας οὐ χρειαν ἐχετε *γραφειν* ὑμιν·
	5 1	περι δὲ των χρονων και των καιρων, ἀδελφοι, οὐ χρειαν ἐχετε ὑμιν *γραφεσθαι·*
2Th	3 17	οὕτως *γραφω*. ἡ χαρις του κυριου ἡμων ἰησου χριστου μετα παντων ὑμων.
1Tm	3 14	ταυτα σοι *γραφω* ἐλπιζων ἐλθειν προς σέ ἐν ταχει·
Phm	19	ἐγω παυλος *ἐγραψα* τῃ ἐμῃ χειρι, ἐγω ἀποτισω·
	21	πεποιθως τῃ ὑπακοῃ σου *ἐγραψα* σοι,
Heb	10 7	ἰδου ἡκω, ἐν κεφαλιδι βιβλιου *γεγραπται* περι ἐμου, του ποιησαι ὁ θεος το θελημα σου.
1Pt	1 16	διοτι *γεγραπται* [ὁτι] ἁγιοι ἐσεσθε, ὁτι ἐγω ἁγιος [εἰμι].
	5 12	ὡς λογιζομαι, δι ὀλιγων *ἐγραψα*,
2Pt	3 1	ταυτην ἡδη, ἀγαπητοι, δευτεραν ὑμιν *γραφω* ἐπιστολην,
	15	καθὼς και ὁ ἀγαπητος ἡμων ἀδελφος παυλος κατα την δοθεισαν αὐτῳ σοφιαν *ἐγραψεν* ὑμιν,
1Jh	1 4	και ταυτα *γραφομεν* ἡμεις ἱνα ἡ χαρα ἡμων ἡ πεπληρωμενη.

γραφω [191]

1Jh 2 1 τεκνια μου, ταυτα *γραφω* ὑμιν ἱνα μη ἁμαρτητε.
        7 ἀγαπητοι, οὐκ ἐντολην καινην *γραφω* ὑμιν,
        8 παλιν ἐντολην καινην *γραφω* ὑμιν, ὁ ἐστιν ἀληθες ἐν αὐτῳ
           και ἐν ὑμιν,
       12 *γραφω* ὑμιν, τεκνια, ὁτι ἀφεωνται ὑμιν αἱ ἁμαρτιαι δια το
           ὀνομα αὐτου.
       13 *γραφω* ὑμιν, πατερες, ὁτι ἐγνωκατε τον ἀπ ἀρχης.
       13 *γραφω* ὑμιν, νεανισκοι, ὁτι νενικηκατε τον πονηρον.
       14 *ἐγραψα* ὑμιν, παιδια, ὁτι ἐγνωκατε τον πατερα.
       14 *ἐγραψα* ὑμιν, πατερες, ὁτι ἐγνωκατε τον ἀπ ἀρχης.
       14 *ἐγραψα* ὑμιν, νεανισκοι, ὁτι ἰσχυροι ἐστε και ὁ λογος του
           θεου ἐν ὑμιν μενει και νενικηκατε τον πονηρον.
       21 οὐκ *ἐγραψα* ὑμιν ὁτι οὐκ οἰδατε την ἀληθειαν, ἀλλ ὁτι οἰδατε
           αὐτην,
       26 ταυτα *ἐγραψα* ὑμιν περι των πλανωντων ὑμας.
     5 13 ταυτα *ἐγραψα* ὑμιν ἱνα εἰδητε ὁτι ζωην ἐχετε αἰωνιον,
2Jh   5 και νυν ἐρωτω σε, κυρια, οὐχ ὡς ἐντολην καινην *γραφων* σοι,
           ἀλλα ἡν εἰχομεν ἀπ ἀρχης, ἱνα ἀγαπωμεν ἀλληλους.
       12 πολλα ἐχων ὑμιν *γραφειν* οὐκ ἐβουληθην δια χαρτου και
           μελανος,
3Jh   9 *ἐγραψα* τι τῃ ἐκκλησιᾳ·
       13 πολλα εἰχον *γραψαι* σοι, ἀλλ οὐ θελω δια μελανος και
           καλαμου σοι *γραφειν·*
       13 πολλα εἰχον *γραψαι* σοι, ἀλλ οὐ θελω δια μελανος και
           καλαμου σοι *γραφειν·*
Ju   3 ἀγαπητοι, πασαν σπουδην ποιουμενος *γραφειν* ὑμιν περι της
           κοινης ἡμων σωτηριας, ἀναγκην ἐσχον *γραψαι* ὑμιν
           παρακαλων
        3 ἀγαπητοι, πασαν σπουδην ποιουμενος *γραφειν* ὑμιν περι της
           κοινης ἡμων σωτηριας, ἀναγκην ἐσχον *γραψαι* ὑμιν
           παρακαλων
Apc 1 3 μακαριος ὁ ἀναγινωσκων και οἱ ἀκουοντες τους λογους της
           προφητειας και τηρουντες τα ἐν αὐτῃ *γεγραμμενα·*
       11 ὁ βλεπεις *γραψον* εἰς βιβλιον και πεμψον ταις ἑπτα
           ἐκκλησιαις,
       19 *γραψον* οὐν ἁ εἰδες και ἁ εἰσιν και ἁ μελλει γενεσθαι μετα
           ταυτα.
     2 1 τῳ ἀγγελῳ της ἐν ἐφεσῳ ἐκκλησιας *γραψον·* ταδε λεγει ὁ
           κρατων τους ἑπτα ἀστερας ἐν τῃ δεξιᾳ αὐτου,
        8 και τῳ ἀγγελῳ της ἐν σμυρνῃ ἐκκλησιας *γραψον·* ταδε λεγει
           ὁ πρωτος και ὁ ἐσχατος,
       12 και τῳ ἀγγελῳ της ἐν περγαμῳ ἐκκλησιας *γραψον·* ταδε λεγει
           ὁ ἐχων την ῥομφαιαν την διστομον την ὀξειαν·
       17 και δωσω αὐτῳ ψηφον λευκην, και ἐπι την ψηφον ὀνομα
           καινον *γεγραμμενον,*
       18 και τῳ ἀγγελῳ της ἐν θυατειροις ἐκκλησιας *γραψον·* ταδε
           λεγει ὁ υἱος του θεου,
     3 1 και τῳ ἀγγελῳ της ἐν σαρδεσιν ἐκκλησιας *γραψον·* ταδε λεγει
           ὁ ἐχων τα ἑπτα πνευματα του θεου και τους ἑπτα ἀστερας·
        7 και τῳ ἀγγελῳ της ἐν φιλαδελφειᾳ ἐκκλησιας *γραψον·* ταδε
           λεγει ὁ ἁγιος, ὁ ἀληθινος, ὁ ἐχων την κλειν δαυιδ,
       12 και *γραψω* ἐπ αὐτον το ὀνομα του θεου μου και το ὀνομα
           της πολεως του θεου μου,
       14 και τῳ ἀγγελῳ της ἐν λαοδικειᾳ ἐκκλησιας *γραψον·* ταδε
           λεγει ὁ ἀμην, ὁ μαρτυς ὁ πιστος και ἀληθινος, ἡ ἀρχη της
           κτισεως του θεου·
     5 1 και εἰδον ἐπι την δεξιαν του καθημενου ἐπι του θρονου
           βιβλιον *γεγραμμενον* ἐσωθεν και ὀπισθεν,
    10 4 και ὁτε ἐλαλησαν αἱ ἑπτα βρονται, ἡμελλον *γραφειν·*
        4 σφραγισον ἁ ἐλαλησαν αἱ ἑπτα βρονται, και μη αὐτα *γραψῃς.*
    13 8 και προσκυνησουσιν αὐτον παντες οἱ κατοικουντες ἐπι της
           γης, οὑ οὐ *γεγραπται* το ὀνομα αὐτου ἐν τῳ βιβλιῳ της ζωης
           του ἀρνιου
    14 1 και μετ αὐτου ἑκατοντεσσερακοντατεσσαρες χιλιαδες
           ἐχουσαι το ὀνομα αὐτου και το ὀνομα του πατρος αὐτου
           γεγραμμενον ἐπι των μετωπων αὐτων.
       13 *γραψον·* μακαριοι οἱ νεκροι οἱ ἐν κυριῳ ἀποθνησκοντες ἀπ
           ἀρτι.
    17 5 και ἐπι το μετωπον αὐτης ὀνομα *γεγραμμενον,* μυστηριον,
           βαβυλων ἡ μεγαλη, ἡ μητηρ των πορνων και των
           βδελυγματων της γης.
        8 και θαυμασθησονται οἱ κατοικουντες ἐπι της γης, ὡν οὐ
           γεγραπται το ὀνομα ἐπι το βιβλιον της ζωης ἀπο καταβολης
           κοσμου,
    19 9 *γραψον·* μακαριοι οἱ εἰς το δειπνον του γαμου του ἀρνιου
           κεκλημενοι.
       12 και ἐπι την κεφαλην αὐτου διαδηματα πολλα, ἐχων ὀνομα
           γεγραμμενον ὁ οὐδεις οἰδεν εἰ μη αὐτος,

γραφω [191]

Apc 19 16 και ἐχει ἐπι το ἱματιον και ἐπι τον μηρον αὐτου ὀνομα
            γεγραμμενον· βασιλευς βασιλεων και κυριος κυριων.
     20 12 και ἐκριθησαν οἱ νεκροι ἐκ των *γεγραμμενων* ἐν τοις βιβλιοις
            κατα τα ἐργα αὐτων.
        15 και εἰ τις οὐχ εὑρεθη ἐν τῃ βιβλῳ της ζωης *γεγραμμενος,*
            ἐβληθη εἰς την λιμνην του πυρος.
     21 5 και λεγει· *γραψον,* ὁτι οὑτοι οἱ λογοι πιστοι και ἀληθινοι
            εἰσιν.
        27 και οὐ μη εἰσελθη εἰς αὐτην παν κοινον και [ὁ] ποιων
            βδελυγμα και ψευδος, εἰ μη οἱ *γεγραμμενοι* ἐν τῳ βιβλιῳ της
            ζωης του ἀρνιου.
     22 18 ἐαν τις ἐπιθῃ ἐπ αὐτα, ἐπιθησει ὁ θεος ἐπ αὐτον τας πληγας
            τας *γεγραμμενας* ἐν τῳ βιβλιῳ τουτῳ·
        19 ἀφελει ὁ θεος το μερος αὐτου ἀπο του ξυλου της ζωης και ἐκ
            της πολεως της ἁγιας, των *γεγραμμενων* ἐν τῳ βιβλιῳ τουτῳ.

γραωδης [1]

1Tm 4 7 τους δε βεβηλους και *γραωδεις* μυθους παραιτου.

γρηγορεω [22]

Mt 24 42 *γρηγορειτε* οὐν, ὁτι οὐκ οἰδατε ποιᾳ ἡμερᾳ ὁ κυριος ὑμων
           ἐρχεται.
       43 ἐκεινο δε γινωσκετε ὁτι εἰ ᾐδει ὁ οἰκοδεσποτης ποιᾳ φυλακῃ
           ὁ κλεπτης ἐρχεται, *ἐγρηγορησεν* ἀν και οὐκ ἀν εἰασεν
           διορυχθηναι την οἰκιαν αὐτου.
    25 13 *γρηγορειτε* οὐν, ὁτι οὐκ οἰδατε την ἡμεραν οὐδε την ὡραν.
    26 38 μεινατε ὡδε και *γρηγορειτε* μετ ἐμου.
       40 οὑτως οὐκ ἰσχυσατε μιαν ὡραν *γρηγορησαι* μετ ἐμου;
       41 *γρηγορειτε* και προσευχεσθε, ἱνα μη εἰσελθητε εἰς πειρασμον·
Mc 13 34 και τῳ θυρωρῳ ἐνετειλατο ἱνα *γρηγορῃ.*
       35 *γρηγορειτε* οὐν· οὐκ οἰδατε γαρ ποτε ὁ κυριος της οἰκιας
           ἐρχεται,
       37 ὁ δε ὑμιν λεγω, πασιν λεγω, *γρηγορειτε.*
    14 34 περιλυπος ἐστιν ἡ ψυχη μου ἑως θανατου· μεινατε ὡδε και
           γρηγορειτε.
       37 σιμων, καθευδεις; οὐκ ἰσχυσας μιαν ὡραν *γρηγορησαι;*
       38 *γρηγορειτε* και προσευχεσθε, ἱνα μη ἐλθητε εἰς πειρασμον·
Lc 12 37 μακαριοι οἱ δουλοι ἐκεινοι, οὑς ἐλθων ὁ κυριος εὑρησει
           γρηγορουντας·
Ac 20 31 διο *γρηγορειτε,* μνημονευοντες ὁτι τριετιαν νυκτα και ἡμεραν
           οὐκ ἐπαυσαμην μετα δακρυων νουθετων ἑνα ἑκαστον.
1Co 16 13 *γρηγορειτε,* στηκετε ἐν τῃ πιστει, ἀνδριζεσθε, κραταιουσθε.
Col 4 2 τῃ προσευχῃ προσκαρτερειτε, *γρηγορουντες* ἐν αὐτῃ ἐν
           εὐχαριστιᾳ,
1Th 5 6 ἀρα οὐν μη καθευδωμεν ὡς οἱ λοιποι, ἀλλα *γρηγορωμεν* και
           νηφωμεν.
       10 ἱνα εἰτε *γρηγορωμεν* εἰτε καθευδωμεν ἁμα συν αὐτῳ
           ζησωμεν.
1Pt 5 8 νηψατε, *γρηγορησατε.* ὁ ἀντιδικος ὑμων διαβολος ὡς λεων
           ὠρυομενος περιπατει ζητων [τινα] καταπιειν·
Apc 3 2 γινου *γρηγορων,*
        3 ἐαν οὐν μη *γρηγορησῃς,* ἡξω ὡς κλεπτης,
    16 15 μακαριος ὁ *γρηγορων* και τηρων τα ἱματια αὐτου,

γυμναζω [4]

1Tm 4 7 *γυμναζε* δε σεαυτον προς εὐσεβειαν.
Heb 5 14 των δια την ἑξιν τα αἰσθητηρια *γεγυμνασμενα* ἐχοντων προς
           διακρισιν καλου τε και κακου.
    12 11 ὑστερον δε καρπον εἰρηνικον τοις δι αὐτης *γεγυμνασμενοις*
           ἀποδιδωσιν δικαιοσυνης.
2Pt 2 14 δελεαζοντες ψυχας ἀστηρικτους, καρδιαν *γεγυμνασμενην*
           πλεονεξιας ἐχοντες,

γυμνασια [1]

1Tm 4 8 ἡ γαρ σωματικη *γυμνασια* προς ὀλιγον ἐστιν ὠφελιμος·

γυμνιτευω [1]

1Co 4 11 ἀχρι της ἀρτι ὡρας και πεινωμεν και διψωμεν και
           γυμνιτευομεν

γυμνος [15]

Mt 25 36 ξενος ἡμην και συνηγαγετε με, *γυμνος* και περιεβαλετε με,

γυμνος [15]

Mt	25 38	πότε δε σε είδομεν ξενον και συνηγαγομεν, ή *γυμνον* και περιεβαλομεν;
	43	ξενος ήμην και ού συνηγαγετε με, *γυμνος* και ού περιεβαλετε με, άσθενης και έν φυλακη και ούκ έπεσκεψασθε με.
	44	κυριε, πότε σε είδομεν πεινωντα ή διψωντα ή ξενον ή *γυμνον* ή άσθενη ή έν φυλακη και ού διηκονησαμεν σοι;
Mc	14 51	και νεανισκος τις συνηκολουθει αυτω περιβεβλημενος σινδονα έπι *γυμνου*,
	52	ό δε καταλιπων την σινδονα *γυμνος* έφυγεν.
Jh	21 7	άκουσας ότι ό κυριος έστιν, τον έπενδυτην διεζωσατο, ήν γαρ *γυμνος*,
Ac	19 16	κατακυριευσας άμφοτερων ίσχυσεν κατ αύτων, ώστε *γυμνους* και τετραυματισμενους έκφυγειν έκ του οίκου έκεινου.
1Co	15 37	και ό σπειρεις, ού το σωμα το γενησομενον σπειρεις, άλλα *γυμνον* κοκκον εί τυχοι σιτου ή τινος των λοιπων·
2Co	5 3	εί γε και έκδυσαμενοι ού *γυμνοι* εύρεθησομεθα.
Heb	4 13	παντα δε *γυμνα* και τετραχηλισμενα τοις όφθαλμοις αύτου,
Ja	2 15	έαν άδελφος ή άδελφη *γυμνοι* ύπαρχωσιν και λειπομενοι της έφημερου τροφης, είπη δε τις αύτοις έξ ύμων·
Apc	3 17	και ούκ οίδας ότι συ εί ό ταλαιπωρος και έλεεινος και πτωχος και τυφλος και *γυμνος*,
	16 15	μακαριος ό γρηγορων και τηρων τα ίματια αύτου, ίνα μη *γυμνος* περιπατη και βλεπωσιν την άσχημοσυνην αύτου.
	17 16	ούτοι μισησουσιν την πορνην, και ήρημωμενην ποιησουσιν αύτην και *γυμνην*,

γυμνοτης [3]

Rm	8 35	τίς ήμας χωρισει άπο της άγαπης του χριστου; θλιψις ή στενοχωρια ή διωγμος ή λιμος ή *γυμνοτης* ή κινδυνος ή μαχαιρα;
2Co	11 27	έν νηστειαις πολλακις, έν ψυχει και *γυμνοτητι*·
Apc	3 18	συμβουλευω σοι άγορασαι παρ έμου χρυσιον πεπυρωμενον έκ πυρος ίνα πλουτησης, και ίματια λευκα ίνα περιβαλη και μη φανερωθη ή αίσχυνη της *γυμνοτητος* σου,

γυναικαριον [1]

2Tm	3 6	έκ τουτων γαρ είσιν οί ένδυνοντες είς τας οίκιας και αίχμαλωτιζοντες *γυναικαρια* σεσωρευμενα άμαρτιαις,

γυναικειος [1]

1Pt	3 7	οί άνδρες όμοιως, συνοικουντες κατα γνωσιν ώς άσθενεστερω σκευει τω *γυναικειω*,

γυνη [215]

Mt	1 20	μη φοβηθης παραλαβειν μαριαν την *γυναικα* σου·
	24	και παρελαβεν την *γυναικα* αύτου·
	5 28	έγω δε λεγω ύμιν ότι πας ό βλεπων *γυναικα* προς το έπιθυμησαι αύτην ήδη έμοιχευσεν αύτην έν τη καρδια αύτου.
	31	ός άν άπολυση την *γυναικα* αύτου, δοτω αύτη άποστασιον.
	32	έγω δε λεγω ύμιν ότι πας ό άπολυων την *γυναικα* αύτου παρεκτος λογου πορνειας ποιει αύτην μοιχευθηναι.
	9 20	και ίδου *γυνη* αίμορροουσα δωδεκα έτη προσελθουσα όπισθεν ήψατο του κρασπεδου του ίματιου αύτου·
	22	και έσωθη ή *γυνη* άπο της ώρας έκεινης.
	11 11	ούκ έγηγερται έν γεννητοις *γυναικων* μειζων ίωαννου του βαπτιστου·
	13 33	όμοια έστιν ή βασιλεια των ούρανων ζυμη, ήν λαβουσα *γυνη* ένεκρυψεν είς άλευρου σατα τρια,
	14 3	ό γαρ ήρωδης κρατησας τον ίωαννην έδησεν [αύτον] και έν φυλακη άπεθετο δια ήρωδιαδα την *γυναικα* φιλιππου του άδελφου αύτου·
	21	οί δε έσθιοντες ήσαν άνδρες ώσει πεντακισχιλιοι χωρις *γυναικων* και παιδιων.
	15 22	και ίδου *γυνη* χαναναια άπο των όριων έκεινων έξελθουσα έκραζεν λεγουσα·
	28	ώ *γυναι*, μεγαλη σου ή πιστις· γενηθητω σοι ώς θελεις.
	38	οί δε έσθιοντες ήσαν τετρακισχιλιοι άνδρες χωρις *γυναικων* και παιδιων.
	18 25	μη έχοντος δε αύτου άποδουναι, έκελευσεν αύτον ό κυριος πραθηναι και την *γυναικα* και τα τεκνα και παντα όσα έχει, και άποδοθηναι.
	19 3	και προσηλθον αύτω φαρισαιοι πειραζοντες αύτον και λεγοντες· εί έξεστιν άνθρωπω άπολυσαι την *γυναικα* αύτου κατα πασαν αίτιαν;

Mt	19 5	ένεκα τουτου καταλειψει άνθρωπος τον πατερα και την μητερα και κολληθησεται τη *γυναικι* αύτου, και έσονται οί δυο είς σαρκα μιαν.
	8	λεγει αύτοις· ότι μωυσης προς την σκληροκαρδιαν ύμων έπετρεψεν ύμιν άπολυσαι τας *γυναικας* ύμων· άπ άρχης δε ού γεγονεν ούτως.
	9	λεγω δε ύμιν ότι ός άν άπολυση την *γυναικα* αύτου μη έπι πορνεια και γαμηση άλλην, μοιχαται.
	10	εί ούτως έστιν ή αίτια του άνθρωπου μετα της *γυναικος*, ού συμφερει γαμησαι.
	22 24	διδασκαλε, μωυσης είπεν· έαν τις άποθανη μη έχων τεκνα, έπιγαμβρευσει ό άδελφος αύτου την *γυναικα* αύτου και άναστησει σπερμα τω άδελφω αύτου.
	25	και ό πρωτος γημας έτελευτησεν, και μη έχων σπερμα άφηκεν την *γυναικα* αύτου τω άδελφω αύτου·
	27	ύστερον δε παντων άπεθανεν ή *γυνη*.
	28	έν τη άναστασει ούν τίνος των έπτα έσται *γυνη*;
	26 7	του δε ίησου γενομενου έν βηθανια έν οίκια σιμωνος του λεπρου, προσηλθεν αύτω *γυνη* έχουσα άλαβαστρον μυρου βαρυτιμου και κατεχεεν έπι της κεφαλης αύτου άνακειμενου.
	10	τί κοπους παρεχετε τη *γυναικι*;
	27 19	καθημενου δε αύτου έπι του βηματος άπεστειλεν προς αύτον ή *γυνη* αύτου λεγουσα·
	55	ήσαν δε έκει *γυναικες* πολλαι άπο μακροθεν θεωρουσαι,
	28 5	άποκριθεις δε ό άγγελος είπεν ταις *γυναιξιν*· μη φοβεισθε ύμεις·
Mc	5 25	και *γυνη* ούσα έν ρυσει αίματος δωδεκα έτη,
	33	ή δε *γυνη* φοβηθεισα και τρεμουσα, είδυια ό γεγονεν αύτη, ήλθεν και προσεπεσεν αύτω και είπεν αύτω πασαν την άληθειαν.
	6 17	αύτος γαρ ό ήρωδης άποστειλας έκρατησεν τον ίωαννην και έδησεν αύτον έν φυλακη δια ήρωδιαδα την *γυναικα* φιλιππου του άδελφου αύτου,
	18	έλεγεν γαρ ό ίωαννης τω ήρωδη ότι ούκ έξεστιν σοι έχειν την *γυναικα* του άδελφου σου.
	7 25	άλλ εύθυς άκουσασα *γυνη* περι αύτου, ής είχεν το θυγατριον αύτης πνευμα άκαθαρτον, έλθουσα προσεπεσεν προς τους ποδας αύτου·
	26	ή δε *γυνη* ήν έλληνις, συροφοινικισσα τω γενει·
	10 2	και προσελθοντες φαρισαιοι έπηρωτων αύτον εί έξεστιν άνδρι *γυναικα* άπολυσαι,
	7	ένεκεν τουτου καταλειψει άνθρωπος τον πατερα αύτου και την μητερα [και προσκολληθησεται προς την *γυναικα* αύτου,] και έσονται οί δυο είς σαρκα μιαν·
	11	ός άν άπολυση την *γυναικα* αύτου και γαμηση άλλην, μοιχαται έπ αύτην·
	12 19	διδασκαλε, μωυσης έγραψεν ήμιν ότι έαν τινος άδελφος άποθανη και καταλιπη *γυναικα* και μη άφη τεκνον, ίνα λαβη ό άδελφος αύτου την *γυναικα* και έξαναστηση σπερμα τω άδελφω αύτου.
	19	διδασκαλε, μωυσης έγραψεν ήμιν ότι έαν τινος άδελφος άποθανη και καταλιπη *γυναικα* και μη άφη τεκνον, ίνα λαβη ό άδελφος αύτου την *γυναικα* και έξαναστηση σπερμα τω άδελφω αύτου.
	20	έπτα άδελφοι ήσαν· και ό πρωτος έλαβεν *γυναικα*,
	22	και άπεθανον παντων και ή *γυνη* άπεθανεν.
	23	έν τη άναστασει, [όταν άναστωσιν,] τίνος αύτων έσται *γυνη*;
	23	έν τη άναστασει, [όταν άναστωσιν,] τίνος αύτων έσται γυνη; οί γαρ έπτα έσχον αύτην *γυναικα*.
	14 3	και όντος αύτου έν βηθανια έν τη οίκια σιμωνος του λεπρου, κατακειμενου αύτου ήλθεν *γυνη* έχουσα άλαβαστρον μυρου ναρδου πιστικης πολυτελους·
	15 40	ήσαν δε και *γυναικες* άπο μακροθεν θεωρουσαι,
Lc	1 5	και *γυνη* αύτω έκ των θυγατερων άαρων, και το όνομα αύτης έλισαβετ.
	13	και ή *γυνη* σου έλισαβετ γεννησει υίον σοι, και καλεσεις το όνομα αύτου ίωαννην·
	18	κατα τί γνωσομαι τουτο; έγω γαρ είμι πρεσβυτης και ή *γυνη* μου προβεβηκυια έν ταις ήμεραις αύτης.
	24	μετα δε ταυτας τας ήμερας συνελαβεν έλισαβετ ή *γυνη* αύτου,
	42	εύλογημενη συ έν *γυναιξιν*, και εύλογημενος ό καρπος της κοιλιας σου.
	3 19	ό δε ήρωδης ό τετρααρχης, έλεγχομενος ύπ αύτου περι ήρωδιαδος της *γυναικος* του άδελφου αύτου και περι παντων ών έποιησεν πονηρων ό ήρωδης,
	4 26	ώς έγενετο λιμος μεγας έπι πασαν την γην, και προς ούδεμιαν αύτων έπεμφθη ήλιας εί μη είς σαρεπτα της σιδωνιας προς *γυναικα* χηραν.
	7 28	μειζων έν γεννητοις *γυναικων* ίωαννου ούδεις έστιν·

γυνη [215]

Lc **7** 37 και ιδου γυνη ητις ην εν τη πολει αμαρτωλος, και επιγνουσα ότι κατακειται εν τη οικια του φαρισαιου, κομισασα αλαβαστρον μυρου

39 ουτος ει ην προφητης, εγινωσκεν αν τις και ποταπη η γυνη ητις άπτεται αυτου, ότι αμαρτωλος εστιν.

44 και στραφεις προς την γυναικα τω σιμωνι εφη·

44 βλεπεις ταυτην την γυναικα;

50 ειπεν δε προς την γυναικα· η πιστις σου σεσωκεν σε· πορευου εις ειρηνην.

8 2 και γυναικες τινες αι ησαν τεθεραπευμεναι απο πνευματων πονηρων και ασθενειων,

3 και ιωαννα γυνη χουζα επιτροπου ηρωδου και σουσαννα και έτεραι πολλαι,

43 και γυνη ουσα εν ρυσει αιματος απο ετων δωδεκα, ητις [ιατροις προσαναλωσασα όλον τον βιον] ουκ ισχυσεν άπ ουδενος θεραπευθηναι,

47 ιδουσα δε η γυνη ότι ουκ έλαθεν, τρεμουσα ήλθεν και προσπεσουσα αυτω δι ην αιτιαν ηψατο αυτου απηγγειλεν ενωπιον παντος του λαου, και ως ιαθη παραχρημα.

10 38 γυνη δε τις ονοματι μαρθα υπεδεξατο αυτον.

11 27 εγενετο δε εν τω λεγειν αυτον ταυτα επαρασα τις φωνην γυνη εκ του όχλου ειπεν αυτω·

13 11 και ιδου γυνη πνευμα εχουσα ασθενειας ετη δεκαοκτω,

12 γυναι, απολελυσαι της ασθενειας σου,

21 όμοια εστιν ζυμη, ην λαβουσα γυνη [εν]εκρυψεν εις αλευρου σατα τρια, εως ού εζυμωθη όλον.

14 20 και έτερος ειπεν· γυναικα εγημα, και δια τουτο ου δυναμαι ελθειν.

26 ει τις έρχεται προς με και ου μισει τον πατερα εαυτου και την μητερα και την γυναικα και τα τεκνα και τους αδελφους και τας αδελφας,

15 8 η τίς γυνη δραχμας έχουσα δεκα, εαν απολεση δραχμην μιαν, ουχι άπτει λυχνον και σαροι την οικιαν και ζητει επιμελως εως ού εύρη;

16 18 πας ο απολυων την γυναικα αυτου και γαμων έτεραν μοιχευει, και ο απολελυμενην απο ανδρος γαμων μοιχευει.

17 32 μνημονευετε της γυναικος λωτ.

18 29 άμην λεγω υμιν ότι ουδεις εστιν ος αφηκεν οικιαν η γυναικα η αδελφους η γονεις η τεκνα ένεκεν της βασιλειας του θεου,

20 28 εαν τινος αδελφος αποθανη εχων γυναικα, και ουτος άτεκνος η, ινα λαβη ο αδελφος αυτου την γυναικα και εξαναστηση σπερμα τω αδελφω αυτου.

28 εαν τινος αδελφος αποθανη εχων γυναικα, και ουτος άτεκνος η, ινα λαβη ο αδελφος αυτου την γυναικα και εξαναστηση σπερμα τω αδελφω αυτου.

29 και ο πρωτος λαβων γυναικα απεθανεν άτεκνος·

32 ύστερον και η γυνη απεθανεν.

33 η γυνη ουν εν τη αναστασει τινος αυτων γινεται γυνη;

33 η γυνη ουν εν τη αναστασει τινος αυτων γινεται γυνη;

33 η γυνη ουν εν τη αναστασει τινος αυτων γινεται γυνη; οι γαρ έπτα έσχον αυτην γυναικα.

22 57 ουκ οιδα αυτον, γυναι.

23 27 ηκολουθει δε αυτω πολυ πληθος του λαου και γυναικων αι εκοπτοντο και εθρηνουν αυτον.

49 ειστηκεισαν δε παντες οι γνωστοι αυτω απο μακροθεν, και γυναικες αι συνακολουθουσαι αυτω απο της γαλιλαιας, όρωσαι ταυτα.

55 κατακολουθησασαι δε αι γυναικες, αιτινες ησαν συνεληλυθυιαι εκ της γαλιλαιας αυτω,

24 22 άλλα και γυναικες τινες εξ ημων εξεστησαν ημας, γενομεναι όρθριναι επι το μνημειον,

24 και ευρον ουτως καθως και αι γυναικες ειπον,

Jh **2** 4 τί εμοι και σοι, γυναι;

4 7 έρχεται γυνη εκ της σαμαρειας αντλησαι ύδωρ.

9 λεγει ουν αυτω η γυνη η σαμαριτις· πως συ ιουδαιος ών παρ εμου πειν αιτεις γυναικος σαμαριτιδος ούσης;

9 πως συ ιουδαιος ών παρ εμου πειν αιτεις γυναικος σαμαριτιδος ούσης;

11 λεγει αυτω [η γυνη]· κυριε, ουτε αντλημα έχεις και το φρεαρ εστιν βαθυ·

15 λεγει προς αυτον η γυνη· κυριε, δος μοι τουτο το ύδωρ,

17 απεκριθη η γυνη και ειπεν αυτω· ουκ έχω ανδρα.

19 λεγει αυτω η γυνη· κυριε, θεωρω ότι προφητης ει συ.

21 πιστευε μοι, γυναι, ότι έρχεται ώρα ότε ουτε εν τω όρει τουτω ουτε εν ιεροσολυμοις προσκυνησετε τω πατρι.

25 λεγει αυτω η γυνη· οιδα ότι μεσσιας έρχεται,

27 και επι τουτω ήλθαν οι μαθηται αυτου, και εθαυμαζον ότι μετα γυναικος ελαλει·

γυνη [215]

Jh **4** 28 αφηκεν ουν την υδριαν αυτης η γυνη και απηλθεν εις την πολιν,

39 εκ δε της πολεως εκεινης πολλοι επιστευσαν εις αυτον των σαμαριτων δια τον λογον της γυναικος μαρτυρουσης ότι ειπεν μοι παντα ά εποιησα.

42 τη τε γυναικι έλεγον ότι ουκετι δια την σην λαλιαν πιστευομεν·

8 3* άγουσιν δε οι γραμματεις και οι φαρισαιοι γυναικα επι μοιχεια κατειλημμενην, και στησαντες αυτην εν μεσω λεγουσιν αυτω·

4* διδασκαλε, αυτη η γυνη κατειληπται επ αυτοφωρω μοιχευομενη·

9* οι δε ακουσαντες εξηρχοντο εις καθ εις αρξαμενοι απο των πρεσβυτερων, και κατελειφθη μονος, και η γυνη εν μεσω ουσα.

10* ανακυψας δε ο ιησους ειπεν αυτη· γυναι, που εισιν;

16 21 η γυνη όταν τικτη λυπην έχει, ότι ήλθεν η ώρα αυτης·

19 26 γυναι, ίδε ο υιος σου.

20 13 και λεγουσιν αυτη εκεινοι· γυναι, τί κλαιεις;

15 γυναι, τί κλαιεις; τίνα ζητεις;

Ac **1** 14 ουτοι παντες ησαν προσκαρτερουντες ομοθυμαδον τη προσευχη συν γυναιξιν και μαριαμ τη μητρι του ιησου και τοις αδελφοις αυτου.

5 1 ανηρ δε τις ανανιας ονοματι συν σαπφιρη τη γυναικι αυτου επωλησεν κτημα,

2 και ενοσφισατο απο της τιμης, συνειδυιης και της γυναικος,

7 εγενετο δε ως ωρων τριων διαστημα και η γυνη αυτου μη ειδυια το γεγονος εισηλθεν.

14 μαλλον δε προσετιθεντο πιστευοντες τω κυριω, πληθη ανδρων τε και γυναικων·

8 3 σαυλος δε ελυμαινετο την εκκλησιαν κατα τους οικους εισπορευομενος, συρων τε ανδρας και γυναικας παρεδιδου εις φυλακην.

12 ότε δε επιστευσαν τω φιλιππω ευαγγελιζομενω περι της βασιλειας του θεου και του ονοματος ιησου χριστου, εβαπτιζοντο ανδρες τε και γυναικες.

9 2 όπως εαν τινας εύρη της οδου όντας, ανδρας τε και γυναικας, δεδεμενους αγαγη εις ιερουσαλημ.

13 50 οι δε ιουδαιοι παρωτρυναν τας σεβομενας γυναικας τας ευσχημονας και τους πρωτους της πολεως,

16 1 τιμοθεος, υιος γυναικος ιουδαιας πιστης πατρος δε έλληνος, ος εμαρτυρειτο υπο των εν λυστροις και ικονιω αδελφων.

13 και καθισαντες ελαλουμεν ταις συνελθουσαις γυναιξιν.

14 και τις γυνη ονοματι λυδια, πορφυροπωλις πολεως θυατειρων, σεβομενη τον θεον, ήκουεν,

17 4 των τε σεβομενων ελληνων πληθος πολυ, γυναικων τε των πρωτων ουκ ολιγαι.

12 πολλοι μεν ουν εξ αυτων επιστευσαν, και των ελληνιδων γυναικων των ευσχημονων και ανδρων ουκ ολιγοι.

34 τινες δε ανδρες κολληθεντες αυτω επιστευσαν, εν οις και διονυσιος ο αρεοπαγιτης και γυνη ονοματι δαμαρις και έτεροι συν αυτοις.

18 2 και ευρων τινα ιουδαιον ονοματι ακυλαν, ποντικον τω γενει, προσφατως εληλυθοτα απο της ιταλιας, και πρισκιλλαν γυναικα αυτου,

21 5 ότε δε εγενετο ημας εξαρτισαι τας ημερας, εξελθοντες επορευομεθα προπεμποντων ημας παντων συν γυναιξι και τεκνοις έως έξω της πολεως,

22 4 ος ταυτην την οδον εδιωξα άχρι θανατου, δεσμευων και παραδιδους εις φυλακας ανδρας τε και γυναικας,

24 24 μετα δε ημερας τινας παραγενομενος ο φηλιξ συν δρουσιλλη τη ιδια γυναικι ουση ιουδαια μετεπεμψατο τον παυλον,

Rm **7** 2 η γαρ υπανδρος γυνη τω ζωντι ανδρι δεδεται νομω·

1Co **5** 1 και τοιαυτη πορνεια ήτις ουδε εν τοις εθνεσιν, ώστε γυναικα τινα του πατρος έχειν.

7 1 περι δε ών εγραψατε, καλον ανθρωπω γυναικος μη άπτεσθαι·

2 δια δε τας πορνειας έκαστος την εαυτου γυναικα εχετω,

3 τη γυναικι ο ανηρ την οφειλην αποδιδοτω, όμοιως δε και η γυνη τω ανδρι.

3 τη γυναικι ο ανηρ την οφειλην αποδιδοτω, όμοιως δε και η γυνη τω ανδρι.

4 η γυνη του ιδιου σωματος ουκ εξουσιαζει άλλα ο ανηρ·

4 όμοιως δε και ο ανηρ του ιδιου σωματος ουκ εξουσιαζει άλλα η γυνη.

10 τοις δε γεγαμηκοσιν παραγγελλω, ουκ εγω άλλα ο κυριος, γυναικα απο ανδρος μη χωρισθηναι,

11 και ανδρα γυναικα μη αφιεναι.

12 ει τις αδελφος γυναικα έχει άπιστον, και αυτη συνευδοκει οικειν μετ αυτου, μη αφιετω αυτην·

γυνη [215]

1Co	7 13	και γυνη εἰ τις ἐχει ἀνδρα ἀπιστον, και οὑτος συνευδοκει οἰκειν μετ αὑτης, μη ἀφιετω τον ἀνδρα.
	14	ἡγιασται γαρ ὁ ἀνηρ ὁ ἀπιστος ἐν τῃ γυναικι,
	14	ἡγιασται γαρ ὁ ἀνηρ ὁ ἀπιστος ἐν τῃ γυναικι, και ἡγιασται ἡ γυνη ἡ ἀπιστος ἐν τω ἀδελφω·
	16	τί γαρ οἰδας, γυναι, εἰ τον ἀνδρα σωσεις;
	16	ἠ τί οἰδας, ἀνερ, εἰ την γυναικα σωσεις;
	27	δεδεσαι γυναικι; μη ζήτει λυσιν·
	27	λελυσαι ἀπο γυναικος; μη ζήτει γυναικα.
	27	λελυσαι ἀπο γυναικος; μη ζήτει γυναικα.
	29	το λοιπον ινα και οἱ ἐχοντες γυναικας ὡς μη ἐχοντες ὠσιν,
	33	ὁ δε γαμησας μεριμνα τα του κοσμου, πως ἀρεσῃ τῃ γυναικι,
	34	και ἡ γυνη ἡ ἀγαμος και ἡ παρθενος μεριμνα τα του κυριου, ἱνα ἡ ἀγια και τω σωματι και τω πνευματι·
	39	γυνη δεδεται ἐφ ὁσον χρονον ζῃ ὁ ἀνηρ αὑτης·
	9 5	μη οὐκ ἐχομεν ἐξουσιαν ἀδελφην γυναικα περιαγειν, ὡς και οἱ λοιποι ἀποστολοι και οἱ ἀδελφοι του κυριου και κηφας;
	11 3	θελω δε ὑμας εἰδεναι ὁτι παντος ἀνδρος ἡ κεφαλη ὁ χριστος ἐστιν, κεφαλη δε γυναικος ὁ ἀνηρ,
	5	πασα δε γυνη προσευχομενη ἡ προφητευουσα ἀκατακαλυπτω τῃ κεφαλῃ καταισχυνει την κεφαλην αὑτης·
	6	εἰ γαρ οὐ κατακαλυπτεται γυνη, και κειρασθω·
	6	εἰ δε αἰσχρον γυναικι το κειρασθαι ἡ ξυρασθαι, κατακαλυπτεσθω.
	7	ἡ γυνη δε δοξα ἀνδρος ἐστιν.
	8	οὐ γαρ ἐστιν ἀνηρ ἐκ γυναικος, ἀλλα γυνη ἐξ ἀνδρος·
	8	οὐ γαρ ἐστιν ἀνηρ ἐκ γυναικος, ἀλλα γυνη ἐξ ἀνδρος·
	9	και γαρ οὐκ ἐκτισθη ἀνηρ δια την γυναικα, ἀλλα γυνη δια τον ἀνδρα.
	9	και γαρ οὐκ ἐκτισθη ἀνηρ δια την γυναικα, ἀλλα γυνη δια τον ἀνδρα.
	10	δια τουτο ὀφειλει ἡ γυνη ἐξουσιαν ἐχειν ἐπι της κεφαλης δια τους ἀγγελους.
	11	πλην οὐτε γυνη χωρις ἀνδρος οὐτε ἀνηρ χωρις γυναικος ἐν κυριω·
	11	πλην οὐτε γυνη χωρις ἀνδρος οὐτε ἀνηρ χωρις γυναικος ἐν κυριω·
	12	ὡσπερ γαρ ἡ γυνη ἐκ του ἀνδρος, οὑτως και ὁ ἀνηρ δια της γυναικος·
	12	ὡσπερ γαρ ἡ γυνη ἐκ του ἀνδρος, οὑτως και ὁ ἀνηρ δια της γυναικος·
	13	πρεπον ἐστιν γυναικα ἀκατακαλυπτον τω θεω προσευχεσθαι;
	15	οὐδε ἡ φυσις αὑτη διδασκει ὑμας ὁτι ἀνηρ μεν ἐαν κομα, ἀτιμια αὐτω ἐστιν, γυνη δε ἐαν κομα, δοξα αὑτῃ ἐστιν;
	14 34	ὡς ἐν πασαις ταις ἐκκλησιαις των ἀγιων, αἱ γυναικες ἐν ταις ἐκκλησιαις σιγατωσαν·
	35	αἰσχρον γαρ ἐστιν γυναικι λαλειν ἐν ἐκκλησια.
Ga	4 4	ἐξαπεστειλεν ὁ θεος τον υἱον αὑτου, γενομενον ἐκ γυναικος, γενομενον ὑπο νομου,
Eph	5 22	αἱ γυναικες τοις ἰδιοις ἀνδρασιν ὡς τω κυριω,
	23	ὁτι ἀνηρ ἐστιν κεφαλη της γυναικος ὡς και ὁ χριστος κεφαλη της ἐκκλησιας,
	24	ἀλλα ὡς ἡ ἐκκλησια ὑποτασσεται τω χριστω, οὑτως και αἱ γυναικες τοις ἀνδρασιν ἐν παντι.
	25	οἱ ἀνδρες, ἀγαπατε τας γυναικας,
	28	οὑτως ὀφειλουσιν [και] οἱ ἀνδρες ἀγαπαν τας ἑαυτων γυναικας ὡς τα ἑαυτων σωματα.
	28	ὁ ἀγαπων την ἑαυτου γυναικα ἑαυτον ἀγαπα·
	31	ἀντι τουτου καταλειψει ἀνθρωπος [τον] πατερα και [την] μητερα και προσκολληθησεται προς την γυναικα αὑτου,
	33	πλην και ὑμεις οἱ καθ ἑνα ἑκαστος την ἑαυτου γυναικα οὑτως ἀγαπατω ὡς ἑαυτον·
	33	ἡ δε γυνη ἱνα φοβηται τον ἀνδρα.
Col	3 18	αἱ γυναικες, ὑποτασσεσθε τοις ἀνδρασιν, ὡς ἀνηκεν ἐν κυριω.
	19	οἱ ἀνδρες, ἀγαπατε τας γυναικας και μη πικραινεσθε προς αὐτας.
1Tm	2 9	ὡσαυτως [και] γυναικας ἐν καταστολῃ κοσμιω, μετα αἰδους και σωφροσυνης κοσμειν ἑαυτας,
	10	μη ἐν πλεγμασιν και χρυσιω ἡ μαργαριταις ἡ ἱματισμω πολυτελει, ἀλλ ὁ πρεπει γυναιξιν ἐπαγγελλομεναις θεοσεβειαν, δι ἐργων ἀγαθων.
	11	γυνη ἐν ἡσυχια μανθανετω ἐν πασῃ ὑποταγῃ·
	12	διδασκειν δε γυναικι οὐκ ἐπιτρεπω, οὐδε αὐθεντειν ἀνδρος, ἀλλ εἰναι ἐν ἡσυχια.
	14	ἡ δε γυνη ἐξαπατηθεισα ἐν παραβασει γεγονεν·
	3 2	δει οὐν τον ἐπισκοπον ἀνεπιλημπτον εἰναι, μιας γυναικος ἀνδρα, νηφαλιον, σωφρονα, κοσμιον, φιλοξενον, διδακτικον,
	11	γυναικας ὡσαυτως σεμνας, μη διαβολους, νηφαλιους, πιστας ἐν πασιν.

γυνη [215]

1Tm	3 12	διακονοι ἐστωσαν μιας γυναικος ἀνδρες,
	5 9	χηρα καταλεγεσθω μη ἐλαττον ἐτων ἑξηκοντα γεγονυια, ἑνος ἀνδρος γυνη,
Tit	1 6	εἰ τις ἐστιν ἀνεγκλητος, μιας γυναικος ἀνηρ, τεκνα ἐχων πιστα, μη ἐν κατηγορια ἀσωτιας ἡ ἀνυποτακτα.
Heb	11 35	ἐλαβον γυναικες ἐξ ἀναστασεως τους νεκρους αὑτων·
1Pt	3 1	ὁμοιως [αἱ] γυναικες, ὑποτασσομεναι τοις ἰδιοις ἀνδρασιν,
	1	ἱνα και εἰ τινες ἀπειθουσιν τω λογω, δια της των γυναικων ἀναστροφης ἀνευ λογου κερδηθησονται,
	5	οὑτως γαρ ποτε και αἱ ἀγιαι γυναικες αἱ ἐλπιζουσαι εἰς θεον ἐκοσμουν ἑαυτας,
Apc	2 20	ἀλλα ἐχω κατα σου ὁτι ἀφεις την γυναικα ἰεζαβελ,
	9 8	και εἰχον τριχας ὡς τριχας γυναικων,
	12 1	γυνη περιβεβλημενη τον ἡλιον, και ἡ σεληνη ὑποκατω των ποδων αὑτης,
	4	και ὁ δρακων ἑστηκεν ἐνωπιον της γυναικος της μελλουσης τεκειν,
	6	και ἡ γυνη ἐφυγεν εἰς την ἐρημον,
	13	και ὁτε εἰδεν ὁ δρακων ὁτι ἐβληθη εἰς την γην, ἐδιωξεν την γυναικα ἡτις ἐτεκεν τον ἀρσενα.
	14	και ἐδοθησαν τῃ γυναικι αἱ δυο πτερυγες του ἀετου του μεγαλου,
	15	και ἐβαλεν ὁ ὀφις ἐκ του στοματος αὑτου ὀπισω της γυναικος ὑδωρ ὡς ποταμον,
	16	και ἐβοηθησεν ἡ γη τῃ γυναικι,
	17	και ὠργισθη ὁ δρακων ἐπι τῃ γυναικι,
	14 4	οὑτοι εἰσιν οἱ μετα γυναικων οὐκ ἐμολυνθησαν·
	17 3	και εἰδον γυναικα καθημενην ἐπι θηριον κοκκινον, γεμον[τα] ὀνοματα βλασφημιας,
	4	και ἡ γυνη ἠν περιβεβλημενη πορφυρουν και κοκκινον,
	6	και εἰδον την γυναικα μεθυουσαν ἐκ του αἱματος των ἀγιων και ἐκ του αἱματος των μαρτυρων ἰησου.
	7	ἐγω ἐρω σοι το μυστηριον της γυναικος και του θηριου του βασταζοντος αὑτην του ἐχοντος τας ἑπτα κεφαλας και τα δεκα κερατα.
	9	αἱ ἑπτα κεφαλαι ἑπτα ὀρη εἰσιν, ὁπου ἡ γυνη καθηται ἐπ αὑτων,
	18	και ἡ γυνη ἠν εἰδες ἐστιν ἡ πολις ἡ μεγαλη ἡ ἐχουσα βασιλειαν ἐπι των βασιλεων της γης.
	19 7	και ἡ γυνη αὑτου ἡτοιμασεν ἑαυτην,
	21 9	δευρο, δειξω σοι την νυμφην την γυναικα του ἀρνιου.

γωγ [1]

Apc	20 8	και ἐξελευσεται πλανησαι τα ἐθνη τα ἐν ταις τεσσαρσιν γωνιαις της γης, τον γωγ και μαγωγ,

γωνια [9]

Mt	6 5	οὐκ ἐσεσθε ὡς οἱ ὑποκριται· ὁτι φιλουσιν ἐν ταις συναγωγαις και ἐν ταις γωνιαις των πλατειων ἑστωτες προσευχεσθαι,
	21 42	λιθον ὁν ἀπεδοκιμασαν οἱ οἰκοδομουντες, οὑτος ἐγενηθη εἰς κεφαλην γωνιας·
Mc	12 10	λιθον ὁν ἀπεδοκιμασαν οἱ οἰκοδομουντες, οὑτος ἐγενηθη εἰς κεφαλην γωνιας·
Lc	20 17	λιθον ὁν ἀπεδοκιμασαν οἱ οἰκοδομουντες, οὑτος ἐγενηθη εἰς κεφαλην γωνιας;
Ac	4 11	οὑτος ἐστιν ὁ λιθος ὁ ἐξουθενηθεις ὑφ ὑμων των οἰκοδομων, ὁ γενομενος εἰς κεφαλην γωνιας.
	26 26	οὐ γαρ ἐστιν ἐν γωνια πεπραγμενον τουτο.
1Pt	2 7	οὑτος ἐγενηθη εἰς κεφαλην γωνιας και λιθος προσκομματος και πετρα σκανδαλου·
Apc	7 1	μετα τουτο εἰδον τεσσαρας ἀγγελους ἑστωτας ἐπι τας τεσσαρας γωνιας της γης,
	20 8	και ἐξελευσεται πλανησαι τα ἐθνη τα ἐν ταις τεσσαρσιν γωνιαις της γης,

Δ

δαιμονιζομαι [13]

Mt   4 24   και προσηνεγκαν αυτω παντας τους κακως εχοντας ποικιλαις νοσοις και βασανοις συνεχομενους, [και] *δαιμονιζομενους* και σεληνιαζομενους και παραλυτικους,

      8 16   οψιας δε γενομενης προσηνεγκαν αυτω *δαιμονιζομενους* πολλους·

      28   και ελθοντος αυτου εις το περαν εις την χωραν των γαδαρηνων υπηντησαν αυτω δυο *δαιμονιζομενοι* εκ των μνημειων εξερχομενοι,

      33   και απελθοντες εις την πολιν απηγγειλαν παντα και τα των *δαιμονιζομενων.*

      9 32   αυτων δε εξερχομενων, ιδου προσηνεγκαν αυτω ανθρωπον κωφον *δαιμονιζομενον.*

     12 22   τοτε προσηνεχθη αυτω *δαιμονιζομενος* τυφλος και κωφος·

     15 22   ελεησον με, κυριε υιος δαυιδ· η θυγατηρ μου κακως *δαιμονιζεται.*

Mc   1 32   οψιας δε γενομενης, οτε εδυ ο ηλιος, εφερον προς αυτον παντας τους κακως εχοντας και τους *δαιμονιζομενους·*

      5 15   και ερχονται προς τον ιησουν, και θεωρουσιν τον *δαιμονιζομενον* καθημενον ιματισμενον και σωφρονουντα, τον εσχηκοτα τον λεγιωνα, και εφοβηθησαν.

      16   και διηγησαντο αυτοις οι ιδοντες πως εγενετο τω *δαιμονιζομενω* και περι των χοιρων.

      18   και εμβαινοντος αυτου εις το πλοιον παρεκαλει αυτον ο *δαιμονισθεις* ινα μετ αυτου η.

Lc   8 36   απηγγειλαν δε αυτοις οι ιδοντες πως εσωθη ο *δαιμονισθεις.*

Jh   10 21   ταυτα τα ρηματα ουκ εστιν *δαιμονιζομενου·* μη δαιμονιον δυναται τυφλων οφθαλμους ανοιξαι;

δαιμονιον [63]

Mt   7 22   και τω σω ονοματι *δαιμονια* εξεβαλομεν,

      9 33   και εκβληθεντος του *δαιμονιου* ελαλησεν ο κωφος.

      34   εν τω αρχοντι των *δαιμονιων* εκβαλλει τα δαιμονια.

      34   εν τω αρχοντι των δαιμονιων εκβαλλει τα *δαιμονια.*

     10 8   λεπρους καθαριζετε, *δαιμονια* εκβαλλετε·

     11 18   και λεγουσιν· *δαιμονιον* εχει.

     12 24   ουτος ουκ εκβαλλει τα *δαιμονια* ει μη εν τω βεελζεβουλ αρχοντι των δαιμονιων.

      24   ουτος ουκ εκβαλλει τα δαιμονια ει μη εν τω βεελζεβουλ αρχοντι των *δαιμονιων.*

      27   και ει εγω εν βεελζεβουλ εκβαλλω τα *δαιμονια,* οι υιοι υμων εν τινι εκβαλλουσιν;

      28   ει δε εν πνευματι θεου εγω εκβαλλω τα *δαιμονια,* αρα εφθασεν εφ υμας η βασιλεια του θεου.

     17 18   και εξηλθεν απ αυτου το *δαιμονιον,* και εθεραπευθη ο παις απο της ωρας εκεινης.

Mc   1 34   και *δαιμονια* πολλα εξεβαλεν,

      34   και ουκ ηφιεν λαλειν τα *δαιμονια,* οτι ηδεισαν αυτον.

      39   και ηλθεν κηρυσσων εις τας συναγωγας αυτων εις ολην την γαλιλαιαν και τα *δαιμονια* εκβαλλων.

      3 15   και ινα αποστελλη αυτους κηρυσσειν και εχειν εξουσιαν εκβαλλειν τα *δαιμονια·* [και εποιησεν τους δωδεκα],

      22   και οτι εν τω αρχοντι των *δαιμονιων* εκβαλλει τα δαιμονια. και προσκαλεσαμενος αυτους εν παραβολαις ελεγεν αυτοις·

      22   και οτι εν τω αρχοντι των δαιμονιων εκβαλλει τα *δαιμονια.* και προσκαλεσαμενος αυτους εν παραβολαις ελεγεν αυτοις·

      6 13   και *δαιμονια* πολλα εξεβαλλον,

      7 26   και ηρωτα αυτον ινα το *δαιμονιον* εκβαλη εκ της θυγατρος αυτης.

      29   δια τουτον τον λογον υπαγε, εξεληλυθεν εκ της θυγατρος σου το *δαιμονιον.*

      30   και απελθουσα εις τον οικον αυτης ευρεν το παιδιον βεβλημενον επι την κλινην και το *δαιμονιον* εξεληλυθος.

      9 38   διδασκαλε, ειδομεν τινα εν τω ονοματι σου εκβαλλοντα *δαιμονια,*

     16 9   αναστας δε πρωι πρωτη σαββατου εφανη πρωτον μαρια τη μαγδαληνη, παρ ης εκβεβληκει επτα *δαιμονια.*

      17   εν τω ονοματι μου *δαιμονια* εκβαλουσιν, γλωσσαις λαλησουσιν καιναις,

Lc   4 33   και εν τη συναγωγη ην ανθρωπος εχων πνευμα *δαιμονιου* ακαθαρτου,

      35   και ριψαν αυτον το *δαιμονιον* εις το μεσον εξηλθεν απ αυτου μηδεν βλαψαν αυτον.

δαιμονιον [63]

Lc   4 41   εξηρχετο δε και *δαιμονια* απο πολλων, κρ[αυγ]αζοντα και λεγοντα οτι συ ει ο υιος του θεου.

      7 33   εληλυθεν γαρ ιωαννης ο βαπτιστης μη εσθιων αρτον μητε πινων οινον, και λεγετε· *δαιμονιον* εχει.

      8 2   μαρια η καλουμενη μαγδαληνη, αφ ης *δαιμονια* επτα εξεληλυθει,

      27   εξελθοντι δε αυτω επι την γην υπηντησεν ανηρ τις εκ της πολεως εχων *δαιμονια,*

      29   και διαρρησσων τα δεσμα ηλαυνετο υπο του *δαιμονιου* εις τας ερημους.

      30   λεγιων, οτι εισηλθεν *δαιμονια* πολλα εις αυτον.

      33   εξελθοντα δε τα *δαιμονια* απο του ανθρωπου εισηλθον εις τους χοιρους,

      35   και ευρον καθημενον τον ανθρωπον αφ ου τα *δαιμονια* εξηλθεν ιματισμενον και σωφρονουντα παρα τους ποδας του ιησου, και εφοβηθησαν.

      38   εδειτο δε αυτου ο ανηρ αφ ου εξεληλυθει τα *δαιμονια* ειναι συν αυτω·

      9 1   συγκαλεσαμενος δε τους δωδεκα εδωκεν αυτοις δυναμιν και εξουσιαν επι παντα τα *δαιμονια* και νοσους θεραπευειν·

      42   ετι δε προσερχομενου αυτου ερρηξεν αυτον το *δαιμονιον* και συνεσπαραξεν·

      49   επιστατα, ειδομεν τινα εν τω ονοματι σου εκβαλλοντα *δαιμονια,*

     10 17   κυριε, και τα *δαιμονια* υποτασσεται ημιν εν τω ονοματι σου.

     11 14   και ην εκβαλλων *δαιμονιον,*

      14   εγενετο δε του *δαιμονιου* εξελθοντος ελαλησεν ο κωφος·

      15   εν βεελζεβουλ τω αρχοντι των *δαιμονιων* εκβαλλει τα δαιμονια·

      15   εν βεελζεβουλ τω αρχοντι των δαιμονιων εκβαλλει τα *δαιμονια·*

      18   οτι λεγετε εν βεελζεβουλ εκβαλλειν με τα *δαιμονια.*

      19   ει δε εγω εν βεελζεβουλ εκβαλλω τα *δαιμονια,* οι υιοι υμων εν τινι εκβαλλουσιν;

      20   ει δε εν δακτυλω θεου [εγω] εκβαλλω τα *δαιμονια,* αρα εφθασεν εφ υμας η βασιλεια του θεου.

     13 32   ιδου εκβαλλω *δαιμονια* και ιασεις αποτελω σημερον και αυριον, και τη τριτη τελειουμαι.

Jh   7 20   *δαιμονιον* εχεις· τις σε ζητει αποκτειναι;

      8 48   ου καλως λεγομεν ημεις οτι σαμαριτης ει συ και *δαιμονιον* εχεις;

      49   εγω *δαιμονιον* ουκ εχω, αλλα τιμω τον πατερα μου, και υμεις ατιμαζετε με.

      52   νυν εγνωκαμεν οτι *δαιμονιον* εχεις.

     10 20   *δαιμονιον* εχει και μαινεται· τι αυτου ακουετε;

      21   ταυτα τα ρηματα ουκ εστιν δαιμονιζομενου· μη *δαιμονιον* δυναται τυφλων οφθαλμους ανοιξαι;

Ac   17 18   οι δε· ξενων *δαιμονιων* δοκει καταγγελευς ειναι·

1Co   10 20   αλλ οτι α θυουσιν, *δαιμονιοις* και ου θεω [θυουσιν]·

      20   ου θελω δε υμας κοινωνους των *δαιμονιων* γινεσθαι.

      21   ου δυνασθε ποτηριον κυριου πινειν και ποτηριον *δαιμονιων·*

      21   ου δυνασθε τραπεζης κυριου μετεχειν και τραπεζης *δαιμονιων.*

1Tm   4 1   το δε πνευμα ρητως λεγει οτι εν υστεροις καιροις αποστησονται τινες της πιστεως, προσεχοντες πνευμασιν πλανοις και διδασκαλιαις *δαιμονιων,*

Ja   2 19   και τα *δαιμονια* πιστευουσιν και φρισσουσιν.

Apc   9 20   ουδε μετενοησαν εκ των εργων των χειρων αυτων, ινα μη προσκυνησουσιν τα *δαιμονια*

     16 14   εισιν γαρ πνευματα *δαιμονιων* ποιουντα σημεια,

     18 2   επεσεν επεσεν βαβυλων η μεγαλη, και εγενετο κατοικητηριον *δαιμονιων*

δαιμονιωδης [1]

Ja   3 15   ουκ εστιν αυτη η σοφια ανωθεν κατερχομενη, αλλα επιγειος, ψυχικη, *δαιμονιωδης·*

δαιμων [1]

Mt   8 31   οι δε *δαιμονες* παρεκαλουν αυτον λεγοντες·

δακνω [1]

Ga   5 15   ει δε αλληλους *δακνετε* και κατεσθιετε, βλεπετε μη υπ αλληλων αναλωθητε.

δακρυον [10]

Lc 7 38 και στασα οπισω παρα τους ποδας αυτου κλαιουσα, τοις δακρυσιν ηρξατο βρεχειν τους ποδας αυτου,

44 αυτη δε τοις δακρυσιν εβρεξεν μου τους ποδας και ταις θριξιν αυτης εξεμαξεν.

Ac 20 19 δουλευων τω κυριω μετα πασης ταπεινοφροσυνης και δακρυων και πειρασμων των συμβαντων μοι εν ταις επιβουλαις των ιουδαιων,

31 διο γρηγορειτε, μνημονευοντες οτι τριετιαν νυκτα και ημεραν ουκ επαυσαμην μετα δακρυων νουθετων ενα εκαστον.

2Co 2 4 εκ γαρ πολλης θλιψεως και συνοχης καρδιας εγραψα υμιν δια πολλων δακρυων,

2Tm 1 4 επιποθων σε ιδειν, μεμνημενος σου των δακρυων, ινα χαρας πληρωθω,

Heb 5 7 ος εν ταις ημεραις της σαρκος αυτου δεησεις τε και ικετηριας προς τον δυναμενον σωζειν αυτον εκ θανατου μετα κραυγης ισχυρας και δακρυων

12 17 μετανοιας γαρ τοπον ουχ ευρεν, καιπερ μετα δακρυων εκζητησας αυτην.

Apc 7 17 και εξαλειψει ο θεος παν δακρυον εκ των οφθαλμων αυτων.

21 4 και εξαλειψει παν δακρυον εκ των οφθαλμων αυτων,

δακρυω [1]

Jh 11 35 εδακρυσεν ο ιησους.

δακτυλιος [1]

Lc 15 22 και δοτε δακτυλιον εις την χειρα αυτου και υποδηματα εις τους ποδας,

δακτυλος [8]

Mt 23 4 αυτοι δε τω δακτυλω αυτων ου θελουσιν κινησαι αυτα.

Mc 7 33 και απολαβομενος αυτον απο του οχλου κατ ιδιαν εβαλεν τους δακτυλους αυτου εις τα ωτα αυτου και πτυσας ηψατο της γλωσσης αυτου,

Lc 11 20 ει δε εν δακτυλω θεου [εγω] εκβαλλω τα δαιμονια, αρα εφθασεν εφ υμας η βασιλεια του θεου.

46 και υμιν τοις νομικοις ουαι, οτι φορτιζετε τους ανθρωπους φορτια δυσβαστακτα, και αυτοι ενι των δακτυλων υμων ου προσψαυετε τοις φορτιοις.

16 24 πατερ αβρααμ, ελεησον με και πεμψον λαζαρον ινα βαψη το ακρον του δακτυλου αυτου υδατος και καταψυξη την γλωσσαν μου,

Jh 8 6* ο δε ιησους κατω κυψας τω δακτυλω κατεγραφεν εις την γην.

20 25 εαν μη ιδω εν ταις χερσιν αυτου τον τυπον των ηλων και βαλω τον δακτυλον μου εις τον τυπον των ηλων και βαλω μου την χειρα εις την πλευραν αυτου, ου μη πιστευσω.

27 φερε τον δακτυλον σου ωδε και ιδε τας χειρας μου,

δαλμανουθα [1]

Mc 8 10 και ευθυς εμβας εις το πλοιον μετα των μαθητων αυτου ηλθεν εις τα μερη δαλμανουθα.

δαλματια [1]

2Tm 4 10 και επορευθη εις θεσσαλονικην, κρησκης εις γαλατιαν, τιτος εις δαλματιαν·

δαμαζω [4]

Mc 5 4 δια το αυτον πολλακις πεδαις και αλυσεσιν δεδεσθαι, και διεσπασθαι υπ αυτου τας αλυσεις και τας πεδας συντετριφθαι, και ουδεις ισχυεν αυτον δαμασαι·

Ja 3 7 πασα γαρ φυσις θηριων τε και πετεινων, ερπετων τε και εναλιων δαμαζεται και δεδαμασται τη φυσει τη ανθρωπινη,

7 πασα γαρ φυσις θηριων τε και πετεινων, ερπετων τε και εναλιων δαμαζεται και δεδαμασται τη φυσει τη ανθρωπινη,

8 την δε γλωσσαν ουδεις δαμασαι δυναται ανθρωπων·

δαμαλις [1]

Heb 9 13 ει γαρ το αιμα τραγων και ταυρων και σποδος δαμαλεως ραντιζουσα τους κεκοινωμενους αγιαζει προς την της σαρκος καθαροτητα, ποσω μαλλον το αιμα του χριστου,

δαμαρις [1]

Ac 17 34 τινες δε ανδρες κολληθεντες αυτω επιστευσαν, εν οις και διονυσιος ο αρεοπαγιτης και γυνη ονοματι δαμαρις και ετεροι συν αυτοις.

δαμασκηνος [1]

2Co 11 32 εν δαμασκω ο εθναρχης αρετα του βασιλεως εφρουρει την πολιν δαμασκηνων πιασαι με,

δαμασκος [15]

Ac 9 2 ο δε σαυλος ετι εμπνεων απειλης και φονου εις τους μαθητας του κυριου, προσελθων τω αρχιερει ητησατο παρ αυτου επιστολας εις δαμασκον προς τας συναγωγας,

3 εν δε τω πορευεσθαι εγενετο αυτον εγγιζειν τη δαμασκω, εξαιφνης τε αυτον περιηστραψεν φως εκ του ουρανου,

8 συναγωγουντες δε αυτον εισηγαγον εις δαμασκον.

10 ην δε τις μαθητης εν δαμασκω ονοματι ανανιας.

19 εγενετο δε μετα των εν δαμασκω μαθητων ημερας τινας,

22 σαυλος δε μαλλον ενεδυναμουτο και συνεχυννεν [τους] ιουδαιους τους κατοικουντας εν δαμασκω, συμβιβαζων οτι ουτος εστιν ο χριστος.

27 και οτι ελαλησεν αυτω, και πως εν δαμασκω επαρρησιασατο εν τω ονοματι του ιησου.

22 5 ως και ο αρχιερευς μαρτυρει μοι και παν το πρεσβυτεριον· παρ ων και επιστολας δεξαμενος προς τους αδελφους εις δαμασκον επορευομην,

6 εγενετο δε μοι πορευομενω και εγγιζοντι τη δαμασκω περι μεσημβριαν εξαιφνης εκ του ουρανου περιαστραψαι φως ικανον περι εμε,

10 αναστας πορευου εις δαμασκον, κακει σοι λαληθησεται περι παντων ων τετακται σοι ποιησαι.

11 ως δε ουκ ενεβλεπον απο της δοξης του φωτος εκεινου, χειραγωγουμενος υπο των συνοντων μοι ηλθον εις δαμασκον.

26 12 εν οις πορευομενος εις την δαμασκον μετ εξουσιας και επιτροπης της των αρχιερεων,

20 αλλα τοις εν δαμασκω πρωτον τε και ιεροσολυμοις, πασαν τε την χωραν της ιουδαιας και τοις εθνεσιν απηγγελλον μετανοειν και επιστρεφειν επι τον θεον,

2Co 11 32 εν δαμασκω ο εθναρχης αρετα του βασιλεως εφρουρει την πολιν δαμασκηνων πιασαι με,

Ga 1 17 αλλα απηλθον εις αραβιαν, και παλιν υπεστρεψα εις δαμασκον.

δανειον [1]

Mt 18 27 σπλαγχνισθεις δε ο κυριος του δουλου εκεινου απελυσεν αυτον, και το δανειον αφηκεν αυτω.

δανιζω [4]

Mt 5 42 και τον θελοντα απο σου δανισασθαι μη αποστραφης.

Lc 6 34 και εαν δανισητε παρ ων ελπιζετε λαβειν, ποια υμιν χαρις [εστιν];

34 και αμαρτωλοι αμαρτωλοις δανιζουσιν ινα απολαβωσιν τα ισα.

35 πλην αγαπατε τους εχθρους υμων και αγαθοποιειτε και δανιζετε μηδεν απελπιζοντες·

δανιηλ [1]

Mt 24 15 οταν ουν ιδητε το βδελυγμα της ερημωσεως το ρηθεν δια δανιηλ του προφητου εστος εν τοπω αγιω, ο αναγινωσκων νοειτω, τοτε οι εν τη ιουδαια φευγετωσαν εις τα ορη,

δανιστης [1]

Lc 7 41 δυο χρεοφειλεται ησαν δανιστη τινι·

δαπαναω [5]

Mc 5 26 και γυνη ουσα εν ρυσει αιματος δωδεκα ετη, και πολλα παθουσα υπο πολλων ιατρων και δαπανησασα τα παρ αυτης παντα,

Lc 15 14 δαπανησαντος δε αυτου παντα εγενετο λιμος ισχυρα κατα την χωραν εκεινην,

Ac 21 24 τουτους παραλαβων αγνισθητι συν αυτοις, και δαπανησον επ αυτοις ινα ξυρησονται την κεφαλην,

δαπαναω [5]

2Co   12 15   ἐγω δε ἡδιστα *δαπανησω* και ἐκδαπανηθησομαι ὑπερ των ψυχων ὑμων.

Ja   4 3   διοτι κακως αἰτεισθε, ἱνα ἐν ταις ἡδοναις ὑμων *δαπανησητε.*

δαπανη [1]

Lc   14 28   τίς γαρ ἐξ ὑμων θελων πυργον οἰκοδομησαι οὐχι πρωτον καθισας ψηφιζει την *δαπανην,*

δαυιδ [59]

Mt   1 1   βιβλος γενεσεως ἰησου χριστου υἱου *δαυιδ* υἱου ἀβρααμ.

    6   ἰεσσαι δε ἐγεννησεν τον *δαυιδ* τον βασιλεα.

    6   *δαυιδ* δε ἐγεννησεν τον σολομωνα ἐκ της του οὐριου,

    17   πασαι οὐν αἱ γενεαι ἀπο ἀβρααμ ἑως *δαυιδ* γενεαι δεκατεσσαρες,

    17   και ἀπο *δαυιδ* ἑως της μετοικεσιας βαβυλωνος γενεαι δεκατεσσαρες,

    20   ἰωσηφ υἱος *δαυιδ,* μη φοβηθης παραλαβειν μαριαν την γυναικα σου·

    9 27   ἐλεησον ἡμας, υἱος *δαυιδ.*

    12 3   οὐκ ἀνεγνωτε τί ἐποιησεν *δαυιδ,*

    23   μητι οὑτος ἐστιν ὁ υἱος *δαυιδ;*

    15 22   ἐλεησον με, κυριε υἱος *δαυιδ·* ἡ θυγατηρ μου κακως δαιμονιζεται.

    20 30   και ἰδου δυο τυφλοι καθημενοι παρα την ὁδον, ἀκουσαντες ὁτι ἰησους παραγει, ἐκραξαν λεγοντες· ἐλεησον ἡμας, [κυριε,] υἱος *δαυιδ.*

    31   ἐλεησον ἡμας, κυριε, υἱος *δαυιδ.*

    21 9   ὡσαννα τω υἱω *δαυιδ·* εὐλογημενος ὁ ἐρχομενος ἐν ὀνοματι κυριου· ὡσαννα ἐν τοις ὑψιστοις.

    15   ἰδοντες δε οἱ ἀρχιερεις και οἱ γραμματεις τα θαυμασια ἁ ἐποιησεν και τους παιδας τους κραζοντας ἐν τω ἱερω και λεγοντας· ὡσαννα τω υἱω *δαυιδ,* ἠγανακτησαν,

    22 42   τίνος υἱος ἐστιν; λεγουσιν αὐτω· του *δαυιδ.*

    43   πῶς οὐν *δαυιδ* ἐν πνευματι καλει αὐτον κυριον λεγων·

    45   εἰ οὐν *δαυιδ* καλει αὐτον κυριον, πῶς υἱος αὐτου ἐστιν;

Mc   2 25   οὐδεποτε ἀνεγνωτε τί ἐποιησεν *δαυιδ,* ὁτε χρειαν ἐσχεν και ἐπεινασεν αὐτος και οἱ μετ αὐτου;

    10 47   υἱε *δαυιδ* ἰησου, ἐλεησον με.

    48   υἱε *δαυιδ,* ἐλεησον με.

    11 10   εὐλογημενη ἡ ἐρχομενη βασιλεια του πατρος ἡμων *δαυιδ·* ὡσαννα ἐν τοις ὑψιστοις.

    12 35   πῶς λεγουσιν οἱ γραμματεις ὁτι ὁ χριστος υἱος *δαυιδ* ἐστιν;

    36   αὐτος *δαυιδ* εἰπεν ἐν τω πνευματι τω ἁγιω·

    37   αὐτος *δαυιδ* λεγει αὐτον κυριον, και ποθεν αὐτου ἐστιν υἱος;

Lc   1 27   προς παρθενον ἐμνηστευμενην ἀνδρι ᾡ ὀνομα ἰωσηφ, ἐξ οἰκου *δαυιδ,* και το ὀνομα της παρθενου μαριαμ.

    32   και δωσει αὐτω κυριος ὁ θεος τον θρονον *δαυιδ* του πατρος αὐτου,

    69   και ἠγειρεν κερας σωτηριας ἡμιν ἐν οἰκω *δαυιδ* παιδος αὐτου,

    2 4   ἀνεβη δε και ἰωσηφ ἀπο της γαλιλαιας ἐκ πολεως ναζαρεθ εἰς την ἰουδαιαν εἰς πολιν *δαυιδ* ἡτις καλειται βηθλεεμ,

    4   ἀνεβη δε και ἰωσηφ ἀπο της γαλιλαιας ἐκ πολεως ναζαρεθ εἰς την ἰουδαιαν εἰς πολιν *δαυιδ* ἡτις καλειται βηθλεεμ, δια το εἰναι αὐτον ἐξ οἰκου και πατριας *δαυιδ,*

    11   ὁτι ἐτεχθη ὑμιν σημερον σωτηρ, ὁς ἐστιν χριστος κυριος, ἐν πολει *δαυιδ.*

    3 31   του μελεα του μεννα του ματταθα του ναθαμ του *δαυιδ*

    6 3   οὐδε τουτο ἀνεγνωτε ὁ ἐποιησεν *δαυιδ,* ὁτε ἐπεινασεν αὐτος και οἱ μετ αὐτου [ὀντες];

    18 38   ἰησου υἱε *δαυιδ,* ἐλεησον με.

    39   υἱε *δαυιδ,* ἐλεησον με.

    20 41   πῶς λεγουσιν τον χριστον εἰναι *δαυιδ* υἱον;

    42   αὐτος γαρ *δαυιδ* λεγει ἐν βιβλω ψαλμων·

    44   *δαυιδ* οὐν κυριον αὐτον καλει, και πῶς αὐτου υἱος ἐστιν;

Jh   7 42   οὐχ ἡ γραφη εἰπεν ὁτι ἐκ του σπερματος *δαυιδ,* και ἀπο βηθλεεμ της κωμης ὁπου ἠν *δαυιδ,* ἐρχεται ὁ χριστος;

    42   οὐχ ἡ γραφη εἰπεν ὁτι ἐκ του σπερματος *δαυιδ,* και ἀπο βηθλεεμ της κωμης ὁπου ἠν *δαυιδ,* ἐρχεται ὁ χριστος;

Ac   1 16   ἀνδρες ἀδελφοι, ἐδει πληρωθηναι την γραφην ἡν προειπεν το πνευμα το ἁγιον δια στοματος *δαυιδ* περι ἰουδα του γενομενου ὁδηγου τοις συλλαβουσιν ἰησουν,

    2 25   *δαυιδ* γαρ λεγει εἰς αὐτον·

    29   ἀνδρες ἀδελφοι, ἐξον εἰπειν μετα παρρησιας προς ὑμας περι του πατριαρχου *δαυιδ,*

    34   οὐ γαρ *δαυιδ* ἀνεβη εἰς τους οὐρανους,

    4 25   ὁ του πατρος ἡμων δια πνευματος ἁγιου στοματος *δαυιδ* παιδος σου εἰπων·

δαυιδ [59]

Ac   7 45   ὡν ἐξωσεν ὁ θεος ἀπο προσωπου των πατερων ἡμων, ἑως των ἡμερων *δαυιδ·*

    13 22   και μεταστησας αὐτον ἠγειρεν τον *δαυιδ* αὐτοις εἰς βασιλεα, ᾡ και εἰπεν μαρτυρησας·

    22   εὑρον *δαυιδ* τον του ἰεσσαι, ἀνδρα κατα την καρδιαν μου, ὁς ποιησει παντα τα θεληματα μου.

    34   ὁτι δε ἀνεστησεν αὐτον ἐκ νεκρων μηκετι μελλοντα ὑποστρεφειν εἰς διαφθοραν, οὑτως εἰρηκεν ὁτι δωσω ὑμιν τα ὁσια *δαυιδ* τα πιστα.

    36   *δαυιδ* μεν γαρ ἰδια γενεα ὑπηρετησας τη του θεου βουλη ἐκοιμηθη και προσετεθη προς τους πατερας αὐτου και εἰδεν διαφθοραν·

    15 16   μετα ταυτα ἀναστρεψω και ἀνοικοδομησω την σκηνην *δαυιδ* την πεπτωκυιαν,

Rm   1 3   ὁ προεπηγγειλατο δια των προφητων αὐτου ἐν γραφαις ἁγιαις περι του υἱου αὐτου του γενομενου ἐκ σπερματος *δαυιδ* κατα σαρκα,

    4 6   καθαπερ και *δαυιδ* λεγει τον μακαρισμον του ἀνθρωπου ᾡ ὁ θεος λογιζεται δικαιοσυνην χωρις ἐργων·

    11 9   και *δαυιδ* λεγει· γενηθητω ἡ τραπεζα αὐτων εἰς παγιδα και εἰς θηραν και εἰς σκανδαλον και εἰς ἀνταποδομα αὐτοις,

2Tm   2 8   ἐκ σπερματος *δαυιδ,*

Heb   4 7   παλιν τινα ὁριζει ἡμεραν, σημερον, ἐν *δαυιδ* λεγων μετα τοσουτον χρονον,

    11 32   ἐπιλειψει με γαρ διηγουμενον ὁ χρονος περι γεδεων, βαρακ, σαμψων, ἰεφθαε, *δαυιδ* τε και σαμουηλ και των προφητων,

Apc   3 7   ταδε λεγει ὁ ἁγιος, ὁ ἀληθινος, ὁ ἐχων την κλειν *δαυιδ,*

    5 5   ἰδου ἐνικησεν ὁ λεων ὁ ἐκ της φυλης ἰουδα, ἡ ριζα *δαυιδ,* ἀνοιξαι το βιβλιον και τας ἑπτα σφραγιδας αὐτου.

    22 16   ἐγω εἰμι ἡ ριζα και το γενος *δαυιδ,*

δε [2801]

cf append.

δεησις [18]

Lc   1 13   μη φοβου, ζαχαρια, διοτι εἰσηκουσθη ἡ *δεησις* σου,

    2 37   και αὐτη χηρα ἑως ἐτων ὀγδοηκοντατεσσαρων, ἡ οὐκ ἀφιστατο του ἱερου νηστειαις και *δεησεσιν* λατρευουσα νυκτα και ἡμεραν.

    5 33   οἱ μαθηται ἰωαννου νηστευουσιν πυκνα και *δεησεις* ποιουνται, ὁμοιως και οἱ των φαρισαιων,

Rm   10 1   ἀδελφοι, ἡ μεν εὐδοκια της ἐμης καρδιας και ἡ *δεησις* προς τον θεον ὑπερ αὐτων εἰς σωτηριαν.

2Co   1 11   εἰς ὁν ἠλπικαμεν [ὁτι] και ἐτι ρυσεται, συνυπουργουντων και ὑμων ὑπερ ἡμων τη *δεησει,*

    9 14   και αὐτων *δεησει* ὑπερ ὑμων ἐπιποθουντων ὑμας δια την ὑπερβαλλουσαν χαριν του θεου ἐφ ὑμιν.

Eph   6 18   δια πασης προσευχης και *δεησεως,* προσευχομενοι ἐν παντι καιρω ἐν πνευματι,

    18   και εἰς αὐτο ἀγρυπνουντες ἐν παση προσκαρτερησει και *δεησει* περι παντων των ἁγιων,

Php   1 4   παντοτε ἐν παση *δεησει* μου ὑπερ παντων ὑμων μετα χαρας την δεησιν ποιουμενος,

    4   παντοτε ἐν παση *δεησει* μου ὑπερ παντων ὑμων μετα χαρας την δεησιν ποιουμενος,

    19   οἰδα γαρ ὁτι τουτο μοι ἀποβησεται εἰς σωτηριαν δια της ὑμων *δεησεως* και ἐπιχορηγιας του πνευματος ἰησου χριστου,

    4 6   μηδεν μεριμνατε, ἀλλ ἐν παντι τη προσευχη και τη *δεησει* μετα εὐχαριστιας τα αἰτηματα ὑμων γνωριζεσθω προς τον θεον.

1Tm   2 1   παρακαλω οὐν πρωτον παντων ποιεισθαι *δεησεις,* προσευχας, ἐντευξεις, εὐχαριστιας, ὑπερ παντων ἀνθρωπων,

    5 5   ἡ δε ὀντως χηρα και μεμονωμενη ἠλπικεν ἐπι θεον και προσμενει ταις *δεησεσιν* και ταις προσευχαις νυκτος και ἡμερας.

2Tm   1 3   χαριν ἐχω τω θεω, ᾡ λατρευω ἀπο προγονων ἐν καθαρα συνειδησει, ὡς ἀδιαλειπτον ἐχω την περι σου μνειαν ἐν ταις *δεησεσιν* μου νυκτος και ἡμερας,

Heb   5 7   ὁς ἐν ταις ἡμεραις της σαρκος αὐτου *δεησεις* τε και ἱκετηριας προς τον δυναμενον σωζειν αὐτον ἐκ θανατου μετα κραυγης ἰσχυρας και δακρυων

Ja   5 16   πολυ ἰσχυει *δεησις* δικαιου ἐνεργουμενη.

1Pt   3 12   ὁτι ὀφθαλμοι κυριου ἐπι δικαιους και ὠτα αὐτου εἰς *δεησιν* αὐτων,

δει [101]

Mt 16 21 ἀπο τοτε ἠρξατο ὁ ἰησους δεικνυειν τοις μαθηταις αὐτου ὁτι δει αὐτον εἰς ἱεροσολυμα ἀπελθειν και πολλα παθειν ἀπο των πρεσβυτερων και ἀρχιερεων και γραμματεων και ἀποκτανθηναι και τη τριτη ἡμερα ἐγερθηναι.

17 10 τι οὖν οἱ γραμματεις λεγουσιν ὁτι ἡλιαν δει ἐλθειν πρωτον;

18 33 οὐκ ἔδει και σε ἐλεησαι τον συνδουλον σου, ὡς καγω σε ἠλεησα;

23 23 ταυτα [δε] ἔδει ποιησαι κακεινα μη ἀφιεναι.

24 6 δει γαρ γενεσθαι, ἀλλ οὐπω ἐστιν το τελος.

25 27 ἔδει σε οὖν βαλειν τα ἀργυρια μου τοις τραπεζιταις,

26 35 καν δεη με συν σοί ἀποθανειν, οὐ μη σε ἀπαρνησομαι.

54 πως οὖν πληρωθωσιν αἱ γραφαι ὁτι οὑτως δει γενεσθαι;

Mc 8 31 και ἠρξατο διδασκειν αὐτους ὁτι δει τον υἱον του ἀνθρωπου πολλα παθειν,

9 11 και ἐπηρωτων αὐτον λεγοντες· ὁτι λεγουσιν οἱ γραμματεις ὁτι ἡλιαν δει ἐλθειν πρωτον;

13 7 δει γενεσθαι, ἀλλ οὐπω το τελος.

10 και εἰς παντα τα ἐθνη πρωτον δει κηρυχθηναι το εὐαγγελιον.

14 ὁταν δε ἰδητε το βδελυγμα της ἐρημωσεως ἐστηκοτα ὁπου οὐ δει, ὁ ἀναγινωσκων νοειτω,

14 31 ἐαν δεη με συναποθανειν σοι, οὐ μη σε ἀπαρνησομαι.

Lc 2 49 τι ὁτι ἐζητειτε με; οὐκ ἠδειτε ὁτι ἐν τοις του πατρος μου δει εἰναι με;

4 43 ὁ δε εἰπεν προς αὐτους ὁτι και ταις ἑτεραις πολεσιν εὐαγγελισασθαι με δει την βασιλειαν του θεου, ὁτι ἐπι τουτο ἀπεσταλην.

9 22 εἰπων ὁτι δει τον υἱον του ἀνθρωπου πολλα παθειν και ἀποδοκιμασθηναι ἀπο των πρεσβυτερων και ἀρχιερεων και γραμματεων και ἀποκτανθηναι και τη τριτη ἡμερα ἐγερθηναι.

11 42 ταυτα δε ἔδει ποιησαι κακεινα μη παρειναι.

12 12 το γαρ ἁγιον πνευμα διδαξει ὑμας ἐν αὐτη τη ὡρα ἁ δει εἰπειν.

13 14 ἐλεγεν τω ὀχλω ὁτι ἑξ ἡμεραι εἰσιν ἐν αἱς δει ἐργαζεσθαι·

16 ταυτην δε θυγατερα ἀβρααμ οὐσαν, ἡν ἐδησεν ὁ σατανας ἰδου δεκακαιοκτω ἐτη, οὐκ ἐδει λυθηναι ἀπο του δεσμου τουτου τη ἡμερα του σαββατου;

33 πλην δει με· σημερον και αὐριον και τη ἐχομενη πορευεσθαι, ὁτι οὐκ ἐνδεχεται προφητην ἀπολεσθαι ἐξω ἱερουσαλημ.

15 32 εὐφρανθηναι δε και χαρηναι ἐδει, ὁτι ὁ ἀδελφος σου οὑτος νεκρος ἠν και ἐζησεν, και ἀπολωλως και εὑρεθη.

17 25 πρωτον δε δει αὐτον πολλα παθειν και ἀποδοκιμασθηναι ἀπο της γενεας ταυτης.

18 1 ἐλεγεν δε παραβολην αὐτοις προς το δειν παντοτε προσευχεσθαι αὐτους και μη ἐγκακειν, λεγων· κριτης τις ἠν ἐν τινι πολει τον θεον μη φοβουμενος και ἀνθρωπον μη ἐντρεπομενος.

19 5 ζακχαιε, σπευσας καταβηθι· σημερον γαρ ἐν τω οἰκω σου δει με μειναι.

21 9 δει γαρ ταυτα γενεσθαι πρωτον, ἀλλ οὐκ εὐθεως το τελος.

22 7 ἠλθεν δε ἡ ἡμερα των ἀζυμων, [ἐν] ἡ ἐδει θυεσθαι το πασχα·

37 λεγω γαρ ὑμιν ὁτι τουτο το γεγραμμενον δει τελεσθηναι ἐν ἐμοι, το· και μετα ἀνομων ἐλογισθη·

24 7 λεγων τον υἱον του ἀνθρωπου ὁτι δει παραδοθηναι εἰς χειρας ἀνθρωπων ἁμαρτωλων και σταυρωθηναι και τη τριτη ἡμερα ἀναστηναι.

26 οὐχι ταυτα ἐδει παθειν τον χριστον και εἰσελθειν εἰς την δοξαν αὐτου;

44 οὑτοι οἱ λογοι μου οὑς ἐλαλησα προς ὑμας ἐτι ὠν συν ὑμιν, ὁτι δει πληρωθηναι παντα τα γεγραμμενα ἐν τω νομω μωυσεως και τοις προφηταις και ψαλμοις περι ἐμου.

Jh 3 7 δει ὑμας γεννηθηναι ἀνωθεν.

14 και καθως μωυσης ὑψωσεν τον ὀφιν ἐν τη ἐρημω, οὑτως ὑψωθηναι δει τον υἱον του ἀνθρωπου,

30 ἐκεινον δει αὐξανειν, ἐμε δε ἐλαττουσθαι.

4 4 ἐδει δε αὐτον διερχεσθαι δια της σαμαρειας.

20 και ὑμεις λεγετε ὁτι ἐν ἱεροσολυμοις ἐστιν ὁ τοπος ὁπου προσκυνειν δει.

24 πνευμα ὁ θεος, και τους προσκυνουντας αὐτον ἐν πνευματι και ἀληθεια δει προσκυνειν.

9 4 ἡμας δει ἐργαζεσθαι τα ἐργα του πεμψαντος με ἐως ἡμερα ἐστιν·

10 16 και ἀλλα προβατα ἐχω ἁ οὐκ ἐστιν ἐκ της αὐλης ταυτης· κακεινα δει με ἀγαγειν,

12 34 ἡμεις ἠκουσαμεν ἐκ του νομου ὁτι ὁ χριστος μενει εἰς τον αἰωνα, και πως λεγεις συ ὁτι δει ὑψωθηναι τον υἱον του ἀνθρωπου;

20 9 οὐδεπω γαρ ἠδεισαν την γραφην, ὁτι δει αὐτον ἐκ νεκρων ἀναστηναι.

δει [101]

Ac 1 16 ἀνδρες ἀδελφοι, ἐδει πληρωθηναι την γραφην

21 δει οὖν των συνελθοντων ἡμιν ἀνδρων ἐν παντι χρονω ᾡ εἰσηλθεν και ἐξηλθεν ἐφ ἡμας ὁ κυριος ἰησους,

3 21 και ἀποστειλη τον προκεχειρισμενον ὑμιν χριστον ἰησουν, ὁν δει οὐρανον μεν δεξασθαι ἀχρι χρονων ἀποκαταστασεως παντων ὡν ἐλαλησεν ὁ θεος

4 12 οὐδε γαρ ὀνομα ἐστιν ἑτερον ὑπο τον οὐρανον το δεδομενον ἐν ἀνθρωποις ἐν ᾡ δει σωθηναι ἡμας.

5 29 πειθαρχειν δει θεω μαλλον ἡ ἀνθρωποις.

9 6 ἀλλα ἀναστηθι και εἰσελθε εἰς την πολιν, και λαληθησεται σοι ὁτι σε δει ποιειν.

16 ἐγω γαρ ὑποδειξω αὐτω ὁσα δει αὐτον ὑπερ του ὀνοματος μου παθειν.

14 22 παρακαλουντες ἐμμενειν τη πιστει, και ὁτι δια πολλων θλιψεων δει ἡμας εἰσελθειν εἰς την βασιλειαν του θεου.

15 5 ἐξανεστησαν δε τινες των ἀπο της αἱρεσεως των φαρισαιων πεπιστευκοτες, λεγοντες ὁτι δει περιτεμνειν αὐτους παραγγελλειν τε τηρειν τον νομον μωυσεως.

16 30 κυριοι, τι με δει ποιειν ἱνα σωθω;

17 3 και ἐπι σαββατα τρια διελεξατο αὐτοις ἀπο των γραφων, διανοιγων και παρατιθεμενος ὁτι τον χριστον ἐδει παθειν και ἀναστηναι ἐκ νεκρων,

19 21 εἰπων ὁτι μετα το γενεσθαι με ἐκει δει με και ῥωμην ἰδειν.

36 ἀναντιρρητων οὖν ὀντων τουτων δεον ἐστιν ὑμας κατεσταλμενους ὑπαρχειν και μηδεν προπετες πρασσειν.

20 35 παντα ὑπεδειξα ὑμιν, ὁτι οὑτως κοπιωντας δει ἀντιλαμβανεσθαι των ἀσθενουντων,

23 11 ὡς γαρ διεμαρτυρω τα περι ἐμου εἰς ἱερουσαλημ, οὑτω σε δει και εἰς ῥωμην μαρτυρησαι.

24 19 τινες δε ἀπο της ἀσιας ἰουδαιοι, οὑς ἐδει ἐπι σου παρειναι και κατηγορειν εἰ τι ἐχοιεν προς ἐμε.

25 10 ἐπι του βηματος καισαρος ἐστως εἰμι, οὑ με δει κρινεσθαι.

24 θεωρειτε τουτον περι οὑ ἁπαν το πληθος των ἰουδαιων ἐνετυχον μοι ἐν τε ἱεροσολυμοις και ἐνθαδε, βοωντες μη δειν αὐτον ζην μηκετι.

26 9 ἐγω μεν οὖν ἐδοξα ἐμαυτω προς το ὀνομα ἰησου του ναζωραιου δειν πολλα ἐναντια πραξαι,

27 21 ἐδει μεν, ὠ ἀνδρες, πειθαρχησαντας μοι μη ἀναγεσθαι ἀπο της κρητης

24 μη φοβου, παυλε· καισαρι σε δει παραστηναι,

26 εἰς νησον δε τινα δει ἡμας ἐκπεσειν.

Rm 1 27 ἀρσενες ἐν ἀρσεσιν την ἀσχημοσυνην κατεργαζομενοι και την ἀντιμισθιαν ἡν ἐδει της πλανης αὐτων ἐν ἑαυτοις ἀπολαμβανοντες.

8 26 το γαρ τι προσευξωμεθα καθο δει οὐκ οἰδαμεν, ἀλλα αὐτο το πνευμα ὑπερεντυγχανει στεναγμοις ἀλαλητοις·

12 3 λεγω γαρ δια της χαριτος της δοθεισης μοι παντι τω ὀντι ἐν ὑμιν, μη ὑπερφρονειν παρ ὁ δει φρονειν,

1Co 8 2 εἰ τις δοκει ἐγνωκεναι τι, οὐπω ἐγνω καθως δει γνωναι·

11 19 δει γαρ και αἱρεσεις ἐν ὑμιν εἰναι, ἱνα [και] οἱ δοκιμοι φανεροι γενωνται ἐν ὑμιν.

15 25 δει γαρ αὐτον βασιλευειν ἀχρι οὑ θη παντας τους ἐχθρους ὑπο τους ποδας αὐτου.

53 δει γαρ το φθαρτον τουτο ἐνδυσασθαι ἀφθαρσιαν και το θνητον τουτο ἐνδυσασθαι ἀθανασιαν.

2Co 2 3 και ἐγραψα τουτο αὐτο ἱνα μη ἐλθων λυπην σχω ἀφ ὡν ἐδει με χαιρειν,

5 10 τους γαρ παντας ἡμας φανερωθηναι δει ἐμπροσθεν του βηματος του χριστου,

11 30 εἰ καυχασθαι δει, τα της ἀσθενειας μου καυχησομαι.

12 1 καυχασθαι δει, οὐ συμφερον μεν,

Eph 6 20 ἐν παρρησια γνωρισαι το μυστηριον του εὐαγγελιου, ὑπερ οὑ πρεσβευω ἐν ἁλυσει, ἱνα ἐν αὐτω παρρησιασωμαι ὡς δει με λαλησαι.

Col 4 4 δι ὁ και δεδεμαι, ἱνα φανερωσω αὐτο ὡς δει με λαλησαι.

6 ὁ λογος ὑμων παντοτε ἐν χαριτι, ἁλατι ἠρτυμενος, εἰδεναι πως δει ὑμας ἑνι ἑκαστω ἀποκρινεσθαι.

1Th 4 1 λοιπον οὖν, ἀδελφοι, ἐρωτωμεν ὑμας και παρακαλουμεν ἐν κυριω ἰησου, ἱνα καθως παρελαβετε παρ ἡμων το πως δει ὑμας περιπατειν και ἀρεσκειν θεω, καθως και περιπατειτε,

2Th 3 7 αὐτοι γαρ οἰδατε πως δει μιμεισθαι ἡμας,

1Tm 3 2 δει οὖν τον ἐπισκοπον ἀνεπιλημπτον εἰναι,

7 δει δε και μαρτυριαν καλην ἐχειν ἀπο των ἐξωθεν,

15 ἐαν δε βραδυνω, ἱνα εἰδης πως δει ἐν οἰκω θεου ἀναστρεφεσθαι,

5 13 οὐ μονον δε ἀργαι ἀλλα και φλυαροι και περιεργοι, λαλουσαι τα μη δεοντα.

2Tm 2 6 τον κοπιωντα γεωργον δει πρωτον των καρπων μεταλαμβανειν.

δει [101]

2Tm	2 24	δουλον δε κυριου ού δει μαχεσθαι
Tit	1 7	δει γαρ τον έπισκοπον άνεγκλητον είναι ώς θεου οίκονομον,
	11	ματαιολογοι και φρεναπαται, μαλιστα οι έκ της περιτομης, ούς δει έπιστομιζειν,
	11	ούς δει έπιστομιζειν, οίτινες όλους οίκους άνατρεπουσιν διδασκοντες ά μη δει αίσχρου κερδους χαριν.
Heb	2 1	δια τουτο δει περισσοτερως προσεχειν ήμας τοις άκουσθεισιν, μηποτε παραρυωμεν.
	9 26	έπει έδει αύτον πολλακις παθειν άπο καταβολης κοσμου·
	11 6	πιστευσαι γαρ δει τον προσερχομενον τω θεω, ότι έστιν και τοις έκζητουσιν αύτον μισθαποδοτης γινεται.
1Pt	1 6	έν ώ άγαλλιασθε, όλιγον άρτι εί δεον [έστιν] λυπηθεντες έν ποικιλιοις πειρασμοις,
2Pt	3 11	τουτων ούτως παντων λυομενων ποταπους δει ύπαρχειν [ύμας] έν άγιαις άναστροφαις και εύσεβειαις,
Apc	1 1	δειξαι τοις δουλοις αύτου ά δει γενεσθαι έν ταχει,
	4 1	άναβα ώδε, και δειξω σοι ά δει γενεσθαι μετα ταυτα.
	10 11	δει σε παλιν προφητευσαι έπι λαοις και έθνεσιν και γλωσσαις και βασιλευσιν πολλοις.
	11 5	και εί τις θεληση αύτους άδικησαι, ούτως δει αύτον άποκτανθηναι.
	17 10	και όταν έλθη όλιγον αύτον δει μειναι.
	20 3	μετα ταυτα δει λυθηναι αύτον μικρον χρονον.
	22 6	και ό κυριος ό θεος των πνευματων των προφητων άπεστειλεν τον άγγελον αύτου δειξαι τοις δουλοις αύτου ά δει γενεσθαι έν ταχει.

δειγμα [1]

Ju	7	τον όμοιον τροπον τουτοις έκπορνευσασαι και άπελθουσαι όπισω σαρκος έτερας, προκεινται δειγμα πυρος αίωνιου δικην ύπεχουσαι.

δειγματιζω [2]

Mt	1 19	ίωσηφ δε ό άνηρ αύτης, δικαιος ών και μη θελων αύτην δειγματισαι,
Col	2 15	άπεκδυσαμενος τας άρχας και τας έξουσιας έδειγματισεν έν παρρησια, θριαμβευσας αύτους έν αύτω.

δεικνυμι [33]

Mt	4 8	και δεικνυσιν αύτω πασας τας βασιλειας του κοσμου και την δοξαν αύτων,
	8 4	άλλα ύπαγε σεαυτον δειξον τω ίερει και προσενεγκον το δωρον ό προσεταξεν μωυσης,
	16 21	άπο τοτε ήρξατο ό ίησους δεικνυειν τοις μαθηταις αύτου ότι δει αύτον είς ίεροσολυμα άπελθειν και πολλα παθειν άπο των πρεσβυτερων και άρχιερεων και γραμματεων και άποκτανθηναι και τη τριτη ήμερα έγερθηναι.
Mc	1 44	όρα μηδενι μηδεν είπης, άλλα ύπαγε σεαυτον δειξον τω ίερει και προσενεγκε περι του καθαρισμου σου ά προσεταξεν μωυσης,
	14 15	και αύτος ύμιν δειξει άναγαιον μεγα έστρωμενον έτοιμον·
Lc	4 5	και άναγαγων αύτον έδειξεν αύτω πασας τας βασιλειας της οίκουμενης έν στιγμη χρονου.
	5 14	και αύτος παρηγγειλεν αύτω μηδενι είπειν, άλλα άπελθων δειξον σεαυτον τω ίερει,
	20 24	δειξατε μοι δηναριον· τινος έχει είκονα και έπιγραφην;
	22 12	κακεινος ύμιν δειξει άναγαιον μεγα έστρωμενον·
	24 40	και τουτο είπων έδειξεν αύτοις τας χειρας και τους ποδας.
Jh	2 18	τί σημειον δεικνυεις ήμιν, ότι ταυτα ποιεις;
	5 20	ό γαρ πατηρ φιλει τον υίον και παντα δεικνυσιν αύτω ά αύτος ποιει,
	20	και μειζονα τουτων δειξει αύτω έργα, ίνα ύμεις θαυμαζητε.
	10 32	πολλα έργα καλα έδειξα ύμιν έκ του πατρος·
	14 8	κυριε, δειξον ήμιν τον πατερα, και άρκει ήμιν.
	9	πώς συ λεγεις· δειξον ήμιν τον πατερα;
	20 20	και τουτο είπων έδειξεν τας χειρας και την πλευραν αύτοις.
Ac	7 3	έξελθε έκ της γης σου και [έκ] της συγγενειας σου, και δευρο είς την γην ήν άν σοι δειξω.
	10 28	καμοι ό θεος έδειξεν μηδενα κοινον ή άκαθαρτον λεγειν άνθρωπον·
1Co	12 31	και έτι καθ ύπερβολην όδον ύμιν δεικνυμι.
1Tm	6 15	μεχρι της έπιφανειας του κυριου ήμων ίησου χριστου, ήν καιροις ίδιοις δειξει ό μακαριος και μονος δυναστης,
Heb	8 5	ποιησεις παντα κατα τον τυπον τον δειχθεντα σοι έν τω όρει·
Ja	2 18	δειξον μοι την πιστιν σου χωρις των έργων,
	18	καγω σοι δειξω έκ των έργων μου την πιστιν.

δεικνυμι [33]

Ja	3 13	δειξατω έκ της καλης άναστροφης τα έργα αύτου έν πραυτητι σοφιας.
Apc	1 1	δειξαι τοις δουλοις αύτου ά δει γενεσθαι έν ταχει,
	4 1	άναβα ώδε, και δειξω σοι ά δει γενεσθαι μετα ταυτα.
	17 1	δευρο, δειξω σοι το κριμα της πορνης της μεγαλης της καθημενης έπι ύδατων πολλων,
	21 9	δευρο, δειξω σοι την νυμφην την γυναικα του άρνιου.
	10	και έδειξεν μοι την πολιν την άγιαν ίερουσαλημ καταβαινουσαν έκ του ούρανου άπο του θεου,
	22 1	και έδειξεν μοι ποταμον ύδατος ζωης λαμπρον ώς κρυσταλλον,
	6	και ό κυριος ό θεος των πνευματων των προφητων άπεστειλεν τον άγγελον αύτου δειξαι τοις δουλοις αύτου ά δει γενεσθαι έν ταχει.
	8	και ότε ήκουσα και έβλεψα, έπεσα προσκυνησαι έμπροσθεν των ποδων του άγγελου του δεικνυοντος μοι ταυτα.

δειλια [1]

2Tm	1 7	ού γαρ έδωκεν ήμιν ό θεος πνευμα δειλιας, άλλα δυναμεως και άγαπης και σωφρονισμου.

δειλιαω [1]

Jh	14 27	μη ταρασσεσθω ύμων ή καρδια μηδε δειλιατω.

δειλος [3]

Mt	8 26	τί δειλοι έστε, όλιγοπιστοι;
Mc	4 40	και είπεν αύτοις· τί δειλοι έστε;
Apc	21 8	τοις δε δειλοις και άπιστοις και έβδελυγμενοις και φονευσιν και πορνοις και φαρμακοις και είδωλολατραις και πασιν τοις ψευδεσιν το μερος αύτων έν τη λιμνη

δεινα [1]

Mt	26 18	ύπαγετε είς την πολιν προς τον δεινα και είπατε αύτω·

δεινως [2]

Mt	8 6	ό παις μου βεβληται έν τη οίκια παραλυτικος, δεινως βασανιζομενος.
Lc	11 53	κακειθεν έξελθοντος αύτου ήρξαντο οί γραμματεις και οί φαρισαιοι δεινως ένεχειν και άποστοματιζειν αύτον περι πλειονων,

δειπνεω [4]

Lc	17 8	άλλ ούχι έρει αύτω· έτοιμασον τί δειπνησω, και περιζωσαμενος διακονει μοι έως φαγω και πιω, και μετα ταυτα φαγεσαι και πιεσαι συ;
	22 20	και το ποτηριον ώσαυτως μετα το δειπνησαι,
1Co	11 25	ώσαυτως και το ποτηριον μετα το δειπνησαι, λεγων·
Apc	3 20	έαν τις άκουση της φωνης μου και άνοιξη την θυραν, [και] είσελευσομαι προς αύτον και δειπνησω μετ αύτου και αύτος μετ έμου.

δειπνον [16]

Mt	23 6	φιλουσιν δε την πρωτοκλισιαν έν τοις δειπνοις και τας πρωτοκαθεδριας έν ταις συναγωγαις και τους άσπασμους έν ταις άγοραις και καλεισθαι ύπο των άνθρωπων ραββι.
Mc	6 21	και γενομενης ήμερας εύκαιρου ότε ήρωδης τοις γενεσιοις αύτου δειπνον έποιησεν τοις μεγιστασιν αύτου και τοις χιλιαρχοις και τοις πρωτοις της γαλιλαιας,
	12 39	βλεπετε άπο των γραμματεων των θελοντων έν στολαις περιπατειν και άσπασμους έν ταις άγοραις και πρωτοκαθεδριας έν ταις συναγωγαις και πρωτοκλισιας έν τοις δειπνοις·
Lc	14 12	έλεγεν δε και τω κεκληκοτι αύτον· όταν ποιης άριστον ή δειπνον, μη φωνει τους φιλους σου
	16	άνθρωπος τις έποιει δειπνον μεγα, και έκαλεσεν πολλους,
	17	και άπεστειλεν τον δουλον αύτου τη ώρα του δειπνου είπειν τοις κεκλημενοις·
	24	λεγω γαρ ύμιν ότι ούδεις των άνδρων έκεινων των κεκλημενων γευσεται μου του δειπνου.
	20 46	και φιλουντων άσπασμους έν ταις άγοραις και πρωτοκαθεδριας έν ταις συναγωγαις και πρωτοκλισιας έν τοις δειπνοις,

δειπνον [16]

Jh	12 2	ἐποιησαν οὖν αὐτῳ δειπνον ἐκει,
	13 2	καὶ δειπνου γινομενου, τοῦ διαβολου ἤδη βεβληκοτος εἰς τὴν καρδιαν ἵνα παραδοι αὐτον ἰουδας σιμωνος ἰσκαριωτου,
	4	εἰδως ὅτι παντα ἐδωκεν αὐτῳ ὁ πατηρ εἰς τας χειρας, καὶ ὅτι ἀπο θεου ἐξηλθεν καὶ προς τον θεον ὑπαγει, ἐγειρεται ἐκ τοῦ δειπνου καὶ τιθησιν τα ἱματια,
	21 20	ἐπιστραφεις ὁ πετρος βλεπει τον μαθητην ὃν ἠγαπα ὁ ἰησους ἀκολουθουντα, ὃς καὶ ἀνεπεσεν ἐν τῳ δειπνῳ ἐπι το στηθος αὐτου
1Co	11 20	συνερχομενων οὖν ὑμων ἐπι το αὐτο οὐκ ἐστιν κυριακον δειπνον φαγειν·
	21	ἑκαστος γαρ το ἰδιον δειπνον προλαμβανει ἐν τῳ φαγειν,
Apc	19 9	μακαριοι οἱ εἰς το δειπνον του γαμου του ἀρνιου κεκλημενοι.
	17	δευτε συναχθητε εἰς το δειπνον το μεγα του θεου,

δεισιδαιμονια [1]

Ac	25 19	ζητηματα δε τινα περι της ἰδιας δεισιδαιμονιας εἰχον προς αὐτον καὶ περι τινος ἰησου τεθνηκοτος,

δεισιδαιμων [1]

Ac	17 22	ἀνδρες ἀθηναιοι, κατα παντα ὡς δεισιδαιμονεστερους ὑμας θεωρω.

δεκα [24]

Mt	20 24	καὶ ἀκουσαντες οἱ δεκα ἠγανακτησαν περι των δυο ἀδελφων.
	25 1	τοτε ὁμοιωθησεται ἡ βασιλεια των οὐρανων δεκα παρθενοις,
	28	ἀρατε οὖν ἀπ αὐτου το ταλαντον καὶ δοτε τῳ ἐχοντι τα δεκα ταλαντα·
Mc	10 41	καὶ ἀκουσαντες οἱ δεκα ἠρξαντο ἀγανακτειν περι ἰακωβου καὶ ἰωαννου.
Lc	14 31	ἢ τίς βασιλευς πορευομενος ἑτερῳ βασιλει συμβαλειν εἰς πολεμον οὐχι καθισας πρωτον βουλευσεται εἰ δυνατος ἐστιν ἐν δεκα χιλιασιν ὑπαντησαι τῳ μετα εἰκοσι χιλιαδων ἐρχομενῳ ἐπ αὐτον;
	15 8	ἢ τίς γυνη δραχμας ἐχουσα δεκα, ἐαν ἀπολεση δραχμην μιαν, οὐχι ἁπτει λυχνον καὶ σαροι την οἰκιαν καὶ ζητει ἐπιμελως ἑως οὗ εὑρη;
	17 12	καὶ εἰσερχομενου αὐτου εἰς τινα κωμην ἀπηντησαν [αὐτῳ] δεκα λεπροι ἀνδρες,
	17	οὐχ οἱ δεκα ἐκαθαρισθησαν; οἱ δε ἐννεα ποῦ;
	19 13	καλεσας δε δεκα δουλους ἑαυτου ἐδωκεν αὐτοις δεκα μνας,
	13	καλεσας δε δεκα δουλους ἑαυτου ἐδωκεν αὐτοις δεκα μνας,
	16	κυριε, ἡ μνα σου δεκα προσηργασατο μνας.
	17	εὖ γε, ἀγαθε δουλε, ὅτι ἐν ἐλαχιστῳ πιστος ἐγενου, ἰσθι ἐξουσιαν ἐχων ἐπανω δεκα πολεων.
	24	ἀρατε ἀπ αὐτου την μναν καὶ δοτε τῳ τας δεκα μνας ἐχοντι.
	25	καὶ εἰπαν αὐτῳ· κυριε, ἐχει δεκα μνας.
Ac	25 6	διατριψας δε ἐν αὐτοις ἡμερας οὐ πλειους ὀκτω ἢ δεκα, καταβας εἰς καισαρειαν,
Apc	2 10	ἰδου μελλει βαλλειν ὁ διαβολος ἐξ ὑμων εἰς φυλακην ἱνα πειρασθητε, καὶ ἑξετε θλιψιν ἡμερων δεκα.
	12 3	καὶ ἰδου δρακων μεγας πυρρος, ἐχων κεφαλας ἑπτα καὶ κερατα δεκα καὶ ἐπι τας κεφαλας αὐτου ἑπτα διαδηματα,
	13 1	καὶ εἰδον ἐκ της θαλασσης θηριον ἀναβαινον, ἐχον κερατα δεκα καὶ κεφαλας ἑπτα,
	1	καὶ ἐπι των κερατων αὐτου δεκα διαδηματα,
	17 3	καὶ εἰδον γυναικα καθημενην ἐπι θηριον κοκκινον, γεμον[τα] ὀνοματα βλασφημιας, ἐχων κεφαλας ἑπτα καὶ κερατα δεκα.
	7	ἐγω ἐρω σοι το μυστηριον της γυναικος καὶ του θηριου του βασταζοντος αὐτην του ἐχοντος τας ἑπτα κεφαλας καὶ τα δεκα κερατα.
	12	καὶ τα δεκα κερατα ἃ εἰδες δεκα βασιλεις εἰσιν,
	12	καὶ τα δεκα κερατα ἃ εἰδες δεκα βασιλεις εἰσιν,
	16	καὶ τα δεκα κερατα ἃ εἰδες καὶ το θηριον, οὑτοι μισησουσιν την πορνην,

δεκακαιοκτω [1]

Lc	13 16	ταυτην δε θυγατερα ἀβρααμ οὐσαν, ἣν ἐδησεν ὁ σατανας ἰδου δεκακαιοκτω ἐτη, οὐκ ἐδει λυθηναι ἀπο του δεσμου τουτου τῃ ἡμερα του σαββατου;

δεκαοκτω [2]

Lc	13 4	ἢ ἐκεινοι οἱ δεκαοκτω ἐφ οὑς ἐπεσεν ὁ πυργος ἐν τῳ σιλωαμ καὶ ἀπεκτεινεν αὐτους, δοκειτε ὅτι αὐτοι ὀφειλεται ἐγενοντο παρα παντας τους ἀνθρωπους τους κατοικουντας ἱερουσαλημ;
	11	καὶ ἰδου γυνη πνευμα ἐχουσα ἀσθενειας ἐτη δεκαοκτω,

δεκαπεντε [3]

Jh	11 18	ἠν δε ἡ βηθανια ἐγγυς των ἱεροσολυμων ὡς ἀπο σταδιων δεκαπεντε.
Ac	27 28	καὶ βολισαντες εὑρον ὀργυιας εἰκοσι, βραχυ δε διαστησαντες καὶ παλιν βολισαντες εὑρον ὀργυιας δεκαπεντε·
Ga	1 18	ἐπειτα μετα ἐτη τρια ἀνηλθον εἰς ἱεροσολυμα ἱστορησαι κηφαν, καὶ ἐπεμεινα προς αὐτον ἡμερας δεκαπεντε·

δεκαπολις [3]

Mt	4 25	καὶ ἠκολουθησαν αὐτῳ ὀχλοι πολλοι ἀπο της γαλιλαιας καὶ δεκαπολεως καὶ ἱεροσολυμων καὶ ἰουδαιας καὶ περαν του ἰορδανου.
Mc	5 20	καὶ ἀπηλθεν καὶ ἠρξατο κηρυσσειν ἐν τῃ δεκαπολει ὁσα ἐποιησεν αὐτῳ ὁ ἰησους,
	7 31	καὶ παλιν ἐξελθων ἐκ των ὁριων τυρου ἠλθεν δια σιδωνος εἰς την θαλασσαν της γαλιλαιας ἀνα μεσον των ὁριων δεκαπολεως.

δεκατεσσαρες [5]

Mt	1 17	πασαι οὖν αἱ γενεαι ἀπο ἀβρααμ ἑως δαυιδ γενεαι δεκατεσσαρες,
	17	καὶ ἀπο δαυιδ ἑως της μετοικεσιας βαβυλωνος γενεαι δεκατεσσαρες,
	17	καὶ ἀπο της μετοικεσιας βαβυλωνος ἑως του χριστου γενεαι δεκατεσσαρες.
2Co	12 2	οἰδα ἀνθρωπον ἐν χριστῳ προ ἐτων δεκατεσσαρων,
Ga	2 1	ἐπειτα δια δεκατεσσαρων ἐτων παλιν ἀνεβην εἰς ἱεροσολυμα μετα βαρναβα,

δεκατη [4]

Heb	7 2	ᾡ καὶ δεκατην ἀπο παντων ἐμερισεν ἀβρααμ,
	4	θεωρειτε δε πηλικος οὑτος, ᾡ [καὶ] δεκατην ἀβρααμ ἐδωκεν ἐκ των ἀκροθινιων ὁ πατριαρχης.
	8	καὶ ὡδε μεν δεκατας ἀποθνησκοντες ἀνθρωποι λαμβανουσιν,
	9	δι ἀβρααμ καὶ λευι ὁ δεκατας λαμβανων δεδεκατωται·

δεκατος [3]

Jh	1 39	ὡρα ἠν ὡς δεκατη.
Apc	11 13	καὶ ἐν ἐκεινη τῃ ὡρα ἐγενετο σεισμος μεγας, καὶ το δεκατον της πολεως ἐπεσεν,
	21 20	ὁ ἐνατος τοπαζιον, ὁ δεκατος χρυσοπρασος,

δεκατοω [2]

Heb	7 6	ὁ δε μη γενεαλογουμενος ἐξ αὐτων δεδεκατωκεν ἀβρααμ,
	9	δι ἀβρααμ καὶ λευι ὁ δεκατας λαμβανων δεδεκατωται·

δεκτος [5]

Lc	4 19	εὐαγγελισασθαι πτωχοις, ἀπεσταλκεν με, κηρυξαι αἰχμαλωτοις ἀφεσιν καὶ τυφλοις ἀναβλεψιν, ἀποστειλαι τεθραυσμενους ἐν ἀφεσει, κηρυξαι ἐνιαυτον κυριου δεκτον.
	24	ἀμην λεγω ὑμιν ὅτι οὐδεις προφητης δεκτος ἐστιν ἐν τῃ πατριδι αὐτου.
Ac	10 35	ἀλλ ἐν παντι ἐθνει ὁ φοβουμενος αὐτον καὶ ἐργαζομενος δικαιοσυνην δεκτος αὐτῳ ἐστιν·
2Co	6 2	καιρῳ δεκτῳ ἐπηκουσα σου καὶ ἐν ἡμερα σωτηριας ἐβοηθησα σοι·
Php	4 18	πεπληρωμαι δεξαμενος παρα ἐπαφροδιτου τα παρ ὑμων, ὀσμην εὐωδιας, θυσιαν δεκτην, εὐαρεστον τῳ θεῳ.

δελεαζω [3]

Ja	1 14	ἑκαστος δε πειραζεται ὑπο της ἰδιας ἐπιθυμιας ἐξελκομενος καὶ δελεαζομενος·
2Pt	2 14	δελεαζοντες ψυχας ἀστηρικτους, καρδιαν γεγυμνασμενην πλεονεξιας ἐχοντες,

δελεαζω [3]

2Pt 2 18 ὑπερογκα γαρ ματαιοτητος φθεγγομενοι δελεαζουσιν ἐν
ἐπιθυμιαις σαρκος ἀσελγειαις τους ὀλιγως ἀποφευγοντας
τους ἐν πλανῃ ἀναστρεφομενους,

δενδρον [25]

Mt 3 10 ἠδη δε ἡ ἀξινη προς την ῥιζαν των δενδρων κειται·
10 παν οὖν δενδρον μη ποιουν καρπον καλον ἐκκοπτεται και εἰς
πυρ βαλλεται.
7 17 οὑτως παν δενδρον ἀγαθον καρπους καλους ποιει,
17 το δε σαπρον δενδρον καρπους πονηρους ποιει.
18 οὐ δυναται δενδρον ἀγαθον καρπους πονηρους ποιειν,
18 οὐδε δενδρον σαπρον καρπους καλους ποιειν.
19 παν δενδρον μη ποιουν καρπον καλον ἐκκοπτεται και εἰς πυρ
βαλλεται.
12 33 ἡ ποιησατε το δενδρον καλον και τον καρπον αὐτου καλον,
33 ἡ ποιησατε το δενδρον σαπρον και τον καρπον αὐτου
σαπρον·
33 ἐκ γαρ του καρπου το δενδρον γινωσκεται.
13 32 ὁταν δε αὐξηθῃ, μειζον των λαχανων ἐστιν και γινεται
δενδρον,
21 8 ἀλλοι δε ἐκοπτον κλαδους ἀπο των δενδρων και ἐστρωννυον
ἐν τῃ ὁδῳ.
Mc 8 24 βλεπω τους ἀνθρωπους, ὁτι ὡς δενδρα ὁρω περιπατουντας.
Lc 3 9 ἠδη δε και ἡ ἀξινη προς την ῥιζαν των δενδρων κειται·
9 παν οὖν δενδρον μη ποιουν καρπον καλον ἐκκοπτεται και εἰς
πυρ βαλλεται.
6 43 οὐ γαρ ἐστιν δενδρον καλον ποιουν καρπον σαπρον, οὐδε
παλιν δενδρον σαπρον ποιουν καρπον καλον.
43 οὐ γαρ ἐστιν δενδρον καλον ποιουν καρπον σαπρον, οὐδε
παλιν δενδρον σαπρον ποιουν καρπον καλον.
44 ἑκαστον γαρ δενδρον ἐκ του ἰδιου καρπου γινωσκεται·
13 19 και ηὐξησεν και ἐγενετο εἰς δενδρον, και τα πετεινα του
οὐρανου κατεσκηνωσεν ἐν τοις κλαδοις αὐτου.
21 29 ἰδετε την συκην και παντα τα δενδρα·
Ju 12 δενδρα φθινοπωρινα ἀκαρπα δις ἀποθανοντα ἐκριζωθεντα,
Apc 7 1 κρατουντας τους τεσσαρας ἀνεμους της γης, ἱνα μη πνεῃ
ἀνεμος ἐπι της γης μητε ἐπι της θαλασσης μητε ἐπι παν
δενδρον.
3 μη ἀδικησητε την γην μητε την θαλασσαν μητε τα δενδρα,
8 7 και το τριτον των δενδρων κατεκαη,
9 4 και ἐρρεθη αὐταις ἱνα μη ἀδικησουσιν τον χορτον της γης
οὐδε παν χλωρον οὐδε παν δενδρον,

δεξιολαβος [1]

Ac 23 23 ἑτοιμασατε στρατιωτας διακοσιους ὁπως πορευθωσιν ἑως
καισαρειας, και ἱππεις ἑβδομηκοντα και δεξιολαβους
διακοσιους, ἀπο τριτης ὡρας της νυκτος,

δεξιος [54]

Mt 5 29 εἰ δε ὁ ὀφθαλμος σου ὁ δεξιος σκανδαλιζει σε, ἐξελε αὐτον
και βαλε ἀπο σου·
30 και εἰ ἡ δεξια σου χειρ σκανδαλιζει σε, ἐκκοψον αὐτην και
βαλε ἀπο σου·
39 ἐγω δε λεγω ὑμιν μη ἀντιστηναι τῳ πονηρῳ· ἀλλ ὁστις σε
ῥαπιζει εἰς την δεξιαν σιαγονα [σου],
6 3 σου δε ποιουντος ἐλεημοσυνην μη γνωτω ἡ ἀριστερα σου τι
ποιει ἡ δεξια σου,
20 21 εἰπε ἱνα καθισωσιν οὑτοι οἱ δυο υἱοι μου εἱς ἐκ δεξιων σου
και εἱς ἐξ εὐωνυμων σου ἐν τῃ βασιλεια σου.
23 το μεν ποτηριον μου πιεσθε, το δε καθισαι ἐκ δεξιων μου και
ἐξ εὐωνυμων οὐκ ἐστιν ἐμον [τουτο] δουναι,
22 44 πως οὖν δαυιδ ἐν πνευματι καλει αὐτον κυριον λεγων· εἰπεν
κυριος τῳ κυριῳ μου· καθου ἐκ δεξιων μου ἑως ἀν θω τους
ἐχθρους σου ὑποκατω των ποδων σου;
25 33 και στησει τα μεν προβατα ἐκ δεξιων αὐτου, τα δε ἐριφια ἐξ
εὐωνυμων.
34 τοτε ἐρει ὁ βασιλευς τοις ἐκ δεξιων αὐτου· δευτε οἱ
εὐλογημενοι του πατρος μου, κληρονομησατε την
ἡτοιμασμενην ὑμιν βασιλειαν ἀπο καταβολης κοσμου.
26 64 ἀπ ἀρτι ὀψεσθε τον υἱον του ἀνθρωπου καθημενον ἐκ δεξιων
της δυναμεως και ἐρχομενον ἐπι των νεφελων του οὐρανου.
27 29 και πλεξαντες στεφανον ἐξ ἀκανθων ἐπεθηκαν ἐπι της
κεφαλης αὐτου και καλαμον ἐν τῃ δεξια αὐτου,
38 τοτε σταυρουνται συν αὐτῳ δυο λησται, εἱς ἐκ δεξιων και εἱς
ἐξ εὐωνυμων.

δεξιος [54]

Mc 10 37 δος ἡμιν ἱνα εἱς σου ἐκ δεξιων· και εἱς ἐξ ἀριστερων
καθισωμεν ἐν τῃ δοξῃ σου.
40 το δε καθισαι ἐκ δεξιων μου ἡ ἐξ εὐωνυμων οὐκ ἐστιν ἐμον
δουναι, ἀλλ οἱς ἡτοιμασται.
12 36 εἰπεν κυριος τῳ κυριῳ μου· καθου ἐκ δεξιων μου ἑως ἀν θω
τους ἐχθρους σου ὑποκατω των ποδων σου.
14 62 και ὀψεσθε τον υἱον του ἀνθρωπου ἐκ δεξιων καθημενον της
δυναμεως και ἐρχομενον μετα των νεφελων του οὐρανου.
15 27 και συν αὐτῳ σταυρουσιν δυο ληστας, ἑνα ἐκ δεξιων και ἑνα
ἐξ εὐωνυμων αὐτου.
16 5 και εἰσελθουσαι εἰς το μνημειον εἰδον νεανισκον καθημενον
ἐν τοις δεξιοις περιβεβλημενον στολην λευκην,
19 ὁ μεν οὖν κυριος ἰησους μετα το λαλησαι αὐτοις ἀνελημφθη
εἰς τον οὐρανον και ἐκαθισεν ἐκ δεξιων του θεου.
Lc 1 11 ὡφθη δε αὐτῳ ἀγγελος κυριου ἑστως ἐκ δεξιων του
θυσιαστηριου του θυμιαματος.
6 6 και ἡν ἀνθρωπος ἐκει και ἡ χειρ αὐτου ἡ δεξια ἡν ξηρα·
20 42 καθου ἐκ δεξιων μου ἑως ἀν θω τους ἐχθρους σου ὑποποδιον
των ποδων σου.
22 50 και ἐπαταξεν εἱς τις ἐξ αὐτων του ἀρχιερεως τον δουλον και
ἀφειλεν το οὐς αὐτου το δεξιον.
69 ἀπο του νυν δε ἐσται ὁ υἱος του ἀνθρωπου καθημενος ἐκ
δεξιων της δυναμεως του θεου.
23 33 ἐκει ἐσταυρωσαν αὐτον και τους κακουργους, ὁν μεν ἐκ
δεξιων ὁν δε ἐξ ἀριστερων.
Jh 18 10 σιμων οὖν πετρος ἐχων μαχαιραν εἱλκυσεν αὐτην και ἐπαισεν
τον του ἀρχιερεως δουλον και ἀπεκοψεν αὐτου το ὠταριον
το δεξιον·
21 6 βαλετε εἰς τα δεξια μερη του πλοιου το δικτυον, και εὑρησετε.
Ac 2 25 προορωμην τον κυριον ἐνωπιον μου δια παντος, ὁτι ἐκ δεξιων
μου ἐστιν, ἱνα μη σαλευθω.
33 τῃ δεξια οὖν του θεου ὑψωθεις την τε ἐπαγγελιαν του
πνευματος του ἁγιου λαβων παρα του πατρος ἐξεχεεν τουτο ὁ
ὑμεις [και] βλεπετε και ἀκουετε.
34 εἰπεν [ὁ] κυριος τῳ κυριῳ μου· καθου ἐκ δεξιων μου, ἑως ἀν
θω τους ἐχθρους σου ὑποποδιον των ποδων σου.
3 7 και πιασας αὐτον της δεξιας χειρος ἠγειρεν αὐτον·
5 31 τουτον ὁ θεος ἀρχηγον και σωτηρα ὑψωσεν τῃ δεξια αὐτου
[του] δουναι μετανοιαν τῳ ἰσραηλ και ἀφεσιν ἁμαρτιων.
7 55 ὑπαρχων δε πληρης πνευματος ἁγιου ἀτενισας εἰς τον
οὐρανον εἰδεν δοξαν θεου και ἰησουν ἑστωτα ἐκ δεξιων του
θεου,
56 ἰδου θεωρω τους οὐρανους διηνοιγμενους και τον υἱον του
ἀνθρωπου ἐκ δεξιων ἑστωτα του θεου.
Rm 8 34 χριστος [ἰησους] ὁ ἀποθανων, μαλλον δε ἐγερθεις, ὁς και
ἐστιν ἐν δεξια του θεου,
2Co 6 7 δια των ὁπλων της δικαιοσυνης των δεξιων και ἀριστερων,
Ga 2 9 ἰακωβος και κηφας και ἰωαννης, οἱ δοκουντες στυλοι εἰναι,
δεξιας ἐδωκαν ἐμοι και βαρναβα κοινωνιας,
Eph 1 20 ἡν ἐνηργησεν ἐν τῳ χριστῳ ἐγειρας αὐτον ἐκ νεκρων, και
καθισας ἐν δεξια αὐτου ἐν τοις ἐπουρανιοις
Col 3 1 τα ἀνω ζητειτε, οὑ ὁ χριστος ἐστιν ἐν δεξια του θεου
καθημενος·
Heb 1 3 καθαρισμον των ἁμαρτιων ποιησαμενος ἐκαθισεν ἐν δεξια
της μεγαλωσυνης ἐν ὑψηλοις,
13 καθου ἐκ δεξιων μου ἑως ἀν θω τους ἐχθρους σου ὑποποδιον
των ποδων σου;
8 1 τοιουτον ἐχομεν ἀρχιερεα, ὁς ἐκαθισεν ἐν δεξια του θρονου
της μεγαλωσυνης ἐν τοις οὐρανοις,
10 12 οὑτος δε μιαν ὑπερ ἁμαρτιων προσενεγκας θυσιαν εἰς το
διηνεκες ἐκαθισεν ἐν δεξια του θεου,
12 2 ἐν δεξια τε του θρονου του θεου κεκαθικεν.
1Pt 3 22 δι ἀναστασεως ἰησου χριστου, ὁς ἐστιν ἐν δεξια [του] θεου,
Apc 1 16 και ἐχων ἐν τῃ δεξια χειρι αὐτου ἀστερας ἑπτα,
17 και ἐθηκεν την δεξιαν αὐτου ἐπ ἐμε λεγων·
20 το μυστηριον των ἑπτα ἀστερων οὑς εἰδες ἐπι της δεξιας μου,
2 1 ταδε λεγει ὁ κρατων τους ἑπτα ἀστερας ἐν τῃ δεξια αὐτου,
5 1 και εἰδον ἐπι την δεξιαν του καθημενου ἐπι του θρονου
βιβλιον γεγραμμενον ἐσωθεν και ὀπισθεν,
7 και ἡλθεν και εἱληφεν ἐκ της δεξιας του καθημενου ἐπι του
θρονου.
10 2 και ἐθηκεν τον ποδα αὐτου τον δεξιον ἐπι της θαλασσης,
5 και ὁ ἀγγελος, ὁν εἰδον ἑστωτα ἐπι της θαλασσης και ἐπι της
γης, ἡρεν την χειρα αὐτου την δεξιαν εἰς τον οὐρανον.
13 16 ἱνα δωσιν αὐτοις χαραγμα ἐπι της χειρος αὐτων της δεξιας ἡ
ἐπι το μετωπον αὐτων,

δεομαι [22]

Mt	9 38	δεηθητε ουν του κυριου του θερισμου οπως εκβαλη εργατας εις τον θερισμον αυτου.
Lc	5 12	ιδων δε τον ιησουν, πεσων επι προσωπον *εδεηθη* αυτου λεγων·
	8 28	*δεομαι* σου, μη με βασανισης.
	38	*εδειτο* δε αυτου ο ανηρ αφ ου εξεληλυθει τα δαιμονια ειναι συν αυτω·
	9 38	διδασκαλε, *δεομαι* σου επιβλεψαι επι τον υιον μου,
	40	και *εδεηθην* των μαθητων σου ινα εκβαλωσιν αυτο, και ουκ ηδυνηθησαν.
	10 2	*δεηθητε* ουν του κυριου του θερισμου οπως εργατας εκβαλη εις τον θερισμον αυτου.
	21 36	αγρυπνειτε δε εν παντι καιρω *δεομενοι* ινα κατισχυσητε εκφυγειν ταυτα παντα τα μελλοντα γινεσθαι,
	22 32	εγω δε *εδεηθην* περι σου ινα μη εκλιπη η πιστις σου·
Ac	4 31	και *δεηθεντων* αυτων εσαλευθη ο τοπος εν ω ησαν συνηγμενοι,
	8 22	και *δεηθητι* του κυριου ει αρα αφεθησεται σοι η επινοια της καρδιας σου·
	24	*δεηθητε* υμεις υπερ εμου προς τον κυριον, οπως μηδεν επελθη επ εμε ων ειρηκατε.
	34	*δεομαι* σου, περι τινος ο προφητης λεγει τουτο;
	10 2	ποιων ελεημοσυνας πολλας τω λαω και *δεομενος* του θεου δια παντος,
	21 39	*δεομαι* δε σου, επιτρεψον μοι λαλησαι προς τον λαον.
	26 3	διο *δεομαι* μακροθυμως ακουσαι μου.
Rm	1 10	ως αδιαλειπτως μνειαν υμων ποιουμαι παντοτε επι των προσευχων μου, *δεομενος* ει πως ηδη ποτε ευοδωθησομαι εν τω θεληματι του θεου ελθειν προς υμας.
2Co	5 20	*δεομεθα* υπερ χριστου, καταλλαγητε τω θεω.
	8 4	αυθαιρετοι μετα πολλης παρακλησεως *δεομενοι* ημων την χαριν και την κοινωνιαν της διακονιας της εις τους αγιους,
	10 2	*δεομαι* δε το μη παρων θαρρησαι τη πεποιθησει η λογιζομαι τολμησαι επι τινας τους λογιζομενους ημας ως κατα σαρκα περιπατουντας.
Ga	4 12	γινεσθε ως εγω, οτι καγω ως υμεις, αδελφοι, *δεομαι* υμων.
1Th	3 10	νυκτος και ημερας υπερεκπερισσου *δεομενοι* εις το ιδειν υμων το προσωπον και καταρτισαι τα υστερηματα της πιστεως υμων;

δεος [1]

Heb	12 28	δι ης λατρευωμεν ευαρεστως τω θεω, μετα ευλαβειας και *δεους*·

δερβαιος [1]

Ac	20 4	συνειπετο δε αυτω σωπατρος πυρρου βεροιαιος, θεσσαλονικεων δε αρισταρχος και σεκουνδος, και γαιος *δερβαιος* και τιμοθεος, ασιανοι δε τυχικος και τροφιμος.

δερβη [3]

Ac	14 6	συνιδοντες κατεφυγον εις τας πολεις της λυκαονιας λυστραν και *δερβην* και την περιχωρον·
	20	και τη επαυριον εξηλθεν συν τω βαρναβα εις *δερβην*.
	16 1	κατηντησεν δε [και] εις *δερβην* και εις λυστραν.

δερμα [1]

Heb	11 37	περιηλθον εν μηλωταις, εν αιγειοις *δερμασιν*, υστερουμενοι, θλιβομενοι, κακουχουμενοι,

δερματινος [2]

Mt	3 4	αυτος δε ο ιωαννης ειχεν το ενδυμα αυτου απο τριχων καμηλου και ζωνην *δερματινην* περι την οσφυν αυτου·
Mc	1 6	και ην ο ιωαννης ενδεδυμενος τριχας καμηλου και ζωνην *δερματινην* περι την οσφυν αυτου,

δερω [15]

Mt	21 35	και λαβοντες οι γεωργοι τους δουλους αυτου ον μεν *εδειραν*, ον δε απεκτειναν, ον δε ελιθοβολησαν.
Mc	12 3	και λαβοντες αυτον *εδειραν* και απεστειλαν κενον.
	5	και αλλον απεστειλεν· κακεινον απεκτειναν, και πολλους αλλους, ους μεν *δεροντες*, ους δε αποκτεννοντες.

δερω [15]

Mc	13 9	παραδωσουσιν υμας εις συνεδρια και εις συναγωγας *δαρησεσθε* και επι ηγεμονων και βασιλεων σταθησεσθε ενεκεν εμου, εις μαρτυριον αυτοις.
Lc	12 47	εκεινος δε ο δουλος ο γνους το θελημα του κυριου αυτου και μη ετοιμασας η ποιησας προς το θελημα αυτου *δαρησεται* πολλας·
	48	ο δε μη γνους, ποιησας δε αξια πληγων, *δαρησεται* ολιγας.
	20 10	οι δε γεωργοι εξαπεστειλαν αυτον *δειραντες* κενον.
	11	οι δε κακεινον *δειραντες* και ατιμασαντες εξαπεστειλαν κενον.
	22 63	και οι ανδρες οι συνεχοντες αυτον ενεπαιζον αυτω *δεροντες*,
Jh	18 23	ει κακως ελαλησα, μαρτυρησον περι του κακου· ει δε καλως, τι με *δερεις*;
Ac	5 40	επεισθησαν δε αυτω, και προσκαλεσαμενοι τους αποστολους *δειραντες* παρηγγειλαν μη λαλειν επι τω ονοματι του ιησου και απελυσαν.
	16 37	*δειραντες* ημας δημοσια ακατακριτους,
	22 19	καγω ειπον· κυριε, αυτοι επιστανται οτι εγω ημην φυλακιζων και *δερων* κατα τας συναγωγας τους πιστευοντας επι σε·
1Co	9 26	εγω τοινυν ουτως τρεχω ως ουκ αδηλως, ουτως πυκτευω ως ουκ αερα *δερων*·
2Co	11 20	ανεχεσθε γαρ ει τις υμας καταδουλοι, ει τις κατεσθιει, ει τις λαμβανει, ει τις επαιρεται, ει τις εις προσωπον υμας *δερει*.

δεσμευω [3]

Mt	23 4	*δεσμευουσιν* δε φορτια βαρεα [και δυσβαστακτα] και επιτιθεασιν επι τους ωμους των ανθρωπων,
Lc	8 29	πολλοις γαρ χρονοις συνηρπακει αυτον, και *εδεσμευετο* αλυσεσιν και πεδαις φυλασσομενος,
Ac	22 4	ος ταυτην την οδον εδιωξα αχρι θανατου, *δεσμευων* και παραδιδους εις φυλακας ανδρας τε και γυναικας,

δεσμη [1]

Mt	13 30	συλλεξατε πρωτον τα ζιζανια και δησατε αυτα εις *δεσμας* προς το κατακαυσαι αυτα,

δεσμιος [16]

Mt	27 15	κατα δε εορτην ειωθει ο ηγεμων απολυειν ενα τω οχλω *δεσμιον* ον ηθελον.
	16	ειχον δε τοτε *δεσμιον* επισημον λεγομενον [ιησουν] βαραββαν.
Mc	15 6	κατα δε εορτην απελυεν αυτοις ενα *δεσμιον* ον παρητουντο.
Ac	16 25	κατα δε το μεσονυκτιον παυλος και σιλας προσευχομενοι υμνουν τον θεον, επηκροωντο δε αυτων οι *δεσμιοι*·
	27	σπασαμενος [την] μαχαιραν ημελλεν εαυτον αναιρειν, νομιζων εκπεφευγεναι τους *δεσμιους*.
	23 18	ο *δεσμιος* παυλος προσκαλεσαμενος με ηρωτησεν τουτον τον νεανισκον αγαγειν προς σε,
	25 14	ανηρ τις εστιν καταλελειμμενος υπο φηλικος *δεσμιος*, περι ου γενομενου μου εις ιεροσολυμα ενεφανισαν οι αρχιερεις και οι πρεσβυτεροι των ιουδαιων,
	27	αλογον γαρ μοι δοκει πεμποντα *δεσμιον* μη και τας κατ αυτου αιτιας σημαναι.
	28 17	*δεσμιος* εξ ιεροσολυμων παρεδοθην εις τας χειρας των ρωμαιων,
Eph	3 1	τουτου χαριν εγω παυλος ο *δεσμιος* του χριστου [ιησου] υπερ υμων των εθνων ει γε ηκουσατε την οικονομιαν της χαριτος του θεου της δοθεισης μοι εις υμας,
	4 1	παρακαλω ουν υμας εγω ο *δεσμιος* εν κυριω αξιως περιπατησαι της κλησεως ης εκληθητε,
2Tm	1 8	μη ουν επαισχυνθης το μαρτυριον του κυριου ημων μηδε εμε τον *δεσμιον* αυτου,
Phm	1	παυλος *δεσμιος* χριστου ιησου και τιμοθεος ο αδελφος φιλημονι τω αγαπητω και συνεργω ημων
	9	τοιουτος ων ως παυλος πρεσβυτης, νυνι δε και *δεσμιος* χριστου ιησου·
Heb	10 34	και γαρ τοις *δεσμιοις* συνεπαθησατε,
	13 3	μιμνησκεσθε των *δεσμιων* ως συνδεδεμενοι, των κακουχουμενων ως και αυτοι οντες εν σωματι.

δεσμος [18]

Mc	7 35	και ελυθη ο *δεσμος* της γλωσσης αυτου, και ελαλει ορθως.
Lc	8 29	και διαρρησσων τα *δεσμα* ηλαυνετο υπο του δαιμονιου εις τας ερημους.

δεσμος [18]

Lc 13 16 ταυτην δε θυγατερα ἀβρααμ οὐσαν, ἣν ἐδησεν ὁ σατανας ἰδου δεκακαιοκτω ἐτη, οὐκ ἐδει λυθηναι ἀπο του δεσμου τουτου τη ἡμερα του σαββατου;

Ac 16 26 ἠνεωχθησαν δε παραχρημα αἱ θυραι πασαι, και παντων τα δεσμα ἀνεθη.

20 23 τα ἐν αὐτη συναντησοντα μοι μη εἰδως, πλην ὅτι το πνευμα το ἁγιον κατα πολιν διαμαρτυρεται μοι λεγον ὅτι δεσμα και θλιψεις με μενουσιν.

23 29 ὃν εὑρον ἐγκαλουμενον περι ζητηματων του νομου αὐτων, μηδεν δε ἀξιον θανατου ἢ δεσμων ἐχοντα ἐγκλημα.

26 29 εὐξαιμην ἂν τω θεω και ἐν ὀλιγω και ἐν μεγαλω οὐ μονον σε ἀλλα και παντας τους ἀκουοντας μου σημερον γενεσθαι τοιουτους ὁποιος και ἐγω εἰμι, παρεκτος των δεσμων τουτων.

31 και ἀναχωρησαντες ἐλαλουν προς ἀλληλους λεγοντες ὅτι οὐδεν θανατου ἢ δεσμων ἀξιον [τι] πρασσει ὁ ἀνθρωπος οὗτος.

Php 1 7 δια το ἐχειν με ἐν τη καρδια ὑμας, ἐν τε τοις δεσμοις μου

13 ὡστε τους δεσμους μου φανερους ἐν χριστω γενεσθαι ἐν ὁλω τω πραιτωριω και τοις λοιποις πασιν,

14 και τους πλειονας των ἀδελφων ἐν κυριω πεποιθοτας τοις δεσμοις μου περισσοτερως τολμαν ἀφοβως τον λογον λαλειν.

17 οἱ δε ἐξ ἐριθειας τον χριστον καταγγελλουσιν, οὐχ ἁγνως, οἰομενοι θλιψιν ἐγειρειν τοις δεσμοις μου.

Col 4 18 μνημονευετε μου των δεσμων.

2Tm 2 9 κατα το εὐαγγελιον μου· ἐν ᾧ κακοπαθω μεχρι δεσμων ὡς κακουργος,

Phm 10 παρακαλω σε περι του ἐμου τεκνου, ὃν ἐγεννησα ἐν τοις δεσμοις,

13 ὃν ἐγω ἐβουλομην προς ἐμαυτον κατεχειν, ἱνα ὑπερ σου μοι διακονη ἐν τοις δεσμοις του εὐαγγελιου,

Heb 11 36 ἑτεροι δε ἐμπαιγμων και μαστιγων πειραν ἐλαβον, ἐτι δε δεσμων και φυλακης·

Ju 6 ἀγγελους τε τους μη τηρησαντας την ἑαυτων ἀρχην ἀλλα ἀπολιποντας το ἰδιον οἰκητηριον εἰς κρισιν μεγαλης ἡμερας δεσμοις ἀιδιοις ὑπο ζοφον τετηρηκεν·

δεσμοφυλαξ [3]

Ac 16 23 πολλας τε ἐπιθεντες αὐτοις πληγας ἐβαλον εἰς φυλακην, παραγγειλαντες τω δεσμοφυλακι ἀσφαλως τηρειν αὐτους·

27 ἐξυπνος δε γενομενος ὁ δεσμοφυλαξ και ἰδων ἀνεωγμενας τας θυρας της φυλακης, σπασαμενος [την] μαχαιραν ἠμελλεν ἑαυτον ἀναιρειν,

36 ἀπηγγειλεν δε ὁ δεσμοφυλαξ τους λογους [τουτους] προς τον παυλον,

δεσμωτηριον [4]

Mt 11 2 ὁ δε ἰωαννης ἀκουσας ἐν τω δεσμωτηριω τα ἐργα του χριστου, πεμψας δια των μαθητων αὐτου εἰπεν αὐτω·

Ac 5 21 παραγενομενος δε ὁ ἀρχιερευς και οἱ συν αὐτω συνεκαλεσαν το συνεδριον και πασαν την γερουσιαν των υἱων ἰσραηλ, και ἀπεστειλαν εἰς το δεσμωτηριον ἀχθηναι αὐτους.

23 ἀναστρεψαντες δε ἀπηγγειλαν λεγοντες ὅτι το δεσμωτηριον εὑρομεν κεκλεισμενον ἐν παση ἀσφαλεια και τους φυλακας ἑστωτας ἐπι των θυρων, ἀνοιξαντες δε ἐσω οὐδενα εὑρομεν.

16 26 ἀφνω δε σεισμος ἐγενετο μεγας, ὡστε σαλευθηναι τα θεμελια του δεσμωτηριου·

δεσμωτης [2]

Ac 27 1 ὡς δε ἐκριθη του ἀποπλειν ἡμας εἰς την ἰταλιαν, παρεδιδουν τον τε παυλον και τινας ἑτερους δεσμωτας ἑκατονταρχη ὀνοματι ἰουλιω σπειρης σεβαστης·

42 των δε στρατιωτων βουλη ἐγενετο ἱνα τους δεσμωτας ἀποκτεινωσιν, μη τις ἐκκολυμβησας διαφυγη·

δεσποτης [10]

Lc 2 29 νυν ἀπολυεις τον δουλον σου, δεσποτα, κατα το ῥημα σου ἐν εἰρηνη·

Ac 4 24 δεσποτα, συ ὁ ποιησας τον οὐρανον και την γην και την θαλασσαν και παντα τα ἐν αὐτοις,

1Tm 6 1 ὁσοι εἰσιν ὑπο ζυγον δουλοι, τους ἰδιους δεσποτας πασης τιμης ἀξιους ἡγεισθωσαν,

2 οἱ δε πιστους ἐχοντες δεσποτας μη καταφρονειτωσαν,

2Tm 2 21 ἐσται σκευος εἰς τιμην, ἡγιασμενον, εὐχρηστον τω δεσποτη, εἰς παν ἐργον ἀγαθον ἡτοιμασμενον.

Tit 2 9 δουλους ἰδιοις δεσποταις ὑποτασσεσθαι ἐν πασιν,

δεσποτης [10]

1Pt 2 18 οἱ οἰκεται, ὑποτασσομενοι ἐν παντι φοβω τοις δεσποταις,

2Pt 2 1 οἱτινες παρεισαξουσιν αἱρεσεις ἀπωλειας, και τον ἀγορασαντα αὐτους δεσποτην ἀρνουμενοι,

Ju 4 ἀσεβεις, την του θεου ἡμων χαριτα μετατιθεντες εἰς ἀσελγειαν και τον μονον δεσποτην και κυριον ἡμων ἰησουν χριστον ἀρνουμενοι.

Apc 6 10 ἑως ποτε, ὁ δεσποτης ὁ ἁγιος και ἀληθινος, οὐ κρινεις και ἐκδικεις το αἱμα ἡμων ἐκ των κατοικουντων ἐπι της γης;

δευρο [9]

Mt 19 21 και ἑξεις θησαυρον ἐν οὐρανοις, και δευρο ἀκολουθει μοι.

Mc 10 21 και ἑξεις θησαυρον ἐν οὐρανω, και δευρο ἀκολουθει μοι.

Lc 18 22 και ἑξεις θησαυρον ἐν [τοις] οὐρανοις, και δευρο ἀκολουθει μοι.

Jh 11 43 και ταυτα εἰπων φωνη μεγαλη ἐκραυγασεν· λαζαρε, δευρο ἐξω.

Ac 7 3 ἐξελθε ἐκ της γης σου και [ἐκ] της συγγενειας σου, και δευρο εἰς την γην ἣν ἂν σοι δειξω.

34 και νυν δευρο ἀποστειλω σε εἰς αἰγυπτον.

Rm 1 13 οὐ θελω δε ὑμας ἀγνοειν, ἀδελφοι, ὁτι πολλακις προεθεμην ἐλθειν προς ὑμας, και ἐκωλυθην ἀχρι του δευρο,

Apc 17 1 δευρο, δειξω σοι το κριμα της πορνης της μεγαλης της καθημενης ἐπι ὑδατων πολλων,

21 9 δευρο, δειξω σοι την νυμφην την γυναικα του ἀρνιου.

δευτε [12]

Mt 4 19 δευτε ὀπισω μου, και ποιησω ὑμας ἁλιεις ἀνθρωπων.

11 28 δευτε προς με παντες οἱ κοπιωντες και πεφορτισμενοι, καγω ἀναπαυσω ὑμας.

21 38 οὑτος ἐστιν ὁ κληρονομος· δευτε ἀποκτεινωμεν αὐτον και σχωμεν την κληρονομιαν αὐτου·

22 4 οἱ ταυροι μου και τα σιτιστα τεθυμενα, και παντα ἑτοιμα· δευτε εἰς τους γαμους.

25 34 δευτε οἱ εὐλογημενοι του πατρος μου, κληρονομησατε την ἡτοιμασμενην ὑμιν βασιλειαν ἀπο καταβολης κοσμου.

28 6 δευτε ἰδετε τον τοπον ὁπου ἐκειτο.

Mc 1 17 δευτε ὀπισω μου, και ποιησω ὑμας γενεσθαι ἁλιεις ἀνθρωπων.

6 31 δευτε ὑμεις αὐτοι κατ ἰδιαν εἰς ἐρημον τοπον και ἀναπαυσασθε ὀλιγον.

12 7 ἐκεινοι δε οἱ γεωργοι προς ἑαυτους εἰπαν ὁτι οὑτος ἐστιν ὁ κληρονομος· δευτε ἀποκτεινωμεν αὐτον, και ἡμων ἐσται ἡ κληρονομια.

Jh 4 29 δευτε ἰδετε ἀνθρωπον ὁς εἰπεν μοι παντα ὁσα ἐποιησα·

21 12 λεγει αὐτοις ὁ ἰησους· δευτε ἀριστησατε.

Apc 19 17 δευτε συναχθητε εἰς το δειπνον το μεγα του θεου,

δευτεραιος [1]

Ac 28 13 και μετα μιαν ἡμεραν ἐπιγενομενου νοτου δευτεραιοι ἠλθομεν εἰς ποτιολους,

δευτερος [43]

Mt 22 26 και μη ἐχων σπερμα ἀφηκεν την γυναικα αὐτου τω ἀδελφω αὐτου· ὁμοιως και ὁ δευτερος και ὁ τριτος, ἑως των ἑπτα.

39 δευτερα δε ὁμοια αὐτη· ἀγαπησεις τον πλησιον σου ὡς σεαυτον.

26 42 παλιν ἐκ δευτερου ἀπελθων προσηυξατο λεγων·

Mc 12 21 και ἀποθνησκων οὐκ ἀφηκεν σπερμα· και ὁ δευτερος ἐλαβεν αὐτην,

31 δευτερα αὐτη· ἀγαπησεις τον πλησιον σου ὡς σεαυτον.

14 72 και εὐθυς ἐκ δευτερου ἀλεκτωρ ἐφωνησεν.

Lc 12 38 καν ἐν τη δευτερα καν ἐν τη τριτη φυλακη ἐλθη και εὑρη οὑτως, μακαριοι εἰσιν ἐκεινοι.

19 18 και ἠλθεν ὁ δευτερος λεγων·

20 30 και ὁ δευτερος και ὁ τριτος ἐλαβεν αὐτην, ὡσαυτως δε και οἱ ἑπτα οὐ κατελιπον τεκνα και ἀπεθανον.

Jh 3 4 μη δυναται εἰς την κοιλιαν της μητρος αὐτου δευτερον εἰσελθειν και γεννηθηναι;

4 54 τουτο [δε] παλιν δευτερον σημειον ἐποιησεν ὁ ἰησους ἐλθων ἐκ της ἰουδαιας εἰς την γαλιλαιαν.

9 24 ἐφωνησαν οὐν τον ἀνθρωπον ἐκ δευτερου ὁς ἠν τυφλος,

21 16 λεγει αὐτω παλιν δευτερον· σιμων ἰωαννου, ἀγαπας με;

Ac 7 13 και ἐν τω δευτερω ἀνεγνωρισθη ἰωσηφ τοις ἀδελφοις αὐτου,

10 15 και φωνη παλιν ἐκ δευτερου προς αὐτον· ἁ ὁ θεος ἐκαθαρισεν συ μη κοινου.

δευτερος [43]

Ac	11 9	ἀπεκριθη δε φωνη ἐκ δευτερου ἐκ του οὐρανου· ἁ ὁ θεος ἐκαθαρισεν συ μη κοινου.
	12 10	διελθοντες δε πρωτην φυλακην και δευτεραν ἠλθαν ἐπι την πυλην την σιδηραν την φερουσαν εἰς την πολιν,
	13 33	ὡς και ἐν τω ψαλμω γεγραπται τω δευτερω· υἱος μου εἰ συ, ἐγω σημερον γεγεννηκα σε.
1Co	12 28	και οὓς μεν ἐθετο ὁ θεος ἐν τη ἐκκλησια πρωτων ἀποστολους, δευτερον προφητας, τριτον διδασκαλους,
	15 47	ὁ πρωτος ἀνθρωπος ἐκ γης χοικος, ὁ δευτερος ἀνθρωπος ἐξ οὐρανου.
2Co	1 15	και ταυτη τη πεποιθησει ἐβουλομην προτερον προς ὑμας ἐλθειν ἱνα δευτεραν χαριν σχητε,
	13 2	προειρηκα και προλεγω, ὡς παρων το δευτερον και ἀπων νυν, τοις προημαρτηκοσιν και τοις λοιποις πασιν,
Tit	3 10	αἱρετικον ἀνθρωπον μετα μιαν και δευτεραν νουθεσιαν παραιτου,
Heb	8 7	εἰ γαρ ἡ πρωτη ἐκεινη ἠν ἀμεμπτος, οὐκ ἀν δευτερας ἐζητειτο τοπος.
	9 3	μετα δε το δευτερον καταπετασμα σκηνη ἡ λεγομενη ἁγια ἁγιων,
	7	εἰς δε την δευτεραν ἁπαξ του ἐνιαυτου μονος ὁ ἀρχιερευς,
	28	ἐκ δευτερου χωρις ἁμαρτιας ὀφθησεται τοις αὐτον ἀπεκδεχομενοις εἰς σωτηριαν.
	10 9	ἀναιρει το πρωτον ἱνα το δευτερον στηση·
2Pt	3 1	ταυτην ἠδη, ἀγαπητοι, δευτεραν ὑμιν γραφω ἐπιστολην,
Ju	5	ὑπομνησαι δε ὑμας βουλομαι, εἰδοτας [ὑμας] παντα, ὁτι [ὁ] κυριος ἁπαξ λαον ἐκ γης αἰγυπτου σωσας το δευτερον τους μη πιστευσαντας ἀπωλεσεν,
Apc	2 11	ὁ νικων οὐ μη ἀδικηθη ἐκ του θανατου του δευτερου.
	4 7	και το δευτερον ζωον ὁμοιον μοσχω,
	6 3	και ὁτε ἡνοιξεν την σφραγιδα την δευτεραν, ἠκουσα του δευτερου ζωου λεγοντος·
	3	και ὁτε ἡνοιξεν την σφραγιδα την δευτεραν, ἠκουσα του δευτερου ζωου λεγοντος·
	8 8	και ὁ δευτερος ἀγγελος ἐσαλπισεν· και ὡς ὀρος μεγα πυρι καιομενον ἐβληθη εἰς την θαλασσαν·
	11 14	ἡ οὐαι ἡ δευτερα ἀπηλθεν·
	14 8	και ἀλλος ἀγγελος δευτερος ἠκολουθησεν λεγων·
	16 3	και ὁ δευτερος ἐξεχεεν την φιαλην αὐτου εἰς την θαλασσαν·
	19 3	και δευτερον εἰρηκαν· ἁλληλουια·
	20 6	ἐπι τουτων ὁ δευτερος θανατος οὐκ ἐχει ἐξουσιαν,
	14	οὑτος ὁ θανατος ὁ δευτερος ἐστιν, ἡ λιμνη του πυρος.
	21 8	ὁ ἐστιν ὁ θανατος ὁ δευτερος.
	19	ὁ θεμελιος ὁ πρωτος ἰασπις, ὁ δευτερος σαπφιρος,

δεχομαι [56]

Mt	10 14	και ὁς ἀν μη δεξηται ὑμας μηδε ἀκουση τους λογους ὑμων, ἐξερχομενοι ἐξω της οἰκιας ἡ της πολεως ἐκεινης ἐκτιναξατε τον κονιορτον των ποδων ὑμων.
	40	ὁ δεχομενος ὑμας ἐμε δεχεται,
	40	ὁ δεχομενος ὑμας ἐμε δεχεται,
	40	και ὁ ἐμε δεχομενος δεχεται τον ἀποστειλαντα με.
	40	και ὁ ἐμε δεχομενος δεχεται τον ἀποστειλαντα με.
	41	ὁ δεχομενος προφητην εἰς ὀνομα προφητου μισθον προφητου λημψεται,
	41	και ὁ δεχομενος δικαιον εἰς ὀνομα δικαιου μισθον δικαιου λημψεται.
	11 14	και εἰ θελετε δεξασθαι, αὐτος ἐστιν ἡλιας ὁ μελλων ἐρχεσθαι.
	18 5	και ὁς ἐαν δεξηται ἑν παιδιον τοιουτο ἐπι τω ὀνοματι μου, ἐμε δεχεται·
	5	και ὁς ἐαν δεξηται ἑν παιδιον τοιουτο ἐπι τω ὀνοματι μου, ἐμε δεχεται·
Mc	6 11	και ὁς ἀν τοπος μη δεξηται ὑμας μηδε ἀκουσωσιν ὑμων, ἐκπορευομενοι ἐκειθεν ἐκτιναξατε τον χουν τον ὑποκατω των ποδων ὑμων εἰς μαρτυριον αὐτοις.
	9 37	ὁς ἀν ἑν των τοιουτων παιδιων δεξηται ἐπι τω ὀνοματι μου, ἐμε δεχεται·
	37	ὁς ἀν ἑν των τοιουτων παιδιων δεξηται ἐπι τω ὀνοματι μου, ἐμε δεχεται·
	37	και ὁς ἀν ἐμε δεχηται, οὐκ ἐμε δεχεται ἀλλα τον ἀποστειλαντα με.
	37	και ὁς ἀν ἐμε δεχηται, οὐκ ἐμε δεχεται ἀλλα τον ἀποστειλαντα με.
	10 15	ὁς ἀν μη δεξηται την βασιλειαν του θεου ὡς παιδιον, οὐ μη εἰσελθη εἰς αὐτην.
Lc	2 28	και αὐτος ἐδεξατο αὐτο εἰς τας ἀγκαλας και εὐλογησεν τον θεον και εἰπεν·

δεχομαι [56]

Lc	8 13	οἱ δε ἐπι της πετρας οἱ ὁταν ἀκουσωσιν μετα χαρας δεχονται τον λογον
	9 5	και ὁσοι ἀν μη δεχωνται ὑμας, ἐξερχομενοι ἀπο της πολεως ἐκεινης τον κονιορτον ἀπο των ποδων ὑμων ἀποτινασσετε εἰς μαρτυριον ἐπ αὐτους.
	48	ὁς ἐαν δεξηται τουτο το παιδιον ἐπι τω ὀνοματι μου, ἐμε δεχεται·
	48	ὁς ἐαν δεξηται τουτο το παιδιον ἐπι τω ὀνοματι μου, ἐμε δεχεται·
	48	και ὁς ἀν ἐμε δεξηται, δεχεται τον ἀποστειλαντα με·
	48	και ὁς ἀν ἐμε δεξηται, δεχεται τον ἀποστειλαντα με·
	53	και οὐκ ἐδεξαντο αὐτον, ὁτι το προσωπον αὐτου ἠν πορευομενον εἰς ἱερουσαλημ.
	10 8	και εἰς ἡν ἀν πολιν εἰσερχησθε και δεχωνται ὑμας, ἐσθιετε τα παρατιθεμενα ὑμιν,
	10	εἰς ἡν δ ἀν πολιν εἰσελθητε και μη δεχωνται ὑμας, ἐξελθοντες εἰς τας πλατειας αὐτης εἰπατε·
	16 4	ἐγνων τι ποιησω, ἱνα ὁταν μετασταθω ἐκ της οἰκονομιας δεξωνται με εἰς τους οἰκους αὐτων.
	6	δεξαι σου τα γραμματα και καθισας ταχεως γραψον πεντηκοντα.
	7	δεξαι σου τα γραμματα και γραψον ὁγδοηκοντα.
	9	ἑαυτοις ποιησατε φιλους ἐκ του μαμωνα της ἀδικιας, ἱνα ὁταν ἐκλιπη δεξωνται ὑμας εἰς τας αἰωνιους σκηνας.
	18 17	ὁς ἀν μη δεξηται την βασιλειαν του θεου ὡς παιδιον, οὐ μη εἰσελθη εἰς αὐτην.
	22 17	και δεξαμενος ποτηριον εὐχαριστησας εἰπεν·
Jh	4 45	ὁτε οὐν ἠλθεν εἰς την γαλιλαιαν, ἐδεξαντο αὐτον οἱ γαλιλαιοι,
Ac	3 21	και ἀποστειλη τον προκεχειρισμενον ὑμιν χριστον ἰησουν, ὁν δει οὐρανον μεν δεξασθαι ἀχρι χρονων ἀποκαταστασεως παντων ὡν ἐλαλησεν ὁ θεος
	7 38	ὁς ἐδεξατο λογια ζωντα δουναι ἡμιν,
	59	κυριε ἰησου, δεξαι το πνευμα μου.
	8 14	ἀκουσαντες δε οἱ ἐν ἱεροσολυμοις ἀποστολοι ὁτι δεδεκται ἡ σαμαρεια τον λογον του θεου, ἀπεστειλαν προς αὐτους πετρον και ἰωαννην,
	11 1	ἠκουσαν δε οἱ ἀποστολοι και οἱ ἀδελφοι οἱ ὀντες κατα την ἰουδαιαν ὁτι και τα ἐθνη ἐδεξαντο τον λογον του θεου.
	17 11	οὑτοι δε ἠσαν εὐγενεστεροι των ἐν θεσσαλονικη, οἱτινες ἐδεξαντο τον λογον μετα πασης προθυμιας,
	22 5	ὡς και ὁ ἀρχιερευς μαρτυρει μοι και παν το πρεσβυτεριον· παρ ὡν και ἐπιστολας δεξαμενος προς τους ἀδελφους εἰς δαμασκον ἐπορευομην,
	28 21	ἡμεις οὐτε γραμματα περι σου ἐδεξαμεθα ἀπο της ἰουδαιας, οὐτε παραγενομενος τις των ἀδελφων ἀπηγγειλεν ἡ ἐλαλησεν τι περι σου πονηρον.
1Co	2 14	ψυχικος δε ἀνθρωπος οὐ δεχεται τα του πνευματος του θεου·
2Co	6 1	συνεργουντες δε και παρακαλουμεν μη εἰς κενον την χαριν του θεου δεξασθαι ὑμας·
	7 15	και τα σπλαγχνα αὐτου περισσοτερως εἰς ὑμας ἐστιν ἀναμιμνησκομενου την παντων ὑμων ὑπακοην, ὡς μετα φοβου και τρομου ἐδεξασθε αὐτον.
	8 17	χαρις δε τω θεω τω δοντι την αὐτην σπουδην ὑπερ ὑμων ἐν τη καρδια τιτου, ὁτι την μεν παρακλησιν ἐδεξατο,
	11 4	εἰ μεν γαρ ὁ ἐρχομενος ἀλλον ἰησουν κηρυσσει ὁν οὐκ ἐκηρυξαμεν, ἡ πνευμα ἑτερον λαμβανετε ὁ οὐκ ἐλαβετε, ἡ εὐαγγελιον ἑτερον ὁ οὐκ ἐδεξασθε, καλως ἀνεχεσθε.
	16	εἰ δε μη γε, καν ὡς ἀφρονα δεξασθε με,
Ga	4 14	και τον πειρασμον ὑμων ἐν τη σαρκι μου οὐκ ἐξουθενησατε οὐδε ἐξεπτυσατε, ἀλλα ὡς ἀγγελον θεου ἐδεξασθε με, ὡς χριστον ἰησουν.
Eph	6 17	και την περικεφαλαιαν του σωτηριου δεξασθε,
Php	4 18	πεπληρωμαι δεξαμενος παρα ἐπαφροδιτου τα παρ ὑμων,
Col	4 10	ἐαν ἐλθη προς ὑμας, δεξασθε αὐτον,
1Th	1 6	και ὑμεις μιμηται ἡμων ἐγενηθητε και του κυριου, δεξαμενοι τον λογον ἐν θλιψει πολλη μετα χαρας πνευματος ἁγιου,
	2 13	ὁτι παραλαβοντες λογον ἀκοης παρ ἡμων του θεου ἐδεξασθε οὐ λογον ἀνθρωπων
2Th	2 10	και ἐν παση ἀπατη ἀδικιας τοις ἀπολλυμενοις, ἀνθ ὡν την ἀγαπην της ἀληθειας οὐκ ἐδεξαντο εἰς το σωθηναι αὐτους.
Heb	11 31	πιστει ῥααβ ἡ πορνη οὐ συναπωλετο τοις ἀπειθησασιν, δεξαμενη τους κατασκοπους μετ εἰρηνης.
Ja	1 21	δεξασθε τον ἐμφυτον λογον τον δυναμενον σωσαι τας ψυχας ὑμων.

δεω [43]

Mt 12 29 ἢ πῶς δυναται τις εἰσελθειν εἰς την οἰκιαν του ἰσχυρου και τα σκευη αὐτου ἁρπασαι, ἐαν μη πρωτον *δηση* τον ἰσχυρον;

13 30 συλλεξατε πρωτον τα ζιζανια και *δησατε* αὐτα εἰς δεσμας προς το κατακαυσαι αὐτα,

14 3 ὁ γαρ ἡρωδης κρατησας τον ἰωαννην *ἐδησεν* [αὐτον] και ἐν φυλακη ἀπεθετο δια ἡρωδιαδα την γυναικα φιλιππου του ἀδελφου αὐτου·

16 19 και ὁ ἐαν *δησης* ἐπι της γης ἐσται δεδεμενον ἐν τοις οὐρανοις, και ὁ ἐαν λυσης ἐπι της γης ἐσται λελυμενον ἐν τοις οὐρανοις.

19 και ὁ ἐαν *δησης* ἐπι της γης ἐσται δεδεμενον ἐν τοις οὐρανοις, και ὁ ἐαν λυσης ἐπι της γης ἐσται λελυμενον ἐν τοις οὐρανοις.

18 18 ὁσα ἐαν *δησητε* ἐπι της γης ἐσται δεδεμενα ἐν οὐρανω, και ὁσα ἐαν λυσητε ἐπι της γης ἐσται λελυμενα ἐν οὐρανω.

18 ὁσα ἐαν *δησητε* ἐπι της γης ἐσται δεδεμενα ἐν οὐρανω, και ὁσα ἐαν λυσητε ἐπι της γης ἐσται λελυμενα ἐν οὐρανω.

21 2 πορευεσθε εἰς την κωμην την κατεναντι ὑμων, και εὐθεως εὑρησετε ὀνον *δεδεμενην* και πωλον μετ αὐτης· λυσαντες ἀγαγετε μοι.

22 13 *δησαντες* αὐτου ποδας και χειρας ἐκβαλετε αὐτον εἰς το σκοτος το ἐξωτερον·

27 2 και *δησαντες* αὐτον ἀπηγαγον και παρεδωκαν πιλατω τω ἡγεμονι.

Mc 3 27 ἀλλ οὐ δυναται οὐδεις εἰς την οἰκιαν του ἰσχυρου εἰσελθων τα σκευη αὐτου διαρπασαι, ἐαν μη πρωτον τον ἰσχυρον *δηση*,

5 3 και οὐδε ἁλυσει οὐκετι οὐδεις ἐδυνατο αὐτον *δησαι*, δια το αὐτον πολλακις πεδαις και ἁλυσεσιν δεδεσθαι, και διεσπασθαι ὑπ αὐτου τας ἁλυσεις και τας πεδας συντετριφθαι,

4 και οὐδε ἁλυσει οὐκετι οὐδεις ἐδυνατο αὐτον δησαι, δια το αὐτον πολλακις πεδαις και ἁλυσεσιν *δεδεσθαι*, και διεσπασθαι ὑπ αὐτου τας ἁλυσεις και τας πεδας συντετριφθαι,

6 17 αὐτος γαρ ὁ ἡρωδης ἀποστειλας ἐκρατησεν τον ἰωαννην και *ἐδησεν* αὐτον ἐν φυλακη δια ἡρωδιαδα την γυναικα φιλιππου του ἀδελφου αὐτου,

11 2 ὑπαγετε εἰς την κωμην την κατεναντι ὑμων, και εὐθυς εἰσπορευομενοι εἰς αὐτην εὑρησετε πωλον *δεδεμενον* ἐφ ὁν οὐδεις οὐπω ἀνθρωπων ἐκαθισεν·

4 και ἀπηλθον και εὑρον πωλον *δεδεμενον* προς θυραν ἐξω ἐπι του ἀμφοδου, και λυουσιν αὐτον.

15 1 *δησαντες* τον ἰησουν ἀπηνεγκαν και παρεδωκαν πιλατω.

7 ἠν δε ὁ λεγομενος βαραββας μετα των στασιαστων *δεδεμενος*, οἱτινες ἐν τη στασει φονον πεποιηκεισαν.

Lc 13 16 ταυτην δε θυγατερα ἀβρααμ οὐσαν, ἡν *ἐδησεν* ὁ σατανας ἰδου δεκακαιοκτω ἐτη, οὐκ ἐδει λυθηναι ἀπο του δεσμου τουτου τη ἡμερα του σαββατου;

19 30 ὑπαγετε εἰς την κατεναντι κωμην, ἐν ἡ εἰσπορευομενοι εὑρησετε πωλον *δεδεμενον*,

Jh 11 44 ἐξηλθεν ὁ τεθνηκως *δεδεμενος* τους ποδας και τας χειρας κειριαις,

18 12 ἡ οὐν σπειρα και ὁ χιλιαρχος και οἱ ὑπηρεται των ἰουδαιων συνελαβον τον ἰησουν και *ἐδησαν* αὐτον,

24 ἀπεστειλεν οὐν αὐτον ὁ ἀννας *δεδεμενον* προς καιαφαν τον ἀρχιερεα.

19 40 ἐλαβον οὐν το σωμα του ἰησου και *ἐδησαν* αὐτο ὀθονιοις μετα των ἀρωματων,

Ac 9 2 ὁπως ἐαν τινας εὑρη της ὁδου ὀντας, ἀνδρας τε και γυναικας, *δεδεμενους* ἀγαγη εἰς ἰερουσαλημ.

14 και ὡδε ἐχει ἐξουσιαν παρα των ἀρχιερεων *δησαι* παντας τους ἐπικαλουμενους το ὀνομα σου.

21 οὐχ οὐτος ἐστιν ὁ πορθησας εἰς ἰερουσαλημ τους ἐπικαλουμενους το ὀνομα τουτο, και ὡδε εἰς τουτο ἐληλυθει, ἱνα *δεδεμενους* αὐτους ἀγαγη ἐπι τους ἀρχιερεις;

12 6 τη νυκτι ἐκεινη ἡν ὁ πετρος κοιμωμενος μεταξυ δυο στρατιωτων *δεδεμενος* ἁλυσεσιν δυσιν,

20 22 και νυν ἰδου *δεδεμενος* ἐγω τω πνευματι πορευομαι εἰς ἰερουσαλημ,

21 11 και ἐλθων προς ἡμας και ἀρας την ζωνην του παυλου, *δησας* ἑαυτου τους ποδας και τας χειρας εἰπεν·

11 τον ἀνδρα οὐ ἐστιν ἡ ζωνη αὐτη οὐτως *δησουσιν* ἐν ἰερουσαλημ οἱ ἰουδαιοι και παραδωσουσιν εἰς χειρας ἐθνων.

13 ἐγω γαρ οὐ μονον *δεθηναι* ἀλλα και ἀποθανειν εἰς ἰερουσαλημ ἐτοιμως ἐχω ὑπερ του ὀνοματος του κυριου ἰησου.

33 τοτε ἐγγισας ὁ χιλιαρχος ἐπελαβετο αὐτου και ἐκελευσεν *δεθηναι* ἁλυσεσι δυσι,

δεω [43]

Ac 22 5 παρ ὡν και ἐπιστολας δεξαμενος προς τους ἀδελφους εἰς δαμασκον ἐπορευομην, ἀξων και τους ἐκεισε ὀντας *δεδεμενους* εἰς ἰερουσαλημ ἱνα τιμωρηθωσιν.

29 και ὁ χιλιαρχος δε ἐφοβηθη ἐπιγνους ὁτι ῥωμαιος ἐστιν και ὁτι αὐτον ἠν *δεδεκως*.

24 27 θελων τε χαριτα καταθεσθαι τοις ἰουδαιοις ὁ φηλιξ κατελιπε τον παυλον *δεδεμενον*.

Rm 7 2 ἡ γαρ ὑπανδρος γυνη τω ζωντι ἀνδρι *δεδεται* νομω·

1Co 7 27 *δεδεσαι* γυναικι; μη ζητει λυσιν·

39 γυνη *δεδεται* ἐφ ὁσον χρονον ζη ὁ ἀνηρ αὐτης·

Col 4 3 λαλησαι το μυστηριον του χριστου, δι ὁ και *δεδεμαι*,

2Tm 2 9 ἀλλα ὁ λογος του θεου οὐ *δεδεται*.

Apc 9 14 λυσον τους τεσσαρας ἀγγελους τους *δεδεμενους* ἐπι τω ποταμω τω μεγαλω εὐφρατη.

20 2 και *ἐδησεν* αὐτον χιλια ἐτη,

δη [5]

Mt 13 23 ὁς *δη* καρποφορει και ποιει ὁ μεν ἑκατον,

Lc 2 15 διελθωμεν *δη* ἑως βηθλεεμ και ἰδωμεν το ῥημα τουτο το γεγονος ὁ ὁ κυριος ἐγνωρισεν ἡμιν.

Ac 13 2 ἀφορισατε *δη* μοι τον βαρναβαν και σαυλον εἰς το ἐργον ὁ προσκεκλημαι αὐτους·

15 36 ἐπιστρεψαντες *δη* ἐπισκεψωμεθα τους ἀδελφους κατα πολιν πασαν ἐν αἰς κατηγγειλαμεν τον λογον του κυριου, πῶς ἐχουσιν.

1Co 6 20 δοξασατε *δη* τον θεον ἐν τω σωματι ὑμων.

δηλος [3]

Mt 26 73 ἀληθως και συ ἐξ αὐτων εἰ, και γαρ ἡ λαλια σου *δηλον* σε ποιει.

1Co 15 27 ὁταν δε εἰπη ὁτι παντα ὑποτετακται, *δηλον* ὁτι ἐκτος του ὑποταξαντος αὐτω τα παντα.

Ga 3 11 ὁτι δε ἐν νομω οὐδεις δικαιουται παρα τω θεω *δηλον*,

δηλοω [7]

1Co 1 11 *ἐδηλωθη* γαρ μοι περι ὑμων, ἀδελφοι μου, ὑπο των χλοης, ὁτι ἐριδες ἐν ὑμιν εἰσιν.

3 13 ἡ γαρ ἡμερα *δηλωσει*, ὁτι ἐν πυρι ἀποκαλυπτεται,

Col 1 8 ὁ και *δηλωσας* ἡμιν την ὑμων ἀγαπην ἐν πνευματι.

Heb 9 8 τουτο *δηλουντος* του πνευματος του ἁγιου, μηπω πεφανερωσθαι την των ἁγιων ὁδον ἐτι της πρωτης σκηνης ἐχουσης στασιν,

12 27 το δε ἐτι ἁπαξ *δηλοι* [την] των σαλευομενων μεταθεσιν ὡς πεποιημενων,

1Pt 1 11 ἐραυνωντες εἰς τινα ἡ ποιον καιρον *ἐδηλου* το ἐν αὐτοις πνευμα χριστου

2Pt 1 14 καθως και ὁ κυριος ἡμων ἰησους χριστος *ἐδηλωσεν* μοι·

δημας [3]

Col 4 14 ἀσπαζεται ὑμας λουκας ὁ ἰατρος ὁ ἀγαπητος και *δημας*.

2Tm 4 10 *δημας* γαρ με ἐγκατελιπεν ἀγαπησας τον νυν αἰωνα,

Phm 24 ἀσπαζεται σε ἐπαφρας ὁ συναιχμαλωτος μου ἐν χριστω ἰησου, μαρκος, ἀρισταρχος, *δημας*, λουκας, οἱ συνεργοι μου.

δημηγορεω [1]

Ac 12 21 τακτη δε ἡμερα ὁ ἡρωδης ἐνδυσαμενος ἐσθητα βασιλικην [και] καθισας ἐπι του βηματος *ἐδημηγορει* προς αὐτους·

δημητριος [3]

Ac 19 24 *δημητριος* γαρ τις ὀνοματι, ἀργυροκοπος, ποιων ναους ἀργυρους ἀρτεμιδος παρειχετο τοις τεχνιταις οὐκ ὀλιγην ἐργασιαν,

38 εἰ μεν οὐν *δημητριος* και οἱ συν αὐτω τεχνιται ἐχουσι προς τινα λογον, ἀγοραιοι ἀγονται και ἀνθυπατοι εἰσιν, ἐγκαλειτωσαν ἀλληλοις.

3Jh 12 *δημητριω* μεμαρτυρηται ὑπο παντων και ὑπο αὐτης της ἀληθειας·

δημιουργος [1]

Heb 11 10 ἐξεδεχετο γαρ την τους θεμελιους ἐχουσαν πολιν, ἡς τεχνιτης και *δημιουργος* ὁ θεος.

δημος [4]

Ac 12 22 ὁ δε *δημος* ἐπεφωνει· θεου φωνη και οὐκ ἀνθρωπου.

17 5 και ἐπισταντες τη οἰκια ιασονος ἐζητουν αὐτους προαγαγειν εἰς τον *δημον·*

19 30 παυλου δε βουλομενου εἰσελθειν εἰς τον *δημον* οὐκ εἰων αὐτον οἱ μαθηται·

33 ὁ δε ἀλεξανδρος κατασεισας την χειρα ἠθελεν ἀπολογεισθαι τω *δημω.*

δημοσιος [4]

Ac 5 18 ἐπλησθησαν ζηλου και ἐπεβαλον τας χειρας ἐπι τους ἀποστολους και ἐθεντο αὐτους ἐν τηρησει *δημοσια.*

16 37 δειραντες ἡμας *δημοσια* ἀκατακριτους,

18 28 εὐτονως γαρ τοις ιουδαιοις διακατηλεγχετο *δημοσια* ἐπιδεικνυς δια των γραφων εἰναι τον χριστον ιησουν.

20 20 ὡς οὐδεν ὑπεστειλαμην των συμφεροντων του μη ἀναγγειλαι ὑμιν και διδαξαι ὑμας *δημοσια* και κατ οἰκους,

δηναριον [16]

Mt 18 28 ἐξελθων δε ὁ δουλος ἐκεινος εὑρεν ἑνα των συνδουλων αὐτου, ὁς ὠφειλεν αὐτω ἑκατον *δηναρια,*

20 2 συμφωνησας δε μετα των ἐργατων ἐκ *δηναριου* την ἡμεραν ἀπεστειλεν αὐτους εἰς τον ἀμπελωνα αὐτου.

9 και ἐλθοντες οἱ περι την ἐνδεκατην ὡραν ἐλαβον ἀνα *δηναριον.*

10 και ἐλαβον [το] ἀνα *δηναριον* και αὐτοι.

13 ἐταιρε, οὐκ ἀδικω σε· οὐχι *δηναριου* συνεφωνησας μοι;

22 19 οἱ δε προσηνεγκαν αὐτω *δηναριον.*

Mc 6 37 ἀπελθοντες ἀγορασωμεν *δηναριων* διακοσιων ἀρτους, και δωσομεν αὐτοις φαγειν;

12 15 φερετε μοι *δηναριον* ἱνα ἰδω.

14 5 ἠδυνατο γαρ τουτο το μυρον πραθηναι ἐπανω *δηναριων* τριακοσιων και δοθηναι τοις πτωχοις.

Lc 7 41 ὁ εἱς ὠφειλεν *δηναρια* πεντακοσια, ὁ δε ἑτερος πεντηκοντα.

10 35 και ἐπι την αὐριον ἐκβαλων ἐδωκεν δυο *δηναρια* τω πανδοχει και εἰπεν·

20 24 δειξατε μοι *δηναριον·* τινος ἐχει εἰκονα και ἐπιγραφην;

Jh 6 7 διακοσιων *δηναριων* ἀρτοι οὐκ ἀρκουσιν αὐτοις, ἱνα ἑκαστος βραχυ [τι] λαβη.

12 5 δια τί τουτο το μυρον οὐκ ἐπραθη τριακοσιων *δηναριων* και ἐδοθη πτωχοις;

Apc 6 6 χοινιξ σιτου *δηναριου,* και τρεις χοινικες κριθων *δηναριου·*

6 χοινιξ σιτου *δηναριου,* και τρεις χοινικες κριθων *δηναριου·*

δηποτε [1]

Jh 5 4* ὁ οὐν πρωτος ἐμβας μετα την ταραχην του ὑδατος ὑγιης ἐγινετο *οἱωδηποτουν* κατειχετο νοσηματι.

δηπου [1]

Heb 2 16 οὐ γαρ *δηπου* ἀγγελων ἐπιλαμβανεται, ἀλλα σπερματος ἀβρααμ ἐπιλαμβανεται.

δια [668]

cf append.

διαβαινω [3]

Lc 16 26 και ἐν πασι τουτοις μεταξυ ἡμων και ὑμων χασμα μεγα ἐστηρικται, ὁπως οἱ θελοντες *διαβηναι* ἐνθεν προς ὑμας μη δυνωνται,

Ac 16 9 *διαβας* εἰς μακεδονιαν βοηθησον ἡμιν.

Heb 11 29 πιστει *διεβησαν* την ἐρυθραν θαλασσαν ὡς δια ξηρας γης,

διαβαλλω [1]

Lc 16 1 ἀνθρωπος τις ἠν πλουσιος ὁς εἰχεν οἰκονομον, και οὑτος *διεβληθη* αὐτω ὡς διασκορπιζων τα ὑπαρχοντα αὐτου.

διαβεβαιοομαι [2]

1Tm 1 7 θελοντες εἰναι νομοδιδασκαλοι, μη νοουντες μητε ἁ λεγουσιν μητε περι τινων *διαβεβαιουνται.*

Tit 3 8 και περι τουτων βουλομαι σε *διαβεβαιουσθαι,* ἱνα φροντιζωσιν καλων ἐργων προιστασθαι οἱ πεπιστευκοτες θεω.

διαβλεπω [3]

Mt 7 5 ἐκβαλε πρωτον ἐκ του ὀφθαλμου σοῦ την δοκον, και τοτε *διαβλεψεις* ἐκβαλειν το καρφος ἐκ του ὀφθαλμου του ἀδελφου σου.

Mc 8 25 εἰτα παλιν ἐπεθηκεν τας χειρας ἐπι τους ὀφθαλμους αὐτου, και *διεβλεψεν* και ἀπεκατεστη, και ἐνεβλεπεν τηλαυγως ἁπαντα.

Lc 6 42 ὑποκριτα, ἐκβαλε πρωτον την δοκον ἐκ του ὀφθαλμου σου, και τοτε *διαβλεψεις* το καρφος το ἐν τω ὀφθαλμω του ἀδελφου σου ἐκβαλειν.

διαβολος [37]

Mt 4 1 τοτε ὁ ιησους ἀνηχθη εἰς την ἐρημον ὑπο του πνευματος πειρασθηναι ὑπο του *διαβολου.*

5 τοτε παραλαμβανει αὐτον ὁ *διαβολος* εἰς την ἁγιαν πολιν,

8 παλιν παραλαμβανει αὐτον ὁ *διαβολος* εἰς ὀρος ὑψηλον λιαν,

11 τοτε ἀφιησιν αὐτον ὁ *διαβολος,*

13 39 ὁ δε ἐχθρος ὁ σπειρας αὐτα ἐστιν ὁ *διαβολος·*

25 41 πορευεσθε ἀπ ἐμου [οἱ] κατηραμενοι εἰς το πυρ το αἰωνιον το ἡτοιμασμενον τω *διαβολω* και τοις ἀγγελοις αὐτου.

Lc 4 2 ιησους δε πληρης πνευματος ἁγιου ὑπεστρεψεν ἀπο του ιορδανου, και ἠγετο ἐν τω πνευματι ἐν τη ἐρημω ἡμερας τεσσερακοντα πειραζομενος ὑπο του *διαβολου.*

3 εἰπεν δε αὐτω ὁ *διαβολος·* εἰ υἱος εἰ του θεου, εἰπε τω λιθω τουτω ἱνα γενηται ἀρτος.

6 και εἰπεν αὐτω ὁ *διαβολος·* σοι δωσω την ἐξουσιαν ταυτην ἁπασαν και την δοξαν αὐτων,

13 και συντελεσας παντα πειρασμον ὁ *διαβολος* ἀπεστη ἀπ αὐτου ἀχρι καιρου.

8 12 οἱ δε παρα την ὁδον εἰσιν οἱ ἀκουσαντες, εἰτα ἐρχεται ὁ *διαβολος* και αἰρει τον λογον ἀπο της καρδιας αὐτων,

Jh 6 70 και ἐξ ὑμων εἱς *διαβολος* ἐστιν.

8 44 ὑμεις ἐκ του πατρος του *διαβολου* ἐστε και τας ἐπιθυμιας του πατρος ὑμων θελετε ποιειν.

13 2 και δειπνου γινομενου, του *διαβολου* ἠδη βεβληκοτος εἰς την καρδιαν ἱνα παραδοι αὐτον ιουδας σιμωνος ἰσκαριωτου,

Ac 10 38 ὡς ἐχρισεν αὐτον ὁ θεος πνευματι ἁγιω και δυναμει, ὁς διηλθεν εὐεργετων και ἰωμενος παντας τους καταδυναστευομενους ὑπο του *διαβολου,*

13 10 ὦ πληρης παντος δολου και πασης ραδιουργιας, υἱε *διαβολου,* ἐχθρε πασης δικαιοσυνης,

Eph 4 27 ὁ ἡλιος μη ἐπιδυετω ἐπι [τω] παροργισμω ὑμων, μηδε διδοτε τοπον τω *διαβολω.*

6 11 ἐνδυσασθε την πανοπλιαν του θεου προς το δυνασθαι ὑμας στηναι προς τας μεθοδειας του *διαβολου·*

1Tm 3 6 μη νεοφυτον, ἱνα μη τυφωθεις εἰς κριμα ἐμπεση του *διαβολου.*

7 δει δε και μαρτυριαν καλην ἐχειν ἀπο των ἐξωθεν, ἱνα μη εἰς ὀνειδισμον ἐμπεση και παγιδα του *διαβολου.*

11 γυναικας ὡσαυτως σεμνας, μη *διαβολους,* νηφαλιους, πιστας ἐν πασιν.

2Tm 2 26 και ἀνανηψωσιν ἐκ της του *διαβολου* παγιδος,

3 3 γονευσιν ἀπειθεις, ἀχαριστοι, ἀνοσιοι, ἀστοργοι, ἀσπονδοι, *διαβολοι,* ἀκρατεις, ἀνημεροι, ἀφιλαγαθοι,

Tit 2 3 πρεσβυτιδας ὡσαυτως ἐν καταστηματι ιεροπρεπεις, μη *διαβολους,* μη οἰνω πολλω δεδουλωμενας, καλοδιδασκαλους,

Heb 2 14 ἱνα δια του θανατου καταργηση τον το κρατος ἐχοντα του θανατου, τουτ ἐστιν τον *διαβολον,*

Ja 4 7 ἀντιστητε δε τω *διαβολω,* και φευξεται ἀφ ὑμων·

1Pt 5 8 ὁ ἀντιδικος ὑμων *διαβολος* ὡς λεων ὠρυομενος περιπατει ζητων [τινα] καταπιειν·

1Jh 3 8 ὁ ποιων την ἁμαρτιαν ἐκ του *διαβολου* ἐστιν,

8 ὁ ποιων την ἁμαρτιαν ἐκ του *διαβολου* ἐστιν, ὁτι ἀπ ἀρχης ὁ *διαβολος* ἁμαρτανει.

8 εἰς τουτο ἐφανερωθη ὁ υἱος του θεου, ἱνα λυση τα ἐργα του *διαβολου.*

10 ἐν τουτω φανερα ἐστιν τα τεκνα του θεου και τα τεκνα του *διαβολου·*

Ju 9 ὁ δε μιχαηλ ὁ ἀρχαγγελος, ὁτε τω *διαβολω* διακρινομενος διελεγετο περι του μωυσεως σωματος, οὐκ ἐτολμησεν κρισιν ἐπενεγκειν βλασφημιας,

Apc 2 10 ἰδου μελλει βαλλειν ὁ *διαβολος* ἐξ ὑμων εἰς φυλακην ἱνα πειρασθητε.

12 9 και ἐβληθη ὁ δρακων ὁ μεγας, ὁ ὀφις ὁ ἀρχαιος, ὁ καλουμενος *διαβολος* και ὁ σατανας, ὁ πλανων την οἰκουμενην ὁλην,

12 οὐαι την γην και την θαλασσαν, ὁτι κατεβη ὁ *διαβολος* προς ὑμας ἐχων θυμον μεγαν,

20 2 ὁ ὀφις ὁ ἀρχαιος, ὁς ἐστιν *διαβολος* και ὁ σατανας,

διαβολος [37]

Apc 20 10   και ὁ διαβολος ὁ πλανων αὐτους ἐβληθη εἰς την λιμνην του πυρος και θειου,

διαγγελλω [3]

Lc 9 60   ἀφες τους νεκρους θαψαι τους ἑαυτων νεκρους, συ δε ἀπελθων διαγγελλε την βασιλειαν του θεου.

Ac 21 26   τοτε ὁ παυλος παραλαβων τους ανδρας τη ἐχομενη ἡμερα συν αὐτοις ἁγνισθεις εἰσηει εἰς το ἱερον, διαγγελλων την ἐκπληρωσιν των ἡμερων του ἁγνισμου,

Rm 9 17   ὁπως ἐνδειξωμαι ἐν σοι την δυναμιν μου, και ὁπως διαγγελη το ὀνομα μου ἐν παση τη γη.

διαγινομαι [3]

Mc 16 1   και διαγενομενου του σαββατου μαρια ἡ μαγδαληνη και μαρια ἡ [του] ἰακωβου και σαλωμη ἠγορασαν ἀρωματα ἱνα ἐλθουσαι ἀλειψωσιν αὐτον.

Ac 25 13   ἡμερων δε διαγενομενων τινων ἀγριππας ὁ βασιλευς και βερνικη κατηντησαν εἰς καισαρειαν ἀσπασαμενοι τον φηστον.

27 9   ἱκανου δε χρονου διαγενομενου και ὀντος ἠδη ἐπισφαλους του πλοος δια το και την νηστειαν ἠδη παρεληλυθεναι, παρηνει ὁ παυλος λεγων αὐτοις·

διαγινωσκω [2]

Ac 23 15   νυν οὐν ὑμεις ἐμφανισατε τω χιλιαρχω συν τω συνεδριω ὁπως καταγαγη αὐτον εἰς ὑμας ὡς μελλοντας διαγινωσκειν ἀκριβεστερον τα περι αὐτου·

24 22   ὁταν λυσιας ὁ χιλιαρχος καταβη, διαγνωσομαι τα καθ ὑμας·

διαγνωσις [1]

Ac 25 21   του δε παυλου ἐπικαλεσαμενου τηρηθηναι αὐτον εἰς την του σεβαστου διαγνωσιν, ἐκελευσα τηρεισθαι αὐτον ἑως οὑ ἀναπεμψω αὐτον προς καισαρα.

διαγογγυζω [2]

Lc 15 2   και διεγογγυζον οἱ τε φαρισαιοι και οἱ γραμματεις λεγοντες ὁτι οὑτος ἁμαρτωλους προσδεχεται και συνεσθιει αὐτοις.

19 7   και ἰδοντες παντες διεγογγυζον λεγοντες ὁτι παρα ἁμαρτωλω ἀνδρι εἰσηλθεν καταλυσαι.

διαγρηγορεω [1]

Lc 9 32   διαγρηγορησαντες δε εἰδον την δοξαν αὐτου και τους δυο ἀνδρας τους συνεστωτας αὐτω.

διαγω [2]

1Tm 2 2   ἱνα ἠρεμον και ἡσυχιον βιον διαγωμεν ἐν παση εὐσεβεια και σεμνοτητι.

Tit 3 3   ἐν κακια και φθονω διαγοντες, στυγητοι, μισουντες ἀλληλους.

διαδεχομαι [1]

Ac 7 45   ἡν και εἰσηγαγον διαδεξαμενοι οἱ πατερες ἡμων μετα ἰησου ἐν τη κατασχεσει των ἐθνων,

διαδημα [3]

Apc 12 3   και ἰδου δρακων μεγας πυρρος, ἐχων κεφαλας ἑπτα και κερατα δεκα και ἐπι τας κεφαλας αὐτου ἑπτα διαδηματα,

13 1   και ἐπι των κερατων αὐτου δεκα διαδηματα,

19 12   και ἐπι την κεφαλην αὐτου διαδηματα πολλα,

διαδιδωμι [4]

Lc 11 22   ἐπαν δε ἰσχυροτερος αὐτου ἐπελθων νικηση αὐτον, την πανοπλιαν αὐτου αἰρει, ἐφ ἡ ἐπεποιθει, και τα σκυλα αὐτου διαδιδωσιν.

18 22   παντα ὁσα ἐχεις πωλησον και διαδος πτωχοις, και ἑξεις θησαυρον ἐν [τοις] οὐρανοις,

Jh 6 11   ἐλαβεν οὐν τους ἀρτους ὁ ἰησους και εὐχαριστησας διεδωκεν τοις ἀνακειμενοις,

Ac 4 35   διεδιδετο δε ἑκαστω καθοτι ἀν τις χρειαν εἰχεν.

διαδοχος [1]

Ac 24 27   διετιας δε πληρωθεισης ἐλαβεν διαδοχον ὁ φηλιξ πορκιον φηστον·

διαζωννυμι [3]

Jh 13 4   ἐγειρεται ἐκ του δειπνου και τιθησιν τα ἱματια, και λαβων λεντιον διεζωσεν ἑαυτον·

5   εἰτα βαλλει ὑδωρ εἰς τον νιπτηρα, και ἠρξατο νιπτειν τους ποδας των μαθητων και ἐκμασσειν τω λεντιω ὡ ἡν διεζωσμενος.

21 7   ἀκουσας ὁτι ὁ κυριος ἐστιν, τον ἐπενδυτην διεζωσατο, ἡν γαρ γυμνος,

διαθηκη [33]

Mt 26 28   πιετε ἐξ αὐτου παντες· τουτο γαρ ἐστιν το αἱμα μου της διαθηκης το περι πολλων ἐκχυννομενον εἰς ἀφεσιν ἁμαρτιων.

Mc 14 24   τουτο ἐστιν το αἱμα μου της διαθηκης το ἐκχυννομενον ὑπερ πολλων.

Lc 1 72   ποιησαι ἐλεος μετα των πατερων ἡμων και μνησθηναι διαθηκης ἁγιας αὐτου,

22 20   τουτο το ποτηριον ἡ καινη διαθηκη ἐν τω αἱματι μου, το ὑπερ ὑμων ἐκχυννομενον.

Ac 3 25   ὑμεις ἐστε οἱ υἱοι των προφητων και της διαθηκης ἡς διεθετο ὁ θεος προς τους πατερας ὑμων,

7 8   και ἐδωκεν αὐτω διαθηκην περιτομης·

Rm 9 4   οἱτινες εἰσιν ἰσραηλιται, ὡν ἡ υἱοθεσια και ἡ δοξα και αἱ διαθηκαι και ἡ νομοθεσια και ἡ λατρεια και αἱ ἐπαγγελιαι,

11 27   και αὑτη αὐτοις ἡ παρ ἐμου διαθηκη, ὁταν ἀφελωμαι τας ἁμαρτιας αὐτων.

1Co 11 25   τουτο το ποτηριον ἡ καινη διαθηκη ἐστιν ἐν τω ἐμω αἱματι·

2Co 3 6   ἀλλ ἡ ἱκανοτης ἡμων ἐκ του θεου, ὁς και ἱκανωσεν ἡμας διακονους καινης διαθηκης,

14   ἀχρι γαρ της σημερον ἡμερας το αὐτο καλυμμα ἐπι τη ἀναγνωσει της παλαιας διαθηκης μενει,

Ga 3 15   ὁμως ἀνθρωπου κεκυρωμενην διαθηκην οὐδεις ἀθετει ἡ ἐπιδιατασσεται.

17   διαθηκην προκεκυρωμενην ὑπο του θεου ὁ μετα τετρακοσιακαιτριακοντα ἐτη γεγονως νομος οὐκ ἀκυροι, εἰς το καταργησαι την ἐπαγγελιαν.

4 24   ἀτινα ἐστιν ἀλληγορουμενα· αὑται γαρ εἰσιν δυο διαθηκαι,

Eph 2 12   ὁτι ἠτε τω καιρω ἐκεινω χωρις χριστου, ἀπηλλοτριωμενοι της πολιτειας του ἰσραηλ και ξενοι των διαθηκων της ἐπαγγελιας,

Heb 7 22   κατα τοσουτο [και] κρειττονος διαθηκης γεγονεν ἐγγυος ἰησους.

8 6   νυν[ι] δε διαφορωτερας τετυχεν λειτουργιας, ὁσω και κρειττονος ἐστιν διαθηκης μεσιτης,

8   και συντελεσω ἐπι τον οἰκον ἰσραηλ και ἐπι τον οἰκον ἰουδα διαθηκην καινην,

9   οὐ κατα την διαθηκην ἡν ἐποιησα τοις πατρασιν αὐτων ἐν ἡμερα ἐπιλαβομενου μου της χειρος αὐτων ἐξαγαγειν αὐτους ἐκ γης αἰγυπτου,

9   ὁτι αὐτοι οὐχ ἐνεμειναν ἐν τη διαθηκη μου, καγω ἠμελησα αὐτων, λεγει κυριος.

10   ὁτι αὑτη ἡ διαθηκη ἡν διαθησομαι τω οἰκω ἰσραηλ μετα τας ἡμερας ἐκεινας, λεγει κυριος,

9 4   χρυσουν ἐχουσα θυμιατηριον και την κιβωτον της διαθηκης περικεκαλυμμενην παντοθεν χρυσιω,

4   ἐν ἡ σταμνος χρυση ἐχουσα το μαννα και ἡ ραβδος ἀαρων ἡ βλαστησασα και αἱ πλακες της διαθηκης,

15   και δια τουτο διαθηκης καινης μεσιτης ἐστιν,

15   και δια τουτο διαθηκης καινης μεσιτης ἐστιν, ὁπως θανατου γενομενου εἰς ἀπολυτρωσιν των ἐπι τη πρωτη διαθηκη παραβασεων την ἐπαγγελιαν λαβωσιν οἱ κεκλημενοι της αἰωνιου κληρονομιας.

16   ὁπου γαρ διαθηκη, θανατον ἀναγκη φερεσθαι του διαθεμενου·

17   διαθηκη γαρ ἐπι νεκροις βεβαια,

20   τουτο το αἱμα της διαθηκης ἡς ἐνετειλατο προς ὑμας ὁ θεος.

10 16   αὑτη ἡ διαθηκη ἡν διαθησομαι προς αὐτους μετα τας ἡμερας ἐκεινας, λεγει κυριος·

29   ποσω δοκειτε χειρονος ἀξιωθησεται τιμωριας ὁ τον υἱον του θεου καταπατησας και το αἱμα της διαθηκης κοινον ἡγησαμενος,

12 24   και διαθηκης νεας μεσιτη ἰησου, και αἱματι ραντισμου κρειττον λαλουντι παρα τον ἀβελ.

13 20   ὁ δε θεος της εἰρηνης, ὁ ἀναγαγων ἐκ νεκρων τον ποιμενα των προβατων τον μεγαν ἐν αἱματι διαθηκης αἰωνιου, τον κυριον ἡμων ἰησουν, καταρτισαι ὑμας ἐν παντι ἀγαθω

διαθηκη [33]

Apc 11 19   και ωφθη η κιβωτος της διαθηκης αυτου εν τω ναω αυτου,

διαιρεσις [3]

1Co 12 4   διαιρεσεις δε χαρισματων εισιν, το δε αυτο πνευμα·
     5   και διαιρεσεις διακονιων εισιν, και ο αυτος κυριος·
     6   και διαιρεσεις ενεργηματων εισιν, ο δε αυτος θεος ο ενεργων τα παντα εν πασιν.

διαιρεω [2]

Lc   15 12   ο δε διειλεν αυτοις τον βιον.
1Co 12 11   παντα δε ταυτα ενεργει το εν και το αυτο πνευμα, διαιρουν ιδια εκαστω καθως βουλεται.

διακαθαιρω [1]

Lc   3 17   ου το πτυον εν τη χειρι αυτου διακαθαραι την αλωνα αυτου και συναγαγειν τον σιτον εις την αποθηκην αυτου,

διακαθαριζω [1]

Mt   3 12   και διακαθαριει την αλωνα αυτου,

διακατελεγχομαι [1]

Ac   18 28   ευτονως γαρ τοις ιουδαιοις διακατηλεγχετο δημοσια επιδεικνυς δια των γραφων ειναι τον χριστον ιησουν.

διακονεω [37]

Mt   4 11   και ιδου αγγελοι προσηλθον και διηκονουν αυτω.
    8 15   και ηγερθη, και διηκονει αυτω.
   20 28   ωσπερ ο υιος του ανθρωπου ουκ ηλθεν διακονηθηναι, αλλα διακονησαι και δουναι την ψυχην αυτου λυτρον αντι πολλων.
     28   ωσπερ ο υιος του ανθρωπου ουκ ηλθεν διακονηθηναι, αλλα διακονησαι και δουναι την ψυχην αυτου λυτρον αντι πολλων.
   25 44   κυριε, ποτε σε ειδομεν πεινωντα η διψωντα η ξενον η γυμνον η ασθενη η εν φυλακη και ου διηκονησαμεν σοι;
   27 55   ησαν δε εκει γυναικες πολλαι απο μακροθεν θεωρουσαι, αιτινες ηκολουθησαν τω ιησου απο της γαλιλαιας διακονουσαι αυτω·
Mc   1 13   και οι αγγελοι διηκονουν αυτω.
     31   και αφηκεν αυτην ο πυρετος, και διηκονει αυτοις.
   10 45   και γαρ ο υιος του ανθρωπου ουκ ηλθεν διακονηθηναι αλλα διακονησαι και δουναι την ψυχην αυτου λυτρον αντι πολλων.
     45   και γαρ ο υιος του ανθρωπου ουκ ηλθεν διακονηθηναι αλλα διακονησαι και δουναι την ψυχην αυτου λυτρον αντι πολλων.
   15 41   εν αις και μαρια η μαγδαληνη και μαρια η ιακωβου του μικρου και ιωσητος μητηρ και σαλωμη, αι οτε ην εν τη γαλιλαια ηκολουθησαν αυτω και διηκονουν αυτω,
Lc   4 39   παραχρημα δε αναστασα διηκονει αυτοις.
    8 3   και ιωαννα γυνη χουζα επιτροπου ηρωδου και σουσαννα και ετεραι πολλαι, αιτινες διηκονουν αυτοις εκ των υπαρχοντων αυταις.
   10 40   κυριε, ου μελει σοι οτι η αδελφη μου μονην με κατελιπεν διακονειν;
   12 37   αμην λεγω υμιν οτι περιζωσεται και ανακλινει αυτους και παρελθων διακονησει αυτοις.
   17 8   αλλ ουχι ερει αυτω· ετοιμασον τι δειπνησω, και περιζωσαμενος διακονει μοι εως φαγω και πιω, και μετα ταυτα φαγεσαι και πιεσαι συ;
   22 26   υμεις δε ουχ ουτως, αλλ ο μειζων εν υμιν γινεσθω ως ο νεωτερος, και ο ηγουμενος ως ο διακονων.
     27   τις γαρ μειζων, ο ανακειμενος η ο διακονων; ουχι ο ανακειμενος;
     27   εγω δε εν μεσω υμων ειμι ως ο διακονων.
Jh   12 2   εποιησαν ουν αυτω δειπνον εκει, και η μαρθα διηκονει,
     26   εαν εμοι τις διακονη, εμοι ακολουθειτω,
     26   εαν τις εμοι διακονη, τιμησει αυτον ο πατηρ.
Ac   6 2   ουκ αρεστον εστιν ημας καταλειψαντας τον λογον του θεου διακονειν τραπεζαις.
   19 22   αποστειλας δε εις την μακεδονιαν δυο των διακονουντων αυτω, τιμοθεον και εραστον,
Rm   15 25   νυνι δε πορευομαι εις ιερουσαλημ διακονων τοις αγιοις.
2Co   3 3   φανερουμενοι οτι εστε επιστολη χριστου διακονηθεισα υφ ημων,

διακονεω [37]

2Co   8 19   ου μονον δε αλλα και χειροτονηθεις υπο των εκκλησιων συνεκδημος ημων συν τη χαριτι ταυτη τη διακονουμενη υφ ημων προς την [αυτου] του κυριου δοξαν και προθυμιαν ημων,
     20   στελλομενοι τουτο, μη τις ημας μωμησηται εν τη αδροτητι ταυτη τη διακονουμενη υφ ημων·
1Tm   3 10   ειτα διακονειτωσαν ανεγκλητοι οντες.
     13   οι γαρ καλως διακονησαντες βαθμον εαυτοις καλον περιποιουνται και πολλην παρρησιαν εν πιστει τη εν χριστω ιησου.
2Tm   1 18   και οσα εν εφεσω διηκονησεν, βελτιον συ γινωσκεις.
Phm   13   ον εγω εβουλομην προς εμαυτον κατεχειν, ινα υπερ σου μοι διακονη εν τοις δεσμοις του ευαγγελιου,
Heb   6 10   ου γαρ αδικος ο θεος επιλαθεσθαι του εργου υμων και της αγαπης ης ενεδειξασθε εις το ονομα αυτου, διακονησαντες τοις αγιοις και διακονουντες.
     10   ου γαρ αδικος ο θεος επιλαθεσθαι του εργου υμων και της αγαπης ης ενεδειξασθε εις το ονομα αυτου, διακονησαντες τοις αγιοις και διακονουντες.
1Pt   1 12   οις απεκαλυφθη οτι ουχ εαυτοις υμιν δε διηκονουν αυτα,
    4 10   εκαστος καθως ελαβεν χαρισμα, εις εαυτους αυτο διακονουντες ως καλοι οικονομοι ποικιλης χαριτος θεου·
     11   ει τις διακονει, ως εξ ισχυος ης χορηγει ο θεος·

διακονια [34]

Lc   10 40   η δε μαρθα περιεσπατο περι πολλην διακονιαν·
Ac   1 17   οτι κατηριθμημενος ην εν ημιν και ελαχεν τον κληρον της διακονιας ταυτης.
     25   αναδειξον ον εξελεξω εκ τουτων των δυο ενα λαβειν τον τοπον της διακονιας ταυτης και αποστολης,
    6 1   εν δε ταις ημεραις ταυταις πληθυνοντων των μαθητων εγενετο γογγυσμος των ελληνιστων προς τους εβραιους, οτι παρεθεωρουντο εν τη διακονια τη καθημερινη αι χηραι αυτων.
     4   ημεις δε τη προσευχη και τη διακονια του λογου προσκαρτερησομεν.
   11 29   των δε μαθητων καθως ευπορειτο τις, ωρισαν εκαστος αυτων εις διακονιαν πεμψαι τοις κατοικουσιν εν τη ιουδαια αδελφοις·
   12 25   βαρναβας δε και σαυλος υπεστρεψαν εις ιερουσαλημ, πληρωσαντες την διακονιαν,
   20 24   αλλ ουδενος λογου ποιουμαι την ψυχην τιμιαν εμαυτω ως τελειωσαι τον δρομον μου και την διακονιαν ην ελαβον παρα του κυριου ιησου,
   21 19   και ασπασαμενος αυτους εξηγειτο καθ εν εκαστον ων εποιησεν ο θεος εν τοις εθνεσιν δια της διακονιας αυτου.
Rm   11 13   εφ οσον μεν ουν ειμι εγω εθνων αποστολος, την διακονιαν μου δοξαζω,
   12 7   ειτε διακονιαν, εν τη διακονια· ειτε ο διδασκων, εν τη διδασκαλια·
     7   ειτε διακονιαν, εν τη διακονια· ειτε ο διδασκων, εν τη διδασκαλια·
   15 31   ινα ρυσθω απο των απειθουντων εν τη ιουδαια και η διακονια μου η εις ιερουσαλημ ευπροσδεκτος τοις αγιοις γενηται,
1Co   12 5   και διαιρεσεις διακονιων εισιν, και ο αυτος κυριος·
   16 15   οιδατε την οικιαν στεφανα, οτι εστιν απαρχη της αχαιας και εις διακονιαν τοις αγιοις εταξαν εαυτους·
2Co   3 7   ει δε η διακονια του θανατου εν γραμμασιν εντετυπωμενη λιθοις εγενηθη εν δοξη, ωστε μη δυνασθαι ατενισαι τους υιους ισραηλ εις το προσωπον μωυσεως
     8   πως ουχι μαλλον η διακονια του πνευματος εσται εν δοξη;
     9   ει γαρ τη διακονια της κατακρισεως δοξα, πολλω μαλλον περισσευει η διακονια της δικαιοσυνης δοξη.
     9   ει γαρ τη διακονια της κατακρισεως δοξα, πολλω μαλλον περισσευει η διακονια της δικαιοσυνης δοξη.
    4 1   δια τουτο, εχοντες την διακονιαν ταυτην, καθως ηλεηθημεν, ουκ εγκακουμεν,
    5 18   τα δε παντα εκ του θεου του καταλλαξαντος ημας εαυτω δια χριστου και δοντος ημιν την διακονιαν της καταλλαγης,
    6 3   μηδεμιαν εν μηδενι διδοντες προσκοπην, ινα μη μωμηθη η διακονια,
    8 4   αυθαιρετοι μετα πολλης παρακλησεως δεομενοι ημων την χαριν και την κοινωνιαν της διακονιας της εις τους αγιους,
    9 1   περι μεν γαρ της διακονιας της εις τους αγιους περισσον μοι εστιν το γραφειν υμιν·

διακονια [34]

2Co	9 12	ὅτι ἡ διακονια της λειτουργιας ταυτης οὐ μονον ἐστιν προσαναπληρουσα τα ὑστερηματα των ἁγιων, ἀλλα και περισσευουσα δια πολλων εὐχαριστιων τω θεω·
	13	δια της δοκιμης της διακονιας ταυτης δοξαζοντες τον θεον ἐπι τη ὑποταγη της ὁμολογιας ὑμων εἰς το εὐαγγελιον του χριστου και ἁπλοτητι της κοινωνιας εἰς αὐτους και εἰς παντας,
	11 8	ἀλλας ἐκκλησιας ἐσυλησα λαβων ὀψωνιον προς την ὑμων διακονιαν,
Eph	4 12	προς τον καταρτισμον των ἁγιων εἰς ἐργον διακονιας,
Col	4 17	βλεπε την διακονιαν ἡν παρελαβες ἐν κυριω,
1Tm	1 12	χαριν ἐχω τω ἐνδυναμωσαντι με χριστω ἰησου τω κυριω ἡμων, ὁτι πιστον με ἡγησατο θεμενος εἰς διακονιαν,
2Tm	4 5	συ δε νηφε ἐν πασιν, κακοπαθησον, ἐργον ποιησον εὐαγγελιστου, την διακονιαν σου πληροφορησον.
	11	ἐστιν γαρ μοι εὐχρηστος εἰς διακονιαν.
Heb	1 14	οὐχι παντες εἰσιν λειτουργικα πνευματα εἰς διακονιαν ἀποστελλομενα δια τους μελλοντας κληρονομειν σωτηριαν;
Apc	2 19	οἰδα σου τα ἐργα και την ἀγαπην και την πιστιν και την διακονιαν και την ὑπομονην σου,

διακονος [29]

Mt	20 26	ἀλλ ὁς ἐαν θελη ἐν ὑμιν μεγας γενεσθαι, ἐσται ὑμων διακονος,
	22 13	τοτε ὁ βασιλευς εἰπεν τοις διακονοις· δησαντες αὐτου ποδας και χειρας ἐκβαλετε αὐτον εἰς το σκοτος το ἐξωτερον·
	23 11	ὁ δε μειζων ὑμων ἐσται ὑμων διακονος.
Mc	9 35	εἰ τις θελει πρωτος εἰναι, ἐσται παντων ἐσχατος και παντων διακονος
	10 43	ἀλλ ὁς ἀν θελη μεγας γενεσθαι ἐν ὑμιν, ἐσται ὑμων διακονος,
Jh	2 5	λεγει ἡ μητηρ αὐτου τοις διακονοις· ὁτι ἀν λεγη ὑμιν,
	9	και οὐκ ἡδει ποθεν ἐστιν, οἱ δε διακονοι ἡδεισαν οἱ ἠντληκοτες το ὑδωρ,
	12 26	και ὁπου εἰμι ἐγω, ἐκει και ὁ διακονος ὁ ἐμος ἐσται·
Rm	13 4	θεου γαρ διακονος ἐστιν σοι εἰς το ἀγαθον.
	4	θεου γαρ διακονος ἐστιν ἐκδικος εἰς ὀργην τω το κακον πρασσοντι.
	15 8	λεγω γαρ χριστον διακονον γεγενησθαι περιτομης ὑπερ ἀληθειας θεου,
	16 1	συνιστημι δε ὑμιν φοιβην την ἀδελφην ἡμων, οὐσαν [και] διακονον της ἐκκλησιας της ἐν κεγχρεαις,
1Co	3 5	διακονοι δι ὡν ἐπιστευσατε, και ἑκαστω ὡς ὁ κυριος ἐδωκεν.
2Co	3 6	ἀλλ ἡ ἱκανοτης ἡμων ἐκ του θεου, ὁς και ἱκανωσεν ἡμας διακονους καινης διαθηκης,
	6 4	ἀλλ ἐν παντι συνισταντες ἑαυτους ὡς θεου διακονοι,
	11 15	οὐ μεγα οὐν εἰ και οἱ διακονοι αὐτου μετασχηματιζονται ὡς διακονοι δικαιοσυνης·
	15	οὐ μεγα οὐν εἰ και οἱ διακονοι αὐτου μετασχηματιζονται ὡς διακονοι δικαιοσυνης·
	23	διακονοι χριστου εἰσιν; παραφρονων λαλω, ὑπερ ἐγω·
Ga	2 17	εἰ δε ζητουντες δικαιωθηναι ἐν χριστω εὑρεθημεν και αὐτοι ἁμαρτωλοι, ἀρα χριστος ἁμαρτιας διακονος;
Eph	3 7	δια του εὐαγγελιου, οὐ ἐγενηθην διακονος κατα την δωρεαν της χαριτος του θεου της δοθεισης μοι κατα την ἐνεργειαν της δυναμεως αὐτου.
	6 21	ἱνα δε εἰδητε και ὑμεις τα κατ ἐμε, τί πρασσω, παντα γνωρισει ὑμιν τυχικος ὁ ἀγαπητος ἀδελφος και πιστος διακονος ἐν κυριω,
Php	1 1	παυλος και τιμοθεος δουλοι χριστου ἰησου πασιν τοις ἁγιοις ἐν χριστω ἰησου τοις οὐσιν ἐν φιλιπποις συν ἐπισκοποις και διακονοις·
Col	1 7	καθως ἐμαθετε ἀπο ἐπαφρα του ἀγαπητου συνδουλου ἡμων, ὁς ἐστιν πιστος ὑπερ ὑμων διακονος του χριστου,
	23	του κηρυχθεντος ἐν παση κτισει τη ὑπο τον οὐρανον, οὐ ἐγενομην ἐγω παυλος διακονος.
	25	ὁ ἐστιν ἡ ἐκκλησια, ἡς ἐγενομην ἐγω διακονος κατα την οἰκονομιαν του θεου
	4 7	τα κατ ἐμε παντα γνωρισει ὑμιν τυχικος ὁ ἀγαπητος ἀδελφος και πιστος διακονος και συνδουλος ἐν κυριω,
1Tm	3 8	διακονους ὡσαυτως σεμνους, μη διλογους, μη οἰνω πολλω προσεχοντας, μη αἰσχροκερδεις,
	12	διακονοι ἐστωσαν μιας γυναικος ἀνδρες,
	4 6	ταυτα ὑποτιθεμενος τοις ἀδελφοις καλος ἐση διακονος χριστου ἰησου,

διακοσιοι [5]

Mc	6 37	ἀπελθοντες ἀγορασωμεν δηναριων διακοσιων ἀρτους, και δωσομεν αὐτοις φαγειν;
Jh	6 7	διακοσιων δηναριων ἀρτοι οὐκ ἀρκουσιν αὐτοις, ἱνα ἑκαστος βραχυ [τι] λαβη.
	21 8	οἱ δε ἀλλοι μαθηται τω πλοιαριω ἠλθον, οὐ γαρ ἠσαν μακραν ἀπο της γης ἀλλα ὡς ἀπο πηχων διακοσιων, συροντες το δικτυον των ἰχθυων.
Ac	23 23	ἑτοιμασατε στρατιωτας διακοσιους ὁπως πορευθωσιν ἑως καισαρειας,
	23	ἑτοιμασατε στρατιωτας διακοσιους ὁπως πορευθωσιν ἑως καισαρειας, και ἱππεις ἑβδομηκοντα και δεξιολαβους διακοσιους, ἀπο τριτης ὡρας της νυκτος,

διακοσιοιεβδομηκονταεξ [1]

Ac	27 37	ἡμεθα δε αἱ πασαι ψυχαι ἐν τω πλοιω διακοσιαιεβδομηκονταεξ.

διακουω [1]

Ac	23 35	και πυθομενος ὁτι ἀπο κιλικιας, διακουσομαι σου, ἐφη, ὁταν και οἱ κατηγοροι σου παραγενωνται·

διακρινω [19]

Mt	16 3	[το μεν προσωπον του οὐρανου γινωσκετε διακρινειν], [τα δε σημεια των καιρων οὐ δυνασθε];
	21 21	ἐαν ἐχητε πιστιν και μη διακριθητε, οὐ μονον το της συκης ποιησετε,
Mc	11 23	ἀμην λεγω ὑμιν ὁτι ὁς ἀν εἰπη τω ὁρει τουτω· ἀρθητι και βληθητι εἰς την θαλασσαν, και μη διακριθη ἐν τη καρδια αὐτου ἀλλα πιστευη ὁτι ὁ λαλει γινεται, ἐσται αὐτω.
Ac	10 20	ἀλλα ἀναστας καταβηθι, και πορευου συν αὐτοις μηδεν διακρινομενος,
	11 2	ὁτε δε ἀνεβη πετρος εἰς ἰερουσαλημ, διεκρινοντο προς αὐτον οἱ ἐκ περιτομης λεγοντες ὁτι εἰσηλθες προς ἀνδρας ἀκροβυστιαν ἐχοντας και συνεφαγες αὐτοις.
	12	εἰπεν δε το πνευμα μοι συνελθειν αὐτοις μηδεν διακριναντα.
	15 9	και οὐθεν διεκρινεν μεταξυ ἡμων τε και αὐτων, τη πιστει καθαρισας τας καρδιας αὐτων.
Rm	4 20	εἰς δε την ἐπαγγελιαν του θεου οὐ διεκριθη τη ἀπιστια,
	14 23	ὁ δε διακρινομενος ἐαν φαγη κατακεκριται, ὁτι οὐκ ἐκ πιστεως·
1Co	4 7	τίς γαρ σε διακρινει; τί δε ἐχεις ὁ οὐκ ἐλαβες;
	6 5	οὑτως οὐκ ἐνι ἐν ὑμιν οὐδεις σοφος, ὁς δυνησεται διακριναι ἀνα μεσον του ἀδελφου αὐτου;
	11 29	ὁ γαρ ἐσθιων και πινων κριμα ἑαυτω ἐσθιει και πινει μη διακρινων το σωμα.
	31	εἰ δε ἑαυτους διεκρινομεν, οὐκ ἀν ἐκρινομεθα·
	14 29	προφηται δε δυο ἠ τρεις λαλειτωσαν, και οἱ ἀλλοι διακρινετωσαν·
Ja	1 6	αἰτειτω δε ἐν πιστει, μηδεν διακρινομενος·
	6	ὁ γαρ διακρινομενος ἐοικεν κλυδωνι θαλασσης ἀνεμιζομενω και ριπιζομενω.
	2 4	οὐ διεκριθητε ἐν ἑαυτοις και ἐγενεσθε κριται διαλογισμων πονηρων;
Ju	9	ὁ δε μιχαηλ ὁ ἀρχαγγελος, ὁτε τω διαβολω διακρινομενος διελεγετο περι του μωυσεως σωματος, οὐκ ἐτολμησεν κρισιν ἐπενεγκειν βλασφημιας,
	22	και οὑς μεν ἐλεατε διακρινομενους οὑς δε σωζετε ἐκ πυρος ἁρπαζοντες, οὑς δε ἐλεατε ἐν φοβω,

διακρισις [3]

Rm	14 1	τον δε ἀσθενουντα τη πιστει προσλαμβανεσθε, μη εἰς διακρισεις διαλογισμων.
1Co	12 10	ἀλλω [δε] προφητεια, ἀλλω [δε] διακρισεις πνευματων,
Heb	5 14	των δια την ἑξιν τα αἰσθητηρια γεγυμνασμενα ἐχοντων προς διακρισιν καλου τε και κακου.

διακωλυω [1]

Mt	3 14	ὁ δε ἰωαννης διεκωλυεν αὐτον λεγων·

διαλαλεω [2]

Lc	1 65	και ἐν ὁλη τη ὀρεινη της ἰουδαιας διελαλειτο παντα τα ρηματα ταυτα,

διαλαλεω [2]

Lc   6 11   αυτοι δε επλησθησαν ανοιας, και διελαλουν προς αλληλους τι αν ποιησαιεν τω ιησου.

διαλεγομαι [13]

Mc   9 34   οι δε εσιωπων· προς αλληλους γαρ διελεχθησαν εν τη οδω τις μειζων.

Ac   17 2   κατα δε το ειωθος τω παυλω εισηλθεν προς αυτους, και επι σαββατα τρια διελεξατο αυτοις απο των γραφων,

    17   διελεγετο μεν ουν εν τη συναγωγη τοις ιουδαιοις και τοις σεβομενοις και εν τη αγορα κατα πασαν ημεραν προς τους παρατυγχανοντας.

    18 4   διελεγετο δε εν τη συναγωγη κατα παν σαββατον, επειθεν τε ιουδαιους και ελληνας.

    19   αυτος δε εισελθων εις την συναγωγην διελεξατο τοις ιουδαιοις.

    19 8   εισελθων δε εις την συναγωγην επαρρησιαζετο επι μηνας τρεις διαλεγομενος και πειθων [τα] περι της βασιλειας του θεου.

    9   αποστας απ αυτων αφωρισεν τους μαθητας, καθ ημεραν διαλεγομενος εν τη σχολη τυραννου.

    20 7   εν δε τη μια των σαββατων συνηγμενων ημων κλασαι αρτον ο παυλος διελεγετο αυτοις,

    9   καθεζομενος δε τις νεανιας ονοματι ευτυχος επι της θυριδος, καταφερομενος υπνω βαθει, διαλεγομενου του παυλου επι πλειον,

    24 12   και ουτε εν τω ιερω ευρον με προς τινα διαλεγομενον η επιστασιν ποιουντα οχλου,

    25   διαλεγομενου δε αυτου περι δικαιοσυνης και εγκρατειας και του κριματος του μελλοντος εμφοβος γενομενος ο φηλιξ απεκριθη·

Heb   12 5   και εκλελησθε της παρακλησεως, ητις υμιν ως υιοις διαλεγεται· υιε μου, μη ολιγωρει παιδειας κυριου,

Ju   9   ο δε μιχαηλ ο αρχαγγελος, οτε τω διαβολω διακρινομενος διελεγετο περι του μωυσεως σωματος, ουκ ετολμησεν κρισιν επενεγκειν βλασφημιας,

διαλειπω [1]

Lc   7 45   αυτη δε αφ ης εισηλθον ου διελιπεν καταφιλουσα μου τους ποδας.

διαλεκτος [6]

Ac   1 19   και γνωστον εγενετο πασι τοις κατοικουσιν ιερουσαλημ, ωστε κληθηναι το χωριον εκεινο τη ιδια διαλεκτω αυτων ακελδαμαχ, τουτ εστιν χωριον αιματος.

    2 6   γενομενης δε της φωνης ταυτης συνηλθεν το πληθος και συνεχυθη, οτι ηκουον εις εκαστος τη ιδια διαλεκτω λαλουντων αυτων.

    8   και πως ημεις ακουομεν εκαστος τη ιδια διαλεκτω ημων εν η εγεννηθημεν,

    21 40   πολλης δε σιγης γενομενης προσεφωνησεν τη εβραιδι διαλεκτω λεγων·

    22 2   ακουσαντες δε οτι τη εβραιδι διαλεκτω προσεφωνει αυτοις μαλλον παρεσχον ησυχιαν.

    26 14   παντων τε καταπεσοντων ημων εις την γην ηκουσα φωνην λεγουσαν προς με τη εβραιδι διαλεκτω· σαουλ σαουλ, τι με διωκεις;

διαλλασσομαι [1]

Mt   5 24   αφες εκει το δωρον σου εμπροσθεν του θυσιαστηριου, και υπαγε πρωτον διαλλαγηθι τω αδελφω σου,

διαλογιζομαι [16]

Mt   16 7   οι δε διελογιζοντο εν εαυτοις λεγοντες οτι αρτους ουκ ελαβομεν.

    8   τι διαλογιζεσθε εν εαυτοις, ολιγοπιστοι, οτι αρτους ουκ εχετε;

    21 25   οι δε διελογιζοντο εν εαυτοις λεγοντες· εαν ειπωμεν· εξ ουρανου, ερει ημιν· δια τι ουν ουκ επιστευσατε αυτω;

Mc   2 6   ησαν δε τινες των γραμματεων εκει καθημενοι και διαλογιζομενοι εν ταις καρδιαις αυτων· τι ουτος ουτως λαλει;

    8   και ευθυς επιγνους ο ιησους τω πνευματι αυτου οτι ουτως διαλογιζονται εν εαυτοις,

    8   τι ταυτα διαλογιζεσθε εν ταις καρδιαις υμων;

    8 16   και διελογιζοντο προς αλληλους οτι αρτους ουκ εχουσιν.

    17   τι διαλογιζεσθε οτι αρτους ουκ εχετε;

διαλογιζομαι [16]

Mc   9 33   και εν τη οικια γενομενος επηρωτα αυτους· τι εν τη οδω διελογιζεσθε;

    11 31   και διελογιζοντο προς εαυτους λεγοντες· εαν ειπωμεν· εξ ουρανου, ερει· δια τι [ουν] ουκ επιστευσατε αυτω;

Lc   1 29   η δε επι τω λογω διεταραχθη, και διελογιζετο ποταπος ειη ο ασπασμος ουτος.

    3 15   προσδοκωντος δε του λαου και διαλογιζομενων παντων εν ταις καρδιαις αυτων περι του ιωαννου, μηποτε αυτος ειη ο χριστος,

    5 21   και ηρξαντο διαλογιζεσθαι οι γραμματεις και οι φαρισαιοι λεγοντες·

    22   τι διαλογιζεσθε εν ταις καρδιαις υμων;

    12 17   και διελογιζετο εν εαυτω λεγων·

    20 14   ιδοντες δε αυτον οι γεωργοι διελογιζοντο προς αλληλους λεγοντες·

διαλογισμος [14]

Mt   15 19   εκ γαρ της καρδιας εξερχονται διαλογισμοι πονηροι, φονοι, μοιχειαι, πορνειαι, κλοπαι, ψευδομαρτυριαι, βλασφημιαι.

Mc   7 21   εσωθεν γαρ εκ της καρδιας των ανθρωπων οι διαλογισμοι οι κακοι εκπορευονται, πορνειαι, κλοπαι, φονοι, μοιχειαι, πλεονεξιαι, πονηριαι, δολος, ασελγεια, οφθαλμος πονηρος, βλασφημια, υπερηφανια, αφροσυνη·

Lc   2 35   ιδου ουτος κειται εις πτωσιν και αναστασιν πολλων εν τω ισραηλ και εις σημειον αντιλεγομενον και σου [δε] αυτης την ψυχην διελευσεται ρομφαια, οπως αν αποκαλυφθωσιν εκ πολλων καρδιων διαλογισμοι.

    5 22   επιγνους δε ο ιησους τους διαλογισμους αυτων, αποκριθεις ειπεν προς αυτους·

    6 8   αυτος δε ηδει τους διαλογισμους αυτων,

    9 46   εισηλθεν δε διαλογισμος εν αυτοις, το τις αν ειη μειζων αυτων.

    47   ο δε ιησους ειδως τον διαλογισμον της καρδιας αυτων, επιλαβομενος παιδιον εστησεν αυτο παρ εαυτω,

    24 38   τι τεταραγμενοι εστε, και δια τι διαλογισμοι αναβαινουσιν εν τη καρδια υμων;

Rm   1 21   διοτι γνοντες τον θεον ουχ ως θεον εδοξασαν η ηυχαριστησαν, αλλ εματαιωθησαν εν τοις διαλογισμοις αυτων,

    14 1   τον δε ασθενουντα τη πιστει προσλαμβανεσθε, μη εις διακρισεις διαλογισμων.

1Co   3 20   κυριος γινωσκει τους διαλογισμους των σοφων, οτι εισιν ματαιοι.

Php   2 14   παντα ποιειτε χωρις γογγυσμων και διαλογισμων,

1Tm   2 8   βουλομαι ουν προσευχεσθαι τους ανδρας εν παντι τοπω επαιροντας οσιους χειρας χωρις οργης και διαλογισμου.

Ja   2 4   ου διεκριθητε εν εαυτοις και εγενεσθε κριται διαλογισμων πονηρων;

διαλυω [1]

Ac   5 36   ος ανηρεθη, και παντες οσοι επειθοντο αυτω διελυθησαν και εγενοντο εις ουδεν.

διαμαρτυρομαι [15]

Lc   16 28   οπως διαμαρτυρηται αυτοις, ινα μη και αυτοι ελθωσιν εις τον τοπον τουτον της βασανου.

Ac   2 40   ετεροις τε λογοις πλειοσιν διεμαρτυρατο,

    8 25   οι μεν ουν διαμαρτυραμενοι και λαλησαντες τον λογον του κυριου υπεστρεφον εις ιεροσολυμα, πολλας τε κωμας των σαμαριτων ευηγγελιζοντο.

    10 42   και παρηγγειλεν ημιν κηρυξαι τω λαω και διαμαρτυρασθαι οτι ουτος εστιν ο ωρισμενος υπο του θεου κριτης ζωντων και νεκρων.

    18 5   συνειχετο τω λογω ο παυλος, διαμαρτυρομενος τοις ιουδαιοις ειναι τον χριστον ιησουν.

    20 21   διαμαρτυρομενος ιουδαιοις τε και ελλησιν την εις θεον μετανοιαν και πιστιν εις τον κυριον ημων ιησουν.

    23   τα εν αυτη συναντησοντα μοι μη ειδως, πλην οτι το πνευμα το αγιον κατα πολιν διαμαρτυρεται μοι λεγον οτι δεσμα και θλιψεις με μενουσιν.

    24   αλλ ουδενος λογου ποιουμαι την ψυχην τιμιαν εμαυτω ως τελειωσαι τον δρομον μου και την διακονιαν ην ελαβον παρα του κυριου ιησου, διαμαρτυρασθαι το ευαγγελιον της χαριτος του θεου.

    23 11   ως γαρ διεμαρτυρω τα περι εμου εις ιερουσαλημ, ουτω σε δει και εις ρωμην μαρτυρησαι.

διαμαρτυρομαι [15]

Ac   28 23   ταξαμενοι δε αυτω ημεραν ηλθον προς αυτον εις την ξενιαν
       πλειονες, οις εξετιθετο *διαμαρτυρομενος* την βασιλειαν του
       θεου,

1Th   4 6   καθως και προειπαμεν υμιν και *διεμαρτυραμεθα.*

1Tm   5 21   *διαμαρτυρομαι* ενωπιον του θεου και χριστου ιησου και των
       εκλεκτων αγγελων ινα ταυτα φυλαξης χωρις προκριματος,

2Tm   2 14   ταυτα υπομιμνησκε, *διαμαρτυρομενος* ενωπιον του θεου μη
       λογομαχειν,

     4 1   *διαμαρτυρομαι* ενωπιον του θεου και χριστου ιησου,

Heb   2 6   *διεμαρτυρατο* δε που τις λεγων·

διαμαχομαι [1]

Ac   23 9   εγενετο δε κραυγη μεγαλη, και ανασταντες τινες των
       γραμματεων του μερους των φαρισαιων *διεμαχοντο* λεγοντες·

διαμενω [5]

Lc   1 22   και αυτος ην διανευων αυτοις, και *διεμενεν* κωφος.

     22 28   υμεις δε εστε οι *διαμεμενηκοτες* μετ εμου εν τοις πειρασμοις
       μου·

Ga   2 5   οις ουδε προς ωραν ειξαμεν τη υποταγη, ινα η αληθεια του
       ευαγγελιου *διαμεινη* προς υμας.

Heb   1 11   αυτοι απολουνται, συ δε *διαμενεις·*

2Pt   3 4   αφ ης γαρ οι πατερες εκοιμηθησαν, παντα ουτως *διαμενει* απ
       αρχης κτισεως.

διαμεριζω [11]

Mt   27 35   σταυρωσαντες δε αυτον *διεμερισαντο* τα ιματια αυτου
       βαλλοντες κληρον,

Mc   15 24   και σταυρουσιν αυτον, και *διαμεριζονται* τα ιματια αυτου,

Lc   11 17   πασα βασιλεια εφ εαυτην *διαμερισθεισα* ερημουται,

     18   ει δε και ο σατανας εφ εαυτον *διεμερισθη,* πως σταθησεται η
       βασιλεια αυτου;

     12 52   εσονται γαρ απο του νυν πεντε εν ενι οικω *διαμεμερισμενοι,*
       τρεις επι δυσιν και δυο επι τρισιν *διαμερισθησονται,*

     53   εσονται γαρ απο του νυν πεντε εν ενι οικω διαμεμερισμενοι,
       τρεις επι δυσιν και δυο επι τρισιν *διαμερισθησονται,*

     22 17   λαβετε τουτο και *διαμερισατε* εις εαυτους·

     23 34   *διαμεριζομενοι* δε τα ιματια αυτου εβαλον κληρους.

Jh   19 24   *διεμερισαντο* τα ιματια μου εαυτοις και επι τον ιματισμον
       μου εβαλον κληρον.

Ac   2 3   και ωφθησαν αυτοις *διαμεριζομεναι* γλωσσαι ωσει πυρος,

     45   και τα κτηματα και τας υπαρξεις επιπρασκον και *διεμεριζον*
       αυτα πασιν, καθοτι αν τις χρειαν ειχεν.

διαμερισμος [1]

Lc   12 51   ουχι, λεγω υμιν, αλλ η *διαμερισμον.*

διανεμομαι [1]

Ac   4 17   αλλ ινα μη επι πλειον *διανεμηθη* εις τον λαον, απειλησωμεθα
       αυτοις μηκετι λαλειν επι τω ονοματι τουτω μηδενι ανθρωπων.

διανευω [1]

Lc   1 22   και αυτος ην *διανευων* αυτοις, και διεμενεν κωφος.

διανοημα [1]

Lc   11 17   αυτος δε ειδως αυτων τα *διανοηματα* ειπεν αυτοις·

διανοια [12]

Mt   22 37   αγαπησεις κυριον τον θεον σου εν ολη τη καρδια σου και εν
       ολη τη ψυχη σου και εν ολη τη *διανοια* σου.

Mc   12 30   και αγαπησεις κυριον τον θεον σου εξ ολης της καρδιας σου
       και εξ ολης της ψυχης σου και εξ ολης της *διανοιας* σου και
       εξ ολης της ισχυος σου.

Lc   1 51   και αγιον το ονομα αυτου, και το ελεος αυτου εις γενεας και
       γενεας τοις φοβουμενοις αυτον εποιησεν κρατος εν βραχιονι
       αυτου, διεσκορπισεν υπερηφανους *διανοια* καρδιας αυτων·

     10 27   αγαπησεις κυριον τον θεον σου εξ ολης [της] καρδιας σου και
       εν ολη τη ψυχη σου και εν ολη τη ισχυι σου και εν ολη τη
       διανοια σου, και τον πλησιον σου ως σεαυτον.

διανοια [12]

Eph   2 3   εν οις και ημεις παντες ανεστραφημεν ποτε εν ταις επιθυμιαις
       της σαρκος ημων, ποιουντες τα θεληματα της σαρκος και των
       διανοιων,

     4 18   εσκοτωμενοι τη *διανοια* οντες, απηλλοτριωμενοι της ζωης του
       θεου,

Col   1 21   και υμας ποτε οντας απηλλοτριωμενους και εχθρους τη
       διανοια εν τοις εργοις τοις πονηροις, νυνι δε αποκατηλλαξεν

Heb   8 10   διδους νομους μου εις την *διανοιαν* αυτων,

     10 16   διδους νομους μου επι καρδιας αυτων, και επι την *διανοιαν*
       αυτων επιγραψω αυτους,

1Pt   1 13   διο αναζωσαμενοι τας οσφυας της *διανοιας* υμων, νηφοντες,
       τελειως ελπισατε επι την φερομενην υμιν χαριν εν
       αποκαλυψει ιησου χριστου.

2Pt   3 1   ταυτην ηδη, αγαπητοι, δευτεραν υμιν γραφω επιστολην, εν αις
       διεγειρω υμων εν υπομνησει την ειλικρινη *διανοιαν,*

1Jh   5 20   οιδαμεν δε οτι ο υιος του θεου ηκει, και δεδωκεν ημιν
       διανοιαν ινα γινωσκωμεν τον αληθινον·

διανοιγω [8]

Mc   7 34   και αναβλεψας εις τον ουρανον εστεναξεν, και λεγει αυτω·
       εφφαθα, ο εστιν *διανοιχθητι.*

Lc   2 23   ανηγαγον αυτον εις ιεροσολυμα παραστησαι τω κυριω,
       καθως γεγραπται εν νομω κυριου οτι παν αρσεν *διανοιγον*
       μητραν αγιον τω κυριω κληθησεται,

     24 31   αυτων δε *διηνοιχθησαν* οι οφθαλμοι, και επεγνωσαν αυτον·

     32   ουχι η καρδια ημων καιομενη ην [εν ημιν], ως ελαλει ημιν εν
       τη οδω, ως *διηνοιγεν* ημιν τας γραφας;

     45   τοτε *διηνοιξεν* αυτων τον νουν του συνιεναι τας γραφας·

Ac   7 56   ιδου θεωρω τους ουρανους *διηνοιγμενους* και τον υιον του
       ανθρωπου εκ δεξιων εστωτα του θεου.

     16 14   ης ο κυριος *διηνοιξεν* την καρδιαν προσεχειν τοις
       λαλουμενοις υπο του παυλου.

     17 3   και επι σαββατα τρια διελεξατο αυτοις απο των γραφων,
       διανοιγων και παρατιθεμενος οτι τον χριστον εδει παθειν και
       αναστηναι εκ νεκρων,

διανυκτερευω [1]

Lc   6 12   και ην *διανυκτερευων* εν τη προσευχη του θεου.

διανυω [1]

Ac   21 7   ημεις δε τον πλουν *διανυσαντες* απο τυρου κατηντησαμεν εις
       πτολεμαιδα,

διαπαρατριβη [1]

1Tm   6 5   *διαπαρατριβαι* διεφθαρμενων ανθρωπων τον νουν και
       απεστερημενων της αληθειας,

διαπεραω [6]

Mt   9 1   και εμβας εις πλοιον *διεπερασεν,*

     14 34   και *διαπερασαντες* ηλθον επι την γην εις γεννησαρετ.

Mc   5 21   και *διαπερασαντος* του ιησου [εν τω πλοιω] παλιν εις το
       περαν συνηχθη οχλος πολυς επ αυτον,

     6 53   και *διαπερασαντες* επι την γην ηλθον εις γεννησαρετ και
       προσωρμισθησαν.

Lc   16 26   οπως οι θελοντες διαβηναι ενθεν προς υμας μη δυνωνται,
       μηδε εκειθεν προς ημας *διαπερωσιν.*

Ac   21 2   και ευροντες πλοιον *διαπερων* εις φοινικην, επιβαντες
       ανηχθημεν.

διαπλεω [1]

Ac   27 5   το τε πελαγος το κατα την κιλικιαν και παμφυλιαν
       διαπλευσαντες κατηλθομεν εις μυρα της λυκιας.

διαπονεομαι [2]

Ac   4 2   *διαπονουμενοι* δια το διδασκειν αυτους τον λαον και
       καταγγελλειν εν τω ιησου την αναστασιν την εκ νεκρων,

     16 18   *διαπονηθεις* δε παυλος και επιστρεψας τω πνευματι ειπεν·

διαπορευομαι [5]

Lc   6 1   εγενετο δε εν σαββατω *διαπορευεσθαι* αυτον δια σποριμων,

διαπορευομαι [5]

Lc	13 22	και διεπορευετο κατα πολεις και κωμας διδασκων και πορειαν ποιουμενος εις ιεροσολυμα.
	18 36	ακουσας δε οχλου διαπορευομενου επυνθανετο τι ειη τουτο.
Ac	16 4	ως δε διεπορευοντο τας πολεις, παρεδιδοσαν αυτοις φυλασσειν τα δογματα τα κεκριμενα υπο των αποστολων και πρεσβυτερων των εν ιεροσολυμοις.
Rm	15 24	ελπιζω γαρ διαπορευομενος θεασασθαι υμας και υφ υμων προπεμφθηναι εκει,

διαπορεω [4]

Lc	9 7	και διηπορει δια το λεγεσθαι υπο τινων οτι ιωαννης ηγερθη εκ νεκρων,
Ac	2 12	εξισταντο δε παντες και διηπορουν, αλλος προς αλλον λεγοντες·
	5 24	ως δε ηκουσαν τους λογους τουτους ο τε στρατηγος του ιερου και οι αρχιερεις, διηπορουν περι αυτων τι αν γενοιτο τουτο.
	10 17	ως δε εν εαυτω διηπορει ο πετρος τι αν ειη το οραμα ο ειδεν, ιδου οι ανδρες οι απεσταλμενοι υπο του κορνηλιου διερωτησαντες την οικιαν του σιμωνος επεστησαν επι τον πυλωνα,

διαπραγματευομαι [1]

Lc	19 15	και ειπεν φωνηθηναι αυτω τους δουλους τουτους οις δεδωκει το αργυριον, ινα γνοι τι διεπραγματευσαντο.

διαπριω [2]

Ac	5 33	οι δε ακουσαντες διεπριοντο και εβουλοντο ανελειν αυτους.
	7 54	ακουοντες δε ταυτα διεπριοντο ταις καρδιαις αυτων και εβρυχον τους οδοντας επ αυτον.

διαρπαζω [3]

Mt	12 29	εαν μη πρωτον δηση τον ισχυρον; και τοτε την οικιαν αυτου διαρπασει.
Mc	3 27	αλλ ου δυναται ουδεις εις την οικιαν του ισχυρου εισελθων τα σκευη αυτου διαρπασαι,
	27	εαν μη πρωτον τον ισχυρον δηση, και τοτε την οικιαν αυτου διαρπασει.

διαρρησσω [5]

Mt	26 65	τοτε ο αρχιερευς διερρηξεν τα ιματια αυτου λεγων·
Mc	14 63	ο δε αρχιερευς διαρρηξας τους χιτωνας αυτου λεγει·
Lc	5 6	και τουτο ποιησαντες συνεκλεισαν πληθος ιχθυων πολυ· διερρησσετο δε τα δικτυα αυτων.
	8 29	και διαρρησσων τα δεσμα ηλαυνετο υπο του δαιμονιου εις τας ερημους.
Ac	14 14	ακουσαντες δε οι αποστολοι βαρναβας και παυλος, διαρρηξαντες τα ιματια αυτων εξεπηδησαν εις τον οχλον, κραζοντες και λεγοντες·

διασαφεω [2]

Mt	13 36	διασαφησον ημιν την παραβολην των ζιζανιων του αγρου.
	18 31	και ελθοντες διεσαφησαν τω κυριω εαυτων παντα τα γενομενα.

διασειω [1]

Lc	3 14	μηδενα διασεισητε μηδε συκοφαντησητε, και αρκεισθε τοις οψωνιοις υμων.

διασκορπιζω [9]

Mt	25 24	κυριε, εγνων σε οτι σκληρος ει ανθρωπος, θεριζων οπου ουκ εσπειρας, και συναγων οθεν ου διεσκορπισας·
	26	πονηρε δουλε και οκνηρε, ηδεις οτι θεριζω οπου ουκ εσπειρα, και συναγω οθεν ου διεσκορπισα;
	26 31	παταξω τον ποιμενα, και διασκορπισθησονται τα προβατα της ποιμνης·
Mc	14 27	παταξω τον ποιμενα, και τα προβατα διασκορπισθησονται.
Lc	1 51	και αγιον το ονομα αυτου, και το ελεος αυτου εις γενεας και γενεας τοις φοβουμενοις αυτον εποιησεν κρατος εν βραχιονι αυτου, διεσκορπισεν υπερηφανους διανοια καρδιας αυτων·
	15 13	και εκει διεσκορπισεν την ουσιαν αυτου ζων ασωτως.

διασκορπιζω [9]

Lc	16 1	ανθρωπος τις ην πλουσιος ος ειχεν οικονομον, και ουτος διεβληθη αυτω ως διασκορπιζων τα υπαρχοντα αυτου.
Jh	11 52	οτι εμελλεν ιησους αποθνησκειν υπερ του εθνους, και ουχ υπερ του εθνους μονον, αλλ ινα και τα τεκνα του θεου τα διεσκορπισμενα συναγαγη εις εν.
Ac	5 37	κακεινος απωλετο, και παντες οσοι επειθοντο αυτω διεσκορπισθησαν.

διασπαω [2]

Mc	5 4	και ουδε αλυσει ουκετι ουδεις εδυνατο αυτον δησαι, δια το αυτον πολλακις πεδαις και αλυσεσιν δεδεσθαι, και διεσπασθαι υπ αυτου τας αλυσεις και τας πεδας συντετριφθαι,
Ac	23 10	πολλης δε γινομενης στασεως φοβηθεις ο χιλιαρχος μη διασπασθη ο παυλος υπ αυτων,

διασπειρω [3]

Ac	8 1	παντες δε διεσπαρησαν κατα τας χωρας της ιουδαιας και σαμαρειας πλην των αποστολων.
	4	οι μεν ουν διασπαρεντες διηλθον ευαγγελιζομενοι τον λογον.
	11 19	οι μεν ουν διασπαρεντες απο της θλιψεως της γενομενης επι στεφανω διηλθον εως φοινικης και κυπρου και αντιοχειας,

διασπορα [3]

Jh	7 35	μη εις την διασποραν των ελληνων μελλει πορευεσθαι και διδασκειν τους ελληνας;
Ja	1 1	ιακωβος θεου και κυριου ιησου χριστου δουλος ταις δωδεκα φυλαις ταις εν τη διασπορα χαιρειν.
1Pt	1 1	πετρος αποστολος ιησου χριστου εκλεκτοις παρεπιδημοις διασπορας ποντου, γαλατιας, καππαδοκιας, ασιας και βιθυνιας,

διαστελλομαι [8]

Mt	16 20	τοτε διεστειλατο τοις μαθηταις ινα μηδενι ειπωσιν οτι αυτος εστιν ο χριστος.
Mc	5 43	και διεστειλατο αυτοις πολλα ινα μηδεις γνοι τουτο,
	7 36	και διεστειλατο αυτοις ινα μηδενι λεγωσιν·
	36	οσον δε αυτοις διεστελλετο, αυτοι μαλλον περισσοτερον εκηρυσσον.
	8 15	και διεστελλετο αυτοις λεγων· ορατε, βλεπετε απο της ζυμης των φαρισαιων και της ζυμης ηρωδου.
	9 9	και καταβαινοντων αυτων εκ του ορους διεστειλατο αυτοις ινα μηδενι α ειδον διηγησωνται,
Ac	15 24	επειδη ηκουσαμεν οτι τινες εξ ημων [εξελθοντες] εταραξαν υμας λογοις ανασκευαζοντες τας ψυχας υμων, οις ου διεστειλαμεθα, εδοξεν ημιν γενομενοις ομοθυμαδον,
Heb	12 20	ουκ εφερον γαρ το διαστελλομενον· καν θηριον θιγη του ορους, λιθοβοληθησεται·

διαστημα [1]

Ac	5 7	εγενετο δε ως ωρων τριων διαστημα και η γυνη αυτου μη ειδυια το γεγονος εισηλθεν.

διαστολη [3]

Rm	3 22	ου γαρ εστιν διαστολη· παντες γαρ ημαρτον και υστερουνται της δοξης του θεου,
	10 12	ου γαρ εστιν διαστολη ιουδαιου τε και ελληνος.
1Co	14 7	εαν διαστολην τοις φθογγοις μη δω, πως γνωσθησεται το αυλουμενον η το κιθαριζομενον;

διαστρεφω [7]

Mt	17 17	ω γενεα απιστος και διεστραμμενη, εως ποτε μεθ υμων εσομαι;
Lc	9 41	ω γενεα απιστος και διεστραμμενη, εως ποτε εσομαι προς υμας και ανεξομαι υμων;
	23 2	τουτον ευραμεν διαστρεφοντα το εθνος ημων και κωλυοντα φορους καισαρι διδοναι,
Ac	13 8	ανθιστατο δε αυτοις ελυμας ο μαγος, ουτως γαρ μεθερμηνευεται το ονομα αυτου, ζητων διαστρεψαι τον ανθυπατον απο της πιστεως.
	10	εχθρε πασης δικαιοσυνης, ου παυση διαστρεφων τας οδους [του] κυριου τας ευθειας;

διαστρεφω [7]

Ac   20 30   και έξ υμων αυτων αναστησονται ανδρες λαλουντες διεστραμμενα του αποσπαν τους μαθητας οπισω αυτων.

Php   2 15   ινα γενησθε αμεμπτοι και ακεραιοι, τεκνα θεου αμωμα μεσον γενεας σκολιας και διεστραμμενης,

διασωζω [8]

Mt   14 36   και όσοι ηψαντο διεσωθησαν.

Lc   7 3   άκουσας δε περι του ιησου απεστειλεν προς αυτον πρεσβυτερους των ιουδαιων, ερωτων αυτον οπως ελθων διασωση τον δουλον αυτου.

Ac   23 24   κτηνη τε παραστησαι, ινα επιβιβασαντες τον παυλον διασωσωσι προς φηλικα τον ηγεμονα,

     27 43   ό δε εκατονταρχης βουλομενος διασωσαι τον παυλον εκωλυσεν αυτους του βουληματος,

     44   και ουτως εγενετο παντας διασωθηναι επι την γην.

     28 1   και διασωθεντες τοτε επεγνωμεν ότι μελιτη ή νησος καλειται.

     4   παντως φονευς εστιν ό ανθρωπος ουτος, όν διασωθεντα εκ της θαλασσης ή δικη ζην ουκ ειασεν.

1Pt   3 20   κατασκευαζομενης κιβωτου, εις ήν ολιγοι, τουτ εστιν οκτω ψυχαι, διεσωθησαν δι υδατος.

διαταγη [2]

Ac   7 53   ού νυν υμεις προδοται και φονεις εγενεσθε, οιτινες ελαβετε τον νομον εις διαταγας αγγελων,

Rm   13 2   ώστε ό αντιτασσομενος τη εξουσια τη του θεου διαταγη ανθεστηκεν·

διαταγμα [1]

Heb   11 23   και ουκ εφοβηθησαν το διαταγμα του βασιλεως.

διαταρασσω [1]

Lc   1 29   ή δε επι τω λογω διεταραχθη,

διατασσω [16]

Mt   11 1   και εγενετο ότε ετελεσεν ό ιησους διατασσων τοις δωδεκα μαθηταις αυτου, μετεβη εκειθεν του διδασκειν και κηρυσσειν εν ταις πολεσιν αυτων.

Lc   3 13   μηδεν πλεον παρα το διατεταγμενον υμιν πρασσετε.

     8 55   και ανεστη παραχρημα, και διεταξεν αυτη δοθηναι φαγειν.

     17 9   μη εχει χαριν τω δουλω ότι εποιησεν τα διαταχθεντα;

     10   ουτως και υμεις, όταν ποιησητε παντα τα διαταχθεντα υμιν, λεγετε ότι δουλοι αχρειοι εσμεν, ό ωφειλομεν ποιησαι πεποιηκαμεν.

Ac   7 44   ή σκηνη του μαρτυριου ήν τοις πατρασιν ημων εν τη ερημω, καθως διεταξατο ό λαλων τω μωυση ποιησαι αυτην κατα τον τυπον όν εωρακει·

     18 2   δια το διατεταχεναι κλαυδιον χωριζεσθαι παντας τους ιουδαιους απο της ρωμης,

     20 13   ουτως γαρ διατεταγμενος ήν, μελλων αυτος πεζευειν.

     23 31   οι μεν ούν στρατιωται κατα το διατεταγμενον αυτοις αναλαβοντες τον παυλον ηγαγον δια νυκτος εις την αντιπατριδα·

     24 23   διαταξαμενος τω εκατονταρχη τηρεισθαι αυτον εχειν τε ανεσιν και μηδενα κωλυειν των ιδιων αυτου υπηρετειν αυτω.

1Co   7 17   και ουτως εν ταις εκκλησιαις πασαις διατασσομαι.

     9 14   ουτως και ό κυριος διεταξεν τοις το ευαγγελιον καταγγελλουσιν εκ του ευαγγελιου ζην.

     11 34   τα δε λοιπα ώς άν ελθω διαταξομαι.

     16 1   περι δε της λογειας της εις τους άγιους, ώσπερ διεταξα ταις εκκλησιαις της γαλατιας, ουτως και υμεις ποιησατε.

Ga   3 19   άχρις ού άν ελθη το σπερμα ώ επηγγελται, διαταγεις δι αγγελων, εν χειρι μεσιτου.

Tit   1 5   και καταστησης κατα πολιν πρεσβυτερους, ώς εγω σοι διεταξαμην,

διατελεω [1]

Ac   27 33   τεσσαρεσκαιδεκατην σημερον ημεραν προσδοκωντες ασιτοι διατελειτε,

διατηρεω [2]

Lc   2 51   και ή μητηρ αυτου διετηρει παντα τα ρηματα εν τη καρδια αυτης.

διατηρεω [2]

Ac   15 29   έξ ών διατηρουντες εαυτους εύ πραξετε. ερρωσθε.

διατιθεμαι [7]

Lc   22 29   καγω διατιθεμαι υμιν καθως διεθετο μοι ό πατηρ μου βασιλειαν,

     29   καγω διατιθεμαι υμιν καθως διεθετο μοι ό πατηρ μου βασιλειαν,

Ac   3 25   υμεις εστε οι υιοι των προφητων και της διαθηκης ής διεθετο ό θεος προς τους πατερας υμων,

Heb   8 10   ότι αυτη ή διαθηκη ήν διαθησομαι τω οικω ισραηλ μετα τας ημερας εκεινας, λεγει κυριος,

     9 16   όπου γαρ διαθηκη, θανατον αναγκη φερεσθαι του διαθεμενου·

     17   διαθηκη γαρ επι νεκροις βεβαια, επει μηποτε ισχυει ότε ζη ό διαθεμενος.

     10 16   αυτη ή διαθηκη ήν διαθησομαι προς αυτους μετα τας ημερας εκεινας, λεγει κυριος·

διατριβω [9]

Jh   3 22   μετα ταυτα ήλθεν ό ιησους και οι μαθηται αυτου εις την ιουδαιαν γην, και εκει διετριβεν μετ αυτων και εβαπτιζεν.

Ac   12 19   και κατελθων απο της ιουδαιας εις καισαρειαν διετριβεν.

     14 3   ίκανον μεν ούν χρονον διετριψαν παρρησιαζομενοι επι τω κυριω τω μαρτυρουντι επι τω λογω της χαριτος αυτου,

     28   διετριβον δε χρονον ουκ ολιγον συν τοις μαθηταις.

     15 35   παυλος δε και βαρναβας διετριβον εν αντιοχεια,

     16 12   ήμεν δε εν ταυτη τη πολει διατριβοντες ημερας τινας.

     20 6   και ήλθομεν προς αυτους εις την τρωαδα άχρι ημερων πεντε, όπου διετριψαμεν ημερας έπτα.

     25 6   διατριψας δε εν αυτοις ημερας ού πλειους οκτω ή δεκα, καταβας εις καισαρειαν,

     14   ώς δε πλειους ημερας διετριβον εκει, ό φηστος τω βασιλει ανεθετο τα κατα τον παυλον λεγων·

διατροφη [1]

1Tm   6 8   έχοντες δε διατροφας και σκεπασματα, τουτοις αρκεσθησομεθα.

διαυγαζω [1]

2Pt   1 19   ώ καλως ποιειτε προσεχοντες ώς λυχνω φαινοντι εν αυχμηρω τοπω, εως ού ημερα διαυγαση και φωσφορος ανατειλη εν ταις καρδιαις υμων·

διαυγης [1]

Apc   21 21   και ή πλατεια της πολεως χρυσιον καθαρον ώς ύαλος διαυγης.

διαφερω [13]

Mt   6 26   ουχ υμεις μαλλον διαφερετε αυτων;

     10 31   πολλων στρουθιων διαφερετε υμεις.

     12 12   ποσω ούν διαφερει ανθρωπος προβατου.

Mc   11 16   και ουκ ήφιεν ινα τις διενεγκη σκευος δια του ιερου,

Lc   12 7   μη φοβεισθε· πολλων στρουθιων διαφερετε.

     24   ποσω μαλλον υμεις διαφερετε των πετεινων.

Ac   13 49   διεφερετο δε ό λογος του κυριου δι όλης της χωρας.

     27 27   ώς δε τεσσαρεσκαιδεκατη νυξ εγενετο διαφερομενων ημων εν τω αδρια, κατα μεσον της νυκτος υπενοουν οι ναυται προσαγειν τινα αυτοις χωραν.

Rm   2 18   εί δε συ ιουδαιος επονομαζη και επαναπαυη νομω και καυχασαι εν θεω και γινωσκεις το θελημα και δοκιμαζεις τα διαφεροντα κατηχουμενος εκ του νομου,

1Co   15 41   άστηρ γαρ αστερος διαφερει εν δοξη.

Ga   2 6   απο δε των δοκουντων είναι τι, όποιοι ποτε ήσαν ουδεν μοι διαφερει·

     4 1   εφ όσον χρονον ό κληρονομος νηπιος εστιν, ουδεν διαφερει δουλου κυριος παντων ών,

Php   1 10   εις το δοκιμαζειν υμας τα διαφεροντα, ινα ήτε ειλικρινεις και απροσκοποι εις ημεραν χριστου,

διαφευγω [1]

Ac   27 42   των δε στρατιωτων βουλη εγενετο ινα τους δεσμωτας αποκτεινωσιν, μη τις εκκολυμβησας διαφυγη·

διαφημιζω [3]

Mt	9 31	οἱ δε ἐξελθοντες διεφημισαν αὐτον ἐν ὁλη τη γη ἐκεινη.
	28 15	και διεφημισθη ὁ λογος οὑτος παρα ἰουδαιοις μεχρι της σημερον [ἡμερας].
Mc	1 45	ὁ δε ἐξελθων ἡρξατο κηρυσσειν πολλα και διαφημιζειν τον λογον,

διαφθειρω [6]

Lc	12 33	ποιησατε ἑαυτοις βαλλαντια μη παλαιουμενα, θησαυρον ἀνεκλειπτον ἐν τοις οὐρανοις, ὁπου κλεπτης οὐκ ἐγγιζει οὐδε σης διαφθειρει·
2Co	4 16	ἀλλ εἰ και ὁ ἐξω ἡμων ἀνθρωπος διαφθειρεται, ἀλλ ὁ ἐσω ἡμων ἀνακαινουται ἡμερα και ἡμερα.
1Tm	6 5	διαπαρατριβαι διεφθαρμενων ἀνθρωπων τον νουν και ἀπεστερημενων της ἀληθειας,
Apc	8 9	και το τριτον των πλοιων διεφθαρησαν.
	11 18	και διαφθειραι τους διαφθειροντας την γην.
	18	και διαφθειραι τους διαφθειροντας την γην.

διαφθορα [6]

Ac	2 27	ἐτι δε και ἡ σαρξ μου κατασκηνωσει ἐπ ἐλπιδι, ὁτι οὐκ ἐγκαταλειψεις την ψυχην μου εἰς ἁδην οὐδε δωσεις τον ὁσιον σου ἰδειν διαφθοραν.
	31	προιδων ἐλαλησεν περι της ἀναστασεως του χριστου, ὁτι οὐτε ἐγκατελειφθη εἰς ἁδην οὐτε ἡ σαρξ αὐτου εἰδεν διαφθοραν.
	13 34	ὁτι δε ἀνεστησεν αὐτον ἐκ νεκρων μηκετι μελλοντα ὑποστρεφειν εἰς διαφθοραν, οὑτως εἰρηκεν ὁτι δωσω ὑμιν τα ὁσια δαυιδ τα πιστα.
	35	οὐ δωσεις τον ὁσιον σου ἰδειν διαφθοραν.
	36	δαυιδ μεν γαρ ἰδια γενεα ὑπηρετησας τη του θεου βουλη ἐκοιμηθη και προσετεθη προς τους πατερας αὐτου και εἰδεν διαφθοραν·
	37	ὁν δε ὁ θεος ἡγειρεν, οὐκ εἰδεν διαφθοραν.

διαφορος [4]

Rm	12 6	ἐχοντες δε χαρισματα κατα την χαριν την δοθεισαν ἡμιν διαφορα,
Heb	1 4	τοσουτω κρειττων γενομενος των ἀγγελων ὁσω διαφορωτερον παρ αὐτους κεκληρονομηκεν ὀνομα.
	8 6	νυν[ι] δε διαφορωτερας τετυχεν λειτουργιας, ὁσω και κρειττονος ἐστιν διαθηκης μεσιτης,
	9 10	μη δυναμεναι κατα συνειδησιν τελειωσαι τον λατρευοντα, μονον ἐπι βρωμασιν και πομασιν και διαφοροις βαπτισμοις,

διαφυλασσω [1]

Lc	4 10	γεγραπται γαρ ὁτι τοις ἀγγελοις αὐτου ἐντελειται περι σου του διαφυλαξαι σε,

διαχειριζομαι [2]

Ac	5 30	ὁ θεος των πατερων ἡμων ἡγειρεν ἰησουν, ὁν ὑμεις διεχειρισασθε κρεμασαντες ἐπι ξυλου·
	26 21	ἐνεκα τουτων με ἰουδαιοι συλλαβομενοι [ὀντα] ἐν τω ἱερω ἐπειρωντο διαχειρισασθαι.

διαχλευαζω [1]

Ac	2 13	ἑτεροι δε διαχλευαζοντες ἐλεγον ὁτι γλευκους μεμεστωμενοι εἰσιν.

διαχωριζομαι [1]

Lc	9 33	και ἐγενετο ἐν τω διαχωριζεσθαι αὐτους ἀπ αὐτου εἰπεν ὁ πετρος προς τον ἰησουν·

διδακτικος [2]

1Tm	3 2	δει οὐν τον ἐπισκοπον ἀνεπιλημπτον εἰναι, μιας γυναικος ἀνδρα, νηφαλιον, σωφρονα, κοσμιον, φιλοξενον, διδακτικον,
2Tm	2 24	ἀλλα ἡπιον εἰναι προς παντας, διδακτικον, ἀνεξικακον, ἐν πραυτητι παιδευοντα τους ἀντιδιατιθεμενους,

διδακτος [3]

Jh	6 45	και ἐσονται παντες διδακτοι θεου·

διδακτος [3]

1Co	2 13	ἁ και λαλουμεν οὐκ ἐν διδακτοις ἀνθρωπινης σοφιας λογοις,
	13	ἁ και λαλουμεν οὐκ ἐν διδακτοις ἀνθρωπινης σοφιας λογοις, ἀλλ ἐν διδακτοις πνευματος,

διδασκαλια [21]

Mt	15 9	ματην δε σεβονται με, διδασκοντες διδασκαλιας ἐνταλματα ἀνθρωπων.
Mc	7 7	ματην δε σεβονται με, διδασκοντες διδασκαλιας ἐνταλματα ἀνθρωπων.
Rm	12 7	εἰτε διακονιαν, ἐν τη διακονια· εἰτε ὁ διδασκων, ἐν τη διδασκαλια·
	15 4	ὁσα γαρ προεγραφη, εἰς την ἡμετεραν διδασκαλιαν ἐγραφη,
Eph	4 14	ἱνα μηκετι ὠμεν νηπιοι, κλυδωνιζομενοι και περιφερομενοι παντι ἀνεμω της διδασκαλιας ἐν τη κυβεια των ἀνθρωπων,
Col	2 22	ἁ ἐστιν παντα εἰς φθοραν τη ἀποχρησει, κατα τα ἐνταλματα και διδασκαλιας των ἀνθρωπων·
1Tm	1 10	και εἰ τι ἑτερον τη ὑγιαινουση διδασκαλια ἀντικειται,
	4 1	το δε πνευμα ῥητως λεγει ὁτι ἐν ὑστεροις καιροις ἀποστησονται τινες της πιστεως, προσεχοντες πνευμασιν πλανοις και διδασκαλιαις δαιμονιων,
	6	ἐση διακονος χριστου ἰησου, ἐντρεφομενος τοις λογοις της πιστεως και της καλης διδασκαλιας ἡ παρηκολουθηκας·
	13	ἑως ἐρχομαι προσεχε τη ἀναγνωσει, τη παρακλησει, τη διδασκαλια.
	16	ἐπεχε σεαυτω και τη διδασκαλια, ἐπιμενε αὐτοις·
	5 17	οἱ καλως προεστωτες πρεσβυτεροι διπλης τιμης ἀξιουσθωσαν, μαλιστα οἱ κοπιωντες ἐν λογω και διδασκαλια.
	6 1	ὁσοι εἰσιν ὑπο ζυγον δουλοι, τους ἰδιους δεσποτας πασης τιμης ἀξιους ἡγεισθωσαν, ἱνα μη το ὀνομα του θεου και ἡ διδασκαλια βλασφημηται.
	3	εἰ τις ἑτεροδιδασκαλει και μη προσερχεται ὑγιαινουσιν λογοις τοις του κυριου ἡμων ἰησου χριστου, και τη κατ εὐσεβειαν διδασκαλια, τετυφωται, μηδεν ἐπισταμενος,
2Tm	3 10	συ δε παρηκολουθησας μου τη διδασκαλια, τη ἀγωγη, τη προθεσει, τη πιστει, τη μακροθυμια, τη ἀγαπη, τη ὑπομονη,
	16	πασα γραφη θεοπνευστος και ὠφελιμος προς διδασκαλιαν,
	4 3	ἐσται γαρ καιρος ὁτε της ὑγιαινουσης διδασκαλιας οὐκ ἀνεξονται,
Tit	1 9	φιλαγαθον, σωφρονα, δικαιον, ὁσιον, ἐγκρατη, ἀντεχομενον του κατα την διδαχην πιστου λογου, ἱνα δυνατος ἡ και παρακαλειν ἐν τη διδασκαλια τη ὑγιαινουση και τους ἀντιλεγοντας ἐλεγχειν.
	2 1	συ δε λαλει ἁ πρεπει τη ὑγιαινουση διδασκαλια.
	7	σεαυτον παρεχομενος τυπον καλων ἐργων, ἐν τη διδασκαλια ἀφθοριαν, σεμνοτητα, λογον ὑγιη ἀκαταγνωστον,
	10	ἀλλα πασαν πιστιν ἐνδεικνυμενους ἀγαθην, ἱνα την διδασκαλιαν την του σωτηρος ἡμων θεου κοσμωσιν ἐν πασιν.

διδασκαλος [59]

Mt	8 19	και προσελθων εἱς γραμματευς εἰπεν αὐτω· διδασκαλε, ἀκολουθησω σοι ὁπου ἐαν ἀπερχη.
	9 11	δια τί μετα των τελωνων και ἁμαρτωλων ἐσθιει ὁ διδασκαλος ὑμων;
	10 24	οὐκ ἐστιν μαθητης ὑπερ τον διδασκαλον οὐδε δουλος ὑπερ τον κυριον αὐτου.
	25	ἀρκετον τω μαθητη ἱνα γενηται ὡς ὁ διδασκαλος αὐτου,
	12 38	διδασκαλε, θελομεν ἀπο σου σημειον ἰδειν.
	17 24	ὁ διδασκαλος ὑμων οὐ τελει τα διδραχμα;
	19 16	διδασκαλε, τί ἀγαθον ποιησω ἱνα σχω ζωην αἰωνιον;
	22 16	διδασκαλε, οἰδαμεν ὁτι ἀληθης εἰ και την ὁδον του θεου ἐν ἀληθεια διδασκεις,
	24	διδασκαλε, μωυσης εἰπεν· ἐαν τις ἀποθανη μη ἐχων τεκνα, ἐπιγαμβρευσει ὁ ἀδελφος αὐτου την γυναικα αὐτου και ἀναστησει σπερμα τω ἀδελφω αὐτου.
	36	διδασκαλε, ποια ἐντολη μεγαλη ἐν τω νομω;
	23 8	ὑμεις δε μη κληθητε ῥαββι· εἱς γαρ ἐστιν ὑμων ὁ διδασκαλος, παντες δε ὑμεις ἀδελφοι ἐστε.
	26 18	ὁ διδασκαλος λεγει· ὁ καιρος μου ἐγγυς ἐστιν·
Mc	4 38	διδασκαλε, οὐ μελει σοι ὁτι ἀπολλυμεθα;
	5 35	τί ἐτι σκυλλεις τον διδασκαλον;
	9 17	διδασκαλε, ἡνεγκα τον υἱον μου προς σε, ἐχοντα πνευμα ἀλαλον·
	38	διδασκαλε, εἰδομεν τινα ἐν τω ὀνοματι σου ἐκβαλλοντα δαιμονια,
	10 17	διδασκαλε ἀγαθε, τί ποιησω ἱνα ζωην αἰωνιον κληρονομησω;
	20	διδασκαλε, ταυτα παντα ἐφυλαξαμην ἐκ νεοτητος μου.
	35	διδασκαλε, θελομεν ἱνα ὁ ἐαν αἰτησωμεν σε ποιησης ἡμιν.

διδασκαλος [59]

Mc 12 14 διδασκαλε, οἰδαμεν ὁτι ἀληθης εἰ και οὐ μελει σοι περι
οὐδενος·

19 διδασκαλε, μωυσης ἐγραψεν ἡμιν ὁτι ἐαν τινος ἀδελφος
ἀποθανη και καταλιπη γυναικα και μη ἀφη τεκνον, ἱνα λαβη
ὁ ἀδελφος αὐτου την γυναικα και ἐξαναστηση σπερμα τω
ἀδελφω αὐτου.

32 καλως, διδασκαλε, ἐπ ἀληθειας εἰπες ὁτι εἱς ἐστιν και οὐκ
ἐστιν ἀλλος πλην αὐτου·

13 1 διδασκαλε, ἰδε ποταποι λιθοι και ποταπαι οἰκοδομαι.

14 14 και ὁπου ἐαν εἰσελθη εἰπατε τω οἰκοδεσποτη ὁτι ὁ
διδασκαλος λεγει·

Lc 2 46 και ἐγενετο μετα ἡμερας τρεις εὑρον αὐτον ἐν τω ἱερω
καθεζομενον ἐν μεσω των διδασκαλων και ἀκουοντα αὐτων
και ἐπερωτωντα αὐτους·

3 12 διδασκαλε, τί ποιησωμεν;

6 40 οὐκ ἐστιν μαθητης ὑπερ τον διδασκαλον·

40 οὐκ ἐστιν μαθητης ὑπερ τον διδασκαλον· κατηρτισμενος δε
πας ἐσται ὡς ὁ διδασκαλος αὐτου.

7 40 ὁ δε· διδασκαλε, εἰπε, φησιν.

8 49 ἐτι αὐτου λαλουντος ἐρχεται τις παρα του ἀρχισυναγωγου
λεγων ὁτι τεθνηκεν ἡ θυγατηρ σου· μηκετι σκυλλε τον
διδασκαλον.

9 38 διδασκαλε, δεομαι σου ἐπιβλεψαι ἐπι τον υἱον μου,

10 25 διδασκαλε, τί ποιησας ζωην αἰωνιον κληρονομησω;

11 45 διδασκαλε, ταυτα λεγων και ἡμας ὑβριζεις.

12 13 διδασκαλε, εἰπε τω ἀδελφω μου μερισασθαι μετ ἐμου την
κληρονομιαν.

18 18 διδασκαλε ἀγαθε, τί ποιησας ζωην αἰωνιον κληρονομησω;

19 39 διδασκαλε, ἐπιτιμησον τοις μαθηταις σου.

20 21 διδασκαλε, οἰδαμεν ὁτι ὀρθως λεγεις και διδασκεις και οὐ
λαμβανεις προσωπον,

28 διδασκαλε, μωυσης ἐγραψεν ἡμιν,

39 ἀποκριθεντες δε τινες των γραμματεων εἰπαν· διδασκαλε,
καλως εἰπας.

21 7 διδασκαλε, ποτε οὐν ταυτα ἐσται; και τί το σημειον ὁταν
μελλη ταυτα γινεσθαι;

22 11 λεγει σοι ὁ διδασκαλος· που ἐστιν το καταλυμα ὁπου το
πασχα μετα των μαθητων μου φαγω;

Jh 1 38 οἱ δε εἰπαν αὐτω· ῥαββι ὁ λεγεται μεθερμηνευομενον
διδασκαλε, που μενεις;

3 2 οἰδαμεν ὁτι ἀπο θεου ἐληλυθας διδασκαλος·

10 συ εἰ ὁ διδασκαλος του ἰσραηλ και ταυτα οὐ γινωσκεις;

8 4* διδασκαλε, αὑτη ἡ γυνη κατειληπται ἐπ αὐτοφωρω
μοιχευομενη·

11 28 ὁ διδασκαλος παρεστιν και φωνει σε.

13 13 ὑμεις φωνειτε με· ὁ διδασκαλος και ὁ κυριος, και καλως
λεγετε· εἰμι γαρ.

14 εἰ οὐν ἐγω ἐνιψα ὑμων τους ποδας ὁ κυριος και ὁ
διδασκαλος, και ὑμεις ὀφειλετε ἀλληλων νιπτειν τους ποδας·

20 16 στραφεισα ἐκεινη λεγει αὐτω ἑβραϊστι· ῥαββουνι ὁ λεγεται
διδασκαλε.

Ac 13 1 ἠσαν δε ἐν ἀντιοχεια κατα την οὐσαν ἐκκλησιαν προφηται
και διδασκαλοι ὁ τε βαρναβας και συμεων ὁ καλουμενος
νιγερ,

Rm 2 20 πεποιθας τε σεαυτον ὁδηγον εἰναι τυφλων, φως των ἐν
σκοτει, παιδευτην ἀφρονων, διδασκαλον νηπιων,

1Co 12 28 και οὑς μεν ἐθετο ὁ θεος ἐν τη ἐκκλησια πρωτον ἀποστολους,
δευτερον προφητας, τριτον διδασκαλους,

29 μη παντες προφηται; μη παντες διδασκαλοι;

Eph 4 11 και αὐτος ἐδωκεν τους μεν ἀποστολους, τους δε προφητας,
τους δε εὐαγγελιστας, τους δε ποιμενας και διδασκαλους,

1Tm 2 7 εἰς ὁ ἐτεθην ἐγω κηρυξ και ἀποστολος, ἀληθειαν λεγω, οὐ
ψευδομαι, διδασκαλος ἐθνων ἐν πιστει και ἀληθεια.

2Tm 1 11 δια του εὐαγγελιου, εἰς ὁ ἐτεθην ἐγω κηρυξ και ἀποστολος
και διδασκαλος·

4 3 ἀλλα κατα τας ἰδιας ἐπιθυμιας ἑαυτοις ἐπισωρευσουσιν
διδασκαλους κνηθομενοι την ἀκοην,

Heb 5 12 και γαρ ὀφειλοντες εἰναι διδασκαλοι δια τον χρονον, παλιν
χρειαν ἐχετε του διδασκειν ὑμας τινα τα στοιχεια της ἀρχης
των λογιων του θεου.

Ja 3 1 μη πολλοι διδασκαλοι γινεσθε, ἀδελφοι μου, εἰδοτες ὁτι
μειζον κριμα λημψομεθα.

διδασκω [97]

Mt 4 23 διδασκων ἐν ταις συναγωγαις αὐτων και κηρυσσων το
εὐαγγελιον της βασιλειας και θεραπευων πασαν νοσον και
πασαν μαλακιαν ἐν τω λαω.

διδασκω [97]

Mt 5 2 και ἀνοιξας το στομα αὐτου ἐδιδασκεν αὐτους λεγων·
μακαριοι οἱ πτωχοι τω πνευματι,

19 ὁς ἐαν οὐν λυση μιαν των ἐντολων τουτων των ἐλαχιστων
και διδαξη οὑτως τους ἀνθρωπους, ἐλαχιστος κληθησεται ἐν
τη βασιλεια των οὐρανων·

19 ὁς δ ἀν ποιηση και διδαξη, οὑτος μεγας κληθησεται ἐν τη
βασιλεια των οὐρανων.

7 29 ἠν γαρ διδασκων αὐτους ὡς ἐξουσιαν ἐχων,

9 35 και περιηγεν ὁ ἰησους τας πολεις πασας και τας κωμας,
διδασκων ἐν ταις συναγωγαις αὐτων και κηρυσσων το
εὐαγγελιον της βασιλειας και θεραπευων πασαν νοσον και
πασαν μαλακιαν.

11 1 και ἐγενετο ὁτε ἐτελεσεν ὁ ἰησους διατασσων τοις δωδεκα
μαθηταις αὐτου, μετεβη ἐκειθεν του διδασκειν και κηρυσσειν
ἐν ταις πολεσιν αὐτων.

13 54 και ἐλθων εἰς την πατριδα αὐτου ἐδιδασκεν αὐτους ἐν τη
συναγωγη αὐτων

15 9 ματην δε σεβονται με, διδασκοντες διδασκαλιας ἐνταλματα
ἀνθρωπων.

21 23 και ἐλθοντος αὐτου εἰς το ἱερον προσηλθον αὐτω διδασκοντι
οἱ ἀρχιερεις και οἱ πρεσβυτεροι του λαου λεγοντες·

22 16 διδασκαλε, οἰδαμεν ὁτι ἀληθης εἰ και την ὁδον του θεου ἐν
ἀληθεια διδασκεις,

26 55 καθ ἡμεραν ἐν τω ἱερω ἐκαθεζομην διδασκων, και οὐκ
ἐκρατησατε με.

28 15 οἱ δε λαβοντες τα ἀργυρια ἐποιησαν ὡς ἐδιδαχθησαν.

20 πορευθεντες οὐν μαθητευσατε παντα τα ἐθνη, βαπτιζοντες
αὐτους εἰς το ὀνομα του πατρος και του υἱου και του ἁγιου
πνευματος, διδασκοντες αὐτους τηρειν παντα ὁσα
ἐνετειλαμην ὑμιν·

Mc 1 21 και εὐθυς τοις σαββασιν εἰσελθων εἰς την συναγωγην
ἐδιδασκεν.

22 ἠν γαρ διδασκων αὐτους ὡς ἐξουσιαν ἐχων, και οὐχ ὡς οἱ
γραμματεις.

2 13 και πας ὁ ὀχλος ἠρχετο προς αὐτον, και ἐδιδασκεν αὐτους.

4 1 και παλιν ἠρξατο διδασκειν παρα την θαλασσαν·

2 και ἐδιδασκεν αὐτους ἐν παραβολαις πολλα,

6 2 και γενομενου σαββατου ἠρξατο διδασκειν ἐν τη συναγωγη·

6 και περιηγεν τας κωμας κυκλω διδασκων. ·

30 και συναγονται οἱ ἀποστολοι προς τον ἰησουν, και
ἀπηγγειλαν αὐτω παντα ὁσα ἐποιησαν και ὁσα ἐδιδαξαν.

34 και ἐξελθων εἰδεν πολυν ὀχλον, και ἐσπλαγχνισθη ἐπ αὐτους
ὁτι ἠσαν ὡς προβατα μη ἐχοντα ποιμενα, και ἠρξατο
διδασκειν αὐτους πολλα.

7 7 ματην δε σεβονται με, διδασκοντες διδασκαλιας ἐνταλματα
ἀνθρωπων.

8 31 και ἠρξατο διδασκειν αὐτους ὁτι δει τον υἱον του ἀνθρωπου
πολλα παθειν,

9 31 ἐδιδασκεν γαρ τους μαθητας αὐτου,

10 1 και συμπορευονται παλιν ὀχλοι προς αὐτον, και ὡς εἰωθει
παλιν ἐδιδασκεν αὐτους.

11 17 και ἐδιδασκεν και ἐλεγεν αὐτοις· οὐ γεγραπται ὁτι ὁ οἰκος
μου οἰκος προσευχης κληθησεται πασιν τοις ἐθνεσιν;

12 14 οὐ γαρ βλεπεις εἰς προσωπον ἀνθρωπων, ἀλλ ἐπ ἀληθειας την
ὁδον του θεου διδασκεις·

35 και ἀποκριθεις ὁ ἰησους ἐλεγεν διδασκων ἐν τω ἱερω· πως
λεγουσιν οἱ γραμματεις ὁτι ὁ χριστος υἱος δαυιδ ἐστιν;

14 49 καθ ἡμεραν ἠμην προς ὑμας ἐν τω ἱερω διδασκων, και οὐκ
ἐκρατησατε με·

Lc 4 15 και αὐτος ἐδιδασκεν ἐν ταις συναγωγαις αὐτων, δοξαζομενος
ὑπο παντων.

31 και ἠν διδασκων αὐτους ἐν τοις σαββασιν·

5 3 καθισας δε ἐκ του πλοιου ἐδιδασκεν τους ὀχλους.

17 και ἐγενετο ἐν μια των ἡμερων και αὐτος ἠν διδασκων,

6 6 ἐγενετο δε ἐν ἑτερω σαββατω εἰσελθειν αὐτον εἰς την
συναγωγην και διδασκειν·

11 1 κυριε, διδαξον ἡμας προσευχεσθαι, καθως και ἰωαννης
ἐδιδαξεν τους μαθητας αὐτου.

1 κυριε, διδαξον ἡμας προσευχεσθαι, καθως και ἰωαννης
ἐδιδαξεν τους μαθητας αὐτου.

12 12 το γαρ ἁγιον πνευμα διδαξει ὑμας ἐν αὐτη τη ὡρα ἁ δει
εἰπειν.

13 10 ἠν δε διδασκων ἐν μια των συναγωγων ἐν τοις σαββασιν.

22 και διεπορευετο κατα πολεις και κωμας διδασκων και
πορειαν ποιουμενος εἰς ἱεροσολυμα.

26 ἐφαγομεν ἐνωπιον σου και ἐπιομεν, και ἐν ταις πλατειαις
ἡμων ἐδιδαξας·

19 47 και ἠν διδασκων το καθ ἡμεραν ἐν τω ἱερω·

διδασκω [97]

Lc 20 1 και έγενετο έν μια των ήμερων *διδασκοντος* αύτου τον λαον έν τω ίερω και εύαγγελιζομενου έπεστησαν οί άρχιερεις και οί γραμματεις συν τοις πρεσβυτεροις,

21 *διδασκαλε*, οίδαμεν ότι όρθως λεγεις και *διδασκεις* και ού λαμβανεις προσωπον,

21 *διδασκαλε*, οίδαμεν ότι όρθως λεγεις και *διδασκεις* και ού λαμβανεις προσωπον, άλλ έπ άληθειας την όδον του θεου *διδασκεις*

21 37 ήν δε τας ήμερας έν τω ίερω *διδασκων*,

23 5 οί δε έπισχυον λεγοντες ότι άνασειει τον λαον, *διδασκων* καθ όλης της ίουδαιας,

Jh 6 59 ταυτα είπεν έν συναγωγη *διδασκων* έν καφαρναουμ.

7 14 ήδη δε της έορτης μεσουσης άνεβη ίησους είς το ίερον και *έδιδασκεν*.

28 έκραξεν ούν έν τω ίερω *διδασκων* ό ίησους και λεγων·

35 μη είς την διασποραν των έλληνων μελλει πορευεσθαι και *διδασκειν* τους έλληνας;

8 2* και πας ό λαος ήρχετο προς αύτον, και καθισας *έδιδασκεν* αύτους.

20 ταυτα τα ρηματα έλαλησεν έν τω γαζοφυλακιω *διδασκων* έν τω ίερω·

28 και άπ έμαυτου ποιω ούδεν, άλλα καθως *έδιδαξεν* με ό πατηρ, ταυτα λαλω.

9 34 έν άμαρτιαις συ έγεννηθης όλος, και συ *διδασκεις* ήμας;

14 26 ό δε παρακλητος, το πνευμα το άγιον ό πεμψει ό πατηρ έν τω όνοματι μου, έκεινος ύμας *διδαξει* παντα και ύπομνησει ύμας παντα ά είπον ύμιν [έγω].

18 20 έγω παντοτε *έδιδαξα* έν συναγωγη και έν τω ίερω,

Ac 1 1 τον μεν πρωτον λογον έποιησαμην περι παντων, ώ θεοφιλε, ών ήρξατο ό ίησους ποιειν τε και *διδασκειν*,

4 2 διαπονουμενοι δια το *διδασκειν* αύτους τον λαον και καταγγελλειν έν τω ίησου την άναστασιν την έκ νεκρων,

18 και καλεσαντες αύτους παρηγγειλαν το καθολου μη φθεγγεσθαι μηδε *διδασκειν* έπι τω όνοματι του ίησου.

5 21 άκουσαντες δε είσηλθον ύπο τον όρθρον είς το ίερον και *έδιδασκον*.

25 παραγενομενος δε τις άπηγγειλεν αύτοις ότι ίδου οί άνδρες, ούς έθεσθε έν τη φυλακη, είσιν έν τω ίερω έστωτες και *διδασκοντες* τον λαον.

28 [ού] παραγγελια παρηγγειλαμεν ύμιν μη *διδασκειν* έπι τω όνοματι τουτω;

42 πασαν τε ήμεραν έν τω ίερω και κατ οίκον ούκ έπαυοντο *διδασκοντες* και εύαγγελιζομενοι τον χριστον ίησουν.

11 26 έγενετο δε αύτοις και ένιαυτον όλον συναχθηναι έν τη έκκλησια και *διδαξαι* όχλον ίκανον,

15 1 και τινες κατελθοντες άπο της ίουδαιας *έδιδασκον* τους άδελφους ότι έαν μη περιτμηθητε τω έθει τω μωυσεως, ού δυνασθε σωθηναι.

35 παυλος δε και βαρναβας διετριβον έν άντιοχεια, *διδασκοντες* και εύαγγελιζομενοι μετα και έτερων πολλων τον λογον του κυριου.

18 11 έκαθισεν δε ένιαυτον και μηνας έξ *διδασκων* έν αύτοις τον λογον του θεου.

25 και ζεων τω πνευματι έλαλει και *έδιδασκεν* άκριβως τα περι του ίησου,

20 20 ώς ούδεν ύπεστειλαμην των συμφεροντων του μη άναγγειλαι ύμιν και *διδαξαι* ύμας δημοσια και κατ οίκους,

21 21 κατηχηθησαν δε περι σου ότι άποστασιαν *διδασκεις* άπο μωυσεως τους κατα τα έθνη παντας ίουδαιους,

28 ούτος έστιν ό άνθρωπος ό κατα του λαου και του νομου και του τοπου τουτου παντας πανταχη *διδασκων*,

28 31 και άπεδεχετο παντας τους είσπορευομενους προς αύτον, κηρυσσων την βασιλειαν του θεου και *διδασκων* τα περι του κυριου ίησου χριστου μετα πασης παρρησιας άκωλυτως.

Rm 2 21 ό ούν *διδασκων* έτερον σεαυτον ού *διδασκεις*; ό κηρυσσων μη κλεπτειν κλεπτεις;

21 ό ούν *διδασκων* έτερον σεαυτον ού *διδασκεις*; ό κηρυσσων μη κλεπτειν κλεπτεις;

12 7 είτε διακονιαν, έν τη διακονια· είτε ό *διδασκων*, έν τη διδασκαλια·

1Co 4 17 ός ύμας άναμνησει τας όδους μου τας έν χριστω [ίησου], καθως πανταχου έν παση έκκλησια *διδασκω*.

11 14 ούδε ή φυσις αύτη *διδασκει* ύμας ότι άνηρ μεν έαν κομα, άτιμια αύτω έστιν, γυνη δε έαν κομα, δοξα αύτη έστιν;

Ga 1 12 ούδε γαρ έγω παρα άνθρωπου παρελαβον αύτο ούτε *έδιδαχθην*,

Eph 4 21 εί γε αύτον ήκουσατε και έν αύτω *έδιδαχθητε* καθως έστιν άληθεια έν τω ίησου,

---

διδασκω [97]

Col 1 28 όν ήμεις καταγγελλομεν νουθετουντες παντα άνθρωπον και *διδασκοντες* παντα άνθρωπον έν παση σοφια,

2 7 έν αύτω περιπατειτε, έρριζωμενοι και έποικοδομουμενοι έν αύτω και βεβαιουμενοι τη πιστει καθως *έδιδαχθητε*,

3 16 έν παση σοφια *διδασκοντες* και νουθετουντες έαυτους,

2Th 2 15 και κρατειτε τας παραδοσεις άς *έδιδαχθητε* είτε δια λογου είτε δι έπιστολης ήμων.

1Tm 2 12 *διδασκειν* δε γυναικι ούκ έπιτρεπω, ούδε αύθεντειν άνδρος, άλλ είναι έν ήσυχια.

4 11 παραγγελλε ταυτα και *διδασκε*.

6 2 ταυτα *διδασκε* και παρακαλει.

2Tm 2 2 ταυτα παραθου πιστοις άνθρωποις, οίτινες ίκανοι έσονται και έτερους *διδαξαι*.

Tit 1 11 ούς δει έπιστομιζειν, οίτινες όλους οίκους άνατρεπουσιν *διδασκοντες* ά μη δει αίσχρου κερδους χαριν.

Heb 5 12 και γαρ όφειλοντες είναι διδασκαλοι δια τον χρονον, παλιν χρειαν έχετε του *διδασκειν* ύμας τινα τα στοιχεια της άρχης των λογιων του θεου,

8 11 και ού μη *διδαξωσιν* έκαστος τον πολιτην αύτου και έκαστος τον άδελφον αύτου, λεγων·

1Jh 2 27 και ού χρειαν έχετε ίνα τις *διδασκη* ύμας·

27 άλλ ώς το αύτου χρισμα *διδασκει* ύμας περι παντων, και άληθες έστιν και ούκ έστιν ψευδος,

27 και καθως *έδιδαξεν* ύμας, μενετε έν αύτω.

Apc 2 14 ότι έχεις έκει κρατουντας την διδαχην βαλααμ, ός *έδιδασκεν* τω βαλακ βαλειν σκανδαλον ένωπιον των υίων ίσραηλ,

20 και *διδασκει* και πλανα τους έμους δουλους πορνευσαι και φαγειν είδωλοθυτα·

διδαχη [30]

Mt 7 28 έξεπλησσοντο οί όχλοι έπι τη *διδαχη* αύτου·

16 12 τοτε συνηκαν ότι ούκ είπεν προσεχειν άπο της ζυμης των άρτων, άλλα άπο της *διδαχης* των φαρισαιων και σαδδουκαιων.

22 33 και άκουσαντες οί όχλοι έξεπλησσοντο έπι τη *διδαχη* αύτου.

Mc 1 22 και έξεπλησσοντο έπι τη *διδαχη* αύτου·

27 τί έστιν τουτο; *διδαχη* καινη κατ έξουσιαν·

4 2 και έλεγεν αύτοις έν τη *διδαχη* αύτου· άκουετε.

11 18 έφοβουντο γαρ αύτον, πας γαρ ό όχλος έξεπλησσετο έπι τη *διδαχη* αύτου.

12 38 και έν τη *διδαχη* αύτου έλεγεν·

Lc 4 32 και έξεπλησσοντο έπι τη *διδαχη* αύτου, ότι έν έξουσια ήν ό λογος αύτου.

Jh 7 16 ή έμη *διδαχη* ούκ έστιν έμη άλλα του πεμψαντος με·

17 έαν τις θελη το θελημα αύτου ποιειν, γνωσεται περι της *διδαχης*, ποτερον έκ του θεου έστιν ή έγω άπ έμαυτου λαλω,

18 19 ό ούν άρχιερευς ήρωτησεν τον ίησουν περι των μαθητων αύτου και περι της *διδαχης* αύτου.

Ac 2 42 ήσαν δε προσκαρτερουντες τη *διδαχη* των άποστολων και τη κοινωνια, τη κλασει του άρτου και ταις προσευχαις.

5 28 και ίδου πεπληρωκατε την ίερουσαλημ της *διδαχης* ύμων, και βουλεσθε έπαγαγειν έφ ήμας το αίμα του άνθρωπου τουτου.

13 12 τοτε ίδων ό άνθυπατος το γεγονος έπιστευσεν, έκπλησσομενος έπι τη *διδαχη* του κυριου.

17 19 δυναμεθα γνωναι τίς ή καινη αύτη ή ύπο σου λαλουμενη *διδαχη*;

Rm 6 17 χαρις δε τω θεω ότι ήτε δουλοι της άμαρτιας, ύπηκουσατε δε έκ καρδιας είς όν παρεδοθητε τυπον *διδαχης*,

16 17 παρακαλω δε ύμας, άδελφοι, σκοπειν τους τας διχοστασιας και τα σκανδαλα παρα την *διδαχην* ήν ύμεις έμαθετε ποιουντας, και έκκλινετε άπ αύτων·

1Co 14 6 τί ύμας ώφελησω, έαν μη ύμιν λαλησω ή έν άποκαλυψει ή έν γνωσει ή έν προφητεια ή [έν] *διδαχη*;

26 όταν συνερχησθε, έκαστος ψαλμον έχει, *διδαχην* έχει, άποκαλυψιν έχει, γλωσσαν έχει, έρμηνειαν έχει·

2Tm 4 2 έλεγξον, έπιτιμησον, παρακαλεσον, έν παση μακροθυμια και *διδαχη*.

Tit 1 9 μη αίσχροκερδη, άλλα φιλοξενον, φιλαγαθον, σωφρονα, δικαιον, όσιον, έγκρατη, άντεχομενον του κατα την *διδαχην* πιστου λογου,

Heb 6 2 μη παλιν θεμελιον καταβαλλομενοι μετανοιας άπο νεκρων έργων, και πιστεως έπι θεον, βαπτισμων *διδαχης*, έπιθεσεως τε χειρων, άναστασεως τε νεκρων,

13 9 *διδαχαις* ποικιλαις και ξεναις μη παραφερεσθε·

2Jh 9 πας ό προαγων και μη μενων έν τη *διδαχη* του χριστου θεον ούκ έχει·

9 ό μενων έν τη *διδαχη*, ούτος και τον πατερα και τον υίον έχει.

διδαχη [30]

2Jh 10 εἰ τις ἐρχεται προς ὑμας και ταυτην την *διδαχην* οὐ φερει, μη λαμβανετε αὐτον εἰς οἰκιαν,

Apc 2 14 ·ἀλλ ἐχω κατα σοῦ ὀλιγα, ὀτι ἐχεις ἐκει κρατουντας την *διδαχην* βαλααμ,

15 οὑτως ἐχεις και συ κρατουντας την *διδαχην* [των] νικολαιτων ὀμοιως.

24 ὑμιν δε λεγω τοις λοιποις τοις ἐν θυατειροις, ὀσοι οὐκ ἐχουσιν την *διδαχην* ταυτην,

διδραχμον [2]

Mt 17 24 ἐλθοντων δε αὐτων εἰς καφαρναουμ προσηλθον οἱ τα *διδραχμα* λαμβανοντες τω πετρω και εἰπαν·

24 ὁ διδασκαλος ὑμων οὐ τελει τα *διδραχμα*;

διδυμος [3]

Jh 11 16 εἰπεν οὐν θωμας ὁ λεγομενος *διδυμος* τοις συμμαθηταις· ἀγωμεν και ἡμεις ἱνα ἀποθανωμεν μετ αὐτου.

20 24 θωμας δε εἱς ἐκ των δωδεκα, ὁ λεγομενος *διδυμος*, οὐκ ἠν μετ αὐτων ὀτε ἠλθεν ἰησους.

21 2 ἠσαν ὁμου σιμων πετρος και θωμας ὁ λεγομενος *διδυμος* και ναθαναηλ ὁ ἀπο κανα της γαλιλαιας και οἱ του ζεβεδαιου και ἀλλοι ἐκ των μαθητων αὐτου δυο.

διδωμι [415]

Mt 4 9 ταυτα σοι παντα *δωσω*,

5 31 ὁς ἀν ἀπολυση την γυναικα αὐτου, *δοτω* αὐτη ἀποστασιον.

42 τω αἰτουντι σε *δος*,

6 11 τον ἀρτον ἡμων τον ἐπιουσιον *δος* ἡμιν σημερον·

7 6 μη *δωτε* το ἀγιον τοις κυσιν,

7 αἰτειτε, και *δοθησεται* ὑμιν·

11 εἰ οὐν ὑμεις πονηροι ὀντες οἰδατε δοματα ἀγαθα *διδοναι* τοις τεκνοις ὑμων,

11 ποσω μαλλον ὁ πατηρ ὑμων ὁ ἐν τοις οὐρανοις *δωσει* ἀγαθα τοις αἰτουσιν αὐτον.

9 8 ἰδοντες δε οἱ ὀχλοι ἐφοβηθησαν και ἐδοξασαν τον θεον τον *δοντα* ἐξουσιαν τοιαυτην τοις ἀνθρωποις.

10 1 και προσκαλεσαμενος τους δωδεκα μαθητας αὐτου *ἐδωκεν* αὐτοις ἐξουσιαν πνευματων ἀκαθαρτων ὡστε ἐκβαλλειν αὐτα,

8 δωρεαν ἐλαβετε, δωρεαν *δοτε*.

19 *δοθησεται* γαρ ὑμιν ἐν ἐκεινη τη ὡρα τί λαλησητε·

12 39 και σημειον οὐ *δοθησεται* αὐτη εἰ μη το σημειον ἰωνα του προφητου.

13 8 ἀλλα δε ἐπεσεν ἐπι την γην την καλην και *ἐδιδου* καρπον,

11 ὁ δε ἀποκριθεις εἰπεν αὐτοις· ὀτι ὑμιν *δεδοται* γνωναι τα μυστηρια της βασιλειας των οὐρανων,

11 ὀτι ὑμιν δεδοται γνωναι τα μυστηρια της βασιλειας των οὐρανων, ἐκεινοις δε οὐ *δεδοται*.

12 ὀστις γαρ ἐχει, *δοθησεται* αὐτω και περισσευθησεται·

14 7 ὀθεν μεθ ὀρκου ὡμολογησεν αὐτη *δουναι* ὁ ἐαν αἰτησηται.

8 *δος* μοι, φησιν, ὡδε ἐπι πινακι την κεφαλην ἰωαννου του βαπτιστου.

9 και λυπηθεις ὁ βασιλευς δια τους ὀρκους και τους συνανακειμενους ἐκελευσεν *δοθηναι*,

11 και ἠνεχθη ἡ κεφαλη αὐτου ἐπι πινακι και *ἐδοθη* τω κορασιω,

16 οὐ χρειαν ἐχουσιν ἀπελθειν· *δοτε* αὐτοις ὑμεις φαγειν.

19 λαβων τους πεντε ἀρτους και τους δυο ἰχθυας, ἀναβλεψας εἰς τον οὐρανον εὐλογησεν, και κλασας *ἐδωκεν* τοις μαθηταις τους ἀρτους,

15 36 και παραγγειλας τω ὀχλω ἀναπεσειν ἐπι την γην ἐλαβεν τους ἑπτα ἀρτους και τους ἰχθυας και εὐχαριστησας ἐκλασεν και *ἐδιδου* τοις μαθηταις,

16 4 γενεα πονηρα και μοιχαλις σημειον ἐπιζητει, και σημειον οὐ *δοθησεται* αὐτη εἰ μη το σημειον ἰωνα.

19 *δωσω* σοι τας κλειδας της βασιλειας των οὐρανων,

26 τί γαρ ὠφεληθησεται ἀνθρωπος, ἐαν τον κοσμον ὁλον κερδηση, την δε ψυχην αὐτου ζημιωθη; ἠ τί *δωσει* ἀνθρωπος ἀνταλλαγμα της ψυχης αὐτου;

17 27 και ἀνοιξας το στομα αὐτου εὑρησεις στατηρα· ἐκεινον λαβων *δος* αὐτοις ἀντι ἐμου και σοῦ.

19 7 τί οὐν μωυσης ἐνετειλατο *δουναι* βιβλιον ἀποστασιον και ἀπολυσαι [αὐτην];

11 οὐ παντες χωρουσιν τον λογον [τουτον,] ἀλλ οἱς *δεδοται*.

21 εἰ θελεις τελειος εἰναι, ὑπαγε πωλησον σου τα ὑπαρχοντα και *δος* τοις πτωχοις,

διδωμι [415]

Mt 20 4 ὑπαγετε και ὑμεις εἰς τον ἀμπελωνα, και ὁ ἐαν ἠ δικαιον *δωσω* ὑμιν.

14 θελω δε τουτω τω ἐσχατω *δουναι* ὡς και σοί·

23 το μεν ποτηριον μου πιεσθε, το δε καθισαι ἐκ δεξιων μου και ἐξ εὐωνυμων οὐκ ἐστιν ἐμον [τουτο] *δουναι*,

28 ὡσπερ ὁ υἱος του ἀνθρωπου οὐκ ἠλθεν διακονηθηναι, ἀλλα διακονησαι και *δουναι* την ψυχην αὐτου λυτρον ἀντι πολλων.

21 23 ἐν ποια ἐξουσια ταυτα ποιεις; και τίς σοι *ἐδωκεν* την ἐξουσιαν ταυτην;

43 δια τουτο λεγω ὑμιν ὀτι ἀρθησεται ἀφ ὑμων ἡ βασιλεια του θεου και *δοθησεται* ἐθνει ποιουντι τους καρπους αὐτης.

22 17 ἐξεστιν *δουναι* κηνσον καισαρι ἠ οὐ;

24 24 ἐγερθησονται γαρ ψευδοχριστοι και ψευδοπροφηται, και *δωσουσιν* σημεια μεγαλα και τερατα,

29 και ἡ σεληνη οὐ *δωσει* το φεγγος αὐτης,

45 τίς ἀρα ἐστιν ὁ πιστος δουλος και φρονιμος ὁν κατεστησεν ὁ κυριος ἐπι της οἰκετειας αὐτου του *δουναι* αὐτοις την τροφην ἐν καιρω;

25 8 *δοτε* ἡμιν ἐκ του ἐλαιου ὑμων, ὀτι αἱ λαμπαδες ἡμων σβεννυνται.

15 και ὡ μεν *ἐδωκεν* πεντε ταλαντα, ὡ δε δυο, ὡ δε ἑν, ἑκαστω κατα την ἰδιαν δυναμιν,

28 ἀρατε οὐν ἀπ αὐτου το ταλαντον και *δοτε* τω ἐχοντι τα δεκα ταλαντα·

29 τω γαρ ἐχοντι παντι *δοθησεται* και περισσευθησεται· του δε μη ἐχοντος και ὁ ἐχει ἀρθησεται ἀπ αὐτου.

35 ἐπεινασα γαρ και *ἐδωκατε* μοι φαγειν, ἐδιψησα και ἐποτισατε με,

42 ἐπεινασα γαρ και οὐκ *ἐδωκατε* μοι φαγειν, ἐδιψησα και οὐκ ἐποτισατε με,

26 9 εἰς τί ἡ ἀπωλεια αὐτη; ἐδυνατο γαρ τουτο πραθηναι πολλου και *δοθηναι* πτωχοις,

15 τί θελετε μοι *δουναι*, καγω ὑμιν παραδωσω αὐτον;

26 ἐσθιοντων δε αὐτων λαβων ὁ ἰησους ἀρτον και εὐλογησας ἐκλασεν και *δους* τοις μαθηταις εἰπεν·

27 και λαβων ποτηριον και εὐχαριστησας *ἐδωκεν* αὐτοις λεγων·

48 ὁ δε παραδιδους αὐτον *ἐδωκεν* αὐτοις σημειον λεγων·

27 10 και *ἐδωκαν* αὐτα εἰς τον ἀγρον του κεραμεως, καθα συνεταξεν μοι κυριος.

34 και ἐλθοντες εἰς τοπον λεγομενον γολγοθα, ὁ ἐστιν κρανιου τοπος λεγομενος, *ἐδωκαν* αὐτω πιειν οἰνον μετα χολης μεμιγμενον·

28 12 και συναχθεντες μετα των πρεσβυτερων συμβουλιον τε λαβοντες ἀργυρια ἱκανα *ἐδωκαν* τοις στρατιωταις,

18 *ἐδοθη* μοι πασα ἐξουσια ἐν οὐρανω και ἐπι [της] γης.

Mc 2 26 και *ἐδωκεν* και τοις συν αὐτω οὐσιν;

3 6 και ἐξελθοντες οἱ φαρισαιοι εὐθυς μετα των ἡρωδιανων συμβουλιον *ἐδιδουν* κατ αὐτου,

4 7 και καρπον οὐκ *ἐδωκεν*.

8 και ἀλλα ἐπεσεν εἰς την γην την καλην και *ἐδιδου* καρπον ἀναβαινοντα και αὐξανομενα και ἐφερεν ἐν τριακοντα και ἐν ἑξηκοντα και ἐν ἑκατον.

11 ὑμιν το μυστηριον *δεδοται* της βασιλειας του θεου·

25 ὁς γαρ ἐχει, *δοθησεται* αὐτω·

5 43 και διεστειλατο αὐτοις πολλα ἱνα μηδεις γνοι τουτο, και εἰπεν *δοθηναι* αὐτη φαγειν.

6 2 ποθεν τουτω ταυτα, και τίς ἡ σοφια ἡ *δοθεισα* τουτω,

7 και ἠρξατο αὐτους ἀποστελλειν δυο δυο, και *ἐδιδου* αὐτοις ἐξουσιαν των πνευματων των ἀκαθαρτων,

22 αἰτησον με ὁ ἐαν θελης, και *δωσω* σοί·

23 και ὡμοσεν αὐτη [πολλα] ὀτι ἐαν με αἰτησης *δωσω* σοι ἑως ἡμισους της βασιλειας μου.

25 θελω ἱνα ἐξαυτης *δως* μοι ἐπι πινακι την κεφαλην ἰωαννου του βαπτιστου.

28 και ἠνεγκεν την κεφαλην αὐτου ἐπι πινακι και *ἐδωκεν* αὐτην τω κορασιω,

28 και το κορασιον *ἐδωκεν* αὐτην τη μητρι αὐτης.

37 ὁ δε ἀποκριθεις εἰπεν αὐτοις· *δοτε* αὐτοις ὑμεις φαγειν.

37 ἀπελθοντες ἀγορασωμεν δηναριων διακοσιων ἀρτους, και *δωσομεν* αὐτοις φαγειν;

41 και λαβων τους πεντε ἀρτους και τους δυο ἰχθυας, ἀναβλεψας εἰς τον οὐρανον εὐλογησεν και κατεκλασεν τους ἀρτους και *ἐδιδου* τοις μαθηταις [αὐτου] ἱνα παρατιθωσιν αὐτοις,

8 6 και λαβων τους ἑπτα ἀρτους εὐχαριστησας ἐκλασεν και *ἐδιδου* τοις μαθηταις αὐτου ἱνα παρατιθωσιν, και παρεθηκαν τω ὀχλω.

12 εἰ *δοθησεται* τη γενεα ταυτη σημειον.

37 τί γαρ *δοι* ἀνθρωπος ἀνταλλαγμα της ψυχης αὐτου;

διδωμι [415]

Mc	10 21	ἕν σε ὑστερεῖ· ὕπαγε, ὅσα ἔχεις πωλησον και *δος* [τοις] πτωχοις,
	37	*δος* ἡμιν ἱνα εἱς σου ἐκ δεξιων και εἱς ἐξ ἀριστερων καθισωμεν ἐν τῃ δοξῃ σου.
	40	το δε καθισαι ἐκ δεξιων μου ἠ ἐξ εὐωνυμων οὐκ ἐστιν ἐμον *δουναι*, ἀλλ οἱς ἡτοιμασται.
	45	και γαρ ὁ υἱος του ἀνθρωπου οὐκ ἠλθεν διακονηθηναι ἀλλα διακονησαι και *δουναι* την ψυχην αὐτου λυτρον ἀντι πολλων.
11	28	και ἐλεγον αὐτῳ· ἐν ποιᾳ ἐξουσιᾳ ταυτα ποιεις; ἠ τις σοι *ἐδωκεν* την ἐξουσιαν ταυτην ἱνα ταυτα ποιῃς;
12	9	τι [οὐν] ποιησει ὁ κυριος του ἀμπελωνος; ἐλευσεται και ἀπολεσει τους γεωργους, και *δωσει* τον ἀμπελωνα ἀλλοις.
	14	ἐξεστιν *δουναι* κηνσον καισαρι ἠ οὐ; *δωμεν* ἠ μη *δωμεν*;
	14	ἐξεστιν *δουναι* κηνσον καισαρι ἠ οὐ; *δωμεν* ἠ μη *δωμεν*;
	14	ἐξεστιν *δουναι* κηνσον καισαρι ἠ οὐ; *δωμεν* ἠ μη *δωμεν*;
13	11	μη προμεριμνατε τι λαλησητε, ἀλλ ὁ ἐαν *δοθῃ* ὑμιν ἐν ἐκεινῃ τῃ ὡρᾳ, τουτο λαλειτε·
	22	ἐγερθησονται γαρ ψευδοχριστοι και ψευδοπροφηται και *δωσουσιν* σημεια και τερατα προς το ἀποπλαναν, εἰ δυνατον, τους ἐκλεκτους.
	24	και ἡ σεληνη οὐ *δωσει* το φεγγος αὐτης,
	34	ὡς ἀνθρωπος ἀποδημος ἀφεις την οἰκιαν αὐτου και *δους* τοις δουλοις αὐτου την ἐξουσιαν, ἑκαστῳ το ἐργον αὐτου,
14	5	ἠδυνατο γαρ τουτο το μυρον πραθηναι ἐπανω δηναριων τριακοσιων και *δοθηναι* τοις πτωχοις·
	11	οἱ δε ἀκουσαντες ἐχαρησαν και ἐπηγγειλαντο αὐτῳ ἀργυριον *δουναι*.
	22	και ἐσθιοντων αὐτων λαβων ἀρτον εὐλογησας ἐκλασεν και *ἐδωκεν* αὐτοις και εἰπεν·
	23	και λαβων ποτηριον εὐχαριστησας *ἐδωκεν* αὐτοις, και ἐπιον ἐξ αὐτου παντες.
	44	δεδωκει δε ὁ παραδιδους αὐτον συσσημον αὐτοις λεγων·
15	23	και *ἐδιδουν* αὐτῳ ἐσμυρνισμενον οἰνον·
Lc	1 32	και *δωσει* αὐτῳ κυριος ὁ θεος τον θρονον δαυιδ του πατρος αὐτου,
	73	ὁρκον ὁν ὡμοσεν προς ἀβρααμ τον πατερα ἡμων, του *δουναι* ἡμιν ἀφοβως ἐκ χειρος ἐχθρων ῥυσθεντας λατρευειν αὐτῳ ἐν ὁσιοτητι και δικαιοσυνῃ ἐνωπιον αὐτου πασαις ταις ἡμεραις ἡμων.
	77	προπορευσῃ γαρ ἐνωπιον κυριου ἑτοιμασαι ὁδους αὐτου, του *δουναι* γνωσιν σωτηριας τῳ λαῳ αὐτου ἐν ἀφεσει ἁμαρτιων αὐτων,
2	24	και του *δουναι* θυσιαν κατα το εἰρημενον ἐν τῳ νομῳ κυριου, ζευγος τρυγονων ἠ δυο νοσσους περιστερων.
4	6	σοι *δωσω* την ἐξουσιαν ταυτην ἁπασαν και την δοξαν αὐτων,
	6	σοι *δωσω* την ἐξουσιαν ταυτην ἁπασαν και την δοξαν αὐτων, ὁτι ἐμοι παραδεδοται και ᾡ ἐαν θελω *διδωμι* αὐτην·
6	4	[ὡς] εἰσηλθεν εἰς τον οἰκον του θεου και τους ἀρτους της προθεσεως λαβων ἐφαγεν και *ἐδωκεν* τοις μετ αὐτου,
	30	παντι αἰτουντι σε *διδου*, και ἀπο του αἰροντος τα σα μη ἀπαιτει.
	38	*διδοτε*, και *δοθησεται* ὑμιν·
	38	*διδοτε*, και *δοθησεται* ὑμιν·
	38	μετρον καλον πεπιεσμενον σεσαλευμενον ὑπερεκχυννομενον *δωσουσιν* εἰς τον κολπον ὑμων·
7	15	και ἀνεκαθισεν ὁ νεκρος και ἠρξατο λαλειν, και *ἐδωκεν* αὐτον τῃ μητρι αὐτου.
	44	εἰσηλθον σου εἰς την οἰκιαν, ὑδωρ μοι ἐπι ποδας οὐκ *ἐδωκας*·
	45	φιλημα μοι οὐκ *ἐδωκας*·
8	10	ὑμιν *δεδοται* γνωναι τα μυστηρια της βασιλειας του θεου,
	18	ὁς ἀν γαρ ἐχῃ, *δοθησεται* αὐτῳ·
	55	και ἀνεστη παραχρημα, και διεταξεν αὐτῃ *δοθηναι* φαγειν.
9	1	συγκαλεσαμενος δε τους δωδεκα *ἐδωκεν* αὐτοις δυναμιν και ἐξουσιαν ἐπι παντα τα δαιμονια και νοσους θεραπευειν·
	13	εἰπεν δε προς αὐτους· *δοτε* αὐτοις ὑμεις φαγειν.
	16	λαβων δε τους πεντε ἀρτους και τους δυο ἰχθυας, ἀναβλεψας εἰς τον οὐρανον εὐλογησεν αὐτους και κατεκλασεν, και *ἐδιδου* τοις μαθηταις παραθειναι τῳ ὀχλῳ.
10	19	ἰδου *δεδωκα* ὑμιν την ἐξουσιαν του πατειν ἐπανω ὀφεων και σκορπιων,
	35	και ἐπι την αὐριον ἐκβαλων *ἐδωκεν* δυο δηναρια τῳ πανδοχει και εἰπεν·
11	3	ἐλθετω ἡ βασιλεια σου· τον ἀρτον ἡμων τον ἐπιουσιον *διδου* ἡμιν το καθ ἡμεραν·
	7	οὐ δυναμαι ἀναστας *δουναι* σοι.
	8	εἰ και οὐ *δωσει* αὐτῳ ἀναστας δια το εἰναι φιλον αὐτου, δια γε την ἀναιδειαν αὐτου ἐγερθεις δωσει αὐτῳ ὁσων χρῃζει.
	8	εἰ και οὐ *δωσει* αὐτῳ ἀναστας δια το εἰναι φιλον αὐτου, δια γε την ἀναιδειαν αὐτου ἐγερθεις δωσει αὐτῳ ὁσων χρῃζει.

Lc	11 9	καγω ὑμιν λεγω, αἰτειτε, και *δοθησεται* ὑμιν·
	13	εἰ οὐν ὑμεις πονηροι ὑπαρχοντες οἰδατε δοματα ἀγαθα *διδοναι* τοις τεκνοις ὑμων, ποσῳ μαλλον ὁ πατηρ [ὁ] ἐξ οὐρανου *δωσει* πνευμα ἁγιον τοις αἰτουσιν αὐτον.
	13	εἰ οὐν ὑμεις πονηροι ὑπαρχοντες οἰδατε δοματα ἀγαθα *διδοναι* τοις τεκνοις ὑμων, ποσῳ μαλλον ὁ πατηρ [ὁ] ἐξ οὐρανου *δωσει* πνευμα ἁγιον τοις αἰτουσιν αὐτον.
	29	σημειον ζητει, και σημειον οὐ *δοθησεται* αὐτῃ εἰ μη το σημειον ἰωνα.
	41	πλην τα ἐνοντα *δοτε* ἐλεημοσυνην, και ἰδου παντα καθαρα ὑμιν ἐστιν.
12	32	μη φοβου, το μικρον ποιμνιον· ὁτι εὐδοκησεν ὁ πατηρ ὑμων *δουναι* ὑμιν την βασιλειαν.
	33	πωλησατε τα ὑπαρχοντα ὑμων και *δοτε* ἐλεημοσυνην·
	42	τις ἀρα ἐστιν ὁ πιστος οἰκονομος ὁ φρονιμος, ὁν καταστησει ὁ κυριος ἐπι της θεραπειας αὐτου του *διδοναι* ἐν καιρῳ [το] σιτομετριον;
	48	παντι δε ᾡ *ἐδοθη* πολυ, πολυ ζητηθησεται παρ αὐτου, και ᾡ παρεθεντο πολυ, περισσοτερον αἰτησουσιν αὐτον.
	51	δοκειτε ὁτι εἰρηνην παρεγενομην *δουναι* ἐν τῃ γῃ;
	58	ὡς γαρ ὑπαγεις μετα του ἀντιδικου σου ἐπ ἀρχοντα, ἐν τῃ ὁδῳ *δος* ἐργασιαν ἀπηλλαχθαι ἀπ αὐτου,
14	9	και ἐλθων ὁ σε και αὐτον καλεσας ἐρει σοι· *δος* τουτῳ τοπον,
15	12	πατερ, *δος* μοι το ἐπιβαλλον μερος της οὐσιας.
	16	και ἐπεμψεν αὐτον εἰς τους ἀγρους αὐτου βοσκειν χοιρους· και ἐπεθυμει χορτασθηναι ἐκ των κερατιων ὡν ἠσθιον οἱ χοιροι και οὐδεις *ἐδιδου* αὐτῳ.
	22	και *δοτε* δακτυλιον εἰς την χειρα αὐτου και ὑποδηματα εἰς τους ποδας,
	29	και ἐμοι οὐδεποτε *ἐδωκας* ἐριφον ἱνα μετα των φιλων μου εὐφρανθω·
16	12	και εἰ ἐν τῳ ἀλλοτριῳ πιστοι οὐκ ἐγενεσθε, το ὑμετερον τις ὑμιν *δωσει*;
17	18	οὐχ εὑρεθησαν ὑποστρεψαντες *δουναι* δοξαν τῳ θεῳ εἰ μη ὁ ἀλλογενης οὑτος;
18	43	και πας ὁ λαος ἰδων *ἐδωκεν* αἰνον τῳ θεῳ.
19	8	ἰδου τα ἡμισια μου των ὑπαρχοντων, κυριε, τοις πτωχοις *διδωμι*,
	13	καλεσας δε δεκα δουλους ἑαυτου *ἐδωκεν* αὐτοις δεκα μνας,
	15	και εἰπεν φωνηθηναι αὐτῳ τους δουλους τουτους οἱς *δεδωκει* το ἀργυριον, ἱνα γνοι τι διεπραγματευσαντο.
	23	και δια τι οὐκ *ἐδωκας* μου το ἀργυριον ἐπι τραπεζαν;
	24	ἀρατε ἀπ αὐτου την μναν και *δοτε* τῳ τας δεκα μνας ἐχοντι·
	26	λεγω ὑμιν ὁτι παντι τῳ ἐχοντι *δοθησεται*, ἀπο δε του μη ἐχοντος και ὁ ἐχει ἀρθησεται.
20	2	εἰπον ἡμιν ἐν ποιᾳ ἐξουσιᾳ ταυτα ποιεις, ἠ τις ἐστιν ὁ *δους* σοι την ἐξουσιαν ταυτην;
	10	και καιρῳ ἀπεστειλεν προς τους γεωργους δουλον, ἱνα ἀπο του καρπου του ἀμπελωνος *δωσουσιν* αὐτῳ·
	16	ἐλευσεται και ἀπολεσει τους γεωργους τουτους, και *δωσει* τον ἀμπελωνα ἀλλοις.
	22	ἐξεστιν ἡμας καισαρι φορον *δουναι* ἠ οὐ;
21	15	ἐγω γαρ *δωσω* ὑμιν στομα και σοφιαν,
22	5	και ἐχαρησαν, και συνεθεντο αὐτῳ ἀργυριον *δουναι*.
	19	και λαβων ἀρτον εὐχαριστησας ἐκλασεν και *ἐδωκεν* αὐτοις λεγων·
	19	τουτο ἐστιν το σωμα μου το ὑπερ ὑμων *διδομενον*·
23	2	τουτον εὑραμεν διαστρεφοντα το ἐθνος ἡμων και κωλυοντα φορους καισαρι *διδοναι*,
Jh	1 12	ὁσοι δε ἐλαβον αὐτον, *ἐδωκεν* αὐτοις ἐξουσιαν τεκνα θεου γενεσθαι,
	17	ὁτι ὁ νομος δια μωυσεως *ἐδοθη*,
	22	ἱνα ἀποκρισιν *δωμεν* τοις πεμψασιν ἡμας·
3	16	οὑτως γαρ ἠγαπησεν ὁ θεος τον κοσμον, ὡστε τον υἱον τον μονογενη *ἐδωκεν*,
	27	οὐ δυναται ἀνθρωπος λαμβανειν οὐδε ἑν ἐαν μη ᾖ *δεδομενον* αὐτῳ ἐκ του οὐρανου.
	34	οὐ γαρ ἐκ μετρου *διδωσιν* το πνευμα.
	35	και παντα *δεδωκεν* ἐν τῃ χειρι αὐτου.
4	5	ἐρχεται οὐν εἰς πολιν της σαμαρειας λεγομενην συχαρ, πλησιον του χωριου ὁ *ἐδωκεν* ἰακωβ [τῳ] ἰωσηφ τῳ υἱῳ αὐτου·
	7	λεγει αὐτῃ ὁ ἰησους· *δος* μοι πειν.
	10	και τις ἐστιν ὁ λεγων σοι· *δος* μοι πειν,
	10	συ ἀν ᾐτησας αὐτον και *ἐδωκεν* ἀν σοι ὑδωρ ζων·
	12	μη συ μειζων εἰ του πατρος ἡμων ἰακωβ, ὁς *ἐδωκεν* ἡμιν το φρεαρ,
	14	ὁς δ ἀν πιῃ ἐκ του ὑδατος οὑ ἐγω *δωσω* αὐτῳ, οὐ μη διψησει εἰς τον αἰωνα,

διδωμι [415]

Jh	4 14	οὐ μὴ διψήσει εἰς τὸν αἰῶνα, ἀλλὰ τὸ ὕδωρ ὃ δώσω αὐτῷ γενήσεται ἐν αὐτῷ πηγὴ ὕδατος ἁλλομένου εἰς ζωὴν αἰώνιον.
	15	κυριε, δός μοι τοῦτο τὸ ὕδωρ,
	5 22	οὐδὲ γὰρ ὁ πατὴρ κρίνει οὐδένα, ἀλλὰ τὴν κρίσιν πᾶσαν δέδωκεν τῷ υἱῷ,
	26	ὥσπερ γὰρ ὁ πατὴρ ἔχει ζωὴν ἐν ἑαυτῷ, οὕτως καὶ τῷ υἱῷ ἔδωκεν ζωὴν ἔχειν ἐν ἑαυτῷ.
	27	καὶ ἐξουσίαν ἔδωκεν αὐτῷ κρίσιν ποιεῖν,
	36	τὰ γὰρ ἔργα ἃ δέδωκεν μοι ὁ πατὴρ ἵνα τελειώσω αὐτά, αὐτὰ τὰ ἔργα ἃ ποιῶ μαρτυρεῖ περὶ ἐμοῦ ὅτι ὁ πατήρ με ἀπέσταλκεν.
	6 27	ἐργάζεσθε μὴ τὴν βρῶσιν τὴν ἀπολλυμένην, ἀλλὰ τὴν βρῶσιν τὴν μένουσαν εἰς ζωὴν αἰώνιον, ἣν ὁ υἱὸς τοῦ ἀνθρώπου ὑμῖν δώσει·
	31	ἄρτον ἐκ τοῦ οὐρανοῦ ἔδωκεν αὐτοῖς φαγεῖν.
	32	ἀμὴν ἀμὴν λέγω ὑμῖν, οὐ μωϋσῆς δέδωκεν ὑμῖν τὸν ἄρτον ἐκ τοῦ οὐρανοῦ,
	32	ἀμὴν ἀμὴν λέγω ὑμῖν, οὐ μωϋσῆς δέδωκεν ὑμῖν τὸν ἄρτον ἐκ τοῦ οὐρανοῦ, ἀλλ ὁ πατήρ μου δίδωσιν ὑμῖν τὸν ἄρτον ἐκ τοῦ οὐρανοῦ τὸν ἀληθινόν·
	33	ὁ γὰρ ἄρτος τοῦ θεοῦ ἐστιν ὁ καταβαίνων ἐκ τοῦ οὐρανοῦ καὶ ζωὴν διδοὺς τῷ κόσμῳ.
	34	κυριε, πάντοτε δὸς ἡμῖν τὸν ἄρτον τοῦτον.
	37	πᾶν ὃ δίδωσιν μοι ὁ πατὴρ πρὸς ἐμὲ ἥξει,
	39	τοῦτο δέ ἐστιν τὸ θέλημα τοῦ πέμψαντός με, ἵνα πᾶν ὃ δέδωκεν μοι μὴ ἀπολέσω ἐξ αὐτοῦ,
	51	καὶ ὁ ἄρτος δὲ ὃν ἐγὼ δώσω ἡ σάρξ μου ἐστίν ὑπὲρ τῆς τοῦ κόσμου ζωῆς.
	52	πῶς δύναται οὗτος ἡμῖν δοῦναι τὴν σάρκα [αὐτοῦ] φαγεῖν;
	65	διὰ τοῦτο εἴρηκα ὑμῖν ὅτι οὐδεὶς δύναται ἐλθεῖν πρὸς με ἐὰν μὴ ᾖ δεδομένον αὐτῷ ἐκ τοῦ πατρός.
	7 19	οὐ μωϋσῆς δέδωκεν ὑμῖν τὸν νόμον;
	22	διὰ τοῦτο μωϋσῆς δέδωκεν ὑμῖν τὴν περιτομήν, οὐχ ὅτι ἐκ τοῦ μωϋσέως ἐστίν ἀλλ ἐκ τῶν πατέρων, καὶ ἐν σαββάτῳ περιτέμνετε ἄνθρωπον.
	9 24	δὸς δόξαν τῷ θεῷ· ἡμεῖς οἴδαμεν ὅτι οὗτος ὁ ἄνθρωπος ἁμαρτωλός ἐστιν.
	10 28	κἀγὼ δίδωμι αὐτοῖς ζωὴν αἰώνιον, καὶ οὐ μὴ ἀπόλωνται εἰς τὸν αἰῶνα,
	29	ὁ πατήρ μου ὃ δέδωκεν μοι πάντων μεῖζον ἐστιν,
	11 22	[ἀλλὰ] καὶ νῦν οἶδα ὅτι ὅσα ἂν αἰτήσῃ τὸν θεὸν δώσει σοι ὁ θεός.
	57	δεδώκεισαν δὲ οἱ ἀρχιερεῖς καὶ οἱ φαρισαῖοι ἐντολὰς ἵνα ἐάν τις γνῷ ποῦ ἐστιν μηνύσῃ, ὅπως πιάσωσιν αὐτόν.
	12 5	διὰ τί τοῦτο τὸ μύρον οὐκ ἐπράθη τριακοσίων δηναρίων καὶ ἐδόθη πτωχοῖς;
	49	ὅτι ἐγὼ ἐξ ἐμαυτοῦ οὐκ ἐλάλησα, ἀλλ ὁ πέμψας με πατὴρ αὐτός μοι ἐντολὴν δέδωκεν τί εἴπω καὶ τί λαλήσω.
	13 3	εἰδὼς ὅτι πάντα ἔδωκεν αὐτῷ ὁ πατὴρ εἰς τὰς χεῖρας, καὶ ὅτι ἀπὸ θεοῦ ἐξῆλθεν καὶ πρὸς τὸν θεὸν ὑπάγει, ἐγείρεται ἐκ τοῦ δείπνου καὶ τίθησιν τὰ ἱμάτια,
	15	ὑπόδειγμα γὰρ ἔδωκα ὑμῖν ἵνα καθὼς ἐγὼ ἐποίησα ὑμῖν καὶ ὑμεῖς ποιῆτε.
	26	ἐκεῖνος ἐστιν ᾧ ἐγὼ βάψω τὸ ψωμίον καὶ δώσω αὐτῷ.
	26	βάψας οὖν τὸ ψωμίον [λαμβάνει καὶ] δίδωσιν ιουδα σίμωνος ἰσκαριώτου.
	29	ἀγόρασον ὧν χρείαν ἔχομεν εἰς τὴν ἑορτήν, ἢ τοῖς πτωχοῖς ἵνα τι δῷ.
	34	ἐντολὴν καινὴν δίδωμι ὑμῖν, ἵνα ἀγαπᾶτε ἀλλήλους,
	14 16	κἀγὼ ἐρωτήσω τὸν πατέρα καὶ ἄλλον παράκλητον δώσει ὑμῖν, ἵνα μεθ ὑμῶν εἰς τὸν αἰῶνα ᾖ, τὸ πνεῦμα τῆς ἀληθείας,
	27	εἰρήνην ἀφίημι ὑμῖν, εἰρήνην τὴν ἐμὴν δίδωμι ὑμῖν·
	27	οὐ καθὼς ὁ κόσμος δίδωσιν ἐγὼ δίδωμι ὑμῖν.
	27	οὐ καθὼς ὁ κόσμος δίδωσιν ἐγὼ δίδωμι ὑμῖν.
	15 16	καὶ ἔθηκα ὑμᾶς ἵνα ὑμεῖς ὑπάγητε καὶ καρπὸν φέρητε καὶ ὁ καρπὸς ὑμῶν μένῃ, ἵνα ὅτι ἂν αἰτήσητε τὸν πατέρα ἐν τῷ ὀνόματί μου δῷ ὑμῖν.
	16 23	ἄν τι αἰτήσητε τὸν πατέρα ἐν τῷ ὀνόματί μου δώσει ὑμῖν.
	17 2	καθὼς ἔδωκας αὐτῷ ἐξουσίαν πάσης σαρκός, ἵνα πᾶν ὃ δέδωκας αὐτῷ δώσῃ αὐτοῖς ζωὴν αἰώνιον.
	2	καθὼς ἔδωκας αὐτῷ ἐξουσίαν πάσης σαρκός, ἵνα πᾶν ὃ δέδωκας αὐτῷ δώσῃ αὐτοῖς ζωὴν αἰώνιον.
	2	καθὼς ἔδωκας αὐτῷ ἐξουσίαν πάσης σαρκός, ἵνα πᾶν ὃ δέδωκας αὐτῷ δώσῃ αὐτοῖς ζωὴν αἰώνιον.
	4	ἐγώ σε ἐδόξασα ἐπὶ τῆς γῆς, τὸ ἔργον τελειώσας ὃ δέδωκας μοι ἵνα ποιήσω·
	6	ἐφανέρωσα σου τὸ ὄνομα τοῖς ἀνθρώποις οὓς ἔδωκας μοι ἐκ τοῦ κόσμου.

διδωμι [415]

Jh	17 6	σοὶ ἦσαν κἀμοὶ αὐτοὺς ἔδωκας, καὶ τὸν λόγον σου τετήρηκαν.
	7	νῦν ἔγνωκαν ὅτι πάντα ὅσα δέδωκας μοι παρὰ σοῦ εἰσιν·
	8	ὅτι τὰ ῥήματα ἃ ἔδωκας μοι δέδωκα αὐτοῖς, καὶ αὐτοὶ ἔλαβον,
	8	ὅτι τὰ ῥήματα ἃ ἔδωκας μοι δέδωκα αὐτοῖς, καὶ αὐτοὶ ἔλαβον,
	9	οὐ περὶ τοῦ κόσμου ἐρωτῶ, ἀλλὰ περὶ ὧν δέδωκας μοι, ὅτι σοὶ εἰσιν,
	11	πατερ ἅγιε, τήρησον αὐτοὺς ἐν τῷ ὀνόματί σου ᾧ δέδωκας μοι, ἵνα ὦσιν ἓν καθὼς ἡμεῖς.
	12	ὅτε ἤμην μετ αὐτῶν, ἐγὼ ἐτήρουν αὐτοὺς ἐν τῷ ὀνόματί σου ᾧ δέδωκας μοι,
	14	ἐγὼ δέδωκα αὐτοῖς τὸν λόγον σου,
	22	κἀγὼ τὴν δόξαν ἣν δέδωκας μοι δέδωκα αὐτοῖς,
	22	κἀγὼ τὴν δόξαν ἣν δέδωκας μοι δέδωκα αὐτοῖς,
	24	πατερ, ὃ δέδωκας μοι, θέλω ἵνα ὅπου εἰμὶ ἐγὼ κἀκεῖνοι ὦσιν μετ ἐμοῦ,
	24	ἵνα θεωρῶσιν τὴν δόξαν τὴν ἐμήν, ἣν δέδωκας μοι ὅτι ἠγάπησας με πρὸ καταβολῆς κόσμου.
	18 9	ἵνα πληρωθῇ ὁ λόγος ὃν εἶπεν, ὅτι οὓς δέδωκας μοι, οὐκ ἀπώλεσα ἐξ αὐτῶν οὐδένα.
	11	τὸ ποτήριον ὃ δέδωκεν μοι ὁ πατήρ, οὐ μὴ πίω αὐτό;
	22	ταῦτα δὲ αὐτοῦ εἰπόντος εἷς παρεστηκὼς τῶν ὑπηρετῶν ἔδωκεν ῥάπισμα τῷ ιησου εἰπών·
	19 3	καὶ ἐδίδοσαν αὐτῷ ῥαπίσματα.
	9	ὁ δὲ ιησους ἀπόκρισιν οὐκ ἔδωκεν αὐτῷ.
	11	οὐκ εἶχες ἐξουσίαν κατ ἐμοῦ οὐδεμίαν εἰ μὴ ἦν δεδομένον σοι ἄνωθεν·
	21 13	ἔρχεται ιησους καὶ λαμβάνει τὸν ἄρτον καὶ δίδωσιν αὐτοῖς,
Ac	1 26	καὶ ἔδωκαν κλήρους αὐτοῖς,
	2 4	καὶ ἤρξαντο λαλεῖν ἑτέραις γλώσσαις καθὼς τὸ πνεῦμα ἐδίδου ἀποφθέγγεσθαι αὐτοῖς.
	19	καὶ δώσω τέρατα ἐν τῷ οὐρανῷ ἄνω καὶ σημεῖα ἐπὶ τῆς γῆς κάτω,
	27	ὅτι δὲ καὶ ἡ σάρξ μου κατασκηνώσει ἐπ ἐλπίδι, ὅτι οὐκ ἐγκαταλείψεις τὴν ψυχήν μου εἰς ἅδην οὐδὲ δώσεις τὸν ὅσιόν σου ἰδεῖν διαφθοράν.
	3 6	ἀργύριον καὶ χρυσίον οὐχ ὑπάρχει μοι· ὃ δὲ ἔχω, τοῦτο σοι δίδωμι·
	16	καὶ ἡ πίστις ἡ δι αὐτοῦ ἔδωκεν αὐτῷ τὴν ὁλοκληρίαν ταύτην ἀπέναντι πάντων ὑμῶν.
	4 12	οὐδὲ γὰρ ὄνομά ἐστιν ἕτερον ὑπὸ τὸν οὐρανὸν τὸ δεδομένον ἐν ἀνθρώποις ἐν ᾧ δεῖ σωθῆναι ἡμᾶς.
	29	καὶ δὸς τοῖς δούλοις σου μετὰ παρρησίας πάσης λαλεῖν τὸν λόγον σου,
	5 31	τοῦτον ὁ θεὸς ἀρχηγὸν καὶ σωτῆρα ὕψωσεν τῇ δεξιᾷ αὐτοῦ [τοῦ] δοῦναι μετάνοιαν τῷ ισραηλ καὶ ἄφεσιν ἁμαρτιῶν.
	32	καὶ ἡμεῖς ἐσμεν μάρτυρες τῶν ῥημάτων τούτων, καὶ τὸ πνεῦμα τὸ ἅγιον ὃ ἔδωκεν ὁ θεὸς τοῖς πειθαρχοῦσιν αὐτῷ.
	7 5	καὶ οὐκ ἔδωκεν αὐτῷ κληρονομίαν ἐν αὐτῇ οὐδὲ βῆμα ποδός,
	5	καὶ ἐπηγγείλατο δοῦναι αὐτῷ εἰς κατάσχεσιν αὐτὴν καὶ τῷ σπέρματι αὐτοῦ μετ αὐτόν,
	8	καὶ ἔδωκεν αὐτῷ διαθήκην περιτομῆς·
	10	καὶ ἔδωκεν αὐτῷ χάριν καὶ σοφίαν ἐναντίον φαραω βασιλέως αἰγύπτου,
	25	ἐνόμιζεν δὲ συνιέναι τοὺς ἀδελφοὺς [αὐτοῦ] ὅτι ὁ θεὸς διὰ χειρὸς αὐτοῦ δίδωσιν σωτηρίαν αὐτοῖς·
	38	ὃς ἐδέξατο λόγια ζῶντα δοῦναι ἡμῖν,
	8 18	ἰδὼν δὲ ὁ σιμων ὅτι διὰ τῆς ἐπιθέσεως τῶν χειρῶν τῶν ἀποστόλων δίδοται τὸ πνεῦμα, προσήνεγκεν αὐτοῖς χρήματα λέγων·
	19	δότε κἀμοὶ τὴν ἐξουσίαν ταύτην ἵνα ᾧ ἐὰν ἐπιθῶ τὰς χεῖρας λαμβάνῃ πνεῦμα ἅγιον.
	9 41	δοὺς δὲ αὐτῇ χεῖρα ἀνέστησεν αὐτήν·
	10 40	τοῦτον ὁ θεὸς ἤγειρεν [ἐν] τῇ τρίτῃ ἡμέρᾳ καὶ ἔδωκεν αὐτὸν ἐμφανῆ γενέσθαι,
	11 17	εἰ οὖν τὴν ἴσην δωρεὰν ἔδωκεν αὐτοῖς ὁ θεὸς ὡς καὶ ἡμῖν, πιστεύσασιν ἐπὶ τὸν κύριον ιησουν χριστον, ἐγὼ τίς ἤμην δυνατὸς κωλῦσαι τὸν θεόν;
	18	ἄρα καὶ τοῖς ἔθνεσιν ὁ θεὸς τὴν μετάνοιαν εἰς ζωὴν ἔδωκεν.
	12 23	παραχρῆμα δὲ ἐπάταξεν αὐτὸν ἄγγελος κυρίου ἀνθ ὧν οὐκ ἔδωκεν τὴν δόξαν τῷ θεῷ,
	13 20	καὶ μετὰ ταῦτα ἔδωκεν κριτὰς ἕως σαμουηλ [τοῦ] προφήτου.
	21	κἀκεῖθεν ᾐτήσαντο βασιλέα, καὶ ἔδωκεν αὐτοῖς ὁ θεὸς τὸν σαουλ υἱὸν κις,
	34	ὅτι δὲ ἀνέστησεν αὐτὸν ἐκ νεκρῶν μηκέτι μέλλοντα ὑποστρέφειν εἰς διαφθοράν, οὕτως εἴρηκεν ὅτι δώσω ὑμῖν τὰ ὅσια δαυιδ τὰ πιστά.

διδωμι [415]

Ac 13 35   οὐ δωσεις τον ὁσιον σου ἰδειν διαφθοραν.

14 3   ἱκανον μεν οὖν χρονον διετριψαν παρρησιαζομενοι ἐπι τω κυριω τω μαρτυρουντι ἐπι τω λογω της χαριτος αὐτου, διδοντι σημεια και τερατα γινεσθαι δια των χειρων αὐτων.

17   καιτοι οὐκ ἀμαρτυρον αὐτον ἀφηκεν ἀγαθουργων, οὐρανοθεν ὑμιν ὑετους διδους και καιρους καρποφορους,

15 8   και ὁ καρδιογνωστης θεος ἐμαρτυρησεν αὐτοις δους το πνευμα το ἁγιον καθως και ἡμιν,

17 25   οὐδε ὑπο χειρων ἀνθρωπινων θεραπευεται προσδεομενος τινος, αὐτος διδους πασι ζωην και πνοην και τα παντα·

19 31   τινες δε και των ἀσιαρχων, ὀντες αὐτω φιλοι, πεμψαντες προς αὐτον παρεκαλουν μη δουναι ἑαυτον εἰς το θεατρον.

20 32   και τα νυν παρατιθεμαι ὑμας τω θεω και τω λογω της χαριτος αὐτου τω δυναμενω οἰκοδομησαι και δουναι την κληρονομιαν ἐν τοις ἡγιασμενοις πασιν.

35   μακαριον ἐστιν μαλλον διδοναι ἢ λαμβανειν.

24 26   ἁμα και ἐλπιζων ὁτι χρηματα δοθησεται αὐτω ὑπο του παυλου·

Rm 4 20   δους δοξαν τω θεω και πληροφορηθεις ὁτι ὁ ἐπηγγελται δυνατος ἐστιν και ποιησαι.

5 5   ἡ δε ἐλπις οὐ καταισχυνει, ὁτι ἡ ἀγαπη του θεου ἐκκεχυται ἐν ταις καρδιαις ἡμων δια πνευματος ἁγιου του δοθεντος ἡμιν·

11 8   ἐδωκεν αὐτοις ὁ θεος πνευμα κατανυξεως,

12 3   λεγω γαρ δια της χαριτος της δοθεισης μοι παντι τω ὀντι ἐν ὑμιν, μη ὑπερφρονειν παρ ὁ δει φρονειν,

6   ἐχοντες δε χαρισματα κατα την χαριν την δοθεισαν ἡμιν διαφορα,

19   μη ἑαυτους ἐκδικουντες, ἀγαπητοι, ἀλλα δοτε τοπον τη ὀργη·

14 12   ἀρα [οὐν] ἑκαστος ἡμων περι ἑαυτου λογον δωσει [τω θεω].

15 5   ὁ δε θεος της ὑπομονης και της παρακλησεως δωη ὑμιν το αὐτο φρονειν ἐν ἀλληλοις κατα χριστον ἰησουν,

15   τολμηροτερον δε ἐγραψα ὑμιν ἀπο μερους, ὡς ἐπαναμιμνησκων ὑμας δια την χαριν την δοθεισαν μοι ὑπο του θεου

1Co 1 4   εὐχαριστω τω θεω μου παντοτε περι ὑμων ἐπι τη χαριτι του θεου τη δοθεισῃ ὑμιν ἐν χριστω ἰησου,

3 5   διακονοι δι ὡν ἐπιστευσατε, και ἑκαστω ὡς ὁ κυριος ἐδωκεν.

10   κατα την χαριν του θεου την δοθεισαν μοι ὡς σοφος ἀρχιτεκτων θεμελιον ἐθηκα, ἀλλος δε ἐποικοδομει.

7 25   γνωμην δε διδωμι ὡς ἠλεημενος ὑπο κυριου πιστος εἰναι.

9 12   ἀλλ οὐκ ἐχρησαμεθα τη ἐξουσια ταυτη, ἀλλα παντα στεγομεν ἱνα μη τινα ἐγκοπην δωμεν τω εὐαγγελιω του χριστου.

11 15   ὁτι ἡ κομη ἀντι περιβολαιου δεδοται [αὐτη].

12 7   ἑκαστω δε διδοται ἡ φανερωσις του πνευματος προς το συμφερον.

8   ῳ μεν γαρ δια του πνευματος διδοται λογος σοφιας,

24   ἀλλα ὁ θεος συνεκερασεν το σωμα, τω ὑστερουμενω περισσοτεραν δους τιμην, ἱνα μη ἡ σχισμα ἐν τω σωματι,

14 7   ὁμως τα ἀψυχα φωνην διδοντα, εἰτε αὐλος εἰτε κιθαρα,

7   ἐαν διαστολην τοις φθογγοις μη δω, πως γνωσθησεται το αὐλουμενον ἢ το κιθαριζομενον;

8   και γαρ ἐαν ἀδηλον σαλπιγξ φωνην δω, τις παρασκευασεται εἰς πολεμον;

9   οὑτως και ὑμεις δια της γλωσσης ἐαν μη εὐσημον λογον δωτε, πως γνωσθησεται το λαλουμενον;

15 38   ὁ δε θεος διδωσιν αὐτω σωμα καθως ἠθελησεν,

57   τω δε θεω χαρις τω διδοντι ἡμιν το νικος δια του κυριου ἡμων ἰησου χριστου.

2Co 1 22   ὁ και σφραγισαμενος ἡμας και δους τον ἀρραβωνα του πνευματος ἐν ταις καρδιαις ἡμων.

5 5   ὁ δε κατεργασαμενος ἡμας εἰς αὐτο τουτο θεος, ὁ δους ἡμιν τον ἀρραβωνα του πνευματος,

12   οὐ παλιν ἑαυτους συνιστανομεν ὑμιν, ἀλλα ἀφορμην διδοντες ὑμιν καυχηματος ὑπερ ἡμων,

18   τα δε παντα ἐκ του θεου του καταλλαξαντος ἡμας ἑαυτω δια χριστου και δοντος ἡμιν την διακονιαν της καταλλαγης,

6 3   μηδεμιαν ἐν μηδενι διδοντες προσκοπην, ἱνα μη μωμηθη ἡ διακονια,

8 1   γνωριζομεν δε ὑμιν, ἀδελφοι, την χαριν του θεου την δεδομενην ἐν ταις ἐκκλησιαις της μακεδονιας,

5   και οὐ καθως ἠλπισαμεν, ἀλλα ἑαυτους ἐδωκαν πρωτον τω κυριω και ἡμιν δια θεληματος θεου,

10   και γνωμην ἐν τουτω διδωμι·

16   χαρις δε τω θεω τω δοντι την αὐτην σπουδην ὑπερ ὑμων ἐν τη καρδια τιτου.

9 9   ἐσκορπισεν, ἐδωκεν τοις πενησιν, ἡ δικαιοσυνη αὐτου μενει εἰς τον αἰωνα.

διδωμι [415]

2Co 10 8   ἐαν [τε] γαρ περισσοτερον τι καυχησωμαι περι της ἐξουσιας ἡμων, ἡς ἐδωκεν ὁ κυριος εἰς οἰκοδομην και οὐκ εἰς καθαιρεσιν ὑμων, οὐκ αἰσχυνθησομαι,

12 7   διο ἱνα μη ὑπεραιρωμαι, ἐδοθη μοι σκολοψ τη σαρκι, ἀγγελος σατανα, ἱνα με κολαφιζη, ἱνα μη ὑπεραιρωμαι.

13 10   ἱνα παρων μη ἀποτομως χρησωμαι κατα την ἐξουσιαν ἡν ὁ κυριος ἐδωκεν μοι εἰς οἰκοδομην και οὐκ εἰς καθαιρεσιν.

Ga 1 4   ἀπο θεου πατρος ἡμων και κυριου ἰησου χριστου, του δοντος ἑαυτον ὑπερ των ἁμαρτιων ἡμων,

2 9   και γνοντες την χαριν την δοθεισαν μοι, ἰακωβος και κηφας και ἰωαννης,

9   ἰακωβος και κηφας και ἰωαννης, οἱ δοκουντες στυλοι εἰναι, δεξιας ἐδωκαν ἐμοι και βαρναβα κοινωνιας,

3 21   εἰ γαρ ἐδοθη νομος ὁ δυναμενος ζωοποιησαι, ὀντως ἐκ νομου ἀν ἠν ἡ δικαιοσυνη·

22   ἀλλα συνεκλεισεν ἡ γραφη τα παντα ὑπο ἁμαρτιαν ἱνα ἡ ἐπαγγελια ἐκ πιστεως ἰησου χριστου δοθη τοις πιστευουσιν.

4 15   μαρτυρω γαρ ὑμιν ὁτι εἰ δυνατον τους ὀφθαλμους ὑμων ἐξορυξαντες ἐδωκατε μοι.

Eph 1 17   ἱνα ὁ θεος του κυριου ἡμων ἰησου χριστου, ὁ πατηρ της δοξης, δωη ὑμιν πνευμα σοφιας και ἀποκαλυψεως ἐν ἐπιγνωσει αὐτου,

22   και αὐτον ἐδωκεν κεφαλην ὑπερ παντα τη ἐκκλησια,

3 2   τουτου χαριν ἐγω παυλος ὁ δεσμιος του χριστου [ἰησου] ὑπερ ὑμων των ἐθνων εἰ γε ἠκουσατε την οἰκονομιαν της χαριτος του θεου της δοθεισης μοι εἰς ὑμας,

7   δια του εὐαγγελιου, οὑ ἐγενηθην διακονος κατα την δωρεαν της χαριτος του θεου της δοθεισης μοι κατα την ἐνεργειαν της δυναμεως αὐτου.

8   ἐμοι τω ἐλαχιστοτερω παντων ἁγιων ἐδοθη ἡ χαρις αὑτη,

16   ἱνα δω ὑμιν κατα το πλουτος της δοξης αὐτου δυναμει κραταιωθηναι δια του πνευματος αὐτου εἰς τον ἐσω ἀνθρωπον,

4 7   ἑνι δε ἑκαστω ἡμων ἐδοθη ἡ χαρις κατα το μετρον της δωρεας του χριστου.

8   ἐδωκεν δοματα τοις ἀνθρωποις.

11   και αὐτος ἐδωκεν τους μεν ἀποστολους, τους δε προφητας, τους δε εὐαγγελιστας, τους δε ποιμενας και διδασκαλους,

27   ὁ ἡλιος μη ἐπιδυετω ἐπι [τω] παροργισμω ὑμων, μηδε διδοτε τοπον τω διαβολω.

29   ἀλλα εἰ τις ἀγαθος προς οἰκοδομην της χρειας, ἱνα δω χαριν τοις ἀκουουσιν.

6 19   και ὑπερ ἐμου, ἱνα μοι δοθη λογος ἐν ἀνοιξει του στοματος μου,

Col 1 25   ἡς ἐγενομην ἐγω διακονος κατα την οἰκονομιαν του θεου την δοθεισαν μοι εἰς ὑμας πληρωσαι τον λογον του θεου,

1Th 4 2   οἰδατε γαρ τινας παραγγελιας ἐδωκαμεν ὑμιν δια του κυριου ἰησου,

8   τοιγαρουν ὁ ἀθετων οὐκ ἀνθρωπον ἀθετει ἀλλα τον θεον τον [και] διδοντα το πνευμα αὐτου το ἁγιον εἰς ὑμας.

2Th 1 8   διδοντος ἐκδικησιν τοις μη εἰδοσιν θεον και τοις μη ὑπακουουσιν τω εὐαγγελιω του κυριου ἡμων ἰησου,

2 16   ὁ ἀγαπησας ἡμας και δους παρακλησιν αἰωνιαν και ἐλπιδα ἀγαθην ἐν χαριτι,

3 9   οὐχ ὁτι οὐκ ἐχομεν ἐξουσιαν, ἀλλ ἱνα ἑαυτους τυπον δωμεν ὑμιν εἰς το μιμεισθαι ἡμας.

16   αὐτος δε ὁ κυριος της εἰρηνης δωη ὑμιν την εἰρηνην δια παντος ἐν παντι τροπω.

1Tm 2 6   ἀνθρωπος χριστος ἰησους, ὁ δους ἑαυτον ἀντιλυτρον ὑπερ παντων,

4 14   μη ἀμελει του ἐν σοι χαρισματος, ὁ ἐδοθη σοι δια προφητειας μετα ἐπιθεσεως των χειρων του πρεσβυτεριου.

5 14   βουλομαι οὐν νεωτερας γαμειν, τεκνογονειν, οἰκοδεσποτειν, μηδεμιαν ἀφορμην διδοναι τω ἀντικειμενω λοιδοριας χαριν·

2Tm 1 7   οὐ γαρ ἐδωκεν ἡμιν ὁ θεος πνευμα δειλιας, ἀλλα δυναμεως και ἀγαπης και σωφρονισμου.

9   οὐ κατα τα ἐργα ἡμων ἀλλα κατα ἰδιαν προθεσιν και χαριν, την δοθεισαν ἡμιν ἐν χριστω ἰησου προ χρονων αἰωνιων,

16   δωη ἐλεος ὁ κυριος τω ὀνησιφορου οἰκω,

18   δωη αὐτω ὁ κυριος εὑρειν ἐλεος παρα κυριου ἐν ἐκεινη τη ἡμερα.

2 7   δωσει γαρ σοι ὁ κυριος συνεσιν ἐν πασιν.

25   μηποτε δωη αὐτοις ὁ θεος μετανοιαν εἰς ἐπιγνωσιν ἀληθειας,

Tit 2 14   και σωτηρος ἡμων ἰησου χριστου, ὁς ἐδωκεν ἑαυτον ὑπερ ἡμων

Heb 2 13   ἰδου ἐγω και τα παιδια ἁ μοι ἐδωκεν ὁ θεος.

7 4   θεωρειτε δε πηλικος οὑτος, ῳ [και] δεκατην ἀβρααμ ἐδωκεν ἐκ των ἀκροθινιων ὁ πατριαρχης.

8 10   διδους νομους μου εἰς την διανοιαν αὐτων,

διδωμι [415]

Heb	10 16	*διδους* νομους μου έπι καρδιας αυτων,
Ja	1 5	εἰ δε τις ὑμων λειπεται σοφιας, αἰτειτω παρα του *διδοντος* θεου πασιν ἁπλως και μη ὀνειδιζοντος,
	5	και *δοθησεται* αὐτω.
	2 16	μη *δωτε* δε αὐτοις τα ἐπιτηδεια του σωματος, τί το ὀφελος;
	4 6	μειζονα δε *διδωσιν* χαριν·
	6	ὁ θεος ὑπερηφανοις ἀντιτασσεται, ταπεινοις δε *διδωσιν* χαριν.
	5 18	και ὁ οὐρανος ὑετον *ἐδωκεν* και ἡ γη ἐβλαστησεν τον καρπον αὐτης.
1Pt	1 21	τους δι αὐτου πιστους εἰς θεον τον ἐγειραντα αὐτον ἐκ νεκρων και δοξαν αὐτω *δοντα*,
	5 5	ὁτι [ὁ] θεος ὑπερηφανοις ἀντιτασσεται, ταπεινοις δε *διδωσιν* χαριν.
2Pt	3 15	καθως και ὁ ἀγαπητος ἡμων ἀδελφος παυλος κατα την *δοθεισαν* αὐτω σοφιαν ἐγραψεν ὑμιν,
1Jh	3 1	ἰδετε ποταπην ἀγαπην *δεδωκεν* ἡμιν ὁ πατηρ ἱνα τεκνα θεου κληθωμεν, και ἐσμεν.
	23	ἱνα πιστευσωμεν τω ὀνοματι του υἱου αὐτου ἰησου χριστου και ἀγαπωμεν ἀλληλους καθως *ἐδωκεν* ἐντολην ἡμιν.
	24	και ἐν τουτω γινωσκομεν ὁτι μενει ἐν ἡμιν, ἐκ του πνευματος οὑ ἡμιν *ἐδωκεν*.
	4 13	ἐν τουτω γινωσκομεν ὁτι ἐν αὐτω μενομεν και αὐτος ἐν ἡμιν, ὁτι ἐκ του πνευματος αὐτου *δεδωκεν* ἡμιν.
	5 11	και αὑτη ἐστιν ἡ μαρτυρια, ὁτι ζωην αἰωνιον *ἐδωκεν* ἡμιν ὁ θεος,
	16	και *δωσει* αὐτω ζωην, τοις ἁμαρτανουσιν μη προς θανατον.
	20	οἰδαμεν δε ὁτι ὁ υἱος του θεου ἡκει, και *δεδωκεν* ἡμιν διανοιαν ἱνα γινωσκωμεν τον ἀληθινον·
Apc	1 1	ἀποκαλυψις ἰησου χριστου, ἡν *ἐδωκεν* αὐτω ὁ θεος,
	2 7	τω νικωντι *δωσω* αὐτω φαγειν ἐκ του ξυλου της ζωης,
	10	γινου πιστος ἀχρι θανατου, και *δωσω* σοι τον στεφανον της ζωης.
	17	τω νικωντι *δωσω* αὐτω του μαννα του κεκρυμμενου,
	17	και *δωσω* αὐτω ψηφον λευκην,
	21	και *ἐδωκα* αὐτη χρονον ἱνα μετανοηση,
	23	και *δωσω* ὑμιν ἑκαστω κατα τα ἐργα ὑμων.
	26	και ὁ νικων και ὁ τηρων ἀχρι τελους τα ἐργα μου, *δωσω* αὐτω ἐξουσιαν ἐπι των ἐθνων,
	28	και *δωσω* αὐτω τον ἀστερα τον πρωινον.
	3 8	ἰδου *δεδωκα* ἐνωπιον σου θυραν ἠνεωγμενην,
	9	ἰδου *διδω* ἐκ της συναγωγης του σατανα,
	21	ὁ νικων, *δωσω* αὐτω καθισαι μετ ἐμου ἐν τω θρονω μου,
	4 9	και ὁταν *δωσουσιν* τα ζωα δοξαν και τιμην και εὐχαριστιαν τω καθημενω ἐπι τω θρονω τω ζωντι εἰς τους αἰωνας των αἰωνων, πεσουνται οἱ εἰκοσιτεσσαρες πρεσβυτεροι
	6 2	και ὁ καθημενος ἐπ αὐτον ἐχων τοξον, και *ἐδοθη* αὐτω στεφανος,
	4	και ἐξηλθεν ἀλλος ἱππος πυρρος, και τω καθημενω ἐπ αὐτον *ἐδοθη* αὐτω λαβειν την εἰρηνην ἐκ της γης
	4	και *ἐδοθη* αὐτω μαχαιρα μεγαλη.
	8	και *ἐδοθη* αὐτοις ἐξουσια ἐπι το τεταρτον της γης,
	11	και *ἐδοθη* αὐτοις ἑκαστω στολη λευκη,
	7 2	και ἐκραξεν φωνη μεγαλη τοις τεσσαρσιν ἀγγελοις οἱς *ἐδοθη* αὐτοις ἀδικησαι την γην και την θαλασσαν, λεγων·
	8 2	και *ἐδοθησαν* αὐτοις ἑπτα σαλπιγγες.
	3	και *ἐδοθη* αὐτω θυμιαματα πολλα,
	3	και *ἐδοθη* αὐτω θυμιαματα πολλα, ἱνα *δωσει* ταις προσευχαις των ἁγιων παντων ἐπι το θυσιαστηριον το χρυσουν το ἐνωπιον του θρονου.
	9 1	και *ἐδοθη* αὐτω ἡ κλεις του φρεατος της ἀβυσσου.
	3	και *ἐδοθη* αὐταις ἐξουσια ὡς ἐχουσιν ἐξουσιαν οἱ σκορπιοι της γης.
	5	και *ἐδοθη* αὐτοις ἱνα μη ἀποκτεινωσιν αὐτους,
	10 9	και ἀπηλθα προς τον ἀγγελον, λεγων αὐτω *δουναι* μοι το βιβλαριδιον.
	11 1	και *ἐδοθη* μοι καλαμος ὁμοιος ῥαβδω, λεγων·
	2	και την αὐλην την ἐξωθεν του ναου ἐκβαλε ἐξωθεν και μη αὐτην μετρησης, ὁτι *ἐδοθη* τοις ἐθνεσιν,
	3	και *δωσω* τοις δυσιν μαρτυσιν μου, και προφητευσουσιν ἡμερας χιλιασδιακοσιασεξηκοντα περιβεβλημενοι σακκους.
	13	και οἱ λοιποι ἐμφοβοι ἐγενοντο και *ἐδωκαν* δοξαν τω θεω του οὐρανου.
	18	και ἡλθεν ἡ ὀργη σου και ὁ καιρος των νεκρων κριθηναι και *δουναι* τον μισθον τοις δουλοις σου τοις προφηταις
	12 14	και *ἐδοθησαν* τη γυναικι αἱ δυο πτερυγες του ἀετου του μεγαλου,
	13 2	και *ἐδωκεν* αὐτω ὁ δρακων την δυναμιν αὐτου και τον θρονον αὐτου και ἐξουσιαν μεγαλην.

διδωμι [415]

Apc	13 4	και προσεκυνησαν τω δρακοντι, ὁτι *ἐδωκεν* την ἐξουσιαν τω θηριω,
	5	και *ἐδοθη* αὐτω στομα λαλουν μεγαλα και βλασφημιας,
	5	και *ἐδοθη* αὐτω ἐξουσια ποιησαι μηνας τεσσερακοντα[και]δυο.
	7	και *ἐδοθη* αὐτω ποιησαι πολεμον μετα των ἁγιων και νικησαι αὐτους,
	7	και *ἐδοθη* αὐτω ἐξουσια ἐπι πασαν φυλην και λαον και γλωσσαν και ἐθνος.
	14	και πλανα τους κατοικουντας ἐπι της γης δια τα σημεια ἁ *ἐδοθη* αὐτω ποιησαι ἐνωπιον του θηριου,
	15	και *ἐδοθη* αὐτω *δουναι* πνευμα τη εἰκονι του θηριου,
	15	και *ἐδοθη* αὐτω *δουναι* πνευμα τη εἰκονι του θηριου,
	16	ἱνα *δωσιν* αὐτοις χαραγμα ἐπι της χειρος αὐτων της δεξιας ἡ ἐπι το μετωπον αὐτων,
	14 7	φοβηθητε τον θεον και *δοτε* αὐτω δοξαν,
	15 7	και ἐν ἐκ των τεσσαρων ζωων *ἐδωκεν* τοις ἑπτα ἀγγελοις ἑπτα φιαλας χρυσας γεμουσας του θυμου του θεου του ζωντος εἰς τους αἰωνας των αἰωνων.
	16 6	και αἱμα αὐτοις [δ]*εδωκας* πιειν·
	8	και *ἐδοθη* αὐτω καυματισαι τους ἀνθρωπους ἐν πυρι.
	9	και οὐ μετενοησαν *δουναι* αὐτω δοξαν.
	19	και βαβυλων ἡ μεγαλη ἐμνησθη ἐνωπιον του θεου *δουναι* αὐτη το ποτηριον του οἰνου του θυμου της ὀργης αὐτου.
	17 13	οὑτοι μιαν γνωμην ἐχουσιν, και την δυναμιν και ἐξουσιαν αὐτων τω θηριω *διδοασιν*.
	17	ὁ γαρ θεος *ἐδωκεν* εἰς τας καρδιας αὐτων ποιησαι την γνωμην αὐτου,
	17	ὁ γαρ θεος *ἐδωκεν* εἰς τας καρδιας αὐτων ποιησαι την γνωμην αὐτου, και ποιησαι μιαν γνωμην και *δουναι* την βασιλειαν αὐτων τω θηριω,
	18 7	ὁσα ἐδοξασεν αὐτην και ἐστρηνιασεν, τοσουτον *δοτε* αὐτη βασανισμον και πενθος.
	19 7	χαιρωμεν και ἀγαλλιωμεν, και *δωσωμεν* την δοξαν αὐτω,
	8	και *ἐδοθη* αὐτη ἱνα περιβαληται βυσσινον λαμπρον καθαρον·
	20 4	και ἐκαθισαν ἐπ αὐτους, και κριμα *ἐδοθη* αὐτοις,
	13	και *ἐδωκεν* ἡ θαλασσα τους νεκρους τους ἐν αὐτη,
	13	και ὁ θανατος και ὁ ἁδης *ἐδωκαν* τους νεκρους τους ἐν αὐτοις,
	21 6	ἐγω τω διψωντι *δωσω* ἐκ της πηγης του ὑδατος της ζωης δωρεαν.

διεγειρω [6]

Mc	4 39	και *διεγερθεις* ἐπετιμησεν τω ἀνεμω και εἰπεν τη θαλασση·
Lc	8 24	προσελθοντες δε *διηγειραν* αὐτον λεγοντες·
	24	ὁ δε *διεγερθεις* ἐπετιμησεν τω ἀνεμω και τω κλυδωνι του ὑδατος·
Jh	6 18	ἡ τε θαλασσα ἀνεμου μεγαλου πνεοντος *διεγειρετο*.
2Pt	1 13	δικαιον δε ἡγουμαι, ἐφ ὁσον εἰμι ἐν τουτω τω σκηνωματι, *διεγειρειν* ὑμας ἐν ὑπομνησει,
	3 1	ταυτην ἡδη, ἀγαπητοι, δευτεραν ὑμιν γραφω ἐπιστολην, ἐν αἱς *διεγειρω* ὑμων ἐν ὑπομνησει την εἰλικρινη διανοιαν,

διενθυμεομαι [1]

Ac	10 19	του δε πετρου *διενθυμουμενου* περι του ὁραματος εἰπεν [αὐτω] το πνευμα·

διεξοδος [1]

Mt	22 9	πορευεσθε οὐν ἐπι τας *διεξοδους* των ὁδων, και ὁσους ἐαν εὑρητε καλεσατε εἰς τους γαμους.

διερμηνευτης [1]

1Co	14 28	ἐαν δε μη ἡ *διερμηνευτης*, σιγατω ἐν ἐκκλησια,

διερμηνευω [6]

Lc	24 27	και ἀρξαμενος ἀπο μωυσεως και ἀπο παντων των προφητων *διερμηνευσεν* αὐτοις ἐν πασαις ταις γραφαις τα περι ἑαυτου.
Ac	9 36	ἐν ἰοππη δε τις ἡν μαθητρια ὀνοματι ταβιθα, ἡ *διερμηνευομενη* λεγεται δορκας·
1Co	12 30	μη παντες γλωσσαις λαλουσιν; μη παντες *διερμηνευουσιν*;
	14 5	μειζων δε ὁ προφητευων ἡ ὁ λαλων γλωσσαις, ἐκτος εἰ μη *διερμηνευη*,
	13	διο ὁ λαλων γλωσση προσευχεσθω ἱνα *διερμηνευη*.

διερμηνευω [6]

1Co 14 27 είτε γλωσση τις λαλει, κατα δυο ή το πλειστον τρεις, και ανα μερος, και εις *διερμηνευετω*·

διερχομαι [43]

Mt 12 43 όταν δε το ακαθαρτον πνευμα εξελθη απο του ανθρωπου, *διερχεται* δι ανυδρων τοπων ζητουν αναπαυσιν,

19 24 ευκοπωτερον εστιν καμηλον δια τρυπηματος ραφιδος *διελθειν* ή πλουσιον εισελθειν εις την βασιλειαν του θεου.

Mc 4 35 και λεγει αυτοις εν εκεινη τη ημερα οψιας γενομενης· *διελθωμεν* εις το περαν.

10 25 ευκοπωτερον εστιν καμηλον δια [της] τρυμαλιας [της] ραφιδος *διελθειν* ή πλουσιον εις την βασιλειαν του θεου εισελθειν.

Lc 2 15 *διελθωμεν* δη εως βηθλεεμ και ιδωμεν το ρημα τουτο το γεγονος ό ό κυριος εγνωρισεν ημιν.

35 ιδου ουτος κειται εις πτωσιν και αναστασιν πολλων εν τω ισραηλ και εις σημειον αντιλεγομενον και σου [δε] αυτης την ψυχην *διελευσεται* ρομφαια,

4 30 αυτος δε *διελθων* δια μεσου αυτων επορευετο.

5 15 *διηρχετο* δε μαλλον ό λογος περι αυτου,

8 22 και ειπεν προς αυτους· *διελθωμεν* εις το περαν της λιμνης·

9 6 εξερχομενοι δε *διηρχοντο* κατα τας κωμας ευαγγελιζομενοι και θεραπευοντες πανταχου.

11 24 όταν το ακαθαρτον πνευμα εξελθη απο του ανθρωπου, *διερχεται* δι ανυδρων τοπων ζητουν αναπαυσιν, και μη ευρισκον [τοτε] λεγει·

17 11 και εγενετο εν τω πορευεσθαι εις ιερουσαλημ, και αυτος *διηρχετο* δια μεσον σαμαρειας και γαλιλαιας.

19 1 και εισελθων *διηρχετο* την ιεριχω.

4 και προδραμων εις το εμπροσθεν ανεβη επι συκομορεαν, ινα ιδη αυτον, ότι εκεινης ημελλεν *διερχεσθαι*.

Jh 4 4 εδει δε αυτον *διερχεσθαι* δια της σαμαρειας.

15 κυριε, δος μοι τουτο το υδωρ, ινα μη διψω μηδε *διερχωμαι* ενθαδε αντλειν.

Ac 8 4 οι μεν ουν διασπαρεντες *διηλθον* ευαγγελιζομενοι τον λογον.

40 φιλιππος δε ευρεθη εις αζωτον, και *διερχομενος* ευηγγελιζετο τας πολεις πασας εως του ελθειν αυτον εις καισαρειαν.

9 32 εγενετο δε πετρον *διερχομενον* δια παντων κατελθειν και προς τους αγιους τους κατοικουντας λυδδα.

38 μη οκνησης *διελθειν* εως ημων.

10 38 ώς εχρισεν αυτον ό θεος πνευματι αγιω και δυναμει, ός *διηλθεν* ευεργετων και ιωμενος παντας τους καταδυναστευομενους υπο του διαβολου,

11 19 οι μεν ουν διασπαρεντες απο της θλιψεως της γενομενης επι στεφανω *διηλθον* εως φοινικης και κυπρου και αντιοχειας,

22 και εξαπεστειλαν βαρναβαν [*διελθειν*] εως αντιοχειας·

12 10 *διελθοντες* δε πρωτην φυλακην και δευτεραν ηλθαν επι την πυλην την σιδηραν την φερουσαν εις την πολιν,

13 6 *διελθοντες* δε όλην την νησον αχρι παφου ευρον ανδρα τινα μαγον ψευδοπροφητην ιουδαιον,

14 αυτοι δε *διελθοντες* απο της περγης παρεγενοντο εις αντιοχειαν την πισιδιαν,

14 24 και *διελθοντες* την πισιδιαν ηλθον εις την παμφυλιαν,

15 3 οι μεν ουν προπεμφθεντες υπο της εκκλησιας *διηρχοντο* την τε φοινικην και σαμαρειαν εκδιηγουμενοι την επιστροφην των εθνων,

41 *διηρχετο* δε·την συριαν και [την] κιλικιαν επιστηριζων τας εκκλησιας.

16 6 *διηλθον* δε την φρυγιαν και γαλατικην χωραν,

17 23 *διερχομενος* γαρ και αναθεωρων τα σεβασματα υμων ευρον και βωμον εν ώ επεγεγραπτο

18 23 και ποιησας χρονον τινα εξηλθεν, *διερχομενος* καθεξης την γαλατικην χωραν και φρυγιαν,

27 βουλομενου δε αυτου *διελθειν* εις την αχαιαν, προτρεψαμενοι οι αδελφοι εγραψαν τοις μαθηταις αποδεξασθαι αυτον·

19 1 εγενετο δε εν τω τον απολλω ειναι εν κορινθω παυλον *διελθοντα* τα ανωτερικα μερη [κατ]ελθειν εις εφεσον και ευρειν τινας μαθητας,

21 ώς δε επληρωθη ταυτα, εθετο ό παυλος εν τω πνευματι *διελθων* την μακεδονιαν και αχαιαν πορευεσθαι εις ιεροσολυμα,

20 2 *διελθων* δε τα μερη εκεινα και παρακαλεσας αυτους λογω πολλω ηλθεν εις την ελλαδα.

25 και νυν ιδου εγω οιδα ότι ουκετι οψεσθε το προσωπον μου υμεις παντες εν οις *διηλθον* κηρυσσων την βασιλειαν.

Rm 5 12 δια τουτο ώσπερ δι ενος ανθρωπου ή αμαρτια εις τον κοσμον εισηλθεν, και δια της αμαρτιας ό θανατος, και ουτως εις παντας ανθρωπους ό θανατος *διηλθεν*,

διερχομαι [43]

1Co 10 1 ότι οι πατερες ημων παντες υπο την νεφελην ησαν και παντες δια της θαλασσης *διηλθον*,

16 5 ελευσομαι δε προς υμας όταν μακεδονιαν *διελθω*·

5 μακεδονιαν γαρ *διερχομαι*, προς υμας δε τυχον παραμενω ή και παραχειμασω,

2Co 1 16 και ταυτη τη πεποιθησει εβουλομην προτερον προς υμας ελθειν ινα δευτεραν χαριν σχητε, και δι υμων *διελθειν* εις μακεδονιαν,

Heb 4 14 εχοντες ουν αρχιερεα μεγαν *διεληλυθοτα* τους ουρανους, ιησουν τον υιον του θεου, κρατωμεν της ομολογιας.

διερωταω [1]

Ac 10 17 ώς δε εν εαυτω διηπορει ό πετρος τί αν ειη το όραμα ό ειδεν, ιδου οι ανδρες οι απεσταλμενοι υπο του κορνηλιου *διερωτησαντες* την οικιαν του σιμωνος επεστησαν επι τον πυλωνα,

διετης [1]

Mt 2 16 και αποστειλας ανειλεν παντας τους παιδας τους εν βηθλεεμ και εν πασι τοις όριοις αυτης απο *διετους* και κατωτερω,

διετια [2]

Ac 24 27 *διετιας* δε πληρωθεισης ελαβεν διαδοχον ό φηλιξ πορκιον φηστον·

28 30 ενεμεινεν δε *διετιαν* όλην εν ιδιω μισθωματι,

διηγεομαι [8]

Mc 5 16 και *διηγησαντο* αυτοις οι ιδοντες πως εγενετο τω δαιμονιζομενω και περι των χοιρων.

9 9 και καταβαινοντων αυτων εκ του όρους διεστειλατο αυτοις ινα μηδενι ά ειδον *διηγησωνται*, ει μη όταν ό υιος του ανθρωπου εκ νεκρων αναστη.

Lc 8 39 υποστρεφε εις τον οικον σου, και *διηγου* όσα σοι εποιησεν ό θεος.

9 10 και υποστρεψαντες οι αποστολοι *διηγησαντο* αυτω όσα εποιησαν.

Ac 8 33 την γενεαν αυτου τίς *διηγησεται*;

9 27 βαρναβας δε επιλαβομενος αυτον ηγαγεν προς τους αποστολους, και *διηγησατο* αυτοις πως εν τη όδω ειδεν τον κυριον

12 17 κατασεισας δε αυτοις τη χειρι σιγαν *διηγησατο* [αυτοις] πως ό κυριος αυτον εξηγαγεν εκ της φυλακης.

IIeb 11 32 επιλειψει με γαρ *διηγουμενον* ό χρονος περι γεδεων, βαρακ, σαμψων, ιεφθαε, δαυιδ τε και σαμουηλ και των προφητων,

διηγησις [1]

Lc 1 1 επειδηπερ πολλοι επεχειρησαν αναταξασθαι *διηγησιν* περι των πεπληροφορημενων εν ημιν πραγματων, καθως παρεδοσαν ημιν οι απ αρχης αυτοπται και υπηρεται γενομενοι του λογου,

διηνεκης [4]

Heb 7 3 αφωμοιωμενος δε τω υιω του θεου, μενει ιερευς εις το *διηνεκες*.

10 1 κατ ενιαυτον ταις αυταις θυσιαις άς προσφερουσιν εις το *διηνεκες* ουδεποτε δυναται τους προσερχομενους τελειωσαι·

12 ουτος δε μιαν υπερ αμαρτιων προσενεγκας θυσιαν εις το *διηνεκες* εκαθισεν εν δεξια του θεου,

14 μια γαρ προσφορα τετελειωκεν εις το *διηνεκες* τους αγιαζομενους.

διθαλασσος [1]

Ac 27 41 περιπεσοντες δε εις τοπον *διθαλασσον* επεκειλαν την ναυν,

διικνεομαι [1]

Heb 4 12 ζων γαρ ό λογος του θεου και ενεργης και τομωτερος υπερ πασαν μαχαιραν διστομον και *διικνουμενος* αχρι μερισμου ψυχης και πνευματος,

διιστημι [3]

Lc	22 59	και διαστασης ωσει ωρας μιας αλλος τις διισχυριζετο λεγων·
	24 51	και εγενετο εν τω ευλογειν αυτον αυτους διεστη απ αυτων και ανεφερετο εις τον ουρανον.
Ac	27 28	και βολισαντες ευρον οργυιας εικοσι, βραχυ δε διαστησαντες και παλιν βολισαντες ευρον οργυιας δεκαπεντε·

διισχυριζομαι [2]

Lc	22 59	και διαστασης ωσει ωρας μιας αλλος τις διισχυριζετο λεγων·
Ac	12 15	η δε διισχυριζετο ουτως εχειν.

δικαιοκρισια [1]

Rm	2 5	κατα δε την σκληροτητα σου και αμετανοητον καρδιαν θησαυριζεις σεαυτω οργην εν ημερα οργης και αποκαλυψεως δικαιοκρισιας του θεου,

δικαιος [79]

Mt	1 19	ιωσηφ δε ο ανηρ αυτης, δικαιος ων και μη θελων αυτην δειγματισαι,
	5 45	οπως γενησθε υιοι του πατρος υμων του εν ουρανοις, οτι τον ηλιον αυτου ανατελλει επι πονηρους και αγαθους και βρεχει επι δικαιους και αδικους.
	9 13	ου γαρ ηλθον καλεσαι δικαιους αλλα αμαρτωλους.
	10 41	και ο δεχομενος δικαιον εις ονομα δικαιου μισθον δικαιου λημψεται.
	41	και ο δεχομενος δικαιον εις ονομα δικαιου μισθον δικαιου λημψεται.
	41	και ο δεχομενος δικαιον εις ονομα δικαιου μισθον δικαιου λημψεται.
	13 17	αμην γαρ λεγω υμιν οτι πολλοι προφηται και δικαιοι επεθυμησαν ιδειν α βλεπετε και ουκ ειδαν,
	43	τοτε οι δικαιοι εκλαμψουσιν ως ο ηλιος εν τη βασιλεια του πατρος αυτων.
	49	εξελευσονται οι αγγελοι και αφοριουσιν τους πονηρους εκ μεσου των δικαιων,
	20 4	υπαγετε και υμεις εις τον αμπελωνα, και ο εαν η δικαιον δωσω υμιν.
	23 28	ουτως και υμεις εξωθεν μεν φαινεσθε τοις ανθρωποις δικαιοι, εσωθεν δε εστε μεστοι υποκρισεως και ανομιας.
	29	ουαι υμιν, γραμματεις και φαρισαιοι υποκριται, οτι οικοδομειτε τους ταφους των προφητων και κοσμειτε τα μνημεια των δικαιων,
	35	οπως ελθη εφ υμας παν αιμα δικαιον εκχυννομενον επι της γης απο του αιματος αβελ του δικαιου εως του αιματος ζαχαριου υιου βαραχιου, ον εφονευσατε μεταξυ του ναου και του θυσιαστηριου.
	35	οπως ελθη εφ υμας παν αιμα δικαιον εκχυννομενον επι της γης απο του αιματος αβελ του δικαιου εως του αιματος ζαχαριου υιου βαραχιου, ον εφονευσατε μεταξυ του ναου και του θυσιαστηριου.
	25 37	τοτε αποκριθησονται αυτω οι δικαιοι λεγοντες· κυριε, ποτε σε ειδομεν πεινωντα και εθρεψαμεν, η διψωντα και εποτισαμεν;
	46	και απελευσονται ουτοι εις κολασιν αιωνιον, οι δε δικαιοι εις ζωην αιωνιον.
	27 19	μηδεν σοι και τω δικαιω εκεινω· πολλα γαρ επαθον σημερον κατ οναρ δι αυτον.
Mc	2 17	ουκ ηλθον καλεσαι δικαιους αλλα αμαρτωλους.
	6 20	ο γαρ ηρωδης εφοβειτο τον ιωαννην, ειδως αυτον ανδρα δικαιον και αγιον, και συνετηρει αυτον, και ακουσας αυτου πολλα ηπορει, και ηδεως αυτου ηκουεν.
Lc	1 6	ησαν δε δικαιοι αμφοτεροι εναντιον του θεου,
	17	και αυτος προελευσεται ενωπιον αυτου εν πνευματι και δυναμει ηλιου, επιστρεψαι καρδιας πατερων επι τεκνα και απειθεις εν φρονησει δικαιων, ετοιμασαι κυριω λαον κατεσκευασμενον.
	2 25	και ο ανθρωπος ουτος δικαιος και ευλαβης, προσδεχομενος παρακλησιν του ισραηλ, και πνευμα ην αγιον επ αυτον·
	5 32	ουκ εληλυθα καλεσαι δικαιους αλλα αμαρτωλους εις μετανοιαν.
	12 57	τι δε και αφ εαυτων ου κρινετε το δικαιον;
	14 14	ανταποδοθησεται γαρ σοι εν τη αναστασει των δικαιων.
	15 7	λεγω υμιν οτι ουτως χαρα εν τω ουρανω εσται επι ενι αμαρτωλω μετανοουντι η επι ενενηκονταεννεα δικαιοις οιτινες ου χρειαν εχουσιν μετανοιας.

δικαιος [79]

Lc	18 9	ειπεν δε και προς τινας τους πεποιθοτας εφ εαυτοις οτι εισιν δικαιοι και εξουθενουντας τους λοιπους την παραβολην ταυτην.
	20 20	και παρατηρησαντες απεστειλαν εγκαθετους υποκρινομενους εαυτους δικαιους ειναι,
	23 47	οντως ο ανθρωπος ουτος δικαιος ην.
	50	και ιδου ανηρ ονοματι ιωσηφ βουλευτης υπαρχων, [και] ανηρ αγαθος και δικαιος,
Jh	5 30	καθως ακουω κρινω, και η κρισις η εμη δικαια εστιν,
	7 24	μη κρινετε κατ οψιν, αλλα την δικαιαν κρισιν κρινετε.
	17 25	πατερ δικαιε, και ο κοσμος σε ουκ εγνω,
Ac	3 14	υμεις δε τον αγιον και δικαιον ηρνησασθε,
	4 19	ει δικαιον εστιν ενωπιον του θεου, υμων ακουειν μαλλον η του θεου, κρινατε·
	7 52	και απεκτειναν τους προκαταγγειλαντας περι της ελευσεως του δικαιου,
	10 22	κορνηλιος εκατονταρχης, ανηρ δικαιος και φοβουμενος τον θεον,
	22 14	ο θεος των πατερων ημων προεχειρισατο σε γνωναι το θελημα αυτου και ιδειν τον δικαιον και ακουσαι φωνην εκ του στοματος αυτου,
	24 15	ελπιδα εχων εις τον θεον, ην και αυτοι ουτοι προσδεχονται, αναστασιν μελλειν εσεσθαι δικαιων τε και αδικων.
Rm	1 17	ο δε δικαιος εκ πιστεως ζησεται.
	2 13	ου γαρ οι ακροαται νομου δικαιοι παρα [τω] θεω,
	3 10	προητιασαμεθα γαρ ιουδαιους τε και ελληνας παντας υφ αμαρτιαν ειναι, καθως γεγραπται οτι ουκ εστιν δικαιος ουδε εις, ουκ εστιν ο συνιων.
	26	προς την ενδειξιν της δικαιοσυνης αυτου εν τω νυν καιρω, εις το ειναι αυτον δικαιον και δικαιουντα τον εκ πιστεως ιησου.
	5 7	μολις γαρ υπερ δικαιου τις αποθανειται·
	19	ωσπερ γαρ δια της παρακοης του ενος ανθρωπου αμαρτωλοι κατεσταθησαν οι πολλοι, ουτως και δια της υπακοης του ενος δικαιοι κατασταθησονται οι πολλοι.
	7 12	ωστε ο μεν νομος αγιος, και η εντολη αγια και δικαια και αγαθη.
Ga	3 11	οτι δε εν νομω ουδεις δικαιουται παρα τω θεω δηλον, οτι ο δικαιος εκ πιστεως ζησεται·
Eph	6 1	τα τεκνα, υπακουετε τοις γονευσιν υμων [εν κυριω]· τουτο γαρ εστιν δικαιον.
Php	1 7	καθως εστιν δικαιον εμοι τουτο φρονειν υπερ παντων υμων,
	4 8	οσα δικαια, οσα σεμνα, οσα δικαια,
Col	4 1	οι κυριοι, το δικαιον και την ισοτητα τοις δουλοις παρεχεσθε,
2Th	1 5	ενδειγμα της δικαιας κρισεως του θεου,
	6	ειπερ δικαιον παρα θεω ανταποδουναι τοις θλιβουσιν υμας θλιψιν
1Tm	1 9	ειδως τουτο, οτι δικαιω νομος ου κειται,
2Tm	4 8	ον αποδωσει μοι ο κυριος εν εκεινη τη ημερα, ο δικαιος κριτης, ου μονον δε εμοι αλλα και πασι τοις ηγαπηκοσι την επιφανειαν αυτου.
Tit	1 8	μη αισχροκερδη, αλλα φιλοξενον, φιλαγαθον, σωφρονα, δικαιον, οσιον, εγκρατη, αντεχομενον του κατα την διδαχην πιστου λογου,
Heb	10 38	ο δε δικαιος μου εκ πιστεως ζησεται,
	11 4	πιστει πλειονα θυσιαν αβελ παρα καιν προσηνεγκεν τω θεω, δι ης εμαρτυρηθη ειναι δικαιος,
	12 23	και κριτη θεω παντων, και πνευμασι δικαιων τετελειωμενων,
Ja	5 6	κατεδικασατε, εφονευσατε τον δικαιον·
	16	πολυ ισχυει δεησις δικαιου ενεργουμενη.
1Pt	3 12	οτι οφθαλμοι κυριου επι δικαιους και ωτα αυτου εις δεησιν αυτων,
	18	οτι και χριστος απαξ περι αμαρτιων επαθεν, δικαιος υπερ αδικων,
	4 18	και ει ο δικαιος μολις σωζεται, ο ασεβης και αμαρτωλος που φανειται;
2Pt	1 13	δικαιον δε ηγουμαι, εφ οσον ειμι εν τουτω τω σκηνωματι, διεγειρειν υμας εν υπομνησει,
	2 7	και δικαιον λωτ καταπονουμενον υπο της των αθεσμων εν ασελγεια αναστροφης ερρυσατο·
	8	βλεμματι γαρ και ακοη ο δικαιος εγκατοικων εν αυτοις ημεραν εξ ημερας ψυχην δικαιαν ανομοις εργοις εβασανιζεν·
	8	βλεμματι γαρ και ακοη ο δικαιος εγκατοικων εν αυτοις ημεραν εξ ημερας ψυχην δικαιαν ανομοις εργοις εβασανιζεν·
1Jh	1 9	εαν ομολογωμεν τας αμαρτιας ημων, πιστος εστιν και δικαιος,
	2 1	παρακλητον εχομεν προς τον πατερα, ιησουν χριστον δικαιον·
	29	εαν ειδητε οτι δικαιος εστιν, γινωσκετε οτι και πας ο ποιων την δικαιοσυνην εξ αυτου γεγεννηται.

δικαιος [79]

1Jh 3 7 ὁ ποιων την δικαιοσυνην *δικαιος* ἐστιν, καθως ἐκεινος δικαιος ἐστιν·

7 ὁ ποιων την δικαιοσυνην *δικαιος* ἐστιν, καθως ἐκεινος δικαιος ἐστιν·

12 ὁτι τα ἐργα αὐτου πονηρα ἠν, τα δε του ἀδελφου αὐτου δικαια.

Apc 15 3 *δικαιαι* και ἀληθιναι αἱ ὁδοι σου, ὁ βασιλευς των ἐθνων·

16 5 *δικαιος* εἰ, ὁ ὠν και ὁ ἠν, ὁ ὁσιος, ὁτι ταυτα ἐκρινας,

7 ναι, κυριε ὁ θεος ὁ παντοκρατωρ, ἀληθιναι και δικαιαι αἱ κρισεις σου.

19 2 ἡ σωτηρια και ἡ δοξα και ἡ δυναμις του θεου ἡμων, ὁτι ἀληθιναι και *δικαιαι* αἱ κρισεις αὐτου·

22 11 και ὁ *δικαιος* δικαιοσυνην ποιησατω ἐτι, και ὁ ἁγιος ἁγιασθητω ἐτι.

δικαιοσυνη [92]

Mt 3 15 οὑτως γαρ πρεπον ἐστιν ἡμιν πληρωσαι πασαν *δικαιοσυνην*.

5 6 μακαριοι οἱ πεινωντες και διψωντες την *δικαιοσυνην*, ὁτι αὐτοι χορτασθησονται.

10 μακαριοι οἱ δεδιωγμενοι ἑνεκεν *δικαιοσυνης*, ὁτι αὐτων ἐστιν ἡ βασιλεια των οὑρανων.

20 λεγω γαρ ὑμιν ὁτι ἐαν μη περισσευση ὑμων ἡ *δικαιοσυνη* πλειον των γραμματεων και φαρισαιων, οὑ μη εἰσελθητε εἰς την βασιλειαν των οὑρανων.

6 1 προσεχετε [δε] την *δικαιοσυνην* ὑμων μη ποιειν ἐμπροσθεν των ἀνθρωπων προς το θεαθηναι αὐτοις·

33 ζητειτε δε πρωτον την βασιλειαν [του θεου] και την *δικαιοσυνην* αὐτου,

21 32 ἠλθεν γαρ ἰωαννης προς ὑμας ἐν ὁδῳ *δικαιοσυνης*,

Lc 1 75 ὁρκον ὁν ὡμοσεν προς ἀβρααμ τον πατερα ἡμων, του δουναι ἡμιν ἀφοβως ἐκ χειρος ἐχθρων ῥυσθεντας λατρευειν αὐτῳ ἐν ὁσιοτητι και *δικαιοσυνῃ* ἐνωπιον αὐτου πασαις ταις ἡμεραις ἡμων.

Jh 16 8 και ἐλθων ἐκεινος ἐλεγξει τον κοσμον περι ἁμαρτιας και περι *δικαιοσυνης* και περι κρισεως·

10 περι *δικαιοσυνης* δε, ὁτι προς τον πατερα ὑπαγω και οὑκετι θεωρειτε με·

Ac 10 35 ἀλλ ἐν παντι ἐθνει ὁ φοβουμενος αὐτον και ἐργαζομενος *δικαιοσυνην* δεκτος αὐτῳ ἐστιν·

13 10 ἐχθρε πασης *δικαιοσυνης*, οὑ παυση διαστρεφων τας ὁδους [του] κυριου τας εὐθειας;

17 31 καθοτι ἐστησεν ἡμεραν ἐν ᾑ μελλει κρινειν την οἰκουμενην ἐν *δικαιοσυνῃ*,

24 25 διαλεγομενου δε αὐτου περι *δικαιοσυνης* και ἐγκρατειας και του κριματος του μελλοντος ἐμφοβος γενομενος ὁ φηλιξ ἀπεκριθη·

Rm 1 17 *δικαιοσυνη* γαρ θεου ἐν αὐτῳ ἀποκαλυπτεται ἐκ πιστεως εἰς πιστιν,

3 5 εἰ δε ἡ ἀδικια ἡμων θεου *δικαιοσυνην* συνιστησιν, τι ἐρουμεν;

21 νυνι δε χωρις νομου *δικαιοσυνη* θεου πεφανερωται, μαρτυρουμενη ὑπο του νομου και των προφητων,

22 *δικαιοσυνη* δε θεου δια πιστεως ἰησου χριστου, εἰς παντας τους πιστευοντας·

25 εἰς ἐνδειξιν της *δικαιοσυνης* αὐτου δια την παρεσιν των προγεγονοτων ἁμαρτηματων ἐν τη ἀνοχη του θεου,

26 προς την ἐνδειξιν της *δικαιοσυνης* αὐτου ἐν τω νυν καιρω·

4 3 ἐπιστευσεν δε ἀβρααμ τω θεω, και ἐλογισθη αὐτῳ εἰς *δικαιοσυνην*·

5 τω δε μη ἐργαζομενῳ, πιστευοντι δε ἐπι τον δικαιουντα τον ἀσεβη, λογιζεται ἡ πιστις αὐτου εἰς *δικαιοσυνην*,

6 καθαπερ και δαυιδ λεγει τον μακαρισμον του ἀνθρωπου ᾡ ὁ θεος λογιζεται *δικαιοσυνην* χωρις ἐργων·

9 ἐλογισθη τω ἀβρααμ ἡ πιστις εἰς *δικαιοσυνην*.

11 και σημειον ἐλαβεν περιτομης σφραγιδα της *δικαιοσυνης* της πιστεως της ἐν τη ἀκροβυστια,

11 εἰς το εἰναι αὐτον πατερα παντων των πιστευοντων δι ἀκροβυστιας, εἰς το λογισθηναι [και] αὐτοις [την] *δικαιοσυνην*,

13 οὑ γαρ δια νομου ἡ ἐπαγγελια τω ἀβρααμ ἠ τω σπερματι αὐτου, το κληρονομον αὐτον εἰναι κοσμου, ἀλλα δια *δικαιοσυνης* πιστεως.

22 διο [και] ἐλογισθη αὐτῳ εἰς *δικαιοσυνην*.

5 17 πολλω μαλλον οἱ την περισσειαν της χαριτος και της δωρεας της *δικαιοσυνης* λαμβανοντες ἐν ζωη βασιλευσουσιν δια του ἑνος ἰησου χριστου.

δικαιοσυνη [92]

Rm 5 21 ἱνα ὡσπερ ἐβασιλευσεν ἡ ἁμαρτια ἐν τω θανατω, οὑτως και ἡ χαρις βασιλευση δια *δικαιοσυνης* εἰς ζωην αἰωνιον δια ἰησου χριστου του κυριου ἡμων.

6 13 ἀλλα παραστησατε ἑαυτους τω θεω ὡσει ἐκ νεκρων ζωντας και τα μελη ὑμων ὁπλα *δικαιοσυνης* τω θεω,

16 δουλοι ἐστε ᾡ ὑπακουετε, ἠτοι ἁμαρτιας εἰς θανατον ἠ ὑπακοης εἰς *δικαιοσυνην*;

18 ἐλευθερωθεντες δε ἀπο της ἁμαρτιας ἐδουλωθητε τη *δικαιοσυνῃ*.

19 ὡσπερ γαρ παρεστησατε τα μελη ὑμων δουλα τη ἀκαθαρσια και τη ἀνομια εἰς την ἀνομιαν, οὑτως νυν παραστησατε τα μελη ὑμων δουλα τη *δικαιοσυνῃ* εἰς ἁγιασμον.

20 ὁτε γαρ δουλοι ἠτε της ἁμαρτιας, ἐλευθεροι ἠτε τη *δικαιοσυνῃ*.

8 10 εἰ δε χριστος ἐν ὑμιν, το μεν σωμα νεκρον δια ἁμαρτιαν, το δε πνευμα ζωη δια *δικαιοσυνην*.

9 30 τι οὑν ἐρουμεν; ὁτι ἐθνη τα μη διωκοντα *δικαιοσυνην* κατελαβεν δικαιοσυνην,

30 τι οὑν ἐρουμεν; ὁτι ἐθνη τα μη διωκοντα δικαιοσυνην κατελαβεν *δικαιοσυνην*,

30 ὁτι ἐθνη τα μη διωκοντα δικαιοσυνην κατελαβεν δικαιοσυνην, *δικαιοσυνην* δε την ἐκ πιστεως·

31 ἰσραηλ δε διωκων νομον *δικαιοσυνης* εἰς νομον οὑκ ἐφθασεν.

10 3 ἀγνοουντες γαρ την του θεου *δικαιοσυνην*, και την ἰδιαν [δικαιοσυνην] ζητουντες στησαι, τη δικαιοσυνη του θεου οὑχ ὑπεταγησαν.

3 ἀγνοουντες γαρ την του θεου δικαιοσυνην, και την ἰδιαν [*δικαιοσυνην*] ζητουντες στησαι, τη δικαιοσυνη του θεου οὑχ ὑπεταγησαν.

3 ἀγνοουντες γαρ την του θεου δικαιοσυνην, και την ἰδιαν [δικαιοσυνην] ζητουντες στησαι, τη *δικαιοσυνη* του θεου οὑχ ὑπεταγησαν.

4 τελος γαρ νομου χριστος εἰς *δικαιοσυνην* παντι τω πιστευοντι.

5 μωυσης γαρ γραφει την *δικαιοσυνην* την ἐκ [του] νομου ὁτι ὁ ποιησας αὐτα ἀνθρωπος ζησεται ἐν αὐτοις.

6 ἡ δε ἐκ πιστεως *δικαιοσυνη* οὑτως λεγει·

10 καρδια γαρ πιστευεται εἰς *δικαιοσυνην*, στοματι δε ὁμολογειται εἰς σωτηριαν.

14 17 οὑ γαρ ἐστιν ἡ βασιλεια του θεου βρωσις και ποσις, ἀλλα *δικαιοσυνη* και εἰρηνη και χαρα ἐν πνευματι ἁγιω·

1Co 1 30 ὁς ἐγενηθη σοφια ἡμιν ἀπο θεου, *δικαιοσυνη* τε και ἁγιασμος και ἀπολυτρωσις, ἱνα καθως γεγραπται·

2Co 3 9 εἰ γαρ τη διακονια της κατακρισεως δοξα, πολλω μαλλον περισσευει ἡ διακονια της *δικαιοσυνης* δοξη.

5 21 τον μη γνοντα ἁμαρτιαν ὑπερ ἡμων ἁμαρτιαν ἐποιησεν, ἱνα ἡμεις γενωμεθα *δικαιοσυνη* θεου ἐν αὐτω.

6 7 δια των ὁπλων της *δικαιοσυνης* των δεξιων και ἀριστερων,

14 τις γαρ μετοχη *δικαιοσυνῃ* και ἀνομια, ἠ τις κοινωνια φωτι προς σκοτος;

9 9 ἐσκορπισεν, ἐδωκεν τοις πενησιν, ἡ *δικαιοσυνη* αὐτου μενει εἰς τον αἰωνα.

10 και πληθυνει τον σπορον ὑμων και αὐξησει τα γενηματα της *δικαιοσυνης* ὑμων·

11 15 οὑ μεγα οὑν εἰ και οἱ διακονοι αὐτου μετασχηματιζονται ὡς διακονοι *δικαιοσυνης*·

Ga 2 21 εἰ γαρ δια νομου *δικαιοσυνη*, ἀρα χριστος δωρεαν ἀπεθανεν.

3 6 καθως ἀβρααμ ἐπιστευσεν τω θεω, και ἐλογισθη αὐτω εἰς *δικαιοσυνην*.

21 εἰ γαρ ἐδοθη νομος ὁ δυναμενος ζωοποιησαι, ὁντως ἐκ νομου ἀν ἠν ἡ *δικαιοσυνη*·

5 5 ἡμεις γαρ πνευματι ἐκ πιστεως ἐλπιδα *δικαιοσυνης* ἀπεκδεχομεθα.

Eph 4 24 και ἐνδυσασθαι τον καινον ἀνθρωπον τον κατα θεον κτισθεντα ἐν *δικαιοσυνη* και ὁσιοτητι της ἀληθειας.

5 9 ὁ γαρ καρπος του φωτος ἐν παση ἀγαθωσυνη και *δικαιοσυνη* και ἀληθεια,

6 14 στητε οὑν περιζωσαμενοι την ὀσφυν ὑμων ἐν ἀληθεια, και ἐνδυσαμενοι τον θωρακα της *δικαιοσυνης*,

Php 1 11 ἱνα ἠτε εἰλικρινεις και ἀπροσκοποι εἰς ἡμεραν χριστου, πεπληρωμενοι καρπον *δικαιοσυνης* τον δια ἰησου χριστου,

3 6 κατα ζηλος διωκων την ἐκκλησιαν, κατα *δικαιοσυνην* την ἐν νομω γενομενος ἀμεμπτος.

9 και ἡγουμαι σκυβαλα ἱνα χριστον κερδησω και εὑρεθω ἐν αὐτω, μη ἐχων ἐμην *δικαιοσυνην* την ἐκ νομου

9 ἀλλα την δια πιστεως χριστου, την ἐκ θεου *δικαιοσυνην* ἐπι τη πιστει,

1Tm 6 11 διωκε δε *δικαιοσυνην*, εὐσεβειαν, πιστιν, ἀγαπην, ὑπομονην, πραυπαθιαν.

δικαιοσυνη [92]

2Tm	2 22	τας δε νεωτερικας επιθυμιας φευγε, διωκε δε *δικαιοσυνην*,
	3 16	πασα γραφη θεοπνευστος και ωφελιμος προς διδασκαλιαν, προς ελεγμον, προς επανορθωσιν, προς παιδειαν την εν *δικαιοσυνη*,
	4 8	λοιπον αποκειται μοι ο της *δικαιοσυνης* στεφανος,
Tit	3 5	ουκ εξ εργων των εν *δικαιοσυνη* α εποιησαμεν ημεις, αλλα κατα το αυτου ελεος εσωσεν ημας δια λουτρου παλιγγενεσιας και ανακαινωσεως πνευματος αγιου·
Heb	1 9	ηγαπησας *δικαιοσυνην* και εμισησας ανομιαν·
	5 13	πας γαρ ο μετεχων γαλακτος απειρος λογου *δικαιοσυνης*, νηπιος γαρ εστιν·
	7 2	πρωτον μεν ερμηνευομενος βασιλευς *δικαιοσυνης*,
	11 7	και της κατα πιστιν *δικαιοσυνης* εγενετο κληρονομος.
	33	περι γεδεων, βαρακ, σαμψων, ιεφθαε, δαυιδ τε και σαμουηλ και των προφητων, οι δια πιστεως κατηγωνισαντο βασιλειας, ηργασαντο *δικαιοσυνην*,
	12 11	υστερον δε καρπον ειρηνικον τοις δι αυτης γεγυμνασμενοις αποδιδωσιν *δικαιοσυνης*.
Ja	1 20	οργη γαρ ανδρος *δικαιοσυνην* θεου ουκ εργαζεται.
	2 23	επιστευσεν δε αβρααμ τω θεω, και ελογισθη αυτω εις *δικαιοσυνην*,
	3 18	καρπος δε *δικαιοσυνης* εν ειρηνη σπειρεται τοις ποιουσιν ειρηνην.
1Pt	2 24	ινα ταις αμαρτιαις απογενομενοι τη *δικαιοσυνη* ζησωμεν·
	3 14	αλλ ει και πασχοιτε δια *δικαιοσυνην*, μακαριοι.
2Pt	1 1	συμεων πετρος δουλος και αποστολος ιησου χριστου τοις ισοτιμον ημιν λαχουσιν πιστιν εν *δικαιοσυνη* του θεου ημων και σωτηρος ιησου χριστου,
	2 5	και αρχαιου κοσμου ουκ εφεισατο, αλλα ογδοον νωε *δικαιοσυνης* κηρυκα εφυλαξεν,
	21	κρειττον γαρ ην αυτοις μη επεγνωκεναι την οδον της *δικαιοσυνης*,
	3 13	καινους δε ουρανους και γην καινην κατα το επαγγελμα αυτου προσδοκωμεν, εν οις *δικαιοσυνη* κατοικει.
1Jh	2 29	εαν ειδητε οτι δικαιος εστιν, γινωσκετε οτι και πας ο ποιων την *δικαιοσυνην* εξ αυτου γεγεννηται.
	3 7	ο ποιων την *δικαιοσυνην* δικαιος εστιν, καθως εκεινος δικαιος εστιν·
	10	πας ο μη ποιων *δικαιοσυνην* ουκ εστιν εκ του θεου,
Apc	19 11	και εν *δικαιοσυνη* κρινει και πολεμει.
	22 11	ο δικαιος *δικαιοσυνην* ποιησατω ετι, και ο αγιος αγιασθητω ετι.

δικαιοω [39]

Mt	11 19	και *εδικαιωθη* η σοφια απο των εργων αυτης.
	12 37	εκ γαρ των λογων σου *δικαιωθηση*,
Lc	7 29	και πας ο λαος ακουσας και οι τελωναι *εδικαιωσαν* τον θεον,
	35	και *εδικαιωθη* η σοφια απο παντων των τεκνων αυτης.
	10 29	ο δε θελων *δικαιωσαι* εαυτον ειπεν προς τον ιησουν·
	16 15	υμεις εστε οι *δικαιουντες* εαυτους ενωπιον των ανθρωπων, ο δε θεος γινωσκει τας καρδιας υμων·
	18 14	λεγω υμιν, κατεβη ουτος *δεδικαιωμενος* εις τον οικον αυτου παρ εκεινον·
Ac	13 38	γνωστον ουν εστω υμιν, ανδρες αδελφοι, οτι δια τουτου υμιν αφεσις αμαρτιων καταγγελλεται, [και] απο παντων ων ουκ ηδυνηθητε εν νομω μωυσεως *δικαιωθηναι*,
	39	εν τουτω πας ο πιστευων *δικαιουται*.
Rm	2 13	ου γαρ οι ακροαται νομου δικαιοι παρα [τω] θεω, αλλ οι ποιηται νομου *δικαιωθησονται*.
	3 4	οπως αν *δικαιωθης* εν τοις λογοις σου και νικησεις εν τω κρινεσθαι σε.
	20	διοτι εξ εργων νομου ου *δικαιωθησεται* πασα σαρξ ενωπιον αυτου·
	24	παντες γαρ ημαρτον και υστερουνται της δοξης του θεου, *δικαιουμενοι* δωρεαν τη αυτου χαριτι δια της απολυτρωσεως της εν χριστω ιησου·
	26	προς την ενδειξιν της δικαιοσυνης αυτου εν τω νυν καιρω, εις το ειναι αυτον δικαιον και *δικαιουντα* τον εκ πιστεως ιησου.
	28	λογιζομεθα γαρ *δικαιουσθαι* πιστει ανθρωπον χωρις εργων νομου.
	30	ειπερ εις ο θεος ος *δικαιωσει* περιτομην εκ πιστεως και ακροβυστιαν δια της πιστεως.
	4 2	ει γαρ αβρααμ εξ εργων *εδικαιωθη*, εχει καυχημα· αλλ ου προς θεον.
	5	τω δε μη εργαζομενω, πιστευοντι δε επι τον *δικαιουντα* τον ασεβη, λογιζεται η πιστις αυτου εις δικαιοσυνην,
	5 1	*δικαιωθεντες* ουν εκ πιστεως ειρηνην εχομεν προς τον θεον δια του κυριου ημων ιησου χριστου,

δικαιοω [39]

Rm	5 9	πολλω ουν μαλλον *δικαιωθεντες* νυν εν τω αιματι αυτου σωθησομεθα δι αυτου απο της οργης.
	6 7	ο γαρ αποθανων *δεδικαιωται* απο της αμαρτιας.
	8 30	και ους εκαλεσεν, τουτους και *εδικαιωσεν*·
	30	ους δε *εδικαιωσεν*, τουτους και εδοξασεν.
	33	τις εγκαλεσει κατα εκλεκτων θεου; θεος ο *δικαιων*·
1Co	4 4	ουδεν γαρ εμαυτω συνοιδα, αλλ ουκ εν τουτω *δεδικαιωμαι*·
	6 11	αλλα απελουσασθε, αλλα ηγιασθητε, αλλα *εδικαιωθητε* εν τω ονοματι του κυριου ιησου χριστου και εν τω πνευματι του θεου ημων.
Ga	2 16	ειδοτες [δε] οτι ου *δικαιουται* ανθρωπος εξ εργων νομου εαν μη δια πιστεως ιησου χριστου, και ημεις εις χριστον ιησουν επιστευσαμεν,
	16	και ημεις εις χριστον ιησουν επιστευσαμεν, ινα *δικαιωθωμεν* εκ πιστεως χριστου και ουκ εξ εργων νομου,
	16	ινα *δικαιωθωμεν* εκ πιστεως χριστου και ουκ εξ εργων νομου, οτι εξ εργων νομου ου *δικαιωθησεται* πασα σαρξ.
	17	ει δε ζητουντες *δικαιωθηναι* εν χριστω ευρεθημεν και αυτοι αμαρτωλοι, αρα χριστος αμαρτιας διακονος;
	3 8	προιδουσα δε η γραφη οτι εκ πιστεως *δικαιοι* τα εθνη ο θεος,
	11	οτι δε εν νομω ουδεις *δικαιουται* παρα τω θεω δηλον,
	24	ωστε ο νομος παιδαγωγος ημων γεγονεν εις χριστον, ινα εκ πιστεως *δικαιωθωμεν*·
	5 4	κατηργηθητε απο χριστου οιτινες εν νομω *δικαιουσθε*,
1Tm	3 16	ος εφανερωθη εν σαρκι, *εδικαιωθη* εν πνευματι, ωφθη αγγελοις,
Tit	3 7	ινα *δικαιωθεντες* τη εκεινου χαριτι κληρονομοι γενηθωμεν κατ ελπιδα ζωης αιωνιου.
Ja	2 21	αβρααμ ο πατηρ ημων ουκ εξ εργων *εδικαιωθη*, ανενεγκας ισαακ τον υιον αυτου επι το θυσιαστηριον;
	24	ορατε οτι εξ εργων *δικαιουται* ανθρωπος και ουκ εκ πιστεως μονον.
	25	ομοιως δε και ρααβ η πορνη ουκ εξ εργων *εδικαιωθη*, υποδεξαμενη τους αγγελους και ετερα οδω εκβαλουσα;

δικαιωμα [10]

Lc	1 6	ησαν δε δικαιοι αμφοτεροι εναντιον του θεου, πορευομενοι εν πασαις ταις εντολαις και *δικαιωμασιν* του κυριου αμεμπτοι.
Rm	1 32	οιτινες το *δικαιωμα* του θεου επιγνοντες, οτι οι τα τοιαυτα πρασσοντες αξιοι θανατου εισιν,
	2 26	εαν ουν η ακροβυστια τα *δικαιωματα* του νομου φυλασση, ουχ η ακροβυστια αυτου εις περιτομην λογισθησεται;
	5 16	το μεν γαρ κριμα εξ ενος εις κατακριμα, το δε χαρισμα εκ πολλων παραπτωματων εις *δικαιωμα*.
	18	αρα ουν ως δι ενος παραπτωματος εις παντας ανθρωπους εις κατακριμα, ουτως και δι ενος *δικαιωματος* εις παντας ανθρωπους εις δικαιωσιν ζωης·
	8 4	το γαρ αδυνατον του νομου, εν ω ησθενει δια της σαρκος, ο θεος τον εαυτου υιον πεμψας εν ομοιωματι σαρκος αμαρτιας και περι αμαρτιας κατεκρινεν την αμαρτιαν εν τη σαρκι, ινα το *δικαιωμα* του νομου πληρωθη εν ημιν
Heb	9 1	ειχε μεν ουν [και] η πρωτη *δικαιωματα* λατρειας το τε αγιον κοσμικον.
	10	μονον επι βρωμασιν και πομασιν και διαφοροις βαπτισμοις, *δικαιωματα* σαρκος μεχρι καιρου διορθωσεως επικειμενα.
Apc	15 4	οτι παντα τα εθνη ηξουσιν και προσκυνησουσιν ενωπιον σου, οτι τα *δικαιωματα* σου εφανερωθησαν.
	19 8	το γαρ βυσσινον τα *δικαιωματα* των αγιων εστιν.

δικαιως [5]

Lc	23 41	και ημεις μεν *δικαιως*, αξια γαρ ων επραξαμεν απολαμβανομεν·
1Co	15 34	εκνηψατε *δικαιως* και μη αμαρτανετε·
1Th	2 10	υμεις μαρτυρες και ο θεος, ως οσιως και *δικαιως* και αμεμπτως υμιν τοις πιστευουσιν εγενηθημεν,
Tit	2 12	παιδευουσα ημας, ινα αρνησαμενοι την ασεβειαν και τας κοσμικας επιθυμιας σωφρονως και *δικαιως* και ευσεβως ζησωμεν εν τω νυν αιωνι,
1Pt	2 23	παρεδιδου δε τω κρινοντι *δικαιως*·

δικαιωσις [2]

Rm	4 25	τοις πιστευουσιν επι τον εγειραντα ιησουν τον κυριον ημων εκ νεκρων, ος παρεδοθη δια τα παραπτωματα ημων και ηγερθη δια την *δικαιωσιν* ημων.

δικαιωσις [2]

Rm   5 18   άρα ούν ώς δι ένος παραπτωματος εἰς παντας άνθρωπους εἰς κατακριμα, ούτως και δι ένος δικαιωματος εἰς παντας άνθρωπους εἰς δικαιωσιν ζωης·

δικαστης [2]

Ac   7 27   τίς σε κατεστησεν άρχοντα και δικαστην έφ ήμων;
     35   τίς σε κατεστησεν άρχοντα και δικαστην;

δικη [3]

Ac   28 4   παντως φονευς έστιν ό άνθρωπος ούτος, όν διασωθεντα έκ της θαλασσης ή δικη ζην ούκ είασεν.

2Th   1 9   οίτινες δικην τισουσιν όλεθρον αίωνιον άπο προσωπου του κυριου και άπο της δοξης της ίσχυος αύτου,

Ju   7   τον όμοιον τροπον τουτοις έκπορνευσασαι και άπελθουσαι όπισω σαρκος έτερας, προκεινται δειγμα πυρος αίωνιου δικην ύπεχουσαι.

δικτυον [12]

Mt   4 20   οί δε εύθεως άφεντες τα δικτυα ήκολουθησαν αύτω.
     21   ιακωβον τον του ζεβεδαιου και ιωαννην τον άδελφον αύτου, έν τω πλοιω μετα ζεβεδαιου του πατρος αύτων καταρτιζοντας τα δικτυα αύτων·

Mc   1 18   και εύθυς άφεντες τα δικτυα ήκολουθησαν αύτω.
     19   και προβας όλιγον είδεν ιακωβον τον του ζεβεδαιου και ιωαννην τον άδελφον αύτου και αύτους έν τω πλοιω καταρτιζοντας τα δικτυα.

Lc   5 2   οί δε άλιεις άπ αύτων άπυβαντες έπλυνον τα δικτυα.
     4   έπαναγαγε εἰς το βαθος, και χαλασατε τα δικτυα ύμων εἰς άγραν.
     5   έπιστατα, δι όλης νυκτος κοπιασαντες ούδεν έλαβομεν· έπι δε τω ρηματι σου χαλασω τα δικτυα.
     6   και τουτο ποιησαντες συνεκλεισαν πληθος ίχθυων πολυ· διερρησσετο δε τα δικτυα αύτων.

Jh   21 6   βαλετε εἰς τα δεξια μερη του πλοιου το δικτυον, και εύρησετε.
     8   οί δε άλλοι μαθηται τω πλοιαριω ήλθον, ού γαρ ήσαν μακραν άπο της γης άλλα ώς άπο πηχων διακοσιων, συροντες το δικτυον των ίχθυων.
     11   άνεβη ούν σιμων πετρος και είλκυσεν το δικτυον εἰς την γην μεστον ίχθυων μεγαλων έκατονπεντηκοντατριων·
     11   και τοσουτων όντων ούκ έσχισθη το δικτυον.

διλογος [1]

1Tm   3 8   διακονους ώσαυτως σεμνους, μη διλογους, μη οίνω πολλω προσεχοντας, μη αίσχροκερδεις,

διο [53]

Mt   27 8   διο έκληθη ό άγρος έκεινος άγρος αίματος έως της σημερον.
Lc   1 35   διο και το γεννωμενον άγιον κληθησεται υίος θεου.
     7 7   ού γαρ ίκανος είμι ίνα ύπο την στεγην μου είσελθης· διο ούδε έμαυτον ήξιωσα προς σέ έλθειν·
Ac   10 29   διο και άναντιρρητως ήλθον μεταπεμφθεις.
    15 19   διο έγω κρινω μη παρενοχλειν τοις άπο των έθνων έπιστρεφουσιν έπι τον θεον,
    20 31   διο γρηγορειτε, μνημονευοντες ότι τριετιαν νυκτα και ήμεραν ούκ έπαυσαμην μετα δακρυων νουθετων ένα έκαστον.
    24 26   διο και πυκνοτερον αύτον μεταπεμπομενος ώμιλει αύτω.
    25 26   διο προηγαγον αύτον έφ ύμων και μαλιστα έπι σοῦ, βασιλευ άγριππα, όπως της άνακρισεως γενομενης σχω τί γραψω·
    26 3   διο δεομαι μακροθυμως άκουσαι μου.
    27 25   διο εύθυμειτε, άνδρες· πιστευω γαρ τω θεω ότι ούτως έσται καθ όν τροπον λελαληται μοι.
     34   διο παρακαλω ύμας μεταλαβειν τροφης·
Rm   1 24   διο παρεδωκεν αύτους ό θεος έν ταις έπιθυμιαις των καρδιων αύτων εἰς άκαθαρσιαν του άτιμαζεσθαι τα σωματα αύτων έν αύτοις.
     2 1   διο άναπολογητος εί, ώ άνθρωπε πας ό κρινων·
     4 22   διο [και] έλογισθη αύτω εἰς δικαιοσυνην.
    13 5   διο άναγκη ύποτασσεσθαι, ού μονον δια την όργην άλλα και δια την συνειδησιν.
    15 7   διο προσλαμβανεσθε άλληλους, καθως και ό χριστος προσελαβετο ύμας εἰς δοξαν του θεου.
     22   διο και ένεκοπτομην τα πολλα του έλθειν προς ύμας.
1Co   12 3   διο γνωριζω ύμιν ότι ούδεις έν πνευματι θεου λαλων λεγει·
    14 13   διο ό λαλων γλωσση προσευχεσθω ίνα διερμηνευη.

διο [53]

2Co   1 20   διο και δι αύτου το άμην τω θεω προς δοξαν δι ήμων.
     2 8   διο παρακαλω ύμας κυρωσαι εἰς αύτον άγαπην·
     4 13   έχοντες δε το αύτο πνευμα της πιστεως, κατα το γεγραμμενον· έπιστευσα, διο έλαλησα, και ήμεις πιστευομεν,
     13   διο και λαλουμεν, είδοτες ότι ό έγειρας τον κυριον ιησουν και ήμας συν ιησου έγερει και παραστησει συν ύμιν.
     16   διο ούκ έγκακουμεν, άλλ εί και ό έξω ήμων άνθρωπος διαφθειρεται, άλλ ό έσω ήμων άνακαινουται ήμερα και ήμερα.
     5 9   διο και φιλοτιμουμεθα, είτε ένδημουντες είτε έκδημουντες, εύαρεστοι αύτω είναι.
     6 17   διο έξελθατε έκ μεσου αύτων και άφορισθητε, λεγει κυριος,
    12 7   διο ίνα μη ύπεραιρωμαι, έδοθη μοι σκολοψ τη σαρκι, άγγελος σατανα, ίνα με κολαφιζη, ίνα μη ύπεραιρωμαι.
     10   διο εύδοκω έν άσθενειαις, έν ύβρεσιν, έν άναγκαις, έν διωγμοις και στενοχωριαις, ύπερ χριστου·
Ga   4 31   διο, άδελφοι, ούκ έσμεν παιδισκης τεκνα άλλα της έλευθερας.
Eph   2 11   διο μνημονευετε ότι ποτε ύμεις τα έθνη έν σαρκι,
     3 13   διο αίτουμαι μη έγκακειν έν ταις θλιψεσιν μου ύπερ ύμων,
     4 8   διο λεγει· άναβας εἰς ύψος ήχμαλωτευσεν αίχμαλωσιαν,
     25   διο άποθεμενοι το ψευδος λαλειτε άληθειαν έκαστος μετα του πλησιον αύτου,
     5 14   διο λεγει· έγειρε, ό καθευδων,
Php   2 9   διο και ό θεος αύτον ύπερυψωσεν
1Th   3 1   διο μηκετι στεγοντες εύδοκησαμεν καταλειφθηναι έν άθηναις μονοι,
     5 11   διο παρακαλειτε άλληλους και οίκοδομειτε εἰς τον ένα,
Phm   8   διο, πολλην έν χριστω παρρησιαν έχων έπιτασσειν σοι το άνηκον, δια την άγαπην μαλλον παρακαλω·
Heb   3 7   διο, καθως λεγει το πνευμα το άγιον· σημερον έαν της φωνης αύτου άκουσητε,
     10   διο προσωχθισα τη γενεα ταυτη και είπον·
     6 1   διο άφεντες τον της άρχης του χριστου λογον έπι την τελειοτητα φερωμεθα,
    10 5   διο είσερχομενος εἰς τον κοσμον λεγει·
    11 12   διο και άφ ένος έγεννηθησαν,
     16   διο ούκ έπαισχυνεται αύτους ό θεος θεος έπικαλεισθαι αύτων·
    12 12   διο τας παρειμενας χειρας και τα παραλελυμενα γονατα άνορθωσατε,
     28   διο βασιλειαν άσαλευτον παραλαμβανοντες έχωμεν χαριν,
    13 12   διο και ιησους, ίνα άγιαση δια του ίδιου αίματος τον λαον, έξω της πυλης έπαθεν.
Ja   1 21   διο άποθεμενοι πασαν ρυπαριαν και περισσειαν κακιας έν πραυτητι
     4 6   διο λεγει· ό θεος ύπερηφανοις άντιτασσεται, ταπεινοις δε διδωσιν χαριν.
1Pt   1 13   διο άναζωσαμενοι τας όσφυας της διανοιας ύμων, νηφοντες τελειως έλπισατε έπι την φερομενην ύμιν χαριν έν άποκαλυψει ιησου χριστου.
2Pt   1 10   διο μαλλον, άδελφοι, σπουδασατε βεβαιαν ύμων την κλησιν και έκλογην ποιεισθαι·
     12   διο μελλησω άει ύμας ύπομιμνησκειν περι τουτων,
     3 14   διο, άγαπητοι, ταυτα προσδοκωντες σπουδασατε άσπιλοι και άμωμητοι αύτω εύρεθηναι έν είρηνη,

διοδευω [2]

Lc   8 1   και έγενετο έν τω καθεξης και αύτος διωδευεν κατα πολιν και κωμην κηρυσσων και εύαγγελιζομενος την βασιλειαν του θεου,
Ac   17 1   διοδευσαντες δε την άμφιπολιν και την άπολλωνιαν ήλθον εἰς θεσσαλονικην,

διονυσιος [1]

Ac   17 34   τινες δε άνδρες κολληθεντες αύτω έπιστευσαν, έν οίς και διονυσιος ό άρεοπαγιτης και γυνη όνοματι δαμαρις και έτεροι συν αύτοις.

διοπερ [2]

1Co   8 13   διοπερ εί βρωμα σκανδαλιζει τον άδελφον μου, ού μη φαγω κρεα εἰς τον αίωνα,
    10 14   διοπερ, άγαπητοι μου, φευγετε άπο της είδωλολατριας.

διοπετης [1]

Ac   19 35   ανδρες εφεσιοι, τις γαρ εστιν ανθρωπων ος ου γινωσκει την εφεσιων πολιν νεωκορον ουσαν της μεγαλης αρτεμιδος και του διοπετους;

διορθωμα [1]

Ac   24 2   πολλης ειρηνης τυγχανοντες δια σου και διορθωματων γινομενων τω εθνει τουτω δια της σης προνοιας, παντη τε και πανταχου αποδεχομεθα,

διορθωσις [1]

Heb   9 10   μονον επι βρωμασιν και πομασιν και διαφοροις βαπτισμοις, ρικαιωματα σαρκος μεχρι καιρου διορθωσεως επικειμενα.

διορυσσω [4]

Mt   6 19   οπου σης και βρωσις αφανιζει, και οπου κλεπται διορυσσουσιν και κλεπτουσιν·
    20   οπου ουτε σης ουτε βρωσις αφανιζει, και οπου κλεπται ου διορυσσουσιν ουδε κλεπτουσιν·
    24 43   εκεινο δε γινωσκετε οτι ει ηδει ο οικοδεσποτης ποια φυλακη ο κλεπτης ερχεται, εγρηγορησεν αν και ουκ αν ειασεν διορυχθηναι την οικιαν αυτου.

Lc   12 39   τουτο δε γινωσκετε, οτι ει ηδει ο οικοδεσποτης ποια ωρα ο κλεπτης ερχεται, ουκ αν αφηκεν διορυχθηναι τον οικον αυτου.

διοσκουροι [1]

Ac   28 11   μετα δε τρεις μηνας ανηχθημεν εν πλοιω παρακεχειμακοτι εν τη νησω, αλεξανδρινω, παρασημω διοσκουροις.

διοτι [23]

Lc   1 13   μη φοβου, ζαχαρια, διοτι εισηκουσθη η δεησις σου,
    2 7   και εσπαργανωσεν αυτον και ανεκλινεν αυτον εν φατνη, διοτι ουκ ην αυτοις τοπος εν τω καταλυματι.
    21 28   αρχομενων δε τουτων γινεσθαι ανακυψατε και επαρατε τας κεφαλας υμων, διοτι εγγιζει η απολυτρωσις υμων.

Ac   13 35   διοτι και εν ετερω λεγει·
    18 10   διοτι εγω ειμι μετα σου και ουδεις επιθησεται σοι του κακωσαι σε,
    10   διοτι εγω ειμι μετα σου και ουδεις επιθησεται σοι του κακωσαι σε, διοτι λαος εστι μοι πολυς εν τη πολει ταυτη.
    20 26   διοτι μαρτυρομαι υμιν εν τη σημερον ημερα οτι καθαρος ειμι απο του αιματος παντων·
    22 18   σπευσον και εξελθε εν ταχει εξ ιερουσαλημ, διοτι ου παραδεξονται σου μαρτυριαν περι εμου.

Rm   1 19   διοτι το γνωστον του θεου φανερον εστιν εν αυτοις·
    21   διοτι γνοντες τον θεον ουχ ως θεον εδοξασαν η ηυχαριστησαν,
    3 20   διοτι εξ εργων νομου ου δικαιωθησεται πασα σαρξ ενωπιον αυτου·
    8 7   διοτι το φρονημα της σαρκος εχθρα εις θεον·

1Co   15 9   ος ουκ ειμι ικανος καλεισθαι αποστολος, διοτι εδιωξα την εκκλησιαν του θεου·

Php   2 26   επειδη επιποθων ην παντας υμας, και αδημονων, διοτι ηκουσατε οτι ησθενησεν.

1Th   2 8   ουτως ομειρομενοι υμων ευδοκουμεν μεταδουναι υμιν ου μονον το ευαγγελιον του θεου αλλα και τας εαυτων ψυχας, διοτι αγαπητοι ημιν εγενηθητε.
    18   διοτι ηθελησαμεν ελθειν προς υμας,
    4 6   το μη υπερβαινειν και πλεονεκτειν εν τω πραγματι τον αδελφον αυτου, διοτι εκδικος κυριος περι παντων τουτων.

Heb   11 5   πιστει ενωχ μετετεθη του μη ιδειν θανατον, και ουχ ηυρισκετο διοτι μετεθηκεν αυτον ο θεος.
    23   πιστει μωυσης γεννηθεις εκρυβη τριμηνον υπο των πατερων αυτου, διοτι ειδον αστειον το παιδιον,

Ja   4 3   αιτειτε και ου λαμβανετε, διοτι κακως αιτεισθε,

1Pt   1 16   διοτι γεγραπται [οτι] αγιοι εσεσθε, οτι εγω αγιος [ειμι].
    24   διοτι πασα σαρξ ως χορτος,
    2 6   διοτι περιεχει εν γραφη·

διοτρεφης [1]

3Jh   9   αλλ ο φιλοπρωτευων αυτων διοτρεφης ουκ επιδεχεται ημας.

διπλους [4]

Mt   23 15   και οταν γενηται, ποιειτε αυτον υιον γεεννης διπλοτερον υμων.

1Tm   5 17   οι καλως προεστωτες πρεσβυτεροι διπλης τιμης αξιουσθωσαν,

Apc   18 6   και διπλωσατε τα διπλα κατα τα εργα αυτης·
    6   εν τω ποτηριω ω εκερασεν κερασατε αυτη διπλουν·

διπλοω [1]

Apc   18 6   και διπλωσατε τα διπλα κατα τα εργα αυτης·

δις [6]

Mc   14 30   αμην λεγω σοι οτι συ σημερον ταυτη τη νυκτι πριν η δις αλεκτορα φωνησαι τρις με απαρνηση.
    72   και ανεμνησθη ο πετρος το ρημα ως ειπεν αυτω ο ιησους οτι πριν αλεκτορα φωνησαι δις τρις με απαρνηση·

Lc   18 12   νηστευω δις του σαββατου, αποδεκατω παντα οσα κτωμαι.

Php   4 16   οτι και εν θεσσαλονικη και απαξ και δις εις την χρειαν μοι επεμψατε.

1Th   2 18   διοτι ηθελησαμεν ελθειν προς υμας, εγω μεν παυλος και απαξ και δις,

Ju   12   δενδρα φθινοπωρινα ακαρπα δις αποθανοντα εκριζωθεντα,

δισμυριας [1]

Apc   9 16   και ο αριθμος των στρατευματων του ιππικου δισμυριαδες μυριαδων·

δισταζω [2]

Mt   14 31   και λεγει αυτω· ολιγοπιστε, εις τι εδιστασας;
    28 17   και ιδοντες αυτον προσεκυνησαν, οι δε εδιστασαν.

διστομος [3]

Heb   4 12   ζων γαρ ο λογος του θεου και ενεργης και τομωτερος υπερ πασαν μαχαιραν διστομον

Apc   1 16   και εκ του στοματος αυτου ρομφαια διστομος οξεια εκπορευομενη,
    2 12   ταδε λεγει ο εχων την ρομφαιαν την διστομον την οξειαν· οιδα που κατοικεις·

δισχιλιοι [1]

Mc   5 13   και ωρμησεν η αγελη κατα του κρημνου εις την θαλασσαν, ως δισχιλιοι, και επνιγοντο εν τη θαλασση.

διυλιζω [1]

Mt   23 24   οδηγοι τυφλοι, οι διυλιζοντες τον κωνωπα, την δε καμηλον καταπινοντες.

διχαζω [1]

Mt   10 35   ηλθον γαρ διχασαι ανθρωπον κατα του πατρος αυτου και θυγατερα κατα της μητρος αυτης και νυμφην κατα της πενθερας αυτης,

διχοστασια [2]

Rm   16 17   παρακαλω δε υμας, αδελφοι, σκοπειν τους τας διχοστασιας και τα σκανδαλα παρα την διδαχην ην υμεις εμαθετε ποιουντας, και εκκλινετε απ αυτων·

Ga   5 20   διχοστασιαι, αιρεσεις, φθονοι, μεθαι, κωμοι, και τα ομοια τουτοις,

διχοτομεω [2]

Mt   24 51   και διχοτομησει αυτον, και το μερος αυτου μετα των υποκριτων θησει·

Lc   12 46   ηξει ο κυριος του δουλου εκεινου εν ημερα η ου προσδοκα και εν ωρα η ου γινωσκει, και διχοτομησει αυτον,

διψαω [16]

Mt   5 6   μακαριοι οι πεινωντες και διψωντες την δικαιοσυνην, οτι αυτοι χορτασθησονται.

διψαω [16]

Mt	25 35	ἐπεινασα γαρ και ἐδωκατε μοι φαγειν, *ἐδιψησα* και ἐποτισατε με,
	37	κυριε, ποτε σε ειδομεν πεινωντα και ἐθρεψαμεν, ἢ *διψωντα* και ἐποτισαμεν;
	42	ἐπεινασα γαρ και οὐκ ἐδωκατε μοι φαγειν, *ἐδιψησα* και οὐκ ἐποτισατε με,
	44	κυριε, ποτε σε ειδομεν πεινωντα ἢ *διψωντα* ἢ ξενον ἢ γυμνον ἢ ἀσθενη ἢ ἐν φυλακη και οὐ διηκονησαμεν σοι;
Jh	4 13	πας ὁ πινων ἐκ του ὑδατος τουτου *διψησει* παλιν·
	14	ὁς δ ἀν πιη ἐκ του ὑδατος οὐ ἐγω δωσω αὐτω, οὐ μη *διψησει* εἰς τον αἰωνα,
	15	κυριε, δος μοι τουτο το ὑδωρ, ἱνα μη *διψω* μηδε διερχωμαι ἐνθαδε ἀντλειν.
	6 35	ὁ ἐρχομενος προς ἐμε οὐ μη πειναση, και ὁ πιστευων εἰς ἐμε οὐ μη *διψησει* πωποτε.
	7 37	ἐαν τις *διψα*, ἐρχεσθω προς με και πινετω.
	19 28	μετα τουτο εἰδως ὁ ἰησους ὁτι ἠδη παντα τετελεσται, ἱνα τελειωθη ἡ γραφη, λεγει· *διψω.*
Rm	12 20	ἀλλα ἐαν πεινα ὁ ἐχθρος σου, ψωμιζε αὐτον· ἐαν *διψα*, ποτιζε αὐτον·
1Co	4 11	ἀχρι της ἀρτι ὡρας και πεινωμεν και *διψωμεν* και γυμνιτευομεν
Apc	7 16	οὐ πεινασουσιν ἐτι οὐδε *διψησουσιν* ἐτι,
	21 6	ἐγω τω *διψωντι* δωσω ἐκ της πηγης του ὑδατος της ζωης δωρεαν.
	22 17	και ὁ *διψων* ἐρχεσθω, ὁ θελων λαβετω ὑδωρ ζωης δωρεαν.

διψος [1]

2Co	11 27	κοπω και μοχθω, ἐν ἀγρυπνιαις πολλακις, ἐν λιμω και *διψει*,

διψυχος [2]

Ja	1 8	ἀνηρ *διψυχος*, ἀκαταστατος ἐν πασαις ταις ὁδοις αὐτου.
	4 8	καθαρισατε χειρας, ἁμαρτωλοι, και ἁγνισατε καρδιας, *διψυχοι.*

διωγμος [10]

Mt	13 21	γενομενης δε θλιψεως ἢ *διωγμου* δια τον λογον εὐθυς σκανδαλιζεται.
Mc	4 17	εἰτα γενομενης θλιψεως ἢ *διωγμου* δια τον λογον εὐθυς σκανδαλιζονται.
	10 30	ἐαν μη λαβη ἑκατονταπλασιονα νυν ἐν τω καιρω τουτω οἰκιας και ἀδελφους και ἀδελφας και μητερας και τεκνα και ἀγρους μετα *διωγμων*, και ἐν τω αἰωνι τω ἐρχομενω ζωην αἰωνιον.
Ac	8 1	ἐγενετο δε ἐν ἐκεινη τη ἡμερα *διωγμος* μεγας ἐπι την ἐκκλησιαν την ἐν ἱεροσολυμοις·
	13 50	οἱ δε ἰουδαιοι παρωτρυναν τας σεβομενας γυναικας τας εὐσχημονας και τους πρωτους της πολεως, και ἐπηγειραν *διωγμον* ἐπι τον παυλον και βαρναβαν,
Rm	8 35	τις ἡμας χωρισει ἀπο της ἀγαπης του χριστου; θλιψις ἢ στενοχωρια ἢ *διωγμος* ἢ λιμος ἢ γυμνοτης ἢ κινδυνος ἢ μαχαιρα;
2Co	12 10	διο εὐδοκω ἐν ἀσθενειαις, ἐν ὑβρεσιν, ἐν ἀναγκαις, ἐν *διωγμοις* και στενοχωριαις, ὑπερ χριστου·
2Th	1 4	ἐν πασιν τοις *διωγμοις* ὑμων και ταις θλιψεσιν αἱς ἀνεχεσθε,
2Tm	3 11	τοις *διωγμοις*, τοις παθημασιν, οἱα μοι ἐγενετο ἐν ἀντιοχεια, ἐν ἰκονιω, ἐν λυστροις·
	11	οἱους *διωγμους* ὑπηνεγκα, και ἐκ παντων με ἐρρυσατο ὁ κυριος.

διωκτης [1]

1Tm	1 13	ὁτι πιστον με ἡγησατο θεμενος εἰς διακονιαν, το προτερον ὀντα βλασφημον και *διωκτην* και ὑβριστην·

διωκω [45]

Mt	5 10	μακαριοι οἱ *δεδιωγμενοι* ἑνεκεν δικαιοσυνης, ὁτι αὐτων ἐστιν ἡ βασιλεια των οὐρανων.
	11	μακαριοι ἐστε ὁταν ὀνειδισωσιν ὑμας και *διωξωσιν* και εἰπωσιν παν πονηρον καθ ὑμων [ψευδομενοι] ἑνεκεν ἐμου.
	12	οὑτως γαρ *ἐδιωξαν* τους προφητας τους προ ὑμων.
	44	ἀγαπατε τους ἐχθρους ὑμων και προσευχεσθε ὑπερ των *διωκοντων* ὑμας·
	10 23	ὁταν δε *διωκωσιν* ὑμας ἐν τη πολει ταυτη, φευγετε εἰς την ἑτεραν·

διωκω [45]

Mt	23 34	ἐξ αὐτων ἀποκτενειτε και σταυρωσετε, και ἐξ αὐτων μαστιγωσετε ἐν ταις συναγωγαις ὑμων και *διωξετε* ἀπο πολεως εἰς πολιν·
Lc	11 49	ἀποστελω εἰς αὐτους προφητας και ἀποστολους, και ἐξ αὐτων ἀποκτενουσιν και *διωξουσιν*,
	17 23	ἰδου ἐκει, [ἢ] ἰδου ὡδε· μη ἀπελθητε μηδε *διωξητε.*
	21 12	προ δε τουτων παντων ἐπιβαλουσιν ἐφ ὑμας τας χειρας αὐτων και *διωξουσιν*,
Jh	5 16	και δια τουτο *ἐδιωκον* οἱ ἰουδαιοι τον ἰησουν, ὁτι ταυτα ἐποιει ἐν σαββατω.
	15 20	εἰ ἐμε *ἐδιωξαν*, και ὑμας *διωξουσιν*·
	20	εἰ ἐμε *ἐδιωξαν*, και ὑμας *διωξουσιν*·
Ac	7 52	τινα των προφητων οὐκ *ἐδιωξαν* οἱ πατερες ὑμων;
	9 4	σαουλ σαουλ, τι με *διωκεις*;
	5	ὁ δε· ἐγω εἰμι ἰησους ὁν συ *διωκεις*·
	22 4	ὁς ταυτην την ὁδον *ἐδιωξα* ἀχρι θανατου, δεσμευων και παραδιδους εἰς φυλακας ἀνδρας τε και γυναικας,
	7	σαουλ σαουλ, τι με *διωκεις*;
	8	ἐγω εἰμι ἰησους ὁ ναζωραιος, ὁν συ *διωκεις.*
	26 11	περισσως τε ἐμμαινομενος αὐτοις *ἐδιωκον* ἑως και εἰς τας ἐξω πολεις.
	14	σαουλ σαουλ, τι με *διωκεις*;
	15	ἐγω εἰμι ἰησους ὁν συ *διωκεις.*
Rm	9 30	τι οὐν ἐρουμεν; ὁτι ἐθνη τα μη *διωκοντα* δικαιοσυνην κατελαβεν δικαιοσυνην,
	31	ἰσραηλ δε *διωκων* νομον δικαιοσυνης εἰς νομον οὐκ ἐφθασεν.
	12 13	ταις χρειαις των ἁγιων κοινωνουντες, την φιλοξενιαν *διωκοντες.*
	14	εὐλογειτε τους *διωκοντας* [ὑμας,] εὐλογειτε και μη καταρασθε.
	14 19	ἀρα οὐν τα της εἰρηνης *διωκωμεν* και τα της οἰκοδομης της εἰς ἀλληλους.
1Co	4 12	λοιδορουμενοι εὐλογουμεν, *διωκομενοι* ἀνεχομεθα, δυσφημουμενοι παρακαλουμεν·
	14 1	*διωκετε* την ἀγαπην, ζηλουτε δε τα πνευματικα,
	15 9	ὁς οὐκ εἰμι ἱκανος καλεισθαι ἀποστολος, διοτι *ἐδιωξα* την ἐκκλησιαν του θεου·
2Co	4 9	ἀπορουμενοι ἀλλ οὐκ ἐξαπορουμενοι, *διωκομενοι* ἀλλ οὐκ ἐγκαταλειπομενοι,
Ga	1 13	ἠκουσατε γαρ την ἐμην ἀναστροφην ποτε ἐν τω ἰουδαισμω, ὁτι καθ ὑπερβολην *ἐδιωκον* την ἐκκλησιαν του θεου και ἐπορθουν αὐτην,
	23	μονον δε ἀκουοντες ἠσαν ὁτι ὁ *διωκων* ἡμας ποτε νυν εὐαγγελιζεται την πιστιν ἡν ποτε ἐπορθει,
	4 29	ἀλλ ὡσπερ τοτε ὁ κατα σαρκα γεννηθεις *ἐδιωκεν* τον κατα πνευμα, οὑτως και νυν.
	5 11	ἐγω δε, ἀδελφοι, εἰ περιτομην ἐτι κηρυσσω, τι ἐτι *διωκομαι*;
	6 12	οὑτοι ἀναγκαζουσιν ὑμας περιτεμνεσθαι, μονον ἱνα τω σταυρω του χριστου μη *διωκωνται.*
Php	3 6	κατα νομον φαρισαιος, κατα ζηλος *διωκων* την ἐκκλησιαν,
	12	*διωκω* δε εἰ και καταλαβω, ἐφ ᾡ και κατελημφθην ὑπο χριστου [ἰησου].
	14	κατα σκοπον *διωκω* εἰς το βραβειον της ἀνω κλησεως του θεου ἐν χριστω ἰησου.
1Th	5 15	ἀλλα παντοτε το ἀγαθον *διωκετε* [και] εἰς ἀλληλους και εἰς παντας.
1Tm	6 11	*διωκε* δε δικαιοσυνην, εὐσεβειαν, πιστιν, ἀγαπην, ὑπομονην, πραυπαθιαν.
2Tm	2 22	τας δε νεωτερικας ἐπιθυμιας φευγε, *διωκε* δε δικαιοσυνην,
	3 12	και παντες δε οἱ θελοντες εὐσεβως ζην ἐν χριστω ἰησου *διωχθησονται.*
Heb	12 14	εἰρηνην *διωκετε* μετα παντων, και τον ἁγιασμον,
1Pt	3 11	ζητησατω εἰρηνην και *διωξατω* αὐτην·
Apc	12 13	και ὁτε εἰδεν ὁ δρακων ὁτι ἐβληθη εἰς την γην, *ἐδιωξεν* την γυναικα ἡτις ἐτεκεν τον ἀρσενα.

δογμα [5]

Lc	2 1	ἐγενετο δε ἐν ταις ἡμεραις ἐκειναις ἐξηλθεν *δογμα* παρα καισαρος αὐγουστου ἀπογραφεσθαι πασαν την οἰκουμενην.
Ac	16 4	ὡς δε διεπορευοντο τας πολεις, παρεδιδοσαν αὐτοις φυλασσειν τα *δογματα* τα κεκριμενα ὑπο των ἀποστολων και πρεσβυτερων των ἐν ἱεροσολυμοις.
	17 7	και οὑτοι παντες ἀπεναντι των *δογματων* καισαρος πρασσουσιν, βασιλεα ἑτερον λεγοντες εἰναι ἰησουν.
Eph	2 15	τον νομον των ἐντολων ἐν *δογμασιν* καταργησας, ἱνα τους δυο κτιση ἐν αὑτω εἰς ἑνα καινον ἀνθρωπον ποιων εἰρηνην

δογμα [5]

Col 2 14 ἐξαλειψας το καθ ἡμων χειρογραφον τοις *δογμασιν* ὁ ἠν
    ὑπεναντιον ἡμιν,

δογματιζομαι [1]

Col 2 20 εἰ ἀπεθανετε συν χριστω ἀπο των στοιχειων του κοσμου, τί
    ὡς ζωντες ἐν κοσμω *δογματιζεσθε·*

δοκεω [63]

Mt 3 9 και μη *δοξητε* λεγειν ἐν ἑαυτοις· πατερα ἐχομεν τον ἀβρααμ·
 6 7 *δοκουσιν* γαρ ὁτι ἐν τη πολυλογια αὐτων εἰσακουσθησονται.
 17 25 και ἐλθοντα εἰς την οἰκιαν προεφθασεν αὐτον ὁ ἰησους
   λεγων· τί σοι *δοκει,* σιμων;
 18 12 τί ὑμιν *δοκει;* ἐαν γενηται τινι ἀνθρωπω ἑκατον προβατα και
   πλανηθη ἐν ἐξ αὐτων, οὐχι ἀφησει τα ἐνενηκονταεννεα ἐπι τα
   ὀρη και πορευθεις ζητει το πλανωμενον;
 21 28 τί δε ὑμιν *δοκει;*
 22 17 εἰπε οὐν ἡμιν, τί σοι *δοκει;*
 42 τί ὑμιν *δοκει* περι του χριστου; τίνος υἱος ἐστιν;
 24 44 δια τουτο και ὑμεις γινεσθε ἑτοιμοι, ὁτι ἡ οὐ *δοκειτε* ὡρα ὁ
   υἱος του ἀνθρωπου ἐρχεται.
 26 53 ἡ *δοκεις* ὁτι οὐ δυναμαι παρακαλεσαι τον πατερα μου, και
   παραστησει μοι ἀρτι πλειω δωδεκα λεγιωνας ἀγγελων;
 66 ἰδε νυν ἠκουσατε την βλασφημιαν· τί ὑμιν *δοκει;*
Mc 6 49 οἱ δε ἰδοντες αὐτον ἐπι της θαλασσης περιπατουντα *ἐδοξαν*
   ὁτι φαντασμα ἐστιν, και ἀνεκραξαν·
 10 42 οἰδατε ὁτι οἱ *δοκουντες* ἀρχειν των ἐθνων κατακυριευουσιν
   αὐτων και οἱ μεγαλοι αὐτων κατεξουσιαζουσιν αὐτων.
Lc 1 3 *ἐδοξε* καμοι παρηκολουθηκοτι ἀνωθεν πασιν ἀκριβως
   καθεξης σοι γραψαι, κρατιστε θεοφιλε, ἱνα ἐπιγνως περι ὡν
   κατηχηθης λογων την ἀσφαλειαν.
 8 18 και ὁς ἀν μη ἐχη, και ὁ *δοκει* ἐχειν ἀρθησεται ἀπ αὐτου.
 10 36 τίς τουτων των τριων πλησιον *δοκει* σοι γεγονεναι του
   ἐμπεσοντος εἰς τους ληστας;
 12 40 και ὑμεις γινεσθε ἑτοιμοι, ὁτι ἡ ὡρα οὐ *δοκειτε* ὁ υἱος του
   ἀνθρωπου ἐρχεται.
 51 *δοκειτε* ὁτι εἰρηνην παρεγενομην δουναι ἐν τη γη;
 13 2 *δοκειτε* ὁτι οἱ γαλιλαιοι οὑτοι ἁμαρτωλοι παρα παντας τους
   γαλιλαιους ἐγενοντο, ὁτι ταυτα πεπονθασιν;
 4 ἡ ἐκεινοι οἱ δεκαοκτω ἐφ οὑς ἐπεσεν ὁ πυργος ἐν τω σιλωαμ
   και ἀπεκτεινεν αὐτους, *δοκειτε* ὁτι αὐτοι ὀφειλεται ἐγενοντο
   παρα παντας τους ἀνθρωπους τους κατοικουντας ἰερουσαλημ;
 19 11 δια το ἐγγυς εἰναι ἰερουσαλημ αὐτον και *δοκειν* αὐτους ὁτι
   παραχρημα μελλει ἡ βασιλεια του θεου ἀναφαινεσθαι·
 22 24 ἐγενετο δε και φιλονεικια ἐν αὐτοις, το τίς αὐτων *δοκει* εἰναι
   μειζων.
 24 37 πτοηθεντες δε και ἐμφοβοι γενομενοι *ἐδοκουν* πνευμα
   θεωρειν.
Jh 5 39 ἐραυνατε τας γραφας, ὁτι ὑμεις *δοκειτε* ἐν αὐταις ζωην
   αἰωνιον ἐχειν·
 45 μη *δοκειτε* ὁτι ἐγω κατηγορησω ὑμων προς τον πατερα·
 11 13 ἐκεινοι δε *ἐδοξαν* ὁτι περι της κοιμησεως του ὑπνου λεγει.
 31 ἠκολουθησαν αὐτη, *δοξαντες* ὁτι ὑπαγει εἰς το μνημειον ἱνα
   κλαυση ἐκει.
 56 τί *δοκει* ὑμιν; ὁτι οὐ μη ἐλθη εἰς την ἑορτην;
 13 29 τινες γαρ *ἐδοκουν,* ἐπει το γλωσσοκομον εἰχεν ἰουδας, ὁτι
   λεγει αὐτω [ὁ] ἰησους·
 16 2 ἀλλ ἐρχεται ὡρα ἱνα πας ὁ ἀποκτεινας ὑμας *δοξη* λατρειαν
   προσφερειν τω θεω.
 20 15 ἐκεινη *δοκουσα* ὁτι ὁ κηπουρος ἐστιν, λεγει αὐτω·
Ac 12 9 και οὐκ ἠδει ὁτι ἀληθες ἐστιν το γινομενον δια του ἀγγελου,
   ἐδοκει δε ὁραμα βλεπειν.
 15 22 τοτε *ἐδοξε* τοις ἀποστολοις και τοις πρεσβυτεροις συν ὁλη τη
   ἐκκλησια ἐκλεξαμενους ἀνδρας ἐξ αὐτων πεμψαι εἰς
   ἀντιοχειαν συν τω παυλω και βαρναβα,
 25 ἐπειδη ἠκουσαμεν ὁτι τινες ἐξ ἡμων [ἐξελθοντες] ἐταραξαν
   ὑμας λογοις ἀνασκευαζοντες τας ψυχας ὑμων, οἱς οὐ
   διεστειλαμεθα, *ἐδοξεν* ἡμιν γενομενοις ὁμοθυμαδον,
 28 *ἐδοξεν* γαρ τω πνευματι τω ἁγιω και ἡμιν μηδεν πλεον
   ἐπιτιθεσθαι ὑμιν βαρος πλην τουτων των ἐπαναγκες,
 34 * *ἐδοξεν* δε τω σιλα ἐπιμειναι αὐτους, μονος δε ἰουδας
   ἐπορευθη.
 17 18 οἱ δε· ξενων δαιμονιων *δοκει* καταγγελευς εἰναι·
 25 27 ἀλογον γαρ μοι *δοκει* πεμποντα δεσμιον μη και τας κατ
   αὐτου αἰτιας σημαναι.
 26 9 ἐγω μεν οὐν *ἐδοξα* ἐμαυτω προς το ὀνομα ἰησου του
   ναζωραιου δειν πολλα ἐναντια πραξαι·

δοκεω [63]

Ac 27 13 ὑποπνευσαντος δε νοτου *δοξαντες* της προθεσεως
   κεκρατηκεναι, ἀραντες ἀσσον παρελεγοντο την κρητην.
1Co 3 18 εἰ τις *δοκει* σοφος εἰναι ἐν ὑμιν ἐν τω αἰωνι τουτω, μωρος
   γενεσθω, ἱνα γενηται σοφος.
 4 9 *δοκω* γαρ, ὁ θεος ἡμας τους ἀποστολους ἐσχατους ἀπεδειξεν
   ὡς ἐπιθανατιους,
 7 40 *δοκω* δε καγω πνευμα θεου ἐχειν.
 8 2 εἰ τις *δοκει* ἐγνωκεναι τι, οὐπω ἐγνω καθως δει γνωναι·
 10 12 ὡστε ὁ *δοκων* ἑσταναι βλεπετω μη πεση.
 11 16 εἰ δε τις *δοκει* φιλονεικος εἰναι, ἡμεις τοιαυτην συνηθειαν
   οὐκ ἐχομεν, οὐδε αἱ ἐκκλησιαι του θεου.
 12 22 ἀλλα πολλω μαλλον τα *δοκουντα* μελη του σωματος
   ἀσθενεστερα ὑπαρχειν ἀναγκαια ἐστιν,
 23 και ἁ *δοκουμεν* ἀτιμοτερα εἰναι του σωματος, τουτοις τιμην
   περισσοτεραν περιτιθεμεν,
 14 37 εἰ τις *δοκει* προφητης εἰναι ἡ πνευματικος, ἐπιγινωσκετω ἁ
   γραφω ὑμιν ὁτι κυριου ἐστιν ἐντολη·
2Co 10 9 οὐκ αἰσχυνθησομαι, ἱνα μη *δοξω* ὡς ἀν ἐκφοβειν ὑμας δια
   των ἐπιστολων.
 11 16 παλιν λεγω, μη τις με *δοξη* ἀφρονα εἰναι·
 12 19 παλαι *δοκειτε* ὁτι ὑμιν ἀπολογουμεθα.
Ga 2 2 και ἀνεθεμην αὐτοις το εὐαγγελιον ὁ κηρυσσω ἐν τοις
   ἐθνεσιν, κατ ἰδιαν δε τοις *δοκουσιν,*
 6 ἀπο δε των *δοκουντων* εἰναι τι, ὁποιοι ποτε ἠσαν οὐδεν μοι
   διαφερει·
 6 ἐμοι γαρ οἱ *δοκουντες* οὐδεν προσανεθεντο,
 9 ἰακωβος και κηφας και ἰωαννης, οἱ *δοκουντες* στυλοι εἰναι,
   δεξιας ἐδωκαν ἐμοι και βαρναβα κοινωνιας,
 6 3 εἰ γαρ δοκει τις εἰναι τι μηδεν ὠν, φρεναπατα ἑαυτον.
Php 3 4 εἰ τις *δοκει* ἀλλος πεποιθεναι ἐν σαρκι, ἐγω μαλλον·
Heb 4 1 φοβηθωμεν οὐν μηποτε καταλειπομενης ἐπαγγελιας εἰσελθειν
   εἰς την καταπαυσιν αὐτου *δοκη* τις ἐξ ὑμων ὑστερηκεναι.
 10 29 ποσω *δοκειτε* χειρονος ἀξιωθησεται τιμωριας ὁ τον υἱον του
   θεου καταπατησας
 12 10 οἱ μεν γαρ προς ὀλιγας ἡμερας κατα το *δοκουν* αὐτοις
   ἐπαιδευον, ὁ δε ἐπι το συμφερον εἰς το μεταλαβειν της
   ἁγιοτητος αὐτου.
 11 πασα δε μεν παιδεια προς μεν το παρον οὐ *δοκει* χαρας εἰναι
   ἀλλα λυπης,
Ja 1 26 εἰ τις *δοκει* θρησκος εἰναι, μη χαλιναγωγων γλωσσαν αὐτου
   ἀλλα ἀπατων καρδιαν αὐτου, τουτου ματαιος ἡ θρησκεια.
 4 5 ἡ *δοκειτε* ὁτι κενως ἡ γραφη λεγει·

δοκιμαζω [22]

Lc 12 56 ὑποκριται, το προσωπον της γης και του οὐρανου οἰδατε
   δοκιμαζειν, τον καιρον δε τουτον πως οὐκ οἰδατε δοκιμαζειν;
 56 ὑποκριται, το προσωπον της γης και του οὐρανου οἰδατε
   δοκιμαζειν, τον καιρον δε τουτον πως οὐκ οἰδατε *δοκιμαζειν;*
 14 19 και ἑτερος εἰπεν· ζευγη βοων ἠγορασα πεντε, και πορευομαι
   δοκιμασαι αὐτα·
Rm 1 28 και καθως οὐκ *ἐδοκιμασαν* τον θεον ἐχειν ἐν ἐπιγνωσει,
   παρεδωκεν αὐτους ὁ θεος εἰς ἀδοκιμον νουν,
 2 18 εἰ δε συ ἰουδαιος ἐπονομαζη και ἐπαναπαυη νομω και
   καυχασαι ἐν θεω και γινωσκεις το θελημα και *δοκιμαζεις* τα
   διαφεροντα κατηχουμενος ἐκ του νομου,
 12 2 ἀλλα μεταμορφουσθε τη ἀνακαινωσει του νοος, εἰς το
   δοκιμαζειν ὑμας τί το θελημα του θεου,
 14 22 μακαριος ὁ μη κρινων ἑαυτον ἐν ὡ *δοκιμαζει·*
1Co 3 13 ἡ γαρ ἡμερα δηλωσει, ὁτι ἐν πυρι ἀποκαλυπτεται, και
   ἑκαστου το ἐργον ὁποιον ἐστιν το πυρ [αὐτο] *δοκιμασει.*
 11 28 *δοκιμαζετω* δε ἀνθρωπος ἑαυτον,
 16 3 ὁταν δε παραγενωμαι, οὑς ἐαν *δοκιμασητε,* δι ἐπιστολων
   τουτους πεμψω ἀπενεγκειν την χαριν ὑμων εἰς ἰερουσαλημ·
2Co 8 8 οὐ κατ ἐπιταγην λεγω, ἀλλα δια της ἑτερων σπουδης και το
   της ὑμετερας ἀγαπης γνησιον *δοκιμαζων·*
 22 συνεπεμψαμεν δε αὐτοις τον ἀδελφον ἡμων, ὁν *ἐδοκιμασαμεν*
   ἐν πολλοις πολλακις σπουδαιον ὀντα,
Ga 6 4 το δε ἐργον ἑαυτου *δοκιμαζετω* ἑκαστος,
 13 5 ἑαυτους πειραζετε εἰ ἐστε ἐν τη πιστει, ἑαυτους *δοκιμαζετε·*
Eph 5 10 *δοκιμαζοντες* τί ἐστιν εὐαρεστον τω κυριω,
Php 1 10 εἰς το *δοκιμαζειν* ὑμας τα διαφεροντα, ἱνα ἠτε εἰλικρινεις και
   ἀπροσκοποι εἰς ἡμεραν χριστου,
1Th 2 4 ἀλλα καθως δεδοκιμασμεθα ὑπο του θεου πιστευθηναι το
   εὐαγγελιον οὑτως λαλουμεν,
 4 οὐχ ὡς ἀνθρωποις ἀρεσκοντες, ἀλλα θεω τω *δοκιμαζοντι* τας
   καρδιας ἡμων.
 5 21 παντα δε *δοκιμαζετε,* το καλον κατεχετε·
1Tm 3 10 και οὑτοι δε *δοκιμαζεσθωσαν* πρωτον,

δοκιμαζω [22]

1Pt	1 7	ἱνα το δοκιμιον ὑμων της πιστεως πολυτιμοτερον χρυσιου του ἀπολλυμενου, δια πυρος δε δοκιμαζομενου,
1Jh	4 1	ἀγαπητοι, μη παντι πνευματι πιστευετε, ἀλλα δοκιμαζετε τα πνευματα εἰ ἐκ του θεου ἐστιν,

δοκιμασια [1]

Heb	3 9	μη σκληρυνητε τας καρδιας ὑμων ὡς ἐν τῳ παραπικρασμῳ κατα την ἡμεραν του πειρασμου ἐν τῃ ἐρημῳ, οὑ ἐπειρασαν οἱ πατερες ὑμων ἐν δοκιμασια

δοκιμη [7]

Rm	5 4	εἰδοτες ὁτι ἡ θλιψις ὑπομονην κατεργαζεται, ἡ δε ὑπομονη δοκιμην, ἡ δε δοκιμη ἐλπιδα·
	4	εἰδοτες ὁτι ἡ θλιψις ὑπομονην κατεργαζεται, ἡ δε ὑπομονη δοκιμην, ἡ δε δοκιμη ἐλπιδα·
2Co	2 9	εἰς τουτο γαρ και ἐγραψα, ἱνα γνω την δοκιμην ὑμων, εἰ εἰς παντα ὑπηκοοι ἐστε.
	8 2	ὁτι ἐν πολλῃ δοκιμῃ θλιψεως ἡ περισσεια της χαρας αὐτων και ἡ κατα βαθους πτωχεια αὐτων ἐπερισσευσεν εἰς το πλουτος της ἁπλοτητος αὐτων·
	9 13	δια της δοκιμης της διακονιας ταυτης δοξαζοντες τον θεον ἐπι τῃ ὑποταγῃ της ὁμολογιας ὑμων εἰς το εὐαγγελιον του χριστου και ἁπλοτητι της κοινωνιας εἰς αὐτους και εἰς παντας,
	13 3	ἐπει δοκιμην ζητειτε του ἐν ἐμοι λαλουντος χριστου,
Php	2 22	την δε δοκιμην αὐτου γινωσκετε, ὁτι ὡς πατρι τεκνον συν ἐμοι ἐδουλευσεν εἰς το εὐαγγελιον.

δοκιμιον [2]

Ja	1 3	γινωσκοντες ὁτι το δοκιμιον ὑμων της πιστεως κατεργαζεται ὑπομονην.
1Pt	1 7	ἱνα το δοκιμιον ὑμων της πιστεως πολυτιμοτερον χρυσιου του ἀπολλυμενου,

δοκιμος [7]

Rm	14 18	ὁ γαρ ἐν τουτῳ δουλευων τῳ χριστῳ εὐαρεστος τῳ θεῳ και δοκιμος τοις ἀνθρωποις.
	16 10	ἀσπασασθε ἀπελλην τον δοκιμον ἐν χριστῳ.
1Co	11 19	δει γαρ και αἱρεσεις ἐν ὑμιν εἰναι, ἱνα [και] οἱ δοκιμοι φανεροι γενωνται ἐν ὑμιν.
2Co	10 18	οὑ γαρ ὁ ἑαυτον συνιστανων, ἐκεινος ἐστιν δοκιμος, ἀλλα ὁν ὁ κυριος συνιστησιν.
	13 7	οὐχ ἱνα ἡμεις δοκιμοι φανωμεν, ἀλλ ἱνα ὑμεις το καλον ποιητε,
2Tm	2 15	σπουδασον σεαυτον δοκιμον παραστησαι τῳ θεῳ, ἐργατην ἀνεπαισχυντον,
Ja	1 12	μακαριος ἀνηρ ὁς ὑπομενει πειρασμον, ὁτι δοκιμος γενομενος λημψεται τον στεφανον της ζωης,

δοκος [6]

Mt	7 3	την δε ἐν τῳ σῳ ὀφθαλμῳ δοκον οὑ κατανοεις;
	4	και ἰδου ἡ δοκος ἐν τῳ ὀφθαλμῳ σοῦ;
	5	ὑποκριτα, ἐκβαλε πρωτον ἐκ του ὀφθαλμου σοῦ την δοκον, και τοτε διαβλεψεις ἐκβαλειν το καρφος ἐκ του ὀφθαλμου σου.
Lc	6 41	τι δε βλεπεις το καρφος το ἐν τῳ ὀφθαλμῳ του ἀδελφου σου, την δε δοκον την ἐν τῳ ἰδιῳ ὀφθαλμῳ οὑ κατανοεις;
	42	ἀδελφε, ἀφες ἐκβαλω το καρφος το ἐν τῳ ὀφθαλμῳ σου, αὐτος την ἐν τῳ ὀφθαλμῳ σου δοκον οὑ βλεπων;
	42	ὑποκριτα, ἐκβαλε πρωτον την δοκον ἐκ του ὀφθαλμου σου, και τοτε διαβλεψεις το καρφος το ἐν τῳ ὀφθαλμῳ του ἀδελφου σου ἐκβαλειν.

δολιος [1]

2Co	11 13	οἱ γαρ τοιουτοι ψευδαποστολοι, ἐργαται δολιοι, μετασχηματιζομενοι εἰς ἀποστολους χριστου.

δολιοω [1]

Rm	3 13	ταφος ἀνεῳγμενος ὁ λαρυγξ αὐτων, ταις γλωσσαις αὐτων ἐδολιουσαν,

δολος [11]

Mt	26 4	τοτε συνηχθησαν οἱ ἀρχιερεις και οἱ πρεσβυτεροι του λαου εἰς την αὐλην του ἀρχιερεως του λεγομενου καιαφα, και συνεβουλευσαντο ἱνα τον ἰησουν δολῳ κρατησωσιν και ἀποκτεινωσιν·
Mc	7 22	ἐσωθεν γαρ ἐκ της καρδιας των ἀνθρωπων οἱ διαλογισμοι οἱ κακοι ἐκπορευονται, πορνειαι, κλοπαι, φονοι, μοιχειαι, πλεονεξιαι, πονηριαι, δολος, ἀσελγεια, ὀφθαλμος πονηρος, βλασφημια, ὑπερηφανια, ἀφροσυνη·
	14 1	και ἐζητουν οἱ ἀρχιερεις και οἱ γραμματεις πως αὐτον ἐν δολῳ κρατησαντες ἀποκτεινωσιν.
Jh	1 47	ἰδε ἀληθως ἰσραηλιτης, ἐν ᾡ δολος οὐκ ἐστιν.
Ac	13 10	ὡ πληρης παντος δολου και πασης ῥᾳδιουργιας, υἱε διαβολου, ἐχθρε πασης δικαιοσυνης,
Rm	1 29	μεστους φθονου φονου ἐριδος δολου κακοηθειας, ψιθυριστας, καταλαλους, θεοστυγεις, ὑβριστας, ὑπερηφανους, ἀλαζονας, ἐφευρετας κακων, γονευσιν ἀπειθεις, ἀσυνετους, ἀσυνθετους, ἀστοργους, ἀνελεημονας·
2Co	12 16	ἀλλα ὑπαρχων πανουργος δολῳ ὑμας ἐλαβον.
1Th	2 3	ἡ γαρ παρακλησις ἡμων οὐκ ἐκ πλανης οὐδε ἐξ ἀκαθαρσιας οὐδε ἐν δολῳ,
1Pt	2 1	ἀποθεμενοι οὑν πασαν κακιαν και παντα δολον και ὑποκρισεις και φθονους και πασας καταλαλιας,
	22	ὁς ἁμαρτιαν οὐκ ἐποιησεν οὐδε εὑρεθη δολος ἐν τῳ στοματι αὐτου·
	3 10	παυσατω την γλωσσαν ἀπο κακου και χειλη του μη λαλησαι δολον,

δολοω [1]

2Co	4 2	ἀλλα ἀπειπαμεθα τα κρυπτα της αἰσχυνης, μη περιπατουντες ἐν πανουργιᾳ μηδε δολουντες τον λογον του θεου,

δομα [4]

Mt	7 11	εἰ οὑν ὑμεις πονηροι ὀντες οἰδατε δοματα ἀγαθα διδοναι τοις τεκνοις ὑμων,
Lc	11 13	εἰ οὑν ὑμεις πονηροι ὑπαρχοντες οἰδατε δοματα ἀγαθα διδοναι τοις τεκνοις ὑμων, ποσῳ μαλλον ὁ πατηρ [ὁ] ἐξ οὐρανου δωσει πνευμα ἁγιον τοις αἰτουσιν αὐτον.
Eph	4 8	ἐδωκεν δοματα τοις ἀνθρωποις.
Php	4 17	οὐχ ὁτι ἐπιζητω το δομα, ἀλλα ἐπιζητω τον καρπον τον πλεοναζοντα εἰς λογον ὑμων.

δοξα [166]

Mt	4 8	και δεικνυσιν αὐτῳ πασας τας βασιλειας του κοσμου και την δοξαν αὐτων,
	6 29	λεγω δε ὑμιν ὁτι οὐδε σολομων ἐν πασῃ τῃ δοξῃ αὐτου περιεβαλετο ὡς ἐν τουτων. εἰ δε τον χορτον του ἀγρου σημερον ὀντα και αὐριον εἰς κλιβανον βαλλομενον ὁ θεος οὑτως ἀμφιεννυσιν,
	16 27	μελλει γαρ ὁ υἱος του ἀνθρωπου ἐρχεσθαι ἐν τῃ δοξῃ του πατρος αὐτου μετα των ἀγγελων αὐτου,
	19 28	ἐν τῃ παλιγγενεσιᾳ, ὁταν καθισῃ ὁ υἱος του ἀνθρωπου ἐπι θρονου δοξης αὐτου, καθησεσθε και ὑμεις ἐπι δωδεκα θρονους κρινοντες τας δωδεκα φυλας του ἰσραηλ.
	24 30	και τοτε κοψονται πασαι αἱ φυλαι της γης και ὀψονται τον υἱον του ἀνθρωπου ἐρχομενον ἐπι των νεφελων του οὐρανου μετα δυναμεως και δοξης πολλης·
	25 31	ὁταν δε ἐλθῃ ὁ υἱος του ἀνθρωπου ἐν τῃ δοξῃ αὐτου και παντες οἱ ἀγγελοι μετ αὐτου, τοτε καθισει ἐπι θρονου δοξης αὐτου·
	31	ὁταν δε ἐλθῃ ὁ υἱος του ἀνθρωπου ἐν τῃ δοξῃ αὐτου και παντες οἱ ἀγγελοι μετ αὐτου, τοτε καθισει ἐπι θρονου δοξης αὐτου·
Mc	8 38	και ὁ υἱος του ἀνθρωπου ἐπαισχυνθησεται αὐτον, ὁταν ἐλθῃ ἐν τῃ δοξῃ του πατρος αὐτου μετα των ἀγγελων των ἁγιων.
	10 37	δος ἡμιν ἱνα εἱς σου ἐκ δεξιων και εἱς ἐξ ἀριστερων καθισωμεν ἐν τῃ δοξῃ σου.
	13 26	και τοτε ὀψονται τον υἱον του ἀνθρωπου ἐρχομενον ἐν νεφελαις μετα δυναμεως πολλης και δοξης.
Lc	2 9	και ἀγγελος κυριου ἐπεστη αὐτοις και δοξα κυριου περιελαμψεν αὐτους,
	14	δοξα ἐν ὑψιστοις θεῳ και ἐπι γης εἰρηνη ἐν ἀνθρωποις εὐδοκιας.
	32	ὁ ἡτοιμασας κατα προσωπον παντων των λαων, φως εἰς ἀποκαλυψιν ἐθνων και δυξαν λαου σου ἰσραηλ.
	4 6	σοι δωσω την ἐξουσιαν ταυτην ἁπασαν και την δοξαν αὐτων,

δοξα [166]

Lc 9 26 ὃς γὰρ ἂν ἐπαισχυνθῇ με καὶ τοὺς ἐμοὺς λογους, τουτον ὁ υἱος του ἀνθρωπου ἐπαισχυνθησεται, ὅταν ἔλθῃ ἐν τῇ δοξῃ αὐτου καὶ του πατρος καὶ των ἁγιων ἀγγελων.

31 οἵτινες ἦσαν μωυσης καὶ ἡλιας, οἱ ὀφθεντες ἐν δοξῃ ἐλεγον τὴν ἔξοδον αὐτου,

32 διαγρηγορησαντες δε εἶδον τὴν δοξαν αὐτου καὶ τοὺς δυο ἀνδρας τοὺς συνεστωτας αὐτῳ.

12 27 οὐδε σολομων ἐν πασῃ τῇ δοξῃ αὐτου περιεβαλετο ὡς ἓν τουτων.

14 10 τοτε ἐσται σοι δοξα ἐνωπιον παντων των συνανακειμενων σοι.

17 18 οὐχ εὑρεθησαν ὑποστρεψαντες δουναι δοξαν τῳ θεῳ εἰ μὴ ὁ ἀλλογενης οὗτος;

19 38 εὐλογημενος ὁ ἐρχομενος, ὁ βασιλευς ἐν ὀνοματι κυριου· ἐν οὐρανῳ εἰρηνη καὶ δοξα ἐν ὑψιστοις.

21 27 καὶ τοτε ὀψονται τὸν υἱον του ἀνθρωπου ἐρχομενον ἐν νεφελῃ μετα δυναμεως καὶ δοξης πολλης.

24 26 οὐχὶ ταυτα ἔδει παθειν τὸν χριστον καὶ εἰσελθειν εἰς τὴν δοξαν αὐτου;

Jh 1 14 καὶ ἐθεασαμεθα τὴν δοξαν αὐτου, δοξαν ὡς μονογενους παρα πατρος,

14 δοξαν ὡς μονογενους παρα πατρος, πληρης χαριτος καὶ ἀληθειας.

2 11 ταυτην ἐποιησεν ἀρχὴν των σημειων ὁ ἰησους ἐν κανα της γαλιλαιας καὶ ἐφανερωσεν τὴν δοξαν αὐτου,

5 41 δοξαν παρα ἀνθρωπων οὐ λαμβανω,

44 πῶς δυνασθε ὑμεις πιστευσαι, δοξαν παρα ἀλληλων λαμβανοντες,

44 δοξαν παρα ἀλληλων λαμβανοντες, καὶ τὴν δοξαν τὴν παρα του μονου θεου οὐ ζητειτε;

7 18 ὁ ἀφ ἑαυτου λαλων τὴν δοξαν τὴν ἰδιαν ζητει·

18 ὁ δε ζητων τὴν δοξαν του πεμψαντος αὐτον, οὗτος ἀληθης ἐστιν καὶ ἀδικια ἐν αὐτῳ οὐκ ἐστιν.

8 50 ἐγω δε οὐ ζητω τὴν δοξαν μου·

54 ἐαν ἐγω δοξασω ἐμαυτον, ἡ δοξα μου οὐδεν ἐστιν·

9 24 δος δοξαν τῳ θεῳ· ἡμεις οἰδαμεν ὅτι οὗτος ὁ ἀνθρωπος ἁμαρτωλος ἐστιν.

11 4 αὕτη ἡ ἀσθενεια οὐκ ἐστιν προς θανατον ἀλλ ὑπερ της δοξης του θεου,

40 οὐκ εἶπον σοι ὅτι ἐαν πιστευσῃς ὀψῃ τὴν δοξαν του θεου;

12 41 ταυτα εἶπεν ἠσαιας ὅτι εἶδεν τὴν δοξαν αὐτου, καὶ ἐλαλησεν περι αὐτου.

43 ἠγαπησαν γὰρ τὴν δοξαν των ἀνθρωπων μαλλον ἠπερ τὴν δοξαν του θεου.

43 ἠγαπησαν γὰρ τὴν δοξαν των ἀνθρωπων μαλλον ἠπερ τὴν δοξαν του θεου.

17 5 καὶ νυν δοξασον με συ, πατερ, παρα σεαυτῳ τῇ δοξῃ ᾗ εἶχον προ του τον κοσμον εἶναι παρα σοι.

22 καγω τὴν δοξαν ἣν δεδωκας μοι δεδωκα αὐτοις,

24 πατερ, ὃ δεδωκας μοι, θελω ἱνα ὁπου εἰμι ἐγω κακεινοι ὡσιν μετ ἐμου, ἱνα θεωρωσιν τὴν δοξαν τὴν ἐμην,

Ac 7 2 ὁ θεος της δοξης ὤφθη τῳ πατρι ἡμων ἀβρααμ ὀντι ἐν τῇ μεσοποταμιᾳ πριν ἢ κατοικησαι αὐτον ἐν χαρραν,

55 ὑπαρχων δε πληρης πνευματος ἁγιου ἀτενισας εἰς τον οὐρανον εἶδεν δοξαν θεου καὶ ἰησουν ἑστωτα ἐκ δεξιων του θεου,

12 23 παραχρημα δε ἐπαταξεν αὐτον ἀγγελος κυριου ἀνθ ὧν οὐκ ἐδωκεν τὴν δοξαν τῳ θεῳ,

22 11 ὡς δε οὐκ ἐνεβλεπον ἀπο της δοξης του φωτος ἐκεινου, χειραγωγουμενος ὑπο των συνοντων μοι ἦλθον εἰς δαμασκον.

Rm 1 23 φασκοντες εἶναι σοφοι ἐμωρανθησαν, καὶ ἠλλαξαν τὴν δοξαν του ἀφθαρτου θεου ἐν ὁμοιωματι εἰκονος φθαρτου ἀνθρωπου καὶ πετεινων καὶ τετραποδων καὶ ἑρπετων·

2 7 τοις μεν καθ ὑπομονην ἐργου ἀγαθου δοξαν καὶ τιμην καὶ ἀφθαρσιαν ζητουσιν ζωην αἰωνιον·

10 δοξα δε καὶ τιμη καὶ εἰρηνη παντι τῳ ἐργαζομενῳ το ἀγαθον,

3 7 εἰ δε ἡ ἀληθεια του θεου ἐν τῳ ἐμῳ ψευσματι ἐπερισσευσεν εἰς τὴν δοξαν αὐτου, τι ἐτι καγω ὡς ἁμαρτωλος κρινομαι;

23 παντες γὰρ ἡμαρτον καὶ ὑστερουνται της δοξης του θεου,

4 20 δους δοξαν τῳ θεῳ καὶ πληροφορηθεις ὅτι ὃ ἐπηγγελται δυνατος ἐστιν καὶ ποιησαι.

5 2 δι οὗ καὶ τὴν προσαγωγην ἐσχηκαμεν [τῇ πιστει] εἰς τὴν χαριν ταυτην ἐν ᾗ ἑστηκαμεν, καὶ καυχωμεθα ἐπ ἐλπιδι της δοξης του θεου.

6 4 ἱνα ὡσπερ ἠγερθη χριστος ἐκ νεκρων δια της δοξης του πατρος, οὑτως καὶ ἡμεις ἐν καινοτητι ζωης περιπατησωμεν.

8 18 λογιζομαι γὰρ ὅτι οὐκ ἀξια τα παθηματα του νυν καιρου προς τὴν μελλουσαν δοξαν ἀποκαλυφθηναι εἰς ἡμας.

δοξα [166]

Rm 8 21 ὅτι καὶ αὐτη ἡ κτισις ἐλευθερωθησεται ἀπο της δουλειας της φθορας εἰς τὴν ἐλευθεριαν της δοξης των τεκνων του θεου.

9 4 οἵτινες εἰσιν ἰσραηλιται, ὧν ἡ υἱοθεσια καὶ ἡ δοξα καὶ αἱ διαθηκαι καὶ ἡ νομοθεσια καὶ ἡ λατρεια καὶ αἱ ἐπαγγελιαι,

23 καὶ ἱνα γνωρισῃ τον πλουτον της δοξης αὐτου ἐπι σκευη ἐλεους,

23 καὶ ἱνα γνωρισῃ τον πλουτον της δοξης αὐτου ἐπι σκευη ἐλεους, ἃ προητοιμασεν εἰς δοξαν,

11 36 αὐτῳ ἡ δοξα εἰς τους αἰωνας· ἀμην.

15 7 διο προσλαμβανεσθε ἀλληλους, καθως καὶ ὁ χριστος προσελαβετο ὑμας εἰς δοξαν του θεου.

16 27 [μονῳ σοφῳ θεῳ, δια ἰησου χριστου, ᾧ ἡ δοξα εἰς τους αἰωνας· ἀμην].

1Co 2 7 ἀλλα λαλουμεν θεου σοφιαν ἐν μυστηριῳ, τὴν ἀποκεκρυμμενην, ἣν προωρισεν ὁ θεος προ των αἰωνων εἰς δοξαν ἡμων·

8 εἰ γὰρ ἐγνωσαν, οὐκ ἂν τον κυριον της δοξης ἐσταυρωσαν·

10 31 εἰτε οὖν ἐσθιετε εἰτε πινετε εἰτε τι ποιειτε, παντα εἰς δοξαν θεου ποιειτε.

11 7 ἀνηρ μεν γὰρ οὐκ ὀφειλει κατακαλυπτεσθαι τὴν κεφαλην, εἰκων καὶ δοξα θεου ὑπαρχων·

7 ἡ γυνη δε δοξα ἀνδρος ἐστιν.

15 οὐδε ἡ φυσις αὐτη διδασκει ὑμας ὅτι ἀνηρ μεν ἐαν κομᾳ, ἀτιμια αὐτῳ ἐστιν, γυνη δε ἐαν κομᾳ, δοξα αὐτῃ ἐστιν;

15 40 ἀλλα ἑτερα μεν ἡ των ἐπουρανιων δοξα, ἑτερα δε ἡ των ἐπιγειων.

41 ἀλλη δοξα ἡλιου, καὶ ἀλλη δοξα σεληνης,

41 ἀλλη δοξα ἡλιου, καὶ ἀλλη δοξα σεληνης,

41 καὶ ἀλλη δοξα σεληνης, καὶ ἀλλη δοξα ἀστερων·

41 ἀστηρ γὰρ ἀστερος διαφερει ἐν δοξῃ.

43 σπειρεται ἐν ἀτιμιᾳ, ἐγειρεται ἐν δοξῃ·

2Co 1 20 διο καὶ δι αὐτου το ἀμην τῳ θεῳ προς δοξαν δι ἡμων.

3 7 εἰ δε ἡ διακονια του θανατου ἐν γραμμασιν ἐντετυπωμενη λιθοις ἐγενηθη ἐν δοξῃ, ὡστε μὴ δυνασθαι ἀτενισαι τους υἱους ἰσραηλ εἰς το προσωπον μωυσεως

7 ὡστε μὴ δυνασθαι ἀτενισαι τους υἱους ἰσραηλ εἰς το προσωπον μωυσεως δια τὴν δοξαν του προσωπου αὐτου τὴν καταργουμενην,

8 πῶς οὐχὶ μαλλον ἡ διακονια του πνευματος ἐσται ἐν δοξῃ;

9 εἰ γὰρ τῃ διακονιᾳ της κατακρισεως δοξα, πολλῳ μαλλον περισσευει ἡ διακονια της δικαιοσυνης δοξῃ.

9 εἰ γὰρ τῃ διακονιᾳ της κατακρισεως δοξα, πολλῳ μαλλον περισσευει ἡ διακονια της δικαιοσυνης δοξῃ.

10 καὶ γὰρ οὐ δεδοξασται το δεδοξασμενον ἐν τουτῳ τῳ μερει εἰνεκεν της ὑπερβαλλουσης δοξης.

11 εἰ γὰρ το καταργουμενον δια δοξης, πολλῳ μαλλον το μενον ἐν δοξῃ.

11 εἰ γὰρ το καταργουμενον δια δοξης, πολλῳ μαλλον το μενον ἐν δοξῃ.

18 ἡμεις δε παντες ἀνακεκαλυμμενῳ προσωπῳ τὴν δοξαν κυριου κατοπτριζομενοι τὴν αὐτην εἰκονα μεταμορφουμεθα ἀπο δοξης εἰς δοξαν,

18 ἡμεις δε παντες ἀνακεκαλυμμενῳ προσωπῳ τὴν δοξαν κυριου κατοπτριζομενοι τὴν αὐτην εἰκονα μεταμορφουμεθα ἀπο δοξης εἰς δοξαν,

18 ἡμεις δε παντες ἀνακεκαλυμμενῳ προσωπῳ τὴν δοξαν κυριου κατοπτριζομενοι τὴν αὐτην εἰκονα μεταμορφουμεθα ἀπο δοξης εἰς δοξαν,

4 4 ἐν οἷς ὁ θεος του αἰωνος τουτου ἐτυφλωσεν τα νοηματα των ἀπιστων εἰς το μὴ αὐγασαι τον φωτισμον του εὐαγγελιου της δοξης του χριστου.

6 ὅτι ὁ θεος ὁ εἰπων· ἐκ σκοτους φως λαμψει, ὃς ἐλαμψεν ἐν ταις καρδιαις ἡμων προς φωτισμον της γνωσεως της δοξης του θεου ἐν προσωπῳ [ἰησου] χριστου.

15 τα γὰρ παντα δι ὑμας, ἱνα ἡ χαρις πλεονασασα δια των πλειονων τὴν εὐχαριστιαν περισσευσῃ εἰς τὴν δοξαν του θεου.

17 το γὰρ παραυτικα ἐλαφρον της θλιψεως ἡμων καθ ὑπερβολην εἰς ὑπερβολην αἰωνιον βαρος δοξης κατεργαζεται ἡμιν,

6 8 δια δοξης καὶ ἀτιμιας, δια δυσφημιας καὶ εὐφημιας·

8 19 οὐ μονον δε ἀλλα καὶ χειροτονηθεις ὑπο των ἐκκλησιων συνεκδημος ἡμων συν τῃ χαριτι ταυτῃ τῃ διακονουμενῃ ὑφ ἡμων προς τὴν [αὐτου] του κυριου δοξαν καὶ προθυμιαν ἡμων,

23 εἰτε ἀδελφοι ἡμων, ἀποστολοι ἐκκλησιων, δοξα χριστου.

Ga 1 5 καὶ πατρος ἡμων, ᾧ ἡ δοξα εἰς τους αἰωνας των αἰωνων·

Eph 1 6 κατα τὴν εὐδοκιαν του θεληματος αὐτου, εἰς ἐπαινον δοξης της χαριτος αὐτου,

δοξα [166]

Eph 1 12 εἰς το εἶναι ἡμας εἰς ἐπαινον *δοξης* αὐτου τους προηλπικοτας ἐν τω χριστω·

14 εἰς ἀπολυτρωσιν της περιποιησεως, εἰς ἐπαινον της *δοξης* αὐτου.

17 ἰνα ὁ θεος του κυριου ἡμων ἰησου χριστου, ὁ πατηρ της *δοξης*, δωῃ ὑμιν πνευμα σοφιας και ἀποκαλυψεως ἐν ἐπιγνωσει αὐτου,

18 τίς ὁ πλουτος της *δοξης* της κληρονομιας αὐτου ἐν τοις ἁγιοις,

3 13 διο αἰτουμαι μη ἐγκακειν ἐν ταις θλιψεσιν μου ὑπερ ὑμων, ἡτις ἐστιν *δοξα* ὑμων.

16 ἰνα δω ὑμιν κατα το πλουτος της *δοξης* αὐτου δυναμει κραταιωθηναι δια του πνευματος αὐτου εἰς τον ἐσω ἀνθρωπον,

21 αὐτω ἡ *δοξα* ἐν τῃ ἐκκλησιᾳ και ἐν χριστω ἰησου εἰς πασας τας γενεας του αἰωνος των αἰωνων·

Php 1 11 πεπληρωμενοι καρπον δικαιοσυνης τον δια ἰησου χριστου, εἰς *δοξαν* και ἐπαινον θεου.

2 11 και πασα γλωσσα ἐξομολογησηται ὁτι κυριος ἰησους χριστος εἰς *δοξαν* θεου πατρος.

3 19 ὡν ὁ θεος ἡ κοιλια και ἡ *δοξα* ἐν τῃ αἰσχυνῃ αὐτων,

21 ἐξ οὑ και σωτηρα ἀπεκδεχομεθα κυριον ἰησουν χριστον, ὁς μετασχηματισει το σωμα της ταπεινωσεως ἡμων συμμορφον τω σωματι της *δοξης* αὐτου,

4 19 ὁ δε θεος μου πληρωσει πασαν χρειαν ὑμων κατα το πλουτος αὐτου ἐν *δοξῃ* ἐν χριστω ἰησου.

20 τω δε θεω και πατρι ἡμων ἡ *δοξα* εἰς τους αἰωνας των αἰωνων· ἀμην.

Col 1 11 ἐν πασῃ δυναμει δυναμουμενοι κατα το κρατος της *δοξης* αὐτου εἰς πασαν ὑπομονην και μακροθυμιαν,

27 νυν δε ἐφανερωθη τοις ἁγιοις αὐτου, οἱς ἠθελησεν ὁ θεος γνωρισαι τί το πλουτος της *δοξης* του μυστηριου τουτου ἐν τοις ἐθνεσιν,

27 ὁ ἐστιν χριστος ἐν ὑμιν, ἡ ἐλπις της *δοξης*·

3 4 ὁταν ὁ χριστος φανερωθη, ἡ ζωη ὑμων, τοτε και ὑμεις συν αὐτω φανερωθησεσθε ἐν *δοξῃ*.

1Th 2 6 οὐτε ζητουντες ἐξ ἀνθρωπων *δοξαν*, οὐτε ἀφ ὑμων οὐτε ἀπ ἀλλων,

12 εἰς το περιπατειν ὑμας ἀξιως του θεου του καλουντος ὑμας εἰς την ἑαυτου βασιλειαν και *δοξαν*.

20 ὑμεις γαρ ἐστε ἡ *δοξα* ἡμων και ἡ χαρα.

2Th 1 9 οἱτινες δικην τισουσιν ὀλεθρον αἰωνιον ἀπο προσωπου του κυριου και ἀπο της *δοξης* της ἰσχυος αὐτου,

2 14 εἰς ὁ [και] ἐκαλεσεν ὑμας δια του εὐαγγελιου ἡμων, εἰς περιποιησιν *δοξης* του κυριου ἡμων ἰησου χριστου.

1Tm 1 11 και εἰ τι ἑτερον τῃ ὑγιαινουσῃ διδασκαλιᾳ ἀντικειται, κατα το εὐαγγελιον της *δοξης* του μακαριου θεου,

17 τω δε βασιλει των αἰωνων, ἀφθαρτω ἀορατω μονω θεω, τιμη και *δοξα* εἰς τους αἰωνας των αἰωνων·

3 16 ἐκηρυχθη ἐν ἐθνεσιν, ἐπιστευθη ἐν κοσμω, ἀνελημφθη ἐν *δοξῃ*.

2Tm 2 10 δια τουτο παντα ὑπομενω δια τους ἐκλεκτους, ἰνα και αὐτοι σωτηριας τυχωσιν της ἐν χριστω ἰησου μετα *δοξης* αἰωνιου.

4 18 ῳ ἡ *δοξα* εἰς τους αἰωνας των αἰωνων, ἀμην.

Tit 2 13 προσδεχομενοι την μακαριαν ἐλπιδα και ἐπιφανειαν της *δοξης* του μεγαλου θεου

Heb 1 3 ὁς ὡν ἀπαυγασμα της *δοξης* και χαρακτηρ της ὑποστασεως αὐτου,

2 7 *δοξῃ* και τιμῃ ἐστεφανωσας αὐτον,

9 τον δε βραχυ τι παρ ἀγγελους ἠλαττωμενον βλεπομεν ἰησουν δια το παθημα του θανατου *δοξῃ* και τιμη ἐστεφανωμενον,

10 ἐπρεπεν γαρ αὐτω, δι ὁν τα παντα και δι οὑ τα παντα, πολλους υἱους εἰς *δοξαν* ἀγαγοντα τον ἀρχηγον της σωτηριας αὐτων δια παθηματων τελειωσαι.

3 3 πλειονος γαρ οὑτος *δοξης* παρα μωυσην ἠξιωται καθ ὁσον πλειονα τιμην ἐχει του οἰκου ὁ κατασκευασας αὐτον.

9 5 ὑπερανω δε αὐτης χερουβιμ *δοξης* κατασκιαζοντα το ἱλαστηριον·

13 21 ποιων ἐν ἡμιν το εὐαρεστον ἐνωπιον αὐτου δια ἰησου χριστου, ῳ ἡ *δοξα* εἰς τους αἰωνας [των αἰωνων·] ἀμην.

Ja 2 1 ἀδελφοι μου, μη ἐν προσωπολημψιαις ἐχετε την πιστιν του κυριου ἡμων ἰησου χριστου της *δοξης*.

1Pt 1 7 εὑρεθη εἰς ἐπαινον και *δοξαν* και τιμην ἐν ἀποκαλυψει ἰησου χριστου·

11 το ἐν αὐτοις πνευμα χριστου προμαρτυρομενον τα εἰς χριστον παθηματα και τας μετα ταυτα *δοξας*.

21 τους δι αὐτου πιστους εἰς θεον τον ἐγειραντα αὐτον ἐκ νεκρων και *δοξαν* αὐτω δοντα,

24 και πασα *δοξα* αὐτης ὡς ἀνθος χορτου·

δοξα [166]

1Pt 4 11 ἰνα ἐν πασιν δοξαζηται ὁ θεος δια ἰησου χριστου, ῳ ἐστιν ἡ *δοξα* και το κρατος εἰς τους αἰωνας των αἰωνων· ἀμην.

13 ἀλλα καθο κοινωνειτε τοις του χριστου παθημασιν χαιρετε, ἰνα και ἐν τῃ ἀποκαλυψει της *δοξης* αὐτου χαρητε ἀγαλλιωμενοι.

14 εἰ ὀνειδιζεσθε ἐν ὀνοματι χριστου, μακαριοι, ὁτι το της *δοξης* και το του θεου πνευμα ἐφ ὑμας ἀναπαυεται.

5 1 ὁ και της μελλουσης ἀποκαλυπτεσθαι *δοξης* κοινωνος·

4 και φανερωθεντος του ἀρχιποιμενος κομιεισθε τον ἀμαραντινον της *δοξης* στεφανον.

10 ὁ δε θεος πασης χαριτος, ὁ καλεσας ὑμας εἰς την αἰωνιον αὐτου *δοξαν* ἐν χριστω [ἰησου], ὀλιγον παθοντας αὐτος καταρτισει,

2Pt 1 3 του καλεσαντος ἡμας ἰδιᾳ *δοξῃ* και ἀρετῃ,

17 λαβων γαρ παρα θεου πατρος τιμην και *δοξαν* φωνης ἐνεχθεισης αὐτω τοιασδε ὑπο της μεγαλοπρεπους δοξης·

17 λαβων γαρ παρα θεου πατρος τιμην και *δοξαν* φωνης ἐνεχθεισης αὐτω τοιασδε ὑπο της μεγαλοπρεπους *δοξης*·

2 10 τολμηται αὐθαδεις, *δοξας* οὐ τρεμουσιν βλασφημουντες,

3 18 αὐτω ἡ *δοξα* και νυν και εἰς ἡμεραν αἰωνος.

Ju 8 ὁμοιως μεντοι και οὑτοι ἐνυπνιαζομενοι σαρκα μεν μιαινουσιν, κυριοτητα δε ἀθετουσιν, *δοξας* δε βλασφημουσιν.

24 τω δε δυναμενω φυλαξαι ὑμας ἀπταιστους και στησαι κατενωπιον της *δοξης* αὐτου ἀμωμους ἐν ἀγαλλιασει,

25 μονω θεω σωτηρι ἡμων δια ἰησου χριστου του κυριου ἡμων *δοξα* μεγαλωσυνη κρατος και ἐξουσια προ παντος του αἰωνος και νυν και εἰς παντας τους αἰωνας·

Apc 1 6 αὐτω ἡ *δοξα* και το κρατος εἰς τους αἰωνας [των αἰωνων]·

4 9 και ὁταν δωσουσιν τα ζωα *δοξαν* και τιμην και εὐχαριστιαν τω καθημενω ἐπι τω θρονω τω ζωντι εἰς τους αἰωνας των αἰωνων, πεσουνται οἱ εἰκοσιτεσσαρες πρεσβυτεροι

11 ἀξιος εἰ, ὁ κυριος και ὁ θεος ἡμων, λαβειν την *δοξαν* και την τιμην και την δυναμιν,

5 12 ἀξιον ἐστιν το ἀρνιον το ἐσφαγμενον λαβειν την δυναμιν και πλουτον και σοφιαν και ἰσχυν και τιμην και *δοξαν* και εὐλογιαν.

13 τω καθημενω ἐπι τω θρονω και τω ἀρνιω ἡ εὐλογια και ἡ τιμη και ἡ *δοξα* και το κρατος εἰς τους αἰωνας των αἰωνων.

7 12 ἡ εὐλογια και ἡ *δοξα* και ἡ σοφια και ἡ εὐχαριστια και ἡ τιμη και ἡ δυναμις και ἡ ἰσχυς τω θεω ἡμων εἰς τους αἰωνας των αἰωνων·

11 13 και οἱ λοιποι ἐμφοβοι ἐγενοντο και ἐδωκαν *δοξαν* τω θεω του οὐρανου.

14 7 φοβηθητε τον θεον και δοτε αὐτω *δοξαν*,

15 8 και ἐγεμισθη ὁ ναος καπνου ἐκ της *δοξης* του θεου

16 9 και οὐ μετενοησαν δουναι αὐτω *δοξαν*.

18 1 και ἡ γη ἐφωτισθη ἐκ της *δοξης* αὐτου.

19 1 ἡ σωτηρια και ἡ *δοξα* και ἡ δυναμις του θεου ἡμων,

7 χαιρωμεν και ἀγαλλιωμεν, και δωσωμεν την *δοξαν* αὐτω,

21 11 και ἐδειξεν μοι την πολιν την ἁγιαν ἰερουσαλημ καταβαινουσαν ἐκ του οὐρανου ἀπο του θεου, ἐχουσαν την *δοξαν* του θεου·

23 ἡ γαρ *δοξα* του θεου ἐφωτισεν αὐτην,

24 και οἱ βασιλεις της γης φερουσιν την *δοξαν* αὐτων εἰς αὐτην·

26 και οἰσουσιν την *δοξαν* και την τιμην των ἐθνων εἰς αὐτην.

δοξαζω [61]

Mt 5 16 ὁπως ἰδωσιν ὑμων τα καλα ἐργα και *δοξασωσιν* τον πατερα ὑμων τον ἐν τοις οὐρανοις.

6 2 ὡσπερ οἱ ὑποκριται ποιουσιν ἐν ταις συναγωγαις και ἐν ταις ῥυμαις, ὁπως *δοξασθωσιν* ὑπο των ἀνθρωπων·

9 8 ἰδοντες δε οἱ ὀχλοι ἐφοβηθησαν και *ἐδοξασαν* τον θεον τον δοντα ἐξουσιαν τοιαυτην τοις ἀνθρωποις.

15 31 και *ἐδοξασαν* τον θεον ἰσραηλ.

Mc 2 12 και ἠγερθη και εὐθυς ἀρας τον κραβαττον ἐξηλθεν ἐμπροσθεν παντων, ὡστε ἐξιστασθαι παντας και *δοξαζειν* τον θεον λεγοντας ὁτι οὑτως οὐδεποτε εἰδαμεν.

Lc 2 20 και ὑπεστρεψαν οἱ ποιμενες *δοξαζοντες* και αἰνουντες τον θεον ἐπι πασιν οἱς ἠκουσαν και εἰδον καθως ἐλαληθη προς αὐτους.

4 15 και αὐτος ἐδιδασκεν ἐν ταις συναγωγαις αὐτων, *δοξαζομενος* ὑπο παντων.

5 25 και παραχρημα ἀναστας ἐνωπιον αὐτων, ἀρας ἐφ ὁ κατεκειτο, ἀπηλθεν εἰς τον οἰκον αὐτου *δοξαζων* τον θεον.

26 και ἐκστασις ἐλαβεν ἁπαντας, και *ἐδοξαζον* τον θεον,

7 16 ἐλαβεν δε φοβος παντας, και *ἐδοξαζον* τον θεον λεγοντες ὁτι προφητης μεγας ἠγερθη ἐν ἡμιν,

13 13 και παραχρημα ἀνωρθωθη, και *ἐδοξαζεν* τον θεον.

δοξαζω [61]

Lc	17 15	εἰς δε ἐξ αὐτων, ἰδων ὀτι ἰαθη, ὑπεστρεψεν μετα φωνης μεγαλης δοξαζων τον θεον,
	18 43	και παραχρημα ἀνεβλεψεν, και ἠκολουθει αὐτω δοξαζων τον θεον.
	23 47	ἰδων δε ὁ ἑκατονταρχης το γενομενον ἐδοξαζεν τον θεον λεγων·
Jh	7 39	οὐπω γαρ ἠν πνευμα, ὁτι ἰησους οὐδεπω ἐδοξασθη.
	8 54	ἐαν ἐγω δοξασω ἐμαυτον, ἡ δοξα μου οὐδεν ἐστιν·
	54	ἐστιν ὁ πατηρ μου ὁ δοξαζων με, ὁν ὑμεις λεγετε ὁτι θεος ἡμων ἐστιν,
	11 4	αὑτη ἡ ἀσθενεια οὐκ ἐστιν προς θανατον ἀλλ ὑπερ της δοξης του θεου, ἱνα δοξασθη ὁ υἱος του θεου δι αὐτης.
	12 16	ἀλλ ὁτε ἐδοξασθη ἰησους, τοτε ἐμνησθησαν ὁτι ταυτα ἠν ἐπ αὐτω γεγραμμενα και ταυτα ἐποιησαν αὐτω.
	23	ἐληλυθεν ἡ ὡρα ἱνα δοξασθη ὁ υἱος του ἀνθρωπου.
	28	πατερ, δοξασον σου το ὀνομα.
	28	ἠλθεν οὐν φωνη ἐκ του οὐρανου· και ἐδοξασα και παλιν δοξασω.
	28	ἠλθεν οὐν φωνη ἐκ του οὐρανου· και ἐδοξασα και παλιν δοξασω.
	13 31	νυν ἐδοξασθη ὁ υἱος του ἀνθρωπου, και ὁ θεος ἐδοξασθη ἐν αὐτω·
	31	νυν ἐδοξασθη ὁ υἱος του ἀνθρωπου, και ὁ θεος ἐδοξασθη ἐν αὐτω·
	32	[εἰ ὁ θεος ἐδοξασθη ἐν αὐτω], και ὁ θεος δοξασει αὐτον ἐν αὐτω,
	32	[εἰ ὁ θεος ἐδοξασθη ἐν αὐτω], και ὁ θεος δοξασει αὐτον ἐν αὐτω,
	32	και ὁ θεος δοξασει αὐτον ἐν αὐτω, και εὐθυς δοξασει αὐτον.
	14 13	και ὁτι ἀν αἰτησητε ἐν τω ὀνοματι μου, τουτο ποιησω, ἱνα δοξασθη ὁ πατηρ ἐν τω υἱω.
	15 8	ἐν τουτω ἐδοξασθη ὁ πατηρ μου, ἱνα καρπον πολυν φερητε και γενησθε ἐμοι μαθηται.
	16 14	ἐκεινος ἐμε δοξασει, ὁτι ἐκ του ἐμου λημψεται και ἀναγγελει ὑμιν.
	17 1	δοξασον σου τον υἱον, ἱνα ὁ υἱος δοξαση σε,
	1	δοξασον σου τον υἱον, ἱνα ὁ υἱος δοξαση σε,
	4	ἐγω σε ἐδοξασα ἐπι της γης, το ἐργον τελειωσας ὁ δεδωκας μοι ἱνα ποιησω·
	5	και νυν δοξασον με συ, πατερ, παρα σεαυτω τη δοξη ἠ εἰχον προ του τον κοσμον εἰναι παρα σοι.
	10	και τα ἐμα παντα σα ἐστιν και τα σα ἐμα, και δεδοξασμαι ἐν αὐτοις.
	21 19	τουτο δε εἰπεν σημαινων ποιω θανατω δοξασει τον θεον.
Ac	3 13	ὁ θεος των πατερων ἡμων, ἐδοξασεν τον παιδα αὐτου ἰησουν,
	4 21	οἱ δε προσαπειλησαμενοι ἀπελυσαν αὐτους, μηδεν εὑρισκοντες το πως κολασωνται αὐτους, δια τον λαον, ὁτι παντες ἐδοξαζον τον θεον ἐπι τω γεγονοτι·
	11 18	ἀκουσαντες δε ταυτα ἡσυχασαν, και ἐδοξασαν τον θεον λεγοντες·
	13 48	ἀκουοντα δε τα ἐθνη ἐχαιρον και ἐδοξαζον τον λογον του κυριου,
	21 20	οἱ δε ἀκουσαντες ἐδοξαζον τον θεον, εἰπον τε αὐτω·
Rm	1 21	διοτι γνοντες τον θεον οὐχ ὡς θεον ἐδοξασαν ἠ ηὐχαριστησαν,
	8 30	οὑς δε ἐδικαιωσεν, τουτους και ἐδοξασεν.
	11 13	ἐφ ὁσον μεν οὐν εἰμι ἐγω ἐθνων ἀποστολος, την διακονιαν μου δοξαζω,
	15 6	ὁ δε θεος της ὑπομονης και της παρακλησεως δωη ὑμιν το αὐτο φρονειν ἐν ἀλληλοις κατα χριστον ἰησουν, ἱνα ὁμοθυμαδον ἐν ἑνι στοματι δοξαζητε τον θεον και πατερα του κυριου ἡμων ἰησου χριστου.
	9	τα δε ἐθνη ὑπερ ἐλεους δοξασαι τον θεον, καθως γεγραπται·
1Co	6 20	δοξασατε δη τον θεον ἐν τω σωματι ὑμων.
	12 26	εἰτε δοξαζεται [ἐν] μελος, συγχαιρει παντα τα μελη.
2Co	3 10	και γαρ οὐ δεδοξασται το δεδοξασμενον ἐν τουτω τω μερει εἰνεκεν της ὑπερβαλλουσης δοξης.
	10	και γαρ οὐ δεδοξασται το δεδοξασμενον ἐν τουτω τω μερει εἰνεκεν της ὑπερβαλλουσης δοξης.
	9 13	δια της δοκιμης της διακονιας ταυτης δοξαζοντες τον θεον ἐπι τη ὑποταγη της ὁμολογιας ὑμων εἰς το εὐαγγελιον του χριστου και ἀπλοτητι της κοινωνιας εἰς αὐτους και εἰς παντας,
Ga	1 24	και ἐδοξαζον ἐν ἐμοι τον θεον.
2Th	3 1	το λοιπον προσευχεσθε, ἀδελφοι, περι ἡμων, ἱνα ὁ λογος του κυριου τρεχη και δοξαζηται καθως και προς ὑμας,
Heb	5 5	οὑτως και ὁ χριστος οὐχ ἑαυτον ἐδοξασεν γενηθηναι ἀρχιερεα,

δοξαζω [61]

1Pt	1 8	εἰς ὁν ἀρτι μη ὁρωντες πιστευοντες δε ἀγαλλιασθε χαρα ἀνεκλαλητω και δεδοξασμενη,
	2 12	ἱνα ἐν ὡ καταλαλουσιν ὑμων ὡς κακοποιων, ἐκ των καλων ἐργων ἐποπτευοντες δοξασωσιν τον θεον ἐν ἡμερα ἐπισκοπης.
	4 11	ἱνα ἐν πασιν δοξαζηται ὁ θεος δια ἰησου χριστου,
	16	εἰ δε ὡς χριστιανος, μη αἰσχυνεσθω, δοξαζετω δε τον θεον ἐν τω ὀνοματι τουτω.
Apc	15 4	τις οὐ μη φοβηθη, κυριε, και δοξασει το ὀνομα σου;
	18 7	ὁσα ἐδοξασεν αὑτην και ἐστρηνιασεν, τοσουτον δοτε αὑτη βασανισμον και πενθος.

δορκας [2]

Ac	9 36	ἐν ἰοππη δε τις ἠν μαθητρια ὀνοματι ταβιθα, ἡ διερμηνευομενη λεγεται δορκας·
	39	και ἐπιδεικνυμεναι χιτωνας και ἱματια, ὁσα ἐποιει μετ αὐτων οὐσα ἡ δορκας.

δοσις [2]

Php	4 15	οὐδεμια μοι ἐκκλησια ἐκοινωνησεν εἰς λογον δοσεως και λημψεως εἰ μη ὑμεις μονοι,
Ja	1 17	πασα δοσις ἀγαθη και παν δωρημα τελειον ἀνωθεν ἐστιν

δοτης [1]

2Co | 9 7 | ἱλαρον γαρ δοτην ἀγαπα ὁ θεος.

δουλαγωγεω [1]

1Co | 9 27 | ἀλλα ὑπωπιαζω μου το σωμα και δουλαγωγω, μη πως ἀλλοις κηρυξας αὐτος ἀδοκιμος γενωμαι.

δουλεια [5]

Rm	8 15	οὐ γαρ ἐλαβετε πνευμα δουλειας παλιν εἰς φοβον, ἀλλα ἐλαβετε πνευμα υἱοθεσιας,
	21	ὁτι και αὑτη ἡ κτισις ἐλευθερωθησεται ἀπο της δουλειας της φθορας εἰς την ἐλευθεριαν της δοξης των τεκνων του θεου.
Ga	4 24	αὑται γαρ εἰσιν δυο διαθηκαι, μια μεν ἀπο ὀρους σινα, εἰς δουλειαν γεννωσα, ἡτις ἐστιν ἀγαρ.
	5 1	στηκετε οὐν και μη παλιν ζυγω δουλειας ἐνεχεσθε.
Heb	2 15	και ἀπαλλαξη τουτους, ὁσοι φοβω θανατου δια παντος του ζην ἐνοχοι ἠσαν δουλειας.

δουλευω [25]

Mt	6 24	οὐδεις δυναται δυσι κυριοις δουλευειν·
	24	οὐ δυνασθε θεω δουλευειν και μαμωνα.
Lc	15 29	ἰδου τοσαυτα ἐτη δουλευω σοι και οὐδεποτε ἐντολην σου παρηλθον,
	16 13	οὐδεις οἰκετης δυναται δυσι κυριοις δουλευειν·
	13	οὐ δυνασθε θεω δουλευειν και μαμωνα.
Jh	8 33	σπερμα ἀβρααμ ἐσμεν, και οὐδενι δεδουλευκαμεν πωποτε·
Ac	7 7	και το ἐθνος ὡ ἐαν δουλευσουσιν κρινω ἐγω, ὁ θεος εἰπεν, και μετα ταυτα ἐξελευσονται και λατρευσουσιν μοι ἐν τω τοπω τουτω.
	20 19	πως μεθ ὑμων τον παντα χρονον ἐγενομην, δουλευων τω κυριω μετα πασης ταπεινοφροσυνης
Rm	6 6	τουτο γινωσκοντες, ὁτι ὁ παλαιος ἡμων ἀνθρωπος συνεσταυρωθη, ἱνα καταργηθη το σωμα της ἁμαρτιας, του μηκετι δουλευειν ἡμας τη ἁμαρτια·
	7 6	ἀποθανοντες ἐν ὡ κατειχομεθα, ὡστε δουλευειν ἡμας ἐν καινοτητι πνευματος και οὐ παλαιοτητι γραμματος.
	25	ἀρα οὐν αὐτος ἐγω τω μεν νοι δουλευω νομω θεου, τη δε σαρκι νομω ἁμαρτιας.
	9 12	ἐρρεθη αὑτη ὁτι ὁ μειζων δουλευσει τω ἐλασσονι·
	12 11	τω πνευματι ζεοντες, τω κυριω δουλευοντες,
	14 18	ὁ γαρ ἐν τουτω δουλευων τω χριστω εὐαρεστος τω θεω και δοκιμος τοις ἀνθρωποις.
	16 18	οἱ γαρ τοιουτοι τω κυριω ἡμων χριστω οὐ δουλευουσιν ἀλλα τη ἑαυτων κοιλια,
Ga	4 8	ἀλλα τοτε μεν οὐκ εἰδοτες θεον ἐδουλευσατε τοις φυσει μη οὐσιν θεοις·
	9	πως ἐπιστρεφετε παλιν ἐπι τα ἀσθενη και πτωχα στοιχεια, οἱς παλιν ἀνωθεν δουλευειν θελετε;
	25	συστοιχει δε τη νυν ἰερουσαλημ, δουλευει γαρ μετα των τεκνων αὐτης.

δουλευω [25]

Ga 5 13 μονον μη την ελευθεριαν εις αφορμην τη σαρκι, αλλα δια της αγαπης δουλευετε αλληλοις.

Eph 6 7 αλλ ως δουλοι χριστου ποιουντες το θελημα του θεου εκ ψυχης, μετ ευνοιας δουλευοντες ως τω κυριω και ουκ ανθρωποις,

Php 2 22 την δε δοκιμην αυτου γινωσκετε, οτι ως πατρι τεκνον συν εμοι εδουλευσεν εις το ευαγγελιον.

Col 3 24 τω κυριω χριστω δουλευετε·

1Th 1 9 και πως επεστρεψατε προς τον θεον απο των ειδωλων δουλευειν θεω ζωντι και αληθινω,

1Tm 6 2 αλλα μαλλον δουλευετωσαν, οτι πιστοι εισιν και αγαπητοι οι της ευεργεσιας αντιλαμβανομενοι.

Tit 3 3 ημεν γαρ ποτε και ημεις ανοητοι, απειθεις, πλανωμενοι, δουλευοντες επιθυμιαις και ηδοναις ποικιλαις,

δουλη [3]

Lc 1 38 ιδου η δουλη κυριου· γενοιτο μοι κατα το ρημα σου.

48 και ηγαλλιασεν το πνευμα μου επι τω θεω τω σωτηρι μου· οτι επεβλεψεν επι την ταπεινωσιν της δουλης αυτου.

Ac 2 18 και γε επι τους δουλους μου και επι τας δουλας μου εν ταις ημεραις εκειναις εκχεω απο του πνευματος μου,

δουλος [124]

Mt 8 9 και λεγω τουτω· πορευθητι, και πορευεται, και αλλω· ερχου, και ερχεται, και τω δουλω μου· ποιησον τουτο, και ποιει.

10 24 ουκ εστιν μαθητης υπερ τον διδασκαλον ουδε δουλος υπερ τον κυριον αυτου.

25 αρκετον τω μαθητη ινα γενηται ως ο διδασκαλος αυτου, και ο δουλος ως ο κυριος αυτου.

13 27 προσελθοντες δε οι δουλοι του οικοδεσποτου ειπον αυτω·

28 οι δε δουλοι λεγουσιν αυτω·

18 23 δια τουτο ωμοιωθη η βασιλεια των ουρανων ανθρωπω βασιλει, ος ηθελησεν συναραι λογον μετα των δουλων αυτου.

26 πεσων ουν ο δουλος προσεκυνει αυτω λεγων·

27 σπλαγχνισθεις δε ο κυριος του δουλου εκεινου απελυσεν αυτον, και το δανειον αφηκεν αυτω.

28 εξελθων δε ο δουλος εκεινος ευρεν ενα των συνδουλων αυτου, ος ωφειλεν αυτω εκατον δηναρια,

32 δουλε πονηρε, πασαν την οφειλην εκεινην αφηκα σοι, επει παρεκαλεσας με·

20 27 και ος αν θελη εν υμιν ειναι πρωτος, εσται υμων δουλος·

21 34 οτε δε ηγγισεν ο καιρος των καρπων, απεστειλεν τους δουλους αυτου προς τους γεωργους λαβειν τους καρπους αυτου.

35 και λαβοντες οι γεωργοι τους δουλους αυτου ον μεν εδειραν, ον δε απεκτειναν, ον δε ελιθοβολησαν.

36 παλιν απεστειλεν αλλους δουλους πλειονας των πρωτων,

22 3 και απεστειλεν τους δουλους αυτου καλεσαι τους κεκλημενους εις τους γαμους, και ουκ ηθελον ελθειν.

4 παλιν απεστειλεν αλλους δουλους λεγων·

6 οι δε λοιποι κρατησαντες τους δουλους αυτου υβρισαν και απεκτειναν.

8 τοτε λεγει τοις δουλοις αυτου· ο μεν γαμος ετοιμος εστιν, οι δε κεκλημενοι ουκ ησαν αξιοι·

10 και εξελθοντες οι δουλοι εκεινοι εις τας οδους συνηγαγον παντας ους ευρον, πονηρους τε και αγαθους·

24 45 τις αρα εστιν ο πιστος δουλος και φρονιμος ον κατεστησεν ο κυριος επι της οικετειας αυτου του δουναι αυτοις την τροφην εν καιρω;

46 μακαριος ο δουλος εκεινος ον ελθων ο κυριος αυτου ευρησει ουτως ποιουντα·

48 εαν δε ειπη ο κακος δουλος εκεινος εν τη καρδια αυτου· χρονιζει μου ο κυριος,

50 ηξει ο κυριος του δουλου εκεινου εν ημερα η ου προσδοκα και εν ωρα η ου γινωσκει,

25 14 ωσπερ γαρ ανθρωπος αποδημων εκαλεσεν τους ιδιους δουλους και παρεδωκεν αυτοις τα υπαρχοντα αυτου,

19 μετα δε πολυν χρονον ερχεται ο κυριος των δουλων εκεινων και συναιρει λογον μετ αυτων.

21 ευ, δουλε αγαθε και πιστε, επι ολιγα ης πιστος, επι πολλων σε καταστησω·

23 ευ, δουλε αγαθε και πιστε, επι ολιγα ης πιστος, επι πολλων σε καταστησω·

26 πονηρε δουλε και οκνηρε, ηδεις οτι θεριζω οπου ουκ εσπειρα, και συναγω οθεν ου διεσκορπισα;

30 και τον αχρειον δουλον εκβαλετε εις το σκοτος το εξωτερον·

δουλος [124]

Mt 26 51 και ιδου εις των μετα ιησου εκτεινας την χειρα απεσπασεν την μαχαιραν αυτου, και παταξας τον δουλον του αρχιερεως αφειλεν αυτου το ωτιον.

Mc 10 44 και ος αν θελη εν υμιν ειναι πρωτος, εσται παντων δουλος·

12 2 και απεστειλεν προς τους γεωργους τω καιρω δουλον,

4 και παλιν απεστειλεν προς αυτους αλλον δουλον·

13 34 ως ανθρωπος αποδημος αφεις την οικιαν αυτου και δους τοις δουλοις αυτου την εξουσιαν, εκαστω το εργον αυτου,

14 47 εις δε [τις] των παρεστηκοτων σπασαμενος την μαχαιραν επαισεν τον δουλον του αρχιερεως και αφειλεν αυτου το ωταριον.

Lc 2 29 νυν απολυεις τον δουλον σου, δεσποτα, κατα το ρημα σου εν ειρηνη·

7 2 εκατονταρχου δε τινος δουλος κακως εχων ημελλεν τελευταν, ος ην αυτω εντιμος.

3 ακουσας δε περι του ιησου απεστειλεν προς αυτον πρεσβυτερους των ιουδαιων, ερωτων αυτον οπως ελθων διασωση τον δουλον αυτου.

8 και λεγω τουτω· πορευθητι, και πορευεται, και αλλω· ερχου, και ερχεται, και τω δουλω μου· ποιησον τουτο, και ποιει.

10 και υποστρεψαντες εις τον οικον οι πεμφθεντες ευρον τον δουλον υγιαινοντα.

12 37 μακαριοι οι δουλοι εκεινοι, ους ελθων ο κυριος ευρησει γρηγορουντας·

43 μακαριος ο δουλος εκεινος, ον ελθων ο κυριος αυτου ευρησει ποιουντα ουτως.

45 εαν δε ειπη ο δουλος εκεινος εν τη καρδια αυτου· χρονιζει ο κυριος μου ερχεσθαι,

46 ηξει ο κυριος του δουλου εκεινου εν ημερα η ου προσδοκα και εν ωρα η ου γινωσκει, και διχοτομησει αυτον,

47 εκεινος δε ο δουλος ο γνους το θελημα του κυριου αυτου και μη ετοιμασας η ποιησας προς το θελημα αυτου δαρησεται πολλας·

14 17 και απεστειλεν τον δουλον αυτου τη ωρα του δειπνου ειπειν τοις κεκλημενοις·

21 και παραγενομενος ο δουλος απηγγειλεν τω κυριω αυτου ταυτα.

21 τοτε οργισθεις ο οικοδεσποτης ειπεν τω δουλω αυτου· εξελθε ταχεως εις τας πλατειας και ρυμας της πολεως,

22 και ειπεν ο δουλος· κυριε, γεγονεν ο επεταξας, και ετι τοπος εστιν.

23 και ειπεν ο κυριος προς τον δουλον· εξελθε εις τας οδους και φραγμους και αναγκασον εισελθειν, ινα γεμισθη μου ο οικος·

15 22 ειπεν δε ο πατηρ προς τους δουλους αυτου· ταχυ εξενεγκατε στολην την πρωτην και ενδυσατε αυτον,

17 7 τις δε εξ υμων δουλον εχων αροτριωντα η ποιμαινοντα, ος εισελθοντι εκ του αγρου ερει αυτω· ευθεως παρελθων αναπεσε,

9 μη εχει χαριν τω δουλω οτι εποιησεν τα διαταχθεντα;

10 ουτως και υμεις, οταν ποιησητε παντα τα διαταχθεντα υμιν, λεγετε οτι δουλοι αχρειοι εσμεν, ο ωφειλομεν ποιησαι πεποιηκαμεν.

19 13 καλεσας δε δεκα δουλους εαυτου εδωκεν αυτοις δεκα μνας,

15 και ειπεν φωνηθηναι αυτω τους δουλους τουτους

17 ευ γε, αγαθε δουλε, οτι εν ελαχιστω πιστος εγενου, ισθι εξουσιαν εχων επανω δεκα πολεων.

22 εκ του στοματος σου κρινω σε, πονηρε δουλε.

20 10 και καιρω απεστειλεν προς τους γεωργους δουλον, ινα απο του καρπου του αμπελωνος δωσουσιν αυτω·

11 και προσεθετο ετερον πεμψαι δουλον·

22 50 και επαταξεν εις τις εξ αυτων του αρχιερεως τον δουλον και αφειλεν αυτου το ους το δεξιον.

Jh 4 51 ηδη δε αυτου καταβαινοντος οι δουλοι αυτου υπηντησαν αυτω λεγοντες οτι ο παις αυτου ζη.

8 34 αμην αμην λεγω υμιν οτι πας ο ποιων την αμαρτιαν δουλος εστιν της αμαρτιας.

35 ο δε δουλος ου μενει εν τη οικια εις τον αιωνα·

13 16 ουκ εστιν δουλος μειζων του κυριου αυτου·

15 15 ουκετι λεγω υμας δουλους, οτι ο δουλος ουκ οιδεν τι ποιει αυτου ο κυριος·

15 ουκετι λεγω υμας δουλους, οτι ο δουλος ουκ οιδεν τι ποιει αυτου ο κυριος·

20 ουκ εστιν δουλος μειζων του κυριου αυτου.

18 10 σιμων ουν πετρος εχων μαχαιραν ειλκυσεν αυτην και επαισεν τον του αρχιερεως δουλον και απεκοψεν αυτου το ωταριον το δεξιον.

10 ην δε ονομα τω δουλω μαλχος.

18 ειστηκεισαν δε οι δουλοι και οι υπηρεται ανθρακιαν πεποιηκοτες, οτι ψυχος ην,

δουλος [124]

Jh	18 26	λεγει εἰς ἐκ των *δουλων* του ἀρχιερεως, συγγενης ὢν οὗ ἀπεκοψεν πετρος το ὠτιον· οὐκ ἐγω σε εἶδον ἐν τω κηπω μετ αὐτου;
Ac	2 18	και γε ἐπι τους *δουλους* μου και ἐπι τας *δουλας* μου ἐν ταις ἡμεραις ἐκειναις ἐκχεω ἀπο του πνευματος μου,
	4 29	και δος τοις *δουλοις* σου μετα παρρησιας πασης λαλειν τον λογον σου,
	16 17	οὗτοι οἱ ἀνθρωποι *δουλοι* του θεου του ὑψιστου εἰσιν, οἱτινες καταγγελλουσιν ὑμιν ὁδον σωτηριας.
Rm	1 1	παυλος *δουλος* χριστου ἰησου, κλητος ἀποστολος ἀφωρισμενος εἰς εὐαγγελιον θεου,
	6 16	οὐκ οἰδατε ὁτι ᾧ παριστανετε ἑαυτους *δουλους* εἰς ὑπακοην,
	16	*δουλοι* ἐστε ᾧ ὑπακουετε, ἠτοι ἁμαρτιας εἰς θανατον ἠ ὑπακοης εἰς δικαιοσυνην;
	17	χαρις δε τω θεω ὁτι ἠτε *δουλοι* της ἁμαρτιας, ὑπηκουσατε δε ἐκ καρδιας εἰς ὁν παρεδοθητε τυπον διδαχης,
	20	ὁτε γαρ *δουλοι* ἠτε της ἁμαρτιας, ἐλευθεροι ἠτε τη δικαιοσυνη.
1Co	7 21	*δουλος* ἐκληθης; μη σοι μελετω·
	22	ὁ γαρ ἐν κυριω κληθεις *δουλος* ἀπελευθερος κυριου ἐστιν·
	22	ὁμοιως ὁ ἐλευθερος κληθεις *δουλος* ἐστιν χριστου.
	23	τιμης ἠγορασθητε· μη γινεσθε *δουλοι* ἀνθρωπων.
	12 13	και γαρ ἐν ἑνι πνευματι ἡμεις παντες εἰς ἑν σωμα ἐβαπτισθημεν, εἰτε ἰουδαιοι εἰτε ἑλληνες, εἰτε *δουλοι* εἰτε ἐλευθεροι,
2Co	4 5	οὐ γαρ ἑαυτους κηρυσσομεν ἀλλα ἰησουν χριστον κυριον, ἑαυτους δε *δουλους* ὑμων δια ἰησουν.
Ga	1 10	εἰ ἐτι ἀνθρωποις ἠρεσκον, χριστου *δουλος* οὐκ ἀν ἠμην.
	3 28	οὐκ ἐνι ἰουδαιος οὐδε ἑλλην, οὐκ ἐνι *δουλος* οὐδε ἐλευθερος, οὐκ ἐνι ἀρσεν και θηλυ·
	4 1	ἐφ ὁσον χρονον ὁ κληρονομος νηπιος ἐστιν, οὐδεν διαφερει *δουλου* κυριος παντων ὠν,
	7	ὡστε οὐκετι εἰ *δουλος* ἀλλα υἱος·
Eph	6 5	οἱ *δουλοι*, ὑπακουετε τοις κατα σαρκα κυριοις μετα φοβου και τρομου ἐν ἁπλοτητι της καρδιας ὑμων ὡς τω χριστω,
	6	μη κατ ὀφθαλμοδουλιαν ὡς ἀνθρωπαρεσκοι, ἀλλ ὡς *δουλοι* χριστου ποιουντες το θελημα του θεου ἐκ ψυχης,
	8	εἰδοτες ὁτι ἑκαστος ἐαν τι ποιηση ἀγαθον, τουτο κομισεται παρα κυριου, εἰτε *δουλος* εἰτε ἐλευθερος.
Php	1 1	παυλος και τιμοθεος *δουλοι* χριστου ἰησου πασιν τοις ἁγιοις ἐν χριστω ἰησου τοις οὐσιν ἐν φιλιπποις συν ἐπισκοποις και διακονοις·
	2 7	ὁς ἐν μορφη θεου ὑπαρχων οὐχ ἁρπαγμον ἡγησατο το εἰναι ἰσα θεω, ἀλλα ἑαυτον ἐκενωσεν μορφην *δουλου* λαβων,
Col	3 11	ὁπου οὐκ ἐνι ἑλλην και ἰουδαιος, περιτομη και ἀκροβυστια, βαρβαρος, σκυθης, *δουλος*, ἐλευθερος, ἀλλα [τα] παντα και ἐν πασιν χριστος.
	22	οἱ *δουλοι*, ὑπακουετε κατα παντα τοις κατα σαρκα κυριοις,
	4 1	οἱ κυριοι, το δικαιον και την ἰσοτητα τοις *δουλοις* παρεχεσθε,
	12	ἀσπαζεται ὑμας ἐπαφρας ὁ ἐξ ὑμων, *δουλος* χριστου [ἰησου],
1Tm	6 1	ὁσοι εἰσιν ὑπο ζυγον *δουλοι*, τους ἰδιους δεσποτας πασης τιμης ἀξιους ἡγεισθωσαν,
2Tm	2 24	*δουλον* δε κυριου οὐ δει μαχεσθαι
Tit	1 1	παυλος *δουλος* θεου, ἀποστολος δε ἰησου χριστου κατα πιστιν ἐκλεκτων θεου και ἐπιγνωσιν ἀληθειας της κατ εὐσεβειαν
	2 9	*δουλους* ἰδιοις δεσποταις ὑποτασσεσθαι ἐν πασιν,
Phm	16	ἱνα αἰωνιον αὐτον ἀπεχης, οὐκετι ὡς *δουλον* ἀλλ ὑπερ δουλον, ἀδελφον ἀγαπητον, μαλιστα ἐμοι, ποσω δε μαλλον σοι και ἐν σαρκι και ἐν κυριω.
	16	ἱνα αἰωνιον αὐτον ἀπεχης, οὐκετι ὡς *δουλον* ἀλλ ὑπερ δουλον, ἀδελφον ἀγαπητον, μαλιστα ἐμοι, ποσω δε μαλλον σοι και ἐν σαρκι και ἐν κυριω.
Ja	1 1	ἰακωβος θεου και κυριου ἰησου χριστου *δουλος* ταις δωδεκα φυλαις ταις ἐν τη διασπορα χαιρειν.
1Pt	2 16	και μη ὡς ἐπικαλυμμα ἐχοντες της κακιας την ἐλευθεριαν, ἀλλ ὡς θεου *δουλοι*.
2Pt	1 1	συμεων πετρος *δουλος* και ἀποστολος ἰησου χριστου τοις ἰσοτιμον ἡμιν λαχουσιν πιστιν ἐν δικαιοσυνη του θεου ἡμων και σωτηρος ἰησου χριστου·
	2 19	ἐλευθεριαν αὐτοις ἐπαγγελλομενοι, αὐτοι *δουλοι* ὑπαρχοντες της φθορας·
Ju	1	ἰουδας ἰησου χριστου *δουλος*, ἀδελφος δε ἰακωβου,
Apc	1 1	δειξαι τοις *δουλοις* αὐτου ἀ δει γενεσθαι ἐν ταχει,
	1	και ἐσημανεν ἀποστειλας δια του ἀγγελου αὐτου τω *δουλω* αὐτου ἰωαννη,
	2 20	και διδασκει και πλανα τους ἐμους *δουλους* πορνευσαι και φαγειν εἰδωλοθυτα·

δουλος [124]

Apc	6 15	και οἱ βασιλεις της γης και οἱ μεγιστανες και οἱ χιλιαρχοι και οἱ πλουσιοι και οἱ ἰσχυροι και πας *δουλος* και ἐλευθερος ἐκρυψαν ἑαυτους
	7 3	ἀχρι σφραγισωμεν τους *δουλους* του θεου ἡμων ἐπι των μετωπων αὐτων.
	10 7	και ἐτελεσθη το μυστηριον του θεου, ὡς εὐηγγελισεν τους ἑαυτου *δουλους* τους προφητας.
	11 18	και ἠλθεν ἡ ὀργη σου και ὁ καιρος των νεκρων κριθηναι και δουναι τον μισθον τοις *δουλοις* σου τοις προφηταις
	13 16	και τους πλουσιους και τους πτωχους, και τους ἐλευθερους και τους *δουλους*,
	15 3	και ἀδουσιν την ᾠδην μωυσεως του *δουλου* του θεου και την ᾠδην του ἀρνιου, λεγοντες·
	19 2	και ἐξεδικησεν το αἱμα των *δουλων* αὐτου ἐκ χειρος αὐτης.
	5	αἰνειτε τω θεω ἡμων, παντες οἱ *δουλοι* αὐτου, [και] οἱ φοβουμενοι αὐτον, οἱ μικροι και οἱ μεγαλοι.
	18	και σαρκας παντων ἐλευθερων τε και *δουλων* και μικρων και μεγαλων.
	22 3	και οἱ *δουλοι* αὐτου λατρευσουσιν αὐτω,
	6	και ὁ κυριος ὁ θεος των πνευματων των προφητων ἀπεστειλεν τον ἀγγελον αὐτου δειξαι τοις *δουλοις* αὐτου ἀ δει γενεσθαι ἐν ταχει.

δουλος [2]

Rm	6 19	ὡσπερ γαρ παρεστησατε τα μελη ὑμων *δουλα* τη ἀκαθαρσια και τη ἀνομια εἰς την ἀνομιαν, οὑτως νυν παραστησατε τα μελη ὑμων *δουλα* τη δικαιοσυνη εἰς ἁγιασμον.
	19	ὡσπερ γαρ παρεστησατε τα μελη ὑμων *δουλα* τη ἀκαθαρσια και τη ἀνομια εἰς την ἀνομιαν, οὑτως νυν παραστησατε τα μελη ὑμων *δουλα* τη δικαιοσυνη εἰς ἁγιασμον.

δουλοω [8]

Ac	7 6	και *δουλωσουσιν* αὐτο και κακωσουσιν ἐτη τετρακοσια·
Rm	6 18	ἐλευθερωθεντες δε ἀπο της ἁμαρτιας *ἐδουλωθητε* τη δικαιοσυνη.
	22	νυνι δε ἐλευθερωθεντες ἀπο της ἁμαρτιας *δουλωθεντες* δε τω θεω, ἐχετε τον καρπον ὑμων εἰς ἁγιασμον,
1Co	7 15	οὐ *δεδουλωται* ὁ ἀδελφος ἠ ἡ ἀδελφη ἐν τοις τοιουτοις·
	9 19	ἐλευθερος γαρ ὠν ἐκ παντων πασιν ἐμαυτον *ἐδουλωσα*,
Ga	4 3	οὑτως και ἡμεις, ὁτε ἠμεν νηπιοι, ὑπο τα στοιχεια του κοσμου ἠμεθα *δεδουλωμενοι*·
Tit	2 3	πρεσβυτιδας ὡσαυτως ἐν καταστηματι ἱεροπρεπεις, μη διαβολους, μη οἰνω πολλω *δεδουλωμενας*, καλοδιδασκαλους,
2Pt	2 19	ᾧ γαρ τις ἡττηται, τουτω *δεδουλωται*.

δοχη [2]

Lc	5 29	και ἐποιησεν *δοχην* μεγαλην λευις αὐτω ἐν τη οἰκια αὐτου·
	14 13	ἀλλ ὁταν *δοχην* ποιης, καλει πτωχους, ἀναπειρους, χωλους, τυφλους·

δρακων [13]

Apc	12 3	και ἰδου *δρακων* μεγας πυρρος, ἐχων κεφαλας ἑπτα και κερατα δεκα και ἐπι τας κεφαλας αὐτου ἑπτα διαδηματα,
	4	και ὁ *δρακων* ἑστηκεν ἐνωπιον της γυναικος της μελλουσης τεκειν,
	7	ὁ μιχαηλ και οἱ ἀγγελοι αὐτου του πολεμησαι μετα του *δρακοντος*.
	7	και ὁ *δρακων* ἐπολεμησεν και οἱ ἀγγελοι αὐτου,
	9	και ἐβληθη ὁ *δρακων* ὁ μεγας, ὁ ὀφις ὁ ἀρχαιος,
	13	και ὁτε εἰδεν ὁ *δρακων* ὁτι ἐβληθη εἰς την γην, ἐδιωξεν την γυναικα ἡτις ἐτεκεν τον ἀρσενα.
	16	και ἠνοιξεν ἡ γη το στομα αὐτης και κατεπιεν τον ποταμον ὁν ἐβαλεν ὁ *δρακων* ἐκ του στοματος αὐτου.
	17	και ὠργισθη ὁ *δρακων* ἐπι τη γυναικι,
	13 2	και ἐδωκεν αὐτω ὁ *δρακων* την δυναμιν αὐτου και τον θρονον αὐτου και ἐξουσιαν μεγαλην.
	4	και προσεκυνησαν τω *δρακοντι*, ὁτι ἐδωκεν την ἐξουσιαν τω θηριω,
	11	και εἰχεν κερατα δυο ὁμοια ἀρνιω, και ἐλαλει ὡς *δρακων*.
	16 13	και εἰδον ἐκ του στοματος του *δρακοντος* και ἐκ του στοματος του θηριου και ἐκ του στοματος του ψευδοπροφητου πνευματα τρια ἀκαθαρτα ὡς βατραχοι·
	20 2	και ἐκρατησεν τον *δρακοντα*, ὁ ὀφις ὁ ἀρχαιος,

δρασσομαι [1]

1Co 3 19 ὁ δρασσομενος τους σοφους ἐν τῃ πανουργιᾳ αὐτων·

δραχμη [3]

Lc 15 8 ἡ τίς γυνη δραχμας ἐχουσα δεκα, ἐαν ἀπολεση δραχμην μιαν, οὐχι ἀπτει λυχνον και σαροι την οἰκιαν και ζητει ἐπιμελως ἐως οὑ εὑρῃ;
8 ἡ τίς γυνη δραχμας ἐχουσα δεκα, ἐαν ἀπολεση δραχμην μιαν, οὐχι ἀπτει λυχνον και σαροι την οἰκιαν και ζητει ἐπιμελως ἐως οὑ εὑρῃ;
9 συγχαρητε μοι, ὁτι εὑρον την δραχμην ἡν ἀπωλεσα.

δρεπανον [8]

Mc 4 29 εὐθυς ἀποστελλει το δρεπανον,
Apc 14 14 και ἐπι την νεφελην καθημενον ὁμοιον υἱον ἀνθρωπου, ἐχων ἐπι της κεφαλης αὐτου στεφανον χρυσουν και ἐν τῃ χειρι αὐτου δρεπανον ὀξυ.
15 πεμψον το δρεπανον σου και θερισον, ὁτι ἠλθεν ἡ ὡρα θερισαι, ὁτι ἐξηρανθη ὁ θερισμος της γης.
16 και ἐβαλεν ὁ καθημενος ἐπι της νεφελης το δρεπανον αὐτου ἐπι την γην,
17 και ἀλλος ἀγγελος ἐξηλθεν ἐκ του ναου του ἐν τῳ οὐρανῳ, ἐχων και αὐτος δρεπανον ὀξυ.
18 και ἐφωνησεν φωνῃ μεγαλῃ τῳ ἐχοντι το δρεπανον το ὀξυ λεγων·
18 πεμψον σου το δρεπανον το ὀξυ και τρυγησον τους βοτρυας της ἀμπελου της γης,
19 και ἐβαλεν ὁ ἀγγελος το δρεπανον αὐτου εἰς την γην,

δρομος [3]

Ac 13 25 ὡς δε ἐπληρου ἰωαννης τον δρομον, ἐλεγεν·
20 24 ἀλλ οὐδενος λογου ποιουμαι την ψυχην τιμιαν ἐμαυτῳ ὡς τελειωσαι τον δρομον μου και την διακονιαν ἡν ἐλαβον παρα του κυριου ἰησου,
2Tm 4 7 τον καλον ἀγωνα ἠγωνισμαι, τον δρομον τετελεκα,

δρουσιλλα [1]

Ac 24 24 μετα δε ἡμερας τινας παραγενομενος ὁ φηλιξ συν δρουσιλλῃ τῃ ἰδιᾳ γυναικι οὐσῃ ἰουδαιᾳ μετεπεμψατο τον παυλον,

δυναμαι [210]

Mt 3 9 λεγω γαρ ὑμιν ὁτι δυναται ὁ θεος ἐκ των λιθων τουτων ἐγειραι τεκνα τῳ ἀβρααμ.
5 14 ὑμεις ἐστε το φως του κοσμου. οὐ δυναται πολις κρυβηναι ἐπανω ὀρους κειμενη·
36 μητε ἐν τῃ κεφαλῃ σου ὀμοσῃς, ὁτι οὐ δυνασαι μιαν τριχα λευκην ποιησαι ἠ μελαιναν.
6 24 οὐδεις δυναται δυσι κυριοις δουλευειν·
24 οὐ δυνασθε θεῳ δουλευειν και μαμωνᾳ.
27 τίς δε ἐξ ὑμων μεριμνων δυναται προσθειναι ἐπι την ἡλικιαν αὐτου πηχυν ἐνα;
7 18 οὐ δυναται δενδρον ἀγαθον καρπους πονηρους ποιειν,
8 2 ἐαν θελῃς, δυνασαι με καθαρισαι.
9 15 μη δυνανται οἱ υἱοι του νυμφωνος πενθειν,
28 πιστευετε ὁτι δυναμαι τουτο ποιησαι;
10 28 και μη φοβεισθε ἀπο των ἀποκτεννοντων το σωμα, την δε ψυχην μη δυναμενων ἀποκτειναι·
28 φοβεισθε δε μαλλον τον δυναμενον και ψυχην και σωμα ἀπολεσαι ἐν γεεννῃ.
12 29 ἠ πῶς δυναται τις εἰσελθειν εἰς την οἰκιαν του ἰσχυρου και τα σκευη αὐτου ἀρπασαι,
34 πῶς δυνασθε ἀγαθα λαλειν πονηροι ὀντες;
16 3 [το μεν προσωπον του οὐρανου γινωσκετε διακρινειν], [τα δε σημεια των καιρων οὐ δυνασθε];
17 16 και προσηνεγκα αὐτον τοις μαθηταις σου, και οὐκ ἠδυνηθησαν αὐτον θεραπευσαι.
19 δια τί ἡμεις οὐκ ἠδυνηθημεν ἐκβαλειν αὐτο;
19 12 ὁ δυναμενος χωρειν χωρειτω.
25 τίς ἀρα δυναται σωθηναι;
20 22 οὐκ οἰδατε τί αἰτεισθε. δυνασθε πιειν το ποτηριον ὁ ἐγω μελλω πινειν;
22 λεγουσιν αὐτῳ· δυναμεθα.
22 46 και οὐδεις ἐδυνατο ἀποκριθηναι αὐτῳ λογον οὐδε ἐτολμησεν τις ἀπ ἐκεινης της ἡμερας ἐπερωτησαι αὐτον οὐκετι.

δυναμαι [210]

δυναμαι [210]

Mt 26 9 εἰς τί ἡ ἀπωλεια αὐτη; ἐδυνατο γαρ τουτο πραθηναι πολλου και δοθηναι πτωχοις.
42 πατερ μου, εἰ οὐ δυναται τουτο παρελθειν ἐαν μη αὐτο πιω, γενηθητω το θελημα σου.
53 ἡ δοκεις ὁτι οὐ δυναμαι παρακαλεσαι τον πατερα μου, και παραστησει μοι ἀρτι πλειω δωδεκα λεγιωνας ἀγγελων;
61 οὑτος ἐφη· δυναμαι καταλυσαι τον ναον του θεου και δια τριων ἡμερων οἰκοδομησαι.
27 42 ἀλλους ἐσωσεν, ἑαυτον οὐ δυναται σωσαι·
Mc 1 40 και ἐρχεται προς αὐτον λεπρος παρακαλων αὐτον [και γονυπετων] και λεγων αὐτῳ ὁτι ἐαν θελῃς δυνασαι με καθαρισαι.
45 ὁ δε ἐξελθων ἠρξατο κηρυσσειν πολλα και διαφημιζειν τον λογον, ὡστε μηκετι αὐτον δυνασθαι φανερως εἰς πολιν εἰσελθειν,
2 4 και μη δυναμενοι προσενεγκαι αὐτῳ δια τον ὀχλον ἀπεστεγασαν την στεγην ὁπου ἠν,
7 τίς δυναται ἀφιεναι ἁμαρτιας εἰ μη εἱς ὁ θεος;
19 μη δυνανται οἱ υἱοι του νυμφωνος, ἐν ᾡ ὁ νυμφιος μετ αὐτων ἐστιν, νηστευειν;
19 ὁσον χρονον ἐχουσιν τον νυμφιον μετ αὐτων, οὐ δυνανται νηστευειν.
3 20 και συνερχεται παλιν [ὁ] ὀχλος, ὡστε μη δυνασθαι αὐτους μηδε ἀρτον φαγειν·
23 και προσκαλεσαμενος αὐτους ἐν παραβολαις ἐλεγεν αὐτοις· πῶς δυναται σατανας σαταναν ἐκβαλλειν;
24 και ἐαν βασιλεια ἐφ ἑαυτην μερισθῃ, οὐ δυναται σταθηναι ἡ βασιλεια ἐκεινη·
25 και ἐαν οἰκια ἐφ ἑαυτην μερισθῃ, οὐ δυνησεται ἡ οἰκια ἐκεινη σταθηναι.
26 και εἰ ὁ σατανας ἀνεστη ἐφ ἑαυτον και ἐμερισθη, οὐ δυναται στηναι ἀλλα τελος ἐχει.
27 ἀλλ οὐ δυναται οὐδεις εἰς την οἰκιαν του ἰσχυρου εἰσελθων τα σκευη αὐτου διαρπασαι,
4 32 και ποιει κλαδους μεγαλους, ὡστε δυνασθαι ὑπο την σκιαν αὐτου τα πετεινα του οὐρανου κατασκηνουν.
33 και τοιαυταις παραβολαις πολλαις ἐλαλει αὐτοις τον λογον, καθως ἠδυναντο ἀκουειν·
5 3 και οὐδε ἁλυσει οὐκετι οὐδεις ἐδυνατο αὐτον δησαι, δια το αὐτον πολλακις πεδαις και ἁλυσεσιν δεδεσθαι, και διεσπασθαι ὑπ αὐτου τας ἁλυσεις και τας πεδας συντετριφθαι,
6 5 και οὐκ ἐδυνατο ἐκει ποιησαι οὐδεμιαν δυναμιν,
19 ἡ δε ἡρῳδιας ἐνειχεν αὐτῳ και ἠθελεν αὐτον ἀποκτειναι, και οὐκ ἠδυνατο·
7 15 οὐδεν ἐστιν ἐξωθεν του ἀνθρωπου εἰσπορευομενον εἰς αὐτον ὁ δυναται κοινωσαι αὐτον·
18 οὐ νοειτε ὁτι παν το ἐξωθεν εἰσπορευομενον εἰς τον ἀνθρωπον οὐ δυναται αὐτον κοινωσαι,
24 και εἰσελθων εἰς οἰκιαν οὐδενα ἠθελεν γνωναι, και οὐκ ἠδυνηθη λαθειν·
8 4 και ἀπεκριθησαν αὐτῳ οἱ μαθηται αὐτου ὁτι ποθεν τουτους δυνησεται τις ὡδε χορτασαι ἀρτων ἐπ ἐρημιας;
9 3 και τα ἱματια αὐτου ἐγενετο στιλβοντα λευκα λιαν, οἱα γναφευς ἐπι της γης οὐ δυναται οὑτως λευκαναι.
22 ἀλλ εἰ τι δυνῃ, βοηθησον ἡμιν σπλαγχνισθεις ἐφ ἡμας.
23 ὁ δε ἰησους εἰπεν αὐτῳ· το εἰ δυνῃ, παντα δυνατα τῳ πιστευοντι.
28 και εἰσελθοντος αὐτου εἰς οἰκον οἱ μαθηται αὐτου κατ ἰδιαν ἐπηρωτων αὐτον· ὁτι ἡμεις οὐκ ἠδυνηθημεν ἐκβαλειν αὐτο;
29 τουτο το γενος ἐν οὐδενι δυναται ἐξελθειν εἰ μη ἐν προσευχῃ.
39 μη κωλυετε αὐτον· οὐδεις γαρ ἐστιν ὁς ποιησει δυναμιν ἐπι τῳ ὀνοματι μου και δυνησεται ταχυ κακολογησαι με·
10 26 και τίς δυναται σωθηναι;
38 δυνασθε πιειν το ποτηριον ὁ ἐγω πινω, ἡ το βαπτισμα ὁ ἐγω βαπτιζομαι βαπτισθηναι;
39 οἱ δε εἰπαν αὐτῳ· δυναμεθα.
14 5 ἠδυνατο γαρ τουτο το μυρον πραθηναι ἐπανω δηναριων τριακοσιων και δοθηναι τοις πτωχοις·
7 παντοτε γαρ τους πτωχους ἐχετε μεθ ἑαυτων, και ὁταν θελητε δυνασθε αὐτοις εὐ ποιησαι,
15 31 ἀλλους ἐσωσεν, ἑαυτον οὐ δυναται σωσαι·
Lc 1 20 και ἰδου ἐσῃ σιωπων και μη δυναμενος λαλησαι ἀχρι ἡς ἡμερας γενηται ταυτα,
22 ἐξελθων δε οὐκ ἐδυνατο λαλησαι αὐτοις,
3 8 λεγω γαρ ὑμιν ὁτι δυναται ὁ θεος ἐκ των λιθων τουτων ἐγειραι τεκνα τῳ ἀβρααμ.
5 12 κυριε, ἐαν θελῃς, δυνασαι με καθαρισαι.
21 τίς δυναται ἁμαρτιας ἀφειναι εἰ μη μονος ὁ θεος;

δυναμαι [210]

Lc 5 34 μη *δυνασθε* τους υιους του νυμφωνος, εν ᾧ ὁ νυμφιος μετ αυτων εστιν, ποιησαι νηστευσαι;

6 39 μητι *δυναται* τυφλος τυφλον ὁδηγειν;

42 πως *δυνασαι* λεγειν τω ἀδελφω σου·

8 19 και ουκ *ἠδυναντο* συντυχειν αυτω δια τον ὀχλον.

9 40 και ἐδεηθην των μαθητων σου ἱνα ἐκβαλωσιν αυτο, και ουκ *ἠδυνηθησαν.*

11 7 ου *δυναμαι* ἀναστας δουναι σοι.

12 25 τίς δε ἐξ ὑμων μεριμνων *δυναται* ἐπι την ἡλικιαν αυτου προσθειναι πηχυν;

26 ει οὖν ουδε ἐλαχιστον *δυνασθε,* τί περι των λοιπων μεριμνατε;

13 11 και ἦν συγκυπτουσα και μη *δυναμενη* ἀνακυψαι εις το παντελες.

14 20 και ἑτερος εἰπεν· γυναικα ἐγημα, και δια τουτο ου *δυναμαι* ἐλθειν.

26 ου *δυναται* εἰναι μου μαθητης.

27 ὁστις ου βασταζει τον σταυρον ἑαυτου και ἐρχεται ὀπισω μου, ου *δυναται* εἰναι μου μαθητης.

33 οὑτως οὖν πας ἐξ ὑμων ὁς ουκ ἀποτασσεται πασιν τοις ἑαυτου ὑπαρχουσιν ου *δυναται* εἰναι μου μαθητης.

16 2 ἀποδος τον λογον της οικονομιας σου· ου γαρ *δυνῃ* ἐτι οικονομειν.

13 ουδεις οικετης *δυναται* δυσι κυριοις δουλευειν·

13 ου *δυνασθε* θεω δουλευειν και μαμωνα.

26 και ἐν πασι τουτοις μεταξυ ἡμων και ὑμων χασμα μεγα ἐστηρικται, ὁπως οἱ θελοντες διαβηναι ἐνθεν προς ὑμας μη *δυνωνται,*

18 26 εἰπαν δε οἱ ἀκουσαντες· και τίς *δυναται* σωθηναι;

19 3 και ουκ *ἐδυνατο* ἀπο του ὀχλου, ὁτι τῃ ἡλικια μικρος ἦν.

20 36 ουδε γαρ ἀποθανειν ἐτι *δυνανται,* ἰσαγγελοι γαρ εἰσιν.

21 15 ἐγω γαρ δωσω ὑμιν στομα και σοφιαν, ᾑ ου *δυνησονται* ἀντιστηναι ἠ ἀντειπειν ἁπαντες οἱ ἀντικειμενοι ὑμιν.

Jh 1 46 και εἰπεν αυτω ναθαναηλ· ἐκ ναζαρετ *δυναται* τι ἀγαθον εἰναι;

3 2 ουδεις γαρ *δυναται* ταυτα τα σημεια ποιειν ἁ συ ποιεις,

3 ἐαν μη τις γεννηθῃ ἀνωθεν, ου *δυναται* ἰδειν την βασιλειαν του θεου.

4 πως *δυναται* ἀνθρωπος γεννηθηναι γερων ὢν;

4 μη *δυναται* εις την κοιλιαν της μητρος αυτου δευτερον εισελθειν και γεννηθηναι;

5 ἐαν μη τις γεννηθῃ ἐξ ὑδατος και πνευματος, ου *δυναται* εισελθειν εις την βασιλειαν του θεου.

9 ἀπεκριθη νικοδημος και εἰπεν αυτω· πως *δυναται* ταυτα γενεσθαι;

27 ου *δυναται* ἀνθρωπος λαμβανειν ουδε ἑν ἐαν μη ᾖ δεδομενον αυτω ἐκ του ουρανου.

5 19 ἀμην ἀμην λεγω ὑμιν, ου *δυναται* ὁ υἱος ποιειν ἀφ ἑαυτου ουδεν,

30 ου *δυναμαι* ἐγω ποιειν ἀπ ἐμαυτου ουδεν·

44 πως *δυνασθε* ὑμεις πιστευσαι, δοξαν παρα ἀλληλων λαμβανοντες,

6 44 ουδεις *δυναται* ἐλθειν προς με ἐαν μη ὁ πατηρ ὁ πεμψας με ἑλκυσῃ αυτον,

52 πως *δυναται* οὑτος ἡμιν δουναι την σαρκα [αυτου] φαγειν;

60 σκληρος ἐστιν ὁ λογος οὑτος· τίς *δυναται* αυτου ἀκουειν;

65 δια τουτο εἰρηκα ὑμιν ὁτι ουδεις *δυναται* ἐλθειν προς με ἐαν μη ᾖ δεδομενον αυτω ἐκ του πατρος.

7 7 ου *δυναται* ὁ κοσμος μισειν ὑμας, ἐμε δε μισει, ὁτι ἐγω μαρτυρω περι αυτου ὁτι τα ἐργα αυτου πονηρα ἐστιν.

34 ζητησετε με και ουχ εὑρησετε [με,] και ὁπου εἰμι ἐγω ὑμεις ου *δυνασθε* ἐλθειν.

36 ζητησετε με και ουχ εὑρησετε [με,] και ὁπου εἰμι ἐγω ὑμεις ου *δυνασθε* ἐλθειν;

8 21 ὁπου ἐγω ὑπαγω ὑμεις ου *δυνασθε* ἐλθειν.

22 μητι ἀποκτενει ἑαυτον, ὁτι λεγει· ὁπου ἐγω ὑπαγω ὑμεις ου *δυνασθε* ἐλθειν;

43 δια τί την λαλιαν την ἐμην ου γινωσκετε; ὁτι ου *δυνασθε* ἀκουειν τον λογον τον ἐμον.

9 4 ἐρχεται νυξ ὁτε ουδεις *δυναται* ἐργαζεσθαι.

16 πως *δυναται* ἀνθρωπος ἁμαρτωλος τοιαυτα σημεια ποιειν;

33 ει μη ἦν οὑτος παρα θεου, ουκ *ἠδυνατο* ποιειν ουδεν.

10 21 ταυτα τα ῥηματα ουκ ἐστιν δαιμονιζομενου· μη δαιμονιον *δυναται* τυφλων ὀφθαλμους ἀνοιξαι;

29 και ουδεις *δυναται* ἁρπαζειν ἐκ της χειρος του πατρος.

35 ει ἐκεινους εἰπεν θεους προς οὑς ὁ λογος του θεου ἐγενετο, και ου *δυναται* λυθηναι ἡ γραφη,

11 37 ουκ *ἐδυνατο* οὑτος ὁ ἀνοιξας τους ὀφθαλμους του τυφλου ποιησαι ἱνα και οὑτος μη ἀποθανῃ;

δυναμαι [210]

Jh 12 39 δια τουτο ουκ *ἠδυναντο* πιστευειν, ὁτι παλιν εἰπεν ἠσαιας·

13 33 ζητησετε με, και καθως εἰπον τοις ιουδαιοις ὁτι ὁπου ἐγω ὑπαγω ὑμεις ου *δυνασθε* ἐλθειν, και ὑμιν λεγω ἀρτι.

36 ὁπου ὑπαγω ου *δυνασαι* μοι νυν ἀκολουθησαι, ἀκολουθησεις δε ὑστερον.

37 κυριε, δια τί ου *δυναμαι* σοι ἀκολουθησαι ἀρτι;

14 5 πως *δυναμεθα* την ὁδον εἰδεναι;

17 το πνευμα της ἀληθειας, ὁ ὁ κοσμος ου *δυναται* λαβειν, ὁτι ου θεωρει αυτο ουδε γινωσκει·

15 4 καθως το κλημα ου *δυναται* καρπον φερειν ἀφ ἑαυτου ἐαν μη μενῃ ἐν τῃ ἀμπελω, οὑτως ουδε ὑμεις ἐαν μη ἐν ἐμοι μενητε.

5 ὁ μενων ἐν ἐμοι καγω ἐν αυτω, οὑτος φερει καρπον πολυν, ὁτι χωρις ἐμου ου *δυνασθε* ποιειν ουδεν.

16 12 ἐτι πολλα ἐχω ὑμιν λεγειν, ἀλλ ου *δυνασθε* βασταζειν ἀρτι·

Ac 4 16 ὁτι μεν γαρ γνωστον σημειον γεγονεν δι αυτων, πασιν τοις κατοικουσιν ιερουσαλημ φανερον, και ου *δυναμεθα* ἀρνεισθαι·

20 ου *δυναμεθα* γαρ ἡμεις ἁ εἰδαμεν και ἠκουσαμεν μη λαλειν.

5 39 ει δε ἐκ θεου ἐστιν, ου *δυνησεσθε* καταλυσαι αυτους, μηποτε και θεομαχοι εὑρεθητε.

8 31 πως γαρ ἀν *δυναιμην* ἐαν μη τις ὁδηγησει με;

10 47 μητι το ὑδωρ *δυναται* κωλυσαι τις του μη βαπτισθηναι τουτους, οἱτινες το πνευμα το ἁγιον ἐλαβον ὡς και ἡμεις;

13 38 γνωστον οὖν ἐστω ὑμιν, ἀνδρες ἀδελφοι, ὁτι δια τουτου ὑμιν ἀφεσις ἁμαρτιων καταγγελλεται, [και] ἀπο παντων ὡν ουκ *ἠδυνηθητε* ἐν νομω μωυσεως δικαιωθηναι,

15 1 και τινες κατελθοντες ἀπο της ιουδαιας ἐδιδασκον τους ἀδελφους ὁτι ἐαν μη περιτμηθητε τω ἐθει τω μωυσεως, ου *δυνασθε* σωθηναι.

17 19 *δυναμεθα* γνωναι τίς ἡ καινη αὑτη ἡ ὑπο σου λαλουμενη διδαχη;

19 40 μηδενος αιτιου ὑπαρχοντος, περι οὑ [ου] *δυνησομεθα* ἀποδουναι λογον περι της συστροφης ταυτης.

20 32 και τα νυν παρατιθεμαι ὑμας τω θεω και τω λογω της χαριτος αυτου τω *δυναμενω* οικοδομησαι και δουναι την κληρονομιαν ἐν τοις ἡγιασμενοις πασιν.

21 34 μη *δυναμενου* δε αυτου γνωναι το ἀσφαλες δια τον θορυβον, ἐκελευσεν ἀγεσθαι αυτον εις την παρεμβολην.

24 8 παρ οὑ *δυνησῃ* αυτος ἀνακρινας περι παντων τουτων ἐπιγνωναι ὡν ἡμεις κατηγορουμεν αυτου.

11 *δυναμενου* σου ἐπιγνωναι ὁτι ου πλειους εἰσιν μοι ἡμεραι δωδεκα ἀφ ἡς ἀνεβην προσκυνησων εις ιερουσαλημ.

13 ουδε παραστησαι *δυνανται* σοι περι ὡν νυνι κατηγορουσιν μου.

25 11 ει δε ουδεν ἐστιν ὡν οὑτοι κατηγορουσιν μου, ουδεις με *δυναται* αυτοις χαρισασθαι·

26 32 ἀπολελυσθαι *ἐδυνατο* ὁ ἀνθρωπος οὑτος ει μη ἐπεκεκλητο καισαρα.

27 12 οἱ πλειονες ἐθεντο βουλην ἀναχθηναι ἐκειθεν, ει πως *δυναιντο* καταντησαντες εις φοινικα παραχειμασαι,

15 συναρπασθεντος δε του πλοιου και μη *δυναμενου* ἀντοφθαλμειν τω ἀνεμω ἐπιδοντες ἐφερομεθα

31 ἐαν μη οὑτοι μεινωσιν ἐν τω πλοιω, ὑμεις σωθηναι ου *δυνασθε.*

39 κολπον δε τινα κατενοουν ἐχοντα αἰγιαλον, εις ὁν ἐβουλευοντο ει *δυναιντο* ἐξωσαι το πλοιον.

43 ἐκελευσεν τε τους *δυναμενους* κολυμβαν ἀποριψαντας πρωτους ἐπι την γην ἐξιεναι,

Rm 8 7 τω γαρ νομω του θεου ουχ ὑποτασσεται, ουδε γαρ *δυναται·*

8 οἱ δε ἐν σαρκι ὀντες θεω ἀρεσαι ου *δυνανται.*

39 πεπεισμαι γαρ ὁτι ουτε θανατος ουτε ζωη ουτε ἀγγελοι ουτε ἀρχαι ουτε ἐνεστωτα ουτε μελλοντα ουτε δυναμεις ουτε ὑψωμα ουτε βαθος ουτε τις κτισις ἑτερα *δυνησεται* ἡμας χωρισαι ἀπο της ἀγαπης του θεου της ἐν χριστω ιησου τω κυριω ἡμων.

15 14 πεπληρωμενοι πασης [της] γνωσεως, *δυναμενοι* και ἀλληλους νουθετειν.

16 25 [τω δε *δυναμενω* ὑμας στηριξαι κατα το ευαγγελιον μου και το κηρυγμα ιησου χριστου],

1Co 2 14 μωρια γαρ αυτω ἐστιν, και ου *δυναται* γνωναι, ὁτι πνευματικως ἀνακρινεται.

3 1 καγω, ἀδελφοι, ουκ *ἠδυνηθην* λαλησαι ὑμιν ὡς πνευματικοις ἀλλ ὡς σαρκινοις, ὡς νηπιοις ἐν χριστω.

2 γαλα ὑμας ἐποτισα, ου βρωμα· ουπω γαρ *ἐδυνασθε.*

2 ἀλλ ουδε ἐτι νυν *δυνασθε,* ἐτι γαρ σαρκικοι ἐστε.

11 θεμελιον γαρ ἀλλον ουδεις *δυναται* θειναι παρα τον κειμενον, ὁς ἐστιν ιησους χριστος.

6 5 οὑτως ουκ ἐνι ἐν ὑμιν ουδεις σοφος, ὁς *δυνησεται* διακριναι ἀνα μεσον του ἀδελφου αυτου;

δυναμαι [210]

1Co	7 21	ἀλλ εἰ καὶ δυνασαι ἐλευθερος γενεσθαι, μαλλον χρησαι.
	10 13	πιστος δε ὁ θεος, ὃς οὐκ ἐασει ὑμας πειρασθηναι ὑπερ ὃ δυνασθε,
	13	πιστος δε ὁ θεος, ὃς οὐκ ἐασει ὑμας πειρασθηναι ὑπερ ὃ δυνασθε, ἀλλα ποιησει συν τῳ πειρασμῳ και την ἐκβασιν του δυνασθαι ὑπενεγκειν.
	21	οὐ δυνασθε ποτηριον κυριου πινειν και ποτηριον δαιμονιων·
	21	οὐ δυνασθε τραπεζης κυριου μετεχειν και τραπεζης δαιμονιων.
	12 3	και οὐδεις δυναται εἰπειν· κυριος ἰησους, εἰ μη ἐν πνευματι ἁγιῳ.
	21	οὐ δυναται δε ὁ ὀφθαλμος εἰπειν τῃ χειρι·
	14 31	δυνασθε γαρ καθ ἑνα παντες προφητευειν,
	15 50	τουτο δε φημι, ἀδελφοι, ὅτι σαρξ και αἱμα βασιλειαν θεου κληρονομησαι οὐ δυνανται.
2Co	1 4	ὁ παρακαλων ἡμας ἐπι πασῃ τῃ θλιψει ἡμων, εἰς το δυνασθαι ἡμας παρακαλειν τους ἐν πασῃ θλιψει δια της παρακλησεως ἧς παρακαλουμεθα αὐτοι ὑπο του θεου.
	3 7	εἰ δε ἡ διακονια του θανατου ἐν γραμμασιν ἐντετυπωμενη λιθοις ἐγενηθη ἐν δοξῃ, ὥστε μη δυνασθαι ἀτενισαι τους υἱους ἰσραηλ εἰς το προσωπον μωυσεως
	13 8	οὐ γαρ δυναμεθα τι κατα της ἀληθειας, ἀλλα ὑπερ της ἀληθειας.
Ga	3 21	εἰ γαρ ἐδοθη νομος ὁ δυναμενος ζῳοποιησαι, ὀντως ἐκ νομου ἀν ἠν ἡ δικαιοσυνη·
Eph	3 4	προς ὃ δυνασθε ἀναγινωσκοντες νοησαι την συνεσιν μου ἐν τῳ μυστηριῳ του χριστου,
	20	τῳ δε δυναμενῳ ὑπερ παντα ποιησαι ὑπερεκπερισσου ὧν αἰτουμεθα ἠ νοουμεν κατα την δυναμιν την ἐνεργουμενην ἐν ὑμιν,
	6 11	ἐνδυσασθε την πανοπλιαν του θεου προς το δυνασθαι ὑμας στηναι προς τας μεθοδειας του διαβολου·
	13	δια τουτο ἀναλαβετε την πανοπλιαν του θεου, ἱνα δυνηθητε ἀντιστηναι ἐν τῃ ἡμερᾳ τῃ πονηρᾳ και ἀπαντα κατεργασαμενοι στηναι.
	16	ἐν πασιν ἀναλαβοντες τον θυρεον της πιστεως, ἐν ᾧ δυνησεσθε παντα τα βελη του πονηρου [τα] πεπυρωμενα σβεσαι·
Php	3 21	κατα την ἐνεργειαν του δυνασθαι αὐτον και ὑποταξαι αὐτῳ τα παντα.
1Th	2 7	δυναμενοι ἐν βαρει εἰναι ὡς χριστου ἀποστολοι,
	3 9	τινα γαρ εὐχαριστιαν δυναμεθα τῳ θεῳ ἀνταποδουναι περι ὑμων ἐπι πασῃ τῃ χαρᾳ ᾗ χαιρομεν δι ὑμας ἐμπροσθεν του θεου ἡμων,
1Tm	5 25	και τα ἀλλως ἐχοντα κρυβηναι οὐ δυνανται.
	6 7	οὐδεν γαρ εἰσηνεγκαμεν εἰς τον κοσμον, ὅτι οὐδε ἐξενεγκειν τι δυναμεθα·
	16	ὁ μονος ἐχων ἀθανασιαν, φως οἰκων ἀπροσιτον, ὃν εἰδεν οὐδεις ἀνθρωπων οὐδε ἰδειν δυναται·
2Tm	2 13	εἰ ἀπιστουμεν, ἐκεινος πιστος μενει, ἀρνησασθαι γαρ ἑαυτον οὐ δυναται.
	3 7	παντοτε μανθανοντα και μηδεποτε εἰς ἐπιγνωσιν ἀληθειας ἐλθειν δυναμενα.
	15	και ὁτι ἀπο βρεφους [τα] ἱερα γραμματα οἰδας, τα δυναμενα σε σοφισαι εἰς σωτηριαν δια πιστεως της ἐν χριστῳ ἰησου.
Heb	2 18	ἐν ᾧ γαρ πεπονθεν αὐτος πειρασθεις, δυναται τοις πειραζομενοις βοηθησαι.
	3 19	και βλεπομεν ὁτι οὐκ ἠδυνηθησαν εἰσελθειν δι ἀπιστιαν.
	4 15	οὐ γαρ ἐχομεν ἀρχιερεα μη δυναμενον συμπαθησαι ταις ἀσθενειαις ἡμων,
	5 2	μετριοπαθειν δυναμενος τοις ἀγνοουσιν και πλανωμενοις,
	7	ὃς ἐν ταις ἡμεραις της σαρκος αὐτου δεησεις τε και ἱκετηριας προς τον δυναμενον σῳζειν αὐτον ἐκ θανατου μετα κραυγης ἰσχυρας και δακρυων
	7 25	ὁθεν και σῳζειν εἰς το παντελες δυναται τους προσερχομενους δι αὐτου τῳ θεῳ,
	9 9	καθ ἡν δωρα τε και θυσιαι προσφερονται μη δυναμεναι κατα συνειδησιν τελειωσαι τον λατρευοντα,
	10 1	κατ ἐνιαυτον ταις αὐταις θυσιαις ἁς προσφερουσιν εἰς το διηνεκες οὐδεποτε δυναται τους προσερχομενους τελειωσαι·
	11	και πας μεν ἱερευς ἑστηκεν καθ ἡμεραν λειτουργων και τας αὐτας πολλακις προσφερων θυσιας, αἱτινες οὐδεποτε δυνανται περιελειν ἁμαρτιας·
Ja	1 21	δεξασθε τον ἐμφυτον λογον τον δυναμενον σωσαι τας ψυχας ὑμων.
	2 14	μη δυναται ἡ πιστις σωσαι αὐτον;
	3 8	την δε γλωσσαν οὐδεις δαμασαι δυναται ἀνθρωπων·
	12	μη δυναται, ἀδελφοι μου, συκη ἐλαιας ποιησαι ἠ ἀμπελος συκα;

δυναμαι [210]

Ja	4 2	φονευετε και ζηλουτε, και οὐ δυνασθε ἐπιτυχειν·
	12	εἱς ἐστιν [ὁ] νομοθετης και κριτης, ὁ δυναμενος σωσαι και ἀπολεσαι·
1Jh	3 9	και οὐ δυναται ἁμαρτανειν, ὁτι ἐκ του θεου γεγεννηται.
	4 20	ὁ γαρ μη ἀγαπων τον ἀδελφον αὐτου ὁν ἑωρακεν, τον θεον ὁν οὐχ ἑωρακεν οὐ δυναται ἀγαπαν.
Ju	24	τῳ δε δυναμενῳ φυλαξαι ὑμας ἀπταιστους και στησαι κατενωπιον της δοξης αὐτου ἀμωμους ἐν ἀγαλλιασει,
Apc	2 2	οἰδα τα ἐργα σου και τον κοπον και την ὑπομονην σου, και ὁτι οὐ δυνῃ βαστασαι κακους,
	3 8	ἰδου δεδωκα ἐνωπιον σου θυραν ἠνεῳγμενην, ἡν οὐδεις δυναται κλεισαι αὐτην·
	5 3	και οὐδεις ἐδυνατο ἐν τῳ οὐρανῳ οὐδε ἐπι της γης οὐδε ὑποκατω της γης ἀνοιξαι το βιβλιον οὐτε βλεπειν αὐτο.
	6 17	ὁτι ἠλθεν ἡ ἡμερα ἡ μεγαλη της ὀργης αὐτων, και τις δυναται σταθηναι;
	7 9	και ἰδου ὀχλος πολυς, ὁν ἀριθμησαι αὐτον οὐδεις ἐδυνατο,
	9 20	και τα εἰδωλα τα χρυσα και τα ἀργυρα και τα χαλκα και τα λιθινα και τα ξυλινα, ἁ οὐτε βλεπειν δυνανται οὐτε ἀκουειν οὐτε περιπατειν,
	13 4	τις ὁμοιος τῳ θηριῳ, και τις δυναται πολεμησαι μετ αὐτου;
	17	και ἱνα μη τις δυνηται ἀγορασαι ἠ πωλησαι εἰ μη ὁ ἐχων το χαραγμα το ὀνομα του θηριου ἠ τον ἀριθμον του ὀνοματος αὐτου.
	14 3	και οὐδεις ἐδυνατο μαθειν την ᾠδην εἰ μη αἱ ἑκατοντεσσερακοντατεσσαρες χιλιαδες,
	15 8	και οὐδεις ἐδυνατο εἰσελθειν εἰς τον ναον ἀχρι τελεσθωσιν αἱ ἑπτα πληγαι των ἑπτα ἀγγελων.

δυναμις [119]

Mt	7 22	και τῳ σῳ ὀνοματι δυναμεις πολλας ἐποιησαμεν;
	11 20	τοτε ἠρξατο ὀνειδιζειν τας πολεις ἐν αἱς ἐγενοντο αἱ πλεισται δυναμεις αὐτου,
	21	ὁτι εἰ ἐν τυρῳ και σιδωνι ἐγενοντο αἱ δυναμεις αἱ γενομεναι ἐν ὑμιν, παλαι ἀν ἐν σακκῳ και σποδῳ μετενοησαν.
	23	ὁτι εἰ ἐν σοδομοις ἐγενηθησαν αἱ δυναμεις αἱ γενομεναι ἐν σοι, ἐμεινεν ἀν μεχρι της σημερον.
	13 54	ποθεν τουτῳ ἡ σοφια αὑτη και αἱ δυναμεις;
	58	και οὐκ ἐποιησεν ἐκει δυναμεις πολλας δια την ἀπιστιαν αὐτων.
	14 2	αὐτος ἠγερθη ἀπο των νεκρων, και δια τουτο αἱ δυναμεις ἐνεργουσιν ἐν αὐτῳ.
	22 29	πλανασθε μη εἰδοτες τας γραφας μηδε την δυναμιν του θεου.
	24 29	και αἱ δυναμεις των οὐρανων σαλευθησονται.
	30	και τοτε κοψονται πασαι αἱ φυλαι της γης και ὀψονται τον υἱον του ἀνθρωπου ἐρχομενον ἐπι των νεφελων του οὐρανου μετα δυναμεως και δοξης πολλης·
	25 15	και ᾧ μεν ἐδωκεν πεντε ταλαντα, ᾧ δε δυο, ᾧ δε ἑν, ἑκαστῳ κατα την ἰδιαν δυναμιν,
	26 64	ἀπ ἀρτι ὀψεσθε τον υἱον του ἀνθρωπου καθημενον ἐκ δεξιων της δυναμεως και ἐρχομενον ἐπι των νεφελων του οὐρανου.
Mc	5 30	και εὐθυς ὁ ἰησους ἐπιγνους ἐν ἑαυτῳ την ἐξ αὐτου δυναμιν ἐξελθουσαν,
	6 2	ποθεν τουτῳ ταυτα, και τις ἡ σοφια ἡ δοθεισα τουτῳ, και αἱ δυναμεις τοιαυται δια των χειρων αὐτου γινομεναι;
	5	και οὐκ ἐδυνατο ἐκει ποιησαι οὐδεμιαν δυναμιν,
	14	και ἠκουσεν ὁ βασιλευς ἡρῳδης, φανερον γαρ ἐγενετο το ὀνομα αὐτου, και ἐλεγον ὁτι ἰωαννης ὁ βαπτιζων ἐγηγερται ἐκ νεκρων, και δια τουτο ἐνεργουσιν αἱ δυναμεις ἐν αὐτῳ.
	9 1	ἀμην λεγω ὑμιν ὁτι εἰσιν τινες ὡδε των ἑστηκοτων οἱτινες οὐ μη γευσωνται θανατου ἑως ἀν ἰδωσιν την βασιλειαν του θεου ἐληλυθυιαν ἐν δυναμει.
	39	μη κωλυετε αὐτον· οὐδεις γαρ ἐστιν ὁς ποιησει δυναμιν ἐπι τῳ ὀνοματι μου και δυνησεται ταχυ κακολογησαι με·
	12 24	οὐ δια τουτο πλανασθε μη εἰδοτες τας γραφας μηδε την δυναμιν του θεου;
	13 25	και αἱ δυναμεις αἱ ἐν τοις οὐρανοις σαλευθησονται.
	26	και τοτε ὀψονται τον υἱον του ἀνθρωπου ἐρχομενον ἐν νεφελαις μετα δυναμεως πολλης και δοξης.
	14 62	και ὀψεσθε τον υἱον του ἀνθρωπου ἐκ δεξιων καθημενον της δυναμεως και ἐρχομενον μετα των νεφελων του οὐρανου.
Lc	1 17	και αὐτος προελευσεται ἐνωπιον αὐτου ἐν πνευματι και δυναμει ἠλιου,
	35	πνευμα ἁγιον ἐπελευσεται ἐπι σε, και δυναμις ὑψιστου ἐπισκιασει σοι·
	4 14	και ὑπεστρεψεν ὁ ἰησους ἐν τῃ δυναμει του πνευματος εἰς την γαλιλαιαν·

δυναμις [119]

Lc	4 36	τίς ὁ λογος ουτος, ὁτι ἐν ἐξουσια και δυναμει ἐπιτασσει τοις ἀκαθαρτοις πνευμασιν και ἐξερχονται;
	5 17	και δυναμις κυριου ἠν εἰς το ἰασθαι αὐτον.
	6 19	και πας ὁ ὀχλος ἐζητουν ἀπτεσθαι αὐτου, ὁτι δυναμις παρ αὐτου ἐξηρχετο και ἰατο παντας.
	8 46	ἡψατο μου τις· ἐγω γαρ ἐγνων δυναμιν ἐξεληλυθυιαν ἀπ ἐμου.
	9 1	συγκαλεσαμενος δε τους δωδεκα ἐδωκεν αὐτοις δυναμιν και ἐξουσιαν ἐπι παντα τα δαιμονια και νοσους θεραπευειν·
	10 13	ὁτι εἰ ἐν τυρῳ και σιδωνι ἐγενηθησαν αἱ δυναμεις αἱ γενομεναι ἐν ὑμιν, παλαι ἀν ἐν σακκῳ και σποδῳ καθημενοι μετενοησαν.
	19	ἰδου δεδωκα ὑμιν την ἐξουσιαν του πατειν ἐπανω ὀφεων και σκορπιων, και ἐπι πασαν την δυναμιν του ἐχθρου,
	19 37	ἐγγιζοντος δε αὐτου ἠδη προς τη καταβασει του ὀρους των ἐλαιων ἠρξαντο ἀπαν το πληθος των μαθητων χαιροντες αἰνειν τον θεον φωνη μεγαλη περι πασων ὡν εἰδον δυναμεων,
	21 26	αἱ γαρ δυναμεις των οὐρανων σαλευθησονται.
	27	και τοτε ὀψονται τον υἱον του ἀνθρωπου ἐρχομενον ἐν νεφελη μετα δυναμεως και δοξης πολλης.
	22 69	ἀπο του νυν δε ἐσται ὁ υἱος του ἀνθρωπου καθημενος ἐκ δεξιων της δυναμεως του θεου.
	24 49	ὑμεις δε καθισατε ἐν τη πολει ἑως οὑ ἐνδυσησθε ἐξ ὑψους δυναμιν.
Ac	1 8	ἀλλα λημψεσθε δυναμιν ἐπελθοντος του ἁγιου πνευματος ἐφ ὑμας,
	2 22	ἰησουν τον ναζωραιον, ἀνδρα ἀποδεδειγμενον ἀπο του θεου εἰς ὑμας δυναμεσι και τερασι και σημειοις,
	3 12	ἀνδρες ἰσραηλιται, τί θαυμαζετε ἐπι τουτω, ἠ ἡμιν τί ἀτενιζετε ὡς ἰδια δυναμει ἠ εὐσεβεια πεποιηκοσιν του περιπατειν αὐτον;
	4 7	ἐν ποια δυναμει ἠ ἐν ποιῳ ὀνοματι ἐποιησατε τουτο ὑμεις;
	33	και δυναμει μεγαλη ἀπεδιδουν το μαρτυριον οἱ ἀποστολοι της ἀναστασεως του κυριου ἰησου,
	6 8	στεφανος δε πληρης χαριτος και δυναμεως ἐποιει τερατα και σημεια μεγαλα ἐν τῳ λαῳ.
	8 10	ουτος ἐστιν ἡ δυναμις του θεου ἡ καλουμενη μεγαλη.
	13	θεωρων τε σημεια και δυναμεις μεγαλας γινομενας ἐξιστατο.
	10 38	ἰησουν τον ἀπο ναζαρεθ, ὡς ἐχρισεν αὐτον ὁ θεος πνευματι ἁγιῳ και δυναμει,
	19 11	δυναμεις τε οὐ τας τυχουσας ὁ θεος ἐποιει δια των χειρων παυλου,
Rm	1 4	του ὁρισθεντος υἱου θεου ἐν δυναμει κατα πνευμα ἁγιωσυνης ἐξ ἀναστασεως νεκρων,
	16	δυναμις γαρ θεου ἐστιν εἰς σωτηριαν παντι τῳ πιστευοντι,
	20	τα γαρ ἀορατα αὐτου ἀπο κτισεως κοσμου τοις ποιημασιν νοουμενα καθοραται, ἡ τε ἀιδιος αὐτου δυναμις και θειοτης, εἰς το εἰναι αὐτους ἀναπολογητους,
	8 38	πεπεισμαι γαρ ὁτι οὐτε θανατος οὐτε ζωη οὐτε ἀγγελοι οὐτε ἀρχαι οὐτε ἐνεστωτα οὐτε μελλοντα οὐτε δυναμεις οὐτε ὑψωμα οὐτε βαθος οὐτε τις κτισις ἑτερα δυνησεται ἡμας χωρισαι ἀπο της ἀγαπης του θεου της ἐν χριστῳ ἰησου τῳ κυριῳ ἡμων.
	9 17	λεγει γαρ ἡ γραφη τῳ φαραω ὁτι εἰς αὐτο τουτο ἐξηγειρα σε, ὁπως ἐνδειξωμαι ἐν σοι την δυναμιν μου,
	15 13	ὁ δε θεος της ἐλπιδος πληρωσαι ὑμας πασης χαρας και εἰρηνης ἐν τῳ πιστευειν, εἰς το περισσευειν ὑμας ἐν τη ἐλπιδι ἐν δυναμει πνευματος ἁγιου.
	19	ἐν δυναμει σημειων και τερατων, ἐν δυναμει πνευματος [θεου]·
	19	ἐν δυναμει σημειων και τερατων, ἐν δυναμει πνευματος [θεου]·
1Co	1 18	ὁ λογος γαρ ὁ του σταυρου τοις μεν ἀπολλυμενοις μωρια ἐστιν, τοις δε σωζομενοις ἡμιν δυναμις θεου ἐστιν.
	24	αὐτοις δε τοις κλητοις, ἰουδαιοις τε και ἑλλησιν, χριστον θεου δυναμιν και θεου σοφιαν.
	2 4	και ὁ λογος μου και το κηρυγμα μου οὐκ ἐν πειθοι[ς] σοφιας [λογοις], ἀλλ ἐν ἀποδειξει πνευματος και δυναμεως,
	5	ἀλλ ἠ ἐν ἀποδειξει πνευματος και δυναμεως, ἰνα ἡ πιστις ὑμων μη ἠ ἐν σοφια ἀνθρωπων ἀλλ ἐν δυναμει θεου.
	4 19	και γνωσομαι οὐ τον λογον των πεφυσιωμενων ἀλλα την δυναμιν·
	20	οὐ γαρ ἐν λογῳ ἡ βασιλεια του θεου, ἀλλ ἐν δυναμει.
	5 4	ἐν τῳ ὀνοματι του κυριου [ἡμων] ἰησου συναχθεντων ὑμων και του ἐμου πνευματος συν τη δυναμει του κυριου ἡμων ἰησου
	6 14	ὁ δε θεος και τον κυριον ἠγειρεν και ἡμας ἐξεγερει δια της δυναμεως αὐτου.
	12 10	ἀλλῳ δε χαρισματα ἰαματων ἐν τῳ ἑνι πνευματι, ἀλλῳ δε ἐνεργηματα δυναμεων,

δυναμις [119]

1Co	12 28	ἐπειτα δυναμεις, ἐπειτα χαρισματα ἰαματων, ἀντιλημψεις, κυβερνησεις, γενη γλωσσων.
	29	μη παντες διδασκαλοι; μη παντες δυναμεις;
	14 11	ἐαν οὐν μη εἰδω την δυναμιν της φωνης, ἐσομαι τῳ λαλουντι βαρβαρος και ὁ λαλων ἐν ἐμοι βαρβαρος.
	15 24	εἰτα το τελος, ὁταν παραδιδω την βασιλειαν τῳ θεῳ και πατρι, ὁταν καταργηση πασαν ἀρχην και πασαν ἐξουσιαν και δυναμιν.
	43	σπειρεται ἐν ἀσθενεια, ἐγειρεται ἐν δυναμει·
	56	το δε κεντρον του θανατου ἡ ἁμαρτια, ἡ δε δυναμις της ἁμαρτιας ὁ νομος·
2Co	1 8	οὐ γαρ θελομεν ὑμας ἀγνοειν, ἀδελφοι, ὑπερ της θλιψεως ἡμων της γενομενης ἐν τη ἀσια, ὁτι καθ ὑπερβολην ὑπερ δυναμιν ἐβαρηθημεν,
	4 7	ἐχομεν δε τον θησαυρον τουτον ἐν ὀστρακινοις σκευεσιν, ἰνα ἡ ὑπερβολη της δυναμεως ἠ του θεου και μη ἐξ ἡμων·
	6 7	ἐν ἀγαπη ἀνυποκριτῳ, ἐν λογῳ ἀληθειας, ἐν δυναμει θεου·
	8 3	ὁτι κατα δυναμιν, μαρτυρω, και παρα δυναμιν, αὐθαιρετοι μετα πολλης παρακλησεως δεομενοι ἡμων
	3	ὁτι κατα δυναμιν, μαρτυρω, και παρα δυναμιν, αὐθαιρετοι μετα πολλης παρακλησεως δεομενοι ἡμων
	12 9	ἀρκει σοι ἡ χαρις μου· ἡ γαρ δυναμις ἐν ἀσθενεια τελειται.
	9	ἡδιστα οὐν μαλλον καυχησομαι ἐν ταις ἀσθενειαις μου, ἰνα ἐπισκηνωση ἐπ ἐμε ἡ δυναμις του χριστου.
	12	τα μεν σημεια του ἀποστολου κατειργασθη ἐν ὑμιν ἐν παση ὑπομονη, σημειοις τε και τερασιν και δυναμεσιν.
	13 4	και γαρ ἐσταυρωθη ἐξ ἀσθενειας, ἀλλα ζη ἐκ δυναμεως θεου.
	4	και γαρ ἡμεις ἀσθενουμεν ἐν αὐτῳ, ἀλλα ζησομεν συν αὐτῳ ἐκ δυναμεως θεου εἰς ὑμας.
Ga	3 5	ὁ οὐν ἐπιχορηγων ὑμιν το πνευμα και ἐνεργων δυναμεις ἐν ὑμιν ἐξ ἐργων νομου ἠ ἐξ ἀκοης πιστεως;
Eph	1 19	και τί το ὑπερβαλλον μεγεθος της δυναμεως αὐτου εἰς ἡμας τους πιστευοντας κατα την ἐνεργειαν του κρατους της ἰσχυος αὐτου,
	21	ὑπερανω πασης ἀρχης και ἐξουσιας και δυναμεως και κυριοτητος
	3 7	δια του εὐαγγελιου, οὑ ἐγενηθην διακονος κατα την δωρεαν της χαριτος του θεου της δοθεισης μοι κατα την ἐνεργειαν της δυναμεως αὐτου.
	16	ἰνα δῳ ὑμιν κατα το πλουτος της δοξης αὐτου δυναμει κραταιωθηναι δια του πνευματος αὐτου εἰς τον ἐσω ἀνθρωπον,
	20	τῳ δε δυναμενῳ ὑπερ παντα ποιησαι ὑπερεκπερισσου ὡν αἰτουμεθα ἠ νοουμεν κατα την δυναμιν την ἐνεργουμενην ἐν ὑμιν,
Php	3 10	του γνωναι αὐτον και την δυναμιν της ἀναστασεως αὐτου και [την] κοινωνιαν [των] παθηματων αὐτου,
Col	1 11	ἐν παση δυναμει δυναμουμενοι κατα το κρατος της δοξης αὐτου εἰς πασαν ὑπομονην και μακροθυμιαν,
	29	εἰς ὁ και κοπιω ἀγωνιζομενος κατα την ἐνεργειαν αὐτου την ἐνεργουμενην ἐν ἐμοι ἐν δυναμει.
1Th	1 5	ὁτι το εὐαγγελιον ἡμων οὐκ ἐγενηθη εἰς ὑμας ἐν λογῳ μονον, ἀλλα και ἐν δυναμει και ἐν πνευματι ἁγιῳ και [ἐν] πληροφορια πολλη.
2Th	1 7	ἐν τη ἀποκαλυψει του κυριου ἰησου ἀπ οὐρανου μετ ἀγγελων δυναμεως αὐτου ἐν πυρι φλογος,
	11	ἰνα ὑμας ἀξιωση της κλησεως ὁ θεος ἡμων και πληρωση πασαν εὐδοκιαν ἀγαθωσυνης και ἐργον πιστεως ἐν δυναμει,
	2 9	οὑ ἐστιν ἡ παρουσια κατ ἐνεργειαν του σατανα ἐν παση δυναμει και σημειοις και τερασιν ψευδους
2Tm	1 7	οὐ γαρ ἐδωκεν ἡμιν ὁ θεος πνευμα δειλιας, ἀλλα δυναμεως και ἀγαπης και σωφρονισμου.
	8	μη οὐν ἐπαισχυνθης το μαρτυριον του κυριου ἡμων μηδε ἐμε τον δεσμιον αὐτου, ἀλλα συγκακοπαθησον τῳ εὐαγγελιῳ κατα δυναμιν θεου,
	3 5	ἐχοντες μορφωσιν εὐσεβειας την δε δυναμιν αὐτης ἠρνημενοι·
Heb	1 3	ὁς ὡν ἀπαυγασμα της δοξης και χαρακτηρ της ὑποστασεως αὐτου, φερων τε τα παντα τῳ ῥηματι της δυναμεως αὐτου.
	2 4	συνεπιμαρτυρουντος του θεου σημειοις τε και τερασιν και ποικιλαις δυναμεσιν και πνευματος ἁγιου μερισμοις κατα την αὐτου θελησιν.
	6 5	και καλον γευσαμενους θεου ῥημα δυναμεις τε μελλοντος αἰωνος,
	7 16	εἰ κατα την ὁμοιοτητα μελχισεδεκ ἀνισταται ἱερευς ἑτερος, ὁς οὐ κατα νομον ἐντολης σαρκινης γεγονεν ἀλλα κατα δυναμιν ζωης ἀκαταλυτου.
	11 11	πιστει και αὐτη σαρρα στειρα δυναμιν εἰς καταβολην σπερματος ἐλαβεν και παρα καιρον ἡλικιας,

δυναμις [119]

Heb	11 34	ἐπετυχον ἐπαγγελιων, ἐφραξαν στοματα λεοντων, ἐσβεσαν δυναμιν πυρος, ἐφυγον στοματα μαχαιρης,
1Pt	1 5	τετηρημενην ἐν οὐρανοις εἰς ὑμας τους ἐν δυναμει θεου φρουρουμενους δια πιστεως εἰς σωτηριαν ἑτοιμην ἀποκαλυφθηναι ἐν καιρῳ ἐσχατῳ.
	3 22	ὁς ἐστιν ἐν δεξιᾳ [του] θεου, πορευθεις εἰς οὐρανον, ὑποταγεντων αὐτῳ ἀγγελων και ἐξουσιων και δυναμεων.
2Pt	1 3	ὡς παντα ἡμιν της θειας δυναμεως αὐτου τα προς ζωην και εὐσεβειαν δεδωρημενης δια της ἐπιγνωσεως
	16	οὐ γαρ σεσοφισμενοις μυθοις ἐξακολουθησαντες ἐγνωρισαμεν ὑμιν την του κυριου ἡμων ἰησου χριστου δυναμιν και παρουσιαν,
	2 11	ὁπου ἀγγελοι ἰσχυι και δυναμει μειζονες ὀντες οὐ φερουσιν κατ αὐτων παρα κυριου βλασφημον κρισιν.
Apc	1 16	και ἡ ὀψις αὐτου ὡς ὁ ἡλιος φαινει ἐν τῃ δυναμει αὐτης.
	3 8	ὁτι μικραν ἐχεις δυναμιν, και ἐτηρησας μου τον λογον και οὐκ ἠρνησω το ὀνομα μου.
	4 11	ἀξιος εἰ, ὁ κυριος και ὁ θεος ἡμων, λαβειν την δοξαν και την τιμην και την δυναμιν,
	5 12	ἀξιον ἐστιν το ἀρνιον το ἐσφαγμενον λαβειν την δυναμιν και πλουτον και σοφιαν και ἰσχυν και τιμην και δοξαν και εὐλογιαν.
	7 12	ἡ εὐλογια και ἡ δοξα και ἡ σοφια και ἡ εὐχαριστια και ἡ τιμη και ἡ δυναμις και ἡ ἰσχυς τῳ θεῳ ἡμων εἰς τους αἰωνας των αἰωνων·
	11 17	εὐχαριστουμεν σοι, κυριε ὁ θεος ὁ παντοκρατωρ, ὁ ὠν και ὁ ἠν, ὁτι εἰληφας την δυναμιν σου την μεγαλην και ἐβασιλευσας·
	12 10	ἀρτι ἐγενετο ἡ σωτηρια και ἡ δυναμις και ἡ βασιλεια του θεου ἡμων
	13 2	και ἐδωκεν αὐτῳ ὁ δρακων την δυναμιν αὐτου και τον θρονον αὐτου και ἐξουσιαν μεγαλην.
	15 8	και ἐγεμισθη ὁ ναος καπνου ἐκ της δοξης του θεου και ἐκ της δυναμεως αὐτου,
	17 13	οὑτοι μιαν γνωμην ἐχουσιν, και την δυναμιν και ἐξουσιαν αὐτων τῳ θηριῳ διδοασιν.
	18 3	και οἱ ἐμποροι της γης ἐκ της δυναμεως του στρηνους αὐτης ἐπλουτησαν.
	19 1	ἡ σωτηρια και ἡ δοξα και ἡ δυναμις του θεου ἡμων,

δυναμοω [2]

Col	1 11	ἐν παση δυναμει δυναμουμενοι κατα το κρατος της δοξης αὐτου εἰς πασαν ὑπομονην και μακροθυμιαν,
Heb	11 34	ἐδυναμωθησαν ἀπο ἀσθενειας, ἐγενηθησαν ἰσχυροι ἐν πολεμῳ, παρεμβολας ἐκλιναν ἀλλοτριων.

δυναστης [3]

Lc	1 52	καθειλεν δυναστας ἀπο θρονων και ὑψωσεν ταπεινους,
Ac	8 27	και ἰδου ἀνηρ αἰθιοψ εὐνουχος δυναστης κανδακης βασιλισσης αἰθιοπων,
1Tm	6 15	μεχρι της ἐπιφανειας του κυριου ἡμων ἰησου χριστου, ἡν καιροις ἰδιοις δειξει ὁ μακαριος και μονος δυναστης,

δυνατεω [3]

Rm	14 4	σταθησεται δε, δυνατει γαρ ὁ κυριος στησαι αὐτον.
2Co	9 8	δυνατει δε ὁ θεος πασαν χαριν περισσευσαι εἰς ὑμας,
	13 3	ἐπει δοκιμην ζητειτε του ἐν ἐμοι λαλουντος χριστου, ὁς εἰς ὑμας οὐκ ἀσθενει ἀλλα δυνατει ἐν ὑμιν.

δυνατος [32]

Mt	19 26	παρα ἀνθρωποις τουτο ἀδυνατον ἐστιν, παρα δε θεῳ παντα δυνατα.
	24 24	και δωσουσιν σημεια μεγαλα και τερατα, ὡστε πλανησαι, εἰ δυνατον, και τους ἐκλεκτους.
	26 39	πατερ μου, εἰ δυνατον ἐστιν, παρελθατω ἀπ ἐμου το ποτηριον τουτο·
Mc	9 23	ὁ δε ἰησους εἰπεν αὐτῳ· το εἰ δυνῃ, παντα δυνατα τῳ πιστευοντι.
	10 27	παρα ἀνθρωποις ἀδυνατον, ἀλλ οὐ παρα θεῳ· παντα γαρ δυνατα παρα τῳ θεῳ.
	13 22	ἐγερθησονται γαρ ψευδοχριστοι και ψευδοπροφηται και δωσουσιν σημεια και τερατα προς το ἀποπλαναν, εἰ δυνατον, τους ἐκλεκτους.
	14 35	και προσηυχετο ἱνα εἰ δυνατον ἐστιν παρελθῃ ἀπ αὐτου ἡ ὡρα,

δυνατος [32]

Mc	14 36	ἀββα ὁ πατηρ, παντα δυνατα σοι·
Lc	1 49	ἰδου γαρ ἀπο του νυν μακαριουσιν με πασαι αἱ γενεαι· ὁτι ἐποιησεν μοι μεγαλα ὁ δυνατος.
	14 31	ἠ τις βασιλευς πορευομενος ἑτερῳ βασιλει συμβαλειν εἰς πολεμον οὐχι καθισας πρωτον βουλευσεται εἰ δυνατος ἐστιν ἐν δεκα χιλιασιν ὑπαντησαι τῳ μετα εἰκοσι χιλιαδων ἐρχομενῳ ἐπ αὐτον;
	18 27	τα ἀδυνατα παρα ἀνθρωποις δυνατα παρα τῳ θεῳ ἐστιν.
	24 19	τα περι ἰησου του ναζαρηνου, ὁς ἐγενετο ἀνηρ προφητης δυνατος ἐν ἐργῳ και λογῳ ἐναντιον του θεου και παντος του λαου,
Ac	2 24	ὁν ὁ θεος ἀνεστησεν λυσας τας ὠδινας του θανατου, καθοτι οὐκ ἠν δυνατον κρατεισθαι αὐτον ὑπ αὐτου.
	7 22	και ἐπαιδευθη μωυσης [ἐν] παση σοφιᾳ αἰγυπτιων, ἠν δε δυνατος ἐν λογοις και ἐργοις αὐτου.
	11 17	εἰ οὐν την ἰσην δωρεαν ἐδωκεν αὐτοις ὁ θεος ὡς και ἡμιν, πιστευσασιν ἐπι τον κυριον ἰησουν χριστον, ἐγω τις ἠμην δυνατος κωλυσαι τον θεον;
	18 24	ἰουδαιος δε τις ἀπολλως ὀνοματι, ἀλεξανδρευς τῳ γενει, ἀνηρ λογιος, κατηντησεν εἰς ἐφεσον, δυνατος ὠν ἐν ταις γραφαις.
	20 16	ἐσπευδεν γαρ, εἰ δυνατον εἰη αὐτῳ, την ἡμεραν της πεντηκοστης γενεσθαι εἰς ἱεροσολυμα.
	25 5	οἱ οὐν ἐν ὑμιν, φησιν, δυνατοι συγκαταβαντες, εἰ τι ἐστιν ἐν τῳ ἀνδρι ἀτοπον, κατηγορειτωσαν αὐτου.
Rm	4 21	δους δοξαν τῳ θεῳ και πληροφορηθεις ὁτι ὁ ἐπηγγελται δυνατος ἐστιν και ποιησαι.
	9 22	εἰ δε θελων ὁ θεος ἐνδειξασθαι την ὀργην και γνωρισαι το δυνατον αὐτου ἠνεγκεν ἐν πολλῃ μακροθυμιᾳ σκευη ὀργης κατηρτισμενα εἰς ἀπωλειαν,
	11 23	δυνατος γαρ ἐστιν ὁ θεος παλιν ἐγκεντρισαι αὐτους.
	12 18	εἰ δυνατον, το ἐξ ὑμων, μετα παντων ἀνθρωπων εἰρηνευοντες·
	15 1	ὀφειλομεν δε ἡμεις οἱ δυνατοι τα ἀσθενηματα των ἀδυνατων βασταζειν,
1Co	1 26	βλεπετε γαρ την κλησιν ὑμων, ἀδελφοι, ὁτι οὐ πολλοι σοφοι κατα σαρκα, οὐ πολλοι δυνατοι, οὐ πολλοι εὐγενεις·
2Co	10 4	τα γαρ ὁπλα της στρατειας ἡμων οὐ σαρκικα ἀλλα δυνατα τῳ θεῳ προς καθαιρεσιν ὀχυρωματων·
	12 10	ὁταν γαρ ἀσθενω, τοτε δυνατος εἰμι.
	13 9	ἀλλα ὑπερ της ἀληθειας. χαιρομεν γαρ ὁταν ἡμεις ἀσθενωμεν, ὑμεις δε δυνατοι ἠτε· τουτο και εὐχομεθα, την ὑμων καταρτισιν.
Ga	4 15	μαρτυρω γαρ ὑμιν ὁτι εἰ δυνατον τους ὀφθαλμους ὑμων ἐξορυξαντες ἐδωκατε μοι.
2Tm	1 12	οἰδα γαρ ῳ πεπιστευκα, και πεπεισμαι ὁτι δυνατος ἐστιν την παραθηκην μου φυλαξαι εἰς ἐκεινην την ἡμεραν.
Tit	1 9	φιλαγαθον, σωφρονα, δικαιον, ὁσιον, ἐγκρατη, ἀντεχομενον του κατα την διδαχην πιστου λογου, ἱνα δυνατος ῃ και παρακαλειν ἐν τῃ διδασκαλιᾳ τῃ ὑγιαινουσῃ και τους ἀντιλεγοντας ἐλεγχειν.
Heb	11 19	λογισαμενος ὁτι και ἐκ νεκρων ἐγειρειν δυνατος ὁ θεος.
Ja	3 2	οὑτος τελειος ἀνηρ, δυνατος χαλιναγωγησαι και ὁλον το σωμα.

δυνω [2]

Mc	1 32	ὀψιας δε γενομενης, ὁτε ἐδυ ὁ ἡλιος, ἐφερον προς αὐτον παντας τους κακως ἐχοντας και τους δαιμονιζομενους·
Lc	4 40	δυνοντος δε του ἡλιου ἁπαντες ὁσοι εἰχον ἀσθενουντας νοσοις ποικιλαις ἠγαγον αὐτους προς αὐτον·

δυο [132]

Mt	4 18	περιπατων δε παρα την θαλασσαν της γαλιλαιας εἰδεν δυο ἀδελφους, σιμωνα τον λεγομενον πετρον και ἀνδρεαν τον ἀδελφον αὐτου,
	21	και προβας ἐκειθεν εἰδεν ἀλλους δυο ἀδελφους, ἰακωβον τον του ζεβεδαιου και ἰωαννην τον ἀδελφον αὐτου,
	5 41	και ὁστις σε ἀγγαρευσει μιλιον ἑν, ὑπαγε μετ αὐτου δυο.
	6 24	οὐδεις δυναται δυσι κυριοις δουλευειν·
	8 28	και ἐλθοντος αὐτου εἰς το περαν εἰς την χωραν των γαδαρηνων ὑπηντησαν αὐτῳ δυο δαιμονιζομενοι ἐκ των μνημειων ἐξερχομενοι,
	9 27	και παραγοντι ἐκειθεν τῳ ἰησου ἠκολουθησαν [αὐτῳ] δυο τυφλοι κραζοντες και λεγοντες·
	10 10	μη κτησησθε χρυσον μηδε ἀργυρον μηδε χαλκον εἰς τας ζωνας ὑμων, μη πηραν εἰς ὁδον μηδε δυο χιτωνας μηδε ὑποδηματα μηδε ῥαβδον·
	29	οὐχι δυο στρουθια ἀσσαριου πωλειται;
	14 17	οὐκ ἐχομεν ὡδε εἰ μη πεντε ἀρτους και δυο ἰχθυας.

δυο [132]

Mt	14 19	λαβων τους πεντε άρτους και τους δυο ίχθυας, άναβλεψας είς τον ούρανον εύλογησεν, και κλασας έδωκεν τοις μαθηταις τους άρτους,
	18 8	καλον σοι έστιν εἰσελθειν εἰς την ζωην κυλλον ή χωλον, ή δυο χειρας ή δυο ποδας έχοντα βληθηναι είς το πυρ το αἰωνιον.
	8	καλον σοι έστιν εἰσελθειν εἰς την ζωην κυλλον ή χωλον, ή δυο χειρας ή δυο ποδας έχοντα βληθηναι είς το πυρ το αἰωνιον.
	9	καλον σοι έστιν μονοφθαλμον εἰς την ζωην εἰσελθειν, ή δυο όφθαλμους έχοντα βληθηναι εἰς την γεενναν του πυρος.
	16	έαν δε μη άκουση, παραλαβε μετα σοῦ έτι ένα ή δυο,
	16	έαν δε μη άκουση, παραλαβε μετα σοῦ έτι ένα ή δυο, ινα έπι στοματος δυο μαρτυρων ή τριων σταθη παν ρημα·
	19	παλιν [άμην] λεγω ύμιν ότι έαν δυο συμφωνησωσιν έξ ύμων έπι της γης περι παντος πραγματος οὗ έαν αἰτησωνται, γενησεται αὐτοις παρα του πατρος μου του έν ούρανοις.
	20	οὗ γαρ είσιν δυο ή τρεις συνηγμενοι είς το έμον όνομα, έκει είμι έν μεσω αὐτων.
	19 5	ένεκα τουτου καταλειψει άνθρωπος τον πατερα και την μητερα και κολληθησεται τη γυναικι αὐτου, και έσονται οἱ δυο είς σαρκα μιαν,
	6	ένεκα τουτου καταλειψει άνθρωπος τον πατερα και την μητερα και κολληθησεται τη γυναικι αὐτου, και έσονται οἱ δυο είς σαρκα μιαν. ώστε οὐκετι είσιν δυο άλλα σαρξ μια.
	20 21	είπε ινα καθισωσιν οὗτοι οἱ δυο υἱοι μου είς έκ δεξιων σου και είς έξ εύωνυμων σου έν τη βασιλεια σου.
	24	και άκουσαντες οἱ δεκα ήγανακτησαν περι των δυο άδελφων.
	30	και ίδου δυο τυφλοι καθημενοι παρα την όδον, άκουσαντες ότι ίησους παραγει, έκραξαν λεγοντες· έλεησον ήμας, [κυριε,] υίος δαυιδ.
	21 1	και ότε ήγγισαν είς ίεροσολυμα και ήλθον είς βηθφαγη είς το όρος των έλαιων, τοτε ίησους άπεστειλεν δυο μαθητας λεγων αὐτοις·
	28	άνθρωπος είχεν τεκνα δυο·
	31	τις έκ των δυο έποιησεν το θελημα του πατρος;
	22 40	έν ταυταις ταις δυσιν έντολαις όλος ό νομος κρεμαται και οἱ προφηται.
	24 40	τοτε δυο έσονται έν τω άγρω, είς παραλαμβανεται και είς άφιεται·
	41	δυο άληθουσαι έν τω μυλω, μια παραλαμβανεται και μια άφιεται.
	25 15	και ώ μεν έδωκεν πεντε ταλαντα, ώ δε δυο, ώ δε έν, έκαστω κατα την ίδιαν δυναμιν,
	17	ώσαυτως ό τα δυο έκερδησεν άλλα δυο.
	17	ώσαυτως ό τα δυο έκερδησεν άλλα δυο.
	22	προσελθων [δε] και ό τα δυο ταλαντα είπεν·
	22	κυριε, δυο ταλαντα μοι παρεδωκας· ίδε άλλα δυο ταλαντα έκερδησα.
	22	κυριε, δυο ταλαντα μοι παρεδωκας· ίδε άλλα δυο ταλαντα έκερδησα.
	26 2	οίδατε ότι μετα δυο ήμερας το πασχα γινεται, και ό υίος του άνθρωπου παραδιδοται είς το σταυρωθηναι.
	37	και παραλαβων τον πετρον και τους δυο υίους ζεβεδαιου ήρξατο λυπεισθαι και άδημονειν.
	60	ύστερον δε προσελθοντες δυο είπαν·
	27 21	τίνα θελετε άπο των δυο άπολυσω ύμιν;
	38	τοτε σταυρουνται συν αύτω δυο λησται,
	51	και ίδου το καταπετασμα του ναου έσχισθη άπ άνωθεν έως κατω είς δυο,
Mc	6 7	και προσκαλειται τους δωδεκα, και ήρξατο αύτους άποστελλειν δυο δυο,
	7	και προσκαλειται τους δωδεκα, και ήρξατο αύτους άποστελλειν δυο δυο,
	9	και παρηγγειλεν αύτοις ινα μηδεν αίρωσιν είς όδον εί μη ραβδον μονον, μη άρτον, μη πηραν, μη είς την ζωνην χαλκον, άλλα ύποδεδεμενους σανδαλια, και μη ένδυσησθε δυο χιτωνας.
	38	και γνοντες λεγουσιν· πεντε, και δυο ίχθυας.
	41	και λαβων τους πεντε άρτους και τους δυο ίχθυας, άναβλεψας είς τον ούρανον εύλογησεν και κατεκλασεν τους άρτους και έδιδου τοις μαθηταις [αύτου] ινα παρατιθωσιν αύτοις,
	41	και τους δυο ίχθυας έμερισεν πασιν.
	9 43	καλον σε έστιν κυλλον εἰσελθειν είς την ζωην, ή τας δυο χειρας έχοντα άπελθειν είς την γεενναν, είς το πυρ το άσβεστον.
	45	καλον έστιν σε εἰσελθειν είς την ζωην χωλον, ή τους δυο ποδας έχοντα βληθηναι είς την γεενναν.

δυο [132]

Mc	9 47	καλον σε έστιν μονοφθαλμον εἰσελθειν είς την βασιλειαν του θεου, ή δυο όφθαλμους έχοντα βληθηναι είς την γεενναν,
	10 8	ένεκεν τουτου καταλειψει άνθρωπος τον πατερα αύτου και την μητερα [και προσκολληθησεται προς την γυναικα αύτου,] και έσονται οἱ δυο είς σαρκα μιαν·
	8	ένεκεν τουτου καταλειψει άνθρωπος τον πατερα αύτου και την μητερα [και προσκολληθησεται προς την γυναικα αύτου,] και έσονται οἱ δυο είς σαρκα μιαν· ώστε ούκετι είσιν δυο άλλα μια σαρξ.
	11 1	και ότε έγγιζουσιν είς ίεροσολυμα είς βηθφαγη και βηθανιαν προς το όρος των έλαιων, άποστελλει δυο των μαθητων αύτου και λεγει αύτοις·
	12 42	και έλθουσα μια χηρα πτωχη έβαλεν λεπτα δυο, ό έστιν κοδραντης.
	14 1	ήν δε το πασχα και τα άζυμα μετα δυο ήμερας.
	13	και άποστελλει δυο των μαθητων αύτου και λεγει αύτοις·
	15 27	και συν αύτω σταυρουσιν δυο ληστας,
	38	και το καταπετασμα του ναου έσχισθη είς δυο άπ άνωθεν έως κατω.
	16 12	μετα δε ταυτα δυσιν έξ αύτων περιπατουσιν έφανερωθη έν έτερα μορφη πορευομενοις είς άγρον·
Lc	2 24	και του δουναι θυσιαν κατα το είρημενον έν τω νομω κυριου, ζευγος τρυγονων ή δυο νοσσους περιστερων.
	3 11	ό έχων δυο χιτωνας μεταδοτω τω μη έχοντι, και ό έχων βρωματα όμοιως ποιειτω.
	5 2	και είδεν δυο πλοια έστωτα παρα την λιμνην·
	7 18	και προσκαλεσαμενος δυο τινας των μαθητων αύτου ό ίωαννης έπεμψεν προς τον κυριον λεγων·
	41	δυο χρεοφειλεται ήσαν δανιστη τινι·
	9 3	μηδεν αίρετε είς την όδον, μητε ραβδον μητε πηραν μητε άρτον μητε άργυριον μητε [άνα] δυο χιτωνας έχειν.
	13	ούκ είσιν ήμιν πλειον ή άρτοι πεντε και ίχθυες δυο,
	16	λαβων δε τους πεντε άρτους και τους δυο ίχθυας, άναβλεψας είς τον ούρανον εύλογησεν αύτους και κατεκλασεν, και έδιδου τοις μαθηταις παραθειναι τω όχλω.
	30	και ίδου άνδρες δυο συνελαλουν αύτω,
	32	διαγρηγορησαντες δε είδον την δοξαν αύτου και τους δυο άνδρας τους συνεστωτας αύτω.
	10 1	και άπεστειλεν αύτους άνα δυο [δυο] προ προσωπου αύτου είς πασαν πολιν και τοπον οὗ ήμελλεν αύτος έρχεσθαι.
	1	και άπεστειλεν αύτους άνα δυο [δυο] προ προσωπου αύτου είς πασαν πολιν και τοπον οὗ ήμελλεν αύτος έρχεσθαι.
	35	και έπι την αύριον έκβαλων έδωκεν δυο δηναρια τω πανδοχει και είπεν·
	12 6	ούχι πεντε στρουθια πωλουνται άσσαριων δυο;
	52	έσονται γαρ άπο του νυν πεντε έν ένι οίκω διαμεμερισμενοι, τρεις έπι δυσιν και δυο έπι τρισιν διαμερισθησονται,
	52	έσονται γαρ άπο του νυν πεντε έν ένι οίκω διαμεμερισμενοι, τρεις έπι δυσιν και δυο έπι τρισιν διαμερισθησονται,
	15 11	άνθρωπος τις είχεν δυο υίους.
	16 13	ούδεις οίκετης δυναται δυσι κυριοις δουλευειν·
	17 34	λεγω ύμιν, ταυτη τη νυκτι έσονται δυο έπι κλινης μιας, ό είς παραλημφθησεται και ό έτερος άφεθησεται·
	35	έσονται δυο άληθουσαι έπι το αύτο, ή μια παραλημφθησεται ή δε έτερα άφεθησεται.
	36 *	δυο έν άγρω· είς παραλημφθησεται και ό έτερος άφεθησεται.
	18 10	άνθρωποι δυο άνεβησαν είς το ίερον προσευξασθαι, ό είς φαρισαιος και ό έτερος τελωνης.
	19 29	και έγενετο ώς ήγγισεν είς βηθφαγη και βηθανια[ν] προς το όρος το καλουμενον έλαιων, άπεστειλεν δυο των μαθητων λεγων·
	21 2	είδεν δε τινα χηραν πενιχραν βαλλουσαν έκει λεπτα δυο,
	22 38	κυριε, ίδου μαχαιραι ώδε δυο.
	23 32	ήγοντο δε και έτεροι κακουργοι δυο συν αύτω άναιρεθηναι.
	24 4	και έγενετο έν τω άπορεισθαι αύτας περι τουτου και ίδου άνδρες δυο έπεστησαν αύταις έν έσθητι άστραπτουση·
	13	και ίδου δυο έξ αύτων έν αύτη τη ήμερα ήσαν πορευομενοι είς κωμην άπεχουσαν σταδιους έξηκοντα άπο ίερουσαλημ, ή όνομα έμμαους,
Jh	1 35	τη έπαυριον παλιν είστηκει ό ίωαννης και έκ των μαθητων αύτου δυο,
	37	και ήκουσαν οἱ δυο μαθηται αύτου λαλουντος και ήκολουθησαν τω ίησου.
	40	ήν άνδρεας ό άδελφος σιμωνος πετρου είς έκ των δυο των άκουσαντων παρα ίωαννου και άκολουθησαντων αύτω·
	2 6	ήσαν δε έκει λιθιναι ύδριαι έξ κατα τον καθαρισμον των ίουδαιων κειμεναι, χωρουσαι άνα μετρητας δυο ή τρεις.
	4 40	και έμεινεν έκει δυο ήμερας.
	43	μετα δε τας δυο ήμερας έξηλθεν έκειθεν είς την γαλιλαιαν.

δυο [132]

Jh	6 9	ἐστιν παιδαριον ὡδε ὁς ἐχει πεντε ἀρτους κριθινους και δυο ὀψαρια·
	8 17	και ἐν τω νομω δε τω ὑμετερω γεγραπται ὁτι δυο ἀνθρωπων ἡ μαρτυρια ἀληθης ἐστιν.
	11 6	ὡς οὐν ἠκουσεν ὁτι ἀσθενει, τοτε μεν ἐμεινεν ἐν ᾧ ἠν τοπω δυο ἡμερας·
	19 18	και μετ αὐτου ἀλλους δυο ἐντευθεν και ἐντευθεν, μεσον δε τον ἰησουν.
	20 4	ἐτρεχον δε οἱ δυο ὁμου·
	12	ὡς οὐν ἐκλαιεν, παρεκυψεν εἰς το μνημειον, και θεωρει δυο ἀγγελους ἐν λευκοις καθεζομενους,
	21 2	ἠσαν ὁμου σιμων πετρος και θωμας ὁ λεγομενος διδυμος και ναθαναηλ ὁ ἀπο κανα της γαλιλαιας και οἱ του ζεβεδαιου και ἀλλοι ἐκ των μαθητων αὐτου δυο.
Ac	1 10	και ὡς ἀτενιζοντες ἠσαν εἰς τον οὐρανον πορευομενου αὐτου, και ἰδου ἀνδρες δυο παρειστηκεισαν αὐτοις ἐν ἐσθησεσι λευκαις,
	23	και ἐστησαν δυο, ἰωσηφ τον καλουμενον βαρσαββαν, ὁς ἐπεκληθη ἰουστος, και μαθθιαν.
	24	ἀναδειξον ὁν ἐξελεξω ἐκ τουτων των δυο
	7 29	και ἐγενετο παροικος ἐν γη μαδιαμ, οὗ ἐγεννησεν υἱους δυο.
	9 38	ἐγγυς δε οὐσης λυδδας τη ἰοππη οἱ μαθηται ἀκουσαντες ὁτι πετρος ἐστιν ἐν αὐτη ἀπεστειλαν δυο ἀνδρας προς αὐτον παρακαλουντες·
	10 7	ὡς δε ἀπηλθεν ὁ ἀγγελος ὁ λαλων αὐτω, φωνησας δυο των οἰκετων και στρατιωτην εὐσεβη των προσκαρτερουντων αὐτω,
	12 6	τη νυκτι ἐκεινη ἠν ὁ πετρος κοιμωμενος μεταξυ δυο στρατιωτων δεδεμενος ἁλυσεσιν δυσιν,
	6	τη νυκτι ἐκεινη ἠν ὁ πετρος κοιμωμενος μεταξυ δυο στρατιωτων δεδεμενος ἁλυσεσιν δυσιν,
	19 10	τουτο δε ἐγενετο ἐπι ἐτη δυο,
	22	ἀποστειλας δε εἰς την μακεδονιαν δυο των διακονουντων αὐτω, τιμοθεον και ἐραστον,
	34	ἐπιγνοντες δε ὁτι ἰουδαιος ἐστιν, φωνη ἐγενετο μια ἐκ παντων, ὡς ἐπι ὡρας δυο κραζοντων·
	21 33	τοτε ἐγγισας ὁ χιλιαρχος ἐπελαβετο αὐτου και ἐκελευσεν δεθηναι ἁλυσεσι δυσι,
	23 23	και προσκαλεσαμενος δυο [τινας] των ἑκατονταρχων εἰπεν·
1Co	6 16	ἐσονται γαρ, φησιν, οἱ δυο εἰς σαρκα μιαν.
	14 27	εἰτε γλωσση τις λαλει, κατα δυο ἠ το πλειστον τρεις, και ἀνα μερος,
	29	προφηται δε δυο ἠ τρεις λαλειτωσαν,
2Co	13 1	ἐπι στοματος δυο μαρτυρων και τριων σταθησεται παν ῥημα.
Ga	4 22	γεγραπται γαρ ὁτι ἀβρααμ δυο υἱους ἐσχεν,
	24	ἀτινα ἐστιν ἀλληγορουμενα· αὑται γαρ εἰσιν δυο διαθηκαι,
Eph	2 15	ἱνα τους δυο κτιση ἐν αὐτω εἰς ἐνα καινον ἀνθρωπον ποιων εἰρηνην,
	5 31	και ἐσονται οἱ δυο εἰς σαρκα μιαν.
Php	1 23	συνεχομαι δε ἐκ των δυο, την ἐπιθυμιαν ἐχων εἰς το ἀναλυσαι και συν χριστω εἰναι,
1Tm	5 19	κατα πρεσβυτερου κατηγοριαν μη παραδεχου, ἐκτος εἰ μη ἐπι δυο ἠ τριων μαρτυρων.
Heb	6 18	ἱνα δια δυο πραγματων ἀμεταθετων, ἐν οἱς ἀδυνατον ψευσασθαι [τον] θεον, ἰσχυραν παρακλησιν ἐχωμεν οἱ καταφυγοντες
	10 28	ἀθετησας τις νομον μωυσεως χωρις οἰκτιρμων ἐπι δυσιν ἠ τρισιν μαρτυσιν ἀποθνησκει·
Apc	9 12	ἰδου ἐρχεται ἐτι δυο οὐαι μετα ταυτα.
	11 3	και δωσω τοις δυσιν μαρτυσιν μου, και προφητευσουσιν ἡμερας χιλιαςδιακοσιαςεξηκοντα περιβεβλημενοι σακκους.
	4	οὑτοι εἰσιν αἱ δυο ἐλαιαι και αἱ δυο λυχνιαι αἱ ἐνωπιον του κυριου της γης ἐστωτες.
	4	οὑτοι εἰσιν αἱ δυο ἐλαιαι και αἱ δυο λυχνιαι αἱ ἐνωπιον του κυριου της γης ἐστωτες.
	10	ὁτι οὑτοι οἱ δυο προφηται ἐβασανισαν τους κατοικουντας ἐπι της γης.
	12 14	και ἐδοθησαν τη γυναικι αἱ δυο πτερυγες του ἀετου του μεγαλου,
	13 11	και εἰδον ἀλλο θηριον ἀναβαινον ἐκ της γης, και εἰχεν κερατα δυο ὁμοια ἀρνιω,
	19 20	ζωντες ἐβληθησαν οἱ δυο εἰς την λιμνην του πυρος της καιομενης ἐν θειω.

δυσβαστακτος [2]

Mt	23 4	δεσμευουσιν δε φορτια βαρεα [και δυσβαστακτα] και ἐπιτιθεασιν ἐπι τους ὡμους των ἀνθρωπων,

δυσβαστακτος [2]

Lc	11 46	και ὑμιν τοις νομικοις οὐαι, ὁτι φορτιζετε τους ἀνθρωπους φορτια δυσβαστακτα, και αὐτοι ἑνι των δακτυλων ὑμων οὐ προσψαυετε τοις φορτιοις.

δυσεντεριον [1]

Ac	28 8	ἐγενετο δε τον πατερα του ποπλιου πυρετοις και δυσεντεριω συνεχομενον κατακεισθαι,

δυσερμηνευτος [1]

Heb	5 11	περι οὑ πολυς ἡμιν ὁ λογος και δυσερμηνευτος λεγειν, ἐπει νωθροι γεγονατε ταις ἀκοαις.

δυσις [1]

Mc	16 8*	μετα δε ταυτα και αὐτος ὁ ἰησους ἀπο ἀνατολης και ἀχρι δυσεως ἐξαπεστειλεν δι αὐτων το ἱερον και ἀφθαρτον κηρυγμα της αἰωνιου σωτηριας ἀμην.

δυσκολος [1]

Mc	10 24	τεκνα, πως δυσκολον ἐστιν εἰς την βασιλειαν του θεου εἰσελθειν·

δυσκολως [3]

Mt	19 23	ἀμην λεγω ὑμιν ὁτι πλουσιος δυσκολως εἰσελευσεται εἰς την βασιλειαν των οὐρανων.
Mc	10 23	πως δυσκολως οἱ τα χρηματα ἐχοντες εἰς την βασιλειαν του θεου εἰσελευσονται.
Lc	18 24	πως δυσκολως οἱ τα χρηματα ἐχοντες εἰς την βασιλειαν του θεου εἰσπορευονται·

δυσμη [5]

Mt	8 11	λεγω δε ὑμιν ὁτι πολλοι ἀπο ἀνατολων και δυσμων ἡξουσιν και ἀνακλιθησονται μετα ἀβρααμ και ἰσαακ και ἰακωβ ἐν τη βασιλεια των οὐρανων·
	24 27	ὡσπερ γαρ ἡ ἀστραπη ἐξερχεται ἀπο ἀνατολων και φαινεται ἑως δυσμων, οὑτως ἐσται ἡ παρουσια του υἱου του ἀνθρωπου·
Lc	12 54	ὁταν ἰδητε την νεφελην ἀνατελλουσαν ἐπι δυσμων, εὐθεως λεγετε ὁτι ὀμβρος ἐρχεται, και γινεται οὑτως·
	13 29	και ἡξουσιν ἀπο ἀνατολων και δυσμων και ἀπο βορρα και νοτου, και ἀνακλιθησονται ἐν τη βασιλεια του θεου.
Apc	21 13	και ἀπο νοτου πυλωνες τρεις, και ἀπο δυσμων πυλωνες τρεις.

δυσνοητος [1]

2Pt	3 16	ὡς και ἐν πασαις ἐπιστολαις λαλων ἐν αὐταις περι τουτων, ἐν αἱς ἐστιν δυσνοητα τινα,

δυσφημεω [1]

1Co	4 13	λοιδορουμενοι εὐλογουμεν, διωκομενοι ἀνεχομεθα, δυσφημουμενοι παρακαλουμεν·

δυσφημια [1]

2Co	6 8	δια δοξης και ἀτιμιας, δια δυσφημιας και εὐφημιας·

δωδεκα [75]

Mt	9 20	και ἰδου γυνη αἱμορροουσα δωδεκα ἐτη προσελθουσα ὀπισθεν ἡψατο του κρασπεδου του ἱματιου αὐτου·
	10 1	και προσκαλεσαμενος τους δωδεκα μαθητας αὐτου ἐδωκεν αὐτοις ἐξουσιαν πνευματων ἀκαθαρτων ὡστε ἐκβαλλειν αὐτα,
	2	των δε δωδεκα ἀποστολων τα ὀνοματα ἐστιν ταυτα·
	5	τουτους τους δωδεκα ἀπεστειλεν ὁ ἰησους παραγγειλας αὐτοις λεγων·
	11 1	και ἐγενετο ὁτε ἐτελεσεν ὁ ἰησους διατασσων τοις δωδεκα μαθηταις αὐτου, μετεβη ἐκειθεν του διδασκειν και κηρυσσειν ἐν ταις πολεσιν αὐτων.
	14 20	και ἠραν το περισσευον των κλασματων, δωδεκα κοφινους πληρεις.
	19 28	ἐν τη παλιγγενεσια, ὁταν καθιση ὁ υἱος του ἀνθρωπου ἐπι θρονου δοξης αὐτου, καθησεσθε και ὑμεις ἐπι δωδεκα θρονους κρινοντες τας δωδεκα φυλας του ἰσραηλ.

δωδεκα [75]

Mt	19 28	ἐν τῃ παλιγγενεσια, ὁταν καθιση ὁ υἱος του ἀνθρωπου ἐπι θρονου δοξης αὐτου, καθησεσθε και ὑμεις ἐπι δωδεκα θρονους κρινοντες τας δωδεκα φυλας του ἰσραηλ.
	20 17	και ἀναβαινων ὁ ἰησους εἰς ἱεροσολυμα παρελαβεν τους δωδεκα [μαθητας] κατ ἰδιαν,
	26 14	τοτε πορευθεις εἰς των δωδεκα, ὁ λεγομενος ἰουδας ἰσκαριωτης, προς τους ἀρχιερεις εἰπεν·
	20	ὀψιας δε γενομενης ἀνεκειτο μετα των δωδεκα.
	47	ἰδου ἰουδας εἰς των δωδεκα ἠλθεν, και μετ αὐτου ὀχλος πολυς μετα μαχαιρων και ξυλων ἀπο των ἀρχιερεων και πρεσβυτερων του λαου.
	53	ἠ δοκεις ὁτι οὐ δυναμαι παρακαλεσαι τον πατερα μου, και παραστησει μοι ἀρτι πλειω δωδεκα λεγιωνας ἀγγελων;
Mc	3 14	και ἐποιησεν δωδεκα [οὑς και ἀποστολους ὠνομασεν],
	16	[και ἐποιησεν τους δωδεκα]
	4 10	και ὁτε ἐγενετο κατα μονας, ἠρωτων αὐτον οἱ περι αὐτον συν τοις δωδεκα τας παραβολας.
	5 25	και γυνη οὐσα ἐν ῥυσει αἱματος δωδεκα ἐτη,
	42	και εὐθυς ἀνεστη το κορασιον και περιεπατει· ἠν γαρ ἐτων δωδεκα.
	6 7	και προσκαλειται τους δωδεκα,
	43	και ἠραν κλασματα δωδεκα κοφινων πληρωματα και ἀπο των ἰχθυων.
	8 19	και οὐ μνημονευετε, ὁτε τους πεντε ἀρτους ἐκλασα εἰς τους πεντακισχιλιους, ποσους κοφινους κλασματων πληρεις ἠρατε; λεγουσιν αὐτῳ· δωδεκα.
	9 35	και καθισας ἐφωνησεν τους δωδεκα και λεγει αὐτοις·
	10 32	και παραλαβων παλιν τους δωδεκα ἠρξατο αὐτοις λεγειν τα μελλοντα αὐτῳ συμβαινειν,
	11 11	και περιβλεψαμενος παντα, ὀψιας ἠδη οὐσης της ὡρας, ἐξηλθεν εἰς βηθανιαν μετα των δωδεκα.
	14 10	και ἰουδας ἰσκαριωθ, ὁ εἱς των δωδεκα, ἀπηλθεν προς τους ἀρχιερεις ἱνα αὐτον παραδοι αὐτοις.
	17	και ὀψιας γενομενης ἐρχεται μετα των δωδεκα.
	20	εἱς των δωδεκα, ὁ ἐμβαπτομενος μετ ἐμου εἰς το τρυβλιον.
	43	και εὐθυς ἐτι αὐτου λαλουντος παραγινεται ἰουδας εἱς των δωδεκα,
Lc	2 42	και ὁτε ἐγενετο ἐτων δωδεκα, ἀναβαινοντων αὐτων κατα το ἐθος της ἑορτης,
	6 13	και ἐκλεξαμενος ἀπ αὐτων δωδεκα, οὑς και ἀποστολους ὠνομασεν,
	8 1	και ἐγενετο ἐν τῳ καθεξης και αὐτος διωδευεν κατα πολιν και κωμην κηρυσσων και εὐαγγελιζομενος την βασιλειαν του θεου, και οἱ δωδεκα συν αὐτῳ,
	42	και πεσων παρα τους ποδας [του] ἰησου παρεκαλει αὐτον εἰσελθειν εἰς τον οἰκον αὐτου, ὁτι θυγατηρ μονογενης ἠν αὐτῳ ὡς ἐτων δωδεκα και αὐτη ἀπεθνησκεν.
	43	και γυνη οὐσα ἐν ῥυσει αἱματος ἀπο ἐτων δωδεκα, ἡτις [ἰατροις προσαναλωσασα ὁλον τον βιον] οὐκ ἰσχυσεν ἀπ οὐδενος θεραπευθηναι,
	9 1	συγκαλεσαμενος δε τους δωδεκα ἐδωκεν αὐτοις δυναμιν και ἐξουσιαν ἐπι παντα τα δαιμονια και νοσους θεραπευειν·
	12	προσελθοντες δε οἱ δωδεκα εἰπαν αὐτῳ·
	17	και ἠρθη το περισσευσαν αὐτοις κλασματων κοφινοι δωδεκα.
	18 31	παραλαβων δε τους δωδεκα εἰπεν προς αὐτους·
	22 3	εἰσηλθεν δε σατανας εἰς ἰουδαν τον καλουμενον ἰσκαριωτην, ὀντα ἐκ του ἀριθμου των δωδεκα·
	30	και καθησεσθε ἐπι θρονων τας δωδεκα φυλας κρινοντες του ἰσραηλ.
	47	ἐτι αὐτου λαλουντος ἰδου ὀχλος, και ὁ λεγομενος ἰουδας εἱς των δωδεκα προηρχετο αὐτους, και ἠγγισεν τῳ ἰησου φιλησαι αὐτον.
Jh	6 13	συνηγαγον οὐν, και ἐγεμισαν δωδεκα κοφινους κλασματων ἐκ των πεντε ἀρτων των κριθινων ἁ ἐπερισσευσαν τοις βεβρωκοσιν.
	67	εἰπεν οὐν ὁ ἰησους τοις δωδεκα· μη και ὑμεις θελετε ὑπαγειν;
	70	οὐκ ἐγω ὑμας τους δωδεκα ἐξελεξαμην;
	71	οὑτος γαρ ἐμελλεν παραδιδοναι αὐτον, εἱς ἐκ των δωδεκα.
	11 9	οὐχι δωδεκα ὡραι εἰσιν της ἡμερας;
	20 24	θωμας δε εἱς ἐκ των δωδεκα, ὁ λεγομενος διδυμος, οὐκ ἠν μετ αὐτων ὁτε ἠλθεν ἰησους.
Ac	6 2	προσκαλεσαμενοι δε οἱ δωδεκα το πληθος των μαθητων εἰπαν·
	7 8	και οὑτως ἐγεννησεν τον ἰσαακ και περιετεμεν αὐτον τη ἡμερα τη ὀγδοη, και ἰσαακ τον ἰακωβ, και ἰακωβ τους δωδεκα πατριαρχας.
	19 7	ἠσαν δε οἱ παντες ἀνδρες ὡσει δωδεκα.
	24 11	δυναμενου σου ἐπιγνωναι ὁτι οὐ πλειους εἰσιν μοι ἡμεραι δωδεκα ἀφ ἡς ἀνεβην προσκυνησων εἰς ἱερουσαλημ.

δωδεκα [75]

1Co	15 5	και ὁτι ὠφθη κηφᾳ, εἰτα τοις δωδεκα·
Ja	1 1	ἰακωβος θεου και κυριου ἰησου χριστου δουλος ταις δωδεκα φυλαις ταις ἐν τη διασπορᾳ χαιρειν.
Apc	7 5	ἐκ φυλης ἰουδα δωδεκα χιλιαδες ἐσφραγισμενοι,
	5	ἐκ φυλης ῥουβην δωδεκα χιλιαδες,
	5	ἐκ φυλης γαδ δωδεκα χιλιαδες,
	6	ἐκ φυλης ἀσηρ δωδεκα χιλιαδες,
	6	ἐκ φυλης νεφθαλιμ δωδεκα χιλιαδες,
	6	ἐκ φυλης μανασση δωδεκα χιλιαδες,
	7	ἐκ φυλης συμεων δωδεκα χιλιαδες,
	7	ἐκ φυλης λευι δωδεκα χιλιαδες,
	7	ἐκ φυλης ἰσσαχαρ δωδεκα χιλιαδες,
	8	ἐκ φυλης ζαβουλων δωδεκα χιλιαδες,
	8	ἐκ φυλης ἰωσηφ δωδεκα χιλιαδες,
	8	ἐκ φυλης βενιαμιν δωδεκα χιλιαδες ἐσφραγισμενοι.
	12 1	και ἡ σεληνη ὑποκατω των ποδων αὐτης, και ἐπι της κεφαλης αὐτης στεφανος ἀστερων δωδεκα.
	21 12	ἐχουσα τειχος μεγα και ὑψηλον, ἐχουσα πυλωνας δωδεκα,
	12	ἐχουσα πυλωνας δωδεκα, και ἐπι τοις πυλωσιν ἀγγελους δωδεκα,
	12	και ὀνοματα ἐπιγεγραμμενα, ἁ ἐστιν [τα ὀνοματα] των δωδεκα φυλων υἱων ἰσραηλ.
	14	και το τειχος της πολεως ἐχων θεμελιους δωδεκα,
	14	και ἐπ αὐτων δωδεκα ὀνοματα των δωδεκα ἀποστολων του ἀρνιου.
	14	και ἐπ αὐτων δωδεκα ὀνοματα των δωδεκα ἀποστολων του ἀρνιου.
	16	και ἐμετρησεν την πολιν τῳ καλαμῳ ἐπι σταδιων δωδεκα χιλιαδων·
	21	και οἱ δωδεκα πυλωνες δωδεκα μαργαριται·
	21	και οἱ δωδεκα πυλωνες δωδεκα μαργαριται·
	22 2	ἐν μεσῳ της πλατειας αὐτης και του ποταμου ἐντευθεν και ἐκειθεν ξυλον ζωης ποιουν καρπους δωδεκα,

δωδεκατος [1]

Apc	21 20	ὁ ἐνδεκατος ὑακινθος, ὁ δωδεκατος ἀμεθυστος.

δωδεκαφυλον [1]

Ac	26 7	εἰς ἡν το δωδεκαφυλον ἡμων ἐν ἐκτενειᾳ νυκτα και ἡμεραν λατρευον ἐλπιζει κατανταντησαι·

δωμα [7]

Mt	10 27	και ὁ εἰς το οὐς ἀκουετε, κηρυξατε ἐπι των δωματων.
	24 17	ὁ ἐπι του δωματος μη καταβατω ἀραι τα ἐκ της οἰκιας αὐτου,
Mc	13 15	ὁ [δε] ἐπι του δωματος μη καταβατω μηδε εἰσελθατω ἀραι τι ἐκ της οἰκιας αὐτου,
Lc	5 19	και μη εὑροντες ποιας εἰσενεγκωσιν αὐτον δια τον ὀχλον, ἀναβαντες ἐπι το δωμα δια των κεραμων καθηκαν αὐτον συν τῳ κλινιδιῳ εἰς το μεσον ἐμπροσθεν του ἰησου.
	12 3	και ὁ προς το οὐς ἐλαλησατε ἐν τοις ταμειοις κηρυχθησεται ἐπι των δωματων.
	17 31	ἐν ἐκεινη τη ἡμερᾳ ὁς ἐσται ἐπι του δωματος και τα σκευη αὐτου ἐν τη οἰκιᾳ, μη καταβατω ἀραι αὐτα,
Ac	10 9	τη δε ἐπαυριον ὁδοιπορουντων ἐκεινων και τη πολει ἐγγιζοντων ἀνεβη πετρος ἐπι το δωμα προσευξασθαι περι ὡραν ἐκτην.

δωρεα [11]

Jh	4 10	εἰ ἠδεις την δωρεαν του θεου, και τις ἐστιν ὁ λεγων σοι·
Ac	2 38	και λημψεσθε την δωρεαν του ἁγιου πνευματος.
	8 20	το ἀργυριον σου συν σοι εἰη εἰς ἀπωλειαν, ὁτι την δωρεαν του θεου ἐνομισας δια χρηματων κτασθαι.
	10 45	και ἐξεστησαν οἱ ἐκ περιτομης πιστοι ὁσοι συνηλθαν τῳ πετρῳ, ὁτι και ἐπι τα ἐθνη ἡ δωρεα του ἁγιου πνευματος ἐκκεχυται·
	11 17	εἰ οὐν την ἰσην δωρεαν ἐδωκεν αὐτοις ὁ θεος ὡς και ἡμιν, πιστευσασιν ἐπι τον κυριον ἰησουν χριστον, ἐγω τις ἡμην δυνατος κωλυσαι τον θεον;
Rm	5 15	εἰ γαρ τῳ του ἑνος παραπτωματι οἱ πολλοι ἀπεθανον, πολλῳ μαλλον ἡ χαρις του θεου και ἡ δωρεα ἐν χαριτι τη του ἑνος ἀνθρωπου ἰησου χριστου εἰς τους πολλους ἐπερισσευσεν.
	17	πολλῳ μαλλον οἱ την περισσειαν της χαριτος και της δωρεας της δικαιοσυνης λαμβανοντες ἐν ζωη βασιλευσουσιν δια του ἑνος ἰησου χριστου.
2Co	9 15	χαρις τῳ θεῳ ἐπι τη ἀνεκδιηγητῳ αὐτου δωρεᾳ.

δωρεα [11]

Eph 3 7 δια του εὐαγγελιου, οὗ ἐγενηθην διακονος κατα την δωρεαν
της χαριτος του θεου της δοθεισης μοι κατα την ἐνεργειαν
της δυναμεως αὐτου.

4 7 ἑνι δε ἑκαστῳ ἡμων ἐδοθη ἡ χαρις κατα το μετρον της
δωρεας του χριστου.

Heb 6 4 ἀδυνατον γαρ τους ἁπαξ φωτισθεντας γευσαμενους τε της
δωρεας της ἐπουρανιου

δωρεαν [9]

Mt 10 8 δωρεαν ἐλαβετε, δωρεαν δοτε.
8 δωρεαν ἐλαβετε, δωρεαν δοτε.
Jh 15 25 ἀλλ ἱνα πληρωθῃ ὁ λογος ὁ ἐν τω νομῳ αὐτων γεγραμμενος
ὁτι ἐμισησαν με δωρεαν.
Rm 3 24 παντες γαρ ἡμαρτον και ὑστερουνται της δοξης του θεου,
δικαιουμενοι δωρεαν τῃ αὐτου χαριτι δια της ἀπολυτρωσεως
της ἐν χριστῳ ἰησου
2Co 11 7 ἡ ἁμαρτιαν ἐποιησα ἐμαυτον ταπεινων ἱνα ὑμεις ὑψωθητε,
ὁτι δωρεαν το του θεου εὐαγγελιον εὐηγγελισαμην ὑμιν;
Ga 2 21 εἰ γαρ δια νομου δικαιοσυνη, ἀρα χριστος δωρεαν ἀπεθανεν.
2Th 3 8 οὐδε δωρεαν ἀρτον ἐφαγομεν παρα τινος,
Apc 21 6 ἐγω τῳ διψωντι δωσω ἐκ της πηγης του ὑδατος της ζωης
δωρεαν.
22 17 και ὁ διψων ἐρχεσθω, ὁ θελων λαβετω ὑδωρ ζωης δωρεαν.

δωρεομαι [3]

Mc 15 45 και γνους ἀπο του κεντυριωνος ἐδωρησατο το πτωμα τω
ἰωσηφ.
2Pt 1 3 ὡς παντα ἡμιν της θειας δυναμεως αὐτου τα προς ζωην και
εὐσεβειαν δεδωρημενης δια της ἐπιγνωσεως
4 του καλεσαντος ἡμας ἰδιᾳ δοξῃ και ἀρετῃ, δι ὡν τα τιμια και
μεγιστα ἡμιν ἐπαγγελματα δεδωρηται,

δωρημα [2]

Rm 5 16 και οὐχ ὡς δι ἑνος ἁμαρτησαντος το δωρημα·
Ja 1 17 πασα δοσις ἀγαθη και παν δωρημα τελειον ἀνωθεν ἐστιν

δωρον [19]

Mt 2 11 και ἀνοιξαντες τους θησαυρους αὐτων προσηνεγκαν αὐτω
δωρα, χρυσον και λιβανον και σμυρναν.
5 23 ἐαν οὖν προσφερῃς το δωρον σου ἐπι το θυσιαστηριον κἀκει
μνησθῃς ὁτι ὁ ἀδελφος σου ἐχει τι κατα σοῦ, ἀφες ἐκει το
δωρον σου ἐμπροσθεν του θυσιαστηριου,
24 ἀφες ἐκει το δωρον σου ἐμπροσθεν του θυσιαστηριου,
24 και ὑπαγε πρωτον διαλλαγηθι τω ἀδελφω σου, και τοτε
ἐλθων προσφερε το δωρον σου.
8 4 ἀλλα ὑπαγε σεαυτον δειξον τω ἱερει και προσενεγκον το
δωρον ὁ προσεταξεν μωυσης,
15 5 ὁς ἀν εἰπῃ τω πατρι ἡ τῃ μητρι· δωρον ὁ ἐαν ἐξ ἐμου
ὠφεληθῇς, οὐ μη τιμησει τον πατερα αὐτου·
23 18 ὁς δ ἀν ὀμοσῃ ἐν τω θυσιαστηριῳ, οὐδεν ἐστιν· ὁς δ ἀν ὀμοσῃ
ἐν τω δωρῳ τω ἐπανω αὐτου, ὀφειλει.
19 τυφλοι, τι γαρ μειζον, το δωρον ἡ το θυσιαστηριον το
ἁγιαζον το δωρον;
19 τυφλοι, τι γαρ μειζον, το δωρον ἡ το θυσιαστηριον το
ἁγιαζον το δωρον;
Mc 7 11 ἐαν εἰπῃ ἀνθρωπος τω πατρι ἡ τῃ μητρι· κορβαν, ὁ ἐστιν
δωρον, ὁ ἐαν ἐξ ἐμου ὠφεληθῃς,
Lc 21 1 ἀναβλεψας δε εἰδεν τους βαλλοντας εἰς το γαζοφυλακιον τα
δωρα αὐτων πλουσιους.
4 παντες γαρ οὑτοι ἐκ του περισσευοντος αὐτοις ἐβαλον εἰς τα
δωρα,
Eph 2 8 και τουτο οὐκ ἐξ ὑμων, θεου το δωρον·
Heb 5 1 πας γαρ ἀρχιερευς ἐξ ἀνθρωπων λαμβανομενος ὑπερ
ἀνθρωπων καθισταται τα προς τον θεον, ἱνα προσφερῃ δωρα
τε και θυσιας ὑπερ ἁμαρτιων,
8 3 πας γαρ ἀρχιερευς εἰς το προσφερειν δωρα τε και θυσιας
καθισταται·
4 ὀντων των προσφεροντων κατα νομον τα δωρα·
9 9 ἡτις παραβολη εἰς τον καιρον τον ἐνεστηκοτα, καθ ἡν δωρα
τε και θυσιαι προσφερονται
11 4 δι ἡς ἐμαρτυρηθη εἰναι δικαιος, μαρτυρουντος ἐπι τοις δωροις
αὐτου του θεου,
Apc 11 10 και οἱ κατοικουντες ἐπι της γης χαιρουσιν ἐπ αὐτοις και
εὐφραινονται, και δωρα πεμψουσιν ἀλληλοις.

E

ἐα [1]

Lc 4 34 ἐα, τι ἡμιν και σοι, ἰησου ναζαρηνε; ἡλθες ἀπολεσαι ἡμας;

ἐαν [351]

Mt 4 9 ταυτα σοι παντα δωσω, ἐαν πεσων προσκυνησῃς μοι.
5 13 ἐαν δε το ἁλας μωρανθῃ, ἐν τινι ἁλισθησεται;
19 ὁς ἐαν οὖν λυσῃ μιαν των ἐντολων τουτων των ἐλαχιστων
και διδαξῃ οὑτως τους ἀνθρωπους, ἐλαχιστος κληθησεται ἐν
τῃ βασιλειᾳ των οὐρανων·
20 λεγω γαρ ὑμιν ὁτι ἐαν μη περισσευσῃ ὑμων ἡ δικαιοσυνη
πλειον των γραμματεων και φαρισαιων, οὐ μη εἰσελθητε εἰς
την βασιλειαν των οὐρανων.
23 ἐαν οὖν προσφερῃς το δωρον σου ἐπι το θυσιαστηριον κἀκει
μνησθῃς ὁτι ὁ ἀδελφος σου ἐχει τι κατα σοῦ, ἀφες ἐκει το
δωρον σου ἐμπροσθεν του θυσιαστηριου,
32 και ὁς ἐαν ἀπολελυμενην γαμησῃ, μοιχαται.
46 ἐαν γαρ ἀγαπησητε τους ἀγαπωντας ὑμας, τινα μισθον ἐχετε;
47 και ἐαν ἀσπασησθε τους ἀδελφους ὑμων μονον, τι περισσον
ποιειτε;
6 14 ἐαν γαρ ἀφητε τοις ἀνθρωποις τα παραπτωματα αὐτων,
ἀφησει και ὑμιν ὁ πατηρ ὑμων ὁ οὐρανιος·
15 ἐαν δε μη ἀφητε τοις ἀνθρωποις, οὐδε ὁ πατηρ ὑμων ἀφησει
τα παραπτωματα ὑμων.
22 ἐαν οὖν ῃ ὁ ὀφθαλμος σου ἁπλους, ὁλον το σωμα σου
φωτεινον ἐσται·
23 ἐαν δε ὁ ὀφθαλμος σου πονηρος ῃ, ὁλον το σωμα σου
σκοτεινον ἐσται.
7 12 παντα οὖν ὁσα ἐαν θελητε ἱνα ποιωσιν ὑμιν οἱ ἀνθρωποι,
8 2 κυριε, ἐαν θελῃς, δυνασαι με καθαρισαι.
19 ἀκολουθησω σοι ὁπου ἐαν ἀπερχῃ.
9 21 ἐαν μονον ἁψωμαι του ἱματιου αὐτου, σωθησομαι.
10 13 και ἐαν μεν ῃ ἡ οἰκια ἀξια, ἐλθατω ἡ εἰρηνη ὑμων ἐπ αὐτην·
13 ἐαν δε μη ῃ ἀξια, ἡ εἰρηνη ὑμων προς ὑμας ἐπιστραφητω.
11 6 και μακαριος ἐστιν ὁς ἐαν μη σκανδαλισθῃ ἐν ἐμοι.
27 οὐδε τον πατερα τις ἐπιγινωσκει εἰ μη ὁ υἱος και ῳ ἐαν
βουληται ὁ υἱος ἀποκαλυψαι·
12 11 και ἐαν ἐμπεσῃ τουτο τοις σαββασιν εἰς βοθυνον,
29 ἡ πως δυναται τις εἰσελθειν εἰς την οἰκιαν του ἰσχυρου και
τα σκευη αὐτου ἁρπασαι, ἐαν μη πρωτον δησῃ τον ἰσχυρον;
32 και ὁς ἐαν εἰπῃ λογον κατα του υἱου του ἀνθρωπου,
ἀφεθησεται αὐτω·
14 7 ὁθεν μεθ ὁρκου ὡμολογησεν αὐτῃ δουναι ὁ ἐαν αἰτησηται.
15 5 ὁς ἀν εἰπῃ τω πατρι ἡ τῃ μητρι· δωρον ὁ ἐαν ἐξ ἐμου
ὠφεληθῇς, οὐ μη τιμησει τον πατερα αὐτου·
14 τυφλος δε τυφλον ἐαν ὁδηγῃ, ἀμφοτεροι εἰς βοθυνον
πεσουνται.
16 19 και ὁ ἐαν δησῃς ἐπι της γης ἐσται δεδεμενον ἐν τοις οὐρανοις,
και ὁ ἐαν λυσῃς ἐπι της γης ἐσται λελυμενον ἐν τοις
οὐρανοις.
19 και ὁ ἐαν δησῃς ἐπι της γης ἐσται δεδεμενον ἐν τοις οὐρανοις,
και ὁ ἐαν λυσῃς ἐπι της γης ἐσται λελυμενον ἐν τοις
οὐρανοις.
25 ὁς γαρ ἐαν θελῃ την ψυχην αὐτου σωσαι, ἀπολεσει αὐτην·
26 τι γαρ ὠφεληθησεται ἀνθρωπος, ἐαν τον κοσμον ὁλον
κερδησῃ, την δε ψυχην αὐτου ζημιωθῃ;
17 20 ἐαν ἐχητε πιστιν ὡς κοκκον σιναπεως, ἐρειτε τω ὀρει τουτῳ·
μεταβα ἐνθεν ἐκει, και μεταβησεται, και οὐδεν ἀδυνατησει
ὑμιν.
18 3 ἀμην λεγω ὑμιν, ἐαν μη στραφητε και γενησθε ὡς τα παιδια,
οὐ μη εἰσελθητε εἰς την βασιλειαν των οὐρανων.
5 και ὁς ἐαν δεξηται ἑν παιδιον τοιουτο ἐπι τω ὀνοματι μου,
ἐμε δεχεται·
12 ἐαν γενηται τινι ἀνθρωπω ἑκατον προβατα και πλανηθη ἑν ἐξ
αὐτων, οὐχι ἀφησει τα ἐνενηκονταεννεα ἐπι τα ὀρη και
πορευθεις ζητει το πλανωμενον;
13 και ἐαν γενηται εὑρειν αὐτο, ἀμην λεγω ὑμιν ὁτι χαιρει ἐπ
αὐτω μαλλον ἡ ἐπι τοις ἐνενηκονταεννεα τοις μη
πεπλανημενοις.
15 ἐαν δε ἁμαρτησῃ [εἰς σε] ὁ ἀδελφος σου, ὑπαγε ἐλεγξον
αὐτον μεταξυ σοῦ και αὐτου μονου.
15 ἐαν σου ἀκουσῃ, ἐκερδησας τον ἀδελφον σου·
16 ἐαν δε μη ἀκουσῃ, παραλαβε μετα σοῦ ἐτι ἑνα ἡ δυο,
17 ἐαν δε παρακουσῃ αὐτων, εἰπε τῃ ἐκκλησιᾳ·

ἐάν [351]

Mt 18 17   ἐὰν δὲ καὶ τῆς ἐκκλησίας παρακούσῃ, ἔστω σοι ὥσπερ ὁ ἐθνικὸς καὶ ὁ τελώνης.

18   ὅσα ἐὰν δήσητε ἐπὶ τῆς γῆς ἔσται δεδεμένα ἐν οὐρανῷ, καὶ ὅσα ἐὰν λύσητε ἐπὶ τῆς γῆς ἔσται λελυμένα ἐν οὐρανῷ.

18   ὅσα ἐὰν δήσητε ἐπὶ τῆς γῆς ἔσται δεδεμένα ἐν οὐρανῷ, καὶ ὅσα ἐὰν λύσητε ἐπὶ τῆς γῆς ἔσται λελυμένα ἐν οὐρανῷ.

19   πάλιν [ἀμὴν] λέγω ὑμῖν ὅτι ἐὰν δύο συμφωνήσωσιν ἐξ ὑμῶν ἐπὶ τῆς γῆς περὶ παντὸς πράγματος οὖ ἐὰν αἰτήσωνται, γενήσεται αὐτοῖς παρὰ τοῦ πατρός μου τοῦ ἐν οὐρανοῖς.

19   πάλιν [ἀμὴν] λέγω ὑμῖν ὅτι ἐὰν δύο συμφωνήσωσιν ἐξ ὑμῶν ἐπὶ τῆς γῆς περὶ παντὸς πράγματος οὖ ἐὰν αἰτήσωνται, γενήσεται αὐτοῖς παρὰ τοῦ πατρός μου τοῦ ἐν οὐρανοῖς.

35   οὕτως καὶ ὁ πατήρ μου ὁ οὐράνιος ποιήσει ὑμῖν, ἐὰν μὴ ἀφῆτε ἕκαστος τῷ ἀδελφῷ αὐτοῦ ἀπὸ τῶν καρδιῶν ὑμῶν.

20 4   ὑπάγετε καὶ ὑμεῖς εἰς τὸν ἀμπελῶνα, καὶ ὃ ἐὰν ᾖ δίκαιον δώσω ὑμῖν.

26   ἀλλ᾽ ὃς ἐὰν θέλῃ ἐν ὑμῖν μέγας γενέσθαι, ἔσται ὑμῶν διάκονος,

21 3   καὶ ἐάν τις ὑμῖν εἴπῃ τι, ἐρεῖτε ὅτι ὁ κύριος αὐτῶν χρείαν ἔχει·

21   ἐὰν ἔχητε πίστιν καὶ μὴ διακριθῆτε, οὐ μόνον τὸ τῆς συκῆς ποιήσετε,

21   ἐὰν ἔχητε πίστιν καὶ μὴ διακριθῆτε, οὐ μόνον τὸ τῆς συκῆς ποιήσετε, ἀλλὰ κἂν τῷ ὄρει τούτῳ εἴπητε·

24   ἐρωτήσω ὑμᾶς κἀγὼ λόγον ἕνα, ὃν ἐὰν εἴπητέ μοι, κἀγὼ ὑμῖν ἐρῶ ἐν ποίᾳ ἐξουσίᾳ ταῦτα ποιῶ·

25   ἐὰν εἴπωμεν· ἐξ οὐρανοῦ, ἐρεῖ ἡμῖν· διὰ τί οὖν οὐκ ἐπιστεύσατε αὐτῷ;

26   ἐὰν δὲ εἴπωμεν· ἐξ ἀνθρώπων, φοβούμεθα τὸν ὄχλον· πάντες γὰρ ὡς προφήτην ἔχουσιν τὸν ἰωάννην.

22 9   πορεύεσθε οὖν ἐπὶ τὰς διεξόδους τῶν ὁδῶν, καὶ ὅσους ἐὰν εὕρητε καλέσατε εἰς τοὺς γάμους.

24   διδάσκαλε, μωϋσῆς εἶπεν· ἐάν τις ἀποθάνῃ μὴ ἔχων τέκνα, ἐπιγαμβρεύσει ὁ ἀδελφὸς αὐτοῦ τὴν γυναῖκα αὐτοῦ καὶ ἀναστήσει σπέρμα τῷ ἀδελφῷ αὐτοῦ.

23 3   πάντα οὖν ὅσα ἐὰν εἴπωσιν ὑμῖν ποιήσατε καὶ τηρεῖτε, κατὰ δὲ τὰ ἔργα αὐτῶν μὴ ποιεῖτε·

24 23   τότε ἐάν τις ὑμῖν εἴπῃ· ἰδοὺ ὧδε ὁ χριστός, ἤ· ὧδε, μὴ πιστεύσητε·

26   ἐὰν οὖν εἴπωσιν ὑμῖν· ἰδοὺ ἐν τῇ ἐρήμῳ ἐστίν, μὴ ἐξέλθητε· ἰδοὺ ἐν τοῖς ταμείοις, μὴ πιστεύσητε·

28   ὅπου ἐὰν ᾖ τὸ πτῶμα, ἐκεῖ συναχθήσονται οἱ ἀετοί.

48   ἐὰν δὲ εἴπῃ ὁ κακὸς δοῦλος ἐκεῖνος ἐν τῇ καρδίᾳ αὐτοῦ· χρονίζει μου ὁ κύριος,

26 13   ὅπου ἐὰν κηρυχθῇ τὸ εὐαγγέλιον τοῦτο ἐν ὅλῳ τῷ κόσμῳ, λαληθήσεται καὶ ὃ ἐποίησεν αὕτη εἰς μνημόσυνον αὐτῆς.

35   κἂν δέῃ με σὺν σοὶ ἀποθανεῖν, οὐ μή σε ἀπαρνήσομαι.

42   πάτερ μου, εἰ οὐ δύναται τοῦτο παρελθεῖν ἐὰν μὴ αὐτὸ πίω, γενηθήτω τὸ θέλημά σου.

28 14   καὶ ἐὰν ἀκουσθῇ τοῦτο ἐπὶ τοῦ ἡγεμόνος, ἡμεῖς πείσομεν [αὐτὸν] καὶ ὑμᾶς ἀμερίμνους ποιήσομεν.

Mc 1 40   καὶ ἔρχεται πρὸς αὐτὸν λεπρὸς παρακαλῶν αὐτὸν [καὶ γονυπετῶν] καὶ λέγων αὐτῷ ὅτι ἐὰν θέλῃς δύνασαί με καθαρίσαι.

3 24   καὶ ἐὰν βασιλεία ἐφ᾽ ἑαυτὴν μερισθῇ, οὐ δύναται σταθῆναι ἡ βασιλεία ἐκείνη·

25   καὶ ἐὰν οἰκία ἐφ᾽ ἑαυτὴν μερισθῇ, οὐ δυνήσεται ἡ οἰκία ἐκείνη σταθῆναι.

27   ἀλλ᾽ οὐ δύναται οὐδεὶς εἰς τὴν οἰκίαν τοῦ ἰσχυροῦ εἰσελθὼν τὰ σκεύη αὐτοῦ διαρπάσαι, ἐὰν μὴ πρῶτον τὸν ἰσχυρὸν δήσῃ,

28   ἀμὴν λέγω ὑμῖν ὅτι πάντα ἀφεθήσεται τοῖς υἱοῖς τῶν ἀνθρώπων τὰ ἁμαρτήματα καὶ αἱ βλασφημίαι, ὅσα ἐὰν βλασφημήσωσιν·

4 22   οὐ γὰρ ἐστιν κρυπτόν, ἐὰν μὴ ἵνα φανερωθῇ·

5 28   ἔλεγεν γὰρ ὅτι ἐὰν ἅψωμαι κἂν τῶν ἱματίων αὐτοῦ, σωθήσομαι.

28   ἔλεγεν γὰρ ὅτι ἐὰν ἅψωμαι κἂν τῶν ἱματίων αὐτοῦ, σωθήσομαι.

6 10   ὅπου ἐὰν εἰσέλθητε εἰς οἰκίαν, ἐκεῖ μένετε ἕως ἂν ἐξέλθητε ἐκεῖθεν.

22   εἶπεν ὁ βασιλεὺς τῷ κορασίῳ· αἴτησόν με ὃ ἐὰν θέλῃς, καὶ δώσω σοι·

23   καὶ ὤμοσεν αὐτῇ [πολλὰ] ὅτι ἐάν με αἰτήσῃς δώσω σοι ἕως ἡμίσους τῆς βασιλείας μου.

56   καὶ παρεκάλουν αὐτὸν ἵνα κἂν τοῦ κρασπέδου τοῦ ἱματίου

7 3   οἱ γὰρ φαρισαῖοι καὶ πάντες οἱ ἰουδαῖοι ἐὰν μὴ πυγμῇ νίψωνται τὰς χεῖρας οὐκ ἐσθίουσιν,

4   καὶ ἀπ᾽ ἀγορᾶς ἐὰν μὴ βαπτίσωνται οὐκ ἐσθίουσιν,

ἐάν [351]

Mc 7 11   ἐὰν εἴπῃ ἄνθρωπος τῷ πατρὶ ἢ τῇ μητρί· κορβᾶν, ὅ ἐστιν δῶρον, ὃ ἐὰν ἐξ ἐμοῦ ὠφεληθῇς,

11   ἐὰν εἴπῃ ἄνθρωπος τῷ πατρὶ ἢ τῇ μητρί· κορβᾶν, ὅ ἐστιν δῶρον, ὃ ἐὰν ἐξ ἐμοῦ ὠφεληθῇς,

8 3   καὶ ἐὰν ἀπολύσω αὐτοὺς νήστεις εἰς οἶκον αὐτῶν, ἐκλυθήσονται ἐν τῇ ὁδῷ·

35   ὃς γὰρ ἐὰν θέλῃ τὴν ψυχὴν αὐτοῦ σῶσαι, ἀπολέσει αὐτήν·

38   ὃς γὰρ ἐὰν ἐπαισχυνθῇ με καὶ τοὺς ἐμοὺς λόγους ἐν τῇ γενεᾷ ταύτῃ τῇ μοιχαλίδι καὶ ἁμαρτωλῷ,

9 18   καὶ ὅπου ἐὰν αὐτὸν καταλάβῃ, ῥήσσει αὐτόν, καὶ ἀφρίζει καὶ τρίζει τοὺς ὀδόντας καὶ ξηραίνεται·

43   καὶ ἐὰν σκανδαλίζῃ σε ἡ χείρ σου, ἀπόκοψον αὐτήν·

45   καὶ ἐὰν ὁ πούς σου σκανδαλίζῃ σε, ἀπόκοψον αὐτόν·

47   καὶ ἐὰν ὁ ὀφθαλμός σου σκανδαλίζῃ σε, ἔκβαλε αὐτόν·

50   ἐὰν δὲ τὸ ἅλας ἄναλον γένηται, ἐν τίνι αὐτὸ ἀρτύσετε;

10 12   καὶ ἐὰν αὐτὴ ἀπολύσασα τὸν ἄνδρα αὐτῆς γαμήσῃ ἄλλον, μοιχᾶται.

30   ἐὰν μὴ λάβῃ ἑκατονταπλασίονα νῦν ἐν τῷ καιρῷ τούτῳ οἰκίας καὶ ἀδελφοὺς καὶ ἀδελφὰς καὶ μητέρας καὶ τέκνα καὶ ἀγροὺς μετὰ διωγμῶν, καὶ ἐν τῷ αἰῶνι τῷ ἐρχομένῳ ζωὴν αἰώνιον.

35   διδάσκαλε, θέλομεν ἵνα ὃ ἐὰν αἰτήσωμέν σε ποιήσῃς ἡμῖν.

11 3   καὶ ἐάν τις ὑμῖν εἴπῃ· τί ποιεῖτε τοῦτο; εἴπατε· ὁ κύριος αὐτοῦ χρείαν ἔχει, καὶ εὐθὺς αὐτὸν ἀποστέλλει πάλιν ὧδε.

31   ἐὰν εἴπωμεν· ἐξ οὐρανοῦ, ἐρεῖ· διὰ τί [οὖν] οὐκ ἐπιστεύσατε αὐτῷ;

12 19   διδάσκαλε, μωϋσῆς ἔγραψεν ἡμῖν ὅτι ἐάν τινος ἀδελφὸς ἀποθάνῃ καὶ καταλίπῃ γυναῖκα καὶ μὴ ἀφῇ τέκνον, ἵνα λάβῃ ὁ ἀδελφὸς αὐτοῦ τὴν γυναῖκα καὶ ἐξαναστήσῃ σπέρμα τῷ ἀδελφῷ αὐτοῦ.

13 11   μὴ προμεριμνᾶτε τί λαλήσητε, ἀλλ᾽ ὃ ἐὰν δοθῇ ὑμῖν ἐν ἐκείνῃ τῇ ὥρᾳ, τοῦτο λαλεῖτε·

21   καὶ τότε ἐάν τις ὑμῖν εἴπῃ· ἴδε ὧδε ὁ χριστός, ἴδε ἐκεῖ, μὴ πιστεύετε·

14 9   ὅπου ἐὰν κηρυχθῇ τὸ εὐαγγέλιον εἰς ὅλον τὸν κόσμον, καὶ ὃ ἐποίησεν αὕτη λαληθήσεται εἰς μνημόσυνον αὐτῆς.

14   καὶ ὅπου ἐὰν εἰσέλθῃ εἴπατε τῷ οἰκοδεσπότῃ ὅτι ὁ διδάσκαλος λέγει·

31   ἐὰν δέῃ με συναποθανεῖν σοι, οὐ μή σε ἀπαρνήσομαι.

16 18   [καὶ ἐν ταῖς χερσὶν] ὄφεις ἀροῦσιν κἂν θανάσιμόν τι πίωσιν οὐ μὴ αὐτοὺς βλάψῃ.

Lc 4 6   σοὶ δώσω τὴν ἐξουσίαν ταύτην ἅπασαν καὶ τὴν δόξαν αὐτῶν, ὅτι ἐμοὶ παραδέδοται καὶ ᾧ ἐὰν θέλω δίδωμι αὐτήν·

7   σὺ οὖν ἐὰν προσκυνήσῃς ἐνώπιον ἐμοῦ, ἔσται σοῦ πᾶσα.

5 12   κύριε, ἐὰν θέλῃς, δύνασαί με καθαρίσαι.

6 33   καὶ [γὰρ] ἐὰν ἀγαθοποιῆτε τοὺς ἀγαθοποιοῦντας ὑμᾶς, ποία ὑμῖν χάρις ἐστίν;

34   καὶ ἐὰν δανίσητε παρ᾽ ὧν ἐλπίζετε λαβεῖν, ποία ὑμῖν χάρις [ἐστίν];

7 23   καὶ μακάριός ἐστιν ὃς ἐὰν μὴ σκανδαλισθῇ ἐν ἐμοί.

9 48   ὃς ἐὰν δέξηται τοῦτο τὸ παιδίον ἐπὶ τῷ ὀνόματί μου, ἐμὲ δέχεται·

57   ἀκολουθήσω σοι ὅπου ἐὰν ἀπέρχῃ.

10 6   καὶ ἐὰν ἐκεῖ ᾖ υἱὸς εἰρήνης, ἐπαναπαήσεται ἐπ᾽ αὐτὸν ἡ εἰρήνη ὑμῶν·

22   καὶ οὐδεὶς γινώσκει τίς ἐστιν ὁ υἱὸς εἰ μὴ ὁ πατήρ, καὶ τίς ἐστιν ὁ πατὴρ εἰ μὴ ὁ υἱὸς καὶ ᾧ ἐὰν βούληται ὁ υἱὸς ἀποκαλύψαι.

12 38   κἂν ἐν τῇ δευτέρᾳ κἂν ἐν τῇ τρίτῃ φυλακῇ ἔλθῃ καὶ εὕρῃ οὕτως, μακάριοί εἰσιν ἐκεῖνοι.

38   κἂν ἐν τῇ δευτέρᾳ κἂν ἐν τῇ τρίτῃ φυλακῇ ἔλθῃ καὶ εὕρῃ οὕτως, μακάριοί εἰσιν ἐκεῖνοι.

45   ἐὰν δὲ εἴπῃ ὁ δοῦλος ἐκεῖνος ἐν τῇ καρδίᾳ αὐτοῦ· χρονίζει ὁ κύριός μου ἔρχεσθαι,

13 3   οὐχί, λέγω ὑμῖν, ἀλλ᾽ ἐὰν μὴ μετανοῆτε, πάντες ὁμοίως ἀπολεῖσθε.

5   οὐχί, λέγω ὑμῖν, ἀλλ᾽ ἐὰν μὴ μετανοῆτε, πάντες ὡσαύτως ἀπολεῖσθε.

9   ἕως ὅτου σκάψω περὶ αὐτὴν καὶ βάλω κόπρια, κἂν μὲν ποιήσῃ καρπὸν εἰς τὸ μέλλον·

14 34   ἐὰν δὲ καὶ τὸ ἅλας μωρανθῇ, ἐν τίνι ἀρτυθήσεται;

15 8   ἢ τίς γυνὴ δραχμὰς ἔχουσα δέκα, ἐὰν ἀπολέσῃ δραχμὴν μίαν, οὐχὶ ἅπτει λύχνον καὶ σαροῖ τὴν οἰκίαν καὶ ζητεῖ ἐπιμελῶς ἕως οὗ εὕρῃ;

16 30   οὐχί, πάτερ ἀβραάμ, ἀλλ᾽ ἐάν τις ἀπὸ νεκρῶν πορευθῇ πρὸς αὐτούς, μετανοήσουσιν.

31   εἰ μωϋσέως καὶ τῶν προφητῶν οὐκ ἀκούουσιν, οὐδ᾽ ἐάν τις ἐκ νεκρῶν ἀναστῇ πεισθήσονται.

ἐάν [351]

Lc	17 3	ἐὰν ἁμάρτη ὁ ἀδελφός σου, ἐπιτιμησον αὐτῳ, καὶ ἐὰν μετανοηση, ἄφες αὐτῳ.
	3	ἐὰν ἁμάρτη ὁ ἀδελφός σου, ἐπιτιμησον αὐτῳ, καὶ ἐὰν μετανοηση, ἄφες αὐτῳ.
	4	καὶ ἐὰν ἑπτάκις τῆς ἡμέρας ἁμαρτηση εἰς σέ καὶ ἑπτάκις ἐπιστρεψη πρὸς σέ λεγων· μετανοω, ἀφήσεις αὐτῳ.
	33	ὃς ἐὰν ζητηση τὴν ψυχὴν αὐτου περιποιησασθαι, ἀπολεσει αὐτην, ὃς δ ἂν ἀπολεση, ζωογονησει αὐτην.
	19 31	καὶ ἐὰν τις ὑμας ἐρωτα· διὰ τί λυετε; οὕτως ἐρειτε· ὅτι ὁ κυριος αὐτου χρειαν ἔχει.
	40	λεγω ὑμιν, ἐὰν οὗτοι σιωπησουσιν, οἱ λιθοι κραξουσιν.
	20 5	οἱ δὲ συνελογισαντο πρὸς ἑαυτους λεγοντες ὅτι ἐὰν εἴπωμεν· ἐξ οὐρανου, ἐρει· διὰ τί οὐκ ἐπιστευσατε αὐτῳ;
	6	ἐὰν δὲ εἴπωμεν· ἐξ ἀνθρωπων, ὁ λαὸς ἅπας καταλιθασει ἡμας·
	28	ἐὰν τινος ἀδελφὸς ἀποθανη ἔχων γυναικα, καὶ οὗτος ἄτεκνος ᾖ, ἵνα λαβη ὁ ἀδελφὸς αὐτου τὴν γυναικα καὶ ἐξαναστηση σπερμα τῳ ἀδελφῳ αὐτου.
	22 67	ἐὰν ὑμιν εἴπω, οὐ μὴ πιστευσητε·
	68	ἐὰν δὲ ἐρωτησω, οὐ μὴ ἀποκριθητε.
Jh	3 2	οὐδεὶς γὰρ δυναται ταυτα τὰ σημεια ποιειν ἃ σὺ ποιεις, ἐὰν μὴ ᾖ ὁ θεὸς μετ αὐτου.
	3	ἐὰν μή τις γεννηθη ἄνωθεν, οὐ δυναται ἰδειν τὴν βασιλειαν του θεου.
	5	ἀμὴν ἀμὴν λεγω σοι, ἐὰν μή τις γεννηθη ἐξ ὕδατος καὶ πνευματος, οὐ δυναται εἰσελθειν εἰς τὴν βασιλειαν του θεου.
	12	εἰ τὰ ἐπιγεια εἶπον ὑμιν καὶ οὐ πιστευετε, πως ἐὰν εἴπω ὑμιν τὰ ἐπουρανια πιστευσετε;
	27	οὐ δυναται ἄνθρωπος λαμβανειν οὐδὲ ἓν ἐὰν μὴ ᾖ δεδομενον αὐτῳ ἐκ του οὐρανου.
	4 48	ἐὰν μὴ σημεια καὶ τερατα ἴδητε, οὐ μὴ πιστευσητε.
	5 19	ἐὰν μή τι βλεπη τὸν πατερα ποιουντα·
	31	ἐὰν ἐγω μαρτυρω περὶ ἐμαυτου, ἡ μαρτυρια μου οὐκ ἔστιν ἀληθης·
	43	ἐὰν ἄλλος ἔλθη ἐν τῳ ὀνοματι τῳ ἰδιῳ, ἐκεινον λημψεσθε.
	6 44	οὐδεὶς δυναται ἐλθειν πρὸς με ἐὰν μὴ ὁ πατὴρ ὁ πεμψας με ἑλκυση αὐτον·
	51	ἐὰν τις φαγη ἐκ τουτου του ἄρτου, ζησει εἰς τὸν αἰωνα·
	53	ἐὰν μὴ φαγητε τὴν σαρκα του υἱου του ἀνθρωπου καὶ πιητε αὐτου τὸ αἷμα, οὐκ ἔχετε ζωην ἐν ἑαυτοις.
	62	τουτο ὑμας σκανδαλιζει; ἐὰν οὖν θεωρητε τὸν υἱον του ἀνθρωπου ἀναβαινοντα ὅπου ἦν τὸ προτερον;
	65	διὰ τουτο εἴρηκα ὑμιν ὅτι οὐδεὶς δυναται ἐλθειν πρὸς με ἐὰν μὴ ᾖ δεδομενον αὐτῳ ἐκ του πατρος.
	7 17	ἐὰν τις θελη τὸ θελημα αὐτου ποιειν, γνωσεται περὶ τῆς διδαχης, ποτερον ἐκ του θεου ἐστιν ἢ ἐγω ἀπ ἐμαυτου λαλω.
	37	ἐὰν τις διψα, ἐρχεσθω πρὸς με καὶ πινετω.
	51	μὴ ὁ νομος ἡμων κρινει τὸν ἄνθρωπον ἐὰν μὴ ἀκουση πρωτον παρ αὐτου καὶ γνω τί ποιει;
	8 14	κἂν ἐγω μαρτυρω περὶ ἐμαυτου, ἀληθης ἐστιν ἡ μαρτυρια μου,
	16	καὶ ἐὰν κρινω δὲ ἐγω, ἡ κρισις ἡ ἐμὴ ἀληθινη ἐστιν, ὅτι μονος οὐκ εἰμι, ἀλλ ἐγω καὶ ὁ πεμψας με πατηρ.
	24	ἐὰν γὰρ μὴ πιστευσητε ὅτι ἐγω εἰμι, ἀποθανεισθε ἐν ταις ἁμαρτιαις ὑμων.
	31	ἐὰν ὑμεις μεινητε ἐν τῳ λογῳ τῳ ἐμῳ, ἀληθως μαθηται μου ἐστε,
	36	ἐὰν οὖν ὁ υἱὸς ὑμας ἐλευθερωση, ὄντως ἐλευθεροι ἔσεσθε.
	51	ἐὰν τις τὸν ἐμὸν λογον τηρηση, θανατον οὐ μὴ θεωρηση εἰς τὸν αἰωνα.
	52	ἐὰν τις τὸν λογον μου τηρηση, οὐ μὴ γευσηται θανατου εἰς τὸν αἰωνα.
	54	ἐὰν ἐγω δοξασω ἐμαυτον, ἡ δοξα μου οὐδεν ἐστιν·
	55	κἂν εἴπω ὅτι οὐκ οἶδα αὐτον, ἔσομαι ὅμοιος ὑμιν ψευστης·
	9 22	ἤδη γὰρ συνετεθειντο οἱ ἰουδαιοι ἵνα ἐὰν τις αὐτὸν ὁμολογηση χριστον, ἀποσυναγωγος γενηται.
	31	ἀλλ ἐὰν τις θεοσεβὴς ᾖ καὶ τὸ θελημα αὐτου ποιη, τουτου ἀκουει.
	10 9	δι ἐμου ἐὰν τις εἰσελθη, σωθησεται, καὶ εἰσελευσεται καὶ ἐξελευσεται καὶ νομην εὑρησει.
	38	εἰ δὲ ποιω, κἂν ἐμοὶ μὴ πιστευητε, τοις ἐργοις πιστευετε,
	11 9	ἐάν τις περιπατη ἐν τῃ ἡμερα, οὐ προσκοπτει, ὅτι τὸ φως του κοσμου τουτου βλεπει·
	10	ἐὰν δὲ τις περιπατη ἐν τῃ νυκτι, προσκοπτει, ὅτι τὸ φως οὐκ ἔστιν ἐν αὐτῳ.
	25	ὁ πιστευων εἰς ἐμὲ κἂν ἀποθανη ζησεται,
	40	οὐκ εἶπον σοι ὅτι ἐὰν πιστευσης ὄψη τὴν δοξαν του θεου;
	48	ἐὰν ἀφωμεν αὐτὸν οὕτως, παντες πιστευσουσιν εἰς αὐτον,
	57	δεδωκεισαν δὲ οἱ ἀρχιερεις καὶ οἱ φαρισαιοι ἐντολας ἵνα ἐάν τις γνω που ἐστιν μηνυση, ὅπως πιασωσιν αὐτον.

ἐάν [351]

Jh	12 24	ἐὰν μὴ ὁ κοκκος του σιτου πεσων εἰς τὴν γην ἀποθανη, αὐτὸς μονος μενει·
	24	ἐὰν δὲ ἀποθανη, πολὺν καρπον φερει.
	26	ἐὰν ἐμοι τις διακονη, ἐμοὶ ἀκολουθειτω,
	26	ἐάν τις ἐμοὶ διακονη, τιμησει αὐτὸν ὁ πατηρ.
	32	καγω ἐὰν ὑψωθω ἐκ τῆς γης, παντας ἑλκυσω πρὸς ἐμαυτον.
	47	καὶ ἐάν τις μου ἀκουση των ῥηματων καὶ μὴ φυλαξη, ἐγω οὐ κρινω αὐτον·
	13 8	ἐὰν μὴ νιψω σε, οὐκ ἔχεις μερος μετ ἐμου.
	17	εἰ ταυτα οἴδατε, μακαριοι ἐστε ἐὰν ποιητε αὐτα.
	35	ἐν τουτῳ γνωσονται παντες ὅτι ἐμοὶ μαθηται ἐστε, ἐὰν ἀγαπην ἔχητε ἐν ἀλληλοις.
	14 3	καὶ ἐὰν πορευθω καὶ ἑτοιμασω τοπον ὑμιν, παλιν ἐρχομαι καὶ παραλημψομαι ὑμας πρὸς ἐμαυτον,
	14	ἐάν τι αἰτησητε με ἐν τῳ ὀνοματι μου, ἐγω ποιησω.
	15	ἐὰν ἀγαπατε με, τὰς ἐντολὰς τὰς ἐμας τηρησετε.
	23	ἐάν τις ἀγαπα με, τὸν λογον μου τηρησει,
	15 4	καθως τὸ κλημα οὐ δυναται καρπον φερειν ἀφ ἑαυτου ἐὰν μὴ μενη ἐν τῃ ἀμπελῳ, οὕτως οὐδὲ ὑμεις ἐὰν μὴ ἐν ἐμοι μενητε.
	4	καθως τὸ κλημα οὐ δυναται καρπον φερειν ἀφ ἑαυτου ἐὰν μὴ μενη ἐν τῃ ἀμπελῳ, οὕτως οὐδὲ ὑμεις ἐὰν μὴ ἐν ἐμοι μενητε.
	6	ἐὰν μή τις μενη ἐν ἐμοι, ἐβληθη ἔξω ὡς τὸ κλημα καὶ ἐξηρανθη,
	7	ἐὰν μεινητε ἐν ἐμοι καὶ τὰ ῥηματα μου ἐν ὑμιν μεινη, ὃ ἐὰν θελητε αἰτησασθε, καὶ γενησεται ὑμιν.
	7	ἐὰν μεινητε ἐν ἐμοι καὶ τὰ ῥηματα μου ἐν ὑμιν μεινη, ὃ ἐὰν θελητε αἰτησασθε, καὶ γενησεται ὑμιν.
	10	ἐὰν τὰς ἐντολας μου τηρησητε, μενειτε ἐν τῃ ἀγαπη μου,
	14	ὑμεις φιλοι μου ἐστε, ἐὰν ποιητε ἃ ἐγω ἐντελλομαι ὑμιν.
	16 7	ἐὰν γὰρ μὴ ἀπελθω, ὁ παρακλητος οὐκ ἐλευσεται πρὸς ὑμας·
	7	ἐὰν δὲ πορευθω, πεμψω αὐτὸν πρὸς ὑμας.
	19 12	ἐὰν τουτον ἀπολυσης, οὐκ εἶ φιλος του καισαρος·
	20 25	ἐὰν μὴ ἴδω ἐν ταις χερσιν αὐτου τὸν τυπον των ἥλων καὶ βαλω τὸν δακτυλον μου εἰς τὸν τυπον των ἥλων καὶ βαλω μου τὴν χειρα εἰς τὴν πλευραν αὐτου, οὐ μὴ πιστευσω.
	21 22	ἐὰν αὐτὸν θελω μενειν ἕως ἐρχομαι, τί πρὸς σέ;
	23	οὐκ εἶπεν δὲ αὐτῳ ὁ ἰησους ὅτι οὐκ ἀποθνησκει, ἀλλ· ἐὰν αὐτὸν θελω μενειν ἕως ἐρχομαι, [τί πρὸς σέ];
	25	ἅτινα ἐὰν γραφηται καθ ἕν, οὐδ αὐτὸν οἶμαι τὸν κοσμον χωρησειν τὰ γραφομενα βιβλια.
Ac	3 23	ἔσται δὲ πασα ψυχη ἥτις ἐὰν μὴ ἀκουση του προφητου ἐκεινου ἐξολεθρευθησεται ἐκ του λαου.
	5 15	ὥστε καὶ εἰς τὰς πλατειας ἐκφερειν τοὺς ἀσθενεις καὶ τιθεναι ἐπὶ κλιναριων καὶ κραβαττων, ἵνα ἐρχομενου πετρου κἂν ἡ σκια ἐπισκιαση τινι αὐτων.
	38	ὅτι ἐὰν ᾖ ἐξ ἀνθρωπων ἡ βουλὴ αὕτη ἢ τὸ ἐργον τουτο, καταλυθησεται·
	7 7	καὶ τὸ ἐθνος ᾧ ἐὰν δουλευσουσιν κρινω ἐγω, ὁ θεος εἶπεν, καὶ μετὰ ταυτα ἐξελευσονται καὶ λατρευσουσιν μοι ἐν τῳ τοπῳ τουτῳ.
	8 19	δοτε καμοὶ τὴν ἐξουσιαν ταυτην ἵνα ᾧ ἐὰν ἐπιθω τὰς χειρας λαμβανη πνευμα ἁγιον.
	31	πως γὰρ ἂν δυναιμην ἐὰν μή τις ὁδηγησει με;
	9 2	προσελθων τῳ ἀρχιερει ἠτησατο παρ αὐτου ἐπιστολας εἰς δαμασκον πρὸς τὰς συναγωγας, ὅπως ἐὰν τινας εὕρη τῆς ὁδου ὄντας,
	13 41	ὅτι ἐργον ἐργαζομαι ἐγω ἐν ταις ἡμεραις ὑμων, ἐργον ὃ οὐ μὴ πιστευσητε ἐάν τις ἐκδιηγηται ὑμιν.
	15 1	καὶ τινες κατελθοντες ἀπὸ τῆς ἰουδαιας ἐδιδασκον τοὺς ἀδελφους ὅτι ἐὰν μὴ περιτμηθητε τῳ ἐθει τῳ μωυσεως, οὐ δυνασθε σωθηναι.
	26 5	προγινωσκοντες με ἄνωθεν, ἐὰν θελωσι μαρτυρειν,
	27 31	ἐὰν μὴ οὗτοι μεινωσιν ἐν τῳ πλοιῳ, ὑμεις σωθηναι οὐ δυνασθε.
Rm	2 25	περιτομὴ μὲν γὰρ ὠφελει ἐὰν νομον πρασσης·
	25	ἐὰν δὲ παραβατης νομου ᾖς, ἡ περιτομη σου ἀκροβυστια γεγονεν.
	26	ἐὰν οὖν ἡ ἀκροβυστια τὰ δικαιωματα του νομου φυλασση, οὐχ ἡ ἀκροβυστια αὐτου εἰς περιτομην λογισθησεται;
	7 2	ἐὰν δὲ ἀποθανη ὁ ἀνηρ, κατηργηται ἀπὸ του νομου του ἀνδρος,
	3	ἄρα οὖν ζωντος του ἀνδρὸς μοιχαλὶς χρηματισει ἐὰν γενηται ἀνδρὶ ἑτερῳ·
	3	ἐὰν δὲ ἀποθανη ὁ ἀνηρ, ἐλευθερα ἐστιν ἀπὸ του νομου,
	9 27	ἐὰν ᾖ ὁ ἀριθμὸς των υἱων ἰσραηλ ὡς ἡ ἀμμος τῆς θαλασσης, τὸ ὑπολειμμα σωθησεται·
	10 9	ὅτι ἐὰν ὁμολογησης ἐν τῳ στοματι σου κυριον ἰησουν, καὶ πιστευσης ἐν τῃ καρδια σου ὅτι ὁ θεὸς αὐτὸν ἤγειρεν ἐκ νεκρων, σωθηση·

ἐαν [351]

Rm 10 15 πῶς δε ἀκουσωσιν χωρις κηρυσσοντος; πῶς δε κηρυξωσιν *ἐαν* μη ἀποσταλωσιν;

11 22 ἐπι μεν τους πεσοντας ἀποτομια, ἐπι δε σέ χρηστοτης θεου, *ἐαν* ἐπιμενης τη χρηστοτητι, ἐπει και συ ἐκκοπηση.

23 κακεινοι δε, *ἐαν* μη ἐπιμενωσιν τη ἀπιστια, ἐγκεντρισθησονται·

12 20 ἀλλα *ἐαν* πεινα ὁ ἐχθρος σου, ψωμιζε αὐτον· *ἐαν* διψα, ποτιζε αὐτον·

20 ἀλλα *ἐαν* πεινα ὁ ἐχθρος σου, ψωμιζε αὐτον· *ἐαν* διψα, ποτιζε αὐτον·

13 4 *ἐαν* δε το κακον ποιης, φοβου·

14 8 *ἐαν* τε γαρ ζωμεν, τω κυριω ζωμεν, *ἐαν* τε ἀποθνησκωμεν, τω κυριω ἀποθνησκομεν.

8 *ἐαν* τε γαρ ζωμεν, τω κυριω ζωμεν, *ἐαν* τε ἀποθνησκωμεν, τω κυριω ἀποθνησκομεν.

8 *ἐαν* τε οὐν ζωμεν *ἐαν* τε ἀποθνησκωμεν, του κυριου ἐσμεν.

8 *ἐαν* τε οὐν ζωμεν *ἐαν* τε ἀποθνησκωμεν, του κυριου ἐσμεν.

23 ὁ δε διακρινομενος *ἐαν* φαγη κατακεκριται, ὁτι οὐκ ἐκ πιστεως·

15 24 ἐλπιζω γαρ διαπορευομενος θεασασθαι ὑμας και ὑφ ὑμων προπεμφθηναι ἐκει, *ἐαν* ὑμων πρωτον ἀπο μερους ἐμπλησθω,

1Co 4 15 *ἐαν* γαρ μυριους παιδαγωγους ἐχητε ἐν χριστω, ἀλλ οὐ πολλους πατερας·

19 ἐλευσομαι δε ταχεως προς ὑμας, *ἐαν* ὁ κυριος θεληση,

5 11 νυν δε ἐγραψα ὑμιν μη συναναμιγνυσθαι *ἐαν* τις ἀδελφος ὀνομαζομενος ἠ πορνος ἠ πλεονεκτης ἠ εἰδωλολατρης ἠ λοιδορος ἠ μεθυσος ἠ ἁρπαξ,

6 4 βιωτικα μεν οὐν κριτηρια *ἐαν* ἐχητε, τους ἐξουθενημενους ἐν τη ἐκκλησια, τουτους καθιζετε;

18 παν ἁμαρτημα ὁ *ἐαν* ποιηση ἀνθρωπος ἐκτος του σωματος ἐστιν·

7 8 λεγω δε τοις ἀγαμοις και ταις χηραις, καλον αὐτοις *ἐαν* μεινωσιν ὡς καγω·

11 *ἐαν* δε και χωρισθη, μενετω ἀγαμος ἠ τω ἀνδρι καταλλαγητω,

28 *ἐαν* δε και γαμησης, οὐχ ἡμαρτες,

28 και *ἐαν* γημη ἡ παρθενος, οὐχ ἡμαρτεν·

36 εἰ δε τις ἀσχημονειν ἐπι την παρθενον αὐτου νομιζει, *ἐαν* ἠ ὑπερακμος, και οὑτως ὀφειλει γινεσθαι, ὁ θελει ποιειτω·

39 *ἐαν* δε κοιμηθη ὁ ἀνηρ, ἐλευθερα ἐστιν ᾡ θελει γαμηθηναι, μονον ἐν κυριω.

40 μακαριωτερα δε ἐστιν *ἐαν* οὑτως μεινη, κατα την ἐμην γνωμην·

8 8 οὑτε *ἐαν* μη φαγωμεν ὑστερουμεθα, οὑτε *ἐαν* φαγωμεν περισσευομεν.

8 οὑτε *ἐαν* μη φαγωμεν ὑστερουμεθα, οὑτε *ἐαν* φαγωμεν περισσευομεν.

10 *ἐαν* γαρ τις ἰδη σέ τον ἐχοντα γνωσιν ἐν εἰδωλειω κατακειμενον, οὐχι ἡ συνειδησις αὐτου ἀσθενους ὀντος οἰκοδομηθησεται εἰς το τα εἰδωλοθυτα ἐσθιειν;

9 16 *ἐαν* γαρ εὐαγγελιζωμαι, οὐκ ἐστιν μοι καυχημα·

16 οὐαι γαρ μοι ἐστιν *ἐαν* μη εὐαγγελισωμαι.

10 28 *ἐαν* δε τις ὑμιν εἰπη· τουτο ἱεροθυτον ἐστιν, μη ἐσθιετε δι ἐκεινον τον μηνυσαντα και την συνειδησιν·

11 14 οὐδε ἡ φυσις αὐτη διδασκει ὑμας ὁτι ἀνηρ μεν *ἐαν* κομα, ἀτιμια αὐτω ἐστιν, γυνη δε *ἐαν* κομα, δοξα αὐτη ἐστιν;

15 οὐδε ἡ φυσις αὐτη διδασκει ὑμας ὁτι ἀνηρ μεν *ἐαν* κομα, ἀτιμια αὐτω ἐστιν, γυνη δε *ἐαν* κομα, δοξα αὐτη ἐστιν;

25 τουτο ποιειτε, ὁσακις *ἐαν* πινητε, εἰς την ἐμην ἀναμνησιν.

26 ὁσακις γαρ *ἐαν* ἐσθιητε τον ἀρτον τουτον και το ποτηριον πινητε, τον θανατον του κυριου καταγγελλετε, ἀχρι οὑ ἐλθη.

12 15 *ἐαν* εἰπη ὁ πους· ὁτι οὐκ εἰμι χειρ, οὐκ εἰμι ἐκ του σωματος, οὐ παρα τουτο οὐκ ἐστιν ἐκ του σωματος.

16 και *ἐαν* εἰπη το οὐς· ὁτι οὐκ εἰμι ὀφθαλμος, οὐκ εἰμι ἐκ του σωματος, οὐ παρα τουτο οὐκ ἐστιν ἐκ του σωματος.

13 1 *ἐαν* ταις γλωσσαις των ἀνθρωπων λαλω και των ἀγγελων, ἀγαπην δε μη ἐχω, γεγονα χαλκος ἠχων ἠ κυμβαλον ἀλαλαζον.

2 και *ἐαν* ἐχω προφητειαν και εἰδω τα μυστηρια παντα και πασαν την γνωσιν, και *ἐαν* ἐχω πασαν την πιστιν ὡστε ὀρη μεθισταναι, ἀγαπην δε μη ἐχω, οὐθεν εἰμι.

2 και *ἐαν* ἐχω προφητειαν και εἰδω τα μυστηρια παντα και πασαν την γνωσιν, και *ἐαν* ἐχω πασαν την πιστιν ὡστε ὀρη μεθισταναι, ἀγαπην δε μη ἐχω, οὐθεν εἰμι.

3 *καν* ψωμισω παντα τα ὑπαρχοντα μου, και *ἐαν* παραδω το σωμα μου ἱνα καυχησωμαι, ἀγαπην δε μη ἐχω, οὐδεν ὠφελουμαι.

3 *καν* ψωμισω παντα τα ὑπαρχοντα μου, και *ἐαν* παραδω το σωμα μου ἱνα καυχησωμαι, ἀγαπην δε μη ἐχω, οὐδεν ὠφελουμαι.

ἐαν [351]

1Co 14 6 νυν δε, ἀδελφοι, *ἐαν* ἐλθω προς ὑμας γλωσσαις λαλων, τί ὑμας ὠφελησω,

6 τί ὑμας ὠφελησω, *ἐαν* μη ὑμιν λαλησω ἠ ἐν ἀποκαλυψει ἠ ἐν γνωσει ἠ ἐν προφητεια ἠ [ἐν] διδαχη;

7 *ἐαν* διαστολην τοις φθογγοις μη δω, πῶς γνωσθησεται το αὐλουμενον ἠ το κιθαριζομενον;

8 και γαρ *ἐαν* ἀδηλον σαλπιγξ φωνην δω, τίς παρασκευασεται εἰς πολεμον;

9 οὑτως και ὑμεις δια της γλωσσης *ἐαν* μη εὐσημον λογον δωτε, πῶς γνωσθησεται το λαλουμενον;

11 *ἐαν* οὐν μη εἰδω την δυναμιν της φωνης, ἐσομαι τω λαλουντι βαρβαρος και ὁ λαλων ἐν ἐμοι βαρβαρος.

14 *ἐαν* [γαρ] προσευχωμαι γλωσση, το πνευμα μου προσευχεται,

16 ἐπει *ἐαν* εὐλογης [ἐν] πνευματι, ὁ ἀναπληρων τον τοπον του ἰδιωτου πῶς ἐρει το ἀμην ἐπι τη ση εὐχαριστια;

23 *ἐαν* οὐν συνελθη ἡ ἐκκλησια ὁλη ἐπι το αὐτο και παντες λαλωσιν γλωσσαις, εἰσελθωσιν δε ἰδιωται ἠ ἀπιστοι, οὐκ ἐρουσιν ὁτι μαινεσθε;

24 *ἐαν* δε παντες προφητευωσιν, εἰσελθη δε τις ἀπιστος ἠ ἰδιωτης, ἐλεγχεται ὑπο παντων, ἀνακρινεται ὑπο παντων,

28 *ἐαν* δε μη ἠ διερμηνευτης, σιγατω ἐν ἐκκλησια,

30 *ἐαν* δε ἀλλω ἀποκαλυφθη καθημενω, ὁ πρωτος σιγατω.

15 36 ἀφρων, συ ὁ σπειρεις, οὐ ζωοποιειται *ἐαν* μη ἀποθανη·

16 2 κατα μιαν σαββατου ἑκαστος ὑμων παρ ἑαυτω τιθετω θησαυριζων ὁτι *ἐαν* εὐοδωται,

3 ὁταν δε παραγενωμαι, οὑς *ἐαν* δοκιμασητε, δι ἐπιστολων τουτους πεμψω ἀπενεγκειν την χαριν ὑμων εἰς ἱερουσαλημ·

4 *ἐαν* δε ἀξιον ἠ του καμε πορευεσθαι, συν ἐμοι πορευσονται.

6 προς ὑμας δε τυχον παραμενῶ ἠ και παραχειμασω, ἱνα ὑμεις με προπεμψητε οὑ *ἐαν* πορευωμαι.

7 ἐλπιζω γαρ χρονον τινα ἐπιμειναι προς ὑμας, *ἐαν* ὁ κυριος ἐπιτρεψη.

10 *ἐαν* δε ἐλθη τιμοθεος, βλεπετε ἱνα ἀφοβως γενηται προς ὑμας·

2Co 3 16 ἡνικα δε *ἐαν* ἐπιστρεψη προς κυριον, περιαιρειται το καλυμμα.

5 1 οἰδαμεν γαρ ὁτι *ἐαν* ἡ ἐπιγειος ἡμων οἰκια του σκηνους καταλυθη, οἰκοδομην ἐκ θεου ἐχομεν,

8 12 εἰ γαρ ἡ προθυμια προκειται, καθο *ἐαν* ἐχη εὐπροσδεκτος, οὐ καθο οὐκ ἐχει.

9 4 μη πως *ἐαν* ἐλθωσιν συν ἐμοι μακεδονες και εὑρωσιν ὑμας ἀπαρασκευαστους καταισχυνθωμεν ἡμεις, ἱνα μη λεγω ὑμεις, ἐν τη ὑποστασει ταυτη.

10 8 *ἐαν* [τε] γαρ περισσοτερον τι καυχησωμαι περι της ἐξουσιας ἡμων, ἡς ἐδωκεν ὁ κυριος εἰς οἰκοδομην και οὐκ εἰς καθαιρεσιν ὑμων, οὐκ αἰσχυνθησομαι,

11 16 εἰ δε μη γε, *καν* ὡς ἀφρονα δεξασθε με,

12 6 *ἐαν* γαρ θελησω καυχησασθαι, οὐκ ἐσομαι ἀφρων, ἀληθειαν γαρ ἐρω·

13 2 προειρηκα και προλεγω, ὡς παρων το δευτερον και ἀπων νυν, τοις προημαρτηκοσιν και τοις λοιποις πασιν, ὁτι *ἐαν* ἐλθω εἰς το παλιν οὐ φεισομαι,

Ga 1 8 ἀλλα και *ἐαν* ἡμεις ἠ ἀγγελος ἐξ οὐρανου εὐαγγελιζηται [ὑμιν] παρ ὁ εὐηγγελισαμεθα ὑμιν, ἀναθεμα ἐστω.

2 16 εἰδοτες [δε] ὁτι οὐ δικαιουται ἀνθρωπος ἐξ ἐργων νομου *ἐαν* μη δια πιστεως ἰησου χριστου, και ἡμεις εἰς χριστον ἰησουν ἐπιστευσαμεν,

5 2 ἰδε ἐγω παυλος λεγω ὑμιν ὁτι *ἐαν* περιτεμνησθε χριστος ὑμας οὐδεν ὠφελησει.

10 ὁ δε ταρασσων ὑμας βαστασει το κριμα, ὁστις *ἐαν* ἠ.

17 ταυτα γαρ ἀλληλοις ἀντικειται, ἱνα μη ἁ *ἐαν* θελητε ταυτα ποιητε.

6 1 ἀδελφοι, *ἐαν* και προλημφθη ἀνθρωπος ἐν τινι παραπτωματι, ὑμεις οἱ πνευματικοι καταρτιζετε τον τοιουτον ἐν πνευματι πραυτητος,

7 ὁ γαρ *ἐαν* σπειρη ἀνθρωπος, τουτο και θερισει·

Eph 6 8 εἰδοτες ὁτι ἑκαστος *ἐαν* τι ποιηση ἀγαθον, τουτο κομισεται παρα κυριου,

Col 3 13 ἀνεχομενοι ἀλληλων και χαριζομενοι ἑαυτοις, *ἐαν* τις προς τινα ἐχη μομφην·

17 και παν ὁ τι *ἐαν* ποιητε ἐν λογω ἠ ἐν ἐργω, παντα ἐν ὀνοματι κυριου ἰησου,

23 ὁ *ἐαν* ποιητε, ἐκ ψυχης ἐργαζεσθε ὡς τω κυριω και οὐκ ἀνθρωποις,

4 10 *ἐαν* ἐλθη προς ὑμας, δεξασθε αὐτον,

1Th 2 7 ἀλλα ἐγενηθημεν νηπιοι ἐν μεσω ὑμων· ὡς *ἐαν* τροφος θαλπη τα ἑαυτης τεκνα,

3 8 ὁτι νυν ζωμεν *ἐαν* ὑμεις στηκετε ἐν κυριω.

2Th 2 3 ὁτι *ἐαν* μη ἐλθη ἡ ἀποστασια πρωτον και ἀποκαλυφθη ὁ ἀνθρωπος της ἀνομιας,

ἐάν [351]

1Tm	1 8	οἴδαμεν δε ὅτι καλος ὁ νομος, *ἐάν* τις αὐτω νομιμως χρηται,
	2 15	σωθησεται δε δια της τεκνογονιας, *ἐάν* μεινωσιν ἐν πιστει και ἀγαπη και ἁγιασμω μετα σωφροσυνης.
	3 15	*ἐάν* δε βραδυνω, ἱνα εἰδης πως δει ἐν οἰκω θεου ἀναστρεφεσθαι,
2Tm	2 5	*ἐάν* δε και ἀθλη τις, οὐ στεφανουται ἐαν μη νομιμως ἀθληση.
	5	*ἐάν* δε και ἀθλη τις, οὐ στεφανουται ἐαν μη νομιμως ἀθληση.
	21	*ἐάν* οὐν τις ἐκκαθαρη ἑαυτον ἀπο τουτων, ἐσται σκευος εἰς τιμην,
Heb	3 6	οὐ οἰκος ἐσμεν ἡμεις, *ἐαν[περ]* την παρρησιαν και το καυχημα της ἐλπιδος κατασχωμεν.
	7	σημερον *ἐαν* της φωνης αὐτου ἀκουσητε, μη σκληρυνητε τας καρδιας ὑμων ὡς ἐν τω παραπικρασμω κατα την ἡμεραν του πειρασμου ἐν τη ἐρημω,
	15	σημερον *ἐαν* της φωνης αὐτου ἀκουσητε, μη σκληρυνητε τας καρδιας ὑμων ὡς ἐν τω παραπικρασμω.
	4 7	σημερον *ἐαν* της φωνης αὐτου ἀκουσητε, μη σκληρυνητε τας καρδιας ὑμων.
	10 38	και *ἐαν* ὑποστειληται, οὐκ εὐδοκει ἡ ψυχη μου ἐν αὐτω.
	12 20	*κἀν* θηριον θιγη του ὀρους, λιθοβοληθησεται·
	13 23	γινωσκετε τον ἀδελφον ἡμων τιμοθεον ἀπολελυμενον, μεθ οὑ *ἐαν* ταχιον ἐρχηται ὀψομαι ὑμας.
Ja	2 2	*ἐαν* γαρ εἰσελθη εἰς συναγωγην ὑμων ἀνηρ χρυσοδακτυλιος ἐν ἐσθητι λαμπρα,
	14	τί το ὀφελος, ἀδελφοι μου, *ἐαν* πιστιν λεγη τις ἐχειν ἐργα δε μη ἐχη;
	15	*ἐαν* ἀδελφος ἠ ἀδελφη γυμνοι ὑπαρχωσιν και λειπομενοι της ἐφημερου τροφης, εἰπη δε τις αὐτοις ἐξ ὑμων·
	17	οὑτως και ἡ πιστις, *ἐαν* μη ἐχη ἐργα, νεκρα ἐστιν καθ ἑαυτην.
	4 4	ὁς *ἐαν* οὐν βουληθη φιλος εἰναι του κοσμου, ἐχθρος του θεου καθισταται.
	15	*ἐαν* ὁ κυριος θεληση, και ζησομεν και ποιησομεν τουτο ἠ ἐκεινο.
	5 15	*κἀν* ἁμαρτιας ἠ πεποιηκως, ἀφεθησεται αὐτω.
	19	ἀδελφοι μου, *ἐαν* τις ἐν ὑμιν πλανηθη ἀπο της ἀληθειας και ἐπιστρεψη τις αὐτον, γινωσκετω
1Pt	3 13	και τίς ὁ κακωσων ὑμας *ἐαν* του ἀγαθου ζηλωται γενησθε;
1Jh	1 6	· *ἐαν* εἰπωμεν ὅτι κοινωνιαν ἐχομεν μετ αὐτου και ἐν τω σκοτει περιπατωμεν, ψευδομεθα και οὐ ποιουμεν την ἀληθειαν·
	7	*ἐαν* δε ἐν τω φωτι περιπατωμεν ὡς αὐτος ἐστιν ἐν τω φωτι, κοινωνιαν ἐχομεν μετ ἀλληλων
	8	*ἐαν* εἰπωμεν ὅτι ἁμαρτιαν οὐκ ἐχομεν, ἑαυτους πλανωμεν και ἡ ἀληθεια οὐκ ἐστιν ἐν ἡμιν.
	9	*ἐαν* ὁμολογωμεν τας ἁμαρτιας ἡμων, πιστος ἐστιν και δικαιος,
	10	*ἐαν* εἰπωμεν ὅτι οὐχ ἡμαρτηκαμεν, ψευστην ποιουμεν αὐτον και ὁ λογος αὐτου οὐκ ἐστιν ἐν ἡμιν.
	2 1	και *ἐαν* τις ἁμαρτη, παρακλητον ἐχομεν προς τον πατερα,
	3	και ἐν τουτω γινωσκομεν ὅτι ἐγνωκαμεν αὐτον, *ἐαν* τας ἐντολας αὐτου τηρωμεν.
	15	*ἐαν* τις ἀγαπα τον κοσμον, οὐκ ἐστιν ἡ ἀγαπη του πατρος ἐν αὐτω·
	24	*ἐαν* ἐν ὑμιν μεινη ὁ ἀπ ἀρχης ἡκουσατε, και ὑμεις ἐν τω υἱω και ἐν τω πατρι μενειτε.
	28	και νυν, τεκνια, μενετε ἐν αὐτω, ἱνα *ἐαν* φανερωθη σχωμεν παρρησιαν και μη αἰσχυνθωμεν ἀπ αὐτου ἐν τη παρουσια αὐτου.
	29	*ἐαν* εἰδητε ὅτι δικαιος ἐστιν, γινωσκετε ὅτι και πας ὁ ποιων την δικαιοσυνην ἐξ αὐτου γεγεννηται.
	3 2	οἰδαμεν ὅτι *ἐαν* φανερωθη ὁμοιοι αὐτω ἐσομεθα,
	20	ὅτι *ἐαν* καταγινωσκη ἡμων ἡ καρδια, ὅτι μειζων ἐστιν ὁ θεος της καρδιας ἡμων και γινωσκει παντα.
	21	ἀγαπητοι, *ἐαν* ἡ καρδια [ἡμων] μη καταγινωσκη, παρρησιαν ἐχομεν προς τον θεον,
	22	και ὁ *ἐαν* αἰτωμεν λαμβανομεν ἀπ αὐτου,
	4 12	*ἐαν* ἀγαπωμεν ἀλληλους, ὁ θεος ἐν ἡμιν μενει και ἡ ἀγαπη αὐτου ἐν ἡμιν τετελειωμενη ἐστιν.
	15	ὁς *ἐαν* ὁμολογηση ὅτι ἰησους ἐστιν ὁ υἱος του θεου, ὁ θεος ἐν αὐτω μενει και αὐτος ἐν τω θεω.
	20	*ἐαν* τις εἰπη ὅτι ἀγαπω τον θεον, και τον ἀδελφον αὐτου μιση, ψευστης ἐστιν·
	5 14	και αὐτη ἐστιν ἡ παρρησια ἡν ἐχομεν προς αὐτον, ὅτι *ἐαν* τι αἰτωμεθα κατα το θελημα αὐτου ἀκουει ἡμων.
	15	και *ἐαν* οἰδαμεν ὅτι ἀκουει ἡμων ὁ *ἐαν* αἰτωμεθα, οἰδαμεν ὅτι ἐχομεν τα αἰτηματα ἀ ἠτηκαμεν ἀπ αὐτου.
	15	και *ἐαν* οἰδαμεν ὅτι ἀκουει ἡμων ὁ *ἐαν* αἰτωμεθα, οἰδαμεν ὅτι ἐχομεν τα αἰτηματα ἀ ἠτηκαμεν ἀπ αὐτου.

ἐάν [351]

1Jh	5 16	*ἐαν* τις ἰδη τον ἀδελφον αὐτου ἁμαρτανοντα ἁμαρτιαν μη προς θανατον, αἰτησει,
3Jh	5	πιστον ποιεις ὁ *ἐαν* ἐργαση εἰς τους ἀδελφους και τουτο ξενους,
	10	δια τουτο, *ἐαν* ἐλθω, ὑπομνησω αὐτου τα ἐργα ἀ ποιει
Apc	2 5	ἐρχομαι σοι και κινησω την λυχνιαν σου ἐκ του τοπου αὐτης, *ἐαν* μη μετανοησης.
	22	ἰδου βαλλω αὐτην εἰς κλινην, και τους μοιχευοντας μετ αὐτης εἰς θλιψιν μεγαλην, *ἐαν* μη μετανοησωσιν ἐκ των ἐργων αὐτης·
	3 3	*ἐαν* οὐν μη γρηγορησης, ἡξω ὡς κλεπτης,
	19	ἐγω ὁσους *ἐαν* φιλω ἐλεγχω και παιδευω·
	20	*ἐαν* τις ἀκουση της φωνης μου και ἀνοιξη την θυραν, [και] εἰσελευσομαι προς αὐτον
	11 6	και ἐξουσιαν ἐχουσιν ἐπι των ὑδατων στρεφειν αὐτα εἰς αἰμα και παταξαι την γην ἐν παση πληγη ὁσακις *ἐαν* θελησωσιν.
	13 15	ἱνα και λαληση ἡ εἰκων του θηριου, και ποιηση [ἱνα] ὁσοι *ἐαν* μη προσκυνησωσιν τη εἰκονι του θηριου ἀποκτανθωσιν.
	22 18	*ἐαν* τις ἐπιθη ἐπ αὐτα, ἐπιθησει ὁ θεος ἐπ αὐτον τας πληγας τας γεγραμμενας ἐν τω βιβλιω τουτω·
	19	και *ἐαν* τις ἀφελη ἀπο των λογων του βιβλιου της προφητειας ταυτης, ἀφελει ὁ θεος το μερος αὐτου ἀπο του ξυλου της ζωης

ἐανπερ [3]

Heb	3 6	οὐ οἰκος ἐσμεν ἡμεις, *ἐαν[περ]* την παρρησιαν και το καυχημα της ἐλπιδος κατασχωμεν.
	14	μετοχοι γαρ του χριστου γεγοναμεν, *ἐανπερ* την ἀρχην της ὑποστασεως μεχρι τελους βεβαιαν κατασχωμεν.
	6 3	και τουτο ποιησομεν, *ἐανπερ* ἐπιτρεπη ὁ θεος.

ἑαυτου [321]

Mt	3 9	και μη δοξητε λεγειν ἐν *ἑαυτοις·* πατερα ἐχομεν τον ἀβρααμ
	6 34	ἡ γαρ αὐριον μεριμνησει *ἑαυτης·*
	8 22	ἀκολουθει μοι, και ἀφες τους νεκρους θαψαι τους *ἑαυτων* νεκρους.
	9 3	και ἰδου τινες των γραμματεων εἰπαν ἐν *ἑαυτοις·* οὑτος βλασφημει.
	21	ἐλεγεν γαρ ἐν *ἑαυτη·* ἐαν μονον ἀψωμαι του ἱματιου αὐτου,
	12 25	πασα βασιλεια μερισθεισα καθ *ἑαυτης* ἐρημουται,
	25	και πασα πολις ἠ οἰκια μερισθεισα καθ *ἑαυτης* οὐ σταθησεται.
	26	και εἰ ὁ σατανας τον σαταναν ἐκβαλλει, ἐφ *ἑαυτον* ἐμερισθη·
	45	τοτε πορευεται και παραλαμβανει μεθ *ἑαυτου* ἑπτα ἑτερα πνευματα πονηροτερα *ἑαυτου,*
	45	τοτε πορευεται και παραλαμβανει μεθ *ἑαυτου* ἑπτα ἑτερα πνευματα πονηροτερα *ἑαυτου,*
	13 21	οὐκ ἐχει δε ῥιζαν ἐν *ἑαυτω* ἀλλα προσκαιρος ἐστιν,
	14 15	ἀπολυσον τους ὀχλους, ἱνα ἀπελθοντες εἰς τας κωμας ἀγορασωσιν *ἑαυτοις* βρωματα.
	15 30	και προσηλθον αὐτω ὀχλοι πολλοι ἐχοντες μεθ *ἑαυτων* χωλους, τυφλους, κυλλους, κωφους, και ἑτερους πολλους, και ἐρριψαν αὐτους παρα τους ποδας αὐτου·
	16 7	οἱ δε διελογιζοντο ἐν *ἑαυτοις* λεγοντες ὅτι ἀρτους οὐκ ἐλαβομεν.
	8	τί διαλογιζεσθε ἐν *ἑαυτοις,* ὀλιγοπιστοι, ὅτι ἀρτους οὐκ ἐχετε;
	24	εἰ τις θελει ὀπισω μου ἐλθειν, ἀπαρνησασθω *ἑαυτον* και ἀρατω τον σταυρον αὐτου, και ἀκολουθειτω μοι.
	18 4	ὁστις οὐν ταπεινωσει *ἑαυτον* ὡς το παιδιον τουτο, οὑτος ἐστιν ὁ μειζων ἐν τη βασιλεια των οὐρανων.
	31	και ἐλθοντες διεσαφησαν τω κυριω *ἑαυτων* παντα τα γενομενα.
	19 12	και εἰσιν εὐνουχοι οἱτινες εὐνουχισαν *ἑαυτους* δια την βασιλειαν των οὐρανων.
	21 8	ὁ δε πλειστος ὀχλος ἐστρωσαν *ἑαυτων* τα ἱματια ἐν τη ὁδω,
	25	οἱ δε διελογιζοντο ἐν *ἑαυτοις* λεγοντες· ἐαν εἰπωμεν· ἐξ οὐρανου, ἐρει ἡμιν· δια τί οὐν οὐκ ἐπιστευσατε αὐτω;
	38	οἱ δε γεωργοι ἰδοντες τον υἱον εἰπον ἐν *ἑαυτοις·* οὑτος ἐστιν ὁ κληρονομος· δευτε ἀποκτεινωμεν αὐτον και σχωμεν την κληρονομιαν αὐτου·
	23 12	ὁστις δε ὑψωσει *ἑαυτον* ταπεινωθησεται, και ὁστις ταπεινωσει ἑαυτον ὑψωθησεται.
	12	ὁστις δε ὑψωσει *ἑαυτον* ταπεινωθησεται, και ὁστις ταπεινωσει *ἑαυτον* ὑψωθησεται.
	31	ὡστε μαρτυρειτε *ἑαυτοις* ὅτι υἱοι ἐστε των φονευσαντων τους προφητας.

ἑαυτου [321]

Mt 25 1 τοτε ὁμοιωθησεται ἡ βασιλεια των ουρανων δεκα παρθενοις, αἰτινες λαβουσαι τας λαμπαδας *ἑαυτων* ἐξηλθον εἰς ὑπαντησιν του νυμφιου.

3 αἱ γαρ μωραι λαβουσαι τας λαμπαδας αὑτων οὐκ ἐλαβον μεθ *ἑαυτων* ἐλαιον.

4 αἱ δε φρονιμοι ἐλαβον ἐλαιον ἐν τοις ἀγγειοις μετα των λαμπαδων *ἑαυτων*.

7 τοτε ἠγερθησαν πασαι αἱ παρθενοι ἐκειναι και ἐκοσμησαν τας λαμπαδας *ἑαυτων*.

9 μηποτε οὐ μη ἀρκεση ἡμιν και ὑμιν· πορευεσθε μαλλον προς τους πωλουντας και ἀγορασατε *ἑαυταις*.

26 11 παντοτε γαρ τους πτωχους ἐχετε μεθ *ἑαυτων*, ἐμε δε οὐ παντοτε ἐχετε·

27 42 ἀλλους ἐσωσεν, *ἑαυτον* οὐ δυναται σωσαι·

Mc 1 27 και ἐθαμβηθησαν ἁπαντες, ὡστε συζητειν προς *ἑαυτους* λεγοντας·

2 8 και εὐθυς ἐπιγνους ὁ ἰησους τω πνευματι αὑτου ὀτι οὑτως διαλογιζονται ἐν *ἑαυτοις*,

3 24 και ἐαν βασιλεια ἐφ *ἑαυτην* μερισθη, οὐ δυναται σταθηναι ἡ βασιλεια ἐκεινη·

25 και ἐαν οἰκια ἐφ *ἑαυτην* μερισθη, οὐ δυνησεται ἡ οἰκια ἐκεινη σταθηναι.

26 και εἰ ὁ σατανας ἀνεστη ἐφ *ἑαυτον* και ἐμερισθη, οὐ δυναται στηναι ἀλλα τελος ἐχει.

4 17 και οὐκ ἐχουσιν ῥιζαν ἐν *ἑαυτοις* ἀλλα προσκαιροι εἰσιν,

5 5 και δια παντος νυκτος και ἡμερας ἐν τοις μνημασιν και ἐν τοις ὀρεσιν ἠν κραζων και κατακοπτων *ἑαυτον* λιθοις.

30 και εὐθυς ὁ ἰησους ἐπιγνους ἐν *ἑαυτω* την ἐξ αὑτου δυναμιν ἐξελθουσαν,

6 36 ἀπολυσον αὑτους, ἰνα ἀπελθοντες εἰς τους κυκλω ἀγρους και κωμας ἀγορασωσιν *ἑαυτοις* τι φαγωσιν.

51 και λιαν [ἐκ περισσου] ἐν *ἑαυτοις* ἐξισταντο·

8 14 και ἐπελαθοντο λαβειν ἀρτους, και εἰ μη ἐνα ἀρτον οὐκ εἰχον μεθ *ἑαυτων* ἐν τω πλοιω.

34 εἰ τις θελει ὀπισω μου ἀκολουθειν, ἀπαρνησασθω *ἑαυτον* και ἀρατω τον σταυρον αὑτου, και ἀκολουθειτω μοι.

9 8 και ἐξαπινα περιβλεψαμενοι οὐκετι οὐδενα εἰδον ἀλλα τον ἰησουν μονον μεθ *ἑαυτων*.

10 και τον λογον ἐκρατησαν προς *ἑαυτους* συζητουντες τι ἐστιν το ἐκ νεκρων ἀναστηναι.

50 ἐχετε ἐν *ἑαυτοις* ἀλα και εἰρηνευετε ἐν ἀλληλοις.

10 26 οἱ δε περισσως ἐξεπλησσοντο λεγοντες προς *ἑαυτους*· και τις δυναται σωθηναι;

11 31 και διελογιζοντο προς *ἑαυτους* λεγοντες· ἐαν εἰπωμεν· ἐξ ουρανου, ἐρει· δια τι [οὐν] οὐκ ἐπιστευσατε αὑτω;

12 7 ἐκεινοι δε οἱ γεωργοι προς *ἑαυτους* εἰπαν ὀτι οὑτος ἐστιν ὁ κληρονομος· δευτε ἀποκτεινωμεν αὑτον, και ἡμων ἐσται ἡ κληρονομια.

33 και το ἀγαπαν τον πλησιον ὡς *ἑαυτον* περισσοτερον ἐστιν παντων των ὁλοκαυτωματων και θυσιων.

13 9 βλεπετε δε ὑμεις *ἑαυτους*·

14 4 ἠσαν δε τινες ἀγανακτουντες προς *ἑαυτους*· εἰς τι ἡ ἀπωλεια αὑτη του μυρου γεγονεν;

7 παντοτε γαρ τους πτωχους ἐχετε μεθ *ἑαυτων*, και ὀταν θελητε δυνασθε αὑτοις εὐ ποιησαι,

15 31 ἀλλους ἐσωσεν, *ἑαυτον* οὐ δυναται σωσαι·

16 3 και ἐλεγον προς *ἑαυτας*· τις ἀποκυλισει ἡμιν τον λιθον ἐκ της θυρας του μνημειου;

Lc 1 24 μετα δε ταυτας τας ἡμερας συνελαβεν ἐλισαβετ ἡ γυνη αὑτου, και περιεκρυβεν *ἑαυτην* μηνας πεντε,

2 3 και ἐπορευοντο παντες ἀπογραφεσθαι, ἐκαστος εἰς την *ἑαυτου* πολιν.

39 και ὡς ἐτελεσαν παντα τα κατα τον νομον κυριου, ἐπεστρεψαν εἰς την γαλιλαιαν εἰς πολι *ἑαυτων* ναζαρεθ.

3 8 ποιησατε οὐν καρπους ἀξιους της μετανοιας· και μη ἀρξησθε λεγειν ἐν *ἑαυτοις*· πατερα ἐχομεν τον ἀβρααμ·

7 30 οἱ δε φαρισαιοι και οἱ νομικοι την βουλην του θεου ἠθετησαν εἰς *ἑαυτους*,

39 ἰδων δε ὁ φαρισαιος ὁ καλεσας αὑτον εἰπεν ἐν *ἑαυτω* λεγων· οὑτος εἰ ἠν προφητης, ἐγινωσκεν ἀν τις και ποταπη ἡ γυνη ἡτις ἁπτεται αὑτου, ὀτι ἁμαρτωλος ἐστιν.

49 και ἠρξαντο οἱ συνανακειμενοι λεγειν ἐν *ἑαυτοις*· τις οὑτος ἐστιν, ὀς και ἁμαρτιας ἀφιησιν;

9 23 εἰ τις θελει ὀπισω μου ἐρχεσθαι, ἀρνησασθω *ἑαυτον* και ἀρατω τον σταυρον αὑτου καθ ἡμεραν, και ἀκολουθειτω μοι.

25 τι γαρ ὠφελειται ἀνθρωπος κερδησας τον κοσμον ὀλον *ἑαυτον* δε ἀπολεσας ἠ ζημιωθεις;

47 ὁ δε ἰησους εἰδως τον διαλογισμον της καρδιας αὑτων, ἐπιλαβομενος παιδιον ἐστησεν αὑτο παρ *ἑαυτω*.

ἑαυτου [321]

Lc 9 60 ἀφες τους νεκρους θαψαι τους *ἑαυτων* νεκρους, συ δε ἀπελθων διαγγελλε την βασιλειαν του θεου.

10 29 ὁ δε θελων δικαιωσαι *ἑαυτον* εἰπεν προς τον ἰησουν·

11 17 πασα βασιλεια ἐφ *ἑαυτην* διαμερισθεισα ἐρημουται,

18 εἰ δε και ὁ σατανας ἐφ *ἑαυτον* διεμερισθη, πως σταθησεται ἡ βασιλεια αὑτου;

21 ὀταν ὁ ἰσχυρος καθωπλισμενος φυλασση την *ἑαυτου* αὑλην, ἐν εἰρηνη ἐστιν τα ὑπαρχοντα αὑτου·

26 τοτε πορευεται και παραλαμβανει ἑτερα πνευματα πονηροτερα *ἑαυτου* ἑπτα,

12 1 προσεχετε *ἑαυτοις* ἀπο της ζυμης, ἡτις ἐστιν ὑποκρισις, των φαρισαιων.

17 και διελογιζετο ἐν *ἑαυτω* λεγων·

21 οὑτως ὁ θησαυριζων *ἑαυτω* και μη εἰς θεον πλουτων.

33 ποιησατε *ἑαυτοις* βαλλαντια μη παλαιουμενα, θησαυρον ἀνεκλειπτον ἐν τοις ουρανοις, ὀπου κλεπτης οὐκ ἐγγιζει οὐδε σης διαφθειρει·

36 και ὑμεις ὁμοιοι ἀνθρωποις προσδεχομενοις τον κυριον *ἑαυτων*, ποτε ἀναλυση ἐκ των γαμων, ἰνα ἐλθοντος και κρουσαντος εὐθεως ἀνοιξωσιν αὑτω.

57 τι δε και ἀφ *ἑαυτων* οὐ κρινετε το δικαιον;

13 19 ὁμοια ἐστιν κοκκω σιναπεως, ὀν λαβων ἀνθρωπος ἐβαλεν εἰς κηπον *ἑαυτου*,

34 ποσακις ἠθελησα ἐπισυναξαι τα τεκνα σου ὀν τροπον ὀρνις την *ἑαυτης* νοσσιαν ὑπο τας πτερυγας,

14 11 ὀτι πας ὁ ὑψων *ἑαυτον* ταπεινωθησεται, και ὁ ταπεινων *ἑαυτον* ὑψωθησεται.

11 ὀτι πας ὁ ὑψων *ἑαυτον* ταπεινωθησεται, και ὁ ταπεινων *ἑαυτον* ὑψωθησεται.

26 εἰ τις ἐρχεται προς με και οὐ μισει τον πατερα *ἑαυτου*

26 και την μητερα και την γυναικα και τα τεκνα και τους ἀδελφους και τας ἀδελφας, ἐτι τε και την ψυχην *ἑαυτου*,

27 ὀστις οὐ βασταζει τον σταυρον *ἑαυτου* και ἐρχεται ὀπισω μου, οὐ δυναται εἰναι μου μαθητης.

33 οὑτως οὐν πας ἐξ ὑμων ὀς οὐκ ἀποτασσεται πασιν τοις *ἑαυτου* ὑπαρχουσιν οὐ δυναται εἰναι μου μαθητης.

15 17 εἰς *ἑαυτον* δε ἐλθων ἐφη·

20 και ἀναστας ἠλθεν προς τον πατερα *ἑαυτου*.

16 3 εἰπεν δε ἐν *ἑαυτω* ὁ οἰκονομος· τι ποιησω, ὀτι ὁ κυριος μου ἀφαιρειται την οἰκονομιαν ἀπ ἐμου·

5 και προσκαλεσαμενος ἐνα ἐκαστον των χρεοφειλετων του κυριου *ἑαυτου* ἐλεγεν τω πρωτω·

8 ὀτι οἱ υἱοι του αἰωνος τουτου φρονιμωτεροι ὑπερ τους υἱους του φωτος εἰς την γενεαν την *ἑαυτων* εἰσιν.

9 *ἑαυτοις* ποιησατε φιλους ἐκ του μαμωνα της ἀδικιας, ἰνα ὀταν ἐκλιπη δεξωνται ὑμας εἰς τας αἰωνιους σκηνας.

15 ὑμεις ἐστε οἱ δικαιουντες *ἑαυτους* ἐνωπιον των ἀνθρωπων, ὁ δε θεος γινωσκει τας καρδιας ὑμων·

17 3 προσεχετε *ἑαυτοις*. ἐαν ἁμαρτη ὁ ἀδελφος σου, ἐπιτιμησον αὑτω, και ἐαν μετανοηση, ἀφες αὑτω.

14 πορευθεντες ἐπιδειξατε *ἑαυτους* τοις ἱερευσιν.

18 4 μετα δε ταυτα εἰπεν ἐν *ἑαυτω*· εἰ και τον θεον οὐ φοβουμαι οὐδε ἀνθρωπον ἐντρεπομαι, δια γε το παρεχειν μοι κοπον την χηραν ταυτην ἐκδικησω αὑτην,

9 εἰπεν δε και προς τινας τους πεποιθοτας ἐφ *ἑαυτοις* ὀτι εἰσιν δικαιοι και ἐξουθενουντας τους λοιπους την παραβολην ταυτην.

11 ὁ φαρισαιος σταθεις προς *ἑαυτον* ταυτα προσηυχετο·

14 ὀτι πας ὁ ὑψων *ἑαυτον* ταπεινωθησεται, ὁ δε ταπεινων *ἑαυτον* ὑψωθησεται.

14 ὀτι πας ὁ ὑψων *ἑαυτον* ταπεινωθησεται, ὁ δε ταπεινων *ἑαυτον* ὑψωθησεται.

19 12 ἀνθρωπος τις εὐγενης ἐπορευθη εἰς χωραν μακραν λαβειν *ἑαυτω* βασιλειαν και ὑποστρεψαι.

13 καλεσας δε δεκα δουλους *ἑαυτου* ἐδωκεν αὑτοις δεκα μνας,

20 5 οἱ δε συνελογισαντο προς *ἑαυτους* λεγοντες ὀτι ἐαν εἰπωμεν·

20 και παρατηρησαντες ἀπεστειλαν ἐγκαθετους ὑποκρινομενους *ἑαυτους* δικαιους εἰναι,

21 30 ὀταν προβαλωσιν ἠδη, βλεποντες ἀφ *ἑαυτων* γινωσκετε ὀτι ἠδη ἐγγυς το θερος ἐστιν·

34 προσεχετε δε *ἑαυτοις* μηποτε βαρηθωσιν ὑμων αἱ καρδιαι ἐν κραιπαλη και μεθη και μεριμναις βιωτικαις,

22 17 λαβετε τουτο και διαμερισατε εἰς *ἑαυτους*·

23 και αὑτοι ἠρξαντο συζητειν προς *ἑαυτους* το τις ἀρα εἰη ἐξ αὑτων ὁ τουτο μελλων πρασσειν.

23 2 και λεγοντα *ἑαυτον* χριστον βασιλεα εἰναι.

28 πλην ἐφ *ἑαυτας* κλαιετε και ἐπι τα τεκνα ὑμων, ὀτι ἰδου ἐρχονται ἡμεραι ἐν αἱς ἐρουσιν·

ἑαυτου [321]

Lc 23 35 ἀλλους ἐσωσεν, σωσατω ἑαυτον, εἰ οὑτος ἐστιν ὁ χριστος του θεου ὁ ἐκλεκτος.

24 12 και ἀπηλθεν πρως ἑαυτον θαυμαζων το γεγονος.

27 και ἀρξαμενος ἀπο μωυσεως και ἀπο παντων των προφητων διερμηνευσεν αὐτοις ἐν πασαις ταις γραφαις τα περι ἑαυτου.

Jh 5 18 ὁτι οὐ μονον ἐλυεν το σαββατον, ἀλλα και πατερα ἰδιον ἐλεγεν τον θεον, ἰσον ἑαυτον ποιων τω θεω.

19 ἀμην ἀμην λεγω ὑμιν, οὐ δυναται ὁ υἱος ποιειν ἀφ ἑαυτου οὐδεν,

26 ὡσπερ γαρ ὁ πατηρ ἐχει ζωην ἐν ἑαυτω, οὑτως και τω υἱω ἐδωκεν ζωην ἐχειν ἐν ἑαυτω.

26 ὡσπερ γαρ ὁ πατηρ ἐχει ζωην ἐν ἑαυτω, οὑτως και τω υἱω ἐδωκεν ζωην ἐχειν ἐν ἑαυτω.

42 δοξαν παρα ἀνθρωπων οὐ λαμβανω, ἀλλα ἐγνωκα ὑμας ὁτι την ἀγαπην του θεου οὐκ ἐχετε ἐν ἑαυτοις.

6 53 ἐαν μη φαγητε την σαρκα του υἱου του ἀνθρωπου και πιητε αὐτου το αἱμα, οὐκ ἐχετε ζωην ἐν ἑαυτοις.

61 εἰδως δε ὁ ἰησους ἐν ἑαυτω ὁτι γογγυζουσιν περι τουτου οἱ μαθηται αὐτου, εἰπεν αὐτοις·

7 18 ὁ ἀφ ἑαυτου λαλων την δοξαν την ἰδιαν ζητει·

35 εἰπον οὐν οἱ ἰουδαιοι προς ἑαυτους· που οὑτος μελλει πορευεσθαι, ὁτι ἡμεις οὐχ εὑρησομεν αὐτον;

8 22 μητι ἀποκτενει ἑαυτον, ὁτι λεγει· ὁπου ἐγω ὑπαγω ὑμεις οὐ δυνασθε ἐλθειν;

9 21 αὐτον ἐρωτησατε, ἡλικιαν ἐχει, αὐτος περι ἑαυτου λαλησει.

11 33 ἰησους οὐν ὡς εἰδεν αὐτην κλαιουσαν και τους συνελθοντας αὐτη ἰουδαιους κλαιοντας, ἐνεβριμησατο τω πνευματι και ἐταραξεν ἑαυτον,

38 ἰησους οὐν παλιν ἐμβριμωμενος ἐν ἑαυτω ἐρχεται εἰς το μνημειον·

51 τουτο δε ἀφ ἑαυτου οὐκ εἰπεν, ἀλλα ἀρχιερευς ὠν του ἐνιαυτου ἐκεινου ἐπροφητευσεν

55 και ἀνεβησαν πολλοι εἰς ἱεροσολυμα ἐκ της χωρας προ του πασχα, ἱνα ἁγνισωσιν ἑαυτους.

12 8 τους πτωχους γαρ παντοτε ἐχετε μεθ ἑαυτων, ἐμε δε οὐ παντοτε ἐχετε.

19 οἱ οὐν φαρισαιοι εἰπαν προς ἑαυτους· θεωρειτε ὁτι οὐκ ὠφελειτε οὐδεν·

13 4 ἐγειρεται ἐκ του δειπνου και τιθησιν τα ἱματια, και λαβων λεντιον διεζωσεν ἑαυτον·

15 4 καθως το κλημα οὐ δυναται καρπον φερειν ἀφ ἑαυτου ἐαν μη μενη ἐν τη ἀμπελω, οὑτως οὐδε ὑμεις ἐαν μη ἐν ἐμοι μενητε.

16 13 οὐ γαρ λαλησει ἀφ ἑαυτου, ἀλλ ὁσα ἀκουσει λαλησει,

17 13 και ταυτα λαλω ἐν τω κοσμω ἱνα ἐχωσιν την χαραν την ἐμην πεπληρωμενην ἐν ἑαυτοις.

19 7 και κατα τον νομον ὀφειλει ἀποθανειν, ὁτι υἱον θεου ἑαυτον ἐποιησεν.

12 πας ὁ βασιλεα ἑαυτον ποιων ἀντιλεγει τω καισαρι.

17 και βασταζων ἑαυτω τον σταυρον ἐξηλθεν εἰς τον λεγομενον κρανιου τοπον, ὁ λεγεται ἑβραιστι γολγοθα, ὁπου αὐτον ἐσταυρωσαν,

24 διεμερισαντο τα ἱματια μου ἑαυτοις και ἐπι τον ἱματισμον μου ἐβαλον κληρον.

21 1 μετα ταυτα ἐφανερωσεν ἑαυτον παλιν ὁ ἰησους τοις μαθηταις ἐπι της θαλασσης της τιβεριαδος·

7 ἀκουσας ὁτι ὁ κυριος ἐστιν, τον ἐπενδυτην διεζωσατο, ἠν γαρ γυμνος, και ἐβαλεν ἑαυτον εἰς την θαλασσαν·

Ac 1 3 οἱς και παρεστησεν ἑαυτον ζωντα μετα το παθειν αὐτον ἐν πολλοις τεκμηριοις,

5 35 ἀνδρες ἰσραηλιται, προσεχετε ἑαυτοις ἐπι τοις ἀνθρωποις τουτοις τι μελλετε πρασσειν.

36 προ γαρ τουτων των ἡμερων ἀνεστη θευδας, λεγων εἰναι τινα ἑαυτον, ὡ προσεκλιθη ἀνδρων ἀριθμος ὡς τετρακοσιων·

7 21 ἐκτεθεντος δε αὐτου ἀνειλατο αὐτον ἡ θυγατηρ φαραω και ἀνεθρεψατο αὐτον ἑαυτη εἰς υἱον.

8 9 ἀνηρ δε τις ὀνοματι σιμων προυπηρχεν ἐν τη πολει μαγευων και ἐξιστανων το ἐθνος της σαμαρειας, λεγων εἰναι τινα ἑαυτον μεγαν,

34 δεομαι σου, περι τινος ὁ προφητης λεγει τουτο; περι ἑαυτου ἠ περι ἑτερου τινος;

10 17 ὡς δε ἐν ἑαυτω διηπορει ὁ πετρος τι ἀν εἰη το ὁραμα ὁ εἰδεν, ἰδου οἱ ἀνδρες οἱ ἀπεσταλμενοι ὑπο του κορνηλιου διερωτησαντες την οἰκιαν του σιμωνος ἐπεστησαν ἐπι τον πυλωνα,

12 11 και ὁ πετρος ἐν ἑαυτω γενομενος εἰπεν·

13 46 ἐπειδη ἀπωθεισθε αὐτον και οὐκ ἀξιους κρινετε ἑαυτους της αἰωνιου ζωης, ἰδου στρεφομεθα εἰς τα ἐθνη.

15 29 ἐξ ὡν διατηρουντες ἑαυτους εὐ πραξετε. ἐρρωσθε.

ἑαυτου [321]

Ac 16 27 ἐξυπνος δε γενομενος ὁ δεσμοφυλαξ και ἰδων ἀνεωγμενας τας θυρας της φυλακης, σπασαμενος [την] μαχαιραν ἠμελλεν ἑαυτον ἀναιρειν,

19 31 τινες δε και των ἀσιαρχων, ὀντες αὐτω φιλοι, πεμψαντες προς αὐτον παρεκαλουν μη δουναι ἑαυτον εἰς το θεατρον.

20 28 προσεχετε ἑαυτοις και παντι τω ποιμνιω, ἐν ὡ ὑμας το πνευμα το ἁγιον ἐθετο ἐπισκοπους,

21 11 και ἐλθων προς ἡμας και ἀρας την ζωνην του παυλου, δησας ἑαυτου τους ποδας και τας χειρας εἰπεν·

23 εἰσιν ἡμιν ἀνδρες τεσσαρες εὐχην ἐχοντες ἐφ ἑαυτων·

23 12 γενομενης δε ἡμερας ποιησαντες συστροφην οἱ ἰουδαιοι ἀνεθεματισαν ἑαυτους, λεγοντες μητε φαγειν μητε πιειν ἑως οὑ ἀποκτεινωσιν τον παυλον.

14 ἀναθεματι ἀνεθεματισαμεν ἑαυτους μηδενος γευσασθαι ἑως οὑ ἀποκτεινωμεν τον παυλον.

21 ἐνεδρευουσιν γαρ αὐτον ἐξ αὐτων ἀνδρες πλειους τεσσερακοντα, οἱτινες ἀνεθεματισαν ἑαυτους μητε φαγειν μητε πιειν ἑως οὑ ἀνελωσιν αὐτον,

25 4 ὁ μεν οὐν φηστος ἀπεκριθη τηρεισθαι τον παυλον εἰς καισαρειαν, ἑαυτον δε μελλειν ἐν ταχει ἐκπορευεσθαι·

28 16 ὁτε δε εἰσηλθομεν εἰς ρωμην, ἐπετραπη τω παυλω μενειν καθ ἑαυτον συν τω φυλασσοντι αὐτον στρατιωτη.

29 * και ταυτα αὐτου εἰποντος ἀπηλθον οἱ ἰουδαιοι πολλην ἐχοντες ἐν ἑαυτοις συζητησιν.

Rm 1 27 ἀρσενες ἐν ἀρσεσιν την ἀσχημοσυνην κατεργαζομενοι και την ἀντιμισθιαν ἡν ἐδει της πλανης αὐτων ἐν ἑαυτοις ἀπολαμβανοντες.

2 14 ὁταν γαρ ἐθνη τα μη νομον ἐχοντα φυσει τα του νομου ποιωσιν, οὑτοι νομον μη ἐχοντες ἑαυτοις εἰσιν νομος·

4 19 και μη ἀσθενησας τη πιστει κατενοησεν το ἑαυτου σωμα [ηδη] νενεκρωμενον, ἑκατονταετης που ὑπαρχων,

5 8 συνιστησιν δε την ἑαυτου ἀγαπην εἰς ἡμας ὁ θεος ὁτι ἐτι ἁμαρτωλων ὀντων ἡμων χριστος ὑπερ ἡμων ἀπεθανεν.

6 11 οὑτως και ὑμεις λογιζεσθε ἑαυτους [εἰναι] νεκρους μεν τη ἁμαρτια ζωντας δε τω θεω ἐν χριστω ἰησου.

13 μηδε παριστανετε τα μελη ὑμων ὁπλα ἀδικιας τη ἁμαρτια, ἀλλα παραστησατε ἑαυτους τω θεω

16 οὐκ οἰδατε ὁτι ὡ παριστανετε ἑαυτους δουλους εἰς ὑπακοην,

8 3 το γαρ ἀδυνατον του νομου, ἐν ὡ ἠσθενει δια της σαρκος, ὁ θεος τον ἑαυτου υἱον πεμψας ἐν ὁμοιωματι σαρκος ἁμαρτιας και περι ἁμαρτιας κατεκρινεν την ἁμαρτιαν ἐν τη σαρκι,

23 οὐ μονον δε, ἀλλα και αὐτοι την ἀπαρχην του πνευματος ἐχοντες ἡμεις και αὐτοι ἐν ἑαυτοις στεναζομεν υἱοθεσιαν ἀπεκδεχομενοι,

11 25 οὐ γαρ θελω ὑμας ἀγνοειν, ἀδελφοι, το μυστηριον τουτο, ἱνα μη ἠτε [παρ] ἑαυτοις φρονιμοι,

12 16 μη γινεσθε φρονιμοι παρ ἑαυτοις.

19 μη ἑαυτους ἐκδικουντες, ἀγαπητοι, ἀλλα δοτε τοπον τη ὀργη·

13 2 οἱ δε ἀνθεστηκοτες ἑαυτοις κριμα λημψονται.

14 7 οὐδεις γαρ ἡμων ἑαυτω ζη, και οὐδεις ἑαυτω ἀποθνησκει·

7 οὐδεις γαρ ἡμων ἑαυτω ζη, και οὐδεις ἑαυτω ἀποθνησκει·

12 ἀρα [οὐν] ἑκαστος ἡμων περι ἑαυτου λογον δωσει [τω θεω].

14 οἰδα και πεπεισμαι ἐν κυριω ἰησου ὁτι οὐδεν κοινον δι ἑαυτου·

22 μακαριος ὁ μη κρινων ἑαυτον ἐν ὡ δοκιμαζει·

15 1 ὀφειλομεν δε ἡμεις οἱ δυνατοι τα ἀσθενηματα των ἀδυνατων βασταζειν, και μη ἑαυτοις ἀρεσκειν.

3 και γαρ ὁ χριστος οὐχ ἑαυτω ἠρεσεν·

16 4 ἀσπασασθε πρισκαν και ἀκυλαν τους συνεργους μου ἐν χριστω ἰησου, οἱτινες ὑπερ της ψυχης μου τον ἑαυτων τραχηλον ὑπεθηκαν,

18 οἱ γαρ τοιουτοι τω κυριω ἡμων χριστω οὐ δουλευουσιν ἀλλα τη ἑαυτων κοιλια,

1Co 3 18 μηδεις ἑαυτον ἐξαπατατω·

6 7 ἠδη μεν [οὐν] ὁλως ἡττημα ὑμιν ἐστιν ὁτι κριματα ἐχετε μεθ ἑαυτων.

19 ἠ οὐκ οἰδατε ὁτι το σωμα ὑμων ναος του ἐν ὑμιν ἁγιου πνευματος ἐστιν, οὑ ἐχετε ἀπο θεου, και οὐκ ἐστε ἑαυτων;

7 2 δια δε τας πορνειας ἑκαστος την ἑαυτου γυναικα ἐχετω,

37 και τουτο κεκρικεν ἐν τη ἰδια καρδια, τηρειν την ἑαυτου παρθενον, καλως ποιησει.

38 ὡστε και ὁ γαμιζων την ἑαυτου παρθενον καλως ποιει,

10 24 μηδεις το ἑαυτου ζητειτω ἀλλα το του ἑτερου.

29 συνειδησιν δε λεγω οὐχι την ἑαυτου ἀλλα την του ἑτερου.

11 28 δοκιμαζετω δε ἀνθρωπος ἑαυτον,

29 ὁ γαρ ἐσθιων και πινων κριμα ἑαυτω ἐσθιει και πινει μη διακρινων το σωμα.

31 εἰ δε ἑαυτους διεκρινομεν, οὐκ ἀν ἐκρινομεθα·

ἑαυτου [321]

1Co	13 5	οὐ ζηλοι, [ἡ ἀγαπη] οὐ περπερευεται, οὐ φυσιουται, οὐκ ἀσχημονει, οὐ ζητει τα ἑαυτης, οὐ παροξυνεται, οὐ λογιζεται το κακον, οὐ χαιρει ἐπι τῃ ἀδικιᾳ, συγχαιρει δε τῃ ἀληθειᾳ·
	14 4	ὁ λαλων γλωσσῃ ἑαυτον οἰκοδομει·
	28	ἐαν δε μη ᾐ διερμηνευτης, σιγατω ἐν ἐκκλησιᾳ, ἑαυτῳ δε λαλειτω και τῳ θεῳ.
	16 2	κατα μιαν σαββατου ἑκαστος ὑμων παρ ἑαυτῳ τιθετω θησαυριζων ὁτι ἐαν εὐοδωται,
	15	οἰδατε την οἰκιαν στεφανα, ὁτι ἐστιν ἀπαρχη της ἀχαιας και εἰς διακονιαν τοις ἁγιοις ἐταξαν ἑαυτους·
2Co	1 9	ἀλλα αὐτοι ἐν ἑαυτοις το ἀποκριμα του θανατου ἐσχηκαμεν,
	9	ἀλλα αὐτοι ἐν ἑαυτοις το ἀποκριμα του θανατου ἐσχηκαμεν, ἱνα μη πεποιθοτες ὠμεν ἐφ ἑαυτοις
	3 1	ἀρχομεθα παλιν ἑαυτους συνιστανειν;
	5	οὐχ ὁτι ἀφ ἑαυτων ἱκανοι ἐσμεν λογισασθαι τι ὡς ἐξ ἑαυτων,
	5	οὐχ ὁτι ἀφ ἑαυτων ἱκανοι ἐσμεν λογισασθαι τι ὡς ἐξ ἑαυτων,
	4 2	ἀλλα τῃ φανερωσει της ἀληθειας συνιστανοντες ἑαυτους προς πασαν συνειδησιν ἀνθρωπων ἐνωπιον του θεου.
	5	οὐ γαρ ἑαυτους κηρυσσομεν ἀλλα ἰησουν χριστον κυριον,
	5	οὐ γαρ ἑαυτους κηρυσσομεν ἀλλα ἰησουν χριστον κυριον, ἑαυτους δε δουλους ὑμων δια ἰησουν.
	5 12	οὐ παλιν ἑαυτους συνιστανομεν ὑμιν,
	15	και ὑπερ παντων ἀπεθανεν ἱνα οἱ ζωντες μηκετι ἑαυτοις ζωσιν ἀλλα τῳ ὑπερ αὐτων ἀποθανοντι και ἐγερθεντι.
	18	τα δε παντα ἐκ του θεου του καταλλαξαντος ἡμας ἑαυτῳ δια χριστου και δοντος ἡμιν την διακονιαν της καταλλαγης,
	19	ὡς ὁτι θεος ἠν ἐν χριστῳ κοσμον καταλλασσων ἑαυτῳ,
	6 4	ἀλλ ἐν παντι συνισταντες ἑαυτους ὡς θεου διακονοι,
	7 1	ταυτας οὐν ἐχοντες τας ἐπαγγελιας, ἀγαπητοι, καθαρισωμεν ἑαυτους ἀπο παντος μολυσμου σαρκος και πνευματος,
	11	ἐν παντι συνεστησατε ἑαυτους ἁγνους εἰναι τῳ πραγματι.
	8 5	και οὐ καθως ἠλπισαμεν, ἀλλα ἑαυτους ἐδωκαν πρωτον τῳ κυριῳ και ἡμιν δια θεληματος θεου,
	10 7	εἰ τις πεποιθεν ἑαυτῳ χριστου εἰναι, τουτο λογιζεσθω παλιν ἐφ ἑαυτου,
	7	εἰ τις πεποιθεν ἑαυτῳ χριστου εἰναι, τουτο λογιζεσθω παλιν ἐφ ἑαυτου,
	12	οὐ γαρ τολμωμεν ἐγκριναι ἠ συγκριναι ἑαυτους τισιν των ἑαυτους συνιστανοντων·
	12	οὐ γαρ τολμωμεν ἐγκριναι ἠ συγκριναι ἑαυτους τισιν των ἑαυτους συνιστανοντων·
	12	ἀλλα αὐτοι ἐν ἑαυτοις ἑαυτους μετρουντες και συγκρινοντες ἑαυτους ἑαυτοις οὐ συνιασιν.
	12	ἀλλα αὐτοι ἐν ἑαυτοις ἑαυτους μετρουντες και συγκρινοντες ἑαυτους ἑαυτοις οὐ συνιασιν.
	12	ἀλλα αὐτοι ἐν ἑαυτοις ἑαυτους μετρουντες και συγκρινοντες ἑαυτους ἑαυτοις οὐ συνιασιν.
	12	ἀλλα αὐτοι ἐν ἑαυτοις ἑαυτους μετρουντες και συγκρινοντες ἑαυτους ἑαυτοις οὐ συνιασιν.
	14	οὐ γαρ ὡς μη ἐφικνουμενοι εἰς ὑμας ὑπερεκτεινομεν ἑαυτους,
	18	οὐ γαρ ὁ ἑαυτον συνιστανων, ἐκεινος ἐστιν δοκιμος, ἀλλα ὁν ὁ κυριος συνιστησιν.
	13 5	ἑαυτους πειραζετε εἰ ἐστε ἐν τῃ πιστει,
	5	ἑαυτους πειραζετε εἰ ἐστε ἐν τῃ πιστει, ἑαυτους δοκιμαζετε·
	5	ἠ οὐκ ἐπιγινωσκετε ἑαυτους ὁτι ἰησους χριστος ἐν ὑμιν;
Ga	1 4	ἀπο θεου πατρος ἡμων και κυριου ἰησου χριστου, του δοντος ἑαυτον ὑπερ των ἁμαρτιων ἡμων,
	2 12	ὁτε δε ἠλθον, ὑπεστελλεν και ἀφωριζεν ἑαυτον, φοβουμενος τους ἐκ περιτομης·
	20	ὁ δε νυν ζω ἐν σαρκι, ἐν πιστει ζω τῃ του υἱου του θεου του ἀγαπησαντος με και παραδοντος ἑαυτον ὑπερ ἐμου.
	6 3	εἰ γαρ δοκει τις εἰναι τι μηδεν ὠν, φρεναπατᾳ ἑαυτον.
	4	το δε ἐργον ἑαυτου δοκιμαζετω ἑκαστος,
	4	και τοτε εἰς ἑαυτον μονον το καυχημα ἑξει και οὐκ εἰς τον ἑτερον·
	8	ὁτι ὁ σπειρων εἰς την σαρκα ἑαυτου ἐκ της σαρκος θερισει φθοραν,
Eph	4 16	κατ ἐνεργειαν ἐν μετρῳ ἑνος ἑκαστου μερους την αὐξησιν του σωματος ποιειται εἰς οἰκοδομην ἑαυτου ἐν ἀγαπῃ.
	19	οἱτινες ἀπηληκοτες ἑαυτους παρεδωκαν τῃ ἀσελγειᾳ εἰς ἐργασιαν ἀκαθαρσιας πασης ἐν πλεονεξιᾳ.
	32	γινεσθε [δε] εἰς ἀλληλους χρηστοι, εὐσπλαγχνοι, χαριζομενοι ἑαυτοις καθως και ὁ θεος ἐν χριστῳ ἐχαρισατο ὑμιν.
	5 2	καθως και ὁ χριστος ἠγαπησεν ἡμας και παρεδωκεν ἑαυτον ὑπερ ἡμων προσφοραν και θυσιαν τῳ θεῳ εἰς ὀσμην εὐωδιας.
	19	λαλουντες ἑαυτοις [ἐν] ψαλμοις και ὑμνοις και ᾠδαις πνευματικαις,
	25	οἱ ἀνδρες, ἀγαπατε τας γυναικας, καθως και ὁ χριστος ἠγαπησεν την ἐκκλησιαν και ἑαυτον παρεδωκεν ὑπερ αὐτης,

ἑαυτου [321]

Eph	5 27	ἱνα παραστησῃ αὐτος ἑαυτῳ ἐνδοξον την ἐκκλησιαν,
	28	οὑτως ὀφειλουσιν [και] οἱ ἀνδρες ἀγαπαν τας ἑαυτων γυναικας ὡς τα ἑαυτων σωματα.
	28	οὑτως ὀφειλουσιν [και] οἱ ἀνδρες ἀγαπαν τας ἑαυτων γυναικας ὡς τα ἑαυτων σωματα.
	28	ὁ ἀγαπων την ἑαυτου γυναικα ἑαυτον ἀγαπᾳ·
	28	ὁ ἀγαπων την ἑαυτου γυναικα ἑαυτον ἀγαπᾳ·
	29	οὐδεις γαρ ποτε την ἑαυτου σαρκα ἐμισησεν,
	33	πλην και ὑμεις οἱ καθ ἑνα ἑκαστος την ἑαυτου γυναικα οὑτως ἀγαπατω ὡς ἑαυτον,
	33	πλην και ὑμεις οἱ καθ ἑνα ἑκαστος την ἑαυτου γυναικα οὑτως ἀγαπατω ὡς ἑαυτον,
Php	2 3	μηδεν κατ ἐριθειαν μηδε κατα κενοδοξιαν, ἀλλα τῃ ταπεινοφροσυνῃ ἀλληλους ἡγουμενοι ὑπερεχοντας ἑαυτων,
	4	μη τα ἑαυτων ἑκαστος σκοπουντες, ἀλλα [και] τα ἑτερων ἑκαστοι.
	7	ὁς ἐν μορφῃ θεου ὑπαρχων οὐχ ἁρπαγμον ἡγησατο το εἰναι ἰσα θεῳ, ἀλλα ἑαυτον ἐκενωσεν μορφην δουλου λαβων,
	8	και σχηματι εὑρεθεις ὡς ἀνθρωπος ἐταπεινωσεν ἑαυτον γενομενος ὑπηκοος μεχρι θανατου,
	12	μετα φοβου και τρομου την ἑαυτων σωτηριαν κατεργαζεσθε·
	21	οἱ παντες γαρ τα ἑαυτων ζητουσιν, οὐ τα ἰησου χριστου.
Col	3 13	ἀνεχομενοι ἀλληλων και χαριζομενοι ἑαυτοις, ἐαν τις προς τινα ἐχῃ μομφην·
	16	ἐν πασῃ σοφιᾳ διδασκοντες και νουθετουντες ἑαυτους,
1Th	2 7	ἀλλα ἐγενηθημεν νηπιοι ἐν μεσῳ ὑμων· ὡς ἐαν τροφος θαλπῃ τα ἑαυτης τεκνα,
	8	οὑτως ὁμειρομενοι ὑμων εὐδοκουμεν μεταδουναι ὑμιν οὐ μονον το εὐαγγελιον του θεου ἀλλα και τας ἑαυτων ψυχας,
	11	καθαπερ οἰδατε ὡς ἑνα ἑκαστον ὑμων ὡς πατηρ τεκνα ἑαυτου παρακαλουντες ὑμας
	12	εἰς το περιπατειν ὑμας ἀξιως του θεου του καλουντος ὑμας εἰς την ἑαυτου βασιλειαν και δοξαν.
	4 4	εἰδεναι ἑκαστον ὑμων το ἑαυτου σκευος κτασθαι ἐν ἁγιασμῳ και τιμῃ,
	5 13	εἰρηνευετε ἐν ἑαυτοις.
2Th	2 4	ὡστε αὐτον εἰς τον ναον του θεου καθισαι, ἀποδεικνυντα ἑαυτον ὁτι ἐστιν θεος.
	6	και νυν το κατεχον οἰδατε, εἰς το ἀποκαλυφθηναι αὐτον ἐν τῳ ἑαυτου καιρῳ.
	3 9	οὐχ ὁτι οὐκ ἐχομεν ἐξουσιαν, ἀλλ ἱνα ἑαυτους τυπον δωμεν ὑμιν εἰς το μιμεισθαι ἡμας.
	12	τοις δε τοιουτοις παραγγελλομεν και παρακαλουμεν ἐν κυριῳ ἰησου χριστῳ ἱνα μετα ἡσυχιας ἐργαζομενοι τον ἑαυτων ἀρτον ἐσθιωσιν.
1Tm	2 6	ἀνθρωπος χριστος ἰησους, ὁ δους ἑαυτον ἀντιλυτρον ὑπερ παντων,
	9	ὡσαυτως [και] γυναικας ἐν καταστολῃ κοσμιῳ, μετα αἰδους και σωφροσυνης κοσμειν ἑαυτας,
	3 13	οἱ γαρ καλως διακονησαντες βαθμον ἑαυτοις καλον περιποιουνται και πολλην παρρησιαν ἐν πιστει τῃ ἐν χριστῳ ἰησου.
	6 10	φιλαργυρια, ἡς τινες ὀρεγομενοι ἀπεπλανηθησαν ἀπο της πιστεως και ἑαυτους περιεπειραν ὀδυναις πολλαις.
	19	ἀποθησαυριζοντας ἑαυτοις θεμελιον καλον εἰς το μελλον,
2Tm	2 13	εἰ ἀπιστουμεν, ἐκεινος πιστος μενει, ἀρνησασθαι γαρ ἑαυτον οὐ δυναται.
	21	ἐαν οὐν τις ἐκκαθαρῃ ἑαυτον ἀπο τουτων, ἐσται σκευος εἰς τιμην,
	4 4	ἀλλα κατα τας ἰδιας ἐπιθυμιας ἑαυτοις ἐπισωρευσουσιν διδασκαλους κνηθομενοι την ἀκοην,
Tit	2 14	και σωτηρος ἡμων ἰησου χριστου, ὁς ἐδωκεν ἑαυτον ὑπερ ἡμων
	14	ὁς ἐδωκεν ἑαυτον ὑπερ ἡμων ἱνα λυτρωσηται ἡμας ἀπο πασης ἀνομιας και καθαρισῃ ἑαυτῳ λαον περιουσιον,
Heb	3 13	ἀλλα παρακαλειτε ἑαυτους καθ ἑκαστην ἡμεραν, ἀχρις οὑ το σημερον καλειται, ἱνα μη σκληρυνθῃ τις ἐξ ὑμων ἀπατῃ της ἁμαρτιας·
	5 3	και δι αὐτην ὀφειλει, καθως περι του λαου, οὑτως και περι ἑαυτου προσφερειν περι ἁμαρτιων.
	4	και οὐχ ἑαυτῳ τις λαμβανει την τιμην,
	5	οὑτως και ὁ χριστος οὐχ ἑαυτον ἐδοξασεν γενηθηναι ἀρχιερεα,
	6 6	ἀνασταυρουντας ἑαυτοις τον υἱον του θεου και παραδειγματιζοντας.
	13	τῳ γαρ ἀβρααμ ἐπαγγειλαμενος ὁ θεος, ἐπει κατ οὐδενος εἰχεν μειζονος ὀμοσαι, ὠμοσεν καθ ἑαυτου,
	7 27	τουτο γαρ ἐποιησεν ἐφαπαξ ἑαυτον ἀνενεγκας.

ἑαυτου [321]

Heb	9 7	εἰς δε την δευτεραν ἁπαξ του ἐνιαυτου μονος ὁ ἀρχιερευς, οὐ χωρις αἱματος ὁ προσφερει ὑπερ *ἑαυτου* και των του λαου ἀγνοηματων,
	14	ποσῳ μαλλον το αἱμα του χριστου, ὁς δια πνευματος αἰωνιου *ἑαυτον* προσηνεγκεν ἀμωμον τῳ θεῳ, καθαριει την συνειδησιν ἡμων ἀπο νεκρων ἐργων εἰς το λατρευειν θεῳ ζωντι.
	25	οὐδ ἱνα πολλακις προσφερῃ *ἑαυτον*, ὡσπερ ὁ ἀρχιερευς εἰσερχεται εἰς τα ἁγια κατ ἐνιαυτον ἐν αἱματι ἀλλοτριῳ,
	10 25	και κατανοωμεν ἀλληλους εἰς παροξυσμον ἀγαπης και καλων ἐργων, μη ἐγκαταλειποντες την ἐπισυναγωγην *ἑαυτων*,
	34	και την ἁρπαγην των ὑπαρχοντων ὑμων μετα χαρας προσεδεξασθε, γινωσκοντες ἐχειν *ἑαυτους* κρειττονα ὑπαρξιν και μενουσαν.
	12 3	ἀναλογισασθε γαρ τον τοιαυτην ὑπομεμενηκοτα ὑπο των ἁμαρτωλων εἰς *ἑαυτον* ἀντιλογιαν,
	16	μη τις πορνος ἠ βεβηλος ὡς ἠσαυ, ὁς ἀντι βρωσεως μιας ἀπεδετο τα πρωτοτοκια *ἑαυτου*.
Ja	1 22	γινεσθε δε ποιηται λογου, και μη μονον ἀκροαται παραλογιζομενοι *ἑαυτους*.
	24	κατενοησεν γαρ *ἑαυτον* και ἀπεληλυθεν,
	27	ἀσπιλον *ἑαυτον* τηρειν ἀπο του κοσμου.
	2 4	οὐ διεκριθητε ἐν *ἑαυτοις* και ἐγενεσθε κριται διαλογισμων πονηρων;
	17	οὑτως και ἡ πιστις, ἐαν μη ἐχῃ ἐργα, νεκρα ἐστιν καθ *ἑαυτην*.
1Pt	1 12	οἱς ἀπεκαλυφθη ὁτι οὐχ *ἑαυτοις* ὑμιν δε διηκονουν αὐτα,
	3 5	οὑτως γαρ ποτε και αἱ ἁγιαι γυναικες αἱ ἐλπιζουσαι εἰς θεον ἐκοσμουν *ἑαυτας*,
	4 8	προ παντων την εἰς *ἑαυτους* ἀγαπην ἐκτενη ἐχοντες,
	10	ἑκαστος καθως ἐλαβεν χαρισμα, εἰς *ἑαυτους* αὐτο διακονουντες ὡς καλοι οἰκονομοι ποικιλης χαριτος θεου·
2Pt	2 1	και τον ἀγορασαντα αὐτους δεσποτην ἀρνουμενοι, ἐπαγοντες *ἑαυτοις* ταχινην ἀπωλειαν·
1Jh	1 8	ἐαν εἰπωμεν ὁτι ἁμαρτιαν οὐκ ἐχομεν, *ἑαυτους* πλανωμεν και ἡ ἀληθεια οὐκ ἐστιν ἐν ἡμιν.
	3 3	και πας ὁ ἐχων την ἐλπιδα ταυτην ἐπ αὐτῳ ἁγνιζει *ἑαυτον* καθως ἐκεινος ἁγνος ἐστιν.
	5 10	ὁ πιστευων εἰς τον υἱον του θεου ἐχει την μαρτυριαν ἐν *ἑαυτῳ*.
	21	τεκνια, φυλαξατε *ἑαυτα* ἀπο των εἰδωλων.
2Jh	8	βλεπετε *ἑαυτους*, ἱνα μη ἀπολεσητε ἁ εἰργασαμεθα,
Ju	6	ἀγγελους τε τους μη τηρησαντας την *ἑαυτων* ἀρχην ἀλλα ἀπολιποντας το ἰδιον οἰκητηριον εἰς κρισιν μεγαλης ἡμερας δεσμοις ἀιδιοις ὑπο ζοφον τετηρηκεν·
	12	οὑτοι εἰσιν οἱ ἐν ταις ἀγαπαις ὑμων σπιλαδες συνευωχουμενοι ἀφοβως, *ἑαυτους* ποιμαινοντες·
	13	κυματα ἀγρια θαλασσης ἐπαφριζοντα τας *ἑαυτων* αἰσχυνας,
	16	οὑτοι εἰσιν γογγυσται μεμψιμοιροι, κατα τας ἐπιθυμιας *ἑαυτων* πορευομενοι,
	18	[ὁτι] ἐπ ἐσχατου [του] χρονου ἐσονται ἐμπαικται κατα τας *ἑαυτων* ἐπιθυμιας πορευομενοι των ἀσεβειων.
	20	ὑμεις δε, ἀγαπητοι, ἐποικοδομουντες *ἑαυτους* τῃ ἁγιωτατῃ ὑμων πιστει,
	21	*ἑαυτους* ἐν ἀγαπῃ θεου τηρησατε,
Apc	2 2	και ἐπειρασας τους λεγοντας *ἑαυτους* ἀποστολους και οὐκ εἰσιν,
	9	οἰδα σου την θλιψιν και την πτωχειαν, ἀλλα πλουσιος εἰ, και την βλασφημιαν ἐκ των λεγοντων ἰουδαιους εἰναι *ἑαυτους*, και οὐκ εἰσιν ἀλλα συναγωγη του σατανα.
	20	ἀλλα ἐχω κατα σου ὁτι ἀφεις την γυναικα ἰεζαβελ, ἡ λεγουσα *ἑαυτην* προφητιν,
	3 9	ἰδου διδω ἐκ της συναγωγης του σατανα, των λεγοντων *ἑαυτους* ἰουδαιους εἰναι,
	6 15	και οἱ βασιλεις της γης και οἱ μεγιστανες και οἱ χιλιαρχοι και οἱ πλουσιοι και οἱ ἰσχυροι και πας δουλος και ἐλευθερος ἐκρυψαν *ἑαυτους*
	10 3	και ὁτε ἐκραξεν, ἐλαλησαν αἱ ἑπτα βρονται τας *ἑαυτων* φωνας.
	7	και ἐτελεσθη το μυστηριον του θεου, ὡς εὐηγγελισεν τους *ἑαυτου* δουλους τους προφητας.
	19 7	και ἡ γυνη αὐτου ἡτοιμασεν *ἑαυτην*,

ἑαω [11]

Mt	24 43	ἐκεινο δε γινωσκετε ὁτι εἰ ἠδει ὁ οἰκοδεσποτης ποια φυλακῃ ὁ κλεπτης ἐρχεται, ἐγρηγορησεν ἀν και οὐκ ἀν *εἰασεν* διορυχθηναι την οἰκιαν αὐτου.
Lc	4 41	και ἐπιτιμων οὐκ *εἰα* αὐτα λαλειν, ὁτι ἠδεισαν τον χριστον αὐτον εἰναι.

ἑαω [11]

Lc	22 51	ἀποκριθεις δε ὁ ἰησους εἰπεν· *ἐατε* ἑως τουτου·
Ac	14 16	ὁς ἐν ταις παρῳχημεναις γενεαις *εἰασεν* παντα τα ἐθνη πορευεσθαι ταις ὁδοις αὐτων·
	16 7	ἐλθοντες δε κατα την μυσιαν ἐπειραζον εἰς την βιθυνιαν πορευθηναι, και οὐκ *εἰασεν* αὐτους το πνευμα ἰησου·
	19 30	παυλου δε βουλομενου εἰσελθειν εἰς τον δημον οὐκ *εἰων* αὐτον οἱ μαθηται·
	23 32	τῃ δε ἐπαυριον *ἐασαντες* τους ἱππεις ἀπερχεσθαι συν αὐτῳ, ὑπεστρεψαν εἰς την παρεμβολην·
	27 32	τοτε ἀπεκοψαν οἱ στρατιωται τα σχοινια της σκαφης και *εἰασαν* αὐτην ἐκπεσειν.
	40	και τας ἀγκυρας περιελοντες *εἰων* εἰς την θαλασσαν,
	28 4	παντως φονευς ἐστιν ὁ ἀνθρωπος οὑτος, ὁν διασωθεντα ἐκ της θαλασσης ἡ δικη ζην οὐκ *εἰασεν*.
1Co	10 13	πιστος δε ὁ θεος, ὁς οὐκ *ἐασει* ὑμας πειρασθηναι ὑπερ ὁ δυνασθε,

ἑβδομηκοντα [3]

Lc	10 1	μετα δε ταυτα ἀνεδειξεν ὁ κυριος ἑτερους *ἑβδομηκοντα*[δυο],
	17	ὑπεστρεψαν δε οἱ *ἑβδομηκοντα*[δυο] μετα χαρας λεγοντες·
Ac	23 23	ἑτοιμασατε στρατιωτας διακοσιους ὁπως πορευθωσιν ἑως καισαρειας, και ἱππεις *ἑβδομηκοντα* και δεξιολαβους διακοσιους, ἀπο τριτης ὡρας της νυκτος,

ἑβδομηκονταδυο [2]

Lc	10 1	μετα δε ταυτα ἀνεδειξεν ὁ κυριος ἑτερους *ἑβδομηκοντα*[δυο],
	17	ὑπεστρεψαν δε οἱ *ἑβδομηκοντα*[δυο] μετα χαρας λεγοντες·

ἑβδομηκοντακις [1]

Mt	18 22	οὐ λεγω σοι ἑως ἑπτακις, ἀλλα ἑως *ἑβδομηκοντακις* ἑπτα.

ἑβδομηκονταπεντε [1]

Ac	7 14	ἀποστειλας δε ἰωσηφ μετεκαλεσατο ἰακωβ τον πατερα αὐτου και πασαν την συγγενειαν ἐν ψυχαις *ἑβδομηκονταπεντε*.

ἑβδομος [9]

Jh	4 52	εἰπαν οὐν αὐτῳ ὁτι ἐχθες ὡραν *ἑβδομην* ἀφηκεν αὐτον ὁ πυρετος.
Heb	4 4	εἰρηκεν γαρ που περι της *ἑβδομης* οὑτως· και κατεπαυσεν ὁ θεος ἐν τῃ ἡμερᾳ τῃ ἑβδομῃ ἀπο παντων των ἐργων αὐτου·
	4	και κατεπαυσεν ὁ θεος ἐν τῃ ἡμερᾳ τῃ *ἑβδομῃ* ἀπο παντων των ἐργων αὐτου·
Ju	14	προεφητευσεν δε και τουτοις *ἑβδομος* ἀπο ἀδαμ ἑνωχ λεγων·
Apc	8 1	και ὁταν ἠνοιξεν την σφραγιδα την *ἑβδομην*, ἐγενετο σιγη ἐν τῳ οὐρανῳ ὡς ἡμιωριον.
	10 7	ἀλλ ἐν ταις ἡμεραις της φωνης του *ἑβδομου* ἀγγελου, ὁταν μελλῃ σαλπιζειν, και ἐτελεσθη το μυστηριον του θεου,
	11 15	και ὁ *ἑβδομος* ἀγγελος ἐσαλπισεν· και ἐγενοντο φωναι μεγαλαι ἐν τῳ οὐρανῳ,
	16 17	και ὁ *ἑβδομος* ἐξεχεεν την φιαλην αὐτου ἐπι τον ἀερα·
	21 20	ὁ *ἑβδομος* χρυσολιθος, ὁ ὀγδοος βηρυλλος,

ἑβερ [1]

Lc	3 35	του σερουχ του ῥαγαυ του φαλεκ του *ἑβερ* του σαλα

ἑβραιος [4]

Ac	6 1	ἐν δε ταις ἡμεραις ταυταις πληθυνοντων των μαθητων ἐγενετο γογγυσμος των ἑλληνιστων προς τους *ἑβραιους*,
2Co	11 22	*ἑβραιοι* εἰσιν; καγω.
Php	3 5	περιτομη ὀκταημερος, ἐκ γενους ἰσραηλ, φυλης βενιαμιν, *ἑβραιος* ἐξ ἑβραιων,
	5	περιτομη ὀκταημερος, ἐκ γενους ἰσραηλ, φυλης βενιαμιν, ἑβραιος ἐξ *ἑβραιων*,

ἑβραις [3]

Ac	21 40	πολλης δε σιγης γενομενης προσεφωνησεν τῃ *ἑβραιδι* διαλεκτῳ λεγων·
	22 2	ἀκουσαντες δε ὁτι τῃ *ἑβραιδι* διαλεκτῳ προσεφωνει αὐτοις μαλλον παρεσχον ἡσυχιαν.

ἑβραις [3]

Ac 26 14 παντων τε καταπεσοντων ἡμων εἰς την γην ἡκουσα φωνην
λεγουσαν προς με τη ἑβραιδι διαλεκτῳ· σαουλ σαουλ, τί με
διωκεις;

ἑβραιστι [7]

Jh 5 2 ἐστιν δε ἐν τοις ἱεροσολυμοις ἐπι τη προβατικη κολυμβηθρα,
ἡ ἐπιλεγομενη ἑβραιστι βηθζαθα, πεντε στοας ἐχουσα.

19 13 και ἐκαθισεν ἐπι βηματος εἰς τοπον λεγομενον λιθοστρωτον,
ἑβραιστι δε γαββαθα.

17 και βασταζων ἑαυτῳ τον σταυρον ἐξηλθεν εἰς τον λεγομενον
κρανιου τοπον, ὁ λεγεται ἑβραιστι γολγοθα, ὁπου αὐτον
ἐσταυρωσαν,

20 και ἡν γεγραμμενον ἑβραιστι, ῥωμαιστι, ἑλληνιστι.

20 16 στραφεισα ἐκεινη λεγει αὐτῳ ἑβραιστι· ῥαββουνι ὁ λεγεται
διδασκαλε.

Apc 9 11 ἐχουσιν ἐπ αὐτων βασιλεα τον ἀγγελον της ἀβυσσου, ὀνομα
αὐτῳ ἑβραιστι ἀβαδδων,

16 16 και συνηγαγεν αὐτους εἰς τον τοπον τον καλουμενον
ἑβραιστι ἁρμαγεδων.

ἐγγιζω [42]

Mt 3 2 μετανοειτε· ἠγγικεν γαρ ἡ βασιλεια των οὐρανων.

4 17 μετανοειτε· ἠγγικεν γαρ ἡ βασιλεια των οὐρανων.

10 7 πορευομενοι δε κηρυσσετε λεγοντες ὁτι ἠγγικεν ἡ βασιλεια
των οὐρανων.

21 1 και ὁτε ἠγγισαν εἰς ἱεροσολυμα και ἠλθον εἰς βηθφαγη εἰς το
ὀρος των ἐλαιων, τοτε ἰησους ἀπεστειλεν δυο μαθητας λεγων
αὐτοις·

34 ὁτε δε ἠγγισεν ὁ καιρος των καρπων, ἀπεστειλεν τους
δουλους αὐτου προς τους γεωργους λαβειν τους καρπους

26 45 ἰδου ἠγγικεν ἡ ὡρα και ὁ υἱος του ἀνθρωπου παραδιδοται εἰς
χειρας ἁμαρτωλων.

46 ἐγειρεσθε, ἀγωμεν· ἰδου ἠγγικεν ὁ παραδιδους με.

Mc 1 15 μετα δε το παραδοθηναι τον ἰωαννην ἠλθεν ὁ ἰησους εἰς την
γαλιλαιαν κηρυσσων το εὐαγγελιον του θεου και λεγων, ὁτι
πεπληρωται ὁ καιρος και ἠγγικεν ἡ βασιλεια του θεου·

11 1 και ὁτε ἐγγιζουσιν εἰς ἱεροσολυμα εἰς βηθφαγη και βηθανιαν
προς το ὀρος των ἐλαιων, ἀποστελλει δυο των μαθητων
αὐτου και λεγει αὐτοις·

14 42 ἰδου ὁ παραδιδους με ἠγγικεν.

Lc 7 12 ὡς δε ἠγγισεν τη πυλη της πολεως, και ἰδου ἐξεκομιζετο
τεθνηκως μονογενης υἱος τη μητρι αὐτου,

10 9 ἠγγικεν ἐφ ὑμας ἡ βασιλεια του θεου.

11 πλην τουτο γινωσκετε, ὁτι ἠγγικεν ἡ βασιλεια του θεου.

12 33 ποιησατε ἑαυτοις βαλλαντια μη παλαιουμενα, θησαυρον
ἀνεκλειπτον ἐν τοις οὐρανοις, ὁπου κλεπτης οὐκ ἐγγιζει οὐδε
σης διαφθειρει·

15 1 ἠσαν δε αὐτῳ ἐγγιζοντες παντες οἱ τελωναι και οἱ ἁμαρτωλοι
ἀκουειν αὐτου.

25 και ὡς ἐρχομενος ἠγγισεν τη οἰκια, ἡκουσεν συμφωνιας και
χορων,

18 35 ἐγενετο δε ἐν τω ἐγγιζειν αὐτον εἰς ἱεριχω τυφλος τις
ἐκαθητο παρα την ὁδον ἐπαιτων.

40 ἐγγισαντος δε αὐτου ἐπηρωτησεν αὐτον·

19 29 και ἐγενετο ὡς ἠγγισεν εἰς βηθφαγη και βηθανια[ν] προς το
ὀρος το καλουμενον ἐλαιων, ἀπεστειλεν δυο των μαθητων
λεγων·

37 ἐγγιζοντος δε αὐτου ἠδη προς τη καταβασει του ὀρους των
ἐλαιων ἠρξαντο ἁπαν το πληθος των μαθητων χαιροντες
αἰνειν τον θεον φωνη μεγαλη περι πασων ὡν εἰδον δυναμεων,

41 και ὡς ἠγγισεν, ἰδων την πολιν ἐκλαυσεν ἐπ αὐτην,

21 8 ἐγω εἰμι, και· ὁ καιρος ἠγγικεν·

20 ὁταν δε ἰδητε κυκλουμενην ὑπο στρατοπεδων ἱερουσαλημ,
τοτε γνωτε ὁτι ἠγγικεν ἡ ἐρημωσις αὐτης.

28 ἀρχομενων δε τουτων γινεσθαι ἀνακυψατε και ἐπαρατε τας
κεφαλας ὑμων, διοτι ἐγγιζει ἡ ἀπολυτρωσις ὑμων.

22 1 ἠγγιζεν δε ἡ ἑορτη των ἀζυμων ἡ λεγομενη πασχα.

47 ἐτι αὐτου λαλουντος ἰδου ὀχλος, και ὁ λεγομενος ἰουδας εἱς
των δωδεκα προηρχετο αὐτους, και ἠγγισεν τῳ ἰησου φιλησαι
αὐτον.

24 15 και ἐγενετο ἐν τω ὁμιλειν αὐτους και συζητειν, και αὐτος
ἰησους ἐγγισας συνεπορευετο αὐτοις·

28 και ἠγγισαν εἰς την κωμην οὑ ἐπορευοντο,

Ac 7 17 καθως δε ἠγγισεν ὁ χρονος της ἐπαγγελιας ἡς ὡμολογησεν ὁ
θεος τω ἀβρααμ, ηὐξησεν ὁ λαος και ἐπληθυνθη ἐν αἰγυπτῳ,

ἐγγιζω [42]

Ac 9 3 ἐν δε τω πορευεσθαι ἐγενετο αὐτον ἐγγιζειν τη δαμασκῳ,
ἐξαιφνης τε αὐτον περιηστραψεν φως ἐκ του οὐρανου,

10 9 τη δε ἐπαυριον ὁδοιπορουντων ἐκεινων και τη πολει
ἐγγιζοντων ἀνεβη πετρος ἐπι το δωμα προσευξασθαι περι
ὡραν ἐκτην.

21 33 τοτε ἐγγισας ὁ χιλιαρχος ἐπελαβετο αὐτου και ἐκελευσεν
δεθηναι ἁλυσεσι δυσι,

22 6 ἐγενετο δε μοι πορευομενῳ και ἐγγιζοντι τη δαμασκῳ περι
μεσημβριαν ἐξαιφνης ἐκ του οὐρανου περιαστραψαι φως
ἱκανον περι ἐμε,

23 15 ἡμεις δε προ του ἐγγισαι αὐτον ἑτοιμοι ἐσμεν του ἀνελειν
αὐτον.

Rm 13 12 ἡ νυξ προεκοψεν, ἡ δε ἡμερα ἠγγικεν.

Php 2 30 και τους τοιουτους ἐντιμους ἐχετε, ὁτι δια το ἐργον χριστου
μεχρι θανατου ἠγγισεν παραβολευσαμενος τη ψυχη,

Heb 7 19 οὐδεν γαρ ἐτελειωσεν ὁ νομος, ἐπεισαγωγη δε κρειττονος
ἐλπιδος, δι ἡς ἐγγιζομεν τω θεω.

10 25 και τοσουτῳ μαλλον ὁσῳ βλεπετε ἐγγιζουσαν την ἡμεραν.

Ja 4 8 ἐγγισατε τω θεω, και ἐγγιει ὑμιν.

8 ἐγγισατε τω θεω, και ἐγγιει ὑμιν.

5 8 στηριξατε τας καρδιας ὑμων, ὁτι ἡ παρουσια του κυριου
ἠγγικεν.

1Pt 4 7 παντων δε το τελος ἠγγικεν.

ἐγγραφω [3]

Lc 10 20 χαιρετε δε ὁτι τα ὀνοματα ὑμων ἐγγεγραπται ἐν τοις
οὐρανοις.

2Co 3 2 ἡ ἐπιστολη ἡμων ὑμεις ἐστε, ἐγγεγραμμενη ἐν ταις καρδιαις
ἡμων, γινωσκομενη και ἀναγινωσκομενη ὑπο παντων
ἀνθρωπων,

3 ἐγγεγραμμενη οὐ μελανι ἀλλα πνευματι θεου ζωντος, οὐκ ἐν
πλαξιν λιθιναις ἀλλ ἐν πλαξιν καρδιαις σαρκιναις.

ἐγγυος [1]

Heb 7 22 κατα τοσουτο [και] κρειττονος διαθηκης γεγονεν ἐγγυος
ἰησους.

ἐγγυς [31]

Mt 24 32 ὁταν ἠδη ὁ κλαδος αὐτης γενηται ἀπαλος και τα φυλλα
ἐκφυη, γινωσκετε ὁτι ἐγγυς το θερος·

33 οὑτως και ὑμεις ὁταν ἰδητε παντα ταυτα, γινωσκετε ὁτι ἐγγυς
ἐστιν ἐπι θυραις.

26 18 ὁ διδασκαλος λεγει· ὁ καιρος μου ἐγγυς ἐστιν·

Mc 13 28 ἀπο δε της συκης μαθετε την παραβολην· ὁταν ἠδη ὁ κλαδος
αὐτης ἀπαλος γενηται και ἐκφυη τα φυλλα, γινωσκετε ὁτι
ἐγγυς το θερος ἐστιν·

29 οὑτως και ὑμεις, ὁταν ἰδητε ταυτα γινομενα, γινωσκετε ὁτι
ἐγγυς ἐστιν ἐπι θυραις.

Lc 19 11 δια το ἐγγυς εἰναι ἱερουσαλημ αὐτον

21 30 ὁταν προβαλωσιν ἠδη, βλεποντες ἀφ ἑαυτων γινωσκετε ὁτι
ἠδη ἐγγυς το θερος ἐστιν·

31 οὑτως και ὑμεις, ὁταν ἰδητε ταυτα γινομενα, γινωσκετε ὁτι
ἐγγυς ἐστιν ἡ βασιλεια του θεου.

Jh 2 13 και ἐγγυς ἡν το πασχα των ἰουδαιων, και ἀνεβη εἰς
ἱεροσολυμα ὁ ἰησους.

3 23 ἡν δε και ἰωαννης βαπτιζων ἐν αἰνων ἐγγυς του σαλειμ,

6 4 ἡν δε ἐγγυς το πασχα, ἡ ἑορτη των ἰουδαιων.

19 ἐληλακοτες οὐν ὡς σταδιους εἰκοσιπεντε ἡ τριακοντα
θεωρουσιν τον ἰησουν περιπατουντα ἐπι της θαλασσης και
ἐγγυς του πλοιου γινομενον,

23 ἀλλα ἠλθεν πλοια[ρια] ἐκ τιβεριαδος ἐγγυς του τοπου ὁπου
ἐφαγον τον ἀρτον εὐχαριστησαντος του κυριου.

7 2 ἡν δε ἐγγυς ἡ ἑορτη των ἰουδαιων ἡ σκηνοπηγια.

11 18 ἡν δε ἡ βηθανια ἐγγυς των ἱεροσολυμων ὡς ἀπο σταδιων
δεκαπεντε.

54 ὁ οὐν ἰησους οὐκετι παρρησια περιεπατει ἐν τοις ἰουδαιοις,
ἀλλα ἀπηλθεν ἐκειθεν εἰς την χωραν ἐγγυς της ἐρημου,

55 ἡν δε ἐγγυς το πασχα των ἰουδαιων,

19 20 τουτον οὐν τον τιτλον πολλοι ἀνεγνωσαν των ἰουδαιων, ὁτι
ἐγγυς ἡν ὁ τοπος της πολεως ὁπου ἐσταυρωθη ὁ ἰησους·

42 ἐκει οὐν δια την παρασκευην των ἰουδαιων, ὁτι ἐγγυς ἡν το
μνημειον, ἐθηκαν τον ἰησουν.

Ac 1 12 τοτε ὑπεστρεψαν εἰς ἱερουσαλημ ἀπο ὀρους του καλουμενου
ἐλαιωνος, ὁ ἐστιν ἐγγυς ἱερουσαλημ σαββατου ἐχον ὁδον.

ἐγγυς [31]

Ac 9 38 ἐγγυς δε ουσης λυδδας τη ιοππη οι μαθηται ακουσαντες οτι πετρος ἐστιν ἐν αυτη ἀπεστειλαν δυο ἀνδρας προς αυτον παρακαλουντες·

27 8 μολις τε παραλεγομενοι αυτην ἠλθομεν εἰς τοπον τινα καλουμενον καλους λιμενας, ᾧ ἐγγυς πολις ἠν λασαια.

Rm 10 8 ἐγγυς σου το ῥημα ἐστιν, ἐν τῳ στοματι σου και ἐν τη καρδια σου·

13 11 νυν γαρ ἐγγυτερον ἡμων ἡ σωτηρια ἠ ὁτε ἐπιστευσαμεν.

Eph 2 13 νυνι δε ἐν χριστῳ ἰησου ὑμεις οἱ ποτε ὀντες μακραν ἐγενηθητε ἐγγυς ἐν τῳ αἱματι του χριστου.

17 και ἐλθων εὐηγγελισατο εἰρηνην ὑμιν τοις μακραν και εἰρηνην τοις ἐγγυς·

Php 4 5 ὁ κυριος ἐγγυς. μηδεν μεριμνατε,

Heb 6 8 ἐκφερουσα δε ἀκανθας και τριβολους ἀδοκιμος και καταρας ἐγγυς, ἡς το τελος εἰς καυσιν.

8 13 το δε παλαιουμενον και γηρασκον ἐγγυς ἀφανισμου.

Apc 1 3 ὁ γαρ καιρος ἐγγυς.

22 10 ὁ καιρος γαρ ἐγγυς ἐστιν.

ἐγειρω [144]

Mt 1 24 ἐγερθεις δε ὁ ἰωσηφ ἀπο του ὑπνου ἐποιησεν ὡς προσεταξεν αὐτῳ ὁ ἀγγελος κυριου,

2 13 ἐγερθεις παραλαβε το παιδιον και την μητερα αὐτου,

14 ὁ δε ἐγερθεις παρελαβεν το παιδιον και την μητερα αὐτου νυκτος και ἀνεχωρησεν εἰς αἰγυπτον,

20 ἐγερθεις παραλαβε το παιδιον και την μητερα αὐτου,

21 ὁ δε ἐγερθεις παρελαβεν το παιδιον και την μητερα αὐτου και εἰσηλθεν εἰς γην ἰσραηλ.

3 9 λεγω γαρ ὑμιν ὀτι δυναται ὁ θεος ἐκ των λιθων τουτων ἐγειραι τεκνα τῳ ἀβρααμ.

8 15 και ἠγερθη, και διηκονει αὐτῳ.

25 και προσελθοντες ἠγειραν αὐτον λεγοντες·

26 τοτε ἐγερθεις ἐπετιμησεν τοις ἀνεμοις και τη θαλασση,

9 5 ἐγειρε και περιπατει;

6 ἐγερθεις ἀρον σου την κλινην και ὑπαγε εἰς τον οἰκον σου.

7 και ἐγερθεις ἀπηλθεν εἰς τον οἰκον αὐτου.

19 και ἐγερθεις ὁ ἰησους ἠκολουθησεν αὐτῳ και οἱ μαθηται αὐτου.

25 και ἠγερθη το κορασιον.

10 8 ἀσθενουντας θεραπευετε, νεκρους ἐγειρετε,

11 5 και νεκροι ἐγειρονται και πτωχοι εὐαγγελιζονται·

11 οὐκ ἐγηγερται ἐν γεννητοις γυναικων μειζων ἰωαννου του βαπτιστου·

12 11 και ἐαν ἐμπεση τουτο τοις σαββασιν εἰς βοθυνον, οὐχι κρατησει αὐτο και ἐγερει;

42 βασιλισσα νοτου ἐγερθησεται ἐν τη κρισει μετα της γενεας ταυτης και κατακρινει αὐτην·

14 2 οὑτος ἐστιν ἰωαννης ὁ βαπτιστης· αὐτος ἠγερθη ἀπο των νεκρων,

16 21 ἀπο τοτε ἠρξατο ὁ ἰησους δεικνυειν τοις μαθηταις αὐτου ὀτι δει αὐτον εἰς ἱεροσολυμα ἀπελθειν και πολλα παθειν ἀπο των πρεσβυτερων και ἀρχιερεων και γραμματεων και ἀποκτανθηναι και τη τριτη ἡμερα ἐγερθηναι.

17 7 και προσηλθεν ὁ ἰησους και ἀψαμενος αὐτων εἰπεν· ἐγερθητε και μη φοβεισθε.

9 μηδενι εἰπητε το ὁραμα ἐως οὑ ὁ υἱος του ἀνθρωπου ἐκ νεκρων ἐγερθη.

23 μελλει ὁ υἱος του ἀνθρωπου παραδιδοσθαι εἰς χειρας ἀνθρωπων, και ἀποκτενουσιν αὐτον, και τη τριτη ἡμερα ἐγερθησεται.

20 19 και τη τριτη ἡμερα ἐγερθησεται.

24 7 ἐγερθησεται γαρ ἐθνος ἐπι ἐθνος και βασιλεια ἐπι βασιλειαν,

11 και πολλοι ψευδοπροφηται ἐγερθησονται και πλανησουσιν πολλους·

24 ἐγερθησονται γαρ ψευδοχριστοι και ψευδοπροφηται,

25 7 τοτε ἠγερθησαν πασαι αἱ παρθενοι ἐκειναι και ἐκοσμησαν τας λαμπαδας ἑαυτων.

26 32 μετα δε το ἐγερθηναι με προαξω ὑμας εἰς την γαλιλαιαν.

46 ἐγειρεσθε, ἀγωμεν· ἰδου ἠγγικεν ὁ παραδιδους με.

27 52 και τα μνημεια ἀνεῳχθησαν και πολλα σωματα των κεκοιμημενων ἁγιων ἠγερθησαν.

63 κυριε, ἐμνησθημεν ὀτι ἐκεινος ὁ πλανος εἰπεν ἐτι ζων· μετα τρεις ἡμερας ἐγειρομαι.

64 ἠγερθη ἀπο των νεκρων,

28 6 οὐκ ἐστιν ὡδε· ἠγερθη γαρ καθως εἰπεν·

7 και ταχυ πορευθεισαι εἰπατε τοις μαθηταις αὐτου ὀτι ἠγερθη ἀπο των νεκρων,

Mc 1 31 και προσελθων ἠγειρεν αὐτην κρατησας της χειρος·

Mc 2 9 ἀφιενται σου αἱ ἀμαρτιαι, ἠ εἰπειν· ἐγειρε και ἀρον τον κραβαττον σου και περιπατει;

11 σοι λεγω, ἐγειρε ἀρον τον κραβαττον σου και ὑπαγε εἰς τον οἰκον σου.

12 και ἠγερθη και εὐθυς ἀρας τον κραβαττον ἐξηλθεν ἐμπροσθεν παντων·

3 3 και λεγει τῳ ἀνθρωπῳ τῳ την ξηραν χειρα ἐχοντι· ἐγειρε εἰς το μεσον.

4 27 και καθευδη και ἐγειρηται νυκτα και ἡμεραν,

38 και ἐγειρουσιν αὐτον και λεγουσιν αὐτῳ·

5 41 ὁ ἐστιν μεθερμηνευομενον· το κορασιον, σοι λεγω, ἐγειρε.

6 14 και ἠκουσεν ὁ βασιλευς ἡρωδης, φανερον γαρ ἐγενετο το ὀνομα αὐτου, και ἐλεγον ὀτι ἰωαννης ὁ βαπτιζων ἐγηγερται ἐκ νεκρων,

16 ἀκουσας δε ὁ ἡρωδης ἐλεγεν· ὁν ἐγω ἀπεκεφαλισα ἰωαννην, οὑτος ἠγερθη.

9 27 ὁ δε ἰησους κρατησας της χειρος αὐτου ἠγειρεν αὐτον, και ἀνεστη.

10 49 και φωνουσιν τον τυφλον λεγοντες αὐτῳ· θαρσει, ἐγειρε, φωνει σε.

12 26 περι δε των νεκρων ὀτι ἐγειρονται, οὐκ ἀνεγνωτε ἐν τη βιβλῳ μωυσεως ἐπι του βατου πως εἰπεν αὐτῳ ὁ θεος λεγων·

13 8 ἐγερθησεται γαρ ἐθνος ἐπ ἐθνος και βασιλεια ἐπι βασιλειαν.

22 ἐγερθησονται γαρ ψευδοχριστοι και ψευδοπροφηται και δωσουσιν σημεια και τερατα προς το ἀποπλαναν, εἰ δυνατον, τους ἐκλεκτους.

14 28 ἀλλα μετα το ἐγερθηναι με προαξω ὑμας εἰς την γαλιλαιαν·

42 ἐγειρεσθε, ἀγωμεν· ἰδου ὁ παραδιδους με ἠγγικεν.

16 6 ἰησουν ζητειτε τον ναζαρηνον τον ἐσταυρωμενον· ἠγερθη, οὐκ ἐστιν ὡδε·

14 και ὠνειδισεν την ἀπιστιαν αὐτων και σκληροκαρδιαν ὀτι τοις θεασαμενοις αὐτον ἐγηγερμενον οὐκ ἐπιστευσαν.

Lc 1 69 και ἠγειρεν κερας σωτηριας ἡμιν ἐν οἰκῳ δαυιδ παιδος αὐτου,

3 8 λεγω γαρ ὑμιν ὀτι δυναται ὁ θεος ἐκ των λιθων τουτων ἐγειραι τεκνα τῳ ἀβρααμ.

5 23 τι ἐστιν εὐκοπωτερον, εἰπειν· ἀφεωνται σοι αἱ ἀμαρτιαι σου, ἠ εἰπειν· ἐγειρε και περιπατει;

24 σοι λεγω, ἐγειρε και ἀρας το κλινιδιον σου πορευου εἰς τον οἰκον σου.

6 8 ἐγειρε και στηθι εἰς το μεσον·

7 14 νεανισκε, σοι λεγω, ἐγερθητι.

16 ἐλαβεν δε φοβος παντας, και ἐδοξαζον τον θεον λεγοντες ὀτι προφητης μεγας ἠγερθη ἐν ἡμιν,

22 και κωφοι ἀκουουσιν, νεκροι ἐγειρονται, πτωχοι εὐαγγελιζονται·

8 54 αὐτος δε κρατησας της χειρος αὐτης ἐφωνησεν λεγων· ἡ παις, ἐγειρε.

9 7 και διηπορει δια το λεγεσθαι ὑπο τινων ὀτι ἰωαννης ἠγερθη ἐκ νεκρων,

22 εἰπων ὀτι δει τον υἱον του ἀνθρωπου πολλα παθειν και ἀποδοκιμασθηναι ἀπο των πρεσβυτερων και ἀρχιερεων και γραμματεων και ἀποκτανθηναι και τη τριτη ἡμερα ἐγερθηναι.

11 8 εἰ και οὐ δωσει αὐτῳ ἀναστας δια το εἰναι φιλον αὐτου, δια γε την ἀναιδειαν αὐτου ἐγερθεις δωσει αὐτῳ ὀσων χρηζει.

31 βασιλισσα νοτου ἐγερθησεται ἐν τη κρισει μετα των ἀνδρων της γενεας ταυτης και κατακρινει αὐτους·

13 25 ἀφ οὑ ἀν ἐγερθη ὁ οἰκοδεσποτης και ἀποκλειση την θυραν, και ἀρξησθε ἐξω ἑσταναι και κρουειν την θυραν λεγοντες·

20 37 ὀτι δε ἐγειρονται οἱ νεκροι, και μωυσης ἐμηνυσεν ἐπι της βατου,

21 10 ἐγερθησεται ἐθνος ἐπ ἐθνος και βασιλεια ἐπι βασιλειαν,

24 6 οὐκ ἐστιν ὡδε, ἀλλα ἠγερθη.

34 και εὑρον ἠθροισμενους τους ἐνδεκα και τους συν αὐτοις, λεγοντας ὀτι ὀντως ἠγερθη ὁ κυριος και ὠφθη σιμωνι.

Jh 2 19 λυσατε τον ναον τουτον, και ἐν τρισιν ἡμεραις ἐγερω αὐτον.

20 τεσσερακοντακαι εξ ἐτεσιν οἰκοδομηθη ὁ ναος οὑτος, και συ ἐν τρισιν ἡμεραις ἐγερεις αὐτον;

22 ὀτε οὑν ἠγερθη ἐκ νεκρων, ἐμνησθησαν οἱ μαθηται αὐτου ὀτι τουτο ἐλεγεν,

5 8 ἐγειρε ἀρον τον κραβαττον σου και περιπατει.

21 ὡσπερ γαρ ὁ πατηρ ἐγειρει τους νεκρους και ζωοποιει, οὑτως και ὁ υἱος οὑς θελει ζωοποιει.

7 52 ἐραυνησον και ἰδε ὀτι ἐκ της γαλιλαιας προφητης οὐκ ἐγειρεται.

11 29 ἐκεινη δε ὡς ἠκουσεν, ἠγερθη ταχυ και ἠρχετο προς αὐτον·

12 1 ὀπου ἠν λαζαρος, ὁν ἠγειρεν ἐκ νεκρων ἰησους.

9 και ἠλθον οὐ δια τον ἰησουν μονον, ἀλλ ἰνα και τον λαζαρον ἰδωσιν ὁν ἠγειρεν ἐκ νεκρων.

ἐγειρω [144]

Jh 12 17 ἐμαρτυρει οὖν ὁ ὀχλος ὁ ὢν μετ αὐτου ὁτε τον λαζαρον ἐφωνησεν ἐκ του μνημειου και ἠγειρεν αὐτον ἐκ νεκρων.

13 4 εἰδως ὁτι παντα ἐδωκεν αὐτω ὁ πατηρ εἰς τας χειρας, και ὁτι ἀπο θεου ἐξηλθεν και προς τον θεον ὑπαγει, ἐγειρεται ἐκ του δειπνου και τιθησιν τα ἱματια,

14 31 ἐγειρεσθε, ἀγωμεν ἐντευθεν.

21 14 τουτο ἠδη τριτον ἐφανερωθη ἰησους τοις μαθηταις ἐγερθεις ἐκ νεκρων.

Ac 3 6 ἐν τω ὀνοματι ἰησου χριστου του ναζωραιου [ἐγειρε και] περιπατει.

7 και πιασας αὐτον της δεξιας χειρος ἠγειρεν αὐτον·

15 τον δε ἀρχηγον της ζωης ἀπεκτεινατε, ὃν ὁ θεος ἠγειρεν ἐκ νεκρων, οὗ ἡμεις μαρτυρες ἐσμεν.

4 10 γνωστον ἐστω πασιν ὑμιν και παντι τω λαω ἰσραηλ, ὁτι ἐν τω ὀνοματι ἰησου χριστου του ναζωραιου, ὃν ὑμεις ἐσταυρωσατε, ὃν ὁ θεος ἠγειρεν ἐκ νεκρων, ἐν τουτω οὑτος παρεστηκεν ἐνωπιον ὑμων ὑγιης.

5 30 ὁ θεος των πατερων ἡμων ἠγειρεν ἰησουν, ὃν ὑμεις διεχειρισασθε κρεμασαντες ἐπι ξυλου·

9 8 ἠγερθη δε σαυλος ἀπο της γης, ἀνεωγμενων δε των ὀφθαλμων αὐτου οὐδεν ἐβλεπεν·

10 26 ὁ δε πετρος ἠγειρεν αὐτον λεγων·

40 τουτον ὁ θεος ἠγειρεν [ἐν] τη τριτη ἡμερα και ἐδωκεν αὐτον ἐμφανη γενεσθαι,

12 7 παταξας δε την πλευραν του πετρου ἠγειρεν αὐτον λεγων·

13 22 και μεταστησας αὐτον ἠγειρεν τον δαυιδ αὐτοις εἰς βασιλεα, ᾧ και εἰπεν μαρτυρησας·

30 ὁ δε θεος ἠγειρεν αὐτον ἐκ νεκρων·

37 ὃν δε ὁ θεος ἠγειρεν, οὐκ εἰδεν διαφθοραν.

26 8 τι ἀπιστον κρινεται παρ ὑμιν εἰ ὁ θεος νεκρους ἐγειρει;

Rm 4 24 ἀλλα και δι ἡμας, οἷς μελλει λογιζεσθαι, τοις πιστευουσιν ἐπι τον ἐγειραντα ἰησουν τον κυριον ἡμων ἐκ νεκρων,

25 τοις πιστευουσιν ἐπι τον ἐγειραντα ἰησουν τον κυριον ἡμων ἐκ νεκρων, ὃς παρεδοθη δια τα παραπτωματα ἡμων και ἠγερθη δια την δικαιωσιν ἡμων.

6 4 ἱνα ὡσπερ ἠγερθη χριστος ἐκ νεκρων δια της δοξης του πατρος, οὑτως και ἡμεις ἐν καινοτητι ζωης περιπατησωμεν.

9 πιστευομεν ὁτι και συζησομεν αὐτω, εἰδοτες ὁτι χριστος ἐγερθεις ἐκ νεκρων οὐκετι ἀποθνησκει,

7 4 εἰς το γενεσθαι ὑμας ἑτερω, τω ἐκ νεκρων ἐγερθεντι, ἱνα καρποφορησωμεν τω θεω.

8 11 εἰ δε το πνευμα του ἐγειραντος τον ἰησουν ἐκ νεκρων οἰκει ἐν ὑμιν, ὁ ἐγειρας χριστον ἐκ νεκρων ζωοποιησει

11 εἰ δε το πνευμα του ἐγειραντος τον ἰησουν ἐκ νεκρων οἰκει ἐν ὑμιν, ὁ ἐγειρας χριστον ἐκ νεκρων ζωοποιησει

34 τις ὁ κατακρινων; χριστος [ἰησους] ὁ ἀποθανων, μαλλον δε ἐγερθεις,

10 9 ὁτι ἐαν ὁμολογησης ἐν τω στοματι σου κυριον ἰησουν, και πιστευσης ἐν τη καρδια σου ὁτι ὁ θεος αὐτον ἠγειρεν ἐκ νεκρων, σωθηση·

13 11 και τουτο εἰδοτες τον καιρον, ὁτι ὡρα ἠδη ὑμας ἐξ ὑπνου ἐγερθηναι·

1Co 6 14 ὁ δε θεος και τον κυριον ἠγειρεν και ἡμας ἐξεγερει δια της δυναμεως αὐτου.

15 4 και ὁτι ἐταφη, και ὁτι ἐγηγερται τη ἡμερα τη τριτη κατα τας γραφας,

12 εἰ δε χριστος κηρυσσεται ὁτι ἐκ νεκρων ἐγηγερται, πως λεγουσιν ἐν ὑμιν τινες ὁτι ἀναστασις νεκρων οὐκ ἐστιν;

13 εἰ δε ἀναστασις νεκρων οὐκ ἐστιν, οὐδε χριστος ἐγηγερται·

14 εἰ δε χριστος οὐκ ἐγηγερται, κενον ἀρα [και] το κηρυγμα ἡμων,

15 εὑρισκομεθα δε και ψευδομαρτυρες του θεου, ὁτι ἐμαρτυρησαμεν κατα του θεου ὁτι ἠγειρεν τον χριστον,

15 ὁτι ἐμαρτυρησαμεν κατα του θεου ὁτι ἠγειρεν τον χριστον, ὃν οὐκ ἠγειρεν εἰπερ ἀρα νεκροι οὐκ ἐγειρονται.

15 ὁτι ἐμαρτυρησαμεν κατα του θεου ὁτι ἠγειρεν τον χριστον, ὃν οὐκ ἠγειρεν εἰπερ ἀρα νεκροι οὐκ ἐγειρονται.

16 εἰ γαρ νεκροι οὐκ ἐγειρονται, οὐδε χριστος ἐγηγερται·

16 εἰ γαρ νεκροι οὐκ ἐγειρονται, οὐδε χριστος ἐγηγερται·

17 εἰ δε χριστος οὐκ ἐγηγερται, ματαια ἡ πιστις ὑμων,

20 νυνι δε χριστος ἐγηγερται ἐκ νεκρων, ἀπαρχη των κεκοιμημενων.

29 εἰ ὁλως νεκροι οὐκ ἐγειρονται, τι και βαπτιζονται ὑπερ αὐτων;

32 εἰ νεκροι οὐκ ἐγειρονται, φαγωμεν και πιωμεν, αὐριον γαρ ἀποθνησκομεν.

35 ἀλλα ἐρει τις· πως ἐγειρονται οἱ νεκροι;

42 σπειρεται ἐν φθορα, ἐγειρεται ἐν ἀφθαρσια·

43 σπειρεται ἐν ἀτιμια, ἐγειρεται ἐν δοξη·

ἐγειρω [144]

1Co 15 43 σπειρεται ἐν ἀσθενεια, ἐγειρεται ἐν δυναμει·

44 σπειρεται σωμα ψυχικον, ἐγειρεται σωμα πνευματικον.

52 σαλπισει γαρ, και οἱ νεκροι ἐγερθησονται ἀφθαρτοι,

2Co 1 9 ἱνα μη πεποιθοτες ὠμεν ἐφ ἑαυτοις ἀλλ ἐπι τω θεω τω ἐγειροντι τους νεκρους·

4 14 διο και λαλουμεν, εἰδοτες ὁτι ὁ ἐγειρας τον κυριον ἰησουν και ἡμας συν ἰησου ἐγερει και παραστησει συν ὑμιν.

14 διο και λαλουμεν, εἰδοτες ὁτι ὁ ἐγειρας τον κυριον ἰησουν και ἡμας συν ἰησου ἐγερει και παραστησει συν ὑμιν.

5 15 και ὑπερ παντων ἀπεθανεν ἱνα οἱ ζωντες μηκετι ἑαυτοις ζωσιν ἀλλα τω ὑπερ αὐτων ἀποθανοντι και ἐγερθεντι.

Ga 1 1 παυλος ἀποστολος, οὐκ ἀπ ἀνθρωπων οὐδε δι ἀνθρωπου ἀλλα δια ἰησου χριστου και θεου πατρος του ἐγειραντος αὐτον ἐκ νεκρων,

Eph 1 20 ἡν ἐνηργησεν ἐν τω χριστω ἐγειρας αὐτον ἐκ νεκρων,

5 14 ἐγειρε, ὁ καθευδων, και ἀναστα ἐκ των νεκρων,

Php 1 17 οἱ δε ἐξ ἐριθειας τον χριστον καταγγελλουσιν, οὐχ ἁγνως, οἰομενοι θλιψιν ἐγειρειν τοις δεσμοις μου.

Col 2 12 ἐν ᾧ και συνηγερθητε δια της πιστεως της ἐνεργειας του θεου του ἐγειραντος αὐτον ἐκ νεκρων·

1Th 1 10 και ἀναμενειν τον υἱον αὐτου ἐκ των οὐρανων, ὃν ἠγειρεν ἐκ [των] νεκρων,

2Tm 2 8 μνημονευε ἰησουν χριστον ἐγηγερμενον ἐκ νεκρων, ἐκ σπερματος δαυιδ·

Heb 11 19 λογισαμενος ὁτι και ἐκ νεκρων ἐγειρειν δυνατος ὁ θεος·

Ja 5 15 και ἡ εὐχη της πιστεως σωσει τον καμνοντα, και ἐγερει αὐτον ὁ κυριος·

1Pt 1 21 τους δι αὐτου πιστους εἰς θεον τον ἐγειραντα αὐτον ἐκ νεκρων και δοξαν αὐτω δοντα,

Apc 11 1 ἐγειρε και μετρησον τον ναον του θεου και το θυσιαστηριον και τους προσκυνουντας ἐν αὐτω.

ἐγερσις [1]

Mt 27 53 και ἐξελθοντες ἐκ των μνημειων μετα την ἐγερσιν αὐτου εἰσηλθον εἰς την ἁγιαν πολιν και ἐνεφανισθησαν πολλοις.

ἐγκαθετος [1]

Lc 20 20 και παρατηρησαντες ἀπεστειλαν ἐγκαθετους ὑποκρινομενους ἑαυτους δικαιους εἰναι,

ἐγκαινια [1]

Jh 10 22 ἐγενετο τοτε τα ἐγκαινια ἐν τοις ἱεροσολυμοις· χειμων ἠν·

ἐγκαινιζω [2]

Heb 9 18 ὁθεν οὐδε ἡ πρωτη χωρις αἱματος ἐγκεκαινισται.

10 20 ἐχοντες οὖν, ἀδελφοι, παρρησιαν εἰς την εἰσοδον των ἁγιων ἐν τω αἱματι ἰησου, ἡν ἐνεκαινισεν ἡμιν ὁδον προσφατον και ζωσαν

ἐγκακεω [6]

Lc 18 1 ἐλεγεν δε παραβολην αὐτοις προς το δειν παντοτε προσευχεσθαι αὐτους και μη ἐγκακειν, λεγων· κριτης τις ἠν ἐν τινι πολει τον θεον μη φοβουμενος και ἀνθρωπον μη ἐντρεπομενος.

2Co 4 1 δια τουτο, ἐχοντες την διακονιαν ταυτην, καθως ἠλεηθημεν, οὐκ ἐγκακουμεν·

16 διο οὐκ ἐγκακουμεν, ἀλλ εἰ και ὁ ἐξω ἡμων ἀνθρωπος διαφθειρεται, ἀλλ ὁ ἐσω ἡμων ἀνακαινουται ἡμερα και ἡμερα.

Ga 6 9 το δε καλον ποιουντες μη ἐγκακωμεν·

Eph 3 13 διο αἰτουμαι μη ἐγκακειν ἐν ταις θλιψεσιν μου ὑπερ ὑμων,

2Th 3 13 ὑμεις δε, ἀδελφοι, μη ἐγκακησητε καλοποιουντες.

ἐγκαλεω [7]

Ac 19 38 εἰ μεν οὖν δημητριος και οἱ συν αὐτω τεχνιται ἐχουσι προς τινα λογον, ἀγοραιοι ἀγονται και ἀνθυπατοι εἰσιν, ἐγκαλειτωσαν ἀλληλοις.

40 και γαρ κινδυνευομεν ἐγκαλεισθαι στασεως περι της σημερον,

23 28 βουλομενος τε ἐπιγνωναι την αἰτιαν δι ἡν ἐνεκαλουν αὐτω, κατηγαγον εἰς το συνεδριον αὐτων·

29 ὃν εὑρον ἐγκαλουμενον περι ζητηματων του νομου αὐτων,

ἐγκαλεω [7]

Ac 26 2 περι παντων ὡν ἐγκαλουμαι ὑπο ιουδαιων, βασιλευ ἀγριππα, ἡγημαι ἐμαυτον μακαριον ἐπι σου μελλων σημερον ἀπολογεισθαι,

    7 περι ἡς ἐλπιδος ἐγκαλουμαι ὑπο ιουδαιων, βασιλευ.

Rm 8 33 τις ἐγκαλεσει κατα ἐκλεκτων θεου; θεος ὁ δικαιων·

ἐγκαταλειπω [10]

Mt 27 46 ἠλι ἠλι λεμα σαβαχθανι; τουτ ἐστιν· θεε μου θεε μου, ἱνατι με ἐγκατελιπες;

Mc 15 34 ἐλωι ἐλωι λαμα σαβαχθανι; ὁ ἐστιν μεθερμηνευομενον· ὁ θεος μου ὁ θεος μου, εἰς τί ἐγκατελιπες με;

Ac 2 27 ἐτι δε και ἡ σαρξ μου κατασκηνωσει ἐπ ἐλπιδι, ὁτι οὐκ ἐγκαταλειψεις την ψυχην μου εἰς ἁδην οὐδε δωσεις τον ὁσιον σου ἰδειν διαφθοραν.

    31 προιδων ἐλαλησεν περι της ἀναστασεως του χριστου, ὁτι οὐτε ἐγκατελειφθη εἰς ἁδην οὐτε ἡ σαρξ αὐτου εἰδεν διαφθοραν.

Rm 9 29 εἰ μη κυριος σαβαωθ ἐγκατελιπεν ἡμιν σπερμα, ὡς σοδομα ἀν ἐγενηθημεν και ὡς γομορρα ἀν ὡμοιωθημεν.

2Co 4 9 ἀπορουμενοι ἀλλ οὐκ ἐξαπορουμενοι, διωκομενοι ἀλλ οὐκ ἐγκαταλειπομενοι,

2Tm 4 10 δημας γαρ με ἐγκατελιπεν ἀγαπησας τον νυν αἰωνα,

    16 ἐν τη πρωτη μου ἀπολογια οὐδεις μοι παρεγενετο, ἀλλα παντες με ἐγκατελιπον·

Heb 10 25 και κατανοωμεν ἀλληλους εἰς παροξυσμον ἀγαπης και καλων ἐργων, μη ἐγκαταλειποντες την ἐπισυναγωγην ἑαυτων,

    13 5 οὐ μη σε ἀνω οὐδ οὐ μη σε ἐγκαταλιπω·

ἐγκατοικεω [1]

2Pt 2 8 βλεμματι γαρ και ἀκοη ὁ δικαιος ἐγκατοικων ἐν αὐτοις ἡμεραν ἐξ ἡμερας ψυχην δικαιαν ἀνομοις ἐργοις ἐβασανιζεν·

ἐγκαυχαομαι [1]

2Th 1 4 ὡστε αὐτους ἡμας ἐν ὑμιν ἐγκαυχασθαι ἐν ταις ἐκκλησιαις του θεου ὑπερ της ὑπομονης ὑμων και πιστεως

ἐγκεντριζω [6]

Rm 11 17 εἰ δε τινες των κλαδων ἐξεκλασθησαν, συ δε ἀγριελαιος ὡν ἐνεκεντρισθης ἐν αὐτοις και συγκοινωνος της ῥιζης της πιοτητος της ἐλαιας ἐγενου, μη κατακαυχω των κλαδων·

    19 ἐρεις οὐν· ἐξεκλασθησαν κλαδοι ἱνα ἐγω ἐγκεντρισθω.

    23 κακεινοι δε, ἐαν μη ἐπιμενωσιν τη ἀπιστια, ἐγκεντρισθησονται·

    23 δυνατος γαρ ἐστιν ὁ θεος παλιν ἐγκεντρισαι αὐτους.

    24 εἰ γαρ συ ἐκ της κατα φυσιν ἐξεκοπης ἀγριελαιου και παρα φυσιν ἐνεκεντρισθης εἰς καλλιελαιον, ποσω μαλλον οὑτοι οἱ κατα φυσιν ἐγκεντρισθησονται τη ἰδια ἐλαια.

    24 εἰ γαρ συ ἐκ της κατα φυσιν ἐξεκοπης ἀγριελαιου και παρα φυσιν ἐνεκεντρισθης εἰς καλλιελαιον, ποσω μαλλον οὑτοι οἱ κατα φυσιν ἐγκεντρισθησονται τη ἰδια ἐλαια.

ἐγκλημα [2]

Ac 23 29 ὁν εὑρον ἐγκαλουμενον περι ζητηματων του νομου αὐτων, μηδεν δε ἀξιον θανατου ἠ δεσμων ἐχοντα ἐγκλημα.

    25 16 προς οὑς ἀπεκριθην ὁτι οὐκ ἐστιν ἐθος ῥωμαιοις χαριζεσθαι τινα ἀνθρωπον πριν ἠ ὁ κατηγορουμενος κατα προσωπον ἐχοι τους κατηγορους τοπον τε ἀπολογιας λαβοι περι του ἐγκληματος.

ἐγκομβοομαι [1]

1Pt 5 5 παντες δε ἀλληλοις την ταπεινοφροσυνην ἐγκομβωσασθε,

ἐγκοπη [1]

1Co 9 12 ἀλλ οὐκ ἐχρησαμεθα τη ἐξουσια ταυτη, ἀλλα παντα στεγομεν ἱνα μη τινα ἐγκοπην δωμεν τω εὐαγγελιω του χριστου.

ἐγκοπτω [5]

Ac 24 4 ἱνα δε μη ἐπι πλειον σε ἐγκοπτω, παρακαλω ἀκουσαι σε ἡμων συντομως τη ση ἐπιεικεια.

Rm 15 22 διο και ἐνεκοπτομην τα πολλα του ἐλθειν προς ὑμας·

Ga 5 7 τις ὑμας ἐνεκοψεν [τη] ἀληθεια μη πειθεσθαι;

1Th 2 18 και ἐνεκοψεν ἡμας ὁ σατανας.

ἐγκοπτω [5]

1Pt 3 7 ἀπονεμοντες τιμην ὡς και συγκληρονομοις χαριτος ζωης, εἰς το μη ἐγκοπτεσθαι τας προσευχας ὑμων.

ἐγκρατεια [4]

Ac 24 25 διαλεγομενου δε αὐτου περι δικαιοσυνης και ἐγκρατειας και του κριματος του μελλοντος ἐμφοβος γενομενος ὁ φηλιξ ἀπεκριθη·

Ga 5 23 ὁ δε καρπος του πνευματος ἐστιν ἀγαπη, χαρα, εἰρηνη, μακροθυμια, χρηστοτης, ἀγαθωσυνη, πιστις, πραυτης, ἐγκρατεια·

2Pt 1 6 ἐν δε τη ἀρετη την γνωσιν, ἐν δε τη γνωσει την ἐγκρατειαν,

    6 ἐν δε τη ἐγκρατεια την ὑπομονην, ἐν δε τη ὑπομονη την εὐσεβειαν,

ἐγκρατευομαι [2]

1Co 7 9 εἰ δε οὐκ ἐγκρατευονται, γαμησατωσαν·

    9 25 πας δε ὁ ἀγωνιζομενος παντα ἐγκρατευεται,

ἐγκρατης [1]

Tit 1 8 μη αἰσχροκερδη, ἀλλα φιλοξενον, φιλαγαθον, σωφρονα, δικαιον, ὁσιον, ἐγκρατη, ἀντεχομενον του κατα την διδαχην πιστου λογου,

ἐγκρινω [1]

2Co 10 12 οὐ γαρ τολμωμεν ἐγκριναι ἠ συγκριναι ἑαυτους τισιν των ἑαυτους συνιστανοντων·

ἐγκρυπτω [2]

Mt 13 33 ὁμοια ἐστιν ἡ βασιλεια των οὐρανων ζυμη, ἡν λαβουσα γυνη ἐνεκρυψεν εἰς ἀλευρου σατα τρια,

Lc 13 21 ὁμοια ἐστιν ζυμη, ἡν λαβουσα γυνη [ἐν]εκρυψεν εἰς ἀλευρου σατα τρια, ἑως οὑ ἐζυμωθη ὁλον.

ἐγκυος [1]

Lc 2 5 ἀπογραψασθαι συν μαριαμ τη ἐμνηστευμενη αὐτω, οὐση ἐγκυω.

ἐγχριω [1]

Apc 3 18 και κολλ[ο]υριον ἐγχρισαι τους ὀφθαλμους σου ἱνα βλεπης·

ἐγω [1802]

cf append.

ἐδαφιζω [1]

Lc 19 44 και ἐδαφιουσιν σε και τα τεκνα σου ἐν σοι,

ἐδαφος [1]

Ac 22 7 ἐπεσα τε εἰς το ἐδαφος και ἠκουσα φωνης λεγουσης μοι·

ἐδραιος [3]

1Co 7 37 ὁς δε ἑστηκεν ἐν τη καρδια αὐτου ἑδραιος, μη ἐχων ἀναγκην,

    15 58 τω δε θεω χαρις τω διδοντι ἡμιν το νικος δια του κυριου ἡμων ἰησου χριστου. ὡστε, ἀδελφοι μου ἀγαπητοι, ἑδραιοι γινεσθε,

Col 1 23 εἰ γε ἐπιμενετε τη πιστει τεθεμελιωμενοι και ἑδραιοι

ἑδραιωμα [1]

1Tm 3 15 ἡτις ἐστιν ἐκκλησια θεου ζωντος, στυλος και ἑδραιωμα της ἀληθειας.

ἐζεκιας [2]

Mt 1 9 ἀχαζ δε ἐγεννησεν τον ἐζεκιαν,

    10 ἐζεκιας δε ἐγεννησεν τον μανασση.

ἐθελοθρησκια [1]

Col 2 23 ἁτινα ἐστιν λογον μεν ἐχοντα σοφιας ἐν ἐθελοθρησκια και ταπεινοφροσυνη [και] ἀφειδια σωματος,

ἐθιζω [1]

Lc 2 27 και ἐν τω εἰσαγαγειν τους γονεις το παιδιον ἰησουν του ποιησαι αὐτους κατα το εἰθισμενον του νομου περι αὐτου, και αὐτος ἐδεξατο αὐτο εἰς τας ἀγκαλας και εὐλογησεν τον θεον και εἰπεν·

ἐθναρχης [1]

2Co 11 32 ἐν δαμασκω ὁ ἐθναρχης ἀρετα του βασιλεως ἐφρουρει την πολιν δαμασκηνων πιασαι με,

ἐθνικος [4]

Mt 5 47 οὐχι και οἱ ἐθνικοι το αὐτο ποιουσιν;
6 7 προσευχομενοι δε μη βατταλογησητε ὡσπερ οἱ ἐθνικοι·
18 17 ἐαν δε και της ἐκκλησιας παρακουση, ἐστω σοι ὡσπερ ὁ ἐθνικος και ὁ τελωνης.
3Jh 7 ὑπερ γαρ του ὀνοματος ἐξηλθον μηδεν λαμβανοντες ἀπο των ἐθνικων.

ἐθνικως [1]

Ga 2 14 εἰ συ ἰουδαιος ὑπαρχων ἐθνικως και οὐχι ἰουδαικως ζης, πῶς τα ἐθνη ἀναγκαζεις ἰουδαιζειν;

ἔθνος [162]

Mt 4 15 περαν του ἰορδανου, γαλιλαια των ἐθνων, ὁ λαος ὁ καθημενος ἐν σκοτει φως εἰδεν μεγα,
6 32 παντα γαρ ταυτα τα ἐθνη ἐπιζητουσιν·
10 5 εἰς ὁδον ἐθνων μη ἀπελθητε,
18 και ἐπι ἡγεμονας δε και βασιλεις ἀχθησεσθε ἑνεκεν ἐμου, εἰς μαρτυριον αὐτοις και τοις ἐθνεσιν.
12 18 και κρισιν τοις ἐθνεσιν ἀπαγγελει.
21 και τω ὀνοματι αὐτου ἐθνη ἐλπιουσιν.
20 19 και κατακρινοῦσιν αὐτον θανατω, και παραδωσουσιν αὐτον τοις ἐθνεσιν εἰς το ἐμπαιξαι και μαστιγωσαι και σταυρωσαι,
25 οἰδατε ὁτι οἱ ἀρχοντες των ἐθνων κατακυριευουσιν αὐτων και οἱ μεγαλοι κατεξουσιαζουσιν αὐτων.
21 43 δια τουτο λεγω ὑμιν ὁτι ἀρθησεται ἀφ ὑμων ἡ βασιλεια του θεου και δοθησεται ἐθνει ποιουντι τους καρπους αὐτης.
24 7 ἐγερθησεται γαρ ἐθνος ἐπι ἐθνος και βασιλεια ἐπι βασιλειαν,
7 ἐγερθησεται γαρ ἐθνος ἐπι ἐθνος και βασιλεια ἐπι βασιλειαν,
9 και ἐσεσθε μισουμενοι ὑπο παντων των ἐθνων δια το ὀνομα μου.
14 και κηρυχθησεται τουτο το εὐαγγελιον της βασιλειας ἐν ὁλη τη οἰκουμενη εἰς μαρτυριον πασιν τοις ἐθνεσιν,
25 32 και συναχθησονται ἐμπροσθεν αὐτου παντα τα ἐθνη,
28 19 πορευθεντες οὐν μαθητευσατε παντα τα ἐθνη, βαπτιζοντες αὐτους εἰς το ὀνομα του πατρος και του υἱου και του ἁγιου πνευματος, διδασκοντες αὐτους τηρειν παντα ὁσα ἐνετειλαμην ὑμιν·
Mc 10 33 και κατακρινοῦσιν αὐτον θανατω και παραδωσουσιν αὐτον τοις ἐθνεσιν και ἐμπαιξουσιν αὐτω και ἐμπτυσουσιν αὐτω και μαστιγωσουσιν αὐτον και ἀποκτενουσιν,
42 οἰδατε ὁτι οἱ δοκουντες ἀρχειν των ἐθνων κατακυριευουσιν αὐτων και οἱ μεγαλοι αὐτων κατεξουσιαζουσιν αὐτων.
11 17 οὐ γεγραπται ὁτι ὁ οἰκος μου οἰκος προσευχης κληθησεται πασιν τοις ἐθνεσιν;
13 8 ἐγερθησεται γαρ ἐθνος ἐπ ἐθνος και βασιλεια ἐπι βασιλειαν,
8 ἐγερθησεται γαρ ἐθνος ἐπ ἐθνος και βασιλεια ἐπι βασιλειαν.
10 και εἰς παντα τα ἐθνη πρωτον δει κηρυχθηναι το εὐαγγελιον.
Lc 2 32 ὁ ἡτοιμασας κατα προσωπον παντων των λαων, φως εἰς ἀποκαλυψιν ἐθνων και δοξαν λαου σου ἰσραηλ.
7 5 ἀγαπα γαρ το ἐθνος ἡμων και την συναγωγην αὐτος ᾠκοδομησεν ἡμιν.
12 30 ταυτα γαρ παντα τα ἐθνη του κοσμου ἐπιζητουσιν·
18 32 παραδοθησεται γαρ τοις ἐθνεσιν και ἐμπαιχθησεται και ὑβρισθησεται και ἐμπτυσθησεται,
21 10 ἐγερθησεται ἐθνος ἐπ ἐθνος και βασιλεια ἐπι βασιλειαν,
10 ἐγερθησεται ἐθνος ἐπ ἐθνος και βασιλεια ἐπι βασιλειαν.
24 και πεσουνται στοματι μαχαιρης και αἰχμαλωτισθησονται εἰς τα ἐθνη παντα,
24 και ἰερουσαλημ ἐσται πατουμενη ὑπο ἐθνων, ἀχρι οὑ πληρωθωσιν καιροι ἐθνων.

ἔθνος [162]

Lc 21 24 και ἰερουσαλημ ἐσται πατουμενη ὑπο ἐθνων, ἀχρι οὑ πληρωθωσιν καιροι ἐθνων.
25 και ἐπι της γης συνοχη ἐθνων ἐν ἀπορια ἠχους θαλασσης και σαλου, ἀποψυχοντων ἀνθρωπων ἀπο φοβου και προσδοκιας των ἐπερχομενων τη οἰκουμενη·
22 25 οἱ βασιλεις των ἐθνων κυριευουσιν αὐτων, και οἱ ἐξουσιαζοντες αὐτων εὐεργεται καλουνται.
23 2 τουτον εὑραμεν διαστρεφοντα το ἐθνος ἡμων και κωλυοντα φορους καισαρι διδοναι,
24 47 και κηρυχθηναι ἐπι τω ὀνοματι αὐτου μετανοιαν εἰς ἀφεσιν ἁμαρτιων εἰς παντα τα ἐθνη, ἀρξαμενοι ἀπο ἰερουσαλημ.
Jh 11 48 και ἐλευσονται οἱ ρωμαιοι και ἀρουσιν ἡμων και τον τοπον και το ἐθνος.
50 ὑμεις οὐκ οἰδατε οὐδεν, οὐδε λογιζεσθε ὁτι συμφερει ὑμιν ἱνα εἱς ἀνθρωπος ἀποθανη ὑπερ του λαου και μη ὁλον το ἐθνος ἀποληται.
51 ἀλλα ἀρχιερευς ὡν του ἐνιαυτου ἐκεινου ἐπροφητευσεν ὁτι ἐμελλεν ἰησους ἀποθνησκειν ὑπερ του ἐθνους,
52 ὁτι ἐμελλεν ἰησους ἀποθνησκειν ὑπερ του ἐθνους, και οὐχ ὑπερ του ἐθνους μονον, ἀλλ ἱνα και τα τεκνα του θεου τα διεσκορπισμενα συναγαγη εἰς ἑν.
18 35 το ἐθνος το σον και οἱ ἀρχιερεις παρεδωκαν σε ἐμοι· τι ἐποιησας;
Ac 2 5 ἠσαν δε εἰς ἰερουσαλημ κατοικουντες ἰουδαιοι, ἀνδρες εὐλαβεις ἀπο παντος ἐθνους των ὑπο τον οὐρανον·
4 25 ἱνατι ἐφρυαξαν ἐθνη και λαοι ἐμελετησαν κενα·
27 ἡρωδης τε και ποντιος πιλατος συν ἐθνεσιν και λαοις ἰσραηλ, ποιησαι ὁσα ἡ χειρ σου και ἡ βουλη [σου] προωρισεν γενεσθαι.
7 7 και το ἐθνος ᾡ ἐαν δουλευσουσιν κρινω ἐγω, ὁ θεος εἰπεν, και μετα ταυτα ἐξελευσονται και λατρευσουσιν μοι ἐν τω τοπω τουτω.
45 ἡν και εἰσηγαγον διαδεξαμενοι οἱ πατερες ἡμων μετα ἰησου ἐν τη κατασχεσει των ἐθνων,
8 9 ἀνηρ δε τις ὀνοματι σιμων προυπηρχεν ἐν τη πολει μαγευων και ἐξιστανων το ἐθνος της σαμαρειας, λεγων εἰναι τινα ἑαυτον μεγαν,
9 15 πορευου, ὁτι σκευος ἐκλογης ἐστιν μοι οὑτος του βαστασαι το ὀνομα μου ἐνωπιον ἐθνων τε και βασιλεων υἱων τε ἰσραηλ·
10 22 κορνηλιος ἑκατονταρχης, ἀνηρ δικαιος και φοβουμενος τον θεον, μαρτυρουμενος τε ὑπο ὁλου του ἐθνους των ἰουδαιων,
35 ἀλλ ἐν παντι ἐθνει ὁ φοβουμενος αὐτον και ἐργαζομενος δικαιοσυνην δεκτος αὐτω ἐστιν·
45 και ἐξεστησαν οἱ ἐκ περιτομης πιστοι ὁσοι συνηλθαν τω πετρω, ὁτι και ἐπι τα ἐθνη ἡ δωρεα του ἁγιου πνευματος ἐκκεχυται·
11 1 ἠκουσαν δε οἱ ἀποστολοι και οἱ ἀδελφοι οἱ ὀντες κατα την ἰουδαιαν ὁτι και τα ἐθνη ἐδεξαντο τον λογον του θεου.
18 ἀρα και τοις ἐθνεσιν ὁ θεος την μετανοιαν εἰς ζωην ἐδωκεν.
13 19 και καθελων ἐθνη ἑπτα ἐν γη χανααν κατεκληρονομησεν την γην αὐτων ὡς ἐτεσιν τετρακοσιοισκαιπεντηκοντα.
46 ἐπειδη ἀπωθεισθε αὐτον και οὐκ ἀξιους κρινετε ἑαυτους της αἰωνιου ζωης, ἰδου στρεφομεθα εἰς τα ἐθνη.
47 τεθεικα σε εἰς φως ἐθνων του εἰναι σε εἰς σωτηριαν ἑως ἐσχατου της γης.
48 ἀκουοντα δε τα ἐθνη ἐχαιρον και ἐδοξαζον τον λογον του κυριου,
14 2 οἱ δε ἀπειθησαντες ἰουδαιοι ἐπηγειραν και ἐκακωσαν τας ψυχας των ἐθνων κατα των ἀδελφων.
5 ὡς δε ἐγενετο ὁρμη των ἐθνων τε και ἰουδαιων συν τοις ἀρχουσιν αὐτων ὑβρισαι και λιθοβολησαι αὐτους,
16 ὁς ἐν ταις παρῳχημεναις γενεαις εἰασεν παντα τα ἐθνη πορευεσθαι ταις ὁδοις αὐτων·
27 ἀνηγγελλον ὁσα ἐποιησεν ὁ θεος μετ αὐτων, και ὁτι ἠνοιξεν τοις ἐθνεσιν θυραν πιστεως.
15 3 οἱ μεν οὐν προπεμφθεντες ὑπο της ἐκκλησιας διηρχοντο την τε φοινικην και σαμαρειαν ἐκδιηγουμενοι την ἐπιστροφην των ἐθνων,
7 ἀνδρες ἀδελφοι, ὑμεις ἐπιστασθε ὁτι ἀφ ἡμερων ἀρχαιων ἐν ὑμιν ἐξελεξατο ὁ θεος δια του στοματος μου ἀκουσαι τα ἐθνη τον λογον του εὐαγγελιου και πιστευσαι.
12 ἐσιγησεν δε παν το πληθος, και ἠκουον βαρναβα και παυλου ἐξηγουμενων ὁσα ἐποιησεν ὁ θεος σημεια και τερατα ἐν τοις ἐθνεσιν δι αὐτων.
14 συμεων ἐξηγησατο καθως πρωτον ὁ θεος ἐπεσκεψατο λαβειν ἐξ ἐθνων λαον τω ὀνοματι αὐτου.

ἔθνος [162]

Ac	15 17	ὅπως ἄν ἐκζητησωσιν οἱ καταλοιποι των ἀνθρωπων τον κυριον, και παντα τα ἔθνη ἐφ οὕς ἐπικεκληται το ὄνομα μου ἐπ αὐτους,
	19	διο ἐγω κρινω μη παρενοχλειν τοις ἀπο των ἐθνων ἐπιστρεφουσιν ἐπι τον θεον,
	23	οἱ ἀποστολοι και οἱ πρεσβυτεροι ἀδελφοι τοις κατα την ἀντιοχειαν και συριαν και κιλικιαν ἀδελφοις τοις ἐξ ἐθνων χαιρειν.
	17 26	ἐποιησεν τε ἐξ ἑνος παν ἔθνος ἀνθρωπων κατοικειν ἐπι παντος προσωπου της γης,
	18 6	το αἱμα ὑμων ἐπι την κεφαλην ὑμων· καθαρος ἐγω ἀπο του νυν εἰς τα ἔθνη πορευσομαι.
	21 11	τον ἀνδρα οὗ ἐστιν ἡ ζωνη αὐτη οὑτως δησουσιν ἐν ἱερουσαλημ οἱ ιουδαιοι και παραδωσουσιν εἰς χειρας ἐθνων.
	19	και ἀσπασαμενος αὐτους ἐξηγειτο καθ ἑν ἑκαστον ὃ ἐποιησεν ὁ θεος ἐν τοις ἔθνεσιν δια της διακονιας αὐτου.
	21	κατηχηθησαν δε περι σου ὃτι ἀποστασιαν διδασκεις ἀπο μωυσεως τους κατα τα ἔθνη παντας ιουδαιους,
	25	περι δε των πεπιστευκοτων ἐθνων ἡμεις ἐπεστειλαμεν κριναντες φυλασσεσθαι αὐτους το τε εἰδωλοθυτον και αἱμα και πνικτον και πορνειαν.
	22 21	πορευου, ὃτι ἐγω εἰς ἔθνη μακραν ἐξαποστελω σε.
	24 2	πολλης εἰρηνης τυγχανοντες δια σου και διορθωματων γινομενων τω ἔθνει τουτω δια της σης προνοιας, παντη τε και πανταχου ἀποδεχομεθα,
	10	ἐκ πολλων ἐτων ὀντα σε κριτην τω ἔθνει τουτω ἐπισταμενος εὐθυμως τα περι ἐμαυτου ἀπολογουμαι,
	17	δι ἐτων δε πλειονων ἐλεημοσυνας ποιησων εἰς το ἔθνος μου παρεγενομην και προσφορας,
	26 4	την μεν οὐν βιωσιν μου [την] ἐκ νεοτητος την ἀπ ἀρχης γενομενην ἐν τω ἔθνει μου ἐν τε ἱεροσολυμοις ἰσασι παντες [οἱ] ιουδαιοι,
	17	ἐξαιρουμενος σε ἐκ του λαου και ἐκ των ἐθνων, εἰς οὕς ἐγω ἀποστελλω σε,
	20	και τοις ἐθνεσιν ἀπηγγελλον μετανοειν και ἐπιστρεφειν ἐπι τον θεον,
	23	εἰ παθητος ὁ χριστος, εἰ πρωτος ἐξ ἀναστασεως νεκρων φως μελλει καταγγελλειν τω τε λαω και τοις ἐθνεσιν.
	28 19	ἀντιλεγοντων δε των ιουδαιων ἠναγκασθην ἐπικαλεσασθαι καισαρα, οὐχ ὡς του ἐθνους μου ἐχων τι κατηγορειν.
	28	γνωστον οὐν ἐστω ὑμιν ὃτι τοις ἐθνεσιν ἀπεσταλη τουτο το σωτηριον του θεου·
Rm	1 5	ιησου χριστου του κυριου ἡμων, δι οὗ ἐλαβομεν χαριν και ἀποστολην εἰς ὑπακοην πιστεως ἐν πασιν τοις ἐθνεσιν ὑπερ του ὀνοματος αὐτου,
	13	ἱνα τινα καρπον σχω και ἐν ὑμιν καθως και ἐν τοις λοιποις ἐθνεσιν.
	2 14	ὁταν γαρ ἐθνη τα μη νομον ἐχοντα φυσει τα του νομου ποιωσιν, οὑτοι νομον μη ἐχοντες ἑαυτοις εἰσιν νομος·
	24	το γαρ ὀνομα του θεου δι ὑμας βλασφημειται ἐν τοις ἐθνεσιν, καθως γεγραπται.
	3 29	ἠ ιουδαιων ὁ θεος μονον; οὐχι και ἐθνων;
	29	οὐχι και ἐθνων; ναι και ἐθνων,
	4 17	καθως γεγραπται ὃτι πατερα πολλων ἐθνων τεθεικα σε,
	18	ὁς παρ ἐλπιδα ἐπ ἐλπιδι ἐπιστευσεν, εἰς το γενεσθαι αὐτον πατερα πολλων ἐθνων κατα το εἰρημενον·
	9 24	οὕς και ἐκαλεσεν ἡμας οὐ μονον ἐξ ιουδαιων ἀλλα και ἐξ ἐθνων;
	30	τι οὐν ἐρουμεν; ὁτι ἐθνη τα μη διωκοντα δικαιοσυνην κατελαβεν δικαιοσυνην,
	10 19	ἐγω παραζηλωσω ὑμας ἐπ οὐκ ἐθνει, ἐπ ἐθνει ἀσυνετω παροργιω ὑμας.
	19	ἐγω παραζηλωσω ὑμας ἐπ οὐκ ἐθνει, ἐπ ἐθνει ἀσυνετω παροργιω ὑμας.
	11 11	ἀλλα τω αὐτων παραπτωματι ἡ σωτηρια τοις ἐθνεσιν, εἰς το παραζηλωσαι αὐτους.
	12	εἰ δε το παραπτωμα αὐτων πλουτος κοσμου και το ἡττημα αὐτων πλουτος ἐθνων, ποσω μαλλον το πληρωμα αὐτων.
	13	ὑμιν δε λεγω τοις ἐθνεσιν.
	13	ἐφ ὁσον μεν οὐν εἰμι ἐγω ἐθνων ἀποστολος, την διακονιαν μου δοξαζω.
	25	ἱνα μη ἠτε [παρ] ἑαυτοις φρονιμοι, ὁτι πωρωσις ἀπο μερους τω ισραηλ γεγονεν ἀχρι οὗ το πληρωμα των ἐθνων εἰσελθη,
	15 9	τα δε ἐθνη ὑπερ ἐλεους δοξασαι τον θεον, καθως γεγραπται·
	9	δια τουτο ἐξομολογησομαι σοι ἐν ἐθνεσιν και τω ὀνοματι σου ψαλω.
	10	εὐφρανθητε, ἐθνη, μετα του λαου αὐτου.
	11	αἰνειτε, παντα τα ἐθνη, τον κυριον, και ἐπαινεσατωσαν αὐτον παντες οἱ λαοι.

ἔθνος [162]

Rm	15 12	ἐσται ἡ ῥιζα του ιεσσαι, και ὁ ἀνισταμενος ἀρχειν ἐθνων· ἐπ αὐτω ἐθνη ἐλπιουσιν.
	12	ἐσται ἡ ῥιζα του ιεσσαι, και ὁ ἀνισταμενος ἀρχειν ἐθνων· ἐπ αὐτω ἐθνη ἐλπιουσιν.
	16	εἰς το εἰναι με λειτουργον χριστου ιησου εἰς τα ἐθνη,
	16	ἱερουργουντα το εὐαγγελιον του θεου, ἱνα γενηται ἡ προσφορα των ἐθνων εὐπροσδεκτος,
	18	οὐ γαρ τολμησω τι λαλειν ὡν οὐ κατειργασατο χριστος δι ἐμου εἰς ὑπακοην ἐθνων,
	27	εἰ γαρ τοις πνευματικοις αὐτων ἐκοινωνησαν τα ἐθνη, ὀφειλουσιν και ἐν τοις σαρκικοις λειτουργησαι αὐτοις.
	16 4	οἱτινες ὑπερ της ψυχης μου τον ἑαυτων τραχηλον ὑπεθηκαν, οἱς οὐκ ἐγω μονος εὐχαριστω ἀλλα και πασαι αἱ ἐκκλησιαι των ἐθνων,
	26	[κατα ἀποκαλυψιν μυστηριου χρονοις αἰωνιοις σεσιγημενου], [φανερωθεντος δε νυν δια τε γραφων προφητικων κατ ἐπιταγην του αἰωνιου θεου εἰς ὑπακοην πιστεως εἰς παντα τα ἐθνη γνωρισθεντος],
1Co	1 23	ἡμεις δε κηρυσσομεν χριστον ἐσταυρωμενον, ιουδαιοις μεν σκανδαλον, ἐθνεσιν δε μωριαν,
	5 1	ὁλως ἀκουεται ἐν ὑμιν πορνεια, και τοιαυτη πορνεια ἡτις οὐδε ἐν τοις ἐθνεσιν,
	12 2	οἰδατε ὁτι ὁτε ἐθνη ἠτε προς τα εἰδωλα τα ἀφωνα ὡς ἀν ἠγεσθε ἀπαγομενοι.
2Co	11 26	κινδυνοις ἐκ γενους, κινδυνοις ἐξ ἐθνων, κινδυνοις ἐν πολει,
Ga	1 16	ἀποκαλυψαι τον υἱον αὐτου ἐν ἐμοι, ἱνα εὐαγγελιζωμαι αὐτον ἐν τοις ἐθνεσιν,
	2 2	και ἀνεθεμην αὐτοις το εὐαγγελιον ὁ κηρυσσω ἐν τοις ἐθνεσιν, κατ ιδιαν δε τοις δοκουσιν,
		ὁ γαρ ἐνεργησας πετρω εἰς ἀποστολην της περιτομης ἐνηργησεν και ἐμοι εἰς τα ἐθνη,
	9	οἱ δοκουντες στυλοι εἰναι, δεξιας ἐδωκαν ἐμοι και βαρναβα κοινωνιας, ἱνα ἡμεις εἰς τα ἐθνη,
	12	προ του γαρ ἐλθειν τινας ἀπο ιακωβου μετα των ἐθνων συνησθιεν·
	14	εἰ συ ιουδαιος ὑπαρχων ἐθνικως και οὐχι ιουδαικως ζης, πως τα ἐθνη ἀναγκαζεις ιουδαιζειν;
	15	ἡμεις φυσει ιουδαιοι και οὐκ ἐξ ἐθνων ἁμαρτωλοι,
	3 8	προιδουσα δε ἡ γραφη ὁτι ἐκ πιστεως δικαιοι τα ἐθνη ὁ θεος,
	8	προευηγγελισατο τω ἀβρααμ ὁτι ἐνευλογηθησονται ἐν σοι παντα τα ἐθνη.
	14	ἱνα εἰς τα ἐθνη ἡ εὐλογια του ἀβρααμ γενηται ἐν χριστω ιησου,
Eph	2 11	διο μνημονευετε ὁτι ποτε ὑμεις τα ἐθνη ἐν σαρκι,
	3 1	τουτου χαριν ἐγω παυλος ὁ δεσμιος του χριστου [ιησου] ὑπερ ὑμων των ἐθνων εἰ γε ἠκουσατε την οἰκονομιαν της χαριτος του θεου της δοθεισης μοι εἰς ὑμας,
	6	εἰναι τα ἐθνη συγκληρονομα και συσσωμα και συμμετοχα της ἐπαγγελιας ἐν χριστω ιησου
	8	ἐμοι τω ἐλαχιστοτερω παντων ἀγιων ἐδοθη ἡ χαρις αὑτη, τοις ἐθνεσιν εὐαγγελισασθαι το ἀνεξιχνιαστον πλουτος του χριστου,
	4 17	μηκετι ὑμας περιπατειν καθως και τα ἐθνη περιπατει ἐν ματαιοτητι του νοος αὐτων,
Col	1 27	νυν δε ἐφανερωθη τοις ἀγιοις αὐτου, οἱς ἠθελησεν ὁ θεος γνωρισαι τι το πλουτος της δοξης του μυστηριου τουτου ἐν τοις ἐθνεσιν,
1Th	2 16	κωλυοντων ἡμας τοις ἐθνεσιν λαλησαι ἱνα σωθωσιν,
	4 5	μη ἐν παθει ἐπιθυμιας καθαπερ και τα ἐθνη τα μη εἰδοτα τον θεον,
1Tm	2 7	εἰς ὁ ἐτεθην ἐγω κηρυξ και ἀποστολος, ἀληθειαν λεγω, οὐ ψευδομαι, διδασκαλος ἐθνων ἐν πιστει και ἀληθεια.
	3 16	ἐκηρυχθη ἐν ἐθνεσιν, ἐπιστευθη ἐν κοσμω, ἀνελημφθη ἐν δοξη.
2Tm	4 17	ὁ δε κυριος μοι παρεστη και ἐνεδυναμωσεν με, ἱνα δι ἐμου το κηρυγμα πληροφορηθη και ἀκουσωσιν παντα τα ἐθνη,
1Pt	2 9	ὑμεις δε γενος ἐκλεκτον, βασιλειον ἱερατευμα, ἐθνος ἀγιον, λαος εἰς περιποιησιν,
	12	την ἀναστροφην ὑμων ἐν τοις ἐθνεσιν ἐχοντες καλην,
	4 3	ἀρκετος γαρ ὁ παρεληλυθως χρονος το βουλημα των ἐθνων κατειργασθαι,
Apc	2 26	και ὁ νικων και ὁ τηρων ἀχρι τελους τα ἐργα μου, δωσω αὐτω ἐξουσιαν ἐπι των ἐθνων,
	5 9	ὁτι ἐσφαγης και ἠγορασας τω θεω ἐν τω αἱματι σου ἐκ πασης φυλης και γλωσσης και λαου και ἐθνους,
	7 9	ὁν ἀριθμησαι αὐτον οὐδεις ἐδυνατο, ἐκ παντος ἐθνους και φυλων και λαων και γλωσσων,
	10 11	δει σε παλιν προφητευσαι ἐπι λαοις και ἐθνεσιν και γλωσσαις και βασιλευσιν πολλοις.

ἔθνος [162]

Apc 11 2   καὶ τὴν αὐλὴν τὴν ἔξωθεν τοῦ ναοῦ ἔκβαλε ἔξωθεν καὶ μὴ αὐτὴν μετρήσῃς, ὅτι ἐδόθη τοῖς *ἔθνεσιν*,

    9   καὶ βλέπουσιν ἐκ τῶν λαῶν καὶ φυλῶν καὶ γλωσσῶν καὶ *ἐθνῶν* τὸ πτῶμα αὐτῶν ἡμέρας τρεῖς καὶ ἥμισυ,

   18   καὶ τὰ *ἔθνη* ὠργίσθησαν, καὶ ἦλθεν ἡ ὀργή σου καὶ ὁ καιρὸς τῶν νεκρῶν κριθῆναι

  12 5   καὶ ἔτεκεν υἱὸν ἄρσεν, ὃς μέλλει ποιμαίνειν πάντα τὰ *ἔθνη* ἐν ῥάβδῳ σιδηρᾷ·

  13 7   καὶ ἐδόθη αὐτῷ ἐξουσία ἐπὶ πᾶσαν φυλὴν καὶ λαὸν καὶ γλῶσσαν καὶ *ἔθνος.*

  14 6   ἔχοντα εὐαγγέλιον αἰώνιον εὐαγγελίσαι ἐπὶ τοὺς καθημένους ἐπὶ τῆς γῆς καὶ ἐπὶ πᾶν *ἔθνος* καὶ φυλὴν καὶ γλῶσσαν καὶ λαόν,

    8   ἔπεσεν ἔπεσεν βαβυλὼν ἡ μεγάλη, ἡ ἐκ τοῦ οἴνου τοῦ θυμοῦ τῆς πορνείας αὐτῆς πεπότικεν πάντα τὰ *ἔθνη.*

  15 3   δίκαιαι καὶ ἀληθιναὶ αἱ ὁδοί σου, ὁ βασιλεὺς τῶν *ἐθνῶν·*

    4   καὶ πάντα τὰ *ἔθνη* ἥξουσιν καὶ προσκυνήσουσιν ἐνώπιόν σου,

  16 19   καὶ αἱ πόλεις τῶν *ἐθνῶν* ἔπεσαν.

  17 15   τὰ ὕδατα ἃ εἶδες, οὗ ἡ πόρνη κάθηται, λαοὶ καὶ ὄχλοι εἰσὶν καὶ *ἔθνη* καὶ γλῶσσαι.

  18 3   ὅτι ἐκ τοῦ οἴνου τοῦ θυμοῦ τῆς πορνείας αὐτῆς πέπωκαν πάντα τὰ *ἔθνη,*

   23   ὅτι ἐν τῇ φαρμακείᾳ σου ἐπλανήθησαν πάντα τὰ *ἔθνη.*

  19 15   καὶ ἐκ τοῦ στόματος αὐτοῦ ἐκπορεύεται ῥομφαία ὀξεῖα, ἵνα ἐν αὐτῇ πατάξῃ τὰ *ἔθνη·*

  20 3   καὶ ἔκλεισεν καὶ ἐσφράγισεν ἐπάνω αὐτοῦ, ἵνα μὴ πλανήσῃ ἔτι τὰ *ἔθνη,*

    8   καὶ ἐξελεύσεται πλανῆσαι τὰ *ἔθνη* τὰ ἐν ταῖς τέσσαρσιν γωνίαις τῆς γῆς,

  21 24   καὶ περιπατήσουσιν τὰ *ἔθνη* διὰ τοῦ φωτὸς αὐτῆς,

   26   καὶ οἴσουσιν τὴν δόξαν καὶ τὴν τιμὴν τῶν *ἐθνῶν* εἰς αὐτήν.

  22 2   καὶ τὰ φύλλα τοῦ ξύλου εἰς θεραπείαν τῶν *ἐθνῶν.*

ἔθος [12]

Lc 1 9   κατὰ τὸ *ἔθος* τῆς ἱερατείας ἔλαχε τοῦ θυμιᾶσαι εἰσελθὼν εἰς τὸν ναὸν τοῦ κυρίου,

  2 42   καὶ ὅτε ἐγένετο ἐτῶν δώδεκα, ἀναβαινόντων αὐτῶν κατὰ τὸ *ἔθος* τῆς ἑορτῆς,

  22 39   καὶ ἐξελθὼν ἐπορεύθη κατὰ τὸ *ἔθος* εἰς τὸ ὄρος τῶν ἐλαιῶν·

Jh 19 40   ἔλαβον οὖν τὸ σῶμα τοῦ ἰησοῦ καὶ ἔδησαν αὐτὸ ὀθονίοις μετὰ τῶν ἀρωμάτων, καθὼς *ἔθος* ἐστὶν τοῖς ἰουδαίοις ἐνταφιάζειν.

Ac 6 14   ἀκηκόαμεν γὰρ αὐτοῦ λέγοντος ὅτι ἰησοῦς ὁ ναζωραῖος οὗτος καταλύσει τὸν τόπον τοῦτον καὶ ἀλλάξει τὰ *ἔθη* ἃ παρέδωκεν ἡμῖν μωϋσῆς.

  15 1   καί τινες κατελθόντες ἀπὸ τῆς ἰουδαίας ἐδίδασκον τοὺς ἀδελφοὺς ὅτι ἐὰν μὴ περιτμηθῆτε τῷ *ἔθει* τῷ μωϋσέως, οὐ δύνασθε σωθῆναι.

  16 21   καὶ καταγγέλλουσιν *ἔθη* ἃ οὐκ ἔξεστιν ἡμῖν παραδέχεσθαι οὐδὲ ποιεῖν ῥωμαίοις οὖσιν.

  21 21   λέγων μὴ περιτέμνειν αὐτοὺς τὰ τέκνα μηδὲ τοῖς *ἔθεσιν* περιπατεῖν.

  25 16   πρὸς οὓς ἀπεκρίθην ὅτι οὐκ ἔστιν *ἔθος* ῥωμαίοις χαρίζεσθαί τινα ἄνθρωπον πρὶν ἢ ὁ κατηγορούμενος κατὰ πρόσωπον ἔχοι τοὺς κατηγόρους τόπον τε ἀπολογίας λάβοι περὶ τοῦ ἐγκλήματος.

  26 3   ἥγημαι ἐμαυτὸν μακάριον ἐπὶ σοῦ μέλλων σήμερον ἀπολογεῖσθαι, μάλιστα γνώστην ὄντα σε πάντων τῶν κατὰ ἰουδαίους *ἐθῶν* τε καὶ ζητημάτων·

  28 17   ἐγώ, ἄνδρες ἀδελφοί, οὐδὲν ἐναντίον ποιήσας τῷ λαῷ ἢ τοῖς *ἔθεσι* τοῖς πατρῴοις

Heb 10 25   μὴ ἐγκαταλείποντες τὴν ἐπισυναγωγὴν ἑαυτῶν, καθὼς *ἔθος* τισίν, ἀλλὰ παρακαλοῦντες,

εἰ [507]

Mt 4 3   *εἰ* υἱὸς εἶ τοῦ θεοῦ, εἰπὲ ἵνα οἱ λίθοι οὗτοι ἄρτοι γένωνται.

    6   *εἰ* υἱὸς εἶ τοῦ θεοῦ, βάλε σεαυτὸν κάτω·

  5 13   εἰς οὐδὲν ἰσχύει ἔτι *εἰ* μὴ βληθὲν ἔξω καταπατεῖσθαι ὑπὸ τῶν ἀνθρώπων.

   29   *εἰ* δὲ ὁ ὀφθαλμός σου ὁ δεξιὸς σκανδαλίζει σε, ἔξελε αὐτὸν καὶ βάλε ἀπὸ σοῦ·

   30   καὶ *εἰ* ἡ δεξιά σου χεὶρ σκανδαλίζει σε, ἔκκοψον αὐτὴν καὶ βάλε ἀπὸ σοῦ·

  6 1   *εἰ* δὲ μήγε, μισθὸν οὐκ ἔχετε παρὰ τῷ πατρὶ ὑμῶν τῷ ἐν τοῖς οὐρανοῖς.

   23   *εἰ* οὖν τὸ φῶς τὸ ἐν σοὶ σκότος ἐστίν, τὸ σκότος πόσον.

Mt 6 30   *εἰ* δὲ τὸν χόρτον τοῦ ἀγροῦ σήμερον ὄντα καὶ αὔριον εἰς κλίβανον βαλλόμενον ὁ θεὸς οὕτως ἀμφιέννυσιν,

  7 11   *εἰ* οὖν ὑμεῖς πονηροὶ ὄντες οἴδατε δόματα ἀγαθὰ διδόναι τοῖς τέκνοις ὑμῶν,

  8 31   *εἰ* ἐκβάλλεις ἡμᾶς, ἀπόστειλον ἡμᾶς εἰς τὴν ἀγέλην τῶν χοίρων.

  9 17   οὐδὲ βάλλουσιν οἶνον νέον εἰς ἀσκοὺς παλαιούς· *εἰ* δὲ μήγε, ῥήγνυνται οἱ ἀσκοί.

  10 25   *εἰ* τὸν οἰκοδεσπότην βεελζεβοὺλ ἐπεκάλεσαν, πόσῳ μᾶλλον τοὺς οἰκιακοὺς αὐτοῦ.

  11 14   καὶ *εἰ* θέλετε δέξασθαι, αὐτός ἐστιν ἡλίας ὁ μέλλων ἔρχεσθαι.

   21   ὅτι *εἰ* ἐν τύρῳ καὶ σιδῶνι ἐγένοντο αἱ δυνάμεις αἱ γενόμεναι ἐν ὑμῖν, πάλαι ἂν ἐν σάκκῳ καὶ σποδῷ μετενόησαν.

   23   ὅτι *εἰ* ἐν σοδόμοις ἐγενήθησαν αἱ δυνάμεις αἱ γενόμεναι ἐν σοί, ἔμεινεν ἂν μέχρι τῆς σήμερον.

   27   καὶ οὐδεὶς ἐπιγινώσκει τὸν υἱὸν *εἰ* μὴ ὁ πατήρ,

   27   οὐδὲ τὸν πατέρα τις ἐπιγινώσκει *εἰ* μὴ ὁ υἱὸς καὶ ᾧ ἐὰν βούληται ὁ υἱὸς ἀποκαλύψαι.

  12 4   ὃ οὐκ ἐξὸν ἦν αὐτῷ φαγεῖν οὐδὲ τοῖς μετ᾽ αὐτοῦ, *εἰ* μὴ τοῖς ἱερεῦσιν μόνοις;

    7   *εἰ* δὲ ἐγνώκειτε τί ἐστιν· ἔλεος θέλω καὶ οὐ θυσίαν,

   10   καὶ ἐπηρώτησαν αὐτὸν λέγοντες· *εἰ* ἔξεστιν τοῖς σάββασιν θεραπεῦσαι;

   24   οὗτος οὐκ ἐκβάλλει τὰ δαιμόνια *εἰ* μὴ ἐν τῷ βεελζεβοὺλ ἄρχοντι τῶν δαιμονίων.

   26   καὶ *εἰ* ὁ σατανᾶς τὸν σατανᾶν ἐκβάλλει, ἐφ᾽ ἑαυτὸν ἐμερίσθη·

   27   καὶ *εἰ* ἐγὼ ἐν βεελζεβοὺλ ἐκβάλλω τὰ δαιμόνια, οἱ υἱοὶ ὑμῶν ἐν τίνι ἐκβάλλουσιν;

   28   *εἰ* δὲ ἐν πνεύματι θεοῦ ἐγὼ ἐκβάλλω τὰ δαιμόνια, ἄρα ἔφθασεν ἐφ᾽ ὑμᾶς ἡ βασιλεία τοῦ θεοῦ.

   39   καὶ σημεῖον οὐ δοθήσεται αὐτῇ *εἰ* μὴ τὸ σημεῖον ἰωνᾶ τοῦ προφήτου.

  13 57   οὐκ ἔστιν προφήτης ἄτιμος *εἰ* μὴ ἐν τῇ πατρίδι καὶ ἐν τῇ οἰκίᾳ αὐτοῦ.

  14 17   οὐκ ἔχομεν ὧδε *εἰ* μὴ πέντε ἄρτους καὶ δύο ἰχθύας.

   28   κύριε, *εἰ* σὺ εἶ, κέλευσόν με ἐλθεῖν πρὸς σε ἐπὶ τὰ ὕδατα.

  15 24   οὐκ ἀπεστάλην *εἰ* μὴ εἰς τὰ πρόβατα τὰ ἀπολωλότα οἴκου ἰσραήλ.

  16 4   γενεὰ πονηρὰ καὶ μοιχαλὶς σημεῖον ἐπιζητεῖ, καὶ σημεῖον οὐ δοθήσεται αὐτῇ *εἰ* μὴ τὸ σημεῖον ἰωνᾶ.

   24   *εἰ* τις θέλει ὀπίσω μου ἐλθεῖν, ἀπαρνησάσθω ἑαυτὸν καὶ ἀράτω τὸν σταυρὸν αὐτοῦ, καὶ ἀκολουθείτω μοι.

  17 4   *εἰ* θέλεις, ποιήσω ὧδε τρεῖς σκηνάς, σοὶ μίαν καὶ μωϋσεῖ μίαν καὶ ἡλίᾳ μίαν.

    8   ἐπάραντες δὲ τοὺς ὀφθαλμοὺς αὐτῶν οὐδένα εἶδον *εἰ* μὴ αὐτὸν ἰησοῦν μόνον.

   21 *   τοῦτο δὲ τὸ γένος οὐκ ἐκπορεύεται, *εἰ* μὴ ἐν προσευχῇ καὶ νηστείᾳ.

  18 8   *εἰ* δὲ ἡ χείρ σου ἢ ὁ πούς σου σκανδαλίζει σε, ἔκκοψον αὐτὸν καὶ βάλε ἀπὸ σοῦ·

    9   καὶ *εἰ* ὁ ὀφθαλμός σου σκανδαλίζει σε, ἔξελε αὐτὸν καὶ βάλε ἀπὸ σοῦ·

   28   καὶ κρατήσας αὐτὸν ἔπνιγεν λέγων· ἀπόδος *εἰ* τι ὀφείλεις.

  19 3   καὶ προσῆλθον αὐτῷ φαρισαῖοι πειράζοντες αὐτὸν καὶ λέγοντες· *εἰ* ἔξεστιν ἀνθρώπῳ ἀπολῦσαι τὴν γυναῖκα αὐτοῦ κατὰ πᾶσαν αἰτίαν;

   10   *εἰ* οὕτως ἐστὶν ἡ αἰτία τοῦ ἀνθρώπου μετὰ τῆς γυναικός, οὐ συμφέρει γαμῆσαι.

   17   *εἰ* δὲ θέλεις εἰς τὴν ζωὴν εἰσελθεῖν, τήρησον τὰς ἐντολάς.

   21   *εἰ* θέλεις τέλειος εἶναι, ὕπαγε πώλησόν σου τὰ ὑπάρχοντα καὶ δὸς τοῖς πτωχοῖς,

  21 19   καὶ ἰδὼν συκῆν μίαν ἐπὶ τῆς ὁδοῦ ἦλθεν ἐπ᾽ αὐτήν, καὶ οὐδὲν εὗρεν ἐν αὐτῇ *εἰ* μὴ φύλλα μόνον,

  22 45   *εἰ* οὖν δαυὶδ καλεῖ αὐτὸν κύριον, πῶς υἱὸς αὐτοῦ ἐστιν;

  23 30   *εἰ* ἤμεθα ἐν ταῖς ἡμέραις τῶν πατέρων ἡμῶν, οὐκ ἂν ἤμεθα αὐτῶν κοινωνοὶ ἐν τῷ αἵματι τῶν προφητῶν.

  24 22   καὶ *εἰ* μὴ ἐκολοβώθησαν αἱ ἡμέραι ἐκεῖναι, οὐκ ἂν ἐσώθη πᾶσα σάρξ·

   24   καὶ δώσουσιν σημεῖα μεγάλα καὶ τέρατα, ὥστε πλανῆσαι, *εἰ* δυνατόν, καὶ τοὺς ἐκλεκτούς.

   36   περὶ δὲ τῆς ἡμέρας ἐκείνης καὶ ὥρας οὐδεὶς οἶδεν, οὐδὲ οἱ ἄγγελοι τῶν οὐρανῶν οὐδὲ ὁ υἱός, *εἰ* μὴ ὁ πατὴρ μόνος.

   43   ἐκεῖνο δὲ γινώσκετε ὅτι *εἰ* ᾔδει ὁ οἰκοδεσπότης ποίᾳ φυλακῇ ὁ κλέπτης ἔρχεται, ἐγρηγόρησεν ἂν καὶ οὐκ ἂν εἴασεν διορυχθῆναι τὴν οἰκίαν αὐτοῦ.

  26 24   οὐαὶ δὲ τῷ ἀνθρώπῳ ἐκείνῳ δι᾽ οὗ ὁ υἱὸς τοῦ ἀνθρώπου παραδίδοται· καλὸν ἦν αὐτῷ *εἰ* οὐκ ἐγεννήθη ὁ ἄνθρωπος ἐκεῖνος.

εἰ [507]

Mt	26 33	εἰ παντες σκανδαλισθησονται ἐν σοί, ἐγω οὐδεποτε σκανδαλισθησομαι.
	39	πατερ μου, εἰ δυνατον ἐστιν, παρελθατω ἀπ ἐμου το ποτηριον τουτο·
	42	πατερ μου, εἰ οὐ δυναται τουτο παρελθειν ἐαν μη αὐτο πιω, γενηθητω το θελημα σου.
	63	ἐξορκιζω σε κατα του θεου του ζωντος ἱνα ἡμιν εἰπης εἰ συ εἶ ὁ χριστος ὁ υἱος του θεου.
	27 40	ὁ καταλυων τον ναον και ἐν τρισιν ἡμεραις οἰκοδομων, σωσον σεαυτον, εἰ υἱος εἶ του θεου, [και] καταβηθι ἀπο του σταυρου.
	43	πεποιθεν ἐπι τον θεον, ῥυσασθω νυν εἰ θελει αὐτον·
	49	ἀφες ἰδωμεν εἰ ἐρχεται ἡλιας σωσων αὐτον.
Mc	2 7	τίς δυναται ἀφιεναι ἁμαρτιας εἰ μη εἷς ὁ θεος;
	21	εἰ δε μη, αἰρει το πληρωμα ἀπ αὐτου το καινον του παλαιου,
	22	εἰ δε μη, ῥηξει ὁ οἰνος τους ἀσκους,
	26	πῶς εἰσηλθεν εἰς τον οἰκον του θεου ἐπι ἀβιαθαρ ἀρχιερεως και τους ἀρτους της προθεσεως ἐφαγεν, οὓς οὐκ ἐξεστιν φαγειν εἰ μη τους ἱερεις,
	3 2	και παρετηρουν αὐτον εἰ τοις σαββασιν θεραπευσει αὐτον,
	26	και εἰ ὁ σατανας ἀνεστη ἐφ ἑαυτον και ἐμερισθη, οὐ δυναται στηναι ἀλλα τελος ἐχει.
	4 23	εἰ τις ἐχει ὠτα ἀκουειν ἀκουετω.
	5 37	ὁ δε ἰησους παρακουσας τον λογον λαλουμενον λεγει τω ἀρχισυναγωγω· μη φοβου, μονον πιστευε και οὐκ ἀφηκεν οὐδενα μετ αὐτου συνακολουθησαι εἰ μη τον πετρον και ἰακωβον και ἰωαννην τον ἀδελφον ἰακωβου.
	6 4	και ἐλεγεν αὐτοις ὁ ἰησους ὁτι οὐκ ἐστιν προφητης ἀτιμος εἰ μη ἐν τη πατριδι αὐτου και ἐν τοις συγγενευσιν αὐτου και ἐν τη οἰκια αὐτου.
	5	και οὐκ ἐδυνατο ἐκει ποιησαι οὐδεμιαν δυναμιν, εἰ μη ὀλιγοις ἀρρωστοις ἐπιθεις τας χειρας ἐθεραπευσεν.
	8	και παρηγγειλεν αὐτοις ἱνα μηδεν αἰρωσιν εἰς ὁδον εἰ μη ῥαβδον μονον, μη ἀρτον, μη πηραν, μη εἰς την ζωνην χαλκον,
	7 16*	εἰ τις ἐχει ὠτα ἀκουειν ἀκουετω.
	8 12	εἰ δοθησεται τη γενεα ταυτη σημειον.
	14	και ἐπελαθοντο λαβειν ἀρτους, και εἰ μη ἑνα ἀρτον οὐκ εἰχον μεθ ἑαυτων ἐν τω πλοιω.
	23	και πτυσας εἰς τα ὀμματα αὐτου, ἐπιθεις τας χειρας αὐτω, ἐπηρωτα αὐτον· εἰ τι βλεπεις;
	34	εἰ τις θελει ὀπισω μου ἀκολουθειν, ἀπαρνησασθω ἑαυτον και ἀρατω τον σταυρον αὐτου, και ἀκολουθειτω μοι.
	9 9	και καταβαινοντων αὐτων ἐκ του ὀρους διεστειλατο αὐτοις ἱνα μηδενι ἁ εἰδον διηγησωνται, εἰ μη ὁταν ὁ υἱος του ἀνθρωπου ἐκ νεκρων ἀναστη.
	22	ἀλλ εἰ τι δυνη, βοηθησον ἡμιν σπλαγχνισθεις ἐφ ἡμας.
	23	ὁ δε ἰησους εἰπεν αὐτω· το εἰ δυνη, παντα δυνατα τω πιστευοντι.
	29	τουτο το γενος ἐν οὐδενι δυναται ἐξελθειν εἰ μη ἐν προσευχη.
	35	εἰ τις θελει πρωτος εἰναι, ἐσται παντων ἐσχατος και παντων διακονος.
	42	και ὁς ἀν σκανδαλιση ἑνα των μικρων τουτων των πιστευοντων [εἰς ἐμε,] καλον ἐστιν αὐτω μαλλον εἰ περικειται μυλος ὀνικος περι τον τραχηλον αὐτου και βεβληται εἰς την θαλασσαν.
	10 2	και προσελθοντες φαρισαιοι ἐπηρωτων αὐτον εἰ ἐξεστιν ἀνδρι γυναικα ἀπολυσαι,
	18	τί με λεγεις ἀγαθον; οὐδεις ἀγαθος εἰ μη εἷς ὁ θεος.
	11 13	και ἰδων συκην ἀπο μακροθεν ἐχουσαν φυλλα ἠλθεν εἰ ἀρα τι εὑρησει ἐν αὐτη,
	13	και ἐλθων ἐπ αὐτην οὐδεν εὑρεν εἰ μη φυλλα·
	25	και ὁταν στηκετε προσευχομενοι, ἀφιετε εἰ τι ἐχετε κατα τινος,
	26*	εἰ δε ὑμεις οὐκ ἀφιετε,
	13 20	και εἰ μη ἐκολοβωσεν κυριος τας ἡμερας, οὐκ ἀν ἐσωθη πασα σαρξ·
	22	ἐγερθησονται γαρ ψευδοχριστοι και ψευδοπροφηται και δωσουσιν σημεια και τερατα προς το ἀποπλαναν, εἰ δυνατον, τους ἐκλεκτους.
	32	περι δε της ἡμερας ἐκεινης ἠ της ὡρας οὐδεις οἰδεν, οὐδε οἱ ἀγγελοι ἐν οὐρανω οὐδε ὁ υἱος, εἰ μη ὁ πατηρ.
	14 21	καλον αὐτω εἰ οὐκ ἐγεννηθη ὁ ἀνθρωπος ἐκεινος.
	29	εἰ και παντες σκανδαλισθησονται, ἀλλ οὐκ ἐγω.
	35	και προσηυχετο ἱνα εἰ δυνατον ἐστιν παρελθη ἀπ αὐτου ἡ ὡρα.
	15 36	ἀφετε ἰδωμεν εἰ ἐρχεται ἡλιας καθελειν αὐτον.
	44	ὁ δε πιλατος ἐθαυμασεν εἰ ἠδη τεθνηκεν,
	44	και προσκαλεσαμενος τον κεντυριωνα ἐπηρωτησεν αὐτον εἰ παλαι ἀπεθανεν·

εἰ [507]

Lc	4 3	εἰ υἱος εἶ του θεου, εἰπε τω λιθω τουτω ἱνα γενηται ἀρτος.
	9	εἰ υἱος εἶ του θευ, βαλε σεαυτον ἐντευθεν κατω·
	26	ὡς ἐγενετο λιμος μεγας ἐπι πασαν την γην, και προς οὐδεμιαν αὐτων ἐπεμφθη ἡλιας εἰ μη εἰς σαρεπτα της σιδωνιας προς γυναικα χηραν.
	27	και πολλοι λεπροι ἠσαν ἐν τω ἰσραηλ ἐπι ἐλισαιου του προφητου, και οὐδεις αὐτων ἐκαθαρισθη εἰ μη ναιμαν ὁ συρος.
	5 21	τίς δυναται ἁμαρτιας ἀφειναι εἰ μη μονος ὁ θεος;
	36	εἰ δε μηγε, και το καινον σχισει και τω παλαιω οὐ συμφωνησει το ἐπιβλημα το ἀπο του καινου.
	37	εἰ δε μηγε ῥηξει ὁ οἰνος ὁ νεος τους ἀσκους, και αὐτος ἐκχυθησεται και οἱ ἀσκοι ἀπολουνται.
	6 4	[ὡς] εἰσηλθεν εἰς τον οἰκον του θεου και τους ἀρτους της προθεσεως λαβων ἐφαγεν και ἐδωκεν τοις μετ αὐτου, οὓς οὐκ ἐξεστιν φαγειν εἰ μη μονους τους ἱερεις;
	7	παρετηρουντο δε αὐτον οἱ γραμματεις και οἱ φαρισαιοι εἰ ἐν τω σαββατω θεραπευει, ἱνα εὑρωσιν κατηγορειν αὐτου.
	9	ἐπερωτω ὑμας εἰ ἐξεστιν τω σαββατω ἀγαθοποιησαι ἠ κακοποιησαι, ψυχην σωσαι ἠ ἀπολεσαι;
	32	και εἰ ἀγαπατε τους ἀγαπωντας ὑμας, ποια ὑμιν χαρις ἐστιν;
	7 39	οὑτος εἰ ἠν προφητης, ἐγινωσκεν ἀν τίς και ποταπη ἡ γυνη ἡτις ἁπτεται αὐτου, ὁτι ἁμαρτωλος ἐστιν.
	8 51	ἐλθων δε εἰς την οἰκιαν οὐκ ἀφηκεν εἰσελθειν τινα συν αὐτω εἰ μη τον πετρον και ἰωαννην και ἰακωβον και τον πατερα της παιδος και την μητερα.
	9 13	οὐκ εἰσιν ἡμιν πλειον ἠ ἀρτοι πεντε και ἰχθυες δυο, εἰ μητι πορευθεντες ἡμεις ἀγορασωμεν εἰς παντα τον λαον τουτον βρωματα.
	23	εἰ τις θελει ὀπισω μου ἐρχεσθαι, ἀρνησασθω ἑαυτον και ἀρατω τον σταυρον αὐτου καθ ἡμεραν, και ἀκολουθειτω μοι.
	10 6	εἰ δε μηγε ἐφ ὑμας ἀνακαμψει.
	13	ὁτι εἰ ἐν τυρω και σιδωνι ἐγενηθησαν αἱ δυναμεις αἱ γενομεναι ἐν ὑμιν, παλαι ἀν ἐν σακκω και σποδω καθημενοι μετενοησαν.
	22	και οὐδεις γινωσκει τίς ἐστιν ὁ υἱος εἰ μη ὁ πατηρ,
	22	και οὐδεις γινωσκει τίς ἐστιν ὁ υἱος εἰ μη ὁ πατηρ, και τίς ἐστιν ὁ πατηρ εἰ μη ὁ υἱος και ὡ ἐαν βουληται ὁ υἱος ἀποκαλυψαι.
	11 8	εἰ και οὐ δωσει αὐτω ἀναστας δια το εἰναι φιλον αὐτου, δια γε την ἀναιδειαν αὐτου ἐγερθεις δωσει αὐτω ὁσων χρηζει.
	13	εἰ οὐν ὑμεις πονηροι ὑπαρχοντες οἰδατε δοματα ἀγαθα διδοναι τοις τεκνοις ὑμων, ποσω μαλλον ὁ πατηρ [ὁ] ἐξ οὐρανου δωσει πνειμα ἁγιον τοις αἰτουσιν αὐτον;
	18	εἰ δε και ὁ σατανας ἐφ ἑαυτον διεμερισθη, πῶς σταθησεται ἡ βασιλεια αὐτου;
	19	εἰ δε ἐγω ἐν βεελζεβουλ ἐκβαλλω τα δαιμονια, οἱ υἱοι ὑμων ἐν τίνι ἐκβαλλουσιν;
	20	εἰ δε ἐν δακτυλω θεου [ἐγω] ἐκβαλλω τα δαιμονια, ἀρα ἐφθασεν ἐφ ὑμας ἡ βασιλεια του θεου.
	29	σημειον ζητει, και σημειον οὐ δοθησεται αὐτη εἰ μη το σημειον ἰωνα.
	36	εἰ οὐν το σωμα σου ὁλον φωτεινον, μη ἐχον μερος τι σκοτεινον, ἐσται φωτεινον ὁλον ὡς ὁταν ὁ λυχνος τη ἀστραπη φωτιζη σε.
	12 26	εἰ οὐν οὐδε ἐλαχιστον δυνασθε, τί περι των λοιπων μεριμνατε;
	28	εἰ δε ἐν ἀγρω τον χορτον ὀντα σημερον και αὐριον εἰς κλιβανον βαλλομενον ὁ θεος οὑτως ἀμφιεζει, ποσω μαλλον ὑμας, ὀλιγοπιστοι.
	39	τουτο δε γινωσκετε, ὁτι εἰ ἠδει ὁ οἰκοδεσποτης ποια ὡρα ὁ κλεπτης ἐρχεται, οὐκ ἀν ἀφηκεν διορυχθηναι τον οἰκον αὐτου.
	49	πυρ ἠλθον βαλειν ἐπι την γην, και τί θελω εἰ ἠδη ἀνηφθη.
	13 9	καν μεν ποιηση καρπον εἰς το μελλον· εἰ δε μηγε, ἐκκοψεις αὐτην.
	23	κυριε, εἰ ὀλιγοι οἱ σωζομενοι;
	14 26	εἰ τις ἐρχεται προς με και οὐ μισει τον πατερα ἑαυτου
	28	τίς γαρ ἐξ ὑμων θελων πυργον οἰκοδομησαι οὐχι πρωτον καθισας ψηφιζει την δαπανην, εἰ ἐχει εἰς ἀπαρτισμον;
	31	ἠ τίς βασιλευς πορευομενος ἑτερω βασιλει συμβαλειν εἰς πολεμον οὐχι καθισας πρωτον βουλευσεται εἰ δυνατος ἐστιν ἐν δεκα χιλιασιν ὑπαντησαι τω μετα εἰκοσι χιλιαδων ἐρχομενω ἐπ αὐτον;
	32	εἰ δε μηγε, ἐτι αὐτου πορρω ὀντος πρεσβειαν ἀποστειλας ἐρωτα τα προς εἰρηνην.
	16 11	εἰ οὐν ἐν τω ἀδικω μαμωνα πιστοι οὐκ ἐγενεσθε, το ἀληθινον τίς ὑμιν πιστευσει;

εἰ [507]

Lc	16 12	καὶ *εἰ* ἐν τῷ ἀλλοτρίῳ πιστοὶ οὐκ ἐγένεσθε, τὸ ὑμέτερον τίς ὑμῖν δώσει;
	31	*εἰ* μωϋσέως καὶ τῶν προφητῶν οὐκ ἀκούουσιν, οὐδ᾽ ἐάν τις ἐκ νεκρῶν ἀναστῇ πεισθησονται.
	17 2	λυσιτελεῖ αὐτῷ *εἰ* λίθος μυλικὸς περίκειται περὶ τὸν τράχηλον αὐτοῦ καὶ ἔρριπται εἰς τὴν θαλασσαν, ἢ ἵνα σκανδαλίσῃ τῶν μικρῶν τούτων ἕνα.
	6	*εἰ* ἔχετε πίστιν ὡς κόκκον σινάπεως, ἐλέγετε ἂν τῇ συκαμίνῳ [ταύτῃ]·
	18	οὐχ εὑρέθησαν ὑποστρέψαντες δοῦναι δόξαν τῷ θεῷ *εἰ* μὴ ὁ ἀλλογενὴς οὗτος;
	18 4	*εἰ* καὶ τὸν θεὸν οὐ φοβοῦμαι οὐδὲ ἄνθρωπον ἐντρέπομαι, διὰ γε τὸ παρέχειν μοι κόπον τὴν χήραν ταύτην ἐκδικήσω αὐτήν,
	19	τί με λέγεις ἀγαθόν; οὐδεὶς ἀγαθὸς *εἰ* μὴ εἷς ὁ θεός.
	19 8	καὶ *εἰ* τινός τι ἐσυκοφάντησα, ἀποδίδωμι τετραπλοῦν.
	42	λέγων ὅτι *εἰ* ἔγνως ἐν τῇ ἡμέρᾳ ταύτῃ καὶ σὺ τὰ πρὸς εἰρήνην·
	22 42	πάτερ, *εἰ* βούλει παρένεγκε τοῦτο τὸ ποτήριον ἀπ᾽ ἐμοῦ·
	49	κύριε, *εἰ* πατάξομεν ἐν μαχαίρῃ;
	67	*εἰ* σὺ εἶ ὁ χριστός, εἰπὸν ἡμῖν.
	23 6	πιλᾶτος δὲ ἀκούσας ἐπηρώτησεν *εἰ* ὁ ἄνθρωπος γαλιλαῖός ἐστιν,
	31	ὅτι *εἰ* ἐν τῷ ὑγρῷ ξύλῳ ταῦτα ποιοῦσιν, ἐν τῷ ξηρῷ τί γένηται;
	35	ἄλλους ἔσωσεν, σωσάτω ἑαυτόν, *εἰ* οὗτός ἐστιν ὁ χριστὸς τοῦ θεοῦ ὁ ἐκλεκτός.
	37	*εἰ* σὺ εἶ ὁ βασιλεὺς τῶν ἰουδαίων, σῶσον σεαυτόν.
Jh	1 25	τί οὖν βαπτίζεις *εἰ* σὺ οὐκ εἶ ὁ χριστὸς οὐδὲ ἠλίας οὐδὲ ὁ προφήτης;
	3 12	*εἰ* τὰ ἐπίγεια εἶπον ὑμῖν καὶ οὐ πιστεύετε, πῶς ἐὰν εἴπω ὑμῖν τὰ ἐπουράνια πιστεύσετε;
	13	καὶ οὐδεὶς ἀναβέβηκεν εἰς τὸν οὐρανὸν *εἰ* μὴ ὁ ἐκ τοῦ οὐρανοῦ καταβάς,
	4 10	*εἰ* ᾔδεις τὴν δωρεὰν τοῦ θεοῦ, καὶ τίς ἐστιν ὁ λέγων σοι·
	5 46	*εἰ* γὰρ ἐπιστεύετε μωϋσεῖ, ἐπιστεύετε ἂν ἐμοί·
	47	*εἰ* δὲ τοῖς ἐκείνου γράμμασιν οὐ πιστεύετε, πῶς τοῖς ἐμοῖς ῥήμασιν πιστεύσετε;
	6 22	τῇ ἐπαύριον ὁ ὄχλος ὁ ἑστηκὼς πέραν τῆς θαλάσσης εἶδον ὅτι πλοιάριον ἄλλο οὐκ ἦν ἐκεῖ *εἰ* μὴ ἕν,
	46	οὐχ ὅτι τὸν πατέρα ἑώρακέν τις, *εἰ* μὴ ὁ ὢν παρὰ τοῦ θεοῦ, οὗτος ἑώρακεν τὸν πατέρα.
	7 4	*εἰ* ταῦτα ποιεῖς, φανέρωσον σεαυτὸν τῷ κόσμῳ.
	23	*εἰ* περιτομὴν λαμβάνει ὁ ἄνθρωπος ἐν σαββάτῳ ἵνα μὴ λυθῇ ὁ νόμος μωϋσέως, ἐμοὶ χολᾶτε ὅτι ὅλον ἄνθρωπον ὑγιῆ ἐποίησα ἐν σαββάτῳ;
	8 19	*εἰ* ἐμὲ ᾔδειτε, καὶ τὸν πατέρα μου ἂν ᾔδειτε.
	39	*εἰ* τέκνα τοῦ ἀβραάμ ἐστε, τὰ ἔργα τοῦ ἀβραὰμ ἐποιεῖτε·
	42	*εἰ* ὁ θεὸς πατὴρ ὑμῶν ἦν, ἠγαπᾶτε ἂν ἐμέ·
	46	*εἰ* ἀλήθειαν λέγω, διὰ τί ὑμεῖς οὐ πιστεύετέ μοι;
	9 25	*εἰ* ἁμαρτωλός ἐστιν οὐκ οἶδα· ἓν οἶδα, ὅτι τυφλὸς ὢν ἄρτι βλέπω.
	33	*εἰ* μὴ ἦν οὗτος παρὰ θεοῦ, οὐκ ἠδύνατο ποιεῖν οὐδέν.
	41	*εἰ* τυφλοὶ ἦτε, οὐκ ἂν εἴχετε ἁμαρτίαν·
	10 10	ὁ κλέπτης οὐκ ἔρχεται *εἰ* μὴ ἵνα κλέψῃ καὶ θύσῃ καὶ ἀπολέσῃ·
	24	*εἰ* σὺ εἶ ὁ χριστός, εἰπὲ ἡμῖν παρρησίᾳ.
	35	*εἰ* ἐκείνους εἶπεν θεοὺς πρὸς οὓς ὁ λόγος τοῦ θεοῦ ἐγένετο, καὶ οὐ δύναται λυθῆναι ἡ γραφή,
	37	*εἰ* οὐ ποιῶ τὰ ἔργα τοῦ πατρός μου, μὴ πιστεύετέ μοι·
	38	*εἰ* δὲ ποιῶ, κἂν ἐμοὶ μὴ πιστεύητε, τοῖς ἔργοις πιστεύετε, ·
	11 12	κύριε, *εἰ* κεκοίμηται, σωθήσεται.
	21	κύριε, *εἰ* ἦς ὧδε, οὐκ ἂν ἀπέθανεν ὁ ἀδελφός μου.
	32	κύριε, *εἰ* ἦς ὧδε, οὐκ ἄν μου ἀπέθανεν ὁ ἀδελφός.
	13 10	ὁ λελουμένος οὐκ ἔχει χρείαν *εἰ* μὴ τοὺς πόδας νίψασθαι, ἀλλ᾽ ἔστιν καθαρὸς ὅλος·
	14	*εἰ* οὖν ἐγὼ ἔνιψα ὑμῶν τοὺς πόδας ὁ κύριος καὶ ὁ διδάσκαλος, καὶ ὑμεῖς ὀφείλετε ἀλλήλων νίπτειν τοὺς πόδας·
	17	*εἰ* ταῦτα οἴδατε, μακάριοί ἐστε ἐὰν ποιῆτε αὐτά.
	32	[*εἰ* ὁ θεὸς ἐδοξάσθη ἐν αὐτῷ], καὶ ὁ θεὸς δοξάσει αὐτὸν ἐν αὐτῷ,
	14 2	*εἰ* δὲ μή, εἶπον ἂν ὑμῖν· ὅτι πορεύομαι ἑτοιμάσαι τόπον ὑμῖν·
	6	οὐδεὶς ἔρχεται πρὸς τὸν πατέρα *εἰ* μὴ δι᾽ ἐμοῦ.
	7	*εἰ* ἐγνώκατέ με, καὶ τὸν πατέρα μου γνώσεσθε.
	11	*εἰ* δὲ μή, διὰ τὰ ἔργα αὐτὰ πιστεύετε.
	28	*εἰ* ἠγαπᾶτέ με, ἐχάρητε ἂν ὅτι πορεύομαι πρὸς τὸν πατέρα, ὅτι ὁ πατὴρ μείζων μού ἐστιν.
	15 18	*εἰ* ὁ κόσμος ὑμᾶς μισεῖ, γινώσκετε ὅτι ἐμὲ πρῶτον ὑμῶν μεμίσηκεν.
	19	*εἰ* ἐκ τοῦ κόσμου ἦτε, ὁ κόσμος ἂν τὸ ἴδιον ἐφίλει·

εἰ [507]

Jh	15 20	*εἰ* ἐμὲ ἐδίωξαν, καὶ ὑμᾶς διώξουσιν·
	20	*εἰ* τὸν λόγον μου ἐτήρησαν, καὶ τὸν ὑμέτερον τηρήσουσιν.
	22	*εἰ* μὴ ἦλθον καὶ ἐλάλησα αὐτοῖς, ἁμαρτίαν οὐκ εἴχοσαν·
	24	*εἰ* τὰ ἔργα μὴ ἐποίησα ἐν αὐτοῖς ἃ οὐδεὶς ἄλλος ἐποίησεν, ἁμαρτίαν οὐκ εἴχοσαν·
	17 12	καὶ ἐφύλαξα, καὶ οὐδεὶς ἐξ αὐτῶν ἀπώλετο *εἰ* μὴ ὁ υἱὸς τῆς ἀπωλείας,
	18 8	*εἰ* οὖν ἐμὲ ζητεῖτε, ἄφετε τούτους ὑπάγειν·
	23	*εἰ* κακῶς ἐλάλησα, μαρτύρησον περὶ τοῦ κακοῦ·
	23	*εἰ* κακῶς ἐλάλησα, μαρτύρησον περὶ τοῦ κακοῦ· *εἰ* δὲ καλῶς, τί με δέρεις;
	30	*εἰ* μὴ ἦν οὗτος κακὸν ποιῶν, οὐκ ἄν σοι παρεδώκαμεν αὐτόν.
	36	*εἰ* ἐκ τοῦ κόσμου τούτου ἦν ἡ βασιλεία ἡ ἐμή, οἱ ὑπηρέται οἱ ἐμοὶ ἠγωνίζοντο [ἄν],
	19 11	οὐκ εἶχες ἐξουσίαν κατ᾽ ἐμοῦ οὐδεμίαν *εἰ* μὴ ἦν δεδομένον σοι ἄνωθεν·
	15	οὐκ ἔχομεν βασιλέα *εἰ* μὴ καίσαρα.
	20 15	κύριε, *εἰ* σὺ ἐβάστασας αὐτόν, εἰπέ μοι ποῦ ἔθηκας αὐτόν, κἀγὼ αὐτὸν ἀρῶ.
Ac	1 6	κύριε, *εἰ* ἐν τῷ χρόνῳ τούτῳ ἀποκαθιστάνεις τὴν βασιλείαν τῷ ἰσραήλ;
	4 9	*εἰ* ἡμεῖς σήμερον ἀνακρινόμεθα ἐπὶ εὐεργεσίᾳ ἀνθρώπου ἀσθενοῦς, ἐν τίνι οὗτος σέσωται,
	19	*εἰ* δίκαιόν ἐστιν ἐνώπιον τοῦ θεοῦ, ὑμῶν ἀκούειν μᾶλλον ἢ τοῦ θεοῦ, κρίνατε·
	5 8	εἰπέ μοι, *εἰ* τοσούτου τὸ χωρίον ἀπέδοσθε;
	39	*εἰ* δὲ ἐκ θεοῦ ἐστιν, οὐ δυνήσεσθε καταλῦσαι αὐτούς, μήποτε καὶ θεομάχοι εὑρεθῆτε.
	7 1	εἶπεν δὲ ὁ ἀρχιερεύς· *εἰ* ταῦτα οὕτως ἔχει;
	8 22	καὶ δεήθητι τοῦ κυρίου *εἰ* ἄρα ἀφεθήσεταί σοι ἡ ἐπίνοια τῆς καρδίας σου·
	37 *	*εἰ* πιστεύεις ἐξ ὅλης τῆς καρδίας, ἔξεστιν.
	10 18	καὶ φωνήσαντες ἐπυνθάνοντο *εἰ* σίμων ὁ ἐπικαλούμενος πέτρος ἐνθάδε ξενίζεται.
	11 17	*εἰ* οὖν τὴν ἴσην δωρεὰν ἔδωκεν αὐτοῖς ὁ θεὸς ὡς καὶ ἡμῖν, πιστεύσασιν ἐπὶ τὸν κύριον ἰησοῦν χριστόν, ἐγὼ τίς ἤμην δυνατὸς κωλῦσαι τὸν θεόν;
	19	οἱ μὲν οὖν διασπαρέντες ἀπὸ τῆς θλίψεως τῆς γενομένης ἐπὶ στεφάνῳ διῆλθον ἕως φοινίκης καὶ κύπρου καὶ ἀντιοχείας, μηδενὶ λαλοῦντες τὸν λόγον *εἰ* μὴ μόνον ἰουδαίοις.
	13 15	ἄνδρες ἀδελφοί, *εἰ* τίς ἐστιν ἐν ὑμῖν λόγος παρακλήσεως πρὸς τὸν λαόν, λέγετε.
	16 15	*εἰ* κεκρίκατέ με πιστὴν τῷ κυρίῳ εἶναι, εἰσελθόντες εἰς τὸν οἶκόν μου μένετε·
	17 11	οἵτινες ἐδέξαντο τὸν λόγον μετὰ πάσης προθυμίας, καθ᾽ ἡμέραν ἀνακρίνοντες τὰς γραφὰς *εἰ* ἔχοι ταῦτα οὕτως.
	27	ζητεῖν τὸν θεόν, *εἰ* ἄρα γε ψηλαφήσειαν αὐτὸν καὶ εὕροιεν,
	18 14	*εἰ* μὲν ἦν ἀδίκημά τι ἢ ῥᾳδιούργημα πονηρόν, ὦ ἰουδαῖοι, κατὰ λόγον ἂν ἀνεσχόμην ὑμῶν·
	15	*εἰ* δὲ ζητήματά ἐστιν περὶ λόγου καὶ ὀνομάτων καὶ νόμου τοῦ καθ᾽ ὑμᾶς, ὄψεσθε αὐτοί·
	19 2	εἶπέν τε πρὸς αὐτούς· *εἰ* πνεῦμα ἅγιον ἐλάβετε πιστεύσαντες;
	2	ἀλλ᾽ οὐδ᾽ *εἰ* πνεῦμα ἅγιόν ἐστιν ἠκούσαμεν.
	38	*εἰ* μὲν οὖν δημήτριος καὶ οἱ σὺν αὐτῷ τεχνῖται ἔχουσι πρός τινα λόγον, ἀγοραῖοι ἄγονται καὶ ἀνθύπατοί εἰσιν, ἐγκαλείτωσαν ἀλλήλοις·
	39	*εἰ* δέ τι περαιτέρω ἐπιζητεῖτε, ἐν τῇ ἐννόμῳ ἐκκλησίᾳ ἐπιλυθήσεται.
	20 16	ἔσπευδεν γάρ, *εἰ* δυνατὸν εἴη αὐτῷ, τὴν ἡμέραν τῆς πεντηκοστῆς γενέσθαι εἰς ἱεροσόλυμα.
	21 37	*εἰ* ἔξεστίν μοι εἰπεῖν τι πρὸς σέ;
	22 25	ὡς δὲ προέτειναν αὐτὸν τοῖς ἱμᾶσιν, εἶπεν πρὸς τὸν ἑστῶτα ἑκατόνταρχον ὁ παῦλος· *εἰ* ἄνθρωπον ῥωμαῖον καὶ ἀκατάκριτον ἔξεστιν ὑμῖν μαστίζειν;
	23 9	οὐδὲν κακὸν εὑρίσκομεν ἐν τῷ ἀνθρώπῳ τούτῳ· *εἰ* δὲ πνεῦμα ἐλάλησεν αὐτῷ ἢ ἄγγελος·
	24 19	τινὲς δὲ ἀπὸ τῆς ἀσίας ἰουδαῖοι, οὓς ἔδει ἐπὶ σοῦ παρεῖναι καὶ κατηγορεῖν *εἰ* τι ἔχοιεν πρὸς ἐμέ.
	25 5	οἱ οὖν ἐν ὑμῖν, φησίν, δυνατοὶ συγκαταβάντες, *εἰ* τί ἐστιν ἐν τῷ ἀνδρὶ ἄτοπον, κατηγορείτωσαν αὐτοῦ.
	11	*εἰ* μὲν οὖν ἀδικῶ καὶ ἄξιον θανάτου πέπραχά τι, οὐ παραιτοῦμαι τὸ ἀποθανεῖν·
	11	*εἰ* δὲ οὐδέν ἐστιν ὧν οὗτοι κατηγοροῦσίν μου, οὐδείς με δύναται αὐτοῖς χαρίσασθαι·
	20	ἀπορούμενος δὲ ἐγὼ τὴν περὶ τούτων ζήτησιν ἔλεγον *εἰ* βούλοιτο πορεύεσθαι εἰς ἱεροσόλυμα κἀκεῖ κρίνεσθαι περὶ τούτων.
	26 8	τί ἄπιστον κρίνεται παρ᾽ ὑμῖν *εἰ* ὁ θεὸς νεκροὺς ἐγείρει;

εἰ [507]

Ac 26 23 *εἰ* παθητος ὁ χριστος, *εἰ* πρωτος ἐξ ἀναστασεως νεκρων φως μελλει καταγγελλειν τω τε λαω και τοις ἐθνεσιν.

23 *εἰ* παθητος ὁ χριστος, *εἰ* πρωτος ἐξ ἀναστασεως νεκρων φως μελλει καταγγελλειν τω τε λαω και τοις ἐθνεσιν.

32 ἀπολελυσθαι ἐδυνατο ὁ ἀνθρωπος οὑτος *εἰ* μη ἐπεκεκλητο καισαρα.

27 12 οἱ πλειονες ἐθεντο βουλην ἀναχθηναι ἐκειθεν, *εἰ* πως δυναιντο καταντησαντες εἰς φοινικα παραχειμασαι,

39 κολπον δε τινα κατενοουν ἐχοντα αἰγιαλον, εἰς ὁν ἐβουλευοντο *εἰ* δυναιντο ἐξωσαι το πλοιον.

Rm 1 10 ὡς ἀδιαλειπτως μνειαν ὑμων ποιουμαι παντοτε ἐπι των προσευχων μου, δεομενος *εἰ* πως ἠδη ποτε εὐοδωθησομαι ἐν τω θεληματι του θεου ἐλθειν προς ὑμας.

2 17 *εἰ* δε συ ἰουδαιος ἐπονομαζη και ἐπαναπαυη νομω και καυχασαι ἐν θεω και γινωσκεις το θελημα και δοκιμαζεις τα διαφεροντα κατηχουμενος ἐκ του νομου,

3 3 *εἰ* ἠπιστησαν τινες, μη ἡ ἀπιστια αὐτων την πιστιν του θεου καταργησει;

5 *εἰ* δε ἡ ἀδικια ἡμων θεου δικαιοσυνην συνιστησιν, τί ἐρουμεν;

7 *εἰ* δε ἡ ἀληθεια του θεου ἐν τω ἐμω ψευσματι ἐπερισσευσεν εἰς την δοξαν αὐτου, τί ἐτι καγω ὡς ἁμαρτωλος κρινομαι;

4 2 *εἰ* γαρ ἀβρααμ ἐξ ἐργων ἐδικαιωθη, ἐχει καυχημα· ἀλλ᾽ οὐ προς θεον.

14 *εἰ* γαρ οἱ ἐκ νομου κληρονομοι, κεκενωται ἡ πιστις και κατηργηται ἡ ἐπαγγελια.

5 10 *εἰ* γαρ ἐχθροι ὀντες κατηλλαγημεν τω θεω δια του θανατου του υἱου αὐτου, πολλω μαλλον καταλλαγεντες σωθησομεθα ἐν τη ζωη αὐτου·

15 *εἰ* γαρ τω του ἑνος παραπτωματι οἱ πολλοι ἀπεθανον, πολλω μαλλον ἡ χαρις του θεου και ἡ δωρεα ἐν χαριτι τη του ἑνος ἀνθρωπου ἰησου χριστου εἰς τους πολλους ἐπερισσευσεν.

17 *εἰ* γαρ τω του ἑνος παραπτωματι ὁ θανατος ἐβασιλευσεν δια του ἑνος,

6 5 *εἰ* γαρ συμφυτοι γεγοναμεν τω ὁμοιωματι του θανατου αὐτου, ἀλλα και της ἀναστασεως ἐσομεθα·

8 *εἰ* δε ἀπεθανομεν συν χριστω, πιστευομεν ὁτι και συζησομεν αὐτω,

7 7 ἀλλα την ἁμαρτιαν οὐκ ἐγνων *εἰ* μη δια νομου·

7 την τε γαρ ἐπιθυμιαν οὐκ ἠδειν *εἰ* μη ὁ νομος ἐλεγεν·

16 *εἰ* δε ὁ οὐ θελω τουτο ποιω, συμφημι τω νομω ὁτι καλος.

20 *εἰ* δε ὁ οὐ θελω [ἐγω] τουτο ποιω, οὐκετι ἐγω κατεργαζομαι αὐτο ἀλλα ἡ οἰκουσα ἐν ἐμοι ἁμαρτια.

8 9 *εἰ* δε τις πνευμα χριστου οὐκ ἐχει, οὑτος οὐκ ἐστιν αὐτου.

10 *εἰ* δε χριστος ἐν ὑμιν, το μεν σωμα νεκρον δια ἁμαρτιαν,

11 *εἰ* δε το πνευμα του ἐγειραντος τον ἰησουν ἐκ νεκρων οἰκει ἐν ὑμιν, ὁ ἐγειρας χριστον ἐκ νεκρων ζωοποιησει

13 *εἰ* γαρ κατα σαρκα ζητε, μελλετε ἀποθνησκειν·

13 *εἰ* δε πνευματι τας πραξεις του σωματος θανατουτε, ζησεσθε.

17 *εἰ* δε τεκνα, και κληρονομοι· κληρονομοι μεν θεου,

25 *εἰ* δε ὁ οὐ βλεπομεν ἐλπιζομεν, δι᾽ ὑπομονης ἀπεκδεχομεθα.

31 *εἰ* ὁ θεος ὑπερ ἡμων, τίς καθ᾽ ἡμων;

9 22 *εἰ* δε θελων ὁ θεος ἐνδειξασθαι την ὀργην και γνωρισαι το δυνατον αὐτου ἠνεγκεν ἐν πολλη μακροθυμια σκευη ὀργης κατηρτισμενα εἰς ἀπωλειαν,

29 *εἰ* μη κυριος σαβαωθ ἐγκατελιπεν ἡμιν σπερμα, ὡς σοδομα ἀν ἐγενηθημεν και ὡς γομορρα ἀν ὡμοιωθημεν.

11 6 *εἰ* δε χαριτι, οὐκετι ἐξ ἐργων, ἐπει ἡ χαρις οὐκετι γινεται χαρις.

12 *εἰ* δε το παραπτωμα αὐτων πλουτος κοσμου και το ἡττημα αὐτων πλουτος ἐθνων, ποσω μαλλον το πληρωμα αὐτων.

14 ἐφ᾽ ὁσον μεν οὖν εἰμι ἐγω ἐθνων ἀποστολος, την διακονιαν μου δοξαζω, *εἰ* πως παραζηλωσω μου την σαρκα και σωσω τινας ἐξ αὐτων.

15 *εἰ* γαρ ἡ ἀποβολη αὐτων καταλλαγη κοσμου, τίς ἡ προσλημψις *εἰ* μη ζωη ἐκ νεκρων;

15 *εἰ* γαρ ἡ ἀποβολη αὐτων καταλλαγη κοσμου, τίς ἡ προσλημψις *εἰ* μη ζωη ἐκ νεκρων;

16 *εἰ* δε ἡ ἀπαρχη ἁγια, και το φυραμα·

16 και *εἰ* ἡ ριζα ἁγια, και οἱ κλαδοι.

17 *εἰ* δε τινες των κλαδων ἐξεκλασθησαν, συ δε ἀγριελαιος ὠν ἐνεκεντρισθης ἐν αὐτοις και συγκοινωνος της ριζης της πιοτητος της ἐλαιας ἐγενου, μη κατακαυχω των κλαδων·

18 *εἰ* δε κατακαυχασαι, οὐ συ την ριζαν βασταζεις ἀλλα ἡ ριζα σέ.

21 *εἰ* γαρ ὁ θεος των κατα φυσιν κλαδων οὐκ ἐφεισατο, [μη πως] οὐδε σου φεισεται.

Rm 11 24 *εἰ* γαρ συ ἐκ της κατα φυσιν ἐξεκοπης ἀγριελαιου και παρα φυσιν ἐνεκεντρισθης εἰς καλλιελαιον, ποσω μαλλον οὑτοι οἱ κατα φυσιν ἐγκεντρισθησονται τη ἰδια ἐλαια.

12 18 *εἰ* δυνατον, το ἐξ ὑμων, μετα παντων ἀνθρωπων εἰρηνευοντες·

13 1 οὐ γαρ ἐστιν ἐξουσια *εἰ* μη ὑπο θεου, αἱ δε οὖσαι ὑπο θεου τεταγμεναι εἰσιν.

8 μηδενι μηδεν ὀφειλετε, *εἰ* μη το ἀλληλους ἀγαπαν·

9 το γαρ οὐ μοιχευσεις, οὐ φονευσεις, οὐ κλεψεις, οὐκ ἐπιθυμησεις, και *εἰ* τις ἑτερα ἐντολη, ἐν τω λογω τουτω ἀνακεφαλαιουται, [ἐν τω]

14 14 *εἰ* μη τω λογιζομενω τι κοινον εἰναι, ἐκεινω κοινον.

15 *εἰ* γαρ δια βρωμα ὁ ἀδελφος σου λυπειται, οὐκετι κατα ἀγαπην περιπατεις.

15 27 *εἰ* γαρ τοις πνευματικοις αὐτων ἐκοινωνησαν τα ἐθνη, ὀφειλουσιν και ἐν τοις σαρκικοις λειτουργησαι αὐτοις.

1Co 1 14 εὐχαριστω [τω θεω] ὁτι οὐδενα ὑμων ἐβαπτισα *εἰ* μη κρισπον και γαιον·

16 λοιπον οὐκ οἰδα *εἰ* τινα ἀλλον ἐβαπτισα.

2 2 οὐ γαρ ἐκρινα τι εἰδεναι ἐν ὑμιν *εἰ* μη ἰησουν χριστον και τουτον ἐσταυρωμενον.

8 *εἰ* γαρ ἐγνωσαν, οὐκ ἀν τον κυριον της δοξης ἐσταυρωσαν·

11 τίς γαρ οἰδεν ἀνθρωπων τα του ἀνθρωπου *εἰ* μη το πνευμα του ἀνθρωπου το ἐν αὐτω;

11 οὑτως και τα του θεου οὐδεις ἐγνωκεν *εἰ* μη το πνευμα του θεου.

3 12 *εἰ* δε τις ἐποικοδομει ἐπι τον θεμελιον χρυσον, ἀργυρον, λιθους τιμιους, ξυλα, χορτον, καλαμην, ἑκαστου το ἐργον φανερον γενησεται·

14 *εἰ* τινος το ἐργον μενεῖ ὁ ἐποικοδομησεν, μισθον λημψεται·

15 *εἰ* τινος το ἐργον κατακαησεται, ζημιωθησεται, αὐτος δε σωθησεται, οὑτως δε ὡς δια πυρος.

17 *εἰ* τις τον ναον του θεου φθειρει, φθερει τουτον ὁ θεος·

18 *εἰ* τις δοκει σοφος εἰναι ἐν ὑμιν ἐν τω αἰωνι τουτω, μωρος γενεσθω, ἱνα γενηται σοφος.

4 7 *εἰ* δε και ἐλαβες, τί καυχασαι ὡς μη λαβων;

6 2 και *εἰ* ἐν ὑμιν κρινεται ὁ κοσμος, ἀναξιοι ἐστε κριτηριων ἐλαχιστων;

7 5 *εἰ* μητι ἀν ἐκ συμφωνου προς καιρον

9 *εἰ* δε οὐκ ἐγκρατευονται, γαμησατωσαν·

12 *εἰ* τις ἀδελφος γυναικα ἐχει ἀπιστον, και αὑτη συνευδοκει οἰκειν μετ᾽ αὐτου, μη ἀφιετω αὐτην·

13 και γυνη *εἰ* τις ἐχει ἀνδρα ἀπιστον, και οὑτος συνευδοκει οἰκειν μετ᾽ αὐτης, μη ἀφιετω τον ἀνδρα.

15 *εἰ* δε ὁ ἀπιστος χωριζεται, χωριζεσθω·

16 τί γαρ οἰδας, γυναι, *εἰ* τον ἀνδρα σωσεις;

16 ἠ τί οἰδας, ἀνερ, *εἰ* την γυναικα σωσεις;

17 *εἰ* μη ἑκαστω ὡς ἐμερισεν ὁ κυριος, ἑκαστον ὡς κεκληκεν ὁ θεος, οὑτως περιπατειτω.

21 ἀλλ᾽ *εἰ* και δυνασαι ἐλευθερος γενεσθαι, μαλλον χρησαι.

36 *εἰ* δε τις ἀσχημονειν ἐπι την παρθενον αὐτου νομιζει, ἐαν ἡ ὑπερακμος, και οὑτως ὀφειλει γινεσθαι, ὁ θελει ποιειτω·

8 2 *εἰ* τις δοκει ἐγνωκεναι τι, οὐπω ἐγνω καθως δει γνωναι·

3 *εἰ* δε τις ἀγαπα τον θεον, οὑτος ἐγνωσται ὑπ᾽ αὐτου.

4 περι της βρωσεως οὖν των εἰδωλοθυτων οἰδαμεν ὁτι οὐδεν εἰδωλον ἐν κοσμω, και ὁτι οὐδεις θεος *εἰ* μη εἱς.

13 διοπερ *εἰ* βρωμα σκανδαλιζει τον ἀδελφον μου, οὐ μη φαγω κρεα εἰς τον αἰωνα,

9 2 *εἰ* ἀλλοις οὐκ εἰμι ἀποστολος, ἀλλα γε ὑμιν εἰμι·

11 *εἰ* ἡμεις ὑμιν τα πνευματικα ἐσπειραμεν, μεγα *εἰ* ἡμεις ὑμων τα σαρκικα θερισομεν;

11 *εἰ* ἡμεις ὑμιν τα πνευματικα ἐσπειραμεν, μεγα *εἰ* ἡμεις ὑμων τα σαρκικα θερισομεν;

12 *εἰ* ἀλλοι της ὑμων ἐξουσιας μετεχουσιν, οὐ μαλλον ἡμεις;

17 *εἰ* γαρ ἑκων τουτο πρασσω, μισθον ἐχω·

17 *εἰ* γαρ ἑκων τουτο πρασσω, μισθον ἐχω· *εἰ* δε ἀκων, οἰκονομιαν πεπιστευμαι.

10 13 πειρασμος ὑμας οὐκ εἰληφεν *εἰ* μη ἀνθρωπινος·

27 *εἰ* τις καλει ὑμας των ἀπιστων και θελετε πορευεσθαι, παν το παρατιθεμενον ὑμιν ἐσθιετε μηδεν ἀνακρινοντες δια την συνειδησιν.

30 *εἰ* ἐγω χαριτι μετεχω, τί βλασφημουμαι ὑπερ οὑ ἐγω εὐχαριστω;

11 6 *εἰ* γαρ οὐ κατακαλυπτεται γυνη, και κειρασθω·

6 *εἰ* δε αἰσχρον γυναικι το κειρασθαι ἠ ξυρασθαι, κατακαλυπτεσθω.

16 *εἰ* δε τις δοκει φιλονεικος εἰναι, ἡμεις τοιαυτην συνηθειαν οὐκ ἐχομεν, οὐδε αἱ ἐκκλησιαι του θεου.

31 *εἰ* δε ἑαυτους διεκρινομεν, οὐκ ἀν ἐκρινομεθα·

34 *εἰ* τις πεινα, ἐν οἰκω ἐσθιετω, ἱνα μη εἰς κριμα συνερχησθε·

εἰ [507]

1Co	12 3	και ουδεις δυναται ειπειν· κυριος ιησους, εἰ μη εν πνευματι αγιω.
	17	εἰ ολον το σωμα οφθαλμος, που η ακοη;
	17	εἰ ολον ακοη, που η οσφρησις;
	19	εἰ δε ην τα παντα εν μελος, που το σωμα;
	14 5	μειζων δε ο προφητευων η ο λαλων γλωσσαις, εκτος εἰ μη διερμηνευη,
	10	τοσαυτα εἰ τυχοι γενη φωνων εισιν εν κοσμω, και ουδεν αφωνον·
	35	εἰ δε τι μαθειν θελουσιν, εν οικω τους ιδιους ανδρας επερωτατωσαν·
	37	εἰ τις δοκει προφητης ειναι η πνευματικος, επιγινωσκετω ἃ γραφω υμιν οτι κυριου εστιν εντολη·
	38	εἰ δε τις αγνοει, αγνοειται.
	15 2	τινι λογω ευηγγελισαμην υμιν εἰ κατεχετε, εκτος εἰ μη εικη επιστευσατε.
	2	τινι λογω ευηγγελισαμην υμιν εἰ κατεχετε, εκτος εἰ μη εικη επιστευσατε.
	12	εἰ δε χριστος κηρυσσεται οτι εκ νεκρων εγηγερται, πως λεγουσιν εν υμιν τινες οτι αναστασις νεκρων ουκ εστιν;
	13	εἰ δε αναστασις νεκρων ουκ εστιν, ουδε χριστος εγηγερται·
	14	εἰ δε χριστος ουκ εγηγερται, κενον αρα [και] το κηρυγμα ημων,
	16	εἰ γαρ νεκροι ουκ εγειρονται, ουδε χριστος εγηγερται·
	17	εἰ δε χριστος ουκ εγηγερται, ματαια η πιστις υμων,
	19	εἰ εν τη ζωη ταυτη εν χριστω ηλπικοτες εσμεν μονον, ελεεινοτεροι παντων ανθρωπων εσμεν.
	29	εἰ ολως νεκροι ουκ εγειρονται, τι και βαπτιζονται υπερ αυτων;
	32	εἰ κατα ανθρωπον εθηριομαχησα εν εφεσω, τι μοι το οφελος;
	32	εἰ νεκροι ουκ εγειρονται, φαγωμεν και πιωμεν, αυριον γαρ αποθνησκομεν.
	37	και ὃ σπειρεις, ου το σωμα το γενησομενον σπειρεις, αλλα γυμνον κοκκον εἰ τυχοι σιτου η τινος των λοιπων·
	44	εἰ εστιν σωμα ψυχικον, εστιν και πνευματικον.
	16 22	εἰ τις ου φιλει τον κυριον, ητω αναθεμα.
2Co	2 2	εἰ γαρ εγω λυπω υμας, και τις ο ευφραινων με εἰ μη ο λυπουμενος εξ εμου;
	2	εἰ γαρ εγω λυπω υμας, και τις ο ευφραινων με εἰ μη ο λυπουμενος εξ εμου;
	5	εἰ δε τις λελυπηκεν, ουκ εμε λελυπηκεν, αλλα απο μερους, ινα μη επιβαρω, παντας υμας.
	9	εις τουτο γαρ και εγραψα, ινα γνω την δοκιμην υμων, εἰ εις παντα υπηκοοι εστε.
	10	και γαρ εγω ὃ κεχαρισμαι, εἰ τι κεχαρισμαι, δι υμας εν προσωπω χριστου,
	3 7	εἰ δε η διακονια του θανατου εν γραμμασιν εντετυπωμενη λιθοις εγενηθη εν δοξη, ωστε μη δυνασθαι ατενισαι τους υιους ισραηλ εις το προσωπον μωυσεως
	9	εἰ γαρ τη διακονια της κατακρισεως δοξα, πολλω μαλλον περισσευει η διακονια της δικαιοσυνης δοξη.
	11	εἰ γαρ το καταργουμενον δια δοξης, πολλω μαλλον το μενον εν δοξη.
	4 3	εἰ δε και εστιν κεκαλυμμενον το ευαγγελιον ημων, εν τοις απολλυμενοις εστιν κεκαλυμμενον,
	16	αλλ εἰ και ο εξω ημων ανθρωπος διαφθειρεται, αλλ ο εσω ημων ανακαινουται ημερα και ημερα.
	5 3	εἰ γε και εκδυσαμενοι ου γυμνοι ευρεθησομεθα.
	16	εἰ και εγνωκαμεν κατα σαρκα χριστον, αλλα νυν ουκετι γινωσκομεν.
	17	ωστε εἰ τις εν χριστω, καινη κτισις·
	7 8	οτι εἰ και ελυπησα υμας εν τη επιστολη, ου μεταμελομαι·
	8	εἰ και μετεμελομην, βλεπω [γαρ] οτι η επιστολη εκεινη εἰ και προς ωραν ελυπησεν υμας, νυν χαιρω,
	8	εἰ και μετεμελομην, βλεπω [γαρ] οτι η επιστολη εκεινη εἰ και προς ωραν ελυπησεν υμας, νυν χαιρω,
	12	αρα εἰ και εγραψα υμιν, ουχ ενεκεν του αδικησαντος ουδε ενεκεν του αδικηθεντος,
	14	οτι εἰ τι αυτω υπερ υμων κεκαυχημαι, ου κατησχυνθην,
	8 12	εἰ γαρ η προθυμια προκειται, καθο εαν εχη ευπροσδεκτος, ου καθο ουκ εχει.
	10 7	εἰ τις πεποιθεν εαυτω χριστου ειναι, τουτο λογιζεσθω παλιν εφ εαυτου,
	11 4	εἰ μεν γαρ ο ερχομενος αλλον ιησουν κηρυσσει ὃν ουκ εκηρυξαμεν, η πνευμα ετερον λαμβανετε ὃ ουκ ελαβετε, η ευαγγελιον ετερον ὃ ουκ εδεξασθε, καλως ανεχεσθε.
	6	εἰ δε και ιδιωτης τω λογω, αλλ ου τη γνωσει,
	15	ου μεγα ουν εἰ και οι διακονοι αυτου μετασχηματιζονται ως διακονοι δικαιοσυνης·

εἰ [507]

2Co	11 16	εἰ δε μη γε, καν ως αφρονα δεξασθε με,
	20	ανεχεσθε γαρ εἰ τις υμας καταδουλοι, εἰ τις κατεσθιει, εἰ τις λαμβανει, εἰ τις επαιρεται, εἰ τις εις προσωπον υμας δερει.
	20	ανεχεσθε γαρ εἰ τις υμας καταδουλοι, εἰ τις κατεσθιει, εἰ τις λαμβανει, εἰ τις επαιρεται, εἰ τις εις προσωπον υμας δερει.
	20	ανεχεσθε γαρ εἰ τις υμας καταδουλοι, εἰ τις κατεσθιει, εἰ τις λαμβανει, εἰ τις επαιρεται, εἰ τις εις προσωπον υμας δερει.
	20	ανεχεσθε γαρ εἰ τις υμας καταδουλοι, εἰ τις κατεσθιει, εἰ τις λαμβανει, εἰ τις επαιρεται, εἰ τις εις προσωπον υμας δερει.
	20	ανεχεσθε γαρ εἰ τις υμας καταδουλοι, εἰ τις κατεσθιει, εἰ τις λαμβανει, εἰ τις επαιρεται, εἰ τις εις προσωπον υμας δερει.
	30	εἰ καυχασθαι δει, τα της ασθενειας μου καυχησομαι.
	12 5	υπερ του τοιουτου καυχησομαι, υπερ δε εμαυτου ου καυχησομαι εἰ μη εν ταις ασθενειαις.
	11	ουδεν γαρ υστερησα των υπερλιαν αποστολων, εἰ και ουδεν ειμι.
	13	τι γαρ εστιν ὃ ησσωθητε υπερ τας λοιπας εκκλησιας, εἰ μη οτι αυτος εγω ου κατεναρκησα υμων;
	15	εἰ περισσοτερως υμας αγαπω[ν], ησσον αγαπωμαι;
	13 5	εαυτους πειραζετε εἰ εστε εν τη πιστει,
	5	η ουκ επιγινωσκετε εαυτους οτι ιησους χριστος εν υμιν; εἰ μητι αδοκιμοι εστε.
Ga	1 7	εἰ μη τινες εισιν οι ταρασσοντες υμας και θελοντες μεταστρεψαι το ευαγγελιον του χριστου.
	9	εἰ τις υμας ευαγγελιζεται παρ ὃ παρελαβετε, αναθεμα εστω.
	10	εἰ ετι ανθρωποις ηρεσκον, χριστου δουλος ουκ αν ημην.
	19	ετερον δε των αποστολων ουκ ειδον, εἰ μη ιακωβον τον αδελφον του κυριου.
	2 14	εἰ συ ιουδαιος υπαρχων εθνικως και ουχι ιουδαικως ζης, πως τα εθνη αναγκαζεις ιουδαιζειν;
	17	εἰ δε ζητουντες δικαιωθηναι εν χριστω ευρεθημεν και αυτοι αμαρτωλοι, αρα χριστος αμαρτιας διακονος;
	18	εἰ γαρ ἃ κατελυσα ταυτα παλιν οικοδομω, παραβατην εμαυτον συνιστανω.
	21	εἰ γαρ δια νομου δικαιοσυνη, αρα χριστος δωρεαν απεθανεν.
	3 4	τοσαυτα επαθετε εικη; εἰ γε και εικη.
	18	εἰ γαρ εκ νομου η κληρονομια, ουκετι εξ επαγγελιας·
	21	εἰ γαρ εδοθη νομος ο δυναμενος ζωοποιησαι, οντως εκ νομου αν ην η δικαιοσυνη·
	29	εἰ δε υμεις χριστου, αρα του αβρααμ σπερμα εστε, κατ επαγγελιαν κληρονομοι.
	4 7	ωστε ουκετι εἰ δουλος αλλα υιος·
	7	εἰ δε υιος, και κληρονομος δια θεου.
	15	μαρτυρω γαρ υμιν οτι εἰ δυνατον τους οφθαλμους υμων εξορυξαντες εδωκατε μοι.
	5 11	εγω δε, αδελφοι, εἰ περιτομην ετι κηρυσσω, τι ετι διωκομαι;
	15	εἰ δε αλληλους δακνετε και κατεσθιετε, βλεπετε μη υπ αλληλων αναλωθητε.
	18	εἰ δε πνευματι αγεσθε, ουκ εστε υπο νομον.
	25	εἰ ζωμεν πνευματι, πνευματι και στοιχωμεν.
	6 3	εἰ γαρ δοκει τις ειναι τι μηδεν ων, φρεναπατα εαυτον.
	14	εμοι δε μη γενοιτο καυχασθαι εἰ μη εν τω σταυρω του κυριου ημων ιησου χριστου,
Eph	3 2	τουτου χαριν εγω παυλος ο δεσμιος του χριστου [ιησου] υπερ υμων των εθνων εἰ γε ηκουσατε την οικονομιαν της χαριτος του θεου της δοθεισης μοι εις υμας,
	4 9	το δε ανεβη τι εστιν εἰ μη οτι και κατεβη εις τα κατωτερα [μερη] της γης;
	21	εἰ γε αυτον ηκουσατε και εν αυτω εδιδαχθητε καθως εστιν αληθεια εν τω ιησου,
	29	πας λογος σαπρος εκ του στοματος υμων μη εκπορευεσθω, αλλα εἰ τις αγαθος προς οικοδομην της χρειας,
Php	1 22	εἰ δε το ζην εν σαρκι, τουτο μοι καρπος εργου, και τι αιρησομαι ου γνωριζω.
	2 1	εἰ τις ουν παρακλησις εν χριστω, εἰ τι παραμυθιον αγαπης,
	1	εἰ τις ουν παρακλησις εν χριστω, εἰ τι παραμυθιον αγαπης,
	1	εἰ τις κοινωνια πνευματος, εἰ τις σπλαγχνα και οικτιρμοι,
	1	εἰ τις κοινωνια πνευματος, εἰ τις σπλαγχνα και οικτιρμοι,
	17	αλλα εἰ και σπενδομαι επι τη θυσια και λειτουργια της πιστεως υμων, χαιρω και συγχαιρω πασιν υμιν·
	3 4	εἰ τις δοκει αλλος πεποιθεναι εν σαρκι, εγω μαλλον·
	11	συμμορφιζομενος τω θανατω αυτου, εἰ πως καταντησω εις την εξαναστασιν την εκ νεκρων.
	12	διωκω δε εἰ και καταλαβω, εφ ᾧ και κατελημφθην υπο χριστου [ιησου].
	15	και εἰ τι ετερως φρονειτε, και τουτο ο θεος υμιν αποκαλυψει·
	4 8	εἰ τις αρετη και εἰ τις επαινος, ταυτα λογιζεσθε·
	8	εἰ τις αρετη και εἰ τις επαινος, ταυτα λογιζεσθε·

εἰ [507]

Php	4 15	οὐδεμια μοι ἐκκλησια ἐκοινωνησεν εἰς λογον δοσεως και λημψεως *εἰ* μη ὑμεις μονοι,
Col	1 23	*εἰ* γε ἐπιμενετε τη πιστει τεθεμελιωμενοι και ἑδραιοι
	2 5	*εἰ* γαρ και τη σαρκι ἀπειμι, ἀλλα τω πνευματι συν ὑμιν εἰμι,
	20	*εἰ* ἀπεθανετε συν χριστω ἀπο των στοιχειων του κοσμου, τί ὡς ζωντες ἐν κοσμω δογματιζεσθε·
	3 1	*εἰ* οὖν συνηγερθητε τω χριστω, τα ἀνω ζητειτε,
1Th	4 14	*εἰ* γαρ πιστευομεν ὅτι ἰησους ἀπεθανεν και ἀνεστη, οὕτως και ὁ θεος τους κοιμηθεντας δια του ἰησου ἀξει συν αὐτω.
2Th	3 10	τουτο παρηγγελλομεν ὑμιν, ὅτι *εἰ* τις οὐ θελει ἐργαζεσθαι, μηδε ἐσθιετω.
	14	*εἰ* δε τις οὐχ ὑπακουει τω λογω ἡμων δια της ἐπιστολης, τουτον σημειουσθε,
1Tm	1 10	και *εἰ* τι ἑτερον τη ὑγιαινουση διδασκαλια ἀντικειται,
	3 1	*εἰ* τις ἐπισκοπης ὀρεγεται, καλου ἐργου ἐπιθυμει.
	5	*εἰ* δε τις του ἰδιου οἰκου προστηναι οὐκ οἰδεν, πως ἐκκλησιας θεου ἐπιμελησεται;
	5 4	*εἰ* δε τις χηρα τεκνα ἢ ἐκγονα ἐχει, μανθανετωσαν πρωτον τον ἰδιον οἰκον εὐσεβειν και ἀμοιβας ἀποδιδοναι τοις προγονοις·
	8	*εἰ* δε τις των ἰδιων και μαλιστα οἰκειων οὐ προνοει, την πιστιν ἠρνηται και ἐστιν ἀπιστου χειρων.
	10	*εἰ* ἐτεκνοτροφησεν, *εἰ* ἐξενοδοχησεν, *εἰ* ἀγιων ποδας ἐνιψεν,
	10	*εἰ* ἐτεκνοτροφησεν, *εἰ* ἐξενοδοχησεν, *εἰ* ἀγιων ποδας ἐνιψεν,
	10	*εἰ* ἐτεκνοτροφησεν, *εἰ* ἐξενοδοχησεν, *εἰ* ἀγιων ποδας ἐνιψεν,
	10	*εἰ* θλιβομενοις ἐπηρκεσεν, εἰ παντι ἐργω ἀγαθω ἐπηκολουθησεν.
	10	*εἰ* θλιβομενοις ἐπηρκεσεν, *εἰ* παντι ἐργω ἀγαθω ἐπηκολουθησεν.
	16	*εἰ* τις πιστη ἐχει χηρας, ἐπαρκειτω αὐταις,
	19	κατα πρεσβυτερου κατηγοριαν μη παραδεχου, ἐκτος *εἰ* μη ἐπι δυο ἢ τριων μαρτυρων.
	6 3	*εἰ* τις ἑτεροδιδασκαλει και μη προσερχεται ὑγιαινουσιν λογοις τοις του κυριου ἡμων ἰησου χριστου, και τη κατ εὐσεβειαν διδασκαλια, τετυφωται, μηδεν ἐπισταμενος,
2Tm	2 11	*εἰ* γαρ συναπεθανομεν, και συζησομεν·
	12	*εἰ* γαρ συναπεθανομεν, και συζησομεν· *εἰ* ὑπομενομεν, και συμβασιλευσομεν·
	12	*εἰ* ἀρνησομεθα, κακεινος ἀρνησεται ἡμας·
	13	*εἰ* ἀπιστουμεν, ἐκεινος πιστος μενει,
Tit	1 6	*εἰ* τις ἐστιν ἀνεγκλητος, μιας γυναικος ἀνηρ, τεκνα ἐχων πιστα, μη ἐν κατηγορια ἀσωτιας ἢ ἀνυποτακτα.
Phm	17	*εἰ* οὖν με ἐχεις κοινωνον, προσλαβου αὐτον ὡς ἐμε.
	18	*εἰ* δε τι ἠδικησεν σε ἢ ὀφειλει, τουτο ἐμοι ἐλλογα·
Heb	2 2	*εἰ* γαρ ὁ δι ἀγγελων λαληθεις λογος ἐγενετο βεβαιος, και πασα παραβασις και παρακοη ἐλαβεν ἐνδικον μισθαποδοσιαν, πως ἡμεις ἐκφευξομεθα τηλικαυτης ἀμελησαντες σωτηριας,
	3 11	ὡς ὠμοσα ἐν τη ὀργη μου *εἰ* εἰσελευσονται εἰς την καταπαυσιν μου.
	18	τίσιν δε ὠμοσεν μη εἰσελευσεσθαι εἰς την καταπαυσιν αὐτου *εἰ* μη τοις ἀπειθησασιν;
	4 3	*εἰ* εἰσελευσονται εἰς την καταπαυσιν μου,
	5	*εἰ* εἰσελευσονται εἰς την καταπαυσιν μου.
	8	*εἰ* γαρ αὐτους ἰησους κατεπαυσεν, οὐκ ἀν περι ἀλλης ἐλαλει μετα ταυτα ἡμερας.
	6 9	πεπεισμεθα δε περι ὑμων, ἀγαπητοι, τα κρεισσονα και ἐχομενα σωτηριας, *εἰ* και οὕτως λαλουμεν.
	14	*εἰ* μην εὐλογων εὐλογησω σε και πληθυνων πληθυνω σε·
	7 11	*εἰ* μεν οὖν τελειωσις δια της λευιτικης ἱερωσυνης ἦν, ὁ λαος γαρ ἐπ αὐτης νενομοθετηται, τίς ἐτι χρεια
	15	και περισσοτερον ἐτι καταδηλον ἐστιν, *εἰ* κατα την ὁμοιοτητα μελχισεδεκ ἀνισταται ἱερευς ἑτερος,
	8 4	*εἰ* μεν οὖν ἦν ἐπι γης, οὐδ ἀν ἦν ἱερευς,
	7	*εἰ* γαρ ἡ πρωτη ἐκεινη ἦν ἀμεμπτος, οὐκ ἀν δευτερας ἐζητειτο τοπος.
	9 13	*εἰ* γαρ το αἱμα τρ :γων και ταυρων και σποδος δαμαλεως ῥαντιζουσα τους κεκοινωμενους ἀγιαζει προς την της σαρκος καθαροτητα, ποσω μαλλον το αἱμα του χριστου,
	11 15	και *εἰ* μεν ἐκεινης ἐμνημονευον ἀφ ἧς ἐξεβησαν, εἰχον ἀν καιρον ἀνακαμψαι·
	12 8	*εἰ* δε χωρις ἐστε παιδειας, ἧς μετοχοι γεγονασιν παντες, ἀρα νοθοι και οὐχ υἱοι ἐστε.
	25	*εἰ* γαρ ἐκεινοι οὐκ ἐξεφυγον ἐπι γης παραιτησαμενοι τον χρηματιζοντα, πολυ μαλλον ἡμεις οἱ τον ἀπ οὐρανων ἀποστρεφομενοι·
Ja	1 5	*εἰ* δε τις ὑμων λειπεται σοφιας, αἰτειτω παρα του διδοντος θεου πασιν ἀπλως και μη ὀνειδιζοντος,

εἰ [507]

Ja	1 23	ὅτι *εἰ* τις ἀκροατης λογου ἐστιν και οὐ ποιητης, οὑτος ἐοικεν ἀνδρι κατανοουντι το προσωπον της γενεσεως αὐτου ἐν ἐσοπτρω·
	26	*εἰ* τις δοκει θρησκος εἰναι, μη χαλιναγωγων γλωσσαν αὐτου ἀλλα ἀπατων καρδιαν αὐτου, τουτου ματαιος ἡ θρησκεια.
	2 8	*εἰ* μεντοι νομον τελειτε βασιλικον κατα την γραφην· ἀγαπησεις τον πλησιον σου ὡς σεαυτον, καλως ποιειτε·
	9	*εἰ* δε προσωπολημπτειτε, ἀμαρτιαν ἐργαζεσθε, ἐλεγχομενοι ὑπο του νομου ὡς παραβαται.
	11	*εἰ* δε οὐ μοιχευεις, φονευεις δε, γεγονας παραβατης νομου.
	3 2	*εἰ* τις ἐν λογω οὐ πταιει, οὑτος τελειος ἀνηρ,
	3	*εἰ* δε των ἱππων τους χαλινους εἰς τα στοματα βαλλομεν εἰς το πειθεσθαι αὐτους ἡμιν, και ὀλον το σωμα αὐτων μεταγομεν.
	14	*εἰ* δε ζηλον πικρον ἐχετε και ἐριθειαν ἐν τη καρδια ὑμων, μη κατακαυχασθε και ψευδεσθε κατα της ἀληθειας.
	4 11	*εἰ* δε νομον κρινεις, οὐκ *εἰ* ποιητης νομου ἀλλα κριτης.
1Pt	1 6	ἐν ᾧ ἀγαλλιασθε, ὀλιγον ἀρτι *εἰ* δεον [ἐστιν] λυπηθεντες ἐν ποικιλοις πειρασμοις,
	17	και *εἰ* πατερα ἐπικαλεισθε τον ἀπροσωπολημπτως κρινοντα κατα το ἑκαστου ἐργον, ἐν φοβω τον της παροικιας ὑμων χρονον ἀναστραφητε,
	2 3	*εἰ* ἐγευσασθε ὅτι χρηστος ὁ κυριος.
	19	τουτο γαρ χαρις *εἰ* δια συνειδησιν θεου ὑποφερει τις λυπας πασχων ἀδικως.
	20	ποιον γαρ κλεος *εἰ* ἀμαρτανοντες και κολαφιζομενοι ὑπομενειτε;
	20	ἀλλ *εἰ* ἀγαθοποιουντες και πασχοντες ὑπομενειτε, τουτο χαρις παρα θεω.
	3 1	ἱνα και *εἰ* τινες ἀπειθουσιν τω λογω, δια της των γυναικων ἀναστροφης ἀνευ λογου κερδηθησονται,
	14	ἀλλ *εἰ* και πασχοιτε δια δικαιοσυνην, μακαριοι.
	17	κρειττον γαρ ἀγαθοποιουντας, *εἰ* θελοι το θελημα του θεου, πασχειν ἢ κακοποιουντας.
	4 11	*εἰ* τις λαλει, ὡς λογια θεου·
	11	*εἰ* τις διακονει, ὡς ἐξ ἰσχυος ἧς χορηγει ὁ θεος·
	14	*εἰ* ὀνειδιζεσθε ἐν ὀνοματι χριστου, μακαριοι,
	16	*εἰ* δε ὡς χριστιανος, μη αἰσχυνεσθω, δοξαζετω δε τον θεον ἐν τω ὀνοματι τουτω.
	17	*εἰ* δε πρωτον ἀφ ἡμων, τί το τελος των ἀπειθουντων τω του θεου εὐαγγελιω;
	18	και *εἰ* ὁ δικαιος μολις σωζεται, ὁ ἀσεβης και ἀμαρτωλος που φανειται;
2Pt	2 4	*εἰ* γαρ ὁ θεος ἀγγελων ἀμαρτησαντων οὐκ ἐφεισατο,
	20	*εἰ* γαρ ἀποφυγοντες τα μιασματα του κοσμου ἐν ἐπιγνωσει του κυριου [ἡμων] και σωτηρος ἰησου χριστου, τουτοις δε παλιν ἐμπλακεντες ἡττωνται, γεγονεν αὐτοις τα ἐσχατα χειρονα των πρωτων.
1Jh	2 19	*εἰ* γαρ ἐξ ἡμων ἦσαν, μεμενηκεισαν ἀν μεθ ἡμων·
	22	τίς ἐστιν ὁ ψευστης *εἰ* μη ὁ ἀρνουμενος ὅτι ἰησους οὐκ ἐστιν ὁ χριστος;
	3 13	[και] μη θαυμαζετε, ἀδελφοι, *εἰ* μισει ὑμας ὁ κοσμος.
	4 1	ἀγαπητοι, μη παντι πνευματι πιστευετε, ἀλλα δοκιμαζετε τα πνευματα *εἰ* ἐκ του θεου ἐστιν,
	11	ἀγαπητοι, *εἰ* οὕτως ὁ θεος ἠγαπησεν ἡμας, και ἡμεις ὀφειλομεν ἀλληλους ἀγαπαν.
	5 5	τίς [δε] ἐστιν ὁ νικων τον κοσμον *εἰ* μη ὁ πιστευων ὅτι ἰησους ἐστιν ὁ υἱος του θεου;
	9	*εἰ* την μαρτυριαν των ἀνθρωπων λαμβανομεν, ἡ μαρτυρια του θεου μειζων ἐστιν,
2Jh	10	*εἰ* τις ἐρχεται προς ὑμας και ταυτην την διδαχην οὐ φερει, μη λαμβανετε αὐτον εἰς οἰκιαν·
Apc	2 5	*εἰ* δε μη, ἐρχομαι σοι και κινησω την λυχνιαν σου ἐκ του τοπου αὐτης,
	16	μετανοησον οὖν· *εἰ* δε μη, ἐρχομαι σοι ταχυ και πολεμησω μετ αὐτων ἐν τη ῥομφαια του στοματος μου.
	17	και ἐπι την ψηφον ὀνομα καινον γεγραμμενον, ὁ οὐδεις οἰδεν *εἰ* μη ὁ λαμβανων.
	9 4	και ἐρρεθη αὐταις ἱνα μη ἀδικησουσιν τον χορτον της γης οὐδε παν χλωρον οὐδε παν δενδρον, *εἰ* μη τους ἀνθρωπους
	11 5	και *εἰ* τις αὐτους θελει ἀδικησαι, πυρ ἐκπορευεται ἐκ του στοματος αὐτων και κατεσθιει τους ἐχθρους αὐτων·
	5	και *εἰ* τις θεληση αὐτους ἀδικησαι, οὕτως δει αὐτον ἀποκτανθηναι.
	13 9	*εἰ* τις ἐχει οὖς ἀκουσατω.
	10	*εἰ* τις εἰς αἰχμαλωσιαν, εἰς αἰχμαλωσιαν ὑπαγει·
	10	*εἰ* τις ἐν μαχαιρη ἀποκτανθηναι, αὐτον ἐν μαχαιρη ἀποκτανθηναι.

εἰ [507]

Apc 13 17   καὶ ἵνα μη τις δυνηται ἀγορασαι ἢ πωλησαι *εἰ* μη ὁ ἐχων το χαραγμα το ὀνομα του θηριου ἢ τον ἀριθμον του ὀνοματος αὐτου.

14 3   καὶ οὐδεις ἐδυνατο μαθειν την ὡδην *εἰ* μη αἱ ἑκατοντεσσερακοντατεσσαρες χιλιαδες,

9   *εἰ* τις προσκυνει το θηριον καὶ την εἰκονα αὐτου, καὶ λαμβανει χαραγμα ἐπι του μετωπου αὐτου ἢ ἐπι την χειρα αὐτου, καὶ αὐτος πιεται

11   καὶ *εἰ* τις λαμβανει το χαραγμα του ὀνοματος αὐτου.

19 12   καὶ ἐπι την κεφαλην αὐτου διαδηματα πολλα, ἐχων ὀνομα γεγραμμενον ὁ οὐδεις οἰδεν *εἰ* μη αὐτος,

20 15   καὶ *εἰ* τις οὐχ εὑρεθη ἐν τη βιβλω της ζωης γεγραμμενος, ἐβληθη εἰς την λιμνην του πυρος.

21 27   καὶ οὐ μη εἰσελθη εἰς αὐτην παν κοινον καὶ [ὁ] ποιων βδελυγμα καὶ ψευδος, *εἰ* μη οἱ γεγραμμενοι ἐν τω βιβλιω της ζωης του ἀρνιου.

εἰδεα [1]

Mt 28 3   ἠν δε ἡ *εἰδεα* αὐτου ὡς ἀστραπη,

εἰδος [5]

Lc 3 22   ἐγενετο δε ἐν τω βαπτισθηναι ἁπαντα τον λαον καὶ ἰησου βαπτισθεντος καὶ προσευχομενου ἀνεωχθηναι τον οὐρανον καὶ καταβηναι το πνευμα το ἁγιον σωματικω *εἰδει* ὡς περιστεραν ἐπ αὐτον,

9 29   καὶ ἐγενετο ἐν τω προσευχεσθαι αὐτον το *εἰδος* του προσωπου αὐτου ἑτερον καὶ ὁ ἱματισμος αὐτου λευκος ἐξαστραπτων.

Jh 5 37   οὐτε φωνην αὐτου πωποτε ἀκηκοατε οὐτε *εἰδος* αὐτου ἑωρακατε,

2Co 5 7   δια πιστεως γαρ περιπατουμεν, οὐ δια *εἰδους*·

1Th 5 22   ἀπο παντος *εἰδους* πονηρου ἀπεχεσθε.

εἰδωλειον [1]

1Co 8 10   ἐαν γαρ τις ἰδη σε τον ἐχοντα γνωσιν ἐν *εἰδωλειω* κατακειμενον, οὐχι ἡ συνειδησις αὐτου ἀσθενους ὀντος οἰκοδομηθησεται εἰς το τα εἰδωλοθυτα ἐσθιειν;

εἰδωλοθυτον [9]

Ac 15 29   ἐδοξεν γαρ τω πνευματι τω ἁγιω καὶ ἡμιν μηδεν πλεον ἐπιτιθεσθαι ὑμιν βαρος πλην τουτων των ἐπαναγκες, ἀπεχεσθαι *εἰδωλοθυτων* καὶ αἱματος καὶ πνικτων καὶ πορνειας·

21 25   περι δε των πεπιστευκοτων ἐθνων ἡμεις ἐπεστειλαμεν κριναντες φυλασσεσθαι αὐτους το τε *εἰδωλοθυτον* καὶ αἱμα καὶ πνικτον καὶ πορνειαν.

1Co 8 1   περι δε των *εἰδωλοθυτων*, οἰδαμεν ὁτι παντες γνωσιν ἐχομεν.

4   περι της βρωσεως οὐν των *εἰδωλοθυτων* οἰδαμεν ὁτι οὐδεν εἰδωλον ἐν κοσμω,

7   τινες δε τη συνηθεια ἑως ἀρτι του εἰδωλου ὡς *εἰδωλοθυτον* ἐσθιουσιν,

10   ἐαν γαρ τις ἰδη σε τον ἐχοντα γνωσιν ἐν εἰδωλειω κατακειμενον, οὐχι ἡ συνειδησις αὐτου ἀσθενους ὀντος οἰκοδομηθησεται εἰς το τα *εἰδωλοθυτα* ἐσθιειν;

10 19   τί οὐν φημι; ὁτι *εἰδωλοθυτον* τι ἐστιν;

Apc 2 14   ὁς ἐδιδασκεν τω βαλακ βαλειν σκανδαλον ἐνωπιον των υἱων ἰσραηλ, φαγειν *εἰδωλοθυτα* καὶ πορνευσαι.

20   καὶ διδασκει καὶ πλανα τους ἐμους δουλους πορνευσαι καὶ φαγειν *εἰδωλοθυτα*·

εἰδωλολατρης [7]

1Co 5 10   οὐ παντως τοις πορνοις του κοσμου τουτου ἢ τοις πλεονεκταις καὶ ἁρπαξιν ἢ *εἰδωλολατραις*,

11   νυν δε ἐγραψα ὑμιν μη συναναμιγνυσθαι ἐαν τις ἀδελφος ὀνομαζομενος ἢ πορνος ἢ πλεονεκτης ἢ *εἰδωλολατρης* ἢ λοιδορος ἢ μεθυσος ἢ ἁρπαξ,

6 9   οὐτε πορνοι οὐτε *εἰδωλολατραι* οὐτε μοιχοι οὐτε μαλακοι οὐτε ἀρσενοκοιται οὐτε κλεπται οὐτε πλεονεκται, οὐ μεθυσοι, οὐ λοιδοροι, οὐχ ἁρπαγες βασιλειαν θεου κληρονομησουσιν.

10 7   μηδε *εἰδωλολατραι* γινεσθε, καθως τινες αὐτων·

Eph 5 5   ὁτι πας πορνος ἢ ἀκαθαρτος ἢ πλεονεκτης, ὁ ἐστιν *εἰδωλολατρης*, οὐκ ἐχει κληρονομιαν ἐν τη βασιλεια του χριστου καὶ θεου.

εἰδωλολατρης [7]

Apc 21 8   τοις δε δειλοις καὶ ἀπιστοις καὶ ἐβδελυγμενοις καὶ φονευσιν καὶ πορνοις καὶ φαρμακοις καὶ *εἰδωλολατραις* καὶ πασιν τοις ψευδεσιν το μερος αὐτων ἐν τη λιμνη

22 15   ἐξω οἱ κυνες καὶ οἱ φαρμακοι καὶ οἱ πορνοι καὶ οἱ φονεις καὶ οἱ *εἰδωλολατραι* καὶ πας φιλων καὶ ποιων ψευδος.

εἰδωλολατρια [4]

1Co 10 14   διοπερ, ἀγαπητοι μου, φευγετε ἀπο της *εἰδωλολατριας*.

Ga 5 20   ἁτινα ἐστιν πορνεια, ἀκαθαρσια, ἀσελγεια, *εἰδωλολατρια*,

Col 3 5   καὶ την πλεονεξιαν ἡτις ἐστιν *εἰδωλολατρια*,

1Pt 4 3   πεπορευμενους ἐν ἀσελγειαις, ἐπιθυμιαις, οἰνοφλυγιαις, κωμοις, ποτοις καὶ ἀθεμιτοις *εἰδωλολατριαις*.

εἰδωλον [11]

Ac 7 41   καὶ ἐμοσχοποιησαν ἐν ταις ἡμεραις ἐκειναις καὶ ἀνηγαγον θυσιαν τω *εἰδωλω*,

15 20   ἀλλα ἐπιστειλαι αὐτοις του ἀπεχεσθαι των ἀλισγηματων των *εἰδωλων* καὶ της πορνειας καὶ του πνικτου καὶ του αἱματος.

Rm 2 22   ὁ λεγων μη μοιχευειν μοιχευεις; ὁ βδελυσσομενος τα *εἰδωλα* ἱεροσυλεις;

1Co 8 4   περι της βρωσεως οὐν των εἰδωλοθυτων οἰδαμεν ὁτι οὐδεν *εἰδωλον* ἐν κοσμω,

7   τινες δε τη συνηθεια ἑως ἀρτι του *εἰδωλου* ὡς εἰδωλοθυτον ἐσθιουσιν,

10 19   ὁτι εἰδωλοθυτον τι ἐστιν; ἡ ὁτι *εἰδωλον* τι ἐστιν;

12 2   οἰδατε ὁτι ὁτε ἐθνη ἠτε προς τα *εἰδωλα* τα ἀφωνα ὡς ἀν ἡγεσθε ἀπαγομενοι.

2Co 6 16   τίς δε συγκαταθεσις ναω θεου μετα *εἰδωλων*;

1Th 1 9   καὶ πως ἐπεστρεψατε προς τον θεον ἀπο των *εἰδωλων* δουλευειν θεω ζωντι καὶ ἀληθινω,

1Jh 5 21   τεκνια, φυλαξατε ἑαυτα ἀπο των *εἰδωλων*.

Apc 9 20   ἱνα μη προσκυνησουσιν τα δαιμονια καὶ τα *εἰδωλα* τα χρυσα καὶ τα ἀργυρα καὶ τα χαλκα καὶ τα λιθινα καὶ τα ξυλινα,

εἰκη [6]

Rm 13 4   οὐ γαρ *εἰκη* την μαχαιραν φορει·

1Co 15 2   τίνι λογω εὐηγγελισαμην ὑμιν εἰ κατεχετε, ἐκτος εἰ μη *εἰκη* ἐπιστευσατε.

Ga 3 4   τοσαυτα ἐπαθετε *εἰκη*; εἰ γε καὶ εἰκη.

4   τοσαυτα ἐπαθετε εἰκη; εἰ γε καὶ *εἰκη*.

4 11   φοβουμαι ὑμας μη πως *εἰκη* κεκοπιακα εἰς ὑμας.

Col 2 18   *εἰκη* φυσιουμενος ὑπο του νοος της σαρκος αὐτου,

εἰκοσι [2]

Lc 14 31   ἡ τίς βασιλευς πορευομενος ἑτερω βασιλει συμβαλειν εἰς πολεμον οὐχι καθισας πρωτον βουλευσεται εἰ δυνατος ἐστιν ἐν δεκα χιλιασιν ὑπαντησαι τω μετα *εἰκοσι* χιλιαδων ἐρχομενω ἐπ αὐτον;

Ac 27 28   καὶ βολισαντες εὑρον ὀργυιας *εἰκοσι*, βραχυ δε διαστησαντες καὶ παλιν βολισαντες εὑρον ὀργυιας δεκαπεντε·

εἰκοσιπεντε [1]

Jh 6 19   ἐληλακοτες οὐν ὡς σταδιους *εἰκοσιπεντε* ἡ τριακοντα θεωρουσιν τον ἰησουν περιπατουντα ἐπι της θαλασσης καὶ ἐγγυς του πλοιου γινομενον,

εἰκοσιτεσσαρες [6]

Apc 4 4   καὶ κυκλοθεν του θρονου θρονους *εἰκοσιτεσσαρες*,

4   καὶ ἐπι τους θρονους *εἰκοσιτεσσαρας* πρεσβυτερους καθημενους περιβεβλημενους ἐν ἱματιοις λευκοις,

10   καὶ ὁταν δωσουσιν τα ζωα δοξαν καὶ τιμην καὶ εὐχαριστιαν τω καθημενω ἐπι τω θρονω τω ζωντι εἰς τους αἰωνας των αἰωνων, πεσουνται οἱ *εἰκοσιτεσσαρες* πρεσβυτεροι

5 8   καὶ ὁτε ἐλαβεν το βιβλιον, τα τεσσαρα ζωα καὶ οἱ *εἰκοσιτεσσαρες* πρεσβυτεροι ἐπεσαν ἐνωπιον του ἀρνιου,

11 16   καὶ οἱ *εἰκοσιτεσσαρες* πρεσβυτεροι, [οἱ] ἐνωπιον του θεου καθημενοι ἐπι τους θρονους αὐτων, ἐπεσαν ἐπι τα προσωπα αὐτων

19 4   καὶ ἐπεσαν οἱ πρεσβυτεροι οἱ *εἰκοσιτεσσαρες* καὶ τα τεσσαρα ζωα,

εἰκοσιτρεῖς [1]

1Co 10 8 μηδὲ πορνεύωμεν, καθὼς τινες αὐτῶν ἐπόρνευσαν καὶ ἔπεσαν μιᾷ ἡμέρᾳ εἰκοσιτρεῖς χιλιάδες.

εἴκω [↑]

Ga 2 5 οἷς οὐδὲ πρὸς ὥραν εἴξαμεν τῇ ὑποταγῇ,

εἰκών [23]

Mt 22 20 τίνος ἡ εἰκὼν αὕτη καὶ ἡ ἐπιγραφή;
Mc 12 16 τίνος ἡ εἰκὼν αὕτη καὶ ἡ ἐπιγραφή;
Lc 20 24 τίνος ἔχει εἰκόνα καὶ ἐπιγραφήν;
Rm 1 23 φάσκοντες εἶναι σοφοὶ ἐμωράνθησαν, καὶ ἤλλαξαν τὴν δόξαν τοῦ ἀφθάρτου θεοῦ ἐν ὁμοιώματι εἰκόνος φθαρτοῦ ἀνθρώπου καὶ πετεινῶν καὶ τετραπόδων καὶ ἑρπετῶν·
8 29 ὅτι οὓς προέγνω, καὶ προώρισεν συμμόρφους τῆς εἰκόνος τοῦ υἱοῦ αὐτοῦ, εἰς τὸ εἶναι αὐτὸν πρωτότοκον ἐν πολλοῖς ἀδελφοῖς·
1Co 11 7 ἀνὴρ μὲν γὰρ οὐκ ὀφείλει κατακαλύπτεσθαι τὴν κεφαλήν, εἰκὼν καὶ δόξα θεοῦ ὑπάρχων·
15 49 καὶ καθὼς ἐφορέσαμεν τὴν εἰκόνα τοῦ χοϊκοῦ, φορέσομεν καὶ τὴν εἰκόνα τοῦ ἐπουρανίου.
49 καὶ καθὼς ἐφορέσαμεν τὴν εἰκόνα τοῦ χοϊκοῦ, φορέσομεν καὶ τὴν εἰκόνα τοῦ ἐπουρανίου.
2Co 3 18 ἡμεῖς δὲ πάντες ἀνακεκαλυμμένῳ προσώπῳ τὴν δόξαν κυρίου κατοπτριζόμενοι τὴν αὐτὴν εἰκόνα μεταμορφούμεθα ἀπὸ δόξης εἰς δόξαν,
4 4 ἐν οἷς ὁ θεὸς τοῦ αἰῶνος τούτου ἐτύφλωσεν τὰ νοήματα τῶν ἀπίστων εἰς τὸ μὴ αὐγάσαι τὸν φωτισμὸν τοῦ εὐαγγελίου τῆς δόξης τοῦ χριστοῦ, ὅς ἐστιν εἰκὼν τοῦ θεοῦ.
Col 1 15 ὅς ἐστιν εἰκὼν τοῦ θεοῦ τοῦ ἀοράτου, πρωτότοκος πάσης κτίσεως,
3 10 καὶ ἐνδυσάμενοι τὸν νέον τὸν ἀνακαινούμενον εἰς ἐπίγνωσιν κατ᾽ εἰκόνα τοῦ κτίσαντος αὐτόν,
Heb 10 1 σκιὰν γὰρ ἔχων ὁ νόμος τῶν μελλόντων ἀγαθῶν, οὐκ αὐτὴν τὴν εἰκόνα τῶν πραγμάτων,
Apc 13 14 λέγων τοῖς κατοικοῦσιν ἐπὶ τῆς γῆς ποιῆσαι εἰκόνα τῷ θηρίῳ,
15 καὶ ἐδόθη αὐτῷ δοῦναι πνεῦμα τῇ εἰκόνι τοῦ θηρίου,
15 καὶ ἐδόθη αὐτῷ δοῦναι πνεῦμα τῇ εἰκόνι τοῦ θηρίου, ἵνα καὶ λαλήσῃ ἡ εἰκὼν τοῦ θηρίου,
15 ἵνα καὶ λαλήσῃ ἡ εἰκὼν τοῦ θηρίου, καὶ ποιήσῃ [ἵνα] ὅσοι ἐὰν μὴ προσκυνήσωσιν τῇ εἰκόνι τοῦ θηρίου ἀποκτανθῶσιν.
14 9 εἴ τις προσκυνεῖ τὸ θηρίον καὶ τὴν εἰκόνα αὐτοῦ, καὶ λαμβάνει χάραγμα ἐπὶ τοῦ μετώπου αὐτοῦ ἢ ἐπὶ τὴν χεῖρα αὐτοῦ, καὶ αὐτὸς πίεται
11 καὶ οὐκ ἔχουσιν ἀνάπαυσιν ἡμέρας καὶ νυκτὸς οἱ προσκυνοῦντες τὸ θηρίον καὶ τὴν εἰκόνα αὐτοῦ,
15 2 καὶ τοὺς νικῶντας ἐκ τοῦ θηρίου καὶ ἐκ τῆς εἰκόνος αὐτοῦ καὶ ἐκ τοῦ ἀριθμοῦ τοῦ ὀνόματος αὐτοῦ ἑστῶτας ἐπὶ τὴν θάλασσαν τὴν ὑαλίνην,
16 2 καὶ ἐγένετο ἕλκος κακὸν καὶ πονηρὸν ἐπὶ τοὺς ἀνθρώπους τοὺς ἔχοντας τὸ χάραγμα τοῦ θηρίου καὶ τοὺς προσκυνοῦντας τῇ εἰκόνι αὐτοῦ.
19 20 ἐν οἷς ἐπλάνησεν τοὺς λαβόντας τὸ χάραγμα τοῦ θηρίου καὶ τοὺς προσκυνοῦντας τῇ εἰκόνι αὐτοῦ·
20 4 καὶ οἵτινες οὐ προσεκύνησαν τὸ θηρίον οὐδὲ τὴν εἰκόνα αὐτοῦ καὶ οὐκ ἔλαβον τὸ χάραγμα ἐπὶ τὸ μέτωπον καὶ ἐπὶ τὴν χεῖρα αὐτῶν·

εἰλικρίνεια [3]

1Co 5 8 ὥστε ἑορτάζωμεν μὴ ἐν ζύμῃ παλαιᾷ μηδὲ ἐν ζύμῃ κακίας καὶ πονηρίας, ἀλλ᾽ ἐν ἀζύμοις εἰλικρινείας καὶ ἀληθείας.
2Co 1 12 τὸ μαρτύριον τῆς συνειδήσεως ἡμῶν, ὅτι ἐν ἁπλότητι καὶ εἰλικρινείᾳ τοῦ θεοῦ, [καὶ] οὐκ ἐν σοφίᾳ σαρκικῇ ἀλλ᾽ ἐν χάριτι θεοῦ, ἀνεστράφημεν ἐν τῷ κόσμῳ,
2 17 ἀλλ᾽ ὡς ἐξ εἰλικρινείας, ἀλλ᾽ ὡς ἐκ θεοῦ κατέναντι θεοῦ ἐν χριστῷ λαλοῦμεν.

εἰλικρινής [2]

Php 1 10 εἰς τὸ δοκιμάζειν ὑμᾶς τὰ διαφέροντα, ἵνα ἦτε εἰλικρινεῖς καὶ ἀπρόσκοποι εἰς ἡμέραν χριστοῦ,
2Pt 3 1 ταύτην ἤδη, ἀγαπητοί, δευτέραν ὑμῖν γράφω ἐπιστολήν, ἐν αἷς διεγείρω ὑμῶν ἐν ὑπομνήσει τὴν εἰλικρινῆ διάνοιαν,

εἰμί [2461]

Mt 1 18 τοῦ δὲ ἰησοῦ χριστοῦ ἡ γένεσις οὕτως ἦν.

εἰμί [2461]

Mt 1 19 ἰωσὴφ δὲ ὁ ἀνὴρ αὐτῆς, δίκαιος ὢν καὶ μὴ θέλων αὐτὴν δειγματίσαι,
20 τὸ γὰρ ἐν αὐτῇ γεννηθὲν ἐκ πνεύματός ἐστιν ἁγίου.
23 καὶ καλέσουσιν τὸ ὄνομα αὐτοῦ ἐμμανουηλ, ὅ ἐστιν μεθερμηνευόμενον μεθ᾽ ἡμῶν ὁ θεός.
2 2 ποῦ ἐστιν ὁ τεχθεὶς βασιλεὺς τῶν ἰουδαίων;
6 γῆ ἰουδα, οὐδαμῶς ἐλαχίστη εἶ ἐν τοῖς ἡγεμόσιν ἰουδα.
9 προῆγεν αὐτοὺς ἕως ἐλθὼν ἐστάθη ἐπάνω οὗ ἦν τὸ παιδίον.
13 καὶ ἴσθι ἐκεῖ ἕως ἂν εἴπω σοι·
15 καὶ ἦν ἐκεῖ ἕως τῆς τελευτῆς ἡρῴδου·
18 ὅτι οὐκ εἰσίν.
3 3 οὗτος γάρ ἐστιν ὁ ῥηθεὶς διὰ ἠσαΐου τοῦ προφήτου λέγοντος·
4 ἡ δὲ τροφὴ ἦν αὐτοῦ ἀκρίδες καὶ μέλι ἄγριον.
11 ἐγὼ μὲν ὑμᾶς βαπτίζω ἐν ὕδατι εἰς μετάνοιαν· ὁ δὲ ὀπίσω μου ἐρχόμενος ἰσχυρότερός μού ἐστιν,
11 οὗ οὐκ εἰμὶ ἱκανὸς τὰ ὑποδήματα βαστάσαι·
15 οὕτως γὰρ πρέπον ἐστὶν ἡμῖν πληρῶσαι πᾶσαν δικαιοσύνην.
17 οὗτός ἐστιν ὁ υἱός μου ὁ ἀγαπητός, ἐν ᾧ εὐδόκησα.
4 3 εἰ υἱὸς εἶ τοῦ θεοῦ, εἰπὲ ἵνα οἱ λίθοι οὗτοι ἄρτοι γένωνται.
6 εἰ υἱὸς εἶ τοῦ θεοῦ, βάλε σεαυτὸν κάτω·
18 ἦσαν γὰρ ἁλιεῖς.
5 3 μακάριοι οἱ πτωχοὶ τῷ πνεύματι, ὅτι αὐτῶν ἐστιν ἡ βασιλεία τῶν οὐρανῶν.
10 μακάριοι οἱ δεδιωγμένοι ἕνεκεν δικαιοσύνης, ὅτι αὐτῶν ἐστιν ἡ βασιλεία τῶν οὐρανῶν.
11 μακάριοί ἐστε ὅταν ὀνειδίσωσιν ὑμᾶς καὶ διώξωσιν καὶ εἴπωσιν πᾶν πονηρὸν καθ᾽ ὑμῶν [ψευδόμενοι] ἕνεκεν ἐμοῦ.
13 ὑμεῖς ἐστε τὸ ἅλας τῆς γῆς·
14 ὑμεῖς ἐστε τὸ φῶς τοῦ κόσμου.
21 ὃς δ᾽ ἂν φονεύσῃ, ἔνοχος ἔσται τῇ κρίσει.
22 ἐγὼ δὲ λέγω ὑμῖν ὅτι πᾶς ὁ ὀργιζόμενος τῷ ἀδελφῷ αὐτοῦ ἔνοχος ἔσται τῇ κρίσει·
22 ὃς δ᾽ ἂν εἴπῃ τῷ ἀδελφῷ αὐτοῦ ῥακά, ἔνοχος ἔσται τῷ συνεδρίῳ·
22 ὃς δ᾽ ἂν εἴπῃ μωρέ, ἔνοχος ἔσται εἰς τὴν γέενναν τοῦ πυρός.
25 ἴσθι εὐνοῶν τῷ ἀντιδίκῳ σου ταχὺ ἕως ὅτου εἶ μετ᾽ αὐτοῦ ἐν τῇ ὁδῷ·
25 ἴσθι εὐνοῶν τῷ ἀντιδίκῳ σου ταχὺ ἕως ὅτου εἶ μετ᾽ αὐτοῦ ἐν τῇ ὁδῷ·
34 μήτε ἐν τῷ οὐρανῷ, ὅτι θρόνος ἐστὶν τοῦ θεοῦ·
35 μήτε ἐν τῇ γῇ, ὅτι ὑποπόδιόν ἐστιν τῶν ποδῶν αὐτοῦ·
35 μήτε εἰς ἱεροσόλυμα, ὅτι πόλις ἐστὶν τοῦ μεγάλου βασιλέως·
37 ἔστω δὲ ὁ λόγος ὑμῶν ναὶ ναί,
37 ἔστω δὲ ὁ λόγος ὑμῶν ναὶ ναί, οὒ οὔ· τὸ δὲ περισσὸν τούτων ἐκ τοῦ πονηροῦ ἐστιν.
48 ἔσεσθε οὖν ὑμεῖς τέλειοι ὡς ὁ πατὴρ ὑμῶν ὁ οὐράνιος τέλειός ἐστιν.
48 ἔσεσθε οὖν ὑμεῖς τέλειοι ὡς ὁ πατὴρ ὑμῶν ὁ οὐράνιος τέλειός ἐστιν.
6 4 σοῦ δὲ ποιοῦντος ἐλεημοσύνην μὴ γνώτω ἡ ἀριστερά σου τί ποιεῖ ἡ δεξιά σου, ὅπως ᾖ σου ἡ ἐλεημοσύνη ἐν τῷ κρυπτῷ·
5 καὶ ὅταν προσεύχησθε, οὐκ ἔσεσθε ὡς οἱ ὑποκριταί·
21 ὅπου γάρ ἐστιν ὁ θησαυρός σου, ἐκεῖ ἔσται καὶ ἡ καρδία σου.
21 ὅπου γάρ ἐστιν ὁ θησαυρός σου, ἐκεῖ ἔσται καὶ ἡ καρδία σου.
22 ὁ λύχνος τοῦ σώματός ἐστιν ὁ ὀφθαλμός.
22 ἐὰν οὖν ᾖ ὁ ὀφθαλμός σου ἁπλοῦς, ὅλον τὸ σῶμά σου φωτεινὸν ἔσται·
22 ὅλον τὸ σῶμά σου φωτεινὸν ἔσται·
23 ἐὰν δὲ ὁ ὀφθαλμός σου πονηρὸς ᾖ, ὅλον τὸ σῶμά σου σκοτεινὸν ἔσται.
23 ὅλον τὸ σῶμά σου σκοτεινὸν ἔσται.
23 εἰ οὖν τὸ φῶς τὸ ἐν σοὶ σκότος ἐστίν, τὸ σκότος πόσον.
25 οὐχὶ ἡ ψυχὴ πλεῖόν ἐστιν τῆς τροφῆς καὶ τὸ σῶμα τοῦ ἐνδύματος;
30 εἰ δὲ τὸν χόρτον τοῦ ἀγροῦ σήμερον ὄντα καὶ αὔριον εἰς κλίβανον βαλλόμενον ὁ θεὸς οὕτως ἀμφιέννυσιν,
7 9 ἢ τίς ἐστιν ἐξ ὑμῶν ἄνθρωπος,
11 εἰ οὖν ὑμεῖς πονηροὶ ὄντες οἴδατε δόματα ἀγαθὰ διδόναι τοῖς τέκνοις ὑμῶν,
12 οὗτος γάρ ἐστιν ὁ νόμος καὶ οἱ προφῆται.
13 καὶ πολλοί εἰσιν οἱ εἰσερχόμενοι δι᾽ αὐτῆς·
14 καὶ ὀλίγοι εἰσὶν οἱ εὑρίσκοντες αὐτήν.
15 ἔσωθεν δέ εἰσιν λύκοι ἅρπαγες.
27 καὶ ἦν ἡ πτῶσις αὐτῆς μεγάλη.
29 ἦν γὰρ διδάσκων αὐτοὺς ὡς ἐξουσίαν ἔχων,
8 8 οὐκ εἰμὶ ἱκανὸς ἵνα μου ὑπὸ τὴν στέγην εἰσέλθῃς·
9 καὶ γὰρ ἐγὼ ἄνθρωπός εἰμι ὑπὸ ἐξουσίαν,
12 ἐκεῖ ἔσται ὁ κλαυθμὸς καὶ ὁ βρυγμὸς τῶν ὀδόντων.
26 τί δειλοί ἐστε, ὀλιγόπιστοι;

εἰμι [2461]

Mt	8 27	ποταπος *ἐστιν* ουτος, ὁτι και οἱ ἀνεμοι και ἡ θαλασσα αυτω ὑπακουουσιν;
	30	*ἡν* δε μακραν ἀπ αυτων ἀγελη χοιρων πολλων βοσκομενη.
	9 5	τί γαρ *ἐστιν* εὐκοπωτερον,
	13	πορευθεντες δε μαθετε τί *ἐστιν·* ἐλεος θελω και οὐ θυσιαν·
	15	μη δυνανται οἱ υἱοι του νυμφωνος πενθειν, ἐφ ὁσον μετ αὐτων *ἐστιν* ὁ νυμφιος;
	36	ἰδων δε τους ὀχλους ἐσπλαγχνισθη περι αὐτων, ὁτι *ἠσαν* ἐσκυλμενοι και ἐρριμμενοι ὡσει προβατα μη ἐχοντα ποιμενα.
	10 2	των δε δωδεκα ἀποστολων τα ὀνοματα *ἐστιν* ταυτα·
	11	εἰς ἡν δ ἀν πολιν ἡ κωμην εἰσελθητε, ἐξετασατε τίς ἐν αὐτῃ ἀξιος *ἐστιν·*
	13	και ἐαν μεν ἡ ἡ οἰκια ἀξια, ἐλθατω ἡ εἰρηνη ὑμων ἐπ αὐτην·
	13	ἐαν δε μη ἡ ἀξια, ἡ εἰρηνη ὑμων προς ὑμας ἐπιστραφητω.
	15	ἀνεκτοτερον *ἐσται* γῃ σοδομων και γομορρων ἐν ἡμερᾳ κρισεως ἡ τῃ πολει ἐκεινῃ.
	20	οὐ γαρ ὑμεις *ἐστε* οἱ λαλουντες,
	22	και *ἐσεσθε* μισουμενοι ὑπο παντων δια το ὀνομα μου·
	24	οὐκ *ἐστιν* μαθητης ὑπερ τον διδασκαλον οὐδε δουλος ὑπερ τον κυριον αὐτου.
	26	οὐδεν γαρ *ἐστιν* κεκαλυμμενον ὁ οὐκ ἀποκαλυφθησεται,
	30	ὑμων δε και αἱ τριχες της κεφαλης πασαι ἠριθμημεναι *εἰσιν.*
	37	ὁ φιλων πατερα ἡ μητερα ὑπερ ἐμε οὐκ *ἐστιν* μου ἀξιος·
	37	και ὁ φιλων υἱον ἡ θυγατερα ὑπερ ἐμε οὐκ *ἐστιν* μου ἀξιος·
	38	και ὁς οὐ λαμβανει τον σταυρον αὐτου και ἀκολουθει ὀπισω μου, οὐκ *ἐστιν* μου ἀξιος.
	11 3	συ *εἰ* ὁ ἐρχομενος, ἡ ἑτερον προσδοκωμεν;
	6	και μακαριος *ἐστιν* ὁς ἐαν μη σκανδαλισθη ἐν ἐμοι.
	8	ἰδου οἱ τα μαλακα φορουντες ἐν τοις οἰκοις των βασιλεων *εἰσιν.*
	10	οὑτος *ἐστιν* περι οὑ γεγραπται·
	11	ὁ δε μικροτερος ἐν τῃ βασιλειᾳ των οὐρανων μειζων αὐτου *ἐστιν.*
	14	αὐτος *ἐστιν* ἡλιας ὁ μελλων ἐρχεσθαι.
	16	ὁμοια *ἐστιν* παιδιοις καθημενοις ἐν ταις ἀγοραις ἁ προσφωνουντα τοις ἑτεροις λεγουσιν·
	22	τυρῳ και σιδωνι ἀνεκτοτερον *ἐσται* ἐν ἡμερᾳ κρισεως ἡ ὑμιν.
	24	πλην λεγω ὑμιν ὁτι γῃ σοδομων ἀνεκτοτερον *ἐσται* ἐν ἡμερᾳ κρισεως ἡ σοι.
	29	ἀρατε τον ζυγον μου ἐφ ὑμας και μαθετε ἀπ ἐμου, ὁτι πραυς *εἰμι* και ταπεινος τῃ καρδιᾳ,
	30	ὁ γαρ ζυγος μου χρηστος και το φορτιον μου ἐλαφρον *ἐστιν.*
	12 4	ὁ οὐκ ἐξον *ἡν* αὐτῳ φαγειν οὐδε τοις μετ αὐτου,
	5	·ἡ οὐκ ἀνεγνωτε ἐν τῳ νομῳ ὁτι τοις σαββασιν οἱ ἱερεις ἐν τῳ ἱερῳ το σαββατον βεβηλουσιν και ἀναιτιοι *εἰσιν;*
	6	λεγω δε ὑμιν ὁτι του ἱερου μειζον *ἐστιν* ὡδε.
	7	εἰ δε ἐγνωκειτε τί *ἐστιν·* ἐλεος θελω και οὐ θυσιαν,
	8	κυριος γαρ *ἐστιν* του σαββατου ὁ υἱος του ἀνθρωπου.
	11	τίς *ἐστιν* ἐξ ὑμων ἀνθρωπος ὁς ἑξει προβατον ἑν,
	23	μητι οὑτος *ἐστιν* ὁ υἱος δαυιδ;
	27	δια τουτο αὐτοι κριται *ἐσονται* ὑμων.
	30	ὁ μη *ὡν* μετ ἐμου κατ ἐμου *ἐστιν,*
	30	ὁ μη *ὡν* μετ ἐμου κατ ἐμου *ἐστιν,*
	34	πως δυνασθε ἀγαθα λαλειν πονηροι *ὀντες;*
	40	ὡσπερ γαρ *ἡν* ἰωνας ἐν τῃ κοιλιᾳ του κητους τρεις ἡμερας και τρεις νυκτας,
	40	οὑτως *ἐσται* ὁ υἱος του ἀνθρωπου ἐν τῃ καρδιᾳ της γης τρεις ἡμερας και τρεις νυκτας.
	45	οὑτως *ἐσται* και τῃ γενεᾳ ταυτῃ τῃ πονηρᾳ.
	48	τίς *ἐστιν* ἡ μητηρ μου, και τίνες *εἰσιν* οἱ ἀδελφοι μου;
	48	τίς *ἐστιν* ἡ μητηρ μου, και τίνες *εἰσιν* οἱ ἀδελφοι μου;
	50	ὁστις γαρ ἀν ποιηση το θελημα του πατρος μου του ἐν οὐρανοις, αὐτος μου ἀδελφος και ἀδελφη και μητηρ *ἐστιν.*
	13 19	παντος ἀκουοντος τον λογον της βασιλειας και μη συνιεντος ἐρχεται ὁ πονηρος και ἁρπαζει το ἐσπαρμενον ἐν τῃ καρδιᾳ αὐτου· οὑτος *ἐστιν* ὁ παρα την ὁδον σπαρεις.
	20	ὁ δε ἐπι τα πετρωδη σπαρεις, οὑτος *ἐστιν* ὁ τον λογον ἀκουων και εὐθυς μετα χαρας λαμβανων αὐτον·
	21	οὐκ ἐχει δε ῥιζαν ἐν ἑαυτῳ ἀλλα προσκαιρος *ἐστιν,*
	22	ὁ δε εἰς τας ἀκανθας σπαρεις, οὑτος *ἐστιν* ὁ τον λογον ἀκουων,
	23	ὁ δε ἐπι την καλην γην σπαρεις, οὑτος *ἐστιν* ὁ τον λογον ἀκουων και συνιεις,
	31	ὁμοια *ἐστιν* ἡ βασιλεια των οὐρανων κοκκῳ σιναπεως,
	32	ὁ μικροτερον μεν *ἐστιν* παντων των σπερματων,
	32	ὁταν δε αὐξηθη, μειζον των λαχανων *ἐστιν* και γινεται δενδρον,
	33	ὁμοια *ἐστιν* ἡ βασιλεια των οὐρανων ζυμη,
	37	ὁ σπειρων το καλον σπερμα *ἐστιν* ὁ υἱος του ἀνθρωπου·

εἰμι [2461]

Mt	13 38	ὁ δε ἀγρος *ἐστιν* ὁ κοσμος·
	38	το δε καλον σπερμα, οὑτοι *εἰσιν* οἱ υἱοι της βασιλειας·
	38	τα δε ζιζανια *εἰσιν* οἱ υἱοι του πονηρου,
	39	ὁ δε ἐχθρος ὁ σπειρας αὐτα *ἐστιν* ὁ διαβολος·
	39	ὁ δε θερισμος συντελεια αἰωνος *ἐστιν.*
	39	οἱ δε θερισται ἀγγελοι *εἰσιν.*
	40	ὡσπερ οὐν συλλεγεται τα ζιζανια και πυρι [κατα]καιεται, οὑτως *ἐσται* ἐν τῃ συντελειᾳ του αἰωνος.
	42	και βαλουσιν αὐτους εἰς την καμινον του πυρος· ἐκει *ἐσται* ὁ κλαυθμος και ὁ βρυγμος των ὀδοντων.
	44	ὁμοια *ἐστιν* ἡ βασιλεια των οὐρανων θησαυρῳ κεκρυμμενῳ ἐν τω ἀγρῳ,
	45	παλιν ὁμοια *ἐστιν* ἡ βασιλεια των οὐρανων ἀνθρωπῳ ἐμπορῳ ζητουντι καλους μαργαριτας·
	47	παλιν ὁμοια *ἐστιν* ἡ βασιλεια των οὐρανων σαγηνῃ βληθεισῃ εἰς την θαλασσαν και ἐκ παντος γενους συναγαγουσῃ·
	49	οὑτως *ἐσται* ἐν τῃ συντελειᾳ του αἰωνος· ἐξελευσονται οἱ ἀγγελοι και ἀφοριουσιν τους πονηρους ἐκ μεσου των δικαιων,
	50	και βαλουσιν αὐτους εἰς την καμινον του πυρος· ἐκει *ἐσται* ὁ κλαυθμος και ὁ βρυγμος των ὀδοντων.
	52	δια τουτο πας γραμματευς μαθητευθεις τῃ βασιλειᾳ των οὐρανων ὁμοιος *ἐστιν* ἀνθρωπῳ οἰκοδεσποτῃ,
	55	οὐχ οὑτος *ἐστιν* ὁ του τεκτονος υἱος;
	56	και αἱ ἀδελφαι αὐτου οὐχι πασαι προς ἡμας *εἰσιν;*
	57	οὐκ *ἐστιν* προφητης ἀτιμος εἰ μη ἐν τῃ πατριδι και ἐν τῃ οἰκιᾳ αὐτου.
	14 2	και εἰπεν τοις παισιν αὐτου· οὑτος *ἐστιν* ἰωαννης ὁ βαπτιστης·
	15	ἐρημος *ἐστιν* ὁ τοπος και ἡ ὡρα ἠδη παρηλθεν·
	21	οἱ δε ἐσθιοντες *ἠσαν* ἀνδρες ὡσει πεντακισχιλιοι χωρις γυναικων και παιδιων.
	23	ὀψιας δε γενομενης μονος *ἡν* ἐκει.
	24	το δε πλοιον ἠδη σταδιους πολλους ἀπο της γης ἀπειχεν, βασανιζομενον ὑπο των κυματων, *ἡν* γαρ ἐναντιος ὁ ἀνεμος.
	26	οἱ δε μαθηται ἰδοντες αὐτον ἐπι της θαλασσης περιπατουντα ἐταραχθησαν λεγοντες ὁτι φαντασμα *ἐστιν,*
	27	εὐθυς δε ἐλαλησεν [ὁ ἰησους] αὐτοις λεγων· θαρσειτε, ἐγω *εἰμι·*
	28	κυριε, εἰ συ *εἰ,* κελευσον με ἐλθειν προς σε ἐπι τα ὑδατα.
	33	οἱ δε ἐν τω πλοιω προσεκυνησαν αὐτω λεγοντες· ἀληθως θεου υἱος *εἰ.*
	15 14	ἀφετε αὐτους· τυφλοι *εἰσιν* ὁδηγοι [τυφλων]·
	16	ὁ δε εἰπεν· ἀκμην και ὑμεις ἀσυνετοι *ἐστε;*
	20	ἐκ γαρ της καρδιας ἐξερχονται διαλογισμοι πονηροι, φονοι, μοιχειαι, πορνειαι, κλοπαι, ψευδομαρτυριαι, βλασφημιαι. ταυτα *ἐστιν* τα κοινουντα τον ἀνθρωπον·
	26	οὐκ *ἐστιν* καλον λαβειν τον ἀρτον των τεκνων και βαλειν τοις κυναριοις.
	38	οἱ δε ἐσθιοντες *ἠσαν* τετρακισχιλιοι ἀνδρες χωρις γυναικων και παιδιων.
	16 13	τίνα λεγουσιν οἱ ἀνθρωποι *εἰναι* τον υἱον του ἀνθρωπου;
	15	ὑμεις δε τίνα με λεγετε *εἰναι;*
	16	συ *εἰ* ὁ χριστος ὁ υἱος του θεου του ζωντος.
	17	μακαριος *εἰ,* σιμων βαριωνα, ὁτι σαρξ και αἱμα οὐκ ἀπεκαλυψεν σοι ἀλλ ὁ πατηρ μου ὁ ἐν τοις οὐρανοις.
	18	καγω δε σοι λεγω ὁτι συ *εἰ* πετρος,
	19	και ὁ ἐαν δησης ἐπι της γης *ἐσται* δεδεμενον ἐν τοις οὐρανοις, και ὁ ἐαν λυσης ἐπι της γης *ἐσται* λελυμενον ἐν τοις οὐρανοις.
	19	και ὁ ἐαν δησης ἐπι της γης *ἐσται* δεδεμενον ἐν τοις οὐρανοις, και ὁ ἐαν λυσης ἐπι της γης *ἐσται* λελυμενον ἐν τοις οὐρανοις.
	20	τοτε διεστειλατο τοις μαθηταις ἱνα μηδενι εἰπωσιν ὁτι αὐτος *ἐστιν* ὁ χριστος.
	22	ἱλεως σοι, κυριε· οὐ μη *ἐσται* σοι τουτο.
	23	σκανδαλον *εἰ* ἐμου, ὁτι οὐ φρονεις τα του θεου ἀλλα τα των ἀνθρωπων.
	28	ἀμην λεγω ὑμιν ὁτι *εἰσιν* τινες των ὡδε ἑστωτων οἱτινες οὐ μη γευσωνται θανατου ἑως ἀν ἰδωσιν τον υἱον του ἀνθρωπου ἐρχομενον ἐν τῃ βασιλειᾳ αὐτου.
	17 4	κυριε, καλον *ἐστιν* ἡμας ὡδε *εἰναι·*
	4	κυριε, καλον *ἐστιν* ἡμας ὡδε *εἰναι·*
	5	οὑτος *ἐστιν* ὁ υἱος μου ὁ ἀγαπητος, ἐν ᾡ εὐδοκησα· ἀκουετε αὐτου.
	17	ὡ γενεα ἀπιστος και διεστραμμενη, ἑως ποτε μεθ ὑμων *ἐσομαι;*
	26	εἰποντος δε· ἀπο των ἀλλοτριων, ἐφη αὐτω ὁ ἰησους· ἀρα γε ἐλευθεροι *εἰσιν* οἱ υἱοι.

εἰμι [2461]

Mt	18 1	τίς ἄρα μειζων *ἐστιν* ἐν τη βασιλεια των οὐρανων;
	4	ὁστις οὖν ταπεινωσει ἑαυτον ὡς το παιδιον τουτο, οὑτος *ἐστιν* ὁ μειζων ἐν τη βασιλεια των οὐρανων.
	8	καλον σοι *ἐστιν* εἰσελθειν εἰς την ζωην κυλλον ἠ χωλον, ἠ δυο χειρας ἠ δυο ποδας ἐχοντα βληθηναι εἰς το πυρ το αἰωνιον.
	9	καλον σοι *ἐστιν* μονοφθαλμον εἰς την ζωην εἰσελθειν, ἠ δυο ὀφθαλμους ἐχοντα βληθηναι εἰς την γεενναν του πυρος.
	14	οὑτως οὐκ *ἐστιν* θελημα ἐμπροσθεν του πατρος ὑμων του ἐν οὐρανοις ἱνα ἀποληται ἐν των μικρων τουτων.
	17	ἐαν δε και της ἐκκλησιας παρακουση, *ἐστω* σοι ὡσπερ ὁ ἐθνικος και ὁ τελωνης.
	18	ὁσα ἐαν δησητε ἐπι της γης *ἐσται* δεδεμενα ἐν οὐρανω, και ὁσα ἐαν λυσητε ἐπι της γης *ἐσται* λελυμενα ἐν οὐρανω.
	18 ʹ	ὁσα ἐαν δησητε ἐπι της γης *ἐσται* δεδεμενα ἐν οὐρανω, και ὁσα ἐαν λυσητε ἐπι της γης *ἐσται* λελυμενα ἐν οὐρανω.
	20	οὐ γαρ *εἰσιν* δυο ἠ τρεις συνηγμενοι εἰς το ἐμον ὀνομα, ἐκει *εἰμι* ἐν μεσω αὐτων.
	20	οὐ γαρ *εἰσιν* δυο ἠ τρεις συνηγμενοι εἰς το ἐμον ὀνομα, ἐκει *εἰμι* ἐν μεσω αὐτων.
	19 5	ἑνεκα τουτου καταλειψει ἀνθρωπος τον πατερα και την μητερα και κολληθησεται τη γυναικι αὐτου, και *ἐσονται* οἱ δυο εἰς σαρκα μιαν.
	6	ἑνεκα τουτου καταλειψει ἀνθρωπος τον πατερα και την μητερα και κολληθησεται τη γυναικι αὐτου, και *ἐσονται* οἱ δυο εἰς σαρκα μιαν. ὡστε οὐκετι *εἰσιν* δυο ἀλλα σαρξ μια.
	10	εἰ οὑτως *ἐστιν* ἡ αἰτια του ἀνθρωπου μετα της γυναικος, οὐ συμφερει γαμησαι.
	12	*εἰσιν* γαρ εὐνουχοι οἱτινες ἐκ κοιλιας μητρος ἐγεννηθησαν οὑτως,
	12	και *εἰσιν* εὐνουχοι οἱτινες εὐνουχισθησαν ὑπο των ἀνθρωπων,
	12	και *εἰσιν* εὐνουχοι οἱτινες εὐνουχισαν ἑαυτους δια την βασιλειαν των οὐρανων.
	14	ἀφετε τα παιδια και μη κωλυετε αὐτα ἐλθειν προς με· των γαρ τοιουτων *ἐστιν* ἡ βασιλεια των οὐρανων.
	17	τι με ἐρωτας περι του ἀγαθου; εἱς *ἐστιν* ὁ ἀγαθος·
	21	εἰ θελεις τελειος *εἰναι*, ὑπαγε πωλησον σου τα ὑπαρχοντα και δος τοις πτωχοις,
	22	ἀκουσας δε ὁ νεανισκος τον λογον ἀπηλθεν λυπουμενος· *ἠν* γαρ ἐχων κτηματα πολλα.
	24	εὐκοπωτερον *ἐστιν* καμηλον δια τρυπηματος ῥαφιδος διελθειν ἠ πλουσιον εἰσελθειν εἰς την βασιλειαν του θεου.
	26	παρα ἀνθρωποις τουτο ἀδυνατον *ἐστιν*, παρα δε θεω παντα δυνατα.
	27	ἰδου ἡμεις ἀφηκαμεν παντα και ἠκολουθησαμεν σοι· τι ἀρα *ἐσται* ἡμιν;
	30	πολλοι δε *ἐσονται* πρωτοι ἐσχατοι και ἐσχατοι πρωτοι.
	20 1	ὁμοια γαρ *ἐστιν* ἡ βασιλεια των οὐρανων ἀνθρωπω οἰκοδεσποτη,
	4	ὑπαγετε και ὑμεις εἰς τον ἀμπελωνα, και ὁ ἐαν ἠ δικαιον δωσω ὑμιν.
	15	[ἠ] οὐκ ἐξεστιν μοι ὁ θελω ποιησαι ἐν τοις ἐμοις; ἠ ὁ ὀφθαλμος σου πονηρος *ἐστιν* ὁτι ἐγω ἀγαθος *εἰμι*;
	15	[ἠ] οὐκ ἐξεστιν μοι ὁ θελω ποιησαι ἐν τοις ἐμοις; ἠ ὁ ὀφθαλμος σου πονηρος *ἐστιν* ὁτι ἐγω ἀγαθος *εἰμι*;
	16	οὑτως *ἐσονται* οἱ ἐσχατοι πρωτοι και οἱ πρωτοι ἐσχατοι.
	23	το μεν ποτηριον μου πιεσθε, το δε καθισαι ἐκ δεξιων μου και ἐξ εὐωνυμων οὐκ *ἐστιν* ἐμον [τουτο] δουναι,
	26	οὐχ οὑτως *ἐσται* ἐν ὑμιν· ἀλλ ὁς ἐαν θελη ἐν ὑμιν μεγας γενεσθαι, ἐσται ὑμων διακονος,
	26	ἀλλ ὁς ἐαν θελη ἐν ὑμιν μεγας γενεσθαι, *ἐσται* ὑμων διακονος,
	27	και ὁς ἀν θελη ἐν ὑμιν *εἰναι* πρωτος, *ἐσται* ὑμων δουλος·
	27	και ὁς ἀν θελη ἐν ὑμιν εἰναι πρωτος, *ἐσται* ὑμων δουλος·
	21 10	και εἰσελθοντος αὐτου εἰς ἱεροσολυμα ἐσεισθη πασα ἡ πολις λεγουσα· τίς *ἐστιν* οὑτος;
	11	οὑτος *ἐστιν* ὁ προφητης Ἰησους ὁ ἀπο ναζαρεθ της γαλιλαιας.
	25	το βαπτισμα το ἰωαννου ποθεν *ἠν*; ἐξ οὐρανου ἠ ἐξ ἀνθρωπων;
	33	ἀνθρωπος *ἠν* οἰκοδεσποτης ὁστις ἐφυτευσεν ἀμπελωνα,
	38	οὑτος *ἐστιν* ὁ κληρονομος· δευτε ἀποκτεινωμεν αὐτον και σχωμεν την κληρονομιαν αὐτου·
	42	παρα κυριου ἐγενετο αὑτη, και *ἐστιν* θαυμαστη ἐν ὀφθαλμοις ἡμων;
	22 8	ὁ μεν γαμος ἑτοιμος *ἐστιν*, οἱ δε κεκλημενοι οὐκ *ἠσαν* ἀξιοι·
	8	ὁ μεν γαμος ἑτοιμος *ἐστιν*, οἱ δε κεκλημενοι οὐκ *ἠσαν* ἀξιοι·

εἰμι [2461]

Mt	22 13	δησαντες αὐτου ποδας και χειρας ἐκβαλετε αὐτον εἰς το σκοτος το ἐξωτερον· ἐκει *ἐσται* ὁ κλαυθμος και ὁ βρυγμος των ὀδοντων.
	14	πολλοι γαρ *εἰσιν* κλητοι, ὀλιγοι δε ἐκλεκτοι.
	16	διδασκαλε, οἰδαμεν ὁτι ἀληθης *εἰ* και την ὁδον του θεου ἐν ἀληθεια διδασκεις,
	23	ἐν ἐκεινη τη ἡμερα προσηλθον αὐτω σαδδουκαιοι, λεγοντες μη *εἰναι* ἀναστασιν,
	25	*ἠσαν* δε παρ ἡμιν ἑπτα ἀδελφοι·
	28	ἐν τη ἀναστασει οὐν τινος των ἑπτα *ἐσται* γυνη;
	30	ἐν γαρ τη ἀναστασει οὐτε γαμουσιν οὐτε γαμιζονται, ἀλλ ὡς ἀγγελοι ἐν τω οὐρανω *εἰσιν*.
	32	ἐγω *εἰμι* ὁ θεος ἀβρααμ και ὁ θεος ἰσαακ και ὁ θεος ἰακωβ;
	32	οὐκ *ἐστιν* [ὁ] θεος νεκρων ἀλλα ζωντων.
	38	αὑτη *ἐστιν* ἡ μεγαλη και πρωτη ἐντολη.
	42	τι ὑμιν δοκει περι του χριστου; τινος υἱος *ἐστιν*;
	45	εἰ οὐν δαυιδ καλει αὐτον κυριον, πως υἱος αὐτου *ἐστιν*;
	23 8	ὑμεις δε μη κληθητε ῥαββι· εἱς γαρ *ἐστιν* ὑμων ὁ διδασκαλος, παντες δε ὑμεις ἀδελφοι ἐστε.
	8	ὑμεις δε μη κληθητε ῥαββι· εἱς γαρ *ἐστιν* ὑμων ὁ διδασκαλος, παντες δε ὑμεις ἀδελφοι ἐστε.
	9	και πατερα μη καλεσητε ὑμων ἐπι της γης· εἱς γαρ *ἐστιν* ὑμων ὁ πατηρ ὁ οὐρανιος.
	10	μηδε κληθητε καθηγηται, ὁτι καθηγητης ὑμων *ἐστιν* εἱς ὁ χριστος.
	11	ὁ δε μειζων ὑμων *ἐσται* ὑμων διακονος.
	16	ὁς ἀν ὀμοση ἐν τω ναω, οὐδεν *ἐστιν*· ὁς δ ἀν ὀμοση ἐν τω χρυσω του ναου, ὀφειλει.
	17	μωροι και τυφλοι, τις γαρ μειζων *ἐστιν*, ὁ χρυσος ἠ ὁ ναος ὁ ἀγιασας τον χρυσον;
	18	ὁς ἀν ὀμοση ἐν τω θυσιαστηριω, οὐδεν *ἐστιν*· ὁς δ ἀν ὀμοση ἐν τω δωρω τω ἐπανω αὐτου, ὀφειλει.
	28	οὑτως και ὑμεις ἐξωθεν μεν φαινεσθε τοις ἀνθρωποις δικαιοι, ἐσωθεν δε *ἐστε* μεστοι ὑποκρισεως και ἀνομιας.
	30	εἰ *ἠμεθα* ἐν ταις ἡμεραις των πατερων ἡμων, οὐκ ἀν *ἠμεθα* αὐτων κοινωνοι ἐν τω αἱματι των προφητων.
	30	εἰ ἠμεθα ἐν ταις ἡμεραις των πατερων ἡμων, οὐκ ἀν *ἠμεθα* αὐτων κοινωνοι ἐν τω αἱματι των προφητων.
	31	ὡστε μαρτυρειτε ἑαυτοις ὁτι υἱοι *ἐστε* των φονευσαντων τους προφητας.
	24 3	εἰπε ἡμιν, ποτε ταυτα *ἐσται*, και τι το σημειον της σης παρουσιας και συντελειας του αἰωνος;
	5	πολλοι γαρ ἐλευσονται ἐπι τω ὀνοματι μου λεγοντες· ἐγω *εἰμι* ὁ χριστος, και πολλους πλανησουσιν.
	6	δει γαρ γενεσθαι, ἀλλ οὐπω *ἐστιν* το τελος.
	7	και *ἐσονται* λιμοι και σεισμοι κατα τοπους·
	9	και *ἐσεσθε* μισουμενοι ὑπο παντων των ἐθνων δια το ὀνομα μου·
	21	*ἐσται* γαρ τοτε θλιψις μεγαλη, οἱα οὐ γεγονεν ἀπ ἀρχης κοσμου ἑως του νυν οὐδ οὐ μη γενηται.
	26	ἐαν οὐν εἰπωσιν ὑμιν· ἰδου ἐν τη ἐρημω *ἐστιν*, μη ἐξελθητε· ἰδου ἐν τοις ταμειοις, μη πιστευσητε·
	27	ὡσπερ γαρ ἡ ἀστραπη ἐξερχεται ἀπο ἀνατολων και φαινεται ἑως δυσμων, οὑτως *ἐσται* ἡ παρουσια του υἱου του ἀνθρωπου·
	28	ὁπου ἐαν ἠ το πτωμα, ἐκει συναχθησονται οἱ ἀετοι.
	33	οὑτως και ὑμεις ὁταν ἰδητε παντα ταυτα, γινωσκετε ὁτι ἐγγυς *ἐστιν* ἐπι θυραις.
	37	ὡσπερ γαρ αἱ ἡμεραι του νωε, οὑτως *ἐσται* ἡ παρουσια του υἱου του ἀνθρωπου.
	38	ὡς γαρ *ἠσαν* ἐν ταις ἡμεραις [ἐκειναις] ταις προ του κατακλυσμου τρωγοντες και πινοντες,
	39	οὑτως *ἐσται* [και] ἡ παρουσια του υἱου του ἀνθρωπου.
	40	τοτε δυο *ἐσονται* ἐν τω ἀγρω, εἱς παραλαμβανεται και εἱς ἀφιεται·
	45	τις ἀρα *ἐστιν* ὁ πιστος δουλος και φρονιμος ὁν κατεστησεν ὁ κυριος ἐπι της οἰκετειας αὐτου του δουναι αὐτοις την τροφην ἐν καιρω;
	51	ἐκει *ἐσται* ὁ κλαυθμος και ὁ βρυγμος των ὀδοντων.
	25 2	πεντε δε ἐξ αὐτων *ἠσαν* μωραι και πεντε φρονιμοι.
	21	εὐ, δουλε ἀγαθε και πιστε, ἐπι ὀλιγα *ἠς* πιστος, ἐπι πολλων σε καταστησω·
	23	εὐ, δουλε ἀγαθε και πιστε, ἐπι ὀλιγα *ἠς* πιστος, ἐπι πολλων σε καταστησω·
	24	κυριε, ἐγνων σε ὁτι σκληρος *εἰ* ἀνθρωπος, θεριζων ὁπου οὐκ ἐσπειρας, και συναγων ὁθεν οὐ διεσκορπισας·
	30	ἐκει *ἐσται* ὁ κλαυθμος και ὁ βρυγμος των ὀδοντων.
	35	ξενος *ἠμην* και συνηγαγετε με, γυμνος και περιεβαλετε με,
	36	ἠσθενησα και ἐπεσκεψασθε με, ἐν φυλακη *ἠμην* και ἠλθατε προς με.

εἰμι [2461]

Mt	25 43	ξενος *ἤμην* και οὐ συνηγαγετε με, γυμνος και οὐ περιεβαλετε με, ἀσθενης και ἐν φυλακη και οὐκ ἐπεσκεψασθε με.
	26 18	ὁ διδασκαλος λεγει· ὁ καιρος μου ἐγγυς *ἐστιν·*
	22	μητι ἐγω *εἰμι,* κυριε;
	24	οὐαι δε τω ἀνθρωπω ἐκεινω δι οὗ ὁ υἱος του ἀνθρωπου παραδιδοται· καλον *ἤν* αὐτω εἰ οὐκ ἐγεννηθη ὁ ἀνθρωπος ἐκεινος.
	25	μητι ἐγω *εἰμι,* ῥαββι;
	26	λαβετε φαγετε· τουτο *ἐστιν* το σωμα μου.
	28	πιετε ἐξ αὐτου παντες· τουτο γαρ *ἐστιν* το αἱμα μου της διαθηκης το περι πολλων ἐκχυννομενον εἰς ἀφεσιν ἁμαρτιων.
	38	περιλυπος *ἐστιν* ἡ ψυχη μου ἑως θανατου·
	39	πατερ μου, εἰ δυνατον *ἐστιν,* παρελθατω ἀπ ἐμου το ποτηριον τουτο·
	43	και ἐλθων παλιν εὑρεν αὐτους καθευδοντας, *ἤσαν* γαρ αὐτων οἱ ὀφθαλμοι βεβαρημενοι.
	48	ὁν ἂν φιλησω αὐτος *ἐστιν·* κρατησατε αὐτον.
	63	ἐξορκιζω σε κατα του θεου του ζωντος ἱνα ἡμιν εἰπης εἰ συ *εἰ* ὁ χριστος ὁ υἱος του θεου.
	66	οἱ δε ἀποκριθεντες εἰπαν· ἐνοχος θανατου *ἐστιν.*
	68	προφητευσον ἡμιν, χριστε, τις *ἐστιν* ὁ παισας σε;
	69	και συ *ἦσθα* μετα ἰησου του γαλιλαιου.
	71	οὑτος *ἦν* μετα ἰησου του ναζωραιου.
	73	ἀληθως και συ ἐξ αὐτων *εἰ,* και γαρ ἡ λαλια σου δηλον σε ποιει.
	27 6	οὐκ ἐξεστιν βαλειν αὐτα εἰς τον κορβαναν, ἐπει τιμη αἱματος *ἐστιν.*
	11	συ *εἰ* ὁ βασιλευς των ιουδαιων;
	24	ἀθωος *εἰμι* ἀπο του αἱματος τουτου·
	33	και ἐλθοντες εἰς τοπον λεγομενον γολγοθα, ὁ *ἐστιν* κρανιου τοπος λεγομενος, ἐδωκαν αὐτω πιειν οἰνον μετα χολης μεμιγμενον·
	37	οὑτος *ἐστιν* ἰησους ὁ βασιλευς των ιουδαιων.
	40	ὁ καταλυων τον ναον και ἐν τρισιν ἡμεραις οἰκοδομων, σωσον σεαυτον, εἰ υἱος *εἰ* του θεου, [και] καταβηθι ἀπο του σταυρου.
	42	βασιλευς ισραηλ *ἐστιν,* καταβατω νυν ἀπο του σταυρου και πιστευσομεν ἐπ αὐτον.
	43	εἰπεν γαρ ὁτι θεου *εἰμι* υἱος.
	46	ἡλι ἡλι λεμα σαβαχθανι; τουτ *ἐστιν·* θεε μου θεε μου, ἱνατι με ἐγκατελιπες;
	54	ἀληθως θεου υἱος *ἦν* οὑτος.
	55	*ἦσαν* δε ἐκει γυναικες πολλαι ἀπο μακροθεν θεωρουσαι,
	56	ἐν αἱς *ἦν* μαρια ἡ μαγδαληνη και μαρια ἡ του ιακωβου και ιωσηφ μητηρ, και ἡ μητηρ των υἱων ζεβεδαιου.
	61	*ἦν* δε ἐκει μαριαμ ἡ μαγδαληνη και ἡ ἀλλη μαρια, καθημεναι ἀπεναντι του ταφου.
	62	τη δε ἐπαυριον, ἡτις *ἐστιν* μετα την παρασκευην,
	64	και *ἐσται* ἡ ἐσχατη πλανη χειρων της πρωτης.
	28 3	*ἦν* δε ἡ ειδεα αὐτου ὡς ἀστραπη,
	6	οἰδα γαρ ὁτι ιησουν τον ἐσταυρωμενον ζητειτε· οὐκ *ἐστιν* ὡδε·
	20	και ιδου ἐγω μεθ ὑμων *εἰμι* πασας τας ἡμερας ἑως της συντελειας του αἰωνος.
Mc	1 6	και *ἦν* ὁ ιωαννης ἐνδεδυμενος τριχας καμηλου και ζωνην δερματινην περι την ὀσφυν αὐτου,
	7	ἐρχεται ὁ ισχυροτερος μου ὀπισω μου, οὑ οὐκ *εἰμι* ικανος κυψας λυσαι τον ιμαντα των ὑποδηματων αὐτου.
	11	συ *εἰ* ὁ υἱος μου ὁ ἀγαπητος, ἐν σοι εὐδοκησα.
	13	και *ἦν* ἐν τη ἐρημω τεσσερακοντα ἡμερας πειραζομενος ὑπο του σατανα,
	13	και *ἦν* μετα των θηριων,
	16	και παραγων παρα την θαλασσαν της γαλιλαιας ειδεν σιμωνα και ἀνδρεαν τον ἀδελφον σιμωνος ἀμφιβαλλοντας ἐν τη θαλασση· *ἦσαν* γαρ ἁλιεις.
	22	*ἦν* γαρ διδασκων αὐτους ὡς ἐξουσιαν ἐχων, και οὐχ ὡς οἱ γραμματεις.
	23	και εὐθυς *ἦν* ἐν τη συναγωγη αὐτων ἀνθρωπος ἐν πνευματι ἀκαθαρτω,
	24	οιδα σε τις *εἰ,* ὁ ἁγιος του θεου.
	27	τι *ἐστιν* τουτο; διδαχη καινη κατ ἐξουσιαν·
	33	και *ἦν* ὁλη ἡ πολις ἐπισυνηγμενη προς την θυραν.
	45	ὡστε μηκετι αὐτον δυνασθαι φανερως εἰς πολιν εἰσελθειν, ἀλλ ἐξω ἐπ ἐρημοις τοποις *ἦν·*
	2 1	και εἰσελθων παλιν εἰς καφαρναουμ δι ἡμερων ἠκουσθη ὁτι ἐν οικω *ἐστιν.*
	4	και μη δυναμενοι προσενεγκαι αὐτω δια τον ὀχλον ἀπεστεγασαν την στεγην ὁπου *ἦν,*

εἰμι [2461]

Mc	2 6	*ἦσαν* δε τινες των γραμματεων ἐκει καθημενοι και διαλογιζομενοι ἐν ταις καρδιαις αὐτων·
	9	τι *ἐστιν* εὐκοπωτερον, εἰπειν τω παραλυτικω·
	15	*ἦσαν* γαρ πολλοι, και ἠκολουθουν αὐτω.
	18	και *ἦσαν* οἱ μαθηται ιωαννου και οἱ φαρισαιοι νηστευοντες.
	19	μη δυνανται οἱ υἱοι του νυμφωνος, ἐν ᾡ ὁ νυμφιος μετ αὐτων *ἐστιν,* νηστευειν;
	26	και ἐδωκεν και τοις συν αὐτω *οὐσιν;*
	28	ὡστε κυριος *ἐστιν* ὁ υἱος του ἀνθρωπου και του σαββατου.
	3 1	και *ἦν* ἐκει ἀνθρωπος ἐξηραμμενην ἐχων την χειρα·
	11	και τα πνευματα τα ἀκαθαρτα, ὁταν αὐτον ἐθεωρουν, προσεπιπτον αὐτω και ἐκραζον λεγοντες ὁτι συ *εἰ* ὁ υἱος του θεου.
	14	και ἐποιησεν δωδεκα [οὑς και ἀποστολους ὠνομασεν], ἱνα ὡσιν μετ αὐτου,
	17	και ιακωβον τον του ζεβεδαιου και ιωαννην τον ἀδελφον του ιακωβου, και ἐπεθηκεν αὐτοις ὀνομα[τα] βοανηργες, ὁ *ἐστιν* υἱοι βροντης·
	29	οὐκ ἐχει ἀφεσιν εἰς τον αἰωνα, ἀλλα ἐνοχος *ἐστιν* αἰωνιου ἁμαρτηματος.
	33	τις *ἐστιν* ἡ μητηρ μου και οἱ ἀδελφοι [μου];
	35	ὁς [γαρ] ἂν ποιηση το θελημα του θεου, οὑτος ἀδελφος μου και ἀδελφη και μητηρ *ἐστιν.*
	4 1	και πας ὁ ὀχλος προς την θαλασσαν ἐπι της γης *ἦσαν.*
	15	οὑτοι δε *εἰσιν* οἱ παρα την ὁδον, ὁπου σπειρεται ὁ λογος·
	16	και οὑτοι *εἰσιν* οἱ ἐπι τα πετρωδη σπειρομενοι, οἱ ὁταν ἀκουσωσιν τον λογον εὐθυς μετα χαρας λαμβανουσιν αὐτον,
	17	και οὐκ ἐχουσιν ριζαν ἐν ἑαυτοις ἀλλα προσκαιροι *εἰσιν,*
	18	και ἀλλοι *εἰσιν* οἱ εἰς τας ἀκανθας σπειρομενοι·
	18	οὑτοι *εἰσιν* οἱ τον λογον ἀκουσαντες, και αἱ μεριμναι του αἰωνος και ἡ ἀπατη του πλουτου και αἱ περι τα λοιπα ἐπιθυμιαι εἰσπορευομεναι συμπνιγουσιν τον λογον, και ἀκαρπος γινεται.
	20	και ἐκεινοι *εἰσιν* οἱ ἐπι την γην την καλην σπαρεντες, οἱτινες ἀκουουσιν τον λογον και παραδεχονται και καρποφορουσιν ἐν τριακοντα και ἐν ἑξηκοντα και ἐν ἑκατον.
	22	οὐ γαρ *ἐστιν* κρυπτον, ἐαν μη ἱνα φανερωθη·
	26	οὑτως *ἐστιν* ἡ βασιλεια του θεου, ὡς ἀνθρωπος βαλη τον σπορον ἐπι της γης,
	31	ὡς κοκκω σιναπεως, ὁς ὁταν σπαρη ἐπι της γης, μικροτερον ὀν παντων των σπερματων των ἐπι της γης,
	36	και ἀφεντες τον ὀχλον παραλαμβανουσιν αὐτον ὡς *ἦν* ἐν τω πλοιω,
	36	και ἀλλα πλοια *ἦν* μετ αὐτου.
	38	και αὐτος *ἦν* ἐν τη πρυμνη ἐπι το προσκεφαλαιον καθευδων·
	40	και εἰπεν αὐτοις· τι δειλοι *ἐστε;*
	41	τις ἀρα οὑτος *ἐστιν,* ὁτι και ὁ ἀνεμος και ἡ θαλασσα ὑπακουει αὐτω;
	5 5	και δια παντος νυκτος και ἡμερας ἐν τοις μνημασιν και ἐν τοις ὀρεσιν *ἦν* κραζων και κατακοπτων ἑαυτον λιθοις.
	9	λεγιων ὀνομα μοι, ὁτι πολλοι *ἐσμεν.*
	11	*ἦν* δε ἐκει προς τω ὀρει ἀγελη χοιρων μεγαλη βοσκομενη·
	14	και ἠλθον ιδειν τι *ἐστιν* το γεγονος.
	18	και ἐμβαινοντος αὐτου εἰς το πλοιον παρεκαλει αὐτον ὁ δαιμονισθεις ἱνα μετ αὐτου *ἦ.*
	21	και διαπερασαντος του ιησου [ἐν τω πλοιω] παλιν εἰς το περαν συνηχθη ὀχλος πολυς ἐπ αὐτον, και *ἦν* παρα την θαλασσαν.
	25	και γυνη *οὐσα* ἐν ρυσει αἱματος δωδεκα ἐτη,
	34	ὑπαγε εἰς εἰρηνην, και *ισθι* ὑγιης ἀπο της μαστιγος σου.
	40	και εἰσπορευεται ὁπου *ἦν* το παιδιον.
	41	ταλιθα κουμ, ὁ *ἐστιν* μεθερμηνευομενον· το κορασιον, σοι λεγω, ἐγειρε.
	42	και εὐθυς ἀνεστη το κορασιον και περιεπατει· *ἦν* γαρ ἐτων δωδεκα.
	6 3	οὐχ οὑτος *ἐστιν* ὁ τεκτων, ὁ υἱος της μαριας και ἀδελφος ιακωβου και ιωσητος και ιουδα και σιμωνος;
	3	οὐχ οὑτος *ἐστιν* ὁ τεκτων, ὁ υἱος της μαριας και ἀδελφος ιακωβου και ιωσητος και ιουδα και σιμωνος; και οὐκ *εἰσιν* αἱ ἀδελφαι αὐτου ὡδε προς ἡμας;
	4	και ἐλεγεν αὐτοις ὁ ιησους ὁτι οὐκ *ἐστιν* προφητης ἀτιμος εἰ μη ἐν τη πατριδι αὐτου και ἐν τοις συγγενευσιν αὐτου και ἐν τη οικια αὐτου.
	15	ἀλλοι δε ἐλεγον ὁτι ἡλιας *ἐστιν·*
	31	*ἦσαν* γαρ οἱ ἐρχομενοι και οἱ ὑπαγοντες πολλοι,
	34	και ἐξελθων ειδεν πολυν ὀχλον, και ἐσπλαγχνισθη ἐπ αὐτους ὁτι *ἦσαν* ὡς προβατα μη ἐχοντα ποιμενα, και ἠρξατο διδασκειν αὐτους πολλα.

εἰμι [2461]

Mc 6 35 καὶ ἤδη ὥρας πολλῆς γενομενης προσελθοντες αὐτῷ οἱ μαθηται αὐτου ἐλεγον ὅτι ἐρημος *ἐστιν* ὁ τοπος και ἤδη ὥρα πολλη·

44 και *ἦσαν* οἱ φαγοντες [τους ἀρτους] πεντακισχιλιοι ἀνδρες.

47 και ὀψιας γενομενης *ἦν* το πλοιον ἐν μεσῳ της θαλασσης,

48 και ἰδων αὐτους βασανιζομενους ἐν τῳ ἐλαυνειν, *ἦν γαρ* ὁ ἀνεμος ἐναντιος αὐτοις, περι τεταρτην φυλακην της νυκτος ἐρχεται προς αὐτους περιπατων ἐπι της θαλασσης·

49 οἱ δε ἰδοντες αὐτον ἐπι της θαλασσης περιπατουντα ἐδοξαν ὅτι φαντασμα *ἐστιν*, και ἀνεκραξαν·

50 ὁ δε εὐθυς ἐλαλησεν μετ αὐτων, και λεγει αὐτοις· θαρσειτε, ἐγω *εἰμι·* μη φοβεισθε.

52 οὐ γαρ συνηκαν ἐπι τοις ἀρτοις, ἀλλ *ἦν* αὐτων ἡ καρδια πεπωρωμενη.

55 και ἐξελθοντων αὐτων ἐκ του πλοιου εὐθυς ἐπιγνοντες αὐτον περιεδραμον ὁλην την χωραν ἐκεινην και ἠρξαντο ἐπι τοις κραβαττοις τους κακως ἐχοντας περιφερειν, ὁπου ἠκουον ὅτι *ἐστιν.*

7 2 και ἰδοντες τινας των μαθητων αὐτου ὅτι κοιναις χερσιν, τουτ *ἐστιν* ἀνιπτοις, ἐσθιουσιν τους ἀρτους,

4 ἀλλα πολλα *ἐστιν* ἁ παρελαβον κρατειν, βαπτισμους ποτηριων και ξεστων και χαλκιων [και κλινων],

11 ἐαν εἰπη ἀνθρωπος τῳ πατρι ἢ τῃ μητρι· κορβαν, ὁ *ἐστιν* δωρον, ὁ ἐαν ἐξ ἐμου ὠφεληθῃς,

15 οὐδεν *ἐστιν* ἐξωθεν του ἀνθρωπου εἰσπορευομενον εἰς αὐτον ὁ δυναται κοινωσαι αὐτον·

15 οὐδεν *ἐστιν* ἐξωθεν του ἀνθρωπου εἰσπορευομενον εἰς αὐτον ὁ δυναται κοινωσαι αὐτον· ἀλλα τα ἐκ του ἀνθρωπου ἐκπορευομενα *ἐστιν* τα κοινουντα τον ἀνθρωπον.

18 και λεγει αὐτοις· οὑτως και ὑμεις ἀσυνετοι *ἐστε;*

26 ἡ δε γυνη *ἦν* ἑλληνις, συροφοινικισσα τῳ γενει·

27 οὐ γαρ *ἐστιν* καλον λαβειν τον ἀρτον των τεκνων και τοις κυναριοις βαλειν.

34 και ἀναβλεψας εἰς τον οὐρανον ἐστεναξεν, και λεγει αὐτῳ· ἐφφαθα, ὁ *ἐστιν* διανοιχθητι.

8 1 ἐν ἐκειναις ταις ἡμεραις παλιν πολλου ὀχλου *ὀντος* και μη ἐχοντων τι φαγωσιν,

9 *ἦσαν* δε ὡς τετρακισχιλιοι.

27 και ἐν τῃ ὁδῳ ἐπηρωτα τους μαθητας αὐτου λεγων αὐτοις· τινα με λεγουσιν οἱ ἀνθρωποι *εἰναι;*

29 και αὐτος ἐπηρωτα αὐτους· ὑμεις δε τινα με λεγετε *εἰναι;*

29 ἀποκριθεις ὁ πετρος λεγει αὐτῳ· συ *εἰ* ὁ χριστος.

9 1 ἀμην λεγω ὑμιν ὅτι *εἰσιν* τινες ὡδε των ἑστηκοτων οἱτινες οὐ μη γευσωνται θανατου ἑως ἀν ἰδωσιν την βασιλειαν του θεου ἐληλυθυιαν ἐν δυναμει.

4 και ὠφθη αὐτοις ἡλιας συν μωυσει, και *ἦσαν* συλλαλουντες τῳ ἰησου.

5 ῥαββι, καλον *ἐστιν* ἡμας ὡδε εἰναι, και ποιησωμεν τρεις σκηνας, σοι μιαν και μωυσει μιαν και ἡλιᾳ μιαν.

5 ῥαββι, καλον *ἐστιν* ἡμας ὡδε *εἰναι*, και ποιησωμεν τρεις σκηνας, σοι μιαν και μωυσει μιαν και ἡλιᾳ μιαν.

7 οὑτος *ἐστιν* ὁ υἱος μου ὁ ἀγαπητος, ἀκουετε αὐτου.

10 και τον λογον ἐκρατησαν προς ἑαυτους συζητουντες τι *ἐστιν* το ἐκ νεκρων ἀναστηναι.

19 ὠ γενεα ἀπιστος, ἑως ποτε προς ὑμας *ἐσομαι;* ἑως ποτε ἀνεξομαι ὑμων;

21 ποσος χρονος *ἐστιν* ὡς τουτο γεγονεν αὐτῳ;

35 εἰ τις θελει πρωτος *εἰναι*, ἐσται παντων ἐσχατος και παντων διακονος.

35 εἰ τις θελει πρωτος *εἰναι*, ἐσται παντων ἐσχατος και παντων διακονος.

39 μη κωλυετε αὐτον· οὐδεις γαρ *ἐστιν* ὁς ποιησει δυναμιν ἐπι τῳ ὀνοματι μου και δυνησεται ταχυ κακολογησαι με·

40 ὁς γαρ οὐκ *ἐστιν* καθ ἡμων, ὑπερ ἡμων *ἐστιν.*

40 ὁς γαρ οὐκ *ἐστιν* καθ ἡμων, ὑπερ ἡμων *ἐστιν.*

41 ὁς γαρ ἀν ποτιση ὑμας ποτηριον ὑδατος ἐν ὀνοματι, ὅτι χριστου *ἐστε*, ἀμην λεγω ὑμιν ὅτι οὐ μη ἀπολεση τον μισθον αὐτου.

42 και ὁς ἀν σκανδαλιση ἑνα των μικρων τουτων των πιστευοντων [εἰς ἐμε,] καλον *ἐστιν* αὐτῳ μαλλον εἰ περικειται μυλος ὀνικος περι τον τραχηλον αὐτου και βεβληται εἰς την θαλασσαν.

43 καλον *ἐστιν* σε κυλλον εἰσελθειν εἰς την ζωην, ἢ τας δυο χειρας ἐχοντα ἀπελθειν εἰς την γεενναν, εἰς το πυρ το ἀσβεστον.

45 καλον *ἐστιν* σε εἰσελθειν εἰς την ζωην χωλον, ἢ τους δυο ποδας ἐχοντα βληθηναι εἰς την γεενναν.

47 καλον σε *ἐστιν* μονοφθαλμον εἰσελθειν εἰς την βασιλειαν του θεου, ἢ δυο ὀφθαλμους ἐχοντα βληθηναι εἰς την γεενναν,

εἰμι [2461]

Mc 10 8 ἑνεκεν τουτου καταλειψει ἀνθρωπος τον πατερα αὐτου και την μητερα [και προσκολληθησεται προς την γυναικα αὐτου,] και *ἐσονται* οἱ δυο εἰς σαρκα μιαν·

8 ἑνεκεν τουτου καταλειψει ἀνθρωπος τον πατερα αὐτου και την μητερα [και προσκολληθησεται προς την γυναικα αὐτου,] και *ἐσονται* οἱ δυο εἰς σαρκα μιαν· ὡστε οὐκετι *εἰσιν* δυο ἀλλα μια σαρξ.

14 ἀφετε τα παιδια ἐρχεσθαι προς με, μη κωλυετε αὐτα· των γαρ τοιουτων *ἐστιν* ἡ βασιλεια του θεου.

22 ὁ δε στυγνασας ἐπι τῳ λογῳ ἀπηλθεν λυπουμενος, *ἦν γαρ* ἐχων κτηματα πολλα.

24 τεκνα, πως δυσκολον *ἐστιν* εἰς την βασιλειαν του θεου εἰσελθειν·

25 εὐκοπωτερον *ἐστιν* καμηλον δια [της] τρυμαλιας [της] ῥαφιδος διελθειν ἢ πλουσιον εἰς την βασιλειαν του θεου εἰσελθειν.

29 ἀμην λεγω ὑμιν, οὐδεις *ἐστιν* ὁς ἀφηκεν οἰκιαν ἢ ἀδελφους ἢ ἀδελφας ἢ μητερα ἢ πατερα ἢ τεκνα ἢ ἀγρους ἑνεκεν ἐμου και ἑνεκεν του εὐαγγελιου,

31 πολλοι δε *ἐσονται* πρωτοι ἐσχατοι και [οἱ] ἐσχατοι πρωτοι.

32 *ἦσαν* δε ἐν τῃ ὁδῳ ἀναβαινοντες εἰς ἱεροσολυμα, και *ἦν* προαγων αὐτους ὁ ἰησους,

32 *ἦσαν* δε ἐν τῃ ὁδῳ ἀναβαινοντες εἰς ἱεροσολυμα, και *ἦν* προαγων αὐτους ὁ ἰησους,

40 το δε καθισαι ἐκ δεξιων μου ἢ ἐξ εὐωνυμων οὐκ *ἐστιν* ἐμον δουναι, ἀλλ οἱς ἡτοιμασται.

43 οἰδατε ὅτι οἱ δοκουντες ἀρχειν των ἐθνων κατακυριευουσιν αὐτων και οἱ μεγαλοι αὐτων κατεξουσιαζουσιν αὐτων. οὐχ οὑτως δε *ἐστιν* ἐν ὑμιν·

43 ἀλλ ὁς ἀν θελη μεγας γενεσθαι ἐν ὑμιν, *ἐσται* ὑμων διακονος,

44 και ὁς ἀν θελη ἐν ὑμιν *εἰναι* πρωτος, *ἐσται* παντων δουλος·

44 και ὁς ἀν θελη ἐν ὑμιν *εἰναι* πρωτος, *ἐσται* παντων δουλος·

47 και ἀκουσας ὅτι ἰησους ὁ ναζαρηνος *ἐστιν* ἠρξατο κραζειν και λεγειν·

11 11 και περιβλεψαμενος παντα, ὀψιας ἡδη *οὐσης* της ὡρας, ἐξηλθεν εἰς βηθανιαν μετα των δωδεκα.

13 και ἐλθων ἐπ αὐτην οὐδεν εὑρεν εἰ μη φυλλα· ὁ γαρ καιρος οὐκ *ἦν* συκων.

23 ἀμην λεγω ὑμιν ὅτι ὁς ἀν εἰπη τῳ ὀρει τουτῳ· ἀρθητι και βληθητι εἰς την θαλασσαν, και μη διακριθῃ ἐν τῃ καρδιᾳ αὐτου ἀλλα πιστευη ὅτι ὁ λαλει γινεται, *ἐσται* αὐτῳ.

24 δια τουτο λεγω ὑμιν, παντα ὁσα προσευχεσθε και αἰτεισθε, πιστευετε ὅτι ἐλαβετε, και *ἐσται* ὑμιν.

30 το βαπτισμα το ἰωαννου ἐξ οὐρανου *ἦν* ἢ ἐξ ἀνθρωπων; ἀποκριθητε μοι.

32 ἀλλα εἰπωμεν· ἐξ ἀνθρωπων; ἐφοβουντο τον ὀχλον· ἁπαντες γαρ εἰχον τον ἰωαννην ὀντως ὅτι προφητης *ἦν.*

12 7 ἐκεινοι δε οἱ γεωργοι προς ἑαυτους εἰπαν ὅτι οὑτος *ἐστιν* ὁ κληρονομος· δευτε ἀποκτεινωμεν αὐτον, και ἡμων *ἐσται* ἡ κληρονομια.

7 ἐκεινοι δε οἱ γεωργοι προς ἑαυτους εἰπαν ὅτι οὑτος *ἐστιν* ὁ κληρονομος· δευτε ἀποκτεινωμεν αὐτον, και ἡμων *ἐσται* ἡ κληρονομια.

11 παρα κυριου ἐγενετο αὑτη, και *ἐστιν* θαυμαστη ἐν ὀφθαλμοις ἡμων;

14 διδασκαλε, οἰδαμεν ὅτι ἀληθης *εἰ* και οὐ μελει σοι περι οὐδενος·

18 και ἐρχονται σαδδουκαιοι προς αὐτον, οἱτινες λεγουσιν ἀναστασιν μη *εἰναι*,

20 ἑπτα ἀδελφοι *ἦσαν·* και ὁ πρωτος ἐλαβεν γυναικα,

23 ἐν τῃ ἀναστασει, [ὁταν ἀναστωσιν,] τινος αὐτων *ἐσται* γυνη;

25 ὁταν γαρ ἐκ νεκρων ἀναστωσιν, οὐτε γαμουσιν οὐτε γαμιζονται, ἀλλ *εἰσιν* ὡς ἀγγελοι ἐν τοις οὐρανοις.

27 οὐκ *ἐστιν* θεος νεκρων ἀλλα ζωντων.

28 ποια *ἐστιν* ἐντολη πρωτη παντων;

29 ἀπεκριθη ὁ ἰησους ὅτι πρωτη *ἐστιν·* ἀκουε, ἰσραηλ, κυριος ὁ θεος ἡμων κυριος εἰς *ἐστιν*,

29 ἀκουε, ἰσραηλ, κυριος ὁ θεος ἡμων κυριος εἰς *ἐστιν*,

31 μειζων τουτων ἀλλη ἐντολη οὐκ *ἐστιν.*

32 καλως, διδασκαλε, ἐπ ἀληθειας εἰπες ὅτι εἰς *ἐστιν* και οὐκ *ἐστιν* ἀλλος πλην αὐτου·

32 καλως, διδασκαλε, ἐπ ἀληθειας εἰπες ὅτι εἰς *ἐστιν* και οὐκ *ἐστιν* ἀλλος πλην αὐτου·

33 και το ἀγαπαν τον πλησιον ὡς ἑαυτον περισσοτερον *ἐστιν* παντων των ὁλοκαυτωματων και θυσιων.

34 οὐ μακραν *εἰ* ἀπο της βασιλειας του θεου.

35 πως λεγουσιν οἱ γραμματεις ὅτι ὁ χριστος υἱος δαυιδ *ἐστιν;*

37 αὐτος δαυιδ λεγει αὐτον κυριον, και ποθεν αὐτου *ἐστιν* υἱος;

εἰμι [2461]

Mc 12 42   και ελθουσα μια χηρα πτωχη εβαλεν λεπτα δυο, ὁ *ἐστιν* κοδραντης.

13 4   ειπον ημιν, ποτε ταυτα *ἐσται*,

6   πολλοι ελευσονται επι τω ονοματι μου λεγοντες ὁτι εγω *εἰμι*, και πολλους πλανησουσιν.

8   *ἐσονται* σεισμοι κατα τοπους, *ἐσονται* λιμοι· αρχη ωδινων ταυτα.

8   *ἐσονται* σεισμοι κατα τοπους, *ἐσονται* λιμοι· αρχη ωδινων ταυτα.

11   ου γαρ *ἐστε* ὑμεις οἱ λαλουντες αλλα το πνευμα το ἁγιον.

13   και *ἐσεσθε* μισουμενοι ὑπο παντων δια το ονομα μου·

19   *ἐσονται* γαρ αἱ ημεραι εκειναι θλιψις, οια ου γεγονεν τοιαυτη ἀπ ἀρχης κτισεως ἡν εκτισεν ὁ θεος εως του νυν και ου μη γενηται.

25   και οἱ αστερες *ἐσονται* εκ του ουρανου πιπτοντες,

28   απο δε της συκης μαθετε την παραβολην· ὁταν ηδη ὁ κλαδος αυτης ἁπαλος γενηται και εκφυη τα φυλλα, γινωσκετε ὁτι εγγυς το θερος *ἐστιν*·

29   ουτως και ὑμεις, ὁταν ιδητε ταυτα γινομενα, γινωσκετε ὁτι εγγυς *ἐστιν* επι θυραις.

33   βλεπετε, αγρυπνειτε· ουκ οιδατε γαρ ποτε ὁ καιρος *ἐστιν*.

14 1   ην δε το πασχα και τα αζυμα μετα δυο ημερας.

2   μη εν τη εορτη, μηποτε *ἐσται* θορυβος του λαου.

3   και *ὀντος* αυτου εν βηθανια εν τη οικια σιμωνος του λεπρου, κατακειμενου αυτου ηλθεν γυνη εχουσα αλαβαστρον μυρου ναρδου πιστικης πολυτελους·

4   *ἠσαν* δε τινες αγανακτουντες προς εαυτους·

14   που *ἐστιν* το καταλυμα μου, οπου το πασχα μετα των μαθητων μου φαγω;

22   λαβετε· τουτο *ἐστιν* το σωμα μου.

24   τουτο *ἐστιν* το αιμα μου της διαθηκης το εκχυννομενον ὑπερ πολλων.

34   περιλυπος *ἐστιν* ἡ ψυχη μου εως θανατου· μεινατε ωδε και γρηγορειτε.

35   και προσηυχετο ινα ει δυνατον *ἐστιν* παρελθη ἀπ αυτου ἡ ωρα,

40   *ἠσαν* γαρ αυτων οἱ οφθαλμοι καταβαρυνομενοι,

44   ὁν ἀν φιλησω αυτος *ἐστιν*· κρατησατε αυτον και απαγετε ασφαλως.

49   καθ ημεραν *ἠμην* προς ὑμας εν τω ιερω διδασκων, και ουκ εκρατησατε με·

54   και *ἠν* συγκαθημενος μετα των ὑπηρετων και θερμαινομενος προς το φως.

56   πολλοι γαρ εψευδομαρτυρουν κατ αυτου, και ισαι αἱ μαρτυριαι ουκ *ἠσαν*.

59   και ουδε ουτως ιση *ἠν* ἡ μαρτυρια αυτων.

61   συ *εἰ* ὁ χριστος ὁ υιος του ευλογητου;

62   ὁ δε ιησους ειπεν· εγω *εἰμι*,

64   οἱ δε παντες κατεκριναν αυτον ενοχον *εἰναι* θανατου.

66   και *ὀντος* του πετρου κατω εν τη αυλη ερχεται μια των παιδισκων του αρχιερεως,

67   και συ μετα του ναζαρηνου *ἠσθα* του ιησου,

69   και ἡ παιδισκη ιδουσα αυτον ηρξατο παλιν λεγειν τοις παρεστωσιν ὁτι ουτος εξ αυτων *ἐστιν*·

70   αληθως εξ αυτων *εἰ*· και γαρ γαλιλαιος ει.

70   αληθως εξ αυτων εἰ· και γαρ γαλιλαιος *εἰ*.

15 2   συ *εἰ* ὁ βασιλευς των ιουδαιων;

7   ην δε ὁ λεγομενος βαραββας μετα των στασιαστων δεδεμενος, οἱτινες εν τη στασει φονον πεποιηκεισαν.

16   οἱ δε στρατιωται απηγαγον αυτον εσω της αυλης, ὁ *ἐστιν* πραιτωριον, και συγκαλουσιν ολην την σπειραν.

22   και φερουσιν αυτον επι τον γολγοθαν τοπον, ὁ *ἐστιν* μεθερμηνευομενον κρανιου τοπος.

25   ην δε ωρα τριτη και εσταυρωσαν αυτον.

26   και *ἠν* ἡ επιγραφη της αιτιας αυτου επιγεγραμμενη·

34   ελωι ελωι λαμα σαβαχθανι; ὁ *ἐστιν* μεθερμηνευομενον· ὁ θεος μου ὁ θεος μου, εις τι εγκατελιπες με;

39   αληθως ουτος ὁ ανθρωπος υιος θεου *ην*.

40   *ἠσαν* δε και γυναικες απο μακροθεν θεωρουσαι,

41   εν αἱς και μαρια ἡ μαγδαληνη και μαρια ἡ ιακωβου του μικρου και ιωσητος μητηρ και σαλωμη, αἱ ὁτε *ἠν* εν τη γαλιλαια ηκολουθουν αυτω και διηκονουν αυτω,

42   και ηδη οψιας γενομενης, επει *ἠν* παρασκευη, ὁ *ἐστιν* προσαββατον, ελθων ιωσηφ [ὁ] απο αριμαθαιας,

42   και ηδη οψιας γενομενης, επει *ἠν* παρασκευη, ὁ *ἐστιν* προσαββατον, ελθων ιωσηφ [ὁ] απο αριμαθαιας,

43   ελθων ιωσηφ [ὁ] απο αριμαθαιας, ευσχημων βουλευτης, ὁς και αυτος *ἠν* προσδεχομενος την βασιλειαν του θεου,

εἰμι [2461]

Mc 15 46   και αγορασας σινδονα καθελων αυτον ενειλησεν τη σινδονι και εθηκεν αυτον εν μνημειω ὁ *ἠν* λελατομημενον εκ πετρας,

16 4   και αναβλεψασαι θεωρουσιν ὁτι αποκεκυλισται ὁ λιθος· *ἠν* γαρ μεγας σφοδρα.

6   ιησουν ζητειτε τον ναζαρηνον τον εσταυρωμενον· ηγερθη, ουκ *ἐστιν* ωδε·

Lc 1 6   *ἠσαν* δε δικαιοι αμφοτεροι εναντιον του θεου,

7   και ουκ *ἠν* αυτοις τεκνον, καθοτι *ἠν* ἡ ελισαβετ στειρα,

7   και ουκ *ἠν* αυτοις τεκνον, καθοτι *ἠν* ἡ ελισαβετ στειρα,

7   και αμφοτεροι προβεβηκοτες εν ταις ημεραις αυτων *ἠσαν*.

10   και παν το πληθος *ἠν* του λαου προσευχομενον εξω τη ωρα του θυμιαματος.

14   και *ἐσται* χαρα σοι και αγαλλιασις, και πολλοι επι τη γενεσει αυτου χαρησονται.

15   *ἐσται* γαρ μεγας ενωπιον [του] κυριου,

18   κατα τι γνωσομαι τουτο; εγω γαρ *εἰμι* πρεσβυτης και ἡ γυνη μου προβεβηκυια εν ταις ημεραις αυτης·

19   εγω *εἰμι* γαβριηλ ὁ παρεστηκως ενωπιον του θεου,

20   και ιδου *ἐση* σιωπων και μη δυναμενος λαλησαι αχρι ἡς ημερας γενηται ταυτα,

21   και *ἠν* ὁ λαος προσδοκων τον ζαχαριαν,

22   και αυτος *ἠν* διανευων αυτοις, και διεμενεν κωφος.

29   ἡ δε επι τω λογω διεταραχθη, και διελογιζετο ποταπος *εἰη* ὁ ασπασμος ουτος.

32   ουτος *ἐσται* μεγας και υιος υψιστου κληθησεται,

33   και βασιλευσει επι τον οικον ιακωβ εις τους αιωνας, και της βασιλειας αυτου ουκ *ἐσται* τελος.

34   πως *ἐσται* τουτο, επει ανδρα ου γινωσκω;

36   και ουτος μην εκτος *ἐστιν* αυτη τη καλουμενη στειρα·

45   και μακαρια ἡ πιστευσασα ὁτι *ἐσται* τελειωσις τοις λελαλημενοις αυτη παρα κυριου.

61   και ειπαν προς αυτην ὁτι ουδεις *ἐστιν* εκ της συγγενειας σου ὁς καλειται τω ονοματι τουτω.

63   ιωαννης *ἐστιν* ονομα αυτου.

66   τι αρα το παιδιον τουτο *ἐσται*; και γαρ χειρ κυριου *ἠν* μετ αυτου.

66   τι αρα το παιδιον τουτο ἐσται; και γαρ χειρ κυριου *ἠν* μετ αυτου.

80   το δε παιδιον ηυξανεν και εκραταιουτο πνευματι, και *ἠν* εν ταις ερημοις εως ημερας αναδειξεως αυτου προς τον ισραηλ.

2 4   ανεβη δε και ιωσηφ απο της γαλιλαιας εκ πολεως ναζαρεθ εις την ιουδαιαν εις πολιν δαυιδ ἡτις καλειται βηθλεεμ, δια το *εἰναι* αυτον εξ οικου και πατριας δαυιδ,

5   απογραψασθαι συν μαριαμ τη εμνηστευμενη αυτω, *ουση* εγκυω.

6   εγενετο δε εν τω *εἰναι* αυτους εκει επλησθησαν αἱ ημεραι του τεκειν αυτην,

7   και εσπαργανωσεν αυτον και ανεκλινεν αυτον εν φατνη, διοτι ουκ *ἠν* αυτοις τοπος εν τω καταλυματι.

8   και ποιμενες *ἠσαν* εν τη χωρα τη αυτη αγραυλουντες και φυλασσοντες φυλακας της νυκτος επι την ποιμνην αυτων.

10   ιδου γαρ ευαγγελιζομαι ὑμιν χαραν μεγαλην, ἡτις *ἐσται* παντι τω λαω,

11   ὁτι ετεχθη ὑμιν σημερον σωτηρ, ὁς *ἐστιν* χριστος κυριος, εν πολει δαυιδ.

25   και ιδου ανθρωπος *ἠν* εν ιερουσαλημ ῳ ονομα συμεων,

25   και ὁ ανθρωπος ουτος δικαιος και ευλαβης, προσδεχομενος παρακλησιν του ισραηλ, και πνευμα *ἠν* ἁγιον επ αυτον·

26   και *ἠν* αυτω κεχρηματισμενον ὑπο του πνευματος του ἁγιου μη ιδειν θανατον πριν [ἡ] ἀν ιδη τον χριστον κυριου.

33   και *ἠν* ὁ πατηρ αυτου και ἡ μητηρ θαυμαζοντες επι τοις λαλουμενοις περι αυτου.

36   και *ἠν* αννα προφητις, θυγατηρ φανουηλ, εκ φυλης ασηρ·

40   το δε παιδιον ηυξανεν και εκραταιουτο πληρουμενον σοφια, και χαρις θεου *ἠν* επ αυτο.

44   νομισαντες δε αυτον *εἰναι* εν τη συνοδια ηλθον ημερας οδον και ανεζητουν αυτον εν τοις συγγενευσιν και τοις γνωστοις,

49   τι ὁτι εζητειτε με; ουκ ηδειτε ὁτι εν τοις του πατρος μου δει *εἰναι* με;

51   και κατεβη μετ αυτων και ηλθεν εις ναζαρεθ, και *ἠν* ὑποτασσομενος αυτοις.

3 5   και *ἐσται* τα σκολια εις ευθειαν και αἱ τραχειαι εις οδους λειας·

15   προσδοκωντος δε του λαου και διαλογιζομενων παντων εν ταις καρδιαις αυτων περι του ιωαννου, μηποτε αυτος *εἰη* ὁ χριστος,

16   εγω μεν υδατι βαπτιζω ὑμας· ερχεται δε ὁ ισχυροτερος μου, ου ουκ *εἰμι* ικανος λυσαι τον ιμαντα των υποδηματων αυτου·

22   συ *εἰ* ὁ υιος μου ὁ αγαπητος, εν σοι ευδοκησα.

εἰμι [2461]

Lc	3	23	και αυτος *ην* ιησους αρχομενος ωσει ετων τριακοντα,
		23	και αυτος *ην* ιησους αρχομενος ωσει ετων τριακοντα, ων υιος, ως ενομιζετο, ιωσηφ,
	4	3	ει υιος *ει* του θεου, ειπε τω λιθω τουτω ινα γενηται αρτος.
		7	συ ουν εαν προσκυνησης ενωπιον εμου, *εσται* σου πασα.
		9	ει υιος *ει* του θεου, βαλε σεαυτον εντευθεν κατω·
		16	και ηλθεν εις ναζαρα, ου *ην* τεθραμμενος,
		17	και αναπτυξας το βιβλιον ευρεν τον τοπον ου *ην* γεγραμμενον· πνευμα κυριου επ εμε,
		20	και παντων οι οφθαλμοι εν τη συναγωγη *ησαν* ατενιζοντες αυτω.
		22	ουχι υιος *εστιν* ιωσηφ ουτος;
		24	αμην λεγω υμιν οτι ουδεις προφητης δεκτος *εστιν* εν τη πατριδι αυτου.
		25	πολλαι χηραι *ησαν* εν ταις ημεραις ηλιου εν τω ισραηλ,
		27	και πολλοι λεπροι *ησαν* εν τω ισραηλ επι ελισαιου του προφητου,
		31	και *ην* διδασκων αυτους εν τοις σαββασιν·
		32	και εξεπλησσοντο επι τη διδαχη αυτου, οτι εν εξουσια *ην* ο λογος αυτου.
		33	και εν τη συναγωγη *ην* ανθρωπος εχων πνευμα δαιμονιου ακαθαρτου,
		34	οιδα σε τις *ει*, ο αγιος του θεου.
		38	πενθερα δε του σιμωνος *ην* συνεχομενη πυρετω μεγαλω,
		41	εξηρχετο δε και δαιμονια απο πολλων, κρ[αυγ]αζοντα και λεγοντα οτι συ *ει* ο υιος του θεου.
		41	και επιτιμων ουκ εια αυτα λαλειν, οτι ηδεισαν τον χριστον αυτον *ειναι*.
		44	και *ην* κηρυσσων εις τας συναγωγας της ιουδαιας.
	5	1	και αυτος *ην* εστως παρα την λιμνην γεννησαρετ,
		3	εμβας δε εις εν των πλοιων, ο *ην* σιμωνος, ηρωτησεν αυτον απο της γης επαναγαγειν ολιγον.
		8	εξελθε απ εμου, οτι ανηρ αμαρτωλος *ειμι*, κυριε.
		10	ομοιως δε και ιακωβον και ιωαννην υιους ζεβεδαιου, οι *ησαν* κοινωνοι τω σιμωνι.
		10	μη φοβου· απο του νυν ανθρωπους *εση* ζωγρων.
		12	και εγενετο εν τω *ειναι* αυτον εν μια των πολεων και ιδου ανηρ πληρης λεπρας·
		16	αυτος δε *ην* υποχωρων εν ταις ερημοις και προσευχομενος.
		17	και εγενετο εν μια των ημερων και αυτος *ην* διδασκων,
		17	και *ησαν* καθημενοι φαρισαιοι και νομοδιδασκαλοι οι *ησαν* εληλυθοτες εκ πασης κωμης της γαλιλαιας και ιουδαιας και ιερουσαλημ
		17	και *ησαν* καθημενοι φαρισαιοι και νομοδιδασκαλοι οι *ησαν* εληλυθοτες εκ πασης κωμης της γαλιλαιας και ιουδαιας και ιερουσαλημ·
		17	και δυναμις κυριου *ην* εις το ιασθαι αυτον.
		18	και ιδου ανδρες φεροντες επι κλινης ανθρωπον ος *ην* παραλελυμενος,
		21	τις *εστιν* ουτος ος λαλει βλασφημιας;
		23	τι *εστιν* ευκοπωτερον, ειπειν· αφεωνται σοι αι αμαρτιαι σου, η ειπειν· εγειρε και περιπατει.
		29	και *ην* οχλος πολυς τελωνων και αλλων οι *ησαν* μετ αυτων κατακειμενοι.
		29	και *ην* οχλος πολυς τελωνων και αλλων οι *ησαν* μετ αυτων κατακειμενοι.
		34	μη δυνασθε τους υιους του νυμφωνος, εν ω ο νυμφιος μετ αυτων *εστιν*, ποιησαι νηστευσαι;
		39	[και] ουδεις πιων παλαιον θελει νεον· λεγει γαρ· ο παλαιος χρηστος *εστιν*.
	6	3	ουδε τουτο ανεγνωτε ο εποιησεν δαυιδ, οτε επεινασεν αυτος και οι μετ αυτου [οντες];
		5	κυριος *εστιν* του σαββατου ο υιος του ανθρωπου.
		6	και *ην* ανθρωπος εκει και η χειρ αυτου η δεξια *ην* ξηρα·
		6	και *ην* ανθρωπος εκει και η χειρ αυτου η δεξια *ην* ξηρα·
		12	και *ην* διανυκτερευων εν τη προσευχη του θεου.
		20	μακαριοι οι πτωχοι, οτι υμετερα *εστιν* η βασιλεια του θεου.
		22	μακαριοι *εστε* οταν μισησωσιν υμας οι ανθρωποι,
		32	και ει αγαπατε τους αγαπωντας υμας, ποια υμιν χαρις *εστιν*;
		33	και [γαρ] εαν αγαθοποιητε τους αγαθοποιουντας υμας, ποια υμιν χαρις *εστιν*;
		34	και εαν δανισητε παρ ων ελπιζετε λαβειν, ποια υμιν χαρις [*εστιν*];
		35	και *εσται* ο μισθος υμων πολυς, και εσεσθε υιοι υψιστου, οτι αυτος χρηστος *εστιν* επι τους αχαριστους και πονηρους.
		35	και *εσται* ο μισθος υμων πολυς, και εσεσθε υιοι υψιστου, οτι αυτος χρηστος *εστιν* επι τους αχαριστους και πονηρους.
		35	και *εσται* ο μισθος υμων πολυς, και εσεσθε υιοι υψιστου, οτι αυτος χρηστος *εστιν* επι τους αχαριστους και πονηρους.

εἰμι [2461]

Lc	6	36	γινεσθε οικτιρμονες, καθως [και] ο πατηρ υμων οικτιρμων *εστιν*.
		40	ουκ *εστιν* μαθητης υπερ τον διδασκαλον·
		40	ουκ *εστιν* μαθητης υπερ τον διδασκαλον· κατηρτισμενος δε πας *εσται* ως ο διδασκαλος αυτου.
		43	ου γαρ *εστιν* δενδρον καλον ποιουν καρπον σαπρον, ουδε παλιν δενδρον σαπρον ποιουν καρπον καλον.
		47	πας ο ερχομενος προς με και ακουων μου των λογων και ποιων αυτους, υποδειξω υμιν τινι *εστιν* ομοιος.
		48	ομοιος *εστιν* ανθρωπω οικοδομουντι οικιαν,
		49	ο δε ακουσας και μη ποιησας ομοιος *εστιν* ανθρωπω οικοδομησαντι οικιαν επι την γην χωρις θεμελιου,
	7	2	εκατονταρχου δε τινος δουλος κακως εχων ημελλεν τελευταν, ος *ην* αυτω εντιμος.
		4	οι δε παραγενομενοι προς τον ιησουν παρεκαλουν αυτον σπουδαιως, λεγοντες οτι αξιος *εστιν* ω παρεξη τουτο·
		6	κυριε, μη σκυλλου· ου γαρ ικανος *ειμι* ινα υπο την στεγην μου εισελθης·
		8	και γαρ εγω ανθρωπος *ειμι* υπο εξουσιαν τασσομενος,
		12	και ιδου εξεκομιζετο τεθνηκως μονογενης υιος τη μητρι αυτου, και αυτη *ην* χηρα,
		12	και αυτη ην χηρα, και οχλος της πολεως ικανος *ην* συν αυτη.
		19	συ *ει* ο ερχομενος, η αλλον προσδοκωμεν;
		20	συ *ει* ο ερχομενος, η αλλον προσδοκωμεν;
		23	και μακαριος *εστιν* ος εαν μη σκανδαλισθη εν εμοι.
		25	ιδου οι εν ιματισμω ενδοξω και τρυφη υπαρχοντες εν τοις βασιλειοις *εισιν*.
		27	ουτος *εστιν* περι ου γεγραπται·
		28	μειζων εν γεννητοις γυναικων ιωαννου ουδεις *εστιν*·
		28	ο δε μικροτερος εν τη βασιλεια του θεου μειζων αυτου *εστιν*.
		31	τινι ουν ομοιωσω τους ανθρωπους της γενεας ταυτης, και τινι *εισιν* ομοιοι;
		32	ομοιοι *εισιν* παιδιοις τοις εν αγορα καθημενοις και προσφωνουσιν αλληλοις α λεγει·
		37	και ιδου γυνη ητις *ην* εν τη πολει αμαρτωλος, και επιγνουσα οτι κατακειται εν τη οικια του φαρισαιου, κομισασα αλαβαστρον μυρου
		39	ουτος ει *ην* προφητης, εγινωσκεν αν τις και ποταπη η γυνη ητις απτεται αυτου, οτι αμαρτωλος *εστιν*.
		39	ουτος ει *ην* προφητης, εγινωσκεν αν τις και ποταπη η γυνη ητις απτεται αυτου, οτι αμαρτωλος *εστιν*.
		41	δυο χρεοφειλεται *ησαν* δανιστη τινι·
		49	τις ουτος *εστιν*, ος και αμαρτιας αφιησιν;
	8	2	και γυναικες τινες αι *ησαν* τεθεραπευμεναι απο πνευματων πονηρων και ασθενειων,
		9	επηρωτων δε αυτον οι μαθηται αυτου τις αυτη *ειη* η παραβολη.
		11	*εστιν* δε αυτη η παραβολη.
		11	ο σπορος *εστιν* ο λογος του θεου.
		12	οι δε παρα την οδον *εισιν* οι ακουσαντες,
		14	το δε εις τας ακανθας πεσον, ουτοι *εισιν* οι ακουσαντες,
		15	το δε εν τη καλη γη, ουτοι *εισιν* οιτινες εν καρδια καλη και αγαθη ακουσαντες τον λογον κατεχουσιν και καρποφορουσιν εν υπομονη.
		17	ου γαρ *εστιν* κρυπτον ο ου φανερον γενησεται,
		21	μητηρ μου και αδελφοι μου ουτοι *εισιν* οι τον λογον του θεου ακουοντες και ποιουντες.
		25	τις αρα ουτος *εστιν*, οτι και τοις ανεμοις επιτασσει και τω υδατι, και υπακουουσιν αυτω;
		26	και κατεπλευσαν εις την χωραν των γερασηνων, ητις *εστιν* αντιπερα της γαλιλαιας.
		30	τι σοι ονομα *εστιν*;
		32	*ην* δε εκει αγελη χοιρων ικανων βοσκομενη εν τω ορει·
		38	εδειτο δε αυτου ο ανηρ αφ ου εξεληλυθει τα δαιμονια *ειναι* συν αυτω·
		40	*ησαν* γαρ παντες προσδοκωντες αυτον.
		42	και πεσων παρα τους ποδας [του] ιησου παρεκαλει αυτον εισελθειν εις τον οικον αυτου, οτι θυγατηρ μονογενης *ην* αυτω ως ετων δωδεκα και αυτη απεθνησκεν.
		43	και γυνη *ουσα* εν ρυσει αιματος απο ετων δωδεκα, ητις [ιατροις προσαναλωσασα ολον τον βιον] ουκ ισχυσεν απ ουδενος θεραπευθηναι,
	9	9	ιωαννην εγω απεκεφαλισα· τις δε *εστιν* ουτος περι ου ακουω τοιαυτα;
		12	απολυσον τον οχλον, ινα πορευθεντες εις τας κυκλω κωμας και αγρους καταλυσωσιν και ευρωσιν επισιτισμον, οτι ωδε εν ερημω τοπω *εσμεν*.
		13	ουκ *εισιν* ημιν πλειον η αρτοι πεντε και ιχθυες δυο,
		14	*ησαν* γαρ ωσει ανδρες πεντακισχιλιοι.

εἰμι [2461]

Lc   9 18   και εγενετο εν τω *εἶναι* αυτον προσευχομενον κατα μονας συνησαν αυτω οι μαθηται,

18   τινα με λεγουσιν οι οχλοι *εἶναι;*

20   υμεις δε τινα με λεγετε *εἶναι;*

27   λεγω δε υμιν αληθως, *εἰσιν* τινες των αυτου εστηκοτων οι ου μη γευσωνται θανατου εως αν ιδωσιν την βασιλειαν του θεου.

30   και ιδου ανδρες δυο συνελαλουν αυτω, οιτινες *ἦσαν* μωυσης και ηλιας.

32   ὁ δε πετρος και οι συν αυτω *ἦσαν* βεβαρημενοι υπνω·

33   επιστατα, καλον *εστιν* ημας ωδε ειναι,

33   επιστατα, καλον εστιν ημας ωδε *εἶναι,*

35   ουτος *εστιν* ὁ υιος μου ὁ εκλελεγμενος, αυτου ακουετε,

38   διδασκαλε, δεομαι σου επιβλεψαι επι τον υιον μου, οτι μονογενης μοι *εστιν,*

41   ω γενεα απιστος και διεστραμμενη, εως ποτε *εσομαι* προς υμας και ανεξομαι υμων;

45   και *ἦν* παρακεκαλυμμενον απ αυτων ινα μη αισθωνται αυτο,

46   εισηλθεν δε διαλογισμος εν αυτοις, το τις αν *εἴη* μειζων αυτων.

48   ὁ γαρ μικροτερος εν πασιν υμιν υπαρχων, ουτος *εστιν* μεγας.

50   μη κωλυετε· ὁς γαρ ουκ *εστιν* καθ υμων, υπερ υμων *εστιν.*

50   μη κωλυετε· ὁς γαρ ουκ εστιν καθ υμων, υπερ υμων *εστιν.*

53   και ουκ εδεξαντο αυτον, οτι το προσωπον αυτου *ἦν* πορευομενον εις ιερουσαλημ.

62   ουδεις επιβαλων την χειρα επ αροτρον και βλεπων εις τα οπισω ευθετος *εστιν* τη βασιλεια του θεου.

10 6   και εαν εκει ἡ υιος ειρηνης, επαναπαησεται επ αυτον ἡ ειρηνη υμων·

12   λεγω υμιν οτι σοδομοις εν τη ημερα εκεινη ανεκτοτερον *εσται* ἡ τη πολει εκεινη.

14   πλην τυρω και σιδωνι ανεκτοτερον *εσται* εν τη κρισει ἡ υμιν.

22   και ουδεις γινωσκει τις *εστιν* ὁ υιος ει μη ὁ πατηρ,

22   και ουδεις γινωσκει τις *εστιν* ὁ υιος ει μη ὁ πατηρ, και τις *εστιν* ὁ πατηρ ει μη ὁ υιος και ω εαν βουληται ὁ υιος αποκαλυψαι.

29   και τις *εστιν* μου πλησιον;

39   και τηδε *ἦν* αδελφη καλουμενη μαριαμ, [ἡ] και παρακαθεσθεισα προς τους ποδας του κυριου ηκουεν τον λογον αυτου.

42   μαρθα μαρθα, μεριμνας και θορυβαζη περι πολλα, ενος ολιγων δε *εστιν* χρεια·

11 1   και εγενετο εν τω *εἶναι* αυτον εν τοπω τινι προσευχομενον, ως επαυσατο, ειπεν τις των μαθητων αυτου προς αυτον·

7   ηδη η θυρα κεκλεισται, και τα παιδια μου μετ εμου εις την κοιτην *εἰσιν·*

8   ει και ου δωσει αυτω αναστας δια το *εἶναι* φιλον αυτου, δια γε την αναιδειαν αυτου εγερθεις δωσει αυτω οσων χρηζει.

14   και *ἦν* εκβαλλων δαιμονιον,

14   και *ἦν* εκβαλλων δαιμονιον, [και αυτο *ἦν*] κωφον·

19   δια τουτο αυτοι υμων κριται *εσονται.*

21   οταν ὁ ισχυρος καθωπλισμενος φυλασση την εαυτου αυλην, εν ειρηνη *εστιν* τα υπαρχοντα αυτου·

23   ὁ μη *ὢν* μετ εμου κατ εμου εστιν, και ὁ μη συναγων μετ εμου σκορπιζει.

23   ὁ μη ὢν μετ εμου κατ εμου *εστιν,* και ὁ μη συναγων μετ εμου σκορπιζει.

29   ἡ γενεα αυτη γενεα πονηρα *εστιν·*

30   καθως γαρ εγενετο ιωνας τοις νινευιταις σημειον, ουτως *εσται* και ὁ υιος του ανθρωπου τη γενεα ταυτη.

34   ὁ λυχνος του σωματος *εστιν* ὁ οφθαλμος σου.

34   οταν ὁ οφθαλμος σου απλους ἡ, και ολον το σωμα σου φωτεινον εστιν·

34   οταν ὁ οφθαλμος σου απλους ἡ, και ολον το σωμα σου φωτεινον *εστιν·*

34   επαν δε πονηρος ἡ, και το σωμα σου σκοτεινον.

35   σκοπει ουν μη το φως το εν σοι σκοτος *εστιν.*

36   ει ουν το σωμα σου ολον φωτεινον, μη εχον μερος τι σκοτεινον, *εσται* φωτεινον ολον ως οταν ὁ λυχνος τη αστραπη φωτιζη σε.

41   πλην τα ενοντα δοτε ελεημοσυνην, και ιδου παντα καθαρα υμιν *εστιν.*

44   ουαι υμιν, οτι *εστε* ως τα μνημεια τα αδηλα, και οι ανθρωποι [οι] περιπατουντες επανω ουκ οιδασιν.

48   αρα μαρτυρες *εστε* και συνευδοκειτε τοις εργοις των πατερων υμων,

12 1   προσεχετε εαυτοις απο της ζυμης, ητις *εστιν* υποκρισις, των φαρισαιων.

εἰμι [2461]

Lc   12 2   ουδεν δε συγκεκαλυμμενον *εστιν* ὁ ουκ αποκαλυφθησεται, και κρυπτον ὁ ου γνωσθησεται.

6   και εν εξ αυτων ουκ *εστιν* επιλελησμενον ενωπιον του θεου.

15   ορατε και φυλασσεσθε απο πασης πλεονεξιας, οτι ουκ εν τω περισσευειν τινι ἡ ζωη αυτου *εστιν* εκ των υπαρχοντων αυτω.

20   αφρων, ταυτη τη νυκτι την ψυχην σου απαιτουσιν απο σου· ἁ δε ητοιμασας, τινι *εσται;*

23   ἡ γαρ ψυχη πλειον *εστιν* της τροφης και το σωμα του ενδυματος.

24   κατανοησατε τους κορακας, οτι ου σπειρουσιν ουδε θεριζουσιν, οις ουκ *εστιν* ταμειον ουδε αποθηκη, και ὁ θεος τρεφει αυτους·

28   ει δε εν αγρω τον χορτον *ὄντα* σημερον και αυριον εις κλιβανον βαλλομενον ὁ θεος ουτως αμφιεζει, ποσω μαλλον υμας, ολιγοπιστοι.

34   οπου γαρ *εστιν* ὁ θησαυρος υμων, εκει και ἡ καρδια υμων *εσται.*

34   οπου γαρ εστιν ὁ θησαυρος υμων, εκει και ἡ καρδια υμων *εσται.*

35   *εστωσαν* υμων αι οσφυες περιεζωσμεναι και οι λυχνοι καιομενοι·

38   καν εν τη δευτερα καν εν τη τριτη φυλακη ελθη και ευρη ουτως, μακαριοι *εἰσιν* εκεινοι.

42   τις αρα *εστιν* ὁ πιστος οικονομος ὁ φρονιμος, ὁν καταστησει ὁ κυριος επι της θεραπειας αυτου του διδοναι εν καιρω [το] σιτομετριον;

52   *εσονται* γαρ απο του νυν πεντε εν ενι οικω διαμεμερισμενοι, τρεις επι δυσιν και δυο επι τρισιν διαμερισθησονται,

55   και οταν νοτον πνεοντα, λεγετε οτι καυσων *εσται,* και γινεται.

13 10   *ἦν* δε διδασκων εν μια των συναγωγων εν τοις σαββασιν.

11   και *ἦν* συγκυπτουσα και μη δυναμενη ανακυψαι εις το παντελες.

14   ελεγεν τω οχλω οτι εξ ημεραι *εἰσιν* εν αις δει εργαζεσθαι·

16   ταυτην δε θυγατερα αβρααμ *οὖσαν,* ἡν εδησεν ὁ σατανας ιδου δεκακαιοκτω ετη, ουκ εδει λυθηναι απο του δεσμου τουτου τη ημερα του σαββατου;

18   τινι ομοια *εστιν* ἡ βασιλεια του θεου, και τινι ομοιωσω αυτην;

19   ομοια *εστιν* κοκκω σιναπεως, ὁν λαβων ανθρωπος εβαλεν εις κηπον εαυτου,

21   ομοια *εστιν* ζυμη, ἡν λαβουσα γυνη [εν]εκρυψεν εις αλευρου σατα τρια, εως ου εζυμωθη ολον.

25   ουκ οιδα υμας ποθεν *εστε.*

27   ουκ οιδα [υμας] ποθεν *εστε·* αποστητε απ εμου παντες εργαται αδικιας.

28   εκει *εσται* ὁ κλαυθμος και ὁ βρυγμος των οδοντων, οταν οψησθε αβρααμ και ισαακ και ιακωβ και παντας τους προφητας εν τη βασιλεια του θεου, υμας δε εκβαλλομενους εξω.

30   και ιδου *εἰσιν* εσχατοι οι εσονται πρωτοι, και εισιν πρωτοι οι εσονται εσχατοι.

30   και ιδου εισιν εσχατοι οι *εσονται* πρωτοι, και εισιν πρωτοι οι εσονται εσχατοι.

30   και *εἰσιν* πρωτοι οι εσονται εσχατοι.

30   και ιδου εισιν εσχατοι οι εσονται πρωτοι, και εισιν πρωτοι οι *εσονται* εσχατοι.

14 1   και αυτοι *ἦσαν* παρατηρουμενοι αυτον.

2   και ιδου ανθρωπος τις *ἦν* υδρωπικος εμπροσθεν αυτου.

8   οταν κληθης υπο τινος εις γαμους, μη κατακλιθης εις την πρωτοκλισιαν, μηποτε εντιμοτερος σου *ἦ* κεκλημενος υπ αυτου,

10   τοτε *εσται* σοι δοξα ενωπιον παντων των συνανακειμενων σοι.

14   και μακαριος *εση,* οτι ουκ εχουσιν ανταποδουναι σοι·

17   ερχεσθε, οτι ηδη ετοιμα *εστιν.*

22   κυριε, γεγονεν ὁ επεταξας, και ετι τοπος *εστιν.*

26   ου δυναται *εἶναι* μου μαθητης.

27   οστις ου βασταζει τον σταυρον εαυτου και ερχεται οπισω μου, ου δυναται *εἶναι* μου μαθητης.

31   ἡ τις βασιλευς πορευομενος ετερω βασιλει συμβαλειν εις πολεμον ουχι καθισας πρωτον βουλευσεται ει δυνατος *εστιν* εν δεκα χιλιασιν υπαντησαι τω μετα εικοσι χιλιαδων ερχομενω επ αυτον;

32   ει δε μηγε, ετι αυτου πορρω *ὄντος* πρεσβειαν αποστειλας ερωτα τα προς ειρηνην·

33   ουτως ουν πας εξ υμων ὁς ουκ αποτασσεται πασιν τοις εαυτου υπαρχουσιν ου δυναται *εἶναι* μου μαθητης.

35   ουτε εις γην ουτε εις κοπριαν ευθετον *εστιν·*

εἰμι [2461]

Lc   15 1   ἦσαν δε αὐτω ἐγγιζοντες παντες οἱ τελωναι και οἱ ἁμαρτωλοι
              ἀκουειν αὐτου.
          7   λεγω ὑμιν ὁτι οὑτως χαρα ἐν τω οὐρανω ἐσται ἐπι ἑνι
              ἁμαρτωλω μετανοουντι ἢ ἐπι ἐνενηκονταεννεα δικαιοις
              οἱτινες οὐ χρειαν ἐχουσιν μετανοιας.
         19   πατερ, ἡμαρτον εἰς τον οὐρανον και ἐνωπιον σου, οὐκετι εἰμι
              ἀξιος κληθηναι υἱος σου·
         21   πατερ, ἡμαρτον εἰς τον οὐρανον και ἐνωπιον σου, οὐκετι εἰμι
              ἀξιος κληθηναι υἱος σου.
         24   και φερετε τον μοσχον τον σιτευτον, θυσατε, και φαγοντες
              εὐφρανθωμεν, ὁτι οὑτος ὁ υἱος μου νεκρος ἦν και ἀνεζησεν,
         24   ὁτι οὑτος ὁ υἱος μου νεκρος ἦν και ἀνεζησεν, ἦν ἀπολωλως
              και εὑρεθη.
         25   ἦν δε ὁ υἱος αὐτου ὁ πρεσβυτερος ἐν ἀγρω·
         26   και προσκαλεσαμενος ἑνα των παιδων ἐπυνθανετο τι ἂν εἰη
              ταυτα.
         31   τεκνον, συ παντοτε μετ ἐμου εἰ, και παντα τα ἐμα σα ἐστιν·
         31   τεκνον, συ παντοτε μετ ἐμου εἰ, και παντα τα ἐμα σα ἐστιν·
         32   εὐφρανθηναι δε και χαρηναι ἐδει, ὁτι ὁ ἀδελφος σου οὑτος
              νεκρος ἦν και ἐζησεν, και ἀπολωλως και εὑρεθη.
     16   1   ἀνθρωπος τις ἦν πλουσιος ὁς εἰχεν οἰκονομον, και οὑτος
              διεβληθη αὐτω ὡς διασκορπιζων τα ὑπαρχοντα αὐτου.
          8   ὁτι οἱ υἱοι του αἰωνος τουτου φρονιμωτεροι ὑπερ τους υἱους
              του φωτος εἰς την γενεαν την ἑαυτων εἰσιν.
         10   ὁ πιστος ἐν ἐλαχιστω και ἐν πολλω πιστος ἐστιν,
         10   και ὁ ἐν ἐλαχιστω ἀδικος και ἐν πολλω ἀδικος ἐστιν.
         15   ὑμεις ἐστε οἱ δικαιουντες ἑαυτους ἐνωπιον των ἀνθρωπων, ὁ
              δε θεος γινωσκει τας καρδιας ὑμων·
         17   εὐκοπωτερον δε ἐστιν τον οὐρανον και την γην παρελθειν ἢ
              του νομου μιαν κεραιαν πεσειν.
         19   ἀνθρωπος δε τις ἦν πλουσιος, και ἐνεδιδυσκετο πορφυραν και
              βυσσον εὐφραινομενος καθ ἡμεραν λαμπρως.
     17   1   ἀνενδεκτον ἐστιν του τα σκανδαλα μη ἐλθειν, πλην οὐαι δι
              οὐ ἐρχεται·
         10   οὑτως και ὑμεις, ὁταν ποιησητε παντα τα διαταχθεντα ὑμιν,
              λεγετε ὁτι δουλοι ἀχρειοι ἐσμεν, ὁ ὠφειλομεν ποιησαι
              πεποιηκαμεν.
         16   και αὐτος ἦν σαμαριτης.
         21   ἰδου ὡδε ἢ· ἐκει· ἰδου γαρ ἡ βασιλεια του θεου ἐντος ὑμων
              ἐστιν.
         24   ὡσπερ γαρ ἡ ἀστραπη ἀστραπτουσα ἐκ της ὑπο τον οὐρανον
              εἰς την ὑπ οὐρανον λαμπει, οὑτως ἐσται ὁ υἱος του ἀνθρωπου
              [ἐν τη ἡμερα αὐτου].
         26   και καθως ἐγενετο ἐν ταις ἡμεραις νωε, οὑτως ἐσται και ἐν
              ταις ἡμεραις του υἱου του ἀνθρωπου·
         30   κατα τα αὐτα ἐσται ἡ ἡμερα ὁ υἱος του ἀνθρωπου
              ἀποκαλυπτεται.
         31   ἐν ἐκεινη τη ἡμερα ὁς ἐσται ἐπι του δωματος και τα σκευη
              αὐτου ἐν τη οἰκια, μη καταβατω ἀραι αὐτα,
         34   λεγω ὑμιν, ταυτη τη νυκτι ἐσονται δυο ἐπι κλινης μιας, ὁ εἱς
              παραλημφθησεται και ὁ ἑτερος ἀφεθησεται·
         35   ἐσονται δυο ἀληθουσαι ἐπι το αὐτο, ἡ μια παραλημφθησεται
              ἡ δε ἑτερα ἀφεθησεται.
     18   2   κριτης τις ἦν ἐν τινι πολει τον θεον μη φοβουμενος και
              ἀνθρωπον μη ἐντρεπομενος.
          3   χηρα δε ἦν ἐν τη πολει ἐκεινη,
          9   εἰπεν δε και προς τινας τους πεποιθοτας ἐφ ἑαυτοις ὁτι εἰσιν
              δικαιοι και ἐξουθενουντας τους λοιπους την παραβολην
              ταυτην.
         11   ὁ θεος, εὐχαριστω σοι ὁτι οὐκ εἰμι ὡσπερ οἱ λοιποι των
              ἀνθρωπων, ἁρπαγες, ἀδικοι, μοιχοι, ἢ και ὡς οὑτος ὁ τελωνης·
         16   των γαρ τοιουτων ἐστιν ἡ βασιλεια του θεου.
         23   ὁ δε ἀκουσας ταυτα περιλυπος ἐγενηθη, ἦν γαρ πλουσιος
              σφοδρα.
         25   εὐκοπωτερον γαρ ἐστιν καμηλον δια τρηματος βελονης
              εἰσελθειν ἢ πλουσιον εἰς την βασιλειαν του θεου εἰσελθειν.
         27   τα ἀδυνατα παρα ἀνθρωποις δυνατα παρα τω θεω ἐστιν.
         29   ἀμην λεγω ὑμιν ὁτι οὐδεις ἐστιν ὁς ἀφηκεν οἰκιαν ἢ γυναικα
              ἢ ἀδελφους ἢ γονεις ἢ τεκνα ἑνεκεν της βασιλειας του θεου,
         34   καὶ ἦν το ῥημα τουτο κεκρυμμενον ἀπ αὐτων,
         36   ἀκουσας δε ὀχλου διαπορευομενου ἐπυνθανετο τι εἰη τουτο.
     19   2   και αὐτος ἦν ἀρχιτελωνης,
          3   και ἐζητει ἰδειν τον ἰησουν τις ἐστιν,
          3   και οὐκ ἐδυνατο ἀπο του ὀχλου, ὁτι τη ἡλικια μικρος ἦν.
          9   εἰπεν δε προς αὐτον ὁ ἰησους ὁτι σημερον σωτηρια τω οἰκω
              τουτω ἐγενετο, καθοτι και αὐτος υἱος ἀβρααμ ἐστιν·
         11   δια το ἐγγυς εἰναι ἱερουσαλημ αὐτον
         17   εὐ γε, ἀγαθε δουλε, ὁτι ἐν ἐλαχιστω πιστος ἐγενου, ἰσθι
              ἐξουσιαν ἐχων ἐπανω δεκα πολεων.

εἰμι [2461]

Lc   19 21 ἐφοβουμην γαρ σε, ὁτι ἀνθρωπος αὐστηρος εἰ, αἰρεις ὁ οὐκ
              ἐθηκας, και θεριζεις ὁ οὐκ ἐσπειρας.
         22   ἡδεις ὁτι ἐγω ἀνθρωπος αὐστηρος εἰμι, αἰρων ὁ οὐκ ἐθηκα,
              και θεριζων ὁ οὐκ ἐσπειρα;
         46   γεγραπται· και ἐσται ὁ οἰκος μου οἰκος προσευχης·
         47   και ἦν διδασκων το καθ ἡμεραν ἐν τω ἱερω·
     20   2   εἰπον ἡμιν ἐν ποια ἐξουσια ταυτα ποιεις, ἢ τις ἐστιν ὁ δους
              σοι την ἐξουσιαν ταυτην;
          4   το βαπτισμα ἰωαννου ἐξ οὐρανου ἦν ἢ ἐξ ἀνθρωπων;
          6   πεπεισμενος γαρ ἐστιν ἰωαννην προφητην εἰναι.
          6   πεπεισμενος γαρ ἐστιν ἰωαννην προφητην εἰναι.
         14   οὑτος ἐστιν ὁ κληρονομος· ἀποκτεινωμεν αὐτον, ἱνα ἡμων
              γενηται ἡ κληρονομια.
         17   τι οὐν ἐστιν το γεγραμμενον τουτο·
         20   και παρατηρησαντες ἀπεστειλαν ἐγκαθετους ὑποκρινομενους
              ἑαυτους δικαιους εἰναι,
         27   προσελθοντες δε τινες των σαδδουκαιων, οἱ [ἀντι]λεγοντες
              ἀναστασιν μη εἰναι,
         28   ἐαν τινος ἀδελφος ἀποθανη ἐχων γυναικα, και οὑτος ἀτεκνος
              ἦ, ἱνα λαβη ὁ ἀδελφος αὐτου την γυναικα και ἐξαναστηση
              σπερμα τω ἀδελφω αὐτου.
         29   ἑπτα οὐν ἀδελφοι ἦσαν·
         36   οὐδε γαρ ἀποθανειν ἐτι δυνανται, ἰσαγγελοι γαρ εἰσιν,
         36   και υἱοι εἰσιν θεου της ἀναστασεως υἱοι ὀντες.
         36   και υἱοι εἰσιν θεου της ἀναστασεως υἱοι ὀντες.
         38   θεος δε οὐκ ἐστιν νεκρων ἀλλα ζωντων·
         41   πως λεγουσιν τον χριστον εἰναι δαυιδ υἱον;
         44   δαυιδ οὐν κυριον αὐτον καλει, και πως αὐτου υἱος ἐστιν;
     21   7   διδασκαλε, ποτε οὐν ταυτα ἐσται; και τι το σημειον ὁταν
              μελλη ταυτα γινεσθαι·
          8   ἐγω εἰμι, και· ὁ καιρος ἠγγικεν·
         11   σεισμοι τε μεγαλοι και κατα τοπους λιμοι και λοιμοι
              ἐσονται,
         11   φοβητρα τε και ἀπ οὐρανου σημεια μεγαλα ἐσται.
         17   και ἐσεσθε μισουμενοι ὑπο παντων δια το ὀνομα μου.
         22   και οἱ ἐν ταις χωραις μη εἰσερχεσθωσαν εἰς αὐτην, ὁτι ἡμεραι
              ἐκδικησεως αὑται εἰσιν του πλησθηναι παντα τα γεγραμμενα.
         23   ἐσται γαρ ἀναγκη μεγαλη ἐπι της γης και ὀργη τω λαω
              τουτω,
         24   και ἱερουσαλημ ἐσται πατουμενη ὑπο ἐθνων, ἀχρι οὑ
              πληρωθωσιν καιροι ἐθνων.
         25   και ἐσονται σημεια ἐν ἡλιω και σεληνη και ἀστροις,
         30   ὁταν προβαλωσιν ἠδη, βλεποντες ἀφ ἑαυτων γινωσκετε ὁτι
              ἠδη ἐγγυς το θερος ἐστιν.
         31   οὑτως και ὑμεις, ὁταν ἰδητε ταυτα γινομενα, γινωσκετε ὁτι
              ἐγγυς ἐστιν ἡ βασιλεια του θεου.
         37   ἦν δε τας ἡμερας ἐν τω ἱερω διδασκων,
     22   3   εἰσηλθεν δε σατανας εἰς ἰουδαν τον καλουμενον ἰσκαριωτην,
              ὀντα ἐκ του ἀριθμου των δωδεκα·
         11   λεγει σοι ὁ διδασκαλος· που ἐστιν το καταλυμα ὁπου το
              πασχα μετα των μαθητων μου φαγω;
         19   τουτο ἐστιν το σωμα μου το ὑπερ ὑμων διδομενον·
         23   και αὐτοι ἠρξαντο συζητειν προς ἑαυτους το τις ἀρα εἰη ἐξ
              αὐτων ὁ τουτο μελλων πρασσειν.
         24   ἐγενετο δε και φιλονεικια ἐν αὐτοις, το τις αὐτων δοκει εἰναι
              μειζων.
         27   ἐγω δε ἐν μεσω ὑμων εἰμι ὡς ὁ διακονων.
         28   ὑμεις δε ἐστε οἱ διαμεμενηκοτες μετ ἐμου ἐν τοις πειρασμοις
              μου·
         33   κυριε, μετα σου ἑτοιμος εἰμι και εἰς φυλακην και εἰς θανατον
              πορευεσθαι.
         38   ὁ δε εἰπεν αὐτοις· ἱκανον ἐστιν.
         49   ἰδοντες δε οἱ περι αὐτον το ἐσομενον εἰπαν·
         53   καθ ἡμεραν ὀντος μου μεθ ὑμων ἐν τω ἱερω οὐκ ἐξετεινατε
              τας χειρας ἐπ ἐμε·
         53   καθ ἡμεραν ὀντος μου μεθ ὑμων ἐν τω ἱερω οὐκ ἐξετεινατε
              τας χειρας ἐπ ἐμε· ἀλλ αὑτη ἐστιν ὑμων ἡ ὡρα και ἡ ἐξουσια
              του σκοτους.
         56   και οὑτος συν αὐτω ἦν.
         58   και συ ἐξ αὐτων εἰ.
         58   ὁ δε πετρος ἐφη· ἀνθρωπε, οὐκ εἰμι.
         59   ἐπ ἀληθειας και οὑτος μετ αὐτου ἦν, και γαρ γαλιλαιος ἐστιν·
         59   ἐπ ἀληθειας και οὑτος μετ αὐτου ἦν, και γαρ γαλιλαιος ἐστιν·
         64   προφητευσον, τις ἐστιν ὁ παισας σε;
         67   εἰ συ εἰ ὁ χριστος, εἰπον ἡμιν.
         69   ἀπο του νυν δε ἐσται ὁ υἱος του ἀνθρωπου καθημενος ἐκ
              δεξιων της δυναμεως του θεου.
         70   συ οὐν εἰ ὁ υἱος του θεου;
         70   ὑμεις λεγετε ὁτι ἐγω εἰμι.

εἰμι [2461]

Lc 23 2   καὶ λεγοντα ἑαυτον χριστον βασιλεα *εἰναι*.
     3   συ *εἰ* ὁ βασιλευς των ἰουδαιων;
     6   πιλατος δε ἀκουσας ἐπηρωτησεν εἰ ὁ ἀνθρωπος γαλιλαιος *ἐστιν*,
     7   καὶ ἐπιγνους ὅτι ἐκ της ἐξουσιας ἡρωδου *ἐστιν*, ἀνεπεμψεν αὐτον προς ἡρωδην,
     7   ἀνεπεμψεν αὐτον προς ἡρωδην, *ὄντα* καὶ αὐτον ἐν ἱεροσολυμοις ἐν ταυταις ταις ἡμεραις.
     8   *ἦν* γαρ ἐξ ἱκανων χρονων θελων ἰδειν αὐτον δια το ἀκουειν περι αὐτου,
    12   προυπηρχον γαρ ἐν ἐχθρᾳ *ὄντες* προς αὐτους.
    15   καὶ ἰδου οὐδεν ἀξιον θανατου *ἐστιν* πεπραγμενον αὐτῳ·
    19   ὁστις *ἦν* δια στασιν τινα γενομενην ἐν τῃ πολει καὶ φονον βληθεις ἐν τῃ φυλακῃ.
    35   ἀλλους ἐσωσεν, σωσατω ἑαυτον, εἰ οὑτος *ἐστιν* ὁ χριστος του θεου ὁ ἐκλεκτος.
    37   εἰ συ *εἰ* ὁ βασιλευς των ἰουδαιων, σωσον σεαυτον.
    38   *ἦν* δε καὶ ἐπιγραφη ἐπ αὐτῳ·
    39   οὐχι συ *εἰ* ὁ χριστος; σωσον σεαυτον καὶ ἡμας.
    40   οὐδε φοβῃ συ τον θεον, ὅτι ἐν τῳ αὐτῳ κριματι *εἰ*;
    43   ἀμην σοι λεγω, σημερον μετ ἐμου *ἐσῃ* ἐν τῳ παραδεισῳ.
    44   καὶ *ἦν* ἠδη ὡσει ὡρα ἑκτη καὶ σκοτος ἐγενετο ἐφ ὁλην την γην ἑως ὡρας ἐνατης του ἡλιου ἐκλιποντος·
    47   ὀντως ὁ ἀνθρωπος οὑτος δικαιος *ἦν*.
    51   οὑτος οὐκ *ἦν* συγκατατεθειμενος τῃ βουλῃ καὶ τῃ πραξει αὐτων,
    53   καὶ ἐθηκεν αὐτον ἐν μνηματι λαξευτῳ, οὑ οὐκ *ἦν* οὐδεις οὐπω κειμενος.
    54   καὶ ἡμερα *ἦν* παρασκευης, καὶ σαββατον ἐπεφωσκεν.
    55   κατακολουθησασαι δε αἱ γυναικες, αἱτινες *ἦσαν* συνεληλυθυιαι ἐκ της γαλιλαιας αὐτῳ,

    24 6   οὐκ *ἐστιν* ὡδε, ἀλλα ἡγερθη.
     6   μνησθητε ὡς ἐλαλησεν ὑμιν ἐτι *ὢν* ἐν τῃ γαλιλαιᾳ,
    10   *ἦσαν* δε ἡ μαγδαληνη μαρια καὶ ἰωαννα καὶ μαρια ἡ ἰακωβου·
    13   καὶ ἰδου δυο ἐξ αὐτων ἐν αὐτῃ τῃ ἡμερᾳ *ἦσαν* πορευομενοι εἰς κωμην ἀπεχουσαν σταδιους ἑξηκοντα ἀπο ἱερουσαλημ, ᾑ ὀνομα ἐμμαους,
    21   ἡμεις δε ἠλπιζομεν ὅτι αὐτος *ἐστιν* ὁ μελλων λυτρουσθαι τον ἰσραηλ·
    29   μεινον μεθ ἡμων, ὅτι προς ἑσπεραν *ἐστιν* καὶ κεκλικεν ἠδη ἡ ἡμερα.
    32   οὐχι ἡ καρδια ἡμων καιομενη *ἦν* [ἐν ἡμιν], ὡς ἐλαλει ἡμιν ἐν τῃ ὁδῳ, ὡς διηνοιγεν ἡμιν τας γραφας;
    38   τί τεταραγμενοι *ἐστε*, καὶ δια τί διαλογισμοι ἀναβαινουσιν ἐν τῃ καρδιᾳ ὑμων;
    39   ἰδετε τας χειρας μου καὶ τους ποδας μου, ὅτι ἐγω *εἰμι* αὐτος·
    44   οὑτοι οἱ λογοι μου οὑς ἐλαλησα προς ὑμας ἐτι *ὢν* συν ὑμιν,
    53   καὶ *ἦσαν* δια παντος ἐν τῳ ἱερῳ εὐλογουντες τον θεον.

Jh 1 1   ἐν ἀρχῃ *ἦν* ὁ λογος,
     1   καὶ ὁ λογος *ἦν* προς τον θεον,
     1   καὶ θεος *ἦν* ὁ λογος.
     2   οὑτος *ἦν* ἐν ἀρχῃ προς τον θεον.
     4   ἐν αὐτῳ ζωη *ἦν*, καὶ ἡ ζωη *ἦν* το φως των ἀνθρωπων·
     4   καὶ ἡ ζωη *ἦν* το φως των ἀνθρωπων·
     8   οὐκ *ἦν* ἐκεινος το φως,
     9   *ἦν* το φως το ἀληθινον, ὁ φωτιζει παντα ἀνθρωπον,
    10   ἐν τῳ κοσμῳ *ἦν*,
    15   οὑτος *ἦν* ὁν εἰπον· ὁ ὀπισω μου ἐρχομενος ἐμπροσθεν μου γεγονεν,
    15   ὁ ὀπισω μου ἐρχομενος ἐμπροσθεν μου γεγονεν, ὅτι πρωτος μου *ἦν*.
    18   μονογενης θεος ὁ *ὢν* εἰς τον κολπον του πατρος, ἐκεινος ἐξηγησατο.
    19   καὶ αὑτη *ἐστιν* ἡ μαρτυρια του ἰωαννου,
    19   ὁτε ἀπεστειλαν [προς αὐτον] οἱ ἰουδαιοι ἐξ ἱεροσολυμων ἱερεις καὶ λευιτας ἱνα ἐρωτησωσιν αὐτον· συ τίς *εἰ*;
    20   καὶ ὡμολογησεν ὅτι ἐγω οὐκ *εἰμι* ὁ χριστος.
    21   τί οὑν; συ ἡλιας *εἰ*;
    21   καὶ λεγει· οὐκ *εἰμι*.
    21   ὁ προφητης *εἰ* συ;
    22   εἰπαν οὑν αὐτῳ· τίς *εἰ*;
    24   καὶ ἀπεσταλμενοι *ἦσαν* ἐκ των φαρισαιων.
    25   τί οὑν βαπτιζεις εἰ συ οὐκ *εἰ* ὁ χριστος οὐδε ἡλιας οὐδε ὁ προφητης;
    27   ὁ ὀπισω μου ἐρχομενος, οὑ οὐκ *εἰμι* [ἐγω] ἀξιος ἱνα λυσω αὐτου τον ἱμαντα του ὑποδηματος.
    28   ταυτα ἐν βηθανιᾳ ἐγενετο περαν του ἰορδανου, ὁπου *ἦν* ὁ ἰωαννης βαπτιζων.

εἰμι [2461]

Jh 1 30   οὑτος *ἐστιν* ὑπερ οὑ ἐγω εἰπον·
    30   ὀπισω μου ἐρχεται ἀνηρ ὁς ἐμπροσθεν μου γεγονεν, ὅτι πρωτος μου *ἦν*.
    33   ἐφ ὁν ἀν ἰδῃς το πνευμα καταβαινον καὶ μενον ἐπ αὐτον, οὑτος *ἐστιν* ὁ βαπτιζων ἐν πνευματι ἁγιῳ.
    34   καγω ἑωρακα, καὶ μεμαρτυρηκα ὅτι οὑτος *ἐστιν* ὁ υἱος του θεου.
    39   ὡρα *ἦν* ὡς δεκατη.
    40   *ἦν* ἀνδρεας ὁ ἀδελφος σιμωνος πετρου εἱς ἐκ των δυο των ἀκουσαντων παρα ἰωαννου καὶ ἀκολουθησαντων αὐτῳ·
    41   εὑρηκαμεν τον μεσσιαν ὁ *ἐστιν* μεθερμηνευομενον χριστος.
    42   ἐμβλεψας αὐτῳ ὁ ἰησους εἰπεν· συ *εἰ* σιμων ὁ υἱος ἰωαννου, συ κληθηση κηφας ὁ ἑρμηνευεται πετρος.
    44   *ἦν* δε ὁ φιλιππος ἀπο βηθσαιδα,
    46   καὶ εἰπεν αὐτῳ ναθαναηλ· ἐκ ναζαρετ δυναται τι ἀγαθον *εἰναι*;
    47   ἰδε ἀληθως ἰσραηλιτης, ἐν ᾡ δολος οὐκ *ἐστιν*.
    48   προ του σε φιλιππον φωνησαι *ὄντα* ὑπο την συκην εἰδον σε.
    49   ῥαββι, συ *εἰ* ὁ υἱος του θεου, συ βασιλευς *εἰ* του ἰσραηλ.
    49   συ *εἰ* ὁ υἱος του θεου, συ βασιλευς *εἰ* του ἰσραηλ.

    2 1   καὶ τῃ ἡμερᾳ τῃ τριτῃ γαμος ἐγενετο ἐν κανα της γαλιλαιας, καὶ *ἦν* ἡ μητηρ του ἰησου ἐκει·
     6   *ἦσαν* δε ἐκει λιθιναι ὑδριαι ἑξ κατα τον καθαρισμον των ἰουδαιων κειμεναι,
     9   ὡς δε ἐγευσατο ὁ ἀρχιτρικλινος το ὑδωρ οἰνον γεγενημενον, καὶ οὐκ ᾐδει ποθεν *ἐστιν*,
    13   καὶ ἐγγυς *ἦν* το πασχα των ἰουδαιων, καὶ ἀνεβη εἰς ἱεροσολυμα ὁ ἰησους.
    17   ἐμνησθησαν οἱ μαθηται αὐτου ὅτι γεγραμμενον *ἐστιν*· ὁ ζηλος του οἰκου σου καταφαγεται με.
    23   ὡς δε *ἦν* ἐν τοις ἱεροσολυμοις ἐν τῳ πασχα ἐν τῃ ἑορτῃ, πολλοι ἐπιστευσαν εἰς το ὀνομα αὐτου,
    25   αὐτος γαρ ἐγινωσκεν τί *ἦν* ἐν τῳ ἀνθρωπῳ.

    3 1   *ἦν* δε ἀνθρωπος ἐκ των φαρισαιων,
     2   οὐδεις γαρ δυναται ταυτα τα σημεια ποιειν ἁ συ ποιεις, ἐαν μη ᾑ ὁ θεος μετ αὐτου.
     4   πως δυναται ἀνθρωπος γεννηθηναι γερων *ὤν*;
     6   το γεγεννημενον ἐκ της σαρκος σαρξ *ἐστιν*,
     6   το γεγεννημενον ἐκ της σαρκος σαρξ *ἐστιν*, καὶ το γεγεννημενον ἐκ του πνευματος πνευμα *ἐστιν*.
     8   οὑτως *ἐστιν* πας ὁ γεγεννημενος ἐκ του πνευματος.
    10   συ *εἰ* ὁ διδασκαλος του ἰσραηλ καὶ ταυτα οὐ γινωσκεις;
    19   αὑτη δε *ἐστιν* ἡ κρισις, ὅτι το φως ἐληλυθεν εἰς τον κοσμον καὶ ἠγαπησαν οἱ ἀνθρωποι μαλλον το σκοτος ἠ το φως·
    19   *ἦν* γαρ αὐτων πονηρα τα ἐργα.
    21   ὁ δε ποιων την ἀληθειαν ἐρχεται προς το φως, ἱνα φανερωθη αὐτου τα ἐργα ὅτι ἐν θεῳ *ἐστιν* εἰργασμενα.
    23   *ἦν* δε καὶ ὁ ἰωαννης βαπτιζων ἐν αἰνων ἐγγυς του σαλειμ,
    23   *ἦν* δε καὶ ὁ ἰωαννης βαπτιζων ἐν αἰνων ἐγγυς του σαλειμ, ὅτι ὑδατα πολλα *ἦν* ἐκει·
    24   οὐπω γαρ *ἦν* βεβλημενος εἰς την φυλακην ὁ ἰωαννης.
    26   ῥαββι, ὁς *ἦν* μετα σου περαν του ἰορδανου,
    27   οὐ δυναται ἀνθρωπος λαμβανειν οὐδε ἑν ἐαν μη ᾑ δεδομενον αὐτῳ ἐκ του οὐρανου.
    28   [ὁτι] οὐκ *εἰμι* ἐγω ὁ χριστος, ἀλλ ὅτι ἀπεσταλμενος *εἰμι* ἐμπροσθεν ἐκεινου.
    28   [ὁτι] οὐκ *εἰμι* ἐγω ὁ χριστος, ἀλλ ὅτι ἀπεσταλμενος *εἰμι* ἐμπροσθεν ἐκεινου.
    29   ὁ ἐχων την νυμφην νυμφιος *ἐστιν*·
    31   ὁ ἀνωθεν ἐρχομενος ἐπανω παντων *ἐστιν*·
    31   ὁ *ὢν* ἐκ της γης ἐκ της γης *ἐστιν* καὶ ἐκ της γης λαλει.
    31   ὁ *ὢν* ἐκ της γης ἐκ της γης *ἐστιν* καὶ ἐκ της γης λαλει.
    31   ὁ ἐκ του οὐρανου ἐρχομενος [ἐπανω παντων *ἐστιν*]·
    33   ὁ λαβων αὐτου την μαρτυριαν ἐσφραγισεν ὅτι ὁ θεος ἀληθης *ἐστιν*.

    4 6   *ἦν* δε ἐκει πηγη του ἰακωβ.
     6   ὡρα *ἦν* ὡς ἑκτη.
     9   πως συ ἰουδαιος *ὢν* παρ ἐμου πειν αἰτεις γυναικος σαμαριτιδος οὐσης;
     9   πως συ ἰουδαιος *ὢν* παρ ἐμου πειν αἰτεις γυναικος σαμαριτιδος *οὐσης*;
    10   εἰ ᾐδεις την δωρεαν του θεου, καὶ τίς *ἐστιν* ὁ λεγων σοι·
    11   κυριε, οὐτε ἀντλημα ἐχεις καὶ το φρεαρ *ἐστιν* βαθυ·
    12   μη συ μειζων *εἰ* του πατρος ἡμων ἰακωβ,
    18   πεντε γαρ ἀνδρας ἐσχες, καὶ νυν ὁν ἐχεις οὐκ *ἐστιν* σου ἀνηρ·
    19   κυριε, θεωρω ὅτι προφητης *εἰ* συ.
    20   καὶ ὑμεις λεγετε ὅτι ἐν ἱεροσολυμοις *ἐστιν* ὁ τοπος ὁπου προσκυνειν δει.

εἰμι [2461]

Jh 4 22 ἡμεις προσκυνουμεν ὁ οἰδαμεν, ὅτι ἡ σωτηρια ἐκ των ἰουδαιων *ἐστιν·*

23 ἀλλα ἐρχεται ὡρα και νυν *ἐστιν,* ὅτε οἱ ἀληθινοι προσκυνηται προσκυνησουσιν τω πατρι ἐν πνευματι και ἀληθεια·

26 ἐγω *εἰμι,* ὁ λαλων σοι.

29 δευτε ἰδετε ἀνθρωπον ὁς εἰπεν μοι παντα ὁσα ἐποιησα· μητι οὑτος *ἐστιν* ὁ χριστος;

34 ἐμον βρωμα *ἐστιν* ἱνα ποιησω το θελημα του πεμψαντος με και τελειωσω αὐτου το ἐργον.

35 οὐχ ὑμεις λεγετε ὅτι ἐτι τετραμηνος *ἐστιν* και ὁ θερισμος ἐρχεται;

35 ἐπαρατε τους ὀφθαλμους ὑμων και θεασασθε τας χωρας, ὅτι λευκαι *εἰσιν* προς θερισμον.

37 ἐν γαρ τουτω ὁ λογος *ἐστιν* ἀληθινος ὅτι ἀλλος *ἐστιν* ὁ σπειρων και ἀλλος ὁ θεριζων.

37 ἐν γαρ τουτω ὁ λογος *ἐστιν* ἀληθινος ὅτι ἀλλος *ἐστιν* ὁ σπειρων και ἀλλος ὁ θεριζων.

42 αὐτοι γαρ ἀκηκοαμεν, και οἰδαμεν ὅτι οὑτος *ἐστιν* ἀληθως ὁ σωτηρ του κοσμου.

46 και *ἦν* τις βασιλικος οὑ ὁ υἱος ἠσθενει ἐν καφαρναουμ·

5 1 μετα ταυτα *ἦν* ἑορτη των ἰουδαιων,

2 *ἐστιν* δε ἐν τοις ἱεροσολυμοις ἐπι τη προβατικη κολυμβηθρα,

5 *ἦν* δε τις ἀνθρωπος ἐκει τριακοντακαιοκτω ἐτη ἐχων ἐν τη ἀσθενεια αὐτου·

9 *ἦν* δε σαββατον ἐν ἐκεινη τη ἡμερα.

10 σαββατον *ἐστιν,* και οὐκ ἐξεστιν σοι ἀραι τον κραβαττον σου.

12 τις *ἐστιν* ὁ ἀνθρωπος ὁ εἰπων σοι·

13 ὁ δε ἰαθεις οὐκ ἠδει τις *ἐστιν·*

13 ὁ γαρ ἰησους ἐξενευσεν ὀχλου *ὀντος* ἐν τω τοπω.

15 ἀπηλθεν ὁ ἀνθρωπος και ἀνηγγειλεν τοις ἰουδαιοις ὅτι ἰησους *ἐστιν* ὁ ποιησας αὐτον ὑγιη.

25 ἀμην ἀμην λεγω ὑμιν ὅτι ἐρχεται ὡρα και νυν *ἐστιν* ὅτε οἱ νεκροι ἀκουσουσιν της φωνης του υἱου του θεου και οἱ ἀκουσαντες ζησουσιν.

27 και ἐξουσιαν ἐδωκεν αὐτω κρισιν ποιειν, ὅτι υἱος ἀνθρωπου *ἐστιν.*

30 καθως ἀκουω κρινω, και ἡ κρισις ἡ ἐμη δικαια *ἐστιν,*

31 ἐαν ἐγω μαρτυρω περι ἐμαυτου, ἡ μαρτυρια μου οὐκ *ἐστιν* ἀληθης·

32 ἀλλος *ἐστιν* ὁ μαρτυρων περι ἐμου,

32 και οἰδα ὅτι ἀληθης *ἐστιν* ἡ μαρτυρια ἡν μαρτυρει περι ἐμου.

35 ἐκεινος *ἦν* ὁ λυχνος ὁ καιομενος και φαινων,

39 και ἐκειναι *εἰσιν* αἱ μαρτυρουσαι περι ἐμου·

45 *ἐστιν* ὁ κατηγορων ὑμων μωυσης,

6 4 *ἦν* δε ἐγγυς το πασχα, ἡ ἑορτη των ἰουδαιων.

9 *ἐστιν* παιδαριον ὡδε ὁς ἐχει πεντε ἀρτους κριθινους και δυο ὀψαρια·

9 *ἐστιν* παιδαριον ὡδε ὁς ἐχει πεντε ἀρτους κριθινους και δυο ὀψαρια· ἀλλα ταυτα τι *ἐστιν* εἰς τοσουτους;

'10 *ἦν* δε χορτος πολυς ἐν τω τοπω.

14 οἱ οὑν ἀνθρωποι ἰδοντες ὁ ἐποιησεν σημειον ἐλεγον ὅτι οὑτος *ἐστιν* ἀληθως ὁ προφητης ὁ ἐρχομενος εἰς τον κοσμον.

20 ἐγω *εἰμι·* μη φοβεισθε.

22 τη ἐπαυριον ὁ ὀχλος ὁ ἐστηκως περαν της θαλασσης εἰδον ὅτι πλοιαριον ἀλλο οὐκ *ἦν* ἐκει εἰ μη ἑν,

24 ὁτε οὑν εἰδεν ὁ ὀχλος ὅτι ἰησους οὐκ *ἐστιν* ἐκει οὐδε οἱ μαθηται αὐτου, ἐνεβησαν αὐτοι εἰς τα πλοιαρια και ἠλθον εἰς καφαρναουμ ζητουντες τον ἰησουν.

29 τουτο *ἐστιν* το ἐργον του θεου, ἱνα πιστευητε εἰς ὁν ἀπεστειλεν ἐκεινος.

31 οἱ πατερες ἡμων το μαννα ἐφαγον ἐν τη ἐρημω, καθως *ἐστιν* γεγραμμενον·

33 ὁ γαρ ἀρτος του θεου *ἐστιν* ὁ καταβαινων ἐκ του ουρανου και ζωην διδους τω κοσμω.

35 ἐγω *εἰμι* ὁ ἀρτος της ζωης·

39 τουτο δε *ἐστιν* το θελημα του πεμψαντος με, ἱνα παν ὁ δεδωκεν μοι μη ἀπολεσω ἐξ αὐτου,

40 τουτο γαρ *ἐστιν* το θελημα του πατρος μου, ἱνα πας ὁ θεωρων τον υἱον και πιστευων εἰς αὐτον ἐχη ζωην αἰωνιον,

41 ἐγω *εἰμι* ὁ ἀρτος ὁ καταβας ἐκ του ουρανου,

42 οὐχ οὑτος *ἐστιν* ἰησους ὁ υἱος ἰωσηφ, οὑ ἡμεις οἰδαμεν τον πατερα και την μητερα;

45 *ἐστιν* γεγραμμενον ἐν τοις προφηταις·

45 και *ἐσονται* παντες διδακτοι θεου·

46 οὐχ ὅτι τον πατερα ἑωρακεν τις, εἰ μη ὁ *ὡν* παρα του θεου, οὑτος ἑωρακεν τον πατερα.

48 ἐγω *εἰμι* ὁ ἀρτος της ζωης.

εἰμι [2461]

Jh 6 50 οὑτος *ἐστιν* ὁ ἀρτος ὁ ἐκ του ουρανου καταβαινων, ἱνα τις ἐξ αὐτου φαγη και μη ἀποθανη.

51 ἐγω *εἰμι* ὁ ἀρτος ὁ ζων ὁ ἐκ του ουρανου καταβας·

51 και ὁ ἀρτος δε ὁν ἐγω δωσω ἡ σαρξ μου *ἐστιν* ὑπερ της του κοσμου ζωης.

55 ἡ γαρ σαρξ μου ἀληθης *ἐστιν* βρωσις,

55 και το αἱμα μου ἀληθης *ἐστιν* ποσις.

58 οὑτος *ἐστιν* ὁ ἀρτος ὁ ἐξ ουρανου καταβας, οὐ καθως ἐφαγον οἱ πατερες και ἀπεθανον·

60 σκληρος *ἐστιν* ὁ λογος οὑτος· τις δυναται αὐτου ἀκουειν;

62 τουτο ὑμας σκανδαλιζει; ἐαν οὑν θεωρητε τον υἱον του ἀνθρωπου ἀναβαινοντα ὁπου *ἦν* το προτερον;

63 το πνευμα *ἐστιν* το ζωοποιουν, ἡ σαρξ οὐκ ὠφελει οὐδεν·

63 τα ρηματα ἁ ἐγω λελαληκα ὑμιν πνευμα *ἐστιν* και ζωη *ἐστιν.*

63 τα ρηματα ἁ ἐγω λελαληκα ὑμιν πνευμα *ἐστιν* και ζωη *ἐστιν.*

64 ἀλλ *εἰσιν* ἐξ ὑμων τινες οἱ οὐ πιστευουσιν.

64 ἠδει γαρ ἐξ ἀρχης ὁ ἰησους τινες *εἰσιν* οἱ μη πιστευοντες και τις *ἐστιν* ὁ παραδωσων αὐτον.

64 ἠδει γαρ ἐξ ἀρχης ὁ ἰησους τινες εἰσιν οἱ μη πιστευοντες και τις *ἐστιν* ὁ παραδωσων αὐτον.

65 δια τουτο εἰρηκα ὑμιν ὅτι οὐδεις δυναται ἐλθειν προς με ἐαν μη ἡ δεδομενον αὐτω ἐκ του πατρος.

69 ρηματα ζωης αἰωνιου ἐχεις· και ἡμεις πεπιστευκαμεν και ἐγνωκαμεν ὅτι συ *εἰ* ὁ ἁγιος του θεου.

70 και ἐξ ὑμων εἱς διαβολος *ἐστιν.*

7 2 *ἦν* δε ἐγγυς ἡ ἑορτη των ἰουδαιων ἡ σκηνοπηγια.

4 οὐδεις γαρ τι ἐν κρυπτω ποιει και ζητει αὐτος ἐν παρρησια *εἰναι.*

6 ὁ καιρος ὁ ἐμος οὐπω παρεστιν, ὁ δε καιρος ὁ ὑμετερος παντοτε *ἐστιν* ἑτοιμος.

7 οὐ δυναται ὁ κοσμος μισειν ὑμας, ἐμε δε μισει, ὅτι ἐγω μαρτυρω περι αὐτου ὅτι τα ἐργα αὐτου πονηρα *ἐστιν.*

11 οἱ οὑν ἰουδαιοι ἐζητουν αὐτον ἐν τη ἑορτη και ἐλεγον· που *ἐστιν* ἐκεινος;

12 και γογγυσμος περι αὐτου *ἦν* πολυς ἐν τοις ὀχλοις·

12 οἱ μεν ἐλεγον ὅτι ἀγαθος *ἐστιν·* ἀλλοι [δε] ἐλεγον· οὐ, ἀλλα πλανα τον ὀχλον.

16 ἡ ἐμη διδαχη οὐκ *ἐστιν* ἐμη ἀλλα του πεμψαντος με·

17 ἐαν τις θελη το θελημα αὐτου ποιειν, γνωσεται περι της διδαχης, ποτερον ἐκ του θεου *ἐστιν* ἡ ἐγω ἀπ ἐμαυτου λαλω.

18 ὁ δε ζητων την δοξαν του πεμψαντος αὐτον, οὑτος ἀληθης *ἐστιν* και ἀδικια ἐν αὐτω οὐκ ἐστιν.

18 ὁ δε ζητων την δοξαν του πεμψαντος αὐτον, οὑτος ἀληθης *ἐστιν* και ἀδικια ἐν αὐτω οὐκ *ἐστιν.*

22 δια τουτο μωυσης δεδωκεν ὑμιν την περιτομην, οὐχ ὅτι ἐκ του μωυσεως *ἐστιν* ἀλλ ἐκ των πατερων, και ἐν σαββατω περιτεμνετε ἀνθρωπον.

25 οὐχ οὑτος *ἐστιν* ὁν ζητουσιν ἀποκτειναι;

26 μηποτε ἀληθως ἐγνωσαν οἱ ἀρχοντες ὅτι οὑτος *ἐστιν* ὁ χριστος;

27 ἀλλα τουτον οἰδαμεν ποθεν *ἐστιν·*

27 ὁ δε χριστος ὁταν ἐρχηται, οὐδεις γινωσκει ποθεν *ἐστιν.*

28 καμε οἰδατε και οἰδατε ποθεν *εἰμι·*

28 και ἀπ ἐμαυτου οὐκ ἐληλυθα, ἀλλ *ἐστιν* ἀληθινος ὁ πεμψας με, ὁν ὑμεις οὐκ οἰδατε·

29 ἐγω οἰδα αὐτον, ὅτι παρ αὐτου *εἰμι* κακεινος με ἀπεστειλεν.

33 ἐτι χρονον μικρον μεθ ὑμων *εἰμι* και ὑπαγω προς τον πεμψαντα με.

34 ζητησετε με και οὐχ εὑρησετε [με,] και ὁπου *εἰμι* ἐγω ὑμεις οὐ δυνασθε ἐλθειν.

36 τις *ἐστιν* ὁ λογος οὑτος ὁν εἰπεν·

36 ζητησετε με και οὐχ εὑρησετε [με,] και ὁπου *εἰμι* ἐγω ὑμεις οὐ δυνασθε ἐλθειν;

39 οὐπω γαρ *ἦν* πνευμα, ὅτι ἰησους οὐδεπω ἐδοξασθη.

40 οὑτος *ἐστιν* ἀληθως ὁ προφητης·

41 οὑτος *ἐστιν* ὁ χριστος·

42 οὐχ ἡ γραφη εἰπεν ὅτι ἐκ του σπερματος δαυιδ, και ἀπο βηθλεεμ της κωμης ὁπου *ἦν* δαυιδ, ἐρχεται ὁ χριστος;

49 ἀλλα ὁ ὀχλος οὑτος ὁ μη γινωσκων τον νομον ἐπαρατοι *εἰσιν.*

50 λεγει νικοδημος προς αὐτους, ὁ ἐλθων προς αὐτον [το] προτερον, εἱς *ὡν* ἐξ αὐτων· μη ὁ νομος ἡμων κρινει τον ἀνθρωπον

52 μη και συ ἐκ της γαλιλαιας *εἰ;*

8 9* οἱ δε ἀκουσαντες ἐξηρχοντο εἱς καθ εἱς ἀρξαμενοι ἀπο των πρεσβυτερων, και κατελειφθη μονος, και ἡ γυνη ἐν μεσω *οὑσα.*

10* ἀνακυψας δε ὁ ἰησους εἰπεν αὐτη· γυναι, που *εἰσιν;*

12 ἐγω *εἰμι* το φως του κοσμου·

εἰμι [2461]

Jh 8 13 συ περι σεαυτου μαρτυρεις· ἡ μαρτυρια σου οὐκ *ἐστιν* ἀληθης.

14 καν ἐγω μαρτυρω περι ἐμαυτου, ἀληθης *ἐστιν* ἡ μαρτυρια μου,

16 και ἐαν κρινω δε ἐγω, ἡ κρισις ἡ ἐμη ἀληθινη *ἐστιν*, ὁτι μονος οὐκ *εἰμι*, ἀλλ ἐγω και ὁ πεμψας με πατηρ.

16 και ἐαν κρινω δε ἐγω, ἡ κρισις ἡ ἐμη ἀληθινη *ἐστιν*, ὁτι μονος οὐκ *εἰμι*, ἀλλ ἐγω και ὁ πεμψας με πατηρ.

17 και ἐν τω νομω δε τω ὑμετερω γεγραπται ὁτι δυο ἀνθρωπων ἡ μαρτυρια ἀληθης *ἐστιν*.

18 ἐγω *εἰμι* ὁ μαρτυρων περι ἐμαυτου,

19 ποῦ *ἐστιν* ὁ πατηρ σου;

23 ὑμεις ἐκ των κατω *ἐστε*, ἐγω ἐκ των ἀνω *εἰμι*·

23 ὑμεις ἐκ των κατω *ἐστε*, ἐγω ἐκ των ἀνω *εἰμι*·

23 ὑμεις ἐκ τουτου του κοσμου *ἐστε*, ἐγω οὐκ *εἰμι* ἐκ του κοσμου τουτου.

23 ὑμεις ἐκ τουτου του κοσμου *ἐστε*, ἐγω οὐκ *εἰμι* ἐκ του κοσμου τουτου.

24 ἐαν γαρ μη πιστευσητε ὁτι ἐγω *εἰμι*, ἀποθανεισθε ἐν ταις ἀμαρτιαις ὑμων.

25 ἐλεγον οὐν αὐτω· συ τίς *εἰ*;

26 ἀλλ ὁ πεμψας με ἀληθης *ἐστιν*,

28 ὁταν ὑψωσητε τον υἱον του ἀνθρωπου, τοτε γνωσεσθε ὁτι ἐγω *εἰμι*,

29 και ὁ πεμψας με μετ ἐμου *ἐστιν*·

31 ἐαν ὑμεις μεινητε ἐν τω λογω τω ἐμω, ἀληθως μαθηται μου *ἐστε*,

33 σπερμα ἀβρααμ *ἐσμεν*, και οὐδενι δεδουλευκαμεν πωποτε·

34 ἀμην ἀμην λεγω ὑμιν ὁτι πας ὁ ποιων την ἀμαρτιαν δουλος *ἐστιν* της ἀμαρτιας.

36 ἐαν οὐν ὁ υἱος ὑμας ἐλευθερωση, ὀντως ἐλευθεροι *ἐσεσθε*.

37 οἰδα ὁτι σπερμα ἀβρααμ *ἐστε*· ἀλλα ζητειτε με ἀποκτειναι, ὁτι ὁ λογος ὁ ἐμος οὐ χωρει ἐν ὑμιν.

39 ὁ πατηρ ἡμων ἀβρααμ *ἐστιν*.

39 εἰ τεκνα του ἀβρααμ *ἐστε*, τα ἐργα του ἀβρααμ ἐποιειτε·

42 εἰ ὁ θεος πατηρ ὑμων *ἠν*, ἠγαπατε ἀν ἐμε·

44 ὑμεις ἐκ του πατρος του διαβολου *ἐστε* και τας ἐπιθυμιας του πατρος ὑμων θελετε ποιειν.

44 ἐκεινος ἀνθρωποκτονος *ἠν* ἀπ ἀρχης,

44 και ἐν τη ἀληθεια οὐκ *ἐστηκεν*, ὁτι οὐκ *ἐστιν* ἀληθεια ἐν αὐτω.

44 ὁταν λαλη το ψευδος, ἐκ των ἰδιων λαλει, ὁτι ψευστης *ἐστιν* και ὁ πατηρ αὐτου.

47 ὁ *ὠν* ἐκ του θεου τα ρηματα του θεου ἀκουει·

47 δια τουτο ὑμεις οὐκ ἀκουετε, ὁτι ἐκ του θεου οὐκ *ἐστε*.

48 οὐ καλως λεγομεν ἡμεις ὁτι σαμαριτης *εἰ* συ και δαιμονιον ἐχεις;

50 ἐγω δε οὐ ζητω την δοξαν μου· *ἐστιν* ὁ ζητων και κρινων.

53 μη συ μειζων *εἰ* του πατρος ἡμων ἀβρααμ, ὁστις ἀπεθανεν;

54 ἐαν ἐγω δοξασω ἐμαυτον, ἡ δοξα μου οὐδεν *ἐστιν*·

54 *ἐστιν* ὁ πατηρ μου ὁ δοξαζων με, ὁν ὑμεις λεγετε ὁτι θεος ἡμων *ἐστιν*,

54 *ἐστιν* ὁ πατηρ μου ὁ δοξαζων με, ὁν ὑμεις λεγετε ὁτι θεος ἡμων *ἐστιν*,

55 καν εἰπω ὁτι οὐκ οἰδα αὐτον, *ἐσομαι* ὁμοιος ὑμιν ψευστης·

58 ἀμην ἀμην λεγω ὑμιν, πριν ἀβρααμ γενεσθαι ἐγω *εἰμι*.

9 4 ἡμας δει ἐργαζεσθαι τα ἐργα του πεμψαντος με ἑως ἡμερα *ἐστιν*·

5 ὁταν ἐν τω κοσμω *ὠ*, φως *εἰμι* του κοσμου.

5 ὁταν ἐν τω κοσμω *ὠ*, φως *εἰμι* του κοσμου.

8 οἱ οὐν γειτονες και οἱ θεωρουντες αὐτον το προτερον, ὁτι προσαιτης *ἠν*, ἐλεγον·

8 οὐχ οὑτος *ἐστιν* ὁ καθημενος και προσαιτων;

9 ἀλλοι ἐλεγον ὁτι οὑτος *ἐστιν*·

9 οὐχι, ἀλλα ὁμοιος αὐτω *ἐστιν*.

9 ἐκεινος ἐλεγεν ὁτι ἐγω *εἰμι*.

12 και εἰπαν αὐτω· ποῦ *ἐστιν* ἐκεινος;

14 *ἠν* δε σαββατον ἐν ἡ ἡμερα τον πηλον ἐποιησεν ὁ ἰησους και ἀνεωξεν αὐτου τους ὀφθαλμους.

16 οὐκ *ἐστιν* οὑτος παρα θεου ὁ ἀνθρωπος, ὁτι το σαββατον οὐ τηρει.

16 και σχισμα *ἠν* ἐν αὐτοις.

17 ὁ δε εἰπεν ὁτι προφητης *ἐστιν*.

18 οὐκ ἐπιστευσαν οὐν οἱ ἰουδαιοι περι αὐτου ὁτι *ἠν* τυφλος και ἀνεβλεψεν,

19 οὑτος *ἐστιν* ὁ υἱος ὑμων, ὁν ὑμεις λεγετε ὁτι τυφλος ἐγεννηθη; πῶς οὐν βλεπει ἀρτι;

20 οἰδαμεν ὁτι οὑτος *ἐστιν* ὁ υἱος ἡμων και ὁτι τυφλος ἐγεννηθη·

εἰμι [2461]

Jh 9 24 ἐφωνησαν οὐν τον ἀνθρωπον ἐκ δευτερου ὁς *ἠν* τυφλος,

24 ἡμεις οἰδαμεν ὁτι οὑτος ὁ ἀνθρωπος ἀμαρτωλος *ἐστιν*.

25 εἰ ἀμαρτωλος *ἐστιν* οὐκ οἰδα· ἐν οἰδα, ὁτι τυφλος ὠν ἀρτι βλεπω.

25 εἰ ἀμαρτωλος ἐστιν οὐκ οἰδα· ἐν οἰδα, ὁτι τυφλος *ὠν* ἀρτι βλεπω.

28 συ μαθητης *εἰ* ἐκεινου, ἡμεις δε του μωυσεως *ἐσμεν* μαθηται·

28 συ μαθητης εἰ ἐκεινου, ἡμεις δε του μωυσεως *ἐσμεν* μαθηται·

29 ἡμεις οἰδαμεν ὁτι μωυσει λελαληκεν ὁ θεος, τουτον δε οὐκ οἰδαμεν ποθεν *ἐστιν*.

30 ἐν τουτω γαρ το θαυμαστον *ἐστιν*, ὁτι ὑμεις οὐκ οἰδατε ποθεν *ἐστιν*, και ἠνοιξεν μου τους ὀφθαλμους.

30 ἐν τουτω γαρ το θαυμαστον *ἐστιν*, ὁτι ὑμεις οὐκ οἰδατε ποθεν *ἐστιν*, και ἠνοιξεν μου τους ὀφθαλμους.

31 ἀλλ ἐαν τις θεοσεβης *ἠ* και το θελημα αὐτου ποιη, τουτου ἀκουει.

33 εἰ μη *ἠν* οὑτος παρα θεου, οὐκ ἠδυνατο ποιειν οὐδεν.

36 και τίς *ἐστιν*, κυριε, ἰνα πιστευσω εἰς αὐτον;

37 και ἑωρακας αὐτον και ὁ λαλων μετα σου ἐκεινος *ἐστιν*.

40 ἠκουσαν ἐκ των φαρισαιων ταυτα οἱ μετ αὐτου *ὀντες*,

40 μη και ἡμεις τυφλοι *ἐσμεν*;

41 εἰ τυφλοι *ἠτε*, οὐκ ἀν εἰχετε ἀμαρτιαν·

10 1 ὁ μη εἰσερχομενος δια της θυρας εἰς την αὐλην των προβατων ἀλλα ἀναβαινων ἀλλαχοθεν, ἐκεινος κλεπτης *ἐστιν* και ληστης·

2 ὁ δε εἰσερχομενος δια της θυρας ποιμην *ἐστιν* των προβατων.

6 ἐκεινοι δε οὐκ ἐγνωσαν τίνα *ἠν* ἁ ἐλαλει αὐτοις.

7 ἀμην ἀμην λεγω ὑμιν ὁτι ἐγω *εἰμι* ἡ θυρα των προβατων.

8 παντες ὁσοι ἠλθον [προ ἐμου] κλεπται *εἰσιν* και λησται·

9 ἐγω *εἰμι* ἡ θυρα.

11 ἐγω *εἰμι* ὁ ποιμην ὁ καλος.

12 ὁ μισθωτος και οὐκ *ὠν* ποιμην, οὑ οὐκ *ἐστιν* τα προβατα ἰδια, θεωρει τον λυκον ἐρχομενον και ἀφιησιν τα προβατα και φευγει,

12 ὁ μισθωτος και οὐκ *ὠν* ποιμην, οὑ οὐκ *ἐστιν* τα προβατα ἰδια, θεωρει τον λυκον ἐρχομενον και ἀφιησιν τα προβατα και φευγει,

13 ὁτι μισθωτος *ἐστιν* και οὐ μελει αὐτω περι των προβατων.

14 ἐγω *εἰμι* ὁ ποιμην ὁ καλος,

16 και ἀλλα προβατα ἐχω ἁ οὐκ *ἐστιν* ἐκ της αὐλης ταυτης·

21 ταυτα τα ρηματα οὐκ *ἐστιν* δαιμονιζομενου· μη δαιμονιον δυναται τυφλων ὀφθαλμους ἀνοιξαι;

22 ἐγενετο τοτε τα ἐγκαινια ἐν τοις ἱεροσολυμοις· χειμων *ἠν*·

24 εἰ συ *εἰ* ὁ χριστος, εἰπε ἡμιν παρρησια.

26 ἀλλα ὑμεις οὐ πιστευετε, ὁτι οὐκ *ἐστε* ἐκ των προβατων των ἐμων.

29 ὁ πατηρ μου ὁ δεδωκεν μοι παντων μειζον *ἐστιν*,

30 ἐγω και ὁ πατηρ ἐν *ἐσμεν*.

33 περι καλου ἐργου οὐ λιθαζομεν σε ἀλλα περι βλασφημιας, και ὁτι συ ἀνθρωπος *ὠν* ποιεις σεαυτον θεον.

34 οὐκ *ἐστιν* γεγραμμενον ἐν τω νομω ὑμων ὁτι ἐγω εἰπα· θεοι *ἐστε*;

34 οὐκ *ἐστιν* γεγραμμενον ἐν τω νομω ὑμων ὁτι ἐγω εἰπα· θεοι *ἐστε*;

36 ὁν ὁ πατηρ ἡγιασεν και ἀπεστειλεν εἰς τον κοσμον ὑμεις λεγετε ὁτι βλασφημεις, ὁτι εἰπον· υἱος του θεου *εἰμι*;

40 και ἀπηλθεν παλιν περαν του ἰορδανου εἰς τον τοπον ὁπου *ἠν* ἰωαννης το πρωτον βαπτιζων,

41 παντα δε ὁσα εἰπεν ἰωαννης περι τουτου ἀληθη *ἠν*.

11 1 *ἠν* δε τις ἀσθενων, λαζαρος ἀπο βηθανιας,

2 *ἠν* δε μαριαμ ἡ ἀλειψασα τον κυριον μυρω και ἐκμαξασα τους ποδας αὐτου ταις θριξιν αὐτης,

4 αὐτη ἡ ἀσθενεια οὐκ *ἐστιν* προς θανατον ἀλλ ὑπερ της δοξης του θεου,

6 ὡς οὐν ἠκουσεν ὁτι ἀσθενει, τοτε μεν ἐμεινεν ἐν ᾡ *ἠν* τοπω δυο ἡμερας·

9 οὐχι δωδεκα ὡραι *εἰσιν* της ἡμερας;

10 ἐαν δε τις περιπατη ἐν τη νυκτι, προσκοπτει, ὁτι το φως οὐκ *ἐστιν* ἐν αὐτω.

15 ἰνα πιστευσητε, ὁτι οὐκ *ἠμην* ἐκει·

18 *ἠν* δε ἡ βηθανια ἐγγυς των ἱεροσολυμων ὡς ἀπο σταδιων δεκαπεντε.

21 κυριε, εἰ *ἠς* ὡδε, οὐκ ἀν ἀπεθανεν ὁ ἀδελφος μου.

25 ἐγω *εἰμι* ἡ ἀναστασις και ἡ ζωη·

27 ἐγω πεπιστευκα ὁτι συ *εἰ* ὁ χριστος ὁ υἱος του θεου ὁ εἰς τον κοσμον ἐρχομενος.

30 οὐπω δε ἐληλυθει ὁ ἰησους εἰς την κωμην, ἀλλ *ἠν* ἐτι ἐν τω τοπω ὁπου ὑπηντησεν αὐτω ἡ μαρθα.

εἰμί [2461]

Jh	11 31	οἱ οὖν ἰουδαιοι οἱ *ὄντες* μετ αὐτης ἐν τη οἰκια και παραμυθουμενοι αὐτην, ἰδοντες την μαριαμ ὅτι ταχεως ἀνεστη και ἐξηλθεν, ἠκολουθησαν αὐτη,
	32	ἡ οὖν μαριαμ ὡς ἠλθεν ὁπου *ἦν* ἰησους, ἰδουσα αὐτον ἐπεσεν αὐτου προς τους ποδας,
	32	κυριε, εἰ *ἦς* ὡδε, οὐκ ἄν μου ἀπεθανεν ὁ ἀδελφος.
	38	*ἦν* δε σπηλαιον,
	39	κυριε, ἠδη ὀζει· τεταρταιος γαρ *ἐστιν.*
	49	εἰς δε τις ἐξ αὐτων καιαφας, ἀρχιερευς *ὤν* του ἐνιαυτου ἐκεινου, εἰπεν αὐτοις·
	51	τουτο δε ἀφ ἑαυτου οὐκ εἰπεν, ἀλλα ἀρχιερευς *ὤν* του ἐνιαυτου ἐκεινου ἐπροφητευσεν
	55	*ἦν* δε ἐγγυς το πασχα των ἰουδαιων,
	57	δεδωκεισαν δε οἱ ἀρχιερεις και οἱ φαρισαιοι ἐντολας ἱνα ἐαν τις γνω ποῦ *ἐστιν* μηνυση, ὁπως πιασωσιν αὐτον.
	12 1	ὁ οὖν ἰησους προ ἐξ ἡμερων του πασχα ἠλθεν εἰς βηθανιαν, ὁπου *ἦν* λαζαρος,
	2	ὁ δε λαζαρος εἱς *ἦν* ἐκ των ἀνακειμενων συν αὐτω·
	6	εἰπεν δε τουτο οὐχ ὅτι περι των πτωχων ἐμελεν αὐτω, ἀλλ ὅτι κλεπτης *ἦν* και το γλωσσοκομον ἐχων τα βαλλομενα ἐβασταζεν·
	9	ἐγνω οὖν [ὁ] ὀχλος πολυς ἐκ των ἰουδαιων ὅτι ἐκει *ἐστιν,*
	14	εὑρων δε ὁ ἰησους ὀναριον ἐκαθισεν ἐπ αὐτο, καθως *ἐστιν* γεγραμμενον·
	16	ἀλλ ὁτε ἐδοξασθη ἰησους, τοτε ἐμνησθησαν ὅτι ταυτα *ἦν* ἐπ αὐτω γεγραμμενα και ταυτα ἐποιησαν αὐτω.
	17	ἐμαρτυρει οὖν ὁ ὀχλος ὁ *ὤν* μετ αὐτου ὁτε τον λαζαρον ἐφωνησεν ἐκ του μνημειου και ἠγειρεν αὐτον ἐκ νεκρων.
	20	ἠσαν δε ἑλληνες τινες ἐκ των ἀναβαινοντων ἱνα προσκυνησωσιν ἐν τη ἑορτη·
	26	και ὁπου *εἰμι* ἐγω, ἐκει και ὁ διακονος ὁ ἐμος ἐσται·
	26	και ὁπου *εἰμι* ἐγω, ἐκει και ὁ διακονος ὁ ἐμος *ἐσται·*
	31	νυν κρισις *ἐστιν* του κοσμου τουτου·
	34	τίς *ἐστιν* οὑτος ὁ υἱος του ἀνθρωπου;
	35	ἐτι μικρον χρονον το φως ἐν ὑμιν *ἐστιν.*
	50	και οἰδα ὅτι ἡ ἐντολη αὐτου ζωη αἰωνιος *ἐστιν.*
	13 5	εἱτα βαλλει ὑδωρ εἰς τον νιπτηρα, και ἠρξατο νιπτειν τους ποδας των μαθητων και ἐκμασσειν τω λεντιω ᾡ *ἦν* διεζωσμενος.
	10	ὁ λελουμενος οὐκ ἐχει χρειαν εἰ μη τους ποδας νιψασθαι, ἀλλ *ἐστιν* καθαρος ὁλος·
	10	και ὑμεις καθαροι *ἐστε,* ἀλλ οὐχι παντες.
	11	δια τουτο εἰπεν ὅτι οὐχι παντες καθαροι *ἐστε.*
	13	ὑμεις φωνειτε με· ὁ διδασκαλος και ὁ κυριος, και καλως λεγετε· *εἰμι* γαρ.
	16	οὐκ *ἐστιν* δουλος μειζων του κυριου αὐτου,
	17	εἰ ταυτα οἰδατε, μακαριοι *ἐστε* ἐαν ποιητε αὐτα.
	19	ἀπ ἀρτι λεγω ὑμιν προ του γενεσθαι, ἱνα πιστευσητε ὁταν γενηται ὅτι ἐγω *εἰμι.*
	23	*ἦν* ἀνακειμενος εἱς ἐκ των μαθητων αὐτου ἐν τω κολπω του ἰησου, ὃν ἠγαπα ὁ ἰησους·
	24	νευει οὖν τουτω σιμων πετρος πυθεσθαι τίς ἄν *εἰη* περι οὗ λεγει.
	25	ἀναπεσων οὖν ἐκεινος οὑτως ἐπι το στηθος του ἰησου λεγει αὐτω· κυριε, τίς *ἐστιν;*
	26	ἐκεινος *ἐστιν* ᾡ ἐγω βαψω το ψωμιον και δωσω αὐτω.
	30	λαβων οὖν το ψωμιον ἐκεινος ἐξηλθεν εὐθυς· *ἦν* δε νυξ.
	33	τεκνια, ἐτι μικρον μεθ ὑμων *εἰμι·*
	35	ἐν τουτω γνωσονται παντες ὅτι ἐμοι μαθηται *ἐστε,* ἐαν ἀγαπην ἐχητε ἐν ἀλληλοις.
	14 2	ἐν τη οἰκια του πατρος μου μοναι πολλαι *εἰσιν·*
	3	παλιν ἐρχομαι και παραλημψομαι ὑμας προς ἐμαυτον, ἱνα ὁπου *εἰμι* ἐγω και ὑμεις ἠτε.
	3	παλιν ἐρχομαι και παραλημψομαι ὑμας προς ἐμαυτον, ἱνα ὁπου *εἰμι* ἐγω και ὑμεις *ἠτε.*
	6	ἐγω *εἰμι* ἡ ὁδος και ἡ ἀληθεια και ἡ ζωη·
	9	τοσουτω χρονω μεθ ὑμων *εἰμι* και οὐκ ἐγνωκας με, φιλιππε;
	10	οὐ πιστευεις ὅτι ἐγω ἐν τω πατρι και ὁ πατηρ ἐν ἐμοι *ἐστιν;*
	16	καγω ἐρωτησω τον πατερα και ἀλλον παρακλητον δωσει ὑμιν, ἱνα μεθ ὑμων εἰς τον αἰωνα *ᾖ,* το πνευμα της ἀληθειας,
	17	ὑμεις γινωσκετε αὐτο, ὅτι παρ ὑμιν μενει και ἐν ὑμιν *ἐσται.*
	21	ὁ ἐχων τας ἐντολας μου και τηρων αὐτας, ἐκεινος *ἐστιν* ὁ ἀγαπων με·
	24	και ὁ λογος ὃν ἀκουετε οὐκ *ἐστιν* ἐμος ἀλλα του πεμψαντος με πατρος.
	28	εἰ ἠγαπατε με, ἐχαρητε ἄν ὅτι πορευομαι προς τον πατερα, ὅτι ὁ πατηρ μειζων μου *ἐστιν.*
	15 1	ἐγω *εἰμι* ἡ ἀμπελος ἡ ἀληθινη, και ὁ πατηρ μου ὁ γεωργος *ἐστιν.*

εἰμί [2461]

Jh	15 1	ἐγω *εἰμι* ἡ ἀμπελος ἡ ἀληθινη, και ὁ πατηρ μου ὁ γεωργος *ἐστιν.*
	3	ἠδη ὑμεις καθαροι *ἐστε* δια τον λογον ὃν λελαληκα ὑμιν·
	5	ἐγω *εἰμι* ἡ ἀμπελος, ὑμεις τα κληματα.
	11	ταυτα λελαληκα ὑμιν ἱνα ἡ χαρα ἡ ἐμη ἐν ὑμιν ᾖ και ἡ χαρα ὑμων πληρωθη.
	12	αὑτη *ἐστιν* ἡ ἐντολη ἡ ἐμη, ἱνα ἀγαπατε ἀλληλους καθως ἠγαπησα ὑμας.
	14	ὑμεις φιλοι μου *ἐστε,* ἐαν ποιητε ἃ ἐγω ἐντελλομαι ὑμιν.
	19	εἰ ἐκ του κοσμου *ἦτε,* ὁ κοσμος ἄν το ἰδιον ἐφιλει·
	19	ὅτι δε ἐκ του κοσμου οὐκ *ἐστε,* ἀλλ ἐγω ἐξελεξαμην ὑμας ἐκ του κοσμου, δια τουτο μισει ὑμας ὁ κοσμος.
	20	οὐκ *ἐστιν* δουλος μειζων του κυριου αὐτου.
	27	και ὑμεις δε μαρτυρειτε, ὅτι ἀπ ἀρχης μετ ἐμου *ἐστε.*
	16 4	ταυτα δε ὑμιν ἐξ ἀρχης οὐκ εἰπον, ὅτι μεθ ὑμων *ἠμην.*
	15	παντα ὁσα ἐχει ὁ πατηρ ἐμα *ἐστιν·*
	17	τί *ἐστιν* τουτο ὁ λεγει ἡμιν· μικρον και οὐ θεωρειτε με, και παλιν μικρον και ὀψεσθε με;
	18	τί *ἐστιν* τουτο [ὁ λεγει] το μικρον; οὐκ οἰδαμεν τί λαλει.
	24	αἰτειτε, και λημψεσθε, ἱνα ἡ χαρα ὑμων ᾖ πεπληρωμενη.
	32	και οὐκ *εἰμι* μονος, ὅτι ὁ πατηρ μετ ἐμου *ἐστιν.*
	32	και οὐκ *εἰμι* μονος, ὅτι ὁ πατηρ μετ ἐμου *ἐστιν.*
	17 3	αὑτη δε *ἐστιν* ἡ αἰωνιος ζωη, ἱνα γινωσκωσιν σέ τον μονον ἀληθινον θεον και ὃν ἀπεστειλας ἰησουν χριστον.
	5	και νυν δοξασον με συ, πατερ, παρα σεαυτω τη δοξη ᾖ εἰχον προ του τον κοσμον *εἰναι* παρα σοί.
	6	σοι *ἦσαν* καμοι αὐτους ἐδωκας, και τον λογον σου τετηρηκαν.
	7	νυν ἐγνωκαν ὅτι παντα ὁσα δεδωκας μοι παρα σοῦ *εἰσιν·*
	9	οὐ περι του κοσμου ἐρωτω, ἀλλα περι ὡν δεδωκας μοι, ὅτι σοι *εἰσιν,*
	10	και τα ἐμα παντα σα *ἐστιν* και τα σα ἐμα,
	11	και οὐκετι *εἰμι* ἐν τω κοσμω, και αὐτοι ἐν τω κοσμω *εἰσιν,*
	11	και οὐκετι *εἰμι* ἐν τω κοσμω, και αὐτοι ἐν τω κοσμω *εἰσιν,*
	11	πατερ ἁγιε, τηρησον αὐτους ἐν τω ὀνοματι σου ᾡ δεδωκας μοι, ἱνα ὡσιν ἐν καθως ἡμεις.
	12	ὁτε *ἠμην* μετ αὐτων, ἐγω ἐτηρουν αὐτους ἐν τω ὀνοματι σου ᾡ δεδωκας μοι,
	14	και ὁ κοσμος ἐμισησεν αὐτους, ὅτι οὐκ *εἰσιν* ἐκ του κοσμου καθως ἐγω οὐκ *εἰμι* ἐκ του κοσμου.
	14	και ὁ κοσμος ἐμισησεν αὐτους, ὅτι οὐκ *εἰσιν* ἐκ του κοσμου καθως ἐγω οὐκ *εἰμι* ἐκ του κοσμου.
	16	ἐκ του κοσμου οὐκ *εἰσιν* καθως ἐγω οὐκ *εἰμι* ἐκ του κοσμου.
	16	ἐκ του κοσμου οὐκ *εἰσιν* καθως ἐγω οὐκ *εἰμι* ἐκ του κοσμου.
	17	ὁ λογος ὁ σος ἀληθεια *ἐστιν.*
	19	και ὑπερ αὐτων ἐγω ἁγιαζω ἐμαυτον, ἱνα ὡσιν και αὐτοι ἡγιασμενοι ἐν ἀληθεια.
	21	ἀλλα και περι των πιστευοντων δια του λογου αὐτων εἰς ἐμε, ἱνα παντες ἐν ὡσιν, καθως συ, πατερ, ἐν ἐμοι καγω ἐν σοί,
	21	ἱνα και αὐτοι ἐν ἡμιν ὡσιν, ἱνα ὁ κοσμος πιστευη ὅτι συ με ἀπεστειλας.
	22	καγω την δοξαν ἡν δεδωκας μοι δεδωκα αὐτοις, ἱνα ὡσιν ἐν καθως ἡμεις ἐν·
	23	ἐγω ἐν αὐτοις και συ ἐν ἐμοι, ἱνα ὡσιν τετελειωμενοι εἰς ἐν,
	24	πατερ, ὃ δεδωκας μοι, θελω ἱνα ὁπου *εἰμι* ἐγω κακεινοι ὡσιν μετ ἐμου,
	24	πατερ, ὃ δεδωκας μοι, θελω ἱνα ὁπου *εἰμι* ἐγω κακεινοι ὡσιν μετ ἐμου,
	26	και ἐγνωρισα αὐτοις το ὀνομα σου και γνωρισω, ἱνα ἡ ἀγαπη ἡν ἠγαπησας με ἐν αὐτοις ᾖ καγω ἐν αὐτοις.
	18 1	ταυτα εἰπων ἰησους ἐξηλθεν συν τοις μαθηταις αὐτου περαν του χειμαρρου του κεδρων, ὁπου *ἦν* κηπος,
	5	λεγει αὐτοις· ἐγω *εἰμι.*
	6	ὡς οὖν εἰπεν αὐτοις· ἐγω *εἰμι,* ἀπηλθον εἰς τα ὀπισω και ἐπεσαν χαμαι.
	8	ἀπεκριθη ἰησους· εἰπον ὑμιν ὅτι ἐγω *εἰμι·*
	10	*ἦν* δε ὀνομα τω δουλω μαλχος.
	13	και ἠγαγον προς ἀνναν πρωτον· *ἦν* γαρ πενθερος του καιαφα,
	13	*ἦν* γαρ πενθερος του καιαφα, ὃς *ἦν* ἀρχιερευς του ἐνιαυτου ἐκεινου·
	14	*ἦν* δε καιαφας ὁ συμβουλευσας τοις ἰουδαιοις ὅτι συμφερει ἑνα ἀνθρωπον ἀποθανειν ὑπερ του λαου.
	15	ὁ δε μαθητης ἐκεινος *ἦν* γνωστος τω ἀρχιερει,
	17	μη και συ ἐκ των μαθητων *εἰ* του ἀνθρωπου τουτου;
	17	λεγει ἐκεινος· οὐκ *εἰμι.*
	18	εἱστηκεισαν δε οἱ δουλοι και οἱ ὑπηρεται ἀνθρακιαν πεποιηκοτες, ὅτι ψυχος *ἦν,*
	18	*ἦν* δε και ὁ πετρος μετ αὐτων ἑστως και θερμαινομενος.
	25	*ἦν* δε σιμων πετρος ἑστως και θερμαινομενος.

εἰμι [2461]

Jh	18 25	μη και συ ἐκ των μαθητων αὐτου *εἰ*;
	25	ἠρνησατο ἐκεινος και εἰπεν· οὐκ *εἰμι*.
	26	λεγει εἰς ἐκ των δουλων του ἀρχιερεως, συγγενης ὢν οὗ ἀπεκοψεν πετρος το ὠτιον· οὐκ ἐγω σε εἶδον ἐν τω κηπω μετ αὐτου;
	28	ἀγουσιν οὐν τον ἰησουν ἀπο του καιαφα εἰς το πραιτωριον· *ἠν* δε πρωι·
	30	εἰ μη *ἠν* οὑτος κακον ποιων, οὐκ ἀν σοι παρεδωκαμεν αὐτον.
	33	συ *εἰ* ὁ βασιλευς των ἰουδαιων;
	35	μητι ἐγω ἰουδαιος *εἰμι*;
	36	ἡ βασιλεια ἡ ἐμη οὐκ *ἐστιν* ἐκ του κοσμου τουτου·
	36	εἰ ἐκ του κοσμου τουτου *ἠν* ἡ βασιλεια ἡ ἐμη, οἱ ὑπηρεται οἱ ἐμοι ἠγωνιζοντο [ἀν],
	36	νυν δε ἡ βασιλεια ἡ ἐμη οὐκ *ἐστιν* ἐντευθεν.
	37	οὐκουν βασιλευς *εἰ* συ;
	37	συ λεγεις ὁτι βασιλευς *εἰμι*.
	37	πας ὁ ὢν ἐκ της ἀληθειας ἀκουει μου της φωνης.
	38	λεγει αὐτω ὁ πιλατος· τι *ἐστιν* ἀληθεια;
	39	*ἐστιν* δε συνηθεια ὑμιν ἱνα ἑνα ἀπολυσω ὑμιν ἐν τω πασχα·
	40	*ἠν* δε ὁ βαραββας ληστης.
	19 9	και εἰσηλθεν εἰς το πραιτωριον παλιν και λεγει τω ἰησου· ποθεν *εἰ* συ;
	11	οὐκ εἰχες ἐξουσιαν κατ ἐμου οὐδεμιαν εἰ μη *ἠν* δεδομενον σοι ἀνωθεν·
	12	ἐαν τουτον ἀπολυσης, οὐκ *εἰ* φιλος του καισαρος·
	14	*ἠν* δε παρασκευη του πασχα, ὡρα *ἠν* ὡς ἑκτη·
	14	*ἠν* δε παρασκευη του πασχα, ὡρα *ἠν* ὡς ἑκτη·
	19	*ἠν* δε γεγραμμενον· ἰησους ὁ ναζωραιος ὁ βασιλευς των ἰουδαιων.
	20	τουτον οὐν τον τιτλον πολλοι ἀνεγνωσαν των ἰουδαιων, ὁτι ἐγγυς *ἠν* ὁ τοπος της πολεως ὁπου ἐσταυρωθη ὁ ἰησους·
	20	και *ἠν* γεγραμμενον ἑβραιστι, ῥωμαιστι, ἑλληνιστι.
	21	μη γραφε· ὁ βασιλευς των ἰουδαιων, ἀλλ ὁτι ἐκεινος εἰπεν· βασιλευς *εἰμι* των ἰουδαιων.
	23	*ἠν* δε ὁ χιτων ἀραφος, ἐκ των ἀνωθεν ὑφαντος δι ὁλου·
	24	μη σχισωμεν αὐτον, ἀλλα λαχωμεν περι αὐτου τινος *ἐσται*·
	31	οἱ οὐν ἰουδαιοι, ἐπει παρασκευη *ἠν*, ἱνα μη μεινη ἐπι του σταυρου τα σωματα ἐν τω σαββατω, *ἠν* γαρ μεγαλη ἡ ἡμερα ἐκεινου του σαββατου, ἠρωτησαν τον πιλατον
	31	οἱ οὐν ἰουδαιοι, ἐπει παρασκευη *ἠν*, ἱνα μη μεινη ἐπι του σταυρου τα σωματα ἐν τω σαββατω, *ἠν* γαρ μεγαλη ἡ ἡμερα ἐκεινου του σαββατου, ἠρωτησαν τον πιλατον
	35	και ὁ ἑωρακως μεμαρτυρηκεν, και ἀληθινη αὐτου *ἐστιν* ἡ μαρτυρια,
	38	μετα δε ταυτα ἠρωτησεν τον πιλατον ἰωσηφ [ὁ] ἀπο ἁριμαθαιας, ὢν μαθητης του ἰησου κεκρυμμενος δε δια τον φοβον των ἰουδαιων, ἱνα ἀρη το σωμα του ἰησου·
	40	ἐλαβον οὐν το σωμα του ἰησου και ἐδησαν αὐτο ὀθονιοις μετα των ἀρωματων, καθως ἐθος *ἐστιν* τοις ἰουδαιοις ἐνταφιαζειν.
	41	*ἠν* δε ἐν τω τοπω ὁπου ἐσταυρωθη κηπος,
	41	και ἐν τω κηπω μνημειον καινον, ἐν ᾡ οὐδεπω οὐδεις *ἠν* τεθειμενος·
	42	ἐκει οὐν δια την παρασκευην των ἰουδαιων, ὁτι ἐγγυς *ἠν* το μνημειον, ἐθηκαν τον ἰησουν.
	20 1	τη δε μια των σαββατων μαρια ἡ μαγδαληνη ἐρχεται πρωι σκοτιας ἐτι *οὐσης* εἰς το μνημειον,
	7	και θεωρει τα ὀθονια κειμενα, και το σουδαριον, ὁ *ἠν* ἐπι της κεφαλης αὐτου, οὐ μετα των ὀθονιων κειμενον ἀλλα χωρις ἐντετυλιγμενον εἰς ἑνα τοπον.
	14	και θεωρει τον ἰησουν ἑστωτα, και οὐκ ἡδει ὁτι ἰησους *ἐστιν*.
	15	ἐκεινη δοκουσα ὁτι ὁ κηπουρος *ἐστιν*, λεγει αὐτω·
	19	*οὐσης* οὐν ὀψιας τη ἡμερα ἐκεινη τη μια σαββατων,
	19	και των θυρων κεκλεισμενων ὁπου *ἠσαν* οἱ μαθηται δια τον φοβον των ἰουδαιων,
	24	θωμας δε εἰς ἐκ των δωδεκα, ὁ λεγομενος διδυμος, οὐκ *ἠν* μετ αὐτων ὁτε ἠλθεν ἰησους.
	26	και μεθ ἡμερας ὀκτω παλιν *ἠσαν* ἑσω οἱ μαθηται αὐτου, και θωμας μετ αὐτων.
	30	πολλα μεν οὐν και ἀλλα σημεια ἐποιησεν ὁ ἰησους ἐνωπιον των μαθητων [αὐτου], ἀ οὐκ *ἐστιν* γεγραμμενα ἐν τω βιβλιω τουτω·
	31	ταυτα δε γεγραπται ἱνα πιστευ[σ]ητε ὁτι ἰησους *ἐστιν* ὁ χριστος ὁ υἱος του θεου,
	21 2	*ἠσαν* ὁμου σιμων πετρος και θωμας ὁ λεγομενος διδυμος και ναθαναηλ ὁ ἀπο κανα της γαλιλαιας και οἱ του ζεβεδαιου και ἀλλοι ἐκ των μαθητων αὐτου δυο.
	4	οὐ μεντοι ἡδεισαν οἱ μαθηται ὁτι ἰησους *ἐστιν*.

εἰμι [2461]

Jh	21 7	λεγει οὐν ὁ μαθητης ἐκεινος ὁν ἠγαπα ὁ ἰησους τω πετρω· ὁ κυριος *ἐστιν*.
	7	ἀκουσας ὁτι ὁ κυριος *ἐστιν*, τον ἐπενδυτην διεζωσατο, *ἠν* γαρ γυμνος,
	7	ἀκουσας ὁτι ὁ κυριος *ἐστιν*, τον ἐπενδυτην διεζωσατο, *ἠν* γαρ γυμνος,
	8	οἱ δε ἀλλοι μαθηται τω πλοιαριω ἠλθον, οὐ γαρ *ἠσαν* μακραν ἀπο της γης ἀλλα ὡς ἀπο πηχων διακοσιων, συροντες το δικτυον των ἰχθυων.
	11	και τοσουτων ὀντων οὐκ ἐσχισθη το δικτυον.
	12	οὐδεις δε ἐτολμα των μαθητων ἐξετασαι αὐτον· συ τις *εἰ*;
	12	εἰδοτες ὁτι ὁ κυριος *ἐστιν*.
	18	ὁτε *ἠς* νεωτερος, ἐζωννυες σεαυτον και περιεπατεις ὁπου ἠθελες·
	20	κυριε, τις *ἐστιν* ὁ παραδιδους σε;
	24	οὑτος *ἐστιν* ὁ μαθητης ὁ μαρτυρων περι τουτων και ὁ γραψας ταυτα,
	24	οὑτος *ἐστιν* ὁ μαθητης ὁ μαρτυρων περι τουτων και ὁ γραψας ταυτα, και οἰδαμεν ὁτι ἀληθης αὐτου ἡ μαρτυρια *ἐστιν*.
	25	*ἐστιν* δε και ἀλλα πολλα ἀ ἐποιησεν ὁ ἰησους,
Ac	1 7	οὐχ ὑμων *ἐστιν* γνωναι χρονους ἡ καιρους οὐς ὁ πατηρ ἐθετο ἐν τη ἰδια ἐξουσια,
	8	και ἐσεσθε μου μαρτυρες ἐν τε ἰερουσαλημ και [ἐν] παση τη ἰουδαια και σαμαρεια και ἑως ἐσχατου της γης.
	10	και ὡς ἀτενιζοντες *ἠσαν* εἰς τον οὐρανον πορευομενου αὐτου, και ἰδου ἀνδρες δυο παρειστηκεισαν αὐτοις ἐν ἐσθησεσι λευκαις,
	12	τοτε ὑπεστρεψαν εἰς ἰερουσαλημ ἀπο ὁρους του καλουμενου ἐλαιωνος, ὁ *ἐστιν* ἐγγυς ἰερουσαλημ σαββατου ἐχον ὁδον.
	13	και ὁτε εἰσηλθον, εἰς το ὑπερωον ἀνεβησαν οὐ *ἠσαν* καταμενοντες, ὁ τε πετρος και ἰωαννης και ἰακωβος και ἀνδρεας,
	14	οὑτοι παντες *ἠσαν* προσκαρτερουντες ὁμοθυμαδον τη προσευχη συν γυναιξιν και μαριαμ τη μητρι του ἰησου και τοις ἀδελφοις αὐτου.
	15	και ἐν ταις ἡμεραις ταυταις ἀναστας πετρος ἐν μεσω των ἀδελφων εἰπεν· *ἠν* τε ὀχλος ὀνοματων ἐπι το αὐτο ὡσει ἑκατονεικοσι· ἀνδρες ἀδελφοι, ἐδει πληρωθηναι την γραφην
	17	ὁτι κατηριθμημενος *ἠν* ἐν ἡμιν και ἐλαχεν τον κληρον της διακονιας ταυτης.
	19	και γνωστον ἐγενετο πασι τοις κατοικουσιν ἰερουσαλημ, ὡστε κληθηναι το χωριον ἐκεινο τη ἰδια διαλεκτω αὐτων ἁκελδαμαχ, τουτ *ἐστιν* χωριον αἱματος.
	20	γενηθητω ἡ ἐπαυλις αὐτου ἐρημος και μη *ἐστω* ὁ κατοικων ἐν αὐτη, και· την ἐπισκοπην αὐτου λαβετω ἑτερος.
	2 1	και ἐν τω συμπληρουσθαι την ἡμεραν της πεντηκοστης *ἠσαν* παντες ὁμου ἐπι το αὐτο·
	2	και ἐγενετο ἀφνω ἐκ του οὐρανου ἠχος ὡσπερ φερομενης πνοης βιαιας και ἐπληρωσεν ὁλον τον οἰκον οὐ *ἠσαν* καθημενοι,
	5	*ἠσαν* δε εἰς ἰερουσαλημ κατοικουντες ἰουδαιοι,
	7	οὐχ ἰδου ἁπαντες οὑτοι *εἰσιν* οἱ λαλουντες γαλιλαιοι;
	12	τι θελει τουτο *εἰναι*;
	13	ἑτεροι δε διαχλευαζοντες ἐλεγον ὁτι γλευκους μεμεστωμενοι *εἰσιν*.
	14	ἀνδρες ἰουδαιοι και οἱ κατοικουντες ἰερουσαλημ παντες, τουτο ὑμιν γνωστον *ἐστω*,
	15	οὐ γαρ ὡς ὑμεις ὑπολαμβανετε οὑτοι μεθυουσιν, *ἐστιν* γαρ ὡρα τριτη της ἡμερας, ἀλλα τουτο ἐστιν το εἰρημενον δια του προφητου ἰωηλ·
	16	οὐ γαρ ὡς ὑμεις ὑπολαμβανετε οὑτοι μεθυουσιν, *ἐστιν* γαρ ὡρα τριτη της ἡμερας, ἀλλα τουτο *ἐστιν* το εἰρημενον δια του προφητου ἰωηλ.
	17	και *ἐσται* ἐν ταις ἐσχαταις ἡμεραις, λεγει ὁ θεος,
	21	και *ἐσται* πας ὁς ἀν ἐπικαλεσηται το ὀνομα κυριου σωθησεται.
	24	ὁν ὁ θεος ἀνεστησεν λυσας τας ὠδινας του θανατου, καθοτι οὐκ *ἠν* δυνατον κρατεισθαι αὐτον ὑπ αὐτου.
	25	προορωμην τον κυριον ἐνωπιον μου δια παντος, ὁτι ἐκ δεξιων μου *ἐστιν* ἱνα μη σαλευθω.
	29	ὁτι και ἐτελευτησεν και ἐταφη, και το μνημα αὐτου *ἐστιν* ἐν ἡμιν ἀχρι της ἡμερας ταυτης.
	32	τουτον τον ἰησουν ἀνεστησεν ὁ θεος, οὐ παντες ἡμεις *ἐσμεν* μαρτυρες·
	39	ὑμιν γαρ *ἐστιν* ἡ ἐπαγγελια και τοις τεκνοις ὑμων και πασιν τοις εἰς μακραν,
	42	*ἠσαν* δε προσκαρτερουντες τη διδαχη των ἀποστολων και τη κοινωνια, τη κλασει του ἀρτου και ταις προσευχαις.

εἰμι [2461]

Ac   2 44   παντες δε οἱ πιστευοντες *ἠσαν* ἐπι το αὐτο και εἰχον ἁπαντα κοινα,

3 10   ἐπεγινωσκον δε αὐτον, ὁτι αὐτος *ἠν* ὁ προς την ἐλεημοσυνην καθημενος ἐπι τη ὡραια πυλη του ἱερου,

15   τον δε ἀρχηγον της ζωης ἀπεκτεινατε, ὁν ὁ θεος ἠγειρεν ἐκ νεκρων, οὑ ἡμεις μαρτυρες *ἐσμεν.*

23   *ἐσται* δε πασα ψυχη ἡτις ἐαν μη ἀκουση του προφητου ἐκεινου ἐξολεθρευθησεται ἐκ του λαου.

25   ὑμεις *ἐστε* οἱ υἱοι των προφητων και της διαθηκης ἡς διεθετο ὁ θεος προς τους πατερας ὑμων,

4 3   και ἐπεβαλον αὐτοις τας χειρας και ἐθεντο εἰς τηρησιν εἰς την αὐριον· *ἠν* γαρ ἑσπερα ἠδη.

6   και ἁννας ὁ ἀρχιερευς και καιαφας και ἰωαννης και ἀλεξανδρος και ὁσοι *ἠσαν* ἐκ γενους ἀρχιερατικου,

10   γνωστον *ἐστω* πασιν ὑμιν και παντι τω λαω ἰσραηλ, ὁτι ἐν τω ὀνοματι ἰησου χριστου του ναζωραιου, ὁν ὑμεις ἐσταυρωσατε, ὁν ὁ θεος ἠγειρεν ἐκ νεκρων, ἐν τουτω οὑτος παρεστηκεν ἐνωπιον ὑμων ὑγιης.

11   οὑτος *ἐστιν* ὁ λιθος ὁ ἐξουθενηθεις ὑφ ὑμων των οἰκοδομων, ὁ γενομενος εἰς κεφαλην γωνιας.

12   και οὐκ *ἐστιν* ἐν ἀλλω οὐδενι ἡ σωτηρια·

12   οὐδε γαρ ὀνομα *ἐστιν* ἑτερον ὑπο τον οὐρανον το δεδομενον ἐν ἀνθρωποις ἐν ᾡ δει σωθηναι ἡμας.

13   και καταλαβομενοι ὁτι ἀνθρωποι ἀγραμματοι *εἰσιν* και ἰδιωται, ἐθαυμαζον, ἐπεγινωσκον τε αὐτους ὁτι συν τω ἰησου *ἠσαν,*

13   και καταλαβομενοι ὁτι ἀνθρωποι ἀγραμματοι εἰσιν και ἰδιωται, ἐθαυμαζον, ἐπεγινωσκον τε αὐτους ὁτι συν τω ἰησου *ἠσαν,*

19   εἰ δικαιον *ἐστιν* ἐνωπιον του θεου, ὑμων ἀκουειν μαλλον ἡ του θεου, κρινατε·

22   ἐτων γαρ *ἠν* πλειονων τεσσερακοντα ὁ ἀνθρωπος ἐφ ὁν γεγονει το σημειον τουτο της ἰασεως.

31   και δεηθεντων αὐτων ἐσαλευθη ὁ τοπος ἐν ᾡ *ἠσαν* συνηγμενοι,

32   του δε πληθους των πιστευσαντων *ἠν* καρδια και ψυχη μια,

32   και οὐδε εἱς τι των ὑπαρχοντων αὐτω ἐλεγεν ἰδιον *εἰναι,*

32   και οὐδε εἱς τι των ὑπαρχοντων αὐτω ἐλεγεν ἰδιον εἰναι, ἀλλ *ἠν* αὐτοις ἁπαντα κοινα.

33   χαρις τε μεγαλη *ἠν* ἐπι παντας αὐτους.

34   οὐδε γαρ ἐνδεης τις *ἠν* ἐν αὐτοις·

36   ἰωσηφ δε ὁ ἐπικληθεις βαρναβας ἀπο των ἀποστολων, ὁ *ἐστιν* μεθερμηνευομενον υἱος παρακλησεως, λευιτης, κυπριος τω γενει,

5 12   και *ἠσαν* ὁμοθυμαδον παντες ἐν τη στοα σολομωντος·

17   ἀναστας δε ὁ ἀρχιερευς και παντες οἱ συν αὐτω, ἡ *οὑσα* αἱρεσις των σαδδουκαιων,

25   παραγενομενος δε τις ἀπηγγειλεν αὐτοις ὁτι ἰδου οἱ ἀνδρες, οὑς ἐθεσθε ἐν τη φυλακη, *εἰσιν* ἐν τω ἱερω ἑστωτες και διδασκοντες τον λαον.

32   και ἡμεις *ἐσμεν* μαρτυρες των ῥηματων τουτων,

36   προ γαρ τουτων των ἡμερων ἀνεστη θευδας, λεγων *εἰναι* τινα ἑαυτον, ᾡ προσεκλιθη ἀνδρων ἀριθμος ὡς τετρακοσιων·

38   ὁτι ἐαν ἠ ἐξ ἀνθρωπων ἡ βουλη αὑτη ἡ το ἐργον τουτο, καταλυθησεται·

39   εἰ δε ἐκ θεου *ἐστιν,* οὐ δυνησεσθε καταλυσαι αὐτους, μηποτε και θεομαχοι εὑρεθητε.

6 2   οὐκ ἀρεστον *ἐστιν* ἡμας καταλειψαντας τον λογον του θεου διακονειν τραπεζαις·

7 2   ὁ θεος της δοξης ὡφθη τω πατρι ἡμων ἀβρααμ *ὀντι* ἐν τη μεσοποταμια πριν ἡ κατοικησαι αὐτον ἐν χαρραν,

5   και ἐπηγγειλατο δουναι αὐτω εἰς κατασχεσιν αὐτην και τω σπερματι αὐτου μετ αὐτον, οὐκ *ὀντος* αὐτω τεκνου.

6   ἐλαλησεν δε οὑτως ὁ θεος, ὁτι *ἐσται* το σπερμα αὐτου παροικον ἐν γη ἀλλοτρια,

9   και *ἠν* ὁ θεος μετ αὐτου, και ἐξειλατο αὐτον ἐκ πασων των θλιψεων αὐτου,

12   ἀκουσας δε ἰακωβ *ὀντα* σιτια εἰς αἰγυπτον ἐξαπεστειλεν τους πατερας ἡμων πρωτον·

20   και *ἠν* ἀστειος τω θεω·

22   *ἠν* δε δυνατος ἐν λογοις και ἐργοις αὐτου.

26   ἀνδρες, ἀδελφοι *ἐστε·* ἱνατι ἀδικειτε ἀλληλους;

33   λυσον το ὑποδημα των ποδων σου· ὁ γαρ τοπος ἐφ ᾡ *ἑστηκας* γη ἁγια *ἐστιν.*

37   οὑτος *ἐστιν* ὁ μωυσης ὁ εἰπας τοις υἱοις ἰσραηλ·

38   οὑτος *ἐστιν* ὁ γενομενος ἐν τη ἐκκλησια ἐν τη ἐρημω μετα του ἀγγελου

44   ἡ σκηνη του μαρτυριου *ἠν* τοις πατρασιν ἡμων ἐν τη ἐρημω,

8 1   σαυλος δε *ἠν* συνευδοκων τη ἀναιρεσει αὐτου.

εἰμι [2461]

Ac   8 9   ἀνηρ δε τις ὀνοματι σιμων προϋπηρχεν ἐν τη πολει μαγευων και ἐξιστανων το ἐθνος της σαμαρειας, λεγων *εἰναι* τινα ἑαυτον μεγαν,

10   οὑτος *ἐστιν* ἡ δυναμις του θεου ἡ καλουμενη μεγαλη.

13   ὁ δε σιμων και αὐτος ἐπιστευσεν, και βαπτισθεις *ἠν* προσκαρτερων τω φιλιππω,

16   οὐδεπω γαρ *ἠν* ἐπ οὐδενι αὐτων ἐπιπεπτωκος, μονον δε βεβαπτισμενοι ὑπηρχον εἰς το ὀνομα του κυριου ἰησου.

20   το ἀργυριον σου συν σοι *εἰη* εἰς ἀπωλειαν, ὁτι την δωρεαν του θεου ἐνομισας δια χρηματων κτασθαι.

21   οὐκ *ἐστιν* σοι μερις οὐδε κληρος ἐν τω λογω τουτω·

21   ἡ γαρ καρδια σου οὐκ *ἐστιν* εὐθεια ἐναντι του θεου.

23   εἰς γαρ χολην πικριας και συνδεσμον ἀδικιας ὁρω σε *ὀντα.*

26   αὑτη *ἐστιν* ἐρημος.

27   και ἰδου ἀνηρ αἰθιοψ εὐνουχος δυναστης κανδακης βασιλισσης αἰθιοπων, ὁς *ἠν* ἐπι πασης της γαζης αὐτης,

28   ὁς ἐληλυθει προσκυνησων εἰς ἰερουσαλημ, ἡν τε ὑποστρεφων και καθημενος ἐπι του ἁρματος αὐτου και ἀνεγινωσκεν τον προφητην ἠσαιαν.

32   ἡ δε περιοχη της γραφης ἡν ἀνεγινωσκεν *ἠν* αὑτη· ὡς προβατον ἐπι σφαγην ἠχθη,

37 *   πιστευω τον υἱον του θεου *εἰναι* τον ἰησουν χριστον.

9 2   προσελθων τω ἀρχιερει ᾐτησατο παρ αὐτου ἐπιστολας εἰς δαμασκον προς τας συναγωγας, ὁπως ἐαν τινας εὑρη της ὁδου *ὀντας,*

5   εἰπεν δε· τις *εἰ,* κυριε;

5   ὁ δε· ἐγω *εἰμι* ἰησους ὁν συ διωκεις·

9   και *ἠν* ἡμερας τρεις μη βλεπων, και οὐκ ἐφαγεν οὐδε ἐπιεν.

10   *ἠν* δε τις μαθητης ἐν δαμασκω ὀνοματι ἁνανιας,

15   πορευου, ὁτι σκευος ἐκλογης *ἐστιν* μοι οὑτος του βαστασαι το ὀνομα μου ἐνωπιον ἐθνων τε και βασιλεων υἱων τε ἰσραηλ·

20   και εὐθεως ἐν ταις συναγωγαις ἐκηρυσσεν τον ἰησουν, ὁτι οὑτος *ἐστιν* ὁ υἱος του θεου.

21   οὐχ οὑτος *ἐστιν* ὁ πορθησας εἰς ἰερουσαλημ τους ἐπικαλουμενους το ὀνομα τουτο, και ὡδε εἰς τουτο ἐληλυθει, ἱνα δεδεμενους αὐτους ἀγαγη ἐπι τους ἀρχιερεις·

22   σαυλος δε μαλλον ἐνεδυναμουτο και συνεχυννεν [τους] ἰουδαιους τους κατοικουντας ἐν δαμασκω, συμβιβαζων ὁτι οὑτος *ἐστιν* ὁ χριστος.

26   και παντες ἐφοβουντο αὐτον, μη πιστευοντες ὁτι *ἐστιν* μαθητης.

28   και *ἠν* μετ αὐτων εἰσπορευομενος και ἐκπορευομενος εἰς ἰερουσαλημ, παρρησιαζομενος ἐν τω ὀνοματι του κυριου,

33   εὑρεν δε ἐκει ἀνθρωπον τινα ὀνοματι αἰνεαν ἐξ ἐτων ὀκτω κατακειμενον ἐπι κραβαττου, ὁς *ἠν* παραλελυμενος.

36   ἐν ἰοππη δε τις *ἠν* μαθητρια ὀνοματι ταβιθα,

36   αὑτη *ἠν* πληρης ἐργων ἀγαθων και ἐλεημοσυνων ὡν ἐποιει.

38   ἐγγυς δε *οὐσης* λυδδας τη ἰοππη οἱ μαθηται ἀκουσαντες ὁτι πετρος *ἐστιν* ἐν αὐτη ἀπεστειλαν δυο ἀνδρας προς αὐτον παρακαλουντες·

38   ἐγγυς δε οὐσης λυδδας τη ἰοππη οἱ μαθηται ἀκουσαντες ὁτι πετρος *ἐστιν* ἐν αὐτη ἀπεστειλαν δυο ἀνδρας προς αὐτον παρακαλουντες·

39   και ἐπιδεικνυμεναι χιτωνας και ἱματια, ὁσα ἐποιει μετ αὐτων *οὐσα* ἡ δορκας.

10 4   ὁ δε ἀτενισας αὐτω και ἐμφοβος γενομενος εἰπεν· τι *ἐστιν,* κυριε;

6   οὑτος ξενιζεται παρα τινι σιμωνι βυρσει, ᾡ *ἐστιν* οἰκια παρα θαλασσαν.

17   ὡς δε ἐν ἑαυτω διηπορει ὁ πετρος τι ἀν *εἰη* το ὁραμα ὁ εἰδεν, ἰδου οἱ ἀνδρες οἱ ἀπεσταλμενοι ὑπο του κορνηλιου διερωτησαντες την οἰκιαν του σιμωνος ἐπεστησαν ἐπι τον πυλωνα,

21   ἰδου ἐγω *εἰμι* ὁν ζητειτε· τις ἡ αἰτια δι ἡν παρεστε;

24   ὁ δε κορνηλιος *ἠν* προσδοκων αὐτους, συγκαλεσαμενος τους συγγενεις αὐτου και τους ἀναγκαιους φιλους.

26   ὁ δε πετρος ἠγειρεν αὐτον λεγων· ἀναστηθι· και ἐγω αὐτος ἀνθρωπος *εἰμι.*

28   ὑμεις ἐπιστασθε ὡς ἀθεμιτον *ἐστιν* ἀνδρι ἰουδαιω κολλασθαι ἡ προσερχεσθαι ἀλλοφυλω·

30   ἀπο τεταρτης ἡμερας μεχρι ταυτης της ὡρας *ἡμην* την ἐνατην προσευχομενος ἐν τω οἰκω μου,

34   ἐπ ἀληθειας καταλαμβανομαι ὁτι οὐκ *ἐστιν* προσωπολημπτης ὁ θεος,

35   ἀλλ ἐν παντι ἐθνει ὁ φοβουμενος αὐτον και ἐργαζομενος δικαιοσυνην δεκτος αὐτω *ἐστιν·*

36   τον λογον [ὁν] ἀπεστειλεν τοις υἱοις ἰσραηλ εὐαγγελιζομενος εἰρηνην δια ἰησου χριστου· οὑτος *ἐστιν* παντων κυριος·

εἰμι [2461]

Ac 10 38 ὃς διῆλθεν εὐεργετων και ἰωμενος παντας τους καταδυναστευομενους ὑπο του διαβολου, ὅτι ὁ θεος *ἦν* μετ αὐτου·

42 και παρηγγειλεν ἡμιν κηρυξαι τω λαω και διαμαρτυρασθαι ὅτι οὑτος *ἐστιν* ὁ ὡρισμενος ὑπο του θεου κριτης ζωντων και νεκρων.

11 1 ἠκουσαν δε οἱ ἀποστολοι και οἱ ἀδελφοι οἱ *ὀντες* κατα την ἰουδαιαν ὅτι και τα ἐθνη ἐδεξαντο τον λογον του θεου.

5 ἐγω *ἠμην* ἐν πολει ἰοππη προσευχομενος, και εἰδον ἐν ἐκστασει ὁραμα,

11 και ἰδου ἐξαυτης τρεις ἀνδρες ἐπεστησαν ἐπι την οἰκιαν ἐν ᾗ *ἠμεν*,

17 εἰ οὐν την ἰσην δωρεαν ἐδωκεν αὐτοις ὁ θεος ὡς και ἡμιν, πιστευσασιν ἐπι τον κυριον ἰησουν χριστον, ἐγω τίς *ἠμην* δυνατος κωλυσαι τον θεον;

20 *ἠσαν* δε τινες ἐξ αὐτων ἀνδρες κυπριοι και κυρηναιοι,

21 και *ἠν* χειρ κυριου μετ αὐτων,

22 ἠκουσθη δε ὁ λογος εἰς τα ὠτα της ἐκκλησιας της *οὐσης* ἐν ἱερουσαλημ περι αὐτων,

24 και παρεκαλει παντας τη προθεσει της καρδιας προσμενειν τω κυριω, ὅτι *ἠν* ἀνηρ ἀγαθος και πληρης πνευματος ἁγιου και πιστεως.

28 ἀναστας δε εἰς ἐξ αὐτων ὀνοματι ἀγαβος ἐσημανεν δια του πνευματος λιμον μεγαλην μελλειν *ἐσεσθαι* ἐφ ὁλην την οἰκουμενην·

12 3 ἰδων δε ὅτι ἀρεστον *ἐστιν* τοις ἰουδαιοις προσεθετο συλλαβειν και πετρον,

3 *ἠσαν* δε [αἱ] ἡμεραι των ἀζυμων,

5 προσευχη δε *ἠν* ἐκτενως γινομενη ὑπο της ἐκκλησιας προς τον θεον περι αὐτου.

6 τη νυκτι ἐκεινη *ἠν* ὁ πετρος κοιμωμενος μεταξυ δυο στρατιωτων δεδεμενος ἁλυσεσιν δυσιν,

9 και ἐξελθων ἠκολουθει, και οὐκ ἠδει ὅτι ἀληθες *ἐστιν* το γινομενον δια του ἀγγελου,

12 συνιδων τε ἠλθεν ἐπι την οἰκιαν της μαριας της μητρος ἰωαννου του ἐπικαλουμενου μαρκου, οὑ *ἠσαν* ἱκανοι συνηθροισμενοι και προσευχομενοι.

15 οἱ δε ἐλεγον· ὁ ἀγγελος *ἐστιν* αὐτου.

18 γενομενης δε ἡμερας *ἠν* ταραχος οὐκ ὀλιγος ἐν τοις στρατιωταις,

20 *ἠν* δε θυμομαχων τυριοις και σιδωνιοις·

13 1 *ἠσαν* δε ἐν ἀντιοχεια κατα την οὐσαν ἐκκλησιαν προφηται και διδασκαλοι ὅ τε βαρναβας και συμεων ὁ καλουμενος νιγερ,

1 *ἠσαν* δε ἐν ἀντιοχεια κατα την *οὐσαν* ἐκκλησιαν προφηται και διδασκαλοι ὅ τε βαρναβας και συμεων ὁ καλουμενος νιγερ,

7 ᾧ ὀνομα βαριησου, ὃς *ἠν* συν τω ἀνθυπατω σεργιω παυλω,

11 και νυν ἰδου χειρ κυριου ἐπι σέ, και *ἐση* τυφλος μη βλεπων τον ἡλιον ἀχρι καιρου.

15 ἀνδρες ἀδελφοι, εἰ τις *ἐστιν* ἐν ὑμιν λογος παρακλησεως προς τον λαον, λεγετε.

25 τί ἐμε ὑπονοειτε *εἰναι*, οὐκ *εἰμι* ἐγω·

25 τί ἐμε ὑπονοειτε εἰναι, οὐκ *εἰμι* ἐγω·

25 ἀλλ ἰδου ἐρχεται μετ ἐμε οὑ οὐκ *εἰμι* ἀξιος το ὑποδημα των ποδων λυσαι.

31 ὃς ὠφθη ἐπι ἡμερας πλειους τοις συναναβασιν αὐτω ἀπο της γαλιλαιας εἰς ἱερουσαλημ, οἰτινες [νυν] *εἰσιν* μαρτυρες αὐτου προς τον λαον.

33 υἱος μου *εἰ* συ, ἐγω σημερον γεγεννηκα σε.

38 γνωστον οὐν *ἐστω* ὑμιν, ἀνδρες ἀδελφοι, ὅτι δια τουτου ὑμιν ἀφεσις ἁμαρτιων καταγγελλεται,

46 ὑμιν *ἠν* ἀναγκαιον πρωτον λαληθηναι τον λογον του θεου·

47 τεθεικα σε εἰς φως ἐθνων του *εἰναι* σε εἰς σωτηριαν ἐως ἐσχατου της γης.

48 ἀκουοντα δε τα ἐθνη ἐχαιρον και ἐδοξαζον τον λογον του κυριου, και ἐπιστευσαν ὁσοι *ἠσαν* τεταγμενοι εἰς ζωην αἰωνιον·

14 4 και οἱ μεν *ἠσαν* συν τοις ἰουδαιοις, οἱ δε συν τοις ἀποστολοις.

7 συνιδοντες κατεφυγον εἰς τας πολεις της λυκαονιας λυστραν και δερβην και την περιχωρον· κακει εὐαγγελιζομενοι *ἠσαν*.

12 ἐκαλουν τε τον βαρναβαν δια, τον δε παυλον ἑρμην, ἐπειδη αὐτος *ἠν* ὁ ἡγουμενος του λογου.

13 ὁ τε ἱερευς του διος του *ὀντος* προ της πολεως, ταυρους και στεμματα ἐπι τους πυλωνας ἐνεγκας,

15 και ἡμεις ὁμοιοπαθεις *ἐσμεν* ὑμιν ἀνθρωποι,

26 κακειθεν ἀπεπλευσαν εἰς ἀντιοχειαν, ὁθεν *ἠσαν* παραδεδομενοι τη χαριτι του θεου εἰς το ἐργον ὁ ἐπληρωσαν.

εἰμι [2461]

Ac 15 32 ἰουδας τε και σιλας, και αὐτοι προφηται *ὀντες*, δια λογου πολλου παρεκαλεσαν τους ἀδελφους και ἐπεστηριξαν·

16 1 και ἰδου μαθητης τις *ἠν* ἐκει ὀνοματι τιμοθεος,

3 και λαβων περιετεμεν αὐτον δια τους ἰουδαιους τους *ὀντας* ἐν τοις τοποις ἐκεινοις·

9 ἀνηρ μακεδων τις *ἠν* ἑστως και παρακαλων αὐτον και λεγων·

12 κακειθεν εἰς φιλιππους, ἡτις *ἐστιν* πρωτη[ς] μεριδος της μακεδονιας πολις, κολωνια.

12 *ἠμεν* δε ἐν ταυτη τη πολει διατριβοντες ἡμερας τινας.

13 τη τε ἡμερα των σαββατων ἐξηλθομεν ἐξω της πυλης παρα ποταμον οὑ ἐνομιζομεν προσευχην *εἰναι*,

15 εἰ κεκρικατε με πιστην τω κυριω *εἰναι*, εἰσελθοντες εἰς τον οἰκον μου μενετε·

17 οὑτοι οἱ ἀνθρωποι δουλοι του θεου του ὑψιστου *εἰσιν*, οἰτινες καταγγελλουσιν ὑμιν ὁδον σωτηριας.

21 και καταγγελλουσιν ἐθη ἁ οὐκ ἐξεστιν ἡμιν παραδεχεσθαι οὐδε ποιειν ρωμαιοις *οὐσιν*.

28 μηδεν πραξης σεαυτω κακον, ἀπαντες γαρ *ἐσμεν* ἐνθαδε.

38 ἐφοβηθησαν δε ἀκουσαντες ὅτι ρωμαιοι *εἰσιν*,

17 1 διοδευσαντες δε την ἀμφιπολιν και την ἀπολλωνιαν ἠλθον εἰς θεσσαλονικην, ὁπου *ἠν* συναγωγη των ἰουδαιων.

3 διανοιγων και παρατιθεμενος ὅτι τον χριστον ἐδει παθειν και ἀναστηναι ἐκ νεκρων, και ὅτι οὑτος *ἐστιν* ὁ χριστος, [ὁ] ἰησους,

7 και οὑτοι παντες ἀπεναντι των δογματων καισαρος πρασσουσιν, βασιλεα ἑτερον λεγοντες *εἰναι* ἰησουν.

11 οὑτοι δε *ἠσαν* εὐγενεστεροι των ἐν θεσσαλονικη,

16 ἐν δε ταις ἀθηναις ἐκδεχομενου αὐτους του παυλου, παρωξυνετο το πνευμα αὐτου ἐν αὐτω θεωρουντος κατειδωλον *οὐσαν* την πολιν.

18 οἱ δε· ξενων δαιμονιων δοκει καταγγελευς *εἰναι*·

20 βουλομεθα οὐν γνωναι τίνα θελει ταυτα *εἰναι*.

28 ἐν αὐτω γαρ ζωμεν και κινουμεθα και *ἐσμεν*,

28 του γαρ και γενος *ἐσμεν*.

29 γενος οὐν ὑπαρχοντες του θεου οὐκ ὀφειλομεν νομιζειν, χρυσω ἠ ἀργυρω ἠ λιθω, χαραγματι τεχνης και ἐνθυμησεως ἀνθρωπου, το θειον *εἰναι* ὁμοιον.

18 3 προσηλθεν αὐτοις, και δια το ὁμοτεχνον *εἰναι* ἐμενεν παρ αὐτοις,

3 *ἠσαν* γαρ σκηνοποιοι τη τεχνη.

5 συνειχετο τω λογω ὁ παυλος, διαμαρτυρομενος τοις ἰουδαιοις *εἰναι* τον χριστον ἰησουν.

7 και μεταβας ἐκειθεν εἰσηλθεν εἰς οἰκιαν τινος ὀνοματι τιτιου ἰουστου σεβομενου τον θεον, οὑ ἡ οἰκια *ἠν* συνομορουσα τη συναγωγη.

10 διοτι ἐγω *εἰμι* μετα σου και οὐδεις ἐπιθησεται σοι του κακωσαι σε,

10 διοτι ἐγω εἰμι μετα σου και οὐδεις ἐπιθησεται σοι του κακωσαι σε, διοτι λαος *ἐστι* μοι πολυς ἐν τη πολει ταυτη·

12 γαλλιωνος δε ἀνθυπατου *ὀντος* της ἀχαιας κατεπεστησαν ὁμοθυμαδον οἱ ἰουδαιοι τω παυλω

14 εἰ μεν *ἠν* ἀδικημα τι ἠ ραδιουργημα πονηρον, ὡ ἰουδαιοι, κατα λογον ἀν ἀνεσχομην ὑμων·

15 εἰ δε ζητηματα *ἐστιν* περι λογου και ὀνοματων και νομου του καθ ὑμας, ὀψεσθε αὐτοι·

15 κριτης ἐγω τουτων οὐ βουλομαι *εἰναι*.

24 ἰουδαιος δε τις ἀπολλως ὀνοματι, ἀλεξανδρευς τω γενει, ἀνηρ λογιος, κατηντησεν εἰς ἐφεσον, δυνατος *ὠν* ἐν ταις γραφαις.

25 οὑτος *ἠν* κατηχημενος την ὁδον του κυριου,

28 εὐτονως γαρ τοις ἰουδαιοις διακατηλεγχετο δημοσια ἐπιδεικνυς δια των γραφων *εἰναι* τον χριστον ἰησουν.

19 1 ἐγενετο δε ἐν τω τον ἀπολλω *εἰναι* ἐν κορινθω παυλον διελθοντα τα ἀνωτερικα μερη [κατ]ελθειν εἰς ἐφεσον και εὑρειν τινας μαθητας,

2 ἀλλ οὐδ εἰ πνευμα ἁγιον *ἐστιν* ἠκουσαμεν.

4 ἰωαννης ἐβαπτισεν βαπτισμα μετανοιας, τω λαω λεγων εἰς τον ἐρχομενον μετ αὐτον ἱνα πιστευσωσιν, τουτ *ἐστιν* εἰς τον ἰησουν.

7 *ἠσαν* δε οἱ παντες ἀνδρες ὡσει δωδεκα.

14 *ἠσαν* δε τινος σκευα ἰουδαιου ἀρχιερεως ἑπτα υἱοι τουτο ποιουντες.

15 τον [μεν] ἰησουν γινωσκω και τον παυλον ἐπισταμαι· ὑμεις δε τίνες *ἐστε*;

16 και ἐφαλομενος ὁ ἀνθρωπος ἐπ αὐτους, ἐν ᾧ *ἠν* το πνευμα το πονηρον,

25 ἀνδρες, ἐπιστασθε ὅτι ἐκ ταυτης της ἐργασιας ἡ εὐπορια ἡμιν *ἐστιν*,

26 λεγων ὅτι οὐκ *εἰσιν* θεοι οἱ δια χειρων γινομενοι.

εἰμι [2461]

Ac 19 31 τινες δε και των ἀσιαρχων, *ὄντες* αὐτω φιλοι, πεμψαντες προς αὐτον παρεκαλουν μη δουναι ἑαυτον εἰς το θεατρον.

32 *ἠν* γαρ ἡ ἐκκλησια συγκεχυμενη,

34 ἐπιγνοντες δε ὀτι ἰουδαιος *ἐστιν*, φωνη ἐγενετο μια ἐκ παντων, ὡς ἐπι ὡρας δυο κραζοντων·

35 ἀνδρες ἐφεσιοι, τίς γαρ *ἐστιν* ἀνθρωπων ὁς οὑ γινωσκει την ἐφεσιων πολιν νεωκορον οὐσαν της μεγαλης ἀρτεμιδος και του διοπετους;

35 ἀνδρες ἐφεσιοι, τίς γαρ *ἐστιν* ἀνθρωπων ὁς οὑ γινωσκει την ἐφεσιων πολιν νεωκορον *οὐσαν* της μεγαλης ἀρτεμιδος και του διοπετους;

36 ἀναντιρρητων οὐν *ὀντων* τουτων δεον *ἐστιν* ὑμας κατεσταλμενους ὑπαρχειν και μηδεν προπετες πρασσειν.

36 ἀναντιρρητων οὐν *ὀντων* τουτων δεον *ἐστιν* ὑμας κατεσταλιενους ὑπαρχειν και μηδεν προπετες πρασσειν.

38 εἰ μεν οὐν δημητριος και οἱ συν αὐτω τεχνιται ἐχουσι προς τινα λογον, ἀγοραιοι ἀγονται και ἀνθυπατοι *εἰσιν*, ἐγκαλειτωσαν ἀλληλοις.

20 8 *ἠσαν* δε λαμπαδες ἱκαναι ἐν τω ὑπερωω οὑ ἡμεν συνηγμενοι.

8 *ἠσαν* δε λαμπαδες ἱκαναι ἐν τω ὑπερωω οὑ *ἡμεν* συνηγμενοι.

10 μη θορυβεισθε· ἡ γαρ ψυχη αὐτου ἐν αὐτω *ἐστιν*.

13 οὑτως γαρ διατεταγμενος *ἠν*, μελλων αὐτος πεζευειν.

16 ἐσπευδεν γαρ, εἰ δυνατον *εἰη* αὐτω, την ἡμεραν της πεντηκοστης γενεσθαι εἰς ἱεροσολυμα.

26 διοτι μαρτυρομαι ὑμιν ἐν τη σημερον ἡμερᾳ ὀτι καθαρος *εἰμι* ἀπο του αἱματος παντων·

34 αὐτοι γινωσκετε ὀτι ταις χρειαις μου και τοις *οὐσιν* μετ ἐμου ὑπηρετησαν αἱ χειρες αὑται.

35 μακαριον *ἐστιν* μαλλον διδοναι ἡ λαμβανειν.

21 3 και κατηλθομεν εἰς τυρον· ἐκεισε γαρ το πλοιον *ἠν* ἀποφορτιζομενον τον γομον.

8 και ἐξελθοντες εἰς τον οἰκον φιλιππου του εὐαγγελιστου *ὀντος* ἐκ των ἑπτα, ἐμειναμεν παρ αὐτω.

9 τουτω δε *ἠσαν* θυγατερες τεσσαρες παρθενοι προφητευουσαι.

11 τον ἀνδρα οὑ *ἐστιν* ἡ ζωνη αὑτη οὑτως δησουσιν ἐν ἱερουσαλημ οἱ ἰουδαιοι και παραδωσουσιν εἰς χειρας ἐθνων.

20 θεωρεις, ἀδελφε, ποσαι μυριαδες *εἰσιν* ἐν τοις ἰουδαιοις των πεπιστευκοτων,

22 τί οὐν *ἐστιν*; παντως ἀκουσονται ὀτι ἐληλυθας.

23 *εἰσιν* ἡμιν ἀνδρες τεσσαρες εὐχην ἐχοντες ἐφ ἑαυτων·

24 και δαπανησον ἐπ αὐτοις ἱνα ξυρησονται την κεφαλην, και γνωσονται παντες ὀτι ὡν κατηχηνται περι σου οὐδεν *ἐστιν*,

28 οὑτος *ἐστιν* ὁ ἀνθρωπος ὁ κατα του λαου και του νομου και του τοπου τουτου παντας πανταχη διδασκων,

29 *ἠσαν* γαρ προεωρακοτες τροφιμον τον ἐφεσιον ἐν τη πολει συν αὐτω,

33 και ἐπυνθανετο τίς *εἰη* και τί *ἐστιν* πεποιηκως.

33 και ἐπυνθανετο τίς *εἰη* και τί *ἐστιν* πεποιηκως.

38 οὐκ ἀρα συ *εἰ* ὁ αἰγυπτιος ὁ προ τουτων των ἡμερων ἀναστατωσας και ἐξαγαγων εἰς την ἐρημον τους τετρακισχιλιους ἀνδρας των σικαριων;

39 ἐγω ἀνθρωπος μεν *εἰμι* ἰουδαιος, ταρσευς, της κιλικιας οὐκ ἀσημου πολεως πολιτης·

22 3 ἐγω *εἰμι* ἀνηρ ἰουδαιος, γεγεννημενος ἐν ταρσω της κιλικιας,

3 ζηλωτης ὑπαρχων του θεου καθως παντες ὑμεις *ἐστε* σημερον·

5 παρ ὡν και ἐπιστολας δεξαμενος προς τους ἀδελφους εἰς δαμασκον ἐπορευομην, ἀξων και τους ἐκεισε *ὀντας* δεδεμενους εἰς ἱερουσαλημ ἱνα τιμωρηθωσιν.

8 ἐγω δε ἀπεκριθην· τίς *εἰ*, κυριε;

8 ἐγω *εἰμι* ἰησους ὁ ναζωραιος, ὁν συ διωκεις.

9 οἱ δε συν ἐμοι *ὀντες* το μεν φως ἐθεασαντο, την δε φωνην οὐκ ἠκουσαν του λαλουντος μοι.

15 και ἰδειν τον δικαιον και ἀκουσαι φωνην ἐκ του στοματος αὐτου, ὀτι *ἐση* μαρτυς αὐτω προς παντας ἀνθρωπους ὡν ἑωρακας και ἠκουσας.

19 καγω εἰπον· κυριε, αὐτοι ἐπιστανται ὀτι ἐγω *ἠμην* φυλακιζων και δερων κατα τας συναγωγας τους πιστευοντας ἐπι σέ·

20 και ὀτε ἐξεχυννετο το αἱμα στεφανου του μαρτυρος σου, και αὐτος *ἠμην* ἐφεστως και συνευδοκων και φυλασσων τα ἱματια των ἀναιρουντων αὐτον.

26 τί μελλεις ποιειν; ὁ γαρ ἀνθρωπος οὑτος ρωμαιος *ἐστιν*.

27 προσελθων δε ὁ χιλιαρχος εἰπεν αὐτω· λεγε μοι, συ ρωμαιος *εἰ*;

29 και ὁ χιλιαρχος δε ἐφοβηθη ἐπιγνους ὀτι ρωμαιος *ἐστιν* και ὀτι αὐτον *ἠν* δεδεκως.

29 και ὁ χιλιαρχος δε ἐφοβηθη ἐπιγνους ὀτι ρωμαιος *ἐστιν* και ὀτι αὐτον *ἠν* δεδεκως.

23 5 οὐκ ᾐδειν, ἀδελφοι, ὀτι *ἐστιν* ἀρχιερευς·

εἰμι [2461]

Ac 23 6 γνους δε ὁ παυλος ὀτι το ἑν μερος *ἐστιν* σαδδουκαιων το δε ἑτερον φαρισαιων ἐκραζεν ἐν τω συνεδριω

6 ἀνδρες ἀδελφοι, ἐγω φαρισαιος *εἰμι*, υἱος φαρισαιων·

8 σαδδουκαιοι μεν γαρ λεγουσιν μη *εἰναι* ἀναστασιν μητε ἀγγελον μητε πνευμα, φαρισαιοι δε ὁμολογουσιν τα ἀμφοτερα.

13 *ἠσαν* δε πλειους τεσσερακοντα οἱ ταυτην την συνωμοσιαν ποιησαμενοι·

15 ἡμεις δε προ του ἐγγισαι αὐτον ἑτοιμοι *ἐσμεν* του ἀνελειν αὐτον.

19 τί *ἐστιν* ὁ ἐχεις ἀπαγγειλαι μοι;

21 και νυν *εἰσιν* ἑτοιμοι προσδεχομενοι την ἀπο σου ἐπαγγελιαν.

27 τον ἀνδρα τουτον συλλημφθεντα ὑπο των ἰουδαιων και μελλοντα ἀναιρεισθαι ὑπ αὐτων ἐπιστας συν τω στρατευματι ἐξειλαμην, μαθων ὀτι ρωμαιος *ἐστιν*·

30 μηνυθεισης δε μοι ἐπιβουλης εἰς τον ἀνδρα *ἐσεσθαι*, ἐξαυτης ἐπεμψα προς σέ,

34 ἀναγνους δε και ἐπερωτησας ἐκ ποιας ἐπαρχειας *ἐστιν*,

24 10 ἐκ πολλων ἐτων *ὀντα* σε κριτην τω ἐθνει τουτω ἐπισταμενος εὐθυμως τα περι ἐμαυτου ἀπολογουμαι,

11 δυναμενου σου ἐπιγνωναι ὀτι οὑ πλειους *εἰσιν* μοι ἡμεραι δωδεκα ἀφ ἡς ἀνεβην προσκυνησων εἰς ἱερουσαλημ.

15 ἐλπιδα ἐχων εἰς τον θεον, ἡν και αὐτοι οὑτοι προσδεχονται, ἀναστασιν μελλειν *ἐσεσθαι* δικαιων τε και ἀδικων.

24 μετα δε ἡμερας τινας παραγενομενος ὁ φηλιξ συν δρουσιλλη τη ἰδιᾳ γυναικι *οὐση* ἰουδαιᾳ μετεπεμψατο τον παυλον,

25 5 οἱ οὐν ἐν ὑμιν, φησιν, δυνατοι συγκαταβαντες, εἰ τι *ἐστιν* ἐν τω ἀνδρι ἀτοπον, κατηγορειτωσαν αὐτου.

10 ἐπι του βηματος καισαρος ἐστως *εἰμι*, οὑ με δει κρινεσθαι.

11 εἰ δε οὐδεν ἐστιν ὡν οὑτοι κατηγορουσιν μου, οὐδεις με δυναται αὐτοις χαρισασθαι·

14 ἀνηρ τις *ἐστιν* καταλελειμμενος ὑπο φηλικος δεσμιος, περι οὑ γενομενου μου εἰς ἱεροσολυμα ἐνεφανισαν οἱ ἀρχιερεις και οἱ πρεσβυτεροι των ἰουδαιων,

16 προς οὑς ἀπεκριθην ὀτι οὐκ *ἐστιν* ἐθος ρωμαιοις χαριζεσθαι τινα ἀνθρωπον πριν ἡ ὁ κατηγορουμενος κατα προσωπον ἐχοι τους κατηγορους τοπον τε ἀπολογιας λαβοι περι του ἐγκληματος.

26 3 ἡγημαι ἐμαυτον μακαριον ἐπι σου μελλων σημερον ἀπολογεισθαι, μαλιστα γνωστην *ὀντα* σε παντων των κατα ἰουδαιους ἐθων τε και ζητηματων·

15 ἐγω δε εἰπα· τίς *εἰ*, κυριε;

15 ἐγω *εἰμι* ἰησους ὁν συ διωκεις,

21 ἑνεκα τουτων με ἰουδαιοι συλλαβομενοι [*ὀντα*] ἐν τω ἱερω ἐπειρωντο διαχειρισασθαι.

26 οὑ γαρ *ἐστιν* ἐν γωνιᾳ πεπραγμενον τουτο.

29 εὐξαιμην ἀν τω θεω και ἐν ὀλιγω και ἐν μεγαλω οὑ μονον σέ ἀλλα και παντας τους ἀκουοντας μου σημερον γενεσθαι τοιουτους ὁποιος και ἐγω *εἰμι*,

27 2 *ὀντος* συν ἡμιν ἀρισταρχου μακεδονος θεσσαλονικεως·

4 κακειθεν ἀναχθεντες ὑπεπλευσαμεν την κυπρον δια το τους ἀνεμους *εἰναι* ἐναντιους,

8 μολις τε παραλεγομενοι αὐτην ἠλθομεν εἰς τοπον τινα καλουμενον καλους λιμενας, ὡ ἐγγυς πολις *ἠν* λασαια.

9 ἱκανου δε χρονου διαγενομενου και *ὀντος* ἠδη ἐπισφαλους του πλοος δια το και την νηστειαν ἠδη παρεληλυθεναι, παρηνει ὁ παυλος λεγων αὐτοις·

10 ἀνδρες, θεωρω ὀτι μετα ὑβρεως και πολλης ζημιας οὑ μονον του φορτιου και του πλοιου ἀλλα και των ψυχων ἡμων μελλειν *ἐσεσθαι* τον πλουν.

22 ἀποβολη γαρ ψυχης οὐδεμια *ἐσται* ἐξ ὑμων πλην του πλοιου.

23 παρεστη γαρ μοι ταυτη τη νυκτι του θεου οὑ *εἰμι* [ἐγω,] ὡ και λατρευω, ἀγγελος λεγων·

25 πιστευω γαρ τω θεω ὀτι οὑτως *ἐσται* καθ ὁν τροπον λελαληται μοι.

37 *ἠμεθα* δε αἱ πασαι ψυχαι ἐν τω πλοιω διακοσιαιεβδομηκονταεξ.

28 4 παντως φονευς *ἐστιν* ὁ ἀνθρωπος οὑτος, ὁν διασωθεντα ἐκ της θαλασσης ἡ δικη ζην οὐκ εἰασεν.

6 ἐπι πολυ δε αὐτων προσδοκωντων και θεωρουντων μηδεν ἀτοπον εἰς αὐτον γινομενον, μεταβαλομενοι ἐλεγον αὐτον *εἰναι* θεον.

17 ἐγενετο δε μετα ἡμερας τρεις συγκαλεσασθαι αὐτον τους ὀντας των ἰουδαιων πρωτους·

22 περι μεν γαρ της αἱρεσεως ταυτης γνωστον ἡμιν *ἐστιν* ὀτι πανταχου ἀντιλεγεται.

25 ἀσυμφωνοι δε *ὀντες* προς ἀλληλους ἀπελυοντο,

εἰμι [2461]

Ac	28 28	γνωστον οὖν ἔστω ὑμιν ὅτι τοις ἔθνεσιν ἀπεσταλη τουτο το σωτηριον του θεου·
Rm	1 6	ἐν οἷς ἔστε και ὑμεις κλητοι ἰησου χριστου,
	7	πασιν τοις οὖσιν ἐν ρωμῃ ἀγαπητοις θεου, κλητοις ἁγιοις· χαρις ὑμιν και εἰρηνη ἀπο θεου πατρος ἡμων και κυριου ἰησου χριστου.
	9	μαρτυς γαρ μου ἐστιν ὁ θεος, ᾧ λατρευω ἐν τῳ πνευματι μου ἐν τῳ εὐαγγελιῳ του υἱου αὐτου,
	12	τουτο δε ἐστιν συμπαρακληθηναι ἐν ὑμιν δια της ἐν ἀλληλοις πιστεως ὑμων τε και ἐμου.
	14	ἑλλησιν τε και βαρβαροις, σοφοις τε και ἀνοητοις ὀφειλετης εἰμι·
	16	δυναμις γαρ θεου ἐστιν εἰς σωτηριαν παντι τῳ πιστευοντι,
	19	διοτι το γνωστον του θεου φανερον ἐστιν ἐν αὐτοις·
	20	τα γαρ ἀορατα αὐτου ἀπο κτισεως κοσμου τοις ποιημασιν νοουμενα καθοραται, ἥ τε ἀιδιος αὐτου δυναμις και θειοτης, εἰς το εἶναι αὐτους ἀναπολογητους·
	22	φασκοντες εἶναι σοφοι ἐμωρανθησαν,
	25	και ἐσεβασθησαν και ἐλατρευσαν τῃ κτισει παρα τον κτισαντα, ὅς ἐστιν εὐλογητος εἰς τους αἰωνας· ἀμην.
	32	οἵτινες το δικαιωμα του θεου ἐπιγνοντες, ὅτι οἱ τα τοιαυτα πρασσοντες ἀξιοι θανατου εἰσιν,
	2 1	διο ἀναπολογητος εἶ, ὦ ἀνθρωπε πας ὁ κρινων·
	2	οἰδαμεν δε ὅτι το κριμα του θεου ἐστιν κατα ἀληθειαν ἐπι τους τα τοιαυτα πρασσοντας.
	11	οὐ γαρ ἐστιν προσωπολημψια παρα τῳ θεῳ.
	14	ὅταν γαρ ἔθνη τα μη νομον ἔχοντα φυσει τα του νομου ποιωσιν, οὗτοι νομον μη ἔχοντες ἑαυτοις εἰσιν νομος·
	19	πεποιθας τε σεαυτον ὁδηγον εἶναι τυφλων, φως των ἐν σκοτει, παιδευτην ἀφρονων, διδασκαλον νηπιων,
	25	ἐαν δε παραβατης νομου ᾖς, ἡ περιτομη σου ἀκροβυστια γεγονεν.
	28	οὐ γαρ ὁ ἐν τῳ φανερῳ ἰουδαιος ἐστιν,
	3 8	και μη καθως βλασφημουμεθα και καθως φασιν τινες ἡμας λεγειν ὅτι ποιησωμεν τα κακα ἱνα ἔλθῃ τα ἀγαθα; ὧν το κριμα ἐνδικον ἐστιν.
	9	προητιασαμεθα γαρ ἰουδαιους τε και ἑλληνας παντας ὑφ ἁμαρτιαν εἶναι, καθως γεγραπται ὅτι οὐκ ἐστιν δικαιος οὐδε εἷς,
	10	προητιασαμεθα γαρ ἰουδαιους τε και ἑλληνας παντας ὑφ ἁμαρτιαν εἶναι, καθως γεγραπται ὅτι οὐκ ἐστιν δικαιος οὐδε εἷς, οὐκ ἐστιν ὁ συνιων,
	11	προητιασαμεθα γαρ ἰουδαιους τε και ἑλληνας παντας ὑφ ἁμαρτιαν εἶναι, καθως γεγραπται ὅτι οὐκ ἐστιν δικαιος οὐδε εἷς, οὐκ ἐστιν ὁ συνιων,
	11	οὐκ ἐστιν ὁ συνιων, οὐκ ἐστιν ὁ ἐκζητων τον θεον·
	12	οὐκ ἐστιν ὁ ποιων χρηστοτητα, [οὐκ ἐστιν] ἕως ἑνος.
	12	οὐκ ἐστιν ὁ ποιων χρηστοτητα, [οὐκ ἐστιν] ἕως ἑνος.
	18	οὐκ ἐστιν φοβος θεου ἀπεναντι των ὀφθαλμων αὐτων.
	22	οὐ γαρ ἐστιν διαστολη· παντες γαρ ἡμαρτον και ὑστερουνται της δοξης του θεου,
	26	προς την ἐνδειξιν της δικαιοσυνης αὐτου ἐν τῳ νυν καιρῳ, εἰς το εἶναι αὐτον δικαιον και δικαιουντα τον ἐκ πιστεως ἰησου.
	4 10	ἐν περιτομῃ ὄντι ἢ ἐν ἀκροβυστιᾳ, οὐκ ἐν περιτομῃ ἀλλ ἐν ἀκροβυστιᾳ·
	11	εἰς το εἶναι αὐτον πατερα παντων των πιστευοντων δι ἀκροβυστιας,
	13	οὐ γαρ δια νομου ἡ ἐπαγγελια τῳ ἀβρααμ ἢ τῳ σπερματι αὐτου, το κληρονομον αὐτον εἶναι κοσμου, ἀλλα δια δικαιοσυνης πιστεως.
	15	οὗ δε οὐκ ἐστιν νομος, οὐδε παραβασις.
	16	δια τουτο ἐκ πιστεως, ἱνα κατα χαριν, εἰς το εἶναι βεβαιαν την ἐπαγγελιαν παντι τῳ σπερματι,
	16	οὐ τῳ ἐκ του νομου μονον ἀλλα και τῳ ἐκ πιστεως ἀβρααμ, ὅς ἐστιν πατηρ παντων ἡμων,
	17	κατεναντι οὗ ἐπιστευσεν θεου του ζῳοποιουντος τους νεκρους και καλουντος τα μη ὄντα ὡς ὄντα·
	17	κατεναντι οὗ ἐπιστευσεν θεου του ζῳοποιουντος τους νεκρους και καλουντος τα μη ὄντα ὡς ὄντα·
	18	οὕτως ἐσται το σπερμα σου.
	21	δους δοξαν τῳ θεῳ και πληροφορηθεις ὅτι ὁ ἐπηγγελται δυνατος ἐστιν και ποιησαι.
	5 6	ἔτι γαρ χριστος ὄντων ἡμων ἀσθενων ἔτι κατα καιρον ὑπερ ἀσεβων ἀπεθανεν.
	8	συνιστησιν δε την ἑαυτου ἀγαπην εἰς ἡμας ὁ θεος ὅτι ἔτι ἁμαρτωλων ὄντων ἡμων χριστος ὑπερ ἡμων ἀπεθανεν.
	10	εἰ γαρ ἐχθροι ὄντες κατηλλαγημεν τῳ θεῳ δια του θανατου του υἱου αὐτου, πολλῳ μαλλον καταλλαγεντες σωθησομεθα ἐν τῃ ζωῃ αὐτου·

εἰμι [2461]

Rm	5 13	ἀχρι γαρ νομου ἁμαρτια ἦν ἐν κοσμῳ, ἁμαρτια δε οὐκ ἐλλογειται μη ὄντος νομου·
	13	ἀχρι γαρ νομου ἁμαρτια ἦν ἐν κοσμῳ, ἁμαρτια δε οὐκ ἐλλογειται μη ὄντος νομου·
	14	και ἐπι τους μη ἁμαρτησαντας ἐπι τῳ ὁμοιωματι της παραβασεως ἀδαμ, ὅς ἐστιν τυπος του μελλοντος.
	6 5	εἰ γαρ συμφυτοι γεγοναμεν τῳ ὁμοιωματι του θανατου αὐτου, ἀλλα και της ἀναστασεως ἐσομεθα·
	11	οὕτως και ὑμεις λογιζεσθε ἑαυτους [εἶναι] νεκρους μεν τῃ ἁμαρτιᾳ ζωντας δε τῳ θεῳ ἐν χριστῳ ἰησου.
	14	οὐ γαρ ἐστε ὑπο νομον ἀλλα ὑπο χαριν.
	15	ἁμαρτησωμεν, ὅτι οὐκ ἐσμεν ὑπο νομον ἀλλα ὑπο χαριν;
	16	δουλοι ἐστε ᾧ ὑπακουετε, ἠτοι ἁμαρτιας εἰς θανατον ἢ ὑπακοης εἰς δικαιοσυνην;
	17	χαρις δε τῳ θεῳ ὅτι ἦτε δουλοι της ἁμαρτιας, ὑπηκουσατε δε ἐκ καρδιας εἰς ὃν παρεδοθητε τυπον διδαχης,
	20	ὅτε γαρ δουλοι ἦτε της ἁμαρτιας, ἐλευθεροι ἦτε τῃ δικαιοσυνῃ.
	20	ὅτε γαρ δουλοι ἦτε της ἁμαρτιας, ἐλευθεροι ἦτε τῃ δικαιοσυνῃ.
	7 3	ἐαν δε ἀποθανῃ ὁ ἀνηρ, ἐλευθερα ἐστιν ἀπο του νομου,
	3	του μη εἶναι αὐτην μοιχαλιδα γενομενην ἀνδρι ἑτερῳ.
	5	ὅτε γαρ ἦμεν ἐν τῃ σαρκι, τα παθηματα των ἁμαρτιων τα δια του νομου ἐνηργειτο ἐν τοις μελεσιν ἡμων εἰς το καρποφορησαι τῳ θανατῳ·
	14	οἰδαμεν γαρ ὅτι ὁ νομος πνευματικος ἐστιν·
	14	ἐγω δε σαρκινος εἰμι, πεπραμενος ὑπο την ἁμαρτιαν.
	18	οἰδα γαρ ὅτι οὐκ οἰκει ἐν ἐμοι, τουτ ἐστιν ἐν τῃ σαρκι μου, ἀγαθον·
	23	ἀντιστρατευομενον τῳ νομῳ του νοος μου και αἰχμαλωτιζοντα με ἐν τῳ νομῳ της ἁμαρτιας τῳ ὄντι ἐν τοις μελεσιν μου.
	8 5	οἱ γαρ κατα σαρκα ὄντες τα της σαρκος φρονουσιν,
	8	οἱ δε ἐν σαρκι ὄντες θεῳ ἀρεσαι οὐ δυνανται.
	9	ὑμεις δε οὐκ ἐστε ἐν σαρκι ἀλλα ἐν πνευματι,
	9	εἰ δε τις πνευμα χριστου οὐκ ἔχει, οὗτος οὐκ ἐστιν αὐτου.
	12	ἀρα οὖν ἀδελφοι, ὀφειλεται ἐσμεν, οὐ τῃ σαρκι του κατα σαρκα ζην.
	14	ὅσοι γαρ πνευματι θεου ἀγονται, οὗτοι υἱοι θεου εἰσιν.
	16	αὐτο το πνευμα συμμαρτυρει τῳ πνευματι ἡμων ὅτι ἐσμεν τεκνα θεου.
	24	τῃ γαρ ἐλπιδι ἐσωθημεν· ἐλπις δε βλεπομενη οὐκ ἐστιν ἐλπις·
	28	οἰδαμεν δε ὅτι τοις ἀγαπωσιν τον θεον παντα συνεργει εἰς ἀγαθον, τοις κατα προθεσιν κλητοις οὖσιν.
	29	ὅτι οὓς προεγνω, και προωρισεν συμμορφους της εἰκονος του υἱου αὐτου, εἰς το εἶναι αὐτον πρωτοτοκον ἐν πολλοις ἀδελφοις·
	34	χριστος [ἰησους] ὁ ἀποθανων, μαλλον δε ἐγερθεις, ὃς και ἐστιν ἐν δεξιᾳ του θεου,
	9 2	συμμαρτυρουσης μοι της συνειδησεως μου ἐν πνευματι ἁγιῳ, ὅτι λυπη μοι ἐστιν μεγαλη και ἀδιαλειπτος ὀδυνη τῃ καρδιᾳ μου.
	3	ηὐχομην γαρ ἀναθεμα εἶναι αὐτος ἐγω ἀπο του χριστου ὑπερ των ἀδελφων μου των συγγενων μου κατα σαρκα,
	4	ηὐχομην γαρ ἀναθεμα εἶναι αὐτος ἐγω ἀπο του χριστου ὑπερ των ἀδελφων μου των συγγενων μου κατα σαρκα, οἵτινες εἰσιν ἰσραηλιται,
	5	ὁ ὢν ἐπι παντων θεος εὐλογητος εἰς τους αἰωνας, ἀμην.
	7	οὐδ ὅτι εἰσιν σπερμα ἀβρααμ, παντες τεκνα,
	8	τουτ ἐστιν, οὐ τα τεκνα της σαρκος ταυτα τεκνα του θεου, ἀλλα τα τεκνα της ἐπαγγελιας λογιζεται εἰς σπερμα.
	9	κατα τον καιρον τουτον ἐλευσομαι και ἐσται τῃ σαρρᾳ υἱος.
	20	ὦ ἀνθρωπε, μενουνγε συ τις εἶ ὁ ἀνταποκρινομενος τῳ θεῳ;
	26	και ἐσται ἐν τῳ τοπῳ οὗ ἐρρεθη αὐτοις· οὐ λαος μου ὑμεις, ἐκει κληθησονται υἱοι θεου ζωντος.
	27	ἐαν ᾖ ὁ ἀριθμος των υἱων ἰσραηλ ὡς ἡ ἀμμος της θαλασσης, το ὑπολειμμα σωθησεται·
	10 6	μη εἴπῃς ἐν τῃ καρδιᾳ σου· τις ἀναβησεται εἰς τον οὐρανον; τουτ ἐστιν χριστον καταγαγειν· ἤ·
	7	τις καταβησεται εἰς την ἀβυσσον; τουτ ἐστιν χριστον ἐκ νεκρων ἀναγαγειν.
	8	ἐγγυς σου το ρημα ἐστιν, ἐν τῳ στοματι σου και ἐν τῃ καρδιᾳ σου·
	8	ἐγγυς σου το ρημα ἐστιν, ἐν τῳ στοματι σου και ἐν τῃ καρδιᾳ σου· τουτ ἐστιν το ρημα της πιστεως ὁ κηρυσσομεν.
	12	οὐ γαρ ἐστιν διαστολη ἰουδαιου τε και ἑλληνος,
	11 1	και γαρ ἐγω ἰσραηλιτης εἰμι, ἐκ σπερματος ἀβρααμ, φυλης βενιαμιν.

εἰμι [2461]

Rm 11 13 ἐφ ὅσον μεν οὐν *εἰμι* ἐγω ἐθνων ἀποστολος, την διακονιαν
         μου δοξαζω,
     17 εἰ δε τινες των κλαδων ἐξεκλασθησαν, συ δε ἀγριελαιος *ὤν*
         ἐνεκεντρισθης ἐν αὐτοις και συγκοινωνος της ῥιζης της
         πιοτητος της ἐλαιας ἐγενου, μη κατακαυχω των κλαδων·
     23 δυνατος γαρ *ἐστιν* ὁ θεος παλιν ἐγκεντρισαι αὐτους.
     25 οὐ γαρ θελω ὑμας ἀγνοειν, ἀδελφοι, το μυστηριον τουτο, ἱνα
         μη *ἠτε* [παρ] ἑαυτοις φρονιμοι,
    12 3 λεγω γαρ δια της χαριτος της δοθεισης μοι παντι τω *ὀντι* ἐν
         ὑμιν, μη ὑπερφρονειν παρ ὁ δει φρονειν,
     5 καθαπερ γαρ ἐν ἑνι σωματι πολλα μελη ἐχομεν, τα δε μελη
         παντα οὐ την αὐτην ἐχει πραξιν, οὑτως οἱ πολλοι ἑν σωμα
         ἐσμεν ἐν χριστω,
    13 1 οὐ γαρ *ἐστιν* ἐξουσια εἰ μη ὑπο θεου,
     1 αἱ δε *οὐσαι* ὑπο θεου τεταγμεναι *εἰσιν*.
     1 οὐ γαρ ἐστιν ἐξουσια εἰ μη ὑπο θεου, αἱ δε *οὐσαι* ὑπο θεου
         τεταγμεναι *εἰσιν*.
     3 οἱ γαρ ἀρχοντες οὐκ *εἰσιν* φοβος τω ἀγαθω ἐργω ἀλλα τω
         κακω.
     4 θεου γαρ διακονος *ἐστιν* σοι εἰς το ἀγαθον.
     4 θεου γαρ διακονος *ἐστιν* ἐκδικος εἰς ὀργην τω το κακον
         πρασσοντι.
     6 λειτουργοι γαρ θεου *εἰσιν* εἰς αὐτο τουτο προσκαρτερουντες.
    14 4 συ τίς *εἰ* ὁ κρινων ἀλλοτριον οἰκετην;
     8 ἐαν τε οὐν ζωμεν ἐαν τε ἀποθνησκωμεν, του κυριου *ἐσμεν*.
     14 εἰ μη τω λογιζομενω τι κοινον *εἰναι*, ἐκεινω κοινον.
     17 οὐ γαρ *ἐστιν* ἡ βασιλεια του θεου βρωσις και ποσις,
     23 παν δε ὁ οὐκ ἐκ πιστεως ἁμαρτια *ἐστιν*.
    15 12 *ἐσται* ἡ ῥιζα του ἰεσσαι, και ὁ ἀνισταμενος ἀρχειν ἐθνων· ἐπ
         αὐτω ἐθνη ἐλπιουσιν.
     14 πεπεισμαι δε, ἀδελφοι μου, και αὐτος ἐγω περι ὑμων, ὁτι και
         αὐτοι μεστοι *ἐστε* ἀγαθωσυνης,
     16 εἰς το *εἰναι* με λειτουργον χριστου ἰησου εἰς τα ἐθνη,
     27 εὐδοκησαν γαρ, και ὀφειλεται *εἰσιν* αὐτων·
    16 1 συνιστημι δε ὑμιν φοιβην την ἀδελφην ἡμων, *οὐσαν* [και]
         διακονον της ἐκκλησιας της ἐν κεγχρεαις,
     5 ἀσπασασθε ἐπαινετον τον ἀγαπητον μου, ὁς *ἐστιν* ἀπαρχη
         της ἀσιας εἰς χριστον.
     7 ἀσπασασθε ἀνδρονικον και ἰουνιαν τους συγγενεις μου και
         συναιχμαλωτους μου, οἱτινες *εἰσιν* ἐπισημοι ἐν τοις
         ἀποστολοις,
     11 ἀσπασασθε τους ἐκ των ναρκισσου τους *ὀντας* ἐν κυριω.
     19 ἐφ ὑμιν οὐν χαιρω, θελω δε ὑμας σοφους *εἰναι* εἰς το ἀγαθον,
         ἀκεραιους δε εἰς το κακον.
1Co 1 2 τη ἐκκλησια του θεου τη *οὐση* ἐν κορινθω, ἡγιασμενοις ἐν
         χριστω ἰησου,
     10 και μη ἠ ἐν ὑμιν σχισματα,
     10 *ἠτε* δε κατηρτισμενοι ἐν τω αὐτω νοι και ἐν τη αὐτη γνωμη.
     11 ἐδηλωθη γαρ μοι περι ὑμων, ἀδελφοι μου, ὑπο των χλοης, ὁτι
         ἐριδες ἐν ὑμιν *εἰσιν*.
     12 ἐγω μεν *εἰμι* παυλου, ἐγω δε ἀπολλω, ἐγω δε κηφα, ἐγω δε
         χριστου.
     18 ὁ λογος γαρ ὁ του σταυρου τοις μεν ἀπολλυμενοις μωρια
         ἐστιν, τοις δε σωζομενοις ἡμιν δυναμις θεου *ἐστιν*.
     18 ὁ λογος γαρ ὁ του σταυρου τοις μεν ἀπολλυμενοις μωρια
         ἐστιν, τοις δε σωζομενοις ἡμιν δυναμις θεου *ἐστιν*.
     25 ὁτι το μωρον του θεου σοφωτερον των ἀνθρωπων *ἐστιν*,
     28 και τα ἀγενη του κοσμου και τα ἐξουθενημενα ἐξελεξατο ὁ
         θεος, τα μη *ὀντα*, ἱνα τα ὀντα καταργηση,
     28 και τα ἀγενη του κοσμου και τα ἐξουθενημενα ἐξελεξατο ὁ
         θεος, τα μη ὀντα, ἱνα τα *ὀντα* καταργηση,
     30 ἐξ αὐτου δε ὑμεις *ἐστε* ἐν χριστω ἰησου, ὁς ἐγενηθη σοφια
         ἡμιν ἀπο θεου,
    2 5 ἀλλ ἐν ἀποδειξει πνευματος και δυναμεως, ἱνα ἡ πιστις ὑμων
         μη ἠ ἐν σοφια ἀνθρωπων ἀλλ ἐν δυναμει θεου.
     14 μωρια γαρ αὐτω *ἐστιν*, και οὐ δυναται γνωναι, ὁτι
         πνευματικως ἀνακρινεται.
    3 3 ἀλλ οὐδε ἐτι νυν δυνασθε, ἐτι γαρ σαρκικοι *ἐστε*.
     3 ὁπου γαρ ἐν ὑμιν ζηλος και ἐρις, οὐχι σαρκικοι *ἐστε* και κατα
         ἀνθρωπον περιπατειτε;
     4 ὁταν γαρ λεγη τις· ἐγω μεν *εἰμι* παυλου, ἑτερος δε· ἐγω
         ἀπολλω, οὐκ ἀνθρωποι *ἐστε*;
     4 ὁταν γαρ λεγη τις· ἐγω μεν *εἰμι* παυλου, ἑτερος δε· ἐγω
         ἀπολλω, οὐκ ἀνθρωποι *ἐστε*;
     5 τί οὐν *ἐστιν* ἀπολλως; τί δε *ἐστιν* παυλος;
     5 τί οὐν *ἐστιν* ἀπολλως; τί δε *ἐστιν* παυλος;
     7 ὡστε οὐτε ὁ φυτευων *ἐστιν* τι οὐτε ὁ ποτιζων, ἀλλ ὁ αὐξανων
         θεος.

εἰμι [2461]

1Co 3 8 ὁ φυτευων δε και ὁ ποτιζων ἑν *εἰσιν*, ἑκαστος δε τον ἰδιον
         μισθον λημψεται κατα τον ἰδιον κοπον.
     9 θεου γαρ *ἐσμεν* συνεργοι· θεου γεωργιον, θεου οἰκοδομη
         ἐστε.
     9 θεου γαρ *ἐσμεν* συνεργοι· θεου γεωργιον, θεου οἰκοδομη
         ἐστε.
     11 θεμελιον γαρ ἀλλον οὐδεις δυναται θειναι παρα τον κειμενον,
         ὁς *ἐστιν* ἰησους χριστος.
     13 ἡ γαρ ἡμερα δηλωσει, ὁτι ἐν πυρι ἀποκαλυπτεται, και
         ἑκαστου το ἐργον ὁποιον *ἐστιν* το πυρ [αὐτο] δοκιμασει.
     16 οὐκ οἰδατε ὁτι ναος θεου *ἐστε* και το πνευμα του θεου οἰκει
         ἐν ὑμιν;
     17 ὁ γαρ ναος του θεου ἁγιος *ἐστιν*, οἱτινες *ἐστε* ὑμεις.
     17 ὁ γαρ ναος του θεου ἁγιος *ἐστιν*, οἱτινες *ἐστε* ὑμεις.
     18 εἰ τις δοκει σοφος *εἰναι* ἐν ὑμιν ἐν τω αἰωνι τουτω, μωρος
         γενεσθω, ἱνα γενηται σοφος.
     19 ἡ γαρ σοφια του κοσμου τουτου μωρια παρα τω θεω *ἐστιν*.
     20 κυριος γινωσκει τους διαλογισμους των σοφων, ὁτι *εἰσιν*
         ματαιοι.
     21 παντα γαρ ὑμων *ἐστιν*, εἰτε παυλος εἰτε ἀπολλως εἰτε κηφας,
         εἰτε κοσμος εἰτε ζωη εἰτε θανατος,
    4 3 ἐμοι δε εἰς ἐλαχιστον *ἐστιν* ἱνα ὑφ ὑμων ἀνακριθω ἠ ὑπο
         ἀνθρωπινης ἡμερας·
     4 ὁ δε ἀνακρινων με κυριος *ἐστιν*.
     8 ἠδη κεκορεσμενοι *ἐστε*· ἠδη ἐπλουτησατε· χωρις ἡμων
         ἐβασιλευσατε·
     17 δια τουτο ἐπεμψα ὑμιν τιμοθεον, ὁς *ἐστιν* μου τεκνον
         ἀγαπητον και πιστον ἐν κυριω,
    5 2 και ὑμεις πεφυσιωμενοι *ἐστε*,
     7 ἐκκαθαρατε την παλαιαν ζυμην, ἱνα *ἠτε* νεον φυραμα,
     7 ἐκκαθαρατε την παλαιαν ζυμην, ἱνα ἠτε νεον φυραμα, καθως
         ἐστε ἀζυμοι.
    6 2 και εἰ ἐν ὑμιν κρινεται ὁ κοσμος, ἀναξιοι *ἐστε* κριτηριων
         ἐλαχιστων;
     7 ἠδη μεν [οὐν] ὁλως ἡττημα ὑμιν *ἐστιν* ὁτι κριματα ἐχετε μεθ
         ἑαυτων.
     11 και ταυτα τινες *ἠτε*·
     15 οὐκ οἰδατε ὁτι τα σωματα ὑμων μελη χριστου *ἐστιν*;
     16 [ἠ] οὐκ οἰδατε ὁτι ὁ κολλωμενος τη πορνη ἑν σωμα *ἐστιν*;
     16 *ἐσονται* γαρ, φησιν, οἱ δυο εἰς σαρκα μιαν.
     17 ὁ δε κολλωμενος τω κυριω ἑν πνευμα *ἐστιν*.
     18 παν ἁμαρτημα ὁ ἐαν ποιηση ἀνθρωπος ἐκτος του σωματος
         ἐστιν·
     19 ἠ οὐκ οἰδατε ὁτι το σωμα ὑμων ναος του ἐν ὑμιν ἁγιου
         πνευματος *ἐστιν*, οὐ ἐχετε ἀπο θεου, και οὐκ *ἐστε* ἑαυτων;
     19 ἠ οὐκ οἰδατε ὁτι το σωμα ὑμων ναος του ἐν ὑμιν ἁγιου
         πνευματος *ἐστιν*, οὐ ἐχετε ἀπο θεου, και οὐκ *ἐστε* ἑαυτων;
    7 5 εἰ μητι ἀν ἐκ συμφωνου προς καιρον ἱνα σχολασητε τη
         προσευχη και παλιν ἐπι το αὐτο *ἠτε*,
     7 θελω δε παντας ἀνθρωπους *εἰναι* ὡς και ἐμαυτον·
     9 κρειττον γαρ *ἐστιν* γαμησαι ἠ πυρουσθαι.
     14 ἐπει ἀρα τα τεκνα ὑμων ἀκαθαρτα *ἐστιν*, νυν δε ἁγια *ἐστιν*.
     14 ἐπει ἀρα τα τεκνα ὑμων ἀκαθαρτα *ἐστιν*, νυν δε ἁγια *ἐστιν*.
     19 ἡ περιτομη οὐδεν *ἐστιν*, και ἡ ἀκροβυστια οὐδεν *ἐστιν*,
     19 ἡ περιτομη οὐδεν *ἐστιν*, και ἡ ἀκροβυστια οὐδεν *ἐστιν*,
     22 ὁ γαρ ἐν κυριω κληθεις δουλος ἀπελευθερος κυριου *ἐστιν*·
     22 ὁμοιως ὁ ἐλευθερος κληθεις δουλος *ἐστιν* χριστου.
     25 γνωμην δε διδωμι ὡς ἡλεημενος ὑπο κυριου πιστος *εἰναι*.
     26 νομιζω οὐν τουτο καλον ὑπαρχειν δια την ἐνεστωσαν
         ἀναγκην, ὁτι καλον ἀνθρωπω το οὑτως *εἰναι*.
     29 τουτο δε φημι, ἀδελφοι, ὁ καιρος συνεσταλμενος *ἐστιν*·
     29 το λοιπον ἱνα και οἱ ἐχοντες γυναικας ὡς μη ἐχοντες *ὠσιν*,
     32 θελω δε ὑμας ἀμεριμνους *εἰναι*.
     34 και ἡ γυνη ἡ ἀγαμος και ἡ παρθενος μεριμνα τα του κυριου,
         ἱνα ἠ ἁγια και τω σωματι και τω πνευματι·
     36 εἰ δε τις ἀσχημονειν ἐπι την παρθενον αὐτου νομιζει, ἐαν ἠ
         ὑπερακμος, και οὑτως ὀφειλει γινεσθαι, ὁ θελει ποιειτω·
     39 ἐαν δε κοιμηθη ὁ ἀνηρ, ἐλευθερα *ἐστιν* ὡ θελει γαμηθηναι,
         μονον ἐν κυριω.
     40 μακαριωτερα δε *ἐστιν* ἐαν οὑτως μεινη, κατα την ἐμην
         γνωμην.
    8 5 και γαρ εἰπερ *εἰσιν* λεγομενοι θεοι εἰτε ἐν οὐρανω εἰτε ἐπι
         γης, ὡσπερ *εἰσιν* θεοι πολλοι και κυριοι πολλοι, ἀλλ ἡμιν εἰς
         θεος ὁ πατηρ,
     5 και γαρ εἰπερ *εἰσιν* λεγομενοι θεοι εἰτε ἐν οὐρανω εἰτε ἐπι
         γης, ὡσπερ *εἰσιν* θεοι πολλοι και κυριοι πολλοι, ἀλλ ἡμιν εἰς
         θεος ὁ πατηρ,
     7 και ἡ συνειδησις αὐτων ἀσθενης *οὐσα* μολυνεται.

εἰμι [2461]

1Co	8 10	ἐὰν γαρ τις ἴδη σέ τον ἔχοντα γνωσιν ἐν εἰδωλειω κατακειμενον, οὐχι ἡ συνειδησις αὐτου ἀσθενους ὄντος οἰκοδομηθησεται εἰς το τα εἰδωλοθυτα ἐσθιειν;
	9 1	οὐκ *εἰμι* ἐλευθερος;
	1	οὐκ *εἰμι* ἀποστολος;
	1	οὐ το ἐργον μου ὑμεις *ἐστε* ἐν κυριω;
	2	εἰ ἀλλοις οὐκ *εἰμι* ἀποστολος, ἀλλα γε ὑμιν εἰμι·
	2	εἰ ἀλλοις οὐκ *εἰμι* ἀποστολος, ἀλλα γε ὑμιν *εἰμι*·
	2	ἡ γαρ σφραγις μου της ἀποστολης ὑμεις *ἐστε* ἐν κυριω.
	3	ἡ ἐμη ἀπολογια τοις ἐμε ἀνακρινουσιν *ἐστιν* αὐτη.
	16	ἐαν γαρ εὐαγγελιζωμαι, οὐκ *ἐστιν* μοι καυχημα·
	16	οὐαι γαρ μοι *ἐστιν* ἐαν μη εὐαγγελισωμαι.
	18	τίς οὖν μου *ἐστιν* ὁ μισθος;
	19	ἐλευθερος γαρ ὠν ἐκ παντων πασιν ἐμαυτον ἐδουλωσα,
	20	τοις ὑπο νομον ὡς ὑπο νομον, μη *ὠν* αὐτος ὑπο νομον,
	21	τοις ἀνομοις ὡς ἀνομος, μη *ὠν* ἀνομος θεου ἀλλ ἐννομος χριστου·
	10 1	οὐ θελω γαρ ὑμας ἀγνοειν, ἀδελφοι, ὁτι οἱ πατερες ἡμων παντες ὑπο την νεφελην *ἠσαν*
	4	ἐπινον γαρ ἐκ πνευματικης ἀκολουθουσης πετρας, ἡ πετρα δε *ἠν* ὁ χριστος.
	6	ταυτα δε τυποι ἡμων ἐγενηθησαν, εἰς το μη *εἰναι* ἡμας ἐπιθυμητας κακων,
	16	το ποτηριον της εὐλογιας ὁ εὐλογουμεν, οὐχι κοινωνια *ἐστιν* του αἱματος του χριστου;
	16	τον ἀρτον ὁν κλωμεν, οὐχι κοινωνια του σωματος του χριστου *ἐστιν*;
	17	ὁτι εἱς ἀρτος, ἐν σωμα οἱ πολλοι *ἐσμεν*·
	18	οὐχ οἱ ἐσθιοντες τας θυσιας κοινωνοι του θυσιαστηριου *εἰσιν*;
	19	τί οὖν φημι; ὁτι εἰδωλοθυτον τι *ἐστιν*;
	19	ὁτι εἰδωλοθυτον τι *ἐστιν*; ἠ ὁτι εἰδωλον τι *ἐστιν*;
	22	ἡ παραζηλουμεν τον κυριον; μη ἰσχυροτεροι αὐτου *ἐσμεν*;
	28	ἐαν δε τις ὑμιν εἰπη· τουτο ἱεροθυτον *ἐστιν*, μη ἐσθιετε δι ἐκεινον τον μηνυσαντα και την συνειδησιν·
	11 3	θελω δε ὑμας εἰδεναι ὁτι παντος ἀνδρος ἡ κεφαλη ὁ χριστος *ἐστιν*,
	5	ἐν γαρ *ἐστιν* και το αὐτο τη ἐξυρημενη.
	7	ἡ γυνη δε δοξα ἀνδρος *ἐστιν*.
	8	οὐ γαρ *ἐστιν* ἀνηρ ἐκ γυναικος, ἀλλα γυνη ἐξ ἀνδρος·
	13	πρεπον *ἐστιν* γυναικα ἀκατακαλυπτον τω θεω προσευχεσθαι;
	14	οὐδε ἡ φυσις αὐτη διδασκει ὑμας ὁτι ἀνηρ μεν ἐαν κομα, ἀτιμια αὐτω *ἐστιν*, γυνη δε ἐαν κομα, δοξα αὐτη ἐστιν;
	15	οὐδε ἡ φυσις αὐτη διδασκει ὑμας ὁτι ἀνηρ μεν ἐαν κομα, ἀτιμια αὐτω *ἐστιν*, γυνη δε ἐαν κομα, δοξα αὐτη *ἐστιν*;
	16	εἰ δε τις δοκει φιλονεικος *εἰναι*, ἡμεις τοιαυτην συνηθειαν οὐκ ἐχομεν, οὐδε αἱ ἐκκλησιαι του θεου.
	19	δει γαρ και αἱρεσεις ἐν ὑμιν *εἰναι*, ἰνα [και] οἱ δοκιμοι φανεροι γενωνται ἐν ὑμιν.
	20	συνερχομενων οὖν ὑμων ἐπι το αὐτο οὐκ *ἐστιν* κυριακον δειπνον φαγειν·
	24	τουτο μου *ἐστιν* το σωμα το ὑπερ ὑμων·
	25	τουτο το ποτηριον ἡ καινη διαθηκη *ἐστιν* ἐν τω ἐμω αἱματι·
	27	ὡστε ὁς ἀν ἐσθιη τον ἀρτον ἠ πινη το ποτηριον του κυριου ἀναξιως, ἐνοχος *ἐσται* του σωματος και του αἱματος του κυριου.
	12 2	οἰδατε ὁτι ὁτε ἐθνη *ἠτε* προς τα εἰδωλα τα ἀφωνα ὡς ἀν ἠγεσθε ἀπαγομενοι.
	4	διαιρεσεις δε χαρισματων *εἰσιν*, το δε αὐτο πνευμα·
	5	και διαιρεσεις διακονιων *εἰσιν*, και ὁ αὐτος κυριος·
	6	και διαιρεσεις ἐνεργηματων *εἰσιν*, ὁ δε αὐτος θεος ὁ ἐνεργων τα παντα ἐν πασιν.
	12	καθαπερ γαρ το σωμα ἐν *ἐστιν* και μελη πολλα ἐχει, παντα δε τα μελη του σωματος πολλα ὀντα ἐν *ἐστιν* σωμα, οὑτως και ὁ χριστος·
	12	καθαπερ γαρ το σωμα ἐν *ἐστιν* και μελη πολλα *ἐχει*, παντα δε τα μελη του σωματος πολλα ὀντα ἐν *ἐστιν* σωμα, οὑτως και ὁ χριστος·
	12	καθαπερ γαρ το σωμα ἐν *ἐστιν* και μελη πολλα *ἐχει*, παντα δε τα μελη του σωματος πολλα ὀντα ἐν *ἐστιν* σωμα, οὑτως και ὁ χριστος·
	14	και γαρ το σωμα οὐκ *ἐστιν* ἐν μελος ἀλλα πολλα.
	15	ἐαν εἰπη ὁ πους· ὁτι οὐκ *εἰμι* χειρ, οὐκ εἰμι ἐκ του σωματος, οὐ παρα τουτο οὐκ *ἐστιν* ἐκ του σωματος.
	15	ἐαν εἰπη ὁ πους· ὁτι οὐκ *εἰμι* χειρ, οὐκ *εἰμι* ἐκ του σωματος, οὐ παρα τουτο οὐκ *ἐστιν* ἐκ του σωματος.
	15	ἐαν εἰπη ὁ πους· ὁτι οὐκ εἰμι χειρ, οὐκ εἰμι ἐκ του σωματος, οὐ παρα τουτο οὐκ *ἐστιν* ἐκ του σωματος.

εἰμι [2461]

1Co	12 16	και ἐαν εἰπη το οὐς· ὁτι οὐκ *εἰμι* ὀφθαλμος, οὐκ εἰμι ἐκ του σωματος, οὐ παρα τουτο οὐκ *ἐστιν* ἐκ του σωματος.
	16	και ἐαν εἰπη το οὐς· ὁτι οὐκ εἰμι ὀφθαλμος, οὐκ *εἰμι* ἐκ του σωματος, οὐ παρα τουτο οὐκ ἐστιν ἐκ του σωματος.
	16	και ἐαν εἰπη το οὐς· ὁτι οὐκ εἰμι ὀφθαλμος, οὐκ εἰμι ἐκ του σωματος, οὐ παρα τουτο οὐκ *ἐστιν* ἐκ του σωματος.
	19	εἰ δε *ἠν* τα παντα ἐν μελος, ποῦ το σωμα;
	22	ἀλλα πολλω μαλλον τα δοκουντα μελη του σωματος ἀσθενεστερα ὑπαρχειν ἀναγκαια *ἐστιν*,
	23	και ἁ δοκουμεν ἀτιμοτερα *εἰναι* του σωματος, τουτοις τιμην περισσοτεραν περιτιθεμεν,
	25	ἀλλα ὁ θεος συνεκερασεν το σωμα, τω ὑστερουμενω περισσοτεραν δους τιμην, ἰνα μη ἡ σχισμα ἐν τω σωματι,
	27	ὑμεις δε *ἐστε* σωμα χριστου και μελη ἐκ μερους.
	13 2	και ἐαν ἐχω προφητειαν και εἰδω τα μυστηρια παντα και πασαν την γνωσιν, και ἐαν ἐχω πασαν την πιστιν ὡστε ὀρη μεθισταναι, ἀγαπην δε μη ἐχω, οὐδεν *εἰμι*.
	11	ὁτε *ἠμην* νηπιος, ἐλαλουν ὡς νηπιος, ἐφρονουν ὡς νηπιος, ἐλογιζομην ὡς νηπιος·
	14 9	*ἐσεσθε* γαρ εἰς ἀερα λαλουντες.
	10	τοσαυτα εἰ τυχοι γενη φωνων *εἰσιν* ἐν κοσμω, και οὐδεν ἀφωνον·
	11	ἐαν οὖν μη εἰδω την δυναμιν της φωνης, *ἐσομαι* τω λαλουντι βαρβαρος και ὁ λαλων ἐν ἐμοι βαρβαρος.
	12	οὑτως και ὑμεις, ἐπει ζηλωται *ἐστε* πνευματων, προς την οἰκοδομην της ἐκκλησιας ζητειτε ἰνα περισσευητε.
	14	το πνευμα μου προσευχεται, ὁ δε νους μου ἀκαρπος *ἐστιν*.
	15	τί οὖν *ἐστιν*; προσευξωμαι τω πνευματι, προσευξομαι δε και τω νοι·
	22	ὡστε αἱ γλωσσαι εἰς σημειον *εἰσιν* οὐ τοις πιστευουσιν ἀλλα τοις ἀπιστοις,
	25	και οὑτως πεσων ἐπι προσωπον προσκυνησει τω θεω, ἀπαγγελλων ὁτι ὀντως ὁ θεος ἐν ὑμιν *ἐστιν*.
	26	τί οὖν *ἐστιν*, ἀδελφοι; ὁταν συνερχησθε, ἐκαστος·ψαλμον ἐχει,
	28	ἐαν δε μη ἡ διερμηνευτης, σιγατω ἐν ἐκκλησια,
	33	οὐ γαρ *ἐστιν* ἀκαταστασιας ὁ θεος ἀλλα εἰρηνης.
	35	αἰσχρον γαρ *ἐστιν* γυναικι λαλειν ἐν ἐκκλησια.
	37	εἰ τις δοκει προφητης *εἰναι* ἡ πνευματικος, ἐπιγινωσκετω ἁ γραφω ὑμιν ὁτι κυριου *ἐστιν* ἐντολη·
	37	εἰ τις δοκει προφητης *εἰναι* ἡ πνευματικος, ἐπιγινωσκετω ἁ γραφω ὑμιν ὁτι κυριου *ἐστιν* ἐντολη·
	15 9	ἐγω γαρ *εἰμι* ὁ ἐλαχιστος των ἀποστολων,
	9	ἐγω γαρ εἰμι ὁ ἐλαχιστος των ἀποστολων, ὁς οὐκ *εἰμι* ἱκανος καλεισθαι ἀποστολος,
	10	χαριτι δε θεου *εἰμι* ὁ εἰμι,
	10	χαριτι δε θεου εἰμι ὁ *εἰμι*,
	12	εἰ δε χριστος κηρυσσεται ὁτι ἐκ νεκρων ἐγηγερται, πῶς λεγουσιν ἐν ὑμιν τινες ὁτι ἀναστασις νεκρων οὐκ *ἐστιν*;
	13	εἰ δε ἀναστασις νεκρων οὐκ *ἐστιν*, οὐδε χριστος ἐγηγερται·
	17	ἐτι *ἐστε* ἐν ταις ἁμαρτιαις ὑμων.
	19	εἰ ἐν τη ζωη ταυτη ἐν χριστω ἠλπικοτες *ἐσμεν* μονον, ἐλεεινοτεροι παντων ἀνθρωπων *ἐσμεν*.
	19	εἰ ἐν τη ζωη ταυτη ἐν χριστω ἠλπικοτες *ἐσμεν* μονον, ἐλεεινοτεροι παντων ἀνθρωπων *ἐσμεν*.
	28	τοτε [και] αὐτος ὁ υἱος ὑποταγησεται τω ὑποταξαντι αὐτω τα παντα, ἰνα ἡ ὁ θεος [τα] παντα ἐν πασιν.
	44	εἰ *ἐστιν* σωμα ψυχικον, *ἐστιν* και πνευματικον.
	44	εἰ *ἐστιν* σωμα ψυχικον, *ἐστιν* και πνευματικον.
	58	ὡστε, ἀδελφοι μου ἀγαπητοι, ἑδραιοι γινεσθε, ἀμετακινητοι, περισσευοντες ἐν τω ἐργω του κυριου παντοτε, εἰδοτες ὁτι ὁ κοπος ὑμων οὐκ *ἐστιν* κενος ἐν κυριω.
	16 4	ἐαν δε ἀξιον *ἠ* του καμε πορευεσθαι, συν ἐμοι πορευσονται.
	12	και παντως οὐκ *ἠν* θελημα ἰνα νυν ἐλθη,
	15	οἰδατε την οἰκιαν στεφανα, ὁτι *ἐστιν* ἀπαρχη της ἀχαιας και εἰς διακονιαν τοις ἁγιοις ἐταξαν ἑαυτους·
	22	εἰ τις οὐ φιλει τον κυριον, ἠτω ἀναθεμα.
2Co	1 1	παυλος ἀποστολος χριστου ἰησου δια θεληματος θεου και τιμοθεος ὁ ἀδελφος τη ἐκκλησια του θεου τη *οὐση* ἐν κορινθω συν τοις ἁγιοις πασιν τοις οὐσιν ἐν ὁλη τη ἀχαια·
	1	παυλος ἀποστολος χριστου ἰησου δια θεληματος θεου και τιμοθεος ὁ ἀδελφος τη ἐκκλησια του θεου τη οὐση ἐν κορινθω συν τοις ἁγιοις πασιν τοις *οὐσιν* ἐν ὁλη τη ἀχαια·
	7	εἰδοτες ὁτι ὡς κοινωνοι *ἐστε* των παθηματων, οὑτως και της παρακλησεως.
	9	ἀλλα αὐτοι ἐν ἑαυτοις το ἀποκριμα του θανατου ἐσχηκαμεν, ἰνα μη πεποιθοτες *ὠμεν* ἐφ ἑαυτοις
	12	ἡ γαρ καυχησις ἡμων αὐτη *ἐστιν*, το μαρτυριον της συνειδησεως ἡμων,

εἰμι — εἰμι

εἰμι [2461]

2Co 1 14 καθως και ἐπεγνωτε ἡμας ἀπο μερους, ὁτι καυχημα ὑμων ἐσμεν καθαπερ και ὑμεις ἡμων ἐν τῃ ἡμερᾳ του κυριου [ἡμων] ἰησου.

17 ἠ ἁ βουλευομαι κατα σαρκα βουλευομαι, ἱνα ῃ παρ ἐμοι το ναι ναι και το οὐ οὐ;

18 πιστος δε ὁ θεος ὁτι ὁ λογος ἡμων ὁ προς ὑμας οὐκ ἐστιν ναι και οὐ.

24 οὐχ ὁτι κυριευομεν ὑμων της πιστεως, ἀλλα συνεργοι ἐσμεν της χαρας ὑμων·

2 3 πεποιθως ἐπι παντας ὑμας ὁτι ἡ ἐμη χαρα παντων ὑμων ἐστιν.

9 εἰς τουτο γαρ και ἐγραψα, ἱνα γνω την δοκιμην ὑμων, εἰ εἰς παντα ὑπηκοοι ἐστε.

15 ὁτι χριστου εὐωδια ἐσμεν τῳ θεῳ ἐν τοις σωζομενοις και ἐν τοις ἀπολλυμενοις,

17 οὐ γαρ ἐσμεν ὡς οἱ πολλοι καπηλευοντες τον λογον του θεου,

3 2 ἡ ἐπιστολη ἡμων ὑμεις ἐστε, ἐγγεγραμμενη ἐν ταις καρδιαις ἡμων, γινωσκομενη και ἀναγινωσκομενη ὑπο παντων ἀνθρωπων,

3 φανερουμενοι ὁτι ἐστε ἐπιστολη χριστου διακονηθεισα ὑφ ἡμων,

5 οὐχ ὁτι ἀφ ἑαυτων ἱκανοι ἐσμεν λογισασθαι τι ὡς ἐξ ἑαυτων,

8 πως οὐχι μαλλον ἡ διακονια του πνευματος ἐσται ἐν δοξῃ;

17 ὁ δε κυριος το πνευμα ἐστιν·

4 3 εἰ δε και ἐστιν κεκαλυμμενον το εὐαγγελιον ἡμων, ἐν τοις ἀπολλυμενοις ἐστιν κεκαλυμμενον,

3 εἰ δε και ἐστιν κεκαλυμμενον το εὐαγγελιον ἡμων, ἐν τοις ἀπολλυμενοις ἐστιν κεκαλυμμενον,

4 ἐν οἱς ὁ θεος του αἰωνος τουτου ἐτυφλωσεν τα νοηματα των ἀπιστων εἰς το μη αὐγασαι τον φωτισμον του εὐαγγελιου της δοξης του χριστου, ὁς ἐστιν εἰκων του θεου.

7 ἐχομεν δε τον θησαυρον τουτον ἐν ὀστρακινοις σκευεσιν, ἱνα ἡ ὑπερβολη της δυναμεως ῃ του θεου και μη ἐξ ἡμων·

5 4 και γαρ οἱ ὀντες ἐν τῳ σκηνει στεναζομεν βαρουμενοι,

9 διο και φιλοτιμουμεθα, εἰτε ἐνδημουντες εἰτε ἐκδημουντες, εὐαρεστοι αὐτῳ εἰναι.

19 ὡς ὁτι θεος ἠν ἐν χριστῳ κοσμον καταλλασσων ἑαυτῳ,

6 16 ἡμεις γαρ ναος θεου ἐσμεν ζωντος·

16 και ἐσομαι αὐτων θεος, και αὐτοι ἐσονται μου λαος.

16 και ἐσομαι αὐτων θεος, και αὐτοι ἐσονται μου λαος.

18 και ἐσομαι ὑμιν εἰς πατερα, και ὑμεις ἐσεσθε μοι εἰς υἱους και θυγατερας,

18 και ὑμεις ἐσεσθε μοι εἰς υἱους και θυγατερας,

7 3 προειρηκα γαρ ὁτι ἐν ταις καρδιαις ἡμων ἐστε εἰς το συναποθανειν και συζην.

11 ἐν παντι συνεστησατε ἑαυτους ἁγνους εἰναι τῳ πραγματι.

15 και τα σπλαγχνα αὐτου περισσοτερως εἰς ὑμας ἐστιν ἀναμιμνησκομενου την παντων ὑμων ὑπακοην,

8 9 γινωσκετε γαρ την χαριν του κυριου ἡμων ἰησου χριστου, ὁτι δι ὑμας ἐπτωχευσεν πλουσιος ὡν,

22 συνεπεμψαμεν δε αὐτοις τον ἀδελφον ἡμων, ὁν ἐδοκιμασαμεν ἐν πολλοις πολλακις σπουδαιον ὀντα,

9 1 περι μεν γαρ της διακονιας της εἰς τους ἁγιους περισσον μοι ἐστιν το γραφειν ὑμιν·

3 ἐπεμψα δε τους ἀδελφους, ἱνα μη το καυχημα ἡμων το ὑπερ ὑμων κενωθη ἐν τῳ μερει τουτῳ, ἱνα καθως ἐλεγον παρεσκευασμενοι ἠτε,

5 και προκαταρτισωσιν την προεπηγγελμενην εὐλογιαν ὑμων, ταυτην ἑτοιμην εἰναι οὑτως ὡς εὐλογιαν και μη ὡς πλεονεξιαν.

12 ὁτι ἡ διακονια της λειτουργιας ταυτης οὐ μονον ἐστιν προσαναπληρουσα τα ὑστερηματα των ἁγιων, ἀλλα και περισσευουσα δια πολλων εὐχαριστιων τῳ θεῳ·

10 7 εἰ τις πεποιθεν ἑαυτῳ χριστου εἰναι, τουτο λογιζεσθω παλιν ἐφ ἑαυτου.

11 τουτο λογιζεσθω ὁ τοιουτος, ὁτι οἱοι ἐσμεν τῳ λογῳ δι ἐπιστολων ἀποντες, τοιουτοι και παροντες τῳ ἐργῳ.

18 οὐ γαρ ὁ ἑαυτον συνιστανων, ἐκεινος ἐστιν δοκιμος, ἀλλα ὁν ὁ κυριος συνιστησιν.

11 10 ἐστιν ἀληθεια χριστου ἐν ἐμοι,

15 ὡν το τελος ἐσται κατα τα ἐργα αὐτων.

16 παλιν λεγω, μη τις με δοξῃ ἀφρονα εἰναι·

19 ἡδεως γαρ ἀνεχεσθε των ἀφρονων φρονιμοι ὀντες·

22 ἑβραιοι εἰσιν; καγω.

22 ἰσραηλιται εἰσιν; καγω.

22 σπερμα ἀβρααμ εἰσιν; καγω.

23 διακονοι χριστου εἰσιν; παραφρονων λαλω, ὑπερ ἐγω·

31 ὁ ὡν εὐλογητος εἰς τους αἰωνας, ὁτι οὐ ψευδομαι.

12 6 ἐαν γαρ θελησω καυχησασθαι, οὐκ ἐσομαι ἀφρων, ἀληθειαν γαρ ἐρω·

εἰμι [2461]

2Co 12 10 ὁταν γαρ ἀσθενω, τοτε δυνατος εἰμι.

11 οὐδεν γαρ ὑστερησα των ὑπερλιαν ἀποστολων, εἰ και οὐδεν εἰμι.

13 τι γαρ ἐστιν ὁ ἡσσωθητε ὑπερ τας λοιπας ἐκκλησιας, εἰ μη ὁτι αὐτος ἐγω οὐ κατεναρκησα ὑμων;

16 ἐστω δε, ἐγω οὐ κατεβαρησα ὑμας·

13 5 ἑαυτους πειραζετε εἰ ἐστε ἐν τῃ πιστει,

5 ἡ οὐκ ἐπιγινωσκετε ἑαυτους ὁτι ἰησους χριστος ἐν ὑμιν; εἰ μητι ἀδοκιμοι ἐστε.

6 ἐλπιζω δε ὁτι γνωσεσθε ὁτι ἡμεις οὐκ ἐσμεν ἀδοκιμοι.

7 ἀλλ ἱνα ὑμεις το καλον ποιητε, ἡμεις δε ὡς ἀδοκιμοι ὠμεν.

9 ἀλλα ὑπερ της ἀληθειας. χαιρομεν γαρ ὁταν ἡμεις ἀσθενωμεν, ὑμεις δε δυνατοι ἠτε· τουτο και εὐχομεθα, την ὑμων καταρτισιν.

11 και ὁ θεος της ἀγαπης και εἰρηνης ἐσται μεθ ὑμων.

Ga 1 7 ὁ οὐκ ἐστιν ἀλλο·

7 εἰ μη τινες εἰσιν οἱ ταρασσοντες ὑμας και θελοντες μεταστρεψαι το εὐαγγελιον του χριστου.

8 ἀλλα και ἐαν ἡμεις ἡ ἀγγελος ἐξ οὐρανου εὐαγγελιζηται [ὑμιν] παρ ὁ εὐηγγελισαμεθα ὑμιν, ἀναθεμα ἐστω.

9 εἰ τις ὑμας εὐαγγελιζεται παρ ὁ παρελαβετε, ἀναθεμα ἐστω.

10 εἰ ἐτι ἀνθρωποις ἡρεσκον, χριστου δουλος οὐκ ἀν ἡμην.

11 γνωριζω γαρ ὑμιν, ἀδελφοι, το εὐαγγελιον το εὐαγγελισθεν ὑπ ἐμου ὁτι οὐκ ἐστιν κατα ἀνθρωπον·

22 ἠμην δε ἀγνοουμενος τῳ προσωπῳ ταις ἐκκλησιαις της ἰουδαιας ταις ἐν χριστῳ.

23 μονον δε ἀκουοντες ἠσαν ὁτι ὁ διωκων ἡμας ποτε νυν εὐαγγελιζεται την πιστιν ἡν ποτε ἐπορθει,

2 3 ἀλλ οὐδε τιτος ὁ συν ἐμοι, ἑλλην ὡν, ἠναγκασθη περιτμηθηναι·

6 ἀπο δε των δοκουντων εἰναι τι, ὁποιοι ποτε ἠσαν οὐδεν μοι διαφερει·

6 ἀπο δε των δοκουντων εἰναι τι, ὁποιοι ποτε ἠσαν οὐδεν μοι διαφερει·

9 ἰακωβος και κηφας και ἰωαννης, οἱ δοκουντες στυλοι εἰναι, δεξιας ἐδωκαν ἐμοι και βαρναβα κοινωνιας,

11 κατα προσωπον αὐτῳ ἀντεστην, ὁτι κατεγνωσμενος ἠν.

3 3 οὑτως ἀνοητοι ἐστε; ἐναρξαμενοι πνευματι νυν σαρκι ἐπιτελεισθε;

7 γινωσκετε ἀρα ὁτι οἱ ἐκ πιστεως, οὑτοι υἱοι εἰσιν ἀβρααμ.

10 ὁσοι γαρ ἐξ ἐργων νομου εἰσιν, ὑπο καταραν εἰσιν·

10 ὁσοι γαρ ἐξ ἐργων νομου εἰσιν, ὑπο καταραν εἰσιν·

12 ὁ δε νομος οὐκ ἐστιν ἐκ πιστεως,

16 οὐ λεγει· και τοις σπερμασιν, ὡς ἐπι πολλων, ἀλλ ὡς ἐφ ἑνος· και τῳ σπερματι σου, ὁς ἐστιν χριστος.

20 ὁ δε μεσιτης ἑνος οὐκ ἐστιν, ὁ δε θεος εἱς ἐστιν.

20 ὁ δε μεσιτης ἑνος οὐκ ἐστιν, ὁ δε θεος εἱς ἐστιν.

21 εἰ γαρ ἐδοθη νομος ὁ δυναμενος ζωοποιησαι, ὀντως ἐκ νομου ἀν ἠν ἡ δικαιοσυνη·

25 ἐλθουσης δε της πιστεως οὐκετι ὑπο παιδαγωγον ἐσμεν.

26 παντες γαρ υἱοι θεου ἐστε δια της πιστεως ἐν χριστῳ ἰησου·

28 παντες γαρ ὑμεις εἱς ἐστε ἐν χριστῳ ἰησου.

29 εἰ δε ὑμεις χριστου, ἀρα του ἀβρααμ σπερμα ἐστε, κατ ἐπαγγελιαν κληρονομοι.

4 1 ἐφ ὁσον χρονον ὁ κληρονομος νηπιος ἐστιν, οὐδεν διαφερει δουλου κυριος παντων ὡν,

1 ἐφ ὁσον χρονον ὁ κληρονομος νηπιος ἐστιν, οὐδεν διαφερει δουλου κυριος παντων ὡν,

2 οὐδεν διαφερει δουλου κυριος παντων ὡν, ἀλλα ὑπο ἐπιτροπους ἐστιν και οἰκονομους ἀχρι της προθεσμιας του πατρος.

3 οὑτως και ἡμεις, ὁτε ἡμεν νηπιοι, ὑπο τα στοιχεια του κοσμου ἡμεθα δεδουλωμενοι·

3 οὑτως και ἡμεις, ὁτε ἡμεν νηπιοι, ὑπο τα στοιχεια του κοσμου ἡμεθα δεδουλωμενοι·

6 ὁτι δε ἐστε υἱοι, ἐξαπεστειλεν ὁ θεος το πνευμα του υἱου αὐτου εἰς τας καρδιας ἡμων,

8 ἀλλα τοτε μεν οὐκ εἰδοτες θεον ἐδουλευσατε τοις φυσει μη οὐσιν θεοις·

21 λεγετε μοι, οἱ ὑπο νομον θελοντες εἰναι, τον νομον οὐκ ἀκουετε;

24 ἀτινα ἐστιν ἀλληγορουμενα· αὑται γαρ εἰσιν δυο διαθηκαι,

24 ἀτινα ἐστιν ἀλληγορουμενα· αὑται γαρ εἰσιν δυο διαθηκαι,

24 αὑται γαρ εἰσιν δυο διαθηκαι, μια μεν ἀπο ὀρους σινα, εἰς δουλειαν γεννωσα, ἡτις ἐστιν ἀγαρ.

25 το δε ἀγαρ σινα ὀρος ἐστιν ἐν τῃ ἀραβιᾳ·

26 ἡ δε ἀνω ἱερουσαλημ ἐλευθερα ἐστιν, ἡτις ἐστιν μητηρ ἡμων·

26 ἡ δε ἀνω ἱερουσαλημ ἐλευθερα ἐστιν, ἡτις ἐστιν μητηρ ἡμων·

28 ὑμεις δε, ἀδελφοι, κατα ἰσαακ ἐπαγγελιας τεκνα ἐστε.

εἰμι [2461]

Ga 4 31 διο, ἀδελφοι, οὐκ ἐσμεν παιδισκης τεκνα ἀλλα της ἐλευθερας.
5 3 μαρτυρομαι δε παλιν παντι ἀνθρωπω περιτεμνομενω ὁτι ὀφειλετης ἐστιν ὁλον τον νομον ποιησαι.
10 ὁ δε ταρασσων ὑμας βαστασει το κριμα, ὁστις ἐαν ᾖ.
18 εἰ δε πνευματι ἀγεσθε, οὐκ ἐστε ὑπο νομον.
19 φανερα δε ἐστιν τα ἐργα της σαρκος,
19 ἁτινα ἐστιν πορνεια, ἀκαθαρσια, ἀσελγεια, εἰδωλολατρια,
22 ὁ δε καρπος του πνευματος ἐστιν ἀγαπη, χαρα, εἰρηνη, μακροθυμια, χρηστοτης, ἀγαθωσυνη, πιστις, πραυτης, ἐγκρατεια·
23 κατα των τοιουτων οὐκ ἐστιν νομος.
6 3 εἰ γαρ δοκει τις εἰναι τι μηδεν ὤν, φρεναπατα ἑαυτον.
3 εἰ γαρ δοκει τις εἰναι τι μηδεν ὤν, φρεναπατα ἑαυτον.
15 οὐτε γαρ περιτομη τι ἐστιν οὐτε ἀκροβυστια, ἀλλα καινη κτισις.

Eph 1 1 παυλος ἀποστολος χριστου ἰησου δια θεληματος θεου τοις ἁγιοις τοις οὐσιν [ἐν ἐφεσω] και πιστοις ἐν χριστω ἰησου·
4 εἰναι ἡμας ἁγιους και ἀμωμους κατενωπιον αὐτου, ἐν ἀγαπη
12 εἰς το εἰναι ἡμας εἰς ἐπαινον δοξης αὐτου τους προηλπικοτας ἐν τω χριστω·
14 ἐν ᾧ και πιστευσαντες ἐσφραγισθητε τω πνευματι της ἐπαγγελιας τω ἁγιω, ὁ ἐστιν ἀρραβων της κληρονομιας ἡμων,
18 πεφωτισμενους τους ὀφθαλμους της καρδιας [ὑμων], εἰς το εἰδεναι ὑμας τίς ἐστιν ἡ ἐλπις της κλησεως αὐτου,
23 και αὐτον ἐδωκεν κεφαλην ὑπερ παντα τῃ ἐκκλησια, ἡτις ἐστιν το σωμα αὐτου,
2 1 και ὑμας ὀντας νεκρους τοις παραπτωμασιν και ταις ἁμαρτιαις ὑμων,
3 και ἡμεθα τεκνα φυσει ὀργης ὡς και οἱ λοιποι·
4 ὁ δε θεος πλουσιος ὤν ἐν ἐλεει,
5 και ὀντας ἡμας νεκρους τοις παραπτωμασιν συνεζωοποιησεν τω χριστω,
5 και ὀντας ἡμας νεκρους τοις παραπτωμασιν συνεζωοποιησεν τω χριστω, χαριτι ἐστε σεσωσμενοι,
8 τῃ γαρ χαριτι ἐστε σεσωσμενοι δια πιστεως·
10 αὐτου γαρ ἐσμεν ποιημα, κτισθεντες ἐν χριστω ἰησου ἐπι ἐργοις ἀγαθοις,
12 ὁτι ἠτε τω καιρω ἐκεινω χωρις χριστου,
13 νυνι δε ἐν χριστω ἰησου ὑμεις οἱ ποτε ὀντες μακραν ἐγενηθητε ἐγγυς ἐν τω αἱματι του χριστου.
14 αὐτος γαρ ἐστιν ἡ εἰρηνη ἡμων,
19 ἀρα οὐν οὐκετι ἐστε ξενοι και παροικοι,
19 ἀρα οὐν οὐκετι ἐστε ξενοι και παροικοι, ἀλλα ἐστε συμπολιται των ἁγιων και οἰκειοι του θεου,
20 ἐποικοδομηθεντες ἐπι τω θεμελιω των ἀποστολων και προφητων, ὀντος ἀκρογωνιαιου αὐτου χριστου ἰησου,
3 6 εἰναι τα ἐθνη συγκληρονομα και συσσωμα και συμμετοχα της ἐπαγγελιας ἐν χριστω ἰησου
13 διο αἰτουμαι μη ἐγκακειν ἐν ταις θλιψεσιν μου ὑπερ ὑμων, ἡτις ἐστιν δοξα ὑμων.
4 9 το δε ἀνεβη τί ἐστιν εἰ μη ὁτι και κατεβη εἰς τα κατωτερα [μερη] της γης;
10 ὁ καταβας αὐτος ἐστιν και ὁ ἀναβας ὑπερανω παντων των οὐρανων,
14 ἱνα μηκετι ὠμεν νηπιοι,
15 ἀληθευοντες δε ἐν ἀγαπη αὐξησωμεν εἰς αὐτον τα παντα, ὁς ἐστιν ἡ κεφαλη, χριστος,
18 ἐσκοτωμενοι τῃ διανοια ὀντες, ἀπηλλοτριωμενοι της ζωης του θεου,
18 ἀπηλλοτριωμενοι της ζωης του θεου, δια την ἀγνοιαν την οὐσαν ἐν αὐτοις,
21 εἰ γε αὐτον ἠκουσατε και ἐν αὐτω ἐδιδαχθητε καθως ἐστιν ἀληθεια ἐν τω ἰησου,
25 διο ἀποθεμενοι το ψευδος λαλειτε ἀληθειαν ἑκαστος μετα του πλησιον αὐτου, ὁτι ἐσμεν ἀλληλων μελη.
5 5 ὁτι πας πορνος ἠ ἀκαθαρτος ἠ πλεονεκτης, ὁ ἐστιν εἰδωλολατρης, οὐκ ἐχει κληρονομιαν ἐν τῃ βασιλεια του χριστου και θεου.
8 ἠτε γαρ ποτε σκοτος, νυν δε φως ἐν κυριω·
10 δοκιμαζοντες τί ἐστιν εὐαρεστον τω κυριω,
12 τα γαρ κρυφη γινομενα ὑπ αὐτων αἰσχρον ἐστιν και λεγειν·
14 παν γαρ το φανερουμενον φως ἐστιν.
16 ἐξαγοραζομενοι τον καιρον, ὁτι αἱ ἡμεραι πονηραι εἰσιν.
18 και μη μεθυσκεσθε οἰνω, ἐν ᾧ ἐστιν ἀσωτια, ἀλλα πληρουσθε ἐν πνευματι,
23 ὁτι ἀνηρ ἐστιν κεφαλη της γυναικος ὡς και ὁ χριστος κεφαλη της ἐκκλησιας,
27 μη ἐχουσαν σπιλον ἠ ῥυτιδα ἠ τι των τοιουτων, ἀλλ ἱνα ᾖ ἁγια και ἀμωμος.

εἰμι [2461]

Eph 5 30 καθως και ὁ χριστος την ἐκκλησιαν, ὁτι μελη ἐσμεν του σωματος αὐτου.
31 και ἐσονται οἱ δυο εἰς σαρκα μιαν.
32 το μυστηριον τουτο μεγα ἐστιν,
6 1 τα τεκνα, ὑπακουετε τοις γονευσιν ὑμων [ἐν κυριω]· τουτο γαρ ἐστιν δικαιον.
2 τιμα τον πατερα σου και την μητερα, ἡτις ἐστιν ἐντολη πρωτη ἐν ἐπαγγελια,
3 ἱνα εὐ σοι γενηται και ἐση μακροχρονιος ἐπι της γης.
9 εἰδοτες ὁτι και αὐτων και ὑμων ὁ κυριος ἐστιν ἐν οὐρανοις,
9 εἰδοτες ὁτι και αὐτων και ὑμων ὁ κυριος ἐστιν ἐν οὐρανοις, και προσωπολημψια οὐκ ἐστιν παρ αὐτω.
12 ὁτι οὐκ ἐστιν ἡμιν ἡ παλη προς αἱμα και σαρκα,
17 και την μαχαιραν του πνευματος, ὁ ἐστιν ῥημα θεου,

Php 1 1 παυλος και τιμοθεος δουλοι χριστου ἰησου πασιν τοις ἁγιοις ἐν χριστω ἰησου τοις οὐσιν ἐν φιλιπποις συν ἐπισκοποις και διακονοις·
7 καθως ἐστιν δικαιον ἐμοι τουτο φρονειν ὑπερ παντων ὑμων,
7 ἐν τε τοις δεσμοις μου και ἐν τῃ ἀπολογια και βεβαιωσει του εὐαγγελιου συγκοινωνους μου της χαριτος παντας ὑμας ὀντας.
10 εἰς το δοκιμαζειν ὑμας τα διαφεροντα, ἱνα ἠτε εἰλικρινεις και ἀπροσκοποι εἰς ἡμεραν χριστου,
23 συνεχομαι δε ἐκ των δυο, την ἐπιθυμιαν ἐχων εἰς το ἀναλυσαι και συν χριστω εἰναι,
28 και μη πτυρομενοι ἐν μηδενι ὑπο των ἀντικειμενων, ἡτις ἐστιν αὐτοις ἐνδειξις ἀπωλειας,
2 6 τουτο φρονειτε ἐν ὑμιν ὁ και ἐν χριστω ἰησου, ὁς ἐν μορφη θεου ὑπαρχων οὐχ ἁρπαγμον ἡγησατο το εἰναι ἰσα θεω,
13 θεος γαρ ἐστιν ὁ ἐνεργων ἐν ὑμιν και το θελειν και το ἐνεργειν ὑπερ της εὐδοκιας.
26 ἐπειδη ἐπιποθων ἠν παντας ὑμας, και ἀδημονων, διοτι ἠκουσατε ὁτι ἠσθενησεν.
28 σπουδαιοτερως οὐν ἐπεμψα αὐτον, ἱνα ἰδοντες αὐτον παλιν χαρητε καγω ἀλυποτερος ὤ.
3 3 ἡμεις γαρ ἐσμεν ἡ περιτομη,
7 [ἀλλα] ἁτινα ἠν μοι κερδη, ταυτα ἡγημαι δια τον χριστον ζημιαν.
8 ἀλλα μενουνγε και ἡγουμαι παντα ζημιαν εἰναι δια το ὑπερεχον της γνωσεως χριστου ἰησου του κυριου μου,
4 8 το λοιπον, ἀδελφοι, ὁσα ἐστιν ἀληθη,
9 και ὁ θεος της εἰρηνης ἐσται μεθ ὑμων.
11 ἐγω γαρ ἐμαθον ἐν οἱς εἰμι αὐταρκης εἰναι.
11 ἐγω γαρ ἐμαθον ἐν οἱς εἰμι αὐταρκης εἰναι.

Col 1 6 καθως και ἐν παντι τω κοσμω ἐστιν καρποφορουμενον και αὐξανομενον καθως και ἐν ὑμιν,
7 καθως ἐμαθετε ἀπο ἐπαφρα του ἀγαπητου συνδουλου ἡμων, ὁς ἐστιν πιστος ὑπερ ὑμων διακονος του χριστου,
15 ὁς ἐστιν εἰκων του θεου του ἀορατου, πρωτοτοκος πασης κτισεως,
17 και αὐτος ἐστιν προ παντων και τα παντα ἐν αὐτω συνεστηκεν,
18 και αὐτος ἐστιν ἡ κεφαλη του σωματος, της ἐκκλησιας·
18 ὁς ἐστιν ἀρχη, πρωτοτοκος ἐκ των νεκρων, ἱνα γενηται ἐν πασιν αὐτος πρωτευων,
21 και ὑμας ποτε ὀντας ἀπηλλοτριωμενους και ἐχθρους τῃ διανοια ἐν τοις ἐργοις τοις πονηροις, νυνι δε ἀποκατηλλαξεν
24 και ἀνταναπληρω τα ὑστερηματα των θλιψεων του χριστου ἐν τῃ σαρκι μου ὑπερ του σωματος αὐτου, ὁ ἐστιν ἡ ἐκκλησια,
27 οἱς ἠθελησεν ὁ θεος γνωρισαι τί το πλουτος της δοξης του μυστηριου τουτου ἐν τοις ἐθνεσιν, ὁ ἐστιν χριστος ἐν ὑμιν,
2 3 εἰς ἐπιγνωσιν του μυστηριου του θεου, χριστου, ἐν ᾧ εἰσιν παντες οἱ θησαυροι της σοφιας και γνωσεως ἀποκρυφοι.
5 εἰ γαρ και τῃ σαρκι ἀπειμι, ἀλλα τω πνευματι συν ὑμιν εἰμι,
8 βλεπετε μη τις ὑμας ἐσται ὁ συλαγωγων δια της φιλοσοφιας και κενης ἀπατης κατα την παραδοσιν των ἀνθρωπων,
10 και ἐστε ἐν αὐτω πεπληρωμενοι,
10 και ἐστε ἐν αὐτω πεπληρωμενοι, ὁς ἐστιν ἡ κεφαλη πασης ἀρχης και ἐξουσιας,
13 και ὑμας νεκρους ὀντας [ἐν] τοις παραπτωμασιν και τῃ ἀκροβυστια της σαρκος ὑμων; συνεζωοποιησεν ὑμας συν αὐτω,
14 ἐξαλειψας το καθ ἡμων χειρογραφον τοις δογμασιν ὁ ἠν ὑπεναντιον ἡμιν,
17 μη οὐν τις ὑμας κρινετω ἐν βρωσει και ἐν ποσει ἠ ἐν μερει ἑορτης ἠ νεομηνιας ἠ σαββατων, ἁ ἐστιν σκια των μελλοντων,
22 μη ἁψη μηδε γευση μηδε θιγης, ἁ ἐστιν παντα εἰς φθοραν τῃ ἀποχρησει,

εἰμι [2461]

Col	2 23	ἅτινα *ἔστιν* λογον μεν ἐχοντα σοφιας ἐν ἐθελοθρησκια και ταπεινοφροσυνη [και] ἀφειδια σωματος,
	3 1	τα ἀνω ζητειτε, οὗ ὁ χριστος *ἐστιν* ἐν δεξιᾳ του θεου καθημενος·
	5	και την πλεονεξιαν ἡτις *ἐστιν* εἰδωλολατρια,
	14	ἐπι πασιν δε τουτοις την ἀγαπην, ὁ *ἐστιν* συνδεσμος της τελειοτητος.
	20	τα τεκνα, ὑπακουετε τοις γονευσιν κατα παντα, τουτο γαρ εὐαρεστον *ἐστιν* ἐν κυριῳ.
	25	και οὐκ *ἐστιν* προσωπολημψια.
	4 9	συν ὀνησιμῳ τῳ πιστῳ και ἀγαπητῳ ἀδελφῳ, ὃς *ἐστιν* ἐξ ὑμων·
	11	οἱ *ὀντες* ἐκ περιτομης
1Th	2 7	δυναμενοι ἐν βαρει *εἰναι* ὡς χριστου ἀποστολοι,
	13	ὁτι παραλαβοντες λογον ἀκοης παρ ἡμων του θεου ἐδεξασθε οὐ λογον ἀνθρωπων ἀλλα καθως *ἐστιν* ἀληθως λογον θεου,
	14	των *οὐσων* ἐν τη ἰουδαια ἐν χριστῳ ἰησου,
	20	ὑμεις γαρ *ἐστε* ἡ δοξα ἡμων και ἡ χαρα.
	3 4	και γαρ ὁτε προς ὑμας *ἠμεν*, προελεγομεν ὑμιν ὁτι μελλομεν θλιβεσθαι,
	4 3	τουτο γαρ *ἐστιν* θελημα του θεου, ὁ ἀγιασμος ὑμων, ἀπεχεσθαι ὑμας ἀπο της πορνειας,
	9	αὐτοι γαρ ὑμεις θεοδιδακτοι *ἐστε* εἰς το ἀγαπαν ἀλληλους·
	17	και οὑτως παντοτε συν κυριῳ *ἐσομεθα*.
	5 4	ὑμεις δε, ἀδελφοι, οὐκ *ἐστε* ἐν σκοτει,
	5	παντες γαρ ὑμεις υἱοι φωτος *ἐστε* και υἱοι ἡμερας.
	5	οὐκ *ἐσμεν* νυκτος οὐδε σκοτους·
	8	ἡμεις δε ἡμερας *ὀντες* νηφωμεν, ἐνδυσαμενοι θωρακα πιστεως
2Th	1 3	εὐχαριστειν ὀφειλομεν τῳ θεῳ παντοτε περι ὑμων, ἀδελφοι, καθως ἀξιον *ἐστιν*,
	2 4	ὡστε αὐτον εἰς τον ναον του θεου καθισαι, ἀποδεικνυντα ἑαυτον ὁτι *ἐστιν* θεος.
	5	οὐ μνημονευετε ὁτι ἐτι *ὠν* προς ὑμας ταυτα ἐλεγον ὑμιν;
	9	και καταργησει τη ἐπιφανεια της παρουσιας αὐτου, οὗ *ἐστιν* ἡ παρουσια κατ ἐνεργειαν του σατανα
	3 3	πιστος δε *ἐστιν* ὁ κυριος, ὃς στηριξει ὑμας και φυλαξει ἀπο του πονηρου.
	10	και γαρ ὁτε *ἠμεν* προς ὑμας, τουτο παρηγγελλομεν ὑμιν,
	17	ὁ ἀσπασμος τη ἐμη χειρι παυλου, ὃ *ἐστιν* σημειον ἐν παση ἐπιστολη·
1Tm	1 5	το δε τελος της παραγγελιας *ἐστιν* ἀγαπη ἐκ καθαρας καρδιας και συνειδησεως ἀγαθης και πιστεως ἀνυποκριτου,
	7	θελοντες *εἰναι* νομοδιδασκαλοι, μη νοουντες μητε ἀ λεγουσιν μητε περι τινων διαβεβαιουνται.
	13	ὁτι πιστον με ἡγησατο θεμενος εἰς διακονιαν, το προτερον *ὀντα* βλασφημον και διωκτην και ὑβριστην·
	15	ὁτι χριστος ἰησους ἠλθεν εἰς τον κοσμον ἀμαρτωλους σωσαι· ὠν πρωτος *εἰμι* ἐγω·
	20	ὠν *ἐστιν* ὑμεναιος και ἀλεξανδρος, οὑς παρεδωκα τῳ σατανα, ἱνα παιδευθωσιν μη βλασφημειν.
	2 2	ὑπερ βασιλεων και παντων των ἐν ὑπεροχη *ὀντων*,
	12	διδασκειν δε γυναικι οὐκ ἐπιτρεπω, οὐδε αὐθεντειν ἀνδρος, ἀλλ *εἰναι* ἐν ἡσυχια.
	3 2	δει οὐν τον ἐπισκοπον ἀνεπιλημπτον *εἰναι*,
	10	εἰτα διακονειτωσαν ἀνεγκλητοι *ὀντες*.
	12	διακονοι *ἐστωσαν* μιας γυναικος ἀνδρες,
	15	ἱνα εἰδης πως δει ἐν οἰκῳ θεου ἀναστρεφεσθαι, ἡτις *ἐστιν* ἐκκλησια θεου ζωντος,
	16	και ὁμολογουμενως μεγα *ἐστιν* το της εὐσεβειας μυστηριον·
	4 6	ταυτα ὑποτιθεμενος τοις ἀδελφοις καλος *ἐση* διακονος χριστου ἰησου,
	8	ἡ γαρ σωματικη γυμνασια προς ὀλιγον *ἐστιν* ὠφελιμος·
	8	ἡ δε εὐσεβεια προς παντα ὠφελιμος *ἐστιν*,
	10	ὁτι ἠλπικαμεν ἐπι θεῳ ζωντι, ὃς *ἐστιν* σωτηρ παντων ἀνθρωπων,
	15	ταυτα μελετα, ἐν τουτοις *ἰσθι*, ἱνα σου ἡ προκοπη φανερα ἠ πασιν.
	15	ταυτα μελετα, ἐν τουτοις *ἰσθι*, ἱνα σου ἡ προκοπη φανερα ἠ πασιν.
	5 4	τουτο γαρ *ἐστιν* ἀποδεκτον ἐνωπιον του θεου.
	7	και ταυτα παραγγελλε, ἱνα ἀνεπιλημπτοι *ὠσιν*.
	8	εἰ δε τις των ἰδιων και μαλιστα οἰκειων οὐ προνοει, την πιστιν ἡρνηται και *ἐστιν* ἀπιστου χειρων.
	24	τινων ἀνθρωπων αἱ ἀμαρτιαι προδηλοι *εἰσιν* προαγουσαι εἰς κρισιν, τισιν δε και ἐπακολουθουσιν·
	6 1	ὁσοι *εἰσιν* ὑπο ζυγον δουλοι, τους ἰδιους δεσποτας πασης τιμης ἀξιους ἡγεισθωσαν,
	2	οἱ δε πιστους ἐχοντες δεσποτας μη καταφρονειτωσαν, ὁτι ἀδελφοι *εἰσιν*,
1Tm	6 2	ἀλλα μαλλον δουλευετωσαν, ὁτι πιστοι *εἰσιν* και ἀγαπητοι οἱ της εὐεργεσιας ἀντιλαμβανομενοι.
	5	διαπαρατριβαι διεφθαρμενων ἀνθρωπων τον νουν και ἀπεστερημενων της ἀληθειας, νομιζοντων πορισμον *εἰναι* την εὐσεβειαν.
	6	*ἐστιν* δε πορισμος μεγας ἡ εὐσεβεια μετα αὐταρκειας·
	10	ριζα γαρ παντων των κακων *ἐστιν* ἡ φιλαργυρια,
	18	ἀγαθοεργειν, πλουτειν ἐν ἐργοις καλοις, εὐμεταδοτους *εἰναι*, κοινωνικους,
2Tm	1 6	δι ἡν αἰτιαν ἀναμιμνησκω σε ἀναζωπυρειν το χαρισμα του θεου, ὁ *ἐστιν* ἐν σοι δια της ἐπιθεσεως των χειρων μου.
	12	οἰδα γαρ ᾡ πεπιστευκα, και πεπεισμαι ὁτι δυνατος *ἐστιν* την παραθηκην μου φυλαξαι εἰς ἐκεινην την ἡμεραν.
	15	ὁτι ἀπεστραφησαν με παντες οἱ ἐν τη ἀσια, ὠν *ἐστιν* φυγελος και ἑρμογενης.
	2 2	ταυτα παραθου πιστοις ἀνθρωποις, οἱτινες ἱκανοι *ἐσονται* και ἑτερους διδαξαι.
	17	ὠν *ἐστιν* ὑμεναιος και φιλητος,
	19	ἐγνω κυριος τους *ὀντας* αὐτου, και· ἀποστητω ἀπο ἀδικιας πας ὁ ὀνομαζων το ὀνομα κυριου.
	20	ἐν μεγαλη δε οἰκια οὐκ *ἐστιν* μονον σκευη χρυσα και ἀργυρα, ἀλλα και ξυλινα και ὀστρακινα,
	21	ἐαν οὐν τις ἐκκαθαρη ἑαυτον ἀπο τουτων, *ἐσται* σκευος εἰς τιμην,
	24	δουλον δε κυριου οὐ δει μαχεσθαι ἀλλα ἡπιον *εἰναι* προς παντας,
	3 2	*ἐσονται* γαρ οἱ ἀνθρωποι φιλαυτοι,
	6	ἐκ τουτων γαρ *εἰσιν* οἱ ἐνδυνοντες εἰς τας οἰκιας
	9	ἡ γαρ ἀνοια αὐτων ἐκδηλος *ἐσται* πασιν,
	17	ἱνα ἀρτιος ἠ ὁ του θεου ἀνθρωπος, προς παν ἐργον ἀγαθον ἐξηρτισμενος.
	4 3	*ἐσται* γαρ καιρος ὁτε της ὑγιαινουσης διδασκαλιας οὐκ ἀνεξονται,
	11	λουκας *ἐστιν* μονος μετ ἐμου.
	11	*ἐστιν* γαρ μοι εὐχρηστος εἰς διακονιαν.
Tit	1 6	εἰ τις *ἐστιν* ἀνεγκλητος, μιας γυναικος ἀνηρ, τεκνα ἐχων πιστα, μη ἐν κατηγορια ἀσωτιας ἠ ἀνυποτακτα·
	7	δει γαρ τον ἐπισκοπον ἀνεγκλητον *εἰναι* ὡς θεου οἰκονομον,
	9	φιλαγαθον, σωφρονα, δικαιον, ὁσιον, ἐγκρατη, ἀντεχομενον του κατα την διδαχην πιστου λογου, ἱνα δυνατος ἠ και παρακαλειν ἐν τη διδασκαλια τη ὑγιαινουση και τους ἀντιλεγοντας ἐλεγχειν.
	10	*εἰσιν* γαρ πολλοι [και] ἀνυποτακτοι, ματαιολογοι και φρεναπαται, μαλιστα οἱ ἐκ της περιτομης,
	13	ἡ μαρτυρια αὑτη *ἐστιν* ἀληθης.
	16	βδελυκτοι *ὀντες* και ἀπειθεις και προς παν ἐργον ἀγαθον ἀδοκιμοι.
	2 2	πρεσβυτας νηφαλιους *εἰναι*, σεμνους, σωφρονας, ὑγιαινοντας τη πιστει, τη ἀγαπη, τη ὑπομονη·
	4	ἱνα σωφρονιζωσιν τας νεας φιλανδρους *εἰναι*,
	9	δουλους ἰδιοις δεσποταις ὑποτασσεσθαι ἐν πασιν, εὐαρεστους *εἰναι*, μη ἀντιλεγοντας, μη νοσφιζομενους,
	3 1	ὑπομιμνησκε αὐτους ἀρχαις ἐξουσιαις ὑποτασσεσθαι, πειθαρχειν, προς παν ἐργον ἀγαθον ἑτοιμους *εἰναι*,
	2	μηδενα βλασφημειν, ἀμαχους *εἰναι*, ἐπιεικεις, πασαν ἐνδεικνυμενους πραυτητα προς παντας ἀνθρωπους.
	3	*ἠμεν* γαρ ποτε και ἡμεις ἀνοητοι,
	8	ταυτα *ἐστιν* καλα και ὠφελιμα τοις ἀνθρωποις·
	9	*εἰσιν* γαρ ἀνωφελεις και ματαιοι.
	11	αἱρετικον ἀνθρωπον μετα μιαν και δευτεραν νουθεσιαν παραιτου, εἰδως ὁτι ἐξεστραπται ὁ τοιουτος και ἁμαρτανει *ὠν* αὐτοκατακριτος.
	14	μανθανετωσαν δε και οἱ ἡμετεροι καλων ἐργων προϊστασθαι εἰς τας ἀναγκαιας χρειας, ἱνα μη *ὠσιν* ἀκαρποι.
Phm	9	τοιουτος *ὠν* ὡς παυλος πρεσβυτης, νυνι δε και δεσμιος χριστου ἰησου,
	12	ὃν ἀνεπεμψα σοι, αὐτον, τουτ *ἐστιν* τα ἐμα σπλαγχνα·
	14	χωρις δε της σης γνωμης οὐδεν ἠθελησα ποιησαι, ἱνα μη ὡς κατα ἀναγκην το ἀγαθον σου ἠ ἀλλα κατα ἑκουσιον.
Heb	1 3	ὃς *ὠν* ἀπαυγασμα της δοξης και χαρακτηρ της ὑποστασεως αὐτου,
	5	υἱος μου *εἰ* συ, ἐγω σημερον γεγεννηκα σε;
	5	ἐγω *ἐσομαι* αὐτῳ εἰς πατερα, και αὐτος *ἐσται* μοι εἰς υἱον;
	5	ἐγω *ἐσομαι* αὐτῳ εἰς πατερα, και αὐτος *ἐσται* μοι εἰς υἱον;
	10	και ἐργα των χειρων σου *εἰσιν* οἱ οὐρανοι·
	12	συ δε ὁ αὐτος *εἰ* και τα ἐτη σου οὐκ ἐκλειψουσιν.
	14	οὐχι παντες *εἰσιν* λειτουργικα πνευματα εἰς διακονιαν ἀποστελλομενα δια τους μελλοντας κληρονομειν σωτηριαν;
	2 6	τι *ἐστιν* ἀνθρωπος ὁτι μιμνησκη αὐτου;

εἰμι [2461]

Heb 2 13 ἐγω *ἐσομαι* πεποιθως ἐπ αὐτω·
14 ἱνα δια του θανατου καταργηση τον το κρατος ἐχοντα του θανατου, τουτ *ἐστιν* τον διαβολον,
15 και ἀπαλλαξη τουτους, ὁσοι φοβω θανατου δια παντος του ζην ἐνοχοι *ἠσαν* δουλειας.
3 2 κατανοησατε τον ἀποστολον και ἀρχιερεα της ὁμολογιας ἡμων ἰησουν, πιστον ὀντα τω ποιησαντι αὐτον,
6 οὑ οἰκος *ἐσμεν* ἡμεις, ἐαν[περ] την παρρησιαν και το καυχημα της ἐλπιδος κατασχωμεν.
12 βλεπετε, ἀδελφοι, μηποτε *ἐσται* ἐν τινι ὑμων καρδια πονηρα ἀπιστιας ἐν τω ἀποστηναι ἀπο θεου ζωντος,
4 2 και γαρ *ἐσμεν* εὐηγγελισμενοι καθαπερ κακεινοι·
13 και οὐκ *ἐστιν* κτισις ἀφανης ἐνωπιον αὐτου,
5 5 υἱος μου *εἰ* συ, ἐγω σημερον ἀφ ἡς *ἐπαθεν* την ὑπακοην,
8 καιπερ ὠν υἱος, ἐμαθεν ἀφ ὡν *ἐπαθεν* την ὑπακοην,
12 και γαρ ὀφειλοντες *εἰναι* διδασκαλοι δια τον χρονον, παλιν χρειαν ἐχετε του διδασκειν ὑμας τινα τα στοιχεια της ἀρχης των λογιων του θεου,
13 πας γαρ ὁ μετεχων γαλακτος ἀπειρος λογου δικαιοσυνης, νηπιος γαρ *ἐστιν·*
14 τελειων δε *ἐστιν* ἡ στερεα τροφη,
7 2 ὁ *ἐστιν* βασιλευς εἰρηνης, ἀπατωρ, ἀμητωρ, ἀγενεαλογητος,
5 και οἱ μεν ἐκ των υἱων λευι την ἱερατειαν λαμβανοντες ἐντολην ἐχουσιν ἀποδεκατουν τον λαον κατα τον νομον, τουτ *ἐστιν* τους ἀδελφους αὑτων,
10 ἐτι γαρ ἐν τη ὀσφυι του πατρος *ἠν* ὁτε συνηντησεν αὐτω μελχισεδεκ.
11 εἰ μεν οὑν τελειωσις δια της λευιτικης ἱερωσυνης *ἠν*, ὁ λαος γαρ ἐπ αὐτης νενομοθετηται, τις ἐτι χρεια
15 και περισσοτερον ἐτι καταδηλον *ἐστιν*, εἰ κατα την ὁμοιοτητα μελχισεδεκ ἀνισταται ἱερευς ἑτερος,
20 οἱ μεν γαρ χωρις ὁρκωμοσιας *εἰσιν* ἱερεις γεγονοτες,
23 και οἱ μεν πλειονες *εἰσιν* γεγονοτες ἱερεις δια το θανατω κωλυεσθαι παραμενειν·
8 4 εἰ μεν οὑν *ἠν* ἐπι γης, οὐδ ἀν *ἠν* ἱερευς,
4 εἰ μεν οὑν *ἠν* ἐπι γης, οὐδ ἀν *ἠν* ἱερευς,
4 ὀντων των προσφεροντων κατα νομον τα δωρα·
6 νυν[ι] δε διαφορωτερας τετυχεν λειτουργιας, ὁσω και κρειττονος *ἐστιν* διαθηκης μεσιτης,
7 εἰ γαρ ἡ πρωτη ἐκεινη *ἠν* ἀμεμπτος, οὐκ ἀν δευτερας ἐζητειτο τοπος.
10 και *ἐσομαι* αὐτοις εἰς θεον και αὐτοι *ἐσονται* μοι εἰς λαον.
10 και *ἐσομαι* αὐτοις εἰς θεον και αὐτοι *ἐσονται* μοι εἰς λαον.
12 ὁτι ἰλεως *ἐσομαι* ταις ἀδικιαις αὐτων,
9 5 περι ὡν οὐκ *ἐστιν* νυν λεγειν κατα μερος.
11 δια της μειζονος και τελειοτερας σκηνης οὐ χειροποιητου, τουτ *ἐστιν* οὐ ταυτης της κτισεως,
15 και δια τουτο διαθηκης καινης μεσιτης *ἐστιν*,
10 10 ἐν ω θεληματι ἡγιασμενοι *ἐσμεν* δια της προσφορας του σωματος ἰησου χριστου ἐφαπαξ.
20 δια του καταπετασματος, τουτ *ἐστιν* της σαρκος αὐτου,
39 ἡμεις δε οὐκ *ἐσμεν* ὑποστολης εἰς ἀπωλειαν, ἀλλα πιστεως εἰς περιποιησιν ψυχης.
11 1 *ἐστιν* δε πιστις ἐλπιζομενων ὑποστασις, πραγματων ἐλεγχος οὐ βλεπομενων.
4 πιστει πλειονα θυσιαν ἀβελ παρα καιν προσηνεγκεν τω θεω, δι ἡς ἐμαρτυρηθη *εἰναι* δικαιος,
6 πιστευσαι γαρ δει τον προσερχομενον τω θεω, ὁτι *ἐστιν* και τοις ἐκζητουσιν αὐτον μισθαποδοτης γινεται.
13 και ὁμολογησαντες ὁτι ξενοι και παρεπιδημοι *εἰσιν* ἐπι της γης.
16 νυν δε κρειττονος ὀρεγονται, τουτ *ἐστιν* ἐπουρανιου.
38 περιηλθον ἐν μηλωταις, ἐν αἰγειοις δερμασιν, ὑστερουμενοι, θλιβομενοι, κακουχουμενοι, ὡν οὐκ *ἠν* ἀξιος ὁ κοσμος,
12 8 εἰ δε χωρις *ἐστε* παιδειας, ἡς μετοχοι γεγονασιν παντες, ἀρα νοθοι και οὐχ υἱοι *ἐστε*.
8 εἰ δε χωρις *ἐστε* παιδειας, ἡς μετοχοι γεγονασιν παντες, ἀρα νοθοι και οὐχ υἱοι *ἐστε*.
11 πασα μεν παιδεια προς μεν το παρον οὐ δοκει χαρας *εἰναι* ἀλλα λυπης,
21 και, οὑτω φοβερον *ἠν* το φανταζομενον, μωυσης εἰπεν· ἐκφοβος *εἰμι* και ἐντρομος·
13 3 μιμνησκεσθε των δεσμιων ὡς συνδεδεμενοι, των κακουχουμενων ὡς και αὐτοι *ὀντες* ἐν σωματι.
15 δι αὐτου [οὑν] ἀναφερωμεν θυσιαν αἰνεσεως δια παντος τω θεω, τουτ *ἐστιν* καρπον χειλεων ὁμολογουντων τω ὀνοματι αὐτου.

Ja 1 4 ἡ δε ὑπομονη ἐργον τελειον ἐχετω, ἱνα *ἠτε* τελειοι και ὁλοκληροι,

εἰμι [2461]

Ja 1 13 ὁ γαρ θεος ἀπειραστος *ἐστιν* κακων,
17 πασα δοσις ἀγαθη και παν δωρημα τελειον ἀνωθεν *ἐστιν*
18 βουληθεις ἀπεκυησεν ἡμας λογω ἀληθειας, εἰς το *εἰναι* ἡμας ἀπαρχην τινα των αὐτου κτισματων.
19 *ἐστω* δε πας ἀνθρωπος ταχυς εἰς το ἀκουσαι,
23 ὁτι εἰ τις ἀκροατης λογου *ἐστιν* και οὐ ποιητης, οὑτος ἐοικεν ἀνδρι κατανοουντι το προσωπον της γενεσεως αὐτου ἐν ἐσοπτρω·
24 κατενοησεν γαρ ἑαυτον και ἀπεληλυθεν, και εὐθεως ἐπελαθετο ὁποιος *ἠν*.
25 οὑτος μακαριος ἐν τη ποιησει αὐτου *ἐσται*.
26 εἰ τις δοκει θρησκος *εἰναι*, μη χαλιναγωγων γλωσσαν αὐτου ἀλλα ἀπατων καρδιαν αὐτου, τουτου ματαιος ἡ θρησκεια.
27 θρησκεια καθαρα και ἀμιαντος παρα τω θεω και πατρι αὑτη *ἐστιν*, ἐπισκεπτεσθαι ὀρφανους και χηρας ἐν τη θλιψει αὐτων,
2 17 οὑτως και ἡ πιστις, ἐαν μη ἐχη ἐργα, νεκρα *ἐστιν* καθ ἑαυτην.
19 συ πιστευεις ὁτι εἱς *ἐστιν* ὁ θεος;
20 θελεις δε γνωναι, ὡ ἀνθρωπε κενε, ὁτι ἡ πιστις χωρις των ἐργων ἀργη *ἐστιν*;
26 ὡσπερ γαρ το σωμα χωρις πνευματος νεκρον *ἐστιν*, οὑτως και ἡ πιστις χωρις ἐργων νεκρα *ἐστιν*.
26 ὡσπερ γαρ το σωμα χωρις πνευματος νεκρον *ἐστιν*, οὑτως και ἡ πιστις χωρις ἐργων νεκρα *ἐστιν*.
3 4 ἰδου και τα πλοια, τηλικαυτα *ὀντα* και ὑπο ἀνεμων σκληρων ἐλαυνομενα,
5 οὑτως και ἡ γλωσσα μικρον μελος *ἐστιν* και μεγαλα αὐχει.
15 οὐκ *ἐστιν* αὑτη ἡ σοφια ἀνωθεν κατερχομενη,
17 ἡ δε ἀνωθεν σοφια πρωτον μεν ἀγνη *ἐστιν*,
4 4 μοιχαλιδες, οὐκ οἰδατε ὁτι ἡ φιλια του κοσμου ἐχθρα του θεου *ἐστιν*;
4 ὁς ἐαν οὑν βουληθη φιλος *εἰναι* του κοσμου, ἐχθρος του θεου καθισταται.
11 εἰ δε νομον κρινεις, οὐκ *εἰ* ποιητης νομου ἀλλα κριτης.
12 εἱς *ἐστιν* [ὁ] νομοθετης και κριτης,
12 συ δε τις *εἰ*, ὁ κρινων τον πλησιον;
14 ἀτμις γαρ *ἐστε* ἡ προς ὀλιγον φαινομενη, ἐπειτα και ἀφανιζομενη·
16 πασα καυχησις τοιαυτη πονηρα *ἐστιν*.
17 εἰδοτι οὑν καλον ποιειν και μη ποιουντι, ἁμαρτια αὐτω *ἐστιν*.
5 3 και ὁ ιος αὐτων εἰς μαρτυριον ὑμιν *ἐσται* και φαγεται τας σαρκας ὑμων ὡς πυρ.
11 και το τελος κυριου εἰδετε, ὁτι πολυσπλαγχνος *ἐστιν* ὁ κυριος και οἰκτιρμων.
12 *ἠτω* δε ὑμων το ναι ναι, και το οὐ οὐ,
15 καν ἁμαρτιας *ἠ* πεποιηκως, ἀφεθησεται αὐτω.
17 ἡλιας ἀνθρωπος *ἠν* ὁμοιοπαθης ἡμιν,

1Pt 1 6 ἐν ω ἀγαλλιασθε, ὀλιγον ἀρτι εἰ δεον [*ἐστιν*] λυπηθεντες ἐν ποικιλοις πειρασμοις,
16 διοτι γεγραπται [ὁτι] ἁγιοι *ἐσεσθε*, ὁτι ἐγω ἁγιος [*εἰμι*].
16 διοτι γεγραπται [ὁτι] ἁγιοι *ἐσεσθε*, ὁτι ἐγω ἁγιος [*εἰμι*].
21 ὡστε την πιστιν ὑμων και ἐλπιδα *εἰναι* εἰς θεον.
25 τουτο δε *ἐστιν* το ρημα το εὐαγγελισθεν εἰς ὑμας.
2 15 ὁτι οὑτως *ἐστιν* το θελημα του θεου, ἀγαθοποιουντας φιμουν την των ἀφρονων ἀνθρωπων ἀγνωσιαν·
25 *ἠτε* γαρ ὡς προβατα πλανωμενοι,
3 3 ὡν *ἐστω* οὐχ ὁ ἐξωθεν ἐμπλοκης τριχων και περιθεσεως χρυσιων ἡ ἐνδυσεως ἱματιων κοσμος,
4 ὁ *ἐστιν* ἐνωπιον του θεου πολυτελες.
20 κατασκευαζομενης κιβωτου, εἰς ἡν ὀλιγοι, τουτ *ἐστιν* ὀκτω ψυχαι, διεσωθησαν δι ὑδατος.
22 δι ἀναστασεως ἰησου χριστου, ὁς *ἐστιν* ἐν δεξια [του] θεου,
4 11 ἱνα ἐν πασιν δοξαζηται ὁ θεος δια ἰησου χριστου, ω *ἐστιν* ἡ δοξα και το κρατος εἰς τους αἰωνας των αἰωνων· ἀμην.
5 12 παρακαλων και ἐπιμαρτυρων ταυτην *εἰναι* ἀληθη χαριν του θεου, εἰς ἡν στητε.

2Pt 1 9 ω γαρ μη παρεστιν ταυτα, τυφλος *ἐστιν* μυωπαζων,
13 δικαιον δε ἡγουμαι, ἐφ ὁσον *εἰμι* ἐν τουτω τω σκηνωματι, διεγειρειν ὑμας ἐν ὑπομνησει,
14 εἰδως ὁτι ταχινη *ἐστιν* ἡ ἀποθεσις του σκηνωματος μου,
17 ὁ υἱος μου ὁ ἀγαπητος μου οὑτος *ἐστιν*,
18 και ταυτην την φωνην ἡμεις ἡκουσαμεν ἐξ οὐρανου ἐνεχθεισαν συν αὐτω *ὀντες* ἐν τω ἁγιω ὀρει.
2 1 ἐγενοντο δε και ψευδοπροφηται ἐν τω λαω, ὡς και ἐν ὑμιν *ἐσονται* ψευδοδιδασκαλοι,
11 ὁπου ἀγγελοι ἰσχυι και δυναμει μειζονες *ὀντες* οὐ φερουσιν κατ αὐτων παρα κυριου βλασφημον κρισιν.
17 οὑτοι *εἰσιν* πηγαι ἀνυδροι,
21 κρειττον γαρ *ἠν* αὐτοις μη ἐπεγνωκεναι την ὁδον της δικαιοσυνης,

εἰμι [2461]

2Pt 3 4   ποῦ *ἐστιν* ἡ ἐπαγγελια της παρουσιας αὐτου;
5   λανθανει γαρ αὐτους τουτο θελοντας ὅτι οὐρανοι *ἦσαν* ἐκπαλαι
7   οἱ δε νυν οὐρανοι και ἡ γη τω αὐτω λογω τεθησαυρισμενοι *εἰσιν* πυρι τηρουμενοι εἰς ἡμεραν κρισεως και ἀπωλειας των ἀσεβων ἀνθρωπων.
16   ὡς και ἐν πασαις ἐπιστολαις λαλων ἐν αὐταις περι τουτων, ἐν αἷς *ἐστιν* δυσνοητα τινα,

1Jh 1 1   ὃ *ἦν* ἀπ ἀρχης, ὃ ἀκηκοαμεν, ὃ ἑωρακαμεν τοις ὀφθαλμοις ἡμων,
2   και ἀπαγγελλομεν ὑμιν την ζωην την αἰωνιον, ἥτις *ἦν* προς τον πατερα και ἐφανερωθη ἡμιν,
4   και ταυτα γραφομεν ἡμεις ἱνα ἡ χαρα ἡμων ᾖ πεπληρωμενη.
5   και *ἐστιν* αὕτη ἡ ἀγγελια ἣν ἀκηκοαμεν ἀπ αὐτου και ἀναγγελλομεν ὑμιν,
5   και *ἐστιν* αὕτη ἡ ἀγγελια ἣν ἀκηκοαμεν ἀπ αὐτου και ἀναγγελλομεν ὑμιν, ὅτι ὁ θεος φως *ἐστιν*
5   ὅτι ὁ θεος φως *ἐστιν* και σκοτια ἐν αὐτω οὐκ *ἐστιν* οὐδεμια.
7   ἐαν δε ἐν τω φωτι περιπατωμεν ὡς αὐτος *ἐστιν* ἐν τω φωτι, κοινωνιαν ἐχομεν μετ ἀλληλων
8   ἐαν εἰπωμεν ὅτι ἁμαρτιαν οὐκ ἐχομεν, ἑαυτους πλανωμεν και ἡ ἀληθεια οὐκ *ἐστιν* ἐν ἡμιν.
9   ἐαν ὁμολογωμεν τας ἁμαρτιας ἡμων, πιστος *ἐστιν* και δικαιος
10   ἐαν εἰπωμεν ὅτι οὐχ ἡμαρτηκαμεν, ψευστην ποιουμεν αὐτον και ὁ λογος αὐτου οὐκ *ἐστιν* ἐν ἡμιν.

2 2   και αὐτος ἱλασμος *ἐστιν* περι των ἁμαρτιων ἡμων,
4   ὁ λεγων ὅτι ἐγνωκα αὐτον, και τας ἐντολας αὐτου μη τηρων, ψευστης *ἐστιν*,
4   και ἐν τουτω ἡ ἀληθεια οὐκ *ἐστιν*·
5   ἐν τουτω γινωσκομεν ὅτι ἐν αὐτω *ἐσμεν*.
7   ἡ ἐντολη ἡ παλαια *ἐστιν* ὁ λογος ὃν ἠκουσατε.
8   παλιν ἐντολην καινην γραφω ὑμιν, ὃ *ἐστιν* ἀληθες ἐν αὐτω και ἐν ὑμιν,
9   ὁ λεγων ἐν τω φωτι *εἰναι* και τον ἀδελφον αὐτου μισων ἐν τη σκοτια *ἐστιν* ἑως ἀρτι.
9   ὁ λεγων ἐν τω φωτι εἰναι και τον ἀδελφον αὐτου μισων ἐν τη σκοτια *ἐστιν* ἑως ἀρτι.
10   ὁ ἀγαπων τον ἀδελφον αὐτου ἐν τω φωτι μενει, και σκανδαλον ἐν αὐτω οὐκ *ἐστιν*·
11   ὁ δε μισων τον ἀδελφον αὐτου ἐν τη σκοτια *ἐστιν* και ἐν τη σκοτια περιπατει,
14   ἐγραψα ὑμιν, νεανισκοι, ὅτι ἰσχυροι *ἐστε* και ὁ λογος του θεου ἐν ὑμιν μενει και νενικηκατε τον πονηρον.
15   ἐαν τις ἀγαπα τον κοσμον, οὐκ *ἐστιν* ἡ ἀγαπη του πατρος ἐν αὐτω·
16   ὅτι παν το ἐν τω κοσμω, ἡ ἐπιθυμια της σαρκος και ἡ ἐπιθυμια των ὀφθαλμων και ἡ ἀλαζονεια του βιου, οὐκ *ἐστιν* ἐκ του πατρος,
16   οὐκ *ἐστιν* ἐκ του πατρος, ἀλλ ἐκ του κοσμου *ἐστιν*.
18   παιδια, ἐσχατη ὡρα *ἐστιν*,
18   ὁθεν γινωσκομεν ὅτι ἐσχατη ὡρα *ἐστιν*.
19   ἐξ ἡμων ἐξηλθαν, ἀλλ οὐκ *ἦσαν* ἐξ ἡμων·
19   εἰ γαρ ἐξ ἡμων *ἦσαν*, μεμενηκεισαν ἀν μεθ ἡμων·
19   ἀλλ ἱνα φανερωθωσιν ὅτι οὐκ *εἰσιν* παντες ἐξ ἡμων.
21   ἀλλ ὅτι οἰδατε αὐτην, και ὅτι παν ψευδος ἐκ της ἀληθειας οὐκ *ἐστιν*.
22   τίς *ἐστιν* ὁ ψευστης εἰ μη ὁ ἀρνουμενος ὅτι ἰησους οὐκ *ἐστιν* ὁ χριστος;
22   τίς *ἐστιν* ὁ ψευστης εἰ μη ὁ ἀρνουμενος ὅτι ἰησους οὐκ *ἐστιν* ὁ χριστος;
22   οὑτος *ἐστιν* ὁ ἀντιχριστος, ὁ ἀρνουμενος τον πατερα και τον υἱον.
25   και αὕτη *ἐστιν* ἡ ἐπαγγελια ἣν αὐτος ἐπηγγειλατο ἡμιν, την ζωην την αἰωνιον.
27   ἀλλ ὡς το αὐτου χρισμα διδασκει ὑμας περι παντων, και ἀληθες *ἐστιν* και οὐκ *ἐστιν* ψευδος,
27   ἀλλ ὡς το αὐτου χρισμα διδασκει ὑμας περι παντων, και ἀληθες *ἐστιν* και οὐκ *ἐστιν* ψευδος,
29   ἐαν εἰδητε ὅτι δικαιος *ἐστιν*, γινωσκετε ὅτι και πας ὁ ποιων την δικαιοσυνην ἐξ αὐτου γεγεννηται.

3 1   ἰδετε ποταπην ἀγαπην δεδωκεν ἡμιν ὁ πατηρ ἱνα τεκνα θεου κληθωμεν, και *ἐσμεν*.
2   ἀγαπητοι, νυν τεκνα θεου *ἐσμεν*, και οὐπω ἐφανερωθη τί *ἐσομεθα*.
2   ἀγαπητοι, νυν τεκνα θεου ἐσμεν, και οὐπω ἐφανερωθη τί *ἐσομεθα*.
2   οἰδαμεν ὅτι ἐαν φανερωθη ὁμοιοι αὐτω *ἐσομεθα*,

εἰμι [2461]

1Jh 3 2   οἰδαμεν ὅτι ἐαν φανερωθη ὁμοιοι αὐτω *ἐσομεθα*, ὅτι ὀψομεθα αὐτον καθως *ἐστιν*.
3   και πας ὁ ἐχων την ἐλπιδα ταυτην ἐπ αὐτω ἁγνιζει ἑαυτον καθως ἐκεινος ἁγνος *ἐστιν*.
4   και ἡ ἁμαρτια *ἐστιν* ἡ ἀνομια.
5   και ἁμαρτια ἐν αὐτω οὐκ *ἐστιν*.
7   ὁ ποιων την δικαιοσυνην δικαιος *ἐστιν*, καθως ἐκεινος δικαιος *ἐστιν*·
7   ὁ ποιων την δικαιοσυνην δικαιος *ἐστιν*, καθως ἐκεινος δικαιος *ἐστιν*·
8   ὁ ποιων την ἁμαρτιαν ἐκ του διαβολου *ἐστιν*,
10   ἐν τουτω φανερα *ἐστιν* τα τεκνα του θεου και τα τεκνα του διαβολου·
10   πας ὁ μη ποιων δικαιοσυνην οὐκ *ἐστιν* ἐκ του θεου,
11   ὅτι αὕτη *ἐστιν* ἡ ἀγγελια ἣν ἠκουσατε ἀπ ἀρχης, ἱνα ἀγαπωμεν ἀλληλους·
12   οὐ καθως καιν ἐκ του πονηρου *ἦν* και ἐσφαξεν τον ἀδελφον αὐτου·
12   και χαριν τίνος ἐσφαξεν αὐτον; ὅτι τα ἐργα αὐτου πονηρα *ἦν*,
15   πας ὁ μισων τον ἀδελφον αὐτου ἀνθρωποκτονος *ἐστιν*,
19   [και] ἐν τουτω γνωσομεθα ὅτι ἐκ της ἀληθειας *ἐσμεν*,
20   ὅτι ἐαν καταγινωσκη ἡμων ἡ καρδια, ὅτι μειζων *ἐστιν* ὁ θεος της καρδιας ἡμων και γινωσκει παντα.
23   και αὕτη *ἐστιν* ἡ ἐντολη αὐτου, ἱνα πιστευσωμεν τω ὀνοματι του υἱου αὐτου ἰησου χριστου

4 1   ἀγαπητοι, μη παντι πνευματι πιστευετε, ἀλλα δοκιμαζετε τα πνευματα εἰ ἐκ του θεου *ἐστιν*,
2   παν πνευμα ὃ ὁμολογει ἰησουν χριστον ἐν σαρκι ἐληλυθοτα ἐκ του θεου *ἐστιν*,
3   και παν πνευμα ὃ μη ὁμολογει τον ἰησουν ἐκ του θεου οὐκ *ἐστιν*·
3   και τουτο *ἐστιν* το του ἀντιχριστου, ὃ ἀκηκοατε ὅτι ἐρχεται,
3   και νυν ἐν τω κοσμω *ἐστιν* ἠδη.
4   ὑμεις ἐκ του θεου *ἐστε*, τεκνια,
4   ὅτι μειζων *ἐστιν* ὁ ἐν ὑμιν ἢ ὁ ἐν τω κοσμω.
5   αὐτοι ἐκ του κοσμου *εἰσιν*·
6   ἡμεις ἐκ του θεου *ἐσμεν*·
6   ὃς οὐκ *ἐστιν* ἐκ του θεου οὐκ ἀκουει ἡμων.
7   ἀγαπητοι, ἀγαπωμεν ἀλληλους, ὅτι ἡ ἀγαπη ἐκ του θεου *ἐστιν*,
8   ὁ μη ἀγαπων οὐκ ἐγνω τον θεον, ὅτι ὁ θεος ἀγαπη *ἐστιν*.
10   ἐν τουτω *ἐστιν* ἡ ἀγαπη, οὐχ ὅτι ἡμεις ἠγαπηκαμεν τον θεον, ἀλλ ὅτι αὐτος ἠγαπησεν ἡμας
12   ὁ θεος ἐν ἡμιν μενει και ἡ ἀγαπη αὐτου ἐν ἡμιν τετελειωμενη *ἐστιν*.
15   ὃς ἐαν ὁμολογηση ὅτι ἰησους *ἐστιν* ὁ υἱος του θεου, ὁ θεος ἐν αὐτω μενει και αὐτος ἐν τω θεω.
16   ὁ θεος ἀγαπη *ἐστιν*,
17   ὅτι καθως ἐκεινος *ἐστιν* και ἡμεις *ἐσμεν* ἐν τω κοσμω τουτω.
17   ὅτι καθως ἐκεινος *ἐστιν* και ἡμεις *ἐσμεν* ἐν τω κοσμω τουτω.
18   φοβος οὐκ *ἐστιν* ἐν τη ἀγαπη,
20   ἐαν τις εἰπη ὅτι ἀγαπω τον θεον, και τον ἀδελφον αὐτου μιση, ψευστης *ἐστιν*·

5 1   πας ὁ πιστευων ὅτι ἰησους *ἐστιν* ὁ χριστος ἐκ του θεου γεγεννηται,
3   αὕτη γαρ *ἐστιν* ἡ ἀγαπη του θεου, ἱνα τας ἐντολας αὐτου τηρωμεν·
3   και αἱ ἐντολαι αὐτου βαρειαι οὐκ *εἰσιν*,
4   και αὕτη *ἐστιν* ἡ νικη ἡ νικησασα τον κοσμον, ἡ πιστις ἡμων.
5   τίς [δε] *ἐστιν* ὁ νικων τον κοσμον εἰ μη ὁ πιστευων ὅτι ἰησους *ἐστιν* ὁ υἱος του θεου;
5   τίς [δε] *ἐστιν* ὁ νικων τον κοσμον εἰ μη ὁ πιστευων ὅτι ἰησους *ἐστιν* ὁ υἱος του θεου;
6   οὑτος *ἐστιν* ὁ ἐλθων δι ὑδατος και αἱματος, ἰησους χριστος·
6   και το πνευμα *ἐστιν* το μαρτυρουν,
6   και το πνευμα *ἐστιν* το μαρτυρουν, ὅτι το πνευμα *ἐστιν* ἡ ἀληθεια.
7   ὅτι τρεις *εἰσιν* οἱ μαρτυρουντες, το πνευμα και το ὑδωρ και το αἱμα,
8   το πνευμα και το ὑδωρ και το αἱμα, και οἱ τρεις εἰς το ἐν *εἰσιν*.
9   ἡ μαρτυρια του θεου μειζων *ἐστιν*,
9   ὅτι αὕτη *ἐστιν* ἡ μαρτυρια του θεου, ὅτι μεμαρτυρηκεν περι του υἱου αὐτου.
11   και αὕτη *ἐστιν* ἡ μαρτυρια, ὅτι ζωην αἰωνιον ἐδωκεν ἡμιν ὁ θεος,
11   και αὕτη ἡ ζωη ἐν τω υἱω αὐτου *ἐστιν*.
14   και αὕτη *ἐστιν* ἡ παρρησια ἣν ἐχομεν προς αὐτον, ὅτι ἐαν τι αἰτωμεθα κατα το θελημα αὐτου ἀκουει ἡμων.

εἰμι [2461]

1Jh	5 16	ἔστιν ἁμαρτια προς θανατον·
	17	πασα ἀδικια ἁμαρτια ἐστιν, και ἐστιν ἁμαρτια οὐ προς θανατον.
	17	και ἐστιν ἁμαρτια οὐ προς θανατον.
	19	οἰδαμεν ὁτι ἐκ του θεου ἐσμεν,
	20	και ἐσμεν ἐν τω ἀληθινω,
	20	οὑτος ἐστιν ὁ ἀληθινος θεος και ζωη αἰωνιος.
2Jh	2	δια την ἀληθειαν την μενουσαν ἐν ἡμιν, και μεθ ἡμων ἐσται εἰς τον αἰωνα.
	3	ἐσται μεθ ἡμων χαρις ἐλεος εἰρηνη παρα θεου πατρος,
	6	και αὑτη ἐστιν ἡ ἀγαπη, ἱνα περιπατωμεν κατα τας ἐντολας αὐτου·
	6	αὑτη ἡ ἐντολη ἐστιν, καθως ἡκουσατε ἀπ ἀρχης, ἱνα ἐν αὐτῃ περιπατητε.
	7	οὑτος ἐστιν ὁ πλανος και ὁ ἀντιχριστος.
	12	ἀλλα ἐλπιζω γενεσθαι προς ὑμας και στομα προς στομα λαλησαι, ἱνα ἡ χαρα ἡμων πεπληρωμενη ᾐ.
3Jh	11	ὁ ἀγαθοποιων ἐκ του θεου ἐστιν·
	12	και ἡμεις δε μαρτυρουμεν, και οἰδας ὁτι ἡ μαρτυρια ἡμων ἀληθης ἐστιν.
Ju	12	οὑτοι εἰσιν οἱ ἐν ταις ἀγαπαις ὑμων σπιλαδες συνευωχουμενοι ἀφοβως,
	16	οὑτοι εἰσιν γογγυσται μεμψιμοιροι, κατα τας ἐπιθυμιας ἑαυτων πορευομενοι,
	18	[ὁτι] ἐπ ἐσχατου [του] χρονου ἐσονται ἐμπαικται κατα τας ἑαυτων ἐπιθυμιας πορευομενοι των ἀσεβειων.
	19	οὑτοι εἰσιν οἱ ἀποδιοριζοντες, ψυχικοι, πνευμα μη ἐχοντες.
Apc	1 4	χαρις ὑμιν και εἰρηνη ἀπο ὁ ὠν και ὁ ἠν και ὁ ἐρχομενος,
	4	χαρις ὑμιν και εἰρηνη ἀπο ὁ ὠν και ὁ ἠν και ὁ ἐρχομενος,
	8	ἐγω εἰμι το ἀλφα και το ὠ, λεγει κυριος ὁ θεος,
	8	ὁ ὠν και ὁ ἠν και ὁ ἐρχομενος,
	8	ὁ ὠν και ὁ ἠν και ὁ ἐρχομενος,
	17	ἐγω εἰμι ὁ πρωτος και ὁ ἐσχατος και ὁ ζων,
	18	και ἐγενομην νεκρος και ἰδου ζων εἰμι εἰς τους αἰωνας των αἰωνων,
	19	γραψον οὐν ἀ εἰδες και ἀ εἰσιν και ἀ μελλει γενεσθαι μετα ταυτα.
	20	οἱ ἑπτα ἀστερες ἀγγελοι των ἑπτα ἐκκλησιων εἰσιν,
	20	οἱ ἑπτα ἀστερες ἀγγελοι των ἑπτα ἐκκλησιων εἰσιν, και αἱ λυχνιαι αἱ ἑπτα ἑπτα ἐκκλησιαι εἰσιν.
	2 2	και ἐπειρασας τους λεγοντας ἑαυτους ἀποστολους και οὐκ εἰσιν,
	7	τω νικωντι δωσω αὐτω φαγειν ἐκ του ξυλου της ζωης, ὁ ἐστιν ἐν τω παραδεισω του θεου.
	9	οἰδα σου την θλιψιν και την πτωχειαν, ἀλλα πλουσιος εἰ,
	9	οἰδα σου την θλιψιν και την πτωχειαν, ἀλλα πλουσιος εἰ, και την βλασφημιαν ἐκ των λεγοντων ἰουδαιους εἰναι ἑαυτους, και οὐκ εἰσιν ἀλλα συναγωγη του σατανα.
	9	οἰδα σου την θλιψιν και την πτωχειαν, ἀλλα πλουσιος εἰ, και την βλασφημιαν ἐκ των λεγοντων ἰουδαιους εἰναι ἑαυτους, και οὐκ εἰσιν ἀλλα συναγωγη του σατανα.
	23	και γνωσονται πασαι αἱ ἐκκλησιαι ὁτι ἐγω εἰμι ὁ ἐραυνων νεφρους και καρδιας,
	3 1	οἰδα σου τα ἐργα, ὁτι ὀνομα ἐχεις ὁτι ζῃς, και νεκρος εἰ.
	4	και περιπατησουσιν μετ ἐμου ἐν λευκοις, ὁτι ἀξιοι εἰσιν.
	9	ἰδου διδω ἐκ της συναγωγης του σατανα, των λεγοντων ἑαυτους ἰουδαιους εἰναι,
	9	των λεγοντων ἑαυτους ἰουδαιους εἰναι, και οὐκ εἰσιν ἀλλα ψευδονται·
	15	οἰδα σου τα ἐργα, ὁτι οὐτε ψυχρος εἰ οὐτε ζεστος.
	15	ὁτι οὐτε ψυχρος εἰ οὐτε ζεστος. ὀφελον ψυχρος ᾐς ἠ ζεστος.
	16	οὑτως ὁτι χλιαρος εἰ, και οὐτε ζεστος οὐτε ψυχρος, μελλω σε ἐμεσαι ἐκ του στοματος μου.
	17	ὁτι λεγεις ὁτι πλουσιος εἰμι και πεπλουτηκα και οὐδεν χρειαν ἐχω,
	17	και οὐκ οἰδας ὁτι συ εἰ ὁ ταλαιπωρος και ἐλεεινος και πτωχος και τυφλος και γυμνος,
	4 5	και ἑπτα λαμπαδες πυρος καιομεναι ἐνωπιον του θρονου, ἀ εἰσιν τα ἑπτα πνευματα του θεου·
	8	ἀγιος ἀγιος ἀγιος κυριος ὁ θεος ὁ παντοκρατωρ, ὁ ἠν και ὁ ὠν και ὁ ἐρχομενος·
	8	ἀγιος ἀγιος ἀγιος κυριος ὁ θεος ὁ παντοκρατωρ, ὁ ἠν και ὁ ὠν και ὁ ἐρχομενος.
	11	ἀξιος εἰ, ὁ κυριος και ὁ θεος ἡμων, λαβειν την δοξαν και την τιμην και την δυναμιν,
	11	ὁτι συ ἐκτισας τα παντα, και δια το θελημα σου ἠσαν και ἐκτισθησαν.
	5 6	ἐχων κερατα ἑπτα και ὀφθαλμους ἑπτα, οἱ εἰσιν τα [ἑπτα] πνευματα του θεου ἀπεσταλμενοι εἰς πασαν την γην.

εἰμι [2461]

Apc	5 8	ἐχοντες ἑκαστος κιθαραν και φιαλας χρυσας γεμουσας θυμιαματων, αἱ εἰσιν αἱ προσευχαι των ἀγιων.
	9	ἀξιος εἰ λαβειν το βιβλιον και ἀνοιξαι τας σφραγιδας αὐτου,
	11	και ἠν ὁ ἀριθμος αὐτων μυριαδες μυριαδων και χιλιαδες χιλιαδων, λεγοντες φωνῃ μεγαλῃ·
	12	ἀξιον ἐστιν το ἀρνιον το ἐσφαγμενον λαβειν την δυναμιν και πλουτον και σοφιαν και ἰσχυν και τιμην και δοξαν και εὐλογιαν·
	7 13	οὑτοι οἱ περιβεβλημενοι τας στολας τας λευκας τινες εἰσιν και ποθεν ἠλθον;
	14	οὑτοι εἰσιν οἱ ἐρχομενοι ἐκ της θλιψεως της μεγαλης
	15	δια τουτο εἰσιν ἐνωπιον του θρονου του θεου,
	9 8	και οἱ ὀδοντες αὐτων ὡς λεοντων ἠσαν,
	19	ἡ γαρ ἐξουσια των ἰππων ἐν τω στοματι αὐτων ἐστιν και ἐν ταις οὐραις αὐτων·
	10 6	και ὠμοσεν ἐν τω ζωντι εἰς τους αἰωνας των αἰωνων, ὁς ἐκτισεν τον οὐρανον και τα ἐν αὐτω και την γην και τα ἐν αὐτῃ και την θαλασσαν και τα ἐν αὐτῃ, ὁτι χρονος οὐκετι ἐσται,
	9	και πικρανει σου την κοιλιαν, ἀλλ ἐν τω στοματι σου ἐσται γλυκυ ὡς μελι.
	10	και ἠν ἐν τω στοματι μου ὡς μελι γλυκυ·
	11 4	οὑτοι εἰσιν αἱ δυο ἐλαιαι και αἱ δυο λυχνιαι αἱ ἐνωπιον του κυριου της γης ἐστωτες.
	17	εὐχαριστουμεν σοι, κυριε ὁ θεος ὁ παντοκρατωρ, ὁ ὠν και ὁ ἠν,
	17	εὐχαριστουμεν σοι, κυριε ὁ θεος ὁ παντοκρατωρ, ὁ ὠν και ὁ ἠν,
	13 2	και το θηριον ὁ εἰδον ἠν ὁμοιον παρδαλει,
	10	ὡδε ἐστιν ἡ ὑπομονη και ἡ πιστις των ἀγιων.
	18	ὡδε ἡ σοφια ἐστιν.
	18	ἀριθμος γαρ ἀνθρωπου ἐστιν.
	14 4	οὑτοι εἰσιν οἱ μετα γυναικων οὐκ ἐμολυνθησαν·
	4	οὑτοι εἰσιν οἱ μετα γυναικων οὐκ ἐμολυνθησαν· παρθενοι γαρ εἰσιν.
	5	και ἐν τω στοματι αὐτων οὐχ εὑρεθη ψευδος· ἀμωμοι εἰσιν.
	12	ὡδε ἡ ὑπομονη των ἀγιων ἐστιν,
	16 5	δικαιος εἰ, ὁ ὠν και ὁ ἠν, ὁ ὁσιος, ὁτι ταυτα ἐκρινας,
	5	δικαιος εἰ, ὁ ὠν και ὁ ἠν, ὁ ὁσιος, ὁτι ταυτα ἐκρινας,
	5	δικαιος εἰ, ὁ ὠν και ὁ ἠν, ὁ ὁσιος, ὁτι ταυτα ἐκρινας,
	6	και αἱμα αὐτοις [δ]εδωκας πιειν· ἀξιοι εἰσιν.
	14	εἰσιν γαρ πνευματα δαιμονιων ποιουντα σημεια,
	21	και ἐβλασφημησαν οἱ ἀνθρωποι τον θεον ἐκ της πληγης της χαλαζης, ὁτι μεγαλη ἐστιν ἡ πληγη αὐτης σφοδρα.
	17 4	και ἡ γυνη ἠν περιβεβλημενη πορφυρουν και κοκκινον,
	8	το θηριον ὁ εἰδες ἠν και οὐκ ἐστιν,
	8	το θηριον ὁ εἰδες ἠν και οὐκ ἐστιν,
	8	βλεποντων το θηριον ὁτι ἠν και οὐκ ἐστιν και παρεσται.
	8	βλεποντων το θηριον ὁτι ἠν και οὐκ ἐστιν και παρεσται.
	9	αἱ ἑπτα κεφαλαι ἑπτα ὀρη εἰσιν, ὁπου ἡ γυνη καθηται ἐπ αὐτων,
	9	αἱ ἑπτα κεφαλαι ἑπτα ὀρη εἰσιν, ὁπου ἡ γυνη καθηται ἐπ αὐτων, και βασιλεις ἑπτα εἰσιν·
	10	οἱ πεντε ἐπεσαν, ὁ εἱς ἐστιν,
	11	και το θηριον ὁ ἠν και οὐκ ἐστιν, και αὐτος ὀγδοος ἐστιν,
	11	και το θηριον ὁ ἠν και οὐκ ἐστιν, και αὐτος ὀγδοος ἐστιν,
	11	και το θηριον ὁ ἠν και οὐκ ἐστιν, και αὐτος ὀγδοος ἐστιν,
	11	και αὐτος ὀγδοος ἐστιν, και ἐκ των ἑπτα ἐστιν,
	12	και τα δεκα κερατα ἀ εἰδες δεκα βασιλεις εἰσιν,
	14	οὑτοι μετα του ἀρνιου πολεμησουσιν και το ἀρνιον νικησει αὐτους, ὁτι κυριος κυριων ἐστιν και βασιλευς βασιλεων,
	15	τα ὑδατα ἀ εἰδες, οὑ ἡ πορνη καθηται, λαοι και ὀχλοι εἰσιν και ἐθνη και γλωσσαι.
	18	και ἡ γυνη ἡν εἰδες ἐστιν ἡ πολις ἡ μεγαλη ἡ ἐχουσα βασιλειαν ἐπι των βασιλεων της γης.
	18 7	ὁτι ἐν τῃ καρδιᾳ αὐτης λεγει ὁτι καθημαι βασιλισσα και χηρα οὐκ εἰμι και πενθος οὐ μη ἰδω·
	23	ὁτι οἱ ἐμποροι σου ἠσαν οἱ μεγιστανες της γης,
	19 8	το γαρ βυσσινον τα δικαιωματα των ἀγιων ἐστιν.
	9	οὑτοι οἱ λογοι ἀληθινοι του θεου εἰσιν.
	10	συνδουλος σου εἰμι και των ἀδελφων σου των ἐχοντων την μαρτυριαν ἰησου·
	10	ἡ γαρ μαρτυρια ἰησου ἐστιν το πνευμα της προφητειας.
	20 2	ὁ ὀφις ὁ ἀρχαιος, ὁς ἐστιν διαβολος και ὁ σατανας,
	6	ἐπι τουτων ὁ δευτερος θανατος οὐκ ἐχει ἐξουσιαν, ἀλλ ἐσονται ἱερεις του θεου και του χριστου,
	12	και ἀλλο βιβλιον ἠνοιχθη, ὁ ἐστιν της ζωης.
	14	οὑτος ὁ θανατος ὁ δευτερος ἐστιν, ἡ λιμνη του πυρος.
	21 1	και ἡ θαλασσα οὐκ ἐστιν ἐτι.

εἰμι [2461]

Apc 21 3 και σκηνωσει μετ αυτων, και αυτοι λαοι αυτου *εσονται,*
    3 και αυτος ο θεος μετ αυτων *εσται* [αυτων θεος],
    4 ο δε θανατος ουκ *εσται* ετι,
    4 ουτε πενθος ουτε κραυγη ουτε πονος ουκ *εσται* ετι·
    5 και λεγει· γραψον, οτι ουτοι οι λογοι πιστοι και αληθινοι *εισιν.*
    6 εγω [*ειμι*] το αλφα και το ω,
    7 και *εσομαι* αυτω θεος και αυτος *εσται* μοι υιος.
    7 και *εσομαι* αυτω θεος και αυτος *εσται* μοι υιος.
    8 ο *εστιν* ο θανατος ο δευτερος.
    12 και ονοματα επιγεγραμμενα, α *εστιν* [τα ονοματα] των δωδεκα φυλων υιων ισραηλ.
    16 το μηκος και το πλατος και το υψος αυτης ισα *εστιν.*
    17 και εμετρησεν το τειχος αυτης εκατοντεσσερακοντατεσσαρων πηχων, μετρον ανθρωπου, ο *εστιν* αγγελου.
    21 ανα εις εκαστος των πυλωνων *ην* εξ ενος μαργαριτου.
    22 ο γαρ κυριος ο θεος ο παντοκρατωρ ναος αυτης *εστιν,*
    25 και οι πυλωνες αυτης ου μη κλεισθωσιν ημερας, νυξ γαρ ουκ *εσται* εκει·
   22 3 και παν καταθεμα ουκ *εσται* ετι.
    3 και ο θρονος του θεου και του αρνιου εν αυτη *εσται,*
    5 και νυξ ουκ *εσται* ετι,
    9 συνδουλος σου *ειμι* και των αδελφων σου των προφητων και των τηρουντων τους λογους του βιβλιου τουτου·
    10 ο καιρος γαρ εγγυς *εστιν.*
    12 και ο μισθος μου μετ εμου, αποδουναι εκαστω ως το εργον *εστιν* αυτου.
    14 μακαριοι οι πλυνοντες τας στολας αυτων, ινα *εσται* η εξουσια αυτων επι το ξυλον της ζωης
    16 εγω *ειμι* η ριζα και το γενος δαυιδ,

εἰνεκεν [3]

Lc 4 18 ου *εινεκεν* εχρισεν με
Ac 28 20 *εινεκεν* γαρ της ελπιδος του ισραηλ την αλυσιν ταυτην περικειμαι,
2Co 3 10 και γαρ ου δεδοξασται το δεδοξασμενον εν τουτω τω μερει *εινεκεν* της υπερβαλλουσης δοξης.

εἰπερ [6]

Rm 3 30 *ειπερ* εις ο θεος ος δικαιωσει περιτομην εκ πιστεως και ακροβυστιαν δια της πιστεως.
   8 9 υμεις δε ουκ εστε εν σαρκι αλλα εν πνευματι, *ειπερ* πνευμα θεου οικει εν υμιν.
    17 κληρονομοι μεν θεου, συγκληρονομοι δε χριστου, *ειπερ* συμπασχομεν ινα και συνδοξασθωμεν.
1Co 8 5 και γαρ *ειπερ* εισιν λεγομενοι θεοι ειτε εν ουρανω ειτε επι γης, ωσπερ εισιν θεοι πολλοι και κυριοι πολλοι, αλλ ημιν εις θεος ο πατηρ,
   15 15 οτι εμαρτυρησαμεν κατα του θεου οτι ηγειρεν τον χριστον, ον ουκ ηγειρεν *ειπερ* αρα νεκροι ουκ εγειρονται.
2Th 1 6 *ειπερ* δικαιον παρα θεω ανταποδουναι τοις θλιβουσιν υμας θλιψιν

εἰρηνευω [4]

Mc 9 50 εχετε εν εαυτοις αλα και *ειρηνευετε* εν αλληλοις.
Rm 12 18 ει δυνατον, το εξ υμων, μετα παντων ανθρωπων *ειρηνευοντες·*
2Co 13 11 λοιπον, αδελφοι, χαιρετε, καταρτιζεσθε, παρακαλεισθε, το αυτο φρονειτε, *ειρηνευετε,*
1Th 5 13 *ειρηνευετε* εν εαυτοις.

εἰρηνη [92]

Mt 10 13 και εαν μεν η η οικια αξια, ελθατω η *ειρηνη* υμων επ αυτην·
    13 η *ειρηνη* υμων προς υμας επιστραφητω.
    34 μη νομισητε οτι ηλθον βαλειν *ειρηνην* επι την γην·
    34 ουκ ηλθον βαλειν *ειρηνην* αλλα μαχαιραν.
Mc 5 34 υπαγε εις *ειρηνην,* και ισθι υγιης απο της μαστιγος σου.
Lc 1 79 επιφαναι τοις εν σκοτει και σκια θανατου καθημενοις, του κατευθυναι τους ποδας ημων εις οδον *ειρηνης.*
   2 14 δοξα εν υψιστοις θεω και επι γης *ειρηνη* εν ανθρωποις ευδοκιας.
    29 νυν απολυεις τον δουλον σου, δεσποτα, κατα το ρημα σου εν *ειρηνη·*
   7 50 η πιστις σου σεσωκεν σε· πορευου εις *ειρηνην.*
   8 48 θυγατηρ, η πιστις σου σεσωκεν σε· πορευου εις *ειρηνην.*

εἰρηνη [92]

Lc 10 5 εις ην δ αν εισελθητε οικιαν, πρωτον λεγετε· *ειρηνη* τω οικω τουτω.
    6 και εαν εκει η υιος *ειρηνης,* επαναπαησεται επ αυτον η *ειρηνη* υμων·
    6 και εαν εκει η υιος *ειρηνης,* επαναπαησεται επ αυτον η *ειρηνη* υμων·
   11 21 οταν ο ισχυρος καθωπλισμενος φυλασση την εαυτου αυλην, εν *ειρηνη* εστιν τα υπαρχοντα αυτου·
   12 51 δοκειτε οτι *ειρηνην* παρεγενομην δουναι εν τη γη;
   14 32 ει δε μηγε, ετι αυτου πορρω οντος πρεσβειαν αποστειλας ερωτα τα προς *ειρηνην.*
   19 38 ευλογημενος ο ερχομενος, ο βασιλευς εν ονοματι κυριου· εν ουρανω *ειρηνη* και δοξα εν υψιστοις.
    42 λεγων οτι ει εγνως εν τη ημερα ταυτη και συ τα προς *ειρηνην·*
   24 36 ταυτα δε αυτων λαλουντων αυτος εστη εν μεσω αυτων και λεγει αυτοις, *ειρηνη* υμιν.
Jh 14 27 *ειρηνην* αφιημι υμιν, *ειρηνην* την εμην διδωμι υμιν·
    27 *ειρηνην* αφιημι υμιν, *ειρηνην* την εμην διδωμι υμιν·
   16 33 ταυτα λελαληκα υμιν ινα εν εμοι *ειρηνην* εχητε.
   20 19 ηλθεν ο ιησους και εστη εις το μεσον, και λεγει αυτοις· *ειρηνη* υμιν.
    21 ειπεν ουν αυτοις [ο ιησους] παλιν· *ειρηνη* υμιν·
    26 και εστη εις το μεσον και ειπεν· *ειρηνη* υμιν.
Ac 7 26 και συνηλλασσεν αυτους εις *ειρηνην* ειπων·
   9 31 η μεν ουν εκκλησια καθ ολης της ιουδαιας και γαλιλαιας και σαμαρειας ειχεν *ειρηνην* οικοδομουμενη
   10 36 τον λογον [ον] απεστειλεν τοις υιοις ισραηλ ευαγγελιζομενος *ειρηνην* δια ιησου χριστου·
   12 20 ομοθυμαδον δε παρησαν προς αυτον, και πεισαντες βλαστον τον επι του κοιτωνος του βασιλεως ητουντο *ειρηνην,*
   15 33 ποιησαντες δε χρονον απελυθησαν μετ *ειρηνης* απο των αδελφων προς τους αποστειλαντας αυτους.
   16 36 νυν ουν εξελθοντες πορευεσθε εν *ειρηνη.*
   24 2 πολλης *ειρηνης* τυγχανοντες δια σου και διορθωματων γινομενων τω εθνει τουτω δια της σης προνοιας, παντη τε και πανταχου αποδεχομεθα,
Rm 1 7 χαρις υμιν και *ειρηνη* απο θεου πατρος ημων και κυριου ιησου χριστου.
   2 10 δοξα δε και τιμη και *ειρηνη* παντι τω εργαζομενω το αγαθον,
   3 17 και οδον *ειρηνης* ουκ εγνωσαν.
   5 1 δικαιωθεντες ουν εκ πιστεως *ειρηνην* εχομεν προς τον θεον δια του κυριου ημων ιησου χριστου,
   8 6 το γαρ φρονημα της σαρκος θανατος, το δε φρονημα του πνευματος ζωη και *ειρηνη.*
   14 17 ου γαρ εστιν η βασιλεια του θεου βρωσις και ποσις, αλλα δικαιοσυνη και *ειρηνη* και χαρα εν πνευματι αγιω·
    19 αρα ουν τα της *ειρηνης* διωκωμεν και τα της οικοδομης της εις αλληλους.
   15 13 ο δε θεος της ελπιδος πληρωσαι υμας πασης χαρας και *ειρηνης* εν τω πιστευειν,
    33 ο δε θεος της *ειρηνης* μετα παντων υμων· αμην.
   16 20 ο δε θεος της *ειρηνης* συντριψει τον σαταναν υπο τους ποδας υμων εν ταχει.
1Co 1 3 χαρις υμιν και *ειρηνη* απο θεου πατρος ημων και κυριου ιησου χριστου.
   7 15 εν δε *ειρηνη* κεκληκεν υμας ο θεος.
   14 33 ου γαρ εστιν ακαταστασιας ο θεος αλλα *ειρηνης.*
   16 11 προπεμψατε δε αυτον εν *ειρηνη,* ινα ελθη προς με·
2Co 1 2 χαρις υμιν και *ειρηνη* απο θεου πατρος ημων και κυριου ιησου χριστου.
   13 11 και ο θεος της αγαπης και *ειρηνης* εσται μεθ υμων.
Ga 1 3 χαρις υμιν και *ειρηνη*
   5 22 ο δε καρπος του πνευματος εστιν αγαπη, χαρα, *ειρηνη,* μακροθυμια, χρηστοτης, αγαθωσυνη, πιστις, πραυτης, εγκρατεια·
   6 16 και οσοι τω κανονι τουτω στοιχησουσιν, *ειρηνη* επ αυτους και ελεος,
Eph 1 2 χαρις υμιν και *ειρηνη* απο θεου πατρος ημων και κυριου ιησου χριστου.
   2 14 αυτος γαρ εστιν η *ειρηνη* ημων,
    15 ινα τους δυο κτιση εν αυτω εις ενα καινον ανθρωπον ποιων *ειρηνην,*
    17 και ελθων ευηγγελισατο *ειρηνην* υμιν τοις μακραν και ειρηνην τοις εγγυς·
    17 και ελθων ευηγγελισατο ειρηνην υμιν τοις μακραν και *ειρηνην* τοις εγγυς·
   4 3 σπουδαζοντες τηρειν την ενοτητα του πνευματος εν τω συνδεσμω της *ειρηνης·*

εἰρηνη [92]

Eph	6 15	και ὑποδησαμενοι τους ποδας ἐν ἑτοιμασια του εὐαγγελιου της *εἰρηνης*,
	23	*εἰρηνη* τοις ἀδελφοις και ἀγαπη μετα πιστεως ἀπο θεου πατρος και κυριου ἰησου χριστου.
Php	1 2	χαρις ὑμιν και *εἰρηνη* ἀπο θεου πατρος ἡμων και κυριου ἰησου χριστου.
	4 7	και ἡ *εἰρηνη* του θεου ἡ ὑπερεχουσα παντα νουν φρουρησει τας καρδιας ὑμων
	9	και ὁ θεος της *εἰρηνης* ἐσται μεθ ὑμων.
Col	1 2	χαρις ὑμιν και *εἰρηνη* ἀπο θεου πατρος ἡμων.
	3 15	και ἡ *εἰρηνη* του χριστου βραβευετω ἐν ταις καρδιαις ὑμων,
1Th	1 1	χαρις ὑμιν και *εἰρηνη*.
	5 3	ὁταν λεγωσιν· *εἰρηνη* και ἀσφαλεια, τοτε αἰφνιδιος αὐτοις ἐφισταται ὀλεθρος ὡσπερ ἡ ὠδιν τη ἐν γαστρι ἐχουσῃ,
	23	αὐτος δε ὁ θεος της *εἰρηνης* ἀγιασαι ὑμας ὁλοτελεις,
2Th	1 2	χαρις ὑμιν και *εἰρηνη* ἀπο θεου πατρος [ἡμων] και κυριου ἰησου χριστου.
	3 16	αὐτος δε ὁ κυριος της *εἰρηνης* δωη ὑμιν την εἰρηνην δια παντος ἐν παντι τροπῳ.
	16	αὐτος δε ὁ κυριος της *εἰρηνης* δωη ὑμιν την *εἰρηνην* δια παντος ἐν παντι τροπῳ.
1Tm	1 2	χαρις, ἐλεος, *εἰρηνη* ἀπο θεου πατρος και χριστου ἰησου του κυριου ἡμων.
2Tm	1 2	χαρις, ἐλεος, *εἰρηνη* ἀπο θεου πατρος και χριστου ἰησου του κυριου ἡμων.
	2 22	διωκε δε δικαιοσυνην, πιστιν, ἀγαπην, *εἰρηνην* μετα των ἐπικαλουμενων τον κυριον ἐκ καθαρας καρδιας.
Tit	1 4	χαρις και *εἰρηνη* ἀπο θεου πατρος και χριστου ἰησου του σωτηρος ἡμων.
Phm	3	χαρις ὑμιν και *εἰρηνη* ἀπο θεου πατρος ἡμων και κυριου ἰησου χριστου.
Heb	7 2	ὁ ἐστιν βασιλευς *εἰρηνης*, ἀπατωρ, ἀμητωρ, ἀγενεαλογητος,
	11 31	πιστει ῥααβ ἡ πορνη οὐ συναπωλετο τοις ἀπειθησασιν, δεξαμενη τους κατασκοπους μετ *εἰρηνης*.
	12 14	*εἰρηνην* διωκετε μετα παντων, και τον ἀγιασμον,
	13 20	ὁ δε θεος της *εἰρηνης*, ὁ ἀναγαγων ἐκ νεκρων τον ποιμενα των προβατων τον μεγαν ἐν αἱματι διαθηκης αἰωνιου, τον κυριον ἡμων ἰησουν, καταρτισαι ὑμας ἐν παντι ἀγαθῳ
Ja	2 16	ὑπαγετε ἐν *εἰρηνῃ*, θερμαινεσθε και χορταζεσθε,
	3 18	καρπος δε δικαιοσυνης ἐν *εἰρηνῃ* σπειρεται τοις ποιουσιν εἰρηνην.
	18	καρπος δε δικαιοσυνης ἐν εἰρηνῃ σπειρεται τοις ποιουσιν *εἰρηνην*.
1Pt	1 2	χαρις ὑμιν και *εἰρηνη* πληθυνθειη.
	3 11	ζητησατω *εἰρηνην* και διωξατω αὐτην·
	5 14	*εἰρηνη* ὑμιν πασιν τοις ἐν χριστῳ.
2Pt	1 2	χαρις ὑμιν και *εἰρηνη* πληθυνθειη ἐν ἐπιγνωσει του θεου και ἰησου του κυριου ἡμων.
	3 14	διο, ἀγαπητοι, ταυτα προσδοκωντες σπουδασατε ἀσπιλοι και ἀμωμητοι αὐτῳ εὑρεθηναι ἐν *εἰρηνῃ*,
2Jh	3	ἐσται μεθ ἡμων χαρις ἐλεος *εἰρηνη* παρα θεου πατρος,
3Jh	15	*εἰρηνη* σοι. ἀσπαζονται σε οἱ φιλοι.
Ju	2	ἐλεος ὑμιν και *εἰρηνη* και ἀγαπη πληθυνθειη.
Apc	1 4	χαρις ὑμιν και *εἰρηνη* ἀπο ὁ ὠν και ὁ ἠν και ὁ ἐρχομενος,
	6 4	και ἐξηλθεν ἀλλος ἱππος πυρρος, και τῳ καθημενῳ ἐπ αὐτον ἐδοθη αὐτῳ λαβειν την *εἰρηνην* ἐκ της γης

εἰρηνικος [2]

Heb	12 11	ὑστερον δε καρπον *εἰρηνικον* τοις δι αὐτης γεγυμνασμενοις ἀποδιδωσιν δικαιοσυνης.
Ja	3 17	ἡ δε ἀνωθεν σοφια πρωτον μεν ἀγνη ἐστιν, ἐπειτα *εἰρηνικη*, ἐπιεικης, εὐπειθης,

εἰρηνοποιεω [1]

Col	1 20	*εἰρηνοποιησας* δια του αἱματος του σταυρου αὐτου,

εἰρηνοποιος [1]

Mt	5 9	μακαριοι οἱ *εἰρηνοποιοι*, ὁτι αὐτοι υἱοι θεου κληθησονται.

εἰς [1768]

cf append.

εἰς [346]

Mt	5 18	ἰωτα *ἑν* ἠ μια κεραια οὐ μη παρελθη ἀπο του νομου,

εἰς [346]

Mt	5 18	ἰωτα *ἑν* ἠ μια κεραια οὐ μη παρελθη ἀπο του νομου,
	19	ὁς ἐαν οὐν λυση *μιαν* των ἐντολων τουτων των ἐλαχιστων και διδαξη οὑτως τους ἀνθρωπους, ἐλαχιστος κληθησεται ἐν τη βασιλεια των οὐρανων·
	29	συμφερει γαρ σοι ἱνα ἀποληται *ἑν* των μελων σου και μη ὁλον το σωμα σου βληθη εἰς γεενναν.
	30	συμφερει γαρ σοι ἱνα ἀποληται *ἑν* των μελων σου και μη ὁλον το σωμα σου εἰς γεενναν ἀπελθη.
	36	μητε ἐν τη κεφαλη σου ὀμοσης, ὁτι οὐ δυνασαι *μιαν* τριχα λευκην ποιησαι ἠ μελαιναν.
	41	και ὁστις σε ἀγγαρευσει μιλιον *ἑν*, ὑπαγε μετ αὐτου δυο.
	6 24	ἠ γαρ τον *ἑνα* μισησει και τον ἑτερον ἀγαπησει,
	24	ἠ *ἑνος* ἀνθεξεται και του ἑτερου καταφρονησει.
	27	τις δε ἐξ ὑμων μεριμνων δυναται προσθειναι ἐπι την ἡλικιαν αὐτου πηχυν *ἑνα*;
	29	λεγω δε ὑμιν ὁτι οὐδε σολομων ἐν παση τη δοξη αὐτου περιεβαλετο ὡς *ἑν* τουτων. εἰ δε τον χορτον του ἀγρου σημερον ὀντα και αὐριον εἰς κλιβανον βαλλομενον ὁ θεος οὑτως ἀμφιεννυσιν,
	8 19	και προσελθων *εἱς* γραμματευς εἰπεν αὐτῳ·
	9 18	ἰδου ἀρχων *εἱς* ἐλθων προσεκυνει αὐτῳ λεγων ὁτι ἡ θυγατηρ μου ἀρτι ἐτελευτησεν·
	10 29	οὐχι δυο στρουθια ἀσσαριου πωλειται; και *ἑν* ἐξ αὐτων οὐ πεσειται ἐπι την γην ἀνευ του πατρος ὑμων.
	42	και ὁς ἀν ποτιση *ἑνα* των μικρων τουτων ποτηριον ψυχρου μονον εἰς ὀνομα μαθητου,
	12 11	τις ἐσται ἐξ ὑμων ἀνθρωπος ὁς ἐξει προβατον *ἑν*, και ἐαν ἐμπεση τουτο τοις σαββασιν εἰς βοθυνον,
	13 46	εὑρων δε *ἑνα* πολυτιμον μαργαριτην ἀπελθων πεπρακεν παντα ὁσα εἰχεν και ἠγορασεν αὐτον.
	16 14	οἱ δε εἰπαν· οἱ μεν ἰωαννην τον βαπτιστην, ἀλλοι δε ἡλιαν, ἑτεροι δε ἰερεμιαν ἠ *ἑνα* των προφητων.
	17 4	εἰ θελεις, ποιησω ὡδε τρεις σκηνας, σοι *μιαν* και μωυσει μιαν και ἡλια μιαν.
	4	εἰ θελεις, ποιησω ὡδε τρεις σκηνας, σοι μιαν και μωυσει *μιαν* και ἡλιᾳ μιαν.
	4	εἰ θελεις, ποιησω ὡδε τρεις σκηνας, σοι μιαν και μωυσει μιαν και ἡλιᾳ *μιαν*.
	18 5	και ὁς ἐαν δεξηται *ἑν* παιδιον τοιουτο ἐπι τῳ ὀνοματι μου, ἐμε δεχεται·
	6	ὁς δ ἀν σκανδαλιση *ἑνα* των μικρων τουτων των πιστευοντων εἰς ἐμε, συμφερει αὐτῳ ἱνα κρεμασθη μυλος ὀνικος περι τον τραχηλον αὐτου και καταποντισθη ἐν τῳ πελαγει της θαλασσης.
	10	ὁρατε μη καταφρονησητε *ἑνος* των μικρων τουτων·
	12	ἐαν γενηται τινι ἀνθρωπῳ ἑκατον προβατα και πλανηθη *ἑν* ἐξ αὐτων, οὐχι ἀφησει τα ἐνενηκονταεννεα ἐπι τα ὀρη και πορευθεις ζητει το πλανωμενον;
	14	οὑτως οὐκ ἐστιν θελημα ἐμπροσθεν του πατρος ὑμων του ἐν οὐρανοις ἱνα ἀποληται *ἑν* των μικρων τουτων.
	16	ἐαν δε μη ἀκουση, παραλαβε μετα σου ἐτι *ἑνα* ἠ δυο,
	24	ἀρξαμενου δε αὐτου συναιρειν, προσηνεχθη αὐτῳ *εἱς* ὀφειλετης μυριων ταλαντων.
	28	ἐξελθων δε ὁ δουλος ἐκεινος εὑρεν *ἑνα* των συνδουλων αὐτου, ὁς ὠφειλεν αὐτῳ ἑκατον δηναρια,
	19 5	ἑνεκα τουτου καταλειψει ἀνθρωπος τον πατερα και την μητερα και κολληθησεται τη γυναικι αὐτου, και ἐσονται οἱ δυο εἰς σαρκα *μιαν*.
	6	ἑνεκα τουτου καταλειψει ἀνθρωπος τον πατερα και την μητερα και κολληθησεται τη γυναικι αὐτου, και ἐσονται οἱ δυο εἰς σαρκα μιαν. ὡστε οὐκετι εἰσιν δυο ἀλλα σαρξ *μια*.
	16	και ἰδου *εἱς* προσελθων αὐτῳ εἰπεν·
	17	τι με ἐρωτας περι του ἀγαθου; *εἱς* ἐστιν ὁ ἀγαθος·
	20 12	οὑτοι οἱ ἐσχατοι *μιαν* ὡραν ἐποιησαν, και ἰσους ἡμιν αὐτους ἐποιησας τοις βαστασασι το βαρος της ἡμερας και τον καυσωνα.
	13	ὁ δε ἀποκριθεις *ἑνι* αὐτων εἰπεν· ἑταιρε, οὐκ ἀδικω σε· οὐχι δηναριου συνεφωνησας μοι;
	21	εἰπε ἱνα καθισωσιν οὑτοι οἱ δυο υἱοι μου *εἱς* ἐκ δεξιων σου και *εἱς* ἐξ εὐωνυμων σου ἐν τη βασιλεια σου.
	21	εἰπε ἱνα καθισωσιν οὑτοι οἱ δυο υἱοι μου εἱς ἐκ δεξιων σου και *εἱς* ἐξ εὐωνυμων σου ἐν τη βασιλεια σου.
	21 19	και ἰδων συκην *μιαν* ἐπι της ὁδου ἠλθεν ἐπ αὐτην,
	24	ἐρωτησω ὑμας καγω λογον *ἑνα*, ὁν ἐαν εἰπητε μοι, καγω ὑμιν ἐρω ἐν ποιᾳ ἐξουσιᾳ ταυτα ποιω·
	22 35	και ἐπηρωτησεν *εἱς* ἐξ αὐτων [νομικος] πειραζων αὐτον· διδασκαλε, ποια ἐντολη μεγαλη ἐν τῳ νομῳ;
	23 8	ὑμεις δε μη κληθητε ῥαββι· *εἱς* γαρ ἐστιν ὑμων ὁ διδασκαλος, παντες δε ὑμεις ἀδελφοι ἐστε.

εἰς [346]

Mt 23 9 καὶ πατερα μη καλεσητε ὑμων ἐπι της γης· εἷς γαρ ἐστιν ὑμων
ὁ πατηρ ὁ οὐρανιος.

10 μηδε κληθητε καθηγηται, ὁτι καθηγητης ὑμων ἐστιν εἷς ὁ
χριστος.

15 οὐαι ὑμιν, γραμματεις και φαρισαιοι ὑποκριται, ὁτι περιαγετε
την θαλασσαν και την ξηραν ποιησαι ἑνα προσηλυτον,

24 40 τοτε δυο ἐσονται ἐν τω ἀγρω, εἷς παραλαμβανεται και εἷς
ἀφιεται·

40 τοτε δυο ἐσονται ἐν τω ἀγρω, εἷς παραλαμβανεται και εἷς
ἀφιεται·

41 δυο ἀληθουσαι ἐν τω μυλω, μια παραλαμβανεται και μια
ἀφιεται.

41 δυο ἀληθουσαι ἐν τω μυλω, μια παραλαμβανεται και μια
ἀφιεται.

25 15 και ᾧ μεν ἐδωκεν πεντε ταλαντα, ᾧ δε δυο, ᾧ δε ἑν, ἑκαστω
κατα την ἰδιαν δυναμιν,

18 ὁ δε το ἑν λαβων ἀπελθων ὠρυξεν γην και ἐκρυψεν το
ἀργυριον του κυριου αὐτου.

24 προσελθων δε και ὁ το ἑν ταλαντον εἰληφως εἰπεν·

40 ἀμην λεγω ὑμιν, ἐφ ὁσον ἐποιησατε ἑνι τουτων των ἀδελφων
μου των ἐλαχιστων, ἐμοι ἐποιησατε.

45 ἀμην λεγω ὑμιν, ἐφ ὁσον οὐκ ἐποιησατε ἑνι τουτων των
ἐλαχιστων, οὐδε ἐμοι ἐποιησατε.

26 14 τοτε πορευθεις εἷς των δωδεκα, ὁ λεγομενος ιουδας
ἰσκαριωτης, προς τους ἀρχιερεις εἰπεν·

21 ἀμην λεγω ὑμιν ὁτι εἷς ἐξ ὑμων παραδωσει με.

22 και λυπουμενοι σφοδρα ἠρξαντο λεγειν αὐτω εἷς ἑκαστος·
μητι ἐγω εἰμι, κυριε;

40 οὑτως οὐκ ἰσχυσατε μιαν ὡραν γρηγορησαι μετ ἐμου;

47 ἰδου ιουδας εἷς των δωδεκα ἠλθεν, και μετ αὐτου ὀχλος πολυς
μετα μαχαιρων και ξυλων ἀπο των ἀρχιερεων και
πρεσβυτερων του λαου.

51 και ἰδου εἷς των μετα ιησου ἐκτεινας την χειρα ἀπεσπασεν
την μαχαιραν αὐτου,

69 και προσηλθεν αὐτω μια παιδισκη λεγουσα·

27 14 και οὐκ ἀπεκριθη αὐτω προς οὐδε ἑν ῥημα, ὡστε θαυμαζειν
τον ἡγεμονα λιαν.

15 κατα δε ἑορτην εἰωθει ὁ ἡγεμων ἀπολυειν ἑνα τω ὀχλω
δεσμιον ὁν ἠθελον.

38 τοτε σταυρουνται συν αὐτω δυο λησται, εἷς ἐκ δεξιων και εἷς
ἐξ εὐωνυμων.

38 τοτε σταυρουνται συν αὐτω δυο λησται, εἷς ἐκ δεξιων και εἷς
ἐξ εὐωνυμων.

48 και εὐθεως δραμων εἷς ἐξ αὐτων και λαβων σπογγον πλησας
τε ὀξους και περιθεις καλαμω ἐποτιζεν αὐτον.

28 1 ὀψε δε σαββατων, τη ἐπιφωσκουση εἰς μιαν σαββατων, ἠλθεν
μαριαμ ἡ μαγδαληνη και ἡ ἀλλη μαρια θεωρησαι τον ταφον.

Mc 2 7 τις δυναται ἀφιεναι ἁμαρτιας εἰ μη εἷς ὁ θεος;

4 8 και ἀλλα ἐπεσεν εἰς την γην την καλην και ἐδιδου καρπον
ἀναβαινοντα και αὐξανομενα και ἐφερεν ἑν τριακοντα και ἑν
ἑξηκοντα και ἑν ἑκατον.

8 και ἀλλα ἐπεσεν εἰς την γην την καλην και ἐδιδου καρπον
ἀναβαινοντα και αὐξανομενα και ἐφερεν ἑν τριακοντα και ἑν
ἑξηκοντα και ἑν ἑκατον.

8 και ἀλλα ἐπεσεν εἰς την γην την καλην και ἐδιδου καρπον
ἀναβαινοντα και αὐξανομενα και ἐφερεν ἑν τριακοντα και ἑν
ἑξηκοντα και ἑν ἑκατον.

20 και ἐκεινοι εἰσιν οἱ ἐπι την γην την καλην σπαρεντες, οἰτινες
ἀκουουσιν τον λογον και παραδεχονται και καρποφορουσιν
ἑν τριακοντα και ἑν ἑξηκοντα και ἑν ἑκατον.

20 και ἐκεινοι εἰσιν οἱ ἐπι την γην την καλην σπαρεντες, οἰτινες
ἀκουουσιν τον λογον και παραδεχονται και καρποφορουσιν
ἑν τριακοντα και ἑν ἑξηκοντα και ἑν ἑκατον.

20 και ἐκεινοι εἰσιν οἱ ἐπι την γην την καλην σπαρεντες, οἰτινες
ἀκουουσιν τον λογον και παραδεχονται και καρποφορουσιν
ἑν τριακοντα και ἑν ἑξηκοντα και ἑν ἑκατον.

5 22 και ἐρχεται εἷς των ἀρχισυναγωγων, ὀνοματι ιαιρος, και ἰδων
αὐτον πιπτει προς τους ποδας αὐτου,

6 15 ἀλλοι δε ἐλεγον ὁτι προφητης ὡς εἷς των προφητων.

8 14 και ἐπελαθοντο λαβειν ἀρτους, και εἰ μη ἑνα ἀρτον οὐκ εἰχον
μεθ ἑαυτων ἐν τω πλοιω.

28 οἱ δε εἰπαν αὐτω λεγοντες [ὁτι] ιωαννην τον βαπτιστην, και
ἀλλοι ἠλιαν, ἀλλοι δε ὁτι εἷς των προφητων.

9 5 ῥαββι, καλον ἐστιν ἡμας ὡδε εἰναι, και ποιησωμεν τρεις
σκηνας, σοι μιαν και μωυσει μιαν και ἠλια μιαν.

5 ῥαββι, καλον ἐστιν ἡμας ὡδε εἰναι, και ποιησωμεν τρεις
σκηνας, σοι μιαν και μωυσει μιαν και ἠλια μιαν.

5 ῥαββι, καλον ἐστιν ἡμας ὡδε εἰναι, και ποιησωμεν τρεις
σκηνας, σοι μιαν και μωυσει μιαν και ἠλια μιαν.

εἰς [346]

Mc 9 17 και ἀπεκριθη αὐτω εἷς ἐκ του ὀχλου· διδασκαλε, ἠνεγκα τον
υἱον μου προς σε, ἐχοντα πνευμα ἀλαλον·

37 ὁς ἀν ἑν των τοιουτων παιδιων δεξηται ἐπι τω ὀνοματι μου,
ἐμε δεχεται·

42 και ὁς ἀν σκανδαλιση ἑνα των μικρων τουτων των
πιστευοντων [εἰς ἐμε,] καλον ἐστιν αὐτω μαλλον εἰ περικειται
μυλος ὀνικος περι τον τραχηλον αὐτου και βεβληται εἰς την
θαλασσαν.

10 8 ἑνεκεν τουτου καταλειψει ἀνθρωπος τον πατερα αὐτου και
την μητερα [και προσκολληθησεται προς την γυναικα αὐτου,]
και ἐσονται οἱ δυο εἰς σαρκα μιαν·

8 ἑνεκεν τουτου καταλειψει ἀνθρωπος τον πατερα αὐτου και
την μητερα [και προσκολληθησεται προς την γυναικα αὐτου,]
και ἐσονται οἱ δυο εἰς σαρκα μιαν· ὡστε οὐκετι εἰσιν δυο
ἀλλα μια σαρξ.

17 και ἐκπορευομενου αὐτου εἰς ὁδον προσδραμων εἷς και
γονυπετησας αὐτον ἐπηρωτα αὐτον·

18 τι με λεγεις ἀγαθον; οὐδεις ἀγαθος εἰ μη εἷς ὁ θεος.

21 ἑν σε ὑστερει· ὑπαγε, ὁσα ἐχεις πωλησον και δος [τοις]
πτωχοις,

37 δος ἡμιν ἱνα εἷς σου ἐκ δεξιων και εἷς ἐξ ἀριστερων
καθισωμεν ἐν τη δοξη σου.

37 δος ἡμιν ἱνα εἷς σου ἐκ δεξιων και εἷς ἐξ ἀριστερων
καθισωμεν ἐν τη δοξη σου.

11 29 ἐπερωτησω ὑμας ἑνα λογον, και ἀποκριθητε μοι, και ἐρω ὑμιν
ἐν ποια ἐξουσια ταυτα ποιω·

12 6 ἐτι ἑνα εἰχεν, υἱον ἀγαπητον·

28 και προσελθων εἷς των γραμματεων, ἀκουσας αὐτων
συζητουντων, ἰδων ὁτι καλως ἀπεκριθη αὐτοις,

29 ἀκουε, ισραηλ, κυριος ὁ θεος ἡμων κυριος εἷς ἐστιν,

32 καλως, διδασκαλε, ἐπ ἀληθειας εἰπες ὁτι εἷς ἐστιν και οὐκ
ἐστιν ἀλλος πλην αὐτου·

42 και ἐλθουσα μια χηρα πτωχη ἐβαλεν λεπτα δυο, ὁ ἐστιν
κοδραντης.

13 1 και ἐκπορευομενου αὐτου ἐκ του ἱερου λεγει αὐτω εἷς των
μαθητων αὐτου· διδασκαλε, ἰδε ποταποι λιθοι και ποταπαι
οἰκοδομαι.

14 10 και ιουδας ισκαριωθ, ὁ εἷς των δωδεκα, ἀπηλθεν προς τους
ἀρχιερεις ἱνα αὐτον παραδοι αὐτοις.

18 ἀμην λεγω ὑμιν ὁτι εἷς ἐξ ὑμων παραδωσει με, ὁ ἐσθιων μετ
ἐμου.

19 ἠρξαντο λυπεισθαι και λεγειν αὐτω εἷς κατα εἷς· μητι ἐγω;

19 ἠρξαντο λυπεισθαι και λεγειν αὐτω εἷς κατα εἷς· μητι ἐγω;

20 εἷς των δωδεκα, ὁ ἐμβαπτομενος μετ ἐμου εἰς το τρυβλιον.

37 σιμων, καθευδεις; οὐκ ἰσχυσας μιαν ὡραν γρηγορησαι;

43 και εὐθυς ἐτι αὐτου λαλουντος παραγινεται ιουδας εἷς των
δωδεκα,

47 εἷς δε [τις] των παρεστηκοτων σπασαμενος την μαχαιραν
ἐπαισεν τον δουλον του ἀρχιερεως και ἀφειλεν αὐτου το
ὠταριον.

66 και ὀντος του πετρου κατω ἐν τη αὐλη ἐρχεται μια των
παιδισκων του ἀρχιερεως,

15 6 κατα δε ἑορτην ἀπελυεν αὐτοις ἑνα δεσμιον ὁν παρητουντο.

27 και συν αὐτω σταυρουσιν δυο ληστας, ἑνα ἐκ δεξιων και ἑνα
ἐξ εὐωνυμων αὐτου.

27 και συν αὐτω σταυρουσιν δυο ληστας, ἑνα ἐκ δεξιων και ἑνα
ἐξ εὐωνυμων αὐτου.

16 2 και λιαν πρωι τη μια των σαββατων ἐρχονται ἐπι το
μνημειον, ἀνατειλαντος του ἡλιου.

Lc 4 40 ὁ δε ἑνι ἑκαστω αὐτων τας χειρας ἐπιτιθεις ἐθεραπευεν
αὐτους.

5 3 ἐμβας δε εἰς ἑν των πλοιων, ὁ ἠν σιμωνος, ἠρωτησεν αὐτον
ἀπο της γης ἐπαναγαγειν ὀλιγον·

12 και ἐγενετο ἐν τω εἰναι αὐτον ἐν μια των πολεων και ἰδου
ἀνηρ πληρης λεπρας·

17 και ἐγενετο ἐν μια των ἡμερων και αὐτος ἠν διδασκων,

7 41 ὁ εἷς ὠφειλεν δηναρια πεντακοσια, ὁ δε ἑτερος πεντηκοντα.

8 22 ἐγενετο δε ἐν μια των ἡμερων και αὐτος ἐνεβη εἰς πλοιον και
οἱ μαθηται αὐτου,

9 33 και ποιησωμεν σκηνας τρεις, μιαν σοι και μιαν μωυσει και
μιαν ἠλια, μη εἰδως ὁ λεγει.

33 και ποιησωμεν σκηνας τρεις, μιαν σοι και μιαν μωυσει και
μιαν ἠλια, μη εἰδως ὁ λεγει.

33 και ποιησωμεν σκηνας τρεις, μιαν σοι και μιαν μωυσει και
μιαν ἠλια, μη εἰδως ὁ λεγει.

10 42 μαρθα μαρθα, μεριμνας και θορυβαζη περι πολλα, ἑνος
ὀλιγων δε ἐστιν χρεια·

εἰς [346]

Lc	11 46	καὶ ὑμῖν τοῖς νομικοῖς οὐαί, ὅτι φορτιζετε τους ἀνθρωπους φορτια δυσβαστακτα, καὶ αὐτοι ἑνὶ τῶν δακτυλων ὑμῶν οὐ προσψαυετε τοις φορτιοις.
	12 6	καὶ ἓν ἐξ αὐτῶν οὐκ ἔστιν ἐπιλελησμενον ἐνωπιον του θεου.
	27	οὐδὲ σολομων ἐν παση τη δοξη αὐτου περιεβαλετο ὡς ἓν τουτων.
	52	ἔσονται γὰρ ἀπὸ του νυν πεντε ἐν ἑνὶ οἰκω διαμεμερισμενοι, τρεις ἐπι δυσιν καὶ δυο ἐπι τρισιν διαμερισθησονται,
	13 10	ἦν δὲ διδασκων ἐν μιᾷ τῶν συναγωγων ἐν τοις σαββασιν.
	14 18	καὶ ἤρξαντο ἀπὸ μιᾶς παντες παραιτεισθαι.
	15 4	τίς ἄνθρωπος ἐξ ὑμῶν ἔχων ἑκατον προβατα καὶ ἀπολεσας ἐξ αὐτῶν ἓν οὐ καταλειπει τὰ ἐνενηκονταεννεα ἐν τη ἐρημω καὶ πορευεται ἐπι το ἀπολωλος ἕως εὕρη αὐτο;
	7	λεγω ὑμῖν ὅτι οὕτως χαρα ἐν τω οὐρανω ἔσται ἐπι ἑνὶ ἁμαρτωλω μετανοουντι ἢ ἐπι ἐνενηκονταεννεα δικαιοις οἵτινες οὐ χρειαν ἔχουσιν μετανοιας.
	8	ἢ τίς γυνη δραχμας ἔχουσα δεκα, ἐὰν ἀπολεση δραχμην μιαν, οὐχι ἅπτει λυχνον καὶ σαροι την οἰκιαν καὶ ζητει ἐπιμελως ἕως οὗ εὕρη;
	10	οὕτως, λεγω ὑμῖν, γινεται χαρα ἐνωπιον τῶν ἀγγελων του θεου ἐπι ἑνὶ ἁμαρτωλω μετανοουντι.
	15	καὶ πορευθεις ἐκολληθη ἑνὶ τῶν πολιτων της χωρας ἐκεινης,
	19	οὐκετι εἰμι ἄξιος κληθηναι υἱος σου· ποιησον με ὡς ἕνα τῶν μισθιων σου.
	26	καὶ προσκαλεσαμενος ἕνα τῶν παιδων ἐπυνθανετο τί ἂν εἴη ταυτα.
	16 5	καὶ προσκαλεσαμενος ἕνα ἕκαστον τῶν χρεοφειλετων του κυριου ἑαυτου ἔλεγεν τω πρωτω·
	13	ἢ γὰρ τον ἕνα μισησει καὶ τον ἕτερον ἀγαπησει, ἢ ἑνος ἀνθεξεται καὶ του ἑτερου καταφρονησει.
	13	ἢ γὰρ τον ἕνα μισησει καὶ τον ἕτερον ἀγαπησει, ἢ ἑνος ἀνθεξεται καὶ του ἑτερου καταφρονησει.
	17	εὐκοπωτερον δὲ ἔστιν τον οὐρανον καὶ την γην παρελθειν ἢ του νομου μιαν κεραιαν πεσειν.
	17 2	λυσιτελει αὐτω εἰ λιθος μυλικος περικειται περι τον τραχηλον αὐτου καὶ ἔρριπται εἰς την θαλασσαν, ἢ ἵνα σκανδαλιση τῶν μικρων τουτων ἕνα.
	15	εἷς δὲ ἐξ αὐτῶν, ἰδων ὅτι ἰαθη, ὑπεστρεψεν μετα φωνης μεγαλης δοξαζων τον θεον,
	22	ἐλευσονται ἡμεραι ὅτε ἐπιθυμησετε μιαν τῶν ἡμερων του υἱου του ἀνθρωπου ἰδειν καὶ οὐκ ὄψεσθε.
	34	λεγω ὑμῖν, ταυτη τη νυκτι ἔσονται δυο ἐπι κλινης μιας, ὁ εἷς παραλημφθησεται καὶ ὁ ἕτερος ἀφεθησεται·
	34	λεγω ὑμῖν, ταυτη τη νυκτι ἔσονται δυο ἐπι κλινης μιας, ὁ εἷς παραλημφθησεται καὶ ὁ ἕτερος ἀφεθησεται·
	35	ἔσονται δυο ἀληθουσαι ἐπι το αὐτο, ἡ μια παραλημφθησεται ἡ δὲ ἑτερα ἀφεθησεται.
	36*	δυο ἐν ἀγρω· εἷς παραλημφθησεται καὶ ὁ ἕτερος ἀφεθησεται.
	18 10	ἄνθρωποι δυο ἀνεβησαν εἰς το ἱερον προσευξασθαι, ὁ εἷς φαρισαιος καὶ ὁ ἕτερος τελωνης.
	19	τί με λεγεις ἀγαθον; οὐδεις ἀγαθος εἰ μη εἷς ὁ θεος.
	22	ἔτι ἕν σοι λειπει·
	20 1	καὶ ἐγενετο ἐν μιᾷ τῶν ἡμερων διδασκοντος αὐτου τον λαον ἐν τω ἱερω καὶ εὐαγγελιζομενου ἐπεστησαν οἱ ἀρχιερεις καὶ οἱ γραμματεις συν τοις πρεσβυτεροις,
	22 47	ἔτι αὐτου λαλουντος ἰδου ὄχλος, καὶ ὁ λεγομενος ιουδας εἷς τῶν δωδεκα προηρχετο αὐτους, καὶ ἤγγισεν τω ιησου φιλησαι αὐτον.
	50	καὶ ἐπαταξεν εἷς τις ἐξ αὐτῶν του ἀρχιερεως τον δουλον καὶ ἀφειλεν το οὖς αὐτου το δεξιον.
	59	καὶ διαστασης ὡσει ὥρας μιας ἄλλος τις διισχυριζετο λεγων·
	23 17*	ἀναγκην δὲ εἶχεν ἀπολυειν αὐτοις κατα ἑορτην ἕνα.
	39	εἷς δὲ τῶν κρεμασθεντων κακουργων ἐβλασφημει αὐτον λεγων·
	24 1	τη δὲ μιᾷ τῶν σαββατων ὄρθρου βαθεως ἐπι το μνημα ἦλθον φερουσαι ἃ ἡτοιμασαν ἀρωματα.
	18	ἀποκριθεις δὲ εἷς ὀνοματι κλεοπας εἶπεν προς αὐτον· συ μονος παροικεις ιερουσαλημ καὶ οὐκ ἔγνως τὰ γενομενα ἐν αὐτη ἐν ταις ἡμεραις ταυταις;
Jh	1 3	καὶ χωρις αὐτου ἐγενετο οὐδὲ ἕν ὃ γεγονεν.
	40	ἦν ἀνδρεας ὁ ἀδελφος σιμωνος πετρου εἷς ἐκ τῶν δυο τῶν ἀκουσαντων παρα ιωαννου καὶ ἀκολουθησαντων αὐτω·
	3 27	οὐ δυναται ἄνθρωπος λαμβανειν οὐδὲ ἓν ἐὰν μη η δεδομενον αὐτω ἐκ του οὐρανου.
	6 8	λεγει αὐτω εἷς ἐκ τῶν μαθητων αὐτου, ἀνδρεας ὁ ἀδελφος σιμωνος πετρου· ἔστιν παιδαριον ὧδε ὃς ἔχει πεντε ἀρτους κριθινους καὶ δυο ὀψαρια.
	22	τη ἐπαυριον ὁ ὄχλος ὁ ἑστηκως περαν της θαλασσης εἶδον ὅτι πλοιαριον ἄλλο οὐκ ἦν ἐκει εἰ μη ἕν,

εἰς [346]

Jh	6 70	καὶ ἐξ ὑμῶν εἷς διαβολος ἐστιν.
	71	οὗτος γὰρ ἔμελλεν παραδιδοναι αὐτον, εἷς ἐκ τῶν δωδεκα.
	7 21	ἓν ἐργον ἐποιησα καὶ παντες θαυμαζετε.
	50	λεγει νικοδημος προς αὐτους, ὁ ἐλθων προς αὐτον [το] προτερον, εἷς ὢν ἐξ αὐτων· μη ὁ νομος ἡμων κρινει τον ἀνθρωπον
	8 9*	οἱ δὲ ἀκουσαντες ἐξηρχοντο εἷς καθ εἷς ἀρξαμενοι ἀπο των πρεσβυτερων,
	9*	οἱ δὲ ἀκουσαντες ἐξηρχοντο εἷς καθ εἷς ἀρξαμενοι ἀπο των πρεσβυτερων,
	41	ἡμεις ἐκ πορνειας οὐ γεγεννημεθα, ἕνα πατερα ἔχομεν τον θεον.
	9 25	εἰ ἁμαρτωλος ἐστιν οὐκ οἶδα· ἓν οἶδα, ὅτι τυφλος ὢν ἀρτι βλεπω.
	10 16	καὶ γενησονται μια ποιμνη, εἷς ποιμην.
	16	καὶ γενησονται μια ποιμνη, εἷς ποιμην.
	30	ἐγω καὶ ὁ πατηρ ἕν ἐσμεν.
	11 49	εἷς δε τις ἐξ αὐτων καιαφας, ἀρχιερευς ὢν του ἐνιαυτου ἐκεινου, εἶπεν αὐτοις·
	50	ὑμεις οὐκ οἴδατε οὐδεν, οὐδὲ λογιζεσθε ὅτι συμφερει ὑμιν ἵνα εἷς ἄνθρωπος ἀποθανη ὑπερ του λαου καὶ μη ὅλον το ἐθνος ἀποληται.
	52	ὅτι ἐμελλεν ιησους ἀποθνησκειν ὑπερ του ἐθνους, καὶ οὐχ ὑπερ του ἐθνους μονον, ἀλλ ἵνα καὶ τὰ τεκνα του θεου τὰ διεσκορπισμενα συναγαγη εἰς ἕν.
	12 2	ὁ δὲ λαζαρος εἷς ἦν ἐκ τῶν ἀνακειμενων συν αὐτω·
	4	λεγει δὲ ιουδας ὁ ισκαριωτης εἷς [ἐκ] τῶν μαθητων αὐτου, ὁ μελλων αὐτον παραδιδοναι· δια τί τουτο το μυρον οὐκ ἐπραθη τριακοσιων δηναριων καὶ ἐδοθη πτωχοις;
	13 21	ἀμην ἀμην λεγω ὑμιν ὅτι εἷς ἐξ ὑμων παραδωσει με.
	23	ἦν ἀνακειμενος εἷς ἐκ τῶν μαθητων αὐτου ἐν τω κολπω του ιησου, ὃν ἠγαπα ὁ ιησους·
	17 11	πατερ ἁγιε, τηρησον αὐτους ἐν τω ὀνοματι σου ᾧ δεδωκας μοι, ἵνα ὦσιν ἓν καθως ἡμεις.
	21	ἀλλα καὶ περι τῶν πιστευοντων δια του λογου αὐτων εἰς ἐμε, ἵνα παντες ἓν ὦσιν, καθως συ, πατερ, ἐν ἐμοι καγω ἐν σοι,
	22	καγω την δοξαν ἣν δεδωκας μοι δεδωκα αὐτοις, ἵνα ὦσιν ἓν καθως ἡμεις ἕν·
	22	καγω την δοξαν ἣν δεδωκας μοι δεδωκα αὐτοις, ἵνα ὦσιν ἓν καθως ἡμεις ἕν·
	23	ἐγω ἐν αὐτοις καὶ συ ἐν ἐμοι, ἵνα ὦσιν τετελειωμενοι εἰς ἕν,
	18 14	ἦν δὲ καιαφας ὁ συμβουλευσας τοις ιουδαιοις ὅτι συμφερει ἕνα ἄνθρωπον ἀποθανειν ὑπερ του λαου.
	22	ταυτα δὲ αὐτου εἰποντος εἷς παρεστηκως τῶν ὑπηρετων ἔδωκεν ῥαπισμα τω ιησου εἰπων·
	26	λεγει εἷς ἐκ τῶν δουλων του ἀρχιερεως, συγγενης ὢν οὗ ἀπεκοψεν πετρος το ὠτιον· οὐκ ἐγω σε εἶδον ἐν τω κηπω μετ αὐτου;
	39	ἔστιν δὲ συνηθεια ὑμιν ἵνα ἕνα ἀπολυσω ὑμιν ἐν τω πασχα·
	19 34	οὐ κατεαξαν αὐτου τὰ σκελη, ἀλλ εἷς τῶν στρατιωτων λογχη αὐτου την πλευραν ἐνυξεν,
	20 1	τη δὲ μιᾷ τῶν σαββατων μαρια ἡ μαγδαληνη ἔρχεται πρωι σκοτιας ἔτι οὔσης εἰς το μνημειον,
	7	καὶ θεωρει τὰ ὀθονια κειμενα, καὶ το σουδαριον, ὃ ἦν ἐπι της κεφαλης αὐτου, οὐ μετα τῶν ὀθονιων κειμενον ἀλλα χωρις ἐντετυλιγμενον εἰς ἕνα τοπον.
	12	καὶ θεωρει δυο ἀγγελους ἐν λευκοις καθεζομενους, ἕνα προς τη κεφαλη καὶ ἕνα προς τοις ποσιν, ὅπου ἐκειτο το σωμα του ιησου.
	12	καὶ θεωρει δυο ἀγγελους ἐν λευκοις καθεζομενους, ἕνα προς τη κεφαλη καὶ ἕνα προς τοις ποσιν, ὅπου ἐκειτο το σωμα του ιησου.
	19	οὔσης οὖν ὀψιας τη ἡμερα ἐκεινη τη μιᾷ σαββατων,
	24	θωμας δὲ εἷς ἐκ τῶν δωδεκα, ὁ λεγομενος διδυμος, οὐκ ἦν μετ αὐτῶν ὅτε ἦλθεν ιησους.
	21 25	ἅτινα ἐὰν γραφηται καθ ἕν, οὐδ αὐτον οἶμαι τον κοσμον χωρησειν τὰ γραφομενα βιβλια.
Ac	1 22	μαρτυρα της ἀναστασεως αὐτου συν ἡμιν γενεσθαι ἕνα τουτων.
	24	ἀναδειξον ὃν ἐξελεξω ἐκ τουτων τῶν δυο ἕνα λαβειν τον τοπον της διακονιας ταυτης καὶ ἀποστολης,
	2 3	καὶ ἐκαθισεν ἐφ ἕνα ἕκαστον αὐτῶν, καὶ ἐπλησθησαν παντες πνευματος ἁγιου,
	6	γενομενης δὲ της φωνης ταυτης συνηλθεν το πληθος καὶ συνεχυθη, ὅτι ἤκουον εἷς ἕκαστος τη ἰδια διαλεκτω λαλουντων αὐτων.
	4 32	του δὲ πληθους τῶν πιστευσαντων ἦν καρδια καὶ ψυχη μια,
	32	καὶ οὐδὲ εἷς τι τῶν ὑπαρχοντων αὐτω ἔλεγεν ἰδιον εἶναι,

εἰς [346]

Ac 11 28 ἀναστας δε *εἷς* ἐξ αὐτων ὀνοματι ἀγαβος ἐσημανεν δια του
πνευματος λιμον μεγαλην μελλειν ἐσεσθαι ἐφ ὁλην την
οἰκουμενην·

12 10 και ἐξελθοντες προηλθον ῥυμην *μιαν*, και εὐθεως ἀπεστη ὁ
ἀγγελος ἀπ αὐτου.

17 26 ἐποιησεν τε ἐξ *ἑνος* παν ἐθνος ἀνθρωπων κατοικειν ἐπι
παντος προσωπου της γης,

27 και γε οὐ μακραν ἀπο *ἑνος* ἑκαστου ἡμων ὑπαρχοντα.

19 34 ἐπιγνοντες δε ὁτι ἰουδαιος ἐστιν, φωνη ἐγενετο *μια* ἐκ
παντων, ὡς ἐπι ὡρας δυο κραζοντων·

20 7 ἐν δε τη *μια* των σαββατων συνηγμενων ἡμων κλασαι ἀρτον
ὁ παυλος διελεγετο αὐτοις,

31 διο γρηγορειτε, μνημονευοντες ὁτι τριετιαν νυκτα και ἡμεραν
οὐκ ἐπαυσαμην μετα δακρυων νουθετων *ἑνα* ἑκαστον.

21 7 και ἀσπασαμενοι τους ἀδελφους ἐμειναμεν ἡμεραν *μιαν* παρ
αὐτοις.

19 και ἀσπασαμενος αὐτους ἐξηγειτο καθ *ἑν* ἑκαστον ὡν
ἐποιησεν ὁ θεος ἐν τοις ἐθνεσιν δια της διακονιας αὐτου.

26 διαγγελλων την ἐκπληρωσιν των ἡμερων του ἁγνισμου, ἑως
οὐ προσηνεχθη ὑπερ *ἑνος* ἑκαστου αὐτων ἡ προσφορα.

23 6 γνους δε ὁ παυλος ὁτι το *ἑν* μερος ἐστιν σαδδουκαιων το δε
ἑτερον φαρισαιων ἐκραζεν ἐν τω συνεδριω·

17 προσκαλεσαμενος δε ὁ παυλος *ἑνα* των ἑκατονταρχων ἐφη·

24 21 ἢ αὐτοι οὐτοι εἰπατωσαν τι εὑρον ἀδικημα σταντος μου ἐπι
του συνεδριου, ἢ περι *μιας* ταυτης φωνης ἡς ἐκεκραξα ἐν
αὐτοις ἑστως

28 13 και μετα *μιαν* ἡμεραν ἐπιγενομενου νοτου δευτεραιοι
ἠλθομεν εἰς ποτιολους,

25 ἀσυμφωνοι δε ὁντες προς ἀλληλους ἀπελυοντο, εἰποντος του
παυλου ῥημα *ἑν*,

Rm 3 10 προητιασαμεθα γαρ ἰουδαιους τε και ἑλληνας παντας ὑφ
ἁμαρτιαν εἰναι, καθως γεγραπται ὁτι οὐκ ἐστιν δικαιος οὐδε
εἱς, οὐκ ἐστιν ὁ συνιων,

12 οὐκ ἐστιν ὁ ποιων χρηστοτητα, [οὐκ ἐστιν] ἑως *ἑνος*.

30 · εἰπερ *εἱς* ὁ θεος ὁς δικαιωσει περιτομην ἐκ πιστεως και
ἀκροβυστιαν δια της πιστεως.

5 12 δια τουτο ὡσπερ δι *ἑνος* ἀνθρωπου ἡ ἁμαρτια εἰς τον κοσμον
εἰσηλθεν, και δια της ἁμαρτιας ὁ θανατος, και οὑτως εἰς
παντας ἀνθρωπους ὁ θανατος διηλθεν,

15 εἰ γαρ τω του *ἑνος* παραπτωματι οἱ πολλοι ἀπεθανον, πολλω
μαλλον ἡ χαρις του θεου και ἡ δωρεα ἐν χαριτι τη του *ἑνος*
ἀνθρωπου ἰησου χριστου εἰς τους πολλους ἐπερισσευσεν.

15 εἰ γαρ τω του *ἑνος* παραπτωματι οἱ πολλοι ἀπεθανον, πολλω
μαλλον ἡ χαρις του θεου και ἡ δωρεα ἐν χαριτι τη του *ἑνος*
ἀνθρωπου ἰησου χριστου εἰς τους πολλους ἐπερισσευσεν.

16 και οὐχ ὡς δι *ἑνος* ἁμαρτησαντος το δωρημα·

16 το μεν γαρ κριμα ἐξ *ἑνος* εἰς κατακριμα, το δε χαρισμα ἐκ
πολλων παραπτωματων εἰς δικαιωμα.

17 εἰ γαρ τω του *ἑνος* παραπτωματι ὁ θανατος ἐβασιλευσεν δια
του *ἑνος*,

17 εἰ γαρ τω του *ἑνος* παραπτωματι ὁ θανατος ἐβασιλευσεν δια
του *ἑνος*,

17 πολλω μαλλον οἱ την περισσειαν της χαριτος και της δωρεας
της δικαιοσυνης λαμβανοντες ἐν ζωη βασιλευσουσιν δια του
ἑνος ἰησου χριστου.

18 ἀρα οὐν ὡς δι *ἑνος* παραπτωματος εἰς παντας ἀνθρωπους εἰς
κατακριμα, οὑτως και δι *ἑνος* δικαιωματος εἰς παντας
ἀνθρωπους εἰς δικαιωσιν ζωης·

18 ἀρα οὐν ὡς δι *ἑνος* παραπτωματος εἰς παντας ἀνθρωπους εἰς
κατακριμα, οὑτως και δι *ἑνος* δικαιωματος εἰς παντας
ἀνθρωπους εἰς δικαιωσιν ζωης·

19 ὡσπερ γαρ δια της παρακοης του *ἑνος* ἀνθρωπου ἁμαρτωλοι
κατεσταθησαν οἱ πολλοι, οὑτως και δια της ὑπακοης του *ἑνος*
δικαιοι κατασταθησονται οἱ πολλοι.

19 ὡσπερ γαρ δια της παρακοης του *ἑνος* ἀνθρωπου ἁμαρτωλοι
κατεσταθησαν οἱ πολλοι, οὑτως και δια της ὑπακοης του *ἑνος*
δικαιοι κατασταθησονται οἱ πολλοι.

9 10 οὐ μονον δε, ἀλλα και ῥεβεκκα ἐξ *ἑνος* κοιτην ἐχουσα, ἰσαακ
του πατρος ἡμων·

12 4 καθαπερ γαρ ἐν *ἑνι* σωματι πολλα μελη ἐχομεν, τα δε μελη
παντα οὐ την αὐτην ἐχει πραξιν, οὑτως οἱ πολλοι *ἑν* σωμα
ἐσμεν ἐν χριστω,

5 καθαπερ γαρ ἐν *ἑνι* σωματι πολλα μελη ἐχομεν, τα δε μελη
παντα οὐ την αὐτην ἐχει πραξιν, οὑτως οἱ πολλοι *ἑν* σωμα
ἐσμεν ἐν χριστω,

5 το δε καθ *εἱς* ἀλληλων μελη.

εἰς [346]

Rm 15 6 ὁ δε θεος της ὑπομονης και της παρακλησεως δωη ὑμιν το
αὐτο φρονειν ἐν ἀλληλοις κατα χριστον ἰησουν, ἱνα
ὁμοθυμαδον ἐν *ἑνι* στοματι δοξαζητε τον θεον και πατερα
του κυριου ἡμων ἰησου χριστου.

1Co 3 8 ὁ φυτευων δε και ὁ ποτιζων *ἑν* εἰσιν, ἑκαστος δε τον ἰδιον
μισθον λημψεται κατα τον ἰδιον κοπον.

4 6 ἱνα ἐν ἡμιν μαθητε το μη ὑπερ ἁ γεγραπται, ἱνα μη *εἱς* ὑπερ
του *ἑνος* φυσιουσθε κατα του ἑτερου.

6 16 [ἢ] οὐκ οἰδατε ὁτι ὁ κολλωμενος τη πορνη *ἑν* σωμα ἐστιν;

16 ἐσονται γαρ, φησιν, οἱ δυο εἰς σαρκα *μιαν*.

17 ὁ δε κολλωμενος τω κυριω *ἑν* πνευμα ἐστιν.

8 4 περι της βρωσεως οὐν των εἰδωλοθυτων οἰδαμεν ὁτι οὐδεν
εἰδωλον ἐν κοσμω, και ὁτι οὐδεις θεος εἰ μη *εἱς*.

6 και γαρ εἰπερ εἰσιν λεγομενοι θεοι εἰτε ἐν οὐρανω εἰτε ἐπι
γης, ὡσπερ εἰσιν θεοι πολλοι και κυριοι πολλοι, ἀλλ ἡμιν *εἱς*
θεος ὁ πατηρ,

6 και *εἱς* κυριος ἰησους χριστος, δι οὑ τα παντα και ἡμεις δι
αὐτου.

9 24 οὐκ οἰδατε ὁτι οἱ ἐν σταδιω τρεχοντες παντες μεν τρεχουσιν,
εἱς δε λαμβανει το βραβειον;

10 8 μηδε πορνευωμεν, καθως τινες αὐτων ἐπορνευσαν και ἐπεσαν
μια ἡμερα εἰκοσιτρεις χιλιαδες.

17 ὁτι *εἱς* ἀρτος, *ἑν* σωμα οἱ πολλοι ἐσμεν·

17 ὁτι *εἱς* ἀρτος, *ἑν* σωμα οἱ πολλοι ἐσμεν·

17 οἱ γαρ παντες ἐκ του *ἑνος* ἀρτου μετεχομεν.

11 5 *ἑν* γαρ ἐστιν και το αὐτο τη ἐξυρημενη.

12 9 ἑτερω πιστις ἐν τω αὐτω πνευματι, ἀλλω δε χαρισματα
ἰαματων ἐν τω *ἑνι* πνευματι,

11 παντα δε ταυτα ἐνεργει το *ἑν* και το αὐτο πνευμα,

12 καθαπερ γαρ το σωμα *ἑν* ἐστιν και μελη πολλα ἐχει, παντα δε
τα μελη του σωματος πολλα ὀντα *ἑν* ἐστιν σωμα, οὑτως και ὁ
χριστος·

12 καθαπερ γαρ το σωμα *ἑν* ἐστιν και μελη πολλα ἐχει, παντα δε
τα μελη του σωματος πολλα ὀντα *ἑν* ἐστιν σωμα, οὑτως και ὁ
χριστος·

13 και γαρ ἐν *ἑνι* πνευματι ἡμεις παντες εἰς *ἑν* σωμα
ἐβαπτισθημεν,

13 και γαρ ἐν *ἑνι* πνευματι ἡμεις παντες εἰς *ἑν* σωμα
ἐβαπτισθημεν,

13 και παντες *ἑν* πνευμα ἐποτισθημεν.

14 και γαρ το σωμα οὐκ ἐστιν *ἑν* μελος ἀλλα πολλα.

18 νυνι δε ὁ θεος ἐθετο τα μελη, *ἑν* ἑκαστον αὐτων ἐν τω
σωματι καθως ἠθελησεν.

19 εἰ δε ἠν τα παντα *ἑν* μελος, που το σωμα;

20 νυν δε πολλα μεν μελη, *ἑν* δε σωμα.

26 και εἰτε πασχει *ἑν* μελος, συμπασχει παντα τα μελη·

26 εἰτε δοξαζεται [*ἑν*] μελος, συγχαιρει παντα τα μελη·

14 27 εἰτε γλωσση τις λαλει, κατα δυο ἢ το πλειστον τρεις, και ἀνα
μερος, και *εἱς* διερμηνευετω·

31 δυνασθε γαρ καθ *ἑνα* παντες προφητευειν,

16 2 κατα *μιαν* σαββατου ἑκαστος ὑμων παρ ἑαυτω τιθετω
θησαυριζων ὁτι ἐαν εὐοδωται,

2Co 5 14 κριναντας τουτο, ὁτι *εἱς* ὑπερ παντων ἀπεθανεν·

11 2 ἡρμοσαμην γαρ ὑμας *ἑνι* ἀνδρι παρθενον ἁγνην παραστησαι
τω χριστω·

24 ὑπο ἰουδαιων πεντακις τεσσερακοντα παρα *μιαν* ἐλαβον,

Ga 3 16 οὐ λεγει· και τοις σπερμασιν, ὡς ἐπι πολλων, ἀλλ ὡς ἐφ *ἑνος*·
και τω σπερματι σου, ὁς ἐστιν χριστος.

20 ὁ δε μεσιτης *ἑνος* οὐκ ἐστιν, ὁ δε θεος *εἱς* ἐστιν.

20 ὁ δε μεσιτης *ἑνος* οὐκ ἐστιν, ὁ δε θεος *εἱς* ἐστιν.

28 παντες γαρ ὑμεις *εἱς* ἐστε ἐν χριστω ἰησου.

4 22 γεγραπται γαρ ὁτι ἀβρααμ δυο υἱους ἐσχεν, *ἑνα* ἐκ της
παιδισκης και *ἑνα* ἐκ της ἐλευθερας.

22 γεγραπται γαρ ὁτι ἀβρααμ δυο υἱους ἐσχεν, *ἑνα* ἐκ της
παιδισκης και *ἑνα* ἐκ της ἐλευθερας.

24 αὑται γαρ εἰσιν δυο διαθηκαι, *μια* μεν ἀπο ὀρους σινα, εἰς
δουλειαν γεννωσα, ἡτις ἐστιν ἁγαρ.

5 14 ὁ γαρ πας νομος ἐν *ἑνι* λογω πεπληρωται,

Eph 2 14 αὐτος γαρ ἐστιν ἡ εἰρηνη ἡμων, ὁ ποιησας τα ἀμφοτερα *ἑν*
και το μεσοτοιχον του φραγμου λυσας,

15 ἱνα τους δυο κτιση ἐν αὐτω εἰς *ἑνα* καινον ἀνθρωπον ποιων
εἰρηνην,

16 και ἀποκαταλλαξη τους ἀμφοτερους ἐν *ἑνι* σωματι τω θεω
δια του σταυρου,

18 ὁτι δι αὐτου ἐχομεν την προσαγωγην οἱ ἀμφοτεροι ἐν *ἑνι*
πνευματι προς τον πατερα.

4 4 *ἑν* σωμα και *ἑν* πνευμα, καθως και ἐκληθητε ἐν *μια* ἐλπιδι της
κλησεως ὑμων·

εἰς [346]

Eph	4 4	ἓν σῶμα καὶ ἓν πνεῦμα, καθὼς καὶ ἐκλήθητε ἐν μιᾷ ἐλπίδι τῆς κλήσεως ὑμῶν
	4	ἓν σῶμα καὶ ἓν πνεῦμα, καθὼς καὶ ἐκλήθητε ἐν *μιᾷ* ἐλπίδι τῆς κλήσεως ὑμῶν·
	5	*εἷς* κύριος, μία πίστις, ἓν βάπτισμα·
	5	*εἷς* κύριος, *μία* πίστις, ἓν βάπτισμα·
	5	*εἷς* κύριος, *μία* πίστις, *ἓν* βάπτισμα·
	6	*εἷς* θεὸς καὶ πατὴρ πάντων·
	7	*ἑνὶ* δὲ ἑκάστῳ ἡμῶν ἐδόθη ἡ χάρις κατὰ τὸ μέτρον τῆς δωρεᾶς τοῦ χριστοῦ.
	16	κατ' ἐνέργειαν ἐν μέτρῳ *ἑνὸς* ἑκάστου μέρους τὴν αὔξησιν τοῦ σώματος ποιεῖται εἰς οἰκοδομὴν ἑαυτοῦ ἐν ἀγάπῃ.
	5 31	καὶ ἔσονται οἱ δύο εἰς σάρκα *μίαν*.
	33	πλὴν καὶ ὑμεῖς οἱ καθ' *ἕνα* ἕκαστος τὴν ἑαυτοῦ γυναῖκα οὕτως ἀγαπάτω ὡς ἑαυτόν.
Php	1 27	ἵνα εἴτε ἐλθὼν καὶ ἰδὼν ὑμᾶς εἴτε ἀπὼν ἀκούω τὰ περὶ ὑμῶν, ὅτι στήκετε ἐν *ἑνὶ* πνεύματι,
	27	ὅτι στήκετε ἐν *ἑνὶ* πνεύματι, *μιᾷ* ψυχῇ συναθλοῦντες τῇ πίστει τοῦ εὐαγγελίου,
	2 2	τὴν αὐτὴν ἀγάπην ἔχοντες, σύμψυχοι, τὸ *ἓν* φρονοῦντες,
	3 13	*ἓν* δέ, τὰ μὲν ὀπίσω ἐπιλανθανόμενος τοῖς δὲ ἔμπροσθεν ἐπεκτεινόμενος·
Col	3 15	καὶ ἡ εἰρήνη τοῦ χριστοῦ βραβευέτω ἐν ταῖς καρδίαις ὑμῶν, εἰς ἣν καὶ ἐκλήθητε ἐν *ἑνὶ* σώματι·
	4 6	ὁ λόγος ὑμῶν πάντοτε ἐν χάριτι, ἅλατι ἠρτυμένος, εἰδέναι πῶς δεῖ ὑμᾶς *ἑνὶ* ἑκάστῳ ἀποκρίνεσθαι.
1Th	2 11	καθάπερ οἴδατε ὡς *ἕνα* ἕκαστον ὑμῶν ὡς πατὴρ τέκνα ἑαυτοῦ παρακαλοῦντες ὑμᾶς
	5 11	διὸ παρακαλεῖτε ἀλλήλους καὶ οἰκοδομεῖτε *εἷς* τὸν ἕνα,
	11	διὸ παρακαλεῖτε ἀλλήλους καὶ οἰκοδομεῖτε εἷς τὸν *ἕνα*,
2Th	1 3	ὅτι ὑπεραυξάνει ἡ πίστις ὑμῶν καὶ πλεονάζει ἡ ἀγάπη *ἑνὸς* ἑκάστου πάντων ὑμῶν εἰς ἀλλήλους,
1Tm	2 5	*εἷς* γὰρ θεός, εἷς καὶ μεσίτης θεοῦ καὶ ἀνθρώπων, ἄνθρωπος χριστὸς ἰησοῦς,
	5	εἷς γὰρ θεός, *εἷς* καὶ μεσίτης θεοῦ καὶ ἀνθρώπων, ἄνθρωπος χριστὸς ἰησοῦς,
	3 2	δεῖ οὖν τὸν ἐπίσκοπον ἀνεπίλημπτον εἶναι, *μιᾶς* γυναικὸς ἄνδρα, νηφάλιον, σώφρονα, κόσμιον, φιλόξενον, διδακτικόν,
	12	διάκονοι ἔστωσαν *μιᾶς* γυναικὸς ἄνδρες,
	5 9	χήρα καταλεγέσθω μὴ ἔλαττον ἐτῶν ἑξήκοντα γεγονυῖα, *ἑνὸς* ἀνδρὸς γυνή,
Tit	1 6	εἴ τις ἐστιν ἀνέγκλητος, *μιᾶς* γυναικὸς ἀνήρ, τέκνα ἔχων πιστά, μὴ ἐν κατηγορίᾳ ἀσωτίας ἢ ἀνυπότακτα.
	3 10	αἱρετικὸν ἄνθρωπον μετὰ *μίαν* καὶ δευτέραν νουθεσίαν παραιτοῦ,
Heb	2 11	ὅ τε γὰρ ἁγιάζων καὶ οἱ ἁγιαζόμενοι ἐξ *ἑνὸς* πάντες·
	10 12	οὗτος δὲ *μίαν* ὑπὲρ ἁμαρτιῶν προσενέγκας θυσίαν εἰς τὸ διηνεκὲς ἐκάθισεν ἐν δεξιᾷ τοῦ θεοῦ,
	14	*μιᾷ* γὰρ προσφορᾷ τετελείωκεν εἰς τὸ διηνεκὲς τοὺς ἁγιαζομένους.
	11 12	διὸ καὶ ἀφ' *ἑνὸς* ἐγεννήθησαν, καὶ ταῦτα νενεκρωμένου,
	12 16	μή τις πόρνος ἢ βέβηλος ὡς ἠσαῦ, ὃς ἀντὶ βρώσεως *μιᾶς* ἀπέδετο τὰ πρωτοτόκια ἑαυτοῦ.
Ja	2 10	ὅστις γὰρ ὅλον τὸν νόμον τηρήσῃ, πταίσῃ δὲ ἐν *ἑνί*, γέγονεν πάντων ἔνοχος.
	19	σὺ πιστεύεις ὅτι *εἷς* ἐστιν ὁ θεός;
	4 12	*εἷς* ἐστιν [ὁ] νομοθέτης καὶ κριτής,
2Pt	3 8	*ἓν* δὲ τοῦτο μὴ λανθανέτω ὑμᾶς, ἀγαπητοί,
	8	*ἓν* δὲ τοῦτο μὴ λανθανέτω ὑμᾶς, ἀγαπητοί, ὅτι μία ἡμέρα παρὰ κυρίῳ ὡς χίλια ἔτη καὶ χίλια ἔτη ὡς ἡμέρα μία.
	8	ἓν δὲ τοῦτο μὴ λανθανέτω ὑμᾶς, ἀγαπητοί, ὅτι *μία* ἡμέρα παρὰ κυρίῳ ὡς χίλια ἔτη καὶ χίλια ἔτη ὡς ἡμέρα *μία*.
1Jh	5 8	τὸ πνεῦμα καὶ τὸ ὕδωρ καὶ τὸ αἷμα, καὶ οἱ τρεῖς εἰς τὸ *ἕν* εἰσιν.
Apc	4 8	καὶ τὰ τέσσαρα ζῷα, *ἓν* καθ' αὐτῶν ἔχων ἀνὰ πτέρυγας ἕξ, κυκλόθεν καὶ ἔσωθεν γέμουσιν ὀφθαλμῶν·
	8	καὶ τὰ τέσσαρα ζῷα, *ἓν* καθ' *ἓν* αὐτῶν ἔχων ἀνὰ πτέρυγας ἕξ, κυκλόθεν καὶ ἔσωθεν γέμουσιν ὀφθαλμῶν·
	5 5	καὶ *εἷς* ἐκ τῶν πρεσβυτέρων λέγει μοι·
	6 1	καὶ εἶδον ὅτε ἤνοιξεν τὸ ἀρνίον *μίαν* ἐκ τῶν ἑπτὰ σφραγίδων,
	1	καὶ ἤκουσα *ἑνὸς* ἐκ τῶν τεσσάρων ζῴων λέγοντος ὡς φωνὴ βροντῆς·
	7 13	καὶ ἀπεκρίθη *εἷς* ἐκ τῶν πρεσβυτέρων λέγων μοι·
	8 13	καὶ ἤκουσα *ἑνὸς* ἀετοῦ πετομένου ἐν μεσουρανήματι λέγοντος φωνῇ μεγάλῃ·
	9 12	ἡ οὐαὶ ἡ *μία* ἀπῆλθεν· ἰδοὺ ἔρχεται ἔτι δύο οὐαὶ μετὰ ταῦτα.
	13	καὶ ἤκουσα φωνὴν *μίαν* ἐκ τῶν [τεσσάρων] κεράτων τοῦ θυσιαστηρίου τοῦ χρυσοῦ τοῦ ἐνώπιον τοῦ θεοῦ,
	13 3	καὶ *μίαν* ἐκ τῶν κεφαλῶν αὐτοῦ ὡς ἐσφαγμένην εἰς θάνατον,

εἰς [346]

Apc	15 7	καὶ *ἓν* ἐκ τῶν τεσσάρων ζῴων ἔδωκεν τοῖς ἑπτὰ ἀγγέλοις ἑπτὰ φιάλας χρυσᾶς γεμούσας τοῦ θυμοῦ τοῦ θεοῦ τοῦ ζῶντος εἰς τοὺς αἰῶνας τῶν αἰώνων.
	17 1	καὶ ἦλθεν *εἷς* ἐκ τῶν ἑπτὰ ἀγγέλων τῶν ἐχόντων τὰς ἑπτὰ φιάλας,
	10	οἱ πέντε ἔπεσαν, ὁ *εἷς* ἔστιν,
	12	οἵτινες βασιλείαν οὔπω ἔλαβον, ἀλλὰ ἐξουσίαν ὡς βασιλεῖς *μίαν* ὥραν λαμβάνουσιν μετὰ τοῦ θηρίου.
	13	οὗτοι *μίαν* γνώμην ἔχουσιν, καὶ τὴν δύναμιν καὶ ἐξουσίαν αὐτῶν τῷ θηρίῳ διδόασιν.
	17	ὁ γὰρ θεὸς ἔδωκεν εἰς τὰς καρδίας αὐτῶν ποιῆσαι τὴν γνώμην αὐτοῦ, καὶ ποιῆσαι *μίαν* γνώμην καὶ δοῦναι τὴν βασιλείαν αὐτῶν τῷ θηρίῳ,
	18 8	διὰ τοῦτο ἐν *μιᾷ* ἡμέρᾳ ἥξουσιν αἱ πληγαὶ αὐτῆς,
	10	οὐαὶ οὐαί, ἡ πόλις ἡ μεγάλη, βαβυλὼν ἡ πόλις ἡ ἰσχυρά, ὅτι *μιᾷ* ὥρᾳ ἦλθεν ἡ κρίσις σου.
	17	ὅτι *μιᾷ* ὥρᾳ ἠρημώθη ὁ τοσοῦτος πλοῦτος.
	19	ἐν ᾗ ἐπλούτησαν πάντες οἱ ἔχοντες τὰ πλοῖα ἐν τῇ θαλάσσῃ ἐκ τῆς τιμιότητος αὐτῆς, ὅτι *μιᾷ* ὥρᾳ ἠρημώθη.
	21	καὶ ἦρεν *εἷς* ἄγγελος ἰσχυρὸς λίθον ὡς μύλινον μέγαν,
	19 17	καὶ εἶδον *ἕνα* ἄγγελον ἑστῶτα ἐν τῷ ἡλίῳ,
	21 9	καὶ ἦλθεν *εἷς* ἐκ τῶν ἑπτὰ ἀγγέλων τῶν ἐχόντων τὰς ἑπτὰ φιάλας,
	21	ἀνὰ *εἷς* ἕκαστος τῶν πυλώνων ἦν ἐξ ἑνὸς μαργαρίτου.
	21	ἀνὰ εἷς ἕκαστος τῶν πυλώνων ἦν ἐξ *ἑνὸς* μαργαρίτου.

εἰσάγω [11]

Lc	2 27	καὶ ἐν τῷ *εἰσαγαγεῖν* τοὺς γονεῖς τὸ παιδίον ἰησοῦν τοῦ ποιῆσαι αὐτοὺς κατὰ τὸ εἰθισμένον τοῦ νόμου περὶ αὐτοῦ,
		καὶ αὐτὸς ἐδέξατο αὐτὸ εἰς τὰς ἀγκάλας καὶ εὐλόγησεν τὸν θεὸν καὶ εἶπεν·
	14 21	καὶ τοὺς πτωχοὺς καὶ ἀναπείρους καὶ τυφλοὺς καὶ χωλοὺς *εἰσάγαγε* ὧδε.
	22 54	συλλαβόντες δὲ αὐτὸν ἤγαγον καὶ *εἰσήγαγον* εἰς τὴν οἰκίαν τοῦ ἀρχιερέως·
Jh	18 16	ἐξῆλθεν οὖν ὁ μαθητὴς ὁ ἄλλος ὁ γνωστὸς τοῦ ἀρχιερέως καὶ εἶπεν τῇ θυρωρῷ, καὶ *εἰσήγαγεν* τὸν πέτρον.
Ac	7 45	ἣν καὶ *εἰσήγαγον* διαδεξάμενοι οἱ πατέρες ἡμῶν μετὰ ἰησοῦ ἐν τῇ κατασχέσει τῶν ἐθνῶν,
	9 8	χειραγωγοῦντες δὲ αὐτὸν *εἰσήγαγον* εἰς δαμασκόν.
	21 28	ἔτι τε καὶ ἕλληνας *εἰσήγαγεν* εἰς τὸ ἱερὸν καὶ κεκοίνωκεν τὸν ἅγιον τόπον τοῦτον.
	29	ἦσαν γὰρ προεωρακότες τρόφιμον τὸν ἐφέσιον ἐν τῇ πόλει σὺν αὐτῷ, ὃν ἐνόμιζον ὅτι εἰς τὸ ἱερὸν *εἰσήγαγεν* ὁ παῦλος.
	37	μέλλων τε *εἰσάγεσθαι* εἰς τὴν παρεμβολὴν ὁ παῦλος λέγει τῷ χιλιάρχῳ·
	22 24	κραυγαζόντων τε αὐτῶν καὶ ῥιπτούντων τὰ ἱμάτια καὶ κονιορτὸν βαλλόντων εἰς τὸν ἀέρα, ἐκέλευσεν ὁ χιλίαρχος *εἰσάγεσθαι* αὐτὸν εἰς τὴν παρεμβολήν,
Heb	1 6	ὅταν δὲ πάλιν *εἰσαγάγῃ* τὸν πρωτότοκον εἰς τὴν οἰκουμένην, λέγει·

εἰσακούω [5]

Mt	6 7	δοκοῦσιν γὰρ ὅτι ἐν τῇ πολυλογίᾳ αὐτῶν *εἰσακουσθήσονται*.
Lc	1 13	μὴ φοβοῦ, ζαχαρία, διότι *εἰσηκούσθη* ἡ δέησίς σου,
Ac	10 31	κορνήλιε, *εἰσηκούσθη* σου ἡ προσευχὴ καὶ αἱ ἐλεημοσύναι σου ἐμνήσθησαν ἐνώπιον τοῦ θεοῦ.
1Co	14 21	ἐν τῷ νόμῳ γέγραπται ὅτι ἐν ἑτερογλώσσοις καὶ ἐν χείλεσιν ἑτέρων λαλήσω τῷ λαῷ τούτῳ, καὶ οὐδ' οὕτως *εἰσακούσονταί* μου, λέγει κύριος.
Heb	5 7	προσενέγκας καὶ *εἰσακουσθεὶς* ἀπὸ τῆς εὐλαβείας,

εἰσδέχομαι [1]

2Co	6 17	καὶ ἀκαθάρτου μὴ ἅπτεσθε· κἀγὼ *εἰσδέξομαι* ὑμᾶς,

εἴσειμι [4]

Ac	3 3	ὃς ἰδὼν πέτρον καὶ ἰωάννην μέλλοντας *εἰσιέναι* εἰς τὸ ἱερὸν ἠρώτα ἐλεημοσύνην λαβεῖν.
	21 18	τῇ δὲ ἐπιούσῃ *εἰσῄει* ὁ παῦλος σὺν ἡμῖν πρὸς ἰάκωβον,
	26	τότε ὁ παῦλος παραλαβὼν τοὺς ἄνδρας τῇ ἐχομένῃ ἡμέρᾳ σὺν αὐτοῖς ἁγνισθεὶς *εἰσῄει* εἰς τὸ ἱερόν,
Heb	9 6	τούτων δὲ οὕτως κατεσκευασμένων εἰς μὲν τὴν πρώτην σκηνὴν διὰ παντὸς *εἴσιασιν* οἱ ἱερεῖς τὰς λατρείας ἐπιτελοῦντες,

εἰσέρχομαι [194]

Mt 2 21 ὁ δε ἐγερθεις παρελαβεν το παιδιον και την μητερα αὐτου και *εἰσηλθεν* εἰς γην ἰσραηλ.

5 20 λεγω γαρ ὑμιν ὁτι ἐαν μη περισσευση ὑμων ἡ δικαιοσυνη πλειον των γραμματεων και φαρισαιων, οὐ μη *εἰσελθητε* εἰς την βασιλειαν των οὐρανων.

6 6 *εἰσελθε* εἰς το ταμειον σου και κλεισας την θυραν σου προσευξαι τω πατρι σου τω ἐν τω κρυπτω·

7 13 *εἰσελθατε* δια της στενης πυλης·

13 και πολλοι εἰσιν οἱ *εἰσερχομενοι* δι αὐτης·

21 οὐ πας ὁ λεγων μοι κυριε κυριε, *εἰσελευσεται* εἰς την βασιλειαν των οὐρανων,

8 5 *εἰσελθοντος* δε αὐτου εἰς καφαρναουμ προσηλθεν αὐτω ἑκατονταρχος παρακαλων αὐτον και λεγων·

8 οὐκ εἰμι ἱκανος ἱνα μου ὑπο την στεγην *εἰσελθης*·

9 25 ὁτε δε ἐξεβληθη ὁ ὀχλος, *εἰσελθων* ἐκρατησεν της χειρος αὐτης,

10 5 και εἰς πολιν σαμαριτων μη *εἰσελθητε·*

11 εἰς ἡν δ ἀν πολιν ἡ κωμην *εἰσελθητε,* ἐξετασατε τίς ἐν αὐτη ἀξιος ἐστιν·

12 *εἰσερχομενοι* δε εἰς την οἰκιαν ἀσπασασθε αὐτην·

12 4 πως *εἰσηλθεν* εἰς τον οἰκον του θεου και τους ἀρτους της προθεσεως ἐφαγον,

29 ἡ πως δυναται τις *εἰσελθειν* εἰς την οἰκιαν του ἰσχυρου και τα σκευη αὐτου ἁρπασαι,

45 και *εἰσελθοντα* κατοικει ἐκει·

15 11 οὐ το *εἰσερχομενον* εἰς το στομα κοινοι τον ἀνθρωπον,

18 3 ἀμην λεγω ὑμιν, ἐαν μη στραφητε και γενησθε ὡς τα παιδια, οὐ μη *εἰσελθητε* εἰς την βασιλειαν των οὐρανων.

8 καλον σοι ἐστιν *εἰσελθειν* εἰς την ζωην κυλλον ἡ χωλον, ἡ δυο χειρας ἡ δυο ποδας ἐχοντα βληθηναι εἰς το πυρ το αἰωνιον.

9 καλον σοι ἐστιν μονοφθαλμον εἰς την ζωην *εἰσελθειν,* ἡ δυο ὀφθαλμους ἐχοντα βληθηναι εἰς την γεενναν του πυρος.

19 17 εἰ δε θελεις εἰς την ζωην *εἰσελθειν,* τηρησον τας ἐντολας.

23 ἀμην λεγω ὑμιν ὁτι πλουσιος δυσκολως *εἰσελευσεται* εἰς την βασιλειαν των οὐρανων.

24 εὐκοπωτερον ἐστιν καμηλον δια τρυπηματος ῥαφιδος διελθειν ἡ πλουσιον *εἰσελθειν* εἰς την βασιλειαν του θεου.

21 10 και *εἰσελθοντος* αὐτου εἰς ἱεροσολυμα ἐσεισθη πασα ἡ πολις λεγουσα·

12 και *εἰσηλθεν* ἰησους εἰς το ἱερον και ἐξεβαλεν παντας τους πωλουντας και ἀγοραζοντας ἐν τω ἱερω,

22 11 *εἰσελθων* δε ὁ βασιλευς θεασασθαι τους ἀνακειμενους εἰδεν ἐκει ἀνθρωπον οὐκ ἐνδεδυμενον ἐνδυμα γαμου·

12 ἑταιρε, πως *εἰσηλθες* ὡδε μη ἐχων ἐνδυμα γαμου;

23 13 ὑμεις γαρ οὐκ *εἰσερχεσθε,* οὐδε τους *εἰσερχομενους* ἀφιετε *εἰσελθειν.*

13 ὑμεις γαρ οὐκ *εἰσερχεσθε,* οὐδε τους *εἰσερχομενους* ἀφιετε *εἰσελθειν.*

13 ὑμεις γαρ οὐκ *εἰσερχεσθε,* οὐδε τους *εἰσερχομενους* ἀφιετε *εἰσελθειν.*

24 38 γαμουντες και γαμιζοντες, ἀχρι ἡς ἡμερας *εἰσηλθεν* νωε εἰς την κιβωτον,

25 10 και αἱ ἑτοιμοι *εἰσηλθον* μετ αὐτου εἰς τους γαμους.

21 *εἰσελθε* εἰς την χαραν του κυριου σου.

23 *εἰσελθε* εἰς την χαραν του κυριου σου.

26 41 γρηγορειτε και προσευχεσθε, ἱνα μη *εἰσελθητε* εἰς πειρασμον·

58 και *εἰσελθων* ἐσω ἐκαθητο μετα των ὑπηρετων ἰδειν το τελος.

27 53 και ἐξελθοντες ἐκ των μνημειων μετα την ἐγερσιν αὐτου *εἰσηλθον* εἰς την ἁγιαν πολιν και ἐνεφανισθησαν πολλοις.

Mc 1 21 και εὐθυς τοις σαββασιν *εἰσελθων* εἰς την συναγωγην ἐδιδασκεν.

45 ὁ δε ἐξελθων ἠρξατο κηρυσσειν πολλα και διαφημιζειν τον λογον, ὡστε μηκετι αὐτον δυνασθαι φανερως εἰς πολιν *εἰσελθειν,*

2 1 και *εἰσελθων* παλιν εἰς καφαρναουμ δι ἡμερων ἠκουσθη ὁτι ἐν οἰκω ἐστιν.

26 πως *εἰσηλθεν* εἰς τον οἰκον του θεου ἐπι ἁβιαθαρ ἀρχιερεως και τους ἀρτους της προθεσεως ἐφαγεν,

3 1 και *εἰσηλθεν* παλιν εἰς συναγωγην.

27 ἀλλ οὐ δυναται οὐδεις εἰς την οἰκιαν του ἰσχυρου *εἰσελθων* τα σκευη αὐτου διαρπασαι,

5 12 πεμψον ἡμας εἰς τους χοιρους, ἱνα εἰς αὐτους *εἰσελθωμεν.*

13 και ἐξελθοντα τα πνευματα τα ἀκαθαρτα *εἰσηλθον* εἰς τους χοιρους,

39 και *εἰσελθων* λεγει αὐτοις· τί θορυβεισθε και κλαιετε;

6 10 ὁπου ἐαν *εἰσελθητε* εἰς οἰκιαν, ἐκει μενετε ἑως ἀν ἐξελθητε ἐκειθεν.

εἰσέρχομαι [194]

Mc 6 22 και *εἰσελθουσης* της θυγατρος αὐτου ἡρωδιαδος και ὀρχησαμενης,

25 και *εἰσελθουσα* εὐθυς μετα σπουδης προς τον βασιλεα ἡτησατο λεγουσα·

7 17 και ὁτε *εἰσηλθεν* εἰς οἰκον ἀπο του ὀχλου, ἐπηρωτων αὐτον οἱ μαθηται αὐτου την παραβολην.

24 και *εἰσελθων* εἰς οἰκιαν οὐδενα ἠθελεν γνωναι,

8 26 και ἀπεστειλεν αὐτον εἰς οἰκον αὐτου λεγων· μηδε εἰς την κωμην *εἰσελθης.*

9 25 το ἀλαλον και κωφον πνευμα, ἐγω ἐπιτασσω σοι, ἐξελθε ἐξ αὐτου και μηκετι *εἰσελθης* εἰς αὐτον.

28 και *εἰσελθοντος* αὐτου εἰς οἰκον οἱ μαθηται αὐτου κατ ἰδιαν ἐπηρωτων αὐτον·

43 καλον ἐστιν σε κυλλον *εἰσελθειν* εἰς την ζωην, ἡ τας δυο χειρας ἐχοντα ἀπελθειν εἰς την γεενναν, εἰς το πυρ το ἀσβεστον.

45 καλον ἐστιν σε *εἰσελθειν* εἰς την ζωην χωλον, ἡ τους δυο ποδας ἐχοντα βληθηναι εἰς την γεενναν.

47 καλον σε ἐστιν μονοφθαλμον *εἰσελθειν* εἰς την βασιλειαν του θεου, ἡ δυο ὀφθαλμους ἐχοντα βληθηναι εἰς την γεενναν,

10 15 ὁς ἀν μη δεξηται την βασιλειαν του θεου ὡς παιδιον, οὐ μη *εἰσελθη* εἰς αὐτην.

23 πως δυσκολως οἱ τα χρηματα ἐχοντες εἰς την βασιλειαν του θεου *εἰσελευσονται.*

24 τεκνα, πως δυσκολον ἐστιν εἰς την βασιλειαν του θεου *εἰσελθειν·*

25 εὐκοπωτερον ἐστιν καμηλον δια [της] τρυμαλιας [της] ῥαφιδος διελθειν ἡ πλουσιον εἰς την βασιλειαν του θεου *εἰσελθειν.*

11 11 και *εἰσηλθεν* εἰς ἱεροσολυμα εἰς το ἱερον·

15 και *εἰσελθων* εἰς το ἱερον ἠρξατο ἐκβαλλειν τους πωλουντας και τους ἀγοραζοντας ἐν τω ἱερω,

13 15 ὁ [δε] ἐπι του δωματος μη καταβατω μηδε *εἰσελθατω* ἀραι τι ἐκ της οἰκιας αὐτου,

14 14 και ὁπου ἐαν *εἰσελθη* εἰπατε τω οἰκοδεσποτη ὁτι ὁ διδασκαλος λεγει·

15 43 τολμησας *εἰσηλθεν* προς τον πιλατον και ἠτησατο το σωμα του ἰησου.

16 5 και *εἰσελθουσαι* εἰς το μνημειον εἰδον νεανισκον καθημενον ἐν τοις δεξιοις περιβεβλημενον στολην λευκην,

Lc 1 9 κατα το ἐθος της ἱερατειας ἐλαχε του θυμιασαι *εἰσελθων* εἰς τον ναον του κυριου,

28 και *εἰσελθων* προς αὐτην εἰπεν·

40 και *εἰσηλθεν* εἰς τον οἰκον ζαχαριου και ἡσπασατο την ἐλισαβετ.

4 16 και *εἰσηλθεν* κατα το εἰωθος αὐτω ἐν τη ἡμερα των σαββατων εἰς την συναγωγην,

38 ἀναστας δε ἀπο της συναγωγης *εἰσηλθεν* εἰς την οἰκιαν σιμωνος.

6 4 [ὡς] *εἰσηλθεν* εἰς τον οἰκον του θεου και τους ἀρτους της προθεσεως λαβων ἐφαγεν και ἐδωκεν τοις μετ αὐτου,

6 ἐγενετο δε ἐν ἑτερω σαββατω *εἰσελθειν* αὐτον εἰς την συναγωγην και διδασκειν·

7 1 ἐπειδη ἐπληρωσεν παντα τα ῥηματα αὐτου εἰς τας ἀκοας του λαου, *εἰσηλθεν* εἰς καφαρναουμ.

6 κυριε, μη σκυλλου· οὐ γαρ ἱκανος εἰμι ἱνα ὑπο την στεγην μου *εἰσελθης·*

36 και *εἰσελθων* εἰς τον οἰκον του φαρισαιου κατεκλιθη.

44 *εἰσηλθον* σου εἰς την οἰκιαν, ὑδωρ μοι ἐπι ποδας οὐκ ἐδωκας·

45 αὑτη δε ἀφ ἡς *εἰσηλθον* οὐ διελιπεν καταφιλουσα μου τους ποδας.

8 30 λεγιων, ὁτι *εἰσηλθεν* δαιμονια πολλα εἰς αὐτον.

32 και παρεκαλεσαν αὐτον ἱνα ἐπιτρεψη αὐτοις εἰς ἐκεινους *εἰσελθειν·*

33 ἐξελθοντα δε τα δαιμονια ἀπο του ἀνθρωπου *εἰσηλθον* εἰς τους χοιρους,

41 και πεσων παρα τους ποδας [του] ἰησου παρεκαλει αὐτον *εἰσελθειν* εἰς τον οἰκον αὐτου, ὁτι θυγατηρ μονογενης ἠν αὐτω ὡς ἐτων δωδεκα και αὑτη ἀπεθνησκεν.

51 ἐλθων δε εἰς την οἰκιαν οὐκ ἀφηκεν *εἰσελθειν* τινα συν αὐτω εἰ μη πετρον και ἰωαννην και ἰακωβον και τον πατερα της παιδος και την μητερα.

9 4 και εἰς ἡν ἀν οἰκιαν *εἰσελθητε,* ἐκει μενετε και ἐκειθεν ἐξερχεσθε.

34 ἐφοβηθησαν δε ἐν τω *εἰσελθειν* αὐτους εἰς την νεφελην.

46 *εἰσηλθεν* δε διαλογισμος ἐν αὐτοις, το τίς ἀν εἰη μειζων αὐτων.

52 και πορευθεντες *εἰσηλθον* εἰς κωμην σαμαριτων, ὡς ἑτοιμασαι αὐτω·

εἰσερχομαι [194]

Lc 10 5   εἰς ἣν δ ἂν *εἰσέλθητε* οἰκιαν, πρωτον λεγετε·
   8   καὶ εἰς ἣν ἂν πολιν *εἰσερχησθε* καὶ δεχωνται ὑμας, ἐσθιετε τα παρατιθεμενα ὑμιν,
   10   εἰς ἣν δ ἂν πολιν *εἰσέλθητε* καὶ μη δεχωνται ὑμας, ἐξελθοντες εἰς τας πλατειας αὐτης εἰπατε·
   38   ἐν δε τω πορευεσθαι αὐτους αὐτος *εἰσῆλθεν* εἰς κωμην τινα·
  11 26   τοτε πορευεται καὶ παραλαμβανει ἑτερα πνευματα πονηροτερα ἑαυτου ἑπτα, καὶ *εἰσελθοντα* κατοικει ἐκει·
   37   *εἰσελθων* δε ἀνεπεσεν.
   52   αὐτοι οὐκ *εἰσηλθατε* καὶ τους εἰσερχομενους ἐκωλυσατε.
   52   αὐτοι οὐκ εἰσηλθατε καὶ τους *εἰσερχομενους* ἐκωλυσατε.
  13 24   ἀγωνιζεσθε *εἰσελθειν* δια της στενης θυρας, ὅτι πολλοι, λεγω ὑμιν, ζητησουσιν εἰσελθειν καὶ οὐκ ἰσχυσουσιν. ἀφ οὗ ἂν ἐγερθη ὁ οἰκοδεσποτης καὶ ἀποκλειση την θυραν,
   24   ἀγωνιζεσθε εἰσελθειν δια της στενης θυρας, ὅτι πολλοι, λεγω ὑμιν, ζητησουσιν *εἰσελθειν* καὶ οὐκ ἰσχυσουσιν. ἀφ οὗ ἂν ἐγερθη ὁ οἰκοδεσποτης καὶ ἀποκλειση την θυραν,
  14 23   ἐξελθε εἰς τας ὁδους καὶ φραγμους καὶ ἀναγκασον *εἰσελθειν*, ἱνα γεμισθη μου ὁ οἰκος·
  15 28   ὠργισθη δε καὶ οὐκ ἠθελεν *εἰσελθειν*·
  17 7   τίς δε ἐξ ὑμων δουλον ἐχων ἀροτριωντα ἢ ποιμαινοντα, ὃς *εἰσελθοντι* ἐκ του ἀγρου ἐρει αὐτω· εὐθεως παρελθων ἀναπεσε,
   12   καὶ *εἰσερχομενου* αὐτου εἰς τινα κωμην ἀπηντησαν [αὐτω] δεκα λεπροι ἀνδρες,
   27   ἠσθιον, ἐπινον, ἐγαμουν, ἐγαμιζοντο, ἀχρι ἧς ἡμερας *εἰσηλθεν* νωε εἰς την κιβωτον,
  18 17   ὃς ἂν μη δεξηται την βασιλειαν του θεου ὡς παιδιον, οὐ μη *εἰσελθη* εἰς αὐτην.
   25   εὐκοπωτερον γαρ ἐστιν καμηλον δια τρηματος βελονης *εἰσελθειν* ἢ πλουσιον εἰς την βασιλειαν του θεου εἰσελθειν.
   25   εὐκοπωτερον γαρ ἐστιν καμηλον δια τρηματος βελονης εἰσελθειν ἢ πλουσιον εἰς την βασιλειαν του θεου *εἰσελθειν*.
  19 1   καὶ *εἰσελθων* διηρχετο την ἱεριχω.
   7   καὶ ἰδοντες παντες διεγογγυζον λεγοντες ὅτι παρα ἁμαρτωλω ἀνδρι *εἰσηλθεν* καταλυσαι.
   45   καὶ *εἰσελθων* εἰς το ἱερον ἠρξατο ἐκβαλλειν τους πωλουντας, λεγων αὐτοις·
  21 21   καὶ οἱ ἐν ταις χωραις μη *εἰσερχεσθωσαν* εἰς αὐτην,
  22 3   *εἰσηλθεν* δε σατανας εἰς ἰουδαν τον καλουμενον ἰσκαριωτην,
   10   ἰδου *εἰσελθοντων* ὑμων εἰς την πολιν συναντησει ὑμιν ἀνθρωπος κεραμιον ὑδατος βασταζων·
   40   προσευχεσθε μη *εἰσελθειν* εἰς πειρασμον.
   46   τί καθευδετε; ἀνασταντες προσευχεσθε, ἱνα μη *εἰσελθητε* εἰς πειρασμον.
  24 3   *εἰσελθουσαι* δε οὐχ εὑρον το σωμα του κυριου ἰησου.
   26   οὐχι ταυτα ἐδει παθειν τον χριστον καὶ *εἰσελθειν* εἰς την δοξαν αὐτου;
   29   καὶ *εἰσηλθεν* του μειναι συν αὐτοις.

Jh 3 4   μη δυναται εἰς την κοιλιαν της μητρος αὐτου δευτερον *εἰσελθειν* καὶ γεννηθηναι;
   5   ἐαν μη τις γεννηθη ἐξ ὑδατος καὶ πνευματος, οὐ δυναται *εἰσελθειν* εἰς την βασιλειαν του θεου.
  4 38   ἀλλοι κεκοπιακασιν, καὶ ὑμεις εἰς τον κοπον αὐτων *εἰσεληλυθατε*.
  10 1   ὁ μη *εἰσερχομενος* δια της θυρας εἰς την αὐλην των προβατων ἀλλα ἀναβαινων ἀλλαχοθεν, ἐκεινος κλεπτης ἐστιν καὶ ληστης·
   2   ὁ δε *εἰσερχομενος* δια της θυρας ποιμην ἐστιν των προβατων.
   9   δι ἐμου ἐαν τις *εἰσελθη*, σωθησεται, καὶ εἰσελευσεται καὶ ἐξελευσεται καὶ νομην εὑρησει.
   9   δι ἐμου ἐαν τις εἰσελθη, σωθησεται, καὶ *εἰσελευσεται* καὶ ἐξελευσεται καὶ νομην εὑρησει.
  13 27   καὶ μετα το ψωμιον τοτε *εἰσηλθεν* εἰς ἐκεινον ὁ σατανας.
  18 1   ὁπου ἠν κηπος, εἰς ὃν *εἰσηλθεν* αὐτος καὶ οἱ μαθηται αὐτου.
   28   καὶ αὐτοι οὐκ *εἰσηλθον* εἰς το πραιτωριον, ἱνα μη μιανθωσιν ἀλλα φαγωσιν το πασχα.
   33   *εἰσηλθεν* οὖν παλιν εἰς το πραιτωριον ὁ πιλατος καὶ ἐφωνησεν τον ἰησουν καὶ εἰπεν αὐτω·
  19 9   καὶ *εἰσηλθεν* εἰς το πραιτωριον παλιν καὶ λεγει τω ἰησου·
  20 5   καὶ παρακυψας βλεπει κειμενα τα ὀθονια, οὐ μεντοι *εἰσηλθεν*.
   6   ἐρχεται οὖν καὶ σιμων πετρος ἀκολουθων αὐτω, καὶ *εἰσηλθεν* εἰς το μνημειον·
   8   τοτε *εἰσηλθεν* καὶ ὁ ἀλλος μαθητης ὁ ἐλθων πρωτος εἰς το μνημειον,

Ac 1 13   καὶ ὁτε *εἰσηλθον*, εἰς το ὑπερωον ἀνεβησαν οὗ ἠσαν καταμενοντες, ὁ τε πετρος καὶ ἰωαννης καὶ ἰακωβος καὶ ἀνδρεας,

---

εἰσερχομαι [194]

Ac 1 21   δει οὖν των συνελθοντων ἡμιν ἀνδρων ἐν παντι χρονω ᾧ *εἰσηλθεν* καὶ ἐξηλθεν ἐφ ἡμας ὁ κυριος ἰησους,
  3 8   καὶ ἐξαλλομενος ἐστη, καὶ περιεπατει, καὶ *εἰσηλθεν* συν αὐτοις εἰς το ἱερον περιπατων καὶ ἀλλομενος καὶ αἰνων τον θεον.
  5 7   ἐγενετο δε ὡς ὡρων τριων διαστημα καὶ ἡ γυνη αὐτου μη εἰδυια το γεγονος *εἰσηλθεν*.
   10   *εἰσελθοντες* δε οἱ νεανισκοι εὑρον αὐτην νεκραν, καὶ ἐξενεγκαντες ἐθαψαν προς τον ἀνδρα αὐτης.
   21   ἀκουσαντες δε *εἰσηλθον* ὑπο τον ὀρθρον εἰς το ἱερον καὶ ἐδιδασκον.
  9 6   ἀλλα ἀναστηθι καὶ *εἰσελθε* εἰς την πολιν, καὶ λαληθησεται σοι ὁτι σε δει ποιειν.
   12   ἰδου γαρ προσευχεται, καὶ εἰδεν ἀνδρα [ἐν ὁραματι] ἀνανιαν ὀνοματι *εἰσελθοντα* καὶ ἐπιθεντα αὐτω [τας] χειρας, ὁπως ἀναβλεψη.
   17   ἀπηλθεν δε ἀνανιας καὶ *εἰσηλθεν* εἰς την οἰκιαν,
  10 3   εἰδεν ἐν ὁραματι φανερως, ὡσει περι ὡραν ἐνατην της ἡμερας, ἀγγελον του θεου *εἰσελθοντα* προς αὐτον καὶ εἰποντα αὐτω· κορνηλιε.
   24   τη δε ἐπαυριον *εἰσηλθεν* εἰς την καισαρειαν·
   25   ὡς δε ἐγενετο του *εἰσελθειν* τον πετρον, συναντησας αὐτω ὁ κορνηλιος πεσων ἐπι τους ποδας προσεκυνησεν.
   27   καὶ συνομιλων αὐτω *εἰσηλθεν*, καὶ εὑρισκει συνεληλυθοτας πολλους,
  11 3   ὁτε δε ἀνεβη πετρος εἰς ἱερουσαλημ, διεκρινοντο προς αὐτον οἱ ἐκ περιτομης λεγοντες ὁτι *εἰσηλθες* προς ἀνδρας ἀκροβυστιαν ἐχοντας καὶ συνεφαγες αὐτοις.
   8   μηδαμως, κυριε, ὁτι κοινον ἢ ἀκαθαρτον οὐδεποτε *εἰσηλθεν* εἰς το στομα μου.
   12   καὶ *εἰσηλθομεν* εἰς τον οἰκον του ἀνδρος.
  13 14   καὶ *[εἰσ]ελθοντες* εἰς την συναγωγην τη ἡμερα των σαββατων ἐκαθισαν.
  14 1   ἐγενετο δε ἐν ἰκονιω κατα το αὐτο *εἰσελθειν* αὐτους εἰς την συναγωγην των ιουδαιων καὶ λαλησαι οὑτως ὡστε πιστευσαι ιουδαιων τε καὶ ἑλληνων πολυ πληθος.
   20   κυκλωσαντων δε των μαθητων αὐτον ἀναστας *εἰσηλθεν* εἰς την πολιν.
   22   παρακαλουντες ἐμμενειν τη πιστει, καὶ ὁτι δια πολλων θλιψεων δει ἡμας *εἰσελθειν* εἰς την βασιλειαν του θεου.
  16 15   εἰ κεκρικατε με πιστην τω κυριω εἰναι, *εἰσελθοντες* εἰς τον οἰκον μου μενετε·
   40   ἐξελθοντες δε ἀπο της φυλακης *εἰσηλθον* προς την λυδιαν,
  17 2   κατα δε το εἰωθος τω παυλω *εἰσηλθεν* προς αὐτους,
  18 7   καὶ μεταβας ἐκειθεν *εἰσηλθεν* εἰς οἰκιαν τινος ὀνοματι τιτιου ἰουστου σεβομενου τον θεον,
   19   αὐτος δε *εἰσελθων* εἰς την συναγωγην διελεξατο τοις ιουδαιοις.
  19 8   *εἰσελθων* δε εἰς την συναγωγην ἐπαρρησιαζετο ἐπι μηνας τρεις διαλεγομενος καὶ πειθων [τα] περι της βασιλειας του θεου.
   30   παυλου δε βουλομενου *εἰσελθειν* εἰς τον δημον οὐκ εἰων αὐτον οἱ μαθηται·
  20 29   ἐγω οιδα ὁτι *εἰσελευσονται* μετα την ἀφιξιν μου λυκοι βαρεις εἰς ὑμας μη φειδομενοι του ποιμνιου,
  21 8   καὶ *εἰσελθοντες* εἰς τον οἰκον φιλιππου του εὐαγγελιστου ὀντος ἐκ των ἑπτα, ἐμειναμεν παρ αὐτω.
  23 16   ἀκουσας δε ὁ υἱος της ἀδελφης παυλου την ἐνεδραν, παραγενομενος καὶ *εἰσελθων* εἰς την παρεμβολην ἀπηγγειλεν τω παυλω.
   33   οἱτινες *εἰσελθοντες* εἰς την καισαρειαν καὶ ἀναδοντες την ἐπιστολην τω ἡγεμονι,
  25 23   καὶ *εἰσελθοντων* εἰς το ἀκροατηριον συν τε χιλιαρχοις καὶ ἀνδρασιν τοις κατ ἐξοχην της πολεως,
  28 8   προς ὃν ὁ παυλος *εἰσελθων* καὶ προσευξαμενος, ἐπιθεις τας χειρας αὐτω ιασατο αὐτον.
   16   ὁτε δε *εἰσηλθομεν* εἰς ρωμην, ἐπετραπη τω παυλω μενειν καθ ἑαυτον συν τω φυλασσοντι αὐτον στρατιωτη.

Rm 5 12   δια τουτο ὡσπερ δι ἑνος ἀνθρωπου ἡ ἁμαρτια εἰς τον κοσμον *εἰσηλθεν*, καὶ δια της ἁμαρτιας ὁ θανατος, καὶ οὑτως εἰς παντας ἀνθρωπους ὁ θανατος διηλθεν,
  11 25   ἱνα μη ἠτε [παρ] ἑαυτοις φρονιμοι, ὁτι πωρωσις ἀπο μερους τω ἰσραηλ γεγονεν ἀχρι οὗ το πληρωμα των ἐθνων *εἰσελθη*.

1Co 14 23   ἐαν οὖν συνελθη ἡ ἐκκλησια ὁλη ἐπι το αὐτο καὶ παντες λαλωσιν γλωσσαις, *εἰσελθωσιν* δε ιδιωται ἢ ἀπιστοι, οὐκ ἐρουσιν ὁτι μαινεσθε;
   24   ἐαν δε παντες προφητευσιν, *εἰσελθη* δε τις ἀπιστος ἢ ιδιωτης, ἐλεγχεται ὑπο παντων, ἀνακρινεται ὑπο παντων,

εἰσερχομαι [194]

Heb 3 11 ὡς ὡμοσα ἐν τη ὀργη μου εἰ *εἰσελευσονται* εἰς την
καταπαυσιν μου.

18 τίσιν δε ὡμοσεν μη *εἰσελευσεσθαι* εἰς την καταπαυσιν αὐτου
εἰ μη τοις ἀπειθησασιν;

19 και βλεπομεν ὁτι οὐκ ἠδυνηθησαν *εἰσελθειν* δι ἀπιστιαν.

4 1 φοβηθωμεν οὐν μηποτε καταλειπομενης ἐπαγγελιας *εἰσελθειν*
εἰς την καταπαυσιν αὐτου δοκη τις ἐξ ὑμων ὑστερηκεναι.

3 *εἰσερχομεθα* γαρ εἰς [την] καταπαυσιν οἱ πιστευσαντες,

3 εἰ *εἰσελευσονται* εἰς την καταπαυσιν μου,

5 εἰ *εἰσελευσονται* εἰς την καταπαυσιν μου.

6 ἐπει οὐν ἀπολειπεται τινας *εἰσελθειν* εἰς αὐτην, και οἱ
προτερον εὐαγγελισθεντες οὐκ εἰσηλθον δι ἀπειθειαν, παλιν
τινα ὁριζει ἡμεραν,

6 ἐπει οὐν ἀπολειπεται τινας εἰσελθειν εἰς αὐτην, και οἱ
προτερον εὐαγγελισθεντες οὐκ *εἰσηλθον* δι ἀπειθειαν, παλιν
τινα ὁριζει ἡμεραν,

10 ὁ γαρ *εἰσελθων* εἰς την καταπαυσιν αὐτου και αὐτος
κατεπαυσεν ἀπο των ἐργων αὐτου,

11 σπουδασωμεν οὐν *εἰσελθειν* εἰς ἐκεινην την καταπαυσιν,

6 19 ἡν ὡς ἀγκυραν ἐχομεν της ψυχης ἀσφαλη τε και βεβαιαν και
εἰσερχομενην εἰς το ἐσωτερον του καταπετασματος,

20 και εἰσερχομενην εἰς το ἐσωτερον του καταπετασματος, ὁπου
προδρομος ὑπερ ἡμων *εἰσηλθεν* ἰησους,

9 12 οὐδε δι αἱματος τραγων και μοσχων, δια δε του ἰδιου αἱματος
εἰσηλθεν ἐφαπαξ εἰς τα ἁγια,

24 οὐ γαρ εἰς χειροποιητα *εἰσηλθεν* ἁγια χριστος, ἀντιτυπα των
ἀληθινων, ἀλλ εἰς αὐτον τον οὐρανον,

25 οὐδ ἱνα πολλακις προσφερη ἑαυτον, ὡσπερ ὁ ἀρχιερευς
εἰσερχεται εἰς τα ἁγια κατ ἐνιαυτον ἐν αἱματι ἀλλοτριω,

10 5 διο *εἰσερχομενος* εἰς τον κοσμον λεγει·

Ja 2 2 ἐαν γαρ *εἰσελθη* εἰς συναγωγην ὑμων ἀνηρ χρυσοδακτυλιος
ἐν ἐσθητι λαμπρα,

2 *εἰσελθη* δε και πτωχος ἐν ῥυπαρα ἐσθητι,

5 4 και αἱ βοαι των θερισαντων εἰς τα ὠτα κυριου σαβαωθ
εἰσεληλυθασιν·

Apc 3 20 ἐαν τις ἀκουση της φωνης μου και ἀνοιξη την θυραν, [και]
εἰσελευσομαι προς αὐτον

11 11 και μετα τας τρεις ἡμερας και ἡμισυ πνευμα ζωης ἐκ του
θεου *εἰσηλθεν* ἐν αὐτοις,

15 8 και οὐδεις ἐδυνατο *εἰσελθειν* εἰς τον ναον ἀχρι τελεσθωσιν αἱ
ἑπτα πληγαι των ἑπτα ἀγγελων.

21 27 και οὐ μη *εἰσελθη* εἰς αὐτην παν κοινον και [ὁ] ποιων
βδελυγμα και ψευδος,

22 14 ἱνα ἐσται ἡ ἐξουσια αὐτων ἐπι το ξυλον της ζωης και τοις
πυλωσιν *εἰσελθωσιν* εἰς την πολιν.

εἰσκαλεομαι [1]

Ac 10 23 *εἰσκαλεσαμενος* οὐν αὐτους ἐξενισεν.

εἰσοδος [5]

Ac 13 24 προκηρυξαντος ἰωαννου προ προσωπου της *εἰσοδου* αὐτου
βαπτισμα μετανοιας παντι τω λαω ἰσραηλ.

1Th 1 9 αὐτοι γαρ περι ἡμων ἀπαγγελλουσιν ὁποιαν *εἰσοδον* ἐσχομεν
προς ὑμας,

2 1 αὐτοι γαρ οἰδατε, ἀδελφοι, την *εἰσοδον* ἡμων την προς ὑμας,

Heb 10 19 ἐχοντες οὐν, ἀδελφοι, παρρησιαν εἰς την *εἰσοδον* των ἁγιων
ἐν τω αἱματι ἰησου,

2Pt 1 11 οὑτως γαρ πλουσιως ἐπιχορηγηθησεται ὑμιν ἡ *εἰσοδος* εἰς την
αἰωνιον βασιλειαν του κυριου ἡμων και σωτηρος ἰησου
χριστου.

εἰσπηδαω [1]

Ac 16 29 αἰτησας δε φωτα *εἰσεπηδησεν*, και ἐντρομος γενομενος
προσεπεσεν τω παυλω και [τω] σιλα,

εἰσπορευομαι [18]

Mt 15 17 οὐ νοειτε ὁτι παν το *εἰσπορευομενον* εἰς το στομα εἰς την
κοιλιαν χωρει και εἰς ἀφεδρωνα ἐκβαλλεται;

Mc 1 21 και *εἰσπορευονται* εἰς καφαρναουμ·

4 19 οὑτοι εἰσιν οἱ τον λογον ἀκουσαντες, και αἱ μεριμναι του
αἰωνος και ἡ ἀπατη του πλουτου και αἱ περι τα λοιπα
ἐπιθυμιαι *εἰσπορευομεναι* συμπνιγουσιν τον λογον, και
ἀκαρπος γινεται.

5 40 και *εἰσπορευεται* ὁπου ἠν το παιδιον.

εἰσπορευομαι [18]

Mc 6 56 και ὁπου ἀν *εἰσεπορευετο* εἰς κωμας ἡ εἰς πολεις ἡ εἰς ἀγρους,
ἐν ταις ἀγοραις ἐτιθησαν τους ἀσθενουντας,

7 15 οὐδεν ἐστιν ἐξωθεν του ἀνθρωπου *εἰσπορευομενον* εἰς αὐτον
ὁ δυναται κοινωσαι αὐτον·

18 οὐ νοειτε ὁτι παν το ἐξωθεν *εἰσπορευομενον* εἰς τον
ἀνθρωπον οὐ δυναται αὐτον κοινωσαι,

19 οὐ νοειτε ὁτι παν το ἐξωθεν εἰσπορευομενον εἰς τον
ἀνθρωπον οὐ δυναται αὐτον κοινωσαι, ὁτι οὐκ *εἰσπορευεται*
αὐτου εἰς την καρδιαν ἀλλ εἰς την κοιλιαν, και εἰς τον
ἀφεδρωνα ἐκπορευεται, καθαριζων παντα τα βρωματα;

11 2 ὑπαγετε εἰς την κωμην την κατεναντι ὑμων, και εὐθυς
εἰσπορευομενοι εἰς αὐτην εὑρησετε πωλον δεδεμενον ἐφ ὁν
οὐδεις οὐπω ἀνθρωπων ἐκαθισεν·

Lc 8 16 ἀλλ ἐπι λυχνιας τιθησιν, ἱνα οἱ *εἰσπορευομενοι* βλεπωσιν το
φως.

11 33 οὐδεις λυχνον ἀψας εἰς κρυπτην τιθησιν [οὐδε ὑπο τον
μοδιον,] ἀλλ ἐπι την λυχνιαν, ἱνα οἱ *εἰσπορευομενοι* το φως
βλεπωσιν.

18 24 πως δυσκολως οἱ τα χρηματα ἐχοντες εἰς την βασιλειαν του
θεου *εἰσπορευονται*·

19 30 ὑπαγετε εἰς την κατεναντι κωμην, ἐν ἡ *εἰσπορευομενοι*
εὑρησετε πωλον δεδεμενον,

22 10 ἀκολουθησατε αὐτω εἰς την οἰκιαν εἰς ἡν *εἰσπορευεται*·

Ac 3 2 ὁν ἐτιθουν καθ ἡμεραν προς την θυραν του ἱερου την
λεγομενην ὡραιαν του αἰτειν ἐλεημοσυνην παρα των
εἰσπορευομενων εἰς το ἱερον·

8 3 σαυλος δε ἐλυμαινετο την ἐκκλησιαν κατα τους οἰκους
εἰσπορευομενος, συρων τε ἀνδρας και γυναικας παρεδιδου εἰς
φυλακην.

9 28 και ἠν μετ αὐτων *εἰσπορευομενος* και ἐκπορευομενος εἰς
ἱερουσαλημ, παρρησιαζομενος ἐν τω ὀνοματι του κυριου,

28 30 ἐνεμεινεν δε διετιαν ὁλην ἐν ἰδιω μισθωματι, και ἀπεδεχετο
παντας τους *εἰσπορευομενους* προς αὐτον,

εἰστρεχω [1]

Ac 12 14 *εἰσδραμουσα* δε ἀπηγγειλεν ἑστανα τον πετρον προ του
πυλωνος.

εἰσφερω [8]

Mt 6 13 και μη *εἰσενεγκης* ἡμας εἰς πειρασμον, ἀλλα ῥυσαι ἡμας ἀπο
του πονηρου.

Lc 5 18 και ἰδου ἀνδρες φεροντες ἐπι κλινης ἀνθρωπον ὁς ἠν
παραλελυμενος, και ἐζητουν αὐτον *εἰσενεγκειν* και θειναι
[αὐτον] ἐνωπιον αὐτου.

19 και μη εὑροντες ποιας *εἰσενεγκωσιν* αὐτον δια τον ὀχλον,
ἀναβαντες ἐπι το δωμα δια των κεραμων καθηκαν αὐτον συν
τω κλινιδιω εἰς το μεσον ἐμπροσθεν του ἰησου.

11 4 και μη *εἰσενεγκης* ἡμας εἰς πειρασμον.

12 11 ὁταν δε *εἰσφερωσιν* ὑμας ἐπι τας συναγωγας και τας ἀρχας
και τας ἐξουσιας, μη μεριμνησητε πως ἡ τι ἀπολογησησθε ἡ
τι εἰπητε·

Ac 17 20 δυναμεθα γνωναι τις ἡ καινη αὑτη ἡ ὑπο σου λαλουμενη
διδαχη; ξενιζοντα γαρ τινα *εἰσφερεις* εἰς τας ἀκοας ἡμων·

1Tm 6 7 οὐδεν γαρ *εἰσηνεγκαμεν* εἰς τον κοσμον, ὁτι οὐδε ἐξενεγκειν
τι δυναμεθα·

Heb 13 11 ὡν γαρ *εἰσφερεται* ζωων το αἱμα περι ἁμαρτιας εἰς τα ἁγια
δια του ἀρχιερεως, τουτων τα σωματα κατακαιεται ἐξω της
παρεμβολης.

εἰτα [15]

Mc 4 17 *εἰτα* γενομενης θλιψεως ἡ διωγμου δια τον λογον εὐθυς
σκανδαλιζονται.

28 αὐτοματη ἡ γη καρποφορει, πρωτον χορτον, *εἰτα* σταχυν, εἰτα
πληρη[ς] σιτον ἐν τω σταχυι.

28 αὐτοματη ἡ γη καρποφορει, πρωτον χορτον, εἰτα σταχυν, *εἰτα*
πληρη[ς] σιτον ἐν τω σταχυι.

8 25 *εἰτα* παλιν ἐπεθηκεν τας χειρας ἐπι τους ὀφθαλμους αὐτου,

Lc 8 12 οἱ δε παρα την ὁδον εἰσιν οἱ ἀκουσαντες, *εἰτα* ἐρχεται ὁ
διαβολος και αἱρει τον λογον ἀπο της καρδιας αὐτων,

Jh 13 5 *εἰτα* βαλλει ὑδωρ εἰς τον νιπτηρα, και ἠρξατο νιπτειν τους
ποδας των μαθητων και ἐκμασσειν τω λεντιω ᾡ ἠν
διεζωσμενος.

19 27 *εἰτα* λεγει τω μαθητη·

20 27 *εἰτα* λεγει τω θωμα·

1Co 15 5 και ὁτι ὠφθη κηφα, *εἰτα* τοις δωδεκα·

7 ἐπειτα ὠφθη ἰακωβω, *εἰτα* τοις ἀποστολοις πασιν·

εἶτα [15]

1Co	15 24	*εἶτα* το τελος, ὁταν παραδιδω την βασιλειαν τω θεω και πατρι,
1Tm	2 13	ἀδαμ γαρ πρωτος ἐπλασθη, *εἶτα* εὑα.
	3 10	*εἶτα* διακονειτωσαν ἀνεγκλητοι ὀντες.
Heb	12 9	*εἶτα* τους μεν της σαρκος ἡμων πατερας εἰχομεν παιδευτας και ἐνετρεπομεθα·
Ja	1 15	*εἶτα* ἡ ἐπιθυμια συλλαβουσα τικτει ἁμαρτιαν,

εἴτε [65]

Rm	12 6	*εἴτε* προφητειαν, κατα την ἀναλογιαν της πιστεως·
	7	*εἴτε* διακονιαν, ἐν τῃ διακονιᾳ· εἰτε ὁ διδασκων, ἐν τῃ διδασκαλιᾳ·
	7	εἰτε διακονιαν, ἐν τῃ διακονιᾳ· *εἴτε* ὁ διδασκων, ἐν τῃ διδασκαλιᾳ·
	8	*εἴτε* ὁ παρ›καλων, ἐν τῃ παρακλησει·
1Co	3 22	παντα γαρ ὑμων ἐστιν, *εἴτε* παυλος εἰτε ἀπολλως εἰτε κηφας, εἰτε κοσμος εἰτε ζωη εἰτε θανατος,
	22	παντα γαρ ὑμων ἐστιν, εἰτε παυλος *εἴτε* ἀπολλως εἰτε κηφας, εἰτε κοσμος εἰτε ζωη εἰτε θανατος,
	22	παντα γαρ ὑμων ἐστιν, εἰτε παυλος εἰτε ἀπολλως *εἴτε* κηφας, εἰτε κοσμος εἰτε ζωη εἰτε θανατος,
	22	*εἴτε* κοσμος εἰτε ζωη εἰτε θανατος, εἰτε ἐνεστωτα εἰτε μελλοντα, παντα ὑμων,
	22	εἰτε κοσμος *εἴτε* ζωη εἰτε θανατος, εἰτε ἐνεστωτα εἰτε μελλοντα, παντα ὑμων,
	22	εἰτε κοσμος εἰτε ζωη *εἴτε* θανατος, εἰτε ἐνεστωτα εἰτε μελλοντα, παντα ὑμων,
	22	εἰτε κοσμος εἰτε ζωη εἰτε θανατος, *εἴτε* ἐνεστωτα εἰτε μελλοντα, παντα ὑμων,
	22	εἰτε κοσμος εἰτε ζωη εἰτε θανατος, εἰτε ἐνεστωτα *εἴτε* μελλοντα, παντα ὑμων,
	8 5	και γαρ εἰπερ εἰσιν λεγομενοι θεοι *εἴτε* ἐν οὐρανω εἰτε ἐπι γης, ὡσπερ εἰσιν θεοι πολλοι και κυριοι πολλοι, ἀλλ ἡμιν εἰς θεος ὁ πατηρ,
	5	και γαρ εἰπερ εἰσιν λεγομενοι θεοι εἰτε ἐν οὐρανω *εἴτε* ἐπι γης, ὡσπερ εἰσιν θεοι πολλοι και κυριοι πολλοι, ἀλλ ἡμιν εἰς θεος ὁ πατηρ,
	10 31	*εἴτε* οὐν ἐσθιετε εἰτε πινετε εἰτε τι ποιειτε, παντα εἰς δοξαν θεου ποιειτε.
	31	εἰτε οὐν ἐσθιετε *εἴτε* πινετε εἰτε τι ποιειτε, παντα εἰς δοξαν θεου ποιειτε.
	31	εἰτε οὐν ἐσθιετε εἰτε πινετε *εἴτε* τι ποιειτε, παντα εἰς δοξαν θεου ποιειτε.
	12 13	και γαρ ἐν ἐνι πνευματι ἡμεις παντες εἰς ἐν σωμα ἐβαπτισθημεν, *εἴτε* ιουδαιοι εἰτε ἑλληνες, εἰτε δουλοι εἰτε ἐλευθεροι,
	13	και γαρ ἐν ἐνι πνευματι ἡμεις παντες εἰς ἐν σωμα ἐβαπτισθημεν, εἰτε ιουδαιοι *εἴτε* ἑλληνες, εἰτε δουλοι εἰτε ἐλευθεροι,
	13	και γαρ ἐν ἐνι πνευματι ἡμεις παντες εἰς ἐν σωμα ἐβαπτισθημεν, εἰτε ιουδαιοι εἰτε ἑλληνες, *εἴτε* δουλοι εἰτε ἐλευθεροι,
	13	και γαρ ἐν ἐνι πνευματι ἡμεις παντες εἰς ἐν σωμα ἐβαπτισθημεν, εἰτε ιουδαιοι εἰτε ἑλληνες, εἰτε δουλοι *εἴτε* ἐλευθεροι,
	26	και *εἴτε* πασχει ἐν μελος, συμπασχει παντα τα μελη·
	26	*εἴτε* δοξαζεται [ἐν] μελος, συγχαιρει παντα τα μελη.
	13 8	ἡ ἀγαπη οὐδεποτε πιπτει· *εἴτε* δε προφητειαι, καταργηθησονται·
	8	εἰτε δε προφητειαι, καταργηθησονται· *εἴτε* γλωσσαι, παυσονται·
	8	εἰτε γλωσσαι, παυσονται· *εἴτε* γνωσις, καταργηθησεται.
	14 7	ὁμως τα ἀψυχα φωνην διδοντα, *εἴτε* αὐλος εἰτε κιθαρα,
	7	ὁμως τα ἀψυχα φωνην διδοντα, εἰτε αὐλος *εἴτε* κιθαρα,
	27	*εἴτε* γλωσσῃ τις λαλει, κατα δυο ἠ το πλειστον τρεις, και ἀνα μερος,
	15 11	*εἴτε* οὐν ἐγω εἰτε ἐκεινοι, οὑτως κηρυσσομεν και οὑτως ἐπιστευσατε.
	11	εἰτε οὐν ἐγω *εἴτε* ἐκεινοι, οὑτως κηρυσσομεν και οὑτως ἐπιστευσατε.
2Co	1 6	*εἴτε* δε θλιβομεθα, ὑπερ της ὑμων παρακλησεως και σωτηριας·
	6	*εἴτε* παρακαλουμεθα, ὑπερ της ὑμων παρακλησεως της ἐνεργουμενης ἐν ὑπομονῃ των αὐτων παθηματων ὡν και ἡμεις πασχομεν·
	5 9	διο και φιλοτιμουμεθα, *εἴτε* ἐνδημουντες εἰτε ἐκδημουντες, εὐαρεστοι αὐτω εἰναι.
	9	διο και φιλοτιμουμεθα, εἰτε ἐνδημουντες *εἴτε* ἐκδημουντες, εὐαρεστοι αὐτω εἰναι.

εἴτε [65]

2Co	5 10	ἰνα κομισηται ἑκαστος τα δια του σωματος προς ἁ ἐπραξεν, *εἴτε* ἀγαθον εἰτε φαυλον.
	10	ἰνα κομισηται ἑκαστος τα δια του σωματος προς ἁ ἐπραξεν, εἰτε ἀγαθον *εἴτε* φαυλον.
	13	*εἴτε* γαρ ἐξεστημεν, θεω· εἰτε σωφρονουμεν, ὑμιν.
	13	εἰτε γαρ ἐξεστημεν, θεω· *εἴτε* σωφρονουμεν, ὑμιν.
	8 23	*εἴτε* ὑπερ τιτου, κοινωνος ἐμος και εἰς ὑμας συνεργος·
	23	*εἴτε* ἀδελφοι ἡμων, ἀποστολοι ἐκκλησιων, δοξα χριστου.
	12 2	*εἴτε* ἐν σωματι οὐκ οἰδα, εἰτε ἐκτος του σωματος οὐκ οἰδα, ὁ θεος οἰδεν, ἁρπαγεντα τον τοιουτον ἑως τριτου οὐρανου.
	2	εἰτε ἐν σωματι οὐκ οἰδα, *εἴτε* ἐκτος του σωματος οὐκ οἰδα, ὁ θεος οἰδεν, ἁρπαγεντα τον τοιουτον ἑως τριτου οὐρανου.
	3	και οἰδα τον τοιουτον ἀνθρωπον *εἴτε* ἐν σωματι εἰτε χωρις του σωματος οὐκ οἰδα, ὁ θεος οἰδεν, ὁτι ἡρπαγη εἰς τον παραδεισον
	3	και οἰδα τον τοιουτον ἀνθρωπον εἰτε ἐν σωματι *εἴτε* χωρις του σωματος οὐκ οἰδα, ὁ θεος οἰδεν, ὁτι ἡρπαγη εἰς τον παραδεισον
Eph	6 8	εἰδοτες ὁτι ἑκαστος ἐαν τι ποιηση ἀγαθον, τουτο κομισεται παρα κυριου, *εἴτε* δουλος εἰτε ἐλευθερος.
	8	εἰδοτες ὁτι ἑκαστος ἐαν τι ποιηση ἀγαθον, τουτο κομισεται παρα κυριου, εἰτε δουλος *εἴτε* ἐλευθερος.
Php	1 18	πλην ὁτι παντι τροπω, *εἴτε* προφασει εἰτε ἀληθειᾳ, χριστος καταγγελλεται, και ἐν τουτω χαιρω·
	18	πλην ὁτι παντι τροπω, εἰτε προφασει *εἴτε* ἀληθειᾳ, χριστος καταγγελλεται, και ἐν τουτω χαιρω·
	20	ἀλλ ἐν πασῃ παρρησιᾳ ὡς παντοτε και νυν μεγαλυνθησεται χριστος ἐν τω σωματι μου, *εἴτε* δια ζωης εἰτε δια θανατου.
	20	ἀλλ ἐν πασῃ παρρησιᾳ ὡς παντοτε και νυν μεγαλυνθησεται χριστος ἐν τω σωματι μου, εἰτε δια ζωης *εἴτε* δια θανατου.
	27	μονον ἀξιως του εὐαγγελιου του χριστου πολιτευεσθε, ἰνα *εἴτε* ἐλθων και ἰδων ὑμας εἰτε ἀπων ἀκουω τα περι ὑμων, ὁτι στηκετε ἐν ἑνι πνευματι,
	27	μονον ἀξιως του εὐαγγελιου του χριστου πολιτευεσθε, ἰνα εἰτε ἐλθων και ἰδων ὑμας *εἴτε* ἀπων ἀκουω τα περι ὑμων, ὁτι στηκετε ἐν ἑνι πνευματι,
Col	1 16	ὁτι ἐν αὐτω ἐκτισθη τα παντα ἐν τοις οὐρανοις και ἐπι της γης, τα ὁρατα και τα ἀορατα, *εἴτε* θρονοι εἰτε κυριοτητες εἰτε ἀρχαι εἰτε ἐξουσιαι·
	16	ὁτι ἐν αὐτω ἐκτισθη τα παντα ἐν τοις οὐρανοις και ἐπι της γης, τα ὁρατα και τα ἀορατα, εἰτε θρονοι *εἴτε* κυριοτητες εἰτε ἀρχαι εἰτε ἐξουσιαι·
	16	ὁτι ἐν αὐτω ἐκτισθη τα παντα ἐν τοις οὐρανοις και ἐπι της γης, τα ὁρατα και τα ἀορατα, εἰτε θρονοι εἰτε κυριοτητες *εἴτε* ἀρχαι εἰτε ἐξουσιαι·
	16	ὁτι ἐν αὐτω ἐκτισθη τα παντα ἐν τοις οὐρανοις και ἐπι της γης, τα ὁρατα και τα ἀορατα, εἰτε θρονοι εἰτε κυριοτητες εἰτε ἀρχαι *εἴτε* ἐξουσιαι·
	20	εἰρηνοποιησας δια του αἱματος του σταυρου αὐτου, [δι αὐτου] *εἴτε* τα ἐπι της γης εἰτε τα ἐν τοις οὐρανοις.
	20	εἰρηνοποιησας δια του αἱματος του σταυρου αὐτου, [δι αὐτου] εἰτε τα ἐπι της γης *εἴτε* τα ἐν τοις οὐρανοις.
1Th	5 10	ἰνα *εἴτε* γρηγορωμεν εἰτε καθευδωμεν ἁμα συν αὐτω ζησωμεν.
	10	ἰνα εἰτε γρηγορωμεν *εἴτε* καθευδωμεν ἁμα συν αὐτω ζησωμεν.
2Th	2 15	και κρατειτε τας παραδοσεις ἁς ἐδιδαχθητε *εἴτε* δια λογου εἰτε δι ἐπιστολης ἡμων.
	15	και κρατειτε τας παραδοσεις ἁς ἐδιδαχθητε εἰτε δια λογου *εἴτε* δι ἐπιστολης ἡμων.
1Pt	2 13	ὑποταγητε πασῃ ἀνθρωπινῃ κτισει δια τον κυριον· *εἴτε* βασιλει ὡς ὑπερεχοντι, εἰτε ἡγεμοσιν ὡς δι αὐτου πεμπομενοις
	14	ὑποταγητε πασῃ ἀνθρωπινῃ κτισει δια τον κυριον· εἰτε βασιλει ὡς ὑπερεχοντι, *εἴτε* ἡγεμοσιν ὡς δι αὐτου πεμπομενοις

εἴωθα [4]

Mt	27 15	κατα δε ἑορτην *εἰωθει* ὁ ἡγεμων ἀπολυειν ἑνα τω ὀχλω δεσμιον ὁν ἠθελον.
Mc	10 1	και συμπορευονται παλιν ὀχλοι προς αὐτον, και ὡς *εἰωθει* παλιν ἐδιδασκεν αὐτους.
Lc	4 16	και εἰσηλθεν κατα το *εἰωθος* αὐτω ἐν τῃ ἡμερᾳ των σαββατων εἰς την συναγωγην,
Ac	17 2	κατα δε το *εἰωθος* τω παυλω εἰσηλθεν προς αὐτους,

ἐκ [916]

cf append.

ἕκαστος [82]

Mt	16 27	μελλει γαρ ὁ υἱος του ἀνθρωπου ἐρχεσθαι ἐν τῃ δοξῃ του πατρος αὐτου μετα των ἀγγελων αὐτου, και τοτε ἀποδωσει *ἑκαστῳ* κατα την πραξιν αὐτου.
	18 35	οὑτως και ὁ πατηρ μου ὁ οὑρανιος ποιησει ὑμιν, ἐαν μη ἀφητε *ἑκαστος* τῳ ἀδελφῳ αὐτου ἀπο των καρδιων ὑμων.
	25 15	και ᾡ μεν ἐδωκεν πεντε ταλαντα, ᾡ δε δυο, ᾡ δε ἑν, *ἑκαστῳ* κατα την ἰδιαν δυναμιν,
	26 22	και λυπουμενοι σφοδρα ἠρξαντο λεγειν αὐτῳ εἱς *ἑκαστος*· μητι ἐγω εἰμι, κυριε;
Mc	13 34	ὡς ἀνθρωπος ἀποδημος ἀφεις την οἰκιαν αὐτου και δους τοις δουλοις αὐτου την ἐξουσιαν, *ἑκαστῳ* το ἐργον αὐτου,
Lc	2 3	και ἐπορευοντο παντες ἀπογραφεσθαι, *ἑκαστος* εἰς την ἑαυτου πολιν.
	4 40	ὁ δε ἑνι *ἑκαστῳ* αὐτων τας χειρας ἐπιτιθεις ἐθεραπευεν αὐτους.
	6 44	*ἑκαστον* γαρ δενδρον ἐκ του ἰδιου καρπου γινωσκεται·
	13 15	ὑποκριται, *ἑκαστος* ὑμων τῳ σαββατῳ οὐ λυει τον βουν αὐτου ἠ τον ὀνον ἀπο της φατνης και ἀπαγαγων ποτιζει;
	16 5	και προσκαλεσαμενος ἑνα *ἑκαστον* των χρεοφειλετων του κυριου ἑαυτου ἐλεγεν τῳ πρωτῳ·
Jh	6 7	διακοσιων δηναριων ἀρτοι οὐκ ἀρκουσιν αὐτοις, ἱνα *ἑκαστος* βραχυ [τι] λαβῃ.
	7 53*	και ἐπορευθησαν *ἑκαστος* εἰς τον οἰκον αὐτου,
	16 32	ἰδου ἐρχεται ὡρα και ἐληλυθεν ἱνα σκορπισθητε *ἑκαστος* εἰς τα ἰδια καμε μονον ἀφητε·
	19 23	ἐλαβον τα ἱματια αὐτου και ἐποιησαν τεσσαρα μερη, *ἑκαστῳ* στρατιωτῃ μερος, και τον χιτωνα.
Ac	2 3	και ἐκαθισεν ἐφ ἑνα *ἑκαστον* αὐτων, και ἐπλησθησαν παντες πνευματος ἁγιου,
	6	γενομενης δε της φωνης ταυτης συνηλθεν το πληθος και συνεχυθη, ὁτι ἠκουον εἱς *ἑκαστος* τῃ ἰδιᾳ διαλεκτῳ λαλουντων αὐτων.
	8	και πως ἡμεις ἀκουομεν *ἑκαστος* τῃ ἰδιᾳ διαλεκτῳ ἡμων ἐν ᾑ ἐγεννηθημεν,
	38	μετανοησατε, [φησιν,] και βαπτισθητω *ἑκαστος* ὑμων ἐπι τῳ ὀνοματι ἰησου χριστου εἰς ἀφεσιν των ἁμαρτιων ὑμων,
	3 26	ὑμιν πρωτον ἀναστησας ὁ θεος τον παιδα αὐτου ἀπεστειλεν αὐτον εὐλογουντα ὑμας ἐν τῳ ἀποστρεφειν *ἑκαστον* ἀπο των πονηριων ὑμων.
	4 35	διεδιδετο δε *ἑκαστῳ* καθοτι ἀν τις χρειαν εἰχεν.
	11 29	των δε μαθητων καθως εὐπορειτο τις, ὡρισαν *ἑκαστος* αὐτων εἰς διακονιαν πεμψαι τοις κατοικουσιν ἐν τῃ ἰουδαιᾳ ἀδελφοις·
	17 27	και γε οὐ μακραν ἀπο ἑνος *ἑκαστου* ἡμων ὑπαρχοντα.
	20 31	διο γρηγορειτε, μνημονευοντες ὁτι τριετιαν νυκτα και ἡμεραν οὐκ ἐπαυσαμην μετα δακρυων νουθετων ἑνα *ἑκαστον*.
	21 19	και ἀσπασαμενος αὐτους ἐξηγειτο καθ ἑν *ἑκαστον* ὡν ἐποιησεν ὁ θεος ἐν τοις ἐθνεσιν δια της διακονιας αὐτου.
	26	διαγγελλων την ἐκπληρωσιν των ἡμερων του ἁγνισμου, ἑως οὑ προσηνεχθη ὑπερ ἑνος *ἑκαστου* αὐτων ἡ προσφορα.
Rm	2 6	του θεου, ὁς ἀποδωσει *ἑκαστῳ* κατα τα ἐργα αὐτου·
	12 3	ἀλλα φρονειν εἰς το σωφρονειν, *ἑκαστῳ* ὡς ὁ θεος ἐμερισεν μετρον πιστεως.
	14 5	*ἑκαστος* ἐν τῳ ἰδιῳ νοι πληροφορεισθω.
	12	ἀρα [οὑν] *ἑκαστος* ἡμων περι ἑαυτου λογον δωσει [τῳ θεῳ].
	15 2	*ἑκαστος* ἡμων τῳ πλησιον ἀρεσκετω εἰς το ἀγαθον προς οἰκοδομην·
1Co	1 12	λεγω δε τουτο, ὁτι *ἑκαστος* ὑμων λεγει·
	3 5	διακονοι δι ὡν ἐπιστευσατε, και *ἑκαστῳ* ὡς ὁ κυριος ἐδωκεν.
	8	ὁ φυτευων δε και ὁ ποτιζων ἑν εἰσιν, *ἑκαστος* δε τον ἰδιον μισθον λημψεται κατα τον ἰδιον κοπον.
	10	*ἑκαστος* δε βλεπετω πως ἐποικοδομει.
	13	εἰ δε τις ἐποικοδομει ἐπι τον θεμελιον χρυσον, ἀργυρον, λιθους τιμιους, ξυλα, χορτον, καλαμην, *ἑκαστου* το ἐργον φανερον γενησεται·
	13	ἡ γαρ ἡμερα δηλωσει, ὁτι ἐν πυρι ἀποκαλυπτεται, και *ἑκαστου* το ἐργον ὁποιον ἐστιν το πυρ [αὐτο] δοκιμασει.
	4 5	και τοτε ὁ ἐπαινος γενησεται *ἑκαστῳ* ἀπο του θεου.
	7 2	δια δε τας πορνειας *ἑκαστος* την ἑαυτου γυναικα ἐχετω,
	2	δια δε τας πορνειας *ἑκαστος* την ἑαυτου γυναικα ἐχετω, και *ἑκαστη* τον ἰδιον ἀνδρα ἐχετω.
	7	ἀλλα *ἑκαστος* ἰδιον ἐχει χαρισμα ἐκ θεου,
	17	εἰ μη *ἑκαστῳ* ὡς ἐμερισεν ὁ κυριος, ἑκαστον ὡς κεκληκεν ὁ θεος, οὑτως περιπατειτω.

ἕκαστος [82]

1Co	7 17	εἰ μη *ἑκαστῳ* ὡς ἐμερισεν ὁ κυριος, *ἑκαστον* ὡς κεκληκεν ὁ θεος, οὑτως περιπατειτω.
	20	*ἑκαστος* ἐν τῃ κλησει ᾑ ἐκληθη, ἐν ταυτῃ μενετω.
	24	*ἑκαστος* ἐν ᾡ ἐκληθη, ἀδελφοι, ἐν τουτῳ μενετω παρα θεῳ.
	11 21	*ἑκαστος* γαρ το ἰδιον δειπνον προλαμβανει ἐν τῳ φαγειν,
	12 7	*ἑκαστῳ* δε διδοται ἡ φανερωσις του πνευματος προς το συμφερον.
	11	παντα δε ταυτα ἐνεργει το ἑν και το αὐτο πνευμα, διαιρουν ἰδιᾳ *ἑκαστῳ* καθως βουλεται.
	18	νυνι δε ὁ θεος ἐθετο τα μελη, ἑν *ἑκαστον* αὐτων ἐν τῳ σωματι καθως ἠθελησεν.
	14 26	ὁταν συνερχησθε, *ἑκαστος* ψαλμον ἐχει,
	15 23	*ἑκαστος* δε ἐν τῳ ἰδιῳ ταγματι·
	38	ὁ δε θεος διδωσιν αὐτῳ σωμα καθως ἠθελησεν, και *ἑκαστῳ* των σπερματων ἰδιον σωμα.
	16 2	κατα μιαν σαββατου *ἑκαστος* ὑμων παρ ἑαυτῳ τιθετω θησαυριζων ὁτι ἐαν εὐοδωται,
2Co	5 10	τους γαρ παντας ἡμας φανερωθηναι δει ἐμπροσθεν του βηματος του χριστου, ἱνα κομισηται *ἑκαστος* τα δια του σωματος προς ἁ ἐπραξεν,
	9 7	*ἑκαστος* καθως προῃρηται τῃ καρδιᾳ, μη ἐκ λυπης ἠ ἐξ ἀναγκης·
Ga	6 4	το δε ἐργον ἑαυτου δοκιμαζετω *ἑκαστος*,
	5	*ἑκαστος* γαρ το ἰδιον φορτιον βαστασει.
Eph	4 7	ἑνι δε *ἑκαστῳ* ἡμων ἐδοθη ἡ χαρις κατα το μετρον της δωρεας του χριστου.
	16	κατ ἐνεργειαν ἐν μετρῳ ἑνος *ἑκαστου* μερους την αὐξησιν του σωματος ποιειται εἰς οἰκοδομην ἑαυτου ἐν ἀγαπῃ.
	25	διο ἀποθεμενοι το ψευδος λαλειτε ἀληθειαν *ἑκαστος* μετα του πλησιον αὐτου,
	5 33	πλην και ὑμεις οἱ καθ ἑνα *ἑκαστος* την ἑαυτου γυναικα οὑτως ἀγαπατω ὡς ἑαυτον,
	6 8	εἰδοτες ὁτι *ἑκαστος* ἐαν τι ποιησῃ ἀγαθον, τουτο κομισεται παρα κυριου,
Php	2 4	μη τα ἑαυτων *ἑκαστος* σκοπουντες, ἀλλα [και] τα ἑτερων *ἑκαστοι*.
	4	μη τα ἑαυτων *ἑκαστος* σκοπουντες, ἀλλα [και] τα ἑτερων *ἑκαστοι*.
Col	4 6	ὁ λογος ὑμων παντοτε ἐν χαριτι, ἁλατι ἠρτυμενος, εἰδεναι πως δει ὑμας ἑνι *ἑκαστῳ* ἀποκρινεσθαι.
1Th	2 11	καθαπερ οἰδατε ὡς ἑνα *ἑκαστον* ὑμων ὡς πατηρ τεκνα ἑαυτου παρακαλουντες ὑμας
	4 4	εἰδεναι *ἑκαστον* ὑμων το ἑαυτου σκευος κτασθαι ἐν ἁγιασμῳ και τιμῃ,
2Th	1 3	ὁτι ὑπεραυξανει ἡ πιστις ὑμων και πλεοναζει ἡ ἀγαπη ἑνος *ἑκαστου* παντων ὑμων εἰς ἀλληλους,
Heb	3 13	ἀλλα παρακαλειτε ἑαυτους καθ *ἑκαστην* ἡμεραν, ἀχρις οὑ το σημερον καλειται, ἱνα μη σκληρυνθῃ τις ἐξ ὑμων ἀπατῃ της ἁμαρτιας·
	6 11	ἐπιθυμουμεν δε *ἑκαστον* ὑμων την αὐτην ἐνδεικνυσθαι σπουδην προς την πληροφοριαν της ἐλπιδος ἀχρι τελους,
	8 11	και οὐ μη διδαξωσιν *ἑκαστος* τον πολιτην αὐτου και ἑκαστος τον ἀδελφον αὐτου, λεγων·
	11	και οὐ μη διδαξωσιν *ἑκαστος* τον πολιτην αὐτου και ἑκαστος τον ἀδελφον αὐτου, λεγων·
	11 21	πιστει ἰακωβ ἀποθνησκων *ἑκαστον* των υἱων ἰωσηφ εὐλογησεν,
Ja	1 14	*ἑκαστος* δε πειραζεται ὑπο της ἰδιας ἐπιθυμιας ἐξελκομενος και δελεαζομενος·
1Pt	1 17	και εἰ πατερα ἐπικαλεισθε τον ἀπροσωπολημπτως κρινοντα κατα το *ἑκαστου* ἐργον, ἐν φοβῳ τον της παροικιας ὑμων χρονον ἀναστραφητε,
	4 10	*ἑκαστος* καθως ἐλαβεν χαρισμα, εἰς ἑαυτους αὐτο διακονουντες ὡς καλοι οἰκονομοι ποικιλης χαριτος θεου·
Apc	2 23	και δωσω ὑμιν *ἑκαστῳ* κατα τα ἐργα ὑμων.
	5 8	τα τεσσαρα ζωα και οἱ εἰκοσιτεσσαρες πρεσβυτεροι ἐπεσαν ἐνωπιον του ἀρνιου, ἐχοντες *ἑκαστος* κιθαραν και φιαλας χρυσας γεμουσας θυμιαματων,
	6 11	και ἐδοθη αὐτοις *ἑκαστῳ* στολη λευκη,
	20 13	και ἐκριθησαν *ἑκαστος* κατα τα ἐργα αὐτων.
	21 21	ἀνα εἱς *ἑκαστος* των πυλωνων ἠν ἐξ ἑνος μαργαριτου.
	22 2	ποιουν καρπους δωδεκα, κατα μηνα *ἑκαστον* ἀποδιδουν τον καρπον αὐτου,
	12	και ὁ μισθος μου μετ ἐμου, ἀποδουναι *ἑκαστῳ* ὡς το ἐργον ἐστιν αὐτου.

ἑκάστοτε [1]

2Pt 1 15 σπουδασω δε και ἑκάστοτε ἐχειν ὑμας μετα την ἐμην ἐξοδον την τουτων μνημην ποιεισθαι.

ἑκατον [11]

Mt 13 8 ἀλλα δε ἐπεσεν ἐπι την γην την καλην και ἐδιδου καρπον, ὁ μεν ἑκατον,
23 ὁς δη καρποφορει και ποιει ὁ μεν ἑκατον, ὁ δε ἐξηκοντα,
18 12 ἐαν γενηται τινι ἀνθρωπω ἑκατον προβατα και πλανηθη ἐν ἐξ αὐτων, οὐχι ἀφησει τα ἐνενηκονταεννεα ἐπι τα ὀρη και πορευθεις ζητει το πλανωμενον;
28 ἐξελθων δε ὁ δουλος ἐκεινος εὑρεν ἑνα των συνδουλων αὐτου, ὁς ὠφειλεν αὐτω ἑκατον δηναρια,

Mc 4 8 και ἀλλα ἐπεσεν εἰς την γην την καλην και ἐδιδου καρπον ἀναβαινοντα και αὐξανομενα και ἐφερεν ἐν τριακοντα και ἐν ἐξηκοντα και ἐν ἑκατον.
20 και ἐκεινοι εἰσιν οἱ ἐπι την γην την καλην σπαρεντες, οἱτινες ἀκουουσιν τον λογον και παραδεχονται και καρποφορουσιν ἐν τριακοντα και ἐν ἐξηκοντα και ἐν ἑκατον.
6 40 και ἀνεπεσαν πρασιαι πρασιαι κατα ἑκατον και κατα πεντηκοντα.

Lc 15 4 τίς ἀνθρωπος ἐξ ὑμων ἐχων ἑκατον προβατα και ἀπολεσας ἐξ αὐτων ἑν οὐ καταλειπει τα ἐνενηκονταεννεα ἐν τη ἐρημω και πορευεται ἐπι το ἀπολωλος ἑως εὑρη αὐτο;
16 6 ὁ δε εἰπεν· ἑκατον βατους ἐλαιου.
7 ὁ δε εἰπεν· ἑκατον κορους σιτου.

Jh 19 39 ἠλθεν δε και νικοδημος, ὁ ἐλθων προς αὐτον νυκτος το πρωτον, φερων μιγμα σμυρνης και ἀλοης ὡς λιτρας ἑκατον.

ἑκατονεικοσι [1]

Ac 1 15 και ἐν ταις ἡμεραις ταυταις ἀναστας πετρος ἐν μεσω των ἀδελφων εἰπεν· ἠν τε ὀχλος ὀνοματων ἐπι το αὐτο ὡσει ἑκατονεικοσι· ἀνδρες ἀδελφοι, ἐδει πληρωθηναι την γραφην

ἑκατονπεντηκοντατρεις [1]

Jh 21 11 ἀνεβη οὐν σιμων πετρος και εἱλκυσεν το δικτυον εἰς την γην μεστον ἰχθυων μεγαλων ἑκατονπεντηκοντατριων·

ἑκατονταετης [1]

Rm 4 19 και μη ἀσθενησας τη πιστει κατενοησεν το ἑαυτου σωμα [ἠδη] νενεκρωμενον, ἑκατονταετης που ὑπαρχων,

ἑκατονταπλασιων [3]

Mt 19 29 και πας ὁστις ἀφηκεν οἰκιας ἠ ἀδελφους ἠ ἀδελφας ἠ πατερα ἠ μητερα ἠ τεκνα ἠ ἀγρους ἑνεκεν του ὀνοματος μου, ἑκατονταπλασιονα λημψεται και ζωην αἰωνιον κληρονομησει.

Mc 10 30 ἐαν μη λαβη ἑκατονταπλασιονα νυν ἐν τω καιρω τουτω οἰκιας και ἀδελφους και ἀδελφας και μητερας και τεκνα και ἀγρους μετα διωγμων, και ἐν τω αἰωνι τω ἐρχομενω ζωην αἰωνιον.

Lc 8 8 και ἑτερον ἐπεσεν εἰς την γην την ἀγαθην και φυεν ἐποιησεν καρπον ἑκατονταπλασιονα.

ἑκατονταρχης [16]

Mt 8 13 και εἰπεν ὁ ἰησους τω ἑκατονταρχη· ὑπαγε,
Lc 7 2 ἑκατονταρχου δε τινος δουλος κακως ἐχων ἠμελλεν τελευταν, ὁς ἠν αὐτω ἐντιμος.
6 ἠδη δε αὐτου οὐ μακραν ἀπεχοντος ἀπο της οἰκιας, ἐπεμψεν φιλους ὁ ἑκατονταρχης λεγων αὐτω·
23 47 ἰδων δε ὁ ἑκατονταρχης το γενομενον ἐδοξαζεν τον θεον λεγων·
Ac 10 1 ἀνηρ δε τις ἐν καισαρεια ὀνοματι κορνηλιος, ἑκατονταρχης ἐκ σπειρης της καλουμενης ἰταλικης,
22 κορνηλιος ἑκατονταρχης, ἀνηρ δικαιος και φοβουμενος τον θεον,
21 32 ὁς ἐξαυτης παραλαβων στρατιωτας και ἑκατονταρχας κατεδραμεν ἐπ αὐτους·
22 26 ἀκουσας δε ὁ ἑκατονταρχης προσελθων τω χιλιαρχω ἀπηγγειλεν λεγων·
23 17 προσκαλεσαμενος δε ὁ παυλος ἑνα των ἑκατονταρχων ἐφη
23 και προσκαλεσαμενος δυο [τινας] των ἑκατονταρχων εἰπεν·
24 23 διαταξαμενος τω ἑκατονταρχη τηρεισθαι αὐτον ἐχειν τε ἀνεσιν και μηδενα κωλυειν των ἰδιων αὐτου ὑπηρετειν αὐτω.

ἑκατονταρχης [16]

Ac 27 1 ὡς δε ἐκριθη του ἀποπλειν ἡμας εἰς την ἰταλιαν, παρεδιδουν τον τε παυλον και τινας ἑτερους δεσμωτας ἑκατονταρχη ὀνοματι ἰουλιω σπειρης σεβαστης·
6 κακει εὑρων ὁ ἑκατονταρχης πλοιον ἀλεξανδρινον πλεον εἰς την ἰταλιαν ἐνεβιβασεν ἡμας εἰς αὐτο.
11 ὁ δε ἑκατονταρχης τω κυβερνητη και τω ναυκληρω μαλλον ἐπειθετο ἠ τοις ὑπο παυλου λεγομενοις.
31 εἰπεν ὁ παυλος τω ἑκατονταρχη και τοις στρατιωταις· ἐαν μη οὑτοι μεινωσιν ἐν τω πλοιω, ὑμεις σωθηναι οὐ δυνασθε.
43 ὁ δε ἑκατονταρχης βουλομενος διασωσαι τον παυλον ἐκωλυσεν αὐτους του βουληματος,

ἑκατονταρχος [7]

Mt 8 5 εἰσελθοντος δε αὐτου εἰς καφαρναουμ προσηλθεν αὐτω ἑκατονταρχος παρακαλων αὐτον και λεγων·
8 και ἀποκριθεις ὁ ἑκατονταρχος ἐφη·
27 54 ὁ δε ἑκατονταρχος και οἱ μετ αὐτου τηρουντες τον ἰησουν ἰδοντες τον σεισμον και τα γινομενα ἐφοβηθησαν σφοδρα, λεγοντες·
Lc 7 2 ἑκατονταρχου δε τινος δουλος κακως ἐχων ἠμελλεν τελευταν, ὁς ἠν αὐτω ἐντιμος.
Ac 22 25 ὡς δε προετειναν αὐτον τοις ἱμασιν, εἰπεν προς τον ἑστωτα ἑκατονταρχον ὁ παυλος· εἰ ἀνθρωπον ρωμαιον και ἀκατακριτον ἐξεστιν ὑμιν μαστιζειν;
23 17 προσκαλεσαμενος δε ὁ παυλος ἑνα των ἑκατονταρχων ἐφη
23 και προσκαλεσαμενος δυο [τινας] των ἑκατονταρχων εἰπεν·

ἑκατοντεσσερακοντατεσσαρες [4]

Apc 7 4 ἑκατοντεσσερακοντατεσσαρες χιλιαδες ἐσφραγισμενοι ἐκ πασης φυλης υἱων ἰσραηλ·
14 1 και εἰδον, και ἰδου το ἀρνιον ἑστος ἐπι το ὀρος σιων, και μετ αὐτου ἑκατοντεσσερακοντατεσσαρες χιλιαδες
3 και οὐδεις ἐδυνατο μαθειν την ὠδην εἰ μη αἱ ἑκατοντεσσερακοντατεσσαρες χιλιαδες,
21 17 και ἐμετρησεν το τειχος αὐτης ἑκατοντεσσερακοντατεσσαρων πηχων,

ἐκβαινω [1]

Heb 11 15 και εἰ μεν ἐκεινης ἐμνημονευον ἀφ ἡς ἐξεβησαν, εἰχον ἀν καιρον ἀνακαμψαι·

ἐκβαλλω [81]

Mt 7 4 ἀφες ἐκβαλω το καρφος ἐκ του ὀφθαλμου σου,
5 ὑποκριτα, ἐκβαλε πρωτον ἐκ του ὀφθαλμου σου την δοκον,
5 ἐκβαλε πρωτον ἐκ του ὀφθαλμου σου την δοκον, και τοτε διαβλεψεις ἐκβαλειν το καρφος ἐκ του ὀφθαλμου του ἀδελφου σου.
22 και τω σω ὀνοματι δαιμονια ἐξεβαλομεν,
8 12 οἱ δε υἱοι της βασιλειας ἐκβληθησονται εἰς το σκοτος το ἐξωτερον·
16 και ἐξεβαλεν τα πνευματα λογω,
31 εἰ ἐκβαλλεις ἡμας, ἀποστειλον ἡμας εἰς την ἀγελην των χοιρων.
9 25 ὁτε δε ἐξεβληθη ὁ ὀχλος, εἰσελθων ἐκρατησεν της χειρος αὐτης,
33 και ἐκβληθεντος του δαιμονιου ἐλαλησεν ὁ κωφος.
34 ἐν τω ἀρχοντι των δαιμονιων ἐκβαλλει τα δαιμονια.
38 δεηθητε οὐν του κυριου του θερισμου ὀπως ἐκβαλη ἐργατας εἰς τον θερισμον αὐτου.
10 1 και προσκαλεσαμενος τους δωδεκα μαθητας αὐτου ἐδωκεν αὐτοις ἐξουσιαν πνευματων ἀκαθαρτων ὡστε ἐκβαλλειν αὐτα,
8 λεπρους καθαριζετε, δαιμονια ἐκβαλλετε·
12 20 καλαμον συντετριμμενον οὐ κατεαξει και λινον τυφομενον οὐ σβεσει, ἑως ἀν ἐκβαλη εἰς νικος την κρισιν.
24 οὑτος οὐκ ἐκβαλλει τα δαιμονια εἰ μη ἐν τω βεελζεβουλ ἀρχοντι των δαιμονιων.
26 και εἰ ὁ σατανας τον σαταναν ἐκβαλλει, ἐφ ἑαυτον ἐμερισθη·
27 και εἰ ἐγω ἐν βεελζεβουλ ἐκβαλλω τα δαιμονια, οἱ υἱοι ὑμων ἐν τινι ἐκβαλλουσιν;
27 και εἰ ἐγω ἐν βεελζεβουλ ἐκβαλλω τα δαιμονια, οἱ υἱοι ὑμων ἐν τινι ἐκβαλλουσιν;
28 εἰ δε ἐν πνευματι θεου ἐγω ἐκβαλλω τα δαιμονια, ἀρα ἐφθασεν ἐφ ὑμας ἡ βασιλεια του θεου.
35 ὁ ἀγαθος ἀνθρωπος ἐκ του ἀγαθου θησαυρου ἐκβαλλει ἀγαθα,

ἐκβαλλω [81]

Mt	12 35	και ὁ πονηρος ἀνθρωπος ἐκ του πονηρου θησαυρου *ἐκβαλλει* πονηρα.
	13 52	δια τουτο πας γραμματευς μαθητευθεις τη βασιλεια των ουρανων ὁμοιος ἐστιν ἀνθρωπω οἰκοδεσποτη, ὁστις *ἐκβαλλει* ἐκ του θησαυρου αυτου καινα και παλαια.
	15 17	οὐ νοειτε ὁτι παν το εἰσπορευομενον εἰς το στομα εἰς την κοιλιαν χωρει και εἰς ἀφεδρωνα *ἐκβαλλεται;*
	17 19	δια τί ἡμεις οὐκ ἠδυνηθημεν *ἐκβαλειν* αὐτο;
	21 12	και εἰσηλθεν ἰησους εἰς το ἱερον και *ἐξεβαλεν* παντας τους πωλουντας και ἀγοραζοντας ἐν τω ἱερω,
	39	και λαβοντες αὐτον *ἐξεβαλον* ἐξω του ἀμπελωνος και ἀπεκτειναν.
	22 13	δησαντες αὐτου ποδας και χειρας *ἐκβαλετε* αὐτον εἰς το σκοτος το ἐξωτερον·
	25 30	και τον ἀχρειον δουλον *ἐκβαλετε* εἰς το σκοτος το ἐξωτερον·
Mc	1 12	και εὐθυς το πνευμα αὐτον *ἐκβαλλει* εἰς την ἐρημον.
	34	και δαιμονια πολλα *ἐξεβαλεν,*
	39	και ἠλθεν κηρυσσων εἰς τας συναγωγας αὐτων εἰς ὁλην την γαλιλαιαν και τα δαιμονια *ἐκβαλλων.*
	43	και ἐμβριμησαμενος αὐτω εὐθυς *ἐξεβαλεν* αὐτον,
	3 15	και ἰνα ἀποστελλη αὐτους κηρυσσειν και ἐχειν ἐξουσιαν *ἐκβαλλειν* τα δαιμονια· [και ἐποιησεν τους δωδεκα],
	22	και ὁτι ἐν τω ἀρχοντι των δαιμονιων *ἐκβαλλει* τα δαιμονια. και προσκαλεσαμενος αὐτους ἐν παραβολαις ἐλεγεν αὐτοις·
	23	και προσκαλεσαμενος αὐτους ἐν παραβολαις ἐλεγεν αὐτοις· πως δυναται σατανας σαταναν *ἐκβαλλειν;*
	5 40	αὐτος δε *ἐκβαλων* παντας παραλαμβανει τον πατερα του παιδιου και την μητερα και τους μετ αὐτου,
	6 13	και δαιμονια πολλα *ἐξεβαλλον,*
	7 26	και ἠρωτα αὐτον ἰνα το δαιμονιον *ἐκβαλη* ἐκ της θυγατρος αὐτης.
	9 18	και εἰπα τοις μαθηταις σου ἰνα αὐτο *ἐκβαλωσιν,* και οὐκ ἰσχυσαν.
	28	και εἰσελθοντος αὐτου εἰς οἰκον οἱ μαθηται αὐτου κατ ἰδιαν ἐπηρωτων αὐτον· ὁτι ἡμεις οὐκ ἠδυνηθημεν *ἐκβαλειν* αὐτο;
	38	διδασκαλε, εἰδομεν τινα ἐν τω ὀνοματι σου *ἐκβαλλοντα* δαιμονια,
	47	και ἐαν ὁ ὀφθαλμος σου σκανδαλιζη σε, *ἐκβαλε* αὐτον·
	11 15	και εἰσελθων εἰς το ἱερον ἠρξατο *ἐκβαλλειν* τους πωλουντας και τους ἀγοραζοντας ἐν τω ἱερω,
	12 8	και λαβοντες ἀπεκτειναν αὐτον, και *ἐξεβαλον* αὐτον ἐξω του ἀμπελωνος.
	16 9	ἀναστας δε πρωι πρωτη σαββατου ἐφανη πρωτον μαρια τη μαγδαληνη, παρ ἠς *ἐκβεβληκει* ἐπτα δαιμονια.
	17	ἐν τω ὀνοματι μου δαιμονια *ἐκβαλουσιν,* γλωσσαις λαλησουσιν καιναις,
Lc	4 29	και ἀνασταντες *ἐξεβαλον* αὐτον ἐξω της πολεως,
	6 22	μακαριοι ἐστε ὁταν μισησωσιν ὑμας οἱ ἀνθρωποι, και ὁταν ἀφορισωσιν ὑμας και ὀνειδισωσιν και *ἐκβαλωσιν* το ὀνομα ὑμων ὡς πονηρον ἑνεκα του υἱου του ἀνθρωπου.
	42	ἀδελφε, ἀφες *ἐκβαλω* το καρφος το ἐν τω ὀφθαλμω σου, αὐτος την ἐν τω ὀφθαλμω σου δοκον οὐ βλεπων;
	42	ὑποκριτα, *ἐκβαλε* πρωτον την δοκον ἐκ του ὀφθαλμου σου, και τοτε διαβλεψεις το καρφος το ἐν τω ὀφθαλμω του ἀδελφου σου ἐκβαλειν.
	42	ὑποκριτα, ἐκβαλε πρωτον την δοκον ἐκ του ὀφθαλμου σου, και τοτε διαβλεψεις το καρφος το ἐν τω ὀφθαλμω του ἀδελφου σου *ἐκβαλειν.*
	9 40	και ἐδεηθην των μαθητων σου ἰνα *ἐκβαλωσιν* αὐτο, και οὐκ ἠδυνηθησαν.
	49	ἐπιστατα, εἰδομεν τινα ἐν τω ὀνοματι σου *ἐκβαλλοντα* δαιμονια,
	10 2	δεηθητε οὐν του κυριου του θερισμου ὁπως ἐργατας *ἐκβαλη* εἰς τον θερισμον αὐτου.
	35	και ἐπι την αὐριον *ἐκβαλων* ἐδωκεν δυο δηναρια τω πανδοχει και εἰπεν·
	11 14	και ἠν *ἐκβαλλων* δαιμονιον,
	15	ἐν βεελζεβουλ τω ἀρχοντι των δαιμονιων *ἐκβαλλει* τα δαιμονια·
	18	ὁτι λεγετε ἐν βεελζεβουλ *ἐκβαλλειν* με τα δαιμονια.
	19	εἰ δε ἐγω ἐν βεελζεβουλ *ἐκβαλλω* τα δαιμονια, οἱ υἱοι ὑμων ἐν τίνι *ἐκβαλλουσιν;*
	19	εἰ δε ἐγω ἐν βεελζεβουλ ἐκβαλλω τα δαιμονια, οἱ υἱοι ὑμων ἐν τίνι *ἐκβαλλουσιν;*
	20	εἰ δε ἐν δακτυλω θεου [ἐγω] *ἐκβαλλω* τα δαιμονια, ἀρα ἐφθασεν ἐφ ὑμας ἡ βασιλεια του θεου.

ἐκβαλλω [81]

Lc	13 28	ἐκει ἐσται ὁ κλαυθμος και ὁ βρυγμος των ὀδοντων, ὁταν ὀψησθε ἀβρααμ και ἰσαακ και ἰακωβ και παντας τους προφητας ἐν τη βασιλεια του θεου, ὑμας δε *ἐκβαλλομενους* ἐξω.
	32	ἰδου *ἐκβαλλω* δαιμονια και ἰασεις ἀποτελω σημερον και αὐριον, και τη τριτη τελειουμαι.
	19 45	και εἰσελθων εἰς το ἱερον ἠρξατο *ἐκβαλλειν* τους πωλουντας, λεγων αὐτοις·
	20 12	οἱ δε και τουτον τραυματισαντες *ἐξεβαλον.*
	15	και *ἐκβαλοντες* αὐτον ἐξω του ἀμπελωνος ἀπεκτειναν.
Jh	2 15	και ποιησας φραγελλιον ἐκ σχοινιων παντας *ἐξεβαλεν* ἐκ του ἱερου,
	6 37	και τον ἐρχομενον προς με οὐ μη *ἐκβαλω* ἐξω,
	9 34	και *ἐξεβαλον* αὐτον ἐξω.
	35	ἠκουσεν ἰησους ὁτι *ἐξεβαλον* αὐτον ἐξω,
	10 4	ὁταν τα ἰδια παντα *ἐκβαλη,* ἐμπροσθεν αὐτων πορευεται, και τα προβατα αὐτω ἀκολουθει,
	12 31	νυν ὁ ἀρχων του κοσμου τουτου *ἐκβληθησεται* ἐξω·
Ac	7 58	και *ἐκβαλοντες* ἐξω της πολεως ἐλιθοβολουν.
	9 40	*ἐκβαλων* δε ἐξω παντας ὁ πετρος και θεις τα γονατα προσηυξατο,
	13 50	και ἐπηγειραν διωγμον ἐπι τον παυλον και βαρναβαν, και *ἐξεβαλον* αὐτους ἀπο των ὁριων αὐτων.
	16 37	και νυν λαθρα ἡμας *ἐκβαλλουσιν;*
	27 38	κορεσθεντες δε τροφης ἐκουφιζον το πλοιον *ἐκβαλλομενοι* τον σιτον εἰς την θαλασσαν.
Ga	4 30	*ἐκβαλε* την παιδισκην και τον υἱον αὐτης·
Ja	2 25	ὁμοιως δε και ρααβ ἡ πορνη οὐκ ἐξ ἐργων ἐδικαιωθη, ὑποδεξαμενη τους ἀγγελους και ἑτερα ὁδω *ἐκβαλουσα;*
3Jh	10	οὐτε αὐτος ἐπιδεχεται τους ἀδελφους και τους βουλομενους κωλυει και ἐκ της ἐκκλησιας *ἐκβαλλει.*
Apc	11 2	και την αὐλην την ἐξωθεν του ναου *ἐκβαλε* ἐξωθεν και μη αὐτην μετρησης,

ἐκβασις [2]

1Co	10 13	πιστος δε ὁ θεος, ὁς οὐκ ἐασει ὑμας πειρασθηναι ὑπερ ὁ δυνασθε, ἀλλα ποιησει συν τω πειρασμω και την *ἐκβασιν* του δυνασθαι ὑπενεγκειν.
Heb	13 7	ὡν ἀναθεωρουντες την *ἐκβασιν* της ἀναστροφης μιμεισθε την πιστιν.

ἐκβολη [1]

Ac	27 18	σφοδρως δε χειμαζομενων ἡμων τη ἐξης *ἐκβολην* ἐποιουντο,

ἐκγονος [1]

1Tm	5 4	εἰ δε τις χηρα τεκνα ἠ *ἐκγονα* ἐχει, μανθανετωσαν πρωτον τον ἰδιον οἰκον εὐσεβειν και ἀμοιβας ἀποδιδοναι τοις προγονοις·

ἐκδαπαναω [1]

2Co	12 15	ἐγω δε ἡδιστα δαπανησω και *ἐκδαπανηθησομαι* ὑπερ των ψυχων ὑμων.

ἐκδεχομαι [6]

Ac	17 16	ἐν δε ταις ἀθηναις *ἐκδεχομενου* αὐτους του παυλου, παρωξυνετο το πνευμα αὐτου ἐν αὐτω θεωρουντος κατειδωλον οὐσαν την πολιν.
1Co	11 33	ὡστε, ἀδελφοι μου, συνερχομενοι εἰς το φαγειν ἀλληλους *ἐκδεχεσθε.*
	16 11	*ἐκδεχομαι* γαρ αὐτον μετα των ἀδελφων.
Heb	10 13	το λοιπον *ἐκδεχομενος* ἑως τεθωσιν οἱ ἐχθροι αὐτου ὑποποδιον των ποδων αὐτου·
	11 10	*ἐξεδεχετο* γαρ την τους θεμελιους ἐχουσαν πολιν,
Ja	5 7	ἰδου ὁ γεωργος *ἐκδεχεται* τον τιμιον καρπον της γης,

ἐκδηλος [1]

2Tm	3 9	ἡ γαρ ἀνοια αὐτων *ἐκδηλος* ἐσται πασιν,

ἐκδημεω [3]

2Co	5 6	θαρρουντες οὐν παντοτε και εἰδοτες ὁτι ἐνδημουντες ἐν τω σωματι *ἐκδημουμεν* ἀπο του κυριου·

ἐκδημεω [3]

2Co   5 8   θαρρουμεν δε και εὐδοκουμεν μαλλον *ἐκδημησαι* ἐκ του σωματος και ἐνδημησαι προς τον κυριον.
    9   διο και φιλοτιμουμεθα, εἰτε ἐνδημουντες εἰτε *ἐκδημουντες*, εὐαρεστοι αὐτω εἰναι.

ἐκδιδομαι [4]

Mt   21 33   και *ἐξεδετο* αὐτον γεωργοις, και ἀπεδημησεν.
    41   και τον ἀμπελωνα *ἐκδωσεται* ἀλλοις γεωργοις, οἰτινες ἀποδωσουσιν αὐτω τους καρπους ἐν τοις καιροις αὐτων.
Mc   12 1   και *ἐξεδετο* αὐτον γεωργοις, και ἀπεδημησεν.
Lc   20 9   ἀνθρωπος [τις] ἐφυτευσεν ἀμπελωνα, και *ἐξεδετο* αὐτον γεωργοις, και ἀπεδημησεν χρονους ἱκανους.

ἐκδιηγεομαι [2]

Ac   13 41   ὁτι ἐργον ἐργαζομαι ἐγω ἐν ταις ἡμεραις ὑμων, ἐργον ὁ οὐ μη πιστευσητε ἐαν τις *ἐκδιηγηται* ὑμιν.
    15 3   οἱ μεν οὐν προπεμφθεντες ὑπο της ἐκκλησιας διηρχοντο την τε φοινικην και σαμαρειαν *ἐκδιηγουμενοι* την ἐπιστροφην των ἐθνων,

ἐκδικεω [6]

Lc   18 3   *ἐκδικησον* με ἀπο του ἀντιδικου μου.
    5   εἰ και τον θεον οὐ φοβουμαι οὐδε ἀνθρωπον ἐντρεπομαι, δια γε το παρεχειν μοι κοπον την χηραν ταυτην *ἐκδικησω* αὐτην,
Rm   12 19   μη ἑαυτους *ἐκδικουντες*, ἀγαπητοι, ἀλλα δοτε τοπον τη ὀργη·
2Co   10 6   και ἐν ἑτοιμω ἐχοντες *ἐκδικησαι* πασαν παρακοην, ὁταν πληρωθη ὑμων ἡ ὑπακοη.
Apc   6 10   ἑως ποτε, ὁ δεσποτης ὁ ἁγιος και ἀληθινος, οὐ κρινεις και *ἐκδικεις* το αἰμα ἡμων ἐκ των κατοικουντων ἐπι της γης;
    19 2   και *ἐξεδικησεν* το αἰμα των δουλων αὐτου ἐκ χειρος αὐτης.

ἐκδικησις [9]

Lc   18 7   ὁ δε θεος οὐ μη ποιηση την *ἐκδικησιν* των ἐκλεκτων αὐτου των βοωντων αὐτω ἡμερας και νυκτος, και μακροθυμει ἐπ αὐτοις;
    8   λεγω ὑμιν ὁτι ποιησει την *ἐκδικησιν* αὐτων ἐν ταχει.
    21 22   και οἱ ἐν ταις χωραις μη εἰσερχεσθωσαν εἰς αὐτην, ὁτι ἡμεραι *ἐκδικησεως* αὐται εἰσιν του πλησθηναι παντα τα γεγραμμενα.
Ac   7 24   και ἰδων τινα ἀδικουμενον ἠμυνατο, και ἐποιησεν *ἐκδικησιν* τω καταπονουμενω παταξας τον αἰγυπτιον.
Rm   12 19   ἐμοι *ἐκδικησις*, ἐγω ἀνταποδωσω, λεγει κυριος.
2Co   7 11   ἰδου γαρ αὐτο τουτο το κατα θεον λυπηθηναι ποσην κατειργασατο ὑμιν σπουδην, ἀλλα ἀπολογιαν, ἀλλα ἀγανακτησιν, ἀλλα φοβον, ἀλλα ἐπιποθησιν, ἀλλα ζηλον, ἀλλα *ἐκδικησιν*.
2Th   1 8   διδοντος *ἐκδικησιν* τοις μη εἰδοσιν θεον και τοις μη ὑπακουουσιν τω εὐαγγελιω του κυριου ἡμων ἰησου,
Heb   10 30   οἰδαμεν γαρ τον εἰποντα· ἐμοι *ἐκδικησις*, ἐγω ἀνταποδωσω·
1Pt   2 14   εἰτε βασιλει ὡς ὑπερεχοντι, εἰτε ἡγεμοσιν ὡς δι αὐτου πεμπομενοις εἰς *ἐκδικησιν* κακοποιων ἐπαινον δε ἀγαθοποιων·

ἐκδικος [2]

Rm   13 4   θεου γαρ διακονος ἐστιν *ἐκδικος* εἰς ὀργην τω το κακον πρασσοντι.
1Th   4 6   το μη ὑπερβαινειν και πλεονεκτειν ἐν τω πραγματι τον ἀδελφον αὐτου, διοτι *ἐκδικος* κυριος περι παντων τουτων,

ἐκδιωκω [1]

1Th   2 15   των και τον κυριον ἀποκτειναντων ἰησουν και τους προφητας, και ἡμας *ἐκδιωξαντων*,

ἐκδοτος [1]

Ac   2 23   τουτον τη ὡρισμενη βουλη και προγνωσει του θεου *ἐκδοτον* δια χειρος ἀνομων προσπηξαντες ἀνειλατε,

ἐκδοχη [1]

Heb   10 27   οὐκετι περι ἁμαρτιων ἀπολειπεται θυσια, φοβερα δε τις *ἐκδοχη* κρισεως και πυρος ζηλος ἐσθιειν μελλοντος τους ὑπεναντιους.

ἐκδυω [6]

Mt   27 28   και *ἐκδυσαντες* αὐτον χλαμυδα κοκκινην περιεθηκαν αὐτω,
    31   και ὁτε ἐνεπαιξαν αὐτω, *ἐξεδυσαν* αὐτον την χλαμυδα και ἐνεδυσαν αὐτον τα ἱματια αὐτου.
Mc   15 20   και ὁτε ἐνεπαιξαν αὐτω, *ἐξεδυσαν* αὐτον την πορφυραν και ἐνεδυσαν αὐτον τα ἱματια αὐτου.
Lc   10 30   και λησταις περιεπεσεν, οἱ και *ἐκδυσαντες* αὐτον και πληγας ἐπιθεντες ἀπηλθον ἀφεντες ἡμιθανη.
2Co   5 3   εἰ γε και *ἐκδυσαμενοι* οὐ γυμνοι εὑρεθησομεθα.
    4   ἐφ ᾠ οὐ θελομεν *ἐκδυσασθαι* ἀλλ ἐπενδυσασθαι,

ἐκει [105]

Mt   2 13   και ἰσθι *ἐκει* ἑως ἀν εἰπω σοι·
    15   και ἡν *ἐκει* ἑως της τελευτης ἡρωδου·
    22   ἀκουσας δε ὁτι ἀρχελαος βασιλευει της ἰουδαιας ἀντι του πατρος αὐτου ἡρωδου ἐφοβηθη *ἐκει* ἀπελθειν·
    5 23   ἐαν οὐν προσφερης το δωρον σου ἐπι το θυσιαστηριον *κακει* μνησθης ὁτι ὁ ἀδελφος σου ἐχει τι κατα σου, ἀφες *ἐκει* το δωρον σου ἐμπροσθεν του θυσιαστηριου,
    24   ἀφες *ἐκει* το δωρον σου ἐμπροσθεν του θυσιαστηριου,
    6 21   ὁπου γαρ ἐστιν ὁ θησαυρος σου, *ἐκει* ἐσται και ἡ καρδια σου.
    8 12   *ἐκει* ἐσται ὁ κλαυθμος και ὁ βρυγμος των ὀδοντων.
    10 11   *κακει* μεινατε ἑως ἀν ἐξελθητε.
    12 45   και εἰσελθοντα κατοικει *ἐκει*·
    13 42   και βαλουσιν αὐτους εἰς την καμινον του πυρος· *ἐκει* ἐσται ὁ κλαυθμος και ὁ βρυγμος των ὀδοντων.
    50   και βαλουσιν αὐτους εἰς την καμινον του πυρος· *ἐκει* ἐσται ὁ κλαυθμος και ὁ βρυγμος των ὀδοντων.
    58   και οὐκ ἐποιησεν *ἐκει* δυναμεις πολλας δια την ἀπιστιαν αὐτων.
    14 23   ὀψιας δε γενομενης μονος ἡν *ἐκει*.
    15 29   και μεταβας ἐκειθεν ὁ ἰησους ἠλθεν παρα την θαλασσαν της γαλιλαιας, και ἀναβας εἰς το ὀρος ἐκαθητο *ἐκει*.
    17 20   ἐαν ἐχητε πιστιν ὡς κοκκον σιναπεως, ἐρειτε τω ὀρει τουτω· μεταβα ἐνθεν *ἐκει*, και μεταβησεται, και οὐδεν ἀδυνατησει ὑμιν.
    18 20   οὐ γαρ εἰσιν δυο ἡ τρεις συνηγμενοι εἰς το ἐμον ὀνομα, *ἐκει* εἰμι ἐν μεσω αὐτων.
    19 2   και ἠκολουθησαν αὐτω ὀχλοι πολλοι, και ἐθεραπευσεν αὐτους *ἐκει*.
    21 17   και καταλιπων αὐτους ἐξηλθεν ἐξω της πολεως εἰς βηθανιαν, και ηὐλισθη *ἐκει*.
    22 11   εἰσελθων δε ὁ βασιλευς θεασασθαι τους ἀνακειμενους εἰδεν *ἐκει* ἀνθρωπον οὐκ ἐνδεδυμενον ἐνδυμα γαμου·
    13   δησαντες αὐτου ποδας και χειρας ἐκβαλετε αὐτον εἰς το σκοτος το ἐξωτερον· *ἐκει* ἐσται ὁ κλαυθμος και ὁ βρυγμος των ὀδοντων.
    24 28   ὁπου ἐαν ἡ το πτωμα, *ἐκει* συναχθησονται οἱ ἀετοι.
    51   *ἐκει* ἐσται ὁ κλαυθμος και ὁ βρυγμος των ὀδοντων.
    25 30   *ἐκει* ἐσται ὁ κλαυθμος και ὁ βρυγμος των ὀδοντων.
    26 36   καθισατε αὐτου ἑως [οὐ] ἀπελθων *ἐκει* προσευξωμαι.
    71   ἐξελθοντα δε εἰς τον πυλωνα εἰδεν αὐτον ἀλλη και λεγει τοις *ἐκει*· οὑτος ἡν μετα ἰησου του ναζωραιου.
    27 36   και καθημενοι ἐτηρουν αὐτον *ἐκει*.
    47   τινες δε των *ἐκει* ἐστηκοτων ἀκουσαντες ἐλεγον ὁτι ἡλιαν φωνει οὑτος.
    55   ἡσαν δε *ἐκει* γυναικες πολλαι ἀπο μακροθεν θεωρουσαι,
    61   ἡν δε *ἐκει* μαριαμ ἡ μαγδαληνη και ἡ ἀλλη μαρια, καθημεναι ἀπεναντι του ταφου.
    28 7   και ἰδου προαγει ὑμας εἰς την γαλιλαιαν, *ἐκει* αὐτον ὀψεσθε.
    10   μη φοβεισθε· ὑπαγετε ἀπαγγειλατε τοις ἀδελφοις μου ἰνα ἀπελθωσιν εἰς την γαλιλαιαν, *κακει* με ὀψονται.
Mc   1 35   και πρωι ἐννυχα λιαν ἀναστας ἐξηλθεν και ἀπηλθεν εἰς ἐρημον τοπον, *κακει* προσηυχετο.
    38   ἀγωμεν ἀλλαχου εἰς τας ἐχομενας κωμοπολεις, ἰνα και *ἐκει* κηρυξω·
    2 6   ἡσαν δε τινες των γραμματεων *ἐκει* καθημενοι και διαλογιζομενοι ἐν ταις καρδιαις αὐτων·
    3 1   και ἡν *ἐκει* ἀνθρωπος ἐξηραμμενην ἐχων την χειρα·
    5 11   ἡν δε *ἐκει* προς τω ὀρει ἀγελη χοιρων μεγαλη βοσκομενη·
    6 5   και οὐκ ἐδυνατο *ἐκει* ποιησαι οὐδεμιαν δυναμιν,
    10   ὁπου ἐαν εἰσελθητε εἰς οἰκιαν, *ἐκει* μενετε ἑως ἀν ἐξελθητε ἐκειθεν.
    33   και πεζη ἀπο πασων των πολεων συνεδραμον *ἐκει* και προηλθον αὐτους.
    11 5   και τινες των *ἐκει* ἐστηκοτων ἐλεγον αὐτοις·
    13 21   ἰδε ὡδε ὁ χριστος, ἰδε *ἐκει*, μη πιστευετε·
    14 15   και αὐτος ὑμιν δειξει ἀναγαιον μεγα ἐστρωμενον ἑτοιμον· και *ἐκει* ἑτοιμασατε ἡμιν.

ἐκεῖ [105]

Mc	16 7	ἐκεῖ αὐτὸν ὄψεσθε, καθὼς εἶπεν ὑμῖν.
Lc	2 6	ἐγένετο δὲ ἐν τῷ εἶναι αὐτοὺς *ἐκεῖ* ἐπλήσθησαν αἱ ἡμέραι τοῦ τεκεῖν αὐτήν,
	6 6	καὶ ἦν ἄνθρωπος *ἐκεῖ* καὶ ἡ χεὶρ αὐτοῦ ἡ δεξιὰ ἦν ξηρά·
	8 32	ἦν δὲ *ἐκεῖ* ἀγέλη χοίρων ἱκανῶν βοσκομένη ἐν τῷ ὄρει·
	9 4	καὶ εἰς ἣν ἂν οἰκίαν εἰσέλθητε, *ἐκεῖ* μένετε καὶ *ἐκεῖθεν* ἐξέρχεσθε.
	10 6	καὶ ἐὰν *ἐκεῖ* ᾖ υἱὸς εἰρήνης, ἐπαναπαήσεται ἐπ᾿ αὐτὸν ἡ εἰρήνη ὑμῶν·
	11 26	τότε πορεύεται καὶ παραλαμβάνει ἕτερα πνεύματα πονηρότερα ἑαυτοῦ ἑπτά, καὶ εἰσελθόντα κατοικεῖ *ἐκεῖ·*
	12 18	καὶ συνάξω *ἐκεῖ* πάντα τὸν σῖτον καὶ τὰ ἀγαθά μου,
	34	ὅπου γάρ ἐστιν ὁ θησαυρὸς ὑμῶν, *ἐκεῖ* καὶ ἡ καρδία ὑμῶν ἔσται.
	13 28	*ἐκεῖ* ἔσται ὁ κλαυθμὸς καὶ ὁ βρυγμὸς τῶν ὀδόντων, ὅταν ὄψησθε ἀβραὰμ καὶ ἰσαὰκ καὶ ἰακὼβ καὶ πάντας τοὺς προφήτας ἐν τῇ βασιλείᾳ τοῦ θεοῦ, ὑμᾶς δὲ ἐκβαλλομένους ἔξω.
	15 13	καὶ *ἐκεῖ* διεσκόρπισεν τὴν οὐσίαν αὐτοῦ ζῶν ἀσώτως.
	17 21	ἰδοὺ ὧδε ἤ· *ἐκεῖ·* ἰδοὺ γὰρ ἡ βασιλεία τοῦ θεοῦ ἐντὸς ὑμῶν ἐστιν.
	23	ἰδοὺ *ἐκεῖ,* [ἤ] ἰδοὺ ὧδε· μὴ ἀπέλθητε μηδὲ διώξητε.
	37	ὅπου τὸ σῶμα, *ἐκεῖ* καὶ οἱ ἀετοὶ ἐπισυναχθήσονται.
	21 2	εἶδεν δέ τινα χήραν πενιχρὰν βάλλουσαν *ἐκεῖ* λεπτὰ δύο,
	22 12	κἀκεῖνος ὑμῖν δείξει ἀνάγαιον μέγα ἐστρωμένον· *ἐκεῖ* ἑτοιμάσατε.
	23 33	καὶ ὅτε ἦλθον ἐπὶ τὸν τόπον τὸν καλούμενον κρανίον, *ἐκεῖ* ἐσταύρωσαν αὐτὸν καὶ τοὺς κακούργους,
Jh	2 1	καὶ τῇ ἡμέρᾳ τῇ τρίτῃ γάμος ἐγένετο ἐν κανὰ τῆς γαλιλαίας, καὶ ἦν ἡ μήτηρ τοῦ ἰησοῦ *ἐκεῖ·*
	6	ἦσαν δὲ *ἐκεῖ* λίθιναι ὑδρίαι ἓξ κατὰ τὸν καθαρισμὸν τῶν ἰουδαίων κείμεναι,
	12	μετὰ τοῦτο κατέβη εἰς καφαρναοὺμ αὐτὸς καὶ ἡ μήτηρ αὐτοῦ καὶ οἱ ἀδελφοὶ αὐτοῦ καὶ οἱ μαθηταὶ αὐτοῦ, καὶ *ἐκεῖ* ἔμειναν οὐ πολλὰς ἡμέρας.
	3 22	μετὰ ταῦτα ἦλθεν ὁ ἰησοῦς καὶ οἱ μαθηταὶ αὐτοῦ εἰς τὴν ἰουδαίαν γῆν, καὶ *ἐκεῖ* διέτριβεν μετ᾿ αὐτῶν καὶ ἐβάπτιζεν·
	23	ἦν δὲ καὶ ὁ ἰωάννης βαπτίζων ἐν αἰνὼν ἐγγὺς τοῦ σαλείμ, ὅτι ὕδατα πολλὰ ἦν *ἐκεῖ,*
	4 6	ἦν δὲ *ἐκεῖ* πηγὴ τοῦ ἰακώβ.
	40	καὶ ἔμεινεν *ἐκεῖ* δύο ἡμέρας.
	5 5	ἦν δέ τις ἄνθρωπος *ἐκεῖ* τριάκοντα καὶ ὀκτὼ ἔτη ἔχων ἐν τῇ ἀσθενείᾳ αὐτοῦ·
	6 3	ἀνῆλθεν δὲ εἰς τὸ ὄρος ἰησοῦς, καὶ *ἐκεῖ* ἐκάθητο μετὰ τῶν μαθητῶν αὐτοῦ.
	22	τῇ ἐπαύριον ὁ ὄχλος ὁ ἑστηκὼς πέραν τῆς θαλάσσης εἶδον ὅτι πλοιάριον ἄλλο οὐκ ἦν *ἐκεῖ* εἰ μὴ ἕν,
	24	ὅτε οὖν εἶδεν ὁ ὄχλος ὅτι ἰησοῦς οὐκ ἔστιν *ἐκεῖ* οὐδὲ οἱ μαθηταὶ αὐτοῦ, ἐνέβησαν αὐτοὶ εἰς τὰ πλοιάρια καὶ ἦλθον εἰς καφαρναοὺμ ζητοῦντες τὸν ἰησοῦν.
	10 40	καὶ ἀπῆλθεν πάλιν πέραν τοῦ ἰορδάνου εἰς τὸν τόπον ὅπου ἦν ἰωάννης τὸ πρῶτον βαπτίζων, καὶ ἔμεινεν *ἐκεῖ.*
	42	καὶ πολλοὶ ἐπίστευσαν εἰς αὐτὸν *ἐκεῖ.*
	11 8	ῥαββί, νῦν ἐζήτουν σε λιθάσαι οἱ ἰουδαῖοι, καὶ πάλιν ὑπάγεις *ἐκεῖ;*
	15	ἵνα πιστεύσητε, ὅτι οὐκ ἤμην *ἐκεῖ·*
	31	ἠκολούθησαν αὐτῇ, δόξαντες ὅτι ὑπάγει εἰς τὸ μνημεῖον ἵνα κλαύσῃ *ἐκεῖ.*
	54	ἀλλὰ ἀπῆλθεν ἐκεῖθεν εἰς τὴν χώραν ἐγγὺς τῆς ἐρήμου, εἰς ἐφραὶμ λεγομένην πόλιν, *κἀκεῖ* ἔμεινεν μετὰ τῶν μαθητῶν.
	12 2	ἐποίησαν οὖν αὐτῷ δεῖπνον *ἐκεῖ,*
	9	ἔγνω οὖν [ὁ] ὄχλος πολὺς ἐκ τῶν ἰουδαίων ὅτι *ἐκεῖ* ἐστιν,
	26	καὶ ὅπου εἰμὶ ἐγώ, ἐκεῖ καὶ ὁ διάκονος ὁ ἐμὸς ἔσται·
	18 2	ᾔδει δὲ καὶ ἰούδας ὁ παραδιδοὺς αὐτὸν τὸν τόπον, ὅτι πολλάκις συνήχθη ἰησοῦς *ἐκεῖ* μετὰ τῶν μαθητῶν αὐτοῦ.
	3	ὁ οὖν ἰούδας λαβὼν τὴν σπεῖραν καὶ ἐκ τῶν ἀρχιερέων καὶ ἐκ τῶν φαρισαίων ὑπηρέτας ἔρχεται *ἐκεῖ* μετὰ φανῶν καὶ λαμπάδων καὶ ὅπλων.
	19 42	*ἐκεῖ* οὖν διὰ τὴν παρασκευὴν τῶν ἰουδαίων, ὅτι ἐγγὺς ἦν τὸ μνημεῖον, ἔθηκαν τὸν ἰησοῦν.
Ac	9 33	εὗρεν δὲ *ἐκεῖ* ἄνθρωπόν τινα ὀνόματι αἰνέαν ἐξ ἐτῶν ὀκτὼ κατακείμενον ἐπὶ κραβάττου,
	14 7	συνιδόντες κατέφυγον εἰς τὰς πόλεις τῆς λυκαονίας λύστραν καὶ δέρβην καὶ τὴν περίχωρον· *κἀκεῖ* εὐαγγελιζόμενοι ἦσαν.
	16 1	καὶ ἰδοὺ μαθητής τις ἦν *ἐκεῖ* ὀνόματι τιμόθεος,
	17 13	ὡς δὲ ἔγνωσαν οἱ ἀπὸ τῆς θεσσαλονίκης ἰουδαῖοι ὅτι καὶ ἐν τῇ βεροίᾳ κατηγγέλη ὑπὸ τοῦ παύλου ὁ λόγος τοῦ θεοῦ, ἦλθον *κἀκεῖ* σαλεύοντες καὶ ταράσσοντες τοὺς ὄχλους.
	14	ὑπέμειναν τε ὅ τε σιλᾶς καὶ ὁ τιμόθεος *ἐκεῖ.*

ἐκεῖ [105]

Ac	19 21	εἰπὼν ὅτι μετὰ τὸ γενέσθαι με *ἐκεῖ* δεῖ με καὶ ῥώμην ἰδεῖν.
	22 10	ἀναστὰς πορεύου εἰς δαμασκόν, *κἀκεῖ* σοι λαληθήσεται περὶ πάντων ὧν τέτακταί σοι ποιῆσαι.
	25 9	θέλεις εἰς ἱεροσόλυμα ἀναβὰς *ἐκεῖ* περὶ τούτων κριθῆναι ἐπ᾿ ἐμοῦ;
	14	ὡς δὲ πλείους ἡμέρας διέτριβον *ἐκεῖ,* ὁ φῆστος τῷ βασιλεῖ ἀνέθετο τὰ κατὰ τὸν παῦλον λέγων·
	20	ἀπορούμενος δὲ ἐγὼ τὴν περὶ τούτων ζήτησιν ἔλεγον εἰ βούλοιτο πορεύεσθαι εἰς ἱεροσόλυμα *κἀκεῖ* κρίνεσθαι περὶ τούτων.
	27 6	*κἀκεῖ* εὑρὼν ὁ ἑκατοντάρχης πλοῖον ἀλεξανδρῖνον πλέον εἰς τὴν ἰταλίαν ἐνεβίβασεν ἡμᾶς εἰς αὐτό.
Rm	9 26	καὶ ἔσται ἐν τῷ τόπῳ οὗ ἐρρέθη αὐτοῖς· οὐ λαός μου ὑμεῖς, *ἐκεῖ* κληθήσονται υἱοὶ θεοῦ ζῶντος.
	15 24	ἐλπίζω γὰρ διαπορευόμενος θεάσασθαι ὑμᾶς καὶ ὑφ᾿ ὑμῶν προπεμφθῆναι *ἐκεῖ,*
Tit	3 12	*ἐκεῖ* γὰρ κέκρικα παραχειμάσαι.
Heb	7 8	καὶ ὧδε μὲν δεκάτας ἀποθνῄσκοντες ἄνθρωποι λαμβάνουσιν, *ἐκεῖ* δὲ μαρτυρούμενος ὅτι ζῇ.
Ja	2 3	καὶ τῷ πτωχῷ εἴπητε· σὺ στῆθι *ἐκεῖ* ἢ κάθου ὑπὸ τὸ ὑποπόδιόν μου,
	3 16	ὅπου γὰρ ζῆλος καὶ ἐριθεία, *ἐκεῖ* ἀκαταστασία καὶ πᾶν φαῦλον πρᾶγμα.
	4 13	σήμερον ἢ αὔριον πορευσόμεθα εἰς τήνδε τὴν πόλιν καὶ ποιήσομεν *ἐκεῖ* ἐνιαυτὸν καὶ ἐμπορευσόμεθα καὶ κερδήσομεν·
Apc	2 14	ἀλλ᾿ ἔχω κατὰ σοῦ ὀλίγα, ὅτι ἔχεις *ἐκεῖ* κρατοῦντας τὴν διδαχὴν βαλαάμ,
	12 6	καὶ ἡ γυνὴ ἔφυγεν εἰς τὴν ἔρημον, ὅπου ἔχει *ἐκεῖ* τόπον ἡτοιμασμένον ἀπὸ τοῦ θεοῦ,
	6	ὅπου ἔχει ἐκεῖ τόπον ἡτοιμασμένον ἀπὸ τοῦ θεοῦ, ἵνα *ἐκεῖ* τρέφωσιν αὐτὴν ἡμέρας χιλίας διακοσίας ἑξήκοντα.
	14	ἵνα πέτηται εἰς τὴν ἔρημον εἰς τὸν τόπον αὐτῆς, ὅπου τρέφεται *ἐκεῖ* καιρὸν καὶ καιροὺς καὶ ἥμισυ καιροῦ ἀπὸ προσώπου τοῦ ὄφεως.
	21 25	καὶ οἱ πυλῶνες αὐτῆς οὐ μὴ κλεισθῶσιν ἡμέρας, νὺξ γὰρ οὐκ ἔσται *ἐκεῖ·*

ἐκεῖθεν [37]

Mt	4 21	καὶ προβὰς *ἐκεῖθεν* εἶδεν ἄλλους δύο ἀδελφούς,
	5 26	οὐ μὴ ἐξέλθῃς *ἐκεῖθεν* ἕως ἂν ἀποδῷς τὸν ἔσχατον κοδράντην.
	9 9	καὶ παράγων ὁ ἰησοῦς *ἐκεῖθεν* εἶδεν ἄνθρωπον καθήμενον ἐπὶ τὸ τελώνιον,
	27	καὶ παράγοντι *ἐκεῖθεν* τῷ ἰησοῦ ἠκολούθησαν [αὐτῷ] δύο τυφλοὶ κράζοντες καὶ λέγοντες·
	11 1	καὶ ἐγένετο ὅτε ἐτέλεσεν ὁ ἰησοῦς διατάσσων τοῖς δώδεκα μαθηταῖς αὐτοῦ, μετέβη *ἐκεῖθεν* τοῦ διδάσκειν καὶ κηρύσσειν ἐν ταῖς πόλεσιν αὐτῶν.
	12 9	καὶ μεταβὰς *ἐκεῖθεν* ἦλθεν εἰς τὴν συναγωγὴν αὐτῶν.
	15	ὁ δὲ ἰησοῦς γνοὺς ἀνεχώρησεν *ἐκεῖθεν.*
	13 53	καὶ ἐγένετο ὅτε ἐτέλεσεν ὁ ἰησοῦς τὰς παραβολὰς ταύτας, μετῆρεν *ἐκεῖθεν.*
	14 13	ἀκούσας δὲ ὁ ἰησοῦς ἀνεχώρησεν *ἐκεῖθεν* ἐν πλοίῳ εἰς ἔρημον τόπον κατ᾿ ἰδίαν·
	15 21	καὶ ἐξελθὼν *ἐκεῖθεν* ὁ ἰησοῦς ἀνεχώρησεν εἰς τὰ μέρη τύρου καὶ σιδῶνος.
	29	καὶ μεταβὰς *ἐκεῖθεν* ὁ ἰησοῦς ἦλθεν παρὰ τὴν θάλασσαν τῆς γαλιλαίας,
	19 15	καὶ ἐπιθεὶς τὰς χεῖρας αὐτοῖς ἐπορεύθη *ἐκεῖθεν.*
Mc	6 1	καὶ ἐξῆλθεν *ἐκεῖθεν,* καὶ ἔρχεται εἰς τὴν πατρίδα αὐτοῦ,
	10	ὅπου ἐὰν εἰσέλθητε εἰς οἰκίαν, ἐκεῖ μένετε ἕως ἂν ἐξέλθητε *ἐκεῖθεν.*
	11	καὶ ὃς ἂν τόπος μὴ δέξηται ὑμᾶς μηδὲ ἀκούσωσιν ὑμῶν, ἐκπορευόμενοι *ἐκεῖθεν* ἐκτινάξατε τὸν χοῦν τὸν ὑποκάτω τῶν ποδῶν ὑμῶν εἰς μαρτύριον αὐτοῖς.
	7 24	*ἐκεῖθεν* δὲ ἀναστὰς ἀπῆλθεν εἰς τὰ ὅρια τύρου.
	9 30	*κἀκεῖθεν* ἐξελθόντες παρεπορεύοντο διὰ τῆς γαλιλαίας,
	10 1	καὶ *ἐκεῖθεν* ἀναστὰς ἔρχεται εἰς τὰ ὅρια τῆς ἰουδαίας [καὶ] πέραν τοῦ ἰορδάνου,
Lc	9 4	καὶ εἰς ἣν ἂν οἰκίαν εἰσέλθητε, ἐκεῖ μένετε καὶ *ἐκεῖθεν* ἐξέρχεσθε.
	11 53	*κἀκεῖθεν* ἐξελθόντος αὐτοῦ ἤρξαντο οἱ γραμματεῖς καὶ οἱ φαρισαῖοι δεινῶς ἐνέχειν καὶ ἀποστοματίζειν αὐτὸν περὶ πλειόνων,
	12 59	οὐ μὴ ἐξέλθῃς *ἐκεῖθεν* ἕως καὶ τὸ ἔσχατον λεπτὸν ἀποδῷς.
	16 26	ὅπως οἱ θέλοντες διαβῆναι ἔνθεν πρὸς ὑμᾶς μὴ δύνωνται, μηδὲ *ἐκεῖθεν* πρὸς ἡμᾶς διαπερῶσιν.
Jh	4 43	μετὰ δὲ τὰς δύο ἡμέρας ἐξῆλθεν *ἐκεῖθεν* εἰς τὴν γαλιλαίαν.

ἐκεῖθεν [37]

Jh 11 54 ὁ οὖν ἰησους οὐκετι παρρησιᾳ περιεπατει ἐν τοις ἰουδαιοις, ἀλλα ἀπηλθεν *ἐκειθεν* εἰς την χωραν ἐγγυς της ἐρημου,

Ac 7 4 *κἀκειθεν* μετα το ἀποθανειν τον πατερα αὐτου μετωκισεν αὐτον εἰς την γην ταυτην εἰς ἡν ὑμεις νυν κατοικειτε,

13 4 αὐτοι μεν οὖν ἐκπεμφθεντες ὑπο του ἁγιου πνευματος κατηλθον εἰς σελευκειαν, *ἐκειθεν* τε ἀπεπλευσαν εἰς κυπρον,

21 *κἀκειθεν* ἠτησαντο βασιλεα, και ἐδωκεν αὐτοις ὁ θεος τον σαουλ υἱον κις,

14 26 και λαλησαντες ἐν περγη τον λογον κατεβησαν εἰς ἀτταλειαν, *κἀκειθεν* ἀπεπλευσαν εἰς ἀντιοχειαν,

16 12 *κἀκειθεν* εἰς φιλιππους, ἡτις ἐστιν πρωτη[ς] μεριδος της μακεδονιας πολις, κολωνια.

18 7 και μεταβας *ἐκειθεν* εἰσηλθεν εἰς οἰκιαν τινος ὀνοματι τιτιου ἰουστου σεβομενου τον θεον,

20 13 ἡμεις δε προελθοντες ἐπι το πλοιον ἀνηχθημεν ἐπι την ἀσσον, *ἐκειθεν* μελλοντες ἀναλαμβανειν τον παυλον·

15 *κἀκειθεν* ἀποπλευσαντες τη ἐπιουση κατηντησαμεν ἀντικρυς χιου,

21 1 εὐθυδρομησαντες ἠλθομεν εἰς την κω, τη δε ἑξης εἰς την ῥοδον *κἀκειθεν* εἰς παταρα·

27 4 *κἀκειθεν* ἀναχθεντες ὑπεπλευσαμεν την κυπρον δια το τους ἀνεμους εἰναι ἐναντιους,

12 ἀνευθετου δε του λιμενος ὑπαρχοντος προς παραχειμασιαν οἱ πλειονες ἐθεντο βουλην ἀναχθηναι *ἐκειθεν*,

28 15 *κἀκειθεν* οἱ ἀδελφοι ἀκουσαντες τα περι ἡμων ἠλθαν εἰς ἀπαντησιν ἡμιν ἀχρι ἀππιουφορου και τριωνταβερνων,

Apc 22 2 ἐν μεσω της πλατειας αὐτης και του ποταμου ἐντευθεν και *ἐκειθεν* ξυλον ζωης

ἐκεῖνος [265]

Mt 3 1 ἐν δε ταις ἡμεραις *ἐκειναις* παραγινεται ἰωαννης ὁ βαπτιστης κηρυσσων ἐν τη ἐρημω της ἰουδαιας,

7 22 πολλοι ἐρουσιν μοι ἐν *ἐκεινη* τη ἡμερα· κυριε κυριε,

25 και κατεβη ἡ βροχη και ἠλθον οἱ ποταμοι και ἐπνευσαν οἱ ἀνεμοι και προσεπεσαν τη οἰκια *ἐκεινη*,

27 και κατεβη ἡ βροχη και ἠλθον οἱ ποταμοι και ἐπνευσαν οἱ ἀνεμοι και προσεκοψαν τη οἰκια *ἐκεινη*,

8 13 και· ἰαθη ὁ παις [αὐτου] ἐν τη ὡρα *ἐκεινη*.

28 χαλεποι λιαν, ὡστε μη ἰσχυειν τινα παρελθειν δια της ὁδου *ἐκεινης*.

9 22 και ἐσωθη ἡ γυνη ἀπο της ὡρας *ἐκεινης*.

26 και ἐξηλθεν ἡ φημη αὑτη εἰς ὁλην την γην *ἐκεινην*.

31 οἱ δε ἐξελθοντες διεφημισαν αὐτον ἐν ὁλη τη γη *ἐκεινη*.

10 14 ἐξερχομενοι ἐξω της οἰκιας ἡ της πολεως *ἐκεινης* ἐκτιναξατε τον κονιορτον των ποδων ὑμων.

15 ἀνεκτοτερον ἐσται γη σοδομων και γομορρων ἐν ἡμερα κρισεως ἡ τη πολει *ἐκεινη*.

19 δοθησεται γαρ ὑμιν ἐν *ἐκεινη* τη ὡρα τι λαλησητε·

11 25 ἐν *ἐκεινω* τω καιρω ἀποκριθεις ὁ ἰησους εἰπεν·

12 1 ἐν *ἐκεινω* τω καιρω ἐπορευθη ὁ ἰησους τοις σαββασιν δια των σποριμων·

45 και γινεται τα ἐσχατα του ἀνθρωπου *ἐκεινου* χειρονα των πρωτων.

13 1 ἐν τη ἡμερα *ἐκεινη* ἐξελθων ὁ ἰησους της οἰκιας ἐκαθητο παρα την θαλασσαν·

11 ὁτι ὑμιν δεδοται γνωναι τα μυστηρια της βασιλειας των οὐρανων, *ἐκεινοις* δε οὐ δεδοται.

44 και ἀπο της χαρας αὐτου ὑπαγει και πωλει παντα ὁσα ἐχει και ἀγοραζει τον ἀγρον *ἐκεινον*.

14 1 ἐν *ἐκεινω* τω καιρω ἠκουσεν ἡρωδης ὁ τετρααρχης την ἀκοην ἰησου,

35 και ἐπιγνοντες αὐτον οἱ ἀνδρες του τοπου *ἐκεινου* ἀπεστειλαν εἰς ὁλην την περιχωρον *ἐκεινην*,

35 και ἐπιγνοντες αὐτον οἱ ἀνδρες του τοπου *ἐκεινου* ἀπεστειλαν εἰς ὁλην την περιχωρον *ἐκεινην*,

15 18 τα δε ἐκπορευομενα ἐκ του στοματος ἐκ της καρδιας ἐξερχεται, *κἀκεινα* κοινοι τον ἀνθρωπον.

22 και ἰδου γυνη χαναναια ἀπο των ὁριων *ἐκεινων* ἐξελθουσα ἐκραζεν λεγουσα·

28 και ἰαθη ἡ θυγατηρ αὐτης ἀπο της ὡρας *ἐκεινης*.

17 18 και ἐξηλθεν ἀπ αὐτου το δαιμονιον, και ἐθεραπευθη ὁ παις

27 και ἀνοιξας το στομα αὐτου εὑρησεις στατηρα· *ἐκεινον* λαβων δος αὐτοις ἀντι ἐμου και σου.

18 1 ἐν *ἐκεινη* τη ὡρα προσηλθον οἱ μαθηται τω ἰησου λεγοντες·

27 σπλαγχνισθεις δε ὁ κυριος του δουλου *ἐκεινου* ἀπελυσεν αὐτον, και το δανειον ἀφηκεν αὐτω.

ἐκεῖνος [265]

Mt 18 28 ἐξελθων δε ὁ δουλος *ἐκεινος* εὑρεν ἑνα των συνδουλων αὐτου, ὁς ὠφειλεν αὐτω ἑκατον δηναρια,

32 δουλε πονηρε, πασαν την ὀφειλην *ἐκεινην* ἀφηκα σοι, ἐπει παρεκαλεσας με·

20 4 και *ἐκεινοις* εἰπεν· ὑπαγετε και ὑμεις εἰς τον ἀμπελωνα,

21 40 ὁταν οὖν ἐλθη ὁ κυριος του ἀμπελωνος, τι ποιησει τοις γεωργοις *ἐκεινοις*;

22 7 ὁ δε βασιλευς ὠργισθη, και πεμψας τα στρατευματα αὐτου ἀπωλεσεν τους φονεις *ἐκεινους* και την πολιν αὐτων ἐνεπρησεν.

10 και ἐξελθοντες οἱ δουλοι *ἐκεινοι* εἰς τας ὁδους συνηγαγον παντας οὑς εὑρον, πονηρους τε και ἀγαθους·

23 ἐν *ἐκεινη* τη ἡμερα προσηλθον αὐτω σαδδουκαιοι,

46 και οὐδεις ἐδυνατο ἀποκριθηναι αὐτω λογον οὐδε ἐτολμησεν τις ἀπ *ἐκεινης* της ἡμερας ἐπερωτησαι αὐτον οὐκετι.

23 23 ταυτα [δε] ἐδει ποιησαι *κἀκεινα* μη ἀφιεναι.

24 19 οὐαι δε ταις ἐν γαστρι ἐχουσαις και ταις θηλαζουσαις ἐν *ἐκειναις* ταις ἡμεραις.

22 και εἰ μη ἐκολοβωθησαν αἱ ἡμεραι *ἐκειναι*, οὐκ ἀν ἐσωθη πασα σαρξ·

22 δια δε τους ἐκλεκτους κολοβωθησονται αἱ ἡμεραι *ἐκειναι*.

29 εὐθεως δε μετα την θλιψιν των ἡμερων *ἐκεινων* ὁ ἡλιος σκοτισθησεται,

36 περι δε της ἡμερας *ἐκεινης* και ὡρας οὐδεις οἰδεν, οὐδε οἱ ἀγγελοι των οὐρανων οὐδε ὁ υἱος, εἰ μη ὁ πατηρ μονος.

38 ὡς γαρ ἠσαν ἐν ταις ἡμεραις [*ἐκειναις*] ταις προ του κατακλυσμου τρωγοντες και πινοντες,

43 *ἐκεινο* δε γινωσκετε ὁτι εἰ ἠδει ὁ οἰκοδεσποτης ποια φυλακη ὁ κλεπτης ἐρχεται, ἐγρηγορησεν ἀν και οὐκ ἀν εἰασεν διορυχθηναι την οἰκιαν αὐτου.

46 μακαριος ὁ δουλος *ἐκεινος* ὁν ἐλθων ὁ κυριος αὐτου εὑρησει οὑτως ποιουντα·

48 ἐαν δε εἰπη ὁ κακος δουλος *ἐκεινος* ἐν τη καρδια αὐτου· χρονιζει μου ὁ κυριος,

50 ἡξει ὁ κυριος του δουλου *ἐκεινου* ἐν ἡμερα ἡ οὐ προσδοκα και ἐν ὡρα ἡ οὐ γινωσκει,

25 7 τοτε ἡγερθησαν πασαι αἱ παρθενοι *ἐκειναι* και ἐκοσμησαν τας λαμπαδας ἑαυτων.

19 μετα δε πολυν χρονον ἐρχεται ὁ κυριος των δουλων *ἐκεινων* και συναιρει λογον μετ αὐτων.

26 24 οὐαι δε τω ἀνθρωπω *ἐκεινω* δι οὑ ὁ υἱος του ἀνθρωπου παραδιδοται·

24 οὐαι δε τω ἀνθρωπω *ἐκεινω* δι οὑ ὁ υἱος του ἀνθρωπου παραδιδοται· καλον ἠν αὐτω εἰ οὐκ ἐγεννηθη ὁ ἀνθρωπος *ἐκεινος*.

29 οὐ μη πιω ἀπ ἀρτι ἐκ τουτου του γενηματος της ἀμπελου ἑως της ἡμερας *ἐκεινης* ὁταν αὐτο πινω μεθ ὑμων καινον ἐν τη βασιλεια του πατρος μου.

55 ἐν *ἐκεινη* τη ὡρα εἰπεν ὁ ἰησους τοις ὀχλοις·

27 8 διο ἐκληθη ὁ ἀγρος *ἐκεινος* ἀγρος αἱματος ἑως της σημερον.

19 μηδεν σοι και τω δικαιω *ἐκεινω*· πολλα γαρ ἐπαθον σημερον κατ ὀναρ δι αὐτον.

63 κυριε, ἐμνησθημεν ὁτι *ἐκεινος* ὁ πλανος εἰπεν ἐτι ζων· μετα τρεις ἡμερας ἐγειρομαι.

Mc 1 9 και ἐγενετο ἐν *ἐκειναις* ταις ἡμεραις ἠλθεν ἰησους ἀπο ναζαρετ της γαλιλαιας και ἐβαπτισθη εἰς τον ἰορδανην ὑπο ἰωαννου.

2 20 ἐλευσονται δε ἡμεραι ὁταν ἀπαρθη ἀπ αὐτων ὁ νυμφιος, και τοτε νηστευσουσιν ἐν *ἐκεινη* τη ἡμερα.

3 24 και ἐαν βασιλεια ἐφ ἑαυτην μερισθη, οὐ δυναται σταθηναι ἡ βασιλεια *ἐκεινη*·

25 και ἐαν οἰκια ἐφ ἑαυτην μερισθη, οὐ δυνησεται ἡ οἰκια *ἐκεινη* σταθηναι.

4 11 ὑμιν το μυστηριον δεδοται της βασιλειας του θεου· *ἐκεινοις* δε τοις ἐξω ἐν παραβολαις τα παντα γινεται,

20 και *ἐκεινοι* εἰσιν οἱ ἐπι την γην την καλην σπαρεντες, οἱτινες ἀκουουσιν τον λογον και παραδεχονται και καρποφορουσιν ἐν τριακοντα και ἐν ἑξηκοντα και ἐν ἑκατον.

35 και λεγει αὐτοις ἐν *ἐκεινη* τη ἡμερα ὀψιας γενομενης· διελθωμεν εἰς το περαν.

6 55 και ἐξελθοντων αὐτων ἐκ του πλοιου εὐθυς ἐπιγνοντες αὐτον περιεδραμον ὁλην την χωραν *ἐκεινην* και ἠρξαντο ἐπι τοις κραβαττοις τους κακως ἐχοντας περιφερειν,

7 20 ἐλεγεν δε ὁτι το ἐκ του ἀνθρωπου ἐκπορευομενον, *ἐκεινο* κοινοι τον ἀνθρωπον.

8 1 ἐν *ἐκειναις* ταις ἡμεραις παλιν πολλου ὀχλου ὀντος και μη ἐχοντων τι φαγωσιν,

12 4 και παλιν ἀπεστειλεν προς αὐτους ἀλλον δουλον· *κἀκεινον* ἐκεφαλιωσαν και ἠτιμασαν.

ἐκεινος [265]

Mc	12 5	και άλλον άπεστειλεν· *κακεινον* άπεκτειναν, και πολλους άλλους, ούς μεν δεροντες, ούς δε άποκτεννοντες.
		ἐκεινοι δε οἱ γεωργοι προς ἐαυτους εἰπαν ὅτι οὗτος ἐστιν ὁ κληρονομος· δευτε άποκτεινωμεν αὐτον, και ἡμων ἐσται ἡ κληρονομια.
	13 11	μη προμεριμνατε τί λαλησητε, άλλ ὁ ἐαν δοθη ὑμιν ἐν *ἐκεινη* τη ὡρα, τουτο λαλειτε·
	17	οὐαι δε ταις ἐν γαστρι ἐχουσαις και ταις θηλαζουσαις ἐν *ἐκειναις* ταις ἡμεραις.
	19	ἐσονται γαρ αἱ ἡμεραι *ἐκειναι* θλιψις, οἱα οὐ γεγονεν τοιαυτη ἀπ ἀρχης κτισεως ἡν ἐκτισεν ὁ θεος ἑως του νυν και οὐ μη γενηται.
	24	άλλα ἐν *ἐκειναις* ταις ἡμεραις μετα την θλιψιν *ἐκεινην* ὁ ἡλιος σκοτισθησεται,
	24	άλλα ἐν *ἐκειναις* ταις ἡμεραις μετα την θλιψιν *ἐκεινην* ὁ ἡλιος σκοτισθησεται,
	32	περι δε της ἡμερας *ἐκεινης* ἡ της ὡρας οὐδεις οἰδεν, οὐδε οἱ ἀγγελοι ἐν οὐρανω οὐδε ὁ υἱος, εἰ μη ὁ πατηρ.
	14 21	οὐαι δε τω ἀνθρωπω *ἐκεινω* δι οὑ ὁ υἱος του ἀνθρωπου παραδιδοται·
	21	καλον αὐτω εἰ οὐκ ἐγεννηθη ὁ ἀνθρωπος *ἐκεινος*.
	25	ἀμην λεγω ὑμιν ὅτι οὐκετι οὐ μη πιω ἐκ του γενηματος της ἀμπελου ἑως της ἡμερας *ἐκεινης* ὁταν αὐτο πινω καινον ἐν τη βασιλεια του θεου.
	16 10	*ἐκεινη* πορευθεισα άπηγγειλεν τοις μετ αὐτου γενομενοις πενθουσι και κλαιουσιν·
	11	*κακεινοι* ἀκουσαντες ὅτι ζη και ἐθεαθη ὑπ αὐτης ἠπιστησαν.
	13	*κακεινοι* ἀπελθοντες ἀπηγγειλαν τοις λοιποις·
	13	*κακεινοι* ἀπελθοντες ἀπηγγειλαν τοις λοιποις· οὐδε *ἐκεινοις* ἐπιστευσαν.
	20	*ἐκεινοι* δε ἐξελθοντες ἐκηρυξαν πανταχου, του κυριου συνεργουντος και τον λογον βεβαιουντος δια των ἐπακολουθουντων σημειων.
Lc	2 1	ἐγενετο δε ἐν ταις ἡμεραις *ἐκειναις* ἐξηλθεν δογμα παρα καισαρος αὐγουστου άπογραφεσθαι πασαν την οἰκουμενην.
	4 2	και οὐκ ἐφαγεν οὐδεν ἐν ταις ἡμεραις *ἐκειναις*,
	5 35	ἐλευσονται δε ἡμεραι, και ὁταν ἀπαρθη ἀπ αὐτων ὁ νυμφιος, τοτε νηστευσουσιν ἐν *ἐκειναις* ταις ἡμεραις.
	6 23	χαρητε ἐν *ἐκεινη* τη ἡμερα και σκιρτησατε·
	48	πλημμυρης δε γενομενης προσερηξεν ὁ ποταμος τη οἰκια *ἐκεινη*,
	49	και εὐθυς συνεπεσεν, και ἐγενετο το ῥηγμα της οἰκιας *ἐκεινης* μεγα.
	7 21	ἐν *ἐκεινη* τη ὡρα ἐθεραπευσεν πολλους ἀπο νοσων και μαστιγων και πνευματων πονηρων,
	8 32	και παρεκαλεσαν αὐτον ἱνα ἐπιτρεψη αὐτοις εἰς *ἐκεινους* εἰσελθειν·
	9 5	και ὁσοι ἀν μη δεχωνται ὑμας, ἐξερχομενοι ἀπο της πολεως *ἐκεινης* τον κονιορτον ἀπο των ποδων ὑμων ἀποτινασσετε εἰς μαρτυριον ἐπ αὐτους.
	36	και αὐτοι ἐσιγησαν και οὐδενι ἀπηγγειλαν ἐν *ἐκειναις* ταις ἡμεραις οὐδεν ὡν ἐωρακαν.
	10 12	λεγω ὑμιν ὅτι σοδομοις ἐν τη ἡμερα *ἐκεινη* ἀνεκτοτερον ἐσται ἡ τη πολει *ἐκεινη*.
	12	λεγω ὑμιν ὅτι σοδομοις ἐν τη ἡμερα *ἐκεινη* ἀνεκτοτερον ἐσται ἡ τη πολει *ἐκεινη*.
	31	κατα συγκυριαν δε ἱερευς τις κατεβαινεν ἐν τη ὁδω *ἐκεινη*,
	11 7	*κακεινος* ἐσωθεν ἀποκριθεις εἰπη·
	26	και γινεται τα ἐσχατα του ἀνθρωπου *ἐκεινου* χειρονα των πρωτων.
	42	ταυτα δε ἐδει ποιησαι *κακεινα* μη παρειναι.
	12 37	μακαριοι οἱ δουλοι *ἐκεινοι*, οὑς ἐλθων ὁ κυριος εὑρησει γρηγορουντας·
	38	καν ἐν τη δευτερα καν ἐν τη τριτη φυλακη ἐλθη και εὑρη οὑτως, μακαριοι εἰσιν *ἐκεινοι*.
	43	μακαριος ὁ δουλος *ἐκεινος*, ὁν ἐλθων ὁ κυριος αὐτου εὑρησει ποιουντα οὑτως.
	45	ἐαν δε εἰπη ὁ δουλος *ἐκεινος* ἐν τη καρδια αὐτου· χρονιζει ὁ κυριος μου ἐρχεσθαι,
	46	ἡξει ὁ κυριος του δουλου *ἐκεινου* ἐν ἡμερα ἡ οὐ προσδοκα και ἐν ὡρα ἡ οὐ γινωσκει, και διχοτομησει αὐτον
	47	*ἐκεινος* δε ὁ δουλος ὁ γνους το θελημα του κυριου αὐτου και μη ἐτοιμασας ἡ ποιησας προς το θελημα αὐτου δαρησεται πολλας·
	13 4	ἡ *ἐκεινοι* οἱ δεκαοκτω ἐφ οὑς ἐπεσεν ὁ πυργος ἐν τω σιλωαμ και ἀπεκτεινεν αὐτους, δοκειτε ὁτι αὐτοι ὀφειλεται ἐγενοντο παρα παντας τους ἀνθρωπους τους κατοικουντας ἱερουσαλημ;
	14 24	λεγω γαρ ὑμιν ὁτι οὐδεις των ἀνδρων *ἐκεινων* των κεκλημενων γευσεται μου του δειπνου.

ἐκεινος [265]

Lc	15 14	δαπανησαντος δε αὐτου παντα ἐγενετο λιμος ἰσχυρα κατα την χωραν *ἐκεινην*,
	15	και πορευθεις ἐκολληθη ἑνι των πολιτων της χωρας *ἐκεινης*,
	17 31	ἐν *ἐκεινη* τη ἡμερα ὁς ἐσται ἐπι του δωματος και τα σκευη αὐτου ἐν τη οἰκια, μη καταβατω ἀραι αὐτα,
	18 3	χηρα δε ἡν ἐν τη πολει *ἐκεινη*,
	14	λεγω ὑμιν, κατεβη οὑτος δεδικαιωμενος εἰς τον οἰκον αὐτου παρ *ἐκεινον*·
	19 4	και προδραμων εἰς το ἐμπροσθεν ἀνεβη ἐπι συκομορεαν, ἱνα ἰδη αὐτον, ὁτι *ἐκεινης* ἡμελλεν διερχεσθαι.
	20 11	οἱ δε *κακεινον* δειραντες και ἀτιμασαντες ἐξαπεστειλαν κενον.
	18	πας ὁ πεσων ἐπ *ἐκεινον* τον λιθον συνθλασθησεται·
	35	οἱ δε καταξιωθεντες του αἰωνος *ἐκεινου* τυχειν και της ἀναστασεως της ἐκ νεκρων οὐτε γαμουσιν οὐτε γαμιζονται·
	21 23	οὐαι ταις ἐν γαστρι ἐχουσαις και ταις θηλαζουσαις ἐν *ἐκειναις* ταις ἡμεραις·
	34	και ἐπιστη ἐφ ὑμας αἰφνιδιος ἡ ἡμερα *ἐκεινη* ὡς παγις·
	22 12	*κακεινος* ὑμιν δειξει ἀναγαιον μεγα ἐστρωμενον·
	22	πλην οὐαι τω ἀνθρωπω *ἐκεινω* δι οὑ παραδιδοται.
Jh	1 8	οὐκ ἡν *ἐκεινος* το φως,
	18	μονογενης θεος ὁ ὡν εἰς τον κολπον του πατρος, *ἐκεινος* ἐξηγησατο.
	33	άλλ ὁ πεμψας με βαπτιζειν ἐν ὑδατι, *ἐκεινος* μοι εἰπεν·
	39	και παρ αὐτω ἐμειναν την ἡμεραν *ἐκεινην·*
	2 21	*ἐκεινος* δε ἐλεγεν περι του ναου του σωματος αὐτου.
	3 28	[ὁτι] οὐκ εἰμι ἐγω ὁ χριστος, άλλ ὁτι ἀπεσταλμενος εἰμι ἐμπροσθεν *ἐκεινου*.
	30	*ἐκεινον* δει αὐξανειν, ἐμε δε ἐλαττουσθαι.
	4 25	ὁταν ἐλθη *ἐκεινος*, ἀναγγελει ἡμιν ἁπαντα.
	39	ἐκ δε της πολεως *ἐκεινης* πολλοι ἐπιστευσαν εἰς αὐτον των σαμαριτων δια τον λογον της γυναικος μαρτυρουσης ὁτι εἰπεν μοι παντα ἁ ἐποιησα.
	53	ἐγνω οὐν ὁ πατηρ ὁτι [ἐν] *ἐκεινη* τη ὡρα ἐν ἡ εἰπεν αὐτω ὁ ἰησους· ὁ υἱος σου ζη.
	5 9	ἡν δε σαββατον ἐν *ἐκεινη* τη ἡμερα.
	11	ὁ ποιησας με ὑγιη, *ἐκεινος* μοι εἰπεν·
	19	ἁ γαρ ἀν *ἐκεινος* ποιη, ταυτα και ὁ υἱος ὁμοιως ποιει.
	35	*ἐκεινος* ἡν ὁ λυχνος ὁ καιομενος και φαινων,
	37	και ὁ πεμψας με πατηρ, *ἐκεινος* μεμαρτυρηκεν περι ἐμου.
	38	ὁτι ὁν ἀπεστειλεν *ἐκεινος*, τουτω ὑμεις οὐ πιστευετε.
	39	και *ἐκειναι* εἰσιν αἱ μαρτυρουσαι περι ἐμου·
	43	ἐαν άλλος ἐλθη ἐν τω ὀνοματι τω ἰδιω, *ἐκεινον* λημψεσθε.
	46	περι γαρ ἐμου *ἐκεινος* ἐγραψεν.
	47	εἰ δε τοις *ἐκεινου* γραμμασιν οὐ πιστευετε, πως τοις ἐμοις ῥημασιν πιστευσετε;
	6 29	τουτο ἐστιν το ἐργον του θεου, ἱνα πιστευητε εἰς ὁν ἀπεστειλεν *ἐκεινος*.
	57	και ὁ τρωγων με *κακεινος* ζησει δι ἐμε.
	7 11	οἱ οὐν ἰουδαιοι ἐζητουν αὐτον ἐν τη ἑορτη και ἐλεγον· που ἐστιν *ἐκεινος*;
	29	ἐγω οἰδα αὐτον, ὁτι παρ αὐτου εἰμι *κακεινος* με ἀπεστειλεν.
	45	και εἰπον αὐτοις *ἐκεινοι*· δια τί οὐκ ἠγαγετε αὐτον;
	8 42	οὐδε γαρ ἀπ ἐμαυτου ἐληλυθα, άλλ *ἐκεινος* με ἀπεστειλεν.
	44	*ἐκεινος* άνθρωποκτονος ἡν ἀπ ἀρχης,
	9 9	*ἐκεινος* ἐλεγεν ὁτι ἐγω εἰμι.
	11	ἀπεκριθη *ἐκεινος*· ὁ ἀνθρωπος ὁ λεγομενος ἰησους πηλον ἐποιησεν και ἐπεχρισεν μου τους ὀφθαλμους και εἰπεν μοι ὁτι ὑπαγε εἰς τον σιλωαμ και νιψαι·
	12	και εἰπαν αὐτω· που ἐστιν *ἐκεινος*;
	25	ἀπεκριθη οὐν *ἐκεινος*· εἰ ἁμαρτωλος ἐστιν οὐκ οἰδα· ἐν οἰδα, ὁτι τυφλος ὡν ἀρτι βλεπω.
	28	συ μαθητης εἰ *ἐκεινου*, ἡμεις δε του μωυσεως ἐσμεν μαθηται·
	36	ἀπεκριθη *ἐκεινος* και εἰπεν· και τίς ἐστιν, κυριε, ἱνα πιστευσω εἰς αὐτον;
	37	και ἐωρακας αὐτον και ὁ λαλων μετα σου *ἐκεινος* ἐστιν.
	10 1	ὁ μη εἰσερχομενος δια της θυρας εἰς την αὐλην των προβατων άλλα ἀναβαινων ἀλλαχοθεν, *ἐκεινος* κλεπτης ἐστιν και ληστης·
	6	*ἐκεινοι* δε οὐκ ἐγνωσαν τίνα ἡν ἁ ἐλαλει αὐτοις.
	16	και άλλα προβατα ἐχω ἁ οὐκ ἐστιν ἐκ της αὐλης ταυτης· *κακεινα* δει με ἀγαγειν,
	35	εἰ *ἐκεινους* εἰπεν θεους προς οὑς ὁ λογος του θεου ἐγενετο, και οὐ δυναται λυθηναι ἡ γραφη,
	11 13	*ἐκεινοι* δε ἐδοξαν ὁτι περι της κοιμησεως του ὑπνου λεγει.
	29	*ἐκεινη* δε ὡς ἠκουσεν, ἠγερθη ταχυ και ἠρχετο προς αὐτον·
	49	εἰς δε τις ἐξ αὐτων καιαφας, ἀρχιερευς ὡν του ἐνιαυτου *ἐκεινου*, εἰπεν αὐτοις·

ἐκεινος [265]

Jh	11 51	τουτο δε ἀφ ἑαυτου οὐκ εἰπεν, ἀλλα ἀρχιερευς ὠν του ἐνιαυτου ἐκεινου ἐπροφητευσεν
	53	ἀπ ἐκεινης οὐν της ἡμερας ἐβουλευσαντο ἱνα ἀποκτεινωσιν αὐτον.
	12 48	ὁ λογος ὁν ἐλαλησα, ἐκεινος κρινει αὐτον ἐν τη ἐσχατη ἡμερᾳ.
	13 25	ἀναπεσων οὐν ἐκεινος οὑτως ἐπι το στηθος του ἰησου λεγει αὐτῳ·
	26	ἐκεινος ἐστιν ᾡ ἐγω βαψω το ψωμιον και δωσω αὐτῳ.
	27	και μετα το ψωμιον τοτε εἰσηλθεν εἰς ἐκεινον ὁ σατανας.
	30	λαβων οὐν το ψωμιον ἐκεινος ἐξηλθεν εὐθυς·
	14 12	ὁ πιστευων εἰς ἐμε τα ἐργα ἁ ἐγω ποιω κἀκεινος ποιησει,
	20	ἐν ἐκεινη τη ἡμερα γνωσεσθε ὑμεις ὁτι ἐγω ἐν τω πατρι μου και ὑμεις ἐν ἐμοι καγω ἐν ὑμιν.
	21	ὁ ἐχων τας ἐντολας μου και τηρων αὐτας, ἐκεινος ἐστιν ὁ ἀγαπων με·
	26	ὁ δε παρακλητος, το πνευμα το ἁγιον ὁ πεμψει ὁ πατηρ ἐν τω ὀνοματι μου, ἐκεινος ὑμας διδαξει παντα και ὑπομνησει ὑμας παντα ἁ εἰπον ὑμιν [ἐγω].
	15 26	ὁταν ἐλθη ὁ παρακλητος ὁν ἐγω πεμψω ὑμιν παρα του πατρος, το πνευμα της ἀληθειας ὁ παρα του πατρος ἐκπορευεται, ἐκεινος μαρτυρησει περι ἐμου·
	16 8	και ἐλθων ἐκεινος ἐλεγξει τον κοσμον περι ἁμαρτιας και περι δικαιοσυνης και περι κρισεως·
	13	ὁταν δε ἐλθη ἐκεινος, το πνευμα της ἀληθειας, ὁδηγησει ὑμας ἐν τη ἀληθεια παση·
	14	ἐκεινος ἐμε δοξασει, ὁτι ἐκ του ἐμου λημψεται και ἀναγγελει ὑμιν.
	23	και ἐν ἐκεινη τη ἡμερα ἐμε οὐκ ἐρωτησετε οὐδεν.
	26	ἐν ἐκεινη τη ἡμερα ἐν τω ὀνοματι μου αἰτησεσθε,
	17 24	πατερ, ὁ δεδωκας μοι, θελω ἱνα ὁπου εἰμι ἐγω κἀκεινοι ὠσιν μετ ἐμου,
	18 13	ἠν γαρ πενθερος του καιαφα, ὁς ἠν ἀρχιερευς του ἐνιαυτου ἐκεινου·
	15	ὁ δε μαθητης ἐκεινος ἠν γνωστος τω ἀρχιερει,
	17	λεγει ἐκεινος· οὐκ εἰμι.
	25	ἠρνησατο ἐκεινος και εἰπεν· οὐκ εἰμι.
	19 15	ἐκραυγασαν οὐν ἐκεινοι· ἀρον ἀρον, σταυρωσον αὐτον.
	21	μη γραφε· ὁ βασιλευς των ἰουδαιων, ἀλλ ὁτι ἐκεινος εἰπεν· βασιλευς εἰμι των ἰουδαιων.
	27	και ἀπ ἐκεινης της ὡρας ἐλαβεν ὁ μαθητης αὐτην εἰς τα ἰδια.
	31	οἱ οὐν ἰουδαιοι, ἐπει παρασκευη ἠν, ἱνα μη μεινη ἐπι του σταυρου τα σωματα ἐν τω σαββατω, ἠν γαρ μεγαλη ἡ ἡμερα ἐκεινου του σαββατου, ἠρωτησαν τον πιλατον
	35	και ἐκεινος οἰδεν ὁτι ἀληθη λεγει, ἱνα και ὑμεις πιστευ[σ]ητε.
	20 13	και λεγουσιν αὐτη ἐκεινοι· γυναι, τί κλαιεις;
	15	ἐκεινη δοκουσα ὁτι ὁ κηπουρος ἐστιν, λεγει αὐτῳ·
	16	στραφεισα ἐκεινη λεγει αὐτῳ ἐβραιστι·
	19	οὑσης οὐν ὀψιας τη ἡμερα ἐκεινη τη μια σαββατων,
	21 3	και ἐν ἐκεινη τη νυκτι ἐπιασαν οὐδεν.
	7	λεγει οὐν ὁ μαθητης ἐκεινος ὁν ἠγαπα ὁ ἰησους τω πετρω· ὁ κυριος ἐστιν.
	23	ἐξηλθεν οὐν οὑτος ὁ λογος εἰς τους ἀδελφους ὁτι ὁ μαθητης ἐκεινος οὐκ ἀποθνησκει·
Ac	1 19	και γνωστον ἐγενετο πασι τοις κατοικουσιν ἱερουσαλημ, ὡστε κληθηναι το χωριον ἐκεινο τη ἰδια διαλεκτω αὐτων ἁκελδαμαχ, τουτ ἐστιν χωριον αἱματος.
	2 18	και γε ἐπι τους δουλους μου και ἐπι τας δουλας μου ἐν ταις ἡμεραις ἐκειναις ἐκχεω ἀπο του πνευματος μου,
	41	και προσετεθησαν ἐν τη ἡμερα ἐκεινη ψυχαι ὡσει τρισχιλιαι·
	3 13	ὁ θεος των πατερων ἡμων, ἐδοξασεν τον παιδα αὐτου ἰησουν, ὁν ὑμεις μεν παρεδωκατε και ἠρνησασθε κατα προσωπον πιλατου, κριναντος ἐκεινου ἀπολυειν·
	23	ἐσται δε πασα ψυχη ἡτις ἐαν μη ἀκουση του προφητου ἐκεινου ἐξολεθρευθησεται ἐκ του λαου.
	5 37	κἀκεινος ἀπωλετο, και παντες ὁσοι ἐπειθοντο αὐτω διεσκορπισθησαν.
	7 41	και ἐμοσχοποιησαν ἐν ταις ἡμεραις ἐκειναις και ἀνηγαγον θυσιαν τω εἰδωλω,
	8 1	ἐγενετο δε ἐν ἐκεινη τη ἡμερα διωγμος μεγας ἐπι την ἐκκλησιαν την ἐν ἱεροσολυμοις·
	8	ἐγενετο δε πολλη χαρα ἐν τη πολει ἐκεινη.
	9 37	ἐγενετο δε ἐν ταις ἡμεραις ἐκειναις ἀσθενησασαν αὐτην ἀποθανειν·
	10 9	τη δε ἐπαυριον ὁδοιπορουντων ἐκεινων και τη πολει ἐγγιζοντων ἀνεβη πετρος ἐπι το δωμα προσευξασθαι περι ὡραν ἑκτην.
	12 1	κατ ἐκεινον δε τον καιρον ἐπεβαλεν ἡρωδης ὁ βασιλευς τας χειρας κακωσαι τινας των ἀπο της ἐκκλησιας.

ἐκεινος [265]

Ac	12 6	τη νυκτι ἐκεινη ἠν ὁ πετρος κοιμωμενος μεταξυ δυο στρατιωτων δεδεμενος ἁλυσεσιν δυσιν,
	14 21	εὐαγγελισαμενοι τε την πολιν ἐκεινην και μαθητευσαντες ἱκανους ὑπεστρεψαν εἰς την λυστραν και εἰς ἱκονιον και [εἰς] ἀντιοχειαν,
	15 11	ἀλλα δια της χαριτος του κυριου ἰησου πιστευομεν σωθηναι καθ ὁν τροπον κἀκεινοι.
	16 3	και λαβων περιετεμεν αὐτον δια τους ἰουδαιους τους ὀντας ἐν τοις τοποις ἐκεινοις·
	33	και παραλαβων αὐτους ἐν ἐκεινη τη ὡρα της νυκτος ἐλουσεν ἀπο των πληγων,
	35	ἀπολυσον τους ἀνθρωπους ἐκεινους.
	18 19	κατηντησαν δε εἰς ἐφεσον, κἀκεινους κατελιπεν αὐτου,
	19 16	κατακυριευσας ἀμφοτερων ἰσχυσεν κατ αὐτων, ὡστε γυμνους και τετραυματισμενους ἐκφυγειν ἐκ του οἰκου ἐκεινου.
	23	ἐγενετο δε κατα τον καιρον ἐκεινον ταραχος οὐκ ὀλιγος περι της ὁδου.
	20 2	διελθων δε τα μερη ἐκεινα και παρακαλεσας αὐτους λογω πολλω ἠλθεν εἰς την ἑλλαδα,
	21 6	και ἀνεβημεν εἰς το πλοιον, ἐκεινοι δε ὑπεστρεψαν εἰς τα ἰδια.
	22 11	ὡς δε οὐκ ἐνεβλεπον ἀπο της δοξης του φωτος ἐκεινου, χειραγωγουμενος ὑπο των συνοντων μοι ἠλθον εἰς δαμασκον.
	28 7	ἐν δε τοις περι τον τοπον ἐκεινον ὑπηρχεν χωρια τω πρωτω της νησου ὀνοματι ποπλιω,
Rm	6 21	το γαρ τελος ἐκεινων θανατος.
	11 23	κἀκεινοι δε, ἐαν μη ἐπιμενωσιν τη ἀπιστια, ἐγκεντρισθησονται·
	14 14	εἰ μη τω λογιζομενω τι κοινον εἰναι, ἐκεινω κοινον.
	15	μη τω βρωματι σου ἐκεινον ἀπολλυε, ὑπερ οὑ χριστος ἀπεθανεν.
1Co	9 25	πας δε ὁ ἀγωνιζομενος παντα ἐγκρατευεται, ἐκεινοι μεν οὐν ἱνα φθαρτον στεφανον λαβωσιν, ἡμεις δε ἀφθαρτον.
	10 6	εἰς το μη εἰναι ἡμας ἐπιθυμητας κακων, καθως κἀκεινοι ἐπεθυμησαν.
	11	ταυτα δε τυπικως συνεβαινεν ἐκεινοις,
	28	ἐαν δε τις ὑμιν εἰπη· τουτο ἱεροθυτον ἐστιν, μη ἐσθιετε δι ἐκεινον τον μηνυσαντα και την συνειδησιν·
	15 11	εἰτε οὐν ἐγω εἰτε ἐκεινοι, οὑτως κηρυσσομεν και οὑτως ἐπιστευσατε.
2Co	7 8	εἰ και μετεμελομην, βλεπω [γαρ] ὁτι ἡ ἐπιστολη ἐκεινη εἰ και προς ὡραν ἐλυπησεν ὑμας, νυν χαιρω,
	8 9	ὁτι δι ὑμας ἐπτωχευσεν πλουσιος ὠν, ἱνα ὑμεις τη ἐκεινου πτωχεια πλουτησητε.
	14	ἐν τω νυν καιρω το ὑμων περισσευμα εἰς το ἐκεινων ὑστερημα,
	14	ἐν τω νυν καιρω το ὑμων περισσευμα εἰς το ἐκεινων ὑστερημα, ἱνα και το ἐκεινων περισσευμα γενηται εἰς το ὑμων ὑστερημα,
	10 18	οὐ γαρ ὁ ἑαυτον συνιστανων, ἐκεινος ἐστιν δοκιμος, ἀλλα ὁν ὁ κυριος συνιστησιν.
Eph	2 12	ὁτι ἠτε τω καιρω ἐκεινω χωρις χριστου,
2Th	1 10	ὁτι ἐπιστευθη το μαρτυριον ἡμων ἐφ ὑμας, ἐν τη ἡμερα ἐκεινη.
2Tm	1 12	οἰδα γαρ ᾡ πεπιστευκα, και πεπεισμαι ὁτι δυνατος ἐστιν την παραθηκην μου φυλαξαι εἰς ἐκεινην την ἡμεραν.
	18	δωη αὐτω ὁ κυριος εὑρειν ἐλεος παρα κυριου ἐν ἐκεινη τη ἡμερα.
	2 12	εἰ ἀρνησομεθα, κἀκεινος ἀρνησεται ἡμας·
	13	εἰ ἀπιστουμεν, ἐκεινος πιστος μενει,
	26	και ἀνανηψωσιν ἐκ της του διαβολου παγιδος, ἐζωγρημενοι ὑπ αὐτου εἰς το ἐκεινου θελημα.
	3 9	ἡ γαρ ἀνοια αὐτων ἐκδηλος ἐσται πασιν, ὡς και ἡ ἐκεινων ἐγενετο.
	4 8	λοιπον ἀποκειται μοι ὁ της δικαιοσυνης στεφανος, ὁν ἀποδωσει μοι ὁ κυριος ἐν ἐκεινη τη ἡμερα,
Tit	3 7	ἱνα δικαιωθεντες τη ἐκεινου χαριτι κληρονομοι γενηθωμεν κατ ἐλπιδα ζωης αἰωνιου.
Heb	4 2	και γαρ ἐσμεν εὐηγγελισμενοι καθαπερ κἀκεινοι·
	2	ἀλλ οὐκ ὠφελησεν ὁ λογος της ἀκοης ἐκεινους μη συγκεκερασμενους τη πιστει τοις ἀκουσασιν.
	11	σπουδασωμεν οὐν εἰσελθειν εἰς ἐκεινην την καταπαυσιν.
	6 7	γη γαρ ἡ πιουσα τον ἐπ αὐτης ἐρχομενον πολλακις ὑετον και τικτουσα βοτανην εὐθετον ἐκεινοις δι οὑς και γεωργειται, μεταλαμβανει εὐλογιας ἀπο του θεου·
	8 7	εἰ γαρ ἡ πρωτη ἐκεινη ἠν ἀμεμπτος, οὐκ ἀν δευτερας ἐζητειτο τοπος.
	10	ὁτι αὑτη ἡ διαθηκη ἡν διαθησομαι τω οἰκω ἰσραηλ μετα τας ἡμερας ἐκεινας, λεγει κυριος,

ἐκεινος [265]

Heb 10 16 αὐτη ἡ διαθηκη ἡν διαθησομαι προς αὐτους μετα τας ἡμερας ἐκεινας, λεγει κυριος·

11 15 και εἰ μεν ἐκεινης ἐμνημονευον ἀφ ἡς ἐξεβησαν, εἰχον ἀν καιρον ἀνακαμψαι·

12 25 εἰ γαρ ἐκεινοι οὐκ ἐξεφυγον ἐπι γης παραιτησαμενοι τον χρηματιζοντα, πολυ μαλλον ἡμεις οἱ τον ἀπ οὐρανων ἀποστρεφομενοι·

Ja 1 7 μη γαρ οἰεσθω ὁ ἀνθρωπος ἐκεινος ὁτι λημψεται τι παρα του κυριου,

4 15 ἐαν ὁ κυριος θεληση, και ζησομεν και ποιησομεν τουτο ἡ ἐκεινο.

2Pt 1 16 ἀλλ ἐποπται γενηθεντες της ἐκεινου μεγαλειοτητος.

1Jh 2 6 ὁ λεγων ἐν αὐτω μενειν ὀφειλει καθως ἐκεινος περιεπατησεν και αὐτος [οὐτως] περιπατειν.

3 3 και πας ὁ ἐχων την ἐλπιδα ταυτην ἐπ αὐτω ἀγνιζει ἑαυτον καθως ἐκεινος ἀγνος ἐστιν.

5 και οἰδατε ὁτι ἐκεινος ἐφανερωθη ἱνα τας ἀμαρτιας ἀρη,

7 ὁ ποιων την δικαιοσυνην δικαιος ἐστιν, καθως ἐκεινος δικαιος ἐστιν·

16 ἐν τουτω ἐγνωκαμεν την ἀγαπην, ὁτι ἐκεινος ὑπερ ἡμων την ψυχην αὐτου ἐθηκεν·

4 17 ὁτι καθως ἐκεινος ἐστιν και ἡμεις ἐσμεν ἐν τω κοσμω τουτω.

5 16 ἐστιν ἀμαρτια προς θανατον· οὐ περι ἐκεινης λεγω ἱνα ἐρωτηση.

Apc 9 6 και ἐν ταις ἡμεραις ἐκειναις ζητησουσιν οἱ ἀνθρωποι τον θανατον και οὐ μη εὑρησουσιν αὐτον,

11 13 και ἐν ἐκεινη τη ὡρα ἐγενετο σεισμος μεγας,

ἐκεισε [2]

Ac 21 3 και κατηλθομεν εἰς τυρον· ἐκεισε γαρ το πλοιον ἡν ἀποφορτιζομενον τον γομον.

22 5 παρ ὡν και ἐπιστολας δεξαμενος προς τους ἀδελφους εἰς δαμασκον ἐπορευομην, ἀξων και τους ἐκεισε ὀντας δεδεμενους εἰς ἱερουσαλημ ἱνα τιμωρηθωσιν.

ἐκζητεω [7]

Lc 11 50 και ἐξ αὐτων ἀποκτενουσιν και διωξουσιν, ἱνα ἐκζητηθη το αἱμα παντων των προφητων το ἐκκεχυμενον ἀπο καταβολης κοσμου ἀπο της γενεας ταυτης,

51 ναι λεγω ὑμιν, ἐκζητηθησεται ἀπο της γενεας ταυτης.

Ac 15 17 ὁπως ἀν ἐκζητησωσιν οἱ καταλοιποι των ἀνθρωπων τον κυριον,

Rm 3 11 οὐκ ἐστιν ὁ συνιων, οὐκ ἐστιν ὁ ἐκζητων τον θεον·

Heb 11 6 πιστευσαι γαρ δει τον προσερχομενον τω θεω, ὁτι ἐστιν και τοις ἐκζητουσιν αὐτον μισθαποδοτης γινεται.

12 17 μετανοιας γαρ τοπον οὐχ εὑρεν, καιπερ μετα δακρυων ἐκζητησας αὐτην.

1Pt 1 10 περι ἡς σωτηριας ἐξεζητησαν και ἐξηραυνησαν προφηται οἱ περι της εἰς ὑμας χαριτος προφητευσαντες,

ἐκζητησις [1]

1Tm 1 4 μηδε προσεχειν μυθοις και γενεαλογιαις ἀπεραντοις, αἱτινες ἐκζητησεις παρεχουσιν μαλλον ἡ οἰκονομιαν θεου την ἐν πιστει·

ἐκθαμβεομαι [4]

Mc 9 15 και εὐθυς πας ὁ ὀχλος ἰδοντες αὐτον ἐξεθαμβηθησαν,

14 33 και παραλαμβανει τον πετρον και [τον] ἰακωβον και [τον] ἰωαννην μετ αὐτου, και ἡρξατο ἐκθαμβεισθαι και ἀδημονειν,

16 5 και εἰσελθουσαι εἰς το μνημειον εἰδον νεανισκον καθημενον ἐν τοις δεξιοις περιβεβλημενον στολην λευκην, και ἐξεθαμβηθησαν.

6 ὁ δε λεγει αὐταις· μη ἐκθαμβεισθε· ἰησουν ζητειτε τον ναζαρηνον τον ἐσταυρωμενον·

ἐκθαμβος [1]

Ac 3 11 κρατουντος δε αὐτου τον πετρον και τον ἰωαννην συνεδραμεν πας ὁ λαος προς αὐτους ἐπι τη στοα τη καλουμενη σολομωντος ἐκθαμβοι.

ἐκθαυμαζω [1]

Mc 12 17 και ἐξεθαυμαζον ἐπ αὐτω.

ἐκθετος [1]

Ac 7 19 οὐτος κατασοφισαμενος το γενος ἡμων ἐκακωσεν τους πατερας [ἡμων] του ποιειν τα βρεφη ἐκθετα αὐτων εἰς το μη ζωογονεισθαι.

ἐκκαθαιρω [2]

1Co 5 7 ἐκκαθαρατε την παλαιαν ζυμην, ἱνα ἡτε νεον φυραμα,

2Tm 2 21 ἐαν οὐν τις ἐκκαθαρη ἑαυτον ἀπο τουτων, ἐσται σκευος εἰς τιμην,

ἐκκαιομαι [1]

Rm 1 27 ὁμοιως τε και οἱ ἀρσενες ἀφεντες την φυσικην χρησιν της θηλειας ἐξεκαυθησαν ἐν τη ὀρεξει αὐτων εἰς ἀλληλους,

ἐκκεντεω [2]

Jh 19 37 ὀψονται εἰς ὁν ἐξεκεντησαν.

Apc 1 7 και ὀψεται αὐτον πας ὀφθαλμος και οἱτινες αὐτον ἐξεκεντησαν,

ἐκκλαομαι [3]

Rm 11 17 εἰ δε τινες των κλαδων ἐξεκλασθησαν, συ δε ἀγριελαιος ὡν ἐνεκεντρισθης ἐν αὐτοις και συγκοινωνος της ῥιζης της πιοτητος της ἐλαιας ἐγενου, μη κατακαυχω των κλαδων·

19 ἐρεις οὐν· ἐξεκλασθησαν κλαδοι ἱνα ἐγω ἐγκεντρισθω.

20 τη ἀπιστια ἐξεκλασθησαν, συ δε τη πιστει ἐστηκας.

ἐκκλειω [2]

Rm 3 27 που οὐν ἡ καυχησις; ἐξεκλεισθη.

Ga 4 17 ζηλουσιν ὑμας οὐ καλως, ἀλλα ἐκκλεισαι ὑμας θελουσιν,

ἐκκλησια [114]

Mt 16 18 καγω δε σοι λεγω ὁτι συ εἰ πετρος, και ἐπι ταυτη τη πετρα οἰκοδομησω μου την ἐκκλησιαν,

18 17 ἐαν δε παρακουση αὐτων, εἰπε τη ἐκκλησια·

17 ἐαν δε και της ἐκκλησιας παρακουση, ἐστω σοι ὡσπερ ὁ ἐθνικος και ὁ τελωνης.

Ac 5 11 και ἐγενετο φοβος μεγας ἐφ ὁλην την ἐκκλησιαν και ἐπι παντας τους ἀκουοντας ταυτα.

7 38 οὐτος ἐστιν ὁ γενομενος ἐν τη ἐκκλησια ἐν τη ἐρημω μετα του ἀγγελου

8 1 ἐγενετο δε ἐν ἐκεινη τη ἡμερα διωγμος μεγας ἐπι την ἐκκλησιαν την ἐν ἱεροσολυμοις·

3 σαυλος δε ἐλυμαινετο την ἐκκλησιαν κατα τους οἰκους εἰσπορευομενος, συρων τε ἀνδρας και γυναικας παρεδιδου εἰς φυλακην.

9 31 ἡ μεν οὐν ἐκκλησια καθ ὁλης της ἰουδαιας και γαλιλαιας και σαμαρειας εἰχεν εἰρηνην οἰκοδομουμενη

11 22 ἡκουσθη δε ὁ λογος εἰς τα ὠτα της ἐκκλησιας της οὐσης ἐν ἱερουσαλημ περι αὐτων,

26 ἐγενετο δε αὐτοις και ἐνιαυτον ὁλον συναχθηναι ἐν τη ἐκκλησια και διδαξαι ὀχλον ἱκανον,

12 1 κατ ἐκεινον δε τον καιρον ἐπεβαλεν ἡρωδης ὁ βασιλευς τας χειρας κακωσαι τινας των ἀπο της ἐκκλησιας.

5 προσευχη δε ἡν ἐκτενως γινομενη ὑπο της ἐκκλησιας προς τον θεον περι αὐτου.

13 1 ἡσαν δε ἐν ἀντιοχεια κατα την οὐσαν ἐκκλησιαν προφηται και διδασκαλοι ὁ τε βαρναβας και συμεων ὁ καλουμενος νιγερ,

14 23 χειροτονησαντες δε αὐτοις κατ ἐκκλησιαν πρεσβυτερους, προσευξαμενοι μετα νηστειων παρεθεντο αὐτους τω κυριω εἰς ὁν πεπιστευκεισαν.

27 παραγενομενοι δε και συναγαγοντες την ἐκκλησιαν, ἀνηγγελλον ὁσα ἐποιησεν ὁ θεος μετ αὐτων,

15 3 οἱ μεν οὐν προπεμφθεντες ὑπο της ἐκκλησιας διηρχοντο την τε φοινικην και σαμαρειαν ἐκδιηγουμενοι την ἐπιστροφην των ἐθνων,

4 παραγενομενοι δε εἰς ἱερουσαλημ παρεδεχθησαν ἀπο της ἐκκλησιας και των ἀποστολων και των πρεσβυτερων,

22 τοτε ἐδοξε τοις ἀποστολοις και τοις πρεσβυτεροις συν ὁλη τη ἐκκλησια ἐκλεξαμενους ἀνδρας ἐξ αὐτων πεμψαι εἰς ἀντιοχειαν συν τω παυλω και βαρναβα,

41 διηρχετο δε την συριαν και [την] κιλικιαν ἐπιστηριζων τας ἐκκλησιας.

ἐκκλησια [114]

Ac	16 5	αἱ μεν οὖν *ἐκκλησιαι* ἐστερεουντο τῃ πιστει και ἐπερισσευον τῳ ἀριθμῳ καθ ἡμεραν.
	18 22	ἀναβας και ἀσπασαμενος την *ἐκκλησιαν*, κατεβη εἰς ἀντιοχειαν,
	19 32	ἦν γαρ ἡ *ἐκκλησια* συγκεχυμενη, και οἱ πλειους οὐκ ἠδεισαν τινος ἐνεκα συνεληλυθεισαν.
	39	εἰ δε τι περαιτερω ἐπιζητειτε, ἐν τῃ ἐννομῳ *ἐκκλησιᾳ* ἐπιλυθησεται.
	40	και ταυτα εἰπων ἀπελυσεν την *ἐκκλησιαν*.
	20 17	ἀπο δε της μιλητου πεμψας εἰς ἐφεσον μετεκαλεσατο τους πρεσβυτερους της *ἐκκλησιας*.
	28	προσεχετε ἐαυτοις και παντι τῳ ποιμνιῳ, ἐν ᾧ ὑμας το πνευμα το ἁγιον ἐθετο ἐπισκοπους, ποιμαινειν την *ἐκκλησιαν* του θεου,
Rm	16 1	συνιστημι δε ὑμιν φοιβην την ἀδελφην ἡμων, οὐσαν [και] διακονον της *ἐκκλησιας* της ἐν κεγχρεαις,
	4	οἱτινες ὑπερ της ψυχης μου τον ἑαυτων τραχηλον ὑπεθηκαν, οἱς οὐκ ἐγω μονος εὐχαριστω ἀλλα και πασαι αἱ *ἐκκλησιαι* των ἐθνων,
	5	οἱς οὐκ ἐγω μονος εὐχαριστω ἀλλα και πασαι αἱ ἐκκλησιαι των ἐθνων, και την κατ οἰκον αὐτων *ἐκκλησιαν*.
	16	ἀσπαζονται ὑμας αἱ *ἐκκλησιαι* πασαι του χριστου.
	23	ἀσπαζεται ὑμας γαιος ὁ ξενος μου και ὁλης της *ἐκκλησιας*.
1Co	1 2	τῃ *ἐκκλησιᾳ* του θεου τῃ οὐσῃ ἐν κορινθῳ, ἡγιασμενοις ἐν χριστῳ ἰησου,
	4 17	ὃς ὑμας ἀναμνησει τας ὁδους μου τας ἐν χριστῳ [ἰησου], καθως πανταχου ἐν πασῃ *ἐκκλησιᾳ* διδασκω.
	6 4	βιωτικα μεν οὖν κριτηρια ἐαν ἐχητε, τους ἐξουθενημενους ἐν τῃ *ἐκκλησιᾳ*, τουτους καθιζετε;
	7 17	και οὑτως ἐν ταις *ἐκκλησιαις* πασαις διατασσομαι.
	10 32	ἀπροσκοποι και ἰουδαιοις γινεσθε και ἑλλησιν και τῃ *ἐκκλησιᾳ* του θεου,
	11 16	εἰ δε τις δοκει φιλονεικος εἰναι, ἡμεις τοιαυτην συνηθειαν οὐκ ἐχομεν, οὐδε αἱ *ἐκκλησιαι* του θεου.
	18	πρωτον μεν γαρ συνερχομενων ὑμων ἐν *ἐκκλησιᾳ* ἀκουω σχισματα ἐν ὑμιν ὑπαρχειν,
	22	ἢ της *ἐκκλησιας* του θεου καταφρονειτε, και καταισχυνετε τους μη ἐχοντας;
	12 28	και οὑς μεν ἐθετο ὁ θεος ἐν τῃ *ἐκκλησιᾳ* πρωτον ἀποστολους, δευτερον προφητας, τριτον διδασκαλους,
	14 4	ὁ δε προφητευων *ἐκκλησιαν* οἰκοδομει.
	5	ἐκτος εἰ μη διερμηνευῃ, ἱνα ἡ *ἐκκλησια* οἰκοδομην λαβῃ.
	12	οὑτως και ὑμεις, ἐπει ζηλωται ἐστε πνευματων, προς την οἰκοδομην της *ἐκκλησιας* ζητειτε ἱνα περισσευητε.
	19	ἀλλα ἐν *ἐκκλησιᾳ* θελω πεντε λογους τῳ νοι μου λαλησαι, ἱνα και ἀλλους κατηχησω, ἢ μυριους λογους ἐν γλωσσῃ.
	23	ἐαν οὖν συνελθῃ ἡ *ἐκκλησια* ὁλη ἐπι το αὐτο και παντες λαλωσιν γλωσσαις, εἰσελθωσιν δε ἰδιωται ἢ ἀπιστοι, οὐκ ἐρουσιν ὁτι μαινεσθε;
	28	ἐαν δε μη ᾖ διερμηνευτης, σιγατω ἐν *ἐκκλησιᾳ*,
	33	ὡς ἐν πασαις ταις *ἐκκλησιαις* των ἁγιων, αἱ γυναικες ἐν ταις ἐκκλησιαις σιγατωσαν·
	34	ὡς ἐν πασαις ταις ἐκκλησιαις των ἁγιων, αἱ γυναικες ἐν ταις *ἐκκλησιαις* σιγατωσαν·
	35	αἰσχρον γαρ ἐστιν γυναικι λαλειν ἐν *ἐκκλησιᾳ*.
	15 9	ὃς οὐκ εἰμι ἱκανος καλεισθαι ἀποστολος, διοτι ἐδιωξα την *ἐκκλησιαν* του θεου·
	16 1	περι δε της λογειας της εἰς τους ἁγιους, ὡσπερ διεταξα ταις *ἐκκλησιαις* της γαλατιας, οὑτως και ὑμεις ποιησατε.
	19	ἀσπαζονται ὑμας αἱ *ἐκκλησιαι* της ἀσιας.
	19	ἀσπαζεται ὑμας ἐν κυριῳ πολλα ἀκυλας και πρισκα συν τῃ κατ οἰκον αὐτων *ἐκκλησιᾳ*.
2Co	1 1	παυλος ἀποστολος χριστου ἰησου δια θεληματος θεου και τιμοθεος ὁ ἀδελφος τῃ *ἐκκλησιᾳ* του θεου τῃ οὐσῃ ἐν κορινθῳ συν τοις ἁγιοις πασιν τοις οὐσιν ἐν ὁλῃ τῃ ἀχαιᾳ·
	8 1	γνωριζομεν δε ὑμιν, ἀδελφοι, την χαριν του θεου την δεδομενην ἐν ταις *ἐκκλησιαις* της μακεδονιας,
	18	συνεπεμψαμεν δε μετ αὐτου τον ἀδελφον οὑ ὁ ἐπαινος ἐν τῳ εὐαγγελιῳ δια πασων των *ἐκκλησιων*,
	19	οὐ μονον δε ἀλλα και χειροτονηθεις ὑπο των *ἐκκλησιων* συνεκδημος ἡμων·
	23	εἰτε ἀδελφοι ἡμων, ἀποστολοι *ἐκκλησιων*, δοξα χριστου.
	24	την οὖν ἐνδειξιν της ἀγαπης ὑμων και ἡμων καυχησεως ὑπερ ὑμων εἰς αὐτους ἐνδεικνυμενοι εἰς προσωπον των *ἐκκλησιων*.
	11 8	ἀλλας *ἐκκλησιας* ἐσυλησα λαβων ὀψωνιον προς την ὑμων διακονιαν,
	28	χωρις των παρεκτος ἡ ἐπιστασις μοι ἡ καθ ἡμεραν, ἡ μεριμνα πασων των *ἐκκλησιων*.

ἐκκλησια [114]

2Co	12 13	τι γαρ ἐστιν ὁ ἡσσωθητε ὑπερ τας λοιπας *ἐκκλησιας*, εἰ μη ὁτι αὐτος ἐγω οὐ κατεναρκησα ὑμων;
Ga	1 2	ταις *ἐκκλησιαις* της γαλατιας· χαρις ὑμιν και εἰρηνη
	13	ἠκουσατε γαρ την ἐμην ἀναστροφην ποτε ἐν τῳ ἰουδαισμῳ, ὁτι καθ ὑπερβολην ἐδιωκον την *ἐκκλησιαν* του θεου και ἐπορθουν αὐτην,
	22	ἡμην δε ἀγνοουμενος τῳ προσωπῳ ταις *ἐκκλησιαις* της ἰουδαιας ταις ἐν χριστῳ.
Eph	1 22	και αὐτον ἐδωκεν κεφαλην ὑπερ παντα τῃ *ἐκκλησιᾳ*,
	3 10	ἱνα γνωρισθῃ νυν ταις ἀρχαις και ταις ἐξουσιαις ἐν τοις ἐπουρανιοις δια της *ἐκκλησιας* ἡ πολυποικιλος σοφια του θεου,
	21	αὐτῳ ἡ δοξα ἐν τῃ *ἐκκλησιᾳ* και ἐν χριστῳ ἰησου εἰς πασας τας γενεας του αἰωνος των αἰωνων·
	5 23	ὁτι ἀνηρ ἐστιν κεφαλη της γυναικος ὡς και ὁ χριστος κεφαλη της *ἐκκλησιας*,
	24	ἀλλα ὡς ἡ *ἐκκλησια* ὑποτασσεται τῳ χριστῳ, οὑτως και αἱ γυναικες τοις ἀνδρασιν ἐν παντι.
	25	οἱ ἀνδρες, ἀγαπατε τας γυναικας, καθως και ὁ χριστος ἠγαπησεν την *ἐκκλησιαν* και ἑαυτον παρεδωκεν ὑπερ αὐτης,
	27	ἱνα παραστησῃ αὐτος ἑαυτῳ ἐνδοξον την *ἐκκλησιαν*,
	29	ἀλλα ἐκτρεφει και θαλπει αὐτην, καθως και ὁ χριστος την *ἐκκλησιαν*.
	32	ἐγω δε λεγω εἰς χριστον και εἰς την *ἐκκλησιαν*.
Php	3 6	κατα νομον φαρισαιος, κατα ζηλος διωκων την *ἐκκλησιαν*,
	4 15	οἰδατε δε και ὑμεις, φιλιππησιοι, ὁτι ἐν ἀρχῃ του εὐαγγελιου, ὁτε ἐξηλθον ἀπο μακεδονιας, οὐδεμια μοι *ἐκκλησια* ἐκοινωνησεν
Col	1 18	και αὐτος ἐστιν ἡ κεφαλη του σωματος, της *ἐκκλησιας*·
	24	και ἀνταναπληρω τα ὑστερηματα των θλιψεων του χριστου ἐν τῃ σαρκι μου ὑπερ του σωματος αὐτου, ὁ ἐστιν ἡ *ἐκκλησια*,
	4 15	ἀσπασασθε τους ἐν λαοδικειᾳ ἀδελφους και νυμφαν και την κατ οἰκον αὐτης *ἐκκλησιαν*.
	16	και ὁταν ἀναγνωσθῃ παρ ὑμιν ἡ ἐπιστολη, ποιησατε ἱνα και ἐν τῃ λαοδικεων *ἐκκλησιᾳ* ἀναγνωσθῃ,
1Th	1 1	παυλος και σιλουανος και τιμοθεος τῃ *ἐκκλησιᾳ* θεσσαλονικεων ἐν θεῳ πατρι και κυριῳ ἰησου χριστῳ·
	2 14	ὑμεις γαρ μιμηται ἐγενηθητε, ἀδελφοι, των *ἐκκλησιων* του θεου
2Th	1 1	παυλος και σιλουανος και τιμοθεος τῃ *ἐκκλησιᾳ* θεσσαλονικεων ἐν θεῳ πατρι ἡμων και κυριῳ ἰησου χριστῳ·
	4	ὡστε αὐτους ἡμας ἐν ὑμιν ἐγκαυχασθαι ἐν ταις *ἐκκλησιαις* του θεου ὑπερ της ὑπομονης ὑμων και πιστεως
1Tm	3 5	εἰ δε τις του ἰδιου οἰκου προστηναι οὐκ οἰδεν, πως *ἐκκλησιας* θεου ἐπιμελησεται;
	15	ἱνα εἰδῃς πως δει ἐν οἰκῳ θεου ἀναστρεφεσθαι, ἡτις ἐστιν *ἐκκλησια* θεου ζωντος,
	5 16	και μη βαρεισθω ἡ *ἐκκλησια*, ἱνα ταις ὀντως χηραις ἐπαρκεσῃ.
Phm	2	και ἀπφιᾳ τῃ ἀδελφῃ και ἀρχιππῳ τῳ συστρατιωτῃ ἡμων και τῃ κατ οἰκον σου *ἐκκλησιᾳ*
Heb	2 12	ἐν μεσῳ *ἐκκλησιας* ὑμνησω σε·
	12 23	και *ἐκκλησιᾳ* πρωτοτοκων ἀπογεγραμμενων ἐν οὐρανοις,
Ja	5 14	ἀσθενει τις ἐν ὑμιν; προσκαλεσασθω τους πρεσβυτερους της *ἐκκλησιας*,
3Jh	6	πιστον ποιεις ὁ ἐαν ἐργασῃ εἰς τους ἀδελφους και τουτο ξενους, οἱ ἐμαρτυρησαν σου τῃ ἀγαπῃ ἐνωπιον *ἐκκλησιας*,
	9	ἐγραψα τι τῃ *ἐκκλησιᾳ*·
	10	οὐτε αὐτος ἐπιδεχεται τους ἀδελφους και τους βουλομενους κωλυει και ἐκ της *ἐκκλησιας* ἐκβαλλει.
Apc	1 4	ἰωαννης ταις ἑπτα *ἐκκλησιαις* ταις ἐν τῃ ἀσιᾳ·
	11	ὁ βλεπεις γραψον εἰς βιβλιον και πεμψον ταις ἑπτα *ἐκκλησιαις*,
	20	οἱ ἑπτα ἀστερες ἀγγελοι των ἑπτα *ἐκκλησιων* εἰσιν,
	20	οἱ ἑπτα ἀστερες ἀγγελοι των ἑπτα ἐκκλησιων εἰσιν, και αἱ λυχνιαι αἱ ἑπτα ἑπτα *ἐκκλησιαι* εἰσιν.
	2 1	τῳ ἀγγελῳ της ἐν ἐφεσῳ *ἐκκλησιας* γραψον·
	7	ὁ ἐχων οὐς ἀκουσατω τι το πνευμα λεγει ταις *ἐκκλησιαις*. τῳ νικωντι δωσω αὐτῳ φαγειν ἐκ του ξυλου της ζωης,
	8	και τῳ ἀγγελῳ της ἐν σμυρνῃ *ἐκκλησιας* γραψον·
	11	ὁ ἐχων οὐς ἀκουσατω τι το πνευμα λεγει ταις *ἐκκλησιαις*. ὁ νικων οὐ μη ἀδικηθῃ ἐκ του θανατου του δευτερου.
	12	και τῳ ἀγγελῳ της ἐν περγαμῳ *ἐκκλησιας* γραψον·
	17	ὁ ἐχων οὐς ἀκουσατω τι το πνευμα λεγει ταις *ἐκκλησιαις*.
	18	και τῳ ἀγγελῳ της ἐν θυατειροις *ἐκκλησιας* γραψον·
	23	και γνωσονται πασαι αἱ *ἐκκλησιαι* ὁτι ἐγω εἰμι ὁ ἐραυνων νεφρους και καρδιας,
	29	ὁ ἐχων οὐς ἀκουσατω τι το πνευμα λεγει ταις *ἐκκλησιαις*.

ἐκκλησια [114]

Apc 3 1 και τω ἀγγελω της ἐν σαρδεσιν ἐκκλησιας γραψον·
    6 ὁ ἐχων οὐς ἀκουσατω τί το πνευμα λεγει ταις ἐκκλησιαις.
    7 και τω ἀγγελω της ἐν φιλαδελφεια ἐκκλησιας γραψον·
    13 ὁ ἐχων οὐς ἀκουσατω τί το πνευμα λεγει ταις ἐκκλησιαις.
    14 και τω ἀγγελω της ἐν λαοδικεια ἐκκλησιας γραψον·
    22 ὁ ἐχων οὐς ἀκουσατω τί το πνευμα λεγει ταις ἐκκλησιαις.
    22 16 ἐγω ἰησους ἐπεμψα τον ἀγγελον μου μαρτυρησαι ὑμιν ταυτα ἐπι ταις ἐκκλησιαις.

ἐκκλινω [3]

Rm 3 12 παντες ἐξεκλιναν, ἁμα ἠχρεωθησαν·
   16 17 παρακαλω δε ὑμας, ἀδελφοι, σκοπειν τους τας διχοστασιας και τα σκανδαλα παρα την διδαχην ἡν ὑμεις ἐμαθετε ποιουντας, και ἐκκλινετε ἀπ αὐτων·
1Pt 3 11 ἐκκλινατω δε ἀπο κακου και ποιησατω ἀγαθον,

ἐκκολυμβαω [1]

Ac 27 42 των δε στρατιωτων βουλη ἐγενετο ἱνα τους δεσμωτας ἀποκτεινωσιν, μη τις ἐκκολυμβησας διαφυγη·

ἐκκομιζω [1]

Lc 7 12 ὡς δε ἠγγισεν τη πυλη της πολεως, και ἰδου ἐξεκομιζετο τεθνηκως μονογενης υἱος τη μητρι αὐτου,

ἐκκοπτω [10]

Mt 3 10 παν οὐν δενδρον μη ποιουν καρπον καλον ἐκκοπτεται και εἰς πυρ βαλλεται.
   5 30 και εἰ ἡ δεξια σου χειρ σκανδαλιζει σε, ἐκκοψον αὐτην και βαλε ἀπο σου·
   7 19 παν δενδρον μη ποιουν καρπον καλον ἐκκοπτεται και εἰς πυρ βαλλεται.
   18 8 εἰ δε ἡ χειρ σου ἡ ὁ πους σου σκανδαλιζει σε, ἐκκοψον αὐτον και βαλε ἀπο σου·
Lc 3 9 παν οὐν δενδρον μη ποιουν καρπον καλον ἐκκοπτεται και εἰς πυρ βαλλεται.
   13 7 ἰδου τρια ἐτη ἀφ οὑ ἐρχομαι ζητων καρπον ἐν τη συκη ταυτη και οὐχ εὑρισκω· ἐκκοψον [οὐν] αὐτην·
   9 καν μεν ποιηση καρπον εἰς το μελλον· εἰ δε μηγε, ἐκκοψεις αὐτην.
Rm 11 22 ἐπι μεν τους πεσοντας ἀποτομια, ἐπι δε σε χρηστοτης θεου, ἐαν ἐπιμενης τη χρηστοτητι, ἐπει και συ ἐκκοπηση.
   24 εἰ γαρ συ ἐκ της κατα φυσιν ἐξεκοπης ἀγριελαιου και παρα φυσιν ἐνεκεντρισθης εἰς καλλιελαιον, ποσω μαλλον οὑτοι οἱ κατα φυσιν ἐγκεντρισθησονται τη ἰδια ἐλαια.
2Co 11 12 ὁ δε ποιω, και ποιησω, ἱνα ἐκκοψω την ἀφορμην των θελοντων ἀφορμην,

ἐκκρεμαννυμι [1]

Lc 19 48 ὁ λαος γαρ ἁπας ἐξεκρεματο αὐτου ἀκουων.

ἐκκαλεω [1]

Ac 23 22 ὁ μεν οὐν χιλιαρχος ἀπελυσε τον νεανισκον, παραγγειλας μηδενι ἐκλαλησαι ὁτι ταυτα ἐνεφανισας προς με.

ἐκλαμπω [1]

Mt 13 43 τοτε οἱ δικαιοι ἐκλαμψουσιν ὡς ὁ ἡλιος ἐν τη βασιλεια του πατρος αὐτων.

ἐκλανθανομαι [1]

Heb 12 5 οὐπω μεχρις αἱματος ἀντικατεστητε προς την ἁμαρτιαν ἀνταγωνιζομενοι, και ἐκλελησθε της παρακλησεως,

ἐκλεγομαι [22]

Mc 13 20 και εἰ μη ἐκολοβωσεν κυριος τας ἡμερας, οὐκ ἀν ἐσωθη πασα σαρξ· ἀλλα δια τους ἐκλεκτους οὑς ἐξελεξατο ἐκολοβωσεν τας ἡμερας.
Lc 6 13 και ἐκλεξαμενος ἀπ αὐτων δωδεκα, οὑς και ἀποστολους ὠνομασεν.
   9 35 οὑτος ἐστιν ὁ υἱος μου ὁ ἐκλελεγμενος, αὐτου ἀκουετε·

ἐκλεγομαι [22]

Lc 10 42 μαριαμ γαρ την ἀγαθην μεριδα ἐξελεξατο, ἡτις οὐκ ἀφαιρεθησεται αὐτης
   14 7 ἐλεγεν δε προς τους κεκλημενους παραβολην, ἐπεχων πως τας πρωτοκλισιας ἐξελεγοντο,
Jh 6 70 οὐκ ἐγω ὑμας τους δωδεκα ἐξελεξαμην;
   13 18 οὐ περι παντων ὑμων λεγω· ἐγω οἰδα τινας ἐξελεξαμην·
   15 16 οὐχ ὑμεις με ἐξελεξασθε, ἀλλ ἐγω ἐξελεξαμην ὑμας,
   16 οὐχ ὑμεις με ἐξελεξασθε, ἀλλ ἐγω ἐξελεξαμην ὑμας,
   19 ὁτι δε ἐκ του κοσμου οὐκ ἐστε, ἀλλ ἐγω ἐξελεξαμην ὑμας ἐκ του κοσμου, δια τουτο μισει ὑμας ὁ κοσμος.
Ac 1 2 ἀχρι ἡς ἡμερας ἐντειλαμενος τοις ἀποστολοις δια πνευματος ἁγιου οὑς ἐξελεξατο ἀνελημφθη·
   24 ἀναδειξον ὁν ἐξελεξω ἐκ τουτων των δυο
   6 5 και ἐξελεξαντο στεφανον, ἀνδρα πληρη πιστεως και πνευματος ἁγιου,
   13 17 ὁ θεος του λαου τουτου ἰσραηλ ἐξελεξατο τους πατερας ἡμων,
   15 7 ἀνδρες ἀδελφοι, ὑμεις ἐπιστασθε ὁτι ἀφ ἡμερων ἀρχαιων ἐν ὑμιν ἐξελεξατο ὁ θεος δια του στοματος μου ἀκουσαι τα ἐθνη τον λογον του εὐαγγελιου και πιστευσαι.
   22 τοτε ἐδοξε τοις ἀποστολοις και τοις πρεσβυτεροις συν ὁλη τη ἐκκλησια ἐκλεξαμενους ἀνδρας ἐξ αὐτων πεμψαι εἰς ἀντιοχειαν συν τω παυλω και βαρναβα,
   25 ἐδοξεν ἡμιν γενομενοις ὁμοθυμαδον, ἐκλεξαμενοις ἀνδρας πεμψαι προς ὑμας συν τοις ἀγαπητοις ἡμων βαρναβα και παυλω,
1Co 1 27 ἀλλα τα μωρα του κοσμου ἐξελεξατο ὁ θεος ἱνα καταισχυνη τους σοφους,
   27 και τα ἀσθενη του κοσμου ἐξελεξατο ὁ θεος ἱνα καταισχυνη τα ἰσχυρα,
   28 και τα ἀγενη του κοσμου και τα ἐξουθενημενα ἐξελεξατο ὁ θεος, τα μη ὀντα, ἱνα τα ὀντα καταργηση,
Eph 1 4 καθως ἐξελεξατο ἡμας ἐν αὐτω προ καταβολης κοσμου,
Ja 2 5 οὐχ ὁ θεος ἐξελεξατο τους πτωχους τω κοσμω πλουσιους ἐν πιστει και κληρονομους της βασιλειας ἡς ἐπηγγειλατο τοις ἀγαπωσιν αὐτον;

ἐκλειπω [4]

Lc 16 9 ἑαυτοις ποιησατε φιλους ἐκ του μαμωνα της ἀδικιας, ἱνα ὁταν ἐκλιπη δεξωνται ὑμας εἰς τας αἰωνιους σκηνας.
   22 32 ἐγω δε ἐδεηθην περι σου ἱνα μη ἐκλιπη ἡ πιστις σου·
   23 45 και ἡν ἠδη ὡσει ὡρα ἑκτη και σκοτος ἐγενετο ἐφ ὁλην την γην ἑως ὡρας ἐνατης του ἡλιου ἐκλιποντος·
Heb 1 12 συ δε ὁ αὐτος εἰ και τα ἐτη σου οὐκ ἐκλειψουσιν.

ἐκλεκτος [22]

Mt 22 14 πολλοι γαρ εἰσιν κλητοι, ὀλιγοι δε ἐκλεκτοι.
   24 22 δια δε τους ἐκλεκτους κολοβωθησονται αἱ ἡμεραι ἐκειναι.
   24 και δωσουσιν σημεια μεγαλα και τερατα, ὡστε πλανησαι, εἰ δυνατον, και τους ἐκλεκτους.
   31 και ἐπισυναξουσιν τους ἐκλεκτους αὐτου ἐκ των τεσσαρων ἀνεμων ἀπ ἀκρων οὐρανων ἑως [των] ἀκρων αὐτων.
Mc 13 20 και εἰ μη ἐκολοβωσεν κυριος τας ἡμερας, οὐκ ἀν ἐσωθη πασα σαρξ· ἀλλα δια τους ἐκλεκτους οὑς ἐξελεξατο ἐκολοβωσεν τας ἡμερας.
   22 ἐγερθησονται γαρ ψευδοχριστοι και ψευδοπροφηται και δωσουσιν σημεια και τερατα προς το ἀποπλαναν, εἰ δυνατον, τους ἐκλεκτους.
   27 και τοτε ἀποστελει τους ἀγγελους και ἐπισυναξει τους ἐκλεκτους [αὐτου] ἐκ των τεσσαρων ἀνεμων ἀπ ἀκρου γης ἑως ἀκρου οὐρανου.
Lc 18 7 ὁ δε θεος οὐ μη ποιηση την ἐκδικησιν των ἐκλεκτων αὐτου των βοωντων αὐτω ἡμερας και νυκτος, και μακροθυμει ἐπ αὐτοις;
   23 35 ἀλλους ἐσωσεν, σωσατω ἑαυτον, εἰ οὑτος ἐστιν ὁ χριστος του θεου ὁ ἐκλεκτος.
Rm 8 33 τις ἐγκαλεσει κατα ἐκλεκτων θεου; θεος ὁ δικαιων·
   16 13 ἀσπασασθε ρουφον τον ἐκλεκτον ἐν κυριω και την μητερα αὐτου και ἐμου.
Col 3 12 ἐνδυσασθε οὐν, ὡς ἐκλεκτοι του θεου ἁγιοι και ἠγαπημενοι, σπλαγχνα οἰκτιρμου, χρηστοτητα, ταπεινοφροσυνην, πραυτητα, μακροθυμιαν,
1Tm 5 21 διαμαρτυρομαι ἐνωπιον του θεου και χριστου ἰησου και των ἐκλεκτων ἀγγελων ἱνα ταυτα φυλαξης χωρις προκριματος,
2Tm 2 10 δια τουτο παντα ὑπομενω δια τους ἐκλεκτους,
Tit 1 1 παυλος δουλος θεου, ἀποστολος δε ἰησου χριστου κατα πιστιν ἐκλεκτων θεου και ἐπιγνωσιν ἀληθειας της κατ εὐσεβειαν

ἐκλεκτος [22]

1Pt	1 1	πετρος ἀποστολος ἰησου χριστου *ἐκλεκτοις* παρεπιδημοις διασπορας ποντου, γαλατιας, καππαδοκιας, ἀσιας και βιθυνιας,
	2 4	προς ὁν προσερχομενοι, λιθον ζωντα, ὑπο ἀνθρωπων μεν ἀποδεδοκιμασμενον παρα δε θεω *ἐκλεκτον* ἐντιμον,
	6	ἰδου τιθημι ἐν σιων λιθον ἀκρογωνιαιον *ἐκλεκτον* ἐντιμον,
	9	ὑμεις δε γενος *ἐκλεκτον*, βασιλειον ἱερατευμα, ἐθνος ἁγιον, λαος εἰς περιποιησιν,
2Jh	1	ὁ πρεσβυτερος *ἐκλεκτη* κυρια και τοις τεκνοις αὐτης,
	13	ἀσπαζεται σε τα τεκνα της ἀδελφης σου της *ἐκλεκτης*.
Apc	17 14	και οἱ μετ αὐτου κλητοι και *ἐκλεκτοι* και πιστοι.

ἐκλογη [7]

Ac	9 15	πορευου, ὁτι σκευος *ἐκλογης* ἐστιν μοι οὑτος του βαστασαι το ὀνομα μου ἐνωπιον ἐθνων τε και βασιλεων υἱων τε ἰσραηλ·
Rm	9 11	μηπω γαρ γεννηθεντων μηδε πραξαντων τι ἀγαθον ἠ φαυλον, ἱνα ἡ κατ *ἐκλογην* προθεσις του θεου μενη,
	11 5	οὑτως οὑν και ἐν τω νυν καιρω λειμμα κατ *ἐκλογην* χαριτος γεγονεν·
	7	ὁ ἐπιζητει ἰσραηλ, τουτο οὐκ ἐπετυχεν, ἡ δε *ἐκλογη* ἐπετυχεν·
	28	κατα μεν το εὐαγγελιον ἐχθροι δι ὑμας, κατα δε την *ἐκλογην* ἀγαπητοι δια τους πατερας·
1Th	1 4	εἰδοτες, ἀδελφοι ἠγαπημενοι ὑπο [του] θεου, την *ἐκλογην* ὑμων,
2Pt	1 10	διο μαλλον, ἀδελφοι, σπουδασατε βεβαιαν ὑμων την κλησιν και *ἐκλογην* ποιεισθαι·

ἐκλυομαι [5]

Mt	15 32	και ἀπολυσαι αὐτους νηστεις οὐ θελω, μηποτε *ἐκλυθωσιν* ἐν τη ὁδω.
Mc	8 3	και ἐαν ἀπολυσω αὐτους νηστεις εἰς οἰκον αὐτων, *ἐκλυθησονται* ἐν τη ὁδω·
Ga	6 9	καιρω γαρ ἰδιω θερισομεν μη *ἐκλυομενοι*.
Heb	12 3	ἀναλογισασθε γαρ τον τοιαυτην ὑπομεμενηκοτα ὑπο των ἁμαρτωλων εἰς ἑαυτον ἀντιλογιαν, ἱνα μη καμητε ταις ψυχαις ὑμων *ἐκλυομενοι*.
	5	υἱε μου, μη ὀλιγωρει παιδειας κυριου, μηδε *ἐκλυου* ὑπ αὐτου ἐλεγχομενος·

ἐκμασσω [5]

Lc	7 38	και ταις θριξιν της κεφαλης αὐτης *ἐξεμασσεν*, και κατεφιλει τους ποδας αὐτου και ἠλειφεν τω μυρω.
	44	αὑτη δε τοις δακρυσιν ἐβρεξεν μου τους ποδας και ταις θριξιν αὐτης *ἐξεμαξεν*.
Jh	11 2	ἠν δε μαριαμ ἡ ἀλειψασα τον κυριον μυρω και *ἐκμαξασα* τους ποδας αὐτου ταις θριξιν αὐτης,
	12 3	ἡ οὑν μαριαμ λαβουσα λιτραν μυρου ναρδου πιστικης πολυτιμου ἠλειψεν τους ποδας του ἰησου και *ἐξεμαξεν* ταις θριξιν αὐτης τους ποδας αὐτου·
	13 5	εἰτα βαλλει ὑδωρ εἰς τον νιπτηρα, και ἠρξατο νιπτειν τους ποδας των μαθητων και *ἐκμασσειν* τω λεντιω ὡ ἠν διεζωσμενος.

ἐκμυκτηριζω [2]

Lc	16 14	ἠκουον δε ταυτα παντα οἱ φαρισαιοι φιλαργυροι ὑπαρχοντες, και *ἐξεμυκτηριζον* αὐτον.
	23 35	*ἐξεμυκτηριζον* δε και οἱ ἀρχοντες λεγοντες·

ἐκνευω [1]

Jh	5 13	ὁ γαρ ἰησους *ἐξενευσεν* ὀχλου ὀντος ἐν τω τοπω.

ἐκνηφω [1]

1Co	15 34	*ἐκνηψατε* δικαιως και μη ἁμαρτανετε·

ἑκουσιος [1]

Phm	14	χωρις δε της σης γνωμης οὐδεν ἠθελησα ποιησαι, ἱνα μη ὡς κατα ἀναγκην το ἀγαθον σου ἠ ἀλλα κατα *ἑκουσιον*.

ἑκουσιως [2]

Heb	10 26	*ἑκουσιως* γαρ ἁμαρτανοντων ἡμων μετα το λαβειν την ἐπιγνωσιν της ἀληθειας, οὐκετι περι ἁμαρτιων ἀπολειπεται θυσια,
1Pt	5 2	ποιμανατε το ἐν ὑμιν ποιμνιον του θεου, [ἐπισκοπουντες] μη ἀναγκαστως ἀλλα *ἑκουσιως* κατα θεον,

ἐκπαλαι [2]

2Pt	2 3	οἱς το κριμα *ἐκπαλαι* οὐκ ἀργει,
	3 5	λανθανει γαρ αὐτους τουτο θελοντας ὁτι οὐρανοι ἠσαν *ἐκπαλαι*

ἐκπειραζω [4]

Mt	4 7	οὐκ *ἐκπειρασεις* κυριον τον θεον σου.
Lc	4 12	οὐκ *ἐκπειρασεις* κυριον τον θεον σου.
	10 25	και ἰδου νομικος τις ἀνεστη *ἐκπειραζων* αὐτον λεγων·
1Co	10 9	μηδε *ἐκπειραζωμεν* τον χριστον, καθως τινες αὐτων ἐπειρασαν και ὑπο των ὀφεων ἀπωλλυντο.

ἐκπεμπω [2]

Ac	13 4	αὐτοι μεν οὑν *ἐκπεμφθεντες* ὑπο του ἁγιου πνευματος κατηλθον εἰς σελευκειαν,
	17 10	οἱ δε ἀδελφοι εὐθεως δια νυκτος *ἐξεπεμψαν* τον τε παυλον και τον σιλαν εἰς βεροιαν,

ἐκπερισσως [1]

Mc	14 31	ὁ δε *ἐκπερισσως* ἐλαλει· ἐαν δεη με συναποθανειν σοι, οὐ μη σε ἀπαρνησομαι.

ἐκπεταννυμι [1]

Rm	10 21	ὁλην την ἡμεραν *ἐξεπετασα* τας χειρας μου προς λαον ἀπειθουντα και ἀντιλεγοντα.

ἐκπηδαω [1]

Ac	14 14	ἀκουσαντες δε οἱ ἀποστολοι βαρναβας και παυλος, διαρρηξαντες τα ἱματια αὐτων *ἐξεπηδησαν* εἰς τον ὀχλον, κραζοντες και λεγοντες·

ἐκπιπτω [10]

Ac	12 7	και *ἐξεπεσαν* αὐτου αἱ ἁλυσεις ἐκ των χειρων.
	27 17	φοβουμενοι τε μη εἰς την συρτιν *ἐκπεσωσιν*, χαλασαντες το σκευος, οὑτως ἐφεροντο.
	26	εἰς νησον δε τινα δει ἡμας *ἐκπεσειν*.
	29	φοβουμενοι τε μη που κατα τραχεις τοπους *ἐκπεσωμεν*, ἐκ πρυμνης ῥιψαντες ἀγκυρας τεσσαρας ηὐχοντο ἡμεραν γενεσθαι.
	32	τοτε ἀπεκοψαν οἱ στρατιωται τα σχοινια της σκαφης και εἰασαν αὐτην *ἐκπεσειν*.
Rm	9 6	οὐχ οἱον δε ὁτι *ἐκπεπτωκεν* ὁ λογος του θεου.
Ga	5 4	κατηργηθητε ἀπο χριστου οἱτινες ἐν νομω δικαιουσθε, της χαριτος *ἐξεπεσατε*.
Ja	1 11	και το ἀνθος αὐτου *ἐξεπεσεν* και ἡ εὐπρεπεια του προσωπου αὐτου ἀπωλετο·
1Pt	1 24	και το ἀνθος *ἐξεπεσεν*·
2Pt	3 17	ὑμεις οὑν, ἀγαπητοι, προγινωσκοντες φυλασσεσθε ἱνα μη τη των ἀθεσμων πλανη συναπαχθεντες *ἐκπεσητε* του ἰδιου στηριγμου,

ἐκπλεω [3]

Ac	15 39	ἐγενετο δε παροξυσμος, ὡστε ἀποχωρισθηναι αὐτους ἀπ ἀλληλων, τον τε βαρναβαν παραλαβοντα τον μαρκον *ἐκπλευσαι* εἰς κυπρον.
	18 18	ὁ δε παυλος ἐτι προσμεινας ἡμερας ἱκανας, τοις ἀδελφοις ἀποταξαμενος *ἐξεπλει* εἰς την συριαν,
	20 6	ἡμεις δε *ἐξεπλευσαμεν* μετα τας ἡμερας των ἀζυμων ἀπο φιλιππων,

ἐκπληρόω [1]

Ac   13 33   καὶ ἡμεῖς ὑμᾶς εὐαγγελιζόμεθα τὴν πρὸς τοὺς πατέρας ἐπαγγελίαν γενομένην, ὅτι ταύτην ὁ θεὸς ἐκπεπλήρωκεν τοῖς τέκνοις [αὐτῶν] ἡμῖν ἀναστήσας ἰησοῦν,

ἐκπλήρωσις [1]

Ac   21 26   τότε ὁ παῦλος παραλαβὼν τοὺς ἄνδρας τῇ ἐχομένῃ ἡμέρᾳ σὺν αὐτοῖς ἁγνισθεὶς εἰσῄει εἰς τὸ ἱερόν, διαγγέλλων τὴν ἐκπλήρωσιν τῶν ἡμερῶν τοῦ ἁγνισμοῦ,

ἐκπλήσσομαι [13]

Mt   7 28   ἐξεπλήσσοντο οἱ ὄχλοι ἐπὶ τῇ διδαχῇ αὐτοῦ·
     13 54   καὶ ἐλθὼν εἰς τὴν πατρίδα αὐτοῦ ἐδίδασκεν αὐτοὺς ἐν τῇ συναγωγῇ αὐτῶν, ὥστε ἐκπλήσσεσθαι αὐτοὺς καὶ λέγειν·
     19 25   ἀκούσαντες δὲ οἱ μαθηταὶ ἐξεπλήσσοντο σφόδρα λέγοντες·
     22 33   καὶ ἀκούσαντες οἱ ὄχλοι ἐξεπλήσσοντο ἐπὶ τῇ διδαχῇ αὐτοῦ.
Mc   1 22   καὶ ἐξεπλήσσοντο ἐπὶ τῇ διδαχῇ αὐτοῦ·
     6 2   καὶ πολλοὶ ἀκούοντες ἐξεπλήσσοντο λέγοντες· πόθεν τούτῳ ταῦτα, καὶ τίς ἡ σοφία ἡ δοθεῖσα τούτῳ,
     7 37   καὶ ὑπερπερισσῶς ἐξεπλήσσοντο λέγοντες· καλῶς πάντα πεποίηκεν, καὶ τοὺς κωφοὺς ποιεῖ ἀκούειν καὶ [τοὺς] ἀλάλους λαλεῖν.
     10 26   οἱ δὲ περισσῶς ἐξεπλήσσοντο λέγοντες πρὸς ἑαυτούς·
     11 18   ἐφοβοῦντο γὰρ αὐτόν, πᾶς γὰρ ὁ ὄχλος ἐξεπλήσσετο ἐπὶ τῇ διδαχῇ αὐτοῦ.
Lc   2 48   καὶ ἰδόντες αὐτὸν ἐξεπλάγησαν, καὶ εἶπεν πρὸς αὐτὸν ἡ μήτηρ αὐτοῦ·
     4 32   καὶ ἐξεπλήσσοντο ἐπὶ τῇ διδαχῇ αὐτοῦ, ὅτι ἐν ἐξουσίᾳ ἦν ὁ λόγος αὐτοῦ.
     9 43   ἐξεπλήσσοντο δὲ πάντες ἐπὶ τῇ μεγαλειότητι τοῦ θεοῦ.
Ac   13 12   τότε ἰδὼν ὁ ἀνθύπατος τὸ γεγονὸς ἐπίστευσεν, ἐκπλησσόμενος ἐπὶ τῇ διδαχῇ τοῦ κυρίου.

ἐκπνέω [3]

Mc   15 37   ὁ δὲ ἰησοῦς ἀφεὶς φωνὴν μεγάλην ἐξέπνευσεν.
     39   ἰδὼν δὲ ὁ κεντυρίων ὁ παρεστηκὼς ἐξ ἐναντίας αὐτοῦ ὅτι οὕτως ἐξέπνευσεν, εἶπεν·
Lc   23 46   τοῦτο δὲ εἰπὼν ἐξέπνευσεν.

ἐκπορεύομαι [34]

Mt   3 5   τότε ἐξεπορεύετο πρὸς αὐτὸν ἱεροσόλυμα καὶ πᾶσα ἡ ἰουδαία καὶ πᾶσα ἡ περίχωρος τοῦ ἰορδάνου,
     4 4   οὐκ ἐπ᾽ ἄρτῳ μόνῳ ζήσεται ὁ ἄνθρωπος, ἀλλ᾽ ἐπὶ παντὶ ῥήματι ἐκπορευομένῳ διὰ στόματος θεοῦ.
     15 11   οὐ τὸ εἰσερχόμενον εἰς τὸ στόμα κοινοῖ τὸν ἄνθρωπον, ἀλλὰ τὸ ἐκπορευόμενον ἐκ τοῦ στόματος,
     18   τὰ δὲ ἐκπορευόμενα ἐκ τοῦ στόματος ἐκ τῆς καρδίας ἐξέρχεται,
     17 21 *   τοῦτο δὲ τὸ γένος οὐκ ἐκπορεύεται, εἰ μὴ ἐν προσευχῇ καὶ νηστείᾳ.
     20 29   καὶ ἐκπορευομένων αὐτῶν ἀπὸ ἰεριχὼ ἠκολούθησεν αὐτῷ ὄχλος πολύς.
Mc   1 5   καὶ ἐξεπορεύετο πρὸς αὐτὸν πᾶσα ἡ ἰουδαία χώρα καὶ οἱ ἱεροσολυμῖται πάντες,
     6 11   καὶ ὃς ἂν τόπος μὴ δέξηται ὑμᾶς μηδὲ ἀκούσωσιν ὑμῶν, ἐκπορευόμενοι ἐκεῖθεν ἐκτινάξατε τὸν χοῦν τὸν ὑποκάτω τῶν ποδῶν ὑμῶν εἰς μαρτύριον αὐτοῖς.
     7 15   οὐδέν ἐστιν ἔξωθεν τοῦ ἀνθρώπου εἰσπορευόμενον εἰς αὐτὸν ὃ δύναται κοινῶσαι αὐτόν· ἀλλὰ τὰ ἐκ τοῦ ἀνθρώπου ἐκπορευόμενά ἐστιν τὰ κοινοῦντα τὸν ἄνθρωπον.
     19   οὐ νοεῖτε ὅτι πᾶν τὸ ἔξωθεν εἰσπορευόμενον εἰς τὸν ἄνθρωπον οὐ δύναται αὐτὸν κοινῶσαι, ὅτι οὐκ εἰσπορεύεται αὐτοῦ εἰς τὴν καρδίαν ἀλλ᾽ εἰς τὴν κοιλίαν, καὶ εἰς τὸν ἀφεδρῶνα ἐκπορεύεται, καθαρίζων πάντα τὰ βρώματα;
     20   ἔλεγεν δὲ ὅτι τὸ ἐκ τοῦ ἀνθρώπου ἐκπορευόμενον, ἐκεῖνο κοινοῖ τὸν ἄνθρωπον.
     21   ἔσωθεν γὰρ ἐκ τῆς καρδίας τῶν ἀνθρώπων οἱ διαλογισμοὶ οἱ κακοὶ ἐκπορεύονται, πορνεῖαι, κλοπαί, φόνοι, μοιχεῖαι, πλεονεξίαι, πονηρίαι, δόλος, ἀσέλγεια, ὀφθαλμὸς πονηρός, βλασφημία, ὑπερηφανία, ἀφροσύνη·
     23   πάντα ταῦτα τὰ πονηρὰ ἔσωθεν ἐκπορεύεται καὶ κοινοῖ τὸν ἄνθρωπον.
     10 17   καὶ ἐκπορευομένου αὐτοῦ εἰς ὁδὸν προσδραμὼν εἷς καὶ γονυπετήσας αὐτὸν ἐπηρώτα αὐτόν·

ἐκπορεύομαι [34]

Mc   10 46   καὶ ἐκπορευομένου αὐτοῦ ἀπὸ ἰεριχὼ καὶ τῶν μαθητῶν αὐτοῦ καὶ ὄχλου ἱκανοῦ ὁ υἱὸς τιμαίου βαρτιμαῖος, τυφλὸς προσαίτης, ἐκάθητο παρὰ τὴν ὁδόν.
     11 19   καὶ ὅταν ὀψὲ ἐγένετο, ἐξεπορεύοντο ἔξω τῆς πόλεως.
     13 1   καὶ ἐκπορευομένου αὐτοῦ ἐκ τοῦ ἱεροῦ λέγει αὐτῷ εἷς τῶν μαθητῶν αὐτοῦ·
Lc   3 7   ἔλεγεν οὖν τοῖς ἐκπορευομένοις ὄχλοις βαπτισθῆναι ὑπ᾽ αὐτοῦ· γεννήματα ἐχιδνῶν, τίς ὑπέδειξεν ὑμῖν φυγεῖν ἀπὸ τῆς μελλούσης ὀργῆς;
     4 22   καὶ πάντες ἐμαρτύρουν αὐτῷ καὶ ἐθαύμαζον ἐπὶ τοῖς λόγοις τῆς χάριτος τοῖς ἐκπορευομένοις ἐκ τοῦ στόματος αὐτοῦ,
     37   καὶ ἐξεπορεύετο ἦχος περὶ αὐτοῦ εἰς πάντα τόπον τῆς περιχώρου.
Jh   5 29   μὴ θαυμάζετε τοῦτο, ὅτι ἔρχεται ὥρα ἐν ᾗ πάντες οἱ ἐν τοῖς μνημείοις ἀκούσουσιν τῆς φωνῆς αὐτοῦ καὶ ἐκπορεύσονται οἱ τὰ ἀγαθὰ ποιήσαντες εἰς ἀνάστασιν ζωῆς,
     15 26   ὅταν ἔλθῃ ὁ παράκλητος ὃν ἐγὼ πέμψω ὑμῖν παρὰ τοῦ πατρός, τὸ πνεῦμα τῆς ἀληθείας ὃ παρὰ τοῦ πατρὸς ἐκπορεύεται, ἐκεῖνος μαρτυρήσει περὶ ἐμοῦ·
Ac   9 28   καὶ ἦν μετ᾽ αὐτῶν εἰσπορευόμενος καὶ ἐκπορευόμενος εἰς ἱερουσαλήμ, παρρησιαζόμενος ἐν τῷ ὀνόματι τοῦ κυρίου,
     19 12   ὥστε καὶ ἐπὶ τοὺς ἀσθενοῦντας ἀποφέρεσθαι ἀπὸ τοῦ χρωτὸς αὐτοῦ σουδάρια ἢ σιμικίνθια καὶ ἀπαλλάσσεσθαι ἀπ᾽ αὐτῶν τὰς νόσους, τά τε πνεύματα τὰ πονηρὰ ἐκπορεύεσθαι.
     25 4   ὁ μὲν οὖν φῆστος ἀπεκρίθη τηρεῖσθαι τὸν παῦλον εἰς καισάρειαν, ἑαυτὸν δὲ μέλλειν ἐν τάχει ἐκπορεύεσθαι·
Eph   4 29   πᾶς λόγος σαπρὸς ἐκ τοῦ στόματος ὑμῶν μὴ ἐκπορευέσθω,
Apc   1 16   καὶ ἐκ τοῦ στόματος αὐτοῦ ῥομφαία δίστομος ὀξεῖα ἐκπορευομένη,
     4 5   καὶ ἐκ τοῦ θρόνου ἐκπορεύονται ἀστραπαὶ καὶ φωναὶ καὶ βρονταί·
     9 17   καὶ ἐκ τῶν στομάτων αὐτῶν ἐκπορεύεται πῦρ καὶ καπνὸς καὶ θεῖον.
     18   ἀπὸ τῶν τριῶν πληγῶν τούτων ἀπεκτάνθησαν τὸ τρίτον τῶν ἀνθρώπων, ἐκ τοῦ πυρὸς καὶ τοῦ καπνοῦ καὶ τοῦ θείου τοῦ ἐκπορευομένου ἐκ τῶν στομάτων αὐτῶν.
     11 5   καὶ εἴ τις αὐτοὺς θέλει ἀδικῆσαι, πῦρ ἐκπορεύεται ἐκ τοῦ στόματος αὐτῶν καὶ κατεσθίει τοὺς ἐχθροὺς αὐτῶν·
     16 14   εἰσὶν γὰρ πνεύματα δαιμονίων ποιοῦντα σημεῖα, ἃ ἐκπορεύεται ἐπὶ τοὺς βασιλεῖς τῆς οἰκουμένης ὅλης,
     19 15   καὶ ἐκ τοῦ στόματος αὐτοῦ ἐκπορεύεται ῥομφαία ὀξεῖα,
     22 1   καὶ ἔδειξέν μοι ποταμὸν ὕδατος ζωῆς λαμπρὸν ὡς κρύσταλλον, ἐκπορευόμενον ἐκ τοῦ θρόνου τοῦ θεοῦ καὶ τοῦ ἀρνίου.

ἐκπορνεύω [1]

Ju   7   τὸν ὅμοιον τρόπον τούτοις ἐκπορνεύσασαι καὶ ἀπελθοῦσαι ὀπίσω σαρκὸς ἑτέρας, πρόκεινται δεῖγμα πυρὸς αἰωνίου δίκην ὑπέχουσαι.

ἐκπτύω [1]

Ga   4 14   καὶ τὸν πειρασμὸν ὑμῶν ἐν τῇ σαρκί μου οὐκ ἐξουθενήσατε οὐδὲ ἐξεπτύσατε,

ἐκριζόω [4]

Mt   13 29   ὁ δέ φησιν· οὔ, μήποτε συλλέγοντες τὰ ζιζάνια ἐκριζώσητε ἅμα αὐτοῖς τὸν σῖτον.
     15 13   πᾶσα φυτεία ἣν οὐκ ἐφύτευσεν ὁ πατήρ μου ὁ οὐράνιος ἐκριζωθήσεται.
Lc   17 6   ἐκριζώθητι καὶ φυτεύθητι ἐν τῇ θαλάσσῃ·
Ju   12   δένδρα φθινοπωρινὰ ἄκαρπα δὶς ἀποθανόντα ἐκριζωθέντα,

ἔκστασις [7]

Mc   5 42   καὶ ἐξέστησαν [εὐθὺς] ἐκστάσει μεγάλῃ.
     16 8   καὶ ἐξελθοῦσαι ἔφυγον ἀπὸ τοῦ μνημείου, εἶχεν γὰρ αὐτὰς τρόμος καὶ ἔκστασις·
Lc   5 26   καὶ ἔκστασις ἔλαβεν ἅπαντας, καὶ ἐδόξαζον τὸν θεόν,
Ac   3 10   καὶ ἐπλήσθησαν θάμβους καὶ ἐκστάσεως ἐπὶ τῷ συμβεβηκότι αὐτῷ.
     10 10   παρασκευαζόντων δὲ αὐτῶν ἐγένετο ἐπ᾽ αὐτὸν ἔκστασις,
     11 5   ἐγὼ ἤμην ἐν πόλει ἰόππῃ προσευχόμενος, καὶ εἶδον ἐν ἐκστάσει ὅραμα,
     22 17   ἐγένετο δέ μοι ὑποστρέψαντι εἰς ἰερουσαλὴμ καὶ προσευχομένου μου ἐν τῷ ἱερῷ γενέσθαι με ἐν ἐκστάσει,

ἐκστρεφομαι [1]

Tit   3 11   αἱρετικον ἄνθρωπον μετα μιαν και δευτεραν νουθεσιαν παραιτου, εἰδως ὅτι ἐξεστραπται ὁ τοιουτος και ἁμαρτανει ὢν αὐτοκατακριτος.

ἐκταρασσω [1]

Ac   16 20   οὗτοι οἱ ἄνθρωποι ἐκταρασσουσιν ἡμων την πολιν,

ἐκτεινω [16]

Mt   8 3   και ἐκτεινας την χειρα ἥψατο αὐτου λεγων·
    12 13   τοτε λεγει τω ἄνθρωπω· ἐκτεινον σου την χειρα.
    13   και ἐξετεινεν, και ἀπεκατεσταθη ὑγιης ὡς ἡ ἀλλη.
    49   και ἐκτεινας την χειρα αὐτου ἐπι τους μαθητας αὐτου εἰπεν·
    14 31   εὐθεως δε ὁ ἰησους ἐκτεινας την χειρα ἐπελαβετο αὐτου,
    26 51   και ἰδου εἷς των μετα ἰησου ἐκτεινας την χειρα ἀπεσπασεν την μαχαιραν αὐτου,
Mc   1 41   και σπλαγχνισθεις ἐκτεινας την χειρα αὐτου ἥψατο και λεγει αὐτω·
    3 5   λεγει τω ἄνθρωπω· ἐκτεινον την χειρα.
    5   και ἐξετεινεν, και ἀπεκατεσταθη ἡ χειρ αὐτου.
Lc   5 13   και ἐκτεινας την χειρα ἥψατο αὐτου λεγων·
    6 10   και περιβλεψαμενος παντας αὐτους εἰπεν αὐτω· ἐκτεινον την χειρα σου.
    22 53   καθ ἡμεραν ὀντος μου μεθ ὑμων ἐν τω ἱερω οὐκ ἐξετεινατε τας χειρας ἐπ ἐμε·
Jh   21 18   ὀταν δε γηρασης, ἐκτενεις τας χειρας σου, και ἀλλος σε ζωσει και οἰσει ὀπου οὐ θελεις.
Ac   4 30   ἐν τω την χειρα [σου] ἐκτεινειν σε εἰς ἰασιν και σημεια και τερατα γινεσθαι δια του ὀνοματος του ἀγιου παιδος σου ἰησου.
    26 1   τοτε ὁ παυλος ἐκτεινας την χειρα ἀπελογειτο·
    27 30   και χαλασαντων την σκαφην εἰς την θαλασσαν προφασει ὡς ἐκ πρωρης ἀγκυρας μελλοντων ἐκτεινειν,

ἐκτελεω [2]

Lc   14 29   ἱνα μηποτε θεντος αὐτου θεμελιον και μη ἰσχυοντος ἐκτελεσαι παντες οἱ θεωρουντες ἀρξωνται αὐτω ἐμπαιζειν λεγοντες
    30   ὀτι οὗτος ὁ ἄνθρωπος ἠρξατο οἰκοδομειν και οὐκ ἰσχυσεν ἐκτελεσαι.

ἐκτενεια [1]

Ac   26 7   εἰς ἣν το δωδεκαφυλον ἡμων ἐν ἐκτενεια νυκτα και ἡμεραν λατρευον ἐλπιζει καταντησαι·

ἐκτενης [1]

1Pt   4 8   προ παντων την εἰς ἑαυτους ἀγαπην ἐκτενη ἐχοντες,

ἐκτενως [3]

Lc   22 44   [και γενομενος ἐν ἀγωνια ἐκτενεστερον προσηυχετο]·
Ac   12 5   προσευχη δε ἦν ἐκτενως γινομενη ὑπο της ἐκκλησιας προς τον θεον περι αὐτου.
1Pt   1 22   ἐκ [καθαρας] καρδιας ἀλληλους ἀγαπησατε ἐκτενως,

ἐκτιθημι [4]

Ac   7 21   ἐκτεθεντος δε αὐτου ἀνειλατο αὐτον ἡ θυγατηρ φαραω και ἀνεθρεψατο αὐτον ἑαυτη εἰς υἱον.
    11 4   ἀρξαμενος δε πετρος ἐξετιθετο αὐτοις καθεξης λεγων·
    18 26   ἀκουσαντες δε αὐτου πρισκιλλα και ἀκυλας προσελαβοντο αὐτον και ἀκριβεστερον αὐτω ἐξεθεντο την ὁδον [του θεου].
    28 23   ταξαμενοι δε αὐτω ἡμεραν ἦλθον προς αὐτον εἰς την ξενιαν πλειονες, οἷς ἐξετιθετο διαμαρτυρομενος την βασιλειαν του θεου,

ἐκτινασσω [4]

Mt   10 14   ἐξερχομενοι ἐξω της οἰκιας ἢ της πολεως ἐκεινης ἐκτιναξατε τον κονιορτον των ποδων ὑμων.
Mc   6 11   και ὃς ἂν τοπος μη δεξηται ὑμας μηδε ἀκουσωσιν ὑμων, ἐκπορευομενοι ἐκειθεν ἐκτιναξατε τον χουν τον ὑποκατω των ποδων ὑμων εἰς μαρτυριον αὐτοις.
Ac   13 51   οἱ δε ἐκτιναξαμενοι τον κονιορτον των ποδων ἐπ αὐτους ἦλθον εἰς ἰκονιον,

ἐκτινασσω [4]

Ac   18 6   ἀντιτασσομενων δε αὐτων και βλασφημουντων ἐκτιναξαμενος τα ἱματια εἰπεν προς αὐτους·

ἐκτος [8]

Mt   23 26   φαρισαιε τυφλε, καθαρισον πρωτον το ἐντος του ποτηριου ἱνα γενηται και το ἐκτος αὐτου καθαρον.
Ac   26 22   οὐδεν ἐκτος λεγων ὧν τε οἱ προφηται ἐλαλησαν μελλοντων γινεσθαι και μωυσης,
1Co   6 18   παν ἁμαρτημα ὃ ἐαν ποιηση ἄνθρωπος ἐκτος του σωματος ἐστιν·
    14 5   μειζων δε ὁ προφητευων ἢ ὁ λαλων γλωσσαις, ἐκτος εἰ μη διερμηνευη,
    15 2   τινι λογω εὐηγγελισαμην ὑμιν εἰ κατεχετε, ἐκτος εἰ μη εἰκη ἐπιστευσατε.
    27   ὀταν δε εἰπη ὀτι παντα ὑποτετακται, δηλον ὀτι ἐκτος του ὑποταξαντος αὐτω τα παντα.
2Co   12 2   εἰτε ἐν σωματι οὐκ οἰδα, εἰτε ἐκτος του σωματος οὐκ οἰδα, ὁ θεος οἰδεν, ἁρπαγεντα τον τοιουτον ἑως τριτου οὐρανου.
1Tm   5 19   κατα πρεσβυτερου κατηγοριαν μη παραδεχου, ἐκτος εἰ μη ἐπι δυο ἢ τριων μαρτυρων.

ἐκτος [14]

Mt   20 5   παλιν [δε] ἐξελθων περι ἐκτην και ἐνατην ὡραν ἐποιησεν ὡσαυτως.
    27 45   ἀπο δε ἐκτης ὡρας σκοτος ἐγενετο ἐπι πασαν την γην ἑως ὡρας ἐνατης.
Mc   15 33   και γενομενης ὡρας ἐκτης σκοτος ἐγενετο ἐφ ὀλην την γην ἑως ὡρας ἐνατης.
Lc   1 26   ἐν δε τω μηνι τω ἐκτω ἀπεσταλη ὁ ἀγγελος γαβριηλ ἀπο του θεου εἰς πολιν της γαλιλαιας ᾗ ὀνομα ναζαρεθ,
    36   και οὗτος μην ἐκτος ἐστιν αὐτη τη καλουμενη στειρα·
    23 44   και ἦν ἠδη ὡσει ὡρα ἐκτη και σκοτος ἐγενετο ἐφ ὀλην την γην ἑως ὡρας ἐνατης του ἡλιου ἐκλιποντος·
Jh   4 6   ὡρα ἦν ὡς ἐκτη.
    19 14   ἦν δε παρασκευη του πασχα, ὡρα ἦν ὡς ἐκτη·
Ac   10 9   τη δε ἐπαυριον ὁδοιπορουντων ἐκεινων και τη πολει ἐγγιζοντων ἀνεβη πετρος ἐπι το δωμα προσευξασθαι περι ὡραν ἐκτην.
Apc   6 12   και εἰδον ὀτε ἠνοιξεν την σφραγιδα την ἐκτην,
    9 13   και ὁ ἐκτος ἀγγελος ἐσαλπισεν· και ἠκουσα φωνην μιαν ἐκ των [τεσσαρων] κερατων του θυσιαστηριου του χρυσου του ἐνωπιον του θεου,
    14   και ἠκουσα φωνην μιαν ἐκ των [τεσσαρων] κερατων του θυσιαστηριου του χρυσου του ἐνωπιον του θεου, λεγοντα τω ἐκτω ἀγγελω, ὁ ἐχων την σαλπιγγα· λυσον τους τεσσαρας ἀγγελους
    16 12   και ὁ ἐκτος ἐξεχεεν την φιαλην αὐτου ἐπι τον ποταμον τον μεγαν τον εὐφρατην·
    21 20   ὁ πεμπτος σαρδονυξ, ὁ ἐκτος σαρδιον,

ἐκτρεπομαι [5]

1Tm   1 6   ὧν τινες ἀστοχησαντες ἐξετραπησαν εἰς ματαιολογιαν,
    5 15   ἠδη γαρ τινες ἐξετραπησαν ὀπισω του σατανα.
    6 20   ὦ τιμοθεε, την παραθηκην φυλαξον, ἐκτρεπομενος τας βεβηλους κενοφωνιας και ἀντιθεσεις της ψευδωνυμου γνωσεως,
2Tm   4 4   και ἀπο μεν της ἀληθειας την ἀκοην ἀποστρεψουσιν, ἐπι δε τους μυθους ἐκτραπησονται.
Heb   12 13   και τροχιας ὀρθας ποιειτε τοις ποσιν ὑμων, ἱνα μη το χωλον ἐκτραπη,

ἐκτρεφω [2]

Eph   5 29   οὐδεις γαρ ποτε την ἑαυτου σαρκα ἐμισησεν, ἀλλα ἐκτρεφει και θαλπει αὐτην,
    6 4   μη παροργιζετε τα τεκνα ὑμων, ἀλλα ἐκτρεφετε αὐτα ἐν παιδεια και νουθεσια κυριου.

ἐκτρωμα [1]

1Co   15 8   ἐσχατον δε παντων ὡσπερει τω ἐκτρωματι ὡφθη καμοι.

ἐκφερω [8]

Mc   8 23   και ἐπιλαβομενος της χειρος του τυφλου ἐξηνεγκεν αὐτον ἐξω της κωμης,

ἐκφερω [8]

Lc 15 22 ταχυ *ἐξενεγκατε* στολην την πρωτην και ἐνδυσατε αυτον,
Ac 5 6 ἀνασταντες δε οἱ νεωτεροι συνεστειλαν αὐτον και *ἐξενεγκαντες* ἐθαψαν.
    9 ἰδου οἱ ποδες των θαψαντων τον ἀνδρα σου ἐπι τη θυρα και *ἐξοισουσιν* σε.
    10 εἰσελθοντες δε οἱ νεανισκοι εὑρον αὐτην νεκραν, και *ἐξενεγκαντες* ἐθαψαν προς τον ἀνδρα αὐτης.
    15 ὡστε και εἰς τας πλατειας *ἐκφερειν* τους ἀσθενεις και τιθεναι ἐπι κλιναριων και κραβαττων, ἱνα ἐρχομενου πετρου καν ἡ σκια ἐπισκιαση τινι αὐτων.
1Tm 6 7 οὐδεν γαρ εἰσηνεγκαμεν εἰς τον κοσμον, ὁτι οὐδε *ἐξενεγκειν* τι δυναμεθα·
Heb 6 8 *ἐκφερουσα* δε ἀκανθας και τριβολους ἀδοκιμος και καταρας ἐγγυς, ἡς το τελος εἰς καυσιν.

ἐκφευγω [8]

Lc 21 36 ἀγρυπνειτε δε ἐν παντι καιρω δεομενοι ἱνα κατισχυσητε *ἐκφυγειν* ταυτα παντα τα μελλοντα γινεσθαι,
Ac 16 27 σπασαμενος [την] μαχαιραν ἡμελλεν ἑαυτον ἀναιρειν, νομιζων *ἐκπεφευγεναι* τους δεσμιους.
    19 16 κατακυριευσας ἀμφοτερων ἰσχυσεν κατ αὐτων, ὡστε γυμνους και τετραυματισμενους *ἐκφυγειν* ἐκ του οἰκου ἐκεινου.
Rm 2 3 λογιζη δε τουτο, ὡ ἀνθρωπε ὁ κρινων τους τα τοιαυτα πρασσοντας και ποιων αὐτα, ὁτι συ *ἐκφευξη* το κριμα του θεου;
2Co 11 33 και δια θυριδος ἐν σαργανη ἐχαλασθην δια του τειχους και *ἐξεφυγον* τας χειρας αὐτου.
1Th 5 3 τοτε αἰφνιδιος αὐτοις ἐφισταται ὀλεθρος ὡσπερ ἡ ὠδιν τη ἐν γαστρι ἐχουση, και οὐ μη *ἐκφυγωσιν.*
Heb 2 3 πως ἡμεις *ἐκφευξομεθα* τηλικαυτης ἀμελησαντες σωτηριας;
    12 25 εἰ γαρ ἐκεινοι οὐκ *ἐξεφυγον* ἐπι γης παραιτησαμενοι τον χρηματιζοντα, πολυ μαλλον ἡμεις οἱ τον ἀπ οὐρανων ἀποστρεφομενοι·

ἐκφοβεω [1]

2Co 10 9 οὐκ αἰσχυνθησομαι, ἱνα μη δοξω ὡς ἀν *ἐκφοβειν* ὑμας δια των ἐπιστολων.

ἐκφοβος [2]

Mc 9 6 οὐ γαρ ἡδει τι ἀποκριθη· *ἐκφοβοι* γαρ ἐγενοντο.
Heb 12 21 *ἐκφοβος* εἰμι και ἐντρομος·

ἐκφυω [2]

Mt 24 32 ὁταν ἡδη ὁ κλαδος αὐτης γενηται ἀπαλος και τα φυλλα *ἐκφυη,* γινωσκετε ὁτι ἐγγυς το θερος·
Mc 13 28 ἀπο δε της συκης μαθετε την παραβολην· ὁταν ἡδη ὁ κλαδος αὐτης ἀπαλος γενηται και *ἐκφυη* τα φυλλα, γινωσκετε ὁτι ἐγγυς το θερος ἐστιν·

ἐκχεω [16]

Mt 9 17 και ὁ οἰνος *ἐκχειται* και οἱ ἀσκοι ἀπολλυνται.
Jh 2 15 και των κολλυβιστων *ἐξεχεεν* το κερμα και τας τραπεζας ἀνετρεψεν,
Ac 2 17 και ἐσται ἐν ταις ἐσχαταις ἡμεραις, λεγει ὁ θεος, *ἐκχεῶ* ἀπο του πνευματος μου ἐπι πασαν σαρκα,
    18 και γε ἐπι τους δουλους μου και ἐπι τας δουλας μου ἐν ταις ἡμεραις ἐκειναις *ἐκχεῶ* ἀπο του πνευματος μου,
    33 τη δεξια οὐν του θεου ὑψωθεις την τε ἐπαγγελιαν του πνευματος του ἁγιου λαβων παρα του πατρος *ἐξεχεεν* τουτο ὁ ὑμεις [και] βλεπετε και ἀκουετε.
Rm 3 15 ὀξεις οἱ ποδες αὐτων *ἐκχεαι* αἱμα,
Tit 3 6 ἀλλα κατα το αὐτου ἐλεος ἐσωσεν ἡμας δια λουτρου παλιγγενεσιας και ἀνακαινωσεως πνευματος ἁγιου, οὐ *ἐξεχεεν* ἐφ ἡμας πλουσιως δια ἰησου χριστου του σωτηρος ἡμων,
Apc 16 1 ὑπαγετε και *ἐκχεετε* τας ἑπτα φιαλας του θυμου του θεου εἰς την γην.
    2 και ἀπηλθεν ὁ πρωτος και *ἐξεχεεν* την φιαλην αὐτου εἰς την γην·
    3 και ὁ δευτερος *ἐξεχεεν* την φιαλην αὐτου εἰς την θαλασσαν·
    4 και ὁ τριτος *ἐξεχεεν* την φιαλην αὐτου εἰς τους ποταμους και τας πηγας των ὑδατων·
    6 ὁτι αἱμα ἁγιων και προφητων *ἐξεχεαν.*
    8 και ὁ τεταρτος *ἐξεχεεν* την φιαλην αὐτου ἐπι τον ἡλιον·

ἐκχεω [16]

Apc 16 10 και ὁ πεμπτος *ἐξεχεεν* την φιαλην αὐτου ἐπι τον θρονον του θηριου·
    12 και ὁ ἑκτος *ἐξεχεεν* την φιαλην αὐτου ἐπι τον ποταμον τον μεγαν τον εὐφρατην·
    17 και ὁ ἑβδομος *ἐξεχεεν* την φιαλην αὐτου ἐπι τον ἀερα·

ἐκχυννομαι [11]

Mt 23 35 ὁπως ἐλθη ἐφ ὑμας παν αἱμα δικαιον *ἐκχυννομενον* ἐπι της γης ἀπο του αἱματος ἀβελ του δικαιου ἑως του αἱματος ζαχαριου υἱου βαραχιου, ὁν ἐφονευσατε μεταξυ του ναου και του θυσιαστηριου.
    26 28 πιετε ἐξ αὐτου παντες· τουτο γαρ ἐστιν το αἱμα μου της διαθηκης το περι πολλων *ἐκχυννομενον* εἰς ἀφεσιν ἁμαρτιων.
Mc 14 24 τουτο ἐστιν το αἱμα μου της διαθηκης το *ἐκχυννομενον* ὑπερ πολλων.
Lc 5 37 εἰ δε μηγε ρηξει ὁ οἰνος ὁ νεος τους ἀσκους, και αὐτος *ἐκχυθησεται* και οἱ ἀσκοι ἀπολουνται.
    11 50 και ἐξ αὐτων ἀποκτενουσιν και διωξουσιν, ἱνα ἐκζητηθη το αἱμα παντων των προφητων το *ἐκκεχυμενον* ἀπο καταβολης κοσμου ἀπο της γενεας ταυτης,
    22 20 τουτο το ποτηριον ἡ καινη διαθηκη ἐν τω αἱματι μου, το ὑπερ ὑμων *ἐκχυννομενον.*
Ac 1 18 και πρηνης γενομενος ἐλακησεν μεσος, και *ἐξεχυθη* παντα τα σπλαγχνα αὐτου·
    10 45 και ἐξεστησαν οἱ ἐκ περιτομης πιστοι ὁσοι συνηλθαν τω πετρω, ὁτι και ἐπι τα ἐθνη ἡ δωρεα του ἁγιου πνευματος *ἐκκεχυται.*
    22 20 και ὁτε *ἐξεχυννετο* το αἱμα στεφανου του μαρτυρος σου, και αὐτος ἡμην ἐφεστως και συνευδοκων και φυλασσων τα ἱματια των ἀναιρουντων αὐτον.
Rm 5 5 ἡ δε ἐλπις οὐ καταισχυνει, ὁτι ἡ ἀγαπη του θεου *ἐκκεχυται* ἐν ταις καρδιαις ἡμων δια πνευματος ἁγιου του δοθεντος ἡμιν·
Ju 11 και τη πλανη του βαλααμ μισθου *ἐξεχυθησαν.*

ἐκχωρεω [1]

Lc 21 21 και οἱ ἐν μεσω αὐτης *ἐκχωρειτωσαν.*

ἐκψυχω [3]

Ac 5 5 ἀκουων δε ὁ ἁνανιας τους λογους τουτους πεσων *ἐξεψυξεν·*
    10 ἐπεσεν δε παραχρημα προς τους ποδας αὐτου και *ἐξεψυξεν·*
    12 23 παραχρημα δε ἐπαταξεν αὐτον ἀγγελος κυριου ἀνθ ὡν οὐκ ἐδωκεν την δοξαν τω θεω, και γενομενος σκωληκοβρωτος *ἐξεψυξεν.*

ἐκων [2]

Rm 8 20 τη γαρ ματαιοτητι ἡ κτισις ὑπεταγη, οὐχ *ἑκουσα,* ἀλλα δια τον ὑποταξαντα, ἐφ ἐλπιδι
1Co 9 17 εἰ γαρ *ἐκων* τουτο πρασσω, μισθον ἐχω·

ἐλαια [13]

Mt 21 1 και ὁτε ἡγγισαν εἰς ἱεροσολυμα και ἡλθον εἰς βηθφαγη εἰς το ὀρος των *ἐλαιων,* τοτε ἰησους ἀπεστειλεν δυο μαθητας λεγων αὐτοις·
    24 3 καθημενου δε αὐτου ἐπι του ὀρους των *ἐλαιων* προσηλθον αὐτω οἱ μαθηται κατ ἰδιαν λεγοντες·
    26 30 και ὑμνησαντες ἐξηλθον εἰς το ὀρος των *ἐλαιων.*
Mc 11 1 και ὁτε ἐγγιζουσιν εἰς ἱεροσολυμα εἰς βηθφαγη και βηθανιαν προς το ὀρος των *ἐλαιων,* ἀποστελλει δυο των μαθητων αὐτου και λεγει αὐτοις·
    13 3 και καθημενου αὐτου εἰς το ὀρος των *ἐλαιων* κατεναντι του ἱερου, ἐπηρωτα αὐτον κατ ἰδιαν πετρος και ἰακωβος και ἰωαννης και ἀνδρεας·
    14 26 και ὑμνησαντες ἐξηλθον εἰς το ὀρος των *ἐλαιων.*
Lc 19 37 ἐγγιζοντος δε αὐτου ἡδη προς τη καταβασει του ὀρους των *ἐλαιων* ἡρξαντο ἁπαν το πληθος των μαθητων χαιροντες αἰνειν τον θεον φωνη μεγαλη περι πασων ὡν εἰδον δυναμεων,
    22 39 και ἐξελθων ἐπορευθη κατα το ἐθος εἰς το ὀρος των *ἐλαιων·*
Jh 8 1* ἰησους δε ἐπορευθη εἰς το ὀρος των *ἐλαιων.*
Rm 11 17 εἰ δε τινες των κλαδων ἐξεκλασθησαν, συ δε ἀγριελαιος ὡν ἐνεκεντρισθης ἐν αὐτοις και συγκοινωνος της ῥιζης της πιοτητος της *ἐλαιας* ἐγενου, μη κατακαυχω των κλαδων·
    24 εἰ γαρ συ ἐκ της κατα φυσιν ἐξεκοπης ἀγριελαιου και παρα φυσιν *ἐνεκεντρισθης* εἰς καλλιελαιον, ποσω μαλλον οὑτοι οἱ κατα φυσιν ἐγκεντρισθησονται τη ἰδια *ἐλαια.*

ἐλαια [13]

Ja	3 12	μη δυναται, άδελφοι μου, συκη ἐλαιας ποιησαι ἡ άμπελος συκα;
Apc	11 4	ούτοι είσιν αἱ δυο ἐλαιαι και αἱ δυο λυχνιαι αἱ ένωπιον του κυριου της γης ἑστωτες.

ἐλαιον [11]

Mt	25 3	αἱ γαρ μωραι λαβουσαι τας λαμπαδας αὑτων ούκ ἐλαβον μεθ ἑαυτων ἐλαιον.
	4	αἱ δε φρονιμοι ἐλαβον ἐλαιον ἐν τοις άγγειοις μετα των λαμπαδων ἑαυτων.
	8	δοτε ἡμιν ἐκ του ἐλαιου ὑμων, ὁτι αἱ λαμπαδες ἡμων σβεννυνται.
Mc	6 13	και ἠλειφον ἐλαιῳ πολλους άρρωστους και ἐθεραπευον.
Lc	7 46	ἐλαιῳ την κεφαλην μου ούκ ἠλειψας·
	10 34	και προσελθων κατεδησεν τα τραυματα αύτου ἐπιχεων ἐλαιον και οινον.
	16 6	ὁ δε είπεν· ἑκατον βατους ἐλαιου.
Heb	1 9	δια τουτο ἐχρισεν σε, ὁ θεος, ὁ θεος σου ἐλαιον άγαλλιασεως παρα τους μετοχους σου.
Ja	5 14	και προσευξασθωσαν ἐπ αύτον άλειψαντες [αύτον] ἐλαιῳ ἐν τῳ ὀνοματι του κυριου.
Apc	6 6	και το ἐλαιον και τον οινον μη άδικησῃς.
	18 13	και λιβανον και οινον και ἐλαιον και σεμιδαλιν

ἐλαιων [3]

Lc	19 29	και ἐγενετο ὡς ἠγγισεν είς βηθφαγη και βηθανια[ν] προς το ὀρος το καλουμενον ἐλαιων, άπεστειλεν δυο των μαθητων λεγων·
	21 37	ἠν δε τας ἡμερας ἐν τῳ ἱερῳ διδασκων, τας δε νυκτας ἐξερχομενος ηύλιζετο είς το ὀρος το καλουμενον ἐλαιων.
Ac	1 12	τοτε ὑπεστρεψαν είς ιερουσαλημ άπο ὀρους του καλουμενου ἐλαιωνος, ὁ ἐστιν ἐγγυς ιερουσαλημ σαββατου ἐχον ὁδον.

ἐλαμιτης [1]

Ac	2 9	παρθοι και μηδοι και ἐλαμιται,

ἐλασσων [4]

Jh	2 10	πας άνθρωπος πρωτον τον καλον οινον τιθησιν, και ὁταν μεθυσθωσιν τον ἐλασσω·
Rm	9 12	ἐρρεθη αύτῃ ὁτι ὁ μειζων δουλευσει τῳ ἐλασσονι·
1Tm	5 9	χηρα καταλεγεσθω μη ἐλαττον ἐτων ἑξηκοντα γεγονυια,
Heb	7 7	χωρις δε πασης άντιλογιας το ἐλαττον ὑπο του κρειττονος εύλογειται.

ἐλαττονεω [1]

2Co	8 15	ὁ το πολυ ούκ ἐπλεονασεν, και ὁ το ὀλιγον ούκ ἠλαττονησεν.

ἐλαττοω [3]

Jh	3 30	ἐκεινον δει αύξανειν, ἐμε δε ἐλαττουσθαι.
Heb	2 7	ἠλαττωσας αύτον βραχυ τι παρ άγγελους,
	9	τον δε βραχυ τι παρ άγγελους ἠλαττωμενον βλεπομεν ιησουν δια το παθημα του θανατου δοξῃ και τιμῃ ἐστεφανωμενον,

ἐλαυνω [5]

Mc	6 48	και ίδων αύτους βασανιζομενους ἐν τῳ ἐλαυνειν, ἠν γαρ ὁ άνεμος ἐναντιος αύτοις, περι τεταρτην φυλακην της νυκτος ἐρχεται προς αύτους περιπατων ἐπι της θαλασσης·
Lc	8 29	και διαρρησσων τα δεσμα ἠλαυνετο ὑπο του δαιμονιου είς τας ἐρημους.
Jh	6 19	ἐληλακοτες ούν ὡς σταδιους είκοσιπεντε ἠ τριακοντα θεωρουσιν τον ιησουν περιπατουντα ἐπι της θαλασσης και ἐγγυς του πλοιου γινομενον,
Ja	3 4	ίδου και τα πλοια, τηλικαυτα ὀντα και ὑπο άνεμων σκληρων ἐλαυνομενα,
2Pt	2 17	ούτοι είσιν πηγαι άνυδροι και ὀμιχλαι ὑπο λαιλαπος ἐλαυνομεναι,

ἐλαφρια [1]

2Co	1 17	τουτο ούν βουλομενος μητι άρα τῃ ἐλαφριᾳ ἐχρησαμην;

ἐλαφρος [2]

Mt	11 30	ὁ γαρ ζυγος μου χρηστος και το φορτιον μου ἐλαφρον ἐστιν.
2Co	4 17	το γαρ παραυτικα ἐλαφρον της θλιψεως ἡμων καθ ὑπερβολην είς ὑπερβολην αίωνιον βαρος δοξης κατεργαζεται ἡμιν,

ἐλαχιστος [14]

Mt	2 6	γη ιουδα, ούδαμως ἐλαχιστη εί ἐν τοις ἡγεμοσιν ιουδα.
	5 19	ὁς ἐαν ούν λυσῃ μιαν των ἐντολων τουτων των ἐλαχιστων και διδαξῃ ούτως τους άνθρωπους, ἐλαχιστος κληθησεται ἐν τῃ βασιλειᾳ των ούρανων·
	19	ἐλαχιστος κληθησεται ἐν τῃ βασιλειᾳ των ούρανων·
	25 40	άμην λεγω ὑμιν, ἐφ ὁσον ἐποιησατε ἑνι τουτων των άδελφων μου των ἐλαχιστων, ἐμοι ἐποιησατε.
	45	άμην λεγω ὑμιν, ἐφ ὁσον ούκ ἐποιησατε ἑνι τουτων των ἐλαχιστων, ούδε ἐμοι ἐποιησατε.
Lc	12 26	εί ούν ούδε ἐλαχιστον δυνασθε, τι περι των λοιπων μεριμνατε;
	16 10	ὁ πιστος ἐν ἐλαχιστῳ και ἐν πολλῳ πιστος ἐστιν,
	10	και ὁ ἐν ἐλαχιστῳ άδικος και ἐν πολλῳ άδικος ἐστιν.
	19 17	εύ γε, άγαθε δουλε, ὁτι ἐν ἐλαχιστῳ πιστος ἐγενου, ίσθι ἐξουσιαν ἐχων ἐπανω δεκα πολεων.
1Co	4 3	ἐμοι δε είς ἐλαχιστον ἐστιν ἱνα ὑφ ὑμων άνακριθω ἠ ὑπο άνθρωπινης ἡμερας·
	6 2	και εί ἐν ὑμιν κρινεται ὁ κοσμος, άναξιοι ἐστε κριτηριων ἐλαχιστων;
	15 9	ἐγω γαρ είμι ὁ ἐλαχιστος των άποστολων,
Eph	3 8	ἐμοι τῳ ἐλαχιστοτερῳ παντων άγιων ἐδοθη ἡ χαρις αὑτη,
Ja	3 4	μεταγεται ὑπο ἐλαχιστου πηδαλιου ὁπου ἡ ὁρμη του εύθυνοντος βουλεται·

ἐλεαζαρ [2]

Mt	1 15	ἐλιουδ δε ἐγεννησεν τον ἐλεαζαρ,
	15	ἐλεαζαρ δε ἐγεννησεν τον ματθαν,

ἐλεαω [4]

Rm	9 16	άρα ούν ού του θελοντος ούδε του τρεχοντος, άλλα του ἐλεωντος θεου.
	12 8	ὁ μεταδιδους ἐν ἁπλοτητι, ὁ προισταμενος ἐν σπουδῃ, ὁ ἐλεων ἐν ἱλαροτητι.
Ju	22	και ούς μεν ἐλεατε διακρινομενους ούς δε σωζετε ἐκ πυρος ἁρπαζοντες, ούς δε ἐλεατε ἐν φοβῳ,
	23	και ούς μεν ἐλεατε διακρινομενους ούς δε σωζετε ἐκ πυρος ἁρπαζοντες, ούς δε ἐλεατε ἐν φοβῳ,

ἐλεγμος [1]

2Tm	3 16	πασα γραφη θεοπνευστος και ὠφελιμος προς διδασκαλιαν, προς ἐλεγμον, προς ἐπανορθωσιν, προς παιδειαν την ἐν δικαιοσυνῃ,

ἐλεγξις [1]

2Pt	2 16	ὁς μισθον άδικιας ἠγαπησεν, ἐλεγξιν δε ἐσχεν ίδιας παρανομιας·

ἐλεγχος [1]

Heb	11 1	ἐστιν δε πιστις ἐλπιζομενων ὑποστασις, πραγματων ἐλεγχος ού βλεπομενων.

ἐλεγχω [17]

Mt	18 15	ἐαν δε ἁμαρτησῃ [είς σε] ὁ άδελφος σου, ὑπαγε ἐλεγξον αύτον μεταξυ σου και αύτου μονου.
Lc	3 19	ὁ δε ηρῳδης ὁ τετραρχης, ἐλεγχομενος ὑπ αύτου περι ηρῳδιαδος της γυναικος του άδελφου αύτου και περι παντων ὡν ἐποιησεν πονηρων ὁ ηρῳδης,
Jh	3 20	πας γαρ ὁ φαυλα πρασσων μισει το φως και ούκ ἐρχεται προς το φως, ἱνα μη ἐλεγχθῃ τα ἐργα αύτου·
	8 46	τις ἐξ ὑμων ἐλεγχει με περι ἁμαρτιας;
	16 8	και ἐλθων ἐκεινος ἐλεγξει τον κοσμον περι ἁμαρτιας και περι δικαιοσυνης και περι κρισεως·
1Co	14 24	ἐαν δε παντες προφητευωσιν, είσελθῃ δε τις άπιστος ἠ ίδιωτης, ἐλεγχεται ὑπο παντων, άνακρινεται ὑπο παντων,
Eph	5 11	και μη συγκοινωνειτε τοις ἐργοις τοις άκαρποις του σκοτους, μαλλον δε και ἐλεγχετε,
	13	τα δε παντα ἐλεγχομενα ὑπο του φωτος φανερουται·

ἐλέγχω [17]

1Tm	5 20	τους ἁμαρτανοντας ἐνωπιον παντων *ἔλεγχε*,
2Tm	4 2	*ἔλεγξον*, ἐπιτιμησον, παρακαλεσον, ἐν παση μακροθυμια και διδαχη.
Tit	1 9	φιλαγαθον, σωφρονα, δικαιον, ὁσιον, ἐγκρατη, ἀντεχομενον του κατα την διδαχην πιστου λογου, ἱνα δυνατος ἠ και παρακαλειν ἐν τη διδασκαλια τη ὑγιαινουση και τους ἀντιλεγοντας *ἐλεγχειν*.
	13	δι ἠν αἰτιαν *ἐλεγχε* αὐτους ἀποτομως,
	2 15	ταυτα λαλει και παρακαλει και *ἔλεγχε* μετα πασης ἐπιταγης·
Heb	12 5	υἱε μου, μη ὀλιγωρει παιδειας κυριου, μηδε ἐκλυου ὑπ αὐτου *ἐλεγχομενος*·
Ja	2 9	εἰ δε προσωπολημπτειτε, ἁμαρτιαν ἐργαζεσθε, *ἐλεγχομενοι* ὑπο του νομου ὡς παραβαται.
Ju	15	ποιησαι κρισιν κατα παντων και *ἐλεγξαι* πασαν ψυχην περι παντων των ἐργων ἀσεβειας αὐτων ὡν ἠσεβησαν
Apc	3 19	ἐγω ὁσους ἐαν φιλω *ἐλεγχω* και παιδευω·

ἐλεεινός [2]

1Co	15 19	εἰ ἐν τη ζωη ταυτη ἐν χριστω ἠλπικοτες ἐσμεν μονον, *ἐλεεινοτεροι* παντων ἀνθρωπων ἐσμεν.
Apc	3 17	και οὐκ οἰδας ὁτι συ εἰ ὁ ταλαιπωρος και *ἐλεεινος* και πτωχος και τυφλος και γυμνος,

ἐλεέω [29]

Mt	5 7	μακαριοι οἱ ἐλεημονες, ὁτι αὐτοι *ἐλεηθησονται*.
	9 27	και παραγοντι ἐκειθεν τω ἰησου ἠκολουθησαν [αὐτω] δυο τυφλοι κραζοντες και λεγοντες· *ἐλεησον* ἡμας, υἱος δαυιδ.
	15 22	*ἐλεησον* με, κυριε υἱος δαυιδ· ἡ θυγατηρ μου κακως δαιμονιζεται.
	17 15	κυριε, *ἐλεησον* μου τον υἱον, ὁτι σεληνιαζεται και κακως πασχει·
	18 33	οὐκ ἐδει και σε *ἐλεησαι* τον συνδουλον σου, ὡς καγω σε *ἠλεησα*;
	33	οὐκ ἐδει και σε *ἐλεησαι* τον συνδουλον σου, ὡς καγω σε *ἠλεησα*;
	20 30	και ἰδου δυο τυφλοι καθημενοι παρα την ὁδον, ἀκουσαντες ὁτι ἰησους παραγει, ἐκραξαν λεγοντες· *ἐλεησον* ἡμας, [κυριε,] υἱος δαυιδ.
	31	*ἐλεησον* ἡμας, κυριε, υἱος δαυιδ.
Mc	5 19	ὑπαγε εἰς τον οἰκον σου προς τους σους, και ἀπαγγειλον αὐτοις ὁσα ὁ κυριος σοι πεποιηκεν και *ἠλεησεν* σε.
	10 47	υἱε δαυιδ ἰησου, *ἐλεησον* με.
	48	υἱε δαυιδ, *ἐλεησον* με.
Lc	16 24	πατερ ἀβρααμ, *ἐλεησον* με και πεμψον λαζαρον ἱνα βαψη το ἀκρον του δακτυλου αὐτου ὑδατος και καταψυξη την γλωσσαν μου,
	17 13	ἰησου ἐπιστατα, *ἐλεησον* ἡμας.
	18 38	ἰησου υἱε δαυιδ, *ἐλεησον* με.
	39	υἱε δαυιδ, *ἐλεησον* με.
Rm	9 15	*ἐλεησω* ὁν ἀν *ἐλεω*, και οἰκτιρησω ὁν ἀν οἰκτιρω.
	15	*ἐλεησω* ὁν ἀν *ἐλεω*, και οἰκτιρησω ὁν ἀν οἰκτιρω.
	18	ἀρα οὐν ὁν θελει *ἐλεει*, ὁν δε θελει σκληρυνει.
	11 30	ὡσπερ γαρ ὑμεις ποτε ἠπειθησατε τω θεω, νυν δε *ἠλεηθητε* τη τουτων ἀπειθεια, οὑτως και οὑτοι νυν ἠπειθησαν τω ὑμετερω *ἐλεει* ἱνα και αὐτοι [νυν] *ἐλεηθωσιν*.
	31	ὡσπερ γαρ ὑμεις ποτε ἠπειθησατε τω θεω, νυν δε *ἠλεηθητε* τη τουτων ἀπειθεια, οὑτως και οὑτοι νυν ἠπειθησαν τω ὑμετερω *ἐλεει* ἱνα και αὐτοι [νυν] *ἐλεηθωσιν*.
	32	συνεκλεισεν γαρ ὁ θεος τους παντας εἰς ἀπειθειαν ἱνα τους παντας *ἐλεηση*.
	12 8	ὁ μεταδιδους ἐν ἁπλοτητι, ὁ προισταμενος ἐν σπουδη, ὁ *ἐλεων* ἐν ἱλαροτητι.
1Co	7 25	γνωμην δε διδωμι ὡς *ἠλεημενος* ὑπο κυριου πιστος εἰναι.
2Co	4 1	δια τουτο, ἐχοντες την διακονιαν ταυτην, καθως *ἠλεηθημεν*, οὐκ ἐγκακουμεν,
Php	2 27	ἀλλα ὁ θεος *ἠλεησεν* αὐτον, οὐκ αὐτον δε μονον ἀλλα και ἐμε, ἱνα μη λυπην ἐπι λυπην σχω.
1Tm	1 13	ἀλλα *ἠλεηθην*, ὁτι ἀγνοων ἐποιησα ἐν ἀπιστια,
	16	ἀλλα δια τουτο *ἠλεηθην*, ἱνα ἐν ἐμοι πρωτω ἐνδειξηται χριστος ἰησους την ἁπασαν μακροθυμιαν,
1Pt	2 10	οἱ οὐκ *ἠλεημενοι*, νυν δε *ἐλεηθεντες*.
	10	οἱ οὐκ *ἠλεημενοι*, νυν δε *ἐλεηθεντες*.

ἐλεημοσύνη [13]

Mt	6 2	ὁταν οὐν ποιης *ἐλεημοσυνην*, μη σαλπισης ἐμπροσθεν σου,

ἐλεημοσύνη [13]

Mt	6 3	σου δε ποιουντος *ἐλεημοσυνην* μη γνωτω ἡ ἀριστερα σου τι ποιει ἡ δεξια σου,
	4	σου δε ποιουντος ἐλεημοσυνην μη γνωτω ἡ ἀριστερα σου τι ποιει ἡ δεξια σου, ὁπως ἠ σου ἡ *ἐλεημοσυνη* ἐν τω κρυπτω·
Lc	11 41	πλην τα ἐνοντα δοτε *ἐλεημοσυνην*, και ἰδου παντα καθαρα ὑμιν ἐστιν.
	12 33	πωλησατε τα ὑπαρχοντα ὑμων και δοτε *ἐλεημοσυνην*·
Ac	3 2	ὁν ἐτιθουν καθ ἡμεραν προς την θυραν του ἱερου την λεγομενην ὡραιαν του αἰτειν *ἐλεημοσυνην* παρα των εἰσπορευομενων εἰς το ἱερον·
	3	ὁς ἰδων πετρον και ἰωαννην μελλοντας εἰσιεναι εἰς το ἱερον ἠρωτα *ἐλεημοσυνην* λαβειν.
	10	ἐπεγινωσκον δε αὐτον, ὁτι αὐτος ἠν ὁ προς την *ἐλεημοσυνην* καθημενος ἐπι τη ὡραια πυλη του ἱερου,
	9 36	αὑτη ἠν πληρης ἐργων ἀγαθων και *ἐλεημοσυνων* ὡν ἐποιει.
	10 2	ποιων *ἐλεημοσυνας* πολλας τω λαω και δεομενος του θεου δια παντος,
	4	αἱ προσευχαι σου και αἱ *ἐλεημοσυναι* σου ἀνεβησαν εἰς μνημοσυνον ἐμπροσθεν του θεου.
	31	κορνηλιε, εἰσηκουσθη σου ἡ προσευχη και αἱ *ἐλεημοσυναι* σου ἐμνησθησαν ἐνωπιον του θεου.
	24 17	δι ἐτων δε πλειονων *ἐλεημοσυνας* ποιησων εἰς το ἐθνος μου παρεγενομην και προσφορας,

ἐλεήμων [2]

Mt	5 7	μακαριοι οἱ *ἐλεημονες*, ὁτι αὐτοι ἐλεηθησονται.
Heb	2 17	ὁθεν ὠφειλεν κατα παντα τοις ἀδελφοις ὁμοιωθηναι, ἱνα *ἐλεημων* γενηται και πιστος ἀρχιερευς τα προς τον θεον,

ἔλεος [27]

Mt	9 13	*ἔλεος* θελω και οὐ θυσιαν·
	12 7	*ἔλεος* θελω και οὐ θυσιαν,
	23 23	και ἀφηκατε τα βαρυτερα του νομου, την κρισιν και το *ἔλεος* και την πιστιν·
Lc	1 50	και ἁγιον το ὀνομα αὐτου, και το *ἔλεος* αὐτου εἰς γενεας και γενεας τοις φοβουμενοις αὐτον ἐποιησεν κρατος ἐν βραχιονι αὐτου, διεσκορπισεν ὑπερηφανους διανοια καρδιας αὐτων·
	54	ἀντελαβετο ἰσραηλ παιδος αὐτου, μνησθηναι *ἐλεους*,
	58	και ἠκουσαν οἱ περιοικοι και οἱ συγγενεις αὐτης ὁτι ἐμεγαλυνεν κυριος το *ἔλεος* αὐτου μετ αὐτης, και συνεχαιρον αὐτη.
	72	ποιησαι *ἔλεος* μετα των πατερων ἡμων και μνησθηναι διαθηκης ἁγιας αὐτου,
	78	του δουναι γνωσιν σωτηριας τω λαω αὐτου ἐν ἀφεσει ἁμαρτιων αὐτων, δια σπλαγχνα *ἐλεους* θεου ἡμων, ἐν οἱς ἐπισκεψεται ἡμας ἀνατολη ἐξ ὑψους,
	10 37	ὁ ποιησας το *ἔλεος* μετ αὐτου.
Rm	9 23	και ἱνα γνωριση τον πλουτον της δοξης αὐτου ἐπι σκευη *ἐλεους*,
	11 31	ὡσπερ γαρ ὑμεις ποτε ἠπειθησατε τω θεω, νυν δε ἠλεηθητε τη τουτων ἀπειθεια, οὑτως και οὑτοι νυν ἠπειθησαν τω ὑμετερω *ἐλεει* ἱνα και αὐτοι [νυν] ἐλεηθωσιν.
	15 9	τα δε ἐθνη ὑπερ *ἐλεους* δοξασαι τον θεον, καθως γεγραπται·
Ga	6 16	και ὁσοι τω κανονι τουτω στοιχησουσιν, εἰρηνη ἐπ αὐτους και *ἔλεος*,
Eph	2 4	ὁ δε θεος πλουσιος ὡν ἐν *ἐλεει*,
1Tm	1 2	χαρις, *ἔλεος*, εἰρηνη ἀπο θεου πατρος και χριστου ἰησου του κυριου ἡμων.
2Tm	1 2	χαρις, *ἔλεος*, εἰρηνη ἀπο θεου πατρος και χριστου ἰησου του κυριου ἡμων.
	16	δωη *ἔλεος* ὁ κυριος τω ὀνησιφορου οἰκω,
	18	δωη αὐτω ὁ κυριος εὑρειν *ἔλεος* παρα κυριου ἐν ἐκεινη τη ἡμερα·
Tit	3 5	οὐκ ἐξ ἐργων των ἐν δικαιοσυνη ἁ ἐποιησαμεν ἡμεις, ἀλλα κατα το αὐτου *ἔλεος* ἐσωσεν ἡμας δια λουτρου παλιγγενεσιας και ἀνακαινωσεως πνευματος ἁγιου,
Heb	4 16	προσερχωμεθα οὐν μετα παρρησιας τω θρονω της χαριτος, ἱνα λαβωμεν *ἔλεος* και χαριν εὑρωμεν εἰς εὐκαιρον βοηθειαν.
Ja	2 13	ἡ γαρ κρισις ἀνελεος τω μη ποιησαντι *ἔλεος*·
	13	ἡ γαρ κρισις ἀνελεος τω μη ποιησαντι ἔλεος· κατακαυχαται *ἔλεος* κρισεως.
	3 17	ἐπειτα εἰρηνικη, ἐπιεικης, εὐπειθης, μεστη *ἐλεους* και καρπων ἀγαθων, ἀδιακριτος, ἀνυποκριτος.
1Pt	1 3	ὁ κατα το πολυ αὐτου *ἔλεος* ἀναγεννησας ἡμας εἰς ἐλπιδα ζωσαν δι ἀναστασεως ἰησου χριστου ἐκ νεκρων,
2Jh	3	ἐσται μεθ ἡμων χαρις *ἔλεος* εἰρηνη παρα θεου πατρος,
Ju	2	*ἔλεος* ὑμιν και εἰρηνη και ἀγαπη πληθυνθειη.

ἔλεος [27]

Ju 21 ἑαυτους ἐν ἀγαπη θεου τηρησατε, προσδεχομενοι το ἔλεος
του κυριου ἡμων ἰησου χριστου εἰς ζωην αἰωνιον.

ἐλευθερια [11]

Rm 8 21 ὅτι και αὐτη ἡ κτισις ἐλευθερωθησεται ἀπο της δουλειας της
φθορας εἰς την ἐλευθεριαν της δοξης των τεκνων του θεου.
1Co 10 29 ἱνατι γαρ ἡ ἐλευθερια μου κρινεται ὑπο ἀλλης συνειδησεως;
2Co 3 17 οὗ δε το πνευμα κυριου, ἐλευθερια.
Ga 2 4 δια δε τους παρεισακτους ψευδαδελφους, οἱτινες παρεισηλθον
κατασκοπησαι την ἐλευθεριαν ἡμων ἡν ἐχομεν ἐν χριστω
ἰησου,
5 1 τη ἐλευθερια ἡμας χριστος ἠλευθερωσεν·
13 ὑμεις γαρ ἐπ ἐλευθερια ἐκληθητε, ἀδελφοι·
13 μονον μη την ἐλευθεριαν εἰς ἀφορμην τη σαρκι, ἀλλα δια της
ἀγαπης δουλευετε ἀλληλοις.
Ja 1 25 ὁ δε παρακυψας εἰς νομον τελειον τον της ἐλευθεριας και
παραμεινας, οὐκ ἀκροατης ἐπιλησμονης γενομενος ἀλλα
ποιητης ἐργου,
2 12 οὑτως λαλειτε και οὑτως ποιειτε ὡς δια νομου ἐλευθεριας
μελλοντες κρινεσθαι.
1Pt 2 16 ὡς ἐλευθεροι, και μη ὡς ἐπικαλυμμα ἐχοντες της κακιας την
ἐλευθεριαν,
2Pt 2 19 ἐλευθεριαν αὐτοις ἐπαγγελλομενοι, αὐτοι δουλοι ὑπαρχοντες
της φθορας·

ἐλευθερος [23]

Mt 17 26 εἰποντος δε· ἀπο των ἀλλοτριων, ἐφη αὐτω ὁ ἰησους· ἀρα γε
ἐλευθεροι εἰσιν οἱ υἱοι.
Jh 8 33 πως συ λεγεις ὅτι ἐλευθεροι γενησεσθε;
36 ἐαν οὐν ὁ υἱος ὑμας ἐλευθερωση, ὀντως ἐλευθεροι ἐσεσθε.
Rm 6 20 ὁτε γαρ δουλοι ἡτε της ἁμαρτιας, ἐλευθεροι ἡτε τη
δικαιοσυνη.
7 3 ἐαν δε ἀποθανη ὁ ἀνηρ, ἐλευθερα ἐστιν ἀπο του νομου,
1Co 7 21 ἀλλ εἰ και δυνασαι ἐλευθερος γενεσθαι, μαλλον χρησαι.
22 ὁμοιως ὁ ἐλευθερος κληθεις δουλος ἐστιν χριστου.
39 ἐαν δε κοιμηθη ὁ ἀνηρ, ἐλευθερα ἐστιν ᾡ θελει γαμηθηναι,
μονον ἐν κυριω.
9 1 οὐκ εἰμι ἐλευθερος; οὐκ εἰμι ἀποστολος;
19 ἐλευθερος γαρ ὡν ἐκ παντων πασιν ἐμαυτον ἐδουλωσα,
12 13 και γαρ ἐν ἑνι πνευματι ἡμεις παντες εἰς ἑν σωμα
ἐβαπτισθημεν, εἰτε ἰουδαιοι εἰτε ἑλληνες, εἰτε δουλοι εἰτε
ἐλευθεροι,
Ga 3 28 οὐκ ἐνι ἰουδαιος οὐδε ἑλλην, οὐκ ἐνι δουλος οὐδε ἐλευθερος,
οὐκ ἐνι ἀρσεν και θηλυ·
4 22 γεγραπται γαρ ὁτι ἀβρααμ δυο υἱους ἐσχεν, ἑνα ἐκ της
παιδισκης και ἑνα ἐκ της ἐλευθερας.
23 ἀλλ ὁ μεν ἐκ της παιδισκης κατα σαρκα γεγεννηται, ὁ δε ἐκ
της ἐλευθερας δι ἐπαγγελιας.
26 ἡ δε ἀνω ἱερουσαλημ ἐλευθερα ἐστιν, ἡτις ἐστιν μητηρ ἡμων·
30 οὐ γαρ μη κληρονομηση ὁ υἱος της παιδισκης μετα του υἱου
της ἐλευθερας.
31 διο, ἀδελφοι, οὐκ ἐσμεν παιδισκης τεκνα ἀλλα της ἐλευθερας.
Eph 6 8 εἰδοτες ὁτι ἑκαστος ἐαν τι ποιηση ἀγαθον, τουτο κομισεται
παρα κυριου, εἰτε δουλος εἰτε ἐλευθερος.
Col 3 11 ὁπου οὐκ ἐνι ἑλλην και ἰουδαιος, περιτομη και ἀκροβυστια,
βαρβαρος, σκυθης, δουλος, ἐλευθερος, ἀλλα [τα] παντα και ἐν
πασιν χριστος.
1Pt 2 16 ὡς ἐλευθεροι, και μη ὡς ἐπικαλυμμα ἐχοντες της κακιας την
ἐλευθεριαν,
Apc 6 15 και οἱ βασιλεις της γης και οἱ μεγιστανες και οἱ χιλιαρχοι
και οἱ πλουσιοι και οἱ ἰσχυροι και πας δουλος και ἐλευθερος
ἐκρυψαν ἑαυτους
13 16 και τους πλουσιους και τους πτωχους, και τους ἐλευθερους
και τους δουλους,
19 18 και σαρκας παντων ἐλευθερων τε και δουλων και μικρων και
μεγαλων.

ἐλευθεροω [7]

Jh 8 32 και γνωσεσθε την ἀληθειαν, και ἡ ἀληθεια ἐλευθερωσει ὑμας.
36 ἐαν οὐν ὁ υἱος ὑμας ἐλευθερωση, ὀντως ἐλευθεροι ἐσεσθε.
Rm 6 18 ἐλευθερωθεντες δε ἀπο της ἁμαρτιας ἐδουλωθητε τη
δικαιοσυνη.
22 νυνι δε ἐλευθερωθεντες ἀπο της ἁμαρτιας δουλωθεντες δε τω
θεω, ἐχετε τον καρπον ὑμων εἰς ἁγιασμον,

ἐλευθεροω [7]

Rm 8 2 ὁ γαρ νομος του πνευματος της ζωης ἐν χριστω ἰησου
ἠλευθερωσεν σε ἀπο του νομου της ἁμαρτιας και του
θανατου.
21 ὁτι και αὐτη ἡ κτισις ἐλευθερωθησεται ἀπο της δουλειας της
φθορας εἰς την ἐλευθεριαν της δοξης των τεκνων του θεου.
Ga 5 1 τη ἐλευθερια ἡμας χριστος ἠλευθερωσεν·

ἐλευσις [1]

Ac 7 52 και ἀπεκτειναν τους προκαταγγειλαντας περι της ἐλευσεως
του δικαιου,

ἐλεφαντινος [1]

Apc 18 12 και παν ξυλον θυινον και παν σκευος ἐλεφαντινον

ἐλιακιμ [3]

Mt 1 13 ἀβιουδ δε ἐγεννησεν τον ἐλιακιμ,
13 ἐλιακιμ δε ἐγεννησεν τον ἀζωρ,
Lc 3 30 του συμεων του ἰουδα του ἰωσηφ του ἰωναμ του ἐλιακιμ

ἐλιεζερ [1]

Lc 3 29 του ἰησου του ἐλιεζερ του ἰωριμ του μαθθατ του λευι

ἐλιουδ [2]

Mt 1 14 ἀχιμ δε ἐγεννησεν τον ἐλιουδ,
15 ἐλιουδ δε ἐγεννησεν τον ἐλεαζαρ,

ἐλισαβετ [9]

Lc 1 5 και γυνη αὐτω ἐκ των θυγατερων ἀαρων, και το ὀνομα αὐτης
ἐλισαβετ.
7 και οὐκ ἡν αὐτοις τεκνον, καθοτι ἡν ἡ ἐλισαβετ στειρα,
13 και ἡ γυνη σου ἐλισαβετ γεννησει υἱον σοι, και καλεσεις το
ὀνομα αὐτου ἰωαννην·
24 μετα δε ταυτας τας ἡμερας συνελαβεν ἐλισαβετ ἡ γυνη αὐτου,
36 και ἰδου ἐλισαβετ ἡ συγγενις σου και αὐτη συνειληφεν υἱον
ἐν γηρει αὐτης,
40 και εἰσηλθεν εἰς τον οἰκον ζαχαριου και ἠσπασατο την
ἐλισαβετ.
41 και ἐγενετο ὡς ἠκουσεν τον ἀσπασμον της μαριας ἡ ἐλισαβετ,
ἐσκιρτησεν το βρεφος ἐν τη κοιλια αὐτης,
41 και ἐπλησθη πνευματος ἁγιου ἡ ἐλισαβετ, και ἀνεφωνησεν
κραυγη μεγαλη και εἰπεν·
57 τη δε ἐλισαβετ ἐπλησθη ὁ χρονος του τεκειν αὐτην, και
ἐγεννησεν υἱον.

ἐλισαιος [1]

Lc 4 27 και πολλοι λεπροι ἡσαν ἐν τω ἰσραηλ ἐπι ἐλισαιου του
προφητου,

ἐλισσω [2]

Heb 1 12 και ὡσει περιβολαιον ἐλιξεις αὐτους,
Apc 6 14 και ὁ οὐρανος ἀπεχωρισθη ὡς βιβλιον ἐλισσομενον,

ἑλκοομαι [1]

Lc 16 20 πτωχος δε τις ὀνοματι λαζαρος ἐβεβλητο προς τον πυλωνα
αὐτου εἱλκωμενος και ἐπιθυμων χορτασθηναι ἀπο των
πιπτοντων ἀπο της τραπεζης του πλουσιου·

ἕλκος [3]

Lc 16 21 ἀλλα και οἱ κυνες ἐρχομενοι ἐπελειχον τα ἑλκη αὐτου.
Apc 16 2 και ἐγενετο ἑλκος κακον και πονηρον ἐπι τους ἀνθρωπους
τους ἐχοντας το χαραγμα του θηριου και τους
προσκυνουντας τη εἰκονι αὐτου.
11 και ἐβλασφημησαν τον θεον του οὐρανου ἐκ των πονων
αὐτων και ἐκ των ἑλκων αὐτων,

ἕλκω [8]

Jh	6 44	οὐδεις δυναται ἐλθειν προς με ἐαν μη ὁ πατηρ ὁ πεμψας με *ἑλκυση* αὐτον,
	12 32	καγω ἐαν ὑψωθω ἐκ της γης, παντας *ἑλκυσω* προς ἐμαυτον.
	18 10	σιμων οὐν πετρος ἐχων μαχαιραν *εἱλκυσεν* αὐτην και ἐπαισεν τον του ἀρχιερεως δουλον και ἀπεκοψεν αὐτου το ὠταριον το δεξιον·
	21 6	ἐβαλον οὐν, και οὐκετι αὐτο *ἑλκυσαι* ἰσχυον ἀπο του πληθους των ἰχθυων.
	11	ἀνεβη οὐν σιμων πετρος και *εἱλκυσεν* το δικτυον εἰς την γην μεστον ἰχθυων μεγαλων ἑκατονπεντηκοντατριων·
Ac	16 19	ἰδοντες δε οἱ κυριοι αὐτης ὁτι ἐξηλθεν ἡ ἐλπις της ἐργασιας αὐτων, ἐπιλαβομενοι τον παυλον και τον σιλαν *εἱλκυσαν* εἰς την ἀγοραν ἐπι τους ἀρχοντας,
	21 30	και ἐπιλαβομενοι του παυλου *εἱλκον* αὐτον ἐξω του ἱερου,
Ja	2 6	οὐχ οἱ πλουσιοι καταδυναστευουσιν ὑμων, και αὐτοι *ἑλκουσιν* ὑμας εἰς κριτηρια;

ἑλλας [1]

Ac	20 2	διελθων δε τα μερη ἐκεινα και παρακαλεσας αὐτους λογω πολλω ἠλθεν εἰς την *ἑλλαδα*,

ἑλλην [25]

Jh	7 35	μη εἰς την διασποραν των *ἑλληνων* μελλει πορευεσθαι και διδασκειν τους *ἑλληνας*;
	35	μη εἰς την διασποραν των *ἑλληνων* μελλει πορευεσθαι και διδασκειν τους *ἑλληνας*;
	12 20	ἠσαν δε *ἑλληνες* τινες ἐκ των ἀναβαινοντων ἱνα προσκυνησωσιν ἐν τη ἑορτη·
Ac	14 1	ἐγενετο δε ἐν ἱκονιω κατα το αὐτο εἰσελθειν αὐτους εἰς την συναγωγην των ἰουδαιων και λαλησαι οὐτως ὡστε πιστευσαι ἰουδαιων τε και *ἑλληνων* πολυ πληθος.
	16 1	τιμοθεος, υἱος γυναικος ἰουδαιας πιστης πατρος δε *ἑλληνος*, ὁς ἐμαρτυρειτο ὑπο των ἐν λυστροις και ἱκονιῳ ἀδελφων.
	3	ἠδεισαν γαρ ἁπαντες ὁτι *ἑλλην* ὁ πατηρ αὐτου ὑπηρχεν.
	17 4	και τινες ἐξ αὐτων ἐπεισθησαν και προσεκληρωθησαν τω παυλω και τω σιλα, των τε σεβομενων *ἑλληνων* πληθος πολυ,
	18 4	διελεγετο δε ἐν τη συναγωγη κατα παν σαββατον, ἐπειθεν τε ἰουδαιους και *ἑλληνας*.
	19 10	ὡστε παντας τους κατοικουντας την ἀσιαν ἀκουσαι τον λογον του κυριου, ἰουδαιους τε και *ἑλληνας*.
	17	τουτο δε ἐγενετο γνωστον πασιν ἰουδαιοις τε και *ἑλλησιν* τοις κατοικουσιν την ἐφεσον,
	20 21	διαμαρτυρομενος ἰουδαιοις τε και *ἑλλησιν* την εἰς θεον μετανοιαν και πιστιν εἰς τον κυριον ἡμων ἰησουν.
	21 28	ἐτι τε και *ἑλληνας* εἰσηγαγεν εἰς το ἱερον και κεκοινωκεν τον ἁγιον τοπον τουτον.
Rm	1 14	*ἑλλησιν* τε και βαρβαροις, σοφοις τε και ἀνοητοις ὀφειλετης εἰμι·
	16	δυναμις γαρ θεου ἐστιν εἰς σωτηριαν παντι τω πιστευοντι, ἰουδαιω τε πρωτον και *ἑλληνι*.
	2 9	θλιψις και στενοχωρια ἐπι πασαν ψυχην ἀνθρωπου του κατεργαζομενου το κακον, ἰουδαιου τε πρωτον και *ἑλληνος*·
	10	δοξα δε και τιμη και εἰρηνη παντι τω ἐργαζομενω το ἀγαθον, ἰουδαιω τε πρωτον και *ἑλληνι*.
	3 9	προητιασαμεθα γαρ ἰουδαιους τε και *ἑλληνας* παντας ὑφ ἁμαρτιαν εἰναι, καθως γεγραπται ὁτι οὐκ ἐστιν δικαιος οὐδε εἰς,
	10 12	οὐ γαρ ἐστιν διαστολη ἰουδαιου τε και *ἑλληνος*.
1Co	1 22	ἐπειδη και ἰουδαιοι σημεια αἰτουσιν και *ἑλληνες* σοφιαν ζητουσιν, ἡμεις δε κηρυσσομεν χριστον ἐσταυρωμενον,
	24	αὐτοις δε τοις κλητοις, ἰουδαιοις τε και *ἑλλησιν*, χριστον θεου δυναμιν και θεου σοφιαν.
	10 32	ἀπροσκοποι και ἰουδαιοις γινεσθε και *ἑλλησιν* και τη ἐκκλησια του θεου,
	12 13	και γαρ ἐν ἑνι πνευματι ἡμεις παντες εἰς ἑν σωμα ἐβαπτισθημεν, εἰτε ἰουδαιοι εἰτε *ἑλληνες*, εἰτε δουλοι εἰτε ἐλευθεροι,
Ga	2 3	ἀλλ οὐδε τιτος ὁ συν ἐμοι, *ἑλλην* ὠν, ἠναγκασθη περιτμηθηναι·
	3 28	οὐκ ἐνι ἰουδαιος οὐδε *ἑλλην*, οὐκ ἐνι δουλος οὐδε ἐλευθερος, οὐκ ἐνι ἀρσεν και θηλυ·
Col	3 11	ὁπου οὐκ ἐνι *ἑλλην* και ἰουδαιος,

ἑλληνικος [1]

Apc	9 11	και ἐν τη *ἑλληνικη* ὀνομα ἐχει ἀπολλυων.

ἑλληνις [2]

Mc	7 26	ἡ δε γυνη ἠν *ἑλληνις*, συροφοινικισσα τω γενει·
Ac	17 12	πολλοι μεν οὐν ἐξ αὐτων ἐπιστευσαν, και των *ἑλληνιδων* γυναικων των εὐσχημονων και ἀνδρων οὐκ ὀλιγοι.

ἑλληνιστης [3]

Ac	6 1	ἐν δε ταις ἡμεραις ταυταις πληθυνοντων των μαθητων ἐγενετο γογγυσμος των *ἑλληνιστων* προς τους ἑβραιους,
	9 29	ἐλαλει τε και συνεζητει προς τους *ἑλληνιστας*·
	11 20	ἠσαν δε τινες ἐξ αὐτων ἀνδρες κυπριοι και κυρηναιοι, οἱτινες ἐλθοντες εἰς ἀντιοχειαν ἐλαλουν και προς τους *ἑλληνιστας*,

ἑλληνιστι [2]

Jh	19 20	και ἠν γεγραμμενον ἑβραιστι, ῥωμαιστι, *ἑλληνιστι*.
Ac	21 37	ὁ δε ἐφη· *ἑλληνιστι* γινωσκεις;

ἑλλογαω [1]

Phm	18	εἰ δε τι ἠδικησεν σε ἠ ὀφειλει, τουτο ἐμοι *ἐλλογα*·

ἑλλογεω [1]

Rm	5 13	ἀχρι γαρ νομου ἁμαρτια ἠν ἐν κοσμω, ἁμαρτια δε οὐκ *ἑλλογειται* μη ὀντος νομου·

ἑλμαδαμ [1]

Lc	3 28	του μελχι του ἀδδι του κωσαμ του *ἑλμαδαμ* του ἠρ

ἐλπιζω [31]

Mt	12 21	και τω ὀνοματι αὐτου ἐθνη *ἐλπιουσιν*.
Lc	6 34	και ἐαν δανισητε παρ ὡν *ἐλπιζετε* λαβειν, ποια ὑμιν χαρις [ἐστιν];
	23 8	και *ἠλπιζεν* τι σημειον ἰδειν ὑπ αὐτου γινομενον.
	24 21	ἡμεις δε *ἠλπιζομεν* ὁτι αὐτος ἐστιν ὁ μελλων λυτρουσθαι τον ἰσραηλ·
Jh	5 45	ἐστιν ὁ κατηγορων ὑμων μωυσης, εἰς ὁν ὑμεις *ἠλπικατε*.
Ac	24 26	ἀμα και *ἐλπιζων* ὁτι χρηματα δοθησεται αὐτω ὑπο του παυλου·
	26 7	εἰς ἡν το δωδεκαφυλον ἡμων ἐν ἐκτενεια νυκτα και ἡμεραν λατρευον *ἐλπιζει* καταντησαι·
Rm	8 24	ἐλπις δε βλεπομενη οὐκ ἐστιν ἐλπις· ὁ γαρ βλεπει τις, *ἐλπιζει*;
	25	εἰ δε ὁ οὐ βλεπομεν *ἐλπιζομεν*, δι ὑπομονης ἀπεκδεχομεθα.
	15 12	ἐσται ἡ ῥιζα του ἰεσσαι, και ὁ ἀνισταμενος ἀρχειν ἐθνων· ἐπ αὐτω ἐθνη *ἐλπιουσιν*.
	24	*ἐλπιζω* γαρ διαπορευομενος θεασασθαι ὑμας και ὑφ ὑμων προπεμφθηναι ἐκει,
1Co	13 7	παντα στεγει, παντα πιστευει, παντα *ἐλπιζει*, παντα ὑπομενει.
	15 19	εἰ ἐν τη ζωη ταυτη ἐν χριστω *ἠλπικοτες* ἐσμεν μονον, ἐλεεινοτεροι παντων ἀνθρωπων ἐσμεν.
	16 7	*ἐλπιζω* γαρ χρονον τινα ἐπιμειναι προς ὑμας,
2Co	1 10	ὁς ἐκ τηλικουτου θανατου ἐρρυσατο ἡμας και ῥυσεται, εἰς ὁν *ἠλπικαμεν* [ὁτι] και ἐτι ῥυσεται,
	13	*ἐλπιζω* δε ὁτι ἑως τελους ἐπιγνωσεσθε,
	5 11	*ἐλπιζω* δε και ἐν ταις συνειδησεσιν ὑμων πεφανερωσθαι.
	8 5	και οὐ καθως *ἠλπισαμεν*, ἀλλα ἑαυτους ἐδωκαν πρωτον τω κυριω και ἡμιν δια θεληματος θεου.
	13 6	*ἐλπιζω* δε ὁτι γνωσεσθε ὁτι ἡμεις οὐκ ἐσμεν ἀδοκιμοι.
Php	2 19	*ἐλπιζω* δε ἐν κυριω ἰησου τιμοθεον ταχεως πεμψαι ὑμιν,
	23	τουτον μεν οὐν *ἐλπιζω* πεμψαι ὡς ἀν ἀφιδω τα περι ἐμε ἐξαυτης·
1Tm	3 14	ταυτα σοι γραφω *ἐλπιζων* ἐλθειν προς σε ἐν ταχει·
	4 10	εἰς τουτο γαρ κοπιωμεν και ἀγωνιζομεθα, ὁτι *ἠλπικαμεν* ἐπι θεω ζωντι,
	5 5	ἡ δε ὀντως χηρα και μεμονωμενη *ἠλπικεν* ἐπι θεον
	6 17	τοις πλουσιοις ἐν τω νυν αἰωνι παραγγελλε μη ὑψηλοφρονειν, μηδε *ἠλπικεναι* ἐπι πλουτου ἀδηλοτητι,
Phm	22	*ἐλπιζω* γαρ ὁτι δια των προσευχων ὑμων χαρισθησομαι ὑμιν.
Heb	11 1	ἐστιν δε πιστις *ἐλπιζομενων* ὑποστασις, πραγματων ἐλεγχος οὐ βλεπομενων.
1Pt	1 13	τελειως *ἐλπισατε* ἐπι την φερομενην ὑμιν χαριν ἐν ἀποκαλυψει ἰησου χριστου.
	3 5	οὑτως γαρ ποτε και αἱ ἁγιαι γυναικες αἱ *ἐλπιζουσαι* εἰς θεον ἐκοσμουν ἑαυτας,
2Jh	12	ἀλλα *ἐλπιζω* γενεσθαι προς ὑμας και στομα προς στομα λαλησαι,
3Jh	14	*ἐλπιζω* δε εὐθεως σε ἰδειν, και στομα προς στομα λαλησομεν.

ἐλπίς [53]

Ac	2 26	ἔτι δε και ἡ σαρξ μου κατασκηνωσει ἐπ ἐλπιδι,
	16 19	ἰδοντες δε οἱ κυριοι αὐτης ὁτι ἐξηλθεν ἡ ἐλπις της ἐργασιας αὐτων, ἐπιλαβομενοι τον παυλον και τον σιλαν εἱλκυσαν εἰς την ἀγοραν ἐπι τους ἀρχοντας,
	23 6	περι ἐλπιδος και ἀναστασεως νεκρων [ἐγω] κρινομαι.
	24 15	πιστευων πασι τοις κατα τον νομον και τοις ἐν τοις προφηταις γεγραμμενοις, ἐλπιδα ἐχων εἰς τον θεον,
	26 6	και νυν ἐπ ἐλπιδι της εἰς τους πατερας ἡμων ἐπαγγελιας γενομενης ὑπο του θεου ἑστηκα κρινομενος,
	7	περι ἡς ἐλπιδος ἐγκαλουμαι ὑπο ιουδαιων, βασιλευ.
	27 20	λοιπον περιηρειτο ἐλπις πασα του σωζεσθαι ἡμας.
	28 20	εἱνεκεν γαρ της ἐλπιδος του ισραηλ την ἁλυσιν ταυτην περικειμαι.
Rm	4 18	ὁς παρ ἐλπιδα ἐπ ἐλπιδι ἐπιστευσεν,
	18	ὁς παρ ἐλπιδα ἐπ ἐλπιδι ἐπιστευσεν,
	5 2	δι οὑ και την προσαγωγην ἐσχηκαμεν [τη πιστει] εἰς την χαριν ταυτην ἐν ἡ ἑστηκαμεν, και καυχωμεθα ἐπ ἐλπιδι της δοξης του θεου.
	4	εἰδοτες ὁτι ἡ θλιψις ὑπομονην κατεργαζεται, ἡ δε ὑπομονη δοκιμην, ἡ δε δοκιμη ἐλπιδα·
	5	ἡ δε ἐλπις οὐ καταισχυνει,
	8 20	τη γαρ ματαιοτητι ἡ κτισις ὑπεταγη, οὐχ ἑκουσα, ἀλλα δια τον ὑποταξαντα, ἐφ ἐλπιδι
	24	τη γαρ ἐλπιδι ἐσωθημεν· ἐλπις δε βλεπομενη οὐκ ἐστιν ἐλπις·
	24	τη γαρ ἐλπιδι ἐσωθημεν· ἐλπις δε βλεπομενη οὐκ ἐστιν ἐλπις·
	24	τη γαρ ἐλπιδι ἐσωθημεν· ἐλπις δε βλεπομενη οὐκ ἐστιν ἐλπις·
	12 12	τω κυριω δουλευοντες, τη ἐλπιδι χαιροντες,
	15 4	εἰς την ἡμετεραν διδασκαλιαν ἐγραφη, ἱνα δια της ὑπομονης και δια της παρακλησεως των γραφων την ἐλπιδα ἐχωμεν.
	13	ὁ δε θεος της ἐλπιδος πληρωσαι ὑμας πασης χαρας και εἰρηνης ἐν τω πιστευειν,
	13	ὁ δε θεος της ἐλπιδος πληρωσαι ὑμας πασης χαρας και εἰρηνης ἐν τω πιστευειν, εἰς το περισσευειν ὑμας ἐν τη ἐλπιδι ἐν δυναμει πνευματος ἁγιου.
1Co	9 10	δι ἡμας γαρ ἐγραφη, ὁτι ὀφειλει ἐπ ἐλπιδι ὁ ἀροτριων ἀροτριαν,
	10	δι ἡμας γαρ ἐγραφη, ὁτι ὀφειλει ἐπ ἐλπιδι ὁ ἀροτριων ἀροτριαν, και ὁ ἀλοων ἐπ ἐλπιδι του μετεχειν.
	13 13	νυνι δε μενει πιστις, ἐλπις, ἀγαπη, τα τρια ταυτα·
2Co	1 7	και ἡ ἐλπις ἡμων βεβαια ὑπερ ὑμων
	3 12	ἐχοντες οὐν τοιαυτην ἐλπιδα πολλη παρρησια χρωμεθα,
	10 15	ἐλπιδα δε ἐχοντες αὐξανομενης της πιστεως ὑμων ἐν ὑμιν μεγαλυνθηναι κατα τον κανονα ἡμων εἰς περισσειαν,
Ga	5 5	ἡμεις γαρ πνευματι ἐκ πιστεως ἐλπιδα δικαιοσυνης ἀπεκδεχομεθα.
Eph	1 18	πεφωτισμενους τους ὀφθαλμους της καρδιας [ὑμων], εἰς το εἰδεναι ὑμας τίς ἐστιν ἡ ἐλπις της κλησεως αὐτου,
	2 12	ἀπηλλοτριωμενοι της πολιτειας του ισραηλ και ξενοι των διαθηκων της ἐπαγγελιας, ἐλπιδα μη ἐχοντες και ἀθεοι ἐν τω κοσμω.
	4 4	ἑν σωμα και ἑν πνευμα, καθως και ἐκληθητε ἐν μια ἐλπιδι της κλησεως ὑμων·
Php	1 20	κατα την ἀποκαραδοκιαν και ἐλπιδα μου ὁτι ἐν οὐδενι αἰσχυνθησομαι,
Col	1 5	δια την ἐλπιδα την ἀποκειμενην ὑμιν ἐν τοις οὐρανοις,
	23	εἰ γε ἐπιμενετε τη πιστει τεθεμελιωμενοι και ἑδραιοι και μη μετακινουμενοι ἀπο της ἐλπιδος του εὐαγγελιου οὑ ἠκουσατε,
	27	ὁ ἐστιν χριστος ἐν ὑμιν, ἡ ἐλπις της δοξης·
1Th	1 3	ἀδιαλειπτως μνημονευοντες ὑμων του ἐργου της πιστεως και του κοπου της ἀγαπης και της ὑπομονης της ἐλπιδος του κυριου ἡμων ιησου χριστου
	2 19	τίς γαρ ἡμων ἐλπις ἡ χαρα ἡ στεφανος καυχησεως
	4 13	οὐ θελομεν δε ὑμας ἀγνοειν, ἀδελφοι, περι των κοιμωμενων, ἱνα μη λυπησθε καθως και οἱ λοιποι οἱ μη ἐχοντες ἐλπιδα.
	5 8	ἐνδυσαμενοι θωρακα πιστεως και ἀγαπης και περικεφαλαιαν ἐλπιδα σωτηριας·
2Th	2 16	ὁ ἀγαπησας ἡμας και δους παρακλησιν αἰωνιαν και ἐλπιδα ἀγαθην ἐν χαριτι,
1Tm	1 1	παυλος ἀποστολος χριστου ιησου κατ ἐπιταγην θεου σωτηρος ἡμων και χριστου ιησου της ἐλπιδος ἡμων
Tit	1 2	ἐπ ἐλπιδι ζωης αἰωνιου, ἡν ἐπηγγειλατο ὁ ἀψευδης θεος προ χρονων αἰωνιων,
	2 13	προσδεχομενοι την μακαριαν ἐλπιδα και ἐπιφανειαν της δοξης του μεγαλου θεου
	3 7	ἱνα δικαιωθεντες τη ἐκεινου χαριτι κληρονομοι γενηθωμεν κατ ἐλπιδα ζωης αἰωνιου.
Heb	3 6	οὑ οἰκος ἐσμεν ἡμεις, ἐαν[περ] την παρρησιαν και το καυχημα της ἐλπιδος κατασχωμεν.

ἐλπίς [53]

Heb	6 11	ἐπιθυμουμεν δε ἑκαστον ὑμων την αὐτην ἐνδεικνυσθαι σπουδην προς την πληροφοριαν της ἐλπιδος ἀχρι τελους,
	18	ἱνα δια δυο πραγματων ἀμεταθετων, ἐν οἱς ἀδυνατον ψευσασθαι [τον] θεον, ἰσχυραν παρακλησιν ἐχωμεν οἱ καταφυγοντες κρατησαι της προκειμενης ἐλπιδος·
	7 19	οὐδεν γαρ ἐτελειωσεν ὁ νομος, ἐπεισαγωγη δε κρειττονος ἐλπιδος, δι ἡς ἐγγιζομεν τω θεω.
	10 23	κατεχωμεν την ὁμολογιαν της ἐλπιδος ἀκλινη, πιστος γαρ ὁ ἐπαγγειλαμενος,
1Pt	1 3	ὁ κατα το πολυ αὐτου ἐλεος ἀναγεννησας ἡμας εἰς ἐλπιδα ζωσαν δι ἀναστασεως ιησου χριστου ἐκ νεκρων,
	21	ὡστε την πιστιν ὑμων και ἐλπιδα εἰναι εἰς θεον.
	3 15	ἑτοιμοι ἀει προς ἀπολογιαν παντι τω αἰτουντι ὑμας λογον περι της ἐν ὑμιν ἐλπιδος,
1Jh	3 3	και πας ὁ ἐχων την ἐλπιδα ταυτην ἐπ αὐτω ἁγνιζει ἑαυτον καθως ἐκεινος ἁγνος ἐστιν.

ἐλυμας [1]

Ac	13 8	ἀνθιστατο δε αὐτοις ἐλυμας ὁ μαγος, οὑτως γαρ μεθερμηνευεται το ὀνομα αὐτου, ζητων διαστρεψαι τον ἀνθυπατον ἀπο της πιστεως.

ἐλωι [2]

Mc	15 34	ἐλωι ἐλωι λαμα σαβαχθανι;
	34	ἐλωι ἐλωι λαμα σαβαχθανι;

ἐμαυτου [37]

Mt	8 9	και γαρ ἐγω ἀνθρωπος εἰμι ὑπο ἐξουσιαν, ἐχων ὑπ ἐμαυτον στρατιωτας,
Lc	7 7	οὐ γαρ ἱκανος εἰμι ἱνα ὑπο την στεγην μου εἰσελθης· διο οὐδε ἐμαυτον ἠξιωσα προς σέ ἐλθειν·
	8	και γαρ ἐγω ἀνθρωπος εἰμι ὑπο ἐξουσιαν τασσομενος, ἐχων ὑπ ἐμαυτον στρατιωτας,
Jh	5 30	οὐ δυναμαι ἐγω ποιειν ἀπ ἐμαυτου οὐδεν·
	31	ἐαν ἐγω μαρτυρω περι ἐμαυτου, ἡ μαρτυρια μου οὐκ ἐστιν ἀληθης·
	7 17	ἐαν τις θελη το θελημα αὐτου ποιειν, γνωσεται περι της διδαχης, ποτερον ἐκ του θεου ἐστιν ἡ ἐγω ἀπ ἐμαυτου λαλω.
	28	και ἀπ ἐμαυτου οὐκ ἐληλυθα, ἀλλ ἐστιν ἀληθινος ὁ πεμψας με, ὁν ὑμεις οὐκ οἰδατε·
	8 14	καν ἐγω μαρτυρω περι ἐμαυτου, ἀληθης ἐστιν ἡ μαρτυρια μου,
	18	ἐγω εἰμι ὁ μαρτυρων περι ἐμαυτου,
	28	και ἀπ ἐμαυτου ποιω οὐδεν, ἀλλα καθως ἐδιδαξεν με ὁ πατηρ, ταυτα λαλω.
	42	οὐδε γαρ ἀπ ἐμαυτου ἐληλυθα, ἀλλ ἐκεινος με ἀπεστειλεν.
	54	ἐαν ἐγω δοξασω ἐμαυτον, ἡ δοξα μου οὐδεν ἐστιν·
	10 18	οὐδεις αἰρει αὐτην ἀπ ἐμου, ἀλλ ἐγω τιθημι αὐτην ἀπ ἐμαυτου.
	12 32	καγω ἐαν ὑψωθω ἐκ της γης, παντας ἑλκυσω προς ἐμαυτον.
	49	ὁτι ἐγω ἐξ ἐμαυτου οὐκ ἐλαλησα, ἀλλ ὁ πεμψας με πατηρ αὐτος μοι ἐντολην δεδωκεν τί εἰπω και τί λαλησω.
	14 3	και ἐαν πορευθω και ἑτοιμασω τοπον ὑμιν, παλιν ἐρχομαι και παραλημψομαι ὑμας προς ἐμαυτον,
	10	τα ρηματα ἁ ἐγω λεγω ὑμιν ἀπ ἐμαυτου οὐ λαλω·
	21	καγω ἀγαπησω αὐτον και ἐμφανισω αὐτω ἐμαυτον.
	17 19	και ὑπερ αὐτων ἐγω ἁγιαζω ἐμαυτον, ἱνα ὡσιν και αὐτοι ἡγιασμενοι ἐν ἀληθεια.
Ac	20 24	ἀλλ οὐδενος λογου ποιουμαι την ψυχην τιμιαν ἐμαυτω ὡς τελειωσαι τον δρομον μου και την διακονιαν ἡν ἐλαβον παρα του κυριου ιησου,
	24 10	ἐκ πολλων ἐτων ὀντα σε κριτην τω ἐθνει τουτω ἐπισταμενος εὐθυμως τα περι ἐμαυτου ἀπολογουμαι,
	26 2	περι παντων ὡν ἐγκαλουμαι ὑπο ιουδαιων, βασιλευ ἀγριππα, ἡγημαι ἐμαυτον μακαριον ἐπι σου μελλων σημερον ἀπολογεισθαι,
	9	ἐγω μεν οὐν ἐδοξα ἐμαυτω προς το ὀνομα ιησου του ναζωραιου δειν πολλα ἐναντια πραξαι·
Rm	11 4	κατελιπον ἐμαυτω ἑπτακισχιλιους ἀνδρας, οἱτινες οὐκ ἐκαμψαν γονυ τη βααλ.
1Co	4 3	ἀλλ οὐδε ἐμαυτον ἀνακρινω·
	4	οὐδεν γαρ ἐμαυτω συνοιδα, ἀλλ οὐκ ἐν τουτω δεδικαιωμαι·
	6	ταυτα δε, ἀδελφοι, μετεσχηματισα εἰς ἐμαυτον και ἀπολλων δι ὑμας, ἱνα ἐν ἡμιν μαθητε το μη ὑπερ ἁ γεγραπται,
	7 7	θελω δε παντας ἀνθρωπους εἰναι ὡς και ἐμαυτον·
	9 19	ἐλευθερος γαρ ὡν ἐκ παντων πασιν ἐμαυτον ἐδουλωσα,

ἐμαυτου [37]

1Co	10 33	καθως καγω παντα πασιν ἀρεσκω, μη ζητων το ἐμαυτου συμφορον ἀλλα το των πολλων, ἱνα σωθωσιν.
2Co	2 1	ἐκρινα γαρ ἐμαυτω τουτο, το μη παλιν ἐν λυπη προς ὑμας ἐλθειν.
	11 7	ἠ ἁμαρτιαν ἐποιησα ἐμαυτον ταπεινων ἱνα ὑμεις ὑψωθητε, ὁτι δωρεαν το του θεου εὐαγγελιον εὐηγγελισαμην ὑμιν;
	9	και ἐν παντι ἀβαρη ἐμαυτον ὑμιν ἐτηρησα και τηρησω.
	12 5	ὑπερ του τοιουτου καυχησομαι, ὑπερ δε ἐμαυτου οὐ καυχησομαι εἰ μη ἐν ταις ἀσθενειαις.
Ga	2 18	εἰ γαρ ἁ κατελυσα ταυτα παλιν οἰκοδομω, παραβατην ἐμαυτον συνιστανω.
Php	3 13	ἀδελφοι, ἐγω ἐμαυτον οὐ λογιζομαι κατειληφεναι·
Phm	13	ὁν ἐγω ἐβουλομην προς ἐμαυτον κατεχειν,

ἐμβαινω [17]

Mt	8 23	και ἐμβαντι αὐτω εἰς το πλοιον,
	9 1	και ἐμβας εἰς πλοιον διεπερασεν,
	13 2	και συνηχθησαν προς αὐτον ὀχλοι πολλοι, ὡστε αὐτον εἰς πλοιον ἐμβαντα καθησθαι,
	14 22	και εὐθεως ἠναγκασεν τους μαθητας ἐμβηναι εἰς το πλοιον και προαγειν αὐτον εἰς το περαν,
	15 39	και ἀπολυσας τους ὀχλους ἐνεβη εἰς το πλοιον,
Mc	4 1	και συναγεται προς αὐτον ὀχλος πλειστος, ὡστε αὐτον εἰς πλοιον ἐμβαντα καθησθαι ἐν τη θαλασση,
	5 18	και ἐμβαινοντος αὐτου εἰς το πλοιον παρεκαλει αὐτον ὁ δαιμονισθεις ἱνα μετ αὐτου ἠ.
	6 45	και εὐθυς ἠναγκασεν τους μαθητας αὐτου ἐμβηναι εἰς το πλοιον και προαγειν εἰς το περαν προς βηθσαιδαν,
	8 10	και εὐθυς ἐμβας εἰς το πλοιον μετα των μαθητων αὐτου ἠλθεν εἰς τα μερη δαλμανουθα.
	13	και ἀφεις αὐτους παλιν ἐμβας ἀπηλθεν εἰς το περαν.
Lc	5 3	ἐμβας δε εἰς ἑν των πλοιων, ὁ ἠν σιμωνος, ἠρωτησεν αὐτον ἀπο της γης ἐπαναγαγειν ὀλιγον·
	8 22	ἐγενετο δε ἐν μια των ἡμερων και αὐτος ἐνεβη εἰς πλοιον και οἱ μαθηται αὐτου.
	37	αὐτος δε ἐμβας εἰς πλοιον ὑπεστρεψεν.
Jh	5 4*	ὁ οὐν πρωτος ἐμβας μετα την ταραχην του ὑδατος ὑγιης ἐγινετο οἰωδηποτουν κατειχετο νοσηματι.
	6 17	κατεβησαν οἱ μαθηται αὐτου ἐπι την θαλασσαν, και ἐμβαντες εἰς πλοιον ἠρχοντο περαν της θαλασσης εἰς καφαρναουμ.
	24	ὁτε οὐν εἰδεν ὁ ὀχλος ὁτι ἰησους οὐκ ἐστιν ἐκει οὐδε οἱ μαθηται αὐτου, ἐνεβησαν αὐτοι εἰς τα πλοιαρια και ἠλθον εἰς καφαρναουμ ζητουντες τον ἰησουν.
	21 3	ἐξηλθον και ἐνεβησαν εἰς το πλοιον,

ἐμβαλλω [1]

Lc	12 5	φοβηθητε τον μετα το ἀποκτειναι ἐχοντα ἐξουσιαν ἐμβαλειν εἰς την γεενναν.

ἐμβαπτω [2]

Mt	26 23	ὁ ἐμβαψας μετ ἐμου την χειρα ἐν τω τρυβλιω, οὑτος με παραδωσει.
Mc	14 20	εἱς των δωδεκα, ὁ ἐμβαπτομενος μετ ἐμου εἰς το τρυβλιον.

ἐμβατευω [1]

Col	2 18	μηδεις ὑμας καταβραβευετω θελων ἐν ταπεινοφροσυνη και θρησκεια των ἀγγελων, ἁ ἑορακεν ἐμβατευων,

ἐμβιβαζω [1]

Ac	27 6	κἀκει εὑρων ὁ ἑκατονταρχης πλοιον ἀλεξανδρινον πλεον εἰς την ἰταλιαν ἐνεβιβασεν ἡμας εἰς αὐτο.

ἐμβλεπω [12]

Mt	6 26	ἐμβλεψατε εἰς τα πετεινα του οὐρανου,
	19 26	ἐμβλεψας δε ὁ ἰησους εἰπεν αὐτοις·
Mc	8 25	εἰτα παλιν ἐπεθηκεν τας χειρας ἐπι τους ὀφθαλμους αὐτου, και διεβλεψεν και ἀπεκατεστη, και ἐνεβλεπεν τηλαυγως ἁπαντα.
	10 21	ὁ δε ἰησους ἐμβλεψας αὐτω ἠγαπησεν αὐτον και εἰπεν αὐτω·
	27	ἐμβλεψας αὐτοις ὁ ἰησους λεγει· παρα ἀνθρωποις ἀδυνατον, ἀλλ οὐ παρα θεω· παντα γαρ δυνατα παρα τω θεω.
	14 67	και ἰδουσα τον πετρον θερμαινομενον ἐμβλεψασα αὐτω λεγει·

ἐμβλεπω [12]

Lc	20 17	ὁ δε ἐμβλεψας αὐτοις εἰπεν·
	22 61	και στραφεις ὁ κυριος ἐνεβλεψεν τω πετρω,
Jh	1 36	και ἐμβλεψας τω ἰησου περιπατουντι λεγει·
	42	ἐμβλεψας αὐτω ὁ ἰησους εἰπεν·
Ac	1 11	ἀνδρες γαλιλαιοι, τι ἑστηκατε [ἐμ]βλεποντες εἰς τον οὐρανον;
	22 11	ὡς δε οὐκ ἐνεβλεπον ἀπο της δοξης του φωτος ἐκεινου, χειραγωγουμενος ὑπο των συνοντων μοι ἠλθον εἰς δαμασκον.

ἐμβριμαομαι [5]

Mt	9 30	και ἐνεβριμηθη αὐτοις ὁ ἰησους λεγων·
Mc	1 43	και ἐμβριμησαμενος αὐτω εὐθυς ἐξεβαλεν αὐτον,
	14 5	και ἐνεβριμωντο αὐτη.
Jh	11 33	ἰησους οὐν ὡς εἰδεν αὐτην κλαιουσαν και τους συνελθοντας αὐτη ἰουδαιους κλαιοντας, ἐνεβριμησατο τω πνευματι και ἐταραξεν ἑαυτον,
	38	ἰησους οὐν παλιν ἐμβριμωμενος ἐν ἑαυτω ἐρχεται εἰς το μνημειον·

ἐμεω [1]

Apc	3 16	οὑτως ὁτι χλιαρος εἰ, και οὐτε ζεστος οὐτε ψυχρος, μελλω σε ἐμεσαι ἐκ του στοματος μου.

ἐμμαινομαι [1]

Ac	26 11	περισσως τε ἐμμαινομενος αὐτοις ἐδιωκον ἑως και εἰς τας ἐξω πολεις.

ἐμμανουηλ [1]

Mt	1 23	και καλεσουσιν το ὀνομα αὐτου ἐμμανουηλ, ὁ ἐστιν μεθερμηνευομενον μεθ ἡμων ὁ θεος.

ἐμμαους [1]

Lc	24 13	και ἰδου δυο ἐξ αὐτων ἐν αὐτη τη ἡμερα ἠσαν πορευομενοι εἰς κωμην ἀπεχουσαν σταδιους ἑξηκοντα ἀπο ἰερουσαλημ, ἠ ὀνομα ἐμμαους,

ἐμμενω [4]

Ac	14 22	ἐπιστηριζοντες τας ψυχας των μαθητων, παρακαλουντες ἐμμενειν τη πιστει,
	28 30	ἐνεμεινεν δε διετιαν ὁλην ἐν ἰδιω μισθωματι,
Ga	3 10	γεγραπται γαρ ὁτι ἐπικαταρατος πας ὁς οὐκ ἐμμενει πασιν τοις γεγραμμενοις ἐν τω βιβλιω του νομου του ποιησαι αὐτα.
Heb	8 9	ὁτι αὐτοι οὐχ ἐνεμειναν ἐν τη διαθηκη μου, καγω ἠμελησα αὐτων, λεγει κυριος.

ἐμμωρ [1]

Ac	7 16	και μετετεθησαν εἰς συχεμ και ἐτεθησαν ἐν τω μνηματι ῳ ὠνησατο ἀβρααμ τιμης ἀργυριου παρα των υἱων ἐμμωρ ἐν συχεμ.

ἐμος [76]

Mt	18 20	οὐ γαρ εἰσιν δυο ἠ τρεις συνηγμενοι εἰς το ἐμον ὀνομα, ἐκει εἰμι ἐν μεσω αὐτων.
	20 15	θελω δε τουτω τω ἐσχατω δουναι ὡς και σοι· [ἠ] οὐκ ἐξεστιν μοι ὁ θελω ποιησαι ἐν τοις ἐμοις;
	23	το μεν ποτηριον μου πιεσθε, το δε καθισαι ἐκ δεξιων μου και ἐξ εὐωνυμων οὐκ ἐστιν ἐμον [τουτο] δουναι,
	25 27	και ἐλθων ἐγω ἐκομισαμην ἀν το ἐμον συν τοκω.
Mc	8 38	ὁς γαρ ἐαν ἐπαισχυνθη με και τους ἐμους λογους ἐν τη γενεα ταυτη τη μοιχαλιδι και ἁμαρτωλω,
	10 40	το δε καθισαι ἐκ δεξιων μου ἠ ἐξ εὐωνυμων οὐκ ἐστιν ἐμον δουναι, ἀλλ οἱς ἡτοιμασται.
Lc	9 26	ὁς γαρ ἀν ἐπαισχυνθη με και τους ἐμους λογους, τουτον ὁ υἱος του ἀνθρωπου ἐπαισχυνθησεται, ὁταν ἐλθη ἐν τη δοξη αὐτου και του πατρος και των ἁγιων ἀγγελων.
	15 31	τεκνον, συ παντοτε μετ ἐμου εἰ, και παντα τα ἐμα σα ἐστιν·
	22 19	τουτο ποιειτε εἰς την ἐμην ἀναμνησιν.
Jh	3 29	αὑτη οὐν ἡ χαρα ἡ ἐμη πεπληρωται.
	4 34	ἐμον βρωμα ἐστιν ἱνα ποιησω το θελημα του πεμψαντος με και τελειωσω αὐτου το ἐργον.
	5 30	καθως ἀκουω κρινω, και ἡ κρισις ἡ ἐμη δικαια ἐστιν,

ἐμος [76]

Jh	5 30	και ἡ κρισις ἡ ἐμη δικαια ἐστιν, ὁτι οὐ ζητω το θελημα το ἐμον ἀλλα το θελημα του πεμψαντος με.
	47	εἰ δε τοις ἐκεινου γραμμασιν οὐ πιστευετε, πως τοις ἐμοις ῥημασιν πιστευσετε;
	6 38	ὁτι καταβεβηκα ἀπο του οὐρανου οὐχ ἱνα ποιω το θελημα το ἐμον ἀλλα το θελημα του πεμψαντος με.
	7 6	ὁ καιρος ὁ ἐμος οὐπω παρεστιν, ὁ δε καιρος ὁ ὑμετερος παντοτε ἐστιν ἑτοιμος.
	8	ἐγω οὐκ ἀναβαινω εἰς την ἑορτην ταυτην, ὁτι ὁ ἐμος καιρος οὐπω πεπληρωται.
	16	ἡ ἐμη διδαχη οὐκ ἐστιν ἐμη ἀλλα του πεμψαντος με·
	16	ἡ ἐμη διδαχη οὐκ ἐστιν ἐμη ἀλλα του πεμψαντος με·
	8 16	και ἐαν κρινω δε ἐγω, ἡ κρισις ἡ ἐμη ἀληθινη ἐστιν, ὁτι μονος οὐκ εἰμι, ἀλλ ἐγω και ὁ πεμψας με πατηρ.
	31	ἐαν ὑμεις μεινητε ἐν τω λογω τω ἐμω, ἀληθως μαθηται μου ἐστε,
	37	οἰδα ὁτι σπερμα ἀβρααμ ἐστε· ἀλλα ζητειτε με ἀποκτειναι, ὁτι ὁ λογος ὁ ἐμος οὐ χωρει ἐν ὑμιν.
	43	δια τι την λαλιαν την ἐμην οὐ γινωσκετε;
	43	δια τι την λαλιαν την ἐμην οὐ γινωσκετε; ὁτι οὐ δυνασθε ἀκουειν τον λογον τον ἐμον.
	51	ἐαν τις τον ἐμον λογον τηρηση, θανατον οὐ μη θεωρηση εἰς τον αἰωνα.
	56	ἀβρααμ ὁ πατηρ ὑμων ἠγαλλιασατο ἱνα ἰδη την ἡμεραν την ἐμην, και εἰδεν και ἐχαρη.
	10 14	ἐγω εἰμι ὁ ποιμην ὁ καλος, και γινωσκω τα ἐμα και γινωσκουσι με τα ἐμα,
	14	ἐγω εἰμι ὁ ποιμην ὁ καλος, και γινωσκω τα ἐμα και γινωσκουσι με τα ἐμα,
	26	ἀλλα ὑμεις οὐ πιστευετε, ὁτι οὐκ ἐστε ἐκ των προβατων των ἐμων.
	27	τα προβατα τα ἐμα της φωνης μου ἀκουουσιν, καγω γινωσκω αὐτα, και ἀκολουθουσιν μοι,
	12 26	και ὁπου εἰμι ἐγω, ἐκει και ὁ διακονος ὁ ἐμος ἐσται·
	13 35	ἐν τουτω γνωσονται παντες ὁτι ἐμοι μαθηται ἐστε, ἐαν ἀγαπην ἐχητε ἐν ἀλληλοις.
	14 15	ἐαν ἀγαπατε με, τας ἐντολας τας ἐμας τηρησετε.
	24	και ὁ λογος ὁν ἀκουετε οὐκ ἐστιν ἐμος ἀλλα του πεμψαντος με πατρος.
	27	εἰρηνην ἀφιημι ὑμιν, εἰρηνην την ἐμην διδωμι ὑμιν·
	15 8	ἐν τουτω ἐδοξασθη ὁ πατηρ μου, ἱνα καρπον πολυν φερητε και γενησθε ἐμοι μαθηται.
	9	μεινατε ἐν τη ἀγαπη τη ἐμη.
	11	ταυτα λελαληκα ὑμιν ἱνα ἡ χαρα ἡ ἐμη ἐν ὑμιν ἠ και ἡ χαρα ὑμων πληρωθη.
	12	αὐτη ἐστιν ἡ ἐντολη ἡ ἐμη, ἱνα ἀγαπατε ἀλληλους καθως ἠγαπησα ὑμας.
	16 14	ἐκεινος ἐμε δοξασει, ὁτι ἐκ του ἐμου λημψεται και ἀναγγελει ὑμιν.
	15	παντα ὁσα ἐχει ὁ πατηρ ἐμα ἐστιν·
	15	δια τουτο εἰπον ὁτι ἐκ του ἐμου λαμβανει και ἀναγγελει ὑμιν.
	17 10	και τα ἐμα παντα σα ἐστιν και τα σα ἐμα,
	10	και τα ἐμα παντα σα ἐστιν και τα σα ἐμα,
	13	και ταυτα λαλω ἐν τω κοσμω ἱνα ἐχωσιν την χαραν την ἐμην πεπληρωμενην ἐν ἑαυτοις.
	24	πατερ, ὁ δεδωκας μοι, θελω ἱνα ὁπου εἰμι ἐγω κακεινοι ὡσιν μετ ἐμου, ἱνα θεωρωσιν την δοξαν την ἐμην,
	18 36	ἡ βασιλεια ἡ ἐμη οὐκ ἐστιν ἐκ του κοσμου τουτου·
	36	εἰ ἐκ του κοσμου τουτου ἠν ἡ βασιλεια ἡ ἐμη, οἱ ὑπηρεται οἱ ἐμοι ἠγωνιζοντο [ἀν],
	36	εἰ ἐκ του κοσμου τουτου ἠν ἡ βασιλεια ἡ ἐμη, οἱ ὑπηρεται οἱ ἐμοι ἠγωνιζοντο [ἀν],
	36	νυν δε ἡ βασιλεια ἡ ἐμη οὐκ ἐστιν ἐντευθεν.
Rm	3 7	εἰ δε ἡ ἀληθεια του θεου ἐν τω ἐμω ψευσματι ἐπερισσευσεν εἰς την δοξαν αὐτου, τι ἐτι καγω ὡς ἁμαρτωλος κρινομαι;
	10 1	ἀδελφοι, ἡ μεν εὐδοκια της ἐμης καρδιας και ἡ δεησις προς τον θεον ὑπερ αὐτων εἰς σωτηριαν.
1Co	1 15	ἱνα μη τις εἰπη ὁτι εἰς το ἐμον ὀνομα ἐβαπτισθητε.
	5 4	ἐν τω ὀνοματι του κυριου [ἡμων] ἰησου συναχθεντων ὑμων και του ἐμου πνευματος συν τη δυναμει του κυριου ἡμων ἰησου
	7 40	μακαριωτερα δε ἐστιν ἐαν οὑτως μεινη, κατα την ἐμην γνωμην·
	9 3	ἡ ἐμη ἀπολογια τοις ἐμε ἀνακρινουσιν ἐστιν αὑτη.
	11 24	τουτο ποιειτε εἰς την ἐμην ἀναμνησιν.
	25	τουτο το ποτηριον ἡ καινη διαθηκη ἐστιν ἐν τω ἐμω αἱματι·
	25	τουτο ποιειτε, ὁσακις ἐαν πινητε, εἰς την ἐμην ἀναμνησιν.
	16 18	ἀνεπαυσαν γαρ το ἐμον πνευμα και το ὑμων.
	21	ὁ ἀσπασμος τη ἐμη χειρι παυλου.

ἐμος [76]

2Co	1 23	ἐγω δε μαρτυρα τον θεον ἐπικαλουμαι ἐπι την ἐμην ψυχην,
	2 3	πεποιθως ἐπι παντας ὑμας ὁτι ἡ ἐμη χαρα παντων ὑμων ἐστιν.
	8 23	εἰτε ὑπερ τιτου, κοινωνος ἐμος και εἰς ὑμας συνεργος·
Ga	1 13	ἠκουσατε γαρ την ἐμην ἀναστροφην ποτε ἐν τω ἰουδαισμω,
	6 11	ἰδετε πηλικοις ὑμιν γραμμασιν ἐγραψα τη ἐμη χειρι.
Php	1 26	ἱνα το καυχημα ὑμων περισσευη ἐν χριστω ἰησου ἐν ἐμοι δια της ἐμης παρουσιας παλιν προς ὑμας.
	3 9	και ἡγουμαι σκυβαλα ἱνα χριστον κερδησω και εὑρεθω ἐν αὐτω, μη ἐχων ἐμην δικαιοσυνην την ἐκ νομου,
Col	4 18	ὁ ἀσπασμος τη ἐμη χειρι παυλου.
2Th	3 17	ὁ ἀσπασμος τη ἐμη χειρι παυλου, ὁ ἐστιν σημειον ἐν παση ἐπιστολη·
Phm	10	παρακαλω σε περι του ἐμου τεκνου,
	12	ὁν ἀνεπεμψα σοι, αὐτον, τουτ ἐστιν τα ἐμα σπλαγχνα·
	19	ἐγω παυλος ἐγραψα τη ἐμη χειρι, ἐγω ἀποτισω·
2Pt	1 15	σπουδασω δε και ἑκαστοτε ἐχειν ὑμας μετα την ἐμην ἐξοδον την τουτων μνημην ποιεισθαι.
3Jh	4	μειζοτεραν τουτων οὐκ ἐχω χαραν, ἱνα ἀκουω τα ἐμα τεκνα ἐν τη ἀληθεια περιπατουντα.
Apc	2 20	και διδασκει και πλανα τους ἐμους δουλους πορνευσαι και φαγειν εἰδωλοθυτα·

ἐμπαιγμονη [1]

2Pt	3 3	τουτο πρωτον γινωσκοντες, ὁτι ἐλευσονται ἐπ ἐσχατων των ἡμερων [ἐν] ἐμπαιγμονη ἐμπαικται κατα τας ἰδιας ἐπιθυμιας αὐτων πορευομενοι

ἐμπαιγμος [1]

Heb	11 36	ἑτεροι δε ἐμπαιγμων και μαστιγων πειραν ἐλαβον,

ἐμπαιζω [13]

Mt	2 16	τοτε ἡρωδης ἰδων ὁτι ἐνεπαιχθη ὑπο των μαγων ἐθυμωθη λιαν,
	20 19	και κατακρινουσιν αὐτον θανατω, και παραδωσουσιν αὐτον τοις ἐθνεσιν εἰς το ἐμπαιξαι και μαστιγωσαι και σταυρωσαι,
	27 29	και γονυπετησαντες ἐμπροσθεν αὐτου ἐνεπαιξαν αὐτω λεγοντες· χαιρε, βασιλευ των ἰουδαιων,
	31	και ὁτε ἐνεπαιξαν αὐτω, ἐξεδυσαν αὐτον την χλαμυδα και ἐνεδυσαν αὐτον τα ἱματια αὐτου,
	41	ὁμοιως και οἱ ἀρχιερεις ἐμπαιζοντες μετα των γραμματεων και πρεσβυτερων ἐλεγον· ἀλλους ἐσωσεν, ἑαυτον οὐ δυναται σωσαι
Mc	10 34	και κατακρινουσιν αὐτον θανατω και παραδωσουσιν αὐτον τοις ἐθνεσιν και ἐμπαιξουσιν αὐτω και ἐμπτυσουσιν αὐτω και μαστιγωσουσιν αὐτον και ἀποκτενουσιν,
	15 20	και ὁτε ἐνεπαιξαν αὐτω, ἐξεδυσαν αὐτον την πορφυραν και ἐνεδυσαν αὐτον τα ἱματια αὐτου.
	31	ὁμοιως και οἱ ἀρχιερεις ἐμπαιζοντες προς ἀλληλους μετα των γραμματεων ἐλεγον· ἀλλους ἐσωσεν, ἑαυτον οὐ δυναται σωσαι·
Lc	14 29	ἀρξωνται αὐτω ἐμπαιζειν λεγοντες
	18 32	παραδοθησεται γαρ τοις ἐθνεσιν και ἐμπαιχθησεται και ὑβρισθησεται και ἐμπτυσθησεται,
	22 63	και οἱ ἀνδρες οἱ συνεχοντες αὐτον ἐνεπαιζον αὐτω δεροντες,
	23 11	ἐξουθενησας δε αὐτον [και] ὁ ἡρωδης συν τοις στρατευμασιν αὐτου και ἐμπαιξας,
	36	ἐνεπαιξαν δε αὐτω και οἱ στρατιωται προσερχομενοι,

ἐμπαικτης [2]

2Pt	3 3	τουτο πρωτον γινωσκοντες, ὁτι ἐλευσονται ἐπ ἐσχατων των ἡμερων [ἐν] ἐμπαιγμονη ἐμπαικται κατα τας ἰδιας ἐπιθυμιας αὐτων πορευομενοι
Ju	18	[ὁτι] ἐπ ἐσχατου [του] χρονου ἐσονται ἐμπαικται κατα τας ἑαυτων ἐπιθυμιας πορευομενοι των ἀσεβειων.

ἐμπεριπατεω [1]

2Co	6 16	ἡμεις γαρ ναος θεου ἐσμεν ζωντος· καθως εἰπεν ὁ θεος ὁτι ἐνοικησω ἐν αὐτοις και ἐμπεριπατησω,

ἐμπιμπλημι [5]

Lc	1 53	πεινωντας ἐνεπλησεν ἀγαθων και πλουτουντας ἐξαπεστειλεν κενους.
	6 25	οὐαι ὑμιν, οἱ ἐμπεπλησμενοι νυν, ὁτι πεινασετε.

ἐμπιμπλημι [5]

Jh	6 12	ὡς δε ἐνεπλησθησαν, λεγει τοις μαθηταις αὐτου·
Ac	14 17	οὐρανοθεν ὑμιν ὑετους διδους και καιρους καρποφορους, ἐμπιπλων τροφης και εὐφροσυνης τας καρδιας ὑμων.
Rm	15 24	ἐλπιζω γαρ διαπορευομενος θεασασθαι ὑμας και ὑφ ὑμων προπεμφθηναι ἐκει, ἐαν ὑμων πρωτον ἀπο μερους ἐμπλησθω,

ἐμπιμπρημι [1]

Mt	22 7	ὁ δε βασιλευς ὠργισθη, και πεμψας τα στρατευματα αὐτου ἀπωλεσεν τους φονεις ἐκεινους και την πολιν αὐτων ἐνεπρησεν.

ἐμπιπτω [7]

Mt	12 11	τις ἐσται ἐξ ὑμων ἀνθρωπος ὁς ἐξει προβατον ἑν, και ἐαν ἐμπεση τουτο τοις σαββασιν εἰς βοθυνον,
Lc	6 39	μητι δυναται τυφλος τυφλον ὁδηγειν; οὐχι ἀμφοτεροι εἰς βοθυνον ἐμπεσουνται;
	10 36	τις τουτων των τριων πλησιον δοκει σοι γεγονεναι του ἐμπεσοντος εἰς τους ληστας;
1Tm	3 6	μη νεοφυτον, ἰνα μη τυφωθεις εἰς κριμα ἐμπεση του διαβολου.
	7	δει δε και μαρτυριαν καλην ἐχειν ἀπο των ἐξωθεν, ἰνα μη εἰς ὀνειδισμον ἐμπεση και παγιδα του διαβολου.
	6 9	οἱ δε βουλομενοι πλουτειν ἐμπιπτουσιν εἰς πειρασμον και παγιδα και ἐπιθυμιας πολλας ἀνοητους και βλαβερας,
Heb	10 31	φοβερον το ἐμπεσειν εἰς χειρας θεου ζωντος.

ἐμπλεκω [2]

2Tm	2 4	οὐδεις στρατευομενος ἐμπλεκεται ταις του βιου πραγματειαις,
2Pt	2 20	εἰ γαρ ἀποφυγοντες τα μιασματα του κοσμου ἐν ἐπιγνωσει του κυριου [ἡμων] και σωτηρος ἰησου χριστου, τουτοις δε παλιν ἐμπλακεντες ἡττωνται, γεγονεν αὐτοις τα ἐσχατα χειρονα των πρωτων.

ἐμπλοκη [1]

1Pt	3 3	ὡν ἐστω οὐχ ὁ ἐξωθεν ἐμπλοκης τριχων και περιθεσεως χρυσιων ἠ ἐνδυσεως ἱματιων κοσμος,

ἐμπνεω [1]

Ac	9 1	ὁ δε σαυλος ἐτι ἐμπνεων ἀπειλης και φονου εἰς τους μαθητας του κυριου, προσελθων τω ἀρχιερει ἠτησατο παρ αὐτου ἐπιστολας εἰς δαμασκον προς τας συναγωγας,

ἐμπορευομαι [2]

Ja	4 13	σημερον ἠ αὐριον πορευσομεθα εἰς τηνδε την πολιν και ποιησομεν ἐκει ἐνιαυτον και ἐμπορευσομεθα και κερδησομεν·
2Pt	2 3	και ἐν πλεονεξια πλαστοις λογοις ὑμας ἐμπορευσονται·

ἐμπορια [1]

Mt	22 5	οἱ δε ἀμελησαντες ἀπηλθον, ὁς μεν εἰς τον ἰδιον ἀγρον, ὁς δε ἐπι την ἐμποριαν αὐτου·

ἐμποριον [1]

Jh	2 16	μη ποιειτε τον οἰκον του πατρος μου οἰκον ἐμποριου.

ἐμπορος [5]

Mt	13 45	παλιν ὁμοια ἐστιν ἡ βασιλεια των οὐρανων ἀνθρωπω ἐμπορω ζητουντι καλους μαργαριτας·
Apc	18 3	και οἱ ἐμποροι της γης ἐκ της δυναμεως του στρηνους αὐτης ἐπλουτησαν.
	11	και οἱ ἐμποροι της γης κλαιουσιν και πενθουσιν ἐπ αὐτην,
	15	οἱ ἐμποροι τουτων, οἱ πλουτησαντες ἀπ αὐτης, ἀπο μακροθεν στησονται
	23	ὁτι οἱ ἐμποροι σου ἠσαν οἱ μεγιστανες της γης,

ἔμπροσθεν [48]

Mt	5 16	οὑτως λαμψατω το φως ὑμων ἐμπροσθεν των ἀνθρωπων,
	24	ἀφες ἐκει το δωρον σου ἐμπροσθεν του θυσιαστηριου,
	6 1	προσεχετε [δε] την δικαιοσυνην ὑμων μη ποιειν ἐμπροσθεν των ἀνθρωπων προς το θεαθηναι αὐτοις·

ἔμπροσθεν [48]

Mt	6 2	ὁταν οὑν ποιης ἐλεημοσυνην, μη σαλπισης ἐμπροσθεν σου,
	7 6	μηδε βαλητε τους μαργαριτας ὑμων ἐμπροσθεν των χοιρων,
	10 32	πας οὑν ὁστις ὁμολογησει ἐν ἐμοι ἐμπροσθεν των ἀνθρωπων, ὁμολογησω καγω ἐν αὐτω ἐμπροσθεν του πατρος μου του ἐν [τοις] οὐρανοις·
	32	πας οὑν ὁστις ὁμολογησει ἐν ἐμοι ἐμπροσθεν των ἀνθρωπων, ὁμολογησω καγω ἐν αὐτω ἐμπροσθεν του πατρος μου του ἐν [τοις] οὐρανοις·
	33	ὁστις δ ἀν ἀρνησηται με ἐμπροσθεν των ἀνθρωπων, ἀρνησομαι καγω αὐτον ἐμπροσθεν του πατρος μου του ἐν [τοις] οὐρανοις.
	33	ὁστις δ ἀν ἀρνησηται με ἐμπροσθεν των ἀνθρωπων, ἀρνησομαι καγω αὐτον ἐμπροσθεν του πατρος μου του ἐν [τοις] οὐρανοις.
	11 10	ἰδου ἐγω ἀποστελλω τον ἀγγελον μου προ προσωπου σου, ὁς κατασκευασει την ὁδον σου ἐμπροσθεν σου.
	26	ναι ὁ πατηρ, ὁτι οὑτως εὐδοκια ἐγενετο ἐμπροσθεν σου.
	17 2	και μετεμορφωθη ἐμπροσθεν αὐτων, και ἐλαμψεν το προσωπον αὐτου ὡς ὁ ἡλιος,
	18 14	οὑτως οὐκ ἐστιν θελημα ἐμπροσθεν του πατρος ὑμων του ἐν οὐρανοις ἰνα ἀποληται ἑν των μικρων τουτων.
	23 13	οὐαι δε ὑμιν, γραμματεις και φαρισαιοι ὑποκριται, ὁτι κλειετε την βασιλειαν των οὐρανων ἐμπροσθεν των ἀνθρωπων·
	25 32	και συναχθησονται ἐμπροσθεν αὐτου παντα τα ἐθνη,
	26 70	ὁ δε ἠρνησατο ἐμπροσθεν παντων λεγων· οὐκ οἰδα τι λεγεις.
	27 11	ὁ δε ἰησους ἐσταθη ἐμπροσθεν του ἡγεμονος·
	29	και γονυπετησαντες ἐμπροσθεν αὐτου ἐνεπαιξαν αὐτω λεγοντες·
Mc	2 12	και ἠγερθη και εὐθυς ἀρας τον κραβαττον ἐξηλθεν ἐμπροσθεν παντων,
	9 2	και μετεμορφωθη ἐμπροσθεν αὐτων, και τα ἱματια αὐτου ἐγενετο στιλβοντα λευκα λιαν,
Lc	5 19	και μη εὑροντες ποιας εἰσενεγκωσιν αὐτον δια τον ὀχλον, ἀναβαντες ἐπι το δωμα δια των κεραμων καθηκαν αὐτον συν τω κλινιδιω εἰς το μεσον ἐμπροσθεν του ἰησου.
	7 27	ἰδου ἀποστελλω τον ἀγγελον μου προ προσωπου σου, ὁς κατασκευασει την ὁδον σου ἐμπροσθεν σου.
	10 21	ναι, ὁ πατηρ, ὁτι οὑτως εὐδοκια ἐγενετο ἐμπροσθεν σου.
	12 8	πας ὁς ἀν ὁμολογηση ἐν ἐμοι ἐμπροσθεν των ἀνθρωπων, και ὁ υἱος του ἀνθρωπου ὁμολογησει ἐν αὐτω ἐμπροσθεν των ἀγγελων· του θεου·
	8	πας ὁς ἀν ὁμολογηση ἐν ἐμοι ἐμπροσθεν των ἀνθρωπων, και ὁ υἱος του ἀνθρωπου ὁμολογησει ἐν αὐτω ἐμπροσθεν των ἀγγελων του θεου·
	14 2	και ἰδου ἀνθρωπος τις ἠν ὑδρωπικος ἐμπροσθεν αὐτου.
	19 4	και προδραμων εἰς το ἐμπροσθεν ἀνεβη ἐπι συκομορεαν,
	27	πλην τους ἐχθρους μου τουτους τους μη θελησαντας με βασιλευσαι ἐπ αὐτους ἀγαγετε ὡδε και κατασφαξατε αὐτους ἐμπροσθεν μου.
	28	και εἰπων ταυτα ἐπορευετο ἐμπροσθεν ἀναβαινων εἰς ἱεροσολυμα.
	21 36	ἀγρυπνειτε δε ἐν παντι καιρω δεομενοι ἰνα κατισχυσητε ἐκφυγειν ταυτα παντα τα μελλοντα γινεσθαι, και σταθηναι ἐμπροσθεν του υἱου του ἀνθρωπου.
Jh	1 15	ὁ ὀπισω μου ἐρχομενος ἐμπροσθεν μου γεγονεν,
	30	ὀπισω μου ἐρχεται ἀνηρ ὁς ἐμπροσθεν μου γεγονεν,
	3 28	[ὁτι] οὐκ εἰμι ἐγω ὁ χριστος, ἀλλ ὁτι ἀπεσταλμενος εἰμι ἐμπροσθεν ἐκεινου.
	10 4	ὁταν τα ἰδια παντα ἐκβαλη, ἐμπροσθεν αὐτων πορευεται, και τα προβατα αὐτω ἀκολουθει,
	12 37	τοσαυτα δε αὐτου σημεια πεποιηκοτος ἐμπροσθεν αὐτων οὐκ ἐπιστευον εἰς αὐτον,
Ac	10 4	αἱ προσευχαι σου και αἱ ἐλεημοσυναι σου ἀνεβησαν εἰς μνημοσυνον ἐμπροσθεν του θεου.
	18 17	ἐπιλαβομενοι δε παντες σωσθενην τον ἀρχισυναγωγον ἐτυπτον ἐμπροσθεν του βηματος·
2Co	5 10	τους γαρ παντας ἡμας φανερωθηναι δει ἐμπροσθεν του βηματος του χριστου,
Ga	2 14	ἀλλ ὁτε εἰδον ὁτι οὐκ ὀρθοποδουσιν προς την ἀληθειαν του εὐαγγελιου, εἰπον τω κηφα ἐμπροσθεν παντων· εἰ συ ἰουδαιος ὑπαρχων ἐθνικως
Php	3 13	ἑν δε, τα μεν ὀπισω ἐπιλανθανομενος τοις δε ἐμπροσθεν ἐπεκτεινομενος,
1Th	1 3	ἐμπροσθεν του θεου και πατρος ἡμων,
	2 19	ἠ οὐχι και ὑμεις ἐμπροσθεν του κυριου ἡμων ἰησου ἐν τη αὐτου παρουσια;
	3 9	τινα γαρ εὐχαριστιαν δυναμεθα τω θεω ἀνταποδουναι περι ὑμων ἐπι παση τη χαρα ᾑ χαιρωμεν δι ὑμας ἐμπροσθεν του θεου ἡμων,

ἔμπροσθεν [48]

1Th	3 13	ἔμπροσθεν του θεου και πατρος ήμων έν τη παρουσια του κυριου ήμων ίησου μετα παντων των άγιων αύτου.
1Jh	3 19	και ἔμπροσθεν αύτου πεισομεν την καρδιαν ήμων
Apc	4 6	και έν μεσω του θρονου και κυκλω του θρονου τεσσαρα ζωα γεμοντα όφθαλμων ἔμπροσθεν και όπισθεν.
	19 10	και έπεσα ἔμπροσθεν των ποδων αύτου προσκυνησαι αύτω.
	22 8	και ότε ήκουσα και έβλεψα, έπεσα προσκυνησαι ἔμπροσθεν των ποδων του άγγελου του δεικνυοντος μοι ταυτα.

ἐμπτυω [6]

Mt	26 67	τοτε ένεπτυσαν είς το προσωπον αύτου και έκολαφισαν αύτον,
	27 30	και έμπτυσαντες είς αύτον έλαβον τον καλαμον και έτυπτον είς την κεφαλην αύτου.
Mc	10 34	και κατακρινουσιν αύτον θανατω και παραδωσουσιν αύτον τοις έθνεσιν και έμπαιξουσιν αύτω και ἐμπτυσουσιν αύτω και μαστιγωσουσιν αύτον και άποκτενουσιν,
	14 65	και ήρξαντο τινες ἐμπτυειν αύτω και περικαλυπτειν αύτου το προσωπον και κολαφιζειν αύτον και λεγειν αύτω·
	15 19	και έτυπτον αύτου την κεφαλην καλαμω και ἐνεπτυον αύτω,
Lc	18 32	παραδοθησεται γαρ τοις έθνεσιν και έμπαιχθησεται και ύβρισθησεται και έμπτυσθησεται,

ἐμφανης [2]

Ac	10 40	τουτον ό θεος ήγειρεν [έν] τη τριτη ήμερα και έδωκεν αύτον ἐμφανη γενεσθαι,
Rm	10 20	εύρεθην [έν] τοις έμε μη ζητουσιν, ἐμφανης έγενομην τοις έμε μη έπερωτωσιν.

ἐμφανιζω [10]

Mt	27 53	και έξελθοντες έκ των μνημειων μετα την έγερσιν αύτου είσηλθον είς την άγιαν πολιν και ένεφανισθησαν πολλοις.
Jh	14 21	καγω άγαπησω αύτον και ἐμφανισω αύτω έμαυτον.
	22	κυριε, [και] τί γεγονεν ότι ήμιν μελλεις ἐμφανιζειν σεαυτον και ούχι τω κοσμω;
Ac	23 15	νυν ούν ύμεις ἐμφανισατε τω χιλιαρχω συν τω συνεδριω όπως καταγαγη αύτον είς ύμας ώς μελλοντας διαγινωσκειν άκριβεστερον τα περι αύτου·
	22	ό μεν ούν χιλιαρχος άπελυσε τον νεανισκον, παραγγειλας μηδενι έκλαλησαι ότι ταυτα ένεφανισας προς με.
	24 1	μετα δε πεντε ήμερας κατεβη ό άρχιερευς άνανιας μετα πρεσβυτερων τινων και ρητορος τερτυλλου τινος, οίτινες ένεφανισαν τω ήγεμονι κατα του παυλου.
	25 2	ένεφανισαν τε αύτω οί άρχιερεις και οί πρωτοι των ίουδαιων κατα του παυλου,
	15	άνηρ τις έστιν καταλελειμμενος ύπο φηλικος δεσμιος, περι ού γενομενου μου είς ίεροσολυμα ένεφανισαν οί άρχιερεις και οί πρεσβυτεροι των ίουδαιων,
Heb	9 24	νυν ἐμφανισθηναι τω προσωπω του θεου ύπερ ήμων·
	11 14	οί γαρ τοιαυτα λεγοντες ἐμφανιζουσιν ότι πατριδα έπιζητουσιν.

ἐμφοβος [5]

Lc	24 5	ἐμφοβων δε γενομενων αύτων και κλινουσων τα προσωπα είς την γην,
	37	πτοηθεντες δε και ἐμφοβοι γενομενοι έδοκουν πνευμα θεωρειν.
Ac	10 4	ό δε άτενισας αύτω και ἐμφοβος γενομενος είπεν·
	24 25	διαλεγομενου δε αύτου περι δικαιοσυνης και έγκρατειας και του κριματος του μελλοντος ἐμφοβος γενομενος ό φηλιξ άπεκριθη·
Apc	11 13	και οί λοιποι ἐμφοβοι έγενοντο και έδωκαν δοξαν τω θεω του ούρανου.

ἐμφυσαω [1]

Jh	20 22	και τουτο είπων ένεφυσησεν και λεγει αύτοις·

ἐμφυτος [1]

Ja	1 21	δεξασθε τον ἐμφυτον λογον τον δυναμενον σωσαι τας ψυχας ύμων.

ἐν [2757]

cf append.

ἐναγκαλιζομαι [2]

Mc	9 36	και λαβων παιδιον έστησεν αύτο έν μεσω αύτων, και έναγκαλισαμενος αύτο είπεν αύτοις·
	10 16	και έναγκαλισαμενος αύτα κατευλογει τιθεις τας χειρας έπ αύτα.

ἐναλιος [1]

Ja	3 7	πασα γαρ φυσις θηριων τε και πετεινων, έρπετων τε και έναλιων δαμαζεται και δεδαμασται τη φυσει τη άνθρωπινη,

ἐναντι [2]

Lc	1 8	έγενετο δε έν τω ίερατευειν αύτον έν τη ταξει της έφημεριας αύτου ἐναντι του θεου,
Ac	8 21	ή γαρ καρδια σου ούκ έστιν εύθεια ἐναντι του θεου.

ἐναντιον [8]

Lc	1 6	ήσαν δε δικαιοι άμφοτεροι ἐναντιον του θεου,
	20 26	και ούκ ίσχυσαν έπιλαβεσθαι αύτου ρηματος ἐναντιον του λαου,
	24 19	τα περι ίησου του ναζαρηνου, ός έγενετο άνηρ προφητης δυνατος έν έργω και λογω ἐναντιον του θεου και παντος του λαου,
Ac	7 10	και έδωκεν αύτω χαριν και σοφιαν ἐναντιον φαραω βασιλεως αίγυπτου,
	8 32	ώς προβατον έπι σφαγην ήχθη, και ώς άμνος ἐναντιον του κειραντος αύτον άφωνος,
2Co	2 7	ώστε τουναντιον μαλλον ύμας χαρισασθαι και παρακαλεσαι, μη πως τη περισσοτερα λυπη καταποθη ό τοιουτος.
Ga	2 7	άλλα τουναντιον ίδοντες ότι πεπιστευμαι το εύαγγελιον της άκροβυστιας καθως πετρος της περιτομης,
1Pt	3 9	τουναντιον δε εύλογουντες, ότι είς τουτο έκληθητε ίνα εύλογιαν κληρονομησητε.

ἐναντιος [8]

Mt	14 24	το δε πλοιον ήδη σταδιους πολλους άπο της γης άπειχεν, βασανιζομενον ύπο των κυματων, ήν γαρ ἐναντιος ό άνεμος.
Mc	6 48	και ίδων αύτους βασανιζομενους έν τω έλαυνειν, ήν γαρ ό άνεμος ἐναντιος αύτοις, περι τεταρτην φυλακην της νυκτος έρχεται προς αύτους περιπατων έπι της θαλασσης·
	15 39	ίδων δε ό κεντυριων ό παρεστηκως έξ ἐναντιας αύτου ότι ούτως έξεπνευσεν, είπεν·
Ac	26 9	έγω μεν ούν έδοξα έμαυτω προς το όνομα ίησου του ναζωραιου δειν πολλα ἐναντια πραξαι·
	27 4	κακειθεν άναχθεντες ύπεπλευσαμεν την κυπρον δια το τους άνεμους είναι ἐναντιους,
	28 17	έγω, άνδρες άδελφοι, ούδεν ἐναντιον ποιησας τω λαω ή τοις έθεσι τοις πατρωοις,
1Th	2 15	και θεω μη άρεσκοντων, και πασιν άνθρωποις ἐναντιων,
Tit	2 8	ίνα ό έξ ἐναντιας έντραπη μηδεν έχων λεγειν περι ήμων φαυλον.

ἐναρχομαι [2]

Ga	3 3	έναρξαμενοι πνευματι νυν σαρκι έπιτελεισθε;
Php	1 6	πεποιθως αύτο τουτο, ότι ό έναρξαμενος έν ύμιν έργον άγαθον έπιτελεσει άχρι ήμερας χριστου ίησου·

ἐνατος [10]

Mt	20 5	παλιν [δε] έξελθων περι έκτην και ἐνατην ώραν έποιησεν ώσαυτως.
	27 45	άπο δε έκτης ώρας σκοτος έγενετο έπι πασαν την γην έως ώρας ἐνατης.
	46	περι δε την ἐνατην ώραν άνεβοησεν ό ίησους φωνη μεγαλη λεγων·
Mc	15 33	και γενομενης ώρας έκτης σκοτος έγενετο έφ όλην την γην έως ώρας ἐνατης.
	34	και τη ἐνατη ώρα έβοησεν ό ίησους φωνη μεγαλη·
Lc	23 44	και ήν ήδη ώσει ώρα έκτη και σκοτος έγενετο έφ όλην την γην έως ώρας ἐνατης του ήλιου έκλιποντος.
Ac	3 1	πετρος δε και ίωαννης άνεβαινον είς το ίερον έπι την ώραν της προσευχης την ἐνατην.

ἔνατος [10]

Ac   10 3   εἶδεν ἐν ὁράματι φανερως, ὡσει περι ὡραν ἐνατην της ἡμερας, ἀγγελον του θεου εἰσελθοντα προς αὐτον και εἰποντα αὐτω· κορνηλιε.

30   ἀπο τεταρτης ἡμερας μεχρι ταυτης της ὡρας ἡμην την ἐνατην προσευχομενος ἐν τω οἰκω μου,

Apc   21 20   ὁ ἔνατος τοπαζιον, ὁ δεκατος χρυσοπρασος,

ἐνδεης [1]

Ac   4 34   οὐδε γαρ ἐνδεης τις ἦν ἐν αὐτοις·

ἔνδειγμα [1]

2Th   1 5   ἔνδειγμα της δικαιας κρισεως του θεου,

ἐνδεικνυμαι [11]

Rm   2 15   οἰτινες ἐνδεικνυνται το ἐργον του νομου γραπτον ἐν ταις καρδιαις αὐτων,

9 17   λεγει γαρ ἡ γραφη τω φαραω ὁτι εἰς αὐτο τουτο ἐξηγειρα σε, ὁπως ἐνδειξωμαι ἐν σοι την δυναμιν μου,

22   εἰ δε θελων ὁ θεος ἐνδειξασθαι την ὀργην και γνωρισαι το δυνατον αὐτου ἠνεγκεν ἐν πολλη μακροθυμια σκευη ὀργης κατηρτισμενα εἰς ἀπωλειαν,

2Co   8 24   την οὐν ἐνδειξιν της ἀγαπης ὑμων και ἡμων καυχησεως ὑπερ ὑμων εἰς αὐτους ἐνδεικνυμενοι εἰς προσωπον των ἐκκλησιων.

Eph   2 7   ἱνα ἐνδειξηται ἐν τοις αἰωσιν τοις ἐπερχομενοις το ὑπερβαλλον πλουτος της χαριτος αὐτου ἐν χρηστοτητι ἐφ ἡμας ἐν χριστω ἰησου.

1Tm   1 16   ἀλλα δια τουτο ἠλεηθην, ἱνα ἐν ἐμοι πρωτω ἐνδειξηται χριστος ἰησους την ἁπασαν μακροθυμιαν,

2Tm   4 14   ἀλεξανδρος ὁ χαλκευς πολλα μοι κακα ἐνεδειξατο·

Tit   2 10   εὐαρεστους εἰναι, μη ἀντιλεγοντας, μη νοσφιζομενους, ἀλλα πασαν πιστιν ἐνδεικνυμενους ἀγαθην,

3 2   μηδενα βλασφημειν, ἀμαχους εἰναι, ἐπιεικεις, πασαν ἐνδεικνυμενους πραυτητα προς παντας ἀνθρωπους.

Heb   6 10   οὐ γαρ ἀδικος ὁ θεος ἐπιλαθεσθαι του ἐργου ὑμων και της ἀγαπης ἡς ἐνεδειξασθε εἰς το ὀνομα αὐτου,

11   ἐπιθυμουμεν δε ἑκαστον ὑμων την αὐτην ἐνδεικνυσθαι σπουδην προς την πληροφοριαν της ἐλπιδος ἀχρι τελους,

ἔνδειξις [4]

Rm   3 25   εἰς ἐνδειξιν της δικαιοσυνης αὐτου δια την παρεσιν των προγεγονοτων ἁμαρτηματων ἐν τη ἀνοχη ιου θεου,

26   προς την ἐνδειξιν της δικαιοσυνης αὐτου ἐν τω νυν καιρω,

2Co   8 24   την οὐν ἐνδειξιν της ἀγαπης ὑμων και ἡμων καυχησεως ὑπερ ὑμων εἰς αὐτους ἐνδεικνυμενοι εἰς προσωπον των ἐκκλησιων.

Php   1 28   και μη πτυρομενοι ἐν μηδενι ὑπο των ἀντικειμενων, ἡτις ἐστιν αὐτοις ἐνδειξις ἀπωλειας,

ἔνδεκα [6]

Mt   28 16   οἱ δε ἐνδεκα μαθηται ἐπορευθησαν εἰς την γαλιλαιαν,

Mc   16 14   ὑστερον [δε] ἀνακειμενοις αὐτοις τοις ἐνδεκα ἐφανερωθη,

Lc   24 9   και ὑποστρεψασαι ἀπο του μνημειου ἀπηγγειλαν ταυτα παντα τοις ἐνδεκα και πασιν τοις λοιποις.

33   και εὑρον ἠθροισμενους τους ἐνδεκα και τους συν αὐτοις,

Ac   1 26   και συγκατεψηφισθη μετα των ἐνδεκα ἀποστολων.

2 14   σταθεις δε ὁ πετρος συν τοις ἐνδεκα ἐπηρεν την φωνην αὐτου και ἀπεφθεγξατο αὐτοις·

ἐνδεκατος [3]

Mt   20 6   περι δε την ἐνδεκατην ἐξελθων εὑρεν ἀλλους ἑστωτας,

9   και ἐλθοντες οἱ περι την ἐνδεκατην ὡραν ἐλαβον ἀνα δηναριον.

Apc   21 20   ὁ ἐνδεκατος ὑακινθος, ὁ δωδεκατος ἀμεθυστος.

ἐνδεχεται [1]

Lc   13 33   πλην δει με σημερον και αὐριον και τη ἐχομενη πορευεσθαι, ὁτι οὐκ ἐνδεχεται προφητην ἀπολεσθαι ἐξω ἰερουσαλημ.

ἐνδημεω [3]

2Co   5 6   θαρρουντες οὐν παντοτε και εἰδοτες ὁτι ἐνδημουντες ἐν τω σωματι ἐκδημουμεν ἀπο του κυριου·

ἐνδημεω [3]

2Co   5 8   θαρρουμεν δε και εὐδοκουμεν μαλλον ἐκδημησαι ἐκ του σωματος και ἐνδημησαι προς τον κυριον.

9   διο και φιλοτιμουμεθα, εἰτε ἐνδημουντες εἰτε ἐκδημουντες, εὐαρεστοι αὐτω εἰναι.

ἐνδιδυσκω [2]

Mc   15 17   και ἐνδιδυσκουσιν αὐτον πορφυραν και περιτιθεασιν αὐτω πλεξαντες ἀκανθινον στεφανον·

Lc   16 19   ἀνθρωπος δε τις ἦν πλουσιος, και ἐνεδιδυσκετο πορφυραν και βυσσον εὐφραινομενος καθ ἡμεραν λαμπρως.

ἐνδικος [2]

Rm   3 8   και μη καθως βλασφημουμεθα και καθως φασιν τινες ἡμας λεγειν ὁτι ποιησωμεν τα κακα ἱνα ἐλθη τα ἀγαθα; ὡν το κριμα ἐνδικον ἐστιν.

Heb   2 2   εἰ γαρ ὁ δι ἀγγελων λαληθεις λογος ἐγενετο βεβαιος, και πασα παραβασις και παρακοη ἐλαβεν ἐνδικον μισθαποδοσιαν, πως ἡμεις ἐκφευξομεθα τηλικαυτης ἀμελησαντες σωτηριας;

ἐνδοξαζομαι [2]

2Th   1 10   ὁταν ἐλθη ἐνδοξασθηναι ἐν τοις ἁγιοις αὐτου και θαυμασθηναι ἐν πασιν τοις πιστευσασιν,

12   ὁπως ἐνδοξασθη το ὀνομα του κυριου ἡμων ἰησου ἐν ὑμιν, και ὑμεις ἐν αὐτω, κατα την χαριν του θεου ἡμων και κυριου ἰησου χριστου.

ἔνδοξος [4]

Lc   7 25   ἰδου οἱ ἐν ἱματισμω ἐνδοξω και τρυφη ὑπαρχοντες ἐν τοις βασιλειοις εἰσιν.

13 17   και ταυτα λεγοντος αὐτου κατησχυνοντο παντες οἱ ἀντικειμενοι αὐτω και πας ὁ ὀχλος ἐχαιρεν ἐπι πασιν τοις ἐνδοξοις τοις γινομενοις ὑπ αὐτου.

1Co   4 10   ἡμεις ἀσθενεις, ὑμεις δε ἰσχυροι· ὑμεις ἐνδοξοι, ἡμεις δε ἀτιμοι.

Eph   5 27   ἱνα παραστηση αὐτος ἑαυτω ἐνδοξον την ἐκκλησιαν,

ἔνδυμα [8]

Mt   3 4   αὐτος δε ὁ ἰωαννης εἰχεν το ἐνδυμα αὐτου ἀπο τριχων καμηλου και ζωνην δερματινην περι την ὀσφυν αὐτου·

6 25   οὐχι ἡ ψυχη πλειον ἐστιν της τροφης και το σωμα του ἐνδυματος;

28   και περι ἐνδυματος τι μεριμνατε;

7 15   οἰτινες ἐρχονται προς ὑμας ἐν ἐνδυμασι προβατων,

22 11   εἰσελθων δε ὁ βασιλευς θεασασθαι τους ἀνακειμενους εἰδεν ἐκει ἀνθρωπον οὐκ ἐνδεδυμενον ἐνδυμα γαμου·

12   ἑταιρε, πως εἰσηλθες ὡδε μη ἐχων ἐνδυμα γαμου;

28 3   ἠν δε ἡ εἰδεα αὐτου ὡς ἀστραπη, και το ἐνδυμα αὐτου λευκον ὡς χιων.

Lc   12 23   ἡ γαρ ψυχη πλειον ἐστιν της τροφης και το σωμα του ἐνδυματος.

ἐνδυναμοω [7]

Ac   9 22   σαυλος δε μαλλον ἐνεδυναμουτο και συνεχυννεν [τους] ἰουδαιους τους κατοικουντας ἐν δαμασκω, συμβιβαζων ὁτι οὑτος ἐστιν ὁ χριστος.

Rm   4 20   εἰς δε την ἐπαγγελιαν του θεου οὐ διεκριθη τη ἀπιστια, ἀλλ ἐνεδυναμωθη τη πιστει,

Eph   6 10   του λοιπου, ἐνδυναμουσθε ἐν κυριω και ἐν τω κρατει της ἰσχυος αὐτου.

Php   4 13   παντα ἰσχυω ἐν τω ἐνδυναμουντι με.

1Tm   1 12   χαριν ἐχω τω ἐνδυναμωσαντι με χριστω ἰησου τω κυριω ἡμων,

2Tm   2 1   συ οὐν, τεκνον μου, ἐνδυναμου ἐν τη χαριτι τη ἐν χριστω ἰησου,

4 17   ὁ δε κυριος μοι παρεστη και ἐνεδυναμωσεν με,

ἐνδύνω [1]

2Tm   3 6   ἐκ τουτων γαρ εἰσιν οἱ ἐνδυνοντες εἰς τας οἰκιας

ἔνδυσις [1]

1Pt 3 3   ὧν ἔστω οὐχ ὁ ἔξωθεν ἐμπλοκης τριχων και περιθεσεως
χρυσιων ἢ ἐνδύσεως ἱματιων κοσμος,

ἐνδύω [27]

Mt 6 25   μη μεριμνατε τη ψυχη ὑμων τί φαγητε [ἢ τί πιητε], μηδε τω
σωματι ὑμων τί ἐνδύσησθε.

22 11   εἰσελθων δε ὁ βασιλευς θεασασθαι τους ἀνακειμενους εἶδεν
ἐκει ἀνθρωπον οὐκ ἐνδεδυμενον ἔνδυμα γαμου·

27 31   και ὁτε ἐνεπαιξαν αὐτῳ, ἐξεδυσαν αὐτον την χλαμυδα και
ἐνέδυσαν αὐτον τα ἱματια αὐτου,

Mc 1 6   και ἦν ὁ ιωαννης ἐνδεδυμένος τριχας καμηλου και ζωνην
δερματινην περι την ὀσφυν αὐτου,

6 9   και παρηγγειλεν αὐτοις ἱνα μηδεν αἰρωσιν εἰς ὁδον εἰ μη
ῥαβδον μονον, μη ἀρτον, μη πηραν, μη εἰς την ζωνην χαλκον,
ἀλλα ὑποδεδεμενους σανδαλια, και μη ἐνδύσησθε δυο
χιτωνας.

15 20   και ὁτε ἐνεπαιξαν αὐτῳ, ἐξέδυσαν αὐτον την πορφυραν και
ἐνέδυσαν αὐτον τα ἱματια αὐτου.

Lc 8 27   και χρονῳ ἱκανῳ οὐκ ἐνεδύσατο ἱματιον,

12 22   εἶπεν δε προς τους μαθητας [αὐτου·] δια τουτο λεγω ὑμιν· μη
μεριμνατε τη ψυχη τί φαγητε, μηδε τω σωματι τί ἐνδύσησθε.
ἡ γαρ ψυχη πλειον ἐστιν της τροφης και το σωμα του
ἐνδύματος.

15 22   ταχυ ἐξενεγκατε στολην την πρωτην και ἐνδύσατε αὐτον,

24 49   ὑμεις δε καθισατε ἐν τη πολει ἑως οὖ ἐνδύσησθε ἐξ ὑψους
δυναμιν.

Ac 12 21   τακτη δε ἡμερᾳ ὁ ἡρῳδης ἐνδυσάμενος ἐσθητα βασιλικην
[και] καθισας ἐπι του βηματος ἐδημηγορει προς αὐτους·

Rm 13 12   ἀποθωμεθα οὖν τα ἐργα του σκοτους, ἐνδυσώμεθα [δε] τα
ὁπλα του φωτος.

14   ἀλλα ἐνδύσασθε τον κυριον ιησουν χριστον, και της σαρκος
προνοιαν μη ποιεισθε εἰς ἐπιθυμιας.

1Co 15 53   δει γαρ το φθαρτον τουτο ἐνδύσασθαι ἀφθαρσιαν και το
θνητον τουτο ἐνδύσασθαι ἀθανασιαν.

53   δει γαρ το φθαρτον τουτο ἐνδύσασθαι ἀφθαρσιαν και το
θνητον τουτο ἐνδύσασθαι ἀθανασιαν.

54   ὁταν δε το φθαρτον τουτο ἐνδύσηται ἀφθαρσιαν και το
θνητον τουτο ἐνδυσηται ἀθανασιαν, τοτε γενησεται ὁ λογος
ὁ γεγραμμενος·

54   ὁταν δε το φθαρτον τουτο ἐνδύσηται ἀφθαρσιαν και το
θνητον τουτο ἐνδυσηται ἀθανασιαν, τοτε γενησεται ὁ λογος
ὁ γεγραμμενος·

Ga 3 27   ὁσοι γαρ εἰς χριστον ἐβαπτισθητε, χριστον ἐνεδύσασθε.

Eph 4 24   και ἐνδύσασθαι τον καινον ἀνθρωπον τον κατα θεον
κτισθεντα ἐν δικαιοσυνη και ὁσιοτητι της ἀληθειας.

6 11   ἐνδύσασθε την πανοπλιαν του θεου προς το δυνασθαι ὑμας
στηναι προς τας μεθοδειας του διαβολου·

14   στητε οὖν περιζωσαμενοι την ὀσφυν ὑμων ἐν ἀληθειᾳ, και
ἐνδυσάμενοι τον θωρακα της δικαιοσυνης,

Col 3 10   ἀπεκδυσαμενοι τον παλαιον ἀνθρωπον συν ταις πραξεσιν
αὐτου, και ἐνδυσάμενοι τον νεον

12   ἐνδύσασθε οὖν, ὡς ἐκλεκτοι του θεου ἁγιοι και ἠγαπημενοι,
σπλαγχνα οἰκτιρμου, χρηστοτητα, ταπεινοφροσυνην,
πραυτητα, μακροθυμιαν,

1Th 5 8   ἡμεις δε ἡμερας ὀντες νηφωμεν, ἐνδυσάμενοι θωρακα πιστεως

Apc 1 13   και ἐν μεσῳ των λυχνιων ὁμοιον υἱον ἀνθρωπου,
ἐνδεδυμένον ποδηρη και περιεζωσμενον προς τοις μαστοις
ζωνην χρυσαν·

15 6   και ἐξῆλθον οἱ ἑπτα ἀγγελοι [οἱ] ἐχοντες τας ἑπτα πληγας ἐκ
του ναου, ἐνδεδυμένοι λινον καθαρον λαμπρον

19 14   και τα στρατευματα [τα] ἐν τω οὐρανω ἠκολουθει αὐτω ἐφ
ἱπποις λευκοις, ἐνδεδυμένοι βυσσινον λευκον καθαρον.

ἐνδώμησις [1]

Apc 21 18   και ἡ ἐνδώμησις του τειχους αὐτης ἰασπις,

ἐνέδρα [2]

Ac 23 16   ἀκουσας δε ὁ υἱος της ἀδελφης παυλου την ἐνέδραν,
παραγενομενος και εἰσελθων εἰς την παρεμβολην ἀπηγγειλεν
τω παυλῳ.

25 3   ὁπως μεταπεμψηται αὐτον εἰς ιερουσαλημ, ἐνέδραν ποιουντες
ἀνελειν αὐτον κατα την ὁδον.

ἐνεδρεύω [2]

Lc 11 54   ἐνεδρεύοντες αὐτον θηρευσαι τι ἐκ του στοματος αὐτου.

ἐνεδρεύω [2]

Ac 23 21   ἐνεδρεύουσιν γαρ αὐτον ἐξ αὐτων ἀνδρες πλειους
τεσσερακοντα,

ἐνειλέω [1]

Mc 15 46   και ἀγορασας σινδονα καθελων αὐτον ἐνείλησεν τη σινδονι
και ἐθηκεν αὐτον ἐν μνημειῳ ὁ ἦν λελατομημενον ἐκ πετρας,

ἔνειμι [1]

Lc 11 41   πλην τα ἐνόντα δοτε ἐλεημοσυνην, και ἰδου παντα καθαρα
ὑμιν ἐστιν.

ἑνεκα [4]

Mt 19 5   ἑνεκα τουτου καταλειψει ἀνθρωπος τον πατερα και την
μητερα και κολληθησεται τη γυναικι αὐτου, και ἐσονται οἱ
δυο εἰς σαρκα μιαν.

Lc 6 22   μακαριοι ἐστε ὁταν μισησωσιν ὑμας οἱ ἀνθρωποι, και ὁταν
ἀφορισωσιν ὑμας και ὀνειδισωσιν και ἐκβαλωσιν το ὀνομα
ὑμων ὡς πονηρον ἑνεκα του υἱου του ἀνθρωπου.

Ac 19 32   ἦν γαρ ἡ ἐκκλησια συγκεχυμενη, και οἱ πλειους οὐκ ἠδεισαν
τινος ἑνεκα συνεληλυθεισαν.

26 21   ἑνεκα τουτων με ιουδαιοι συλλαβομενοι [ὀντα] ἐν τω ἱερω
ἐπειρωντο διαχειρισασθαι.

ἑνεκεν [19]

Mt 5 10   μακαριοι οἱ δεδιωγμενοι ἑνεκεν δικαιοσυνης, ὁτι αὐτων ἐστιν
ἡ βασιλεια των οὐρανων.

11   μακαριοι ἐστε ὁταν ὀνειδισωσιν ὑμας και διωξωσιν και
εἰπωσιν παν πονηρον καθ ὑμων [ψευδομενοι] ἑνεκεν ἐμου.

10 18   και ἐπι ἡγεμονας δε και βασιλεις ἀχθησεσθε ἑνεκεν ἐμου,

39   και ὁ ἀπολεσας την ψυχην αὐτου ἑνεκεν ἐμου εὑρησει αὐτην.

16 25   ὁς δ ἀν ἀπολεση την ψυχην αὐτου ἑνεκεν ἐμου, εὑρησει
αὐτην.

19 29   και πας ὁστις ἀφηκεν οἰκιας ἢ ἀδελφους ἢ ἀδελφας ἢ πατερα
ἢ μητερα ἢ τεκνα ἢ ἀγρους ἑνεκεν του ὀνοματος μου,
ἑκατονταπλασιονα λημψεται και ζωην αἰωνιον
κληρονομησει.

Mc 8 35   ὁς δ ἀν ἀπολεσει την ψυχην αὐτου ἑνεκεν ἐμου και του
εὐαγγελιου, σωσει αὐτην.

10 7   ἑνεκεν τουτου καταλειψει ἀνθρωπος τον πατερα αὐτου και
την μητερα [και προσκολληθησεται προς την γυναικα αὐτου,]
και ἐσονται οἱ δυο εἰς σαρκα μιαν·

29   ἀμην λεγω ὑμιν, οὐδεις ἐστιν ὁς ἀφηκεν οἰκιαν ἢ ἀδελφους ἢ
ἀδελφας ἢ μητερα ἢ πατερα ἢ τεκνα ἢ ἀγρους ἑνεκεν ἐμου
και ἑνεκεν του εὐαγγελιου,

29   ἀμην λεγω ὑμιν, οὐδεις ἐστιν ὁς ἀφηκεν οἰκιαν ἢ ἀδελφους ἢ
ἀδελφας ἢ μητερα ἢ πατερα ἢ τεκνα ἢ ἀγρους ἑνεκεν ἐμου
και ἑνεκεν του εὐαγγελιου,

13 9   παραδωσουσιν ὑμας εἰς συνεδρια και εἰς συναγωγας
δαρησεσθε και ἐπι ἡγεμονων και βασιλεων σταθησεσθε
ἑνεκεν ἐμου, εἰς μαρτυριον αὐτοις.

Lc 9 24   ὁς δ ἀν ἀπολεσει την ψυχην αὐτου ἑνεκεν ἐμου, οὑτος σωσει
αὐτην.

18 29   ἀμην λεγω ὑμιν ὁτι οὐδεις ἐστιν ὁς ἀφηκεν οἰκιαν ἢ γυναικα
ἢ ἀδελφους ἢ γονεις ἢ τεκνα ἑνεκεν της βασιλειας του θεου,

21 12   παραδιδοντες εἰς τας συναγωγας και φυλακας, ἀπαγομενους
ἐπι βασιλεις και ἡγεμονας ἑνεκεν του ὀνοματος μου·

Rm 8 36   καθως γεγραπται ὁτι ἑνεκεν σου θανατουμεθα ὁλην την
ἡμεραν, ἐλογισθημεν ὡς προβατα σφαγης.

14 20   μη ἑνεκεν βρωματος καταλυε το ἐργον του θεου.

2Co 7 12   ἀρα εἰ και ἐγραψα ὑμιν, οὐχ ἑνεκεν του ἀδικησαντος οὐδε
ἑνεκεν του ἀδικηθεντος,

12   ἀρα εἰ και ἐγραψα ὑμιν, οὐχ ἑνεκεν του ἀδικησαντος οὐδε
ἑνεκεν του ἀδικηθεντος,

12   οὐχ ἑνεκεν του ἀδικησαντος οὐδε ἑνεκεν του ἀδικηθεντος,
ἀλλ ἑνεκεν του φανερωθηναι την σπουδην ὑμων την ὑπερ
ἡμων προς ὑμας ἐνωπιον του θεου.

ἐνενηκονταεννεα [4]

Mt 18 12   ἐαν γενηται τινι ἀνθρωπῳ ἑκατον προβατα και πλανηθη ἐν ἐξ
αὐτων, οὐχι ἀφησει τα ἐνενηκονταεννεα ἐπι τα ὀρη και
πορευθεις ζητει το πλανωμενον;

13   και ἐαν γενηται εὑρειν αὐτο, ἀμην λεγω ὑμιν ὁτι χαιρει ἐπ
αὐτω μαλλον ἢ ἐπι τοις ἐνενηκονταεννεα τοις μη
πεπλανημενοις.

ἐνενηκονταεννεα [4]

Lc   15 4   τίς ἄνθρωπος ἐξ ὑμῶν ἔχων ἑκατον προβατα και ἀπολεσας ἐξ
αὐτων ἐν οὐ καταλειπει τα ἐνενηκονταεννεα ἐν τῃ ἐρημῳ και
πορευεται ἐπι το ἀπολωλος ἑως εὑρῃ αὐτο;

      7   λεγω ὑμιν ὁτι οὑτως χαρα ἐν τῳ οὐρανῳ ἐσται ἐπι ἑνι
ἁμαρτωλῳ μετανοουντι ἠ ἐπι ἐνενηκονταεννεα δικαιοις
οἱτινες οὐ χρειαν ἐχουσιν μετανοιας.

ἔνεος [1]

Ac   9 7   οἱ δε ἀνδρες οἱ συνοδευοντες αὐτῳ εἱστηκεισαν ἐνεοι,
ἀκουοντες μεν της φωνης, μηδενα δε θεωρουντες.

ἐνεργεια [8]

Eph   1 19   και τί το ὑπερβαλλον μεγεθος της δυναμεως αὐτου εἰς ἡμας
τους πιστευοντας κατα την ἐνεργειαν του κρατους της ἰσχυος
αὐτου,

      3 7   δια του εὐαγγελιου, οὑ ἐγενηθην διακονος κατα την δωρεαν
της χαριτος του θεου της δοθεισης μοι κατα την ἐνεργειαν
της δυναμεως αὐτου.

      4 16   κατ ἐνεργειαν ἐν μετρῳ ἑνος ἑκαστου μερους την αὐξησιν του
σωματος ποιειται εἰς οἰκοδομην ἑαυτου ἐν ἀγαπῃ.

Php   3 21   κατα την ἐνεργειαν του δυνασθαι αὐτον και ὑποταξαι αὐτῳ
τα παντα.

Col   1 29   εἰς ὁ και κοπιω ἀγωνιζομενος κατα την ἐνεργειαν αὐτου την
ἐνεργουμενην ἐν ἐμοι ἐν δυναμει.

      2 12   ἐν ᾡ και συνηγερθητε δια της πιστεως της ἐνεργειας του θεου
του ἐγειραντος αὐτον ἐκ νεκρων·

2Th   2 9   και καταργησει τῃ ἐπιφανειᾳ της παρουσιας αὐτου, οὑ ἐστιν
ἡ παρουσια κατ ἐνεργειαν του σατανα

      11   και δια τουτο πεμπει αὐτοις ὁ θεος ἐνεργειαν πλανης εἰς το
πιστευσαι αὐτους τῳ ψευδει,

ἐνεργεω [21]

Mt   14 2   αὐτος ἠγερθη ἀπο των νεκρων, και δια τουτο αἱ δυναμεις
ἐνεργουσιν ἐν αὐτῳ.

Mc   6 14   και ἠκουσεν ὁ βασιλευς ἡρωδης, φανερον γαρ ἐγενετο το
ὀνομα αὐτου, και ἐλεγον ὁτι ἰωαννης ὁ βαπτιζων ἐγηγερται
ἐκ νεκρων, και δια τουτο ἐνεργουσιν αἱ δυναμεις ἐν αὐτῳ.

Rm   7 5   ὁτε γαρ ἠμεν ἐν τῃ σαρκι, τα παθηματα των ἁμαρτιων τα δια
του νομου ἐνηργειτο ἐν τοις μελεσιν ἡμων εἰς το
καρποφορησαι τῳ θανατῳ·

1Co   12 6   και διαιρεσεις ἐνεργηματων εἰσιν, ὁ δε αὐτος θεος ὁ ἐνεργων
τα παντα ἐν πασιν.

      11   παντα δε ταυτα ἐνεργει το ἑν και το αὐτο πνευμα,

2Co   1 6   εἰτε παρακαλουμεθα, ὑπερ της ὑμων παρακλησεως της
ἐνεργουμενης ἐν ὑπομονῃ των αὐτων παθηματων ὡν και
ἡμεις πασχομεν,

      4 12   ὡστε ὁ θανατος ἐν ἡμιν ἐνεργειται, ἡ δε ζωη ἐν ὑμιν.

Ga   2 8   ὁ γαρ ἐνεργησας πετρῳ εἰς ἀποστολην της περιτομης
ἐνηργησεν και ἐμοι εἰς τα ἐθνη,

      8   ὁ γαρ ἐνεργησας πετρῳ εἰς ἀποστολην της περιτομης
ἐνηργησεν και ἐμοι εἰς τα ἐθνη,

      3 5   ὁ οὐν ἐπιχορηγων ὑμιν το πνευμα και ἐνεργων δυναμεις ἐν
ὑμιν ἐξ ἐργων νομου ἠ ἐξ ἀκοης πιστεως;

      5 6   ἐν γαρ χριστῳ ἰησου οὐτε περιτομη τι ἰσχυει οὐτε
ἀκροβυστια, ἀλλα πιστις δι ἀγαπης ἐνεργουμενη.

Eph   1 11   ἐν αὐτῳ, ἐν ᾡ και ἐκληρωθημεν προορισθεντες κατα προθεσιν
του τα παντα ἐνεργουντος κατα την βουλην του θεληματος
αὐτου,

      20   ἡν ἐνηργησεν ἐν τῳ χριστῳ ἐγειρας αὐτον ἐκ νεκρων,

      2 2   κατα τον ἀρχοντα της ἐξουσιας του ἀερος, του πνευματος του
νυν ἐνεργουντος ἐν τοις υἱοις της ἀπειθειας·

      3 20   τῳ δε δυναμενῳ ὑπερ παντα ποιησαι ὑπερεκπερισσου ὡν
αἰτουμεθα ἠ νοουμεν κατα την δυναμιν την ἐνεργουμενην ἐν
ἡμιν,

Php   2 13   θεος γαρ ἐστιν ὁ ἐνεργων ἐν ὑμιν και το θελειν και το
ἐνεργειν ὑπερ της εὐδοκιας.

      13   θεος γαρ ἐστιν ὁ ἐνεργων ἐν ὑμιν και το θελειν και το
ἐνεργειν ὑπερ της εὐδοκιας.

Col   1 29   εἰς ὁ και κοπιω ἀγωνιζομενος κατα την ἐνεργειαν αὐτου την
ἐνεργουμενην ἐν ἐμοι ἐν δυναμει.

1Th   2 13   ἀλλα καθως ἐστιν ἀληθως λογον θεου, ὁς και ἐνεργειται ἐν
ὑμιν τοις πιστευουσιν.

2Th   2 7   το γαρ μυστηριον ἠδη ἐνεργειται της ἀνομιας·

Ja   5 16   πολυ ἰσχυει δεησις δικαιου ἐνεργουμενη.

ἐνεργημα [2]

1Co   12 6   και διαιρεσεις ἐνεργηματων εἰσιν, ὁ δε αὐτος θεος ὁ ἐνεργων
τα παντα ἐν πασιν.

      10   ἀλλῳ δε χαρισματα ἰαματων ἐν τῳ ἑνι πνευματι, ἀλλῳ δε
ἐνεργηματα δυναμεων,

ἐνεργης [3]

1Co   16 9   θυρα γαρ μοι ἀνεωγεν μεγαλη και ἐνεργης,

Phm   6   ὁπως ἡ κοινωνια της πιστεως σου ἐνεργης γενηται ἐν
ἐπιγνωσει παντος ἀγαθου του ἐν ἡμιν εἰς χριστον.

Heb   4 12   ζων γαρ ὁ λογος του θεου και ἐνεργης και τομωτερος ὑπερ
πασαν μαχαιραν διστομον

ἐνευλογεω [2]

Ac   3 25   και ἐν τῳ σπερματι σου [ἐν]ευλογηθησονται πασαι αἱ πατριαι
της γης.

Ga   3 8   προευηγγελισατο τῳ ἀβρααμ ὁτι ἐνευλογηθησονται ἐν σοι
παντα τα ἐθνη.

ἐνεχω [3]

Mc   6 19   ἡ δε ἡρῳδιας ἐνειχεν αὐτῳ και ἠθελεν αὐτον ἀποκτειναι,

Lc   11 53   κακειθεν ἐξελθοντος αὐτου ἠρξαντο οἱ γραμματεις και οἱ
φαρισαιοι δεινως ἐνεχειν και ἀποστοματιζειν αὐτον περι
πλειονων,

Ga   5 1   στηκετε οὐν και μη παλιν ζυγῳ δουλειας ἐνεχεσθε.

ἐνθαδε [8]

Lc   24 41   ἐχετε τι βρωσιμον ἐνθαδε;

Jh   4 15   κυριε, δος μοι τουτο το ὑδωρ, ἱνα μη διψω μηδε διερχωμαι
ἐνθαδε ἀντλειν.

      16   ὑπαγε φωνησον τον ἀνδρα σου και ἐλθε ἐνθαδε.

Ac   10 18   και φωνησαντες ἐπυνθανοντο εἰ σιμων ὁ ἐπικαλουμενος
πετρος ἐνθαδε ξενιζεται.

      16 28   μηδεν πραξῃς σεαυτῳ κακον, ἁπαντες γαρ ἐσμεν ἐνθαδε.

      17 6   βοωντες ὁτι οἱ την οἰκουμενην ἀναστατωσαντες οὑτοι και
ἐνθαδε παρεισιν,

      25 17   συνελθοντων οὐν [αὐτων] ἐνθαδε ἀναβολην μηδεμιαν
ποιησαμενος τῃ ἑξης καθισας ἐπι του βηματος ἐκελευσα
ἀχθηναι τον ἀνδρα·

      24   θεωρειτε τουτον περι οὑ ἁπαν το πληθος των ἰουδαιων
ἐνετυχον μοι ἐν τε ἱεροσολυμοις και ἐνθαδε,

ἐνθεν [2]

Mt   17 20   ἐαν ἐχητε πιστιν ὡς κοκκον σιναπεως, ἐρειτε τῳ ὀρει τουτῳ·
μεταβα ἐνθεν ἐκει, και μεταβησεται, και οὐδεν ἀδυνατησει
ὑμιν.

Lc   16 26   και ἐν πασι τουτοις μεταξυ ἡμων και ὑμων χασμα μεγα
ἐστηρικται, ὁπως οἱ θελοντες διαβηναι ἐνθεν προς ὑμας μη
δυνωνται,

ἐνθυμεομαι [2]

Mt   1 20   ταυτα δε αὐτου ἐνθυμηθεντος,

      9 4   ἱνατι ἐνθυμεισθε πονηρα ἐν ταις καρδιαις ὑμων;

ἐνθυμησις [4]

Mt   9 4   και ἰδων ὁ ἰησους τας ἐνθυμησεις αὐτων εἰπεν·

      12 25   εἰδως δε τας ἐνθυμησεις αὐτων εἰπεν αὐτοις·

Ac   17 29   γενος οὐν ὑπαρχοντες του θεου οὐκ ὀφειλομεν νομιζειν,
χρυσῳ ἠ ἀργυρῳ ἠ λιθῳ, χαραγματι τεχνης και ἐνθυμησεως
ἀνθρωπου, το θειον εἰναι ὁμοιον.

Heb   4 12   και κριτικος ἐνθυμησεων και ἐννοιων καρδιας·

ἕνι [6]

1Co   6 5   οὑτως οὐκ ἐνι ἐν ὑμιν οὐδεις σοφος, ὁς δυνησεται διακριναι
ἀνα μεσον του ἀδελφου αὐτου;

Ga   3 28   οὐκ ἐνι ἰουδαιος οὐδε ἑλλην, οὐκ ἐνι δουλος οὐδε ἐλευθερος,
οὐκ ἐνι ἀρσεν και θηλυ·

      28   οὐκ ἐνι ἰουδαιος οὐδε ἑλλην, οὐκ ἐνι δουλος οὐδε ἐλευθερος,
οὐκ ἐνι ἀρσεν και θηλυ·

      28   οὐκ ἐνι ἰουδαιος οὐδε ἑλλην, οὐκ ἐνι δουλος οὐδε ἐλευθερος,
οὐκ ἐνι ἀρσεν και θηλυ·

Col   3 11   ὁπου οὐκ ἐνι ἑλλην και ἰουδαιος,

ἔνι [6]

Ja   1 17   καταβαινον ἀπο του πατρος των φωτων, παρ ᾧ οὐκ ἔνι
            παραλλαγη ἢ τροπης ἀποσκιασμα.

ἐνιαυτος [14]

Lc   4 19   εὐαγγελισασθαι πτωχοις, ἀπεσταλκεν με, κηρυξαι
            αἰχμαλωτοις ἀφεσιν και τυφλοις ἀναβλεψιν, ἀποστειλαι
            τεθραυσμενους ἐν ἀφεσει, κηρυξαι ἐνιαυτον κυριου δεκτον.
Jh   11 49   εἰς δε τις ἐξ αὐτων καιαφας, ἀρχιερευς ὢν του ἐνιαυτου
            ἐκεινου, εἰπεν αὐτοις·
      51   τουτο δε ἀφ ἑαυτου οὐκ εἰπεν, ἀλλα ἀρχιερευς ὢν του
            ἐνιαυτου ἐκεινου ἐπροφητευσεν
   18 13   ἦν γαρ πενθερος του καιαφα, ὃς ἦν ἀρχιερευς του ἐνιαυτου
            ἐκεινου·
Ac   11 26   ἐγενετο δε αὐτοις και ἐνιαυτον ὁλον συναχθηναι ἐν τῃ
            ἐκκλησιᾳ και διδαξαι ὀχλον ἱκανον,
   18 11   ἐκαθισεν δε ἐνιαυτον και μηνας ἑξ διδασκων ἐν αὐτοις τον
            λογον του θεου.
Ga   4 10   ἡμερας παρατηρεισθε και μηνας και καιρους και ἐνιαυτους.
Heb   9 7   εἰς δε την δευτεραν ἁπαξ του ἐνιαυτου μονος ὁ ἀρχιερευς,
      25   οὐδ ἱνα πολλακις προσφερη ἑαυτον, ὡσπερ ὁ ἀρχιερευς
            εἰσερχεται εἰς τα ἁγια κατ ἐνιαυτον ἐν αἱματι ἀλλοτριῳ,
   10 1   κατ ἐνιαυτον ταις αὐταις θυσιαις ἃς προσφερουσιν εἰς το
            διηνεκες οὐδεποτε δυναται τους προσερχομενους τελειωσαι·
      3   ἀλλ ἐν αὐταις ἀναμνησις ἁμαρτιων κατ ἐνιαυτον·
Ja   4 13   σημερον ἢ αὐριον πορευσομεθα εἰς τηνδε την πολιν και
            ποιησομεν ἐκει ἐνιαυτον και ἐμπορευσομεθα και κερδησομεν·
   5 17   και οὐκ ἐβρεξεν ἐπι της γης ἐνιαυτους τρεις και μηνας ἑξ·
Apc   9 15   και ἐλυθησαν οἱ τεσσαρες ἀγγελοι οἱ ἡτοιμασμενοι εἰς την
            ὡραν και ἡμεραν και μηνα και ἐνιαυτον,

ἐνιστημι [7]

Rm   8 38   πεπεισμαι γαρ ὁτι οὐτε θανατος οὐτε ζωη οὐτε ἀγγελοι οὐτε
            ἀρχαι οὐτε ἐνεστωτα οὐτε μελλοντα οὐτε δυναμεις οὐτε
            ὑψωμα οὐτε βαθος οὐτε τις κτισις ἑτερα δυνησεται ἡμας
            χωρισαι ἀπο της ἀγαπης του θεου της ἐν χριστῳ ἰησου τῳ
            κυριῳ ἡμων.
1Co   3 22   εἰτε κοσμος εἰτε ζωη εἰτε θανατος, εἰτε ἐνεστωτα εἰτε
            μελλοντα, παντα ὑμων,
   7 26   νομιζω οὐν τουτο καλον ὑπαρχειν δια την ἐνεστωσαν
            ἀναγκην, ὁτι καλον ἀνθρωπῳ το οὑτως εἰναι.
Ga   1 4   του δοντος ἑαυτον ὑπερ των ἁμαρτιων ἡμων, ὁπως ἐξεληται
            ἡμας ἐκ του αἰωνος του ἐνεστωτος πονηρου κατα το θελημα
            του θεου
2Th   2 2   ὡς ὁτι ἐνεστηκεν ἡ ἡμερα του κυριου.
2Tm   3 1   τουτο δε γινωσκε, ὁτι ἐν ἐσχαταις ἡμεραις ἐνστησονται
            καιροι χαλεποι·
Heb   9 9   μηπω πεφανερωσθαι την των ἁγιων ὁδον ἐτι της πρωτης
            σκηνης ἐχουσης στασιν, ἡτις παραβολη εἰς τον καιρον τον
            ἐνεστηκοτα,

ἐνισχυω [2]

Lc   22 43   [ὠφθη δε αὐτῳ ἀγγελος ἀπ οὐρανου ἐνισχυων αὐτον].
Ac   9 19   και ἀναστας ἐβαπτισθη, και λαβων τροφην ἐνισχυσεν.

ἐννεα [1]

Lc   17 17   οὐχ οἱ δεκα ἐκαθαρισθησαν; οἱ δε ἐννεα που;

ἐννευω [1]

Lc   1 62   ἐνενευον δε τῳ πατρι αὐτου το τι ἀν θελοι καλεισθαι αὐτο.

ἐννοια [2]

Heb   4 12   και κριτικος ἐνθυμησεων και ἐννοιων καρδιας·
1Pt   4 1   χριστου οὐν παθοντος σαρκι και ὑμεις την αὐτην ἐννοιαν
            ὁπλισασθε,

ἐννομος [2]

Ac   19 39   εἰ δε τι περαιτερω ἐπιζητειτε, ἐν τῃ ἐννομῳ ἐκκλησιᾳ
            ἐπιλυθησεται.
1Co   9 21   τοις ἀνομοις ὡς ἀνομος, μη ὢν ἀνομος θεου ἀλλ ἐννομος
            χριστου,

ἐννυχα [1]

Mc   1 35   και πρωι ἐννυχα λιαν ἀναστας ἐξηλθεν και ἀπηλθεν εἰς
            ἐρημον τοπον,

ἐνοικεω [5]

Rm   8 11   ὁ ἐγειρας χριστον ἐκ νεκρων ζωοποιησει και τα θνητα
            σωματα ὑμων δια του ἐνοικουντος αὐτου πνευματος ἐν ὑμιν.
2Co   6 16   ἡμεις γαρ ναος θεου ἐσμεν ζωντος· καθως εἰπεν ὁ θεος ὁτι
            ἐνοικησω ἐν αὐτοις και ἐμπεριπατησω,
Col   3 16   ὁ λογος του χριστου ἐνοικειτω ἐν ὑμιν πλουσιως,
2Tm   1 5   ὑπομνησιν λαβων της ἐν σοι ἀνυποκριτου πιστεως, ἡτις
            ἐνωκησεν πρωτον ἐν τῃ μαμμῃ σου λωιδι και τῃ μητρι σου
            εὐνικῃ,
      14   την καλην παραθηκην φυλαξον δια πνευματος ἁγιου του
            ἐνοικουντος ἐν ἡμιν.

ἐνορκιζω [1]

1Th   5 27   ἐνορκιζω ὑμας τον κυριον ἀναγνωσθηναι την ἐπιστολην
            πασιν τοις ἀδελφοις.

ἐνοτης [2]

Eph   4 3   σπουδαζοντες τηρειν την ἐνοτητα του πνευματος ἐν τῳ
            συνδεσμῳ της εἰρηνης·
      13   μεχρι καταντησωμεν οἱ παντες εἰς την ἐνοτητα της πιστεως
            και της ἐπιγνωσεως του υἱου του θεου,

ἐνοχλεω [2]

Lc   6 18   και οἱ ἐνοχλουμενοι ἀπο πνευματων ἀκαθαρτων
            ἐθεραπευοντο·
Heb   12 15   μη τις ῥιζα πικριας ἀνω φυουσα ἐνοχλη και δια ταυτης
            μιανθωσιν οἱ πολλοι,

ἐνοχος [10]

Mt   5 21   ὃς δ ἀν φονευσῃ, ἐνοχος ἐσται τῃ κρισει.
      22   ἐγω δε λεγω ὑμιν ὁτι πας ὁ ὀργιζομενος τῳ ἀδελφῳ αὐτου
            ἐνοχος ἐσται τῃ κρισει·
      22   ὃς δ ἀν εἰπῃ τῳ ἀδελφῳ αὐτου ρακα, ἐνοχος ἐσται τῳ
            συνεδριῳ·
      22   ὃς δ ἀν εἰπῃ μωρε, ἐνοχος ἐσται εἰς την γεενναν του πυρος.
   26 66   οἱ δε ἀποκριθεντες εἰπαν· ἐνοχος θανατου ἐστιν.
Mc   3 29   οὐκ ἐχει ἀφεσιν εἰς τον αἰωνα, ἀλλα ἐνοχος ἐστιν αἰωνιου
            ἁμαρτηματος.
   14 64   οἱ δε παντες κατεκριναν αὐτον ἐνοχον εἰναι θανατου.
1Co   11 27   ὡστε ὃς ἀν ἐσθιη τον ἀρτον ἢ πινη το ποτηριον του κυριου
            ἀναξιως, ἐνοχος ἐσται του σωματος και του αἱματος του
            κυριου.
Heb   2 15   και ἀπαλλαξη τουτους, ὁσοι φοβῳ θανατου δια παντος του
            ζην ἐνοχοι ἠσαν δουλειας.
Ja   2 10   ὁστις γαρ ὁλον τον νομον τηρησῃ, πταισῃ δε ἐν ἑνι, γεγονεν
            παντων ἐνοχος.

ἐνταλμα [3]

Mt   15 9   ματην δε σεβονται με, διδασκοντες διδασκαλιας ἐνταλματα
            ἀνθρωπων.
Mc   7 7   ματην δε σεβονται με, διδασκοντες διδασκαλιας ἐνταλματα
            ἀνθρωπων.
Col   2 22   ἀ ἐστιν παντα εἰς φθοραν τῃ ἀποχρησει, κατα τα ἐνταλματα
            και διδασκαλιας των ἀνθρωπων;

ἐνταφιαζω [2]

Mt   26 12   βαλουσα γαρ αὑτη το μυρον τουτο ἐπι του σωματος μου προς
            το ἐνταφιασαι με ἐποιησεν.
Jh   19 40   ἐλαβον οὐν το σωμα του ἰησου και ἐδησαν αὐτο ὀθονιοις
            μετα των ἀρωματων, καθως ἐθος ἐστιν τοις ἰουδαιοις
            ἐνταφιαζειν.

ἐνταφιασμος [2]

Mc   14 8   ὁ ἐσχεν ἐποιησεν· προελαβεν μυρισαι το σωμα μου εἰς τον
            ἐνταφιασμον.
Jh   12 7   ἀφες αὑτην, ἱνα εἰς την ἡμεραν του ἐνταφιασμου μου τηρησῃ
            αὐτο·

ἐντελλομαι [15]

Mt 4 6 βαλε σεαυτον κατω· γεγραπται γαρ ὅτι τοις ἀγγελοις αὐτου ἐντελειται περι σου και ἐπι χειρων ἀρουσιν σε,

17 9 και καταβαινοντων αὐτων ἐκ του ὁρους ἐνετειλατο αὐτοις ὁ ἰησους λεγων· μηδενι εἰπητε το ὁραμα ἑως οὗ ὁ υἱος του ἀνθρωπου ἐκ νεκρων ἐγερθη.

19 7 τί οὖν μωυσης ἐνετειλατο δουναι βιβλιον ἀποστασιου και ἀπολυσαι [αὐτην];

28 20 πορευθεντες οὖν μαθητευσατε παντα τα ἐθνη, βαπτιζοντες αὐτους εἰς το ὀνομα του πατρος και του υἱου και του ἁγιου πνευματος, διδασκοντες αὐτους τηρειν παντα ὁσα ἐνετειλαμην ὑμιν·

Mc 10 3 ὁ δε ἀποκριθεις εἰπεν αὐτοις· τί ὑμιν ἐνετειλατο μωυσης;

13 34 και τω θυρωρω ἐνετειλατο ἱνα γρηγορη.

Lc 4 10 γεγραπται γαρ ὁτι τοις ἀγγελοις αὐτου ἐντελειται περι σου του διαφυλαξαι σε,

Jh 8 5* ἐν δε τω νομω ἡμιν μωυσης ἐνετειλατο τας τοιαυτας λιθαζειν· συ οὖν τί λεγεις;

14 31 και καθως ἐνετειλατο μοι ὁ πατηρ, οὑτως ποιω.

15 14 ὑμεις φιλοι μου ἐστε, ἐαν ποιητε ἁ ἐγω ἐντελλομαι ὑμιν.

17 ταυτα ἐντελλομαι ὑμιν, ἱνα ἀγαπατε ἀλληλους·

Ac 1 2 ἀχρι ἡς ἡμερας ἐντειλαμενος τοις ἀποστολοις δια πνευματος ἁγιου οὑς ἐξελεξατο ἀνελημφθη·

13 47 οὑτως γαρ ἐντεταλται ἡμιν ὁ κυριος· τεθεικα σε εἰς φως ἐθνων του εἰναι σε εἰς σωτηριαν ἑως ἐσχατου της γης.

Heb 9 20 τουτο το αἱμα της διαθηκης ἡς ἐνετειλατο προς ὑμας ὁ θεος.

11 22 πιστει ἰωσηφ τελευτων περι της ἐξοδου των υἱων ἰσραηλ ἐμνημονευσεν και περι των ὀστεων αὐτου ἐνετειλατο.

ἐντευθεν [10]

Lc 4 9 εἰ υἱος εἰ του θεου, βαλε σεαυτον ἐντευθεν κατω·

13 31 ἐξελθε και πορευου ἐντευθεν, ὁτι ἡρωδης θελει σε ἀποκτειναι.

Jh 2 16 ἀρατε ταυτα ἐντευθεν, μη ποιειτε τον οἰκον του πατρος μου οἰκον ἐμποριου.

7 3 μεταβηθι ἐντευθεν και ὑπαγε εἰς την ἰουδαιαν,

14 31 ἐγειρεσθε, ἀγωμεν ἐντευθεν.

18 36 νυν δε ἡ βασιλεια ἡ ἐμη οὐκ ἐστιν ἐντευθεν.

19 18 και μετ αὐτου ἀλλους δυο ἐντευθεν και ἐντευθεν, μεσον δε τον ἰησουν.

18 και μετ αὐτου ἀλλους δυο ἐντευθεν και ἐντευθεν, μεσον δε τον ἰησουν.

Ja 4 1 οὐκ ἐντευθεν, ἐκ των ἡδονων ὑμων των στρατευομενων ἐν τοις μελεσιν ὑμων;

Apc 22 2 ἐν μεσω της πλατειας αὐτης και του ποταμου ἐντευθεν και ἐκειθεν ξυλον ζωης

ἐντευξις [2]

1Tm 2 1 παρακαλω οὖν πρωτον παντων ποιεισθαι δεησεις, προσευχας, ἐντευξεις, εὐχαριστιας, ὑπερ παντων ἀνθρωπων,

4 5 ἁγιαζεται γαρ δια λογου θεου και ἐντευξεως.

ἐντιμος [5]

Lc 7 2 ἑκατονταρχου δε τινος δουλος κακως ἐχων ἠμελλεν τελευταν, ὁς ἡν αὐτω ἐντιμος.

14 8 ὁταν κληθης ὑπο τινος εἰς γαμους, μη κατακλιθης εἰς την πρωτοκλισιαν, μηποτε ἐντιμοτερος σου ἡ κεκλημενος ὑπ αὐτου,

Php 2 29 προσδεχεσθε οὖν αὐτον ἐν κυριω μετα πασης χαρας, και τους τοιουτους ἐντιμους ἐχετε,

1Pt 2 4 προς ὁν προσερχομενοι, λιθον ζωντα, ὑπο ἀνθρωπων μεν ἀποδεδοκιμασμενον παρα δε θεω ἐκλεκτον ἐντιμον,

6 ἰδου τιθημι ἐν σιων λιθον ἀκρογωνιαιον ἐκλεκτον ἐντιμον,

ἐντολη [67]

Mt 5 19 ὁς ἐαν οὖν λυση μιαν των ἐντολων τουτων των ἐλαχιστων και διδαξη οὑτως τους ἀνθρωπους, ἐλαχιστος κληθησεται ἐν τη βασιλεια των οὐρανων·

15 3 δια τί και ὑμεις παραβαινετε την ἐντολην του θεου δια την παραδοσιν ὑμων;

19 17 εἰ δε θελεις εἰς την ζωην εἰσελθειν, τηρησον τας ἐντολας.

22 36 διδασκαλε, ποια ἐντολη μεγαλη ἐν τω νομω;

38 αὑτη ἐστιν ἡ μεγαλη και πρωτη ἐντολη.

40 ἐν ταυταις ταις δυσιν ἐντολαις ὁλος ὁ νομος κρεμαται και οἱ προφηται.

Mc 7 8 ἀφεντες την ἐντολην του θεου κρατειτε την παραδοσιν των ἀνθρωπων.

ἐντολη [67]

Mc 7 9 καλως ἀθετειτε την ἐντολην του θεου, ἱνα την παραδοσιν ὑμων στησητε.

10 5 προς την σκληροκαρδιαν ὑμων ἐγραψεν ὑμιν την ἐντολην ταυτην.

19 τας ἐντολας οἰδας· μη φονευσης, μη μοιχευσης, μη κλεψης, μη ψευδομαρτυρησης, μη ἀποστερησης, τιμα τον πατερα σου και την μητερα.

12 28 ποια ἐστιν ἐντολη πρωτη παντων;

31 μειζων τουτων ἀλλη ἐντολη οὐκ ἐστιν.

Lc 1 6 ἡσαν δε δικαιοι ἀμφοτεροι ἐναντιον του θεου, πορευομενοι ἐν πασαις ταις ἐντολαις και δικαιωμασιν του κυριου ἀμεμπτοι.

15 29 ἰδου τοσαυτα ἐτη δουλευω σοι και οὐδεποτε ἐντολην σου παρηλθον,

18 20 τας ἐντολας οἰδας· μη μοιχευσης, μη φονευσης, μη κλεψης, μη ψευδομαρτυρησης, τιμα τον πατερα σου και την μητερα.

23 56 και το μεν σαββατον ἡσυχασαν κατα την ἐντολην,

Jh 10 18 ταυτην την ἐντολην ἐλαβον παρα του πατρος μου.

11 57 δεδωκεισαν δε οἱ ἀρχιερεις και οἱ φαρισαιοι ἐντολας ἱνα ἐαν τις γνω που ἐστιν μηνυση, ὁπως πιασωσιν αὐτον.

12 49 ὁτι ἐγω ἐξ ἐμαυτου οὐκ ἐλαλησα, ἀλλ ὁ πεμψας με πατηρ αὐτος μοι ἐντολην δεδωκεν τί εἰπω και τί λαλησω.

50 και οἰδα ὁτι ἡ ἐντολη αὐτου ζωη αἰωνιος ἐστιν.

13 34 ἐντολην καινην διδωμι ὑμιν, ἱνα ἀγαπατε ἀλληλους,

14 15 ἐαν ἀγαπατε με, τας ἐντολας τας ἐμας τηρησετε.

21 ὁ ἐχων τας ἐντολας μου και τηρων αὐτας, ἐκεινος ἐστιν ὁ ἀγαπων με·

15 10 ἐαν τας ἐντολας μου τηρησητε, μενειτε ἐν τη ἀγαπη μου,

10 μενειτε ἐν τη ἀγαπη μου, καθως ἐγω τας ἐντολας του πατρος μου τετηρηκα και μενω αὐτου ἐν τη ἀγαπη.

12 αὑτη ἐστιν ἡ ἐντολη ἡ ἐμη, ἱνα ἀγαπατε ἀλληλους καθως ἠγαπησα ὑμας.

Ac 17 15 και λαβοντες ἐντολην προς τον σιλαν και τον τιμοθεον ἱνα ὡς ταχιστα ἐλθωσιν προς αὐτον ἐξησαν.

Rm 7 8 ἀφορμην δε λαβουσα ἡ ἁμαρτια δια της ἐντολης κατειργασατο ἐν ἐμοι πασαν ἐπιθυμιαν·

9 ἐλθουσης δε της ἐντολης ἡ ἁμαρτια ἀνεζησεν,

10 ἐγω δε ἀπεθανον, και εὑρεθη μοι ἡ ἐντολη ἡ εἰς ζωην,

11 ἡ γαρ ἁμαρτια ἀφορμην λαβουσα δια της ἐντολης ἐξηπατησεν με και δι αὐτης ἀπεκτεινεν.

12 ὡστε ὁ μεν νομος ἁγιος, και ἡ ἐντολη ἁγια και δικαια και ἀγαθη.

13 ἀλλα ἡ ἁμαρτια, ἱνα φανη ἁμαρτια, δια του ἀγαθου μοι κατεργαζομενη θανατον, ἱνα γενηται καθ ὑπερβολην ἁμαρτωλος ἡ ἁμαρτια δια της ἐντολης.

13 9 το γαρ οὐ μοιχευσεις, οὐ φονευσεις, οὐ κλεψεις, οὐκ ἐπιθυμησεις, και εἰ τις ἑτερα ἐντολη, ἐν τω λογω τουτω ἀνακεφαλαιουται, [ἐν τω]

1Co 7 19 και ἡ ἀκροβυστια οὐδεν ἐστιν, ἀλλα τηρησις ἐντολων θεου.

14 37 εἰ τις δοκει προφητης εἰναι ἡ πνευματικος, ἐπιγινωσκετω ἁ γραφω ὑμιν ὁτι κυριου ἐστιν ἐντολη·

Eph 2 15 ὁ ποιησας τα ἀμφοτερα ἑν και το μεσοτοιχον του φραγμου λυσας, την ἐχθραν, ἐν τη σαρκι αὐτου τον νομον των ἐντολων ἐν δογμασιν καταργησας,

6 2 τιμα τον πατερα σου και την μητερα, ἡτις ἐστιν ἐντολη πρωτη ἐν ἐπαγγελια,

Col 4 10 και μαρκος ὁ ἀνεψιος βαρναβα, περι οὑ ἐλαβετε ἐντολας,

1Tm 6 14 τηρησαι σε την ἐντολην ἀσπιλον ἀνεπιλημπτον μεχρι της ἐπιφανειας του κυριου ἡμων ἰησου χριστου,

Tit 1 14 ἱνα ὑγιαινωσιν ἐν τη πιστει, μη προσεχοντες ἰουδαικοις μυθοις και ἐντολαις ἀνθρωπων ἀποστρεφομενων την ἀληθειαν.

Heb 7 5 και οἱ μεν ἐκ των υἱων λευι την ἱερατειαν λαμβανοντες ἐντολην ἐχουσιν ἀποδεκατουν τον λαον κατα τον νομον,

16 εἰ κατα την ὁμοιοτητα μελχισεδεκ ἀνισταται ἱερευς ἑτερος, ὁς οὐ κατα νομον ἐντολης σαρκινης γεγονεν ἀλλα κατα δυναμιν ζωης ἀκαταλυτου.

18 ἀθετησις μεν γαρ γινεται προαγουσης ἐντολης δια το αὐτης ἀσθενες και ἀνωφελες,

9 19 λαληθεισης γαρ πασης ἐντολης κατα τον νομον ὑπο μωυσεως παντι τω λαω, λαβων το αἱμα των μοσχων

2Pt 2 21 κρειττον γαρ ἡν αὐτοις μη ἐπεγνωκεναι την ὁδον της δικαιοσυνης, ἡ ἐπιγνουσιν ὑποστρεψαι ἐκ της παραδοθεισης αὐτοις ἁγιας ἐντολης.

3 2 μνησθηναι των προειρημενων ῥηματων ὑπο των ἁγιων προφητων και της των ἀποστολων ὑμων ἐντολης του κυριου και σωτηρος,

1Jh 2 3 και ἐν τουτω γινωσκομεν ὁτι ἐγνωκαμεν αὐτον, ἐαν τας ἐντολας αὐτου τηρωμεν.

ἐντολη [67]

1Jh	2 4	ὁ λεγων ὅτι ἐγνωκα αὐτον, και τας ἐντολας αὐτου μη τηρων, ψευστης ἐστιν,
	7	ἀγαπητοι, οὐκ ἐντολην καινην γραφω ὑμιν,
	7	ἀγαπητοι, οὐκ ἐντολην καινην γραφω ὑμιν, ἀλλ ἐντολην παλαιαν ἡν εἰχετε ἀπ ἀρχης·
	7	ἡ ἐντολη ἡ παλαια ἐστιν ὁ λογος ὁν ἠκουσατε.
	8	παλιν ἐντολην καινην γραφω ὑμιν, ὁ ἐστιν ἀληθες ἐν αὐτω και ἐν ὑμιν,
	3 22	ὅτι τας ἐντολας αὐτου τηρουμεν και τα ἀρεστα ἐνωπιον αὐτου ποιουμεν.
	23	και αὑτη ἐστιν ἡ ἐντολη αὐτου, ἱνα πιστευσωμεν τω ὀνοματι του υἱου αὐτου ἰησου χριστου
	23	ἱνα πιστευσωμεν τω ὀνοματι του υἱου αὐτου ἰησου χριστου και ἀγαπωμεν ἀλληλους καθως ἐδωκεν ἐντολην ἡμιν.
	24	και ὁ τηρων τας ἐντολας αὐτου ἐν αὐτω μενει και αὐτος ἐν αὐτω·
	4 21	και ταυτην την ἐντολην ἐχομεν ἀπ αὐτου, ἱνα ὁ ἀγαπων τον θεον ἀγαπα και τον ἀδελφον αὐτου.
	5 2	ὁταν τον θεον ἀγαπωμεν και τας ἐντολας αὐτου ποιωμεν.
	3	αὑτη γαρ ἐστιν ἡ ἀγαπη του θεου, ἱνα τας ἐντολας αὐτου τηρωμεν·
	3	και αἱ ἐντολαι αὐτου βαρειαι οὐκ εἰσιν.
2Jh	4	ἐχαρην λιαν ὁτι εὑρηκα ἐκ των τεκνων σου περιπατουντας ἐν ἀληθεια, καθως ἐντολην ἐλαβομεν παρα του πατρος.
	5	και νυν ἐρωτω σε, κυρια, οὐχ ὡς ἐντολην καινην γραφων σοι, ἀλλα ἡν εἰχομεν ἀπ ἀρχης, ἱνα ἀγαπωμεν ἀλληλους.
	6	και αὑτη ἐστιν ἡ ἀγαπη, ἱνα περιπατωμεν κατα τας ἐντολας αὐτου·
	6	αὑτη ἡ ἐντολη ἐστιν, καθως ἠκουσατε ἀπ ἀρχης, ἱνα ἐν αὐτη περιπατητε.
Apc	12 17	και ἀπηλθεν ποιησαι πολεμον μετα των λοιπων του σπερματος αὐτης, των τηρουντων τας ἐντολας του θεου και ἐχοντων την μαρτυριαν ἰησου·
	14 12	ὡδε ἡ ὑπομονη των ἁγιων ἐστιν, οἱ τηρουντες τας ἐντολας του θεου και την πιστιν ἰησου.

ἐντοπιος [1]

Ac	21 12	ὡς δε ἠκουσαμεν ταυτα, παρεκαλουμεν ἡμεις τε και οἱ ἐντοπιοι του μη ἀναβαινειν αὐτον εἰς ἰερουσαλημ.

ἐντος [2]

Mt	23 26	φαρισαιε τυφλε, καθαρισον πρωτον το ἐντος του ποτηριου ἱνα γενηται και το ἐκτος αὐτου καθαρον.
Lc	17 21	ἰδου ὡδε ἡ· ἐκει· ἰδου γαρ ἡ βασιλεια του θεου ἐντος ὑμων ἐστιν.

ἐντρεπω [9]

Mt	21 37	ἐντραπησονται τον υἱον μου.
Mc	12 6	ἀπεστειλεν αὐτον ἐσχατον προς αὐτους λεγων ὁτι ἐντραπησονται τον υἱον μου.
Lc	18 2	κριτης τις ἡν ἐν τινι πολει τον θεον μη φοβουμενος και ἀνθρωπον μη ἐντρεπομενος.
	4	εἰ και τον θεον οὐ φοβουμαι οὐδε ἀνθρωπον ἐντρεπομαι, δια γε το παρεχειν μοι κοπον την χηραν ταυτην ἐκδικησω αὐτην,
	20 13	πεμψω τον υἱον μου τον ἀγαπητον· ἰσως τουτον ἐντραπησονται.
1Co	4 14	οὐκ ἐντρεπων ὑμας γραφω ταυτα, ἀλλ ὡς τεκνα μου ἀγαπητα νουθετω[ν].
2Th	3 14	τουτον σημειουσθε, μη συναναμιγνυσθαι αὐτω, ἱνα ἐντραπη·
Tit	2 8	ἱνα ὁ ἐξ ἐναντιας ἐντραπη μηδεν ἐχων λεγειν περι ἡμων φαυλον.
Heb	12 9	εἰτα τους μεν της σαρκος ἡμων πατερας εἰχομεν παιδευτας και ἐνετρεπομεθα·

ἐντρεφομαι [1]

1Tm	4 6	ἐση διακονος χριστου ἰησου, ἐντρεφομενος τοις λογοις της πιστεως και της καλης διδασκαλιας ἡ παρηκολουθηκας·

ἐντρομος [3]

Ac	7 32	ἐντρομος δε γενομενος μωυσης οὐκ ἐτολμα κατανοησαι.
	16 29	αἰτησας δε φωτα εἰσεπηδησεν, και ἐντρομος γενομενος προσεπεσεν τω παυλω και [τω] σιλα,
Heb	12 21	ἐκφοβος εἰμι και ἐντρομος·

ἐντροπη [2]

1Co	6 5	προς ἐντροπην ὑμιν λεγω.
	15 34	ἀγνωσιαν γαρ θεου τινες ἐχουσιν· προς ἐντροπην ὑμιν λαλω.

ἐντρυφαω [1]

2Pt	2 13	σπιλοι και μωμοι ἐντρυφωντες ἐν ταις ἀπαταις αὐτων συνευωχουμενοι ὑμιν,

ἐντυγχανω [5]

Ac	25 24	θεωρειτε τουτον περι οὑ ἁπαν το πληθος των ἰουδαιων ἐνετυχον μοι ἐν τε ἱεροσολυμοις και ἐνθαδε,
Rm	8 27	ὁ δε ἐραυνων τας καρδιας οἰδεν τι το φρονημα του πνευματος, ὁτι κατα θεον ἐντυγχανει ὑπερ ἁγιων.
	34	ὁς και ἐστιν ἐν δεξια του θεου, ὁς και ἐντυγχανει ὑπερ ἡμων.
	11 2	ἡ οὐκ οἰδατε ἐν ἠλια τι λεγει ἡ γραφη, ὡς ἐντυγχανει τω θεω κατα του ἰσραηλ;
Heb	7 25	ὁθεν και σωζειν εἰς το παντελες δυναται τους προσερχομενους δι αὐτου τω θεω, παντοτε ζων εἰς το ἐντυγχανειν ὑπερ αὐτων.

ἐντυλισσω [3]

Mt	27 59	και λαβων το σωμα ὁ ἰωσηφ ἐνετυλιξεν αὐτο [ἐν] σινδονι καθαρα,
Lc	23 53	και καθελων ἐνετυλιξεν αὐτο σινδονι,
Jh	20 7	και θεωρει τα ὀθονια κειμενα, και το σουδαριον, ὁ ἡν ἐπι της κεφαλης αὐτου, οὐ μετα των ὀθονιων κειμενον ἀλλα χωρις ἐντετυλιγμενον εἰς ἑνα τοπον.

ἐντυπow [1]

2Co	3 7	εἰ δε ἡ διακονια του θανατου ἐν γραμμασιν ἐντετυπωμενη λιθοις ἐγενηθη ἐν δοξη, ὡστε μη δυνασθαι ἀτενισαι τους υἱους ἰσραηλ εἰς το προσωπον μωυσεως

ἐνυβριζω [1]

Heb	10 29	και το αἱμα της διαθηκης κοινον ἡγησαμενος, ἐν ὡ ἡγιασθη, και το πνευμα της χαριτος ἐνυβρισας;

ἐνυπνιαζομαι [2]

Ac	2 17	και οἱ πρεσβυτεροι ὑμων ἐνυπνιοις ἐνυπνιασθησονται·
Ju	8	ὁμοιως μεντοι και οὑτοι ἐνυπνιαζομενοι σαρκα μεν μιαινουσιν, κυριοτητα δε ἀθετουσιν, δοξας δε βλασφημουσιν.

ἐνυπνιον [1]

Ac	2 17	και οἱ πρεσβυτεροι ὑμων ἐνυπνιοις ἐνυπνιασθησονται·

ἐνωπιον [94]

Lc	1 15	ἐσται γαρ μεγας ἐνωπιον [του] κυριου,
	17	και αὐτος προελευσεται ἐνωπιον αὐτου ἐν πνευματι και δυναμει ἡλιου,
	19	ἐγω εἰμι γαβριηλ ὁ παρεστηκως ἐνωπιον του θεου,
	75	ὁρκον ὁν ὡμοσεν προς ἀβρααμ τον πατερα ἡμων, του δουναι ἡμιν ἀφοβως ἐκ χειρος ἐχθρων ρυσθεντας λατρευειν αὐτω ἐν ὁσιοτητι και δικαιοσυνη ἐνωπιον αὐτου πασαις ταις ἡμεραις ἡμων.
	76	και συ δε, παιδιον, προφητης ὑψιστου κληθηση· προπορευση γαρ ἐνωπιον κυριου ἑτοιμασαι ὁδους αὐτου,
	4 7	συ οὑν ἐαν προσκυνησης ἐνωπιον ἐμου, ἐσται σου πασα.
	5 18	και ἰδου ἀνδρες φεροντες ἐπι κλινης ἀνθρωπον ὁς ἡν παραλελυμενος, και ἐζητουν αὐτον εἰσενεγκειν και θειναι [αὐτον] ἐνωπιον αὐτου.
	25	και παραχρημα ἀναστας ἐνωπιον αὐτων, ἀρας ἐφ ὁ κατεκειτο, ἀπηλθεν εἰς τον οἰκον αὐτου δοξαζων τον θεον.
	8 47	ἰδουσα δε ἡ γυνη ὁτι οὐκ ἐλαθεν, τρεμουσα ἠλθεν και προσπεσουσα αὐτω δι ἡν αἰτιαν ἡψατο αὐτου ἀπηγγειλεν ἐνωπιον παντος του λαου, και ὡς ἰαθη παραχρημα.
	12 6	και ἐν ἐξ αὐτων οὐκ ἐστιν ἐπιλελησμενον ἐνωπιον του θεου.
	9	ὁ δε ἀρνησαμενος με ἐνωπιον των ἀνθρωπων ἀπαρνηθησεται ἐνωπιον των ἀγγελων του θεου.
	9	ὁ δε ἀρνησαμενος με ἐνωπιον των ἀνθρωπων ἀπαρνηθησεται ἐνωπιον των ἀγγελων του θεου.
	13 26	ἐφαγομεν ἐνωπιον σου και ἐπιομεν, και ἐν ταις πλατειαις ἡμων ἐδιδαξας·

ἐνώπιον [94]

Lc	14 10	τοτε ἐσται σοι δοξα *ἐνώπιον* παντων των συνανακειμενων σοι.
	15 10	ουτως, λεγω υμιν, γινεται χαρα *ἐνώπιον* των ἀγγελων του ϑεου ἐπι ἑνι ἁμαρτωλω μετανοουντι.
	18	πατερ, ἡμαρτον εἰς τον οὐρανον και *ἐνώπιον* σου, οὐκετι εἰμι ἀξιος κληϑηναι υἱος σου·
	21	πατερ, ἡμαρτον εἰς τον οὐρανον και *ἐνώπιον* σου, οὐκετι εἰμι ἀξιος κληϑηναι υἱος σου.
	16 15	ὑμεις ἐστε οἱ δικαιουντες ἑαυτους *ἐνώπιον* των ἀνϑρωπων, ὁ δε ϑεος γινωσκει τας καρδιας ὑμων·
	15	ὁ δε ϑεος γινωσκει τας καρδιας ὑμων· ὁτι το ἐν ἀνϑρωποις ὑψηλον βδελυγμα *ἐνώπιον* του ϑεου.
	23 14	και ἰδου ἐγω *ἐνώπιον* ὑμων ἀνακρινας οὐϑεν εὑρον ἐν τω ἀνϑρωπω τουτω αἰτιον ὡν κατηγορειτε κατ αὐτου.
	24 11	και ἐφανησαν *ἐνώπιον* αὐτων ὡσει ληρος τα ρηματα ταυτα, και ἠπιστουν αὐταις.
	43	και λαβων *ἐνώπιον* αὐτων ἐφαγεν.
Jh	20 30	πολλα μεν οὖν και ἀλλα σημεια ἐποιησεν ὁ ἰησους *ἐνώπιον* των μαϑητων [αὐτου],
Ac	2 25	προορωμην τον κυριον *ἐνώπιον* μου δια παντος,
	4 10	γνωστον ἐστω πασιν ὑμιν και παντι τω λαω ἰσραηλ, ὁτι ἐν τω ὀνοματι ἰησου χριστου του ναζωραιου, ὁν ὑμεις ἐσταυρωσατε, ὁν ὁ ϑεος ἠγειρεν ἐκ νεκρων, ἐν τουτω οὑτος παρεστηκεν *ἐνώπιον* ὑμων ὑγιης.
	19	εἰ δικαιον ἐστιν *ἐνώπιον* του ϑεου, ὑμων ἀκουειν μαλλον ἠ του ϑεου, κρινατε·
	6 5	και ἠρεσεν ὁ λογος *ἐνώπιον* παντος του πληϑους,
	6	και φιλιππον και προχορον και νικανορα και τιμωνα και παρμεναν και νικολαον προσηλυτον ἀντιοχεα, οὑς ἐστησαν *ἐνώπιον* των ἀποστολων,
	7 46	ὁς εὑρεν χαριν *ἐνώπιον* του ϑεου και ἠτησατο εὑρειν σκηνωμα τω οἰκω ἰακωβ.
	9 15	πορευου, ὁτι σκευος ἐκλογης ἐστιν μοι οὑτος του βαστασαι το ὀνομα μου *ἐνώπιον* ἐϑνων τε και βασιλεων υἱων τε ἰσραηλ·
	10 30	και ἰδου ἀνηρ ἐστη *ἐνώπιον* μου ἐν ἐσϑητι λαμπρα, και φησιν·
	31	κορνηλιε, εἰσηκουσϑη σου ἡ προσευχη και αἱ ἐλεημοσυναι σου ἐμνησϑησαν *ἐνώπιον* του ϑεου.
	33	νυν οὖν παντες ἡμεις *ἐνώπιον* του ϑεου παρεσμεν ἀκουσαι παντα τα προστεταγμενα σοι ὑπο του κυριου.
	19 9	ὡς δε τινες ἐσκληρυνοντο και ἠπειϑουν κακολογουντες την ὁδον *ἐνώπιον* του πληϑους, ἀποστας ἀπ αὐτων ἀφωρισεν τους μαϑητας
	19	ἱκανοι δε των τα περιεργα πραξαντων συνενεγκαντες τας βιβλους κατεκαιον *ἐνώπιον* παντων·
	27 35	εἰπας δε ταυτα και λαβων ἀρτον εὐχαριστησεν τω ϑεω *ἐνώπιον* παντων και κλασας ἠρξατο ἐσϑιειν.
Rm	3 20	διοτι ἐξ ἐργων νομου οὐ δικαιωϑησεται πασα σαρξ *ἐνώπιον* αὐτου·
	12 17	προνοουμενοι καλα *ἐνώπιον* παντων ἀνϑρωπων·
	14 22	συ πιστιν [ἡν] ἐχεις κατα σεαυτον ἐχε *ἐνώπιον* του ϑεου.
1Co	1 29	και τα ἀγενη του κοσμου και τα ἐξουϑενημενα ἐξελεξατο ὁ ϑεος, τα μη ὀντα, ἰνα τα ὀντα καταργηση, ὁπως μη καυχησηται πασα σαρξ *ἐνώπιον* του ϑεου.
2Co	4 2	ἀλλα τη φανερωσει της ἀληϑειας συνιστανοντες ἑαυτους προς πασαν συνειδησιν ἀνϑρωπων *ἐνώπιον* του ϑεου.
	7 12	οὐχ ἑνεκεν του ἀδικησαντος οὐδε ἑνεκεν του ἀδικηϑεντος, ἀλλ ἑνεκεν του φανερωϑηναι την σπουδην ὑμων την ὑπερ ἡμων προς ὑμας *ἐνώπιον* του ϑεου.
	8 21	προνοουμεν γαρ καλα οὐ μονον *ἐνώπιον* κυριου ἀλλα και *ἐνώπιον* ἀνϑρωπων.
	21	προνοουμεν γαρ καλα οὐ μονον *ἐνώπιον* κυριου ἀλλα και *ἐνώπιον* ἀνϑρωπων.
Ga	1 20	ἁ δε γραφω ὑμιν, ἰδου *ἐνώπιον* του ϑεου ὁτι οὐ ψευδομαι.
1Tm	2 3	τουτο καλον και ἀποδεκτον *ἐνώπιον* του σωτηρος ἡμων ϑεου,
	5 4	τουτο γαρ ἐστιν ἀποδεκτον *ἐνώπιον* του ϑεου.
	20	τους ἁμαρτανοντας *ἐνώπιον* παντων ἐλεγχε,
	21	διαμαρτυρομαι *ἐνώπιον* του ϑεου και χριστου ἰησου και των ἐκλεκτων ἀγγελων ἰνα ταυτα φυλαξης χωρις προκριματος,
	6 12	ἐπιλαβου της αἰωνιου ζωης, εἰς ἡν ἐκληϑης και ὡμολογησας την καλην ὁμολογιαν *ἐνώπιον* πολλων μαρτυρων.
	13	παραγγελλω [σοι] *ἐνώπιον* του ϑεου του ζωογονουντος τα παντα και χριστου ἰησου του μαρτυρησαντος ἐπι ποντιου πιλατου την καλην ὁμολογιαν,
2Tm	2 14	ταυτα ὑπομιμνησκε, διαμαρτυρομενος *ἐνώπιον* του ϑεου μη λογομαχειν,
	4 1	διαμαρτυρομαι *ἐνώπιον* του ϑεου και χριστου ἰησου,
Heb	4 13	και οὐκ ἐστιν κτισις ἀφανης *ἐνώπιον* αὐτου,

ἐνώπιον [94]

Heb	13 21	ποιων ἐν ἡμιν το εὐαρεστον *ἐνώπιον* αὐτου δια ἰησου χριστου,
Ja	4 10	ταπεινωϑητε *ἐνώπιον* κυριου, και ὑψωσει ὑμας.
1Pt	3 4	ὁ ἐστιν *ἐνώπιον* του ϑεου πολυτελες.
1Jh	3 22	ὁτι τας ἐντολας αὐτου τηρουμεν και τα ἀρεστα *ἐνώπιον* αὐτου ποιουμεν.
3Jh	6	πιστον ποιεις ὁ ἐαν ἐργαση εἰς τους ἀδελφους και τουτο ξενους, οἱ ἐμαρτυρησαν σου τη ἀγαπη *ἐνώπιον* ἐκκλησιας,
Apc	1 4	και ἀπο των ἑπτα πνευματων ἁ *ἐνώπιον* του ϑρονου αὐτου,
	2 14	ὁτι ἐχεις ἐκει κρατουντας την διδαχην βαλααμ, ὁς ἐδιδασκεν τω βαλακ βαλειν σκανδαλον *ἐνώπιον* των υἱων ἰσραηλ,
	3 2	οὐ γαρ εὑρηκα σου τα ἐργα πεπληρωμενα *ἐνώπιον* του ϑεου μου.
	5	και ὁμολογησω το ὀνομα αὐτου *ἐνώπιον* του πατρος μου και *ἐνώπιον* των ἀγγελων αὐτου.
	5	και ὁμολογησω το ὀνομα αὐτου *ἐνώπιον* του πατρος μου και *ἐνώπιον* των ἀγγελων αὐτου.
	8	ἰδου δεδωκα *ἐνώπιον* σου ϑυραν ἠνεωγμενην,
	9	ἰδου ποιησω αὐτους ἰνα ἡξουσιν και προσκυνησουσιν *ἐνώπιον* των ποδων σου,
	4 5	και ἑπτα λαμπαδες πυρος καιομεναι *ἐνώπιον* του ϑρονου,
	6	και *ἐνώπιον* του ϑρονου ὡς ϑαλασσα ὑαλινη ὁμοια κρυσταλλω·
	10	πεσουνται οἱ εἰκοσιτεσσαρες πρεσβυτεροι *ἐνώπιον* του καϑημενου ἐπι του ϑρονου,
	10	και βαλουσιν τους στεφανους αὐτων *ἐνώπιον* του ϑρονου, λεγοντες·
	5 8	και ὁτε ἐλαβεν το βιβλιον, τα τεσσαρα ζωα και οἱ εἰκοσιτεσσαρες πρεσβυτεροι ἐπεσαν *ἐνώπιον* του ἀρνιου,
	7 9	ἑστωτες *ἐνώπιον* του ϑρονου και *ἐνώπιον* του ἀρνιου,
	9	ἑστωτες *ἐνώπιον* του ϑρονου και *ἐνώπιον* του ἀρνιου,
	11	και ἐπεσαν *ἐνώπιον* του ϑρονου ἐπι τα προσωπα αὐτων και προσεκυνησαν τω ϑεω, λεγοντες·
	15	δια τουτο εἰσιν *ἐνώπιον* του ϑρονου του ϑεου,
	8 2	και εἰδον τους ἑπτα ἀγγελους οἱ *ἐνώπιον* του ϑεου ἑστηκασιν,
	3	και ἐδοϑη αὐτω ϑυμιαματα πολλα, ἰνα δωσει ταις προσευχαις των ἁγιων παντων ἐπι το ϑυσιαστηριον το χρυσουν το *ἐνώπιον* του ϑρονου.
	4	και ἀνεβη ὁ καπνος των ϑυμιαματων ταις προσευχαις των ἁγιων ἐκ χειρος του ἀγγελου *ἐνώπιον* του ϑεου.
	9 13	και ἠκουσα φωνην μιαν ἐκ των [τεσσαρων] κερατων του ϑυσιαστηριου του χρυσου του *ἐνώπιον* του ϑεου,
	11 4	οὑτοι εἰσιν αἱ δυο ἐλαιαι και αἱ δυο λυχνιαι αἱ *ἐνώπιον* του κυριου της γης ἑστωτες.
	16	και οἱ εἰκοσιτεσσαρες πρεσβυτεροι, [οἱ] *ἐνώπιον* του ϑεου καϑημενοι ἐπι τους ϑρονους αὐτων, ἐπεσαν ἐπι τα προσωπα αὐτων
	12 4	και ὁ δρακων ἐστηκεν *ἐνώπιον* της γυναικος της μελλουσης τεκειν,
	10	ὁτι ἐβληϑη ὁ κατηγωρ των ἀδελφων ἡμων, ὁ κατηγορων αὐτους *ἐνώπιον* του ϑεου ἡμων ἡμερας και νυκτος.
	13 12	και την ἐξουσιαν του πρωτου ϑηριου πασαν ποιει *ἐνώπιον* αὐτου.
	13	και ποιει σημεια μεγαλα, ἰνα και πυρ ποιη ἐκ του οὐρανου καταβαινειν εἰς την γην *ἐνώπιον* των ἀνϑρωπων.
	14	και πλανα τους κατοικουντας ἐπι της γης δια τα σημεια ἁ ἐδοϑη αὐτω ποιησαι *ἐνώπιον* του ϑηριου,
	14 3	και ἀδουσιν [ὡς] ὡδην καινην *ἐνώπιον* του ϑρονου και *ἐνώπιον* των τεσσαρων ζωων και των πρεσβυτερων·
	3	και ἀδουσιν [ὡς] ὡδην καινην *ἐνώπιον* του ϑρονου και *ἐνώπιον* των τεσσαρων ζωων και των πρεσβυτερων·
	10	και βασανισϑησεται ἐν πυρι και ϑειω *ἐνώπιον* ἀγγελων ἁγιων και *ἐνώπιον* του ἀρνιου.
	10	και βασανισϑησεται ἐν πυρι και ϑειω *ἐνώπιον* ἀγγελων ἁγιων και *ἐνώπιον* του ἀρνιου.
	15 4	ὁτι παντα τα ἐϑνη ἡξουσιν και προσκυνησουσιν *ἐνώπιον* σου,
	16 19	και βαβυλων ἡ μεγαλη ἐμνησϑη *ἐνώπιον* του ϑεου δουναι αὐτη το ποτηριον του οἰνου του ϑυμου της ὀργης αὐτου.
	19 20	και ἐπιασϑη το ϑηριον και μετ αὐτου ὁ ψευδοπροφητης ὁ ποιησας τα σημεια *ἐνώπιον* αὐτου,
	20 12	και εἰδον τους νεκρους, τους μεγαλους και τους μικρους, ἑστωτας *ἐνώπιον* του ϑρονου,

ἐνως [1]

Lc	3 38	του *ἐνως* του σηϑ του ἀδαμ του ϑεου.

ἐνωτιζομαι [1]

Ac   2 14   τουτο ὑμιν γνωστον ἐστω, και ἐνωτισασθε τα ῥηματα μου.

ἐνωχ [3]

Lc   3 37   του μαθουσαλα του ἐνωχ του ἰαρετ του μαλελεηλ του καιναμ
Heb   11 5   πιστει ἐνωχ μετετεθη του μη ἰδειν θανατον,
Ju   14   προεφητευσεν δε και τουτοις ἑβδομος ἀπο ἀδαμ ἐνωχ λεγων·

ἑξ [10]

Mt   17 1   και μεθ ἡμερας ἑξ παραλαμβανει ὁ ἰησους τον πετρον και ἰακωβον και ἰωαννην τον ἀδελφον αὐτου,
Mc   9 2   και μετα ἡμερας ἑξ παραλαμβανει ὁ ἰησους τον πετρον και τον ἰακωβον και τον ἰωαννην,
Lc   4 25   πολλαι χηραι ἦσαν ἐν ταις ἡμεραις ἡλιου ἐν τω ἰσραηλ, ὁτε ἐκλεισθη ὁ οὐρανος ἐπι ἐτη τρια και μηνας ἑξ
  13 14   ἐλεγεν τω ὀχλω ὁτι ἑξ ἡμεραι εἰσιν ἐν αἱς δει ἐργαζεσθαι·
Jh   2 6   ἦσαν δε ἐκει λιθιναι ὑδριαι ἑξ κατα τον καθαρισμον των ἰουδαιων κειμεναι,
  12 1   ὁ οὖν ἰησους προ ἑξ ἡμερων του πασχα ἦλθεν εἰς βηθανιαν,
Ac   11 12   ἦλθον δε συν ἐμοι και οἱ ἑξ ἀδελφοι οὑτοι,
  18 11   ἐκαθισεν δε ἐνιαυτον και μηνας ἑξ διδασκων ἐν αὐτοις τον λογον του θεου.
Ja   5 17   και οὐκ ἐβρεξεν ἐπι της γης ἐνιαυτους τρεις και μηνας ἑξ·
Apc   4 8   και τα τεσσαρα ζωα, ἑν καθ ἑν αὐτων ἐχων ἀνα πτερυγας ἑξ, κυκλοθεν και ἐσωθεν γεμουσιν ὀφθαλμων·

ἐξαγγελλω [2]

Mc   16 8*   παντα δε τα παρηγγελμενα τοις περι τον πετρον συντομως ἐξηγγειλαν.
1Pt   2 9   ὁπως τας ἀρετας ἐξαγγειλητε του ἐκ σκοτους ὑμας καλεσαντος εἰς το θαυμαστον αὐτου φως·

ἐξαγοραζω [4]

Ga   3 13   χριστος ἡμας ἐξηγορασεν ἐκ της καταρας του νομου γενομενος ὑπερ ἡμων καταρα,
  4 5   γενομενον ἐκ γυναικος, γενομενον ὑπο νομον, ἰνα τους ὑπο νομον ἐξαγοραση,
Eph   5 16   ἐξαγοραζομενοι τον καιρον, ὁτι αἱ ἡμεραι πονηραι εἰσιν.
Col   4 5   ἐν σοφια περιπατειτε προς τους ἐξω, τον καιρον ἐξαγοραζομενοι.

ἐξαγω [12]

Mc   15 20   και ἐξαγουσιν αὐτον ἱνα σταυρωσωσιν αὐτον.
Lc   24 50   ἐξηγαγεν δε αὐτους [ἐξω] ἑως προς βηθανιαν,
Jh   10 3   και τα προβατα της φωνης αὐτου ἀκουει, και τα ἰδια προβατα φωνει κατ ὀνομα και ἐξαγει αὐτα.
Ac   5 19   ἀγγελος δε κυριου δια νυκτος ἀνοιξας τας θυρας της φυλακης ἐξαγαγων τε αὐτους εἰπεν·
  7 36   οὑτος ἐξηγαγεν αὐτους ποιησας τερατα και σημεια ἐν γη αἰγυπτω και ἐν ἐρυθρα θαλασση και ἐν τη ἐρημω ἐτη τεσσερακοντα.
  40   ὁ γαρ μωυσης οὑτος, ὁς ἐξηγαγεν ἡμας ἐκ γης αἰγυπτου, οὐκ οἰδαμεν τι ἐγενετο αὐτω.
  12 17   κατασεισας δε τη χειρι σιγαν διηγησατο [αὐτοις] πως ὁ κυριος αὐτον ἐξηγαγεν ἐκ της φυλακης,
  13 17   και τον λαον ὑψωσεν ἐν τη παροικια ἐν γη αἰγυπτου, και μετα βραχιονος ὑψηλου ἐξηγαγεν αὐτους ἐξ αὐτης,
  16 37   και νυν λαθρα ἡμας ἐκβαλλουσιν; οὐ γαρ, ἀλλα ἐλθοντες αὐτοι ἡμας ἐξαγαγετωσαν.
  39   και ἐλθοντες παρεκαλεσαν αὐτους, και ἐξαγαγοντες ἠρωτων ἀπελθειν ἀπο της πολεως.
  21 38   οὐκ ἀρα συ εἰ ὁ αἰγυπτιος ὁ προ τουτων των ἡμερων ἀναστατωσας και ἐξαγαγων εἰς την ἐρημον τους τετρακισχιλιους ἀνδρας των σικαριων;
Heb   8 9   οὐ κατα την διαθηκην ἡν ἐποιησα τοις πατρασιν αὐτων ἐν ἡμερα ἐπιλαβομενου μου της χειρος αὐτων ἐξαγαγειν αὐτους ἐκ γης αἰγυπτου,

ἐξαιρεω [8]

Mt   5 29   ἐξελε αὐτον και βαλε ἀπο σου·
  18 9   και εἰ ὁ ὀφθαλμος σου σκανδαλιζει σε, ἐξελε αὐτον και βαλε ἀπο σου·
Ac   7 10   και ἠν ὁ θεος μετ αὐτου, και ἐξειλατο αὐτον ἐκ πασων των θλιψεων αὐτου,

ἐξαιρεω [8]

Ac   7 34   ἰδων εἰδον την κακωσιν του λαου μου του ἐν αἰγυπτω, και του στεναγμου αὐτων ἠκουσα, και κατεβην ἐξελεσθαι αὐτους·
  12 11   νυν οἰδα ἀληθως ὁτι ἐξαπεστειλεν [ὁ] κυριος τον ἀγγελον αὐτου και ἐξειλατο με ἐκ χειρος ἡρωδου και πασης της προσδοκιας του λαου των ἰουδαιων.
  23 27   τον ἀνδρα τουτον συλλημφθεντα ὑπο των ἰουδαιων και μελλοντα ἀναιρεισθαι ὑπ αὐτων ἐπιστας συν τω στρατευματι ἐξειλαμην,
  26 17   ἐξαιρουμενος σε ἐκ του λαου και ἐκ των ἐθνων, εἰς οὑς ἐγω ἀποστελλω σε,
Ga   1 4   του δοντος ἑαυτον ὑπερ των ἁμαρτιων ἡμων, ὁπως ἐξεληται ἡμας ἐκ του αἰωνος του ἐνεστωτος πονηρου κατα το θελημα του θεου

ἐξαιρω [1]

1Co   5 13   ἐξαρατε τον πονηρον ἐξ ὑμων αὐτων.

ἐξαιτεομαι [1]

Lc   22 31   σιμων σιμων, ἰδου ὁ σατανας ἐξητησατο ὑμας του σινιασαι ὡς τον σιτον·

ἐξαιφνης [5]

Mc   13 36   μη ἐλθων ἐξαιφνης εὑρη ὑμας καθευδοντας.
Lc   2 13   και ἐξαιφνης ἐγενετο συν τω ἀγγελω πληθος στρατιας οὐρανιου αἰνουντων τον θεον και λεγοντων·
  9 39   και ἰδου πνευμα λαμβανει αὐτον, και ἐξαιφνης κραζει και σπαρασσει αὐτον μετα ἀφρου,
Ac   9 3   ἐν δε τω πορευεσθαι ἐγενετο αὐτον ἐγγιζειν τη δαμασκω, ἐξαιφνης τε αὐτον περιηστραψεν φως ἐκ του οὐρανου,
  22 6   ἐγενετο δε μοι πορευομενω και ἐγγιζοντι τη δαμασκω περι μεσημβριαν ἐξαιφνης ἐκ του οὐρανου περιαστραψαι φως ἱκανον περι ἐμε,

ἐξακολουθεω [3]

2Pt   1 16   οὐ γαρ σεσοφισμενοις μυθοις ἐξακολουθησαντες ἐγνωρισαμεν ὑμιν την του κυριου ἡμων ἰησου χριστου δυναμιν και παρουσιαν,
  2 2   και πολλοι ἐξακολουθησουσιν αὐτων ταις ἀσελγειαις,
  15   καταλειποντες εὐθειαν ὁδον ἐπλανηθησαν, ἐξακολουθησαντες τη ὁδω του βαλααμ του βοσορ,

ἐξακοσιοιεξηκονταεξ [1]

Apc   13 18   και ὁ ἀριθμος αὐτου ἐξακοσιοιεξηκονταεξ.

ἐξαλειφω [5]

Ac   3 19   μετανοησατε οὖν και ἐπιστρεψατε εἰς το ἐξαλειφθηναι ὑμων τας ἁμαρτιας,
Col   2 14   ἐξαλειψας το καθ ἡμων χειρογραφον τοις δογμασιν ὁ ἠν ὑπεναντιον ἡμιν,
Apc   3 5   και οὐ μη ἐξαλειψω το ὀνομα αὐτου ἐκ της βιβλου της ζωης,
  7 17   και ἐξαλειψει ὁ θεος παν δακρυον ἐκ των ὀφθαλμων αὐτων.
  21 4   και ἐξαλειψει παν δακρυον ἐκ των ὀφθαλμων αὐτων,

ἐξαλλομαι [1]

Ac   3 8   και ἐξαλλομενος ἐστη, και περιεπατει, και εἰσηλθεν συν αὐτοις εἰς το ἰερον περιπατων και ἀλλομενος και αἰνων τον θεον.

ἐξαναστασις [1]

Php   3 11   συμμορφιζομενος τω θανατω αὐτου, εἰ πως καταντησω εἰς την ἐξαναστασιν την ἐκ νεκρων.

ἐξανατελλω [2]

Mt   13 5   και εὐθεως ἐξανετειλεν δια το μη ἐχειν βαθος γης·
Mc   4 5   και εὐθυς ἐξανετειλεν δια το μη ἐχειν βαθος γης·

ἐξανιστημι [3]

Mc	12 19	διδασκαλε, μωυσης ἐγραψεν ἡμιν ὁτι ἐαν τινος ἀδελφος ἀποθανη και καταλιπη γυναικα και μη ἀφη τεκνον, ἱνα λαβη ὁ ἀδελφος αὐτου την γυναικα και ἐξαναστηση σπερμα τω ἀδελφω αὐτου.
Lc	20 28	ἐαν τινος ἀδελφος ἀποθανη ἐχων γυναικα, και οὑτος ἀτεκνος ᾑ, ἱνα λαβη ὁ ἀδελφος αὐτου την γυναικα και ἐξαναστηση σπερμα τω ἀδελφω αὐτου.
Ac	15 5	ἐξανεστησαν δε τινες των ἀπο της αἱρεσεως των φαρισαιων πεπιστευκοτες,

ἐξαπαταω [6]

Rm	7 11	ἡ γαρ ἁμαρτια ἀφορμην λαβουσα δια της ἐντολης ἐξηπατησεν με και δι αὐτης ἀπεκτεινεν.
	16 18	και δια της χρηστολογιας και εὐλογιας ἐξαπατωσιν τας καρδιας των ἀκακων.
1Co	3 18	μηδεις ἑαυτον ἐξαπατατω·
2Co	11 3	φοβουμαι δε μη πως, ὡς ὁ ὀφις ἐξηπατησεν εὑαν ἐν τη πανουργια αὐτου, φθαρη τα νοηματα ὑμων ἀπο της ἁπλοτητος [και της ἁγνοτητος] της εἰς τον χριστον.
2Th	2 3	μη τις ὑμας ἐξαπατηση κατα μηδενα τροπον·
1Tm	2 14	ἡ δε γυνη ἐξαπατηθεισα ἐν παραβασει γεγονεν·

ἐξαπινα [1]

Mc	9 8	και ἐξαπινα περιβλεψαμενοι οὐκετι οὐδενα εἰδον ἀλλα τον ἰησουν μονον μεθ ἑαυτων.

ἐξαπορεομαι [2]

2Co	1 8	ὁτι καθ ὑπερβολην ὑπερ δυναμιν ἐβαρηθημεν, ὡστε ἐξαπορηθηναι ἡμας και του ζην·
	4 8	ἀπορουμενοι ἀλλ οὐκ ἐξαπορουμενοι, διωκομενοι ἀλλ οὐκ ἐγκαταλειπομενοι,

ἐξαποστελλω [13]

Mc	16 8*	μετα δε ταυτα και αὐτος ὁ ἰησους ἀπο ἀνατολης και ἀχρι δυσεως ἐξαπεστειλεν δι αὐτων το ἱερον και ἀφθαρτον κηρυγμα της αἰωνιου σωτηριας ἀμην.
Lc	1 53	πεινωντας ἐνεπλησεν ἀγαθων και πλουτουντας ἐξαπεστειλεν κενους.
	20 10	οἱ δε γεωργοι ἐξαπεστειλαν αὐτον δειραντες κενον.
	11	οἱ δε κακεινον δειραντες και ἀτιμασαντες ἐξαπεστειλαν κενον.
Ac	7 12	ἀκουσας δε ἰακωβ ὀντα σιτια εἰς αἰγυπτον ἐξαπεστειλεν τους πατερας ἡμων πρωτον·
	9 30	ἐπιγνοντες δε οἱ ἀδελφοι κατηγαγον αὐτον εἰς καισαριαν και ἐξαπεστειλαν αὐτον εἰς ταρσον.
	11 22	και ἐξαπεστειλαν βαρναβαν [διελθειν] ἑως ἀντιοχειας·
	12 11	νυν οἰδα ἀληθως ὁτι ἐξαπεστειλεν [ὁ] κυριος τον ἀγγελον αὐτου και ἐξειλατο με ἐκ χειρος ἡρωδου και πασης της προσδοκιας του λαου των ἰουδαιων.
	13 26	ἀνδρες ἀδελφοι, υἱοι γενους ἀβρααμ και οἱ ἐν ὑμιν φοβουμενοι τον θεον, ἡμιν ὁ λογος της σωτηριας ταυτης ἐξαπεσταλη.
	17 14	εὐθεως δε τοτε τον παυλον ἐξαπεστειλαν οἱ ἀδελφοι πορευεσθαι ἑως ἐπι την θαλασσαν·
	22 21	πορευου, ὁτι ἐγω εἰς ἐθνη μακραν ἐξαποστελω σε.
Ga	4 4	ὁτε δε ἠλθεν το πληρωμα του χρονου, ἐξαπεστειλεν ὁ θεος τον υἱον αὐτου,
	6	ὁτι δε ἐστε υἱοι, ἐξαπεστειλεν ὁ θεος το πνευμα του υἱου αὐτου εἰς τας καρδιας ἡμων,

ἐξαρτιζω [2]

Ac	21 5	ὁτε δε ἐγενετο ἡμας ἐξαρτισαι τας ἡμερας, ἐξελθοντες ἐπορευομεθα προπεμποντων ἡμας παντων συν γυναιξι και τεκνοις ἑως ἐξω της πολεως,
2Tm	3 17	ἱνα ἀρτιος ᾑ ὁ του θεου ἀνθρωπος, προς παν ἐργον ἀγαθον ἐξηρτισμενος.

ἐξαστραπτω [1]

Lc	9 29	και ἐγενετο ἐν τω προσευχεσθαι αὐτον το εἰδος του προσωπου αὐτου ἑτερον και ὁ ἱματισμος αὐτου λευκος ἐξαστραπτων·

ἐξαυτης [6]

Mc	6 25	θελω ἱνα ἐξαυτης δως μοι ἐπι πινακι την κεφαλην ἰωαννου του βαπτιστου.
Ac	10 33	ἐξαυτης οὐν ἐπεμψα προς σε, συ τε καλως ἐποιησας παραγενομενος.
	11 11	και ἰδου ἐξαυτης τρεις ἀνδρες ἐπεστησαν ἐπι την οἰκιαν ἐν ᾑ ἡμεν,
	21 32	ὁς ἐξαυτης παραλαβων στρατιωτας και ἑκατονταρχας κατεδραμεν ἐπ αὐτους·
	23 30	μηνυθεισης δε μοι ἐπιβουλης εἰς τον ἀνδρα ἐσεσθαι, ἐξαυτης ἐπεμψα προς σε,
Php	2 23	τουτον μεν οὐν ἐλπιζω πεμψαι ὡς ἀν ἀφιδω τα περι ἐμε ἐξαυτης·

ἐξεγειρω [2]

Rm	9 17	λεγει γαρ ἡ γραφη τω φαραω ὁτι εἰς αὐτο τουτο ἐξηγειρα σε, ὁπως ἐνδειξωμαι ἐν σοι την δυναμιν μου,
1Co	6 14	ὁ δε θεος και τον κυριον ἠγειρεν και ἡμας ἐξεγερει δια της δυναμεως αὐτου.

ἐξειμι [4]

Ac	13 42	ἐξιοντων δε αὐτων παρεκαλουν εἰς το μεταξυ σαββατον λαληθηναι αὐτοις τα ῥηματα ταυτα.
	17 15	και λαβοντες ἐντολην προς τον σιλαν και τον τιμοθεον ἱνα ὡς ταχιστα ἐλθωσιν προς αὐτον ἐξηεσαν.
	20 7	ἐν δε τη μια των σαββατων συνηγμενων ἡμων κλασαι ἀρτον ὁ παυλος διελεγετο αὐτοις, μελλων ἐξιεναι τη ἐπαυριον,
	27 43	ἐκελευσεν τε τους δυναμενους κολυμβαν ἀπορ ιψαντας πρωτους ἐπι την γην ἐξιεναι,

ἐξελκομαι [1]

Ja	1 14	ἑκαστος δε πειραζεται ὑπο της ἰδιας ἐπιθυμιας ἐξελκομενος και δελεαζομενος·

ἐξεραμα [1]

2Pt	2 22	κυων ἐπιστρεψας ἐπι το ἰδιον ἐξεραμα,

ἐξεραυναω [1]

1Pt	1 10	περι ἡς σωτηριας ἐξεζητησαν και ἐξηραυνησαν προφηται οἱ περι της εἰς ὑμας χαριτος προφητευσαντες,

ἐξερχομαι [218]

Mt	2 6	ἐκ σου γαρ ἐξελευσεται ἡγουμενος,
	5 26	οὐ μη ἐξελθης ἐκειθεν ἑως ἀν ἀποδως τον ἐσχατον κοδραντην.
	8 28	και ἐλθοντος αὐτου εἰς το περαν εἰς την χωραν των γαδαρηνων ὑπηντησαν αὐτω δυο δαιμονιζομενοι ἐκ των μνημειων ἐξερχομενοι,
	32	οἱ δε ἐξελθοντες ἀπηλθον εἰς τους χοιρους·
	34	και ἰδου πασα ἡ πολις ἐξηλθεν εἰς ὑπαντησιν τω ἰησου,
	9 26	και ἐξηλθεν ἡ φημη αὑτη εἰς ὁλην την γην ἐκεινην.
	31	οἱ δε ἐξελθοντες διεφημισαν αὐτον ἐν ὁλη τη γη ἐκεινη.
	32	αὐτων δε ἐξερχομενων, ἰδου προσηνεγκαν αὐτω ἀνθρωπον κωφον δαιμονιζομενον.
	10 11	κακει μεινατε ἑως ἀν ἐξελθητε.
	14	ἐξερχομενοι ἐξω της οἰκιας ἡ της πολεως ἐκεινης ἐκτιναξατε τον κονιορτον των ποδων ὑμων.
	11 7	τι ἐξηλθατε εἰς την ἐρημον θεασασθαι;
	8	ἀλλα τι ἐξηλθατε ἰδειν; ἀνθρωπον ἐν μαλακοις ἠμφιεσμενον;
	9	ἀλλα τι ἐξηλθατε ἰδειν; προφητην;
	12 14	ἐξελθοντες δε οἱ φαρισαιοι συμβουλιον ἐλαβον κατ αὐτου,
	43	ὁταν δε το ἀκαθαρτον πνευμα ἐξελθη ἀπο του ἀνθρωπου, διερχεται δι ἀνυδρων τοπων ζητουν ἀναπαυσιν·
	44	εἰς τον οἰκον μου ἐπιστρεψω ὁθεν ἐξηλθον·
	13 1	ἐν τη ἡμερα ἐκεινη ἐξελθων ὁ ἰησους της οἰκιας ἐκαθητο παρα την θαλασσαν·
	3	ἰδου ἐξηλθεν ὁ σπειρων του σπειρειν.
	49	ἐξελευσονται οἱ ἀγγελοι και ἀφοριουσιν τους πονηρους ἐκ μεσου των δικαιων,
	14 14	και ἐξελθων εἰδεν πολυν ὀχλον,
	15 18	τα δε ἐκπορευομενα ἐκ του στοματος ἐκ της καρδιας ἐξερχεται,
	19	ἐκ γαρ της καρδιας ἐξερχονται διαλογισμοι πονηροι, φονοι, μοιχειαι, πορνειαι, κλοπαι, ψευδομαρτυριαι, βλασφημιαι.

ἐξέρχομαι [218]

Mt	15 21	και ἐξελθων ἐκειθεν ὁ ιησους ἀνεχωρησεν εἰς τα μερη τυρου και σιδωνος.
	22	και ἰδου γυνη χαναναια ἀπο των ὁριων ἐκεινων ἐξελθουσα ἐκραζεν λεγουσα·
17 18		και ἐξηλθεν ἀπ αὐτου το δαιμονιον, και ἐθεραπευθη ὁ παις ἀπο της ὡρας ἐκεινης.
18 28		ἐξελθων δε ὁ δουλος ἐκεινος εὑρεν ἑνα των συνδουλων αὐτου, ὁς ὠφειλεν αὐτω ἑκατον δηναρια,
20 1		ὁμοια γαρ ἐστιν ἡ βασιλεια των οὐρανων ἀνθρωπω οἰκοδεσποτη, ὁστις ἐξηλθεν ἁμα πρωι μισθωσασθαι ἐργατας εἰς τον ἀμπελωνα αὐτου.
	3	και ἐξελθων περι τριτην ὡραν εἰδεν ἀλλους ἑστωτας ἐν τη ἀγορα ἀργους,
	5	παλιν [δε] ἐξελθων περι ἑκτην και ἐνατην ὡραν ἐποιησεν ὡσαυτως.
	6	περι δε την ἑνδεκατην ἐξελθων εὑρεν ἀλλους ἑστωτας,
21 17		και καταλιπων αὐτους ἐξηλθεν ἐξω της πολεως εἰς βηθανιαν, και ηὐλισθη ἐκει.
22 10		και ἐξελθοντες οἱ δουλοι ἐκεινοι εἰς τας ὁδους συνηγαγον παντας οὑς εὑρον, πονηρους τε και ἀγαθους·
24 1		και ἐξελθων ὁ ιησους ἀπο του ἱερου ἐπορευετο,
	26	ἐαν οὐν εἰπωσιν ὑμιν· ἰδου ἐν τη ἐρημω ἐστιν, μη ἐξελθητε· ἰδου ἐν τοις ταμειοις, μη πιστευσητε·
	27	ὡσπερ γαρ ἡ ἀστραπη ἐξερχεται ἀπο ἀνατολων και φαινεται ἑως δυσμων, οὑτως ἐσται ἡ παρουσια του υἱου του ἀνθρωπου·
25 1		τοτε ὁμοιωθησεται ἡ βασιλεια των οὐρανων δεκα παρθενοις, αἱτινες λαβουσαι τας λαμπαδας ἑαυτων ἐξηλθον εἰς ὑπαντησιν του νυμφιου.
	6	ἰδου ὁ νυμφιος, ἐξερχεσθε εἰς ἀπαντησιν [αὐτου].
26 30		και ὑμνησαντες ἐξηλθον εἰς το ὀρος των ἐλαιων.
	55	ὡς ἐπι ληστην ἐξηλθατε μετα μαχαιρων και ξυλων συλλαβειν με;
	71	ἐξελθοντα δε εἰς τον πυλωνα εἰδεν αὐτον ἀλλη και λεγει τοις ἐκει·
	75	και ἐξελθων ἐξω ἐκλαυσεν πικρως.
27 32		ἐξερχομενοι δε εὑρον ἀνθρωπον κυρηναιον, ὀνοματι σιμωνα·
	53	και ἐξελθοντες ἐκ των μνημειων μετα την ἐγερσιν αὐτου εἰσηλθον εἰς την ἁγιαν πολιν και ἐνεφανισθησαν πολλοις.
Mc	1 25	και ἐπετιμησεν αὐτω ὁ ιησους λεγων· φιμωθητι και ἐξελθε ἐξ αὐτου.
	26	και σπαραξαν αὐτον το πνευμα το ἀκαθαρτον και φωνησαν φωνη μεγαλη ἐξηλθεν ἐξ αὐτου.
	28	και ἐξηλθεν ἡ ἀκοη αὐτου εὐθυς πανταχου εἰς ὁλην την περιχωρον της γαλιλαιας.
	29	και εὐθυς ἐκ της συναγωγης ἐξελθοντες ἠλθον εἰς την οἰκιαν σιμωνος και ἀνδρεου μετα ιακωβου και ιωαννου.
	35	και πρωι ἐννυχα λιαν ἀναστας ἐξηλθεν και ἀπηλθεν εἰς ἐρημον τοπον,
	38	εἰς τουτο γαρ ἐξηλθον.
	45	ὁ δε ἐξελθων ἠρξατο κηρυσσειν πολλα και διαφημιζειν τον λογον,
2 12		και ἠγερθη και εὐθυς ἀρας τον κραβαττον ἐξηλθεν ἐμπροσθεν παντων,
	13	και ἐξηλθεν παλιν παρα την θαλασσαν·
3 6		και ἐξελθοντες οἱ φαρισαιοι εὐθυς μετα των ἡρωδιανων συμβουλιον ἐδιδουν κατ αὐτου,
	21	και ἀκουσαντες οἱ παρ αὐτου ἐξηλθον κρατησαι αὐτον·
4 3		ἰδου ἐξηλθεν ὁ σπειρων σπειραι.
5 2		και ἐξελθοντος αὐτου ἐκ του πλοιου, εὐθυς ὑπηντησεν αὐτω ἐκ των μνημειων ἀνθρωπος ἐν πνευματι ἀκαθαρτω,
	8	ἐλεγεν γαρ αὐτω· ἐξελθε το πνευμα το ἀκαθαρτον ἐκ του ἀνθρωπου.
	13	και ἐξελθοντα τα πνευματα τα ἀκαθαρτα εἰσηλθον εἰς τους χοιρους,
	30	και εὐθυς ὁ ιησους ἐπιγνους ἐν ἑαυτω την ἐξ αὐτου δυναμιν ἐξελθουσαν,
6 1		και ἐξηλθεν ἐκειθεν, και ἐρχεται εἰς την πατριδα αὐτου,
	10	ὁπου ἐαν εἰσελθητε εἰς οἰκιαν, ἐκει μενετε ἑως ἀν ἐξελθητε ἐκειθεν.
	12	και ἐξελθοντες ἐκηρυξαν ἱνα μετανοωσιν,
	24	και ἐξελθουσα εἰπεν τη μητρι αὐτης· τι αἰτησωμαι;
	34	και ἐξελθων εἰδεν πολυν ὀχλον,
	54	και ἐξελθοντων αὐτων ἐκ του πλοιου εὐθυς ἐπιγνοντες αὐτον περιεδραμον ὁλην την χωραν ἐκεινην και ἠρξαντο ἐπι τοις κραβαττοις τους κακως ἐχοντας περιφερειν,
7 29		δια τουτον τον λογον ὑπαγε, ἐξεληλυθεν ἐκ της θυγατρος σου το δαιμονιον.
	30	και ἀπελθουσα εἰς τον οἰκον αὐτης εὑρεν το παιδιον βεβλημενον ἐπι την κλινην και το δαιμονιον ἐξεληλυθος.

ἐξέρχομαι [218]

Mc	7 31	και παλιν ἐξελθων ἐκ των ὁριων τυρου ἠλθεν δια σιδωνος εἰς την θαλασσαν της γαλιλαιας ἀνα μεσον των ὁριων δεκαπολεως.
	8 11	και ἐξηλθον οἱ φαρισαιοι και ἠρξαντο συζητειν αὐτω,
	27	και ἐξηλθεν ὁ ιησους και οἱ μαθηται αὐτου εἰς τας κωμας καισαρειας της φιλιππου.
	9 25	το ἀλαλον και κωφον πνευμα, ἐγω ἐπιτασσω σοι, ἐξελθε ἐξ αὐτου και μηκετι εἰσελθης εἰς αὐτον.
	26	και κραξας και πολλα σπαραξας ἐξηλθεν·
	29	τουτο το γενος ἐν οὐδενι δυναται ἐξελθειν εἰ μη ἐν προσευχη.
	30	κακειθεν ἐξελθοντες παρεπορευοντο δια της γαλιλαιας,
11 11		και περιβλεψαμενος παντα, ὀψιας ἠδη οὐσης της ὡρας, ἐξηλθεν εἰς βηθανιαν μετα των δωδεκα.
	12	και τη ἐπαυριον ἐξελθοντων αὐτων ἀπο βηθανιας ἐπεινασεν.
14 16		και ἐξηλθον οἱ μαθηται και ἠλθον εἰς την πολιν και εὑρον καθως εἰπεν αὐτοις,
	26	και ὑμνησαντες ἐξηλθον εἰς το ὀρος των ἐλαιων.
	48	ὡς ἐπι ληστην ἐξηλθατε μετα μαχαιρων και ξυλων συλλαβειν με;
	68	και ἐξηλθεν ἐξω εἰς το προαυλιον [και ἀλεκτωρ ἐφωνησεν]·
16 8		και ἐξελθουσαι ἐφυγον ἀπο του μνημειου,
	20	ἐκεινοι δε ἐξελθοντες ἐκηρυξαν πανταχου, του κυριου συνεργουντος και τον λογον βεβαιουντος δια των ἐπακολουθουντων σημειων.
Lc	1 22	ἐξελθων δε οὐκ ἐδυνατο λαλησαι αὐτοις,
2 1		ἐγενετο δε ἐν ταις ἡμεραις ἐκειναις ἐξηλθεν δογμα παρα καισαρος αὐγουστου ἀπογραφεσθαι πασαν την οἰκουμενην.
4 14		και φημη ἐξηλθεν καθ ὁλης της περιχωρου περι αὐτου.
	35	φιμωθητι και ἐξελθε ἀπ αὐτου·
	35	και ῥιψαν αὐτον το δαιμονιον εἰς το μεσον ἐξηλθεν ἀπ αὐτου μηδεν βλαψαν αὐτον.
	36	τις ὁ λογος οὑτος, ὁτι ἐν ἐξουσια και δυναμει ἐπιτασσει τοις ἀκαθαρτοις πνευμασιν και ἐξερχονται;
	41	ἐξηρχετο δε και δαιμονια ἀπο πολλων, κρ[αυγ]αζοντα και λεγοντα ὁτι συ εἰ ὁ υἱος του θεου.
	42	γενομενης δε ἡμερας ἐξελθων ἐπορευθη εἰς ἐρημον τοπον·
5 8		ἐξελθε ἀπ ἐμου, ὁτι ἀνηρ ἁμαρτωλος εἰμι, κυριε.
	27	και μετα ταυτα ἐξηλθεν, και ἐθεασατο τελωνην ὀνοματι λευιν καθημενον ἐπι το τελωνιον,
6 12		ἐγενετο δε ἐν ταις ἡμεραις ταυταις ἐξελθειν αὐτον εἰς το ὀρος προσευξασθαι,
	19	και πας ὁ ὀχλος ἐζητουν ἁπτεσθαι αὐτου, ὁτι δυναμις παρ αὐτου ἐξηρχετο και ἰατο παντας.
7 17		και ἐξηλθεν ὁ λογος οὑτος ἐν ὁλη τη ιουδαια περι αὐτου και παση τη περιχωρω.
	24	τι ἐξηλθατε εἰς την ἐρημον θεασασθαι; καλαμον ὑπο ἀνεμου σαλευομενον;
	25	ἀλλα τι ἐξηλθατε ἰδειν; ἀνθρωπον ἐν μαλακοις ἱματιοις ἠμφιεσμενον;
	26	ἀλλα τι ἐξηλθατε ἰδειν; προφητην;
8 2		μαρια ἡ καλουμενη μαγδαληνη, ἀφ ἡς δαιμονια ἑπτα ἐξεληλυθει,
	5	ἐξηλθεν ὁ σπειρων του σπειραι τον σπορον αὐτου.
	27	ἐξελθοντι δε αὐτω ἐπι την γην ὑπηντησεν ἀνηρ τις ἐκ της πολεως ἐχων δαιμονια,
	29	παρηγγειλεν γαρ τω πνευματι τω ἀκαθαρτω ἐξελθειν ἀπο του ἀνθρωπου.
	33	ἐξελθοντα δε τα δαιμονια ἀπο του ἀνθρωπου εἰσηλθον εἰς τους χοιρους,
	35	ἐξηλθον δε ἰδειν το γεγονος, και ἠλθον προς τον ιησουν,
	35	και εὑρον καθημενον τον ἀνθρωπον ἀφ οὑ τα δαιμονια ἐξηλθεν ἱματισμενον και σωφρονουντα παρα τους ποδας του ιησου, και ἐφοβηθησαν.
	38	ἐδειτο δε αὐτου ὁ ἀνηρ ἀφ οὑ ἐξεληλυθει τα δαιμονια εἰναι συν αὐτω·
	46	ἡψατο μου τις· ἐγω γαρ ἐγνων δυναμιν ἐξεληλυθυιαν ἀπ ἐμου.
9 4		και εἰς ἡν ἀν οἰκιαν εἰσελθητε, ἐκει μενετε και ἐκειθεν ἐξερχεσθε.
	5	και ὁσοι· ἀν μη δεχωνται ὑμας, ἐξερχομενοι ἀπο της πολεως ἐκεινης τον κονιορτον ἀπο των ποδων ὑμων ἀποτινασσετε εἰς μαρτυριον ἐπ αὐτους.
	6	ἐξερχομενοι δε διηρχοντο κατα τας κωμας εὐαγγελιζομενοι και θεραπευοντες πανταχου.
10 10		εἰς ἡν δ ἀν πολιν εἰσελθητε και μη δεχωνται ὑμας, ἐξελθοντες εἰς τας πλατειας αὐτης εἰπατε·
11 14		ἐγενετο δε του δαιμονιου ἐξελθοντος ἐλαλησεν ὁ κωφος·
	24	ὁταν το ἀκαθαρτον πνευμα ἐξελθη ἀπο του ἀνθρωπου, διερχεται δι ἀνυδρων τοπων ζητουν ἀναπαυσιν, και μη εὑρισκον [τοτε] λεγει·

ἐξέρχομαι [218]

Lc	11 24	ὑποστρεψω εἰς τον οἰκον μου ὁθεν *ἐξηλθον·*
	53	κακειθεν *ἐξελθοντος* αὐτου ἠρξαντο οἱ γραμματεις και οἱ φαρισαιοι δεινως ἐνεχειν και ἀποστοματιζειν αὐτον περι πλειονων,
	12 59	οὐ μη *ἐξελθῃς* ἐκειθεν ἑως και το ἐσχατον λεπτον ἀποδῳς.
	13 31	*ἐξελθε* και πορευου ἐντευθεν, ὁτι ἡρωδης θελει σε ἀποκτειναι.
	14 18	ἀγρον ἠγορασα, και ἐχω ἀναγκην *ἐξελθων* ἰδειν αὐτον·
	21	*ἐξελθε* ταχεως εἰς τας πλατειας και ῥυμας της πολεως,
	23	*ἐξελθε* εἰς τας ὁδους και φραγμους και ἀναγκασον εἰσελθειν, ἱνα γεμισθῃ μου ὁ οἰκος·
	15 28	ὁ δε πατηρ αὐτου *ἐξελθων* παρεκαλει αὐτον.
	17 29	ᾑ δε ἡμερᾳ *ἐξηλθεν* λωτ ἀπο σοδομων, ἐβρεξεν πυρ και θειον ἀπ οὐρανου και ἀπωλεσεν παντας.
	21 37	ἠν δε τας ἡμερας ἐν τῳ ἱερῳ διδασκων, τας δε νυκτας *ἐξερχομενος* ηὐλιζετο εἰς το ὀρος το καλουμενον ἐλαιων.
	22 39	και *ἐξελθων* ἐπορευθη κατα το ἐθος εἰς το ὀρος των ἐλαιων·
	52	ὡς ἐπι λῃστην *ἐξηλθατε* μετα μαχαιρων και ξυλων;
	62	και *ἐξελθων* ἐξω ἐκλαυσεν πικρως.
Jh	1 43	τῃ ἐπαυριον ἠθελησεν *ἐξελθειν* εἰς την γαλιλαιαν,
	4 30	*ἐξηλθον* ἐκ της πολεως και ἠρχοντο προς αὐτον.
	43	μετα δε τας δυο ἡμερας *ἐξηλθεν* ἐκειθεν εἰς την γαλιλαιαν.
	8 9*	οἱ δε ἀκουσαντες *ἐξηρχοντο* εἰς καθ εἰς ἀρξαμενοι ἀπο των πρεσβυτερων,
	42	ἐγω γαρ ἐκ του θεου *ἐξηλθον* και ἡκω·
	59	ἰησους δε ἐκρυβη και *ἐξηλθεν* ἐκ του ἱερου.
	10 9	δι ἐμου ἐαν τις εἰσελθῃ, σωθησεται, και εἰσελευσεται και *ἐξελευσεται* και νομην εὑρησει.
	39	και *ἐξηλθεν* ἐκ της χειρος αὐτων.
	11 31	οἱ οὐν ἰουδαιοι οἱ ὀντες μετ αὐτης ἐν τῃ οἰκιᾳ και παραμυθουμενοι αὐτην, ἰδοντες την μαριαμ ὁτι ταχεως ἀνεστη και *ἐξηλθεν*, ἠκολουθησαν αὐτῃ,
	44	*ἐξηλθεν* ὁ τεθνηκως δεδεμενος τους ποδας και τας χειρας κειριαις,
	12 13	ἐλαβον τα βαια των φοινικων και *ἐξηλθον* εἰς ὑπαντησιν αὐτῳ,
	13 3	εἰδως ὁτι παντα ἐδωκεν αὐτῳ ὁ πατηρ εἰς τας χειρας, και ὁτι ἀπο θεου *ἐξηλθεν* και προς τον θεον ὑπαγει, ἐγειρεται ἐκ του δειπνου και τιθησιν τα ἱματια,
	30	λαβων οὐν το ψωμιον ἐκεινος *ἐξηλθεν* εὐθυς·
	31	ὁτε οὐν *ἐξηλθεν*, λεγει ἰησους·
	16 27	αὐτος γαρ ὁ πατηρ φιλει ὑμας, ὁτι ὑμεις ἐμε πεφιληκατε και πεπιστευκατε ὁτι ἐγω παρα [του] θεου *ἐξηλθον*.
	28	*ἐξηλθον* παρα του πατρος και ἐληλυθα εἰς τον κοσμον·
	30	ἐν τουτῳ πιστευομεν ὁτι ἀπο θεου *ἐξηλθες*.
	17 8	και ἐγνωσαν ἀληθως ὁτι παρα σου *ἐξηλθον*, και ἐπιστευσαν ὁτι συ με ἀπεστειλας.
	18 1	ταυτα εἰπων ἰησους *ἐξηλθεν* συν τοις μαθηταις αὐτου περαν του χειμαρρου του κεδρων,
	4	ἰησους οὐν εἰδως παντα τα ἐρχομενα ἐπ αὐτον *ἐξηλθεν* και λεγει αὐτοις·
	16	*ἐξηλθεν* οὐν ὁ μαθητης ὁ ἀλλος ὁ γνωστος του ἀρχιερεως και εἰπεν τῃ θυρωρῳ,
	29	*ἐξηλθεν* οὐν ὁ πιλατος ἐξω προς αὐτους και φησιν·
	38	και τουτο εἰπων παλιν *ἐξηλθεν* προς τους ἰουδαιους,
	19 4	και *ἐξηλθεν* παλιν ἐξω ὁ πιλατος και λεγει αὐτοις·
	5	*ἐξηλθεν* οὐν ὁ ἰησους ἐξω, φορων τον ἀκανθινον στεφανον και το πορφυρουν ἱματιον.
	17	και βασταζων ἑαυτῳ τον σταυρον *ἐξηλθεν* εἰς τον λεγομενον κρανιου τοπον, ὁ λεγεται ἑβραιστι γολγοθα, ὁπου αὐτον ἐσταυρωσαν,
	34	ἀλλ εἰς των στρατιωτων λογχῃ αὐτου την πλευραν ἐνυξεν, και *ἐξηλθεν* εὐθυς αἱμα και ὑδωρ.
	20 3	*ἐξηλθεν* οὐν ὁ πετρος και ὁ ἀλλος μαθητης,
	21 3	*ἐξηλθον* και ἐνεβησαν εἰς το πλοιον,
	23	*ἐξηλθεν* οὐν οὑτος ὁ λογος εἰς τους ἀδελφους ὁτι ὁ μαθητης ἐκεινος οὐκ ἀποθνησκει·
Ac	1 21	δει οὐν των συνελθοντων ἡμιν ἀνδρων ἐν παντι χρονῳ ᾡ εἰσηλθεν και *ἐξηλθεν* ἐφ ἡμας ὁ κυριος ἰησους,
	7 3	*ἐξελθε* ἐκ της γης σου και [ἐκ] της συγγενειας σου, και δευρο εἰς την γην ἡν ἀν σοι δειξω.
	4	τοτε *ἐξελθων* ἐκ γης χαλδαιων κατωκησεν ἐν χαρραν.
	7	και το ἐθνος ᾡ ἐαν δουλευσουσιν κρινω ἐγω, ὁ θεος εἰπεν, και μετα ταυτα *ἐξελευσονται* και λατρευσουσιν μοι ἐν τῳ τοπῳ τουτῳ.
	8 7	πολλοι γαρ των ἐχοντων πνευματα ἀκαθαρτα βοωντα φωνῃ μεγαλῃ *ἐξηρχοντο·*
	10 23	τῃ δε ἐπαυριον ἀναστας *ἐξηλθεν* συν αὐτοις,
	11 25	*ἐξηλθεν* δε εἰς ταρσον ἀναζητησαι σαυλον,

ἐξέρχομαι [218]

Ac	12 9	και *ἐξελθων* ἠκολουθει, και οὐκ ᾐδει ὁτι ἀληθες ἐστιν το γινομενον δια του ἀγγελου,
	10	και *ἐξελθοντες* προηλθον ῥυμην μιαν, και εὐθεως ἀπεστη ὁ ἀγγελος ἀπ αὐτου.
	17	και *ἐξελθων* ἐπορευθη εἰς ἑτερον τοπον.
	14 20	και τῃ ἐπαυριον *ἐξηλθεν* συν τῳ βαρναβᾳ εἰς δερβην.
	15 24	ἐπειδη ἠκουσαμεν ὁτι τινες ἐξ ἡμων [*ἐξελθοντες*] ἐταραξαν ὑμας λογοις ἀνασκευαζοντες τας ψυχας ὑμων, οἱς οὐ διεστειλαμεθα,
	40	ἐδοξεν ἡμιν γενομενοις ὁμοθυμαδον, παυλος δε ἐπιλεξαμενος σιλαν *ἐξηλθεν*, παραδοθεις τῃ χαριτι του κυριου ὑπο των ἀδελφων·
	16 3	τουτον ἠθελησεν ὁ παυλος συν αὐτῳ *ἐξελθειν*,
	10	ὡς δε το ὁραμα εἰδεν, εὐθεως ἐζητησαμεν *ἐξελθειν* εἰς μακεδονιαν, συμβιβαζοντες ὁτι προσκεκληται ἡμας ὁ θεος εὐαγγελισασθαι αὐτους.
	13	τῃ τε ἡμερᾳ των σαββατων *ἐξηλθομεν* ἐξω της πυλης παρα ποταμον οὑ ἐνομιζομεν προσευχην εἰναι,
	18	παραγγελλω σοι ἐν ὀνοματι ἰησου χριστου *ἐξελθειν* ἀπ αὐτης·
	18	και *ἐξηλθεν* αὐτῃ τῃ ὡρᾳ.
	19	ἰδοντες δε οἱ κυριοι αὐτης ὁτι *ἐξηλθεν* ἡ ἐλπις της ἐργασιας αὐτων, ἐπιλαβομενοι τον παυλον και τον σιλαν εἱλκυσαν εἰς την ἀγοραν ἐπι τους ἀρχοντας,
	36	νυν οὐν *ἐξελθοντες* πορευεσθε ἐν εἰρηνῃ.
	40	*ἐξελθοντες* δε ἀπο της φυλακης εἰσηλθον προς την λυδιαν,
	40	*ἐξελθοντες* δε ἀπο της φυλακης εἰσηλθον προς την λυδιαν, και ἰδοντες παρεκαλεσαν τους ἀδελφους και *ἐξηλθαν.*
	17 33	οὑτως ὁ παυλος *ἐξηλθεν* ἐκ μεσου αὐτων.
	18 23	και ποιησας χρονον τινα *ἐξηλθεν*, διερχομενος καθεξης την γαλατικην χωραν και φρυγιαν,
	20 1	μετα δε το παυσασθαι τον θορυβον μεταπεμψαμενος ὁ παυλος τους μαθητας και παρακαλεσας, ἀσπασαμενος *ἐξηλθεν* πορευεσθαι εἰς μακεδονιαν.
	11	ἀναβας δε και κλασας τον ἀρτον και γευσαμενος, ἐφ ἱκανον τε ὁμιλησας ἀχρι αὐγης, οὑτως *ἐξηλθεν.*
	21 5	ὁτε δε ἐγενετο ἡμας ἐξαρτισαι τας ἡμερας, *ἐξελθοντες* ἐπορευομεθα προπεμποντων ἡμας παντων συν γυναιξι και τεκνοις ἑως ἐξω της πολεως,
	8	τῃ δε ἐπαυριον *ἐξελθοντες* ἠλθομεν εἰς καισαρειαν,
	22 18	σπευσον και *ἐξελθε* ἐν ταχει ἐξ ἱερουσαλημ, διοτι οὐ παραδεξονται σου μαρτυριαν περι ἐμου.
	28 3	συστρεψαντος δε του παυλου φρυγανων τι πληθος και ἐπιθεντος ἐπι την πυραν, ἐχιδνα ἀπο της θερμης *ἐξελθουσα* καθηψεν της χειρος αὐτου.
Rm	10 18	εἰς πασαν την γην *ἐξηλθεν* ὁ φθογγος αὐτων,
1Co	5 10	οὐ παντως τοις πορνοις του κοσμου τουτου ἡ τοις πλεονεκταις και ἁρπαξιν ἡ εἰδωλολατραις, ἐπει ὠφειλετε ἀρα ἐκ του κοσμου *ἐξελθειν.*
	14 36	ἡ ἀφ ὑμων ὁ λογος του θεου *ἐξηλθεν*, ἡ εἰς ὑμας μονους κατηντησεν;
2Co	2 13	ἀλλα ἀποταξαμενος αὐτοις *ἐξηλθον* εἰς μακεδονιαν.
	6 17	διο *ἐξελθατε* ἐκ μεσου αὐτων και ἀφορισθητε, λεγει κυριος,
	8 17	ὁτι την μεν παρακλησιν ἐδεξατο, σπουδαιοτερος δε ὑπαρχων αὐθαιρετος *ἐξηλθεν* προς ὑμας.
Php	4 15	οἰδατε δε και ὑμεις, φιλιππησιοι, ὁτι ἐν ἀρχῃ του εὐαγγελιου, ὁτε *ἐξηλθον* ἀπο μακεδονιας, οὐδεμια μοι ἐκκλησια ἐκοινωνησεν
1Th	1 8	ἀφ ὑμων γαρ ἐξηχηται ὁ λογος του κυριου οὐ μονον ἐν τῃ μακεδονιᾳ και [ἐν τῃ] ἀχαιᾳ, ἀλλ ἐν παντι τοπῳ ἡ πιστις ὑμων ἡ προς τον θεον *ἐξεληλυθεν*,
Heb	3 16	ἀλλ οὐ παντες οἱ *ἐξελθοντες* ἐξ αἰγυπτου δια μωυσεως;
	7 5	καιπερ *ἐξεληλυθοτας* ἐκ της ὀσφυος ἀβρααμ·
	11 8	πιστει καλουμενος ἀβρααμ ὑπηκουσεν *ἐξελθειν* εἰς τοπον ὁν ἠμελλεν λαμβανειν εἰς κληρονομιαν,
	8	και *ἐξηλθεν* μη ἐπισταμενος που ἐρχεται.
	13 13	τοινυν *ἐξερχωμεθα* προς αὐτον ἐξω της παρεμβολης τον ὀνειδισμον αὐτου φεροντες·
Ja	3 10	ἐκ του αὐτου στοματος *ἐξερχεται* εὐλογια και καταρα.
1Jh	2 19	ἐξ ἡμων *ἐξηλθαν*, ἀλλ οὐκ ἠσαν ἐξ ἡμων·
	4 1	ὁτι πολλοι ψευδοπροφηται *ἐξεληλυθασιν* εἰς τον κοσμον.
2Jh	7	ὁτι πολλοι πλανοι *ἐξηλθον* εἰς τον κοσμον,
3Jh	7	ὑπερ γαρ του ὀνοματος *ἐξηλθον* μηδεν λαμβανοντες ἀπο των ἐθνικων.
Apc	3 12	ὁ νικων, ποιησω αὐτον στυλον ἐν τῳ ναῳ του θεου μου, και ἐξω οὐ μη *ἐξελθῃ* ἐτι,
	6 2	και ἐδοθη αὐτῳ στεφανος, και *ἐξηλθεν* νικων και ἱνα νικησῃ.
	4	και *ἐξηλθεν* ἀλλος ἱππος πυρρος,
	9 3	και ἐκ του καπνου *ἐξηλθον* ἀκριδες εἰς την γην,
	14 15	και ἀλλος ἀγγελος *ἐξηλθεν* ἐκ του ναου,
	17	και ἀλλος ἀγγελος *ἐξηλθεν* ἐκ του ναου του ἐν τῳ οὐρανῳ,

ἐξερχομαι [218]

Apc 14 18   και άλλος άγγελος [ἐξῆλθεν] ἐκ του θυσιαστηριου,
20   και ἐξῆλθεν αίμα ἐκ της ληνου άχρι των χαλινων των ίππων,
15 6   και ἐξῆλθον οι επτα άγγελοι [οι] έχοντες τας επτα πληγας ἐκ του ναου,
16 17   και ἐξῆλθεν φωνη μεγαλη ἐκ του ναου άπο του θρονου λεγουσα·
18 4   ἐξέλθατε ὁ λαος μου ἐξ αὐτης, ίνα μη συγκοινωνησητε ταις ἁμαρτιαις αὐτης,
19 5   και φωνη άπο του θρονου ἐξῆλθεν λεγουσα·
21   και οι λοιποι άπεκτανθησαν ἐν τη ῥομφαια του καθημενου ἐπι του ίππου τη ἐξελθουση ἐκ του στοματος αὐτου,
20 8   και ἐξελευσεται πλανησαι τα έθνη τα ἐν ταις τεσσαρσιν γωνιαις της γης,

ἐξεστιν [32]

Mt 12 2   ίδου οι μαθηται σου ποιουσιν ὁ οὐκ ἔξεστιν ποιειν ἐν σαββατω.
4   ὁ οὐκ ἔξον ἦν αὐτω φαγειν οὐδε τοις μετ αὐτου,
10   και ἐπηρωτησαν αὐτον λεγοντες· εἰ ἔξεστιν τοις σαββασιν θεραπευσαι;
12   ώστε ἔξεστιν τοις σαββασιν καλως ποιειν.
14 4   έλεγεν γαρ ὁ ιωαννης αὐτω· οὐκ ἔξεστιν σοι έχειν αὐτην.
19 3   και προσηλθον αὐτω φαρισαιοι πειραζοντες αὐτον και λεγοντες· εἰ ἔξεστιν ἀνθρωπω ἀπολυσαι την γυναικα αὐτου κατα πασαν αἰτιαν;
20 15   θελω δε τουτω τω ἐσχατω δουναι ὡς και σοί· [ἢ] οὐκ ἔξεστιν μοι ὁ θελω ποιησαι ἐν τοις ἐμοις;
22 17   ἔξεστιν δουναι κηνσον καισαρι ἢ οὔ;
27 6   οὐκ ἔξεστιν βαλειν αὐτα εἰς τον κορβαναν, ἐπει τιμη αἵματος ἐστιν.
Mc 2 24   ίδε τί ποιουσιν τοις σαββασιν ὁ οὐκ ἔξεστιν;
26   πως εἰσηλθεν εἰς τον οἰκον του θεου ἐπι ἀβιαθαρ ἀρχιερεως και τους άρτους της προθεσεως έφαγεν, οὓς οὐκ ἔξεστιν φαγειν εἰ μη τους ιερεις,
3 4   ἔξεστιν τοις σαββασιν ἀγαθον ποιησαι ἢ κακοποιησαι,
6 18   έλεγεν γαρ ὁ ιωαννης τω ἡρωδη ότι οὐκ ἔξεστιν σοι έχειν την γυναικα του ἀδελφου σου.
10 2   και προσελθοντες φαρισαιοι ἐπηρωτων αὐτον εἰ ἔξεστιν ἀνδρι γυναικα ἀπολυσαι,
12 14   ἔξεστιν δουναι κηνσον καισαρι ἢ οὔ; δωμεν ἢ μη δωμεν;
Lc 6 2   τί ποιειτε ὁ οὐκ ἔξεστιν τοις σαββασιν;
4   [ὡς] εἰσηλθεν εἰς τον οἰκον του θεου και τους άρτους της προθεσεως λαβων έφαγεν και έδωκεν τοις μετ αὐτου, οὓς οὐκ ἔξεστιν φαγειν εἰ μη μονους τους ιερεις;
9   ἐπερωτω ὑμας εἰ ἔξεστιν τω σαββατω ἀγαθοποιησαι ἢ κακοποιησαι, ψυχην σωσαι ἢ ἀπολεσαι;
14 3   ἔξεστιν τω σαββατω θεραπευσαι ἢ οὔ;
20 22   ἔξεστιν ἡμας καισαρι φορον δουναι ἢ οὔ;
Jh 5 10   σαββατον ἐστιν, και οὐκ ἔξεστιν σοι άραι τον κραβαττον σου.
18 31   ἡμιν οὐκ ἔξεστιν ἀποκτειναι οὐδενα·
Ac 2 29   ἀνδρες ἀδελφοι, ἔξον εἰπειν μετα παρρησιας προς ὑμας περι του πατριαρχου δαυιδ,
8 37 *   εἰ πιστευεις ἐξ όλης της καρδιας, ἔξεστιν.
16 21   και καταγγελλουσιν έθη ἃ οὐκ ἔξεστιν ἡμιν παραδεχεσθαι οὐδε ποιειν ῥωμαιοις οὖσιν.
21 37   εἰ ἔξεστιν μοι εἰπειν τι προς σε;
22 25   ὡς δε προετειναν αὐτον τοις ιμασιν, εἰπεν προς τον ἑστωτα ἑκατονταρχον ὁ παυλος· εἰ ἀνθρωπον ῥωμαιον και ἀκατακριτον ἔξεστιν ὑμιν μαστιζειν;
1Co 6 12   παντα μοι ἔξεστιν, ἀλλ οὐ παντα συμφερει.
12   παντα μοι ἔξεστιν, ἀλλ οὐκ ἐγω ἐξουσιασθησομαι ὑπο τινος.
10 23   παντα ἔξεστιν, ἀλλ οὐ παντα συμφερει·
23   παντα ἔξεστιν, ἀλλ οὐ παντα οἰκοδομει.
2Co 12 4   και ήκουσεν άρρητα ῥηματα, ἃ οὐκ ἔξον ἀνθρωπω λαλησαι.

ἐξεταζω [3]

Mt 2 8   πορευθεντες ἐξετασατε ἀκριβως περι του παιδιου·
10 11   εἰς ἣν δ ἂν πολιν ἢ κωμην εἰσελθητε, ἐξετασατε τίς ἐν αὐτη ἀξιος ἐστιν·
Jh 21 12   οὐδεις δε ἐτολμα των μαθητων ἐξετασαι αὐτον· συ τίς εἰ;

ἐξηγεομαι [6]

Lc 24 35   και αὐτοι ἐξηγουντο τα ἐν τη ὁδω και ὡς ἐγνωσθη αὐτοις ἐν τη κλασει του άρτου.
Jh 1 18   μονογενης θεος ὁ ὢν εἰς τον κολπον του πατρος, ἐκεινος ἐξηγησατο.

ἐξηγεομαι [6]

Ac 10 8   και ἐξηγησαμενος άπαντα αὐτοις ἀπεστειλεν αὐτους εἰς την ιοππην.
15 12   ἐσιγησεν δε παν το πληθος, και ήκουον βαρναβα και παυλου ἐξηγουμενων όσα ἐποιησεν ὁ θεος σημεια και τερατα ἐν τοις έθνεσιν δι αὐτων.
14   συμεων ἐξηγησατο καθως πρωτον ὁ θεος ἐπεσκεψατο λαβειν ἐξ ἐθνων λαον τω ὀνοματι αὐτου.
21 19   και ἀσπασαμενος αὐτους ἐξηγειτο καθ ἓν έκαστον ὧν ἐποιησεν ὁ θεος ἐν τοις έθνεσιν δια της διακονιας αὐτου.

ἑξηκοντα [6]

Mt 13 8   ὁ μεν ἑκατον, ὁ δε ἑξηκοντα, ὁ δε τριακοντα.
23   ὃς δη καρποφορει και ποιει ὁ μεν ἑκατον, ὁ δε ἑξηκοντα, ὁ δε τριακοντα.
Mc 4 8   και άλλα έπεσεν εἰς την γην την καλην και ἐδιδου καρπον ἀναβαινοντα και αὐξανομενα και έφερεν ἐν τριακοντα και ἐν ἑξηκοντα και ἐν ἑκατον.
20   και ἐκεινοι εἰσιν οι ἐπι την γην την καλην σπαρεντες, οίτινες ἀκουουσιν τον λογον και παραδεχονται και καρποφορουσιν ἐν τριακοντα και ἐν ἑξηκοντα και ἐν ἑκατον.
Lc 24 13   και ίδου δυο ἐξ αὐτων ἐν αὐτη τη ἡμερα ἦσαν πορευομενοι εἰς κωμην ἀπεχουσαν σταδιους ἑξηκοντα ἀπο ιερουσαλημ, ἧ όνομα ἐμμαους,
1Tm 5 9   χηρα καταλεγεσθω μη έλαττον ἐτων ἑξηκοντα γεγονυια,

ἑξης [5]

Lc 7 11   και ἐγενετο ἐν τω ἑξης ἐπορευθη εἰς πολιν καλουμενην ναιν,
9 37   ἐγενετο δε τη ἑξης ἡμερα κατελθοντων αὐτων ἀπο του όρους συνηντησεν αὐτω όχλος πολυς.
Ac 21 1   εὐθυδρομησαντες ήλθομεν εἰς την κω, τη δε ἑξης εἰς την ῥοδον κἀκειθεν εἰς παταρα·
25 17   συνελθοντων οὖν [αὐτων] ἐνθαδε ἀναβολην μηδεμιαν ποιησαμενος τη ἑξης καθισας ἐπι του βηματος ἐκελευσα ἀχθηναι τον ἀνδρα·
27 18   σφοδρως δε χειμαζομενων ἡμων τη ἑξης ἐκβολην ἐποιουντο,

ἐξηχεομαι [1]

1Th 1 8   ἀφ ὑμων γαρ ἐξηχηται ὁ λογος του κυριου οὐ μονον ἐν τη μακεδονια και [ἐν τη] ἀχαια,

ἑξις [1]

Heb 5 14   των δια την ἑξιν τα αἰσθητηρια γεγυμνασμενα ἐχοντων προς διακρισιν καλου τε και κακου.

ἐξιστημι [17]

Mt 12 23   και ἐξισταντο παντες οι όχλοι και έλεγον·
Mc 2 12   και ἠγερθη και εὐθυς άρας τον κραβαττον ἐξηλθεν ἐμπροσθεν παντων, ὥστε ἐξιστασθαι παντας και δοξαζειν τον θεον λεγοντας ότι οὕτως οὐδεποτε είδαμεν.
3 21   και ἀκουσαντες οι παρ αὐτου ἐξηλθον κρατησαι αὐτον· έλεγον γαρ ότι ἐξεστη.
5 42   και ἐξεστησαν [εὐθυς] ἐκστασει μεγαλη.
6 51   και λιαν [ἐκ περισσου] ἐν ἑαυτοις ἐξισταντο·
Lc 2 47   ἐξισταντο δε παντες οι ἀκουοντες αὐτου ἐπι τη συνεσει και ταις ἀποκρισεσιν αὐτου.
8 56   και ἐξεστησαν οι γονεις αὐτης·
24 22   ἀλλα και γυναικες τινες ἐξ ἡμων ἐξεστησαν ἡμας, γενομεναι ὀρθριναι ἐπι το μνημειον,
Ac 2 7   ἐξισταντο δε και ἐθαυμαζον λεγοντες·
12   ἐξισταντο δε παντες και διηπορουν, άλλος προς άλλον λεγοντες·
8 9   ἀνηρ δε τις ὀνοματι σιμων προυπηρχεν ἐν τη πολει μαγευων και ἐξιστανων το έθνος της σαμαρειας, λεγων εἰναι τινα ἑαυτον μεγαν,
11   προσειχον δε αὐτω δια το ικανω χρονω ταις μαγειαις ἐξεστακεναι αὐτους.
13   θεωρων τε σημεια και δυναμεις μεγαλας γινομενας ἐξιστατο·
9 21   ἐξισταντο δε παντες οι ἀκουοντες και έλεγον·
10 45   και ἐξεστησαν οι ἐκ περιτομης πιστοι όσοι συνηλθαν τω πετρω,
12 16   ἀνοιξαντες δε είδαν αὐτον και ἐξεστησαν.
2Co 5 13   είτε γαρ ἐξεστημεν, θεω· είτε σωφρονουμεν, ὑμιν.

ἐξισχύω [1]

Eph 3 18 ἵνα *ἐξισχύσητε* καταλαβεσθαι συν πασιν τοις ἁγιοις τί το πλατος και μηκος και ὑψος και βαθος,

ἔξοδος [3]

Lc 9 31 οἵτινες ἦσαν μωυσης και ἡλιας, οἱ ὀφθεντες ἐν δοξῃ ἐλεγον την *ἐξοδον* αὐτου,

Heb 11 22 πιστει ἰωσηφ τελευτων περι της *ἐξοδου* των υἱων ἰσραηλ ἐμνημονευσεν

2Pt 1 15 σπουδασω δε και ἑκαστοτε ἐχειν ὑμας μετα την ἐμην *ἐξοδον* την τουτων μνημην ποιεισθαι.

ἐξολεθρεύω [1]

Ac 3 23 ἐσται δε πασα ψυχη ἡτις ἐαν μη ἀκουσῃ του προφητου ἐκεινου *ἐξολεθρευθησεται* ἐκ του λαου.

ἐξομολογέω [10]

Mt 3 6 και ἐβαπτιζοντο ἐν τῳ ἰορδανῃ ποταμῳ ὑπ αὐτου *ἐξομολογουμενοι* τας ἁμαρτιας αὐτων.

11 25 *ἐξομολογουμαι* σοι πατερ κυριε του οὐρανου και της γης, ὁτι ἐκρυψας ταυτα ἀπο σοφων και συνετων,

Mc 1 5 και ἐβαπτιζοντο ὑπ αὐτου ἐν τῳ ἰορδανῃ ποταμῳ *ἐξομολογουμενοι* τας ἁμαρτιας αὐτων.

Lc 10 21 *ἐξομολογουμαι* σοι, πατερ, κυριε του οὐρανου και της γης, ὁτι ἀπεκρυψας ταυτα ἀπο σοφων και συνετων, και ἀπεκαλυψας αὐτα νηπιοις·

22 6 και *ἐξωμολογησεν*, και ἐζητει εὐκαιριαν του παραδουναι αὐτον ἀτερ ὀχλου αὐτοις.

Ac 19 18 πολλοι τε των πεπιστευκοτων ἡρχοντο *ἐξομολογουμενοι* και ἀναγγελλοντες τας πραξεις αὐτων.

Rm 14 11 ζω ἐγω, λεγει κυριος, ὁτι ἐμοι καμψει παν γονυ, και πασα γλωσσα *ἐξομολογησεται* τῳ θεῳ.

15 9 δια τουτο *ἐξομολογησομαι* σοι ἐν ἐθνεσιν και τῳ ὀνοματι σου ψαλω.

Php 2 11 και πασα γλωσσα *ἐξομολογησηται* ὁτι κυριος ἰησους χριστος εἰς δοξαν θεου πατρος.

Ja 5 16 *ἐξομολογεισθε* οὐν ἀλληλοις τας ἁμαρτιας,

ἐξορκίζω [1]

Mt 26 63 *ἐξορκιζω* σε κατα του θεου του ζωντος ἱνα ἡμιν εἰπῃς εἰ συ εἰ ὁ χριστος ὁ υἱος του θεου.

ἐξορκιστής [1]

Ac 19 13 ἐπεχειρησαν δε τινες και των περιερχομενων ἰουδαιων *ἐξορκιστων* ὀνομαζειν ἐπι τους ἐχοντας τα πνευματα τα πονηρα το ὀνομα του κυριου ἰησου λεγοντες·

ἐξορύσσω [2]

Mc 2 4 και *ἐξορυξαντες* χαλωσι τον κραβαττον ὁπου ὁ παραλυτικος κατεκειτο.

Ga 4 15 μαρτυρω γαρ ὑμιν ὁτι εἰ δυνατον τους ὀφθαλμους ὑμων *ἐξορυξαντες* ἐδωκατε μοι.

ἐξουδενέω [1]

Mc 9 12 και πως γεγραπται ἐπι τον υἱον του ἀνθρωπου, ἱνα πολλα παθῃ και *ἐξουδενηθῃ*;

ἐξουθενέω [11]

Lc 18 9 εἰπεν δε και προς τινας τους πεποιθοτας ἐφ ἑαυτοις ὁτι εἰσιν δικαιοι και *ἐξουθενουντας* τους λοιπους την παραβολην ταυτην.

23 11 *ἐξουθενησας* δε αὐτον [και] ὁ ἡρωδης συν τοις στρατευμασιν αὐτου και ἐμπαιξας,

Ac 4 11 οὑτος ἐστιν ὁ λιθος ὁ *ἐξουθενηθεις* ὑφ ὑμων των οἰκοδομων, ὁ γενομενος εἰς κεφαλην γωνιας.

Rm 14 3 ὁ ἐσθιων τον μη ἐσθιοντα μη *ἐξουθενειτω*, ὁ δε μη ἐσθιων τον ἐσθιοντα μη κρινετω,

10 συ δε τι κρινεις τον ἀδελφον σου; ἡ και συ τι *ἐξουθενεις* τον ἀδελφον σου;

1Co 1 28 και τα ἀγενη του κοσμου και τα *ἐξουθενημενα* ἐξελεξατο ὁ θεος, τα μη ὀντα, ἱνα τα ὀντα καταργησῃ,

6 4 βιωτικα μεν οὐν κριτηρια ἐαν ἐχητε, τους *ἐξουθενημενους* ἐν τῃ ἐκκλησιᾳ, τουτους καθιζετε;

16 11 μη τις οὐν αὐτον *ἐξουθενησῃ*.

2Co 10 10 ἡ δε παρουσια του σωματος ἀσθενης και ὁ λογος *ἐξουθενημενος*.

Ga 4 14 και τον πειρασμον ὑμων ἐν τῃ σαρκι μου οὐκ *ἐξουθενησατε* οὐδε ἐξεπτυσατε,

1Th 5 20 το πνευμα μη σβεννυτε, προφητειας μη *ἐξουθενειτε·*

ἐξουσία [102]

Mt 7 29 ἡν γαρ διδασκων αὐτους ὡς *ἐξουσιαν* ἐχων,

8 9 και γαρ ἐγω ἀνθρωπος εἰμι ὑπο *ἐξουσιαν*,

9 6 ἱνα δε εἰδητε ὁτι *ἐξουσιαν* ἐχει ὁ υἱος του ἀνθρωπου ἐπι της γης ἀφιεναι ἁμαρτιας τοτε λεγει τῳ παραλυτικῳ·

8 ἰδοντες δε οἱ ὀχλοι ἐφοβηθησαν και ἐδοξασαν τον θεον τον δοντα *ἐξουσιαν* τοιαυτην τοις ἀνθρωποις.

10 1 και προσκαλεσαμενος τους δωδεκα μαθητας αὐτου ἐδωκεν αὐτοις *ἐξουσιαν* πνευματων ἀκαθαρτων ὡστε ἐκβαλλειν αὐτα,

21 23 ἐν ποιᾳ *ἐξουσιᾳ* ταυτα ποιεις; και τις σοι ἐδωκεν την *ἐξουσιαν* ταυτην;

23 και ἐν ποιᾳ *ἐξουσιᾳ* ταυτα ποιεις; και τις σοι ἐδωκεν την *ἐξουσιαν* ταυτην;

24 ἐρωτησω ὑμας καγω λογον ἑνα, ὁν ἐαν εἰπητε μοι, καγω ὑμιν ἐρω ἐν ποιᾳ *ἐξουσιᾳ* ταυτα ποιω·

27 οὐδε ἐγω λεγω ὑμιν ἐν ποιᾳ *ἐξουσιᾳ* ταυτα ποιω.

28 18 ἐδοθη μοι πασα *ἐξουσια* ἐν οὐρανῳ και ἐπι [της] γης.

Mc 1 22 ἡν γαρ διδασκων αὐτους ὡς *ἐξουσιαν* ἐχων, και οὐχ ὡς οἱ γραμματεις.

27 τι ἐστιν τουτο; διδαχη καινη κατ *ἐξουσιαν·*

2 10 ἱνα δε εἰδητε ὁτι *ἐξουσιαν* ἐχει ὁ υἱος του ἀνθρωπου ἀφιεναι ἁμαρτιας ἐπι της γης, λεγει τῳ παραλυτικῳ·

3 15 και ἱνα ἀποστελλῃ αὐτους κηρυσσειν και ἐχειν *ἐξουσιαν* ἐκβαλλειν τα δαιμονια· [και ἐποιησεν τους δωδεκα],

6 7 και ἠρξατο αὐτους ἀποστελλειν δυο δυο, και ἐδιδου αὐτοις *ἐξουσιαν* των πνευματων των ἀκαθαρτων,

11 28 και ἐλεγον αὐτῳ· ἐν ποιᾳ *ἐξουσιᾳ* ταυτα ποιεις; ἡ τις σοι ἐδωκεν την ἐξουσιαν ταυτην ἱνα ταυτα ποιῃς;

28 και ἐλεγον αὐτῳ· ἐν ποιᾳ *ἐξουσιᾳ* ταυτα ποιεις; ἡ τις σοι ἐδωκεν την *ἐξουσιαν* ταυτην ἱνα ταυτα ποιῃς;

29 ἐπερωτησω ὑμας ἑνα λογον, και ἀποκριθητε μοι, και ἐρω ὑμιν ἐν ποιᾳ *ἐξουσιᾳ* ταυτα ποιω.

33 οὐδε ἐγω λεγω ὑμιν ἐν ποιᾳ *ἐξουσιᾳ* ταυτα ποιω.

13 34 ὡς ἀνθρωπος ἀποδημος ἀφεις την οἰκιαν αὐτου και δους τοις δουλοις αὐτου την *ἐξουσιαν*, ἑκαστῳ το ἐργον αὐτου,

Lc 4 6 σοι δωσω την *ἐξουσιαν* ταυτην ἁπασαν και την δοξαν αὐτων,

32 και ἐξεπλησσοντο ἐπι τῃ διδαχῃ αὐτου, ὁτι ἐν *ἐξουσιᾳ* ἡν ὁ λογος αὐτου.

36 τις ὁ λογος οὑτος, ὁτι ἐν *ἐξουσιᾳ* και δυναμει ἐπιτασσει τοις ἀκαθαρτοις πνευμασιν και ἐξερχονται;

5 24 ἱνα δε εἰδητε ὁτι ὁ υἱος του ἀνθρωπου *ἐξουσιαν* ἐχει ἐπι της γης ἀφιεναι ἁμαρτιας, εἰπεν τῳ παραλελυμενῳ·

7 8 και γαρ ἐγω ἀνθρωπος εἰμι ὑπο *ἐξουσιαν* τασσομενος,

9 1 συγκαλεσαμενος δε τους δωδεκα ἐδωκεν αὐτοις δυναμιν και *ἐξουσιαν* ἐπι παντα τα δαιμονια και νοσους θεραπευειν·

10 19 ἰδου δεδωκα ὑμιν την *ἐξουσιαν* του πατειν ἐπανω ὀφεων και σκορπιων,

12 5 φοβηθητε τον μετα το ἀποκτειναι ἐχοντα *ἐξουσιαν* ἐμβαλειν εἰς την γεενναν.

11 ὁταν δε εἰσφερωσιν ὑμας ἐπι τας συναγωγας και τας ἀρχας και τας *ἐξουσιας*, μη μεριμνησητε πως ἡ τι ἀπολογησησθε ἡ τι εἰπητε·

19 17 εὐ γε, ἀγαθε δουλε, ὁτι ἐν ἐλαχιστῳ πιστος ἐγενου, ἰσθι *ἐξουσιαν* ἐχων ἐπανω δεκα πολεων.

20 2 εἰπον ἡμιν ἐν ποιᾳ *ἐξουσιᾳ* ταυτα ποιεις, ἡ τις ἐστιν ὁ δους σοι την *ἐξουσιαν* ταυτην;

2 εἰπον ἡμιν ἐν ποιᾳ *ἐξουσιᾳ* ταυτα ποιεις, ἡ τις ἐστιν ὁ δους σοι την *ἐξουσιαν* ταυτην;

8 οὐδε ἐγω λεγω ὑμιν ἐν ποιᾳ *ἐξουσιᾳ* ταυτα ποιω.

20 ἱνα ὑπιλαβωνται αὐτου λογου, ὡστε παραδουναι αὐτον τῃ ἀρχῃ και τῃ *ἐξουσιᾳ* του ἡγεμονος.

22 53 καθ ἡμεραν ὀντος μου μεθ ὑμων ἐν τῳ ἱερῳ οὐκ ἐξετεινατε τας χειρας ἐπ ἐμε· ἀλλ αὑτη ἐστιν ὑμων ἡ ὡρα και ἡ *ἐξουσια* του σκοτους.

23 7 και ἐπιγνους ὁτι ἐκ της *ἐξουσιας* ἡρωδου ἐστιν, ἀνεπεμψεν αὐτον προς ἡρωδην.

Jh 1 12 ὁσοι δε ἐλαβον αὐτον, ἐδωκεν αὐτοις *ἐξουσιαν* τεκνα θεου γενεσθαι,

5 27 και *ἐξουσιαν* ἐδωκεν αὐτῳ κρισιν ποιειν,

ἐξουσια [102]

Jh 10 18   ἐξουσιαν ἐχω θειναι αὐτην, και ἐξουσιαν ἐχω παλιν λαβειν αὐτην·

    18   ἐξουσιαν ἐχω θειναι αὐτην, και ἐξουσιαν ἐχω παλιν λαβειν αὐτην·

   17 2   καθως ἐδωκας αὐτω ἐξουσιαν πασης σαρκος, ἱνα παν ὁ δεδωκας αὐτω δωση αὐτοις ζωην αἰωνιον.

   19 10   οὐκ οἰδας ὁτι ἐξουσιαν ἐχω ἀπολυσαι σε και ἐξουσιαν ἐχω σταυρωσαι σε;

    10   οὐκ οἰδας ὁτι ἐξουσιαν ἐχω ἀπολυσαι σε και ἐξουσιαν ἐχω σταυρωσαι σε;

    11   οὐκ εἰχες ἐξουσιαν κατ ἐμου οὐδεμιαν εἰ μη ἠν δεδομενον σοι ἀνωθεν·

Ac   1 7   οὐχ ὑμων ἐστιν γνωναι χρονους ἠ καιρους οὑς ὁ πατηρ ἐθετο ἐν τη ἰδιᾳ ἐξουσιᾳ,

   5 4   οὐχι μενον σοι ἐμενεν και πραθεν ἐν τη ση ἐξουσιᾳ ὑπηρχεν;

   8 19   δοτε καμοι την ἐξουσιαν ταυτην ἱνα ᾡ ἐαν ἐπιθω τας χειρας λαμβανη πνευμα ἁγιον.

   9 14   και ὡδε ἐχει ἐξουσιαν παρα των ἀρχιερεων δησαι παντας τους ἐπικαλουμενους το ὀνομα σου.

  26 10   ὁ και ἐποιησα ἐν ἰεροσολυμοις, και πολλους τε των ἁγιων ἐγω ἐν φυλακαις κατεκλεισα την παρα των ἀρχιερεων ἐξουσιαν λαβων,

   12   ἐν οἱς πορευομενος εἰς την δαμασκον μετ ἐξουσιας και ἐπιτροπης της των ἀρχιερεων,

   18   ἀνοιξαι ὀφθαλμους αὐτων, του ἐπιστρεψαι ἀπο σκοτους εἰς φως και της ἐξουσιας του σατανα ἐπι τον θεον,

Rm   9 21   ἠ οὐκ ἐχει ἐξουσιαν ὁ κεραμευς του πηλου ἐκ του αὐτου φυραματος ποιησαι ὁ μεν εἰς τιμην σκευος, ὁ δε εἰς ἀτιμιαν;

  13 1   πασα ψυχη ἐξουσιαις ὑπερεχουσαις ὑποτασσεσθω.

   1   οὐ γαρ ἐστιν ἐξουσια εἰ μη ὑπο θεου, αἱ δε οὐσαι ὑπο θεου τεταγμεναι εἰσιν.

   2   ὡστε ὁ ἀντιτασσομενος τη ἐξουσιᾳ τη του θεου διαταγη ἀνθεστηκεν·

   3   θελεις δε μη φοβεισθαι την ἐξουσιαν;

1Co   7 37   ὁς δε ἐστηκεν ἐν τη καρδιᾳ αὐτου ἑδραιος, μη ἐχων ἀναγκην, ἐξουσιαν δε ἐχει περι του ἰδιου θεληματος,

   8 9   βλεπετε δε μη πως ἡ ἐξουσια ὑμων αὑτη προσκομμα γενηται τοις ἀσθενεσιν.

   9 4   μη οὐκ ἐχομεν ἐξουσιαν φαγειν και πειν;

   5   μη οὐκ ἐχομεν ἐξουσιαν ἀδελφην γυναικα περιαγειν, ὡς και οἱ λοιποι ἀποστολοι και οἱ ἀδελφοι του κυριου και κηφας;

   6   ἠ μονος ἐγω και βαρναβας οὐκ ἐχομεν ἐξουσιαν μη ἐργαζεσθαι;

   12   εἰ ἀλλοι της ὑμων ἐξουσιας μετεχουσιν, οὐ μαλλον ἡμεις;

   12   ἀλλ οὐκ ἐχρησαμεθα τη ἐξουσιᾳ ταυτη, ἀλλα παντα στεγομεν ἱνα μη τινα ἐγκοπην δωμεν τω εὐαγγελιω του χριστου.

   18   ἱνα εὐαγγελιζομενος ἀδαπανον θησω το εὐαγγελιον, εἰς το μη καταχρησασθαι τη ἐξουσιᾳ μου ἐν τω εὐαγγελιω.

  11 10   δια τουτο ὀφειλει ἡ γυνη ἐξουσιαν ἐχειν ἐπι της κεφαλης δια τους ἀγγελους.

  15 24   εἰτα το τελος, ὁταν παραδιδω την βασιλειαν τω θεω και πατρι, ὁταν καταργηση πασαν ἀρχην και πασαν ἐξουσιαν και δυναμιν.

2Co   10 8   ἐαν [τε] γαρ περισσοτερον τι καυχησωμαι περι της ἐξουσιας ἡμων, ἡς ἐδωκεν ὁ κυριος εἰς οἰκοδομην και οὐκ εἰς καθαιρεσιν ὑμων, οὐκ αἰσχυνθησομαι,

  13 10   δια τουτο ταυτα ἀπων γραφω, ἱνα παρων μη ἀποτομως χρησωμαι κατα την ἐξουσιαν

Eph   1 21   και καθισας ἐν δεξιᾳ αὐτου ἐν τοις ἐπουρανιοις ὑπερανω πασης ἀρχης και ἐξουσιας

   2 2   κατα τον αἰωνα του κοσμου τουτου, κατα τον ἀρχοντα της ἐξουσιας του ἀερος,

   3 10   ἱνα γνωρισθη νυν ταις ἀρχαις και ταις ἐξουσιαις ἐν τοις ἐπουρανιοις δια της ἐκκλησιας ἡ πολυποικιλος σοφια του θεου,

   6 12   ἀλλα προς τας ἀρχας, προς τας ἐξουσιας, προς τους κοσμοκρατορας του σκοτους τουτου, προς τα πνευματικα της πονηριας ἐν τοις ἐπουρανιοις.

Col   1 13   ὁς ἐρρυσατο ἡμας ἐκ της ἐξουσιας του σκοτους και μετεστησεν εἰς την βασιλειαν του υἱου της ἀγαπης αὐτου,

   16   ὁτι ἐν αὐτω ἐκτισθη τα παντα ἐν τοις οὐρανοις και ἐπι της γης, τα ὁρατα και τα ἀορατα, εἰτε θρονοι εἰτε κυριοτητες εἰτε ἀρχαι εἰτε ἐξουσιαι·

   2 10   και ἐστε ἐν αὐτω πεπληρωμενοι, ὁς ἐστιν ἡ κεφαλη πασης ἀρχης και ἐξουσιας

   15   ἀπεκδυσαμενος τας ἀρχας και τας ἐξουσιας ἐδειγματισεν ἐν παρρησιᾳ, θριαμβευσας αὐτους ἐν αὐτω.

2Th   3 9   οὐχ ὁτι οὐκ ἐχομεν ἐξουσιαν, ἀλλ ἱνα ἑαυτους τυπον δωμεν ὑμιν εἰς το μιμεισθαι ἡμας.

ἐξουσια [102]

Tit   3 1   ὑπομιμνησκε αὐτους ἀρχαις ἐξουσιαις ὑποτασσεσθαι,

Heb   13 10   ἐχομεν θυσιαστηριον ἐξ οὑ φαγειν οὐκ ἐχουσιν ἐξουσιαν οἱ τη σκηνη λατρευοντες.

1Pt   3 22   ὁς ἐστιν ἐν δεξιᾳ [του] θεου, πορευθεις εἰς οὐρανον, ὑποταγεντων αὐτω ἀγγελων και ἐξουσιων και δυναμεων.

Ju   25   μονω θεω σωτηρι ἡμων δια ἰησου χριστου του κυριου ἡμων δοξα μεγαλωσυνη κρατος και ἐξουσια προ παντος του αἰωνος και νυν και εἰς παντας τους αἰωνας·

Apc   2 26   και ὁ νικων και ὁ τηρων ἀχρι τελους τα ἐργα μου, δωσω αὐτω ἐξουσιαν ἐπι των ἐθνων,

   6 8   και ἐδοθη αὐτοις ἐξουσια ἐπι το τεταρτον της γης,

   9 3   και ἐδοθη αὐταις ἐξουσια ὡς ἐχουσιν ἐξουσιαν οἱ σκορπιοι της γης,

   3   και ἐδοθη αὐταις ἐξουσια ὡς ἐχουσιν ἐξουσιαν οἱ σκορπιοι της γης,

   10   και ἐν ταις οὐραις αὐτων ἡ ἐξουσια αὐτων ἀδικησαι τους ἀνθρωπους μηνας πεντε.

   19   ἡ γαρ ἐξουσια των ἱππων ἐν τω στοματι αὐτων ἐστιν και ἐν ταις οὐραις αὐτων·

  11 6   οὑτοι ἐχουσιν την ἐξουσιαν κλεισαι τον οὐρανον,

   6   και ἐξουσιαν ἐχουσιν ἐπι των ὑδατων στρεφειν αὐτα εἰς αἱμα και παταξαι την γην ἐν παση πληγη ὁσακις ἐαν θελησωσιν.

  12 10   και ἡ ἐξουσια του χριστου αὐτου,

  13 2   και ἐδωκεν αὐτω ὁ δρακων την δυναμιν αὐτου και τον θρονον αὐτου και ἐξουσιαν μεγαλην.

   4   και προσεκυνησαν τω δρακοντι, ὁτι ἐδωκεν την ἐξουσιαν τω θηριω,

   5   και ἐδοθη αὐτω ἐξουσια ποιησαι μηνας τεσσερακοντα[και]δυο.

   7   και ἐδοθη αὐτω ἐξουσια ἐπι πασαν φυλην και λαον και γλωσσαν και ἐθνος.

   12   και την ἐξουσιαν του πρωτου θηριου πασαν ποιει ἐνωπιον αὐτου.

  14 18   και ἀλλος ἀγγελος [ἐξηλθεν] ἐκ του θυσιαστηριου, [ὁ] ἐχων ἐξουσιαν ἐπι του πυρος,

  16 9   και ἐβλασφημησαν το ὀνομα του θεου του ἐχοντος την ἐξουσιαν ἐπι τας πληγας ταυτας,

  17 12   οἱτινες βασιλειαν οὐπω ἐλαβον, ἀλλα ἐξουσιαν ὡς βασιλεις μιαν ὡραν λαμβανουσιν μετα του θηριου.

   13   οὑτοι μιαν γνωμην ἐχουσιν, και την δυναμιν και ἐξουσιαν αὐτων τω θηριω διδοασιν.

  18 1   μετα ταυτα εἰδον ἀλλον ἀγγελον καταβαινοντα ἐκ του οὐρανου, ἐχοντα ἐξουσιαν μεγαλην,

  20 6   ἐπι τουτων ὁ δευτερος θανατος οὐκ ἐχει ἐξουσιαν,

  22 14   μακαριοι οἱ πλυνοντες τας στολας αὐτων, ἱνα ἐσται ἡ ἐξουσια αὐτων ἐπι το ξυλον της ζωης

ἐξουσιαζω [4]

Lc   22 25   οἱ βασιλεις των ἐθνων κυριευουσιν αὐτων, και οἱ ἐξουσιαζοντες αὐτων εὐεργεται καλουνται.

1Co   6 12   παντα μοι ἐξεστιν, ἀλλ οὐκ ἐγω ἐξουσιασθησομαι ὑπο τινος.

   7 4   ἡ γυνη του ἰδιου σωματος οὐκ ἐξουσιαζει ἀλλα ὁ ἀνηρ·

   4   ὁμοιως δε και ὁ ἀνηρ του ἰδιου σωματος οὐκ ἐξουσιαζει ἀλλα ἡ γυνη.

ἐξοχη [1]

Ac   25 23   και εἰσελθοντων εἰς το ἀκροατηριον συν τε χιλιαρχοις και ἀνδρασιν τοις κατ ἐξοχην της πολεως,

ἐξυπνιζω [1]

Jh   11 11   λαζαρος ὁ φιλος ἡμων κεκοιμηται· ἀλλα πορευομαι ἱνα ἐξυπνισω αὐτον.

ἐξυπνος [1]

Ac   16 27   ἐξυπνος δε γενομενος ὁ δεσμοφυλαξ και ἰδων ἀνεωγμενας τας θυρας της φυλακης, σπασαμενος [την] μαχαιραν ἠμελλεν ἑαυτον ἀναιρειν,

ἐξω [63]

Mt   5 13   εἰς οὐδεν ἰσχυει ἐτι εἰ μη βληθεν ἐξω καταπατεισθαι ὑπο των ἀνθρωπων.

  10 14   ἐξερχομενοι ἐξω της οἰκιας ἠ της πολεως ἐκεινης ἐκτιναξατε τον κονιορτον των ποδων ὑμων.

ἔξω [63]

Mt	12 46	ἰδου ἡ μητηρ και οἱ ἀδελφοι αὐτου εἱστηκεισαν ἔξω ζητουντες αὐτῳ λαλησαι.
	47	[ἰδου ἡ μητηρ σου και οἱ ἀδελφοι σου ἔξω ἑστηκασιν ζητουντες σοι λαλησαι].
	13 48	τα δε σαπρα ἔξω ἐβαλον.
	21 17	και καταλιπων αὐτους ἐξηλθεν ἔξω της πολεως εἰς βηθανιαν, και ηὐλισθη ἐκει.
	39	και λαβοντες αὐτον ἐξεβαλον ἔξω του ἀμπελωνος και ἀπεκτειναν.
	26 69	ὁ δε πετρος ἐκαθητο ἔξω ἐν τῃ αὐλῃ·
	75	και ἐξελθων ἔξω ἐκλαυσεν πικρως.
Mc	1 45	ὡστε μηκετι αὐτον δυνασθαι φανερως εἰς πολιν εἰσελθειν, ἀλλ ἔξω ἐπ ἐρημοις τοποις ἠν·
	3 31	και ἐρχεται ἡ μητηρ αὐτου και οἱ ἀδελφοι αὐτου, και ἔξω στηκοντες ἀπεστειλαν προς αὐτον καλουντες αὐτον.
	32	και λεγουσιν αὐτῳ· ἰδου ἡ μητηρ σου και οἱ ἀδελφοι σου [και αἱ ἀδελφαι σου] ἔξω ζητουσιν σε.
	4 11	ὑμιν το μυστηριον δεδοται της βασιλειας του θεου· ἐκεινοις δε τοις ἔξω ἐν παραβολαις τα παντα γινεται,
	5 10	και παρεκαλει αὐτον πολλα ἱνα μη αὐτα ἀποστειλῃ ἔξω της χωρας.
	8 23	και ἐπιλαβομενος της χειρος του τυφλου ἐξηνεγκεν αὐτον ἔξω της κωμης,
	11 4	και ἀπηλθον και εὑρον πωλον δεδεμενον προς θυραν ἔξω ἐπι του ἀμφοδου, και λυουσιν αὐτον.
	19	και ὁταν ὀψε ἐγενετο, ἐξεπορευοντο ἔξω της πολεως.
	12 8	και λαβοντες ἀπεκτειναν αὐτον, και ἐξεβαλον αὐτον ἔξω του ἀμπελωνος.
	14 68	και ἐξηλθεν ἔξω εἰς το προαυλιον [και ἀλεκτωρ ἐφωνησεν]·
Lc	1 10	και παν το πληθος ἠν του λαου προσευχομενον ἔξω τῃ ὡρᾳ του θυμιαματος.
	4 29	και ἀνασταντες ἐξεβαλον αὐτον ἔξω της πολεως,
	8 20	ἡ μητηρ σου και οἱ ἀδελφοι σου ἑστηκασιν ἔξω ἰδειν θελοντες σε.
	13 25	ἀφ οὑ ἀν ἐγερθῃ ὁ οἰκοδεσποτης και ἀποκλεισῃ την θυραν, και ἀρξησθε ἔξω ἑσταναι και κρουειν την θυραν λεγοντες·
	28	ἐκει ἐσται ὁ κλαυθμος και ὁ βρυγμος των ὀδοντων, ὁταν ὀψησθε ἀβρααμ και ἰσαακ και ἰακωβ και παντας τους προφητας ἐν τῃ βασιλειᾳ του θεου, ὑμας δε ἐκβαλλομενους ἔξω.
	33	πλην δει με σημερον και αὐριον και τῃ ἐχομενῃ πορευεσθαι, ὁτι οὐκ ἐνδεχεται προφητην ἀπολεσθαι ἔξω ἰερουσαλημ.
	14 35	οὐτε εἰς γην οὐτε εἰς κοπριαν εὐθετον ἐστιν· ἔξω βαλλουσιν αὐτο.
	20 15	και ἐκβαλοντες αὐτον ἔξω του ἀμπελωνος ἀπεκτειναν.
	22 62	και ἐξελθων ἔξω ἐκλαυσεν πικρως.
	24 50	ἐξηγαγεν δε αὐτους [ἔξω] ἑως προς βηθανιαν,
Jh	6 37	και τον ἐρχομενον προς με οὐ μη ἐκβαλω ἔξω·
	9 34	και ἐξεβαλον αὐτον ἔξω.
	35	ἠκουσεν ἰησους ὁτι ἐξεβαλον αὐτον ἔξω,
	11 43	και ταυτα εἰπων φωνῃ μεγαλῃ ἐκραυγασεν· λαζαρε, δευρο ἔξω.
	12 31	νυν ὁ ἀρχων του κοσμου τουτου ἐκβληθησεται ἔξω·
	15 6	ἐαν μη τις μενῃ ἐν ἐμοι, ἐβληθη ἔξω ὡς το κλημα και ἐξηρανθη,
	18 16	ὁ δε πετρος εἱστηκει προς τῃ θυρᾳ ἔξω.
	29	ἐξηλθεν οὐν ὁ πιλατος ἔξω προς αὐτους και φησιν·
	19 4	και ἐξηλθεν παλιν ἔξω ὁ πιλατος και λεγει αὐτοις·
	4	ἰδε ἀγω ὑμιν αὐτον ἔξω, ἱνα γνωτε ὁτι οὐδεμιαν αἰτιαν εὑρισκω ἐν αὐτῳ.
	5	ἐξηλθεν οὐν ὁ ἰησους ἔξω, φορων τον ἀκανθινον στεφανον και το πορφυρουν ἱματιον.
	13	ὁ οὐν πιλατος ἀκουσας των λογων τουτων ἠγαγεν ἔξω τον ἰησουν,
	20 11	μαρια δε εἱστηκει προς τῳ μνημειῳ ἔξω κλαιουσα.
Ac	4 15	κελευσαντες δε αὐτους ἔξω του συνεδριου ἀπελθειν, συνεβαλλον προς ἀλληλους λεγοντες·
	5 34	ἐκελευσεν ἔξω βραχυ τους ἀνθρωπους ποιησαι, εἰπεν τε προς αὐτους·
	7 58	και ἐκβαλοντες ἔξω της πολεως ἐλιθοβολουν.
	9 40	ἐκβαλων δε ἔξω παντας ὁ πετρος και θεις τα γονατα προσηυξατο,
	14 19	ἐπηλθαν δε ἀπο ἀντιοχειας και ἰκονιου ἰουδαιοι, και πεισαντες τους ὀχλους και λιθασαντες τον παυλον ἐσυρον ἔξω της πολεως,
	16 13	τῃ τε ἡμερᾳ των σαββατων ἐξηλθομεν ἔξω της πυλης παρα ποταμον οὑ ἐνομιζομεν προσευχην εἰναι,
	30	και προαγαγων αὐτους ἔξω ἐφη·

ἔξω [63]

Ac	21 5	ὁτε δε ἐγενετο ἡμας ἐξαρτισαι τας ἡμερας, ἐξελθοντες ἐπορευομεθα προπεμποντων ἡμας παντων συν γυναιξι και τεκνοις ἑως ἔξω της πολεως,
	30	και ἐπιλαβομενοι του παυλου εἱλκον αὐτον ἔξω του ἱερου,
	26 11	περισσως τε ἐμμαινομενος αὐτοις ἐδιωκον ἑως και εἰς τας ἔξω πολεις.
1Co	5 12	τι γαρ μοι τους ἔξω κρινειν;
	13	οὐχι τους ἐσω ὑμεις κρινετε; τους δε ἔξω ὁ θεος κρινει.
2Co	4 16	ἀλλ εἰ και ὁ ἔξω ἡμων ἀνθρωπος διαφθειρεται, ἀλλ ὁ ἐσω ἡμων ἀνακαινουται ἡμερᾳ και ἡμερᾳ.
Col	4 5	ἐν σοφιᾳ περιπατειτε προς τους ἔξω,
1Th	4 12	ἱνα περιπατητε εὐσχημονως προς τους ἔξω και μηδενος χρειαν ἐχητε.
Heb	13 11	ὡν γαρ εἰσφερεται ζωων το αἱμα περι ἁμαρτιας εἰς τα ἁγια δια του ἀρχιερεως, τουτων τα σωματα κατακαιεται ἔξω της παρεμβολης.
	12	διο και ἰησους, ἱνα ἁγιασῃ δια του ἰδιου αἱματος τον λαον, ἔξω της πυλης ἐπαθεν.
	13	τοινυν ἐξερχωμεθα προς αὐτον ἔξω της παρεμβολης τον ὀνειδισμον αὐτου φεροντες·
1Jh	4 18	φοβος οὐκ ἐστιν ἐν τῃ ἀγαπῃ, ἀλλ ἡ τελεια ἀγαπη ἔξω βαλλει τον φοβον,
Apc	3 12	ὁ νικων, ποιησω αὐτον στυλον ἐν τῳ ναῳ του θεου μου, και ἔξω οὐ μη ἐξελθῃ ἐτι,
	22 15	ἔξω οἱ κυνες και οἱ φαρμακοι και οἱ πορνοι και οἱ φονεις και οἱ εἰδωλολατραι και πας φιλων και ποιων ψευδος.

ἔξωθεν [13]

Mt	23 25	οὐαι ὑμιν, γραμματεις και φαρισαιοι ὑποκριται, ὁτι καθαριζετε το ἔξωθεν του ποτηριου και της παροψιδος, ἐσωθεν δε γεμουσιν ἐξ ἁρπαγης και ἀκρασιας.
	27	ὁτι παρομοιαζετε ταφοις κεκονιαμενοις, οἱτινες ἔξωθεν μεν φαινονται ὡραιοι, ἐσωθεν δε γεμουσιν ὀστεων νεκρων και πασης ἀκαθαρσιας.
	28	οὑτως και ὑμεις ἔξωθεν μεν φαινεσθε τοις ἀνθρωποις δικαιοι, ἐσωθεν δε ἐστε μεστοι ὑποκρισεως και ἀνομιας.
Mc	7 15	οὐδεν ἐστιν ἔξωθεν του ἀνθρωπου εἰσπορευομενον εἰς αὐτον ὁ δυναται κοινωσαι αὐτον·
	18	οὐ νοειτε ὁτι παν το ἔξωθεν εἰσπορευομενον εἰς τον ἀνθρωπον οὐ δυναται αὐτον κοινωσαι,
Lc	11 39	νυν ὑμεις οἱ φαρισαιοι το ἔξωθεν του ποτηριου και του πινακος καθαριζετε, το δε ἐσωθεν ὑμων γεμει ἁρπαγης και πονηριας.
	40	ἀφρονες, οὐχ ὁ ποιησας το ἔξωθεν και το ἐσωθεν ἐποιησεν;
2Co	7 5	ἀλλ ἐν παντι θλιβομενοι· ἐξωθεν μαχαι, ἐσωθεν φοβοι.
1Tm	3 7	δει δε και μαρτυριαν καλην ἐχειν ἀπο των ἔξωθεν,
1Pt	3 3	ὡν ἐστω οὐχ ὁ ἔξωθεν ἐμπλοκης τριχων και περιθεσεως χρυσιων ἠ ἐνδυσεως ἱματιων κοσμος,
Apc	11 2	και την αὐλην την ἔξωθεν του ναου ἐκβαλε ἔξωθεν και μη αὐτην μετρησῃς,
	2	και την αὐλην την ἔξωθεν του ναου ἐκβαλε ἔξωθεν και μη αὐτην μετρησῃς,
	14 20	και ἐπατηθη ἡ ληνος ἔξωθεν της πολεως,

ἐξωθεω [2]

Ac	7 45	ἡν και εἰσηγαγον διαδεξαμενοι οἱ πατερες ἡμων μετα ἰησου ἐν τῃ κατασχεσει των ἐθνων, ὡν ἐξωσεν ὁ θεος ἀπο προσωπου των πατερων ἡμων,
	27 39	κολπον δε τινα κατενοουν ἐχοντα αἰγιαλον, εἰς ὁν ἐβουλευοντο εἰ δυναιντο ἐξωσαι το πλοιον.

ἐξωτερος [3]

Mt	8 12	οἱ δε υἱοι της βασιλειας ἐκβληθησονται εἰς το σκοτος το ἐξωτερον·
	22 13	δησαντες αὐτου ποδας και χειρας ἐκβαλετε αὐτον εἰς το σκοτος το ἐξωτερον·
	25 30	και τον ἀχρειον δουλον ἐκβαλετε εἰς το σκοτος το ἐξωτερον·

ἔοικα [2]

Ja	1 6	ὁ γαρ διακρινομενος ἐοικεν κλυδωνι θαλασσης ἀνεμιζομενῳ και ῥιπιζομενῳ.
	23	ὁτι εἰ τις ἀκροατης λογου ἐστιν και οὐ ποιητης, οὑτος ἐοικεν ἀνδρι κατανοουντι το προσωπον της γενεσεως αὐτου ἐν ἐσοπτρῳ·

ἑορταζω [1]

1Co 5 8 ὥστε ἑορταζωμεν μη ἐν ζυμη παλαια μηδε ἐν ζυμη κακιας και πονηριας, ἀλλ ἐν ἀζυμοις εἰλικρινειας και ἀληθειας.

ἑορτη [26]

Mt 26 5 μη ἐν τη ἑορτη, ἱνα μη θορυβος γενηται ἐν τω λαω.

27 15 κατα δε ἑορτην εἰωθει ὁ ἡγεμων ἀπολυειν ἑνα τω ὀχλω δεσμιον ὁν ἠθελον.

Mc 14 2 μη ἐν τη ἑορτη, μηποτε ἐσται θορυβος του λαου.

15 6 κατα δε ἑορτην ἀπελυεν αὐτοις ἑνα δεσμιον ὁν παρητουντο.

Lc 2 41 και ἐπορευοντο οἱ γονεις αὐτου κατ ἐτος εἰς ἱερουσαλημ τη ἑορτη του πασχα.

42 και ὁτε ἐγενετο ἐτων δωδεκα, ἀναβαινοντων αὐτων κατα το ἐθος της ἑορτης,

22 1 ἠγγιζεν δε ἡ ἑορτη των ἀζυμων ἡ λεγομενη πασχα.

23 17 * ἀναγκην δε εἰχεν ἀπολυειν αὐτοις κατα ἑορτην ἑνα.

Jh 2 23 ὡς δε ἡν ἐν τοις ἱεροσολυμοις ἐν τω πασχα ἐν τη ἑορτη, πολλοι ἐπιστευσαν εἰς το ὀνομα αὐτου,

4 45 ἐδεξαντο αὐτον οἱ γαλιλαιοι, παντα ἑωρακοτες ὁσα ἐποιησεν ἐν ἱεροσολυμοις ἐν τη ἑορτη·

45 και αὐτοι γαρ ἠλθον εἰς την ἑορτην.

5 1 μετα ταυτα ἡν ἑορτη των ἰουδαιων,

6 4 ἡν δε ἐγγυς το πασχα, ἡ ἑορτη των ἰουδαιων.

7 2 ἡν δε ἐγγυς ἡ ἑορτη των ἰουδαιων ἡ σκηνοπηγια.

8 ὑμεις ἀναβητε εἰς την ἑορτην·

8 ἐγω οὐκ ἀναβαινω εἰς την ἑορτην ταυτην, ὁτι ὁ ἐμος καιρος οὐπω πεπληρωται.

10 ὡς δε ἀνεβησαν οἱ ἀδελφοι αὐτου εἰς την ἑορτην, τοτε και αὐτος ἀνεβη,

11 οἱ οὐν ἰουδαιοι ἐζητουν αὐτον ἐν τη ἑορτη και ἐλεγον·

14 ἠδη δε της ἑορτης μεσουσης ἀνεβη ἰησους εἰς το ἱερον και ἐδιδασκεν.

37 ἐν δε τη ἐσχατη ἡμερα τη μεγαλη της ἑορτης εἱστηκει ὁ ἰησους και ἐκραξεν λεγων·

11 56 τι δοκει ὑμιν; ὁτι οὐ μη ἐλθη εἰς την ἑορτην;

12 12 τη ἐπαυριον ὁ ὀχλος πολυς ὁ ἐλθων εἰς την ἑορτην, ἀκουσαντες ὁτι ἐρχεται [ὁ] ἰησους εἰς ἱεροσολυμα, ἐλαβον τα βαια των φοινικων

20 ἠσαν δε ἑλληνες τινες ἐκ των ἀναβαινοντων ἱνα προσκυνησωσιν ἐν τη ἑορτη·

13 1 προ δε της ἑορτης του πασχα εἰδως ὁ ἰησους ὁτι ἠλθεν αὐτου ἡ ὡρα ἱνα μεταβη ἐκ του κοσμου τουτου προς τον πατερα,

29 ἀγορασον ὡν χρειαν ἐχομεν εἰς την ἑορτην, ἡ τοις πτωχοις ἱνα τι δω.

Col 2 16 μη οὐν τις ὑμας κρινετω ἐν βρωσει και ἐν ποσει ἡ ἐν μερει ἑορτης ἡ νεομηνιας ἡ σαββατων,

ἐπαγγελια [52]

Lc 24 49 και [ἰδου] ἐγω ἀποστελλω την ἐπαγγελιαν του πατρος μου ἐφ ὑμας·

Ac 1 4 και συναλιζομενος παρηγγειλεν αὐτοις ἀπο ἱεροσολυμων μη χωριζεσθαι, ἀλλα περιμενειν την ἐπαγγελιαν του πατρος ἡν ἠκουσατε μου·

2 33 τη δεξια οὐν του θεου ὑψωθεις την τε ἐπαγγελιαν του πνευματος του ἁγιου λαβων παρα του πατρος ἐξεχεεν τουτο ὁ ὑμεις [και] βλεπετε και ἀκουετε.

39 ὑμιν γαρ ἐστιν ἡ ἐπαγγελια και τοις τεκνοις ὑμων και πασιν τοις εἰς μακραν,

7 17 καθως δε ἠγγιζεν ὁ χρονος της ἐπαγγελιας ἡς ὡμολογησεν ὁ θεος τω ἀβρααμ, ηὐξησεν ὁ λαος και ἐπληθυνθη ἐν αἰγυπτω,

13 23 τουτου ὁ θεος ἀπο του σπερματος κατ ἐπαγγελιαν ἠγαγεν τω ἰσραηλ σωτηρα ἰησουν,

32 και ἡμεις ὑμας εὐαγγελιζομεθα την προς τους πατερας ἐπαγγελιαν γενομενην,

23 21 και νυν εἰσιν ἑτοιμοι προσδεχομενοι την ἀπο σου ἐπαγγελιαν.

26 6 και νυν ἐπ ἐλπιδι της εἰς τους πατερας ἡμων ἐπαγγελιας γενομενης ὑπο του θεου ἑστηκα κρινομενος,

Rm 4 13 οὐ γαρ δια νομου ἡ ἐπαγγελια τω ἀβρααμ ἡ τω σπερματι αὐτου, το κληρονομον αὐτον εἰναι κοσμου, ἀλλα δια δικαιοσυνης πιστεως.

14 εἰ γαρ οἱ ἐκ νομου κληρονομοι, κεκενωται ἡ πιστις και κατηργηται ἡ ἐπαγγελια·

16 δια τουτο ἐκ πιστεως, ἱνα κατα χαριν, εἰς το εἰναι βεβαιαν την ἐπαγγελιαν παντι τω σπερματι,

20 εἰς δε την ἐπαγγελιαν του θεου οὐ διεκριθη τη ἀπιστια,

9 4 οἱτινες εἰσιν ἰσραηλιται, ὡν ἡ υἱοθεσια και ἡ δοξα και αἱ διαθηκαι και ἡ νομοθεσια και ἡ λατρεια και αἱ ἐπαγγελιαι,

ἐπαγγελια [52]

Rm 9 8 τουτ ἐστιν, οὐ τα τεκνα της σαρκος ταυτα τεκνα του θεου, ἀλλα τα τεκνα της ἐπαγγελιας λογιζεται εἰς σπερμα.

9 ἐπαγγελιας γαρ ὁ λογος οὑτος·

15 8 λεγω γαρ χριστον διακονον γεγενησθαι περιτομης ὑπερ ἀληθειας θεου, εἰς το βεβαιωσαι τας ἐπαγγελιας των πατερων·

2Co 1 20 ὁσαι γαρ ἐπαγγελιαι θεου, ἐν αὐτω το ναι·

7 1 ταυτας οὐν ἐχοντες τας ἐπαγγελιας, ἀγαπητοι, καθαρισωμεν ἑαυτους ἀπο παντος μολυσμου σαρκος και πνευματος,

Ga 3 14 ἱνα την ἐπαγγελιαν του πνευματος λαβωμεν δια της πιστεως.

16 τω δε ἀβρααμ ἐρρεθησαν αἱ ἐπαγγελιαι και τω σπερματι αὐτου.

17 διαθηκην προκεκυρωμενην ὑπο του θεου ὁ μετα τετρακοσιακαιτριακοντα ἐτη γεγονως νομος οὐκ ἀκυροι, εἰς το καταργησαι την ἐπαγγελιαν.

18 εἰ γαρ ἐκ νομου ἡ κληρονομια, οὐκετι ἐξ ἐπαγγελιας·

18 τω δε ἀβρααμ δι ἐπαγγελιας κεχαρισται ὁ θεος.

21 ὁ οὐν νομος κατα των ἐπαγγελιων [του θεου];

22 ἀλλα συνεκλεισεν ἡ γραφη τα παντα ὑπο ἁμαρτιαν ἱνα ἡ ἐπαγγελια ἐκ πιστεως ἰησου χριστου δοθη τοις πιστευουσιν.

29 εἰ δε ὑμεις χριστου, ἀρα του ἀβρααμ σπερμα ἐστε, κατ ἐπαγγελιαν κληρονομοι.

4 23 ἀλλ ὁ μεν ἐκ της παιδισκης κατα σαρκα γεγεννηται, ὁ δε ἐκ της ἐλευθερας δι ἐπαγγελιας.

28 ὑμεις δε, ἀδελφοι, κατα ἰσαακ ἐπαγγελιας τεκνα ἐστε.

Eph 1 13 ἐν ᾧ και πιστευσαντες ἐσφραγισθητε τω πνευματι της ἐπαγγελιας τω ἁγιω,

2 12 ὁτι ἠτε τω καιρω ἐκεινω χωρις χριστου, ἀπηλλοτριωμενοι της πολιτειας του ἰσραηλ και ξενοι των διαθηκων της ἐπαγγελιας,

3 6 εἰναι τα ἐθνη συγκληρονομα και συσσωμα και συμμετοχα της ἐπαγγελιας ἐν χριστω ἰησου

6 2 τιμα τον πατερα σου και την μητερα, ἡτις ἐστιν ἐντολη πρωτη ἐν ἐπαγγελια,

1Tm 4 8 ἡ δε εὐσεβεια προς παντα ὠφελιμος ἐστιν, ἐπαγγελιαν ἐχουσα ζωης της νυν και της μελλουσης.

2Tm 1 1 παυλος ἀποστολος χριστου ἰησου δια θεληματος θεου κατ ἐπαγγελιαν ζωης της ἐν χριστω ἰησου

Heb 4 1 φοβηθωμεν οὐν μηποτε καταλειπομενης ἐπαγγελιας εἰσελθειν εἰς την καταπαυσιν αὐτου δοκη τις ἐξ ὑμων ὑστερηκεναι.

6 12 ἱνα μη νωθροι γενησθε, μιμηται δε των δια πιστεως και μακροθυμιας κληρονομουντων τας ἐπαγγελιας.

15 και οὑτως μακροθυμησας ἐπετυχεν της ἐπαγγελιας.

17 ἐν ᾧ περισσοτερον βουλομενος ὁ θεος ἐπιδειξαι τοις κληρονομοις της ἐπαγγελιας το ἀμεταθετον της βουλης αὐτου ἐμεσιτευσεν ὁρκω,

7 6 ὁ δε μη γενεαλογουμενος ἐξ αὐτων δεδεκατωκεν ἀβρααμ, και τον ἐχοντα τας ἐπαγγελιας εὐλογηκεν.

8 6 νυν[ι] δε διαφορωτερας τετυχεν λειτουργιας, ὁσω και κρειττονος ἐστιν διαθηκης μεσιτης, ἡτις ἐπι κρειττοσιν ἐπαγγελιαις νενομοθετηται.

9 15 και δια τουτο διαθηκης καινης μεσιτης ἐστιν, ὁπως θανατου γενομενου εἰς ἀπολυτρωσιν των ἐπι τη πρωτη διαθηκη παραβασεων την ἐπαγγελιαν λαβωσιν οἱ κεκλημενοι της αἰωνιου κληρονομιας.

10 36 ὑπομονης γαρ ἐχετε χρειαν ἱνα το θελημα του θεου ποιησαντες κομισησθε την ἐπαγγελιαν.

11 9 πιστει παρωκησεν εἰς γην της ἐπαγγελιας ὡς ἀλλοτριαν, ἐν σκηναις κατοικησας,

9 πιστει παρωκησεν εἰς γην της ἐπαγγελιας ὡς ἀλλοτριαν, ἐν σκηναις κατοικησας, μετα ἰσαακ και ἰακωβ των συγκληρονομων της ἐπαγγελιας της αὐτης·

13 κατα πιστιν ἀπεθανον οὑτοι παντες, μη λαβοντες τας ἐπαγγελιας,

17 και τον μονογενη προσεφερεν ὁ τας ἐπαγγελιας ἀναδεξαμενος,

33 ἐπετυχον ἐπαγγελιων, ἐφραξαν στοματα λεοντων, ἐσβεσαν δυναμιν πυρος, ἐφυγον στοματα μαχαιρης,

39 και οὑτοι παντες μαρτυρηθεντες δια της πιστεως οὐκ ἐκομισαντο την ἐπαγγελιαν,

2Pt 3 4 που ἐστιν ἡ ἐπαγγελια της παρουσιας αὐτου;

9 οὐ βραδυνει κυριος της ἐπαγγελιας, ὡς τινες βραδυτητα ἡγουνται,

1Jh 2 25 και αὑτη ἐστιν ἡ ἐπαγγελια ἡν αὐτος ἐπηγγειλατο ἡμιν, την ζωην την αἰωνιον.

ἐπαγγελλομαι [15]

Mc 14 11 οἱ δε ἀκουσαντες ἐχαρησαν και ἐπηγγειλαντο αὐτω ἀργυριον δουναι.

ἐπαγγελλομαι [15]

Ac   7 5   και *ἐπηγγειλατο* δουναι αὐτω εἰς κατασχεσιν αὐτην και τω σπερματι αὐτου μετ αὐτον,

Rm   4 21   δους δοξαν τω θεω και πληροφορηθεις ὁτι ὁ *ἐπηγγελται* δυνατος ἐστιν και ποιησαι.

Ga   3 19   των παραβασεων χαριν προσετεθη, ἀχρις οὑ ἁν ἐλθη το σπερμα ᾡ *ἐπηγγελται*,

1Tm   2 10   μη ἐν πλεγμασιν και χρυσιω ἡ μαργαριταις ἡ ἱματισμω πολυτελει, ἀλλ ὁ πρεπει γυναιξιν *ἐπαγγελλομεναις* θεοσεβειαν, δι ἐργων ἀγαθων.

  6 21   ἐκτρεπομενος τας βεβηλους κενοφωνιας και ἀντιθεσεις της ψευδωνυμου γνωσεως, ἡν τινες *ἐπαγγελλομενοι* περι την πιστιν ἠστοχησαν.

Tit   1 2   ἐπ ἐλπιδι ζωης αἰωνιου, ἡν *ἐπηγγειλατο* ὁ ἀψευδης θεος προ χρονων αἰωνιων,

Heb   6 13   τω γαρ ἀβρααμ *ἐπαγγειλαμενος* ὁ θεος, ἐπει κατ οὐδενος εἰχεν μειζονος ὀμοσαι, ὠμοσεν καθ ἑαυτου,

  10 23   κατεχωμεν την ὁμολογιαν της ἐλπιδος ἀκλινη, πιστος γαρ ὁ *ἐπαγγειλαμενος*,

  11 11   πιστει και αὐτη σαρρα στειρα δυναμιν εἰς καταβολην σπερματος ἐλαβεν και παρα καιρον ἡλικιας, ἐπει πιστον ἡγησατο τον *ἐπαγγειλαμενον*.

  12 26   οὑ ἡ φωνη την γην ἐσαλευσεν τοτε, νυν δε *ἐπηγγελται* λεγων·

Ja   1 12   ὁτι δοκιμος γενομενος λημψεται τον στεφανον της ζωης, ὁν *ἐπηγγειλατο* τοις ἀγαπωσιν αὐτον.

  2 5   οὐχ ὁ θεος ἐξελεξατο τους πτωχους τω κοσμω πλουσιους ἐν πιστει και κληρονομους της βασιλειας ἡς *ἐπηγγειλατο* τοις ἀγαπωσιν αὐτον;

2Pt   2 19   ἐλευθεριαν αὐτοις *ἐπαγγελλομενοι*, αὐτοι δουλοι ὑπαρχοντες της φθορας·

1Jh   2 25   και αὐτη ἐστιν ἡ ἐπαγγελια ἡν αὐτος *ἐπηγγειλατο* ἡμιν, την ζωην την αἰωνιον.

ἐπαγγελμα [2]

2Pt   1 4   του καλεσαντος ἡμας ἰδια δοξη και ἀρετη, δι ὡν τα τιμια και μεγιστα ἡμιν *ἐπαγγελματα* δεδωρηται,

  3 13   καινους δε οὐρανους και γην καινην κατα το *ἐπαγγελμα* αὐτου προσδοκωμεν,

ἐπαγω [3]

Ac   5 28   και ἰδου πεπληρωκατε την ἰερουσαλημ της διδαχης ὑμων, και βουλεσθε *ἐπαγαγειν* ἐφ ἡμας το αἱμα του ἀνθρωπου τουτου.

2Pt   2 1   και τον ἀγορασαντα αὐτους δεσποτην ἀρνουμενοι, *ἐπαγοντες* ἑαυτοις ταχινην ἀπωλειαν·

  5   ἀλλα ὀγδοον νωε δικαιοσυνης κηρυκα ἐφυλαξεν, κατακλυσμον κοσμω ἀσεβων *ἐπαξας*,

ἐπαγωνιζομαι [1]

Ju   3   ἀναγκην ἐσχον γραψαι ὑμιν παρακαλων *ἐπαγωνιζεσθαι* τη ἀπαξ παραδοθειση τοις ἀγιοις πιστει.

ἐπαθροιζομαι [1]

Lc   11 29   των δε ὀχλων *ἐπαθροιζομενων* ἠρξατο λεγειν·

ἐπαινετος [1]

Rm   16 5   ἀσπασασθε *ἐπαινετον* τον ἀγαπητον μου, ὁς ἐστιν ἀπαρχη της ἀσιας εἰς χριστον.

ἐπαινεω [6]

Lc   16 8   και *ἐπηνεσεν* ὁ κυριος τον οἰκονομον της ἀδικιας ὁτι φρονιμως ἐποιησεν·

Rm   15 11   αἰνειτε, παντα τα ἐθνη, τον κυριον, και *ἐπαινεσατωσαν* αὐτον παντες οἱ λαοι.

1Co   11 2   *ἐπαινω* δε ὑμας ὁτι παντα μου μεμνησθε και καθως παρεδωκα ὑμιν τας παραδοσεις κατεχετε.

  17   τουτο δε παραγγελλων οὐκ *ἐπαινω* ὁτι οὐκ εἰς το κρεισσον ἀλλα εἰς το ἡσσον συνερχεσθε.

  22   τι εἰπω ὑμιν; *ἐπαινεσω* ὑμας;

  22   *ἐπαινεσω* ὑμας; ἐν τουτω οὐκ *ἐπαινω*.

ἐπαινος [11]

Rm   2 29   ἀλλ ὁ ἐν τω κρυπτω ἰουδαιος, και περιτομη καρδιας ἐν πνευματι οὐ γραμματι, οὑ ὁ *ἐπαινος* οὐκ ἐξ ἀνθρωπων ἀλλ ἐκ του θεου.

  13 3   το ἀγαθον ποιει, και ἑξεις *ἐπαινον* ἐξ αὐτης·

1Co   4 5   και τοτε ὁ *ἐπαινος* γενησεται ἐκαστω ἀπο του θεου.

2Co   8 18   συνεπεμψαμεν δε μετ αὐτου τον ἀδελφον οὑ ὁ *ἐπαινος* ἐν τω εὐαγγελιω δια πασων των ἐκκλησιων,

Eph   1 6   κατα την εὐδοκιαν του θεληματος αὐτου, εἰς *ἐπαινον* δοξης της χαριτος αὐτου,

  12   εἰς το εἰναι ἡμας εἰς *ἐπαινον* δοξης αὐτου τους προηλπικοτας ἐν τω χριστω·

  14   εἰς ἀπολυτρωσιν της περιποιησεως, εἰς *ἐπαινον* της δοξης αὐτου.

Php   1 11   πεπληρωμενοι καρπον δικαιοσυνης τον δια ἰησου χριστου, εἰς δοξαν και *ἐπαινον* θεου.

  4 8   εἰ τις ἀρετη και εἰ τις *ἐπαινος*, ταυτα λογιζεσθε·

1Pt   1 7   εὑρεθη εἰς *ἐπαινον* και δοξαν και τιμην ἐν ἀποκαλυψει ἰησου χριστου·

  2 14   εἰτε βασιλει ὡς ὑπερεχοντι, εἰτε ἡγεμοσιν ὡς δι αὐτου πεμπομενοις εἰς ἐκδικησιν κακοποιων *ἐπαινον* δε ἀγαθοποιων·

ἐπαιρω [19]

Mt   17 8   *ἐπαραντες* δε τους ὀφθαλμους αὐτων οὐδενα εἰδον εἰ μη αὐτον ἰησουν μονον.

Lc   6 20   και αὐτος *ἐπαρας* τους ὀφθαλμους αὐτου εἰς τους μαθητας αὐτου ἐλεγεν·

  11 27   ἐγενετο δε ἐν τω λεγειν αὐτον ταυτα *ἐπαρασα* τις την φωνην γυνη ἐκ του ὀχλου εἰπεν αὐτω·

  16 23   και ἐν τω ἀδη *ἐπαρας* τους ὀφθαλμους αὐτου, ὑπαρχων ἐν βασανοις, ὁρα ἀβρααμ ἀπο μακροθεν και λαζαρον ἐν τοις κολποις αὐτου.

  18 13   ὁ δε τελωνης μακροθεν ἐστως οὐκ ἠθελεν οὐδε τους ὀφθαλμους *ἐπαραι* εἰς τον οὐρανον,

  21 28   ἀρχομενων δε τουτων γινεσθαι ἀνακυψατε και *ἐπαρατε* τας κεφαλας ὑμων, διοτι ἐγγιζει ἡ ἀπολυτρωσις ὑμων.

  24 50   και *ἐπαρας* τας χειρας αὐτου εὐλογησεν αὐτους.

Jh   4 35   *ἐπαρατε* τους ὀφθαλμους ὑμων και θεασασθε τας χωρας,

  6 5   *ἐπαρας* οὑν τους ὀφθαλμους ὁ ἰησους και θεασαμενος ὁτι πολυς ὀχλος ἐρχεται προς αὐτον, λεγει προς φιλιππον·

  13 18   ὁ τρωγων μου τον ἀρτον *ἐπηρεν* ἐπ ἐμε την πτερναν αὐτου.

  17 1   ταυτα ἐλαλησεν ἰησους, και *ἐπαρας* τους ὀφθαλμους αὐτου εἰς τον οὐρανον εἰπεν·

Ac   1 9   και ταυτα εἰπων βλεποντων αὐτων *ἐπηρθη*,

  2 14   σταθεις δε ὁ πετρος συν τοις ἐνδεκα *ἐπηρεν* την φωνην αὐτου και ἀπεφθεγξατο αὐτοις·

  14 11   οἱ τε ὀχλοι ἰδοντες ὁ ἐποιησεν παυλος *ἐπηραν* την φωνην αὐτων λυκαονιστι λεγοντες·

  22 22   ἠκουον δε αὐτου ἀχρι τουτου του λογου, και *ἐπηραν* την φωνην αὐτων λεγοντες·

  27 40   ἀμα ἀνεντες τας ζευκτηριας των πηδαλιων, και *ἐπαραντες* τον ἀρτεμονα τη πνεουση κατειχον εἰς τον αἰγιαλον.

2Co   10 5   λογισμους καθαιρουντες και παν ὑψωμα *ἐπαιρομενον* κατα της γνωσεως του θεου,

  11 20   ἀνεχεσθε γαρ εἰ τις ὑμας καταδουλοι, εἰ τις κατεσθιει, εἰ τις λαμβανει, εἰ τις *ἐπαιρεται*, εἰ τις εἰς προσωπον ὑμας δερει.

1Tm   2 8   βουλομαι οὑν προσευχεσθαι τους ἀνδρας ἐν παντι τοπω *ἐπαιροντας* ὁσιους χειρας χωρις ὀργης και διαλογισμου.

ἐπαισχυνομαι [11]

Mc   8 38   ὁς γαρ ἐαν *ἐπαισχυνθη* με και τους ἐμους λογους ἐν τη γενεα ταυτη τη μοιχαλιδι και ἀμαρτωλω,

  38   ὁς γαρ ἐαν ἐπαισχυνθη με και τους ἐμους λογους ἐν τη γενεα ταυτη τη μοιχαλιδι και ἀμαρτωλω, και ὁ υἱος του ἀνθρωπου *ἐπαισχυνθησεται* αὐτον,

Lc   9 26   ὁς γαρ ἁν *ἐπαισχυνθη* με και τους ἐμους λογους, τουτον ὁ υἱος του ἀνθρωπου *ἐπαισχυνθησεται*, ὁταν ἐλθη ἐν τη δοξη αὐτου και του πατρος και των ἀγιων ἀγγελων.

  26   ὁς γαρ ἁν ἐπαισχυνθη με και τους ἐμους λογους, τουτον ὁ υἱος του ἀνθρωπου *ἐπαισχυνθησεται*, ὁταν ἐλθη ἐν τη δοξη αὐτου και του πατρος και των ἀγιων ἀγγελων.

Rm   1 16   οὐ γαρ *ἐπαισχυνομαι* το εὐαγγελιον·

  6 21   τινα οὑν καρπον εἰχετε τοτε; ἐφ οἱς νυν *ἐπαισχυνεσθε*·

2Tm   1 8   μη οὑν *ἐπαισχυνθης* το μαρτυριον του κυριου ἡμων μηδε ἐμε τον δεσμιον αὐτου,

  12   δι ἡν αἰτιαν και ταυτα πασχω, ἀλλ οὐκ *ἐπαισχυνομαι*,

ἐπαισχυνομαι [11]

2Tm 1 16 δωη ἐλεος ὁ κυριος τω ὀνησιφορου οἰκω, ὁτι πολλακις με ἀνεψυξεν και την ἀλυσιν μου οὐκ *ἐπαισχυνθη*,

Heb 2 11 δι ἡν αἰτιαν οὐκ *ἐπαισχυνεται* ἀδελφους αὐτους καλειν, λεγων·

11 16 διο οὐκ *ἐπαισχυνεται* αὐτους ὁ θεος θεος ἐπικαλεισθαι αὐτων·

ἐπαιτεω [2]

Lc 16 3 σκαπτειν οὐκ ἰσχυω, *ἐπαιτειν* αἰσχυνομαι.

18 35 ἐγενετο δε ἐν τω ἐγγιζειν αὐτον εἰς ἰεριχω τυφλος τις ἐκαθητο παρα την ὁδον *ἐπαιτων*.

ἐπακολουθεω [4]

Mc 16 20 ἐκεινοι δε ἐξελθοντες ἐκηρυξαν πανταχου, του κυριου συνεργουντος και τον λογον βεβαιουντος δια των *ἐπακολουθουντων* σημειων.

1Tm 5 10 εἰ θλιβομενοις ἐπηρκεσεν, εἰ παντι ἐργω ἀγαθω *ἐπηκολουθησεν*.

24 τινων ἀνθρωπων αἰ ἁμαρτιαι προδηλοι εἰσιν προαγουσαι εἰς κρισιν, τισιν δε και *ἐπακολουθουσιν*·

1Pt 2 21 ὁτι και χριστος ἐπαθεν ὑπερ ὑμων, ὑμιν ὑπολιμπανων ὑπογραμμον ἰνα *ἐπακολουθησητε* τοις ἰχνεσιν αὐτου·

ἐπακουω [1]

2Co 6 2 καιρω δεκτω *ἐπηκουσα* σου και ἐν ἡμερα σωτηριας ἐβοηθησα σοι·

ἐπακροαομαι [1]

Ac 16 25 κατα δε το μεσονυκτιον παυλος και σιλας προσευχομενοι ὑμνουν τον θεον, *ἐπηκροωντο* δε αὐτων οἱ δεσμιοι·

ἐπαν [3]

Mt 2 8 *ἐπαν* δε εὑρητε, ἀπαγγειλατε μοι,

Lc 11 22 *ἐπαν* δε ἰσχυροτερος αὐτου ἐπελθων νικηση αὐτον, την πανοπλιαν αὐτου αἰρει, ἐφ ἡ ἐπεποιθει, και τα σκυλα αὐτου διαδιδωσιν.

34 *ἐπαν* δε πονηρος ἡ, και το σωμα σου σκοτεινον.

ἐπαναγκες [1]

Ac 15 28 ἐδοξεν γαρ τω πνευματι τω ἁγιω και ἡμιν μηδεν πλεον ἐπιτιθεσθαι ὑμιν βαρος πλην τουτων των *ἐπαναγκες*,

ἐπαναγω [3]

Mt 21 18 πρωι δε *ἐπαναγων* εἰς την πολιν ἐπεινασεν.

Lc 5 3 ἐμβας δε εἰς ἑν των πλοιων, ὁ ἡν σιμωνος, ἡρωτησεν αὐτον ἀπο της γης *ἐπαναγαγειν* ὀλιγον·

4 *ἐπαναγαγε* εἰς το βαθος, και χαλασατε τα δικτυα ὑμων εἰς ἀγραν.

ἐπαναμιμνησκω [1]

Rm 15 15 τολμηροτερον δε ἐγραψα ὑμιν ἀπο μερους, ὡς *ἐπαναμιμνησκων* ὑμας δια την χαριν την δοθεισαν μοι ὑπο του θεου

ἐπαναπαυομαι [2]

Lc 10 6 και ἐαν ἐκει ἡ υἱος εἰρηνης, *ἐπαναπαησεται* ἐπ αὐτον ἡ εἰρηνη ὑμων·

Rm 2 17 εἰ δε συ ἰουδαιος ἐπονομαζη και *ἐπαναπαυη* νομω και καυχασαι ἐν θεω και γινωσκεις το θελημα και δοκιμαζεις τα διαφεροντα κατηχουμενος ἐκ του νομου,

ἐπανερχομαι [2]

Lc 10 35 ἐπιμεληθητι αὐτου, και ὁτι ἀν προσδαπανησης ἐγω ἐν τω *ἐπανερχεσθαι* με ἀποδωσω σοι.

19 15 και ἐγενετο ἐν τω *ἐπανελθειν* αὐτον λαβοντα την βασιλειαν και εἰπεν φωνηθηναι αὐτω τους δουλους τουτους

ἐπανισταμαι [2]

Mt 10 21 και *ἐπαναστησονται* τεκνα ἐπι γονεις και θανατωσουσιν αὐτους.

Mc 13 12 και *ἐπαναστησονται* τεκνα ἐπι γονεις και θανατωσουσιν αὐτους·

ἐπανορθωσις [1]

2Tm 3 16 πασα γραφη θεοπνευστος και ὠφελιμος προς διδασκαλιαν, προς ἐλεγμον, προς *ἐπανορθωσιν*, προς παιδειαν την ἐν δικαιοσυνη,

ἐπανω [19]

Mt 2 9 προηγεν αὐτους ἑως ἐλθων ἐσταθη *ἐπανω* οὑ ἡν το παιδιον.

5 14 ὑμεις ἐστε το φως του κοσμου. οὐ δυναται πολις κρυβηναι *ἐπανω* ὀρους κειμενη·

21 7 και ἐπεθηκαν ἐπ αὐτων τα ἱματια, και ἐπεκαθισεν *ἐπανω* αὐτων.

23 18 ὁς ἀν ὁμοση ἐν τω θυσιαστηριω, οὐδεν ἐστιν· ὁς δ ἀν ὁμοση ἐν τω δωρω τω *ἐπανω* αὐτου, ὀφειλει.

20 ὁ οὐν ὁμοσας ἐν τω θυσιαστηριω ὁμνυει ἐν αὐτω και ἐν πασι τοις *ἐπανω* αὐτου·

22 και ὁ ὁμοσας ἐν τω οὐρανω ὁμνυει ἐν τω θρονω του θεου και ἐν τω καθημενω *ἐπανω* αὐτου.

27 37 και ἐπεθηκαν *ἐπανω* της κεφαλης αὐτου την αἰτιαν αὐτου γεγραμμενην· οὑτος ἐστιν ἰησους ὁ βασιλευς των ἰουδαιων.

28 2 ἀγγελος γαρ κυριου καταβας ἐξ οὐρανου και προσελθων ἀπεκυλισεν τον λιθον και ἐκαθητο *ἐπανω* αὐτου.

Mc 14 5 ἠδυνατο γαρ τουτο το μυρον πραθηναι *ἐπανω* δηναριων τριακοσιων και δοθηναι τοις πτωχοις·

Lc 4 39 και ἐπιστας *ἐπανω* αὐτης ἐπετιμησεν τω πυρετω, και ἀφηκεν αὐτην·

10 19 ἰδου δεδωκα ὑμιν την ἐξουσιαν του πατειν *ἐπανω* ὀφεων και σκορπιων,

11 44 οὐαι ὑμιν, ὁτι ἐστε ὡς τα μνημεια τα ἀδηλα, και οἱ ἀνθρωποι [οἱ] περιπατουντες *ἐπανω* οὐκ οἰδασιν.

19 17 εὑ γε, ἀγαθε δουλε, ὁτι ἐν ἐλαχιστω πιστος ἐγενου, ἰσθι ἐξουσιαν ἐχων *ἐπανω* δεκα πολεων.

19 και συ *ἐπανω* γινου πεντε πολεων.

Jh 3 31 ὁ ἀνωθεν ἐρχομενος *ἐπανω* παντων ἐστιν·

31 ὁ ἐκ του οὐρανου ἐρχομενος [*ἐπανω* παντων ἐστιν]·

1Co 15 6 ἐπειτα ὠφθη *ἐπανω* πεντακοσιοις ἀδελφοις ἐφαπαξ,

Apc 6 8 και εἰδον, και ἰδου ἱππος χλωρος, και ὁ καθημενος *ἐπανω* αὐτου, ὀνομα αὐτω [ὁ] θανατος,

20 3 και ἐκλεισεν και ἐσφραγισεν *ἐπανω* αὐτου,

ἐπαρατος [1]

Jh 7 49 ἀλλα ὁ ὀχλος οὑτος ὁ μη γινωσκων τον νομον *ἐπαρατοι* εἰσιν.

ἐπαρκεω [3]

1Tm 5 10 εἰ θλιβομενοις *ἐπηρκεσεν*, εἰ παντι ἐργω ἀγαθω ἐπηκολουθησεν.

16 εἰ τις πιστη ἐχει χηρας, *ἐπαρκειτω* αὐταις,

16 και μη βαρεισθω ἡ ἐκκλησια, ἰνα ταις ὀντως χηραις *ἐπαρκεση*.

ἐπαρχεια [2]

Ac 23 34 ἀναγνους δε και ἐπερωτησας ἐκ ποιας *ἐπαρχειας* ἐστιν,

25 1 φηστος οὐν ἐπιβας τη *ἐπαρχεια* μετα τρεις ἡμερας ἀνεβη εἰς ἱεροσολυμα ἀπο καισαρειας,

ἐπαυλις [1]

Ac 1 20 γενηθητω ἡ *ἐπαυλις* αὐτου ἐρημος και μη ἐστω ὁ κατοικων ἐν αὐτη, και· την ἐπισκοπην αὐτου λαβετω ἐτερος.

ἐπαυριον [17]

Mt 27 62 τη δε *ἐπαυριον*, ἡτις ἐστιν μετα την παρασκευην,

Mc 11 12 και τη *ἐπαυριον* ἐξελθοντων αὐτων ἀπο βηθανιας ἐπεινασεν.

Jh 1 29 τη *ἐπαυριον* βλεπει τον ἰησουν ἐρχομενον προς αὐτον,

35 τη *ἐπαυριον* παλιν εἱστηκει ὁ ἰωαννης και ἐκ των μαθητων αὐτου δυο,

43 τη *ἐπαυριον* ἠθελησεν ἐξελθειν εἰς την γαλιλαιαν,

ἐπαύριον [17]

Jh	6 22	τῇ ἐπαύριον ὁ ὄχλος ὁ ἑστηκὼς περαν τῆς θαλασσης εἶδον ὅτι πλοιαριον ἄλλο οὐκ ἦν ἐκεῖ εἰ μὴ ἕν,
	12 12	τῇ ἐπαύριον ὁ ὄχλος πολυς ὁ ἐλθων εἰς τὴν ἑορτην, ἀκουσαντες ὅτι ἐρχεται [ὁ] ἰησους εἰς ἱεροσολυμα, ἐλαβον τα βαια τῶν φοινικων
Ac	10 9	τῇ δὲ ἐπαύριον ὁδοιπορουντων ἐκεινων καὶ τῇ πόλει ἐγγιζοντων ἀνεβη πετρος ἐπι το δωμα προσευξασθαι περι ὡραν ἑκτην.
	23	τῇ δὲ ἐπαύριον ἀναστας ἐξηλθεν συν αὐτοις,
	24	τῇ δὲ ἐπαύριον εἰσηλθεν εἰς την καισαρειαν·
	14 20	καὶ τῇ ἐπαύριον ἐξηλθεν συν τῷ βαρναβα εἰς δερβην.
	20 7	ἐν δὲ τῇ μιᾳ τῶν σαββατων συνηγμενων ἡμων κλασαι ἀρτον ὁ παυλος διελεγετο αὐτοις, μελλων ἐξιεναι τῇ ἐπαύριον,
	21 8	τῇ δὲ ἐπαύριον ἐξελθοντες ἠλθομεν εἰς καισαρειαν,
	22 30	τῇ δὲ ἐπαύριον βουλομενος γνωναι το ἀσφαλες, το τί κατηγορειται ὑπο τῶν ἰουδαιων,
	23 32	τῇ δὲ ἐπαύριον ἐασαντες τους ἱππεις ἀπερχεσθαι συν αὐτῷ, ὑπεστρεψαν εἰς την παρεμβολην·
	25 6	τῇ ἐπαύριον καθισας ἐπι του βηματος ἐκελευσεν τον παυλον ἀχθηναι.
	23	τῇ οὖν ἐπαύριον ἐλθοντος του ἀγριππα καὶ τῆς βερνικης μετα πολλης φαντασιας

ἐπαφρᾶς [3]

Col	1 7	καθως ἐμαθετε ἀπο ἐπαφρα του ἀγαπητου συνδουλου ἡμων,
	4 12	ἀσπαζεται ὑμας ἐπαφρας ὁ ἐξ ὑμων,
Phm	23	ἀσπαζεται σε ἐπαφρας ὁ συναιχμαλωτος μου ἐν χριστῳ ἰησου, μαρκος, ἀρισταρχος, δημας, λουκας, οἱ συνεργοι μου.

ἐπαφρίζω [1]

Ju	13	κυματα ἀγρια θαλασσης ἐπαφριζοντα τας ἑαυτων αἰσχυνας,

ἐπαφρόδιτος [2]

Php	2 25	ἀναγκαιον δὲ ἡγησαμην ἐπαφροδιτον τον ἀδελφον καὶ συνεργον καὶ συστρατιωτην μου, ὑμων δὲ ἀποστολον καὶ λειτουργον της χρειας μου, πεμψαι προς ὑμας,
	4 18	πεπληρωμαι δεξαμενος παρα ἐπαφροδιτου τα παρ ὑμων,

ἐπεγείρω [2]

Ac	13 50	οἱ δὲ ἰουδαιοι παρωτρυναν τας σεβομενας γυναικας τας εὐσχημονας καὶ τους πρωτους της πολεως, καὶ ἐπηγειραν διωγμον ἐπι τον παυλον καὶ βαρναβαν,
	14 2	οἱ δὲ ἀπειθησαντες ἰουδαιοι ἐπηγειραν καὶ ἐκακωσαν τας ψυχας τῶν ἐθνων κατα τῶν ἀδελφων.

ἐπεί [26]

Mt	18 32	δουλε πονηρε, πασαν την ὀφειλην ἐκεινην ἀφηκα σοι, ἐπεὶ παρεκαλεσας με·
	21 46	καὶ ζητουντες αὐτον κρατησαι ἐφοβηθησαν τους ὀχλους, ἐπεὶ εἰς προφητην αὐτον εἶχον.
	27 6	οὐκ ἐξεστιν βαλειν αὐτα εἰς τον κορβαναν, ἐπεὶ τιμη αἱματος ἐστιν.
Mc	15 42	καὶ ἠδη ὀψιας γενομενης, ἐπεὶ ἦν παρασκευη, ὁ ἐστιν προσαββατον, ἐλθων ἰωσηφ [ὁ] ἀπο ἀριμαθαιας,
Lc	1 34	πως ἐσται τουτο, ἐπεὶ ἀνδρα οὐ γινωσκω;
Jh	13 29	τινες γαρ ἐδοκουν, ἐπεὶ το γλωσσοκομον εἶχεν ἰουδας, ὅτι λεγει αὐτῷ [ὁ] ἰησους·
	19 31	οἱ οὖν ἰουδαιοι, ἐπεὶ παρασκευη ἠν, ἱνα μη μεινη ἐπι του σταυρου τα σωματα ἐν τῳ σαββατῳ, ἠν γαρ μεγαλη ἡ ἡμερα ἐκεινου του σαββατου, ἠρωτησαν τον πιλατον
Rm	3 6	ἐπεὶ πως κρινεῖ ὁ θεος τον κοσμον;
	11 6	εἰ δὲ χαριτι, οὐκετι ἐξ ἐργων, ἐπεὶ ἡ χαρις οὐκετι γινεται χαρις.
	22	ἐπι μεν τους πεσοντας ἀποτομια, ἐπι δὲ σὲ χρηστοτης θεου, ἐαν ἐπιμεινης τῇ χρηστοτητι, ἐπεὶ καὶ συ ἐκκοπηση.
1Co	5 10	οὐ παντως τοις πορνοις του κοσμου τουτου ἢ τοις πλεονεκταις καὶ ἁρπαξιν ἢ εἰδωλολατραις, ἐπεὶ ὠφειλετε ἀρα ἐκ του κοσμου ἐξελθειν.
	7 14	ἐπεὶ ἀρα τα τεκνα ὑμων ἀκαθαρτα ἐστιν, νυν δὲ ἁγια ἐστιν.
	14 12	οὑτως καὶ ὑμεις, ἐπεὶ ζηλωται ἐστε πνευματων, προς την οἰκοδομην της ἐκκλησιας ζητειτε ἱνα περισσευητε.
	16	ἐπεὶ ἐαν εὐλογης [ἐν] πνευματι, ὁ ἀναπληρων τον τοπον του ἰδιωτου πως ἐρει το ἀμην ἐπι τῇ σῃ εὐχαριστιᾳ;
	15 29	ἐπεὶ τί ποιησουσιν οἱ βαπτιζομενοι ὑπερ τῶν νεκρων;

ἐπεί [26]

2Co	11 18	ἐπεὶ πολλοι καυχωνται κατα σαρκα, καγω καυχησομαι.
	13 3	ἐπεὶ δοκιμην ζητειτε του ἐν ἐμοι λαλουντος χριστου,
Heb	2 14	ἐπεὶ οὖν τα παιδια κεκοινωνηκεν αἱματος καὶ σαρκος, καὶ αὐτος παραπλησιως μετεσχεν τῶν αὐτων,
	4 6	ἐπεὶ οὖν ἀπολειπεται τινας εἰσελθειν εἰς αὐτην, καὶ οἱ προτερον εὐαγγελισθεντες οὐκ εἰσηλθον δι ἀπειθειαν, παλιν τινα ὁριζει ἡμεραν,
	5 2	μετριοπαθειν δυναμενος τοις ἀγνοουσιν καὶ πλανωμενοις, ἐπεὶ καὶ αὐτος περικειται ἀσθενειαν,
	11	περι οὑ πολυς ἡμιν ὁ λογος καὶ δυσερμηνευτος λεγειν, ἐπεὶ νωθροι γεγονατε ταις ἀκοαις.
	6 13	τῳ γαρ ἀβρααμ ἐπαγγειλαμενος ὁ θεος, ἐπεὶ κατ οὐδενος εἰχεν μειζονος ὀμοσαι, ὠμοσεν καθ ἑαυτου,
	9 17	διαθηκη γαρ ἐπι νεκροις βεβαια, ἐπεὶ μηποτε ἰσχυει ὁτε ζη ὁ διαθεμενος.
	26	ἐπεὶ ἐδει αὐτον πολλακις παθειν ἀπο καταβολης κοσμου·
	10 2	ἐπεὶ οὐκ ἀν ἐπαυσαντο προσφερομεναι, δια το μηδεμιαν ἐχειν ἐτι συνειδησιν ἁμαρτιων τους λατρευοντας ἁπαξ κεκαθαρισμενους;
	11 11	πιστει καὶ αὐτη σαρρα στειρα δυναμιν εἰς καταβολην σπερματος ἐλαβεν καὶ παρα καιρον ἡλικιας, ἐπεὶ πιστον ἡγησατο τον ἐπαγγειλαμενον.

ἐπειδή [10]

Lc	7 1	ἐπειδη ἐπληρωσεν παντα τα ῥηματα αὐτου εἰς τας ἀκοας του λαου, εἰσηλθεν εἰς καφαρναουμ.
	11 6	φιλε, χρησον μοι τρεις ἀρτους, ἐπειδη φιλος μου παρεγενετο ἐξ ὁδου προς με καὶ οὐκ ἐχω ὁ παραθησω αὐτῳ·
Ac	13 46	ἐπειδη ἀπωθεισθε αὐτον καὶ οὐκ ἀξιους κρινετε ἑαυτους της αἰωνιου ζωης, ἰδου στρεφομεθα εἰς τα ἐθνη.
	14 12	ἐκαλουν τε τον βαρναβαν δια, τον δὲ παυλον ἑρμην, ἐπειδη αὐτος ἦν ὁ ἡγουμενος του λογου.
	15 24	ἐπειδη ἠκουσαμεν ὅτι τινες ἐξ ἡμων [ἐξελθοντες] ἐταραξαν ὑμας λογοις ἀνασκευαζοντες τας ψυχας ὑμων, οἱς οὐ διεστειλαμεθα, ἐδοξεν ἡμιν γενομενοις ὁμοθυμαδον,
1Co	1 21	ἐπειδη γαρ ἐν τῇ σοφιᾳ του θεου οὐκ ἐγνω ὁ κοσμος δια της σοφιας τον θεον, εὐδοκησεν ὁ θεος δια της μωριας του κηρυγματος σωσαι τους πιστευοντας·
	22	ἐπειδη καὶ ἰουδαιοι σημεια αἰτουσιν καὶ ἑλληνες σοφιαν ζητουσιν, ἡμεις δὲ κηρυσσομεν χριστον ἐσταυρωμενον,
	14 16	ἐπειδη τί λεγεις οὐκ οἰδεν·
	15 21	ἐπειδη γαρ δι ἀνθρωπου θανατος, καὶ δι ἀνθρωπου ἀναστασις νεκρων·
Php	2 26	ἐπειδη ἐπιποθων ἦν παντας ὑμας, καὶ ἀδημονων, διοτι ἠκουσατε ὁτι ἠσθενησεν.

ἐπειδήπερ [1]

Lc	1 1	ἐπειδηπερ πολλοι ἐπεχειρησαν ἀναταξασθαι διηγησιν περι τῶν πεπληροφορημενων ἐν ἡμιν πραγματων, καθως παρεδοσαν ἡμιν οἱ ἀπ ἀρχης αὐτοπται καὶ ὑπηρεται γενομενοι του λογου,

ἔπειμι [5]

Ac	7 26	τῇ τε ἐπιουσῃ ἡμερᾳ ὡφθη αὐτοις μαχομενοις,
	16 11	ἀναχθεντες δὲ ἀπο τρωαδος εὐθυδρομησαμεν εἰς σαμοθρακην, τῇ δὲ ἐπιουσῃ εἰς νεαν πολιν,
	20 15	κακειθεν ἀποπλευσαντες τῇ ἐπιουσῃ κατηντησαμεν ἀντικρυς χιου,
	21 18	τῇ δὲ ἐπιουσῃ εἰσηει ὁ παυλος συν ἡμιν προς ἰακωβον,
	23 11	τῇ δὲ ἐπιουσῃ νυκτι ἐπιστας αὐτῷ ὁ κυριος εἰπεν·

ἐπεισαγωγή [1]

Heb	7 19	οὐδεν γαρ ἐτελειωσεν ὁ νομος, ἐπεισαγωγη δὲ κρειττονος ἐλπιδος, δι ἡς ἐγγιζομεν τῷ θεῳ.

ἐπεισέρχομαι [1]

Lc	21 35	ἐπεισελευσεται γαρ ἐπι παντας τους καθημενους ἐπι προσωπον πασης της γης.

ἔπειτα [16]

Lc	16 7	ἐπειτα ἑτερῳ εἰπεν· συ δὲ ποσον ὀφειλεις;
Jh	11 7	ἐπειτα μετα τουτο λεγει τοις μαθηταις·

ἔπειτα [16]

1Co 12 28   *ἔπειτα* δυναμεις, ἔπειτα χαρισματα ἰαματων, ἀντιλημψεις, κυβερνησεις, γενη γλωσσων.

  28   *ἔπειτα* δυναμεις, *ἔπειτα* χαρισματα ἰαματων, ἀντιλημψεις, κυβερνησεις, γενη γλωσσων.

  15 6   *ἔπειτα* ὤφθη ἐπανω πεντακοσιοις ἀδελφοις ἐφαπαξ,

  7   *ἔπειτα* ὤφθη ἰακωβω, εἰτα τοις ἀποστολοις πασιν·

  23   ἀπαρχη χριστος, *ἔπειτα* οἱ του χριστου ἐν τη παρουσια αὐτου,

  46   ἀλλ οὐ πρωτον το πνευματικον ἀλλα το ψυχικον, *ἔπειτα* το πνευματικον.

Ga 1 18   *ἔπειτα* μετα ἐτη τρια ἀνηλθον εἰς ἰεροσολυμα ἰστορησαι κηφαν,

  21   *ἔπειτα* ἠλθον εἰς τα κλιματα της συριας και της κιλικιας.

  2 1   *ἔπειτα* δια δεκατεσσαρων ἐτων παλιν ἀνεβην εἰς ἰεροσολυμα μετα βαρναβα,

1Th 4 17   *ἔπειτα* ἡμεις οἱ ζωντες οἱ περιλειπομενοι ἀμα συν αὐτοις ἀρπαγησομεθα ἐν νεφελαις εἰς ἀπαντησιν του κυριου εἰς ἀερα·

Heb 7 2   πρωτον μεν ἑρμηνευομενος βασιλευς δικαιοσυνης, *ἔπειτα* δε και βασιλευς σαλημ,

  27   ὁς οὐκ ἐχει καθ ἡμεραν ἀναγκην, ὡσπερ οἱ ἀρχιερεις, προτερον ὑπερ των ἰδιων ἁμαρτιων θυσιας ἀναφερειν, *ἔπειτα* των του λαου·

Ja 3 17   ἡ δε ἀνωθεν σοφια πρωτον μεν ἁγνη ἐστιν, *ἔπειτα* εἰρηνικη, ἐπιεικης, εὐπειθης,

  4 14   ἀτμις γαρ ἐστε ἡ προς ὀλιγον φαινομενη, *ἔπειτα* και ἀφανιζομενη·

ἐπεκεινα [1]

Ac 7 43   και μετοικιω ὑμας *ἐπεκεινα* βαβυλωνος.

ἐπεκτεινομαι [1]

Php 3 13   ἐν δε, τα μεν ὀπισω ἐπιλανθανομενος τοις δε ἐμπροσθεν *ἐπεκτεινομενος*,

ἐπενδυομαι [2]

2Co 5 2   και γαρ ἐν τουτω στεναζομεν, το οἰκητηριον ἡμων το ἐξ οὐρανου *ἐπενδυσασθαι* ἐπιποθουντες,

  4   ἐφ ᾧ οὐ θελομεν ἐκδυσασθαι ἀλλ *ἐπενδυσασθαι*,

ἐπενδυτης [1]

Jh 21 7   ἀκουσας ὁτι ὁ κυριος ἐστιν, τον *ἐπενδυτην* διεζωσατο, ἠν γαρ γυμνος,

ἐπερχομαι [9]

Lc 1 35   πνευμα ἁγιον *ἐπελευσεται* ἐπι σε, και δυναμις ὑψιστου ἐπισκιασει σοι·

  11 22   ἐπαν δε ἰσχυροτερος αὐτου *ἐπελθων* νικηση αὐτον, την πανοπλιαν αὐτου αἰρει, ἐφ ᾑ ἐπεποιθει, και τα σκυλα αὐτου διαδιδωσιν.

  21 26   και ἐπι της γης συνοχη ἐθνων ἐν ἀπορια ἠχους θαλασσης και σαλου, ἀποψυχοντων ἀνθρωπων ἀπο φοβου και προσδοκιας των *ἐπερχομενων* τη οἰκουμενη·

Ac 1 8   ἀλλα λημψεσθε δυναμιν *ἐπελθοντος* του ἁγιου πνευματος ἐφ ὑμας,

  8 24   δεηθητε ὑμεις ὑπερ ἐμου προς τον κυριον, ὁπως μηδεν *ἐπελθη* ἐπ ἐμε ὡν εἰρηκατε.

  13 40   βλεπετε οὐν μη *ἐπελθη* το εἰρημενον ἐν τοις προφηταις·

  14 19   *ἐπηλθαν* δε ἀπο ἀντιοχειας και ἰκονιου ἰουδαιοι,

Eph 2 7   ἰνα ἐνδειξηται ἐν τοις αἰωσιν τοις *ἐπερχομενοις* το ὑπερβαλλον πλουτος της χαριτος αὐτου ἐν χρηστοτητι ἐφ ἡμας ἐν χριστω ἰησου.

Ja 5 1   ἀγε νυν οἱ πλουσιοι, κλαυσατε ὀλολυζοντες ἐπι ταις ταλαιπωριαις ὑμων ταις *ἐπερχομεναις*.

ἐπερωταω [56]

Mt 12 10   και *ἐπηρωτησαν* αὐτον λεγοντες· εἰ ἐξεστιν τοις σαββασιν θεραπευσαι·

  16 1   και προσελθοντες οἱ φαρισαιοι και σαδδουκαιοι πειραζοντες *ἐπηρωτησαν* αὐτον σημειον ἐκ του οὐρανου ἐπιδειξαι αὐτοις.

  17 10   και *ἐπηρωτησαν* αὐτον οἱ μαθηται λεγοντες· τι οὐν οἱ γραμματεις λεγουσιν ὁτι ἠλιαν δει ἐλθειν πρωτον;

ἐπερωταω [56]

Mt 22 23   και *ἐπηρωτησαν* αὐτον λεγοντες· διδασκαλε, μωυσης εἰπεν· ἐαν τις ἀποθανη μη ἐχων τεκνα, ἐπιγαμβρευσει ὁ ἀδελφος αὐτου την γυναικα αὐτου και ἀναστησει σπερμα τω ἀδελφω αὐτου.

  35   και *ἐπηρωτησεν* εἰς ἐξ αὐτων [νομικος] πειραζων αὐτον· διδασκαλε, ποια ἐντολη μεγαλη ἐν τω νομω;

  41   συνηγμενων δε των φαρισαιων *ἐπηρωτησεν* αὐτους ὁ ἰησους λεγων· τι ὑμιν δοκει περι του χριστου;

  46   και οὐδεις ἐδυνατο ἀποκριθηναι αὐτω λογον οὐδε ἐτολμησεν τις ἀπ ἐκεινης της ἡμερας *ἐπερωτησαι* αὐτον οὐκετι.

  27 11   και *ἐπηρωτησεν* αὐτον ὁ ἡγεμων λεγων· συ εἰ ὁ βασιλευς των ἰουδαιων;

Mc 5 9   και *ἐπηρωτα* αὐτον· τι ὀνομα σοι;

  7 5   και *ἐπερωτωσιν* αὐτον οἱ φαρισαιοι και οἱ γραμματεις· δια τι οὐ περιπατουσιν οἱ μαθηται σου κατα την παραδοσιν των πρεσβυτερων,

  17   και ὁτε εἰσηλθεν εἰς οἰκον ἀπο του ὀχλου, *ἐπηρωτων* αὐτον οἱ μαθηται αὐτου την παραβολην.

  8 23   και πτυσας εἰς τα ὀμματα αὐτου, ἐπιθεις τας χειρας αὐτω, *ἐπηρωτα* αὐτον· εἰ τι βλεπεις;

  27   και ἐν τη ὁδω *ἐπηρωτα* τους μαθητας αὐτου λεγων αὐτοις· τινα με λεγουσιν οἱ ἀνθρωποι εἰναι;

  29   και αὐτος *ἐπηρωτα* αὐτους· ὑμεις δε τινα με λεγετε εἰναι;

  9 11   και *ἐπηρωτων* αὐτον λεγοντες· ὁτι λεγουσιν οἱ γραμματεις ὁτι ἠλιαν δει ἐλθειν πρωτον;

  16   και *ἐπηρωτησεν* αὐτους· τι συζητειτε προς αὐτους;

  21   και *ἐπηρωτησεν* τον πατερα αὐτου· ποσος χρονος ἐστιν ὡς τουτο γεγονεν αὐτω;

  28   και εἰσελθοντος αὐτου εἰς οἰκον οἱ μαθηται αὐτου κατ ἰδιαν *ἐπηρωτων* αὐτον· ὁτι ἡμεις οὐκ ἠδυνηθημεν ἐκβαλειν αὐτο;

  32   οἱ δε ἠγνοουν το ρημα, και ἐφοβουντο αὐτον *ἐπερωτησαι*.

  33   και ἐν τη οἰκια γενομενος *ἐπηρωτα* αὐτους· τι ἐν τη ὁδω διελογιζεσθε;

  10 2   και προσελθοντες φαρισαιοι *ἐπηρωτων* αὐτον εἰ ἐξεστιν ἀνδρι γυναικα ἀπολυσαι,

  10   και εἰς την οἰκιαν παλιν οἱ μαθηται περι τουτου *ἐπηρωτων* αὐτον.

  17   και ἐκπορευομενου αὐτου εἰς ὁδον προσδραμων εἰς και γονυπετησας αὐτον *ἐπηρωτα* αὐτον· διδασκαλε ἀγαθε, τι ποιησω ἰνα ζωην αἰωνιον κληρονομησω;

  11 29   *ἐπερωτησω* ὑμας ἐνα λογον, και ἀποκριθητε μοι, και ἐρω ὑμιν ἐν ποια ἐξουσια ταυτα ποιω.

  12 18   και *ἐπηρωτων* αὐτον λεγοντες· διδασκαλε, μωυσης ἐγραψεν ἡμιν ὁτι ἐαν τινος ἀδελφος ἀποθανη και καταλιπη γυναικα και μη ἀφη τεκνον, ἰνα λαβη ὁ ἀδελφος αὐτου την γυναικα και ἐξαναστηση σπερμα τω ἀδελφω αὐτου.

  28   *ἐπηρωτησεν* αὐτον· ποια ἐστιν ἐντολη πρωτη παντων;

  34   και οὐδεις οὐκετι ἐτολμα αὐτον *ἐπερωτησαι*.

  13 3   και καθημενου αὐτου εἰς το ὀρος των ἐλαιων κατεναντι του ἰερου, *ἐπηρωτα* αὐτον κατ ἰδιαν πετρος και ἰακωβος και ἰωαννης και ἀνδρεας· εἰπον ἡμιν, ποτε ταυτα ἐσται,

  14 60   και ἀναστας ὁ ἀρχιερευς εἰς μεσον *ἐπηρωτησεν* τον ἰησουν λεγων· οὐκ ἀποκρινη οὐδεν τι οὐτοι σου καταμαρτυρουσιν;

  61   παλιν ὁ ἀρχιερευς *ἐπηρωτα* αὐτον και λεγει αὐτω· συ εἰ ὁ χριστος ὁ υἱος του εὐλογητου;

  15 2   και *ἐπηρωτησεν* αὐτον ὁ πιλατος· συ εἰ ὁ βασιλευς των ἰουδαιων;

  4   ὁ δε πιλατος παλιν *ἐπηρωτα* αὐτον λεγων· οὐκ ἀποκρινη οὐδεν;

  44   και προσκαλεσαμενος τον κεντυριωνα *ἐπηρωτησεν* αὐτον εἰ παλαι ἀπεθανεν·

Lc 2 46   και ἐγενετο μετα ἡμερας τρεις εὑρον αὐτον ἐν τω ἰερω καθεζομενον ἐν μεσω των διδασκαλων και ἀκουοντα αὐτων και *ἐπερωτωντα* αὐτους·

  3 10   και *ἐπηρωτων* αὐτον οἱ ὀχλοι λεγοντες· τι οὐν ποιησωμεν;

  14   *ἐπηρωτων* δε αὐτον και στρατευομενοι λεγοντες· τι ποιησωμεν και ἡμεις;

  6 9   *ἐπερωτω* ὑμας εἰ ἐξεστιν τω σαββατω ἀγαθοποιησαι ἡ κακοποιησαι, ψυχην σωσαι ἡ ἀπολεσαι;

  8 9   *ἐπηρωτων* δε αὐτον οἱ μαθηται αὐτου τις αὐτη εἰη ἡ παραβολη.

  30   *ἐπηρωτησεν* δε αὐτον ὁ ἰησους· τι σοι ὀνομα ἐστιν;

  9 18   και *ἐπηρωτησεν* αὐτους λεγων· τινα με λεγουσιν οἱ ὀχλοι εἰναι;

  17 20   *ἐπερωτηθεις* δε ὑπο των φαρισαιων ποτε ἐρχεται ἡ βασιλεια του θεου, ἀπεκριθη αὐτοις και εἰπεν·

  18 18   και *ἐπηρωτησεν* τις αὐτον ἀρχων λεγων· διδασκαλε ἀγαθε, τι ποιησας ζωην αἰωνιον κληρονομησω;

ἐπερωταω [56]

Lc 18 40 ἐγγισαντος δε αυτου *ἐπηρωτησεν* αὐτον· τί σοι θελεις ποιησω;

20 21 και *ἐπηρωτησαν* αὐτον λεγοντες· διδασκαλε, οἰδαμεν ὁτι ὀρθως λεγεις και διδασκεις και οὐ λαμβανεις προσωπον,

27 *ἐπηρωτησαν* αὐτον λεγοντες· διδασκαλε, μωυσης ἐγραψεν ἡμιν,

40 οὐκετι γαρ ἐτολμων *ἐπερωταν* αὐτον οὐδεν.

21 7 *ἐπηρωτησαν* δε αὐτον λεγοντες· διδασκαλε, ποτε οὐν ταυτα ἐσται;

22 64 και περικαλυψαντες αὐτον *ἐπηρωτων* λεγοντες· προφητευσον, τίς ἐστιν ὁ παισας σε;

23 6 πιλατος δε ἀκουσας *ἐπηρωτησεν* εἰ ὁ ἀνθρωπος γαλιλαιος ἐστιν,

9 *ἐπηρωτα* δε αὐτον ἐν λογοις ἱκανοις·

Jh 9 23 δια τουτο οἱ γονεις αὐτου εἰπαν ὁτι ἡλικιαν ἐχει, αὐτον *ἐπερωτησατε*.

18 7 παλιν οὐν *ἐπηρωτησεν* αὐτους· τίνα ζητειτε;

Ac 5 27 και *ἐπηρωτησεν* αὐτους ὁ ἀρχιερευς λεγων· [οὐ] παραγγελια παρηγγειλαμεν ὑμιν μη διδασκειν ἐπι τω ὀνοματι τουτω;

23 34 ἀναγνους δε και *ἐπερωτησας* ἐκ ποιας ἐπαρχειας ἐστιν,

Rm 10 20 εὑρεθην [ἐν] τοις ἐμε μη ζητουσιν, ἐμφανης ἐγενομην τοις ἐμε μη *ἐπερωτωσιν*.

1Co 14 35 εἰ δε τι μαθειν θελουσιν, ἐν οἰκω τους ἰδιους ἀνδρας *ἐπερωτατωσαν*·

ἐπερωτημα [1]

1Pt 3 21 ὁ και ὑμας ἀντιτυπον νυν σωζει βαπτισμα, οὐ σαρκος ἀποθεσις ῥυπου ἀλλα συνειδησεως ἀγαθης *ἐπερωτημα* εἰς θεον,

ἐπεχω [5]

Lc 14 7 ἐλεγεν δε προς τους κεκλημενους παραβολην, *ἐπεχων* πως τας πρωτοκλισιας ἐξελεγοντο,

Ac 3 5 ὁ δε *ἐπειχεν* αὐτοις προσδοκων τι παρ αὐτων λαβειν.

19 22 αὐτος *ἐπεσχεν* χρονον εἰς την ἀσιαν.

Php 2 16 λογον ζωης *ἐπεχοντες*, εἰς καυχημα ἐμοι εἰς ἡμεραν χριστου,

1Tm 4 16 *ἐπεχε* σεαυτω και τη διδασκαλια, ἐπιμενε αὐτοις·

ἐπηρεαζω [2]

Lc 6 28 εὐλογειτε τους καταρωμενους ὑμας, προσευχεσθε περι των *ἐπηρεαζοντων* ὑμας.

1Pt 3 16 συνειδησιν ἐχοντες ἀγαθην, ἱνα ἐν ᾡ καταλαλεισθε καταισχυνθωσιν οἱ *ἐπηρεαζοντες* ὑμων την ἀγαθην ἐν χριστω ἀναστροφην.

ἐπι [891]

cf append.

ἐπιβαινω [6]

Mt 21 5 εἰπατε τη θυγατρι σιων· ἰδου ὁ βασιλευς σου ἐρχεται σοι πραυς και *ἐπιβεβηκως* ἐπι ὀνον και ἐπι πωλον υἰον ὑποζυγιου.

Ac 20 18 ὑμεις ἐπιστασθε, ἀπο πρωτης ἡμερας ἀφ ἡς *ἐπεβην* εἰς την ἀσιαν, πως μεθ ὑμων τον παντα χρονον ἐγενομην,

21 2 και εὐροντες πλοιον διαπερων εἰς φοινικην, *ἐπιβαντες* ἀνηχθημεν.

4 οἱτινες τω παυλω ἐλεγον δια του πνευματος μη *ἐπιβαινειν* εἰς ἱεροσολυμα.

25 1 φηστος οὐν *ἐπιβας* τη ἐπαρχεια μετα τρεις ἡμερας ἀνεβη εἰς ἱεροσολυμα ἀπο καισαρειας,

27 2 *ἐπιβαντες* δε πλοιω ἀδραμυττηνω μελλοντι πλειν εἰς τους κατα την ἀσιαν τοπους ἀνηχθημεν,

ἐπιβαλλω [18]

Mt 9 16 οὐδεις δε *ἐπιβαλλει* ἐπιβλημα ῥακους ἀγναφου ἐπι ἱματιω παλαιω·

26 50 τοτε προσελθοντες *ἐπεβαλον* τας χειρας ἐπι τον ἰησουν και ἐκρατησαν αὐτον.

Mc 4 37 και τα κυματα *ἐπεβαλλεν* εἰς το πλοιον,

11 7 και φερουσιν τον πωλον προς τον ἰησουν, και *ἐπιβαλλουσιν* αὐτω τα ἱματια αὐτων,

14 46 οἱ δε *ἐπεβαλον* τας χειρας αὐτω και ἐκρατησαν αὐτον.

72 και *ἐπιβαλων* ἐκλαιεν.

ἐπιβαλλω [18]

Lc 5 36 ἐλεγεν δε και παραβολην προς αὐτους ὁτι οὐδεις ἐπιβλημα ἀπο ἱματιου καινου σχισας *ἐπιβαλλει* ἐπι ἱματιον παλαιον·

9 62 οὐδεις *ἐπιβαλων* την χειρα ἐπ ἀροτρον και βλεπων εἰς τα ὀπισω εὐθετος ἐστιν τη βασιλεια του θεου.

15 12 πατερ, δος μοι το *ἐπιβαλλον* μερος της οὐσιας.

20 19 και ἐζητησαν οἱ γραμματεις και οἱ ἀρχιερεις *ἐπιβαλειν* ἐπ αὐτον τας χειρας ἐν αὐτη τη ὡρα,

21 12 προ δε τουτων παντων *ἐπιβαλουσιν* ἐφ ὑμας τας χειρας αὐτων και διωξουσιν,

Jh 7 30 ἐζητουν οὐν αὐτον πιασαι, και οὐδεις *ἐπεβαλεν* ἐπ αὐτον την χειρα,

44 τινες δε ἠθελον ἐξ αὐτων πιασαι αὐτον, ἀλλ οὐδεις *ἐπεβαλεν* ἐπ αὐτον τας χειρας.

Ac 4 3 και *ἐπεβαλον* αὐτοις τας χειρας και ἐθεντο εἰς τηρησιν εἰς την αὐριον·

5 18 ἐπλησθησαν ζηλου και *ἐπεβαλον* τας χειρας ἐπι τους ἀποστολους και ἐθεντο αὐτους ἐν τηρησει δημοσια.

12 1 κατ ἐκεινον δε τον καιρον *ἐπεβαλεν* ἡρωδης ὁ βασιλευς τας χειρας κακωσαι τινας των ἀπο της ἐκκλησιας.

21 27 οἱ ἀπο της ἀσιας ἰουδαιοι θεασαμενοι αὐτον ἐν τω ἱερω συνεχεον παντα τον ὀχλον, και *ἐπεβαλον* ἐπ αὐτον τας χειρας, κραζοντες·

1Co 7 35 τουτο δε προς το ὑμων αὐτων συμφορον λεγω, οὐχ ἱνα βροχον ὑμιν *ἐπιβαλω*,

ἐπιβαρεω [3]

2Co 2 5 εἰ δε τις λελυπηκεν, οὐκ ἐμε λελυπηκεν, ἀλλα ἀπο μερους, ἱνα μη *ἐπιβαρω*, παντας ὑμας.

1Th 2 9 νυκτος και ἡμερας ἐργαζομενοι προς το μη *ἐπιβαρησαι* τινα ὑμων ἐκηρυξαμεν εἰς ὑμας το εὐαγγελιον του θεου.

2Th 3 8 ἀλλ ἐν κοπω και μοχθω νυκτος και ἡμερας ἐργαζομενοι προς το μη *ἐπιβαρησαι* τινα ὑμων·

ἐπιβιβαζω [3]

Lc 10 34 *ἐπιβιβασας* δε αὐτον ἐπι το ἰδιον κτηνος ἠγαγεν αὐτον εἰς πανδοχειον και ἐπεμεληθη αὐτου.

19 35 και ἠγαγον αὐτον προς τον ἰησουν, και ἐπιριψαντες αὐτων τα ἱματια ἐπι τον πωλον *ἐπεβιβασαν* τον ἰησουν.

Ac 23 24 κτηνη τε παραστησαι, ἱνα *ἐπιβιβασαντες* τον παυλον διασωσωσι προς φηλικα τον ἡγεμονα,

ἐπιβλεπω [3]

Lc 1 48 και ἠγαλλιασεν το πνευμα μου ἐπι τω θεω τω σωτηρι μου· ὁτι *ἐπεβλεψεν* ἐπι την ταπεινωσιν της δουλης αὐτου.

9 38 διδασκαλε, δεομαι σου *ἐπιβλεψαι* ἐπι τον υἰον μου,

Ja 2 3 *ἐπιβλεψητε* δε ἐπι τον φορουντα την ἐσθητα την λαμπραν και εἰπητε·

ἐπιβλημα [4]

Mt 9 16 οὐδεις δε ἐπιβαλλει *ἐπιβλημα* ῥακους ἀγναφου ἐπι ἱματιω παλαιω·

Mc 2 21 οὐδεις *ἐπιβλημα* ῥακους ἀγναφου ἐπιραπτει ἐπι ἱματιον παλαιον·

Lc 5 36 ἐλεγεν δε και παραβολην προς αὐτους ὁτι οὐδεις *ἐπιβλημα* ἀπο ἱματιου καινου σχισας ἐπιβαλλει ἐπι ἱματιον παλαιον·

36 εἰ δε μηγε, και το καινον σχισει και τω παλαιω οὐ συμφωνησει το *ἐπιβλημα* το ἀπο του καινου.

ἐπιβουλη [4]

Ac 9 24 ἐγνωσθη δε τω σαυλω ἡ *ἐπιβουλη* αὐτων.

20 3 γενομενης *ἐπιβουλης* αὐτω ὑπο των ἰουδαιων μελλοντι ἀναγεσθαι εἰς την συριαν, ἐγενετο γνωμης του ὑποστρεφειν δια μακεδονιας.

19 δουλευων τω κυριω μετα πασης ταπεινοφροσυνης και δακρυων και πειρασμων των συμβαντων μοι ἐν ταις *ἐπιβουλαις* των ἰουδαιων,

23 30 μηνυθεισης δε μοι *ἐπιβουλης* εἰς τον ἀνδρα ἐσεσθαι, ἐξαυτης ἐπεμψα προς σε,

ἐπιγαμβρευω [1]

Mt 22 24 διδασκαλε, μωυσης εἰπεν· ἐαν τις ἀποθανη μη ἐχων τεκνα, *ἐπιγαμβρευσει* ὁ ἀδελφος αὐτου την γυναικα αὐτου και ἀναστησει σπερμα τω ἀδελφω αὐτου.

ἐπίγειος [7]

Jh 3 12 εἰ τὰ ἐπίγεια εἶπον ὑμῖν καὶ οὐ πιστευετε, πῶς ἐὰν εἴπω ὑμῖν τὰ ἐπουρανια πιστευσετε;

1Co 15 40 καὶ σωματα ἐπουρανια, καὶ σωματα ἐπίγεια·

  40 ἀλλα ἑτερα μεν ἡ τῶν ἐπουρανιων δοξα, ἑτερα δε ἡ τῶν ἐπιγειων.

2Co 5 1 οἰδαμεν γαρ ὅτι ἐαν ἡ ἐπίγειος ἡμων οἰκια του σκηνους καταλυθη, οἰκοδομην ἐκ θεου ἐχομεν,

Php 2 10 καὶ ἐχαρισατο αὐτω το ὀνομα το ὑπερ παν ὀνομα, ἱνα ἐν τω ὀνοματι ἰησου παν γονυ καμψη ἐπουρανιων καὶ ἐπίγειων καὶ καταχθονιων,

  3 19 ὡν ὁ θεος ἡ κοιλια καὶ ἡ δοξα ἐν τη αἰσχυνη αὐτων, οἱ τα ἐπίγεια φρονουντες.

Ja 3 15 οὐκ ἐστιν αὑτη ἡ σοφια ἀνωθεν κατερχομενη, ἀλλα ἐπίγειος, ψυχικη, δαιμονιωδης·

ἐπιγίνομαι [1]

Ac 28 13 καὶ μετα μιαν ἡμεραν ἐπιγενομενου νοτου δευτεραιοι ἠλθομεν εἰς ποτιολους,

ἐπιγινώσκω [44]

Mt 7 16 ἀπο τῶν καρπων αὐτων ἐπιγνωσεσθε αὐτους.

  20 ἀρα γε ἀπο τῶν καρπων αὐτων ἐπιγνωσεσθε αὐτους.

  11 27 καὶ οὐδεις ἐπιγινωσκει τον υἱον εἰ μη ὁ πατηρ,

  27 οὐδε τον πατερα τις ἐπιγινωσκει εἰ μη ὁ υἱος καὶ ω ἐαν βουληται ὁ υἱος ἀποκαλυψαι.

  14 35 καὶ ἐπιγνοντες αὐτον οἱ ἀνδρες του τοπου ἐκεινου ἀπεστειλαν εἰς ὁλην την περιχωρον ἐκεινην,

  17 12 λεγω δε ὑμιν ὁτι ἡλιας ἡδη ἡλθεν, καὶ οὐκ ἐπεγνωσαν αὐτον, ἀλλα ἐποιησαν ἐν αὐτω ὁσα ἠθελησαν·

Mc 2 8 καὶ εὐθυς ἐπιγνους ὁ ἰησους τω πνευματι αὐτου ὁτι οὑτως διαλογιζονται ἐν ἑαυτοις,

  5 30 καὶ εὐθυς ὁ ἰησους ἐπιγνους ἐν ἑαυτω την ἐξ αὐτου δυναμιν ἐξελθουσαν,

  6 33 καὶ εἰδον αὐτους ὑπαγοντας καὶ ἐπεγνωσαν πολλοι,

  54 καὶ ἐξελθοντων αὐτων ἐκ του πλοιου εὐθυς ἐπιγνοντες αὐτον περιεδραμον ὁλην την χωραν ἐκεινην καὶ ἠρξαντο ἐπι τοις κραβαττοις τους κακως ἐχοντας περιφερειν,

Lc 1 4 ἐδοξε καμοι παρηκολουθηκοτι ἀνωθεν πασιν ἀκριβως καθεξης σοι γραψαι, κρατιστε θεοφιλε, ἱνα ἐπιγνως περι ὡν κατηχηθης λογων την ἀσφαλειαν.

  22 ἐξελθων δε οὐκ ἐδυνατο λαλησαι αὐτοις, καὶ ἐπεγνωσαν ὁτι ὀπτασιαν ἑωρακεν ἐν τω ναω·

  5 22 ἐπιγνους δε ὁ ἰησους τους διαλογισμους αὐτων, ἀποκριθεις εἰπεν προς αὐτους·

  7 37 καὶ ἰδου γυνη ἡτις ἠν ἐν τη πολει ἁμαρτωλος, καὶ ἐπιγνουσα ὁτι κατακειται ἐν τη οἰκια του φαρισαιου, κομισασα ἀλαβαστρον μυρου

  23 7 καὶ ἐπιγνους ὁτι ἐκ της ἐξουσιας ἡρωδου ἐστιν, ἀνεπεμψεν αὐτον προς ἡρωδην,

  24 16 οἱ δε ὀφθαλμοι αὐτων ἐκρατουντο του μη ἐπιγνωναι αὐτον.

  31 αὐτων δε διηνοιχθησαν οἱ ὀφθαλμοι, καὶ ἐπεγνωσαν αὐτον·

Ac 3 10 ἐπεγινωσκον δε αὐτον, ὁτι αὐτος ἠν ὁ προς την ἐλεημοσυνην καθημενος ἐπι τη ὡραια πυλη του ἱερου,

  4 13 καὶ καταλαβομενοι ὁτι ἀνθρωποι ἀγραμματοι εἰσιν καὶ ἰδιωται, ἐθαυμαζον, ἐπεγινωσκον τε αὐτους ὁτι συν τω ἰησου ἠσαν,

  9 30 ἐπιγνοντες δε οἱ ἀδελφοι κατηγαγον αὐτον εἰς καισαρειαν καὶ ἐξαπεστειλαν αὐτον εἰς ταρσον.

  12 14 καὶ ἐπιγνουσα την φωνην του πετρου ἀπο της χαρας οὐκ ἠνοιξεν τον πυλωνα,

  19 34 ἐπιγνοντες δε ὁτι ἰουδαιος ἐστιν, φωνη ἐγενετο μια ἐκ παντων, ὡς ἐπι ὡρας δυο κραζοντων·

  22 24 εἰπας μαστιξιν ἀνεταζεσθαι αὐτον, ἱνα ἐπιγνω δι ἡν αἰτιαν οὑτως ἐπεφωνουν αὐτω.

  29 καὶ ὁ χιλιαρχος δε ἐφοβηθη ἐπιγνους ὁτι ῥωμαιος ἐστιν καὶ ὁτι αὐτον ἠν δεδεκως.

  23 28 βουλομενος τε ἐπιγνωναι την αἰτιαν δι ἡν ἐνεκαλουν αὐτω, κατηγαγον εἰς το συνεδριον αὐτων·

  24 8 παρ οὑ δυνηση αὐτος ἀνακρινας περι παντων τουτων ἐπιγνωναι ὡν ἡμεις κατηγορουμεν αὐτου.

  11 δυναμενου σου ἐπιγνωναι ὁτι οὐ πλειους εἰσιν μοι ἡμεραι δωδεκα ἀφ ἡς ἀνεβην προσκυνησων εἰς ἰερουσαλημ.

  25 10 ἰουδαιους οὐδεν ἠδικησα, ὡς καὶ συ καλλιον ἐπιγινωσκεις.

  27 39 ὁτε δε ἡμερα ἐγενετο, την γην οὐκ ἐπεγινωσκον,

  28 1 καὶ διασωθεντες τοτε ἐπεγνωμεν ὁτι μελιτη ἡ νησος καλειται.

Rm 1 32 οἱτινες το δικαιωμα του θεου ἐπιγνοντες, ὁτι οἱ τα τοιαυτα πρασσοντες ἀξιοι θανατου εἰσιν,

ἐπιγινώσκω [44]

1Co 13 12 ἀρτι γινωσκω ἐκ μερους, τοτε δε ἐπιγνωσομαι καθως καὶ ἐπεγνωσθην.

  12 ἀρτι γινωσκω ἐκ μερους, τοτε δε ἐπιγνωσομαι καθως καὶ ἐπεγνωσθην.

  14 37 εἰ τις δοκει προφητης εἰναι ἡ πνευματικος, ἐπιγινωσκετω ἁ γραφω ὑμιν ὁτι κυριου ἐστιν ἐντολη·

  16 18 ἐπιγινωσκετε οὐν τους τοιουτους.

2Co 1 13 οὐ γαρ ἀλλα γραφομεν ὑμιν ἀλλ ἡ ἁ ἀναγινωσκετε ἡ καὶ ἐπιγινωσκετε,

  13 ἐλπιζω δε ὁτι ἑως τελους ἐπιγνωσεσθε,

  14 ἐλπιζω δε ὁτι ἑως τελους ἐπιγνωσεσθε, καθως καὶ ἐπεγνωτε ἡμας ἀπο μερους,

  6 9 ὡς πλανοι καὶ ἀληθεις, ὡς ἀγνοουμενοι καὶ ἐπιγινωσκομενοι,

  13 5 ἡ οὐκ ἐπιγινωσκετε ἑαυτους ὁτι ἰησους χριστος ἐν ὑμιν;

Col 1 6 ἀφ ἡς ἡμερας ἠκουσατε καὶ ἐπεγνωτε την χαριν του θεου ἐν ἀληθεια·

1Tm 4 3 κωλυοντων γαμειν, ἀπεχεσθαι βρωματων, ἁ ὁ θεος ἐκτισεν εἰς μεταλημψιν μετα εὐχαριστιας τοις πιστοις καὶ ἐπεγνωκοσι την ἀληθειαν.

2Pt 2 21 κρειττον γαρ ἠν αὐτοις μη ἐπεγνωκεναι την ὁδον της δικαιοσυνης,

  21 κρειττον γαρ ἠν αὐτοις μη ἐπεγνωκεναι την ὁδον της δικαιοσυνης, ἡ ἐπιγνουσιν ὑποστρεψαι ἐκ της παραδοθεισης αὐτοις ἁγιας ἐντολης.

ἐπίγνωσις [20]

Rm 1 28 καὶ καθως οὐκ ἐδοκιμασαν τον θεον ἐχειν ἐν ἐπιγνωσει, παρεδωκεν αὐτους ὁ θεος εἰς ἀδοκιμον νουν,

  3 20 διοτι ἐξ ἐργων νομου οὐ δικαιωθησεται πασα σαρξ ἐνωπιον αὐτου· δια γαρ νομου ἐπιγνωσις ἁμαρτιας.

  10 2 μαρτυρω γαρ αὐτοις ὁτι ζηλον θεου ἐχουσιν, ἀλλ οὐ κατ ἐπιγνωσιν·

Eph 1 17 ἱνα ὁ θεος του κυριου ἡμων ἰησου χριστου, ὁ πατηρ της δοξης, δωη ὑμιν πνευμα σοφιας καὶ ἀποκαλυψεως ἐν ἐπιγνωσει αὐτου,

  4 13 μεχρι καταντησωμεν οἱ παντες εἰς την ἐνοτητα της πιστεως καὶ της ἐπιγνωσεως του υἱου του θεου,

Php 1 9 καὶ τουτο προσευχομαι, ἱνα ἡ ἀγαπη ὑμων ἐτι μαλλον καὶ μαλλον περισσευη ἐν ἐπιγνωσει καὶ παση αἰσθησει,

Col 1 9 οὐ παυομεθα ὑπερ ὑμων προσευχομενοι καὶ αἰτουμενοι ἱνα πληρωθητε την ἐπιγνωσιν του θεληματος αὐτου ἐν παση σοφια καὶ συνεσει πνευματικη,

  10 ἐν παντι ἐργω ἀγαθω καρποφορουντες καὶ αὐξανομενοι τη ἐπιγνωσει του θεου,

  2 2 συμβιβασθεντες ἐν ἀγαπη καὶ εἰς παν πλουτος της πληροφοριας της συνεσεως, εἰς ἐπιγνωσιν του μυστηριου του θεου, χριστου,

  3 10 καὶ ἐνδυσαμενοι τον νεον τον ἀνακαινουμενον εἰς ἐπιγνωσιν κατ εἰκονα του κτισαντος αὐτον,

1Tm 2 4 τουτο καλον καὶ ἀποδεκτον ἐνωπιον του σωτηρος ἡμων θεου, ὁς παντας ἀνθρωπους θελει σωθηναι καὶ εἰς ἐπιγνωσιν ἀληθειας ἐλθειν.

2Tm 2 25 μηποτε δωη αὐτοις ὁ θεος μετανοιαν εἰς ἐπιγνωσιν ἀληθειας,

  3 7 παντοτε μανθανοντα καὶ μηδεποτε εἰς ἐπιγνωσιν ἀληθειας ἐλθειν δυναμενα.

Tit 1 1 παυλος δουλος θεου, ἀποστολος δε ἰησου χριστου κατα πιστιν ἐκλεκτων θεου καὶ ἐπιγνωσιν ἀληθειας της κατ εὐσεβειαν

Phm 6 ὁπως ἡ κοινωνια της πιστεως σου ἐνεργης γενηται ἐν ἐπιγνωσει παντος ἀγαθου του ἐν ἡμιν εἰς χριστον.

Heb 10 26 ἑκουσιως γαρ ἁμαρτανοντων ἡμων μετα το λαβειν την ἐπιγνωσιν της ἀληθειας, οὐκετι περι ἁμαρτιων ἀπολειπεται θυσια,

2Pt 1 2 χαρις ὑμιν καὶ εἰρηνη πληθυνθειη ἐν ἐπιγνωσει του θεου καὶ ἰησου του κυριου ἡμων.

  3 ὡς παντα ἡμιν της θειας δυναμεως αὐτου τα προς ζωην καὶ εὐσεβειαν δεδωρημενης δια της ἐπιγνωσεως

  8 ταυτα γαρ ὑμιν ὑπαρχοντα καὶ πλεοναζοντα οὐκ ἀργους οὐδε ἀκαρπους καθιστησιν εἰς την του κυριου ἡμων ἰησου χριστου ἐπιγνωσιν·

  2 20 εἰ γαρ ἀποφυγοντες τα μιασματα του κοσμου ἐν ἐπιγνωσει του κυριου [ἡμων] καὶ σωτηρος ἰησου χριστου, τουτοις δε παλιν ἐμπλακεντες ἡττωνται, γεγονεν αὐτοις τα ἐσχατα χειρονα των πρωτων.

ἐπιγραφή [5]

Mt 22 20 τινος ἡ εἰκων αὑτη καὶ ἡ ἐπιγραφη;

ἐπιγραφη [5]

Mc	12 16	τίνος ἡ εἰκων αὑτη και ἡ *ἐπιγραφη*;
	15 26	και ἡν ἡ *ἐπιγραφη* της αἰτιας αὑτου ἐπιγεγραμμενη· ὁ βασιλευς των ἰουδαιων.
Lc	20 24	τίνος ἐχει εἰκονα και *ἐπιγραφην*;
	23 38	ἡν δε και *ἐπιγραφη* ἐπ αὑτω· ὁ βασιλευς των ἰουδαιων οὑτος.

ἐπιγραφω [5]

Mc	15 26	και ἡν ἡ ἐπιγραφη της αἰτιας αὑτου *ἐπιγεγραμμενη*· ὁ βασιλευς των ἰουδαιων.
Ac	17 23	διερχομενος γαρ και ἀναθεωρων τα σεβασματα ὑμων εὑρον και βωμον ἐν ᾡ *ἐπεγεγραπτο*· ἀγνωστω θεω.
Heb	8 10	διδους νομους μου εἰς την διανοιαν αὐτων, και ἐπι καρδιας αὐτων *ἐπιγραψω* αὐτους,
	10 16	διδους νομους μου ἐπι καρδιας αὐτων, και ἐπι την διανοιαν αὐτων *ἐπιγραψω* αὐτους,
Apc	21 12	και ὀνοματα *ἐπιγεγραμμενα*, ἁ ἐστιν [τα ὀνοματα] των δωδεκα φυλων υἱων ἰσραηλ.

ἐπιδεικνυμι [7]

Mt	16 1	και προσελθοντες οἱ φαρισαιοι και σαδδουκαιοι πειραζοντες ἐπηρωτησαν αὐτον σημειον ἐκ του οὐρανου *ἐπιδειξαι* αὐτοις.
	22 19	*ἐπιδειξατε* μοι το νομισμα του κηνσου.
	24 1	και προσηλθον οἱ μαθηται αὐτου *ἐπιδειξαι* αὐτω τας οἰκοδομας του ἱερου.
Lc	17 14	πορευθεντες *ἐπιδειξατε* ἑαυτους τοις ἱερευσιν.
Ac	9 39	και παρεστησαν αὐτω πασαι αἱ χηραι κλαιουσαι και *ἐπιδεικνυμεναι* χιτωνας και ἱματια,
	18 28	εὐτονως γαρ τοις ἰουδαιοις διακατηλεγχετο δημοσια *ἐπιδεικνυς* δια των γραφων εἰναι τον χριστον ἰησουν.
Heb	6 17	ἐν ᾡ περισσοτερον βουλομενος ὁ θεος *ἐπιδειξαι* τοις κληρονομοις της ἐπαγγελιας το ἀμεταθετον της βουλης αὐτου ἐμεσιτευσεν ὁρκω,

ἐπιδεχομαι [2]

3Jh	9	ἀλλ ὁ φιλοπρωτευων αὐτων διοτρεφης οὐκ *ἐπιδεχεται* ἡμας.
	10	οὐτε αὐτος *ἐπιδεχεται* τους ἀδελφους και τους βουλομενους κωλυει και ἐκ της ἐκκλησιας ἐκβαλλει.

ἐπιδημεω [2]

Ac	2 10	και οἱ *ἐπιδημουντες* ῥωμαιοι, ἰουδαιοι τε και προσηλυτοι, κρητες και ἀραβες,
	17 21	ἀθηναιοι δε παντες και οἱ *ἐπιδημουντες* ξενοι εἰς οὐδεν ἑτερον ηὐκαιρουν ἡ λεγειν τι ἡ ἀκουειν τι καινοτερον.

ἐπιδιατασσομαι [1]

Ga	3 15	ὁμως ἀνθρωπου κεκυρωμενην διαθηκην οὐδεις ἀθετει ἡ *ἐπιδιατασσεται*.

ἐπιδιδωμι [9]

Mt	7 9	μη λιθον *ἐπιδωσει* αὐτω;
	10	μη ὀφιν *ἐπιδωσει* αὐτω;
Lc	4 17	και *ἐπεδοθη* αὐτω βιβλιον του προφητου ἡσαιου,
	11 11	τίνα δε ἐξ ὑμων τον πατερα αἰτησει ὁ υἱος ἰχθυν, και ἀντι ἰχθυος ὀφιν αὐτω *ἐπιδωσει*;
	12	ἡ και αἰτησει ᾠον, *ἐπιδωσει* αὐτω σκορπιον;
	24 30	και ἐγενετο ἐν τω κατακλιθηναι αὐτον μετ αὐτων λαβων τον ἀρτον εὐλογησεν και κλασας *ἐπεδιδου* αὐτοις·
	42	οἱ δε *ἐπεδωκαν* αὐτω ἰχθυος ὀπτου μερος·
Ac	15 30	οἱ μεν οὐν ἀπολυθεντες κατηλθον εἰς ἀντιοχειαν, και συναγαγοντες το πληθος *ἐπεδωκαν* την ἐπιστολην.
	27 15	συναρπασθεντος δε του πλοιου και μη δυναμενου ἀντοφθαλμειν τω ἀνεμω *ἐπιδοντες* ἐφερομεθα.

ἐπιδιορθοω [1]

Tit	1 5	τουτου χαριν ἀπελιπον σε ἐν κρητη, ἱνα τα λειποντα *ἐπιδιορθωση*,

ἐπιδυω [1]

Eph	4 26	ὁ ἡλιος μη *ἐπιδυετω* ἐπι [τω] παροργισμω ὑμων,

ἐπιεικεια [2]

Ac	24 4	ἱνα δε μη ἐπι πλειον σε ἐγκοπτω, παρακαλω ἀκουσαι σε ἡμων συντομως τη ση *ἐπιεικεια*.
2Co	10 1	αὐτος δε ἐγω παυλος παρακαλω ὑμας δια της πραυτητος και *ἐπιεικειας* του χριστου,

ἐπιεικης [5]

Php	4 5	το *ἐπιεικες* ὑμων γνωσθητω πασιν ἀνθρωποις.
1Tm	3 3	μη παροινον, μη πληκτην, ἀλλα *ἐπιεικη*, ἀμαχον, ἀφιλαργυρον,
Tit	3 2	μηδενα βλασφημειν, ἀμαχους εἰναι, *ἐπιεικεις*, πασαν ἐνδεικνυμενους πραυτητα προς παντας ἀνθρωπους.
Ja	3 17	ἡ δε ἀνωθεν σοφια πρωτον μεν ἀγνη ἐστιν, ἐπειτα εἰρηνικη, *ἐπιεικης*, εὐπειθης,
1Pt	2 18	οἱ οἰκεται, ὑποτασσομενοι ἐν παντι φοβω τοις δεσποταις, οὐ μονον τοις ἀγαθοις και *ἐπιεικεσιν* ἀλλα και τοις σκολιοις.

ἐπιζητεω [13]

Mt	6 32	παντα γαρ ταυτα τα ἐθνη *ἐπιζητουσιν*·
	12 39	γενεα πονηρα και μοιχαλις σημειον *ἐπιζητει*,
	16 4	γενεα πονηρα και μοιχαλις σημειον *ἐπιζητει*,
Lc	4 42	και οἱ ὀχλοι *ἐπεζητουν* αὐτον,
	12 30	ταυτα γαρ παντα τα ἐθνη του κοσμου *ἐπιζητουσιν*·
Ac	12 19	ἡρωδης δε *ἐπιζητησας* αὐτον και μη εὑρων, ἀνακρινας τους φυλακας ἐκελευσεν ἀπαχθηναι,
	13 7	οὑτος προσκαλεσαμενος βαρναβαν και σαυλον *ἐπεζητησεν* ἀκουσαι τον λογον του θεου·
	19 39	εἰ δε τι περαιτερω *ἐπιζητειτε*, ἐν τη ἐννομω ἐκκλησια ἐπιλυθησεται.
Rm	11 7	ὁ *ἐπιζητει* ἰσραηλ, τουτο οὐκ ἐπετυχεν, ἡ δε ἐκλογη ἐπετυχεν·
Php	4 17	οὐχ ὁτι *ἐπιζητω* το δομα, ἀλλα *ἐπιζητω* τον καρπον τον πλεοναζοντα εἰς λογον ὑμων.
	17	οὐχ ὁτι *ἐπιζητω* το δομα, ἀλλα *ἐπιζητω* τον καρπον τον πλεοναζοντα εἰς λογον ὑμων.
Heb	11 14	οἱ γαρ τοιαυτα λεγοντες ἐμφανιζουσιν ὁτι πατριδα *ἐπιζητουσιν*.
	13 14	οὐ γαρ ἐχομεν ὡδε μενουσαν πολιν, ἀλλα την μελλουσαν *ἐπιζητουμεν*.

ἐπιθανατιος [1]

1Co	4 9	δοκω γαρ, ὁ θεος ἡμας τους ἀποστολους ἐσχατους ἀπεδειξεν ὡς *ἐπιθανατιους*,

ἐπιθεσις [4]

Ac	8 18	ἰδων δε ὁ σιμων ὁτι δια της *ἐπιθεσεως* των χειρων των ἀποστολων διδοται το πνευμα, προσηνεγκεν αὐτοις χρηματα λεγων·
1Tm	4 14	μη ἀμελει του ἐν σοι χαρισματος, ὁ ἐδοθη σοι δια προφητειας μετα *ἐπιθεσεως* των χειρων του πρεσβυτεριου.
2Tm	1 6	δι ἡν αἰτιαν ἀναμιμνησκω σε ἀναζωπυρειν το χαρισμα του θεου, ὁ ἐστιν ἐν σοι δια της *ἐπιθεσεως* των χειρων μου.
Heb	6 2	μη παλιν θεμελιον καταβαλλομενοι μετανοιας ἀπο νεκρων ἐργων, και πιστεως ἐπι θεον, βαπτισμων διδαχης, *ἐπιθεσεως* τε χειρων, ἀναστασεως τε νεκρων,

ἐπιθυμεω [16]

Mt	5 28	ἐγω δε λεγω ὑμιν ὁτι πας ὁ βλεπων γυναικα προς το *ἐπιθυμησαι* αὐτην ἡδη ἐμοιχευσεν αὐτην ἐν τη καρδια αὐτου.
	13 17	ἀμην γαρ λεγω ὑμιν ὁτι πολλοι προφηται και δικαιοι *ἐπεθυμησαν* ἰδειν ἁ βλεπετε και οὐκ εἰδαν,
Lc	15 16	και *ἐπεθυμει* χορτασθηναι ἐκ των κερατιων ὡν ἠσθιον οἱ χοιροι και οὐδεις ἐδιδου αὐτω.
	16 21	πτωχος δε τις ὀνοματι λαζαρος ἐβεβλητο προς τον πυλωνα αὐτου εἱλκωμενος και *ἐπιθυμων* χορτασθηναι ἀπο των πιπτοντων ἀπο της τραπεζης του πλουσιου·
	17 22	ἐλευσονται ἡμεραι ὁτε *ἐπιθυμησετε* μιαν των ἡμερων του υἱου του ἀνθρωπου ἰδειν και οὐκ ὀψεσθε.
	22 15	ἐπιθυμια *ἐπεθυμησα* τουτο το πασχα φαγειν μεθ ὑμων προ του με παθειν·
Ac	20 33	ἀργυριου ἡ χρυσιου ἡ ἱματισμου οὐδενος *ἐπεθυμησα*·
Rm	7 7	την τε γαρ ἐπιθυμιαν οὐκ ἡδειν εἰ μη ὁ νομος ἐλεγεν· οὐκ *ἐπιθυμησεις*·
	13 9	το γαρ οὐ μοιχευσεις, οὐ φονευσεις, οὐ κλεψεις, οὐκ *ἐπιθυμησεις*, και εἰ τις ἑτερα ἐντολη, ἐν τω λογω τουτω ἀνακεφαλαιουται, [ἐν τω]·

ἐπιθυμεω [16]

1Co	10 6	εἰς το μη εἰναι ἡμας ἐπιθυμητας κακων, καθως κἀκεινοι ἐπεθυμησαν.
Ga	5 17	ἡ γαρ σαρξ ἐπιθυμει κατα του πνευματος, το δε πνευμα κατα της σαρκος,
1Tm	3 1	εἰ τις ἐπισκοπης ὀρεγεται, καλου ἐργου ἐπιθυμει.
Heb	6 11	ἐπιθυμουμεν δε ἑκαστον ὑμων την αὐτην ἐνδεικνυσθαι σπουδην προς την πληροφοριαν της ἐλπιδος ἀχρι τελους,
Ja	4 2	ἐπιθυμειτε, και οὐκ ἐχετε· φονευετε και ζηλουτε,
1Pt	1 12	εἰς ἁ ἐπιθυμουσιν ἀγγελοι παρακυψαι.
Apc	9 6	και ἐπιθυμησουσιν ἀποθανειν και φευγει ὁ θανατος ἀπ αὐτων.

ἐπιθυμητης [1]

1Co	10 6	ταυτα δε τυποι ἡμων ἐγενηθησαν, εἰς το μη εἰναι ἡμας ἐπιθυμητας κακων,

ἐπιθυμια [38]

Mc	4 19	οὑτοι εἰσιν οἱ τον λογον ἀκουσαντες, και αἱ μεριμναι του αἰωνος και ἡ ἀπατη του πλουτου και αἱ περι τα λοιπα ἐπιθυμιαι εἰσπορευομεναι συμπνιγουσιν τον λογον, και ἀκαρπος γινεται.
Lc	22 15	ἐπιθυμια ἐπεθυμησα τουτο το πασχα φαγειν μεθ ὑμων προ του με παθειν·
Jh	8 44	ὑμεις ἐκ του πατρος του διαβολου ἐστε και τας ἐπιθυμιας του πατρος ὑμων θελετε ποιειν.
Rm	1 24	διο παρεδωκεν αὐτους ὁ θεος ἐν ταις ἐπιθυμιαις των καρδιων αὐτων εἰς ἀκαθαρσιαν του ἀτιμαζεσθαι τα σωματα αὐτων ἐν αὐτοις,
	6 12	μη οὐν βασιλευετω ἡ ἁμαρτια ἐν τω θνητω ὑμων σωματι εἰς το ὑπακουειν ταις ἐπιθυμιαις αὐτου,
	7 7	την τε γαρ ἐπιθυμιαν οὐκ ᾐδειν εἰ μη ὁ νομος ἐλεγεν·
	8	ἀφορμην δε λαβουσα ἡ ἁμαρτια δια της ἐντολης κατειργασατο ἐν ἐμοι πασαν ἐπιθυμιαν·
	13 14	ἀλλα ἐνδυσασθε τον κυριον ἰησουν χριστον, και της σαρκος προνοιαν μη ποιεισθε εἰς ἐπιθυμιας.
Ga	5 16	πνευματι περιπατειτε και ἐπιθυμιαν σαρκος οὐ μη τελεσητε.
	24	οἱ δε του χριστου [ἰησου] την σαρκα ἐσταυρωσαν συν τοις παθημασιν και ταις ἐπιθυμιαις.
Eph	2 3	ἐν οἱς και ἡμεις παντες ἀνεστραφημεν ποτε ἐν ταις ἐπιθυμιαις της σαρκος ἡμων,
	4 22	ἀποθεσθαι ὑμας κατα την προτεραν ἀναστροφην τον παλαιον ἀνθρωπον τον φθειρομενον κατα τας ἐπιθυμιας της ἀπατης,
Php	1 23	συνεχομαι δε ἐκ των δυο, την ἐπιθυμιαν ἐχων εἰς το ἀναλυσαι και συν χριστω εἰναι,
Col	3 5	νεκρωσατε οὐν τα μελη τα ἐπι της γης, πορνειαν, ἀκαθαρσιαν, παθος, ἐπιθυμιαν κακην,
1Th	2 17	περισσοτερως ἐσπουδασαμεν το προσωπον ὑμων ἰδειν ἐν πολλη ἐπιθυμια.
	4 5	μη ἐν παθει ἐπιθυμιας καθαπερ και τα ἐθνη τα μη εἰδοτα τον θεον,
1Tm	6 9	οἱ δε βουλομενοι πλουτειν ἐμπιπτουσιν εἰς πειρασμον και παγιδα και ἐπιθυμιας πολλας ἀνοητους και βλαβερας,
2Tm	2 22	τας δε νεωτερικας ἐπιθυμιας φευγε, διωκε δε δικαιοσυνην,
	3 6	και αἰχμαλωτιζοντες γυναικαρια σεσωρευμενα ἁμαρτιαις, ἀγομενα ἐπιθυμιαις ποικιλαις,
	4 3	ἀλλα κατα τας ἰδιας ἐπιθυμιας ἑαυτοις ἐπισωρευσουσιν διδασκαλους κνηθομενοι την ἀκοην,
Tit	2 12	παιδευουσα ἡμας, ἱνα ἀρνησαμενοι την ἀσεβειαν και τας κοσμικας ἐπιθυμιας σωφρονως και δικαιως και εὐσεβως ζησωμεν ἐν τω νυν αἰωνι,
	3 3	ἡμεν γαρ ποτε και ἡμεις ἀνοητοι, ἀπειθεις, πλανωμενοι, δουλευοντες ἐπιθυμιαις και ἡδοναις ποικιλαις,
Ja	1 14	ἑκαστος δε πειραζεται ὑπο της ἰδιας ἐπιθυμιας ἐξελκομενος και δελεαζομενος·
	15	εἰτα ἡ ἐπιθυμια συλλαβουσα τικτει ἁμαρτιαν,
1Pt	1 14	ὡς τεκνα ὑπακοης, μη συσχηματιζομενοι ταις προτερον ἐν τη ἀγνοια ὑμων ἐπιθυμιαις,
	2 11	ἀγαπητοι, παρακαλω ὡς παροικους και παρεπιδημους ἀπεχεσθαι των σαρκικων ἐπιθυμιων,
	4 2	εἰς το μηκετι ἀνθρωπων ἐπιθυμιαις ἀλλα θεληματι θεου τον ἐπιλοιπον ἐν σαρκι βιωσαι χρονον.
	3	πεπορευμενους ἐν ἀσελγειαις, ἐπιθυμιαις, οἰνοφλυγιαις, κωμοις, ποτοις και ἀθεμιτοις εἰδωλολατριαις.
2Pt	1 4	ἱνα δια τουτων γενησθε θειας κοινωνοι φυσεως, ἀποφυγοντες της ἐν τω κοσμω ἐν ἐπιθυμια φθορας.

ἐπιθυμια [38]

2Pt	2 10	ἀδικους δε εἰς ἡμεραν κρισεως κολαζομενους τηρειν, μαλιστα δε τους ὀπισω σαρκος ἐν ἐπιθυμια μιασμου πορευομενους και κυριοτητος καταφρονουντας.
	18	ὑπερογκα γαρ ματαιοτητος φθεγγομενοι δελεαζουσιν ἐν ἐπιθυμιαις σαρκος ἀσελγειαις τους ὀλιγως ἀποφευγοντας τους ἐν πλανη ἀναστρεφομενους,
	3 3	τουτο πρωτον γινωσκοντες, ὁτι ἐλευσονται ἐπ ἐσχατων των ἡμερων [ἐν] ἐμπαιγμονη ἐμπαικται κατα τας ἰδιας ἐπιθυμιας αὐτων πορευομενοι
1Jh	2 16	ὁτι παν το ἐν τω κοσμω, ἡ ἐπιθυμια της σαρκος και ἡ ἐπιθυμια των ὀφθαλμων και ἡ ἀλαζονεια του βιου, οὐκ ἐστιν ἐκ του πατρος,
	16	ὁτι παν το ἐν τω κοσμω, ἡ ἐπιθυμια της σαρκος και ἡ ἐπιθυμια των ὀφθαλμων και ἡ ἀλαζονεια του βιου, οὐκ ἐστιν ἐκ του πατρος,
	17	και ὁ κοσμος παραγεται και ἡ ἐπιθυμια αὐτου·
Ju	16	οὑτοι εἰσιν γογγυσται μεμψιμοιροι, κατα τας ἐπιθυμιας ἑαυτων πορευομενοι,
	18	[ὁτι] ἐπ ἐσχατου [του] χρονου ἐσονται ἐμπαικται κατα τας ἑαυτων ἐπιθυμιας πορευομενοι των ἀσεβειων.
Apc	18 14	και ἡ ὀπωρα σου της ἐπιθυμιας της ψυχης ἀπηλθεν ἀπο σου,

ἐπικαθιζω [1]

Mt	21 7	και ἐπεθηκαν ἐπ αὐτων τα ἱματια, και ἐπεκαθισεν ἐπανω αὐτων.

ἐπικαλεω [30]

Mt	10 25	εἰ τον οἰκοδεσποτην βεελζεβουλ ἐπεκαλεσαν, ποσω μαλλον τους οἰκιακους αὐτου.
Ac	1 23	και ἐστησαν δυο, ἰωσηφ τον καλουμενον βαρσαββαν, ὁς ἐπεκληθη ἰουστος, και μαθθιαν.
	2 21	και ἐσται πας ὁς ἀν ἐπικαλεσηται το ὀνομα κυριου σωθησεται.
	4 36	ἰωσηφ δε ὁ ἐπικληθεις βαρναβας ἀπο των ἀποστολων, ὁ ἐστιν μεθερμηνευομενον υἱος παρακλησεως, λευιτης, κυπριος τω γενει,
	7 59	και ἐλιθοβολουν τον στεφανον, ἐπικαλουμενον και λεγοντα· κυριε ἰησου, δεξαι το πνευμα μου.
	9 14	και ὡδε ἐχει ἐξουσιαν παρα των ἀρχιερεων δησαι παντας τους ἐπικαλουμενους το ὀνομα σου.
	21	οὐχ οὑτος ἐστιν ὁ πορθησας εἰς ἱερουσαλημ τους ἐπικαλουμενους το ὀνομα τουτο, και ὡδε εἰς τουτο ἐληλυθει, ἱνα δεδεμενους αὐτους ἀγαγη ἐπι τους ἀρχιερεις;
	10 5	και νυν πεμψον ἀνδρας εἰς ἰοππην και μεταπεμψαι σιμωνα τινα ὁς ἐπικαλειται πετρος·
	18	και φωνησαντες ἐπυνθανοντο εἰ σιμων ὁ ἐπικαλουμενος πετρος ἐνθαδε ξενιζεται.
	32	πεμψον οὐν εἰς ἰοππην και μετακαλεσαι σιμωνα ὁς ἐπικαλειται πετρος·
	11 13	ἀποστειλον εἰς ἰοππην και μεταπεμψαι σιμωνα τον ἐπικαλουμενον πετρον,
	12 12	συνιδων τε ἠλθεν ἐπι την οἰκιαν της μαριας της μητρος ἰωαννου του ἐπικαλουμενου μαρκου,
	25	πληρωσαντες την διακονιαν, συμπαραλαβοντες ἰωαννην τον ἐπικληθεντα μαρκον.
	15 17	ὁπως ἀν ἐκζητησωσιν οἱ καταλοιποι των ἀνθρωπων τον κυριον, και παντα τα ἐθνη ἐφ οὑς ἐπικεκληται το ὀνομα μου ἐπ αὐτους,
	22 16	ἀναστας βαπτισαι και ἀπολουσαι τας ἁμαρτιας σου, ἐπικαλεσαμενος το ὀνομα αὐτου.
	25 11	εἰ δε οὐδεν ἐστιν ὡν οὑτοι κατηγορουσιν μου, οὐδεις με δυναται αὐτοις χαρισασθαι· καισαρα ἐπικαλουμαι.
	12	καισαρα ἐπικεκλησαι, ἐπι καισαρα πορευση.
	21	του δε παυλου ἐπικαλεσαμενου τηρηθηναι αὐτον εἰς την του σεβαστου διαγνωσιν, ἐκελευσα τηρεισθαι αὐτον ἑως οὑ ἀναπεμψω αὐτον προς καισαρα.
	25	ἐγω δε κατελαβομην μηδεν ἀξιον αὐτον θανατου πεπραχεναι, αὐτου δε τουτου ἐπικαλεσαμενου τον σεβαστον ἐκρινα πεμπειν.
	26 32	ἀπολελυσθαι ἐδυνατο ὁ ἀνθρωπος οὑτος εἰ μη ἐπεκεκλητο καισαρα.
	28 19	ἀντιλεγοντων δε των ἰουδαιων ἠναγκασθην ἐπικαλεσασθαι καισαρα,
Rm	10 12	ὁ γαρ αὐτος κυριος παντων, πλουτων εἰς παντας τους ἐπικαλουμενους αὐτον·
	13	πας γαρ ὁς ἀν ἐπικαλεσηται το ὀνομα κυριου σωθησεται.
	14	πως οὐν ἐπικαλεσωνται εἰς ὁν οὐκ ἐπιστευσαν;

ἐπικαλεω [30]

1Co	1 2	συν πασιν τοις ἐπικαλουμενοις το ὀνομα του κυριου ἡμων ἰησου χριστου ἐν παντι τοπω, αὐτων και ἡμων·
2Co	1 23	ἐγω δε μαρτυρα τον θεον ἐπικαλουμαι ἐπι την ἐμην ψυχην,
2Tm	2 22	διωκε δε δικαιοσυνην, πιστιν, ἀγαπην, εἰρηνην μετα των ἐπικαλουμενων τον κυριον ἐκ καθαρας καρδιας.
Heb	11 16	διο οὐκ ἐπαισχυνεται αὐτους ὁ θεος θεος ἐπικαλεισθαι αὐτων·
Ja	2 7	οὐκ αὐτοι βλασφημουσιν το καλον ὀνομα το ἐπικληθεν ἐφ ὑμας;
1Pt	1 17	και εἰ πατερα ἐπικαλεισθε τον ἀπροσωπολημπτως κρινοντα κατα το ἑκαστου ἐργον, ἐν φοβω τον της παροικιας ὑμων χρονον ἀναστραφητε,

ἐπικαλυμμα [1]

1Pt	2 16	ὡς ἐλευθεροι, και μη ὡς ἐπικαλυμμα ἐχοντες της κακιας την ἐλευθεριαν,

ἐπικαλυπτω [1]

Rm	4 7	μακαριοι ὡν ἀφεθησαν αἱ ἀνομιαι και ὡν ἐπεκαλυφθησαν αἱ ἁμαρτιαι·

ἐπικαταρατος [2]

Ga	3 10	γεγραπται γαρ ὁτι ἐπικαταρατος πας ὁς οὐκ ἐμμενει πασιν τοις γεγραμμενοις ἐν τω βιβλιω του νομου του ποιησαι αὐτα.
	13	ἐπικαταρατος πας ὁ κρεμαμενος ἐπι ξυλου,

ἐπικειμαι [7]

Lc	5 1	ἐγενετο δε ἐν τω τον ὀχλον ἐπικεισθαι αὐτω και ἀκουειν τον λογον του θεου, και αὐτος ἡν ἑστως παρα την λιμνην γεννησαρετ,
	23 23	οἱ δε ἐπεκειντο φωναις μεγαλαις αἰτουμενοι αὐτον σταυρωθηναι,
Jh	11 38	ἡν δε σπηλαιον, και λιθος ἐπεκειτο ἐπ αὐτω.
	21 9	ὡς οὐν ἀπεβησαν εἰς την γην, βλεπουσιν ἀνθρακιαν κειμενην και ὀψαριον ἐπικειμενον και ἀρτον.
Ac	27 20	μητε δε ἡλιου μητε ἀστρων ἐπιφαινοντων ἐπι πλειονας ἡμερας, χειμωνος τε οὐκ ὀλιγου ἐπικειμενου,
1Co	9 16	ἀναγκη γαρ μοι ἐπικειται·
Heb	9 10	μονον ἐπι βρωμασιν και πομασιν και διαφοροις βαπτισμοις, δικαιωματα σαρκος μεχρι καιρου διορθωσεως ἐπικειμενα.

ἐπικελλω [1]

Ac	27 41	περιπεσοντες δε εἰς τοπον διθαλασσον ἐπεκειλαν την ναυν,

ἐπικουρειος [1]

Ac	17 18	τινες δε και των ἐπικουρειων και στωικων φιλοσοφων συνεβαλλον αὐτω,

ἐπικουρια [1]

Ac	26 22	ἐπικουριας οὐν τυχων της ἀπο του θεου ἀχρι της ἡμερας ταυτης ἑστηκα μαρτυρομενος μικρω τε και μεγαλω,

ἐπικρινω [1]

Lc	23 24	και πιλατος ἐπεκρινεν γενεσθαι το αἰτημα αὐτων·

ἐπιλαμβανομαι [19]

Mt	14 31	εὐθεως δε ὁ ἰησους ἐκτεινας την χειρα ἐπελαβετο αὐτου,
Mc	8 23	και ἐπιλαβομενος της χειρος του τυφλου ἐξηνεγκεν αὐτον ἐξω της κωμης,
Lc	9 47	ὁ δε ἰησους εἰδως τον διαλογισμον της καρδιας αὐτων, ἐπιλαβομενος παιδιον ἐστησεν αὐτο παρ ἑαυτω,
	14 4	και ἐπιλαβομενος ἰασατο αὐτον και ἀπελυσεν.
	20 20	και παρατηρησαντες ἀπεστειλαν ἐγκαθετους ὑποκρινομενους ἑαυτους δικαιους εἰναι, ἱνα ἐπιλαβωνται αὐτου λογου,
	26	και οὐκ ἰσχυσαν ἐπιλαβεσθαι αὐτου ῥηματος ἐναντιον του λαου,
	23 26	και ὡς ἀπηγαγον αὐτον, ἐπιλαβομενοι σιμωνα τινα κυρηναιον ἐρχομενον ἀπ ἀγρου ἐπεθηκαν αὐτω τον σταυρον φερειν ὀπισθεν του ἰησου.

ἐπιλαμβανομαι [19]

Ac	9 27	βαρναβας δε ἐπιλαβομενος αὐτον ἡγαγεν προς τους ἀποστολους,
	16 19	ἰδοντες δε οἱ κυριοι αὐτης ὁτι ἐξηλθεν ἡ ἐλπις της ἐργασιας αὐτων, ἐπιλαβομενοι τον παυλον και τον σιλαν εἱλκυσαν εἰς την ἀγοραν ἐπι τους ἀρχοντας,
	17 19	ἐπιλαβομενοι τε αὐτου ἐπι τον ἀρειονπαγον ἡγαγον, λεγοντες·
	18 17	ἐπιλαβομενοι δε παντες σωσθενην τον ἀρχισυναγωγον ἐτυπτον ἐμπροσθεν του βηματος·
	21 30	και ἐπιλαβομενοι του παυλου εἱλκον αὐτον ἐξω του ἱερου,
	33	τοτε ἐγγισας ὁ χιλιαρχος ἐπελαβετο αὐτου και ἐκελευσεν δεθηναι ἁλυσεσι δυσι,
	23 19	ἐπιλαβομενος δε της χειρος αὐτου ὁ χιλιαρχος και ἀναχωρησας κατ ἰδιαν ἐπυνθανετο·
1Tm	6 12	ἀγωνιζου τον καλον ἀγωνα της πιστεως, ἐπιλαβου της αἰωνιου ζωης,
	19	ἀποθησαυριζοντας ἑαυτοις θεμελιον καλον εἰς το μελλον, ἱνα ἐπιλαβωνται της ὀντως ζωης.
Heb	2 16	οὐ γαρ δηπου ἀγγελων ἐπιλαμβανεται, ἀλλα σπερματος ἀβρααμ ἐπιλαμβανεται.
	16	οὐ γαρ δηπου ἀγγελων ἐπιλαμβανεται, ἀλλα σπερματος ἀβρααμ ἐπιλαμβανεται.
	8 9	οὐ κατα την διαθηκην ἡν ἐποιησα τοις πατρασιν αὐτων ἐν ἡμερᾳ ἐπιλαβομενου μου της χειρος αὐτων ἐξαγαγειν αὐτους ἐκ γης αἰγυπτου,

ἐπιλανθανομαι [8]

Mt	16 5	και ἐλθοντες οἱ μαθηται εἰς το περαν ἐπελαθοντο ἀρτους λαβειν.
Mc	8 14	και ἐπελαθοντο λαβειν ἀρτους, και εἰ μη ἑνα ἀρτον οὐκ εἰχον μεθ ἑαυτων ἐν τω πλοιω.
Lc	12 6	και ἑν ἐξ αὐτων οὐκ ἐστιν ἐπιλελησμενον ἐνωπιον του θεου.
Php	3 13	ἐν δε, τα μεν ὀπισω ἐπιλανθανομενος τοις δε ἐμπροσθεν ἐπεκτεινομενος,
Heb	6 10	οὐ γαρ ἀδικος ὁ θεος ἐπιλαθεσθαι του ἐργου ὑμων και της ἀγαπης ἡς ἐνεδειξασθε εἰς το ὀνομα αὐτου,
	13 2	ἡ φιλαδελφια μενετω. της φιλοξενιας μη ἐπιλανθανεσθε·
	16	της δε εὐποιιας και κοινωνιας μη ἐπιλανθανεσθε·
Ja	1 24	κατενοησεν γαρ ἑαυτον και ἀπεληλυθεν, και εὐθεως ἐπελαθετο ὁποιος ἡν.

ἐπιλεγομαι [2]

Jh	5 2	ἐστιν δε ἐν τοις ἱεροσολυμοις ἐπι τη προβατικη κολυμβηθρα, ἡ ἐπιλεγομενη ἑβραιστι βηθζαθα, πεντε στοας ἐχουσα.
Ac	15 40	παυλος δε ἐπιλεξαμενος σιλαν ἐξηλθεν, παραδοθεις τη χαριτι του κυριου ὑπο των ἀδελφων·

ἐπιλειπω [1]

Heb	11 32	ἐπιλειψει με γαρ διηγουμενον ὁ χρονος περι γεδεων, βαρακ, σαμψων, ἰεφθαε, δαυιδ τε και σαμουηλ και των προφητων,

ἐπιλειχω [1]

Lc	16 21	ἀλλα και οἱ κυνες ἐρχομενοι ἐπελειχον τα ἑλκη αὐτου.

ἐπιλησμονη [1]

Ja	1 25	ὁ δε παρακυψας εἰς νομον τελειον τον της ἐλευθεριας και παραμεινας, οὐκ ἀκροατης ἐπιλησμονης γενομενος ἀλλα ποιητης ἐργου,

ἐπιλοιπος [1]

1Pt	4 2	εἰς το μηκετι ἀνθρωπων ἐπιθυμιαις ἀλλα θεληματι θεου τον ἐπιλοιπον ἐν σαρκι βιωσαι χρονον.

ἐπιλυσις [1]

2Pt	1 20	τουτο πρωτον γινωσκοντες, ὁτι πασα προφητεια γραφης ἰδιας ἐπιλυσεως οὐ γινεται·

ἐπιλυω [2]

Mc	4 34	κατ ἰδιαν δε τοις ἰδιοις μαθηταις ἐπελυεν παντα.
Ac	19 39	εἰ δε τι περαιτερω ἐπιζητειτε, ἐν τη ἐννομω ἐκκλησια ἐπιλυθησεται.

ἐπιμαρτυρεω [1]

1Pt 5 12   παρακαλων και ἐπιμαρτυρων ταυτην ειναι ἀληθη χαριν του θεου, εἰς ἡν στητε.

ἐπιμελεια [1]

Ac 27 3   φιλανθρωπως τε ὁ ἰουλιος τω παυλω χρησαμενος ἐπετρεψεν προς τους φιλους πορευθεντι ἐπιμελειας τυχειν.

ἐπιμελεομαι [3]

Lc 10 34   ἐπιβιβασας δε αὐτον ἐπι το ἰδιον κτηνος ἠγαγεν αὐτον εἰς πανδοχειον και ἐπεμεληθη αὐτου.

    35   ἐπιμεληθητι αὐτου, και ὁτι ἀν προσδαπανησης ἐγω ἐν τω ἐπανερχεσθαι με ἀποδωσω σοι.

1Tm 3 5   εἰ δε τις του ἰδιου οἰκου προστηναι οὐκ οἰδεν, πῶς ἐκκλησιας θεου ἐπιμελησεται;

ἐπιμελως [1]

Lc 15 8   ἡ τις γυνη δραχμας ἐχουσα δεκα, ἐαν ἀπολεση δραχμην μιαν, οὐχι ἁπτει λυχνον και σαροι την οἰκιαν και ζητει ἐπιμελως ἑως οὑ εὑρη;

ἐπιμενω [17]

Jh 8 7*   ὡς δε ἐπεμενον ἐρωτωντες αὐτον, ἀνεκυψεν και εἰπεν αὐτοις·

Ac 10 48   τοτε ἠρωτησαν αὐτον ἐπιμειναι ἡμερας τινας.

   12 16   ὁ δε πετρος ἐπεμενεν κρουων·

   15 34*   ἐδοξεν δε τω σιλα ἐπιμειναι αὐτους, μονος δε ἰουδας ἐπορευθη.

   21 4   ἀνευροντες δε τους μαθητας ἐπεμειναμεν αὐτου ἡμερας ἑπτα·

    10   ἐπιμενοντων δε ἡμερας πλειους κατηλθεν τις ἀπο της ἰουδαιας προφητης ὀνοματι ἀγαβος,

   28 12   και καταχθεντες εἰς συρακουσας ἐπεμειναμεν ἡμερας τρεις,

    14   και μετα μιαν ἡμεραν ἐπιγενομενου νοτου δευτεραιοι ἠλθομεν εἰς ποτιολους, οὑ εὑροντες ἀδελφους παρεκληθημεν παρ αὐτοις ἐπιμειναι ἡμερας ἑπτα·

Rm 6 1   ἐπιμενωμεν τη ἁμαρτια, ἱνα ἡ χαρις πλεοναση;

   11 22   ἐπι μεν τους πεσοντας ἀποτομια, ἐπι δε σε χρηστοτης θεου, ἐαν ἐπιμενης τη χρηστοτητι, ἐπει και συ ἐκκοπηση.

    23   κακεινοι δε, ἐαν μη ἐπιμενωσιν τη ἀπιστια, ἐγκεντρισθησονται·

1Co 16 7   ἐλπιζω γαρ χρονον τινα ἐπιμειναι προς ὑμας,

    8   ἐπιμενῶ δε ἐν ἐφεσω ἑως της πεντηκοστης·

Ga 1 18   ἐπειτα μετα ἐτη τρια ἀνηλθον εἰς ἰεροσολυμα ἱστορησαι κηφαν, και ἐπεμεινα προς αὐτον ἡμερας δεκαπεντε·

Php 1 24   το δε ἐπιμενειν [ἐν] τη σαρκι ἀναγκαιοτερον δι ὑμας.

Col 1 23   εἰ γε ἐπιμενετε τη πιστει τεθεμελιωμενοι και ἑδραιοι

1Tm 4 16   ἐπεχε σεαυτω και τη διδασκαλια, ἐπιμενε αὐτοις·

ἐπινευω [1]

Ac 18 20   ἐρωτωντων δε αὐτων ἐπι πλειονα χρονον μειναι οὐκ ἐπενευσεν,

ἐπινοια [1]

Ac 8 22   και δεηθητι του κυριου εἰ ἀρα ἀφεθησεται σοι ἡ ἐπινοια της καρδιας σου·

ἐπιορκεω [1]

Mt 5 33   παλιν ἠκουσατε ὁτι ἐρρεθη τοις ἀρχαιοις· οὐκ ἐπιορκησεις, ἀποδωσεις δε τω κυριω τους ὁρκους σου.

ἐπιορκος [1]

1Tm 1 10   πορνοις, ἀρσενοκοιταις, ἀνδραποδισταις, ψευσταις, ἐπιορκοις,

ἐπιουσιος [2]

Mt 6 11   τον ἀρτον ἡμων τον ἐπιουσιον δος ἡμιν σημερον·

Lc 11 3   ἐλθετω ἡ βασιλεια σου· τον ἀρτον ἡμων τον ἐπιουσιον διδου ἡμιν το καθ ἡμεραν·

ἐπιπιπτω [11]

Mc 3 10   πολλους γαρ ἐθεραπευσεν, ὡστε ἐπιπιπτειν αὐτω ἱνα αὐτου ἁψωνται ὁσοι εἰχον μαστιγας.

Lc 1 12   και ἐταραχθη ζαχαριας ἰδων, και φοβος ἐπεπεσεν ἐπ αὐτον.

   15 20   και δραμων ἐπεπεσεν ἐπι τον τραχηλον αὐτου και κατεφιλησεν αὐτον.

Ac 8 16   οὐδεπω γαρ ἠν ἐπ οὐδενι αὐτων ἐπιπεπτωκος, μονον δε βεβαπτισμενοι ὑπηρχον εἰς το ὀνομα του κυριου ἰησου.

   10 44   ἐτι λαλουντος του πετρου τα ῥηματα ταυτα ἐπεπεσεν το πνευμα το ἁγιον ἐπι παντας τους ἀκουοντας τον λογον.

   11 15   ἐν δε τω ἀρξασθαι με λαλειν ἐπεπεσεν το πνευμα το ἁγιον ἐπ αὐτους ὡσπερ και ἐφ ἡμας ἐν ἀρχη.

   19 17   τουτο δε ἐγενετο γνωστον πασιν ἰουδαιοις τε και ἑλλησιν τοις κατοικουσιν την ἐφεσον, και ἐπεπεσεν φοβος ἐπι παντας αὐτους,

   20 10   καταβας δε ὁ παυλος ἐπεπεσεν αὐτω και συμπεριλαβων εἰπεν·

    37   ἱκανος δε κλαυθμος ἐγενετο παντων, και ἐπιπεσοντες ἐπι τον τραχηλον του παυλου κατεφιλουν αὐτον,

Rm 15 3   οἱ ὀνειδισμοι των ὀνειδιζοντων σε ἐπεπεσαν ἐπ ἐμε.

Apc 11 11   και φοβος μεγας ἐπεπεσεν ἐπι τους θεωρουντας αὐτους.

ἐπιπλησσω [1]

1Tm 5 1   πρεσβυτερω μη ἐπιπληξης, ἀλλα παρακαλει ὡς πατερα,

ἐπιποθεω [9]

Rm 1 11   ἐπιποθω γαρ ἰδειν ὑμας, ἱνα τι μεταδω χαρισμα ὑμιν πνευματικον εἰς το στηριχθηναι ὑμας,

2Co 5 2   και γαρ ἐν τουτω στεναζομεν, το οἰκητηριον ἡμων το ἐξ οὐρανου ἐπενδυσασθαι ἐπιποθουντες,

   9 14   και αὐτων δεησει ὑπερ ὑμων ἐπιποθουντων ὑμας δια την ὑπερβαλλουσαν χαριν του θεου ἐφ ὑμιν.

Php 1 8   μαρτυς γαρ μου ὁ θεος, ὡς ἐπιποθω παντας ὑμας ἐν σπλαγχνοις χριστου ἰησου.

   2 26   ἐπειδη ἐπιποθων ἠν παντας ὑμας, και ἀδημονων, διοτι ἠκουσατε ὁτι ἠσθενησεν.

1Th 3 6   και ὁτι ἐχετε μνειαν ἡμων ἀγαθην παντοτε, ἐπιποθουντες ἡμας ἰδειν καθαπερ και ἡμεις ὑμας,

2Tm 1 4   ἐπιποθων σε ἰδειν, μεμνημενος σου των δακρυων, ἱνα χαρας πληρωθω,

Ja 4 5   ἡ δοκειτε ὁτι κενως ἡ γραφη λεγει· προς φθονον ἐπιποθει το πνευμα ὁ κατωκισεν ἐν ἡμιν;

1Pt 2 2   ὡς ἀρτιγεννητα βρεφη το λογικον ἀδολον γαλα ἐπιποθησατε,

ἐπιποθησις [2]

2Co 7 7   ἀναγγελλων ἡμιν την ὑμων ἐπιποθησιν, τον ὑμων ὀδυρμον, τον ὑμων ζηλον ὑπερ ἐμου,

    11   ἰδου γαρ αὐτο τουτο το κατα θεον λυπηθηναι ποσην κατειργασατο ὑμιν σπουδην, ἀλλα ἀπολογιαν, ἀλλα ἀγανακτησιν, ἀλλα φοβον, ἀλλα ἐπιποθησιν, ἀλλα ζηλον, ἀλλα ἐκδικησιν.

ἐπιποθητος [1]

Php 4 1   ὡστε, ἀδελφοι μου ἀγαπητοι και ἐπιποθητοι, χαρα και στεφανος μου, οὑτως στηκετε ἐν κυριω, ἀγαπητοι.

ἐπιποθια [1]

Rm 15 23   νυνι δε μηκετι τοπον ἐχων ἐν τοις κλιμασι τουτοις, ἐπιποθιαν δε ἐχων του ἐλθειν προς ὑμας ἀπο πολλων ἐτων, ὡς ἀν πορευωμαι εἰς την σπανιαν·

ἐπιπορευομαι [1]

Lc 8 4   συνιοντος δε ὀχλου πολλου και των κατα πολιν ἐπιπορευομενων προς αὐτον εἰπεν δια παραβολης·

ἐπιραπτω [1]

Mc 2 21   οὐδεις ἐπιβλημα ῥακους ἀγναφου ἐπιραπτει ἐπι ἱματιον παλαιον·

ἐπιριπτω [2]

Lc 19 35   και ἠγαγον αὐτον προς τον ἰησουν, και ἐπιριψαντες αὐτων τα ἱματια ἐπι τον πωλον ἐπεβιβασαν τον ἰησουν.

1Pt 5 7   πασαν την μεριμναν ὑμων ἐπιριψαντες ἐπ αὐτον,

ἐπίσημος [2]

Mt 27 16 εἶχον δε τοτε δεσμιον *ἐπισημον* λεγομενον [ἰησουν] βαραββαν.

Rm 16 7 ἀσπασασθε ἀνδρονικον και ιουνιαν τους συγγενεις μου και συναιχμαλωτους μου, οἰτινες εἰσιν *ἐπισημοι* ἐν τοις ἀποστολοις,

ἐπισιτισμος [1]

Lc 9 12 ἀπολυσον τον ὀχλον, ἰνα πορευθεντες εἰς τας κυκλω κωμας και ἀγρους καταλυσωσιν και εὐρωσιν *ἐπισιτισμον*, ὁτι ὡδε ἐν ἐρημω τοπω ἐσμεν.

ἐπισκεπτομαι [11]

Mt 25 36 ἠσθενησα και *ἐπεσκεψασθε* με, ἐν φυλακη ἠμην και ἠλθατε προς με.

43 ξενος ἠμην και οὐ συνηγαγετε με, γυμνος και οὐ περιεβαλετε με, ἀσθενης και ἐν φυλακη και οὐκ *ἐπεσκεψασθε* με.

Lc 1 68 εὐλογητος κυριος ὁ θεος του ἰσραηλ, ὁτι *ἐπεσκεψατο* και ἐποιησεν λυτρωσιν τω λαω αὐτου,

78 του δουναι γνωσιν σωτηριας τω λαω αὐτου ἐν ἀφεσει ἀμαρτιων αὐτων, δια σπλαγχνα ἐλεους θεου ἡμων, ἐν οἱς *ἐπισκεψεται* ἡμας ἀνατολη ἐξ ὑψους,

7 16 και ἐδοξαζον τον θεον λεγοντες ὁτι προφητης μεγας ἠγερθη ἐν ἡμιν, και ὁτι *ἐπεσκεψατο* ὁ θεος τον λαον αὐτου.

Ac 6 3 *ἐπισκεψασθε* δε, ἀδελφοι, ἀνδρας ἐξ ὑμων μαρτυρουμενους ἑπτα πληρεις πνευματος και σοφιας,

7 23 ὡς δε ἐπληρουτο αὐτω τεσσερακονταετης χρονος, ἀνεβη ἐπι την καρδιαν αὐτου *ἐπισκεψασθαι* τους ἀδελφους αὐτου τους υἱους ἰσραηλ.

15 14 συμεων ἐξηγησατο καθως πρωτον ὁ θεος *ἐπεσκεψατο* λαβειν ἐξ ἐθνων λαον τω ὀνοματι αὐτου.

36 ἐπιστρεψαντες δη *ἐπισκεψωμεθα* τους ἀδελφους κατα πολιν πασαν ἐν αἱς κατηγγειλαμεν τον λογον του κυριου, πως ἐχουσιν.

Heb 2 6 τί ἐστιν ἀνθρωπος ὁτι μιμνησκη αὐτου; ἠ υἱος ἀνθρωπου ὁτι *ἐπισκεπτη* αὐτον;

Ja 1 27 *ἐπισκεπτεσθαι* ὀρφανους και χηρας ἐν τη θλιψει αὐτων,

ἐπισκευαζομαι [1]

Ac 21 15 μετα δε τας ἡμερας ταυτας *ἐπισκευασαμενοι* ἀνεβαινομεν εἰς ἱεροσολυμα·

ἐπισκηνοω [1]

2Co 12 9 ἡδιστα οὐν μαλλον καυχησομαι ἐν ταις ἀσθενειαις μου, ἰνα *ἐπισκηνωση* ἐπ ἐμε ἡ δυναμις του χριστου.

ἐπισκιαζω [5]

Mt 17 5 ἐτι αὐτου λαλουντος, ἰδου νεφελη φωτεινη *ἐπεσκιασεν* αὐτους,

Mc 9 7 και ἐγενετο νεφελη *ἐπισκιαζουσα* αὐτοις,

Lc 1 35 πνευμα ἁγιον ἐπελευσεται ἐπι σέ, και δυναμις ὑψιστου *ἐπισκιασει* σοι·

9 34 ταυτα δε αὐτου λεγοντος ἐγενετο νεφελη και *ἐπεσκιαζεν* αὐτους·

Ac 5 15 ὡστε και εἰς τας πλατειας ἐκφερειν τους ἀσθενεις και τιθεναι ἐπι κλιναριων και κραβαττων, ἰνα ἐρχομενου πετρου καν ἡ σκια *ἐπισκιαση* τινι αὐτων.

ἐπισκοπεω [2]

Heb 12 15 *ἐπισκοπουντες* μη τις ὑστερων ἀπο της χαριτος του θεου,

1Pt 5 2 ποιμανατε το ἐν ὑμιν ποιμνιον του θεου, [*ἐπισκοπουντες*] μη ἀναγκαστως ἀλλα ἑκουσιως κατα θεον,

ἐπισκοπη [4]

Lc 19 44 και οὐκ ἀφησουσιν λιθον ἐπι λιθον ἐν σοί, ἀνθ ὡν οὐκ ἐγνως τον καιρον της *ἐπισκοπης* σου.

Ac 1 20 και· την *ἐπισκοπην* αὐτου λαβετω ἑτερος.

1Tm 3 1 εἰ τις *ἐπισκοπης* ὀρεγεται, καλου ἐργου ἐπιθυμει.

1Pt 2 12 ἰνα ἐν ὡ καταλαλουσιν ὑμων ὡς κακοποιων, ἐκ των καλων ἐργων ἐποπτευοντες δοξασωσιν τον θεον ἐν ἡμερα *ἐπισκοπης*.

ἐπισκοπος [5]

Ac 20 28 προσεχετε ἑαυτοις και παντι τω ποιμνιω, ἐν ᾡ ὑμας το πνευμα το ἁγιον ἐθετο *ἐπισκοπους*,

Php 1 1 παυλος και τιμοθεος δουλοι χριστου ἰησου πασιν τοις ἁγιοις ἐν χριστω ἰησου τοις οὐσιν ἐν φιλιπποις συν *ἐπισκοποις* και διακονοις·

1Tm 3 2 δει οὐν τον *ἐπισκοπον* ἀνεπιλημπτον εἰναι,

Tit 1 7 δει γαρ τον *ἐπισκοπον* ἀνεγκλητον εἰναι ὡς θεου οἰκονομον,

1Pt 2 25 ἀλλα ἐπεστραφητε νυν ἐπι τον ποιμενα και *ἐπισκοπον* των ψυχων ὑμων.

ἐπισπαομαι [1]

1Co 7 18 περιτετμημενος τις ἐκληθη; μη *ἐπισπασθω*·

ἐπισπειρω [1]

Mt 13 25 ἐν δε τω καθευδειν τους ἀνθρωπους ἠλθεν αὐτου ὁ ἐχθρος και *ἐπεσπειρεν* ζιζανια ἀνα μεσον του σιτου και ἀπηλθεν.

ἐπισταμαι [14]

Mc 14 68 οὐτε οἰδα οὐτε *ἐπισταμαι* συ τί λεγεις.

Ac 10 28 ὑμεις *ἐπιστασθε* ὡς ἀθεμιτον ἐστιν ἀνδρι ἰουδαιω κολλασθαι ἠ προσερχεσθαι ἀλλοφυλω·

15 7 ἀνδρες ἀδελφοι, ὑμεις *ἐπιστασθε* ὁτι ἀφ ἡμερων ἀρχαιων ἐν ὑμιν ἐξελεξατο ὁ θεος δια του στοματος μου ἀκουσαι τα ἐθνη τον λογον του εὐαγγελιου και πιστευσαι.

18 25 και ζεων τω πνευματι ἐλαλει και ἐδιδασκεν ἀκριβως τα περι του ἰησου, *ἐπισταμενος* μονον το βαπτισμα ἰωαννου·

19 15 τον [μεν] ἰησουν γινωσκω και τον παυλον *ἐπισταμαι*· ὑμεις δε τινες ἐστε;

25 ἀνδρες, *ἐπιστασθε* ὁτι ἐκ ταυτης της ἐργασιας ἡ εὐπορια ἡμιν ἐστιν,

20 18 ὑμεις *ἐπιστασθε*, ἀπο πρωτης ἡμερας ἀφ ἡς ἐπεβην εἰς την ἀσιαν, πως μεθ ὑμων τον παντα χρονον ἐγενομην,

22 19 καγω εἰπον· κυριε, αὐτοι *ἐπιστανται* ὁτι ἐγω ἡμην φυλακιζων και δερων κατα τας συναγωγας τους πιστευοντας ἐπι σέ·

24 10 ἐκ πολλων ἐτων ὀντα σε κριτην τω ἐθνει τουτω *ἐπισταμενος* εὐθυμως τα περι ἐμαυτου ἀπολογουμαι,

26 26 *ἐπισταται* γαρ περι τουτων ὁ βασιλευς, προς ὁν και παρρησιαζομενος λαλω·

1Tm 6 4 εἰ τις ἑτεροδιδασκαλει και μη προσερχεται ὑγιαινουσιν λογοις τοις του κυριου ἡμων ἰησου χριστου, και τη κατ εὐσεβειαν διδασκαλια, τετυφωται, μηδεν *ἐπισταμενος*,

Heb 11 8 και ἐξηλθεν μη *ἐπισταμενος* που ἐρχεται.

Ja 4 14 οἰτινες οὐκ *ἐπιστασθε* το της αὐριον ποια ἡ ζωη ὑμων.

Ju 10 ὁσα δε φυσικως ὡς τα ἀλογα ζωα *ἐπιστανται*, ἐν τουτοις φθειρονται.

ἐπιστασις [2]

Ac 24 12 και οὐτε ἐν τω ἱερω εὑρον με προς τινα διαλεγομενον ἠ *ἐπιστασιν* ποιουντα ὀχλου,

2Co 11 28 χωρις των παρεκτος ἡ *ἐπιστασις* μοι ἡ καθ ἡμεραν, ἡ μεριμνα πασων των ἐκκλησιων.

ἐπιστατης [7]

Lc 5 5 *ἐπιστατα*, δι ὁλης νυκτος κοπιασαντες οὐδεν ἐλαβομεν· ἐπι δε τω ῥηματι σου χαλασω τα δικτυα.

8 24 προσελθοντες δε διηγειραν αὐτον λεγοντες· *ἐπιστατα* ἐπιστατα, ἀπολλυμεθα.

24 προσελθοντες δε διηγειραν αὐτον λεγοντες· ἐπιστατα *ἐπιστατα*, ἀπολλυμεθα.

45 *ἐπιστατα*, οἱ ὀχλοι συνεχουσιν σε και ἀποθλιβουσιν.

9 33 *ἐπιστατα*, καλον ἐστιν ἡμας ὡδε εἰναι,

49 *ἐπιστατα*, εἰδομεν τινα ἐν τω ὀνοματι σου ἐκβαλλοντα δαιμονια.

17 13 ἰησου *ἐπιστατα*, ἐλεησον ἡμας.

ἐπιστελλω [3]

Ac 15 20 ἀλλα *ἐπιστειλαι* αὐτοις του ἀπεχεσθαι των ἀλισγηματων των εἰδωλων και της πορνειας και του πνικτου και του αἱματος.

21 25 περι δε των πεπιστευκοτων ἐθνων ἡμεις *ἐπεστειλαμεν* κριναντες φυλασσεσθαι αὐτους το τε εἰδωλοθυτον και αἱμα και πνικτον και πορνειαν.

Heb 13 22 και γαρ δια βραχεων *ἐπεστειλα* ὑμιν.

ἐπιστημων [1]

Ja 3 13 τίς σοφος και *ἐπιστημων* ἐν ὑμιν;

ἐπιστηριζω [4]

Ac 14 22 εὐαγγελισαμενοι τε την πολιν ἐκεινην και μαθητευσαντες ἱκανους ὑπεστρεψαν εἰς την λυστραν και εἰς ἰκονιον και [εἰς] ἀντιοχειαν, *ἐπιστηριζοντες* τας ψυχας των μαθητων,

15 32 ἰουδας τε και σιλας, και αὐτοι προφηται ὀντες, δια λογου πολλου παρεκαλεσαν τους ἀδελφους και *ἐπεστηριξαν*

41 διηρχετο δε την συριαν και [την] κιλικιαν *ἐπιστηριζων* τας ἐκκλησιας.

18 23 διερχομενος καθεξης την γαλατικην χωραν και φρυγιαν, *ἐπιστηριζων* παντας τους μαθητας.

ἐπιστολη [24]

Ac 9 2 ὁ δε σαυλος ἐτι ἐμπνεων ἀπειλης και φονου εἰς τους μαθητας του κυριου, προσελθων τω ἀρχιερει ἠτησατο παρ αὐτου *ἐπιστολας* εἰς δαμασκον προς τας συναγωγας,

15 30 οἱ μεν οὐν ἀπολυθεντες κατηλθον εἰς ἀντιοχειαν, και συναγαγοντες το πληθος ἐπεδωκαν την *ἐπιστολην.*

22 5 ὡς και ὁ ἀρχιερευς μαρτυρει μοι και παν το πρεσβυτεριον· παρ ὡν και *ἐπιστολας* δεξαμενος προς τους ἀδελφους εἰς δαμασκον ἐπορευομην,

23 25 γραψας *ἐπιστολην* ἐχουσαν τον τυπον τουτον· κλαυδιος λυσιας τω κρατιστω ἡγεμονι φηλικι χαιρειν.

33 οἰτινες εἰσελθοντες εἰς την καισαρειαν και ἀναδοντες την *ἐπιστολην* τω ἡγεμονι,

Rm 16 22 ἀσπαζομαι ὑμας ἐγω τερτιος ὁ γραψας την *ἐπιστολην* ἐν κυριω.

1Co 5 9 ἐγραψα ὑμιν ἐν τη *ἐπιστολη* μη συναναμιγνυσθαι πορνοις,

16 3 ὁταν δε παραγενωμαι, οὐς ἐαν δοκιμασητε, δι *ἐπιστολων* τουτους πεμψω ἀπενεγκειν την χαριν ὑμων εἰς ἱερουσαλημ·

2Co 3 1 ἠ μη χρηζομεν ὡς τινες συστατικων *ἐπιστολων* προς ὑμας ἠ ἐξ ὑμων;

2 ἡ *ἐπιστολη* ἡμων ὑμεις ἐστε, ἐγγεγραμμενη ἐν ταις καρδιαις ἡμων, γινωσκομενη και ἀναγινωσκομενη ὑπο παντων ἀνθρωπων,

3 φανερουμενοι ὁτι ἐστε *ἐπιστολη* χριστου διακονηθεισα ὑφ ἡμων,

7 8 ὁτι εἰ και ἐλυπησα ὑμας ἐν τη *ἐπιστολη,* οὐ μεταμελομαι·

8 εἰ και μετεμελομην, βλεπω [γαρ] ὁτι ἡ *ἐπιστολη* ἐκεινη εἰ και προς ὡραν ἐλυπησεν ὑμας, νυν χαιρω,

10 9 οὐκ αἰσχυνθησομαι, ἱνα μη δοξω ὡς ἀν ἐκφοβειν ὑμας δια των *ἐπιστολων.*

10 ὁτι αἱ *ἐπιστολαι* μεν, φησιν, βαρειαι και ἰσχυραι,

11 τουτο λογιζεσθω ὁ τοιουτος, ὁτι οἰοι ἐσμεν τω λογω δι *ἐπιστολων* ἀποντες, τοιουτοι και παροντες τω ἐργω.

Col 4 16 και ὁταν ἀναγνωσθη παρ ὑμιν ἡ *ἐπιστολη,* ποιησατε ἱνα και ἐν τη λαοδικεων ἐκκλησια ἀναγνωσθη·

1Th 5 27 ἐνορκιζω ὑμας τον κυριον ἀναγνωσθηναι την *ἐπιστολην* πασιν τοις ἀδελφοις.

2Th 2 2 μηδε θροεισθαι, μητε δια πνευματος μητε δια λογου μητε δι *ἐπιστολης* ὡς δι ἡμων,

15 και κρατειτε τας παραδοσεις ἀς ἐδιδαχθητε εἰτε δια λογου εἰτε δι *ἐπιστολης* ἡμων.

3 14 εἰ δε τις οὐχ ὑπακουει τω λογω ἡμων δια της *ἐπιστολης,* τουτον σημειουσθε,

17 ὁ ἀσπασμος τη ἐμη χειρι παυλου, ὁ ἐστιν σημειον ἐν παση *ἐπιστολη·*

2Pt 3 1 ταυτην ἠδη, ἀγαπητοι, δευτεραν ὑμιν γραφω *ἐπιστολην,*

16 ὡς και ἐν πασαις *ἐπιστολαις* λαλων ἐν αὐταις περι τουτων,

ἐπιστομιζω [1]

Tit 1 11 ματαιολογοι και φρεναπαται, μαλιστα οἱ ἐκ της περιτομης, οὑς δει *ἐπιστομιζειν,*

ἐπιστρεφω [36]

Mt 10 13 ἡ εἰρηνη ὑμων προς ὑμας *ἐπιστραφητω.*

12 44 εἰς τον οἰκον μου *ἐπιστρεψω* ὀθεν ἐξηλθον·

13 15 μηποτε ἰδωσιν τοις ὀφθαλμοις και τοις ὠσιν ἀκουσωσιν και τη καρδια συνωσιν και *ἐπιστρεψωσιν,*

24 18 και ὁ ἐν τω ἀγρω μη *ἐπιστρεψατω* ὀπισω ἀραι το ἱματιον αὐτου.

Mc 4 12 και ἀκουοντες ἀκουσωσιν και μη συνιωσιν, μηποτε *ἐπιστρεψωσιν* και ἀφεθη αὐτοις.

5 30 *ἐπιστραφεις* ἐν τω ὀχλω ἐλεγεν· τις μου ἡψατο των ἱματιων;

ἐπιστρεφω [36]

Mc 8 33 ὁ δε *ἐπιστραφεις* και ἰδων τους μαθητας αὐτου ἐπετιμησεν πετρω και λεγει·

13 16 και ὁ εἰς τον ἀγρον μη *ἐπιστρεψατω* εἰς τα ὀπισω ἀραι το ἱματιον αὐτου.

Lc 1 16 και πολλους των υἱων ἰσραηλ *ἐπιστρεψει* ἐπι κυριον τον θεον αὐτων·

17 και αὐτος προελευσεται ἐνωπιον αὐτου ἐν πνευματι και δυναμει ἠλιου, *ἐπιστρεψαι* καρδιας πατερων ἐπι τεκνα και ἀπειθεις ἐν φρονησει δικαιων, ἑτοιμασαι κυριω λαον κατεσκευασμενον.

2 39 και ὡς ἐτελεσαν παντα τα κατα τον νομον κυριου, *ἐπεστρεψαν* εἰς την γαλιλαιαν εἰς πολιν ἑαυτων ναζαρεθ.

8 55 και *ἐπεστρεψεν* το πνευμα αὐτης, και ἀνεστη παραχρημα,

17 4 και ἐαν ἑπτακις της ἡμερας ἁμαρτηση εἰς σε και ἑπτακις *ἐπιστρεψη* προς σε λεγων· μετανοω, ἀφησεις αὐτω.

31 και ὁ ἐν ἀγρω ὁμοιως μη *ἐπιστρεψατω* εἰς τα ὀπισω.

22 32 και συ ποτε *ἐπιστρεψας* στηρισον τους ἀδελφους σου.

Jh 21 20 *ἐπιστραφεις* ὁ πετρος βλεπει τον μαθητην ὁν ἠγαπα ὁ ἰησους ἀκολουθουντα,

Ac 3 19 μετανοησατε οὐν και *ἐπιστρεψατε* εἰς το ἐξαλειφθηναι ὑμων τας ἁμαρτιας,

9 35 και εἰδαν αὐτον παντες οἱ κατοικουντες λυδδα και τον σαρωνα, οἰτινες *ἐπεστρεψαν* ἐπι τον κυριον.

40 και *ἐπιστρεψας* προς το σωμα εἰπεν·

11 21 πολυς τε ἀριθμος ὁ πιστευσας *ἐπεστρεψεν* ἐπι τον κυριον.

14 15 και ἡμεις ὁμοιοπαθεις ἐσμεν ὑμιν ἀνθρωποι, εὐαγγελιζομενοι ὑμας ἀπο τουτων των ματαιων *ἐπιστρεφειν* ἐπι θεον ζωντα,

15 19 διο ἐγω κρινω μη παρενοχλειν τοις ἀπο των ἐθνων *ἐπιστρεφουσιν* ἐπι τον θεον,

36 *ἐπιστρεψαντες* δη ἐπισκεψωμεθα τους ἀδελφους κατα πολιν πασαν ἐν αἱς κατηγγειλαμεν τον λογον του κυριου, πως ἐχουσιν.

16 18 διαπονηθεις δε παυλος και *ἐπιστρεψας* τω πνευματι εἰπεν·

26 18 ἀνοιξαι ὀφθαλμους αὐτων, του *ἐπιστρεψαι* ἀπο σκοτους εἰς φως και της ἐξουσιας του σατανα ἐπι τον θεον,

20 και τοις ἐθνεσιν ἀπηγγελλον μετανοειν και *ἐπιστρεφειν* ἐπι τον θεον,

28 27 μηποτε ἰδωσιν τοις ὀφθαλμοις και τοις ὠσιν ἀκουσωσιν και τη καρδια συνωσιν και *ἐπιστρεψωσιν,*

2Co 3 16 ἡνικα δε ἐαν *ἐπιστρεψη* προς κυριον, περιαιρειται το καλυμμα.

Ga 4 9 μαλλον δε γνωσθεντες ὑπο θεου, πως *ἐπιστρεφετε* παλιν ἐπι τα ἀσθενη και πτωχα στοιχεια,

1Th 1 9 και πως *ἐπεστρεψατε* προς τον θεον ἀπο των εἰδωλων δουλευειν θεω ζωντι και ἀληθινω,

Ja 5 19 ἀδελφοι μου, ἐαν τις ἐν ὑμιν πλανηθη ἀπο της ἀληθειας και *ἐπιστρεψη* τις αὐτον, γινωσκετω

20 γινωσκετω ὁτι ὁ *ἐπιστρεψας* ἁμαρτωλον ἐκ πλανης ὁδου αὐτου σωσει ψυχην αὐτου ἐκ θανατου και καλυψει πληθος ἁμαρτιων.

1Pt 2 25 ἀλλα *ἐπεστραφητε* νυν ἐπι τον ποιμενα και ἐπισκοπον των ψυχων ὑμων.

2Pt 2 22 κυων *ἐπιστρεψας* ἐπι το ἰδιον ἐξεραμα,

Apc 1 12 και *ἐπεστρεψα* βλεπειν την φωνην ἡτις ἐλαλει μετ ἐμου·

12 και *ἐπιστρεψας* εἰδον ἑπτα λυχνιας χρυσας,

ἐπιστροφη [1]

Ac 15 3 οἱ μεν οὐν προπεμφθεντες ὑπο της ἐκκλησιας διηρχοντο την τε φοινικην και σαμαρειαν ἐκδιηγουμενοι την *ἐπιστροφην* των ἐθνων,

ἐπισυναγω [8]

Mt 23 37 ποσακις ἠθελησα *ἐπισυναγαγειν* τα τεκνα σου, ὁν τροπον ὀρνις ἐπισυναγει τα νοσσια αὐτης ὑπο τας πτερυγας, και οὐκ ἠθελησατε.

37 ποσακις ἠθελησα ἐπισυναγαγειν τα τεκνα σου, ὁν τροπον ὀρνις *ἐπισυναγει* τα νοσσια αὐτης ὑπο τας πτερυγας, και οὐκ ἠθελησατε.

24 31 και *ἐπισυναξουσιν* τους ἐκλεκτους αὐτου ἐκ των τεσσαρων ἀνεμων ἀπ ἀκρων οὐρανων ἑως [των] ἀκρων αὐτων.

Mc 1 33 και ἠν ὁλη ἡ πολις *ἐπισυνηγμενη* προς την θυραν.

13 27 και τοτε ἀποστελει τους ἀγγελους και *ἐπισυναξει* τους ἐκλεκτους [αὐτου] ἐκ των τεσσαρων ἀνεμων ἀπ ἀκρου γης ἑως ἀκρου οὐρανου.

Lc 12 1 ἐν οἱς *ἐπισυναχθεισων* των μυριαδων του ὀχλου, ὡστε καταπατειν ἀλληλους,

ἐπισυναγω [8]

Lc   13 34   ποσακις ἠθελησα ἐπισυναξαι τα τεκνα σου ὁν τροπον ὀρνις την ἑαυτης νοσσιαν ὑπο τας πτερυγας,

  17 37   ὁπου το σωμα, ἐκει και οἱ ἀετοι ἐπισυναχθησονται.

ἐπισυναγωγη [2]

2Th   2 1   ἐρωτωμεν δε ὑμας, ἀδελφοι, ὑπερ της παρουσιας του κυριου ἡμων ἰησου χριστου και ἡμων ἐπισυναγωγης ἐπ αὐτον, εἰς το μη ταχεως σαλευθηναι ὑμας ἀπο του νοος

Heb   10 25   και κατανοωμεν ἀλληλους εἰς παροξυσμον ἀγαπης και καλων ἐργων, μη ἐγκαταλειποντες την ἐπισυναγωγην ἑαυτων,

ἐπισυντρεχω [1]

Mc   9 25   ἰδων δε ὁ ἰησους ὁτι ἐπισυντρεχει ὀχλος, ἐπετιμησεν τω πνευματι τω ἀκαθαρτω λεγων αὐτω·

ἐπισφαλης [1]

Ac   27 9   ἱκανου δε χρονου διαγενομενου και ὀντος ἠδη ἐπισφαλους του πλοος δια το και την νηστειαν ἠδη παρεληλυθεναι, παρηνει ὁ παυλος λεγων αὐτοις·

ἐπισχυω [1]

Lc   23 5   οἱ δε ἐπισχυον λεγοντες ὁτι ἀνασειει τον λαον,

ἐπισωρευω [1]

2Tm   4 3   ἀλλα κατα τας ἰδιας ἐπιθυμιας ἑαυτοις ἐπισωρευσουσιν διδασκαλους κνηθομενοι την ἀκοην,

ἐπιταγη [7]

Rm   16 26   [κατα ἀποκαλυψιν μυστηριου χρονοις αἰωνιοις σεσιγημενου], [φανερωθεντος δε νυν δια τε γραφων προφητικων κατ ἐπιταγην του αἰωνιου θεου εἰς ὑπακοην πιστεως εἰς παντα τα ἐθνη γνωρισθεντος],

1Co   7 6   τουτο δε λεγω κατα συγγνωμην, οὐ κατ ἐπιταγην.

  25   περι δε των παρθενων ἐπιταγην κυριου οὐκ ἐχω,

2Co   8 8   οὐ κατ ἐπιταγην λεγω, ἀλλα δια της ἑτερων σπουδης και το της ὑμετερας ἀγαπης γνησιον δοκιμαζων·

1Tm   1 1   παυλος ἀποστολος χριστου ἰησου κατ ἐπιταγην θεου σωτηρος ἡμων και χριστου ἰησου της ἐλπιδος ἡμων

Tit   1 3   ἐφανερωσεν δε καιροις ἰδιοις τον λογον αὐτου ἐν κηρυγματι ὁ ἐπιστευθην ἐγω κατ ἐπιταγην του σωτηρος ἡμων θεου,

  2 15   ταυτα λαλει και παρακαλει και ἐλεγχε μετα πασης ἐπιταγης·

ἐπιτασσω [10]

Mc   1 27   και τοις πνευμασι τοις ἀκαθαρτοις ἐπιτασσει,

  6 27   και εὐθυς ἀποστειλας ὁ βασιλευς σπεκουλατορα ἐπεταξεν ἐνεγκαι την κεφαλην αὐτου.

  39   και ἐπεταξεν αὐτοις ἀνακλιναι παντας συμποσια συμποσια ἐπι τω χλωρω χορτω.

  9 25   το ἀλαλον και κωφον πνευμα, ἐγω ἐπιτασσω σοι, ἐξελθε ἐξ αὐτου και μηκετι εἰσελθης εἰς αὐτον.

Lc   4 36   τις ὁ λογος οὑτος, ὁτι ἐν ἐξουσια και δυναμει ἐπιτασσει τοις ἀκαθαρτοις πνευμασιν και ἐξερχονται;

  8 25   τις ἀρα οὑτος ἐστιν, ὁτι και τοις ἀνεμοις ἐπιτασσει και τω ὑδατι, και ὑπακουουσιν αὐτω;

  31   και παρεκαλουν αὐτον ἱνα μη ἐπιταξη αὐτοις εἰς την ἀβυσσον ἀπελθειν.

  14 22   κυριε, γεγονεν ὁ ἐπεταξας, και ἐτι τοπος ἐστιν.

Ac   23 2   ὁ δε ἀρχιερευς ἁνανιας ἐπεταξεν τοις παρεστωσιν αὐτω τυπτειν αὐτου το στομα.

Phm   8   διο, πολλην ἐν χριστω παρρησιαν ἐχων ἐπιτασσειν σοι το ἀνηκον, δια την ἀγαπην μαλλον παρακαλω·

ἐπιτελεω [10]

Rm   15 28   τουτο οὐν ἐπιτελεσας, και σφραγισαμενος αὐτοις τον καρπον τουτον, ἀπελευσομαι δι ὑμων εἰς σπανιαν·

2Co   7 1   καθαρισωμεν ἑαυτους ἀπο παντος μολυσμου σαρκος και πνευματος, ἐπιτελουντες ἁγιωσυνην ἐν φοβω θεου.

  8 6   εἰς το παρακαλεσαι ἡμας τιτον, ἱνα καθως προενηρξατο οὑτως και ἐπιτελεση εἰς ὑμας και την χαριν ταυτην.

  11   νυνι δε και το ποιησαι ἐπιτελεσατε,

ἐπιτελεω [10]

2Co   8 11   ὁπως καθαπερ ἡ προθυμια του θελειν, οὑτως και το ἐπιτελεσαι ἐκ του ἐχειν.

Ga   3 3   ἐναρξαμενοι πνευματι νυν σαρκι ἐπιτελεισθε;

Php   1 6   πεποιθως αὐτο τουτο, ὁτι ὁ ἐναρξαμενος ἐν ὑμιν ἐργον ἀγαθον ἐπιτελεσει ἀχρι ἡμερας χριστου ἰησου·

Heb   8 5   καθως κεχρηματισται μωυσης μελλων ἐπιτελειν την σκηνην· ὁρα γαρ φησιν,

  9 6   τουτων δε οὑτως κατεσκευασμενων εἰς μεν την πρωτην σκηνην δια παντος εἰσιασιν οἱ ἱερεις τας λατρειας ἐπιτελουντες,

1Pt   5 9   ᾡ ἀντιστητε στερεοι τη πιστει, εἰδοτες τα αὐτα των παθηματων τη ἐν [τω] κοσμω ὑμων ἀδελφοτητι ἐπιτελεισθαι.

ἐπιτηδειος [1]

Ja   2 16   μη δωτε δε αὐτοις τα ἐπιτηδεια του σωματος, τι το ὀφελος;

ἐπιτιϑημι [39]

Mt   9 18   ἀλλα ἐλθων ἐπιθες την χειρα σου ἐπ αὐτην, και ζησεται.

  19 13   τοτε προσηνεχθησαν αὐτω παιδια, ἱνα τας χειρας ἐπιθη αὐτοις και προσευξηται·

  15   και ἐπιθεις τας χειρας αὐτοις ἐπορευθη ἐκειθεν.

  21 7   πορευθεντες δε οἱ μαθηται και ποιησαντες καθως συνεταξεν αὐτοις ὁ ἰησους ἠγαγον την ὀνον και τον πωλον, και ἐπεθηκαν ἐπ αὐτων τα ἱματια,

  23 4   δεσμευυσιν δε φορτια βαρεα [και δυσβαστακτα] και ἐπιτιθεασιν ἐπι τους ὠμους των ἀνθρωων,

  27 29   και πλεξαντες στεφανον ἐξ ἀκανθων ἐπεθηκαν ἐπι της κεφαλης αὐτου και καλαμον ἐν τη δεξια αὐτου,

  37   και ἐπεθηκαν ἐπανω της κεφαλης αὐτου την αἰτιαν αὐτου γεγραμμενην· οὑτος ἐστιν ἰησους ὁ βασιλευς των ἰουδαιων.

Mc   3 16   και ἐπεθηκεν ὀνομα τω σιμωνι πετρον·

  17   και ἰακωβον τον του ζεβεδαιου και ἰωαννην τον ἀδελφον του ἰακωβου, και ἐπεθηκεν αὐτοις ὀνομα[τα] βοανηργες, ὁ ἐστιν υἱοι βροντης·

  5 23   και παρακαλει αὐτον πολλα λεγων ὁτι το θυγατριον μου ἐσχατως ἐχει, ἱνα ἐλθων ἐπιθης τας χειρας αὐτη,

  6 5   και οὐκ ἐδυνατο ἐκει ποιησαι οὐδεμιαν δυναμιν, εἰ μη ὀλιγοις ἀρρωστοις ἐπιθεις τας χειρας ἐθεραπευσεν.

  7 32   και φερουσιν αὐτω κωφον και μογιλαλον, και παρακαλουσιν αὐτον ἱνα ἐπιθη αὐτω την χειρα.

  8 23   και πτυσας εἰς τα ὀμματα αὐτου, ἐπιθεις τας χειρας αὐτω, ἐπηρωτα αὐτον· εἰ τι βλεπεις;

  25   εἰτα παλιν ἐπεθηκεν τας χειρας ἐπι τους ὀφθαλμους αὐτου,

  16 18   ἐπι ἀρρωστους χειρας ἐπιθησουσιν και καλως ἐξουσιν.

Lc   4 40   ὁ δε ἑνι ἑκαστω αὐτων τας χειρας ἐπιτιθεις ἐθεραπευεν αὐτους.

  10 30   και λησταις περιεπεσεν, οἱ και ἐκδυσαντες αὐτον και πληγας ἐπιθεντες ἀπηλθον ἀφεντες ἡμιθανη.

  13 13   και ἐπεθηκεν αὐτη τας χειρας·

  15 5   και εὑρων ἐπιτιθησιν ἐπι τους ὠμους αὐτου χαιρων,

  23 26   και ὡς ἀπηγαγον αὐτον, ἐπιλαβομενοι σιμωνα τινα κυρηναιου ἐρχομενον ἀπ ἀγρου ἐπεθηκαν αὐτω τον σταυρον φερειν ὀπισθεν του ἰησου.

Jh   9 15   πηλον ἐπεθηκεν μου ἐπι τους ὀφθαλμους, και ἐνιψαμην, και βλεπω.

  19 2   και οἱ στρατιωται πλεξαντες στεφανον ἐξ ἀκανθων ἐπεθηκαν αὐτου τη κεφαλη,

Ac   6 6   και προσευξαμενοι ἐπεθηκαν αὐτοις τας χειρας.

  8 17   τοτε ἐπετιθεσαν τας χειρας ἐπ αὐτους, και ἐλαμβανον πνευμα ἁγιον·

  19   δοτε καμοι την ἐξουσιαν ταυτην ἱνα ᾡ ἐαν ἐπιθω τας χειρας λαμβανη πνευμα ἁγιον.

  9 12   ἰδου γαρ προσευχεται, και εἰδεν ἀνδρα [ἐν ὁραματι] ἁνανιαν ὀνοματι εἰσελθοντα και ἐπιθεντα αὐτω [τας] χειρας, ὁπως ἀναβλεψη.

  17   και ἐπιθεις ἐπ αὐτον τας χειρας εἰπεν·

  13 3   τοτε νηστευσαντες και προσευξαμενοι και ἐπιθεντες τας χειρας αὐτοις ἀπελυσαν.

  15 10   νυν οὐν τι πειραζετε τον θεον, ἐπιθειναι ζυγον ἐπι τον τραχηλον των μαθητων, ὁν οὐτε οἱ πατερες ἡμων οὐτε ἡμεις ἰσχυσαμεν βαστασαι;

  28   ἐδοξεν γαρ τω πνευματι τω ἁγιω και ἡμιν μηδεν πλεον ἐπιτιθεσθαι ὑμιν βαρος πλην των ἐπαναγκες.

  16 23   πολλας τε ἐπιθεντες αὐτοις πληγας ἐβαλον εἰς φυλακην

  18 10   διοτι ἐγω εἰμι μετα σου και οὐδεις ἐπιθησεται σοι του κακωσαι σε,

ἐπιτίθημι [39]

Ac	19 6	και ἐπιθεντος αυτοις του παυλου [τας] χειρας ηλθε το πνευμα το άγιον ἐπ αὐτους,
	28 3	συστρεψαντος δε του παυλου φρυγανων τι πληθος και ἐπιθεντος ἐπι την πυραν, ἐχιδνα ἀπο της θερμης ἐξελθουσα καθηψεν της χειρος αὐτου.
	8	προς ὃν ὁ παυλος εἰσελθων και προσευξαμενος, ἐπιθεις τας χειρας αὐτω ἰασατο αὐτον.
	10	οἱ και πολλαις τιμαις ἐτιμησαν ἡμας και ἀναγομενοις ἐπεθεντο τα προς τας χρειας.
1Tm	5 22	χειρας ταχεως μηδενι ἐπιτιθει,
Apc	22 18	ἐαν τις ἐπιθη ἐπ αὐτα, ἐπιθησει ὁ θεος ἐπ αὐτον τας πληγας τας γεγραμμενας ἐν τω βιβλιω τουτω·
	18	ἐαν τις ἐπιθη ἐπ αὐτα, ἐπιθησει ὁ θεος ἐπ αὐτον τας πληγας τας γεγραμμενας ἐν τω βιβλιω τουτω·

ἐπιτιμαω [29]

Mt	8 26	τοτε ἐγερθεις ἐπετιμησεν τοις ἀνεμοις και τη θαλασση,
	12 16	και ἐπετιμησεν αὐτοις ἱνα μη φανερον αὐτον ποιησωσιν·
	16 22	και προσλαβομενος αὐτον ὁ πετρος ἠρξατο ἐπιτιμαν αὐτω λεγων· ἱλεως σοι, κυριε· οὐ μη ἐσται σοι τουτο.
	17 18	και ἐπετιμησεν αὐτω ὁ ιησους,
	19 13	οἱ δε μαθηται ἐπετιμησαν αὐτοις.
	20 31	ὁ δε ὀχλος ἐπετιμησεν αὐτοις ἱνα σιωπησωσιν·
Mc	1 25	και ἐπετιμησεν αὐτω ὁ ιησους λεγων· φιμωθητι και ἐξελθε ἐξ αὐτου.
	3 12	και πολλα ἐπετιμα αὐτοις ἱνα μη αὐτον φανερον ποιησωσιν.
	4 39	και διεγερθεις ἐπετιμησεν τω ἀνεμω και εἰπεν τη θαλασση·
	8 30	και ἐπετιμησεν αὐτοις ἱνα μηδενι λεγωσιν περι αὐτου.
	32	και προσλαβομενος ὁ πετρος αὐτον ἠρξατο ἐπιτιμαν αὐτω.
	33	ὁ δε ἐπιστραφεις και ἰδων τους μαθητας αὐτου ἐπετιμησεν πετρω και λεγει· ὑπαγε ὀπισω μου, σατανα, ὁτι οὐ φρονεις τα του θεου ἀλλα τα των ἀνθρωπων.
	9 25	ἰδων δε ὁ ιησους ὁτι ἐπισυντρεχει ὀχλος, ἐπετιμησεν τω πνευματι τω ἀκαθαρτω λεγων αὐτω·
	10 13	και προσεφερον αὐτω παιδια ἱνα αὐτων ἁψηται· οἱ δε μαθηται ἐπετιμησαν αὐτοις.
	48	και ἐπετιμων αὐτω πολλοι ἱνα σιωπηση·
Lc	4 35	και ἐπετιμησεν αὐτω ὁ ιησους λεγων· φιμωθητι και ἐξελθε ἀπ αὐτου.
	39	και ἐπιστας ἐπανω αὐτης ἐπετιμησεν τω πυρετω, και ἀφηκεν αὐτην·
	41	και ἐπιτιμων οὐκ εἰα αὐτα λαλειν, ὁτι ἠδεισαν τον χριστον αὐτον εἰναι.
	8 24	ὁ δε διεγερθεις ἐπετιμησεν τω ἀνεμω και τω κλυδωνι του ὑδατος·
	9 21	ὁ δε ἐπιτιμησας αὐτοις παρηγγειλεν μηδενι λεγειν τουτο,
	42	ἐπετιμησεν δε ὁ ιησους τω πνευματι τω ἀκαθαρτω,
	55	στραφεις δε ἐπετιμησεν αὐτοις.
	17 3	ἐαν ἀμαρτη ὁ ἀδελφος σου, ἐπιτιμησον αὐτω, και ἐαν μετανοηση, ἀφες αὐτω.
	18 15	ἰδοντες δε οἱ μαθηται ἐπετιμων αὐτοις.
	39	και οἱ προαγοντες ἐπετιμων αὐτω ἱνα σιγηση·
	19 39	διδασκαλε, ἐπιτιμησον τοις μαθηταις σου.
	23 40	ἀποκριθεις δε ὁ ἑτερος ἐπιτιμων αὐτω ἐφη·
2Tm	4 2	ἐλεγξον, ἐπιτιμησον, παρακαλεσον, ἐν παση μακροθυμια και διδαχη.
Ju	9	ἀλλα εἰπεν· ἐπιτιμησαι σοι κυριος.

ἐπιτιμια [1]

2Co	2 6	ἱκανον τω τοιουτω ἡ ἐπιτιμια αὐτη ἡ ὑπο των πλειονων,

ἐπιτρεπω [18]

Mt	8 21	ἐπιτρεψον μοι πρωτον ἀπελθειν και θαψαι τον πατερα μου.
	19 8	λεγει αὐτοις· ὁτι μωυσης προς την σκληροκαρδιαν ὑμων ἐπετρεψεν ὑμιν ἀπολυσαι τας γυναικας ὑμων· ἀπ ἀρχης δε οὐ γεγονεν οὑτως.
Mc	5 13	πεμψον ἡμας εἰς τους χοιρους, ἱνα εἰς αὐτους εἰσελθωμεν. και ἐπετρεψεν αὐτοις.
	10 4	ἐπετρεψεν μωυσης βιβλιον ἀποστασιου γραψαι και ἀπολυσαι.
Lc	8 32	και παρεκαλεσαν αὐτον ἱνα ἐπιτρεψη αὐτοις εἰς ἐκεινους εἰσελθειν·
	32	και παρεκαλεσαν αὐτον ἱνα ἐπιτρεψη αὐτοις εἰς ἐκεινους εἰσελθειν· και ἐπετρεψεν αὐτοις.
	9 59	[κυριε] ἐπιτρεψον μοι ἀπελθοντι πρωτον θαψαι τον πατερα μου.

ἐπιτρεπω [18]

Lc	9 61	ἀκολουθησω σοι, κυριε· πρωτον δε ἐπιτρεψον μοι ἀποταξασθαι τοις εἰς τον οἰκον μου.
Jh	19 38	και ἐπετρεψεν ὁ πιλατος.
Ac	21 39	δεομαι δε σου, ἐπιτρεψον μοι λαλησαι προς τον λαον.
	40	ἐπιτρεψαντος δε αὐτου ὁ παυλος ἐστως ἐπι των ἀναβαθμων κατεσεισεν τη χειρι τω λαω·
	26 1	ἐπιτρεπεται σοι περι σεαυτου λεγειν.
	27 3	φιλανθρωπως τε ὁ ιουλιος τω παυλω χρησαμενος ἐπετρεψεν προς τους φιλους πορευθεντι ἐπιμελειας τυχειν.
	28 16	ὁτε δε εἰσηλθομεν εἰς ρωμην, ἐπετραπη τω παυλω μενειν καθ ἑαυτον συν τω φυλασσοντι αὐτον στρατιωτη.
1Co	14 34	οὐ γαρ ἐπιτρεπεται αὐταις λαλειν, ἀλλα ὑποτασσεσθωσαν,
	16 7	ἐλπιζω γαρ χρονον τινα ἐπιμειναι προς ὑμας, ἐαν ὁ κυριος ἐπιτρεψη.
1Tm	2 12	διδασκειν δε γυναικι οὐκ ἐπιτρεπω, οὐδε αὐθεντειν ἀνδρος, ἀλλ εἰναι ἐν ἡσυχια.
Heb	6 3	και τουτο ποιησομεν, ἐανπερ ἐπιτρεπη ὁ θεος.

ἐπιτροπη [1]

Ac	26 12	ἐν οἱς πορευομενος εἰς την δαμασκον μετ ἐξουσιας και ἐπιτροπης της των ἀρχιερεων,

ἐπιτροπος [3]

Mt	20 8	ὀψιας δε γενομενης λεγει ὁ κυριος του ἀμπελωνος τω ἐπιτροπω αὐτου· καλεσον τους ἐργατας και ἀποδος αὐτοις τον μισθον,
Lc	8 3	και ιωαννα γυνη χουζα ἐπιτροπου ἡρωδου και σουσαννα και ἑτεραι πολλαι,
Ga	4 2	οὐδεν διαφερει δουλου κυριος παντων ὠν, ἀλλα ὑπο ἐπιτροπους ἐστιν και οἰκονομους ἀχρι της προθεσμιας του πατρος.

ἐπιτυγχανω [5]

Rm	11 7	ὁ ἐπιζητει ισραηλ, τουτο οὐκ ἐπετυχεν, ἡ δε ἐκλογη ἐπετυχεν·
	7	ὁ ἐπιζητει ισραηλ, τουτο οὐκ ἐπετυχεν, ἡ δε ἐκλογη ἐπετυχεν·
Heb	6 15	και οὑτως μακροθυμησας ἐπετυχεν της ἐπαγγελιας.
	11 33	ἐπετυχον ἐπαγγελιων, ἐφραξαν στοματα λεοντων, ἐσβεσαν δυναμιν πυρος, ἐφυγον στοματα μαχαιρης,
Ja	4 2	φονευετε και ζηλουτε, και οὐ δυνασθε ἐπιτυχειν·

ἐπιφαινω [4]

Lc	1 79	ἐπιφαναι τοις ἐν σκοτει και σκια θανατου καθημενοις, του κατευθυναι τους ποδας ἡμων εἰς ὁδον εἰρηνης.
Ac	27 20	μητε δε ἡλιου μητε ἀστρων ἐπιφαινοντων ἐπι πλειονας ἡμερας,
Tit	2 11	ἐπεφανη γαρ ἡ χαρις του θεου σωτηριος πασιν ἀνθρωποις,
	3 4	ὁτε δε ἡ χρηστοτης και ἡ φιλανθρωπια ἐπεφανη του σωτηρος ἡμων θεου,

ἐπιφανεια [6]

2Th	2 8	ὃν ὁ κυριος [ιησους] ἀνελει τω πνευματι του στοματος αὐτου και καταργησει τη ἐπιφανεια της παρουσιας αὐτου,
1Tm	6 14	τηρησαι σε την ἐντολην ἀσπιλον ἀνεπιλημπτον μεχρι της ἐπιφανειας του κυριου ἡμων ιησου χριστου.
2Tm	1 10	φανερωθεισαν δε νυν δια της ἐπιφανειας του σωτηρος ἡμων χριστου ιησου,
	4 1	του μελλοντος κρινειν ζωντας και νεκρους, και την ἐπιφανειαν αὐτου και την βασιλειαν αὐτου·
	8	ὃν ἀποδωσει μοι ὁ κυριος ἐν ἐκεινη τη ἡμερα, ὁ δικαιος κριτης, οὐ μονον δε ἐμοι ἀλλα και πασι τοις ἠγαπηκοσι την ἐπιφανειαν αὐτου.
Tit	2 13	προσδεχομενοι την μακαριαν ἐλπιδα και ἐπιφανειαν της δοξης του μεγαλου θεου

ἐπιφανης [1]

Ac	2 20	ὁ ἡλιος μεταστραφησεται εἰς σκοτος και ἡ σεληνη εἰς αἱμα, πριν ἐλθειν ἡμεραν κυριου την μεγαλην και ἐπιφανη.

ἐπιφαύσκω [1]

Eph	5 14	και ἀναστα ἐκ των νεκρων, και ἐπιφαυσει σοι ὁ χριστος.

ἐπιφερω [2]

Rm   3 5   μη ἀδικος ὁ θεος ὁ *ἐπιφερων* την ὀργην;

Ju   9   ὁ δε μιχαηλ ὁ ἀρχαγγελος, ὁτε τω διαβολω διακρινομενος διελεγετο περι του μωυσεως σωματος, οὐκ ἐτολμησεν κρισιν *ἐπενεγκειν* βλασφημιας,

ἐπιφωνεω [4]

Lc   23 21   οἱ δε *ἐπεφωνουν* λεγοντες· σταυρου σταυρου αὐτον.

Ac   12 22   ὁ δε δημος *ἐπεφωνει*· θεου φωνη και οὐκ ἀνθωπου.

  21 34   ἀλλοι δε ἀλλο τι *ἐπεφωνουν* ἐν τω ὀχλω·

  22 24   εἰπας μαστιξιν ἀνεταζεσθαι αὐτον, ἱνα ἐπιγνω δι ἡν αἰτιαν οὑτως *ἐπεφωνουν* αὐτω.

ἐπιφωσκω [2]

Mt   28 1   ὀψε δε σαββατων, τη *ἐπιφωσκουση* εἰς μιαν σαββατων, ἠλθεν μαριαμ ἡ μαγδαληνη και ἡ ἀλλη μαρια θεωρησαι τον ταφον.

Lc   23 54   και ἡμερα ἠν παρασκευης, και σαββατον *ἐπεφωσκεν*.

ἐπιχειρεω [3]

Lc   1 1   ἐπειδηπερ πολλοι *ἐπεχειρησαν* ἀναταξασθαι διηγησιν περι των πεπληροφορημενων ἐν ἡμιν πραγματων, καθως παρεδοσαν ἡμιν οἱ ἀπ ἀρχης αὐτοπται και ὑπηρεται γενομενοι του λογου,

Ac   9 29   ἐλαλει τε και συνεζητει προς τους ἑλληνιστας· οἱ δε *ἐπεχειρουν* ἀνελειν αὐτον.

  19 13   *ἐπεχειρησαν* δε τινες και των περιερχομενων ἰουδαιων ἐξορκιστων ὀνομαζειν ἐπι τους ἐχοντας τα πνευματα τα πονηρα το ὀνομα του κυριου ἰησου λεγοντες·

ἐπιχεω [1]

Lc   10 34   και προσελθων κατεδησεν τα τραυματα αὐτου *ἐπιχεων* ἐλαιον και οἰνον,

ἐπιχορηγεω [5]

2Co   9 10   ὁ δε *ἐπιχορηγων* σπορον τω σπειροντι και ἀρτον εἰς βρωσιν χορηγησει

Ga   3 5   ὁ οὐν *ἐπιχορηγων* ὑμιν το πνευμα και ἐνεργων δυναμεις ἐν ὑμιν ἐξ ἐργων νομου ἠ ἐξ ἀκοης πιστεως;

Col   2 19   και οὐ κρατων την κεφαλην, ἐξ οὑ παν το σωμα δια των ἁφων και συνδεσμων *ἐπιχορηγουμενον* και συμβιβαζομενον αὐξει την αὐξησιν του θεου.

2Pt   1 5   και αὐτο τουτο δε σπουδην πασαν παρεισενεγκαντες *ἐπιχορηγησατε* ἐν τη πιστει ὑμων την ἀρετην,

  11   οὑτως γαρ πλουσιως *ἐπιχορηγηθησεται* ὑμιν ἡ εἰσοδος εἰς την αἰωνιον βασιλειαν του κυριου ἡμων και σωτηρος ἰησου χριστου.

ἐπιχορηγια [2]

Eph   4 16   ἐξ οὑ παν το σωμα συναρμολογουμενον και συμβιβαζομενον δια πασης ἁφης της *ἐπιχορηγιας*

Php   1 19   οἰδα γαρ ὁτι τουτο μοι ἀποβησεται εἰς σωτηριαν δια της ὑμων δεησεως και *ἐπιχορηγιας* του πνευματος ἰησου χριστου,

ἐπιχριω [2]

Jh   9 6   ταυτα εἰπων ἐπτυσεν χαμαι και ἐποιησεν πηλον ἐκ του πτυσματος, και *ἐπεχρισεν* αὐτου τον πηλον ἐπι τους ὀφθαλμους,

  11   ὁ ἀνθρωπος ὁ λεγομενος ἰησους πηλον ἐποιησεν και *ἐπεχρισεν* μου τους ὀφθαλμους και εἰπεν μοι ὁτι ὑπαγε εἰς τον σιλωαμ και νιψαι·

ἐποικοδομεω [7]

1Co   3 10   κατα την χαριν του θεου την δοθεισαν μοι ὡς σοφος ἀρχιτεκτων θεμελιον ἐθηκα, ἀλλος δε *ἐποικοδομει*.

  10   ἑκαστος δε βλεπετω πως *ἐποικοδομει*.

  12   εἰ δε τις *ἐποικοδομει* ἐπι τον θεμελιον χρυσον, ἀργυρον, λιθους τιμιους, ξυλα, χορτον, καλαμην, ἑκαστου το ἐργον φανερον γενησεται·

  14   εἰ τινος το ἐργον μενει ὁ *ἐποικοδομησεν*, μισθον λημψεται·

Eph   2 20   ἀλλα ἐστε συμπολιται των ἁγιων και οἰκειοι του θεου, *ἐποικοδομηθεντες* ἐπι τω θεμελιω των ἀποστολων και προφητων,

ἐποικοδομεω [7]

Col   2 7   ἐν αὐτω περιπατειτε, ἐρριζωμενοι και *ἐποικοδομουμενοι* ἐν αὐτω και βεβαιουμενοι τη πιστει καθως ἐδιδαχθητε,

Ju   20   ὑμεις δε, ἀγαπητοι, *ἐποικοδομουντες* ἑαυτους τη ἁγιωτατη ὑμων πιστει,

ἐπονομαζομαι [1]

Rm   2 17   εἰ δε συ ἰουδαιος *ἐπονομαζη* και ἐπαναπαυη νομω και καυχασαι ἐν θεω και γινωσκεις το θελημα και δοκιμαζεις τα διαφεροντα κατηχουμενος ἐκ του νομου,

ἐποπτευω [2]

1Pt   2 12   ἱνα ἐν ᾡ καταλαλουσιν ὑμων ὡς κακοποιων, ἐκ των καλων ἐργων *ἐποπτευοντες* δοξασωσιν τον θεον ἐν ἡμερα ἐπισκοπης.

  3 2   *ἐποπτευσαντες* την ἐν φοβω ἁγνην ἀναστροφην ὑμων.

ἐποπτης [1]

2Pt   1 16   ἀλλ *ἐποπται* γενηθεντες της ἐκεινου μεγαλειοτητος.

ἐπος [1]

Heb   7 9   και ὡς *ἐπος* εἰπειν, δι ἀβρααμ και λευι ὁ δεκατας λαμβανων δεδεκατωται·

ἐπουρανιος [19]

Jh   3 12   εἰ τα ἐπιγεια εἰπον ὑμιν και οὐ πιστευετε, πως ἐαν εἰπω ὑμιν τα *ἐπουρανια* πιστευσετε;

1Co   15 40   και σωματα *ἐπουρανια*, και σωματα ἐπιγεια·

  40   ἀλλα ἑτερα μεν ἡ των *ἐπουρανιων* δοξα, ἑτερα δε ἡ των ἐπιγειων.

  48   και οἱος ὁ *ἐπουρανιος*, τοιουτοι και οἱ ἐπουρανιοι·

  48   και οἱος ὁ ἐπουρανιος, τοιουτοι και οἱ *ἐπουρανιοι*·

  49   και καθως ἐφορεσαμεν την εἰκονα του χοικου, φορεσωμεν και την εἰκονα του *ἐπουρανιου*.

Eph   1 3   εὐλογητος ὁ θεος και πατηρ του κυριου ἡμων ἰησου χριστου, ὁ εὐλογησας ἡμας ἐν παση εὐλογια πνευματικη ἐν τοις *ἐπουρανιοις* ἐν χριστω,

  20   ἡν ἐνηργησεν ἐν τω χριστω ἐγειρας αὐτον ἐκ νεκρων, και καθισας ἐν δεξια αὐτου ἐν τοις *ἐπουρανιοις*

  2 6   και συνηγειρεν και συνεκαθισεν ἐν τοις *ἐπουρανιοις* ἐν χριστω ἰησου,

  3 10   ἱνα γνωρισθη νυν ταις ἀρχαις και ταις ἐξουσιαις ἐν τοις *ἐπουρανιοις* δια της ἐκκλησιας ἡ πολυποικιλος σοφια του θεου,

  6 12   ἀλλα προς τας ἀρχας, προς τας ἐξουσιας, προς τους κοσμοκρατορας του σκοτους τουτου, προς τα πνευματικα της πονηριας ἐν τοις *ἐπουρανιοις*.

Php   2 10   και ἐχαρισατο αὐτω το ὀνομα το ὑπερ παν ὀνομα, ἱνα ἐν τω ὀνοματι ἰησου παν γονυ καμψη *ἐπουρανιων* και ἐπιγειων και καταχθονιων,

2Tm   4 18   ρυσεται με ὁ κυριος ἀπο παντος ἐργου πονηρου και σωσει εἰς την βασιλειαν αὐτου την *ἐπουρανιον*·

Heb   3 1   ὀθεν, ἀδελφοι ἁγιοι, κλησεως *ἐπουρανιου* μετοχοι, κατανοησατε τον ἀποστολον και ἀρχιερεα της ὁμολογιας ἡμων ἰησουν,

  6 4   ἀδυνατον γαρ τους ἀπαξ φωτισθεντας γευσαμενους τε της δωρεας της *ἐπουρανιου*

  8 5   οἱτινες ὑποδειγματι και σκια λατρευουσιν των *ἐπουρανιων*,

  9 23   αὐτα δε τα *ἐπουρανια* κρειττοσιν θυσιαις παρα ταυτας.

  11 16   νυν δε κρειττονος ὀρεγονται, τουτ ἐστιν *ἐπουρανιου*.

  12 22   ἰερουσαλημ *ἐπουρανιω*, και μυριασιν ἀγγελων, πανηγυρει,

ἑπτα [88]

Mt   12 45   τοτε πορευεται και παραλαμβανει μεθ ἑαυτου *ἑπτα* ἑτερα πνευματα πονηροτερα ἑαυτου,

  15 34   *ἑπτα*, και ὀλιγα ἰχθυδια.

  36   και παραγγειλας τω ὀχλω ἀναπεσειν ἐπι την γην ἐλαβεν τους *ἑπτα* ἀρτους και τους ἰχθυας και εὐχαριστησας ἐκλασεν και ἐδιδου τοις μαθηταις,

  37   και το περισσευον των κλασματων ἠραν, *ἑπτα* σπυριδας πληρεις.

  16 10   οὐπω νοειτε, οὐδε μνημονευετε τους πεντε ἀρτους των πεντακισχιλιων και ποσους κοφινους ἐλαβετε; οὐδε τους *ἑπτα* ἀρτους των τετρακισχιλιων και ποσας σπυριδας ἐλαβετε;

  18 22   οὐ λεγω σοι ἑως *ἑπτακις*, ἀλλα ἑως ἑβδομηκοντακις *ἑπτα*.

ἑπτα [88]

Mt   22 25   ἦσαν δε παρ ἡμιν *ἑπτα* ἀδελφοι·
       26   και μη ἐχων σπερμα ἀφηκεν την γυναικα αὐτου τω ἀδελφω
           αὐτου· ὁμοιως και ὁ δευτερος και ὁ τριτος, ἑως των *ἑπτα*.
       28   ἐν τη ἀναστασει οὐν τινος των *ἑπτα* ἐσται γυνη;
Mc   8 5   ποσους ἐχετε ἀρτους; οἱ δε εἰπαν· *ἑπτα*.
       6   και λαβων τους *ἑπτα* ἀρτους εὐχαριστησας ἐκλασεν και
           ἐδιδου τοις μαθηταις αὐτου ἱνα παρατιθωσιν, και παρεθηκαν
           τω ὀχλω.
       8   και ἐφαγον και ἐχορτασθησαν, και ἠραν περισσευματα
           κλασματων, *ἑπτα* σπυριδας.
       20   ὁτε τους *ἑπτα* εἰς τους τετρακισχιλιους, ποσων σπυριδων
           πληρωματα κλασματων ἠρατε;
       20   ὁτε τους *ἑπτα* εἰς τους τετρακισχιλιους, ποσων σπυριδων
           πληρωματα κλασματων ἠρατε; και λεγουσιν [αὐτω·] *ἑπτα*.
    12 20   *ἑπτα* ἀδελφοι ἠσαν· και ὁ πρωτος ἐλαβεν γυναικα,
       22   και οἱ *ἑπτα* οὐκ ἀφηκαν σπερμα.
       23   ἐν τη ἀναστασει, [ὁταν ἀναστωσιν,] τινος αὐτων ἐσται γυνη;
           οἱ γαρ *ἑπτα* ἐσχον αὐτην γυναικα.
    16 9   ἀναστας δε πρωι πρωτη σαββατου ἐφανη πρωτον μαρια τη
           μαγδαληνη, παρ ἡς ἐκβεβληκει *ἑπτα* δαιμονια.
Lc   2 36   αὐτη προβεβηκυια ἐν ἡμεραις πολλαις, ζησασα μετα ἀνδρος
           ἐτη *ἑπτα* ἀπο της παρθενιας αὐτης,
       8 2   μαρια ἡ καλουμενη μαγδαληνη, ἀφ ἡς δαιμονια *ἑπτα*
           ἐξεληλυθει,
    11 26   τοτε πορευεται και παραλαμβανει ἑτερα πνευματα
           πονηροτερα ἑαυτου *ἑπτα*,
    20 29   *ἑπτα* οὐν ἀδελφοι ἠσαν·
       31   και ὁ δευτερος και ὁ τριτος ἐλαβεν αὐτην, ὡσαυτως δε και οἱ
           ἑπτα οὐ κατελιπον τεκνα και ἀπεθανον.
       33   ἡ γυνη οὐν ἐν τη ἀναστασει τινος αὐτων γινεται γυνη; οἱ γαρ
           ἑπτα ἐσχον αὐτην γυναικα.
Ac   6 3   ἐπισκεψασθε δε, ἀδελφοι, ἀνδρας ἐξ ὑμων μαρτυρουμενους
           ἑπτα πληρεις πνευματος και σοφιας,
    13 19   και καθελων ἐθνη *ἑπτα* ἐν γη χανααν κατεκληρονομησεν την
           γην αὐτων ὡς ἐτεσιν τετρακοσιοισκαιπεντηκοντα.
    19 14   ἠσαν δε τινος σκευα ἰουδαιου ἀρχιερεως *ἑπτα* υἱοι τουτο
           ποιουντες.
    20 6   και ἠλθομεν προς αὐτους εἰς την τρωαδα ἀχρι ἡμερων πεντε,
           ὁπου διετριψαμεν ἡμερας *ἑπτα*.
    21 4   ἀνευροντες δε τους μαθητας ἐπεμειναμεν αὐτου ἡμερας *ἑπτα*·
       8   και εἰσελθοντες εἰς τον οἰκον φιλιππου του εὐαγγελιστου
           ὀντος ἐκ των *ἑπτα*, ἐμειναμεν παρ αὐτω.
       27   ὡς δε ἐμελλον αἱ *ἑπτα* ἡμεραι συντελεισθαι, οἱ ἀπο της ἀσιας
           ἰουδαιοι θεασαμενοι αὐτον ἐν τω ἱερω συνεχεον παντα τον
           ὀχλον.
    28 14   και μετα μιαν ἡμεραν ἐπιγενομενου νοτου δευτεραιοι
           ἠλθομεν εἰς ποτιολους, οὑ εὑροντες ἀδελφους παρεκληθημεν
           παρ αὐτοις ἐπιμειναι ἡμερας *ἑπτα*·
Heb 11 30   πιστει τα τειχη ἱεριχω ἐπεσαν κυκλωθεντα ἐπι *ἑπτα* ἡμερας.
Apc 1 4   ἰωαννης ταις *ἑπτα* ἐκκλησιαις ταις ἐν τη ἀσια·
       4   και ἀπο των *ἑπτα* πνευματων ἀ ἐνωπιον του θρονου αὐτου,
       11   ὁ βλεπεις γραφον εἰς βιβλιον και πεμψον ταις *ἑπτα*
           ἐκκλησιαις,
       12   και ἐπιστρεψας εἰδον *ἑπτα* λυχνιας χρυσας,
       16   και ἐχων ἐν τη δεξια χειρι αὐτου ἀστερας *ἑπτα*,
       20   το μυστηριον των *ἑπτα* ἀστερων οὑς εἰδες ἐπι της δεξιας μου,
       20   το μυστηριον των *ἑπτα* ἀστερων οὑς εἰδες ἐπι της δεξιας μου,
           και τας *ἑπτα* λυχνιας τας χρυσας·
       20   οἱ *ἑπτα* ἀστερες ἀγγελοι των *ἑπτα* ἐκκλησιων εἰσιν,
       20   οἱ *ἑπτα* ἀστερες ἀγγελοι των *ἑπτα* ἐκκλησιων εἰσιν,
       20   οἱ *ἑπτα* ἀστερες ἀγγελοι των *ἑπτα* ἐκκλησιων εἰσιν, και αἱ
           λυχνιαι αἱ *ἑπτα* ἐκκλησιαι εἰσιν.
       20   οἱ *ἑπτα* ἀστερες ἀγγελοι των *ἑπτα* ἐκκλησιων εἰσιν, και αἱ
           λυχνιαι αἱ *ἑπτα ἑπτα* ἐκκλησιαι εἰσιν.
       2 1   ταδε λεγει ὁ κρατων τους *ἑπτα* ἀστερας ἐν τη δεξια αὐτου,
       1   ὁ περιπατων ἐν μεσω των *ἑπτα* λυχνιων των χρυσων·
       3 1   ταδε λεγει ὁ ἐχων τα *ἑπτα* πνευματα του θεου και τους *ἑπτα*
           ἀστερας· οἰδα σου τα ἐργα,
       1   ταδε λεγει ὁ ἐχων τα *ἑπτα* πνευματα του θεου και τους *ἑπτα*
           ἀστερας· οἰδα σου τα ἐργα,
       4 5   και *ἑπτα* λαμπαδες πυρος καιομεναι ἐνωπιον του θρονου,
       5   και *ἑπτα* λαμπαδες πυρος καιομεναι ἐνωπιον του θρονου, ἀ
           εἰσιν τα *ἑπτα* πνευματα του θεου·
       5 1   ἐπι την δεξιαν του καθημενου ἐπι του θρονου
           βιβλιον γεγραμμενον ἐσωθεν και ὀπισθεν, κατεσφραγισμενον
           σφραγισιν *ἑπτα*.
       5   ἰδου ἐνικησεν ὁ λεων ὁ ἐκ της φυλης ἰουδα, ἡ ῥιζα δαυιδ,
           ἀνοιξαι το βιβλιον και τας *ἑπτα* σφραγιδας αὐτου.

ἑπτα [88]

Apc 5 6   ἀρνιον ἐστηκος ὡς ἐσφαγμενον, ἐχων κερατα *ἑπτα* και
           ὀφθαλμους *ἑπτα*,
       6   ἀρνιον ἐστηκος ὡς ἐσφαγμενον, ἐχων κερατα *ἑπτα* και
           ὀφθαλμους *ἑπτα*,
       6   ἐχων κερατα *ἑπτα* και ὀφθαλμους *ἑπτα*, οἱ εἰσιν τα [*ἑπτα*]
           πνευματα του θεου ἀπεσταλμενοι εἰς πασαν την γην.
       6 1   και εἰδον ὁτε ἠνοιξεν το ἀρνιον μιαν ἐκ των *ἑπτα* σφραγιδων,
       8 2   και εἰδον τους *ἑπτα* ἀγγελους οἱ ἐνωπιον του θεου ἑστηκασιν,
       2   και ἐδοθησαν αὐτοις *ἑπτα* σαλπιγγες.
       6   και οἱ *ἑπτα* ἀγγελοι οἱ ἐχοντες τας *ἑπτα* σαλπιγγας
           ἡτοιμασαν αὐτους ἱνα σαλπισωσιν.
       6   και οἱ *ἑπτα* ἀγγελοι οἱ ἐχοντες τας *ἑπτα* σαλπιγγας
           ἡτοιμασαν αὐτους ἱνα σαλπισωσιν.
    10 3   και ὁτε ἐκραξεν, ἐλαλησαν αἱ *ἑπτα* βρονται τας ἑαυτων
           φωνας.
       4   και ὁτε ἐλαλησαν αἱ *ἑπτα* βρονται, ἡμελλον γραφειν·
       4   σφραγισον ἀ ἐλαλησαν αἱ *ἑπτα* βρονται,
    11 13   και ἀπεκτανθησαν ἐν τω σεισμω ὀνοματα ἀνθρωπων
           χιλιαδες *ἑπτα*,
    12 3   και ἰδου δρακων μεγας πυρρος, ἐχων κεφαλας *ἑπτα* και
           κερατα δεκα και ἐπι τας κεφαλας αὐτου *ἑπτα* διαδηματα,
       3   και ἰδου δρακων μεγας πυρρος, ἐχων κεφαλας *ἑπτα* και
           κερατα δεκα και ἐπι τας κεφαλας αὐτου *ἑπτα* διαδηματα,
    13 1   και εἰδον ἐκ της θαλασσης θηριον ἀναβαινον, ἐχον κερατα
           δεκα και κεφαλας *ἑπτα*,
    15 1   και εἰδον ἀλλο σημειον ἐν τω οὐρανω μεγα και θαυμαστον,
           ἀγγελους *ἑπτα* ἐχοντας πληγας *ἑπτα* τας ἐσχατας,
       1   και εἰδον ἀλλο σημειον ἐν τω οὐρανω μεγα και θαυμαστον,
           ἀγγελους *ἑπτα* ἐχοντας πληγας *ἑπτα* τας ἐσχατας,
       6   και ἐξηλθον οἱ *ἑπτα* ἀγγελοι [οἱ] ἐχοντες τας *ἑπτα* πληγας ἐκ
           του ναου,
       6   και ἐξηλθον οἱ *ἑπτα* ἀγγελοι [οἱ] ἐχοντες τας *ἑπτα* πληγας ἐκ
           του ναου,
       7   και ἐν ἐκ των τεσσαρων ζωων ἐδωκεν τοις *ἑπτα* ἀγγελοις
           ἑπτα φιαλας χρυσας γεμουσας του θυμου του θεου του
           ζωντος εἰς τους αἰωνας των αἰωνων.
       7   και ἐν ἐκ των τεσσαρων ζωων ἐδωκεν τοις *ἑπτα* ἀγγελοις
           ἑπτα φιαλας χρυσας γεμουσας του θυμου του θεου του
           ζωντος εἰς τους αἰωνας των αἰωνων.
       8   και οὐδεις ἐδυνατο εἰσελθειν εἰς τον ναον ἀχρι τελεσθωσιν αἱ
           ἑπτα πληγαι των *ἑπτα* ἀγγελων.
       8   και οὐδεις ἐδυνατο εἰσελθειν εἰς τον ναον ἀχρι τελεσθωσιν αἱ
           ἑπτα πληγαι των *ἑπτα* ἀγγελων.
    16 1   και ἠκουσα μεγαλης φωνης ἐκ του ναου λεγουσης τοις *ἑπτα*
           ἀγγελοις· ὑπαγετε και ἐκχεετε τας *ἑπτα* φιαλας του θυμου
           του θεου εἰς την γην.
       1   ὑπαγετε και ἐκχεετε τας *ἑπτα* φιαλας του θυμου του θεου εἰς
           την γην.
    17 1   και ἠλθεν εἰς ἐκ των *ἑπτα* ἀγγελων των ἐχοντων τας *ἑπτα*
           φιαλας,
       1   και ἠλθεν εἰς ἐκ των *ἑπτα* ἀγγελων των ἐχοντων τας *ἑπτα*
           φιαλας,
       3   και εἰδον γυναικα καθημενην ἐπι θηριον κοκκινον, γεμον[τα]
           ὀνοματα βλασφημιας, ἐχων κεφαλας *ἑπτα* και κερατα δεκα.
       7   ἐγω ἐρω σοι το μυστηριον της γυναικος και του θηριου του
           βασταζοντος αὐτην του ἐχοντος τας *ἑπτα* κεφαλας και τα
           δεκα κερατα.
       9   αἱ *ἑπτα* κεφαλαι *ἑπτα* ὀρη εἰσιν, ὁπου ἡ γυνη καθηται ἐπ
           αὐτων,
       9   αἱ *ἑπτα* κεφαλαι *ἑπτα* ὀρη εἰσιν, ὁπου ἡ γυνη καθηται ἐπ
           αὐτων,
       9   αἱ *ἑπτα* κεφαλαι *ἑπτα* ὀρη εἰσιν, ὁπου ἡ γυνη καθηται ἐπ
           αὐτων, και βασιλεις *ἑπτα* εἰσιν·
       11   και αὐτος ὀγδοος ἐστιν, και ἐκ των *ἑπτα* ἐστιν,
    21 9   και ἠλθεν εἰς ἐκ των *ἑπτα* ἀγγελων των ἐχοντων τας *ἑπτα*
           φιαλας,
       9   και ἠλθεν εἰς ἐκ των *ἑπτα* ἀγγελων των ἐχοντων τας *ἑπτα*
           φιαλας,
       9   και ἠλθεν εἰς ἐκ των *ἑπτα* ἀγγελων των ἐχοντων τας *ἑπτα*
           φιαλας, των γεμοντων των *ἑπτα* πληγων των ἐσχατων,

ἑπτακις [4]

Mt   18 21   κυριε, ποσακις ἁμαρτησει εἰς ἐμε ὁ ἀδελφος μου και ἀφησω
           αὐτω; ἑως *ἑπτακις*;
       22   οὐ λεγω σοι ἑως *ἑπτακις*, ἀλλα ἑως ἑβδομηκοντακις *ἑπτα*.
Lc   17 4   και ἐαν *ἑπτακις* της ἡμερας ἁμαρτηση εἰς σε και *ἑπτακις*
           ἐπιστρεψη προς σε λεγων· μετανοω, ἀφησεις αὐτω.

ἑπτακις [4]

Lc	17 4	και εαν επτακις της ημερας αμαρτηση εις σε και επτακις επιστρεψη προς σε λεγων· μετανοω, αφησεις αυτω.

ἑπτακισχιλιοι [1]

Rm	11 4	κατελιπον εμαυτω επτακισχιλιους ανδρας, οιτινες ουκ εκαμψαν γονυ τη βααλ.

ἔραστος [3]

Ac	19 22	αποστειλας δε εις την μακεδονιαν δυο των διακονουντων αυτω, τιμοθεον και εραστον,
Rm	16 23	ασπαζεται υμας εραστος ο οικονομος της πολεως και κουαρτος ο αδελφος.
2Tm	4 20	εραστος εμεινεν εν κορινθω, τροφιμον δε απελιπον εν μιλητω ασθενουντα.

ἐραυναω [6]

Jh	5 39	εραυνατε τας γραφας, οτι υμεις δοκειτε εν αυταις ζωην αιωνιον εχειν·
	7 52	εραυνησον και ιδε οτι εκ της γαλιλαιας προφητης ουκ εγειρεται.
Rm	8 27	ο δε εραυνων τας καρδιας οιδεν τι το φρονημα του πνευματος, οτι κατα θεον εντυγχανει υπερ αγιων.
1Co	2 10	το γαρ πνευμα παντα εραυνα, και τα βαθη του θεου.
1Pt	1 11	εραυνωντες εις τινα η ποιον καιρον εδηλου το εν αυτοις πνευμα χριστου
Apc	2 23	και γνωσονται πασαι αι εκκλησιαι οτι εγω ειμι ο εραυνων νεφρους και καρδιας,

ἐργαζομαι [41]

Mt	7 23	αποχωρειτε απ εμου οι εργαζομενοι την ανομιαν.
	21 28	τεκνον, υπαγε σημερον εργαζου εν τω αμπελωνι.
	25 16	ευθεως πορευθεις ο τα πεντε ταλαντα λαβων ηργασατο εν αυτοις και εκερδησεν αλλα πεντε·
	26 10	τι κοπους παρεχετε τη γυναικι; εργον γαρ καλον ηργασατο εις εμε·
Mc	14 6	καλον εργον ηργασατο εν εμοι.
Lc	13 14	ελεγεν τω οχλω οτι εξ ημεραι εισιν εν αις δει εργαζεσθαι·
Jh	3 21	ο δε ποιων την αληθειαν ερχεται προς το φως, ινα φανερωθη αυτου τα εργα οτι εν θεω εστιν ειργασμενα.
	5 17	ο πατηρ μου εως αρτι εργαζεται, καγω εργαζομαι·
	17	ο πατηρ μου εως αρτι εργαζεται, καγω εργαζομαι·
	6 27	εργαζεσθε μη την βρωσιν την απολλυμενην, αλλα την βρωσιν την μενουσαν εις ζωην αιωνιον, ην ο υιος του ανθρωπου υμιν δωσει·
	28	τι ποιωμεν ινα εργαζωμεθα τα εργα του θεου;
	30	τι ουν ποιεις συ σημειον, ινα ιδωμεν και πιστευσωμεν σοι; τι εργαζη;
	9 4	ημας δει εργαζεσθαι τα εργα του πεμψαντος με εως ημερα εστιν·
	4	ερχεται νυξ οτε ουδεις δυναται εργαζεσθαι.
Ac	10 35	αλλ εν παντι εθνει ο φοβουμενος αυτον και εργαζομενος δικαιοσυνην δεκτος αυτω εστιν·
	13 41	οτι εργον εργαζομαι εγω εν ταις ημεραις υμων, εργον ο ου μη πιστευσητε εαν τις εκδιηγηται υμιν.
	18 3	και δια το ομοτεχνον ειναι εμενεν παρ αυτοις, και ηργαζετο·
Rm	2 10	δοξα δε και τιμη και ειρηνη παντι τω εργαζομενω το αγαθον,
	4 4	τω δε εργαζομενω ο μισθος ου λογιζεται κατα χαριν αλλα κατα οφειλημα·
	5	τω δε μη εργαζομενω, πιστευοντι δε επι τον δικαιουντα τον ασεβη, λογιζεται η πιστις αυτου εις δικαιοσυνην,
	13 10	η αγαπη τω πλησιον κακον ουκ εργαζεται· πληρωμα ουν νομου η αγαπη.
1Co	4 12	και κολαφιζομεθα και αστατουμεν και κοπιωμεν εργαζομενοι ταις ιδιαις χερσιν·
	9 6	η μονος εγω και βαρναβας ουκ εχομεν εξουσιαν μη εργαζεσθαι;
	13	ουκ οιδατε οτι οι τα ιερα εργαζομενοι [τα] εκ του ιερου εσθιουσιν, οι τω θυσιαστηριω παρεδρευοντες τω θυσιαστηριω συμμεριζονται;
	16 10	το γαρ εργον κυριου εργαζεται ως καγω·
2Co	7 10	η γαρ κατα θεον λυπη μετανοιαν εις σωτηριαν αμεταμελητον εργαζεται·
Ga	6 10	αρα ουν ως καιρον εχομεν, εργαζωμεθα το αγαθον προς παντας,

ἐργαζομαι [41]

Eph	4 28	ο κλεπτων μηκετι κλεπτετω, μαλλον δε κοπιατω εργαζομενος ταις [ιδιαις] χερσιν το αγαθον,
Col	3 23	ο εαν ποιητε, εκ ψυχης εργαζεσθε ως τω κυριω και ουκ ανθρωποις,
1Th	2 9	νυκτος και ημερας εργαζομενοι προς το μη επιβαρησαι τινα υμων εκηρυξαμεν εις υμας το ευαγγελιον του θεου.
	4 11	και φιλοτιμεισθαι ησυχαζειν και πρασσειν τα ιδια και εργαζεσθαι ταις [ιδιαις] χερσιν υμων,
2Th	3 8	ουδε δωρεαν αρτον εφαγομεν παρα τινος, αλλ εν κοπω και μοχθω νυκτος και ημερας εργαζομενοι
	10	τουτο παρηγγελλομεν υμιν, οτι ει τις ου θελει εργαζεσθαι, μηδε εσθιετω.
	11	ακουομεν γαρ τινας περιπατουντας εν υμιν ατακτως, μηδεν εργαζομενους αλλα περιεργαζομενους·
	12	τοις δε τοιουτοις παραγγελλομεν και παρακαλουμεν εν κυριω ιησου χριστω ινα μετα ησυχιας εργαζομενοι τον εαυτων αρτον εσθιωσιν.
Heb	11 33	περι γεδεων, βαρακ, σαμψων, ιεφθαε, δαυιδ τε και σαμουηλ και των προφητων, οι δια πιστεως κατηγωνισαντο βασιλειας, ηργασαντο δικαιοσυνην,
Ja	1 20	οργη γαρ ανδρος δικαιοσυνην θεου ουκ εργαζεται.
	2 9	ει δε προσωπολημπτειτε, αμαρτιαν εργαζεσθε, ελεγχομενοι υπο του νομου ως παραβαται.
2Jh	8	βλεπετε εαυτους, ινα μη απολεσητε α ειργασαμεθα,
3Jh	5	πιστον ποιεις ο εαν εργαση εις τους αδελφους και τουτο ξενους,
Apc	18 17	και πας κυβερνητης και πας ο επι τοπον πλεων και ναυται και οσοι την θαλασσαν εργαζονται, απο μακροθεν εστησαν

ἐργασια [6]

Lc	12 58	ως γαρ υπαγεις μετα του αντιδικου σου επ αρχοντα, εν τη οδω δος εργασιαν απηλλαχθαι απ αυτου,
Ac	16 16	παιδισκην τινα εχουσαν πνευμα πυθωνα υπαντησαι ημιν, ητις εργασιαν πολλην παρειχεν τοις κυριοις αυτης μαντευομενη.
	19	ιδοντες δε οι κυριοι αυτης οτι εξηλθεν η ελπις της εργασιας αυτων, επιλαβομενοι τον παυλον και τον σιλαν ειλκυσαν εις την αγοραν επι τους αρχοντας,
	19 24	δημητριος γαρ τις ονοματι, αργυροκοπος, ποιων ναους αργυρους αρτεμιδος παρειχετο τοις τεχνιταις ουκ ολιγην εργασιαν,
	25	ανδρες, επιστασθε οτι εκ ταυτης της εργασιας η ευπορια ημιν εστιν,
Eph	4 19	οιτινες απηλγηκοτες εαυτους παρεδωκαν τη ασελγεια εις εργασιαν ακαθαρσιας πασης εν πλεονεξια.

ἐργατης [16]

Mt	9 37	ο μεν θερισμος πολυς, οι δε εργαται ολιγοι·
	38	δεηθητε ουν του κυριου του θερισμου οπως εκβαλη εργατας εις τον θερισμον αυτου.
	10 10	αξιος γαρ ο εργατης της τροφης αυτου.
	20 1	ομοια γαρ εστιν η βασιλεια των ουρανων ανθρωπω οικοδεσποτη, οστις εξηλθεν αμα πρωι μισθωσασθαι εργατας εις τον αμπελωνα αυτου.
	2	συμφωνησας δε μετα των εργατων εκ δηναριου την ημεραν απεστειλεν αυτους εις τον αμπελωνα αυτου.
	8	καλεσον τους εργατας και αποδος αυτοις τον μισθον,
Lc	10 2	ο μεν θερισμος πολυς, οι δε εργαται ολιγοι·
	2	δεηθητε ουν του κυριου του θερισμου οπως εργατας εκβαλη εις τον θερισμον αυτου.
	7	αξιος γαρ ο εργατης του μισθου αυτου.
	13 27	ουκ οιδα [υμας] ποθεν εστε· αποστητε απ εμου παντες εργαται αδικιας.
Ac	19 25	ους συναθροισας και τους περι τα τοιαυτα εργατας ειπεν·
2Co	11 13	οι γαρ τοιουτοι ψευδαποστολοι, εργαται δολιοι, μετασχηματιζομενοι εις αποστολους χριστου.
Php	3 2	βλεπετε τους κυνας, βλεπετε τους κακους εργατας,
1Tm	5 18	λεγει γαρ η γραφη· βουν αλοωντα ου φιμωσεις, και· αξιος ο εργατης του μισθου αυτου.
2Tm	2 15	σπουδασον σεαυτον δοκιμον παραστησαι τω θεω, εργατην ανεπαισχυντον,
Ja	5 4	ιδου ο μισθος των εργατων των αμησαντων τας χωρας υμων ο απεστερημενος αφ υμων κραζει,

ἔργον [169]

Mt	5 16	οπως ιδωσιν υμων τα καλα εργα και δοξασωσιν τον πατερα υμων τον εν τοις ουρανοις.

ἔργον [169]

Mt	11 2	ὁ δε ἰωαννης ἀκουσας ἐν τω δεσμωτηριω τα *ἔργα* του χριστου, πεμψας δια των μαθητων αὐτου εἰπεν αὐτω·
	19	και ἐδικαιωθη ἡ σοφια ἀπο των *ἔργων* αὐτης.
	23 3	παντα οὐν ὁσα ἐαν εἰπωσιν ὑμιν ποιησατε και τηρειτε, κατα δε τα *ἔργα* αὐτων μη ποιειτε·
	5	παντα δε τα *ἔργα* αὐτων ποιουσιν προς το θεαθηναι τοις ἀνθρωποις·
	26 10	τι κοπους παρεχετε τη γυναικι; *ἔργον* γαρ καλον ἠργασατο εἰς ἐμε·
Mc	13 34	ὡς ἀνθρωπος ἀποδημος ἀφεις την οἰκιαν αὐτου και δους τοις δουλοις αὐτου την ἐξουσιαν, ἐκαστω το *ἔργον* αὐτου,
	14 6	καλον *ἔργον* ἠργασατο ἐν ἐμοι.
Lc	11 48	ἀρα μαρτυρες ἐστε και συνευδοκειτε τοις *ἔργοις* των πατερων ὑμων,
	24 19	τα περι ἰησου του ναζαρηνου, ὁς ἐγενετο ἀνηρ προφητης δυνατος ἐν *ἔργω* και λογω ἐναντιον του θεου και παντος του λαου,
Jh	3 19	ἠν γαρ αὐτων πονηρα τα *ἔργα*.
	20	πας γαρ ὁ φαυλα πρασσων μισει το φως και οὐκ ἐρχεται προς το φως, ἰνα μη ἐλεγχθη τα *ἔργα* αὐτου·
	21	ὁ δε ποιων την ἀληθειαν ἐρχεται προς το φως, ἰνα φανερωθη αὐτου τα *ἔργα* ὁτι ἐν θεω ἐστιν εἰργασμενα.
	4 34	ἐμον βρωμα ἐστιν ἰνα ποιησω το θελημα του πεμψαντος με και τελειωσω αὐτου το *ἔργον*.
	5 20	και μειζονα τουτων δειξει αὐτω *ἔργα*, ἰνα ὑμεις θαυμαζητε.
	36	τα γαρ *ἔργα* ἁ δεδωκεν μοι ὁ πατηρ ἰνα τελειωσω αὐτα, αὐτα τα *ἔργα* ἁ ποιω μαρτυρει περι ἐμου ὁτι ὁ πατηρ με ἀπεσταλκεν.
	36	τα γαρ *ἔργα* ἁ δεδωκεν μοι ὁ πατηρ ἰνα τελειωσω αὐτα, αὐτα τα *ἔργα* ἁ ποιω μαρτυρει περι ἐμου ὁτι ὁ πατηρ με ἀπεσταλκεν.
	6 28	τι ποιωμεν ἰνα ἐργαζωμεθα τα *ἔργα* του θεου;
	29	τουτο ἐστιν το *ἔργον* του θεου, ἰνα πιστευητε εἰς ὁν ἀπεστειλεν ἐκεινος.
	7 3	μεταβηθι ἐντευθεν και ὑπαγε εἰς την ἰουδαιαν, ἰνα και οἱ μαθηται σου θεωρησουσιν σου τα *ἔργα* ἁ ποιεις·
	7	οὐ δυναται ὁ κοσμος μισειν ὑμας, ἐμε δε μισει, ὁτι ἐγω μαρτυρω περι αὐτου ὁτι τα *ἔργα* αὐτου πονηρα ἐστιν.
	21	ἐν *ἔργον* ἐποιησα και παντες θαυμαζετε.
	8 39	εἰ τεκνα του ἀβρααμ ἐστε, τα *ἔργα* του ἀβρααμ ἐποιειτε·
	41	ὑμεις ποιειτε τα *ἔργα* του πατρος ὑμων.
	9 3	οὐτε οὑτος ἡμαρτεν οὐτε οἱ γονεις αὐτου, ἀλλ ἰνα φανερωθη τα *ἔργα* του θεου ἐν αὐτω.
	4	ἡμας δει ἐργαζεσθαι τα *ἔργα* του πεμψαντος με ἑως ἡμερα ἐστιν·
	10 25	τα *ἔργα* ἁ ἐγω ποιω ἐν τω ὀνοματι του πατρος μου, ταυτα μαρτυρει περι ἐμου·
	32	πολλα *ἔργα* καλα ἐδειξα ὑμιν ἐκ του πατρος·
	32	δια ποιον αὐτων *ἔργον* ἐμε λιθαζετε;
	33	περι καλου *ἔργου* οὐ λιθαζομεν σε ἀλλα περι βλασφημιας,
	37	εἰ οὐ ποιω τα *ἔργα* του πατρος μου, μη πιστευετε μοι·
	38	εἰ δε ποιω, καν ἐμοι μη πιστευητε, τοις *ἔργοις* πιστευετε,
	14 10	ὁ δε πατηρ ἐν ἐμοι μενων ποιει τα *ἔργα* αὐτου.
	11	εἰ δε μη, δια τα *ἔργα* αὐτα πιστευετε.
	12	ὁ πιστευων εἰς ἐμε τα *ἔργα* ἁ ἐγω ποιω κακεινος ποιησει,
	15 24	εἰ τα *ἔργα* μη ἐποιησα ἐν αὐτοις ἁ οὐδεις ἀλλος ἐποιησεν, ἀμαρτιαν οὐκ εἰχοσαν·
	17 4	ἐγω σε ἐδοξασα ἐπι της γης, το *ἔργον* τελειωσας ὁ δεδωκας μοι ἰνα ποιησω·
Ac	5 38	ὁτι ἐαν ἡ ἐξ ἀνθρωπων ἡ βουλη αὑτη ἡ το *ἔργον* τουτο, καταλυθησεται·
	7 22	και ἐπαιδευθη μωυσης [ἐν] παση σοφια αἰγυπτιων, ἠν δε δυνατος ἐν λογοις και *ἔργοις* αὐτου.
	41	και εὐφραινοντο ἐν τοις *ἔργοις* των χειρων αὐτων.
	9 36	αὑτη ἠν πληρης *ἔργων* ἀγαθων και ἐλεημοσυνων ὡν ἐποιει.
	13 2	ἀφορισατε δη μοι τον βαρναβαν και σαυλον εἰς το *ἔργον* ὁ προσκεκλημαι αὐτους·
	41	ὁτι *ἔργον* ἐργαζομαι ἐγω ἐν ταις ἡμεραις ὑμων, ἐργον ὁ οὐ μη πιστευσητε ἐαν τις ἐκδιηγηται ὑμιν.
	41	ὁτι *ἔργον* ἐργαζομαι ἐγω ἐν ταις ἡμεραις ὑμων, *ἔργον* ὁ οὐ μη πιστευσητε ἐαν τις ἐκδιηγηται ὑμιν.
	14 26	κακειθεν ἀπεπλευσαν εἰς ἀντιοχειαν, ὁθεν ἠσαν παραδεδομενοι τη χαριτι του θεου εἰς το *ἔργον* ὁ ἐπληρωσαν.
	15 38	παυλος δε ἠξιου, τον ἀποσταντα ἀπ αὐτων ἀπο παμφυλιας και μη συνελθοντα αὐτοις εἰς το *ἔργον*, μη συμπαραλαμβανειν τουτον.
	26 20	τοις ἐθνεσιν ἀπηγγελλον μετανοειν και ἐπιστρεφειν ἐπι τον θεον, ἀξια της μετανοιας *ἔργα* πρασσοντας.
Rm	2 6	του θεου, ὁς ἀποδωσει ἐκαστω κατα τα *ἔργα* αὐτου·

ἔργον [169]

Rm	2 7	τοις μεν καθ ὑπομονην *ἔργου* ἀγαθου δοξαν και τιμην και ἀφθαρσιαν ζητουσιν ζωην αἰωνιον·
	15	οἰτινες ἐνδεικνυνται το *ἔργον* του νομου γραπτον ἐν ταις καρδιαις αὐτων,
	3 20	διοτι ἐξ *ἔργων* νομου οὐ δικαιωθησεται πασα σαρξ ἐνωπιον αὐτου·
	27	δια ποιου νομου; των *ἔργων*;
	28	λογιζομεθα γαρ δικαιουσθαι πιστει ἀνθρωπον χωρις *ἔργων* νομου.
	4 2	εἰ γαρ ἀβρααμ ἐξ *ἔργων* ἐδικαιωθη, ἐχει καυχημα· ἀλλ οὐ προς θεον.
	6	καθαπερ και δαυιδ λεγει τον μακαρισμον του ἀνθρωπου ω ὁ θεος λογιζεται δικαιοσυνην χωρις *ἔργων*·
	9 12	ἰνα ἡ κατ ἐκλογην προθεσις του θεου μενη, οὐκ ἐξ *ἔργων* ἀλλ ἐκ του καλουντος,
	32	δια τι; ὁτι οὐκ ἐκ πιστεως ἀλλ ὡς ἐξ *ἔργων*·
	11 6	εἰ δε χαριτι, οὐκετι ἐξ *ἔργων*, ἐπει ἡ χαρις οὐκετι γινεται χαρις.
	13 3	οἱ γαρ ἀρχοντες οὐκ εἰσιν φοβος τω ἀγαθω *ἔργω* ἀλλα τω κακω.
	12	ἀποθωμεθα οὐν τα *ἔργα* του σκοτους, ἐνδυσωμεθα [δε] τα ὁπλα του φωτος.
	14 20	μη ἑνεκεν βρωματος καταλυε το *ἔργον* του θεου.
	15 18	οὐ γαρ τολμησω τι λαλειν ὡν οὐ κατειργασατο χριστος δι ἐμου εἰς ὑπακοην ἐθνων, λογω και *ἔργω*,
1Co	3 13	εἰ δε τις ἐποικοδομει ἐπι τον θεμελιον χρυσον, ἀργυρον, λιθους τιμιους, ξυλα, χορτον, καλαμην, ἐκαστου το *ἔργον* φανερον γενησεται·
	13	ἡ γαρ ἡμερα δηλωσει, ὁτι ἐν πυρι ἀποκαλυπτεται, και ἐκαστου το *ἔργον* ὁποιον ἐστιν το πυρ [αὐτο] δοκιμασει.
	14	εἰ τινος το *ἔργον* μενει ὁ ἐποικοδομησεν, μισθον λημψεται·
	15	εἰ τινος το *ἔργον* κατακαησεται, ζημιωθησεται, αὐτος δε σωθησεται, οὐτως δε ὡς δια πυρος.
	5 2	και οὐχι μαλλον ἐπενθησατε, ἰνα ἀρθη ἐκ μεσου ὑμων ὁ το *ἔργον* τουτο πραξας;
	9 1	οὐ το *ἔργον* μου ὑμεις ἐστε ἐν κυριω;
	15 58	ὡστε, ἀδελφοι μου ἀγαπητοι, ἑδραιοι γινεσθε, ἀμετακινητοι, περισσευοντες ἐν τω *ἔργω* του κυριου παντοτε, εἰδοτες ὁτι ὁ κοπος ὑμων οὐκ ἐστιν κενος ἐν κυριω.
	16 10	το γαρ *ἔργον* κυριου ἐργαζεται ὡς καγω·
2Co	9 8	δυνατει δε ὁ θεος πασαν χαριν περισσευσαι εἰς ὑμας, ἰνα ἐν παντι παντοτε πασαν αὐταρκειαν ἐχοντες περισσευητε εἰς παν *ἔργον* ἀγαθον,
	10 11	τουτο λογιζεσθω ὁ τοιουτος, ὁτι οἱοι ἐσμεν τω λογω δι ἐπιστολων ἀποντες, τοιουτοι και παροντες τω *ἔργω*.
	11 15	ὡν το τελος ἐσται κατα τα *ἔργα* αὐτων.
Ga	2 16	εἰδοτες [δε] ὁτι οὐ δικαιουται ἀνθρωπος ἐξ *ἔργων* νομου ἐαν μη δια πιστεως ἰησου χριστου, και ἡμεις εἰς χριστον ἰησουν ἐπιστευσαμεν,
	16	και ἡμεις εἰς χριστον ἰησουν ἐπιστευσαμεν, ἰνα δικαιωθωμεν ἐκ πιστεως χριστου και οὐκ ἐξ *ἔργων* νομου,
	16	ἰνα δικαιωθωμεν ἐκ πιστεως χριστου και οὐκ ἐξ *ἔργων* νομου, ὁτι ἐξ *ἔργων* νομου οὐ δικαιωθησεται πασα σαρξ.
	3 2	ἐξ *ἔργων* νομου το πνευμα ἐλαβετε ἡ ἐξ ἀκοης πιστεως;
	5	ὁ οὐν ἐπιχορηγων ὑμιν το πνευμα και ἐνεργων δυναμεις ἐν ὑμιν ἐξ *ἔργων* νομου ἡ ἐξ ἀκοης πιστεως;
	10	ὁσοι γαρ ἐξ *ἔργων* νομου εἰσιν, ὑπο καταραν εἰσιν·
	5 19	φανερα δε ἐστιν τα *ἔργα* της σαρκος,
	6 4	το δε *ἔργον* ἑαυτου δοκιμαζετω ἑκαστος,
Eph	2 9	οὐκ ἐξ *ἔργων*, ἰνα μη τις καυχησηται.
	10	αὐτου γαρ ἐσμεν ποιημα, κτισθεντες ἐν χριστω ἰησου ἐπι *ἔργοις* ἀγαθοις,
	4 12	προς τον καταρτισμον των ἀγιων εἰς *ἔργον* διακονιας,
	5 11	και μη συγκοινωνειτε τοις *ἔργοις* τοις ἀκαρποις του σκοτους,
Php	1 6	πεποιθως αὐτο τουτο, ὁτι ὁ ἐναρξαμενος ἐν ὑμιν *ἔργον* ἀγαθον ἐπιτελεσει ἀχρι ἡμερας χριστου ἰησου·
	22	εἰ δε το ζην ἐν σαρκι, τουτο μοι καρπος *ἔργου*, και τι αἱρησομαι οὐ γνωριζω.
	2 30	και τους τοιουτους ἐντιμους ἐχετε, ὁτι δια το *ἔργον* χριστου μεχρι θανατου ἠγγισεν παραβολευσαμενος τη ψυχη,
Col	1 10	ἐν παντι *ἔργω* ἀγαθω καρποφορουντες και αὐξανομενοι τη ἐπιγνωσει του θεου,
	21	και ὑμας ποτε ὁντας ἀπηλλοτριωμενους και ἐχθρους τη διανοια ἐν τοις *ἔργοις* τοις πονηροις, νυνι δε ἀποκατηλλαξεν
	3 17	και παν ὁ τι ἐαν ποιητε ἐν λογω ἡ ἐν *ἔργω*, παντα ἐν ὀνοματι κυριου ἰησου.
1Th	1 3	ἀδιαλειπτως μνημονευοντες ὑμων του *ἔργου* της πιστεως και του κοπου της ἀγαπης

ἔργον [169]

1Th	5 13	και ηγεισθαι αυτους υπερεκπερισσου εν αγαπη δια το *εργον* αυτων.
2Th	1 11	ινα υμας αξιωση της κλησεως ο θεος ημων και πληρωση πασαν ευδοκιαν αγαθωσυνης και *εργον* πιστεως εν δυναμει,
	2 17	παρακαλεσαι υμων τας καρδιας και στηριξαι εν παντι *εργω* και λογω αγαθω.
1Tm	2 10	μη εν πλεγμασιν και χρυσιω η μαργαριταις η ιματισμω πολυτελει, αλλ ο πρεπει γυναιξιν επαγγελλομεναις θεοσεβειαν, δι *εργων* αγαθων.
	3 1	ει τις επισκοπης ορεγεται, καλου *εργου* επιθυμει.
	5 10	ενος ανδρος γυνη, εν *εργοις* καλοις μαρτυρουμενη,
	10	ει θλιβομενοις επηρκεσεν, ει παντι *εργω* αγαθω επηκολουθησεν.
	25	ωσαυτως και τα *εργα* τα καλα προδηλα,
	6 18	αγαθοεργειν, πλουτειν εν *εργοις* καλοις, ευμεταδοτους ειναι, κοινωνικους,
2Tm	1 9	του σωσαντος ημας και καλεσαντος κλησει αγια, ου κατα τα *εργα* ημων αλλα κατα ιδιαν προθεσιν και χαριν,
	2 21	εσται σκευος εις τιμην, ηγιασμενον, ευχρηστον τω δεσποτη, εις παν *εργον* αγαθον ητοιμασμενον.
	3 17	ινα αρτιος η ο του θεου ανθρωπος, προς παν *εργον* αγαθον εξηρτισμενος.
	4 5	συ δε νηφε εν πασιν, κακοπαθησον, *εργον* ποιησον ευαγγελιστου,
	14	αποδωσει αυτω ο κυριος κατα τα *εργα* αυτου·
	18	ρυσεται με ο κυριος απο παντος *εργου* πονηρου και σωσει εις την βασιλειαν αυτου την επουρανιον·
Tit	1 16	θεον ομολογουσιν ειδεναι, τοις δε *εργοις* αρνουνται,
	16	βδελυκτοι οντες και απειθεις και προς παν *εργον* αγαθον αδοκιμοι.
	2 7	σεαυτον παρεχομενος τυπον καλων *εργων*,
	14	ινα λυτρωσηται ημας απο πασης ανομιας και καθαριση εαυτω λαον περιουσιον, ζηλωτην καλων *εργων*.
	3 1	υπομιμνησκε αυτους αρχαις εξουσιαις υποτασσεσθαι, πειθαρχειν, προς παν *εργον* αγαθον ετοιμους ειναι,
	5	ουκ εξ *εργων* των εν δικαιοσυνη α εποιησαμεν ημεις, αλλα κατα το αυτου ελεος εσωσεν ημας δια λουτρου παλιγγενεσιας και ανακαινωσεως πνευματος αγιου,
	8	και περι τουτων βουλομαι σε διαβεβαιουσθαι, ινα φροντιζωσιν καλων *εργων* προιστασθαι οι πεπιστευκοτες θεω.
	14	μανθανετωσαν δε και οι ημετεροι καλων *εργων* προιστασθαι εις τας αναγκαιας χρειας,
Heb	1 10	και *εργα* των χειρων σου εισιν οι ουρανοι·
	3 9	ου επειρασαν οι πατερες υμων εν δοκιμασια και ειδον τα *εργα* μου τεσσερακοντα ετη
	4 3	καιτοι των *εργων* απο καταβολης κοσμου γενηθεντων.
	4	και κατεπαυσεν ο θεος εν τη ημερα τη εβδομη απο παντων των *εργων* αυτου·
	10	ο γαρ εισελθων εις την καταπαυσιν αυτου και αυτος κατεπαυσεν απο των *εργων* αυτου,
	6 1	μη παλιν θεμελιον καταβαλλομενοι μετανοιας απο νεκρων *εργων*, και πιστεως επι θεον, βαπτισμων διδαχης, επιθεσεως τε χειρων, αναστασεως τε νεκρων,
	10	ου γαρ αδικος ο θεος επιλαθεσθαι του *εργου* υμων και της αγαπης ης ενεδειξασθε εις το ονομα αυτου,
	9 14	ποσω μαλλον το αιμα του χριστου, ος δια πνευματος αιωνιου εαυτον προσηνεγκεν αμωμον τω θεω, καθαριει την συνειδησιν ημων απο νεκρων *εργων* εις το λατρευειν θεω ζωντι.
	10 24	και κατανοωμεν αλληλους εις παροξυσμον αγαπης και καλων *εργων*,
Ja	1 4	η δε υπομονη *εργον* τελειον εχετω,
	25	ο δε παρακυψας εις νομον τελειον τον της ελευθεριας και παραμεινας, ουκ ακροατης επιλησμονης γενομενος αλλα ποιητης *εργου*,
	2 14	τι το οφελος, αδελφοι μου, εαν πιστιν λεγη τις εχειν *εργα* δε μη εχη;
	17	ουτως και η πιστις, εαν μη εχη *εργα*, νεκρα εστιν καθ εαυτην.
	18	συ πιστιν εχεις, καγω *εργα* εχω·
	18	δειξον μοι την πιστιν σου χωρις των *εργων*,
	18	καγω σοι δειξω εκ των *εργων* μου την πιστιν.
	20	θελεις δε γνωναι, ω ανθρωπε κενε, οτι η πιστις χωρις των *εργων* αργη εστιν;
	21	αβρααμ ο πατηρ ημων ουκ εξ *εργων* εδικαιωθη, ανενεγκας ισαακ τον υιον αυτου επι το θυσιαστηριον;
	22	βλεπεις οτι η πιστις συνηργει τοις *εργοις* αυτου,
	22	και εκ των *εργων* η πιστις ετελειωθη,

ἔργον [169]

Ja	2 24	ορατε οτι εξ *εργων* δικαιουται ανθρωπος και ουκ εκ πιστεως μονον.
	25	ομοιως δε και ρααβ η πορνη ουκ εξ *εργων* εδικαιωθη, υποδεξαμενη τους αγγελους και ετερα οδω εκβαλουσα;
	26	ωσπερ γαρ το σωμα χωρις πνευματος νεκρον εστιν, ουτως και η πιστις χωρις *εργων* νεκρα εστιν.
	3 13	δειξατω εκ της καλης αναστροφης τα *εργα* αυτου εν πραυτητι σοφιας.
1Pt	1 17	και ει πατερα επικαλεισθε τον απροσωπολημπτως κρινοντα κατα το εκαστου *εργον*, εν φοβω τον της παροικιας υμων χρονον αναστραφητε,
	2 12	ινα εν ω καταλαλουσιν υμων ως κακοποιων, εκ των καλων *εργων* εποπτευοντες δοξασωσιν τον θεον εν ημερα επισκοπης.
2Pt	2 8	βλεμματι γαρ και ακοη ο δικαιος εγκατοικων εν αυτοις ημεραν εξ ημερας ψυχην δικαιαν ανομοις *εργοις* εβασανιζεν·
	3 10	στοιχεια δε καυσουμενα λυθησεται, και γη και τα εν αυτη *εργα* ευρεθησεται.
1Jh	3 8	εις τουτο εφανερωθη ο υιος του θεου, ινα λυση τα *εργα* του διαβολου.
	12	και χαριν τινος εσφαξεν αυτον; οτι τα *εργα* αυτου πονηρα ην,
	18	τεκνια, μη αγαπωμεν λογω μηδε τη γλωσση, αλλα εν *εργω* και αληθεια.
2Jh	11	ο λεγων γαρ αυτω χαιρειν κοινωνει τοις *εργοις* αυτου τοις πονηροις.
3Jh	10	δια τουτο, εαν ελθω, υπομνησω αυτου τα *εργα* α ποιει
Ju	15	ποιησαι κρισιν κατα παντων και ελεγξαι πασαν ψυχην περι παντων των *εργων* ασεβειας αυτων ων ησεβησαν
Apc	2 2	οιδα τα *εργα* σου και τον κοπον και την υπομονην σου,
	5	μνημονευε ουν ποθεν πεπτωκας, και μετανοησον και τα πρωτα *εργα* ποιησον·
	6	αλλα τουτο εχεις, οτι μισεις τα *εργα* των νικολαιτων,
	19	οιδα σου τα *εργα* και την αγαπην και την πιστιν και την διακονιαν και την υπομονην σου,
	19	και τα *εργα* σου τα εσχατα πλειονα των πρωτων.
	22	ιδου βαλλω αυτην εις κλινην, και τους μοιχευοντας μετ αυτης εις θλιψιν μεγαλην, εαν μη μετανοησωσιν εκ των *εργων* αυτης·
	23	και δωσω υμιν εκαστω κατα τα *εργα* υμων.
	26	και ο νικων και ο τηρων αχρι τελους τα *εργα* μου, δωσω αυτω εξουσιαν επι των εθνων,
	3 1	οιδα σου τα *εργα*, οτι ονομα εχεις οτι ζης, και νεκρος ει.
	2	ου γαρ ευρηκα σου τα *εργα* πεπληρωμενα ενωπιον του θεου μου·
	8	οιδα σου τα *εργα*· ιδου δεδωκα ενωπιον σου θυραν ηνεωγμενην,
	15	οιδα σου τα *εργα*, οτι ουτε ψυχρος ει ουτε ζεστος.
	9 20	και οι λοιποι των ανθρωπων, οι ουκ απεκτανθησαν εν ταις πληγαις ταυταις, ουδε μετενοησαν εκ των *εργων* των χειρων αυτων,
	14 13	τα γαρ *εργα* αυτων ακολουθει μετ αυτων.
	15 3	μεγαλα και θαυμαστα τα *εργα* σου, κυριε ο θεος ο παντοκρατωρ·
	16 11	και ου μετενοησαν εκ των *εργων* αυτων.
	18 6	και διπλωσατε τα διπλα κατα τα *εργα* αυτης·
	20 12	και εκριθησαν οι νεκροι εκ των γεγραμμενων εν τοις βιβλιοις κατα τα *εργα* αυτων.
	13	και εκριθησαν εκαστος κατα τα *εργα* αυτων.
	22 12	και ο μισθος μου μετ εμου, αποδουναι εκαστω ως το *εργον* εστιν αυτου.

ἐρεθιζω [2]

2Co	9 2	και το υμων ζηλος *ηρεθισεν* τους πλειονας.
Col	3 21	οι πατερες, μη *ερεθιζετε* τα τεκνα υμων,

ἐρειδω [1]

Ac	27 41	και η μεν πρωρα *ερεισασα* εμεινεν ασαλευτος, η δε πρυμνα ελυετο υπο της βιας [των κυματων].

ἐρευγομαι [1]

Mt	13 35	ανοιξω εν παραβολαις το στομα μου, *ερευξομαι* κεκρυμμενα απο καταβολης [κοσμου].

ἐρημια [4]

Mt	15 33	ποθεν ημιν εν *ερημια* αρτοι τοσουτοι ωστε χορτασαι οχλον τοσουτον;

ἐρημια [4]

Mc	8 4	και ἀπεκριθησαν αὐτω οἱ μαθηται αὐτου ὁτι ποθεν τουτους δυνησεται τις ὡδε χορτασαι ἀρτων ἐπ ἐρημιας;
2Co	11 26	κινδυνοις ἐν ἐρημια, κινδυνοις ἐν θαλασση, κινδυνοις ἐν ψευδαδελφοις,
Heb	11 38	ἐπι ἐρημιαις πλανωμενοι και ὀρεσιν και σπηλαιοις και ταις ὀπαις της γης.

ἐρημοομαι [5]

Mt	12 25	πασα βασιλεια μερισθεισα καθ ἑαυτης ἐρημουται,
Lc	11 17	πασα βασιλεια ἐφ ἑαυτην διαμερισθεισα ἐρημουται,
Apc	17 16	οὑτοι μισησουσιν την πορνην, και ἠρημωμενην ποιησουσιν αὐτην και γυμνην,
	18 17	ὁτι μια ὡρα ἠρημωθη ὁ τοσουτος πλουτος.
	19	ἐν ἡ ἐπλουτησαν παντες οἱ ἐχοντες τα πλοια ἐν τη θαλασση ἐκ της τιμιοτητος αὐτης, ὁτι μια ὡρα ἠρημωθη.

ἐρημος [48]

Mt	3 1	ἐν δε ταις ἡμεραις ἐκειναις παραγινεται ἰωαννης ὁ βαπτιστης κηρυσσων ἐν τη ἐρημω της ἰουδαιας,
	3	φωνη βοωντος ἐν τη ἐρημω· ἑτοιμασατε την ὁδον κυριου,
	4 1	τοτε ὁ ἰησους ἀνηχθη εἰς την ἐρημον ὑπο του πνευματος πειρασθηναι ὑπο του διαβολου.
	11 7	τι ἐξηλθατε εἰς την ἐρημον θεασασθαι;
	14 13	ἀκουσας δε ὁ ἰησους ἀνεχωρησεν ἐκειθεν ἐν πλοιω εἰς ἐρημον τοπον κατ ἰδιαν·
	15	ἐρημος ἐστιν ὁ τοπος και ἡ ὡρα ἠδη παρηλθεν·
	23 38	ἰδου ἀφιεται ὑμιν ὁ οἰκος ὑμων ἐρημος.
	24 26	ἐαν οὐν εἰπωσιν ὑμιν· ἰδου ἐν τη ἐρημω ἐστιν, μη ἐξελθητε· ἰδου ἐν τοις ταμειοις, μη πιστευσητε·
Mc	1 3	φωνη βοωντος ἐν τη ἐρημω· ἑτοιμασατε την ὁδον κυριου,
	4	ἐγενετο ἰωαννης [ὁ] βαπτιζων ἐν τη ἐρημω κηρυσσων βαπτισμα μετανοιας εἰς ἀφεσιν ἁμαρτιων.
	12	και εὐθυς το πνευμα αὐτον ἐκβαλλει εἰς την ἐρημον.
	13	και ἠν ἐν τη ἐρημω τεσσερακοντα ἡμερας πειραζομενος ὑπο του σατανα,
	35	και πρωι ἐννυχα λιαν ἀναστας ἐξηλθεν και ἀπηλθεν εἰς ἐρημον τοπον,
	45	ὡστε μηκετι αὐτον δυνασθαι φανερως εἰς πολιν εἰσελθειν, ἀλλ ἐξω ἐπ ἐρημοις τοποις ἠν·
	6 31	δευτε ὑμεις αὐτοι κατ ἰδιαν εἰς ἐρημον τοπον και ἀναπαυσασθε ὀλιγον.
	32	και ἀπηλθον ἐν τω πλοιω εἰς ἐρημον τοπον κατ ἰδιαν.
	35	και ἠδη ὡρας πολλης γενομενης προσελθοντες αὐτω οἱ μαθηται αὐτου ἐλεγον ὁτι ἐρημος ἐστιν ὁ τοπος και ἠδη ὡρα πολλη·
Lc	1 80	το δε παιδιον ηὐξανεν και ἐκραταιουτο πνευματι, και ἠν ἐν ταις ἐρημοις ἑως ἡμερας ἀναδειξεως αὐτου προς τον ἰσραηλ.
	3 2	ἐπι ἀρχιερεως ἀννα και καιαφα, ἐγενετο ῥημα θεου ἐπι ἰωαννην τον ζαχαριου υἱον ἐν τη ἐρημω.
		φωνη βοωντος ἐν τη ἐρημω· ἑτοιμασατε την ὁδον κυριου,
	4 1	ἰησους δε πληρης πνευματος ἁγιου ὑπεστρεψεν ἀπο του ἰορδανου, και ἠγετο ἐν τω πνευματι ἐν τη ἐρημω ἡμερας τεσσερακοντα πειραζομενος ὑπο του διαβολου.
	42	γενομενης δε ἡμερας ἐξελθων ἐπορευθη εἰς ἐρημον τοπον·
	5 16	αὐτος δε ἠν ὑποχωρων ἐν ταις ἐρημοις και προσευχομενος.
	7 24	τι ἐξηλθατε εἰς την ἐρημον θεασασθαι; καλαμον ὑπο ἀνεμου σαλευομενον;
	8 29	και διαρρησσων τα δεσμα ἠλαυνετο ὑπο του δαιμονιου εἰς τας ἐρημους.
	9 12	ἀπολυσον τον ὀχλον, ἰνα πορευθεντες εἰς τας κυκλω κωμας και ἀγρους καταλυσωσιν και εὑρωσιν ἐπισιτισμον, ὁτι ὡδε ἐν ἐρημω τοπω ἐσμεν.
	15 4	τις ἀνθρωπος ἐξ ὑμων ἐχων ἑκατον προβατα και ἀπολεσας ἐξ αὐτων ἑν οὐ καταλειπει τα ἐνενηκονταεννεα ἐν τη ἐρημω και πορευεται ἐπι το ἀπολωλος ἑως εὑρη αὐτο.
Jh	1 23	ἐγω φωνη βοωντος ἐν τη ἐρημω· εὐθυνατε την ὁδον κυριου,
	3 14	και καθως μωυσης ὑψωσεν τον ὀφιν ἐν τη ἐρημω, οὑτως ὑψωθηναι δει τον υἱον του ἀνθρωπου,
	6 31	οἱ πατερες ἡμων το μαννα ἐφαγον ἐν τη ἐρημω,
	49	οἱ πατερες ὑμων ἐφαγον ἐν τη ἐρημω το μαννα και ἀπεθανον·
	11 54	ὁ οὐν ἰησους οὐκετι παρρησια περιεπατει ἐν τοις ἰουδαιοις, ἀλλα ἀπηλθεν ἐκειθεν εἰς την χωραν ἐγγυς της ἐρημου,
Ac	1 20	γενηθητω ἡ ἐπαυλις αὐτου ἐρημος και μη ἐστω ὁ κατοικων ἐν αὐτη, και· την ἐπισκοπην αὐτου λαβετω ἑτερος.
	7 30	και πληρωθεντων ἐτων τεσσερακοντα ὠφθη αὐτω ἐν τη ἐρημω του ὀρους σινα ἀγγελος ἐν φλογι πυρος βατου.

ἐρημος [48]

Ac	7 36	οὑτος ἐξηγαγεν αὐτους ποιησας τερατα και σημεια ἐν γη αἰγυπτω και ἐν ἐρυθρα θαλασση και ἐν τη ἐρημω ἐτη τεσσερακοντα.
	38	οὑτος ἐστιν ὁ γενομενος ἐν τη ἐκκλησια ἐν τη ἐρημω μετα του ἀγγελου
	42	μη σφαγια και θυσιας προσηνεγκατε μοι ἐτη τεσσερακοντα ἐν τη ἐρημω,
	44	ἡ σκηνη του μαρτυριου ἠν τοις πατρασιν ἡμων ἐν τη ἐρημω,
	8 26	αὐτη ἐστιν ἐρημος.
	13 18	και μετα βραχιονος ὑψηλου ἐξηγαγεν αὐτους ἐξ αὐτης, και ὡς τεσσερακονταετη χρονον ἐτροποφορησεν αὐτους ἐν τη ἐρημω,
	21 38	οὐκ ἀρα συ εἰ ὁ αἰγυπτιος ὁ προ τουτων των ἡμερων ἀναστατωσας και ἐξαγαγων εἰς την ἐρημον τους τετρακισχιλιους ἀνδρας των σικαριων;
1Co	10 5	ἀλλ οὐκ ἐν τοις πλειοσιν αὐτων εὐδοκησεν ὁ θεος· κατεστρωθησαν γαρ ἐν τη ἐρημω.
Ga	4 27	ὁτι πολλα τα τεκνα της ἐρημου μαλλον ἠ της ἐχουσης τον ἀνδρα.
Heb	3 8	σημερον ἐαν της φωνης αὐτου ἀκουσητε, μη σκληρυνητε τας καρδιας ὑμων ὡς ἐν τω παραπικρασμω κατα την ἡμεραν του πειρασμου ἐν τη ἐρημω,
	17	οὐχι τοις ἁμαρτησασιν, ὡν τα κωλα ἐπεσεν ἐν τη ἐρημω;
Apc	12 6	και ἡ γυνη ἐφυγεν εἰς την ἐρημον,
	14	και ἐδοθησαν τη γυναικι αἱ δυο πτερυγες του ἀετου του μεγαλου, ἰνα πετηται εἰς την ἐρημον εἰς τον τοπον αὐτης,
	17 3	και ἀπηνεγκεν με εἰς ἐρημον ἐν πνευματι.

ἐρημωσις [3]

Mt	24 15	ὁταν οὐν ἰδητε το βδελυγμα της ἐρημωσεως το ῥηθεν δια δανιηλ του προφητου ἑστος ἐν τοπω ἁγιω, ὁ ἀναγινωσκων νοειτω, τοτε οἱ ἐν τη ἰουδαια φευγετωσαν εἰς τα ὀρη,
Mc	13 14	ὁταν δε ἰδητε το βδελυγμα της ἐρημωσεως ἑστηκοτα ὁπου οὐ δει, ὁ ἀναγινωσκων νοειτω,
Lc	21 20	ὁταν δε ἰδητε κυκλουμενην ὑπο στρατοπεδων ἰερουσαλημ, τοτε γνωτε ὁτι ἠγγικεν ἡ ἐρημωσις αὐτης.

ἐριζω [1]

Mt	12 19	οὐκ ἐρισει οὐδε κραυγασει,

ἐριθεια [7]

Rm	2 8	τοις δε ἐξ ἐριθειας και ἀπειθουσι τη ἀληθεια πειθομενοις δε τη ἀδικια, ὀργη και θυμος.
2Co	12 20	μη πως ἐρις, ζηλος, θυμοι, ἐριθειαι, καταλαλιαι, ψιθυρισμοι, φυσιωσεις, ἀκαταστασιαι·
Ga	5 20	φαρμακεια, ἐχθραι, ἐρις, ζηλος, θυμοι, ἐριθειαι,
Php	1 17	οἱ δε ἐξ ἐριθειας τον χριστον καταγγελλουσιν,
	2 3	το ἐν φρονουντες, μηδεν κατ ἐριθειαν μηδε κατα κενοδοξιαν,
Ja	3 14	εἰ δε ζηλον πικρον ἐχετε και ἐριθειαν ἐν τη καρδια ὑμων, μη κατακαυχασθε και ψευδεσθε κατα της ἀληθειας.
	16	ὁπου γαρ ζηλος και ἐριθεια, ἐκει ἀκαταστασια και παν φαυλον πραγμα.

ἐριον [2]

Heb	9 19	λαβων το αἱμα των μοσχων [και των τραγων] μετα ὑδατος και ἐριου κοκκινου και ὑσσωπου,
Apc	1 14	ἡ δε κεφαλη αὐτου και αἱ τριχες λευκαι ὡς ἐριον λευκον ὡς χιων,

ἐρις [9]

Rm	1 29	μεστους φθονου φονου ἐριδος δολου κακοηθειας, ψιθυριστας, καταλαλους, θεοστυγεις, ὑβριστας, ὑπερηφανους, ἀλαζονας, ἐφευρετας κακων, γονευσιν ἀπειθεις, ἀσυνετους, ἀσυνθετους, ἀστοργους, ἀνελεημονας·
	13 13	ὡς ἐν ἡμερα εὐσχημονως περιπατησωμεν, μη κωμοις και μεθαις, μη κοιταις και ἀσελγειαις, μη ἐριδι και ζηλω·
1Co	1 11	ἐδηλωθη γαρ μοι περι ὑμων, ἀδελφοι μου, ὑπο των χλοης, ὁτι ἐριδες ἐν ὑμιν εἰσιν.
	3 3	ὁπου γαρ ἐν ὑμιν ζηλος και ἐρις, οὐχι σαρκικοι ἐστε και κατα ἀνθρωπον περιπατειτε;
2Co	12 20	μη πως ἐρις, ζηλος, θυμοι, ἐριθειαι, καταλαλιαι, ψιθυρισμοι, φυσιωσεις, ἀκαταστασιαι·
Ga	5 20	φαρμακεια, ἐχθραι, ἐρις, ζηλος, θυμοι, ἐριθειαι,

ἔρις [9]

Php 1 15 τινες μεν και δια φθονον και ἔριν, τινες δε και δι εὐδοκιαν τον χριστον κηρυσσουσιν·

1Tm 6 4 ἀλλα νοσων περι ζητησεις και λογομαχιας, ἐξ ὧν γινεται φθονος, ἔρις, βλασφημιαι, ὑπονοιαι πονηραι,

Tit 3 9 μωρας δε ζητησεις και γενεαλογιας και ἔρεις και μαχας νομικας περιιστασο·

ἐρίφιον [1]

Mt 25 33 και στησει τα μεν προβατα ἐκ δεξιων αὐτου, τα δε ἐρίφια ἐξ εὐωνυμων.

ἔριφος [2]

Mt 25 32 και ἀφορισει αὐτους ἀπ ἀλληλων, ὡσπερ ὁ ποιμην ἀφοριζει τα προβατα ἀπο των ἐρίφων,

Lc 15 29 και ἐμοι οὐδεποτε ἐδωκας ἔριφον ἱνα μετα των φιλων μου εὐφρανθω·

Ἑρμᾶς [1]

Rm 16 14 ἀσπασασθε ἀσυγκριτον, φλεγοντα, ἑρμην, πατροβαν, ἑρμᾶν, και τους συν αὐτοις ἀδελφους.

ἑρμηνεία [2]

1Co 12 10 ἑτερῳ γενη γλωσσων, ἀλλῳ δε ἑρμηνεία γλωσσων·

14 26 ὁταν συνερχησθε, ἑκαστος ψαλμον ἐχει, διδαχην ἐχει, ἀποκαλυψιν ἐχει, γλωσσαν ἐχει, ἑρμηνείαν ἐχει·

ἑρμηνεύω [3]

Jh 1 42 συ εἰ σιμων ὁ υἱος ἰωαννου, συ κληθηση κηφας ὁ ἑρμηνεύεται πετρος.

9 7 ὑπαγε νιψαι εἰς την κολυμβηθραν του σιλωαμ ὁ ἑρμηνεύεται ἀπεσταλμενος.

Heb 7 2 πρωτων μεν ἑρμηνευόμενος βασιλευς δικαιοσυνης,

Ἑρμῆς [2]

Ac 14 12 ἐκαλουν τε τον βαρναβαν δια, τον δε παυλον ἑρμῆν,

Rm 16 14 ἀσπασασθε ἀσυγκριτον, φλεγοντα, ἑρμῆν, πατροβαν, ἑρμαν, και τους συν αὐτοις ἀδελφους.

Ἑρμογένης [1]

2Tm 1 15 ὁτι ἀπεστραφησαν με παντες οἱ ἐν τῃ ἀσια, ὡν ἐστιν φυγελος και ἑρμογένης.

ἑρπετόν [4]

Ac 10 12 ἐν ᾡ ὑπηρχεν παντα τα τετραποδα και ἑρπετὰ της γης και πετεινα του οὐρανου.

11 6 εἰς ἡν ἀτενισας κατενοουν, και εἰδον τα τετραποδα της γης και τα θηρια και τα ἑρπετὰ και τα πετεινα του οὐρανου.

Rm 1 23 φασκοντες εἰναι σοφοι ἐμωρανθησαν, και ἠλλαξαν την δοξαν του ἀφθαρτου θεου ἐν ὁμοιωματι εἰκονος φθαρτου ἀνθρωπου και πετεινων και τετραποδων και ἑρπετῶν·

Ja 3 7 πασα γαρ φυσις θηριων τε και πετεινων, ἑρπετῶν τε και ἐναλιων δαμαζεται και δεδαμασται τῃ φυσει τῃ ἀνθρωπινῃ,

ἐρυθρός [2]

Ac 7 36 οὑτος ἐξηγαγεν αὐτους ποιησας τερατα και σημεια ἐν γῃ αἰγυπτω και ἐν ἐρυθρᾳ θαλασσῃ και ἐν τῃ ἐρημῳ ἐτη τεσσερακοντα.

Heb 11 29 πιστει διεβησαν την ἐρυθρὰν θαλασσαν ὡς δια ξηρας γης,

ἔρχομαι [636]

Mt 2 2 και ἤλθομεν προσκυνησαι αὐτῳ.

8 ἀπαγγειλατε μοι, ὁπως καγω ἐλθὼν προσκυνησω αὐτῳ.

9 προηγεν αὐτους ἑως ἐλθὼν ἐσταθη ἐπανω οὑ ἡν το παιδιον.

11 και ἐλθόντες εἰς την οἰκιαν εἰδον το παιδιον μετα μαριας της μητρος αὐτου,

23 και ἐλθὼν κατωκησεν εἰς πολιν λεγομενην ναζαρετ·

3 7 ἰδων δε πολλους των φαρισαιων και σαδδουκαιων ἐρχομένους ἐπι το βαπτισμα αὐτου εἰπεν αὐτοις·

ἔρχομαι [636]

Mt 3 11 ἐγω μεν ὑμας βαπτιζω ἐν ὑδατι εἰς μετανοιαν· ὁ δε ὀπισω μου ἐρχόμενος ἰσχυροτερος μου ἐστιν,

14 ἐγω χρειαν ἐχω ὑπο σου βαπτισθηναι, και συ ἔρχῃ προς μέ·

16 και εἰδεν [το] πνευμα [του] θεου καταβαινον ὡσει περιστεραν, [και] ἐρχόμενον ἐπ αὐτον·

4 13 και καταλιπων την ναζαρα ἐλθὼν κατωκησεν εἰς καφαρναουμ την παραθαλασσιαν ἐν ὁριοις ζαβουλων και νεφθαλιμ·

5 17 μη νομισητε ὁτι ἦλθον καταλυσαι τον νομον ἡ τους προφητας·

17 οὐκ ἦλθον καταλυσαι ἀλλα πληρωσαι.

24 και ὑπαγε πρωτον διαλλαγηθι τῳ ἀδελφῳ σου, και τοτε ἐλθὼν προσφερε το δωρον σου.

6 10 ἐλθέτω ἡ βασιλεια σου·

7 15 οἱτινες ἔρχονται προς ὑμας ἐν ἐνδυμασι προβατων,

25 και κατεβη ἡ βροχη και ἦλθον οἱ ποταμοι και ἐπνευσαν οἱ ἀνεμοι και προσεπεσαν τῃ οἰκια ἐκεινῃ,

27 και κατεβη ἡ βροχη και ἦλθον οἱ ποταμοι και ἐπνευσαν οἱ ἀνεμοι και προσεκοψαν τῃ οἰκια ἐκεινῃ,

8 7 ἐγω ἐλθὼν θεραπευσω αὐτον.

9 και λεγω τουτῳ· πορευθητι, και πορευεται, και ἀλλῳ· ἐρχου, και ἔρχεται, και τῳ δουλῳ μου· ποιησον τουτο, και ποιει.

9 και λεγω τουτῳ· πορευθητι, και πορευεται, και ἀλλῳ· ἐρχου, και ἔρχεται, και τῳ δουλῳ μου· ποιησον τουτο, και ποιει.

14 και ἐλθὼν ὁ ἰησους εἰς την οἰκιαν πετρου εἰδεν την πενθεραν αὐτου βεβλημενην και πυρεσσουσαν·

28 και ἐλθόντος αὐτου εἰς το περαν εἰς την χωραν των γαδαρηνων ὑπηντησαν αὐτῳ δυο δαιμονιζομενοι ἐκ των μνημειων ἐξερχομενοι,

29 ἦλθες ὡδε προ καιρου βασανισαι ἡμας;

9 1 και ἦλθεν εἰς την ἰδιαν πολιν.

10 και ἰδου πολλοι τελωναι και ἁμαρτωλοι ἐλθόντες συνανεκειντο τῳ ἰησου και τοις μαθηταις αὐτου.

13 οὐ γαρ ἦλθον καλεσαι δικαιους ἀλλα ἁμαρτωλους.

15 ἐλεύσονται δε ἡμεραι ὁταν ἀπαρθη ἀπ αὐτων ὁ νυμφιος,

18 ἰδου ἀρχων εἰς ἐλθὼν προσεκυνει αὐτῳ λεγων ὁτι ἡ θυγατηρ μου ἀρτι ἐτελευτησεν·

18 ἀλλα ἐλθὼν ἐπιθες την χειρα σου ἐπ αὐτην, και ζησεται.

23 και ἐλθὼν ὁ ἰησους εἰς την οἰκιαν του ἀρχοντος και ἰδων τους αὐλητας και τον ὀχλον θορυβουμενον ἐλεγεν·

28 ἐλθόντι δε εἰς την οἰκιαν προσηλθον αὐτῳ οἱ τυφλοι,

10 13 και ἐαν μεν ἡ ἡ οἰκια ἀξια, ἐλθάτω ἡ εἰρηνη ὑμων ἐπ αὐτην·

23 οὐ μη τελεσητε τας πολεις του ἰσραηλ ἑως ἀν ἐλθῃ ὁ υἱος του ἀνθρωπου.

34 μη νομισητε ὁτι ἦλθον βαλειν εἰρηνην ἐπι την γην·

34 οὐκ ἦλθον βαλειν εἰρηνην ἀλλα μαχαιραν.

35 ἦλθον γαρ διχασαι ἀνθρωπον κατα του πατρος αὐτου και θυγατερα κατα της μητρος αὐτης και νυμφην κατα της πενθερας αὐτης,

11 3 συ εἰ ὁ ἐρχόμενος, ἡ ἑτερον προσδοκωμεν;

14 αὐτος ἐστιν ἡλιας ὁ μελλων ἔρχεσθαι.

18 ἦλθεν γαρ ἰωαννης μητε ἐσθιων μητε πινων,

19 ἦλθεν ὁ υἱος του ἀνθρωπου ἐσθιων και πινων,

12 9 και μεταβας ἐκειθεν ἦλθεν εἰς την συναγωγην αὐτων.

42 βασιλισσα νοτου ἐγερθησεται ἐν τῃ κρισει μετα της γενεας ταυτης και κατακρινει αὐτην· ὁτι ἦλθεν ἐκ των περατων της γης ἀκουσαι την σοφιαν σολομωνος,

44 και ἐλθὸν εὑρισκει σχολαζοντα σεσαρωμενον και κεκοσμημενον.

13 4 και ἐλθόντα τα πετεινα κατεφαγεν αὐτα.

19 παντος ἀκουοντος τον λογον της βασιλειας και μη συνιεντος ἔρχεται ὁ πονηρος και ἁρπαζει το ἐσπαρμενον ἐν τῃ καρδια αὐτου·

25 ἐν δε τῳ καθευδειν τους ἀνθρωπους ἦλθεν αὐτου ὁ ἐχθρος και ἐπεσπειρεν ζιζανια ἀνα μεσον του σιτου και ἀπηλθεν.

32 μειζον των λαχανων ἐστιν και γινεται δενδρον, ὡστε ἐλθεῖν τα πετεινα του οὐρανου και κατασκηνουν ἐν τοις κλαδοις αὐτου.

36 τοτε ἀφεις τους ὀχλους ἦλθεν εἰς την οἰκιαν.

54 και ἐλθὼν εἰς την πατριδα αὐτου ἐδιδασκεν αὐτους ἐν τῃ συναγωγῃ αὐτων,

14 12 και προσελθοντες οἱ μαθηται αὐτου ἠραν το πτωμα και ἐθαψαν αὐτο[ν], και ἐλθόντες ἀπηγγειλαν τῳ ἰησου.

25 τεταρτῃ δε φυλακῃ της νυκτος ἦλθεν προς αὐτους περιπατων ἐπι την θαλασσαν.

28 κυριε, εἰ συ εἰ, κελευσον με ἐλθεῖν προς σε ἐπι τα ὑδατα.

29 ὁ δε εἰπεν· ἐλθέ.

29 και καταβας ἀπο του πλοιου [ὁ] πετρος περιεπατησεν ἐπι τα ὑδατα και ἦλθεν προς τον ἰησουν.

ἔρχομαι [636]

Mt 14 34 καὶ διαπερασαντες *ἦλθον* ἐπι την γην εἰς γεννησαρετ.
   15 25 ἡ δε *ἐλθουσα* προσεκυνει αὐτῳ λεγουσα· κυριε, βοήθει μοι.
   29 καὶ μεταβας ἐκειθεν ὁ ἰησους *ἦλθεν* παρα την θαλασσαν της γαλιλαιας,
   39 καὶ ἀπολυσας τους ὀχλους ἐνεβη εἰς το πλοιον, και *ἦλθεν* εἰς τα ὁρια μαγαδαν.
   16 5 καὶ *ἐλθοντες* οἱ μαθηται εἰς το περαν ἐπελαθοντο ἀρτους λαβειν.
   13 *ἐλθων* δε ὁ ἰησους εἰς τα μερη καισαρειας της φιλιππου ἡρωτα τους μαθητας αὐτου λεγων·
   24 εἰ τις θελει ὀπισω μου *ἐλθειν*, ἀπαρνησασθω ἑαυτον και ἀρατω τον σταυρον αὐτου, και ἀκολουθειτω μοι.
   27 μελλει γαρ ὁ υἱος του ἀνθρωπου *ἐρχεσθαι* ἐν τῃ δοξῃ του πατρος αὐτου μετα των ἀγγελων αὐτου.
   28 ἀμην λεγω ὑμιν ὁτι εἰσιν τινες των ὡδε ἑστωτων οἱτινες οὐ μη γευσωνται θανατου ἑως ἀν ἰδωσιν τον υἱον του ἀνθρωπου *ἐρχομενον* ἐν τῃ βασιλειᾳ αὐτου.
   17 10 τί οὐν οἱ γραμματεις λεγουσιν ὁτι ἡλιαν δει *ἐλθειν* πρωτον;
   11 ἡλιας μεν *ἐρχεται* και ἀποκαταστησει παντα·
   12 λεγω δε ὑμιν ὁτι ἡλιας ἡδη *ἦλθεν*, και οὐκ ἐπεγνωσαν αὐτον, ἀλλα ἐποιησαν ἐν αὐτῳ ὁσα ἠθελησαν·
   14 καὶ *ἐλθοντων* προς τον ὀχλον προσηλθεν αὐτῳ ἀνθρωπος γονυπετων αὐτον και λεγων·
   24 *ἐλθοντων* δε αὐτων εἰς καφαρναουμ προσηλθον οἱ τα διδραχμα λαμβανοντες τω πετρῳ και εἰπαν·
   25 καὶ *ἐλθοντα* εἰς την οἰκιαν προεφθασεν αὐτον ὁ ἰησους λεγων·
   18 7 ἀναγκη γαρ *ἐλθειν* τα σκανδαλα, πλην οὐαι τω ἀνθρωπῳ δι οὗ το σκανδαλον *ἐρχεται*.
   7 ἀναγκη γαρ *ἐλθειν* τα σκανδαλα, πλην οὐαι τω ἀνθρωπῳ δι οὗ το σκανδαλον *ἐρχεται*.
   11 * *ἦλθεν* γαρ ὁ υἱος του ἀνθρωπου σωσαι το ἀπολωλος.
   31 καὶ *ἐλθοντες* διεσαφησαν τω κυριῳ ἑαυτων παντα τα γενομενα.
   19 1 καὶ ἐγενετο ὁτε ἐτελεσεν ὁ ἰησους τους λογους τουτους, μετηρεν ἀπο της γαλιλαιας και *ἦλθεν* εἰς τα ὁρια της ἰουδαιας περαν του ἰορδανου.
   14 ἀφετε τα παιδια και μη κωλυετε αὐτα *ἐλθειν* προς με·
   20 9 καὶ *ἐλθοντες* οἱ περι την ἐνδεκατην ὡραν ἐλαβον ἀνα δηναριον.
   10 καὶ *ἐλθοντες* οἱ πρωτοι ἐνομισαν ὁτι πλειον λημψονται·
   28 ὡσπερ ὁ υἱος του ἀνθρωπου οὐκ *ἦλθεν* διακονηθηναι, ἀλλα διακονησαι και δουναι την ψυχην αὐτου λυτρον ἀντι πολλων.
   21 1 καὶ ὁτε ἠγγισαν εἰς ἱεροσολυμα και *ἦλθον* εἰς βηθφαγη εἰς το ὀρος των ἐλαιων, τοτε ἰησους ἀπεστειλεν δυο μαθητας λεγων αὐτοις·
   5 εἰπατε τῃ θυγατρι σιων· ἰδου ὁ βασιλευς σου *ἐρχεται* σοι πραυς και ἐπιβεβηκως ἐπι ὀνον και ἐπι πωλον υἱον ὑποζυγιου.
   9 ὡσαννα τω υἱῳ δαυιδ· εὐλογημενος ὁ *ἐρχομενος* ἐν ὀνοματι κυριου· ὡσαννα ἐν τοις ὑψιστοις.
   19 καὶ ἰδων συκην μιαν ἐπι της ὁδου *ἦλθεν* ἐπ αὐτην,
   23 καὶ *ἐλθοντος* αὐτου εἰς το ἱερον προσηλθον αὐτῳ διδασκοντι οἱ ἀρχιερεις και οἱ πρεσβυτεροι του λαου λεγοντες·
   32 *ἦλθεν* γαρ ἰωαννης προς ὑμας ἐν ὁδῳ δικαιοσυνης,
   40 ὀταν οὐν *ἐλθῃ* ὁ κυριος του ἀμπελωνος, τί ποιησει τοις γεωργοις ἐκεινοις;
   22 3 καὶ ἀπεστειλεν τους δουλους αὐτου καλεσαι τους κεκλημενους εἰς τους γαμους, και οὐκ ἠθελον *ἐλθειν*.
   23 35 ὁπως *ἐλθῃ* ἐφ ὑμας παν αἱμα δικαιον ἐκχυννομενον ἐπι της γης ἀπο του αἱματος ἀβελ του δικαιου ἑως του αἱματος ζαχαριου υἱου βαραχιου, ὁν ἐφονευσατε μεταξυ του ναου και του θυσιαστηριου.
   39 εὐλογημενος ὁ *ἐρχομενος* ἐν ὀνοματι κυριου.
   24 5 πολλοι γαρ *ἐλευσονται* ἐπι τω ὀνοματι μου λεγοντες·
   30 καὶ τοτε κοψονται πασαι αἱ φυλαι της γης και ὀψονται τον υἱον του ἀνθρωπου *ἐρχομενον* ἐπι των νεφελων του οὐρανου μετα δυναμεως και δοξης πολλης·
   39 καὶ οὐκ ἐγνωσαν ἑως *ἦλθεν* ὁ κατακλυσμος και ἠρεν ἀπαντας,
   42 γρηγορειτε οὐν, ὁτι οὐκ οἰδατε ποιᾳ ἡμερᾳ ὁ κυριος ὑμων *ἐρχεται*.
   43 ἐκεινο δε γινωσκετε ὁτι εἰ ἡδει ὁ οἰκοδεσποτης ποιᾳ φυλακῃ ὁ κλεπτης *ἐρχεται*, ἐγρηγορησεν ἀν και οὐκ ἀν εἰασεν διορυχθηναι την οἰκιαν αὐτου.
   44 δια τουτο και ὑμεις γινεσθε ἑτοιμοι, ὁτι ῃ οὐ δοκειτε ὡρα ὁ υἱος του ἀνθρωπου *ἐρχεται*.
   46 μακαριος ὁ δουλος ἐκεινος ὁν *ἐλθων* ὁ κυριος αὐτου εὑρησει οὑτως ποιουντα·
   25 10 ἀπερχομενων δε αὐτων ἀγορασαι *ἦλθεν* ὁ νυμφιος,

ἔρχομαι [636]

Mt 25 11 ὑστερον δε *ἐρχονται* και αἱ λοιπαι παρθενοι λεγουσαι·
   19 μετα δε πολυν χρονον *ἐρχεται* ὁ κυριος των δουλων ἐκεινων και συναιρει λογον μετ αὐτων.
   27 καὶ *ἐλθων* ἐγω ἐκομισαμην ἀν το ἐμον συν τοκῳ.
   31 ὁταν δε *ἐλθῃ* ὁ υἱος του ἀνθρωπου ἐν τῃ δοξῃ αὐτου και παντες οἱ ἀγγελοι μετ αὐτου, τοτε καθισει ἐπι θρονου δοξης αὐτου·
   36 ἠσθενησα και ἐπεσκεψασθε με, ἐν φυλακῃ ἡμην και *ἠλθατε* προς με.
   39 ποτε δε σε εἰδομεν ἀσθενουντα ἠ ἐν φυλακῃ και *ἠλθομεν* προς σέ;
   26 36 τοτε *ἐρχεται* μετ αὐτων ὁ ἰησους εἰς χωριον λεγομενον γεθσημανι,
   40 καὶ *ἐρχεται* προς τους μαθητας και εὑρισκει αὐτους καθευδοντας,
   43 καὶ *ἐλθων* παλιν εὑρεν αὐτους καθευδοντας, ἠσαν γαρ αὐτων οἱ ὀφθαλμοι βεβαρημενοι·
   45 τοτε *ἐρχεται* προς τους μαθητας και λεγει αὐτοις·
   47 ἰδου ἰουδας εἱς των δωδεκα *ἦλθεν*, και μετ αὐτου ὀχλος πολυς μετα μαχαιρων και ξυλων ἀπο των ἀρχιερεων και πρεσβυτερων του λαου.
   64 ἀπ ἀρτι ὀψεσθε τον υἱον του ἀνθρωπου καθημενον ἐκ δεξιων της δυναμεως και *ἐρχομενον* ἐπι των νεφελων του οὐρανου.
   27 33 καὶ *ἐλθοντες* εἰς τοπον λεγομενον γολγοθα, ὁ ἐστιν κρανιου τοπος λεγομενος, ἐδωκαν αὐτῳ πιειν οἰνον μετα χολης μεμιγμενον·
   49 ἀφες ἰδωμεν εἰ *ἐρχεται* ἡλιας σωσων αὐτον.
   57 ὀψιας δε γενομενης *ἦλθεν* ἀνθρωπος πλουσιος ἀπο ἀριμαθαιας, τουνομα ἰωσηφ, ὁς και αὐτος ἐμαθητευθη τω ἰησου·
   64 κελευσον οὐν ἀσφαλισθηναι τον ταφον ἑως της τριτης ἡμερας, μηποτε *ἐλθοντες* οἱ μαθηται αὐτου κλεψωσιν αὐτον και εἰπωσιν τω λαω·
   28 1 ὀψε δε σαββατων, τῃ ἐπιφωσκουσῃ εἰς μιαν σαββατων, *ἦλθεν* μαριαμ ἡ μαγδαληνη και ἡ ἀλλη μαρια θεωρησαι τον ταφον.
   11 πορευομενων δε αὐτων ἰδου τινες της κουστωδιας *ἐλθοντες* εἰς την πολιν ἀπηγγειλαν τοις ἀρχιερευσιν ἀπαντα τα γενομενα.
   13 εἰπατε ὁτι οἱ μαθηται αὐτου νυκτος *ἐλθοντες* ἐκλεψαν αὐτον ἡμων κοιμωμενων.

Mc 1 7 *ἐρχεται* ὁ ἰσχυροτερος μου ὀπισω μου, οὗ οὐκ εἰμι ἱκανος κυψας λυσαι τον ἱμαντα των ὑποδηματων αὐτου.
   9 καὶ ἐγενετο ἐν ἐκειναις ταις ἡμεραις *ἦλθεν* ἰησους ἀπο ναζαρετ της γαλιλαιας και ἐβαπτισθη εἰς τον ἰορδανην ὑπο ἰωαννου.
   14 μετα δε το παραδοθηναι τον ἰωαννην *ἦλθεν* ὁ ἰησους εἰς την γαλιλαιαν κηρυσσων το εὐαγγελιον του θεου και λεγων,
   24 *ἦλθες* ἀπολεσαι ἡμας; οἰδα σε τίς εἰ, ὁ ἁγιος του θεου.
   29 καὶ εὐθυς ἐκ της συναγωγης ἐξελθοντες *ἦλθον* εἰς την οἰκιαν σιμωνος και ἀνδρεου μετα ἰακωβου και ἰωαννου.
   39 καὶ *ἦλθεν* κηρυσσων εἰς τας συναγωγας αὐτων εἰς ὁλην την γαλιλαιαν και τα δαιμονια ἐκβαλλων.
   40 καὶ *ἐρχεται* προς αὐτον λεπρος παρακαλων αὐτον [και γονυπετων] και λεγων αὐτῳ ὁτι ἐαν θελῃς δυνασαι με καθαρισαι.
   45 καὶ *ἠρχοντο* προς αὐτον παντοθεν.
   2 3 καὶ *ἐρχονται* φεροντες προς αὐτον παραλυτικον αἰρομενον ὑπο τεσσαρων.
   13 καὶ πας ὁ ὀχλος *ἠρχετο* προς αὐτον,
   17 οὐκ *ἦλθον* καλεσαι δικαιους ἀλλα ἁμαρτωλους.
   18 καὶ *ἐρχονται* και λεγουσιν αὐτῳ· δια τί οἱ μαθηται ἰωαννου και οἱ μαθηται των φαρισαιων νηστευουσιν, οἱ δε σοί μαθηται οὐ νηστευουσιν;
   20 *ἐλευσονται* δε ἡμεραι ὁταν ἀπαρθῃ ἀπ αὐτων ὁ νυμφιος,
   3 8 πληθος πολυ, ἀκουοντες ὁσα ἐποιει, *ἦλθον* προς αὐτον.
   20 καὶ *ἐρχεται* εἰς οἰκον·
   31 καὶ *ἐρχεται* ἡ μητηρ αὐτου και οἱ ἀδελφοι αὐτου,
   4 4 καὶ *ἦλθεν* τα πετεινα και κατεφαγεν αὐτο.
   15 καὶ ὁταν ἀκουσωσιν, εὐθυς *ἐρχεται* ὁ σατανας και αἰρει τον λογον τον ἐσπαρμενον εἰς αὐτους.
   21 καὶ ἐλεγεν αὐτοις· μητι *ἐρχεται* ὁ λυχνος ἱνα ὑπο τον μοδιον τεθῃ ἠ ὑπο την κλινην;
   22 οὐδε ἐγενετο ἀποκρυφον, ἀλλ ἱνα *ἐλθῃ* εἰς φανερον.
   5 1 καὶ *ἦλθον* εἰς το περαν της θαλασσης εἰς την χωραν των γερασηνων.
   14 καὶ *ἦλθον* ἰδειν τί ἐστιν το γεγονος.
   15 καὶ *ἐρχονται* προς τον ἰησουν, και θεωρουσιν τον δαιμονιζομενον καθημενον ἱματισμενον και σωφρονουντα, τον ἐσχηκοτα τον λεγιωνα, και ἐφοβηθησαν.

ἔρχομαι [636]

Mc 5 22 καὶ *ἔρχεται* εἷς τῶν ἀρχισυναγωγων, ὀνοματι ἰαιρος, καὶ ἰδων αὐτον πιπτει προς τους ποδας αὐτου,

23 καὶ παρακαλει αὐτον πολλα λεγων ὅτι το θυγατριον μου ἐσχατως ἔχει, ἵνα *ἐλθων* ἐπιθῃς τας χειρας αὐτῃ,

26 καὶ πολλα παθουσα ὑπο πολλων ἰατρων καὶ δαπανησασα τα παρ αὐτης παντα, καὶ μηδεν ὠφεληθεισα ἀλλα μαλλον εἰς το χειρον *ἐλθουσα,*

27 ἀκουσασα περι του ἰησου, *ἐλθουσα* ἐν τῳ ὀχλῳ ὀπισθεν ἡψατο του ἱματιου αὐτου·

33 ἡ δε γυνη φοβηθεισα καὶ τρεμουσα, εἰδυια ὁ γεγονεν αὐτῃ, *ἦλθεν* καὶ προσεπεσεν αὐτῳ καὶ εἰπεν αὐτῳ πασαν την ἀληθειαν.

35 ἔτι αὐτου λαλουντος *ἔρχονται* ἀπο του ἀρχισυναγωγου λεγοντες ὅτι ἡ θυγατηρ σου ἀπεθανεν·

38 καὶ *ἔρχονται* εἰς τον οἰκον του ἀρχισυναγωγου, καὶ θεωρει θορυβον, καὶ κλαιοντας καὶ ἀλαλαζοντας πολλα,

6 1 καὶ ἐξηλθεν ἐκειθεν, καὶ *ἔρχεται* εἰς την πατριδα αὐτου,

29 καὶ ἀκουσαντες οἱ μαθηται αὐτου *ἦλθον* καὶ ἠραν το πτωμα αὐτου καὶ ἐθηκαν αὐτο ἐν μνημειῳ.

31 ἠσαν γαρ οἱ *ἐρχομενοι* καὶ οἱ ὑπαγοντες πολλοι,

48 καὶ ἰδων αὐτους βασανιζομενους ἐν τῳ ἐλαυνειν, ἠν γαρ ὁ ἀνεμος ἐναντιος αὐτοις, περι τεταρτην φυλακην της νυκτος *ἔρχεται* προς αὐτους περιπατων ἐπι της θαλασσης·

53 καὶ διαπερασαντες ἐπι την γην *ἦλθον* εἰς γεννησαρετ καὶ προσωρμισθησαν.

7 1 καὶ συναγονται προς αὐτον οἱ φαρισαιοι καὶ τινες των γραμματεων *ἐλθοντες* ἀπο ἱεροσολυμων.

25 ἀλλ εὐθυς ἀκουσασα γυνη περι αὐτου, ἡς εἰχεν το θυγατριον αὐτης πνευμα ἀκαθαρτον, *ἐλθουσα* προσεπεσεν προς τους ποδας αὐτου·

31 καὶ παλιν ἐξελθων ἐκ των ὁριων τυρου *ἦλθεν* δια σιδωνος εἰς την θαλασσαν της γαλιλαιας ἀνα μεσον των ὁριων δεκαπολεως.

8 10 καὶ εὐθυς ἐμβας εἰς το πλοιον μετα των μαθητων αὐτου *ἦλθεν* εἰς τα μερη δαλμανουθα.

22 καὶ *ἔρχονται* εἰς βηθσαιδαν.

38 καὶ ὁ υἱος του ἀνθρωπου ἐπαισχυνθησεται αὐτον, ὅταν *ἔλθῃ* ἐν τῃ δοξῃ του πατρος αὐτου μετα των ἀγγελων των ἁγιων.

9 1 ἀμην λεγω ὑμιν ὅτι εἰσιν τινες ὡδε των ἑστηκοτων οἱτινες οὐ μη γευσωνται θανατου ἑως ἀν ἰδωσιν την βασιλειαν του θεου *ἐληλυθυιαν* ἐν δυναμει.

11 καὶ ἐπηρωτων αὐτον λεγοντες· ὅτι λεγουσιν οἱ γραμματεις ὅτι ἡλιαν δει *ἐλθειν* πρωτον;

12 ἡλιας μεν *ἐλθων* πρωτον ἀποκαθιστανει παντα·

13 ἀλλα λεγω ὑμιν ὅτι καὶ ἡλιας *ἐληλυθεν,* καὶ ἐποιησαν αὐτῳ ὁσα ἠθελον, καθως γεγραπται ἐπ αὐτον.

14 καὶ *ἐλθοντες* προς τους μαθητας εἰδον ὀχλον πολυν περι αὐτους καὶ γραμματεις συζητουντας προς αὐτους.

33 καὶ *ἦλθον* εἰς καφαρναουμ.

10 1 καὶ ἐκειθεν ἀναστας *ἔρχεται* εἰς τα ὁρια της ἰουδαιας [καὶ] περαν του ἰορδανου,

14 ἀφετε τα παιδια *ἐρχεσθαι* προς με, μη κωλυετε αὐτα· των γαρ τοιουτων ἐστιν ἡ βασιλεια του θεου.

30 ἐαν μη λαβῃ ἑκατονταπλασιονα νυν ἐν τῳ καιρῳ τουτῳ οἰκιας καὶ ἀδελφους καὶ ἀδελφας καὶ μητερας καὶ τεκνα καὶ ἀγρους μετα διωγμων, καὶ ἐν τῳ αἰωνι τῳ *ἐρχομενῳ* ζωην αἰωνιον.

45 καὶ γαρ ὁ υἱος του ἀνθρωπου οὐκ *ἦλθεν* διακονηθηναι ἀλλα διακονησαι καὶ δουναι την ψυχην αὐτου λυτρον ἀντι πολλων.

46 καὶ *ἔρχονται* εἰς ἱεριχω.

50 ὁ δε ἀποβαλων το ἱματιον αὐτου ἀναπηδησας *ἦλθεν* προς τον ἰησουν.

11 9 ὡσαννα· εὐλογημενος ὁ *ἐρχομενος* ἐν ὀνοματι κυριου·

10 εὐλογημενη ἡ *ἐρχομενη* βασιλεια του πατρος ἡμων δαυιδ· ὡσαννα ἐν τοις ὑψιστοις.

13 καὶ ἰδων συκην ἀπο μακροθεν ἐχουσαν φυλλα *ἦλθεν* εἰ ἀρα τι εὑρησει ἐν αὐτῃ,

13 καὶ *ἐλθων* ἐπ αὐτην οὐδεν εὑρεν εἰ μη φυλλα·

15 καὶ *ἔρχονται* εἰς ἱεροσολυμα.

27 καὶ *ἔρχονται* παλιν εἰς ἱεροσολυμα.

27 καὶ ἐν τῳ ἱερῳ περιπατουντος αὐτου *ἔρχονται* προς αὐτον οἱ ἀρχιερεις καὶ οἱ γραμματεις καὶ οἱ πρεσβυτεροι,

12 9 τι [οὐν] ποιησει ὁ κυριος του ἀμπελωνος; *ἐλευσεται* καὶ ἀπολεσει τους γεωργους, καὶ δωσει τον ἀμπελωνα ἀλλοις.

14 καὶ *ἐλθοντες* λεγουσιν αὐτῳ·

18 καὶ *ἔρχονται* σαδδουκαιοι προς αὐτον,

42 καὶ *ἐλθουσα* μια χηρα πτωχη ἐβαλεν λεπτα δυο, ὁ ἐστιν κοδραντης.

ἔρχομαι [636]

Mc 13 6 πολλοι *ἐλευσονται* ἐπι τῳ ὀνοματι μου λεγοντες ὅτι ἐγω εἰμι, καὶ πολλους πλανησουσιν.

26 καὶ τοτε ὀψονται τον υἱον του ἀνθρωπου *ἐρχομενον* ἐν νεφελαις μετα δυναμεως πολλης καὶ δοξης.

35 οὐκ οἰδατε γαρ ποτε ὁ κυριος της οἰκιας *ἔρχεται,*

36 μη *ἐλθων* ἐξαιφνης εὑρῃ ὑμας καθευδοντας.

14 3 καὶ ὀντος αὐτου ἐν βηθανιᾳ ἐν τῃ οἰκιᾳ σιμωνος του λεπρου, κατακειμενου αὐτου *ἦλθεν* γυνη ἐχουσα ἀλαβαστρον μυρου ναρδου πιστικης πολυτελους·

16 καὶ ἐξηλθον οἱ μαθηται καὶ *ἦλθον* εἰς την πολιν καὶ εὑρον καθως εἰπεν αὐτοις,

17 καὶ ὀψιας γενομενης *ἔρχεται* μετα των δωδεκα.

32 καὶ *ἔρχονται* εἰς χωριον οὑ το ὀνομα γεθσημανι,

37 καὶ *ἔρχεται* καὶ εὑρισκει αὐτους καθευδοντας,

38 γρηγορειτε καὶ προσευχεσθε, ἵνα μη *ἐλθητε* εἰς πειρασμον·

40 καὶ παλιν *ἐλθων* εὑρεν αὐτους καθευδοντας,

41 καὶ *ἔρχεται* το τριτον καὶ λεγει αὐτοις·

41 *ἦλθεν* ἡ ὡρα, ἰδου παραδιδοται ὁ υἱος του ἀνθρωπου εἰς τας χειρας των ἁμαρτωλων.

45 καὶ *ἐλθων* εὐθυς προσελθων αὐτῳ λεγει· ῥαββι,

62 καὶ ὀψεσθε τον υἱον του ἀνθρωπου ἐκ δεξιων καθημενον της δυναμεως καὶ *ἐρχομενον* μετα των νεφελων του οὐρανου.

66 καὶ ὀντος του πετρου κατω ἐν τῃ αὐλῃ *ἔρχεται* μια των παιδισκων του ἀρχιερεως,

15 21 καὶ ἀγγαρευουσιν παραγοντα τινα σιμωνα κυρηναιον *ἐρχομενον* ἀπ ἀγρου, τον πατερα ἀλεξανδρου καὶ ρουφου, ἵνα ἀρῃ τον σταυρον αὐτου.

36 ἀφετε ἰδωμεν εἰ *ἔρχεται* ἡλιας καθελειν αὐτον.

43 *ἐλθων* ἰωσηφ [ὁ] ἀπο ἀριμαθαιας, εὐσχημων βουλευτης, ὁς καὶ αὐτος ἠν προσδεχομενος την βασιλειαν του θεου,

16 1 καὶ διαγενομενου του σαββατου μαρια ἡ μαγδαληνη καὶ μαρια ἡ [του] ἰακωβου καὶ σαλωμη ἠγορασαν ἀρωματα ἵνα *ἐλθουσαι* ἀλειψωσιν αὐτον.

2 καὶ λιαν πρωι τῃ μιᾳ των σαββατων *ἔρχονται* ἐπι το μνημειον, ἀνατειλαντος του ἡλιου.

Lc 1 43 καὶ ποθεν μοι τουτο ἵνα *ἐλθῃ* ἡ μητηρ του κυριου μου προς ἐμε;

59 καὶ ἐγενετο ἐν τῃ ἡμερᾳ τῃ ὀγδοῃ *ἦλθον* περιτεμειν το παιδιον,

2 16 καὶ *ἦλθαν* σπευσαντες, καὶ ἀνευραν την τε μαριαμ καὶ τον ἰωσηφ καὶ το βρεφος κειμενον ἐν τῃ φατνῃ·

27 καὶ *ἦλθεν* ἐν τῳ πνευματι εἰς το ἱερον·

44 νομισαντες δε αὐτον εἰναι ἐν τῃ συνοδιᾳ *ἦλθον* ἡμερας ὁδον καὶ ἀνεζητουν αὐτον ἐν τοις συγγενευσιν καὶ τοις γνωστοις,

51 καὶ κατεβη μετ αὐτων καὶ *ἦλθεν* εἰς ναζαρεθ,

3 3 καὶ *ἦλθεν* εἰς πασαν την περιχωρον του ἰορδανου κηρυσσων βαπτισμα μετανοιας εἰς ἀφεσιν ἁμαρτιων,

12 *ἦλθον* δε καὶ τελωναι βαπτισθηναι καὶ εἰπαν προς αὐτον·

16 ἐγω μεν ὑδατι βαπτιζω ὑμας· *ἔρχεται* δε ὁ ἰσχυροτερος μου, οὑ οὐκ εἰμι ἱκανος λυσαι τον ἱμαντα των ὑποδηματων αὐτου·

4 16 καὶ *ἦλθεν* εἰς ναζαρα, οὑ ἠν τεθραμμενος,

34 ἐα, τι ἡμιν καὶ σοι, ἰησου ναζαρηνε; *ἦλθες* ἀπολεσαι ἡμας;

42 καὶ οἱ ὀχλοι ἐπεζητουν αὐτον, καὶ *ἦλθον* ἑως αὐτου,

5 7 καὶ κατενευσαν τοις μετοχοις ἐν τῳ ἑτερῳ πλοιῳ του *ἐλθοντας* συλλαβεσθαι αὐτοις·

7 καὶ *ἦλθον,* καὶ ἐπλησαν ἀμφοτερα τα πλοια ὡστε βυθιζεσθαι αὐτα.

17 καὶ ἠσαν καθημενοι φαρισαιοι καὶ νομοδιδασκαλοι οἱ ἠσαν *ἐληλυθοτες* ἐκ πασης κωμης της γαλιλαιας καὶ ἰουδαιας καὶ ἱερουσαλημ·

32 οὐκ *ἐληλυθα* καλεσαι δικαιους ἀλλα ἁμαρτωλους εἰς μετανοιαν.

35 *ἐλευσονται* δε ἡμεραι, καὶ ὁταν ἀπαρθῃ ἀπ αὐτων ὁ νυμφιος, τοτε νηστευσουσιν ἐν ἐκειναις ταις ἡμεραις.

6 18 καὶ πληθος πολυ του λαου ἀπο πασης της ἰουδαιας καὶ ἱερουσαλημ καὶ της παραλιου τυρου καὶ σιδωνος, οἱ *ἦλθον* ἀκουσαι αὐτου καὶ ἰαθηναι ἀπο των νοσων αὐτων,

47 πας ὁ *ἐρχομενος* προς με καὶ ἀκουων μου των λογων καὶ ποιων αὐτους, ὑποδειξω ὑμιν τινι ἐστιν ὁμοιος.

7 3 ἀκουσας δε περι του ἰησου ἀπεστειλεν προς αὐτον πρεσβυτερους των ἰουδαιων, ἐρωτων αὐτον ὁπως *ἐλθων* διασωσῃ τον δουλον αὐτου.

7 οὐ γαρ ἱκανος εἰμι ἵνα ὑπο την στεγην μου εἰσελθῃς· διο οὐδε ἐμαυτον ἠξιωσα προς σε *ἐλθειν·*

8 καὶ λεγω τουτῳ· πορευθητι, καὶ πορευεται, καὶ ἀλλῳ· *ἐρχου,* καὶ *ἔρχεται,* καὶ τῳ δουλῳ μου· ποιησον τουτο, καὶ ποιει.

8 καὶ λεγω τουτῳ· πορευθητι, καὶ πορευεται, καὶ ἀλλῳ· *ἐρχου,* καὶ *ἔρχεται,* καὶ τῳ δουλῳ μου· ποιησον τουτο, καὶ ποιει.

19 συ εἰ ὁ *ἐρχομενος,* ἡ ἀλλον προσδοκωμεν;

ἔρχομαι [636]

Lc	7 20	συ εἰ ὁ *ἐρχομενος*, ἢ ἄλλον προσδοκωμεν;
	33	*ἐληλυθεν* γαρ ιωαννης ὁ βαπτιστης μη ἐσθιων ἀρτον μητε πινων οἰνον, και λεγετε·
	34	*ἐληλυθεν* ὁ υἱος του ἀνθρωπου ἐσθιων και πινων, και λεγετε·
	8 12	οἱ δε παρα την ὁδον εἰσιν οἱ ἀκουσαντες, εἰτα *ἐρχεται* ὁ διαβολος και αἰρει τον λογον ἀπο της καρδιας αὐτων,
	17	οὐ γαρ ἐστιν κρυπτον ὁ οὐ φανερον γενησεται, οὐδε ἀποκρυφον ὁ οὐ μη γνωσθη και εἰς φανερον *ἐλθη*.
	35	ἐξηλθον δε ἰδειν το γεγονος, και *ἠλθον* προς τον ιησουν,
	41	και ἰδου *ἠλθεν* ἀνηρ ᾧ ὀνομα ιαιρος, και οὑτος ἀρχων της συναγωγης ὑπηρχεν·
	47	ἰδουσα δε ἡ γυνη ὀτι οὐκ ἐλαθεν, τρεμουσα *ἠλθεν* και προσπεσουσα αὐτῳ δι ἡν αἰτιαν ἡψατο αὐτου ἀπηγγειλεν ἐνωπιον παντος του λαου, και ὡς ἰαθη παραχρημα.
	49	ἐτι αὐτου λαλουντος *ἐρχεται* τις παρα του ἀρχισυναγωγου λεγων ὀτι τεθνηκεν ἡ θυγατηρ σου·
	51	*ἐλθων* δε εἰς την οἰκιαν οὐκ ἀφηκεν εἰσελθειν τινα συν αὐτῳ εἰ μη πετρον και ιωαννην και ιακωβον και τον πατερα της παιδος και την μητερα.
	9 23	εἰ τις θελει ὀπισω μου *ἐρχεσθαι*, ἀρνησασθω ἑαυτον και ἀρατω τον σταυρον αὐτου καθ ἡμεραν, και ἀκολουθειτω μοι.
	26	ὁς γαρ ἀν ἐπαισχυνθη με και τους ἐμους λογους, τουτον ὁ υἱος του ἀνθρωπου ἐπαισχυνθησεται, ὀταν *ἐλθη* ἐν τη δοξη αὐτου και του πατρος και των ἀγιων ἀγγελων.
	10 1	και ἀπεστειλεν αὐτους ἀνα δυο [δυο] προ προσωπου αὐτου εἰς πασαν πολιν και τοπον οὐ ἠμελλεν αὐτος *ἐρχεσθαι*.
	32	ὁμοιως δε και λευιτης [γενομενος] κατα τον τοπον *ἐλθων* και ἰδων ἀντιπαρηλθεν.
	33	σαμαριτης δε τις ὁδευων *ἠλθεν* κατ αὐτον και ἰδων ἐσπλαγχνισθη,
	11 2	*ἐλθετω* ἡ βασιλεια σου· τον ἀρτον ἡμων τον ἐπιουσιον διδου ἡμιν το καθ ἡμεραν·
	25	και *ἐλθον* εὑρισκει σεσαρωμενον και κεκοσμημενον.
	31	ὀτι *ἠλθεν* ἐκ των περατων της γης ἀκουσαι την σοφιαν σολομωνος, και ἰδου πλειον σολομωνος ὡδε.
	12 36	και ὑμεις ὁμοιοι ἀνθρωποις προσδεχομενοις τον κυριον ἑαυτων, ποτε ἀναλυση ἐκ των γαμων, ἰνα *ἐλθοντος* και κρουσαντος εὐθεως ἀνοιξωσιν αὐτῳ.
	37	μακαριοι οἱ δουλοι ἐκεινοι, οὑς *ἐλθων* ὁ κυριος εὑρησει γρηγορουντας·
	38	καν ἐν τη δευτερα καν ἐν τη τριτη φυλακη *ἐλθη* και εὑρη οὑτως, μακαριοι εἰσιν ἐκεινοι.
	39	τουτο δε γινωσκετε, ὀτι εἰ ἠδει ὁ οἰκοδεσποτης ποια ὡρα ὁ κλεπτης *ἐρχεται*, οὐκ ἀν ἀφηκεν διορυχθηναι τον οἰκον αὐτου.
	40	και ὑμεις γινεσθε ἐτοιμοι, ὀτι ᾑ ὡρᾳ οὐ δοκειτε ὁ υἱος του ἀνθρωπου *ἐρχεται*.
	43	μακαριος ὁ δουλος ἐκεινος, ὁν *ἐλθων* ὁ κυριος αὐτου εὑρησει ποιουντα οὑτως.
	45	ἐαν δε εἰπη ὁ δουλος ἐκεινος ἐν τη καρδιᾳ αὐτου· χρονιζει ὁ κυριος μου *ἐρχεσθαι*,
	49	πυρ *ἠλθον* βαλειν ἐπι την γην, και τι θελω εἰ ἠδη ἀνηφθη.
	54	ὀταν ἰδητε την νεφελην ἀνατελλουσαν ἐπι δυσμων, εὐθεως λεγετε ὀτι ὀμβρος *ἐρχεται*, και γινεται οὑτως·
	13 6	και *ἠλθεν* ζητων καρπον ἐν αὐτη και οὐχ εὑρεν.
	7	ἰδου τρια ἐτη ἀφ οὑ *ἐρχομαι* ζητων καρπον ἐν τη συκη ταυτη και οὐχ εὑρισκω·
	14	ἐν αὐταις οὐν *ἐρχομενοι* θεραπευεσθε και μη τη ἡμερᾳ του σαββατου.
	35	εὐλογημενος ὁ *ἐρχομενος* ἐν ὀνοματι κυριου.
	14 1	και ἐγενετο ἐν τῳ *ἐλθειν* αὐτον εἰς οἰκον τινος των ἀρχοντων [των] φαρισαιων σαββατῳ φαγειν ἀρτον,
	9	μηποτε ἐντιμοτερος σου ᾑ κεκλημενος ὑπ αὐτου, και *ἐλθων* ὁ σε και αὐτον καλεσας ἐρει σοι·
	10	ἀλλ ὀταν κληθης, πορευθεις ἀναπεσε εἰς τον ἐσχατον τοπον, ἰνα ὀταν *ἐλθη* ὁ κεκληκως σε ἐρει σοι· φιλε, προσαναβηθι ἀνωτερον·
	17	*ἐρχεσθε*, ὀτι ἠδη ἐτοιμα ἐστιν.
	20	και ἑτερος εἰπεν· γυναικα ἐγημα, και δια τουτο οὐ δυναμαι *ἐλθειν*.
		εἰ τις *ἐρχεται* προς με και οὐ μισει τον πατερα ἑαυτου
	27	ὀστις οὐ βασταζει τον σταυρον ἑαυτου και *ἐρχεται* ὀπισω μου, οὐ δυναται εἰναι μου μαθητης.
	31	ἠ τις βασιλευς πορευομενος ἑτερῳ βασιλει συμβαλειν εἰς πολεμον οὐχι καθισας πρωτον βουλευσεται εἰ δυνατος ἐστιν ἐν δεκα χιλιασιν ὑπαντησαι τῳ μετα εἰκοσι χιλιαδων *ἐρχομενῳ* ἐπ αὐτον;
	15 6	και *ἐλθων* εἰς τον οἰκον συγκαλει τους φιλους και τους γειτονας, λεγων αὐτοις·

Lc	15 17	εἰς ἑαυτον δε *ἐλθων* ἐφη·
	20	και ἀναστας *ἠλθεν* προς τον πατερα ἑαυτου.
	25	και ὡς *ἐρχομενος* ἠγγισεν τη οἰκιᾳ, ἠκουσεν συμφωνιας και χορων,
	30	ὀτε δε ὁ υἱος σου οὑτος ὁ καταφαγων σου τον βιον μετα πορνων *ἠλθεν*, ἐθυσας αὐτῳ τον σιτευτον μοσχον.
	16 21	ἀλλα και οἱ κυνες *ἐρχομενοι* ἐπελειχον τα ἑλκη αὐτου.
	28	ὀπως διαμαρτυρηται αὐτοις, ἰνα μη και αὐτοι *ἐλθωσιν* εἰς τον τοπον τουτον της βασανου.
	17 1	ἀνενδεκτον ἐστιν του τα σκανδαλα μη *ἐλθειν*, πλην οὐαι δι οὑ *ἐρχεται*·
	1	ἀνενδεκτον ἐστιν του τα σκανδαλα μη *ἐλθειν*, πλην οὐαι δι οὑ *ἐρχεται*·
	20	ἐπερωτηθεις δε ὑπο των φαρισαιων ποτε *ἐρχεται* ἡ βασιλεια του θεου, ἀπεκριθη αὐτοις και εἰπεν·
	20	οὐκ *ἐρχεται* ἡ βασιλεια του θεου μετα παρατηρησεως,
	22	*ἐλευσονται* ἡμεραι ὀτε ἐπιθυμησετε μιαν των ἡμερων του υἱου του ἀνθρωπου ἰδειν και οὐκ ὀψεσθε.
	27	και *ἠλθεν* ὁ κατακλυσμος και ἀπωλεσεν παντας.
	18 3	χηρα δε ἠν ἐν τη πολει ἐκεινη, και *ἠρχετο* προς αὐτον λεγουσα·
	5	εἰ και τον θεον οὐ φοβουμαι οὐδε ἀνθρωπον ἐντρεπομαι, δια γε το παρεχειν μοι κοπον την χηραν ταυτην ἐκδικησω αὐτην, ἰνα μη εἰς τελος *ἐρχομενη* ὑπωπιαζη με.
	8	πλην ὁ υἱος του ἀνθρωπου *ἐλθων* ἀρα εὑρησει την πιστιν ἐπι της γης;
	16	ἀφετε τα παιδια *ἐρχεσθαι* προς με και μη κωλυετε αὐτα·
	30	ὁς οὐχι μη [ἀπο]λαβη πολλαπλασιονα ἐν τῳ καιρῳ τουτῳ και ἐν τῳ αἰωνι τῳ *ἐρχομενῳ* ζωην αἰωνιον.
	19 5	και ὡς *ἠλθεν* ἐπι τον τοπον, ἀναβλεψας ὁ ιησους εἰπεν προς αὐτον·
	10	*ἠλθεν* γαρ ὁ υἱος του ἀνθρωπου ζητησαι και σωσαι το ἀπολωλος.
	13	πραγματευσασθε ἐν ᾧ *ἐρχομαι*.
	18	και *ἠλθεν* ὁ δευτερος λεγων·
	20	και ὁ ἑτερος *ἠλθεν* λεγων·
	23	καγω *ἐλθων* συν τοκῳ ἀν αὐτο ἐπραξα.
	38	εὐλογημενος ὁ *ἐρχομενος*, ὁ βασιλευς ἐν ὀνοματι κυριου· ἐν οὐρανῳ εἰρηνη και δοξα ἐν ὑψιστοις.
	20 16	*ἐλευσεται* και ἀπολεσει τους γεωργους τουτους,
	21 6	ταυτα ἁ θεωρειτε, *ἐλευσονται* ἡμεραι ἐν αἱς οὐκ ἀφεθησεται λιθος ἐπι λιθῳ ὁς οὐ καταλυθησεται.
	8	πολλοι γαρ *ἐλευσονται* ἐπι τῳ ὀνοματι μου λεγοντες·
	27	και τοτε ὀψονται τον υἱον του ἀνθρωπου *ἐρχομενον* ἐν νεφελη μετα δυναμεως και δοξης πολλης.
	22 7	*ἠλθεν* δε ἡ ἡμερα των ἀζυμων, [ἐν] ᾑ ἐδει θυεσθαι το πασχα·
	18	λεγω γαρ ὑμιν, [ὀτι] οὐ μη πιω ἀπο του νυν ἀπο του γενηματος της ἀμπελου ἑως οὑ ἡ βασιλεια του θεου *ἐλθη*.
	45	και ἀναστας ἀπο της προσευχης, *ἐλθων* προς τους μαθητας εὑρεν κοιμωμενους αὐτους ἀπο της λυπης,
	23 26	και ὡς ἀπηγαγον αὐτον, ἐπιλαβομενοι σιμωνα τινα κυρηναιον *ἐρχομενον* ἀπ ἀγρου ἐπεθηκαν αὐτῳ τον σταυρον φερειν ὀπισθεν του ιησου.
	29	πλην ἐφ ἑαυτας κλαιετε και ἐπι τα τεκνα ὑμων, ὀτι ἰδου *ἐρχονται* ἡμεραι ἐν αἱς ἐρουσιν·
	33	και ὀτε *ἠλθον* ἐπι τον τοπον τον καλουμενον κρανιον, ἐκει ἐσταυρωσαν αὐτον και τους κακουργους,
	42	ιησου, μνησθητι μου ὀταν *ἐλθης* εἰς την βασιλειαν σου.
	24 1	τη δε μιᾳ των σαββατων ὀρθρου βαθεως ἐπι το μνημα *ἠλθον* φερουσαι ἁ ἠτοιμασαν ἀρωματα.
	23	και μη εὑρουσαι το σωμα αὐτου *ἠλθον* λεγουσαι και ὀπτασιαν ἀγγελων ἑωρακεναι, οἱ λεγουσιν αὐτον ζην.
Jh	1 7	οὑτος *ἠλθεν* εἰς μαρτυριαν,
	9	ὁ φωτιζει παντα ἀνθρωπον, *ἐρχομενον* εἰς τον κοσμον.
	11	εἰς τα ἰδια *ἠλθεν*, και οἱ ἰδιοι αὐτον οὐ παρελαβον.
	15	ὁ ὀπισω μου *ἐρχομενος* ἐμπροσθεν μου γεγονεν,
	27	ὁ ὀπισω μου *ἐρχομενος*, οὑ οὐκ εἰμι [ἐγω] ἀξιος ἰνα λυσω αὐτου τον ἱμαντα του ὑποδηματος.
	29	τη ἐπαυριον βλεπει τον ιησουν *ἐρχομενον* προς αὐτον,
	30	ὀπισω μου *ἐρχεται* ἀνηρ ὁς ἐμπροσθεν μου γεγονεν,
	31	ἀλλ ἰνα φανερωθη τῳ ισραηλ, δια τουτο *ἠλθον* ἐγω ἐν ὑδατι βαπτιζων.
	39	λεγει αὐτοις· *ἐρχεσθε* και ὀψεσθε.
	39	*ἠλθαν* οὐν και εἰδαν που μενει,
	46	λεγει αὐτῳ [ὁ] φιλιππος· *ἐρχου* και ἰδε.
	47	εἰδεν ὁ ιησους τον ναθαναηλ *ἐρχομενον* προς αὐτον και λεγει περι αὐτου·
	3 2	οὑτος *ἠλθεν* προς αὐτον νυκτος και εἰπεν αὐτῳ·
	2	οἰδαμεν ὀτι ἀπο θεου *ἐληλυθας* διδασκαλος·

ἔρχομαι [636]

Jh 3 8 και την φωνην αυτου ακουεις, αλλ ουκ οιδας ποθεν *ερχεται*
        και που υπαγει·
    19 αυτη δε εστιν η κρισις, οτι το φως *εληλυθεν* εις τον κοσμον
        και ηγαπησαν οι ανθρωποι μαλλον το σκοτος η το φως·
    20 πας γαρ ο φαυλα πρασσων μισει το φως και ουκ *ερχεται* προς
        το φως,
    21 ο δε ποιων την αληθειαν *ερχεται* προς το φως,
    22 μετα ταυτα *ηλθεν* ο ιησους και οι μαθηται αυτου εις την
        ιουδαιαν γην,
    26 και *ηλθον* προς τον ιωαννην και ειπαν αυτω·
    26 ιδε ουτος βαπτιζει και παντες *ερχονται* προς αυτον.
    31 ο ανωθεν *ερχομενος* επανω παντων εστιν·
    31 ο εκ του ουρανου *ερχομενος* [επανω παντων εστιν]·
  4 5 *ερχεται* ουν εις πολιν της σαμαρειας λεγομενην συχαρ,
     7 *ερχεται* γυνη εκ της σαμαρειας αντλησαι υδωρ.
    16 υπαγε φωνησον τον ανδρα σου και *ελθε* ενθαδε.
    21 πιστευε μοι, γυναι, οτι *ερχεται* ωρα οτε ουτε εν τω ορει τουτω
        ουτε εν ιεροσολυμοις προσκυνησετε τω πατρι.
    23 αλλα *ερχεται* ωρα και νυν εστιν, οτε οι αληθινοι
        προσκυνηται προσκυνησουσιν τω πατρι εν πνευματι και
        αληθεια·
    25 οιδα οτι μεσσιας *ερχεται*, ο λεγομενος χριστος·
    25 οταν *ελθη* εκεινος, αναγγελει ημιν απαντα.
    27 και επι τουτω *ηλθαν* οι μαθηται αυτου.
    30 εξηλθον εκ της πολεως και *ηρχοντο* προς αυτον.
    35 ουχ υμεις λεγετε οτι ετι τετραμηνος εστιν και ο θερισμος
        ερχεται;
    40 ως ουν *ηλθον* προς αυτον οι σαμαριται, ηρωτων αυτον μειναι
        παρ αυτοις·
    45 οτε ουν *ηλθεν* εις την γαλιλαιαν, εδεξαντο αυτον οι
        γαλιλαιοι,
    45 και αυτοι γαρ *ηλθον* εις την εορτην.
    46 *ηλθεν* ουν παλιν εις την κανα της γαλιλαιας,
    54 τουτο [δε] παλιν δευτερον σημειον εποιησεν ο ιησους *ελθων*
        εκ της ιουδαιας εις την γαλιλαιαν.
  5 7 εν ω δε *ερχομαι* εγω, αλλος προ εμου καταβαινει.
    24 και εις κρισιν ουκ *ερχεται* αλλα μεταβεβηκεν εκ του θανατου
        εις την ζωην.
    25 αμην αμην λεγω υμιν οτι *ερχεται* ωρα και νυν εστιν οτε οι
        νεκροι ακουσουσιν της φωνης του υιου του θεου και οι
        ακουσαντες ζησουσιν.
    28 μη θαυμαζετε τουτο, οτι *ερχεται* ωρα εν η παντες οι εν τοις
        μνημειοις ακουσουσιν της φωνης αυτου και εκπορευσονται οι
        τα αγαθα ποιησαντες εις αναστασιν ζωης.
    40 και ου θελετε *ελθειν* προς με ινα ζωην εχητε.
    43 εγω *εληλυθα* εν τω ονοματι του πατρος μου,
    43 εαν αλλος *ελθη* εν τω ονοματι τω ιδιω, εκεινον λημψεσθε.
  6 5 και θεασαμενος οτι πολυς οχλος *ερχεται* προς αυτον, λεγει
        προς φιλιππον·
    14 οι ουν ανθρωποι ιδοντες ο εποιησεν σημειον ελεγον οτι
        ουτος εστιν αληθως ο προφητης ο *ερχομενος* εις τον κοσμον.
    15 ιησους ουν γνους οτι μελλουσιν *ερχεσθαι* και αρπαζειν αυτον
        ινα ποιησωσιν βασιλεα, ανεχωρησεν παλιν εις το ορος αυτος
        μονος.
    17 κατεβησαν οι μαθηται αυτου επι την θαλασσαν, και εμβαντες
        εις πλοιον *ηρχοντο* περαν της θαλασσης εις καφαρναουμ.
    17 και σκοτια ηδη εγεγονει και ουπω *εληλυθει* προς αυτους ο
        ιησους,
    23 αλλα *ηλθεν* πλοια[ρια] εκ τιβεριαδος εγγυς του τοπου οπου
        εφαγον τον αρτον ευχαριστησαντος του κυριου.
    24 οτε ουν ειδεν ο οχλος οτι ιησους ουκ εστιν εκει ουδε οι
        μαθηται αυτου, ενεβησαν αυτοι εις τα πλοιαρια και *ηλθον* εις
        καφαρναουμ ζητουντες τον ιησουν.
    35 ο *ερχομενος* προς εμε ου μη πειναση, και ο πιστευων εις εμε
        ου μη διψησει πωποτε.
    37 και τον *ερχομενον* προς με ου μη εκβαλω εξω,
    44 ουδεις δυναται *ελθειν* προς με εαν μη ο πατηρ ο πεμψας με
        ελκυση αυτον,
    45 πας ο ακουσας παρα του πατρος και μαθων *ερχεται* προς εμε.
    65 δια τουτο ειρηκα υμιν οτι ουδεις δυναται *ελθειν* προς με εαν
        μη η δεδομενον αυτω εκ του πατρος.
  7 27 ο δε χριστος οταν *ερχηται*, ουδεις γινωσκει ποθεν εστιν.
    28 και απ εμαυτου ουκ *εληλυθα*, αλλ εστιν αληθινος ο πεμψας
        με, ον υμεις ουκ οιδατε·
    30 και ουδεις επεβαλεν επ αυτον την χειρα, οτι ουπω *εληλυθει* η
        ωρα αυτου.
    31 ο χριστος οταν *ελθη*, μη πλειονα σημεια ποιησει ων ουτος
        εποιησεν;

ἔρχομαι [636]

Jh 7 34 ζητησετε με και ουχ ευρησετε [με,] και οπου ειμι εγω υμεις
        ου δυνασθε *ελθειν*.
    36 ζητησετε με και ουχ ευρησετε [με,] και οπου ειμι εγω υμεις
        ου δυνασθε *ελθειν*;
    37 εαν τις διψα, *ερχεσθω* προς με και πινετω.
    41 μη γαρ εκ της γαλιλαιας ο χριστος *ερχεται*;
    42 ουχ η γραφη ειπεν οτι εκ του σπερματος δαυιδ, και απο
        βηθλεεμ της κωμης οπου ην δαυιδ, *ερχεται* ο χριστος;
    45 *ηλθον* ουν οι υπηρεται προς τους αρχιερεις και φαρισαιους,
    50 λεγει νικοδημος προς αυτους, ο *ελθων* προς αυτον [το]
        προτερον, εις ων εξ αυτων· μη ο νομος ημων κρινει τον
        ανθρωπον
  8 2* και πας ο λαος *ηρχετο* προς αυτον, και καθισας εδιδασκεν
        αυτους.
    14 καν εγω μαρτυρω περι εμαυτου, αληθης εστιν η μαρτυρια
        μου, οτι οιδα ποθεν *ηλθον* και που υπαγω·
    14 υμεις δε ουκ οιδατε ποθεν *ερχομαι* η που υπαγω.
    20 και ουδεις επιασεν αυτον, οτι ουπω *εληλυθει* η ωρα αυτου.
    21 οπου εγω υπαγω υμεις ου δυνασθε *ελθειν*.
    22 μητι αποκτενει εαυτον, οτι λεγει· οπου εγω υπαγω υμεις ου
        δυνασθε *ελθειν*;
    42 ουδε γαρ απ εμαυτου *εληλυθα*, αλλ εκεινος με απεστειλεν.
  9 4 *ερχεται* νυξ οτε ουδεις δυναται εργαζεσθαι.
     7 απηλθεν ουν και ενιψατο, και *ηλθεν* βλεπων.
    39 εις κριμα εγω εις τον κοσμον τουτον *ηλθον*, ινα οι μη
        βλεποντες βλεπωσιν και οι βλεποντες τυφλοι γενωνται.
 10 8 παντες οσοι *ηλθον* [προ εμου] κλεπται εισιν και λησται·
    10 ο κλεπτης ουκ *ερχεται* ει μη ινα κλεψη και θυση και
        απολεση·
    10 εγω *ηλθον* ινα ζωην εχωσιν και περισσον εχωσιν.
    12 ο μισθωτος και ουκ ων ποιμην, ου ουκ εστιν τα προβατα ιδια,
        θεωρει τον λυκον *ερχομενον* και αφιησιν τα προβατα και
        φευγει,
    41 και πολλοι *ηλθον* προς αυτον και ελεγον οτι ιωαννης μεν
        σημειον εποιησεν ουδεν,
 11 17 *ελθων* ουν ο ιησους ευρεν αυτον τεσσαρας ηδη ημερας
        εχοντα εν τω μνημειω.
    19 πολλοι δε εκ των ιουδαιων *εληλυθεισαν* προς την μαρθαν και
        μαριαμ,
    20 η ουν μαρθα ως ηκουσεν οτι ιησους *ερχεται*, υπηντησεν αυτω·
    27 εγω πεπιστευκα οτι συ ει ο χριστος ο υιος του θεου ο εις τον
        κοσμον *ερχομενος*.
    29 εκεινη δε ως ηκουσεν, ηγερθη ταχυ και *ηρχετο* προς αυτον·
    30 ουπω δε *εληλυθει* ο ιησους εις την κωμην, αλλ ην ετι εν τω
        τοπω οπου υπηντησεν αυτω η μαρθα.
    32 η ουν μαριαμ ως *ηλθεν* οπου ην ιησους, ιδουσα αυτον επεσεν
        αυτου προς τους ποδας,
    34 κυριε, *ερχου* και ιδε.
    38 ιησους ουν παλιν εμβριμωμενος εν εαυτω *ερχεται* εις το
        μνημειον·
    45 πολλοι ουν εκ των ιουδαιων, οι *ελθοντες* προς την μαριαμ και
        θεασαμενοι α εποιησεν, επιστευσαν εις αυτον·
    48 και *ελευσονται* οι ρωμαιοι και αρουσιν ημων και τον τοπον
        και το εθνος.
    56 τι δοκει υμιν; οτι ου μη *ελθη* εις την εορτην;
 12 1 ο ουν ιησους προ εξ ημερων του πασχα *ηλθεν* εις βηθανιαν,
     9 και *ηλθον* ου δια τον ιησουν μονον, αλλ ινα και τον λαζαρον
        ιδωσιν ον ηγειρεν εκ νεκρων.
    12 τη επαυριον ο οχλος πολυς ο *ελθων* εις την εορτην,
        ακουσαντες οτι ερχεται [ο] ιησους εις ιεροσολυμα, ελαβον τα
        βαια των φοινικων
    12 τη επαυριον ο οχλος πολυς ο *ελθων* εις την εορτην,
        ακουσαντες οτι *ερχεται* [ο] ιησους εις ιεροσολυμα, ελαβον τα
        βαια των φοινικων
    13 ωσαννα, ευλογημενος ο *ερχομενος* εν ονοματι κυριου, [και] ο
        βασιλευς του ισραηλ.
    15 ιδου ο βασιλευς σου *ερχεται*, καθημενος επι πωλον ονου.
    22 *ερχεται* ο φιλιππος και λεγει τω ανδρεα·
    22 *ερχεται* ανδρεας και φιλιππος και λεγουσιν τω ιησου.
    23 *εληλυθεν* η ωρα ινα δοξασθη ο υιος του ανθρωπου.
    27 αλλα δια τουτο *ηλθον* εις την ωραν ταυτην.
    28 *ηλθεν* ουν φωνη εκ του ουρανου· και εδοξασα και παλιν
        δοξασω.
    46 εγω φως εις τον κοσμον *εληλυθα*, ινα πας ο πιστευων εις εμε
        εν τη σκοτια μη μεινη.
    47 ου γαρ *ηλθον* ινα κρινω τον κοσμον, αλλ ινα σωσω τον
        κοσμον.
 13 1 προ δε της εορτης του πασχα ειδως ο ιησους οτι *ηλθεν* αυτου
        η ωρα ινα μεταβη εκ του κοσμου τουτου προς τον πατερα,

ἔρχομαι [636]

Jh 13 6 ἔρχεται οὖν πρὸς σιμωνα πετρον·

33 ζητησετε με, και καθως εἶπον τοις ἰουδαιοις ὅτι ὅπου ἐγω ὑπαγω ὑμεις οὐ δυνασθε ἐλθειν, και ὑμιν λεγω ἄρτι.

14 3 και ἐαν πορευθω και ἑτοιμασω τοπον ὑμιν, παλιν ἔρχομαι και παραλημψομαι ὑμας προς ἐμαυτον,

6 οὐδεις ἔρχεται προς τον πατερα εἰ μη δι ἐμου.

18 οὐκ ἀφησω ὑμας ὀρφανους, ἔρχομαι προς ὑμας.

23 και ὁ πατηρ μου ἀγαπησει αὐτον, και προς αὐτον ἐλευσομεθα και μονην παρ αὐτῳ ποιησομεθα.

28 ὑπαγω και ἔρχομαι προς ὑμας.

30 οὐκετι πολλα λαλησω μεθ ὑμων, ἔρχεται γαρ ὁ του κοσμου ἀρχων·

15 22 εἰ μη ἦλθον και ἐλαλησα αὐτοις, ἁμαρτιαν οὐκ εἰχοσαν·

26 ὅταν ἔλθῃ ὁ παρακλητος ὃν ἐγω πεμψω ὑμιν παρα του πατρος, το πνευμα της ἀληθειας ὁ παρα του πατρος ἐκπορευεται, ἐκεινος μαρτυρησει περι ἐμου·

16 2 ἀλλ ἔρχεται ὥρα ἵνα πας ὁ ἀποκτεινας ὑμας δοξῃ λατρειαν προσφερειν τῳ θεῳ.

4 ἀλλα ταυτα λελαληκα ὑμιν ἵνα ὅταν ἔλθῃ ἡ ὥρα αὐτων μνημονευητε αὐτων, ὅτι ἐγω εἰπον ὑμιν.

7 ἐαν γαρ μη ἀπελθω, ὁ παρακλητος οὐκ ἐλευσεται προς ὑμας·

8 και ἐλθων ἐκεινος ἐλεγξει τον κοσμον περι ἁμαρτιας και περι δικαιοσυνης και περι κρισεως·

13 ὅταν δε ἔλθῃ ἐκεινος, το πνευμα της ἀληθειας, ὁδηγησει ὑμας ἐν τῃ ἀληθειᾳ πασῃ

13 ἀλλ ὅσα ἀκουσει λαλησει, και τα ἐρχομενα ἀναγγελει ὑμιν.

21 ἡ γυνη ὅταν τικτῃ λυπην ἔχει, ὅτι ἦλθεν ἡ ὥρα αὐτης·

25 ἔρχεται ὥρα ὅτε οὐκετι ἐν παροιμιαις λαλησω ὑμιν,

28 ἐξηλθον παρα του πατρος και ἐληλυθα εἰς τον κοσμον·

32 ἰδου ἔρχεται ὥρα και ἐληλυθεν ἵνα σκορπισθητε ἑκαστος εἰς τα ἰδια καμε μονον ἀφητε·

32 ἰδου ἔρχεται ὥρα και ἐληλυθεν ἵνα σκορπισθητε ἑκαστος εἰς τα ἰδια καμε μονον ἀφητε·

17 1 πατερ, ἐληλυθεν ἡ ὥρα·

11 και αὐτοι ἐν τῳ κοσμῳ εἰσιν, καγω προς σε ἔρχομαι.

13 νυν δε προς σε ἔρχομαι,

18 3 ὁ οὖν ἰουδας λαβων την σπειραν και ἐκ των ἀρχιερεων και ἐκ των φαρισαιων ὑπηρετας ἔρχεται ἐκει μετα φανων και λαμπαδων και ὁπλων.

4 ἰησους οὖν εἰδως παντα τα ἐρχομενα ἐπ αὐτον ἐξηλθεν και λεγει αὐτοις·

37 ἐγω εἰς τουτο γεγεννημαι και εἰς τουτο ἐληλυθα εἰς τον κοσμον, ἵνα μαρτυρησω τῃ ἀληθειᾳ·

19 3 και ἠρχοντο προς αὐτον και ἐλεγον·

32 ἦλθον οὖν οἱ στρατιωται,

33 ἐπι δε τον ἰησουν ἐλθοντες, ὡς εἰδον ἠδη αὐτον τεθνηκοτα, οὐ κατεαξαν αὐτου τα σκελη,

38 ἦλθεν οὖν και ἦρεν το σωμα αὐτου.

39 ἦλθεν δε και νικοδημος, ὁ ἐλθων προς αὐτον νυκτος το πρωτον, φερων μιγμα σμυρνης και ἀλοης ὡς λιτρας ἑκατον.

39 ἦλθεν δε και νικοδημος, ὁ ἐλθων προς αὐτον νυκτος το πρωτον, φερων μιγμα σμυρνης και ἀλοης ὡς λιτρας ἑκατον.

20 1 τῃ δε μια των σαββατων μαρια ἡ μαγδαληνη ἔρχεται πρωι σκοτιας ἐτι οὐσης εἰς το μνημειον,

2 τρεχει οὖν και ἔρχεται προς σιμωνα πετρον και προς τον ἀλλον μαθητην ὃν ἐφιλει ὁ ἰησους,

3 ἐξηλθεν οὖν ὁ πετρος και ὁ ἀλλος μαθητης, και ἠρχοντο εἰς το μνημειον.

4 και ὁ ἀλλος μαθητης προεδραμεν ταχιον του πετρου και ἦλθεν πρωτος εἰς το μνημειον,

6 ἔρχεται οὖν και σιμων πετρος ἀκολουθων αὐτῳ,

8 τοτε οὖν εἰσηλθεν και ὁ ἀλλος μαθητης ὁ ἐλθων πρωτος εἰς το μνημειον,

18 ἔρχεται μαριαμ ἡ μαγδαληνη ἀγγελλουσα τοις μαθηταις ὅτι ἑωρακα τον κυριον, και ταυτα εἰπεν αὐτῃ.

19 ἦλθεν ὁ ἰησους και ἐστη εἰς το μεσον, και λεγει αὐτοις·

24 θωμας δε εἱς ἐκ των δωδεκα, ὁ λεγομενος διδυμος, οὐκ ἦν μετ αὐτων ὅτε ἦλθεν ἰησους.

26 ἔρχεται ὁ ἰησους των θυρων κεκλεισμενων,

21 3 ἐρχομεθα και ἡμεις συν σοι.

8 οἱ δε ἀλλοι μαθηται τῳ πλοιαριῳ ἦλθον, οὐ γαρ ἦσαν μακραν ἀπο της γης ἀλλα ὡς ἀπο πηχων διακοσιων, συροντες το δικτυον των ἰχθυων.

13 ἔρχεται ἰησους και λαμβανει τον ἀρτον και διδωσιν αὐτοις,

22 ἐαν αὐτον θελω μενειν ἑως ἔρχομαι, τι προς σε;

23 οὐκ εἰπεν δε αὐτῳ ὁ ἰησους ὅτι οὐκ ἀποθνησκει, ἀλλ ἐαν αὐτον θελω μενειν ἑως ἔρχομαι, [τι προς σε];

ἔρχομαι [636]

Ac 1 11 οὑτος ὁ ἰησους ὁ ἀναλημφθεις ἀφ ὑμων εἰς τον οὐρανον οὑτως ἐλευσεται ὃν τροπον ἐθεασασθε αὐτον πορευομενον εἰς τον οὐρανον.

2 20 ὁ ἡλιος μεταστραφησεται εἰς σκοτος και ἡ σεληνη εἰς αἱμα, πριν ἐλθειν ἡμεραν κυριου την μεγαλην και ἐπιφανη.

3 20 ὁπως ἀν ἐλθωσιν καιροι ἀναψυξεως ἀπο προσωπου του κυριου και ἀποστειλῃ τον προκεχειρισμενον ὑμιν χριστον ἰησουν,

4 23 ἀπολυθεντες δε ἦλθον προς τους ἰδιους και ἀπηγγειλαν ὁσα προς αὐτους οἱ ἀρχιερεις και οἱ πρεσβυτεροι εἰπαν.

5 15 ὡστε και εἰς τας πλατειας ἐκφερειν τους ἀσθενεις και τιθεναι ἐπι κλιναριων και κραβαττων, ἱνα ἐρχομενου πετρου καν ἡ σκια ἐπισκιασῃ τινι αὐτων.

7 11 ἦλθεν δε λιμος ἐφ ὁλην την αἰγυπτον και χανααν και θλιψις μεγαλη,

8 27 ὃς ἦν ἐπι πασης της γαζης αὐτης, ὃς ἐληλυθει προσκυνησων εἰς ἰερουσαλημ,

36 ὡς δε ἐπορευοντο κατα την ὁδον, ἦλθον ἐπι τι ὑδωρ,

40 φιλιππος δε εὑρεθη εἰς ἀζωτον, και διερχομενος εὐηγγελιζετο τας πολεις πασας ἑως του ἐλθειν αὐτον εἰς καισαρειαν.

9 17 σαουλ ἀδελφε, ὁ κυριος ἀπεσταλκεν με, ἰησους ὁ ὀφθεις σοι ἐν τῃ ὁδῳ ἡ ἠρχου, ὁπως ἀναβλεψῃς και πλησθῃς πνευματος ἁγιου.

21 οὐχ οὑτος ἐστιν ὁ πορθησας εἰς ἰερουσαλημ τους ἐπικαλουμενους το ὀνομα τουτο, και ὡδε εἰς τουτο ἐληλυθει, ἱνα δεδεμενους αὐτους ἀγαγῃ ἐπι τους ἀρχιερεις;

10 29 διο και ἀναντιρρητως ἦλθον μεταπεμφθεις.

11 5 καταβαινον σκευος τι ὡς ὀθονην μεγαλην τεσσαρσιν ἀρχαις καθιεμενην ἐκ του οὐρανου, και ἦλθεν ἀχρι ἐμου·

12 ἦλθον δε συν ἐμοι και οἱ ἑξ ἀδελφοι οὑτοι,

20 ἠσαν δε τινες ἐξ αὐτων ἀνδρες κυπριοι και κυρηναιοι, οἱτινες ἐλθοντες εἰς ἀντιοχειαν ἐλαλουν και προς τους ἑλληνιστας,

12 10 διελθοντες δε πρωτην φυλακην και δευτεραν ἦλθαν ἐπι την πυλην την σιδηραν την φερουσαν εἰς την πολιν,

12 συνιδων τε ἦλθεν ἐπι την οἰκιαν της μαριας της μητρος ἰωαννου του ἐπικαλουμενου μαρκου,

13 13 ἀναχθεντες δε ἀπο της παφου οἱ περι παυλον ἦλθον εἰς περγην της παμφυλιας·

14 και [εἰσ]ελθοντες εἰς την συναγωγην τῃ ἡμερᾳ των σαββατων ἐκαθισαν.

25 ἀλλ ἰδου ἔρχεται μετ ἐμε οὐ οὐκ εἰμι ἀξιος το ὑποδημα των ποδων λυσαι.

44 τῳ δε ἐρχομενῳ σαββατῳ σχεδον πασα ἡ πολις συνηχθη ἀκουσαι τον λογον του κυριου.

51 οἱ δε ἐκτιναξαμενοι τον κονιορτον των ποδων ἐπ αὐτους ἦλθον εἰς ἰκονιον,

14 24 και διελθοντες την πισιδιαν ἦλθον εἰς την παμφυλιαν,

16 7 ἐλθοντες δε κατα την μυσιαν ἐπειραζον εἰς την βιθυνιαν πορευθηναι,

37 και νυν λαθρᾳ ἡμας ἐκβαλλουσιν; οὐ γαρ, ἀλλα ἐλθοντες αὐτοι ἡμας ἐξαγαγετωσαν.

39 και ἐλθοντες παρεκαλεσαν αὐτους, και ἐξαγαγοντες ἠρωτων ἀπελθειν ἀπο της πολεως.

17 1 διοδευσαντες δε την ἀμφιπολιν και την ἀπολλωνιαν ἦλθον εἰς θεσσαλονικην,

13 ὡς δε ἐγνωσαν οἱ ἀπο της θεσσαλονικης ἰουδαιοι ὁτι και ἐν τῃ βεροιᾳ κατηγγελη ὑπο του παυλου ὁ λογος του θεου, ἦλθον κακει σαλευοντες και ταρασσοντες τους ὀχλους.

15 και λαβοντες ἐντολην προς τον σιλαν και τον τιμοθεον ἱνα ὡς ταχιστα ἐλθωσιν προς αὐτον ἐξῃεσαν.

18 1 μετα ταυτα χωρισθεις ἐκ των ἀθηνων ἦλθεν εἰς κορινθον.

2 και εὑρων τινα ἰουδαιον ὀνοματι ἀκυλαν, ποντικον τῳ γενει, προσφατως ἐληλυθοτα ἀπο της ἰταλιας,

19 1 ἐγενετο δε ἐν τῳ τον ἀπολλω εἰναι ἐν κορινθῳ παυλον διελθοντα τα ἀνωτερικα μερη [κατ]ελθειν εἰς ἐφεσον και εὑρειν τινας μαθητας,

4 ἰωαννης ἐβαπτισεν βαπτισμα μετανοιας, τῳ λαῳ λεγων εἰς τον ἐρχομενον μετ αὐτον ἱνα πιστευσωσιν, τουτ ἐστιν εἰς τον ἰησουν.

6 και ἐπιθεντος αὐτοις του παυλου [τας] χειρας ἦλθε το πνευμα το ἁγιον ἐπ αὐτους,

18 πολλοι τε των πεπιστευκοτων ἠρχοντο ἐξομολογουμενοι και ἀναγγελλοντες τας πραξεις αὐτων.

27 οὐ μονον δε τουτο κινδυνευει ἡμιν το μερος εἰς ἀπελεγμον ἐλθειν, ἀλλα και το της μεγαλης θεας ἀρτεμιδος ἱερον εἰς οὐθεν λογισθηναι.

20 2 διελθων δε τα μερη ἐκεινα και παρακαλεσας αὐτους λογῳ πολλῳ ἦλθεν εἰς την ἑλλαδα,

6 και ἦλθομεν προς αὐτους εἰς την τρωαδα ἀχρι ἡμερων πεντε,

ἔρχομαι [636]

Ac 20 14 ὡς δε συνεβαλλεν ἡμιν εἰς την ἀσσον, ἀναλαβοντες αὐτον *ἤλθομεν* εἰς μιτυληνην·

15 τῇ δε ἑτερᾳ παρεβαλομεν εἰς σαμον, τῇ δε ἑχομενῃ *ἤλθομεν* εἰς μιλητον.

21 1 ὡς δε ἐγενετο ἀναχθηναι ἡμας ἀποσπασθεντας ἀπ᾽ αὐτων, εὐθυδρομησαντες *ἤλθομεν* εἰς την κω,

8 τῇ δε ἐπαυριον ἐξελθοντες *ἤλθομεν* εἰς καισαρειαν,

11 και *ἐλθων* προς ἡμας και ἀρας την ζωνην του παυλου, δησας ἑαυτου τους ποδας και τας χειρας εἰπεν·

22 τί οὖν ἐστιν; παντως ἀκουσονται ὅτι *ἐληλυθας.*

22 11 ὡς δε οὐκ ἐνεβλεπον ἀπο της δοξης του φωτος ἐκεινου, χειραγωγουμενος ὑπο των συνοντων μοι *ἤλθον* εἰς δαμασκον.

13 ἀνανιας δε τις, ἀνηρ εὐλαβης κατα τον νομον, μαρτυρουμενος ὑπο παντων των κατοικουντων ἰουδαιων, *ἐλθων* προς με και ἐπιστας εἰπεν μοι·

24 7* παρελθων δε λυσιας ὁ χιλιαρχος μετα πολλης βιας ἐκ των χειρων ἡμων ἀπηγαγεν, κελευσας τους κατηγορους αὐτου *ἐρχεσθαι* ἐπι σε,

25 23 τῇ οὖν ἐπαυριον *ἐλθοντος* του ἀγριππα και της βερνικης μετα πολλης φαντασιας

27 8 μολις τε παραλεγομενοι αὐτην *ἤλθομεν* εἰς τοπον τινα καλουμενον καλους λιμενας,

28 13 και μετα μιαν ἡμεραν ἐπιγενομενου νοτου δευτεραιοι *ἤλθομεν* εἰς ποτιολους,

14 και οὑτως εἰς την ῥωμην *ἤλθαμεν.*

15 κακειθεν οἱ ἀδελφοι ἀκουσαντες τα περι ἡμων *ἤλθαν* εἰς ἀπαντησιν ἡμιν ἀχρι ἀππιουφορου και τριωνταβερνων,

23 ταξαμενοι δε αὐτω ἡμεραν *ἤλθον* προς αὐτον εἰς την ξενιαν πλειονες,

Rm 1 10 ὡς ἀδιαλειπτως μνειαν ὑμων ποιουμαι παντοτε ἐπι των προσευχων μου, δεομενος εἰ πως ἠδη ποτε εὐοδωθησομαι ἐν τω θεληματι του θεου *ἐλθειν* προς ὑμας.

13 οὐ θελω δε ὑμας ἀγνοειν, ἀδελφοι, ὅτι πολλακις προεθεμην *ἐλθειν* προς ὑμας,

3 8 και μη καθως βλασφημουμεθα και καθως φασιν τινες ἡμας λεγειν ὅτι ποιησωμεν τα κακα ἱνα *ἐλθῃ* τα ἀγαθα;

7 9 *ἐλθουσης* δε της ἐντολης ἡ ἁμαρτια ἀνεζησεν,

9 9 κατα τον καιρον τουτον *ἐλευσομαι* και ἐσται τῃ σαρρα υἱος.

15 22 διο και ἐνεκοπτομην τα πολλα του *ἐλθειν* προς ὑμας·

23 νυνι δε μηκετι τοπον ἐχων ἐν τοις κλιμασι τουτοις, ἐπιποθιαν δε ἐχων του *ἐλθειν* προς ὑμας ἀπο πολλων ἐτων, ὡς ἀν πορευωμαι εἰς την σπανιαν·

29 οἰδα δε ὅτι *ἐρχομενος* προς ὑμας ἐν πληρωματι εὐλογιας χριστου *ἐλευσομαι.*

29 οἰδα δε ὅτι *ἐρχομενος* προς ὑμας ἐν πληρωματι εὐλογιας χριστου *ἐλευσομαι.*

32 και ἡ διακονια μου ἡ εἰς ἰερουσαλημ εὐπροσδεκτος τοις ἀγιοις γενηται, ἱνα ἐν χαρα *ἐλθων* προς ὑμας δια θεληματος θεου συναναπαυσωμαι ὑμιν.

1Co 2 1 καγω *ἐλθων* προς ὑμας, ἀδελφοι, *ἤλθον* οὐ καθ᾽ ὑπεροχην λογου ἠ σοφιας καταγγελλων ὑμιν το μυστηριον του θεου.

1 καγω *ἐλθων* προς ὑμας, ἀδελφοι, *ἤλθον* οὐ καθ᾽ ὑπεροχην λογου ἠ σοφιας καταγγελλων ὑμιν το μυστηριον του θεου.

4 5 ὡστε μη προ καιρου τι κρινετε, ἑως ἀν *ἐλθῃ* ὁ κυριος,

18 ὡς μη *ἐρχομενου* δε μου προς ὑμας ἐφυσιωθησαν τινες·

19 *ἐλευσομαι* δε ταχεως προς ὑμας, ἐαν ὁ κυριος θεληση,

21 τί θελετε; ἐν ῥαβδω *ἐλθω* προς ὑμας, ἠ ἐν ἀγαπη πνευματι τε πραυτητος;

11 26 ὁσακις γαρ ἐαν ἐσθιητε τον ἀρτον τουτον και το ποτηριον πινητε, τον θανατον του κυριου καταγγελλετε, ἀχρι οὑ *ἐλθῃ.*

34 τα δε λοιπα ὡς ἀν *ἐλθω* διαταξομαι.

13 10 ὁταν δε *ἐλθῃ* το τελειον, το ἐκ μερους καταργηθησεται.

14 6 νυν δε, ἀδελφοι, ἐαν *ἐλθω* προς ὑμας γλωσσαις λαλων, τί ὑμας ὠφελησω.

15 35 ἀλλα ἐρει τις· πως ἐγειρονται οἱ νεκροι; ποιω δε σωματι *ἐρχονται;*

16 2 κατα μιαν σαββατου ἑκαστος ὑμων παρ᾽ ἑαυτω τιθετω θησαυριζων ὅτι ἐαν εὐοδωται, ἱνα μη ὁταν *ἐλθω* τοτε λογειαι γινωνται.

5 *ἐλευσομαι* δε προς ὑμας ὁταν μακεδονιαν διελθω·

10 ἐαν δε *ἐλθῃ* τιμοθεος, βλεπετε ἱνα ἀφοβως γενηται προς ὑμας·

11 προπεμψατε δε αὐτον ἐν εἰρηνῃ, ἱνα *ἐλθῃ* προς με·

12 περι δε ἀπολλω του ἀδελφου, πολλα παρεκαλεσα αὐτον ἱνα *ἐλθῃ* προς ὑμας μετα των ἀδελφων·

12 και παντως οὐκ ἠν θελημα ἱνα νυν *ἐλθῃ,*

12 και παντως οὐκ ἠν θελημα ἱνα νυν *ἐλθῃ, ἐλευσεται* δε ὁταν εὐκαιρησῃ.

2Co 1 15 και ταυτῃ τῃ πεποιθησει ἐβουλομην προτερον προς ὑμας *ἐλθειν* ἱνα δευτεραν χαριν σχητε,

ἔρχομαι [636]

2Co 1 16 και δι᾽ ὑμων διελθειν εἰς μακεδονιαν, και παλιν ἀπο μακεδονιας *ἐλθειν* προς ὑμας και ὑφ᾽ ὑμων προπεμφθηναι εἰς την ἰουδαιαν.

23 ἐγω δε μαρτυρα τον θεον ἐπικαλουμαι ἐπι την ἐμην ψυχην, ὅτι φειδομενος ὑμων οὐκετι *ἤλθον* εἰς κορινθον.

2 1 ἐκρινα γαρ ἐμαυτω τουτο, το μη παλιν ἐν λυπῃ προς ὑμας *ἐλθειν.*

3 και ἐγραψα τουτο αὐτο ἱνα μη *ἐλθων* λυπην σχω ἀφ᾽ ὡν ἐδει με χαιρειν,

12 *ἐλθων* δε εἰς την τρωαδα εἰς το εὐαγγελιον του χριστου, και θυρας μοι ἀνεωγμενης ἐν κυριω, οὐκ ἐσχηκα ἀνεσιν τω πνευματι μου

7 5 και γαρ *ἐλθοντων* ἡμων εἰς μακεδονιαν οὐδεμιαν ἐσχηκεν ἀνεσιν ἡ σαρξ ἡμων,

9 4 μη πως ἐαν *ἐλθωσιν* συν ἐμοι μακεδονες και εὑρωσιν ὑμας ἀπαρασκευαστους καταισχυνθωμεν ἡμεις, ἱνα μη λεγω ὑμεις, ἐν τῃ ὑποστασει ταυτῃ.

11 4 εἰ μεν γαρ ὁ *ἐρχομενος* ἀλλον ἰησουν κηρυσσει ὁν οὐκ ἐκηρυξαμεν, ἠ πνευμα ἑτερον λαμβανετε ὁ οὐκ ἐλαβετε, ἠ εὐαγγελιον ἑτερον ὁ οὐκ ἐδεξασθε, καλως ἀνεχεσθε.

9 το γαρ ὑστερημα μου προσανεπληρωσαν οἱ ἀδελφοι *ἐλθοντες* ἀπο μακεδονιας·

12 1 *ἐλευσομαι* δε εἰς ὀπτασιας και ἀποκαλυψεις κυριου.

14 ἰδου τριτον τουτο ἑτοιμως ἐχω *ἐλθειν* προς ὑμας,

20 φοβουμαι γαρ μη πως *ἐλθων* οὐχ οἱους θελω εὑρω ὑμας,

21 μη παλιν *ἐλθοντος* μου ταπεινωση με ὁ θεος μου προς ὑμας,

13 1 τριτον τουτο *ἐρχομαι* προς ὑμας·

2 προειρηκα και προλεγω, ὡς παρων το δευτερον και ἀπων νυν, τοις προημαρτηκοσιν και τοις λοιποις πασιν, ὅτι ἐαν *ἐλθω* εἰς το παλιν οὐ φεισομαι,

Ga 1 21 ἐπειτα *ἤλθον* εἰς τα κλιματα της συριας και της κιλικιας.

2 11 ὁτε δε *ἤλθεν* κηφας εἰς ἀντιοχειαν, κατα προσωπον αὐτω ἀντεστην,

12 προ του γαρ *ἐλθειν* τινας ἀπο ἰακωβου μετα των ἐθνων συνησθιεν·

12 ὁτε δε *ἤλθον,* ὑπεστελλεν και ἀφωριζεν ἑαυτον, φοβουμενος τους ἐκ περιτομης·

3 19 των παραβασεων χαριν προσετεθη, ἀχρις οὑ ἀν *ἐλθῃ* το σπερμα ω ἐπηγγελται,

23 προ του δε *ἐλθειν* την πιστιν ὑπο νομον ἐφρουρουμεθα συγκλειομενοι εἰς την μελλουσαν πιστιν ἀποκαλυφθηναι.

25 *ἐλθουσης* δε της πιστεως οὐκετι ὑπο παιδαγωγον ἐσμεν.

4 4 ὁτε δε *ἤλθεν* το πληρωμα του χρονου, ἐξαπεστειλεν ὁ θεος τον υἱον αὐτου,

Eph 2 17 και *ἐλθων* εὐηγγελισατο εἰρηνην ὑμιν τοις μακραν και εἰρηνην τοις ἐγγυς·

5 6 δια ταυτα γαρ *ἐρχεται* ἡ ὀργη του θεου ἐπι τους υἱους της ἀπειθειας.

Php 1 12 γινωσκειν δε ὑμας βουλομαι, ἀδελφοι, ὅτι τα κατ᾽ ἐμε μαλλον εἰς προκοπην του εὐαγγελιου *ἐληλυθεν,*

27 μονον ἀξιως του εὐαγγελιου του χριστου πολιτευεσθε, ἱνα εἰτε *ἐλθων* και ἰδων ὑμας εἰτε ἀπων ἀκουω τα περι ὑμων, ὅτι στηκετε ἐν ἑνι πνευματι,

2 24 πεποιθα δε ἐν κυριω ὅτι και αὐτος ταχεως *ἐλευσομαι.*

Col 3 6 και την πλεονεξιαν ἡτις ἐστιν εἰδωλολατρια, δι᾽ ἀ *ἐρχεται* ἡ ὀργη του θεου [ἐπι τους υἱους της ἀπειθειας]·

4 10 ἐαν *ἐλθῃ* προς ὑμας, δεξασθε αὐτον,

1Th 1 10 ὁν ἠγειρεν ἐκ [των] νεκρων, ἰησουν τον ῥυομενον ἡμας ἐκ της ὀργης της *ἐρχομενης.*

2 18 διοτι ἠθελησαμεν *ἐλθειν* προς ὑμας,

3 6 ἀρτι δε *ἐλθοντος* τιμοθεου προς ὑμας ἀφ᾽ ὑμων

5 2 αὐτοι γαρ ἀκριβως οἰδατε ὅτι ἡμερα κυριου ὡς κλεπτης ἐν νυκτι οὑτως *ἐρχεται.*

2Th 1 10 ὁταν *ἐλθῃ* ἐνδοξασθηναι ἐν τοις ἀγιοις αὐτου και θαυμασθηναι ἐν πασιν τοις πιστευσασιν,

2 3 ὅτι ἐαν μη *ἐλθῃ* ἡ ἀποστασια πρωτον και ἀποκαλυφθῃ ὁ ἀνθρωπος της ἀνομιας,

1Tm 1 15 πιστος ὁ λογος και πασης ἀποδοχης ἀξιος, ὅτι χριστος ἰησους *ἤλθεν* εἰς τον κοσμον ἁμαρτωλους σωσαι·

2 4 τουτο καλον και ἀποδεκτον ἐνωπιον του σωτηρος ἡμων θεου, ὁς παντας ἀνθρωπους θελει σωθηναι και εἰς ἐπιγνωσιν ἀληθειας *ἐλθειν.*

3 14 ταυτα σοι γραφω ἐλπιζων *ἐλθειν* προς σε ἐν ταχει·

4 13 ἑως *ἐρχομαι* προσεχε τῃ ἀναγνωσει, τῃ παρακλησει, τῃ διδασκαλιᾳ.

2Tm 3 7 παντοτε μανθανοντα και μηδεποτε εἰς ἐπιγνωσιν ἀληθειας *ἐλθειν* δυναμενα

4 9 σπουδασον *ἐλθειν* προς με ταχεως·

ἔρχομαι [636]

2Tm	4 13	τον φαιλονην, ὃν ἀπελιπον ἐν τρωαδι παρα καρπῳ, ἔρχομενος φερε, και τα βιβλια, μαλιστα τας μεμβρανας.
	21	σπουδασον προ χειμωνος ἐλθειν·
Tit	3 12	ὅταν πεμψω ἀρτεμαν προς σέ ἢ τυχικον, σπουδασον ἐλθειν προς με εἰς νικοπολιν·
Heb	6 7	γη γαρ ἡ πιουσα τον ἐπ αὐτης ἐρχομενον πολλακις ὑετον και τικτουσα βοτανην εὐθετον ἐκεινοις δι οὓς και γεωργειται, μεταλαμβανει εὐλογιας ἀπο του θεου·
	8 8	ἰδου ἡμεραι ἔρχονται, λεγει κυριος,
	10 37	ἔτι γαρ μικρον ὅσον ὅσον, ὁ ἐρχομενος ἥξει και οὐ χρονισει·
	11 8	και ἐξηλθεν μη ἐπισταμενος ποῦ ἔρχεται.
	13 23	γινωσκετε τον ἀδελφον ἡμων τιμοθεον ἀπολελυμενον, μεθ οὗ ἐαν ταχιον ἔρχηται ὀψομαι ὑμας.
2Pt	3 3	τουτο πρωτον γινωσκοντες, ὅτι ἐλευσονται ἐπ ἐσχατων των ἡμερων [ἐν] ἐμπαιγμονῃ ἐμπαικται κατα τας ἰδιας ἐπιθυμιας αὐτων πορευομενοι
1Jh	2 18	και καθως ἠκουσατε ὅτι ἀντιχριστος ἔρχεται, και νυν ἀντιχριστοι πολλοι γεγονασιν·
	4 2	παν πνευμα ὃ ὁμολογει ἰησουν χριστον ἐν σαρκι ἐληλυθοτα ἐκ του θεου ἐστιν,
	3	και παν ὃ μη ὁμολογει τον ἰησουν ἐκ του θεου· και τουτο ἐστιν το του ἀντιχριστου, ὃ ἀκηκοατε ὅτι ἔρχεται,
	5 6	οὗτος ἐστιν ὁ ἐλθων δι ὑδατος και αἱματος, ἰησους χριστος·
2Jh	7	ὅτι πολλοι πλανοι ἐξηλθον εἰς τον κοσμον, οἱ μη ὁμολογουντες ἰησουν χριστον ἐρχομενον ἐν σαρκι·
	10	εἰ τις ἔρχεται προς ὑμας και ταυτην την διδαχην οὐ φερει, μη λαμβανετε αὐτον εἰς οἰκιαν,
3Jh	3	ἐχαρην γαρ λιαν ἐρχομενων ἀδελφων και μαρτυρουντων σου τῃ ἀληθειᾳ,
	10	δια τουτο, ἐαν ἐλθω, ὑπομνησω αὐτου τα ἐργα ἃ ποιει
Ju	14	ἰδου ἠλθεν κυριος ἐν ἁγιαις μυριασιν αὐτου,
Apc	1 4	χαρις ὑμιν και εἰρηνη ἀπο ὁ ὢν και ὁ ἠν και ὁ ἐρχομενος,
	7	ἰδου ἔρχεται μετα των νεφελων,
	8	ὁ ὢν και ὁ ἠν και ὁ ἐρχομενος,
	2 5	εἰ δε μη, ἔρχομαι σοι και κινησω την λυχνιαν σου ἐκ του τοπου αὐτης,
	16	μετανοησον οὐν· εἰ δε μη, ἔρχομαι σοι ταχυ και πολεμησω μετ αὐτων ἐν τῃ ρομφαιᾳ του στοματος μου.
	3 10	καγω σε τηρησω ἐκ της ὡρας του πειρασμου της μελλουσης ἐρχεσθαι ἐπι της οἰκουμενης ὁλης,
	11	ἔρχομαι ταχυ· κρατει ὃ ἐχεις, ἰνα μηδεις λαβῃ τον στεφανον σου.
	4 8	ἁγιος ἁγιος ἁγιος κυριος ὁ θεος ὁ παντοκρατωρ, ὁ ἠν και ὁ ὢν και ὁ ἐρχομενος.
	5 7	και ἠλθεν και εἰληφεν ἐκ της δεξιας του καθημενου ἐπι του θρονου.
	6 1	και ἠκουσα ἑνος ἐκ των τεσσαρων ζωων λεγοντος ὡς φωνη βροντης· ἔρχου.
	3	ἠκουσα του δευτερου ζωου λεγοντος· ἔρχου.
	5	ἠκουσα του τριτου ζωου λεγοντος· ἔρχου.
	7	ἠκουσα φωνην του τεταρτου ζωου λεγοντος· ἔρχου.
	17	ὅτι ἠλθεν ἡ ἡμερα ἡ μεγαλη της ὀργης αὐτων,
	7 13	οὗτοι οἱ περιβεβλημενοι τας στολας τας λευκας τινες εἰσιν και ποθεν ἠλθον;
	14	οὗτοι εἰσιν οἱ ἐρχομενοι ἐκ της θλιψεως της μεγαλης
	8 3	και ἀλλος ἀγγελος ἠλθεν και ἐσταθη ἐπι του θυσιαστηριου ἐχων λιβανωτον χρυσουν,
	9 12	ἰδου ἔρχεται ἐτι δυο οὐαι μετα ταυτα.
	11 14	ἰδου ἡ οὐαι ἡ τριτη ἔρχεται ταχυ.
	18	και ἠλθεν ἡ ὀργη σου και ὁ καιρος των νεκρων κριθηναι
	14 7	φοβηθητε τον θεον και δοτε αὐτω δοξαν, ὅτι ἠλθεν ἡ ὡρα της κρισεως αὐτου,
	15	πεμψον το δρεπανον σου και θερισον, ὅτι ἠλθεν ἡ ὡρα θερισαι, ὅτι ἐξηρανθη ὁ θερισμος της γης.
	16 15	ἰδου ἔρχομαι ὡς κλεπτης· μακαριος ὁ γρηγορων και τηρων τα ἱματια αὐτου,
	17 1	και ἠλθεν εἱς ἐκ των ἑπτα ἀγγελων των ἐχοντων τας ἑπτα φιαλας,
	10	ὁ εἱς ἐστιν, ὁ ἀλλος οὐπω ἠλθεν,
	10	και ὁταν ἐλθῃ ὀλιγον αὐτον δει μειναι.
	18 10	οὐαι οὐαι, ἡ πολις ἡ μεγαλη, βαβυλων ἡ πολις ἡ ἰσχυρα, ὅτι μια ὡρα ἠλθεν ἡ κρισις σου.
	19 7	και δωσωμεν την δοξαν αὐτω, ὅτι ἠλθεν ὁ γαμος του ἀρνιου,
	21 9	και ἠλθεν εἱς ἐκ των ἑπτα ἀγγελων των ἐχοντων τας ἑπτα φιαλας,
	22 7	και ἰδου ἔρχομαι ταχυ.
	12	ἰδου ἔρχομαι ταχυ, και ὁ μισθος μου μετ ἐμου,
	17	και το πνευμα και ἡ νυμφη λεγουσιν· ἔρχου.
	17	και ὁ ἀκουων εἰπατω· ἔρχου.
	17	και ὁ διψων ἐρχεσθω, ὁ θελων λαβετω ὑδωρ ζωης δωρεαν.

ἔρχομαι [636]

Apc	22 20	λεγει ὁ μαρτυρων ταυτα· ναι, ἔρχομαι ταχυ.
	20	ἀμην, ἔρχου κυριε ἰησου.

ἔρω [96]

Mt	1 22	τουτο δε ὁλον γεγονεν ἰνα πληρωθη το ρηθεν ὑπο κυριου δια του προφητου λεγοντος·
	2 15	ἰνα πληρωθη το ρηθεν ὑπο κυριου δια του προφητου λεγοντος·
	17	τοτε ἐπληρωθη το ρηθεν δια ἰερεμιου του προφητου λεγοντος·
	23	και ἐλθων κατωκησεν εἰς πολιν λεγομενην ναζαρετ· ὁπως πληρωθη το ρηθεν δια των προφητων ὅτι ναζωραιος κληθησεται.
	3 3	οὗτος γαρ ἐστιν ὁ ρηθεις δια ἠσαιου του προφητου λεγοντος·
	4 14	ἰνα πληρωθη το ρηθεν δια ἠσαιου του προφητου λεγοντος·
	5 21	ἠκουσατε ὅτι ἐρρεθη τοις ἀρχαιοις· οὐ φονευσεις·
	27	ἠκουσατε ὅτι ἐρρεθη· οὐ μοιχευσεις.
	31	ἐρρεθη δε· ὃς ἀν ἀπολυσῃ την γυναικα αὐτου,
	33	παλιν ἠκουσατε ὅτι ἐρρεθη τοις ἀρχαιοις· οὐκ ἐπιορκησεις,
	38	ἠκουσατε ὅτι ἐρρεθη· ὀφθαλμον ἀντι ὀφθαλμου και ὀδοντα ἀντι ὀδοντος.
	43	ἠκουσατε ὅτι ἐρρεθη· ἀγαπησεις τον πλησιον σου και μισησεις τον ἐχθρον σου.
	7 4	ἢ πῶς ἐρεις τω ἀδελφω σου· ἀφες ἐκβαλω το καρφος ἐκ του ὀφθαλμου σου,
	22	πολλοι ἐρουσιν μοι ἐν ἐκεινῃ τῃ ἡμερᾳ· κυριε κυριε,
	8 17	και παντας τους κακως ἐχοντας ἐθεραπευσεν· ὁπως πληρωθη το ρηθεν δια ἠσαιου του προφητου λεγοντος· αὐτος τας ἀσθενειας ἡμων ἐλαβεν και τας νοσους ἐβαστασεν.
	12 17	ἰνα πληρωθη το ρηθεν δια ἠσαιου του προφητου λεγοντος·
	13 30	και ἐν καιρω του θερισμου ἐρω τοις θερισταις· συλλεξατε πρωτον τα ζιζανια και δησατε αὐτα εἰς δεσμας προς το κατακαυσαι αὐτα,
	35	ὁπως πληρωθη το ρηθεν δια του προφητου λεγοντος· ἀνοιξω ἐν παραβολαις το στομα μου,
	17 20	ἐαν ἐχητε πιστιν ὡς κοκκον σιναπεως, ἐρειτε τω ὀρει τουτω· μεταβα ἐνθεν ἐκει, και μεταβησεται, και οὐδεν ἀδυνατησει ὑμιν.
	21 3	και ἐαν τις ὑμιν εἰπῃ τι, ἐρειτε ὅτι ὁ κυριος αὐτων χρειαν ἐχει·
	4	τουτο δε γεγονεν ἰνα πληρωθη το ρηθεν δια του προφητου λεγοντος·
	24	ἐρωτησω ὑμας καγω λογον ἑνα, ὃν ἐαν εἰπητε μοι, καγω ὑμιν ἐρω ἐν ποιᾳ ἐξουσιᾳ ταυτα ποιω·
	25	ἐαν εἰπωμεν· ἐξ οὐρανου, ἐρει ἡμιν· δια τί οὐν οὐκ ἐπιστευσατε αὐτω;
	22 31	περι δε της ἀναστασεως των νεκρων οὐκ ἀνεγνωτε το ρηθεν ὑμιν ὑπο του θεου λεγοντος· ἐγω εἰμι ὁ θεος ἀβρααμ και ὁ θεος ἰσαακ και ὁ θεος ἰακωβ;
	24 15	ὁταν οὐν ἰδητε το βδελυγμα της ἐρημωσεως το ρηθεν δια δανιηλ του προφητου ἐστος ἐν τοπω ἁγιω, ὁ ἀναγινωσκων νοειτω, τοτε οἱ ἐν τῃ ἰουδαιᾳ φευγετωσαν εἰς τα ὀρη,
	25 34	τοτε ἐρει ὁ βασιλευς τοις ἐκ δεξιων αὐτου· δευτε οἱ εὐλογημενοι του πατρος μου, κληρονομησατε την ἡτοιμασμενην ὑμιν βασιλειαν ἀπο καταβολης κοσμου.
	40	και ἀποκριθεις ὁ βασιλευς ἐρει αὐτοις· ἀμην λεγω ὑμιν, ἐφ ὁσον ἐποιησατε ἑνι τουτων των ἀδελφων μου των ἐλαχιστων, ἐμοι ἐποιησατε.
	41	τοτε ἐρει και τοις ἐξ εὐωνυμων· πορευεσθε ἀπ ἐμου [οἱ] κατηραμενοι εἰς το πυρ το αἰωνιον το ἡτοιμασμενον τω διαβολω και τοις ἀγγελοις αὐτου.
	26 75	και ἐμνησθη ὁ πετρος του ρηματος ἰησου εἰρηκοτος ὅτι πριν ἀλεκτορα φωνησαι τρις ἀπαρνηση με·
	27 9	τοτε ἐπληρωθη το ρηθεν δια ἰερεμιου του προφητου λεγοντος· και ἐλαβον τα τριακοντα ἀργυρια, την τιμην του τετιμημενου ὃν ἐτιμησαντο ἀπο υἱων ἰσραηλ,
Mc	11 29	ἐπερωτησω ὑμας ἑνα λογον, και ἀποκριθητε μοι, και ἐρω ὑμιν ἐν ποιᾳ ἐξουσιᾳ ταυτα ποιω·
	31	ἐαν εἰπωμεν· ἐξ οὐρανου, ἐρει· δια τί [οὐν] οὐκ ἐπιστευσατε αὐτω;
Lc	2 24	και του δουναι θυσιαν κατα το εἰρημενον ἐν τω νομω κυριου, ζευγος τρυγονων ἢ δυο νοσσους περιστερων.
	4 12	και ἀποκριθεις εἰπεν αὐτω ὁ ἰησους ὅτι εἰρηται· οὐκ ἐκπειρασεις κυριον τον θεον σου.
	23	παντως ἐρειτε μοι την παραβολην ταυτην· ἰατρε, θεραπευσον σεαυτον·
	12 10	και πας ὃς ἐρει λογον εἰς τον υἱον του ἀνθρωπου, ἀφεθησεται αὐτω·

ἐρῶ [96]

Lc 12 19 καὶ ἐρῶ τῇ ψυχῇ μου· ψυχή, ἔχεις πολλὰ ἀγαθὰ κειμενα εἰς ἔτη πολλα· ἀναπαυου, φαγε, πιε, εὐφραινου.

13 25 καὶ ἀποκριθεὶς ἐρεῖ ὑμῖν· οὐκ οἶδα ὑμας ποθεν ἐστε.

27 καὶ ἐρεῖ λεγων ὑμῖν· οὐκ οἶδα [ὑμας] ποθεν ἐστε·

14 9 μηποτε ἐντιμοτερος σου ᾖ κεκλημενος ὑπ αὐτου, καὶ ἐλθων ὁ σὲ καὶ αὐτον καλεσας ἐρεῖ σοι· δος τουτῳ τοπον,

10 ἀλλ ὅταν κληθῃς, πορευθεὶς ἀναπεσε εἰς τὸν ἐσχατον τοπον, ἵνα ὅταν ἔλθῃ ὁ κεκληκως σε ἐρεῖ σοι· φιλε, προσαναβηθι ἀνωτερον·

15 18 ἀναστας πορευσομαι προς τὸν πατερα μου καὶ ἐρῶ αὐτῳ· πατερ, ἡμαρτον εἰς τὸν οὐρανον καὶ ἐνωπιον σου,

17 7 τίς δὲ ἐξ ὑμων δουλον ἔχων ἀροτριωντα ἢ ποιμαινοντα, ὃς εἰσελθοντι ἐκ του ἀγρου ἐρεῖ αὐτῳ· εὐθεως παρελθων ἀναπεσε,

8 ἀλλ οὐχι ἐρεῖ αὐτῳ· ἐτοιμασον τί δειπνησω, καὶ περιζωσαμενος διακονει μοι ἑως φαγω καὶ πιω, καὶ μετα ταυτα φαγεσαι καὶ πιεσαι συ·

21 οὐδὲ ἐροῦσιν· ἰδου ὧδε ἤ· ἐκει· ἰδου γαρ ἡ βασιλεια του θεου ἐντος ὑμων ἐστιν.

23 καὶ ἐροῦσιν ὑμῖν· ἰδου ἐκει, [ἢ] ἰδου ὧδε· μη ἀπελθητε μηδε διωξητε.

19 31 καὶ ἐαν τις ὑμας ἐρωτα· δια τί λυετε; οὑτως ἐρεῖτε· ὁτι ὁ κυριος αὐτου χρειαν ἔχει.

20 5 ἐξ οὐρανου, ἐρεῖ· δια τί οὐκ ἐπιστευσατε αὐτῳ;

22 11 καὶ ἐρεῖτε τῳ οἰκοδεσποτῃ τῆς οἰκιας· λεγει σοι ὁ διδασκαλος· που ἐστιν το καταλυμα ὁπου το πασχα μετα των μαθητων μου φαγω;

13 ἀπελθοντες δὲ εὑρον καθως εἰρηκει αὐτοις,

23 29 πλην ἐφ ἑαυτας κλαιετε καὶ ἐπι τα τεκνα ὑμων, ὁτι ἰδου ἐρχονται ἡμεραι ἐν αἱς ἐροῦσιν· μακαριαι αἱ στειραι,

Jh 4 18 καὶ νυν ὃν ἐχεις οὐκ ἐστιν σου ἀνηρ· τουτο ἀληθες εἴρηκας.

6 65 δια τουτο εἴρηκα ὑμῖν ὁτι οὐδεις δυναται ἐλθειν προς με ἐαν μη ᾖ δεδομενον αὐτῳ ἐκ του πατρος·

11 13 εἰρήκει δὲ ὁ ἰησους περι του θανατου αὐτου·

12 50 ἃ οὐν ἐγω λαλω, καθως εἴρηκεν μοι ὁ πατηρ, οὑτως λαλω.

14 29 καὶ νυν εἴρηκα ὑμῖν πριν γενεσθαι, ἱνα ὁταν γενηται πιστευσητε.

15 15 ὑμας δὲ εἴρηκα φιλους, ὁτι παντα ἃ ἠκουσα παρα του πατρος μου ἐγνωρισα ὑμιν.

Ac 2 16 οὐ γαρ ὡς ὑμεις ὑπολαμβανετε οὑτοι μεθυουσιν, ἐστιν γαρ ὡρα τριτη τῆς ἡμερας, ἀλλα τουτο ἐστιν το εἰρημένον δια του προφητου ἰωηλ· καὶ ἐσται ἐν ταις ἐσχαταις ἡμεραις, λεγει ὁ θεος,

8 24 δεηθητε ὑμεις ὑπερ ἐμου προς τὸν κυριον, ὁπως μηδεν ἐπελθη ἐπ ἐμε ὡν εἰρήκατε.

13 34 ὁτι δὲ ἀνεστησεν αὐτον ἐκ νεκρων μηκετι μελλοντα ὑποστρεφειν εἰς διαφθοραν, οὑτως εἴρηκεν ὁτι δωσω ὑμιν τα ὁσια δαυιδ τα πιστα.

40 βλεπετε οὑν μη ἐπελθη το εἰρημένον ἐν τοις προφηταις· ἰδετε, οἱ καταφρονηται, καὶ θαυμασατε καὶ ἀφανισθητε,

17 28 ἐν αὐτῳ γαρ ζωμεν καὶ κινουμεθα καὶ ἐσμεν, ὡς καὶ τινες των καθ ὑμας ποιητων εἰρήκασιν· του γαρ καὶ γενος ἐσμεν.

20 38 καὶ ἐπιπεσοντες ἐπι τὸν τραχηλον του παυλου κατεφιλουν αὐτον, ὀδυνωμενοι μαλιστα ἐπι τῳ λογῳ ᾧ εἰρήκει, ὁτι οὐκετι μελλουσιν το προσωπον αὐτου θεωρειν.

23 5 γεγραπται γαρ ὁτι ἀρχοντα του λαου σου οὐκ ἐρεῖς κακως.

Rm 3 5 εἰ δὲ ἡ ἀδικια ἡμων θεου δικαιοσυνην συνιστησιν, τί ἐροῦμεν;

4 1 τί οὐν ἐροῦμεν εὑρηκεναι ἀβρααμ τὸν προπατορα ἡμων κατα σαρκα;

18 ὃς παρ ἐλπιδα ἐπ ἐλπιδι ἐπιστευσεν, εἰς το γενεσθαι αὐτον πατερα πολλων ἐθνων κατα το εἰρημένον· οὑτως ἐσται το σπερμα σου·

6 1 τί οὐν ἐροῦμεν; ἐπιμενωμεν τῃ ἀμαρτιᾳ, ἱνα ἡ χαρις πλεοναση;

7 7 τί οὐν ἐροῦμεν; ὁ νομος ἀμαρτια;

8 31 τί οὐν ἐροῦμεν προς ταυτα;

9 12 ἐρρεθη αὐτη ὁτι ὁ μειζων δουλευσει τῳ ἐλασσονι·

14 τί οὐν ἐροῦμεν; μη ἀδικια παρα τῳ θεῳ;

19 ἐρεῖς μοι οὐν· τί [οὐν] ἐτι μεμφεται;

20 μη ἐρεῖ το πλασμα τῳ πλασαντι· τί με ἐποιησας οὑτως;

26 καὶ ἐσται ἐν τῳ τοπῳ οὑ ἐρρεθη αὐτοις· οὐ λαος μου ὑμεις, ἐκει κληθησονται υἱοι θεου ζωντος.

30 τί οὐν ἐροῦμεν; ὁτι ἐθνη τα μη διωκοντα δικαιοσυνην κατελαβεν δικαιοσυνην,

11 19 ἐρεῖς οὐν· ἐξεκλασθησαν κλαδοι ἱνα ἐγω ἐγκεντρισθω.

1Co 14 16 ἐπει ἐαν εὐλογῃς [ἐν] πνευματι, ὁ ἀναπληρων τὸν τοπον του ἰδιωτου πως ἐρεῖ το ἀμην ἐπι τῃ σῃ εὐχαριστια;

ἐρῶ [96]

1Co 14 23 ἐαν οὐν συνελθη ἡ ἐκκλησια ὁλη ἐπι το αὐτο καὶ παντες λαλωσιν γλωσσαις, εἰσελθωσιν δὲ ἰδιωται ἢ ἀπιστοι, οὐκ ἐροῦσιν ὁτι μαινεσθε;

15 35 ἀλλα ἐρεῖ τις· πως ἐγειρονται οἱ νεκροι;

2Co 12 6 ἐαν γαρ θελησω καυχησασθαι, οὐκ ἐσομαι ἀφρων, ἀληθειαν γαρ ἐρῶ·

9 καὶ εἴρηκέν μοι· ἀρκει σοι ἡ χαρις μου·

Ga 3 16 τῳ δὲ ἀβρααμ ἐρρέθησαν αἱ ἐπαγγελιαι καὶ τῳ σπερματι αὐτου.

Php 4 4 χαιρετε ἐν κυριῳ παντοτε· παλιν ἐρῶ, χαιρετε.

Heb 1 13 προς τίνα δὲ των ἀγγελων εἴρηκέν ποτε· καθου ἐκ δεξιων μου ἑως ἀν θω τους ἐχθρους σου ὑποποδιον των ποδων σου;

4 3 εἰσερχομεθα γαρ εἰς [την] καταπαυσιν οἱ πιστευσαντες, καθως εἴρηκεν· ὡς ὡμοσα ἐν τῃ ὀργῃ μου·

4 εἴρηκεν γαρ που περι τῆς ἑβδομης οὑτως· καὶ κατεπαυσεν ὁ θεος ἐν τῃ ἡμερᾳ τῃ ἑβδομῃ ἀπο παντων των ἐργων αὐτου·

10 9 τοτε εἴρηκεν· ἰδου ἡκω του ποιησαι το θελημα σου.

15 μετα γαρ το εἰρηκέναι· αὑτη ἡ διαθηκη ἢν διαθησομαι προς αὐτους μετα τας ἡμερας ἐκεινας, λεγει κυριος·

13 5 αὐτος γαρ εἴρηκεν· οὐ μη σε ἀνω οὐδ οὐ μη σε ἐγκαταλιπω·

Ja 2 18 ἀλλ ἐρεῖ τις· συ πιστιν ἐχεις, καγω ἐργα ἐχω·

Apc 6 11 καὶ ἐρρέθη αὐτοις ἱνα ἀναπαυσονται ἐτι χρονον μικρον,

7 14 καὶ εἴρηκα αὐτῳ· κυριε μου, συ οἰδας.

9 4 καὶ ἐρρέθη αὐταις ἱνα μη ἀδικησουσιν τὸν χορτον τῆς γης οὐδὲ παν χλωρον οὐδὲ παν δενδρον,

17 7 ἐγω ἐρῶ σοι το μυστηριον τῆς γυναικος καὶ του θηριου του βασταζοντος αὐτην του ἐχοντος τας ἑπτα κεφαλας καὶ τα δεκα κερατα.

19 3 καὶ δευτερον εἴρηκαν· ἀλληλουια·

ἐρωτάω [63]

Mt 15 23 καὶ προσελθοντες οἱ μαθηται αὐτου ἠρώτουν αὐτον λεγοντες· ἀπολυσον αὐτην, ὁτι κραζει ὀπισθεν ἡμων.

16 13 ἐλθων δὲ ὁ ἰησους εἰς τα μερη καισαρειας τῆς φιλιππου ἠρώτα τους μαθητας αὐτου λεγων· τίνα λεγουσιν οἱ ἀνθρωποι εἶναι τὸν υἱον του ἀνθρωπου;

19 17 τί με ἐρωτᾷς περι του ἀγαθου; εἱς ἐστιν ὁ ἀγαθος·

21 24 ἐρωτήσω ὑμας καγω λογον ἑνα, ὃν ἐαν εἰπητε μοι, καγω ὑμιν ἐρῶ ἐν ποιᾳ ἐξουσιᾳ ταυτα ποιω·

Mc 4 10 καὶ ὁτε ἐγενετο κατα μονας, ἠρώτων αὐτον οἱ περι αὐτον συν τοις δωδεκα τας παραβολας.

7 26 καὶ ἠρώτα αὐτον ἱνα το δαιμονιον ἐκβαλη ἐκ τῆς θυγατρος αὐτης.

8 5 καὶ ἠρώτα αὐτους· ποσους ἐχετε ἀρτους;

Lc 4 38 πενθερα δὲ του σιμωνος ἠν συνεχομενη πυρετῳ μεγαλῳ, καὶ ἠρώτησαν αὐτον περι αὐτης.

5 3 ἐμβας δὲ εἰς ἑν των πλοιων, ὃ ἠν σιμωνος, ἠρώτησεν αὐτον ἀπο τῆς γης ἐπαναγαγειν ὀλιγον.

7 3 ἀκουσας δὲ περι του ἰησου ἀπεστειλεν προς αὐτον πρεσβυτερους των ἰουδαιων, ἐρωτῶν αὐτον ὁπως ἐλθων διασωσῃ τὸν δουλον αὐτου.

36 ἠρώτα δὲ τις αὐτον των φαρισαιων ἱνα φαγη μετ αὐτου·

8 37 καὶ ἠρώτησεν αὐτον ἁπαν το πληθος τῆς περιχωρου των γερασηνων ἀπελθειν ἀπ αὐτων, ὁτι φοβῳ μεγαλῳ συνειχοντο·

9 45 καὶ ἐφοβουντο ἐρωτῆσαι αὐτον περι του ρηματος τουτου.

11 37 ἐν δὲ τῳ λαλησαι ἐρωτᾷ αὐτον φαρισαιος ὁπως ἀριστηση παρ αὐτῳ·

14 18 ἐρωτῶ σε, ἐχε με παρητημενον.

19 ἐρωτῶ σε, ἐχε με παρητημενον.

32 εἰ δὲ μηγε, ἐτι αὐτου πορρω ὀντος πρεσβειαν ἀποστειλας ἐρωτᾷ τα προς εἰρηνην.

16 27 ἐρωτῶ σε οὐν, πατερ, ἱνα πεμψῃς αὐτον εἰς τὸν οἰκον του πατρος μου·

19 31 καὶ ἐαν τις ὑμας ἐρωτᾷ· δια τί λυετε; οὑτως ἐρεῖτε· ὁτι ὁ κυριος αὐτου χρειαν ἐχει.

20 3 ἐρωτήσω ὑμας καγω λογον, καὶ εἰπατε μοι·

22 68 ἐαν δὲ ἐρωτήσω, οὐ μη ἀποκριθητε·

23 3 ὁ δὲ πιλατος ἠρώτησεν αὐτον λεγων· συ εἰ ὁ βασιλευς των ἰουδαιων;

Jh 1 19 καὶ αὑτη ἐστιν ἡ μαρτυρια του ἰωαννου, ὁτε ἀπεστειλαν [προς αὐτον] οἱ ἰουδαιοι ἐξ ἱεροσολυμων ἱερεις καὶ λευιτας ἱνα ἐρωτήσωσιν αὐτον· συ τίς εἰ;

21 καὶ ἠρώτησαν αὐτον· τί οὐν;

25 καὶ ἠρώτησαν αὐτον καὶ εἰπαν αὐτῳ·

4 31 ἐν τῳ μεταξυ ἠρώτων αὐτον οἱ μαθηται λεγοντες· ραββι, φαγε.

40 ὡς οὐν ἠλθον προς αὐτον οἱ σαμαριται, ἠρώτων αὐτον μειναι παρ αὐτοις·

ἐρωταω [63]

Jh	4 47	οὗτος ἀκούσας ὅτι ἰησους ἥκει ἐκ της ἰουδαιας εἰς την γαλιλαιαν, ἀπηλθεν προς αὐτον και ἠρωτα ἰνα καταβη και ἰασηται αὐτου τον υἱον·
	5 12	ἠρωτησαν αὐτον· τίς ἐστιν ὁ ἄνθρωπος ὁ εἰπων σοι·
	8 7*	ὡς δε ἐπεμενον ἐρωτωντες αὐτον, ἀνεκυψεν και εἰπεν αὐτοις·
	9 2	και ἠρωτησαν αὐτον οἱ μαθηται αὐτου λεγοντες· ῥαββι, τίς ἥμαρτεν, οὗτος ἢ οἱ γονεις αὐτου, ἰνα τυφλος γεννηθη;
	15	παλιν οὖν ἠρωτων αὐτον και οἱ φαρισαιοι πως ἀνεβλεψεν.
	19	και ἠρωτησαν αὐτους λεγοντες· οὗτος ἐστιν ὁ υἱος ὑμων, ὃν ὑμεις λεγετε ὅτι τυφλος ἐγεννηθη;
	21	αὐτον ἐρωτησατε, ἡλικιαν ἐχει, αὐτος περι ἑαυτου λαλησει.
	12 21	και ἠρωτων αὐτον λεγοντες· κυριε, θελομεν τον ἰησουν ἰδειν.
	14 16	καγω ἐρωτησω τον πατερα και ἀλλον παρακλητον δωσει ὑμιν, ἰνα μεθ ὑμων εἰς τον αἰωνα ᾖ, το πνευμα της ἀληθειας,
	16 5	και οὐδεις ἐξ ὑμων ἐρωτα με· που ὑπαγεις;
	19	ἐγνω [ὁ] ἰησους ὅτι ἠθελον αὐτον ἐρωταν,
	23	και ἐν ἐκεινη τη ἡμερα ἐμε οὐκ ἐρωτησετε οὐδεν.
	26	και οὐ λεγω ὑμιν ὅτι ἐγω ἐρωτησω τον πατερα περι ὑμων·
	30	νυν οἰδαμεν ὅτι οἰδας παντα και οὐ χρειαν ἐχεις ἰνα τις σε ἐρωτα·
	17 9	ἐγω περι αὐτων ἐρωτω·
	9	οὐ περι του κοσμου ἐρωτω, ἀλλα περι ὡν δεδωκας μοι, ὅτι σοι εἰσιν,
	15	οὐκ ἐρωτω ἰνα ἀρης αὐτους ἐκ του κοσμου, ἀλλ ἰνα τηρησης αὐτους ἐκ του πονηρου.
	20	οὐ περι τουτων δε ἐρωτω μονον, ἀλλα και περι των πιστευοντων δια του λογου αὐτων εἰς ἐμε,
	18 19	ὁ οὖν ἀρχιερευς ἠρωτησεν τον ἰησουν περι των μαθητων αὐτου και περι της διδαχης αὐτου.
	21	τί με ἐρωτας; ἐρωτησον τους ἀκηκοοτας τί ἐλαλησα αὐτοις·
	21	τί με ἐρωτας; ἐρωτησον τους ἀκηκοοτας τί ἐλαλησα αὐτοις·
	19 31	ἠρωτησαν τον πιλατον ἰνα κατεαγωσιν αὐτων τα σκελη και ἀρθωσιν.
	38	μετα δε ταυτα ἠρωτησεν τον πιλατον ἰωσηφ [ὁ] ἀπο ἀριμαθαιας, ὢν μαθητης του ἰησου κεκρυμμενος δε δια τον φοβον των ἰουδαιων, ἰνα ἀρη το σωμα του ἰησου·
Ac	1 6	οἱ μεν οὖν συνελθοντες ἠρωτων αὐτον λεγοντες·
	3 3	ὃς ἰδων πετρον και ἰωαννην μελλοντας εἰσιεναι εἰς το ἱερον ἠρωτα ἐλεημοσυνην λαβειν.
	10 48	τοτε ἠρωτησαν αὐτον ἐπιμειναι ἡμερας τινας.
	16 39	και ἐλθοντες παρεκαλεσαν αὐτους, και ἐξαγαγοντες ἠρωτων ἀπελθειν ἀπο της πολεως.
	18 20	ἐρωτωντων δε αὐτων ἐπι πλειονα χρονον μειναι οὐκ ἐπενευσεν,
	23 18	ὁ δεσμιος παυλος προσκαλεσαμενος με ἠρωτησεν τουτον τον νεανισκον ἀγαγειν προς σέ,
	20	εἰπεν δε ὅτι οἱ ἰουδαιοι συνεθεντο του ἐρωτησαι σε ὁπως αὐριον τον παυλον καταγαγης εἰς το συνεδριον ὡς μελλον τι ἀκριβεστερον πυνθανεσθαι περι αὐτου.
Php	4 3	ναι ἐρωτω και σέ, γνησιε συζυγε, συλλαμβανου αὐταις,
1Th	4 1	λοιπον οὖν, ἀδελφοι, ἐρωτωμεν ὑμας και παρακαλουμεν ἐν κυριω ἰησου,
	5 12	ἐρωτωμεν δε ὑμας, ἀδελφοι, εἰδεναι τους κοπιωντας ἐν ὑμιν και προισταμενους ὑμων ἐν κυριω και νουθετουντας ὑμας,
2Th	2 1	ἐρωτωμεν δε ὑμας, ἀδελφοι, ὑπερ της παρουσιας του κυριου ἡμων ἰησου χριστου και ἡμων ἐπισυναγωγης ἐπ αὐτον, εἰς το μη ταχεως σαλευθηναι ὑμας ἀπο του νοος
1Jh	5 16	ἐστιν ἁμαρτια προς θανατον· οὐ περι ἐκεινης λεγω ἰνα ἐρωτηση.
2Jh	5	και νυν ἐρωτω σε, κυρια, οὐχ ὡς ἐντολην καινην γραφων σοι, ἀλλα ἢν εἰχομεν ἀπ ἀρχης, ἰνα ἀγαπωμεν ἀλληλους.

ἐσθης [8]

Lc	23 11	ἐξουθενησας δε αὐτον [και] ὁ ἡρωδης συν τοις στρατευμασιν αὐτου και ἐμπαιξας, περιβαλων ἐσθητα λαμπραν ἀνεπεμψεν αὐτον τω πιλατω.
	24 4	και ἐγενετο ἐν τω ἀπορεισθαι αὐτας περι τουτου και ἰδου ἀνδρες δυο ἐπεστησαν αὐταις ἐν ἐσθητι ἀστραπτουση·
Ac	1 10	και ὡς ἀτενιζοντες ἠσαν εἰς τον οὐρανον πορευομενου αὐτου, και ἰδου ἀνδρες δυο παρειστηκεισαν αὐτοις ἐν ἐσθησεσι λευκαις,
	10 30	και ἰδου ἀνηρ ἐστη ἐνωπιον μου ἐν ἐσθητι λαμπρα, και φησιν·
	12 21	τακτη δε ἡμερα ὁ ἡρωδης ἐνδυσαμενος ἐσθητα βασιλικην [και] καθισας ἐπι του βηματος ἐδημηγορει προς αὐτους·
Ja	2 2	ἐαν γαρ εἰσελθη εἰς συναγωγην ὑμων ἀνηρ χρυσοδακτυλιος ἐν ἐσθητι λαμπρα,
	2	εἰσελθη δε και πτωχος ἐν ῥυπαρα ἐσθητι,

ἐσθης [8]

Ja	2 3	ἐπιβλεψητε δε ἐπι τον φορουντα την ἐσθητα την λαμπραν και εἰπητε·

ἐσθιω [158]

Mt	6 25	μη μεριμνατε τη ψυχη ὑμων τί φαγητε [ἢ τί πιητε],
	31	μη οὖν μεριμνησετε λεγοντες· τί φαγωμεν;
	9 11	δια τί μετα των τελωνων και ἁμαρτωλων ἐσθιει ὁ διδασκαλος ὑμων;
	11 18	ἠλθεν γαρ ἰωαννης μητε ἐσθιων μητε πινων,
	19	ἠλθεν ὁ υἱος του ἀνθρωπου ἐσθιων και πινων,
	12 1	και ἠρξαντο τιλλειν σταχυας και ἐσθιειν.
	4	πως εἰσηλθεν εἰς τον οἰκον του θεου και τους ἀρτους της προθεσεως ἐφαγον,
	4	ὁ οὐκ ἐξον ἠν αὐτω φαγειν οὐδε τοις μετ αὐτου,
	14 16	οὐ χρειαν ἐχουσιν ἀπελθειν· δοτε αὐτοις ὑμεις φαγειν.
	20	και ἐφαγον παντες και ἐχορτασθησαν·
	21	οἱ δε ἐσθιοντες ἠσαν ἀνδρες ὡσει πεντακισχιλιοι χωρις γυναικων και παιδιων.
	15 2	δια τί οἱ μαθηται σου παραβαινουσιν την παραδοσιν των πρεσβυτερων; οὐ γαρ νιπτονται τας χειρας [αὐτων] ὁταν ἀρτον ἐσθιωσιν.
	20	το δε ἀνιπτοις χερσιν φαγειν οὐ κοινοι τον ἀνθρωπον.
	27	και γαρ τα κυναρια ἐσθιει ἀπο των ψιχιων των πιπτοντων ἀπο της τραπεζης των κυριων αὐτων.
	32	σπλαγχνιζομαι ἐπι τον ὀχλον, ὅτι ἠδη ἡμεραι τρεις προσμενουσιν μοι και οὐκ ἐχουσιν τί φαγωσιν·
	37	και ἐφαγον παντες και ἐχορτασθησαν,
	38	οἱ δε ἐσθιοντες ἠσαν τετρακισχιλιοι ἀνδρες χωρις γυναικων και παιδιων.
	24 49	ἐσθιη δε και πινη μετα των μεθυοντων,
	25 35	ἐπεινασα γαρ και ἐδωκατε μοι φαγειν, ἐδιψησα και ἐποτισατε με,
	42	ἐπεινασα γαρ και οὐκ ἐδωκατε μοι φαγειν, ἐδιψησα και οὐκ ἐποτισατε με,
	26 17	που θελεις ἑτοιμασωμεν σοι φαγειν το πασχα;
	21	και ἐσθιοντων αὐτων εἰπεν·
	26	ἐσθιοντων δε αὐτων λαβων ὁ ἰησους ἀρτον και εὐλογησας ἐκλασεν και δους τοις μαθηταις εἰπεν·
	26	λαβετε φαγετε· τουτο ἐστιν το σωμα μου.
Mc	1 6	και ἐσθιων ἀκριδας και μελι ἀγριον.
	2 16	και οἱ γραμματεις των φαρισαιων ἰδοντες ὅτι ἐσθιει μετα των ἁμαρτωλων και τελωνων ἐλεγον τοις μαθηταις αὐτου·
	16	και οἱ γραμματεις των φαρισαιων ἰδοντες ὅτι ἐσθιει μετα των ἁμαρτωλων και τελωνων ἐλεγον τοις μαθηταις αὐτου· ὅτι μετα των τελωνων και ἁμαρτωλων ἐσθιει;
	26	πως εἰσηλθεν εἰς τον οἰκον του θεου ἐπι ἀβιαθαρ ἀρχιερεως και τους ἀρτους της προθεσεως ἐφαγεν,
	26	πως εἰσηλθεν εἰς τον οἰκον του θεου ἐπι ἀβιαθαρ ἀρχιερεως και τους ἀρτους της προθεσεως ἐφαγεν, οὑς οὐκ ἐξεστιν φαγειν εἰ μη τους ἱερεις,
	3 20	και συνερχεται παλιν [ὁ] ὀχλος, ὡστε μη δυνασθαι αὐτους μηδε ἀρτον φαγειν.
	5 43	και διεστειλατο αὐτοις πολλα ἰνα μηδεις γνοι τουτο, και εἰπεν δοθηναι αὐτη φαγειν.
	6 31	ἠσαν γαρ οἱ ἐρχομενοι και οἱ ὑπαγοντες πολλοι, και οὐδε φαγειν εὐκαιρουν.
	36	ἀπολυσον αὐτους, ἰνα ἀπελθοντες εἰς τους κυκλω ἀγρους και κωμας ἀγορασωσιν ἑαυτοις τί φαγωσιν.
	37	ὁ δε ἀποκριθεις εἰπεν αὐτοις· δοτε αὐτοις ὑμεις φαγειν.
	37	ἀπελθοντες ἀγορασωμεν δηναριων διακοσιων ἀρτους, και δωσομεν αὐτοις φαγειν;
	42	και ἐφαγον παντες και ἐχορτασθησαν,
	44	και ἠσαν οἱ φαγοντες [τους ἀρτους] πεντακισχιλιοι ἀνδρες.
	7 2	και ἰδοντες τινας των μαθητων αὐτου ὅτι κοιναις χερσιν, τουτ ἐστιν ἀνιπτοις, ἐσθιουσιν τους ἀρτους,
	3	οἱ γαρ φαρισαιοι και παντες οἱ ἰουδαιοι ἐαν μη πυγμη νιψωνται τας χειρας οὐκ ἐσθιουσιν,
	4	και ἀπ ἀγορας ἐαν μη βαπτισωνται οὐκ ἐσθιουσιν,
	5	δια τί οὐ περιπατουσιν οἱ μαθηται σου κατα την παραδοσιν των πρεσβυτερων, ἀλλα κοιναις χερσιν ἐσθιουσιν τον ἀρτον;
	28	κυριε· και τα κυναρια ὑποκατω της τραπεζης ἐσθιουσιν ἀπο των ψιχιων των παιδιων.
	8 1	ἐν ἐκειναις ταις ἡμεραις παλιν πολλου ὀχλου ὀντος και μη ἐχοντων τί φαγωσιν,
	2	σπλαγχνιζομαι ἐπι τον ὀχλον, ὅτι ἠδη ἡμεραι τρεις προσμενουσιν μοι και οὐκ ἐχουσιν τί φαγωσιν·
	8	και ἐφαγον και ἐχορτασθησαν, και ἠραν περισσευματα κλασματων, ἑπτα σπυριδας.

ἐσθίω [158]

Mc	11 14	μηκετι εἰς τον αἰωνα ἐκ σου μηδεις καρπον *φαγοι*.
	14 12	ποῦ θελεις ἀπελθοντες ἑτοιμασωμεν ἵνα *φαγης* το πασχα;
	14	ποῦ ἐστιν το καταλυμα μου, ὁπου το πασχα μετα των μαθητων μου *φαγω*;
	18	και ἀνακειμενων αὐτων και *ἐσθιοντων* ὁ ἰησους εἶπεν·
	18	ἀμην λεγω ὑμιν ὁτι εἰς ἐξ ὑμων παραδωσει με, ὁ *ἐσθιων* μετ ἐμου.
	22	και *ἐσθιοντων* αὐτων λαβων ἀρτον εὐλογησας ἐκλασεν και ἐδωκεν αὐτοις και εἶπεν·
Lc	4 2	και οὐκ *ἐφαγεν* οὐδεν ἐν ταις ἡμεραις ἐκειναις,
	5 30	δια τί μετα των τελωνων και ἁμαρτωλων *ἐσθιετε* και πινετε;
	33	οἱ μαθηται ἰωαννου νηστευουσιν πυκνα και δεησεις ποιουνται, ὁμοιως και οἱ των φαρισαιων, οἱ δε σοι *ἐσθιουσιν* και πινουσιν.
	6 1	και ἐτιλλον οἱ μαθηται αὐτου και *ἠσθιον* τους σταχυας ψωχοντες ταις χερσιν.
	4	[ὡς] εἰσηλθεν εἰς τον οἰκον του θεου και τους ἀρτους της προθεσεως λαβων *ἐφαγεν* και ἐδωκεν τοις μετ αὐτου,
	4	[ὡς] εἰσηλθεν εἰς τον οἰκον του θεου και τους ἀρτους της προθεσεως λαβων *ἐφαγεν* και ἐδωκεν τοις μετ αὐτου, οὓς οὐκ ἐξεστιν *φαγειν* εἰ μη μονους τους ἱερεις;
	7 33	ἐληλυθεν γαρ ἰωαννης ὁ βαπτιστης μη *ἐσθιων* ἀρτον μητε πινων οἰνον, και λεγετε·
	34	ἐληλυθεν ὁ υἱος του ἀνθρωπου *ἐσθιων* και πινων, και λεγετε·
	36	ἠρωτα δε τις αὐτον των φαρισαιων ἵνα *φαγη* μετ αὐτου·
	8 55	και ἀνεστη παραχρημα, και διεταξεν αὐτη δοθηναι *φαγειν*.
	9 13	εἶπεν δε προς αὐτους· δοτε αὐτοις ὑμεις *φαγειν*.
	17	και *ἐφαγον* και ἐχορτασθησαν παντες·
	10 7	ἐν αὐτη δε τη οἰκια μενετε, *ἐσθιοντες* και πινοντες τα παρ αὐτων·
	8	και εἰς ἣν ἀν πολιν εἰσερχησθε και δεχωνται ὑμας, *ἐσθιετε* τα παρατιθεμενα ὑμιν,
	12 19	ψυχη, ἐχεις πολλα ἀγαθα κειμενα εἰς ἐτη πολλα· ἀναπαυου, *φαγε*, πιε, εὐφραινου.
	22	εἶπεν δε προς τους μαθητας [αὐτου·] δια τουτο λεγω ὑμιν· μη μεριμνατε τη ψυχη τί *φαγητε*, μηδε τω σωματι τί ἐνδυσησθε. ἡ γαρ ψυχη πλειον ἐστιν της τροφης και το σωμα του ἐνδυματος.
	29	και ὑμεις μη ζητειτε τί *φαγητε* και τί πιητε, και μη μετεωριζεσθε·
	45	και ἀρξηται τυπτειν τους παιδας και τας παιδισκας, *ἐσθιειν* τε και πινειν και μεθυσκεσθαι,
	13 26	*ἐφαγομεν* ἐνωπιον σου και ἐπιομεν, και ἐν ταις πλατειαις ἡμων ἐδιδαξας·
	14 1	και ἐγενετο ἐν τω ἐλθειν αὐτον εἰς οἰκον τινος των ἀρχοντων [των] φαρισαιων σαββατω *φαγειν* ἀρτον,
	15	μακαριος ὁστις *φαγεται* ἀρτον ἐν τη βασιλεια του θεου.
	15 16	και ἐπεθυμει χορτασθηναι ἐκ των κερατιων ὧν *ἠσθιον* οἱ χοιροι και οὐδεις ἐδιδου αὐτω.
	23	και φερετε τον μοσχον τον σιτευτον, θυσατε, και *φαγοντες* εὐφρανθωμεν,
	17 8	ἀλλ οὐχι ἐρει αὐτω· ἑτοιμασον τί δειπνησω, και περιζωσαμενος διακονει μοι ἑως *φαγω* και πιω, και μετα ταυτα *φαγεσαι* και πιεσαι συ;
	8	ἀλλ οὐχι ἐρει αὐτω· ἑτοιμασον τί δειπνησω, και περιζωσαμενος διακονει μοι ἑως *φαγω* και πιω, και μετα ταυτα *φαγεσαι* και πιεσαι συ;
	27	*ἠσθιον*, ἐπινον, ἐγαμουν, ἐγαμιζοντο, ἀχρι ἧς ἡμερας εἰσηλθεν νωε εἰς την κιβωτον,
	28	*ἠσθιον*, ἐπινον, ἠγοραζον, ἐπωλουν, ἐφυτευον, ᾠκοδομουν·
	22 8	πορευθεντες ἑτοιμασατε ἡμιν το πασχα, ἵνα *φαγωμεν*.
	11	λεγει σοι ὁ διδασκαλος· ποῦ ἐστιν το καταλυμα ὁπου το πασχα μετα των μαθητων μου *φαγω*;
	15	ἐπιθυμια ἐπεθυμησα τουτο το πασχα *φαγειν* μεθ ὑμων προ του με παθειν·
	16	λεγω γαρ ὑμιν ὁτι οὐ μη *φαγω* αὐτο ἑως ὁτου πληρωθη ἐν τη βασιλεια του θεου.
	30	καγω διατιθεμαι ὑμιν καθως διεθετο μοι ὁ πατηρ μου βασιλειαν, ἵνα *ἐσθητε* και πινητε ἐπι της τραπεζης μου ἐν τη βασιλεια μου,
	24 43	και λαβων ἐνωπιον αὐτων *ἐφαγεν*.
Jh	4 31	ἐν τω μεταξυ ἠρωτων αὐτον οἱ μαθηται λεγοντες· ῥαββι, *φαγε*.
	32	ἐγω βρωσιν ἐχω *φαγειν* ἣν ὑμεις οὐκ οἰδατε.
	33	ἐλεγον οὖν οἱ μαθηται προς ἀλληλους· μη τις ἠνεγκεν αὐτω *φαγειν*;
	6 5	ποθεν ἀγορασωμεν ἀρτους ἵνα *φαγωσιν* οὗτοι;
	23	ἀλλα ἠλθεν πλοια[ρια] ἐκ τιβεριαδος ἐγγυς του τοπου ὁπου *ἐφαγον* τον ἀρτον εὐχαριστησαντος του κυριου.

ἐσθίω [158]

Jh	6 26	ἀμην ἀμην λεγω ὑμιν, ζητειτε με οὐχ ὁτι εἰδετε σημεια, ἀλλ ὁτι *ἐφαγετε* ἐκ των ἀρτων και ἐχορτασθητε.
	31	οἱ πατερες ἡμων το μαννα *ἐφαγον* ἐν τη ἐρημω,
	31	ἀρτον ἐκ του οὐρανου ἐδωκεν αὐτοις *φαγειν*.
	49	οἱ πατερες ὑμων *ἐφαγον* ἐν τη ἐρημω το μαννα και ἀπεθανον·
	50	οὗτος ἐστιν ὁ ἀρτος ὁ ἐκ του οὐρανου καταβαινων, ἵνα τις ἐξ αὐτου *φαγη* και μη ἀποθανη.
	51	ἐαν τις *φαγη* ἐκ τουτου του ἀρτου, ζησει εἰς τον αἰωνα·
	52	πῶς δυναται οὗτος ἡμιν δουναι την σαρκα [αὐτου] *φαγειν*;
	53	ἐαν μη *φαγητε* την σαρκα του υἱου του ἀνθρωπου και πιητε αὐτου το αἱμα, οὐκ ἐχετε ζωην ἐν ἑαυτοις.
	58	οὗτος ἐστιν ὁ ἀρτος ὁ ἐξ οὐρανου καταβας, οὐ καθως *ἐφαγον* οἱ πατερες και ἀπεθανον·
	18 28	και αὐτοι οὐκ εἰσηλθον εἰς το πραιτωριον, ἵνα μη μιανθωσιν ἀλλα *φαγωσιν* το πασχα.
Ac	9 9	και ἠν ἡμερας τρεις μη βλεπων, και οὐκ *ἐφαγεν* οὐδε ἐπιεν.
	10 13	ἀναστας, πετρε, θυσον και *φαγε*.
	14	μηδαμως, κυριε, ὁτι οὐδεποτε *ἐφαγον* παν κοινον και ἀκαθαρτον.
	11 7	ἀναστας, πετρε, θυσον και *φαγε*.
	23 12	γενομενης δε ἡμερας ποιησαντες συστροφην οἱ ἰουδαιοι ἀνεθεματισαν ἑαυτους, λεγοντες μητε *φαγειν* μητε πιειν ἑως οὗ ἀποκτεινωσιν τον παυλον.
	21	ἐνεδρευουσιν γαρ αὐτον ἐξ αὐτων ἀνδρες πλειους τεσσερακοντα, οἱτινες ἀνεθεματισαν ἑαυτους μητε *φαγειν* μητε πιειν ἑως οὗ ἀνελωσιν αὐτον,
	27 35	εἰπας δε ταυτα και λαβων ἀρτον εὐχαριστησεν τω θεω ἐνωπιον παντων και κλασας ἠρξατο *ἐσθιειν*.
Rm	14 2	ὁς μεν πιστευει *φαγειν* παντα, ὁ δε ἀσθενων λαχανα *ἐσθιει*.
	2	ὁς μεν πιστευει *φαγειν* παντα, ὁ δε ἀσθενων λαχανα *ἐσθιει*.
	3	ὁ *ἐσθιων* τον μη *ἐσθιοντα* μη ἐξουθενειτω, ὁ δε μη *ἐσθιων* τον *ἐσθιοντα* μη κρινετω,
	3	ὁ *ἐσθιων* τον μη *ἐσθιοντα* μη ἐξουθενειτω, ὁ δε μη *ἐσθιων* τον *ἐσθιοντα* μη κρινετω,
	3	ὁ *ἐσθιων* τον μη *ἐσθιοντα* μη ἐξουθενειτω, ὁ δε μη *ἐσθιων* τον *ἐσθιοντα* μη κρινετω,
	3	ὁ *ἐσθιων* τον μη *ἐσθιοντα* μη ἐξουθενειτω, ὁ δε μη *ἐσθιων* τον *ἐσθιοντα* μη κρινετω,
	6	και ὁ *ἐσθιων* κυριω *ἐσθιει*, εὐχαριστει γαρ τω θεω·
	6	και ὁ *ἐσθιων* κυριω *ἐσθιει*, εὐχαριστει γαρ τω θεω·
	6	και ὁ μη *ἐσθιων* κυριω οὐκ *ἐσθιει*, και εὐχαριστει τω θεω.
	6	και ὁ μη *ἐσθιων* κυριω οὐκ *ἐσθιει*, και εὐχαριστει τω θεω.
	20	παντα μεν καθαρα, ἀλλα κακον τω ἀνθρωπω τω δια προσκομματος *ἐσθιοντι*.
	21	καλον το μη *φαγειν* κρεα μηδε πιειν οἰνον μηδε ἐν ᾧ ὁ ἀδελφος σου προσκοπτει.
	23	ὁ δε διακρινομενος ἐαν *φαγη* κατακεκριται, ὁτι οὐκ ἐκ πιστεως·
1Co	8 7	τινες δε τη συνηθεια ἑως ἀρτι του εἰδωλου ὡς εἰδωλοθυτον *ἐσθιουσιν*,
	8	οὐτε ἐαν μη *φαγωμεν* ὑστερουμεθα, οὐτε ἐαν *φαγωμεν* περισσευομεν.
	8	οὐτε ἐαν μη *φαγωμεν* ὑστερουμεθα, οὐτε ἐαν *φαγωμεν* περισσευομεν.
	10	ἐαν γαρ τις ἰδη σε τον ἐχοντα γνωσιν ἐν εἰδωλειω κατακειμενον, οὐχι ἡ συνειδησις αὐτου ἀσθενους ὀντος οἰκοδομηθησεται εἰς το τα εἰδωλοθυτα *ἐσθιειν*;
	13	διοπερ εἰ βρωμα σκανδαλιζει τον ἀδελφον μου, οὐ μη *φαγω* κρεα εἰς τον αἰωνα,
	9 4	μη οὐκ ἐχομεν ἐξουσιαν *φαγειν* και πειν;
	7	τίς φυτευει ἀμπελωνα και τον καρπον αὐτου οὐκ *ἐσθιει*;
	7	ἠ τίς ποιμαινει ποιμνην και ἐκ του γαλακτος της ποιμνης οὐκ *ἐσθιει*;
	13	οὐκ οἰδατε ὁτι οἱ τα ἱερα ἐργαζομενοι [τα] ἐκ του ἱερου *ἐσθιουσιν*, οἱ τω θυσιαστηριω παρεδρευοντες τω θυσιαστηριω συμμεριζονται;
	10 3	και παντες το αὐτο πνευματικον βρωμα *ἐφαγον*,
	7	ἐκαθισεν ὁ λαος *φαγειν* και πειν, και ἀνεστησαν παιζειν.
	18	οὐχ οἱ *ἐσθιοντες* τας θυσιας κοινωνοι του θυσιαστηριου εἰσιν;
	25	παν το ἐν μακελλω πωλουμενον *ἐσθιετε* μηδεν ἀνακρινοντες δια την συνειδησιν·
	27	εἰ τις καλει ὑμας των ἀπιστων και θελετε πορευεσθαι, παν το παρατιθεμενον ὑμιν *ἐσθιετε* μηδεν ἀνακρινοντες δια την συνειδησιν.
	28	ἐαν δε τις ὑμιν εἰπη· τουτο ἱεροθυτον ἐστιν, μη *ἐσθιετε* δι ἐκεινον τον μηνυσαντα και την συνειδησιν·
	31	εἰτε οὖν *ἐσθιετε* εἰτε πινετε εἰτε τι ποιειτε, παντα εἰς δοξαν θεου ποιειτε.

ἐσθιω [158]

1Co 11 20 συνερχομενων οὖν ὑμων ἐπι το αὐτο οὐκ ἐστιν κυριακον δειπνον *φαγειν·*
21 ἑκαστος γαρ το ἰδιον δειπνον προλαμβανει ἐν τω *φαγειν,*
22 μη γαρ οἰκιας οὐκ ἐχετε εἰς το *ἐσθιειν* και πινειν;
26 ὁσακις γαρ ἐαν *ἐσθιητε* τον ἀρτον τουτον και το ποτηριον πινητε, τον θανατον του κυριου καταγγελλετε, ἀχρι οὗ ἐλθη.
27 ὡστε ὁς ἀν *ἐσθιη* τον ἀρτον ἠ πινη το ποτηριον του κυριου ἀναξιως, ἐνοχος ἐσται του σωματος και του αἱματος του κυριου.
28 και οὑτως ἐκ του ἀρτου *ἐσθιετω* και ἐκ του ποτηριου πινετω·
29 ὁ γαρ *ἐσθιων* και πινων κριμα ἑαυτω *ἐσθιει* και πινει μη διακρινων το σωμα.
29 ὁ γαρ *ἐσθιων* και πινων κριμα ἑαυτω *ἐσθιει* και πινει μη διακρινων το σωμα.
33 ὡστε, ἀδελφοι μου, συνερχομενοι εἰς το *φαγειν* ἀλληλους ἐκδεχεσθε.
34 εἰ τις πεινα, ἐν οἰκω *ἐσθιετω,* ἱνα μη εἰς κριμα συνερχησθε.
15 32 εἰ νεκροι οὐκ ἐγειρονται, *φαγωμεν* και πιωμεν, αὐριον γαρ ἀποθνησκομεν.
2Th 3 8 οὐδε δωρεαν ἀρτον *ἐφαγομεν* παρα τινος,
10 τουτο παρηγγελλομεν ὑμιν, ὁτι εἰ τις οὐ θελει ἐργαζεσθαι, μηδε *ἐσθιετω.*
12 τοις δε τοιουτοις παραγγελλομεν και παρακαλουμεν ἐν κυριω ἰησου χριστω ἱνα μετα ἡσυχιας ἐργαζομενοι τον ἑαυτων ἀρτον *ἐσθιωσιν.*
Heb 10 27 οὐκετι περι ἀμαρτιων ἀπολειπεται θυσια, φοβερα δε τις ἐκδοχη κρισεως και πυρος ζηλος *ἐσθιειν* μελλοντος τους ὑπεναντιους.
13 10 ἐχομεν θυσιαστηριον ἐξ οὗ *φαγειν* οὐκ ἐχουσιν ἐξουσιαν οἱ τη σκηνη λατρευοντες.
Ja 5 3 και ὁ ἰος αὐτων εἰς μαρτυριον ὑμιν ἐσται και *φαγεται* τας σαρκας ὑμων ὡς πυρ.
Apc 2 7 τω νικωντι δωσω αὐτω *φαγειν* ἐκ του ξυλου της ζωης,
14 ὁς ἐδιδασκεν τω βαλακ βαλειν σκανδαλον ἐνωπιον των υἱων ἰσραηλ, *φαγειν* εἰδωλοθυτα και πορνευσαι.
20 και διδασκει και πλανα τους ἐμους δουλους πορνευσαι και *φαγειν* εἰδωλοθυτα·
10 10 και ὁτε *ἐφαγον* αὐτο, ἐπικρανθη ἡ κοιλια μου.
17 16 και ἠρημωμενην ποιησουσιν αὐτην και γυμνην, και τας σαρκας αὐτης *φαγονται,*
19 18 δευτε συναχθητε εἰς το δειπνον το μεγα του θεου, ἱνα *φαγητε* σαρκας βασιλεων

ἐσλι [1]

Lc 3 25 του ματταθιου του ἀμως του ναουμ του *ἐσλι* του ναγγαι

ἐσοπτρον [2]

1Co 13 12 βλεπομεν γαρ ἀρτι δι *ἐσοπτρου* ἐν αἰνιγματι,
Ja 1 23 ὁτι εἰ τις ἀκροατης λογου ἐστιν και οὐ ποιητης, οὑτος ἐοικεν ἀνδρι κατανοουντι το προσωπον της γενεσεως αὐτου ἐν *ἐσοπτρω·*

ἑσπερα [3]

Lc 24 29 μεινον μεθ ἡμων, ὁτι προς *ἑσπεραν* ἐστιν και κεκλικεν ἠδη ἡ ἡμερα.
Ac 4 3 και ἐπεβαλον αὐτοις τας χειρας και ἐθεντο εἰς τηρησιν εἰς την αὐριον· ἠν γαρ *ἑσπερα* ἠδη.
28 23 πειθων τε αὐτους περι του ἰησου ἀπο τε του νομου μωυσεως και των προφητων, ἀπο πρωι ἑως *ἑσπερας.*

ἑσρωμ [3]

Mt 1 3 φαρες δε ἐγεννησεν τον *ἑσρωμ,*
3 *ἑσρωμ* δε ἐγεννησεν τον ἀραμ,
Lc 3 33 του ἀμιναδαβ του ἀδμιν του ἀρνι του *ἑσρωμ* του φαρες του ἰουδα

ἑσσοομαι [1]

2Co 12 13 τι γαρ ἐστιν ὁ *ἡσσωθητε* ὑπερ τας λοιπας ἐκκλησιας, εἰ μη ὁτι αὐτος ἐγω οὐ κατεναρκησα ὑμων;

ἐσχατος [52]

Mt 5 26 οὐ μη ἐξελθης ἐκειθεν ἑως ἀν ἀποδως τον *ἐσχατον* κοδραντην.

ἐσχατος [52]

Mt 12 45 και γινεται τα *ἐσχατα* του ἀνθρωπου ἐκεινου χειρονα των πρωτων.
19 30 πολλοι δε ἐσονται πρωτοι *ἐσχατοι* και *ἐσχατοι* πρωτοι.
30 πολλοι δε ἐσονται πρωτοι *ἐσχατοι* και *ἐσχατοι* πρωτοι.
20 8 καλεσον τους ἐργατας και ἀποδος αὐτοις τον μισθον, ἀρξαμενος ἀπο των *ἐσχατων* ἑως των πρωτων.
12 οὑτοι οἱ *ἐσχατοι* μιαν ὡραν ἐποιησαν, και ἰσους ἡμιν αὐτους ἐποιησας τοις βαστασασι το βαρος της ἡμερας και τον καυσωνα.
14 θελω δε τουτω τω *ἐσχατω* δουναι ὡς και σοι·
16 οὑτως ἐσονται οἱ *ἐσχατοι* πρωτοι και οἱ πρωτοι *ἐσχατοι.*
16 οὑτως ἐσονται οἱ *ἐσχατοι* πρωτοι και οἱ πρωτοι *ἐσχατοι.*
27 64 και ἐσται ἡ *ἐσχατη* πλανη χειρων της πρωτης.
Mc 9 35 εἰ τις θελει πρωτος εἰναι, ἐσται παντων *ἐσχατος* και παντων διακονος.
10 31 πολλοι δε ἐσονται πρωτοι *ἐσχατοι* και [οἱ] *ἐσχατοι* πρωτοι.
31 πολλοι δε ἐσονται πρωτοι *ἐσχατοι* και [οἱ] *ἐσχατοι* πρωτοι.
12 6 ἀπεστειλεν αὐτον *ἐσχατον* προς αὐτους λεγων ὁτι ἐντραπησονται τον υἱον μου.
22 *ἐσχατον* παντων και ἡ γυνη ἀπεθανεν.
Lc 11 26 και γινεται τα *ἐσχατα* του ἀνθρωπου ἐκεινου χειρονα των πρωτων.
12 59 οὐ μη ἐξελθης ἐκειθεν ἑως και το *ἐσχατον* λεπτον ἀποδως.
13 30 και ἰδου εἰσιν *ἐσχατοι* οἱ ἐσονται πρωτοι, και εἰσιν πρωτοι οἱ ἐσονται ἐσχατοι.
30 και ἰδου εἰσιν *ἐσχατοι* οἱ ἐσονται πρωτοι, και εἰσιν πρωτοι οἱ ἐσονται *ἐσχατοι.*
14 9 και τοτε ἀρξη μετα αἰσχυνης τον *ἐσχατον* τοπον κατεχειν.
10 ἀλλ ὁταν κληθης, πορευθεις ἀναπεσε εἰς τον *ἐσχατον* τοπον, ἱνα ὁταν ἐλθη ὁ κεκληκως σε ἐρει σοι· φιλε, προσαναβηθι ἀνωτερον·
Jh 6 39 ἱνα παν ὁ δεδωκεν μοι μη ἀπολεσω ἐξ αὐτου, ἀλλα ἀναστησω αὐτο [ἐν] τη *ἐσχατη* ἡμερα.
40 ἱνα πας ὁ θεωρων τον υἱον και πιστευων εἰς αὐτον ἐχη ζωην αἰωνιον, και ἀναστησω αὐτον ἐγω [ἐν] τη *ἐσχατη* ἡμερα.
44 καγω ἀναστησω αὐτον ἐν τη *ἐσχατη* ἡμερα.
54 καγω ἀναστησω αὐτον τη *ἐσχατη* ἡμερα.
7 37 ἐν δε τη *ἐσχατη* ἡμερα τη μεγαλη της ἑορτης εἱστηκει ὁ ἰησους και ἐκραξεν λεγων·
11 24 οἰδα ὁτι ἀναστησεται ἐν τη ἀναστασει ἐν τη *ἐσχατη* ἡμερα.
12 48 ὁ λογος ὁν ἐλαλησα, ἐκεινος κρινει αὐτον ἐν τη *ἐσχατη* ἡμερα.
Ac 1 8 και ἐσεσθε μου μαρτυρες ἐν τε ἰερουσαλημ και [ἐν] παση τη ἰουδαια και σαμαρεια και ἑως *ἐσχατου* της γης.
2 17 και ἐσται ἐν ταις *ἐσχαταις* ἡμεραις, λεγει ὁ θεος, ἐκχεω ἀπο του πνευματος μου ἐπι πασαν σαρκα,
13 47 τεθεικα σε εἰς φως ἐθνων του εἰναι σε εἰς σωτηριαν ἑως *ἐσχατου* της γης.
1Co 4 9 δοκω γαρ, ὁ θεος ἡμας τους ἀποστολους *ἐσχατους* ἀπεδειξεν ὡς ἐπιθανατιους,
15 8 *ἐσχατον* δε παντων ὡσπερει τω ἐκτρωματι ὡφθη καμοι.
26 *ἐσχατος* ἐχθρος καταργειται ὁ θανατος·
45 ἐγενετο ὁ πρωτος ἀνθρωπος ἀδαμ εἰς ψυχην ζωσαν· ὁ *ἐσχατος* ἀδαμ εἰς πνευμα ζωοποιουν.
52 παντες οὐ κοιμηθησομεθα, παντες δε ἀλλαγησομεθα, ἐν ἀτομω, ἐν ῥιπη ὀφθαλμου, ἐν τη *ἐσχατη* σαλπιγγι·
2Tm 3 1 τουτο δε γινωσκε, ὁτι ἐν *ἐσχαταις* ἡμεραις ἐνστησονται καιροι χαλεποι·
Heb 1 2 ἐπ *ἐσχατου* των ἡμερων τουτων ἐλαλησεν ἡμιν ἐν υἱω,
Ja 5 3 ἐθησαυρισατε ἐν *ἐσχαταις* ἡμεραις.
1Pt 1 5 τετηρημενην ἐν οὐρανοις εἰς ὑμας τους ἐν δυναμει θεου φρουρουμενους δια πιστεως εἰς σωτηριαν ἑτοιμην ἀποκαλυφθηναι ἐν καιρω *ἐσχατω.*
20 προεγνωσμενου μεν προ καταβολης κοσμου, φανερωθεντος δε ἐπ *ἐσχατου* των χρονων δι ὑμας
2Pt 2 20 εἰ γαρ ἀποφυγοντες τα μιασματα του κοσμου ἐν ἐπιγνωσει του κυριου [ἡμων] και σωτηρος ἰησου χριστου, τουτοις δε παλιν ἐμπλακεντες ἡττωνται, γεγονεν αὐτοις τα *ἐσχατα* χειρονα των πρωτων.
3 3 τουτο πρωτον γινωσκοντες, ὁτι ἐλευσονται ἐπ *ἐσχατων* των ἡμερων [ἐν] ἐμπαιγμονη ἐμπαικται κατα τας ἰδιας ἐπιθυμιας αὐτων πορευομενοι
1Jh 2 18 παιδια, *ἐσχατη* ὡρα ἐστιν,
18 ὁθεν γινωσκομεν ὁτι *ἐσχατη* ὡρα ἐστιν.
Ju 18 [ὁτι] ἐπ *ἐσχατου* [του] χρονου ἐσονται ἐμπαικται κατα τας ἑαυτων ἐπιθυμιας πορευομενοι των ἀσεβειων.
Apc 1 17 ἐγω εἰμι ὁ πρωτος και ὁ *ἐσχατος* και ὁ ζων,
2 8 ταδε λεγει ὁ πρωτος και ὁ *ἐσχατος,* ὁς ἐγενετο νεκρος και ἐζησεν·

ἔσχατος [52]

Apc 2 19 καὶ τὰ ἔργα σου τὰ ἔσχατα πλειονα των πρωτων.
     15 1 καὶ εἶδον ἄλλο σημειον ἐν τω οὐρανω μεγα καὶ θαυμαστον, ἀγγελους ἑπτα ἔχοντας πληγας ἑπτα τας ἐσχατας,
     21 9 καὶ ἦλθεν εἷς ἐκ των ἑπτα ἀγγελων των ἐχοντων τας ἑπτα φιαλας, των γεμοντων των ἑπτα πληγων των ἐσχατων,
     22 13 ἐγω το ἀλφα καὶ το ὡ, ὁ πρωτος καὶ ὁ ἔσχατος,

ἐσχατως [1]

Mc 5 23 καὶ παρακαλει αὐτον πολλα λεγων ὀτι το θυγατριον μου ἐσχατως ἐχει,

ἔσω [9]

Mt 26 58 καὶ εἰσελθων ἔσω ἐκαθητο μετα των ὑπηρετων ἰδειν το τελος.
Mc 14 54 καὶ ὁ πετρος ἀπο μακροθεν ἠκολουθησεν αὐτω ἑως ἔσω εἰς την αὐλην του ἀρχιερεως,
     15 16 οἱ δε στρατιωται ἀπηγαγον αὐτον ἔσω της αὐλης, ὁ ἐστιν πραιτωριον, καὶ συγκαλουσιν ὁλην την σπειραν.
Jh 20 26 καὶ μεθ ἡμερας ὀκτω παλιν ἠσαν ἔσω οἱ μαθηται αὐτου, καὶ θωμας μετ αὐτων.
Ac 5 23 ἀναστρεψαντες δε ἀπηγγειλαν λεγοντες ὀτι το δεσμωτηριον εὑρομεν κεκλεισμενον ἐν παση ἀσφαλεια καὶ τους φυλακας ἑστωτας ἐπι των θυρων, ἀνοιξαντες δε ἔσω οὐδενα εὑρομεν.
Rm 7 22 συνηδομαι γαρ τω νομω του θεου κατα τον ἔσω ἀνθρωπον,
1Co 5 12 τι γαρ μοι τους ἐξω κρινειν; οὐχι τους ἔσω ὑμεις κρινετε;
2Co 4 16 ἀλλ εἰ καὶ ὁ ἐξω ἡμων ἀνθρωπος διαφθειρεται, ἀλλ ὁ ἔσω ἡμων ἀνακαινουται ἡμερα καὶ ἡμερα.
Eph 3 16 ἱνα δω ὑμιν κατα το πλουτος της δοξης αὐτου δυναμει κραταιωθηναι δια του πνευματος αὐτου εἰς τον ἔσω ἀνθρωπον,

ἔσωθεν [12]

Mt 7 15 ἔσωθεν δε εἰσιν λυκοι ἁρπαγες.
     23 25 οὐαι ὑμιν, γραμματεις καὶ φαρισαιοι ὑποκριται, ὀτι καθαριζετε το ἐξωθεν του ποτηριου καὶ της παροψιδος, ἔσωθεν δε γεμουσιν ἐξ ἁρπαγης καὶ ἀκρασιας.
     27 ὀτι παρομοιαζετε ταφοις κεκονιαμενοις, οἱτινες ἐξωθεν μεν φαινονται ὡραιοι, ἔσωθεν δε γεμουσιν ὀστεων νεκρων καὶ πασης ἀκαθαρσιας.
     28 οὑτως καὶ ὑμεις ἐξωθεν μεν φαινεσθε τοις ἀνθρωποις δικαιοι, ἔσωθεν δε ἐστε μεστοι ὑποκρισεως καὶ ἀνομιας.
Mc 7 21 ἔσωθεν γαρ ἐκ της καρδιας των ἀνθρωπων οἱ διαλογισμοι οἱ κακοι ἐκπορευονται, πορνειαι, κλοπαι, φονοι, μοιχειαι, πλευνεξιαι, πονηριαι, δολος, ἀσελγεια, ὀφθαλμος πονηρος, βλασφημια, ὑπερηφανια, ἀφροσυνη·
     23 παντα ταυτα τα πονηρα ἔσωθεν ἐκπορευεται καὶ κοινοι τον ἀνθρωπον.
Lc 11 7 κακεινος ἔσωθεν ἀποκριθεις εἰπη·
     39 νυν ὑμεις οἱ φαρισαιοι το ἐξωθεν του ποτηριου καὶ του πινακος καθαριζετε, το δε ἔσωθεν ὑμων γεμει ἁρπαγης καὶ πονηριας.
     40 ἀφρονες, οὐχ ὁ ποιησας το ἐξωθεν καὶ το ἔσωθεν ἐποιησεν;
2Co 7 5 ἀλλ ἐν παντι θλιβομενοι· ἐξωθεν μαχαι, ἔσωθεν φοβοι.
Apc 4 8 καὶ τα τεσσαρα ζωα, ἐν καθ ἐν αὐτων ἐχων ἀνα πτερυγας ἐξ, κυκλοθεν καὶ ἔσωθεν γεμουσιν ὀφθαλμων·
     5 1 καὶ εἰδον ἐπι την δεξιαν του καθημενου ἐπι του θρονου βιβλιον γεγραμμενον ἔσωθεν καὶ ὀπισθεν,

ἐσωτερος [2]

Ac 16 24 ὁς παραγγελιαν τοιαυτην λαβων ἐβαλεν αὐτους εἰς την ἐσωτεραν φυλακην καὶ τους ποδας ἠσφαλισατο αὐτων εἰς το ξυλον.
Heb 6 19 ἡν ὡς ἀγκυραν ἐχομεν της ψυχης ἀσφαλη τε καὶ βεβαιαν καὶ εἰσερχομενην εἰς το ἐσωτερον του καταπετασματος,

ἑταιρος [3]

Mt 20 13 ἑταιρε, οὐκ ἀδικω σε· οὐχι δηναριου συνεφωνησας μοι;
     22 12 ἑταιρε, πως εἰσηλθες ὡδε μη ἐχων ἐνδυμα γαμου;
     26 50 ὁ δε ἰησους εἰπεν αὐτω· ἑταιρε, ἐφ ὁ παρει.

ἑτερογλωσσος [1]

1Co 14 21 ἐν τω νομω γεγραπται ὀτι ἐν ἑτερογλωσσοις καὶ ἐν χειλεσιν ἑτερων λαλησω τω λαω τουτω, καὶ οὐδ οὑτως εἰσακουσονται μου, λεγει κυριος.

ἑτεροδιδασκαλεω [2]

1Tm 1 3 καθως παρεκαλεσα σε προσμειναι ἐν ἐφεσω, πορευομενος εἰς μακεδονιαν, ἱνα παραγγειλης τισιν μη ἑτεροδιδασκαλειν
     6 3 εἰ τις ἑτεροδιδασκαλει καὶ μη προσερχεται ὑγιαινουσιν λογοις τοις του κυριου ἡμων ἰησου χριστου, καὶ τη κατ εὐσεβειαν διδασκαλια, τετυφωται, μηδεν ἐπισταμενος,

ἑτεροζυγεω [1]

2Co 6 14 μη γινεσθε ἑτεροζυγουντες ἀπιστοις·

ἕτερος [99]

Mt 6 24 ἠ γαρ τον ἑνα μισησει καὶ τον ἑτερον ἀγαπησει,
     24 ἠ ἑνος ἀνθεξεται καὶ του ἑτερου καταφρονησει.
     8 21 ἑτερος δε των μαθητων [αὐτου] εἰπεν αὐτω·
     10 23 ὀταν δε διωκωσιν ὑμας ἐν τη πολει ταυτη, φευγετε εἰς την ἑτεραν·
     11 3 συ εἰ ὁ ἐρχομενος, ἠ ἑτερον προσδοκωμεν;
     16 ὁμοια ἐστιν παιδιοις καθημενοις ἐν ταις ἀγοραις ἁ προσφωνουντα τοις ἑτεροις λεγουσιν·
     12 45 τοτε πορευεται καὶ παραλαμβανει μεθ ἑαυτου ἑπτα ἑτερα πνευματα πονηροτερα ἑαυτου,
     15 30 καὶ προσηλθον αὐτω ὀχλοι πολλοι ἐχοντες μεθ ἑαυτων χωλους, τυφλους, κυλλους, κωφους, καὶ ἑτερους πολλους, καὶ ἐρριψαν αὐτους παρα τους ποδας αὐτου·
     16 14 οἱ δε εἰπαν· οἱ μεν ἰωαννην τον βαπτιστην, ἀλλοι δε ἠλιαν, ἑτεροι δε ἰερεμιαν ἠ ἑνα των προφητων.
     21 30 προσελθων δε τω ἑτερω εἰπεν ὡσαυτως.
Mc 16 12 μετα δε ταυτα δυσιν ἐξ αὐτων περιπατουσιν ἐφανερωθη ἐν ἑτερα μορφη πορευομενοις εἰς ἀγρον·
Lc 3 18 πολλα μεν οὐν καὶ ἑτερα παρακαλων εὐηγγελιζετο τον λαον·
     4 43 ὁ δε εἰπεν προς αὐτους ὀτι καὶ ταις ἑτεραις πολεσιν εὐαγγελισασθαι με δει την βασιλειαν του θεου, ὀτι ἐπι τουτο ἀπεσταλην.
     5 7 καὶ κατενευσαν τοις μετοχοις ἐν τω ἑτερω πλοιω του ἐλθοντας συλλαβεσθαι αὐτοις·
     6 6 ἐγενετο δε ἐν ἑτερω σαββατω εἰσελθειν αὐτον εἰς την συναγωγην καὶ διδασκειν·
     7 41 ὁ εἱς ὠφειλεν δηναρια πεντακοσια, ὁ δε ἑτερος πεντηκοντα.
     8 3 καὶ ἰωαννα γυνη χουζα ἐπιτροπου ἡρωδου καὶ σουσαννα καὶ ἑτεραι πολλαι,
     6 καὶ ἑτερον κατεπεσεν ἐπι την πετραν, καὶ φυεν ἐξηρανθη δια το μη ἐχειν ἰκμαδα.
     7 καὶ ἑτερον ἐπεσεν ἐν μεσω των ἀκανθων, καὶ συμφυεισαι αἱ ἀκανθαι ἀπεπνιξαν αὐτο.
     8 καὶ ἑτερον ἐπεσεν εἰς την γην την ἀγαθην καὶ φυεν ἐποιησεν καρπον ἑκατονταπλασιονα.
     9 29 καὶ ἐγενετο ἐν τω προσευχεσθαι αὐτον το εἰδος του προσωπου αὐτου ἑτερον καὶ ὁ ἱματισμος αὐτου λευκος ἐξαστραπτων·
     56 καὶ ἐπορευθησαν εἰς ἑτεραν κωμην.
     59 εἰπεν δε προς ἑτερον· ἀκολουθει μοι.
     61 εἰπεν δε καὶ ἑτερος· ἀκολουθησω σοι, κυριε·
     10 1 μετα δε ταυτα ἀνεδειξεν ὁ κυριος ἑτερους ἑβδομηκοντα[δυο],
     11 16 ἑτεροι δε πειραζοντες σημειον ἐξ οὐρανου ἐζητουν παρ αὐτου.
     26 τοτε πορευεται καὶ παραλαμβανει ἑτερα πνευματα πονηροτερα ἑαυτου ἑπτα,
     14 19 καὶ ἑτερος εἰπεν·
     20 καὶ ἑτερος εἰπεν·
     31 ἠ τις βασιλευς πορευομενος ἑτερω βασιλει συμβαλειν εἰς πολεμον οὐχι καθισας πρωτον βουλευσεται εἰ δυνατος ἐστιν ἐν δεκα χιλιασιν ὑπαντησαι τω μετα εἰκοσι χιλιαδων ἐρχομενω ἐπ αὐτον;
     16 7 ἐπειτα ἑτερω εἰπεν· συ δε ποσον ὀφειλεις;
     13 ἠ γαρ τον ἑνα μισησει καὶ τον ἑτερον ἀγαπησει, ἠ ἑνος ἀνθεξεται καὶ του ἑτερου καταφρονησει.
     13 ἠ γαρ τον ἑνα μισησει καὶ τον ἑτερον ἀγαπησει, ἠ ἑνος ἀνθεξεται καὶ του ἑτερου καταφρονησει.
     18 πας ὁ ἀπολυων την γυναικα αὐτου καὶ γαμων ἑτεραν μοιχευει, καὶ ὁ ἀπολελυμενην ἀπο ἀνδρος γαμων μοιχευει.
     17 34 λεγω ὑμιν, ταυτη τη νυκτι ἐσονται δυο ἐπι κλινης μιας, ὁ εἱς παραλημφθησεται καὶ ὁ ἑτερος ἀφεθησεται·
     35 ἐσονται δυο ἀληθουσαι ἐπι το αὐτο, ἠ μια παραλημφθησεται ἠ δε ἑτερα ἀφεθησεται.
     36 * δυο ἐν ἀγρω· εἱς παραλημφθησεται καὶ ὁ ἑτερος ἀφεθησεται.
     18 10 ἀνθρωποι δυο ἀνεβησαν εἰς το ἱερον προσευξασθαι, ὁ εἱς φαρισαιος καὶ ὁ ἑτερος τελωνης·
     19 20 καὶ ὁ ἑτερος ἠλθεν λεγων·
     20 11 καὶ προσεθετο ἑτερον πεμψαι δουλον·

ἕτερος [99]

Lc 22 58 και μετα βραχυ ἕτερος ἰδων αυτον ἐφη·
    65 και ἕτερα πολλα βλασφημουντες ἐλεγον εἰς αυτον.
    23 32 ἠγοντο δε και ἕτεροι κακουργοι δυο συν αυτω ἀναιρεθηναι.
    40 ἀποκριθεις δε ὁ ἕτερος ἐπιτιμων αυτω ἐφη·
Jh 19 37 και παλιν ἕτερα γραφη λεγει·
Ac 1 20 και· την ἐπισκοπην αυτου λαβετω ἕτερος.
    2 4 και ἠρξαντο λαλειν ἕτεραις γλωσσαις καθως το πνευμα
         ἐδιδου ἀποφθεγγεσθαι αυτοις.
    13 ἕτεροι δε διαχλευαζοντες ἐλεγον ὁτι γλευκους μεμεστωμενοι
        εἰσιν.
    40 ἕτεροις τε λογοις πλειοσιν διεμαρτυρατο,
    4 12 ουδε γαρ ὀνομα ἐστιν ἕτερον ὑπο τον ουρανον το δεδομενον
         ἐν ἀνθρωποις ἐν ᾡ δει σωθηναι ἡμας.
    7 18 ηὐξησεν ὁ λαος και ἐπληθυνθη ἐν αἰγυπτω, ἀχρι οὑ ἀνεστη
         βασιλευς ἕτερος [ἐπ αἰγυπτον],
    8 34 δεομαι σου, περι τινος ὁ προφητης λεγει τουτο; περι ἑαυτου ἠ
         περι ἑτερου τινος;
    12 17 και ἐξελθων ἐπορευθη εἰς ἕτερον τοπον.
    13 35 διοτι και ἐν ἑτερω λεγει·
    15 35 παυλος δε και βαρναβας διετριβον ἐν ἀντιοχεια, διδασκοντες
         και εὐαγγελιζομενοι μετα και ἑτερων πολλων τον λογον του
         κυριου.
    17 7 και οὑτοι παντες ἀπεναντι των δογματων καισαρος
        πρασσουσιν, βασιλεα ἕτερον λεγοντες εἰναι ἰησουν.
    21 ἀθηναιοι δε παντες και οἱ ἐπιδημουντες ξενοι εἰς ουδεν
        ἑτερον ηὐκαιρουν ἠ λεγειν τι ἠ ἀκουειν τι καινοτερον.
    34 τινες δε ἀνδρες κολληθεντες αυτω ἐπιστευσαν, ἐν οἱς και
        διονυσιος ὁ ἀρεοπαγιτης και γυνη ὀνοματι δαμαρις και
        ἑτεροι συν αυτοις.
    20 15 κακειθεν ἀποπλευσαντες τη ἐπιουση κατηντησαμεν ἀντικρυς
         χιου, τη δε ἑτερα παρεβαλομεν εἰς σαμον,
    23 6 γνους δε ὁ παυλος ὁτι το ἑν μερος ἐστιν σαδδουκαιων το δε
        ἑτερον φαρισαιων ἐκραζεν ἐν τω συνεδριω·
    27 1 ὡς δε ἐκριθη του ἀποπλειν ἡμας εἰς την ἰταλιαν, παρεδιδουν
        τον τε παυλον και τινας ἑτερους δεσμωτας ἑκατονταρχη
        ὀνοματι ἰουλιω σπειρης σεβαστης.
    3 τη τε ἑτερα κατηχθημεν εἰς σιδωνα,
Rm 2 1 ἐν ᾡ γαρ κρινεις τον ἑτερον, σεαυτον κατακρινεις·
    21 ὁ οὑν διδασκων ἑτερον σεαυτον ου διδασκεις; ὁ κηρυσσων
        μη κλεπτειν κλεπτεις;
    7 3 ἀρα οὑν ζωντος του ἀνδρος μοιχαλις χρηματισει ἐαν γενηται
        ἀνδρι ἑτερω·
    3 ἐαν δε ἀποθανη ὁ ἀνηρ, ἐλευθερα ἐστιν ἀπο του νομου, του
        μη εἰναι αυτην μοιχαλιδα γενομενην ἀνδρι ἑτερω.
    4 ὡστε, ἀδελφοι μου, και ὑμεις ἐθανατωθητε τω νομω δια του
        σωματος του χριστου, εἰς το γενεσθαι ὑμας ἑτερω,
    23 βλεπω δε ἑτερον νομον ἐν τοις μελεσιν μου
    8 39 πεπεισμαι γαρ ὁτι ουτε θανατος ουτε ζωη ουτε ἀγγελοι ουτε
        ἀρχαι ουτε ἐνεστωτα ουτε μελλοντα ουτε δυναμεις ουτε
        ὑψωμα ουτε βαθος ουτε τις κτισις ἑτερα δυνησεται ἡμας
        χωρισαι ἀπο της ἀγαπης του θεου της ἐν χριστω ἰησου τω
        κυριω ἡμων.
    13 8 ὁ γαρ ἀγαπων τον ἑτερον νομον πεπληρωκεν.
    9 το γαρ ου μοιχευσεις, ου φονευσεις, ου κλεψεις, ουκ
        ἐπιθυμησεις, και εἰ τις ἑτερα ἐντολη, ἐν τω λογω τουτω
        ἀνακεφαλαιουται, [ἐν τω]·
1Co 3 4 ὁταν γαρ λεγη τις· ἐγω μεν εἰμι παυλου, ἑτερος δε· ἐγω
        ἀπολλω, ουκ ἀνθρωποι ἐστε;
    4 6 ἱνα ἐν ἡμιν μαθητε το μη ὑπερ ἁ γεγραπται, ἱνα μη εἱς ὑπερ
        του ἑνος φυσιουσθε κατα του ἑτερου.
    6 1 τολμα τις ὑμων πραγμα ἐχων προς τον ἑτερον κρινεσθαι ἐπι
        των ἀδικων, και ουχι ἐπι των ἁγιων;
    10 24 μηδεις το ἑαυτου ζητειτω ἀλλα το του ἑτερου.
    29 συνειδησιν δε λεγω ουχι την ἑαυτου ἀλλα την του ἑτερου.
    12 9 ἀλλω δε λογος γνωσεως κατα το αυτο πνευμα, ἑτερω πιστις
        ἐν τω αυτω πνευματι,
    10 ἀλλω [δε] διακρισεις πνευματων, ἑτερω γενη γλωσσων,
    14 17 συ μεν γαρ καλως εὐχαριστεις, ἀλλ ὁ ἑτερος ουκ
        οἰκοδομειται.
    21 ἐν τω νομω γεγραπται ὁτι ἐν ἑτερογλωσσοις και ἐν χειλεσιν
        ἑτερων λαλησω τω λαω τουτω, και ουδ ουτως εἰσακουσονται
        μου, λεγει κυριος.
    15 40 ἀλλα ἑτερα μεν ἡ των ἐπουρανιων δοξα, ἑτερα δε ἡ των
        ἐπιγειων.
    40 ἀλλα ἑτερα μεν ἡ των ἐπουρανιων δοξα, ἑτερα δε ἡ των
        ἐπιγειων.
2Co 8 8 ου κατ ἐπιταγην λεγω, ἀλλα δια της ἑτερων σπουδης και το
        της ὑμετερας ἀγαπης γνησιον δοκιμαζων·

ἕτερος [99]

2Co 11 4 εἰ μεν γαρ ὁ ἐρχομενος ἀλλον ἰησουν κηρυσσει ὁν ουκ
         ἐκηρυξαμεν, ἠ πνευμα ἑτερον λαμβανετε ὁ ουκ ἐλαβετε, ἠ
         εὐαγγελιον ἑτερον ὁ ουκ ἐδεξασθε, καλως ἀνεχεσθε.
    4 εἰ μεν γαρ ὁ ἐρχομενος ἀλλον ἰησουν κηρυσσει ὁν ουκ
        ἐκηρυξαμεν, ἠ πνευμα ἑτερον λαμβανετε ὁ ουκ ἐλαβετε, ἠ
        εὐαγγελιον ἑτερον ὁ ουκ ἐδεξασθε, καλως ἀνεχεσθε.
Ga 1 6 θαυμαζω ὁτι ουτως ταχεως μετατιθεσθε ἀπο του καλεσαντος
        ὑμας ἐν χαριτι [χριστου] εἰς ἑτερον εὐαγγελιον,
    19 ἑτερον δε των ἀποστολων ουκ εἰδον, εἰ μη ἰακωβον τον
        ἀδελφον του κυριου.
    6 4 και τοτε εἰς ἑαυτον μονον το καυχημα ἑξει και ουκ εἰς τον
        ἑτερον·
Eph 3 5 ὁ ἑτεραις γενεαις ουκ ἐγνωρισθη τοις υἱοις των ἀνθρωπων ὡς
        νυν ἀπεκαλυφθη τοις ἁγιοις ἀποστολοις αυτου και προφηταις
        ἐν πνευματι,
Php 2 4 μη τα ἑαυτων ἑκαστος σκοπουντες, ἀλλα [και] τα ἑτερων
        ἑκαστοι.
1Tm 1 10 και εἰ τι ἑτερον τη ὑγιαινουση διδασκαλια ἀντικειται,
2Tm 2 2 ταυτα παραθου πιστοις ἀνθρωποις, οἱτινες ἱκανοι ἐσονται και
        ἑτερους διδαξαι.
Heb 5 6 καθως και ἐν ἑτερω λεγει· συ ἱερευς εἰς τον αἰωνα κατα την
        ταξιν μελχισεδεκ.
    7 11 τις ἐτι χρεια κατα την ταξιν μελχισεδεκ ἑτερον ἀνιστασθαι
        ἱερεα και ου κατα την ταξιν ἀαρων λεγεσθαι;
    13 ἐφ ὁν γαρ λεγεται ταυτα, φυλης ἑτερας μετεσχηκεν,
    15 και περισσοτερον ἐτι καταδηλον ἐστιν, εἰ κατα την
        ὁμοιοτητα μελχισεδεκ ἀνισταται ἱερευς ἑτερος,
    11 36 ἑτεροι δε ἐμπαιγμων και μαστιγων πειραν ἐλαβον,
Ja 2 25 ὁμοιως δε και ῥααβ ἡ πορνη ουκ ἐξ ἐργων ἐδικαιωθη,
        ὑποδεξαμενη τους ἀγγελους και ἑτερα ὁδω ἐκβαλουσα;
Ju 7 τον ὁμοιον τροπον τουτοις ἐκπορνευσασαι και ἀπελθουσαι
        ὀπισω σαρκος ἑτερας, προκεινται δειγμα πυρος αἰωνιου δικην
        ὑπεχουσαι.

ἑτερως [1]

Php 3 15 και εἰ τι ἑτερως φρονειτε, και τουτο ὁ θεος ὑμιν ἀποκαλυψει·

ἔτι [93]

Mt 5 13 εἰς ουδεν ἰσχυει ἐτι εἰ μη βληθεν ἐξω καταπατεισθαι ὑπο των
        ἀνθρωπων.
    12 46 ἐτι αυτου λαλουντος τοις ὀχλοις, ἰδου ἡ μητηρ και οἱ ἀδελφοι
        αυτου εἱστηκεισαν ἐξω ζητουντες αυτω λαλησαι.
    17 5 ἐτι αυτου λαλουντος, ἰδου νεφελη φωτεινη ἐπεσκιασεν
        αυτους,
    18 16 ἐαν δε μη ἀκουση, παραλαβε μετα σου ἐτι ἑνα ἠ δυο,
    19 20 παντα ταυτα ἐφυλαξα· τι ἐτι ὑστερω;
    26 47 και ἐτι αυτου λαλουντος, ἰδου ἰουδας εἱς των δωδεκα ἠλθεν,
    65 ἐβλασφημησεν· τι ἐτι χρειαν ἐχομεν μαρτυρων;
    27 63 κυριε, ἐμνησθημεν ὁτι ἐκεινος ὁ πλανος εἰπεν ἐτι ζων· μετα
        τρεις ἡμερας ἐγειρομαι.
Mc 5 35 ἐτι αυτου λαλουντος ἐρχονται ἀπο του ἀρχισυναγωγου
        λεγοντες ὁτι ἡ θυγατηρ σου ἀπεθανεν·
    35 τι ἐτι σκυλλεις τον διδασκαλον;
    12 6 ἐτι ἑνα εἰχεν, υἱον ἀγαπητον·
    14 43 και εὐθυς ἐτι αυτου λαλουντος παραγινεται ἰουδας εἱς των
        δωδεκα,
    63 τι ἐτι χρειαν ἐχομεν μαρτυρων;
Lc 1 15 και πνευματος ἁγιου πλησθησεται ἐτι ἐκ κοιλιας μητρος
        αυτου,
    8 49 ἐτι αυτου λαλουντος ἐρχεται τις παρα του ἀρχισυναγωγου
        λεγων ὁτι τεθνηκεν ἡ θυγατηρ σου·
    9 42 ἐτι δε προσερχομενου αυτου ἐρρηξεν αυτον το δαιμονιον και
        συνεσπαραξεν·
    14 22 κυριε, γεγονεν ὁ ἐπεταξας, και ἐτι τοπος ἐστιν.
    26 και την μητερα και την γυναικα και τα τεκνα και τους
        ἀδελφους και τας ἀδελφας, ἐτι τε και την ψυχην ἑαυτου,
    32 εἰ δε μηγε, ἐτι αυτου πορρω ὀντος πρεσβειαν ἀποστειλας
        ἐρωτα τα προς εἰρηνην.
    15 20 ἐτι δε αυτου μακραν ἀπεχοντος εἰδεν αυτον ὁ πατηρ αυτου
        και ἐσπλαγχνισθη,
    16 2 ἀποδος τον λογον της οἰκονομιας σου· ου γαρ δυνη ἐτι
        οἰκονομειν.
    18 22 ἐτι ἑν σοι λειπει·
    20 36 ουδε γαρ ἀποθανειν ἐτι δυνανται, ἰσαγγελοι γαρ εἰσιν,
    22 47 ἐτι αυτου λαλουντος ἰδου ὀχλος, και ὁ λεγομενος ἰουδας εἱς
        των δωδεκα προηρχετο αυτους, και ἠγγισεν τω ἰησου φιλησαι
        αυτον.

ἔτι [93]

Lc	22 60	και παραχρημα *ἔτι* λαλουντος αὐτου ἐφωνησεν ἀλεκτωρ.
	71	τί *ἔτι* ἐχομεν μαρτυριας χρειαν;
	24 6	μνησθητε ὡς ἐλαλησεν ὑμιν *ἔτι* ὢν ἐν τῃ γαλιλαιᾳ,
	41	*ἔτι* δε ἀπιστουντων αὐτων ἀπο της χαρας και θαυμαζοντων, εἰπεν αὐτοις·
	44	οὑτοι οἱ λογοι μου οὓς ἐλαλησα προς ὑμας *ἔτι* ὢν συν ὑμιν,
Jh	4 35	οὐχ ὑμεις λεγετε ὅτι *ἔτι* τετραμηνος ἐστιν και ὁ θερισμος ἐρχεται;
	7 33	*ἔτι* χρονον μικρον μεθ ὑμων εἰμι και ὑπαγω προς τον πεμψαντα με.
	11 30	οὐπω δε ἐληλυθει ὁ ἰησους εἰς την κωμην, ἀλλ ἠν *ἔτι* ἐν τῳ τοπῳ ὁπου ὑπηντησεν αὐτῳ ἡ μαρθα.
	12 35	*ἔτι* μικρον χρονον το φως ἐν ὑμιν ἐστιν.
	13 33	τεκνια, *ἔτι* μικρον μεθ ὑμων εἰμι·
	14 19	*ἔτι* μικρον και ὁ κοσμος με οὐκετι θεωρει,
	16 12	*ἔτι* πολλα ἐχω ὑμιν λεγειν, ἀλλ οὐ δυνασθε βασταζειν ἀρτι·
	20 1	τῃ δε μιᾳ των σαββατων μαρια ἡ μαγδαληνη ἐρχεται πρωι σκοτιας *ἔτι* οὐσης εἰς το μνημειον,
Ac	2 26	*ἔτι* δε και ἡ σαρξ μου κατασκηνωσει ἐπ ἐλπιδι,
	9 1	ὁ δε σαυλος *ἔτι* ἐμπνεων ἀπειλης και φονου εἰς τους μαθητας του κυριου, προσελθων τῳ ἀρχιερει ᾐτησατο παρ αὐτου ἐπιστολας εἰς δαμασκον προς τας συναγωγας,
	10 44	*ἔτι* λαλουντος του πετρου τα ρηματα ταυτα ἐπεπεσεν το πνευμα το ἁγιον ἐπι παντας τους ἀκουοντας τον λογον.
	18 18	ὁ δε παυλος *ἔτι* προσμεινας ἡμερας ἱκανας, τοις ἀδελφοις ἀποταξαμενος ἐξεπλει εἰς την συριαν,
	21 28	*ἔτι* τε και ἑλληνας εἰσηγαγεν εἰς το ἱερον και κεκοινωκεν τον ἁγιον τοπον τουτον.
Rm	3 7	εἰ δε ἡ ἀληθεια του θεου ἐν τῳ ἐμῳ ψευσματι ἐπερισσευσεν εἰς την δοξαν αὐτου, τί *ἔτι* καγω ὡς ἁμαρτωλος κρινομαι;
	5 6	*ἔτι* γαρ χριστος ὀντων ἡμων ἀσθενων *ἔτι* κατα καιρον ὑπερ ἀσεβων ἀπεθανεν.
	6	*ἔτι* γαρ χριστος ὀντων ἡμων ἀσθενων *ἔτι* κατα καιρον ὑπερ ἀσεβων ἀπεθανεν.
	8	συνιστησιν δε την ἑαυτου ἀγαπην εἰς ἡμας ὁ θεος ὁτι *ἔτι* ἁμαρτωλων ὀντων ἡμων χριστος ὑπερ ἡμων ἀπεθανεν.
	6 2	οἱτινες ἀπεθανομεν τῃ ἁμαρτιᾳ, πως *ἔτι* ζησομεν ἐν αὐτῃ;
	9 19	τί [οὐν] *ἔτι* μεμφεται; τῳ γαρ βουληματι αὐτου τίς ἀνθεστηκεν;
1Co	3 2	ἀλλ οὐδε *ἔτι* νυν δυνασθε, *ἔτι* γαρ σαρκικοι ἐστε.
	3	ἀλλ οὐδε *ἔτι* νυν δυνασθε, *ἔτι* γαρ σαρκικοι ἐστε.
	12 31	και *ἔτι* καθ ὑπερβολην ὁδον ὑμιν δεικνυμι.
	15 17	*ἔτι* ἐστε ἐν ταις ἁμαρτιαις ὑμων.
2Co	1 10	ὃς ἐκ τηλικουτου θανατου ἐρρυσατο ἡμας και ρυσεται, εἰς ὁν ἠλπικαμεν [ὁτι] και *ἔτι* ρυσεται,
Ga	1 10	εἰ *ἔτι* ἀνθρωποις ἠρεσκον, χριστου δουλος οὐκ ἀν ἠμην.
	5 11	ἐγω δε, ἀδελφοι, εἰ περιτομην *ἔτι* κηρυσσω, τί *ἔτι* διωκομαι;
	11	ἐγω δε, ἀδελφοι, εἰ περιτομην *ἔτι* κηρυσσω, τί *ἔτι* διωκομαι;
Php	1 9	και τουτο προσευχομαι, ἱνα ἡ ἀγαπη ὑμων *ἔτι* μαλλον και μαλλον περισσευῃ ἐν ἐπιγνωσει και πασῃ αἰσθησει,
2Th	2 5	οὐ μνημονευετε ὁτι *ἔτι* ὢν προς ὑμας ταυτα ἐλεγον ὑμιν;
Heb	7 10	*ἔτι* γαρ ἐν τῃ ὀσφυι του πατρος ἠν ὁτε συνηντησεν αὐτῳ μελχισεδεκ.
	11	τίς *ἔτι* χρεια κατα την ταξιν μελχισεδεκ ἑτερον ἀνιστασθαι ἱερεα και οὐ κατα την ταξιν ἀαρων λεγεσθαι;
	15	και περισσοτερον *ἔτι* καταδηλον ἐστιν, εἰ κατα την ὁμοιοτητα μελχισεδεκ ἀνισταται ἱερευς ἑτερος,
	8 12	και των ἁμαρτιων αὐτων οὐ μη μνησθω *ἔτι*.
	9 8	τουτο δηλουντος του πνευματος του ἁγιου, μηπω πεφανερωσθαι την των ἁγιων ὁδον *ἔτι* της πρωτης σκηνης ἐχουσης στασιν,
	10 2	ἐπει οὐκ ἀν ἐπαυσαντο προσφερομεναι, δια το μηδεμιαν ἐχειν *ἔτι* συνειδησιν ἁμαρτιων τους λατρευοντας ἁπαξ κεκαθαρισμενους;
	17	και των ἁμαρτιων αὐτων και των ἀνομιων αὐτων οὐ μη μνησθησομαι *ἔτι*.
	37	*ἔτι* γαρ μικρον ὁσον ὁσον, ὁ ἐρχομενος ἡξει και οὐ χρονισει·
	11 4	και δι αὐτης ἀποθανων *ἔτι* λαλει.
	32	και τί *ἔτι* λεγω; ἐπιλειψει με γαρ διηγουμενον ὁ χρονος
	36	ἑτεροι δε ἐμπαιγμων και μαστιγων πειραν ἐλαβον, *ἔτι* δε δεσμων και φυλακης·
	12 26	*ἔτι* ἁπαξ ἐγω σεισω οὐ μονον την γην ἀλλα και τον οὐρανον.
	27	το δε *ἔτι* ἁπαξ δηλοι [την] των σαλευομενων μεταθεσιν ὡς πεποιημενων,
Apc	3 12	ὁ νικων, ποιησω αὐτον στυλον ἐν τῳ ναῳ του θεου μου, και ἐξω οὐ μη ἐξελθῃ *ἔτι*,
	6 11	και ἐρρεθη αὐτοις ἱνα ἀναπαυσονται *ἔτι* χρονον μικρον,
	7 16	οὐ πεινασουσιν *ἔτι* οὐδε διψησουσιν *ἔτι*,
	16	οὐ πεινασουσιν *ἔτι* οὐδε διψησουσιν *ἔτι*.

ἔτι [93]

Apc	9 12	ἰδου ἐρχεται *ἔτι* δυο οὐαι μετα ταυτα.
	12 8	οὐδε τοπος εὑρεθη αὐτων *ἔτι* ἐν τῳ οὐρανῳ.
	18 21	οὑτως ὁρμηματι βληθησεται βαβυλων ἡ μεγαλη πολις, και οὐ μη εὑρεθῃ *ἔτι*.
	22	και φωνη κιθαρωδων και μουσικων και αὐλητων και σαλπιστων οὐ μη ἀκουσθῃ ἐν σοι *ἔτι*,
	22	και πας τεχνιτης πασης τεχνης οὐ μη εὑρεθῃ ἐν σοι *ἔτι*,
	22	και φωνη μυλου οὐ μη ἀκουσθῃ ἐν σοι *ἔτι*,
	23	και φως λυχνου οὐ μη φανῃ ἐν σοι *ἔτι*,
	23	και φωνη νυμφιου και νυμφης οὐ μη ἀκουσθῃ ἐν σοι *ἔτι*
	20 3	και ἐκλεισεν και ἐσφραγισεν ἐπανω αὐτου, ἱνα μη πλανησῃ *ἔτι* τα ἐθνη,
	21 1	και ἡ θαλασσα οὐκ ἐστιν *ἔτι*.
	4	και ὁ θανατος οὐκ ἐσται *ἔτι*,
	4	οὐτε πενθος οὐτε κραυγη οὐτε πονος οὐκ ἐσται *ἔτι*·
	22 3	και παν καταθεμα οὐκ ἐσται *ἔτι*.
	5	και νυξ οὐκ ἐσται *ἔτι*.
	11	ὁ ἀδικων ἀδικησατω *ἔτι*, και ὁ ρυπαρος ρυπανθητω *ἔτι*,
	11	ὁ ἀδικων ἀδικησατω *ἔτι*, και ὁ ρυπαρος ρυπανθητω *ἔτι*,
	11	και ὁ δικαιος δικαιοσυνην ποιησατω *ἔτι*, και ὁ ἁγιος ἁγιασθητω *ἔτι*.
	11	και ὁ δικαιος δικαιοσυνην ποιησατω *ἔτι*, και ὁ ἁγιος ἁγιασθητω *ἔτι*.

ἑτοιμαζω [40]

Mt	3 3	*ἑτοιμασατε* την ὁδον κυριου, εὐθειας ποιειτε τας τριβους αὐτου.
	20 23	το δε καθισαι ἐκ δεξιων μου και ἐξ εὐωνυμων οὐκ ἐστιν ἐμον [τουτο] δουναι, ἀλλ οἱς *ἡτοιμασται* ὑπο του πατρος μου.
	22 4	εἰπατε τοις κεκλημενοις· ἰδου το ἀριστον μου *ἡτοιμακα*,
	25 34	δευτε οἱ εὐλογημενοι του πατρος μου, κληρονομησατε την *ἡτοιμασμενην* ὑμιν βασιλειαν ἀπο καταβολης κοσμου.
	41	πορευεσθε ἀπ ἐμου [οἱ] κατηραμενοι εἰς το πυρ το αἰωνιον το *ἡτοιμασμενον* τῳ διαβολῳ και τοις ἀγγελοις αὐτου.
	26 17	που θελεις *ἑτοιμασωμεν* σοι φαγειν το πασχα;
	19	και ἐποιησαν οἱ μαθηται ὡς συνεταξεν αὐτοις ὁ ἰησους, και *ἡτοιμασαν* το πασχα.
Mc	1 3	*ἑτοιμασατε* την ὁδον κυριου,
	10 40	το δε καθισαι ἐκ δεξιων μου ἠ ἐξ εὐωνυμων οὐκ ἐστιν ἐμον δουναι, ἀλλ οἱς *ἡτοιμασται*.
	14 12	που θελεις ἀπελθοντες *ἑτοιμασωμεν* ἱνα φαγῃς το πασχα;
	15	και αὐτος ὑμιν δειξει ἀναγαιον μεγα ἐστρωμενον ἑτοιμον· και ἐκει *ἑτοιμασατε* ἡμιν.
	16	και ἐξηλθον οἱ μαθηται και ἠλθον εἰς την πολιν και εὑρον καθως εἰπεν αὐτοις, και *ἡτοιμασαν* το πασχα.
Lc	1 17	και αὐτος προελευσεται ἐνωπιον αὐτου ἐν πνευματι και δυναμει ἠλιου, ἐπιστρεψαι καρδιας πατερων ἐπι τεκνα και ἀπειθεις ἐν φρονησει δικαιων, *ἑτοιμασαι* κυριῳ λαον κατεσκευασμενον.
	76	και συ δε, παιδιον, προφητης ὑψιστου κληθησῃ· προπορευσῃ γαρ ἐνωπιον κυριου *ἑτοιμασαι* ὁδους αὐτου,
	2 31	ὁτι εἰδον οἱ ὀφθαλμοι μου το σωτηριον σου, ὁ *ἡτοιμασας* κατα προσωπον παντων των λαων,
	3 4	*ἑτοιμασατε* την ὁδον κυριου, εὐθειας ποιειτε τας τριβους αὐτου·
	9 52	και πορευθεντες εἰσηλθον εἰς κωμην σαμαριτων, ὡς *ἑτοιμασαι* αὐτῳ·
	12 20	ἀφρων, ταυτῃ τῃ νυκτι την ψυχην σου ἀπαιτουσιν ἀπο σου· ἁ δε *ἡτοιμασας*, τίνι ἐσται;
	47	ἐκεινος δε ὁ δουλος ὁ γνους το θελημα του κυριου αὐτου και μη *ἑτοιμασας* ἠ ποιησας προς το θελημα αὐτου δαρησεται πολλας·
	17 8	ἀλλ οὐχι ἐρει αὐτῳ· *ἑτοιμασον* τί δειπνησω, και περιζωσαμενος διακονει μοι ἑως φαγω και πιω, και μετα ταυτα φαγεσαι και πιεσαι συ;
	22 8	πορευθεντες *ἑτοιμασατε* ἡμιν το πασχα, ἱνα φαγωμεν.
	9	οἱ δε εἰπαν αὐτῳ· που θελεις *ἑτοιμασωμεν*;
	12	κακεινος ὑμιν δειξει ἀναγαιον μεγα ἐστρωμενον· ἐκει *ἑτοιμασατε*.
	13	ἀπελθοντες δε εὑρον καθως εἰρηκει αὐτοις, και *ἡτοιμασαν* το πασχα.
	23 56	ὑποστρεψασαι δε *ἡτοιμασαν* ἀρωματα και μυρα.
	24 1	τῃ δε μιᾳ των σαββατων ὀρθρου βαθεως ἐπι το μνημα ἠλθον φερουσαι ἁ *ἡτοιμασαν* ἀρωματα.
Jh	14 2	εἰ δε μη, εἰπον ἀν ὑμιν· ὁτι πορευομαι *ἑτοιμασαι* τοπον ὑμιν·
	3	και ἐαν πορευθω και *ἑτοιμασω* τοπον ὑμιν, παλιν ἐρχομαι και παραλημψομαι ὑμας προς ἐμαυτον,

ἑτοιμαζω [40]

Ac   23 23   *ἑτοιμασατε* στρατιωτας διακοσιους ὅπως πορευθωσιν ἑως καισαρειας,

1Co   2 9   ἅ ὀφθαλμος οὐκ εἶδεν και οὕς οὐκ ἤκουσεν και ἐπι καρδιαν ἀνθρωπου οὐκ ἀνεβη, ἅ *ἡτοιμασεν* ὁ θεος τοις ἀγαπωσιν αὐτον.

2Tm   2 21   ἔσται σκευος εἰς τιμην, ἡγιασμενον, εὐχρηστον τω δεσποτῃ, εἰς παν ἐργον ἀγαθον *ἡτοιμασμενον.*

Phm   22   ἁμα δε και *ἑτοιμαζε* μοι ξενιαν·

Heb   11 16   διο οὐκ ἐπαισχυνεται αὐτους ὁ θεος θεος ἐπικαλεισθαι αὐτων· *ἡτοιμασεν* γαρ αὐτοις πολιν.

Apc   8 6   και οἱ ἑπτα ἀγγελοι οἱ ἐχοντες τας ἑπτα σαλπιγγας *ἡτοιμασαν* αὐτους ἱνα σαλπισωσιν.

  9 7   και τα ὁμοιωματα των ἀκριδων ὁμοια ἱπποις *ἡτοιμασμενοις* εἰς πολεμον,

  15   και ἐλυθησαν οἱ τεσσαρες ἀγγελοι οἱ *ἡτοιμασμενοι* εἰς την ὡραν και ἡμεραν και μηνα και ἐνιαυτον,

  12 6   και ἡ γυνη ἐφυγεν εἰς την ἐρημον, ὁπου ἐχει ἐκει τοπον *ἡτοιμασμενον* ἀπο του θεου,

  16 12   και ἐξηρανθη το ὑδωρ αὐτου, ἱνα *ἑτοιμασθη* ἡ ὁδος των βασιλεων των ἀπο ἀνατολης ἡλιου.

  19 7   και ἡ γυνη αὐτου *ἡτοιμασεν* ἑαυτην,

  21 2   και την πολιν την ἁγιαν ἱερουσαλημ καινην εἶδον καταβαινουσαν ἐκ του οὐρανου ἀπο του θεου, *ἡτοιμασμενην* ὡς νυμφην κεκοσμημενην τω ἀνδρι αὐτης.

ἑτοιμασια [1]

Eph   6 15   και ὑποδησαμενοι τους ποδας ἐν *ἑτοιμασιᾳ* του εὐαγγελιου της εἰρηνης,

ἑτοιμος [17]

Mt   22 4   οἱ ταυροι μου και τα σιτιστα τεθυμενα, και παντα *ἑτοιμα*·

  8   ὁ μεν γαμος *ἑτοιμος* ἐστιν, οἱ δε κεκλημενοι οὐκ ἦσαν ἀξιοι·

  24 44   δια τουτο και ὑμεις γινεσθε *ἑτοιμοι,* ὁτι ῃ οὐ δοκειτε ὡρᾳ ὁ υἱος του ἀνθρωπου ἐρχεται.

  25 10   και αἱ *ἑτοιμοι* εἰσηλθον μετ αὐτου εἰς τους γαμους,

Mc   14 15   και αὐτος ὑμιν δειξει ἀναγαιον μεγα ἐστρωμενον *ἑτοιμον*·

Lc   12 40   και ὑμεις γινεσθε *ἑτοιμοι,* ὁτι ῃ ὡρᾳ οὐ δοκειτε ὁ υἱος του ἀνθρωπου ἐρχεται.

  14 17   ἐρχεσθε, ὁτι ἠδη *ἑτοιμα* ἐστιν.

  22 33   κυριε, μετα σου *ἑτοιμος* εἰμι και εἰς φυλακην και εἰς θανατον πορευεσθαι.

Jh   7 6   ὁ καιρος ὁ ἐμος οὐπω παρεστιν, ὁ δε καιρος ὁ ὑμετερος παντοτε ἐστιν *ἑτοιμος.*

Ac   23 15   ἡμεις δε προ του ἐγγισαι αὐτον *ἑτοιμοι* ἐσμεν του ἀνελειν αὐτον.

  21   και νυν εἰσιν *ἑτοιμοι* προσδεχομενοι την ἀπο σοῦ ἐπαγγελιαν.

2Co   9 5   και προκαταρτισωσιν την προεπηγγελμενην εὐλογιαν ὑμων, ταυτην *ἑτοιμην* εἰναι οὑτως ὡς εὐλογιαν και μη ὡς πλεονεξιαν.

  10 6   και ἐν *ἑτοιμῳ* ἐχοντες ἐκδικησαι πασαν παρακοην, ὁταν πληρωθῃ ὑμων ἡ ὑπακοη.

  16   εἰς τα ὑπερεκεινα ὑμων εὐαγγελισασθαι, οὐκ ἐν ἀλλοτριῳ κανονι εἰς τα *ἑτοιμα* καυχησασθαι.

Tit   3 1   ὑπομιμνησκε αὐτους ἀρχαις ἐξουσιαις ὑποτασσεσθαι, πειθαρχειν, προς παν ἐργον ἀγαθον *ἑτοιμους* εἰναι,

1Pt   1 5   τετηρημενην ἐν οὐρανοις εἰς ὑμας τους ἐν δυναμει θεου φρουρουμενους δια πιστεως εἰς σωτηριαν *ἑτοιμην* ἀποκαλυφθηναι ἐν καιρῳ ἐσχατῳ.

  3 15   *ἑτοιμοι* ἀει προς ἀπολογιαν παντι τω αἰτουντι ὑμας λογον περι της ἐν ὑμιν ἐλπιδος,

ἑτοιμως [3]

Ac   21 13   ἐγω γαρ οὐ μονον δεθηναι ἀλλα και ἀποθανειν εἰς ἱερουσαλημ *ἑτοιμως* ἐχω ὑπερ του ὀνοματος του κυριου ἰησου.

2Co   12 14   ἰδου τριτον τουτο *ἑτοιμως* ἐχω ἐλθειν προς ὑμας,

1Pt   4 5   οἱ ἀποδωσουσιν λογον τω *ἑτοιμως* ἐχοντι κριναι ζωντας και νεκρους.

ἔτος [49]

Mt   9 20   και ἰδου γυνη αἱμορροουσα δωδεκα *ἔτη* προσελθουσα ὀπισθεν ἡψατο του κρασπεδου του ἱματιου αὐτου·

Mc   5 25   και γυνη οὐσα ἐν ρυσει αἱματος δωδεκα *ἔτη,*

ἔτος [49]

Mc   5 42   και εὐθυς ἀνεστη το κορασιον και περιεπατει· ἦν γαρ *ἐτων* δωδεκα.

Lc   2 36   αὐτη προβεβηκυια ἐν ἡμεραις πολλαις, ζησασα μετα ἀνδρος *ἐτη* ἑπτα ἀπο της παρθενιας αὐτης,

  37   και αὐτη χηρα ἑως *ἐτων* ὀγδοηκοντατεσσαρων, ἡ οὐκ ἀφιστατο του ἱερου νηστειαις και δεησεσιν λατρευουσα νυκτα και ἡμεραν.

  41   και ἐπορευοντο οἱ γονεις αὐτου κατ *ἔτος* εἰς ἱερουσαλημ τῃ ἑορτῃ του πασχα.

  42   και ὁτε ἐγενετο *ἐτων* δωδεκα, ἀναβαινοντων αὐτων κατα το ἐθος της ἑορτης,

  3 1   ἐν *ἐτει* δε πεντεκαιδεκατω της ἡγεμονιας τιβεριου καισαρος, ἡγεμονευοντος ποντιου πιλατου της ἰουδαιας,

  23   και αὐτος ἦν ἰησους ἀρχομενος ὡσει *ἐτων* τριακοντα,

  4 25   πολλαι χηραι ἦσαν ἐν ταις ἡμεραις ἡλιου ἐν τω ἰσραηλ, ὁτε ἐκλεισθη ὁ οὐρανος ἐπι *ἐτη* τρια και μηνας ἑξ,

  8 42   και πεσων παρα τους ποδας [του] ἰησου παρεκαλει αὐτον εἰσελθειν εἰς τον οἰκον αὐτου, ὁτι θυγατηρ μονογενης ἦν αὐτω ὡς *ἐτων* δωδεκα και αὐτη ἀπεθνησκεν.

  43   και γυνη οὐσα ἐν ρυσει αἱματος ἀπο *ἐτων* δωδεκα, ἡτις [ἰατροις προσαναλωσασα ὁλον τον βιον] οὐκ ἰσχυσεν ἀπ οὐδενος θεραπευθηναι,

  12 19   ψυχη, ἐχεις πολλα ἀγαθα κειμενα εἰς *ἐτη* πολλα· ἀναπαυου, φαγε, πιε, εὐφραινου.

  13 7   ἰδου τρια *ἐτη* ἀφ οὑ ἐρχομαι ζητων καρπον ἐν τῃ συκῃ ταυτῃ και οὐχ εὑρισκω·

  8   κυριε, ἀφες αὐτην και τουτο το *ἐτος,* ἑως ὁτου σκαψω περι αὐτην και βαλω κοπρια,

  11   και ἰδου γυνη πνευμα ἐχουσα ἀσθενειας *ἐτη* δεκαοκτω,

  16   ταυτην δε θυγατερα ἀβρααμ οὐσαν, ἡν ἐδησεν ὁ σατανας ἰδου δεκακαιοκτω *ἐτη,* οὐκ ἐδει λυθηναι ἀπο του δεσμου τουτου τῃ ἡμερᾳ του σαββατου;

  15 29   ἰδου τοσαυτα *ἐτη* δουλευω σοι και οὐδεποτε ἐντολην σου παρηλθον,

Jh   2 20   τεσσερακονταικαιεξ *ἐτεσιν* οἰκοδομηθη ὁ ναος οὑτος,

  5 5   ἦν δε τις ἀνθρωπος ἐκει τριακοντακαιοκτω *ἐτη* ἐχων ἐν τῃ ἀσθενειᾳ αὐτου·

  8 57   πεντηκοντα *ἐτη* οὐπω ἐχεις και ἀβρααμ ἑωρακας;

Ac   4 22   *ἐτων* γαρ ἦν πλειονων τεσσερακοντα ὁ ἀνθρωπος ἐφ ὁν γεγονει το σημειον τουτο της ἰασεως.

  7 6   και δουλωσουσιν αὐτο και κακωσουσιν *ἐτη* τετρακοσια·

  30   και πληρωθεντων *ἐτων* τεσσερακοντα ὠφθη αὐτω ἐν τῃ ἐρημω του ὁρους σινα ἀγγελος ἐν φλογι πυρος βατου.

  36   οὑτος ἐξηγαγεν αὐτους ποιησας τερατα και σημεια ἐν γῃ αἰγυπτω και ἐν ἐρυθρᾳ θαλασσῃ και ἐν τῃ ἐρημῳ *ἐτη* τεσσερακοντα.

  42   μη σφαγια και θυσιας προσηνεγκατε μοι *ἐτη* τεσσερακοντα ἐν τῃ ἐρημω,

  9 33   εὑρεν δε ἐκει ἀνθρωπον τινα ὀνοματι αἰνεαν ἐξ *ἐτων* ὀκτω κατακειμενον ἐπι κραβαττου,

  13 20   και καθελων ἐθνη ἑπτα ἐν γῃ χανααν κατεκληρονομησεν την γην αὐτων ὡς *ἐτεσιν* τετρακοσιοισκαιπεντηκοντα.

  21   και ἐδωκεν αὐτοις ὁ θεος τον σαουλ υἱον κις, ἀνδρα ἐκ φυλης βενιαμιν, *ἐτη* τεσσερακοντα·

  19 10   τουτο δε ἐγενετο ἐπι *ἐτη* δυο,

  24 10   ἐκ πολλων *ἐτων* ὀντα σε κριτην τω ἐθνει τουτω ἐπισταμενος εὐθυμως τα περι ἐμαυτου ἀπολογουμαι,

  17   δι *ἐτων* δε πλειονων ἐλεημοσυνας ποιησων εἰς το ἐθνος μου παρεγενομην και προσφορας,

Rm   15 23   νυνι δε μηκετι τοπον ἐχων ἐν τοις κλιμασι τουτοις, ἐπιποθιαν δε ἐχων του ἐλθειν προς ὑμας ἀπο πολλων *ἐτων,* ὡς ἀν πορευωμαι εἰς την σπανιαν·

2Co   12 2   οἰδα ἀνθρωπον ἐν χριστω προ *ἐτων* δεκατεσσαρων,

Ga   1 18   ἐπειτα μετα *ἐτη* τρια ἀνηλθον εἰς ἱεροσολυμα ἱστορησαι κηφαν,

  2 1   ἐπειτα δια δεκατεσσαρων *ἐτων* παλιν ἀνεβην εἰς ἱεροσολυμα μετα βαρναβα,

  3 17   διαθηκην προκεκυρωμενην ὑπο του θεου ὁ μετα τετρακοσιακαιτριακοντα *ἐτη* γεγονως νομος οὐκ ἀκυροι, εἰς το καταργησαι την ἐπαγγελιαν.

1Tm   5 9   χηρα καταλεγεσθω μη ἐλαττον *ἐτων* ἑξηκοντα γεγονυια,

Heb   1 12   συ δε ὁ αὐτος εἰ και τα *ἐτη* σου οὐκ ἐκλειψουσιν.

  3 10   οὐ ἐπειρασαν οἱ πατερες ὑμων ἐν δοκιμασιᾳ και εἰδον τα ἐργα μου τεσσερακοντα *ἐτη*·

  17   τισιν δε προσωχθισεν τεσσερακοντα *ἐτη;*

2Pt   3 8   ἐν δε τουτο μη λανθανετω ὑμας, ἀγαπητοι, ὁτι μια ἡμερα παρα κυριω ὡς χιλια *ἐτη* και χιλια *ἐτη* ὡς ἡμερα μια.

  8   ἐν δε τουτο μη λανθανετω ὑμας, ἀγαπητοι, ὁτι μια ἡμερα παρα κυριω ὡς χιλια *ἐτη* και χιλια *ἐτη* ὡς ἡμερα μια.

ἔτος [49]

Apc 20 2 καὶ ἔδησεν αὐτον χιλια *ἔτη*.

     3 ἰνα μη πλανηση ἔτι τα ἔθνη, ἀχρι τελεσθη τα χιλια *ἔτη·*

     4 καὶ ἔζησαν και ἐβασιλευσαν μετα του χριστου χιλια *ἔτη.*

     5 οἱ λοιποι των νεκρων οὐκ ἔζησαν ἀχρι τελεσθη τα χιλια *ἔτη.*

     6 καὶ βασιλευσουσιν μετ αὐτου [τα] χιλια *ἔτη.*

     7 καὶ ὁταν τελεσθη τα χιλια *ἔτη,* λυθησεται ὁ σατανας ἐκ της φυλακης αὐτου,

εὖ [6]

Mt 25 21 *εὖ,* δουλε ἀγαθε και πιστε, ἐπι ὀλιγα ἧς πιστος, ἐπι πολλων σε καταστησω·

    23 *εὖ,* δουλε ἀγαθε και πιστε, ἐπι ὀλιγα ἧς πιστος, ἐπι πολλων σε καταστησω·

Mc 14 7 παντοτε γαρ τους πτωχους ἐχετε μεθ ἑαυτων, και ὁταν θελητε δυνασθε αὐτοις *εὖ* ποιησαι,

Lc 19 17 *εὖ* γε, ἀγαθε δουλε, ὀτι ἐν ἐλαχιστω πιστος ἐγενου, ἰσθι ἐξουσιαν ἐχων ἐπανω δεκα πολεων·

Ac 15 29 ἐξ ὡν διατηρουντες ἑαυτους *εὖ* πραξετε. ἐρρωσθε.

Eph 6 3 ἰνα *εὖ* σοι γενηται και ἐση μακροχρονιος ἐπι της γης.

εὖα [2]

2Co 11 3 φοβουμαι δε μη πως, ὡς ὁ ὀφις ἐξηπατησεν *εὖαν* ἐν τη πανουργια αὐτου, φθαρη τα νοηματα ὑμων ἀπο της ἀπλοτητος [και της ἀγνοτητος] της εἰς τον χριστον.

1Tm 2 13 ἀδαμ γαρ πρωτος ἐπλασθη, εἰτα *εὖα.*

εὐαγγελιζω [54]

Mt 11 5 και νεκροι ἐγειρονται και πτωχοι *εὐαγγελιζονται·*

Lc 1 19 ἐγω εἰμι γαβριηλ ὁ παρεστηκως ἐνωπιον του θεου, και ἀπεσταλην λαλησαι προς σέ και *εὐαγγελισασθαι* σοι ταυτα·

  2 10 ἰδου γαρ *εὐαγγελιζομαι* ὑμιν χαραν μεγαλην, ἡτις ἐσται παντι τω λαω,

  3 18 πολλα μεν οὐν και ἐτερα παρακαλων *εὐηγγελιζετο* τον λαον·

  4 18 *εὐαγγελισασθαι* πτωχοις, ἀπεσταλκεν με, κηρυξαι αἰχμαλωτοις ἀφεσιν και τυφλοις ἀναβλεψιν, ἀποστειλαι τεθραυσμενους ἐν ἀφεσει, κηρυξαι ἐνιαυτον κυριου δεκτον.

    43 ὁ δε εἰπεν προς αὐτους ὀτι και ταις ἑτεραις πολεσιν *εὐαγγελισασθαι* με δει την βασιλειαν του θεου, ὀτι ἐπι τουτο ἀπεσταλην.

  7 22 και κωφοι ἀκουουσιν, νεκροι ἐγειρονται, πτωχοι *εὐαγγελιζονται·*

  8 1 και ἐγενετο ἐν τω καθεξης και αὐτος διωδευεν κατα πολιν και κωμην κηρυσσων και *εὐαγγελιζομενος* την βασιλειαν του θεου,

  9 6 ἐξερχομενοι δε διηρχοντο κατα τας κωμας *εὐαγγελιζομενοι* και θεραπευοντες πανταχου.

 16 16 ἀπο τοτε ἡ βασιλεια του θεου *εὐαγγελιζεται* και πας εἰς αὐτην βιαζεται.

 20 1 και ἐγενετο ἐν μια των ἡμερων διδασκοντος αὐτου τον λαον ἐν τω ἰερω και *εὐαγγελιζομενου* ἐπεστησαν οἱ ἀρχιερεις και οἱ γραμματεις συν τοις πρεσβυτεροις,

Ac 5 42 πασαν τε ἡμεραν ἐν τω ἰερω και κατ οἰκον οὐκ ἐπαυοντο διδασκοντες και *εὐαγγελιζομενοι* τον χριστον ἰησουν.

  8 4 οἱ μεν οὐν διασπαρεντες διηλθον *εὐαγγελιζομενοι* τον λογον.

   12 ὀτε δε ἐπιστευσαν τω φιλιππω *εὐαγγελιζομενω* περι της βασιλειας του θεου και του ὀνοματος ἰησου χριστου, ἐβαπτιζοντο ἀνδρες τε και γυναικες.

   25 οἱ μεν οὐν διαμαρτυραμενοι και λαλησαντες τον λογον του κυριου ὑπεστρεφον εἰς ἰεροσολυμα, πολλας τε κωμας των σαμαριτων *εὐηγγελιζοντο.*

   35 ἀνοιξας δε ὁ φιλιππος το στομα αὐτου και ἀρξαμενος ἀπο της γραφης ταυτης *εὐηγγελισατο* αὐτω τον ἰησουν.

   40 φιλιππος δε εὑρεθη εἰς ἀζωτον, και διερχομενος *εὐηγγελιζετο* τας πολεις πασας ἑως του ἐλθειν αὐτον εἰς καισαρειαν.

 10 36 τον λογον [ὁν] ἀπεστειλεν τοις υἰοις ἰσραηλ *εὐαγγελιζομενος* εἰρηνην δια ἰησου χριστου·

 11 20 οἰτινες ἐλθοντες εἰς ἀντιοχειαν ἐλαλουν και προς τους ἑλληνιστας, *εὐαγγελιζομενοι* τον κυριον ἰησουν.

 13 32 και ἡμεις ὑμας *εὐαγγελιζομεθα* την προς τους πατερας ἐπαγγελιαν γενομενην,

 14 7 συνιδοντες κατεφυγον εἰς τας πολεις της λυκαονιας λυστραν και δερβην και την περιχωρον· κακει *εὐαγγελιζομενοι* ἠσαν.

   15 και ἡμεις ὁμοιοπαθεις ἐσμεν ὑμιν ἀνθρωποι, *εὐαγγελιζομενοι* ὑμας ἀπο τουτων των ματαιων ἐπιστρεφειν ἐπι θεον ζωντα,

εὐαγγελιζω [54]

Ac 14 21 *εὐαγγελισαμενοι* τε την πολιν ἐκεινην και μαθητευσαντες ἰκανους ὑπεστρεψαν εἰς την λυστραν και εἰς ἰκονιον και [εἰς] ἀντιοχειαν,

 15 35 παυλος δε και βαρναβας διετριβον ἐν ἀντιοχεια, διδασκοντες και *εὐαγγελιζομενοι* μετα και ἑτερων πολλων τον λογον του κυριου.

 16 10 ὡς δε το ὀραμα εἰδεν, εὐθεως ἐζητησαμεν ἐξελθειν εἰς μακεδονιαν, συμβιβαζοντες ὀτι προσκεκληται ἡμας ὁ θεος *εὐαγγελισασθαι* αὐτους.

 17 18 ὀτι τον ἰησουν και την ἀναστασιν *εὐηγγελιζετο.*

Rm 1 15 οὐτως το κατ ἐμε προθυμον και ὑμιν τοις ἐν ρωμη *εὐαγγελισασθαι.*

 10 15 ὡς ὡραιοι οἱ ποδες των *εὐαγγελιζομενων* [τα] ἀγαθα.

 15 20 οὐτως δε φιλοτιμουμενον *εὐαγγελιζεσθαι* οὐχ ὁπου ὠνομασθη χριστος,

1Co 1 17 οὐ γαρ ἀπεστειλεν με χριστος βαπτιζειν ἀλλα *εὐαγγελιζεσθαι,*

  9 16 ἐαν γαρ *εὐαγγελιζωμαι,* οὐκ ἐστιν μοι καυχημα·

   16 οὐαι γαρ μοι ἐστιν ἐαν μη *εὐαγγελισωμαι.*

   18 τις οὐν μου ἐστιν ὁ μισθος; ἰνα *εὐαγγελιζομενος* ἀδαπανον θησω το εὐαγγελιον,

 15 1 γνωριζω δε ὑμιν, ἀδελφοι, το εὐαγγελιον ὁ *εὐηγγελισαμην* ὑμιν,

  2 τινι λογω *εὐηγγελισαμην* ὑμιν εἰ κατεχετε, ἐκτος εἰ μη εἰκη ἐπιστευσατε.

2Co 10 16 εἰς τα ὑπερεκεινα ὑμων *εὐαγγελισασθαι,* οὐκ ἐν ἀλλοτριω κανονι εἰς τα ἑτοιμα καυχησασθαι.

 11 7 ἡ ἀμαρτιαν ἐποιησα ἐμαυτον ταπεινων ἰνα ὑμεις ὑψωθητε, ὀτι δωρεαν το του θεου εὐαγγελιον *εὐηγγελισαμην* ὑμιν;

Ga 1 8 ἀλλα και ἐαν ἡμεις ἡ ἀγγελος ἐξ οὐρανου *εὐαγγελιζηται* [ὑμιν] παρ ὁ *εὐηγγελισαμεθα* ὑμιν, ἀναθεμα ἐστω.

  8 ἀλλα και ἐαν ἡμεις ἡ ἀγγελος ἐξ οὐρανου *εὐαγγελιζηται* [ὑμιν] παρ ὁ *εὐηγγελισαμεθα* ὑμιν, ἀναθεμα ἐστω.

  9 εἰ τις ὑμας *εὐαγγελιζεται* παρ ὁ παρελαβετε, ἀναθεμα ἐστω.

  11 γνωριζω γαρ ὑμιν, ἀδελφοι, το εὐαγγελιον το *εὐαγγελισθεν* ὑπ ἐμου ὀτι οὐκ ἐστιν κατα ἀνθρωπον·

  16 ἀποκαλυψαι τον υἰον αὐτου ἐν ἐμοι, ἰνα *εὐαγγελιζωμαι* αὐτον ἐν τοις ἐθνεσιν,

  23 μονον δε ἀκουοντες ἠσαν ὀτι ὁ διωκων ἡμας ποτε νυν *εὐαγγελιζεται* την πιστιν ἡν ποτε ἐπορθει.

 4 13 οἰδατε δε ὀτι δι ἀσθενειαν της σαρκος *εὐηγγελισαμην* ὑμιν το προτερον,

Eph 2 17 και ἐλθων *εὐηγγελισατο* εἰρηνην ὑμιν τοις μακραν και εἰρηνην τοις ἐγγυς·

 3 8 ἐμοι τω ἐλαχιστοτερω παντων ἀγιων ἐδοθη ἡ χαρις αὐτη, τοις ἐθνεσιν *εὐαγγελισασθαι* το ἀνεξιχνιαστον πλουτος του χριστου,

1Th 3 6 ἀρτι δε ἐλθοντος τιμοθεου προς ὑμας ἀφ ὑμων και *εὐαγγελισαμενου* ἡμιν την πιστιν και την ἀγαπην ὑμων,

Heb 4 2 και γαρ ἐσμεν *εὐηγγελισμενοι* καθαπερ κακεινοι·

  6 ἐπει οὐν ἀπολειπεται τινας εἰσελθειν εἰς αὐτην, και οἱ προτερον *εὐαγγελισθεντες* οὐκ εἰσηλθον δι ἀπειθειαν, παλιν τινα ὁριζει ἡμεραν,

1Pt 1 12 οἱς ἀπεκαλυφθη ὀτι οὐχ ἑαυτοις ὑμιν δε διηκονουν αὐτα, ἁ νυν ἀνηγγελη ὑμιν δια των *εὐαγγελισαμενων* ὑμας [ἐν] πνευματι ἀγιω

  25 τουτο δε ἐστιν το ρημα το *εὐαγγελισθεν* εἰς ὑμας.

 4 6 εἰς τουτο γαρ και νεκροις *εὐηγγελισθη,*

Apc 10 7 και ἐτελεσθη το μυστηριον του θεου, ὡς *εὐηγγελισεν* τους ἑαυτου δουλους τους προφητας.

 14 6 και εἰδον ἀλλον ἀγγελον πετομενον ἐν μεσουρανηματι, ἐχοντα εὐαγγελιον αἰωνιον *εὐαγγελισαι*

εὐαγγελιον [76]

Mt 4 23 διδασκων ἐν ταις συναγωγαις αὐτων και κηρυσσων το *εὐαγγελιον* της βασιλειας και θεραπευων πασαν νοσον και πασαν μαλακιαν ἐν τω λαω.

 9 35 και περιηγεν ὁ ἰησους τας πολεις πασας και τας κωμας, διδασκων ἐν ταις συναγωγαις αὐτων και κηρυσσων το *εὐαγγελιον* της βασιλειας και θεραπευων πασαν νοσον και πασαν μαλακιαν.

 24 14 και κηρυχθησεται τουτο το *εὐαγγελιον* της βασιλειας ἐν ὁλη τη οἰκουμενη εἰς μαρτυριον πασιν τοις ἐθνεσιν,

 26 13 ὁπου ἐαν κηρυχθη το *εὐαγγελιον* τουτο ἐν ὁλω τω κοσμω, λαληθησεται και ὁ ἐποιησεν αὐτη εἰς μνημοσυνον αὐτης.

Mc 1 1 ἀρχη του *εὐαγγελιου* ἰησου χριστου [υἰου θεου].

  14 μετα δε το παραδοθηναι τον ἰωαννην ἠλθεν ὁ ἰησους εἰς την γαλιλαιαν κηρυσσων το *εὐαγγελιον* του θεου και λεγων,

  15 μετανοειτε και πιστευετε ἐν τω *εὐαγγελιω.*

εὐαγγελιον [76]

Mc 8 35 ὃς δ ἀν ἀπολεσει την ψυχην αὐτου ἑνεκεν ἐμου και του
          εὐαγγελιου, σωσει αὐτην.
   10 29 ἀμην λεγω ὑμιν, οὐδεις ἐστιν ὃς ἀφηκεν οἰκιαν ἢ ἀδελφους ἢ
          ἀδελφας ἢ μητερα ἢ πατερα ἢ τεκνα ἢ ἀγρους ἑνεκεν ἐμου
          και ἑνεκεν του εὐαγγελιου,
   13 10 και εἰς παντα τα ἐθνη πρωτον δει κηρυχθηναι το εὐαγγελιον.
   14 9 ὁπου ἐαν κηρυχθη το εὐαγγελιον εἰς ὁλον τον κοσμον, και ὁ
          ἐποιησεν αὐτη λαληθησεται εἰς μνημοσυνον αὐτης.
   16 15 πορευθεντες εἰς τον κοσμον ἁπαντα κηρυξατε το εὐαγγελιον
          παση τη κτισει.

Ac 15 7 ἀνδρες ἀδελφοι, ὑμεις ἐπιστασθε ὁτι ἀφ ἡμερων ἀρχαιων ἐν
          ὑμιν ἐξελεξατο ὁ θεος δια του στοματος μου ἀκουσαι τα ἐθνη
          τον λογον του εὐαγγελιου και πιστευσαι.
   20 24 ἀλλ οὐδενος λογου ποιουμαι την ψυχην τιμιαν ἐμαυτω ὡς
          τελειωσαι τον δρομον μου και την διακονιαν ἡν ἐλαβον παρα
          του κυριου ἰησου, διαμαρτυρασθαι το εὐαγγελιον της χαριτος
          του θεου.

Rm 1 1 παυλος δουλος χριστου ἰησου, κλητος ἀποστολος
          ἀφωρισμενος εἰς εὐαγγελιον θεου,
       9 μαρτυς γαρ μου ἐστιν ὁ θεος, ᾡ λατρευω ἐν τω πνευματι μου
          ἐν τω εὐαγγελιω του υἱου αὐτου,
      16 οὐ γαρ ἐπαισχυνομαι το εὐαγγελιον·
    2 16 ἐν ἡμερα ὁτε κρινει ὁ θεος τα κρυπτα των ἀνθρωπων κατα το
          εὐαγγελιον μου δια χριστου ἰησου.
   10 16 ἀλλ οὐ παντες ὑπηκουσαν τω εὐαγγελιω.
   11 28 κατα μεν το εὐαγγελιον ἐχθροι δι ὑμας, κατα δε την ἐκλογην
          ἀγαπητοι δια τους πατερας·
   15 16 εἰς το εἰναι με λειτουργον χριστου ἰησου εἰς τα ἐθνη,
          ἱερουργουντα το εὐαγγελιον του θεου,
      19 ὡστε με ἀπο ἰερουσαλημ και κυκλω μεχρι του ἰλλυρικου
          πεπληρωκεναι το εὐαγγελιον του χριστου.
   16 25 [τω δε δυναμενω ὑμας στηριξαι κατα το εὐαγγελιον μου και
          το κηρυγμα ἰησου χριστου],

1Co 4 15 ἐν γαρ χριστω ἰησου δια του εὐαγγελιου ἐγω ὑμας ἐγεννησα.
    9 12 ἀλλ οὐκ ἐχρησαμεθα τη ἐξουσια ταυτη, ἀλλα παντα στεγομεν
          ἱνα μη τινα ἐγκοπην δωμεν τω εὐαγγελιω του χριστου.
      14 οὑτως και ὁ κυριος διεταξεν τοις το εὐαγγελιον
          καταγγελλουσιν ἐκ του εὐαγγελιου ζην.
      14 οὑτως και ὁ κυριος διεταξεν τοις το εὐαγγελιον
          καταγγελλουσιν ἐκ του εὐαγγελιου ζην.
      18 τις οὐν μου ἐστιν ὁ μισθος; ἱνα εὐαγγελιζομενος ἀδαπανον
          θησω το εὐαγγελιον,
      18 ἱνα εὐαγγελιζομενος ἀδαπανον θησω το εὐαγγελιον, εἰς το μη
          καταχρησασθαι τη ἐξουσια μου ἐν τω εὐαγγελιω.
      23 παντα δε ποιω δια το εὐαγγελιον,
   15 1 γνωριζω δε ὑμιν, ἀδελφοι, το εὐαγγελιον ὁ εὐηγγελισαμην
          ὑμιν,

2Co 2 12 ἐλθων δε εἰς την τρωαδα εἰς το εὐαγγελιον του χριστου, και
          θυρας μοι ἀνεωγμενης ἐν κυριω, οὐκ ἐσχηκα ἀνεσιν τω
          πνευματι μου
    4 3 εἰ δε και ἐστιν κεκαλυμμενον το εὐαγγελιον ἡμων, ἐν τοις
          ἀπολλυμενοις ἐστιν κεκαλυμμενον,
       4 ἐν οἰς ὁ θεος του αἰωνος τουτου ἐτυφλωσεν τα νοηματα των
          ἀπιστων εἰς το μη αὐγασαι τον φωτισμον του εὐαγγελιου της
          δοξης του χριστου.
    8 18 συνεπεμψαμεν δε μετ αὐτου τον ἀδελφον οὐ ὁ ἐπαινος ἐν τω
          εὐαγγελιω δια πασων των ἐκκλησιων,
    9 13 δια της δοκιμης της διακονιας ταυτης δοξαζοντες τον θεον
          ἐπι τη ὑποταγη της ὁμολογιας ὑμων εἰς το εὐαγγελιον του
          χριστου και ἁπλοτητι της κοινωνιας εἰς αὐτους και εἰς
          παντας,
   10 14 ἀχρι γαρ και ὑμων ἐφθασαμεν ἐν τω εὐαγγελιω του χριστου,
   11 4 εἰ μεν γαρ ὁ ἐρχομενος ἀλλον ἰησουν κηρυσσει ὁν οὐκ
          ἐκηρυξαμεν, ἢ πνευμα ἑτερον λαμβανετε ὁ οὐκ ἐλαβετε, ἢ
          εὐαγγελιον ἑτερον ὁ οὐκ ἐδεξασθε, καλως ἀνεχεσθε.
       7 ἢ ἁμαρτιαν ἐποιησα ἐμαυτον ταπεινων ἱνα ὑμεις ὑψωθητε,
          ὁτι δωρεαν το του θεου εὐαγγελιον εὐηγγελισαμην ὑμιν;

Ga 1 6 θαυμαζω ὁτι οὑτως ταχεως μετατιθεσθε ἀπο του καλεσαντος
          ὑμας ἐν χαριτι [χριστου] εἰς ἑτερον εὐαγγελιον,
       7 εἰ μη τινες εἰσιν οἱ ταρασσοντες ὑμας και θελοντες
          μεταστρεψαι το εὐαγγελιον του χριστου.
      11 γνωριζω γαρ ὑμιν, ἀδελφοι, το εὐαγγελιον το εὐαγγελισθεν
          ὑπ ἐμου ὁτι οὐκ ἐστιν κατα ἀνθρωπον·
    2 2 και ἀνεθεμην αὐτοις το εὐαγγελιον ὁ κηρυσσω ἐν τοις
          ἐθνεσιν, κατ ἰδιαν δε τοις δοκουσιν,
       5 οἱς οὐδε προς ὡραν εἰξαμεν τη ὑποταγη, ἱνα ἡ ἀληθεια του
          εὐαγγελιου διαμεινη προς ὑμας.
       7 ἀλλα τουναντιον ἰδοντες ὁτι πεπιστευμαι το εὐαγγελιον της
          ἀκροβυστιας καθως πετρος της περιτομης,

εὐαγγελιον [76]

Ga 2 14 ἀλλ ὁτε εἰδον ὁτι οὐκ ὀρθοποδουσιν προς την ἀληθειαν του
          εὐαγγελιου, εἰπον τω κηφα ἐμπροσθεν παντων·
Eph 1 13 ἐν ᾡ και ὑμεις, ἀκουσαντες τον λογον της ἀληθειας, το
          εὐαγγελιον της σωτηριας ὑμων,
    3 6 εἰναι τα ἐθνη συγκληρονομα και συσσωμα και συμμετοχα
          της ἐπαγγελιας ἐν χριστω ἰησου δια του εὐαγγελιου,
    6 15 και ὑποδησαμενοι τους ποδας ἐν ἑτοιμασια του εὐαγγελιου
          της εἰρηνης,
      19 ἱνα μοι δοθη λογος ἐν ἀνοιξει του στοματος μου, ἐν
          παρρησια γνωρισαι το μυστηριον του εὐαγγελιου.
Php 1 5 ἐπι τη κοινωνια ὑμων εἰς το εὐαγγελιον ἀπο της πρωτης
          ἡμερας ἀχρι του νυν,
       7 ἐν τε τοις δεσμοις μου και ἐν τη ἀπολογια και βεβαιωσει του
          εὐαγγελιου συγκοινωνους μου της χαριτος παντας ὑμας
          ὀντας.
      12 γινωσκειν δε ὑμας βουλομαι, ἀδελφοι, ὁτι τα κατ ἐμε μαλλον
          εἰς προκοπην του εὐαγγελιου ἐληλυθεν,
      16 οἱ μεν ἐξ ἀγαπης, εἰδοτες ὁτι εἰς ἀπολογιαν του εὐαγγελιου
          κειμαι,
      27 μονον ἀξιως του εὐαγγελιου του χριστου πολιτευεσθε,
      27 ὁτι στηκετε ἐν ἑνι πνευματι, μια ψυχη συναθλουντες τη
          πιστει του εὐαγγελιου,
    2 22 την δε δοκιμην αὐτου γινωσκετε, ὁτι ὡς πατρι τεκνον συν
          ἐμοι ἐδουλευσεν εἰς το εὐαγγελιον.
    4 3 συλλαμβανου αὐταις, αἱτινες ἐν τω εὐαγγελιω συνηθλησαν
          μοι μετα και κλημεντος και των λοιπων συνεργων μου,
      15 οἰδατε δε και ὑμεις, φιλιππησιοι, ὁτι ἐν ἀρχη του εὐαγγελιου,
          ὁτε ἐξηλθον ἀπο μακεδονιας, οὐδεμια μοι ἐκκλησια
          ἐκοινωνησεν
Col 1 5 ἡν προηκουσατε ἐν τω λογω της ἀληθειας του εὐαγγελιου του
          παροντος εἰς ὑμας,
      23 εἰ γε ἐπιμενετε τη πιστει τεθεμελιωμενοι και ἑδραιοι και μη
          μετακινουμενοι ἀπο της ἐλπιδος του εὐαγγελιου οὐ ἡκουσατε,
1Th 1 5 εἰδοτες, ἀδελφοι ἡγαπημενοι ὑπο [του] θεου, την ἐκλογην
          ὑμων, ὁτι το εὐαγγελιον ἡμων οὐκ ἐγενηθη εἰς ὑμας ἐν λογω
          μονον,
    2 2 ἀλλα προπαθοντες και ὑβρισθεντες καθως οἰδατε ἐν
          φιλιπποις ἐπαρρησιασαμεθα ἐν τω θεω ἡμων λαλησαι προς
          ὑμας το εὐαγγελιον του θεου ἐν πολλω ἀγωνι.
       4 ἀλλα καθως δεδοκιμασμεθα ὑπο του θεου πιστευθηναι το
          εὐαγγελιον οὑτως λαλουμεν,
       8 οὑτως ὁμειρομενοι ὑμων εὐδοκουμεν μεταδουναι ὑμιν οὐ
          μονον το εὐαγγελιον του θεου ἀλλα και τας ἑαυτων ψυχας,
       9 νυκτος και ἡμερας ἐργαζομενοι προς το μη ἐπιβαρησαι τινα
          ὑμων ἐκηρυξαμεν εἰς ὑμας το εὐαγγελιον του θεου.
    3 2 και ἐπεμψαμεν τιμοθεον, τον ἀδελφον ἡμων και συνεργον
          του θεου ἐν τω εὐαγγελιω του χριστου,
2Th 1 8 διδοντος ἐκδικησιν τοις μη εἰδοσιν θεον και τοις μη
          ὑπακουουσιν τω εὐαγγελιω του κυριου ἡμων ἰησου,
    2 14 ὁτι εἱλατο ὑμας ὁ θεος ἀπαρχην εἰς σωτηριαν ἐν ἁγιασμω
          πνευματος και πιστει ἀληθειας, εἰς ὁ [και] ἐκαλεσεν ὑμας δια
          του εὐαγγελιου ἡμων,
1Tm 1 11 και εἰ τι ἑτερον τη ὑγιαινουση διδασκαλια ἀντικειται, κατα
          το εὐαγγελιον της δοξης του μακαριου θεου,
2Tm 1 8 μη οὐν ἐπαισχυνθης το μαρτυριον του κυριου ἡμων μηδε ἐμε
          τον δεσμιον αὐτου, ἀλλα συγκακοπαθησον τω εὐαγγελιω
          κατα δυναμιν θεου,
      10 καταργησαντος μεν τον θανατον φωτισαντος δε ζωην και
          ἀφθαρσιαν δια του εὐαγγελιου,
    2 8 ἐκ σπερματος δαυιδ, κατα το εὐαγγελιον μου·
Phm   13 ὁν ἐγω ἐβουλομην προς ἐμαυτον κατεχειν, ἱνα ὑπερ σου μοι
          διακονη ἐν τοις δεσμοις του εὐαγγελιου,
1Pt 4 17 εἰ δε πρωτον ἀφ ἡμων, τι το τελος των ἀπειθουντων τω του
          θεου εὐαγγελιω;
Apc 14 6 και εἰδον ἀλλον ἀγγελον πετομενον ἐν μεσουρανηματι,
          ἐχοντα εὐαγγελιον αἰωνιον εὐαγγελισαι

εὐαγγελιστης [3]

Ac 21 8 και εἰσελθοντες εἰς τον οἰκον φιλιππου του εὐαγγελιστου
          ὀντος ἐκ των ἑπτα, ἐμειναμεν παρ αὐτω.
Eph 4 11 και αὐτος ἐδωκεν τους μεν ἀποστολους, τους δε προφητας,
          τους δε εὐαγγελιστας, τους δε ποιμενας και διδασκαλους,
2Tm 4 5 συ δε νηφε ἐν πασιν, κακοπαθησον, ἐργον ποιησον
          εὐαγγελιστου,

εὐαρεστεω [3]

Heb   11 5   προ γαρ της μεταθεσεως μεμαρτυρηται *εὐαρεστηκεναι* τω θεω·

      6   χωρις δε πιστεως ἀδυνατον *εὐαρεστησαι·*

    13 16   τοιαυταις γαρ θυσιαις *εὐαρεστειται* ὁ θεος.

εὐαρεστος [9]

Rm   12 1   παρακαλω οὖν ὑμας, ἀδελφοι, δια των οἰκτιρμων του θεου, παραστησαι τα σωματα ὑμων θυσιαν ζωσαν ἁγιαν *εὐαρεστον* τω θεω,

      2   εἰς το δοκιμαζειν ὑμας τί το θελημα του θεου, το ἀγαθον και *εὐαρεστον* και τελειον.

    14 18   ὁ γαρ ἐν τουτω δουλευων τω χριστω *εὐαρεστος* τω θεω και δοκιμος τοις ἀνθρωποις.

2Co   5 9   διο και φιλοτιμουμεθα, εἰτε ἐνδημουντες εἰτε ἐκδημουντες, *εὐαρεστοι* αὐτω εἰναι.

Eph   5 10   δοκιμαζοντες τί ἐστιν *εὐαρεστον* τω κυριω,

Php   4 18   πεπληρωμαι δεξαμενος παρα ἐπαφροδιτου τα παρ ὑμων, ὀσμην εὐωδιας, θυσιαν δεκτην, *εὐαρεστον* τω θεω.

Col   3 20   τα τεκνα, ὑπακουετε τοις γονευσιν κατα παντα, τουτο γαρ *εὐαρεστον* ἐστιν ἐν κυριω.

Tit   2 9   δουλους ἰδιοις δεσποταις ὑποτασσεσθαι ἐν πασιν, *εὐαρεστους* εἰναι, μη ἀντιλεγοντας, μη νοσφιζομενους,

Heb   13 21   ποιων ἐν ἡμιν το *εὐαρεστον* ἐνωπιον αὐτου δια ἰησου χριστου,

εὐαρεστως [1]

Heb   12 28   διο βασιλειαν ἀσαλευτον παραλαμβανοντες ἐχωμεν χαριν, δι ἡς λατρευωμεν *εὐαρεστως* τω θεω,

εὐβουλος [1]

2Tm   4 21   ἀσπαζεται σε εὐβουλος και πουδης και λινος και κλαυδια και οἱ ἀδελφοι παντες.

εὐγενης [3]

Lc   19 12   ἀνθρωπος τις *εὐγενης* ἐπορευθη εἰς χωραν μακραν λαβειν ἑαυτω βασιλειαν και ὑποστρεψαι.

Ac   17 11   οὑτοι δε ἠσαν *εὐγενεστεροι* των ἐν θεσσαλονικη,

1Co   1 26   βλεπετε γαρ την κλησιν ὑμων, ἀδελφοι, ὁτι οὐ πολλοι σοφοι κατα σαρκα, οὐ πολλοι δυνατοι, οὐ πολλοι *εὐγενεις·*

εὐδια [1]

Mt   16 2   [ὀψιας γενομενης λεγετε· *εὐδια,* πυρραζει γαρ ὁ οὐρανος· και πρωι· σημερον χειμων, πυρραζει γαρ στυγναζων ὁ οὐρανος].

εὐδοκεω [21]

Mt   3 17   οὑτος ἐστιν ὁ υἱος μου ὁ ἀγαπητος, ἐν ᾡ *εὐδοκησα.*

    12 18   ὁ ἀγαπητος μου εἰς ὁν *εὐδοκησεν* ἡ ψυχη μου·

    17 5   οὑτος ἐστιν ὁ υἱος μου ὁ ἀγαπητος, ἐν ᾡ *εὐδοκησα·* ἀκουετε αὐτου.

Mc   1 11   συ εἰ ὁ υἱος μου ὁ ἀγαπητος, ἐν σοι *εὐδοκησα.*

Lc   3 22   συ εἰ ὁ υἱος μου ὁ ἀγαπητος, ἐν σοι *εὐδοκησα.*

    12 32   μη φοβου, το μικρον ποιμνιον· ὁτι *εὐδοκησεν* ὁ πατηρ ὑμων δουναι ὑμιν την βασιλειαν.

Rm   15 26   *εὐδοκησαν* γαρ μακεδονια και ἀχαια κοινωνιαν τινα ποιησασθαι εἰς τους πτωχους των ἁγιων των ἐν ἰερουσαλημ.

     27   *εὐδοκησαν* γαρ, και ὀφειλεται εἰσιν αὐτων·

1Co   1 21   ἐπειδη γαρ ἐν τη σοφια του θεου οὐκ ἐγνω ὁ κοσμος δια της σοφιας τον θεον, *εὐδοκησεν* ὁ θεος δια της μωριας του κηρυγματος σωσαι τους πιστευοντας.

    10 5   ἀλλ οὐκ ἐν τοις πλειοσιν αὐτων *εὐδοκησεν* ὁ θεος·

2Co   5 8   θαρρουμεν δε και *εὐδοκουμεν* μαλλον ἐκδημησαι ἐκ του σωματος και ἐνδημησαι προς τον κυριον.

    12 10   διο *εὐδοκω* ἐν ἀσθενειαις, ἐν ὑβρεσιν, ἐν ἀναγκαις, ἐν διωγμοις και στενοχωριαις, ὑπερ χριστου·

Ga   1 15   ὁτε δε *εὐδοκησεν* [ὁ θεος] ὁ ἀφορισας με ἐκ κοιλιας μητρος μου και καλεσας δια της χαριτος αὐτου

Col   1 19   ὁτι ἐν αὐτω *εὐδοκησεν* παν το πληρωμα κατοικησαι και δι αὐτου ἀποκαταλλαξαι τα παντα εἰς αὐτον,

1Th   2 8   οὑτως ὁμειρομενοι ὑμων *εὐδοκουμεν* μεταδουναι ὑμιν οὐ μονον το εὐαγγελιον του θεου ἀλλα και τας ἑαυτων ψυχας,

    3 1   διο μηκετι στεγοντες *εὐδοκησαμεν* καταλειφθηναι ἐν ἀθηναις μονοι,

εὐδοκεω [21]

2Th   2 12   ἱνα κριθωσιν παντες οἱ μη πιστευσαντες τη ἀληθεια ἀλλα *εὐδοκησαντες* τη ἀδικια.

Heb   10 6   ὁλοκαυτωματα και περι ἁμαρτιας οὐκ *εὐδοκησας.*

     8   ἀνωτερον λεγων ὁτι θυσιας και προσφορας και ὁλοκαυτωματα και περι ἁμαρτιας οὐκ ἠθελησας οὐδε *εὐδοκησας,*

     38   και ἐαν ὑποστειληται, οὐκ *εὐδοκει* ἡ ψυχη μου ἐν αὐτω.

2Pt   1 17   ὁ υἱος μου ὁ ἀγαπητος μου οὑτος ἐστιν, εἰς ὁν ἐγω *εὐδοκησα,*

εὐδοκια [9]

Mt   11 26   ναι ὁ πατηρ, ὁτι οὑτως *εὐδοκια* ἐγενετο ἐμπροσθεν σου.

Lc   2 14   δοξα ἐν ὑψιστοις θεω και ἐπι γης εἰρηνη ἐν ἀνθρωποις *εὐδοκιας.*

    10 21   ναι, ὁ πατηρ, ὁτι οὑτως *εὐδοκια* ἐγενετο ἐμπροσθεν σου.

Rm   10 1   ἀδελφοι, ἡ μεν *εὐδοκια* της ἐμης καρδιας και ἡ δεησις προς τον θεον ὑπερ αὐτων εἰς σωτηριαν.

Eph   1 5   προορισας ἡμας εἰς υἱοθεσιαν δια ἰησου χριστου εἰς αὐτον, κατα την *εὐδοκιαν* του θεληματος αὐτου,

     9   γνωρισας ἡμιν το μυστηριον του θεληματος αὐτου, κατα την *εὐδοκιαν* αὐτου,

Php   1 15   τινες μεν και δια φθονον και ἐριν, τινες δε και δι *εὐδοκιαν* τον χριστον κηρυσσουσιν·

    2 13   θεος γαρ ἐστιν ὁ ἐνεργων ἐν ὑμιν και το θελειν και το ἐνεργειν ὑπερ της *εὐδοκιας.*

2Th   1 11   ἱνα ὑμας ἀξιωση της κλησεως ὁ θεος ἡμων και πληρωση πασαν *εὐδοκιαν* ἀγαθωσυνης και ἐργον πιστεως ἐν δυναμει,

εὐεργεσια [2]

Ac   4 9   εἰ ἡμεις σημερον ἀνακρινομεθα ἐπι *εὐεργεσια* ἀνθρωπου ἀσθενους, ἐν τινι οὑτος σεσωται,

1Tm   6 2   ἀλλα μαλλον δουλευετωσαν, ὁτι πιστοι εἰσιν και ἀγαπητοι οἱ της *εὐεργεσιας* ἀντιλαμβανομενοι.

εὐεργετεω [1]

Ac   10 38   ὡς ἐχρισεν αὐτον ὁ θεος πνευματι ἁγιω και δυναμει, ὁς διηλθεν *εὐεργετων* και ἰωμενος παντας τους καταδυναστευομενους ὑπο του διαβολου,

εὐεργετης [1]

Lc   22 25   οἱ βασιλεις των ἐθνων κυριευουσιν αὐτων, και οἱ ἐξουσιαζοντες αὐτων *εὐεργεται* καλουνται.

εὐθετος [3]

Lc   9 62   οὐδεις ἐπιβαλων την χειρα ἐπ ἀροτρον και βλεπων εἰς τα ὀπισω *εὐθετος* ἐστιν τη βασιλεια του θεου.

    14 35   οὐτε εἰς γην οὐτε εἰς κοπριαν *εὐθετον* ἐστιν·

Heb   6 7   γη γαρ ἡ πιουσα τον ἐπ αὐτης ἐρχομενον πολλακις ὑετον και τικτουσα βοτανην *εὐθετον* ἐκεινοις δι οὑς και γεωργειται, μεταλαμβανει εὐλογιας ἀπο του θεου·

εὐθεως [36]

Mt   4 20   οἱ δε *εὐθεως* ἀφεντες τα δικτυα ἠκολουθησαν αὐτω.

     22   οἱ δε *εὐθεως* ἀφεντες το πλοιον και τον πατερα αὐτων ἠκολουθησαν αὐτω.

    8 3   και *εὐθεως* ἐκαθαρισθη αὐτου ἡ λεπρα.

    13 5   και *εὐθεως* ἐξανετειλεν δια το μη ἐχειν βαθος γης·

    14 22   και *εὐθεως* ἠναγκασεν τους μαθητας ἐμβηναι εἰς το πλοιον και προαγειν αὐτον εἰς το περαν,

     31   *εὐθεως* δε ὁ ἰησους ἐκτεινας την χειρα ἐπελαβετο αὐτου,

    20 34   σπλαγχνισθεις δε ὁ ἰησους ἡψατο των ὀμματων αὐτων, και *εὐθεως* ἀνεβλεψαν και ἠκολουθησαν αὐτω.

    21 2   πορευεσθε εἰς την κωμην την κατεναντι ὑμων, και *εὐθεως* εὑρησετε ὀνον δεδεμενην και πωλον μετ αὐτης· λυσαντες ἀγαγετε μοι.

    24 29   *εὐθεως* δε μετα την θλιψιν των ἡμερων ἐκεινων ὁ ἡλιος σκοτισθησεται,

    25 15   *εὐθεως* πορευθεις ὁ τα πεντε ταλαντα λαβων ἡργασατο ἐν αὐτοις και ἐκερδησεν ἀλλα πεντε·

    26 49   και *εὐθεως* προσελθων τω ἰησου εἰπεν·

     74   και *εὐθεως* ἀλεκτωρ ἐφωνησεν.

    27 48   και *εὐθεως* δραμων εἰς ἐξ αὐτων και λαβων σπογγον πλησας τε ὀξους και περιθεις καλαμω ἐποτιζεν αὐτον.

Mc   7 35   και [*εὐθεως*] ἠνοιγησαν αὐτου αἱ ἀκοαι,

εὐθεως [36]

Lc 5 13 και εὐθεως ἡ λεπρα ἀπηλθεν ἀπ αὐτου.
12 36 και ὑμεις ὁμοιοι ἀνθρωποις προσδεχομενοις τον κυριον ἑαυτων, ποτε ἀναλυση ἐκ των γαμων, ἱνα ἐλθοντος και κρουσαντος εὐθεως ἀνοιξωσιν αὐτω.
54 ὁταν ἰδητε την νεφελην ἀνατελλουσαν ἐπι δυσμων, εὐθεως λεγετε ὁτι ὀμβρος ἐρχεται, και γινεται οὑτως·
14 5 τίνος ὑμων υἱος ἡ βους εἰς φρεαρ πεσειται, και οὐκ εὐθεως ἀνασπασει αὐτον ἐν ἡμερα του σαββατου;
17 7 τίς δε ἐξ ὑμων δουλον ἐχων ἀροτριωντα ἡ ποιμαινοντα, ὁς εἰσελθοντι ἐκ του ἀγρου ἐρει αὐτω· εὐθεως παρελθων ἀναπεσε,
21 9 δει γαρ ταυτα γενεσθαι πρωτον, ἀλλ οὐκ εὐθεως το τελος.
Jh 5 9 και εὐθεως ἐγενετο ὑγιης ὁ ἀνθρωπος,
6 21 και εὐθεως ἐγενετο το πλοιον ἐπι της γης εἰς ἡν ὑπηγον.
18 27 παλιν οὐν ἠρνησατο πετρος, και εὐθεως ἀλεκτωρ ἐφωνησεν.
Ac 9 18 και εὐθεως ἀπεπεσαν αὐτου ἀπο των ὀφθαλμων ὡς λεπιδες, ἀνεβλεψεν τε,
20 και εὐθεως ἐν ταις συναγωγαις ἐκηρυσσεν τον ἰησουν, ὁτι οὑτος ἐστιν ὁ υἱος του θεου.
34 και εὐθεως ἀνεστη. και εἰδαν αὐτον παντες οἱ κατοικουντες λυδδα και τον σαρωνα,
12 10 και ἐξελθοντες προηλθον ῥυμην μιαν, και εὐθεως ἀπεστη ὁ ἀγγελος ἀπ αὐτου.
16 10 ὡς δε το ὁραμα εἰδεν, εὐθεως ἐζητησαμεν ἐξελθειν εἰς μακεδονιαν, συμβιβαζοντες ὁτι προσκεκληται ἡμας ὁ θεος εὐαγγελισασθαι αὐτους.
17 10 οἱ δε ἀδελφοι εὐθεως δια νυκτος ἐξεπεμψαν τον τε παυλον και τον σιλαν εἰς βεροιαν,
14 εὐθεως δε τοτε τον παυλον ἐξαπεστειλαν οἱ ἀδελφοι πορευεσθαι ἑως ἐπι την θαλασσαν·
21 30 και ἐπιλαβομενοι του παυλου εἰλκον αὐτον ἐξω του ἱερου, και εὐθεως ἐκλεισθησαν αἱ θυραι.
22 29 εὐθεως οὐν ἀπεστησαν ἀπ αὐτου οἱ μελλοντες αὐτον ἀνεταζειν·
Ga 1 16 εὐθεως οὐ προσανεθεμην σαρκι και αἱματι,
Ja 1 24 κατενοησεν γαρ ἑαυτον και ἀπεληλυθεν, και εὐθεως ἐπελαθετο ὁποιος ἠν.
3Jh 14 ἐλπιζω δε εὐθεως σε ἰδειν, και στομα προς στομα λαλησομεν.
Apc 4 2 εὐθεως ἐγενομην ἐν πνευματι·

εὐθυδρομεω [2]

Ac 16 11 ἀναχθεντες δε ἀπο τρωαδος εὐθυδρομησαμεν εἰς σαμοθρακην,
21 1 ὡς δε ἐγενετο ἀναχθηναι ἡμας ἀποσπασθεντας ἀπ αὐτων, εὐθυδρομησαντες ἠλθομεν εἰς την κω,

εὐθυμεω [3]

Ac 27 22 και τα νυν παραινω ὑμας εὐθυμειν·
25 διο εὐθυμειτε, ἀνδρες· πιστευω γαρ τω θεω ὁτι οὑτως ἐσται καθ ὁν τροπον λελαληται μοι.
Ja 5 13 εὐθυμει τις; ψαλλετω.

εὐθυμος [1]

Ac 27 36 εὐθυμοι δε γενομενοι παντες και αὐτοι προσελαβοντο τροφης.

εὐθυμως [1]

Ac 24 10 ἐκ πολλων ἐτων ὀντα σε κριτην τω ἐθνει τουτω ἐπισταμενος εὐθυμως τα περι ἐμαυτου ἀπολογουμαι,

εὐθυνω [2]

Jh 1 23 εὐθυνατε την ὁδον κυριου,
Ja 3 4 μεταγεται ὑπο ἐλαχιστου πηδαλιου ὁπου ἡ ὁρμη του εὐθυνοντος βουλεται·

εὐθυς [51]

Mt 3 16 βαπτισθεις δε ὁ ἰησους εὐθυς ἀνεβη ἀπο του ὑδατος·
13 20 ὁ δε ἐπι τα πετρωδη σπαρεις, οὑτος ἐστιν ὁ τον λογον ἀκουων και εὐθυς μετα χαρας λαμβανων αὐτον·
21 γενομενης δε θλιψεως ἡ διωγμου δια τον λογον εὐθυς σκανδαλιζεται.
14 27 εὐθυς δε ἐλαλησεν [ὁ ἰησους] αὐτοις λεγων·
21 3 ἐρειτε ὁτι ὁ κυριος αὐτων χρειαν ἐχει· εὐθυς δε ἀποστελει αὐτους.

εὐθυς [51]

Mc 1 10 και εὐθυς ἀναβαινων ἐκ του ὑδατος εἰδεν σχιζομενους τους οὐρανους και το πνευμα ὡς περιστεραν καταβαινον εἰς αὐτον·
12 και εὐθυς το πνευμα αὐτον ἐκβαλλει εἰς την ἐρημον.
18 και εὐθυς ἀφεντες τα δικτυα ἠκολουθησαν αὐτω.
20 και εὐθυς ἐκαλεσεν αὐτους.
21 και εὐθυς τοις σαββασιν εἰσελθων εἰς την συναγωγην ἐδιδασκεν.
23 και εὐθυς ἠν ἐν τη συναγωγη αὐτων ἀνθρωπος ἐν πνευματι ἀκαθαρτω,
28 και ἐξηλθεν ἡ ἀκοη αὐτου εὐθυς πανταχου εἰς ὁλην την περιχωρον της γαλιλαιας.
29 και εὐθυς ἐκ της συναγωγης ἐξελθοντες ἠλθον εἰς την οἰκιαν σιμωνος και ἀνδρεου μετα ἰακωβου και ἰωαννου.
30 και εὐθυς λεγουσιν αὐτω περι αὐτης.
42 και εὐθυς ἀπηλθεν ἀπ αὐτου ἡ λεπρα,
43 και ἐμβριμησαμενος αὐτω εὐθυς ἐξεβαλεν αὐτον,
2 8 και εὐθυς ἐπιγνους ὁ ἰησους τω πνευματι αὐτου ὁτι οὑτως διαλογιζονται ἐν ἑαυτοις,
12 και ἠγερθη και εὐθυς ἀρας τον κραβαττον ἐξηλθεν ἐμπροσθεν παντων,
3 6 και ἐξελθοντες οἱ φαρισαιοι εὐθυς μετα των ἡρωδιανων συμβουλιον ἐδιδουν κατ αὐτου,
4 5 και εὐθυς ἐξανετειλεν δια το μη ἐχειν βαθος γης·
15 και ὁταν ἀκουσωσιν, εὐθυς ἐρχεται ὁ σατανας και αἱρει τον λογον τον ἐσπαρμενον εἰς αὐτους.
16 και οὑτοι εἰσιν οἱ ἐπι τα πετρωδη σπειρομενοι, οἱ ὁταν ἀκουσωσιν τον λογον εὐθυς μετα χαρας λαμβανουσιν αὐτον,
17 εἰτα γενομενης θλιψεως ἡ διωγμου δια τον λογον εὐθυς σκανδαλιζονται.
29 εὐθυς ἀποστελλει το δρεπανον,
5 2 και ἐξελθοντος αὐτου ἐκ του πλοιου, εὐθυς ὑπηντησεν αὐτω ἐκ των μνημειων ἀνθρωπος ἐν πνευματι ἀκαθαρτω,
29 και εὐθυς ἐξηρανθη ἡ πηγη του αἱματος αὐτης,
30 και εὐθυς ὁ ἰησους ἐπιγνους ἐν ἑαυτω την ἐξ αὐτου δυναμιν ἐξελθουσαν,
42 και εὐθυς ἀνεστη το κορασιον και περιεπατει·
42 και ἐξεστησαν [εὐθυς] ἐκστασει μεγαλη.
6 25 και εἰσελθουσα εὐθυς μετα σπουδης προς τον βασιλεα ἠτησατο λεγουσα·
27 και εὐθυς ἀποστειλας ὁ βασιλευς σπεκουλατορα ἐπεταξεν ἐνεγκαι την κεφαλην αὐτου.
45 και εὐθυς ἠναγκασεν τους μαθητας αὐτου ἐμβηναι εἰς το πλοιον και προαγειν εἰς το περαν προς βηθσαιδαν,
50 ὁ δε εὐθυς ἐλαλησεν μετ αὐτων, και λεγει αὐτοις·
54 και ἐξελθοντων αὐτων ἐκ του πλοιου εὐθυς ἐπιγνοντες αὐτον περιεδραμον ὁλην την χωραν ἐκεινην και ἠρξαντο ἐπι τοις κραβαττοις τους κακως ἐχοντας περιφερειν,
7 25 ἀλλ εὐθυς ἀκουσασα γυνη περι αὐτου, ἡς εἰχεν το θυγατριον αὐτης πνευμα ἀκαθαρτον, ἐλθουσα προσεπεσεν προς τους ποδας αὐτου·
8 10 και εὐθυς ἐμβας εἰς το πλοιον μετα των μαθητων αὐτου ἠλθεν εἰς τα μερη δαλμανουθα.
9 15 και εὐθυς πας ὁ ὀχλος ἰδοντες αὐτον ἐξεθαμβηθησαν,
20 και ἰδων αὐτον το πνευμα εὐθυς συνεσπαραξεν αὐτον,
24 εὐθυς κραξας ὁ πατηρ του παιδιου ἐλεγεν·
10 52 και εὐθυς ἀνεβλεψεν, και ἠκολουθει αὐτω ἐν τη ὁδω.
11 2 ὑπαγετε εἰς την κωμην την κατεναντι ὑμων, και εὐθυς εἰσπορευομενοι εἰς αὐτην εὑρησετε πωλον δεδεμενον ἐφ ὁν οὐδεις οὐπω ἀνθρωπων ἐκαθισεν·
3 εἰπατε· ὁ κυριος αὐτου χρειαν ἐχει, και εὐθυς αὐτον ἀποστελλει παλιν ὡδε.
14 43 και εὐθυς ἐτι αὐτου λαλουντος παραγινεται ἰουδας εἰς των δωδεκα,
45 και ἐλθων εὐθυς προσελθων αὐτω λεγει· ῥαββι,
72 και εὐθυς ἐκ δευτερου ἀλεκτωρ ἐφωνησεν.
15 1 και εὐθυς πρωι συμβουλιον ποιησαντες οἱ ἀρχιερεις μετα των πρεσβυτερων και γραμματεων και ὁλον το συνεδριον,
Lc 6 49 και εὐθυς συνεπεσεν, και ἐγενετο το ῥηγμα της οἰκιας ἐκεινης μεγα.
Jh 13 30 λαβων οὐν το ψωμιον ἐκεινος ἐξηλθεν εὐθυς·
32 και ὁ θεος δοξασει αὐτον ἐν αὐτω, και εὐθυς δοξασει αὐτον.
19 34 ἀλλ εἰς των στρατιωτων λογχη αὐτου την πλευραν ἐνυξεν, και ἐξηλθεν εὐθυς αἱμα και ὑδωρ.
Ac 10 16 τουτο δε ἐγενετο ἐπι τρις, και εὐθυς ἀνελημφθη το σκευος εἰς τον οὐρανον.

εὐθύς [8]

Mt 3 3 ἑτοιμασατε την ὁδον κυριου, *εὐθειας* ποιειτε τας τριβους αὐτου.
Mc 1 3 *εὐθειας* ποιειτε τας τριβους αὐτου,
Lc 3 4 ἑτοιμασατε την ὁδον κυριου, *εὐθειας* ποιειτε τας τριβους αὐτου·
    5 και ἐσται τα σκολια εἰς *εὐθειαν* και αἱ τραχειαι εἰς ὁδους λειας·
Ac 8 21 ἡ γαρ καρδια σου οὐκ ἐστιν *εὐθεια* ἐναντι του θεου.
   9 11 ἀναστας πορευθητι ἐπι την ῥυμην την καλουμενην *εὐθειαν* και ζητησον ἐν οἰκια ιουδα σαυλον ὀνοματι ταρσεα·
  13 10 ἐχθρε πασης δικαιοσυνης, οὐ παυση διαστρεφων τας ὁδους [του] κυριου τας *εὐθειας*;
2Pt 2 15 καταλειποντες *εὐθειαν* ὁδον ἐπλανηθησαν,

εὐθυτης [1]

Heb 1 8 και ἡ ῥαβδος της *εὐθυτητος* ῥαβδος της βασιλειας σου.

εὐκαιρεω [3]

Mc 6 31 ἠσαν γαρ οἱ ἐρχομενοι και οἱ ὑπαγοντες πολλοι, και οὐδε φαγειν *εὐκαιρουν*.
Ac 17 21 ἀθηναιοι δε παντες και οἱ ἐπιδημουντες ξενοι εἰς οὐδεν ἑτερον *ηὐκαιρουν* ἠ λεγειν τι ἠ ἀκουειν τι καινοτερον.
1Co 16 12 και παντως οὐκ ἠν θελημα ἱνα νυν ἐλθη, ἐλευσεται δε ὁταν *εὐκαιρηση*.

εὐκαιρια [2]

Mt 26 16 και ἀπο τοτε ἐζητει *εὐκαιριαν* ἱνα αὐτον παραδω.
Lc 22 6 και ἐξωμολογησεν, και ἐζητει *εὐκαιριαν* του παραδουναι αὐτον ἀτερ ὀχλου αὐτοις.

εὐκαιρος [2]

Mc 6 21 και γενομενης ἡμερας *εὐκαιρου* ὁτε ἡρωδης τοις γενεσιοις αὐτου δειπνον ἐποιησεν τοις μεγιστασιν αὐτου και τοις χιλιαρχοις και τοις πρωτοις της γαλιλαιας,
Heb 4 16 προσερχωμεθα οὐν μετα παρρησιας τω θρονω της χαριτος ἱνα λαβωμεν ἐλεος και χαριν εὑρωμεν εἰς *εὐκαιρον* βοηθειαν.

εὐκαιρως [2]

Mc 14 11 και ἐζητει πως αὐτον *εὐκαιρως* παραδοι.
2Tm 4 2 κηρυξον τον λογον, ἐπιστηθι *εὐκαιρως* ἀκαιρως,

εὐκοπωτερος [7]

Mt 9 5 τί γαρ ἐστιν *εὐκοπωτερον*,
   19 24 *εὐκοπωτερον* ἐστιν καμηλον δια τρυπηματος ῥαφιδος διελθειν ἠ πλουσιον εἰσελθειν εἰς την βασιλειαν του θεου.
Mc 2 9 τί ἐστιν *εὐκοπωτερον*, εἰπειν τω παραλυτικω·
   10 25 *εὐκοπωτερον* ἐστιν καμηλον δια [της] τρυμαλιας [της] ῥαφιδος διελθειν ἠ πλουσιον εἰς την βασιλειαν του θεου εἰσελθειν.
Lc 5 23 τί ἐστιν *εὐκοπωτερον*, εἰπειν· ἀφεωνται σοι αἱ ἀμαρτιαι σου, ἠ εἰπειν· ἐγειρε και περιπατει;
   16 17 *εὐκοπωτερον* δε ἐστιν τον οὐρανον και την γην παρελθειν ἠ του νομου μιαν κεραιαν πεσειν.
   18 25 *εὐκοπωτερον* γαρ ἐστιν καμηλον δια τρηματος βελονης εἰσελθειν ἠ πλουσιον εἰς την βασιλειαν του θεου εἰσελθειν.

εὐλαβεια [2]

Heb 5 7 προσενεγκας και εἰσακουσθεις ἀπο της *εὐλαβειας*,
   12 28 δι ἡς λατρευωμεν εὐαρεστως τω θεω, μετα *εὐλαβειας* και δεους·

εὐλαβεομαι [1]

Heb 11 7 πιστει χρηματισθεις νωε περι των μηδεπω βλεπομενων, *εὐλαβηθεις* κατεσκευασεν κιβωτον εἰς σωτηριαν του οἰκου αὐτου.

εὐλαβης [4]

Lc 2 25 και ὁ ἀνθρωπος οὑτος δικαιος και *εὐλαβης*, προσδεχομενος παρακλησιν του ισραηλ, και πνευμα ἠν ἁγιον ἐπ αὐτον·

εὐλαβης [4]

Ac 2 5 ἠσαν δε εἰς ιερουσαλημ κατοικουντες ιουδαιοι, ἀνδρες *εὐλαβεις* ἀπο παντος ἐθνους των ὑπο τον οὐρανον·
   8 2 συνεκομισαν δε τον στεφανον ἀνδρες *εὐλαβεις* και ἐποιησαν κοπετον μεγαν ἐπ αὐτω.
  22 12 ἀνανιας δε τις, ἀνηρ *εὐλαβης* κατα τον νομον, μαρτυρουμενος ὑπο παντων των κατοικουντων ιουδαιων, ἐλθων προς με και ἐπιστας εἰπεν μοι·

εὐλογεω [42]

Mt 14 19 λαβων τους πεντε ἀρτους και τους δυο ἰχθυας, ἀναβλεψας εἰς τον οὐρανον *εὐλογησεν*, και κλασας ἐδωκεν τοις μαθηταις τους ἀρτους,
   21 9 ὡσαννα τω υἱω δαυιδ· *εὐλογημενος* ὁ ἐρχομενος ἐν ὀνοματι κυριου· ὡσαννα ἐν τοις ὑψιστοις.
   23 39 *εὐλογημενος* ὁ ἐρχομενος ἐν ὀνοματι κυριου.
   25 34 δευτε οἱ *εὐλογημενοι* του πατρος μου, κληρονομησατε την ἡτοιμασμενην ὑμιν βασιλειαν ἀπο καταβολης κοσμου.
   26 26 ἐσθιοντων δε αὐτων λαβων ὁ ιησους ἀρτον και *εὐλογησας* ἐκλασεν και δους τοις μαθηταις εἰπεν·
Mc 6 41 και λαβων τους πεντε ἀρτους και τους δυο ἰχθυας, ἀναβλεψας εἰς τον οὐρανον *εὐλογησεν* και κατεκλασεν τους ἀρτους και ἐδιδου τοις μαθηταις [αὐτου] ἱνα παρατιθωσιν αὐτοις,
   8 7 και εἰχον ἰχθυδια ὀλιγα· και *εὐλογησας* αὐτα εἰπεν και ταυτα παρατιθεναι.
   11 9 ὡσαννα· *εὐλογημενος* ὁ ἐρχομενος ἐν ὀνοματι κυριου·
   10 *εὐλογημενη* ἡ ἐρχομενη βασιλεια του πατρος ἡμων δαυιδ· ὡσαννα ἐν τοις ὑψιστοις.
   14 22 και ἐσθιοντων αὐτων λαβων ἀρτον *εὐλογησας* ἐκλασεν και ἐδωκεν αὐτοις και εἰπεν·
Lc 1 42 *εὐλογημενη* συ ἐν γυναιξιν, και *εὐλογημενος* ὁ καρπος της κοιλιας σου.
   42 *εὐλογημενη* συ ἐν γυναιξιν, και *εὐλογημενος* ὁ καρπος της κοιλιας σου.
   64 ἀνεωχθη δε το στομα αὐτου παραχρημα και ἡ γλωσσα αὐτου, και ἐλαλει *εὐλογων* τον θεον.
   2 28 και αὐτος ἐδεξατο αὐτο εἰς τας ἀγκαλας και *εὐλογησεν* τον θεον και εἰπεν· νυν ἀπολυεις τον δουλον σου, δεσποτα, κατα το ῥημα σου ἐν εἰρηνη·
   34 και *εὐλογησεν* αὐτους συμεων και εἰπεν προς μαριαμ την μητερα αὐτου· ἰδου οὑτος κειται εἰς πτωσιν και ἀναστασιν πολλων ἐν τω ισραηλ και εἰς σημειον ἀντιλεγομενον και σου [δε] αὐτης την ψυχην διελευσεται ῥομφαια,
   6 28 *εὐλογειτε* τους καταρωμενους ὑμας, προσευχεσθε περι των ἐπηρεαζοντων ὑμας.
   9 16 λαβων δε τους πεντε ἀρτους και τους δυο ἰχθυας, ἀναβλεψας εἰς τον οὐρανον *εὐλογησεν* αὐτους και κατεκλασεν, και ἐδιδου τοις μαθηταις παραθειναι τω ὀχλω.
   13 35 *εὐλογημενος* ὁ ἐρχομενος ἐν ὀνοματι κυριου·
   19 38 *εὐλογημενος* ὁ ἐρχομενος, ὁ βασιλευς ἐν ὀνοματι κυριου· ἐν οὐρανω εἰρηνη και δοξα ἐν ὑψιστοις.
   24 30 και ἐγενετο ἐν τω κατακλιθηναι αὐτον μετ αὐτων λαβων τον ἀρτον *εὐλογησεν* και κλασας ἐπεδιδου αὐτοις·
   50 και ἐπαρας τας χειρας αὐτου *εὐλογησεν* αὐτους.
   51 και ἐγενετο ἐν τω *εὐλογειν* αὐτον αὐτους διεστη ἀπ αὐτων και ἀνεφερετο εἰς τον οὐρανον.
   53 και ἠσαν δια παντος ἐν τω ἱερω *εὐλογουντες* τον θεον.
Jh 12 13 ὡσαννα, *εὐλογημενος* ὁ ἐρχομενος ἐν ὀνοματι κυριου, [και] ὁ βασιλευς του ισραηλ.
Ac 3 25 και ἐν τω σπερματι σου [ἐν]*ευλογηθησονται* πασαι αἱ πατριαι της γης.
   26 ὑμιν πρωτον ἀναστησας ὁ θεος τον παιδα αὐτου ἀπεστειλεν αὐτον *εὐλογουντα* ὑμας ἐν τω ἀποστρεφειν ἑκαστον ἀπο των πονηριων ὑμων.
Rm 12 14 *εὐλογειτε* τους διωκοντας [ὑμας,] *εὐλογειτε* και μη καταρασθε.
   14 *εὐλογειτε* τους διωκοντας [ὑμας,] *εὐλογειτε* και μη καταρασθε.
1Co 4 12 λοιδορουμενοι *εὐλογουμεν*, διωκομενοι ἀνεχομεθα, δυσφημουμενοι παρακαλουμεν·
   10 16 το ποτηριον της *εὐλογιας* ὁ *εὐλογουμεν*, οὐχι κοινωνια ἐστιν του αἱματος του χριστου·
   14 16 ἐπει ἐαν *εὐλογης* [ἐν] πνευματι, ὁ ἀναπληρων τον τοπον του ἰδιωτου πως ἐρει το ἀμην ἐπι τη ση εὐχαριστια;
Ga 3 9 ὡστε οἱ ἐκ πιστεως *εὐλογουνται* συν τω πιστω ἀβρααμ.
Eph 1 3 *εὐλογητος* ὁ θεος και πατηρ του κυριου ἡμων ιησου χριστου, ὁ *εὐλογησας* ἡμας ἐν παση *εὐλογια* πνευματικη ἐν τοις ἐπουρανιοις ἐν χριστω,
Heb 6 14 εἰ μην *εὐλογων* *εὐλογησω* σε και πληθυνων πληθυνω σε·

εὐλογεω [42]

Heb	6 14	εἰ μην εὐλογων εὐλογησω σε και πληθυνων πληθυνῶ σε·
	7 1	οὗτος γαρ ὁ μελχισεδεκ, βασιλευς σαλημ, ἱερευς του θεου του ὑψιστου, ὁ συναντησας ἀβρααμ ὑποστρεφοντι ἀπο της κοπης των βασιλεων και εὐλογησας αὐτον,
	6	ὁ δε μη γενεαλογουμενος ἐξ αὐτων δεδεκατωκεν ἀβρααμ, και τον ἐχοντα τας ἐπαγγελιας εὐλογηκεν.
	7	χωρις δε πασης ἀντιλογιας το ἐλαττον ὑπο του κρειττονος εὐλογειται.
	11 20	πιστει και περι μελλοντων εὐλογησεν ἰσαακ τον ἰακωβ και τον ἠσαυ.
	21	πιστει ἰακωβ ἀποθνησκων ἑκαστον των υἱων ἰωσηφ εὐλογησεν,
Ja	3 9	ἐν αὐτῃ εὐλογουμεν τον κυριον και πατερα,
1Pt	3 9	τουναντιον δε εὐλογουντες, ὁτι εἰς τουτο ἐκληθητε ἱνα εὐλογιαν κληρονομησητε.

εὐλογητος [8]

Mc	14 61	συ εἰ ὁ χριστος ὁ υἱος του εὐλογητου;
Lc	1 68	εὐλογητος κυριος ὁ θεος του ἰσραηλ,
Rm	1 25	και ἐσεβασθησαν και ἐλατρευσαν τῃ κτισει παρα τον κτισαντα, ὁς ἐστιν εὐλογητος εἰς τους αἰωνας· ἀμην.
	9 5	ὁ ὠν ἐπι παντων θεος εὐλογητος εἰς τους αἰωνας, ἀμην.
2Co	1 3	εὐλογητος ὁ θεος και πατηρ του κυριου ἡμων ἰησου χριστου,
	11 31	ὁ θεος και πατηρ του κυριου ἰησου οἰδεν, ὁ ὠν εὐλογητος εἰς τους αἰωνας, ὁτι οὐ ψευδομαι.
Eph	1 3	εὐλογητος ὁ θεος και πατηρ του κυριου ἡμων ἰησου χριστου,
1Pt	1 3	εὐλογητος ὁ θεος και πατηρ του κυριου ἡμων ἰησου χριστου,

εὐλογια [16]

Rm	15 29	οἰδα δε ὁτι ἐρχομενος προς ὑμας ἐν πληρωματι εὐλογιας χριστου ἐλευσομαι.
	16 18	και δια της χρηστολογιας και εὐλογιας ἐξαπατωσιν τας καρδιας των ἀκακων.
1Co	10 16	το ποτηριον της εὐλογιας ὁ εὐλογουμεν, οὐχι κοινωνια ἐστιν του αἱματος του χριστου;
2Co	9 5	ἱνα προελθωσιν εἰς ὑμας και προκαταρτισωσιν την προεπηγγελμενην εὐλογιαν ὑμων,
	5	και προκαταρτισωσιν την προεπηγγελμενην εὐλογιαν ὑμων, ταυτην ἑτοιμην εἰναι οὑτως ὡς εὐλογιαν και μη ὡς πλεονεξιαν.
	6	και ὁ σπειρων ἐπ εὐλογιαις ἐπ εὐλογιαις και θερισει.
	6	και ὁ σπειρων ἐπ εὐλογιαις ἐπ εὐλογιαις και θερισει.
Ga	3 14	ἱνα εἰς τα ἐθνη ἡ εὐλογια του ἀβρααμ γενηται ἐν χριστῳ ἰησου,
Eph	1 3	εὐλογητος ὁ θεος και πατηρ του κυριου ἡμων ἰησου χριστου, ὁ εὐλογησας ἡμας ἐν πασῃ εὐλογιᾳ πνευματικῃ ἐν τοις ἐπουρανιοις ἐν χριστῳ,
Heb	6 7	γη γαρ ἡ πιουσα τον ἐπ αὐτης ἐρχομενον πολλακις ὑετον και τικτουσα βοτανην εὐθετον ἐκεινοις δι οὑς και γεωργειται, μεταλαμβανει εὐλογιας ἀπο του θεου·
	12 17	ἰστε γαρ ὁτι και μετεπειτα θελων κληρονομησαι την εὐλογιαν ἀπεδοκιμασθη.
Ja	3 10	ἐκ του αὐτου στοματος ἐξερχεται εὐλογια και καταρα.
1Pt	3 9	τουναντιον δε εὐλογουντες, ὁτι εἰς τουτο ἐκληθητε ἱνα εὐλογιαν κληρονομησητε.
Apc	5 12	ἀξιον ἐστιν το ἀρνιον το ἐσφαγμενον λαβειν την δυναμιν και πλουτον και σοφιαν και ἰσχυν και τιμην και δοξαν και εὐλογιαν.
	13	τῳ καθημενῳ ἐπι τῳ θρονῳ και τῳ ἀρνιῳ ἡ εὐλογια και ἡ τιμη και ἡ δοξα και το κρατος εἰς τους αἰωνας των αἰωνων.
	7 12	ἡ εὐλογια και ἡ δοξα και ἡ σοφια και ἡ εὐχαριστια και ἡ τιμη και ἡ δυναμις και ἡ ἰσχυς τῳ θεῳ ἡμων εἰς τους αἰωνας των αἰωνων·

εὐμεταδοτος [1]

1Tm	6 18	ἀγαθοεργειν, πλουτειν ἐν ἐργοις καλοις, εὐμεταδοτους εἰναι, κοινωνικους,

εὐνικη [1]

2Tm	1 5	ὑπομνησιν λαβων της ἐν σοι ἀνυποκριτου πιστεως, ἡτις ἐνῳκησεν πρωτον ἐν τῃ μαμμῃ σου λωιδι και τῃ μητρι σου εὐνικῃ,

εὐνοεω [1]

Mt	5 25	ἰσθι εὐνοων τῳ ἀντιδικῳ σου ταχυ ἑως ὁτου εἰ μετ αὐτου ἐν τῃ ὁδῳ·

εὐνοια [1]

Eph	6 7	ἀλλ ὡς δουλοι χριστου ποιουντες το θελημα του θεου ἐκ ψυχης, μετ εὐνοιας δουλευοντες ὡς τῳ κυριῳ και οὐκ ἀνθρωποις,

εὐνουχιζω [2]

Mt	19 12	και εἰσιν εὐνουχοι οἱτινες εὐνουχισθησαν ὑπο των ἀνθρωπων,
	12	και εἰσιν εὐνουχοι οἱτινες εὐνουχισαν ἑαυτους δια την βασιλειαν των οὐρανων.

εὐνουχος [8]

Mt	19 12	εἰσιν γαρ εὐνουχοι οἱτινες ἐκ κοιλιας μητρος ἐγεννηθησαν οὑτως,
	12	και εἰσιν εὐνουχοι οἱτινες εὐνουχισθησαν ὑπο των ἀνθρωπων,
	12	και εἰσιν εὐνουχοι οἱτινες εὐνουχισαν ἑαυτους δια την βασιλειαν των οὐρανων.
Ac	8 27	και ἰδου ἀνηρ αἰθιοψ εὐνουχος δυναστης κανδακης βασιλισσης αἰθιοπων,
	34	ἀποκριθεις δε ὁ εὐνουχος τῳ φιλιππῳ εἰπεν· δεομαι σου, περι τινος ὁ προφητης λεγει τουτο;
	36	και φησιν ὁ εὐνουχος· ἰδου ὑδωρ· τί κωλυει με βαπτισθηναι;
	38	και κατεβησαν ἀμφοτεροι εἰς το ὑδωρ, ὁ τε φιλιππος και ὁ εὐνουχος, και ἐβαπτισεν αὐτον.
	39	πνευμα κυριου ἡρπασεν τον φιλιππον, και οὐκ εἰδεν αὐτον οὐκετι ὁ εὐνουχος,

εὐοδια [1]

Php	4 2	εὐοδιαν παρακαλω και συντυχην παρακαλω το αὐτο φρονειν ἐν κυριῳ.

εὐοδοομαι [4]

Rm	1 10	ὡς ἀδιαλειπτως μνειαν ὑμων ποιουμαι παντοτε ἐπι των προσευχων μου, δεομενος εἰ πως ἠδη ποτε εὐοδωθησομαι ἐν τῳ θελητι του θεου ἐλθειν προς ὑμας.
1Co	16 2	κατα μιαν σαββατου ἑκαστος ὑμων παρ ἑαυτῳ τιθετω θησαυριζων ὁτι ἐαν εὐοδωται,
3Jh	2	ἀγαπητε, περι παντων εὐχομαι σε εὐοδουσθαι και ὑγιαινειν,
	2	ἀγαπητε, περι παντων εὐχομαι σε εὐοδουσθαι και ὑγιαινειν, καθως εὐοδουται σου ἡ ψυχη.

εὐπαρεδρος [1]

1Co	7 35	οὐχ ἱνα βροχον ὑμιν ἐπιβαλω, ἀλλα προς το εὐσχημον και εὐπαρεδρον τῳ κυριῳ ἀπερισπαστως.

εὐπειθης [1]

Ja	3 17	ἡ δε ἀνωθεν σοφια πρωτον μεν ἁγνη ἐστιν, ἐπειτα εἰρηνικη, ἐπιεικης, εὐπειθης,

εὐπεριστατος [1]

Heb	12 1	τοιγαρουν και ἡμεις, τοσουτον ἐχοντες περικειμενον ἡμιν νεφος μαρτυρων, ὀγκον ἀποθεμενοι παντα και την εὐπεριστατον ἁμαρτιαν,

εὐποιια [1]

Heb	13 16	της δε εὐποιιας και κοινωνιας μη ἐπιλανθανεσθε·

εὐπορεομαι [1]

Ac	11 29	των δε μαθητων καθως εὐπορειτο τις, ὡρισαν ἑκαστος αὐτων εἰς διακονιαν πεμψαι τοις κατοικουσιν ἐν τῃ ἰουδαιᾳ ἀδελφοις·

εὐπορία [1]

Ac 19 25 ἄνδρες, ἐπιστασθε ὅτι ἐκ ταυτης της ἐργασιας ἡ εὐπορία ἡμιν ἐστιν,

εὐπρέπεια [1]

Ja 1 11 και το ἀνθος αὐτου ἐξεπεσεν και ἡ εὐπρέπεια του προσωπου αὐτου ἀπωλετο·

εὐπρόσδεκτος [5]

Rm 15 16 ἱερουργουντα το εὐαγγελιον του θεου, ἱνα γενηται ἡ προσφορα των ἐθνων εὐπρόσδεκτος,

31 ἱνα ρυσθω ἀπο των ἀπειθουντων ἐν τη ἰουδαια και ἡ διακονια μου ἡ εἰς ἱερουσαλημ εὐπρόσδεκτος τοις ἁγιοις γενηται,

2Co 6 2 ἰδου νυν καιρος εὐπρόσδεκτος, ἰδου νυν ἡμερα σωτηριας·

8 12 εἰ γαρ ἡ προθυμια προκειται, καθο ἐαν ἐχη εὐπρόσδεκτος, οὐ καθο οὐκ ἐχει.

1Pt 2 5 και αὐτοι ὡς λιθοι ζωντες οἰκοδομεισθε οἰκος πνευματικος εἰς ἱερατευμα ἁγιον, ἀνενεγκαι πνευματικας θυσιας εὐπροσδέκτους [τω] θεω δια ἰησου χριστου·

εὐπροσωπέω [1]

Ga 6 12 ὁσοι θελουσιν εὐπροσωπῆσαι ἐν σαρκι, οὑτοι ἀναγκαζουσιν ὑμας περιτεμνεσθαι,

εὐρακύλων [1]

Ac 27 14 μετ οὐ πολυ δε ἐβαλεν κατ αὐτης ἀνεμος τυφωνικος ὁ καλουμενος εὐρακύλων·

εὑρίσκω [176]

Mt 1 18 πριν ἡ συνελθειν αὐτους εὑρέθη ἐν γαστρι ἐχουσα ἐκ πνευματος ἁγιου.

2 8 ἐπαν δε εὑρῆτε, ἀπαγγειλατε μοι,

7 7 ζητειτε, και εὑρήσετε·

8 και ὁ ζητων εὑρίσκει,

14 και ὀλιγοι εἰσιν οἱ εὑρίσκοντες αὐτην.

8 10 παρ οὐδενι τοσαυτην πιστιν ἐν τω ἰσραηλ εὑρον.

10 39 ὁ εὑρών την ψυχην αὐτου ἀπολεσει αὐτην,

39 και ὁ ἀπολεσας την ψυχην αὐτου ἑνεκεν ἐμου εὑρήσει αὐτην.

11 29 και εὑρήσετε ἀναπαυσιν ταις ψυχαις ὑμων·

12 43 διερχεται δι ἀνυδρων τοπων ζητουν ἀναπαυσιν, και οὐχ εὑρίσκει.

44 και ἐλθον εὑρίσκει σχολαζοντα σεσαρωμενον και κεκοσμημενον.

13 44 ὁμοια ἐστιν ἡ βασιλεια των οὐρανων θησαυρω κεκρυμμενω ἐν τω ἀγρω, ὁν εὑρών ἀνθρωπος ἐκρυψεν·

46 εὑρών δε ἑνα πολυτιμον μαργαριτην ἀπελθων πεπρακεν παντα ὁσα εἰχεν και ἠγορασεν αὐτον.

16 25 ὁς δ ἀν ἀπολεση την ψυχην αὐτου ἑνεκεν ἐμου, εὑρήσει αὐτην.

17 27 και ἀνοιξας το στομα αὐτου εὑρήσεις στατηρα·

18 13 και ἐαν γενηται εὑρειν αὐτο, ἀμην λεγω ὑμιν ὁτι χαιρει ἐπ αὐτω μαλλον ἡ ἐπι τοις ἐνενηκονταεννεα τοις μη πεπλανημενοις.

28 ἐξελθων δε ὁ δουλος ἐκεινος εὑρεν ἑνα των συνδουλων αὐτου, ὁς ὠφειλεν αὐτω ἑκατον δηναρια,

20 6 περι δε την ἑνδεκατην ἐξελθων εὑρεν ἀλλους ἑστωτας,

21 2 πορευεσθε εἰς την κωμην την κατεναντι ὑμων, και εὐθεως εὑρήσετε ὀνον δεδεμενην και πωλον μετ αὐτης· λυσαντες ἀγαγετε μοι.

19 και ἰδων συκην μιαν ἐπι της ὁδου ἠλθεν ἐπ αὐτην, και οὐδεν εὑρεν ἐν αὐτη εἰ μη φυλλα μονον,

22 9 πορευεσθε οὐν ἐπι τας διεξοδους των ὁδων, και ὁσους ἐαν εὑρῆτε καλεσατε εἰς τους γαμους.

10 και ἐξελθοντες οἱ δουλοι ἐκεινοι εἰς τας ὁδους συνηγαγον παντας οὑς εὑρον, πονηρους τε και ἀγαθους·

24 46 μακαριος ὁ δουλος ἐκεινος ὁν ἐλθων ὁ κυριος αὐτου εὑρήσει οὑτως ποιουντα·

26 40 και ἐρχεται προς τους μαθητας και εὑρίσκει αὐτους καθευδοντας,

43 και ἐλθων παλιν εὑρεν αὐτους καθευδοντας, ἠσαν γαρ αὐτων οἱ ὀφθαλμοι βεβαρημενοι.

60 οἱ δε ἀρχιερεις και το συνεδριον ὁλον ἐζητουν ψευδομαρτυριαν κατα του ἰησου ὁπως αὐτον θανατωσωσιν, και οὐχ εὑρον πολλων προσελθοντων ψευδομαρτυρων.

εὑρίσκω [176]

Mt 27 32 ἐξερχομενοι δε εὑρον ἀνθρωπον κυρηναιον, ὀνοματι σιμωνα·

Mc 1 37 και εὑρον αὐτον και λεγουσιν αὐτω ὁτι παντες ζητουσιν σε.

7 30 και ἀπελθουσα εἰς τον οἰκον αὐτης εὑρεν το παιδιον βεβλημενον ἐπι την κλινην και το δαιμονιον ἐξεληλυθος.

11 2 ὑπαγετε εἰς την κωμην την κατεναντι ὑμων, και εὐθυς εἰσπορευομενοι εἰς αὐτην εὑρήσετε πωλον δεδεμενον ἐφ ὁν οὐδεις οὐπω ἀνθρωπων ἐκαθισεν·

4 και ἀπηλθον και εὑρον πωλον δεδεμενον προς θυραν ἐξω ἐπι του ἀμφοδου, και λυουσιν αὐτον.

13 και ἰδων συκην ἀπο μακροθεν ἐχουσαν φυλλα ἠλθεν εἰ ἀρα τι εὑρήσει ἐν αὐτη,

13 και ἐλθων ἐπ αὐτην οὐδεν εὑρεν εἰ μη φυλλα·

13 36 μη ἐλθων ἐξαιφνης εὑρη ὑμας καθευδοντας.

14 16 και ἐξηλθον οἱ μαθηται και ἠλθον εἰς την πολιν και εὑρον καθως εἰπεν αὐτοις,

37 και ἐρχεται και εὑρίσκει αὐτους καθευδοντας,

40 και παλιν ἐλθων εὑρεν αὐτους καθευδοντας,

55 οἱ δε ἀρχιερεις και ὁλον το συνεδριον ἐζητουν κατα του ἰησου μαρτυριαν εἰς το θανατωσαι αὐτον, και οὐχ ηὑρισκον·

Lc 1 30 μη φοβου, μαριαμ· εὑρες γαρ χαριν παρα τω θεω.

2 12 και τουτο ὑμιν το σημειον, εὑρήσετε βρεφος ἐσπαργανωμενον και κειμενον ἐν φατνη.

45 και μη εὑρόντες ὑπεστρεψαν εἰς ἱερουσαλημ ἀναζητουντες αὐτον.

46 και ἐγενετο μετα ἡμερας τρεις εὑρον αὐτον ἐν τω ἱερω καθεζομενον ἐν μεσω των διδασκαλων και ἀκουοντα αὐτων και ἐπερωτωντα αὐτους·

4 17 και ἀναπτυξας το βιβλιον εὑρεν τον τοπον οὑ ἠν γεγραμμενον· πνευμα κυριου ἐπ ἐμε,

5 19 και μη εὑρόντες ποιας εἰσενεγκωσιν αὐτον δια τον ὀχλον, ἀναβαντες ἐπι το δωμα δια των κεραμων καθηκαν αὐτον συν τω κλινιδιω εἰς το μεσον ἐμπροσθεν του ἰησου.

6 7 παρετηρουντο δε αὐτον οἱ γραμματεις και οἱ φαρισαιοι εἰ τω σαββατω θεραπευει, ἱνα εὑρωσιν κατηγορειν αὐτου.

7 9 λεγω ὑμιν, οὐδε ἐν τω ἰσραηλ τοσαυτην πιστιν εὑρον.

10 και ὑποστρεψαντες εἰς τον οἰκον οἱ πεμφθεντες εὑρον τον δουλον ὑγιαινοντα.

8 35 και εὑρον καθημενον τον ἀνθρωπον ἀφ οὑ τα δαιμονια ἐξηλθεν ἱματισμενον και σωφρονουντα παρα τους ποδας του ἰησου, και ἐφοβηθησαν.

9 12 ἀπολυσον τον ὀχλον, ἱνα πορευθεντες εἰς τας κυκλω κωμας και ἀγρους καταλυσωσιν και εὑρωσιν ἐπισιτισμον, ὁτι ὡδε ἐν ἐρημω τοπω ἐσμεν.

36 και ἐν τω γενεσθαι την φωνην εὑρέθη ἰησους μονος.

11 9 ζητειτε, και εὑρήσετε· κρουετε, και ἀνοιγησεται ὑμιν.

10 πας γαρ ὁ αἰτων λαμβανει, και ὁ ζητων εὑρίσκει, και τω κρουοντι ἀνοιγ[ησ]εται.

24 ὁταν το ἀκαθαρτον πνευμα ἐξελθη ἀπο του ἀνθρωπου, διερχεται δι ἀνυδρων τοπων ζητουν ἀναπαυσιν, και μη εὑρίσκον [τοτε] λεγει·

25 και ἐλθον εὑρίσκει σεσαρωμενον και κεκοσμημενον.

12 37 μακαριοι οἱ δουλοι ἐκεινοι, οὑς ἐλθων ὁ κυριος εὑρήσει γρηγορουντας·

38 καν ἐν τη δευτερα καν ἐν τη τριτη φυλακη ἐλθη και εὑρη οὑτως, μακαριοι εἰσιν ἐκεινοι.

43 μακαριος ὁ δουλος ἐκεινος, ὁν ἐλθων ὁ κυριος αὐτου εὑρήσει ποιουντα οὑτως.

13 6 και ἠλθεν ζητων καρπον ἐν αὐτη και οὐχ εὑρεν.

7 ἰδου τρια ἐτη ἀφ οὑ ἐρχομαι ζητων καρπον ἐν τη συκη ταυτη και οὐχ εὑρίσκω·

15 4 τις ἀνθρωπος ἐξ ὑμων ἐχων ἑκατον προβατα και ἀπολεσας ἐξ αὐτων ἑν οὐ καταλειπει τα ἐνενηκονταεννεα ἐν τη ἐρημω και πορευεται ἐπι το ἀπολωλος ἑως εὑρη αὐτο;

5 και εὑρών ἐπιτιθησιν ἐπι τους ὠμους αὐτου χαιρων,

6 συγχαρητε μοι, ὁτι εὑρον το προβατον μου το ἀπολωλος.

8 ἡ τις γυνη δραχμας ἐχουσα δεκα, ἐαν ἀπολεση δραχμην μιαν, οὐχι ἁπτει λυχνον και σαροι την οἰκιαν και ζητει ἐπιμελως ἑως οὑ εὑρη;

9 και εὑρούσα συγκαλει τας φιλας και γειτονας λεγουσα·

9 συγχαρητε μοι, ὁτι εὑρον την δραχμην ἡν ἀπωλεσα.

24 ὁτι οὑτος ὁ υἱος μου νεκρος ἠν και ἀνεζησεν, ἡν ἀπολωλως και εὑρέθη.

32 εὐφρανθηναι δε και χαρηναι ἐδει, ὁτι ὁ ἀδελφος σου οὑτος νεκρος ἠν και ἐζησεν, και ἀπολωλως και εὑρέθη.

17 18 οὐχ εὑρέθησαν ὑποστρεψαντες δουναι δοξαν τω θεω εἰ μη ὁ ἀλλογενης οὑτος;

18 8 πλην ὁ υἱος του ἀνθρωπου ἐλθων ἀρα εὑρήσει την πιστιν ἐπι της γης;

εὑρίσκω [176]

Lc	19 30	ὑπαγετε εἰς τὴν κατεναντι κωμην, ἐν ᾗ εἰσπορευομενοι *εὑρησετε* πωλον δεδεμενον,
	32	ἀπελθοντες δὲ οἱ ἀπεσταλμενοι *εὑρον* καθως εἰπεν αὐτοις.
	48	οἱ δὲ ἀρχιερεις καὶ οἱ γραμματεις ἐζητουν αὐτον ἀπολεσαι καὶ οἱ πρωτοι του λαου, καὶ οὐχ *εὑρισκον* τὸ τί ποιησωσιν·
	22 13	ἀπελθοντες δὲ *εὑρον* καθως εἰρηκει αὐτοις,
	45	καὶ ἀναστας ἀπο της προσευχης, ἐλθων προς τους μαθητας *εὑρεν* κοιμωμενους αὐτους ἀπο της λυπης,
	23 2	τουτον *εὑραμεν* διαστρεφοντα το ἐθνος ἡμων καὶ κωλυοντα φορους καισαρι διδοναι,
	4	οὐδεν *εὑρισκω* αἰτιον ἐν τῳ ἀνθρωπῳ τουτῳ.
	14	καὶ ἰδου ἐγω ἐνωπιον ὑμων ἀνακρινας οὐθεν *εὑρον* ἐν τῳ ἀνθρωπῳ τουτῳ αἰτιον ὡν κατηγορειτε κατ αὐτου.
	22	οὐδεν αἰτιον θανατου *εὑρον* ἐν αὐτῳ· παιδευσας οὐν αὐτον ἀπολυσω.
	24 2	*εὑρον* δὲ τον λιθον ἀποκεκυλισμενον ἀπο του μνημειου,
	3	εἰσελθουσαι δὲ οὐχ *εὑρον* το σωμα του κυριου ἰησου.
	23	καὶ μη *εὑρουσαι* το σωμα αὐτου ἠλθον λεγουσαι καὶ ὀπτασιαν ἀγγελων ἑωρακεναι, οἱ λεγουσιν αὐτον ζην.
	24	καὶ *εὑρον* οὑτως καθως καὶ αἱ γυναικες εἰπον,
	33	καὶ *εὑρον* ἠθροισμενους τους ἐνδεκα καὶ τους συν αὐτοις,
Jh	1 41	*εὑρισκει* οὑτος πρωτον τον ἀδελφον τον ἰδιον σιμωνα καὶ λεγει αὐτῳ·
	41	*εὑρηκαμεν* τον μεσσιαν ὁ ἐστιν μεθερμηνευομενον χριστος.
	43	τῃ ἐπαυριον ἠθελησεν ἐξελθειν εἰς την γαλιλαιαν, καὶ *εὑρισκει* φιλιππον.
	45	*εὑρισκει* φιλιππος τον ναθαναηλ καὶ λεγει αὐτῳ·
	45	ὁν ἐγραψεν μωυσης ἐν τῳ νομῳ καὶ οἱ προφηται *εὑρηκαμεν*,
	2 14	καὶ *εὑρεν* ἐν τῳ ἱερῳ τους πωλουντας βοας καὶ προβατα καὶ περιστερας καὶ τους κερματιστας καθημενους,
	5 14	μετα ταυτα *εὑρισκει* αὐτον ὁ ἰησους ἐν τῳ ἱερῳ καὶ εἰπεν αὐτῳ·
	6 25	καὶ *εὑροντες* αὐτον περαν της θαλασσης εἰπον αὐτῳ·
	7 34	ζητησετε με καὶ οὐχ *εὑρησετε* [με,] καὶ ὁπου εἰμι ἐγω ὑμεις οὐ δυνασθε ἐλθειν.
	35	που οὑτος μελλει πορευεσθαι, ὁτι ἡμεις οὐχ *εὑρησομεν* αὐτον;
	36	ζητησετε με καὶ οὐχ *εὑρησετε* [με,] καὶ ὁπου εἰμι ἐγω ὑμεις οὐ δυνασθε ἐλθειν;
	9 35	ἠκουσεν ἰησους ὁτι ἐξεβαλον αὐτον ἐξω, καὶ *εὑρων* αὐτον εἰπεν·
	10 9	δι ἐμου ἐαν τις εἰσελθῃ, σωθησεται, καὶ εἰσελευσεται καὶ νομην *εὑρησει*.
	11 17	ἐλθων οὐν ὁ ἰησους *εὑρεν* αὐτον τεσσαρας ἠδη ἡμερας ἐχοντα ἐν τῳ μνημειῳ.
	12 14	*εὑρων* δὲ ὁ ἰησους ὀναριον ἐκαθισεν ἐπ αὐτο,
	18 38	ἐγω οὐδεμιαν *εὑρισκω* ἐν αὐτῳ αἰτιαν.
	19 4	ἰδε ἀγω ὑμιν αὐτον ἐξω, ἱνα γνωτε ὁτι οὐδεμιαν αἰτιαν *εὑρισκω* ἐν αὐτῳ.
	6	ἐγω γαρ οὐχ *εὑρισκω* ἐν αὐτῳ αἰτιαν.
	21 6	βαλετε εἰς τα δεξια μερη του πλοιου το δικτυον, καὶ *εὑρησετε*.
Ac	4 21	οἱ δὲ προσαπειλησαμενοι ἀπελυσαν αὐτους, μηδεν *εὑρισκοντες* το πως κολασωνται αὐτους, δια τον λαον, ὁτι παντες ἐδοξαζον τον θεον ἐπι τῳ γεγονοτι·
	5 10	εἰσελθοντες δὲ οἱ νεανισκοι *εὑρον* αὐτην νεκραν, καὶ ἐξενεγκαντες ἐθαψαν προς τον ἀνδρα αὐτης.
	22	οἱ δὲ παραγενομενοι ὑπηρεται οὐχ *εὑρον* αὐτους ἐν τῃ φυλακῃ·
	23	ἀναστρεψαντες δὲ ἀπηγγειλαν λεγοντες ὁτι το δεσμωτηριον *εὑρομεν* κεκλεισμενον ἐν παση ἀσφαλεια καὶ τους φυλακας ἑστωτας ἐπι των θυρων, ἀνοιξαντες δὲ ἐσω οὐδενα *εὑρομεν*.
	23	ἀναστρεψαντες δὲ ἀπηγγειλαν λεγοντες ὁτι το δεσμωτηριον *εὑρομεν* κεκλεισμενον ἐν παση ἀσφαλεια καὶ τους φυλακας ἑστωτας ἐπι των θυρων, ἀνοιξαντες δὲ ἐσω οὐδενα *εὑρομεν*.
	39	εἰ δὲ ἐκ θεου ἐστιν, οὐ δυνησεσθε καταλυσαι αὐτους, μηποτε καὶ θεομαχοι *εὑρεθητε*.
	7 11	καὶ οὐχ *ηὑρισκον* χορτασματα οἱ πατερες ἡμων.
	46	ὁς *εὑρεν* χαριν ἐνωπιον του θεου καὶ ᾐτησατο *εὑρειν* σκηνωμα τῳ οἰκῳ ἰακωβ.
	46	ὁς *εὑρεν* χαριν ἐνωπιον του θεου καὶ ᾐτησατο *εὑρειν* σκηνωμα τῳ οἰκῳ ἰακωβ.
	8 40	φιλιππος δὲ *εὑρεθη* εἰς ἀζωτον,
	9 2	προσελθων τῳ ἀρχιερει ᾐτησατο παρ αὐτου ἐπιστολας εἰς δαμασκον προς τας συναγωγας, ὁπως ἐαν τινας *εὑρη* της ὁδου ὀντας,
	33	*εὑρεν* δὲ ἐκει ἀνθρωπον τινα ὀνοματι αἰνεαν ἐξ ἐτων ὀκτω κατακειμενον ἐπι κραβαττου,
	10 27	καὶ συνομιλων αὐτῳ εἰσηλθεν, καὶ *εὑρισκει* συνεληλυθοτας πολλους,

εὑρίσκω [176]

Ac	11 26	ἐξηλθεν δὲ εἰς ταρσον ἀναζητησαι σαυλον, καὶ *εὑρων* ἠγαγεν εἰς ἀντιοχειαν.
	12 19	ἡρωδης δὲ ἐπιζητησας αὐτον καὶ μη *εὑρων*, ἀνακρινας τους φυλακας ἐκελευσεν ἀπαχθηναι,
	13 6	διελθοντες δὲ ὁλην την νησον ἀχρι παφου *εὑρον* ἀνδρα τινα μαγον ψευδοπροφητην ἰουδαιον,
	22	*εὑρον* δαυιδ τον του ἰεσσαι, ἀνδρα κατα την καρδιαν μου, ὁς ποιησει παντα τα θεληματα μου.
	28	καὶ μηδεμιαν αἰτιαν θανατου *εὑροντες* ᾐτησαντο πιλατον ἀναιρεθηναι αὐτον·
	17 6	μη *εὑροντες* δὲ αὐτους ἐσυρον ἰασονα καὶ τινας ἀδελφους ἐπι τους πολιταρχας,
	23	διερχομενος γαρ καὶ ἀναθεωρων τα σεβασματα ὑμων *εὑρον* καὶ βωμον ἐν ᾧ ἐπεγεγραπτο·
	27	ζητειν τον θεον, εἰ ἀρα γε ψηλαφησειαν αὐτον καὶ *εὑροιεν*,
	18 2	καὶ *εὑρων* τινα ἰουδαιον ὀνοματι ἀκυλαν, ποντικον τῳ γενει, προσφατως ἐληλυθοτα ἀπο της ἰταλιας,
	19 1	ἐγενετο δὲ ἐν τῳ τον ἀπολλω εἰναι ἐν κορινθῳ παυλον διελθοντα τα ἀνωτερικα μερη [κατ]ελθειν εἰς ἐφεσον καὶ *εὑρειν* τινας μαθητας,
	19	καὶ συνεψηφισαν τας τιμας αὐτων καὶ *εὑρον* ἀργυριου μυριαδας πεντε.
	21 2	καὶ *εὑροντες* πλοιον διαπερων εἰς φοινικην, ἐπιβαντες ἀνηχθημεν.
	23 9	οὐδεν κακον *εὑρισκομεν* ἐν τῳ ἀνθρωπῳ τουτῳ·
	29	ὁν *εὑρον* ἐγκαλουμενον περι ζητηματων του νομου αὐτων,
	24 5	*εὑροντες* γαρ τον ἀνδρα τουτον λοιμον καὶ κινουντα στασεις πασιν τοις ἰουδαιοις τοις κατα την οἰκουμενην πρωτοστατην τε της των ναζωραιων αἱρεσεως,
	12	καὶ οὐτε ἐν τῳ ἱερῳ *εὑρον* με προς τινα διαλεγομενον ἠ ἐπιστασιν ποιουντα ὀχλου,
	18	ἐν αἱς *εὑρον* με ἡγνισμενον ἐν τῳ ἱερῳ, οὐ μετα ὀχλου οὐδε μετα θορυβου,
	20	ἠ αὐτοι οὑτοι εἰπατωσαν τί *εὑρον* ἀδικημα σταντος μου ἐπι του συνεδριου,
	27 6	κακει *εὑρων* ὁ ἑκατονταρχης πλοιον ἀλεξανδρινον πλεον εἰς την ἰταλιαν ἐνεβιβασεν ἡμας εἰς αὐτο.
	28	καὶ βολισαντες *εὑρον* ὀργυιας εἰκοσι, βραχυ δὲ διαστησαντες καὶ παλιν βολισαντες εὑρον ὀργυιας δεκαπεντε·
	28	καὶ βολισαντες εὑρον ὀργυιας εἰκοσι, βραχυ δὲ διαστησαντες καὶ παλιν βολισαντες *εὑρον* ὀργυιας δεκαπεντε·
	28 14	καὶ μετα μιαν ἡμεραν ἐπιγενομενου νοτου δευτεραιοι ἠλθομεν εἰς ποτιολους, οὐ *εὑροντες* ἀδελφους παρεκληθημεν παρ αὐτοις ἐπιμειναι ἡμερας ἑπτα·
Rm	4 1	τί οὐν ἐρουμεν *εὑρηκεναι* ἀβρααμ τον προπατορα ἡμων κατα σαρκα;
	7 10	ἐγω δὲ ἀπεθανον, καὶ *εὑρεθη* μοι ἡ ἐντολη ἡ εἰς ζωην,
	21	*εὑρισκω* ἀρα τον νομον τῳ θελοντι ἐμοι ποιειν το καλον,
	10 20	*εὑρεθην* [ἐν] τοις ἐμε μη ζητουσιν, ἐμφανης ἐγενομην τοις ἐμε μη ἐπερωτωσιν.
1Co	4 2	ὡδε λοιπον ζητειται ἐν τοις οἰκονομοις ἱνα πιστος τις *εὑρεθη*.
	15 15	*εὑρισκομεθα* δὲ καὶ ψευδομαρτυρες του θεου,
2Co	2 13	οὐκ ἐσχηκα ἀνεσιν τῳ πνευματι μου τῳ μη *εὑρειν* με τιτον τον ἀδελφον μου,
	5 3	εἰ γε καὶ ἐκδυσαμενοι οὐ γυμνοι *εὑρεθησομεθα*.
	9 4	μη πως ἐαν ἐλθωσιν συν ἐμοι μακεδονες καὶ *εὑρωσιν* ὑμας ἀπαρασκευαστους καταισχυνθωμεν ἡμεις, ἱνα μη λεγω ὑμεις, ἐν τῃ ὑποστασει ταυτῃ.
	11 12	ἱνα ἐκκοψω την ἀφορμην των θελοντων ἀφορμην, ἱνα ἐν ᾧ καυχωνται *εὑρεθωσιν* καθως καὶ ἡμεις.
	12 20	φοβουμαι γαρ μη πως ἐλθων οὐχ οἱους θελω *εὑρω* ὑμας,
	20	καγω *εὑρεθω* ὑμιν οἱον οὐ θελετε,
Ga	2 17	εἰ δὲ ζητουντες δικαιωθηναι ἐν χριστῳ *εὑρεθημεν* καὶ αὐτοι ἁμαρτωλοι, ἀρα χριστος ἁμαρτιας διακονος;
Php	2 7	καὶ σχηματι *εὑρεθεις* ὡς ἀνθρωπος ἐταπεινωσεν ἑαυτον γενομενος ὑπηκοος μεχρι θανατου,
	3 9	καὶ ἡγουμαι σκυβαλα ἱνα χριστον κερδησω καὶ *εὑρεθω* ἐν αὐτῳ,
2Tm	1 17	ὁτι πολλακις με ἀνεψυξεν καὶ την ἁλυσιν μου οὐκ ἐπαισχυνθη, ἀλλα γενομενος ἐν ρωμῃ σπουδαιως ἐζητησεν με καὶ *εὑρεν*·
	18	δωη αὐτῳ ὁ κυριος *εὑρειν* ἐλεος παρα κυριου ἐν ἐκεινῃ τῃ ἡμερα·
Heb	4 16	προσερχωμεθα οὐν μετα παρρησιας τῳ θρονῳ της χαριτος, ἱνα λαβωμεν ἐλεος καὶ χαριν *εὑρωμεν* εἰς εὐκαιρον βοηθειαν.
	9 12	δια δὲ του ἰδιου αἱματος εἰσηλθεν ἐφαπαξ εἰς τα ἁγια, αἰωνιαν λυτρωσιν *εὑραμενος*.
	11 5	πιστει ἐνωχ μετετεθη του μη ἰδειν θανατον, καὶ οὐχ *ηὑρισκετο* διοτι μετεθηκεν αὐτον ὁ θεος.

εὑρίσκω [176]

Heb	12 17	μετανοιας γαρ τοπον οὐχ εὑρεν, καιπερ μετα δακρυων ἐκζητησας αὐτην.
1Pt	1 7	εὑρεθη εἰς ἐπαινον και δοξαν και τιμην ἐν ἀποκαλυψει ἰησου χριστου·
	2 22	ὁς ἀμαρτιαν οὐκ ἐποιησεν οὐδε εὑρεθη δολος ἐν τω στοματι αὐτου·
2Pt	3 10	στοιχεια δε καυσουμενα λυθησεται, και γη και τα ἐν αὐτῃ ἐργα εὑρεθησεται.
	14	διο, ἀγαπητοι, ταυτα προσδοκωντες σπουδασατε ἀσπιλοι και ἀμωμητοι αὐτω εὑρεθηναι ἐν εἰρηνῃ,
2Jh	4	ἐχαρην λιαν ὁτι εὑρηκα ἐκ των τεκνων σου περιπατουντας ἐν ἀληθεια,
Apc	2 2	και ἐπειρασας τους λεγοντας ἑαυτους ἀποστολους και οὐκ εἰσιν, και εὑρες αὐτους ψευδεις·
	3 2	οὐ γαρ εὑρηκα σου τα ἐργα πεπληρωμενα ἐνωπιον του θεου μου·
	5 4	και ἐκλαιον πολυ, ὁτι οὐδεις ἀξιος εὑρεθη ἀνοιξαι το βιβλιον οὐτε βλεπειν αὐτο.
	9 6	και ἐν ταις ἡμεραις ἐκειναις ζητησουσιν οἱ ἀνθρωποι τον θανατον και οὐ μη εὑρησουσιν αὐτον,
	12 8	οὐδε τοπος εὑρεθη αὐτων ἐτι ἐν τω οὐρανω.
	14 5	και ἐν τω στοματι αὐτων οὐχ εὑρεθη ψευδος·
	16 20	και πασα νησος ἐφυγεν, και ὀρη οὐχ εὑρεθησαν.
	18 14	και οὐκετι οὐ μη αὐτα εὑρησουσιν.
	21	οὑτως ὁρμηματι βληθησεται βαβυλων ἡ μεγαλη πολις, και οὐ μη εὑρεθη ἐτι.
	22	και πας τεχνιτης πασης τεχνης οὐ μη εὑρεθη ἐν σοι ἐτι,
	24	και ἐν αὐτῃ αἱμα προφητων και ἁγιων εὑρεθη και παντων των ἐσφαγμενων ἐπι της γης.
	20 11	και τοπος οὐχ εὑρεθη αὐτοις.
	15	και εἰ τις οὐχ εὑρεθη ἐν τη βιβλω της ζωης γεγραμμενος, ἐβληθη εἰς την λιμνην του πυρος.

εὑρύχωρος [1]

Mt	7 13	ὁτι πλατεια ἡ πυλη και εὑρυχωρος ἡ ὁδος ἡ ἀπαγουσα εἰς την ἀπωλειαν,

εὐσέβεια [15]

Ac	3 12	ἀνδρες ἰσραηλιται, τι θαυμαζετε ἐπι τουτο, ἡ ἡμιν τι ἀτενιζετε ὡς ἰδια δυναμει ἡ εὑσεβεια πεποιηκοσιν του περιπατειν αὐτον;
1Tm	2 2	ἱνα ἡρεμον και ἡσυχιον βιον διαγωμεν ἐν παση εὑσεβεια και σεμνοτητι.
	3 16	και ὁμολογουμενως μεγα ἐστιν το της εὑσεβειας μυστηριον·
	4 7	γυμναζε δε σεαυτον προς εὑσεβειαν·
	8	ἡ δε εὑσεβεια προς παντα ὠφελιμος ἐστιν,
	6 3	εἰ τις ἑτεροδιδασκαλει και μη προσερχεται ὑγιαινουσιν λογοις τοις του κυριου ἡμων ἰησου χριστου, και τη κατ εὑσεβειαν διδασκαλια, τετυφωται, μηδεν ἐπισταμενος,
	5	διαπαρατριβαι διεφθαρμενων ἀνθρωπων τον νουν και ἀπεστερημενων της ἀληθειας, νομιζοντων πορισμον εἰναι την εὑσεβειαν.
	6	ἐστιν δε πορισμος μεγας ἡ εὑσεβεια μετα αὐταρκειας·
	11	διωκε δε δικαιοσυνην, εὑσεβειαν, πιστιν, ἀγαπην, ὑπομονην, πραυπαθιαν.
2Tm	3 5	ἐχοντες μορφωσιν εὑσεβειας την δε δυναμιν αὐτης ἡρνημενοι·
Tit	1 1	παυλος δουλος θεου, ἀποστολος δε ἰησου χριστου κατα πιστιν ἐκλεκτων θεου και ἐπιγνωσιν ἀληθειας της κατ εὑσεβειαν
2Pt	1 3	ὡς παντα ἡμιν της θειας δυναμεως αὐτου τα προς ζωην και εὑσεβειαν δεδωρημενης δια της ἐπιγνωσεως
	6	ἐν δε τη ἐγκρατεια την ὑπομονην, ἐν δε τη ὑπομονη την εὑσεβειαν,
	7	ἐν δε τη εὑσεβεια την φιλαδελφιαν, ἐν δε τη φιλαδελφια την ἀγαπην.
	3 11	τουτων οὑτως παντων λυομενων ποταπους δει ὑπαρχειν [ὑμας] ἐν ἁγιαις ἀναστροφαις και εὑσεβειαις,

εὐσεβέω [2]

Ac	17 23	ὁ οὑν ἀγνοουντες εὑσεβειτε, τουτο ἐγω καταγγελλω ὑμιν.
1Tm	5 4	εἰ δε τις χηρα τεκνα ἡ ἐκγονα ἐχει, μανθανετωσαν πρωτον τον ἰδιον οἰκον εὑσεβειν και ἀμοιβας ἀποδιδοναι τοις προγονοις·

εὐσεβής [3]

Ac	10 2	ἑκατονταρχης ἐκ σπειρης της καλουμενης ἰταλικης, εὑσεβης και φοβουμενος τον θεον συν παντι τω οἰκω αὐτου,
	7	ὡς δε ἀπηλθεν ὁ ἀγγελος ὁ λαλων αὐτω, φωνησας δυο των οἰκετων και στρατιωτην εὑσεβη των προσκαρτερουντων αὐτω,
2Pt	2 9	οἰδεν κυριος εὑσεβεις ἐκ πειρασμου ῥυεσθαι,

εὐσεβῶς [2]

2Tm	3 12	και παντες δε οἱ θελοντες εὑσεβως ζην ἐν χριστω ἰησου διωχθησονται.
Tit	2 12	παιδευουσα ἡμας, ἱνα ἀρνησαμενοι την ἀσεβειαν και τας κοσμικας ἐπιθυμιας σωφρονως και δικαιως και εὑσεβως ζησωμεν ἐν τω νυν αἰωνι,

εὔσημος [1]

1Co	14 9	οὑτως και ὑμεις δια της γλωσσης ἐαν μη εὑσημον λογον δωτε, πως γνωσθησεται το λαλουμενον;

εὔσπλαγχνος [2]

Eph	4 32	γινεσθε [δε] εἰς ἀλληλους χρηστοι, εὑσπλαγχνοι, χαριζομενοι ἑαυτοις καθως και ὁ θεος ἐν χριστω ἐχαρισατο ὑμιν.
1Pt	3 8	το δε τελος παντες ὁμοφρονες, συμπαθεις, φιλαδελφοι, εὑσπλαγχνοι, ταπεινοφρονες,

εὐσχημόνως [3]

Rm	13 13	ὡς ἐν ἡμερα εὑσχημονως περιπατησωμεν,
1Co	14 40	παντα δε εὑσχημονως και κατα ταξιν γινεσθω.
1Th	4 12	ἱνα περιπατητε εὑσχημονως προς τους ἐξω και μηδενος χρειαν ἐχητε.

εὐσχημοσύνη [1]

1Co	12 23	και τα ἀσχημονα ἡμων εὑσχημοσυνην περισσοτεραν ἐχει,

εὐσχήμων [5]

Mc	15 43	ἐλθων ἰωσηφ [ὁ] ἀπο ἀριμαθαιας, εὑσχημων βουλευτης, ὁς και αὐτος ην προσδεχομενος την βασιλειαν του θεου,
Ac	13 50	οἱ δε ἰουδαιοι παρωτρυναν τας σεβομενας γυναικας τας εὑσχημονας και τους πρωτους της πολεως,
	17 12	πολλοι μεν οὑν ἐξ αὐτων ἐπιστευσαν, και των ἑλληνιδων γυναικων των εὑσχημονων και ἀνδρων οὐκ ὀλιγοι.
1Co	7 35	οὐχ ἱνα βροχον ὑμιν ἐπιβαλω, ἀλλα προς το εὑσχημον και εὑπαρεδρον τω κυριω ἀπερισπαστως.
	12 24	τα δε εὑσχημονα ἡμων οὐ χρειαν ἐχει.

εὐτόνως [2]

Lc	23 10	εἱστηκεισαν δε οἱ ἀρχιερεις και οἱ γραμματεις εὑτονως κατηγορουντες αὐτου.
Ac	18 28	εὑτονως γαρ τοις ἰουδαιοις διακατηλεγχετο δημοσια ἐπιδεικνυς δια των γραφων εἰναι τον χριστον ἰησουν.

εὐτραπελία [1]

Eph	5 4	και αἰσχροτης και μωρολογια ἡ εὑτραπελια, ἁ οὐκ ἀνηκεν, ἀλλα μαλλον εὑχαριστια.

εὔτυχος [1]

Ac	20 9	καθεζομενος δε τις νεανιας ὀνοματι εὑτυχος ἐπι της θυριδος, καταφερομενος ὑπνω βαθει, διαλεγομενου του παυλου ἐπι πλειον,

εὐφημία [1]

2Co	6 8	δια δοξης και ἀτιμιας, δια δυσφημιας και εὑφημιας·

εὔφημος [1]

Php	4 8	ὁσα ἁγνα, ὁσα προσφιλη, ὁσα εὑφημα,

εὐφορεω [1]

Lc 12 16 ἀνθρωπου τινος πλουσιου *εὐφορησεν* ἡ χωρα.

εὐφραινω [14]

Lc 12 19 ψυχη, ἐχεις πολλα ἀγαθα κειμενα εἰς ἐτη πολλα· ἀναπαυου, φαγε, πιε, *εὐφραινου.*

15 23 και φερετε τον μοσχον τον σιτευτον, θυσατε, και φαγοντες *εὐφρανθωμεν,*

24 και ἠρξαντο *εὐφραινεσθαι.*

29 και ἐμοι οὐδεποτε ἐδωκας ἐριφον ἱνα μετα των φιλων μου *εὐφρανθω·*

32 *εὐφρανθηναι* δε και χαρηναι ἐδει, ὁτι ὁ ἀδελφος σου οὑτος νεκρος ἠν και ἐζησεν, και ἀπολωλως και εὑρεθη.

16 19 ἀνθρωπος δε τις ἠν πλουσιος, και ἐνεδιδυσκετο πορφυραν και βυσσον *εὐφραινομενος* καθ ἡμεραν λαμπρως.

Ac 2 26 δια τουτο *ηὐφρανθη* ἡ καρδια μου και ἠγαλλιασατο ἡ γλωσσα μου,

7 41 και *εὐφραινοντο* ἐν τοις ἐργοις των χειρων αὐτων.

Rm 15 10 *εὐφρανθητε,* ἐθνη, μετα του λαου αὐτου.

2Co 2 2 εἰ γαρ ἐγω λυπω ὑμας, και τις ὁ *εὐφραινων* με εἰ μη ὁ λυπουμενος ἐξ ἐμου;

Ga 4 27 *εὐφρανθητι,* στειρα ἡ οὐ τικτουσα, ρηξον και βοησον, ἡ οὐκ ὠδινουσα·

Apc 11 10 και οἱ κατοικουντες ἐπι της γης χαιρουσιν ἐπ αὐτοις και *εὐφραινονται,*

12 12 δια τουτο *εὐφραινεσθε,* [οἱ] οὐρανοι και οἱ ἐν αὐτοις σκηνουντες·

18 20 *εὐφραινου* ἐπ αὐτη, οὐρανε και οἱ ἁγιοι και οἱ ἀποστολοι και οἱ προφηται,

εὐφρατης [2]

Apc 9 14 λυσον τους τεσσαρας ἀγγελους τους δεδεμενους ἐπι τω ποταμω τω μεγαλω *εὐφρατη·*

16 12 και ὁ ἑκτος ἐξεχεεν την φιαλην αὐτου ἐπι τον ποταμον τον μεγαν τον *εὐφρατην·*

εὐφροσυνη [2]

Ac 2 28 ἐγνωρισας μοι ὁδους ζωης, πληρωσεις με *εὐφροσυνης* μετα του προσωπου σου.

14 17 οὐρανοθεν ὑμιν ὑετους διδος και καιρους καρποφορους, ἐμπιπλων τροφης και *εὐφροσυνης* τας καρδιας ὑμων.

εὐχαριστεω [38]

Mt 15 36 και παραγγειλας τω ὀχλω ἀναπεσειν ἐπι την γην ἐλαβεν τους ἑπτα ἀρτους και τους ἰχθυας και *εὐχαριστησας* ἐκλασεν και ἐδιδου τοις μαθηταις,

26 27 και λαβων ποτηριον και *εὐχαριστησας* ἐδωκεν αὐτοις λεγων·

Mc 8 6 και λαβων τους ἑπτα ἀρτους *εὐχαριστησας* ἐκλασεν και ἐδιδου τοις μαθηταις αὐτου ἱνα παρατιθωσιν, και παρεθηκαν τω ὀχλω.

14 23 και λαβων ποτηριον *εὐχαριστησας* ἐδωκεν αὐτοις, και ἐπιον ἐξ αὐτου παντες.

Lc 17 16 και ἐπεσεν ἐπι προσωπον παρα τους ποδας αὐτου *εὐχαριστων* αὐτω·

18 11 ὁ θεος, *εὐχαριστω* σοι ὁτι οὐκ εἰμι ὡσπερ οἱ λοιποι των ἀνθρωπων, ἁρπαγες, ἀδικοι, μοιχοι, ἡ και ὡς οὑτος ὁ τελωνης·

22 17 και δεξαμενος ποτηριον *εὐχαριστησας* εἰπεν·

19 και λαβων ἀρτον *εὐχαριστησας* ἐκλασεν και ἐδωκεν αὐτοις λεγων·

Jh 6 11 ἐλαβεν οὐν τους ἀρτους ὁ ἰησους και *εὐχαριστησας* διεδωκεν τοις ἀνακειμενοις,

23 ἀλλα ἠλθεν πλοια[ρια] ἐκ τιβεριαδος ἐγγυς του τοπου ὁπου ἐφαγον τον ἀρτον *εὐχαριστησαντος* του κυριου.

11 41 πατερ, *εὐχαριστω* σοι ὁτι ἠκουσας μου.

Ac 27 35 εἰπας δε ταυτα και λαβων ἀρτον *εὐχαριστησεν* τω θεω ἐνωπιον παντων και κλασας ἠρξατο ἐσθιειν.

28 15 οὑς ἰδων ὁ παυλος *εὐχαριστησας* τω θεω ἐλαβε θαρσος.

Rm 1 8 πρωτον μεν *εὐχαριστω* τω θεω μου δια ἰησου χριστου περι παντων ὑμων, ὁτι ἡ πιστις ὑμων καταγγελλεται ἐν ὁλω τω κοσμω,

21 διοτι γνοντες τον θεον οὐχ ὡς θεον ἐδοξασαν ἡ *ηὐχαριστησαν,*

14 6 και ὁ ἐσθιων κυριω ἐσθιει, *εὐχαριστει* γαρ τω θεω·

6 και ὁ μη ἐσθιων κυριω οὐκ ἐσθιει, και *εὐχαριστει* τω θεω.

εὐχαριστεω [38]

Rm 16 4 οἱτινες ὑπερ της ψυχης μου τον ἑαυτων τραχηλον ὑπεθηκαν, οἱς οὐκ ἐγω μονος *εὐχαριστω* ἀλλα και πασαι αἱ ἐκκλησιαι των ἐθνων,

1Co 1 4 *εὐχαριστω* τω θεω μου παντοτε περι ὑμων ἐπι τη χαριτι του θεου τη δοθεισῃ ὑμιν ἐν χριστω ἰησου,

14 *εὐχαριστω* [τω θεω] ὁτι οὐδενα ὑμων ἐβαπτισα εἰ μη κρισπον και γαιον·

10 30 εἰ ἐγω χαριτι μετεχω, τι βλασφημουμαι ὑπερ οὑ ἐγω *εὐχαριστω;*

11 24 ὁτι ὁ κυριος ἰησους ἐν τη νυκτι ἡ παρεδιδετο ἐλαβεν ἀρτον και *εὐχαριστησας* ἐκλασεν και εἰπεν·

14 17 συ μεν γαρ καλως *εὐχαριστεις,* ἀλλ ὁ ἑτερος οὐκ οἰκοδομειται.

18 *εὐχαριστω* τω θεω, παντων ὑμων μαλλον γλωσσαις λαλω·

2Co 1 11 συνυπουργουντων και ὑμων ὑπερ ἡμων τη δεησει, ἱνα ἐκ πολλων προσωπων το εἰς ἡμας χαρισμα δια πολλων *εὐχαριστηθη* ὑπερ ἡμων.

Eph 1 16 οὐ παυομαι *εὐχαριστων* ὑπερ ὑμων μνειαν ποιουμενος ἐπι των προσευχων μου,

5 20 *εὐχαριστουντες* παντοτε ὑπερ παντων ἐν ὀνοματι του κυριου ἡμων ἰησου χριστου τω θεω και πατρι,

Php 1 3 *εὐχαριστω* τω θεω μου ἐπι παση τη μνεια ὑμων,

Col 1 3 *εὐχαριστουμεν* τω θεω πατρι του κυριου ἡμων ἰησου χριστου παντοτε περι ὑμων προσευχομενοι,

12 μετα χαρας *εὐχαριστουντες* τω πατρι τω ἱκανωσαντι ὑμας εἰς την μεριδα του κληρου των ἁγιων ἐν τω φωτι·

3 17 *εὐχαριστουντες* τω θεω πατρι δι αὐτου.

1Th 1 2 *εὐχαριστουμεν* τω θεω παντοτε περι παντων ὑμων,

2 13 και δια τουτο και ἡμεις *εὐχαριστουμεν* τω θεω ἀδιαλειπτως,

5 18 ἐν παντι *εὐχαριστειτε·* τουτο γαρ θελημα θεου ἐν χριστω ἰησου εἰς ὑμας.

2Th 1 3 *εὐχαριστειν* ὀφειλομεν τω θεω παντοτε περι ὑμων, ἀδελφοι, καθως ἀξιον ἐστιν,

2 13 ἡμεις δε ὀφειλομεν *εὐχαριστειν* τω θεω παντοτε περι ὑμων,

Phm 4 *εὐχαριστω* τω θεω μου παντοτε μνειαν σου ποιουμενος ἐπι των προσευχων μου,

Apc 11 17 *εὐχαριστουμεν* σοι, κυριε ὁ θεος ὁ παντοκρατωρ, ὁ ὠν και ὁ ἠν,

εὐχαριστια [15]

Ac 24 3 και διορθωματων γινομενων τω ἐθνει τουτω δια της σης προνοιας, παντη τε και πανταχου ἀποδεχομεθα, κρατιστε φηλιξ, μετα πασης *εὐχαριστιας.*

1Co 14 16 ἐπει ἐαν εὐλογης [ἐν] πνευματι, ὁ ἀναπληρων τον τοπον του ἰδιωτου πως ἐρει το ἀμην ἐπι τη ση *εὐχαριστια;*

2Co 4 15 τα γαρ παντα δι ὑμας, ἱνα ἡ χαρις πλεονασασα δια των πλειονων την *εὐχαριστιαν* περισσευσῃ εἰς την δοξαν του θεου.

9 11 ἐν παντι πλουτιζομενοι εἰς πασαν ἁπλοτητα, ἡτις κατεργαζεται δι ἡμων *εὐχαριστιαν* τω θεω·

12 ὁτι ἡ διακονια της λειτουργιας ταυτης οὐ μονον ἐστιν προσαναπληρουσα τα ὑστερηματα των ἁγιων, ἀλλα και περισσευουσα δια πολλων *εὐχαριστιων* τω θεω·

Eph 5 4 και αἰσχροτης και μωρολογια ἡ εὐτραπελια, ἁ οὐκ ἀνηκεν, ἀλλα μαλλον *εὐχαριστια.*

Php 4 6 μηδεν μεριμνατε, ἀλλ ἐν παντι τη προσευχη και τη δεησει μετα *εὐχαριστιας* τα αἰτηματα ὑμων γνωριζεσθω προς τον θεον.

Col 2 7 ἐρριζωμενοι και ἐποικοδομουμενοι ἐν αὐτω και βεβαιουμενοι τη πιστει καθως ἐδιδαχθητε, περισσευοντες ἐν *εὐχαριστια.*

4 2 τη προσευχη προσκαρτερειτε, γρηγορουντες ἐν αὐτη ἐν *εὐχαριστια,*

1Th 3 9 τινα γαρ *εὐχαριστιαν* δυναμεθα τω θεω ἀνταποδουναι περι ὑμων ἐπι παση τη χαρα ἡ χαιρομεν δι ὑμας ἐμπροσθεν του θεου ἡμων,

1Tm 2 1 παρακαλω οὐν πρωτον παντων ποιεισθαι δεησεις, προσευχας, ἐντευξεις, *εὐχαριστιας,* ὑπερ παντων ἀνθρωπων,

4 3 κωλυοντων γαμειν, ἀπεχεσθαι βρωματων, ἁ ὁ θεος ἐκτισεν εἰς μεταλημψιν μετα *εὐχαριστιας* τοις πιστοις και ἐπεγνωκοσι την ἀληθειαν.

4 ὁτι παν κτισμα θεου καλον, και οὐδεν ἀποβλητον μετα *εὐχαριστιας* λαμβανομενον·

Apc 4 9 και ὁταν δωσουσιν τα ζωα δοξαν και τιμην και *εὐχαριστιαν* τω καθημενω ἐπι τω θρονω τω ζωντι εἰς τους αἰωνας των αἰωνων, πεσουνται οἱ εἰκοσιτεσσαρες πρεσβυτεροι

7 12 ἡ εὐλογια και ἡ δοξα και ἡ σοφια και ἡ *εὐχαριστια* και ἡ τιμη και ἡ δυναμις και ἡ ἰσχυς τω θεω ἡμων εἰς τους αἰωνας των αἰωνων·

εὐχαριστος [1]

Col   3 15   και *εὐχαριστοι* γινεσθε.

εὐχη [3]

Ac   18 18   κειραμενος ἐν κεγχρεαις την κεφαλην· εἰχεν γαρ *εὐχην*.
     21 23   εἰσιν ἡμιν ἀνδρες τεσσαρες *εὐχην* ἐχοντες ἐφ ἑαυτων·
Ja   5 15   και ἡ *εὐχη* της πιστεως σωσει τον καμνοντα,

εὐχομαι [7]

Ac   26 29   *εὐξαιμην* ἀν τω θεω και ἐν ὀλιγω και ἐν μεγαλω οὐ μονον σέ ἀλλα και παντας τους ἀκουοντας μου σημερον γενεσθαι τοιουτους ὁποιος και ἐγω εἰμι,
     27 29   φοβουμενοι τε μη που κατα τραχεις τοπους ἐκπεσωμεν, ἐκ πρυμνης ῥιψαντες ἀγκυρας τεσσαρας *ηὐχοντο* ἡμεραν γενεσθαι.
Rm   9 3   *ηὐχομην* γαρ ἀναθεμα εἰναι αὐτος ἐγω ἀπο του χριστου ὑπερ των ἀδελφων μου των συγγενων μου κατα σαρκα,
2Co   13 7   *εὐχομεθα* δε προς τον θεον μη ποιησαι ὑμας κακον μηδεν,
     9   τουτο και *εὐχομεθα*, την ὑμων καταρτισιν.
Ja   5 16   ἐξομολογεισθε οὐν ἀλληλοις τας ἁμαρτιας, και *εὐχεσθε* ὑπερ ἀλληλων, ὁπως ἰαθητε.
3Jh   2   ἀγαπητε, περι παντων *εὐχομαι* σε εὐοδουσθαι και ὑγιαινειν,

εὐχρηστος [3]

2Tm   2 21   ἐσται σκευος εἰς τιμην, ἡγιασμενον, *εὐχρηστον* τω δεσποτη, εἰς παν ἐργον ἀγαθον ἡτοιμασμενον.
     4 11   ἐστιν γαρ μοι *εὐχρηστος* εἰς διακονιαν.
Phm   11   ὀνησιμον, τον ποτε σοι ἀχρηστον νυνι δε [και] σοί και ἐμοι *εὐχρηστον*,

εὐψυχεω [1]

Php   2 19   ἐλπιζω δε ἐν κυριω ἰησου τιμοθεον ταχεως πεμψαι ὑμιν, ἱνα καγω *εὐψυχω* γνους τα περι ὑμων.

εὐωδια [3]

2Co   2 15   ὁτι χριστου *εὐωδια* ἐσμεν τω θεω ἐν τοις σωζομενοις και ἐν τοις ἀπολλυμενοις,
Eph   5 2   καθως και ὁ χριστος ἠγαπησεν ἡμας και παρεδωκεν ἑαυτον ὑπερ ἡμων προσφοραν και θυσιαν τω θεω εἰς ὀσμην *εὐωδιας*.
Php   4 18   πεπληρωμαι δεξαμενος παρα ἐπαφροδιτου τα παρ ὑμων, ὀσμην *εὐωδιας*, θυσιαν δεκτην, εὐαρεστον τω θεω.

εὐωνυμος [9]

Mt   20 21   εἰπε ἱνα καθισωσιν οὑτοι οἱ δυο υἱοι μου εἱς ἐκ δεξιων σου και εἱς ἐξ *εὐωνυμων* σου ἐν τη βασιλεια σου.
     23   το μεν ποτηριον μου πιεσθε, το δε καθισαι ἐκ δεξιων μου και ἐξ *εὐωνυμων* οὐκ ἐστιν ἐμον [τουτο] δουναι,
     25 33   και στησει τα μεν προβατα ἐκ δεξιων αὐτου, τα δε ἐριφια ἐξ *εὐωνυμων*.
     41   τοτε ἐρει και τοις ἐξ *εὐωνυμων*· πορευεσθε ἀπ ἐμου [οἱ] κατηραμενοι εἰς το πυρ το αἰωνιον το ἡτοιμασμενον τω διαβολω και τοις ἀγγελοις αὐτου.
     27 38   τοτε σταυρουνται συν αὐτω δυο λησται, εἱς ἐκ δεξιων και εἱς ἐξ *εὐωνυμων*.
Mc   10 40   το δε καθισαι ἐκ δεξιων μου ἡ ἐξ *εὐωνυμων* οὐκ ἐστιν ἐμον δουναι, ἀλλ οἱς ἡτοιμασται.
     15 27   και συν αὐτω σταυρουσιν δυο ληστας, ἑνα ἐκ δεξιων και ἑνα ἐξ *εὐωνυμων* αὐτου.
Ac   21 3   ἀναφαναντες δε την κυπρον και καταλιποντες αὐτην *εὐωνυμον* ἐπλεομεν εἰς συριαν,
Apc   10 2   και ἐθηκεν τον ποδα αὐτου τον δεξιον ἐπι της θαλασσης, τον δε *εὐωνυμον* ἐπι της γης,

ἐφαλλομαι [1]

Ac   19 16   και *ἐφαλομενος* ὁ ἀνθρωπος ἐπ αὐτους, ἐν ᾡ ἠν το πνευμα το πονηρον,

ἐφαπαξ [5]

Rm   6 10   ὁ γαρ ἀπεθανεν, τη ἁμαρτια ἀπεθανεν *ἐφαπαξ*·
1Co   15 6   ἐπειτα ὠφθη ἐπανω πεντακοσιοις ἀδελφοις *ἐφαπαξ*,
Heb   7 27   τουτο γαρ ἐποιησεν *ἐφαπαξ* ἑαυτον ἀνενεγκας.

ἐφαπαξ [5]

Heb   9 12   οὐδε δι αἱματος τραγων και μοσχων, δια δε του ἰδιου αἱματος εἰσηλθεν *ἐφαπαξ* εἰς τα ἁγια,
     10 10   ἐν ᾡ θεληματι ἡγιασμενοι ἐσμεν δια της προσφορας του σωματος ἰησου χριστου *ἐφαπαξ*.

ἐφεσιος [5]

Ac   19 28   μεγαλη ἡ ἀρτεμις *ἐφεσιων*.
     34   μεγαλη ἡ ἀρτεμις *ἐφεσιων*.
     35   ἀνδρες *ἐφεσιοι*, τίς γαρ ἐστιν ἀνθρωπων ὁς οὐ γινωσκει την ἐφεσιων πολιν νεωκορον οὐσαν της μεγαλης ἀρτεμιδος και του διοπετους;
     35   ἀνδρες *ἐφεσιοι*, τίς γαρ ἐστιν ἀνθρωπων ὁς οὐ γινωσκει την ἐφεσιων πολιν νεωκορον οὐσαν της μεγαλης ἀρτεμιδος και του διοπετους;
     21 29   ἠσαν γαρ προεωρακοτες τροφιμον τον *ἐφεσιον* ἐν τη πολει συν αὐτω,

ἐφεσος [16]

Ac   18 19   κατηντησαν δε εἰς *ἐφεσον*, κακεινους κατελιπεν αὐτου,
     21   ἀνηχθη ἀπο της *ἐφεσου*, και κατελθων εἰς καισαρειαν,
     24   ἰουδαιος δε τις ἀπολλως ὀνοματι, ἀλεξανδρευς τω γενει, ἀνηρ λογιος, κατηντησεν εἰς *ἐφεσον*, δυνατος ὠν ἐν ταις γραφαις.
     19 1   ἐγενετο δε ἐν τω τον ἀπολλω εἰναι ἐν κορινθω παυλον διελθοντα τα ἀνωτερικα μερη [κατ]ελθειν εἰς *ἐφεσον* και εὑρειν τινας μαθητας,
     17   τουτο δε ἐγενετο γνωστον πασιν ἰουδαιοις τε και ἑλλησιν τοις κατοικουσιν την *ἐφεσον*,
     26   και θεωρειτε και ἀκουετε ὁτι οὐ μονον *ἐφεσου* ἀλλα σχεδον πασης της ἀσιας ὁ παυλος οὑτος πεισας μετεστησεν ἱκανον ὀχλον,
     20 16   κεκρικει γαρ ὁ παυλος παραπλευσαι την *ἐφεσον*, ὁπως μη γενηται αὐτω χρονοτριβησαι ἐν τη ἀσια·
     17   ἀπο δε της μιλητου πεμψας εἰς *ἐφεσον* μετεκαλεσατο τους πρεσβυτερους της ἐκκλησιας.
1Co   15 32   εἰ κατα ἀνθρωπον ἐθηριομαχησα ἐν *ἐφεσω*, τί μοι το ὀφελος;
     16 8   ἐπιμενω δε ἐν *ἐφεσω* ἑως της πεντηκοστης·
Eph   1 1   παυλος ἀποστολος χριστου ἰησου δια θεληματος θεου τοις ἁγιοις τοις οὐσιν [ἐν *ἐφεσω*] και πιστοις ἐν χριστω ἰησου·
1Tm   1 3   καθως παρεκαλεσα σε προσμειναι ἐν *ἐφεσω*, πορευομενος εἰς μακεδονιαν,
2Tm   1 18   και ὁσα ἐν *ἐφεσω* διηκονησεν, βελτιον συ γινωσκεις.
     4 12   τυχικον δε ἀπεστειλα εἰς *ἐφεσον*.
Apc   1 11   εἰς *ἐφεσον* και εἰς σμυρναν και εἰς περγαμον και εἰς θυατειρα και εἰς σαρδεις και εἰς φιλαδελφειαν και εἰς λαοδικειαν.
     2 1   τω ἀγγελω της ἐν *ἐφεσω* ἐκκλησιας γραψον·

ἐφευρετης [1]

Rm   1 30   μεστους φθονου φονου ἐριδος δολου κακοηθειας, ψιθυριστας, καταλαλους, θεοστυγεις, ὑβριστας, ὑπερηφανους, ἀλαζονας, *ἐφευρετας* κακων, γονευσιν ἀπειθεις, ἀσυνετους, ἀσυνθετους, ἀστοργους, ἀνελεημονας·

ἐφημερια [2]

Lc   1 5   ἐγενετο ἐν ταις ἡμεραις ἡρωδου βασιλεως της ἰουδαιας ἱερευς τις ὀνοματι ζαχαριας ἐξ *ἐφημεριας* ἀβια,
     8   ἐγενετο δε ἐν τω ἱερατευειν αὐτον ἐν τη ταξει της *ἐφημεριας* αὐτου ἐναντι του θεου,

ἐφημερος [1]

Ja   2 15   ἐαν ἀδελφος ἡ ἀδελφη γυμνοι ὑπαρχωσιν και λειπομενοι της *ἐφημερου* τροφης, εἰπη δε τις αὐτοις ἐξ ὑμων·

ἐφικνεομαι [2]

2Co   10 13   ἀλλα κατα το μετρον του κανονος οὐ ἐμερισεν ἡμιν ὁ θεος μετρου, *ἐφικεσθαι* ἀχρι και ὑμων.
     14   οὐ γαρ ὡς μη *ἐφικνουμενοι* εἰς ὑμας ὑπερεκτεινομεν ἑαυτους,

ἐφιστημι [21]

Lc   2 9   και ἀγγελος κυριου *ἐπεστη* αὐτοις και δοξα κυριου περιελαμψεν αὐτους
     38   και αὐτη τη ὡρα *ἐπιστασα* ἀνθωμολογειτο τω θεω και ἐλαλει περι αὐτου πασιν τοις προσδεχομενοις λυτρωσιν ἱερουσαλημ.

ἐφίστημι [21]

Lc	4 39	καὶ ἐπιστὰς ἐπάνω αὐτῆς ἐπετίμησεν τῷ πυρετῷ, καὶ ἀφῆκεν αὐτήν·
	10 40	ἐπιστᾶσα δὲ εἶπεν· κύριε, οὐ μέλει σοι ὅτι ἡ ἀδελφή μου μόνην με κατέλιπεν διακονεῖν;
	20 1	καὶ ἐγένετο ἐν μιᾷ τῶν ἡμερῶν διδάσκοντος αὐτοῦ τὸν λαὸν ἐν τῷ ἱερῷ καὶ εὐαγγελιζομένου ἐπέστησαν οἱ ἀρχιερεῖς καὶ οἱ γραμματεῖς σὺν τοῖς πρεσβυτέροις,
	21 34	καὶ ἐπιστῇ ἐφ᾽ ὑμᾶς αἰφνίδιος ἡ ἡμέρα ἐκείνη ὡς παγίς·
	24 4	καὶ ἐγένετο ἐν τῷ ἀπορεῖσθαι αὐτὰς περὶ τούτου καὶ ἰδοὺ ἄνδρες δύο ἐπέστησαν αὐταῖς ἐν ἐσθῆτι ἀστραπτούσῃ·
Ac	4 1	λαλούντων δὲ αὐτῶν πρὸς τὸν λαόν, ἐπέστησαν αὐτοῖς οἱ ἱερεῖς καὶ ὁ στρατηγὸς τοῦ ἱεροῦ καὶ οἱ σαδδουκαῖοι,
	6 12	καὶ ἐπιστάντες συνήρπασαν αὐτὸν καὶ ἤγαγον εἰς τὸ συνέδριον,
	10 17	ὡς δὲ ἐν ἑαυτῷ διηπόρει ὁ πέτρος τί ἂν εἴη τὸ ὅραμα ὃ εἶδεν, ἰδοὺ οἱ ἄνδρες οἱ ἀπεσταλμένοι ὑπὸ τοῦ κορνηλίου διερωτήσαντες τὴν οἰκίαν τοῦ σίμωνος ἐπέστησαν ἐπὶ τὸν πυλῶνα,
	11 11	καὶ ἰδοὺ ἐξαυτῆς τρεῖς ἄνδρες ἐπέστησαν ἐπὶ τὴν οἰκίαν ἐν ᾗ ἦμεν,
	12 7	καὶ ἰδοὺ ἄγγελος κυρίου ἐπέστη, καὶ φῶς ἔλαμψεν ἐν τῷ οἰκήματι·
	17 5	καὶ ἐπιστάντες τῇ οἰκίᾳ ἰάσονος ἐζήτουν αὐτοὺς προαγαγεῖν εἰς τὸν δῆμον·
	22 13	ἀνανίας δέ τις, ἀνὴρ εὐλαβὴς κατὰ τὸν νόμον, μαρτυρούμενος ὑπὸ πάντων τῶν κατοικούντων ἰουδαίων, ἐλθὼν πρός με καὶ ἐπιστὰς εἶπέν μοι·
	20	καὶ ὅτε ἐξεχύννετο τὸ αἷμα στεφάνου τοῦ μάρτυρός σου, καὶ αὐτὸς ἤμην ἐφεστὼς καὶ συνευδοκῶν καὶ φυλάσσων τὰ ἱμάτια τῶν ἀναιρούντων αὐτόν.
	23 11	τῇ δὲ ἐπιούσῃ νυκτὶ ἐπιστὰς αὐτῷ ὁ κύριος εἶπεν·
	27	τὸν ἄνδρα τοῦτον συλλημφθέντα ὑπὸ τῶν ἰουδαίων καὶ μέλλοντα ἀναιρεῖσθαι ὑπ᾽ αὐτῶν ἐπιστὰς σὺν τῷ στρατεύματι ἐξειλάμην,
	28 2	ἅψαντες γὰρ πυρὰν προσελάβοντο πάντας ἡμᾶς διὰ τὸν ὑετὸν τὸν ἐφεστῶτα καὶ διὰ τὸ ψῦχος.
1Th	5 3	ὅταν λέγωσιν· εἰρήνη καὶ ἀσφάλεια, τότε αἰφνίδιος αὐτοῖς ἐφίσταται ὄλεθρος ὥσπερ ἡ ὠδὶν τῇ ἐν γαστρὶ ἐχούσῃ,
2Tm	4 2	κήρυξον τὸν λόγον, ἐπίστηθι εὐκαίρως ἀκαίρως,
	6	ἐγὼ γὰρ ἤδη σπένδομαι, καὶ ὁ καιρὸς τῆς ἀναλύσεώς μου ἐφέστηκεν.

ἐφοράω [2]

Lc	1 25	λέγουσα ὅτι οὕτως μοι πεποίηκεν κύριος ἐν ἡμέραις αἷς ἐπεῖδεν ἀφελεῖν ὄνειδός μου ἐν ἀνθρώποις.
Ac	4 29	καὶ τὰ νῦν, κύριε, ἔπιδε ἐπὶ τὰς ἀπειλὰς αὐτῶν,

ἐφραιμ [1]

Jh	11 54	ἀλλὰ ἀπῆλθεν ἐκεῖθεν εἰς τὴν χώραν ἐγγὺς τῆς ἐρήμου, εἰς ἐφραιμ λεγομένην πόλιν, κἀκεῖ ἔμεινεν μετὰ τῶν μαθητῶν.

ἐφφαθα [1]

Mc	7 34	καὶ ἀναβλέψας εἰς τὸν οὐρανὸν ἐστέναξεν, καὶ λέγει αὐτῷ· ἐφφαθα, ὅ ἐστιν διανοίχθητι.

ἐχθές [3]

Jh	4 52	εἶπαν οὖν αὐτῷ ὅτι ἐχθὲς ὥραν ἑβδόμην ἀφῆκεν αὐτὸν ὁ πυρετός.
Ac	7 28	μὴ ἀνελεῖν με σὺ θέλεις ὃν τρόπον ἀνεῖλες ἐχθὲς τὸν αἰγύπτιον;
Heb	13 8	ἰησοῦς χριστὸς ἐχθὲς καὶ σήμερον ὁ αὐτὸς καὶ εἰς τοὺς αἰῶνας.

ἔχθρα [6]

Lc	23 12	προϋπῆρχον γὰρ ἐν ἔχθρᾳ ὄντες πρὸς αὐτούς.
Rm	8 7	διότι τὸ φρόνημα τῆς σαρκὸς ἔχθρα εἰς θεόν·
Ga	5 20	φαρμακεία, ἔχθραι, ἔρις, ζῆλος, θυμοί, ἐριθείαι,
Eph	2 14	ὁ ποιήσας τὰ ἀμφότερα ἓν καὶ τὸ μεσότοιχον τοῦ φραγμοῦ λύσας, τὴν ἔχθραν, ἐν τῇ σαρκὶ αὐτοῦ τὸν νόμον τῶν ἐντολῶν ἐν δόγμασιν καταργήσας,
	16	καὶ ἀποκαταλλάξῃ τοὺς ἀμφοτέρους ἐν ἑνὶ σώματι τῷ θεῷ διὰ τοῦ σταυροῦ, ἀποκτείνας τὴν ἔχθραν ἐν αὐτῷ·
Ja	4 4	μοιχαλίδες, οὐκ οἴδατε ὅτι ἡ φιλία τοῦ κόσμου ἔχθρα τοῦ θεοῦ ἐστιν;

ἐχθρός [32]

Mt	5 43	ἀγαπήσεις τὸν πλησίον σου καὶ μισήσεις τὸν ἐχθρόν σου.
	44	ἀγαπᾶτε τοὺς ἐχθροὺς ὑμῶν καὶ προσεύχεσθε ὑπὲρ τῶν διωκόντων ὑμᾶς·
	10 36	καὶ ἐχθροὶ τοῦ ἀνθρώπου οἱ οἰκιακοὶ αὐτοῦ.
	13 25	ἐν δὲ τῷ καθεύδειν τοὺς ἀνθρώπους ἦλθεν αὐτοῦ ὁ ἐχθρὸς καὶ ἐπέσπειρεν ζιζάνια ἀνὰ μέσον τοῦ σίτου καὶ ἀπῆλθεν.
	28	ἐχθρὸς ἄνθρωπος τοῦτο ἐποίησεν.
	39	ὁ δὲ ἐχθρὸς ὁ σπείρας αὐτά ἐστιν ὁ διάβολος·
	22 44	πῶς οὖν δαυὶδ ἐν πνεύματι καλεῖ αὐτὸν κύριον λέγων· εἶπεν κύριος τῷ κυρίῳ μου· κάθου ἐκ δεξιῶν μου ἕως ἂν θῶ τοὺς ἐχθρούς σου ὑποκάτω τῶν ποδῶν σου;
Mc	12 36	εἶπεν κύριος τῷ κυρίῳ μου· κάθου ἐκ δεξιῶν μου ἕως ἂν θῶ τοὺς ἐχθρούς σου ὑποκάτω τῶν ποδῶν σου.
Lc	1 71	σωτηρίαν ἐξ ἐχθρῶν ἡμῶν καὶ ἐκ χειρὸς πάντων τῶν μισούντων ἡμᾶς,
	74	ὅρκον ὃν ὤμοσεν πρὸς ἀβραὰμ τὸν πατέρα ἡμῶν, τοῦ δοῦναι ἡμῖν ἀφόβως ἐκ χειρὸς ἐχθρῶν ῥυσθέντας λατρεύειν αὐτῷ ἐν ὁσιότητι καὶ δικαιοσύνῃ ἐνώπιον αὐτοῦ πάσαις ταῖς ἡμέραις ἡμῶν.
	6 27	ἀγαπᾶτε τοὺς ἐχθροὺς ὑμῶν, καλῶς ποιεῖτε τοῖς μισοῦσιν ὑμᾶς,
	35	πλὴν ἀγαπᾶτε τοὺς ἐχθροὺς ὑμῶν καὶ ἀγαθοποιεῖτε καὶ δανίζετε μηδὲν ἀπελπίζοντες·
	10 19	ἰδοὺ δέδωκα ὑμῖν τὴν ἐξουσίαν τοῦ πατεῖν ἐπάνω ὄφεων καὶ σκορπίων, καὶ ἐπὶ πᾶσαν τὴν δύναμιν τοῦ ἐχθροῦ,
	19 27	πλὴν τοὺς ἐχθρούς μου τούτους τοὺς μὴ θελήσαντάς με βασιλεῦσαι ἐπ᾽ αὐτοὺς ἀγάγετε ὧδε καὶ κατασφάξατε αὐτοὺς ἔμπροσθέν μου.
	43	ὅτι ἥξουσιν ἡμέραι ἐπὶ σὲ καὶ παρεμβαλοῦσιν οἱ ἐχθροί σου χάρακά σοι καὶ περικυκλώσουσίν σε καὶ συνέξουσίν σε πάντοθεν,
	20 43	κάθου ἐκ δεξιῶν μου ἕως ἂν θῶ τοὺς ἐχθρούς σου ὑποπόδιον τῶν ποδῶν σου.
Ac	2 35	εἶπεν [ὁ] κύριος τῷ κυρίῳ μου· κάθου ἐκ δεξιῶν μου, ἕως ἂν θῶ τοὺς ἐχθρούς σου ὑποπόδιον τῶν ποδῶν σου.
	13 10	ἐχθρὲ πάσης δικαιοσύνης, οὐ παύσῃ διαστρέφων τὰς ὁδοὺς [τοῦ] κυρίου τὰς εὐθείας;
Rm	5 10	εἰ γὰρ ἐχθροὶ ὄντες κατηλλάγημεν τῷ θεῷ διὰ τοῦ θανάτου τοῦ υἱοῦ αὐτοῦ, πολλῷ μᾶλλον καταλλαγέντες σωθησόμεθα ἐν τῇ ζωῇ αὐτοῦ·
	11 28	κατὰ μὲν τὸ εὐαγγέλιον ἐχθροὶ δι᾽ ὑμᾶς, κατὰ δὲ τὴν ἐκλογὴν ἀγαπητοὶ διὰ τοὺς πατέρας·
	12 20	ἀλλὰ ἐὰν πεινᾷ ὁ ἐχθρός σου, ψώμιζε αὐτόν· ἐὰν διψᾷ, πότιζε αὐτόν·
1Co	15 25	δεῖ γὰρ αὐτὸν βασιλεύειν ἄχρι οὗ θῇ πάντας τοὺς ἐχθροὺς ὑπὸ τοὺς πόδας αὐτοῦ.
	26	ἔσχατος ἐχθρὸς καταργεῖται ὁ θάνατος·
Ga	4 16	ὥστε ἐχθρὸς ὑμῶν γέγονα ἀληθεύων ὑμῖν;
Php	3 18	νῦν δὲ καὶ κλαίων λέγω, τοὺς ἐχθροὺς τοῦ σταυροῦ τοῦ χριστοῦ,
Col	1 21	καὶ ὑμᾶς ποτε ὄντας ἀπηλλοτριωμένους καὶ ἐχθροὺς τῇ διανοίᾳ ἐν τοῖς ἔργοις τοῖς πονηροῖς, νυνὶ δὲ ἀποκατήλλαξεν
2Th	3 15	καὶ μὴ ὡς ἐχθρὸν ἡγεῖσθε, ἀλλὰ νουθετεῖτε ὡς ἀδελφόν.
Heb	1 13	κάθου ἐκ δεξιῶν μου ἕως ἂν θῶ τοὺς ἐχθρούς σου ὑποπόδιον τῶν ποδῶν σου;
	10 13	τὸ λοιπὸν ἐκδεχόμενος ἕως τεθῶσιν οἱ ἐχθροὶ αὐτοῦ ὑποπόδιον τῶν ποδῶν αὐτοῦ.
Ja	4 4	ὃς ἐὰν οὖν βουληθῇ φίλος εἶναι τοῦ κόσμου, ἐχθρὸς τοῦ θεοῦ καθίσταται.
Apc	11 5	καὶ εἴ τις αὐτοὺς θέλει ἀδικῆσαι, πῦρ ἐκπορεύεται ἐκ τοῦ στόματος αὐτῶν καὶ κατεσθίει τοὺς ἐχθροὺς αὐτῶν·
	12	καὶ ἐθεώρησαν αὐτοὺς οἱ ἐχθροὶ αὐτῶν.

ἔχιδνα [5]

Mt	3 7	γεννήματα ἐχιδνῶν, τίς ὑπέδειξεν ὑμῖν φυγεῖν ἀπὸ τῆς μελλούσης ὀργῆς;
	12 34	γεννήματα ἐχιδνῶν, πῶς δύνασθε ἀγαθὰ λαλεῖν πονηροὶ ὄντες;
	23 33	ὄφεις, γεννήματα ἐχιδνῶν, πῶς φύγητε ἀπὸ τῆς κρίσεως τῆς γεέννης;
Lc	3 7	γεννήματα ἐχιδνῶν, τίς ὑπέδειξεν ὑμῖν φυγεῖν ἀπὸ τῆς μελλούσης ὀργῆς;
Ac	28 3	συστρέψαντος δὲ τοῦ παύλου φρυγάνων τι πλῆθος καὶ ἐπιθέντος ἐπὶ τὴν πυράν, ἔχιδνα ἀπὸ τῆς θέρμης ἐξελθοῦσα καθῆψεν τῆς χειρὸς αὐτοῦ.

ἔχω [711]

Mt 1 18 πριν ή συνελθειν αυτους ευρεθη εν γαστρι *εχουσα* εκ πνευματος άγιου.

23 ίδου ή παρθενος εν γαστρι *έξει* και τεξεται υίον,

3 4 αυτος δε ό ίωαννης *είχεν* το ενδυμα αυτου άπο τριχων καμηλου και ζωνην δερματινην περι την όσφυν αυτου·

9 και μη δοξητε λεγειν εν έαυτοις· πατερα *εχομεν* τον άβρααμ·

14 έγω χρειαν *έχω* ύπο σου βαπτισθηναι,

4 24 και προσηνεγκαν αυτω παντας τους κακως *έχοντας* ποικιλαις νοσοις και βασανοις συνεχομενους,

5 23 εαν ούν προσφερης το δωρον σου έπι το θυσιαστηριον κακει μνησθης ότι ό άδελφος σου *έχει* τι κατα σου, άφες έκει το δωρον σου έμπροσθεν του θυσιαστηριου,

46 εαν γαρ άγαπησητε τους άγαπωντας ύμας, τίνα μισθον *έχετε*;

6 1 εί δε μηγε, μισθον ούκ *έχετε* παρα τω πατρι ύμων τω έν τοις ούρανοις.

8 οίδεν γαρ ό πατηρ ύμων ών χρειαν *έχετε* προ του ύμας αίτησαι αύτον.

7 29 ήν γαρ διδασκων αυτους ώς έξουσιαν *έχων*,

8 9 και γαρ έγω άνθρωπος είμι ύπο έξουσιαν, *έχων* ύπ έμαυτον στρατιωτας,

16 και παντας τους κακως *έχοντας* έθεραπευσεν·

20 αί άλωπεκες φωλεους *έχουσιν* και τα πετεινα του ούρανου κατασκηνωσεις,

20 ό δε υίος του άνθρωπου ούκ *έχει* πού την κεφαλην κλινη.

9 6 ίνα δε είδητε ότι έξουσιαν *έχει* ό υίος του άνθρωπου έπι της γης άφιεναι άμαρτιας τοτε λεγει τω παραλυτικω·

12 ού χρειαν *έχουσιν* οί ίσχυοντες ίατρου άλλ οί κακως *έχοντες*.

12 ού χρειαν *έχουσιν* οί ίσχυοντες ίατρου άλλ οί κακως *έχοντες*.

36 ίδων δε τους όχλους έσπλαγχνισθη περι αύτων, ότι ήσαν έσκυλμενοι και έρριμμενοι ώσει προβατα μη *έχοντα* ποιμενα.

11 15 ό *έχων* ώτα άκουετω.

18 και λεγουσιν· δαιμονιον *έχει*.

12 10 και ίδου άνθρωπος χειρα *έχων* ξηραν·

11 τίς έσται έξ ύμων άνθρωπος ός *έξει* προβατον έν,

13 5 άλλα δε έπεσεν έπι τα πετρωδη όπου ούκ *είχεν* γην πολλην,

5 και εύθεως έξανετειλεν δια το μη *έχειν* βαθος γης·

6 ήλιου δε άνατειλαντος έκαυματισθη, και δια το μη *έχειν* ρίζαν έξηρανθη.

9 ό *έχων* ώτα άκουετω.

12 όστις γαρ *έχει*, δοθησεται αύτω και περισσευθησεται·

12 όστις δε ούκ *έχει*, και ό *έχει* άρθησεται άπ αύτου.

12 όστις δε ούκ *έχει*, και ό *έχει* άρθησεται άπ αύτου.

21 ούκ *έχει* δε ρίζαν έν έαυτω άλλα προσκαιρος έστιν,

27 κυριε, ούχι καλον σπερμα έσπειρας έν τω σω άγρω; ποθεν ούν *έχει* ζιζανια;

43 ό *έχων* ώτα άκουετω.

44 και άπο της χαρας αύτου ύπαγει και πωλει παντα όσα *έχει* και άγοραζει τον άγρον έκεινον.

46 εύρων δε ένα πολυτιμον μαργαριτην άπελθων πεπρακεν παντα όσα *είχεν* και ήγορασεν αύτον·

14 4 έλεγεν γαρ ό ίωαννης αύτω· ούκ έξεστιν σοι *έχειν* αύτην.

5 και θελων αύτον άποκτειναι έφοβηθη τον όχλον, ότι ώς προφητην αύτον *είχον*.

16 ού χρειαν *έχουσιν* άπελθειν· δοτε αύτοις ύμεις φαγειν.

17 ούκ *έχομεν* ώδε εί μη πεντε άρτους και δυο ίχθυας.

35 και προσηνεγκαν αύτω παντας τους κακως *έχοντας*,

15 30 και προσηλθον αύτω όχλοι πολλοι *έχοντες* μεθ έαυτων χωλους, τυφλους, κυλλους, κωφους, και έτερους πολλους, και έρριψαν αύτους παρα τους ποδας αύτου·

32 σπλαγχνιζομαι έπι τον όχλον, ότι ήδη ήμεραι τρεις προσμενουσιν μοι και ούκ *έχουσιν* τί φαγωσιν·

34 και λεγει αύτοις ό ίησους· ποσους άρτους *έχετε*;

16 8 τί διαλογιζεσθε έν έαυτοις, όλιγοπιστοι, ότι άρτους ούκ *έχετε*;

17 20 εαν *έχητε* πιστιν ώς κοκκον σιναπεως, έρειτε τω όρει τουτω· μεταβα ένθεν έκει, και μεταβησεται, και ούδεν άδυνατησει ύμιν.

18 8 καλον σοι έστιν είσελθειν είς την ζωην κυλλον ή χωλον, ή δυο χειρας ή δυο ποδας *έχοντα* βληθηναι είς το πυρ το αίωνιον·

9 καλον σοι έστιν μονοφθαλμον είς την ζωην είσελθειν, ή δυο όφθαλμους *έχοντα* βληθηναι είς την γεενναν του πυρος.

25 μη *έχοντος* δε αύτου άποδουναι, έκελευσεν αύτον ό κυριος πραθηναι και την γυναικα και τα τεκνα και παντα όσα *έχει*, και άποδοθηναι.

25 μη *έχοντος* δε αύτου άποδουναι, έκελευσεν αύτον ό κυριος πραθηναι και την γυναικα και τα τεκνα και παντα όσα *έχει*, και άποδοθηναι.

19 16 διδασκαλε, τί άγαθον ποιησω ίνα *σχω* ζωην αίωνιον;

21 και *έξεις* θησαυρον έν ούρανοις, και δευρο άκολουθει μοι.

ἔχω [711]

Mt 19 22 άκουσας δε ό νεανισκος τον λογον άπηλθεν λυπουμενος· ήν γαρ *έχων* κτηματα πολλα.

21 3 και εαν τις ύμιν είπη τι, έρειτε ότι ό κυριος αύτων χρειαν *έχει*·

21 εαν *έχητε* πιστιν και μη διακριθητε, ού μονον το της συκης ποιησετε,

26 εαν δε είπωμεν· έξ άνθρωπων, φοβουμεθα τον όχλον· παντες γαρ ώς προφητην *έχουσιν* τον ίωαννην.

28 άνθρωπος *είχεν* τεκνα δυο·

38 ούτος έστιν ό κληρονομος· δευτε άποκτεινωμεν αύτον και *σχωμεν* την κληρονομιαν αύτου·

46 και ζητουντες αύτον κρατησαι έφοβηθησαν τους όχλους, έπει είς προφητην αύτον *είχον*.

22 12 έταιρε, πώς είσηλθες ώδε μη *έχων* ένδυμα γαμου;

24 διδασκαλε, μωυσης είπεν· έαν τις άποθανη μη *έχων* τεκνα, έπιγαμβρευσει ό άδελφος αύτου την γυναικα αύτου και άναστησει σπερμα τω άδελφω αύτου.

25 και ό πρωτος γημας έτελευτησεν, και μη *έχων* σπερμα άφηκεν την γυναικα αύτου τω άδελφω αύτου·

28 έν τη άναστασει ούν τίνος των έπτα έσται γυνη; παντες γαρ *έσχον* αύτην.

24 19 ούαι δε ταις έν γαστρι *έχουσαις* και ταις θηλαζουσαις έν έκειναις ταις ήμεραις.

25 25 και φοβηθεις άπελθων έκρυψα το ταλαντον σου έν τη γη· ίδε *έχεις* το σον.

28 άρατε ούν άπ αύτου το ταλαντον και δοτε τω *έχοντι* τα δεκα ταλαντα·

29 τω γαρ *έχοντι* παντι δοθησεται και περισσευθησεται· του δε μη *έχοντος* και ό *έχει* άρθησεται άπ αύτου.

29 τω γαρ *έχοντι* παντι δοθησεται και περισσευθησεται· του δε μη *έχοντος* και ό *έχει* άρθησεται άπ αύτου.

29 τω γαρ *έχοντι* παντι δοθησεται και περισσευθησεται· του δε μη *έχοντος* και ό *έχει* άρθησεται άπ αύτου.

26 7 του δε ίησου γενομενου έν βηθανια έν οίκια σιμωνος του λεπρου, προσηλθεν αύτω γυνη *έχουσα* άλαβαστρον μυρου βαρυτιμου και κατεχεεν έπι της κεφαλης αύτου άνακειμενου.

11 παντοτε γαρ τους πτωχους *έχετε* μεθ έαυτων, έμε δε ού παντοτε *έχετε*·

11 παντοτε γαρ τους πτωχους *έχετε* μεθ έαυτων, έμε δε ού παντοτε *έχετε*·

65 έβλασφημησεν· τί έτι χρειαν *έχομεν* μαρτυρων;

27 16 *είχον* δε τοτε δεσμιον έπισημον λεγομενον [ίησουν] βαραββαν.

65 *έχετε* κουστωδιαν· ύπαγετε άσφαλισασθε ώς οίδατε.

Mc 1 22 ήν γαρ διδασκων αύτους ώς έξουσιαν *έχων*, και ούχ ώς οί γραμματεις.

32 όψιας δε γενομενης, ότε έδυ ό ήλιος, έφερον προς αύτον παντας τους κακως *έχοντας* και τους δαιμονιζομενους·

34 και έθεραπευσεν πολλους κακως *έχοντας* ποικιλαις νοσοις, και δαιμονια πολλα έξεβαλεν

38 άγωμεν άλλαχου είς τας *έχομενας* κωμοπολεις,

2 10 ίνα δε είδητε ότι έξουσιαν *έχει* ό υίος του άνθρωπου άφιεναι άμαρτιας έπι της γης, λεγει τω παραλυτικω·

17 και άκουσας ό ίησους λεγει αύτοις ού χρειαν *έχουσιν* οί ίσχυοντες ίατρου άλλ οί κακως *έχοντες*·

17 και άκουσας ό ίησους λεγει αύτοις ού χρειαν *έχουσιν* οί ίσχυοντες ίατρου άλλ οί κακως *έχοντες*·

19 όσον χρονον *έχουσιν* τον νυμφιον μετ αύτων, ού δυνανται νηστευειν.

25 ούδεποτε άνεγνωτε τί έποιησεν δαυιδ, ότε χρειαν *έσχεν* και έπεινασεν αύτος και οί μετ αύτου;

3 1 και ήν έκει άνθρωπος έξηραμμενην *έχων* την χειρα·

3 και λεγει τω άνθρωπω τω την ξηραν χειρα *έχοντι*· έγειρε είς το μεσον.

10 πολλους γαρ έθεραπευσεν, ώστε έπιπιπτειν αύτω ίνα αύτου άψωνται όσοι *είχον* μαστιγας.

15 και ίνα άποστελλη αύτους κηρυσσειν και *έχειν* έξουσιαν έκβαλλειν τα δαιμονια [και έποιησεν τους δωδεκα],

22 και οί γραμματεις οί άπο ίεροσολυμων καταβαντες έλεγον ότι βεελζεβουλ *έχει*,

26 και εί ό σατανας άνεστη έφ έαυτον και έμερισθη, ού δυναται στηναι άλλα τελος *έχει*.

29 ός δ άν βλασφημηση είς το πνευμα το άγιον, ούκ *έχει* άφεσιν είς τον αίωνα,

30 ότι έλεγον· πνευμα άκαθαρτον *έχει*.

4 5 και άλλο έπεσεν έπι το πετρωδες όπου ούκ *είχεν* γην πολλην,

5 και εύθυς έξανετειλεν δια το μη *έχειν* βαθος γης·

6 και δια το μη *έχειν* ρίζαν έξηρανθη.

9 και έλεγεν· ός *έχει* ώτα άκουειν άκουετω.

17 και ούκ *έχουσιν* ρίζαν έν έαυτοις άλλα προσκαιροι είσιν,

ἔχω [711]

Mc	4 23	εἴ τις *ἔχει* ὦτα ἀκουειν ἀκουετω.
	25	ὃς γαρ *ἔχει*, δοθησεται αὐτῷ·
	25	καὶ ὃς οὐκ *ἔχει*, καὶ ὃ *ἔχει* ἀρθησεται ἀπ αὐτου.
	25	καὶ ὃς οὐκ *ἔχει*, καὶ ὃ *ἔχει* ἀρθησεται ἀπ αὐτου.
	40	τί δειλοι ἐστε; οὐπω *ἔχετε* πιστιν;
	5 3	εὐθυς ὑπηντησεν αὐτῷ ἐκ των μνημειων ἀνθρωπος ἐν πνευματι ἀκαθαρτῳ, ὃς την κατοικησιν *εἶχεν* ἐν τοις μνημασιν,
	15	καὶ ἐρχονται προς τον ἰησουν, καὶ θεωρουσιν τον δαιμονιζομενον καθημενον ἱματισμενον και σωφρονουντα, τον *ἐσχηκοτα* τον λεγιωνα, και ἐφοβηθησαν.
	23	καὶ παρακαλει αὐτον πολλα λεγων ὅτι το θυγατριον μου ἐσχατως *ἔχει*,
	6 18	ἔλεγεν γαρ ὁ ἰωαννης τῷ ἡρωδῃ ὅτι οὐκ ἐξεστιν σοι *ἔχειν* την γυναικα του ἀδελφου σου.
	34	καὶ ἐξελθων εἶδεν πολυν ὀχλον, και ἐσπλαγχνισθη ἐπ αὐτους ὅτι ἠσαν ὡς προβατα μη *ἐχοντα* ποιμενα, και ἠρξατο διδασκειν αὐτους πολλα·
	38	ὁ δε λεγει αὐτοις· ποσους ἀρτους *ἔχετε*;
	55	καὶ ἐξελθοντων αὐτων ἐκ του πλοιου εὐθυς ἐπιγνοντες αὐτον περιεδραμον ὁλην την χωραν ἐκεινην και ἠρξαντο ἐπι τοις κραβαττοις τους κακως *ἐχοντας* περιφερειν,
	7 16*	εἴ τις *ἔχει* ὦτα ἀκουει ἀκουετω.
	25	ἀλλ εὐθυς ἀκουσασα γυνη περι αὐτου, ἡς *εἶχεν* το θυγατριον αὐτης πνευμα ἀκαθαρτον, ἐλθουσα προσεπεσεν προς τους ποδας αὐτου·
	8 1	ἐν ἐκειναις ταις ἡμεραις παλιν πολλου ὀχλου ὀντος και μη *ἐχοντων* τί φαγωσιν,
	2	σπλαγχνιζομαι ἐπι τον ὀχλον, ὅτι ἠδη ἡμεραι τρεις προσμενουσιν μοι και οὐκ *ἐχουσιν* τί φαγωσιν·
	5	καὶ ἠρωτα αὐτους· ποσους *ἐχετε* ἀρτους;
	7	καὶ *εἰχον* ἰχθυδια ὀλιγα·
	14	καὶ ἐπελαθοντο λαβειν ἀρτους, και εἰ μη ἐνα ἀρτον οὐκ *εἰχον* μεθ ἑαυτων ἐν τῳ πλοιῳ.
	16	καὶ διελογιζοντο προς ἀλληλους ὅτι ἀρτους οὐκ *ἐχουσιν*.
	17	τί διαλογιζεσθε ὅτι ἀρτους οὐκ *ἐχετε*;
	17	οὐπω νοειτε οὐδε συνιετε; πεπωρωμενην *ἐχετε* την καρδιαν ὑμων;
	18	ὀφθαλμους *ἐχοντες* οὐ βλεπετε, και ὠτα *ἐχοντες* οὐκ ἀκουετε;
	18	ὀφθαλμους *ἐχοντες* οὐ βλεπετε, και ὠτα *ἐχοντες* οὐκ ἀκουετε;
	9 17	διδασκαλε, ἠνεγκα τον υἱον μου προς σέ, *ἐχοντα* πνευμα ἀλαλον·
	43	καλον ἐστιν σε κυλλον εἰσελθειν εἰς την ζωην, ἠ τας δυο χειρας *ἐχοντα* ἀπελθειν εἰς την γεενναν, εἰς το πυρ το ἀσβεστον.
	45	καλον ἐστιν σε εἰσελθειν εἰς την ζωην χωλον, ἠ τους δυο ποδας *ἐχοντα* βληθηναι εἰς την γεενναν.
	47	καλον σε ἐστιν μονοφθαλμον εἰσελθειν εἰς την βασιλειαν του θεου, ἠ δυο ὀφθαλμους *ἐχοντα* βληθηναι εἰς την γεενναν,
	50	*ἐχετε* ἐν ἑαυτοις ἁλα και εἰρηνευετε ἐν ἀλληλοις.
	10 21	ἐν σε ὑστερει· ὑπαγε, ὁσα *ἐχεις* πωλησον και δος [τοις] πτωχοις,
	21	ἐν σε ὑστερει· ὑπαγε, ὁσα *ἐχεις* πωλησον και δος [τοις] πτωχοις, και *ἐξεις* θησαυρον ἐν οὐρανῳ,
	22	ὁ δε στυγνασας ἐπι τῳ λογῳ ἀπηλθεν λυπουμενος, ἠν γαρ *ἐχων* κτηματα πολλα.
	23	πῶς δυσκολως οἱ τα χρηματα *ἐχοντες* εἰς την βασιλειαν του θεου εἰσελευσονται.
	11 3	εἰπατε· ὁ κυριος αὐτου χρειαν *ἐχει*, και εὐθυς αὐτον ἀποστελλει παλιν ὡδε.
	13	καὶ ἰδων συκην ἀπο μακροθεν *ἐχουσαν* φυλλα ἠλθεν εἰ ἀρα τι εὑρησει ἐν αὐτῃ,
	22	καὶ ἀποκριθεις ὁ ἰησους λεγει αὐτοις· *ἐχετε* πιστιν θεου.
	25	καὶ ὁταν στηκετε προσευχομενοι, ἀφιετε εἰ τι *ἐχετε* κατα τινος,
	32	ἀλλα εἰπωμεν· ἐξ ἀνθρωπων; ἐφοβουντο τον ὀχλον· ἁπαντες γαρ *εἰχον* τον ἰωαννην ὀντως ὅτι προφητης ἠν.
	12 6	ἔτι ἐνα *εἰχεν*, υἱον ἀγαπητον·
	23	ἐν τῃ ἀναστασει, [ὁταν ἀναστωσιν,] τινος αὐτων ἐσται γυνη; οἱ γαρ ἑπτα *ἐσχον* αὐτην γυναικα.
	44	παντες γαρ ἐκ του περισσευοντος αὐτοις ἐβαλον, αὐτη δε ἐκ της ὑστερησεως αὐτης παντα ὁσα *εἰχεν* ἐβαλεν, ὁλον τον βιον αὐτης.
	13 17	οὐαι δε ταις ἐν γαστρι *ἐχουσαις* και ταις θηλαζουσαις ἐν ἐκειναις ταις ἡμεραις.
	14 3	καὶ ὀντος αὐτου ἐν βηθανια ἐν τῃ οἰκια σιμωνος του λεπρου, κατακειμενου αὐτου ἠλθεν γυνη *ἐχουσα* ἀλαβαστρον μυρου ναρδου πιστικης πολυτελους·

ἔχω [711]

Mc	14 7	παντοτε γαρ τους πτωχους *ἐχετε* μεθ ἑαυτων, και ὁταν θελητε δυνασθε αὐτοις εὖ ποιησαι,
	7	παντοτε γαρ τους πτωχους *ἐχετε* μεθ ἑαυτων, και ὁταν θελητε δυνασθε αὐτοις εὖ ποιησαι, ἐμε δε οὐ παντοτε *ἐχετε*.
	8	ὁ *ἐσχεν* ἐποιησεν· προελαβεν μυρισαι το σωμα μου εἰς τον ἐνταφιασμον.
	63	τί ἐτι χρειαν *ἐχομεν* μαρτυρων;
	16 8	καὶ ἐξελθουσαι ἐφυγον ἀπο του μνημειου, *εἰχεν* γαρ αὐτας τρομος και ἐκστασις·
	18	ἐπι ἀρρωστους χειρας ἐπιθησουσιν και καλως *ἐξουσιν*.
Lc	3 8	ποιησατε οὖν καρπους ἀξιους της μετανοιας· και μη ἀρξησθε λεγειν ἐν ἑαυτοις· πατερα *ἐχομεν* τον ἀβρααμ·
	11	ὁ *ἐχων* δυο χιτωνας μεταδοτω τῳ μη *ἐχοντι*, και ὁ *ἐχων* βρωματα ὁμοιως ποιειτω.
	11	ὁ *ἐχων* δυο χιτωνας μεταδοτω τῳ μη *ἐχοντι*, και ὁ *ἐχων* βρωματα ὁμοιως ποιειτω.
	11	ὁ *ἐχων* δυο χιτωνας μεταδοτω τῳ μη *ἐχοντι*, και ὁ *ἐχων* βρωματα ὁμοιως ποιειτω.
	4 33	καὶ ἐν τῃ συναγωγῃ ἠν ἀνθρωπος *ἐχων* πνευμα δαιμονιου ἀκαθαρτου,
	40	δυνοντος δε του ἡλιου ἁπαντες ὁσοι *εἰχον* ἀσθενουντας νοσοις ποικιλαις ἠγαγον αὐτους προς αὐτον·
	5 24	ἱνα δε εἰδητε ὅτι ὁ υἱος του ἀνθρωπου ἐξουσιαν *ἐχει* ἐπι της γης ἀφιεναι ἁμαρτιας, εἰπεν τῳ παραλελυμενῳ·
	31	οὐ χρειαν *ἐχουσιν* οἱ ὑγιαινοντες ἰατρου ἀλλα οἱ κακως *ἐχοντες*·
	31	οὐ χρειαν *ἐχουσιν* οἱ ὑγιαινοντες ἰατρου ἀλλα οἱ κακως *ἐχοντες*·
	6 8	εἰπεν δε τῳ ἀνδρι τῳ ξηραν *ἐχοντι* την χειρα· ἐγειρε και στηθι εἰς το μεσον·
	7 2	ἑκατονταρχου δε τινος δουλος κακως *ἐχων* ἠμελλεν τελευταν, ὃς ἠν αὐτῳ ἐντιμος.
	8	καὶ γαρ ἐγω ἀνθρωπος εἰμι ὑπο ἐξουσιαν τασσομενος, *ἐχων* ὑπ ἐμαυτον στρατιωτας,
	33	ἐληλυθεν γαρ ἰωαννης ὁ βαπτιστης μη ἐσθιων ἀρτον μητε πινων οἰνον, και λεγετε· δαιμονιον *ἐχει*.
	40	σιμων, *ἐχω* σοι τι εἰπειν·
	42	μη *ἐχοντων* αὐτων ἀποδουναι ἀμφοτεροις ἐχαρισατο.
	8 6	καὶ ἑτερον κατεπεσεν ἐπι την πετραν, και φυεν ἐξηρανθη δια το μη *ἐχειν* ἰκμαδα.
	8	ὁ *ἐχων* ὠτα ἀκουειν ἀκουετω.
	13	καὶ οὑτοι ριζαν οὐκ *ἐχουσιν*, οἱ προς καιρον πιστευουσιν και ἐν καιρῳ πειρασμου ἀφιστανται.
	18	ὃς ἀν γαρ *ἐχῃ*, δοθησεται αὐτῳ·
	18	καὶ ὃς ἀν μη *ἐχῃ*, και ὃ δοκει ἐχειν ἀρθησεται ἀπ αὐτου.
	18	καὶ ὃς ἀν μη *ἐχῃ*, και ὃ δοκει ἐχειν ἀρθησεται ἀπ αὐτου.
	27	ἐξελθοντι δε αὐτῳ ἐπι την γην ὑπηντησεν ἀνηρ τις ἐκ της πολεως *ἐχων* δαιμονια,
	9 3	μηδεν αἰρετε εἰς την ὁδον, μητε ραβδον μητε πηραν μητε ἀρτον μητε ἀργυριον μητε [ἀνα] δυο χιτωνας *ἐχειν*.
	11	καὶ τους χρειαν *ἐχοντας* θεραπειας ἰατο.
	58	αἱ ἀλωπεκες φωλεους *ἐχουσιν* και τα πετεινα του οὐρανου κατασκηνωσεις, ὁ δε υἱος του ἀνθρωπου οὐκ *ἐχει* που την κεφαλην κλινῃ.
	58	αἱ ἀλωπεκες φωλεους *ἐχουσιν* και τα πετεινα του οὐρανου κατασκηνωσεις, ὁ δε υἱος του ἀνθρωπου οὐκ *ἐχει* που την κεφαλην κλινῃ.
	11 5	τίς ἐξ ὑμων *ἐξει* φιλον, και πορευσεται προς αὐτον μεσονυκτιου και εἰπῃ αὐτῳ·
	6	φιλε, χρησον μοι τρεις ἀρτους, ἐπειδη φιλος μου παρεγενετο ἐξ ὁδου προς με και οὐκ *ἐχω* ὃ παραθησω αὐτῳ·
	36	εἰ οὖν το σωμα σου ὁλον φωτεινον, μη *ἐχον* μερος τι σκοτεινον, ἐσται φωτεινον ὁλον ὡς ὁταν ὁ λυχνος τῃ ἀστραπῃ φωτιζῃ σε.
	12 4	μη φοβηθητε ἀπο των ἀποκτεινοντων το σωμα και μετα ταυτα μη *ἐχοντων* περισσοτερον τι ποιησαι.
	5	φοβηθητε τον μετα το ἀποκτειναι *ἐχοντα* ἐξουσιαν ἐμβαλειν εἰς την γεενναν.
	17	τί ποιησω, ὅτι οὐκ *ἐχω* που συναξω τους καρπους μου;
	19	ψυχη, ἐχεις πολλα ἀγαθα κειμενα εἰς ἐτη πολλα· ἀναπαυου, φαγε, πιε, εὐφραινου.
	50	βαπτισμα δε *ἐχω* βαπτισθηναι, και πῶς συνεχομαι ἑως ὁτου τελεσθῃ.
	13 6	συκην *εἰχεν* τις πεφυτευμενην ἐν τῳ ἀμπελωνι αὐτου,
	11	καὶ ἰδου γυνη πνευμα *ἐχουσα* ἀσθενειας ἐτη δεκαοκτω,
	33	πλην δει με σημερον και αὐριον και τῃ *ἐχομενῃ* πορευεσθαι, ὅτι οὐκ ἐνδεχεται προφητην ἀπολεσθαι ἐξω ἰερουσαλημ.
	14 14	καὶ μακαριος ἐσῃ, ὅτι οὐκ *ἐχουσιν* ἀνταποδουναι σοι·
	18	ἀγρον ἠγορασα, και *ἐχω* ἀναγκην ἐξελθων ἰδειν αὐτον·

ἔχω [711]

Lc	14 18	ἐρωτω σε, *ἔχε* με παρητημενον.
	19	ἐρωτω σε, *ἔχε* με παρητημενον.
	28	τίς γαρ ἐξ ὑμων θελων πυργον οἰκοδομησαι οὐχι πρωτον καθισας ψηφιζει την δαπανην, εἰ *ἔχει* εἰς ἀπαρτισμον;
	35	ὁ *ἔχων* ὡτα ἀκουειν ἀκουετω.
15	4	τίς ἀνθρωπος ἐξ ὑμων *ἔχων* ἑκατον προβατα και ἀπολεσας ἐξ αὐτων ἑν οὐ καταλειπει τα ἐνενηκονταεννεα ἐν τη ἐρημω και πορευεται ἐπι το ἀπολωλος ἑως εὑρη αὐτο;
	7	λεγω ὑμιν ὁτι οὑτως χαρα ἐν τω οὐρανω ἐσται ἐπι ἑνι ἁμαρτωλω μετανοουντι ἠ ἐπι ἐνενηκονταεννεα δικαιοις οἱτινες οὐ χρειαν *ἔχουσιν* μετανοιας.
	8	ἠ τίς γυνη δραχμας *ἔχουσα* δεκα, ἐαν ἀπολεση δραχμην μιαν, οὐχι ἁπτει λυχνον και σαροι την οἰκιαν και ζητει ἐπιμελως ἑως οὑ εὑρη;
	11	ἀνθρωπος τις *εἰχεν* δυο υἱους.
16	1	ἀνθρωπος τις ἠν πλουσιος ὁς *εἰχεν* οἰκονομον, και οὑτος διεβληθη αὐτω ὡς διασκορπιζων τα ὑπαρχοντα αὐτου.
	28	*ἔχω* γαρ πεντε ἀδελφους.
	29	*ἔχουσι* μωυσεα και τους προφητας· ἀκουσατωσαν αὐτων.
17	6	εἰ *ἔχετε* πιστιν ὡς κοκκον σιναπεως, ἐλεγετε ἀν τη συκαμινω [ταυτη]·
	7	τίς δε ἐξ ὑμων δουλον *ἔχων* ἀροτριωντα ἠ ποιμαινοντα, ὁς εἰσελθοντι ἐκ του ἀγρου ἐρει αὐτω· εὐθεως παρελθων ἀναπεσε,
	9	μη *ἔχει* χαριν τω δουλω ὁτι ἐποιησεν τα διαταχθεντα;
18	22	παντα ὁσα *ἔχεις* πωλησον και διαδος πτωχοις, και *ἕξεις* θησαυρον ἐν [τοις] οὐρανοις,
	22	παντα ὁσα *ἔχεις* πωλησον και διαδος πτωχοις, και *ἕξεις* θησαυρον ἐν [τοις] οὐρανοις,
	24	πῶς δυσκολως οἱ τα χρηματα *ἔχοντες* εἰς την βασιλειαν του θεου εἰσπορευονται·
19	17	εὐ γε, ἀγαθε δουλε, ὁτι ἐν ἐλαχιστω πιστος ἐγενου, ἰσθι ἐξουσιαν *ἔχων* ἐπανω δεκα πολεων.
	20	κυριε, ἰδου ἡ μνα σου, ἡν *εἰχον* ἀποκειμενην ἐν σουδαριω·
	24	ἀρατε ἀπ αὐτου την μναν και δοτε τω τας δεκα μνας *ἔχοντι.*
	25	και εἰπαν αὐτω· κυριε, *ἔχει* δεκα μνας.
	26	λεγω ὑμιν ὁτι παντι τω *ἔχοντι* δοθησεται, ἀπο δε του μη *ἔχοντος* και ὁ *ἔχει* ἀρθησεται.
	26	λεγω ὑμιν ὁτι παντι τω *ἔχοντι* δοθησεται, ἀπο δε του μη *ἔχοντος* και ὁ *ἔχει* ἀρθησεται.
	26	λεγω ὑμιν ὁτι παντι τω *ἔχοντι* δοθησεται, ἀπο δε του μη *ἔχοντος* και ὁ *ἔχει* ἀρθησεται.
	31	και ἐαν τις ὑμας ἐρωτα· δια τί λυετε; οὑτως ἐρειτε· ὁτι ὁ κυριος αὐτου χρειαν *ἔχει.*
	34	οἱ δε εἰπαν· ὁτι ὁ κυριος αὐτου χρειαν *ἔχει.*
20	24	τίνος *ἔχει* εἰκονα και ἐπιγραφην;
	28	ἐαν τινος ἀδελφος ἀποθανη *ἔχων* γυναικα, και οὑτος ἀτεκνος ἠ, ἱνα λαβη ὁ ἀδελφος αὐτου την γυναικα και ἐξαναστηση σπερμα τω ἀδελφω αὐτου.
	33	ἡ γυνη οὐν ἐν τη ἀναστασει τίνος αὐτων γινεται γυνη; οἱ γαρ ἑπτα *ἔσχον* αὐτην γυναικα.
21	4	αὑτη δε ἐκ του ὑστερηματος αὐτης παντα τον βιον ὁν *εἰχεν* ἐβαλεν.
	23	οὐαι ταις ἐν γαστρι *ἐχουσαις* και ταις θηλαζουσαις ἐν ἐκειναις ταις ἡμεραις·
22	36	ἀλλα νυν ὁ *ἔχων* βαλλαντιον ἀρατω, ὁμοιως και πηραν, και ὁ μη *ἔχων* πωλησατω το ἱματιον αὐτου και ἀγορασατω μαχαιραν.
	36	ἀλλα νυν ὁ *ἔχων* βαλλαντιον ἀρατω, ὁμοιως και πηραν, και ὁ μη *ἔχων* πωλησατω το ἱματιον αὐτου και ἀγορασατω μαχαιραν.
	37	και γαρ το περι ἐμου τελος *ἔχει.*
	71	τί ἐτι *ἔχομεν* μαρτυριας χρειαν;
23	17*	ἀναγκην δε *εἰχεν* ἀπολυειν αὐτοις κατα ἑορτην ἑνα.
24	39	ψηλαφησατε με και ἰδετε, ὁτι πνευμα σαρκα και ὀστεα οὐκ *ἔχει* καθως ἐμε θεωρειτε *ἔχοντα.*
	39	ψηλαφησατε με και ἰδετε, ὁτι πνευμα σαρκα και ὀστεα οὐκ *ἔχει* καθως ἐμε θεωρειτε *ἔχοντα.*
	41	*ἔχετε* τι βρωσιμον ἐνθαδε;
Jh	2 3	και ὑστερησαντος οἰνου λεγει ἡ μητηρ του ἰησου προς αὐτον· οἰνον οὐκ *ἔχουσιν.*
	25	και ὁτι οὐ χρειαν *εἰχεν* ἱνα τις μαρτυρηση περι του ἀνθρωπου·
	3 15	οὑτως ὑψωθηναι δει τον υἱον του ἀνθρωπου, ἱνα πας ὁ πιστευων ἐν αὐτω *ἔχη* ζωην αἰωνιον.
	16	ὡστε τον υἱον τον μονογενη ἐδωκεν, ἱνα πας ὁ πιστευων εἰς αὐτον μη ἀποληται ἀλλ *ἔχη* ζωην αἰωνιον.
	29	ὁ *ἔχων* την νυμφην νυμφιος ἐστιν·
	36	ὁ πιστευων εἰς τον υἱον *ἔχει* ζωην αἰωνιον·

ἔχω [711]

Jh	4 11	κυριε, οὐτε ἀντλημα *ἔχεις* και το φρεαρ ἐστιν βαθυ·
	11	ποθεν οὐν *ἔχεις* το ὑδωρ το ζων,
	17	ἀπεκριθη ἡ γυνη και εἰπεν αὐτω· οὐκ *ἔχω* ἀνδρα.
	17	λεγει αὐτη ὁ ἰησους· καλως εἰπας ὁτι ἀνδρα οὐκ *ἔχω·*
	18	καλως εἰπας ὁτι ἀνδρα οὐκ *ἔχω·* πεντε γαρ ἀνδρας *ἐσχες*
	18	πεντε γαρ ἀνδρας *ἐσχες,* και νυν ὁν *ἔχεις* οὐκ ἐστιν σου ἀνηρ·
	32	ἐγω βρωσιν *ἔχω* φαγειν ἡν ὑμεις οὐκ οἰδατε.
	44	αὐτος γαρ ἰησους ἐμαρτυρησεν ὁτι προφητης ἐν τη ἰδια πατριδι τιμην οὐκ *ἔχει.*
	52	ἐπυθετο οὐν την ὡραν παρ αὐτων ἐν ἡ κομψοτερον *ἐσχεν·*
5	2	ἐστιν δε ἐν τοις ἱεροσολυμοις ἐπι τη προβατικη κολυμβηθρα, ἡ ἐπιλεγομενη ἑβραιστι βηθζαθα, πεντε στοας *ἐχουσα.*
	5	ἠν δε τις ἀνθρωπος ἐκει τριακονταικαιοκτω ἐτη *ἔχων* ἐν τη ἀσθενεια αὐτου·
	6	τουτον ἰδων ὁ ἰησους κατακειμενον, και γνους ὁτι πολυν ἠδη χρονον *ἔχει,*
	7	κυριε, ἀνθρωπον οὐκ *ἔχω,* ἱνα ὁταν ταραχθη το ὑδωρ βαλη με εἰς την κολυμβηθραν·
	24	ἀμην ἀμην λεγω ὑμιν ὁτι ὁ τον λογον μου ἀκουων και πιστευων τω πεμψαντι με *ἔχει* ζωην αἰωνιον,
	26	ὡσπερ γαρ ὁ πατηρ *ἔχει* ζωην ἐν ἑαυτω, οὑτως και τω υἱω ἐδωκεν ζωην *ἔχειν* ἐν ἑαυτω.
	26	ὡσπερ γαρ ὁ πατηρ *ἔχει* ζωην ἐν ἑαυτω, οὑτως και τω υἱω ἐδωκεν ζωην *ἔχειν* ἐν ἑαυτω.
	36	ἐγω δε *ἔχω* την μαρτυριαν μειζω του ἰωαννου·
	38	και τον λογον αὐτου οὐκ *ἔχετε* ἐν ὑμιν μενοντα,
	39	ἐραυνατε τας γραφας, ὁτι ὑμεις δοκειτε ἐν αὐταις ζωην αἰωνιον *ἔχειν·*
	40	και οὐ θελετε ἐλθειν προς με ἱνα ζωην *ἔχητε.*
	42	δοξαν παρα ἀνθρωπων οὐ λαμβανω, ἀλλα ἐγνωκα ὑμας ὁτι την ἀγαπην του θεου οὐκ *ἔχετε* ἐν ἑαυτοις.
6	9	ἐστιν παιδαριον ὡδε ὁς *ἔχει* πεντε ἀρτους κριθινους και δυο ὀψαρια·
	40	τουτο γαρ ἐστιν το θελημα του πατρος μου, ἱνα πας ὁ θεωρων τον υἱον και πιστευων εἰς αὐτον *ἔχη* ζωην αἰωνιον,
	47	ὁ πιστευων *ἔχει* ζωην αἰωνιον.
	53	ἐαν μη φαγητε την σαρκα του υἱου του ἀνθρωπου και πιητε αὐτου το αἱμα, οὐκ *ἔχετε* ζωην ἐν ἑαυτοις.
	54	ὁ τρωγων μου την σαρκα και πινων μου το αἱμα *ἔχει* ζωην αἰωνιον,
	68	ρηματα ζωης αἰωνιου *ἔχεις·* και ἡμεις πεπιστευκαμεν και ἐγνωκαμεν ὁτι συ εἰ ὁ ἁγιος του θεου.
7	20	δαιμονιον *ἔχεις·* τίς σε ζητει ἀποκτειναι;
8	6*	τουτο δε ἐλεγον πειραζοντες αὐτον, ἱνα *ἔχωσιν* κατηγορειν αὐτου.
	12	ὁ ἀκολουθων ἐμοι οὐ μη περιπατηση ἐν τη σκοτια, ἀλλ *ἔξει* το φως της ζωης.
	26	πολλα *ἔχω* περι ὑμων λαλειν και κρινειν·
	41	ἡμεις ἐκ πορνειας οὐ γεγεννημεθα, ἑνα πατερα *ἔχομεν* τον θεον.
	48	οὐ καλως λεγομεν ἡμεις ὁτι σαμαριτης εἰ συ και δαιμονιον *ἔχεις;*
	49	ἐγω δαιμονιον οὐκ *ἔχω,* ἀλλα τιμω τον πατερα μου, και ὑμεις ἀτιμαζετε με.
	52	νυν ἐγνωκαμεν ὁτι δαιμονιον *ἔχεις.*
	57	πεντηκοντα ἐτη οὐπω *ἔχεις* και ἀβρααμ ἑωρακας;
9	21	αὐτον ἐρωτησατε, ἡλικιαν *ἔχει,* αὐτος περι ἑαυτου λαλησει.
	23	δια τουτο οἱ γονεις αὐτου εἰπαν ὁτι ἡλικιαν *ἔχει,* αὐτον ἐπερωτησατε.
	41	εἰ τυφλοι ἠτε, οὐκ ἀν *εἰχετε* ἁμαρτιαν·
10	10	ἐγω ἠλθον ἱνα ζωην *ἔχωσιν* και περισσον *ἔχωσιν.*
	10	ἐγω ἠλθον ἱνα ζωην *ἔχωσιν* και περισσον *ἔχωσιν.*
	16	και ἀλλα προβατα *ἔχω* ἁ οὐκ ἐστιν ἐκ της αὐλης ταυτης·
	18	ἐξουσιαν *ἔχω* θειναι αὐτην, και ἐξουσιαν *ἔχω* παλιν λαβειν αὐτην·
	18	ἐξουσιαν *ἔχω* θειναι αὐτην, και ἐξουσιαν *ἔχω* παλιν λαβειν αὐτην·
	20	δαιμονιον *ἔχει* και μαινεται· τί αὐτου ἀκουετε;
11	17	ἐλθων οὐν ὁ ἰησους εὑρεν αὐτον τεσσαρας ἠδη ἡμερας *ἔχοντα* ἐν τω μνημειω.
12	6	εἰπεν δε τουτο οὐχ ὁτι περι των πτωχων ἐμελεν αὐτω, ἀλλ ὁτι κλεπτης ἠν και το γλωσσοκομον *ἔχων* τα βαλλομενα ἐβασταζεν.
	8	τους πτωχους γαρ παντοτε *ἔχετε* μεθ ἑαυτων, ἐμε δε οὐ παντοτε *ἔχετε.*
	8	τους πτωχους γαρ παντοτε *ἔχετε* μεθ ἑαυτων, ἐμε δε οὐ παντοτε *ἔχετε.*
	35	περιπατειτε ὡς το φως *ἔχετε,* ἱνα μη σκοτια ὑμας καταλαβη·

ἔχω [711]

Jh 12 36 ὡς το φως ἔχετε, πιστευετε εἰς το φως, ἱνα υἱοι φωτος γενησθε.

48 ὁ ἀθετων ἐμε και μη λαμβανων τα ρηματα μου ἔχει τον κρινοντα αὐτον·

13 8 ἐαν μη νιψω σε, οὐκ ἔχεις μερος μετ ἐμου.

10 ὁ λελουμενος οὐκ ἔχει χρειαν εἰ μη τους ποδας νιψασθαι, ἀλλ ἐστιν καθαρος ὁλος·

29 τινες γαρ ἐδοκουν, ἐπει το γλωσσοκομον εἰχεν ἰουδας, ὁτι λεγει αὐτω [ὁ] ἰησους·

29 ἀγορασον ὡν χρειαν ἔχομεν εἰς την ἑορτην, ἠ τοις πτωχοις ἱνα τι δω.

35 ἐν τουτω γνωσονται παντες ὁτι ἐμοι μαθηται ἐστε, ἐαν ἀγαπην ἔχητε ἐν ἀλληλοις.

14 21 ὁ ἔχων τας ἐντολας μου και τηρων αὐτας, ἐκεινος ἐστιν ὁ ἀγαπων με·

30 και ἐν ἐμοι οὐκ ἔχει οὐδεν, ἀλλ ἱνα γνω ὁ κοσμος ὁτι ἀγαπω τον πατερα,

15 13 μειζονα ταυτης ἀγαπην οὐδεις ἔχει, ἱνα τις την ψυχην αὐτου 9η ὑπερ των φιλων αὐτου.

22 εἰ μη ἠλθον και ἐλαλησα αὐτοις, ἁμαρτιαν οὐκ εἰχοσαν·

22 νυν δε προφασιν οὐκ ἔχουσιν περι της ἁμαρτιας αὐτων.

24 εἰ τα ἐργα μη ἐποιησα ἐν αὐτοις ἁ οὐδεις ἀλλος ἐποιησεν, ἁμαρτιαν οὐκ εἰχοσαν·

16 12 ἐτι πολλα ἔχω ὑμιν λεγειν, ἀλλ οὐ δυνασθε βασταζειν ἀρτι·

15 παντα ὁσα ἔχει ὁ πατηρ ἐμα ἐστιν·

21 ἡ γυνη ὁταν τικτη λυπην ἔχει, ὁτι ἠλθεν ἡ ὡρα αὐτης·

22 και ὑμεις οὐν νυν μεν λυπην ἔχετε·

30 νυν οἰδαμεν ὁτι οἰδας παντα και οὐ χρειαν ἔχεις ἱνα τις σε ἐρωτα·

33 ταυτα λελαληκα ὑμιν ἱνα ἐν ἐμοι εἰρηνην ἔχητε.

33 ἐν τω κοσμω θλιψιν ἔχετε ἀλλα θαρσειτε, ἐγω νενικηκα τον κοσμον.

17 5 και νυν δοξασον με συ, πατερ, παρα σεαυτω τη δοξη ἡ εἰχον προ του τον κοσμον εἰναι παρα σοι.

13 και ταυτα λαλω ἐν τω κοσμω ἱνα ἔχωσιν την χαραν την ἐμην πεπληρωμενην ἐν ἑαυτοις.

18 10 σιμων οὐν πετρος ἔχων μαχαιραν εἱλκυσεν αὐτην και ἐπαισεν τον του ἀρχιερεως δουλον και ἀπεκοψεν αὐτου το ὠταριον το δεξιον·

19 7 ἡμεις νομον ἔχομεν, και κατα τον νομον ὀφειλει ἀποθανειν,

10 οὐκ οἰδας ὁτι ἐξουσιαν ἔχω ἀπολυσαι σε και ἐξουσιαν ἔχω σταυρωσαι σε;

10 οὐκ οἰδας ὁτι ἐξουσιαν ἔχω ἀπολυσαι σε και ἐξουσιαν ἔχω σταυρωσαι σε;

11 οὐκ εἰχες ἐξουσιαν κατ ἐμου οὐδεμιαν εἰ μη ἠν δεδομενον σοι ἀνωθεν·

11 δια τουτο ὁ παραδους με σοι μειζονα ἁμαρτιαν ἔχει.

15 οὐκ ἔχομεν βασιλεα εἰ μη καισαρα.

20 31 ταυτα δε γεγραπται ἱνα πιστευ[σ]ητε ὁτι ἰησους ἐστιν ὁ χριστος ὁ υἱος του θεου, και ἱνα πιστευοντες ζωην ἔχητε ἐν τω ὀνοματι αὐτου.

21 5 παιδια, μη τι προσφαγιον ἔχετε;

Ac 1 12 τοτε ὑπεστρεψαν εἰς ἰερουσαλημ ἀπο ὀρους του καλουμενου ἐλαιωνος, ὁ ἐστιν ἐγγυς ἰερουσαλημ σαββατου ἐχον ὁδον.

2 44 παντες δε οἱ πιστευοντες ἠσαν ἐπι το αὐτο και εἰχον ἁπαντα κοινα,

45 και τα κτηματα και τας ὑπαρξεις ἐπιπρασκον και διεμεριζον αὐτα πασιν, καθοτι ἀν τις χρειαν εἰχεν.

47 αἰνουντες τον θεον και ἐχοντες χαριν προς ὁλον τον λαον.

3 6 ἀργυριον και χρυσιον οὐχ ὑπαρχει μοι· ὁ δε ἐχω, τουτο σοι διδωμι·

4 14 τον τε ἀνθρωπον βλεποντες συν αὐτοις ἑστωτα τον τεθεραπευμενον, οὐδεν εἰχον ἀντειπειν.

35 διεδιδετο δε ἑκαστω καθοτι ἀν τις χρειαν εἰχεν.

7 1 εἰπεν δε ὁ ἀρχιερευς· εἰ ταυτα οὑτως ἔχει;

8 7 πολλοι γαρ των ἐχοντων πνευματα ἀκαθαρτα βοωντα φωνῃ μεγαλη ἐξηρχοντο·

9 14 και ὡδε ἔχει ἐξουσιαν παρα των ἀρχιερεων δησαι παντας τους ἐπικαλουμενους το ὀνομα σου.

31 ἡ μεν οὐν ἐκκλησια καθ ὁλης της ἰουδαιας και γαλιλαιας και σαμαρειας εἰχεν εἰρηνην οἰκοδομουμενη

11 3 ὁτε δε ἀνεβη πετρος εἰς ἰερουσαλημ, διεκρινοντο προς αὐτον οἱ ἐκ περιτομης λεγοντες ὁτι εἰσηλθες προς ἀνδρας ἀκροβυστιαν ἐχοντας και συνεφαγες αὐτοις.

12 15 ἡ δε διισχυριζετο οὑτως ἔχειν.

13 5 εἰχον δε και ἰωαννην ὑπηρετην.

14 9 ὁς ἀτενισας αὐτω και ἰδων ὁτι ἔχει πιστιν του σωθηναι,

ἔχω [711]

Ac 15 21 μωυσης γαρ ἐκ γενεων ἀρχαιων κατα πολιν τους κηρυσσοντας αὐτον ἔχει ἐν ταις συναγωγαις κατα παν σαββατον ἀναγινωσκομενος.

36 ἐπιστρεψαντες δη ἐπισκεψωμεθα τους ἀδελφους κατα πολιν πασαν ἐν αἱς κατηγγειλαμεν τον λογον του κυριου, πως ἔχουσιν.

16 16 ἐγενετο δε πορευομενων ἡμων εἰς την προσευχην, παιδισκην τινα ἔχουσαν πνευμα πυθωνα ὑπαντησαι ἡμιν,

17 11 οἱτινες ἐδεξαντο τον λογον μετα πασης προθυμιας, καθ ἡμεραν ἀνακρινοντες τας γραφας εἰ ἔχοι ταυτα οὑτως.

18 18 κειραμενος ἐν κεγχρεαις την κεφαλην· εἰχεν γαρ εὐχην.

19 13 ἐπεχειρησαν δε τινες και των περιερχομενων ἰουδαιων ἐξορκιστων ὀνομαζειν ἐπι τους ἐχοντας τα πνευματα τα πονηρα το ὀνομα του κυριου ἰησου λεγοντες·

38 εἰ μεν οὐν δημητριος και οἱ συν αὐτω τεχνιται ἔχουσι προς τινα λογον, ἀγοραιοι ἀγονται και ἀνθυπατοι εἰσιν, ἐγκαλειτωσαν ἀλληλοις.

20 15 τη δε ἑτερα παρεβαλομεν εἰς σαμον, τη δε ἐχομενη ἠλθομεν εἰς μιλητον.

21 13 ἐγω γαρ οὐ μονον δεθηναι ἀλλα και ἀποθανειν εἰς ἰερουσαλημ ἑτοιμως ἔχω ὑπερ του ὀνοματος του κυριου ἰησου.

23 εἰσιν ἡμιν ἀνδρες τεσσαρες εὐχην ἐχοντες ἐφ ἑαυτων·

26 τοτε ὁ παυλος παραλαβων τους ἀνδρας τη ἐχομενη ἡμερα συν αὐτοις ἁγνισθεις εἰσηει εἰς το ἱερον,

23 17 τον νεανιαν τουτον ἀπαγαγε προς τον χιλιαρχον, ἔχει γαρ ἀπαγγειλαι τι αὐτω.

18 ὁ δεσμιος παυλος προσκαλεσαμενος με ἠρωτησεν τουτον τον νεανισκον ἀγαγειν προς σε, ἐχοντα τι λαλησαι σοι.

19 τι ἐστιν ὁ ἔχεις ἀπαγγειλαι μοι;

25 γραψας ἐπιστολην ἔχουσαν τον τυπον τουτον· κλαυδιος λυσιας τω κρατιστω ἡγεμονι φηλικι χαιρειν.

29 ὁν εὑρον ἐγκαλουμενον περι ζητηματων του νομου αὐτων, μηδεν δε ἀξιον θανατου ἠ δεσμων ἐχοντα ἐγκλημα.

24 9 συνεπεθεντο δε και οἱ ἰουδαιοι φασκοντες ταυτα οὑτως ἔχειν.

15 πιστευων πασι τοις κατα τον νομον και τοις ἐν τοις προφηταις γεγραμμενοις, ἐλπιδα ἐχων εἰς τον θεον,

16 ἐν τουτω και αὐτος ἀσκω ἀπροσκοπον συνειδησιν ἐχειν προς τον θεον και τους ἀνθρωπους δια παντος.

19 τινες δε ἀπο της ἀσιας ἰουδαιοι, οὑς ἐδει ἐπι σου παρειναι και κατηγορειν εἰ τι ἔχοιεν προς ἐμε.

23 διαταξαμενος τω ἑκατονταρχη τηρεισθαι αὐτον ἔχειν τε ἀνεσιν και μηδενα κωλυειν των ἰδιων αὐτου ὑπηρετειν αὐτω.

25 το νυν ἔχον πορευου, καιρον δε μεταλαβων μετακαλεσομαι σε·

25 16 προς οὑς ἀπεκριθην ὁτι οὐκ ἐστιν ἐθος ρωμαιοις χαριζεσθαι τινα ἀνθρωπον πριν ἠ ὁ κατηγορουμενος κατα προσωπον ἐχοι τους κατηγορους τοπον τε ἀπολογιας λαβοι περι του ἐγκληματος.

19 ζητηματα δε τινα περι της ἰδιας δεισιδαιμονιας εἰχον προς αὐτον και περι τινος ἰησου τεθνηκοτος,

26 περι οὑ ἀσφαλες τι γραψαι τω κυριω οὐκ ἔχω·

26 διο προηγαγον αὐτον ἐφ ὑμων και μαλιστα ἐπι σου, βασιλευ ἀγριππα, ὁπως της ἀνακρισεως γενομενης σχω τι γραψω·

27 39 την γην οὐκ ἐπεγινωσκον, κολπον δε τινα κατενοουν ἐχοντα αἰγιαλον,

28 9 τουτου δε γενομενου και οἱ λοιποι οἱ ἐν τη νησω ἐχοντες ἀσθενειας προσηρχοντο και ἐθεραπευοντο.

19 ἀντιλεγοντων δε των ἰουδαιων ἠναγκασθην ἐπικαλεσασθαι καισαρα, οὐχ ὡς του ἐθνους μου ἐχων τι κατηγορειν.

29 * και ταυτα αὐτου εἰποντος ἀπηλθον οἱ ἰουδαιοι πολλην ἐχοντες ἐν ἑαυτοις συζητησιν.

Rm 1 13 ἱνα τινα καρπον σχω και ἐν ὑμιν καθως και ἐν τοις λοιποις ἐθνεσιν.

28 και καθως οὐκ ἐδοκιμασαν τον θεον ἐχειν ἐν ἐπιγνωσει, παρεδωκεν αὐτους ὁ θεος εἰς ἀδοκιμον νουν,

2 14 ὁταν γαρ ἐθνη τα μη νομον ἐχοντα φυσει τα του νομου ποιωσιν, οὑτοι νομον μη ἐχοντες ἑαυτοις εἰσιν νομος·

14 ὁταν γαρ ἐθνη τα μη νομον ἐχοντα φυσει τα του νομου ποιωσιν, οὑτοι νομον μη ἐχοντες ἑαυτοις εἰσιν νομος·

20 ἐχοντα την μορφωσιν της γνωσεως και της ἀληθειας ἐν τω νομω·

4 2 εἰ γαρ ἀβρααμ ἐξ ἐργων ἐδικαιωθη, ἐχει καυχημα· ἀλλ οὐ προς θεον.

5 1 δικαιωθεντες οὐν ἐκ πιστεως εἰρηνην ἔχομεν προς τον θεον δια του κυριου ἡμων ἰησου χριστου,

2 δι ου και την προσαγωγην ἐσχηκαμεν [τη πιστει] εἰς την χαριν ταυτην ἐν ἡ ἑστηκαμεν,

ἔχω [711]

Rm 6 21 τίνα οὖν καρπον *εἴχετε* τοτε; ἐφ οἷς νυν ἐπαισχυνεσθε·
22 νυνι δε ἐλευθερωθεντες ἀπο της ἀμαρτιας δουλωθεντες δε τω θεω, *ἔχετε* τον καρπον ὑμων εἰς ἁγιασμον,
8 9 εἰ δε τις πνευμα χριστου οὐκ *ἔχει*, οὗτος οὐκ ἐστιν αὐτου.
23 οὐ μονον δε, ἀλλα και αὐτοι την ἀπαρχην του πνευματος *ἔχοντες* ἡμεις και αὐτοι ἐν ἑαυτοις στεναζομεν υἱοθεσιαν ἀπεκδεχομενοι,
9 10 οὐ μονον δε, ἀλλα και ῥεβεκκα ἐξ ἑνος κοιτην *ἔχουσα*, ἰσαακ του πατρος ἡμων·
21 ἡ οὐκ *ἔχει* ἐξουσιαν ὁ κεραμευς του πηλου ἐκ του αὐτου φυραματος ποιησαι ὁ μεν εἰς τιμην σκευος, ὁ δε εἰς ἀτιμιαν;
10 2 μαρτυρω γαρ αὐτοις ὁτι ζηλον θεου *ἔχουσιν*, ἀλλ οὐ κατ ἐπιγνωσιν·
12 4 καθαπερ γαρ ἐν ἑνι σωματι πολλα μελη *ἔχομεν*, τα δε μελη παντα οὐ την αὐτην *ἔχει* πραξιν, οὑτως οἱ πολλοι ἑν σωμα ἐσμεν ἐν χριστω,
4 καθαπερ γαρ ἐν ἑνι σωματι πολλα μελη *ἔχομεν*, τα δε μελη παντα οὐ την αὐτην *ἔχει* πραξιν, οὑτως οἱ πολλοι ἑν σωμα ἐσμεν ἐν χριστω,
6 *ἔχοντες* δε χαρισματα κατα την χαριν την δοθεισαν ἡμιν διαφορα,
13 3 το ἀγαθον ποίει, και *ἕξεις* ἐπαινον ἐξ αὐτης·
14 22 συ πιστιν [ἡν] *ἔχεις* κατα σεαυτον ἔχε ἐνωπιον του θεου.
22 συ πιστιν [ἡν] *ἔχεις* κατα σεαυτον ἔχε ἐνωπιον του θεου.
15 4 εἰς την ἡμετεραν διδασκαλιαν ἐγραφη, ἱνα δια της ὑπομονης και δια της παρακλησεως των γραφων την ἐλπιδα *ἔχωμεν*.
17 *ἔχω* οὖν την καυχησιν ἐν χριστω ἰησου τα προς τον θεον·
23 νυνι δε μηκετι τοπον *ἔχων* ἐν τοις κλιμασι τουτοις, ἐπιποθιαν δε *ἔχων* του ἐλθειν προς ὑμας ἀπο πολλων ἐτων, ὡς ἀν πορευωμαι εἰς την σπανιαν·
23 νυνι δε μηκετι τοπον *ἔχων* ἐν τοις κλιμασι τουτοις, ἐπιποθιαν δε *ἔχων* του ἐλθειν προς ὑμας ἀπο πολλων ἐτων, ὡς ἀν πορευωμαι εἰς την σπανιαν·

1Co 2 16 ἡμεις δε νουν χριστου *ἔχομεν*.
4 7 τίς γαρ σε διακρινει; τί δε *ἔχεις* ὁ οὐκ ἐλαβες;
15 ἐαν γαρ μυριους παιδαγωγους *ἔχητε* ἐν χριστω, ἀλλ οὐ πολλους πατερας·
5 1 και τοιαυτη πορνεια ἡτις οὐδε ἐν τοις ἐθνεσιν, ὡστε γυναικα τινα του πατρος *ἔχειν*.
6 1 τολμα τις ὑμων πραγμα *ἔχων* προς τον ἑτερον κρινεσθαι ἐπι των ἀδικων, και οὐχι ἐπι των ἁγιων;
4 βιωτικα μεν οὖν κριτηρια ἐαν *ἔχητε*, τους ἐξουθενημενους ἐν τη ἐκκλησια, τουτους καθιζετε;
7 ἠδη μεν [οὖν] ὁλως ἡττημα ὑμιν ἐστιν ὁτι κριματα *ἔχετε* μεθ ἑαυτων.
19 ἡ οὐκ οἰδατε ὁτι το σωμα ὑμων ναος του ἐν ὑμιν ἁγιου πνευματος ἐστιν, οὗ *ἔχετε* ἀπο θεου, και οὐκ ἐστε ἑαυτων;
7 2 δια δε τας πορνειας ἑκαστος την ἑαυτου γυναικα *ἐχετω*,
2 δια δε τας πορνειας ἑκαστος την ἑαυτου γυναικα *ἐχετω*, και ἑκαστη τον ἰδιον ἀνδρα *ἐχετω*.
7 ἀλλα ἑκαστος ἰδιον *ἔχει* χαρισμα ἐκ θεου,
12 εἰ τις ἀδελφος γυναικα *ἔχει* ἀπιστον, και αὐτη συνευδοκει οἰκειν μετ αὐτου, μη ἀφιετω αὐτην·
13 και γυνη εἰ τις *ἔχει* ἀνδρα ἀπιστον, και οὗτος συνευδοκει οἰκειν μετ αὐτης, μη ἀφιετω τον ἀνδρα.
25 περι δε των παρθενων ἐπιταγην κυριου οὐκ *ἔχω*,
28 θλιψιν δε τη σαρκι *ἐξουσιν* οἱ τοιουτοι, ἐγω δε ὑμων φειδομαι.
29 το λοιπον ἱνα και οἱ *ἔχοντες* γυναικας ὡς μη *ἔχοντες* ὡσιν,
29 το λοιπον ἱνα και οἱ *ἔχοντες* γυναικας ὡς μη *ἔχοντες* ὡσιν,
37 ὁς δε ἑστηκεν ἐν τη καρδια αὐτου ἑδραιος, μη *ἔχων* ἀναγκην,
37 ὁς δε ἑστηκεν ἐν τη καρδια αὐτου ἑδραιος, μη *ἔχων* ἀναγκην, ἐξουσιαν δε *ἔχει* περι του ἰδιου θεληματος,
40 δοκω δε καγω πνευμα θεου *ἔχειν*.
8 1 περι δε των εἰδωλοθυτων, οἰδαμεν ὁτι παντες γνωσιν *ἔχομεν*.
10 ἐαν γαρ τις ἰδη σε τον *ἔχοντα* γνωσιν ἐν εἰδωλειω κατακειμενον, οὐχι ἡ συνειδησις αὐτου ἀσθενους ὀντος οἰκοδομηθησεται εἰς το τα εἰδωλοθυτα ἐσθιειν;
9 4 μη οὐκ *ἔχομεν* ἐξουσιαν φαγειν και πειν;
5 μη οὐκ *ἔχομεν* ἐξουσιαν ἀδελφην γυναικα περιαγειν, ὡς και οἱ λοιποι ἀποστολοι και οἱ ἀδελφοι του κυριου και κηφας;
6 ἡ μονος ἐγω και βαρναβας οὐκ *ἔχομεν* ἐξουσιαν μη ἐργαζεσθαι;
17 εἰ γαρ ἑκων τουτο πρασσω, μισθον *ἔχω*·
11 4 πας ἀνηρ προσευχομενος ἡ προφητευων κατα κεφαλης *ἔχων* καταισχυνει την κεφαλην αὐτου.
10 δια τουτο ὀφειλει ἡ γυνη ἐξουσιαν *ἔχειν* ἐπι της κεφαλης δια τους ἀγγελους.

1Co 11 16 εἰ δε τις δοκει φιλονεικος εἰναι, ἡμεις τοιαυτην συνηθειαν οὐκ *ἔχομεν*, οὐδε αἱ ἐκκλησιαι του θεου.
22 μη γαρ οἰκιας οὐκ *ἔχετε* εἰς το ἐσθιειν και πινειν;
22 ἡ της ἐκκλησιας του θεου καταφρονειτε, και καταισχυνετε τους μη *ἔχοντας*;
12 12 καθαπερ γαρ το σωμα ἑν ἐστιν και μελη πολλα *ἔχει*, παντα δε τα μελη του σωματος πολλα ὀντα ἑν ἐστιν σωμα, οὑτως και ὁ χριστος·
21 οὐ δυναται δε ὁ ὀφθαλμος εἰπειν τη χειρι· χρειαν σου οὐκ *ἔχω*, ἡ παλιν ἡ κεφαλη τοις ποσιν· χρειαν ὑμων οὐκ *ἔχω*·
21 οὐ δυναται δε ὁ ὀφθαλμος εἰπειν τη χειρι· χρειαν σου οὐκ *ἔχω*, ἡ παλιν ἡ κεφαλη τοις ποσιν· χρειαν ὑμων οὐκ *ἔχω*·
23 και τα ἀσχημονα ἡμων εὐσχημοσυνην περισσοτεραν *ἔχει*,
24 τα δε εὐσχημονα ἡμων οὐ χρειαν *ἔχει*.
30 μη παντες χαρισματα *ἔχουσιν* ἰαματων;
13 1 ἐαν ταις γλωσσαις των ἀνθρωπων λαλω και των ἀγγελων, ἀγαπην δε μη *ἔχω*, γεγονα χαλκος ἠχων ἡ κυμβαλον ἀλαλαζον.
2 και ἐαν *ἔχω* προφητειαν και εἰδω τα μυστηρια παντα και πασαν την γνωσιν, και ἐαν *ἔχω* πασαν την πιστιν ὡστε ὀρη μεθισταναι, ἀγαπην δε μη *ἔχω*, οὐθεν εἰμι.
2 και ἐαν *ἔχω* προφητειαν και εἰδω τα μυστηρια παντα και πασαν την γνωσιν, και ἐαν *ἔχω* πασαν την πιστιν ὡστε ὀρη μεθισταναι, ἀγαπην δε μη *ἔχω*, οὐθεν εἰμι.
2 και ἐαν *ἔχω* προφητειαν και εἰδω τα μυστηρια παντα και πασαν την γνωσιν, και ἐαν *ἔχω* πασαν την πιστιν ὡστε ὀρη μεθισταναι, ἀγαπην δε μη *ἔχω*, οὐθεν εἰμι.
3 καν ψωμισω παντα τα ὑπαρχοντα μου, και ἐαν παραδω το σωμα μου ἱνα καυχησωμαι, ἀγαπην δε μη *ἔχω*, οὐδεν ὠφελουμαι.
14 26 ὁταν συνερχησθε, ἑκαστος ψαλμον *ἔχει*,
26 ὁταν συνερχησθε, ἑκαστος ψαλμον *ἔχει*, διδαχην *ἔχει*, ἀποκαλυψιν *ἔχει*, γλωσσαν *ἔχει*, ἑρμηνειαν *ἔχει*·
26 ὁταν συνερχησθε, ἑκαστος ψαλμον *ἔχει*, διδαχην *ἔχει*, ἀποκαλυψιν *ἔχει*, γλωσσαν *ἔχει*, ἑρμηνειαν *ἔχει*·
26 ὁταν συνερχησθε, ἑκαστος ψαλμον *ἔχει*, διδαχην *ἔχει*, ἀποκαλυψιν *ἔχει*, γλωσσαν *ἔχει*, ἑρμηνειαν *ἔχει*·
26 ὁταν συνερχησθε, ἑκαστος ψαλμον *ἔχει*, διδαχην *ἔχει*, ἀποκαλυψιν *ἔχει*, γλωσσαν *ἔχει*, ἑρμηνειαν *ἔχει*·
15 31 καθ ἡμεραν ἀποθνησκω, νη την ὑμετεραν καυχησιν, [ἀδελφοι], ἡν *ἔχω* ἐν χριστω ἰησου τω κυριω ἡμων.
34 ἀγνωσιαν γαρ θεου τινες *ἔχουσιν*· προς ἐντροπην ὑμιν λαλω.

2Co 1 9 ἀλλα αὐτοι ἐν ἑαυτοις το ἀποκριμα του θανατου *ἐσχηκαμεν*,
15 και ταυτη τη πεποιθησει ἐβουλομην προτερον προς ὑμας ἐλθειν ἱνα δευτεραν χαριν *σχητε*,
2 3 και ἐγραψα τουτο αὐτο ἱνα μη ἐλθων λυπην *σχω* ἀφ ὡν ἐδει με χαιρειν,
4 οὐχ ἱνα λυπηθητε, ἀλλα την ἀγαπην ἱνα γνωτε ἡν *ἔχω* περισσοτερως εἰς ὑμας.
13 ἐλθων δε εἰς την τρωαδα εἰς το εὐαγγελιον του χριστου, και θυρας μοι ἀνεωγμενης ἐν κυριω, οὐκ *ἐσχηκα* ἀνεσιν τω πνευματι μου
3 4 πεποιθησιν δε τοιαυτην *ἔχομεν* δια του χριστου προς τον θεον.
12 *ἔχοντες* οὖν τοιαυτην ἐλπιδα πολλη παρρησια χρωμεθα.
4 1 δια τουτο, *ἔχοντες* την διακονιαν ταυτην, καθως ἠλεηθημεν, οὐκ ἐγκακουμεν·
7 *ἔχομεν* δε τον θησαυρον τουτον ἐν ὀστρακινοις σκευεσιν,
13 *ἔχοντες* δε το αὐτο πνευμα της πιστεως, κατα το γεγραμμενον· ἐπιστευσα, διο ἐλαλησα, και ἡμεις πιστευομεν,
5 1 οἰδαμεν γαρ ὁτι ἐαν ἡ ἐπιγειος ἡμων οἰκια του σκηνους καταλυθη, οἰκοδομην ἐκ θεου *ἔχομεν*,
12 ἀλλα ἀφορμην διδοντες ὑμιν καυχηματος ὑπερ ἡμων, ἱνα *ἔχητε* προς τους ἐν προσωπω καυχωμενους και μη ἐν καρδια·
6 10 ὡς πτωχοι πολλους δε πλουτιζοντες, ὡς μηδεν *ἔχοντες* και παντα κατεχοντες.
7 1 ταυτας οὖν *ἔχοντες* τας ἐπαγγελιας, ἀγαπητοι, καθαρισωμεν ἑαυτους ἀπο παντος μολυσμου σαρκος και πνευματος,
5 και γαρ ἐλθοντων ἡμων εἰς μακεδονιαν οὐδεμιαν *ἐσχηκεν* ἀνεσιν ἡ σαρξ ἡμων,
8 11 ὁπως καθαπερ ἡ προθυμια του θελειν, οὑτως και το ἐπιτελεσαι ἐκ του *ἔχειν*.
12 εἰ γαρ ἡ προθυμια προκειται, καθο ἐαν *ἔχη* εὐπροσδεκτος, οὐ καθο οὐκ *ἔχει*.
12 εἰ γαρ ἡ προθυμια προκειται, καθο ἐαν *ἔχη* εὐπροσδεκτος, οὐ καθο οὐκ *ἔχει*.
9 8 δυνατει δε ὁ θεος πασαν χαριν περισσευσαι εἰς ὑμας, ἱνα ἐν παντι παντοτε πασαν αὐταρκειαν *ἔχοντες* περισσευητε εἰς παν ἐργον ἀγαθον,

ἔχω [711]

2Co	10 6	καὶ ἐν ἑτοίμῳ *ἔχοντες* ἐκδικησαι πασαν παρακοην, ὅταν πληρωθη ὑμων ἡ ὑπακοη.
	15	ἐλπιδα δε *ἔχοντες* αὐξανομενης της πιστεως ὑμων ἐν ὑμιν μεγαλυνθηναι κατα τον κανονα ἡμων εἰς περισσειαν,
	12 14	ἰδου τριτον τουτο ἑτοιμως *ἔχω* ἐλθειν προς ὑμας,
Ga	2 4	δια δε τους παρεισακτους ψευδαδελφους, οἱτινες παρεισηλθον κατασκοπησαι την ἐλευθεριαν ἡμων ἡν *ἔχομεν* ἐν χριστῳ ἰησου,
	4 22	γεγραπται γαρ ὅτι ἀβρααμ δυο υἱους *ἔσχεν,*
	27	ὅτι πολλα τα τεκνα της ἐρημου μαλλον ἡ της *ἐχουσης* τον ἀνδρα.
	6 4	και τοτε εἰς ἑαυτον μονον το καυχημα *ἔξει* και οὐκ εἰς τον ἑτερον·
	10	ἀρα οὖν ὡς καιρον *ἔχομεν,* ἐργαζωμεθα το ἀγαθον προς παντας,
Eph	1 7	ἐν ᾡ *ἔχομεν* την ἀπολυτρωσιν δια του αἱματος αὐτου,
	2 12	ἀπηλλοτριωμενοι της πολιτειας του ἰσραηλ και ξενοι των διαθηκων της ἐπαγγελιας, ἐλπιδα μη *ἔχοντες* και ἀθεοι ἐν τῳ κοσμῳ.
	18	ὅτι δι αὐτου *ἔχομεν* την προσαγωγην οἱ ἀμφοτεροι ἐν ἑνι πνευματι προς τον πατερα.
	3 12	ἐν ᾡ *ἔχομεν* την παρρησιαν και προσαγωγην ἐν πεποιθησει δια της πιστεως αὐτου.
	4 28	μαλλον δε κοπιατω ἐργαζομενος ταις [ἰδιαις] χερσιν το ἀγαθον, ἰνα *ἔχῃ* μεταδιδοναι τῳ χρειαν *ἔχοντι.*
	28	μαλλον δε κοπιατω ἐργαζομενος ταις [ἰδιαις] χερσιν το ἀγαθον, ἰνα *ἔχῃ* μεταδιδοναι τῳ χρειαν *ἔχοντι.*
	5 5	ὅτι πας πορνος ἡ ἀκαθαρτος ἡ πλεονεκτης, ὁ ἐστιν εἰδωλολατρης, οὐκ *ἔχει* κληρονομιαν ἐν τῃ βασιλειᾳ του χριστου και θεου.
	27	ἰνα παραστηση αὐτος ἑαυτῳ ἐνδοξον την ἐκκλησιαν, μη *ἔχουσαν* σπιλον ἡ ρυτιδα ἡ τι των τοιουτων,
Php	1 7	καθως ἐστιν δικαιον ἐμοι τουτο φρονειν ὑπερ παντων ὑμων, δια το *ἔχειν* με ἐν τῃ καρδιᾳ ὑμας,
	23	συνεχομαι δε ἐκ των δυο, την ἐπιθυμιαν *ἔχων* εἰς το ἀναλυσαι και συν χριστῳ εἰναι,
	30	τον αὐτον ἀγωνα *ἔχοντες* οἱον εἰδετε ἐν ἐμοι και νυν ἀκουετε ἐν ἐμοι.
	2 2	πληρωσατε μου την χαραν ἰνα το αὐτο φρονητε, την αὐτην ἀγαπην *ἔχοντες,* συμψυχοι,
	20	οὐδενα γαρ *ἔχω* ἰσοψυχον, ὁστις γνησιως τα περι ὑμων μεριμνησει·
	27	ἀλλα ὁ θεος ἠλεησεν αὐτον, οὐκ αὐτον δε μονον ἀλλα και ἐμε, ἰνα μη λυπην ἐπι λυπην *σχω.*
	29	προσδεχεσθε οὖν αὐτον ἐν κυριῳ μετα πασης χαρας, και τους τοιουτους ἐντιμους *ἔχετε,*
	3 4	καιπερ ἐγω *ἔχων* πεποιθησιν και ἐν σαρκι.
	9	και ἡγουμαι σκυβαλα ἰνα χριστον κερδησω και εὑρεθω ἐν αὐτῳ, μη *ἔχων* ἐμην δικαιοσυνην την ἐκ νομου,
	17	και σκοπειτε τους οὑτω περιπατουντας καθως *ἔχετε* τυπον ἡμας.
Col	1 4	ἀκουσαντες την πιστιν ὑμων ἐν χριστῳ ἰησου και την ἀγαπην ἡν *ἔχετε* εἰς παντας τους ἁγιους
	14	ὁς ἐρρυσατο ἡμας ἐκ της ἐξουσιας του σκοτους και μετεστησεν εἰς την βασιλειαν του υἱου της ἀγαπης αὐτου, ἐν ᾡ *ἔχομεν* την ἀπολυτρωσιν,
	2 1	θελω γαρ ὑμας εἰδεναι ἡλικον ἀγωνα *ἔχω* ὑπερ ὑμων και των ἐν λαοδικειᾳ και ὁσοι οὐχ ἑορακαν το προσωπον μου ἐν σαρκι,
	23	ἁτινα ἐστιν λογον μεν *ἔχοντα* σοφιας ἐν ἐθελοθρησκιᾳ και ταπεινοφροσυνῃ [και] ἀφειδιᾳ σωματος,
	3 13	ἀνεχομενοι ἀλληλων και χαριζομενοι ἑαυτοις, ἐαν τις προς τινα *ἔχῃ* μομφην·
	4 1	οἱ κυριοι, το δικαιον και την ἰσοτητα τοις δουλοις παρεχεσθε, εἰδοτες ὁτι και ὑμεις *ἔχετε* κυριον ἐν οὐρανῳ.
	13	μαρτυρω γαρ αὐτῳ ὁτι *ἔχει* πολυν πονον ὑπερ ὑμων και των ἐν λαοδικειᾳ και των ἐν ἱεραπολει.
1Th	1 8	ἀλλ ἐν παντι τοπῳ ἡ πιστις ὑμων ἡ προς τον θεον ἐξεληλυθεν, ὡστε μη χρειαν *ἔχειν* ἡμας λαλειν τι·
	9	αὐτοι γαρ περι ἡμων ἀπαγγελλουσιν ὁποιαν εἰσοδον *ἐσχομεν* προς ὑμας,
	3 6	και εὐαγγελισαμενου ἡμιν την πιστιν και την ἀγαπην ὑμων, και ὁτι *ἔχετε* μνειαν ἡμων ἀγαθην παντοτε,
	4 9	περι δε της φιλαδελφιας οὐ χρειαν *ἔχετε* γραφειν ὑμιν·
	12	ἰνα περιπατητε εὐσχημονως προς τους ἐξω και μηδενος χρειαν *ἔχητε.*
	13	οὐ θελομεν δε ὑμας ἀγνοειν, ἀδελφοι, περι των κοιμωμενων, ἰνα μη λυπησθε καθως και οἱ λοιποι οἱ μη *ἔχοντες* ἐλπιδα.

ἔχω [711]

1Th	5 1	περι δε των χρονων και των καιρων, ἀδελφοι, οὐ χρειαν *ἔχετε* ὑμιν γραφεσθαι·
	3	ὁταν λεγωσιν· εἰρηνη και ἀσφαλεια, τοτε αἰφνιδιος αὐτοις ἐφισταται ὀλεθρος ὡσπερ ἡ ὠδιν τῃ ἐν γαστρι *ἐχουσῃ,*
2Th	3 9	οὐχ ὁτι οὐκ *ἔχομεν* ἐξουσιαν, ἀλλ ἰνα ἑαυτους τυπον δωμεν ὑμιν εἰς το μιμεισθαι ἡμας.
1Tm	1 12	χαριν *ἔχω* τῳ ἐνδυναμωσαντι με χριστῳ ἰησου τῳ κυριῳ ἡμων,
	19	ἰνα στρατευῃ ἐν αὐταις την καλην στρατειαν, *ἔχων* πιστιν και ἀγαθην συνειδησιν,
	3 4	του ἰδιου οἰκου καλως προισταμενον, τεκνα *ἔχοντα* ἐν ὑποταγῃ μετα πασης σεμνοτητος,
	7	δει δε και μαρτυριαν καλην *ἔχειν* ἀπο των ἐξωθεν,
	9	*ἔχοντας* το μυστηριον της πιστεως ἐν καθαρᾳ συνειδησει.
	4 8	ἡ δε εὐσεβεια προς παντα ὠφελιμος ἐστιν, ἐπαγγελιαν *ἔχουσα* ζωης της νυν και της μελλουσης.
	5 4	εἰ δε τις χηρα τεκνα ἡ ἐκγονα *ἔχει,* μανθανετωσαν πρωτον τον ἰδιον οἰκον εὐσεβειν και ἀμοιβας ἀποδιδοναι τοις προγονοις·
	12	γαμειν θελουσιν, *ἔχουσαι* κριμα ὁτι την πρωτην πιστιν ἠθετησαν·
	16	εἰ τις πιστη *ἔχει* χηρας, ἐπαρκειτω αὐταις,
	20	τους ἁμαρτανοντας ἐνωπιον παντων ἐλεγχε, ἰνα και οἱ λοιποι φοβον *ἔχωσιν.*
	25	και τα ἀλλως *ἔχοντα* κρυβηναι οὐ δυνανται.
	6 2	οἱ δε πιστους *ἔχοντες* δεσποτας μη καταφρονειτωσαν,
	8	*ἔχοντες* δε διατροφας και σκεπασματα, τουτοις ἀρκεσθησομεθα.
	16	ὁ μονος *ἔχων* ἀθανασιαν, φως οἰκων ἀπροσιτον,
2Tm	1 3	χαριν *ἔχω* τῳ θεῳ, ᾡ λατρευω ἀπο προγονων ἐν καθαρᾳ συνειδησει, ὡς ἀδιαλειπτον *ἔχω* την περι σου μνειαν ἐν ταις δεησεσιν μου νυκτος και ἡμερας,
	3	χαριν *ἔχω* τῳ θεῳ, ᾡ λατρευω ἀπο προγονων ἐν καθαρᾳ συνειδησει, ὡς ἀδιαλειπτον *ἔχω* την περι σου μνειαν ἐν ταις δεησεσιν μου νυκτος και ἡμερας,
	13	ὑποτυπωσιν *ἔχε* ὑγιαινοντων λογων ὡν παρ ἐμου ἠκουσας ἐν πιστει και ἀγαπη τῃ ἐν χριστῳ ἰησου·
	2 17	και ὁ λογος αὐτων ὡς γαγγραινα νομην *ἔξει·*
	19	ὁ μεντοι στερεος θεμελιος του θεου ἑστηκεν, *ἔχων* την σφραγιδα ταυτην·
	3 5	*ἔχοντες* μορφωσιν εὐσεβειας την δε δυναμιν αὐτης ἠρνημενοι·
Tit	1 6	εἰ τις ἐστιν ἀνεγκλητος, μιας γυναικος ἀνηρ, τεκνα *ἔχων* πιστα, μη ἐν κατηγοριᾳ ἀσωτιας ἡ ἀνυποτακτα.
	2 8	ἰνα ὁ ἐξ ἐναντιας ἐντραπη μηδεν *ἔχων* λεγειν περι ἡμων φαυλον.
Phm	5	ἀκουων σου την ἀγαπην και την πιστιν ἡν *ἔχεις* προς τον κυριον ἰησουν και εἰς παντας τους ἁγιους,
	7	χαραν γαρ πολλην *ἔσχον* και παρακλησιν ἐπι τῃ ἀγαπη σου,
	8	διο, πολλην ἐν χριστῳ παρρησιαν *ἔχων* ἐπιτασσειν σοι το ἀνηκον, δια την ἀγαπην μαλλον παρακαλω·
	17	εἰ οὖν με *ἔχεις* κοινωνον, προσλαβου αὐτον ὡς ἐμε.
Heb	2 14	και αὐτος παραπλησιως μετεσχεν των αὐτων, ἰνα δια του θανατου καταργηση τον το κρατος *ἔχοντα* του θανατου,
	3 3	πλειονος γαρ οὑτος δοξης παρα μωυσην ἠξιωται καθ ὁσον πλειονα τιμην *ἔχει* του οἰκου ὁ κατασκευασας αὐτον.
	4 14	*ἔχοντες* οὖν ἀρχιερεα μεγαν διεληλυθοτα τους οὐρανους, ἰησουν τον υἱον του θεου, κρατωμεν της ὁμολογιας.
	15	οὐ γαρ *ἔχομεν* ἀρχιερεα μη δυναμενον συμπαθησαι ταις ἀσθενειαις ἡμων,
	5 12	και γαρ ὀφειλοντες εἰναι διδασκαλοι δια τον χρονον, παλιν χρειαν *ἔχετε* του διδασκειν ὑμας τινα τα στοιχεια της ἀρχης των λογιων του θεου,
	12	και γεγονατε χρειαν *ἔχοντες* γαλακτος, [και] οὐ στερεας τροφης.
	14	των δια την ἑξιν τα αἰσθητηρια γεγυμνασμενα *ἐχοντων* προς διακρισιν καλου τε και κακου.
	6 9	πεπεισμεθα δε περι ὑμων, ἀγαπητοι, τα κρεισσονα και *ἐχομενα* σωτηριας, εἰ και οὑτω λαλουμεν.
	13	τῳ γαρ ἀβρααμ ἐπαγγειλαμενος ὁ θεος, ἐπει κατ οὐδενος *εἰχεν* μειζονος ὀμοσαι, ὠμοσεν καθ ἑαυτου,
	18	ἰνα δια δυο πραγματων ἀμεταθετων, ἐν οἱς ἀδυνατον ψευσασθαι [τον] θεον, ἰσχυραν παρακλησιν *ἔχωμεν* οἱ καταφυγοντες
	19	κρατησαι της προκειμενης ἐλπιδος· ἡν ὡς ἀγκυραν *ἔχομεν* της ψυχης ἀσφαλη τε και βεβαιαν
	7 3	μητε ἀρχην ἡμερων μητε ζωης τελος *ἔχων,*
	5	και οἱ μεν ἐκ των υἱων λευι την ἱερατειαν λαμβανοντες ἐντολην *ἐχουσιν* ἀποδεκατουν τον λαον κατα τον νομον,

ἔχω [711]

Heb	7 6	ὁ δε μη γενεαλογουμενος ἐξ αὐτων δεδεκατωκεν ἀβρααμ, και τον *ἔχοντα* τας ἐπαγγελιας εὐλογηκεν.
	24	ὁ δε δια το μενειν αὐτον εἰς τον αἰωνα ἀπαραβατον *ἔχει* την ἱερωσυνην·
	27	ὃς οὐκ *ἔχει* καθ ἡμεραν ἀναγκην, ὡσπερ οἱ ἀρχιερεις, προτερον ὑπερ των ἰδιων ἁμαρτιων θυσιας ἀναφερειν, ἐπειτα των του λαου·
	28	ὁ νομος γαρ ἀνθρωπους καθιστησιν ἀρχιερεις *ἔχοντας* ἀσθενειαν,
	8 1	τοιουτον *ἔχομεν* ἀρχιερεα, ὃς ἐκαθισεν ἐν δεξια του θρονου της μεγαλωσυνης ἐν τοις οὐρανοις,
	3	ὁθεν ἀναγκαιον *ἔχειν* τι και τουτον ὃ προσενεγκη.
	9 1	*εἰχε* μεν οὐν [και] ἡ πρωτη δικαιωματα λατρειας το τε ἁγιον κοσμικον.
	4	χρυσουν *ἔχουσα* θυμιατηριον και την κιβωτον της διαθηκης περικεκαλυμμενην παντοθεν χρυσιῳ,
	4	ἐν ᾗ σταμνος χρυση *ἔχουσα* το μαννα και ἡ ῥαβδος ἀαρων ἡ βλαστησασα και αἱ πλακες της διαθηκης,
	-8	τουτο δηλουντος του πνευματος του ἁγιου, μηπω πεφανερωσθαι την των ἁγιων ὁδον ἐτι της πρωτης σκηνης *ἐχουσης* στασιν,
	10 1	σκιαν γαρ *ἐχων* ὁ νομος των μελλοντων ἀγαθων,
	2	ἐπει οὐκ ἀν ἐπαυσαντο προσφερομεναι, δια το μηδεμιαν *ἐχειν* ἐτι συνειδησιν ἁμαρτιων τους λατρευοντας ἀπαξ κεκαθαρισμενους;
	19	*ἐχοντες* οὐν, ἀδελφοι, παρρησιαν εἰς την εἰσοδον των ἁγιων ἐν τῳ αἱματι ἰησου,
	34	και την ἁρπαγην των ὑπαρχοντων ὑμων μετα χαρας προσεδεξασθε, γινωσκοντες *ἐχειν* ἑαυτους κρειττονα ὑπαρξιν και μενουσαν.
	35	μη ἀποβαλητε οὐν την παρρησιαν ὑμων, ἡτις *ἐχει* μεγαλην μισθαποδοσιαν.
	36	ὑπομονης γαρ *ἐχετε* χρειαν ἱνα το θελημα του θεου ποιησαντες κομισησθε την ἐπαγγελιαν.
	11 10	ἐξεδεχετο γαρ την τους θεμελιους *ἐχουσαν* πολιν,
	15	και εἰ μεν ἐκεινης ἐμνημονευον ἀφ ἡς ἐξεβησαν, *εἰχον* ἀν καιρον ἀνακαμψαι·
	25	μαλλον ἑλομενος συγκακουχεισθαι τῳ λαῳ του θεου ἠ προσκαιρον *ἐχειν* ἁμαρτιας ἀπολαυσιν,
	12 1	τοιγαρουν και ἡμεις, τοσουτον *ἐχοντες* περικειμενον ἡμιν νεφος μαρτυρων, ὀγκον ἀποθεμενοι παντα και την εὐπεριστατον ἁμαρτιαν,
	9	εἰτα τους μεν της σαρκος ἡμων πατερας *εἰχομεν* παιδευτας και ἐνετρεπομεθα·
	28	διο βασιλειαν ἀσαλευτον παραλαμβανοντες *ἐχωμεν* χαριν,
	13 10	*ἐχομεν* θυσιαστηριον ἐξ οὐ φαγειν οὐκ ἐχουσιν ἐξουσιαν οἱ τη σκηνη λατρευοντες.
	10	*ἐχομεν* θυσιαστηριον ἐξ οὐ φαγειν οὐκ *ἐχουσιν* ἐξουσιαν οἱ τη σκηνη λατρευοντες.
	14	οὐ γαρ *ἐχομεν* ὡδε μενουσαν πολιν, ἀλλα την μελλουσαν ἐπιζητουμεν.
	18	πειθομεθα γαρ ὁτι καλην συνειδησιν *ἐχομεν*, ἐν πασιν καλως θελοντες ἀναστρεφεσθαι.
Ja	1 4	ἡ δε ὑπομονη ἐργον τελειον *ἐχετω*,
	2 1	ἀδελφοι μου, μη ἐν προσωπολημψιαις *ἐχετε* την πιστιν του κυριου ἡμων ἰησου χριστου της δοξης.
	14	τι το ὀφελος, ἀδελφοι μου, ἐαν πιστιν λεγη τις *ἐχειν* ἐργα δε μη *ἐχη*;
	14	τι το ὀφελος, ἀδελφοι μου, ἐαν πιστιν λεγη τις *ἐχειν* ἐργα δε μη *ἐχη*;
	17	οὑτως και ἡ πιστις, ἐαν μη *ἐχη* ἐργα, νεκρα ἐστιν καθ ἑαυτην.
	18	συ πιστιν *ἐχεις*, καγω ἐργα *ἐχω*·
	18	συ πιστιν *ἐχεις*, καγω ἐργα *ἐχω*·
	3 14	εἰ δε ζηλον πικρον *ἐχετε* και ἐριθειαν ἐν τη καρδια ὑμων, μη κατακαυχασθε και ψευδεσθε κατα της ἀληθειας.
	4 2	ἐπιθυμειτε, και οὐκ *ἐχετε*· φονευετε και ζηλουτε,
	2	οὐκ *ἐχετε* δια το μη αἰτεισθαι ὑμας·
1Pt	2 12	την ἀναστροφην ὑμων ἐν τοις ἐθνεσιν *ἐχοντες* καλην,
	16	ὡς ἐλευθεροι, και μη ὡς ἐπικαλυμμα *ἐχοντες* της κακιας την ἐλευθεριαν,
	3 16	συνειδησιν *ἐχοντες* ἀγαθην, ἱνα ἐν ᾡ καταλαλεισθε καταισχυνθωσιν οἱ ἐπηρεαζοντες ὑμων την ἀγαθην ἐν χριστῳ ἀναστροφην.
	4 5	οἱ ἀποδωσουσιν λογον τῳ ἑτοιμως *ἐχοντι* κριναι ζωντας και νεκρους.
	8	προ παντων την εἰς ἑαυτους ἀγαπην ἐκτενη *ἐχοντες*,
2Pt	1 15	σπουδασω δε και ἑκαστοτε *ἐχειν* ὑμας μετα την ἐμην ἐξοδον την τουτων μνημην ποιεισθαι.
	19	και *ἐχομεν* βεβαιοτερον τον προφητικον λογον,

ἔχω [711]

2Pt	2 14	ὀφθαλμους *ἐχοντες* μεστους μοιχαλιδος και ἀκαταπαυστους ἁμαρτιας,
	14	δελεαζοντες ψυχας ἀστηρικτους, καρδιαν γεγυμνασμενην πλεονεξιας *ἐχοντες*,
	16	ὃς μισθον ἀδικιας ἠγαπησεν, ἐλεγξιν δε *ἐσχεν* ἰδιας παρανομιας·
1Jh	1 3	ὁ ἑωρακαμεν και ἀκηκοαμεν, ἀπαγγελλομεν και ὑμιν, ἱνα και ὑμεις κοινωνιαν *ἐχητε* μεθ ἡμων.
	6	ἐαν εἰπωμεν ὁτι κοινωνιαν *ἐχομεν* μετ αὐτου και ἐν τῳ σκοτει περιπατωμεν, ψευδομεθα και οὐ ποιουμεν την ἀληθειαν·
	7	ἐαν δε ἐν τῳ φωτι περιπατωμεν ὡς αὐτος ἐστιν ἐν τῳ φωτι, κοινωνιαν *ἐχομεν* μετ ἀλληλων
	8	ἐαν εἰπωμεν ὁτι ἁμαρτιαν οὐκ *ἐχομεν*, ἑαυτους πλανωμεν και ἡ ἀληθεια οὐκ ἐστιν ἐν ἡμιν.
	2 1	και ἐαν τις ἁμαρτη, παρακλητον *ἐχομεν* προς τον πατερα,
	7	ἀγαπητοι, οὐκ ἐντολην καινην γραφω ὑμιν, ἀλλ ἐντολην παλαιαν ἡν *εἰχετε* ἀπ ἀρχης·
	20	και ὑμεις χρισμα *ἐχετε* ἀπο του ἁγιου,
	23	πας ὁ ἀρνουμενος τον υἱον οὐδε τον πατερα *ἐχει*·
	23	ὁ ὁμολογων τον υἱον και τον πατερα *ἐχει*.
	27	και οὐ χρειαν *ἐχετε* ἱνα τις διδασκη ὑμας·
	28	και νυν, τεκνια, μενετε ἐν αὐτῳ, ἱνα ἐαν φανερωθη *σχωμεν* παρρησιαν και μη αἰσχυνθωμεν ἀπ αὐτου ἐν τη παρουσια αὐτου.
	3 3	και πας ὁ *ἐχων* την ἐλπιδα ταυτην ἐπ αὐτῳ ἁγνιζει ἑαυτον καθως ἐκεινος ἁγνος ἐστιν.
	15	και οἰδατε ὁτι πας ἀνθρωποκτονος οὐκ *ἐχει* ζωην αἰωνιον ἐν αὐτῳ μενουσαν.
	17	ὃς δ ἀν *ἐχη* τον βιον του κοσμου και θεωρη τον ἀδελφον αὐτου χρειαν ἐχοντα και κλειση τα σπλαγχνα αὐτου ἀπ αὐτου, πως ἡ ἀγαπη του θεου μενει ἐν αὐτῳ;
	17	ὃς δ ἀν *ἐχη* τον βιον του κοσμου και θεωρη τον ἀδελφον αὐτου χρειαν *ἐχοντα* και κλειση τα σπλαγχνα αὐτου ἀπ αὐτου, πως ἡ ἀγαπη του θεου μενει ἐν αὐτῳ;
	21	ἀγαπητοι, ἐαν ἡ καρδια [ἡμων] μη καταγινωσκη, παρρησιαν *ἐχομεν* προς τον θεον,
	4 16	και ἡμεις ἐγνωκαμεν και πεπιστευκαμεν την ἀγαπην ἡν *ἐχει* ὁ θεος ἐν ἡμιν.
	17	ἐν τουτῳ τετελειωται ἡ ἀγαπη μεθ ἡμων, ἱνα παρρησιαν *ἐχωμεν* ἐν τη ἡμερα της κρισεως,
	18	ἀλλ ἡ τελεια ἀγαπη ἐξω βαλλει τον φοβον, ὁτι ὁ φοβος κολασιν *ἐχει*,
	21	και ταυτην την ἐντολην *ἐχομεν* ἀπ αὐτου, ἱνα ὁ ἀγαπων τον θεον ἀγαπα και τον ἀδελφον αὐτου.
	5 10	ὁ πιστευων εἰς τον υἱον του θεου *ἐχει* την μαρτυριαν ἐν ἑαυτῳ.
	12	ὁ *ἐχων* τον υἱον *ἐχει* την ζωην
	12	ὁ *ἐχων* τον υἱον *ἐχει* την ζωην·
	12	ὁ μη *ἐχων* τον υἱον του θεου την ζωην οὐκ *ἐχει*.
	12	ὁ μη *ἐχων* τον υἱον του θεου την ζωην οὐκ *ἐχει*.
	13	ταυτα ἐγραψα ὑμιν ἱνα εἰδητε ὁτι ζωην *ἐχετε* αἰωνιον,
	14	και αὑτη ἐστιν ἡ παρρησια ἡν *ἐχομεν* προς αὐτον, ὁτι ἐαν τι αἰτωμεθα κατα το θελημα αὐτου ἀκουει ἡμων.
	15	και ἐαν οἰδαμεν ὁτι ἀκουει ἡμων ὁ ἐαν αἰτωμεθα, οἰδαμεν ὁτι *ἐχομεν* τα αἰτηματα ἁ ᾐτηκαμεν ἀπ αὐτου.
2Jh	5	και νυν ἐρωτω σε, κυρια, οὐχ ὡς ἐντολην καινην γραφων σοι, ἀλλα ἡν *εἰχομεν* ἀπ ἀρχης, ἱνα ἀγαπωμεν ἀλληλους.
	9	πας ὁ προαγων και μη μενων ἐν τη διδαχη του χριστου θεον οὐκ *ἐχει*·
	9	ὁ μενων ἐν τη διδαχη, οὑτος και τον πατερα και τον υἱον *ἐχει*.
	12	πολλα *ἐχων* ὑμιν γραφειν οὐκ ἐβουληθην δια χαρτου και μελανος,
3Jh	4	μειζοτεραν τουτων οὐκ *ἐχω* χαραν, ἱνα ἀκουω τα ἐμα τεκνα ἐν τη ἀληθεια περιπατουντα.
	13	πολλα *εἰχον* γραψαι σοι, ἀλλ οὐ θελω δια μελανος και καλαμου σοι γραφειν·
Ju	3	ἀγαπητοι, πασαν σπουδην ποιουμενος γραφειν ὑμιν περι της κοινης ἡμων σωτηριας, ἀναγκην *ἐσχον* γραψαι ὑμιν παρακαλων
	19	οὑτοι εἰσιν οἱ ἀποδιοριζοντες, ψυχικοι, πνευμα μη *ἐχοντες*.
Apc	1 16	και *ἐχων* ἐν τη δεξια χειρι αὐτου ἀστερας ἑπτα,
	18	και *ἐχω* τας κλεις του θανατου και του ᾁδου.
	2 3	και ὑπομονην *ἐχεις* και ἐβαστασας δια το ὀνομα μου,
	4	ἀλλα *ἐχω* κατα σου ὁτι την ἀγαπην σου την πρωτην ἀφηκες.
	6	ἀλλα τουτο *ἐχεις*, ὁτι μισεις τα ἐργα των νικολαιτων,
	7	ὁ *ἐχων* οὐς ἀκουσατω τι το πνευμα λεγει ταις ἐκκλησιαις.

ἔχω [711]

Apc   2 10   ἰδου μελλει βαλλειν ὁ διαβολος ἐξ ὑμων εἰς φυλακην ἱνα πειρασθητε, και ἑξετε θλιψιν ἡμερων δεκα.

11   ὁ ἔχων οὐς ἀκουσατω τι το πνευμα λεγει ταις ἐκκλησιαις.

12   ταδε λεγει ὁ ἔχων την ῥομφαιαν την διστομον την ὀξειαν· οἰδα που κατοικεις·

14   ἀλλ ἔχω κατα σου ὀλιγα, ὁτι ἐχεις ἐκει κρατουντας την διδαχην βαλααμ,

14   ἀλλ ἔχω κατα σου ὀλιγα, ὁτι ἐχεις ἐκει κρατουντας την διδαχην βαλααμ,

15   οὑτως ἔχεις και συ κρατουντας την διδαχην [των] νικολαιτων ὁμοιως.

17   ὁ ἔχων οὐς ἀκουσατω τι το πνευμα λεγει ταις ἐκκλησιαις.

18   ταδε λεγει ὁ υἱος του θεου, ὁ ἔχων τους ὀφθαλμους αὐτου ὡς φλογα πυρος,

20   ἀλλα ἔχω κατα σου ὁτι ἀφεις την γυναικα ἰεζαβελ,

24   ὑμιν δε λεγω τοις λοιποις τοις ἐν θυατειροις, ὁσοι οὐκ ἔχουσιν την διδαχην ταυτην,

25   πλην ὁ ἔχετε κρατησατε ἀχρι[ς] οὑ ἀν ἡξω.

29   ὁ ἔχων οὐς ἀκουσατω τι το πνευμα λεγει ταις ἐκκλησιαις.

3 1   ταδε λεγει ὁ ἔχων τα ἑπτα πνευματα του θεου και τους ἑπτα ἀστερας· οἰδα σου τα ἐργα,

1   οἰδα σου τα ἐργα, ὁτι ὀνομα ἔχεις ὁτι ζης, και νεκρος εἰ.

4   ἀλλα ἔχεις ὀλιγα ὀνοματα ἐν σαρδεσιν ἁ οὐκ ἐμολυναν τα ἱματια αὐτων,

6   ὁ ἔχων οὐς ἀκουσατω τι το πνευμα λεγει ταις ἐκκλησιαις.

7   ταδε λεγει ὁ ἁγιος, ὁ ἀληθινος, ὁ ἔχων την κλειν δαυιδ,

8   ὁτι μικραν ἔχεις δυναμιν, και ἐτηρησας μου τον λογον και οὐκ ἠρνησω το ὀνομα μου.

11   ἐρχομαι ταχυ· κρατει ὁ ἔχεις, ἱνα μηδεις λαβη τον στεφανον σου.

13   ὁ ἔχων οὐς ἀκουσατω τι το πνευμα λεγει ταις ἐκκλησιαις.

17   ὁτι λεγεις ὁτι πλουσιος εἰμι και πεπλουτηκα και οὐδεν χρειαν ἔχω,

22   ὁ ἔχων οὐς ἀκουσατω τι το πνευμα λεγει ταις ἐκκλησιαις.

4 7   και το τριτον ζωον ἔχων το προσωπον ὡς ἀνθρωπου,

8   και τα τεσσαρα ζωα, ἑν καθ ἑν αὐτων ἔχων ἀνα πτερυγας ἑξ, κυκλοθεν και ἐσωθεν γεμουσιν ὀφθαλμων·

8   και ἀναπαυσιν οὐκ ἔχουσιν ἡμερας και νυκτος λεγοντες·

5 6   ἀρνιον ἑστηκος ὡς ἐσφαγμενον, ἔχων κερατα ἑπτα και ὀφθαλμους ἑπτα,

8   τα τεσσαρα ζωα και οἱ εἰκοσιτεσσαρες πρεσβυτεροι ἐπεσαν ἐνωπιον του ἀρνιου, ἔχοντες ἑκαστος κιθαραν και φιαλας χρυσας γεμουσας θυμιαματων,

6 2   και ἰδου ἱππος λευκος, και ὁ καθημενος ἐπ αὐτον ἔχων τοξον,

5   και εἰδον, και ἰδου ἱππος μελας, και ὁ καθημενος ἐπ αὐτον ἔχων ζυγον ἐν τη χειρι αὐτου.

9   εἰδον ὑποκατω του θυσιαστηριου τας ψυχας των ἐσφαγμενων δια τον λογον του θεου και δια την μαρτυριαν ἡν εἰχον.

7 2   και εἰδον ἀλλον ἀγγελον ἀναβαινοντα ἀπο ἀνατολης ἡλιου, ἔχοντα σφραγιδα θεου ζωντος,

8 3   και ἀλλος ἀγγελος ἡλθεν και ἐσταθη ἐπι του θυσιαστηριου ἔχων λιβανωτον χρυσουν,

6   και οἱ ἑπτα ἀγγελοι οἱ ἔχοντες τας ἑπτα σαλπιγγας ἡτοιμασαν αὐτους ἱνα σαλπισωσιν.

9   και ἀπεθανεν το τριτον των κτισματων των ἐν τη θαλασση, τα ἔχοντα ψυχας.

9 3   και ἐδοθη αὐταις ἐξουσια ὡς ἔχουσιν ἐξουσιαν οἱ σκορπιοι της γης.

4   εἰ μη τους ἀνθρωπους οἱτινες οὐκ ἔχουσιν την σφραγιδα του θεου ἐπι των μετωπων.

8   και εἰχον τριχας ὡς τριχας γυναικων,

9   και εἰχον θωρακας ὡς θωρακας σιδηρους,

10   και ἔχουσιν οὐρας ὁμοιας σκορπιοις και κεντρα,

11   ἔχουσιν ἐπ αὐτων βασιλεα τον ἀγγελον της ἀβυσσου,

11   και ἐν τη ἑλληνικη ὀνομα ἔχει ἀπολλυων.

14   και ἠκουσα φωνην μιαν ἐκ των [τεσσαρων] κερατων του θυσιαστηριου του χρυσου του ἐνωπιον του θεου, λεγοντα τω ἑκτω ἀγγελω, ὁ ἔχων την σαλπιγγα· λυσον τους τεσσαρας ἀγγελους

17   και οὑτως εἰδον τους ἱππους ἐν τη ὁρασει και τους καθημενους ἐπ αὐτων, ἔχοντας θωρακας πυρινους και ὑακινθινους και θειωδεις·

19   αἱ γαρ οὐραι αὐτων ὁμοιαι ὀφεσιν, ἔχουσαι κεφαλας, και ἐν αὐταις ἀδικουσιν.

10 2   και ἔχων ἐν τη χειρι αὐτου βιβλαριδιον ἠνεωγμενον.

11 6   οὑτοι ἔχουσιν την ἐξουσιαν κλεισαι τον οὐρανον,

6   και ἐξουσιαν ἔχουσιν ἐπι των ὑδατων στρεφειν αὐτα εἰς αἱμα και παταξαι την γην ἐν παση πληγη ὁσακις ἐαν θελησωσιν.

ἔχω [711]

Apc   12 2   και ἐν γαστρι ἔχουσα, και κραζει ὠδινουσα και βασανιζομενη τεκειν.

3   και ἰδου δρακων μεγας πυρρος, ἔχων κεφαλας ἑπτα και κερατα δεκα και ἐπι τας κεφαλας αὐτου ἑπτα διαδηματα,

6   και ἡ γυνη ἐφυγεν εἰς την ἐρημον, ὁπου ἔχει ἐκει τοπον ἡτοιμασμενον ἀπο του θεου,

12   οὐαι την γην και την θαλασσαν, ὁτι κατεβη ὁ διαβολος προς ὑμας ἔχων θυμον μεγαν,

12   ὁτι κατεβη ὁ διαβολος προς ὑμας ἔχων θυμον μεγαν, εἰδως ὁτι ὀλιγον καιρον ἔχει.

17   και ἀπηλθεν ποιησαι πολεμον μετα των λοιπων του σπερματος αὐτης, των τηρουντων τας ἐντολας του θεου και ἐχοντων την μαρτυριαν ἰησου·

13 1   και εἰδον ἐκ της θαλασσης θηριον ἀναβαινον, ἔχον κερατα δεκα και κεφαλας ἑπτα,

9   εἰ τις ἐχει οὐς ἀκουσατω.

11   και εἰδον ἀλλο θηριον ἀναβαινον ἐκ της γης, και εἰχεν κερατα δυο ὁμοια ἀρνιω,

14   λεγων τοις κατοικουσιν ἐπι της γης ποιησαι εἰκονα τω θηριω, ὁς ἐχει την πληγην της μαχαιρης και ἐζησεν.

17   και ἱνα μη τις δυνηται ἀγορασαι ἡ πωλησαι εἰ μη ὁ ἔχων το χαραγμα το ὀνομα του θηριου ἡ τον ἀριθμον του ὀνοματος αὐτου.

18   ὁ ἔχων νουν ψηφισατω τον ἀριθμον του θηριου·

14 1   και μετ αὐτου ἑκατοντεσσαρακοντατεσσαρες χιλιαδες ἔχουσαι το ὀνομα αὐτου και το ὀνομα του πατρος αὐτου γεγραμμενον ἐπι των μετωπων αὐτων.

6   και εἰδον ἀλλον ἀγγελον πετομενον ἐν μεσουρανηματι, ἔχοντα εὐαγγελιον αἰωνιον εὐαγγελισαι

11   και οὐκ ἔχουσιν ἀναπαυσιν ἡμερας και νυκτος οἱ προσκυνουντες το θηριον και την εἰκονα αὐτου,

14   και ἐπι την νεφελην καθημενον ὁμοιον υἱον ἀνθρωπου, ἔχων ἐπι της κεφαλης αὐτου στεφανον χρυσουν και ἐν τη χειρι αὐτου δρεπανον ὀξυ.

17   και ἀλλος ἀγγελος ἐξηλθεν ἐκ του ναου του ἐν τω οὐρανω, ἔχων και αὐτος δρεπανον ὀξυ.

18   και ἀλλος ἀγγελος [ἐξηλθεν] ἐκ του θυσιαστηριου, [ὁ] ἔχων ἐξουσιαν ἐπι του πυρος,

18   και ἐφωνησεν φωνη μεγαλη τω ἐχοντι το δρεπανον το ὀξυ λεγων·

15 1   και εἰδον ἀλλο σημειον ἐν τω οὐρανω μεγα και θαυμαστον, ἀγγελους ἑπτα ἔχοντας πληγας ἑπτα τας ἐσχατας,

2   και τους νικωντας ἐκ του θηριου και ἐκ της εἰκονος αὐτου και ἐκ του ἀριθμου του ὀνοματος αὐτου ἑστωτας ἐπι την θαλασσαν την ὑαλινην, ἔχοντας κιθαρας του θεου.

6   και ἐξηλθον οἱ ἑπτα ἀγγελοι [οἱ] ἔχοντες τας ἑπτα πληγας ἐκ του ναου,

16 2   και ἐγενετο ἑλκος κακον και πονηρον ἐπι τους ἀνθρωπους τους ἐχοντας το χαραγμα του θηριου και τους προσκυνουντας τη εἰκονι αὐτου.

9   και ἐβλασφημησαν το ὀνομα του θεου του ἐχοντος την ἐξουσιαν ἐπι τας πληγας ταυτας,

17 1   και ἠλθεν εἱς ἐκ των ἑπτα ἀγγελων των ἐχοντων τας ἑπτα φιαλας,

3   και εἰδον γυναικα καθημενην ἐπι θηριον κοκκινον, γεμον[τα] ὀνοματα βλασφημιας, ἔχων κεφαλας ἑπτα και κερατα δεκα.

4   ἔχουσα ποτηριον χρυσουν ἐν τη χειρι αὐτης γεμον βδελυγματων και τα ἀκαθαρτα της πορνειας αὐτης,

7   ἐγω ἐρω σοι το μυστηριον της γυναικος και του θηριου του βασταζοντος αὐτην του ἐχοντος τας ἑπτα κεφαλας και τα δεκα κερατα.

9   ὡδε ὁ νους ὁ ἔχων σοφιαν.

13   οὑτοι μιαν γνωμην ἐχουσιν, και την δυναμιν και ἐξουσιαν αὐτων τω θηριω διδοασιν.

18   και ἡ γυνη ἡν εἰδες ἐστιν ἡ πολις ἡ μεγαλη ἡ ἐχουσα βασιλειαν ἐπι των βασιλεων της γης.

18 1   μετα ταυτα εἰδον ἀλλον ἀγγελον καταβαινοντα ἐκ του οὐρανου, ἔχοντα ἐξουσιαν μεγαλην,

19   οὐαι οὐαι, ἡ πολις ἡ μεγαλη, ἐν ἡ ἐπλουτησαν παντες οἱ ἐχοντες τα πλοια ἐν τη θαλασση ἐκ της τιμιοτητος αὐτης,

19 10   συνδουλος σου εἰμι και των ἀδελφων σου των ἐχοντων την μαρτυριαν ἰησου·

12   και ἐπι την κεφαλην αὐτου διαδηματα πολλα, ἔχων ὀνομα γεγραμμενον ὁ οὐδεις οἰδεν εἰ μη αὐτος,

16   και ἐχει ἐπι το ἱματιον και ἐπι τον μηρον αὐτου ὀνομα γεγραμμενον·

20 1   και εἰδον ἀγγελον καταβαινοντα ἐκ του οὐρανου, ἔχοντα την κλειν της ἀβυσσου και ἁλυσιν μεγαλην ἐπι την χειρα αὐτου.

6   μακαριος και ἁγιος ὁ ἔχων μερος ἐν τη ἀναστασει τη πρωτη·

ἔχω [711]

Apc 20 6   ἐπι τουτων ὁ δευτερος θανατος οὐκ *ἔχει* ἐξουσιαν,
   21 9   και ἠλθεν εἱς ἐκ των ἑπτα ἀγγελων των *ἐχοντων* τας ἑπτα φιαλας,
     11   και ἐδειξεν μοι την πολιν την ἁγιαν ἱερουσαλημ καταβαινουσαν ἐκ του οὐρανου ἀπο του θεου, *ἐχουσαν* την δοξαν του θεου·
     12   *ἐχουσα* τειχος μεγα και ὑψηλον,
     12   *ἐχουσα* τειχος μεγα και ὑψηλον, *ἐχουσα* πυλωνας δωδεκα,
     14   και το τειχος της πολεως *ἐχων* θεμελιους δωδεκα,
     15   και ὁ λαλων μετ ἐμου *εἶχεν* μετρον καλαμον χρυσουν,
     23   και ἡ πολις οὐ χρειαν *ἔχει* του ἡλιου οὐδε της σεληνης,
   22 5   και οὐκ *ἐχουσιν* χρειαν φωτος λυχνου και φωτος ἡλιου,

ἕως [146]

Mt 1 17   πασαι οὐν αἱ γενεαι ἀπο ἀβρααμ *ἕως* δαυιδ γενεαι δεκατεσσαρες,
     17   και ἀπο δαυιδ *ἕως* της μετοικεσιας βαβυλωνος γενεαι δεκατεσσαρες,
     17   και ἀπο της μετοικεσιας βαβυλωνος *ἕως* του χριστου γενεαι δεκατεσσαρες.
     25   και οὐκ ἐγινωσκεν αὐτην *ἕως* οὑ ἐτεκεν υἱον·
   2 9   προηγεν αὐτους *ἕως* ἐλθων ἐσταθη ἐπανω οὑ ἠν το παιδιον.
     13   και ἰσθι ἐκει *ἕως* ἀν εἰπω σοι·
     15   και ἠν ἐκει *ἕως* της τελευτης ἡρωδου·
   5 18   *ἕως* ἀν παρελθη ὁ οὐρανος και ἡ γη, ἰωτα ἑν ἠ μια κεραια οὐ μη παρελθη ἀπο του νομου,
     18   ἰωτα ἑν ἠ μια κεραια οὐ μη παρελθη ἀπο του νομου, *ἕως* ἀν παντα γενηται.
     25   ἰσθι εὐνοων τω ἀντιδικω σου ταχυ *ἕως* ὁτου εἰ μετ αὐτου ἐν τη ὁδω·
     26   οὐ μη ἐξελθης ἐκειθεν *ἕως* ἀν ἀποδως τον ἐσχατον κοδραντην.
   10 11   κακει μεινατε *ἕως* ἀν ἐξελθητε.
     23   οὐ μη τελεσητε τας πολεις του ἰσραηλ *ἕως* ἀν ἐλθη ὁ υἱος του ἀνθρωπου.
   11 12   ἀπο δε των ἡμερων ἰωαννου του βαπτιστου *ἕως* ἀρτι ἡ βασιλεια των οὐρανων βιαζεται,
     13   παντες γαρ οἱ προφηται και ὁ νομος *ἕως* ἰωαννου ἐπροφητευσαν·
     23   καφαρναουμ, μη *ἕως* οὐρανου ὑψωθηση; *ἕως* ἁδου καταβηση·
     23   μη *ἕως* οὐρανου ὑψωθηση; *ἕως* ἁδου καταβηση·
   12 20   καλαμον συντετριμμενον οὐ κατεαξει και λινον τυφομενον οὐ σβεσει, *ἕως* ἀν ἐκβαλη εἰς νικος την κρισιν.
   13 30   ἀφετε συναυξανεσθαι ἀμφοτερα *ἕως* του θερισμου·
     33   ἡν λαβουσα γυνη ἐνεκρυψεν εἰς ἀλευρου σατα τρια, *ἕως* οὑ ἐζυμωθη ὁλον.
   14 22   και εὐθεως ἠναγκασεν τους μαθητας ἐμβηναι εἰς το πλοιον και προαγειν αὐτον εἰς το περαν, *ἕως* οὑ ἀπολυση τους ὀχλους.
   16 28   ἀμην λεγω ὑμιν ὁτι εἰσιν τινες των ὡδε ἑστωτων οἰτινες οὐ μη γευσωνται θανατου *ἕως* ἀν ἰδωσιν τον υἱον του ἀνθρωπου ἐρχομενον ἐν τη βασιλεια αὐτου.
   17 9   μηδενι εἰπητε το ὁραμα *ἕως* οὑ ὁ υἱος του ἀνθρωπου ἐκ νεκρων ἐγερθη.
     17   ὡ γενεα ἀπιστος και διεστραμμενη, *ἕως* ποτε μεθ ὑμων ἐσομαι;
     17   ὡ γενεα ἀπιστος και διεστραμμενη, *ἕως* ποτε μεθ ὑμων ἐσομαι; *ἕως* ποτε ἀνεξομαι ὑμων;
   18 21   κυριε, ποσακις ἁμαρτησει εἰς ἐμε ὁ ἀδελφος μου και ἀφησω αὐτω; *ἕως* ἑπτακις;
     22   οὐ λεγω σοι *ἕως* ἑπτακις, ἀλλα *ἕως* ἑβδομηκοντακις ἑπτα.
     22   οὐ λεγω σοι *ἕως* ἑπτακις, ἀλλα *ἕως* ἑβδομηκοντακις ἑπτα.
     30   ὁ δε οὐκ ἠθελεν, ἀλλα ἀπελθων ἐβαλεν αὐτον εἰς φυλακην *ἕως* ἀποδω το ὀφειλομενον.
     34   και ὀργισθεις ὁ κυριος αὐτου παρεδωκεν αὐτον τοις βασανισταις *ἕως* οὑ ἀποδω παν το ὀφειλομενον.
   20 8   καλεσον τους ἐργατας και ἀποδος αὐτοις τον μισθον, ἀρξαμενος ἀπο των ἐσχατων *ἕως* των πρωτων.
   22 26   και μη ἐχων σπερμα ἀφηκεν την γυναικα αὐτου τω ἀδελφω αὐτου· ὁμοιως και ὁ δευτερος και ὁ τριτος, *ἕως* των ἑπτα.
     44   πως οὐν δαυιδ ἐν πνευματι καλει αὐτον κυριον λεγων· εἰπεν κυριος τω κυριω μου· καθου ἐκ δεξιων μου *ἕως* ἀν θω τους ἐχθρους σου ὑποκατω των ποδων σου;
   23 35   ὁπως ἐλθη ἐφ ὑμας παν αἱμα δικαιον ἐκχυννομενον ἐπι της γης ἀπο του αἱματος ἀβελ του δικαιου *ἕως* του αἱματος ζαχαριου υἱου βαραχιου, ὁν ἐφονευσατε μεταξυ του ναου και του θυσιαστηριου.
     39   λεγω γαρ ὑμιν, οὐ μη με ἰδητε ἀπ ἀρτι *ἕως* ἀν εἰπητε·

ἕως [146]

Mt 24 21   ἐσται γαρ τοτε θλιψις μεγαλη, οἰα οὐ γεγονεν ἀπ ἀρχης κοσμου *ἕως* του νυν οὐδ οὐ μη γενηται.
     27   ὡσπερ γαρ ἡ ἀστραπη ἐξερχεται ἀπο ἀνατολων και φαινεται *ἕως* δυσμων, οὑτως ἐσται ἡ παρουσια του υἱου του ἀνθρωπου·
     31   και ἐπισυναξουσιν τους ἐκλεκτους αὐτου ἐκ των τεσσαρων ἀνεμων ἀπ ἀκρων οὐρανων *ἕως* [των] ἀκρων αὐτων.
     34   ἀμην λεγω ὑμιν ὁτι οὐ μη παρελθη ἡ γενεα αὐτη *ἕως* ἀν παντα ταυτα γενηται.
     39   και οὐκ ἐγνωσαν *ἕως* ἠλθεν ὁ κατακλυσμος και ἡρεν ἀπαντας,
   26 29   οὐ μη πιω ἀπ ἀρτι ἐκ τουτου του γενηματος της ἀμπελου *ἕως* της ἡμερας ἐκεινης ὁταν αὐτο πινω μεθ ὑμων καινον ἐν τη βασιλεια του πατρος μου.
     36   καθισατε αὐτου *ἕως* [οὑ] ἀπελθων ἐκει προσευξωμαι.
     38   περιλυπος ἐστιν ἡ ψυχη μου *ἕως* θανατου·
     58   ὁ δε πετρος ἠκολουθει αὐτω ἀπο μακροθεν *ἕως* της αὐλης του ἀρχιερεως,
   27 8   διο ἐκληθη ὁ ἀγρος ἐκεινος ἀγρος αἱματος *ἕως* της σημερον.
     45   ἀπο δε ἑκτης ὡρας σκοτος ἐγενετο ἐπι πασαν την γην *ἕως* ὡρας ἐνατης.
     51   και ἰδου το καταπετασμα του ναου ἐσχισθη ἀπ ἀνωθεν *ἕως* κατω εἰς δυο,
     64   κελευσον οὐν ἀσφαλισθηναι τον ταφον *ἕως* της τριτης ἡμερας,
   28 20   και ἰδου ἐγω μεθ ὑμων εἰμι πασας τας ἡμερας *ἕως* της συντελειας του αἰωνος.

Mc 6 10   ὁπου ἐαν εἰσελθητε εἰς οἰκιαν, ἐκει μενετε *ἕως* ἀν ἐξελθητε ἐκειθεν.
     23   και ὡμοσεν αὐτη [πολλα] ὁτι ἐαν με αἰτησης δωσω σοι *ἕως* ἡμισους της βασιλειας μου.
     45   και εὐθυς ἠναγκασεν τους μαθητας αὐτου ἐμβηναι εἰς το πλοιον και προαγειν εἰς το περαν προς βηθσαιδαν, *ἕως* αὐτος ἀπολυει τον ὀχλον.
   9 1   ἀμην λεγω ὑμιν ὁτι εἰσιν τινες ὡδε των ἑστηκοτων οἰτινες οὐ μη γευσωνται θανατου *ἕως* ἀν ἰδωσιν την βασιλειαν του θεου ἐληλυθυιαν ἐν δυναμει.
     19   ὡ γενεα ἀπιστος, *ἕως* ποτε προς ὑμας ἐσομαι; *ἕως* ποτε ἀνεξομαι ὑμων;
     19   ὡ γενεα ἀπιστος, *ἕως* ποτε προς ὑμας ἐσομαι; *ἕως* ποτε ἀνεξομαι ὑμων;
   12 36   εἰπεν κυριος τω κυριω μου· καθου ἐκ δεξιων μου *ἕως* ἀν θω τους ἐχθρους σου ὑποκατω των ποδων σου.
   13 19   ἐσονται γαρ αἱ ἡμεραι ἐκειναι θλιψις, οἰα οὐ γεγονεν τοιαυτη ἀπ ἀρχης κτισεως ἡν ἐκτισεν ὁ θεος *ἕως* του νυν και οὐ μη γενηται.
     27   και τοτε ἀποστελει τους ἀγγελους και ἐπισυναξει τους ἐκλεκτους [αὐτου] ἐκ των τεσσαρων ἀνεμων ἀπ ἀκρου γης *ἕως* ἀκρου οὐρανου.
   14 25   ἀμην λεγω ὑμιν ὁτι οὐκετι οὐ μη πιω ἐκ του γενηματος της ἀμπελου *ἕως* της ἡμερας ἐκεινης ὁταν αὐτο πινω καινον ἐν τη βασιλεια του θεου.
     32   καθισατε ὡδε *ἕως* προσευξωμαι.
     34   περιλυπος ἐστιν ἡ ψυχη μου *ἕως* θανατου· μεινατε ὡδε και γρηγορειτε.
     54   και ὁ πετρος ἀπο μακροθεν ἠκολουθησεν αὐτω *ἕως* ἐσω εἰς την αὐλην του ἀρχιερεως,
   15 33   και γενομενης ὡρας ἑκτης σκοτος ἐγενετο ἐφ ὁλην την γην *ἕως* ὡρας ἐνατης.
     38   και το καταπετασμα του ναου ἐσχισθη εἰς δυο ἀπ ἀνωθεν *ἕως* κατω.

Lc 1 80   το δε παιδιον ηὐξανεν και ἐκραταιουτο πνευματι, και ἠν ἐν ταις ἐρημοις *ἕως* ἡμερας ἀναδειξεως αὐτου προς τον ἰσραηλ.
   2 15   διελθωμεν δη *ἕως* βηθλεεμ και ἰδωμεν το ρημα τουτο το γεγονος ὁ ὁ κυριος ἐγνωρισεν ἡμιν.
     37   και αὐτη χηρα *ἕως* ἐτων ὀγδοηκοντατεσσαρων, ἡ οὐκ ἀφιστατο του ἱερου νηστειαις και δεησεσιν λατρευουσα νυκτα και ἡμεραν.
   4 29   και ἡγαγον αὐτον *ἕως* ὀφρυος του ὀρους ἐφ οὑ ἡ πολις ὠκοδομητο αὐτων, ὡστε κατακρημνισαι αὐτον·
     42   και οἱ ὀχλοι ἐπεζητουν αὐτον, και ἠλθον *ἕως* αὐτου,
   9 27   λεγω δε ὑμιν ἀληθως, εἰσιν τινες των αὐτου ἑστηκοτων οἱ οὐ μη γευσωνται θανατου *ἕως* ἀν ἰδωσιν την βασιλειαν του θεου.
     41   ὡ γενεα ἀπιστος και διεστραμμενη, *ἕως* ποτε ἐσομαι προς ὑμας και ἀνεξομαι ὑμων;
   10 15   και συ, καφαρναουμ, μη *ἕως* οὐρανου ὑψωθηση; *ἕως* του ἁδου καταβηση.
     15   και συ, καφαρναουμ, μη *ἕως* οὐρανου ὑψωθηση; *ἕως* του ἁδου καταβηση.

ἕως [146]

Lc   11 51   ἀπο αἱματος ἀβελ ἕως αἱματος ζαχαριου του ἀπολομενου
μεταξυ του θυσιαστηριου και του οἰκου·

12 50   βαπτισμα δε ἐχω βαπτισθηναι, και πῶς συνεχομαι ἕως ὁτου
τελεσθη.

59   οὐ μη ἐξελθης ἐκειθεν ἕως και το ἐσχατον λεπτον ἀποδως.

13 8   κυριε, ἀφες αὐτην και τουτο το ἐτος, ἕως ὁτου σκαψω περι
αὐτην και βαλω κοπρια,

21   ὁμοια ἐστιν ζυμῃ, ἡν λαβουσα γυνη [ἐν]εκρυψεν εἰς ἀλευρου
σατα τρια, ἕως οὐ ἐζυμωθη ὁλον.

35   οὐ μη ἰδητε με ἕως [ἡξει ὁτε] εἰπητε·

15 4   τίς ἀνθρωπος ἐξ ὑμων ἐχων ἑκατον προβατα και ἀπολεσας ἐξ
αὐτων ἑν οὐ καταλειπει τα ἐνενηκονταεννεα ἐν τῃ ἐρημῳ και
πορευεται ἐπι το ἀπολωλος ἕως εὑρῃ αὐτο;

8   ἡ τίς γυνη δραχμας ἐχουσα δεκα, ἐαν ἀπολεσῃ δραχμην μιαν,
οὐχι ἁπτει λυχνον και σαροι την οἰκιαν και ζητει ἐπιμελως
ἕως οὐ εὑρῃ;

17 8   ἀλλ᾽ οὐχι ἐρει αὐτῳ· ἑτοιμασον τί δειπνησω, και
περιζωσαμενος διακονει μοι ἕως φαγω και πιω, και μετα
ταυτα φαγεσαι και πιεσαι συ;

20 43   καθου ἐκ δεξιων μου ἕως ἀν θω τους ἐχθρους σου ὑποποδιον
των ποδων σου.

21 32   ἀμην λεγω ὑμιν ὁτι οὐ μη παρελθη ἡ γενεα αὑτη ἕως ἀν
παντα γενηται.

22 16   λεγω γαρ ὑμιν ὁτι οὐ μη φαγω αὐτο ἕως ὁτου πληρωθη ἐν τῃ
βασιλειᾳ του θεου.

18   λεγω γαρ ὑμιν, [ὁτι] οὐ μη πιω ἀπο του νυν ἀπο του
γενηματος της ἀμπελου ἕως οὐ ἡ βασιλεια του θεου ἐλθη.

34   λεγω σοι, πετρε, οὐ φωνησει σημερον ἀλεκτωρ ἕως τρις με
ἀπαρνησῃ εἰδεναι.

51   ἀποκριθεις δε ὁ ἰησους εἰπεν· ἐατε ἕως τουτου·

23 5   διδασκων καθ᾽ ὁλης της ἰουδαιας, και ἀρξαμενος ἀπο της
γαλιλαιας ἕως ὡδε.

44   και ἡν ἠδη ὡσει ὡρα ἑκτη και σκοτος ἐγενετο ἐφ᾽ ὁλην την
γην ἕως ὡρας ἐνατης του ἡλιου ἐκλιποντος·

24 49   ὑμεις δε καθισατε ἐν τῃ πολει ἕως οὐ ἐνδυσησθε ἐξ ὑψους
δυναμιν.

50   ἐξηγαγεν δε αὐτους [ἐξω] ἕως προς βηθανιαν,

Jh   2 7   και ἐγεμισαν αὐτας ἕως ἀνω.

10   συ τετηρηκας τον καλον οἰνον ἕως ἀρτι.

5 17   ὁ πατηρ μου ἕως ἀρτι ἐργαζεται, καγω ἐργαζομαι.

9 4   ἡμας δει ἐργαζεσθαι τα ἐργα του πεμψαντος με ἕως ἡμερα
ἐστιν·

18   οὐκ ἐπιστευσαν οὐν οἱ ἰουδαιοι περι αὐτου ὁτι ἡν τυφλος και
ἀνεβλεψεν, ἕως ὁτου ἐφωνησαν τους γονεις αὐτου του
ἀναβλεψαντος

10 24   ἕως ποτε την ψυχην ἡμων αἰρεις;

13 38   οὐ μη ἀλεκτωρ φωνησῃ ἕως οὐ ἀρνησῃ με τρις.

16 24   ἕως ἀρτι οὐκ ἡτησατε οὐδεν ἐν τῳ ὀνοματι μου·

21 22   ἐαν αὐτον θελω μενειν ἕως ἐρχομαι, τί προς σέ;

23   οὐκ εἰπεν δε αὐτῳ ὁ ἰησους ὁτι οὐκ ἀποθνησκει, ἀλλ᾽ ἐαν
αὐτον θελω μενειν ἕως ἐρχομαι, [τί προς σέ];

Ac   1 8   και ἐσεσθε μου μαρτυρες ἐν τε ἰερουσαλημ και [ἐν] πασῃ τῃ
ἰουδαιᾳ και σαμαρειᾳ και ἕως ἐσχατου της γης.

22   ἀρξαμενος ἀπο του βαπτισματος ἰωαννου ἕως της ἡμερας ἡς
ἀνελημφθη ἀφ᾽ ἡμων,

2 35   εἰπεν [ὁ] κυριος τῳ κυριῳ μου· καθου ἐκ δεξιων μου, ἕως ἀν
θω τους ἐχθρους σου ὑποποδιον των ποδων σου.

7 45   ὡν ἐξωσεν ὁ θεος ἀπο προσωπου των πατερων ἡμων, ἕως των
ἡμερων δαυιδ·

8 10   ᾡ προσειχον παντες ἀπο μικρου ἕως μεγαλου λεγοντες·

40   φιλιππος δε εὑρεθη εἰς ἀζωτον, και διερχομενος εὐηγγελιζετο
τας πολεις πασας ἕως του ἐλθειν αὐτον εἰς καισαρειαν.

9 38   μη ὀκνησῃς διελθειν ἕως ἡμων.

11 19   οἱ μεν οὐν διασπαρεντες ἀπο της θλιψεως της γενομενης ἐπι
στεφανῳ διηλθον ἕως φοινικης και κυπρου και ἀντιοχειας,

22   και ἐξαπεστειλαν βαρναβαν [διελθειν] ἕως ἀντιοχειας·

13 20   και μετα ταυτα ἐδωκεν κριτας ἕως σαμουηλ [του] προφητου.

47   τεθεικα σε εἰς φως ἐθνων του εἰναι σε εἰς σωτηριαν ἕως
ἐσχατου της γης.

17 14   εὐθεως δε τοτε τον παυλον ἐξαπεστειλαν οἱ ἀδελφοι
πορευεσθαι ἕως ἐπι την θαλασσαν·

15   οἱ δε καθιστανοντες τον παυλον ἡγαγον ἕως ἀθηνων,

21 5   ὁτε δε ἐγενετο ἡμας ἐξαρτισαι τας ἡμερας, ἐξελθοντες
ἐπορευομεθα προπεμποντων ἡμας παντων συν γυναιξι και
τεκνοις ἕως ἐξω της πολεως,

26   διαγγελλων την ἐκπληρωσιν των ἡμερων του ἁγνισμου, ἕως
οὐ προσηνεχθη ὑπερ ἑνος ἑκαστου αὐτων ἡ προσφορα.

ἕως [146]

Ac   23 12   γενομενης δε ἡμερας ποιησαντες συστροφην οἱ ἰουδαιοι
ἀνεθεματισαν ἑαυτους, λεγοντες μητε φαγειν μητε πιειν ἕως
οὐ ἀποκτεινωσιν τον παυλον.

14   ἀναθεματι ἀνεθεματισαμεν ἑαυτους μηδενος γευσασθαι ἕως
οὐ ἀποκτεινωμεν τον παυλον.

21   ἐνεδρευουσιν γαρ αὐτον ἐξ αὐτων ἀνδρες πλειους
τεσσερακοντα, οἱτινες ἀνεθεματισαν ἑαυτους μητε φαγειν
μητε πιειν ἕως οὐ ἀνελωσιν αὐτον,

23   ἑτοιμασατε στρατιωτας διακοσιους ὁπως πορευθωσιν ἕως
καισαρειας,

25 21   του δε παυλου ἐπικαλεσαμενου τηρηθηναι αὐτον εἰς την του
σεβαστου διαγνωσιν, ἐκελευσα τηρεισθαι αὐτον ἕως οὐ
ἀναπεμψω αὐτον προς καισαρα.

26 11   περισσως τε ἐμμαινομενος αὐτοις ἐδιωκον ἕως και εἰς τας ἐξω
πολεις.

28 23   πειθων τε αὐτους περι του ἰησου ἀπο τε του νομου μωυσεως
και των προφητων, ἀπο πρωι ἕως ἑσπερας.

Rm   3 12   οὐκ ἐστιν ὁ ποιων χρηστοτητα, [οὐκ ἐστιν] ἕως ἑνος.

11 8   ἐδωκεν αὐτοις ὁ θεος πνευμα κατανυξεως, ὀφθαλμους του μη
βλεπειν και ὡτα του μη ἀκουειν, ἕως της σημερον ἡμερας.

1Co   1 8   ὁς και βεβαιωσει ὑμας ἕως τελους ἀνεγκλητους ἐν τῃ ἡμερᾳ
του κυριου ἡμων ἰησου [χριστου].

4 5   ὡστε μη προ καιρου τι κρινετε, ἕως ἀν ἐλθη ὁ κυριος,

13   ὡς περικαθαρματα του κοσμου ἐγενηθημεν, παντων περιψημα
ἕως ἀρτι.

8 7   τινες δε τῃ συνηθειᾳ ἕως ἀρτι του εἰδωλου ὡς εἰδωλοθυτον
ἐσθιουσιν,

15 6   ἐπειτα ὡφθη ἐπανω πεντακοσιοις ἀδελφοις ἐφαπαξ, ἐξ ὡν οἱ
πλειονες μενουσιν ἕως ἀρτι,

16 8   ἐπιμενω δε ἐν ἐφεσῳ ἕως της πεντηκοστης·

2Co   1 13   ἐλπιζω δε ὁτι ἕως τελους ἐπιγνωσεσθε,

3 15   ἀλλ᾽ ἕως σημερον ἡνικα ἀν ἀναγινωσκηται μωυσης καλυμμα
ἐπι την καρδιαν αὐτων κειται·

12 2   εἰτε ἐν σωματι οὐκ οἰδα, εἰτε ἐκτος του σωματος οὐκ οἰδα, ὁ
θεος οἰδεν, ἁρπαγεντα τον τοιουτον ἕως τριτου οὐρανου.

2Th   2 7   μονον ὁ κατεχων ἀρτι ἕως ἐκ μεσου γενηται.

1Tm   4 13   ἕως ἐρχομαι προσεχε τῃ ἀναγνωσει, τῃ παρακλησει, τῃ
διδασκαλιᾳ.

Heb   1 13   καθου ἐκ δεξιων μου ἕως ἀν θω τους ἐχθρους σου ὑποποδιον
των ποδων σου.

8 11   γνωθι τον κυριον, ὁτι παντες εἰδησουσιν με ἀπο μικρου ἕως
μεγαλου αὐτων.

10 13   το λοιπον ἐκδεχομενος ἕως τεθωσιν οἱ ἐχθροι αὐτου
ὑποποδιον των ποδων αὐτου.

Ja   5 7   μακροθυμησατε οὐν, ἀδελφοι, ἕως της παρουσιας του κυριου.
ἰδου ὁ γεωργος ἐκδεχεται τον τιμιον καρπον της γης,
μακροθυμων ἐπ᾽ αὐτῳ ἕως λαβῃ προιμον και ὀψιμον.

2Pt   1 19   ᾡ καλως ποιειτε προσεχοντες ὡς λυχνῳ φαινοντι ἐν αὐχμηρῳ
τοπῳ, ἕως οὐ ἡμερα διαυγασῃ και φωσφορος ἀνατειλη ἐν ταις
καρδιαις ὑμων·

1Jh   2 9   ὁ λεγων ἐν τῳ φωτι εἰναι και τον ἀδελφον αὐτου μισων ἐν τῃ
σκοτιᾳ ἐστιν ἕως ἀρτι.

Apc   6 10   ἕως ποτε, ὁ δεσποτης ὁ ἁγιος και ἀληθινος, οὐ κρινεις και
ἐκδικεις το αἱμα ἡμων ἐκ των κατοικουντων ἐπι της γης;

11   και ἐρρεθη αὐτοις ἱνα ἀναπαυσονται ἐτι χρονον μικρον, ἕως
πληρωθωσιν και οἱ συνδουλοι αὐτων

Z

ζαβουλων [3]

Mt   4 13   και καταλιπων την ναζαρα ἐλθων κατωκησεν εἰς
καφαρναουμ την παραθαλασσιαν ἐν ὁριοις ζαβουλων και
νεφθαλιμ·

15   γη ζαβουλων και γη νεφθαλιμ, ὁδον θαλασσης,

Apc   7 8   ἐκ φυλης ζαβουλων δωδεκα χιλιαδες,

ζακχαιος [3]

Lc   19 2   και ἰδου ἀνηρ ὀνοματι καλουμενος ζακχαιος, και αὐτος ἡν
ἀρχιτελωνης,

5   ζακχαιε, σπευσας καταβηθι· σημερον γαρ ἐν τῳ οἰκῳ σου δει
με μειναι.

8   σταθεις δε ζακχαιος εἰπεν προς τον κυριον·

ζαρα [1]

Mt 1 3 ιουδας δε εγεννησεν τον φαρες και τον ζαρα εκ της θαμαρ,

ζαχαριας [11]

Mt 23 35 οπως ελθη εφ υμας παν αιμα δικαιον εκχυννομενον επι της γης απο του αιματος αβελ του δικαιου εως του αιματος ζαχαριου υιου βαραχιου, ον εφονευσατε μεταξυ του ναου και του θυσιαστηριου.

Lc 1 5 εγενετο εν ταις ημεραις ηρωδου βασιλεως της ιουδαιας ιερευς τις ονοματι ζαχαριας εξ εφημεριας αβια,

12 και εταραχθη ζαχαριας ιδων, και φοβος επεπεσεν επ αυτον.

13 μη φοβου, ζαχαρια, διοτι εισηκουσθη η δεησις σου,

18 και ειπεν ζαχαριας προς τον αγγελον· κατα τι γνωσομαι τουτο;

21 και ην ο λαος προσδοκων τον ζαχαριαν,

40 και εισηλθεν εις τον οικον ζαχαριου και ησπασατο την ελισαβετ.

59 και εγενετο εν τη ημερα τη ογδοη ηλθον περιτεμειν το παιδιον, και εκαλουν αυτο επι τω ονοματι του πατρος αυτου ζαχαριαν.

67 και ζαχαριας ο πατηρ αυτου επλησθη πνευματος αγιου και επροφητευσεν λεγων·

3 2 επι αρχιερεως αννα και καιαφα, εγενετο ρημα θεου επι ιωαννην τον ζαχαριου υιον εν τη ερημω.

11 51 απο αιματος αβελ εως αιματος ζαχαριου του απολομενου μεταξυ του θυσιαστηριου και του οικου·

ζεβεδαιος [12]

Mt 4 21 και προβας εκειθεν ειδεν αλλους δυο αδελφους, ιακωβον τον του ζεβεδαιου και ιωαννην τον αδελφον αυτου,

21 εν τω πλοιω μετα ζεβεδαιου του πατρος αυτων καταρτιζοντας τα δικτυα αυτων·

10 2 και ιακωβος ο του ζεβεδαιου και ιωαννης ο αδελφος αυτου,

20 20 τοτε προσηλθεν αυτω η μητηρ των υιων ζεβεδαιου μετα των υιων αυτης προσκυνουσα και αιτουσα τι απ αυτου.

26 37· και παραλαβων τον πετρον και τους δυο υιους ζεβεδαιου ηρξατο λυπεισθαι και αδημονειν.

27 56 εν αις ην μαρια η μαγδαληνη, και μαρια η του ιακωβου και ιωσηφ μητηρ, και η μητηρ των υιων ζεβεδαιου.

Mc 1 19 και προβας ολιγον ειδεν ιακωβον τον του ζεβεδαιου και ιωαννην τον αδελφον αυτου και αυτους εν τω πλοιω καταρτιζοντας τα δικτυα.

20 και αφεντες τον πατερα αυτων ζεβεδαιον εν τω πλοιω μετα των μισθωτων απηλθον οπισω αυτου.

3 17 και ιακωβον τον του ζεβεδαιου και ιωαννην τον αδελφον του ιακωβου, και επεθηκεν αυτοις ονομα[τα] βοανηργες, ο εστιν υιοι βροντης·

10 35 και προσπορευονται αυτω ιακωβος και ιωαννης οι υιοι ζεβεδαιου λεγοντες αυτω·

Lc 5 10 ομοιως δε και ιακωβον και ιωαννην υιους ζεβεδαιου, οι ησαν κοινωνοι τω σιμωνι.

Jh 21 2 ησαν ομου σιμων πετρος και θωμας ο λεγομενος διδυμος και ναθαναηλ ο απο κανα της γαλιλαιας και οι του ζεβεδαιου και αλλοι εκ των μαθητων αυτου δυο.

ζεστος [3]

Apc 3 15 οιδα σου τα εργα, οτι ουτε ψυχρος ει ουτε ζεστος.

15 οτι ουτε ψυχρος ει ουτε ζεστος. οφελον ψυχρος ης η ζεστος.

16 ουτως οτι χλιαρος ει, και ουτε ζεστος ουτε ψυχρος, μελλω σε εμεσαι εκ του στοματος μου.

ζευγος [2]

Lc 2 24 και του δουναι θυσιαν κατα το ειρημενον εν τω νομω κυριου, ζευγος τρυγονων η δυο νοσσους περιστερων.

14 19 και ετερος ειπεν· ζευγη βοων ηγορασα πεντε, και πορευομαι δοκιμασαι αυτα·

ζευκτηρια [1]

Ac 27 40 αμα ανεντες τας ζευκτηριας των πηδαλιων, και επαραντες τον αρτεμονα τη πνεουση κατειχον εις τον αιγιαλον.

ζευς [2]

Ac 14 12 εκαλουν τε τον βαρναβαν δια, τον δε παυλον ερμην,

ζευς [2]

Ac 14 13 ο τε ιερευς του διος του οντος προ της πολεως, ταυρους και στεμματα επι τους πυλωνας ενεγκας,

ζεω [2]

Ac 18 25 και ζεων τω πνευματι ελαλει και εδιδασκεν ακριβως τα περι του ιησου,

Rm 12 11 τη σπουδη μη οκνηροι, τω πνευματι ζεοντες,

ζηλευω [1]

Apc 3 19 εγω οσους εαν φιλω ελεγχω και παιδευω· ζηλευε ουν και μετανοησον.

ζηλος [16]

Jh 2 17 ο ζηλος του οικου σου καταφαγεται με.

Ac 5 17 επλησθησαν ζηλου και επεβαλον τας χειρας επι τους αποστολους και εθεντο αυτους εν τηρησει δημοσια.

13 45 ιδοντες δε οι ιουδαιοι τους οχλους επλησθησαν ζηλου, και αντελεγον τοις υπο παυλου λαλουμενοις βλασφημουντες.

Rm 10 2 μαρτυρω γαρ αυτοις οτι ζηλον θεου εχουσιν, αλλ ου κατ επιγνωσιν·

13 13 ως εν ημερα ευσχημονως περιπατησωμεν, μη κωμοις και μεθαις, μη κοιταις και ασελγειαις, μη εριδι και ζηλω·

1Co 3 3 οπου γαρ εν υμιν ζηλος και ερις, ουχι σαρκικοι εστε και κατα ανθρωπον περιπατειτε;

2Co 7 7 αναγγελλων ημιν την υμων επιποθησιν, τον υμων οδυρμον, τον υμων ζηλον υπερ εμου,

11 ιδου γαρ αυτο τουτο το κατα θεον λυπηθηναι ποσην κατειργασατο υμιν σπουδην, αλλα απολογιαν, αλλα αγανακτησιν, αλλα φοβον, αλλα επιποθησιν, αλλα ζηλον, αλλα εκδικησιν.

9 2 και το υμων ζηλος ηρεθισεν τους πλειονας.

11 2 ζηλω γαρ υμας θεου ζηλω,

12 20 μη πως ερις, ζηλος, θυμοι, εριθειαι, καταλαλιαι, ψιθυρισμοι, φυσιωσεις, ακαταστασιαι·

Ga 5 20 φαρμακεια, εχθραι, ερις, ζηλος, θυμοι, εριθειαι,

Php 3 6 κατα νομον φαρισαιος, κατα ζηλος διωκων την εκκλησιαν,

Heb 10 27 ουκετι περι αμαρτιων απολειπεται θυσια, φοβερα δε τις εκδοχη κρισεως και πυρος ζηλος εσθιειν μελλοντος τους υπεναντιους.

Ja 3 14 ει δε ζηλον πικρον εχετε και εριθειαν εν τη καρδια υμων, μη κατακαυχασθε και ψευδεσθε κατα της αληθειας.

16 οπου γαρ ζηλος και εριθεια, εκει ακαταστασια και παν φαυλον πραγμα.

ζηλοω [11]

Ac 7 9 και οι πατριαρχαι ζηλωσαντες τον ιωσηφ απεδοντο εις αιγυπτον·

17 5 ζηλωσαντες δε οι ιουδαιοι και προσλαβομενοι των αγοραιων ανδρας τινας πονηρους και οχλοποιησαντες εθορυβουν την πολιν,

1Co 12 31 ζηλουτε δε τα χαρισματα τα μειζονα.

13 4 ου ζηλοι, [η αγαπη] ου περπερευεται, ου φυσιουται, ουκ ασχημονει, ου ζητει τα εαυτης, ου παροξυνεται, ου λογιζεται το κακον, ου χαιρει επι τη αδικια, συγχαιρει δε τη αληθεια·

14 1 διωκετε την αγαπην, ζηλουτε δε τα πνευματικα,

39 ωστε, αδελφοι [μου,] ζηλουτε το προφητευειν,

2Co 11 2 ζηλω γαρ υμας θεου ζηλω,

Ga 4 17 ζηλουσιν υμας ου καλως, αλλα εκκλεισαι υμας θελουσιν,

17 ζηλουσιν υμας ου καλως, αλλα εκκλεισαι υμας θελουσιν, ινα αυτους ζηλουτε.

18 καλον δε ζηλουσθαι εν καλω παντοτε,

Ja 4 2 φονευετε και ζηλουτε, και ου δυνασθε επιτυχειν·

ζηλωτης [8]

Lc 6 15 και μαθθαιον και θωμαν, και ιακωβον αλφαιου και σιμωνα τον καλουμενον ζηλωτην,

Ac 1 13 ιακωβος αλφαιου και σιμων ο ζηλωτης και ιουδας ιακωβου.

21 20 θεωρεις, αδελφε, ποσαι μυριαδες εισιν εν τοις ιουδαιοις των πεπιστευκοτων, και παντες ζηλωται του νομου υπαρχουσιν·

22 3 ζηλωτης υπαρχων του θεου καθως παντες υμεις εστε σημερον·

1Co 14 12 ουτως και υμεις, επει ζηλωται εστε πνευματων, προς την οικοδομην της εκκλησιας ζητειτε ινα περισσευητε.

Ga 1 14 περισσοτερως ζηλωτης υπαρχων των πατρικων μου παραδοσεων.

ζηλωτης [8]

Tit   2 14   ἱνα λυτρωσηται ἡμας ἀπο πασης ἀνομιας και καθαριση ἑαυτω λαον περιουσιον, ζηλωτην καλων ἐργων.

1Pt   3 13   και τίς ὁ κακωσων ὑμας ἐαν του ἀγαθου ζηλωται γενησθε;

ζημια [4]

Ac   27 10   ἀνδρες, θεωρω ὁτι μετα ὑβρεως και πολλης ζημιας οὐ μονον του φορτιου και του πλοιου ἀλλα και των ψυχων ἡμων μελλειν ἐσεσθαι τον πλουν.

    21   ἐδει μεν, ὠ ἀνδρες, πειθαρχησαντας μοι μη ἀναγεσθαι ἀπο της κρητης κερδησαι τε την ὑβριν ταυτην και την ζημιαν.

Php   3 7   [ἀλλα] ἁτινα ἡν μοι κερδη, ταυτα ἡγημαι δια τον χριστον ζημιαν.

    8   ἀλλα μενουνγε και ἡγουμαι παντα ζημιαν εἱναι δια το ὑπερεχον της γνωσεως χριστου ἰησου του κυριου μου,

ζημιοομαι [6]

Mt   16 26   τί γαρ ὠφεληθησεται ἀνθρωπος, ἐαν τον κοσμον ὁλον κερδηση, την δε ψυχην αὐτου ζημιωθη;

Mc   8 36   τί γαρ ὠφελει ἀνθρωπον κερδησαι τον κοσμον ὁλον και ζημιωθηναι την ψυχην αὐτου;

Lc   9 25   τί γαρ ὠφελειται ἀνθρωπος κερδησας τον κοσμον ὁλον ἑαυτον δε ἀπολεσας ἡ ζημιωθεις;

1Co   3 15   εἰ τινος το ἐργον κατακαησεται, ζημιωθησεται, αὐτος δε σωθησεται, οὑτως δε ὡς δια πυρος.

2Co   7 9   ἐλυπηθητε γαρ κατα θεον, ἱνα ἐν μηδενι ζημιωθητε ἐξ ἡμων.

Php   3 8   δια το ὑπερεχον της γνωσεως χριστου ἰησου του κυριου μου, δι᾽ ὁν τα παντα ἐζημιωθην,

ζηνας [1]

Tit   3 13   ζηναν τον νομικον και ἀπολλων σπουδαιως προπεμψον, ἱνα μηδεν αὐτοις λειπη.

ζητεω [117]

Mt   2 13   μελλει γαρ ἡρωδης ζητειν το παιδιον του ἀπολεσαι αὐτο.

    20   τεθνηκασιν γαρ οἱ ζητουντες την ψυχην του παιδιου.

   6 33   ζητειτε δε πρωτον την βασιλειαν [του θεου] και την δικαιοσυνην αὐτου,

   7 7   ζητειτε, και εὑρησετε·

    8   και ὁ ζητων εὑρισκει,

  12 43   ὁταν δε το ἀκαθαρτον πνευμα ἐξελθη ἀπο του ἀνθρωπου, διερχεται δι᾽ ἀνυδρων τοπων ζητουν ἀναπαυσιν,

   46   ἰδου ἡ μητηρ και οἱ ἀδελφοι αὐτου εἱστηκεισαν ἐξω ζητουντες αὐτω λαλησαι.

   47   [ἰδου ἡ μητηρ σου και οἱ ἀδελφοι σου ἐξω ἑστηκασιν ζητουντες σοι λαλησαι].

  13 45   παλιν ὁμοια ἐστιν ἡ βασιλεια των οὑρανων ἀνθρωπω ἐμπορω ζητουντι καλους μαργαριτας·

  18 12   ἐαν γενηται τινι ἀνθρωπω ἑκατον προβατα και πλανηθη ἑν ἐξ αὐτων, οὐχι ἀφησει τα ἐνενηκονταεννεα ἐπι τα ὁρη και πορευθεις ζητει το πλανωμενον;

  21 46   και ζητουντες αὐτον κρατησαι ἐφοβηθησαν τους ὀχλους, ἐπει εἰς προφητην αὐτον εἱχον.

  26 16   και ἀπο τοτε ἐζητει εὐκαιριαν ἱνα αὐτον παραδω.

   59   οἱ δε ἀρχιερεις και το συνεδριον ὁλον ἐζητουν ψευδομαρτυριαν κατα του ἰησου ὁπως αὐτον θανατωσωσιν,

  28 5   μη φοβεισθε ὑμεις· οἱδα γαρ ὁτι ἰησουν τον ἐσταυρωμενον ζητειτε·

Mc   1 37   και εὑρον αὐτον και λεγουσιν αὐτω ὁτι παντες ζητουσιν σε.

   3 32   και λεγουσιν αὐτω· ἰδου ἡ μητηρ σου και οἱ ἀδελφοι σου [και αἱ ἀδελφαι σου] ἐξω ζητουσιν σε.

   8 11   ζητουντες παρ᾽ αὐτου σημειον ἀπο του οὑρανου, πειραζοντες αὐτον.

   12   τί ἡ γενεα αὑτη ζητει σημειον;

  11 18   και ἡκουσαν οἱ ἀρχιερεις και οἱ γραμματεις, και ἐζητουν πῶς αὐτον ἀπολεσωσιν·

  12 12   και ἐζητουν αὐτον κρατησαι, και ἐφοβηθησαν τον ὀχλον·

  14 1   και ἐζητουν οἱ ἀρχιερεις και οἱ γραμματεις πῶς αὐτον ἐν δολω κρατησαντες ἀποκτεινωσιν.

   11   και ἐζητει πῶς αὐτον εὐκαιρως παραδοι.

   55   οἱ δε ἀρχιερεις και ὁλον το συνεδριον ἐζητουν κατα του ἰησου μαρτυριαν εἰς το θανατωσαι αὐτον, και οὐχ ηὑρισκον·

  16 6   ἰησουν ζητειτε τον ναζαρηνον τον ἐσταυρωμενον·

Lc   2 48   τεκνον, τί ἐποιησας ἡμιν οὑτως; ἰδου ὁ πατηρ σου καγω ὀδυνωμενοι ἐζητουμεν σε.

ζητεω [117]

Lc   2 49   τί ὁτι ἐζητειτε με; οὐκ ἡδειτε ὁτι ἐν τοις του πατρος μου δει εἱναι με;

   5 18   και ἰδου ἀνδρες φεροντες ἐπι κλινης ἀνθρωπον ὁς ἡν παραλελυμενος, και ἐζητουν αὐτον εἰσενεγκειν και θειναι [αὐτον] ἐνωπιον αὐτου.

   6 19   και πας ὁ ὀχλος ἐζητουν ἁπτεσθαι αὐτου,

   9 9   τίς δε ἐστιν οὑτος περι οὑ ἀκουω τοιαυτα; και ἐζητει ἰδειν αὐτον.

  11 9   ζητειτε, και εὑρησετε· κρουετε, και ἀνοιγησεται ὑμιν.

   10   πας γαρ ὁ αἰτων λαμβανει, και ὁ ζητων εὑρισκει, και τω κρουοντι ἀνοιγ[ησ]εται.

   16   ἑτεροι δε πειραζοντες σημειον ἐξ οὑρανου ἐζητουν παρ᾽ αὐτου.

   24   ὁταν το ἀκαθαρτον πνευμα ἐξελθη ἀπο του ἀνθρωπου, διερχεται δι᾽ ἀνυδρων τοπων ζητουν ἀναπαυσιν, και μη εὑρισκον [τοτε] λεγει·

   29   σημειον ζητει, και σημειον οὐ δοθησεται αὐτη εἰ μη το σημειον ἰωνα.

  12 29   και ὑμεις μη ζητειτε τί φαγητε και τί πιητε, και μη μετεωριζεσθε·

   31   πλην ζητειτε την βασιλειαν αὐτου, και ταυτα προστεθησεται ὑμιν.

   48   παντι δε ὡ ἐδοθη πολυ, πολυ ζητηθησεται παρ᾽ αὐτου, και ὡ παρεθεντο πολυ, περισσοτερον αἰτησουσιν αὐτον.

  13 6   και ἡλθεν ζητων καρπον ἐν αὐτη και οὐχ εὑρεν.

   7   ἰδου τρια ἐτη ἀφ᾽ οὑ ἐρχομαι ζητων καρπον ἐν τη συκη ταυτη και οὐχ εὑρισκω·

   24   ἀγωνιζεσθε εἰσελθειν δια της στενης θυρας, ὁτι πολλοι, λεγω ὑμιν, ζητησουσιν εἰσελθειν και οὐκ ἰσχυσουσιν. ἀφ᾽ οὑ ἀν ἐγερθη ὁ οἰκοδεσποτης και ἀποκλειση την θυραν,

  15 8   ἡ τίς γυνη δραχμας ἐχουσα δεκα, ἐαν ἀπολεση δραχμην μιαν, οὐχι ἁπτει λυχνον και σαροι την οἰκιαν και ζητει ἐπιμελως ἑως οὑ εὑρη;

  17 33   ὁς ἐαν ζητηση την ψυχην αὐτου περιποιησασθαι, ἀπολεσει αὐτην, ὁς δ᾽ ἀν ἀπολεση, ζωογονησει αὐτην.

  19 3   και ἐζητει ἰδειν τον ἰησουν τίς ἐστιν,

   10   ἡλθεν γαρ ὁ υἱος του ἀνθρωπου ζητησαι και σωσαι το ἀπολωλος.

   47   οἱ δε ἀρχιερεις και οἱ γραμματεις ἐζητουν αὐτον ἀπολεσαι και οἱ πρωτοι του λαου,

  20 19   και ἐζητησαν οἱ γραμματεις και οἱ ἀρχιερεις ἐπιβαλειν ἐπ᾽ αὐτον τας χειρας ἐν αὐτη τη ὡρα,

  22 2   και ἐζητουν οἱ ἀρχιερεις και οἱ γραμματεις το πῶς ἀνελωσιν αὐτον·

   6   και ἐξωμολογησεν, και ἐζητει εὐκαιριαν του παραδουναι αὐτον ἀτερ ὀχλου αὐτοις.

  24 5   τί ζητειτε τον ζωντα μετα των νεκρων;

Jh   1 38   στραφεις δε ὁ ἰησους και θεασαμενος αὐτους ἀκολουθουντας λεγει αὐτοις· τί ζητειτε;

   4 23   και γαρ ὁ πατηρ τοιουτους ζητει τους προσκυνουντας αὐτον·

   27   τί ζητεις ἡ τί λαλεις μετ᾽ αὐτης;

   5 18   δια τουτο οὑν μαλλον ἐζητουν αὐτον οἱ ἰουδαιοι ἀποκτειναι, ὁτι οὐ μονον ἐλυεν το σαββατον, ἀλλα και πατερα ἰδιον ἐλεγεν τον θεον,

   30   και ἡ κρισις ἡ ἐμη δικαια ἐστιν, ὁτι οὐ ζητω το θελημα το ἐμον ἀλλα το θελημα του πεμψαντος με.

   44   δοξαν παρα ἀλληλων λαμβανοντες, και την δοξαν την παρα του μονου θεου οὐ ζητειτε;

   6 24   ὁτε οὑν εἰδεν ὁ ὀχλος ὁτι ἰησους οὐκ ἐστιν ἐκει οὐδε οἱ μαθηται αὐτου, ἐνεβησαν αὐτοι εἰς τα πλοιαρια και ἡλθον εἰς καφαρναουμ ζητουντες τον ἰησουν.

   26   ἀμην ἀμην λεγω ὑμιν, ζητειτε με οὐχ ὁτι εἰδετε σημεια, ἀλλ᾽ ὁτι ἐφαγετε ἐκ των ἀρτων και ἐχορτασθητε.

   7 1   οὐ γαρ ἡθελεν ἐν τη ἰουδαια περιπατειν, ὁτι ἐζητουν αὐτον οἱ ἰουδαιοι ἀποκτειναι.

   4   οὐδεις γαρ τι ἐν κρυπτω ποιει και ζητει αὐτος ἐν παρρησια εἱναι.

   11   οἱ οὑν ἰουδαιοι ἐζητουν αὐτον ἐν τη ἑορτη και ἐλεγον·

   18   ὁ ἀφ᾽ ἑαυτου λαλων την δοξαν την ἰδιαν ζητει·

   18   ὁ δε ζητων την δοξαν του πεμψαντος αὐτον, οὑτος ἀληθης ἐστιν και ἀδικια ἐν αὐτω οὐκ ἐστιν.

   19   τί με ζητειτε ἀποκτειναι;

   20   δαιμονιον ἐχεις· τίς σε ζητει ἀποκτειναι;

   25   οὐχ οὑτος ἐστιν ὁν ζητουσιν ἀποκτειναι;

   30   ἐζητουν οὑν αὐτον πιασαι, και οὐδεις ἐπεβαλεν ἐπ᾽ αὐτον την χειρα,

   34   ζητησετε με και οὐχ εὑρησετε [με,] και ὁπου εἰμι ἐγω ὑμεις οὐ δυνασθε ἐλθειν.

   36   ζητησετε με και οὐχ εὑρησετε [με,] και ὁπου εἰμι ἐγω ὑμεις οὐ δυνασθε ἐλθειν·

ζητεω [117]

Jh	8 21	ἐγω ὑπαγω και *ζητησετε* με, και ἐν τῃ ἁμαρτιᾳ ὑμων ἀποθανεισθε·
	37	οἰδα ὁτι σπερμα ἀβρααμ ἐστε· ἀλλα *ζητειτε* με ἀποκτειναι, ὁτι ὁ λογος ὁ ἐμος οὐ χωρει ἐν ὑμιν.
	40	νυν δε *ζητειτε* με ἀποκτειναι, ἀνθρωπον ὁς την ἀληθειαν ὑμιν λελαληκα,
	50	ἐγω δε οὐ *ζητω* την δοξαν μου·
	50	ἐγω δε οὐ *ζητω* την δοξαν μου· ἐστιν ὁ *ζητων* και κρινων.
	10 39	*ἐζητουν* [οὐν] αὐτον παλιν πιασαι·
	11 8	ῥαββι, νυν *ἐζητουν* σε λιθασαι οἱ ἰουδαιοι, και παλιν ὑπαγεις ἐκει;
	56	*ἐζητουν* οὐν τον ἰησουν και ἐλεγον μετ ἀλληλων ἐν τῳ ἱερῳ ἑστηκοτες·
	13 33	*ζητησετε* με, και καθως εἰπον τοις ἰουδαιοις ὁτι ὁπου ἐγω ὑπαγω ὑμεις οὐ δυνασθε ἐλθειν, και ὑμιν λεγω ἀρτι.
	16 19	περι τουτου *ζητειτε* μετ ἀλληλων ὁτι εἰπον·
	18 4	ἰησους οὐν εἰδως παντα τα ἐρχομενα ἐπ αὐτον ἐξηλθεν και λεγει αὐτοις· τινα *ζητειτε*;
	7	παλιν οὐν ἐπηρωτησεν αὐτους· τινα *ζητειτε*;
	8	εἰ οὐν ἐμε *ζητειτε*, ἀφετε τουτους ὑπαγειν·
	19 12	ἐκ τουτου ὁ πιλατος *ἐζητει* ἀπολυσαι αὐτον·
	20 15	γυναι, τι κλαιεις; τινα *ζητεις*;
Ac	9 11	ἀναστας πορευθητι ἐπι την ῥυμην την καλουμενην εὐθειαν και *ζητησον* ἐν οἰκιᾳ ἰουδα σαυλον ὀνοματι ταρσεα·
	10 19	ἰδου ἀνδρες τρεις *ζητουντες* σε·
	21	ἰδου ἐγω εἰμι ὁν *ζητειτε*· τις ἡ αἰτια δι ἡν παρεστε;
	13 8	ἀνθιστατο δε αὐτοις ἐλυμας ὁ μαγος, οὑτως γαρ μεθερμηνευεται το ὀνομα αὐτου, *ζητων* διαστρεψαι τον ἀνθυπατον ἀπο της πιστεως.
	11	παραχρημα τε ἐπεσεν ἐπ αὐτον ἀχλυς και σκοτος, και περιαγων *ἐζητει* χειραγωγους.
	16 10	ὡς δε το ὁραμα εἰδεν, εὐθεως *ἐζητησαμεν* ἐξελθειν εἰς μακεδονιαν, συμβιβαζοντες ὁτι προσκεκληται ἡμας ὁ θεος εὐαγγελισασθαι αὐτους.
	17 5	και ἐπισταντες τῃ οἰκιᾳ ἰασονος *ἐζητουν* αὐτους προαγαγειν εἰς τον δημον·
	27	*ζητειν* τον θεον, εἰ ἀρα γε ψηλαφησειαν αὐτον και εὑροιεν,
	21 31	*ζητουντων* τε αὐτον ἀποκτειναι ἀνεβη φασις τῳ χιλιαρχῳ της σπειρης ὁτι ὁλη συγχυννεται ἰερουσαλημ·
	27 30	των δε ναυτων *ζητουντων* φυγειν ἐκ του πλοιου
Rm	2 7	τοις μεν καθ ὑπομονην ἐργου ἀγαθου δοξαν και τιμην και ἀφθαρσιαν *ζητουσιν* ζωην αἰωνιον·
	10 3	ἀγνοουντες γαρ την του θεου δικαιοσυνην, και την ἰδιαν [δικαιοσυνην] *ζητουντες* στησαι, τῃ δικαιοσυνῃ του θεου οὐχ ὑπεταγησαν.
	20	εὑρεθην [ἐν] τοις ἐμε μη *ζητουσιν*, ἐμφανης ἐγενομην τοις ἐμε μη ἐπερωτωσιν.
	11 3	καγω ὑπελειφθην μονος και *ζητουσιν* την ψυχην μου.
1Co	1 22	ἐπειδη και ἰουδαιοι σημεια αἰτουσιν και ἑλληνες σοφιαν *ζητουσιν*, ἡμεις δε κηρυσσομεν χριστον ἐσταυρωμενον,
	4 2	ὡδε λοιπον *ζητειται* ἐν τοις οἰκονομοις ἰνα πιστος τις εὑρεθῃ.
	7 27	δεδεσαι γυναικι; μη *ζητει* λυσιν·
	27	λελυσαι ἀπο γυναικος; μη *ζητει* γυναικα.
	10 24	μηδεις το ἑαυτου *ζητειτω* ἀλλα το του ἑτερου.
	33	καθως καγω παντα πασιν ἀρεσκω, μη *ζητων* το ἐμαυτου συμφορον ἀλλα το των πολλων, ἰνα σωθωσιν.
	13 5	οὐ ζηλοι, [ἡ ἀγαπη] οὐ περπερευεται, οὐ φυσιουται, οὐκ ἀσχημονει, οὐ *ζητει* τα ἑαυτης, οὐ παροξυνεται, οὐ λογιζεται το κακον, οὐ χαιρει ἐπι τῃ ἀδικιᾳ, συγχαιρει δε τῃ ἀληθειᾳ·
	14 12	οὑτως και ὑμεις, ἐπει ζηλωται ἐστε πνευματων, προς την οἰκοδομην της ἐκκλησιας *ζητειτε* ἰνα περισσευητε.
2Co	12 14	οὐ γαρ *ζητω* τα ὑμων ἀλλα ὑμας.
	13 3	ἐπει δοκιμην *ζητειτε* του ἐν ἐμοι λαλουντος χριστου,
Ga	1 10	ἀρτι γαρ ἀνθρωπους πειθω ἡ τον θεον; ἡ *ζητω* ἀνθρωποις ἀρεσκειν;
	2 17	εἰ δε *ζητουντες* δικαιωθηναι ἐν χριστῳ εὑρεθημεν και αὐτοι ἁμαρτωλοι, ἀρα χριστος ἁμαρτιας διακονος;
Php	2 21	οἱ παντες γαρ τα ἑαυτων *ζητουσιν*, οὐ τα ἰησου χριστου.
Col	3 1	εἰ οὐν συνηγερθητε τῳ χριστῳ, τα ἀνω *ζητειτε*,
1Th	2 6	οὐτε *ζητουντες* ἐξ ἀνθρωπων δοξαν, οὐτε ἀφ ὑμων οὐτε ἀπ ἀλλων,
2Tm	1 17	ὁτι πολλακις με ἀνεψυξεν και την ἀλυσιν μου οὐκ ἐπαισχυνθη, ἀλλα γενομενος ἐν ῥωμῃ σπουδαιως *ἐζητησεν* με και εὑρεν·
Heb	8 7	εἰ γαρ ἡ πρωτη ἐκεινη ἠν ἀμεμπτος, οὐκ ἀν δευτερας *ἐζητειτο* τοπος.
1Pt	3 11	*ζητησατω* εἰρηνην και διωξατω αὐτην·
	5 8	ὁ ἀντιδικος ὑμων διαβολος ὡς λεων ὠρυομενος περιπατει *ζητων* [τινα] καταπιειν·

ζητεω [117]

Apc	9 6	και ἐν ταις ἡμεραις ἐκειναις *ζητησουσιν* οἱ ἀνθρωποι τον θανατον και οὐ μη εὑρησουσιν αὐτον.

ζητημα [5]

Ac	15 2	ἐταξαν ἀναβαινειν παυλον και βαρναβαν και τινας ἀλλους ἐξ αὐτων προς τους ἀποστολους και πρεσβυτερους εἰς ἰερουσαλημ περι του *ζητηματος* τουτου.
	18 15	εἰ δε *ζητηματα* ἐστιν περι λογου και ὀνοματος και νομου του καθ ὑμας, ὀψεσθε αὐτοι·
	23 29	ὁν εὑρον ἐγκαλουμενον περι *ζητηματων* του νομου αὐτων,
	25 19	*ζητηματα* δε τινα περι της ἰδιας δεισιδαιμονιας εἰχον προς αὐτον και περι τινος ἰησου τεθνηκοτος,
	26 3	ἡγημαι ἐμαυτον μακαριον ἐπι σου μελλων σημερον ἀπολογεισθαι, μαλιστα γνωστην ὀντα σε παντων των κατα ἰουδαιους ἐθων τε και *ζητηματων*·

ζητησις [7]

Jh	3 25	ἐγενετο οὐν *ζητησις* ἐκ των μαθητων ἰωαννου μετα ἰουδαιου περι καθαρισμου.
Ac	15 2	γενομενης δε στασεως και *ζητησεως* οὐκ ὀλιγης τῳ παυλῳ και τῳ βαρναβᾳ προς αὐτους, ἐταξαν ἀναβαινειν παυλον και βαρναβαν
	7	πολλης δε *ζητησεως* γενομενης ἀναστας πετρος εἰπεν προς αὐτους·
	25 20	ἀπορουμενος δε ἐγω την περι τουτων *ζητησιν* ἐλεγον εἰ βουλοιτο πορευεσθαι εἰς ἰεροσολυμα κακει κρινεσθαι περι τουτων.
1Tm	6 4	τετυφωται, μηδεν ἐπισταμενος, ἀλλα νοσων περι *ζητησεις* και λογομαχιας,
2Tm	2 23	τας δε μωρας και ἀπαιδευτους *ζητησεις* παραιτου,
Tit	3 9	μωρας δε *ζητησεις* και γενεαλογιας και ἐρεις και μαχας νομικας περιιστασο·

ζιζανιον [8]

Mt	13 25	ἐν δε τῳ καθευδειν τους ἀνθρωπους ἠλθεν αὐτου ὁ ἐχθρος και ἐπεσπειρεν *ζιζανια* ἀνα μεσον του σιτου και ἀπηλθεν.
	26	ὁτε δε ἐβλαστησεν ὁ χορτος και καρπον ἐποιησεν, τοτε ἐφανη και τα *ζιζανια*.
	27	κυριε, οὐχι καλον σπερμα ἐσπειρας ἐν τῳ σῳ ἀγρῳ; ποθεν οὐν ἐχει *ζιζανια*;
	29	ὁ δε φησιν· οὐ, μηποτε συλλεγοντες τα *ζιζανια* ἐκριζωσητε ἁμα αὐτοις τον σιτον.
	30	συλλεξατε πρωτον τα *ζιζανια* και δησατε αὐτα εἰς δεσμας προς το κατακαυσαι αὐτα,
	36	διασαφησον ἡμιν την παραβολην των *ζιζανιων* του ἀγρου.
	38	τα δε *ζιζανια* εἰσιν οἱ υἱοι του πονηρου,
	40	ὡσπερ οὐν συλλεγεται τα *ζιζανια* και πυρι [κατα]καιεται, οὑτως ἐσται ἐν τῃ συντελειᾳ του αἰωνος.

ζοροβαβελ [3]

Mt	1 12	σαλαθιηλ δε ἐγεννησεν τον *ζοροβαβελ*,
	13	*ζοροβαβελ* δε ἐγεννησεν τον ἀβιουδ,
Lc	3 27	του ἰωαναν του ῥησα του *ζοροβαβελ* του σαλαθιηλ του νηρι

ζοφος [5]

Heb	12 18	οὐ γαρ προσεληλυθατε ψηλαφωμενῳ και κεκαυμενῳ πυρι και γνοφῳ και *ζοφῳ* και θυελλῃ και σαλπιγγος ἠχῳ
2Pt	2 4	εἰ γαρ ὁ θεος ἀγγελων ἁμαρτησαντων οὐκ ἐφεισατο, ἀλλα σειραις *ζοφου* ταρταρωσας παρεδωκεν εἰς κρισιν τηρουμενους,
	17	και ὁμιχλαι ὑπο λαιλαπος ἐλαυνομεναι, οἱς ὁ *ζοφος* του σκοτους τετηρηται.
Ju	6	ἀγγελους τε τους μη τηρησαντας την ἑαυτων ἀρχην ἀλλα ἀπολιποντας το ἰδιον οἰκητηριον εἰς κρισιν μεγαλης ἡμερας δεσμοις ἀιδιοις ὑπο *ζοφον* τετηρηκεν·
	13	ἀστερες πλανηται, οἱς ὁ *ζοφος* του σκοτους εἰς αἰωνα τετηρηται.

ζυγος [6]

Mt	11 29	ἀρατε τον *ζυγον* μου ἐφ ὑμας και μαθετε ἀπ ἐμου, ὁτι πραυς εἰμι και ταπεινος τῃ καρδιᾳ,
	30	ὁ γαρ *ζυγος* μου χρηστος και το φορτιον μου ἐλαφρον ἐστιν.

ζυγος [6]

Ac	15 10	νυν ουν τι πειραζετε τον θεον, επιθειναι ζυγον επι τον τραχηλον των μαθητων, ον ουτε οι πατερες ημων ουτε ημεις ισχυσαμεν βαστασαι;
Ga	5 1	στηκετε ουν και μη παλιν ζυγω δουλειας ενεχεσθε.
1Tm	6 1	οσοι εισιν υπο ζυγον δουλοι, τους ιδιους δεσποτας πασης τιμης αξιους ηγεισθωσαν,
Apc	6 5	και ειδον, και ιδου ιππος μελας, και ο καθημενος επ αυτον εχων ζυγον εν τη χειρι αυτου.

ζυμη [13]

Mt	13 33	ομοια εστιν η βασιλεια των ουρανων ζυμη,
	16 6	ορατε και προσεχετε απο της ζυμης των φαρισαιων και σαδδουκαιων.
	11	πως ου νοειτε οτι ου περι αρτων ειπον υμιν; προσεχετε δε απο της ζυμης των φαρισαιων και σαδδουκαιων.
	12	τοτε συνηκαν οτι ουκ ειπεν προσεχειν απο της ζυμης των αρτων, αλλα απο της διδαχης των φαρισαιων και σαδδουκαιων.
Mc	8 15	ορατε, βλεπετε απο της ζυμης των φαρισαιων και της ζυμης ηρωδου.
	15	ορατε, βλεπετε απο της ζυμης των φαρισαιων και της ζυμης ηρωδου.
Lc	12 1	προσεχετε εαυτοις απο της ζυμης, ητις εστιν υποκρισις, των φαρισαιων.
	13 21	ομοια εστιν ζυμη, ην λαβουσα γυνη [εν]εκρυψεν εις αλευρου σατα τρια, εως ου εζυμωθη ολον.
1Co	5 6	ουκ οιδατε οτι μικρα ζυμη ολον το φυραμα ζυμοι;
	7	εκκαθαρατε την παλαιαν ζυμην, ινα ητε νεον φυραμα,
	8	ωστε εορταζωμεν μη εν ζυμη παλαια μηδε εν ζυμη κακιας και πονηριας, αλλ εν αζυμοις ειλικρινειας και αληθειας.
	8	ωστε εορταζωμεν μη εν ζυμη παλαια μηδε εν ζυμη κακιας και πονηριας, αλλ εν αζυμοις ειλικρινειας και αληθειας.
Ga	5 9	μικρα ζυμη ολον το φυραμα ζυμοι.

ζυμοω [4]

Mt	13 33	ην λαβουσα γυνη ενεκρυψεν εις αλευρου σατα τρια, εως ου εζυμωθη ολον.
Lc	13 21	ομοια εστιν ζυμη, ην λαβουσα γυνη [εν]εκρυψεν εις αλευρου σατα τρια, εως ου εζυμωθη ολον.
1Co	5 6	ουκ οιδατε οτι μικρα ζυμη ολον το φυραμα ζυμοι;
Ga	5 9	μικρα ζυμη ολον το φυραμα ζυμοι.

ζω [140]

Mt	4 4	ουκ επ αρτω μονω ζησεται ο ανθρωπος,
	9 18	αλλα ελθων επιθες την χειρα σου επ αυτην, και ζησεται.
	16 16	συ ει ο χριστος ο υιος του θεου του ζωντος.
	22 32	ουκ εστιν [ο] θεος νεκρων αλλα ζωντων.
	26 63	εξορκιζω σε κατα του θεου του ζωντος ινα ημιν ειπης ει συ ει ο χριστος ο υιος του θεου.
	27 63	κυριε, εμνησθημεν οτι εκεινος ο πλανος ειπεν ετι ζων· μετα τρεις ημερας εγειρομαι.
Mc	5 23	ινα ελθων επιθης τας χειρας αυτη, ινα σωθη και ζηση.
	12 27	ουκ εστιν θεος νεκρων αλλα ζωντων.
	16 11	κακεινοι ακουσαντες οτι ζη και εθεαθη υπ αυτης ηπιστησαν.
Lc	2 36	αυτη προβεβηκυια εν ημεραις πολλαις, ζησασα μετα ανδρος ετη επτα απο της παρθενιας αυτης,
	4 4	γεγραπται οτι ουκ επ αρτω μονω ζησεται ο ανθρωπος.
	10 28	ορθως απεκριθης· τουτο ποιει και ζηση.
	15 13	και εκει διεσκορπισεν την ουσιαν αυτου ζων ασωτως.
	32	ευφρανθηναι δε και χαρηναι εδει, οτι ο αδελφος σου ουτος νεκρος ην και εζησεν, και απολωλως και ευρεθη.
	20 38	θεος δε ουκ εστιν νεκρων αλλα ζωντων·
	38	θεος δε ουκ εστιν νεκρων αλλα ζωντων· παντες γαρ αυτω ζωσιν.
	24 5	τι ζητειτε τον ζωντα μετα των νεκρων;
	23	και μη ευρουσαι το σωμα αυτου ηλθον λεγουσαι και οπτασιαν αγγελων εωρακεναι, οι λεγουσιν αυτον ζην.
Jh	4 10	συ αν ητησας αυτον και εδωκεν αν σοι υδωρ ζων.
	11	ποθεν ουν εχεις το υδωρ το ζων;
	50	πορευου· ο υιος σου ζη.
	51	ηδη δε αυτου καταβαινοντος οι δουλοι αυτου υπηντησαν αυτω λεγοντες οτι ο παις αυτου ζη.
	53	εγνω ουν ο πατηρ οτι [εν] εκεινη τη ωρα εν η ειπεν αυτω ο ιησους· ο υιος σου ζη.

ζω [140]

Jh	5 25	αμην αμην λεγω υμιν οτι ερχεται ωρα και νυν εστιν οτε οι νεκροι ακουσουσιν της φωνης του υιου του θεου και οι ακουσαντες ζησουσιν.
	6 51	εγω ειμι ο αρτος ο ζων ο εκ του ουρανου καταβας·
	51	εαν τις φαγη εκ τουτου του αρτου, ζησει εις τον αιωνα·
	57	καθως απεστειλεν με ο ζων πατηρ καγω ζω δια τον πατερα,
	57	καθως απεστειλεν με ο ζων πατηρ καγω ζω δια τον πατερα,
	57	και ο τρωγων με κακεινος ζησει δι εμε.
	58	ο τρωγων τουτον τον αρτον ζησει εις τον αιωνα.
	7 38	ο πιστευων εις εμε, καθως ειπεν η γραφη, ποταμοι εκ της κοιλιας αυτου ρευσουσιν υδατος ζωντος.
	11 25	ο πιστευων εις εμε καν αποθανη ζησεται,
	26	και πας ο ζων και πιστευων εις εμε ου μη αποθανη εις τον αιωνα·
	14 19	υμεις δε θεωρειτε με, οτι εγω ζω και υμεις ζησετε.
	19	υμεις δε θεωρειτε με, οτι εγω ζω και υμεις ζησετε.
Ac	1 3	οις και παρεστησεν εαυτον ζωντα μετα το παθειν αυτον εν πολλοις τεκμηριοις,
	7 38	ος εδεξατο λογια ζωντα δουναι ημιν,
	9 41	φωνησας δε τους αγιους και τας χηρας παρεστησεν αυτην ζωσαν.
	10 42	και παρηγγειλεν ημιν κηρυξαι τω λαω και διαμαρτυρασθαι οτι ουτος εστιν ο ωρισμενος υπο του θεου κριτης ζωντων και νεκρων.
	14 15	και ημεις ομοιοπαθεις εσμεν υμιν ανθρωποι, ευαγγελιζομενοι υμας απο τουτων των ματαιων επιστρεφειν επι θεον ζωντα,
	17 28	εν αυτω γαρ ζωμεν και κινουμεθα και εσμεν,
	20 12	ηγαγον δε τον παιδα ζωντα, και παρεκληθησαν ου μετριως.
	22 22	αιρε απο της γης τον τοιουτον· ου γαρ καθηκεν αυτον ζην.
	25 19	ζητηματα δε τινα περι της ιδιας δεισιδαιμονιας ειχον προς αυτον και περι τινος ιησου τεθνηκοτος, ον εφασκεν ο παυλος ζην.
	24	θεωρειτε τουτον περι ου απαν το πληθος των ιουδαιων ενετυχον μοι εν τε ιεροσολυμοις και ενθαδε, βοωντες μη δειν αυτον ζην μηκετι.
	26 5	εαν θελωσι μαρτυρειν, οτι κατα την ακριβεστατην αιρεσιν της ημετερας θρησκειας εζησα φαρισαιος.
	28 4	παντως φονευς εστιν ο ανθρωπος ουτος, ον διασωθεντα εκ της θαλασσης η δικη ζην ουκ ειασεν.
Rm	1 17	ο δε δικαιος εκ πιστεως ζησεται.
	6 2	οιτινες απεθανομεν τη αμαρτια, πως ετι ζησομεν εν αυτη;
	10	ο γαρ απεθανεν, τη αμαρτια απεθανεν εφαπαξ· ο δε ζη, ζη τω θεω.
	10	ο γαρ απεθανεν, τη αμαρτια απεθανεν εφαπαξ· ο δε ζη, ζη τω θεω.
	11	ουτως και υμεις λογιζεσθε εαυτους [ειναι] νεκρους μεν τη αμαρτια ζωντας δε τω θεω εν χριστω ιησου.
	13	αλλα παραστησατε εαυτους τω θεω ωσει εκ νεκρων ζωντας και τα μελη υμων οπλα δικαιοσυνης τω θεω,
	7 1	η αγνοειτε, αδελφοι, γινωσκουσιν γαρ νομον λαλω, οτι ο νομος κυριευει του ανθρωπου εφ οσον χρονον ζη;
	2	η γαρ υπανδρος γυνη τω ζωντι ανδρι δεδεται νομω·
	3	αρα ουν ζωντος του ανδρος μοιχαλις χρηματισει εαν γενηται ανδρι ετερω·
	9	εγω δε εζων χωρις νομου ποτε·
	8 12	αρα ουν αδελφοι, οφειλεται εσμεν, ου τη σαρκι του κατα σαρκα ζην.
	13	ει γαρ κατα σαρκα ζητε, μελλετε αποθνησκειν·
	13	ει δε πνευματι τας πραξεις του σωματος θανατουτε, ζησεσθε.
	9 26	και εσται εν τω τοπω ου ερρεθη αυτοις· ου λαος μου υμεις, εκει κληθησονται υιοι θεου ζωντος.
	10 5	μωυσης γαρ γραφει την δικαιοσυνην την εκ [του] νομου οτι ο ποιησας αυτα ανθρωπος ζησεται εν αυτοις.
	12 1	παρακαλω ουν υμας, αδελφοι, δια των οικτιρμων του θεου, παραστησαι τα σωματα υμων θυσιαν ζωσαν αγιαν ευαρεστον τω θεω,
	14 7	ουδεις γαρ ημων εαυτω ζη, και ουδεις εαυτω αποθνησκει·
	8	εαν τε γαρ ζωμεν, τω κυριω ζωμεν, εαν τε αποθνησκωμεν, τω κυριω αποθνησκομεν.
	8	εαν τε γαρ ζωμεν, τω κυριω ζωμεν, εαν τε αποθνησκωμεν, τω κυριω αποθνησκομεν.
	8	εαν τε ουν ζωμεν εαν τε αποθνησκωμεν, του κυριου εσμεν.
	9	εις τουτο γαρ χριστος απεθανεν και εζησεν, ινα και νεκρων και ζωντων κυριευση.
	9	εις τουτο γαρ χριστος απεθανεν και εζησεν, ινα και νεκρων και ζωντων κυριευση.
	11	ζω εγω, λεγει κυριος, οτι εμοι καμψει παν γονυ,
1Co	7 39	γυνη δεδεται εφ οσον χρονον ζη ο ανηρ αυτης·

ζω [140]

1Co	9 14	οὕτως καὶ ὁ κυριος διεταξεν τοις το εὐαγγελιον καταγγελλουσιν ἐκ του εὐαγγελιου ζην.
	15 45	ἐγενετο ὁ πρωτος ἀνθρωπος ἀδαμ εἰς ψυχην ζωσαν·
2Co	1 8	ὅτι καθ ὑπερβολην ὑπερ δυναμιν ἐβαρηθημεν, ὥστε ἐξαπορηθηναι ἡμας καὶ του ζην·
	3 3	ἐγγεγραμμενη οὐ μελανι ἀλλα πνευματι θεου ζωντος, οὐκ ἐν πλαξιν λιθιναις ἀλλ ἐν πλαξιν καρδιαις σαρκιναις.
	4 11	ἀεὶ γαρ ἡμεις οἱ ζωντες εἰς θανατον παραδιδομεθα δια ἰησουν,
	5 15	καὶ ὑπερ παντων ἀπεθανεν ἱνα οἱ ζωντες μηκετι ἑαυτοις ζωσιν ἀλλα τω ὑπερ αὐτων ἀποθανοντι καὶ ἐγερθεντι.
	15	καὶ ὑπερ παντων ἀπεθανεν ἱνα οἱ ζωντες μηκετι ἑαυτοις ζωσιν ἀλλα τω ὑπερ αὐτων ἀποθανοντι καὶ ἐγερθεντι.
	6 9	ὡς ἀποθνησκοντες καὶ ἰδου ζωμεν, ὡς παιδευομενοι καὶ μη θανατουμενοι,
	16	ἡμεις γαρ ναος θεου ἐσμεν ζωντος·
	13 4	καὶ γαρ ἐσταυρωθη ἐξ ἀσθενειας, ἀλλα ζη ἐκ δυναμεως θεου.
	4	καὶ γαρ ἡμεις ἀσθενουμεν ἐν αὐτω, ἀλλα ζησομεν συν αὐτω ἐκ δυναμεως θεου εἰς ὑμας.
Ga	2 14	εἰ συ ἰουδαιος ὑπαρχων ἐθνικως καὶ οὐχι ἰουδαικως ζης, πῶς τα ἐθνη ἀναγκαζεις ἰουδαιζειν;
	19	ἐγω γαρ δια νομου νομω ἀπεθανον ἱνα θεω ζησω.
	20	ζω δε οὐκετι ἐγω, ζη δε ἐν ἐμοι χριστος·
	20	ζω δε οὐκετι ἐγω, ζη δε ἐν ἐμοι χριστος·
	20	ὁ δε νυν ζω ἐν σαρκι, ἐν πιστει ζω τη του υἱου του θεου του ἀγαπησαντος με καὶ παραδοντος ἑαυτον ὑπερ ἐμου.
	20	ὁ δε νυν ζω ἐν σαρκι, ἐν πιστει ζω τη του υἱου του θεου του ἀγαπησαντος με καὶ παραδοντος ἑαυτον ὑπερ ἐμου.
	3 11	ὅτι δε ἐν νομω οὐδεις δικαιουται παρα τω θεω δηλον, ὅτι ὁ δικαιος ἐκ πιστεως ζησεται·
	12	ὁ δε νομος οὐκ ἐστιν ἐκ πιστεως, ἀλλ ὁ ποιησας αὐτα ζησεται ἐν αὐτοις.
	5 25	εἰ ζωμεν πνευματι, πνευματι καὶ στοιχωμεν.
Php	1 21	ἐμοι γαρ το ζην χριστος καὶ το ἀποθανειν κερδος.
	22	εἰ δε το ζην ἐν σαρκι, τουτο μοι καρπος ἐργου, καὶ τί αἱρησομαι οὐ γνωριζω.
Col	2 20	εἰ ἀπεθανετε συν χριστω ἀπο των στοιχειων του κοσμου, τί ὡς ζωντες ἐν κοσμω δογματιζεσθε·
	3 7	ἐν οἱς καὶ ὑμεις περιεπατησατε ποτε, ὁτε ἐζητε ἐν τουτοις·
1Th	1 9	καὶ πῶς ἐπεστρεψατε προς τον θεον ἀπο των εἰδωλων δουλευειν θεω ζωντι καὶ ἀληθινω,
	3 8	ὅτι νυν ζωμεν ἐαν ὑμεις στηκετε ἐν κυριω.
	4 15	τουτο γαρ ὑμιν λεγομεν ἐν λογω κυριου, ὅτι ἡμεις οἱ ζωντες οἱ περιλειπομενοι εἰς την παρουσιαν του κυριου οὐ μη φθασωμεν τους κοιμηθεντας.
	17	ἐπειτα ἡμεις οἱ ζωντες οἱ περιλειπομενοι ἁμα συν αὐτοις ἀρπαγησομεθα ἐν νεφελαις εἰς ἀπαντησιν του κυριου εἰς ἀερα·
	5 10	ἱνα εἰτε γρηγορωμεν εἰτε καθευδωμεν ἁμα συν αὐτω ζησωμεν.
1Tm	3 15	ἱνα εἰδης πῶς δει ἐν οἰκω θεου ἀναστρεφεσθαι, ἡτις ἐστιν ἐκκλησια θεου ζωντος,
	4 10	εἰς τουτο γαρ κοπιωμεν καὶ ἀγωνιζομεθα, ὅτι ἠλπικαμεν ἐπι θεω ζωντι,
	5 6	ἡ δε σπαταλωσα ζωσα τεθνηκεν.
2Tm	3 12	καὶ παντες δε οἱ θελοντες εὐσεβως ζην ἐν χριστω ἰησου διωχθησονται.
	4 1	διαμαρτυρομαι ἐνωπιον του θεου καὶ χριστου ἰησου, του μελλοντος κρινειν ζωντας καὶ νεκρους,
Tit	2 12	παιδευουσα ἡμας, ἱνα ἀρνησαμενοι την ἀσεβειαν καὶ τας κοσμικας ἐπιθυμιας σωφρονως καὶ δικαιως καὶ εὐσεβως ζησωμεν ἐν τω νυν αἰωνι,
Heb	2 15	καὶ ἀπαλλαξη τουτους, ὁσοι φοβω θανατου δια παντος του ζην ἐνοχοι ἠσαν δουλειας.
	3 12	βλεπετε, ἀδελφοι, μηποτε ἐσται ἐν τινι ὑμων καρδια πονηρα ἀπιστιας ἐν τω ἀποστηναι ἀπο θεου ζωντος,
	4 12	ζων γαρ ὁ λογος του θεου καὶ ἐνεργης καὶ τομωτερος ὑπερ πασαν μαχαιραν διστομον
	7 8	καὶ ὧδε μεν δεκατας ἀποθνησκοντες ἀνθρωποι λαμβανουσιν, ἐκει δε μαρτυρουμενος ὅτι ζη.
	25	ὁθεν καὶ σωζειν εἰς το παντελες δυναται τους προσερχομενους δι αὐτου τω θεω, παντοτε ζων εἰς το ἐντυγχανειν ὑπερ αὐτων.
	9 14	ποσω μαλλον το αἱμα του χριστου, ὁς δια πνευματος αἰωνιου ἑαυτον προσηνεγκεν ἀμωμον τω θεω, καθαριει την συνειδησιν ἡμων ἀπο νεκρων ἐργων εἰς το λατρευειν θεω ζωντι.
	17	διαθηκη γαρ ἐπι νεκροις βεβαια, ἐπει μηποτε ἰσχυει ὁτε ζη ὁ διαθεμενος.

ζω [140]

Heb	10 20	ἐχοντες οὐν, ἀδελφοι, παρρησιαν εἰς την εἰσοδον των ἁγιων ἐν τω αἱματι ἰησου, ἡν ἐνεκαινισεν ἡμιν ὁδον προσφατον καὶ ζωσαν
	31	φοβερον το ἐμπεσειν εἰς χειρας θεου ζωντος.
	38	ὁ δε δικαιος μου ἐκ πιστεως ζησεται,
	12 9	οὐ πολυ [δε] μαλλον ὑποταγησομεθα τω πατρι των πνευματων καὶ ζησομεν;
	22	ἀλλα προσεληλυθατε σιων ὀρει καὶ πολει θεου ζωντος,
Ja	4 15	ἐαν ὁ κυριος θεληση, καὶ ζησομεν καὶ ποιησομεν τουτο ἠ ἐκεινο.
1Pt	1 3	ὁ κατα το πολυ αὐτου ἐλεος ἀναγεννησας ἡμας εἰς ἐλπιδα ζωσαν δι ἀναστασεως ἰησου χριστου ἐκ νεκρων,
	23	ἀναγεγεννημενοι οὐκ ἐκ σπορας φθαρτης ἀλλα ἀφθαρτου δια λογου ζωντος θεου καὶ μενοντος.
	2 4	προς ὁν προσερχομενοι, λιθον ζωντα, ὑπο ἀνθρωπων μεν ἀποδεδοκιμασμενον παρα δε θεω ἐκλεκτον ἐντιμον,
	5	καὶ αὐτοι ὡς λιθοι ζωντες οἰκοδομεισθε οἰκος πνευματικος εἰς ἱερατευμα ἁγιον,
	24	ἱνα ταις ἁμαρτιαις ἀπογενομενοι τη δικαιοσυνη ζησωμεν·
	4 5	οἱ ἀποδωσουσιν λογον τω ἐτοιμως ἐχοντι κριναι ζωντας καὶ νεκρους.
	6	ἱνα κριθωσι μεν κατα ἀνθρωπους σαρκι, ζωσι δε κατα θεον πνευματι.
1Jh	4 9	ἐν τουτω ἐφανερωθη ἡ ἀγαπη του θεου ἐν ἡμιν, ὅτι τον υἱον αὐτου τον μονογενη ἀπεσταλκεν ὁ θεος εἰς τον κοσμον ἱνα ζησωμεν δι αὐτου.
Apc	1 18	ἐγω εἰμι ὁ πρωτος καὶ ὁ ἐσχατος καὶ ὁ ζων,
	18	καὶ ἐγενομην νεκρος καὶ ἰδου ζων εἰμι εἰς τους αἰωνας των αἰωνων,
	2 8	ταδε λεγει ὁ πρωτος καὶ ὁ ἐσχατος, ὁς ἐγενετο νεκρος καὶ ἐζησεν·
	3 1	οἰδα σου τα ἐργα, ὅτι ὀνομα ἐχεις ὅτι ζης, καὶ νεκρος εἰ.
	4 9	καὶ ὁταν δωσουσιν τα ζωα δοξαν καὶ τιμην καὶ εὐχαριστιαν τω καθημενω ἐπι τω θρονω τω ζωντι εἰς τους αἰωνας των αἰωνων, πεσουνται οἱ εἰκοσιτεσσαρες πρεσβυτεροι
	10	καὶ προσκυνησουσιν τω ζωντι εἰς τους αἰωνας των αἰωνων,
	7 2	καὶ εἰδον ἀλλον ἀγγελον ἀναβαινοντα ἀπο ἀνατολης ἡλιου, ἐχοντα σφραγιδα θεου ζωντος,
	10 6	καὶ ὠμοσεν ἐν τω ζωντι εἰς τους αἰωνας των αἰωνων,
	13 14	λεγων τοις κατοικουσιν ἐπι της γης ποιησαι εἰκονα τω θηριω, ὁς ἐχει την πληγην της μαχαιρης καὶ ἐζησεν.
	15 7	καὶ ἑν ἐκ των τεσσαρων ζωων ἐδωκεν τοις ἑπτα ἀγγελοις ἑπτα φιαλας χρυσας γεμουσας του θυμου του θεου του ζωντος εἰς τους αἰωνας των αἰωνων.
	19 20	ζωντες ἐβληθησαν οἱ δυο εἰς την λιμνην του πυρος της καιομενης ἐν θειω.
	20 4	καὶ ἐζησαν καὶ ἐβασιλευσαν μετα του χριστου χιλια ἐτη.
	5	οἱ λοιποι των νεκρων οὐκ ἐζησαν ἀχρι τελεσθη τα χιλια ἐτη.

ζωγρεω [2]

Lc	5 10	μη φοβου· ἀπο του νυν ἀνθρωπους ἐση ζωγρων.
2Tm	2 26	καὶ ἀνανηψωσιν ἐκ της του διαβολου παγιδος, ἐζωγρημενοι ὑπ αὐτου εἰς το ἐκεινου θελημα.

ζωη [135]

Mt	7 14	τί στενη ἡ πυλη καὶ τεθλιμμενη ἡ ὁδος ἡ ἀπαγουσα εἰς την ζωην,
	18 8	καλον σοι ἐστιν εἰσελθειν εἰς την ζωην κυλλον ἠ χωλον, ἠ δυο χειρας ἠ δυο ποδας ἐχοντα βληθηναι εἰς το πυρ το αἰωνιον·
	9	καλον σοι ἐστιν μονοφθαλμον εἰς την ζωην εἰσελθειν, ἠ δυο ὀφθαλμους ἐχοντα βληθηναι εἰς την γεενναν του πυρος.
	19 16	διδασκαλε, τί ἀγαθον ποιησω ἱνα σχω ζωην αἰωνιον;
	17	εἰ δε θελεις εἰς την ζωην εἰσελθειν, τηρησον τας ἐντολας.
	29	καὶ πας ὁστις ἀφηκεν οἰκιας ἠ ἀδελφους ἠ ἀδελφας ἠ πατερα ἠ μητερα ἠ τεκνα ἠ ἀγρους ἑνεκεν του ὀνοματος μου, ἑκατονταπλασιονα λημψεται καὶ ζωην αἰωνιον κληρονομησει.
	25 46	καὶ ἀπελευσονται οὑτοι εἰς κολασιν αἰωνιον, οἱ δε δικαιοι εἰς ζωην αἰωνιον.
Mc	9 43	καλον ἐστιν σε κυλλον εἰσελθειν εἰς την ζωην, ἠ τας δυο χειρας ἐχοντα ἀπελθειν εἰς την γεενναν, εἰς το πυρ το ἀσβεστον.
	45	καλον ἐστιν σε εἰσελθειν εἰς την ζωην χωλον, ἠ τους δυο ποδας ἐχοντα βληθηναι εἰς την γεενναν.
	10 17	διδασκαλε ἀγαθε, τί ποιησω ἱνα ζωην αἰωνιον κληρονομησω;

ζωη [135]

Mc	10 30	ἐαν μη λαβη ἑκατονταπλασιονα νυν ἐν τω καιρω τουτω οἰκιας και ἀδελφους και ἀδελφας και μητερας και τεκνα και ἀγρους μετα διωγμων, και ἐν τω αἰωνι τω ἐρχομενω ζωην αἰωνιον.
Lc	10 25	διδασκαλε, τί ποιησας ζωην αἰωνιον κληρονομησω;
	12 15	ὁρατε και φυλασσεσθε ἀπο πασης πλεονεξιας, ὁτι οὐκ ἐν τω περισσευειν τινι ἡ ζωη αὐτου ἐστιν ἐκ των ὑπαρχοντων αὐτω.
	16 25	τεκνον, μνησθητι ὁτι ἀπελαβες τα ἀγαθα σου ἐν τη ζωη σου, και λαζαρος ὁμοιως τα κακα·
	18 18	διδασκαλε ἀγαθε, τί ποιησας ζωην αἰωνιον κληρονομησω;
	30	ὁς οὐχι μη [ἀπο]λαβη πολλαπλασιονα ἐν τω καιρω τουτω και ἐν τω αἰωνι τω ἐρχομενω ζωην αἰωνιον.
Jh	1 4	ἐν αὐτω ζωη ἠν, και ἡ ζωη ἠν το φως των ἀνθρωπων·
	4	και ἡ ζωη ἠν το φως των ἀνθρωπων·
	3 15	οὑτως ὑψωθηναι δει τον υἱον του ἀνθρωπου, ἰνα πας ὁ πιστευων ἐν αὐτω ἐχη ζωην αἰωνιον.
	16	ὡστε τον υἱον τον μονογενη ἐδωκεν, ἰνα πας ὁ πιστευων εἰς αὐτον μη ἀποληται ἀλλ ἐχη ζωην αἰωνιον.
	36	ὁ πιστευων εἰς τον υἱον ἐχει ζωην αἰωνιον·
	36	ὁ δε ἀπειθων τω υἱω οὐκ ὀψεται ζωην,
	4 14	οὐ μη διψησει εἰς τον αἰωνα, ἀλλα το ὑδωρ ὁ δωσω αὐτω γενησεται ἐν αὐτω πηγη ὑδατος ἀλλομενου εἰς ζωην αἰωνιον.
	36	ἡδη ὁ θεριζων μισθον λαμβανει και συναγει καρπον εἰς ζωην αἰωνιον,
	5 24	ἀμην ἀμην λεγω ὑμιν ὁτι ὁ τον λογον μου ἀκουων και πιστευων τω πεμψαντι με ἐχει ζωην αἰωνιον·
	24	και εἰς κρισιν οὐκ ἐρχεται ἀλλα μεταβεβηκεν ἐκ του θανατου εἰς την ζωην.
	26	ὡσπερ γαρ ὁ πατηρ ἐχει ζωην ἐν ἑαυτω, οὑτως και τω υἱω ἐδωκεν ζωην ἐχειν ἐν ἑαυτω.
	26	ὡσπερ γαρ ὁ πατηρ ἐχει ζωην ἐν ἑαυτω, οὑτως και τω υἱω ἐδωκεν ζωην ἐχειν ἐν ἑαυτω.
	29	μη θαυμαζετε τουτο, ὁτι ἐρχεται ὡρα ἐν ἡ παντες οἱ ἐν τοις μνημειοις ἀκουσουσιν της φωνης αὐτου και ἐκπορευσονται οἱ τα ἀγαθα ποιησαντες εἰς ἀναστασιν ζωης,
	39	ἐραυνατε τας γραφας, ὁτι ὑμεις δοκειτε ἐν αὐταις ζωην αἰωνιον ἐχειν·
	40	και οὐ θελετε ἐλθειν προς με ἰνα ζωην ἐχητε.
	6 27	ἐργαζεσθε μη την βρωσιν την ἀπολλυμενην, ἀλλα την βρωσιν την μενουσαν εἰς ζωην αἰωνιον, ἡν ὁ υἱος του ἀνθρωπου ὑμιν δωσει·
	33	ὁ γαρ ἀρτος του θεου ἐστιν ὁ καταβαινων ἐκ του οὐρανου και ζωην διδους τω κοσμω.
	35	ἐγω εἰμι ὁ ἀρτος της ζωης·
	40	τουτο γαρ ἐστιν το θελημα του πατρος μου, ἰνα πας ὁ θεωρων τον υἱον και πιστευων εἰς αὐτον ἐχη ζωην αἰωνιον,
	47	ὁ πιστευων ἐχει ζωην αἰωνιον.
	48	ἐγω εἰμι ὁ ἀρτος της ζωης.
	51	και ὁ ἀρτος δε ὁν ἐγω δωσω ἡ σαρξ μου ἐστιν ὑπερ της του κοσμου ζωης.
	53	ἐαν μη φαγητε την σαρκα του υἱου του ἀνθρωπου και πιητε αὐτου το αἱμα, οὐκ ἐχετε ζωην ἐν ἑαυτοις.
	54	ὁ τρωγων μου την σαρκα και πινων μου το αἱμα ἐχει ζωην αἰωνιον,
	63	τα ρηματα ἀ ἐγω λελαληκα ὑμιν πνευμα ἐστιν και ζωη ἐστιν.
	68	ρηματα ζωης αἰωνιου ἐχεις· και ἡμεις πεπιστευκαμεν και ἐγνωκαμεν ὁτι συ εἰ ὁ ἁγιος του θεου.
	8 12	ὁ ἀκολουθων ἐμοι οὐ μη περιπατηση ἐν τη σκοτια, ἀλλ ἑξει το φως της ζωης.
	10 10	ἐγω ἠλθον ἰνα ζωην ἐχωσιν και περισσον ἐχωσιν.
	28	καγω διδωμι αὐτοις ζωην αἰωνιον, και οὐ μη ἀπολωνται εἰς τον αἰωνα,
	11 25	ἐγω εἰμι ἡ ἀναστασις και ἡ ζωη·
	12 25	και ὁ μισων την ψυχην αὐτου ἐν τω κοσμω τουτω εἰς ζωην αἰωνιον φυλαξει αὐτην.
	50	και οἰδα ὁτι ἡ ἐντολη αὐτου ζωη αἰωνιος ἐστιν.
	14 6	ἐγω εἰμι ἡ ὁδος και ἡ ἀληθεια και ἡ ζωη·
	17 2	καθως ἐδωκας αὐτω ἐξουσιαν πασης σαρκος, ἰνα παν ὁ δεδωκας αὐτω δωση αὐτοις ζωην αἰωνιον.
	3	αὑτη δε ἐστιν ἡ αἰωνιος ζωη, ἰνα γινωσκωσιν σε τον μονον ἀληθινον θεον και ὁν ἀπεστειλας ἰησουν χριστον.
	20 31	ταυτα δε γεγραπται ἰνα πιστευ[σ]ητε ὁτι ἰησους ἐστιν ὁ χριστος ὁ υἱος του θεου, και ἰνα πιστευοντες ζωην ἐχητε ἐν τω ὀνοματι αὐτου.
Aċ	2 28	ἐγνωρισας μοι ὁδους ζωης, πληρωσεις με εὐφροσυνης μετα του προσωπου σου.
	3 15	και ἠτησασθε ἀνδρα φονεα χαρισθηναι ὑμιν, τον δε ἀρχηγον της ζωης ἀπεκτεινατε,

ζωη [135]

Aċ	5 20	πορευεσθε και σταθεντες λαλειτε ἐν τω ἱερω τω λαω παντα τα ρηματα της ζωης ταυτης.
	8 33	την γενεαν αὐτου τίς διηγησεται; ὁτι αἰρεται ἀπο της γης ἡ ζωη αὐτου.
	11 18	ἀρα και τοις ἐθνεσιν ὁ θεος την μετανοιαν εἰς ζωην ἐδωκεν.
	13 46	ἐπειδη ἀπωθεισθε αὐτον και οὐκ ἀξιους κρινετε ἑαυτους της αἰωνιου ζωης, ἰδου στρεφομεθα εἰς τα ἐθνη.
	48	ἀκουοντα δε τα ἐθνη ἐχαιρον και ἐδοξαζον τον λογον του κυριου, και ἐπιστευσαν ὁσοι ἠσαν τεταγμενοι εἰς ζωην αἰωνιον.
	17 25	οὐδε ὑπο χειρων ἀνθρωπινων θεραπευεται προσδεομενος τινος, αὐτος διδους πασι ζωην και πνοην και τα παντα·
Rm	2 7	τοις μεν καθ ὑπομονην ἐργου ἀγαθου δοξαν και τιμην και ἀφθαρσιαν ζητουσιν ζωην αἰωνιον·
	5 10	εἰ γαρ ἐχθροι ὀντες κατηλλαγημεν τω θεω δια του θανατου του υἱου αὐτου, πολλω μαλλον καταλλαγεντες σωθησομεθα ἐν τη ζωη αὐτου·
	17	πολλω μαλλον οἱ την περισσειαν της χαριτος και της δωρεας της δικαιοσυνης λαμβανοντες ἐν ζωη βασιλευσουσιν δια του ἑνος ἰησου χριστου.
	18	ἀρα οὐν ὡς δι ἑνος παραπτωματος εἰς παντας ἀνθρωπους εἰς κατακριμα, οὑτως και δι ἑνος δικαιωματος εἰς παντας ἀνθρωπους εἰς δικαιωσιν ζωης·
	21	ἰνα ὡσπερ ἐβασιλευσεν ἡ ἁμαρτια ἐν τω θανατω, οὑτως και ἡ χαρις βασιλευση δια δικαιοσυνης εἰς ζωην αἰωνιον δια ἰησου χριστου του κυριου ἡμων.
	6 4	ἰνα ὡσπερ ἠγερθη χριστος ἐκ νεκρων δια της δοξης του πατρος, οὑτως και ἡμεις ἐν καινοτητι ζωης περιπατησωμεν.
	22	ἐχετε τον καρπον ὑμων εἰς ἁγιασμον, το δε τελος ζωην αἰωνιον.
	23	τα γαρ ὀψωνια της ἁμαρτιας θανατος, το δε χαρισμα του θεου ζωη αἰωνιος ἐν χριστω ἰησου τω κυριω ἡμων.
	7 10	ἐγω δε ἀπεθανον, και εὑρεθη μοι ἡ ἐντολη ἡ εἰς ζωην,
	8 2	ὁ γαρ νομος του πνευματος της ζωης ἐν χριστω ἰησου ἠλευθερωσεν σε ἀπο του νομου της ἁμαρτιας και του θανατου.
	6	το γαρ φρονημα της σαρκος θανατος, το δε φρονημα του πνευματος ζωη και εἰρηνη.
	10	εἰ δε χριστος ἐν ὑμιν, το μεν σωμα νεκρον δια ἁμαρτιαν, το δε πνευμα ζωη δια δικαιοσυνην.
	38	πεπεισμαι γαρ ὁτι οὐτε θανατος οὐτε ζωη οὐτε ἀγγελοι οὐτε ἀρχαι οὐτε ἐνεστωτα οὐτε μελλοντα οὐτε δυναμεις οὐτε ὑψωμα οὐτε βαθος οὐτε τις κτισις ἑτερα δυνησεται ἡμας χωρισαι ἀπο της ἀγαπης του θεου της ἐν χριστω ἰησου τω κυριω ἡμων.
	11 15	εἰ γαρ ἡ ἀποβολη αὐτων καταλλαγη κοσμου, τίς ἡ προσλημψις εἰ μη ζωη ἐκ νεκρων;
1Co	3 22	εἰτε κοσμος εἰτε ζωη εἰτε θανατος, εἰτε ἐνεστωτα εἰτε μελλοντα, παντα ὑμων,
	15 19	εἰ ἐν τη ζωη ταυτη ἐν χριστω ἠλπικοτες ἐσμεν μονον, ἐλεεινοτεροι παντων ἀνθρωπων ἐσμεν.
2Co	2 16	οἱς μεν ὀσμη ἐκ θανατου εἰς θανατον, οἱς δε ὀσμη ἐκ ζωης εἰς ζωην.
	16	οἱς μεν ὀσμη ἐκ θανατου εἰς θανατον, οἱς δε ὀσμη ἐκ ζωης εἰς ζωην.
	4 10	παντοτε την νεκρωσιν του ἰησου ἐν τω σωματι περιφεροντες, ἰνα και ἡ ζωη του ἰησου ἐν τω σωματι ἡμων φανερωθη.
	11	ἀει γαρ ἡμεις οἱ ζωντες εἰς θανατον παραδιδομεθα δια ἰησουν, ἰνα και ἡ ζωη του ἰησου φανερωθη ἐν τη θνητη σαρκι ἡμων.
	12	ὡστε ὁ θανατος ἐν ἡμιν ἐνεργειται, ἡ δε ζωη ἐν ὑμιν.
	5 4	ἐφ ὡ οὐ θελομεν ἐκδυσασθαι ἀλλ ἐπενδυσασθαι, ἰνα καταποθη το θνητον ὑπο της ζωης.
Ga	6 8	ὁ δε σπειρων εἰς το πνευμα ἐκ του πνευματος θερισει ζωην αἰωνιον.
Eph	4 18	ἐσκοτωμενοι τη διανοια ὀντες, ἀπηλλοτριωμενοι της ζωης του θεου,
Php	1 20	ἀλλ ἐν παση παρρησια ὡς παντοτε και νυν μεγαλυνθησεται χριστος ἐν τω σωματι μου, εἰτε δια ζωης εἰτε δια θανατου.
	2 16	λογον ζωης ἐπεχοντες, εἰς καυχημα ἐμοι εἰς ἡμεραν χριστου,
	4 3	αἱτινες ἐν τω εὐαγγελιω συνηθλησαν μοι μετα και κλημεντος και των λοιπων συνεργων μου, ὡν τα ὀνοματα ἐν βιβλω ζωης.
Col	3 3	ἀπεθανετε γαρ, και ἡ ζωη ὑμων κεκρυπται συν τω χριστω ἐν τω θεω·
	4	ὁταν ὁ χριστος φανερωθη, ἡ ζωη ὑμων, τοτε και ὑμεις συν αὐτω φανερωθησεσθε ἐν δοξη.
1Tm	1 16	προς ὑποτυπωσιν των μελλοντων πιστευειν ἐπ αὐτω εἰς ζωην αἰωνιον.

ζωη [135]

1Tm	4 8	ἡ δε εὐσεβεια προς παντα ὠφελιμος ἐστιν, ἐπαγγελιαν ἐχουσα ζωῆς τῆς νυν και τῆς μελλουσης.
	6 12	ἀγωνιζου τον καλον ἀγωνα τῆς πιστεως, ἐπιλαβου τῆς αἰωνιου ζωῆς,
	19	ἀποθησαυριζοντας ἑαυτοις θεμελιον καλον εἰς το μελλον, ἱνα ἐπιλαβωνται τῆς ὀντως ζωῆς.
2Tm	1 1	παυλος ἀποστολος χριστου Ἰησου δια θελήματος θεου κατ ἐπαγγελιαν ζωῆς τῆς ἐν χριστω Ἰησου
	10	του σωτηρος ἡμων χριστου Ἰησου, καταργησαντος μεν τον θανατον φωτισαντος δε ζωην και ἀφθαρσιαν
Tit	1 2	ἐπ ἐλπιδι ζωῆς αἰωνιου, ἡν ἐπηγγειλατο ὁ ἀψευδης θεος προ χρονων αἰωνιων,
	3 7	ἱνα δικαιωθεντες τη ἐκεινου χαριτι κληρονομοι γενηθωμεν κατ ἐλπιδα ζωῆς αἰωνιου.
Heb	7 3	μητε ἀρχην ἡμερων μητε ζωῆς τελος ἐχων,
	16	εἰ κατα την ὁμοιοτητα μελχισεδεκ ἀνισταται ἱερευς ἑτερος, ὁς οὐ κατα νομον ἐντολης σαρκινης γεγονεν ἀλλα κατα δυναμιν ζωῆς ἀκαταλυτου.
Ja	1 12	μακαριος ἀνηρ ὁς ὑπομενει πειρασμον, ὁτι δοκιμος γενομενος λημψεται τον στεφανον τῆς ζωῆς,
	4 14	οἱτινες οὐκ ἐπιστασθε το τῆς αὐριον ποια ἡ ζωη ὑμων.
1Pt	3 7	ἀπονεμοντες τιμην ὡς και συγκληρονομοις χαριτος ζωῆς,
	10	ὁ γαρ θελων ζωην ἀγαπαν και ἰδειν ἡμερας ἀγαθας παυσατω την γλωσσαν ἀπο κακου
2Pt	1 3	ὡς παντα ἡμιν τῆς θειας δυναμεως αὐτου τα προς ζωην και εὐσεβειαν δεδωρημενης δια τῆς ἐπιγνωσεως
1Jh	1 1	ὁ ἐθεασαμεθα και αἱ χειρες ἡμων ἐψηλαφησαν, περι του λογου τῆς ζωῆς,
	2	ὁ ἐθεασαμεθα και αἱ χειρες ἡμων ἐψηλαφησαν, περι του λογου τῆς ζωῆς, και ἡ ζωη ἐφανερωθη,
	2	και ἑωρακαμεν και μαρτυρουμεν και ἀπαγγελλομεν ὑμιν την ζωην την αἰωνιον,
	2 25	και αὑτη ἐστιν ἡ ἐπαγγελια ἡν αὐτος ἐπηγγειλατο ἡμιν, την ζωην την αἰωνιον.
	3 14	ἡμεις οἰδαμεν ὁτι μεταβεβηκαμεν ἐκ του θανατου εἰς την ζωην,
	15	και οἰδατε ὁτι πας ἀνθρωποκτονος οὐκ ἐχει ζωην αἰωνιον ἐν αὐτω μενουσαν.
	5 11	και αὑτη ἐστιν ἡ μαρτυρια, ὁτι ζωην αἰωνιον ἐδωκεν ἡμιν ὁ θεος,
	11	και αὑτη ἡ ζωη ἐν τω υἱω αὐτου ἐστιν.
	12	ὁ ἐχων τον υἱον ἐχει την ζωην·
	12	ὁ μη ἐχων τον υἱον του θεου την ζωην οὐκ ἐχει.
	13	ταυτα ἐγραψα ὑμιν ἱνα εἰδητε ὁτι ζωην ἐχετε αἰωνιον,
	16	και δωσει αὐτω ζωην, τοις ἁμαρτανουσιν μη προς θανατον.
	20	οὑτος ἐστιν ὁ ἀληθινος θεος και ζωη αἰωνιος.
Ju	21	ἑαυτους ἐν ἀγαπη θεου τηρησατε, προσδεχομενοι το ἐλεος του κυριου ἡμων Ἰησου χριστου εἰς ζωην αἰωνιον.
Apc	2 7	τω νικωντι δωσω αὐτω φαγειν ἐκ του ξυλου τῆς ζωῆς,
	10	γινου πιστος ἀχρι θανατου, και δωσω σοι τον στεφανον τῆς ζωῆς.
	3 5	και οὐ μη ἐξαλειψω το ὀνομα αὐτου ἐκ τῆς βιβλου τῆς ζωῆς,
	7 17	ὁτι το ἀρνιον το ἀνα μεσον του θρονου ποιμανει αὐτους και ὁδηγησει αὐτους ἐπι ζωῆς πηγας ὑδατων·
	11 11	και μετα τας τρεις ἡμερας και ἡμισυ πνευμα ζωῆς ἐκ του θεου εἰσηλθεν ἐν αὐτοις,
	13 8	και προσκυνησουσιν αὐτον παντες οἱ κατοικουντες ἐπι τῆς γης, οὑ οὐ γεγραπται το ὀνομα αὐτου ἐν τω βιβλιω τῆς ζωῆς του ἀρνιου
	16 3	και ἐγενετο αἱμα ὡς νεκρου, και πασα ψυχη ζωῆς ἀπεθανεν,
	17 8	και θαυμασθησονται οἱ κατοικουντες ἐπι τῆς γης, ὡν οὐ γεγραπται το ὀνομα ἐπι το βιβλιον τῆς ζωῆς ἀπο καταβολης κοσμου,
	20 12	και ἀλλο βιβλιον ἠνοιχθη, ὁ ἐστιν τῆς ζωῆς·
	15	και εἰ τις οὐχ εὑρεθη ἐν τη βιβλω τῆς ζωῆς γεγραμμενος, ἐβληθη εἰς την λιμνην του πυρος.
	21 6	ἐγω τω διψωντι δωσω ἐκ τῆς πηγης του ὑδατος τῆς ζωῆς δωρεαν.
	27	και οὐ μη εἰσελθη εἰς αὐτην παν κοινον και [ὁ] ποιων βδελυγμα και ψευδος, εἰ μη οἱ γεγραμμενοι ἐν τω βιβλιω τῆς ζωῆς του ἀρνιου.
	22 1	και ἐδειξεν μοι ποταμον ὑδατος ζωῆς λαμπρον ὡς κρυσταλλον,
	2	ἐν μεσω τῆς πλατειας αὐτης και του ποταμου ἐντευθεν και ἐκειθεν ξυλον ζωῆς
	14	μακαριοι οἱ πλυνοντες τας στολας αὐτων, ἱνα ἐσται ἡ ἐξουσια αὐτων ἐπι το ξυλον τῆς ζωῆς
	17	και ὁ διψων ἐρχεσθω, ὁ θελων λαβετω ὑδωρ ζωῆς δωρεαν.

ζωη [135]

Apc	22 19	και ἐαν τις ἀφελη ἀπο των λογων του βιβλιου τῆς προφητειας ταυτης, ἀφελει ὁ θεος το μερος αὐτου ἀπο του ξυλου τῆς ζωῆς

ζωνη [8]

Mt	3 4	αὐτος δε ὁ Ἰωαννης εἰχεν το ἐνδυμα αὐτου ἀπο τριχων καμηλου και ζωνην δερματινην περι την ὀσφυν αὐτου·
	10 9	μη κτησησθε χρυσον μηδε ἀργυρον μηδε χαλκον εἰς τας ζωνας ὑμων.
Mc	1 6	και ἠν ὁ Ἰωαννης ἐνδεδυμενος τριχας καμηλου και ζωνην δερματινην περι την ὀσφυν αὐτου,
	6 8	και παρηγγειλεν αὐτοις ἱνα μηδεν αἱρωσιν εἰς ὁδον εἰ μη ῥαβδον μονον, μη ἀρτον, μη πηραν, μη εἰς την ζωνην χαλκον,
Ac	21 11	και ἐλθων προς ἡμας και ἀρας την ζωνην του παυλου, δησας ἑαυτου τους ποδας και τας χειρας εἰπεν·
	11	τον ἀνδρα οὑ ἐστιν ἡ ζωνη αὑτη οὑτως δησουσιν ἐν ἱερουσαλημ οἱ ἰουδαιοι και παραδωσουσιν εἰς χειρας ἐθνων.
Apc	1 13	και ἐν μεσω των λυχνιων ὁμοιον υἱον ἀνθρωπου, ἐνδεδυμενον ποδηρη και περιεζωσμενον προς τοις μαστοις ζωνην χρυσαν·
	15 6	ἐνδεδυμενοι λινον καθαρον λαμπρον και περιεζωσμενοι περι τα στηθη ζωνας χρυσας.

ζωννυμι [3]

Jh	21 18	ὁτε ἠς νεωτερος, ἐζωννυες σεαυτον και περιεπατεις ὁπου ἠθελες·
	18	ὁταν δε γηρασης, ἐκτενεις τας χειρας σου, και ἀλλος σε ζωσει και οἰσει ὁπου οὐ θελεις.
Ac	12 8	ζωσαι και ὑποδησαι τα σανδαλια σου.

ζωογονεω [3]

Lc	17 33	ὁς ἐαν ζητηση την ψυχην αὐτου περιποιησασθαι, ἀπολεσει αὐτην, ὁς δ ἀν ἀπολεση, ζωογονησει αὐτην.
Ac	7 19	οὑτος κατασοφισαμενος το γενος ἡμων ἐκακωσεν τους πατερας [ἡμων] του ποιειν τα βρεφη ἐκθετα αὐτων εἰς το μη ζωογονεισθαι.
1Tm	6 13	παραγγελλω [σοι] ἐνωπιον του θεου του ζωογονουντος τα παντα και χριστου Ἰησου του μαρτυρησαντος ἐπι ποντιου πιλατου την καλην ὁμολογιαν,

ζωον [23]

Heb	13 11	ὡν γαρ εἰσφερεται ζωων το αἱμα περι ἁμαρτιας εἰς τα ἁγια δια του ἀρχιερεως, τουτων τα σωματα κατακαιεται ἐξω τῆς παρεμβολης.
2Pt	2 12	οὑτοι δε, ὡς ἀλογα ζωα γεγεννημενα φυσικα εἰς ἁλωσιν και φθοραν, ἐν οἱς ἀγνοουσιν βλασφημουντες,
Ju	10	ὁσα δε φυσικως ὡς τα ἀλογα ζωα ἐπιστανται, ἐν τουτοις φθειρονται.
Apc	4 6	και ἐν μεσω του θρονου και κυκλω του θρονου τεσσαρα ζωα γεμοντα ὀφθαλμων ἐμπροσθεν και ὀπισθεν.
	7	και το ζωον το πρωτον ὁμοιον λεοντι,
	7	και το δευτερον ζωον ὁμοιον μοσχω,
	7	και το τριτον ζωον ἐχων το προσωπον ὡς ἀνθρωπου,
	7	και το τεταρτον ζωον ὁμοιον ἀετω πετομενω.
	8	και τα τεσσαρα ζωα, ἐν καθ ἐν αὐτων ἐχων ἀνα πτερυγας ἑξ, κυκλοθεν και ἐσωθεν γεμουσιν ὀφθαλμων·
	9	και ὁταν δωσουσιν τα ζωα δοξαν και τιμην και εὐχαριστιαν τω καθημενω ἐπι τω θρονω τω ζωντι εἰς τους αἰωνας των αἰωνων, πεσουνται οἱ εἰκοσιτεσσαρες πρεσβυτεροι
	5 6	και εἰδον ἐν μεσω του θρονου και των τεσσαρων ζωων και ἐν μεσω των πρεσβυτερων ἀρνιον ἑστηκος ὡς ἐσφαγμενον,
	8	και ὁτε ἐλαβεν το βιβλιον, τα τεσσαρα ζωα και οἱ εἰκοσιτεσσαρες πρεσβυτεροι ἐπεσαν ἐνωπιον του ἀρνιου,
	11	και εἰδον, και ἠκουσα φωνην ἀγγελων πολλων κυκλω του θρονου και των ζωων και των πρεσβυτερων,
	14	και τα τεσσαρα ζωα ἐλεγον·
	6 1	και ἠκουσα ἑνος ἐκ των τεσσαρων ζωων λεγοντος ὡς φωνη βροντης·
	3	και ὁτε ἠνοιξεν την σφραγιδα την δευτεραν, ἠκουσα του δευτερου ζωου λεγοντος·
	5	και ὁτε ἠνοιξεν την σφραγιδα την τριτην, ἠκουσα του τριτου ζωου λεγοντος·
	6	και ἠκουσα ὡς φωνην ἐν μεσω των τεσσαρων ζωων λεγουσαν·
	7	και ὁτε ἠνοιξεν την σφραγιδα την τεταρτην, ἠκουσα φωνην του τεταρτου ζωου λεγοντος·

ζωον [23]

Apc 7 11 και παντες οἱ ἀγγελοι εἱστηκεισαν κυκλῳ του θρονου και των πρεσβυτερων και των τεσσαρων ζωων,

14 3 και ἀδουσιν [ὡς] ᾠδην καινην ἐνωπιον του θρονου και ἐνωπιον των τεσσαρων ζωων και των πρεσβυτερων·

15 7 και ἑν ἐκ των τεσσαρων ζωων ἐδωκεν τοις ἑπτα ἀγγελοις ἑπτα φιαλας χρυσας γεμουσας του θυμου του θεου του ζωντος εἰς τους αἰωνας των αἰωνων.

19 4 και ἐπεσαν οἱ πρεσβυτεροι οἱ εἱκοσιτεσσαρες και τα τεσσαρα ζωα,

ζωοποιεω [11]

Jh 5 21 ὡσπερ γαρ ὁ πατηρ ἐγειρει τους νεκρους και ζωοποιει, οὑτως και ὁ υἱος οὑς θελει ζωοποιει.

21 ὡσπερ γαρ ὁ πατηρ ἐγειρει τους νεκρους και ζωοποιει, οὑτως και ὁ υἱος οὑς θελει ζωοποιει.

6 63 το πνευμα ἐστιν το ζωοποιουν, ἡ σαρξ οὐκ ὠφελει οὐδεν·

Rm 4 17 κατεναντι οὑ ἐπιστευσεν θεου του ζωοποιουντος τους νεκρους και καλουντος τα μη ὀντα ὡς ὀντα·

8 11 εἰ δε το πνευμα του ἐγειραντος τον ἰησουν ἐκ νεκρων οἰκει ἐν ὑμιν, ὁ ἐγειρας χριστον ἐκ νεκρων ζωοποιησει

1Co 15 22 ὡσπερ γαρ ἐν τῳ ἀδαμ παντες ἀποθνησκουσιν, οὑτως και ἐν τῳ χριστῳ παντες ζωοποιηθησονται.

36 ἀφρων, συ ὁ σπειρεις, οὐ ζωοποιειται ἐαν μη ἀποθανη·

45 ἐγενετο ὁ πρωτος ἀνθρωπος ἀδαμ εἰς ψυχην ζωσαν· ὁ ἐσχατος ἀδαμ εἰς πνευμα ζωοποιουν.

2Co 3 6 το γαρ γραμμα ἀποκτεννει, το δε πνευμα ζωοποιει.

Ga 3 21 εἰ γαρ ἐδοθη νομος ὁ δυναμενος ζωοποιησαι, ὀντως ἐκ νομου ἀν ἠν ἡ δικαιοσυνη·

1Pt 3 18 θανατωθεις μεν σαρκι ζωοποιηθεις δε πνευματι·

Η

ἡ [344]

cf append.

ἡγεμονευω [2]

Lc 2 2 αὑτη ἀπογραφη πρωτη ἐγενετο ἡγεμονευοντος της συριας κυρηνιου.

3 1 ἐν ἐτει δε πεντεκαιδεκατῳ της ἡγεμονιας τιβεριου καισαρος, ἡγεμονευοντος ποντιου πιλατου της ἰουδαιας,

ἡγεμονια [1]

Lc 3 1 ἐν ἐτει δε πεντεκαιδεκατῳ της ἡγεμονιας τιβεριου καισαρος, ἡγεμονευοντος ποντιου πιλατου της ἰουδαιας,

ἡγεμων [20]

Mt 2 6 γη ἰουδα, οὐδαμως ἐλαχιστη εἰ ἐν τοις ἡγεμοσιν ἰουδα.

10 18 και ἐπι ἡγεμονας δε και βασιλεις ἀχθησεσθε ἑνεκεν ἐμου,

27 2 και δησαντες αὐτον ἀπηγαγον και παρεδωκαν πιλατῳ τῳ ἡγεμονι.

11 ὁ δε ἰησους ἐσταθη ἐμπροσθεν του ἡγεμονος·

11 και ἐπηρωτησεν αὐτον ὁ ἡγεμων λεγων· συ εἰ ὁ βασιλευς των ἰουδαιων;

14 και οὐκ ἀπεκριθη αὐτῳ προς οὐδε ἑν ῥημα, ὡστε θαυμαζειν τον ἡγεμονα λιαν.

15 κατα δε ἑορτην εἰωθει ὁ ἡγεμων ἀπολυειν ἑνα τῳ ὀχλῳ δεσμιον ὁν ἠθελον.

21 ἀποκριθεις δε ὁ ἡγεμων εἰπεν αὐτοις· τινα θελετε ἀπο των δυο ἀπολυσω ὑμιν;

27 τοτε οἱ στρατιωται του ἡγεμονος παραλαβοντες τον ἰησουν εἰς το πραιτωριον συνηγαγον ἐπ αὐτον ὁλην την σπειραν.

28 14 και ἐαν ἀκουσθη τουτο ἐπι του ἡγεμονος, ἡμεις πεισομεν [αὐτον] και ὑμας ἀμεριμνους ποιησομεν.

Mc 13 9 παραδωσουσιν ὑμας εἰς συνεδρια και εἰς συναγωγας δαρησεσθε και ἐπι ἡγεμονων και βασιλεων σταθησεσθε ἑνεκεν ἐμου, εἰς μαρτυριον αὐτοις.

Lc 20 20 ἱνα ἐπιλαβωνται αὐτου λογου, ὡστε παραδουναι αὐτον τη ἀρχη και τη ἐξουσια του ἡγεμονος.

ἡγεμων [20]

Lc 21 12 παραδιδοντες εἰς τας συναγωγας και φυλακας, ἀπαγομενους ἐπι βασιλεις και ἡγεμονας ἑνεκεν του ὀνοματος μου·

Ac 23 24 κτηνη τε παραστησαι, ἱνα ἐπιβιβασαντες τον παυλον διασωσωσι προς φηλικα τον ἡγεμονα,

26 κλαυδιος λυσιας τῳ κρατιστῳ ἡγεμονι φηλικι χαιρειν.

33 οἱτινες εἰσελθοντες εἰς την καισαρειαν και ἀναδοντες την ἐπιστολην τῳ ἡγεμονι,

24 1 μετα δε πεντε ἡμερας κατεβη ὁ ἀρχιερευς ἀνανιας μετα πρεσβυτερων τινων και ῥητορος τερτυλλου τινος, οἱτινες ἐνεφανισαν τῳ ἡγεμονι κατα του παυλου.

10 ἀπεκριθη τε ὁ παυλος, νευσαντος αὐτῳ του ἡγεμονος λεγειν· ἐκ πολλων ἐτων ὀντα σε κριτην

26 30 ἀνεστη τε ὁ βασιλευς και ὁ ἡγεμων ἡ τε βερνικη και οἱ συγκαθημενοι αὐτοις,

1Pt 2 14 ὑποταγητε παση ἀνθρωπινη κτισει δια τον κυριον· εἰτε βασιλει ὡς ὑπερεχοντι, εἰτε ἡγεμοσιν ὡς δι αὐτου πεμπομενοις

ἡγεομαι [28]

Mt 2 6 ἐκ σου γαρ ἐξελευσεται ἡγουμενος, ὁστις ποιμανει τον λαον μου τον ἰσραηλ.

Lc 22 26 ὑμεις δε οὐχ οὑτως, ἀλλ ὁ μειζων ἐν ὑμιν γινεσθω ὡς ὁ νεωτερος, και ὁ ἡγουμενος ὡς ὁ διακονων.

Ac 7 10 και κατεστησεν αὐτον ἡγουμενον ἐπ αἰγυπτον και [ἐφ] ὁλον τον οἰκον αὐτου.

14 12 ἐκαλουν τε τον βαρναβαν δια, τον δε παυλον ἑρμην, ἐπειδη αὐτος ἠν ὁ ἡγουμενος του λογου.

15 22 ἰουδαν τον καλουμενον βαρσαββαν και σιλαν, ἀνδρας ἡγουμενους ἐν τοις ἀδελφοις,

26 2 περι παντων ὡν ἐγκαλουμαι ὑπο ἰουδαιων, βασιλευ ἀγριππα, ἡγημαι ἐμαυτον μακαριον ἐπι σου μελλων σημερον ἀπολογεισθαι,

2Co 9 5 ἀναγκαιον οὐν ἡγησαμην παρακαλεσαι τους ἀδελφους

Php 2 3 μηδεν κατ ἐριθειαν μηδε κατα κενοδοξιαν, ἀλλα τη ταπεινοφροσυνη ἀλληλους ἡγουμενοι ὑπερεχοντας ἑαυτων,

6 τουτο φρονειτε ἐν ὑμιν ὁ και ἐν χριστῳ ἰησου, ὁς ἐν μορφη θεου ὑπαρχων οὐχ ἁρπαγμον ἡγησατο το εἰναι ἰσα θεῳ,

25 ἀναγκαιον δε ἡγησαμην ἐπαφροδιτον τον ἀδελφον και συνεργον και συστρατιωτην μου, ὑμων δε ἀποστολον και λειτουργον της χρειας μου, πεμψαι προς ὑμας,

3 7 [ἀλλα] ἀτινα ἠν μοι κερδη, ταυτα ἡγημαι δια τον χριστον ζημιαν.

8 ἀλλα μενουνγε και ἡγουμαι παντα ζημιαν εἰναι δια το ὑπερεχον της γνωσεως χριστου ἰησου του κυριου μου,

8 και ἡγουμαι σκυβαλα ἱνα χριστον κερδησω και εὑρεθω ἐν αὐτῳ,

1Th 5 13 και ἡγεισθαι αὐτους ὑπερεκπερισσου ἐν ἀγαπη δια το ἐργον αὐτων.

2Th 3 15 και μη ὡς ἐχθρον ἡγεισθε, ἀλλα νουθετειτε ὡς ἀδελφον.

1Tm 1 12 χαριν ἐχω τῳ ἐνδυναμωσαντι με χριστῳ ἰησου τῳ κυριῳ ἡμων, ὁτι πιστον με ἡγησατο θεμενος εἰς διακονιαν,

6 1 ὁσοι εἰσιν ὑπο ζυγον δουλοι, τους ἰδιους δεσποτας πασης τιμης ἀξιους ἡγεισθωσαν,

Heb 10 29 ποσῳ δοκειτε χειρονος ἀξιωθησεται τιμωριας ὁ τον υἱον του θεου καταπατησας και το αἱμα της διαθηκης κοινον ἡγησαμενος,

11 11 πιστει και αὐτη σαρρα στειρα δυναμιν εἰς καταβολην σπερματος ἐλαβεν και παρα καιρον ἡλικιας, ἐπει πιστον ἡγησατο τον ἐπαγγειλαμενον.

26 μειζονα πλουτον ἡγησαμενος των αἰγυπτου θησαυρων τον ὀνειδισμον του χριστου·

13 7 μνημονευετε των ἡγουμενων ὑμων, οἱτινες ἐλαλησαν ὑμιν τον λογον του θεου,

17 πειθεσθε τοις ἡγουμενοις ὑμων και ὑπεικετε·

24 ἀσπασασθε παντας τους ἡγουμενους ὑμων και παντας τους ἁγιους.

Ja 1 2 πασαν χαραν ἡγησασθε, ἀδελφοι μου, ὁταν πειρασμοις περιπεσητε ποικιλοις,

2Pt 1 13 δικαιον δε ἡγουμαι, ἐφ ὁσον εἰμι ἐν τουτῳ τῳ σκηνωματι, διεγειρειν ὑμας ἐν ὑπομνησει,

2 13 ἡδονην ἡγουμενοι την ἐν ἡμερα τρυφην,

3 9 οὐ βραδυνει κυριος της ἐπαγγελιας, ὡς τινες βραδυτητα ἡγουνται,

15 και την του κυριου ἡμων μακροθυμιαν σωτηριαν ἡγεισθε,

ἡδέως [5]

Mc   6 20   ὁ γὰρ ἡρῴδης ἐφοβεῖτο τὸν ἰωαννην, εἰδὼς αὐτὸν ἄνδρα δικαιον καὶ ἅγιον, καὶ συνετηρει αὐτον, καὶ ἀκούσας αὐτοῦ πολλα ἠπορει, καὶ ἡδέως αὐτοῦ ἤκουεν.

   12 37   καὶ [ὁ] πολυς ὄχλος ἤκουεν αὐτοῦ ἡδέως.

2Co 11 19   ἡδέως γὰρ ἀνέχεσθε τῶν ἀφρονων φρονιμοι ὄντες·

   12 9   ἥδιστα οὖν μᾶλλον καυχησομαι ἐν ταῖς ἀσθενειαις μου,

   15   ἐγὼ δὲ ἥδιστα δαπανησω καὶ ἐκδαπανηθησομαι ὑπὲρ τῶν ψυχων ὑμων.

ἤδη [61]

Mt   3 10   ἤδη δὲ ἡ ἀξινη προς τὴν ῥιζαν τῶν δενδρων κειται·

   5 28   ἐγὼ δὲ λεγω ὑμιν ὅτι πᾶς ὁ βλεπων γυναικα προς τὸ ἐπιθυμησαι αὐτὴν ἤδη ἐμοιχευσεν αὐτὴν ἐν τῇ καρδιᾳ αὐτου.

   14 15   ἐρημος ἐστιν ὁ τοπος καὶ ἡ ὥρα ἤδη παρηλθεν·

   24   τὸ δὲ πλοιον ἤδη σταδιους πολλους ἀπὸ τῆς γῆς ἀπειχεν,

   15 32   σπλαγχνιζομαι ἐπὶ τὸν ὄχλον, ὅτι ἤδη ἡμεραι τρεις προσμενουσιν μοι καὶ οὐκ ἔχουσιν τί φαγωσιν·

   17 12   λεγω δὲ ὑμιν ὅτι ἡλιας ἤδη ἦλθεν, καὶ οὐκ ἐπεγνωσαν αὐτον, ἀλλὰ ἐποιησαν ἐν αὐτῷ ὅσα ἠθελησαν·

   24 32   ὅταν ἤδη ὁ κλαδος αὐτῆς γενηται ἁπαλος καὶ τὰ φυλλα ἐκφυῃ, γινωσκετε ὅτι ἐγγυς τὸ θερος·

Mc   4 37   καὶ τὰ κυματα ἐπεβαλλεν εἰς τὸ πλοιον, ὥστε ἤδη γεμιζεσθαι τὸ πλοιον.

   6 35   καὶ ἤδη ὥρας πολλης γενομενης προσελθοντες αὐτῷ οἱ μαθηται αὐτου ἐλεγον ὅτι ἐρημος ἐστιν ὁ τοπος καὶ ἤδη ὥρα πολλη·

   35   καὶ ἤδη ὥρας πολλης γενομενης προσελθοντες αὐτῷ οἱ μαθηται αὐτου ἐλεγον ὅτι ἐρημος ἐστιν ὁ τοπος καὶ ἤδη ὥρα πολλη·

   8 2   σπλαγχνιζομαι ἐπὶ τὸν ὄχλον, ὅτι ἤδη ἡμεραι τρεις προσμενουσιν μοι καὶ οὐκ ἔχουσιν τί φαγωσιν·

   11 11   καὶ περιβλεψαμενος παντα, ὀψιας ἤδη οὔσης τῆς ὥρας, ἐξῆλθεν εἰς βηθανιαν μετὰ τῶν δωδεκα.

   13 28   ἀπὸ δὲ τῆς συκῆς μαθετε τὴν παραβολην· ὅταν ἤδη ὁ κλαδος αὐτῆς ἁπαλος γενηται καὶ ἐκφυῃ τὰ φυλλα, γινωσκετε ὅτι ἐγγυς τὸ θερος ἐστιν·

   15 42   καὶ ἤδη ὀψιας γενομενης, ἐπεὶ ἦν παρασκευη, ὅ ἐστιν προσαββατον,

   44   ὁ δὲ πιλατος ἐθαυμασεν εἰ ἤδη τεθνηκεν,

Lc   3 9   ἤδη δὲ καὶ ἡ ἀξινη προς τὴν ῥιζαν τῶν δενδρων κειται·

   7 6   ἤδη δὲ αὐτοῦ οὐ μακραν ἀπεχοντος ἀπὸ τῆς οἰκιας, ἐπεμψεν φιλους ὁ ἑκατονταρχης λεγων αὐτῷ·

   11 7   μη μοι κοπους παρεχε· ἤδη ἡ θυρα κεκλεισται,

   12 49   πυρ ἦλθον βαλειν ἐπὶ τὴν γην, καὶ τί θελω εἰ ἤδη ἀνηφθη.

   14 17   ἐρχεσθε, ὅτι ἤδη ἑτοιμα ἐστιν.

   19 37   ἐγγιζοντος δὲ αὐτου ἤδη προς τῇ καταβασει τοῦ ὄρους τῶν ἐλαιων ἠρξαντο ἅπαν τὸ πληθος τῶν μαθητων χαιροντες αἰνειν τὸν θεον φωνῃ μεγαλῃ περι πασων ὧν εἶδον δυναμεων,

   21 30   ὅταν προβαλωσιν ἤδη, βλεποντες ἀφ' ἑαυτων γινωσκετε ὅτι ἤδη ἐγγυς τὸ θερος ἐστιν·

   30   ὅταν προβαλωσιν ἤδη, βλεποντες ἀφ' ἑαυτων γινωσκετε ὅτι ἤδη ἐγγυς τὸ θερος ἐστιν·

   23 44   καὶ ἦν ἤδη ὡσεὶ ὥρα ἑκτη καὶ σκοτος ἐγενετο ἐφ' ὅλην τὴν γην ἕως ὥρας ἐνατης τοῦ ἡλιου ἐκλιποντος·

   24 29   μεινον μεθ' ἡμων, ὅτι προς ἑσπεραν ἐστιν καὶ κεκλικεν ἤδη ἡ ἡμερα.

Jh   3 18   ὁ δὲ μη πιστευων ἤδη κεκριται,

   4 35   ἤδη ὁ θεριζων μισθον λαμβανει καὶ συναγει καρπον εἰς ζωην αἰωνιον,

   51   ἤδη δὲ αὐτου καταβαινοντος οἱ δουλοι αὐτου ὑπηντησαν αὐτῷ λεγοντες ὅτι ὁ παις αὐτου ζῇ.

   5 6   τουτον ἰδὼν ὁ ἰησους κατακειμενον, καὶ γνους ὅτι πολυν ἤδη χρονον ἐχει,

   6 17   καὶ σκοτια ἤδη ἐγεγονει καὶ οὔπω ἐληλυθει προς αὐτους ὁ ἰησους,

   7 14   ἤδη δὲ τῆς ἑορτης μεσουσης ἀνεβη ἰησους εἰς τὸ ἱερον καὶ ἐδιδασκεν.

   9 22   ἤδη γὰρ συνετεθειντο οἱ ἰουδαιοι ἵνα ἐαν τις αὐτον ὁμολογηση χριστον, ἀποσυναγωγος γενηται.

   27   εἶπον ὑμιν ἤδη καὶ οὐκ ἠκουσατε

   11 17   ἐλθὼν οὖν ὁ ἰησους εὗρεν αὐτον τεσσαρας ἤδη ἡμερας ἐχοντα ἐν τῷ μνημειῳ.

   39   κυριε, ἤδη ὄζει· τεταρταιος γαρ ἐστιν.

   13 2   καὶ δειπνου γινομενου, τοῦ διαβολου ἤδη βεβληκοτος εἰς τὴν καρδιαν ἵνα παραδοι αὐτον ἰουδας σιμωνος ἰσκαριωτου,

   15 3   ἤδη ὑμεις καθαροι ἐστε δια τὸν λογον ὃν λελαληκα ὑμιν·

   19 28   μετὰ τουτο εἰδὼς ὁ ἰησους ὅτι ἤδη παντα τετελεσται, ἵνα τελειωθῇ ἡ γραφη, λεγει· διψω.

Jh   19 33   ἐπὶ δὲ τὸν ἰησουν ἐλθοντες, ὡς εἶδον ἤδη αὐτον τεθνηκοτα, οὐ κατεαξαν αὐτου τὰ σκελη,

   21 4   πρωιας δὲ ἤδη γενομενης ἐστη ἰησους εἰς τὸν αἰγιαλον·

   14   τουτο ἤδη τριτον ἐφανερωθη ἰησους τοῖς μαθηταις ἐγερθεις ἐκ νεκρων.

Ac   4 3   καὶ ἐπεβαλον αὐτοις τὰς χειρας καὶ ἐθεντο εἰς τηρησιν εἰς τὴν αὐριον· ἦν γὰρ ἑσπερα ἤδη.

   27 9   ἱκανου δὲ χρονου διαγενομενου καὶ ὄντος ἤδη ἐπισφαλους τοῦ πλοος δια τὸ καὶ τὴν νηστειαν ἤδη παρεληλυθεναι, παρηνει ὁ παυλος λεγων αὐτοις·

   9   ἱκανου δὲ χρονου διαγενομενου καὶ ὄντος ἤδη ἐπισφαλους τοῦ πλοος δια τὸ καὶ τὴν νηστειαν ἤδη παρεληλυθεναι, παρηνει ὁ παυλος λεγων αὐτοις·

Rm   1 10   ὡς ἀδιαλειπτως μνειαν ὑμων ποιουμαι παντοτε ἐπὶ τῶν προσευχων μου, δεομενος εἴ πως ἤδη ποτὲ εὐοδωθησομαι ἐν τῷ θεληματι τοῦ θεου ἐλθειν προς ὑμας.

   4 19   καὶ μη ἀσθενησας τῇ πιστει κατενοησεν τὸ ἑαυτου σωμα [ἤδη] νενεκρωμενον, ἑκατονταετης που ὑπαρχων,

   13 11   καὶ τουτο εἰδοτες τὸν καιρον, ὅτι ὥρα ἤδη ὑμας ἐξ ὑπνου ἐγερθηναι·

1Co   4 8   ἤδη κεκορεσμενοι ἐστε· ἤδη ἐπλουτησατε· χωρις ἡμων ἐβασιλευσατε·

   8   ἤδη κεκορεσμενοι ἐστε· ἤδη ἐπλουτησατε· χωρις ἡμων ἐβασιλευσατε·

   5 3   ἐγὼ μὲν γαρ, ἀπὼν τῷ σωματι, παρων δὲ τῷ πνευματι, ἤδη κεκρικα ὡς παρων τὸν οὕτως τουτο κατεργασαμενον

   6 7   ἤδη μὲν [οὖν] ὅλως ἥττημα ὑμιν ἐστιν ὅτι κριματα ἐχετε μεθ' ἑαυτων.

Php   3 12   οὐχ ὅτι ἤδη ἐλαβον ἢ ἤδη τετελειωμαι,

   12   οὐχ ὅτι ἤδη ἐλαβον ἢ ἤδη τετελειωμαι,

   4 10   ἐχαρην δὲ ἐν κυριῳ μεγαλως ὅτι ἤδη ποτὲ ἀνεθαλετε τὸ ὑπὲρ ἐμου φρονειν·

2Th   2 7   τὸ γὰρ μυστηριον ἤδη ἐνεργειται τῆς ἀνομιας·

1Tm   5 15   ἤδη γὰρ τινες ἐξετραπησαν ὀπισω τοῦ σατανα.

2Tm   2 18   οἵτινες περι τὴν ἀληθειαν ἠστοχησαν, λεγοντες [τὴν] ἀναστασιν ἤδη γεγονεναι,

   4 6   ἐγὼ γὰρ ἤδη σπενδομαι, καὶ ὁ καιρος τῆς ἀναλυσεως μου ἐφεστηκεν.

2Pt   3 1   ταυτην ἤδη, ἀγαπητοι, δευτεραν ὑμιν γραφω ἐπιστολην,

1Jh   2 8   ὅτι ἡ σκοτια παραγεται καὶ τὸ φως τὸ ἀληθινον ἤδη φαινει.

   4 3   καὶ νυν ἐν τῷ κοσμῳ ἐστιν ἤδη.

ἡδονη [5]

Lc   8 14   καὶ ὑπὸ μεριμνων καὶ πλουτου καὶ ἡδονων τοῦ βιου πορευομενοι συμπνιγονται καὶ οὐ τελεσφορουσιν.

Tit   3 3   ἦμεν γαρ ποτε καὶ ἡμεις ἀνοητοι, ἀπειθεις, πλανωμενοι, δουλευοντες ἐπιθυμιαις καὶ ἡδοναις ποικιλαις,

Ja   4 1   οὐκ ἐντευθεν, ἐκ τῶν ἡδονων ὑμων τῶν στρατευομενων ἐν τοις μελεσιν ὑμων;

   3   διοτι κακως αἰτεισθε, ἵνα ἐν ταις ἡδοναις ὑμων δαπανησητε.

2Pt   2 13   ἡδονην ἡγουμενοι τὴν ἐν ἡμερᾳ τρυφην,

ἡδυοσμον [2]

Mt   23 23   οὐαι ὑμιν, γραμματεις καὶ φαρισαιοι ὑποκριται, ὅτι ἀποδεκατουτε τὸ ἡδυοσμον καὶ τὸ ἀνηθον καὶ τὸ κυμινον,

Lc   11 42   ἀλλὰ οὐαι ὑμιν τοις φαρισαιοις, ὅτι ἀποδεκατουτε τὸ ἡδυοσμον καὶ τὸ πηγανον καὶ παν λαχανον,

ἦθος [1]

1Co   15 33   φθειρουσιν ἤθη χρηστα ὁμιλιαι κακαι.

ἥκω [26]

Mt   8 11   λεγω δὲ ὑμιν ὅτι πολλοι ἀπὸ ἀνατολων καὶ δυσμων ἥξουσιν καὶ ἀνακλιθησονται μετὰ ἀβρααμ καὶ ἰσαακ καὶ ἰακωβ ἐν τῇ βασιλειᾳ τῶν οὐρανων·

   23 36   ἀμην λεγω ὑμιν, ἥξει ταυτα παντα ἐπὶ τὴν γενεαν ταυτην.

   24 14   καὶ κηρυχθησεται τουτο τὸ εὐαγγελιον τῆς βασιλειας ἐν ὅλῃ τῇ οἰκουμενῃ εἰς μαρτυριον πασιν τοις ἐθνεσιν, καὶ τοτε ἥξει τὸ τελος.

   50   ἥξει ὁ κυριος τοῦ δουλου ἐκεινου ἐν ἡμερᾳ ᾗ οὐ προσδοκα καὶ ἐν ὥρᾳ ᾗ οὐ γινωσκει,

Mc   8 3   καὶ ἐαν ἀπολυσω αὐτους νηστεις εἰς οἶκον αὐτων, ἐκλυθησονται ἐν τῇ ὁδῷ· καὶ τινες αὐτων ἀπὸ μακροθεν ἥκασιν.

ἥκω [26]

Lc 12 46 ἥξει ὁ κυριος του δουλου εκεινου εν ημερα ἡ ου προσδοκα και εν ωρα ἡ ου γινωσκει, και διχοτομησει αυτον.

13 29 και ἥξουσιν απο ανατολων και δυσμων και απο βορρα και νοτου, και ανακλιθησονται εν τη βασιλεια του θεου.

35 ου μη ιδητε με εως [ἥξει ὁτε] ειπητε·

15 27 ὁ δε ειπεν αυτω ὁτι ὁ αδελφος σου ἥκει, και εθυσεν ὁ πατηρ σου τον μοσχον τον σιτευτον, ὁτι υγιαινοντα αυτον απελαβεν.

19 43 ὁτι ἥξουσιν ημεραι επι σε και παρεμβαλουσιν οἱ εχθροι σου χαρακα σοι και περικυκλωσουσιν σε και συνεξουσιν σε παντοθεν,

Jh 2 4 ουπω ἥκει ἡ ωρα μου.

4 47 και ην τις βασιλικος ου ὁ υἱος ησθενει εν καφαρναουμ· ουτος ακουσας ὁτι ιησους ἥκει εκ της ιουδαιας εις την γαλιλαιαν,

6 37 παν ὁ διδωσιν μοι ὁ πατηρ προς εμε ἥξει·

8 42 εγω γαρ εκ του θεου εξηλθον και ἥκω·

Rm 11 26 ἥξει εκ σιων ὁ ρυομενος, αποστρεψει ασεβειας απο ιακωβ.

Heb 10 7 ιδου ἥκω, εν κεφαλιδι βιβλιου γεγραπται περι εμου, του ποιησαι ὁ θεος το θελημα σου.

9 ιδου ἥκω του ποιησαι το θελημα σου.

37 ετι γαρ μικρον ὁσον ὁσον, ὁ ερχομενος ἥξει και ου χρονισει·

2Pt 3 10 ἥξει δε ημερα κυριου ὡς κλεπτης,

1Jh 5 20 οιδαμεν δε ὁτι ὁ υἱος του θεου ἥκει,

Apc 2 25 πλην ὁ εχετε κρατησατε αχρι[ς] ου ἂν ἥξω.

3 3 εαν ουν μη γρηγορησης, ἥξω ὡς κλεπτης,

3 και ου μη γνως ποιαν ωραν ἥξω επι σε.

9 ιδου ποιησω αυτους ινα ἥξουσιν και προσκυνησουσιν ενωπιον των ποδων σου,

15 4 ὁτι παντα τα εθνη ἥξουσιν και προσκυνησουσιν ενωπιον σου,

18 8 δια τουτο εν μια ημερα ἥξουσιν αἱ πληγαι αυτης,

ἥλι [2]

Mt 27 46 ἥλι ἥλι λεμα σαβαχθανι;

46 ἥλι ἥλι λεμα σαβαχθανι;

ἥλι [1]

Lc 3 23 ὢν υἱος, ὡς ενομιζετο, ιωσηφ, του ἥλι του μαθθατ του λευι του μελχι του ιανναι του ιωσηφ

ἥλιας [29]

Mt 11 14 αυτος εστιν ἥλιας ὁ μελλων ερχεσθαι.

16 14 οἱ δε ειπαν· οἱ μεν ιωαννην τον βαπτιστην, αλλοι δε ἥλιαν, ετεροι δε ιερεμιαν ἢ ἑνα των προφητων.

17 3 και ιδου ωφθη αυτοις μωυσης και ἥλιας συλλαλουντες μετ αυτου.

4 ει θελεις, ποιησω ὡδε τρεις σκηνας, σοι μιαν και μωυσει μιαν και ἥλια μιαν.

10 τι ουν οἱ γραμματεις λεγουσιν ὁτι ἥλιαν δει ελθειν πρωτον;

11 ἥλιας μεν ερχεται και αποκαταστησει παντα·

12 λεγω δε ὑμιν ὁτι ἥλιας ηδη ηλθεν, και ουκ επεγνωσαν αυτον, αλλα εποιησαν εν αυτω ὁσα ηθελησαν·

27 47 τινες δε των εκει ἑστηκοτων ακουσαντες ελεγον ὁτι ἥλιαν φωνει ουτος.

49 αφες ιδωμεν ει ερχεται ἥλιας σωσων αυτον.

Mc 6 15 αλλοι δε ελεγον ὁτι ἥλιας εστιν·

8 28 οἱ δε ειπαν αυτω λεγοντες [ὁτι] ιωαννην τον βαπτιστην, και αλλοι ἥλιαν, αλλοι δε ὁτι εἱς των προφητων.

9 4 και ωφθη αυτοις ἥλιας συν μωυσει, και ησαν συλλαλουντες τω ιησου.

5 ραββι, καλον εστιν ἡμας ὡδε ειναι, και ποιησωμεν τρεις σκηνας, σοι μιαν και μωυσει μιαν και ἥλια μιαν.

11 και επηρωτων αυτον λεγοντες· ὁτι λεγουσιν οἱ γραμματεις ὁτι ἥλιαν δει ελθειν πρωτον;

12 ἥλιας μεν ελθων πρωτον αποκαθιστανει παντα·

13 αλλα λεγω ὑμιν ὁτι και ἥλιας εληλυθεν, και εποιησαν αυτω ὁσα ηθελον, καθως γεγραπται επ αυτον.

15 35 και τινες των παρεστηκοτων ακουσαντες ελεγον· ιδε ἥλιαν φωνει.

36 αφετε ιδωμεν ει ερχεται ἥλιας καθελειν αυτον.

Lc 1 17 και αυτος προελευσεται ενωπιον αυτου εν πνευματι και δυναμει ἥλιου,

4 25 πολλαι χηραι ησαν εν ταις ημεραις ἥλιου εν τω ισραηλ,

26 ὡς εγενετο λιμος μεγας επι πασαν την γην, και προς ουδεμιαν αυτων επεμφθη ἥλιας ει μη εις σαρεπτα της σιδωνιας προς γυναικα χηραν.

ἥλιας [29]

Lc 9 8 και διηπορει δια το λεγεσθαι υπο τινων ὁτι ιωαννης ηγερθη εκ νεκρων, υπο τινων δε ὁτι ἥλιας εφανη, αλλων δε ὁτι προφητης τις των αρχαιων ανεστη.

19 ιωαννην τον βαπτιστην, αλλοι δε ἥλιαν, αλλοι δε ὁτι προφητης τις των αρχαιων ανεστη.

30 και ιδου ανδρες δυο συνελαλουν αυτω, οἱτινες ησαν μωυσης και ἥλιας,

33 και ποιησωμεν σκηνας τρεις, μιαν σοι και μιαν μωυσει και μιαν ἥλια, μη ειδως ὁ λεγει.

Jh 1 21 τι ουν; συ ἥλιας ει;

25 τι ουν βαπτιζεις ει συ ουκ ει ὁ χριστος ουδε ἥλιας ουδε ὁ προφητης;

Rm 11 2 ἢ ουκ οιδατε εν ἥλια τι λεγει ἡ γραφη, ὡς εντυγχανει τω θεω κατα του ισραηλ;

Ja 5 17 ἥλιας ανθρωπος ην ὁμοιοπαθης ἡμιν,

ἥλικια [8]

Mt 6 27 τις δε εξ ὑμων μεριμνων δυναται προσθειναι επι την ἥλικιαν αυτου πηχυν ἑνα;

Lc 2 52 και ιησους προεκοπτεν [εν τη] σοφια και ἥλικια και χαριτι παρα θεω και ανθρωποις.

12 25 τις δε εξ ὑμων μεριμνων δυναται επι την ἥλικιαν αυτου προσθειναι πηχυν;

19 3 και ουκ εδυνατο απο του οχλου, ὁτι τη ἥλικια μικρος ην.

Jh 9 21 αυτον ερωτησατε, ἥλικιαν εχει, αυτος περι ἑαυτου λαλησει.

23 δια τουτο οἱ γονεις αυτου ειπαν ὁτι ἥλικιαν εχει, αυτον επερωτησατε.

Eph 4 13 εις ανδρα τελειον, εις μετρον ἥλικιας του πληρωματος του χριστου,

Heb 11 11 πιστει και αυτη σαρρα στειρα δυναμιν εις καταβολην σπερματος ελαβεν και παρα καιρον ἥλικιας,

ἥλικος [3]

Col 2 1 θελω γαρ ὑμας ειδεναι ἥλικον αγωνα εχω ὑπερ ὑμων και των εν λαοδικεια και ὁσοι ουχ ἑορακαν το προσωπον μου εν σαρκι,

Ja 3 5 ιδου ἥλικον πυρ ἥλικην ὑλην αναπτει·

5 ιδου ἥλικον πυρ ἥλικην ὑλην αναπτει·

ἥλιος [32]

Mt 5 45 ὁπως γενησθε υἱοι του πατρος ὑμων του εν ουρανοις, ὁτι τον ἥλιον αυτου ανατελλει επι πονηρους και αγαθους και βρεχει επι δικαιους και αδικους.

13 6 ἥλιου δε ανατειλαντος εκαυματισθη, και δια το μη εχειν ριζαν εξηρανθη.

43 τοτε οἱ δικαιοι εκλαμψουσιν ὡς ὁ ἥλιος εν τη βασιλεια του πατρος αυτων.

17 2 και μετεμορφωθη εμπροσθεν αυτων, και ελαμψεν το προσωπον αυτου ὡς ὁ ἥλιος,

24 29 ευθεως δε μετα την θλιψιν των ημερων εκεινων ὁ ἥλιος σκοτισθησεται,

Mc 1 32 οψιας δε γενομενης, ὁτε εδυ ὁ ἥλιος, εφερον προς αυτον παντας τους κακως εχοντας και τους δαιμονιζομενους·

4 6 και ὁτε ανετειλεν ὁ ἥλιος εκαυματισθη,

13 24 αλλα εν εκειναις ταις ημεραις μετα την θλιψιν εκεινην ὁ ἥλιος σκοτισθησεται,

16 2 και λιαν πρωι τη μια των σαββατων ερχονται επι το μνημειον, ανατειλαντος του ἥλιου.

Lc 4 40 δυνοντος δε του ἥλιου ἁπαντες ὁσοι ειχον ασθενουντας νοσοις ποικιλαις ηγαγον αυτους προς αυτον·

21 25 και εσονται σημεια εν ἥλιω και σεληνη και αστροις,

23 45 και ην ηδη ὡσει ωρα ἑκτη και σκοτος εγενετο εφ ὁλην την γην εως ωρας ενατης του ἥλιου εκλιποντος·

Ac 2 20 ὁ ἥλιος μεταστραφησεται εις σκοτος και ἡ σεληνη εις αἱμα,

13 11 και νυν ιδου χειρ κυριου επι σε, και εση τυφλος μη βλεπων τον ἥλιον αχρι καιρου.

26 13 ἡμερας μεσης κατα την ὁδον ειδον, βασιλευ, ουρανοθεν ὑπερ την λαμπροτητα του ἥλιου περιλαμψαν με φως και τους συν εμοι πορευομενους·

27 20 μητε δε ἥλιου μητε αστρων επιφαινοντων επι πλειονας ημερας,

1Co 15 41 αλλη δοξα ἥλιου, και αλλη δοξα σεληνης,

Eph 4 26 ὁ ἥλιος μη επιδυετω επι [τω] παροργισμω ὑμων.

Ja 1 11 ανετειλεν γαρ ὁ ἥλιος συν τω καυσωνι και εξηρανεν τον χορτον,

Apc 1 16 και ἡ οψις αυτου ὡς ὁ ἥλιος φαινει εν τη δυναμει αυτου.

ἥλιος [32]

Apc	6 12	καὶ ὁ ἥλιος ἐγένετο μελας ὡς σακκος τριχινος,
	7 2	καὶ εἶδον ἀλλον ἀγγελον ἀναβαινοντα ἀπο ἀνατολης ἡλιου,
	16	οὐδε μη πεση ἐπ αὐτους ὁ ἥλιος οὐδε παν καυμα,
	8 12	καὶ ἐπληγη το τριτον του ἡλιου και το τριτον της σεληνης και το τριτον των ἀστερων,
	9 2	καὶ ἐσκοτωθη ὁ ἥλιος και ὁ ἀηρ ἐκ του καπνου του φρεατος.
	10 1	καὶ το προσωπον αὐτου ὡς ὁ ἥλιος,
	12 1	γυνη περιβεβλημενη τον ἥλιον, και ἡ σεληνη ὑποκατω των ποδων αὐτης,
	16 8	καὶ ὁ τεταρτος ἐξεχεεν την φιαλην αὐτου ἐπι τον ἥλιον·
	12	καὶ ἐξηρανθη το ὑδωρ αὐτου, ἱνα ἑτοιμασθη ἡ ὁδος των βασιλεων των ἀπο ἀνατολης ἡλιου.
	19 17	καὶ εἶδον ἑνα ἀγγελον ἑστωτα ἐν τω ἡλιω,
	21 23	καὶ ἡ πολις οὐ χρειαν ἐχει του ἡλιου οὐδε της σεληνης,
	22 5	καὶ οὐκ ἐχουσιν χρειαν φωτος λυχνου και φωτος ἡλιου,

ἥλος [2]

Jh	20 25	ἐαν μη ἰδω ἐν ταις χερσιν αὐτου τον τυπον των ἡλων και βαλω τον δακτυλον μου εἰς τον τυπον των ἡλων και βαλω μου την χειρα εἰς την πλευραν αὐτου, οὐ μη πιστευσω.
	25	ἐαν μη ἰδω ἐν ταις χερσιν αὐτου τον τυπον των ἡλων και βαλω τον δακτυλον μου εἰς τον τυπον των ἡλων και βαλω μου την χειρα εἰς την πλευραν αὐτου, οὐ μη πιστευσω.

ἡμεῖς [864]

cf append.

ἡμέρα [389]

Mt	2 1	του δε ἰησου γεννηθεντος ἐν βηθλεεμ της ἰουδαιας ἐν ἡμεραις ἡρωδου του βασιλεως,
	3 1	ἐν δε ταις ἡμεραις ἐκειναις παραγινεται ἰωαννης ὁ βαπτιστης κηρυσσων ἐν τη ἐρημω της ἰουδαιας,
	4 2	καὶ νηστευσας ἡμερας τεσσερακοντα και νυκτας τεσσερακοντα ὑστερον ἐπεινασεν.
	6 34	ἀρκετον τη ἡμερα ἡ κακια αὐτης.
	7 22	πολλοι ἐρουσιν μοι ἐν ἐκεινη τη ἡμερα· κυριε κυριε,
	9 15	ἐλευσονται δε ἡμεραι ὁταν ἀπαρθη ἀπ αὐτων ὁ νυμφιος,
	10 15	ἀνεκτοτερον ἐσται γη σοδομων και γομορρων ἐν ἡμερα κρισεως ἠ τη πολει ἐκεινη.
	11 12	ἀπο δε των ἡμερων ἰωαννου του βαπτιστου ἑως ἀρτι ἡ βασιλεια των οὐρανων βιαζεται,
	22	τυρω και σιδωνι ἀνεκτοτερον ἐσται ἐν ἡμερα κρισεως ἠ ὑμιν.
	24	πλην λεγω ὑμιν ὁτι γη σοδομων ἀνεκτοτερον ἐσται ἐν ἡμερα κρισεως ἠ σοι.
	12 36	λεγω δε ὑμιν ὁτι παν ρημα ἀργον ὁ λαλησουσιν οἱ ἀνθρωποι, ἀποδωσουσιν περι αὐτου λογον ἐν ἡμερα κρισεως·
	40	ὡσπερ γαρ ἠν ἰωνας ἐν τη κοιλια του κητους τρεις ἡμερας και τρεις νυκτας,
	40	οὑτως ἐσται ὁ υἱος του ἀνθρωπου ἐν τη καρδια της γης τρεις ἡμερας και τρεις νυκτας.
	13 1	ἐν τη ἡμερα ἐκεινη ἐξελθων ὁ ἰησους της οἰκιας ἐκαθητο παρα την θαλασσαν·
	15 32	σπλαγχνιζομαι ἐπι τον ὀχλον, ὁτι ἠδη ἡμεραι τρεις προσμενουσιν μοι και οὐκ ἐχουσιν τί φαγωσιν·
	16 21	ἀπο τοτε ἡρξατο ὁ ἰησους δεικνυειν τοις μαθηταις αὐτου ὁτι δει αὐτον εἰς ἱεροσολυμα ἀπελθειν και πολλα παθειν ἀπο των πρεσβυτερων και ἀρχιερεων και γραμματεων και ἀποκτανθηναι και τη τριτη ἡμερα ἐγερθηναι.
	17 1	καὶ μεθ ἡμερας ἑξ παραλαμβανει ὁ ἰησους τον πετρον και ἰακωβον και ἰωαννην τον ἀδελφον αὐτου,
	23	μελλει ὁ υἱος του ἀνθρωπου παραδιδοσθαι εἰς χειρας ἀνθρωπων, και ἀποκτενουσιν αὐτον, και τη τριτη ἡμερα ἐγερθησεται.
	20 2	συμφωνησας δε μετα των ἐργατων ἐκ δηναριου την ἡμεραν ἀπεστειλεν αὐτους εἰς τον ἀμπελωνα αὐτου.
	6	τί ὡδε ἑστηκατε ὁλην την ἡμεραν ἀργοι;
	12	οὑτοι οἱ ἐσχατοι μιαν ὡραν ἐποιησαν, και ἰσους ἡμιν αὐτους ἐποιησας τοις βαστασασι το βαρος της ἡμερας και τον καυσωνα.
	19	καὶ τη τριτη ἡμερα ἐγερθησεται.
	22 23	ἐν ἐκεινη τη ἡμερα προσηλθον αὐτω σαδδουκαιοι,
	46	καὶ οὐδεις ἐδυνατο ἀποκριθηναι αὐτω λογον οὐδε ἐτολμησεν τις ἀπ ἐκεινης της ἡμερας ἐπερωτησαι αὐτον οὐκετι.
	23 30	εἰ ἠμεθα ἐν ταις ἡμεραις των πατερων ἡμων, οὐκ ἀν ἠμεθα αὐτων κοινωνοι ἐν τω αἱματι των προφητων.

ἡμέρα [389]

Mt	24 19	οὐαι δε ταις ἐν γαστρι ἐχουσαις και ταις θηλαζουσαις ἐν ἐκειναις ταις ἡμεραις.
	22	καὶ εἰ μη ἐκολοβωθησαν αἱ ἡμεραι ἐκειναι, οὐκ ἀν ἐσωθη πασα σαρξ·
	22	δια δε τους ἐκλεκτους κολοβωθησονται αἱ ἡμεραι ἐκειναι.
	29	εὐθεως δε μετα την θλιψιν των ἡμερων ἐκεινων ὁ ἥλιος σκοτισθησεται,
	36	περι δε της ἡμερας ἐκεινης και ὡρας οὐδεις οἰδεν, οὐδε οἱ ἀγγελοι των οὐρανων οὐδε ὁ υἱος, εἰ μη ὁ πατηρ μονος.
	37	ὡσπερ γαρ αἱ ἡμεραι του νωε, οὑτως ἐσται ἡ παρουσια του υἱου του ἀνθρωπου.
	38	ὡς γαρ ἠσαν ἐν ταις ἡμεραις [ἐκειναις] ταις προ του κατακλυσμου τρωγοντες και πινοντες,
	38	γαμουντες και γαμιζοντες, ἀχρι ἡς ἡμερας εἰσηλθεν νωε εἰς την κιβωτον,
	42	γρηγορειτε οὐν, ὁτι οὐκ οἰδατε ποια ἡμερα ὁ κυριος ὑμων ἐρχεται.
	50	ἡξει ὁ κυριος του δουλου ἐκεινου ἐν ἡμερα ἠ οὐ προσδοκα και ἐν ὡρα ἠ οὐ γινωσκει,
	25 13	γρηγορειτε οὐν, ὁτι οὐκ οἰδατε την ἡμεραν οὐδε την ὡραν.
	26 2	οἰδατε ὁτι μετα δυο ἡμερας το πασχα γινεται, και ὁ υἱος του ἀνθρωπου παραδιδοται εἰς το σταυρωθηναι.
	29	οὐ μη πιω ἀπ ἀρτι ἐκ τουτου του γενηματος της ἀμπελου ἑως της ἡμερας ἐκεινης ὁταν αὐτο πινω μεθ ὑμων καινον ἐν τη βασιλεια του πατρος μου.
	55	καθ ἡμεραν ἐν τω ἱερω ἐκαθεζομην διδασκων, και οὐκ ἐκρατησατε με.
	61	οὑτος ἐφη· δυναμαι καταλυσαι τον ναον του θεου και δια τριων ἡμερων οἰκοδομησαι.
	27 40	ὁ καταλυων τον ναον και ἐν τρισιν ἡμεραις οἰκοδομων, σωσον σεαυτον,
	63	κυριε, ἐμνησθημεν ὁτι ἐκεινος ὁ πλανος εἰπεν ἐτι ζων· μετα τρεις ἡμερας ἐγειρομαι.
	64	κελευσον οὐν ἀσφαλισθηναι τον ταφον ἑως της τριτης ἡμερας,
	28 15	καὶ διεφημισθη ὁ λογος οὑτος παρα ἰουδαιοις μεχρι της σημερον [ἡμερας].
	20	καὶ ἰδου ἐγω μεθ ὑμων εἰμι πασας τας ἡμερας ἑως της συντελειας του αἰωνος.
Mc	1 9	καὶ ἐγενετο ἐν ἐκειναις ταις ἡμεραις ἠλθεν ἰησους ἀπο ναζαρετ της γαλιλαιας και ἐβαπτισθη εἰς τον ἰορδανην ὑπο ἰωαννου.
	13	καὶ ἠν ἐν τη ἐρημω τεσσερακοντα ἡμερας πειραζομενος ὑπο του σατανα,
	2 1	καὶ εἰσελθων παλιν εἰς καφαρναουμ δι ἡμερων ἠκουσθη ὁτι ἐν οἰκω ἐστιν.
	20	ἐλευσονται δε ἡμεραι ὁταν ἀπαρθη ἀπ αὐτων ὁ νυμφιος,
	20	ἐλευσονται δε ἡμεραι ὁταν ἀπαρθη ἀπ αὐτων ὁ νυμφιος, και τοτε νηστευσουσιν ἐν ἐκεινη τη ἡμερα.
	4 27	καὶ καθευδη και ἐγειρηται νυκτα και ἡμεραν,
	35	καὶ λεγει αὐτοις ἐν ἐκεινη τη ἡμερα ὀψιας γενομενης· διελθωμεν εἰς το περαν.
	5 5	καὶ δια παντος νυκτος και ἡμερας ἐν τοις μνημασιν και ἐν τοις ὀρεσιν ἠν κραζων και κατακοπτων ἑαυτον λιθοις.
	6 21	καὶ γενομενης ἡμερας εὐκαιρου ὁτε ἡρωδης τοις γενεσιοις αὐτου δειπνον ἐποιησεν τοις μεγιστασιν αὐτου και τοις χιλιαρχοις και τοις πρωτοις της γαλιλαιας,
	8 1	ἐν ἐκειναις ταις ἡμεραις παλιν πολλου ὀχλου ὀντος και μη ἐχοντων τί φαγωσιν,
	2	σπλαγχνιζομαι ἐπι τον ὀχλον, ὁτι ἠδη ἡμεραι τρεις προσμενουσιν μοι και οὐκ ἐχουσιν τί φαγωσιν·
	31	καὶ ἡρξατο διδασκειν αὐτους ὁτι δει τον υἱον του ἀνθρωπου πολλα παθειν, και ἀποδοκιμασθηναι ὑπο των πρεσβυτερων και των ἀρχιερεων και των γραμματεων και ἀποκτανθηναι και μετα τρεις ἡμερας ἀναστηναι.
	9 2	καὶ μετα ἡμερας ἑξ παραλαμβανει ὁ ἰησους τον πετρον και τον ἰακωβον και τον ἰωαννην,
	31	καὶ ἐλεγεν αὐτοις ὁτι ὁ υἱος του ἀνθρωπου παραδιδοται εἰς χειρας ἀνθρωπων, και ἀποκτενουσιν αὐτον, και ἀποκτανθεις μετα τρεις ἡμερας ἀναστησεται.
	10 34	καὶ μετα τρεις ἡμερας ἀναστησεται.
	13 17	οὐαι δε ταις ἐν γαστρι ἐχουσαις και ταις θηλαζουσαις ἐν ἐκειναις ταις ἡμεραις.
	19	ἐσονται γαρ αἱ ἡμεραι ἐκειναι θλιψις, οἱα οὐ γεγονεν τοιαυτη ἀπ ἀρχης κτισεως ἡν ἐκτισεν ὁ θεος ἑως του νυν και οὐ μη γενηται.
	20	καὶ εἰ μη ἐκολοβωσεν κυριος τας ἡμερας, οὐκ ἀν ἐσωθη πασα σαρξ·

ημερα [389]

Mc 13 20 και ει μη εκολοβωσεν κυριος τας ημερας, ουκ αν εσωθη πασα
σαρξ· αλλα δια τους εκλεκτους ους εξελεξατο εκολοβωσεν τας
ημερας.

24 αλλα εν εκειναις ταις ημεραις μετα την θλιψιν εκεινην ο
ηλιος σκοτισθησεται,

32 περι δε της ημερας εκεινης η της ωρας ουδεις οιδεν, ουδε οι
αγγελοι εν ουρανω ουδε ο υιος, ει μη ο πατηρ.

14 1 ην δε το πασχα και τα αζυμα μετα δυο ημερας.

12 και τη πρωτη ημερα των αζυμων, οτε το πασχα εθυον,
λεγουσιν αυτω οι μαθηται αυτου·

25 αμην λεγω υμιν οτι ουκετι ου μη πιω εκ του γενηματος της
αμπελου εως της ημερας εκεινης οταν αυτο πινω καινον εν τη
βασιλεια του θεου.

49 καθ ημεραν ημην προς υμας εν τω ιερω διδασκων, και ουκ
εκρατησατε με·

58 και τινες ανασταντες εψευδομαρτυρουν κατ αυτου λεγοντες
οτι ημεις ηκουσαμεν αυτου λεγοντος οτι εγω καταλυσω τον
ναον τουτον τον χειροποιητον και δια τριων ημερων αλλον
αχειροποιητον οικοδομησω.

15 29 ουα ο καταλυων τον ναον και οικοδομων εν τρισιν ημεραις,
σωσον σεαυτον καταβας απο του σταυρου.

Lc 1 5 εγενετο εν ταις ημεραις ηρωδου βασιλεως της ιουδαιας ιερευς
τις ονοματι ζαχαριας εξ εφημεριας αβια,

7 και αμφοτεροι προβεβηκοτες εν ταις ημεραις αυτων ησαν.

18 κατα τι γνωσομαι τουτο; εγω γαρ ειμι πρεσβυτης και η γυνη
μου προβεβηκυια εν ταις ημεραις αυτης.

20 και ιδου εση σιωπων και μη δυναμενος λαλησαι αχρι ης
ημερας γενηται ταυτα,

23 και εγενετο ως επλησθησαν αι ημεραι της λειτουργιας αυτου,
απηλθεν εις τον οικον αυτου.

24 μετα δε ταυτας τας ημερας συνελαβεν ελισαβετ η γυνη αυτου,

25 λεγουσα οτι ουτως μοι πεποιηκεν κυριος εν ημεραις αις
επειδεν αφελειν ονειδος μου εν ανθρωποις.

39 αναστασα δε μαριαμ εν ταις ημεραις ταυταις επορευθη εις
την ορεινην μετα σπουδης εις πολιν ιουδα,

59 και εγενετο εν τη ημερα τη ογδοη ηλθον περιτεμειν το
παιδιον,

75 ορκον ον ωμοσεν προς αβρααμ τον πατερα ημων, του δουναι
ημιν αφοβως εκ χειρος εχθρων ρυσθεντας λατρευειν αυτω εν
οσιοτητι και δικαιοσυνη ενωπιον αυτου πασαις ταις ημεραις
ημων.

80 το δε παιδιον ηυξανεν και εκραταιουτο πνευματι, και ην εν
ταις ερημοις εως ημερας αναδειξεως αυτου προς τον ισραηλ.

2 1 εγενετο δε εν ταις ημεραις εκειναις εξηλθεν δογμα παρα
καισαρος αυγουστου απογραφεσθαι πασαν την οικουμενην.

6 εγενετο δε εν τω ειναι αυτους εκει επλησθησαν αι ημεραι του
τεκειν αυτην,

21 και οτε επλησθησαν ημεραι οκτω του περιτεμειν αυτον, και
εκληθη το ονομα αυτου ιησους,

22 και οτε επλησθησαν αι ημεραι του καθαρισμου αυτων κατα
τον νομον μωυσεως, ανηγαγον αυτον εις ιεροσολυμα
παραστησαι τω κυριω,

36 και ην αννα προφητις, θυγατηρ φανουηλ, εκ φυλης ασηρ·
αυτη προβεβηκυια εν ημεραις πολλαις,

37 και αυτη χηρα εως ετων ογδοηκοντατεσσαρων, η ουκ
αφιστατο του ιερου νηστειαις και δεησεσιν λατρευουσα
νυκτα και ημεραν.

43 και τελειωσαντων τας ημερας, εν τω υποστρεφειν αυτους
υπεμεινεν ιησους ο παις εν ιερουσαλημ, και ουκ εγνωσαν οι
γονεις αυτου.

44 νομισαντες δε αυτον ειναι εν τη συνοδια ηλθον ημερας οδον
και ανεζητουν αυτον εν τοις συγγενευσιν και τοις γνωστοις,

46 και εγενετο μετα ημερας τρεις ευρον αυτον εν τω ιερω
καθεζομενον εν μεσω των διδασκαλων και ακουοντα αυτων
και επερωτωντα αυτους·

4 2 ιησους δε πληρης πνευματος αγιου υπεστρεψεν απο του
ιορδανου, και ηγετο εν τω πνευματι εν τη ερημω ημερας
τεσσερακοντα πειραζομενος υπο του διαβολου,

2 και ουκ εφαγεν ουδεν εν ταις ημεραις εκειναις,

16 και εισηλθεν κατα το ειωθος αυτω εν τη ημερα των
σαββατων εις την συναγωγην,

25 πολλαι χηραι ησαν εν ταις ημεραις ηλιου εν τω ισραηλ,

42 γενομενης δε ημερας εξελθων επορευθη εις ερημον τοπον·

5 17 και εγενετο εν μια των ημερων και αυτος ην διδασκων,

35 ελευσονται δε ημεραι, και οταν απαρθη απ αυτων ο νυμφιος,
τοτε νηστευσουσιν εν εκειναις ταις ημεραις.

35 ελευσονται δε ημεραι, και οταν απαρθη απ αυτων ο νυμφιος,
τοτε νηστευσουσιν εν εκειναις ταις ημεραις.

ημερα [389]

Lc 6 12 εγενετο δε εν ταις ημεραις ταυταις εξελθειν αυτον εις το ορος
προσευξασθαι,

13 και οτε εγενετο ημερα, προσεφωνησεν τους μαθητας αυτου,

23 χαρητε εν εκεινη τη ημερα και σκιρτησατε·

8 22 εγενετο δε εν μια των ημερων και αυτος ενεβη εις πλοιον και
οι μαθηται αυτου,

9 12 η δε ημερα ηρξατο κλινειν·

22 ειπων οτι δει τον υιον του ανθρωπου πολλα παθειν και
αποδοκιμασθηναι απο των πρεσβυτερων και αρχιερεων και
γραμματεων και αποκτανθηναι και τη τριτη ημερα
εγερθηναι.

23 ει τις θελει οπισω μου ερχεσθαι, αρνησασθω εαυτον και
αρατω τον σταυρον αυτου καθ ημεραν, και ακολουθειτω μοι.

28 εγενετο δε μετα τους λογους τουτους ωσει ημεραι οκτω, [και]
παραλαβων πετρον και ιωαννην και ιακωβον ανεβη εις το
ορος προσευξασθαι.

36 και αυτοι εσιγησαν και ουδενι απηγγειλαν εν εκειναις ταις
ημεραις ουδεν ων εωρακαν.

37 εγενετο δε τη εξης ημερα κατελθοντων αυτων απο του ορους
συνηντησεν αυτω οχλος πολυς.

51 εγενετο δε εν τω συμπληρουσθαι τας ημερας της αναλημψεως
αυτου και αυτος το προσωπον εστηρισεν του πορευεσθαι εις
ιερουσαλημ,

10 12 λεγω υμιν οτι σοδομοις εν τη ημερα εκεινη ανεκτοτερον
εσται η τη πολει εκεινη.

11 3 ελθετω η βασιλεια σου· τον αρτον ημων τον επιουσιον διδου
ημιν το καθ ημεραν·

12 46 ηξει ο κυριος του δουλου εκεινου εν ημερα η ου προσδοκα
και εν ωρα η ου γινωσκει, και διχοτομησει αυτον,

13 14 ελεγεν τω οχλω οτι εξ ημεραι εισιν εν αις δει εργαζεσθαι·

14 εν αυταις ουν ερχομενοι θεραπευεσθε και μη τη ημερα του
σαββατου.

16 ταυτην δε θυγατερα αβρααμ ουσαν, ην εδησεν ο σατανας
ιδου δεκακαιοκτω ετη, ουκ εδει λυθηναι απο του δεσμου
τουτου τη ημερα του σαββατου;

14 5 τινος υμων υιος η βους εις φρεαρ πεσειται, και ουκ ευθεως
ανασπασει αυτον εν ημερα του σαββατου;

15 13 και μετ ου πολλας ημερας συναγαγων απαντα ο νεωτερος
υιος απεδημησεν εις χωραν μακραν,

16 19 ανθρωπος δε τις ην πλουσιος, και ενεδιδυσκετο πορφυραν και
βυσσον ευφραινομενος καθ ημεραν λαμπρως.

17 4 και εαν επτακις της ημερας αμαρτηση εις σε και επτακις
επιστρεψη προς σε λεγων· μετανοω, αφησεις αυτω.

22 ελευσονται ημεραι οτε επιθυμησετε μιαν των ημερων του
υιου του ανθρωπου ιδειν και ουκ οψεσθε.

22 ελευσονται ημεραι οτε επιθυμησετε μιαν των ημερων του
υιου του ανθρωπου ιδειν και ουκ οψεσθε.

24 ωσπερ γαρ η αστραπη αστραπτουσα εκ της υπο τον ουρανον
εις την υπ ουρανον λαμπει, ουτως εσται ο υιος του ανθρωπου
[εν τη ημερα αυτου].

26 και καθως εγενετο εν ταις ημεραις νωε, ουτως εσται και εν
ταις ημεραις του υιου του ανθρωπου·

26 και καθως εγενετο εν ταις ημεραις νωε, ουτως εσται και εν
ταις ημεραις του υιου του ανθρωπου·

27 ησθιον, επινον, εγαμουν, εγαμιζοντο, αχρι ης ημερας εισηλθεν
νωε εις την κιβωτον,

28 ομοιως καθως εγενετο εν ταις ημεραις λωτ·

29 η δε ημερα εξηλθεν λωτ απο σοδομων, εβρεξεν πυρ και θειον
απ ουρανου και απωλεσεν παντας.

30 κατα τα αυτα εσται η ημερα ο υιος του ανθρωπου
αποκαλυπτεται.

31 εν εκεινη τη ημερα ος εσται επι του δωματος και τα σκευη
αυτου εν τη οικια, μη καταβατω αραι αυτα,

18 7 ο δε θεος ου μη ποιηση την εκδικησιν των εκλεκτων αυτου
των βοωντων αυτω ημερας και νυκτος, και μακροθυμει επ
αυτοις;

33 και μαστιγωσαντες αποκτενουσιν αυτον, και τη ημερα τη
τριτη αναστησεται.

19 42 λεγων οτι ει εγνως εν τη ημερα ταυτη και συ τα προς
ειρηνην·

43 οτι ηξουσιν ημεραι επι σε και παρεμβαλουσιν οι εχθροι σου
χαρακα σοι και περικυκλωσουσιν σε και συνεξουσιν σε
παντοθεν,

47 και ην διδασκων το καθ ημεραν εν τω ιερω·

20 1 και εγενετο εν μια των ημερων διδασκοντος αυτου τον λαον
εν τω ιερω και ευαγγελιζομενου επεστησαν οι αρχιερεις και
οι γραμματεις συν τοις πρεσβυτεροις,

21 6 ταυτα α θεωρειτε, ελευσονται ημεραι εν αις ουκ αφεθησεται
λιθος επι λιθω ος ου καταλυθησεται.

ἡμέρα [389]

Lc 21 22 καὶ οἱ ἐν ταῖς χώραις μὴ εἰσερχέσθωσαν εἰς αὐτήν, ὅτι ἡμέραι ἐκδικήσεως αὗταί εἰσιν τοῦ πλησθῆναι πάντα τὰ γεγραμμένα.

23 οὐαὶ ταῖς ἐν γαστρὶ ἐχούσαις καὶ ταῖς θηλαζούσαις ἐν ἐκείναις ταῖς ἡμέραις·

34 καὶ ἐπιστῇ ἐφ᾽ ὑμᾶς αἰφνίδιος ἡ ἡμέρα ἐκείνη ὡς παγίς·

37 ἦν δὲ τὰς ἡμέρας ἐν τῷ ἱερῷ διδάσκων,

22 7 ἦλθεν δὲ ἡ ἡμέρα τῶν ἀζύμων, [ἐν] ᾗ ἔδει θύεσθαι τὸ πάσχα·

53 καθ᾽ ἡμέραν ὄντος μου μεθ᾽ ὑμῶν ἐν τῷ ἱερῷ οὐκ ἐξετείνατε τὰς χεῖρας ἐπ᾽ ἐμέ·

66 καὶ ὡς ἐγένετο ἡμέρα, συνήχθη τὸ πρεσβυτέριον τοῦ λαοῦ,

23 7 ἀνέπεμψεν αὐτὸν πρὸς ἡρῴδην, ὄντα καὶ αὐτὸν ἐν ἱεροσολύμοις ἐν ταύταις ταῖς ἡμέραις.

12 ἐγένοντο δὲ φίλοι ὅ τε ἡρῴδης καὶ ὁ πιλᾶτος ἐν αὐτῇ τῇ ἡμέρᾳ μετ᾽ ἀλλήλων·

29 πλὴν ἐφ᾽ ἑαυτὰς κλαίετε καὶ ἐπὶ τὰ τέκνα ὑμῶν, ὅτι ἰδοὺ ἔρχονται ἡμέραι ἐν αἷς ἐροῦσιν·

54 καὶ ἡμέρα ἦν παρασκευῆς, καὶ σάββατον ἐπέφωσκεν.

24 7 λέγων τὸν υἱὸν τοῦ ἀνθρώπου ὅτι δεῖ παραδοθῆναι εἰς χεῖρας ἀνθρώπων ἁμαρτωλῶν καὶ σταυρωθῆναι καὶ τῇ τρίτῃ ἡμέρᾳ ἀναστῆναι.

13 καὶ ἰδοὺ δύο ἐξ αὐτῶν ἐν αὐτῇ τῇ ἡμέρᾳ ἦσαν πορευόμενοι εἰς κώμην ἀπέχουσαν σταδίους ἑξήκοντα ἀπὸ ἱερουσαλήμ, ᾗ ὄνομα ἐμμαούς,

18 σὺ μόνος παροικεῖς ἱερουσαλὴμ καὶ οὐκ ἔγνως τὰ γενόμενα ἐν αὐτῇ ἐν ταῖς ἡμέραις ταύταις;

21 ἀλλά γε καὶ σὺν πᾶσιν τούτοις τρίτην ταύτην ἡμέραν ἄγει ἀφ᾽ οὗ ταῦτα ἐγένετο.

29 μεῖνον μεθ᾽ ἡμῶν, ὅτι πρὸς ἑσπέραν ἐστὶν καὶ κέκλικεν ἤδη ἡ ἡμέρα.

46 καὶ εἶπεν αὐτοῖς ὅτι οὕτως γέγραπται παθεῖν τὸν χριστὸν καὶ ἀναστῆναι ἐκ νεκρῶν τῇ τρίτῃ ἡμέρᾳ,

Jh 1 39 καὶ παρ᾽ αὐτῷ ἔμειναν τὴν ἡμέραν ἐκείνην·

2 1 καὶ τῇ ἡμέρᾳ τῇ τρίτῃ γάμος ἐγένετο ἐν κανὰ τῆς γαλιλαίας,

12 μετὰ τοῦτο κατέβη εἰς καφαρναοὺμ αὐτὸς καὶ ἡ μήτηρ αὐτοῦ καὶ οἱ ἀδελφοὶ αὐτοῦ καὶ οἱ μαθηταὶ αὐτοῦ, καὶ ἐκεῖ ἔμειναν οὐ πολλὰς ἡμέρας.

19 λύσατε τὸν ναὸν τοῦτον, καὶ ἐν τρισὶν ἡμέραις ἐγερῶ αὐτόν.

20 τεσσεράκοντα καὶ ἓξ ἔτεσιν οἰκοδομήθη ὁ ναὸς οὗτος, καὶ σὺ ἐν τρισὶν ἡμέραις ἐγερεῖς αὐτόν;

4 40 καὶ ἔμεινεν ἐκεῖ δύο ἡμέρας.

43 μετὰ δὲ τὰς δύο ἡμέρας ἐξῆλθεν ἐκεῖθεν εἰς τὴν γαλιλαίαν.

5 9 ἦν δὲ σάββατον ἐν ἐκείνῃ τῇ ἡμέρᾳ.

6 39 ἵνα πᾶν ὃ δέδωκέν μοι μὴ ἀπολέσω ἐξ αὐτοῦ, ἀλλὰ ἀναστήσω αὐτὸ [ἐν] τῇ ἐσχάτῃ ἡμέρᾳ.

40 ἵνα πᾶς ὁ θεωρῶν τὸν υἱὸν καὶ πιστεύων εἰς αὐτὸν ἔχῃ ζωὴν αἰώνιον, καὶ ἀναστήσω αὐτὸν ἐγὼ [ἐν] τῇ ἐσχάτῃ ἡμέρᾳ.

44 κἀγὼ ἀναστήσω αὐτὸν ἐν τῇ ἐσχάτῃ ἡμέρᾳ.

54 κἀγὼ ἀναστήσω αὐτὸν τῇ ἐσχάτῃ ἡμέρᾳ.

7 37 ἐν δὲ τῇ ἐσχάτῃ ἡμέρᾳ τῇ μεγάλῃ τῆς ἑορτῆς εἱστήκει ὁ ἰησοῦς καὶ ἔκραξεν λέγων·

8 56 ἀβραὰμ ὁ πατὴρ ὑμῶν ἠγαλλιάσατο ἵνα ἴδῃ τὴν ἡμέραν τὴν ἐμήν, καὶ εἶδεν καὶ ἐχάρη.

9 4 ἡμᾶς δεῖ ἐργάζεσθαι τὰ ἔργα τοῦ πέμψαντός με ἕως ἡμέρα ἐστίν·

14 ἦν δὲ σάββατον ἐν ᾗ ἡμέρᾳ τὸν πηλὸν ἐποίησεν ὁ ἰησοῦς καὶ ἀνέῳξεν αὐτοῦ τοὺς ὀφθαλμούς.

11 6 ὡς οὖν ἤκουσεν ὅτι ἀσθενεῖ, τότε μὲν ἔμεινεν ἐν ᾧ ἦν τόπῳ δύο ἡμέρας·

9 οὐχὶ δώδεκα ὧραί εἰσιν τῆς ἡμέρας;

9 ἐάν τις περιπατῇ ἐν τῇ ἡμέρᾳ, οὐ προσκόπτει, ὅτι τὸ φῶς τοῦ κόσμου τούτου βλέπει·

17 ἐλθὼν οὖν ὁ ἰησοῦς εὗρεν αὐτὸν τέσσαρας ἤδη ἡμέρας ἔχοντα ἐν τῷ μνημείῳ.

24 οἶδα ὅτι ἀναστήσεται ἐν τῇ ἀναστάσει ἐν τῇ ἐσχάτῃ ἡμέρᾳ.

53 ἀπ᾽ ἐκείνης οὖν τῆς ἡμέρας ἐβουλεύσαντο ἵνα ἀποκτείνωσιν αὐτόν.

12 1 ὁ οὖν ἰησοῦς πρὸ ἓξ ἡμερῶν τοῦ πάσχα ἦλθεν εἰς βηθανίαν,

7 ἄφες αὐτήν, ἵνα εἰς τὴν ἡμέραν τοῦ ἐνταφιασμοῦ μου τηρήσῃ αὐτό·

48 ὁ λόγος ὃν ἐλάλησα, ἐκεῖνος κρινεῖ αὐτὸν ἐν τῇ ἐσχάτῃ ἡμέρᾳ.

14 20 ἐν ἐκείνῃ τῇ ἡμέρᾳ γνώσεσθε ὑμεῖς ὅτι ἐγὼ ἐν τῷ πατρί μου καὶ ὑμεῖς ἐν ἐμοὶ κἀγὼ ἐν ὑμῖν.

16 23 καὶ ἐν ἐκείνῃ τῇ ἡμέρᾳ ἐμὲ οὐκ ἐρωτήσετε οὐδέν.

26 ἐν ἐκείνῃ τῇ ἡμέρᾳ ἐν τῷ ὀνόματί μου αἰτήσεσθε,

19 31 οἱ οὖν ἰουδαῖοι, ἐπεὶ παρασκευὴ ἦν, ἵνα μὴ μείνῃ ἐπὶ τοῦ σταυροῦ τὰ σώματα ἐν τῷ σαββάτῳ, ἦν γὰρ μεγάλη ἡ ἡμέρα ἐκείνου τοῦ σαββάτου, ἠρώτησαν τὸν πιλᾶτον

20 19 οὔσης οὖν ὀψίας τῇ ἡμέρᾳ ἐκείνῃ τῇ μιᾷ σαββάτων,

ἡμέρα [389]

Jh 20 26 καὶ μεθ᾽ ἡμέρας ὀκτὼ πάλιν ἦσαν ἔσω οἱ μαθηταὶ αὐτοῦ, καὶ θωμᾶς μετ᾽ αὐτῶν.

Ac 1 2 ἄχρι ἧς ἡμέρας ἐντειλάμενος τοῖς ἀποστόλοις διὰ πνεύματος ἁγίου οὓς ἐξελέξατο ἀνελήμφθη·

3 δι᾽ ἡμερῶν τεσσεράκοντα ὀπτανόμενος αὐτοῖς καὶ λέγων τὰ περὶ τῆς βασιλείας τοῦ θεοῦ·

5 ὅτι ἰωάννης μὲν ἐβάπτισεν ὕδατι, ὑμεῖς δὲ ἐν πνεύματι βαπτισθήσεσθε ἁγίῳ οὐ μετὰ πολλὰς ταύτας ἡμέρας.

15 καὶ ἐν ταῖς ἡμέραις ταύταις ἀναστὰς πέτρος ἐν μέσῳ τῶν ἀδελφῶν εἶπεν· ἦν τε ὄχλος ὀνομάτων ἐπὶ τὸ αὐτὸ ὡσεὶ ἑκατὸν εἴκοσι·

22 ἀρξάμενος ἀπὸ τοῦ βαπτίσματος ἰωάννου ἕως τῆς ἡμέρας ἧς ἀνελήμφθη ἀφ᾽ ἡμῶν,

2 1 καὶ ἐν τῷ συμπληροῦσθαι τὴν ἡμέραν τῆς πεντηκοστῆς ἦσαν πάντες ὁμοῦ ἐπὶ τὸ αὐτό·

15 οὐ γὰρ ὡς ὑμεῖς ὑπολαμβάνετε οὗτοι μεθύουσιν, ἔστιν γὰρ ὥρα τρίτη τῆς ἡμέρας, ἀλλὰ τοῦτό ἐστιν τὸ εἰρημένον διὰ τοῦ προφήτου ἰωήλ·

17 καὶ ἔσται ἐν ταῖς ἐσχάταις ἡμέραις, λέγει ὁ θεός, ἐκχεῶ ἀπὸ τοῦ πνεύματός μου ἐπὶ πᾶσαν σάρκα,

18 καί γε ἐπὶ τοὺς δούλους μου καὶ ἐπὶ τὰς δούλας μου ἐν ταῖς ἡμέραις ἐκείναις ἐκχεῶ ἀπὸ τοῦ πνεύματός μου,

20 ὁ ἥλιος μεταστραφήσεται εἰς σκότος καὶ ἡ σελήνη εἰς αἷμα, πρὶν ἐλθεῖν ἡμέραν κυρίου τὴν μεγάλην καὶ ἐπιφανῆ.

29 ὅτι καὶ ἐτελεύτησεν καὶ ἐτάφη, καὶ τὸ μνῆμα αὐτοῦ ἔστιν ἐν ἡμῖν ἄχρι τῆς ἡμέρας ταύτης.

41 καὶ προσετέθησαν ἐν τῇ ἡμέρᾳ ἐκείνῃ ψυχαὶ ὡσεὶ τρισχίλιαι·

46 καθ᾽ ἡμέραν τε προσκαρτεροῦντες ὁμοθυμαδὸν ἐν τῷ ἱερῷ,

47 ὁ δὲ κύριος προσετίθει τοὺς σῳζομένους καθ᾽ ἡμέραν ἐπὶ τὸ αὐτό.

3 2 καί τις ἀνὴρ χωλὸς ἐκ κοιλίας μητρὸς αὐτοῦ ὑπάρχων ἐβαστάζετο, ὃν ἐτίθουν καθ᾽ ἡμέραν πρὸς τὴν θύραν τοῦ ἱεροῦ τὴν λεγομένην ὡραίαν

24 καὶ πάντες δὲ οἱ προφῆται ἀπὸ σαμουὴλ καὶ τῶν καθεξῆς ὅσοι ἐλάλησαν καὶ κατήγγειλαν τὰς ἡμέρας ταύτας.

5 36 πρὸ γὰρ τούτων τῶν ἡμερῶν ἀνέστη θευδᾶς, λέγων εἶναί τινα ἑαυτόν, ᾧ προσεκλίθη ἀνδρῶν ἀριθμὸς ὡς τετρακοσίων·

37 μετὰ τοῦτον ἀνέστη ἰούδας ὁ γαλιλαῖος ἐν ταῖς ἡμέραις τῆς ἀπογραφῆς καὶ ἀπέστησεν λαὸν ὀπίσω αὐτοῦ·

42 πᾶσάν τε ἡμέραν ἐν τῷ ἱερῷ καὶ κατ᾽ οἶκον οὐκ ἐπαύοντο διδάσκοντες καὶ εὐαγγελιζόμενοι τὸν χριστὸν ἰησοῦν.

6 1 ἐν δὲ ταῖς ἡμέραις ταύταις πληθυνόντων τῶν μαθητῶν ἐγένετο γογγυσμὸς τῶν ἑλληνιστῶν πρὸς τοὺς ἑβραίους,

7 8 καὶ οὕτως ἐγέννησεν τὸν ἰσαὰκ καὶ περιέτεμεν αὐτὸν τῇ ἡμέρᾳ τῇ ὀγδόῃ,

26 τῇ τε ἐπιούσῃ ἡμέρᾳ ὤφθη αὐτοῖς μαχομένοις,

41 καὶ ἐμοσχοποίησαν ἐν ταῖς ἡμέραις ἐκείναις καὶ ἀνήγαγον θυσίαν τῷ εἰδώλῳ,

45 ὧν ἐξῶσεν ὁ θεὸς ἀπὸ προσώπου τῶν πατέρων ἡμῶν, ἕως τῶν ἡμερῶν δαυίδ·

8 1 ἐγένετο δὲ ἐν ἐκείνῃ τῇ ἡμέρᾳ διωγμὸς μέγας ἐπὶ τὴν ἐκκλησίαν τὴν ἐν ἱεροσολύμοις·

9 9 καὶ ἦν ἡμέρας τρεῖς μὴ βλέπων, καὶ οὐκ ἔφαγεν οὐδὲ ἔπιεν.

19 ἐγένετο δὲ μετὰ τῶν ἐν δαμασκῷ μαθητῶν ἡμέρας τινάς,

23 ὡς δὲ ἐπληροῦντο ἡμέραι ἱκαναί, συνεβουλεύσαντο οἱ ἰουδαῖοι ἀνελεῖν αὐτόν·

24 παρετηροῦντο δὲ καὶ τὰς πύλας ἡμέρας τε καὶ νυκτὸς ὅπως αὐτὸν ἀνέλωσιν·

37 ἐγένετο δὲ ἐν ταῖς ἡμέραις ἐκείναις ἀσθενήσασαν αὐτὴν ἀποθανεῖν·

43 ἐγένετο δὲ ἡμέρας ἱκανὰς μεῖναι ἐν ἰόππῃ παρά τινι σίμωνι βυρσεῖ.

10 3 εἶδεν ἐν ὁράματι φανερῶς, ὡσεὶ περὶ ὥραν ἐνάτην τῆς ἡμέρας, ἄγγελον τοῦ θεοῦ εἰσελθόντα πρὸς αὐτὸν καὶ εἰπόντα αὐτῷ· κορνήλιε.

30 ἀπὸ τετάρτης ἡμέρας μέχρι ταύτης τῆς ὥρας ἤμην τὴν ἐνάτην προσευχόμενος ἐν τῷ οἴκῳ μου,

40 τοῦτον ὁ θεὸς ἤγειρεν [ἐν] τῇ τρίτῃ ἡμέρᾳ καὶ ἔδωκεν αὐτὸν ἐμφανῆ γενέσθαι,

48 τότε ἠρώτησαν αὐτὸν ἐπιμεῖναι ἡμέρας τινάς.

11 27 ἐν ταύταις δὲ ταῖς ἡμέραις κατῆλθον ἀπὸ ἱεροσολύμων προφῆται εἰς ἀντιόχειαν·

12 1 ἦσαν δὲ [αἱ] ἡμέραι τῶν ἀζύμων,

18 γενομένης δὲ ἡμέρας ἦν τάραχος οὐκ ὀλίγος ἐν τοῖς στρατιώταις,

21 τακτῇ δὲ ἡμέρᾳ ὁ ἡρῴδης ἐνδυσάμενος ἐσθῆτα βασιλικὴν [καὶ] καθίσας ἐπὶ τοῦ βήματος ἐδημηγόρει πρὸς αὐτούς·

13 14 καὶ [εἰσ]ελθόντες εἰς τὴν συναγωγὴν τῇ ἡμέρᾳ τῶν σαββάτων ἐκάθισαν.

ἡμέρα [389]

Ac 13 31 ὃς ὤφθη ἐπὶ *ἡμέρας* πλείους τοῖς συναναβᾶσιν αὐτῷ ἀπὸ τῆς γαλιλαίας εἰς ἱερουσαλημ,

41 ὅτι ἔργον ἐργάζομαι ἐγὼ ἐν ταῖς *ἡμέραις* ὑμῶν, ἔργον ὃ οὐ μὴ πιστεύσητε ἐάν τις ἐκδιηγῆται ὑμῖν.

15 7 ἄνδρες ἀδελφοί, ὑμεῖς ἐπίστασθε ὅτι ἀφ᾽ *ἡμερῶν* ἀρχαίων ἐν ὑμῖν ἐξελέξατο ὁ θεὸς διὰ τοῦ στόματος μου ἀκοῦσαι τὰ ἔθνη τὸν λόγον τοῦ εὐαγγελίου καὶ πιστεῦσαι.

36 μετὰ δέ τινας *ἡμέρας* εἶπεν πρὸς βαρναβαν παῦλος·

16 5 αἱ μὲν οὖν ἐκκλησίαι ἐστερεοῦντο τῇ πίστει καὶ ἐπερίσσευον τῷ ἀριθμῷ καθ᾽ *ἡμέραν.*

12 ἦμεν δὲ ἐν ταύτῃ τῇ πόλει διατρίβοντες *ἡμέρας* τινας.

13 τῇ τε *ἡμέρᾳ* τῶν σαββάτων ἐξήλθομεν ἔξω τῆς πύλης παρὰ ποταμὸν οὗ ἐνομίζομεν προσευχὴν εἶναι,

18 τοῦτο δὲ ἐποίει ἐπὶ πολλὰς *ἡμέρας.*

35 *ἡμέρας* δὲ γενομένης ἀπέστειλαν οἱ στρατηγοὶ τοὺς ῥαβδούχους λέγοντες·

17 11 οἵτινες ἐδέξαντο τὸν λόγον μετὰ πάσης προθυμίας, καθ᾽ *ἡμέραν* ἀνακρίνοντες τὰς γραφὰς εἰ ἔχοι ταῦτα οὕτως.

17 διελέγετο μὲν οὖν ἐν τῇ συναγωγῇ τοῖς ἰουδαίοις καὶ τοῖς σεβομένοις καὶ ἐν τῇ ἀγορᾷ κατὰ πᾶσαν *ἡμέραν* πρὸς τοὺς παρατυγχάνοντας.

31 καθότι ἔστησεν *ἡμέραν* ἐν ᾗ μέλλει κρίνειν τὴν οἰκουμένην ἐν δικαιοσύνῃ,

18 18 ὁ δὲ παῦλος ἔτι προσμείνας *ἡμέρας* ἱκανάς, τοῖς ἀδελφοῖς ἀποταξάμενος ἐξέπλει εἰς τὴν συρίαν,

19 9 ἀποστὰς ἀπ᾽ αὐτῶν ἀφώρισεν τοὺς μαθητάς, καθ᾽ *ἡμέραν* διαλεγόμενος ἐν τῇ σχολῇ τυράννου.

20 6 ἡμεῖς δὲ ἐξεπλεύσαμεν μετὰ τὰς *ἡμέρας* τῶν ἀζύμων ἀπὸ φιλίππων,

6 καὶ ἤλθομεν πρὸς αὐτοὺς εἰς τὴν τρῳάδα ἄχρι *ἡμερῶν* πέντε,

6 καὶ ἤλθομεν πρὸς αὐτοὺς εἰς τὴν τρῳάδα ἄχρι *ἡμερῶν* πέντε, ὅπου διετρίψαμεν *ἡμέρας* ἑπτά.

16 ἔσπευδεν γάρ, εἰ δυνατὸν εἴη αὐτῷ, τὴν *ἡμέραν* τῆς πεντηκοστῆς γενέσθαι εἰς ἱεροσόλυμα.

18 ὑμεῖς ἐπίστασθε, ἀπὸ πρώτης *ἡμέρας* ἀφ᾽ ἧς ἐπέβην εἰς τὴν ἀσίαν, πῶς μεθ᾽ ὑμῶν τὸν πάντα χρόνον ἐγενόμην,

26 διότι μαρτύρομαι ὑμῖν ἐν τῇ σήμερον *ἡμέρᾳ* ὅτι καθαρός εἰμι ἀπὸ τοῦ αἵματος πάντων·

31 διὸ γρηγορεῖτε, μνημονεύοντες ὅτι τριετίαν νύκτα καὶ *ἡμέραν* οὐκ ἐπαυσάμην μετὰ δακρύων νουθετῶν ἕνα ἕκαστον.

21 4 ἀνευρόντες δὲ τοὺς μαθητὰς ἐπεμείναμεν αὐτοῦ *ἡμέρας* ἑπτά·

5 ὅτε δὲ ἐγένετο ἡμᾶς ἐξαρτίσαι τὰς *ἡμέρας,* ἐξελθόντες ἐπορευόμεθα προπεμπόντων ἡμᾶς πάντων σὺν γυναιξὶ καὶ τέκνοις ἕως ἔξω τῆς πόλεως,

7 καὶ ἀσπασάμενοι τοὺς ἀδελφοὺς ἐμείναμεν *ἡμέραν* μίαν παρ᾽ αὐτοῖς,

10 ἐπιμενόντων δὲ *ἡμέρας* πλείους κατῆλθέν τις ἀπὸ τῆς ἰουδαίας προφήτης ὀνόματι ἅγαβος,

15 μετὰ δὲ τὰς *ἡμέρας* ταύτας ἐπισκευασάμενοι ἀνεβαίνομεν εἰς ἱεροσόλυμα·

26 τότε ὁ παῦλος παραλαβὼν τοὺς ἄνδρας τῇ ἐχομένῃ *ἡμέρᾳ* σὺν αὐτοῖς ἁγνισθεὶς εἰσῄει εἰς τὸ ἱερόν,

26 τότε ὁ παῦλος παραλαβὼν τοὺς ἄνδρας τῇ ἐχομένῃ *ἡμέρᾳ* σὺν αὐτοῖς ἁγνισθεὶς εἰσῄει εἰς τὸ ἱερόν, διαγγέλλων τὴν ἐκπλήρωσιν τῶν *ἡμερῶν* τοῦ ἁγνισμοῦ,

27 ὡς δὲ ἔμελλον αἱ ἑπτὰ *ἡμέραι* συντελεῖσθαι, οἱ ἀπὸ τῆς ἀσίας ἰουδαῖοι θεασάμενοι αὐτὸν ἐν τῷ ἱερῷ συνέχεον πάντα τὸν ὄχλον,

38 οὐκ ἄρα σὺ εἶ ὁ αἰγύπτιος ὁ πρὸ τούτων τῶν *ἡμερῶν* ἀναστατώσας καὶ ἐξαγαγὼν εἰς τὴν ἔρημον τοὺς τετρακισχιλίους ἄνδρας τῶν σικαρίων;

23 1 ἄνδρες ἀδελφοί, ἐγὼ πάσῃ συνειδήσει ἀγαθῇ πεπολίτευμαι τῷ θεῷ ἄχρι ταύτης τῆς *ἡμέρας.*

12 γενομένης δὲ *ἡμέρας* ποιήσαντες συστροφὴν οἱ ἰουδαῖοι ἀνεθεμάτισαν ἑαυτούς, λέγοντες μήτε φαγεῖν μήτε πιεῖν ἕως οὗ ἀποκτείνωσιν τὸν παῦλον.

24 1 μετὰ δὲ πέντε *ἡμέρας* κατέβη ὁ ἀρχιερεὺς ἀνανίας μετὰ πρεσβυτέρων τινῶν καὶ ῥήτορος τερτύλλου τινός,

11 δυναμένου σου ἐπιγνῶναι ὅτι οὐ πλείους εἰσίν μοι *ἡμέραι* δώδεκα ἀφ᾽ ἧς ἀνέβην προσκυνήσων εἰς ἱερουσαλημ.

24 μετὰ δὲ *ἡμέρας* τινὰς παραγενόμενος ὁ φῆλιξ σὺν δρουσίλλῃ τῇ ἰδίᾳ γυναικὶ οὔσῃ ἰουδαίᾳ μετεπέμψατο τὸν παῦλον,

25 1 φῆστος οὖν ἐπιβὰς τῇ ἐπαρχείᾳ μετὰ τρεῖς *ἡμέρας* ἀνέβη εἰς ἱεροσόλυμα ἀπὸ καισαρείας,

6 διατρίψας δὲ ἐν αὐτοῖς *ἡμέρας* οὐ πλείους ὀκτὼ ἢ δέκα, καταβὰς εἰς καισάρειαν,

13 *ἡμερῶν* δὲ διαγενομένων τινῶν ἀγρίππας ὁ βασιλεὺς καὶ βερνίκη κατήντησαν εἰς καισάρειαν ἀσπασάμενοι τὸν φῆστον.

ἡμέρα [389]

Ac 25 14 ὡς δὲ πλείους *ἡμέρας* διέτριβον ἐκεῖ, ὁ φῆστος τῷ βασιλεῖ ἀνέθετο τὰ κατὰ τὸν παῦλον λέγων·

26 7 εἰς ἣν τὸ δωδεκάφυλον ἡμῶν ἐν ἐκτενείᾳ νύκτα καὶ *ἡμέραν* λατρεῦον ἐλπίζει καταντῆσαι·

13 *ἡμέρας* μέσης κατὰ τὴν ὁδὸν εἶδον, βασιλεῦ, οὐρανόθεν ὑπὲρ τὴν λαμπρότητα τοῦ ἡλίου περιλάμψαν με φῶς καὶ τοὺς σὺν ἐμοὶ πορευομένους·

22 ἐπικουρίας οὖν τυχὼν τῆς ἀπὸ τοῦ θεοῦ ἄχρι τῆς *ἡμέρας* ταύτης ἕστηκα μαρτυρόμενος μικρῷ τε καὶ μεγάλῳ,

27 7 ἐν ἱκαναῖς δὲ *ἡμέραις* βραδυπλοοῦντες καὶ μόλις γενόμενοι κατὰ τὴν κνίδον, μὴ προσεῶντος ἡμᾶς τοῦ ἀνέμου, ὑπεπλεύσαμεν τὴν κρήτην κατὰ σαλμώνην,

20 μήτε δὲ ἡλίου μήτε ἄστρων ἐπιφαινόντων ἐπὶ πλείονας *ἡμέρας,*

29 φοβούμενοί τε μή που κατὰ τραχεῖς τόπους ἐκπέσωμεν, ἐκ πρύμνης ῥίψαντες ἀγκύρας τέσσαρας ηὔχοντο *ἡμέραν* γενέσθαι.

33 ἄχρι δὲ οὗ *ἡμέρα* ἤμελλεν γίνεσθαι, παρεκάλει ὁ παῦλος ἅπαντας μεταλαβεῖν τροφῆς λέγων·

33 τεσσαρεσκαιδεκάτην σήμερον *ἡμέραν* προσδοκῶντες ἄσιτοι διατελεῖτε,

39 ὅτε δὲ *ἡμέρα* ἐγένετο, τὴν γῆν οὐκ ἐπεγίνωσκον,

28 7 ἐν δὲ τοῖς περὶ τὸν τόπον ἐκεῖνον ὑπῆρχεν χωρία τῷ πρώτῳ τῆς νήσου ὀνόματι ποπλίῳ, ὃς ἀναδεξάμενος ἡμᾶς *ἡμέρας* τρεῖς φιλοφρόνως ἐξένισεν.

12 καὶ καταχθέντες εἰς συρακούσας ἐπεμείναμεν *ἡμέρας* τρεῖς,

13 καὶ μετὰ μίαν *ἡμέραν* ἐπιγενομένου νότου δευτεραῖοι ἤλθομεν εἰς ποτιόλους,

14 καὶ μετὰ μίαν *ἡμέραν* ἐπιγενομένου νότου δευτεραῖοι ἤλθομεν εἰς ποτιόλους, οὗ εὑρόντες ἀδελφοὺς παρεκλήθημεν παρ᾽ αὐτοῖς ἐπιμεῖναι *ἡμέρας* ἑπτά·

17 ἐγένετο δὲ μετὰ *ἡμέρας* τρεῖς συγκαλέσασθαι αὐτὸν τοὺς ὄντας τῶν ἰουδαίων πρώτους·

23 ταξάμενοι δὲ αὐτῷ *ἡμέραν* ἦλθον πρὸς αὐτὸν εἰς τὴν ξενίαν πλείονες,

Rm 2 5 κατὰ δὲ τὴν σκληρότητά σου καὶ ἀμετανόητον καρδίαν θησαυρίζεις σεαυτῷ ὀργὴν ἐν *ἡμέρᾳ* ὀργῆς καὶ ἀποκαλύψεως δικαιοκρισίας τοῦ θεοῦ,

16 ἐν *ἡμέρᾳ* ὅτε κρίνει ὁ θεὸς τὰ κρυπτὰ τῶν ἀνθρώπων κατὰ τὸ εὐαγγέλιόν μου διὰ χριστοῦ ἰησοῦ.

8 36 καθὼς γέγραπται ὅτι ἕνεκεν σοῦ θανατούμεθα ὅλην τὴν *ἡμέραν,* ἐλογίσθημεν ὡς πρόβατα σφαγῆς.

10 21 ὅλην τὴν *ἡμέραν* ἐξεπέτασα τὰς χεῖράς μου πρὸς λαὸν ἀπειθοῦντα καὶ ἀντιλέγοντα.

11 8 ἔδωκεν αὐτοῖς ὁ θεὸς πνεῦμα κατανύξεως, ὀφθαλμοὺς τοῦ μὴ βλέπειν καὶ ὦτα τοῦ μὴ ἀκούειν, ἕως τῆς σήμερον *ἡμέρας.*

13 12 ἡ νὺξ προέκοψεν, ἡ δὲ *ἡμέρα* ἤγγικεν.

13 ὡς ἐν *ἡμέρᾳ* εὐσχημόνως περιπατήσωμεν,

14 5 ὃς μὲν [γὰρ] κρίνει *ἡμέραν* παρ᾽ *ἡμέραν,* ὃς δὲ κρίνει πᾶσαν *ἡμέραν·*

5 ὃς μὲν [γὰρ] κρίνει *ἡμέραν* παρ᾽ *ἡμέραν,* ὃς δὲ κρίνει πᾶσαν *ἡμέραν·*

5 ὃς μὲν [γὰρ] κρίνει *ἡμέραν* παρ᾽ *ἡμέραν,* ὃς δὲ κρίνει πᾶσαν *ἡμέραν·*

6 ὁ φρονῶν τὴν *ἡμέραν* κυρίῳ φρονεῖ.

1Co 1 8 ὃς καὶ βεβαιώσει ὑμᾶς ἕως τέλους ἀνεγκλήτους ἐν τῇ *ἡμέρᾳ* τοῦ κυρίου ἡμῶν ἰησοῦ [χριστοῦ].

3 13 ἡ γὰρ *ἡμέρα* δηλώσει, ὅτι ἐν πυρὶ ἀποκαλύπτεται,

4 3 ἐμοὶ δὲ εἰς ἐλάχιστόν ἐστιν ἵνα ὑφ᾽ ὑμῶν ἀνακριθῶ ἢ ὑπὸ ἀνθρωπίνης *ἡμέρας·*

5 5 παραδοῦναι τὸν τοιοῦτον τῷ σατανᾷ εἰς ὄλεθρον τῆς σαρκός, ἵνα τὸ πνεῦμα σωθῇ ἐν τῇ *ἡμέρᾳ* τοῦ κυρίου.

10 8 μηδὲ πορνεύωμεν, καθώς τινες αὐτῶν ἐπόρνευσαν καὶ ἔπεσαν μιᾷ *ἡμέρᾳ* εἰκοσιτρεῖς χιλιάδες.

15 4 καὶ ὅτι ἐτάφη, καὶ ὅτι ἐγήγερται τῇ *ἡμέρᾳ* τῇ τρίτῃ κατὰ τὰς γραφάς,

31 καθ᾽ *ἡμέραν* ἀποθνῄσκω, νὴ τὴν ὑμετέραν καύχησιν, [ἀδελφοί],

2Co 1 14 καθὼς καὶ ἐπέγνωτε ἡμᾶς ἀπὸ μέρους, ὅτι καύχημα ὑμῶν ἐσμεν καθάπερ καὶ ὑμεῖς ἡμῶν ἐν τῇ *ἡμέρᾳ* τοῦ κυρίου [ἡμῶν] ἰησοῦ.

3 14 ἄχρι γὰρ τῆς σήμερον *ἡμέρας* τὸ αὐτὸ κάλυμμα ἐπὶ τῇ ἀναγνώσει τῆς παλαιᾶς διαθήκης μένει,

4 16 ἀλλ᾽ εἰ καὶ ὁ ἔξω ἡμῶν ἄνθρωπος διαφθείρεται, ἀλλ᾽ ὁ ἔσω ἡμῶν ἀνακαινοῦται *ἡμέρᾳ* καὶ *ἡμέρᾳ.*

16 ἀλλ᾽ εἰ καὶ ὁ ἔξω ἡμῶν ἄνθρωπος διαφθείρεται, ἀλλ᾽ ὁ ἔσω ἡμῶν ἀνακαινοῦται *ἡμέρᾳ* καὶ *ἡμέρᾳ.*

6 2 καιρῷ δεκτῷ ἐπήκουσά σου καὶ ἐν *ἡμέρᾳ* σωτηρίας ἐβοήθησά σοι·

ἡμέρα [389]

2Co	6 2	ἰδου νυν καιρος εὐπροσδεκτος, ἰδου νυν ἡμερα σωτηριας·
	11 28	χωρις των παρεκτος ἡ ἐπιστασις μοι ἡ καθ ἡμεραν, ἡ μεριμνα πασων των ἐκκλησιων.
Ga	1 18	ἐπειτα μετα ἐτη τρια ἀνηλθον εἰς ἱεροσολυμα ἱστορησαι κηφαν, και ἐπεμεινα προς αὐτον ἡμερας δεκαπεντε·
	4 10	ἡμερας παρατηρεισθε και μηνας και καιρους και ἐνιαυτους.
Eph	4 30	και μη λυπειτε το πνευμα το ἁγιον του θεου, ἐν ᾧ ἐσφραγισθητε εἰς ἡμεραν ἀπολυτρωσεως.
	5 16	ἐξαγοραζομενοι τον καιρον, ὁτι αἱ ἡμεραι πονηραι εἰσιν.
	6 13	δια τουτο ἀναλαβετε την πανοπλιαν του θεου, ἱνα δυνηθητε ἀντιστηναι ἐν τη ἡμερα τη πονηρα και ἁπαντα κατεργασαμενοι στηναι.
Php	1 5	ἐπι τη κοινωνια ὑμων εἰς το εὐαγγελιον ἀπο της πρωτης ἡμερας ἀχρι του νυν,
	6	πεποιθως αὐτο τουτο, ὁτι ὁ ἐναρξαμενος ἐν ὑμιν ἐργον ἀγαθον ἐπιτελεσει ἀχρι ἡμερας χριστου ἰησου·
	10	εἰς το δοκιμαζειν ὑμας τα διαφεροντα, ἱνα ἡτε εἰλικρινεις και ἀπροσκοποι εἰς ἡμεραν χριστου,
	2 16	λογον ζωης ἐπεχοντες, εἰς καυχημα ἐμοι εἰς ἡμεραν χριστου,
Col	1 6	ἀφ ἡς ἡμερας ἠκουσατε και ἐπεγνωτε την χαριν του θεου ἐν ἀληθεια·
	9	δια τουτο και ἡμεις, ἀφ ἡς ἡμερας ἠκουσαμεν, οὐ παυομεθα ὑπερ ὑμων προσευχομενοι και αἰτουμενοι
1Th	2 9	νυκτος και ἡμερας ἐργαζομενοι προς το μη ἐπιβαρησαι τινα ὑμων ἐκηρυξαμεν εἰς ὑμας το εὐαγγελιον του θεου.
	3 10	νυκτος και ἡμερας ὑπερεκπερισσου δεομενοι εἰς το ἰδειν ὑμων το προσωπον και καταρτισαι τα ὑστερηματα της πιστεως ὑμων;
	5 2	αὐτοι γαρ ἀκριβως οἰδατε ὁτι ἡμερα κυριου ὡς κλεπτης ἐν νυκτι οὑτως ἐρχεται.
	4	ὑμεις δε, ἀδελφοι, οὐκ ἐστε ἐν σκοτει, ἱνα ἡ ἡμερα ὑμας ὡς κλεπτης καταλαβῃ·
	5	παντες γαρ ὑμεις υἱοι φωτος ἐστε και υἱοι ἡμερας·
	8	ἡμεις δε ἡμερας ὀντες νηφωμεν, ἐνδυσαμενοι θωρακα πιστεως
2Th	1 10	ὁτι ἐπιστευθη το μαρτυριον ἡμων ἐφ ὑμας, ἐν τη ἡμερα ἐκεινῃ.
	2 2	ὡς ὁτι ἐνεστηκεν ἡ ἡμερα του κυριου.
	3 8	οὐδε δωρεαν ἀρτον ἐφαγομεν παρα τινος, ἀλλ ἐν κοπῳ και μοχθῳ νυκτος και ἡμερας ἐργαζομενοι
1Tm	5 5	ἡ δε ὀντως χηρα και μεμονωμενη ἠλπικεν ἐπι θεον και προσμενει ταις δεησεσιν και ταις προσευχαις νυκτος και ἡμερας·
2Tm	1 3	χαριν ἐχω τω θεω, ᾧ λατρευω ἀπο προγονων ἐν καθαρα συνειδησει, ὡς ἀδιαλειπτον ἐχω την περι σου μνειαν ἐν ταις δεησεσιν μου νυκτος και ἡμερας,
	12	οἰδα γαρ ᾧ πεπιστευκα, και πεπεισμαι ὁτι δυνατος ἐστιν την παραθηκην μου φυλαξαι εἰς ἐκεινην την ἡμεραν.
	18	δωη αὐτω ὁ κυριος εὑρειν ἐλεος παρα κυριου ἐν ἐκεινῃ τη ἡμερα·
	3 1	τουτο δε γινωσκε, ὁτι ἐν ἐσχαταις ἡμεραις ἐνστησονται καιροι χαλεποι·
	4 8	λοιπον ἀποκειται μοι ὁ της δικαιοσυνης στεφανος, ὁν ἀποδωσει μοι ὁ κυριος ἐν ἐκεινῃ τη ἡμερα,
Heb	1 2	ἐπ ἐσχατου των ἡμερων τουτων ἐλαλησεν ἡμιν ἐν υἱω,
	3 8	σημερον ἐαν της φωνης αὐτου ἀκουσητε, μη σκληρυνητε τας καρδιας ὑμων ὡς ἐν τω παραπικρασμω κατα την ἡμεραν του πειρασμου ἐν τη ἐρημω,
	13	ἀλλα παρακαλειτε ἑαυτους καθ ἑκαστην ἡμεραν, ἀχρις οὑ το σημερον καλειται, ἱνα μη σκληρυνθῃ τις ἐξ ὑμων ἀπατῃ της ἁμαρτιας·
	4 4	και κατεπαυσεν ὁ θεος ἐν τη ἡμερα τη ἑβδομῃ ἀπο παντων των ἐργων αὐτου·
	7	ἐπει οὐν ἀπολειπεται τινας εἰσελθειν εἰς αὐτην, και οἱ προτερον εὐαγγελισθεντες οὐκ εἰσηλθον δι ἀπειθειαν, παλιν τινα ὁριζει ἡμεραν,
	8	εἰ γαρ αὐτους ἰησους κατεπαυσεν, οὐκ ἀν περι ἀλλης ἐλαλει μετα ταυτα ἡμερας.
	5 7	ὁς ἐν ταις ἡμεραις της σαρκος αὐτου δεησεις τε και ἱκετηριας προς τον δυναμενον σωζειν αὐτον ἐκ θανατου μετα κραυγης ἰσχυρας και δακρυων
	7 3	μητε ἀρχην ἡμερων μητε ζωης τελος ἐχων,
	27	ὁς οὐκ ἐχει καθ ἡμεραν ἀναγκην, ὡσπερ οἱ ἀρχιερεις, προτερον ὑπερ των ἰδιων ἁμαρτιων θυσιας ἀναφερειν, ἐπειτα των του λαου·
	8 8	ἰδου ἡμεραι ἐρχονται, λεγει κυριος,
	9	οὐ κατα την διαθηκην ἡν ἐποιησα τοις πατρασιν αὐτων ἐν ἡμερα ἐπιλαβομενου μου της χειρος αὐτων ἐξαγαγειν αὐτους ἐκ γης αἰγυπτου,

ἡμέρα [389]

Heb	8 10	ὁτι αὑτη ἡ διαθηκη ἡν διαθησομαι τω οἰκω ἰσραηλ μετα τας ἡμερας ἐκεινας, λεγει κυριος,
	10 11	και πας μεν ἱερευς ἑστηκεν καθ ἡμεραν λειτουργων και τας αὐτας πολλακις προσφερων θυσιας,
	16	αὑτη ἡ διαθηκη ἡν διαθησομαι προς αὐτους μετα τας ἡμερας ἐκεινας, λεγει κυριος·
	25	και τοσουτω μαλλον ὁσω βλεπετε ἐγγιζουσαν την ἡμεραν.
	32	ἀναμιμνησκεσθε δε τας προτερον ἡμερας,
	11 30	πιστει τα τειχη ἱεριχω ἐπεσαν κυκλωθεντα ἐπι ἑπτα ἡμερας.
	12 10	οἱ μεν γαρ προς ὀλιγας ἡμερας κατα το δοκουν αὐτοις ἐπαιδευον, ὁ δε ἐπι το συμφερον εἰς το μεταλαβειν της ἁγιοτητος αὐτου.
Ja	5 3	ἐθησαυρισατε ἐν ἐσχαταις ἡμεραις.
	5	ἐθρεψατε τας καρδιας ὑμων ἐν ἡμερα σφαγης.
1Pt	2 12	ἱνα ἐν ᾧ καταλαλουσιν ὑμων ὡς κακοποιων, ἐκ των καλων ἐργων ἐποπτευοντες δοξασωσιν τον θεον ἐν ἡμερα ἐπισκοπης.
	3 10	ὁ γαρ θελων ζωην ἀγαπαν και ἰδειν ἡμερας ἀγαθας παυσατω την γλωσσαν ἀπο κακου
	20	ἐν ᾧ και τοις ἐν φυλακη πνευμασιν πορευθεις ἐκηρυξεν, ἀπειθησασιν ποτε ὁτε ἀπεξεδεχετο ἡ του θεου μακροθυμια ἐν ἡμεραις νωε
2Pt	1 19	ᾧ καλως ποιειτε προσεχοντες ὡς λυχνω φαινοντι ἐν αὐχμηρω τοπω, ἑως οὑ ἡμερα διαυγασῃ και φωσφορος ἀνατειλῃ ἐν ταις καρδιαις ὑμων·
	2 8	βλεμματι γαρ και ἀκοη ὁ δικαιος ἐγκατοικων ἐν αὐτοις ἡμεραν ἐξ ἡμερας ψυχην δικαιαν ἀνομοις ἐργοις ἐβασανιζεν·
	8	βλεμματι γαρ και ἀκοη ὁ δικαιος ἐγκατοικων ἐν αὐτοις ἡμεραν ἐξ ἡμερας ψυχην δικαιαν ἀνομοις ἐργοις ἐβασανιζεν·
	9	οἰδεν κυριος εὐσεβεις ἐκ πειρασμου ρυεσθαι, ἀδικους δε εἰς ἡμεραν κρισεως κολαζομενους τηρειν,
	13	ἡδονην ἡγουμενοι την ἐν ἡμερα τρυφην,
	3 3	τουτο πρωτον γινωσκοντες, ὁτι ἐλευσονται ἐπ ἐσχατων των ἡμερων [ἐν] ἐμπαιγμονη ἐμπαικται κατα τας ἰδιας ἐπιθυμιας αὐτων πορευομενοι
	7	οἱ δε νυν οὐρανοι και ἡ γη τω αὐτω λογω τεθησαυρισμενοι εἰσιν πυρι τηρουμενοι εἰς ἡμεραν κρισεως και ἀπωλειας των ἀσεβων ἀνθρωπων.
	8	ἐν δε τουτο μη λανθανετω ὑμας, ἀγαπητοι, ὁτι μια ἡμερα παρα κυριω ὡς χιλια ἐτη και χιλια ἐτη ὡς ἡμερα μια.
	8	ἐν δε τουτο μη λανθανετω ὑμας, ἀγαπητοι, ὁτι μια ἡμερα παρα κυριω ὡς χιλια ἐτη και χιλια ἐτη ὡς ἡμερα μια.
	10	ἡξει δε ἡμερα κυριου ὡς κλεπτης,
	12	προσδοκωντας και σπευδοντας την παρουσιαν της του θεου ἡμερας,
	18	αὐτω ἡ δοξα και νυν και εἰς ἡμεραν αἰωνος.
1Jh	4 17	ἐν τουτω τετελειωται ἡ ἀγαπη μεθ ἡμων, ἱνα παρρησιαν ἐχωμεν ἐν τη ἡμερα της κρισεως,
Ju	6	ἀγγελους τε τους μη τηρησαντας την ἑαυτων ἀρχην ἀλλα ἀπολιποντας το ἰδιον οἰκητηριον εἰς κρισιν μεγαλης ἡμερας δεσμοις ἀιδιοις ὑπο ζοφον τετηρηκεν·
Apc	1 10	ἐγενομην ἐν πνευματι ἐν τη κυριακῃ ἡμερα,
	2 10	ἰδου μελλει βαλλειν ὁ διαβολος ἐξ ὑμων εἰς φυλακην ἱνα πειρασθητε, και ἐξετε θλιψιν ἡμερων δεκα.
	13	και οὐκ ἠρνησω την πιστιν μου και ἐν ταις ἡμεραις ἀντιπας ὁ μαρτυς μου ὁ πιστος μου,
	4 8	και ἀναπαυσιν οὐκ ἐχουσιν ἡμερας και νυκτος λεγοντες,
	6 17	ὁτι ἠλθεν ἡ ἡμερα ἡ μεγαλη της ὀργης αὐτων,
	7 15	και λατρευουσιν αὐτω ἡμερας και νυκτος ἐν τω ναω αὐτου,
	8 12	ἱνα σκοτισθῃ το τριτον αὐτων και ἡ ἡμερα μη φανῃ το τριτον αὐτης,
	9 6	και ἐν ταις ἡμεραις ἐκειναις ζητησουσιν οἱ ἀνθρωποι τον θανατον και οὐ μη εὑρησουσιν αὐτον,
	15	και ἐλυθησαν οἱ τεσσαρες ἀγγελοι οἱ ἡτοιμασμενοι εἰς την ὡραν και ἡμεραν και μηνα και ἐνιαυτον,
	10 7	ἀλλ ἐν ταις ἡμεραις της φωνης του ἑβδομου ἀγγελου, ὁταν μελλῃ σαλπιζειν, και ἐτελεσθη το μυστηριον του θεου,
	11 3	και δωσω τοις δυσιν μαρτυσιν μου, και προφητευσουσιν ἡμερας χιλιασδιακοσιασεξηκοντα περιβεβλημενοι σακκους,
	6	οὑτοι ἐχουσιν την ἐξουσιαν κλεισαι τον οὐρανον, ἱνα μη ὑετος βρεχῃ τας ἡμερας της προφητειας αὐτων,
	9	και βλεπουσιν ἐκ των λαων και φυλων και γλωσσων και ἐθνων το πτωμα αὐτων ἡμερας τρεις και ἡμισυ,
	11	και μετα τας τρεις ἡμερας και ἡμισυ πνευμα ζωης ἐκ του θεου εἰσηλθεν ἐν αὐτοις,
	12 6	ὁπου ἐχει ἐκει τοπον ἡτοιμασμενον ἀπο του θεου, ἱνα ἐκει τρεφωσιν αὐτην ἡμερας χιλιασδιακοσιασεξηκοντα
	10	ὁτι ἐβληθη ὁ κατηγωρ των ἀδελφων ἡμων, ὁ κατηγορων αὐτους ἐνωπιον του θεου ἡμων ἡμερας και νυκτος.

ἡμέρα [389]

Apc 14 11 καὶ οὐκ ἔχουσιν ἀνάπαυσιν ἡμέρας καὶ νυκτὸς οἱ προσκυνοῦντες τὸ θηρίον καὶ τὴν εἰκόνα αὐτοῦ,

16 14 ἃ ἐκπορεύεται ἐπὶ τοὺς βασιλεῖς τῆς οἰκουμένης ὅλης, συναγαγεῖν αὐτοὺς εἰς τὸν πόλεμον τῆς ἡμέρας τῆς μεγάλης τοῦ θεοῦ τοῦ παντοκράτορος.

18 8 διὰ τοῦτο ἐν μιᾷ ἡμέρᾳ ἥξουσιν αἱ πληγαὶ αὐτῆς,

20 10 καὶ βασανισθήσονται ἡμέρας καὶ νυκτὸς εἰς τοὺς αἰῶνας τῶν αἰώνων.

21 25 καὶ οἱ πυλῶνες αὐτῆς οὐ μὴ κλεισθῶσιν ἡμέρας,

ἡμέτερος [8]

Ac 2 11 ἀκούομεν λαλούντων αὐτῶν ταῖς ἡμετέραις γλώσσαις τὰ μεγαλεῖα τοῦ θεοῦ;

24 7 * ὃν καὶ ἐκρατήσαμεν καὶ κατὰ τὸν ἡμέτερον νόμον ἠθελήσαμεν κρῖναι.

26 5 ἐὰν θέλωσι μαρτυρεῖν, ὅτι κατὰ τὴν ἀκριβεστάτην αἵρεσιν τῆς ἡμετέρας θρησκείας ἔζησα φαρισαῖος.

Rm 15 4 ὅσα γὰρ προεγράφη, εἰς τὴν ἡμετέραν διδασκαλίαν ἐγράφη,

2Tm 4 15 ὃν καὶ σὺ φυλάσσου· λίαν γὰρ ἀντέστη τοῖς ἡμετέροις λόγοις.

Tit 3 14 μανθανέτωσαν δὲ καὶ οἱ ἡμέτεροι καλῶν ἔργων προΐστασθαι εἰς τὰς ἀναγκαίας χρείας,

1Jh 1 3 καὶ ἡ κοινωνία δὲ ἡ ἡμετέρα μετὰ τοῦ πατρὸς καὶ μετὰ τοῦ υἱοῦ αὐτοῦ ἰησοῦ χριστοῦ.

2 2 καὶ αὐτὸς ἱλασμός ἐστιν περὶ τῶν ἁμαρτιῶν ἡμῶν, οὐ περὶ τῶν ἡμετέρων δὲ μόνον ἀλλὰ καὶ περὶ ὅλου τοῦ κόσμου.

ἡμιθανής [1]

Lc 10 30 καὶ λῃσταῖς περιέπεσεν, οἳ καὶ ἐκδύσαντες αὐτὸν καὶ πληγὰς ἐπιθέντες ἀπῆλθον ἀφέντες ἡμιθανῆ.

ἥμισυς [5]

Mc 6 23 καὶ ὤμοσεν αὐτῇ [πολλά] ὅτι ἐάν με αἰτήσῃς δώσω σοι ἕως ἡμίσους τῆς βασιλείας μου.

Lc 19 8 ἰδοὺ τὰ ἡμίσιά μου τῶν ὑπαρχόντων, κύριε, τοῖς πτωχοῖς δίδωμι,

Apc 11 9 καὶ βλέπουσιν ἐκ τῶν λαῶν καὶ φυλῶν καὶ γλωσσῶν καὶ ἐθνῶν τὸ πτῶμα αὐτῶν ἡμέρας τρεῖς καὶ ἥμισυ,

11 καὶ μετὰ τὰς τρεῖς ἡμέρας καὶ ἥμισυ πνεῦμα ζωῆς ἐκ τοῦ θεοῦ εἰσῆλθεν ἐν αὐτοῖς,

12 14 ἵνα πέτηται εἰς τὴν ἔρημον εἰς τὸν τόπον αὐτῆς, ὅπου τρέφεται ἐκεῖ καιρὸν καὶ καιροὺς καὶ ἥμισυ καιροῦ ἀπὸ προσώπου τοῦ ὄφεως.

ἡμιώριον [1]

Apc 8 1 καὶ ὅταν ἤνοιξεν τὴν σφραγῖδα τὴν ἑβδόμην, ἐγένετο σιγὴ ἐν τῷ οὐρανῷ ὡς ἡμιώριον.

ἡνίκα [2]

2Co 3 15 ἀλλ' ἕως σήμερον ἡνίκα ἂν ἀναγινώσκηται μωϋσῆς κάλυμμα ἐπὶ τὴν καρδίαν αὐτῶν κεῖται·

16 ἡνίκα δὲ ἐὰν ἐπιστρέψῃ πρὸς κύριον, περιαιρεῖται τὸ κάλυμμα.

ἤπερ [1]

Jh 12 43 ἠγάπησαν γὰρ τὴν δόξαν τῶν ἀνθρώπων μᾶλλον ἤπερ τὴν δόξαν τοῦ θεοῦ.

ἤπιος [1]

2Tm 2 24 δοῦλον δὲ κυρίου οὐ δεῖ μάχεσθαι ἀλλὰ ἤπιον εἶναι πρὸς πάντας,

ἤρ [1]

Lc 3 28 τοῦ μελχὶ τοῦ ἀδδὶ τοῦ κωσὰμ τοῦ ἐλμαδὰμ τοῦ ἢρ

ἤρεμος [1]

1Tm 2 2 ἵνα ἤρεμον καὶ ἡσύχιον βίον διάγωμεν ἐν πάσῃ εὐσεβείᾳ καὶ σεμνότητι.

ἡρῴδης [43]

Mt 2 1 τοῦ δὲ ἰησοῦ γεννηθέντος ἐν βηθλεὲμ τῆς ἰουδαίας ἐν ἡμέραις ἡρῴδου τοῦ βασιλέως,

3 ἀκούσας δὲ ὁ βασιλεὺς ἡρῴδης ἐταράχθη,

7 τότε ἡρῴδης λάθρᾳ καλέσας τοὺς μάγους ἠκρίβωσεν παρ' αὐτῶν τὸν χρόνον τοῦ φαινομένου ἀστέρος,

12 καὶ χρηματισθέντες κατ' ὄναρ μὴ ἀνακάμψαι πρὸς ἡρῴδην,

13 μέλλει γὰρ ἡρῴδης ζητεῖν τὸ παιδίον τοῦ ἀπολέσαι αὐτό.

15 καὶ ἦν ἐκεῖ ἕως τῆς τελευτῆς ἡρῴδου·

16 τότε ἡρῴδης ἰδὼν ὅτι ἐνεπαίχθη ὑπὸ τῶν μάγων ἐθυμώθη λίαν,

19 τελευτήσαντος δὲ τοῦ ἡρῴδου,

22 ἀκούσας δὲ ὅτι ἀρχέλαος βασιλεύει τῆς ἰουδαίας ἀντὶ τοῦ πατρὸς αὐτοῦ ἡρῴδου ἐφοβήθη ἐκεῖ ἀπελθεῖν·

14 1 ἐν ἐκείνῳ τῷ καιρῷ ἤκουσεν ἡρῴδης ὁ τετραάρχης τὴν ἀκοὴν ἰησοῦ,

3 ὁ γὰρ ἡρῴδης κρατήσας τὸν ἰωάννην ἔδησεν [αὐτὸν] καὶ ἐν φυλακῇ ἀπέθετο διὰ ἡρῳδιάδα τὴν γυναῖκα φιλίππου τοῦ ἀδελφοῦ αὐτοῦ·

6 γενεσίοις δὲ γενομένοις τοῦ ἡρῴδου ὠρχήσατο ἡ θυγάτηρ τῆς ἡρῳδιάδος ἐν τῷ μέσῳ καὶ ἤρεσεν τῷ ἡρῴδῃ,

6 γενεσίοις δὲ γενομένοις τοῦ ἡρῴδου ὠρχήσατο ἡ θυγάτηρ τῆς ἡρῳδιάδος ἐν τῷ μέσῳ καὶ ἤρεσεν τῷ ἡρῴδῃ,

Mc 6 14 καὶ ἤκουσεν ὁ βασιλεὺς ἡρῴδης, φανερὸν γὰρ ἐγένετο τὸ ὄνομα αὐτοῦ, καὶ ἔλεγον ὅτι ἰωάννης ὁ βαπτίζων ἐγήγερται ἐκ νεκρῶν,

16 ἀκούσας δὲ ὁ ἡρῴδης ἔλεγεν· ὃν ἐγὼ ἀπεκεφάλισα ἰωάννην, οὗτος ἠγέρθη.

17 αὐτὸς γὰρ ὁ ἡρῴδης ἀποστείλας ἐκράτησεν τὸν ἰωάννην καὶ ἔδησεν αὐτὸν ἐν φυλακῇ διὰ ἡρῳδιάδα τὴν γυναῖκα φιλίππου τοῦ ἀδελφοῦ αὐτοῦ,

18 ἔλεγεν γὰρ ὁ ἰωάννης τῷ ἡρῴδῃ ὅτι οὐκ ἔξεστίν σοι ἔχειν τὴν γυναῖκα τοῦ ἀδελφοῦ σου.

20 ὁ γὰρ ἡρῴδης ἐφοβεῖτο τὸν ἰωάννην,

21 καὶ γενομένης ἡμέρας εὐκαίρου ὅτε ἡρῴδης τοῖς γενεσίοις αὐτοῦ δεῖπνον ἐποίησεν τοῖς μεγιστᾶσιν αὐτοῦ καὶ τοῖς χιλιάρχοις καὶ τοῖς πρώτοις τῆς γαλιλαίας,

22 καὶ εἰσελθούσης τῆς θυγατρὸς αὐτοῦ ἡρῳδιάδος καὶ ὀρχησαμένης, ἤρεσεν τῷ ἡρῴδῃ καὶ τοῖς συνανακειμένοις.

8 15 ὁρᾶτε, βλέπετε ἀπὸ τῆς ζύμης τῶν φαρισαίων καὶ τῆς ζύμης ἡρῴδου.

Lc 1 5 ἐγένετο ἐν ταῖς ἡμέραις ἡρῴδου βασιλέως τῆς ἰουδαίας ἱερεύς τις ὀνόματι ζαχαρίας ἐξ ἐφημερίας ἀβιά,

3 1 ἡγεμονεύοντος ποντίου πιλάτου τῆς ἰουδαίας, καὶ τετρααρχοῦντος τῆς γαλιλαίας ἡρῴδου,

19 ὁ δὲ ἡρῴδης ὁ τετραάρχης, ἐλεγχόμενος ὑπ' αὐτοῦ περὶ ἡρῳδιάδος τῆς γυναικὸς τοῦ ἀδελφοῦ αὐτοῦ καὶ περὶ πάντων ὧν ἐποίησεν πονηρῶν ὁ ἡρῴδης,

19 ὁ δὲ ἡρῴδης ὁ τετραάρχης, ἐλεγχόμενος ὑπ' αὐτοῦ περὶ ἡρῳδιάδος τῆς γυναικὸς τοῦ ἀδελφοῦ αὐτοῦ καὶ περὶ πάντων ὧν ἐποίησεν πονηρῶν ὁ ἡρῴδης,

8 3 καὶ ἰωάννα γυνὴ χουζᾶ ἐπιτρόπου ἡρῴδου καὶ σουσάννα καὶ ἕτεραι πολλαί,

9 7 ἤκουσεν δὲ ἡρῴδης ὁ τετραάρχης τὰ γινόμενα πάντα,

9 εἶπεν δὲ ἡρῴδης· ἰωάννην ἐγὼ ἀπεκεφάλισα·

13 31 ἔξελθε καὶ πορεύου ἐντεῦθεν, ὅτι ἡρῴδης θέλει σε ἀποκτεῖναι.

23 7 καὶ ἐπιγνοὺς ὅτι ἐκ τῆς ἐξουσίας ἡρῴδου ἐστίν, ἀνέπεμψεν αὐτὸν πρὸς ἡρῴδην,

7 καὶ ἐπιγνοὺς ὅτι ἐκ τῆς ἐξουσίας ἡρῴδου ἐστίν, ἀνέπεμψεν αὐτὸν πρὸς ἡρῴδην,

8 ὁ δὲ ἡρῴδης ἰδὼν τὸν ἰησοῦν ἐχάρη λίαν·

11 ἐξουθενήσας δὲ αὐτὸν [καὶ] ὁ ἡρῴδης σὺν τοῖς στρατεύμασιν αὐτοῦ καὶ ἐμπαίξας,

12 ἐγένοντο δὲ φίλοι ὅ τε ἡρῴδης καὶ ὁ πιλᾶτος ἐν αὐτῇ τῇ ἡμέρᾳ μετ' ἀλλήλων·

15 ἀλλ' οὐδὲ ἡρῴδης· ἀνέπεμψεν γὰρ αὐτὸν πρὸς ἡμᾶς·

Ac 4 27 ἡρῴδης τε καὶ πόντιος πιλᾶτος σὺν ἔθνεσιν καὶ λαοῖς ἰσραήλ, ποιῆσαι ὅσα ἡ χείρ σου καὶ ἡ βουλή [σου] προώρισεν γενέσθαι.

12 1 κατ' ἐκεῖνον δὲ τὸν καιρὸν ἐπέβαλεν ἡρῴδης ὁ βασιλεὺς τὰς χεῖρας κακῶσαί τινας τῶν ἀπὸ τῆς ἐκκλησίας.

6 ὅτε δὲ ἤμελλεν προαγαγεῖν αὐτὸν ὁ ἡρῴδης, τῇ νυκτὶ ἐκείνῃ ἦν ὁ πέτρος κοιμώμενος μεταξὺ δύο στρατιωτῶν δεδεμένος ἁλύσεσιν δυσίν,

11 νῦν οἶδα ἀληθῶς ὅτι ἐξαπέστειλεν [ὁ] κύριος τὸν ἄγγελον αὐτοῦ καὶ ἐξείλατό με ἐκ χειρὸς ἡρῴδου καὶ πάσης τῆς προσδοκίας τοῦ λαοῦ τῶν ἰουδαίων.

19 ἡρῴδης δὲ ἐπιζητήσας αὐτὸν καὶ μὴ εὑρών, ἀνακρίνας τοὺς φύλακας ἐκέλευσεν ἀπαχθῆναι,

ἡρωδης [43]

Ac 12 21 τακτη δε ἡμερα ὁ ἡρωδης ἐνδυσαμενος ἐσθητα βασιλικην [και] καθισας ἐπι του βηματος ἐδημηγορει προς αὐτους·
   13 1 και λουκιος ὁ κυρηναιος, μαναην τε ἡρωδου του τετρααρχου συντροφος και σαυλος.
   23 35 κελευσας ἐν τω πραιτωριω του ἡρωδου φυλασσεσθαι αὐτον.

ἡρωδιανοι [3]

Mt 22 16 και ἀποστελλουσιν αὐτω τους μαθητας αὐτων μετα των ἡρωδιανων λεγοντες·
Mc 3 6 και ἐξελθοντες οἱ φαρισαιοι εὐθυς μετα των ἡρωδιανων συμβουλιον ἐδιδουν κατ αὐτου,
   12 13 και ἀποστελλουσιν προς αὐτον τινας των φαρισαιων και των ἡρωδιανων ἱνα αὐτον ἀγρευσωσιν λογω.

ἡρωδιας [6]

Mt 14 3 ὁ γαρ ἡρωδης κρατησας τον ἰωαννην ἐδησεν [αὐτον] και ἐν φυλακη ἀπεθετο δια ἡρωδιαδα την γυναικα φιλιππου του ἀδελφου αὐτου·
   6 γενεσιοις δε γενομενοις του ἡρωδου ὠρχησατο ἡ θυγατηρ της ἡρωδιαδος ἐν τω μεσω και ἡρεσεν τω ἡρωδη,
Mc 6 17 αὐτος γαρ ὁ ἡρωδης ἀποστειλας ἐκρατησεν τον ἰωαννην και ἐδησεν αὐτον ἐν φυλακη δια ἡρωδιαδα την γυναικα φιλιππου του ἀδελφου αὐτου,
   19 ἡ δε ἡρωδιας ἐνειχεν αὐτω και ἠθελεν αὐτον ἀποκτειναι,
   22 και εἰσελθουσης της θυγατρος αὐτου ἡρωδιαδος και ὀρχησαμενης,
Lc 3 19 ὁ δε ἡρωδης ὁ τετρααρχης, ἐλεγχομενος ὑπ αὐτου περι ἡρωδιαδος της γυναικος του ἀδελφου αὐτου και περι παντων ὡν ἐποιησεν πονηρων ὁ ἡρωδης,

ἡρωδιων [1]

Rm 16 11 ἀσπασασθε ἡρωδιωνα τον συγγενη μου.

ἡσαιας [22]

Mt 3 3 οὑτος γαρ ἐστιν ὁ ῥηθεις δια ἡσαιου του προφητου λεγοντος·
   4 14 ἱνα πληρωθη το ῥηθεν δια ἡσαιου του προφητου λεγοντος·
   8 17 και παντας τους κακως ἐχοντας ἐθεραπευσεν· ὁπως πληρωθη το ῥηθεν δια ἡσαιου του προφητου λεγοντος· αὐτος τας ἀσθενειας ἡμων ἐλαβεν και τας νοσους ἐβαστασεν.
   12 17 ἱνα πληρωθη το ῥηθεν δια ἡσαιου του προφητου λεγοντος·
   13 14 και ἀναπληρουται αὐτοις ἡ προφητεια ἡσαιου ἡ λεγουσα·
   15 7 ὑποκριται, καλως ἐπροφητευσεν περι ὑμων ἡσαιας λεγων· ὁ λαος οὑτος τοις χειλεσιν με τιμα,
Mc 1 2 καθως γεγραπται ἐν τω ἡσαια τω προφητη· ἰδου ἀποστελλω τον ἀγγελον μου προ προσωπου σου,
   7 6 καλως ἐπροφητευσεν ἡσαιας περι ὑμων των ὑποκριτων, ὡς γεγραπται [ὁτι] οὑτος ὁ λαος τοις χειλεσιν με τιμα, ἡ δε καρδια αὐτων πορρω ἀπεχει ἀπ ἐμου·
Lc 3 4 ὡς γεγραπται ἐν βιβλω λογων ἡσαιου του προφητου· φωνη βοωντος ἐν τη ἐρημω·
   4 17 και ἐπεδοθη αὐτω βιβλιον του προφητου ἡσαιου,
Jh 1 23 εὐθυνατε την ὁδον κυριου, καθως εἰπεν ἡσαιας ὁ προφητης.
   12 38 τοσαυτα δε αὐτου σημεια πεποιηκοτος ἐμπροσθεν αὐτων οὐκ ἐπιστευον εἰς αὐτον, ἱνα ὁ λογος ἡσαιου του προφητου πληρωθη ὁν εἰπεν·
   39 δια τουτο οὐκ ἡδυναντο πιστευειν, ὁτι παλιν εἰπεν ἡσαιας· τετυφλωκεν αὐτων τους ὀφθαλμους και ἐπωρωσεν αὐτων την καρδιαν,
   41 ταυτα εἰπεν ἡσαιας ὁτι εἰδεν την δοξαν αὐτου, και ἐλαλησεν περι αὐτου.
Ac 8 28 ὁς ἐληλυθει προσκυνησων εἰς ἰερουσαλημ, ἡν τε ὑποστρεφων και καθημενος ἐπι του ἁρματος αὐτου και ἀνεγινωσκεν τον προφητην ἡσαιαν.
   30 προσδραμων δε ὁ φιλιππος ἡκουσεν αὐτου ἀναγινωσκοντος ἡσαιαν τον προφητην, και εἰπεν·
   28 25 εἰποντων του παυλου ῥημα ἑν, ὁτι καλως το πνευμα το ἁγιον ἐλαλησεν δια ἡσαιου του προφητου προς τους πατερας ὑμων λεγων·
Rm 9 27 ἡσαιας δε κραζει ὑπερ του ἰσραηλ·
   29 και καθως προειρηκεν ἡσαιας· εἰ μη κυριος σαβαωθ ἐγκατελιπεν ἡμιν σπερμα, ὡς σοδομα ἀν ἐγενηθημεν και ὡς γομορρα ἀν ὡμοιωθημεν.
   10 16 ἡσαιας γαρ λεγει· κυριε, τις ἐπιστευσεν τη ἀκοη ἡμων;
   20 ἡσαιας δε ἀποτολμα και λεγει· εὑρεθην [ἐν] τοις ἐμε μη ζητουσιν, ἐμφανης ἐγενομην τοις ἐμε μη ἐπερωτωσιν.

ἡσαιας [22]

Rm 15 12 και παλιν ἡσαιας λεγει· ἐσται ἡ ῥιζα του ἰεσσαι, και ὁ ἀνισταμενος ἀρχειν ἐθνων· ἐπ αὐτω ἐθνη ἐλπιουσιν.

ἡσαυ [3]

Rm 9 13 τον ἰακωβ ἡγαπησα, τον δε ἡσαυ ἐμισησα.
Heb 11 20 πιστει και περι μελλοντων εὐλογησεν ἰσαακ τον ἰακωβ και τον ἡσαυ.
   12 16 μη τις πορνος ἡ βεβηλος ὡς ἡσαυ,

ἡσσων [2]

1Co 11 17 τουτο δε παραγγελλων οὐκ ἐπαινω ὁτι οὐκ εἰς το κρεισσον ἀλλα εἰς το ἡσσον συνερχεσθε.
2Co 12 15 εἰ περισσοτερως ὑμας ἀγαπω[ν], ἡσσον ἀγαπωμαι;

ἡσυχαζω [5]

Lc 14 4 ἐξεστιν τω σαββατω θεραπευσαι ἡ οὑ; οἱ δε ἡσυχασαν.
   23 56 και το μεν σαββατον ἡσυχασαν κατα την ἐντολην,
Ac 11 18 ἀκουσαντες δε ταυτα ἡσυχασαν, και ἐδοξασαν τον θεον λεγοντες·
   21 14 μη πειθομενου δε αὐτου ἡσυχασαμεν εἰποντες· του κυριου το θελημα γινεσθω.
1Th 4 11 και φιλοτιμεισθαι ἡσυχαζειν και πρασσειν τα ἰδια και ἐργαζεσθαι ταις [ἰδιαις] χερσιν ὑμων,

ἡσυχια [4]

Ac 22 2 ἀκουσαντες δε ὁτι τη ἑβραιδι διαλεκτω προσεφωνει αὐτοις μαλλον παρεσχον ἡσυχιαν.
2Th 3 12 τοις δε τοιουτοις παραγγελλομεν και παρακαλουμεν ἐν κυριω ἰησου χριστω ἱνα μετα ἡσυχιας ἐργαζομενοι τον ἑαυτων ἀρτον ἐσθιωσιν.
1Tm 2 11 γυνη ἐν ἡσυχια μανθανετω ἐν παση ὑποταγη·
   12 διδασκειν δε γυναικι οὐκ ἐπιτρεπω, οὐδε αὐθεντειν ἀνδρος, ἀλλ εἰναι ἐν ἡσυχια.

ἡσυχιος [2]

1Tm 2 2 ἱνα ἡρεμον και ἡσυχιον βιον διαγωμεν ἐν παση εὐσεβεια και σεμνοτητι.
1Pt 3 4 ἀλλ ὁ κρυπτος της καρδιας ἀνθρωπος ἐν τω ἀφθαρτω του πραεως και ἡσυχιου πνευματος,

ἡτοι [1]

Rm 6 16 δουλοι ἐστε ὡ ὑπακουετε, ἡτοι ἁμαρτιας εἰς θανατον ἡ ὑπακοης εἰς δικαιοσυνην;

ἡτταομαι [2]

2Pt 2 19 ὡ γαρ τις ἡττηται, τουτω δεδουλωται.
   20 εἰ γαρ ἀποφυγοντες τα μιασματα του κοσμου ἐν ἐπιγνωσει του κυριου [ἡμων] και σωτηρος ἰησου χριστου, τουτοις δε παλιν ἐμπλακεντες ἡττωνται, γεγονεν αὐτοις τα ἐσχατα χειρονα των πρωτων.

ἡττημα [2]

Rm 11 12 εἰ δε το παραπτωμα αὐτων πλουτος κοσμου και το ἡττημα αὐτων πλουτος ἐθνων, ποσω μαλλον το πληρωμα αὐτων.
1Co 6 7 ἡδη μεν [οὐν] ὁλως ἡττημα ὑμιν ἐστιν ὁτι κριματα ἐχετε μεθ ἑαυτων.

ἡχεω [1]

1Co 13 1 ἐαν ταις γλωσσαις των ἀνθρωπων λαλω και των ἀγγελων, ἀγαπην δε μη ἐχω, γεγονα χαλκος ἡχων ἡ κυμβαλον ἀλαλαζον.

ἡχος [4]

Lc 4 37 και ἐξεπορευετο ἡχος περι αὐτου εἰς παντα τοπον της περιχωρου.
   21 25 και ἐπι της γης συνοχη ἐθνων ἐν ἀπορια ἡχους θαλασσης και σαλου, ἀποψυχοντων ἀνθρωπων ἀπο φοβου και προσδοκιας των ἐπερχομενων τη οἰκουμενη·

ἦχος [4]

Ac   2 2   καὶ ἐγένετο ἄφνω ἐκ τοῦ οὐρανοῦ *ἦχος* ὥσπερ φερομενης πνοῆς βιαίας καὶ ἐπληρωσεν ὅλον τὸν οἶκον οὗ ἦσαν καθημενοι,

Heb   12 19   οὐ γὰρ προσεληλύθατε ψηλαφωμενω καὶ κεκαυμενω πυρὶ καὶ γνοφω καὶ ζοφω καὶ θυελλη καὶ σαλπιγγος *ἤχω*

Θ

θα [1]

1Co   16 22   εἴ τις οὐ φιλεῖ τὸν κυριον, ἤτω ἀναθεμα. μαρανα *θα.*

θαδδαιος [2]

Mt   10 3   ἰακωβος ὁ τοῦ ἀλφαιου καὶ *θαδδαιος,*

Mc   3 18   καὶ ἀνδρεαν καὶ φιλιππον καὶ βαρθολομαιον καὶ μαθθαιον καὶ θωμαν καὶ ἰακωβον τὸν τοῦ ἀλφαιου καὶ *θαδδαιον* καὶ σιμωνα τὸν κανανιον καὶ ἰουδαν ἰσκαριωθ,

θαλασσα [91]

Mt   4 15   γῆ ζαβουλων καὶ γῆ νεφθαλιμ, ὁδὸν *θαλασσης,* περαν τοῦ ἰορδανου,

  18   περιπατων δὲ παρὰ τὴν *θαλασσαν* τῆς γαλιλαιας εἶδεν δυο ἀδελφους,

  18   βαλλοντας ἀμφιβληστρον εἰς τὴν *θαλασσαν·*

  8 24   καὶ ἰδοὺ σεισμὸς μεγας ἐγένετο ἐν τῇ *θαλασσῃ,*

  26   τοτε ἐγερθεὶς ἐπετιμησεν τοῖς ἀνεμοις καὶ τῇ *θαλασσῃ,*

  27   ποταπος ἐστιν οὗτος, ὅτι καὶ οἱ ἀνεμοι καὶ ἡ *θαλασσα* αὐτῷ ὑπακουουσιν;

  32   καὶ ἰδοὺ ὥρμησεν πᾶσα ἡ ἀγελη κατὰ τοῦ κρημνοῦ εἰς τὴν *θαλασσαν,*

  13 1   ἐν τῇ ἡμερα ἐκεινῃ ἐξελθων ὁ ἰησους τῆς οἰκιας ἐκαθητο παρὰ τὴν *θαλασσαν·*

  47   παλιν ὁμοια ἐστὶν ἡ βασιλεια τῶν οὐρανῶν σαγηνῃ βληθεισῃ εἰς τὴν *θαλασσαν* καὶ ἐκ παντὸς γενους συναγαγουσῃ·

  14 25   τεταρτῃ δὲ φυλακῇ τῆς νυκτὸς ἦλθεν πρὸς αὐτοὺς περιπατων ἐπὶ τὴν *θαλασσαν.*

  26   οἱ δὲ μαθηται ἰδοντες αὐτὸν ἐπὶ τῆς *θαλασσης* περιπατουντα ἐταραχθησαν λεγοντες ὅτι φαντασμα ἐστιν,

  15 29   καὶ μεταβὰς ἐκεῖθεν ὁ ἰησους ἦλθεν παρὰ τὴν *θαλασσαν* τῆς γαλιλαιας,

  17 27   ἵνα δὲ μὴ σκανδαλισωμεν αὐτους, πορευθεὶς εἰς *θαλασσαν* βαλε ἀγκιστρον καὶ τὸν ἀναβαντα πρωτον ἰχθυν ἆρον, καὶ ἀνοιξας τὸ στομα αὐτοῦ εὑρησεις στατηρα·

  18 6   ὃς δ᾽ ἂν σκανδαλισῃ ἕνα τῶν μικρῶν τουτων τῶν πιστευοντων εἰς ἐμε, συμφερει αὐτῷ ἵνα κρεμασθῇ μυλος ὀνικος περὶ τὸν τραχηλον αὐτοῦ καὶ καταποντισθῇ ἐν τῷ πελαγει τῆς *θαλασσης.*

  21 21   ἀρθητι καὶ βληθητι εἰς τὴν *θαλασσαν,* γενησεται·

  23 15   οὐαι ὑμιν, γραμματεις καὶ φαρισαιοι ὑποκριται, ὅτι περιαγετε τὴν *θαλασσαν* καὶ τὴν ξηρὰν ποιησαι ἕνα προσηλυτον,

Mc   1 16   καὶ παραγων παρὰ τὴν *θαλασσαν* τῆς γαλιλαιας εἶδεν σιμωνα καὶ ἀνδρεαν τὸν ἀδελφον σιμωνος ἀμφιβαλλοντας ἐν τῇ *θαλασσῃ·*

  16   καὶ παραγων παρὰ τὴν *θαλασσαν* τῆς γαλιλαιας εἶδεν σιμωνα καὶ ἀνδρεαν τὸν ἀδελφον σιμωνος ἀμφιβαλλοντας ἐν τῇ *θαλασσῃ·*

  2 13   καὶ ἐξῆλθεν παλιν παρὰ τὴν *θαλασσαν·*

  3 7   καὶ ὁ ἰησους μετὰ τῶν μαθητῶν αὐτοῦ ἀνεχωρησεν πρὸς τὴν *θαλασσαν·*

  4 1   καὶ παλιν ἤρξατο διδασκειν παρὰ τὴν *θαλασσαν·*

  1   καὶ συναγεται πρὸς αὐτὸν ὀχλος πλειστος, ὥστε αὐτὸν εἰς πλοιον ἐμβαντα καθησθαι ἐν τῇ *θαλασσῃ,*

  1   καὶ πᾶς ὁ ὀχλος πρὸς τὴν *θαλασσαν* ἐπὶ τῆς γῆς ἦσαν.

  39   καὶ διεγερθεὶς ἐπετιμησεν τῷ ἀνεμῳ καὶ εἶπεν τῇ *θαλασσῃ·* σιωπα, πεφιμωσο.

  41   τίς ἆρα οὗτος ἐστιν, ὅτι καὶ ὁ ἀνεμος καὶ ἡ *θαλασσα* ὑπακουει αὐτῷ·

  5 1   καὶ ἦλθον εἰς τὸ περαν τῆς *θαλασσης* εἰς τὴν χωραν τῶν γερασηνων.

  13   καὶ ὥρμησεν ἡ ἀγελη κατὰ τοῦ κρημνοῦ εἰς τὴν *θαλασσαν,* ὡς δισχιλιοι, καὶ ἐπνιγοντο ἐν τῇ *θαλασσῃ.*

θαλασσα [91]

Mc   5 13   καὶ ὥρμησεν ἡ ἀγελη κατὰ τοῦ κρημνοῦ εἰς τὴν *θαλασσαν,* ὡς δισχιλιοι, καὶ ἐπνιγοντο ἐν τῇ *θαλασσῃ.*

  21   καὶ διαπερασαντος τοῦ ἰησου [ἐν τῷ πλοιῳ] παλιν εἰς τὸ περαν συνηχθη ὀχλος πολυς ἐπ᾽ αὐτον, καὶ ἦν παρὰ τὴν *θαλασσαν.*

  6 47   καὶ ὀψιας γενομενης ἦν τὸ πλοιον ἐν μεσῳ τῆς *θαλασσης,*

  48   καὶ ἰδὼν αὐτοὺς βασανιζομενους ἐν τῷ ἐλαυνειν, ἦν γὰρ ὁ ἀνεμος ἐναντιος αὐτοις, περὶ τεταρτην φυλακην τῆς νυκτὸς ἐρχεται πρὸς αὐτοὺς περιπατων ἐπὶ τῆς *θαλασσης·*

  49   οἱ δὲ ἰδοντες αὐτὸν ἐπὶ τῆς *θαλασσης* περιπατουντα ἐδοξαν ὅτι φαντασμα ἐστιν, καὶ ἀνεκραξαν·

  7 31   καὶ παλιν ἐξελθων ἐκ τῶν ὁριων τυρου ἦλθεν διὰ σιδωνος εἰς τὴν *θαλασσαν* τῆς γαλιλαιας ἀνὰ μεσον τῶν ὁριων δεκαπολεως.

  9 42   καὶ ὃς ἂν σκανδαλισῃ ἕνα τῶν μικρῶν τουτων τῶν πιστευοντων [εἰς ἐμε,] καλον ἐστιν αὐτῷ μαλλον εἰ περικειται μυλος ὀνικος περὶ τὸν τραχηλον αὐτοῦ καὶ βεβληται εἰς τὴν *θαλασσαν.*

  11 23   ἀμην λεγω ὑμιν ὅτι ὃς ἂν εἰπῃ τῷ ὀρει τουτῳ· ἀρθητι καὶ βληθητι εἰς τὴν *θαλασσαν,* καὶ μὴ διακριθῇ ἐν τῇ καρδια αὐτοῦ ἀλλὰ πιστευῃ ὅτι ὃ λαλει γινεται, ἐσται αὐτῷ.

Lc   17 2   λυσιτελει αὐτῷ εἰ λιθος μυλικος περικειται περὶ τὸν τραχηλον αὐτοῦ καὶ ἐρριπται εἰς τὴν *θαλασσαν,* ἢ ἵνα σκανδαλισῃ τῶν μικρῶν τουτων ἑνα.

  6   ἐκριζωθητι καὶ φυτευθητι ἐν τῇ *θαλασσῃ·*

  21 25   καὶ ἐπὶ τῆς γῆς συνοχη ἐθνῶν ἐν ἀπορια ἠχους *θαλασσης* καὶ σαλου, ἀποψυχοντων ἀνθρωπων ἀπὸ φοβου καὶ προσδοκιας τῶν ἐπερχομενων τῇ οἰκουμενῃ·

Jh   6 1   μετὰ ταυτα ἀπῆλθεν ὁ ἰησους περαν τῆς *θαλασσης* τῆς γαλιλαιας τῆς τιβεριαδος.

  16   ὡς δὲ ὀψια ἐγενετο, κατεβησαν οἱ μαθηται αὐτοῦ ἐπὶ τὴν *θαλασσαν,*

  17   κατεβησαν οἱ μαθηται αὐτοῦ ἐπὶ τὴν *θαλασσαν,* καὶ ἐμβαντες εἰς πλοιον ἠρχοντο περαν τῆς *θαλασσης* εἰς καφαρναουμ.

  18   ἥ τε *θαλασσα* ἀνεμου μεγαλου πνεοντος διεγειρετο.

  19   ἐληλακοτες οὖν ὡς σταδιους εἰκοσιπεντε ἢ τριακοντα θεωρουσιν τὸν ἰησουν περιπατουντα ἐπὶ τῆς *θαλασσης* καὶ ἐγγυς τοῦ πλοιου γινομενον,

  22   τῇ ἐπαυριον ὁ ὀχλος ὁ ἑστηκως περαν τῆς *θαλασσης* εἶδον ὅτι πλοιαριον ἀλλο οὐκ ἦν ἐκει εἰ μὴ ἑν,

  25   καὶ εὑροντες αὐτὸν περαν τῆς *θαλασσης* εἶπον αὐτῷ·

  21 1   μετὰ ταυτα ἐφανερωσεν ἑαυτον παλιν ὁ ἰησους τοῖς μαθηταις ἐπὶ τῆς *θαλασσης* τῆς τιβεριαδος·

  7   ἀκουσας ὅτι ὁ κυριος ἐστιν, τὸν ἐπενδυτην διεζωσατο, ἦν γὰρ γυμνος, καὶ ἐβαλεν ἑαυτον εἰς τὴν *θαλασσαν·*

Ac   4 24   δεσποτα, σὺ ὁ ποιησας τὸν οὐρανον καὶ τὴν γῆν καὶ τὴν *θαλασσαν* καὶ παντα τὰ ἐν αὐτοις,

  7 36   οὗτος ἐξηγαγεν αὐτοὺς ποιησας τερατα καὶ σημεια ἐν γῇ αἰγυπτῳ καὶ ἐν ἐρυθρα *θαλασσῃ* καὶ ἐν τῇ ἐρημῳ ἐτη τεσσερακοντα.

  10 6   οὗτος ξενιζεται παρα τινι σιμωνι βυρσει, ᾧ ἐστιν οἰκια παρὰ *θαλασσαν.*

  32   οὗτος ξενιζεται ἐν οἰκια σιμωνος βυρσεως παρὰ *θαλασσαν.*

  14 15   εὐαγγελιζομενοι ὑμᾶς ἀπὸ τουτων τῶν ματαιων ἐπιστρεφειν ἐπὶ θεον ζωντα, ὃς ἐποιησεν τὸν οὐρανον καὶ τὴν γῆν καὶ τὴν *θαλασσαν* καὶ παντα τὰ ἐν αὐτοις·

  17 14   εὐθεως δὲ τοτε τὸν παυλον ἐξαπεστειλαν οἱ ἀδελφοι πορευεσθαι ἑως ἐπὶ τὴν *θαλασσαν·*

  27 30   τῶν δὲ ναυτῶν ζητουντων φυγειν ἐκ τοῦ πλοιου καὶ χαλασαντων τὴν σκαφην εἰς τὴν *θαλασσαν*

  38   κορεσθεντες δὲ τροφης ἐκουφιζον τὸ πλοιον ἐκβαλλομενοι τὸν σιτον εἰς τὴν *θαλασσαν.*

  40   καὶ τὰς ἀγκυρας περιελοντες εἰων εἰς τὴν *θαλασσαν,*

  28 4   παντως φονευς ἐστιν ὁ ἀνθρωπος οὗτος, ὃν διασωθεντα ἐκ τῆς *θαλασσης* ἡ δικη ζῆν οὐκ εἰασεν.

Rm   9 27   ἐὰν ᾖ ὁ ἀριθμος τῶν υἱων ἰσραηλ ὡς ἡ ἀμμος τῆς *θαλασσης,* τὸ ὑπολειμμα σωθησεται·

1Co   10 1   ὅτι οἱ πατερες ἡμῶν παντες ὑπὸ τὴν νεφελην ἦσαν καὶ παντες διὰ τῆς *θαλασσης* διηλθον,

  2   καὶ παντες εἰς τὸν μωυσην ἐβαπτισθησαν ἐν τῇ νεφελῃ καὶ ἐν τῇ *θαλασσῃ,*

2Co   11 26   κινδυνοις ἐν ἐρημια, κινδυνοις ἐν *θαλασσῃ,* κινδυνοις ἐν ψευδαδελφοις,

Heb   11 12   καθως τὰ ἀστρα τοῦ οὐρανοῦ τῷ πληθει καὶ ὡς ἡ ἀμμος ἡ παρὰ τὸ χειλος τῆς *θαλασσης* ἡ ἀναριθμητος.

  29   πιστει διεβησαν τὴν ἐρυθραν *θαλασσαν* ὡς διὰ ξηρᾶς γῆς,

Ja   1 6   ὁ γὰρ διακρινομενος ἐοικεν κλυδωνι *θαλασσης* ἀνεμιζομενῳ καὶ ῥιπιζομενῳ.

Ju   13   κυματα ἀγρια *θαλασσης* ἐπαφριζοντα τὰς ἑαυτων αἰσχυνας,

ϑαλασσα [91]

Apc 4 6   και ενωπιον του ϑρονου ως ϑαλασσα υαλινη ομοια
κρυσταλλω·

5 13   και παν κτισμα ο εν τω ουρανω και επι της γης και υποκατω
της γης και επι της ϑαλασσης,

7 1   κρατουντας τους τεσσαρας ανεμους της γης, ινα μη πνεη
ανεμος επι της γης μητε επι της ϑαλασσης μητε επι παν
δενδρον.

2   και εκραξεν φωνη μεγαλη τοις τεσσαρσιν αγγελοις οις εδοϑη
αυτοις αδικησαι την γην και την ϑαλασσαν, λεγων·

3   μη αδικησητε την γην μητε την ϑαλασσαν μητε τα δενδρα,

8 8   και ως ορος μεγα πυρι καιομενον εβληϑη εις την ϑαλασσαν·

8   και εγενετο το τριτον της ϑαλασσης αιμα,

9   και απεϑανεν το τριτον των κτισματων των εν τη ϑαλασση,

10 2   και εϑηκεν τον ποδα αυτου τον δεξιον επι της ϑαλασσης,

5   και ο αγγελος, ον ειδον εστωτα επι της ϑαλασσης και επι της
γης, ηρεν την χειρα αυτου την δεξιαν εις τον ουρανον,

6   και ωμοσεν εν τω ζωντι εις τους αιωνας των αιωνων, ος
εκτισεν τον ουρανον και τα εν αυτω και την γην και τα εν
αυτη και την ϑαλασσαν και τα εν αυτη, οτι χρονος ουκετι
εσται,

8   υπαγε λαβε το βιβλιον το ηνεωγμενον εν τη χειρι του
αγγελου του εστωτος επι της ϑαλασσης και επι της γης.

12 12   ουαι την γην και την ϑαλασσαν,

18   και εσταϑη επι την αμμον της ϑαλασσης.

13 1   και ειδον εκ της ϑαλασσης ϑηριον αναβαινον,

14 7   και προσκυνησατε τω ποιησαντι τον ουρανον και την γην
και ϑαλασσαν και πηγας υδατων.

15 2   και ειδον ως ϑαλασσαν υαλινην μεμιγμενην πυρι,

2   και τους νικωντας εκ του ϑηριου και εκ της εικονος αυτου
και εκ του αριϑμου του ονοματος αυτου εστωτας επι την
ϑαλασσαν την υαλινην,

16 3   και ο δευτερος εξεχεεν την φιαλην αυτου εις την ϑαλασσαν·

3   και πασα ψυχη ζωης απεϑανεν, τα εν τη ϑαλασση.

18 17   και πας κυβερνητης και πας ο επι τοπον πλεων και ναυται
και οσοι την ϑαλασσαν εργαζονται, απο μακροϑεν εστησαν

19   ουαι ουαι, η πολις η μεγαλη, εν η επλουτησαν παντες οι
εχοντες τα πλοια εν τη ϑαλασση εκ της τιμιοτητος αυτης,

21   και ηρεν εις αγγελος ισχυρος λιϑον ως μυλινον μεγαν, και
εβαλεν εις την ϑαλασσαν λεγων·

20 8   συναγαγειν αυτους εις τον πολεμον, ων ο αριϑμος αυτων ως η
αμμος της ϑαλασσης.

13   και εδωκεν η ϑαλασσα τους νεκρους τους εν αυτη,

21 1   και η ϑαλασσα ουκ εστιν ετι.

ϑαλπω [2]

Eph 5 29   ουδεις γαρ ποτε την εαυτου σαρκα εμισησεν, αλλα εκτρεφει
και ϑαλπει αυτην,

1Th 2 7   αλλα εγενηϑημεν νηπιοι εν μεσω υμων· ως εαν τροφος ϑαλπη
τα εαυτης τεκνα,

ϑαμαρ [1]

Mt 1 3   ιουδας δε εγεννησεν τον φαρες και τον ζαρα εκ της ϑαμαρ,

ϑαμβεομαι [3]

Mc 1 27   και εϑαμβηϑησαν απαντες, ωστε συζητειν προς εαυτους
λεγοντας·

10 24   οι δε μαϑηται εϑαμβουντο επι τοις λογοις αυτου.

32   και εϑαμβουντο, οι δε ακολουϑουντες εφοβουντο.

ϑαμβος [3]

Lc 4 36   και εγενετο ϑαμβος επι παντας,

5 9   ϑαμβος γαρ περιεσχεν αυτον και παντας τους συν αυτω επι
τη αγρα των ιχϑυων ων συνελαβον,

Ac 3 10   και επλησϑησαν ϑαμβους και εκστασεως επι τω συμβεβηκοτι
αυτω.

ϑανασιμος [1]

Mc 16 18   [και εν ταις χερσιν] οφεις αρουσιν καν ϑανασιμον τι πιωσιν
ου μη αυτους βλαψη,

ϑανατηφορος [1]

Ja 3 8   την δε γλωσσαν ουδεις δαμασαι δυναται ανϑρωπων·
ακαταστατον κακον, μεστη ιου ϑανατηφορου.

ϑανατος [120]

Mt 4 16   και τοις καϑημενοις εν χωρα και σκια ϑανατου, φως
ανετειλεν αυτοις.

10 21   παραδωσει δε αδελφος αδελφον εις ϑανατον και πατηρ
τεκνον,

15 4   ο κακολογων πατερα η μητερα ϑανατω τελευτατω.

16 28   αμην λεγω υμιν οτι εισιν τινες των ωδε εστωτων οιτινες ου
μη γευσωνται ϑανατου εως αν ιδωσιν τον υιον του ανϑρωπου
ερχομενον εν τη βασιλεια αυτου.

20 18   και κατακρινουσιν αυτον ϑανατω, και παραδωσουσιν αυτον
τοις εϑνεσιν εις το εμπαιξαι και μαστιγωσαι και σταυρωσαι,

26 38   περιλυπος εστιν η ψυχη μου εως ϑανατου·

66   οι δε αποκριϑεντες ειπαν· ενοχος ϑανατου εστιν.

Mc 7 10   τιμα τον πατερα σου και την μητερα σου, και· ο κακολογων
πατερα η μητερα ϑανατω τελευτατω.

9 1   αμην λεγω υμιν οτι εισιν τινες ωδε των εστηκοτων οιτινες ου
μη γευσωνται ϑανατου εως αν ιδωσιν την βασιλειαν του ϑεου
εληλυϑυιαν εν δυναμει.

10 33   και κατακρινουσιν αυτον ϑανατω και παραδωσουσιν αυτον
τοις εϑνεσιν και εμπαιξουσιν αυτω και εμπτυσουσιν αυτω
και μαστιγωσουσιν αυτον και αποκτενουσιν,

13 12   και παραδωσει αδελφος αδελφον εις ϑανατον και πατηρ
τεκνον,

14 34   περιλυπος εστιν η ψυχη μου εως ϑανατου· μεινατε ωδε και
γρηγορειτε.

64   οι δε παντες κατεκριναν αυτον ενοχον ειναι ϑανατου.

Lc 1 79   επιφαναι τοις εν σκοτει και σκια ϑανατου καϑημενοις, του
κατευϑυναι τους ποδας ημων εις οδον ειρηνης.

2 26   και ην αυτω κεχρηματισμενον υπο του πνευματος του αγιου
μη ιδειν ϑανατον πριν [η] αν ιδη τον χριστον κυριου.

9 27   λεγω δε υμιν αληϑως, εισιν τινες των αυτου εστηκοτων οι ου
μη γευσωνται ϑανατου εως αν ιδωσιν την βασιλειαν του
ϑεου.

22 33   κυριε, μετα σου ετοιμος ειμι και εις φυλακην και εις ϑανατον
πορευεσϑαι.

23 15   και ιδου ουδεν αξιον ϑανατου εστιν πεπραγμενον αυτω·

22   ουδεν αιτιον ϑανατου ευρον εν αυτω· παιδευσας ουν αυτον
απολυσω.

24 20   οπως τε παρεδωκαν αυτον οι αρχιερεις και οι αρχοντες ημων
εις κριμα ϑανατου και εσταυρωσαν αυτον.

Jh 5 24   και εις κρισιν ουκ ερχεται αλλα μεταβεβηκεν εκ του ϑανατου
εις την ζωην.

8 51   εαν τις τον εμον λογον τηρηση, ϑανατον ου μη ϑεωρηση εις
τον αιωνα.

52   εαν τις τον λογον μου τηρηση, ου μη γευσηται ϑανατου εις
τον αιωνα.

11 4   αυτη η ασϑενεια ουκ εστιν προς ϑανατον αλλ υπερ της δοξης
του ϑεου,

13   ειρηκει δε ο ιησους περι του ϑανατου αυτου·

12 33   τουτο δε ελεγεν σημαινων ποιω ϑανατω ημελλεν
αποϑνησκειν.

18 32   ινα ο λογος του ιησου πληρωϑη ον ειπεν σημαινων ποιω
ϑανατω ημελλεν αποϑνησκειν.

21 19   τουτο δε ειπεν σημαινων ποιω ϑανατω δοξασει τον ϑεον.

Ac 2 24   ον ο ϑεος ανεστησεν λυσας τας ωδινας του ϑανατου, καϑοτι
ουκ ην δυνατον κρατεισϑαι αυτον υπ αυτου.

13 28   και μηδεμιαν αιτιαν ϑανατου ευροντες ητησαντο πιλατον
αναιρεϑηναι αυτον·

22 4   ος ταυτην την οδον εδιωξα αχρι ϑανατου, δεσμευων και
παραδιδους εις φυλακας ανδρας τε και γυναικας,

23 29   ον ευρον εγκαλουμενον περι ζητηματων του νομου αυτων,
μηδεν δε αξιον ϑανατου η δεσμων εχοντα εγκλημα.

25 11   ει μεν ουν αδικω και αξιον ϑανατου πεπραχα τι, ου
παραιτουμαι το αποϑανειν·

25   εγω δε κατελαβομην μηδεν αξιον αυτον ϑανατου πεπραχεναι,
αυτου δε τουτου επικαλεσαμενου τον σεβαστον εκρινα
πεμπειν.

26 31   και αναχωρησαντες ελαλουν προς αλληλους λεγοντες οτι
ουδεν ϑανατου η δεσμων αξιον [τι] πρασσει ο ανϑρωπος
ουτος.

28 18   οιτινες ανακριναντες με εβουλοντο απολυσαι δια το μηδεμιαν
αιτιαν ϑανατου υπαρχειν εν εμοι·

Rm 1 32   οιτινες το δικαιωμα του ϑεου επιγνοντες, οτι οι τα τοιαυτα
πρασσοντες αξιοι ϑανατου εισιν,

5 10   ει γαρ εχϑροι οντες κατηλλαγημεν τω ϑεω δια του ϑανατου
του υιου αυτου, πολλω μαλλον καταλλαγεντες σωϑησομεϑα
εν τη ζωη αυτου·

12   δια τουτο ωσπερ δι ενος ανϑρωπου η αμαρτια εις τον κοσμον
εισηλϑεν, και δια της αμαρτιας ο ϑανατος, και ουτως εις
παντας ανϑρωπους ο ϑανατος διηλϑεν,

θανατος [120]

Rm	5 12	δια τουτο ώσπερ δι ένος άνθρωπου ή άμαρτια εις τον κοσμον εισηλθεν, και δια της άμαρτιας ό θανατος, και ούτως εις παντας άνθρωπους ό θανατος διηλθεν,
	14	άλλα έβασιλευσεν ό θανατος άπο άδαμ μεχρι μωυσεως
	17	εί γαρ τω του ένος παραπτωματι ό θανατος έβασιλευσεν δια του ένος,
	21	ίνα ώσπερ έβασιλευσεν ή άμαρτια έν τω θανατω, ούτως και ή χαρις βασιλευση δια δικαιοσυνης εις ζωην αίωνιον δια ίησου χριστου του κυριου ήμων.
	6 3	ή άγνοειτε ότι όσοι έβαπτισθημεν· εις χριστον ίησουν, εις τον θανατον αύτου έβαπτισθημεν;
	4	συνεταφημεν ούν αύτω δια του βαπτισματος εις τον θανατον,
	5	εί γαρ συμφυτοι γεγοναμεν τω όμοιωματι του θανατου αύτου, άλλα και της άναστασεως έσομεθα·
	9	είδοτες ότι χριστος έγερθεις έκ νεκρων ούκετι άποθνησκει, θανατος αύτου ούκετι κυριευει·
	16	δουλοι έστε ώ ύπακουετε, ήτοι άμαρτιας εις θανατον ή ύπακοης εις δικαιοσυνην;
	21	το γαρ τελος έκεινων θανατος.
	23	τα γαρ όψωνια της άμαρτιας θανατος, το δε χαρισμα του θεου ζωη αίωνιος έν χριστω ίησου τω κυριω ήμων.
	7 5	ότε γαρ ήμεν έν τη σαρκι, τα παθηματα των άμαρτιων τα δια του νομου ένηργειτο έν τοις μελεσιν ήμων εις το καρποφορησαι τω θανατω·
	10	και εύρεθη μοι ή έντολη ή εις ζωην, αύτη εις θανατον·
	13	το ούν άγαθον έμοι έγενετο θανατος;
	13	άλλα ή άμαρτια, ίνα φανη άμαρτια, δια του άγαθου μοι κατεργαζομενη θανατον,
	24	τίς με ρυσεται έκ του σωματος του θανατου τουτου;
	8 2	ό γαρ νομος του πνευματος της ζωης έν χριστω ίησου ήλευθερωσεν σε άπο του νομου της άμαρτιας και του θανατου.
	6	το γαρ φρονημα της σαρκος θανατος, το δε φρονημα του πνευματος ζωη και είρηνη.
	38	πεπεισμαι γαρ ότι ούτε θανατος ούτε ζωη ούτε άγγελοι ούτε άρχαι ούτε ένεστωτα ούτε μελλοντα ούτε δυναμεις ούτε ύψωμα ούτε βαθος ούτε τις κτισις έτερα δυνησεται ήμας χωρισαι άπο της άγαπης του θεου της έν χριστω ίησου τω κυριω ήμων.
1Co	3 22	είτε κοσμος είτε ζωη είτε θανατος, είτε ένεστωτα είτε μελλοντα, παντα ύμων,
	11 26	όσακις γαρ έαν έσθητε τον άρτον τουτον και το ποτηριον πινητε, τον θανατον του κυριου καταγγελλετε, άχρι ού έλθη.
	15 21	έπειδη γαρ δι άνθρωπου θανατος, και δι άνθρωπου άναστασις νεκρων.
	26	έσχατος έχθρος καταργειται ό θανατος·
	54	κατεποθη ό θανατος εις νικος.
	55	που σου, θανατε, το νικος; που σου, θανατε, το κεντρον;
	55	που σου, θανατε, το νικος; που σου, θανατε, το κεντρον;
	56	το δε κεντρον του θανατου ή άμαρτια, ή δε δυναμις της άμαρτιας ό νομος·
2Co	1 9	άλλα αύτοι έν έαυτοις το άποκριμα του θανατου έσχηκαμεν,
	10	ός έκ τηλικουτου θανατου έρρυσατο ήμας και ρυσεται,
	2 16	οίς μεν όσμη έκ θανατου εις θανατον, οίς δε όσμη έκ ζωης εις ζωην.
	16	οίς μεν όσμη έκ θανατου εις θανατον, οίς δε όσμη έκ ζωης εις ζωην.
	3 7	εί δε ή διακονια του θανατου έν γραμμασιν έντετυπωμενη λιθοις έγενηθη έν δοξη, ώστε μη δυνασθαι άτενισαι τους υίους ίσραηλ εις το προσωπον μωυσεως
	4 11	άει γαρ ήμεις οί ζωντες εις θανατον παραδιδομεθα δια ίησουν,
	12	ώστε ό θανατος έν ήμιν ένεργειται, ή δε ζωη έν ύμιν.
	7 10	ή δε του κοσμου λυπη θανατον κατεργαζεται.
	11 23	έν κοποις περισσοτερως, έν φυλακαις περισσοτερως, έν πληγαις ύπερβαλλοντως, έν θανατοις πολλακις.
Php	1 20	άλλ έν παση παρρησια ώς παντοτε και νυν μεγαλυνθησεται χριστος έν τω σωματι μου, είτε δια ζωης είτε δια θανατου.
	2 8	και σχηματι εύρεθεις ώς άνθρωπος έταπεινωσεν έαυτον γενομενος ύπηκοος μεχρι θανατου,
	8	και σχηματι εύρεθεις ώς άνθρωπος έταπεινωσεν έαυτον γενομενος ύπηκοος μεχρι θανατου, θανατου δε σταυρου.
	27	και γαρ ήσθενησεν παραπλησιον θανατω·
	30	και τους τοιουτους έντιμους έχετε, ότι δια το έργον χριστου μεχρι θανατου ήγγισεν παραβολευσαμενος τη ψυχη,
	3 10	συμμορφιζομενος τω θανατω αύτου, εί πως καταντησω εις την έξαναστασιν την έκ νεκρων.
Col	1 22	νυνι δε άποκατηλλαξεν έν τω σωματι της σαρκος αύτου δια του θανατου,

θανατος [120]

2Tm	1 10	του σωτηρος ήμων χριστου ίησου, καταργησαντος μεν τον θανατον φωτισαντος δε ζωην και άφθαρσιαν
Heb	2 9	τον δε βραχυ τι παρ άγγελους ήλαττωμενον βλεπομεν ίησουν δια το παθημα του θανατου δοξη και τιμη έστεφανωμενον,
	9	όπως χαριτι θεου ύπερ παντος γευσηται θανατου.
	14	και αύτος παραπλησιως μετεσχεν των αύτων, ίνα δια του θανατου καταργηση τον το κρατος έχοντα του θανατου,
	14	και αύτος παραπλησιως μετεσχεν των αύτων, ίνα δια του θανατου καταργηση τον το κρατος έχοντα του θανατου.
	15	και άπαλλαξη τουτους, όσοι φοβω θανατου δια παντος του ζην ένοχοι ήσαν δουλειας.
	5 7	ός έν ταις ήμεραις της σαρκος αύτου δεησεις τε και ίκετηριας προς τον δυναμενον σωζειν αύτον έκ θανατου μετα κραυγης ίσχυρας και δακρυων
	7 23	και οί μεν πλειονες είσιν γεγονοτες ίερεις δια το θανατω κωλυεσθαι παραμενειν·
	9 15	και δια τουτο διαθηκης καινης μεσιτης έστιν, όπως θανατου γενομενου εις άπολυτρωσιν των έπι τη πρωτη διαθηκη παραβασεων την έπαγγελιαν λαβωσιν οί κεκλημενοι της αίωνιου κληρονομιας.
	16	όπου γαρ διαθηκη, θανατον άναγκη φερεσθαι του διαθεμενου·
	11 5	πιστει ένωχ μετετεθη του μη ίδειν θανατον,
Ja	1 15	ή δε άμαρτια άποτελεσθεισα άποκυει θανατον.
	5 20	γινωσκετω ότι ό έπιστρεψας άμαρτωλον έκ πλανης όδου αύτου σωσει ψυχην αύτου έκ θανατου και καλυψει πληθος άμαρτιων.
1Jh	3 14	ήμεις οίδαμεν ότι μεταβεβηκαμεν έκ του θανατου εις την ζωην,
	14	ό μη άγαπων μενει έν τω θανατω.
	5 16	έαν τις ίδη τον άδελφον αύτου άμαρτανοντα άμαρτιαν μη προς θανατον, αίτησει,
	16	και δωσει αύτω ζωην, τοις άμαρτανουσιν μη προς θανατον.
	16	έστιν άμαρτια προς θανατον· ού περι έκεινης λεγω ίνα έρωτηση.
	17	πασα άδικια άμαρτια έστιν, και έστιν άμαρτια ού προς θανατον.
Apc	1 18	και έχω τας κλεις του θανατου και του άδου.
	2 10	γινου πιστος άχρι θανατου, και δωσω σοι τον στεφανον της ζωης.
	11	ό νικων ού μη άδικηθη έκ του θανατου του δευτερου.
	23	και τα τεκνα αύτης άποκτενω έν θανατω·
	6 8	και είδον, και ίδου ίππος χλωρος, και ό καθημενος έπανω αύτου, όνομα αύτω [ό] θανατος,
	8	και έδοθη αύτοις έξουσια έπι το τεταρτον της γης, άποκτειναι έν ρομφαια και έν λιμω και έν θανατω και ύπο των θηριων της γης.
	9 6	και έν ταις ήμεραις έκειναις ζητησουσιν οί άνθρωποι τον θανατον και ού μη εύρησουσιν αύτον,
	6	και έπιθυμησουσιν άποθανειν και φευγει ό θανατος άπ αύτων.
	12 11	και ούκ ήγαπησαν την ψυχην αύτων άχρι θανατου.
	13 3	και μιαν έκ των κεφαλων αύτου ώς έσφαγμενην εις θανατον,
	3	και ή πληγη του θανατου αύτου έθεραπευθη.
	12	και ποιει την γην και τους έν αύτη κατοικουντας ίνα προσκυνησουσιν το θηριον το πρωτον, ού έθεραπευθη ή πληγη του θανατου αύτου.
	18 8	δια τουτο έν μια ήμερα ήξουσιν αί πληγαι αύτης, θανατος και πενθος και λιμος·
	20 6	έπι τουτων ό δευτερος θανατος ούκ έχει έξουσιαν,
	13	και ό θανατος και ό άδης έδωκαν τους νεκρους τους έν αύτοις,
	14	και ό θανατος και ό άδης έβληθησαν εις την λιμνην του πυρος.
	14	ούτος ό θανατος ό δευτερος έστιν, ή λιμνη του πυρος.
	21 4	και ό θανατος ούκ έσται έτι,
	8	ό έστιν ό θανατος ό δευτερος.

θανατοω [11]

Mt	10 21	και έπαναστησονται τεκνα έπι γονεις και θανατωσουσιν αύτους.
	26 59	οί δε άρχιερεις και το συνεδριον όλον έζητουν ψευδομαρτυριαν κατα του ίησου όπως αύτον θανατωσωσιν,
	27 1	πρωιας δε γενομενης συμβουλιον έλαβον παντες οί άρχιερεις και οί πρεσβυτεροι του λαου κατα του ίησου ώστε θανατωσαι αύτον·
Mc	13 12	και έπαναστησονται τεκνα έπι γονεις και θανατωσουσιν αύτους·

θανατοω [11]

Mc	14 55	οἱ δε ἀρχιερεις και ὁλον το συνεδριον ἐζητουν κατα του ἰησου μαρτυριαν εἰς το θανατωσαι αὐτον, και οὐχ ηὑρισκον·
Lc	21 16	παραδοθησεσθε δε και ὑπο γονεων και ἀδελφων και συγγενων και φιλων, και θανατωσουσιν ἐξ ὑμων,
Rm	7 4	ὡστε, ἀδελφοι μου, και ὑμεις ἐθανατωθητε τω νομω δια του σωματος του χριστου,
	8 13	εἰ δε πνευματι τας πραξεις του σωματος θανατουτε, ζησεσθε.
	36	καθως γεγραπται ὁτι ἑνεκεν σοῦ θανατουμεθα ὁλην την ἡμεραν, ἐλογισθημεν ὡς προβατα σφαγης.
2Co	6 9	ὡς ἀποθνησκοντες και ἰδου ζωμεν, ὡς παιδευομενοι και μη θανατουμενοι,
1Pt	3 18	θανατωθεις μεν σαρκι ζωοποιηθεις δε πνευματι·

θαπτω [11]

Mt	8 21	ἐπιτρεψον μοι πρωτον ἀπελθειν και θαψαι τον πατερα μου.
	22	ἀκολούθει μοι, και ἀφες τους νεκρους θαψαι τους ἑαυτων νεκρους.
	14 12	και προσελθοντες οἱ μαθηται αὐτου ἠραν το πτωμα και ἐθαψαν αὐτο[ν],
Lc	9 59	[κυριε] ἐπιτρεψον μοι ἀπελθοντι πρωτον θαψαι τον πατερα μου.
	60	ἀφες τους νεκρους θαψαι τους ἑαυτων νεκρους, συ δε ἀπελθων διαγγελλε την βασιλειαν του θεου.
	16 22	ἀπεθανεν δε και ὁ πλουσιος και ἐταφη.
Ac	2 29	ἀνδρες ἀδελφοι, ἐξον εἰπειν μετα παρρησιας προς ὑμας περι του πατριαρχου δαυιδ, ὁτι και ἐτελευτησεν και ἐταφη,
	5 6	ἀνασταντες δε οἱ νεωτεροι συνεστειλαν αὐτον και ἐξενεγκαντες ἐθαψαν.
	9	ἰδου οἱ ποδες των θαψαντων τον ἀνδρα σου ἐπι τη θυρα και ἐξοισουσιν σε.
	10	εἰσελθοντες δε οἱ νεανισκοι εὑρον αὐτην νεκραν, και ἐξενεγκαντες ἐθαψαν προς τον ἀνδρα αὐτης.
1Co	15 4	ὁτι χριστος ἀπεθανεν ὑπερ των ἁμαρτιων ἡμων κατα τας γραφας, και ὁτι ἐταφη,

θαρα [1]

Lc	3 34	του ἰακωβ του ἰσαακ του ἀβρααμ του θαρα του ναχωρ

θαρρεω [6]

2Co	5 6	θαρρουντες οὐν παντοτε και εἰδοτες ὁτι ἐνδημουντες ἐν τω σωματι ἐκδημουμεν ἀπο του κυριου·
	8	θαρρουμεν δε και εὐδοκουμεν μαλλον ἐκδημησαι ἐκ του σωματος και ἐνδημησαι προς τον κυριον.
	7 16	χαιρω ὁτι ἐν παντι θαρρω ἐν ὑμιν.
	10 1	ὁς κατα προσωπον μεν ταπεινος ἐν ὑμιν, ἀπων δε θαρρω εἰς ὑμας·
	2	δεομαι δε το μη παρων θαρρησαι τη πεποιθησει ἡ λογιζομαι τολμησαι ἐπι τινας τους λογιζομενους ἡμας ὡς κατα σαρκα περιπατουντας.
Heb	13 6	ὡστε θαρρουντας ἡμας λεγειν· κυριος ἐμοι βοηθος, [και] οὐ φοβηθησομαι·

θαρσεω [7]

Mt	9 2	και ἰδων ὁ ἰησους την πιστιν αὐτων εἰπεν τω παραλυτικω· θαρσει, τεκνον,
	22	ὁ δε ἰησους στραφεις και ἰδων αὐτην εἰπεν· θαρσει, θυγατερ·
	14 27	εὐθυς δε ἐλαλησεν [ὁ ἰησους] αὐτοις λεγων· θαρσειτε, ἐγω εἰμι·
Mc	6 50	ὁ δε εὐθυς ἐλαλησεν μετ αὐτων, και λεγει αὐτοις· θαρσειτε, ἐγω εἰμι· μη φοβεισθε.
	10 49	και φωνουσιν τον τυφλον λεγοντες αὐτω· θαρσει, ἐγειρε, φωνει σε.
Jh	16 33	ἐν τω κοσμω θλιψιν ἐχετε ἀλλα θαρσειτε, ἐγω νενικηκα τον κοσμον.
Ac	23 11	τη δε ἐπιουση νυκτι ἐπιστας αὐτω ὁ κυριος εἰπεν· θαρσει·

θαρσος [1]

Ac	28 15	οὑς ἰδων ὁ παυλος εὐχαριστησας τω θεω ἐλαβε θαρσος.

θαυμα [2]

2Co	11 14	και οὐ θαυμα· αὐτος γαρ ὁ σατανας μετασχηματιζεται εἰς ἀγγελον φωτος.
Apc	17 6	και ἐθαυμασα ἰδων αὐτην θαυμα μεγα.

θαυμαζω [43]

Mt	8 10	ἀκουσας δε ὁ ἰησους ἐθαυμασεν και εἰπεν τοις ἀκολουθουσιν·
	27	οἱ δε ἀνθρωποι ἐθαυμασαν λεγοντες·
	9 33	και ἐθαυμασαν οἱ ὀχλοι λεγοντες·
	15 31	ὡστε τον ὀχλον θαυμασαι βλεποντας κωφους λαλουντας, κυλλους ὑγιεις και χωλους περιπατουντας και τυφλους βλεποντας·
	21 20	και ἰδοντες οἱ μαθηται ἐθαυμασαν λεγοντες· πως παραχρημα ἐξηρανθη ἡ συκη;
	22 22	και ἀκουσαντες ἐθαυμασαν, και ἀφεντες αὐτον ἀπηλθαν.
	27 14	και οὐκ ἀπεκριθη αὐτω προς οὐδε ἑν ρημα, ὡστε θαυμαζειν τον ἡγεμονα λιαν.
Mc	5 20	και ἀπηλθεν και ἠρξατο κηρυσσειν ἐν τη δεκαπολει ὁσα ἐποιησεν αὐτω ὁ ἰησους, και παντες ἐθαυμαζον.
	6 6	και ἐθαυμαζεν δια την ἀπιστιαν αὐτων.
	15 5	ὁ δε ἰησους οὐκετι οὐδεν ἀπεκριθη, ὡστε θαυμαζειν τον πιλατον.
	44	ὁ δε πιλατος ἐθαυμασεν εἰ ἠδη τεθνηκεν,
Lc	1 21	και ἐθαυμαζον ἐν τω χρονιζειν ἐν τω ναω αὐτον.
	63	και ἐθαυμασαν παντες.
	2 18	και παντες οἱ ἀκουσαντες ἐθαυμασαν περι των λαληθεντων ὑπο των ποιμενων προς αὐτους·
	33	και ἠν ὁ πατηρ αὐτου και ἡ μητηρ θαυμαζοντες ἐπι τοις λαλουμενοις περι αὐτου.
	4 22	και παντες ἐμαρτυρουν αὐτω και ἐθαυμαζον ἐπι τοις λογοις της χαριτος τοις ἐκπορευομενοις ἐκ του στοματος αὐτου,
	7 9	ἀκουσας δε ταυτα ὁ ἰησους ἐθαυμασεν αὐτον,
	8 25	φοβηθεντες δε ἐθαυμασαν, λεγοντες προς ἀλληλους·
	9 43	παντων δε θαυμαζοντων ἐπι πασιν οἱς ἐποιει εἰπεν προς τους μαθητας αὐτου·
	11 14	ἐγενετο δε του δαιμονιου ἐξελθοντος ἐλαλησεν ὁ κωφος· και ἐθαυμασαν οἱ ὀχλοι·
	38	ὁ δε φαρισαιος ἰδων ἐθαυμασεν ὁτι οὐ πρωτον ἐβαπτισθη προ του ἀριστου.
	20 26	και θαυμασαντες ἐπι τη ἀποκρισει αὐτου ἐσιγησαν.
	24 12	και ἀπηλθεν προς ἑαυτον θαυμαζων το γεγονος.
	41	ἐτι δε ἀπιστουντων αὐτων ἀπο της χαρας και θαυμαζοντων, εἰπεν αὐτοις·
Jh	3 7	μη θαυμασης ὁτι εἰπον σοι· δει ὑμας γεννηθηναι ἀνωθεν.
	4 27	και ἐπι τουτω ἠλθαν οἱ μαθηται αὐτου, και ἐθαυμαζον ὁτι μετα γυναικος ἐλαλει·
	5 20	και μειζονα τουτων δειξει αὐτω ἐργα, ἱνα ὑμεις θαυμαζητε.
	28	μη θαυμαζετε τουτο, ὁτι ἐρχεται ὡρα ἐν ἡ παντες οἱ ἐν τοις μνημειοις ἀκουσουσιν της φωνης αὐτου και ἐκπορευσονται οἱ τα ἀγαθα ποιησαντες εἰς ἀναστασιν ζωης,
	7 15	ἐθαυμαζον οὐν οἱ ἰουδαιοι λεγοντες·
	21	ἑν ἐργον ἐποιησα και παντες θαυμαζετε.
Ac	2 7	ἐξισταντο δε και ἐθαυμαζον λεγοντες·
	3 12	ἀνδρες ἰσραηλιται, τι θαυμαζετε ἐπι τουτο, ἡ ἡμιν τι ἀτενιζετε ὡς ἰδια δυναμει ἡ εὐσεβεια πεποιηκοσιν του περιπατειν αὐτον;
	4 13	και καταλαβομενοι ὁτι ἀνθρωποι ἀγραμματοι εἰσιν και ἰδιωται, ἐθαυμαζον, ἐπεγινωσκον τε αὐτους ὁτι συν τω ἰησου ἠσαν,
	7 31	ὁ δε μωυσης ἰδων ἐθαυμαζεν το ὁραμα·
	13 41	ἰδετε, οἱ καταφρονηται, και θαυμασατε και ἀφανισθητε,
Ga	1 6	θαυμαζω ὁτι οὑτως ταχεως μετατιθεσθε ἀπο του καλεσαντος ὑμας ἐν χαριτι [χριστου] εἰς ἑτερον εὐαγγελιον,
2Th	1 10	ὁταν ἐλθη ἐνδοξασθηναι ἐν τοις ἁγιοις αὐτου και θαυμασθηναι ἐν πασιν τοις πιστευσασιν,
1Jh	3 13	[και] μη θαυμαζετε, ἀδελφοι, εἰ μισει ὑμας ὁ κοσμος.
Ju	16	και το στομα αὐτων λαλει ὑπερογκα, θαυμαζοντες προσωπα ὠφελειας χαριν.
Apc	13 3	και ἐθαυμασθη ὁλη ἡ γη ὀπισω του θηριου,
	17 6	και ἐθαυμασα ἰδων αὐτην θαυμα μεγα.
	7	και εἰπεν μοι ὁ ἀγγελος· δια τι ἐθαυμασας;
	8	και θαυμασθησονται οἱ κατοικουντες ἐπι της γης,

θαυμασιος [1]

Mt	21 15	ἰδοντες δε οἱ ἀρχιερεις και οἱ γραμματεις τα θαυμασια ἁ ἐποιησεν και τους παιδας τους κραζοντας ἐν τω ἱερω και λεγοντας· ὡσαννα τω υἱω δαυιδ, ἠγανακτησαν,

θαυμαστος [6]

Mt	21 42	παρα κυριου ἐγενετο αὑτη, και ἐστιν θαυμαστη ἐν ὀφθαλμοις ἡμων;

θαυμαστος [6]

Mc 12 11 παρα κυριου έγενετο αυτη, και έστιν θαυμαστη έν όφθαλμοις ήμων;

Jh 9 30 έν τουτω γαρ το θαυμαστον έστιν, ότι ύμεις ούκ οίδατε ποθεν έστιν, και ήνοιξεν μου τους όφθαλμους.

1Pt 2 9 όπως τας άρετας έξαγγειλητε του έκ σκοτους ύμας καλεσαντος είς το θαυμαστον αύτου φως·

Apc 15 1 και είδον άλλο σημειον έν τω ούρανω μεγα και θαυμαστον, άγγελους έπτα έχοντας πληγας έπτα τας έσχατας,

3 μεγαλα και θαυμαστα τα έργα σου, κυριε ό θεος ό παντοκρατωρ·

θεα [1]

Ac 19 27 ού μονον δε τουτο κινδυνευει ήμιν το μερος είς άπελεγμον έλθειν, άλλα και το της μεγαλης θεας άρτεμιδος ίερον είς ούθεν λογισθηναι,

θεαομαι [22]

Mt 6 1 προσεχετε [δε] την δικαιοσυνην ύμων μη ποιειν έμπροσθεν των άνθρωπων προς το θεαθηναι αύτοις·

11 7 τί έξηλθατε είς την έρημον θεασασθαι; καλαμον ύπο άνεμου σαλευομενον;

22 11 είσελθων δε ό βασιλευς θεασασθαι τους άνακειμενους είδεν έκει άνθρωπον ούκ ένδεδυμενον ένδυμα γαμου·

23 5 παντα δε τα έργα αύτων ποιουσιν προς το θεαθηναι τοις άνθρωποις·

Mc 16 11 κάκεινοι άκουσαντες ότι ζη και έθεαθη ύπ αύτης ήπιστησαν.

14 και ώνειδισεν την άπιστιαν αύτων και σκληροκαρδιαν ότι τοις θεασαμενοις αύτον έγηγερμενον ούκ έπιστευσαν.

Lc 5 27 και μετα ταυτα έξηλθεν, και έθεασατο τελωνην όνοματι λευιν καθημενον έπι το τελωνιον,

7 24 τί έξηλθατε είς την έρημον θεασασθαι; καλαμον ύπο άνεμου σαλευομενον;

23 55 αίτινες ήσαν συνεληλυθυιαι έκ της γαλιλαιας αύτω, έθεασαντο το μνημειον και ώς έτεθη το σωμα αύτου,

Jh 1 14 και έθεασαμεθα την δοξαν αύτου, δοξαν ώς μονογενους παρα πατρος,

32 και έμαρτυρησεν ίωαννης λεγων ότι τεθεαμαι το πνευμα καταβαινον ώς περιστεραν έξ ούρανου,

38 στραφεις δε ό ίησους και θεασαμενος αύτους άκολουθουντας λεγει αύτοις·

4 35 έπαρατε τους όφθαλμους ύμων και θεασασθε τας χωρας,

6 5 και θεασαμενος ότι πολυς όχλος έρχεται προς αύτον, λεγει προς φιλιππον·

11 45 πολλοι ούν έκ των ίουδαιων, οί έλθοντες προς την μαριαμ και θεασαμενοι ά έποιησεν, έπιστευσαν είς αύτον·

Ac 1 11 ούτος ό ίησους ό άναλημφθεις άφ ύμων είς τον ούρανον ούτως έλευσεται όν τροπον έθεασασθε αύτον πορευομενον είς τον ούρανον.

21 27 ώς δε έμελλον αί έπτα ήμεραι συντελεισθαι, οί άπο της άσιας ίουδαιοι θεασαμενοι αύτον έν τω ίερω συνεχεον παντα τον όχλον,

22 9 οί δε συν έμοι όντες το μεν φως έθεασαντο, την δε φωνην ούκ ήκουσαν του λαλουντος μοι.

Rm 15 24 έλπιζω γαρ διαπορευομενος θεασασθαι ύμας και ύφ ύμων προπεμφθηναι έκει,

1Jh 1 1 ό έθεασαμεθα και αί χειρες ήμων έψηλαφησαν, περι του λογου της ζωης,

4 12 θεον ούδεις πωποτε τεθεαται·

14 και ήμεις τεθεαμεθα και μαρτυρουμεν ότι ό πατηρ άπεσταλκεν τον υίον σωτηρα του κοσμου.

θεατριζω [1]

Heb 10 33 τουτο μεν όνειδισμοις τε και θλιψεσιν θεατριζομενοι,

θεατρον [3]

Ac 19 29 και έπλησθη ή πολις της συγχυσεως, ώρμησαν τε όμοθυμαδον είς το θεατρον,

31 τινες δε και των άσιαρχων, όντες αύτω φιλοι, πεμψαντες προς αύτον παρεκαλουν μη δουναι έαυτον είς το θεατρον.

1Co 4 9 δοκω γαρ, ό θεος ήμας τους άποστολους έσχατους άπεδειξεν ώς έπιθανατιους, ότι θεατρον έγενηθημεν τω κοσμω και άγγελοις και άνθρωποις.

θειον [7]

Lc 17 29 ή δε ήμερα έξηλθεν λωτ άπο σοδομων, έβρεξεν πυρ και θειον άπ ούρανου και άπωλεσεν παντας.

Apc 9 17 και έκ των στοματων αύτων έκπορευεται πυρ και καπνος και θειον.

18 άπο των τριων πληγων τουτων άπεκτανθησαν το τριτον των άνθρωπων, έκ του πυρος και του καπνου και του θειου του έκπορευομενου έκ των στοματων αύτων.

14 10 και βασανισθησεται έν πυρι και θειω ένωπιον άγγελων άγιων και ένωπιον του άρνιου.

19 20 ζωντες έβληθησαν οί δυο είς την λιμνην του πυρος της καιομενης έν θειω.

20 10 και ό διαβολος ό πλανων αύτους έβληθη είς την λιμνην του πυρος και θειου,

21 8 και πασιν τοις ψευδεσιν το μερος αύτων έν τη λιμνη τη καιομενη πυρι και θειω,

θειος [3]

Ac 17 29 γενος ούν ύπαρχοντες του θεου ούκ όφειλομεν νομιζειν, χρυσω ή άργυρω ή λιθω, χαραγματι τεχνης και ένθυμησεως άνθρωπου, το θειον είναι όμοιον.

2Pt 1 3 ώς παντα ήμιν της θειας δυναμεως αύτου τα προς ζωην και εύσεβειαν δεδωρημενης δια της έπιγνωσεως

4 δι ών τα τιμια και μεγιστα ήμιν έπαγγελματα δεδωρηται, ίνα δια τουτων γενησθε θειας κοινωνοι φυσεως,

θειοτης [1]

Rm 1 20 τα γαρ άορατα αύτου άπο κτισεως κοσμου τοις ποιημασιν νοουμενα καθοραται, ή τε άιδιος αύτου δυναμις και θειοτης, είς το είναι αύτους άναπολογητους,

θειωδης [1]

Apc 9 17 και ούτως είδον τους ίππους έν τη όρασει και τους καθημενους έπ αύτων, έχοντας θωρακας πυρινους και ύακινθινους και θειωδεις·

θελημα [62]

Mt 6 10 γενηθητω το θελημα σου, ώς έν ούρανω και έπι γης·

7 21 άλλ ό ποιων το θελημα του πατρος μου του έν τοις ούρανοις.

12 50 όστις γαρ άν ποιηση το θελημα του πατρος μου του έν ούρανοις, αύτος μου άδελφος και άδελφη και μητηρ έστιν.

18 14 ούτως ούκ έστιν θελημα έμπροσθεν του πατρος ύμων του έν ούρανοις ίνα άποληται έν των μικρων τουτων.

21 31 τίς έκ των δυο έποιησεν το θελημα του πατρος;

26 42 πατερ μου, εί ού δυναται τουτο παρελθειν έαν μη αύτο πιω, γενηθητω το θελημα σου.

Mc 3 35 ός [γαρ] άν ποιηση το θελημα του θεου, ούτος άδελφος μου και άδελφη και μητηρ έστιν.

Lc 12 47 έκεινος δε ό δουλος ό γνους το θελημα του κυριου αύτου και μη έτοιμασας ή ποιησας προς το θελημα αύτου δαρησεται πολλας·

47 έκεινος δε ό δουλος ό γνους το θελημα του κυριου αύτου και μη έτοιμασας ή ποιησας προς το θελημα αύτου δαρησεται πολλας·

22 42 πλην μη το θελημα μου άλλα το σον γινεσθω.

23 25 άπελυσεν δε τον δια στασιν και φονον βεβλημενον είς φυλακην, όν ήτουντο, τον δε ίησουν παρεδωκεν τω θεληματι αύτων.

Jh 1 13 οί ούκ έξ αίματων ούδε έκ θεληματος σαρκος ούδε έκ θεληματος άνδρος άλλ έκ θεου έγεννηθησαν.

13 οί ούκ έξ αίματων ούδε έκ θεληματος σαρκος ούδε έκ θεληματος άνδρος άλλ έκ θεου έγεννηθησαν.

4 34 έμον βρωμα έστιν ίνα ποιησω το θελημα του πεμψαντος με και τελειωσω αύτου το έργον.

5 30 και ή κρισις ή έμη δικαια έστιν, ότι ού ζητω το θελημα το έμον άλλα το θελημα του πεμψαντος με.

30 και ή κρισις ή έμη δικαια έστιν, ότι ού ζητω το θελημα το έμον άλλα το θελημα του πεμψαντος με.

6 38 ότι καταβεβηκα άπο του ούρανου ούχ ίνα ποιω το θελημα το έμον άλλα το θελημα του πεμψαντος με.

38 ότι καταβεβηκα άπο του ούρανου ούχ ίνα ποιω το θελημα το έμον άλλα το θελημα του πεμψαντος με.

39 τουτο δε έστιν το θελημα του πεμψαντος με, ίνα παν ό δεδωκεν μοι μη άπολεσω έξ αύτου,

40 τουτο γαρ έστιν το θελημα του πατρος μου, ίνα πας ό θεωρων τον υίον και πιστευων είς αύτον έχη ζωην αίωνιον,

θέλημα [62]

Jh	7 17	ἐάν τις θέλη τὸ θέλημα αὐτοῦ ποιεῖν, γνώσεται περὶ τῆς διδαχῆς, πότερον ἐκ τοῦ θεοῦ ἐστιν ἢ ἐγὼ ἀπ᾿ ἐμαυτοῦ λαλῶ.
	9 31	ἀλλ᾿ ἐάν τις θεοσεβὴς ᾖ καὶ τὸ θέλημα αὐτοῦ ποιῇ, τούτου ἀκούει.
Ac	13 22	εὗρον δαυὶδ τὸν τοῦ ἰεσσαί, ἄνδρα κατὰ τὴν καρδίαν μου, ὃς ποιήσει πάντα τὰ θελήματά μου.
	21 14	μὴ πειθομένου δὲ αὐτοῦ ἡσυχάσαμεν εἰπόντες· τοῦ κυρίου τὸ θέλημα γινέσθω.
	22 14	ὁ θεὸς τῶν πατέρων ἡμῶν προεχειρίσατό σε γνῶναι τὸ θέλημα αὐτοῦ
Rm	1 10	ὡς ἀδιαλείπτως μνείαν ὑμῶν ποιοῦμαι πάντοτε ἐπὶ τῶν προσευχῶν μου, δεόμενος εἴ πως ἤδη ποτὲ εὐοδωθήσομαι ἐν τῷ θελήματι τοῦ θεοῦ ἐλθεῖν πρὸς ὑμᾶς.
	2 18	εἰ δὲ σὺ ἰουδαῖος ἐπονομάζῃ καὶ ἐπαναπαύῃ νόμῳ καὶ καυχᾶσαι ἐν θεῷ καὶ γινώσκεις τὸ θέλημα καὶ δοκιμάζεις τὰ διαφέροντα κατηχούμενος ἐκ τοῦ νόμου,
	12 2	ἀλλὰ μεταμορφοῦσθε τῇ ἀνακαινώσει τοῦ νοός, εἰς τὸ δοκιμάζειν ὑμᾶς τί τὸ θέλημα τοῦ θεοῦ,
	15 32	καὶ ἡ διακονία μου ἡ εἰς ἰερουσαλὴμ εὐπρόσδεκτος τοῖς ἁγίοις γένηται, ἵνα ἐν χαρᾷ ἐλθὼν πρὸς ὑμᾶς διὰ θελήματος θεοῦ συναναπαύσωμαι ὑμῖν.
1Co	1 1	παῦλος κλητὸς ἀπόστολος χριστοῦ ἰησοῦ διὰ θελήματος θεοῦ καὶ σωσθένης ὁ ἀδελφὸς
	7 37	ὃς δὲ ἕστηκεν ἐν τῇ καρδίᾳ αὐτοῦ ἑδραῖος, μὴ ἔχων ἀνάγκην, ἐξουσίαν δὲ ἔχει περὶ τοῦ ἰδίου θελήματος,
	16 12	καὶ πάντως οὐκ ἦν θέλημα ἵνα νῦν ἔλθῃ,
2Co	1 1	παῦλος ἀπόστολος χριστοῦ ἰησοῦ διὰ θελήματος θεοῦ καὶ τιμόθεος ὁ ἀδελφὸς τῇ ἐκκλησίᾳ τοῦ θεοῦ τῇ οὔσῃ ἐν κορίνθῳ σὺν τοῖς ἁγίοις πᾶσιν τοῖς οὖσιν ἐν ὅλῃ τῇ ἀχαΐᾳ·
	8 5	καὶ οὐ καθὼς ἠλπίσαμεν, ἀλλὰ ἑαυτοὺς ἔδωκαν πρῶτον τῷ κυρίῳ καὶ ἡμῖν διὰ θελήματος θεοῦ,
Ga	1 4	τοῦ δόντος ἑαυτὸν ὑπὲρ τῶν ἁμαρτιῶν ἡμῶν, ὅπως ἐξέληται ἡμᾶς ἐκ τοῦ αἰῶνος τοῦ ἐνεστῶτος πονηροῦ κατὰ τὸ θέλημα τοῦ θεοῦ
Eph	1 1	παῦλος ἀπόστολος χριστοῦ ἰησοῦ διὰ θελήματος θεοῦ τοῖς ἁγίοις τοῖς οὖσιν [ἐν ἐφέσῳ] καὶ πιστοῖς ἐν χριστῷ ἰησοῦ·
	5	προορίσας ἡμᾶς εἰς υἱοθεσίαν διὰ ἰησοῦ χριστοῦ εἰς αὐτόν, κατὰ τὴν εὐδοκίαν τοῦ θελήματος αὐτοῦ,
	9	γνωρίσας ἡμῖν τὸ μυστήριον τοῦ θελήματος αὐτοῦ,
	11	ἐν αὐτῷ, ἐν ᾧ καὶ ἐκληρώθημεν προορισθέντες κατὰ πρόθεσιν τοῦ τὰ πάντα ἐνεργοῦντος κατὰ τὴν βουλὴν τοῦ θελήματος αὐτοῦ,
	2 3	ἐν οἷς καὶ ἡμεῖς πάντες ἀνεστράφημέν ποτε ἐν ταῖς ἐπιθυμίαις τῆς σαρκὸς ἡμῶν, ποιοῦντες τὰ θελήματα τῆς σαρκὸς καὶ τῶν διανοιῶν,
	5 17	διὰ τοῦτο μὴ γίνεσθε ἄφρονες, ἀλλὰ συνίετε τί τὸ θέλημα τοῦ κυρίου.
	6 6	μὴ κατ᾿ ὀφθαλμοδουλίαν ὡς ἀνθρωπάρεσκοι, ἀλλ᾿ ὡς δοῦλοι χριστοῦ ποιοῦντες τὸ θέλημα τοῦ θεοῦ ἐκ ψυχῆς,
Col	1 1	παῦλος ἀπόστολος χριστοῦ ἰησοῦ διὰ θελήματος θεοῦ καὶ τιμόθεος ὁ ἀδελφὸς
	9	οὐ παυόμεθα ὑπὲρ ὑμῶν προσευχόμενοι καὶ αἰτούμενοι ἵνα πληρωθῆτε τὴν ἐπίγνωσιν τοῦ θελήματος αὐτοῦ ἐν πάσῃ σοφίᾳ καὶ συνέσει πνευματικῇ,
	4 12	πάντοτε ἀγωνιζόμενος ὑπὲρ ὑμῶν ἐν ταῖς προσευχαῖς, ἵνα σταθῆτε τέλειοι καὶ πεπληροφορημένοι ἐν παντὶ θελήματι τοῦ θεοῦ.
1Th	4 3	τοῦτο γάρ ἐστιν θέλημα τοῦ θεοῦ, ὁ ἁγιασμὸς ὑμῶν, ἀπέχεσθαι ὑμᾶς ἀπὸ τῆς πορνείας,
	5 18	ἐν παντὶ εὐχαριστεῖτε· τοῦτο γὰρ θέλημα θεοῦ ἐν χριστῷ ἰησοῦ εἰς ὑμᾶς.
2Tm	1 1	παῦλος ἀπόστολος χριστοῦ ἰησοῦ διὰ θελήματος θεοῦ κατ᾿ ἐπαγγελίαν ζωῆς τῆς ἐν χριστῷ ἰησοῦ
	2 26	καὶ ἀνανήψωσιν ἐκ τῆς τοῦ διαβόλου παγίδος, ἐζωγρημένοι ὑπ᾿ αὐτοῦ εἰς τὸ ἐκείνου θέλημα.
Heb	10 7	ἰδοὺ ἥκω, ἐν κεφαλίδι βιβλίου γέγραπται περὶ ἐμοῦ, τοῦ ποιῆσαι ὁ θεὸς τὸ θέλημά σου.
	9	ἰδοὺ ἥκω τοῦ ποιῆσαι τὸ θέλημά σου.
	10	ἐν ᾧ θελήματι ἡγιασμένοι ἐσμὲν διὰ τῆς προσφορᾶς τοῦ σώματος ἰησοῦ χριστοῦ ἐφάπαξ.
	36	ὑπομονῆς γὰρ ἔχετε χρείαν ἵνα τὸ θέλημα τοῦ θεοῦ ποιήσαντες κομίσησθε τὴν ἐπαγγελίαν.
	13 21	καταρτίσαι ὑμᾶς ἐν παντὶ ἀγαθῷ εἰς τὸ ποιῆσαι τὸ θέλημα αὐτοῦ
1Pt	2 15	ὅτι οὕτως ἐστὶν τὸ θέλημα τοῦ θεοῦ, ἀγαθοποιοῦντας φιμοῦν τὴν τῶν ἀφρόνων ἀνθρώπων ἀγνωσίαν·
	3 17	κρεῖττον γὰρ ἀγαθοποιοῦντας, εἰ θέλοι τὸ θέλημα τοῦ θεοῦ, πάσχειν ἢ κακοποιοῦντας.

θέλημα [62]

1Pt	4 2	εἰς τὸ μηκέτι ἀνθρώπων ἐπιθυμίαις ἀλλὰ θελήματι θεοῦ τὸν ἐπίλοιπον ἐν σαρκὶ βιῶσαι χρόνον.
	19	ὥστε καὶ οἱ πάσχοντες κατὰ τὸ θέλημα τοῦ θεοῦ πιστῷ κτίστῃ παρατιθέσθωσαν τὰς ψυχὰς αὐτῶν ἐν ἀγαθοποιΐᾳ.
2Pt	1 21	οὐ γὰρ θελήματι ἀνθρώπου ἠνέχθη προφητεία ποτέ,
1Jh	2 17	ὁ δὲ ποιῶν τὸ θέλημα τοῦ θεοῦ μένει εἰς τὸν αἰῶνα.
	5 14	καὶ αὕτη ἐστὶν ἡ παρρησία ἣν ἔχομεν πρὸς αὐτόν, ὅτι ἐάν τι αἰτώμεθα κατὰ τὸ θέλημα αὐτοῦ ἀκούει ἡμῶν.
Apc	4 11	ὅτι σὺ ἔκτισας τὰ πάντα, καὶ διὰ τὸ θέλημά σου ἦσαν καὶ ἐκτίσθησαν.

θέλησις [1]

Heb	2 4	συνεπιμαρτυροῦντος τοῦ θεοῦ σημείοις τε καὶ τέρασιν καὶ ποικίλαις δυνάμεσιν καὶ πνεύματος ἁγίου μερισμοῖς κατὰ τὴν αὐτοῦ θέλησιν.

θέλω [209]

Mt	1 19	ἰωσὴφ δὲ ὁ ἀνὴρ αὐτῆς, δίκαιος ὢν καὶ μὴ θέλων αὐτὴν δειγματίσαι,
	2 18	καὶ οὐκ ἤθελεν παρακληθῆναι, ὅτι οὐκ εἰσίν.
	5 40	καὶ τῷ θέλοντί σοι κριθῆναι καὶ τὸν χιτῶνά σου λαβεῖν, ἄφες αὐτῷ καὶ τὸ ἱμάτιον·
	42	καὶ τὸν θέλοντα ἀπὸ σοῦ δανίσασθαι μὴ ἀποστραφῇς.
	7 12	πάντα οὖν ὅσα ἐὰν θέλητε ἵνα ποιῶσιν ὑμῖν οἱ ἄνθρωποι,
	8 2	κύριε, ἐὰν θέλῃς, δύνασαί με καθαρίσαι.
	3	καὶ ἐκτείνας τὴν χεῖρα ἥψατο αὐτοῦ λέγων· θέλω, καθαρίσθητι·
	9 13	ἔλεος θέλω καὶ οὐ θυσίαν·
	11 14	καὶ εἰ θέλετε δέξασθαι, αὐτός ἐστιν ἠλίας ὁ μέλλων ἔρχεσθαι.
	12 7	ἔλεος θέλω καὶ οὐ θυσίαν,
	38	διδάσκαλε, θέλομεν ἀπὸ σοῦ σημεῖον ἰδεῖν.
	13 28	θέλεις οὖν ἀπελθόντες συλλέξωμεν αὐτά;
	14 5	καὶ θέλων αὐτὸν ἀποκτεῖναι ἐφοβήθη τὸν ὄχλον,
	15 28	ὦ γύναι, μεγάλη σου ἡ πίστις· γενηθήτω σοι ὡς θέλεις.
	32	καὶ ἀπολῦσαι αὐτοὺς νήστεις οὐ θέλω, μήποτε ἐκλυθῶσιν ἐν τῇ ὁδῷ.
	16 24	εἴ τις θέλει ὀπίσω μου ἐλθεῖν, ἀπαρνησάσθω ἑαυτὸν καὶ ἀράτω τὸν σταυρὸν αὐτοῦ, καὶ ἀκολουθείτω μοι.
	25	ὃς γὰρ ἐὰν θέλῃ τὴν ψυχὴν αὐτοῦ σῶσαι, ἀπολέσει αὐτήν·
	17 4	εἰ θέλεις, ποιήσω ὧδε τρεῖς σκηνάς, σοὶ μίαν καὶ μωυσεῖ μίαν καὶ ἠλίᾳ μίαν.
	12	λέγω δὲ ὑμῖν ὅτι ἠλίας ἤδη ἦλθεν, καὶ οὐκ ἐπέγνωσαν αὐτόν, ἀλλὰ ἐποίησαν ἐν αὐτῷ ὅσα ἠθέλησαν·
	18 23	διὰ τοῦτο ὡμοιώθη ἡ βασιλεία τῶν οὐρανῶν ἀνθρώπῳ βασιλεῖ, ὃς ἠθέλησεν συνᾶραι λόγον μετὰ τῶν δούλων αὐτοῦ.
	30	ὁ δὲ οὐκ ἤθελεν, ἀλλὰ ἀπελθὼν ἔβαλεν αὐτὸν εἰς φυλακὴν ἕως ἀποδῷ τὸ ὀφειλόμενον.
	19 17	εἰ δὲ θέλεις εἰς τὴν ζωὴν εἰσελθεῖν, τήρησον τὰς ἐντολάς.
	21	εἰ θέλεις τέλειος εἶναι, ὕπαγε πώλησόν σου τὰ ὑπάρχοντα καὶ δὸς τοῖς πτωχοῖς,
	20 14	θέλω δὲ τούτῳ τῷ ἐσχάτῳ δοῦναι ὡς καὶ σοί·
	15	θέλω δὲ τούτῳ τῷ ἐσχάτῳ δοῦναι ὡς καὶ σοί· [ἢ] οὐκ ἔξεστίν μοι ὃ θέλω ποιῆσαι ἐν τοῖς ἐμοῖς;
	21	ὁ δὲ εἶπεν αὐτῇ· τί θέλεις;
	26	ἀλλ᾿ ὃς ἐὰν θέλῃ ἐν ὑμῖν μέγας γενέσθαι, ἔσται ὑμῶν διάκονος,
	27	καὶ ὃς ἂν θέλῃ ἐν ὑμῖν εἶναι πρῶτος, ἔσται ὑμῶν δοῦλος·
	32	τί θέλετε ποιήσω ὑμῖν;
	21 29	οὐ θέλω, ὕστερον δὲ μεταμεληθεὶς ἀπῆλθεν.
	22 3	καὶ ἀπέστειλεν τοὺς δούλους αὐτοῦ καλέσαι τοὺς κεκλημένους εἰς τοὺς γάμους, καὶ οὐκ ἤθελον ἐλθεῖν.
	23 4	αὐτοὶ δὲ τῷ δακτύλῳ αὐτῶν οὐ θέλουσιν κινῆσαι αὐτά.
	37	ποσάκις ἠθέλησα ἐπισυναγαγεῖν τὰ τέκνα σου, ὃν τρόπον ὄρνις ἐπισυνάγει τὰ νοσσία αὐτῆς ὑπὸ τὰς πτέρυγας, καὶ οὐκ ἠθελήσατε.
	37	ποσάκις ἠθέλησα ἐπισυναγαγεῖν τὰ τέκνα σου, ὃν τρόπον ὄρνις ἐπισυνάγει τὰ νοσσία αὐτῆς ὑπὸ τὰς πτέρυγας, καὶ οὐκ ἠθελήσατε.
	26 15	τί θέλετέ μοι δοῦναι, κἀγὼ ὑμῖν παραδώσω αὐτόν;
	17	ποῦ θέλεις ἑτοιμάσωμέν σοι φαγεῖν τὸ πάσχα;
	39	πλὴν οὐχ ὡς ἐγὼ θέλω ἀλλ᾿ ὡς σύ.
	27 15	κατὰ δὲ ἑορτὴν εἰώθει ὁ ἡγεμὼν ἀπολύειν ἕνα τῷ ὄχλῳ δέσμιον ὃν ἤθελον.
		τίνα θέλετε ἀπολύσω ὑμῖν, [ἰησοῦν τὸν] βαραββᾶν ἢ ἰησοῦν τὸν λεγόμενον χριστόν;
	21	τίνα θέλετε ἀπὸ τῶν δύο ἀπολύσω ὑμῖν;
	34	καὶ γευσάμενος οὐκ ἠθέλησεν πιεῖν.

θελω [209]

Mt	27 43	πεποιθεν επι τον θεον, ρυσασθω νυν ει θελει αυτον·
Mc	1 40	και ερχεται προς αυτον λεπρος παρακαλων αυτον [και γονυπετων] και λεγων αυτω οτι εαν θελης δυνασαι με καθαρισαι.
	41	και σπλαγχνισθεις εκτεινας την χειρα αυτου ηψατο και λεγει αυτω· θελω, καθαρισθητι.
	3 13	και προσκαλειται ους ηθελεν αυτος, και απηλθον προς αυτον.
	6 19	η δε ηρωδιας ενειχεν αυτω και ηθελεν αυτον αποκτειναι,
	22	ειπεν ο βασιλευς τω κορασιω· αιτησον με ο εαν θελης, και δωσω σοι·
	25	θελω ινα εξαυτης δως μοι επι πινακι την κεφαλην ιωαννου του βαπτιστου.
	26	και περιλυπος γενομενος ο βασιλευς δια τους ορκους και τους ανακειμενους ουκ ηθελησεν αθετησαι αυτην.
	48	και ηθελεν παρελθειν αυτους.
	7 24	και εισελθων εις οικιαν ουδενα ηθελεν γνωναι,
	8 34	ει τις θελει οπισω μου ακολουθειν, απαρνησασθω εαυτον και αρατω τον σταυρον αυτου, και ακολουθειτω μοι.
	35	ος γαρ εαν θελη την ψυχην αυτου σωσαι, απολεσει αυτην·
	9 13	αλλα λεγω υμιν οτι και ηλιας εληλυθεν, και εποιησαν αυτω οσα ηθελον, καθως γεγραπται επ αυτον.
	30	κακειθεν εξελθοντες παρεπορευοντο δια της γαλιλαιας, και ουκ ηθελεν ινα τις γνοι·
	35	ει τις θελει πρωτος ειναι, εσται παντων εσχατος και παντων διακονος.
	10 35	διδασκαλε, θελομεν ινα ο εαν αιτησωμεν σε ποιησης ημιν.
	36	τι θελετε [με] ποιησω υμιν;
	43	ουχ ουτως δε εστιν εν υμιν· αλλ ος αν θελη μεγας γενεσθαι εν υμιν, εσται υμων διακονος,
	44	και ος αν θελη εν υμιν ειναι πρωτος, εσται παντων δουλος·
	51	τι σοι θελεις ποιησω;
	12 38	βλεπετε απο των γραμματεων των θελοντων εν στολαις περιπατειν και ασπασμους εν ταις αγοραις και πρωτοκαθεδριας εν ταις συναγωγαις και πρωτοκλισιας εν τοις δειπνοις·
	14 7	παντοτε γαρ τους πτωχους εχετε μεθ εαυτων, και οταν θελητε δυνασθε αυτοις ευ ποιησαι,
	12	που θελεις απελθοντες ετοιμασωμεν ινα φαγης το πασχα;
	36	παρενεγκε το ποτηριον τουτο απ εμου· αλλ ου τι εγω θελω αλλα τι συ.
	15 9	θελετε απολυσω υμιν τον βασιλεα των ιουδαιων;
	12	τι ουν [θελετε] ποιησω [ον λεγετε] τον βασιλεα των ιουδαιων;
Lc	1 62	ενενευον δε τω πατρι αυτου το τι αν θελοι καλεισθαι αυτο.
	4 6	σοι δωσω την εξουσιαν ταυτην απασαν και την δοξαν αυτων, οτι εμοι παραδεδοται και ω εαν θελω διδωμι αυτην·
	5 12	κυριε, εαν θελης, δυνασαι με καθαρισαι.
	13	και εκτεινας την χειρα ηψατο αυτου λεγων· θελω, καθαρισθητι.
	39	[και] ουδεις πιων παλαιον θελει νεον· λεγει γαρ· ο παλαιος χρηστος εστιν.
	6 31	και καθως θελετε ινα ποιωσιν υμιν οι ανθρωποι, ποιειτε αυτοις ομοιως.
	8 20	η μητηρ σου και οι αδελφοι σου εστηκασιν εξω ιδειν θελοντες σε.
	9 23	ει τις θελει οπισω μου ερχεσθαι, αρνησασθω εαυτον και αρατω τον σταυρον αυτου καθ ημεραν, και ακολουθειτω μοι.
	24	ος γαρ αν θελη την ψυχην αυτου σωσαι, απολεσει αυτην·
	54	κυριε, θελεις ειπωμεν πυρ καταβηναι απο του ουρανου και αναλωσαι αυτους;
	10 24	λεγω γαρ υμιν οτι πολλοι προφηται και βασιλεις ηθελησαν ιδειν α υμεις βλεπετε και ουκ ειδαν, και ακουσαι α ακουετε και ουκ ηκουσαν.
	29	ο δε θελων δικαιωσαι εαυτον ειπεν προς τον ιησουν·
	12 49	πυρ ηλθον βαλειν επι την γην, και τι θελω ει ηδη ανηφθη.
	13 31	εξελθε και πορευου εντευθεν, οτι ηρωδης θελει σε αποκτειναι.
	34	ποσακις ηθελησα επισυναξαι τα τεκνα σου ον τροπον ορνις την εαυτης νοσσιαν υπο τας πτερυγας,
	34	ποσακις ηθελησα επισυναξαι τα τεκνα σου ον τροπον ορνις την εαυτης νοσσιαν υπο τας πτερυγας, και ουκ ηθελησατε.
	14 28	τις γαρ εξ υμων θελων πυργον οικοδομησαι ουχι πρωτον καθισας ψηφιζει την δαπανην;
	15 28	ωργισθη δε και ουκ ηθελεν εισελθειν·
	16 26	και εν πασι τουτοις μεταξυ ημων και υμων χασμα μεγα εστηρικται, οπως οι θελοντες διαβηναι ενθεν προς υμας μη δυνωνται,
	18 4	και ουκ ηθελεν επι χρονον·
	13	ο δε τελωνης μακροθεν εστως ουκ ηθελεν ουδε τους οφθαλμους επαραι εις τον ουρανον,
	41	τι σοι θελεις ποιησω;

Lc	19 14	ου θελομεν τουτον βασιλευσαι εφ ημας.
	27	πλην τους εχθρους μου τουτους τους μη θελησαντας με βασιλευσαι επ αυτους αγαγετε ωδε και κατασφαξατε αυτους εμπροσθεν μου.
	20 46	προσεχετε απο των γραμματεων των θελοντων περιπατειν εν στολαις
	22 9	οι δε ειπαν αυτω· που θελεις ετοιμασωμεν;
	23 8	ην γαρ εξ ικανων χρονων θελων ιδειν αυτον δια το ακουειν περι αυτου,
	20	παλιν δε ο πιλατος προσεφωνησεν αυτοις, θελων απολυσαι τον ιησουν.
Jh	1 43	τη επαυριον ηθελησεν εξελθειν εις την γαλιλαιαν,
	3 8	το πνευμα οπου θελει πνει, και την φωνην αυτου ακουεις,
	5 6	λεγει αυτω· θελεις υγιης γενεσθαι;
	21	ωσπερ γαρ ο πατηρ εγειρει τους νεκρους και ζωοποιει, ουτως και ο υιος ους θελει ζωοποιει.
	35	υμεις δε ηθελησατε αγαλλιαθηναι προς ωραν εν τω φωτι αυτου.
	40	και ου θελετε ελθειν προς με ινα ζωην εχητε.
	6 11	ελαβεν ουν τους αρτους ο ιησους και ευχαριστησας διεδωκεν τοις ανακειμενοις, ομοιως και εκ των οψαριων οσον ηθελον.
	21	ηθελον ουν λαβειν αυτον εις το πλοιον,
	67	μη και υμεις θελετε υπαγειν;
	7 1	ου γαρ ηθελεν εν τη ιουδαια περιπατειν, οτι εζητουν αυτον οι ιουδαιοι αποκτειναι.
	17	εαν τις θελη το θελημα αυτου ποιειν, γνωσεται περι της διδαχης, ποτερον εκ του θεου εστιν η εγω απ εμαυτου λαλω.
	44	τινες δε ηθελον εξ αυτων πιασαι αυτον, αλλ ουδεις επεβαλεν επ αυτον τας χειρας.
	8 44	υμεις εκ του πατρος του διαβολου εστε και τας επιθυμιας του πατρος υμων θελετε ποιειν.
	9 27	τι παλιν θελετε ακουειν; μη και υμεις θελετε αυτου μαθηται γενεσθαι·
	27	μη και υμεις θελετε αυτου μαθηται γενεσθαι·
	12 21	κυριε, θελομεν τον ιησουν ιδειν.
	15 7	εαν μεινητε εν εμοι και τα ρηματα μου εν υμιν μεινη, ο εαν θελητε αιτησασθε, και γενησεται υμιν.
	16 19	εγνω [ο] ιησους οτι ηθελον αυτον ερωταν,
	17 24	πατερ, ο δεδωκας μοι, θελω ινα οπου ειμι εγω κακεινοι ωσιν μετ εμου,
	21 18	οτε ης νεωτερος, εζωννυες σεαυτον και περιεπατεις οπου ηθελες·
	18	οταν δε γηρασης, εκτενεις τας χειρας σου, και αλλος σε ζωσει και οισει οπου ου θελεις.
	22	εαν αυτον θελω μενειν εως ερχομαι, τι προς σε;
	23	ουκ ειπεν δε αυτω ο ιησους οτι ουκ αποθνησκει, αλλ· εαν αυτον θελω μενειν εως ερχομαι, [τι προς σε];
Ac	2 12	τι θελει τουτο ειναι;
	7 28	μη ανελειν με συ θελεις ον τροπον ανειλες εχθες τον αιγυπτιον;
	39	ω ουκ ηθελησαν υπηκοοι γενεσθαι οι πατερες ημων,
	10 10	εγενετο δε προσπεινος και ηθελεν γευσασθαι·
	14 13	ταυρους και στεμματα επι τους πυλωνας ενεγκας, συν τοις οχλοις ηθελεν θυειν.
	16 3	τουτον ηθελησεν ο παυλος συν αυτω εξελθειν,
	17 18	τι αν θελοι ο σπερμολογος ουτος λεγειν;
	20	βουλομεθα ουν γνωναι τινα θελει ταυτα ειναι.
	18 21	παλιν ανακαμψω προς υμας του θεου θελοντος,
	19 33	ο δε αλεξανδρος κατασεισας την χειρα ηθελεν απολογεισθαι τω δημω.
	24 7*	ον και εκρατησαμεν και κατα τον ημετερον νομον ηθελησαμεν κριναι.
	27	θελων τε χαριτα καταθεσθαι τοις ιουδαιοις ο φηλιξ κατελιπε τον παυλον δεδεμενον.
	25 9	ο φηστος δε θελων τοις ιουδαιοις χαριν καταθεσθαι, αποκριθεις τω παυλω ειπεν·
	9	θελεις εις ιεροσολυμα αναβας εκει περι τουτων κριθηναι επ εμου;
	26 5	προγινωσκοντες με ανωθεν, εαν θελωσι μαρτυρειν,
Rm	1 13	ου θελω δε υμας αγνοειν, αδελφοι, οτι πολλακις προεθεμην ελθειν προς υμας,
	7 15	ου γαρ ο θελω τουτο πρασσω, αλλ ο μισω τουτο ποιω.
	16	ει δε ο ου θελω τουτο ποιω, συμφημι τω νομω οτι καλος.
	18	το γαρ θελειν παρακειται μοι, το δε κατεργαζεσθαι το καλον ου·
	19	ου γαρ ο θελω ποιω αγαθον, αλλα ο ου θελω κακον τουτο πρασσω.
	19	ου γαρ ο θελω ποιω αγαθον, αλλα ο ου θελω κακον τουτο πρασσω.

θελω [209]

Rm	7 20	εἰ δε ὁ οὐ θελω [ἐγω] τουτο ποιω, οὐκετι ἐγω κατεργαζομαι αὐτο ἀλλα ἡ οἰκουσα ἐν ἐμοι ἁμαρτια.
	21	εὑρισκω ἀρα τον νομον τῳ θελοντι ἐμοι ποιειν το καλον,
	9 16	ἀρα οὐν οὐ του θελοντος οὐδε του τρεχοντος, ἀλλα του ἐλεωντος θεου.
	18	ἀρα οὐν ὁν θελει ἐλεει, ὁν δε θελει σκληρυνει.
	18	ἀρα οὐν ὁν θελει ἐλεει, ὁν δε θελει σκληρυνει.
	22	εἰ δε θελων ὁ θεος ἐνδειξασθαι την ὀργην και γνωρισαι το δυνατον αὐτου ἠνεγκεν ἐν πολλῃ μακροθυμιᾳ σκευη ὀργης κατηρτισμενα εἰς ἀπωλειαν,
	11 25	οὐ γαρ θελω ὑμας ἀγνοειν, ἀδελφοι, το μυστηριον τουτο,
	13 3	θελεις δε μη φοβεισθαι την ἐξουσιαν;
	16 19	ἐφ ὑμιν οὐν χαιρω, θελω δε ὑμας σοφους εἰναι εἰς το ἀγαθον, ἀκεραιους δε εἰς το κακον.
1Co	4 19	ἐλευσομαι δε ταχεως προς ὑμας, ἐαν ὁ κυριος θεληση,
	21	τι θελετε; ἐν ῥαβδῳ ἐλθω προς ὑμας, ἠ ἐν ἀγαπῃ πνευματι τε πραυτητος;
	7 7	θελω δε παντας ἀνθρωπους εἰναι ὡς και ἐμαυτον·
	32	θελω δε ὑμας ἀμεριμνους εἰναι.
	36	εἰ δε τις ἀσχημονειν ἐπι την παρθενον αὐτου νομιζει, ἐαν ἡ ὑπερακμος, και οὑτως ὀφειλει γινεσθαι, ὁ θελει ποιειτω·
	39	ἐαν δε κοιμηθῃ ὁ ἀνηρ, ἐλευθερα ἐστιν ᾡ θελει γαμηθηναι, μονον ἐν κυριῳ.
	10 1	οὐ θελω γαρ ὑμας ἀγνοειν, ἀδελφοι,
	20	οὐ θελω δε ὑμας κοινωνους των δαιμονιων γινεσθαι.
	27	εἰ τις καλει ὑμας των ἀπιστων και θελετε πορευεσθαι, παν το παρατιθεμενον ὑμιν ἐσθιετε μηδεν ἀνακρινοντες δια την συνειδησιν.
	11 3	θελω δε ὑμας εἰδεναι ὁτι παντος ἀνδρος ἡ κεφαλη ὁ χριστος ἐστιν,
	12 1	περι δε των πνευματικων, ἀδελφοι, οὐ θελω ὑμας ἀγνοειν.
	18	νυνι δε ὁ θεος ἐθετο τα μελη, ἑν ἑκαστον αὐτων ἐν τῳ σωματι καθως ἠθελησεν.
	14 5	θελω δε παντας ὑμας λαλειν γλωσσαις,
	19	ἀλλα ἐν ἐκκλησιᾳ θελω πεντε λογους τῳ νοι μου λαλησαι, ἱνα και ἀλλους κατηχησω, ἠ μυριους λογους ἐν γλωσσῃ.
	35	εἰ δε τι μαθειν θελουσιν, ἐν οἰκῳ τους ἰδιους ἀνδρας ἐπερωτατωσαν·
	15 38	ὁ δε θεος διδωσιν αὐτῳ σωμα καθως ἠθελησεν,
	16 7	οὐ θελω γαρ ὑμας ἀρτι ἐν παροδῳ ἰδειν·
2Co	1 8	οὐ γαρ θελομεν ὑμας ἀγνοειν, ἀδελφοι, ὑπερ της θλιψεως ἡμων της γενομενης ἐν τῃ ἀσιᾳ,
	5 4	ἐφ ᾡ οὐ θελομεν ἐκδυσασθαι ἀλλ ἐπενδυσασθαι,
	8 10	τουτο γαρ ὑμιν συμφερει, οἱτινες οὐ μονον το ποιησαι ἀλλα και το θελειν προενηρξασθε ἀπο περυσι·
	11	ὁπως καθαπερ ἡ προθυμια του θελειν, οὑτως και το ἐπιτελεσαι ἐκ του ἐχειν.
	11 12	ὁ δε ποιω, και ποιησω, ἱνα ἐκκοψω την ἀφορμην των θελοντων ἀφορμην,
	12 6	ἐαν γαρ θελησω καυχησασθαι, οὐκ ἐσομαι ἀφρων, ἀληθειαν γαρ ἐρω·
	20	φοβουμαι γαρ μη πως ἐλθων οὐχ οἱους θελω εὑρω ὑμας,
	20	καγω εὑρεθω ὑμιν οἱον οὐ θελετε,
Ga	1 7	εἰ μη τινες εἰσιν οἱ ταρασσοντες ὑμας και θελοντες μεταστρεψαι το εὐαγγελιον του χριστου.
	3 2	τουτο μονον θελω μαθειν ἀφ ὑμων,
	4 9	πως ἐπιστρεφετε παλιν ἐπι τα ἀσθενη και πτωχα στοιχεια, οἱς παλιν ἀνωθεν δουλευειν θελετε;
	17	ζηλουσιν ὑμας οὐ καλως, ἀλλα ἐκκλεισαι ὑμας θελουσιν,
	20	ἠθελον δε παρειναι προς ὑμας ἀρτι και ἀλλαξαι την φωνην μου,
	21	λεγετε μοι, οἱ ὑπο νομον θελοντες εἰναι, τον νομον οὐκ ἀκουετε;
	5 17	ταυτα γαρ ἀλληλοις ἀντικειται, ἱνα μη ἁ ἐαν θελητε ταυτα ποιητε.
	6 12	ὁσοι θελουσιν εὐπροσωπησαι ἐν σαρκι, οὑτοι ἀναγκαζουσιν ὑμας περιτεμνεσθαι,
	13	οὐδε γαρ οἱ περιτεμνομενοι αὐτοι νομον φυλασσουσιν, ἀλλα θελουσιν ὑμας περιτεμνεσθαι ἱνα ἐν τῃ ὑμετερᾳ σαρκι καυχησωνται.
Php	2 13	θεος γαρ ἐστιν ὁ ἐνεργων ἐν ὑμιν και το θελειν και το ἐνεργειν ὑπερ της εὐδοκιας.
Col	1 27	νυν δε ἐφανερωθη τοις ἁγιοις αὐτου, οἱς ἠθελησεν ὁ θεος γνωρισαι τι το πλουτος της δοξης του μυστηριου τουτου ἐν τοις ἐθνεσιν,
	2 1	θελω γαρ ὑμας εἰδεναι ἡλικον ἀγωνα ἐχω ὑπερ ὑμων και των ἐν λαοδικειᾳ και ὁσοι οὐχ ἑορακαν το προσωπον μου ἐν σαρκι,

θελω [209]

Col	2 18	μηδεις ὑμας καταβραβευετω θελων ἐν ταπεινοφροσυνῃ και θρησκειᾳ των ἀγγελων,
1Th	2 18	διοτι ἠθελησαμεν ἐλθειν προς ὑμας,
	4 13	οὐ θελομεν δε ὑμας ἀγνοειν, ἀδελφοι, περι των κοιμωμενων
2Th	3 10	τουτο παρηγγελλομεν ὑμιν, ὁτι εἰ τις οὐ θελει ἐργαζεσθαι, μηδε ἐσθιετω.
1Tm	1 7	θελοντες εἰναι νομοδιδασκαλοι, μη νοουντες μητε ἁ λεγουσιν μητε περι τινων διαβεβαιουνται.
	2 4	τουτο καλον και ἀποδεκτον ἐνωπιον του σωτηρος ἡμων θεου, ὁς παντας ἀνθρωπους θελει σωθηναι και εἰς ἐπιγνωσιν ἀληθειας ἐλθειν.
	5 11	ὁταν γαρ καταστρηνιασωσιν του χριστου, γαμειν θελουσιν,
2Tm	3 12	και παντες δε οἱ θελοντες εὐσεβως ζην ἐν χριστῳ ἰησου διωχθησονται.
Phm	14	χωρις δε της σης γνωμης οὐδεν ἠθελησα ποιησαι,
Heb	10 5	θυσιαν και προσφοραν οὐκ ἠθελησας, σωμα δε κατηρτισω μοι·
	8	ἀνωτερον λεγων ὁτι θυσιας και προσφορας και ὁλοκαυτωματα και περι ἁμαρτιας οὐκ ἠθελησας οὐδε εὐδοκησας,
	12 17	ἰστε γαρ ὁτι και μετεπειτα θελων κληρονομησαι την εὐλογιαν ἀπεδοκιμασθη,
	13 18	πειθομεθα γαρ ὁτι καλην συνειδησιν ἐχομεν, ἐν πασιν καλως θελοντες ἀναστρεφεσθαι.
Ja	2 20	θελεις δε γνωναι, ὠ ἀνθρωπε κενε, ὁτι ἡ πιστις χωρις των ἐργων ἀργη ἐστιν;
	4 15	ἐαν ὁ κυριος θεληση, και ζησομεν και ποιησομεν τουτο ἠ ἐκεινο.
1Pt	3 10	ὁ γαρ θελων ζωην ἀγαπαν και ἰδειν ἡμερας ἀγαθας παυσατω την γλωσσαν ἀπο κακου
	17	κρειττον γαρ ἀγαθοποιουντας, εἰ θελοι το θελημα του θεου, πασχειν ἠ κακοποιουντας.
2Pt	3 5	λανθανει γαρ αὐτους τουτο θελοντας ὁτι οὐρανοι ἠσαν ἐκπαλαι
3Jh	13	πολλα εἰχον γραψαι σοι, ἀλλ οὐ θελω δια μελανος και καλαμου σοι γραφειν·
Apc	2 21	και οὐ θελει μετανοησαι ἐκ της πορνειας αὐτης.
	11 5	και εἰ τις αὐτους θελει ἀδικησαι, πυρ ἐκπορευεται ἐκ του στοματος αὐτων και κατεσθιει τους ἐχθρους αὐτων·
	5	και εἰ τις θεληση αὐτους ἀδικησαι, οὑτως δει αὐτον ἀποκτανθηναι.
	6	και ἐξουσιαν ἐχουσιν ἐπι των ὑδατων στρεφειν αὐτα εἰς αἱμα και παταξαι την γην ἐν πασῃ πληγῃ ὁσακις ἐαν θελησωσιν.
	22 17	και ὁ διψων ἐρχεσθω, ὁ θελων λαβετω ὑδωρ ζωης δωρεαν.

θεμελιον [11]

Lc	6 48	ὁμοιος ἐστιν ἀνθρωπῳ οἰκοδομουντι οἰκιαν, ὁς ἐσκαψεν και ἐβαθυνεν και ἐθηκεν θεμελιον ἐπι την πετραν·
	49	ὁ δε ἀκουσας και μη ποιησας ὁμοιος ἐστιν ἀνθρωπῳ οἰκοδομησαντι οἰκιαν ἐπι την γην χωρις θεμελιου,
	14 29	ἱνα μηποτε θεντος αὐτου θεμελιον και μη ἰσχυοντος ἐκτελεσαι παντες οἱ θεωρουντες ἀρξωνται αὐτῳ ἐμπαιζειν λεγοντες
Ac	16 26	ἀφνω δε σεισμος ἐγενετο μεγας, ὡστε σαλευθηναι τα θεμελια του δεσμωτηριου·
Rm	15 20	οὑτως δε φιλοτιμουμενον εὐαγγελιζεσθαι οὐχ ὁπου ὠνομασθη χριστος, ἱνα μη ἐπ ἀλλοτριον θεμελιον οἰκοδομω,
1Co	3 10	κατα την χαριν του θεου την δοθεισαν μοι ὡς σοφος ἀρχιτεκτων θεμελιον ἐθηκα, ἀλλος δε ἐποικοδομει.
	11	θεμελιον γαρ ἀλλον οὐδεις δυναται θειναι παρα τον κειμενον, ὁς ἐστιν ἰησους χριστος.
	12	εἰ δε τις ἐποικοδομει ἐπι τον θεμελιον χρυσον, ἀργυρον, λιθους τιμιους, ξυλα, χορτον, καλαμην, ἑκαστου το ἐργον φανερον γενησεται·
Eph	2 20	ἀλλα ἐστε συμπολιται των ἁγιων και οἰκειοι του θεου, ἐποικοδομηθεντες ἐπι τῳ θεμελιῳ των ἀποστολων και προφητων,
1Tm	6 19	ἀποθησαυριζοντας ἑαυτοις θεμελιον καλον εἰς το μελλον,
Heb	6 1	μη παλιν θεμελιον καταβαλλομενοι μετανοιας ἀπο νεκρων ἐργων, και πιστεως ἐπι θεον, βαπτισμων διδαχης, ἐπιθεσεως τε χειρων, ἀναστασεως τε νεκρων,

θεμελιος [15]

Lc	6 48	ὁμοιος ἐστιν ἀνθρωπῳ οἰκοδομουντι οἰκιαν, ὁς ἐσκαψεν και ἐβαθυνεν και ἐθηκεν θεμελιον ἐπι την πετραν·
	49	ὁ δε ἀκουσας και μη ποιησας ὁμοιος ἐστιν ἀνθρωπῳ οἰκοδομησαντι οἰκιαν ἐπι την γην χωρις θεμελιου,

θεμελιος [15]

Lc	14 29	ἱνα μηποτε θεντος αὐτου θεμελιον και μη ἰσχυοντος ἐκτελεσαι παντες οἱ θεωρουντες ἀρξωνται αὐτῳ ἐμπαιζειν λεγοντες
Rm	15 20	οὑτως δε φιλοτιμουμενον εὐαγγελιζεσθαι οὐχ ὁπου ὠνομασθη χριστος, ἱνα μη ἐπ ἀλλοτριον θεμελιον οἰκοδομω,
1Co	3 10	κατα την χαριν του θεου την δοθεισαν μοι ὡς σοφος ἀρχιτεκτων θεμελιον ἐθηκα, ἀλλος δε ἐποικοδομει.
	11	θεμελιον γαρ ἀλλον οὐδεις δυναται θειναι παρα τον κειμενον, ὁς ἐστιν ἰησους χριστος.
	12	εἰ δε τις ἐποικοδομει ἐπι τον θεμελιον χρυσον, ἀργυρον, λιθους τιμιους, ξυλα, χορτον, καλαμην, ἑκαστου το ἐργον φανερον γενησεται·
Eph	2 20	ἀλλα ἐστε συμπολιται των ἁγιων και οἰκειοι του θεου, ἐποικοδομηθεντες ἐπι τῳ θεμελιῳ των ἀποστολων και προφητων,
1Tm	6 19	ἀποθησαυριζοντας ἑαυτοις θεμελιον καλον εἰς το μελλον,
2Tm	2 19	ὁ μεντοι στερεος θεμελιος του θεου ἑστηκεν, ἐχων την σφραγιδα ταυτην·
Heb	6 1	μη παλιν θεμελιον καταβαλλομενοι μετανοιας ἀπο νεκρων ἐργων, και πιστεως ἐπι θεον, βαπτισμων διδαχης, ἐπιθεσεως τε χειρων, ἀναστασεως τε νεκρων,
	11 10	ἐξεδεχετο γαρ την τους θεμελιους ἐχουσαν πολιν,
Apc	21 14	και το τειχος της πολεως ἐχων θεμελιους δωδεκα,
	19	οἱ θεμελιοι του τειχους της πολεως παντι λιθῳ τιμιῳ κεκοσμημενοι·
	19	ὁ θεμελιος ὁ πρωτος ἰασπις, ὁ δευτερος σαπφιρος,

θεμελιοω [5]

Mt	7 25	τεθεμελιωτο γαρ ἐπι την πετραν.
Eph	3 17	κατοικησαι τον χριστον δια της πιστεως ἐν ταις καρδιαις ὑμων, ἐν ἀγαπη ἐρριζωμενοι και τεθεμελιωμενοι,
Col	1 23	εἰ γε ἐπιμενετε τη πιστει τεθεμελιωμενοι και ἑδραιοι
Heb	1 10	συ κατ ἀρχας, κυριε, την γην ἐθεμελιωσας,
1Pt	5 10	ὀλιγον παθοντας αὐτος καταρτισει, στηριξει, σθενωσει, θεμελιωσει.

θεοδιδακτος [1]

1Th	4 9	αὐτοι γαρ ὑμεις θεοδιδακτοι ἐστε εἰς το ἀγαπαν ἀλληλους·

θεομαχος [1]

Ac	5 39	εἰ δε ἐκ θεου ἐστιν, οὐ δυνησεσθε καταλυσαι αὐτους, μηποτε και θεομαχοι εὑρεθητε.

θεοπνευστος [1]

2Tm	3 16	πασα γραφη θεοπνευστος και ὠφελιμος προς διδασκαλιαν,

θεος [1318]

Mt	1 23	και καλεσουσιν το ὀνομα αὐτου ἐμμανουηλ, ὁ ἐστιν μεθερμηνευομενον μεθ ἡμων ὁ θεος.
	3 9	λεγω γαρ ὑμιν ὁτι δυναται ὁ θεος ἐκ των λιθων τουτων ἐγειραι τεκνα τῳ ἀβρααμ.
	16	και εἰδεν [το] πνευμα [του] θεου καταβαινον ὡσει περιστεραν,
	4 3	εἰ υἱος εἰ του θεου, εἰπε ἱνα οἱ λιθοι οὑτοι ἀρτοι γενωνται.
	4	οὐκ ἐπ ἀρτῳ μονῳ ζησεται ὁ ἀνθρωπος, ἀλλ ἐπι παντι ῥηματι ἐκπορευομενῳ δια στοματος θεου.
	6	εἰ υἱος εἰ του θεου, βαλε σεαυτον κατω·
	7	οὐκ ἐκπειρασεις κυριον τον θεον σου.
	10	κυριον τον θεον σου προσκυνησεις και αὐτῳ μονῳ λατρευσεις.
	5 8	μακαριοι οἱ καθαροι τη καρδια, ὁτι αὐτοι τον θεον ὀψονται.
	9	·μακαριοι οἱ εἰρηνοποιοι, ὁτι αὐτοι υἱοι θεου κληθησονται.
	34	μητε ἐν τῳ οὐρανῳ, ὁτι θρονος ἐστιν του θεου·
	6 24	οὐ δυνασθε θεῳ δουλευειν και μαμωνα.
	30	εἰ δε τον χορτον του ἀγρου σημερον ὀντα και αὐριον εἰς κλιβανον βαλλομενον ὁ θεος οὑτως ἀμφιεννυσιν,
	33	ζητειτε δε πρωτον την βασιλειαν [του θεου] και την δικαιοσυνην αὐτου,
	8 29	τι ἡμιν και σοι, υἱε του θεου;
	9 8	ἰδοντες δε οἱ ὀχλοι ἐφοβηθησαν και ἐδοξασαν τον θεον τον δοντα ἐξουσιαν τοιαυτην τοις ἀνθρωποις.
	12 4	πως εἰσηλθεν εἰς τον οἰκον του θεου και τους ἀρτους της προθεσεως ἐφαγον,

θεος [1318]

Mt	12 28	εἰ δε ἐν πνευματι θεου ἐγω ἐκβαλλω τα δαιμονια, ἀρα ἐφθασεν ἐφ ὑμας ἡ βασιλεια του θεου.
	28	εἰ δε ἐν πνευματι θεου ἐγω ἐκβαλλω τα δαιμονια, ἀρα ἐφθασεν ἐφ ὑμας ἡ βασιλεια του θεου.
	14 33	οἱ δε ἐν τῳ πλοιῳ προσεκυνησαν αὐτῳ λεγοντες· ἀληθως θεου υἱος εἰ.
	15 3	δια τι και ὑμεις παραβαινετε την ἐντολην του θεου δια την παραδοσιν ὑμων;
	4	ὁ γαρ θεος εἰπεν· τιμα τον πατερα και την μητερα, και·
	6	και ἠκυρωσατε τον λογον του θεου δια την παραδοσιν ὑμων.
	31	και ἐδοξασαν τον θεον ἰσραηλ.
	16 16	συ εἰ ὁ χριστος ὁ υἱος του θεου του ζωντος.
	23	σκανδαλον εἰ ἐμου, ὁτι οὐ φρονεις τα του θεου ἀλλα τα των ἀνθρωπων.
	19 6	ὁ οὑν ὁ θεος συνεζευξεν, ἀνθρωπος μη χωριζετω.
	24	εὐκοπωτερον ἐστιν καμηλον δια τρυπηματος ῥαφιδος διελθειν ἡ πλουσιον εἰσελθειν εἰς την βασιλειαν του θεου.
	26	παρα ἀνθρωποις τουτο ἀδυνατον ἐστιν, παρα δε θεῳ παντα δυνατα.
	21 31	ἀμην λεγω ὑμιν ὁτι οἱ τελωναι και αἱ πορναι προαγουσιν ὑμας εἰς την βασιλειαν του θεου.
	43	δια τουτο λεγω ὑμιν ὁτι ἀρθησεται ἀφ ὑμων ἡ βασιλεια του θεου και δοθησεται ἐθνει ποιουντι τους καρπους αὐτης.
	22 16	διδασκαλε, οἰδαμεν ὁτι ἀληθης εἰ και την ὁδον του θεου ἐν ἀληθεια διδασκεις,
	21	ἀποδοτε οὑν τα καισαρος καισαρι και τα του θεου τῳ θεῳ.
	21	ἀποδοτε οὑν τα καισαρος καισαρι και τα του θεου τῳ θεῳ.
	29	πλανασθε μη εἰδοτες τας γραφας μηδε την δυναμιν του θεου.
	31	περι δε της ἀναστασεως των νεκρων οὐκ ἀνεγνωτε το ῥηθεν ὑμιν ὑπο του θεου λεγοντος· ἐγω εἰμι ὁ θεος ἀβρααμ και ὁ θεος ἰσαακ και ὁ θεος ἰακωβ;
	32	ἐγω εἰμι ὁ θεος ἀβρααμ και ὁ θεος ἰσαακ και ὁ θεος ἰακωβ;
	32	ἐγω εἰμι ὁ θεος ἀβρααμ και ὁ θεος ἰσαακ και ὁ θεος ἰακωβ;
	32	ἐγω εἰμι ὁ θεος ἀβρααμ και ὁ θεος ἰσαακ και ὁ θεος ἰακωβ;
	32	οὐκ ἐστιν [ὁ] θεος νεκρων ἀλλα ζωντων.
	37	ἀγαπησεις κυριον τον θεον σου ἐν ὁλη τη καρδια σου και ἐν ὁλη τη ψυχη σου και ἐν ὁλη τη διανοια σου.
	23 22	και ὁ ὀμοσας ἐν τῳ οὐρανῳ ὀμνυει ἐν τῳ θρονῳ του θεου και ἐν τῳ καθημενῳ ἐπανω αὐτου.
	26 61	οὑτος ἐφη· δυναμαι καταλυσαι τον ναον του θεου και δια τριων ἡμερων οἰκοδομησαι.
	63	ἐξορκιζω σε κατα του θεου του ζωντος ἱνα ἡμιν εἰπης εἰ συ εἰ ὁ χριστος ὁ υἱος του θεου.
	63	ἐξορκιζω σε κατα του θεου του ζωντος ἱνα ἡμιν εἰπης εἰ συ εἰ ὁ χριστος ὁ υἱος του θεου.
	27 40	ὁ καταλυων τον ναον και ἐν τρισιν ἡμεραις οἰκοδομων, σωσον σεαυτον, εἰ υἱος εἰ του θεου, [και] καταβηθι ἀπο του σταυρου.
	43	πεποιθεν ἐπι τον θεον, ῥυσασθω νυν εἰ θελει αὐτον·
	43	εἰπεν γαρ ὁτι θεου εἰμι υἱος.
	46	ἠλι ἠλι λεμα σαβαχθανι; τουτ ἐστιν· θεε μου θεε μου, ἱνατι με ἐγκατελιπες;
	46	ἠλι ἠλι λεμα σαβαχθανι; τουτ ἐστιν· θεε μου θεε μου, ἱνατι με ἐγκατελιπες;
	54	ἀληθως θεου υἱος ἡν οὑτος.
Mc	1 1	ἀρχη του εὐαγγελιου ἰησου χριστου [υἱου θεου].
	14	μετα δε το παραδοθηναι τον ἰωαννην ἡλθεν ὁ ἰησους εἰς την γαλιλαιαν κηρυσσων το εὐαγγελιον του θεου και λεγων,
	15	μετα δε το παραδοθηναι τον ἰωαννην ἡλθεν ὁ ἰησους εἰς την γαλιλαιαν κηρυσσων το εὐαγγελιον του θεου και λεγων, ὁτι πεπληρωται ὁ καιρος και ἠγγικεν ἡ βασιλεια του θεου·
	24	οἰδα σε τις εἰ, ὁ ἁγιος του θεου.
	2 7	τις δυναται ἀφιεναι ἁμαρτιας εἰ μη εἱς ὁ θεος;
	12	και ἠγερθη και εὐθυς ἀρας τον κραβαττον ἐξηλθεν ἐμπροσθεν παντων, ὡστε ἐξιστασθαι παντας και δοξαζειν τον θεον λεγοντας ὁτι οὑτως οὐδεποτε εἰδαμεν.
	26	πως εἰσηλθεν εἰς τον οἰκον του θεου ἐπι ἀβιαθαρ ἀρχιερεως και τους ἀρτους της προθεσεως ἐφαγεν,
	3 11	και τα πνευματα τα ἀκαθαρτα, ὁταν αὐτον ἐθεωρουν, προσεπιπτον αὐτῳ και ἐκραζον λεγοντες ὁτι συ εἰ ὁ υἱος του θεου.
	35	ὁς [γαρ] ἀν ποιηση το θελημα του θεου, οὑτος ἀδελφος μου και ἀδελφη και μητηρ ἐστιν.
	4 11	ὑμιν το μυστηριον δεδοται της βασιλειας του θεου·
	26	οὑτως ἐστιν ἡ βασιλεια του θεου, ὡς ἀνθρωπος βαλη τον σπορον ἐπι της γης,
	30	και ἐλεγεν· πως ὁμοιωσωμεν την βασιλειαν του θεου, ἡ ἐν τινι αὐτην παραβολη θωμεν;

θεος [1318]

Mc

5 7 και κραξας φωνη μεγαλη λεγει· τι εμοι και σοι, ιησου υιε του θεου του υψιστου;

7 ορκιζω σε τον θεον, μη με βασανισης.

7 8 αφεντες την εντολην του θεου κρατειτε την παραδοσιν των ανθρωπων.

9 καλως αθετειτε την εντολην του θεου, ινα την παραδοσιν υμων στησητε.

13 ουκετι αφιετε αυτον ουδεν ποιησαι τω πατρι η τη μητρι, ακυρουντες τον λογον του θεου τη παραδοσει υμων η παρεδωκατε·

8 33 υπαγε οπισω μου, σατανα, οτι ου φρονεις τα του θεου αλλα τα των ανθρωπων.

9 1 αμην λεγω υμιν οτι εισιν τινες ωδε των εστηκοτων οιτινες ου μη γευσωνται θανατου εως αν ιδωσιν την βασιλειαν του θεου εληλυθυιαν εν δυναμει.

47 καλον σε εστιν μονοφθαλμον εισελθειν εις την βασιλειαν του θεου, η δυο οφθαλμους εχοντα βληθηναι εις την γεενναν,

10 9 ο ουν ο θεος συνεζευξεν, ανθρωπος μη χωριζετω.

14 αφετε τα παιδια ερχεσθαι προς με, μη κωλυετε αυτα· των γαρ τοιουτων εστιν η βασιλεια του θεου.

15 ος αν μη δεξηται την βασιλειαν του θεου ως παιδιον, ου μη εισελθη εις αυτην.

18 τι με λεγεις αγαθον; ουδεις αγαθος ει μη εις ο θεος.

23 πως δυσκολως οι τα χρηματα εχοντες εις την βασιλειαν του θεου εισελευσονται.

24 τεκνα, πως δυσκολον εστιν εις την βασιλειαν του θεου εισελθειν·

25 ευκοπωτερον εστιν καμηλον δια [της] τρυμαλιας [της] ραφιδος διελθειν η πλουσιον εις την βασιλειαν του θεου εισελθειν.

27 παρα ανθρωποις αδυνατον, αλλ ου παρα θεω· παντα γαρ δυνατα παρα τω θεω.

27 παρα ανθρωποις αδυνατον, αλλ ου παρα θεω· παντα γαρ δυνατα παρα τω θεω.

11 22 και αποκριθεις ο ιησους λεγει αυτοις· εχετε πιστιν θεου.

12 14 ου γαρ βλεπεις εις προσωπον ανθρωπων, αλλ επ αληθειας την οδον του θεου διδασκεις·

17 τα καισαρος αποδοτε καισαρι και τα του θεου τω θεω.

17 τα καισαρος αποδοτε καισαρι και τα του θεου τω θεω.

24 ου δια τουτο πλανασθε μη ειδοτες τας γραφας μηδε την δυναμιν του θεου;

26 περι δε των νεκρων οτι εγειρονται, ουκ ανεγνωτε εν τη βιβλω μωυσεως επι του βατου πως ειπεν αυτω ο θεος λεγων· εγω ο θεος αβρααμ και [ο] θεος ισαακ και [ο] θεος ιακωβ;

26 εγω ο θεος αβρααμ και [ο] θεος ισαακ και [ο] θεος ιακωβ;

26 εγω ο θεος αβρααμ και [ο] θεος ισαακ και [ο] θεος ιακωβ;

26 εγω ο θεος αβρααμ και [ο] θεος ισαακ και [ο] θεος ιακωβ;

27 ουκ εστιν θεος νεκρων αλλα ζωντων.

29 ακουε, ισραηλ, κυριος ο θεος ημων κυριος εις εστιν,

30 και αγαπησεις κυριον τον θεον σου εξ ολης της καρδιας σου και εξ ολης της ψυχης σου και εξ ολης της διανοιας σου και εξ ολης της ισχυος σου.

34 ου μακραν ει απο της βασιλειας του θεου.

13 19 εσονται γαρ αι ημεραι εκειναι θλιψις, οια ου γεγονεν τοιαυτη απ αρχης κτισεως ην εκτισεν ο θεος εως του νυν και ου μη γενηται.

14 25 αμην λεγω υμιν οτι ουκετι ου μη πιω εκ του γενηματος της αμπελου εως της ημερας εκεινης οταν αυτο πινω καινον εν τη βασιλεια του θεου.

15 34 ελωι ελωι λαμα σαβαχθανι; ο εστιν μεθερμηνευομενον· ο θεος μου ο θεος μου, εις τι εγκατελιπες με;

34 ελωι ελωι λαμα σαβαχθανι; ο εστιν μεθερμηνευομενον· ο θεος μου ο θεος μου, εις τι εγκατελιπες με;

39 αληθως ουτος ο ανθρωπος υιος θεου ην.

43 ελθων ιωσηφ [ο] απο αριμαθαιας, ευσχημων βουλευτης, ος και αυτος ην προσδεχομενος την βασιλειαν του θεου,

16 19 ο μεν ουν κυριος ιησους μετα το λαλησαι αυτοις ανελημφθη εις τον ουρανον και εκαθισεν εκ δεξιων του θεου.

Lc

1 6 ησαν δε δικαιοι αμφοτεροι εναντιον του θεου,

8 εγενετο δε εν τω ιερατευειν αυτον εν τη ταξει της εφημεριας αυτου εναντι του θεου,

16 και πολλους των υιων ισραηλ επιστρεψει επι κυριον τον θεον αυτων·

19 εγω ειμι γαβριηλ ο παρεστηκως ενωπιον του θεου,

26 εν δε τω μηνι τω εκτω απεσταλη ο αγγελος γαβριηλ απο του θεου εις πολιν της γαλιλαιας η ονομα ναζαρεθ,

30 μη φοβου, μαριαμ· ευρες γαρ χαριν παρα τω θεω.

32 και δωσει αυτω κυριος ο θεος τον θρονον δαυιδ του πατρος αυτου,

θεος [1318]

Lc

1 35 διο και το γεννωμενον αγιον κληθησεται υιος θεου.

37 οτι ουκ αδυνατησει παρα του θεου παν ρημα.

47 και ηγαλλιασεν το πνευμα μου επι τω θεω τω σωτηρι μου·

64 ανεωχθη δε το στομα αυτου παραχρημα και η γλωσσα αυτου, και ελαλει ευλογων τον θεον.

68 ευλογητος κυριος ο θεος του ισραηλ,

78 του δουναι γνωσιν σωτηριας τω λαω αυτου εν αφεσει αμαρτιων αυτων, δια σπλαγχνα ελεους θεου ημων, εν οις επισκεψεται ημας ανατολη εξ υψους,

2 13 και εξαιφνης εγενετο συν τω αγγελω πληθος στρατιας ουρανιου αινουντων τον θεον και λεγοντων· δοξα εν υψιστοις θεω και επι γης ειρηνη εν ανθρωποις ευδοκιας.

14 δοξα εν υψιστοις θεω και επι γης ειρηνη εν ανθρωποις ευδοκιας.

20 και υπεστρεψαν οι ποιμενες δοξαζοντες και αινουντες τον θεον επι πασιν οις ηκουσαν και ειδον καθως ελαληθη προς αυτους.

28 και αυτος εδεξατο αυτο εις τας αγκαλας και ευλογησεν τον θεον και ειπεν· νυν απολυεις τον δουλον σου, δεσποτα, κατα το ρημα σου εν ειρηνη·

38 και αυτη τη ωρα επιστασα ανθωμολογειτο τω θεω και ελαλει περι αυτου πασιν τοις προσδεχομενοις λυτρωσιν ιερουσαλημ.

40 το δε παιδιον ηυξανεν και εκραταιουτο πληρουμενον σοφια, και χαρις θεου ην επ αυτο.

52 και ιησους προεκοπτεν [εν τη] σοφια και ηλικια και χαριτι παρα θεω και ανθρωποις.

3 2 επι αρχιερεως αννα και καιαφα, εγενετο ρημα θεου επι ιωαννην τον ζαχαριου υιον εν τη ερημω.

6 και οψεται πασα σαρξ το σωτηριον του θεου.

8 λεγω γαρ υμιν οτι δυναται ο θεος εκ των λιθων τουτων εγειραι τεκνα τω αβρααμ.

38 του ενως του σηθ του αδαμ του θεου.

4 3 ει υιος ει του θεου, ειπε τω λιθω τουτω ινα γενηται αρτος.

8 γεγραπται· κυριον τον θεον σου προσκυνησεις και αυτω μονω λατρευσεις.

9 ει υιος ει του θεου, βαλε σεαυτον εντευθεν κατω·

12 ουκ εκπειρασεις κυριον τον θεον σου.

34 οιδα σε τις ει, ο αγιος του θεου.

41 εξηρχετο δε και δαιμονια απο πολλων, κρ[αυγ]αζοντα και λεγοντα οτι συ ει ο υιος του θεου.

43 ο δε ειπεν προς αυτους οτι και ταις ετεραις πολεσιν ευαγγελισασθαι με δει την βασιλειαν του θεου, οτι επι τουτο απεσταλην.

5 1 εγενετο δε εν τω τον οχλον επικεισθαι αυτω και ακουειν τον λογον του θεου, και αυτος ην εστως παρα την λιμνην γεννησαρετ,

21 τις δυναται αμαρτιας αφειναι ει μη μονος ο θεος;

25 και παραχρημα αναστας ενωπιον αυτων, αρας εφ ο κατεκειτο, απηλθεν εις τον οικον αυτου δοξαζων τον θεον.

26 και εκστασις ελαβεν απαντας, και εδοξαζον τον θεον,

6 4 [ως] εισηλθεν εις τον οικον του θεου και τους αρτους της προθεσεως λαβων εφαγεν και εδωκεν τοις μετ αυτου,

12 και ην διανυκτερευων εν τη προσευχη του θεου.

20 μακαριοι οι πτωχοι, οτι υμετερα εστιν η βασιλεια του θεου.

7 16 ελαβεν δε φοβος παντας, και εδοξαζον τον θεον λεγοντες οτι προφητης μεγας ηγερθη εν ημιν,

16 και εδοξαζον τον θεον λεγοντες οτι προφητης μεγας ηγερθη εν ημιν, και οτι επεσκεψατο ο θεος τον λαον αυτου.

28 ο δε μικροτερος εν τη βασιλεια του θεου μειζων αυτου εστιν.

29 και πας ο λαος ακουσας και οι τελωναι εδικαιωσαν τον θεον,

30 οι δε φαρισαιοι και οι νομικοι την βουλην του θεου ηθετησαν εις εαυτους,

8 1 και εγενετο εν τω καθεξης και αυτος διωδευεν κατα πολιν και κωμην κηρυσσων και ευαγγελιζομενος την βασιλειαν του θεου,

10 υμιν δεδοται γνωναι τα μυστηρια της βασιλειας του θεου,

11 ο σπορος εστιν ο λογος του θεου.

21 μητηρ μου και αδελφοι μου ουτοι εισιν οι τον λογον του θεου ακουοντες και ποιουντες.

28 τι εμοι και σοι, ιησου υιε του θεου του υψιστου;

39 υποστρεφε εις τον οικον σου, και διηγου οσα σοι εποιησεν ο θεος.

9 2 και απεστειλεν αυτους κηρυσσειν την βασιλειαν του θεου και ιασθαι [τους ασθενεις],

11 και αποδεξαμενος αυτους ελαλει αυτοις περι της βασιλειας του θεου,

20 πετρος δε αποκριθεις ειπεν· τον χριστον του θεου.

θεος [1318]

Lc 9 27 λεγω δε υμιν αληθως, εισιν τινες των αυτου εστηκοτων οι ου
           μη γευσωνται θανατου εως αν ιδωσιν την βασιλειαν του
           θεου.
     43   εξεπλησσοντο δε παντες επι τη μεγαλειοτητι του θεου.
     60   αφες τους νεκρους θαψαι τους εαυτων νεκρους, συ δε
           απελθων διαγγελλε την βασιλειαν του θεου.
     62   ουδεις επιβαλων την χειρα επ αροτρον και βλεπων εις τα
           οπισω ευθετος εστιν τη βασιλεια του θεου.
 10 9   ηγγικεν εφ υμας η βασιλεια του θεου.
     11   πλην τουτο γινωσκετε, οτι ηγγικεν η βασιλεια του θεου.
     27   αγαπησεις κυριον τον θεον σου εξ·ολης [της] καρδιας σου και
           εν ολη τη ψυχη σου και εν ολη τη ισχυι σου και εν ολη τη
           διανοια σου, και τον πλησιον σου ως σεαυτον.
 11 20   ει δε εν δακτυλω θεου [εγω] εκβαλλω τα δαιμονια, αρα
           εφθασεν εφ υμας η βασιλεια του θεου.
     20   ει δε εν δακτυλω θεου [εγω] εκβαλλω τα δαιμονια, αρα
           εφθασεν εφ υμας η βασιλεια του θεου.
     28   μενουν μακαριοι οι ακουοντες τον λογον του θεου και
           φυλασσοντες.
     42   αλλα ουαι υμιν τοις φαρισαιοις, οτι αποδεκατουτε το
           ηδυοσμον και το πηγανον και παν λαχανον, και παρερχεσθε
           την κρισιν και την αγαπην του θεου·
     49   δια τουτο και η σοφια του θεου ειπεν·
 12 6   και εν εξ αυτων ουκ εστιν επιλελησμενον ενωπιον του θεου.
      8   πας ος αν ομολογηση εν εμοι εμπροσθεν των ανθρωπων,
           ο υιος του ανθρωπου ομολογησει εν αυτω εμπροσθεν των
           αγγελων του θεου·
      9   ο δε αρνησαμενος με ενωπιον των ανθρωπων απαρνηθησεται
           ενωπιον των αγγελων του θεου.
     20   ειπεν δε αυτω ο θεος· αφρων, ταυτη τη νυκτι την ψυχην σου
           απαιτουσιν απο σου· α δε ητοιμασας, τινι εσται;
     21   ουτως ο θησαυριζων εαυτω και μη εις θεον πλουτων.
     24   κατανοησατε τους κορακας, οτι ου σπειρουσιν ουδε
           θεριζουσιν, οις ουκ εστιν ταμειον ουδε αποθηκη, και ο θεος
           τρεφει αυτους·
     28   ει δε εν αγρω τον χορτον οντα σημερον και αυριον εις
           κλιβανον βαλλομενον ο θεος ουτως αμφιεζει, ποσω μαλλον
           υμας, ολιγοπιστοι.
 13 13   και παραχρημα ανωρθωθη, και εδοξαζεν τον θεον.
     18   τινι ομοια εστιν η βασιλεια του θεου, και τινι ομοιωσω
           αυτην;
     20   τινι ομοιωσω την βασιλειαν του θεου;
     28   εκει εσται ο κλαυθμος και ο βρυγμος των οδοντων, οταν
           οψησθε αβρααμ και ισαακ και ιακωβ και παντας τους
           προφητας εν τη βασιλεια του θεου, υμας δε εκβαλλομενους
           εξω.
     29   και ηξουσιν απο ανατολων και δυσμων και απο βορρα και
           νοτου, και ανακλιθησονται εν τη βασιλεια του θεου.
 14 15   μακαριος οστις φαγεται αρτον εν τη βασιλεια του θεου.
 15 10   ουτως, λεγω υμιν, γινεται χαρα ενωπιον των αγγελων του
           θεου επι ενι αμαρτωλω μετανοουντι.
 16 13   ου δυνασθε θεω δουλευειν και μαμωνα.
     15   ο δε θεος γινωσκει τας καρδιας υμων·
     15   ο δε θεος γινωσκει τας καρδιας υμων· οτι το εν ανθρωποις
           υψηλον βδελυγμα ενωπιον του θεου.
     16   απο τοτε η βασιλεια του θεου ευαγγελιζεται και πας εις
           αυτην βιαζεται.
 17 15   εις δε εξ αυτων, ιδων οτι ιαθη, υπεστρεψεν μετα φωνης
           μεγαλης δοξαζων τον θεον,
     18   ουχ ευρεθησαν υποστρεψαντες δουναι δοξαν τω θεω ει μη ο
           αλλογενης ουτος;
     20   επερωτηθεις δε υπο των φαρισαιων ποτε ερχεται η βασιλεια
           του θεου, απεκριθη αυτοις και ειπεν·
     20   ουκ ερχεται η βασιλεια του θεου μετα παρατηρησεως,
     21   ιδου ωδε η· εκει· ιδου γαρ η βασιλεια του θεου εντος υμων
           εστιν.
 18 2   κριτης τις ην εν τινι πολει τον θεον μη φοβουμενος και
           ανθρωπον μη εντρεπομενος,
      4   ει και τον θεον ου φοβουμαι ουδε ανθρωπον εντρεπομαι, δια
           γε το παρεχειν μοι κοπον την χηραν ταυτην εκδικησω αυτην,
      7   ο δε θεος ου μη ποιηση την εκδικησιν των εκλεκτων αυτου
           των βοωντων αυτω ημερας και νυκτος, και μακροθυμει επ
           αυτοις;
     11   ο θεος, ευχαριστω σοι οτι ουκ ειμι ωσπερ οι λοιποι των
     13   ο θεος, ιλασθητι μοι τω αμαρτωλω.
     16   των γαρ τοιουτων εστιν η βασιλεια του θεου.
     17   ος αν μη δεξηται την βασιλειαν του θεου ως παιδιον, ου μη
           εισελθη εις αυτην.

θεος [1318]

Lc 18 19 τι με λεγεις αγαθον; ουδεις αγαθος ει μη εις ο θεος.
     24   πως δυσκολως οι τα χρηματα εχοντες εις την βασιλειαν του
           θεου εισπορευονται·
     25   ευκοπωτερον γαρ εστιν καμηλον δια τρηματος βελονης
           εισελθειν η πλουσιον εις την βασιλειαν του θεου εισελθειν.
     27   τα αδυνατα παρα ανθρωποις δυνατα παρα τω θεω εστιν.
     29   αμην λεγω υμιν οτι ουδεις εστιν ος αφηκεν οικιαν η γυναικα
           η αδελφους η γονεις η τεκνα ενεκεν της βασιλειας του θεου,
     43   και παραχρημα ανεβλεψεν, και ηκολουθει αυτω δοξαζων τον
           θεον.
     43   και πας ο λαος ιδων εδωκεν αινον τω θεω.
 19 11   δια το εγγυς ειναι ιερουσαλημ αυτον και δοκειν αυτους οτι
           παραχρημα μελλει η βασιλεια του θεου αναφαινεσθαι·
     37   εγγιζοντος δε αυτου ηδη προς τη καταβασει του ορους των
           ελαιων ηρξαντο απαν το πληθος των μαθητων χαιροντες
           αινειν τον θεον φωνη μεγαλη περι πασων ων ειδον δυναμεων,
 20 21   διδασκαλε, οιδαμεν οτι ορθως λεγεις και διδασκεις και ου
           λαμβανεις προσωπον, αλλ επ αληθειας την οδον του θεου
           διδασκεις·
     25   τοινυν αποδοτε τα καισαρος καισαρι και τα του θεου τω θεω.
     25   τοινυν αποδοτε τα καισαρος καισαρι και τα του θεου τω θεω.
     36   και υιοι εισιν θεου της αναστασεως υιοι οντες.
     37   και μωυσης εμηνυσεν επι της βατου, ως λεγει κυριον τον θεον
           αβρααμ και θεον ισαακ και θεον ιακωβ·
     37   και μωυσης εμηνυσεν επι της βατου, ως λεγει κυριον τον θεον
           αβρααμ και θεον ισαακ και θεον ιακωβ·
     37   και μωυσης εμηνυσεν επι της βατου, ως λεγει κυριον τον θεον
           αβρααμ και θεον ισαακ και θεον ιακωβ·
     38   θεος δε ουκ εστιν νεκρων αλλα ζωντων·
 21 31   ουτως και υμεις, οταν ιδητε ταυτα γινομενα, γινωσκετε οτι
           εγγυς εστιν η βασιλεια του θεου.
 22 16   λεγω γαρ υμιν οτι ου μη φαγω αυτο εως οτου πληρωθη εν τη
           βασιλεια του θεου.
     18   λεγω γαρ υμιν, [οτι] ου μη πιω απο του νυν απο του
           γενηματος της αμπελου εως ου η βασιλεια του θεου ελθη.
     69   απο του νυν δε εσται ο υιος του ανθρωπου καθημενος εκ
           δεξιων της δυναμεως του θεου.
     70   συ ουν ει ο υιος του θεου;
 23 35   αλλους εσωσεν, σωσατω εαυτον, ει ουτος εστιν ο χριστος του
           θεου ο εκλεκτος.
     40   ουδε φοβη συ τον θεον, οτι εν τω αυτω κριματι ει;
     47   ιδων δε ο εκατονταρχης το γενομενον εδοξαζεν τον θεον
           λεγων·
     51   απο αριμαθαιας πολεως των ιουδαιων, ος προσεδεχετο την
           βασιλειαν του θεου,
 24 19   τα περι ιησου του ναζαρηνου, ος εγενετο ανηρ προφητης
           δυνατος εν εργω και λογω εναντιον του θεου και παντος του
           λαου,
     53   και ησαν δια παντος εν τω ιερω ευλογουντες τον θεον.

Jh 1 1   και ο λογος ην προς τον θεον,
      1   και θεος ην ο λογος.
      2   ουτος ην εν αρχη προς τον θεον.
      6   εγενετο ανθρωπος, απεσταλμενος παρα θεου, ονομα αυτω
           ιωαννης·
     12   οσοι δε ελαβον αυτον, εδωκεν αυτοις εξουσιαν τεκνα θεου
           γενεσθαι,
     13   οι ουκ εξ αιματων ουδε εκ θεληματος σαρκος ουδε εκ
           θεληματος ανδρος αλλ εκ θεου εγεννηθησαν.
     18   θεον ουδεις εωρακεν πωποτε·
     18   μονογενης θεος ο ων εις τον κολπον του πατρος, εκεινος
           εξηγησατο.
     29   ιδε ο αμνος του θεου ο αιρων την αμαρτιαν του κοσμου.
     34   καγω εωρακα, και μεμαρτυρηκα οτι ουτος εστιν ο υιος του
           θεου.
     36   ιδε ο αμνος του θεου.
     49   ραββι, συ ει ο υιος του θεου, συ βασιλευς ει του ισραηλ.
     51   οψεσθε τον ουρανον ανεωγοτα και τους αγγελους του θεου
           αναβαινοντας και καταβαινοντας επι τον υιον του ανθρωπου.
  3 2   οιδαμεν οτι απο θεου εληλυθας διδασκαλος·
      2   ουδεις γαρ δυναται ταυτα τα σημεια ποιειν α συ ποιεις, εαν
           μη η ο θεος μετ αυτου.
      3   εαν μη τις γεννηθη ανωθεν, ου δυναται ιδειν την βασιλειαν
           του θεου.
      5   εαν μη τις γεννηθη εξ υδατος και πνευματος, ου δυναται
           εισελθειν εις την βασιλειαν του θεου.
     16   ουτως γαρ ηγαπησεν ο θεος τον κοσμον, ωστε τον υιον τον
           μονογενη εδωκεν,
     17   ου γαρ απεστειλεν ο θεος τον υιον εις τον κοσμον ινα κρινη
           τον κοσμον,

ϑεος [1318]

Jh 3 18 ὁ δε μη πιστευων ἠδη κεκριται, ὁτι μη πεπιστευκεν εἰς το ονομα του μονογενους υἱου του ϑεου.

    21 ὁ δε ποιων την ἀληϑειαν ἐρχεται προς το φως, ἱνα φανερωϑη αὐτου τα ἐργα ὁτι ἐν ϑεω ἐστιν εἰργασμενα.

    33 ὁ λαβων αὐτου την μαρτυριαν ἐσφραγισεν ὁτι ὁ ϑεος ἀληϑης ἐστιν.

    34 ὁν γαρ ἀπεστειλεν ὁ ϑεος τα ῥηματα του ϑεου λαλει·

    34 ὁν γαρ ἀπεστειλεν ὁ ϑεος τα ῥηματα του ϑεου λαλει·

    36 ὁ δε ἀπειϑων τω υἱω οὐκ ὀψεται ζωην, ἀλλ ἡ ὀργη του ϑεου μενει ἐπ αὐτον.

  4 10 εἰ ἠδεις την δωρεαν του ϑεου, και τις ἐστιν ὁ λεγων σοι·

    24 πνευμα ὁ ϑεος, και τους προσκυνουντας αὐτον ἐν πνευματι και ἀληϑεια δει προσκυνειν.

  5 18 δια τουτο οὐν μαλλον ἐζητουν αὐτον οἱ ἰουδαιοι ἀποκτειναι, ὁτι οὐ μονον ἐλυεν το σαββατον, ἀλλα και πατερα ἰδιον ἐλεγεν τον ϑεον,

    18 ὁτι οὐ μονον ἐλυεν το σαββατον, ἀλλα και πατερα ἰδιον ἐλεγεν τον ϑεον, ἰσον ἑαυτον ποιων τω ϑεω.

    25 ἀμην ἀμην λεγω ὑμιν ὁτι ἐρχεται ὡρα και νυν ἐστιν ὁτε οἱ νεκροι ἀκουσουσιν της φωνης του υἱου του ϑεου και οἱ ἀκουσαντες ζησουσιν.

    42 δοξαν παρα ἀνϑρωπων οὐ λαμβανω, ἀλλα ἐγνωκα ὑμας ὁτι την ἀγαπην του ϑεου οὐκ ἐχετε ἐν ἑαυτοις.

    44 δοξαν παρα ἀλληλων λαμβανοντες, και την δοξαν την παρα του μονου ϑεου οὐ ζητειτε;

  6 27 τουτον γαρ ὁ πατηρ ἐσφραγισεν ὁ ϑεος.

    28 τι ποιωμεν ἱνα ἐργαζωμεϑα τα ἐργα του ϑεου;

    29 τουτο ἐστιν το ἐργον του ϑεου, ἱνα πιστευητε εἰς ὁν ἀπεστειλεν ἐκεινος.

    33 ὁ γαρ ἀρτος του ϑεου ἐστιν ὁ καταβαινων ἐκ του οὐρανου και ζωην διδους τω κοσμω.

    45 και ἐσονται παντες διδακτοι ϑεου·

    46 οὐχ ὁτι τον πατερα ἑωρακεν τις, εἰ μη ὁ ὠν παρα του ϑεου, οὑτος ἑωρακεν τον πατερα.

    69 ῥηματα ζωης αἰωνιου ἐχεις· και ἡμεις πεπιστευκαμεν και ἐγνωκαμεν ὁτι συ εἰ ὁ ἁγιος του ϑεου.

  7 17 ἐαν τις ϑελη το ϑελημα αὐτου ποιειν, γνωσεται περι της διδαχης, ποτερον ἐκ του ϑεου ἐστιν ἡ ἐγω ἀπ ἐμαυτου λαλω.

  8 40 ἀνϑρωπον ὁς την ἀληϑειαν ὑμιν λελαληκα, ἡν ἠκουσα παρα του ϑεου·

    41 ἡμεις ἐκ πορνειας οὐ γεγεννημεϑα, ἑνα πατερα ἐχομεν τον ϑεον.

    42 εἰ ὁ ϑεος πατηρ ὑμων ἠν, ἠγαπατε ἀν ἐμε·

    42 ἐγω γαρ ἐκ του ϑεου ἐξηλϑον και ἡκω·

    47 ὁ ὠν ἐκ του ϑεου τα ῥηματα του ϑεου ἀκουει·

    47 ὁ ὠν ἐκ του ϑεου τα ῥηματα του ϑεου ἀκουει·

    47 δια τουτο ὑμεις οὐκ ἀκουετε, ὁτι ἐκ του ϑεου οὐκ ἐστε.

    54 ἐστιν ὁ πατηρ μου ὁ δοξαζων με, ὁν ὑμεις λεγετε ὁτι ϑεος ἡμων ἐστιν,

  9 3 οὐτε οὑτος ἡμαρτεν οὐτε οἱ γονεις αὐτου, ἀλλ ἱνα φανερωϑη τα ἐργα του ϑεου ἐν αὐτω.

    16 οὐκ ἐστιν οὑτος παρα ϑεου ὁ ἀνϑρωπος, ὁτι το σαββατον οὐ τηρει.

    24 δος δοξαν τω ϑεω· ἡμεις οἰδαμεν ὁτι οὑτος ὁ ἀνϑρωπος ἀμαρτωλος ἐστιν.

    29 ἡμεις οἰδαμεν ὁτι μωυσει λελαληκεν ὁ ϑεος, τουτον δε οὐκ οἰδαμεν ποϑεν ἐστιν.

    31 οἰδαμεν ὁτι ἀμαρτωλων ὁ ϑεος οὐκ ἀκουει,

    33 εἰ μη ἠν οὑτος παρα ϑεου, οὐκ ἠδυνατο ποιειν οὐδεν.

  10 33 περι καλου ἐργου οὐ λιϑαζομεν σε ἀλλα περι βλασφημιας, και ὁτι συ ἀνϑρωπος ὠν ποιεις σεαυτον ϑεον.

    34 οὐκ ἐστιν γεγραμμενον ἐν τω νομω ὑμων ὁτι ἐγω εἰπα· ϑεοι ἐστε;

    35 εἰ ἐκεινους εἰπεν ϑεους προς οὑς ὁ λογος του ϑεου ἐγενετο, και οὐ δυναται λυϑηναι ἡ γραφη,

    35 εἰ ἐκεινους εἰπεν ϑεους προς οὑς ὁ λογος του ϑεου ἐγενετο, και οὐ δυναται λυϑηναι ἡ γραφη,

    36 ὁν ὁ πατηρ ἡγιασεν και ἀπεστειλεν εἰς τον κοσμον ὑμεις λεγετε ὁτι βλασφημεις, ὁτι εἰπον· υἱος του ϑεου εἰμι;

  11 4 αὐτη ἡ ἀσϑενεια οὐκ ἐστιν προς ϑανατον ἀλλ ὑπερ της δοξης του ϑεου,

    4 αὐτη ἡ ἀσϑενεια οὐκ ἐστιν προς ϑανατον ἀλλ ὑπερ της δοξης του ϑεου, ἱνα δοξασϑη ὁ υἱος του ϑεου δι αὐτης.

    22 [ἀλλα] και νυν οἰδα ὁτι ὁσα ἀν αἰτηση τον ϑεον δωσει σοι ὁ ϑεος.

    22 [ἀλλα] και νυν οἰδα ὁτι ὁσα ἀν αἰτηση τον ϑεον δωσει σοι ὁ ϑεος.

    27 ἐγω πεπιστευκα ὁτι συ εἰ ὁ χριστος ὁ υἱος του ϑεου ὁ εἰς τον κοσμον ἐρχομενος.

ϑεος [1318]

Jh 11 40 οὐκ εἰπον σοι ὁτι ἐαν πιστευσης ὀψη την δοξαν του ϑεου;

    52 ὁτι ἐμελλεν ἰησους ἀποϑνησκειν ὑπερ του ἐϑνους, και οὐχ ὑπερ του ἐϑνους μονον, ἀλλ ἱνα και τα τεκνα του ϑεου τα διεσκορπισμενα συναγαγη εἰς ἑν.

  12 43 ἠγαπησαν γαρ την δοξαν των ἀνϑρωπων μαλλον ἡπερ την δοξαν του ϑεου.

  13 3 εἰδως ὁτι παντα ἐδωκεν αὐτω ὁ πατηρ εἰς τας χειρας, και ὁτι ἀπο ϑεου ἐξηλϑεν και προς τον ϑεον ὑπαγει, ἐγειρεται ἐκ του δειπνου και τιϑησιν τα ἱματια·

    3 εἰδως ὁτι παντα ἐδωκεν αὐτω ὁ πατηρ εἰς τας χειρας, και ὁτι ἀπο ϑεου ἐξηλϑεν και προς τον ϑεον ὑπαγει, ἐγειρεται ἐκ του δειπνου και τιϑησιν τα ἱματια,

    31 και ὁ ϑεος ἐδοξασϑη ἐν αὐτω·

    32 [εἰ ὁ ϑεος ἐδοξασϑη ἐν αὐτω], και ὁ ϑεος δοξασει αὐτον ἐν αὐτω,

    32 και ὁ ϑεος δοξασει αὐτον ἐν αὐτω,

  14 1 πιστευετε εἰς τον ϑεον, και εἰς ἐμε πιστευετε.

  16 2 ἀλλ ἐρχεται ὡρα ἱνα πας ὁ ἀποκτεινας ὑμας δοξη λατρειαν προσφερειν τω ϑεω.

    27 αὐτος γαρ ὁ πατηρ φιλει ὑμας, ὁτι ὑμεις ἐμε πεφιληκατε και πεπιστευκατε ὁτι ἐγω παρα [του] ϑεου ἐξηλϑον.

    30 ἐν τουτω πιστευομεν ὁτι ἀπο ϑεου ἐξηλϑες.

  17 3 αὑτη δε ἐστιν ἡ αἰωνιος ζωη, ἱνα γινωσκωσιν σε τον μονον ἀληϑινον ϑεον και ὁν ἀπεστειλας ἰησουν χριστον.

  19 7 και κατα τον νομον ὀφειλει ἀποϑανειν, ὁτι υἱον ϑεου ἑαυτον ἐποιησεν.

  20 17 ἀναβαινω προς τον πατερα μου και πατερα ὑμων και ϑεον μου και ϑεον ὑμων.

    17 ἀναβαινω προς τον πατερα μου και πατερα ὑμων και ϑεον μου και ϑεον ὑμων.

    28 ὁ κυριος μου και ὁ ϑεος μου.

    31 ταυτα δε γεγραπται ἱνα πιστευ[σ]ητε ὁτι ἰησους ἐστιν ὁ χριστος ὁ υἱος του ϑεου,

  21 19 τουτο δε εἰπεν σημαινων ποιω ϑανατω δοξασει τον ϑεον.

Ac 1 3 δι ἡμερων τεσσερακοντα ὀπτανομενος αὐτοις και λεγων τα περι της βασιλειας του ϑεου·

  2 11 ἀκουομεν λαλουντων αὐτων ταις ἡμετεραις γλωσσαις τα μεγαλεια του ϑεου;

    17 και ἐσται ἐν ταις ἐσχαταις ἡμεραις, λεγει ὁ ϑεος, ἐκχεω ἀπο του πνευματος μου ἐπι πασαν σαρκα,

    22 ἰησουν τον ναζωραιον, ἀνδρα ἀποδεδειγμενον ἀπο του ϑεου εἰς ὑμας δυναμεσι και τερασι και σημειοις,

    22 οἱς ἐποιησεν δι αὐτου ὁ ϑεος ἐν μεσω ὑμων, καϑως αὐτοι οἰδατε,

    23 τουτον τη ὡρισμενη βουλη και προγνωσει του ϑεου ἐκδοτον δια χειρος ἀνομων προσπηξαντες ἀνειλατε,

    24 ὁν ὁ ϑεος ἀνεστησεν λυσας τας ὠδινας του ϑανατου, καϑοτι οὐκ ἠν δυνατον κρατεισϑαι αὐτον ὑπ αὐτου.

    30 προφητης οὐν ὑπαρχων και εἰδως ὁτι ὁρκω ὠμοσεν αὐτω ὁ ϑεος ἐκ καρπου της ὀσφυος αὐτου καϑισαι ἐπι τον ϑρονον αὐτου,

    32 τουτον τον ἰησουν ἀνεστησεν ὁ ϑεος, οὑ παντες ἡμεις ἐσμεν μαρτυρες·

    33 τη δεξια οὐν του ϑεου ὑψωϑεις την τε ἐπαγγελιαν του πνευματος του ἁγιου λαβων παρα του πατρος ἐξεχεεν τουτο ὁ ὑμεις [και] βλεπετε και ἀκουετε.

    36 ἀσφαλως οὐν γινωσκετω πας οἰκος ἰσραηλ ὁτι και κυριον αὐτον και χριστον ἐποιησεν ὁ ϑεος,

    39 ὑμιν γαρ ἐστιν ἡ ἐπαγγελια και τοις τεκνοις ὑμων και πασιν τοις εἰς μακραν, ὁσους ἀν προσκαλεσηται κυριος ὁ ϑεος ἡμων.

    47 αἰνουντες τον ϑεον και ἐχοντες χαριν προς ὁλον τον λαον.

  3 8 και ἐξαλλομενος ἐστη, και περιεπατει, και εἰσηλϑεν συν αὐτοις εἰς το ἱερον περιπατων και ἀλλομενος και αἰνων τον ϑεον.

    9 και εἰδεν πας ὁ λαος αὐτον περιπατουντα και αἰνουντα τον ϑεον·

    13 ὁ ϑεος ἀβρααμ και [ὁ ϑεος] ἰσαακ και [ὁ ϑεος] ἰακωβ, ὁ ϑεος των πατερων ἡμων, ἐδοξασεν τον παιδα αὐτου ἰησουν,

    13 ὁ ϑεος ἀβρααμ και [ὁ ϑεος] ἰσαακ και [ὁ ϑεος] ἰακωβ, ὁ ϑεος των πατερων ἡμων, ἐδοξασεν τον παιδα αὐτου ἰησουν,

    13 ὁ ϑεος ἀβρααμ και [ὁ ϑεος] ἰσαακ και [ὁ ϑεος] ἰακωβ, ὁ ϑεος των πατερων ἡμων, ἐδοξασεν τον παιδα αὐτου ἰησουν,

    13 ὁ ϑεος των πατερων ἡμων, ἐδοξασεν τον παιδα αὐτου ἰησουν,

    15 τον δε ἀρχηγον της ζωης ἀπεκτεινατε, ὁν ὁ ϑεος ἠγειρεν ἐκ νεκρων, οὑ ἡμεις μαρτυρες ἐσμεν.

    18 ὁ δε ϑεος ἁ προκατηγγειλεν δια στοματος παντων των προφητων, παϑειν τον χριστον αὐτου, ἐπληρωσεν οὑτως.

ϑεος [1318]

Ac 3 21 ὃν δεῖ οὐρανον μεν δεξασθαι ἀχρι χρονων ἀποκαταστασεως παντων ὧν ἐλαλησεν ὁ ϑεος

22 μωυσης μεν εἶπεν ὅτι προφητην ὑμιν ἀναστησει κυριος ὁ ϑεος ὑμων ἐκ των ἀδελφων ὑμων ὡς ἐμε·

25 ὑμεις ἐστε οἱ υἱοι των προφητων και της διαθηκης ἧς διεθετο ὁ ϑεος προς τους πατερας ὑμων,

26 ὑμιν πρωτον ἀναστησας ὁ ϑεος τον παιδα αὐτου ἀπεστειλεν αὐτον εὐλογουντα ὑμας ἐν τῳ ἀποστρεφειν ἑκαστον ἀπο των πονηριων ὑμων.

4 10 γνωστον ἐστω πασιν ὑμιν και παντι τῳ λαῳ ἰσραηλ, ὅτι ἐν τῳ ὀνοματι ἰησου χριστου του ναζωραιου, ὃν ὑμεις ἐσταυρωσατε, ὃν ὁ ϑεος ἠγειρεν ἐκ νεκρων, ἐν τουτῳ οὗτος παρεστηκεν ἐνωπιον ὑμων ὑγιης.

19 εἰ δικαιον ἐστιν ἐνωπιον του ϑεου, ὑμων ἀκουειν μαλλον ἢ του ϑεου, κρινατε·

19 εἰ δικαιον ἐστιν ἐνωπιον του ϑεου, ὑμων ἀκουειν μαλλον ἢ του ϑεου, κρινατε·

21 οἱ δε προσαπειλησαμενοι ἀπελυσαν αὐτους, μηδεν εὑρισκοντες το πως κολασωνται αὐτους, δια τον λαον, ὅτι παντες ἐδοξαζον τον ϑεον ἐπι τῳ γεγονοτι·

24 οἱ δε ἀκουσαντες ὁμοθυμαδον ἦραν φωνην προς τον ϑεον και εἶπαν·

31 και ἐπλησθησαν ἁπαντες του ἁγιου πνευματος, και ἐλαλουν τον λογον του ϑεου μετα παρρησιας.

5 4 οὐκ ἐψευσω ἀνθρωποις ἀλλα τῳ ϑεῳ.

29 πειθαρχειν δει ϑεῳ μαλλον ἢ ἀνθρωποις.

30 ὁ ϑεος των πατερων ἡμων ἠγειρεν ἰησουν, ὃν ὑμεις διεχειρισασθε κρεμασαντες ἐπι ξυλου·

31 τουτον ὁ ϑεος ἀρχηγον και σωτηρα ὑψωσεν τῃ δεξιᾳ αὐτου [του] δουναι μετανοιαν τῳ ἰσραηλ και ἀφεσιν ἁμαρτιων.

32 και ἡμεις ἐσμεν μαρτυρες των ῥηματων τουτων, και το πνευμα το ἁγιον ὃ ἐδωκεν ὁ ϑεος τοις πειθαρχουσιν αὐτῳ.

39 εἰ δε ἐκ ϑεου ἐστιν, οὐ δυνησεσθε καταλυσαι αὐτους, μηποτε και ϑεομαχοι εὑρεθητε.

6 2 οὐκ ἀρεστον ἐστιν ἡμας καταλειψαντας τον λογον του ϑεου διακονειν τραπεζαις.

7 και ὁ λογος του ϑεου ηὐξανεν,

11 τοτε ὑπεβαλον ἀνδρας λεγοντας ὅτι ἀκηκοαμεν αὐτου λαλουντος ῥηματα βλασφημα εἰς μωυσην και τον ϑεον·

7 2 ὁ ϑεος της δοξης ὠφθη τῳ πατρι ἡμων ἀβρααμ ὀντι ἐν τῃ μεσοποταμιᾳ πριν ἢ κατοικησαι αὐτον ἐν χαρραν,

6 ἐλαλησεν δε οὑτως ὁ ϑεος, ὅτι ἐσται το σπερμα αὐτου παροικον ἐν γῃ ἀλλοτριᾳ,

7 και το ἐθνος ᾧ ἐαν δουλευσουσιν κρινω ἐγω, ὁ ϑεος εἶπεν, και μετα ταυτα ἐξελευσονται και λατρευσουσιν μοι ἐν τῳ τοπῳ τουτῳ.

9 και ἦν ὁ ϑεος μετ αὐτου, και ἐξειλατο αὐτον ἐκ πασων των θλιψεων αὐτου,

17 καθως δε ἠγγιζεν ὁ χρονος της ἐπαγγελιας ἧς ὡμολογησεν ὁ ϑεος τῳ ἀβρααμ, ηὐξησεν ὁ λαος και ἐπληθυνθη ἐν αἰγυπτῳ,

20 ἐν ᾧ καιρῳ ἐγεννηθη μωυσης, και ἦν ἀστειος τῳ ϑεῳ·

25 ἐνομιζεν δε συνιεναι τους ἀδελφους [αὐτου] ὅτι ὁ ϑεος δια χειρος αὐτου διδωσιν σωτηριαν αὐτοις·

32 ἐγω ὁ ϑεος των πατερων σου, ὁ ϑεος ἀβρααμ και ἰσαακ και ἰακωβ.

32 ἐγω ὁ ϑεος των πατερων σου, ὁ ϑεος ἀβρααμ και ἰσαακ και ἰακωβ.

35 τουτον ὁ ϑεος [και] ἀρχοντα και λυτρωτην ἀπεσταλκεν συν χειρι ἀγγελου του ὀφθεντος αὐτῳ ἐν τῃ βατῳ.

37 προφητην ὑμιν ἀναστησει ὁ ϑεος ἐκ των ἀδελφων ὑμων ὡς ἐμε.

40 ποιησον ἡμιν ϑεους οἳ προπορευσονται ἡμων·

42 ἐστρεψεν δε ὁ ϑεος και παρεδωκεν αὐτους λατρευειν τῃ στρατιᾳ του οὐρανου,

43 και ἀνελαβετε την σκηνην του μολοχ και το ἀστρον του ϑεου [ὑμων] ῥαιφαν, τους τυπους οὓς ἐποιησατε προσκυνειν αὐτοις·

45 ἣν και εἰσηγαγον διαδεξαμενοι οἱ πατερες ἡμων μετα ἰησου ἐν τῃ κατασχεσει των ἐθνων, ὧν ἐξωσεν ὁ ϑεος ἀπο προσωπου των πατερων ἡμων,

46 ὃς εὑρεν χαριν ἐνωπιον του ϑεου και ἡτησατο εὑρειν σκηνωμα τῳ οἰκῳ ἰακωβ.

55 ὑπαρχων δε πληρης πνευματος ἁγιου ἀτενισας εἰς τον οὐρανον εἶδεν δοξαν ϑεου και ἰησουν ἑστωτα ἐκ δεξιων του ϑεου,

55 ὑπαρχων δε πληρης πνευματος ἁγιου ἀτενισας εἰς τον οὐρανον εἶδεν δοξαν ϑεου και ἰησουν ἑστωτα ἐκ δεξιων του ϑεου,

56 ἰδου θεωρω τους οὐρανους διηνοιγμενους και τον υἱον του ἀνθρωπου ἐκ δεξιων ἑστωτα του ϑεου.

ϑεος [1318]

Ac 8 10 οὗτος ἐστιν ἡ δυναμις του ϑεου ἡ καλουμενη μεγαλη.

12 ὁτε δε ἐπιστευσαν τῳ φιλιππῳ εὐαγγελιζομενῳ περι της βασιλειας του ϑεου και του ὀνοματος ἰησου χριστου, ἐβαπτιζοντο ἀνδρες τε και γυναικες.

14 ἀκουσαντες δε οἱ ἐν ἱεροσολυμοις ἀποστολοι ὅτι δεδεκται ἡ σαμαρεια τον λογον του ϑεου, ἀπεστειλαν προς αὐτους πετρον και ἰωαννην,

20 το ἀργυριον σου συν σοι εἰη εἰς ἀπωλειαν, ὅτι την δωρεαν του ϑεου ἐνομισας δια χρηματων κτασθαι.

21 ἡ γαρ καρδια σου οὐκ ἐστιν εὐθεια ἐναντι του ϑεου.

37 * πιστευω τον υἱον του ϑεου εἶναι τον ἰησουν χριστον.

9 20 και εὐθεως ἐν ταις συναγωγαις ἐκηρυσσεν τον ἰησουν, ὅτι οὗτος ἐστιν ὁ υἱος του ϑεου.

10 2 ἑκατονταρχης ἐκ σπειρης της καλουμενης ἰταλικης, εὐσεβης και φοβουμενος τον ϑεον συν παντι τῳ οἰκῳ αὐτου,

2 ποιων ἐλεημοσυνας πολλας τῳ λαῳ και δεομενος του ϑεου δια παντος,

3 εἶδεν ἐν ὁραματι φανερως, ὡσει περι ὡραν ἐνατην της ἡμερας, ἀγγελον του ϑεου εἰσελθοντα προς αὐτον και εἰποντα αὐτῳ· κορνηλιε.

4 αἱ προσευχαι σου και αἱ ἐλεημοσυναι σου ἀνεβησαν εἰς μνημοσυνον ἐμπροσθεν του ϑεου.

15 ἃ ὁ ϑεος ἐκαθαρισεν συ μη κοινου.

22 κορνηλιος ἑκατονταρχης, ἀνηρ δικαιος και φοβουμενος τον ϑεον,

28 καμοι ὁ ϑεος ἐδειξεν μηδενα κοινον ἢ ἀκαθαρτον λεγειν ἀνθρωπον·

31 κορνηλιε, εἰσηκουσθη σου ἡ προσευχη και αἱ ἐλεημοσυναι σου ἐμνησθησαν ἐνωπιον του ϑεου.

33 νυν οὖν παντες ἡμεις ἐνωπιον του ϑεου παρεσμεν ἀκουσαι παντα τα προστεταγμενα σοι ὑπο του κυριου.

34 ἐπ ἀληθειας καταλαμβανομαι ὅτι οὐκ ἐστιν προσωπολημπτης ὁ ϑεος,

38 ἰησουν τον ἀπο ναζαρεθ, ὡς ἐχρισεν αὐτον ὁ ϑεος πνευματι ἁγιῳ και δυναμει,

38 ὃς διηλθεν εὐεργετων και ἰωμενος παντας τους καταδυναστευομενους ὑπο του διαβολου, ὅτι ὁ ϑεος ἦν μετ αὐτου·

40 τουτον ὁ ϑεος ἠγειρεν [ἐν] τῃ τριτῃ ἡμερᾳ και ἐδωκεν αὐτον ἐμφανη γενεσθαι,

41 οὐ παντι τῳ λαῳ, ἀλλα μαρτυσιν τοις προκεχειροτονημενοις ὑπο του ϑεου,

42 και παρηγγειλεν ἡμιν κηρυξαι τῳ λαῳ και διαμαρτυρασθαι ὅτι οὗτος ἐστιν ὁ ὡρισμενος ὑπο του ϑεου κριτης ζωντων και νεκρων.

46 ἠκουον γαρ αὐτων λαλουντων γλωσσαις και μεγαλυνοντων τον ϑεον.

11 1 ἠκουσαν δε οἱ ἀποστολοι και οἱ ἀδελφοι οἱ ὀντες κατα την ἰουδαιαν ὅτι και τα ἐθνη ἐδεξαντο τον λογον του ϑεου.

9 ἃ ὁ ϑεος ἐκαθαρισεν συ μη κοινου.

17 εἰ οὖν την ἰσην δωρεαν ἐδωκεν αὐτοις ὁ ϑεος ὡς και ἡμιν, πιστευσασιν ἐπι τον κυριον ἰησουν χριστον, ἐγω τις ἡμην δυνατος κωλυσαι τον ϑεον;

17 εἰ οὖν την ἰσην δωρεαν ἐδωκεν αὐτοις ὁ ϑεος ὡς και ἡμιν, πιστευσασιν ἐπι τον κυριον ἰησουν χριστον, ἐγω τις ἡμην δυνατος κωλυσαι τον ϑεον;

18 ἀκουσαντες δε ταυτα ἡσυχασαν, και ἐδοξασαν τον ϑεον λεγοντες·

18 ἀρα και τοις ἐθνεσιν ὁ ϑεος την μετανοιαν εἰς ζωην ἐδωκεν.

23 ὃς παραγενομενος και ἰδων την χαριν [την] του ϑεου ἐχαρη,

12 5 προσευχη δε ἦν ἐκτενως γινομενη ὑπο της ἐκκλησιας προς τον ϑεον περι αὐτου.

22 ϑεου φωνη και οὐκ ἀνθρωπου.

23 παραχρημα δε ἐπαταξεν αὐτον ἀγγελος κυριου ἀνθ ὧν οὐκ ἐδωκεν την δοξαν τῳ ϑεῳ,

24 ὁ δε λογος του ϑεου ηὐξανεν και ἐπληθυνετο.

13 5 και γενομενοι ἐν σαλαμινι κατηγγελλον τον λογον του ϑεου ἐν ταις συναγωγαις των ἰουδαιων·

7 οὗτος προσκαλεσαμενος βαρναβαν και σαυλον ἐπεζητησεν ἀκουσαι τον λογον του ϑεου.

16 ἀνδρες ἰσραηλιται και οἱ φοβουμενοι τον ϑεον, ἀκουσατε.

17 ὁ ϑεος του λαου τουτου ἰσραηλ ἐξελεξατο τους πατερας ἡμων,

21 κἀκειθεν ἡτησαντο βασιλεα, και ἐδωκεν αὐτοις ὁ ϑεος τον σαουλ υἱον κις,

23 τουτου ὁ ϑεος ἀπο του σπερματος κατ ἐπαγγελιαν ἠγαγεν τῳ ἰσραηλ σωτηρα ἰησουν,

26 ἀνδρες ἀδελφοι, υἱοι γενους ἀβρααμ και οἱ ἐν ὑμιν φοβουμενοι τον ϑεον, ἡμιν ὁ λογος της σωτηριας ταυτης ἐξαπεσταλη.

θεος [1318]

Ac   13 30   ὁ δε θεος ἤγειρεν αὐτον ἐκ νεκρων·

33   και ἡμεις ὑμας εὐαγγελιζομεθα την προς τους πατερας ἐπαγγελιαν γενομενην, ὅτι ταυτην ὁ θεος ἐκπεπληρωκεν τοις τεκνοις [αὐτων] ἡμιν ἀναστησας ἰησουν,

36   δαυιδ μεν γαρ ἰδιᾳ γενεᾳ ὑπηρετησας τῃ του θεου βουλῃ ἐκοιμηθη και προσετεθη προς τους πατερας αὐτου και εἰδεν διαφθοραν·

37   ὃν δε ὁ θεος ἤγειρεν, οὐκ εἰδεν διαφθοραν.

43   οἵτινες προσλαλουντες αὐτοις ἐπειθον αὐτους προσμενειν τῃ χαριτι του θεου.

46   ὑμιν ἦν ἀναγκαιον πρωτον λαληθηναι τον λογον του θεου·

14 11   οἱ θεοι ὁμοιωθεντες ἀνθρωποις κατεβησαν προς ἡμας,

15   και ἡμεις ὁμοιοπαθεις ἐσμεν ὑμιν ἀνθρωποι, εὐαγγελιζομενοι ὑμας ἀπο τουτων των ματαιων ἐπιστρεφειν ἐπι θεον ζωντα,

22   παρακαλουντες ἐμμενειν τῃ πιστει, και· ὅτι δια πολλων θλιψεων δει ἡμας εἰσελθειν εἰς την βασιλειαν του θεου.

26   κἀκειθεν ἀπεπλευσαν εἰς ἀντιοχειαν, ὅθεν ἦσαν παραδεδομενοι τῃ χαριτι του θεου εἰς το ἐργον ὃ ἐπληρωσαν.

27   παραγενομενοι δε και συναγαγοντες την ἐκκλησιαν, ἀνηγγελλον ὅσα ἐποιησεν ὁ θεος μετ αὐτων,

15 4   ἀνηγγειλαν τε ὅσα ὁ θεος ἐποιησεν μετ αὐτων.

7   ἀνδρες ἀδελφοι, ὑμεις ἐπιστασθε ὅτι ἀφ ἡμερων ἀρχαιων ἐν ὑμιν ἐξελεξατο ὁ θεος δια του στοματος μου ἀκουσαι τα ἐθνη τον λογον του εὐαγγελιου και πιστευσαι.

8   και ὁ καρδιογνωστης θεος ἐμαρτυρησεν αὐτοις δους το πνευμα το ἁγιον καθως και ἡμιν,

10   νυν οὖν τι πειραζετε τον θεον, ἐπιθειναι ζυγον ἐπι τον τραχηλον των μαθητων, ὃν οὐτε οἱ πατερες ἡμων οὐτε ἡμεις ἰσχυσαμεν βαστασαι;

12   ἐσιγησεν δε παν το πληθος, και ἤκουον βαρναβα και παυλου ἐξηγουμενων ὅσα ἐποιησεν ὁ θεος σημεια και τερατα ἐν τοις ἐθνεσιν δι αὐτων.

14   συμεων ἐξηγησατο καθως πρωτον ὁ θεος ἐπεσκεψατο λαβειν ἐξ ἐθνων λαον τῳ ὀνοματι αὐτου.

19   διο ἐγω κρινω μη παρενοχλειν τοις ἀπο των ἐθνων ἐπιστρεφουσιν ἐπι τον θεον,

16 10   ὡς δε το ὁραμα εἰδεν, εὐθεως ἐζητησαμεν ἐξελθειν εἰς μακεδονιαν, συμβιβαζοντες ὅτι προσκεκληται ἡμας ὁ θεος εὐαγγελισασθαι αὐτους.

14   και τις γυνη ὀνοματι λυδια, πορφυροπωλις πολεως θυατειρων, σεβομενη τον θεον, ἤκουεν,

17   οὑτοι οἱ ἀνθρωποι δουλοι του θεου του ὑψιστου εἰσιν, οἵτινες καταγγελλουσιν ὑμιν ὁδον σωτηριας.

25   κατα δε το μεσονυκτιον παυλος και σιλας προσευχομενοι ὑμνουν τον θεον, ἐπηκροωντο δε αὐτων οἱ δεσμιοι·

34   ἀναγαγων τε αὐτους εἰς τον οἰκον παρεθηκεν τραπεζαν, και ἠγαλλιασατο πανοικει πεπιστευκως τῳ θεῳ.

17 13   ὡς δε ἐγνωσαν οἱ ἀπο της θεσσαλονικης ἰουδαιοι ὅτι και ἐν τῃ βεροιᾳ κατηγγελη ὑπο του παυλου ὁ λογος του θεου, ἦλθον κἀκει σαλευοντες και ταρασσοντες τους ὀχλους.

23   διερχομενος γαρ και ἀναθεωρων τα σεβασματα ὑμων εὑρον και βωμον ἐν ᾧ ἐπεγεγραπτο· ἀγνωστῳ θεῳ.

24   ὁ θεος ὁ ποιησας τον κοσμον και παντα τα ἐν αὐτῳ, οὑτος οὐρανου και γης ὑπαρχων κυριος οὐκ ἐν χειροποιητοις ναοις κατοικει,

27   ζητειν τον θεον, εἰ ἀρα γε ψηλαφησειαν αὐτον και εὑροιεν,

29   γενος οὖν ὑπαρχοντες του θεου οὐκ ὀφειλομεν νομιζειν, χρυσῳ ἢ ἀργυρῳ ἢ λιθῳ, χαραγματι τεχνης και ἐνθυμησεως ἀνθρωπου, το θειον εἰναι ὁμοιον.

30   τους μεν οὖν χρονους της ἀγνοιας ὑπεριδων ὁ θεος τα νυν παραγγελλει τοις ἀνθρωποις παντας πανταχου μετανοειν,

18 7   και μεταβας ἐκειθεν εἰσηλθεν εἰς οἰκιαν τινος ὀνοματι τιτιου ἰουστου σεβομενου τον θεον,

11   ἐκαθισεν δε ἐνιαυτον και μηνας ἑξ διδασκων ἐν αὐτοις τον λογον του θεου.

13   και ἠγαγον αὐτον ἐπι το βημα, λεγοντες ὅτι παρα τον νομον ἀναπειθει οὑτος τους ἀνθρωπους σεβεσθαι τον θεον.

21   παλιν ἀνακαμψω προς ὑμας του θεου θελοντος,

26   ἀκουσαντες δε αὐτου πρισκιλλα και ἀκυλας προσελαβοντο αὐτον και ἀκριβεστερον αὐτῳ ἐξεθεντο την ὁδον [του θεου].

19 8   εἰσελθων δε εἰς την συναγωγην ἐπαρρησιαζετο ἐπι μηνας τρεις διαλεγομενος και πειθων [τα] περι της βασιλειας του θεου.

11   δυναμεις τε οὐ τας τυχουσας ὁ θεος ἐποιει δια των χειρων παυλου,

26   λεγων ὅτι οὐκ εἰσιν θεοι οἱ δια χειρων γινομενοι.

37   ἠγαγετε γαρ τους ἀνδρας τουτους οὐτε ἱεροσυλους οὐτε βλασφημουντας την θεον ἡμων.

θεος [1318]

Ac   20 21   διαμαρτυρομενος ἰουδαιοις τε και ἑλλησιν την εἰς θεον μετανοιαν και πιστιν εἰς τον κυριον ἡμων ἰησουν.

24   ἀλλ οὐδενος λογου ποιουμαι την ψυχην τιμιαν ἐμαυτῳ ὡς τελειωσαι τον δρομον μου και την διακονιαν ἣν ἐλαβον παρα του κυριου ἰησου, διαμαρτυρασθαι το εὐαγγελιον της χαριτος του θεου.

27   οὐ γαρ ὑπεστειλαμην του μη ἀναγγειλαι πασαν την βουλην του θεου ὑμιν.

28   προσεχετε ἑαυτοις και παντι τῳ ποιμνιῳ, ἐν ᾧ ὑμας το πνευμα το ἁγιον ἐθετο ἐπισκοπους, ποιμαινειν την ἐκκλησιαν του θεου,

32   και τα νυν παρατιθεμαι ὑμας τῳ θεῳ και τῳ λογῳ της χαριτος αὐτου τῳ δυναμενῳ οἰκοδομησαι και δουναι την κληρονομιαν ἐν τοις ἡγιασμενοις πασιν.

21 19   και ἀσπασαμενος αὐτους ἐξηγειτο καθ ἓν ἑκαστον ὧν ἐποιησεν ὁ θεος ἐν τοις ἐθνεσιν δια της διακονιας αὐτου.

20   οἱ δε ἀκουσαντες ἐδοξαζον τον θεον, εἰπον τε αὐτῳ·

22 3   ζηλωτης ὑπαρχων του θεου καθως παντες ὑμεις ἐστε σημερον·

14   ὁ θεος των πατερων ἡμων προεχειρισατο σε γνωναι το θελημα αὐτου

23 1   ἀνδρες ἀδελφοι, ἐγω παση συνειδησει ἀγαθη πεπολιτευμαι τῳ θεῳ ἀχρι ταυτης της ἡμερας.

3   τυπτειν σε μελλει ὁ θεος, τοιχε κεκονιαμενε·

4   τον ἀρχιερεα του θεου λοιδορεις;

24 14   ὁμολογω δε τουτο σοι, ὅτι κατα την ὁδον ἣν λεγουσιν αἱρεσιν οὑτως λατρευω τῳ πατρῳῳ θεῳ,

15   πιστευων πασι τοις κατα τον νομον και τοις ἐν τοις προφηταις γεγραμμενοις, ἐλπιδα ἐχων εἰς τον θεον,

16   ἐν τουτῳ και αὐτος ἀσκω ἀπροσκοπον συνειδησιν ἐχειν προς τον θεον και τους ἀνθρωπους δια παντος.

26 6   και νυν ἐπ ἐλπιδι της εἰς τους πατερας ἡμων ἐπαγγελιας γενομενης ὑπο του θεου ἑστηκα κρινομενος,

8   τι ἀπιστον κρινεται παρ ὑμιν εἰ ὁ θεος νεκρους ἐγειρει;

18   ἀνοιξαι ὀφθαλμους αὐτων, του ἐπιστρεψαι ἀπο σκοτους εἰς φως και της ἐξουσιας του σατανα ἐπι τον θεον,

20   και τοις ἐθνεσιν ἀπηγγελλον μετανοειν και ἐπιστρεφειν ἐπι τον θεον,

22   ἐπικουριας οὖν τυχων της ἀπο του θεου ἀχρι της ἡμερας ταυτης ἑστηκα μαρτυρομενος μικρῳ τε και μεγαλῳ,

29   εὐξαιμην ἀν τῳ θεῳ και ἐν ὀλιγῳ και ἐν μεγαλῳ οὐ μονον σε ἀλλα και παντας τους ἀκουοντας μου σημερον γενεσθαι τοιουτους ὁποιος και ἐγω εἰμι,

27 23   παρεστη γαρ μοι ταυτῃ τῃ νυκτι του θεου οὑ εἰμι [ἐγω,] ᾧ και λατρευω, ἀγγελος λεγων·

24   καισαρι σε δει παραστηναι, και ἰδου κεχαρισται σοι ὁ θεος παντας τους πλεοντας μετα σου.

25   πιστευω γαρ τῳ θεῳ ὅτι οὑτως ἐσται καθ ὃν τροπον λελαληται μοι.

35   εἰπας δε ταυτα και λαβων ἀρτον εὐχαριστησεν τῳ θεῳ ἐνωπιον παντων και κλασας ἠρξατο ἐσθιειν.

28 6   ἐπι πολυ δε αὐτων προσδοκωντων και θεωρουντων μηδεν ἀτοπον εἰς αὐτον γινομενον, μεταβαλομενοι ἐλεγον αὐτον εἰναι θεον.

15   οὑς ἰδων ὁ παυλος εὐχαριστησας τῳ θεῳ ἐλαβε θαρσος

23   ταξαμενοι δε αὐτῳ ἡμεραν ἦλθον προς αὐτον εἰς την ξενιαν πλειονες, οἱς ἐξετιθετο διαμαρτυρομενος την βασιλειαν του θεου,

28   γνωστον οὖν ἐστω ὑμιν ὅτι τοις ἐθνεσιν ἀπεσταλη τουτο το σωτηριον του θεου·

31   και ἀπεδεχετο παντας τους εἰσπορευομενους προς αὐτον, κηρυσσων την βασιλειαν του θεου και διδασκων τα περι του κυριου ἰησου χριστου μετα πασης παρρησιας ἀκωλυτως.

Rm   1 1   παυλος δουλος χριστου ἰησου, κλητος ἀποστολος ἀφωρισμενος εἰς εὐαγγελιον θεου,

4   του ὁρισθεντος υἱου θεου ἐν δυναμει κατα πνευμα ἁγιωσυνης ἐξ ἀναστασεως νεκρων,

7   πασιν τοις οὐσιν ἐν ρωμῃ ἀγαπητοις θεου, κλητοις ἁγιοις· χαρις ὑμιν και εἰρηνη ἀπο θεου πατρος ἡμων και κυριου ἰησου χριστου.

7   χαρις ὑμιν και εἰρηνη ἀπο θεου πατρος ἡμων και κυριου ἰησου χριστου.

8   πρωτον μεν εὐχαριστω τῳ θεῳ μου δια ἰησου χριστου περι παντων ὑμων, ὅτι ἡ πιστις ὑμων καταγγελλεται ἐν ὁλῳ τῳ κοσμῳ.

9   μαρτυς γαρ μου ἐστιν ὁ θεος, ᾧ λατρευω ἐν τῳ πνευματι μου ἐν τῳ εὐαγγελιῳ του υἱου αὐτου,

10   ὡς ἀδιαλειπτως μνειαν ὑμων ποιουμαι παντοτε ἐπι των προσευχων μου, δεομενος εἰ πως ἤδη ποτε εὐοδωθησομαι ἐν τῳ θεληματι του θεου ἐλθειν προς ὑμας.

θεος [1318]

Rm	1 16	δυναμις γαρ θεου εστιν εις σωτηριαν παντι τω πιστευοντι,
	17	δικαιοσυνη γαρ θεου εν αυτω αποκαλυπτεται εκ πιστεως εις πιστιν,
	18	αποκαλυπτεται γαρ οργη θεου απ ουρανου επι πασαν ασεβειαν και αδικιαν ανθρωπων των την αληθειαν εν αδικια κατεχοντων,
	19	διοτι το γνωστον του θεου φανερον εστιν εν αυτοις·
	19	ο θεος γαρ αυτοις εφανερωσεν.
	21	διοτι γνοντες τον θεον ουχ ως θεον εδοξασαν η ηυχαριστησαν,
	21	διοτι γνοντες τον θεον ουχ ως θεον εδοξασαν η ηυχαριστησαν,
	23	φασκοντες ειναι σοφοι εμωρανθησαν, και ηλλαξαν την δοξαν του αφθαρτου θεου εν ομοιωματι εικονος φθαρτου ανθρωπου και πετεινων και τετραποδων και ερπετων·
	24	διο παρεδωκεν αυτους ο θεος εν ταις επιθυμιαις των καρδιων αυτων εις ακαθαρσιαν του ατιμαζεσθαι τα σωματα αυτων εν αυτοις.
	25	οιτινες μετηλλαξαν την αληθειαν του θεου εν τω ψευδει,
	26	δια τουτο παρεδωκεν αυτους ο θεος εις παθη ατιμιας·
	28	και καθως ουκ εδοκιμασαν τον θεον εχειν εν επιγνωσει, παρεδωκεν αυτους ο θεος εις αδοκιμον νουν,
	28	και καθως ουκ εδοκιμασαν τον θεον εχειν εν επιγνωσει, παρεδωκεν αυτους ο θεος εις αδοκιμον νουν,
	32	οιτινες το δικαιωμα του θεου επιγνοντες, οτι οι τα τοιαυτα πρασσοντες αξιοι θανατου εισιν,
	2 2	οιδαμεν δε οτι το κριμα του θεου εστιν κατα αληθειαν επι τους τα τοιαυτα πρασσοντας.
	3	λογιζη δε τουτο, ω ανθρωπε ο κρινων τους τα τοιαυτα πρασσοντας και ποιων αυτα, οτι συ εκφευξη το κριμα του θεου;
	4	η του πλουτου της χρηστοτητος αυτου και της ανοχης και της μακροθυμιας καταφρονεις, αγνοων οτι το χρηστον του θεου εις μετανοιαν σε αγει;
	5	κατα δε την σκληροτητα σου και αμετανοητον καρδιαν θησαυριζεις σεαυτω οργην εν ημερα οργης και αποκαλυψεως δικαιοκρισιας του θεου,
	11	ου γαρ εστιν προσωπολημψια παρα τω θεω.
	13	ου γαρ οι ακροαται νομου δικαιοι παρα [τω] θεω,
	16	εν ημερα οτε κρινει ο θεος τα κρυπτα των ανθρωπων κατα το ευαγγελιον μου δια χριστου ιησου.
	17	ει δε συ ιουδαιος επονομαζη και επαναπαυη νομω και καυχασαι εν θεω και γινωσκεις το θελημα και δοκιμαζεις τα διαφεροντα κατηχουμενος εκ του νομου,
	23	ος εν νομω καυχασαι, δια της παραβασεως του νομου τον θεον ατιμαζεις;
	24	το γαρ ονομα του θεου δι υμας βλασφημειται εν τοις εθνεσιν, καθως γεγραπται.
	29	αλλ ο εν τω κρυπτω ιουδαιος, και περιτομη καρδιας εν πνευματι ου γραμματι, ου ο επαινος ουκ εξ ανθρωπων αλλ εκ του θεου.
	3 2	πρωτον μεν [γαρ] οτι επιστευθησαν τα λογια του θεου.
	3	ει ηπιστησαν τινες, μη η απιστια αυτων την πιστιν του θεου καταργησει;
	4	γινεσθω δε ο θεος αληθης, πας δε ανθρωπος ψευστης,
	5	ει δε η αδικια ημων θεου δικαιοσυνην συνιστησιν, τι ερουμεν;
	5	μη αδικος ο θεος ο επιφερων την οργην;
	6	επει πως κρινει ο θεος τον κοσμον;
	7	ει δε η αληθεια του θεου εν τω εμω ψευσματι επερισσευσεν εις την δοξαν αυτου, τι ετι καγω ως αμαρτωλος κρινομαι;
	11	ουκ εστιν ο συνιων, ουκ εστιν ο εκζητων τον θεον.
	18	ουκ εστιν φοβος θεου απεναντι των οφθαλμων αυτων.
	19	οιδαμεν δε οτι οσα ο νομος λεγει τοις εν τω νομω λαλει, ινα παν στομα φραγη και υποδικος γενηται πας ο κοσμος τω θεω·
	21	νυνι δε χωρις νομου δικαιοσυνη θεου πεφανερωται, μαρτυρουμενη υπο του νομου και των προφητων,
	22	δικαιοσυνη δε θεου δια πιστεως ιησου χριστου, εις παντας τους πιστευοντας·
	23	παντες γαρ ημαρτον και υστερουνται της δοξης του θεου,
	25	ον προεθετο ο θεος ιλαστηριον δια [της] πιστεως εν τω αυτου αιματι,
	26	εις ενδειξιν της δικαιοσυνης αυτου δια την παρεσιν των προγεγονοτων αμαρτηματων εν τη ανοχη του θεου,
	29	η ιουδαιων ο θεος μονον; ουχι και εθνων;
	30	ειπερ εις ο θεος ος δικαιωσει περιτομην εκ πιστεως και ακροβυστιαν δια της πιστεως.

θεος [1318]

Rm	4 2	ει γαρ αβρααμ εξ εργων εδικαιωθη, εχει καυχημα· αλλ ου προς θεον.
	3	επιστευσεν δε αβρααμ τω θεω, και ελογισθη αυτω εις δικαιοσυνην.
	6	καθαπερ και δαυιδ λεγει τον μακαρισμον του ανθρωπου ω ο θεος λογιζεται δικαιοσυνην χωρις εργων·
	17	κατεναντι ου επιστευσεν θεου του ζωοποιουντος τους νεκρους και καλουντος τα μη οντα ως οντα·
	20	εις δε την επαγγελιαν του θεου ου διεκριθη τη απιστια,
	20	δους δοξαν τω θεω και πληροφορηθεις οτι ο επηγγελται δυνατος εστιν και ποιησαι.
	5 1	δικαιωθεντες ουν εκ πιστεως ειρηνην εχομεν προς τον θεον δια του κυριου ημων ιησου χριστου,
	2	δι ου και την προσαγωγην εσχηκαμεν [τη πιστει] εις την χαριν ταυτην εν η εστηκαμεν, και καυχωμεθα επ ελπιδι της δοξης του θεου.
	5	η δε ελπις ου καταισχυνει, οτι η αγαπη του θεου εκκεχυται εν ταις καρδιαις ημων δια πνευματος αγιου του δοθεντος ημιν·
	8	συνιστησιν δε την εαυτου αγαπην εις ημας ο θεος οτι ετι αμαρτωλων οντων ημων χριστος υπερ ημων απεθανεν.
	10	ει γαρ εχθροι οντες κατηλλαγημεν τω θεω δια του θανατου του υιου αυτου, πολλω μαλλον καταλλαγεντες σωθησομεθα εν τη ζωη αυτου·
	11	ου μονον δε, αλλα και καυχωμενοι εν τω θεω δια του κυριου ημων ιησου χριστου,
	15	ει γαρ τω του ενος παραπτωματι οι πολλοι απεθανον, πολλω μαλλον η χαρις του θεου και η δωρεα εν χαριτι τη του ενος ανθρωπου ιησου χριστου εις τους πολλους επερισσευσεν.
	6 10	ο γαρ απεθανεν, τη αμαρτια απεθανεν εφαπαξ· ο δε ζη, ζη τω θεω.
	11	ουτως και υμεις λογιζεσθε εαυτους [ειναι] νεκρους μεν τη αμαρτια ζωντας δε τω θεω εν χριστω ιησου.
	13	μηδε παριστανετε τα μελη υμων οπλα αδικιας τη αμαρτια, αλλα παραστησατε εαυτους τω θεω
	13	αλλα παραστησατε εαυτους τω θεω ωσει εκ νεκρων ζωντας και τα μελη υμων οπλα δικαιοσυνης τω θεω,
	17	χαρις δε τω θεω οτι ητε δουλοι της αμαρτιας, υπηκουσατε δε εκ καρδιας εις ον παρεδοθητε τυπον διδαχης,
	22	νυνι δε ελευθερωθεντες απο της αμαρτιας δουλωθεντες δε τω θεω, εχετε τον καρπον υμων εις αγιασμον,
	23	τα γαρ οψωνια της αμαρτιας θανατος, το δε χαρισμα του θεου ζωη αιωνιος εν χριστω ιησου τω κυριω ημων.
	7 4	εις το γενεσθαι υμας ετερω, τω εκ νεκρων εγερθεντι, ινα καρποφορησωμεν τω θεω.
	22	συνηδομαι γαρ τω νομω του θεου κατα τον εσω ανθρωπον,
	25	χαρις δε τω θεω δια ιησου χριστου του κυριου ημων.
	25	αρα ουν αυτος εγω τω μεν νοι δουλευω νομω θεου, τη δε σαρκι νομω αμαρτιας.
	8 3	το γαρ αδυνατον του νομου, εν ω ησθενει δια της σαρκος, ο θεος τον εαυτου υιον πεμψας εν ομοιωματι σαρκος αμαρτιας και περι αμαρτιας κατεκρινεν την αμαρτιαν εν τη σαρκι,
	7	διοτι το φρονημα της σαρκος εχθρα εις θεον·
	7	τω γαρ νομω του θεου ουχ υποτασσεται, ουδε γαρ δυναται·
	8	οι δε εν σαρκι οντες θεω αρεσαι ου δυνανται.
	9	υμεις δε ουκ εστε εν σαρκι αλλα εν πνευματι, ειπερ πνευμα θεου οικει εν υμιν.
	14	οσοι γαρ πνευματι θεου αγονται, ουτοι υιοι θεου εισιν.
	14	οσοι γαρ πνευματι θεου αγονται, ουτοι υιοι θεου εισιν.
	16	αυτο το πνευμα συμμαρτυρει τω πνευματι ημων οτι εσμεν τεκνα θεου.
	17	ει δε τεκνα, και κληρονομοι· κληρονομοι μεν θεου,
	19	η γαρ αποκαραδοκια της κτισεως την αποκαλυψιν των υιων του θεου απεκδεχεται.
	21	οτι και αυτη η κτισις ελευθερωθησεται απο της δουλειας της φθορας εις την ελευθεριαν της δοξης των τεκνων του θεου.
	27	ο δε εραυνων τας καρδιας οιδεν τι το φρονημα του πνευματος, οτι κατα θεον εντυγχανει υπερ αγιων.
	28	οιδαμεν δε οτι τοις αγαπωσιν τον θεον παντα συνεργει εις αγαθον, τοις κατα προθεσιν κλητοις ουσιν.
	31	ει ο θεος υπερ ημων, τις καθ ημων;
	33	τις εγκαλεσει κατα εκλεκτων θεου; θεος ο δικαιων·
	33	τις εγκαλεσει κατα εκλεκτων θεου; θεος ο δικαιων·
	34	χριστος [ιησους] ο αποθανων, μαλλον δε εγερθεις, ος και εστιν εν δεξια του θεου,
	39	πεπεισμαι γαρ οτι· ουτε θανατος ουτε ζωη ουτε αγγελοι ουτε αρχαι ουτε ενεστωτα ουτε μελλοντα ουτε δυναμεις ουτε υψωμα ουτε βαθος ουτε τις κτισις ετερα δυνησεται ημας χωρισαι απο της αγαπης του θεου της εν χριστω ιησου τω κυριω ημων.

θεος [1318]

Rm 9 5 ὁ ὤν ἐπι παντων θεος εὐλογητος εἰς τους αἰωνας, ἀμην.
      6 οὐχ οἰον δε ὅτι ἐκπεπτωκεν ὁ λογος του θεου.
      8 τουτ ἐστιν, οὐ τα τεκνα της σαρκος ταυτα τεκνα του θεου, ἀλλα τα τεκνα της ἐπαγγελιας λογιζεται εἰς σπερμα.
    11 μηπω γαρ γεννηθεντων μηδε πραξαντων τι ἀγαθον ἠ φαυλον, ἰνα ἠ κατ ἐκλογην προθεσις του θεου μενη,
    14 τί οὖν ἐρουμεν; μη ἀδικια παρα τω θεω;
    16 ἀρα οὖν οὐ του θελοντος οὐδε του τρεχοντος, ἀλλα του ἐλεωντος θεου.
    20 ὤ ἀνθρωπε, μενουνγε συ τίς εἰ ὁ ἀνταποκρινομενος τω θεω;
    22 εἰ δε θελων ὁ θεος ἐνδειξασθαι την ὀργην και γνωρισαι το δυνατον αὐτου ἠνεγκεν ἐν πολλη μακροθυμια σκευη ὀργης κατηρτισμενα εἰς ἀπωλειαν,
    26 και ἐσται ἐν τω τοπω οὐ ἐρρεθη αὐτοις· οὐ λαος μου ὑμεις, ἐκει κληθησονται υἱοι θεου ζωντος.
Rm 10 1 ἀδελφοι, ἡ μεν εὐδοκια της ἐμης καρδιας και ἡ δεησις προς τον θεον ὑπερ αὐτων εἰς σωτηριαν.
     2 μαρτυρω γαρ αὐτοις ὅτι ζηλον θεου ἐχουσιν, ἀλλ οὐ κατ ἐπιγνωσιν·
     3 ἀγνοουντες γαρ την του θεου δικαιοσυνην, και την ἰδιαν [δικαιοσυνην] ζητουντες στησαι, τη δικαιοσυνη του θεου οὐχ ὑπεταγησαν.
     3 ἀγνοουντες γαρ την του θεου δικαιοσυνην, και την ἰδιαν [δικαιοσυνην] ζητουντες στησαι, τη δικαιοσυνη του θεου οὐχ ὑπεταγησαν.
     9 ὅτι ἐαν ὁμολογησης ἐν τω στοματι σου κυριον ἰησουν, και πιστευσης ἐν τη καρδια σου ὅτι ὁ θεος αὐτον ἠγειρεν ἐκ νεκρων, σωθηση·
Rm 11 1 λεγω οὖν, μη ἀπωσατο ὁ θεος τον λαον αὐτου;
     2 οὐκ ἀπωσατο ὁ θεος τον λαον αὐτου ὁν προεγνω.
     2 ἠ οὐκ οἰδατε ἐν ἠλια τί λεγει ἡ γραφη, ὡς ἐντυγχανει τω θεω κατα του ἰσραηλ;
     8 ἐδωκεν αὐτοις ὁ θεος πνευμα κατανυξεως,
    21 εἰ γαρ ὁ θεος των κατα φυσιν κλαδων οὐκ ἐφεισατο, [μη πως] οὐδε σοῦ φεισεται.
    22 ἰδε οὖν χρηστοτητα και ἀποτομιαν θεου·
    22 ἐπι μεν τους πεσοντας ἀποτομια, ἐπι δε σέ χρηστοτης θεου,
    23 δυνατος γαρ ἐστιν ὁ θεος παλιν ἐγκεντρισαι αὐτους.
    29 ἀμεταμελητα γαρ τα χαρισματα και ἡ κλησις του θεου.
    30 ὡσπερ γαρ ὑμεις ποτε ἠπειθησατε τω θεω, νυν δε ἠλεηθητε τη τουτων ἀπειθεια, οὑτως και οὐτοι νυν ἠπειθησαν τω ὑμετερω ἐλεει ἰνα και αὐτοι [νυν] ἐλεηθωσιν.
    32 συνεκλεισεν γαρ ὁ θεος τους παντας εἰς ἀπειθειαν ἰνα τους παντας ἐλεηση.
    33 ὤ βαθος πλουτου και σοφιας και γνωσεως θεου·
Rm 12 1 παρακαλω οὖν ὑμας, ἀδελφοι, δια των οἰκτιρμων του θεου, παραστησαι τα σωματα ὑμων θυσιαν ζωσαν ἀγιαν εὐαρεστον τω θεω,
     1 παρακαλω οὖν ὑμας, ἀδελφοι, δια των οἰκτιρμων του θεου, παραστησαι τα σωματα ὑμων θυσιαν ζωσαν ἀγιαν εὐαρεστον τω θεω,
     2 ἀλλα μεταμορφουσθε τη ἀνακαινωσει του νοος, εἰς το δοκιμαζειν ὑμας τί το θελημα του θεου,
     3 ἀλλα φρονειν εἰς το σωφρονειν, ἐκαστω ὡς ὁ θεος ἐμερισεν μετρον πιστεως.
Rm 13 1 οὐ γαρ ἐστιν ἐξουσια εἰ μη ὑπο θεου, αἱ δε οὐσαι ὑπο θεου τεταγμεναι εἰσιν.
     1 αἱ δε οὐσαι ὑπο θεου τεταγμεναι εἰσιν.
     2 ὡστε ὁ ἀντιτασσομενος τη ἐξουσια τη του θεου διαταγη ἀνθεστηκεν·
     4 θεου γαρ διακονος ἐστιν σοί εἰς το ἀγαθον.
     4 θεου γαρ διακονος ἐστιν ἐκδικος εἰς ὀργην τω το κακον πρασσοντι.
     6 λειτουργοι γαρ θεου εἰσιν εἰς αὐτο τουτο προσκαρτερουντες.
Rm 14 3 ὁ δε μη ἐσθιων τον ἐσθιοντα μη κρινετω, ὁ θεος γαρ αὐτον προσελαβετο.
     6 και ὁ ἐσθιων κυριω ἐσθιει, εὐχαριστει γαρ τω θεω·
     6 και ὁ μη ἐσθιων κυριω οὐκ ἐσθιει, και εὐχαριστει τω θεω.
    10 παντες γαρ παραστησομεθα τω βηματι του θεου.
    11 ζω ἐγω, λεγει κυριος, ὅτι ἐμοι καμψει παν γονυ, και πασα γλωσσα ἐξομολογησεται τω θεω.
    12 ἀρα [οὖν] ἐκαστος ἡμων περι ἑαυτου λογον δωσει [τω θεω].
    17 οὐ γαρ ἐστιν ἡ βασιλεια του θεου βρωσις και ποσις,
    18 ὁ γαρ ἐν τουτω δουλευων τω χριστω εὐαρεστος τω θεω και δοκιμος τοις ἀνθρωποις.
    20 μη ἑνεκεν βρωματος καταλυε το ἐργον του θεου.
    22 συ πιστιν [ἡν] ἐχεις κατα σεαυτον ἐχε ἐνωπιον του θεου.
Rm 15 5 ὁ δε θεος της ὑπομονης και της παρακλησεως δωη ὑμιν το αὐτο φρονειν ἐν ἀλληλοις κατα χριστον ἰησουν,

θεος [1318]

Rm 15 6 ὁ δε θεος της ὑπομονης και της παρακλησεως δωη ὑμιν το αὐτο φρονειν ἐν ἀλληλοις κατα χριστον ἰησουν, ἰνα ὁμοθυμαδον ἐν ἑνι στοματι δοξαζητε τον θεον και πατερα του κυριου ἡμων ἰησου χριστου.
     7 διο προσλαμβανεσθε ἀλληλους, καθως και ὁ χριστος προσελαβετο ὑμας εἰς δοξαν του θεου.
     8 λεγω γαρ χριστον διακονον γεγενησθαι περιτομης ὑπερ ἀληθειας θεου,
     9 τα δε ἐθνη ὑπερ ἐλεους δοξασαι τον θεον, καθως γεγραπται·
    13 ὁ δε θεος της ἐλπιδος πληρωσαι ὑμας πασης χαρας και εἰρηνης ἐν τω πιστευειν,
    15 τολμηροτερον δε ἐγραψα ὑμιν ἀπο μερους, ὡς ἐπαναμιμνησκων ὑμας δια την χαριν την δοθεισαν μοι ὑπο του θεου
    16 εἰς το εἰναι με λειτουργον χριστου ἰησου εἰς τα ἐθνη, ἱερουργουντα το εὐαγγελιον του θεου,
    17 ἐχω οὖν την καυχησιν ἐν χριστω ἰησου τα προς τον θεον·
    19 ἐν δυναμει σημειων και τερατων, ἐν δυναμει πνευματος [θεου]·
    30 παρακαλω δε ὑμας, [ἀδελφοι,] δια του κυριου ἡμων ἰησου χριστου και δια της ἀγαπης του πνευματος, συναγωνισασθαι μοι ἐν ταις προσευχαις ὑπερ ἐμου προς τον θεον,
    31 και ἡ διακονια μου ἡ εἰς ἱερουσαλημ εὐπροσδεκτος τοις ἀγιοις γενηται, ἰνα ἐν χαρα ἐλθων προς ὑμας δια θεληματος θεου συναναπαυσωμαι ὑμιν.
    33 ὁ δε θεος της εἰρηνης μετα παντων ὑμων· ἀμην.
Rm 16 20 ὁ δε θεος της εἰρηνης συντριψει τον σαταναν ὑπο τους ποδας ὑμων ἐν ταχει.
    26 [κατα ἀποκαλυψιν μυστηριου χρονοις αἰωνιοις σεσιγημενου], [φανερωθεντος δε νυν δια τε γραφων προφητικων κατ ἐπιταγην του αἰωνιου θεου εἰς ὑπακοην πιστεως εἰς παντα τα ἐθνη γνωρισθεντος],
    27 [μονω σοφω θεω, δια ἰησου χριστου, ὡ ἡ δοξα εἰς τους αἰωνας· ἀμην].
1Co 1 1 παυλος κλητος ἀποστολος χριστου ἰησου δια θεληματος θεου και σωσθενης ὁ ἀδελφος
     2 τη ἐκκλησια του θεου τη οὐση ἐν κορινθω, ἡγιασμενοις ἐν χριστω ἰησου,
     3 χαρις ὑμιν και εἰρηνη ἀπο θεου πατρος ἡμων και κυριου ἰησου χριστου.
     4 εὐχαριστω τω θεω μου παντοτε περι ὑμων ἐπι τη χαριτι του θεου τη δοθειση ὑμιν ἐν χριστω ἰησου,
     4 εὐχαριστω τω θεω μου παντοτε περι ὑμων ἐπι τη χαριτι του θεου τη δοθειση ὑμιν ἐν χριστω ἰησου,
     9 πιστος ὁ θεος, δι οὐ ἐκληθητε εἰς κοινωνιαν του υἱου αὐτου ἰησου χριστου του κυριου ἡμων.
    14 εὐχαριστω [τω θεω] ὅτι οὐδενα ὑμων ἐβαπτισα εἰ μη κρισπον και γαιον·
    18 ὁ λογος γαρ ὁ του σταυρου τοις μεν ἀπολλυμενοις μωρια ἐστιν, τοις δε σωζομενοις ἡμιν δυναμις θεου ἐστιν.
    20 οὐχι ἐμωρανεν ὁ θεος την σοφιαν του κοσμου;
    21 ἐπειδη γαρ ἐν τη σοφια του θεου οὐκ ἐγνω ὁ κοσμος δια της σοφιας τον θεον, εὐδοκησεν ὁ θεος δια της μωριας του κηρυγματος σωσαι τους πιστευοντας.
    21 ἐπειδη γαρ ἐν τη σοφια του θεου οὐκ ἐγνω ὁ κοσμος δια της σοφιας τον θεον, εὐδοκησεν ὁ θεος δια της μωριας του κηρυγματος σωσαι τους πιστευοντας.
    21 ἐπειδη γαρ ἐν τη σοφια του θεου οὐκ ἐγνω ὁ κοσμος δια της σοφιας τον θεον, εὐδοκησεν ὁ θεος δια της μωριας του κηρυγματος σωσαι τους πιστευοντας.
    24 αὐτοις δε τοις κλητοις, ἰουδαιοις τε και ἑλλησιν, χριστον θεου δυναμιν και θεου σοφιαν.
    24 αὐτοις δε τοις κλητοις, ἰουδαιοις τε και ἑλλησιν, χριστον θεου δυναμιν και θεου σοφιαν.
    25 ὅτι το μωρον του θεου σοφωτερον των ἀνθρωπων ἐστιν,
    25 ὅτι το μωρον του θεου σοφωτερον των ἀνθρωπων ἐστιν, και το ἀσθενες του θεου ἰσχυροτερον των ἀνθρωπων.
    27 ἀλλα τα μωρα του κοσμου ἐξελεξατο ὁ θεος ἰνα καταισχυνη τους σοφους,
    27 και τα ἀσθενη του κοσμου ἐξελεξατο ὁ θεος ἰνα καταισχυνη τα ἰσχυρα,
    28 και τα ἀγενη του κοσμου και τα ἐξουθενημενα ἐξελεξατο ὁ θεος, τα μη ὀντα, ἰνα τα ὀντα καταργηση.
    29 και τα ἐξουθενημενα ἐξελεξατο ὁ θεος, τα μη ὀντα, ἰνα τα ὀντα καταργηση, ὁπως μη καυχησηται πασα σαρξ ἐνωπιον του θεου.
    30 ἐξ αὐτου δε ὑμεις ἐστε ἐν χριστω ἰησου, ὁς ἐγενηθη σοφια ἡμιν ἀπο θεου,

θεος [1318]

| 1Co | 2 | 1 | καγω ελθων προς υμας, αδελφοι, ηλθον ου καθ υπεροχην λογου η σοφιας καταγγελλων υμιν το μυστηριον του θεου. |

1Co 2 1 καγω ελθων προς υμας, αδελφοι, ηλθον ου καθ υπεροχην λογου η σοφιας καταγγελλων υμιν το μυστηριον του θεου.
5 αλλ εν αποδειξει πνευματος και δυναμεως, ινα η πιστις υμων μη η εν σοφια ανθρωπων αλλ εν δυναμει θεου.
7 αλλα λαλουμεν θεου σοφιαν εν μυστηριω, την αποκεκρυμμενην, ην προωρισεν ο θεος προ των αιωνων εις δοξαν ημων·
7 αλλα λαλουμεν θεου σοφιαν εν μυστηριω, την αποκεκρυμμενην, ην προωρισεν ο θεος προ των αιωνων εις δοξαν ημων·
9 α οφθαλμος ουκ ειδεν και ους ουκ ηκουσεν και επι καρδιαν ανθρωπου ουκ ανεβη, α ητοιμασεν ο θεος τοις αγαπωσιν αυτον.
10 ημιν δε απεκαλυψεν ο θεος δια του πνευματος·
10 το γαρ πνευμα παντα εραυνα, και τα βαθη του θεου.
11 ουτως και τα του θεου ουδεις εγνωκεν ει μη το πνευμα του θεου.
11 ουτως και τα του θεου ουδεις εγνωκεν ει μη το πνευμα του θεου.
12 ημεις δε ου το πνευμα του κοσμου ελαβομεν αλλα το πνευμα το εκ του θεου.
12 ημεις δε ου το πνευμα του κοσμου ελαβομεν αλλα το πνευμα το εκ του θεου, ινα ειδωμεν τα υπο του θεου χαρισθεντα ημιν·
14 ψυχικος δε ανθρωπος ου δεχεται τα του πνευματος του θεου·
3 6 εγω εφυτευσα, απολλως εποτισεν, αλλα ο θεος ηυξανεν·
7 ωστε ουτε ο φυτευων εστιν τι ουτε ο ποτιζων, αλλ ο αυξανων θεος.
9 θεου γαρ εσμεν συνεργοι· θεου γεωργιον, θεου οικοδομη εστε.
9 θεου γαρ εσμεν συνεργοι· θεου γεωργιον, θεου οικοδομη εστε.
9 θεου γαρ εσμεν συνεργοι· θεου γεωργιον, θεου οικοδομη εστε.
10 κατα την χαριν του θεου την δοθεισαν μοι ως σοφος αρχιτεκτων θεμελιον εθηκα, αλλος δε εποικοδομει.
16 ουκ οιδατε οτι ναος θεου εστε και το πνευμα του θεου οικει εν υμιν;
16 ουκ οιδατε οτι ναος θεου εστε και το πνευμα του θεου οικει εν υμιν;
17 ει τις τον ναον του θεου φθειρει, φθειρει τουτον ο θεος·
17 ει τις τον ναον του θεου φθειρει, φθειρει τουτον ο θεος·
17 ο γαρ ναος του θεου αγιος εστιν, οιτινες εστε υμεις.
19 η γαρ σοφια του κοσμου τουτου μωρια παρα τω θεω εστιν.
23 ειτε ενεστωτα ειτε μελλοντα, παντα υμων, υμεις δε χριστου, χριστος δε θεου.
4 1 ουτως ημας λογιζεσθω ανθρωπος ως υπηρετας χριστου και οικονομους μυστηριων θεου.
5 και τοτε ο επαινος γενησεται εκαστω απο του θεου.
9 δοκω γαρ, ο θεος ημας τους αποστολους εσχατους απεδειξεν ως επιθανατιους,
20 ου γαρ εν λογω η βασιλεια του θεου, αλλ εν δυναμει.
5 13 ουχι τους εσω υμεις κρινετε; τους δε εξω ο θεος κρινει̃.
6 9 η ουκ οιδατε οτι αδικοι θεου βασιλειαν ου κληρονομησουσιν;
10 ουτε πορνοι ουτε ειδωλολατραι ουτε μοιχοι ουτε μαλακοι ουτε αρσενοκοιται ουτε κλεπται ουτε πλεονεκται, ου μεθυσοι, ου λοιδοροι, ουχ αρπαγες βασιλειαν θεου κληρονομησουσιν.
11 αλλα απελουσασθε, αλλα ηγιασθητε, αλλα εδικαιωθητε εν τω ονοματι του κυριου ιησου χριστου και εν τω πνευματι του θεου ημων.
13 ο δε θεος και ταυτην και ταυτα καταργησει.
14 ο δε θεος και τον κυριον ηγειρεν και ημας εξεγερει δια της δυναμεως αυτου.
19 η ουκ οιδατε οτι το σωμα υμων ναος του εν υμιν αγιου πνευματος εστιν, ου εχετε απο θεου, και ουκ εστε εαυτων;
20 δοξασατε δη τον θεον εν τω σωματι υμων.
7 7 αλλα εκαστος ιδιον εχει χαρισμα εκ θεου,
15 εν δε ειρηνη κεκληκεν υμας ο θεος.
17 ει μη εκαστω ως εμερισεν ο κυριος, εκαστον ως κεκληκεν ο θεος, ουτως περιπατειτω.
19 και η ακροβυστια ουδεν εστιν, αλλα τηρησις εντολων θεου.
24 εκαστος εν ω εκληθη, αδελφοι, εν τουτω μενετω παρα θεω.
40 δοκω δε καγω πνευμα θεου εχειν.
8 3 ει δε τις αγαπα τον θεον, ουτος εγνωσται υπ αυτου.
4 περι της βρωσεως ουν των ειδωλοθυτων οιδαμεν οτι ουδεν ειδωλον εν κοσμω, και οτι ουδεις θεος ει μη εις.
5 και γαρ ειπερ εισιν λεγομενοι θεοι ειτε εν ουρανω ειτε επι γης, ωσπερ εισιν θεοι πολλοι και κυριοι πολλοι, αλλ ημιν εις θεος ο πατηρ,

θεος [1318]

1Co 8 5 και γαρ ειπερ εισιν λεγομενοι θεοι ειτε εν ουρανω ειτε επι γης, ωσπερ εισιν θεοι πολλοι και κυριοι πολλοι, αλλ ημιν εις θεος ο πατηρ,
6 και γαρ ειπερ εισιν λεγομενοι θεοι ειτε εν ουρανω ειτε επι γης, ωσπερ εισιν θεοι πολλοι και κυριοι πολλοι, αλλ ημιν εις θεος ο πατηρ,
8 βρωμα δε ημας ου παραστησει τω θεω·
9 9 μη των βοων μελει τω θεω;
21 τοις ανομοις ως ανομος, μη ων ανομος θεου αλλ εννομος χριστου,
10 5 αλλ ουκ εν τοις πλειοσιν αυτων ευδοκησεν ο θεος·
13 πιστος δε ο θεος, ος ουκ εασει υμας πειρασθηναι υπερ ο δυνασθε,
20 αλλ οτι α θυουσιν, δαιμονιοις και ου θεω [θυουσιν]·
31 ειτε ουν εσθιετε ειτε πινετε ειτε τι ποιειτε, παντα εις δοξαν θεου ποιειτε.
32 απροσκοποι και ιουδαιοις γινεσθε και ελλησιν και τη εκκλησια του θεου,
11 3 κεφαλη δε γυναικος ο ανηρ, κεφαλη δε του χριστου ο θεος.
7 ανηρ μεν γαρ ουκ οφειλει κατακαλυπτεσθαι την κεφαλην, εικων και δοξα θεου υπαρχων·
12 τα δε παντα εκ του θεου.
13 πρεπον εστιν γυναικα ακατακαλυπτον τω θεω προσευχεσθαι;
16 ει δε τις δοκει φιλονεικος ειναι, ημεις τοιαυτην συνηθειαν ουκ εχομεν, ουδε αι εκκλησιαι του θεου.
22 η της εκκλησιας του θεου καταφρονειτε, και καταισχυνετε τους μη εχοντας;
12 3 διο γνωριζω υμιν οτι ουδεις εν πνευματι θεου λαλων λεγει·
6 και διαιρεσεις ενεργηματων εισιν, ο δε αυτος θεος ο ενεργων τα παντα εν πασιν.
18 νυνι δε ο θεος εθετο τα μελη,
24 αλλα ο θεος συνεκερασεν το σωμα, τω υστερουμενω περισσοτεραν δους τιμην, ινα μη η σχισμα εν τω σωματι,
28 και ους μεν εθετο ο θεος εν τη εκκλησια πρωτον αποστολους, δευτερον προφητας, τριτον διδασκαλους,
14 2 ο γαρ λαλων γλωσση ουκ ανθρωποις λαλει αλλα θεω·
18 ευχαριστω τω θεω, παντων υμων μαλλον γλωσσαις λαλω·
25 τα κρυπτα της καρδιας αυτου φανερα γινεται, και ουτως πεσων επι προσωπον προσκυνησει τω θεω,
25 και ουτως πεσων επι προσωπον προσκυνησει τω θεω, απαγγελλων οτι οντως ο θεος εν υμιν εστιν.
28 εαν δε μη η διερμηνευτης, σιγατω εν εκκλησια, εαυτω δε λαλειτω και τω θεω.
33 ου γαρ εστιν ακαταστασιας ο θεος αλλα ειρηνης.
36 η αφ υμων ο λογος του θεου εξηλθεν, η εις υμας μονους κατηντησεν;
15 9 ος ουκ ειμι ικανος καλεισθαι αποστολος, διοτι εδιωξα την εκκλησιαν του θεου·
10 χαριτι δε θεου ειμι ο ειμι,
10 αλλα περισσοτερον αυτων παντων εκοπιασα, ουκ εγω δε αλλα η χαρις του θεου [η] συν εμοι.
15 ευρισκομεθα δε και ψευδομαρτυρες του θεου,
15 ευρισκομεθα δε και ψευδομαρτυρες του θεου, οτι εμαρτυρησαμεν κατα του θεου οτι ηγειρεν τον χριστον,
24 ειτα το τελος, οταν παραδιδω την βασιλειαν τω θεω και πατρι,
28 τοτε [και] αυτος ο υιος υποταγησεται τω υποταξαντι αυτω τα παντα, ινα η ο θεος [τα] παντα εν πασιν.
34 αγνωσιαν γαρ θεου τινες εχουσιν· προς εντροπην υμιν λαλω.
38 ο δε θεος διδωσιν αυτω σωμα καθως ηθελησεν,
50 τουτο δε φημι, αδελφοι, οτι σαρξ και αιμα βασιλειαν θεου κληρονομησαι ου δυνανται,
57 τω δε θεω χαρις τω διδοντι ημιν το νικος δια του κυριου ημων ιησου χριστου.
2Co 1 1 παυλος αποστολος χριστου ιησου δια θεληματος θεου και τιμοθεος ο αδελφος τη εκκλησια του θεου τη ουση εν κορινθω συν τοις αγιοις πασιν τοις ουσιν εν ολη τη αχαια·
1 παυλος αποστολος χριστου ιησου δια θεληματος θεου και τιμοθεος ο αδελφος τη εκκλησια του θεου τη ουση εν κορινθω συν τοις αγιοις πασιν τοις ουσιν εν ολη τη αχαια·
2 χαρις υμιν και ειρηνη απο θεου πατρος ημων και κυριου ιησου χριστου.
3 ευλογητος ο θεος και πατηρ του κυριου ημων ιησου χριστου,
3 ευλογητος ο θεος και πατηρ του κυριου ημων ιησου χριστου, ο πατηρ των οικτιρμων και θεος πασης παρακλησεως,
4 ο παρακαλων ημας επι παση τη θλιψει ημων, εις το δυνασθαι ημας παρακαλειν τους εν παση θλιψει δια της παρακλησεως ης παρακαλουμεθα αυτοι υπο του θεου.

θεος [1318]

2Co	1	9	ἱνα μη πεποιθοτες ὡμεν ἐφ ἑαυτοις ἀλλ ἐπι τω θεω τω ἐγειροντι τους νεκρους·
		12	το μαρτυριον της συνειδησεως ἡμων, ὁτι ἐν ἁπλοτητι και εἰλικρινεια του θεου, [και] οὐκ ἐν σοφια σαρκικη ἀλλ ἐν χαριτι θεου, ἀνεστραφημεν ἐν τω κοσμω,
		12	το μαρτυριον της συνειδησεως ἡμων, ὁτι ἐν ἁπλοτητι και εἰλικρινεια του θεου, [και] οὐκ ἐν σοφια σαρκικη ἀλλ ἐν χαριτι θεου, ἀνεστραφημεν ἐν τω κοσμω,
		18	πιστος δε ὁ θεος ὁτι ὁ λογος ἡμων ὁ προς ὑμας οὐκ ἐστιν ναι και οὔ.
		19	ὁ του θεου γαρ υἱος ἱησους χριστος ὁ ἐν ὑμιν δι ἡμων κηρυχθεις, δι ἐμου και σιλουανου και τιμοθεου, οὐκ ἐγενετο ναι και οὔ,
		20	ὁσαι γαρ ἐπαγγελιαι θεου, ἐν αὐτω το ναι·
		20	διο και δι αὐτου το ἀμην τω θεω προς δοξαν δι ἡμων.
		21	ὁ δε βεβαιων ἡμας συν ὑμιν εἰς χριστον και χρισας ἡμας θεος,
		23	ἐγω δε μαρτυρα τον θεον ἐπικαλουμαι ἐπι την ἐμην ψυχην,
	2	14	τω δε θεω χαρις τω παντοτε θριαμβευοντι ἡμας ἐν τω χριστω και την ὀσμην της γνωσεως αὐτου φανερουντι δι ἡμων ἐν παντι τοπω·
		15	ὁτι χριστου εὐωδια ἐσμεν τω θεω ἐν τοις σωζομενοις και ἐν τοις ἀπολλυμενοις,
		17	οὐ γαρ ἐσμεν ὡς οἱ πολλοι καπηλευοντες τον λογον του θεου,
		17	ἀλλ ὡς ἐξ εἰλικρινειας, ἀλλ ὡς ἐκ θεου κατεναντι θεου ἐν χριστω λαλουμεν.
		17	ἀλλ ὡς ἐξ εἰλικρινειας, ἀλλ ὡς ἐκ θεου κατεναντι θεου ἐν χριστω λαλουμεν.
	3	3	ἐγγεγραμμενη οὐ μελανι ἀλλα πνευματι θεου ζωντος, οὐκ ἐν πλαξιν λιθιναις ἀλλ ἐν πλαξιν καρδιαις σαρκιναις,
		4	πεποιθησιν δε τοιαυτην ἐχομεν δια του χριστου προς τον θεον.
		5	οὐχ ὁτι ἀφ ἑαυτων ἱκανοι ἐσμεν λογισασθαι τι ὡς ἐξ ἑαυτων, ἀλλ ἡ ἱκανοτης ἡμων ἐκ του θεου,
	4	2	ἀλλα ἀπειπαμεθα τα κρυπτα της αἰσχυνης, μη περιπατουντες ἐν πανουργια μηδε δολουντες τον λογον του θεου,
		2	ἀλλα τη φανερωσει της ἀληθειας συνιστανοντες ἑαυτους προς πασαν συνειδησιν ἀνθρωπων ἐνωπιον του θεου.
		4	ἐν οἱς ὁ θεος του αἰωνος τουτου ἐτυφλωσεν τα νοηματα των ἀπιστων εἰς το μη αὐγασαι τον φωτισμον του εὐαγγελιου της δοξης του χριστου,
		4	ἐν οἱς ὁ θεος του αἰωνος τουτου ἐτυφλωσεν τα νοηματα των ἀπιστων εἰς το μη αὐγασαι τον φωτισμον του εὐαγγελιου της δοξης του χριστου, ὁς ἐστιν εἰκων του θεου.
		6	ὁτι ὁ θεος ὁ εἰπων· ἐκ σκοτους φως λαμψει, ὁς ἐλαμψεν ἐν ταις καρδιαις ἡμων προς φωτισμον της γνωσεως της δοξης του θεου ἐν προσωπω [ἱησου] χριστου.
		6	ὁτι ὁ θεος ὁ εἰπων· ἐκ σκοτους φως λαμψει, ὁς ἐλαμψεν ἐν ταις καρδιαις ἡμων προς φωτισμον της γνωσεως της δοξης του θεου ἐν προσωπω [ἱησου] χριστου.
		7	ἐχομεν δε τον θησαυρον τουτον ἐν ὀστρακινοις σκευεσιν, ἱνα ἡ ὑπερβολη της δυναμεως ἡ του θεου και μη ἐξ ἡμων·
		15	τα γαρ παντα δι ὑμας, ἱνα ἡ χαρις πλεονασασα δια των πλειονων την εὐχαριστιαν περισσευση εἰς την δοξαν του θεου.
	5	1	οἰδαμεν γαρ ὁτι ἐαν ἡ ἐπιγειος ἡμων οἰκια του σκηνους καταλυθη, οἰκοδομην ἐκ θεου ἐχομεν,
		5	ὁ δε κατεργασαμενος ἡμας εἰς αὐτο τουτο θεος,
		11	εἰδοτες οὐν τον φοβον του κυριου ἀνθρωπους πειθομεν, θεω δε πεφανερωμεθα·
		13	εἰτε γαρ ἐξεστημεν, θεω· εἰτε σωφρονουμεν, ὑμιν.
		18	τα δε παντα ἐκ του θεου του καταλλαξαντος ἡμας ἑαυτω δια χριστου και δοντος ἡμιν την διακονιαν της καταλλαγης,
		19	ὡς ὁτι θεος ἠν ἐν χριστω κοσμον καταλλασσων ἑαυτω,
		20	ὑπερ χριστου οὐν πρεσβευομεν ὡς του θεου παρακαλουντος δι ἡμων·
		20	δεομεθα ὑπερ χριστου, καταλλαγητε τω θεω.
		21	τον μη γνοντα ἁμαρτιαν ὑπερ ἡμων ἁμαρτιαν ἐποιησεν, ἱνα ἡμεις γενωμεθα δικαιοσυνη θεου ἐν αὐτω.
	6	1	συνεργουντες δε και παρακαλουμεν μη εἰς κενον την χαριν του θεου δεξασθαι ὑμας·
		4	ἀλλ ἐν παντι συνισταντες ἑαυτους ὡς θεου διακονοι,
		7	ἐν ἀγαπη ἀνυποκριτω, ἐν λογω ἀληθειας, ἐν δυναμει θεου·
		16	τις δε συγκαταθεσις ναω θεου μετα εἰδωλων;
		16	ἡμεις γαρ ναος θεου ἐσμεν ζωντος·
		16	ἡμεις γαρ ναος θεου ἐσμεν ζωντος· καθως εἰπεν ὁ θεος ὁτι ἐνοικησω ἐν αὐτοις και ἐμπεριπατησω,
		16	και ἐσομαι αὐτων θεος, και αὐτοι ἐσονται μου λαος.
	7	1	καθαρισωμεν ἑαυτους ἀπο παντος μολυσμου σαρκος και πνευματος, ἐπιτελουντες ἁγιωσυνην ἐν φοβω θεου.

θεος [1318]

2Co	7	6	ἀλλ ὁ παρακαλων τους ταπεινους παρεκαλεσεν ἡμας ὁ θεος ἐν τη παρουσια τιτου·
		9	ἐλυπηθητε γαρ κατα θεον, ἱνα ἐν μηδενι ζημιωθητε ἐξ ἡμων.
		10	ἡ γαρ κατα θεον λυπη μετανοιαν εἰς σωτηριαν ἀμεταμελητον ἐργαζεται·
		11	ἰδου γαρ αὐτο τουτο το κατα θεον λυπηθηναι ποσην κατειργασατο ὑμιν σπουδην,
		12	οὐχ ἑνεκεν του ἀδικησαντος οὐδε ἑνεκεν του ἀδικηθεντος, ἀλλ ἑνεκεν του φανερωθηναι την σπουδην ὑμων την ὑπερ ἡμων προς ὑμας ἐνωπιον του θεου.
	8	1	γνωριζομεν δε ὑμιν, ἀδελφοι, την χαριν του θεου την δεδομενην ἐν ταις ἐκκλησιαις της μακεδονιας,
		5	και οὐ καθως ἠλπισαμεν, ἀλλα ἑαυτους ἐδωκαν πρωτον τω κυριω και ἡμιν δια θεληματος θεου,
		16	χαρις δε τω θεω τω δοντι την αὐτην σπουδην ὑπερ ὑμων ἐν τη καρδια τιτου.
	9	7	ἱλαρον γαρ δοτην ἀγαπα ὁ θεος.
		8	δυνατει δε ὁ θεος πασαν χαριν περισσευσαι εἰς ὑμας,
		11	ἐν παντι πλουτιζομενοι εἰς πασαν ἁπλοτητα, ἡτις κατεργαζεται δι ἡμων εὐχαριστιαν τω θεω·
		12	ὁτι ἡ διακονια της λειτουργιας ταυτης οὐ μονον ἐστιν προσαναπληρουσα τα ὑστερηματα των ἁγιων, ἀλλα και περισσευουσα δια πολλων εὐχαριστιων τω θεω·
		13	δια της δοκιμης της διακονιας ταυτης δοξαζοντες τον θεον ἐπι τη ὑποταγη της ὁμολογιας ὑμων εἰς το εὐαγγελιον του χριστου και ἁπλοτητι της κοινωνιας εἰς αὐτους και εἰς παντας,
		14	και αὐτων δεησει ὑπερ ὑμων ἐπιποθουντων ὑμας δια την ὑπερβαλλουσαν χαριν του θεου ἐφ ὑμιν.
		15	χαρις τω θεω ἐπι τη ἀνεκδιηγητω αὐτου δωρεα.
	10	4	τα γαρ ὁπλα της στρατειας ἡμων οὐ σαρκικα ἀλλα δυνατα τω θεω προς καθαιρεσιν ὀχυρωματων,
		5	λογισμους καθαιρουντες και παν ὑψωμα ἐπαιρομενον κατα της γνωσεως του θεου,
		13	ἀλλα κατα το μετρον του κανονος οὐ ἐμερισεν ἡμιν ὁ θεος μετρου, ἐφικεσθαι ἀχρι και ὑμων.
	11	2	ζηλω γαρ ὑμας θεου ζηλω,
		7	ἡ ἁμαρτιαν ἐποιησα ἐμαυτον ταπεινων ἱνα ὑμεις ὑψωθητε, ὁτι δωρεαν το του θεου εὐαγγελιον εὐηγγελισαμην ὑμιν;
		11	ὁτι οὐκ ἀγαπω ὑμας; ὁ θεος οἰδεν.
		31	ὁ θεος και πατηρ του κυριου ἱησου οἰδεν,
	12	2	εἰτε ἐν σωματι οὐκ οἰδα, εἰτε ἐκτος του σωματος οὐκ οἰδα, ὁ θεος οἰδεν, ἁρπαγεντα τον τοιουτον ἑως τριτου οὐρανου.
		3	και οἰδα τον τοιουτον ἀνθρωπον εἰτε ἐν σωματι εἰτε χωρις του σωματος οὐκ οἰδα, ὁ θεος οἰδεν, ὁτι ἡρπαγη εἰς τον παραδεισον
		19	κατεναντι θεου ἐν χριστω λαλουμεν·
		21	μη παλιν ἐλθοντος μου ταπεινωση με ὁ θεος μου προς ὑμας,
	13	4	και γαρ ἐσταυρωθη ἐξ ἀσθενειας, ἀλλα ζη ἐκ δυναμεως θεου.
		4	και γαρ ἡμεις ἀσθενουμεν ἐν αὐτω, ἀλλα ζησομεν συν αὐτω ἐκ δυναμεως θεου εἰς ὑμας.
		7	εὐχομεθα δε προς τον θεον μη ποιησαι ὑμας κακον μηδεν,
		11	και ὁ θεος της ἀγαπης και εἰρηνης ἐσται μεθ ὑμων.
		13	ἡ χαρις του κυριου ἱησου χριστου και ἡ ἀγαπη του θεου και ἡ κοινωνια του ἁγιου πνευματος μετα παντων ὑμων.
Ga	1	1	παυλος ἀποστολος, οὐκ ἀπ ἀνθρωπων οὐδε δι ἀνθρωπου ἀλλα δια ἱησου χριστου και θεου πατρος του ἐγειραντος αὐτον ἐκ νεκρων,
		3	χαρις ὑμιν και εἰρηνη ἀπο θεου πατρος ἡμων και κυριου ἱησου χριστου,
		4	του δοντος ἑαυτον ὑπερ των ἁμαρτιων ἡμων, ὁπως ἐξεληται ἡμας ἐκ του αἰωνος του ἐνεστωτος πονηρου κατα το θελημα του θεου
		10	ἀρτι γαρ ἀνθρωπους πειθω ἡ τον θεον;
		13	ἠκουσατε γαρ την ἐμην ἀναστροφην ποτε ἐν τω ἰουδαισμω, ὁτι καθ ὑπερβολην ἐδιωκον την ἐκκλησιαν του θεου και ἐπορθουν αὐτην,
		15	ὁτε δε εὐδοκησεν [ὁ θεος] ὁ ἀφορισας με ἐκ κοιλιας μητρος μου και καλεσας δια της χαριτος αὐτου
		20	ἁ δε γραφω ὑμιν, ἰδου ἐνωπιον του θεου ὁτι οὐ ψευδομαι.
		24	και ἐδοξαζον ἐν ἐμοι τον θεον.
	2	6	προσωπον [ὁ] θεος ἀνθρωπου οὐ λαμβανει
		19	ἐγω γαρ δια νομου νομω ἀπεθανον ἱνα θεω ζησω.
		20	ὁ δε νυν ζω ἐν σαρκι, ἐν πιστει ζω τη του υἱου του θεου του ἀγαπησαντος με και παραδοντος ἑαυτον ὑπερ ἐμου.
		21	οὐκ ἀθετω την χαριν του θεου·
	3	6	καθως ἀβρααμ ἐπιστευσεν τω θεω, και ἐλογισθη αὐτω εἰς δικαιοσυνην.
		8	προιδουσα δε ἡ γραφη ὁτι ἐκ πιστεως δικαιοι τα ἐθνη ὁ θεος,

θεος [1318]

Ga 3 11 ὅτι δε ἐν νομω οὐδεις δικαιουται παρα τω θεω δηλον.

17 διαθηκην προκεκυρωμενην υπο του θεου ὁ μετα τετρακοσιακαιτριακοντα ἐτη γεγονως νομος οὐκ ἀκυροι, εἰς το καταργησαι την ἐπαγγελιαν.

18 τω δε ἀβρααμ δι ἐπαγγελιας κεχαρισται ὁ θεος.

20 ὁ δε μεσιτης ἑνος οὐκ ἐστιν, ὁ δε θεος εἱς ἐστιν.

21 ὁ οὖν νομος κατα των ἐπαγγελιων [του θεου];

26 παντες γαρ υἱοι θεου ἐστε δια της πιστεως ἐν χριστω ἰησου·

4 4 ὅτε δε ἠλθεν το πληρωμα του χρονου, ἐξαπεστειλεν ὁ θεος τον υἱον αὐτου,

6 ὅτι δε ἐστε υἱοι, ἐξαπεστειλεν ὁ θεος το πνευμα του υἱου αὐτου εἰς τας καρδιας ἡμων,

7 εἰ δε υἱος, και κληρονομος δια θεου. ·

8 ἀλλα τοτε μεν οὐκ εἰδοτες θεον ἐδουλευσατε τοις φυσει μη οὐσιν θεοις·

8 ἀλλα τοτε μεν οὐκ εἰδοτες θεον ἐδουλευσατε τοις φυσει μη οὐσιν θεοις·

9 νυν δε γνοντες θεον, μαλλον δε γνωσθεντες υπο θεου,

9 μαλλον δε γνωσθεντες υπο θεου,

14 και τον πειρασμον ὑμων ἐν τη σαρκι μου οὐκ ἐξουθενησατε οὐδε ἐξεπτυσατε, ἀλλα ὡς ἀγγελον θεου ἐδεξασθε με, ὡς χριστον ἰησουν.

5 21 ὅτι οἱ τα τοιαυτα πρασσοντες βασιλειαν θεου οὐ κληρονομησουσιν.

6 7 μη πλανασθε, θεος οὐ μυκτηριζεται.

16 εἰρηνη ἐπ αὐτους και ἐλεος, και ἐπι τον ἰσραηλ του θεου.

Eph 1 1 παυλος ἀποστολος χριστου ἰησου δια θεληματος θεου τοις ἁγιοις τοις οὐσιν [ἐν ἐφεσω] και πιστοις ἐν χριστω ἰησου·

2 χαρις ὑμιν και εἰρηνη ἀπο θεου πατρος ἡμων και κυριου ἰησου χριστου.

3 εὐλογητος ὁ θεος και πατηρ του κυριου ἡμων ἰησου χριστου,

17 ἱνα ὁ θεος του κυριου ἡμων ἰησου χριστου, ὁ πατηρ της δοξης, δωη ὑμιν πνευμα σοφιας και ἀποκαλυψεως ἐν ἐπιγνωσει αὐτου,

2 4 ὁ δε θεος πλουσιος ὢν ἐν ἐλεει,

8 και τουτο οὐκ ἐξ ὑμων, θεου το δωρον·

10 κτισθεντες ἐν χριστω ἰησου ἐπι ἐργοις ἀγαθοις, οἱς προητοιμασεν ὁ θεος ἱνα ἐν αὐτοις περιπατησωμεν.

16 και ἀποκαταλλαξη τους ἀμφοτερους ἐν ἑνι σωματι τω θεω δια του σταυρου,

19 ἀρα οὖν οὐκετι ἐστε ξενοι και παροικοι, ἀλλα ἐστε συμπολιται των ἁγιων και οἰκειοι του θεου,

22 ἐν ᾡ και ὑμεις συνοικοδομεισθε εἰς κατοικητηριον του θεου ἐν πνευματι.

3 2 τουτου χαριν ἐγω παυλος ὁ δεσμιος του χριστου [ἰησου] ὑπερ ὑμων των ἐθνων εἰ γε ἠκουσατε την οἰκονομιαν της χαριτος του θεου της δοθεισης μοι εἰς ὑμας,

7 δια του εὐαγγελιου, οὑ ἐγενηθην διακονος κατα την δωρεαν της χαριτος του θεου της δοθεισης μοι κατα την ἐνεργειαν της δυναμεως αὐτου.

9 και φωτισαι [παντας] τίς ἡ οἰκονομια του μυστηριου του ἀποκεκρυμμενου ἀπο των αἰωνων ἐν τω θεω τω τα παντα κτισαντι,

10 ἱνα γνωρισθη νυν ταις ἀρχαις και ταις ἐξουσιαις ἐν τοις ἐπουρανιοις δια της ἐκκλησιας ἡ πολυποικιλος σοφια του θεου,

19 γνωναι τε την ὑπερβαλλουσαν της γνωσεως ἀγαπην του χριστου, ἱνα πληρωθητε εἰς παν το πληρωμα του θεου.

4 6 εἱς θεος και πατηρ παντων,

13 μεχρι καταντησωμεν οἱ παντες εἰς την ἑνοτητα της πιστεως και της ἐπιγνωσεως του υἱου του θεου,

18 ἐσκοτωμενοι τη διανοια ὀντες, ἀπηλλοτριωμενοι της ζωης του θεου,

24 και ἐνδυσασθαι τον καινον ἀνθρωπον τον κατα θεον κτισθεντα ἐν δικαιοσυνη και ὁσιοτητι της ἀληθειας.

30 και μη λυπειτε το πνευμα το ἁγιον του θεου,

32 γινεσθε [δε] εἰς ἀλληλους χρηστοι, εὐσπλαγχνοι, χαριζομενοι ἑαυτοις καθως και ὁ θεος ἐν χριστω ἐχαρισατο ὑμιν.

5 1 γινεσθε οὖν μιμηται του θεου, ὡς τεκνα ἀγαπητα,

2 καθως και ὁ χριστος ἠγαπησεν ἡμας και παρεδωκεν ἑαυτον ὑπερ ἡμων προσφοραν και θυσιαν τω θεω εἰς ὀσμην εὐωδιας.

5 ὅτι πας πορνος ἢ ἀκαθαρτος ἢ πλεονεκτης, ὁ ἐστιν εἰδωλολατρης, οὐκ ἐχει κληρονομιαν ἐν τη βασιλεια του χριστου και θεου.

6 δια ταυτα γαρ ἐρχεται ἡ ὀργη του θεου ἐπι τους υἱους της ἀπειθειας.

20 εὐχαριστουντες παντοτε ὑπερ παντων ἐν ὀνοματι του κυριου ἡμων ἰησου χριστου τω θεω και πατρι,

θεος [1318]

Eph 6 6 μη κατ ὀφθαλμοδουλιαν ὡς ἀνθρωπαρεσκοι, ἀλλ ὡς δουλοι χριστου ποιουντες το θελημα του θεου ἐκ ψυχης,

11 ἐνδυσασθε την πανοπλιαν του θεου προς το δυνασθαι ὑμας στηναι προς τας μεθοδειας του διαβολου·

13 δια τουτο ἀναλαβετε την πανοπλιαν του θεου,

17 και την μαχαιραν του πνευματος, ὁ ἐστιν ρημα θεου.

23 εἰρηνη τοις ἀδελφοις και ἀγαπη μετα πιστεως ἀπο θεου πατρος και κυριου ἰησου χριστου.

Php 1 2 χαρις ὑμιν και εἰρηνη ἀπο θεου πατρος ἡμων και κυριου ἰησου χριστου.

3 εὐχαριστω τω θεω μου ἐπι παση τη μνεια ὑμων,

8 μαρτυς γαρ μου ὁ θεος, ὡς ἐπιποθω παντας ὑμας ἐν σπλαγχνοις χριστου ἰησου.

11 πεπληρωμενοι καρπον δικαιοσυνης τον δια ἰησου χριστου, εἰς δοξαν και ἐπαινον θεου.

28 ἡτις ἐστιν αὐτοις ἐνδειξις ἀπωλειας, ὑμων δε σωτηριας, και τουτο ἀπο θεου·

2 6 τουτο φρονειτε ἐν ὑμιν ὁ και ἐν χριστω ἰησου, ὁς ἐν μορφη θεου ὑπαρχων οὐχ ἁρπαγμον ἡγησατο το εἰναι ἰσα θεω,

6 τουτο φρονειτε ἐν ὑμιν ὁ και ἐν χριστω ἰησου, ὁς ἐν μορφη θεου ὑπαρχων οὐχ ἁρπαγμον ἡγησατο το εἰναι ἰσα θεω,

9 διο και ὁ θεος αὐτον ὑπερυψωσεν

11 και πασα γλωσσα ἐξομολογησηται ὁτι κυριος ἰησους χριστος εἰς δοξαν θεου πατρος.

13 θεος γαρ ἐστιν ὁ ἐνεργων ἐν ὑμιν και το θελειν και το ἐνεργειν ὑπερ της εὐδοκιας.

15 ἱνα γενησθε ἀμεμπτοι και ἀκεραιοι, τεκνα θεου ἀμωμα μεσον γενεας σκολιας και διεστραμμενης,

27 ἀλλα ὁ θεος ἠλεησεν αὐτον, οὐκ αὐτον δε μονον ἀλλα και ἐμε, ἱνα μη λυπην ἐπι λυπην σχω.

3 3 ἡμεις γαρ ἐσμεν ἡ περιτομη, οἱ πνευματι θεου λατρευοντες

9 ἀλλα την δια πιστεως χριστου, την ἐκ θεου δικαιοσυνην ἐπι τη πιστει,

14 κατα σκοπον διωκω εἰς το βραβειον της ἀνω κλησεως του θεου ἐν χριστω ἰησου.

15 και εἰ τι ἑτερως φρονειτε, και τουτο ὁ θεος ὑμιν ἀποκαλυψει·

19 ὡν ὁ θεος ἡ κοιλια και ἡ δοξα ἐν τη αἰσχυνη αὐτων,

4 6 μηδεν μεριμνατε, ἀλλ ἐν παντι τη προσευχη και τη δεησει μετα εὐχαριστιας τα αἰτηματα ὑμων γνωριζεσθω προς τον θεον.

7 και ἡ εἰρηνη του θεου ἡ ὑπερεχουσα παντα νουν φρουρησει τας καρδιας ὑμων

9 και ὁ θεος της εἰρηνης ἐσται μεθ ὑμων.

18 πεπληρωμαι δεξαμενος παρα ἐπαφροδιτου τα παρ ὑμων, ὀσμην εὐωδιας, θυσιαν δεκτην, εὐαρεστον τω θεω.

19 ὁ δε θεος μου πληρωσει πασαν χρειαν ὑμων κατα το πλουτος αὐτου ἐν δοξη ἐν χριστω ἰησου.

20 τω δε θεω και πατρι ἡμων ἡ δοξα εἰς τους αἰωνας των αἰωνων· ἀμην.

Col 1 1 παυλος ἀποστολος χριστου ἰησου δια θεληματος θεου και τιμοθεος ὁ ἀδελφος

2 χαρις ὑμιν και εἰρηνη ἀπο θεου πατρος ἡμων.

3 εὐχαριστουμεν τω θεω πατρι του κυριου ἡμων ἰησου χριστου παντοτε περι ὑμων προσευχομενοι,

6 ἀφ ἡς ἡμερας ἠκουσατε και ἐπεγνωτε την χαριν του θεου ἐν ἀληθεια·

10 ἐν παντι ἐργω ἀγαθω καρποφορουντες και αὐξανομενοι τη ἐπιγνωσει του θεου,

15 ὁς ἐστιν εἰκων του θεου του ἀορατου, πρωτοτοκος πασης κτισεως,

25 ὁ ἐστιν ἡ ἐκκλησια, ἡς ἐγενομην ἐγω διακονος κατα την οἰκονομιαν του θεου

25 ἡς ἐγενομην ἐγω διακονος κατα την οἰκονομιαν του θεου την δοθεισαν μοι εἰς ὑμας πληρωσαι τον λογον του θεου,

27 νυν δε ἐφανερωθη τοις ἁγιοις αὐτου, οἱς ἠθελησεν ὁ θεος γνωρισαι τί το πλουτος της δοξης του μυστηριου τουτου ἐν τοις ἐθνεσιν,

2 2 συμβιβασθεντες ἐν ἀγαπη και εἰς παν πλουτος της πληροφοριας της συνεσεως, εἰς ἐπιγνωσιν του μυστηριου του θεου, χριστου,

12 ἐν ᾡ και συνηγερθητε δια της πιστεως της ἐνεργειας του θεου του ἐγειραντος αὐτον ἐκ νεκρων·

19 και οὐ κρατων την κεφαλην, ἐξ οὑ παν το σωμα δια των ἀφων και συνδεσμων ἐπιχορηγουμενον και συμβιβαζομενον αὐξει την αὐξησιν του θεου.

3 1 τα ἀνω ζητειτε, οὑ ὁ χριστος ἐστιν ἐν δεξια του θεου καθημενος·

3 ἀπεθανετε γαρ, και ἡ ζωη ὑμων κεκρυπται συν τω χριστω ἐν τω θεω·

θεος [1318]

Col	3	6	και την πλεονεξιαν ήτις έστιν είδωλολατρια, δι ά έρχεται ή όργη του θεου [έπι τους υίους της άπειθειας]·
		12	ένδυσασθε ούν, ώς έκλεκτοι του θεου άγιοι και ήγαπημενοι, σπλαγχνα οίκτιρμου, χρηστοτητα, ταπεινοφροσυνην, πραυτητα, μακροθυμιαν,
		16	ψαλμοις ύμνοις ώδαις πνευματικαις έν [τη] χαριτι άδοντες έν ταις καρδιαις ύμων τω θεω·
		17	εύχαριστουντες τω θεω πατρι δι αύτου.
	4	3	προσευχομενοι άμα και περι ήμων, ίνα ό θεος άνοιξη ήμιν θυραν του λογου,
		11	ούτοι μονοι συνεργοι είς την βασιλειαν του θεου,
		12	παντοτε άγωνιζομενος ύπερ ύμων έν ταις προσευχαις, ίνα σταθητε τελειοι και πεπληροφορημενοι έν παντι θεληματι του θεου.
1Th	1	1	παυλος και σιλουανος και τιμοθεος τη έκκλησια θεσσαλονικεων έν θεω πατρι και κυριω ίησου χριστω·
		2	εύχαριστουμεν τω θεω παντοτε περι παντων ύμων,
		3	έμπροσθεν του θεου και πατρος ήμων,
		4	είδοτες, άδελφοι ήγαπημενοι ύπο [του] θεου, την έκλογην ύμων,
		8	άφ ύμων γαρ έξηχηται ό λογος του κυριου ού μονον έν τη μακεδονια και [έν τη] άχαια, άλλ έν παντι τοπω ή πιστις ύμων ή προς τον θεον έξεληλυθεν,
		9	και πως έπεστρεψατε προς τον θεον άπο των είδωλων δουλευειν θεω ζωντι και άληθινω,
		9	και πως έπεστρεψατε προς τον θεον άπο των είδωλων δουλευειν θεω ζωντι και άληθινω,
	2	2	άλλα προπαθοντες και ύβρισθεντες καθως οίδατε έν φιλιπποις έπαρρησιασαμεθα έν τω θεω ήμων λαλησαι προς ύμας το εύαγγελιον του θεου έν πολλω άγωνι.
		2	άλλα προπαθοντες και ύβρισθεντες καθως οίδατε έν φιλιπποις έπαρρησιασαμεθα έν τω θεω ήμων λαλησαι προς ύμας το εύαγγελιον του θεου έν πολλω άγωνι.
		4	άλλα καθως δεδοκιμασμεθα ύπο του θεου πιστευθηναι το εύαγγελιον ούτως λαλουμεν,
		4	ούχ ώς άνθρωποις άρεσκοντες, άλλα θεω τω δοκιμαζοντι τας καρδιας ήμων.
		5	ούτε γαρ ποτε έν λογω κολακειας έγενηθημεν, καθως οίδατε, ούτε έν προφασει πλεονεξιας, θεος μαρτυς,
		8	ούτως όμειρομενοι ύμων εύδοκουμεν μεταδουναι ύμιν ού μονον το εύαγγελιον του θεου άλλα και τας έαυτων ψυχας,
		9	νυκτος και ήμερας έργαζομενοι προς το μη έπιβαρησαι τινα ύμων έκηρυξαμεν είς ύμας το εύαγγελιον του θεου.
		10	ύμεις μαρτυρες και ό θεος, ώς όσιως και δικαιως και άμεμπτως ύμιν τοις πιστευουσιν έγενηθημεν,
		12	είς το περιπατειν ύμας άξιως του θεου του καλουντος ύμας είς την έαυτου βασιλειαν και δοξαν.
		13	και δια τουτο και ήμεις εύχαριστουμεν τω θεω άδιαλειπτως,
		13	ότι παραλαβοντες λογον άκοης παρ ήμων του θεου έδεξασθε ού λογον άνθρωπων
		13	ότι παραλαβοντες λογον άκοης παρ ήμων του θεου έδεξασθε ού λογον άνθρωπων άλλα καθως έστιν άληθως λογον θεου,
		14	ύμεις γαρ μιμηται έγενηθητε, άδελφοι, των έκκλησιων του θεου
		15	και ήμας έκδιωξαντων, και θεω μη άρεσκοντων,
	3	2	και έπεμψαμεν τιμοθεον, τον άδελφον ήμων και συνεργον του θεου έν τω εύαγγελιω του χριστου,
		9	τινα γαρ εύχαριστιαν δυναμεθα τω θεω άνταποδουναι περι ύμων έπι παση τη χαρα ή χαιρομεν δι ύμας έμπροσθεν του θεου ήμων,
		9	τινα γαρ εύχαριστιαν δυναμεθα τω θεω άνταποδουναι περι ύμων έπι παση τη χαρα ή χαιρομεν δι ύμας έμπροσθεν του θεου ήμων,
		11	αύτος δε ό θεος και πατηρ ήμων και ό κυριος ήμων ίησους κατευθυναι την όδον ήμων προς ύμας·
		13	έμπροσθεν του θεου και πατρος ήμων έν τη παρουσια του κυριου ήμων ίησου μετα παντων των άγιων αύτου.
	4	1	λοιπον ούν, άδελφοι, έρωτωμεν ύμας και παρακαλουμεν έν κυριω ίησου, ίνα καθως παρελαβετε παρ ήμων το πως δει ύμας περιπατειν και άρεσκειν θεω, καθως και περιπατειτε,
		3	τουτο γαρ έστιν θελημα του θεου, ό άγιασμος ύμων, άπεχεσθαι ύμας άπο της πορνειας,
		5	μη έν παθει έπιθυμιας καθαπερ και τα έθνη τα μη είδοτα τον θεον,
		7	ού γαρ έκαλεσεν ήμας ό θεος έπι άκαθαρσια άλλ έν άγιασμω.
		8	τοιγαρουν ό άθετων ούκ άνθρωπον άθετει άλλα τον θεον τον [και] διδοντα το πνευμα αύτου το άγιον είς ύμας.
		14	εί γαρ πιστευομεν ότι ίησους άπεθανεν και άνεστη, ούτως και ό θεος τους κοιμηθεντας δια του ίησου άξει συν αύτω.

θεος [1318]

1Th	4	16	ότι αύτος ό κυριος έν κελευσματι, έν φωνη άρχαγγελου και έν σαλπιγγι θεου, καταβησεται άπ ούρανου,
	5	9	ότι ούκ έθετο ήμας ό θεος είς όργην άλλα είς περιποιησιν σωτηριας δια του κυριου ήμων ίησου χριστου,
		18	έν παντι εύχαριστειτε· τουτο γαρ θελημα θεου έν χριστω ίησου είς ύμας.
		23	αύτος δε ό θεος της είρηνης άγιασαι ύμας όλοτελεις,
2Th	1	1	παυλος και σιλουανος και τιμοθεος τη έκκλησια θεσσαλονικεων έν θεω πατρι ήμων και κυριω ίησου χριστω·
		2	χαρις ύμιν και είρηνη άπο θεου πατρος [ήμων] και κυριου ίησου χριστου.
		3	εύχαριστειν όφειλομεν τω θεω παντοτε περι ύμων, άδελφοι, καθως άξιον έστιν,
		4	ώστε αύτους ήμας έν ύμιν έγκαυχασθαι έν ταις έκκλησιαις του θεου ύπερ της ύπομονης ύμων και πιστεως
		5	ένδειγμα της δικαιας κρισεως του θεου,
		5	ένδειγμα της δικαιας κρισεως του θεου, είς το καταξιωθηναι ύμας της βασιλειας του θεου,
		6	είπερ δικαιον παρα θεω άνταποδουναι τοις θλιβουσιν ύμας θλιψιν
		8	διδοντος έκδικησιν τοις μη είδοσιν θεον και τοις μη ύπακουουσιν τω εύαγγελιω του κυριου ήμων ίησου,
		11	είς ό και προσευχομεθα παντοτε περι ύμων, ίνα ύμας άξιωση της κλησεως ό θεος ήμων
		12	όπως ένδοξασθη το όνομα του κυριου ήμων ίησου έν ύμιν, και ύμεις έν αύτω, κατα την χαριν του θεου ήμων και κυριου ίησου χριστου.
	2	4	ό υίος της άπωλειας, ό άντικειμενος και ύπεραιρομενος έπι παντα λεγομενον θεον ή σεβασμα,
		4	ώστε αύτον είς τον ναον του θεου καθισαι,
		4	ώστε αύτον είς τον ναον του θεου καθισαι, άποδεικνυντα έαυτον ότι έστιν θεος.
		11	και δια τουτο πεμπει αύτοις ό θεος ένεργειαν πλανης είς το πιστευσαι αύτους τω ψευδει,
		13	ήμεις δε όφειλομεν εύχαριστειν τω θεω παντοτε περι ύμων,
		13	ότι είλατο ύμας ό θεος άπαρχην είς σωτηριαν έν άγιασμω πνευματος και πιστει άληθειας,
		16	αύτος δε ό κυριος ήμων ίησους χριστος και [ό] θεος ό πατηρ ήμων,
	3	5	ό δε κυριος κατευθυναι ύμων τας καρδιας είς την άγαπην του θεου και είς την ύπομονην του χριστου.
1Tm	1	1	παυλος άποστολος χριστου ίησου κατ έπιταγην θεου σωτηρος ήμων και χριστου ίησου της έλπιδος ήμων
		2	χαρις, έλεος, είρηνη άπο θεου πατρος και χριστου ίησου του κυριου ήμων.
		4	μηδε προσεχειν μυθοις και γενεαλογιαις άπεραντοις, αίτινες έκζητησεις παρεχουσιν μαλλον ή οίκονομιαν θεου την έν πιστει·
		11	και εί τι έτερον τη ύγιαινουση διδασκαλια άντικειται, κατα το εύαγγελιον της δοξης του μακαριου θεου,
		17	τω δε βασιλει των αίωνων, άφθαρτω άορατω μονω θεω, τιμη και δοξα είς τους αίωνας των αίωνων·
	2	3	τουτο καλον και άποδεκτον ένωπιον του σωτηρος ήμων θεου,
		5	είς γαρ θεος, είς και μεσιτης θεου και άνθρωπων, άνθρωπος χριστος ίησους,
		5	είς γαρ θεος, είς και μεσιτης θεου και άνθρωπων, άνθρωπος χριστος ίησους,
	3	5	εί δε τις του ίδιου οίκου προστηναι ούκ οίδεν, πως έκκλησιας θεου έπιμελησεται;
		15	έαν δε βραδυνω, ίνα είδης πως δει έν οίκω θεου άναστρεφεσθαι,
		15	ίνα είδης πως δει έν οίκω θεου άναστρεφεσθαι, ήτις έστιν έκκλησια θεου ζωντος,
	4	3	κωλυοντων γαμειν, άπεχεσθαι βρωματων, ά ό θεος έκτισεν είς μεταλημψιν μετα εύχαριστιας τοις πιστοις και έπεγνωκοσι την άληθειαν.
		4	ότι παν κτισμα θεου καλον, και ούδεν άποβλητον μετα εύχαριστιας λαμβανομενον·
		5	άγιαζεται γαρ δια λογου θεου και έντευξεως.
		10	είς τουτο γαρ κοπιωμεν και άγωνιζομεθα, ότι ήλπικαμεν έπι θεω ζωντι,
	5	4	τουτο γαρ έστιν άποδεκτον ένωπιον του θεου.
		5	ή δε όντως χηρα και μεμονωμενη ήλπικεν έπι θεον
		21	διαμαρτυρομαι ένωπιον του θεου και χριστου ίησου και των έκλεκτων άγγελων ίνα ταυτα φυλαξης χωρις προκριματος,
	6	1	όσοι είσιν ύπο ζυγον δουλοι, τους ίδιους δεσποτας πασης τιμης άξιους ήγεισθωσαν, ίνα μη το όνομα του θεου και ή διδασκαλια βλασφημηται.
		11	συ δε, ώ άνθρωπε θεου, ταυτα φευγε·

θεος [1318]

1Tm 6 13 παραγγελλω [σοι] ἐνωπιον του θεου του ζωογονουντος τα παντα και χριστου ιησου του μαρτυρησαντος ἐπι ποντιου πιλατου την καλην ὁμολογιαν,

17 μηδε ἠλπικεναι ἐπι πλουτου ἀδηλοτητι, ἀλλ᾽ ἐπι θεῳ τῳ παρεχοντι ἡμιν παντα πλουσιως εἰς ἀπολαυσιν,

2Tm 1 1 παυλος ἀποστολος χριστου ιησου δια θεληματος θεου κατ᾽ ἐπαγγελιαν ζωης της ἐν χριστῳ ιησου

2 χαρις, ἐλεος, εἰρηνη ἀπο θεου πατρος και χριστου ιησου του κυριου ἡμων.

3 χαριν ἐχω τῳ θεῳ, ᾧ λατρευω ἀπο προγονων ἐν καθαρᾳ συνειδησει, ὡς ἀδιαλειπτον ἐχω την περι σου μνειαν ἐν ταις δεησεσιν μου νυκτος και ἡμερας,

6 δι᾽ ἣν αἰτιαν ἀναμιμνησκω σε ἀναζωπυρειν το χαρισμα του θεου,

7 οὐ γαρ ἐδωκεν ἡμιν ὁ θεος πνευμα δειλιας, ἀλλα δυναμεως και ἀγαπης και σωφρονισμου.

8 μη οὖν ἐπαισχυνθῃς το μαρτυριον του κυριου ἡμων μηδε ἐμε τον δεσμιον αὐτου, ἀλλα συγκακοπαθησον τῳ εὐαγγελιῳ κατα δυναμιν θεου,

2 9 ἀλλα ὁ λογος του θεου οὐ δεδεται.

14 ταυτα ὑπομιμνησκε, διαμαρτυρομενος ἐνωπιον του θεου μη λογομαχειν,

15 σπουδασον σεαυτον δοκιμον παραστησαι τῳ θεῳ, ἐργατην ἀνεπαισχυντον,

19 ὁ μεντοι στερεος θεμελιος του θεου ἑστηκεν, ἐχων την σφραγιδα ταυτην·

25 μηποτε δωῃ αὐτοις ὁ θεος μετανοιαν εἰς ἐπιγνωσιν ἀληθειας,

3 17 ἱνα ἀρτιος ᾖ ὁ του θεου ἀνθρωπος, προς παν ἐργον ἀγαθον ἐξηρτισμενος.

4 1 διαμαρτυρομαι ἐνωπιον του θεου και χριστου ιησου,

Tit 1 1 παυλος δουλος θεου, ἀποστολος δε ιησου χριστου κατα πιστιν ἐκλεκτων θεου και ἐπιγνωσιν ἀληθειας της κατ᾽ εὐσεβειαν

1 παυλος δουλος θεου, ἀποστολος δε ιησου χριστου κατα πιστιν ἐκλεκτων θεου και ἐπιγνωσιν ἀληθειας της κατ᾽ εὐσεβειαν

2 ἐπ᾽ ἐλπιδι ζωης αἰωνιου, ἣν ἐπηγγειλατο ὁ ἀψευδης θεος προ χρονων αἰωνιων,

3 ἐφανερωσεν δε καιροις ἰδιοις τον λογον αὐτου ἐν κηρυγματι ὁ ἐπιστευθην ἐγω κατ᾽ ἐπιταγην του σωτηρος ἡμων θεου,

4 χαρις και εἰρηνη ἀπο θεου πατρος και χριστου ιησου του σωτηρος ἡμων.

7 δει γαρ τον ἐπισκοπον ἀνεγκλητον εἰναι ὡς θεου οἰκονομον,

16 θεον ὁμολογουσιν εἰδεναι, τοις δε ἐργοις ἀρνουνται,

2 5 ἱνα μη ὁ λογος του θεου βλασφημηται,

10 ἀλλα πασαν πιστιν ἐνδεικνυμενους ἀγαθην, ἱνα την διδασκαλιαν την του σωτηρος ἡμων θεου κοσμωσιν ἐν πασιν.

11 ἐπεφανη γαρ ἡ χαρις του θεου σωτηριος πασιν ἀνθρωποις,

13 προσδεχομενοι την μακαριαν ἐλπιδα και ἐπιφανειαν της δοξης του μεγαλου θεου

3 4 ὁτε δε ἡ χρηστοτης και ἡ φιλανθρωπια ἐπεφανη του σωτηρος ἡμων θεου,

8 και περι τουτων βουλομαι σε διαβεβαιουσθαι, ἱνα φροντιζωσιν καλων ἐργων προιστασθαι οἱ πεπιστευκοτες θεῳ.

Phm 3 χαρις ὑμιν και εἰρηνη ἀπο θεου πατρος ἡμων και κυριου ιησου χριστου.

4 εὐχαριστω τῳ θεῳ μου παντοτε μνειαν σου ποιουμενος ἐπι των προσευχων μου,

Heb 1 1 πολυμερως και πολυτροπως παλαι ὁ θεος λαλησας τοις πατρασιν ἐν τοις προφηταις ἐπ᾽ ἐσχατου των ἡμερων τουτων ἐλαλησεν ἡμιν ἐν υἱῳ,

6 και προσκυνησατωσαν αὐτῳ παντες ἀγγελοι θεου.

8 ὁ θρονος σου ὁ θεος εἰς τον αἰωνα του αἰωνος,

9 δια τουτο ἐχρισεν σε, ὁ θεος, ὁ θεος σου ἐλαιον ἀγαλλιασεως παρα τους μετοχους σου.

9 δια τουτο ἐχρισεν σε, ὁ θεος, ὁ θεος σου ἐλαιον ἀγαλλιασεως παρα τους μετοχους σου.

2 4 συνεπιμαρτυρουντος του θεου σημειοις τε και τερασιν και ποικιλαις δυναμεσιν και πνευματος ἁγιου μερισμοις κατα την αὐτου θελησιν.

9 ὁπως χαριτι θεου ὑπερ παντος γευσηται θανατου.

13 ἰδου ἐγω και τα παιδια ἃ μοι ἐδωκεν ὁ θεος.

17 ὁθεν ὠφειλεν κατα παντα τοις ἀδελφοις ὁμοιωθηναι, ἱνα ἐλεημων γενηται και πιστος ἀρχιερευς τα προς τον θεον,

3 4 ὁ δε παντα κατασκευασας θεος.

12 βλεπετε, ἀδελφοι, μηποτε ἐσται ἐν τινι ὑμων καρδια πονηρα ἀπιστιας ἐν τῳ ἀποστηναι ἀπο θεου ζωντος,

θεος [1318]

Heb 4 4 και κατεπαυσεν ὁ θεος ἐν τῃ ἡμερᾳ τῃ ἑβδομῃ ἀπο παντων των ἐργων αὐτου·

9 ἀρα ἀπολειπεται σαββατισμος τῳ λαῳ του θεου.

10 ὁ γαρ εἰσελθων εἰς την καταπαυσιν αὐτου και αὐτος κατεπαυσεν ἀπο των ἐργων αὐτου, ὡσπερ ἀπο των ἰδιων ὁ θεος.

12 ζων γαρ ὁ λογος του θεου και ἐνεργης και τομωτερος ὑπερ πασαν μαχαιραν διστομον

14 ἐχοντες οὖν ἀρχιερεα μεγαν διεληλυθοτα τους οὐρανους, ιησουν τον υἱον του θεου, κρατωμεν της ὁμολογιας.

5 1 πας γαρ ἀρχιερευς ἐξ ἀνθρωπων λαμβανομενος ὑπερ ἀνθρωπων καθισταται τα προς τον θεον,

4 και οὐχ ἑαυτῳ τις λαμβανει την τιμην, ἀλλα καλουμενος ὑπο του θεου,

10 προσαγορευθεις ὑπο του θεου ἀρχιερευς κατα την ταξιν μελχισεδεκ.

12 και γαρ ὀφειλοντες εἰναι διδασκαλοι δια τον χρονον, παλιν χρειαν ἐχετε του διδασκειν ὑμας τινα τα στοιχεια της ἀρχης των λογιων του θεου,

6 1 μη παλιν θεμελιον καταβαλλομενοι μετανοιας ἀπο νεκρων ἐργων, και πιστεως ἐπι θεον, βαπτισμων διδαχης, ἐπιθεσεως τε χειρων, ἀναστασεως τε νεκρων,

3 και τουτο ποιησομεν, ἐανπερ ἐπιτρεπῃ ὁ θεος.

5 και καλον γευσαμενους θεου ῥημα δυναμεις τε μελλοντος αἰωνος,

6 ἀνασταυρουντας ἑαυτοις τον υἱον του θεου και παραδειγματιζοντας.

7 γη γαρ ἡ πιουσα τον ἐπ᾽ αὐτης ἐρχομενον πολλακις ὑετον και τικτουσα βοτανην εὐθετον ἐκεινοις δι᾽ οὓς και γεωργειται, μεταλαμβανει εὐλογιας ἀπο του θεου,

10 οὐ γαρ ἀδικος ὁ θεος ἐπιλαθεσθαι του ἐργου ὑμων και της ἀγαπης ἧς ἐνεδειξασθε εἰς το ὀνομα αὐτου,

13 τῳ γαρ ἀβρααμ ἐπαγγειλαμενος ὁ θεος, ἐπει κατ᾽ οὐδενος εἰχεν μειζονος ὀμοσαι, ὠμοσεν καθ᾽ ἑαυτου,

17 ἐν ᾧ περισσοτερον βουλομενος ὁ θεος ἐπιδειξαι τοις κληρονομοις της ἐπαγγελιας το ἀμεταθετον της βουλης αὐτου ἐμεσιτευσεν ὁρκῳ,

18 ἱνα δια δυο πραγματων ἀμεταθετων, ἐν οἷς ἀδυνατον ψευσασθαι [τον] θεον, ἰσχυραν παρακλησιν ἐχωμεν οἱ καταφυγοντες

7 1 οὑτος γαρ ὁ μελχισεδεκ, βασιλευς σαλημ, ἱερευς του θεου του ὑψιστου,

3 ἀφωμοιωμενος δε τῳ υἱῳ του θεου, μενει ἱερευς εἰς το διηνεκες.

19 οὐδεν γαρ ἐτελειωσεν ὁ νομος, ἐπεισαγωγη δε κρειττονος ἐλπιδος, δι᾽ ἧς ἐγγιζομεν τῳ θεῳ.

25 ὁθεν και σωζειν εἰς το παντελες δυναται τους προσερχομενους δι᾽ αὐτου τῳ θεῳ,

8 10 και ἐσομαι αὐτοις εἰς θεον και αὐτοι ἐσονται μοι εἰς λαον.

9 14 ποσῳ μαλλον το αἱμα του χριστου, ὁς δια πνευματος αἰωνιου ἑαυτον προσηνεγκεν ἀμωμον τῳ θεῳ, καθαριει την συνειδησιν ἡμων ἀπο νεκρων ἐργων εἰς το λατρευειν θεῳ ζωντι.

14 ποσῳ μαλλον το αἱμα του χριστου, ὁς δια πνευματος αἰωνιου ἑαυτον προσηνεγκεν ἀμωμον τῳ θεῳ, καθαριει την συνειδησιν ἡμων ἀπο νεκρων ἐργων εἰς το λατρευειν θεῳ ζωντι.

20 τουτο το αἱμα της διαθηκης ἧς ἐνετειλατο προς ὑμας ὁ θεος.

24 νυν ἐμφανισθηναι τῳ προσωπῳ του θεου ὑπερ ἡμων·

10 7 ἰδου ἡκω, ἐν κεφαλιδι βιβλιου γεγραπται περι ἐμου, του ποιησαι ὁ θεος το θελημα σου.

12 οὑτος δε μιαν ὑπερ ἁμαρτιων προσενεγκας θυσιαν εἰς το διηνεκες ἐκαθισεν ἐν δεξιᾳ του θεου,

21 και ἱερεα μεγαν ἐπι τον οἰκον του θεου,

29 ποσῳ δοκειτε χειρονος ἀξιωθησεται τιμωριας ὁ τον υἱον του θεου καταπατησας

31 φοβερον το ἐμπεσειν εἰς χειρας θεου ζωντος.

36 ὑπομονης γαρ ἐχετε χρειαν ἱνα το θελημα του θεου ποιησαντες κομισησθε την ἐπαγγελιαν.

11 3 πιστει νοουμεν κατηρτισθαι τους αἰωνας ῥηματι θεου,

4 πιστει πλειονα θυσιαν ἀβελ παρα καιν προσηνεγκεν τῳ θεῳ,

4 δι᾽ ἧς ἐμαρτυρηθη εἰναι δικαιος, μαρτυρουντος ἐπι τοις δωροις αὐτου του θεου,

5 πιστει ἐνωχ μετετεθη του μη ἰδειν θανατον, και οὐχ ηὑρισκετο διοτι μετεθηκεν αὐτον ὁ θεος.

5 προ γαρ της μεταθεσεως μεμαρτυρηται εὐαρεστηκεναι τῳ θεῳ·

6 πιστευσαι γαρ δει τον προσερχομενον τῳ θεῳ, ὁτι ἐστιν και τοις ἐκζητουσιν αὐτον μισθαποδοτης γινεται.

θεος [1318]

Heb	11 10	ἐξεδεχετο γαρ την τους θεμελιους ἐχουσαν πολιν, ἡς τεχνιτης και δημιουργος ὁ θεος.
	16	διο οὐκ ἐπαισχυνεται αὐτους ὁ θεος θεος ἐπικαλεισθαι αὐτων·
	16	διο οὐκ ἐπαισχυνεται αὐτους ὁ θεος θεος ἐπικαλεισθαι αὐτων·
	19	λογισαμενος ὁτι και ἐκ νεκρων ἐγειρειν δυνατος ὁ θεος·
	25	μαλλον ἑλομενος συγκακουχεισθαι τω λαω του θεου ἠ προσκαιρον ἐχειν ἁμαρτιας ἀπολαυσιν,
	40	του θεου περι ἡμων κρειττον τι προβλεψαμενου, ἱνα μη χωρις ἡμων τελειωθωσιν.
	12 2	ἐν δεξια τε του θρονου του θεου κεκαθικεν.
	7	ὡς υἱοις ὑμιν προσφερεται ὁ θεος·
	15	ἐπισκοπουντες μη τις ὑστερων ἀπο της χαριτος του θεου,
	22	ἀλλα προσεληλυθατε σιων ὀρει και πολει θεου ζωντος,
	23	και κριτη θεω παντων, και πνευμασι δικαιων τετελειωμενων,
	28	διο βασιλειαν ἀσαλευτον παραλαμβανοντες ἐχωμεν χαριν, δι ἡς λατρευωμεν εὐαρεστως τω θεω,
	29	και γαρ ὁ θεος ἡμων πυρ καταναλισκον.
	13 4	πορνους γαρ και μοιχους κρινει ὁ θεος.
	7	μνημονευετε των ἡγουμενων ὑμων, οἱτινες ἐλαλησαν ὑμιν τον λογον του θεου,
	15	δι αὐτου [οὐν] ἀναφερωμεν θυσιαν αἰνεσεως δια παντος τω θεω,
	16	τοιαυταις γαρ θυσιαις εὐαρεστειται ὁ θεος.
	20	ὁ δε θεος της εἰρηνης, ὁ ἀναγαγων ἐκ νεκρων τον ποιμενα των προβατων τον μεγαν ἐν αἱματι διαθηκης αἰωνιου, τον κυριον ἡμων ἰησουν, καταρτισαι ὑμας ἐν παντι ἀγαθω
Ja	1 1	ἰακωβος θεου και κυριου ἰησου χριστου δουλος ταις δωδεκα φυλαις ταις ἐν τη διασπορα χαιρειν.
	5	εἰ δε τις ὑμων λειπεται σοφιας, αἰτειτω παρα του διδοντος θεου πασιν ἁπλως και μη ὀνειδιζοντος,
	13	μηδεις πειραζομενος λεγετω ὁτι ἀπο θεου πειραζομαι·
	13	ὁ γαρ θεος ἀπειραστος ἐστιν κακων,
	20	ὀργη γαρ ἀνδρος δικαιοσυνην θεου οὐκ ἐργαζεται.
	27	θρησκεια καθαρα και ἀμιαντος παρα τω θεω και πατρι αὑτη ἐστιν,
	2 5	οὐχ ὁ θεος ἐξελεξατο τους πτωχους τω κοσμω πλουσιους ἐν πιστει και κληρονομους της βασιλειας ἡς ἐπηγγειλατο τοις ἀγαπωσιν αὐτον;
	19	συ πιστευεις ὁτι εἱς ἐστιν ὁ θεος;
	23	ἐπιστευσεν δε ἀβρααμ τω θεω, και ἐλογισθη αὐτω εἰς δικαιοσυνην,
	23	και ἐλογισθη αὐτω εἰς δικαιοσυνην, και φιλος θεου ἐκληθη.
	3 9	και ἐν αὐτη καταρωμεθα τους ἀνθρωπους τους καθ ὁμοιωσιν θεου γεγονοτας·
	4 4	μοιχαλιδες, οὐκ οἰδατε ὁτι ἡ φιλια του κοσμου ἐχθρα του θεου ἐστιν;
	4	ὁς ἐαν οὐν βουληθη φιλος εἰναι του κοσμου, ἐχθρος του θεου καθισταται.
	6	ὁ θεος ὑπερηφανοις ἀντιτασσεται, ταπεινοις δε διδωσιν χαριν.
	7	ὑποταγητε οὐν τω θεω· ἀντιστητε δε τω διαβολω,
	8	ἐγγισατε τω θεω, και ἐγγιει ὑμιν.
1Pt	1 2	κατα προγνωσιν θεου πατρος, ἐν ἁγιασμω πνευματος,
	3	εὐλογητος ὁ θεος και πατηρ του κυριου ἡμων ἰησου χριστου,
	5	τετηρημενην ἐν οὐρανοις εἰς ὑμας τους ἐν δυναμει θεου φρουρουμενους δια πιστεως εἰς σωτηριαν ἑτοιμην ἀποκαλυφθηναι ἐν καιρω ἐσχατω·
	21	τους δι αὐτου πιστους εἰς θεον τον ἐγειραντα αὐτον ἐκ νεκρων και δοξαν αὐτω δοντα,
	21	ὡστε την πιστιν ὑμων και ἐλπιδα εἰναι εἰς θεον.
	23	ἀναγεγεννημενοι οὐκ ἐκ σπορας φθαρτης ἀλλα ἀφθαρτου δια λογου ζωντος θεου και μενοντος.
	2 4	προς ὁν προσερχομενοι, λιθον ζωντα, ὑπο ἀνθρωπων μεν ἀποδεδοκιμασμενον παρα δε θεω ἐκλεκτον ἐντιμον,
	5	και αὐτοι ὡς λιθοι ζωντες οἰκοδομεισθε οἰκος πνευματικος εἰς ἱερατευμα ἁγιον, ἀνενεγκαι πνευματικας θυσιας εὐπροσδεκτους [τω] θεω δια ἰησου χριστου·
	10	οἱ ποτε οὐ λαος, νυν δε λαος θεου,
	12	ἱνα ἐν ᾡ καταλαλουσιν ὑμων ὡς κακοποιων, ἐκ των καλων ἐργων ἐποπτευοντες δοξασωσιν τον θεον ἐν ἡμερα ἐπισκοπης.
	15	ὁτι οὑτως ἐστιν το θελημα του θεου, ἀγαθοποιουντας φιμουν την των ἀφρονων ἀνθρωπων ἀγνωσιαν·
	16	και μη ὡς ἐπικαλυμμα ἐχοντες της κακιας την ἐλευθεριαν, ἀλλ ὡς θεου δουλοι.
	17	τον θεον φοβεισθε, τον βασιλεα τιματε.
	19	τουτο γαρ χαρις εἰ δια συνειδησιν θεου ὑποφερει τις λυπας πασχων ἀδικως.

θεος [1318]

1Pt	2 20	ἀλλ εἰ ἀγαθοποιουντες και πασχοντες ὑπομενειτε, τουτο χαρις παρα θεω.
	3 4	ὁ ἐστιν ἐνωπιον του θεου πολυτελες.
	5	οὑτως γαρ ποτε και αἱ ἁγιαι γυναικες αἱ ἐλπιζουσαι εἰς θεον ἐκοσμουν ἑαυτας,
	17	κρειττον γαρ ἀγαθοποιουντας, εἰ θελοι το θελημα του θεου, πασχειν ἠ κακοποιουντας.
	18	ὁτι και χριστος ἁπαξ περι ἁμαρτιων ἐπαθεν, δικαιος ὑπερ ἀδικων, ἱνα ὑμας προσαγαγη τω θεω,
	20	ἐν ᾡ και τοις ἐν φυλακη πνευμασιν πορευθεις ἐκηρυξεν, ἀπειθησασιν ποτε ὁτε ἀπεξεδεχετο ἡ του θεου μακροθυμια ἐν ἡμεραις νωε
	21	ὁ και ὑμας ἀντιτυπον νυν σωζει βαπτισμα, οὐ σαρκος ἀποθεσις ρυπου ἀλλα συνειδησεως ἀγαθης ἐπερωτημα εἰς θεον,
	22	δι ἀναστασεως ἰησου χριστου, ὁς ἐστιν ἐν δεξια [του] θεου,
	4 2	εἰς το μηκετι ἀνθρωπων ἐπιθυμιαις ἀλλα θεληματι θεου τον ἐπιλοιπον ἐν σαρκι βιωσαι χρονον.
	6	ἱνα κριθωσι μεν κατα ἀνθρωπους σαρκι, ζωσι δε κατα θεον πνευματι.
	10	ἑκαστος καθως ἐλαβεν χαρισμα, εἰς ἑαυτους αὐτο διακονουντες ὡς καλοι οἰκονομοι ποικιλης χαριτος θεου·
	11	εἰ τις λαλει, ὡς λογια θεου·
	11	εἰ τις διακονει, ὡς ἐξ ἰσχυος ἡς χορηγει ὁ θεος·
	11	ἱνα ἐν πασιν δοξαζηται ὁ θεος δια ἰησου χριστου,
	14	εἰ ὀνειδιζεσθε ἐν ὀνοματι χριστου, μακαριοι, ὁτι το της δοξης και το του θεου πνευμα ἐφ ὑμας ἀναπαυεται.
	16	εἰ δε ὡς χριστιανος, μη αἰσχυνεσθω, δοξαζετω δε τον θεον ἐν τω ὀνοματι τουτω.
	17	ὁτι [ὁ] καιρος του ἀρξασθαι το κριμα ἀπο του οἰκου του θεου·
	17	εἰ δε πρωτον ἀφ ἡμων, τι το τελος των ἀπειθουντων τω του θεου εὐαγγελιω;
	19	ὡστε και οἱ πασχοντες κατα το θελημα του θεου πιστω κτιστη παρατιθεσθωσαν τας ψυχας αὐτων ἐν ἀγαθοποιια.
	5 2	ποιμανατε το ἐν ὑμιν ποιμνιον του θεου,
	2	ποιμανατε το ἐν ὑμιν ποιμνιον του θεου, [ἐπισκοπουντες] μη ἀναγκαστως ἀλλα ἑκουσιως κατα θεον,
	5	παντες δε ἀλληλοις την ταπεινοφροσυνην ἐγκομβωσασθε, ὁτι [ὁ] θεος ὑπερηφανοις ἀντιτασσεται,
	6	ταπεινωθητε οὐν ὑπο την κραταιαν χειρα του θεου,
	10	ὁ δε θεος πασης χαριτος, ὁ καλεσας ὑμας εἰς την αἰωνιον αὐτου δοξαν ἐν χριστω [ἰησου], ὀλιγον παθοντας αὐτος καταρτισει,
	12	παρακαλων και ἐπιμαρτυρων ταυτην εἰναι ἀληθη χαριν του θεου, εἰς ἡν στητε.
2Pt	1 1	συμεων πετρος δουλος και ἀποστολος ἰησου χριστου τοις ἰσοτιμον ἡμιν λαχουσιν πιστιν ἐν δικαιοσυνη του θεου ἡμων και σωτηρος ἰησου χριστου·
	2	χαρις ὑμιν και εἰρηνη πληθυνθειη ἐν ἐπιγνωσει του θεου και ἰησου του κυριου ἡμων.
	17	λαβων γαρ παρα θεου πατρος τιμην και δοξαν φωνης ἐνεχθεισης αὐτω τοιασδε ὑπο της μεγαλοπρεπους δοξης·
	21	ἀλλα ὑπο πνευματος ἁγιου φερομενοι ἐλαλησαν ἀπο θεου ἀνθρωποι.
	2 4	εἰ γαρ ὁ θεος ἀγγελων ἁμαρτησαντων οὐκ ἐφεισατο,
	3 5	ὁτι οὐρανοι ἠσαν ἐκπαλαι και γη ἐξ ὑδατος και δι ὑδατος συνεστωσα τω του θεου λογω,
	12	προσδοκωντας και σπευδοντας την παρουσιαν της του θεου ἡμερας,
1Jh	1 5	και ἐστιν αὑτη ἡ ἀγγελια ἡν ἀκηκοαμεν ἀπ αὐτου και ἀναγγελλομεν ὑμιν, ὁτι ὁ θεος φως ἐστιν
	2 5	ὁς δ ἀν τηρη αὐτου τον λογον, ἀληθως ἐν τουτω ἡ ἀγαπη του θεου τετελειωται.
	14	ἐγραψα ὑμιν, νεανισκοι, ὁτι ἰσχυροι ἐστε και ὁ λογος του θεου ἐν ὑμιν μενει και νενικηκατε τον πονηρον.
	17	ὁ δε ποιων το θελημα του θεου μενει εἰς τον αἰωνα.
	3 1	ἰδετε ποταπην ἀγαπην δεδωκεν ἡμιν ὁ πατηρ ἱνα τεκνα θ... κληθωμεν, και ἐσμεν.
	2	ἀγαπητοι, νυν τεκνα θεου ἐσμεν, και οὐπω ἐφανερωθη... ἐσομεθα.
	8	εἰς τουτο ἐφανερωθη ὁ υἱος του θεου, ἱνα λυση τα ἐ... διαβολου.
	9	πας ὁ γεγεννημενος ἐκ του θεου ἁμαρτιαν οὐ ποιε...
	9	και οὐ δυναται ἁμαρτανειν, ὁτι ἐκ του θεου γεγε...
	10	ἐν τουτω φανερα ἐστιν τα τεκνα του θεου και τα... διαβολου·
	10	πας ὁ μη ποιων δικαιοσυνην οὐκ ἐστιν ἐκ τ...

θεος [1318]

1Jh	3 17	ὃς δ ἄν ἔχῃ τον βιον του κοσμου και θεωρῃ τον ἀδελφον αὐτου χρειαν ἔχοντα και κλειση τα σπλαγχνα αὐτου ἀπ αὐτου, πῶς ἡ ἀγαπη του θεου μενει ἐν αὐτῳ;
	20	ὅτι ἐαν καταγινωσκῃ ἡμων ἡ καρδια, ὅτι μειζων ἐστιν ὁ θεος της καρδιας ἡμων και γινωσκει παντα.
	21	ἀγαπητοι, ἐαν ἡ καρδια [ἡμων] μη καταγινωσκῃ, παρρησιαν ἔχομεν προς τον θεον,
	4 1	ἀγαπητοι, μη παντι πνευματι πιστευετε, ἀλλα δοκιμαζετε τα πνευματα εἰ ἐκ του θεου ἐστιν,
	2	ἐν τουτῳ γινωσκετε το πνευμα του θεου·
	2	παν πνευμα ὃ ὁμολογει ἰησουν χριστον ἐν σαρκι ἐληλυθοτα ἐκ του θεου ἐστιν,
	3	και παν πνευμα ὃ μη ὁμολογει τον ἰησουν ἐκ του θεου οὐκ ἐστιν·
	4	ὑμεις ἐκ του θεου ἐστε, τεκνια,
	6	ἡμεις ἐκ του θεου ἐσμεν·
	6	ὁ γινωσκων τον θεον ἀκουει ἡμων,
	6	ὃς οὐκ ἐστιν ἐκ του θεου οὐκ ἀκουει ἡμων.
	7	ἀγαπητοι, ἀγαπωμεν ἀλληλους, ὅτι ἡ ἀγαπη ἐκ του θεου ἐστιν,
	7	και πας ὁ ἀγαπων ἐκ του θεου γεγεννηται και γινωσκει τον θεον.
	7	και πας ὁ ἀγαπων ἐκ του θεου γεγεννηται και γινωσκει τον θεον.
	8	ὁ μη ἀγαπων οὐκ ἐγνω τον θεον,
	8	ὁ μη ἀγαπων οὐκ ἐγνω τον θεον, ὅτι ὁ θεος ἀγαπη ἐστιν.
	9	ἐν τουτῳ ἐφανερωθη ἡ ἀγαπη του θεου ἐν ἡμιν, ὅτι τον υἱον αὐτου τον μονογενη ἀπεσταλκεν ὁ θεος εἰς τον κοσμον ἱνα ζησωμεν δι αὐτου·
	9	ἐν τουτῳ ἐφανερωθη ἡ ἀγαπη του θεου ἐν ἡμιν, ὅτι τον υἱον αὐτου τον μονογενη ἀπεσταλκεν ὁ θεος εἰς τον κοσμον ἱνα ζησωμεν δι αὐτου.
	10	ἐν τουτῳ ἐστιν ἡ ἀγαπη, οὐχ ὅτι ἡμεις ἠγαπηκαμεν τον θεον, ἀλλ ὅτι αὐτος ἠγαπησεν ἡμας
	11	ἀγαπητοι, εἰ οὑτως ὁ θεος ἠγαπησεν ἡμας, και ἡμεις ὀφειλομεν ἀλληλους ἀγαπαν.
	12	θεον οὐδεις πωποτε τεθεαται·
	12	ὁ θεος ἐν ἡμιν μενει και ἡ ἀγαπη αὐτου ἐν ἡμιν τετελειωμενη ἐστιν.
	15	ὃς ἐαν ὁμολογηση ὅτι ἰησους ἐστιν ὁ υἱος του θεου, ὁ θεος ἐν αὐτῳ μενει και αὐτος ἐν τῳ θεῳ.
	15	ὁ θεος ἐν αὐτῳ μενει και αὐτος ἐν τῳ θεῳ.
	15	ὁ θεος ἐν αὐτῳ μενει και αὐτος ἐν τῳ θεῳ.
	16	και ἡμεις ἐγνωκαμεν και πεπιστευκαμεν την ἀγαπην ἡν ἐχει ὁ θεος ἐν ἡμιν.
	16	ὁ θεος ἀγαπη ἐστιν,
	16	και ὁ μενων ἐν τῃ ἀγαπῃ ἐν τῳ θεῳ μενει και ὁ θεος ἐν αὐτῳ μενει.
	16	και ὁ μενων ἐν τῃ ἀγαπῃ ἐν τῳ θεῳ μενει και ὁ θεος ἐν αὐτῳ μενει.
	20	ἐαν τις εἰπῃ ὅτι ἀγαπω τον θεον, και τον ἀδελφον αὐτου μιση, ψευστης ἐστιν·
	20	ὁ γαρ μη ἀγαπων τον ἀδελφον αὐτου ὃν ἑωρακεν, τον θεον ὃν οὐχ ἑωρακεν οὐ δυναται ἀγαπαν.
	21	και ταυτην την ἐντολην ἐχομεν ἀπ αὐτου, ἱνα ὁ ἀγαπων τον θεον ἀγαπα και τον ἀδελφον αὐτου.
	5 1	πας ὁ πιστευων ὅτι ἰησους ἐστιν ὁ χριστος ἐκ του θεου γεγεννηται,
	2	ἐν τουτῳ γινωσκομεν ὅτι ἀγαπωμεν τα τεκνα του θεου, ὁταν τον θεον ἀγαπωμεν
	2	ἐν τουτῳ γινωσκομεν ὅτι ἀγαπωμεν τα τεκνα του θεου, ὁταν τον θεον ἀγαπωμεν
	3	αὑτη γαρ ἐστιν ἡ ἀγαπη του θεου, ἱνα τας ἐντολας αὐτου τηρωμεν·
	4	ὅτι παν το γεγεννημενον ἐκ του θεου νικα τον κοσμον·
	5	τις [δε] ἐστιν ὁ νικων τον κοσμον εἰ μη ὁ πιστευων ὅτι ἰησους ἐστιν ὁ υἱος του θεου;
		ἡ μαρτυρια του θεου μειζων ἐστιν,
		αὑτη ἐστιν ἡ μαρτυρια του θεου, ὅτι μεμαρτυρηκεν περι αὐτου.
		εἰς τον υἱον του θεου ἐχει την μαρτυριαν ἐν

θεος [1318]

1Jh	5 13	ταυτα ἐγραψα ὑμιν ἱνα εἰδητε ὅτι ζωην ἐχετε αἰωνιον, τοις πιστευουσιν εἰς το ὀνομα του υἱου του θεου.
	18	οἰδαμεν ὅτι πας ὁ γεγεννημενος ἐκ του θεου οὐχ ἁμαρτανει·
	18	οἰδαμεν ὅτι πας ὁ γεγεννημενος ἐκ του θεου οὐχ ἁμαρτανει, ἀλλ ὁ γεννηθεις ἐκ του θεου τηρει αὐτον,
	19	οἰδαμεν ὅτι ἐκ του θεου ἐσμεν,
	20	οἰδαμεν δε ὅτι ὁ υἱος του θεου ἡκει,
	20	οὑτος ἐστιν ὁ ἀληθινος θεος και ζωη αἰωνιος.
2Jh	3	ἐσται μεθ ἡμων χαρις ἐλεος εἰρηνη παρα θεου πατρος,
	9	πας ὁ προαγων και μη μενων ἐν τῃ διδαχῃ του χριστου θεον οὐκ ἐχει·
3Jh	6	οὑς καλως ποιησεις προπεμψας ἀξιως του θεου·
	11	ὁ ἀγαθοποιων ἐκ του θεου ἐστιν·
	11	ὁ κακοποιων οὐχ ἑωρακεν τον θεον.
Ju	1	τοις ἐν θεῳ πατρι ἠγαπημενοις και ἰησου χριστῳ τετηρημενοις κλητοις.
	4	ἀσεβεις, την του θεου ἡμων χαριτα μετατιθεντες εἰς ἀσελγειαν και τον μονον δεσποτην και κυριον ἡμων ἰησουν χριστον ἀρνουμενοι.
	21	ἑαυτους ἐν ἀγαπῃ θεου τηρησατε,
	25	μονῳ θεῳ σωτηρι ἡμων δια ἰησου χριστου του κυριου ἡμων δοξα μεγαλωσυνη κρατος και ἐξουσια προ παντος του αἰωνος και νυν και εἰς παντας τους αἰωνας·
Apc	1 1	ἀποκαλυψις ἰησου χριστου, ἡν ἐδωκεν αὐτῳ ὁ θεος,
	2	και ἐσημανεν ἀποστειλας δια του ἀγγελου αὐτου τῳ δουλῳ αὐτου ἰωαννῃ, ὃς ἐμαρτυρησεν τον λογον του θεου
	6	και ἐποιησεν ἡμας βασιλειαν, ἱερεις τῳ θεῳ και πατρι αὐτου,
	8	ἐγω εἰμι το ἀλφα και το ὠ, λεγει κυριος ὁ θεος,
	9	ἐγενομην ἐν τῃ νησῳ τῃ καλουμενῃ πατμῳ δια τον λογον του θεου και την μαρτυριαν ἰησου.
	2 7	τῳ νικωντι δωσω αὐτῳ φαγειν ἐκ του ξυλου της ζωης, ὁ ἐστιν ἐν τῳ παραδεισῳ του θεου.
	18	ταδε λεγει ὁ υἱος του θεου, ὁ ἐχων τους ὀφθαλμους αὐτου ὡς φλογα πυρος,
	3 1	ταδε λεγει ὁ ἐχων τα ἑπτα πνευματα του θεου και τους ἑπτα ἀστερας· οἰδα σου τα ἐργα,
	2	οὐ γαρ εὑρηκα σου τα ἐργα πεπληρωμενα ἐνωπιον του θεου μου·
	12	ὁ νικων, ποιησω αὐτον στυλον ἐν τῳ ναῳ του θεου μου,
	12	και γραψω ἐπ αὐτον το ὀνομα του θεου μου και το ὀνομα της πολεως του θεου μου,
	12	και γραψω ἐπ αὐτον το ὀνομα του θεου μου και το ὀνομα της πολεως του θεου μου,
	12	της καινης ἱερουσαλημ ἡ καταβαινουσα ἐκ του οὐρανου ἀπο του θεου μου,
	14	ταδε λεγει ὁ ἀμην, ὁ μαρτυς ὁ πιστος και ἀληθινος, ἡ ἀρχη της κτισεως του θεου· οἰδα σου τα ἐργα,
	4 5	και ἑπτα λαμπαδες πυρος καιομεναι ἐνωπιον του θρονου, ἁ εἰσιν τα ἑπτα πνευματα του θεου·
	8	ἁγιος ἁγιος ἁγιος κυριος ὁ θεος ὁ παντοκρατωρ,
	11	ἀξιος εἰ, ὁ κυριος και ὁ θεος ἡμων, λαβειν την δοξαν και την τιμην και την δυναμιν,
	5 6	ἐχων κερατα ἑπτα και ὀφθαλμους ἑπτα, οἱ εἰσιν τα [ἑπτα] πνευματα του θεου ἀπεσταλμενοι εἰς πασαν την γην.
	9	ἀξιος εἰ λαβειν το βιβλιον και ἀνοιξαι τας σφραγιδας αὐτου, ὅτι ἐσφαγης και ἠγορασας τῳ θεῳ
	10	και ἐποιησας αὐτους τῳ θεῳ ἡμων βασιλειαν και ἱερεις,
	6 9	εἰδον ὑποκατω του θυσιαστηριου τας ψυχας των ἐσφαγμενων δια τον λογον του θεου και δια την μαρτυριαν ἡν εἰχον.
	7 2	και εἰδον ἀλλον ἀγγελον ἀναβαινοντα ἀπο ἀνατολης ἡλιου, ἐχοντα σφραγιδα θεου ζωντος,
	3	ἀχρι σφραγισωμεν τους δουλους του θεου ἡμων ἐπι των μετωπων αὐτων.
	10	ἡ σωτηρια τῳ θεῳ ἡμων τῳ καθημενῳ ἐπι τῳ θρονῳ και τῳ ἀρνιῳ.
	11	και ἐπεσαν ἐνωπιον του θρονου ἐπι τα προσωπα αὐτων και προσεκυνησαν τῳ θεῳ, λεγοντες·
	12	ἡ εὐλογια και ἡ δοξα και ἡ σοφια και ἡ εὐχαριστια και ἡ τιμη και ἡ δυναμις και ἡ ἰσχυς τῳ θεῳ ἡμων εἰς τους αἰωνας των αἰωνων·
	15	δια τουτο εἰσιν ἐνωπιον του θρονου του θεου,
	17	και ἐξαλειψει ὁ θεος παν δακρυον ἐκ των ὀφθαλμων αὐτων.
	8 2	και εἰδον τους ἑπτα ἀγγελους οἱ ἐνωπιον του θεου ἑστηκασιν,
	4	και ἀνεβη ὁ καπνος των θυμιαματων ταις προσευχαις των ἁγιων ἐκ χειρος του ἀγγελου ἐνωπιον του θεου.
	9 4	εἰ μη τους ἀνθρωπους οἱτινες οὐκ ἐχουσιν την σφραγιδα του θεου ἐπι των μετωπων.
	13	και ἠκουσα φωνην μιαν ἐκ των [τεσσαρων] κερατων του θυσιαστηριου του χρυσου του ἐνωπιον του θεου,

θεος [1318]

Apc	10 7	και ετελεσθη το μυστηριον του θεου, ως ευηγγελισεν τους εαυτου δουλους τους προφητας.
	11 1	εγειρε και μετρησον τον ναον του θεου και το θυσιαστηριον και τους προσκυνουντας εν αυτω.
	11	και μετα τας τρεις ημερας και ημισυ πνευμα ζωης εκ του θεου εισηλθεν εν αυτοις,
	13	και οι λοιποι εμφοβοι εγενοντο και εδωκαν δοξαν τω θεω του ουρανου.
	16	και οι εικοσιτεσσαρες πρεσβυτεροι, [οι] ενωπιον του θεου καθημενοι επι τους θρονους αυτων, επεσαν επι τα προσωπα αυτων
	16	επεσαν επι τα προσωπα αυτων και προσεκυνησαν τω θεω, λεγοντες·
	17	ευχαριστουμεν σοι, κυριε ο θεος ο παντοκρατωρ, ο ων και ο ην,
	19	και ηνοιγη ο ναος του θεου ο εν τω ουρανω,
	12 5	και ηρπασθη το τεκνον αυτης προς τον θεον και προς τον θρονον αυτου.
	6	και η γυνη εφυγεν εις την ερημον, οπου εχει εκει τοπον ητοιμασμενον απο του θεου,
	10	αρτι εγενετο η σωτηρια και η δυναμις και η βασιλεια του θεου ημων
	10	οτι εβληθη ο κατηγωρ των αδελφων ημων, ο κατηγορων αυτους ενωπιον του θεου ημων ημερας και νυκτος.
	17	και απηλθεν ποιησαι πολεμον μετα των λοιπων του σπερματος αυτης, των τηρουντων τας εντολας του θεου και εχοντων την μαρτυριαν ιησου·
	13 6	και ηνοιξεν το στομα αυτου εις βλασφημιας προς τον θεον,
	14 4	ουτοι ηγορασθησαν απο των ανθρωπων απαρχη τω θεω και τω αρνιω,
	7	φοβηθητε τον θεον και δοτε αυτω δοξαν,
	10	και αυτος πιεται εκ του οινου του θυμου του θεου του κεκερασμενου ακρατου εν τω ποτηριω της οργης αυτου,
	12	ωδε η υπομονη των αγιων εστιν, οι τηρουντες τας εντολας του θεου και την πιστιν ιησου.
	19	και ετρυγησεν την αμπελον της γης και εβαλεν εις την ληνον του θυμου του θεου τον μεγαν.
	15 1	αγγελους επτα εχοντας πληγας επτα τας εσχατας, οτι εν αυταις ετελεσθη ο θυμος του θεου.
	2	και τους νικωντας εκ του θηριου και εκ της εικονος αυτου και εκ του αριθμου του ονοματος αυτου εστωτας επι την θαλασσαν την υαλινην, εχοντας κιθαρας του θεου.
	3	και αδουσιν την ωδην μωσεως του δουλου του θεου και την ωδην του αρνιου, λεγοντες·
	3	μεγαλα και θαυμαστα τα εργα σου, κυριε ο θεος ο παντοκρατωρ·
	7	και εν εκ των τεσσαρων ζωων εδωκεν τοις επτα αγγελοις επτα φιαλας χρυσας γεμουσας του θυμου του θεου του ζωντος εις τους αιωνας των αιωνων.
	8	και εγεμισθη ο ναος καπνου εκ της δοξης του θεου
	16 1	υπαγετε και εκχεετε τας επτα φιαλας του θυμου του θεου εις την γην.
	7	ναι, κυριε ο θεος ο παντοκρατωρ, αληθιναι και δικαιαι αι κρισεις σου.
	9	και εβλασφημησαν το ονομα του θεου του εχοντος την εξουσιαν επι τας πληγας ταυτας,
	11	και εβλασφημησαν τον θεον του ουρανου εκ των πονων αυτων και εκ των ελκων αυτων,
	14	α εκπορευεται επι τους βασιλεις της οικουμενης ολης, συναγαγειν αυτους εις τον πολεμον της ημερας της μεγαλης του θεου του παντοκρατορος.
	19	και βαβυλων η μεγαλη εμνησθη ενωπιον του θεου δουναι αυτη το ποτηριον του οινου του θυμου της οργης αυτου.
	21	και εβλασφημησαν οι ανθρωποι τον θεον εκ της πληγης της χαλαζης,
	17 17	ο γαρ θεος εδωκεν εις τας καρδιας αυτων ποιησαι την γνωμην αυτου,
	17	και ποιησαι μιαν γνωμην και δουναι την βασιλειαν αυτων τω θηριω, αχρι τελεσθησονται οι λογοι του θεου.
	18 5	και εμνημονευσεν ο θεος τα αδικηματα αυτης.
	8	οτι ισχυρος κυριος ο θεος ο κρινας αυτην.
	20	ευφραινου επ αυτη, ουρανε και οι αγιοι και οι αποστολοι και οι προφηται, οτι εκρινεν ο θεος το κριμα υμων εξ αυτης.
	19 1	η σωτηρια και η δοξα και η δυναμις του θεου ημων,
	4	και προσεκυνησαν τω θεω τω καθημενω επι τω θρονω λεγοντες·
	5	αινειτε τω θεω ημων, παντες οι δουλοι αυτου, [και] οι φοβουμενοι αυτον, οι μικροι και οι μεγαλοι.

θεος [1318]

Apc	19 6	αλληλουια, οτι εβασιλευσεν κυριος ο θεος [ημων] ο παντοκρατωρ.
	9	ουτοι οι λογοι αληθινοι του θεου εισιν.
	10	συνδουλος σου ειμι και των αδελφων σου των εχοντων την μαρτυριαν ιησου· τω θεω προσκυνησον.
	13	και κεκληται το ονομα αυτου ο λογος του θεου.
	15	και αυτος πατει την ληνον του οινου του θυμου της οργης του θεου του παντοκρατορος.
	17	δευτε συναχθητε εις το δειπνον το μεγα του θεου,
	20 4	και τας ψυχας των πεπελεκισμενων δια την μαρτυριαν ιησου και δια τον λογον του θεου,
	6	επι τουτων ο δευτερος θανατος ουκ εχει εξουσιαν, αλλ εσονται ιερεις του θεου και του χριστου,
	21 2	και την πολιν την αγιαν ιερουσαλημ καινην ειδον καταβαινουσαν εκ του ουρανου απο του θεου,
	3	ιδου η σκηνη του θεου μετα των ανθρωπων,
	3	και αυτος ο θεος μετ αυτων εσται [αυτων θεος],
	3	και αυτος ο θεος μετ αυτων εσται [αυτων θεος],
	7	και εσομαι αυτω θεος και αυτος εσται μοι υιος.
	10	και εδειξεν μοι την πολιν την αγιαν ιερουσαλημ καταβαινουσαν εκ του ουρανου απο του θεου,
	11	και εδειξεν μοι την πολιν την αγιαν ιερουσαλημ καταβαινουσαν εκ του ουρανου απο του θεου, εχουσαν την δοξαν του θεου·
	22	ο γαρ κυριος ο θεος ο παντοκρατωρ ναος αυτης εστιν,
	23	η γαρ δοξα του θεου εφωτισεν αυτην,
	22 1	και εδειξεν μοι ποταμον υδατος ζωης λαμπρον ως κρυσταλλον, εκπορευομενον εκ του θρονου του θεου και του αρνιου.
	3	και ο θρονος του θεου και του αρνιου εν αυτη εσται,
	5	και ουκ εχουσιν χρειαν φωτος λυχνου και φωτος ηλιου, οτι κυριος ο θεος φωτισει επ αυτους,
	6	και ο κυριος ο θεος των πνευματων των προφητων απεστειλεν τον αγγελον αυτου δειξαι τοις δουλοις αυτου α δει γενεσθαι εν ταχει.
	9	συνδουλος σου ειμι και των αδελφων σου των προφητων και των τηρουντων τους λογους του βιβλιου τουτου· τω θεω προσκυνησον.
	18	εαν τις επιθη επ αυτα, επιθησει ο θεος επ αυτον τας πληγας τας γεγραμμενας εν τω βιβλιω τουτω·
	19	και εαν τις αφελη απο των λογων του βιβλιου της προφητειας ταυτης, αφελει ο θεος το μερος αυτου απο του ξυλου της ζωης

θεοσεβεια [1]

1Tm	2 10	μη εν πλεγμασιν και χρυσιω η μαργαριταις η ιματισμω πολυτελει, αλλ ο πρεπει γυναιξιν επαγγελλομεναις θεοσεβειαν, δι εργων αγαθων.

θεοσεβης [1]

Jh	9 31	αλλ εαν τις θεοσεβης η και το θελημα αυτου ποιη, τουτου ακουει.

θεοστυγης [1]

Rm	1 30	μεστους φθονου φονου εριδος δολου κακοηθειας, ψιθυριστας, καταλαλους, θεοστυγεις, υβριστας, υπερηφανους, αλαζονας, εφευρετας κακων, γονευσιν απειθεις, ασυνετους, ασυνθετους, αστοργους, ανελεημονας·

θεοτης [1]

Col	2 9	οτι εν αυτω κατοικει παν το πληρωμα της θεοτητος σωματικως,

θεοφιλος [2]

Lc	1 3	εδοξε καμοι παρηκολουθηκοτι ανωθεν πασιν ακριβως καθεξης σοι γραψαι, κρατιστε θεοφιλε, ινα επιγνως περι ων κατηχηθης λογων την ασφαλειαν.
Ac	1 1	τον μεν πρωτον λογον εποιησαμην περι παντων, ω θεοφιλε, ων ηρξατο ο ιησους ποιειν τε και διδασκειν,

θεραπεια [3]

Lc	9 11	και τους χρειαν εχοντας θεραπειας ιατο.

θεραπεια [3]

Lc 12 42 τίς ἄρα ἐστιν ὁ πιστος οἰκονομος ὁ φρονιμος, ὃν καταστησει ὁ κυριος ἐπι της *θεραπειας* αὐτου του διδοναι ἐν καιρῳ [το] σιτομετριον;

Apc 22 2 και τα φυλλα του ξυλου εἰς *θεραπειαν* των ἐθνων.

θεραπευω [43]

Mt 4 23 διδασκων ἐν ταις συναγωγαις αὐτων και κηρυσσων το εὐαγγελιον της βασιλειας και *θεραπευων* πασαν νοσον και πασαν μαλακιαν ἐν τῳ λαῳ.

  24 [και] δαιμονιζομενους και σεληνιαζομενους και παραλυτικους, και *ἐθεραπευσεν* αὐτους.

  8 7 ἐγω ἐλθων *θεραπευσω* αὐτον.

  16 και παντας τους κακως ἐχοντας *ἐθεραπευσεν·*

  9 35 και περιηγεν ὁ ἰησους τας πολεις πασας και τας κωμας, διδασκων ἐν ταις συναγωγαις αὐτων και κηρυσσων το εὐαγγελιον της βασιλειας και *θεραπευων* πασαν νοσον και πασαν μαλακιαν.

  10 1 και προσκαλεσαμενος τους δωδεκα μαθητας αὐτου ἐδωκεν αὐτοις ἐξουσιαν πνευματων ἀκαθαρτων ὡστε ἐκβαλλειν αὐτα, και *θεραπευειν* πασαν νοσον και πασαν μαλακιαν.

  8 ἀσθενουντας *θεραπευετε,* νεκρους ἐγειρετε,

  12 10 και ἐπηρωτησαν αὐτον λεγοντες· εἰ ἐξεστιν τοις σαββασιν *θεραπευσαι;*

  15 και *ἐθεραπευσεν* αὐτους παντας,

  22 και *ἐθεραπευσεν* αὐτον, ὡστε τον κωφον λαλειν και βλεπειν.

  14 14 και ἐξελθων εἰδεν πολυν ὀχλον, και ἐσπλαγχνισθη ἐπ αὐτοις και *ἐθεραπευσεν* τους ἀρρωστους αὐτων.

  15 30 και *ἐθεραπευσεν* αὐτους·

  17 16 και προσηνεγκα αὐτον τοις μαθηταις σου, και οὐκ ἠδυνηθησαν αὐτον *θεραπευσαι.*

  18 και ἐξηλθεν ἀπ αὐτου το δαιμονιον, και *ἐθεραπευθη* ὁ παις ἀπο της ὡρας ἐκεινης.

  19 2 και ἠκολουθησαν αὐτῳ ὀχλοι πολλοι, και *ἐθεραπευσεν* αὐτους ἐκει.

  21 14 και προσηλθον αὐτῳ τυφλοι και χωλοι ἐν τῳ ἱερῳ, και *ἐθεραπευσεν* αὐτους.

Mc 1 34 και *ἐθεραπευσεν* πολλους κακως ἐχοντας ποικιλαις νοσοις,

  3 2 και παρετηρουν αὐτον εἰ τοις σαββασιν *θεραπευσει* αὐτον,

  10 πολλους γαρ *ἐθεραπευσεν,* ὡστε ἐπιπιπτειν αὐτῳ ἱνα αὐτου ἁψωνται ὁσοι εἰχον μαστιγας.

  6 5 και οὐκ ἐδυνατο ἐκει ποιησαι οὐδεμιαν δυναμιν, εἰ μη ὀλιγοις ἀρρωστοις ἐπιθεις τας χειρας *ἐθεραπευσεν.*

  13 και ἠλειφον ἐλαιῳ πολλους ἀρρωστους και *ἐθεραπευον.*

Lc 4 23 ἰατρε, *θεραπευσον* σεαυτον·

  40 ὁ δε ἑνι ἑκαστῳ αὐτων τας χειρας ἐπιτιθεις *ἐθεραπευεν* αὐτους.

  5 15 και συνηρχοντο ὀχλοι πολλοι ἀκουειν και *θεραπευεσθαι* ἀπο των ἀσθενειων αὐτων·

  6 7 παρετηρουντο δε αὐτον οἱ γραμματεις και οἱ φαρισαιοι εἰ ἐν τῳ σαββατῳ *θεραπευει,* ἱνα εὑρωσιν κατηγορειν αὐτου.

  18 και οἱ ἐνοχλουμενοι ἀπο πνευματων ἀκαθαρτων *ἐθεραπευοντο·*

  7 21 ἐν ἐκεινη τη ὡρᾳ *ἐθεραπευσεν* πολλους ἀπο νοσων και μαστιγων και πνευματων πονηρων,

  8 2 και γυναικες τινες αἱ ἠσαν *τεθεραπευμεναι* ἀπο πνευματων πονηρων και ἀσθενειων,

  43 και γυνη οὐσα ἐν ρυσει αἱματος ἀπο ἐτων δωδεκα, ἡτις [ἰατροις προσαναλωσασα ὁλον τον βιον] οὐκ ἰσχυσεν ἀπ οὐδενος *θεραπευθηναι,*

  9 1 συγκαλεσαμενος δε τους δωδεκα ἐδωκεν αὐτοις δυναμιν και ἐξουσιαν ἐπι παντα τα δαιμονια και νοσους *θεραπευειν·*

  6 ἐξερχομενοι δε διηρχοντο κατα τας κωμας εὐαγγελιζομενοι και *θεραπευοντες* πανταχου.

  10 9 και *θεραπευετε* τους ἐν αὐτη ἀσθενεις, και λεγετε αὐτοις·

  13 14 ἀποκριθεις δε ὁ ἀρχισυναγωγος, ἀγανακτων ὁτι τῳ σαββατῳ *ἐθεραπευσεν* ὁ ἰησους,

  14 ἐν αὐταις οὐν ἐρχομενοι *θεραπευεσθε* και μη τη ἡμερᾳ του σαββατου.

  14 3 ἐξεστιν τῳ σαββατῳ *θεραπευσαι* ἠ οὐ;

Jh 5 10 ἐλεγον οὐν οἱ ἰουδαιοι τῳ *τεθεραπευμενῳ·* σαββατον ἐστιν,

Ac 4 14 τον τε ἀνθρωπον βλεποντες συν αὐτοις ἑστωτα τον *τεθεραπευμενον,* οὐδεν εἰχον ἀντειπειν.

  5 16 φεροντες ἀσθενεις και ὀχλουμενους ὑπο πνευματων ἀκαθαρτων, οἱτινες *ἐθεραπευοντο* ἁπαντες.

  8 7 πολλοι δε παραλελυμενοι και χωλοι *ἐθεραπευθησαν·*

  17 25 οὐδε ὑπο χειρων ἀνθρωπινων *θεραπευεται* προσδεομενος τινος, αὐτος διδους πασι ζωην και πνοην και τα παντα·

θεραπευω [43]

Ac 28 9 τουτου δε γενομενου και οἱ λοιποι οἱ ἐν τη νησῳ ἐχοντες ἀσθενειας προσηρχοντο και *ἐθεραπευοντο,*

Apc 13 3 και ἡ πληγη του θανατου αὐτου *ἐθεραπευθη.*

  12 και ποιει την γην και τους ἐν αὐτη κατοικουντας ἱνα προσκυνησουσιν το θηριον το πρωτον, οὑ *ἐθεραπευθη* ἡ πληγη του θανατου αὐτου.

θεραπων [1]

Heb 3 5 και μωυσης μεν πιστος ἐν ὁλῳ τῳ οἰκῳ αὐτου ὡς *θεραπων* εἰς μαρτυριον των λαληθησομενων.

θεριζω [21]

Mt 6 26 ἐμβλεψατε εἰς τα πετεινα του οὐρανου, ὁτι οὐ σπειρουσιν οὐδε *θεριζουσιν* οὐδε συναγουσιν εἰς ἀποθηκας,

  25 24 κυριε, ἐγνων σε ὁτι σκληρος εἰ ἀνθρωπος, *θεριζων* ὁπου οὐκ ἐσπειρας, και συναγων ὁθεν οὐ διεσκορπισας·

  26 πονηρε δουλε και ὀκνηρε, ἡδεις ὁτι *θεριζω* ὁπου οὐκ ἐσπειρα, και συναγω ὁθεν οὐ διεσκορπισα;

Lc 12 24 κατανοησατε τους κορακας, ὁτι οὐ σπειρουσιν οὐδε *θεριζουσιν,* οἱς οὐκ ἐστιν ταμειον οὐδε ἀποθηκη, και ὁ θεος τρεφει αὐτους·

  19 21 ἐφοβουμην γαρ σε, ὁτι ἀνθρωπος αὐστηρος εἰ, αἱρεις ὁ οὐκ ἐθηκας, και *θεριζεις* ὁ οὐκ ἐσπειρας.

  22 ἡδεις ὁτι ἐγω ἀνθρωπος αὐστηρος εἰμι, αἱρων ὁ οὐκ ἐθηκα, και *θεριζων* ὁ οὐκ ἐσπειρα;

Jh 4 36 ἡδη ὁ *θεριζων* μισθον λαμβανει και συναγει καρπον εἰς ζωην αἰωνιον,

  36 ἡδη ὁ *θεριζων* μισθον λαμβανει και συναγει καρπον εἰς ζωην αἰωνιον, ἱνα ὁ σπειρων ὁμου χαιρη και ὁ *θεριζων.*

  37 ἐν γαρ τουτῳ ὁ λογος ἐστιν ἀληθινος ὁτι ἀλλος ἐστιν ὁ σπειρων και ἀλλος ὁ *θεριζων.*

  38 ἐγω ἀπεστειλα ὑμας *θεριζειν* ὁ οὐχ ὑμεις κεκοπιακατε·

1Co 9 11 εἰ ἡμεις ὑμιν τα πνευματικα ἐσπειραμεν, μεγα εἰ ἡμεις ὑμων τα σαρκικα *θερισομεν;*

2Co 9 6 ὁ σπειρων φειδομενως φειδομενως και *θερισει,*

  6 και ὁ σπειρων ἐπ εὐλογιαις ἐπ εὐλογιαις και *θερισει.*

Ga 6 7 ὁ γαρ ἐαν σπειρη ἀνθρωπος, τουτο και *θερισει·*

  8 ὁτι ὁ σπειρων εἰς την σαρκα ἑαυτου ἐκ της σαρκος *θερισει* φθοραν,

  8 ὁ δε σπειρων εἰς το πνευμα ἐκ του πνευματος *θερισει* ζωην αἰωνιον.

  9 καιρῳ γαρ ἰδιῳ *θερισομεν* μη ἐκλυομενοι.

Ja 5 4 και αἱ βοαι των *θερισαντων* εἰς τα ὡτα κυριου σαβαωθ εἰσεληλυθασιν.

Apc 14 15 πεμψον το δρεπανον σου και *θερισον,* ὁτι ἠλθεν ἡ ὡρα *θερισαι,* ὁτι ἐξηρανθη ὁ θερισμος της γης.

  15 πεμψον το δρεπανον σου και *θερισον,* ὁτι ἠλθεν ἡ ὡρα *θερισαι,* ὁτι ἐξηρανθη ὁ θερισμος της γης.

  16 και ἐβαλεν ὁ καθημενος ἐπι της νεφελης το δρεπανον αὐτου ἐπι την γην, και *ἐθερισθη* ἡ γη.

θερισμος [13]

Mt 9 37 ὁ μεν *θερισμος* πολυς, οἱ δε ἐργαται ὀλιγοι·

  38 δεηθητε οὐν του κυριου του *θερισμου* ὁπως ἐκβαλη ἐργατας εἰς τον *θερισμον* αὐτου.

  38 δεηθητε οὐν του κυριου του *θερισμου* ὁπως ἐκβαλη ἐργατας εἰς τον *θερισμον* αὐτου.

  13 30 ἀφετε συναυξανεσθαι ἀμφοτερα ἑως του *θερισμου·*

  30 και ἐν καιρῳ του *θερισμου* ἐρω τοις θερισταις·

  39 ὁ δε *θερισμος* συντελεια αἰωνος ἐστιν,

Mc 4 29 εὐθυς ἀποστελλει το δρεπανον, ὁτι παρεστηκεν ὁ *θερισμος.*

Lc 10 2 ὁ μεν *θερισμος* πολυς, οἱ δε ἐργαται ὀλιγοι·

  2 δεηθητε οὐν του κυριου του *θερισμου* ὁπως ἐργατας ἐκβαλη εἰς τον *θερισμον* αὐτου.

Jh 4 35 οὐχ ὑμεις λεγετε ὁτι ἐτι τετραμηνος ἐστιν και ὁ *θερισμος* ἐρχεται;

  35 ἐπαρατε τους ὀφθαλμους ὑμων και θεασασθε τας χωρας, ὁτι λευκαι εἰσιν προς *θερισμον.*

Apc 14 15 πεμψον το δρεπανον σου και θερισον, ὁτι ἠλθεν ἡ ὡρα θερισαι, ὁτι ἐξηρανθη ὁ *θερισμος* της γης.

θεριστης [2]

Mt 13 30 και εν καιρω του θερισμου ερω τοις θερισταις· συλλεξατε πρωτον τα ζιζανια και δησατε αυτα εις δεσμας προς το κατακαυσαι αυτα,

39 οι δε θερισται αγγελοι εισιν.

θερμαινομαι [6]

Mc 14 54 και ην συγκαθημενος μετα των υπηρετων και θερμαινομενος προς το φως.

67 και ιδουσα τον πετρον θερμαινομενον εμβλεψασα αυτω λεγει·

Jh 18 18 ειστηκεισαν δε οι δουλοι και οι υπηρεται ανθρακιαν πεποιηκοτες, οτι ψυχος ην, και εθερμαινοντο·

18 ην δε και ο πετρος μετ αυτων εστως και θερμαινομενος.

25 ην δε σιμων πετρος εστως και θερμαινομενος.

Ja 2 16 υπαγετε εν ειρηνη, θερμαινεσθε και χορταζεσθε,

θερμη [1]

Ac 28 3 συστρεψαντος δε του παυλου φρυγανων τι πληθος και επιθεντος επι την πυραν, εχιδνα απο της θερμης εξελθουσα καθηψεν της χειρος αυτου.

θερος [3]

Mt 24 32 οταν ηδη ο κλαδος αυτης γενηται απαλος και τα φυλλα εκφυη, γινωσκετε οτι εγγυς το θερος·

Mc 13 28 απο δε της συκης μαθετε την παραβολην· οταν ηδη ο κλαδος αυτης απαλος γενηται και εκφυη τα φυλλα, γινωσκετε οτι εγγυς το θερος εστιν·

Lc 21 30 οταν προβαλωσιν ηδη, βλεποντες αφ εαυτων γινωσκετε οτι ηδη εγγυς το θερος εστιν·

θεσσαλονικευς [4]

Ac 20 4 συνειπετο δε αυτω σωπατρος πυρρου βεροιαιος, θεσσαλονικεων δε αρισταρχος και σεκουνδος, και γαιος δερβαιος και τιμοθεος, ασιανοι δε τυχικος και τροφιμος.

27 2 οντος συν ημιν αρισταρχου μακεδονος θεσσαλονικεως·

1Th 1 1 παυλος και σιλουανος και τιμοθεος τη εκκλησια θεσσαλονικεων εν θεω πατρι και κυριω ιησου χριστω·

2Th 1 1 παυλος και σιλουανος και τιμοθεος τη εκκλησια θεσσαλονικεων εν θεω πατρι ημων και κυριω ιησου χριστω·

θεσσαλονικη [5]

Ac 17 1 διοδευσαντες δε την αμφιπολιν και την απολλωνιαν ηλθον εις θεσσαλονικην,

11 ουτοι δε ησαν ευγενεστεροι των εν θεσσαλονικη,

13 ως δε εγνωσαν οι απο της θεσσαλονικης ιουδαιοι οτι και εν τη βεροια κατηγγελη υπο του παυλου ο λογος του θεου, ηλθον κακει σαλευοντες και ταρασσοντες τους οχλους.

Php 4 16 οτι και εν θεσσαλονικη και απαξ και δις εις την χρειαν μοι επεμψατε.

2Tm 4 10 δημας γαρ με εγκατελιπεν αγαπησας τον νυν αιωνα, και επορευθη εις θεσσαλονικην,

θευδας [1]

Ac 5 36 προ γαρ τουτων των ημερων ανεστη θευδας, λεγων ειναι τινα εαυτον, ω προσεκλιθη ανδρων αριθμος ως τετρακοσιων·

θεωρεω [58]

Mt 27 55 ησαν δε εκει γυναικες πολλαι απο μακροθεν θεωρουσαι,

28 1 οψε δε σαββατων, τη επιφωσκουση εις μιαν σαββατων, ηλθεν μαριαμ η μαγδαληνη και η αλλη μαρια θεωρησαι τον ταφον.

Mc 3 11 και τα πνευματα τα ακαθαρτα, οταν αυτον εθεωρουν, προσεπιπτον αυτω και εκραζον λεγοντες οτι συ ει ο υιος του θεου.

5 15 και ερχονται προς τον ιησουν, και θεωρουσιν τον δαιμονιζομενον καθημενον ιματισμενον και σωφρονουντα, τον εσχηκοτα τον λεγιωνα, και εφοβηθησαν.

38 και ερχονται εις τον οικον του αρχισυναγωγου, και θεωρει θορυβον, και κλαιοντας και αλαλαζοντας πολλα,

12 41 και καθισας κατεναντι του γαζοφυλακιου εθεωρει πως ο οχλος βαλλει χαλκον εις το γαζοφυλακιον·

15 40 ησαν δε και γυναικες απο μακροθεν θεωρουσαι,

θεωρεω [58]

Mc 15 47 η δε μαρια η μαγδαληνη και μαρια η ιωσητος εθεωρουν που τεθειται.

16 4 και αναβλεψασαι θεωρουσιν οτι αποκεκυλισται ο λιθος· ην γαρ μεγας σφοδρα.

Lc 10 18 εθεωρουν τον σαταναν ως αστραπην εκ του ουρανου πεσοντα.

14 29 ινα μηποτε θεντος αυτου θεμελιον και μη ισχυοντος εκτελεσαι παντες οι θεωρουντες αρξωνται αυτω εμπαιζειν λεγοντες

21 6 ταυτα α θεωρειτε, ελευσονται ημεραι εν αις ουκ αφεθησεται λιθος επι λιθω ος ου καταλυθησεται.

23 35 και ειστηκει ο λαος θεωρων.

48 και παντες οι συμπαραγενομενοι οχλοι επι την θεωριαν ταυτην, θεωρησαντες τα γενομενα, τυπτοντες τα στηθη υπεστρεφον.

24 37 πτοηθεντες δε και εμφοβοι γενομενοι εδοκουν πνευμα θεωρειν.

39 ψηλαφησατε με και ιδετε, οτι πνευμα σαρκα και οστεα ουκ εχει καθως εμε θεωρειτε εχοντα.

Jh 2 23 πολλοι επιστευσαν εις το ονομα αυτου, θεωρουντες αυτου τα σημεια α εποιει·

4 19 κυριε, θεωρω οτι προφητης ει συ.

6 2 ηκολουθει δε αυτω οχλος πολυς, οτι εθεωρουν τα σημεια α εποιει επι των ασθενουντων.

19 εληλακοτες ουν ως σταδιους εικοσιπεντε η τριακοντα θεωρουσιν τον ιησουν περιπατουντα επι της θαλασσης και εγγυς του πλοιου γινομενον,

40 τουτο γαρ εστιν το θελημα του πατρος μου, ινα πας ο θεωρων τον υιον και πιστευων εις αυτον εχη ζωην αιωνιον,

62 τουτο υμας σκανδαλιζει; εαν ουν θεωρητε τον υιον του ανθρωπου αναβαινοντα οπου ην το προτερον;

7 3 μεταβηθι εντευθεν και υπαγε εις την ιουδαιαν, ινα και οι μαθηται σου θεωρησουσιν σου τα εργα α ποιεις·

8 51 εαν τις τον εμον λογον τηρηση, θανατον ου μη θεωρηση εις τον αιωνα.

9 8 οι ουν γειτονες και οι θεωρουντες αυτον το προτερον, οτι προσαιτης ην, ελεγον·

10 12 ο μισθωτος και ουκ ων ποιμην, ου ουκ εστιν τα προβατα ιδια, θεωρει τον λυκον ερχομενον και αφιησιν τα προβατα και φευγει,

12 19 θεωρειτε οτι ουκ ωφελειτε ουδεν· ιδε ο κοσμος οπισω αυτου απηλθεν.

45 και ο θεωρων εμε θεωρει τον πεμψαντα με.

45 και ο θεωρων εμε θεωρει τον πεμψαντα με.

14 17 το πνευμα της αληθειας, ο ο κοσμος ου δυναται λαβειν, οτι ου θεωρει αυτο ουδε γινωσκει·

19 ετι μικρον και ο κοσμος με ουκετι θεωρει,

19 υμεις δε θεωρειτε με, οτι εγω ζω και υμεις ζησετε.

16 10 περι δικαιοσυνης δε, οτι προς τον πατερα υπαγω και ουκετι θεωρειτε με·

16 μικρον και ουκετι θεωρειτε με, και παλιν μικρον και οψεσθε με.

17 τι εστιν τουτο ο λεγει ημιν· μικρον και ου θεωρειτε με, και παλιν μικρον και οψεσθε με;

19 μικρον και ου θεωρειτε με, και παλιν μικρον και οψεσθε με;

17 24 πατερ, ο δεδωκας μοι, θελω ινα οπου ειμι εγω κακεινοι ωσιν μετ εμου, ινα θεωρωσιν την δοξαν την εμην,

20 6 και εισηλθεν εις το μνημειον· και θεωρει τα οθονια κειμενα,

12 ως ουν εκλαιεν, παρεκυψεν εις το μνημειον, και θεωρει δυο αγγελους εν λευκοις καθεζομενους,

14 ταυτα ειπουσα εστραφη εις τα οπισω, και θεωρει τον ιησουν εστωτα,

Ac 3 16 και επι τη πιστει του ονοματος αυτου τουτον, ον θεωρειτε και οιδατε, εστερεωσεν το ονομα αυτου,

4 13 θεωρουντες δε την του πετρου παρρησιαν και ιωαννου,

7 56 ιδου θεωρω τους ουρανους διηνοιγμενους και τον υιον του ανθρωπου εκ δεξιων εστωτα του θεου.

8 13 θεωρων τε σημεια και δυναμεις μεγαλας γινομενας εξιστατο.

9 7 οι δε ανδρες οι συνοδευοντες αυτω ειστηκεισαν ενεοι, ακουοντες μεν της φωνης, μηδενα δε θεωρουντες.

10 11 και θεωρει τον ουρανον ανεωγμενον και καταβαινον σκευος τι ως οθονην μεγαλην,

17 16 εν δε ταις αθηναις εκδεχομενου αυτους του παυλου, παρωξυνετο το πνευμα αυτου εν αυτω θεωρουντος κατειδωλον ουσαν την πολιν.

22 ανδρες αθηναιοι, κατα παντα ως δεισιδαιμονεστερους υμας θεωρω.

θεωρεω [58]

Ac	19 26	και θεωρειτε και άκουετε ότι ού μονον έφεσου άλλα σχεδον πασης της άσιας ό παυλος ουτος πεισας μετεστησεν ίκανον όχλον,
	20 38	και έπιπεσοντες έπι τον τραχηλον του παυλου κατεφιλουν αύτον, όδυνωμενοι μαλιστα έπι τω λογω ῷ είρηκει, ότι ούκετι μελλουσιν το προσωπον αύτου θεωρειν.
	21 20	θεωρεις, άδελφε, ποσαι μυριαδες είσιν έν τοις ιουδαιοις των πεπιστευκοτων,
	25 24	θεωρειτε τουτον περι ού άπαν το πληθος των ιουδαιων ένετυχον μοι έν τε ιεροσολυμοις και ένθαδε,
	27 10	άνδρες, θεωρω ότι μετα ύβρεως και πολλης ζημιας ού μονον του φορτιου και του πλοιου άλλα και των ψυχων ήμων μελλειν έσεσθαι τον πλουν.
	28 6	έπι πολυ δε αύτων προσδοκωντων και θεωρουντων μηδεν άτοπον είς αύτον γινομενον, μεταβαλομενοι έλεγον αύτον είναι θεον.
Heb	7 4	θεωρειτε δε πηλικος ουτος, ῷ [και] δεκατην άβρααμ έδωκεν έκ των άκροθινιων ό πατριαρχης.
1Jh	3 17	ός δ άν έχη τον βιον του κοσμου και θεωρη τον άδελφον αύτου χρειαν έχοντα και κλειση τα σπλαγχνα αύτου άπ αύτου, πως ή άγαπη του θεου μενει έν αύτω;
Apc	11 11	και φοβος μεγας έπεπεσεν έπι τους θεωρουντας αύτους.
	12	και έθεωρησαν αύτους οι έχθροι αύτων.

θεωρια [1]

Lc	23 48	και παντες οι συμπαραγενομενοι όχλοι έπι την θεωριαν ταυτην, θεωρησαντες τα γενομενα, τυπτοντες τα στηθη ύπεστρεφον.

θηκη [1]

Jh	18 11	βαλε την μαχαιραν είς την θηκην·

θηλαζω [5]

Mt	21 16	ναι· ούδεποτε άνεγνωτε ότι έκ στοματος νηπιων και θηλαζοντων κατηρτισω αίνον;
	24 19	ούαι δε ταις έν γαστρι έχουσαις και ταις θηλαζουσαις έν έκειναις ταις ήμεραις.
Mc	13 17	ούαι δε ταις έν γαστρι έχουσαις και ταις θηλαζουσαις έν έκειναις ταις ήμεραις.
Lc	11 27	μακαρια ή κοιλια ή βαστασασα σε και μαστοι ους έθηλασας.
	21 23	ούαι ταις έν γαστρι έχουσαις και ταις θηλαζουσαις έν έκειναις ταις ήμεραις·

θηλυς [5]

Mt	19 4	ούκ άνεγνωτε ότι ό κτισας άπ άρχης άρσεν και θηλυ έποιησεν αύτους;
Mc	10 6	άπο δε άρχης κτισεως άρσεν και θηλυ έποιησεν αύτους·
Rm	1 26	αί τε γαρ θηλειαι αύτων μετηλλαξαν την φυσικην χρησιν είς την παρα φυσιν,
	27	όμοιως τε και οι άρσενες άφεντες την φυσικην χρησιν της θηλειας έξεκαυθησαν έν τη όρεξει αύτων είς άλληλους,
Ga	3 28	ούκ ένι ιουδαιος ούδε έλλην, ούκ ένι δουλος ούδε έλευθερος, ούκ ένι άρσεν και θηλυ·

θηρα [1]

Rm	11 9	γενηθητω ή τραπεζα αύτων είς παγιδα και είς θηραν και είς σκανδαλον και είς άνταποδομα αύτοις,

θηρευω [1]

Lc	11 54	ένεδρευοντες αύτον θηρευσαι τι έκ του στοματος αύτου.

θηριομαχεω [1]

1Co	15 32	εί κατα άνθρωπον έθηριομαχησα έν έφεσω, τί μοι το όφελος;

θηριον [46]

Mc	1 13	και ήν μετα των θηριων,
Ac	11 6	είς ήν άτενισας κατενοουν, και είδον τα τετραποδα της γης και τα θηρια και τα έρπετα και τα πετεινα του ούρανου.
	28 4	ώς δε είδον οι βαρβαροι κρεμαμενον το θηριον έκ της χειρος αύτου, προς άλληλους έλεγον·

θηριον [46]

Ac	28 5	ό μεν ούν άποτιναξας το θηριον είς το πυρ έπαθεν ούδεν κακον·
Tit	1 12	κρητες άει ψευσται, κακα θηρια, γαστερες άργαι.
Heb	12 20	καν θηριον θιγη του όρους, λιθοβοληθησεται·
Ja	3 7	πασα γαρ φυσις θηριων τε και πετεινων, έρπετων τε και έναλιων δαμαζεται και δεδαμασται τη φυσει τη άνθρωπινη,
Apc	6 8	και έδοθη αύτοις έξουσια έπι το τεταρτον της γης, άποκτειναι έν ρομφαια και έν λιμω και έν θανατω και ύπο των θηριων της γης.
	11 7	το θηριον το άναβαινον έκ της άβυσσου ποιησει μετ αύτων πολεμον
	13 1	και είδον έκ της θαλασσης θηριον άναβαινον,
	2	και το θηριον ό είδον ήν όμοιον παρδαλει,
	3	και έθαυμασθη όλη ή γη όπισω του θηριου,
	4	και προσεκυνησαν τω δρακοντι, ότι έδωκεν την έξουσιαν τω θηριω,
	4	και προσεκυνησαν τω θηριω λεγοντες·
	4	τίς όμοιος τω θηριω, και τίς δυναται πολεμησαι μετ αύτου;
	11	και είδον άλλο θηριον άναβαινον έκ της γης,
	12	και την έξουσιαν του πρωτου θηριου πασαν ποιει ένωπιον αύτου.
	12	και ποιει την γην και τους έν αύτη κατοικουντας ίνα προσκυνησουσιν το θηριον το πρωτον,
	14	και πλανα τους κατοικουντας έπι της γης δια τα σημεια ά έδοθη αύτω ποιησαι ένωπιον του θηριου,
	14	λεγων τοις κατοικουσιν έπι της γης ποιησαι είκονα τω θηριω,
	15	και έδοθη αύτω δουναι πνευμα τη είκονι του θηριου,
	15	και έδοθη αύτω δουναι πνευμα τη είκονι του θηριου, ίνα και λαληση ή είκων του θηριου,
	15	ίνα και λαληση ή είκων του θηριου, και ποιηση [ίνα] όσοι έαν μη προσκυνησωσιν τη είκονι του θηριου άποκτανθωσιν.
	17	και ίνα μη τις δυνηται άγορασαι ή πωλησαι εί μη ό έχων το χαραγμα το όνομα του θηριου ή τον άριθμον του όνοματος αύτου.
	18	ό έχων νουν ψηφισατω τον άριθμον του θηριου·
	14 9	εί τις προσκυνει το θηριον και την είκονα αύτου, και λαμβανει χαραγμα έπι του μετωπου αύτου ή έπι την χειρα αύτου, και αύτος πιεται
	11	και ούκ έχουσιν άναπαυσιν ήμερας και νυκτος οι προσκυνουντες το θηριον και την είκονα αύτου,
	15 2	και τους νικωντας έκ του θηριου και έκ της είκονος αύτου και έκ του άριθμου του όνοματος αύτου έστωτας έπι την θαλασσαν την ύαλινην,
	16 2	και έγενετο έλκος κακον και πονηρον έπι τους άνθρωπους τους έχοντας το χαραγμα του θηριου και τους προσκυνουντας τη είκονι αύτου.
	10	και ό πεμπτος έξεχεεν την φιαλην αύτου έπι τον θρονον του θηριου·
	13	και είδον έκ του στοματος του δρακοντος και έκ του στοματος του θηριου και έκ του στοματος του ψευδοπροφητου πνευματα τρια άκαθαρτα ώς βατραχοι·
	17 3	και είδον γυναικα καθημενην έπι θηριον κοκκινον, γεμον[τα] όνοματα βλασφημιας,
	7	έγω έρω σοι το μυστηριον της γυναικος και του θηριου του βασταζοντος αύτην του έχοντος τας έπτα κεφαλας και τα δεκα κερατα.
	8	το θηριον ό είδες ήν και ούκ έστιν,
	8	βλεποντων το θηριον ότι ήν και ούκ έστιν και παρεσται.
	11	και το θηριον ό ήν και ούκ έστιν, και αύτος όγδοος έστιν,
	12	οίτινες βασιλειαν ούπω έλαβον, άλλα έξουσιαν ώς βασιλεις μιαν ώραν λαμβανουσιν μετα του θηριου.
	13	ουτοι μιαν γνωμην έχουσιν, και την δυναμιν και έξουσιαν αύτων τω θηριω διδοασιν.
	16	και τα δεκα κερατα ά είδες και το θηριον, ουτοι μισησουσιν την πορνην, ·
	17	ό γαρ θεος έδωκεν είς τας καρδιας αύτων ποιησαι την γνωμην αύτου, και ποιησαι μιαν γνωμην και δουναι την βασιλειαν αύτων τω θηριω,
	18 2	και φυλακη παντος όρνεου άκαθαρτου [και φυλακη παντος θηριου άκαθαρτου]
	19 19	και είδον το θηριον και τους βασιλεις της γης και τα στρατευματα αύτων συνηγμενα ποιησαι τον πολεμον μετα του καθημενου έπι του ίππου και μετα του στρατευματος αύτου.
	20	και έπιασθη το θηριον και μετ αύτου ό ψευδοπροφητης ό ποιησας τα σημεια ένωπιον αύτου,
	20	έν οις έπλανησεν τους λαβοντας το χαραγμα του θηριου και τους προσκυνουντας τη είκονι αύτου·

θηριον [46]

Apc	20 4	και οίτινες ού προσεκυνησαν το θηριον ούδε την είκονα αύτου και ούκ έλαβον το χαραγμα έπι το μετωπον και έπι την χειρα αύτων·
	10	και ό διαβολος ό πλανων αύτους έβληθη είς την λιμνην του πυρος και θειου, όπου και το θηριον και ό ψευδοπροφητης,

θησαυριζω [8]

Mt	6 19	μη θησαυριζετε ύμιν θησαυρους έπι της γης,
	20	θησαυριζετε δε ύμιν θησαυρους έν ούρανω,
Lc	12 21	ούτως ό θησαυριζων έαυτω και μη είς θεον πλουτων.
Rm	2 5	κατα δε την σκληροτητα σου και άμετανοητον καρδιαν θησαυριζεις σεαυτω όργην έν ήμερα όργης και άποκαλυψεως δικαιοκρισιας του θεου,
1Co	16 2	κατα μιαν σαββατου έκαστος ύμων παρ έαυτω τιθετω θησαυριζων ότι έαν εύοδωται,
2Co	12 14	ού γαρ όφειλει τα τεκνα τοις γονευσιν θησαυριζειν, άλλα οί γονεις τοις τεκνοις.
Ja	5 3	έθησαυρισατε έν έσχαταις ήμεραις.
2Pt	3 7	οί δε νυν ούρανοι και ή γη τω αύτω λογω τεθησαυρισμενοι είσιν πυρι τηρουμενοι είς ήμεραν κρισεως και άπωλειας των άσεβων άνθρωπων.

θησαυρος [17]

Mt	2 11	και άνοιξαντες τους θησαυρους αύτων προσηνεγκαν αύτω δωρα,
	6 19	μη θησαυριζετε ύμιν θησαυρους έπι της γης,
	20	θησαυριζετε δε ύμιν θησαυρους έν ούρανω,
	21	όπου γαρ έστιν ό θησαυρος σου, έκει έσται και ή καρδια σου.
	12 35	ό άγαθος άνθρωπος έκ του άγαθου θησαυρου έκβαλλει άγαθα,
	35	και ό πονηρος άνθρωπος έκ του πονηρου θησαυρου έκβαλλει πονηρα.
	13 44	όμοια έστιν ή βασιλεια των ούρανων θησαυρω κεκρυμμενω έν τω άγρω,
	52	δια τουτο πας γραμματευς μαθητευθεις τη βασιλεια των ούρανων όμοιος έστιν άνθρωπω οίκοδεσποτη, όστις έκβαλλει έκ του θησαυρου αύτου καινα και παλαια.
	19 21	και έξεις θησαυρον έν ούρανοις, και δευρο άκολούθει μοι.
Mc	10 21	έν σε ύστερει· ύπαγε, όσα έχεις πωλησον και δος [τοις] πτωχοις, και έξεις θησαυρον έν ούρανω,
Lc	6 45	ό άγαθος άνθρωπος έκ του άγαθου θησαυρου της καρδιας προφερει το άγαθον,
	12 33	ποιησατε έαυτοις βαλλαντια μη παλαιουμενα, θησαυρον άνεκλειπτον έν τοις ούρανοις, όπου κλεπτης ούκ έγγιζει ούδε σης διαφθειρει·
	34	όπου γαρ έστιν ό θησαυρος ύμων, έκει και ή καρδια ύμων έσται.
	18 22	παντα όσα έχεις πωλησον και διαδος πτωχοις, και έξεις θησαυρον έν [τοις] ούρανοις,
2Co	4 7	έχομεν δε τον θησαυρον τουτον έν όστρακινοις σκευεσιν,
Col	2 3	είς έπιγνωσιν του μυστηριου του θεου, χριστου, έν ώ είσιν παντες οί θησαυροι της σοφιας και γνωσεως άποκρυφοι.
Heb	11 26	μειζονα πλουτον ήγησαμενος των αίγυπτου θησαυρων τον όνειδισμον του χριστου·

θιγγανω [3]

Col	2 21	μη άψη μηδε γευση μηδε θιγης, ά έστιν παντα είς φθοραν τη άποχρησει,
Heb	11 28	πιστει πεποιηκεν το πασχα και την προσχυσιν του αίματος, ίνα μη ό όλοθρευων τα πρωτοτοκα θιγη αύτων.
	12 20	καν θηριον θιγη του όρους, λιθοβοληθησεται·

θλιβω [10]

Mt	7 14	τί στενη ή πυλη και τεθλιμμενη ή όδος ή άπαγουσα είς την ζωην,
Mc	3 9	και είπεν τοις μαθηταις αύτου ίνα πλοιαριον προσκαρτερη αύτω δια τον όχλον, ίνα μη θλιβωσιν αύτον·
2Co	1 6	είτε δε θλιβομεθα, ύπερ της ύμων παρακλησεως και σωτηριας·
	4 8	έν παντι θλιβομενοι άλλ ού στενοχωρουμενοι,
	7 5	και γαρ έλθοντων ήμων είς μακεδονιαν ούδεμιαν έσχηκεν άνεσιν ή σαρξ ήμων, άλλ έν παντι θλιβομενοι·
1Th	3 4	και γαρ ότε προς ύμας ήμεν, προελεγομεν ύμιν ότι μελλομεν θλιβεσθαι,
2Th	1 6	είπερ δικαιον παρα θεω άνταποδουναι τοις θλιβουσιν ύμας θλιψιν

θλιβω [10]

2Th	1 7	είπερ δικαιον παρα θεω άνταποδουναι τοις θλιβουσιν ύμας θλιψιν και ύμιν τοις θλιβομενοις άνεσιν μεθ ήμων,
1Tm	5 10	εί θλιβομενοις έπηρκεσεν, εί παντι έργω άγαθω έπηκολουθησεν.
Heb	11 37	περιηλθον έν μηλωταις, έν αίγειοις δερμασιν, ύστερουμενοι, θλιβομενοι, κακουχουμενοι,

θλιψις [45]

Mt	13 21	γενομενης δε θλιψεως ή διωγμου δια τον λογον εύθυς σκανδαλιζεται.
	24 9	τοτε παραδωσουσιν ύμας είς θλιψιν και άποκτενουσιν ύμας,
	21	έσται γαρ τοτε θλιψις μεγαλη, οία ού γεγονεν άπ άρχης κοσμου έως του νυν ούδ ού μη γενηται.
	29	εύθεως δε μετα την θλιψιν των ήμερων έκεινων ό ήλιος σκοτισθησεται,
Mc	4 17	είτα γενομενης θλιψεως ή διωγμου δια τον λογον εύθυς σκανδαλιζονται.
	13 19	έσονται γαρ αί ήμεραι έκειναι θλιψις, οία ού γεγονεν τοιαυτη άπ άρχης κτισεως ήν έκτισεν ό θεος έως του νυν και ού μη γενηται.
	24	άλλα έν έκειναις ταις ήμεραις μετα την θλιψιν έκεινην ό ήλιος σκοτισθησεται,
Jh	16 21	όταν δε γεννηση το παιδιον, ούκετι μνημονευει της θλιψεως δια την χαραν ότι έγεννηθη άνθρωπος είς τον κοσμον.
	33	έν τω κοσμω θλιψιν έχετε άλλα θαρσειτε, έγω νενικηκα τον κοσμον.
Ac	7 10	και ήν ό θεος μετ αύτου, και έξειλατο αύτον έκ πασων των θλιψεων αύτου,
	11	ήλθεν δε λιμος έφ όλην την αίγυπτον και χανααν και θλιψις μεγαλη,
	11 19	οί μεν ούν διασπαρεντες άπο της θλιψεως της γενομενης έπι στεφανω διηλθον έως φοινικης και κυπρου και άντιοχειας,
	14 22	παρακαλουντες έμμενειν τη πιστει, και ότι δια πολλων θλιψεων δει ήμας είσελθειν είς την βασιλειαν του θεου.
	20 23	τα έν αύτη συναντησοντα μοι μη είδως, πλην ότι το πνευμα το άγιον κατα πολιν διαμαρτυρεται μοι λεγον ότι δεσμα και θλιψεις με μενουσιν.
Rm	2 9	θλιψις και στενοχωρια έπι πασαν ψυχην άνθρωπου του κατεργαζομενου το κακον,
	5 3	ού μονον δε, άλλα και καυχωμεθα έν ταις θλιψεσιν,
	3	ού μονον δε, άλλα και καυχωμεθα έν ταις θλιψεσιν, είδοτες ότι ή θλιψις ύπομονην κατεργαζεται,
	8 35	τίς ήμας χωρισει άπο της άγαπης του χριστου; θλιψις ή στενοχωρια ή διωγμος ή λιμος ή γυμνοτης ή κινδυνος ή μαχαιρα;
	12 12	τη έλπιδι χαιροντες, τη θλιψει ύπομενοντες,
1Co	7 28	θλιψιν δε τη σαρκι έξουσιν οί τοιουτοι, έγω δε ύμων φειδομαι.
2Co	1 4	ό πατηρ των οίκτιρμων και θεος πασης παρακλησεως, ό παρακαλων ήμας έπι παση τη θλιψει ήμων,
	4	ό παρακαλων ήμας έπι παση τη θλιψει ήμων, είς το δυνασθαι ήμας παρακαλειν τους έν παση θλιψει δια της παρακλησεως ής παρακαλουμεθα αύτοι ύπο του θεου.
	8	ού γαρ θελομεν ύμας άγνοειν, άδελφοι, ύπερ της θλιψεως ήμων της γενομενης έν τη άσια,
	2 4	έκ γαρ πολλης θλιψεως και συνοχης καρδιας έγραψα ύμιν δια πολλων δακρυων,
	4 17	το γαρ παραυτικα έλαφρον της θλιψεως ήμων καθ ύπερβολην είς ύπερβολην αίωνιον βαρος δοξης κατεργαζεται ήμιν,
	6 4	έν ύπομονη πολλη, έν θλιψεσιν, έν άναγκαις,
	7 4	πεπληρωμαι τη παρακλησει, ύπερπερισσευομαι τη χαρα έπι παση τη θλιψει ήμων.
	8 2	ότι έν πολλη δοκιμη θλιψεως ή περισσεια της χαρας αύτων και ή κατα βαθους πτωχεια αύτων έπερισσευσεν είς το πλουτος της άπλοτητος αύτων·
	13	ού γαρ ίνα άλλοις άνεσις, ύμιν θλιψις, άλλ έξ ίσοτητος
Eph	3 13	διο αίτουμαι μη έγκακειν έν ταις θλιψεσιν μου ύπερ ύμων,
Php	1 17	οί δε έξ έριθειας τον χριστον καταγγελλουσιν, ούχ άγνως, οίομενοι θλιψιν έγειρειν τοις δεσμοις μου.
	4 14	πλην καλως έποιησατε συγκοινωνησαντες μου τη θλιψει.
Col	1 24	και άνταναπληρω τα ύστερηματα των θλιψεων του χριστου έν τη σαρκι μου ύπερ του σωματος αύτου,
1Th	1 6	και ύμεις μιμηται ήμων έγενηθητε και του κυριου, δεξαμενοι τον λογον έν θλιψει πολλη μετα χαρας πνευματος άγιου,
	3 3	είς το στηριζαι ύμας και παρακαλεσαι ύπερ της πιστεως ύμων το μηδενα σαινεσθαι έν ταις θλιψεσιν ταυταις.
	7	δια τουτο παρεκληθημεν, άδελφοι, έφ ύμιν έπι παση τη άναγκη και θλιψει ήμων δια της ύμων πιστεως,

θλιψις [45]

2Th	1 4	ἐν πασιν τοις διωγμοις ὑμων και ταις *θλιψεσιν* αἱς ἀνεχεσθε,
	6	εἱπερ δικαιον παρα θεῳ ἀνταποδουναι τοις θλιβουσιν ὑμας *θλιψιν*
Heb	10 33	τουτο μεν ὀνειδισμοις τε και *θλιψεσιν* θεατριζομενοι,
Ja	1 27	ἐπισκεπτεσθαι ὀρφανους και χηρας ἐν τῃ *θλιψει* αὑτων,
Apc	1 9	ἐγω ἰωαννης, ὁ ἀδελφος ὑμων και συγκοινωνος ἐν τῃ *θλιψει* και βασιλεια και ὑπομονῃ ἐν ἰησου,
	2 9	οἰδα σου την *θλιψιν* και την πτωχειαν, ἀλλα πλουσιος εἰ,
	10	ἰδου μελλει βαλλειν ὁ διαβολος ἐξ ὑμων εἰς φυλακην ἱνα πειρασθητε, και ἑξετε *θλιψιν* ἡμερων δεκα.
	22	ἰδου βαλλω αὑτην εἰς κλινην, και τους μοιχευοντας μετ αὑτης εἰς *θλιψιν* μεγαλην, ἐαν μη μετανοησωσιν ἐκ των ἐργων αὑτης·
	7 14	οὑτοι εἰσιν οἱ ἐρχομενοι ἐκ της *θλιψεως* της μεγαλης

θνησκω [9]

Mt	2 20	τεθνηκασιν γαρ οἱ ζητουντες την ψυχην του παιδιου.
Mc	15 44	ὁ δε πιλατος ἐθαυμασεν εἰ ἠδη *τεθνηκεν*,
Lc	7 12	ὡς δε ἠγγισεν τῃ πυλῃ της πολεως, και ἰδου ἐξεκομιζετο *τεθνηκως* μονογενης υἱος τῃ μητρι αὑτου,
	8 49	ἐτι αὑτου λαλουντος ἐρχεται τις παρα του ἀρχισυναγωγου λεγων ὁτι *τεθνηκεν* ἡ θυγατηρ σου·
Jh	11 44	ἐξηλθεν ὁ *τεθνηκως* δεδεμενος τους ποδας και τας χειρας κειριαις,
	19 33	ἐπι δε τον ἰησουν ἐλθοντες, ὡς εἰδον ἠδη αὑτον *τεθνηκοτα*, οὑ κατεαξαν αὑτου τα σκελη,
Ac	14 19	και πεισαντες τους ὀχλους και λιθασαντες τον παυλον ἐσυρον ἐξω της πολεως, νομιζοντες αὑτον *τεθνηκεναι*.
	25 19	ζητηματα δε τινα περι της ἰδιας δεισιδαιμονιας εἰχον προς αὑτον και περι τινος ἰησου *τεθνηκοτος*,
1Tm	5 6	ἡ δε σπαταλωσα ζωσα *τεθνηκεν*.

θνητος [6]

Rm	6 12	μη οὑν βασιλευετω ἡ ἁμαρτια ἐν τῳ *θνητῳ* ὑμων σωματι εἰς το ὑπακουειν ταις ἐπιθυμιαις αὑτου,
	8 11	ὁ ἐγειρας χριστον ἐκ νεκρων ζωοποιησει και τα *θνητα* σωματα ὑμων δια του ἐνοικουντος αὑτου πνευματος ἐν ὑμιν.
1Co	15 53	δει γαρ το φθαρτον τουτο ἐνδυσασθαι ἀφθαρσιαν και το *θνητον* τουτο ἐνδυσασθαι ἀθανασιαν.
	54	ὁταν δε το φθαρτον τουτο ἐνδυσηται ἀφθαρσιαν και το *θνητον* τουτο ἐνδυσηται ἀθανασιαν, τοτε γενησεται ὁ λογος ὁ γεγραμμενος·
2Co	4 11	ἀει γαρ ἡμεις οἱ ζωντες εἰς θανατον παραδιδομεθα δια ἰησουν, ἱνα και ἡ ζωη του ἰησου φανερωθῃ ἐν τῃ *θνητῃ* σαρκι ἡμων.
	5 4	ἐφ ᾡ οὑ θελομεν ἐκδυσασθαι ἀλλ ἐπενδυσασθαι, ἱνα καταποθῃ το *θνητον* ὑπο της ζωης.

θορυβαζω [1]

Lc	10 41	μαρθα μαρθα, μεριμνᾳς και *θορυβαζῃ* περι πολλα, ἑνος ὀλιγων δε ἐστιν χρεια·

θορυβεω [4]

Mt	9 23	και ἐλθων ὁ ἰησους εἰς την οἰκιαν του ἀρχοντος και ἰδων τους αὑλητας και τον ὀχλον *θορυβουμενον* ἐλεγεν·
Mc	5 39	και εἰσελθων λεγει αὑτοις· τι *θορυβεισθε* και κλαιετε;
Ac	17 5	ζηλωσαντες δε οἱ ἰουδαιοι και προσλαβομενοι των ἀγοραιων ἀνδρας τινας πονηρους και ὀχλοποιησαντες *ἐθορυβουν* την πολιν,
	20 10	μη *θορυβεισθε·* ἡ γαρ ψυχη αὑτου ἐν αὑτῳ ἐστιν.

θορυβος [7]

Mt	26 5	μη ἐν τῃ ἑορτῃ, ἱνα μη *θορυβος* γενηται ἐν τῳ λαῳ.
	27 24	ἰδων δε ὁ πιλατος ὁτι οὑδεν ὠφελει ἀλλα μαλλον *θορυβος* γινεται, λαβων ὑδωρ ἀπενιψατο τας χειρας ἀπεναντι του ὀχλου λεγων·
Mc	5 38	και ἐρχονται εἰς τον οἰκον του ἀρχισυναγωγου, και θεωρει *θορυβον*, και κλαιοντας και ἀλαλαζοντας πολλα,
	14 2	μη ἐν τῃ ἑορτῃ, μηποτε ἐσται *θορυβος* του λαου.
Ac	20 1	μετα δε το παυσασθαι τον *θορυβον* μεταπεμψαμενος ὁ παυλος τους μαθητας και παρακαλεσας, ἀσπασαμενος ἐξηλθεν πορευεσθαι εἰς μακεδονιαν.
	21 34	μη δυναμενου δε αὑτου γνωναι το ἀσφαλες δια τον *θορυβον*, ἐκελευσεν ἀγεσθαι αὑτον εἰς την παρεμβολην.

θορυβος [7]

Ac	24 18	ἐν αἱς εὑρον με ἡγνισμενον ἐν τῳ ἱερῳ, οὑ μετα ὀχλου οὑδε μετα *θορυβου*,

θραυω [1]

Lc	4 18	εὑαγγελισασθαι πτωχοις, ἀπεσταλκεν με, κηρυξαι αἰχμαλωτοις ἀφεσιν και τυφλοις ἀναβλεψιν, ἀποστειλαι *τεθραυσμενους* ἐν ἀφεσει, κηρυξαι ἐνιαυτον κυριου δεκτον.

θρεμμα [1]

Jh	4 12	και αὑτος ἐξ αὑτου ἐπιεν και οἱ υἱοι αὑτου και τα *θρεμματα* αὑτου;

θρηνεω [4]

Mt	11 17	*ἐθρηνησαμεν* και οὑκ ἐκοψασθε.
Lc	7 32	ηὑλησαμεν ὑμιν και οὑκ ὠρχησασθε· *ἐθρηνησαμεν* και οὑκ ἐκλαυσατε.
	23 27	ἠκολουθει δε αὑτῳ πολυ πληθος του λαου και γυναικων αἱ ἐκοπτοντο και *ἐθρηνουν* αὑτον.
Jh	16 20	ἀμην ἀμην λεγω ὑμιν ὁτι κλαυσετε και *θρηνησετε* ὑμεις, ὁ δε κοσμος χαρησεται·

θρησκεια [4]

Ac	26 5	ἐαν θελωσι μαρτυρειν, ὁτι κατα την ἀκριβεστατην αἱρεσιν της ἡμετερας *θρησκειας* ἐζησα φαρισαιος.
Col	2 18	μηδεις ὑμας καταβραβευετω θελων ἐν ταπεινοφροσυνῃ και *θρησκειᾳ* των ἀγγελων,
Ja	1 26	εἰ τις δοκει θρησκος εἰναι, μη χαλιναγωγων γλωσσαν αὑτου ἀλλα ἀπατων καρδιαν αὑτου, τουτου ματαιος ἡ *θρησκεια*.
	27	*θρησκεια* καθαρα και ἀμιαντος παρα τῳ θεῳ και πατρι αὑτη ἐστιν,

θρησκος [1]

Ja	1 26	εἰ τις δοκει *θρησκος* εἰναι, μη χαλιναγωγων γλωσσαν αὑτου ἀλλα ἀπατων καρδιαν αὑτου, τουτου ματαιος ἡ θρησκεια.

θριαμβευω [2]

2Co	2 14	τῳ δε θεῳ χαρις τῳ παντοτε *θριαμβευοντι* ἡμας ἐν τῳ χριστῳ και την ὀσμην της γνωσεως αὑτου φανερουντι δι ἡμων ἐν παντι τοπῳ·
Col	2 15	ἀπεκδυσαμενος τας ἀρχας και τας ἐξουσιας ἐδειγματισεν ἐν παρρησιᾳ, *θριαμβευσας* αὑτους ἐν αὑτῳ.

θριξ [15]

Mt	3 4	αὑτος δε ὁ ἰωαννης εἰχεν το ἐνδυμα αὑτου ἀπο *τριχων* καμηλου και ζωνην δερματινην περι την ὀσφυν αὑτου·
	5 36	μητε ἐν τῃ κεφαλῃ σου ὀμοσῃς, ὁτι οὑ δυνασαι μιαν *τριχα* λευκην ποιησαι ἠ μελαιναν.
	10 30	ὑμων δε και αἱ *τριχες* της κεφαλης πασαι ἠριθμημεναι εἰσιν.
Mc	1 6	και ἡν ὁ ἰωαννης ἐνδεδυμενος *τριχας* καμηλου και ζωνην δερματινην περι την ὀσφυν αὑτου,
Lc	7 38	και ταις *θριξιν* της κεφαλης αὑτης ἐξεμασσεν, και κατεφιλει τους ποδας αὑτου και ἠλειφεν τῳ μυρῳ.
	44	αὑτη δε τοις δακρυσιν ἐβρεξεν μου τους ποδας και ταις *θριξιν* αὑτης ἐξεμαξεν.
	12 7	ἀλλα και αἱ *τριχες* της κεφαλης ὑμων πασαι ἠριθμηνται.
	21 18	και *θριξ* ἐκ της κεφαλης ὑμων οὑ μη ἀποληται·
Jh	11 2	ἡν δε μαριαμ ἡ ἀλειψασα τον κυριον μυρῳ και ἐκμαξασα τους ποδας αὑτου ταις *θριξιν* αὑτης,
	12 3	ἡ οὑν μαριαμ λαβουσα λιτραν μυρου ναρδου πιστικης πολυτιμου ἠλειψεν τους ποδας του ἰησου και ἐξεμαξεν ταις *θριξιν* αὑτης τους ποδας αὑτου·
Ac	27 34	οὑδενος γαρ ὑμων *θριξ* ἀπο της κεφαλης ἀπολειται.
1Pt	3 3	ὡν ἐστω οὑχ ὁ ἐξωθεν ἐμπλοκης *τριχων* και περιθεσεως χρυσιων ἠ ἐνδυσεως ἱματιων κοσμος,
Apc	1 14	ἡ δε κεφαλη αὑτου και αἱ *τριχες* λευκαι ὡς ἐριον λευκον ὡς χιων,
	9 8	και εἰχον *τριχας* ὡς *τριχας* γυναικων,
	8	και εἰχον τριχας ὡς τριχας γυναικων,

θροεομαι [3]

Mt	24 6	μελλησετε δε άκουειν πολεμους και άκοας πολεμων· όρατε μη θροεισθε·
Mc	13 7	όταν δε άκουσητε πολεμους και άκοας πολεμων, μη θροεισθε·
2Th	2 2	εις το μη ταχεως·σαλευθηναι ύμας άπο του νοος μηδε θροεισθαι,

θρομβος [1]

Lc	22 44	[και έγενετο ό ίδρως αύτου ώσει θρομβοι αίματος καταβαινοντες έπι την γην].

θρονος [62]

Mt	5 34	μητε έν τω ούρανω, ότι θρονος έστιν του θεου·
	19 28	έν τη παλιγγενεσια, όταν καθιση ό υίος του άνθρωπου έπι θρονου δοξης αύτου, καθησεσθε και ύμεις έπι δωδεκα θρονους κρινοντες τας δωδεκα φυλας του ίσραηλ.
	28	έν τη παλιγγενεσια, όταν καθιση ό υίος του άνθρωπου έπι θρονου δοξης αύτου, καθησεσθε και ύμεις έπι δωδεκα θρονους κρινοντες τας δωδεκα φυλας του ίσραηλ.
	23 22	και ό όμοσας έν τω ούρανω όμνυει έν τω θρονω του θεου και έν τω καθημενω έπανω αύτου.
	25 31	όταν δε έλθη ό υίος του άνθρωπου έν τη δοξη αύτου και παντες οί άγγελοι μετ αύτου, τοτε καθισει έπι θρονου δοξης αύτου·
Lc	1 32	και δωσει αύτω κυριος ό θεος τον θρονον δαυιδ του πατρος αύτου,
	52	καθειλεν δυναστας άπο θρονων και ύψωσεν ταπεινους,
	22 30	και καθησεσθε έπι θρονων τας δωδεκα φυλας κρινοντες του ίσραηλ.
Ac	2 30	προφητης ούν ύπαρχων και είδως ότι όρκω ώμοσεν αύτω ό θεος έκ καρπου της όσφυος αύτου καθισαι έπι τον θρονον αύτου,
	7 49	ό ούρανυς μοι θρονος, ή δε γη ύποποδιον των ποδων μου·
Col	1 16	ότι έν αύτω έκτισθη τα παντα έν τοις ούρανοις και έπι της γης, τα όρατα και τα άορατα, είτε θρονοι είτε κυριοτητες είτε άρχαι είτε έξουσιαι·
Heb	1 8	ό θρονος σου ό θεος είς τον αίωνα του αίωνος,
	4 16	προσερχωμεθα ούν μετα παρρησιας τω θρονω της χαριτος,
	8 1	τοιουτον έχομεν άρχιερεα, ός έκαθισεν έν δεξια του θρονου της μεγαλωσυνης έν τοις ούρανοις,
	12 2	έν δεξια τε του θρονου του θεου κεκαθικεν.
Apc	1 4	και άπο των έπτα πνευματων ά ένωπιον του θρονου αύτου,
	2 13	οίδα πού κατοικεις· όπου ό θρονος του σατανα·
	3 21	ό νικων, δωσω αύτω καθισαι μετ έμου έν τω θρονω μου,
	21	ό νικων, δωσω αύτω καθισαι μετ έμου έν τω θρονω μου, ώς καγω ένικησα και έκαθισα μετα του πατρος μου έν τω θρονω αύτου.
	4 2	και ίδου θρονος έκειτο έν τω ούρανω,
	2	και έπι τον θρονον καθημενος,
	3	και ίρις κυκλοθεν του θρονου όμοιος όρασει σμαραγδινω.
	4	και κυκλοθεν του θρονου θρονους είκοσιτεσσαρες,
	4	και κυκλοθεν του θρονου θρονους είκοσιτεσσαρες,
	4	και έπι τους θρονους είκοσιτεσσαρας πρεσβυτερους καθημενους περιβεβλημενους έν ίματιοις λευκοις,
	5	και έκ του θρονου έκπορευονται άστραπαι και φωναι και βρονται·
	5	και έπτα λαμπαδες πυρος καιομεναι ένωπιον του θρονου,
	6	και ένωπιον του θρονου ώς θαλασσα ύαλινη όμοια κρυσταλλω·
	6	και έν μεσω του θρονου και κυκλω του θρονου τεσσαρα ζωα γεμοντα όφθαλμων έμπροσθεν και όπισθεν.
	6	και έν μεσω του θρονου και κυκλω του θρονου τεσσαρα ζωα γεμοντα όφθαλμων έμπροσθεν και όπισθεν.
	9	και όταν δωσουσιν τα ζωα δοξαν και τιμην και εύχαριστιαν τω καθημενω έπι τω θρονω τω ζωντι είς τους αίωνας των αίωνων, πεσουνται οί είκοσιτεσσαρες πρεσβυτεροι
	10	πεσουνται οί είκοσιτεσσαρες πρεσβυτεροι ένωπιον του καθημενου έπι του θρονου,
	10	και βαλουσιν τους στεφανους αύτων ένωπιον του θρονου, λεγοντες·
	5 1	και είδον έπι την δεξιαν του καθημενου έπι του θρονου βιβλιον γεγραμμενον έσωθεν και όπισθεν,
	6	και έν μεσω του θρονου και των τεσσαρων ζωων και έν μεσω των πρεσβυτερων άρνιον έστηκος ώς έσφαγμενον,
	7	και ήλθεν και είληφεν έκ της δεξιας του καθημενου έπι του θρονου.
	11	και είδον, και ήκουσα φωνην άγγελων πολλων κυκλω του θρονου και των ζωων και των πρεσβυτερων,

θρονος [62]

Apc	5 13	τω καθημενω έπι τω θρονω και τω άρνιω ή εύλογια και ή τιμη και ή δοξα και το κρατος είς τους αίωνας των αίωνων
	6 16	πεσετε έφ ήμας και κρυψατε ήμας άπο προσωπου του καθημενου έπι του θρονου
	7 9	έστωτες ένωπιον του θρονου και ένωπιον του άρνιου,
	10	ή σωτηρια τω θεω ήμων τω καθημενω έπι τω θρονω και τω άρνιω.
	11	και παντες οί άγγελοι είστηκεισαν κυκλω του θρονου και των πρεσβυτερων και των τεσσαρων ζωων,
	11	και έπεσαν ένωπιον του θρονου έπι τα προσωπα αύτων και προσεκυνησαν τω θεω, λεγοντες·
	15	δια τουτο είσιν ένωπιον του θρονου του θεου,
	15	και ό καθημενος έπι του θρονου σκηνωσει έπ αύτους.
	17	ότι το άρνιον το άνα μεσον του θρονου ποιμανει αύτους και όδηγησει αύτους έπι ζωης πηγας ύδατων·
	8 3	και έδοθη αύτω θυμιαματα πολλα, ίνα δωσει ταις προσευχαις των άγιων παντων έπι το θυσιαστηριον το χρυσουν το ένωπιον του θρονου.
	11 16	και οί είκοσιτεσσαρες πρεσβυτεροι, [οί] ένωπιον του θεου καθημενοι έπι τους θρονους αύτων, έπεσαν έπι τα προσωπα αύτων
	12 5	και ήρπασθη το τεκνον αύτης προς τον θεον και προς τον θρονον αύτου.
	13 2	και έδωκεν αύτω ό δρακων την δυναμιν αύτου και τον θρονον αύτου και έξουσιαν μεγαλην.
	14 3	και άδουσιν [ώς] ώδην καινην ένωπιον του θρονου και ένωπιον των τεσσαρων ζωων και των πρεσβυτερων·
	16 10	και ό πεμπτος έξεχεεν την φιαλην αύτου έπι τον θρονον του θηριου,
	17	και έξηλθεν φωνη μεγαλη έκ του ναου άπο του θρονου λεγουσα·
	19 4	και προσεκυνησαν τω θεω τω καθημενω έπι τω θρονω λεγοντες·
	5	και φωνη άπο του θρονου έξηλθεν λεγουσα·
	20 4	και είδον θρονους, και έκαθισαν έπ αύτους
	11	και είδον θρονον μεγαν λευκον και τον καθημενον έπ αύτον ού άπο του προσωπου έφυγεν ή γη και ό ούρανος,
	12	και είδον τους νεκρους, τους μεγαλους και τους μικρους, έστωτας ένωπιον του θρονου,
	21 3	και ήκουσα φωνης μεγαλης έκ του θρονου λεγουσης·
	5	και είπεν ό καθημενος έπι τω θρονω· ίδου καινα ποιω παντα.
	22 1	και έδειξεν μοι ποταμον ύδατος ζωης λαμπρον ώς κρυσταλλον, έκπορευομενον έκ του θρονου του θεου και του άρνιου.
	3	και ό θρονος του θεου και του άρνιου έν αύτη έσται,

θυατειρα [4]

Ac	16 14	και τις γυνη όνοματι λυδια, πορφυροπωλις πολεως θυατειρων, σεβομενη τον θεον, ήκουεν,
Apc	1 11	είς έφεσον και είς σμυρναν και είς περγαμον και είς θυατειρα και είς σαρδεις και είς φιλαδελφειαν και είς λαοδικειαν
	2 18	και τω άγγελω της έν θυατειροις έκκλησιας γραψον·
	24	ύμιν δε λεγω τοις λοιποις τοις έν θυατειροις,

θυγατηρ [28]

Mt	9 18	ίδου άρχων είς έλθων προσεκυνει αύτω λεγων ότι ή θυγατηρ μου άρτι έτελευτησεν·
	22	θαρσει, θυγατερ· ή πιστις σου σεσωκεν σε.
	10 35	ήλθον γαρ διχασαι άνθρωπον κατα του πατρος αύτου και θυγατερα κατα της μητρος αύτης και νυμφην κατα της πενθερας αύτης,
	37	και ό φιλων υίον ή θυγατερα ύπερ έμε ούκ έστιν μου άξιος·
	14 6	γενεσιοις δε γενομενοις του ήρωδου ώρχησατο ή θυγατηρ της ήρωδιαδος έν τω μεσω και ήρεσεν τω ήρωδη,
	15 22	έλεησον με, κυριε υίος δαυιδ· ή θυγατηρ μου κακως δαιμονιζεται.
	28	και ίαθη ή θυγατηρ αύτης άπο της ώρας έκεινης.
	21 5	είπατε τη θυγατρι σιων· ίδου ό βασιλευς σου έρχεται σοι πραυς και έπιβεβηκως έπι όνον και έπι πωλον υίον ύποζυγιου.
Mc	5 34	ό δε είπεν αύτη· θυγατηρ, ή πιστις σου σεσωκεν σε·
	35	έτι αύτου λαλουντος έρχονται άπο του άρχισυναγωγου λεγοντες ότι ή θυγατηρ σου άπεθανεν·
	6 22	και είσελθουσης της θυγατρος αύτου ήρωδιαδος και όρχησαμενης,
	7 26	και ήρωτα αύτον ίνα το δαιμονιον έκβαλη έκ της θυγατρος αύτης.

θυγατηρ [28]

Mc	7 29	δια τουτον τον λογον υπαγε, εξεληλυθεν εκ της θυγατρος σου το δαιμονιον.
Lc	1 5	και γυνη αυτω εκ των θυγατερων ααρων, και το ονομα αυτης ελισαβετ.
	2 36	και ην αννα προφητις, θυγατηρ φανουηλ, εκ φυλης ασηρ·
	8 42	και πεσων παρα τους ποδας [του] ιησου παρεκαλει αυτον εισελθειν εις τον οικον αυτου, οτι θυγατηρ μονογενης ην αυτω ως ετων δωδεκα και αυτη απεθνησκεν.
	48	θυγατηρ, η πιστις σου σεσωκεν σε· πορευου εις ειρηνην.
	49	ετι αυτου λαλουντος ερχεται τις παρα του αρχισυναγωγου λεγων οτι τεθνηκεν η θυγατηρ σου·
	12 53	μητηρ επι την θυγατερα και θυγατηρ επι την μητερα,
	53	μητηρ επι την θυγατερα και θυγατηρ επι την μητερα,
	13 16	ταυτην δε θυγατερα αβρααμ ουσαν, ην εδησεν ο σατανας ιδου δεκακαιοκτω ετη, ουκ εδει λυθηναι απο του δεσμου τουτου τη ημερα του σαββατου;
	23 28	θυγατερες ιερουσαλημ, μη κλαιετε επ εμε·
Jh	12 15	μη φοβου, θυγατηρ σιων· ιδου ο βασιλευς σου ερχεται, καθημενος επι πωλον ονου.
Ac	2 17	και προφητευσουσιν οι υιοι υμων και αι θυγατερες υμων,
	7 21	εκτεθεντος δε αυτου ανειλατο αυτον η θυγατηρ φαραω και ανεθρεψατο αυτον εαυτη εις υιον.
	21 9	τουτω δε ησαν θυγατερες τεσσαρες παρθενοι προφητευουσαι.
2Co	6 18	και υμεις εσεσθε μοι εις υιους και θυγατερας,
Heb	11 24	πιστει μωυσης μεγας γενομενος ηρνησατο λεγεσθαι υιος θυγατρος φαραω,

θυγατριον [2]

Mc	5 23	και παρακαλει αυτον πολλα λεγων οτι το θυγατριον μου εσχατως εχει,
	7 25	αλλ ευθυς ακουσασα γυνη περι αυτου, ης ειχεν το θυγατριον αυτης πνευμα ακαθαρτον, ελθουσα προσεπεσεν προς τους ποδας αυτου·

θυελλα [1]

Heb	12 18	ου γαρ προσεληλυθατε ψηλαφωμενω και κεκαυμενω πυρι και γνοφω και ζοφω και θυελλη και σαλπιγγος ηχω

θυινος [1]

Apc	18 12	και παν ξυλον θυινον και παν σκευος ελεφαντινον

θυμιαμα [6]

Lc	1 10	και παν το πληθος ην του λαου προσευχομενον εξω τη ωρα του θυμιαματος.
	11	ωφθη δε αυτω αγγελος κυριου εστως εκ δεξιων του θυσιαστηριου του θυμιαματος.
Apc	5 8	τα τεσσαρα ζωα και οι εικοσιτεσσαρες πρεσβυτεροι επεσαν ενωπιον του αρνιου, εχοντες εκαστος κιθαραν και φιαλας χρυσας γεμουσας θυμιαματων,
	8 3	και εδοθη αυτω θυμιαματα πολλα,
	4	και ανεβη ο καπνος των θυμιαματων ταις προσευχαις των αγιων εκ χειρος του αγγελου ενωπιον του θεου.
	18 13	και κινναμωμον και αμωμον και θυμιαματα και μυρον

θυμιατηριον [1]

Heb	9 4	χρυσουν εχουσα θυμιατηριον και την κιβωτον της διαθηκης περικεκαλυμμενην παντοθεν χρυσιω,

θυμιαω [1]

Lc	1 9	κατα το εθος της ιερατειας ελαχε του θυμιασαι εισελθων εις τον ναον του κυριου,

θυμομαχεω [1]

Ac	12 20	ην δε θυμομαχων τυριοις και σιδωνιοις·

θυμοομαι [1]

Mt	2 16	τοτε ηρωδης ιδων οτι ενεπαιχθη υπο των μαγων εθυμωθη λιαν,

θυμος [18]

Lc	4 28	και επλησθησαν παντες θυμου εν τη συναγωγη ακουοντες ταυτα,
Ac	19 28	ακουσαντες δε και γενομενοι πληρεις θυμου εκραζον λεγοντες·
Rm	2 8	τοις δε εξ εριθειας και απειθουσι τη αληθεια πειθομενοις δε τη αδικια, οργη και θυμος.
2Co	12 20	μη πως ερις, ζηλος, θυμοι, εριθειαι, καταλαλιαι, ψιθυρισμοι, φυσιωσεις, ακαταστασιαι·
Ga	5 20	φαρμακεια, εχθραι, ερις, ζηλος, θυμοι, εριθειαι,
Eph	4 31	πασα πικρια και θυμος και οργη και κραυγη και βλασφημια αρθητω αφ υμων συν παση κακια.
Col	3 8	νυνι δε αποθεσθε και υμεις τα παντα, οργην, θυμον, κακιαν, βλασφημιαν, αισχρολογιαν εκ του στοματος υμων·
Heb	11 27	πιστει κατελιπεν αιγυπτον, μη φοβηθεις τον θυμον του βασιλεως.
Apc	12 12	ουαι την γην και την θαλασσαν, οτι κατεβη ο διαβολος προς υμας εχων θυμον μεγαν,
	14 8	επεσεν επεσεν βαβυλων η μεγαλη, η εκ του οινου του θυμου της πορνειας αυτης πεποτικεν παντα τα εθνη.
	10	και αυτος πιεται εκ του οινου του θυμου του θεου του κεκερασμενου ακρατου εν τω ποτηριω της οργης αυτου,
	19	και ετρυγησεν την αμπελον της γης και εβαλεν εις την ληνον του θυμου του θεου τον μεγαν.
	15 1	αγγελους επτα εχοντας πληγας επτα τας εσχατας, οτι εν αυταις ετελεσθη ο θυμος του θεου.
	7	και εν εκ των τεσσαρων ζωων εδωκεν τοις επτα αγγελοις επτα φιαλας χρυσας γεμουσας του θυμου του θεου του ζωντος εις τους αιωνας των αιωνων.
	16 1	υπαγετε και εκχεετε τας επτα φιαλας του θυμου του θεου εις την γην.
	19	και βαβυλων η μεγαλη εμνησθη ενωπιον του θεου δουναι αυτη το ποτηριον του οινου του θυμου της οργης αυτου.
	18 3	οτι εκ του οινου του θυμου της πορνειας αυτης πεπωκαν παντα τα εθνη,
	19 15	και αυτος πατει την ληνον του οινου του θυμου της οργης του θεου του παντοκρατορος.

θυρα [39]

Mt	6 6	εισελθε εις το ταμειον σου και κλεισας την θυραν σου προσευξαι τω πατρι σου τω εν τω κρυπτω·
	24 33	ουτως και υμεις οταν ιδητε παντα ταυτα, γινωσκετε οτι εγγυς εστιν επι θυραις.
	25 10	και αι ετοιμοι εισηλθον μετ αυτου εις τους γαμους, και εκλεισθη η θυρα.
	27 60	και προσκυλισας λιθον μεγαν τη θυρα του μνημειου απηλθεν.
Mc	1 33	και ην ολη η πολις επισυνηγμενη προς την θυραν.
	2 2	και συνηχθησαν πολλοι, ωστε μηκετι χωρειν μηδε τα προς την θυραν,
	11 4	και απηλθον και ευρον πωλον δεδεμενον προς θυραν εξω επι του αμφοδου, και λυουσιν αυτον.
	13 29	ουτως και υμεις, οταν ιδητε ταυτα γινομενα, γινωσκετε οτι εγγυς εστιν επι θυραις.
	15 46	και προσεκυλισεν λιθον επι την θυραν του μνημειου.
	16 3	τις αποκυλισει ημιν τον λιθον εκ της θυρας του μνημειου;
Lc	11 7	μη μοι κοπους παρεχε· ηδη η θυρα κεκλεισται,
	13 24	αγωνιζεσθε εισελθειν δια της στενης θυρας, οτι πολλοι, λεγω υμιν, ζητησουσιν εισελθειν και ουκ ισχυσουσιν. αφ ου αν εγερθη ο οικοδεσποτης και αποκλειση την θυραν,
	25	αφ ου αν εγερθη ο οικοδεσποτης και αποκλειση την θυραν, και αρξησθε εξω εσταναι και κρουειν την θυραν λεγοντες
	25	αφ ου αν εγερθη ο οικοδεσποτης και αποκλειση την θυραν, και αρξησθε εξω εσταναι και κρουειν την θυραν λεγοντες·
Jh	10 1	ο μη εισερχομενος δια της θυρας εις την αυλην των προβατων αλλα αναβαινων αλλαχοθεν, εκεινος κλεπτης εστιν και ληστης·
	2	ο δε εισερχομενος δια της θυρας ποιμην εστιν των προβατων.
	7	αμην αμην λεγω υμιν οτι εγω ειμι η θυρα των προβατων.
	9	εγω ειμι η θυρα·
	18 16	ο δε πετρος ειστηκει προς τη θυρα εξω.
	20 19	και των θυρων κεκλεισμενων οπου ησαν οι μαθηται δια τον φοβον των ιουδαιων,
	26	ερχεται ο ιησους των θυρων κεκλεισμενων,
Ac	3 2	και τις ανηρ χωλος εκ κοιλιας μητρος αυτου υπαρχων εβασταζετο, ον ετιθουν καθ ημεραν προς την θυραν του ιερου την λεγομενην ωραιαν
	5 9	ιδου οι ποδες των θαψαντων τον ανδρα σου επι τη θυρα και εξοισουσιν σε.

θυρα [39]

Ac	5 19	ἄγγελος δε κυριου δια νυκτος ἀνοιξας τας θυρας της φυλακης ἐξαγαγων τε αὐτους εἶπεν·
	23	ἀναστρεψαντες δε ἀπηγγειλαν λεγοντες ὀτι το δεσμωτηριον εὐρομεν κεκλεισμενον ἐν παση ἀσφαλεια και τους φυλακας ἑστωτας ἐπι των θυρων, ἀνοιξαντες δε ἐσω οὐδενα εὑρομεν.
	12 6	τη νυκτι ἐκεινη ἡν ὁ πετρος κοιμωμενος μεταξυ δυο στρατιωτων δεδεμενος ἁλυσεσιν δυσιν, φυλακες τε προ της θυρας ἐτηρουν την φυλακην.
	13	κρουσαντος δε αὐτου την θυραν του πυλωνος προσηλθεν παιδισκη ὑπακουσαι ὀνοματι ροδη,
	14 27	ἀνηγγελλον ὀσα ἐποιησεν ὁ θεος μετ αὐτων, και ὀτι ἡνοιξεν τοις ἐθνεσιν θυραν πιστεως.
	16 26	ἠνεωχθησαν δε παραχρημα αἱ θυραι πασαι, και παντων τα δεσμα ἀνεθη.
	27	ἐξυπνος δε γενομενος ὁ δεσμοφυλαξ και ἰδων ἀνεωγμενας τας θυρας της φυλακης, σπασαμενος [την] μαχαιραν ἠμελλεν ἑαυτον ἀναιρειν,
	21 30	και ἐπιλαβομενοι του παυλου εἱλκον αὐτον ἐξω του ἱερου, και εὐθεως ἐκλεισθησαν αἱ θυραι.
1Co	16 9	θυρα γαρ μοι ἀνεωγεν μεγαλη και ἐνεργης,
2Co	2 12	ἐλθων δε εἰς την τρωαδα εἰς το εὐαγγελιον του χριστου, και θυρας μοι ἀνεωγμενης ἐν κυριω, οὐκ ἐσχηκα ἀνεσιν τω πνευματι μου
Col	4 3	προσευχομενοι ἁμα και περι ἡμων, ἱνα ὁ θεος ἀνοιξη ἡμιν θυραν του λογου,
Ja	5 9	ἰδου ὁ κριτης προ των θυρων ἑστηκεν.
Apc	3 8	ἰδου δεδωκα ἐνωπιον σου θυραν ἠνεωγμενην,
	20	ἰδου ἑστηκα ἐπι την θυραν και κρουω·
	20	ἐαν τις ἀκουση της φωνης μου και ἀνοιξη την θυραν, [και] εἰσελευσομαι προς αὐτον
	4 1	μετα ταυτα εἰδον, και ἰδου θυρα ἠνεωγμενη ἐν τω οὐρανω,

θυρεος [1]

Eph	6 16	ἐν πασιν ἀναλαβοντες τον θυρεον της πιστεως,

θυρις [2]

Ac	20 9	καθεζομενος δε τις νεανιας ὀνοματι εὐτυχος ἐπι της θυριδος, καταφερομενος ὑπνω βαθει, διαλεγομενου του παυλου ἐπι πλειον,
2Co	11 33	και δια θυριδος ἐν σαργανη ἐχαλασθην δια του τειχους και ἐξεφυγον τας χειρας αὐτου.

θυρωρος [4]

Mc	13 34	και τω θυρωρω ἐνετειλατο ἱνα γρηγορη.
Jh	10 3	τουτω ὁ θυρωρος ἀνοιγει, και τα προβατα της φωνης αὐτου ἀκουει,
	18 16	ἐξηλθεν οὐν ὁ μαθητης ὁ ἀλλος ὁ γνωστος του ἀρχιερεως και εἰπεν τη θυρωρω,
	17	λεγει οὐν τω πετρω ἡ παιδισκη ἡ θυρωρος· μη και συ ἐκ των μαθητων εἶ του ἀνθρωπου τουτου;

θυσια [28]

Mt	9 13	ἐλεος θελω και οὐ θυσιαν·
	12 7	ἐλεος θελω και οὐ θυσιαν,
Mc	12 33	και το ἀγαπαν τον πλησιον ὡς ἑαυτον περισσοτερον ἐστιν παντων των ὁλοκαυτωματων και θυσιων.
Lc	2 24	και του δουναι θυσιαν κατα το εἰρημενον ἐν τω νομω κυριου, ζευγος τρυγονων ἡ δυο νοσσους περιστερων.
	13 1	παρησαν δε τινες ἐν αὐτω τω καιρω ἀπαγγελλοντες αὐτω περι των γαλιλαιων ὡν το αἱμα πιλατος ἐμιξεν μετα των θυσιων αὐτων.
Ac	7 41	και ἐμοσχοποιησαν ἐν ταις ἡμεραις ἐκειναις και ἀνηγαγον θυσιαν τω εἰδωλω,
	42	μη σφαγια και θυσιας προσηνεγκατε μοι ἐτη τεσσερακοντα ἐν τη ἐρημω,
Rm	12 1	παρακαλω οὐν ὑμας, ἀδελφοι, δια των οἰκτιρμων του θεου, παραστησαι τα σωματα ὑμων θυσιαν ζωσαν ἁγιαν εὐαρεστον τω θεω,
1Co	10 18	οὐχ οἱ ἐσθιοντες τας θυσιας κοινωνοι του θυσιαστηριου εἰσιν;
Eph	5 2	καθως και ὁ χριστος ἠγαπησεν ἡμας και παρεδωκεν ἑαυτον ὑπερ ἡμων προσφοραν και θυσιαν τω θεω εἰς ὀσμην εὐωδιας.
Php	2 17	ἀλλα εἰ και σπενδομαι ἐπι τη θυσια και λειτουργια της πιστεως ὑμων, χαιρω και συγχαιρω πασιν ὑμιν·

θυσια [28]

Php	4 18	πεπληρωμαι δεξαμενος παρα ἐπαφροδιτου τα παρ ὑμων, ὀσμην εὐωδιας, θυσιαν δεκτην, εὐαρεστον τω θεω.
Heb	5 1	πας γαρ ἀρχιερευς ἐξ ἀνθρωπων λαμβανομενος ὑπερ ἀνθρωπων καθισταται τα προς τον θεον, ἱνα προσφερη δωρα τε και θυσιας ὑπερ ἁμαρτιων,
	7 27	ὁς οὐκ ἐχει καθ ἡμεραν ἀναγκην, ὡσπερ οἱ ἀρχιερεις, προτερον ὑπερ των ἰδιων ἁμαρτιων θυσιας ἀναφερειν, ἐπειτα των του λαου·
	8 3	πας γαρ ἀρχιερευς εἰς το προσφερειν δωρα τε και θυσιας καθισταται·
	9 9	ἡτις παραβολη εἰς τον καιρον τον ἐνεστηκοτα, καθ ἡν δωρα τε και θυσιαι προσφερονται
	23	αὐτα δε τα ἐπουρανια κρειττοσιν θυσιαις παρα ταυτας.
	26	νυνι δε ἀπαξ ἐπι συντελεια των αἰωνων εἰς ἀθετησιν [της] ἁμαρτιας δια της θυσιας αὐτου πεφανερωται.
	10 1	κατ ἐνιαυτον ταις αὐταις θυσιαις ἁς προσφερουσιν εἰς το διηνεκες οὐδεποτε δυναται τους προσερχομενους τελειωσαι·
	5	θυσιαν και προσφοραν οὐκ ἠθελησας, σωμα δε κατηρτισω μοι·
	8	ἀνωτερον λεγων ὀτι θυσιας και προσφορας και ὁλοκαυτωματα και περι ἁμαρτιας οὐκ ἠθελησας οὐδε εὐδοκησας,
	11	και πας μεν ἱερευς ἑστηκεν καθ ἡμεραν λειτουργων και τας αὐτας πολλακις προσφερων θυσιας,
	12	οὑτος δε μιαν ὑπερ ἁμαρτιων προσενεγκας θυσιαν εἰς το διηνεκες ἐκαθισεν ἐν δεξια του θεου,
	26	ἑκουσιως γαρ ἁμαρτανοντων ἡμων μετα το λαβειν την ἐπιγνωσιν της ἀληθειας, οὐκετι περι ἁμαρτιων ἀπολειπεται θυσια,
	11 4	πιστει πλειονα θυσιαν ἀβελ παρα καιν προσηνεγκεν τω θεω,
	13 15	δι αὐτου [οὐν] ἀναφερωμεν θυσιαν αἰνεσεως δια παντος τω θεω,
	16	τοιαυταις γαρ θυσιαις εὐαρεστειται ὁ θεος.
1Pt	2 5	και αὐτοι ὡς λιθοι ζωντες οἰκοδομεισθε οἰκος πνευματικος εἰς ἱερατευμα ἁγιον, ἀνενεγκαι πνευματικας θυσιας εὐπροσδεκτους [τω] θεω δια ἰησου χριστου·

θυσιαστηριον [23]

Mt	5 23	ἐαν οὐν προσφερης το δωρον σου ἐπι το θυσιαστηριον κἀκει μνησθης ὀτι ὁ ἀδελφος σου ἐχει τι κατα σοῦ, ἀφες ἐκει το δωρον σου ἐμπροσθεν του θυσιαστηριου
	24	ἀφες ἐκει το δωρον σου ἐμπροσθεν του θυσιαστηριου,
	23 18	ὁς ἀν ὀμοση ἐν τω θυσιαστηριω, οὐδεν ἐστιν· ὁς δ ἀν ὀμοση ἐν τω δωρω τω ἐπανω αὐτου, ὀφειλει.
	19	τυφλοι, τι γαρ μειζον, το δωρον ἡ το θυσιαστηριον το ἁγιαζον το δωρον;
	20	ὁ οὐν ὀμοσας ἐν τω θυσιαστηριω ὀμνυει ἐν αὐτω και ἐν πασι τοις ἐπανω αὐτου·
	35	ὀπως ἐλθη ἐφ ὑμας παν αἱμα δικαιον ἐκχυννομενον ἐπι της γης ἀπο του αἱματος ἀβελ του δικαιου ἑως του αἱματος ζαχαριου υἱου βαραχιου, ὁν ἐφονευσατε μεταξυ του ναου και του θυσιαστηριου.
Lc	1 11	ὡφθη δε αὐτω ἀγγελος κυριου ἑστως ἐκ δεξιων του θυσιαστηριου του θυμιαματος.
	11 51	ἀπο αἱματος ἀβελ ἑως αἱματος ζαχαριου του ἀπολομενου μεταξυ του θυσιαστηριου και του οἰκου·
Rm	11 3	κυριε, τους προφητας σου ἀπεκτειναν, τα θυσιαστηρια σου κατεσκαψαν,
1Co	9 13	οὐκ οἰδατε ὀτι οἱ τα ἱερα ἐργαζομενοι [τα] ἐκ του ἱερου ἐσθιουσιν, οἱ τω θυσιαστηριω παρεδρευοντες τω θυσιαστηριω συμμεριζονται;
	13	οὐκ οἰδατε ὀτι οἱ τα ἱερα ἐργαζομενοι [τα] ἐκ του ἱερου ἐσθιουσιν, οἱ τω θυσιαστηριω παρεδρευοντες τω θυσιαστηριω συμμεριζονται;
	10 18	οὐχ οἱ ἐσθιοντες τας θυσιας κοινωνοι του θυσιαστηριου εἰσιν;
Heb	7 13	φυλης ἑτερας μετεσχηκεν, ἀφ ἡς οὐδεις προσεσχηκεν τω θυσιαστηριω·
	13 10	ἐχομεν θυσιαστηριον ἐξ οὑ φαγειν οὐκ ἐχουσιν ἐξουσιαν οἱ τη σκηνη λατρευοντες.
Ja	2 21	ἀβρααμ ὁ πατηρ ἡμων οὐκ ἐξ ἐργων ἐδικαιωθη, ἀνενεγκας ἰσαακ τον υἱον αὐτου ἐπι το θυσιαστηριον;
Apc	6 9	και ὁτε ἡνοιξεν την πεμπτην σφραγιδα, εἰδον ὑποκατω του θυσιαστηριου τας ψυχας των ἐσφαγμενων
	8 3	και ἀλλος ἀγγελος ἡλθεν και ἐσταθη ἐπι του θυσιαστηριου ἐχων λιβανωτον χρυσουν,

θυσιαστηριον [23]

Apc 8 3   και εδοθη αυτω θυμιαματα πολλα, ινα δωσει ταις προσευχαις των αγιων παντων επι το θυσιαστηριον το χρυσουν το ενωπιον του θρονου.

     5   και ειληφεν ο αγγελος τον λιβανωτον, και εγεμισεν αυτον εκ του πυρος του θυσιαστηριου

   9 13   και ηκουσα φωνην μιαν εκ των [τεσσαρων] κερατων του θυσιαστηριου του χρυσου του ενωπιον του θεου,

   11 1   εγειρε και μετρησον τον ναον του θεου και το θυσιαστηριον και τους προσκυνουντας εν αυτω.

   14 18   και αλλος αγγελος [εξηλθεν] εκ του θυσιαστηριου,

   16 7   και ηκουσα του θυσιαστηριου λεγοντος·

θυω [14]

Mt   22 4   οι ταυροι μου και τα σιτιστα τεθυμενα, και παντα ετοιμα·

Mc   14 12   και τη πρωτη ημερα των αζυμων, οτε το πασχα εθυον, λεγουσιν αυτω οι μαθηται αυτου·

Lc   15 23   και φερετε τον μοσχον τον σιτευτον, θυσατε, και φαγοντες ευφρανθωμεν,

   27   ο δε ειπεν αυτω οτι ο αδελφος σου ηκει, και εθυσεν ο πατηρ σου τον μοσχον τον σιτευτον, οτι υγιαινοντα αυτον απελαβεν.

   30   οτε δε ο υιος σου ουτος ο καταφαγων σου τον βιον μετα πορνων ηλθεν, εθυσας αυτω τον σιτευτον μοσχον.

   22 7   ηλθεν δε η ημερα των αζυμων, [εν] η εδει θυεσθαι το πασχα·

Jh   10 10   ο κλεπτης ουκ ερχεται ει μη ινα κλεψη και θυση και απολεση·

Ac   10 13   αναστας, πετρε, θυσον και φαγε.

   11 7   αναστας, πετρε, θυσον και φαγε.

   14 13   ταυρους και στεμματα επι τους πυλωνας ενεγκας, συν τοις οχλοις ηθελεν θυειν.

   18   και ταυτα λεγοντες μολις κατεπαυσαν τους οχλους του μη θυειν αυτοις.

1Co   5 7   και γαρ το πασχα ημων ετυθη χριστος.

   10 20   αλλ οτι α θυουσιν, δαιμονιοις και ου θεω [θυουσιν]·

   20   αλλ οτι α θυουσιν, δαιμονιοις και ου θεω [θυουσιν]·

θωμας [11]

Mt   10 3   θωμας και μαθθαιος ο τελωνης,

Mc   3 18   και ανδρεαν και φιλιππον και βαρθολομαιον και μαθθαιον και θωμαν και ιακωβον τον του αλφαιου και θαδδαιον και σιμωνα τον καναναιον και ιουδαν ισκαριωθ,

Lc   6 15   και μαθθαιον και θωμαν, και ιακωβον αλφαιου και σιμωνα τον καλουμενον ζηλωτην,

Jh   11 16   ειπεν ουν θωμας ο λεγομενος διδυμος τοις συμμαθηταις· αγωμεν και ημεις ινα αποθανωμεν μετ αυτου.

   14 5   λεγει αυτω θωμας· κυριε, ουκ οιδαμεν που υπαγεις·

   20 24   θωμας δε εις εκ των δωδεκα, ο λεγομενος διδυμος, ουκ ην μετ αυτων οτε ηλθεν ιησους.

   26   και μεθ ημερας οκτω παλιν ησαν εσω οι μαθηται αυτου, και θωμας μετ αυτων.

   27   ειτα λεγει τω θωμα· φερε τον δακτυλον σου ωδε και ιδε τας χειρας μου,

   28   απεκριθη θωμας και ειπεν αυτω· ο κυριος μου και ο θεος μου.

   21 2   ησαν ομου σιμων πετρος και θωμας ο λεγομενος διδυμος και ναθαναηλ ο απο κανα της γαλιλαιας και οι του ζεβεδαιου και αλλοι εκ των μαθητων αυτου δυο.

Ac   1 13   φιλιππος και θωμας, βαρθολομαιος και μαθθαιος,

θωραξ [5]

Eph   6 14   στητε ουν περιζωσαμενοι την οσφυν υμων εν αληθεια, και ενδυσαμενοι τον θωρακα της δικαιοσυνης,

1Th   5 8   ημεις δε ημερας οντες νηφωμεν, ενδυσαμενοι θωρακα πιστεως

Apc   9 9   και ειχον θωρακας ως θωρακας σιδηρους,

   9   και ειχον θωρακας ως θωρακας σιδηρους,

   17   και ουτως ειδον τους ιππους εν τη ορασει και τους καθημενους επ αυτων, εχοντας θωρακας πυρινους και υακινθινους και θειωδεις·

I

ιαιρος [2]

Mc   5 22   και ερχεται εις των αρχισυναγωγων, ονοματι ιαιρος, και ιδων αυτον πιπτει προς τους ποδας αυτου,

Lc   8 41   και ιδου ηλθεν ανηρ ω ονομα ιαιρος, και ουτος αρχων της συναγωγης υπηρχεν·

ιακωβ [27]

Mt   1 2   ισαακ δε εγεννησεν τον ιακωβ,

   2   ιακωβ δε εγεννησεν τον ιουδαν και τους αδελφους αυτου,

   15   ματθαν δε εγεννησεν τον ιακωβ,

   16   ιακωβ δε εγεννησεν τον ιωσηφ τον ανδρα μαριας,

   8 11   λεγω δε υμιν οτι πολλοι απο ανατολων και δυσμων ηξουσιν και ανακλιθησονται μετα αβρααμ και ισαακ και ιακωβ εν τη βασιλεια των ουρανων·

   22 32   εγω ειμι ο θεος αβρααμ και ο θεος ισαακ και ο θεος ιακωβ;

Mc   12 26   εγω ο θεος αβρααμ και [ο] θεος ισαακ και [ο] θεος ιακωβ;

Lc   1 33   και βασιλευσει επι τον οικον ιακωβ εις τους αιωνας,

   3 34   του ιακωβ του ισαακ του αβρααμ του θαρα του ναχωρ

   13 28   εκει εσται ο κλαυθμος και ο βρυγμος των οδοντων, οταν οψησθε αβρααμ και ισαακ και ιακωβ και παντας τους προφητας εν τη βασιλεια του θεου, υμας δε εκβαλλομενους εξω.

   20 37   και μωυσης εμηνυσεν επι της βατου, ως λεγει κυριον τον θεον αβρααμ και θεον ισαακ και θεον ιακωβ·

Jh   4 5   ερχεται ουν εις πολιν της σαμαρειας λεγομενην συχαρ, πλησιον του χωριου ο εδωκεν ιακωβ [τω] ιωσηφ τω υιω αυτου·

   6   ην δε εκει πηγη του ιακωβ.

   12   μη συ μειζων ει του πατρος ημων ιακωβ,

Ac   3 13   ο θεος αβρααμ και [ο θεος] ισαακ και [ο θεος] ιακωβ, ο θεος των πατερων ημων, εδοξασεν τον παιδα αυτου ιησουν,

   7 8   και ουτως εγεννησεν τον ισαακ και περιετεμεν αυτον τη ημερα τη ογδοη, και ισαακ τον ιακωβ, και ιακωβ τους δωδεκα πατριαρχας.

   8   και ουτως εγεννησεν τον ισαακ και περιετεμεν αυτον τη ημερα τη ογδοη, και ισαακ τον ιακωβ, και ιακωβ τους δωδεκα πατριαρχας.

   12   ακουσας δε ιακωβ οντα σιτια εις αιγυπτον εξαπεστειλεν τους πατερας ημων πρωτον·

   14   αποστειλας δε ιωσηφ μετεκαλεσατο ιακωβ τον πατερα αυτου και πασαν την συγγενειαν εν ψυχαις εβδομηκονταπεντε.

   15   και κατεβη ιακωβ εις αιγυπτον,

   32   εγω ο θεος των πατερων σου, ο θεος αβρααμ και ισαακ και ιακωβ.

   46   ος ευρεν χαριν ενωπιον του θεου και ητησατο ευρειν σκηνωμα τω οικω ιακωβ.

Rm   9 13   τον ιακωβ ηγαπησα, τον δε ησαυ εμισησα.

   11 26   ηξει εκ σιων ο ρυομενος, αποστρεψει ασεβειας απο ιακωβ.

Heb   11 9   πιστει παρωκησεν εις γην της επαγγελιας ως αλλοτριαν, εν σκηναις κατοικησας, μετα ισαακ και ιακωβ των συγκληρονομων της επαγγελιας της αυτης·

   20   πιστει και περι μελλοντων ευλογησεν ισαακ τον ιακωβ και τον ησαυ.

   21   πιστει ιακωβ αποθνησκων εκαστον των υιων ιωσηφ ευλογησεν,

ιακωβος [42]

Mt   4 21   και προβας εκειθεν ειδεν αλλους δυο αδελφους, ιακωβον τον του ζεβεδαιου και ιωαννην τον αδελφον αυτου,

   10 2   και ιακωβος ο του ζεβεδαιου και ιωαννης ο αδελφος αυτου,

   3   ιακωβος ο του αλφαιου και θαδδαιος·

   13 55   ουχ η μητηρ αυτου λεγεται μαριαμ και οι αδελφοι αυτου ιακωβος και ιωσηφ και σιμων και ιουδας;

   17 1   και μεθ ημερας εξ παραλαμβανει ο ιησους τον πετρον και ιακωβον και ιωαννην τον αδελφον αυτου,

   27 56   εν αις ην μαρια η μαγδαληνη, και μαρια η του ιακωβου και ιωσηφ μητηρ, και η μητηρ των υιων ζεβεδαιου.

Mc   1 19   και προβας ολιγον ειδεν ιακωβον τον του ζεβεδαιου και ιωαννην τον αδελφον αυτου και αυτους εν τω πλοιω καταρτιζοντας τα δικτυα.

   29   και ευθυς εκ της συναγωγης εξελθοντες ηλθον εις την οικιαν σιμωνος και ανδρεου μετα ιακωβου και ιωαννου.

ἰακωβος [42]

Mc	3 17	και *ἰακωβον* τον του ζεβεδαιου και ἰωαννην τον ἀδελφον του ἰακωβου, και ἐπεθηκεν αὐτοις ὀνομα[τα] βοανηργες, ὅ ἐστιν υἱοι βροντης·
	17	και *ἰακωβον* τον του ζεβεδαιου και ἰωαννην τον ἀδελφον του *ἰακωβου*, και ἐπεθηκεν αὐτοις ὀνομα[τα] βοανηργες, ὅ ἐστιν υἱοι βροντης·
	18	και ἀνδρεαν και φιλιππον και βαρθολομαιον και μαθθαιον και θωμαν και *ἰακωβον* τον του ἁλφαιου και θαδδαιον και σιμωνα τον καναναιον και ἰουδαν ἰσκαριωθ,
	5 37	ὁ δε ἰησους παρακουσας τον λογον λαλουμενον λεγει τω ἀρχισυναγωγω· μη φοβου, μονον πιστευε και οὐκ ἀφηκεν οὐδενα μετ αὐτου συνακολουθησαι εἰ μη τον πετρον και *ἰακωβον* και ἰωαννην τον ἀδελφον ἰακωβου.
	37	ὁ δε ἰησους παρακουσας τον λογον λαλουμενον λεγει τω ἀρχισυναγωγω· μη φοβου, μονον πιστευε και οὐκ ἀφηκεν οὐδενα μετ αὐτου συνακολουθησαι εἰ μη τον πετρον και ἰακωβον και ἰωαννην τον ἀδελφον *ἰακωβου*.
	6 3	οὐχ οὗτος ἐστιν ὁ τεκτων, ὁ υἱος της μαριας και ἀδελφος *ἰακωβου* και ἰωσητος και ἰουδα και σιμωνος;
	9 2	και μετα ἡμερας ἑξ παραλαμβανει ὁ ἰησους τον πετρον και τον *ἰακωβον* και τον ἰωαννην, και ἀναφερει αὐτους εἰς ὀρος ὑψηλον κατ ἰδιαν μονους.
	10 35	και προσπορευονται αὐτω *ἰακωβος* και ἰωαννης οἱ υἱοι ζεβεδαιου λεγοντες αὐτω·
	41	και ἀκουσαντες οἱ δεκα ἠρξαντο ἀγανακτειν περι *ἰακωβου* και ἰωαννου.
	13 3	και καθημενου αὐτου εἰς το ὀρος των ἐλαιων κατεναντι του ἱερου, ἐπηρωτα αὐτον κατ ἰδιαν πετρος και *ἰακωβος* και ἰωαννης και ἀνδρεας· εἰπον ἡμιν, ποτε ταυτα ἐσται,
	14 33	και παραλαμβανει τον πετρον και [τον] *ἰακωβον* και [τον] ἰωαννην μετ αὐτου,
	15 40	ἠσαν δε και γυναικες ἀπο μακροθεν θεωρουσαι, ἐν αἱς και μαρια ἡ μαγδαληνη και μαρια ἡ *ἰακωβου* του μικρου και ἰωσητος μητηρ και σαλωμη,
	16 1	και διαγενομενου του σαββατου μαρια ἡ μαγδαληνη και μαρια ἡ [του] *ἰακωβου* και σαλωμη ἠγορασαν ἀρωματα ἰνα ἐλθουσαι ἀλειψωσιν αὐτον.
Lc	5 10	ὁμοιως δε και *ἰακωβον* και ἰωαννην υἱους ζεβεδαιου, οἱ ἠσαν κοινωνοι τω σιμωνι.
	6 14	και *ἰακωβον* και ἰωαννην, και φιλιππον και βαρθολομαιον,
	15	και μαθθαιον και θωμαν, και *ἰακωβον* ἁλφαιου και σιμωνα τον καλουμενον ζηλωτην,
	16	και ἰουδαν *ἰακωβου*, και ἰουδαν ἰσκαριωθ, ὁς ἐγενετο προδοτης,
	8 51	ἐλθων δε εἰς την οἰκιαν οὐκ ἀφηκεν εἰσελθειν τινα συν αὐτω εἰ μη πετρον και ἰωαννην και *ἰακωβον* και τον πατερα της παιδος και την μητερα.
	9 28	ἐγενετο δε μετα τους λογους τουτους ὡσει ἡμεραι ὀκτω, [και] παραλαβων πετρον και ἰωαννην και *ἰακωβον* ἀνεβη εἰς το ὀρος προσευξασθαι.
	54	ἰδοντες δε οἱ μαθηται *ἰακωβος* και ἰωαννης εἰπαν·
	24 10	ἠσαν δε ἡ μαγδαληνη μαρια και ἰωαννα και μαρια ἡ *ἰακωβου*·
Ac	1 13	ὁ τε πετρος και ἰωαννης και *ἰακωβος* και ἀνδρεας,
	13	*ἰακωβος* ἁλφαιου και σιμων ὁ ζηλωτης και ἰουδας ἰακωβου.
	13	ἰακωβος ἁλφαιου και σιμων ὁ ζηλωτης και ἰουδας *ἰακωβου*.
	12 2	ἀνειλεν δε *ἰακωβον* τον ἀδελφον ἰωαννου μαχαιρῃ.
	17	ἀπαγγειλατε *ἰακωβω* και τοις ἀδελφοις ταυτα.
	15 13	μετα δε το σιγησαι αὐτους ἀπεκριθη *ἰακωβος* λεγων· ἀνδρες ἀδελφοι, ἀκουσατε μου.
	21 18	τη δε ἐπιουσῃ εἰσηει ὁ παυλος συν ἡμιν προς *ἰακωβον*,
1Co	15 7	ἐπειτα ὠφθη *ἰακωβω*, εἰτα τοις ἀποστολοις πασιν·
Ga	1 19	ἑτερον δε των ἀποστολων οὐκ εἰδον, εἰ μη *ἰακωβον* τον ἀδελφον του κυριου.
	2 9	και γνοντες την χαριν την δοθεισαν μοι, *ἰακωβος* και κηφας και ἰωαννης,
	12	προ του γαρ ἐλθειν τινας ἀπο *ἰακωβου* μετα των ἐθνων συνησθιεν·
Ja	1 1	*ἰακωβος* θεου και κυριου ἰησου χριστου δουλος ταις δωδεκα φυλαις ταις ἐν τη διασπορα χαιρειν.
Ju	1	ἰουδας ἰησου χριστου δουλος, ἀδελφος δε *ἰακωβου*,

ἰαμα [3]

1Co	12 9	ἑτερω πιστις ἐν τω αὐτω πνευματι, ἀλλω δε χαρισματα *ἰαματων* ἐν τω ἑνι πνευματι,
	28	ἐπειτα δυναμεις, ἐπειτα χαρισματα *ἰαματων*, ἀντιλημψεις, κυβερνησεις, γενη γλωσσων.
	30	μη παντες χαρισματα ἐχουσιν *ἰαματων*;

ἰαμβρης [1]

2Tm	3 8	ὁν τροπον δε ἰαννης και *ἰαμβρης* ἀντεστησαν μωυσει, οὑτως και οὑτοι ἀνθιστανται τη ἀληθεια,

ἰανναι [1]

Lc	3 24	ὡν υἱος, ὡς ἐνομιζετο, ἰωσηφ, του ἡλι του μαθθατ του λευι του μελχι του *ἰανναι* του ἰωσηφ

ἰαννης [1]

2Tm	3 8	ὁν τροπον δε *ἰαννης* και ἰαμβρης ἀντεστησαν μωυσει, οὑτως και οὑτοι ἀνθιστανται τη ἀληθεια,

ἰαομαι [26]

Mt	8 8	ἀλλα μονον εἰπε λογω, και *ἰαθησεται* ὁ παις μου.
	13	και *ἰαθη* ὁ παις [αὐτου] ἐν τη ὡρα ἐκεινη.
	13 15	μηποτε ἰδωσιν τοις ὀφθαλμοις και τοις ὡσιν ἀκουσωσιν και τη καρδια συνωσιν και ἐπιστρεψωσιν, και *ἰασομαι* αὐτους.
	15 28	και *ἰαθη* ἡ θυγατηρ αὐτης ἀπο της ὡρας ἐκεινης.
Mc	5 29	και ἐγνω τω σωματι ὁτι *ἰαται* ἀπο της μαστιγος.
Lc	5 17	και δυναμις κυριου ἠν εἰς το *ἰασθαι* αὐτον.
	6 18	και πληθος πολυ του λαου ἀπο πασης της ἰουδαιας και ἰερουσαλημ και της παραλιου τυρου και σιδωνος, οἱ ἠλθον ἀκουσαι αὐτου και *ἰαθηναι* ἀπο των νοσων αὐτων,
	19	και πας ὁ ὀχλος ἐζητουν ἁπτεσθαι αὐτου, ὁτι δυναμις παρ αὐτου ἐξηρχετο και *ἰατο* παντας.
	7 7	ἀλλα εἰπε λογω, και *ἰαθητω* ὁ παις μου.
	8 47	ἰδουσα δε ἡ γυνη ὁτι οὐκ ἐλαθεν, τρεμουσα ἠλθεν και προσπεσουσα αὐτω δι ἡν αἰτιαν ἡψατο αὐτου ἀπηγγειλεν ἐνωπιον παντος του λαου, και ὡς *ἰαθη* παραχρημα.
	9 2	και ἀπεστειλεν αὐτους κηρυσσειν την βασιλειαν του θεου και *ἰασθαι* [τους ἀσθενεις],
	11	και τους χρειαν ἐχοντας θεραπειας *ἰατο*.
	42	και *ἰασατο* τον παιδα και ἀπεδωκεν αὐτον τω πατρι αὐτου.
	14 4	και ἐπιλαβομενος *ἰασατο* αὐτον και ἀπελυσεν.
	17 15	εἰς δε ἐξ αὐτων, ἰδων ὁτι *ἰαθη*, ὑπεστρεψεν μετα φωνης μεγαλης δοξαζων τον θεον,
	22 51	και ἀψαμενος του ὠτιου *ἰασατο* αὐτον.
Jh	4 47	οὑτος ἀκουσας ὁτι ἰησους ἡκει ἐκ της ἰουδαιας εἰς την γαλιλαιαν, ἀπηλθεν προς αὐτον και ἡρωτα ἰνα καταβη και *ἰασηται* αὐτου τον υἱον·
	5 13	ὁ δε *ἰαθεις* οὐκ ἡδει τις ἐστιν·
	12 40	τετυφλωκεν αὐτων τους ὀφθαλμους και ἐπωρωσεν αὐτων την καρδιαν, ἰνα μη ἰδωσιν τοις ὀφθαλμοις και νοησωσιν τη καρδια και στραφωσιν, και *ἰασομαι* αὐτους.
Ac	9 34	αἰνεα, *ἰαται* σε ἰησους χριστος· ἀναστηθι και στρωσον σεαυτω.
	10 38	ὡς ἐχρισεν αὐτον ὁ θεος πνευματι ἀγιω και δυναμει, ὁς διηλθεν εὐεργετων και *ἰωμενος* παντας τους καταδυναστευομενους ὑπο του διαβολου,
	28 8	προς ὁν ὁ παυλος εἰσελθων και προσευξαμενος, ἐπιθεις τας χειρας αὐτω *ἰασατο* αὐτον.
	27	μηποτε ἰδωσιν τοις ὀφθαλμοις και τοις ὡσιν ἀκουσωσιν και τη καρδια συνωσιν και ἐπιστρεψωσιν, και *ἰασομαι* αὐτους.
Heb	12 13	ἰνα μη το χωλον ἐκτραπη, *ἰαθη* δε μαλλον.
Ja	5 16	ἐξομολογεισθε οὐν ἀλληλοις τας ἁμαρτιας, και εὐχεσθε ὑπερ ἀλληλων, ὁπως *ἰαθητε*.
1Pt	2 24	οὑ τω μωλωπι *ἰαθητε*.

ἰαρετ [1]

Lc	3 37	του μαθουσαλα του ἐνωχ του *ἰαρετ* του μαλελεηλ του καιναμ

ἰασις [3]

Lc	13 32	ἰδου ἐκβαλλω δαιμονια και *ἰασεις* ἀποτελω σημερον και αὐριον, και τη τριτη τελειουμαι.
Ac	4 22	ἐτων γαρ ἠν πλειονων τεσσερακοντα ὁ ἀνθρωπος ἐφ ὁν γεγονει το σημειον τουτο της *ἰασεως*.
	30	ἐν τω την χειρα [σου] ἐκτεινειν σε εἰς *ἰασιν* και σημεια και τερατα γινεσθαι δια του ὀνοματος του ἀγιου παιδος σου ἰησου.

ἰασπις [4]

Apc	4 3	και ὁ καθημενος ὁμοιος ὁρασει λιθω *ἰασπιδι* και σαρδιω,
	21 11	ὁ φωστηρ αὐτης ὁμοιος λιθω τιμιωτατω, ὡς λιθω *ἰασπιδι* κρυσταλλιζοντι·

ἰασπις [4]

Apc 21 18   και ἡ ἐνδωμησις του τειχους αὑτης ἰασπις,
    19   ὁ θεμελιος ὁ πρωτος ἰασπις, ὁ δευτερος σαπφιρος,

ἰασων [5]

Ac 17 5   και ἐπισταντες τη οἰκια ἰασονος ἐζητουν αὑτους προαγαγειν εἰς τον δημον·
    6   μη εὑροντες δε αὑτους ἐσυρον ἰασονα και τινας ἀδελφους ἐπι τους πολιταρχας,
    7   βοωντες ὁτι οἱ την οἰκουμενην ἀναστατωσαντες οὑτοι και ἐνθαδε παρεισιν, οὑς ὑποδεδεκται ἰασων·
    9   και λαβοντες το ἱκανον παρα του ἰασονος και των λοιπων ἀπελυσαν αὑτους.
Rm 16 21   ἀσπαζεται ὑμας τιμοθεος ὁ συνεργος μου, και λουκιος και ἰασων και σωσιπατρος οἱ συγγενεις μου.

ἰατρος [7]

Mt 9 12   οὑ χρειαν ἐχουσιν οἱ ἰσχυοντες ἰατρου ἀλλ οἱ κακως ἐχοντες.
Mc 2 17   και ἀκουσας ὁ ἰησους λεγει αὑτοις οὑ χρειαν ἐχουσιν οἱ ἰσχυοντες ἰατρου ἀλλ οἱ κακως ἐχοντες.
   5 26   και γυνη οὑσα ἐν ῥυσει αἱματος δωδεκα ἐτη, και πολλα παθουσα ὑπο πολλων ἰατρων και δαπανησασα τα παρ αὑτης παντα,
Lc 4 23   ἰατρε, θεραπευσον σεαυτον·
   5 31   οὑ χρειαν ἐχουσιν οἱ ὑγιαινοντες ἰατρου ἀλλα οἱ κακως ἐχοντες.
   8 43   και γυνη οὑσα ἐν ῥυσει αἱματος ἀπο ἐτων δωδεκα, ἡτις [ἰατροις προσαναλωσασα ὁλον τον βιον] οὑκ ἰσχυσεν ἀπ οὑδενος θεραπευθηναι,
Col 4 14   ἀσπαζεται ὑμας λουκας ὁ ἰατρος ὁ ἀγαπητος και δημας.

²δε [34]

Mt 25 20   κυριε, πεντε ταλαντα μοι παρεδωκας· ἰδε ἀλλα πεντε ταλαντα ἐκερδησα.
    22   κυριε, δυο ταλαντα μοι παρεδωκας· ἰδε ἀλλα δυο ταλαντα ἐκερδησα.
    25   και φοβηθεις ἀπελθων ἐκρυψα το ταλαντον σου ἐν τη γη· ἰδε ἐχεις το σον.
  26 65   ἰδε νυν ἠκουσατε την βλασφημιαν· τί ὑμιν δοκει;
Mc 2 24   ἰδε τί ποιουσιν τοις σαββασιν ὁ οὑκ ἐξεστιν;
   3 34   και περιβλεψαμενος τους περι αὑτον κυκλω καθημενους λεγει· ἰδε ἡ μητηρ μου και οἱ ἀδελφοι μου.
  11 21   ῥαββι, ἰδε ἡ συκη ἡν κατηρασω ἐξηρανται.
  13 1   διδασκαλε, ἰδε ποταποι λιθοι και ποταπαι οἰκοδομαι.
   21   ἰδε ὡδε ὁ χριστος, ἰδε ἐκει, μη πιστευετε·
   21   ἰδε ὡδε ὁ χριστος, ἰδε ἐκει, μη πιστευετε·
  15 4   οὑκ ἀποκρινη οὑδεν; ἰδε ποσα σου κατηγορουσιν.
   35   και τινες των παρεστηκοτων ἀκουσαντες ἐλεγον· ἰδε ἡλιαν φωνει.
  16 6   ἰδε ὁ τοπος ὁπου ἐθηκαν αὑτον.
Jh 1 29   ἰδε ὁ ἀμνος του θεου ὁ αἰρων την ἀμαρτιαν του κοσμου.
   36   ἰδε ὁ ἀμνος του θεου.
   46   λεγει αὑτω [ὁ] φιλιππος· ἐρχου και ἰδε.
   47   ἰδε ἀληθως ἰσραηλιτης, ἐν ᾡ δολος οὑκ ἐστιν.
  3 26   ἰδε οὑτος βαπτιζει και παντες ἐρχονται προς αὑτον.
  5 14   μετα ταυτα εὑρισκει αὑτον ὁ ἰησους ἐν τω ἱερω και εἰπεν αὑτω· ἰδε ὑγιης γεγονας·
  7 26   και ἰδε παρρησια λαλει, και οὑδεν αὑτω λεγουσιν.
   52   ἐραυνησον και ἰδε ὁτι ἐκ της γαλιλαιας προφητης οὑκ ἐγειρεται.
  11 3   κυριε, ἰδε ὁν φιλεις ἀσθενει.
   34   κυριε, ἐρχου και ἰδε.
   36   ἰδε πως ἐφιλει αὑτον.
  12 19   θεωρειτε ὁτι οὑκ ὠφελειτε οὑδεν· ἰδε ὁ κοσμος ὁπισω αὑτου ἀπηλθεν.
  16 29   ἰδε νυν ἐν παρρησια λαλεις, και παροιμιαν οὑδεμιαν λεγεις.
  18 21   ἐρωτησον τους ἀκηκοοτας τί ἐλαλησα αὑτοις· ἰδε οὑτοι οἰδασιν ἀ εἰπον ἐγω.
  19 4   ἰδε ἀγω ὑμιν αὑτον ἐξω, ἱνα γνωτε ὁτι οὑδεμιαν αἰτιαν εὑρισκω ἐν αὑτω.
   14   ἰδε ὁ βασιλευς ὑμων.
   26   γυναι, ἰδε ὁ υἱος σου.
   27   ἰδε ἡ μητηρ σου.
  20 27   φερε τον δακτυλον σου ὡδε και ἰδε τας χειρας μου,
Rm 11 22   ἰδε οὑν χρηστοτητα και ἀποτομιαν θεου·
Ga 5 2   ἰδε ἐγω παυλος λεγω ὑμιν ὁτι ἐαν περιτεμνησθε χριστος ὑμας οὑδεν ὠφελησει.

ἰδιος [114]

Mt 9 1   και ἠλθεν εἰς την ἰδιαν πολιν.
  14 13   ἀκουσας δε ὁ ἰησους ἀνεχωρησεν ἐκειθεν ἐν πλοιω εἰς ἐρημον τοπον κατ ἰδιαν·
   23   και ἀπολυσας τους ὀχλους ἀνεβη εἰς το ὀρος κατ ἰδιαν προσευξασθαι.
  17 1   και μεθ ἡμερας ἑξ παραλαμβανει ὁ ἰησους τον πετρον και ἰακωβον και ἰωαννην τον ἀδελφον αὑτου, και ἀναφερει αὑτους εἰς ὀρος ὑψηλον κατ ἰδιαν.
   19   τοτε προσελθοντες οἱ μαθηται τω ἰησου κατ ἰδιαν εἰπον·
  20 17   και ἀναβαινων ὁ ἰησους εἰς ἱεροσολυμα παρελαβεν τους δωδεκα [μαθητας] κατ ἰδιαν,
  22 5   οἱ δε ἀμελησαντες ἀπηλθον, ὁς μεν εἰς τον ἰδιον ἀγρον, ὁς δε ἐπι την ἐμποριαν αὑτου·
  24 3   καθημενου δε αὑτου ἐπι του ὀρους των ἐλαιων προσηλθον αὑτω οἱ μαθηται κατ ἰδιαν λεγοντες·
  25 14   ὡσπερ γαρ ἀνθρωπος ἀποδημων ἐκαλεσεν τους ἰδιους δουλους και παρεδωκεν αὑτοις τα ὑπαρχοντα αὑτου,
   15   και ᾡ μεν ἐδωκεν πεντε ταλαντα, ᾡ δε δυο, ᾡ δε ἑν, ἑκαστω κατα την ἰδιαν δυναμιν,
Mc 4 34   κατ ἰδιαν δε τοις ἰδιοις μαθηταις ἐπελυεν παντα.
   34   κατ ἰδιαν δε τοις ἰδιοις μαθηταις ἐπελυεν παντα.
  6 31   δευτε ὑμεις αὑτοι κατ ἰδιαν εἰς ἐρημον τοπον και ἀναπαυσασθε ὀλιγον.
   32   και ἀπηλθον ἐν τω πλοιω εἰς ἐρημον τοπον κατ ἰδιαν.
  7 33   και ἀπολαβομενος αὑτον ἀπο του ὀχλου κατ ἰδιαν ἐβαλεν τους δακτυλους αὑτου εἰς τα ὡτα αὑτου και πτυσας ἡψατο της γλωσσης αὑτου,
  9 2   και μετα ἡμερας ἑξ παραλαμβανει ὁ ἰησους τον πετρον και τον ἰακωβον και τον ἰωαννην, και ἀναφερει αὑτους εἰς ὀρος ὑψηλον κατ ἰδιαν μονους.
   28   και εἰσελθοντος αὑτου εἰς οἰκον οἱ μαθηται αὑτου κατ ἰδιαν ἐπηρωτων αὑτον·
  13 3   και καθημενου αὑτου εἰς το ὀρος των ἐλαιων κατεναντι του ἱερου, ἐπηρωτα αὑτον κατ ἰδιαν πετρος και ἰακωβος και ἰωαννης και ἀνδρεας· εἰπον ἡμιν, ποτε ταυτα ἐσται,
Lc 6 41   τί δε βλεπεις το καρφος το ἐν τω ὀφθαλμω του ἀδελφου σου, την δε δοκον την ἐν τω ἰδιω ὀφθαλμω οὑ κατανοεις;
   44   ἑκαστον γαρ δενδρον ἐκ του ἰδιου καρπου γινωσκεται·
  9 10   και παραλαβων αὑτους ὑπεχωρησεν κατ ἰδιαν εἰς πολιν καλουμενην βηθσαιδα.
  10 23   και στραφεις προς τους μαθητας κατ ἰδιαν εἰπεν·
   34   ἐπιβιβασας δε αὑτον ἐπι το ἰδιον κτηνος ἡγαγεν αὑτον εἰς πανδοχειον και ἐπεμεληθη αὑτου.
  18 28   ἰδου ἡμεις ἀφεντες τα ἰδια ἠκολουθησαμεν σοι.
Jh 1 11   εἰς τα ἰδια ἠλθεν, και οἱ ἰδιοι αὑτον οὑ παρελαβον.
   11   και οἱ ἰδιοι αὑτον οὑ παρελαβον.
   41   εὑρισκει οὑτος πρωτον τον ἀδελφον τον ἰδιον σιμωνα και λεγει αὑτω·
  4 44   αὑτος γαρ ἰησους ἐμαρτυρησεν ὁτι προφητης ἐν τη ἰδια πατριδι τιμην οὑκ ἐχει.
  5 18   δια τουτο οὑν μαλλον ἐζητουν αὑτον οἱ ἰουδαιοι ἀποκτειναι, ὁτι οὑ μονον ἐλυεν το σαββατον, ἀλλα και πατερα ἰδιον ἐλεγεν τον θεον,
   43   ἐαν ἀλλος ἐλθη ἐν τω ὀνοματι τω ἰδιω, ἐκεινον λημψεσθε.
  7 18   ὁ ἀφ ἑαυτου λαλων την δοξαν την ἰδιαν ζητει·
  8 44   ὁταν λαλη το ψευδος, ἐκ των ἰδιων λαλει, ὁτι ψευστης ἐστιν και ὁ πατηρ αὑτου.
  10 3   και τα προβατα της φωνης αὑτου ἀκουει, και τα ἰδια προβατα φωνει κατ ὀνομα και ἐξαγει αὑτα.
   4   ὁταν τα ἰδια παντα ἐκβαλη, ἐμπροσθεν αὑτων πορευεται, και τα προβατα αὑτω ἀκολουθει,
   12   ὁ μισθωτος και οὑκ ὡν ποιμην, οὑ οὑκ ἐστιν τα προβατα ἰδια, θεωρει τον λυκον ἐρχομενον και ἀφιησιν τα προβατα και φευγει,
  13 1   ἀγαπησας τους ἰδιους τους ἐν τω κοσμω, εἰς τελος ἠγαπησεν αὑτους.
  15 19   εἰ ἐκ του κοσμου ἠτε, ὁ κοσμος ἀν το ἰδιον ἐφιλει·
  16 32   ἰδου ἐρχεται ὡρα και ἐληλυθεν ἱνα σκορπισθητε ἑκαστος εἰς τα ἰδια καμε μονον ἀφητε·
  19 27   και ἀπ ἐκεινης της ὡρας ἐλαβεν ὁ μαθητης αὑτην εἰς τα ἰδια.
Ac 1 7   οὑχ ὑμων ἐστιν γνωναι χρονους ἡ καιρους οὑς ὁ πατηρ ἐθετο ἐν τη ἰδια ἐξουσια,
   19   και γνωστον ἐγενετο πασι τοις κατοικουσιν ἰερουσαλημ, ὡστε κληθηναι το χωριον ἐκεινο τη ἰδια διαλεκτω αὑτων ἀκελδαμαχ, τουτ ἐστιν χωριον αἱματος.
   25   ἑνα λαβειν τον τοπον της διακονιας ταυτης και ἀποστολης, ἀφ ἡς παρεβη ἰουδας πορευθηναι εἰς τον τοπον τον ἰδιον.

ἴδιος [114]

Ac   2 6   γενομενης δε της φωνης ταυτης συνηλθεν το πληθος και συνεχυθη, ὅτι ἤκουον εἷς ἕκαστος τῇ *ἰδίᾳ* διαλεκτω λαλουντων αὐτων.

    8   και πῶς ἡμεις ἀκουομεν ἕκαστος τῇ *ἰδίᾳ* διαλεκτω ἡμων ἐν ᾗ ἐγεννηθημεν,

   3 12   ἄνδρες ἰσραηλιται, τί θαυμαζετε ἐπι τουτο, ἢ ἡμιν τί ἀτενιζετε ὡς *ἰδίᾳ* δυναμει ἢ εὐσεβειᾳ πεποιηκοσιν του περιπατειν αὐτον;

   4 23   ἀπολυθεντες δε ἦλθον προς τους *ἰδίους* και ἀπηγγειλαν ὅσα προς αὐτους οἱ ἀρχιερεις και οἱ πρεσβυτεροι εἶπαν.

    32   και οὐδε εἷς τι των ὑπαρχοντων αὐτῳ ἔλεγεν *ἴδιον* εἶναι,

  13 36   δαυιδ μεν γαρ *ἰδίᾳ* γενεᾳ ὑπηρετησας τῇ του θεου βουλῃ ἐκοιμηθη και προσετεθη προς τους πατερας αὐτου και εἶδεν διαφθοραν·

  20 28   ποιμαινειν την ἐκκλησιαν του θεου, ἣν περιεποιησατο δια του αἱματος του *ἰδίου*.

  21 6   και ἀνεβημεν εἰς το πλοιον, ἐκεινοι δε ὑπεστρεψαν εἰς τα *ἴδια*.

  23 19   ἐπιλαβομενος δε της χειρος αὐτου ὁ χιλιαρχος και ἀναχωρησας κατ *ἰδίαν* ἐπυνθανετο·

  24 23   διαταξαμενος τῳ ἑκατονταρχῃ τηρεισθαι αὐτον ἔχειν τε ἄνεσιν και μηδενα κωλυειν των *ἰδίων* αὐτου ὑπηρετειν αὐτῳ.

    24   μετα δε ἡμερας τινας παραγενομενος ὁ φηλιξ συν δρουσιλλῃ τῇ *ἰδίᾳ* γυναικι οὔσῃ ἰουδαιᾳ μετεπεμψατο τον παυλον

  25 19   ζητηματα δε τινα περι της *ἰδίας* δεισιδαιμονιας εἶχον προς αὐτον και περι τινος ἰησου τεθνηκοτος,

  28 30   ἐνεμεινεν δε διετιαν ὅλην ἐν *ἰδίῳ* μισθωματι,

Rm   8 32   ὃς γε του *ἰδίου* υἱου οὐκ ἐφεισατο, ἀλλα ὑπερ ἡμων παντων παρεδωκεν αὐτον, πῶς οὐχι και συν αὐτῳ τα παντα ἡμιν χαρισεται;

  10 3   ἀγνοουντες γαρ την του θεου δικαιοσυνην, και την *ἰδίαν* [δικαιοσυνην] ζητουντες στησαι, τῇ δικαιοσυνῃ του θεου οὐχ ὑπεταγησαν.

  11 24   εἰ γαρ συ ἐκ της κατα φυσιν ἐξεκοπης ἀγριελαιου και παρα φυσιν ἐνεκεντρισθης εἰς καλλιελαιον, ποσῳ μαλλον οὗτοι οἱ κατα φυσιν ἐγκεντρισθησονται τῇ *ἰδίᾳ* ἐλαιᾳ.

  14 4   συ τίς εἶ ὁ κρινων ἀλλοτριον οἰκετην; τῳ *ἰδίῳ* κυριῳ στηκει ἢ πιπτει·

    5   ἕκαστος ἐν τῳ *ἰδίῳ* νοΐ πληροφορεισθω.

1Co   3 8   ὁ φυτευων δε και ὁ ποτιζων ἕν εἰσιν, ἕκαστος δε τον *ἴδιον* μισθον λημψεται κατα τον *ἴδιον* κοπον.

    8   ὁ φυτευων δε και ὁ ποτιζων ἕν εἰσιν, ἕκαστος δε τον *ἴδιον* μισθον λημψεται κατα τον *ἴδιον* κοπον.

  4 12   και κολαφιζομεθα και ἀστατουμεν και κοπιωμεν ἐργαζομενοι ταις *ἰδίαις* χερσιν·

  6 18   ὁ δε πορνευων εἰς το *ἴδιον* σωμα ἁμαρτανει.

  7 2   δια δε τας πορνειας ἕκαστος την ἑαυτου γυναικα ἐχετω, και ἑκαστη τον *ἴδιον* ἄνδρα ἐχετω.

    4   ἡ γυνη του *ἰδίου* σωματος οὐκ ἐξουσιαζει ἀλλα ὁ ἀνηρ·

    4   ὁμοιως δε και ὁ ἀνηρ του *ἰδίου* σωματος οὐκ ἐξουσιαζει ἀλλα ἡ γυνη.

    7   ἀλλα ἕκαστος *ἴδιον* ἔχει χαρισμα ἐκ θεου,

    37   ὃς δε ἕστηκεν ἐν τῃ καρδιᾳ αὐτου ἑδραιος, μη ἔχων ἀναγκην, ἐξουσιαν δε ἔχει περι του *ἰδίου* θεληματος,

    37   ἐξουσιαν δε ἔχει περι του *ἰδίου* θεληματος, και τουτο κεκρικεν ἐν τῃ *ἰδίᾳ* καρδιᾳ,

  9 7   τίς στρατευεται *ἰδίοις* ὀψωνιοις ποτε;

  11 21   ἕκαστος γαρ το *ἴδιον* δειπνον προλαμβανει ἐν τῳ φαγειν,

  12 11   παντα δε ταυτα ἐνεργει το ἓν και το αὐτο πνευμα, διαιρουν *ἰδίᾳ* ἑκαστῳ καθως βουλεται.

  14 35   εἰ δε τι μαθειν θελουσιν, ἐν οἰκῳ τους *ἰδίους* ἄνδρας ἐπερωτατωσαν·

  15 23   ἕκαστος δε ἐν τῳ *ἰδίῳ* ταγματι·

    38   ὁ δε θεος διδωσιν αὐτῳ σωμα καθως ἠθελησεν, και ἑκαστῳ των σπερματων *ἴδιον* σωμα.

Ga   2 2   και ἀνεθεμην αὐτοις το εὐαγγελιον ὃ κηρυσσω ἐν τοις ἔθνεσιν, κατ *ἰδίαν* δε τοις δοκουσιν,

  6 5   ἕκαστος γαρ το *ἴδιον* φορτιον βαστασει.

    9   καιρῳ γαρ *ἰδίῳ* θερισομεν μη ἐκλυομενοι.

Eph   4 28   ὁ κλεπτων μηκετι κλεπτετω, μαλλον δε κοπιατω ἐργαζομενος ταις [*ἰδίαις*] χερσιν το ἀγαθον,

  5 22   αἱ γυναικες τοις *ἰδίοις* ἀνδρασιν ὡς τῳ κυριῳ,

1Th   2 14   ὅτι τα αὐτα ἐπαθετε και ὑμεις ὑπο των *ἰδίων* συμφυλετων,

  4 11   και φιλοτιμεισθαι ἡσυχαζειν και πρασσειν τα *ἴδια* και ἐργαζεσθαι ταις [*ἰδίαις*] χερσιν ὑμων,

    11   και φιλοτιμεισθαι ἡσυχαζειν και πρασσειν τα *ἴδια* και ἐργαζεσθαι ταις [*ἰδίαις*] χερσιν ὑμων,

1Tm   2 6   ὁ δους ἑαυτον ἀντιλυτρον ὑπερ παντων, το μαρτυριον καιροις *ἰδίοις*·

ἴδιος [114]

1Tm   3 4   του *ἰδίου* οἰκου καλως προισταμενον, τεκνα ἔχοντα ἐν ὑποταγῃ μετα πασης σεμνοτητος,

    5   εἰ δε τις του *ἰδίου* οἰκου προστηναι οὐκ οἶδεν, πῶς ἐκκλησιας θεου ἐπιμελησεται;

    12   διακονοι ἐστωσαν μιας γυναικος ἄνδρες, τεκνων καλως προισταμενοι και των *ἰδίων* οἰκων.

  4 2   ἐν ὑποκρισει ψευδολογων, κεκαυστηριασμενων την *ἰδίαν* συνειδησιν,

  5 4   εἰ δε τις χηρα τεκνα ἢ ἐκγονα ἔχει, μανθανετωσαν πρωτον τον *ἴδιον* οἰκον εὐσεβειν και ἀμοιβας ἀποδιδοναι τοις προγονοις·

    8   εἰ δε τις των *ἰδίων* και μαλιστα οἰκειων οὐ προνοει, την πιστιν ἤρνηται και ἔστιν ἀπιστου χειρων.

  6 1   ὅσοι εἰσιν ὑπο ζυγον δουλοι, τους *ἰδίους* δεσποτας πασης τιμης ἀξιους ἡγεισθωσαν,

    15   μεχρι της ἐπιφανειας του κυριου ἡμων ἰησου χριστου, ἣν καιροις *ἰδίοις* δειξει ὁ μακαριος και μονος δυναστης,

2Tm   1 9   του σωσαντος ἡμας και καλεσαντος κλησει ἁγιᾳ, οὐ κατα τα ἐργα ἡμων ἀλλα κατα *ἰδίαν* προθεσιν και χαριν,

  4 3   ἀλλα κατα τας *ἰδίας* ἐπιθυμιας ἑαυτοις ἐπισωρευσουσιν διδασκαλους κνηθομενοι την ἀκοην,

Tit   1 3   ἐφανερωσεν δε καιροις *ἰδίοις* τον λογον αὐτου ἐν κηρυγματι ὃ ἐπιστευθην ἐγω κατ ἐπιταγην του σωτηρος ἡμων θεου,

    12   εἶπεν τις ἐξ αὐτων *ἴδιος* αὐτων προφητης· κρητες ἀει ψευσται,

  2 5   ἵνα σωφρονιζωσιν τας νεας φιλανδρους εἶναι, φιλοτεκνους, σωφρονας, ἁγνας, οἰκουργους, ἀγαθας, ὑποτασσομενας τοις *ἰδίοις* ἀνδρασιν,

    9   δουλους *ἰδίοις* δεσποταις ὑποτασσεσθαι ἐν πασιν,

Heb   4 10   ὁ γαρ εἰσελθων εἰς την καταπαυσιν αὐτου και αὐτος κατεπαυσεν ἀπο των ἐργων αὐτου, ὥσπερ ἀπο των *ἰδίων* ὁ θεος.

  7 27   ὃς οὐκ ἔχει καθ ἡμεραν ἀναγκην, ὥσπερ οἱ ἀρχιερεις, προτερον ὑπερ των *ἰδίων* ἁμαρτιων θυσιας ἀναφερειν, ἔπειτα των του λαου·

  9 12   οὐδε δι αἱματος τραγων και μοσχων, δια δε του *ἰδίου* αἱματος εἰσηλθεν ἐφαπαξ εἰς τα ἁγια,

  13 12   διο και ἰησους, ἵνα ἁγιασῃ δια του *ἰδίου* αἱματος τον λαον, ἔξω της πυλης ἔπαθεν.

Ja   1 14   ἕκαστος δε πειραζεται ὑπο της *ἰδίας* ἐπιθυμιας ἐξελκομενος και δελεαζομενος·

1Pt   3 1   ὁμοιως [αἱ] γυναικες, ὑποτασσομεναι τοις *ἰδίοις* ἀνδρασιν,

    5   οὕτως γαρ ποτε και αἱ ἁγιαι γυναικες αἱ ἐλπιζουσαι εἰς θεον ἐκοσμουν ἑαυτας, ὑποτασσομεναι τοις *ἰδίοις* ἀνδρασιν,

2Pt   1 3   του καλεσαντος ἡμας *ἰδίᾳ* δοξῃ και ἀρετῃ,

    20   τουτο πρωτον γινωσκοντες, ὅτι πασα προφητεια γραφης *ἰδίας* ἐπιλυσεως οὐ γινεται·

  2 16   ὃς μισθον ἀδικιας ἠγαπησεν, ἐλεγξιν δε ἔσχεν *ἰδίας* παρανομιας·

    22   κυων ἐπιστρεψας ἐπι το *ἴδιον* ἐξεραμα,

  3 3   τουτο πρωτον γινωσκοντες, ὅτι ἐλευσονται ἐπ ἐσχατων των ἡμερων [ἐν] ἐμπαιγμονῃ ἐμπαικται κατα τας *ἰδίας* ἐπιθυμιας αὐτων πορευομενοι

    16   ἐν αἷς ἐστιν δυσνοητα τινα, ἃ οἱ ἀμαθεις και ἀστηρικτοι στρεβλουσιν ὡς και τας λοιπας γραφας προς την *ἰδίαν* αὐτων ἀπωλειαν.

    17   ὑμεις οὖν, ἀγαπητοι, προγινωσκοντες φυλασσεσθε ἵνα μη τῃ των ἀθεσμων πλανῃ συναπαχθεντες ἐκπεσητε του *ἰδίου* στηριγμου,

Ju   6   ἀγγελους τε τους μη τηρησαντας την ἑαυτων ἀρχην ἀλλα ἀπολιποντας το *ἴδιον* οἰκητηριον εἰς κρισιν μεγαλης ἡμερας δεσμοις ἀιδιοις ὑπο ζοφον τετηρηκεν·

ἰδιώτης [5]

Ac   4 13   και καταλαβομενοι ὅτι ἄνθρωποι ἀγραμματοι εἰσιν και *ἰδιωται*, ἐθαυμαζον, ἐπεγινωσκον τε αὐτους ὅτι συν τῳ ἰησου ἦσαν,

1Co   14 16   ἐπει ἐαν εὐλογῃς [ἐν] πνευματι, ὁ ἀναπληρων τον τοπον του *ἰδιωτου* πῶς ἐρει το ἀμην ἐπι τῃ σῃ εὐχαριστιᾳ;

    23   ἐαν οὖν συνελθῃ ἡ ἐκκλησια ὅλη ἐπι το αὐτο και παντες λαλωσιν γλωσσαις, εἰσελθωσιν δε *ἰδιωται* ἢ ἀπιστοι, οὐκ ἐρουσιν ὅτι μαινεσθε;

    24   ἐαν δε παντες προφητευσιν, εἰσελθῃ δε τις ἀπιστος ἢ *ἰδιωτης*, ἐλεγχεται ὑπο παντων, ἀνακρινεται ὑπο παντων,

2Co   11 6   εἰ δε και *ἰδιωτης* τῳ λογῳ, ἀλλ οὐ τῃ γνωσει,

ἰδού [200]

Mt   1 20   *ἰδου* ἀγγελος κυριου κατ ὀναρ ἐφανη αὐτῳ λεγων·

ἰδου [200]

Mt	1 23	*ἰδου* ἡ παρθενος ἐν γαστρι ἐξει και τεξεται υἱον,
	2 1	*ἰδου* μαγοι ἀπο ἀνατολων παρεγενοντο εἰς ἱεροσολυμα λεγοντες·
	9	και *ἰδου* ὁ ἀστηρ,
	13	*ἰδου* ἀγγελος κυριου φαινεται κατ ὀναρ τω ἰωσηφ λεγων·
	19	*ἰδου* ἀγγελος κυριου φαινεται κατ ὀναρ τω ἰωσηφ ἐν αἰγυπτω λεγων·
	3 16	και *ἰδου* ἠνεωχθησαν [αὐτω] οἱ οὐρανοι,
	17	και *ἰδου* φωνη ἐκ των οὐρανων λεγουσα·
	4 11	και *ἰδου* ἀγγελοι προσηλθον και διηκονουν αὐτω.
	7 4	και *ἰδου* ἡ δοκος ἐν τω ὀφθαλμω σου;
	8 2	και *ἰδου* λεπρος προσελθων προσεκυνει αὐτω λεγων·
	24	και *ἰδου* σεισμος μεγας ἐγενετο ἐν τη θαλασση,
	29	και *ἰδου* ἐκραξαν λεγοντες·
	32	και *ἰδου* ὡρμησεν πασα ἡ ἀγελη κατα του κρημνου εἰς την θαλασσαν,
	34	και *ἰδου* πασα ἡ πολις ἐξηλθεν εἰς ὑπαντησιν τω ἰησου,
	9 2	και *ἰδου* προσεφερον αὐτω παραλυτικον ἐπι κλινης βεβλημενον.
	3	και *ἰδου* τινες των γραμματεων εἰπαν ἐν ἑαυτοις·
	10	και *ἰδου* πολλοι τελωναι και ἁμαρτωλοι ἐλθοντες συνανεκειντο τω ἰησου και τοις μαθηταις αὐτου.
	18	*ἰδου* ἀρχων εἰς ἐλθων προσεκυνει αὐτω λεγων ὁτι ἡ θυγατηρ μου ἀρτι ἐτελευτησεν·
	20	και *ἰδου* γυνη αἱμορροουσα δωδεκα ἐτη προσελθουσα ὀπισθεν ἡψατο του κρασπεδου του ἱματιου αὐτου·
	32	αὐτων δε ἐξερχομενων, *ἰδου* προσηνεγκαν αὐτω ἀνθρωπον κωφον δαιμονιζομενον.
	10 16	*ἰδου* ἐγω ἀποστελλω ὑμας ὡς προβατα ἐν μεσω λυκων·
	11 8	*ἰδου* οἱ τα μαλακα φορουντες ἐν τοις οἰκοις των βασιλεων εἰσιν.
	10	*ἰδου* ἐγω ἀποστελλω τον ἀγγελον μου προ προσωπου σου,
	19	*ἰδου* ἀνθρωπος φαγος και οἰνοποτης, τελωνων φιλος και ἁμαρτωλων.
	12 2	*ἰδου* οἱ μαθηται σου ποιουσιν ὁ οὐκ ἐξεστιν ποιειν ἐν σαββατω.
	10	και *ἰδου* ἀνθρωπος χειρα ἐχων ξηραν·
	18	*ἰδου* ὁ παις μου ὁν ᾑρετισα,
	41	και *ἰδου* πλειον ἰωνα ὡδε.
	42	και *ἰδου* πλειον σολομωνος ὡδε.
	46	*ἰδου* ἡ μητηρ και οἱ ἀδελφοι αὐτου εἱστηκεισαν ἐξω ζητουντες αὐτω λαλησαι.
	47	[*ἰδου* ἡ μητηρ σου και οἱ ἀδελφοι σου ἐξω ἑστηκασιν ζητουντες σοι λαλησαι].
	49	*ἰδου* ἡ μητηρ μου και οἱ ἀδελφοι μου.
	13 3	*ἰδου* ἐξηλθεν ὁ σπειρων του σπειρειν.
	15 22	*ἰδου* γυνη χαναναια ἀπο των ὁριων ἐκεινων ἐξελθουσα ἐκραζεν λεγουσα·
	17 3	και *ἰδου* ὡφθη αὐτοις μωυσης και ἡλιας συλλαλουντες μετ αὐτου.
	5	ἐτι αὐτου λαλουντος, *ἰδου* νεφελη φωτεινη ἐπεσκιασεν αὐτους,
	5	και *ἰδου* φωνη ἐκ της νεφελης λεγουσα· οὑτος ἐστιν ὁ υἱος μου ὁ ἀγαπητος, ἐν ᾡ εὐδοκησα· ἀκουετε αὐτου.
	19 16	και *ἰδου* εἰς προσελθων αὐτω εἰπεν·
	27	*ἰδου* ἡμεις ἀφηκαμεν παντα και ἠκολουθησαμεν σοι· τι ἀρα ἐσται ἡμιν;
	20 18	και ἐν τη ὁδω εἰπεν αὐτοις· *ἰδου* ἀναβαινομεν εἰς ἱεροσολυμα,
	30	και *ἰδου* δυο τυφλοι καθημενοι παρα την ὁδον, ἀκουσαντες ὁτι ἰησους παραγει, ἐκραξαν λεγοντες· ἐλεησον ἡμας, [κυριε,] υἱος δαυιδ·
	21 5	εἰπατε τη θυγατρι σιων· *ἰδου* ὁ βασιλευς σου ἐρχεται σοι πραυς και ἐπιβεβηκως ἐπι ὀνον και ἐπι πωλον υἱον ὑποζυγιου.
	22 4	εἰπατε τοις κεκλημενοις· *ἰδου* το ἀριστον μου ἡτοιμακα,
	23 34	δια τουτο *ἰδου* ἐγω ἀποστελλω προς ὑμας προφητας και σοφους και γραμματεις·
	38	*ἰδου* ἀφιεται ὑμιν ὁ οἰκος ὑμων ἐρημος.
	24 23	τοτε ἐαν τις ὑμιν εἰπη· *ἰδου* ὡδε ὁ χριστος, ἠ· ὡδε, μη πιστευσητε·
	25	*ἰδου* προειρηκα ὑμιν.
	26	ἐαν οὑν εἰπωσιν ὑμιν· *ἰδου* ἐν τη ἐρημω ἐστιν, μη ἐξελθητε· *ἰδου* ἐν τοις ταμειοις, μη πιστευσητε·
	26	ἐαν οὑν εἰπωσιν ὑμιν· *ἰδου* ἐν τη ἐρημω ἐστιν, μη ἐξελθητε·
	25 6	*ἰδου* ὁ νυμφιος, ἐξερχεσθε εἰς ἀπαντησιν [αὐτου].
	26 45	*ἰδου* ἡγγικεν ἡ ὡρα και ὁ υἱος του ἀνθρωπου παραδιδοται εἰς χειρας ἁμαρτωλων.
	46	ἐγειρεσθε, ἀγωμεν· *ἰδου* ἡγγικεν ὁ παραδιδους με.

ἰδου [200]

Mt	26 47	*ἰδου* ἰουδας εἰς των δωδεκα ἠλθεν, και μετ αὐτου ὀχλος πολυς μετα μαχαιρων και ξυλων ἀπο των ἀρχιερεων και πρεσβυτερων του λαου.
	51	και *ἰδου* εἰς των μετα ἰησου ἐκτεινας την χειρα ἀπεσπασεν την μαχαιραν αὐτου,
	27 51	και *ἰδου* το καταπετασμα του ναου ἐσχισθη ἀπ ἀνωθεν ἑως κατω εἰς δυο,
	28 2	και *ἰδου* σεισμος ἐγενετο μεγας·
	7	και *ἰδου* προαγει ὑμας εἰς την γαλιλαιαν, ἐκει αὐτον ὀψεσθε.
	7	*ἰδου* εἰπον ὑμιν.
	9	και *ἰδου* ἰησους ὑπηντησεν αὐταις λεγων·
	11	πορευομενων δε αὐτων *ἰδου* τινες της κουστωδιας ἐλθοντες εἰς την πολιν ἀπηγγειλαν τοις ἀρχιερευσιν ἁπαντα τα γενομενα.
	20	και *ἰδου* ἐγω μεθ ὑμων εἰμι πασας τας ἡμερας ἑως της συντελειας του αἰωνος.
Mc	1 2	*ἰδου* ἀποστελλω τον ἀγγελον μου προ προσωπου σου,
	3 32	και λεγουσιν αὐτω· *ἰδου* ἡ μητηρ σου και οἱ ἀδελφοι σου [και αἱ ἀδελφαι σου] ἐξω ζητουσιν σε.
	4 3	*ἰδου* ἐξηλθεν ὁ σπειρων σπειραι.
	10 28	*ἰδου* ἡμεις ἀφηκαμεν παντα και ἠκολουθηκαμεν σοι.
	33	και παραλαβων παλιν τους δωδεκα ἠρξατο αὐτοις λεγειν τα μελλοντα αὐτω συμβαινειν, ὁτι *ἰδου* ἀναβαινομεν εἰς ἱεροσολυμα,
	14 41	ἠλθεν ἡ ὡρα, *ἰδου* παραδιδοται ὁ υἱος του ἀνθρωπου εἰς τας χειρας των ἁμαρτωλων.
	42	*ἰδου* ὁ παραδιδους με ἡγγικεν.
Lc	1 20	και *ἰδου* ἐση σιωπων και μη δυναμενος λαλησαι ἀχρι ἡς ἡμερας γενηται ταυτα,
	31	και *ἰδου* συλλημψη ἐν γαστρι και τεξη υἱον,
	36	και *ἰδου* ἐλισαβετ ἡ συγγενις σου και αὐτη συνειληφεν υἱον ἐν γηρει αὐτης,
	38	*ἰδου* ἡ δουλη κυριου· γενοιτο μοι κατα το ῥημα σου.
	44	*ἰδου* γαρ ὡς ἐγενετο ἡ φωνη του ἀσπασμου σου εἰς τα ὠτα μου, ἐσκιρτησεν ἐν ἀγαλλιασει το βρεφος ἐν τη κοιλια μου.
	48	*ἰδου* γαρ ἀπο του νυν μακαριουσιν με πασαι αἱ γενεαι·
	2 10	*ἰδου* γαρ εὐαγγελιζομαι ὑμιν χαραν μεγαλην, ἡτις ἐσται παντι τω λαω,
	25	και *ἰδου* ἀνθρωπος ἠν ἐν ἰερουσαλημ ᾡ ὀνομα συμεων,
	34	*ἰδου* οὑτος κειται εἰς πτωσιν και ἀναστασιν πολλων ἐν τω ἰσραηλ και εἰς σημειον ἀντιλεγομενον και σου [δε] αὐτης την ψυχην διελευσεται ῥομφαια,
	48	τεκνον, τι ἐποιησας ἡμιν οὑτως; *ἰδου* ὁ πατηρ σου καγω ὀδυνωμενοι ἐζητουμεν σε.
	5 12	και ἐγενετο ἐν τω εἰναι αὐτον ἐν μια των πολεων και *ἰδου* ἀνηρ πληρης λεπρας·
	18	και *ἰδου* ἀνδρες φεροντες ἐπι κλινης ἀνθρωπον ὁς ἠν παραλελυμενος,
	6 23	*ἰδου* γαρ ὁ μισθος ὑμων πολυς ἐν τω οὐρανω·
	7 12	ὡς δε ἠγγισεν τη πυλη της πολεως, και *ἰδου* ἐξεκομιζετο τεθνηκως μονογενης υἱος τη μητρι αὐτου,
	25	*ἰδου* οἱ ἐν ἱματισμω ἐνδοξω και τρυφη ὑπαρχοντες ἐν τοις βασιλειοις εἰσιν.
	27	*ἰδου* ἀποστελλω τον ἀγγελον μου προ προσωπου σου,
	34	*ἰδου* ἀνθρωπος φαγος και οἰνοποτης, φιλος τελωνων και ἁμαρτωλων.
	37	και *ἰδου* γυνη ἡτις ἠν ἐν τη πολει ἁμαρτωλος, και ἐπιγνουσα ὁτι κατακειται ἐν τη οἰκια του φαρισαιου, κομισασα ἀλαβαστρον μυρου
	8 41	και *ἰδου* ἠλθεν ἀνηρ ᾡ ὀνομα ἰαιρος,
	9 30	και *ἰδου* ἀνδρες δυο συνελαλουν αὐτω,
	38	και *ἰδου* ἀνηρ ἀπο του ὀχλου ἐβοησεν λεγων·
	39	και *ἰδου* πνευμα λαμβανει αὐτον, και ἐξαιφνης κραζει και σπαρασσει αὐτον μετα ἀφρου,
	10 3	ὑπαγετε· *ἰδου* ἀποστελλω ὑμας ὡς ἀρνας ἐν μεσω λυκων.
	19	*ἰδου* δεδωκα ὑμιν την ἐξουσιαν του πατειν ἐπανω ὀφεων και σκορπιων,
	25	και *ἰδου* νομικος τις ἀνεστη ἐκπειραζων αὐτον λεγων·
	11 31	ὁτι ἠλθεν ἐκ των περατων της γης ἀκουσαι την σοφιαν σολομωνος, και *ἰδου* πλειον σολομωνος ὡδε.
	32	ὁτι μετενοησαν εἰς το κηρυγμα ἰωνα, και *ἰδου* πλειον ἰωνα ὡδε.
	41	πλην τα ἐνοντα δοτε ἐλεημοσυνην, και *ἰδου* παντα καθαρα ὑμιν ἐστιν.
	13 7	*ἰδου* τρια ἐτη ἀφ οὑ ἐρχομαι ζητων καρπον ἐν τη συκη ταυτη και οὐχ εὑρισκω·
	11	και *ἰδου* γυνη πνευμα ἐχουσα ἀσθενειας ἐτη δεκαοκτω,

ἰδου [200]

Lc	13 16	ταυτην δε θυγατερα ἀβρααμ οὐσαν, ἠν ἐδησεν ὁ σατανας ἰδου δεκακαιοκτω ἐτη, οὐκ ἐδει λυθηναι ἀπο του δεσμου τουτου τη ἡμερα του σαββατου;
	30	και ἰδου εἰσιν ἐσχατοι οἱ ἐσονται πρωτοι, και εἰσιν πρωτοι οἱ ἐσονται ἐσχατοι.
	32	ἰδου ἐκβαλλω δαιμονια και ἰασεις ἀποτελω σημερον και αὐριον, και τη τριτη τελειουμαι.
	35	ἰδου ἀφιεται ὑμιν ὁ οἰκος ὑμων.
	14 2	και ἰδου ἀνθρωπος τις ἠν ὑδρωπικος ἐμπροσθεν αὐτου.
	15 29	ἰδου τοσαυτα ἐτη δουλευω σοι και οὐδεποτε ἐντολην σου παρηλθον,
	17 21	ἰδου ὡδε ἠ· ἐκει· ἰδου γαρ ἡ βασιλεια του θεου ἐντος ὑμων ἐστιν.
	21	ἰδου ὡδε ἠ· ἐκει· ἰδου γαρ ἡ βασιλεια του θεου ἐντος ὑμων ἐστιν.
	23	ἰδου ἐκει, [ἠ] ἰδου ὡδε· μη ἀπελθητε μηδε διωξητε.
	23	ἰδου ἐκει, [ἠ] ἰδου ὡδε· μη ἀπελθητε μηδε διωξητε.
	18 28	ἰδου ἡμεις ἀφεντες τα ἰδια ἡκολουθησαμεν σοι.
	31	ἰδου ἀναβαινομεν εἰς ἰερουσαλημ, και τελεσθησεται παντα τα γεγραμμενα δια των προφητων τω υἱω του ἀνθρωπου·
	19 2	και ἰδου ἀνηρ ὀνοματι καλουμενος ζακχαιος,
	8	ἰδου τα ἡμισια μου των ὑπαρχοντων, κυριε, τοις πτωχοις διδωμι,
	20	κυριε, ἰδου ἡ μνα σου, ἠν εἰχον ἀποκειμενην ἐν σουδαριω·
	22 10	ἰδου εἰσελθοντων ὑμων εἰς την πολιν συναντησει ὑμιν ἀνθρωπος κεραμιον ὑδατος βασταζων·
	21	πλην ἰδου ἡ χειρ του παραδιδοντος με μετ ἐμου ἐπι της τραπεζης.
	31	σιμων σιμων, ἰδου ὁ σατανας ἐξητησατο ὑμας του σινιασαι ὡς τον σιτον·
	38	κυριε, ἰδου μαχαιραι ὡδε δυο.
	47	ἐτι αὐτου λαλουντος ἰδου ὀχλος, και ὁ λεγομενος ἰουδας εἰς των δωδεκα προηρχετο αὐτους, και ἡγγισεν τω ἰησου φιλησαι αὐτον.
	23 14	και ἰδου ἐγω ἐνωπιον ὑμων ἀνακρινας οὐθεν εὑρον ἐν τω ἀνθρωπω τουτω αἰτιον ὡν κατηγορειτε κατ αὐτου.
	15	και ἰδου οὐδεν ἀξιον θανατου ἐστιν πεπραγμενον αὐτω·
	29	πλην ἐφ ἑαυτας κλαιετε και ἐπι τα τεκνα ὑμων, ὀτι ἰδου ἐρχονται ἡμεραι ἐν αἱς ἐρουσιν·
	50	και ἰδου ἀνηρ ὀνοματι ἰωσηφ βουλευτης ὑπαρχων, [και] ἀνηρ ἀγαθος και δικαιος,
	24 4	και ἐγενετο ἐν τω ἀπορεισθαι αὐτας περι τουτου και ἰδου ἀνδρες δυο ἐπεστησαν αὐταις ἐν ἐσθητι ἀστραπτουση·
	13	και ἰδου δυο ἐξ αὐτων ἐν αὐτη τη ἡμερα ἠσαν πορευομενοι εἰς κωμην ἀπεχουσαν σταδιους ἐξηκοντα ἀπο ἰερουσαλημ, ἠ ὀνομα ἐμμαους,
	49	και [ἰδου] ἐγω ἀποστελλω την ἐπαγγελιαν του πατρος μου ἐφ ὑμας·
Jh	4 35	ἰδου λεγω ὑμιν, ἐπαρατε τους ὀφθαλμους ὑμων και θεασασθε τας χωρας,
	12 15	ἰδου ὁ βασιλευς σου ἐρχεται, καθημενος ἐπι πωλον ὀνου.
	16 32	ἰδου ἐρχεται ὡρα και ἐληλυθεν ἰνα σκορπισθητε ἐκαστος εἰς τα ἰδια καμε μονον ἀφητε·
	19 5	και λεγει αὐτοις· ἰδου ὁ ἀνθρωπος.
Ac	1 10	και ὡς ἀτενιζοντες ἠσαν εἰς τον οὐρανον πορευομενου αὐτου, και ἰδου ἀνδρες δυο παρειστηκεισαν αὐτοις ἐν ἐσθησεσι λευκαις,
	2 7	οὐχ ἰδου ἀπαντες οὐτοι εἰσιν οἱ λαλουντες γαλιλαιοι;
	5 9	ἰδου οἱ ποδες των θαψαντων τον ἀνδρα σου ἐπι τη θυρα και ἐξοισουσιν σε.
	25	παραγενομενος δε τις ἀπηγγειλεν αὐτοις ὀτι ἰδου οἱ ἀνδρες, οὐς ἐθεσθε ἐν τη φυλακη, εἰσιν ἐν τω ἰερω ἐστωτες και διδασκοντες τον λαον.
	28	και ἰδου πεπληρωκατε την ἰερουσαλημ της διδαχης ὑμων, και βουλεσθε ἐπαγαγειν ἐφ ἡμας το αἱμα του ἀνθρωπου τουτου.
	7 56	ἰδου θεωρω τους οὐρανους διηνοιγμενους και τον υἱον του ἀνθρωπου ἐκ δεξιων ἐστωτα του θεου.
	8 27	και ἰδου ἀνηρ αἰθιωψ εὐνουχος δυναστης κανδακης βασιλισσης αἰθιοπων,
	36	ἰδου ὑδωρ· τί κωλυει με βαπτισθηναι;
	9 10	ὁ δε εἰπεν· ἰδου ἐγω, κυριε.
	11	ἰδου γαρ προσευχεται, και εἰδεν ἀνδρα [ἐν ὁραματι] ἀνανιαν ὀνοματι εἰσελθοντα και ἐπιθεντα αὐτω [τας] χειρας, ὁπως ἀναβλεψη.
	10 17	ὡς δε ἐν ἑαυτω διηπορει ὁ πετρος τί ἀν εἰη το ὁραμα ὁ εἰδεν, ἰδου οἱ ἀνδρες οἱ ἀπεσταλμενοι ὑπο του κορνηλιου διερωτησαντες την οἰκιαν του σιμωνος ἐπεστησαν ἐπι τον πυλωνα,
	19	ἰδου ἀνδρες τρεις ζητουντες σε·

ἰδου [200]

Ac	10 21	ἰδου ἐγω εἰμι ὁν ζητειτε· τίς ἡ αἰτια δι ἠν παρεστε;
	30	και ἰδου ἀνηρ ἐστη ἐνωπιον μου ἐν ἐσθητι λαμπρα, και φησιν·
	11 11	και ἰδου ἐξαυτης τρεις ἀνδρες ἐπεστησαν ἐπι την οἰκιαν ἐν ἠ ἠμεν,
	12 7	και ἰδου ἀγγελος κυριου ἐπεστη,
	13 11	και νυν ἰδου χειρ κυριου ἐπι σε,
	25	ἀλλ ἰδου ἐρχεται μετ ἐμε οὑ οὐκ εἰμι ἀξιος το ὑποδημα των ποδων λυσαι.
	46	ἐπειδη ἀπωθεισθε αὐτον και οὐκ ἀξιους κρινετε ἑαυτους της αἰωνιου ζωης, ἰδου στρεφομεθα εἰς τα ἐθνη.
	16 1	και ἰδου μαθητης τις ἠν ἐκει ὀνοματι τιμοθεος,
	20 22	και νυν ἰδου δεδεμενος ἐγω τω πνευματι πορευομαι εἰς ἰερουσαλημ,
	25	και νυν ἰδου ἐγω οἰδα ὀτι οὐκετι ὀψεσθε το προσωπον μου ὑμεις παντες ἐν οἱς διηλθον κηρυσσων την βασιλειαν.
	27 24	καισαρι σε δει παραστηναι, και ἰδου κεχαρισται σοι ὁ θεος παντας τους πλεοντας μετα σου.
Rm	9 33	ἰδου τιθημι ἐν σιων λιθον προσκομματος και πετραν σκανδαλου,
1Co	15 51	ἰδου μυστηριον ὑμιν λεγω·
2Co	5 17	τα ἀρχαια παρηλθεν, ἰδου γεγονεν καινα.
	6 2	ἰδου νυν καιρος εὐπροσδεκτος, ἰδου νυν ἡμερα σωτηριας·
	2	ἰδου νυν καιρος εὐπροσδεκτος, ἰδου νυν ἡμερα σωτηριας·
	9	ὡς ἀποθνησκοντες και ἰδου ζωμεν, ὡς παιδευομενοι και μη θανατουμενοι,
	7 11	ἰδου γαρ αὐτο τουτο το κατα θεον λυπηθηναι ποσην κατειργασατο ὑμιν σπουδην,
	12 14	ἰδου τριτον τουτο ἐτοιμως ἐχω ἐλθειν προς ὑμας,
Ga	1 20	ἀ δε γραφω ὑμιν, ἰδου ἐνωπιον του θεου ὀτι οὐ ψευδομαι.
Heb	2 13	ἰδου ἐγω και τα παιδια ἀ μοι ἐδωκεν ὁ θεος,
	8 8	ἰδου ἡμεραι ἐρχονται, λεγει κυριος,
	10 7	ἰδου ἡκω, ἐν κεφαλιδι βιβλιου γεγραπται περι ἐμου, του ποιησαι ὁ θεος το θελημα σου.
	9	ἰδου ἡκω του ποιησαι το θελημα σου.
Ja	3 4	ἰδου και τα πλοια, τηλικαυτα ὀντα και ὑπο ἀνεμων σκληρων ἐλαυνομενα,
	5	ἰδου ἡλικον πυρ ἡλικην ὑλην ἀναπτει·
	5 4	ἰδου ὁ μισθος των ἐργατων των ἀμησαντων τας χωρας ὑμων ὁ ἀπεστερημενος ἀφ ὑμων κραζει,
	7	ἰδου ὁ γεωργος ἐκδεχεται τον τιμιον καρπον της γης,
	9	ἰδου ὁ κριτης προ των θυρων ἐστηκεν.
	11	ἰδου μακαριζομεν τους ὑπομειναντας·
1Pt	2 6	ἰδου τιθημι ἐν σιων λιθον ἀκρογωνιαιον ἐκλεκτον ἐντιμον,
Ju	14	ἰδου ἠλθεν κυριος ἐν ἁγιαις μυριασιν αὐτου,
Apc	1 7	ἰδου ἐρχεται μετα των νεφελων,
	18	και ἐγενομην νεκρος και ἰδου ζων εἰμι εἰς τους αἰωνας των αἰωνων,
	2 10	ἰδου μελλει βαλλειν ὁ διαβολος ἐξ ὑμων εἰς φυλακην ἰνα πειρασθητε,
	22	ἰδου βαλλω αὐτην εἰς κλινην,
	3 8	ἰδου δεδωκα ἐνωπιον σου θυραν ἡνεωγμενην,
	9	ἰδου διδω ἐκ της συναγωγης του σατανα,
	9	ἰδου ποιησω αὐτους ἰνα ἡξουσιν και προσκυνησουσιν ἐνωπιον των ποδων σου,
	20	ἰδου ἐστηκα ἐπι την θυραν και κρουω·
	4 1	μετα ταυτα εἰδον, και ἰδου θυρα ἡνεωγμενη ἐν τω οὐρανω,
	2	και ἰδου θρονος ἐκειτο ἐν τω οὐρανω,
	5 5	ἰδου ἐνικησεν ὁ λεων ὁ ἐκ της φυλης ἰουδα, ἡ ριζα δαυιδ, ἀνοιξαι το βιβλιον και τας ἐπτα σφραγιδας αὐτου.
	6 2	και εἰδον, και ἰδου ἰππος λευκος,
	5	και εἰδον, και ἰδου ἰππος μελας,
	8	και εἰδον, και ἰδου ἰππος χλωρος,
	7 9	μετα ταυτα εἰδον, και ἰδου ὀχλος πολυς,
	9 12	ἰδου ἐρχεται ἐτι δυο οὐαι μετα ταυτα.
	11 14	ἰδου ἡ οὐαι ἡ τριτη ἐρχεται ταχυ.
	12 3	και ἰδου δρακων μεγας πυρρός, ἐχων κεφαλας ἐπτα και κερατα δεκα και ἐπι τας κεφαλας αὐτου ἐπτα διαδηματα,
	14 1	και εἰδον, και ἰδου το ἀρνιον ἐστος ἐπι το ὀρος σιων,
	14	και εἰδον, και ἰδου νεφελη λευκη,
	16 15	ἰδου ἐρχομαι ὡς κλεπτης· μακαριος ὁ γρηγορων και τηρων τα ἱματια αὐτου,
	19 11	και ἰδου ἰππος λευκος, και ὁ καθημενος ἐπ αὐτον [καλουμενος] πιστος και ἀληθινος,
	21 3	ἰδου ἡ σκηνη του θεου μετα των ἀνθρωπων,
	5	και εἰπεν ὁ καθημενος ἐπι τω θρονω· ἰδου καινα ποιω παντα.
	22 7	και ἰδου ἐρχομαι ταχυ.
	12	ἰδου ἐρχομαι ταχυ, και ὁ μισθος μου μετ ἐμου,

ἰδουμαια [1]

Mc   3 8   και πολυ πληθος απο της γαλιλαιας [ἠκολουθησεν]· και απο της ιουδαιας και απο ἱεροσολυμων και απο της ἰδουμαιας και περαν του ιορδανου και περι τυρον και σιδωνα,

ἱδρως [1]

Lc   22 44   [και ἐγενετο ὁ ἱδρως αὐτου ὡσει θρομβοι αἱματος καταβαινοντες ἐπι την γην].

ιεζαβελ [1]

Apc   2 20   ἀλλα ἐχω κατα σοῦ ὁτι ἀφεις την γυναικα ιεζαβελ,

ιεραπολις [1]

Col   4 13   μαρτυρω γαρ αὐτῳ ὁτι ἐχει πολυν πονον ὑπερ ὑμων και των ἐν λαοδικεια και των ἐν ιεραπολει.

ιερατεια [2]

Lc   1 9   κατα το ἐθος της ιερατειας ἐλαχε του θυμιασαι εἰσελθων εἰς τον ναον του κυριου,

Heb   7 5   και οἱ μεν ἐκ των υἱων λευι την ιερατειαν λαμβανοντες ἐντολην ἐχουσιν ἀποδεκατουν τον λαον κατα τον νομον,

ιερατευμα [2]

1Pt   2 5   και αὐτοι ὡς λιθοι ζωντες οἰκοδομεισθε οἰκος πνευματικος εἰς ιερατευμα ἁγιον,

    9   ὑμεις δε γενος ἐκλεκτον, βασιλειον ιερατευμα, ἐθνος ἁγιον, λαος εἰς περιποιησιν,

ιερατευω [1]

Lc   1 8   ἐγενετο δε ἐν τῳ ιερατευειν αὐτον ἐν τῃ ταξει της ἐφημεριας αὐτου ἐναντι του θεου,

ιερεμιας [3]

Mt   2 17   τοτε ἐπληρωθη το ῥηθεν δια ιερεμιου του προφητου λεγοντος·

    16 14   οἱ δε εἰπαν· οἱ μεν ιωαννην τον βαπτιστην, ἀλλοι δε ἡλιαν, ἑτεροι δε ιερεμιαν ἠ ἑνα των προφητων.

    27 9   τοτε ἐπληρωθη το ῥηθεν δια ιερεμιου του προφητου λεγοντος· και ἐλαβον τα τριακοντα ἀργυρια, την τιμην του τετιμημενου ὁν ἐτιμησαντο ἀπο υἱων ισραηλ,

ιερευς [31]

Mt   8 4   ἀλλα ὑπαγε σεαυτον δειξον τῳ ιερει και προσενεγκον το δωρον ὁ προσεταξεν μωυσης,

    12 4   ὁ οὐκ ἐξον ἠν αὐτῳ φαγειν οὐδε τοις μετ αὐτου, εἰ μη τοις ιερευσιν μονοις;

    5   ἠ οὐκ ἀνεγνωτε ἐν τῳ νομῳ ὁτι τοις σαββασιν οἱ ιερεις ἐν τῳ ιερῳ το σαββατον βεβηλουσιν και ἀναιτιοι εἰσιν;

Mc   1 44   ὁρα μηδενι μηδεν εἰπῃς, ἀλλα ὑπαγε σεαυτον δειξον τῳ ιερει και προσενεγκε περι του καθαρισμου σου ἁ προσεταξεν μωυσης,

    2 26   πως εἰσηλθεν εἰς τον οἰκον του θεου ἐπι ἀβιαθαρ ἀρχιερεως και τους ἀρτους της προθεσεως ἐφαγεν, οὑς οὐκ ἐξεστιν φαγειν εἰ μη τους ιερεις,

Lc   1 5   ἐγενετο ἐν ταις ἡμεραις ἡρωδου βασιλεως της ιουδαιας ιερευς τις ὀνοματι ζαχαριας ἐξ ἐφημεριας ἀβια,

    5 14   και αὐτος παρηγγειλεν αὐτῳ μηδενι εἰπειν, ἀλλα ἀπελθων δειξον σεαυτον τῳ ιερει,

    6 4   [ὡς] εἰσηλθεν εἰς τον οἰκον του θεου και τους ἀρτους της προθεσεως λαβων ἐφαγεν και ἐδωκεν τοις μετ αὐτου, οὑς οὐκ ἐξεστιν φαγειν εἰ μη μονους τους ιερεις;

    10 31   κατα συγκυριαν δε ιερευς τις κατεβαινεν ἐν τῃ ὁδῳ ἐκεινῃ,

    17 14   πορευθεντες ἐπιδειξατε ἑαυτους τοις ιερευσιν.

Jh   1 19   και αὑτη ἐστιν ἡ μαρτυρια του ιωαννου, ὁτε ἀπεστειλαν [προς αὐτον] οἱ ιουδαιοι ἐξ ἱεροσολυμων ιερεις και λευιτας ἱνα ἐρωτησωσιν αὐτον·

Ac   4 1   λαλουντων δε αὐτων προς τον λαον, ἐπεστησαν αὐτοις οἱ ιερεις και ὁ στρατηγος του ιερου και οἱ σαδδουκαιοι,

    6 7   πολυς τε ὀχλος των ιερεων ὑπηκουον τῃ πιστει.

    14 13   ὁ τε ιερευς του διος του ὀντος προ της πολεως, ταυρους και στεμματα ἐπι τους πυλωνας ἐνεγκας,

Heb   5 6   συ ιερευς εἰς τον αἰωνα κατα την ταξιν μελχισεδεκ.

ιερευς [31]

Heb   7 1   οὑτος γαρ ὁ μελχισεδεκ, βασιλευς σαλημ, ιερευς του θεου του ὑψιστου,

    3   ἀφωμοιωμενος δε τῳ υἱῳ του θεου, μενει ιερευς εἰς το διηνεκες.

    11   τις ἐτι χρεια κατα την ταξιν μελχισεδεκ ἑτερον ἀνιστασθαι ιερεα και οὐ κατα την ταξιν ἀαρων λεγεσθαι;

    14   προδηλον γαρ ὁτι ἐξ ιουδα ἀνατεταλκεν ὁ κυριος ἡμων, εἰς ἡν φυλην περι ιερεων οὐδεν μωυσης ἐλαλησεν.

    15   και περισσοτερον ἐτι καταδηλον ἐστιν, εἰ κατα την ὁμοιοτητα μελχισεδεκ ἀνισταται ιερευς ἑτερος,

    17   μαρτυρειται γαρ ὁτι συ ιερευς εἰς τον αἰωνα κατα την ταξιν μελχισεδεκ.

    20   οἱ μεν γαρ χωρις ὁρκωμοσιας εἰσιν ιερεις γεγονοτες,

    21   ὡμοσεν κυριος, και οὐ μεταμεληθησεται· συ ιερευς εἰς τον αἰωνα·

    23   και οἱ μεν πλειονες εἰσιν γεγονοτες ιερεις δια το θανατῳ κωλυεσθαι παραμενειν·

    8 4   εἰ μεν οὐν ἠν ἐπι γης, οὐδ ἀν ἠν ιερευς,

    9 6   τουτων δε οὑτως κατεσκευασμενων εἰς μεν την πρωτην σκηνην δια παντος εἰσιασιν οἱ ιερεις τας λατρειας ἐπιτελουντες,

    10 11   και πας μεν ιερευς ἑστηκεν καθ ἡμεραν λειτουργων και τας αὐτας πολλακις προσφερων θυσιας,

    21   και ιερεα μεγαν ἐπι τον οἰκον του θεου,

Apc   1 6   και ἐποιησεν ἡμας βασιλειαν, ιερεις τῳ θεῳ και πατρι αὐτου,

    5 10   και ἐποιησας αὐτους τῳ θεῳ ἡμων βασιλειαν και ιερεις,

    20 6   ἐπι τουτων ὁ δευτερος θανατος οὐκ ἐχει ἐξουσιαν, ἀλλ ἐσονται ιερεις του θεου και του χριστου,

ιεριχω [7]

Mt   20 29   και ἐκπορευομενων αὐτων ἀπο ιεριχω ἠκολουθησεν αὐτῳ ὀχλος πολυς.

Mc   10 46   και ἐρχονται εἰς ιεριχω.

    46   και ἐκπορευομενου αὐτου ἀπο ιεριχω και των μαθητων αὐτου και ὀχλου ἱκανου ὁ υἱος τιμαιου βαρτιμαιος, τυφλος προσαιτης, ἐκαθητο παρα την ὁδον.

Lc   10 30   ἀνθρωπος τις κατεβαινεν ἀπο ιερουσαλημ εἰς ιεριχω,

    18 35   ἐγενετο δε ἐν τῳ ἐγγιζειν αὐτον εἰς ιεριχω τυφλος τις ἐκαθητο παρα την ὁδον ἐπαιτων.

    19 1   και εἰσελθων διηρχετο την ιεριχω.

Heb   11 30   πιστει τα τειχη ιεριχω ἐπεσαν κυκλωθεντα ἐπι ἑπτα ἡμερας.

ιεροθυτος [1]

1Co   10 28   ἐαν δε τις ὑμιν εἰπῃ· τουτο ιεροθυτον ἐστιν, μη ἐσθιετε δι ἐκεινον τον μηνυσαντα και την συνειδησιν·

ιερον [71]

Mt   4 5   και ἐστησεν αὐτον ἐπι το πτερυγιον του ιερου,

    12 5   ἠ οὐκ ἀνεγνωτε ἐν τῳ νομῳ ὁτι τοις σαββασιν οἱ ιερεις ἐν τῳ ιερῳ το σαββατον βεβηλουσιν και ἀναιτιοι εἰσιν;

    6   λεγω δε ὑμιν ὁτι του ιερου μειζον ἐστιν ὡδε.

    21 12   και εἰσηλθεν ιησους εἰς το ιερον και ἐξεβαλεν παντας τους πωλουντας και ἀγοραζοντας ἐν τῳ ιερῳ,

    12   και εἰσηλθεν ιησους εἰς το ιερον και ἐξεβαλεν παντας τους πωλουντας και ἀγοραζοντας ἐν τῳ ιερῳ,

    14   και προσηλθον αὐτῳ τυφλοι και χωλοι ἐν τῳ ιερῳ, και ἐθεραπευσεν αὐτους.

    15   ιδοντες δε οἱ ἀρχιερεις και οἱ γραμματεις τα θαυμασια ἁ ἐποιησεν και τους παιδας τους κραζοντας ἐν τῳ ιερῳ και λεγοντας· ὡσαννα τῳ υἱῳ δαυιδ, ἠγανακτησαν

    23   και ἐλθοντος αὐτου εἰς το ιερον προσηλθον αὐτῳ διδασκοντι οἱ ἀρχιερεις και οἱ πρεσβυτεροι του λαου λεγοντες·

    24 1   και ἐξελθων ὁ ιησους ἀπο του ιερου ἐπορευετο,

    1   και προσηλθον οἱ μαθηται αὐτου ἐπιδειξαι αὐτῳ τας οἰκοδομας του ιερου.

    26 55   καθ ἡμεραν ἐν τῳ ιερῳ ἐκαθεζομην διδασκων, και οὐκ ἐκρατησατε με.

Mc   11 11   και εἰσηλθεν εἰς ιεροσολυμα εἰς το ιερον·

    15   και εἰσελθων εἰς το ιερον ἠρξατο ἐκβαλλειν τους πωλουντας και τους ἀγοραζοντας ἐν τῳ ιερῳ,

    15   και εἰσελθων εἰς το ιερον ἠρξατο ἐκβαλλειν τους πωλουντας και τους ἀγοραζοντας ἐν τῳ ιερῳ,

    16   και οὐκ ἠφιεν ἱνα τις διενεγκῃ σκευος δια του ιερου,

    27   και ἐν τῳ ιερῳ περιπατουντος αὐτου ἐρχονται προς αὐτον οἱ ἀρχιερεις και οἱ γραμματεις και οἱ πρεσβυτεροι,

ἱερον [71]

Mc	12 35	και ἀποκριθεις ὁ ἰησους ἐλεγεν διδασκων ἐν τω *ἱερω*· πως λεγουσιν οἱ γραμματεις ὁτι ὁ χριστος υἱος δαυιδ ἐστιν;
	13 1	και ἐκπορευομενου αὐτου ἐκ του *ἱερου* λεγει αὐτω εἱς των μαθητων αὐτου·
	3	και καθημενου αὐτου εἱς το ὁρος των ἐλαιων κατεναντι του *ἱερου*, ἐπηρωτα αὐτον κατ ἱδιαν πετρος και ἱακωβος και ἱωαννης και ἀνδρεας·
	14 49	καθ ἡμεραν ἡμην προς ὑμας ἐν τω *ἱερω* διδασκων, και οὐκ ἐκρατησατε με·
Lc	2 27	και ἡλθεν ἐν τω πνευματι εἱς το *ἱερον*·
	37	και αὑτη χηρα ἑως ἐτων ὁγδοηκοντατεσσαρων, ἡ οὐκ ἀφιστατο του *ἱερου* νηστειαις και δεησεσιν λατρευουσα νυκτα και ἡμεραν.
	46	και ἐγενετο μετα ἡμερας τρεις εὑρον αὐτον ἐν τω *ἱερω* καθεζομενον ἐν μεσω των διδασκαλων και ἀκουοντα αὐτων και ἐπερωτωντα αὐτους·
	4 9	ἡγαγεν δε αὐτον εἱς ἱερουσαλημ και ἐστησεν ἐπι το πτερυγιον του *ἱερου*,
	18 10	ἀνθρωποι δυο ἀνεβησαν εἱς το *ἱερον* προσευξασθαι, ὁ εἱς φαρισαιος και ὁ ἑτερος τελωνης.
	19 45	και εἱσελθων εἱς το *ἱερον* ἡρξατο ἐκβαλλειν τους πωλουντας, λεγων αὐτοις·
	47	και ἡν διδασκων το καθ ἡμεραν ἐν τω *ἱερω*·
	20 1	και ἐγενετο ἐν μια των ἡμερων διδασκοντος αὐτου τον λαον ἐν τω *ἱερω* και εὐαγγελιζομενου ἐπεστησαν οἱ ἀρχιερεις και οἱ γραμματεις συν τοις πρεσβυτεροις,
	21 5	και τινων λεγοντων περι του *ἱερου*, ὁτι λιθοις καλοις και ἀναθημασιν κεκοσμηται,
	37	ἡν δε τας ἡμερας ἐν τω *ἱερω* διδασκων,
	38	και πας ὁ λαος ὠρθριζεν προς αὐτον ἐν τω *ἱερω* ἀκουειν αὐτου.
	22 52	εἱπεν δε ἱησους προς τους παραγενομενους ἐπ αὐτον ἀρχιερεις και στρατηγους του *ἱερου* και πρεσβυτερους· ὡς ἐπι ληστην ἐξηλθατε μετα μαχαιρων και ξυλων;
	53	καθ ἡμεραν ὁντος μου μεθ ὑμων ἐν τω *ἱερω* οὐκ ἐξετεινατε τας χειρας ἐπ ἐμε·
	24 53	και ἡσαν δια παντος ἐν τω *ἱερω* εὐλογουντες τον θεον.
Jh	2 14	και εὑρεν ἐν τω *ἱερω* τους πωλουντας βοας και προβατα και περιστερας και τους κερματιστας καθημενους,
	15	και ποιησας φραγελλιον ἐκ σχοινιων παντας ἐξεβαλεν ἐκ του *ἱερου*,
	5 14	μετα ταυτα εὑρισκει αὐτον ὁ ἱησους ἐν τω *ἱερω* και εἱπεν αὐτω·
	7 14	ἡδη δε της ἑορτης μεσουσης ἀνεβη ἱησους εἱς το *ἱερον* και ἐδιδασκεν.
	28	ἐκραξεν οὑν ἐν τω *ἱερω* διδασκων ὁ ἱησους και λεγων·
	8 2*	ὁρθρου δε παλιν παρεγενετο εἱς το *ἱερον*,
	20	ταυτα τα ῥηματα ἐλαλησεν ἐν τω γαζοφυλακιω διδασκων ἐν τω *ἱερω*·
	59	ἱησους δε ἐκρυβη και ἐξηλθεν ἐκ του *ἱερου*.
	10 23	και περιεπατει ὁ ἱησους ἐν τω *ἱερω* ἐν τη στοα του σολομωνος.
	11 56	ἐζητουν οὑν τον ἱησουν και ἐλεγον μετ ἀλληλων ἐν τω *ἱερω* ἑστηκοτες· τι δοκει ὑμιν;
	18 20	ἐγω παντοτε ἐδιδαξα ἐν συναγωγη και ἐν τω *ἱερω*,
Ac	2 46	καθ ἡμεραν τε προσκαρτερουντες ὁμοθυμαδον ἐν τω *ἱερω*,
	3 1	πετρος δε και ἱωαννης ἀνεβαινον εἱς το *ἱερον* ἐπι την ὡραν της προσευχης την ἐνατην·
	2	και τις ἀνηρ χωλος ἐκ κοιλιας μητρος αὐτου ὑπαρχων ἐβασταζετο, ὁν ἐτιθουν καθ ἡμεραν προς την θυραν του *ἱερου* την λεγομενην ὡραιαν
	2	ὁν ἐτιθουν καθ ἡμεραν προς την θυραν του *ἱερου* την λεγομενην ὡραιαν του αἱτειν ἐλεημοσυνην παρα των εἱσπορευομενων εἱς το *ἱερον*·
	3	ὁς ἱδων πετρον και ἱωαννην μελλοντας εἱσιεναι εἱς το *ἱερον* ἡρωτα ἐλεημοσυνην λαβειν.
	8	και ἐξαλλομενος ἐστη, και περιεπατει, και εἱσηλθεν συν αὐτοις εἱς το *ἱερον* περιπατων και ἀλλομενος και αἱνων τον θεον.
	10	ἐπεγινωσκον δε αὐτον, ὁτι αὐτος ἡν ὁ προς την ἐλεημοσυνην καθημενος ἐπι τη ὡραια πυλη του *ἱερου*.
	4 1	λαλουντων δε αὐτων προς τον λαον, ἐπεστησαν αὐτοις οἱ ἱερεις και ὁ στρατηγος του *ἱερου* και οἱ σαδδουκαιοι,
	5 20	πορευεσθε και σταθεντες λαλειτε ἐν τω *ἱερω* τω λαω παντα τα ῥηματα της ζωης ταυτης.
	21	ἀκουσαντες δε εἱσηλθον ὑπο τον ὁρθρον εἱς το *ἱερον* και ἐδιδασκον.
	24	ὡς δε ἡκουσαν τους λογους τουτους ὁ τε στρατηγος του *ἱερου* και οἱ ἀρχιερεις, διηπορουν περι αὐτων τι ἀν γενοιτο τουτο.

ἱερον [71]

Ac	5 25	παραγενομενος δε τις ἀπηγγειλεν αὐτοις ὁτι ἱδου οἱ ἀνδρες, οὑς ἐθεσθε ἐν τη φυλακη, εἱσιν ἐν τω *ἱερω* ἑστωτες και διδασκοντες τον λαον.
	42	πασαν τε ἡμεραν ἐν τω *ἱερω* και κατ οἱκον οὐκ ἐπαυοντο διδασκοντες και εὐαγγελιζομενοι τον χριστον ἱησουν.
	19 27	οὐ μονον δε τουτο κινδυνευει ἡμιν το μερος εἱς ἀπελεγμον ἐλθειν, ἀλλα και το της μεγαλης θεας ἀρτεμιδος *ἱερον* εἱς οὐθεν λογισθηναι,
	21 26	τοτε ὁ παυλος παραλαβων τους ἀνδρας τη ἐχομενη ἡμερα συν αὐτοις ἀγνισθεις εἱσηει εἱς το *ἱερον*,
	27	ὡς δε ἐμελλον αἱ ἑπτα ἡμεραι συντελεισθαι, οἱ ἀπο της ἀσιας ἱουδαιοι θεασαμενοι αὐτον ἐν τω *ἱερω* συνεχεον παντα τον ὀχλον,
	28	ἐτι τε και ἑλληνας εἱσηγαγεν εἱς το *ἱερον* και κεκοινωκεν τον ἁγιον τοπον τουτον.
	29	ἡσαν γαρ προεωρακοτες τροφιμον τον ἐφεσιον ἐν τη πολει συν αὐτω, ὁν ἐνομιζον ὁτι εἱς το *ἱερον* εἱσηγαγεν ὁ παυλος.
	30	και ἐπιλαβομενοι του παυλου εἱλκον αὐτον ἐξω του *ἱερου*,
	22 17	ἐγενετο δε μοι ὑποστρεψαντι εἱς ἱερουσαλημ και προσευχομενου μου ἐν τω *ἱερω* γενεσθαι με ἐν ἐκστασει,
	24 6	ὁς και το *ἱερον* ἐπειρασεν βεβηλωσαι,
	12	και οὐτε ἐν τω *ἱερω* εὑρον με προς τινα διαλεγομενον ἡ ἐπιστασιν ποιουντα ὀχλου,
	18	ἐν αἱς εὑρον με ἡγνισμενον ἐν τω *ἱερω*, οὐ μετα ὀχλου οὐδε μετα θορυβου,
	25 8	του παυλου ἀπολογουμενου ὁτι οὐτε εἱς τον νομον των ἱουδαιων οὐτε εἱς το *ἱερον* οὐτε εἱς καισαρα τι ἡμαρτον.
	26 21	ἑνεκα τουτων με ἱουδαιοι συλλαβομενοι [ὀντα] ἐν τω *ἱερω* ἐπειρωντο διαχειρισασθαι.
1Co	9 13	οὐκ οἱδατε ὁτι οἱ τα ἱερα ἐργαζομενοι [τα] ἐκ του *ἱερου* ἐσθιουσιν, οἱ τω θυσιαστηριω παρεδρευοντες τω θυσιαστηριω συμμεριζονται;

ἱεροπρεπης [1]

Tit	2 3	πρεσβυτιδας ὡσαυτως ἐν καταστηματι *ἱεροπρεπεις*, μη διαβολους, μη οἱνω πολλω δεδουλωμενας, καλοδιδασκαλους,

ἱερος [4]

Mc	16 8*	μετα δε ταυτα και αὐτος ὁ ἱησους ἀπο ἀνατολης και ἀχρι δυσεως ἐξαπεστειλεν δι αὐτων το *ἱερον* και ἀφθαρτον κηρυγμα της αἱωνιου σωτηριας ἀμην.
1Co	9 13	οὐκ οἱδατε ὁτι οἱ τα *ἱερα* ἐργαζομενοι [τα] ἐκ του ἱερου ἐσθιουσιν, οἱ τω θυσιαστηριω παρεδρευοντες τω θυσιαστηριω συμμεριζονται;
Col	4 13	μαρτυρω γαρ αὐτω ὁτι ἐχει πολυν πονον ὑπερ ὑμων και των ἐν λαοδικεια και των ἐν *ἱεραπολει*.
2Tm	3 15	και ὁτι ἀπο βρεφους [τα] *ἱερα* γραμματα οἱδας, τα δυναμενα σε σοφισαι εἱς σωτηριαν δια πιστεως της ἐν χριστω ἱησου.

ἱεροσολυμα [62]

Mt	2 1	ἱδου μαγοι ἀπο ἀνατολων παρεγενοντο εἱς *ἱεροσολυμα* λεγοντες·
	3	και πασα *ἱεροσολυμα* μετ αὐτου,
	3 5	τοτε ἐξεπορευετο προς αὐτον *ἱεροσολυμα* και πασα ἡ ἱουδαια και πασα ἡ περιχωρος του ἱορδανου,
	4 25	και ἡκολουθησαν αὐτω ὀχλοι πολλοι ἀπο της γαλιλαιας και δεκαπολεως και *ἱεροσολυμων* και ἱουδαιας και περαν του ἱορδανου.
	5 35	μητε εἱς *ἱεροσολυμα*, ὁτι πολις ἐστιν του μεγαλου βασιλεως·
	15 1	τοτε προσερχονται τω ἱησου ἀπο *ἱεροσολυμων* φαρισαιοι και γραμματεις λεγοντες·
	16 21	ἀπο τοτε ἡρξατο ὁ ἱησους δεικνυειν τοις μαθηταις αὐτου ὁτι δει αὐτον εἱς *ἱεροσολυμα* ἀπελθειν και πολλα παθειν ἀπο των πρεσβυτερων και ἀρχιερεων και γραμματεων και ἀποκτανθηναι και τη τριτη ἡμερα ἐγερθηναι.
	20 17	και ἀναβαινων ὁ ἱησους εἱς *ἱεροσολυμα* παρελαβεν τους δωδεκα [μαθητας] κατ ἱδιαν,
	18	και ἐν τη ὁδω εἱπεν αὐτοις· ἱδου ἀναβαινομεν εἱς *ἱεροσολυμα*,
	21 1	και ὁτε ἡγγισαν εἱς *ἱεροσολυμα* και ἡλθον εἱς βηθφαγη εἱς το ὁρος των ἐλαιων, τοτε ἱησους ἀπεστειλεν δυο μαθητας λεγων αὐτοις·
	10	και εἱσελθοντος αὐτου εἱς *ἱεροσολυμα* ἐσεισθη πασα ἡ πολις λεγουσα·
Mc	3 8	και πολυ πληθος ἀπο της γαλιλαιας [ἡκολουθησεν]· και ἀπο της ἱουδαιας και ἀπο *ἱεροσολυμων* και ἀπο της ἱδουμαιας και περαν του ἱορδανου και περι τυρον και σιδωνα,

ιεροσολυμα [62]

Mc 3 22 και οι γραμματεις οι απο *ιεροσολυμων* καταβαντες ελεγον οτι βεελζεβουλ εχει,

7 1 και συναγονται προς αυτον οι φαρισαιοι και τινες των γραμματεων ελθοντες απο *ιεροσολυμων.*

10 32 ησαν δε εν τη οδω αναβαινοντες εις *ιεροσολυμα,* και ην προαγων αυτους ο ιησους,

33 και παραλαβων παλιν τους δωδεκα ηρξατο αυτοις λεγειν τα μελλοντα αυτω συμβαινειν, οτι ιδου αναβαινομεν εις *ιεροσολυμα,*

11 1 και οτε εγγιζουσιν εις *ιεροσολυμα* εις βηθφαγη και βηθανιαν προς το ορος των ελαιων, αποστελλει δυο των μαθητων αυτου και λεγει αυτοις·

11 και εισηλθεν εις *ιεροσολυμα* εις το ιερον·

15 και ερχονται εις *ιεροσολυμα.*

27 και ερχονται παλιν εις *ιεροσολυμα.*

15 41 και αλλαι πολλαι αι συναναβασαι αυτω εις *ιεροσολυμα.*

Lc 2 22 και οτε επλησθησαν αι ημεραι του καθαρισμου αυτων κατα τον νομον μωυσεως, ανηγαγον αυτον εις *ιεροσολυμα* παραστησαι τω κυριω,

13 22 και διεπορευετο κατα πολεις και κωμας διδασκων και πορειαν ποιουμενος εις *ιεροσολυμα.*

19 28 και ειπων ταυτα επορευετο εμπροσθεν αναβαινων εις *ιεροσολυμα.*

23 7 ανεπεμψεν αυτον προς ηρωδην, οντα και αυτον εν *ιεροσολυμοις* εν ταυταις ταις ημεραις.

Jh 1 19 και αυτη εστιν η μαρτυρια του ιωαννου, οτε απεστειλαν [προς αυτον] οι ιουδαιοι εξ *ιεροσολυμων* ιερεις και λευιτας ινα ερωτησωσιν αυτον·

2 13 και εγγυς ην το πασχα των ιουδαιων, και ανεβη εις *ιεροσολυμα* ο ιησους.

23 ως δε ην εν τοις *ιεροσολυμοις* εν τω πασχα εν τη εορτη, πολλοι επιστευσαν εις το ονομα αυτου,

4 20 και υμεις λεγετε οτι εν *ιεροσολυμοις* εστιν ο τοπος οπου προσκυνειν δει.

21 πιστευε μοι, γυναι, οτι ερχεται ωρα οτε ουτε εν τω ορει τουτω ουτε εν *ιεροσολυμοις* προσκυνησετε τω πατρι.

45 εδεξαντο αυτον οι γαλιλαιοι, παντα εωρακοτες οσα εποιησεν εν *ιεροσολυμοις* εν τη εορτη·

5 1 και ανεβη ιησους εις *ιεροσολυμα.*

2 εστιν δε εν τοις *ιεροσολυμοις* επι τη προβατικη κολυμβηθρα,

10 22 εγενετο τοτε τα εγκαινια εν τοις *ιεροσολυμοις·* χειμων ην·

11 18 ην δε η βηθανια εγγυς των *ιεροσολυμων* ως απο σταδιων δεκαπεντε.

55 και ανεβησαν πολλοι εις *ιεροσολυμα* εκ της χωρας προ του πασχα, ινα αγνισωσιν εαυτους.

12 12 τη επαυριον ο οχλος πολυς ο ελθων εις την εορτην, ακουσαντες οτι ερχεται [ο] ιησους εις *ιεροσολυμα,* ελαβον τα βαια των φοινικων

Ac 1 4 και συναλιζομενος παρηγγειλεν αυτοις απο *ιεροσολυμων* μη χωριζεσθαι,

8 1 εγενετο δε εν εκεινη τη ημερα διωγμος μεγας επι την εκκλησιαν την εν *ιεροσολυμοις·*

14 ακουσαντες δε οι εν *ιεροσολυμοις* αποστολοι οτι δεδεκται η σαμαρεια τον λογον του θεου, απεστειλαν προς αυτους πετρον και ιωαννην,

25 οι μεν ουν διαμαρτυραμενοι και λαλησαντες τον λογον του κυριου υπεστρεφον εις *ιεροσολυμα,* πολλας τε κωμας των σαμαριτων ευηγγελιζοντο.

11 27 εν ταυταις δε ταις ημεραις κατηλθον απο *ιεροσολυμων* προφηται εις αντιοχειαν·

13 13 ιωαννης δε αποχωρησας απ αυτων υπεστρεψεν εις *ιεροσολυμα.*

16 4 ως δε διεπορευοντο τας πολεις, παρεδιδοσαν αυτοις φυλασσειν τα δογματα τα κεκριμενα υπο των αποστολων και πρεσβυτερων των εν *ιεροσολυμοις.*

19 21 ως δε επληρωθη ταυτα, εθετο ο παυλος εν τω πνευματι διελθων την μακεδονιαν και αχαιαν πορευεσθαι εις *ιεροσολυμα,*

20 16 εσπευδεν γαρ, ει δυνατον ειη αυτω, την ημεραν της πεντηκοστης γενεσθαι εις *ιεροσολυμα.*

21 4 οιτινες τω παυλω ελεγον δια του πνευματος μη επιβαινειν εις *ιεροσολυμα.*

15 μετα δε τας ημερας ταυτας επισκευασαμενοι ανεβαινομεν εις *ιεροσολυμα·*

17 γενομενων δε ημων εις *ιεροσολυμα* ασμενως απεδεξαντο ημας οι αδελφοι.

25 1 φηστος ουν επιβας τη επαρχεια μετα τρεις ημερας ανεβη εις *ιεροσολυμα* απο καισαριας,

ιεροσολυμα [62]

Ac 25 7 παραγενομενου δε αυτου περιεστησαν αυτον οι απο *ιεροσολυμων* καταβεβηκοτες ιουδαιοι,

9 θελεις εις *ιεροσολυμα* αναβας εκει περι τουτων κριθηναι επ εμου;

15 ανηρ τις εστιν καταλελειμμενος υπο φηλικος δεσμιος, περι ου γενομενου μου εις *ιεροσολυμα* ενεφανισαν οι αρχιερεις και οι πρεσβυτεροι των ιουδαιων,

20 απορουμενος δε εγω την περι τουτων ζητησιν ελεγον ει βουλοιτο πορευεσθαι εις *ιεροσολυμα* κακει κρινεσθαι περι τουτων.

24 θεωρειτε τουτον περι ου απαν το πληθος των ιουδαιων ενετυχον μοι εν τε *ιεροσολυμοις* και ενθαδε,

26 4 την μεν ουν βιωσιν μου [την] εκ νεοτητος την απ αρχης γενομενην εν τω εθνει μου εν τε *ιεροσολυμοις* ισασι παντες [οι] ιουδαιοι,

10 ο και εποιησα εν *ιεροσολυμοις,* και πολλους τε των αγιων εγω εν φυλακαις κατεκλεισα την παρα των αρχιερεων εξουσιαν λαβων,

20 αλλα τοις εν δαμασκω πρωτον τε και *ιεροσολυμοις,* πασαν τε την χωραν της ιουδαιας και τοις εθνεσιν απηγγελλον μετανοειν και επιστρεφειν επι τον θεον,

28 17 δεσμιος εξ *ιεροσολυμων* παρεδοθην εις τας χειρας των ρωμαιων,

Ga 1 17 ουδε ανηλθον εις *ιεροσολυμα* προς τους προ εμου αποστολους,

18 επειτα μετα ετη τρια ανηλθον εις *ιεροσολυμα* ιστορησαι κηφαν,

2 1 επειτα δια δεκατεσσαρων ετων παλιν ανεβην εις *ιεροσολυμα* μετα βαρναβα,

ιεροσολυμιτης [2]

Mc 1 5 και εξεπορευετο προς αυτον πασα η ιουδαια χωρα και οι *ιεροσολυμιται* παντες,

Jh 7 25 ελεγον ουν τινες εκ των *ιεροσολυμιτων·* ουχ ουτος εστιν ον ζητουσιν αποκτειναι;

ιεροσυλεω [1]

Rm 2 22 ο λεγων μη μοιχευειν μοιχευεις; ο βδελυσσομενος·τα ειδωλα *ιεροσυλεις;*

ιεροσυλος [1]

Ac 19 37 ηγαγετε γαρ τους ανδρας τουτους ουτε *ιεροσυλους* ουτε βλασφημουντας την θεον ημων.

ιερουργεω [1]

Rm 15 16 εις το ειναι με λειτουργον χριστου ιησου εις τα εθνη, *ιερουργουντα* το ευαγγελιον του θεου,

ιερουσαλημ [77]

Mt 23 37 *ιερουσαλημ* ιερουσαλημ, η αποκτεινουσα τους προφητας και λιθοβολουσα τους απεσταλμενους προς αυτην,

37 ιερουσαλημ *ιερουσαλημ,* η αποκτεινουσα τους προφητας και λιθοβολουσα τους απεσταλμενους προς αυτην,

Lc 2 25 και ιδου ανθρωπος ην εν *ιερουσαλημ* ω ονομα συμεων,

38 και αυτη τη ωρα επιστασα ανθωμολογειτο τω θεω και ελαλει περι αυτου πασιν τοις προσδεχομενοις λυτρωσιν *ιερουσαλημ.*

41 και επορευοντο οι γονεις αυτου κατ ετος εις *ιερουσαλημ* τη εορτη του πασχα.

43 και τελειωσαντων τας ημερας, εν τω υποστρεφειν αυτους υπεμεινεν ιησους ο παις εν *ιερουσαλημ,* και ουκ εγνωσαν οι γονεις αυτου.

45 και μη ευροντες υπεστρεψαν εις *ιερουσαλημ* αναζητουντες αυτον.

4 9 ηγαγεν δε αυτον εις *ιερουσαλημ* και εστησεν επι το πτερυγιον του ιερου,

5 17 και ησαν καθημενοι φαρισαιοι και νομοδιδασκαλοι οι ησαν εληλυθοτες εκ πασης κωμης της γαλιλαιας και ιουδαιας και *ιερουσαλημ·*

6 17 και πληθος πολυ του λαου απο πασης της ιουδαιας και *ιερουσαλημ* και της παραλιου τυρου και σιδωνος,

9 31 οι οφθεντες εν δοξη ελεγον την εξοδον αυτου, ην ημελλεν πληρουν εν *ιερουσαλημ.*

ἱερουσαλημ [77]

Lc 9 51 ἐγενετο δε ἐν τω συμπληρουσθαι τας ἡμερας της ἀναλημψεως αὐτου και αὐτος το προσωπον ἐστηρισεν του πορευεσθαι εἰς ἱερουσαλημ,
   53 και οὐκ ἐδεξαντο αὐτον, ὁτι το προσωπον αὐτου ἠν πορευομενον εἰς ἱερουσαλημ.
10 30 ἀνθρωπος τις κατεβαινεν ἀπο ἱερουσαλημ εἰς ἱεριχω,
13 4 ἡ ἐκεινοι οἱ δεκαοκτω ἐφ᾽ οὓς ἐπεσεν ὁ πυργος ἐν τω σιλωαμ και ἀπεκτεινεν αὐτους, δοκειτε ὁτι αὐτοι ὀφειλεται ἐγενοντο παρα παντας τους ἀνθρωπους τους κατοικουντας ἱερουσαλημ;
   33 πλην δει με σημερον και αὐριον και τη ἐχομενη πορευεσθαι, ὁτι οὐκ ἐνδεχεται προφητην ἀπολεσθαι ἐξω ἱερουσαλημ.
   34 ἱερουσαλημ ἱερουσαλημ, ἡ ἀποκτεινουσα τους προφητας και λιθοβολουσα τους ἀπεσταλμενους προς αὐτην,
   34 ἱερουσαλημ ἱερουσαλημ, ἡ ἀποκτεινουσα τους προφητας και λιθοβολουσα τους ἀπεσταλμενους προς αὐτην,
17 11 και ἐγενετο ἐν τω πορευεσθαι εἰς ἱερουσαλημ, και αὐτος διηρχετο δια μεσον σαμαρειας και γαλιλαιας.
18 31 ἰδου ἀναβαινομεν εἰς ἱερουσαλημ, και τελεσθησεται παντα τα γεγραμμενα δια των προφητων τω υἱω του ἀνθρωπου·
19 11 δια το ἐγγυς εἰναι ἱερουσαλημ αὐτον
21 20 ὁταν δε ἰδητε κυκλουμενην ὑπο στρατοπεδων ἱερουσαλημ, τοτε γνωτε ὁτι ἡγγικεν ἡ ἐρημωσις αὐτης.
   24 και ἱερουσαλημ ἐσται πατουμενη ὑπο ἐθνων, ἀχρι οὑ πληρωθωσιν καιροι ἐθνων.
23 28 θυγατερες ἱερουσαλημ, μη κλαιετε ἐπ᾽ ἐμε·
24 13 και ἰδου δυο ἐξ αὐτων ἐν αὐτη τη ἡμερα ἠσαν πορευομενοι εἰς κωμην ἀπεχουσαν σταδιους ἑξηκοντα ἀπο ἱερουσαλημ, ἡ ὀνομα ἐμμαους,
   18 συ μονος παροικεις ἱερουσαλημ και οὐκ ἐγνως τα γενομενα ἐν αὐτη ἐν ταις ἡμεραις ταυταις;
   33 και ἀνασταντες αὐτη τη ὡρα ὑπεστρεψαν εἰς ἱερουσαλημ,
   47 και κηρυχθηναι ἐπι τω ὀνοματι αὐτου μετανοιαν εἰς ἀφεσιν ἁμαρτιων εἰς παντα τα ἐθνη, ἀρξαμενοι ἀπο ἱερουσαλημ.
   52 και αὐτοι προσκυνησαντες αὐτον ὑπεστρεψαν εἰς ἱερουσαλημ μετα χαρας μεγαλης,

Ac 1 8 και ἐσεσθε μου μαρτυρες ἐν τε ἱερουσαλημ και [ἐν] παση τη ἰουδαια και σαμαρεια και ἑως ἐσχατου της γης.
   12 τοτε ὑπεστρεψαν εἰς ἱερουσαλημ ἀπο ὀρους του καλουμενου ἐλαιωνος, ὁ ἐστιν ἐγγυς ἱερουσαλημ σαββατου ἐχον ὁδον.
   12 τοτε ὑπεστρεψαν εἰς ἱερουσαλημ ἀπο ὀρους του καλουμενου ἐλαιωνος, ὁ ἐστιν ἐγγυς ἱερουσαλημ σαββατου ἐχον ὁδον.
   19 και γνωστον ἐγενετο πασι τοις κατοικουσιν ἱερουσαλημ, ὡστε κληθηναι το χωριον ἐκεινο τη ἰδια διαλεκτω αὐτων ἁκελδαμαχ, τουτ ἐστιν χωριον αἱματος.
2 5 ἠσαν δε εἰς ἱερουσαλημ κατοικουντες ἰουδαιοι,
   14 ἀνδρες ἰουδαιοι και οἱ κατοικουντες ἱερουσαλημ παντες, τουτο ὑμιν γνωστον ἐστω,
4 5 ἐγενετο δε ἐπι την αὐριον συναχθηναι αὐτων τους ἀρχοντας και τους πρεσβυτερους και τους γραμματεις ἐν ἱερουσαλημ,
   16 ὁτι μεν γαρ γνωστον σημειον γεγονεν δι᾽ αὐτων, πασιν τοις κατοικουσιν ἱερουσαλημ φανερον,
5 16 συνηρχετο δε και το πληθος των περιξ πολεων ἱερουσαλημ,
   28 και ἰδου πεπληρωκατε την ἱερουσαλημ της διδαχης ὑμων, και βουλεσθε ἐπαγαγειν ἐφ᾽ ἡμας το αἱμα του ἀνθρωπου τουτου.
6 7 και ἐπληθυνετο ὁ ἀριθμος των μαθητων ἐν ἱερουσαλημ σφοδρα,
8 26 ἀναστηθι και πορευου κατα μεσημβριαν ἐπι την ὁδον την καταβαινουσαν ἀπο ἱερουσαλημ εἰς γαζαν·
   27 ὁς ἠν ἐπι πασης της γαζης αὐτης, ὁς ἐληλυθει προσκυνησων εἰς ἱερουσαλημ,
9 2 ὁπως ἐαν τινας εὑρη της ὁδου ὀντας, ἀνδρας τε και γυναικας, δεδεμενους ἀγαγη εἰς ἱερουσαλημ.
   13 κυριε, ἠκουσα ἀπο πολλων περι του ἀνδρος τουτου, ὁσα κακα τοις ἁγιοις σου ἐποιησεν ἐν ἱερουσαλημ·
   21 οὐχ οὑτος ἐστιν ὁ πορθησας εἰς ἱερουσαλημ τους ἐπικαλουμενους το ὀνομα τουτο, και ὡδε εἰς τουτο ἐληλυθει, ἱνα δεδεμενους αὐτους ἀγαγη ἐπι τους ἀρχιερεις;
   26 παραγενομενος δε εἰς ἱερουσαλημ ἐπειραζεν κολλασθαι τοις μαθηταις·
   28 και ἠν μετ᾽ αὐτων εἰσπορευομενος και ἐκπορευομενος εἰς ἱερουσαλημ, παρρησιαζομενος ἐν τω ὀνοματι του κυριου,
10 39 και ἡμεις μαρτυρες παντων ὡν ἐποιησεν ἐν τε τη χωρα των ἰουδαιων και [ἐν] ἱερουσαλημ·
11 2 ὁτε δε ἀνεβη πετρος εἰς ἱερουσαλημ, διεκρινοντο προς αὐτον οἱ ἐκ περιτομης λεγοντες ὁτι εἰσηλθες προς ἀνδρας ἀκροβυστιαν ἐχοντας και συνεφαγες αὐτοις.
   22 ἠκουσθη δε ὁ λογος εἰς τα ὠτα της ἐκκλησιας της οὐσης ἐν ἱερουσαλημ περι αὐτων,
12 25 βαρναβας δε και σαυλος ὑπεστρεψαν εἰς ἱερουσαλημ,

ἱερουσαλημ [77]

Ac 13 27 οἱ γαρ κατοικουντες ἐν ἱερουσαλημ και οἱ ἀρχοντες αὐτων τουτον ἀγνοησαντες και τας φωνας των προφητων τας κατα παν σαββατον ἀναγινωσκομενας κριναντες ἐπληρωσαν,
   31 ὁς ὠφθη ἐπι ἡμερας πλειους τοις συναναβασιν αὐτω ἀπο της γαλιλαιας εἰς ἱερουσαλημ,
15 2 ἐταξαν ἀναβαινειν παυλον και βαρναβαν και τινας ἀλλους ἐξ αὐτων προς τους ἀποστολους και πρεσβυτερους εἰς ἱερουσαλημ περι του ζητηματος τουτου.
   4 παραγενομενοι δε εἰς ἱερουσαλημ παρεδεχθησαν ἀπο της ἐκκλησιας και των ἀποστολων και των πρεσβυτερων,
20 22 και νυν ἰδου δεδεμενος ἐγω τω πνευματι πορευομαι εἰς ἱερουσαλημ,
21 11 τον ἀνδρα οὑ ἐστιν ἡ ζωνη αὑτη οὑτως δησουσιν ἐν ἱερουσαλημ οἱ ἰουδαιοι και παραδωσουσιν εἰς χειρας ἐθνων.
   12 ὡς δε ἠκουσαμεν ταυτα, παρεκαλουμεν ἡμεις τε και οἱ ἐντοπιοι του μη ἀναβαινειν αὐτον εἰς ἱερουσαλημ.
   13 ἐγω γαρ οὐ μονον δεθηναι ἀλλα και ἀποθανειν εἰς ἱερουσαλημ ἑτοιμως ἐχω ὑπερ του ὀνοματος του κυριου ἰησου.
   31 ζητουντων τε αὐτον ἀποκτειναι ἀνεβη φασις τω χιλιαρχω της σπειρης ὁτι ὁλη συγχυννεται ἱερουσαλημ·
22 5 παρ᾽ ὡν και ἐπιστολας δεξαμενος προς τους ἀδελφους εἰς δαμασκον ἐπορευομην, ἀξων και τους ἐκεισε ὀντας δεδεμενους εἰς ἱερουσαλημ ἱνα τιμωρηθωσιν.
   17 ἐγενετο δε μοι ὑποστρεψαντι εἰς ἱερουσαλημ και προσευχομενου μου ἐν τω ἱερω γενεσθαι με ἐν ἐκστασει,
   18 σπευσον και ἐξελθε ἐν ταχει ἐξ ἱερουσαλημ, διοτι οὐ παραδεξονται σου μαρτυριαν περι ἐμου.
23 11 ὡς γαρ διεμαρτυρω τα περι ἐμου εἰς ἱερουσαλημ, οὑτω σε δει και εἰς ρωμην μαρτυρησαι.
24 11 δυναμενου σου ἐπιγνωναι ὁτι οὐ πλειους εἰσιν μοι ἡμεραι δωδεκα ἀφ᾽ ἡς ἀνεβην προσκυνησων εἰς ἱερουσαλημ.
25 3 και παρεκαλουν αὐτον αἰτουμενοι χαριν κατ᾽ αὐτου, ὁπως μεταπεμψηται αὐτον εἰς ἱερουσαλημ,

Rm 15 19 ὡστε με ἀπο ἱερουσαλημ και κυκλω μεχρι του ἰλλυρικου πεπληρωκεναι το εὐαγγελιον του χριστου.
   25 νυνι δε πορευομαι εἰς ἱερουσαλημ διακονων τοις ἁγιοις.
   26 εὐδοκησαν γαρ μακεδονια και ἀχαια κοινωνιαν τινα ποιησασθαι εἰς τους πτωχους των ἁγιων των ἐν ἱερουσαλημ.
   31 ἱνα ρυσθω ἀπο των ἀπειθουντων ἐν τη ἰουδαια και ἡ διακονια μου ἡ εἰς ἱερουσαλημ εὐπροσδεκτος τοις ἁγιοις γενηται,

1Co 16 3 ὁταν δε παραγενωμαι, οὓς ἐαν δοκιμασητε, δι᾽ ἐπιστολων τουτους πεμψω ἀπενεγκειν την χαριν ὑμων εἰς ἱερουσαλημ·

Ga 4 25 συστοιχει δε τη νυν ἱερουσαλημ, δουλευει γαρ μετα των τεκνων αὐτης.
   26 ἡ δε ἀνω ἱερουσαλημ ἐλευθερα ἐστιν, ἡτις ἐστιν μητηρ ἡμων·

Heb 12 22 ἱερουσαλημ ἐπουρανιω, και μυριασιν ἀγγελων, πανηγυρει,
Apc 3 12 της καινης ἱερουσαλημ ἡ καταβαινουσα ἐκ του οὐρανου ἀπο του θεου μου,
   21 2 και την πολιν την ἁγιαν ἱερουσαλημ καινην εἰδον καταβαινουσαν ἐκ του οὐρανου ἀπο του θεου,
   10 και ἐδειξεν μοι την πολιν την ἁγιαν ἱερουσαλημ καταβαινουσαν ἐκ του οὐρανου ἀπο του θεου,

ἱερωσυνη [3]

Heb 7 11 εἰ μεν οὐν τελειωσις δια της λευιτικης ἱερωσυνης ἠν, ὁ λαος γαρ ἐπ᾽ αὐτης νενομοθετηται, τις ἐτι χρεια
   12 μετατιθεμενης γαρ της ἱερωσυνης ἐξ ἀναγκης και νομου μεταθεσις γινεται.
   24 ὁ δε δια το μενειν αὐτον εἰς τον αἰωνα ἀπαραβατον ἐχει την ἱερωσυνην·

ιεσσαι [5]

Mt 1 5 ἰωβηδ δε ἐγεννησεν τον ιεσσαι,
   6 ιεσσαι δε ἐγεννησεν τον δαυιδ τον βασιλεα.
Lc 3 32 του ιεσσαι του ἰωβηδ του βοος του σαλα του ναασσων
Ac 13 22 εὑρον δαυιδ τον του ιεσσαι, ἀνδρα κατα την καρδιαν μου, ὁς ποιησει παντα τα θεληματα μου.
Rm 15 12 ἐσται ἡ ριζα του ιεσσαι, και ὁ ἀνισταμενος ἀρχειν ἐθνων· ἐπ᾽ αὐτω ἐθνη ἐλπιουσιν.

ιεφθαε [1]

Heb 11 32 ἐπιλειψει με γαρ διηγουμενον ὁ χρονος περι γεδεων, βαρακ, σαμψων, ιεφθαε, δαυιδ τε και σαμουηλ και των προφητων,

ιεχονιας [2]

Mt 1 11 ιωσιας δε έγεννησεν τον *ιεχονιαν* και τους άδελφους αύτου
          έπι της μετοικεσιας βαβυλωνος.
     12   μετα δε την μετοικεσιαν βαβυλωνος *ιεχονιας* έγεννησεν τον
          σαλαθιηλ,

ιησους [919]

Mt 1 1 βιβλος γενεσεως *ιησου* χριστου υίου δαυιδ υίου άβρααμ.
     16   έξ ής έγεννηθη *ιησους* ό λεγομενος χριστος.
     18   του δε *ιησου* χριστου ή γενεσις ούτως ήν.
     21   και καλεσεις το όνομα αύτου *ιησουν*·
     25   και έκαλεσεν το όνομα αύτου *ιησουν*.
     2 1 του δε *ιησου* γεννηθεντος έν βηθλεεμ της ιουδαιας έν ήμεραις
          ήρωδου του βασιλεως,
     3 13 τοτε παραγινεται ό *ιησους* άπο της γαλιλαιας έπι τον
          ιορδανην προς τον ιωαννην του βαπτισθηναι ύπ αύτου.
     15   άποκριθεις δε ό *ιησους* είπεν αύτω· άφες άρτι·
     16   βαπτισθεις δε ό *ιησους* εύθυς άνεβη άπο του ύδατος·
     4 1 τοτε ό *ιησους* άνηχθη είς την έρημον ύπο του πνευματος
          πειρασθηναι ύπο του διαβολου.
     7   έφη αύτω ό *ιησους*· παλιν γεγραπται·
     10   τοτε λεγει αύτω ό *ιησους*· ύπαγε,
     17   άπο τοτε ήρξατο ό *ιησους* κηρυσσειν και λεγειν·
     7 28 και έγενετο ότε έτελεσεν ό *ιησους* τους λογους τουτους,
     8 4 και λεγει αύτω ό *ιησους*· όρα μηδενι είπης,
     10   άκουσας δε ό *ιησους* έθαυμασεν και είπεν τοις
          άκολουθουσιν·
     13   και είπεν ό *ιησους* τω έκατονταρχη· ύπαγε,
     14   και έλθων ό *ιησους* είς την οίκιαν πετρου είδεν την πενθεραν
          αύτου βεβλημενην και πυρεσσουσαν·
     18   ίδων δε ό *ιησους* όχλον περι αύτον έκελευσεν άπελθειν είς το
          περαν.
     20   και λεγει αύτω ό *ιησους*· αί άλωπεκες φωλεους έχουσιν και
          τα πετεινα του ούρανου κατασκηνωσεις,
     22   ό δε *ιησους* λεγει αύτω·
     34   και ίδου πασα ή πολις έξηλθεν είς ύπαντησιν τω *ιησου*,
     9 2 και ίδων ό *ιησους* την πιστιν αύτων είπεν τω παραλυτικω·
     4   και ίδων ό *ιησους* τας ένθυμησεις αύτων είπεν·
     9   και παραγων ό *ιησους* έκειθεν είδεν άνθρωπον καθημενον έπι
          το τελωνιον,
     10   και ίδου πολλοι τελωναι και άμαρτωλοι έλθοντες
          συνανεκειντο τω *ιησου* και τοις μαθηταις αύτου.
     15   και είπεν αύτοις ό *ιησους*· μη δυνανται οί υίοι του νυμφωνος
          πενθειν,
     19   και έγερθεις ό *ιησους* ήκολουθησεν αύτω και οί μαθηται
          αύτου.
     22   ό δε *ιησους* στραφεις και ίδων αύτην είπεν·
     23   και έλθων ό *ιησους* είς την οίκιαν του άρχοντος και ίδων
          τους αύλητας και τον όχλον θορυβουμενον έλεγεν·
     27   και παραγοντι έκειθεν τω *ιησου* ήκολουθησαν [αύτω] δυο
          τυφλοι κραζοντες και λεγοντες·
     28   και λεγει αύτοις ό *ιησους*· πιστευετε ότι δυναμαι τουτο
          ποιησαι;
     30   και ένεβριμηθη αύτοις ό *ιησους* λεγων·
     35   και περιηγεν ό *ιησους* τας πολεις πασας και τας κωμας,
     10 5 τουτους τους δωδεκα άπεστειλεν ό *ιησους* παραγγειλας
          αύτοις λεγων·
     11 1 και έγενετο ότε έτελεσεν ό *ιησους* διατασσων τοις δωδεκα
          μαθηταις αύτου, μετεβη έκειθεν του διδασκειν και κηρυσσειν
          έν ταις πολεσιν αύτων.
     4   και άποκριθεις ό *ιησους* είπεν αύτοις· πορευθεντες
          άπαγγειλατε ιωαννη ά άκουετε και βλεπετε·
     7   τουτων δε πορευομενων ήρξατο ό *ιησους* λεγειν τοις όχλοις
          περι ιωαννου·
     25   έν έκεινω τω καιρω άποκριθεις ό *ιησους* είπεν·
          έξομολογουμαι σοι πατερ κυριε του ούρανου και της γης,
     12 1 έν έκεινω τω καιρω έπορευθη ό *ιησους* τοις σαββασιν δια των
          σποριμων·
     15   ό δε *ιησους* γνους άνεχωρησεν έκειθεν.
     13 1 έν τη ήμερα έκεινη έξελθων ό *ιησους* της οίκιας έκαθητο
          παρα την θαλασσαν·
     34   ταυτα παντα έλαλησεν ό *ιησους* έν παραβολαις τοις όχλοις,
     53   και έγενετο ότε έτελεσεν ό *ιησους* τας παραβολας ταυτας,
          μετηρεν έκειθεν.
     57   ό δε *ιησους* είπεν αύτοις·
     14 1 έν έκεινω τω καιρω ήκουσεν ήρωδης ό τετρααρχης την άκοην
          ιησου,
     12   και προσελθοντες οί μαθηται αύτου ήραν το πτωμα και
          έθαψαν αύτο[ν], και έλθοντες άπηγγειλαν τω *ιησου*.

ιησους [919]

Mt 14 13 άκουσας δε ό *ιησους* άνεχωρησεν έκειθεν έν πλοιω είς
          έρημον τοπον κατ ίδιαν·
     16   ό δε [*ιησους*] είπεν αύτοις·
     27   εύθυς δε έλαλησεν [ό *ιησους*] αύτοις λεγων· θαρσειτε, έγω
          είμι·
     29   και καταβας άπο του πλοιου [ό] πετρος περιεπατησεν έπι τα
          ύδατα και ήλθεν προς τον *ιησουν*.
     31   εύθεως δε ό *ιησους* έκτεινας την χειρα έπελαβετο αύτου,
     15 1 τοτε προσερχονται τω *ιησου* άπο ιεροσολυμων φαρισαιοι και
          γραμματεις λεγοντες·
     21   και έξελθων έκειθεν ό *ιησους* άνεχωρησεν είς τα μερη τυρου
          και σιδωνος.
     28   τοτε άποκριθεις ό *ιησους* είπεν αύτη· ώ γυναι, μεγαλη σου ή
          πιστις·
     29   και μεταβας έκειθεν ό *ιησους* ήλθεν παρα την θαλασσαν της
          γαλιλαιας,
     32   ό δε *ιησους* προσκαλεσαμενος τους μαθητας αύτου είπεν·
     34   και λεγει αύτοις ό *ιησους*· ποσους άρτους έχετε;
     16 6 ό δε *ιησους* είπεν αύτοις·
     8   γνους δε ό *ιησους* είπεν· τί διαλογιζεσθε έν έαυτοις,
          όλιγοπιστοι, ότι άρτους ούκ έχετε;
     13   έλθων δε ό *ιησους* είς τα μερη καισαρειας της φιλιππου
          ήρωτα τους μαθητας αύτου λεγων·
     17   άποκριθεις δε ό *ιησους* είπεν αύτω· μακαριος εί, σιμων
          βαριωνα, ότι σαρξ και αίμα ούκ άπεκαλυψεν σοι άλλ ό πατηρ
          μου ό έν τοις ούρανοις.
     21   άπο τοτε ήρξατο ό *ιησους* δεικνυειν τοις μαθηταις αύτου ότι
          δει αύτον είς ιεροσολυμα άπελθειν και πολλα παθειν άπο των
          πρεσβυτερων και άρχιερεων και γραμματεων και
          άποκτανθηναι και τη τριτη ήμερα έγερθηναι.
     24   τοτε ό *ιησους* είπεν τοις μαθηταις αύτου·
     17 1 και μεθ ήμερας έξ παραλαμβανει ό *ιησους* τον πετρον και
          ιακωβον και ιωαννην τον άδελφον αύτου,
     4   άποκριθεις δε ό πετρος είπεν τω *ιησου*· κυριε, καλον έστιν
          ήμας ώδε είναι·
     7   και προσηλθεν ό *ιησους* και άψαμενος αύτων είπεν·
     8   έπαραντες δε τους όφθαλμους αύτων ούδενα είδον εί μη
          αύτον *ιησουν* μονον.
     9   και καταβαινοντων αύτων έκ του όρους ένετειλατο αύτοις ό
          ιησους λεγων· μηδενι είπητε το όραμα έως ού ό υίος του
          άνθρωπου έκ νεκρων έγερθη.
     17   άποκριθεις δε ό *ιησους* είπεν· ώ γενεα άπιστος και
          διεστραμμενη, έως ποτε μεθ ύμων έσομαι;
     18   και έπετιμησεν αύτω ό *ιησους*,
     19   τοτε προσελθοντες οί μαθηται τω *ιησου* κατ ίδιαν είπον·
     22   συστρεφομενων δε αύτων έν τη γαλιλαια είπεν αύτοις ό
          ιησους· μελλει ό υίος του άνθρωπου παραδιδοσθαι είς χειρας
          άνθρωπων, και άποκτενουσιν αύτον, και τη τριτη ήμερα
          έγερθησεται.
     25   και έλθοντα είς την οίκιαν προεφθασεν αύτον ό *ιησους*
          λεγων· τί σοι δοκει, σιμων;
     26   είποντος δε· άπο των άλλοτριων, έφη αύτω ό *ιησους*· άρα γε
          έλευθεροι είσιν οί υίοι.
     18 1 έν έκεινη τη ώρα προσηλθον οί μαθηται τω *ιησου* λεγοντες·
     22   λεγει αύτω ό *ιησους*· ού λεγω σοι έως έπτακις, άλλα έως
          έβδομηκοντακις έπτα.
     19 1 και έγενετο ότε έτελεσεν ό *ιησους* τους λογους τουτους,
          μετηρεν άπο της γαλιλαιας και ήλθεν είς τα όρια της
          ιουδαιας περαν του ιορδανου.
     14   ό δε *ιησους* είπεν·
     18   ό δε *ιησους* είπεν·
     21   έφη αύτω ό *ιησους*· εί θελεις τελειος είναι, ύπαγε πωλησον
          σου τα ύπαρχοντα και δος τοις πτωχοις,
     23   ό δε *ιησους* είπεν τοις μαθηταις αύτου·
     26   έμβλεψας δε ό *ιησους* είπεν αύτοις·
     28   ό δε *ιησους* είπεν αύτοις·
     20 17 και άναβαινων ό *ιησους* είς ιεροσολυμα παρελαβεν τους
          δωδεκα [μαθητας] κατ ίδιαν,
     22   άποκριθεις δε ό *ιησους* είπεν· ούκ οίδατε τί αίτεισθε.
     25   ό δε *ιησους* προσκαλεσαμενος αύτους είπεν·
     30   και ίδου δυο τυφλοι καθημενοι παρα την όδον, άκουσαντες
          ότι *ιησους* παραγει, έκραξαν λεγοντες· έλεησον ήμας, [κυριε,]
          υίος δαυιδ.
     32   και στας ό *ιησους* έφωνησεν αύτους και είπεν·
     34   σπλαγχνισθεις δε ό *ιησους* ήψατο των όμματων αύτων, και
          εύθεως άνεβλεψαν και ήκολουθησαν αύτω.
     21 1 και ότε ήγγισαν είς ιεροσολυμα και ήλθον είς βηθφαγη είς το
          όρος των έλαιων, τοτε *ιησους* άπεστειλεν δυο μαθητας λεγων
          αύτοις·

ιησους [919]

Mt 21 6 πορευθεντες δε οι μαθηται και ποιησαντες καθως συνεταξεν αυτοις ο *ιησους* ηγαγον την ονον και τον πωλον,

11 ουτος εστιν ο προφητης *ιησους* ο απο ναζαρεθ της γαλιλαιας.

12 και εισηλθεν *ιησους* εις το ιερον και εξεβαλεν παντας τους πωλουντας και αγοραζοντας εν τω ιερω,

16 ο δε *ιησους* λεγει αυτοις·

21 αποκριθεις δε ο *ιησους* ειπεν αυτοις· αμην λεγω υμιν,

24 αποκριθεις δε ο *ιησους* ειπεν αυτοις· ερωτησω υμας καγω λογον ενα, ον εαν ειπητε μοι, καγω υμιν ερω εν ποια εξουσια ταυτα ποιω·

27 και αποκριθεντες τω *ιησου* ειπαν· ουκ οιδαμεν.

31 λεγει αυτοις ο *ιησους*· αμην λεγω υμιν οτι οι τελωναι και αι πορναι προαγουσιν υμας εις την βασιλειαν του θεου.

42 λεγει αυτοις ο *ιησους*· ουδεποτε ανεγνωτε εν ταις γραφαις·

22 1 και αποκριθεις ο *ιησους* παλιν ειπεν εν παραβολαις αυτοις λεγων· ωμοιωθη η βασιλεια των ουρανων ανθρωπω βασιλει, οστις εποιησεν γαμους τω υιω αυτου.

18 γνους δε ο *ιησους* την πονηριαν αυτων ειπεν·

29 αποκριθεις δε ο *ιησους* ειπεν αυτοις· πλανασθε μη ειδοτες τας γραφας μηδε την δυναμιν του θεου.

41 συνηγμενων δε των φαρισαιων επηρωτησεν αυτους ο *ιησους* λεγων· τι υμιν δοκει περι του χριστου;

23 1 τοτε ο *ιησους* ελαλησεν τοις οχλοις και τοις μαθηταις αυτου λεγων·

24 1 και εξελθων ο *ιησους* απο του ιερου επορευετο,

4 και αποκριθεις ο *ιησους* ειπεν αυτοις· βλεπετε μη τις υμας πλανηση.

26 1 και εγενετο οτε ετελεσεν ο *ιησους* παντας τους λογους τουτους, ειπεν τοις μαθηταις αυτου·

4 τοτε συνηχθησαν οι αρχιερεις και οι πρεσβυτεροι του λαου εις την αυλην του αρχιερεως του λεγομενου καιαφα και συνεβουλευσαντο ινα τον *ιησουν* δολω κρατησωσιν και αποκτεινωσιν·

6 του δε *ιησου* γενομενου εν βηθανια εν οικια σιμωνος του λεπρου, προσηλθεν αυτω γυνη εχουσα αλαβαστρον μυρου βαρυτιμου και κατεχεεν επι της κεφαλης αυτου ανακειμενου.

10 γνους δε ο *ιησους* ειπεν αυτοις·

17 τη δε πρωτη των αζυμων προσηλθον οι μαθηται τω *ιησου* λεγοντες·

19 και εποιησαν οι μαθηται ως συνεταξεν αυτοις ο *ιησους*, και ητοιμασαν το πασχα.

26 εσθιοντων δε αυτων λαβων ο *ιησους* αρτον και ευλογησας εκλασεν και δους τοις μαθηταις ειπεν·

31 τοτε λεγει αυτοις ο *ιησους*· παντες υμεις σκανδαλισθησεσθε εν εμοι εν τη νυκτι ταυτη·

34 εφη αυτω ο *ιησους*· αμην λεγω σοι οτι εν ταυτη τη νυκτι πριν αλεκτορα φωνησαι τρις απαρνηση με.

36 τοτε ερχεται μετ αυτων ο *ιησους* εις χωριον λεγομενον γεθσημανι,

49 και ευθεως προσελθων τω *ιησου* ειπεν·

50 ο δε *ιησους* ειπεν αυτω·

50 τοτε προσελθοντες επεβαλον τας χειρας επι τον *ιησουν* και εκρατησαν αυτον.

51 και ιδου εις των μετα *ιησου* εκτεινας την χειρα απεσπασεν την μαχαιραν αυτου,

52 τοτε λεγει αυτω ο *ιησους*· αποστρεψον την μαχαιραν σου εις τον τοπον αυτης·

55 εν εκεινη τη ωρα ειπεν ο *ιησους* τοις οχλοις· ως επι ληστην εξηλθατε μετα μαχαιρων και ξυλων συλλαβειν με;

57 οι δε κρατησαντες τον *ιησουν* απηγαγον προς καιαφαν τον αρχιερεα,

59 οι δε αρχιερεις και το συνεδριον ολον εζητουν ψευδομαρτυριαν κατα του *ιησου* οπως αυτον θανατωσωσιν,

63 ο δε *ιησους* εσιωπα.

64 λεγει αυτω ο *ιησους*· συ ειπας·

69 και συ ησθα μετα *ιησου* του γαλιλαιου.

71 ουτος ην μετα *ιησου* του ναζωραιου.

75 και εμνησθη ο πετρος του ρηματος *ιησου* ειρηκοτος οτι πριν αλεκτορα φωνησαι τρις απαρνηση με·

27 1 πρωιας δε γενομενης συμβουλιον ελαβον παντες οι αρχιερεις και οι πρεσβυτεροι του λαου κατα του *ιησου* ωστε θανατωσαι αυτον·

11 ο δε *ιησους* εσταθη εμπροσθεν του ηγεμονος·

11 ο δε *ιησους* εφη· συ λεγεις.

16 ειχον δε τοτε δεσμιον επισημον λεγομενον [*ιησουν*] βαραββαν.

17 τινα θελετε απολυσω υμιν, [*ιησουν τον*] βαραββαν η *ιησουν* τον λεγομενον χριστον;

ιησους [919]

Mt 27 17 τινα θελετε απολυσω υμιν, [*ιησουν τον*] βαραββαν η *ιησουν* τον λεγομενον χριστον;

20 οι δε αρχιερεις και οι πρεσβυτεροι επεισαν τους οχλους ινα αιτησωνται τον βαραββαν, τον δε *ιησουν* απολεσωσιν.

22 τι ουν ποιησω *ιησουν* τον λεγομενον χριστον;

26 τον δε *ιησουν* φραγελλωσας παρεδωκεν ινα σταυρωθη.

27 τοτε οι στρατιωται του ηγεμονος παραλαβοντες τον *ιησουν* εις το πραιτωριον συνηγαγον επ αυτον ολην την σπειραν.

37 ουτος εστιν *ιησους* ο βασιλευς των ιουδαιων.

46 περι δε την εννατην ωραν ανεβοησεν ο *ιησους* φωνη μεγαλη λεγων· ηλι ηλι λεμα σαβαχθανι;

50 ο δε *ιησους* παλιν κραξας φωνη μεγαλη αφηκεν το πνευμα.

54 ο δε εκατονταρχος και οι μετ αυτου τηρουντες τον *ιησουν* ιδοντες τον σεισμον και τα γινομενα εφοβηθησαν σφοδρα, λεγοντες·

55 ησαν δε εκει γυναικες πολλαι απο μακροθεν θεωρουσαι, αιτινες ηκολουθησαν τω *ιησου* απο της γαλιλαιας διακονουσαι αυτω·

57 οψιας δε γενομενης ηλθεν ανθρωπος πλουσιος απο αριμαθαιας, τουνομα ιωσηφ, ος και αυτος εμαθητευθη τω *ιησου*·

58 ουτος προσελθων τω πιλατω ητησατο το σωμα του *ιησου*.

28 5 μη φοβεισθε υμεις· οιδα γαρ οτι *ιησουν* τον εσταυρωμενον ζητειτε·

9 και ιδου *ιησους* υπηντησεν αυταις λεγων·

10 τοτε λεγει αυταις ο *ιησους*· μη φοβεισθε· υπαγετε απαγγειλατε τοις αδελφοις μου ινα απελθωσιν εις την γαλιλαιαν, κακει με οψονται.

16 οι δε ενδεκα μαθηται επορευθησαν εις την γαλιλαιαν, εις το ορος ου εταξατο αυτοις ο *ιησους*,

18 και προσελθων ο *ιησους* ελαλησεν αυτοις λεγων·

Mc 1 1 αρχη του ευαγγελιου *ιησου* χριστου [υιου θεου].

9 και εγενετο εν εκειναις ταις ημεραις ηλθεν *ιησους* απο ναζαρετ της γαλιλαιας και εβαπτισθη εις τον ιορδανην υπο ιωαννου.

14 μετα δε το παραδοθηναι τον ιωαννην ηλθεν ο *ιησους* εις την γαλιλαιαν κηρυσσων το ευαγγελιον του θεου και λεγων,

17 και ειπεν αυτοις ο *ιησους*· δευτε οπισω μου,

24 τι ημιν και σοι, *ιησου* ναζαρηνε;

25 και επετιμησεν αυτω ο *ιησους* λεγων· φιμωθητι και εξελθε εξ αυτου.

2 5 και ιδων ο *ιησους* την πιστιν αυτων λεγει τω παραλυτικω·

8 και ευθυς επιγνους ο *ιησους* τω πνευματι αυτου οτι ουτως διαλογιζονται εν εαυτοις,

15 και πολλοι τελωναι και αμαρτωλοι συνανεκειντο τω *ιησου* και τοις μαθηταις αυτου·

17 και ακουσας ο *ιησους* λεγει αυτοις· ου χρειαν εχουσιν οι ισχυοντες ιατρου αλλ οι κακως εχοντες·

19 και ειπεν αυτοις ο *ιησους*· μη δυνανται οι υιοι του νυμφωνος, εν ω ο νυμφιος μετ αυτων εστιν, νηστευειν;

3 7 και ο *ιησους* μετα των μαθητων αυτου ανεχωρησεν προς την θαλασσαν·

5 6 και ιδων τον *ιησουν* απο μακροθεν εδραμεν και προσεκυνησεν αυτω,

7 και κραξας φωνη μεγαλη λεγει· τι εμοι και σοι, *ιησου* υιε του θεου του υψιστου;

15 και ερχονται προς τον *ιησουν*, και θεωρουσιν τον δαιμονιζομενον καθημενον ιματισμενον και σωφρονουντα, τον εσχηκοτα τον λεγιωνα, και εφοβηθησαν.

20 και απηλθεν και ηρξατο κηρυσσειν εν τη δεκαπολει οσα εποιησεν αυτω ο *ιησους*,

21 και διαπερασαντος του *ιησου* [εν τω πλοιω] παλιν εις το περαν συνηχθη οχλος πολυς επ αυτον,

27 ακουσασα περι του *ιησου*, ελθουσα εν τω οχλω οπισθεν ηψατο του ιματιου αυτου·

30 και ευθυς ο *ιησους* επιγνους εν εαυτω την εξ αυτου δυναμιν εξελθουσαν,

36 ο δε *ιησους* παρακουσας τον λογον λαλουμενον λεγει τω αρχισυναγωγω· μη φοβου, μονον πιστευε και ουκ αφηκεν ουδενα μετ αυτου συνακολουθησαι ει μη τον πετρον και ιακωβον και ιωαννην τον αδελφον ιακωβου.

6 4 και ελεγεν αυτοις ο *ιησους* οτι ουκ εστιν προφητης ατιμος ει μη εν τη πατριδι αυτου και εν τοις συγγενευσιν αυτου και εν τη οικια αυτου.

30 και συναγονται οι αποστολοι προς τον *ιησουν*,

8 27 και εξηλθεν ο *ιησους* και οι μαθηται αυτου εις τας κωμας καισαρειας της φιλιππου·

ἰησους [919]

Mc 9 2 και μετα ἡμερας ἑξ παραλαμβανει ὁ *ἰησους* τον πετρον και τον ἰακωβον και τον ἰωαννην, και ἀναφερει αὐτους εἰς ὁρος ὑψηλον κατ ἰδιαν μονους.

4 και ὠφθη αὐτοις ἡλιας συν μωυσει, και ἠσαν συλλαλουντες τω *ἰησου*.

5 και ἀποκριθεις ὁ πετρος λεγει τω *ἰησου*· ῥαββι, καλον ἐστιν ἡμας ὡδε εἰναι, και ποιησωμεν τρεις σκηνας, σοι μιαν και μωυσει μιαν και ἡλια μιαν.

8 και ἐξαπινα περιβλεψαμενοι οὐκετι οὐδενα εἰδον ἀλλα τον *ἰησουν* μονον μεθ ἑαυτων.

23 ὁ δε *ἰησους* εἰπεν αὐτω·

25 ἰδων δε ὁ *ἰησους* ὁτι ἐπισυντρεχει ὁχλος, ἐπετιμησεν τω πνευματι τω ἀκαθαρτω λεγων αὐτω·

27 ὁ δε *ἰησους* κρατησας της χειρος αὐτου ἡγειρεν αὐτον, και ἀνεστη.

39 ὁ δε *ἰησους* εἰπεν·

10 5 ὁ δε *ἰησους* εἰπεν αὐτοις·

14 ἰδων δε ὁ *ἰησους* ἠγανακτησεν και εἰπεν αὐτοις·

18 ὁ δε *ἰησους* εἰπεν αὐτω·

21 ὁ δε *ἰησους* ἐμβλεψας αὐτω ἠγαπησεν αὐτον και εἰπεν αὐτω·

23 και περιβλεψαμενος ὁ *ἰησους* λεγει τοις μαθηταις αὐτου·

24 ὁ δε *ἰησους* παλιν ἀποκριθεις λεγει αὐτοις·

27 ἐμβλεψας αὐτοις ὁ *ἰησους* λεγει· παρα ἀνθρωποις ἀδυνατον, ἀλλ οὐ παρα θεω· παντα γαρ δυνατα παρα τω θεω.

29 ἐφη ὁ *ἰησους*· ἀμην λεγω ὑμιν, οὐδεις ἐστιν ὁς ἀφηκεν οἰκιαν ἠ ἀδελφους ἠ ἀδελφας ἠ μητερα ἠ πατερα ἠ τεκνα ἠ ἀγρους ἑνεκεν ἐμου και ἑνεκεν του εὐαγγελιου,

32 ἠσαν δε ἐν τη ὁδω ἀναβαινοντες εἰς ἱεροσολυμα, και ἠν προαγων αὐτους ὁ *ἰησους*,

38 ὁ δε *ἰησους* εἰπεν αὐτοις·

39 ὁ δε *ἰησους* εἰπεν αὐτοις·

42 και προσκαλεσαμενος αὐτους ὁ *ἰησους* λεγει αὐτοις· οἰδατε ὁτι οἱ δοκουντες ἀρχειν των ἐθνων κατακυριευουσιν αὐτων και οἱ μεγαλοι αὐτων κατεξουσιαζουσιν αὐτων.

47 και ἀκουσας ὁτι *ἰησους* ὁ ναζαρηνος ἐστιν ἡρξατο κραζειν και λεγειν·

47 υἱε δαυιδ *ἰησου*, ἐλεησον με.

49 και στας ὁ *ἰησους* εἰπεν·

50 ὁ δε ἀποβαλων το ἱματιον αὐτου ἀναπηδησας ἠλθεν προς τον *ἰησουν*.

51 και ἀποκριθεις αὐτω ὁ *ἰησους* εἰπεν· τι σοι θελεις ποιησω;

52 και ὁ *ἰησους* εἰπεν αὐτω·

11 6 οἱ δε εἰπαν αὐτοις καθως εἰπεν ὁ *ἰησους*· και ἀφηκαν αὐτους.

7 και φερουσιν τον πωλον προς τον *ἰησουν*,

22 και ἀποκριθεις ὁ *ἰησους* λεγει αὐτοις· ἐχετε πιστιν θεου.

29 ὁ δε *ἰησους* εἰπεν αὐτοις·

33 και ἀποκριθεντες τω *ἰησου* λεγουσιν· οὐκ οἰδαμεν.

33 και ὁ *ἰησους* λεγει αὐτοις·

12 17 ὁ δε *ἰησους* εἰπεν αὐτοις·

24 ἐφη αὐτοις ὁ *ἰησους*· οὐ δια τουτο πλανασθε μη εἰδοτες τας γραφας μηδε την δυναμιν του θεου;

29 ἀπεκριθη ὁ *ἰησους* ὁτι πρωτη ἐστιν· ἀκουε, ἰσραηλ, κυριος ὁ θεος ἡμων κυριος εἱς ἐστιν,

34 και ὁ *ἰησους*, ἰδων [αὐτον] ὁτι νουνεχως ἀπεκριθη, εἰπεν αὐτω·

35 και ἀποκριθεις ὁ *ἰησους* ἐλεγεν διδασκων ἐν τω ἱερω· πως λεγουσιν οἱ γραμματεις ὁτι ὁ χριστος υἱος δαυιδ ἐστιν;

13 2 και ὁ *ἰησους* εἰπεν αὐτω·

5 ὁ δε *ἰησους* ἡρξατο λεγειν αὐτοις·

14 6 ὁ δε *ἰησους* εἰπεν·

18 και ἀνακειμενων αὐτων και ἐσθιοντων ὁ *ἰησους* εἰπεν·

27 και λεγει αὐτοις ὁ *ἰησους* ὁτι παντες σκανδαλισθησεσθε,

30 και λεγει αὐτω ὁ *ἰησους*· ἀμην λεγω σοι ὁτι συ σημερον ταυτη τη νυκτι πριν ἠ δις ἀλεκτορα φωνησαι τρις με ἀπαρνηση.

48 και ἀποκριθεις ὁ *ἰησους* εἰπεν αὐτοις· ὡς ἐπι ληστην ἐξηλθατε μετα μαχαιρων και ξυλων συλλαβειν με·

53 και ἀπηγαγον τον *ἰησουν* προς τον ἀρχιερεα,

55 οἱ δε ἀρχιερεις και ὁλον το συνεδριον ἐζητουν κατα του *ἰησου* μαρτυριαν εἰς το θανατωσαι αὐτον, και οὐχ ἡυρισκον·

60 και ἀναστας ὁ ἀρχιερευς εἰς μεσον ἐπηρωτησεν τον *ἰησουν* λεγων· οὐκ ἀποκρινη οὐδεν τι οὑτοι σου καταμαρτυρουσιν;

62 ὁ δε *ἰησους* εἰπεν·

67 και συ μετα του ναζαρηνου ἠσθα του *ἰησου*.

72 και ἀνεμνησθη ὁ πετρος το ῥημα ὡς εἰπεν αὐτω ὁ *ἰησους* ὁτι πριν ἀλεκτορα φωνησαι δις τρις με ἀπαρνηση·

15 1 δησαντες τον *ἰησουν* ἀπηνεγκαν και παρεδωκαν πιλατω.

5 ὁ δε *ἰησους* οὐκετι οὐδεν ἀπεκριθη, ὡστε θαυμαζειν τον πιλατον.

ἰησους [919]

Mc 15 15 και παρεδωκεν τον *ἰησουν* φραγελλωσας ἱνα σταυρωθη.

34 και τη ἐνατη ὡρα ἐβοησεν ὁ *ἰησους* φωνη μεγαλη· ἐλωι ἐλωι λαμα σαβαχθανι;

37 ὁ δε *ἰησους* ἀφεις φωνην μεγαλην ἐξεπνευσεν.

43 τολμησας εἰσηλθεν προς τον πιλατον και ἡτησατο το σωμα του *ἰησου*.

16 6 *ἰησουν* ζητειτε τον ναζαρηνον τον ἐσταυρωμενον·

8* μετα δε ταυτα και αὐτος ὁ *ἰησους* ἀπο ἀνατολης και ἀχρι δυσεως ἐξαπεστειλεν δι αὐτων το ἱερον και ἀφθαρτον κηρυγμα της αἰωνιου σωτηριας ἀμην.

19 ὁ μεν οὐν κυριος *ἰησους* μετα το λαλησαι αὐτοις ἀνελημφθη εἰς τον οὐρανον και ἐκαθισεν ἐκ δεξιων του θεου.

Lc 1 31 και ἰδου συλλημψη ἐν γαστρι και τεξη υἱον, και καλεσεις το ὀνομα αὐτου *ἰησουν*.

2 21 και ὁτε ἐπλησθησαν ἡμεραι ὀκτω του περιτεμειν αὐτον, και ἐκληθη το ὀνομα αὐτου *ἰησους*,

27 και ἐν τω εἰσαγαγειν τους γονεις το παιδιον *ἰησουν* του ποιησαι αὐτους κατα το εἰθισμενον του νομου περι αὐτου, και αὐτος ἐδεξατο αὐτο εἰς τας ἀγκαλας και εὐλογησεν τον θεον και εἰπεν·

43 και τελειωσαντων τας ἡμερας, ἐν τω ὑποστρεφειν αὐτους ὑπεμεινεν *ἰησους* ὁ παις ἐν ἱερουσαλημ, και οὐκ ἐγνωσαν οἱ γονεις αὐτου.

52 και *ἰησους* προεκοπτεν [ἐν τη] σοφια και ἡλικια και χαριτι παρα θεω και ἀνθρωποις.

3 21 ἐγενετο δε ἐν τω βαπτισθηναι ἁπαντα τον λαον και *ἰησου* βαπτισθεντος και προσευχομενου ἀνεωχθηναι τον οὐρανον και καταβηναι το πνευμα το ἁγιον σωματικω εἰδει ὡς περιστεραν ἐπ αὐτον,

23 και αὐτος ἠν *ἰησους* ἀρχομενος ὡσει ἐτων τριακοντα,

29 του *ἰησου* του ἐλιεζερ του ἰωριμ του μαθθατ του λευι

4 1 *ἰησους* δε πληρης πνευματος ἁγιου ὑπεστρεψεν ἀπο του ἰορδανου,

4 και ἀπεκριθη προς αὐτον ὁ *ἰησους*· γεγραπται ὁτι οὐκ ἐπ ἀρτω μονω ζησεται ὁ ἀνθρωπος.

8 και ἀποκριθεις ὁ *ἰησους* εἰπεν αὐτω· γεγραπται· κυριον τον θεον σου προσκυνησεις και αὐτω μονω λατρευσεις.

12 και ἀποκριθεις εἰπεν αὐτω ὁ *ἰησους* ὁτι εἰρηται· οὐκ ἐκπειρασεις κυριον τον θεον σου.

14 και ὑπεστρεψεν ὁ *ἰησους* ἐν τη δυναμει του πνευματος εἰς την γαλιλαιαν·

34 ἐα, τι ἡμιν και σοι, *ἰησου* ναζαρηνε; ἠλθες ἀπολεσαι ἡμας;

35 και ἐπετιμησεν αὐτω ὁ *ἰησους* λεγων· φιμωθητι και ἐξελθε ἀπ αὐτου.

5 8 ἰδων δε σιμων πετρος προσεπεσεν τοις γονασιν *ἰησου* λεγων·

10 και εἰπεν προς τον σιμωνα ὁ *ἰησους*· μη φοβου· ἀπο του νυν ἀνθρωπους ἐση ζωγρων.

12 ἰδων δε τον *ἰησουν*, πεσων ἐπι προσωπον ἐδεηθη αὐτου λεγων·

19 και μη εὑροντες ποιας εἰσενεγκωσιν αὐτον δια τον ὁχλον, ἀναβαντες ἐπι το δωμα δια των κεραμων καθηκαν αὐτον συν τω κλινιδιω εἰς το μεσον ἐμπροσθεν του *ἰησου*.

22 ἐπιγνους δε ὁ *ἰησους* τους διαλογισμους αὐτων, ἀποκριθεις εἰπεν προς αὐτους·

31 και ἀποκριθεις ὁ *ἰησους* εἰπεν προς αὐτους· οὐ χρειαν ἐχουσιν οἱ ὑγιαινοντες ἰατρου ἀλλα οἱ κακως ἐχοντες·

34 ὁ δε *ἰησους* εἰπεν προς αὐτους·

6 3 και ἀποκριθεις προς αὐτους εἰπεν ὁ *ἰησους*· οὐδε τουτο ἀνεγνωτε ὁ ἐποιησεν δαυιδ, ὁτε ἐπεινασεν αὐτος και οἱ μετ αὐτου [ὀντες];

9 εἰπεν δε ὁ *ἰησους* προς αὐτους· ἐπερωτω ὑμας εἰ ἐξεστιν τω σαββατω ἀγαθοποιησαι ἠ κακοποιησαι, ψυχην σωσαι ἠ ἀπολεσαι;

11 αὐτοι δε ἐπλησθησαν ἀνοιας, και διελαλουν προς ἀλληλους τι ἀν ποιησαιεν τω *ἰησου*.

7 3 ἀκουσας δε περι του *ἰησου* ἀπεστειλεν προς αὐτον πρεσβυτερους των ἰουδαιων, ἐρωτων αὐτον ὁπως ἐλθων διασωση τον δουλον αὐτου.

4 οἱ δε παραγενομενοι προς τον *ἰησουν* παρεκαλουν αὐτον σπουδαιως, λεγοντες ὁτι ἀξιος ἐστιν ὡ παρεξη τουτο·

6 ὁ δε *ἰησους* ἐπορευετο συν αὐτοις.

9 ἀκουσας δε ταυτα ὁ *ἰησους* ἐθαυμασεν αὐτον,

40 και ἀποκριθεις ὁ *ἰησους* εἰπεν προς αὐτον· σιμων, ἐχω σοι τι εἰπειν.

8 28 ἰδων δε τον *ἰησουν* ἀνακραξας προσεπεσεν αὐτω και φωνη μεγαλη εἰπεν·

28 τι ἐμοι και σοι, *ἰησου* υἱε του θεου του ὑψιστου;

30 ἐπηρωτησεν δε αὐτον ὁ *ἰησους*· τι σοι ὀνομα ἐστιν;

35 ἐξηλθον δε ἰδειν το γεγονος, και ἠλθον προς τον *ἰησουν*,

ἰησους [919]

Lc 8 35 και εὑρον καθημενον τον ἀνθρωπον ἀφ οὑ τα δαιμονια ἐξηλθεν ἱματισμενον και σωφρονουντα παρα τους ποδας του *ἰησου*, και ἐφοβηθησαν.

39 και ἀπηλθεν καθ ὁλην την πολιν κηρυσσων ὁσα ἐποιησεν αὐτῳ ὁ *ἰησους*.

40 ἐν δε τῳ ὑποστρεφειν τον *ἰησουν* ἀπεδεξατο αὐτον ὁ ὀχλος·

41 και πεσων παρα τους ποδας [του] *ἰησου* παρεκαλει αὐτον εἰσελθειν εἰς τον οἰκον αὐτου,

45 και εἰπεν ὁ *ἰησους*· τις ὁ ἁψαμενος μου;

46 ὁ δε *ἰησους* εἰπεν·

50 ὁ δε *ἰησους* ἀκουσας ἀπεκριθη αὐτῳ·

9 33 και ἐγενετο ἐν τῳ διαχωριζεσθαι αὐτους ἀπ αὐτου εἰπεν ὁ πετρος προς τον *ἰησουν*· ἐπιστατα, καλον ἐστιν ἡμας ὡδε εἰναι,

36 και ἐν τῳ γενεσθαι την φωνην εὑρεθη *ἰησους* μονος.

41 ἀποκριθεις δε ὁ *ἰησους* εἰπεν· ὡ γενεα ἀπιστος και διεστραμμενη, ἑως ποτε ἐσομαι προς ὑμας και ἀνεξομαι ὑμων;

42 ἐπετιμησεν δε ὁ *ἰησους* τῳ πνευματι τῳ ἀκαθαρτῳ,

47 ὁ δε *ἰησους* εἰδως τον διαλογισμον της καρδιας αὐτων, ἐπιλαβομενος παιδιον ἐστησεν αὐτο παρ ἑαυτῳ,

50 εἰπεν δε προς αὐτον ὁ *ἰησους*· μη κωλυετε· ὁς γαρ οὐκ ἐστιν καθ ὑμων, ὑπερ ὑμων ἐστιν.

58 και εἰπεν αὐτῳ ὁ *ἰησους*· αἱ ἀλωπεκες φωλεους ἐχουσιν και τα πετεινα του οὐρανου κατασκηνωσεις, ὁ δε υἱος του ἀνθρωπου οὐκ ἐχει που την κεφαλην κλινη.

62 εἰπεν δε [προς αὐτον] ὁ *ἰησους*· οὐδεις ἐπιβαλων την χειρα ἐπ ἀροτρον και βλεπων εἰς τα ὀπισω εὐθετος ἐστιν τῃ βασιλειᾳ του θεου.

10 29 ὁ δε θελων δικαιωσαι ἑαυτον εἰπεν προς τον *ἰησουν*· και τις ἐστιν μου πλησιον;

30 ὑπολαβων ὁ *ἰησους* εἰπεν· ἀνθρωπος τις κατεβαινεν ἀπο ἰερουσαλημ εἰς ἰεριχω,

37 εἰπεν δε αὐτῳ ὁ *ἰησους*· πορευου και συ ποιει ὁμοιως.

13 12 ἰδων δε αὐτην ὁ *ἰησους* προσεφωνησεν και εἰπεν αὐτῃ·

14 ἀποκριθεις δε ὁ ἀρχισυναγωγος, ἀγανακτων ὁτι τῳ σαββατῳ ἐθεραπευσεν ὁ *ἰησους*,

14 3 και ἀποκριθεις ὁ *ἰησους* εἰπεν προς τους νομικους και φαρισαιους λεγων· ἐξεστιν τῳ σαββατῳ θεραπευσαι ἡ οὑ;

17 13 *ἰησου* ἐπιστατα, ἐλεησον ἡμας.

17 ἀποκριθεις δε ὁ *ἰησους* εἰπεν· οὐχ οἱ δεκα ἐκαθαρισθησαν;

18 16 ὁ δε *ἰησους* προσεκαλεσατο αὐτα λεγων·

19 εἰπεν δε αὐτῳ ὁ *ἰησους*· τι με λεγεις ἀγαθον;

22 ἀκουσας δε ὁ *ἰησους* εἰπεν αὐτῳ·

24 ἰδων δε αὐτον ὁ *ἰησους* [περιλυπον γενομενον] εἰπεν·

37 ἀπηγγειλαν δε αὐτῳ ὁτι *ἰησους* ὁ ναζωραιος παρερχεται.

38 *ἰησου* υἱε δαυιδ, ἐλεησον με.

40 σταθεις δε ὁ *ἰησους* ἐκελευσεν αὐτον ἀχθηναι προς αὐτον.

42 και ὁ *ἰησους* εἰπεν αὐτῳ·

19 3 και ἐζητει ἰδειν τον *ἰησουν* τις ἐστιν,

5 και ὡς ἡλθεν ἐπι τον τοπον, ἀναβλεψας ὁ *ἰησους* εἰπεν προς αὐτον·

9 εἰπεν δε προς αὐτον ὁ *ἰησους* ὁτι σημερον σωτηρια τῳ οἰκῳ τουτῳ ἐγενετο,

35 και ἠγαγον αὐτον προς τον *ἰησουν*,

35 και ἠγαγον αὐτον προς τον *ἰησουν*, και ἐπιριψαντες αὐτων τα ἱματια ἐπι τον πωλον ἐπεβιβασαν τον *ἰησουν*.

20 8 και ὁ *ἰησους* εἰπεν αὐτοις·

34 και εἰπεν αὐτοις ὁ *ἰησους*· οἱ υἱοι του αἰωνος τουτου γαμουσιν και γαμισκονται,

22 47 ἐτι αὐτου λαλουντος ἰδου ὀχλος, και ὁ λεγομενος ἰουδας εἱς των δωδεκα προηρχετο αὐτους, και ἠγγισεν τῳ *ἰησου* φιλησαι αὐτον.

48 *ἰησους* δε εἰπεν αὐτῳ·

51 ἀποκριθεις δε ὁ *ἰησους* εἰπεν· ἐατε ἑως τουτου·

52 εἰπεν δε *ἰησους* προς τους παραγενομενους ἐπ αὐτον ἀρχιερεις και στρατηγους του ἱερου και πρεσβυτερους· ὡς ἐπι λῃστην ἐξηλθατε μετα μαχαιρων και ξυλων;

23 8 ὁ δε ἡρωδης ἰδων τον *ἰησουν* ἐχαρη λιαν·

20 παλιν δε ὁ πιλατος προσεφωνησεν αὐτοις, θελων ἀπολυσαι τον *ἰησουν*.

25 ἀπελυσεν δε τον δια στασιν και φονον βεβλημενον εἰς φυλακην, ὁν ᾐτουντο, τον δε *ἰησουν* παρεδωκεν τῳ θεληματι αὐτων.

26 και ὡς ἀπηγαγον αὐτον, ἐπιλαβομενοι σιμωνα τινα κυρηναιον ἐρχομενον ἀπ ἀγρου ἐπεθηκαν αὐτῳ τον σταυρον φερειν ὀπισθεν του *ἰησου*.

28 στραφεις δε προς αὐτας [ὁ] *ἰησους* εἰπεν·

34 [ὁ δε *ἰησους* ἐλεγεν]·

42 *ἰησου*, μνησθητι μου ὁταν ἐλθῃς εἰς την βασιλειαν σου.

ἰησους [919]

Lc 23 46 και φωνησας φωνῃ μεγαλῃ ὁ *ἰησους* εἰπεν·

52 οὑτος προσελθων τῳ πιλατῳ ᾐτησατο το σωμα του *ἰησου*.

24 3 εἰσελθουσαι δε οὐχ εὑρον το σωμα του κυριου *ἰησου*.

15 και ἐγενετο ἐν τῳ ὁμιλειν αὐτους και συζητειν, και αὐτος *ἰησους* ἐγγισας συνεπορευετο αὐτοις·

19 τα περι *ἰησου* του ναζαρηνου, ὁς ἐγενετο ἀνηρ προφητης δυνατος ἐν ἐργῳ και λογῳ ἐναντιον του θεου και παντος του λαου,

Jh 1 17 ἡ χαρις και ἡ ἀληθεια δια *ἰησου* χριστου ἐγενετο.

29 τῃ ἐπαυριον βλεπει τον *ἰησουν* ἐρχομενον προς αὐτον,

36 και ἐμβλεψας τῳ *ἰησου* περιπατουντι λεγει·

37 και ἠκουσαν οἱ δυο μαθηται αὐτου λαλουντος και ἠκολουθησαν τῳ *ἰησου*.

38 στραφεις δε ὁ *ἰησους* και θεασαμενος αὐτους ἀκολουθουντας λεγει αὐτοις·

42 ἠγαγεν αὐτον προς τον *ἰησουν*.

42 ἐμβλεψας αὐτῳ ὁ *ἰησους* εἰπεν·

43 και εὑρισκει φιλιππον. και λεγει αὐτῳ ὁ *ἰησους*· ἀκολουθει μοι.

45 ὁν ἐγραψεν μωυσης ἐν τῳ νομῳ και οἱ προφηται εὑρηκαμεν, *ἰησουν* υἱον του ἰωσηφ τον ἀπο ναζαρετ.

47 εἰδεν ὁ *ἰησους* τον ναθαναηλ ἐρχομενον προς αὐτον και λεγει περι αὐτου·

48 ἀπεκριθη *ἰησους* και εἰπεν αὐτῳ· προ του σε φιλιππον φωνησαι ὀντα ὑπο την συκην εἰδον σε.

50 ἀπεκριθη *ἰησους* και εἰπεν αὐτῳ· ὁτι εἰπον σοι ὁτι εἰδον σε ὑποκατω της συκης, πιστευεις; μειζω τουτων ὀψῃ.

2 1 και τῃ ἡμερᾳ τῃ τριτῃ γαμος ἐγενετο ἐν κανα της γαλιλαιας, και ἠν ἡ μητηρ του *ἰησου* ἐκει·

2 ἐκληθη δε και ὁ *ἰησους* και οἱ μαθηται αὐτου εἰς τον γαμον.

3 και ὑστερησαντος οἰνου λεγει ἡ μητηρ του *ἰησου* προς αὐτον· οἰνον οὐκ ἐχουσιν.

4 [και] λεγει αὐτῃ ὁ *ἰησους*· τι ἐμοι και σοι,

7 λεγει αὐτοις ὁ *ἰησους*· γεμισατε τας ὑδριας ὑδατος.

11 ταυτην ἐποιησεν ἀρχην των σημειων ὁ *ἰησους* ἐν κανα της γαλιλαιας και ἐφανερωσεν την δοξαν αὐτου,

13 και ἐγγυς ἠν το πασχα των ἰουδαιων, και ἀνεβη εἰς ἱεροσολυμα ὁ *ἰησους*.

19 ἀπεκριθη *ἰησους* και εἰπεν αὐτοις· λυσατε τον ναον τουτον,

22 ἐμνησθησαν οἱ μαθηται αὐτου ὁτι τουτο ἐλεγεν, και ἐπιστευσαν τῃ γραφῃ και τῳ λογῳ ὁν εἰπεν ὁ *ἰησους*.

24 αὐτος δε *ἰησους* οὐκ ἐπιστευεν αὐτον αὐτοις δια το αὐτον γινωσκειν παντας,

3 3 ἀπεκριθη *ἰησους* και εἰπεν αὐτῳ· ἀμην ἀμην λεγω σοι,

5 ἀπεκριθη *ἰησους*· ἀμην ἀμην λεγω σοι,

10 ἀπεκριθη *ἰησους* και εἰπεν αὐτῳ· συ εἰ ὁ διδασκαλος του ἰσραηλ και ταυτα οὐ γινωσκεις;

22 μετα ταυτα ἠλθεν ὁ *ἰησους* και οἱ μαθηται αὐτου εἰς την ἰουδαιαν γην,

4 1 ὡς οὑν ἐγνω ὁ *ἰησους* ὁτι ἠκουσαν οἱ φαρισαιοι ὁτι *ἰησους* πλειονας μαθητας ποιει και βαπτιζει ἡ ἰωαννης,

1 ὡς οὑν ἐγνω ὁ *ἰησους* ὁτι ἠκουσαν οἱ φαρισαιοι ὁτι *ἰησους* πλειονας μαθητας ποιει και βαπτιζει ἡ ἰωαννης,

2 καιτοιγε *ἰησους* αὐτος οὐκ ἐβαπτιζεν ἀλλ οἱ μαθηται αὐτου,

6 ὁ οὑν *ἰησους* κεκοπιακως ἐκ της ὁδοιποριας ἐκαθεζετο οὑτως ἐπι τῃ πηγῃ·

7 λεγει αὐτῃ ὁ *ἰησους*· δος μοι πειν.

10 ἀπεκριθη *ἰησους* και εἰπεν αὐτῃ· εἰ ᾐδεις την δωρεαν του θεου,

13 ἀπεκριθη *ἰησους* και εἰπεν αὐτῃ· πας ὁ πινων ἐκ του ὑδατος τουτου διψησει παλιν·

17 λεγει αὐτῃ ὁ *ἰησους*· καλως εἰπας ὁτι ἀνδρα οὐκ ἐχω·

21 λεγει αὐτῃ ὁ *ἰησους*· πιστευε μοι, γυναι, ὁτι ἐρχεται ὡρα ὁτε οὐτε ἐν τῳ ὀρει τουτῳ οὐτε ἐν ἱεροσολυμοις προσκυνησετε τῳ πατρι.

26 λεγει αὐτῃ ὁ *ἰησους*· ἐγω εἰμι, ὁ λαλων σοι.

34 λεγει αὐτοις ὁ *ἰησους*· ἐμον βρωμα ἐστιν ἱνα ποιησω το θελημα του πεμψαντος με και τελειωσω αὐτου το ἐργον.

44 αὐτος γαρ *ἰησους* ἐμαρτυρησεν ὁτι προφητης ἐν τῃ ἰδιᾳ πατριδι τιμην οὐκ ἐχει.

47 και ἠν τις βασιλικος οὑ ὁ υἱος ἠσθενει ἐν καφαρναουμ· οὑτος ἀκουσας ὁτι *ἰησους* ἡκει ἐκ της ἰουδαιας εἰς την γαλιλαιαν,

48 εἰπεν οὑν ὁ *ἰησους* προς αὐτον· ἐαν μη σημεια και τερατα ἰδητε,

50 λεγει αὐτῳ ὁ *ἰησους*· πορευου, ὁ υἱος σου ζῃ.

50 ἐπιστευσεν ὁ ἀνθρωπος τῳ λογῳ ὁν εἰπεν αὐτῳ ὁ *ἰησους*,

53 ἐγνω οὑν ὁ πατηρ ὁτι [ἐν] ἐκεινῃ τῃ ὡρᾳ ἐν ἡ εἰπεν αὐτῳ ὁ *ἰησους*· ὁ υἱος σου ζῃ·

ιησους [919]

Jh	4 54	τουτο [δε] παλιν δευτερον σημειον εποιησεν ὁ *ιησους* ἐλθων ἐκ της ιουδαιας εἰς την γαλιλαιαν.
	5 1	και ἀνεβη *ιησους* εἰς ιεροσολυμα.
	6	ἠν δε τις ἀνθρωπος ἐκει τριακονταικαιοκτω ἐτη ἐχων ἐν τη ἀσθενεια αὐτου· τουτον ἰδων ὁ *ιησους* κατακειμενον,
	8	λεγει αὐτω ὁ *ιησους·* ἐγειρε ἀρον τον κραβαττον σου και περιπατει.
	13	ὁ γαρ *ιησους* ἐξενευσεν ὀχλου ὀντος ἐν τω τοπω.
	14	μετα ταυτα εὑρισκει αὐτον ὁ *ιησους* ἐν τω ἱερω και εἰπεν αὐτω·
	15	ἀπηλθεν ὁ ἀνθρωπος και ἀνηγγειλεν τοις ιουδαιοις ὁτι *ιησους* ἐστιν ὁ ποιησας αὐτον ὑγιη.
	16	και δια τουτο ἐδιωκον οἱ ιουδαιοι τον *ιησουν*, ὁτι ταυτα ἐποιει ἐν σαββατω.
	17	ὁ δε *ιησους* ἀπεκρινατο αὐτοις·
	19	ἀπεκρινατο οὐν ὁ *ιησους* και ἐλεγεν αὐτοις· ἀμην ἀμην λεγω ὑμιν, οὐ δυναται ὁ υἱος ποιειν ἀφ ἑαυτου οὐδεν,
	6 1	μετα ταυτα ἀπηλθεν ὁ *ιησους* περαν της θαλασσης της γαλιλαιας της τιβεριαδος.
	3	ἀνηλθεν δε εἰς το ὀρος *ιησους*,
	5	ἐπαρας οὐν τους ὀφθαλμους ὁ *ιησους* και θεασαμενος ὁτι πολυς ὀχλος ἐρχεται προς αὐτον, λεγει προς φιλιππον·
	10	εἰπεν ὁ *ιησους·* ποιησατε τους ἀνθρωπους ἀναπεσειν.
	11	ἐλαβεν οὐν τους ἀρτους ὁ *ιησους* και εὐχαριστησας διεδωκεν τοις ἀνακειμενοις,
	15	*ιησους* οὐν γνους ὁτι μελλουσιν ἐρχεσθαι και ἁρπαζειν αὐτον ἱνα ποιησωσιν βασιλεα, ἀνεχωρησεν παλιν εἰς το ὀρος αὐτος μονος.
	17	και σκοτια ἠδη ἐγεγονει και οὐπω ἐληλυθει προς αὐτους ὁ *ιησους*,
	19	ἐληλακοτες οὐν ὡς σταδιους εἰκοσιπεντε ἠ τριακοντα θεωρουσιν τον *ιησουν* περιπατουντα ἐπι της θαλασσης και ἐγγυς του πλοιου γινομενον,
	22	και ὁτι οὐ συνεισηλθεν τοις μαθηταις αὐτου ὁ *ιησους* εἰς το πλοιον ἀλλα μονοι οἱ μαθηται αὐτου ἀπηλθον·
	24	ὁτε οὐν εἰδεν ὁ ὀχλος ὁτι *ιησους* οὐκ ἐστιν ἐκει οὐδε οἱ μαθηται αὐτου, ἐνεβησαν αὐτοι εἰς τα πλοιαρια και ἠλθον εἰς καφαρναουμ ζητουντες τον *ιησουν*.
	24	ὁτε οὐν εἰδεν ὁ ὀχλος ὁτι *ιησους* οὐκ ἐστιν ἐκει οὐδε οἱ μαθηται αὐτου, ἐνεβησαν αὐτοι εἰς τα πλοιαρια και ἠλθον εἰς καφαρναουμ ζητουντες τον *ιησουν*.
	26	ἀπεκριθη αὐτοις ὁ *ιησους* και εἰπεν· ἀμην ἀμην λεγω ὑμιν, ζητειτε με οὐχ ὁτι εἰδετε σημεια,
	29	ἀπεκριθη [ὁ] *ιησους* και εἰπεν αὐτοις· τουτο ἐστιν το ἐργον του θεου, ἱνα πιστευητε εἰς ὁν ἀπεστειλεν ἐκεινος.
	32	εἰπεν οὐν αὐτοις ὁ *ιησους·* ἀμην ἀμην λεγω ὑμιν, οὐ μωυσης δεδωκεν ὑμιν τον ἀρτον ἐκ του οὐρανου,
	35	εἰπεν αὐτοις ὁ *ιησους·* ἐγω εἰμι ὁ ἀρτος της ζωης·
	42	οὐχ οὑτος ἐστιν *ιησους* ὁ υἱος ιωσηφ, οὑ ἡμεις οἰδαμεν τον πατερα και την μητερα;
	43	ἀπεκριθη *ιησους* και εἰπεν αὐτοις· μη γογγυζετε μετ ἀλληλων.
	53	εἰπεν οὐν αὐτοις ὁ *ιησους·* ἀμην ἀμην λεγω ὑμιν,
	61	εἰδως δε ὁ *ιησους* ἐν ἑαυτω ὁτι γογγυζουσιν περι τουτου οἱ μαθηται αὐτου, εἰπεν αὐτοις·
	64	ἠδει γαρ ἐξ ἀρχης ὁ *ιησους* τινες εἰσιν οἱ μη πιστευοντες και τις ἐστιν ὁ παραδωσων αὐτον.
	67	εἰπεν οὐν ὁ *ιησους* τοις δωδεκα· μη και ὑμεις θελετε ὑπαγειν;
	70	ἀπεκριθη αὐτοις ὁ *ιησους·* οὐκ ἐγω ὑμας τους δωδεκα ἐξελεξαμην;
	7 1	και μετα ταυτα περιεπατει ὁ *ιησους* ἐν τη γαλιλαια·
	6	λεγει οὐν αὐτοις ὁ *ιησους·* ὁ καιρος ὁ ἐμος οὐπω παρεστιν,
	14	ἠδη δε της ἑορτης μεσουσης ἀνεβη *ιησους* εἰς το ἱερον και ἐδιδασκεν.
	16	ἀπεκριθη οὐν αὐτοις [ὁ] *ιησους* και εἰπεν· ἡ ἐμη διδαχη οὐκ ἐστιν ἐμη ἀλλα του πεμψαντος με·
	21	ἀπεκριθη *ιησους* και εἰπεν αὐτοις· ἑν ἐργον ἐποιησα και παντες θαυμαζετε.
	28	ἐκραξεν οὐν ἐν τω ἱερω διδασκων ὁ *ιησους* και λεγων·
	33	εἰπεν οὐν ὁ *ιησους·* ἐτι χρονον μικρον μεθ ὑμων εἰμι και ὑπαγω προς τον πεμψαντα με.
	37	ἐν δε τη ἐσχατη ἡμερα τη μεγαλη της ἑορτης εἰστηκει ὁ *ιησους* και ἐκραξεν λεγων·
	39	οὐπω γαρ ἠν πνευμα, ὁτι *ιησους* οὐδεπω ἐδοξασθη.
	8 1*	*ιησους* δε ἐπορευθη εἰς το ὀρος των ἐλαιων.
	6*	ὁ δε *ιησους* κατω κυψας τω δακτυλω κατεγραφεν εἰς την γην.
	10*	ἀνακυψας δε ὁ *ιησους* εἰπεν αὐτη·
	11*	εἰπεν δε ὁ *ιησους·* οὐδε ἐγω σε κατακρινω·
	12	παλιν οὐν αὐτοις ἐλαλησεν ὁ *ιησους* λεγων· ἐγω εἰμι το φως του κοσμου·

ιησους [919]

Jh	8 14	ἀπεκριθη *ιησους* και εἰπεν αὐτοις· καν ἐγω μαρτυρω περι ἐμαυτου, ἀληθης ἐστιν ἡ μαρτυρια μου,
	19	ἀπεκριθη *ιησους·* οὐτε ἐμε οἰδατε οὐτε τον πατερα μου·
	25	εἰπεν αὐτοις ὁ *ιησους·* την ἀρχην ὁτι και λαλω ὑμιν;
	28	εἰπεν οὐν [αὐτοις] ὁ *ιησους·* ὁταν ὑψωσητε τον υἱον του ἀνθρωπου, τοτε γνωσεσθε ὁτι ἐγω εἰμι,
	31	ἐλεγεν οὐν ὁ *ιησους* προς τους πεπιστευκοτας αὐτω ιουδαιους· ἐαν ὑμεις μεινητε ἐν τω λογω τω ἐμω, ἀληθως μαθηται μου ἐστε,
	34	ἀπεκριθη αὐτοις ὁ *ιησους·* ἀμην ἀμην λεγω ὑμιν ὁτι πας ὁ ποιων την ἁμαρτιαν δουλος ἐστιν της ἁμαρτιας.
	39	λεγει αὐτοις ὁ *ιησους·* εἰ τεκνα του ἀβρααμ ἐστε, τα ἐργα του ἀβρααμ ἐποιειτε·
	42	εἰπεν αὐτοις ὁ *ιησους·* εἰ ὁ θεος πατηρ ὑμων ἠν, ἠγαπατε ἀν ἐμε·
	49	ἀπεκριθη *ιησους·* ἐγω δαιμονιον οὐκ ἐχω, ἀλλα τιμω τον πατερα μου,
	54	ἀπεκριθη *ιησους·* ἐαν ἐγω δοξασω ἐμαυτον, ἡ δοξα μου οὐδεν ἐστιν·
	58	εἰπεν αὐτοις *ιησους·* ἀμην ἀμην λεγω ὑμιν, πριν ἀβρααμ γενεσθαι ἐγω εἰμι.
	59	*ιησους* δε ἐκρυβη και ἐξηλθεν ἐκ του ἱερου.
	9 3	ἀπεκριθη *ιησους·* οὐτε οὑτος ἡμαρτεν οὐτε οἱ γονεις αὐτου, ἀλλ ἱνα φανερωθη τα ἐργα του θεου ἐν αὐτω.
	11	ὁ ἀνθρωπος ὁ λεγομενος *ιησους* πηλον ἐποιησεν και ἐπεχρισεν μου τους ὀφθαλμους και εἰπεν μοι ὁτι ὑπαγε εἰς τον σιλωαμ και νιψαι·
	14	ἠν δε σαββατον ἐν ἡ ἡμερα τον πηλον ἐποιησεν ὁ *ιησους* και ἀνεωξεν αὐτου τους ὀφθαλμους.
	35	ἠκουσεν *ιησους* ὁτι ἐξεβαλον αὐτον ἐξω,
	37	εἰπεν αὐτω ὁ *ιησους·* και ἑωρακας αὐτον και ὁ λαλων μετα σου ἐκεινος ἐστιν.
	39	και εἰπεν ὁ *ιησους·* εἰς κριμα ἐγω εἰς τον κοσμον τουτον ἠλθον, ἱνα οἱ μη βλεποντες βλεπωσιν και οἱ βλεποντες τυφλοι γενωνται.
	41	εἰπεν αὐτοις ὁ *ιησους·* εἰ τυφλοι ἠτε, οὐκ ἀν εἰχετε ἁμαρτιαν·
	10 6	ταυτην την παροιμιαν εἰπεν αὐτοις ὁ *ιησους·*
	7	εἰπεν οὐν παλιν ὁ *ιησους·* ἀμην ἀμην λεγω ὑμιν ὁτι ἐγω εἰμι ἡ θυρα των προβατων.
	23	και περιεπατει ὁ *ιησους* ἐν τω ἱερω ἐν τη στοα του σολομωνος.
	25	ἀπεκριθη αὐτοις ὁ *ιησους·* εἰπον ὑμιν, και οὐ πιστευετε·
	32	ἀπεκριθη αὐτοις ὁ *ιησους·* πολλα ἐργα καλα ἐδειξα ὑμιν ἐκ του πατρος·
	34	ἀπεκριθη αὐτοις [ὁ] *ιησους·* οὐκ ἐστιν γεγραμμενον ἐν τω νομω ὑμων ὁτι ἐγω εἰπα· θεοι ἐστε;
	11 4	ἀκουσας δε ὁ *ιησους* εἰπεν·
	5	ἠγαπα δε ὁ *ιησους* την μαρθαν και την ἀδελφην αὐτης και τον λαζαρον.
	9	ἀπεκριθη *ιησους·* οὐχι δωδεκα ὡραι εἰσιν της ἡμερας;
	13	εἰρηκει δε ὁ *ιησους* περι του θανατου αὐτου·
	14	τοτε οὐν εἰπεν αὐτοις ὁ *ιησους* παρρησια· λαζαρος ἀπεθανεν, και χαιρω δι ὑμας,
	17	ἐλθων οὐν ὁ *ιησους* εὑρεν αὐτον τεσσαρας ἠδη ἡμερας ἐχοντα ἐν τω μνημειω.
	20	ἡ οὐν μαρθα ὡς ἠκουσεν ὁτι *ιησους* ἐρχεται, ὑπηντησεν αὐτω·
	21	εἰπεν οὐν ἡ μαρθα προς τον *ιησουν·* κυριε, εἰ ἠς ὡδε, οὐκ ἀν ἀπεθανεν ὁ ἀδελφος μου.
	23	λεγει αὐτη ὁ *ιησους·* ἀναστησεται ὁ ἀδελφος σου.
	25	εἰπεν αὐτη ὁ *ιησους·* ἐγω εἰμι ἡ ἀναστασις και ἡ ζωη·
	30	οὐπω δε ἐληλυθει ὁ *ιησους* εἰς την κωμην, ἀλλ ἠν ἐτι ἐν τω τοπω ὁπου ὑπηντησεν αὐτω ἡ μαρθα.
	32	ἡ οὐν μαριαμ ὡς ἠλθεν ὁπου ἠν *ιησους*, ἰδουσα αὐτον ἐπεσεν αὐτου προς τους ποδας,
	33	*ιησους* οὐν ὡς εἰδεν αὐτην κλαιουσαν και τους συνελθοντας αὐτη ιουδαιους κλαιοντας, ἐνεβριμησατο τω πνευματι και ἐταραξεν ἑαυτον,
	35	ἐδακρυσεν ὁ *ιησους*.
	38	*ιησους* οὐν παλιν ἐμβριμωμενος ἐν ἑαυτω ἐρχεται εἰς το μνημειον·
	39	λεγει ὁ *ιησους·* ἀρατε τον λιθον.
	40	λεγει αὐτη ὁ *ιησους·* οὐκ εἰπον σοι ὁτι ἐαν πιστευσης ὀψη την δοξαν του θεου;
	41	ὁ δε *ιησους* ἠρεν τους ὀφθαλμους ἀνω και εἰπεν·
	44	λεγει αὐτοις ὁ *ιησους·* λυσατε αὐτον και ἀφετε αὐτον ὑπαγειν.
	46	τινες δε ἐξ αὐτων ἀπηλθον προς τους φαρισαιους και εἰπαν αὐτοις ἁ ἐποιησεν *ιησους*.

ιησους [919]

Jh	11 51	άλλα άρχιερευς ών του ένιαυτου έκεινου έπροφητευσεν ότι έμελλεν *ιησους* άποθνησκειν υπερ του έθνους,
	54	ό ουν *ιησους* ούκετι παρρησια περιεπατει έν τοις ιουδαιοις,
	56	έζητουν ουν τον *ιησουν* και έλεγον μετ άλληλων έν τω ιερω έστηκοτες·
	12 1	ό ουν *ιησους* προ έξ ήμερων του πασχα ήλθεν εις βηθανιαν,
	1	όπου ήν λαζαρος, όν ήγειρεν έκ νεκρων *ιησους*.
	3	ή ουν μαριαμ λαβουσα λιτραν μυρου ναρδου πιστικης πολυτιμου ήλειψεν τους ποδας του *ιησου* και έξεμαξεν ταις θριξιν αύτης τους ποδας αύτου·
	7	είπεν ουν ό *ιησους*· άφες αύτην, ίνα εις την ήμεραν του ένταφιασμου μου τηρηση αύτο·
	9	και ήλθον ού δια τον *ιησουν* μονον, άλλ ίνα και τον λαζαρον ίδωσιν όν ήγειρεν έκ νεκρων.
	11	έβουλευσαντο δε οί άρχιερεις ίνα και τον λαζαρον άποκτεινωσιν, ότι πολλοι δι αύτον ύπηγον των ιουδαιων και έπιστευον εις τον *ιησουν*.
	12	τη έπαυριον ό όχλος πολυς ό έλθων εις την έορτην, άκουσαντες ότι έρχεται [ό] *ιησους* εις ιεροσολυμα, έλαβον τα βαια των φοινικων
	14	εύρων δε ό *ιησους* όναριον έκαθισεν έπ αύτο,
	16	άλλ ότε έδοξασθη *ιησους*, τοτε έμνησθησαν ότι ταυτα ήν έπ αύτω γεγραμμενα και ταυτα έποιησαν αύτω.
	21	κυριε, θελομεν τον *ιησουν* ιδειν.
	22	έρχεται άνδρεας και φιλιππος και λεγουσιν τω *ιησου*.
	23	ό δε *ιησους* άποκρινεται αύτοις λεγων·
	30	άπεκριθη *ιησους* και είπεν· ού δι έμε ή φωνη αύτη γεγονεν άλλα δι ύμας.
	35	είπεν ουν αύτοις ό *ιησους*· έτι μικρον χρονον το φως έν ύμιν έστιν.
	36	ταυτα έλαλησεν *ιησους*, και άπελθων έκρυβη άπ αύτων.
	44	*ιησους* δε έκραξεν και είπεν·
	13 1	προ δε της έορτης του πασχα είδως ό *ιησους* ότι ήλθεν αύτου ή ώρα ίνα μεταβη έκ του κοσμου τουτου προς τον πατερα,
	7	άπεκριθη *ιησους* και είπεν αύτω· ό έγω ποιω συ ούκ οίδας άρτι, γνωση δε μετα ταυτα.
	8	άπεκριθη *ιησους* αύτω· έαν μη νιψω σε, ούκ έχεις μερος μετ έμου.
	10	λεγει αύτω ό *ιησους*· ό λελουμενος ούκ έχει χρειαν εί μη τους ποδας νιψασθαι, άλλ έστιν καθαρος όλος·
	21	ταυτα είπων [ό] *ιησους* έταραχθη τω πνευματι και έμαρτυρησεν και είπεν·
	23	ήν άνακειμενος είς έκ των μαθητων αύτου έν τω κολπω του *ιησου*, όν ήγαπα ό *ιησους*·
	23	ήν άνακειμενος είς έκ των μαθητων αύτου έν τω κολπω του *ιησου*, όν ήγαπα ό *ιησους*·
	25	άναπεσων ουν έκεινος ούτως έπι το στηθος του *ιησου* λεγει αύτω·
	26	άποκρινεται [ό] *ιησους*· έκεινος έστιν ώ έγω βαψω το ψωμιον και δωσω αύτω.
	27	λεγει ουν αύτω ό *ιησους*· ό ποιεις ποιησον ταχιον.
	29	τινες γαρ έδοκουν, έπει το γλωσσοκομον είχεν ιουδας, ότι λεγει αύτω [ό] *ιησους*· άγορασον ών χρειαν έχομεν εις την έορτην,
	31	ότε ουν έξηλθεν, λεγει *ιησους*· νυν έδοξασθη ό υίος του άνθρωπου,
	36	άπεκριθη [αύτω] *ιησους*· όπου ύπαγω ού δυνασαι μοι νυν άκολουθησαι, άκολουθησεις δε ύστερον.
	38	άποκρινεται *ιησους*· την ψυχην σου υπερ έμου θησεις;
	14 6	λεγει αύτω [ό] *ιησους*· έγω είμι ή όδος και ή άληθεια και ή ζωη·
	9	λεγει αύτω ό *ιησους*· τοσουτω χρονω μεθ ύμων είμι και ούκ έγνωκας με, φιλιππε;
	23	άπεκριθη *ιησους* και είπεν αύτω· έαν τις άγαπα με, τον λογον μου τηρησει,
	16 19	έγνω [ό] *ιησους* ότι ήθελον αύτον έρωταν,
	31	άπεκριθη αύτοις *ιησους*· άρτι πιστευετε;
	17 1	ταυτα έλαλησεν *ιησους*,
	3	αύτη δε έστιν ή αίωνιος ζωη, ίνα γινωσκωσιν σέ τον μονον άληθινον θεον και όν άπεστειλας *ιησουν* χριστον.
	18 1	ταυτα είπων *ιησους* έξηλθεν συν τοις μαθηταις αύτου περαν του χειμαρρου του κεδρων,
	2	ήδει δε και ιουδας ό παραδιδους αύτον τον τοπον, ότι πολλακις συνηχθη *ιησους* έκει μετα των μαθητων αύτου.
	4	*ιησους* ουν είδως παντα τα έρχομενα έπ αύτον έξηλθεν και λεγει αύτοις·
	5	άπεκριθησαν αύτω· *ιησουν* τον ναζωραιον.
	7	οί δε είπαν· *ιησουν* τον ναζωραιον.
	8	άπεκριθη *ιησους*· είπον ύμιν ότι έγω είμι·

ιησους [919]

Jh	18 11	είπεν ουν ό *ιησους* τω πετρω· βαλε την μαχαιραν εις την θηκην·
	12	ή ουν σπειρα και ό χιλιαρχος και οί ύπηρεται των ιουδαιων συνελαβον τον *ιησουν* και έδησαν αύτον,
	15	ήκολουθει δε τω *ιησου* σιμων πετρος και άλλος μαθητης.
	15	ό δε μαθητης έκεινος ήν γνωστος τω άρχιερει, και συνεισηλθεν τω *ιησου* εις την αύλην του άρχιερεως,
	19	ό ουν άρχιερευς ήρωτησεν τον *ιησουν* περι των μαθητων αύτου και περι της διδαχης αύτου.
	20	άπεκριθη αύτω *ιησους*· έγω παρρησια λελαληκα τω κοσμω·
	22	ταυτα δε αύτου είποντος είς παρεστηκως των ύπηρετων έδωκεν ραπισμα τω *ιησου* είπων·
	23	άπεκριθη αύτω *ιησους*· εί κακως έλαλησα, μαρτυρησον περι του κακου·
	28	άγουσιν ουν τον *ιησουν* άπο του καιαφα εις το πραιτωριον·
	32	ίνα ό λογος του *ιησου* πληρωθη όν είπεν σημαινων ποιω θανατω ήμελλεν άποθνησκειν.
	33	είσηλθεν ουν παλιν εις το πραιτωριον ό πιλατος και έφωνησεν τον *ιησουν* και είπεν αύτω·
	34	άπεκριθη *ιησους*· άπο σεαυτου συ τουτο λεγεις, ή άλλοι είπον σοι περι έμου;
	36	άπεκριθη *ιησους*· ή βασιλεια ή έμη ούκ έστιν έκ του κοσμου τουτου·
	37	άπεκριθη ό *ιησους*· συ λεγεις ότι βασιλευς είμι.
	19 1	τοτε ουν έλαβεν ό πιλατος τον *ιησουν* και έμαστιγωσεν.
	5	έξηλθεν ουν ό *ιησους* έξω, φορων τον άκανθινον στεφανον και το πορφυρουν ίματιον.
	9	και είσηλθεν εις το πραιτωριον παλιν και λεγει τω *ιησου*· ποθεν εί συ;
	9	ό δε *ιησους* άποκρισιν ούκ έδωκεν αύτω.
	11	άπεκριθη [αύτω] *ιησους*· ούκ είχες έξουσιαν κατ έμου ούδεμιαν εί μη ήν δεδομενον σοι άνωθεν·
	13	ό ουν πιλατος άκουσας των λογων τουτων ήγαγεν έξω τον *ιησουν*,
	16	παρελαβον ουν τον *ιησουν*·
	18	και μετ αύτου άλλους δυο έντευθεν και έντευθεν, μεσον δε τον *ιησουν*.
	19	ήν δε γεγραμμενον· *ιησους* ό ναζωραιος ό βασιλευς των ιουδαιων.
	20	τουτον ουν τον τιτλον πολλοι άνεγνωσαν των ιουδαιων, ότι έγγυς ήν ό τοπος της πολεως όπου έσταυρωθη ό *ιησους*·
	23	οί ουν στρατιωται, ότε έσταυρωσαν τον *ιησουν*, έλαβον τα ίματια αύτου και έποιησαν τεσσαρα μερη,
	25	είστηκεισαν δε παρα τω σταυρω του *ιησου* ή μητηρ αύτου και ή άδελφη της μητρος αύτου, μαρια ή του κλωπα και μαρια ή μαγδαληνη.
	26	*ιησους* ουν ίδων την μητερα και τον μαθητην παρεστωτα όν ήγαπα, λεγει τη μητρι·
	28	μετα τουτο είδως ό *ιησους* ότι ήδη παντα τετελεσται, ίνα τελειωθη ή γραφη, λεγει· διψω.
	30	ότε ουν έλαβεν το όξος [ό] *ιησους* είπεν·
	33	έπι δε τον *ιησουν* έλθοντες, ώς είδον ήδη αύτον τεθνηκοτα, ού κατεαξαν αύτου τα σκελη,
	38	μετα δε ταυτα ήρωτησεν τον πιλατον ιωσηφ [ό] άπο άριμαθαιας, ών μαθητης του *ιησου* κεκρυμμενος δε δια τον φοβον των ιουδαιων, ίνα άρη το σωμα του *ιησου*·
	38	μετα δε ταυτα ήρωτησεν τον πιλατον ιωσηφ [ό] άπο άριμαθαιας, ών μαθητης του *ιησου* κεκρυμμενος δε δια τον φοβον των ιουδαιων, ίνα άρη το σωμα του *ιησου*·
	40	έλαβον ουν το σωμα του *ιησου* και έδησαν αύτο όθονιοις μετα των άρωματων,
	42	έκει ουν δια την παρασκευην των ιουδαιων, ότι έγγυς ήν το μνημειον, έθηκαν τον *ιησουν*.
	20 2	τρεχει ουν και έρχεται προς σιμωνα πετρον και προς τον άλλον μαθητην όν έφιλει ό *ιησους*,
	12	και θεωρει δυο άγγελους έν λευκοις καθεζομενους, ένα προς τη κεφαλη και ένα προς τοις ποσιν, όπου έκειτο το σωμα του *ιησου*.
	14	ταυτα είπουσα έστραφη εις τα όπισω, και θεωρει τον *ιησουν* έστωτα,
	14	και θεωρει τον *ιησουν* έστωτα, και ούκ ήδει ότι *ιησους* έστιν.
	15	λεγει αύτη *ιησους*· γυναι, τί κλαιεις;
	16	λεγει αύτη *ιησους*· μαριαμ.
	17	λεγει αύτη *ιησους*· μη μου άπτου, ούπω γαρ άναβεβηκα προς τον πατερα·
	19	ήλθεν ό *ιησους* και έστη εις το μεσον, και λεγει αύτοις·
	21	είπεν ουν αύτοις [ό *ιησους*] παλιν· είρηνη ύμιν·
	24	θωμας δε είς έκ των δωδεκα, ό λεγομενος διδυμος, ούκ ήν μετ αύτων ότε ήλθεν *ιησους*.

ἰησους [919]

Jh 20 26 ἔρχεται ὁ *ἰησους* των θυρων κεκλεισμενων,
29 λεγει αὐτω ὁ *ἰησους*· ὁτι ἑωρακας με, πεπιστευκας;
30 πολλα μεν οὐν και ἀλλα σημεια ἐποιησεν ὁ *ἰησους* ἐνωπιον των μαθητων [αὐτου],
31 ταυτα δε γεγραπται ἱνα πιστευ[σ]ητε ὁτι *ἰησους* ἐστιν ὁ χριστος ὁ υἱος του θεου,
21 1 μετα ταυτα ἐφανερωσεν ἑαυτον παλιν ὁ *ἰησους* τοις μαθηταις ἐπι της θαλασσης της τιβεριαδος·
4 πρωιας δε ἠδη γενομενης ἐστη *ἰησους* εἰς τον αἰγιαλον·
4 οὐ μεντοι ἠδεισαν οἱ μαθηται ὁτι *ἰησους* ἐστιν.
5 λεγει οὐν αὐτοις [ὁ] *ἰησους*· παιδια, μη τι προσφαγιον ἐχετε;
7 λεγει οὐν ὁ μαθητης ἐκεινος ὁν ἠγαπα ὁ *ἰησους* τω πετρω· ὁ κυριος ἐστιν.
10 λεγει αὐτοις ὁ *ἰησους*· ἐνεγκατε ἀπο των ὀψαριων ὡν ἐπιασατε νυν.
12 λεγει αὐτοις ὁ *ἰησους*· δευτε ἀριστησατε.
13 ἐρχεται *ἰησους* και λαμβανει τον ἀρτον και διδωσιν αὐτοις,
14 τουτο ἠδη τριτον ἐφανερωθη *ἰησους* τοις μαθηταις ἐγερθεις ἐκ νεκρων.
15 ὁτε οὐν ἠριστησαν, λεγει τω σιμωνι πετρω ὁ *ἰησους*· σιμων ἰωαννου, ἀγαπας με πλεον τουτων;
17 λεγει αὐτω [ὁ *ἰησους*]· βοσκε τα προβατα μου.
20 ἐπιστραφεις ὁ πετρος βλεπει τον μαθητην ὁν ἠγαπα ὁ *ἰησους* ἀκολουθουντα,
21 τουτον οὐν ἰδων ὁ πετρος λεγει τω *ἰησου*· κυριε, οὑτος δε τι;
22 λεγει αὐτω ὁ *ἰησους*· ἐαν αὐτον θελω μενειν ἑως ἐρχομαι, τι προς σε;
23 οὐκ εἰπεν δε αὐτω ὁ *ἰησους* ὁτι οὐκ ἀποθνησκει, ἀλλ· ἐαν αὐτον θελω μενειν ἑως ἐρχομαι, [τι προς σε];
25 ἐστιν δε και ἀλλα πολλα ἁ ἐποιησεν ὁ *ἰησους*,

Ac 1 1 τον μεν πρωτον λογον ἐποιησαμην περι παντων, ὡ θεοφιλε, ὡν ἠρξατο ὁ *ἰησους* ποιειν τε και διδασκειν,
11 οὑτος ὁ *ἰησους* ὁ ἀναλημφθεις ἀφ ὑμων εἰς τον οὐρανον οὑτως ἐλευσεται ὁν τροπον ἐθεασασθε αὐτον πορευομενον εἰς τον οὐρανον.
14 οὑτοι παντες ἠσαν προσκαρτερουντες ὁμοθυμαδον τη προσευχη συν γυναιξιν και μαριαμ τη μητρι του *ἰησου* και τοις ἀδελφοις αὐτου.
16 ἀνδρες ἀδελφοι, ἐδει πληρωθηναι την γραφην ἡν προειπεν το πνευμα το ἁγιον δια στοματος δαυιδ περι ἰουδα του γενομενου ὁδηγου τοις συλλαβουσιν *ἰησουν*,
21 δει οὐν των συνελθοντων ἡμιν ἀνδρων ἐν παντι χρονω ὡ εἰσηλθεν και ἐξηλθεν ἐφ ἡμας ὁ κυριος *ἰησους*,
2 22 *ἰησουν* τον ναζωραιον, ἀνδρα ἀποδεδειγμενον ἀπο του θεου εἰς ὑμας δυναμεσι και τερασι και σημειοις,
32 τουτον τον *ἰησουν* ἀνεστησεν ὁ θεος, οὑ παντες ἡμεις ἐσμεν μαρτυρες·
36 τον *ἰησουν* ὁν ὑμεις ἐσταυρωσατε.
38 μετανοησατε, [φησιν,] και βαπτισθητω ἑκαστος ὑμων ἐπι τω ὀνοματι *ἰησου* χριστου εἰς ἀφεσιν των ἁμαρτιων ὑμων,
3 6 ἐν τω ὀνοματι *ἰησου* χριστου του ναζωραιου [ἐγειρε και] περιπατει.
13 ὁ θεος των πατερων ἡμων, ἐδοξασεν τον παιδα αὐτου *ἰησουν*,
20 ὁπως ἀν ἐλθωσιν καιροι ἀναψυξεως ἀπο προσωπου του κυριου και ἀποστειλη τον προκεχειρισμενον ὑμιν χριστον *ἰησουν*,
4 2 διαπονουμενοι δια το διδασκειν αὐτους τον λαον και καταγγελλειν ἐν τω *ἰησου* την ἀναστασιν την ἐκ νεκρων,
10 γνωστον ἐστω πασιν ὑμιν και παντι τω λαω ἰσραηλ, ὁτι ἐν τω ὀνοματι *ἰησου* χριστου του ναζωραιου, ὁν ὑμεις ἐσταυρωσατε, ὁν ὁ θεος ἠγειρεν ἐκ νεκρων, ἐν τουτω οὑτος παρεστηκεν ἐνωπιον ὑμων ὑγιης.
13 και καταλαβομενοι ὁτι ἀνθρωποι ἀγραμματοι εἰσιν και ἰδιωται, ἐθαυμαζον, ἐπεγινωσκον τε αὐτους ὁτι συν τω *ἰησου* ἠσαν,
18 και καλεσαντες αὐτους παρηγγειλαν το καθολου μη φθεγγεσθαι μηδε διδασκειν ἐπι τω ὀνοματι του *ἰησου*.
27 συνηχθησαν γαρ ἐπ ἀληθειας ἐν τη πολει ταυτη ἐπι τον ἁγιον παιδα σου *ἰησουν*,
30 ἐν τω την χειρα [σου] ἐκτεινειν σε εἰς ἰασιν και σημεια και τερατα γινεσθαι δια του ὀνοματος του ἁγιου παιδος σου *ἰησου*.
33 και δυναμει μεγαλη ἀπεδιδουν το μαρτυριον οἱ ἀποστολοι της ἀναστασεως του κυριου *ἰησου*,
5 30 ὁ θεος των πατερων ἡμων ἠγειρεν *ἰησουν*, ὁν ὑμεις διεχειρισασθε κρεμασαντες ἐπι ξυλου·
40 ἐπεισθησαν δε αὐτω, και προσκαλεσαμενοι τους ἀποστολους δειραντες παρηγγειλαν μη λαλειν ἐπι τω ὀνοματι του *ἰησου* και ἀπελυσαν.

ἰησους [919]

Ac 5 42 πασαν τε ἡμεραν ἐν τω ἱερω και κατ οἰκον οὐκ ἐπαυοντο διδασκοντες και εὐαγγελιζομενοι τον χριστον *ἰησουν*.
6 14 ἀκηκοαμεν γαρ αὐτου λεγοντος ὁτι *ἰησους* ὁ ναζωραιος οὑτος καταλυσει τον τοπον τουτον και ἀλλαξει τα ἐθη ἁ παρεδωκεν ἡμιν μωυσης.
7 45 ἡν και εἰσηγαγον διαδεξαμενοι οἱ πατερες ἡμων μετα *ἰησου* ἐν τη κατασχεσει των ἐθνων,
55 ὑπαρχων δε πληρης πνευματος ἁγιου ἀτενισας εἰς τον οὐρανον εἰδεν δοξαν θεου και *ἰησουν* ἑστωτα ἐκ δεξιων του θεου,
59 κυριε *ἰησου*, δεξαι το πνευμα μου.
8 12 ὁτε δε ἐπιστευσαν τω φιλιππω εὐαγγελιζομενω περι της βασιλειας του θεου και του ὀνοματος *ἰησου* χριστου, ἐβαπτιζοντο ἀνδρες τε και γυναικες.
16 οὐδεπω γαρ ἡν ἐπ οὐδενι αὐτων ἐπιπεπτωκος, μονον δε βεβαπτισμενοι ὑπηρχον εἰς το ὀνομα του κυριου *ἰησου*.
35 ἀνοιξας δε ὁ φιλιππος το στομα αὐτου και ἀρξαμενος ἀπο της γραφης ταυτης εὐηγγελισατο αὐτω τον *ἰησουν*.
37 * πιστευω τον υἱον του θεου εἰναι τον *ἰησουν* χριστον.
9 5 ὁ δε· ἐγω εἰμι *ἰησους* ὁν συ διωκεις·
17 σαουλ ἀδελφε, ὁ κυριος ἀπεσταλκεν με, *ἰησους* ὁ ὀφθεις σοι ἐν τη ὁδω ἡ ἠρχου, ὁπως ἀναβλεψης και πλησθης πνευματος ἁγιου.
20 και εὐθεως ἐν ταις συναγωγαις ἐκηρυσσεν τον *ἰησουν*, ὁτι οὑτος ἐστιν ὁ υἱος του θεου.
27 και ὁτι ἐλαλησεν αὐτω, και πως ἐν δαμασκω ἐπαρρησιασατο ἐν τω ὀνοματι του *ἰησου*.
34 αἰνεα, ἰαται σε *ἰησους* χριστος· ἀναστηθι και στρωσον σεαυτω.
10 36 τον λογον [ὁν] ἀπεστειλεν τοις υἱοις ἰσραηλ εὐαγγελιζομενος εἰρηνην δια *ἰησου* χριστου·
38 ἀρξαμενος ἀπο της γαλιλαιας μετα το βαπτισμα ὁ ἐκηρυξεν ἰωαννης, *ἰησουν* τον ἀπο ναζαρεθ,
48 προσεταξεν δε αὐτους ἐν τω ὀνοματι *ἰησου* χριστου βαπτισθηναι.
11 17 εἰ οὐν την ἰσην δωρεαν ἐδωκεν αὐτοις ὁ θεος ὡς και ἡμιν, πιστευσασιν ἐπι τον κυριον *ἰησουν* χριστον, ἐγω τις ἠμην δυνατος κωλυσαι τον θεον;
20 οἱτινες ἐλθοντες εἰς ἀντιοχειαν ἐλαλουν και προς τους ἑλληνιστας, εὐαγγελιζομενοι τον κυριον *ἰησουν*.
13 23 τουτου ὁ θεος ἀπο του σπερματος κατ ἐπαγγελιαν ἠγαγεν τω ἰσραηλ σωτηρα *ἰησουν*,
33 και ἡμεις ὑμας εὐαγγελιζομεθα την προς τους πατερας ἐπαγγελιαν γενομενην, ὁτι ταυτην ὁ θεος ἐκπεπληρωκεν τοις τεκνοις [αὐτων] ἡμιν ἀναστησας *ἰησουν*,
15 11 ἀλλα δια της χαριτος του κυριου *ἰησου* πιστευομεν σωθηναι καθ ὁν τροπον κακεινοι.
26 ἐκλεξαμενοις ἀνδρας πεμψαι προς ὑμας συν τοις ἀγαπητοις ἡμων βαρναβα και παυλω, ἀνθρωποις παραδεδωκοσι τας ψυχας αὐτων ὑπερ του ὀνοματος του κυριου ἡμων *ἰησου* χριστου.
16 7 ἐλθοντες δε κατα την μυσιαν ἐπειραζον εἰς την βιθυνιαν πορευθηναι, και οὐκ εἰασεν αὐτους το πνευμα *ἰησου*·
18 παραγγελλω σοι ἐν ὀνοματι *ἰησου* χριστου ἐξελθειν ἀπ αὐτης·
31 πιστευσον ἐπι τον κυριον *ἰησουν*, και σωθηση συ και ὁ οἰκος σου.
17 3 διανοιγων και παρατιθεμενος ὁτι τον χριστον ἐδει παθειν και ἀναστηναι ἐκ νεκρων, και ὁτι οὑτος ἐστιν ὁ χριστος, [ὁ] *ἰησους*,
7 και οὑτοι παντες ἀπεναντι των δογματων καισαρος πρασσουσιν, βασιλεα ἑτερον λεγοντες εἰναι *ἰησουν*.
18 ὁτι τον *ἰησουν* και την ἀναστασιν εὐηγγελιζετο.
18 5 συνειχετο τω λογω ὁ παυλος, διαμαρτυρομενος τοις ἰουδαιοις εἰναι τον χριστον *ἰησουν*.
25 και ζεων τω πνευματι ἐλαλει και ἐδιδασκεν ἀκριβως τα περι του *ἰησου*,
28 εὐτονως γαρ τοις ἰουδαιοις διακατηλεγχετο δημοσια ἐπιδεικνυς δια των γραφων εἰναι τον χριστον *ἰησουν*.
19 4 ἰωαννης ἐβαπτισεν βαπτισμα μετανοιας, τω λαω λεγων εἰς τον ἐρχομενον μετ αὐτον ἱνα πιστευσωσιν, τουτ ἐστιν εἰς τον *ἰησουν*.
5 ἀκουσαντες δε ἐβαπτισθησαν εἰς το ὀνομα του κυριου *ἰησου*·
13 ἐπεχειρησαν δε τινες και των περιερχομενων ἰουδαιων ἐξορκιστων ὀνομαζειν ἐπι τους ἐχοντας τα πνευματα τα πονηρα το ὀνομα του κυριου *ἰησου* λεγοντες·
13 ὁρκιζω ὑμας τον *ἰησουν* ὁν παυλος κηρυσσει.
15 τον [μεν] *ἰησουν* γινωσκω και τον παυλον ἐπισταμαι· ὑμεις δε τινες ἐστε;

ιησους [919]

Ac 19 17 και επεπεσεν φοβος επι παντας αυτους, και εμεγαλυνετο το ονομα του κυριου *ιησου·*

20 21 διαμαρτυρομενος ιουδαιοις τε και ελλησιν την εις θεον μετανοιαν και πιστιν εις τον κυριον ημων *ιησουν.*

24 αλλ ουδενος λογου ποιουμαι την ψυχην τιμιαν εμαυτω ως τελειωσαι τον δρομον μου και την διακονιαν ην ελαβον παρα του κυριου *ιησου,*

35 οτι ουτως κοπιωντας δει αντιλαμβανεσθαι των ασθενουντων, μνημονευειν τε των λογων του κυριου *ιησου,*

21 13 εγω γαρ ου μονον δεθηναι αλλα και αποθανειν εις ιερουσαλημ ετοιμως εχω υπερ του ονοματος του κυριου *ιησου.*

22 8 εγω ειμι *ιησους* ο ναζωραιος, ον συ διωκεις.

24 24 και ηκουσεν αυτου περι της εις χριστον *ιησουν* πιστεως.

25 19 ζητηματα δε τινα περι της ιδιας δεισιδαιμονιας ειχον προς αυτον και περι τινος *ιησου* τεθνηκοτος.

26 9 εγω μεν ουν εδοξα εμαυτω προς το ονομα *ιησου* του ναζωραιου δειν πολλα εναντια πραξαι·

15 εγω ειμι *ιησους* ον συ διωκεις.

28 23 πειθων τε αυτους περι του *ιησου* απο τε του νομου μωυσεως και των προφητων,

31 και απεδεχετο παντας τους εισπορευομενους προς αυτον, κηρυσσων την βασιλειαν του θεου και διδασκων τα περι του κυριου *ιησου* χριστου μετα πασης παρρησιας ακωλυτως.

Rm 1 1 παυλος δουλος χριστου *ιησου,* κλητος αποστολος αφωρισμενος εις ευαγγελιον θεου,

4 του ορισθεντος υιου θεου εν δυναμει κατα πνευμα αγιωσυνης εξ αναστασεως νεκρων, *ιησου* χριστου του κυριου ημων,

6 εν οις εστε και υμεις κλητοι *ιησου* χριστου,

7 χαρις υμιν και ειρηνη απο θεου πατρος ημων και κυριου *ιησου* χριστου.

8 πρωτον μεν ευχαριστω τω θεω μου δια *ιησου* χριστου περι παντων υμων, οτι η πιστις υμων καταγγελλεται εν ολω τω κοσμω.

2 16 εν ημερα οτε κρινει ο θεος τα κρυπτα των ανθρωπων κατα το ευαγγελιον μου δια χριστου *ιησου.*

3 22 δικαιοσυνη δε θεου δια πιστεως *ιησου* χριστου, εις παντας τους πιστευοντας·

24 παντες γαρ ημαρτον και υστερουνται της δοξης του θεου, δικαιουμενοι δωρεαν τη αυτου χαριτι δια της απολυτρωσεως της εν χριστω *ιησου·*

26 προς την ενδειξιν της δικαιοσυνης αυτου εν τω νυν καιρω, εις το ειναι αυτον δικαιον και δικαιουντα τον εκ πιστεως *ιησου.*

4 24 αλλα και δι ημας, οις μελλει λογιζεσθαι, τοις πιστευουσιν επι τον εγειραντα *ιησουν* τον κυριον ημων εκ νεκρων,

5 1 δικαιωθεντες ουν εκ πιστεως ειρηνην εχομεν προς τον θεον δια του κυριου ημων *ιησου* χριστου,

11 ου μονον δε, αλλα και καυχωμενοι εν τω θεω δια του κυριου ημων *ιησου* χριστου,

15 ει γαρ τω του ενος παραπτωματι οι πολλοι απεθανον, πολλω μαλλον η χαρις του θεου και η δωρεα εν χαριτι τη του ενος ανθρωπου *ιησου* χριστου εις τους πολλους επερισσευσεν.

17 πολλω μαλλον οι την περισσειαν της χαριτος και της δωρεας της δικαιοσυνης λαμβανοντες εν ζωη βασιλευσουσιν δια του ενος *ιησου* χριστου.

21 ινα ωσπερ εβασιλευσεν η αμαρτια εν τω θανατω, ουτως και η χαρις βασιλευση δια δικαιοσυνης εις ζωην αιωνιον δια *ιησου* χριστου του κυριου ημων.

6 3 η αγνοειτε οτι οσοι εβαπτισθημεν εις χριστον *ιησουν,* εις τον θανατον αυτου εβαπτισθημεν;

11 ουτως και υμεις λογιζεσθε εαυτους [ειναι] νεκρους μεν τη αμαρτια ζωντας δε τω θεω εν χριστω *ιησου.*

23 τα γαρ οψωνια της αμαρτιας θανατος, το δε χαρισμα του θεου ζωη αιωνιος εν χριστω *ιησου* τω κυριω ημων.

7 25 χαρις δε τω θεω δια *ιησου* χριστου του κυριου ημων.

8 1 ουδεν αρα νυν κατακριμα τοις εν χριστω *ιησου.*

2 ο γαρ νομος του πνευματος της ζωης εν χριστω *ιησου* ηλευθερωσεν σε απο του νομου της αμαρτιας και του θανατου.

11 ει δε το πνευμα του εγειραντος τον *ιησουν* εκ νεκρων οικει εν υμιν, ο εγειρας χριστον εκ νεκρων ζωοποιησει

34 τις ο κατακρινων; χριστος [*ιησους*] ο αποθανων, μαλλον δε εγερθεις,

39 πεπεισμαι γαρ οτι ουτε θανατος ουτε ζωη ουτε αγγελοι ουτε αρχαι ουτε ενεστωτα ουτε μελλοντα ουτε δυναμεις ουτε υψωμα ουτε βαθος ουτε τις κτισις ετερα δυνησεται ημας χωρισαι απο της αγαπης του θεου της εν χριστω *ιησου* τω κυριω ημων.

ιησους [919]

Rm 10 9 οτι εαν ομολογησης εν τω στοματι σου κυριον *ιησουν,* και πιστευσης εν τη καρδια σου οτι ο θεος αυτον ηγειρεν εκ νεκρων, σωθηση·

13 14 αλλα ενδυσασθε τον κυριον *ιησουν* χριστον, και της σαρκος προνοιαν μη ποιεισθε εις επιθυμιας.

14 14 οιδα και πεπεισμαι εν κυριω *ιησου* οτι ουδεν κοινον δι εαυτου·

15 5 ο δε θεος της υπομονης και της παρακλησεως δωη υμιν το αυτο φρονειν εν αλληλοις κατα χριστον *ιησουν,*

6 ο δε θεος της υπομονης και της παρακλησεως δωη υμιν το αυτο φρονειν εν αλληλοις κατα χριστον *ιησουν,* ινα ομοθυμαδον εν ενι στοματι δοξαζητε τον θεον και πατερα του κυριου ημων *ιησου* χριστου.

16 εις το ειναι με λειτουργον χριστου *ιησου* εις τα εθνη,

17 εχω ουν την καυχησιν εν χριστω *ιησου* τα προς τον θεον·

30 παρακαλω δε υμας, [αδελφοι,] δια του κυριου ημων *ιησου* χριστου και δια της αγαπης του πνευματος, συναγωνισασθαι μοι εν ταις προσευχαις υπερ εμου προς τον θεον,

16 3 ασπασασθε πρισκαν και ακυλαν τους συνεργους μου εν χριστω *ιησου,*

20 η χαρις του κυριου ημων *ιησου* μεθ υμων.

24 * η χαρις του κυριου ημων *ιησου* χριστου μετα παντων υμων· αμην.

25 [τω δε δυναμενω υμας στηριξαι κατα το ευαγγελιον μου και το κηρυγμα *ιησου* χριστου],

27 [μονω σοφω θεω, δια *ιησου* χριστου, ω η δοξα εις τους αιωνας· αμην].

1Co 1 1 παυλος κλητος αποστολος χριστου *ιησου* δια θεληματος θεου και σωσθενης ο αδελφος

2 τη εκκλησια του θεου τη ουση εν κορινθω, ηγιασμενοις εν χριστω *ιησου,*

2 συν πασιν τοις επικαλουμενοις το ονομα του κυριου ημων *ιησου* χριστου εν παντι τοπω, αυτων και ημων·

3 χαρις υμιν και ειρηνη απο θεου πατρος ημων και κυριου *ιησου* χριστου.

4 ευχαριστω τω θεω μου παντοτε περι υμων επι τη χαριτι του θεου τη δοθειση υμιν εν χριστω *ιησου,*

7 ωστε υμας μη υστερεισθαι εν μηδενι χαρισματι, απεκδεχομενους την αποκαλυψιν του κυριου ημων *ιησου* χριστου·

8 ος και βεβαιωσει υμας εως τελους ανεγκλητους εν τη ημερα του κυριου ημων *ιησου* [χριστου].

9 πιστος ο θεος, δι ου εκληθητε εις κοινωνιαν του υιου αυτου *ιησου* χριστου του κυριου ημων.

10 παρακαλω δε υμας, αδελφοι, δια του ονοματος του κυριου ημων *ιησου* χριστου, ινα το αυτο λεγητε παντες,

30 εξ αυτου δε υμεις εστε εν χριστω *ιησου,* ος εγενηθη σοφια ημιν απο θεου,

2 2 ου γαρ εκρινα τι ειδεναι εν υμιν ει μη *ιησουν* χριστον και τουτον εσταυρωμενον.

3 11 θεμελιον γαρ αλλον ουδεις δυναται θειναι παρα τον κειμενον, ος εστιν *ιησους* χριστος.

4 15 εν γαρ χριστω *ιησου* δια του ευαγγελιου εγω υμας εγεννησα.

17 ος εστιν μου τεκνον αγαπητον και πιστον εν κυριω, ος υμας αναμνησει τας οδους μου τας εν χριστω [*ιησου*],

5 4 εν τω ονοματι του κυριου [ημων] *ιησου* συναχθεντων υμων και του εμου πνευματος συν τη δυναμει του κυριου ημων *ιησου*

4 εν τω ονοματι του κυριου [ημων] *ιησου* συναχθεντων υμων και του εμου πνευματος συν τη δυναμει του κυριου ημων *ιησου*

6 11 αλλα απελουσασθε, αλλα ηγιασθητε, αλλα εδικαιωθητε εν τω ονοματι του κυριου *ιησου* χριστου και εν τω πνευματι του θεου ημων.

8 6 και εις κυριος *ιησους* χριστος, δι ου τα παντα και ημεις δι αυτου.

9 1 ουχι *ιησουν* τον κυριον ημων εορακα;

11 23 οτι ο κυριος *ιησους* εν τη νυκτι η παρεδιδετο ελαβεν αρτον και ευχαριστησας εκλασεν και ειπεν·

12 3 διο γνωριζω υμιν οτι ουδεις εν πνευματι θεου λαλων λεγει· αναθεμα *ιησους,*

3 και ουδεις δυναται ειπειν· κυριος *ιησους,* ει μη εν πνευματι αγιω.

15 31 καθ ημεραν αποθνησκω, νη την υμετεραν καυχησιν, [αδελφοι,] ην εχω εν χριστω *ιησου* τω κυριω ημων.

57 τω δε θεω χαρις τω διδοντι ημιν το νικος δια του κυριου ημων *ιησου* χριστου.

16 23 η χαρις του κυριου *ιησου* μεθ υμων.

24 η αγαπη μου μετα παντων υμων εν χριστω *ιησου.*

ιησους [919]

2Co 1 1 παυλος αποστολος χριστου *ιησου* δια θεληματος θεου και τιμοθεος ὁ ἀδελφος τη ἐκκλησια του θεου τη οὐση ἐν κορινθῳ συν τοις ἁγιοις πασιν τοις οὐσιν ἐν ὁλη τη ἀχαια·

2 χαρις ὑμιν και εἰρηνη ἀπο θεου πατρος ἡμων και κυριου *ιησου* χριστου.

3 εὐλογητος ὁ θεος και πατηρ του κυριου ἡμων *ιησου* χριστου,

14 καθως και ἐπεγνωτε ἡμας ἀπο μερους, ὁτι καυχημα ὑμων ἐσμεν καθαπερ και ὑμεις ἡμων ἐν τη ἡμερα του κυριου [ἡμων] *ιησου*.

19 ὁ του θεου γαρ υἱος *ιησους* χριστος ὁ ἐν ὑμιν δι ἡμων κηρυχθεις, δι ἐμου και σιλουανου και τιμοθεου, οὐκ ἐγενετο ναι και οὐ,

4 5 οὐ γαρ ἑαυτους κηρυσσομεν ἀλλα *ιησουν* χριστον κυριον,

5 οὐ γαρ ἑαυτους κηρυσσομεν ἀλλα *ιησουν* χριστον κυριον, ἑαυτους δε δουλους ὑμων δια *ιησουν*.

6 ὁτι ὁ θεος ὁ εἰπων· ἐκ σκοτους φως λαμψει, ὁς ἐλαμψεν ἐν ταις καρδιαις ἡμων προς φωτισμον της γνωσεως της δοξης του θεου ἐν προσωπῳ [*ιησου*] χριστου.

10 παντοτε την νεκρωσιν του *ιησου* ἐν τῳ σωματι περιφεροντες,

10 παντοτε την νεκρωσιν του *ιησου* ἐν τῳ σωματι περιφεροντες, ἱνα και ἡ ζωη του *ιησου* ἐν τῳ σωματι ἡμων φανερωθη.

11 ἀει γαρ ἡμεις οἱ ζωντες εἰς θανατον παραδιδομεθα δια *ιησουν*,

11 ἀει γαρ ἡμεις οἱ ζωντες εἰς θανατον παραδιδομεθα δια *ιησουν*, ἱνα και ἡ ζωη του *ιησου* φανερωθη ἐν τη θνητη σαρκι ἡμων.

14 διο και λαλουμεν, εἰδοτες ὁτι ὁ ἐγειρας τον κυριον *ιησουν* και ἡμας συν *ιησου* ἐγερει και παραστησει συν ὑμιν.

14 διο και λαλουμεν, εἰδοτες ὁτι ὁ ἐγειρας τον κυριον *ιησουν* και ἡμας συν *ιησου* ἐγερει και παραστησει συν ὑμιν.

8 9 γινωσκετε γαρ την χαριν του κυριου ἡμων *ιησου* χριστου,

11 4 εἰ μεν γαρ ὁ ἐρχομενος ἀλλον *ιησουν* κηρυσσει ὁν οὐκ ἐκηρυξαμεν, ἠ πνευμα ἑτερον λαμβανετε ὁ οὐκ ἐλαβετε, ἠ εὐαγγελιον ἑτερον ὁ οὐκ ἐδεξασθε, καλως ἀνεχεσθε.

31 ὁ θεος και πατηρ του κυριου *ιησου* οἰδεν,

13 5 ἠ οὐκ ἐπιγινωσκετε ἑαυτους ὁτι *ιησους* χριστος ἐν ὑμιν;

13 ἡ χαρις του κυριου *ιησου* χριστου και ἡ ἀγαπη του θεου και ἡ κοινωνια του ἁγιου πνευματος μετα παντων ὑμων.

Ga 1 1 παυλος αποστολος, οὐκ ἀπ ἀνθρωπων οὐδε δι ἀνθρωπου ἀλλα δια *ιησου* χριστου και θεου πατρος του ἐγειραντος αὐτον ἐκ νεκρων,

3 χαρις ὑμιν και εἰρηνη ἀπο θεου πατρος ἡμων και κυριου *ιησου* χριστου,

12 οὐδε γαρ ἐγω παρα ἀνθρωπου παρελαβον αὐτο οὐτε ἐδιδαχθην, ἀλλα δι ἀποκαλυψεως *ιησου* χριστου.

2 4 δια δε τους παρεισακτους ψευδαδελφους, οἱτινες παρεισηλθον κατασκοπησαι την ἐλευθεριαν ἡμων ἡν ἐχομεν ἐν χριστῳ *ιησου*,

16 εἰδοτες [δε] ὁτι οὐ δικαιουται ἀνθρωπος ἐξ ἐργων νομου ἐαν μη δια πιστεως *ιησου* χριστου, και ἡμεις εἰς χριστον *ιησουν* ἐπιστευσαμεν,

16 εἰδοτες [δε] ὁτι οὐ δικαιουται ἀνθρωπος ἐξ ἐργων νομου ἐαν μη δια πιστεως *ιησου* χριστου, και ἡμεις εἰς χριστον *ιησουν* ἐπιστευσαμεν,

3 1 τις ὑμας ἐβασκανεν, οἱς κατ ὀφθαλμους *ιησους* χριστος προεγραφη ἐσταυρωμενος;

14 ἱνα εἰς τα ἐθνη ἡ εὐλογια του ἀβρααμ γενηται ἐν χριστῳ *ιησου*,

22 ἀλλα συνεκλεισεν ἡ γραφη τα παντα ὑπο ἁμαρτιαν ἱνα ἡ ἐπαγγελια ἐκ πιστεως *ιησου* χριστου δοθη τοις πιστευουσιν.

26 παντες γαρ υἱοι θεου ἐστε δια της πιστεως ἐν χριστῳ *ιησου*·

28 παντες γαρ ὑμεις εἱς ἐστε ἐν χριστῳ *ιησου*.

4 14 και τον πειρασμον ὑμων ἐν τη σαρκι μου οὐκ ἐξουθενησατε οὐδε ἐξεπτυσατε, ἀλλα ὡς ἀγγελον θεου ἐδεξασθε με, ὡς χριστον *ιησουν*.

5 6 ἐν γαρ χριστῳ *ιησου* οὐτε περιτομη τι ἰσχυει οὐτε ἀκροβυστια.

24 οἱ δε του χριστου [*ιησου*] την σαρκα ἐσταυρωσαν συν τοις παθημασιν και ταις ἐπιθυμιαις.

6 14 ἐμοι δε μη γενοιτο καυχασθαι εἰ μη ἐν τῳ σταυρῳ του κυριου ἡμων *ιησου* χριστου,

17 ἐγω γαρ τα στιγματα του *ιησου* ἐν τῳ σωματι μου βασταζω.

18 ἡ χαρις του κυριου ἡμων *ιησου* χριστου μετα του πνευματος ὑμων, ἀδελφοι· ἀμην.

Eph 1 1 παυλος αποστολος χριστου *ιησου* δια θεληματος θεου τοις ἁγιοις τοις οὐσιν [ἐν ἐφεσῳ] και πιστοις ἐν χριστῳ *ιησου*·

1 παυλος αποστολος χριστου *ιησου* δια θεληματος θεου τοις ἁγιοις τοις οὐσιν [ἐν ἐφεσῳ] και πιστοις ἐν χριστῳ *ιησου*·

ιησους [919]

Eph 1 2 χαρις ὑμιν και εἰρηνη ἀπο θεου πατρος ἡμων και κυριου *ιησου* χριστου.

3 εὐλογητος ὁ θεος και πατηρ του κυριου ἡμων *ιησου* χριστου,

5 προορισας ἡμας εἰς υἱοθεσιαν δια *ιησου* χριστου εἰς αὐτον,

15 δια τουτο καγω, ἀκουσας την καθ ὑμας πιστιν ἐν τῳ κυριῳ *ιησου* και την ἀγαπην την εἰς παντας τους ἁγιους, οὐ παυομαι εὐχαριστων

17 ἱνα ὁ θεος του κυριου ἡμων *ιησου* χριστου, ὁ πατηρ της δοξης, δωη ὑμιν πνευμα σοφιας και ἀποκαλυψεως ἐν ἐπιγνωσει αὐτου,

2 6 και συνηγειρεν και συνεκαθισεν ἐν τοις ἐπουρανιοις ἐν χριστῳ *ιησου*,

7 ἱνα ἐνδειξηται ἐν τοις αἰωσιν τοις ἐπερχομενοις το ὑπερβαλλον πλουτος της χαριτος αὐτου ἐν χρηστοτητι ἐφ ἡμας ἐν χριστῳ *ιησου*.

10 αὐτου γαρ ἐσμεν ποιημα, κτισθεντες ἐν χριστῳ *ιησου* ἐπι ἐργοις ἀγαθοις,

13 νυνι δε ἐν χριστῳ *ιησου* ὑμεις οἱ ποτε ὀντες μακραν ἐγενηθητε ἐγγυς ἐν τῳ αἱματι του χριστου.

20 ἐποικοδομηθεντες ἐπι τῳ θεμελιῳ των ἀποστολων και προφητων, ὀντος ἀκρογωνιαιου αὐτου χριστου *ιησου*,

3 1 τουτου χαριν ἐγω παυλος ὁ δεσμιος του χριστου [*ιησου*] ὑπερ ὑμων των ἐθνων εἰ γε ἠκουσατε την οἰκονομιαν της χαριτος του θεου της δοθεισης μοι εἰς ὑμας,

6 εἰναι τα ἐθνη συγκληρονομα και συσσωμα και συμμετοχα της ἐπαγγελιας ἐν χριστῳ *ιησου*

11 κατα προθεσιν των αἰωνων ἡν ἐποιησεν ἐν τῳ χριστῳ *ιησου* τῳ κυριῳ ἡμων,

21 αὐτῳ ἡ δοξα ἐν τη ἐκκλησια και ἐν χριστῳ *ιησου* εἰς πασας τας γενεας του αἰωνος των αἰωνων·

4 21 εἰ γε αὐτον ἠκουσατε και ἐν αὐτῳ ἐδιδαχθητε καθως ἐστιν ἀληθεια ἐν τῳ *ιησου*,

5 20 εὐχαριστουντες παντοτε ὑπερ παντων ἐν ὀνοματι του κυριου ἡμων *ιησου* χριστου τῳ θεῳ και πατρι,

6 23 εἰρηνη τοις ἀδελφοις και ἀγαπη μετα πιστεως ἀπο θεου πατρος και κυριου *ιησου* χριστου.

24 ἡ χαρις μετα παντων των ἀγαπωντων τον κυριον ἡμων *ιησουν* χριστον ἐν ἀφθαρσια.

Php 1 1 παυλος και τιμοθεος δουλοι χριστου *ιησου* πασιν τοις ἁγιοις ἐν χριστῳ *ιησου* τοις οὐσιν ἐν φιλιπποις συν ἐπισκοποις και διακονοις·

1 παυλος και τιμοθεος δουλοι χριστου *ιησου* πασιν τοις ἁγιοις ἐν χριστῳ *ιησου* τοις οὐσιν ἐν φιλιπποις συν ἐπισκοποις και διακονοις·

2 χαρις ὑμιν και εἰρηνη ἀπο θεου πατρος ἡμων και κυριου *ιησου* χριστου.

6 πεποιθως αὐτο τουτο, ὁτι ὁ ἐναρξαμενος ἐν ὑμιν ἐργον ἀγαθον ἐπιτελεσει ἀχρι ἡμερας χριστου *ιησου*·

8 μαρτυς γαρ μου ὁ θεος, ὡς ἐπιποθω παντας ὑμας ἐν σπλαγχνοις χριστου *ιησου*.

11 ἱνα ἠτε εἰλικρινεις και ἀπροσκοποι εἰς ἡμεραν χριστου, πεπληρωμενοι καρπον δικαιοσυνης τον δια *ιησου* χριστου,

19 οἰδα γαρ ὁτι τουτο μοι ἀποβησεται εἰς σωτηριαν δια της ὑμων δεησεως και ἐπιχορηγιας του πνευματος *ιησου* χριστου,

26 ἱνα το καυχημα ὑμων περισσευη ἐν χριστῳ *ιησου* ἐν ἐμοι δια της ἐμης παρουσιας παλιν προς ὑμας.

2 5 τουτο φρονειτε ἐν ὑμιν ὁ και ἐν χριστῳ *ιησου*,

10 και ἐχαρισατο αὐτῳ το ὀνομα το ὑπερ παν ὀνομα, ἱνα ἐν τῳ ὀνοματι *ιησου* παν γονυ καμψη ἐπουρανιων και ἐπιγειων και καταχθονιων,

11 και πασα γλωσσα ἐξομολογησηται ὁτι κυριος *ιησους* χριστος εἰς δοξαν θεου πατρος.

19 ἐλπιζω δε ἐν κυριῳ *ιησου* τιμοθεον ταχεως πεμψαι ὑμιν,

21 οἱ παντες γαρ τα ἑαυτων ζητουσιν, οὐ τα *ιησου* χριστου.

3 3 οἱ πνευματι θεου λατρευοντες και καυχωμενοι ἐν χριστῳ *ιησου*

8 ἀλλα μενουνγε και ἡγουμαι παντα ζημιαν εἰναι δια το ὑπερεχον της γνωσεως χριστου *ιησου* του κυριου μου,

12 διωκω δε εἰ και καταλαβω, ἐφ ᾡ και κατελημφθην ὑπο χριστου [*ιησου*],

14 κατα σκοπον διωκω εἰς το βραβειον της ἀνω κλησεως του θεου ἐν χριστῳ *ιησου*.

20 ἡμων γαρ το πολιτευμα ἐν οὐρανοις ὑπαρχει, ἐξ οὐ και σωτηρα ἀπεκδεχομεθα κυριον *ιησουν* χριστον,

4 7 και τα νοηματα ὑμων ἐν χριστῳ *ιησου*.

19 ὁ δε θεος μου πληρωσει πασαν χρειαν ὑμων κατα το πλουτος αὐτου ἐν δοξη ἐν χριστῳ *ιησου*.

21 ἀσπασασθε παντα ἁγιον ἐν χριστῳ *ιησου*.

23 ἡ χαρις του κυριου *ιησου* χριστου μετα του πνευματος ὑμων.

ιησους [919]

Col	1 1	παυλος αποστολος χριστου *ιησου* δια θεληματος θεου και τιμοθεος ό άδελφος
	3	εύχαριστουμεν τω θεω πατρι του κυριου ήμων *ιησου* χριστου παντοτε περι ύμων προσευχομενοι,
	4	άκουσαντες την πιστιν ύμων έν χριστω *ιησου* και την άγαπην ήν έχετε είς παντας τους άγιους
	2 6	ώς ούν παρελαβετε τον χριστον *ιησουν* τον κυριον, έν αύτω περιπατειτε,
	3 17	και παν ότι έαν ποιητε έν λογω ή έν έργω, παντα έν όνοματι κυριου *ιησου*,
	4 11	και *ιησους* ό λεγομενος ιουστος,
	12	άσπαζεται ύμας έπαφρας ό έξ ύμων, δουλος χριστου [*ιησου*],
1Th	1 1	παυλος και σιλουανος και τιμοθεος τη έκκλησια θεσσαλονικεων έν θεω πατρι και κυριω *ιησου* χριστω·
	3	άδιαλειπτως μνημονευοντες ύμων του έργου της πιστεως και του κοπου της άγαπης και της ύπομονης της έλπιδος του κυριου ήμων *ιησου* χριστου
	10	όν ήγειρεν έκ [των] νεκρων, *ιησουν* τον ρυομενον ήμας έκ της όργης της έρχομενης.
	2 14	των ούσων έν τη ιουδαια έν χριστω *ιησου*,
	15	των και τον κυριον άποκτειναντων *ιησουν* και τους προφητας,
	19	ή ούχι και ύμεις έμπροσθεν του κυριου ήμων *ιησου* έν τη αύτου παρουσια;
	3 11	αύτος δε ό θεος και πατηρ ήμων και ό κυριος ήμων *ιησους* κατευθυναι την όδον ήμων προς ύμας·
	13	έμπροσθεν του θεου και πατρος ήμων έν τη παρουσια του κυριου ήμων *ιησου* μετα παντων των άγιων αύτου.
	4 1	λοιπον ούν, άδελφοι, έρωτωμεν ύμας και παρακαλουμεν έν κυριω *ιησου*,
	2	οίδατε γαρ τίνας παραγγελιας έδωκαμεν ύμιν δια του κυριου *ιησου*.
	14	εί γαρ πιστευομεν ότι *ιησους* άπεθανεν και άνεστη, ούτως και ό θεος τους κοιμηθεντας δια του *ιησου* άξει συν αύτω.
	14	εί γαρ πιστευομεν ότι ιησους άπεθανεν και άνεστη, ούτως και ό θεος τους κοιμηθεντας δια του *ιησου* άξει συν αύτω.
	5 9	ότι ούκ έθετο ήμας ό θεος είς όργην άλλα είς περιποιησιν σωτηριας δια του κυριου ήμων *ιησου* χριστου,
	18	έν παντι εύχαριστειτε· τουτο γαρ θελημα θεου έν χριστω *ιησου* είς ύμας.
	23	και όλοκληρον ύμων το πνευμα και ή ψυχη και το σωμα άμεμπτως έν τη παρουσια του κυριου ήμων *ιησου* χριστου τηρηθειη.
	28	ή χαρις του κυριου ήμων *ιησου* χριστου μεθ ύμων.
2Th	1 1	παυλος και σιλουανος και τιμοθεος τη έκκλησια θεσσαλονικεων έν θεω πατρι ήμων και κυριω *ιησου* χριστω·
	2	χαρις ύμιν και είρηνη άπο θεου πατρος [ήμων] και κυριου *ιησου* χριστου.
	7	έν τη άποκαλυψει του κυριου *ιησου* άπ ούρανου μετ άγγελων δυναμεως αύτου έν πυρι φλογος,
	8	διδοντος έκδικησιν τοις μη είδοσιν θεον και τοις μη ύπακουουσιν τω εύαγγελιω του κυριου ήμων *ιησου*,
	12	όπως ένδοξασθη το όνομα του κυριου ήμων *ιησου* έν ύμιν, και ύμεις έν αύτω, κατα την χαριν του θεου ήμων και κυριου ιησου χριστου.
	12	όπως ένδοξασθη το όνομα του κυριου ήμων ιησου έν ύμιν, και ύμεις έν αύτω, κατα την χαριν του θεου ήμων και κυριου *ιησου* χριστου.
	2 1	έρωτωμεν δε ύμας, άδελφοι, ύπερ της παρουσιας του κυριου ήμων *ιησου* χριστου και ήμων έπισυναγωγης έπ αύτον, είς το μη ταχεως σαλευθηναι ύμας άπο του νοος
	8	και τοτε άποκαλυφθησεται ό άνομος, όν ό κυριος [*ιησους*] άνελει τω πνευματι του στοματος αύτου
	14	είς ό [και] έκαλεσεν ύμας δια του εύαγγελιου ήμων, είς περιποιησιν δοξης του κυριου ήμων *ιησου* χριστου.
	16	αύτος δε ό κυριος ήμων *ιησους* χριστος και [ό] θεος ό πατηρ ήμων,
	3 6	παραγγελλομεν δε ύμιν, άδελφοι, έν όνοματι του κυριου [ήμων] *ιησου* χριστου, στελλεσθαι ύμας άπο παντος άδελφου
	12	τοις δε τοιουτοις παραγγελλομεν και παρακαλουμεν έν κυριω *ιησου* χριστω ίνα μετα ήσυχιας έργαζομενοι τον έαυτων άρτον έσθιωσιν.
	18	ή χαρις του κυριου ήμων *ιησου* χριστου μετα παντων ύμων.
1Tm	1 1	παυλος άποστολος χριστου *ιησου* κατ έπιταγην θεου σωτηρος ήμων και χριστου ιησου της έλπιδος ήμων
	1	παυλος άποστολος χριστου ιησου κατ έπιταγην θεου σωτηρος ήμων και χριστου *ιησου* της έλπιδος ήμων
	2	χαρις, έλεος, είρηνη άπο θεου πατρος και χριστου *ιησου* του κυριου ήμων.

ιησους [919]

1Tm	1 12	χαριν έχω τω ένδυναμωσαντι με χριστω *ιησου* τω κυριω ήμων,
	14	ύπερεπλεονασεν δε ή χαρις του κυριου ήμων μετα πιστεως και άγαπης της έν χριστω *ιησου*.
	15	πιστος ό λογος και πασης άποδοχης άξιος, ότι χριστος *ιησους* ήλθεν είς τον κοσμον άμαρτωλους σωσαι·
	16	άλλα δια τουτο ήλεηθην, ίνα έν έμοι πρωτω ένδειξηται χριστος *ιησους* την άπασαν μακροθυμιαν,
	2 5	είς γαρ θεος, είς και μεσιτης θεου και άνθρωπων, άνθρωπος χριστος *ιησους*,
	3 13	οί γαρ καλως διακονησαντες βαθμον έαυτοις καλον περιποιουνται και πολλην παρρησιαν έν πιστει τη έν χριστω *ιησου*.
	4 6	ταυτα ύποτιθεμενος τοις άδελφοις καλος έση διακονος χριστου *ιησου*,
	5 21	διαμαρτυρομαι ένωπιον του θεου και χριστου *ιησου* και των έκλεκτων άγγελων ίνα ταυτα φυλαξης χωρις προκριματος,
	6 3	εί τις έτεροδιδασκαλει και μη προσερχεται ύγιαινουσιν λογοις τοις του κυριου ήμων *ιησου* χριστου, και τη κατ εύσεβειαν διδασκαλια, τετυφωται, μηδεν έπισταμενος,
	13	παραγγελλω [σοι] ένωπιον του θεου του ζωογονουντος τα παντα και χριστου *ιησου* του μαρτυρησαντος έπι ποντιου πιλατου την καλην όμολογιαν,
	14	τηρησαι σε την έντολην άσπιλον άνεπιλημπτον μεχρι της έπιφανειας του κυριου ήμων *ιησου* χριστου,
2Tm	1 1	παυλος άποστολος χριστου *ιησου* δια θεληματος θεου κατ έπαγγελιαν ζωης της έν χριστω ιησου
	1	παυλος άποστολος χριστου ιησου δια θεληματος θεου κατ έπαγγελιαν ζωης της έν χριστω *ιησου*
	2	χαρις, έλεος, είρηνη άπο θεου πατρος και χριστου *ιησου* του κυριου ήμων.
	9	ού κατα τα έργα ήμων άλλα κατα ίδιαν προθεσιν και χαριν, την δοθεισαν ήμιν έν χριστω *ιησου* προ χρονων αίωνιων,
	10	φανερωθεισαν δε νυν δια της έπιφανειας του σωτηρος ήμων χριστου *ιησου*,
	13	ύποτυπωσιν έχε ύγιαινοντων λογων ών παρ έμου ήκουσας έν πιστει και άγαπη τη έν χριστω *ιησου*·
	2 1	συ ούν, τεκνον μου, ένδυναμου έν τη χαριτι τη έν χριστω *ιησου*,
	3	συγκακοπαθησον ώς καλος στρατιωτης χριστου *ιησου*.
	8	μνημονευε *ιησουν* χριστον έγηγερμενον έκ νεκρων, έκ σπερματος δαυιδ,
	10	δια τουτο παντα ύπομενω δια τους έκλεκτους, ίνα και αύτοι σωτηριας τυχωσιν της έν χριστω *ιησου* μετα δοξης αίωνιου.
	3 12	και παντες δε οί θελοντες εύσεβως ζην έν χριστω *ιησου* διωχθησονται.
	15	και ότι άπο βρεφους [τα] ίερα γραμματα οίδας, τα δυναμενα σε σοφισαι είς σωτηριαν δια πιστεως της έν χριστω *ιησου*.
	4 1	διαμαρτυρομαι ένωπιον του θεου και χριστου *ιησου*,
Tit	1 1	παυλος δουλος θεου, άποστολος δε *ιησου* χριστου κατα πιστιν έκλεκτων θεου και έπιγνωσιν άληθειας της κατ εύσεβειαν
	4	χαρις και είρηνη άπο θεου πατρος και χριστου *ιησου* του σωτηρος ήμων.
	2 13	προσδεχομενοι την μακαριαν έλπιδα και έπιφανειαν της δοξης του μεγαλου θεου και σωτηρος ήμων *ιησου* χριστου,
	3 6	άλλα κατα το αύτου έλεος έσωσεν ήμας δια λουτρου παλιγγενεσιας και άνακαινωσεως πνευματος άγιου, ού έξεχεεν έφ ήμας πλουσιως δια *ιησου* χριστου του σωτηρος ήμων,
Phm	1	παυλος δεσμιος χριστου *ιησου* και τιμοθεος ό άδελφος φιλημονι τω άγαπητω και συνεργω ήμων
	3	χαρις ύμιν και είρηνη άπο θεου πατρος ήμων και κυριου *ιησου* χριστου.
	5	άκουων σου την άγαπην και την πιστιν ήν έχεις προς τον κυριον *ιησουν* και είς παντας τους άγιους,
	9	τοιουτος ών ώς παυλος πρεσβυτης, νυνι δε και δεσμιος χριστου *ιησου*,
	23	άσπαζεται σε έπαφρας ό συναιχμαλωτος μου έν χριστω *ιησου*, μαρκος, άρισταρχος, δημας, λουκας, οί συνεργοι μου.
	25	ή χαρις του κυριου *ιησου* χριστου μετα του πνευματος ύμων.
Heb	2 9	τον δε βραχυ τι παρ άγγελους ήλαττωμενον βλεπομεν *ιησουν* δια το παθημα του θανατου δοξη και τιμη έστεφανωμενον,
	3 1	κατανοησατε τον άποστολον και άρχιερεα της όμολογιας ήμων *ιησουν*,
	4 8	εί γαρ αύτους *ιησους* κατεπαυσεν, ούκ άν περι άλλης έλαλει μετα ταυτα ήμερας.
	14	έχοντες ούν άρχιερεα μεγαν διεληλυθοτα τους ούρανους, *ιησουν* τον υίον του θεου, κρατωμεν της όμολογιας.

ἰησους [919]

Heb	6 20	και εἰσερχομενην εἰς το ἐσωτερον του καταπετασματος, ὁπου προδρομος ὑπερ ἡμων εἰσηλθεν *ἰησους*,
	7 22	κατα τοσουτο [και] κρειττονος διαθηκης γεγονεν ἐγγυος *ἰησους*.
	10 10	ἐν ᾧ θεληματι ἡγιασμενοι ἐσμεν δια της προσφορας του σωματος *ἰησου* χριστου ἐφαπαξ.
	19	ἐχοντες οὐν, ἀδελφοι, παρρησιαν εἰς την εἰσοδον των ἁγιων ἐν τῳ αἱματι *ἰησου*,
	12 2	δι ὑπομονης τρεχωμεν τον προκειμενον ἡμιν ἀγωνα, ἀφορωντες εἰς τον της πιστεως ἀρχηγον και τελειωτην *ἰησουν*,
	24	και διαθηκης νεας μεσιτῃ *ἰησου*, και αἱματι ῥαντισμου κρειττον λαλουντι παρα τον ἀβελ.
	13 8	*ἰησους* χριστος ἐχθες και σημερον ὁ αὐτος και εἰς τους αἰωνας.
	12	διο και *ἰησους*, ἱνα ἁγιασῃ δια του ἰδιου αἱματος τον λαον, ἐξω της πυλης ἐπαθεν.
	20	ὁ δε θεος της εἰρηνης, ὁ ἀναγαγων ἐκ νεκρων τον ποιμενα των προβατων τον μεγαν ἐν αἱματι διαθηκης αἰωνιου, τον κυριον ἡμων *ἰησουν*, καταρτισαι ὑμας ἐν παντι ἀγαθῳ
	21	ποιων ἐν ἡμιν το εὐαρεστον ἐνωπιον αὐτου δια *ἰησου* χριστου,
Ja	1 1	ἰακωβος θεου και κυριου *ἰησου* χριστου δουλος ταις δωδεκα φυλαις ταις ἐν τῃ διασπορᾳ χαιρειν.
	2 1	ἀδελφοι μου, μη ἐν προσωπολημψιαις ἐχετε την πιστιν του κυριου ἡμων *ἰησου* χριστου της δοξης.
1Pt	1 1	πετρος ἀποστολος *ἰησου* χριστου ἐκλεκτοις παρεπιδημοις διασπορας ποντου, γαλατιας, καππαδοκιας, ἀσιας και βιθυνιας,
	2	εἰς ὑπακοην και ῥαντισμον αἱματος *ἰησου* χριστου·
	3	εὐλογητος ὁ θεος και πατηρ του κυριου ἡμων *ἰησου* χριστου,
	3	ὁ κατα το πολυ αὐτου ἐλεος ἀναγεννησας ἡμας εἰς ἐλπιδα ζωσαν δι ἀναστασεως *ἰησου* χριστου ἐκ νεκρων,
	7	εὑρεθῃ εἰς ἐπαινον και δοξαν και τιμην ἐν ἀποκαλυψει *ἰησου* χριστου·
	13	τελειως ἐλπισατε ἐπι την φερομενην ὑμιν χαριν ἐν ἀποκαλυψει *ἰησου* χριστου.
	2 5	και αὐτοι ὡς λιθοι ζωντες οἰκοδομεισθε οἰκος πνευματικος εἰς ἱερατευμα ἁγιον, ἀνενεγκαι πνευματικας θυσιας εὐπροσδεκτους [τῳ] θεῳ δια *ἰησου* χριστου·
	3 21	οὐ σαρκος ἀποθεσις ῥυπου ἀλλα συνειδησεως ἀγαθης ἐπερωτημα εἰς θεον, δι ἀναστασεως *ἰησου* χριστου,
	4 11	ἱνα ἐν πασιν δοξαζηται ὁ θεος δια *ἰησου* χριστου,
	5 10	ὁ δε θεος πασης χαριτος, ὁ καλεσας ὑμας εἰς την αἰωνιον αὐτου δοξαν ἐν χριστῳ [*ἰησου*], ὀλιγον παθοντας αὐτος καταρτισει·
2Pt	1 1	συμεων πετρος δουλος και ἀποστολος *ἰησου* χριστου τοις ἰσοτιμην ἡμιν λαχουσιν πιστιν ἐν δικαιοσυνῃ του θεου ἡμων και σωτηρος *ἰησου* χριστου·
	1	συμεων πετρος δουλος και ἀποστολος *ἰησου* χριστου τοις ἰσοτιμον ἡμιν λαχουσιν πιστιν ἐν δικαιοσυνῃ του θεου ἡμων και σωτηρος *ἰησου* χριστου·
	2	χαρις ὑμιν και εἰρηνη πληθυνθειη ἐν ἐπιγνωσει του θεου και *ἰησου* του κυριου ἡμων.
	8	ταυτα γαρ ὑμιν ὑπαρχοντα και πλεοναζοντα οὐκ ἀργους οὐδε ἀκαρπους καθιστησιν εἰς την του κυριου ἡμων *ἰησου* χριστου ἐπιγνωσιν·
	11	οὑτως γαρ πλουσιως ἐπιχορηγηθησεται ὑμιν ἡ εἰσοδος εἰς την αἰωνιον βασιλειαν του κυριου ἡμων και σωτηρος *ἰησου* χριστου.
	14	καθως και ὁ κυριος ἡμων *ἰησους* χριστος ἐδηλωσεν μοι·
	16	οὐ γαρ σεσοφισμενοις μυθοις ἐξακολουθησαντες ἐγνωρισαμεν ὑμιν την του κυριου ἡμων *ἰησου* χριστου δυναμιν και παρουσιαν,
	2 20	εἰ γαρ ἀποφυγοντες τα μιασματα του κοσμου ἐν ἐπιγνωσει του κυριου [ἡμων] και σωτηρος *ἰησου* χριστου, τουτοις δε παλιν ἐμπλακεντες ἡττωνται, γεγονεν αὐτοις τα ἐσχατα χειρονα των πρωτων·
	3 18	αὐξανετε δε ἐν χαριτι και γνωσει του κυριου ἡμων και σωτηρος *ἰησου* χριστου.
1Jh	1 3	και ἡ κοινωνια δε ἡ ἡμετερα μετα του πατρος και μετα του υἱου αὐτου *ἰησου* χριστου.
	7	και το αἱμα *ἰησου* του υἱου αὐτου καθαριζει ἡμας ἀπο πασης ἁμαρτιας.
	2 1	παρακλητον ἐχομεν προς τον πατερα, *ἰησουν* χριστον δικαιον·
	22	τις ἐστιν ὁ ψευστης εἰ μη ὁ ἀρνουμενος ὁτι *ἰησους* οὐκ ἐστιν ὁ χριστος;

ἰησους [919]

1Jh	3 23	και αὑτη ἐστιν ἡ ἐντολη αὐτου, ἱνα πιστευσωμεν τῳ ὀνοματι του υἱου αὐτου *ἰησου* χριστου
	4 2	παν πνευμα ὁ ὁμολογει *ἰησουν* χριστον ἐν σαρκι ἐληλυθοτα ἐκ του θεου ἐστιν,
	3	και παν πνευμα ὁ μη ὁμολογει τον *ἰησουν* ἐκ του θεου οὐκ ἐστιν·
	15	ὁς ἐαν ὁμολογησῃ ὁτι *ἰησους* ἐστιν ὁ υἱος του θεου, ὁ θεος ἐν αὐτῳ μενει και αὐτος ἐν τῳ θεῳ.
	5 1	πας ὁ πιστευων ὁτι *ἰησους* ἐστιν ὁ χριστος ἐκ του θεου γεγεννηται,
		τις [δε] ἐστιν ὁ νικων τον κοσμον εἰ μη ὁ πιστευων ὁτι *ἰησους* ἐστιν ὁ υἱος του θεου;
	6	οὑτος ἐστιν ὁ ἐλθων δι ὑδατος και αἱματος, *ἰησους* χριστος·
	20	και ἐσμεν ἐν τῳ ἀληθινῳ, ἐν τῳ υἱῳ αὐτου *ἰησου* χριστῳ.
2Jh	3	ἐσται μεθ ἡμων χαρις ἐλεος εἰρηνη παρα θεου πατρος, και παρα *ἰησου* χριστου του υἱου του πατρος,
	7	ὁτι πολλοι πλανοι ἐξηλθον εἰς τον κοσμον, οἱ μη ὁμολογουντες *ἰησουν* χριστον ἐρχομενον ἐν σαρκι·
Ju	1	ἰουδας *ἰησου* χριστου δουλος, ἀδελφος δε ἰακωβου,
	1	τοις ἐν θεῳ πατρι ἠγαπημενοις και *ἰησου* χριστῳ τετηρημενοις κλητοις·
	4	ἀσεβεις, την του θεου ἡμων χαριτα μετατιθεντες εἰς ἀσελγειαν και τον μονον δεσποτην και κυριον ἡμων *ἰησουν* χριστον ἀρνουμενοι.
	17	ὑμεις δε, ἀγαπητοι, μνησθητε των ῥηματων των προειρημενων ὑπο των ἀποστολων του κυριου ἡμων *ἰησου* χριστου,
	21	ἑαυτους ἐν ἀγαπῃ θεου τηρησατε, προσδεχομενοι το ἐλεος του κυριου ἡμων *ἰησου* χριστου εἰς ζωην αἰωνιον.
	25	μονῳ θεῳ σωτηρι ἡμων δια *ἰησου* χριστου του κυριου ἡμων δοξα μεγαλωσυνη κρατος και ἐξουσια προ παντος του αἰωνος και νυν και εἰς παντας τους αἰωνας·
Apc	1 1	ἀποκαλυψις *ἰησου* χριστου, ἡν ἐδωκεν αὐτῳ ὁ θεος,
	2	ὁς ἐμαρτυρησεν τον λογον του θεου και την μαρτυριαν *ἰησου* χριστου, ὁσα εἰδεν.
	5	και ἀπο *ἰησου* χριστου, ὁ μαρτυς ὁ πιστος,
	9	ἐγω ἰωαννης, ὁ ἀδελφος ὑμων και συγκοινωνος ἐν τῃ θλιψει και βασιλειᾳ και ὑπομονῃ ἐν *ἰησου*,
	9	ἐγενομην ἐν τῃ νησῳ τῃ καλουμενῃ πατμῳ δια τον λογον του θεου και την μαρτυριαν *ἰησου*.
	12 17	και ἀπηλθεν ποιησαι πολεμον μετα των λοιπων του σπερματος αὐτης, των τηρουντων τας ἐντολας του θεου και ἐχοντων την μαρτυριαν *ἰησου*·
	14 12	ὡδε ἡ ὑπομονη των ἁγιων ἐστιν, οἱ τηρουντες τας ἐντολας του θεου και την πιστιν *ἰησου*.
	17 6	και εἰδον την γυναικα μεθυουσαν ἐκ του αἱματος των ἁγιων και ἐκ του αἱματος των μαρτυρων *ἰησου*.
	19 10	συνδουλος σου εἰμι και των ἀδελφων σου των ἐχοντων την μαρτυριαν *ἰησου*·
	10	ἡ γαρ μαρτυρια *ἰησου* ἐστιν το πνευμα της προφητειας.
	20 4	και τας ψυχας των πεπελεκισμενων δια την μαρτυριαν *ἰησου* και δια τον λογον του θεου,
	22 16	ἐγω *ἰησους* ἐπεμψα τον ἀγγελον μου μαρτυρησαι ὑμιν ταυτα ἐπι ταις ἐκκλησιαις.
	20	ἀμην, ἐρχου κυριε *ἰησου*.
	21	ἡ χαρις του κυριου *ἰησου* μετα παντων.

ἰκανος [39]

Mt	3 11	οὐ οὐκ εἰμι *ἰκανος* τα ὑποδηματα βαστασαι·
	8 8	οὐκ εἰμι *ἰκανος* ἱνα μου ὑπο την στεγην εἰσελθῃς·
	28 12	και συναχθεντες μετα των πρεσβυτερων συμβουλιον τε λαβοντες ἀργυρια *ἰκανα* ἐδωκαν τοις στρατιωταις,
Mc	1 7	ἐρχεται ὁ ἰσχυροτερος μου ὀπισω μου, οὐ οὐκ εἰμι *ἰκανος* κυψας λυσαι τον ἰμαντα των ὑποδηματων αὐτου.
	10 46	και ἐκπορευομενου αὐτου ἀπο ἰεριχω και των μαθητων αὐτου και ὀχλου *ἰκανου* ὁ υἱος τιμαιου βαρτιμαιος, τυφλος προσαιτης, ἐκαθητο παρα την ὀδον.
	15 15	ὁ δε πιλατος βουλομενος τῳ ὀχλῳ το *ἰκανον* ποιησαι ἀπελυσεν αὐτοις τον βαραββαν,
Lc	3 16	ἐγω μεν ὑδατι βαπτιζω ὑμας· ἐρχεται δε ὁ ἰσχυροτερος μου, οὐ οὐκ εἰμι *ἰκανος* λυσαι τον ἰμαντα των ὑποδηματων αὐτου·
	7 6	κυριε, μη σκυλλου· οὐ γαρ *ἰκανος* εἰμι ἱνα ὑπο την στεγην μου εἰσελθῃς·
	12	και αὑτη ἠν χηρα, και ὀχλος της πολεως *ἰκανος* ἠν συν αὐτῃ.
	8 27	και χρονῳ *ἰκανῳ* οὐκ ἐνεδυσατο ἰματιον,
	32	ἠν δε ἐκει ἀγελη χοιρων *ἰκανων* βοσκομενη ἐν τῳ ὀρει
	20 9	ἀνθρωπος [τις] ἐφυτευσεν ἀμπελωνα, και ἐξεδετο αὐτον γεωργοις, και ἀπεδημησεν χρονους *ἰκανους*.
	22 38	ὁ δε εἰπεν αὐτοις· *ἰκανον* ἐστιν.

ἱκανος [39]

Lc	23 8	ἦν γαρ ἐξ ἱκανων χρονων θελων ἰδειν αὐτον δια το ἀκουειν περι αὐτου,
	9	ἐπηρωτα δε αὐτον ἐν λογοις ἱκανοις·
Ac	8 11	προσειχον δε αὐτω δια το ἱκανω χρονω ταις μαγειαις ἐξεστακεναι αὐτους.
	9 23	ὡς δε ἐπληρουντο ἡμεραι ἱκαναι, συνεβουλευσαντο οἱ ἰουδαιοι ἀνελειν αὐτον·
	43	ἐγενετο δε ἡμερας ἱκανας μειναι ἐν ἰοππη παρα τινι σιμωνι βυρσει.
	11 24	και προσετεθη ὀχλος ἱκανος τω κυριω.
	26	ἐγενετο δε αὐτοις και ἐνιαυτον ὁλον συναχθηναι ἐν τη ἐκκλησια και διδαξαι ὀχλον ἱκανον,
	12 12	συνιδων τε ἠλθεν ἐπι την οἰκιαν της μαριας της μητρος ἰωαννου του ἐπικαλουμενου μαρκου, οὗ ἠσαν ἱκανοι συνηθροισμενοι και προσευχομενοι.
	14 3	ἱκανον μεν οὐν χρονον διετριψαν παρρησιαζομενοι ἐπι τω κυριω τω μαρτυρουντι ἐπι τω λογω της χαριτος αὐτου,
	21	εὐαγγελισαμενοι τε την πολιν ἐκεινην και μαθητευσαντες ἱκανους ὑπεστρεψαν εἰς την λυστραν και εἰς ἰκονιον και [εἰς] ἀντιοχειαν,
	17 9	και λαβοντες το ἱκανον παρα του ἰασονος και των λοιπων ἀπελυσαν αὐτους.
	18 18	ὁ δε παυλος ἐτι προσμεινας ἡμερας ἱκανας, τοις ἀδελφοις ἀποταξαμενος ἐξεπλει εἰς την συριαν,
	19 19	ἱκανοι δε των τα περιεργα πραξαντων συνενεγκαντες τας βιβλους κατεκαιον ἐνωπιον παντων·
	26	και θεωρειτε και ἀκουετε ὁτι οὐ μονον ἐφεσου ἀλλα σχεδον πασης της ἀσιας ὁ παυλος οὑτος πεισας μετεστησεν ἱκανον ὀχλον,
	20 8	ἠσαν δε λαμπαδες ἱκαναι ἐν τω ὑπερωω οὑ ἠμεν συνηγμενοι.
	11	ἀναβας δε και κλασας τον ἀρτον και γευσαμενος, ἐφ ἱκανον τε ὁμιλησας ἀχρι αὐγης, οὑτως ἐξηλθεν.
	37	ἱκανος δε κλαυθμος ἐγενετο παντων, και ἐπιπεσοντες ἐπι τον τραχηλον του παυλου κατεφιλουν αὐτον,
	22 6	ἐγενετο δε μοι πορευομενω και ἐγγιζοντι τη δαμασκω περι μεσημβριαν ἐξαιφνης ἐκ του οὐρανου περιαστραψαι φως ἱκανον περι ἐμε,
	27 7	ἐν ἱκαναις δε ἡμεραις βραδυπλοουντες και μολις γενομενοι κατα την κνιδον, μη προσεωντος ἡμας του ἀνεμου, ὑπεπλευσαμεν την κρητην κατα σαλμωνην,
	9	ἱκανου δε χρονου διαγενομενου και ὀντος ἠδη ἐπισφαλους του πλοος δια το και την νηστειαν ἠδη παρεληλυθεναι, παρηνει ὁ παυλος λεγων αὐτοις·
1Co	11 30	δια τουτο ἐν ὑμιν πολλοι ἀσθενεις και ἀρρωστοι και κοιμωνται ἱκανοι.
	15 9	ἐγω γαρ εἰμι ὁ ἐλαχιστος των ἀποστολων, ὁς οὐκ εἰμι ἱκανος καλεισθαι ἀποστολος,
2Co	2 6	ἱκανον τω τοιουτω ἡ ἐπιτιμια αὑτη ἡ ὑπο των πλειονων,
	16	και προς ταυτα τις ἱκανος;
	3 5	οὐχ ὁτι ἀφ ἑαυτων ἱκανοι ἐσμεν λογισασθαι τι ὡς ἐξ ἑαυτων,
2Tm	2 2	ταυτα παραθου πιστοις ἀνθρωποις, οἱτινες ἱκανοι ἐσονται και ἑτερους διδαξαι.

ἱκανοτης [1]

2Co	3 5	οὐχ ὁτι ἀφ ἑαυτων ἱκανοι ἐσμεν λογισασθαι τι ὡς ἐξ ἑαυτων, ἀλλ ἡ ἱκανοτης ἡμων ἐκ του θεου,

ἱκανοω [2]

2Co	3 6	ἀλλ ἡ ἱκανοτης ἡμων ἐκ του θεου, ὁς και ἱκανωσεν ἡμας διακονους καινης διαθηκης,
Col	1 12	μετα χαρας εὐχαριστουντες τω πατρι τω ἱκανωσαντι ὑμας εἰς την μεριδα του κληρου των ἁγιων ἐν τω φωτι·

ἱκετηρια [1]

Heb	5 7	ὁς ἐν ταις ἡμεραις της σαρκος αὐτου δεησεις τε και ἱκετηριας προς τον δυναμενον σωζειν αὐτον ἐκ θανατου μετα κραυγης ἰσχυρας και δακρυων

ἱκμας [1]

Lc	8 6	και ἑτερον κατεπεσεν ἐπι την πετραν, και φυεν ἐξηρανθη δια το μη ἐχειν ἱκμαδα.

ἰκονιον [6]

Ac	13 51	οἱ δε ἐκτιναξαμενοι τον κονιορτον των ποδων ἐπ αὐτους ἠλθον εἰς ἰκονιον.
	14 1	ἐγενετο δε ἐν ἰκονιω κατα το αὐτο εἰσελθειν αὐτους εἰς την συναγωγην των ἰουδαιων και λαλησαι οὑτως ὡστε πιστευσαι ἰουδαιων τε και ἑλληνων πολυ πληθος.
	19	ἐπηλθαν δε ἀπο ἀντιοχειας και ἰκονιου ἰουδαιοι,
	21	εὐαγγελισαμενοι τε την πολιν ἐκεινην και μαθητευσαντες ἱκανους ὑπεστρεψαν εἰς την λυστραν και εἰς ἰκονιον και [εἰς] ἀντιοχειαν,
	16 2	τιμοθεος, υἱος γυναικος ἰουδαιας πιστης πατρος δε ἑλληνος, ὁς ἐμαρτυρειτο ὑπο των ἐν λυστροις και ἰκονιω ἀδελφων.
2Tm	3 11	τοις διωγμοις, τοις παθημασιν, οἱα μοι ἐγενετο ἐν ἀντιοχεια, ἐν ἰκονιω, ἐν λυστροις·

ἱλαρος [1]

2Co	9 7	ἱλαρον γαρ δοτην ἀγαπα ὁ θεος.

ἱλαροτης [1]

Rm	12 8	ὁ μεταδιδους ἐν ἁπλοτητι, ὁ προισταμενος ἐν σπουδη, ὁ ἐλεων ἐν ἱλαροτητι.

ἱλασκομαι [2]

Lc	18 13	ὁ θεος, ἱλασθητι μοι τω ἁμαρτωλω.
Heb	2 17	ἱνα ἐλεημων γενηται και πιστος ἀρχιερευς τα προς τον θεον, εἰς το ἱλασκεσθαι τας ἁμαρτιας του λαου.

ἱλασμος [2]

1Jh	2 2	και αὐτος ἱλασμος ἐστιν περι των ἁμαρτιων ἡμων,
	4 10	και ἀπεστειλεν τον υἱον αὐτου ἱλασμον περι των ἁμαρτιων ἡμων.

ἱλαστηριον [2]

Rm	3 25	ὁν προεθετο ὁ θεος ἱλαστηριον δια [της] πιστεως ἐν τω αὐτου αἱματι,
Heb	9 5	ὑπερανω δε αὐτης χερουβιμ δοξης κατασκιαζοντα το ἱλαστηριον·

ἱλεως [2]

Mt	16 22	ἱλεως σοι, κυριε· οὐ μη ἐσται σοι τουτο.
Heb	8 12	ὁτι ἱλεως ἐσομαι ταις ἀδικιαις αὐτων,

ἰλλυρικον [1]

Rm	15 19	ὡστε με ἀπο ἰερουσαλημ και κυκλω μεχρι του ἰλλυρικου πεπληρωκεναι το εὐαγγελιον του χριστου.

ἱμας [4]

Mc	1 7	ἐρχεται ὁ ἰσχυροτερος μου ὀπισω μου, οὑ οὐκ εἰμι ἱκανος κυψας λυσαι τον ἱμαντα των ὑποδηματων αὐτου.
Lc	3 16	ἐγω μεν ὑδατι βαπτιζω ὑμας· ἐρχεται δε ὁ ἰσχυροτερος μου, οὑ οὐκ εἰμι ἱκανος λυσαι τον ἱμαντα των ὑποδηματων αὐτου·
Jh	1 27	ὁ ὀπισω μου ἐρχομενος, οὑ οὐκ εἰμι [ἐγω] ἀξιος ἱνα λυσω αὐτου τον ἱμαντα του ὑποδηματος.
Ac	22 25	ὡς δε προετειναν αὐτον τοις ἱμασιν, εἰπεν προς τον ἑστωτα ἑκατονταρχον ὁ παυλος·

ἱματιζω [2]

Mc	5 15	και ἐρχονται προς τον ἰησουν, και θεωρουσιν τον δαιμονιζομενον καθημενον ἱματισμενον και σωφρονουντα, τον ἐσχηκοτα τον λεγιωνα, και ἐφοβηθησαν.
Lc	8 35	και εὑρον καθημενον τον ἀνθρωπον ἀφ οὑ τα δαιμονια ἐξηλθεν ἱματισμενον και σωφρονουντα παρα τους ποδας του ἰησου, και ἐφοβηθησαν.

ἱματιον [60]

Mt	5 40	και τω θελοντι σοι κριθηναι και τον χιτωνα σου λαβειν, ἀφες αὐτω και το ἱματιον·
	9 16	οὐδεις δε ἐπιβαλλει ἐπιβλημα ρακους ἀγναφου ἐπι ἱματιω παλαιω·

ἱματιον [60]

Mt 9 16 αἴρει γαρ το πληρωμα αὐτου ἀπο του *ἱματιου*,
20 και ἰδου γυνη αἱμορροουσα δωδεκα ἐτη προσελθουσα ὀπισθεν ἡψατο του κρασπεδου του *ἱματιου* αὐτου·
21 ἐαν μονον ἀψωμαι του *ἱματιου* αὐτου, σωθησομαι.
14 36 και παρεκαλουν αὐτον ἱνα μονον ἀψωνται του κρασπεδου του *ἱματιου* αὐτου·
17 2 και ἐλαμψεν το προσωπον αὐτου ὡς ὁ ἡλιος, τα δε *ἱματια* αὐτου ἐγενετο λευκα ὡς το φως.
21 7 πορευθεντες δε οἱ μαθηται και ποιησαντες καθως συνεταξεν αὐτοις ὁ ἰησους ἠγαγον την ὀνον και τον πωλον, και ἐπεθηκαν ἐπ αὐτων τα *ἱματια*,
8 ὁ δε πλειστος ὀχλος ἐστρωσαν ἑαυτων τα *ἱματια* ἐν τη ὁδω,
24 18 και ὁ ἐν τω ἀγρω μη ἐπιστρεψατω ὀπισω ἀραι το *ἱματιον* αὐτου.
26 65 τοτε ὁ ἀρχιερευς διερρηξεν τα *ἱματια* αὐτου λεγων·
27 31 και ὁτε ἐνεπαιξαν αὐτω, ἐξεδυσαν αὐτον την χλαμυδα και ἐνεδυσαν αὐτον τα *ἱματια* αὐτου,
35 σταυρωσαντες δε αὐτον διεμερισαντο τα *ἱματια* αὐτου βαλλοντες κληρον,

Mc 2 21 οὐδεις ἐπιβλημα ρακους ἀγναφου ἐπιραπτει ἐπι *ἱματιον* παλαιον·
5 27 ἀκουσασα περι του ἰησου, ἐλθουσα ἐν τω ὀχλω ὀπισθεν ἡψατο του *ἱματιου* αὐτου·
28 ἐλεγεν γαρ ὁτι ἐαν ἀψωμαι καν των *ἱματιων* αὐτου, σωθησομαι.
30 ἐπιστραφεις ἐν τω ὀχλω ἐλεγεν· τις μου ἡψατο των *ἱματιων*;
6 56 και παρεκαλουν αὐτον ἱνα καν του κρασπεδου του *ἱματιου* αὐτου ἀψωνται·
9 3 και τα *ἱματια* αὐτου ἐγενετο στιλβοντα λευκα λιαν, οἱα γναφευς ἐπι της γης οὐ δυναται οὑτως λευκαναι.
10 50 ὁ δε ἀποβαλων το *ἱματιον* αὐτου ἀναπηδησας ἠλθεν προς τον ἰησουν.
11 7 και φερουσιν τον πωλον προς τον ἰησουν, και ἐπιβαλλουσιν αὐτω τα *ἱματια* αὐτων,
8 και πολλοι τα *ἱματια* αὐτων ἐστρωσαν εἰς την ὁδον, ἀλλοι δε στιβαδας, κοψαντες ἐκ των ἀγρων.
13 16 και ὁ εἰς τον ἀγρον μη ἐπιστρεψατω εἰς τα ὀπισω ἀραι το *ἱματιον* αὐτου.
15 20 και ὁτε ἐνεπαιξαν αὐτω, ἐξεδυσαν αὐτον την πορφυραν και ἐνεδυσαν αὐτον τα *ἱματια* αὐτου.
24 και σταυρουσιν αὐτον, και διαμεριζονται τα *ἱματια* αὐτου,

Lc 5 36 ἐλεγεν δε και παραβολην προς αὐτους ὁτι οὐδεις ἐπιβλημα ἀπο *ἱματιου* καινου σχισας ἐπιβαλλει ἐπι *ἱματιον* παλαιον·
36 ἐλεγεν δε και παραβολην προς αὐτους ὁτι οὐδεις ἐπιβλημα ἀπο *ἱματιου* καινου σχισας ἐπιβαλλει ἐπι *ἱματιον* παλαιον·
6 29 και ἀπο του αἰροντος σου το *ἱματιον* και τον χιτωνα μη κωλυσης·
7 25 ἀλλα τι ἐξηλθατε ἰδειν; ἀνθρωπον ἐν μαλακοις *ἱματιοις* ἠμφιεσμενον;
8 27 και χρονω ἱκανω οὐκ ἐνεδυσατο *ἱματιον*,
44 ἡτις [ἰατροις προσαναλωσασα ὁλον τον βιον] οὐκ ἰσχυσεν ἀπ οὐδενος θεραπευθηναι, προσελθουσα ὀπισθεν ἡψατο του κρασπεδου του *ἱματιου* αὐτου,
19 35 και ἠγαγον αὐτον προς τον ἰησουν, και ἐπιριψαντες αὐτων τα *ἱματια* ἐπι τον πωλον ἐπεβιβασαν τον ἰησουν.
36 πορευομενου δε αὐτου ὑπεστρωννυον τα *ἱματια* αὐτων ἐν τη ὁδω.
22 36 ἀλλα νυν ὁ ἐχων βαλλαντιον ἀρατω, ὁμοιως και πηραν, και ὁ μη ἐχων πωλησατω το *ἱματιον* αὐτου και ἀγορασατω μαχαιραν.
23 34 διαμεριζομενοι δε τα *ἱματια* αὐτου ἐβαλον κληρους.

Jh 13 4 εἰδως ὁτι παντα ἐδωκεν αὐτω ὁ πατηρ εἰς τας χειρας, και ὁτι ἀπο θεου ἐξηλθεν και προς τον θεον ὑπαγει, ἐγειρεται ἐκ του δειπνου και τιθησιν τα *ἱματια*,
12 ὁτε οὐν ἐνιψεν τους ποδας αὐτων [και] ἐλαβεν τα *ἱματια* αὐτου και ἀνεπεσεν παλιν, εἰπεν αὐτοις·
19 2 και *ἱματιον* πορφυρουν περιεβαλον αὐτον,
5 ἐξηλθεν οὐν ὁ ἰησους ἐξω, φορων τον ἀκανθινον στεφανον και το πορφυρουν *ἱματιον*.
23 οἱ οὐν στρατιωται, ὁτε ἐσταυρωσαν τον ἰησουν, ἐλαβον τα *ἱματια* αὐτου και ἐποιησαν τεσσαρα μερη,
24 διεμερισαντο τα *ἱματια* μου ἑαυτοις και ἐπι τον ἱματισμον μου ἐβαλον κληρον.

Ac 7 58 και οἱ μαρτυρες ἀπεθεντο τα *ἱματια* αὐτων παρα τους ποδας νεανιου καλουμενου σαυλου.
9 39 και παρεστησαν αὐτω πασαι αἱ χηραι κλαιουσαι και ἐπιδεικνυμεναι χιτωνας και *ἱματια*,
12 8 περιβαλου το *ἱματιον* σου και ἀκολουθει μοι.

ἱματιον [60]

Ac 14 14 ἀκουσαντες δε οἱ ἀποστολοι βαρναβας και παυλος, διαρρηξαντες τα *ἱματια* αὐτων ἐξεπηδησαν εἰς τον ὀχλον, κραζοντες και λεγοντες·
16 22 και συνεπεστη ὁ ὀχλος κατ αὐτων, και οἱ στρατηγοι περιρηξαντες αὐτων τα *ἱματια* ἐκελευον ραβδιζειν,
18 6 ἀντιτασσομενων δε αὐτων και βλασφημουντων ἐκτιναξαμενος τα *ἱματια* εἰπεν προς αὐτους·
22 20 και ὁτε ἐξεχυννετο το αἱμα στεφανου του μαρτυρος σου, και αὐτος ἠμην ἐφεστως και συνευδοκων και φυλασσων τα *ἱματια* των ἀναιρουντων αὐτον.
23 κραυγαζοντων τε αὐτων και ριπτουντων τα *ἱματια* και κονιορτον βαλλοντων εἰς τον ἀερα, ἐκελευσεν ὁ χιλιαρχος εἰσαγεσθαι αὐτον εἰς την παρεμβολην,

Heb 1 11 και παντες ὡς *ἱματιον* παλαιωθησονται,
12 και ὡσει περιβολαιον ἑλιξεις αὐτους, ὡς *ἱματιον* και ἀλλαγησονται·

Ja 5 2 ὁ πλουτος ὑμων σεσηπεν, και τα *ἱματια* ὑμων σητοβρωτα γεγονεν,

1Pt 3 3 ὡν ἐστω οὐχ ὁ ἐξωθεν ἐμπλοκης τριχων και περιθεσεως χρυσιων ἠ ἐνδυσεως *ἱματιων* κοσμος,

Apc 3 4 ἀλλα ἐχεις ὀλιγα ὀνοματα ἐν σαρδεσιν ἁ οὐκ ἐμολυναν τα *ἱματια* αὐτων,
5 ὁ νικων οὑτως περιβαλειται ἐν *ἱματιοις* λευκοις,
18 συμβουλευω σοι ἀγορασαι παρ ἐμου χρυσιον πεπυρωμενον ἐκ πυρος ἱνα πλουτησης, και *ἱματια* λευκα ἱνα περιβαλη και μη φανερωθη ἡ αἰσχυνη της γυμνοτητος σου,
4 4 και ἐπι τους θρονους εἰκοσιτεσσαρας πρεσβυτερους καθημενους περιβεβλημενους ἐν *ἱματιοις* λευκοις,
16 15 μακαριος ὁ γρηγορων και τηρων τα *ἱματια* αὐτου,
19 13 και περιβεβλημενος *ἱματιον* βεβαμμενον αἱματι,
16 και ἐχει ἐπι το *ἱματιον* και ἐπι τον μηρον αὐτου ὀνομα γεγραμμενον·

ἱματισμος [5]

Lc 7 25 ἰδου οἱ ἐν *ἱματισμω* ἐνδοξω και τρυφη ὑπαρχοντες ἐν τοις βασιλειοις εἰσιν.
9 29 και ἐγενετο ἐν τω προσευχεσθαι αὐτον το εἰδος του προσωπου αὐτου ἑτερον και ὁ *ἱματισμος* αὐτου λευκος ἐξαστραπτων.

Jh 19 24 διεμερισαντο τα *ἱματια* μου ἑαυτοις και ἐπι τον *ἱματισμον* μου ἐβαλον κληρον.

Ac 20 33 ἀργυριου ἠ χρυσιου ἠ *ἱματισμου* οὐδενος ἐπεθυμησα·
1Tm 2 9 μετα αἰδους και σωφροσυνης κοσμειν ἑαυτας, μη ἐν πλεγμασιν και χρυσιω ἠ μαργαριταις ἠ *ἱματισμω* πολυτελει,

ινα [663]

Mt 1 22 τουτο δε ὁλον γεγονεν *ινα* πληρωθη το ρηθεν ὑπο κυριου δια του προφητου λεγοντος·
2 15 *ινα* πληρωθη το ρηθεν ὑπο κυριου δια του προφητου λεγοντος·
4 3 εἰ υἱος εἰ του θεου, εἰπε *ινα* οἱ λιθοι οὑτοι ἀρτοι γενωνται.
14 *ινα* πληρωθη το ρηθεν δια ἡσαιου του προφητου λεγοντος·
5 29 συμφερει γαρ σοι *ινα* ἀποληται ἑν των μελων σου και μη ὁλον το σωμα σου βληθη εἰς γεενναν.
30 συμφερει γαρ σοι *ινα* ἀποληται ἑν των μελων σου και μη ὁλον το σωμα σου εἰς γεενναν ἀπελθη.
7 1 μη κρινετε, *ινα* μη κριθητε·
12 παντα οὐν ὁσα ἐαν θελητε *ινα* ποιωσιν ὑμιν οἱ ἀνθρωποι,
8 8 οὐκ εἰμι ἱκανος *ινα* μου ὑπο την στεγην εἰσελθης·
9 6 *ινα* δε εἰδητε ὁτι ἐξουσιαν ἐχει ὁ υἱος του ἀνθρωπου ἐπι της γης ἀφιεναι ἁμαρτιας τοτε λεγει τω παραλυτικω·
10 25 ἀρκετον τω μαθητη *ινα* γενηται ὡς ὁ διδασκαλος αὐτου,
12 10 εἰ ἐξεστιν τοις σαββασιν θεραπευσαι; *ινα* κατηγορησωσιν αὐτου.
16 και ἐπετιμησεν αὐτοις *ινα* μη φανερον αὐτον ποιησωσιν·
17 *ινα* πληρωθη το ρηθεν δια ἡσαιου του προφητου λεγοντος·
14 15 ἀπολυσον τους ὀχλους, *ινα* ἀπελθοντες εἰς τας κωμας ἀγορασωσιν ἑαυτοις βρωματα.
36 και παρεκαλουν αὐτον *ινα* μονον ἀψωνται του κρασπεδου του ἱματιου αὐτου·
16 20 τοτε διεστειλατο τοις μαθηταις *ινα* μηδενι εἰπωσιν ὁτι αὐτος ἐστιν ὁ χριστος.
17 27 *ινα* δε μη σκανδαλισωμεν αὐτους, πορευθεις εἰς θαλασσαν βαλε ἀγκιστρον και τον ἀναβαντα πρωτον ἰχθυν ἀρον, και ἀνοιξας το στομα αὐτου εὑρησεις στατηρα·

ἵνα [663]

Mt	18 6	ὃς δ ἂν σκανδαλιση ἑνα των μικρων τουτων των πιστευοντων εἰς ἐμε, συμφερει αὐτῳ *ἵνα* κρεμασθη μυλος ὀνικος περι τον τραχηλον αὐτου και καταποντισθη ἐν τῳ πελαγει της θαλασσης.
	14	οὑτως οὐκ ἐστιν θελημα ἐμπροσθεν του πατρος ὑμων του ἐν οὐρανοις *ἵνα* ἀποληται ἑν των μικρων τουτων.
	16	ἐαν δε μη ἀκουση, παραλαβε μετα σου ἐτι ἑνα ἠ δυο, *ἵνα* ἐπι στοματος δυο μαρτυρων ἠ τριων σταθη παν ῥημα·
	19 13	τοτε προσηνεχθησαν αὐτῳ παιδια, *ἵνα* τας χειρας ἐπιθη αὐτοις και προσευξηται·
	16	διδασκαλε, τί ἀγαθον ποιησω *ἵνα* σχω ζωην αἰωνιον;
	20 21	εἰπε *ἵνα* καθισωσιν οὑτοι οἱ δυο υἱοι μου εἱς ἐκ δεξιων σου και εἱς ἐξ εὐωνυμων σου ἐν τη βασιλεια σου.
	31	ὁ δε ὀχλος ἐπετιμησεν αὐτοις *ἵνα* σιωπησωσιν·
	33	λεγουσιν αὐτῳ· κυριε, *ἵνα* ἀνοιγωσιν οἱ ὀφθαλμοι ἡμων.
	21 4	τουτο δε γεγονεν *ἵνα* πληρωθη το ῥηθεν δια του προφητου λεγοντος·
	23 26	φαρισαιε τυφλε, καθαρισον πρωτον το ἐντος του ποτηριου *ἵνα* γενηται και το ἐκτος αὐτου καθαρον.
	24 20	προσευχεσθε δε *ἵνα* μη γενηται ἡ φυγη ὑμων χειμωνος μηδε σαββατῳ·
	26 4	τοτε συνηχθησαν οἱ ἀρχιερεις και οἱ πρεσβυτεροι του λαου εἰς την αὐλην του ἀρχιερεως του λεγομενου καιαφα, και συνεβουλευσαντο *ἵνα* τον ἰησουν δολῳ κρατησωσιν και ἀποκτεινωσιν·
	5	μη ἐν τη ἑορτη, *ἵνα* μη θορυβος γενηται ἐν τῳ λαῳ.
	16	και ἀπο τοτε ἐζητει εὐκαιριαν *ἵνα* αὐτον παραδω.
	41	γρηγορειτε και προσευχεσθε, *ἵνα* μη εἰσελθητε εἰς πειρασμον·
	56	τουτο δε ὁλον γεγονεν *ἵνα* πληρωθωσιν αἱ γραφαι των προφητων.
	63	ἐξορκιζω σε κατα του θεου του ζωντος *ἵνα* ἡμιν εἰπης εἰ συ εἰ ὁ χριστος ὁ υἱος του θεου.
	27 20	οἱ δε ἀρχιερεις και οἱ πρεσβυτεροι ἐπεισαν τους ὀχλους *ἵνα* αἰτησωνται τον βαραββαν, τον δε ἰησουν ἀπολεσωσιν.
	26	τον δε ἰησουν φραγελλωσας παρεδωκεν *ἵνα* σταυρωθη.
	32	τουτον ἠγγαρευσαν *ἵνα* ἀρη τον σταυρον αὐτου.
	28 10	μη φοβεισθε· ὑπαγετε ἀπαγγειλατε τοις ἀδελφοις μου *ἵνα* ἀπελθωσιν εἰς την γαλιλαιαν, κακει με ὀψονται.
Mc	1 38	ἀγωμεν ἀλλαχου εἰς τας ἐχομενας κωμοπολεις, *ἵνα* και ἐκει κηρυξω·
	2 10	*ἵνα* δε εἰδητε ὁτι ἐξουσιαν ἐχει ὁ υἱος του ἀνθρωπου ἀφιεναι ἁμαρτιας ἐπι της γης, λεγει τῳ παραλυτικῳ·
	3 2	και παρετηρουν αὐτον εἰ τοις σαββασιν θεραπευσει αὐτον, *ἵνα* κατηγορησωσιν αὐτου.
	9	και εἰπεν τοις μαθηταις αὐτου *ἵνα* πλοιαριον προσκαρτερη αὐτῳ δια τον ὀχλον,
	9	και εἰπεν τοις μαθηταις αὐτου *ἵνα* πλοιαριον προσκαρτερη αὐτῳ δια τον ὀχλον, *ἵνα* μη θλιβωσιν αὐτον·
	10	πολλους γαρ ἐθεραπευσεν, ὡστε ἐπιπιπτειν αὐτῳ *ἵνα* αὐτου ἁψωνται ὁσοι εἰχον μαστιγας.
	12	και πολλα ἐπετιμα αὐτοις *ἵνα* μη αὐτον φανερον ποιησωσιν.
	14	και ἐποιησεν δωδεκα [οὑς και ἀποστολους ὠνομασεν], *ἵνα* ὠσιν μετ αὐτου,
	14	και *ἵνα* ἀποστελλη αὐτους κηρυσσειν και ἐχειν ἐξουσιαν ἐκβαλλειν τα δαιμονια [και ἐποιησεν τους δωδεκα],
	4 12	ἐκεινοις δε τοις ἐξω ἐν παραβολαις τα παντα γινεται, *ἵνα* βλεποντες βλεπωσιν και μη ἰδωσιν,
	21	και ἐλεγεν αὐτοις μητι ἐρχεται ὁ λυχνος *ἵνα* ὑπο τον μοδιον τεθη ἠ ὑπο την κλινην;
	21	και ἐλεγεν αὐτοις μητι ἐρχεται ὁ λυχνος *ἵνα* ὑπο τον μοδιον τεθη ἠ ὑπο την κλινην; οὐχ *ἵνα* ἐπι την λυχνιαν τεθη;
	22	οὐ γαρ ἐστιν κρυπτον, ἐαν μη *ἵνα* φανερωθη·
	22	οὐδε ἐγενετο ἀποκρυφον, ἀλλ *ἵνα* ἐλθη εἰς φανερον.
	5 10	και παρεκαλει αὐτον πολλα *ἵνα* μη αὐτα ἀποστειλη ἐξω της χωρας.
	12	πεμψον ἡμας εἰς τους χοιρους, *ἵνα* εἰς αὐτους εἰσελθωμεν.
	18	και ἐμβαινοντος αὐτου εἰς το πλοιον παρεκαλει αὐτον ὁ δαιμονισθεις *ἵνα* μετ αὐτου ἠ.
	23	και παρακαλει αὐτον πολλα λεγων ὁτι το θυγατριον μου ἐσχατως ἐχει, *ἵνα* ἐλθων ἐπιθης τας χειρας αὐτη,
	23	και ἐλθων ἐπιθης τας χειρας αὐτη, *ἵνα* σωθη και ζηση.
	43	και διεστειλατο αὐτοις πολλα *ἵνα* μηδεις γνοι τουτο,
	6 8	και παρηγγειλεν αὐτοις *ἵνα* μηδεν αἰρωσιν εἰς ὁδον εἰ μη ῥαβδον μονον, μη ἀρτον, μη πηραν, μη εἰς την ζωνην χαλκον,
	12	και ἐξελθοντες ἐκηρυξαν *ἵνα* μετανοωσιν,
	25	θελω *ἵνα* ἐξαυτης δως μοι ἐπι πινακι την κεφαλην ἰωαννου του βαπτιστου.
	36	ἀπολυσον αὐτους, *ἵνα* ἀπελθοντες εἰς τους κυκλῳ ἀγρους και κωμας ἀγορασωσιν ἑαυτοις τί φαγωσιν.

ἵνα [663]

Mc	6 41	και λαβων τους πεντε ἀρτους και τους δυο ἰχθυας, ἀναβλεψας εἰς τον οὐρανον εὐλογησεν και κατεκλασεν τους ἀρτους και ἐδιδου τοις μαθηταις [αὐτου] *ἵνα* παρατιθωσιν αὐτοις,
	56	και παρεκαλουν αὐτον *ἵνα* καν του κρασπεδου του ἱματιου αὐτου ἁψωνται·
	7 9	καλως ἀθετειτε την ἐντολην του θεου, *ἵνα* την παραδοσιν ὑμων στησητε.
	26	και ἠρωτα αὐτον *ἵνα* το δαιμονιον ἐκβαλη ἐκ της θυγατρος αὐτης.
	32	και φερουσιν αὐτῳ κωφον και μογιλαλον, και παρακαλουσιν αὐτον *ἵνα* ἐπιθη αὐτῳ την χειρα.
	36	και διεστειλατο αὐτοις *ἵνα* μηδενι λεγωσιν·
	8 6	και λαβων τους ἑπτα ἀρτους εὐχαριστησας ἐκλασεν και ἐδιδου τοις μαθηταις αὐτου *ἵνα* παρατιθωσιν, και παρεθηκαν τῳ ὀχλῳ.
	22	και φερουσιν αὐτῳ τυφλον, και παρακαλουσιν αὐτον *ἵνα* αὐτου ἁψηται.
	30	και ἐπετιμησεν αὐτοις *ἵνα* μηδενι λεγωσιν περι αὐτου.
	9 9	και καταβαινοντων αὐτων ἐκ του ὀρους διεστειλατο αὐτοις *ἵνα* μηδενι ἁ εἰδον διηγησωνται,
	12	και πως γεγραπται ἐπι τον υἱον του ἀνθρωπου, *ἵνα* πολλα παθη και ἐξουδενηθη;
	18	και εἰπα τοις μαθηταις σου *ἵνα* αὐτο ἐκβαλωσιν, και οὐκ ἰσχυσαν.
	22	και πολλακις και εἰς πυρ αὐτον ἐβαλεν και εἰς ὑδατα *ἵνα* ἀπολεση αὐτον·
	30	κακειθεν ἐξελθοντες παρεπορευοντο δια της γαλιλαιας, και οὐκ ἠθελεν *ἵνα* τις γνοι·
	10 13	και προσεφερον αὐτῳ παιδια *ἵνα* αὐτων ἁψηται·
	17	διδασκαλε ἀγαθε, τί ποιησω *ἵνα* ζωην αἰωνιον κληρονομησω;
	35	διδασκαλε, θελομεν *ἵνα* ὁ ἐαν αἰτησωμεν σε ποιησης ἡμιν.
	37	δος ἡμιν *ἵνα* εἱς σου ἐκ δεξιων και εἱς ἐξ ἀριστερων καθισωμεν ἐν τη δοξη σου.
	48	και ἐπετιμων αὐτῳ πολλοι *ἵνα* σιωπηση·
	51	ὁ δε τυφλος εἰπεν αὐτῳ· ῥαββουνι, *ἵνα* ἀναβλεψω.
	11 16	και οὐκ ἠφιεν *ἵνα* τις διενεγκη σκευος δια του ἱερου,
	25	ἀφιετε εἰ τι ἐχετε κατα τινος, *ἵνα* και ὁ πατηρ ὑμων ὁ ἐν τοις οὐρανοις ἀφη ὑμιν τα παραπτωματα ὑμων.
	28	και ἐλεγον αὐτῳ· ἐν ποια ἐξουσια ταυτα ποιεις; ἠ τίς σοι ἐδωκεν την ἐξουσιαν ταυτην *ἵνα* ταυτα ποιης;
	12 2	και ἀπεστειλεν προς τους γεωργους τῳ καιρῳ δουλον, *ἵνα* παρα των γεωργων λαβη ἀπο των καρπων του ἀμπελωνος·
	13	και ἀποστελλουσιν προς αὐτον τινας των φαρισαιων και των ἡρωδιανων *ἵνα* αὐτον ἀγρευσωσιν λογῳ.
	15	φερετε μοι δηναριον *ἵνα* ἰδω.
	19	διδασκαλε, μωυσης ἐγραψεν ἡμιν ὁτι ἐαν τινος ἀδελφος ἀποθανη και καταλιπη γυναικα και μη ἀφη τεκνον, *ἵνα* λαβη ὁ ἀδελφος αὐτου την γυναικα και ἐξαναστηση σπερμα τῳ ἀδελφῳ αὐτου.
	13 18	προσευχεσθε δε *ἵνα* μη γενηται χειμωνος·
	34	και τῳ θυρωρῳ ἐνετειλατο *ἵνα* γρηγορη.
	14 10	και ἰουδας ἰσκαριωθ, ὁ εἱς των δωδεκα, ἀπηλθεν προς τους ἀρχιερεις *ἵνα* αὐτον παραδοι αὐτοις.
	12	που θελεις ἀπελθοντες ἑτοιμασωμεν *ἵνα* φαγης το πασχα;
	35	και προσηυχετο *ἵνα* εἰ δυνατον ἐστιν παρελθη ἀπ αὐτου ἡ ὡρα,
	38	γρηγορειτε και προσευχεσθε, *ἵνα* μη ἐλθητε εἰς πειρασμον·
	49	καθ ἡμεραν ἡμην προς ὑμας ἐν τῳ ἱερῳ διδασκων, και οὐκ ἐκρατησατε με· ἀλλ *ἵνα* πληρωθωσιν αἱ γραφαι.
	15 11	οἱ δε ἀρχιερεις ἀνεσεισαν τον ὀχλον *ἵνα* μαλλον τον βαραββαν ἀπολυση αὐτοις.
	15	και παρεδωκεν τον ἰησουν φραγελλωσας *ἵνα* σταυρωθη.
	20	και ἐξαγουσιν αὐτον *ἵνα* σταυρωσωσιν αὐτον.
	21	και ἀγγαρευουσιν παραγοντα τινα σιμωνα κυρηναιον ἐρχομενον ἀπ ἀγρου, τον πατερα ἀλεξανδρου και ῥουφου, *ἵνα* ἀρη τον σταυρον αὐτου.
	32	ὁ χριστος ὁ βασιλευς ἰσραηλ καταβατω νυν ἀπο του σταυρου, *ἵνα* ἰδωμεν και πιστευσωμεν.
	16 1	και διαγενομενου του σαββατου μαρια ἡ μαγδαληνη και μαρια ἡ [του] ἰακωβου και σαλωμη ἠγορασαν ἀρωματα *ἵνα* ἐλθουσαι ἀλειψωσιν αὐτον.
Lc	1 4	ἐδοξε καμοι παρηκολουθηκοτι ἀνωθεν πασιν ἀκριβως καθεξης σοι γραψαι, κρατιστε θεοφιλε, *ἵνα* ἐπιγνως περι ὡν κατηχηθης λογων την ἀσφαλειαν.
	43	και ποθεν μοι τουτο *ἵνα* ἐλθη ἡ μητηρ του κυριου μου προς ἐμε;
	4 3	εἰ υἱος εἰ του θεου, εἰπε τῳ λιθῳ τουτῳ *ἵνα* γενηται ἀρτος.
	5 24	*ἵνα* δε εἰδητε ὁτι ὁ υἱος του ἀνθρωπου ἐξουσιαν ἐχει ἐπι της γης ἀφιεναι ἁμαρτιας, εἰπεν τῳ παραλελυμενῳ·

ἵνα [663]

Lc 6 7 παρετηρουντο δε αυτον οι γραμματεις και οι φαρισαιοι ει εν τω σαββατω θεραπευει, *ἵνα* εὑρωσιν κατηγορειν αυτου.

31 και καθως θελετε *ἵνα* ποιωσιν ὑμιν οι ανθρωποι, ποιειτε αυτοις ὁμοιως.

34 και ἁμαρτωλοι ἁμαρτωλοις δανιζουσιν *ἵνα* ἀπολαβωσιν τα ἰσα.

7 6 κυριε, μη σκυλλου· οὐ γαρ ἱκανος ειμι *ἵνα* ὑπο την στεγην μου εἰσελθης·

36 ἠρωτα δε τις αυτον των φαρισαιων *ἵνα* φαγη μετ αυτου·

8 10 τοις δε λοιποις εν παραβολαις, *ἵνα* βλεποντες μη βλεπωσιν και ἀκουοντες μη συνιωσιν.

12 εἰτα ἐρχεται ὁ διαβολος και αἱρει τον λογον ἀπο της καρδιας αυτων, *ἵνα* μη πιστευσαντες σωθωσιν.

16 ἀλλ επι λυχνιας τιθησιν, *ἵνα* οι εἰσπορευομενοι βλεπωσιν το φως.

31 και παρεκαλουν αυτον *ἵνα* μη ἐπιταξη αυτοις εἰς την ἀβυσσον ἀπελθειν.

32 και παρεκαλεσαν αυτον *ἵνα* ἐπιτρεψη αυτοις εἰς ἐκεινους εἰσελθειν·

9 12 ἀπολυσον τον ὀχλον, *ἵνα* πορευθεντες εἰς τας κυκλω κωμας και ἀγρους καταλυσωσιν και εὑρωσιν ἐπισιτισμον, ὁτι ὡδε εν ἐρημω τοπω ἐσμεν.

40 και ἐδεηθην των μαθητων σου *ἵνα* ἐκβαλωσιν αυτο, και οὐκ ἠδυνηθησαν.

45 οι δε ἠγνοουν το ῥημα τουτο, και ἠν παρακεκαλυμμενον ἀπ αυτων *ἵνα* μη αἰσθωνται αυτο,

10 40 εἰπε οὐν αυτη *ἵνα* μοι συναντιλαβηται.

11 33 οὐδεις λυχνον ἁψας εἰς κρυπτην τιθησιν [οὐδε ὑπο τον μοδιον,] ἀλλ επι την λυχνιαν, *ἵνα* οι εἰσπορευομενοι το φως βλεπωσιν.

50 και εξ αυτων ἀποκτενουσιν και διωξουσιν, *ἵνα* ἐκζητηθη το αἱμα παντων των προφητων το ἐκκεχυμενον ἀπο καταβολης κοσμου ἀπο της γενεας ταυτης,

12 36 και ὑμεις ὁμοιοι ἀνθρωποις προσδεχομενοις τον κυριον ἑαυτων, ποτε ἀναλυση ἐκ των γαμων, *ἵνα* ἐλθοντος και κρουσαντος εὐθεως ἀνοιξωσιν αυτω.

14 10 ἀλλ ὁταν κληθης, πορευθεις ἀναπεσε εἰς τον ἐσχατον τοπον, *ἵνα* ὁταν ἐλθη ὁ κεκληκως σε ἐρει σοι· φιλε, προσαναβηθι ἀνωτερον·

23 ἐξελθε εἰς τας ὁδους και φραγμους και ἀναγκασον εἰσελθειν, *ἵνα* γεμισθη μου ὁ οἰκος·

29 *ἵνα* μηποτε θεντος αυτου θεμελιον και μη ἰσχυοντος ἐκτελεσαι παντες οι θεωρουντες ἀρξωνται αυτω ἐμπαιζειν λεγοντες

15 29 και ἐμοι οὐδεποτε ἐδωκας ἐριφον *ἵνα* μετα των φιλων μου εὐφρανθω·

16 4 ἐγνων τι ποιησω, *ἵνα* ὁταν μετασταθω ἐκ της οἰκονομιας δεξωνται με εἰς τους οἰκους αυτων.

9 ἑαυτοις ποιησατε φιλους ἐκ του μαμωνα της ἀδικιας, *ἵνα* ὁταν ἐκλιπη δεξωνται ὑμας εἰς τας αἰωνιους σκηνας.

24 πατερ ἀβρααμ, ἐλεησον με και πεμψον λαζαρον *ἵνα* βαψη το ἀκρον του δακτυλου αυτου ὑδατος και καταψυξη την γλωσσαν μου,

27 ἐρωτω σε οὐν, πατερ, *ἵνα* πεμψης αυτον εἰς τον οἰκον του πατρος μου·

28 ὁπως διαμαρτυρηται αυτοις, *ἵνα* μη και αυτοι ἐλθωσιν εἰς τον τοπον τουτον της βασανου.

17 2 λυσιτελει αυτω ει λιθος μυλικος περικειται περι τον τραχηλον αυτου και ἐρριπται εἰς την θαλασσαν, ἠ *ἵνα* σκανδαλιση των μικρων τουτων ἑνα.

18 5 ει και τον θεον οὐ φοβουμαι οὐδε ανθρωπον ἐντρεπομαι, δια γε το παρεχειν μοι κοπον την χηραν ταυτην ἐκδικησω αυτην, *ἵνα* μη εἰς τελος ἐρχομενη ὑπωπιαζη με.

15 προσεφερον δε αυτω και τα βρεφη *ἵνα* αυτων ἀπτηται·

39 και οι προαγοντες ἐπετιμων αυτω *ἵνα* σιγηση·

41 ὁ δε εἰπεν· κυριε, *ἵνα* ἀναβλεψω.

19 4 και προδραμων εἰς το ἐμπροσθεν ἀνεβη επι συκομορεαν, *ἵνα* ἰδη αυτον, ὁτι ἐκεινης ἠμελλεν διερχεσθαι.

15 και εἰπεν φωνηθηναι αυτω τους δουλους τουτους οἱς δεδωκει το ἀργυριον, *ἵνα* γνοι τι διεπραγματευσαντο.

20 10 και καιρω ἀπεστειλεν προς τους γεωργους δουλον, *ἵνα* ἀπο του καρπου του ἀμπελωνος δωσουσιν αυτω·

14 οὑτος ἐστιν ὁ κληρονομος· ἀποκτεινωμεν αυτον, *ἵνα* ἡμων γενηται ἡ κληρονομια.

20 και παρατηρησαντες ἀπεστειλαν ἐγκαθετους ὑποκρινομενους ἑαυτους δικαιους εἰναι, *ἵνα* ἐπιλαβωνται αυτου λογου,

28 ἐαν τινος ἀδελφος ἀποθανη ἐχων γυναικα, και οὑτος ἀτεκνος ἠ, *ἵνα* λαβη ὁ ἀδελφος αυτου την γυναικα και ἐξαναστηση σπερμα τω ἀδελφω αυτου.

ἵνα [663]

Lc 21 36 ἀγρυπνειτε δε εν παντι καιρω δεομενοι *ἵνα* κατισχυσητε ἐκφυγειν ταυτα παντα τα μελλοντα γινεσθαι,

22 8 πορευθεντες ἑτοιμασατε ἡμιν το πασχα, *ἵνα* φαγωμεν.

30 καγω διατιθεμαι ὑμιν καθως διεθετο μοι ὁ πατηρ μου βασιλειαν, *ἵνα* ἐσθητε και πινητε επι της τραπεζης μου εν τη βασιλεια μου,

32 ἐγω δε ἐδεηθην περι σου *ἵνα* μη ἐκλιπη ἡ πιστις σου·

46 τι καθευδετε; ἀνασταντες προσευχεσθε, *ἵνα* μη εἰσελθητε εἰς πειρασμον.

Jh 1 7 οὑτος ἠλθεν εἰς μαρτυριαν, *ἵνα* μαρτυρηση περι του φωτος,

7 *ἵνα* παντες πιστευσωσιν δι αυτου.

8 οὐκ ἠν ἐκεινος το φως, ἀλλ *ἵνα* μαρτυρηση περι του φωτος.

19 και αὑτη ἐστιν ἡ μαρτυρια του ἰωαννου, ὁτε ἀπεστειλαν [προς αυτον] οι ἰουδαιοι εξ ἱεροσολυμων ἱερεις και λευιτας *ἵνα* ἐρωτησωσιν αυτον·

22 *ἵνα* ἀποκρισιν δωμεν τοις πεμψασιν ἡμας·

27 ὁ ὀπισω μου ἐρχομενος, οὑ οὐκ ειμι [ἐγω] ἀξιος *ἵνα* λυσω αυτου τον ἱμαντα του ὑποδηματος.

31 ἀλλ *ἵνα* φανερωθη τω ἰσραηλ, δια τουτο ἠλθον ἐγω εν ὑδατι βαπτιζων.

2 25 και ὁτι οὐ χρειαν εἰχεν *ἵνα* τις μαρτυρηση περι του ἀνθρωπου·

3 15 οὑτως ὑψωθηναι δει τον υἱον του ἀνθρωπου, *ἵνα* πας ὁ πιστευων εν αυτω ἐχη ζωην αἰωνιον.

16 ὡστε τον υἱον τον μονογενη ἐδωκεν, *ἵνα* πας ὁ πιστευων εἰς αυτον μη ἀποληται ἀλλ ἐχη ζωην αἰωνιον.

17 οὐ γαρ ἀπεστειλεν ὁ θεος τον υἱον εἰς τον κοσμον *ἵνα* κρινη τον κοσμον,

17 οὐ γαρ ἀπεστειλεν ὁ θεος τον υἱον εἰς τον κοσμον *ἵνα* κρινη τον κοσμον, ἀλλ *ἵνα* σωθη ὁ κοσμος δι αυτου.

20 πας γαρ ὁ φαυλα πρασσων μισει το φως και οὐκ ἐρχεται προς το φως, *ἵνα* μη ἐλεγχθη τα ἐργα αυτου·

21 ὁ δε ποιων την ἀληθειαν ἐρχεται προς το φως, *ἵνα* φανερωθη αυτου τα ἐργα ὁτι εν θεω ἐστιν εἰργασμενα.

4 8 οι γαρ μαθηται αυτου ἀπεληλυθεισαν εἰς την πολιν, *ἵνα* τροφας ἀγορασωσιν.

15 κυριε, δος μοι τουτο το ὑδωρ, *ἵνα* μη διψω μηδε διερχωμαι ἐνθαδε ἀντλειν.

34 ἐμον βρωμα ἐστιν *ἵνα* ποιησω το θελημα του πεμψαντος με και τελειωσω αυτου το ἐργον.

36 ἠδη ὁ θεριζων μισθον λαμβανει και συναγει καρπον εἰς ζωην αἰωνιον, *ἵνα* ὁ σπειρων ὁμου χαιρη και ὁ θεριζων.

47 οὑτος ἀκουσας ὁτι ἰησους ἡκει ἐκ της ἰουδαιας εἰς την γαλιλαιαν, ἀπηλθεν προς αυτον και ἠρωτα *ἵνα* καταβη και ἰασηται αυτου τον υἱον·

5 7 κυριε, ἀνθρωπον οὐκ ἐχω, *ἵνα* ὁταν ταραχθη το ὑδωρ βαλη με εἰς την κολυμβηθραν·

14 μηκετι ἁμαρτανε, *ἵνα* μη χειρον σοι τι γενηται.

20 και μειζονα τουτων δειξει αυτω ἐργα, *ἵνα* ὑμεις θαυμαζητε.

23 ἀλλα την κρισιν πασαν δεδωκεν τω υἱω, *ἵνα* παντες τιμωσι τον υἱον καθως τιμωσι τον πατερα.

34 ἐγω δε οὐ παρα ἀνθρωπου την μαρτυριαν λαμβανω, ἀλλα ταυτα λεγω *ἵνα* ὑμεις σωθητε.

36 τα γαρ ἐργα ἁ δεδωκεν μοι ὁ πατηρ *ἵνα* τελειωσω αυτα, αυτα τα ἐργα ἁ ποιω μαρτυρει περι ἐμου ὁτι ὁ πατηρ με ἀπεσταλκεν.

40 και οὐ θελετε ἐλθειν προς με *ἵνα* ζωην ἐχητε.

6 5 ποθεν ἀγορασωμεν ἀρτους *ἵνα* φαγωσιν οὑτοι;

7 διακοσιων δηναριων ἀρτοι οὐκ ἀρκουσιν αυτοις, *ἵνα* ἑκαστος βραχυ [τι] λαβη.

12 συναγαγετε τα περισσευσαντα κλασματα, *ἵνα* μη τι ἀποληται.

15 ἰησους οὐν γνους ὁτι μελλουσιν ἐρχεσθαι και ἀρπαζειν αυτον *ἵνα* ποιησωσιν βασιλεα, ἀνεχωρησεν παλιν εἰς το ὀρος αυτος μονος.

28 τι ποιωμεν *ἵνα* ἐργαζωμεθα τα ἐργα του θεου;

29 τουτο ἐστιν το ἐργον του θεου, *ἵνα* πιστευητε εἰς ὁν ἀπεστειλεν ἐκεινος.

30 τι οὐν ποιεις συ σημειον, *ἵνα* ἰδωμεν και πιστευσωμεν σοι;

38 ὁτι καταβεβηκα ἀπο του οὐρανου οὐχ *ἵνα* ποιω το θελημα το ἐμον ἀλλα το θελημα του πεμψαντος με.

39 τουτο δε ἐστιν το θελημα του πεμψαντος με, *ἵνα* παν ὁ δεδωκεν μοι μη ἀπολεσω εξ αυτου,

40 τουτο γαρ ἐστιν το θελημα του πατρος μου, *ἵνα* πας ὁ θεωρων τον υἱον και πιστευων εἰς αυτον ἐχη ζωην αἰωνιον,

50 οὑτος ἐστιν ὁ ἀρτος ὁ ἐκ του οὐρανου καταβαινων, *ἵνα* τις εξ αυτου φαγη και μη ἀποθανη.

7 3 μεταβηθι ἐντευθεν και ὑπαγε εἰς την ἰουδαιαν, *ἵνα* και οι μαθηται σου θεωρησουσιν σου τα ἐργα ἁ ποιεις·

ἱνα [663]

Jh 7 23 εἰ περιτομην λαμβανει ὁ ἀνθρωπος ἐν σαββατω *ἱνα* μη λυθη ὁ νομος μωυσεως, ἐμοι χολατε ὅτι ὅλον ἀνθρωπον ὑγιη ἐποιησα ἐν σαββατω;

32 ἠκουσαν οἱ φαρισαιοι του ὀχλου γογγυζοντος περι αὐτου ταυτα, και ἀπεστειλαν οἱ ἀρχιερεις και οἱ φαρισαιοι ὑπηρετας *ἱνα* πιασωσιν αὐτον.

8 6* τουτο δε ἐλεγον πειραζοντες αὐτον, *ἱνα* ἐχωσιν κατηγορειν αὐτου.

56 ἀβρααμ ὁ πατηρ ὑμων ἠγαλλιασατο *ἱνα* ἰδη την ἡμεραν την ἐμην, και εἰδεν και ἐχαρη.

59 ἠραν οὖν λιθους *ἱνα* βαλωσιν ἐπ αὐτον·

9 2 ῥαββι, τίς ἡμαρτεν, οὗτος ἠ οἱ γονεις αὐτου, *ἱνα* τυφλος γεννηθη;

3 οὐτε οὗτος ἡμαρτεν οὐτε οἱ γονεις αὐτου, ἀλλ *ἱνα* φανερωθη τα ἐργα του θεου ἐν αὐτω.

22 ἠδη γαρ συνετεθειντο οἱ ἰουδαιοι *ἱνα* ἐαν τις αὐτον ὁμολογηση χριστον, ἀποσυναγωγος γενηται.

36 και τίς ἐστιν, κυριε, *ἱνα* πιστευσω εἰς αὐτον;

39 εἰς κριμα ἐγω εἰς τον κοσμον τουτον ἠλθον, *ἱνα* οἱ μη βλεποντες βλεπωσιν και οἱ βλεποντες τυφλοι γενωνται.

10 10 ὁ κλεπτης οὐκ ἐρχεται εἰ μη *ἱνα* κλεψη και θυση και ἀπολεση·

10 ἐγω ἠλθον *ἱνα* ζωην ἐχωσιν και περισσον ἐχωσιν.

17 δια τουτο με ὁ πατηρ ἀγαπα ὅτι ἐγω τιθημι την ψυχην μου, *ἱνα* παλιν λαβω αὐτην.

31 ἐβαστασαν παλιν λιθους οἱ ἰουδαιοι *ἱνα* λιθασωσιν αὐτον.

38 τοις ἐργοις πιστευετε, *ἱνα* γνωτε και γινωσκητε ὅτι ἐν ἐμοι ὁ πατηρ καγω ἐν τω πατρι.

11 4 αὐτη ἡ ἀσθενεια οὐκ ἐστιν προς θανατον ἀλλ ὑπερ της δοξης του θεου, *ἱνα* δοξασθη ὁ υἱος του θεου δι αὐτης.

11 λαζαρος ὁ φιλος ἡμων κεκοιμηται· ἀλλα πορευομαι *ἱνα* ἐξυπνισω αὐτον.

15 *ἱνα* πιστευσητε, ὅτι οὐκ ἠμην ἐκει·

16 ἀγωμεν και ἡμεις *ἱνα* ἀποθανωμεν μετ αὐτου.

19 πολλοι δε ἐκ των ἰουδαιων ἐληλυθεισαν προς την μαρθαν και μαριαμ, *ἱνα* παραμυθησωνται αὐτας περι του ἀδελφου.

31 ἠκολουθησαν αὐτη, δοξαντες ὅτι ὑπαγει εἰς το μνημειον *ἱνα* κλαυση ἐκει.

37 οὐκ ἐδυνατο οὗτος ὁ ἀνοιξας τους ὀφθαλμους του τυφλου ποιησαι *ἱνα* και οὗτος μη ἀποθανη;

42 ἀλλα δια τον ὀχλον τον περιεστωτα εἰπον, *ἱνα* πιστευσωσιν ὅτι συ με ἀπεστειλας.

50 ὑμεις οὐκ οἰδατε οὐδεν, οὐδε λογιζεσθε ὅτι συμφερει ὑμιν *ἱνα* εἰς ἀνθρωπος ἀποθανη ὑπερ του λαου και μη ὅλον το ἐθνος ἀποληται.

52 ὅτι ἐμελλεν ἰησους ἀποθνησκειν ὑπερ του ἐθνους, και οὐχ ὑπερ του ἐθνους μονον, ἀλλ *ἱνα* και τα τεκνα του θεου τα διεσκορπισμενα συναγαγη εἰς ἑν.

53 ἀπ ἐκεινης οὖν της ἡμερας ἐβουλευσαντο *ἱνα* ἀποκτεινωσιν αὐτον.

55 και ἀνεβησαν πολλοι εἰς ἱεροσολυμα ἐκ της χωρας προ του πασχα, *ἱνα* ἁγνισωσιν ἑαυτους.

57 δεδωκεισαν δε οἱ ἀρχιερεις και οἱ φαρισαιοι ἐντολας *ἱνα* ἐαν τις γνω που ἐστιν μηνυση, ὅπως πιασωσιν αὐτον.

12 7 ἀφες αὐτην, *ἱνα* εἰς την ἡμεραν του ἐνταφιασμου μου τηρηση αὐτο·

9 και ἠλθον οὐ δια τον ἰησουν μονον, ἀλλ *ἱνα* και τον λαζαρον ἰδωσιν ὃν ἠγειρεν ἐκ νεκρων.

10 ἐβουλευσαντο δε οἱ ἀρχιερεις *ἱνα* και τον λαζαρον ἀποκτεινωσιν,

20 ἠσαν δε ἑλληνες τινες ἐκ των ἀναβαινοντων *ἱνα* προσκυνησωσιν ἐν τη ἑορτη·

23 ἐληλυθεν ἡ ὡρα *ἱνα* δοξασθη ὁ υἱος του ἀνθρωπου.

35 περιπατειτε ὡς το φως ἐχετε, *ἱνα* μη σκοτια ὑμας καταλαβη·

36 ὡς το φως ἐχετε, πιστευετε εἰς το φως, *ἱνα* υἱοι φωτος γενησθε.

38 τοσαυτα δε αὐτου σημεια πεποιηκοτος ἐμπροσθεν αὐτων οὐκ ἐπιστευον εἰς αὐτον, *ἱνα* ὁ λογος ἡσαιου του προφητου πληρωθη ὃν εἰπεν·

40 τετυφλωκεν αὐτων τους ὀφθαλμους και ἐπωρωσεν αὐτων την καρδιαν, *ἱνα* μη ἰδωσιν τοις ὀφθαλμοις και νοησωσιν τη καρδια και στραφωσιν, και ἰασομαι αὐτους.

42 ἀλλα δια τους φαρισαιους οὐχ ὡμολογουν, *ἱνα* μη ἀποσυναγωγοι γενωνται·

46 ἐγω φως εἰς τον κοσμον ἐληλυθα, *ἱνα* πας ὁ πιστευων εἰς ἐμε ἐν τη σκοτια μη μεινη.

47 οὐ γαρ ἠλθον *ἱνα* κρινω τον κοσμον, ἀλλ *ἱνα* σωσω τον κοσμον.

ἱνα [663]

Jh 12 47 οὐ γαρ ἠλθον *ἱνα* κρινω τον κοσμον, ἀλλ *ἱνα* σωσω τον κοσμον.

13 1 πρω δε της ἑορτης του πασχα εἰδως ὁ ἰησους ὅτι ἠλθεν αὐτου ἡ ὡρα *ἱνα* μεταβη ἐκ του κοσμου τουτου προς τον πατερα,

2 και δειπνου γινομενου, του διαβολου ἠδη βεβληκοτος εἰς την καρδιαν *ἱνα* παραδοι αὐτον ἰουδας σιμωνος ἰσκαριωτου,

15 ὑποδειγμα γαρ ἐδωκα ὑμιν *ἱνα* καθως ἐγω ἐποιησα ὑμιν και ὑμεις ποιητε.

18 οὐ περι παντων ὑμων λεγω· ἐγω οἰδα τινας ἐξελεξαμην· ἀλλ *ἱνα* ἡ γραφη πληρωθη·

19 ἀπ ἀρτι λεγω ὑμιν προ του γενεσθαι, *ἱνα* πιστευσητε ὁταν γενηται ὅτι ἐγω εἰμι.

29 ἀγορασον ὡν χρειαν ἐχομεν εἰς την ἑορτην, ἠ τοις πτωχοις *ἱνα* τι δω.

34 ἐντολην καινην διδωμι ὑμιν, *ἱνα* ἀγαπατε ἀλληλους,

34 καθως ἠγαπησα ὑμας *ἱνα* και ὑμεις ἀγαπατε ἀλληλους.

14 3 παλιν ἐρχομαι και παραλημψομαι ὑμας προς ἐμαυτον, *ἱνα* ὁπου εἰμι ἐγω και ὑμεις ἠτε.

13 και ὁτι ἀν αἰτησητε ἐν τω ὀνοματι μου, τουτο ποιησω, *ἱνα* δοξασθη ὁ πατηρ ἐν τω υἱω.

16 καγω ἐρωτησω τον πατερα και ἀλλον παρακλητον δωσει ὑμιν, *ἱνα* μεθ ὑμων εἰς τον αἰωνα ἠ, το πνευμα της ἀληθειας,

29 και νυν εἰρηκα ὑμιν πριν γενεσθαι, *ἱνα* ὁταν γενηται πιστευσητε.

31 και ἐν ἐμοι οὐκ ἐχει οὐδεν, ἀλλ *ἱνα* γνω ὁ κοσμος ὅτι ἀγαπω τον πατερα,

15 2 και παν το καρπον φερον, καθαιρει αὐτο *ἱνα* καρπον πλειονα φερη.

8 ἐν τουτω ἐδοξασθη ὁ πατηρ μου, *ἱνα* καρπον πολυν φερητε και γενησθε ἐμοι μαθηται.

11 ταυτα λελαληκα ὑμιν *ἱνα* ἡ χαρα ἡ ἐμη ἐν ὑμιν ἠ και ἡ χαρα ὑμων πληρωθη.

12 αὐτη ἐστιν ἡ ἐντολη ἡ ἐμη, *ἱνα* ἀγαπατε ἀλληλους καθως ἠγαπησα ὑμας.

13 μειζονα ταυτης ἀγαπην οὐδεις ἐχει, *ἱνα* τις την ψυχην αὐτου θη ὑπερ των φιλων αὐτου.

16 και ἐθηκα ὑμας *ἱνα* ὑμεις ὑπαγητε και καρπον φερητε και ὁ καρπος ὑμων μενη,

16 και ἐθηκα ὑμας *ἱνα* ὑμεις ὑπαγητε και καρπον φερητε και ὁ καρπος ὑμων μενη, *ἱνα* ὁτι ἀν αἰτησητε τον πατερα ἐν τω ὀνοματι μου δω ὑμιν.

17 ταυτα ἐντελλομαι ὑμιν, *ἱνα* ἀγαπατε ἀλληλους.

25 ἀλλ *ἱνα* πληρωθη ὁ λογος ὁ ἐν τω νομω αὐτων γεγραμμενος ὅτι ἐμισησαν με δωρεαν.

16 1 ταυτα λελαληκα ὑμιν *ἱνα* μη σκανδαλισθητε.

2 ἀλλ ἐρχεται ὡρα *ἱνα* πας ὁ ἀποκτεινας ὑμας δοξη λατρειαν προσφερειν τω θεω.

4 ἀλλα ταυτα λελαληκα ὑμιν *ἱνα* ὁταν ἐλθη ἡ ὡρα αὐτων μνημονευητε αὐτων, ὅτι ἐγω εἰπον ὑμιν.

7 ἀλλ ἐγω την ἀληθειαν λεγω ὑμιν, συμφερει ὑμιν *ἱνα* ἐγω ἀπελθω.

24 αἰτειτε, και λημψεσθε, *ἱνα* ἡ χαρα ὑμων ἠ πεπληρωμενη.

30 νυν οἰδαμεν ὅτι οἰδας παντα και οὐ χρειαν ἐχεις *ἱνα* τις σε ἐρωτα·

32 ἰδου ἐρχεται ὡρα και ἐληλυθεν *ἱνα* σκορπισθητε ἑκαστος εἰς τα ἰδια καμε μονον ἀφητε·

33 ταυτα λελαληκα ὑμιν *ἱνα* ἐν ἐμοι εἰρηνην ἐχητε.

17 1 δοξασον σου τον υἱον, *ἱνα* ὁ υἱος δοξαση σε,

2 καθως ἐδωκας αὐτω ἐξουσιαν πασης σαρκος, *ἱνα* παν ὁ δεδωκας αὐτω δωση αὐτοις ζωην αἰωνιον.

3 αὐτη δε ἐστιν ἡ αἰωνιος ζωη, *ἱνα* γινωσκωσιν σε τον μονον ἀληθινον θεον και ὁν ἀπεστειλας ἰησουν χριστον.

4 ἐγω σε ἐδοξασα ἐπι της γης, το ἐργον τελειωσας ὁ δεδωκας μοι *ἱνα* ποιησω·

11 πατερ ἀγιε, τηρησον αὐτους ἐν τω ὀνοματι σου ὡ δεδωκας μοι, *ἱνα* ὡσιν ἑν καθως ἡμεις.

12 και ἐφυλαξα, και οὐδεις ἐξ αὐτων ἀπωλετο εἰ μη ὁ υἱος της ἀπωλειας, *ἱνα* ἡ γραφη πληρωθη.

13 και ταυτα λαλω ἐν τω κοσμω *ἱνα* ἐχωσιν την χαραν την ἐμην πεπληρωμενην ἐν ἑαυτοις.

15 οὐκ ἐρωτω *ἱνα* ἀρης αὐτους ἐκ του κοσμου, ἀλλ *ἱνα* τηρησης αὐτους ἐκ του πονηρου.

15 οὐκ ἐρωτω *ἱνα* ἀρης αὐτους ἐκ του κοσμου, ἀλλ *ἱνα* τηρησης αὐτους ἐκ του πονηρου.

19 και ὑπερ αὐτων ἐγω ἀγιαζω ἐμαυτον, *ἱνα* ὡσιν και αὐτοι ἡγιασμενοι ἐν ἀληθεια.

21 ἀλλα και περι των πιστευοντων δια του λογου αὐτων εἰς ἐμε, *ἱνα* παντες ἑν ὡσιν, καθως συ, πατερ, ἐν ἐμοι καγω ἐν σοι,

ἵνα [663]

Jh	17 21	ἵνα και αὐτοι ἐν ἡμιν ὦσιν, ἵνα ὁ κοσμος πιστευη ὁτι συ με ἀπεστειλας.
	21	ἵνα και αὐτοι ἐν ἡμιν ὦσιν, ἵνα ὁ κοσμος πιστευη ὁτι συ με ἀπεστειλας.
	22	καγω την δοξαν ἡν δεδωκας μοι δεδωκα αὐτοις, ἵνα ὦσιν ἑν καθως ἡμεις ἑν·
	23	ἐγω ἐν αὐτοις και συ ἐν ἐμοι, ἵνα ὦσιν τετελειωμενοι εἰς ἑν,
	23	ἵνα γινωσκη ὁ κοσμος ὁτι συ με ἀπεστειλας και ἠγαπησας αὐτους καθως ἐμε ἠγαπησας.
	24	πατερ, ὁ δεδωκας μοι, θελω ἵνα ὁπου εἰμι ἐγω κακεινοι ὦσιν μετ ἐμου,
	24	πατερ, ὁ δεδωκας μοι, θελω ἵνα ὁπου εἰμι ἐγω κακεινοι ὦσιν μετ ἐμου, ἵνα θεωρωσιν την δοξαν την ἐμην,
	26	και ἐγνωρισα αὐτοις το ὀνομα σου και γνωρισω, ἵνα ἡ ἀγαπη ἡν ἠγαπησας με ἐν αὐτοις ἡ καγω ἐν αὐτοις.
	18 9	ἵνα πληρωθη ὁ λογος ὁν εἰπεν, ὁτι οὑς δεδωκας μοι, οὐκ ἀπωλεσα ἐξ αὐτων οὐδενα.
	28	και αὐτοι οὐκ εἰσηλθον εἰς το πραιτωριον, ἵνα μη μιανθωσιν ἀλλα φαγωσιν το πασχα.
	32	ἵνα ὁ λογος του ἰησου πληρωθη ὁν εἰπεν σημαινων ποιω θανατω ἠμελλεν ἀποθνησκειν.
	36	εἰ ἐκ του κοσμου τουτου ἠν ἡ βασιλεια ἡ ἐμη, οἱ ὑπηρεται οἱ ἐμοι ἠγωνιζοντο [ἀν], ἵνα μη παραδοθω τοις ἰουδαιοις·
	37	ἐγω εἰς τουτο γεγεννημαι και εἰς τουτο ἐληλυθα εἰς τον κοσμον, ἵνα μαρτυρησω τη ἀληθεια·
	39	ἐστιν δε συνηθεια ὑμιν ἵνα ἑνα ἀπολυσω ὑμιν ἐν τω πασχα·
	19 4	ἰδε ἀγω ὑμιν αὐτον ἐξω, ἵνα γνωτε ὁτι οὐδεμιαν αἰτιαν εὑρισκω ἐν αὐτω.
	16	τοτε οὑν παρεδωκεν αὐτον αὐτοις ἵνα σταυρωθη.
	24	ἵνα ἡ γραφη πληρωθη [ἡ λεγουσα]· διεμερισαντο τα ἱματια μου ἑαυτοις και ἐπι τον ἱματισμον μου ἐβαλον κληρον.
	28	μετα τουτο εἰδως ὁ ἰησους ὁτι ἠδη παντα τετελεσται, ἵνα τελειωθη ἡ γραφη, λεγει· διψω.
	31	οἱ οὑν ἰουδαιοι, ἐπει παρασκευη ἠν, ἵνα μη μεινη ἐπι του σταυρου τα σωματα ἐν τω σαββατω, ἠν γαρ μεγαλη ἡ ἡμερα ἐκεινου του σαββατου, ἠρωτησαν τον πιλατον
	31	ἠρωτησαν τον πιλατον ἵνα κατεαγωσιν αὐτων τα σκελη και ἀρθωσιν.
	35	και ἐκεινος οἰδεν ὁτι ἀληθη λεγει, ἵνα και ὑμεις πιστευ[σ]ητε.
	36	ἐγενετο γαρ ταυτα ἵνα ἡ γραφη πληρωθη·
	38	μετα δε ταυτα ἠρωτησεν τον πιλατον ἰωσηφ [ὁ] ἀπο ἀριμαθαιας, ὡν μαθητης του ἰησου κεκρυμμενος δε δια τον φοβον των ἰουδαιων, ἵνα ἀρη το σωμα του ἰησου·
	20 31	ταυτα δε γεγραπται ἵνα πιστευ[σ]ητε ὁτι ἰησους ἐστιν ὁ χριστος ὁ υἱος του θεου,
	31	ταυτα δε γεγραπται ἵνα πιστευ[σ]ητε ὁτι ἰησους ἐστιν ὁ χριστος ὁ υἱος του θεου, και ἵνα πιστευοντες ζωην ἐχητε ἐν τω ὀνοματι αὐτου.
Ac	2 25	προορωμην τον κυριον ἐνωπιον μου δια παντος, ὁτι ἐκ δεξιων μου ἐστιν, ἵνα μη σαλευθω.
	4 17	ἀλλ ἵνα μη ἐπι πλειον διανεμηθη εἰς τον λαον, ἀπειλησωμεθα αὐτοις μηκετι λαλειν ἐπι τω ὀνοματι τουτω μηδενι ἀνθρωπων.
	5 15	ὡστε και εἰς τας πλατειας ἐκφερειν τους ἀσθενεις και τιθεναι ἐπι κλιναριων και κραβαττων, ἵνα ἐρχομενου πετρου καν ἡ σκια ἐπισκιαση τινι αὐτων.
	8 19	δοτε καμοι την ἐξουσιαν ταυτην ἵνα ὡ ἐαν ἐπιθω τας χειρας λαμβανη πνευμα ἁγιον.
	9 21	οὐχ οὑτος ἐστιν ὁ πορθησας εἰς ἰερουσαλημ τους ἐπικαλουμενους το ὀνομα τουτο, και ὡδε εἰς τουτο ἐληλυθει, ἵνα δεδεμενους αὐτους ἀγαγη ἐπι τους ἀρχιερεις;
	16 30	κυριοι, τι με δει ποιειν ἵνα σωθω;
	36	ἀπηγγειλεν δε ὁ δεσμοφυλαξ τους λογους [τουτους] προς τον παυλον, ὁτι ἀπεσταλκαν οἱ στρατηγοι ἵνα ἀπολυθητε.
	17 15	και λαβοντες ἐντολην προς τον σιλαν και τον τιμοθεον ἵνα ὡς ταχιστα ἐλθωσιν προς αὐτον ἐξησαν.
	19 4	ἰωαννης ἐβαπτισεν βαπτισμα μετανοιας, τω λαω λεγων εἰς τον ἐρχομενον μετ αὐτον ἵνα πιστευσωσιν, τουτ ἐστιν εἰς τον ἰησουν.
	21 24	τουτους παραλαβων ἁγνισθητι συν αὐτοις, και δαπανησον ἐπ αὐτοις ἵνα ξυρησονται την κεφαλην,
	22 5	παρ ὡν και ἐπιστολας δεξαμενος προς τους ἀδελφους εἰς δαμασκον ἐπορευομην, ἀξων και τους ἐκεισε ὀντας δεδεμενους εἰς ἰερουσαλημ ἵνα τιμωρηθωσιν.
	24	εἰπας μαστιξιν ἀνεταζεσθαι αὐτον, ἵνα ἐπιγνω δι ἡν αἰτιαν οὑτως ἐπεφωνουν αὐτω.
	23 24	κτηνη τε παραστησαι, ἵνα ἐπιβιβασαντες τον παυλον διασωσωσι προς φηλικα τον ἡγεμονα,
	24 4	ἵνα δε μη ἐπι πλειον σε ἐγκοπτω, παρακαλω ἀκουσαι σε ἡμων συντομως τη ση ἐπιεικεια.

ἵνα [663]

Ac	27 42	των δε στρατιωτων βουλη ἐγενετο ἵνα τους δεσμωτας ἀποκτεινωσιν, μη τις ἐκκολυμβησας διαφυγη·
Rm	1 11	ἐπιποθω γαρ ἰδειν ὑμας, ἵνα τι μεταδω χαρισμα ὑμιν πνευματικον εἰς το στηριχθηναι ὑμας,
	13	ἵνα τινα καρπον σχω και ἐν ὑμιν καθως και ἐν τοις λοιποις ἐθνεσιν.
	3 8	και μη καθως βλασφημουμεθα και καθως φασιν τινες ἡμας λεγειν ὁτι ποιησωμεν τα κακα ἵνα ἐλθη τα ἀγαθα;
	19	οἰδαμεν δε ὁτι ὁσα ὁ νομος λεγει τοις ἐν τω νομω λαλει, ἵνα παν στομα φραγη και ὑποδικος γενηται πας ὁ κοσμος τω θεω·
	4 16	δια τουτο ἐκ πιστεως, ἵνα κατα χαριν, εἰς το εἰναι βεβαιαν την ἐπαγγελιαν παντι τω σπερματι,
	5 20	νομος δε παρεισηλθεν ἵνα πλεοναση το παραπτωμα·
	21	ἵνα ὡσπερ ἐβασιλευσεν ἡ ἁμαρτια ἐν τω θανατω, οὑτως και ἡ χαρις βασιλευση δια δικαιοσυνης εἰς ζωην αἰωνιον δια ἰησου του κυριου ἡμων.
	6 1	ἐπιμενωμεν τη ἁμαρτια, ἵνα ἡ χαρις πλεοναση;
	4	ἵνα ὡσπερ ἠγερθη χριστος ἐκ νεκρων δια της δοξης του πατρος, οὑτως και ἡμεις ἐν καινοτητι ζωης περιπατησωμεν.
	6	τουτο γινωσκοντες, ὁτι ὁ παλαιος ἡμων ἀνθρωπος συνεσταυρωθη, ἵνα καταργηθη το σωμα της ἁμαρτιας, του μηκετι δουλευειν ἡμας τη ἁμαρτια·
	7 4	εἰς το γενεσθαι ὑμας ἑτερω, τω ἐκ νεκρων ἐγερθεντι, ἵνα καρποφορησωμεν τω θεω.
	13	ἀλλα ἡ ἁμαρτια, ἵνα φανη ἁμαρτια, δια του ἀγαθου μοι κατεργαζομενη θανατον,
	13	ἀλλα ἡ ἁμαρτια, ἵνα φανη ἁμαρτια, δια του ἀγαθου μοι κατεργαζομενη θανατον, ἵνα γενηται καθ ὑπερβολην ἁμαρτωλος ἡ ἁμαρτια δια της ἐντολης.
	8 4	το γαρ ἀδυνατον του νομου, ἐν ᾡ ἠσθενει δια της σαρκος, ὁ θεος τον ἑαυτου υἱον πεμψας ἐν ὁμοιωματι σαρκος ἁμαρτιας και περι ἁμαρτιας κατεκρινεν την ἁμαρτιαν ἐν τη σαρκι, ἵνα το δικαιωμα του νομου πληρωθη ἐν ἡμιν
	17	κληρονομοι μεν θεου, συγκληρονομοι δε χριστου, εἰπερ συμπασχομεν ἵνα και συνδοξασθωμεν.
	9 11	μηπω γαρ γεννηθεντων μηδε πραξαντων τι ἀγαθον ἡ φαυλον, ἵνα ἡ κατ ἐκλογην προθεσις του θεου μενη,
	23	και ἵνα γνωριση τον πλουτον της δοξης αὐτου ἐπι σκευη ἐλεους,
	11 11	λεγω οὑν, μη ἐπταισαν ἵνα πεσωσιν;
	19	ἐρεις οὑν· ἐξεκλασθησαν κλαδοι ἵνα ἐγω ἐγκεντρισθω.
	25	οὐ γαρ θελω ὑμας ἀγνοειν, ἀδελφοι, το μυστηριον τουτο, ἵνα μη ἠτε [παρ] ἑαυτοις φρονιμοι,
	31	ὡσπερ γαρ ὑμεις ποτε ἠπειθησατε τω θεω, νυν δε ἠλεηθητε τη τουτων ἀπειθεια, οὑτως και οὑτοι νυν ἠπειθησαν τω ὑμετερω ἐλεει ἵνα και αὐτοι [νυν] ἐλεηθωσιν.
	32	συνεκλεισεν γαρ ὁ θεος τους παντας εἰς ἀπειθειαν ἵνα τους παντας ἐλεηση.
	14 9	εἰς τουτο γαρ χριστος ἀπεθανεν και ἐζησεν, ἵνα και νεκρων και ζωντων κυριευση.
	15 4	εἰς την ἡμετεραν διδασκαλιαν ἐγραφη, ἵνα δια της ὑπομονης και δια της παρακλησεως των γραφων την ἐλπιδα ἐχωμεν.
	6	ὁ δε θεος της ὑπομονης και της παρακλησεως δωη ὑμιν το αὐτο φρονειν ἐν ἀλληλοις κατα χριστον ἰησουν, ἵνα ὁμοθυμαδον ἐν ἑνι στοματι δοξαζητε τον θεον και πατερα του κυριου ἡμων ἰησου χριστου.
	16	ἱερουργουντα το εὐαγγελιον του θεου, ἵνα γενηται ἡ προσφορα των ἐθνων εὐπροσδεκτος,
	20	οὑτως δε φιλοτιμουμενον εὐαγγελιζεσθαι οὐχ ὁπου ὠνομασθη χριστος, ἵνα μη ἐπ ἀλλοτριον θεμελιον οἰκοδομω,
	31	ἵνα ῥυσθω ἀπο των ἀπειθουντων ἐν τη ἰουδαια
	32	και ἡ διακονια μου ἡ εἰς ἰερουσαλημ εὐπροσδεκτος τοις ἁγιοις γενηται, ἵνα ἐν χαρα ἐλθων προς ὑμας δια θεληματος θεου συναναπαυσωμαι ὑμιν.
	16 2	συνιστημι δε ὑμιν φοιβην την ἀδελφην ἡμων, οὑσαν [και] διακονον της ἐκκλησιας της ἐν κεγχρεαις, ἵνα αὐτην προσδεξησθε ἐν κυριω ἀξιως των ἁγιων,
1Co	1 10	παρακαλω δε ὑμας, ἀδελφοι, δια του ὀνοματος του κυριου ἡμων ἰησου χριστου, ἵνα το αὐτο λεγητε παντες,
	15	ἵνα μη τις εἰπη ὁτι εἰς το ἐμον ὀνομα ἐβαπτισθητε.
	17	οὐ γαρ ἀπεστειλεν με χριστος βαπτιζειν ἀλλα εὐαγγελιζεσθαι, οὐκ ἐν σοφια λογου, ἵνα μη κενωθη ὁ σταυρος του χριστου.
	27	ἀλλα τα μωρα του κοσμου ἐξελεξατο ὁ θεος ἵνα καταισχυνη τους σοφους,
	27	και τα ἀσθενη του κοσμου ἐξελεξατο ὁ θεος ἵνα καταισχυνη τα ἰσχυρα,
	28	και τα ἀγενη του κοσμου και τα ἐξουθενημενα ἐξελεξατο ὁ θεος, τα μη ὀντα, ἵνα τα ὀντα καταργηση,

ἱνα [663]

1Co 1 31 ὃς ἐγενηθη σοφια ἡμιν ἀπο θεου, δικαιοσυνη τε και ἁγιασμος και ἀπολυτρωσις, *ἱνα* καθως γεγραπται

2 5 ἀλλ ἐν ἀποδειξει πνευματος και δυναμεως, *ἱνα* ἡ πιστις ὑμων μη ἡ ἐν σοφια ἀνθρωπων ἀλλ ἐν δυναμει θεου.

12 ἡμεις δε οὐ το πνευμα του κοσμου ἐλαβομεν ἀλλα το πνευμα το ἐκ του θεου, *ἱνα* εἰδωμεν τα ὑπο του θεου χαρισθεντα ἡμιν·

3 18 εἰ τις δοκει σοφος εἰναι ἐν ὑμιν ἐν τω αἰωνι τουτω, μωρος γενεσθω, *ἱνα* γενηται σοφος.

4 2 ὡδε λοιπον ζητειται ἐν τοις οἰκονομοις *ἱνα* πιστος τις εὑρεθη.

3 ἐμοι δε εἰς ἐλαχιστον ἐστιν *ἱνα* ὑφ ὑμων ἀνακριθω ἡ ὑπο ἀνθρωπινης ἡμερας·

6 ταυτα δε, ἀδελφοι, μετεσχηματισα εἰς ἐμαυτον και ἀπολλων δι ὑμας, *ἱνα* ἐν ἡμιν μαθητε το μη ὑπερ ἁ γεγραπται,

6 *ἱνα* ἐν ἡμιν μαθητε το μη ὑπερ ἁ γεγραπται, *ἱνα* μη εἰς ὑπερ του ἑνος φυσιουσθε κατα του ἑτερου.

8 και ὀφελον γε ἐβασιλευσατε, *ἱνα* και ἡμεις ὑμιν συμβασιλευσωμεν.

5 2 και οὐχι μαλλον ἐπενθησατε, *ἱνα* ἀρθη ἐκ μεσου ὑμων ὁ το ἐργον τουτο πραξας;

5 παραδουναι τον τοιουτον τω σατανα εἰς ὀλεθρον της σαρκος, *ἱνα* το πνευμα σωθη ἐν τη ἡμερα του κυριου.

7 ἐκκαθαρατε την παλαιαν ζυμην, *ἱνα* ἡτε νεον φυραμα,

7 5 εἰ μητι ἀν ἐκ συμφωνου προς καιρον *ἱνα* σχολασητε τη προσευχη και παλιν ἐπι το αὐτο ἡτε,

5 *ἱνα* σχολασητε τη προσευχη και παλιν ἐπι το αὐτο ἡτε, *ἱνα* μη πειραζη ὑμας ὁ σατανας δια την ἀκρασιαν ὑμων.

29 το λοιπον *ἱνα* και οἱ ἐχοντες γυναικας ὡς μη ἐχοντες ὡσιν,

34 και ἡ γυνη ἡ ἀγαμος και ἡ παρθενος μεριμνα τα του κυριου, *ἱνα* ἡ ἁγια και τω σωματι και τω πνευματι·

35 τουτο δε προς το ὑμων αὐτων συμφορον λεγω, οὐχ *ἱνα* βροχον ὑμιν ἐπιβαλω,

8 13 διοπερ εἰ βρωμα σκανδαλιζει τον ἀδελφον μου, οὐ μη φαγω κρεα εἰς τον αἰωνα, *ἱνα* μη τον ἀδελφον μου σκανδαλισω.

9 12 ἀλλ οὐκ ἐχρησαμεθα τη ἐξουσια ταυτη, ἀλλα παντα στεγομεν *ἱνα* μη τινα ἐγκοπην δωμεν τω εὐαγγελιω του χριστου.

15 οὐκ ἐγραψα δε ταυτα *ἱνα* οὑτως γενηται ἐν ἐμοι·

18 τις οὐν μου ἐστιν ὁ μισθος; *ἱνα* εὐαγγελιζομενος ἀδαπανον θησω το εὐαγγελιον,

19 ἐλευθερος γαρ ὡν ἐκ παντων πασιν ἐμαυτον ἐδουλωσα, *ἱνα* τους πλειονας κερδησω·

20 και ἐγενομην τοις ἰουδαιοις ὡς ἰουδαιος, *ἱνα* ἰουδαιους κερδησω·

20 τοις ὑπο νομον ὡς ὑπο νομον, μη ὡν αὐτος ὑπο νομον, *ἱνα* τους ὑπο νομον κερδησω·

21 τοις ἀνομοις ὡς ἀνομος, μη ὡν ἀνομος θεου ἀλλ ἐννομος χριστου, *ἱνα* κερδανω τους ἀνομους·

22 ἐγενομην τοις ἀσθενεσιν ἀσθενης, *ἱνα* τους ἀσθενεις κερδησω·

22 τοις πασιν γεγονα παντα, *ἱνα* παντως τινας σωσω.

23 παντα δε ποιω δια το εὐαγγελιον, *ἱνα* συγκοινωνος αὐτου γενωμαι.

24 οὑτως τρεχετε *ἱνα* καταλαβητε.

25 πας δε ὁ ἀγωνιζομενος παντα ἐγκρατευεται, ἐκεινοι μεν οὐν *ἱνα* φθαρτον στεφανον λαβωσιν, ἡμεις δε ἀφθαρτον.

10 33 καθως καγω παντα πασιν ἀρεσκω, μη ζητων το ἐμαυτου συμφορον ἀλλα το των πολλων, *ἱνα* σωθωσιν.

11 19 δει γαρ και αἱρεσεις ἐν ὑμιν εἰναι, *ἱνα* [και] οἱ δοκιμοι φανεροι γενωνται ἐν ὑμιν.

32 κρινομενοι δε ὑπο [του] κυριου παιδευομεθα, *ἱνα* μη συν τω κοσμω κατακριθωμεν.

34 εἰ τις πεινα, ἐν οἰκω ἐσθιετω, *ἱνα* μη εἰς κριμα συνερχησθε.

12 25 ἀλλα ὁ θεος συνεκερασεν το σωμα, τω ὑστερουμενω περισσοτεραν δους τιμην, *ἱνα* μη ἡ σχισμα ἐν τω σωματι,

13 3 καν ψωμισω παντα τα ὑπαρχοντα μου, και ἐαν παραδω το σωμα μου *ἱνα* καυχησωμαι, ἀγαπην δε μη ἐχω, οὐδεν ὠφελουμαι.

14 1 ζηλουτε δε τα πνευματικα, μαλλον δε *ἱνα* προφητευητε.

5 θελω δε παντας ὑμας λαλειν γλωσσαις, μαλλον δε *ἱνα* προφητευητε·

5 ἐκτος εἰ μη διερμηνευη, *ἱνα* ἡ ἐκκλησια οἰκοδομην λαβη.

12 οὑτως και ὑμεις, ἐπει ζηλωται ἐστε πνευματων, προς την οἰκοδομην της ἐκκλησιας ζητειτε *ἱνα* περισσευητε.

13 διο ὁ λαλων γλωσση προσευχεσθω *ἱνα* διερμηνευη.

19 ἀλλα ἐν ἐκκλησια θελω πεντε λογους τω νοι μου λαλησαι, *ἱνα* και ἀλλους κατηχησω, ἡ μυριους λογους ἐν γλωσση.

31 δυνασθε γαρ καθ ἑνα παντες προφητευειν, *ἱνα* παντες μανθανωσιν και παντες παρακαλωνται.

ἱνα [663]

1Co 15 28 τοτε [και] αὐτος ὁ υἱος ὑποταγησεται τω ὑποταξαντι αὐτω τα παντα, *ἱνα* ἡ ὁ θεος [τα] παντα ἐν πασιν.

16 2 κατα μιαν σαββατου ἐκαστος ὑμων παρ ἑαυτω τιθετω θησαυριζων ὁτι ἐαν εὐοδωται, *ἱνα* μη ὁταν ἐλθω τοτε λογειαι γινωνται.

6 προς ὑμας δε τυχον παραμενω ἡ και παραχειμασω, *ἱνα* ὑμεις με προπεμψητε οὐ ἐαν πορευωμαι.

10 ἐαν δε ἐλθη τιμοθεος, βλεπετε *ἱνα* ἀφοβως γενηται προς ὑμας·

11 προπεμψατε δε αὐτον ἐν εἰρηνη, *ἱνα* ἐλθη προς με·

12 περι δε ἀπολλω του ἀδελφου, πολλα παρεκαλεσα αὐτον *ἱνα* ἐλθη προς ὑμας μετα των ἀδελφων·

12 και παντως οὐκ ἡν θελημα *ἱνα* νυν ἐλθη,

16 *ἱνα* και ὑμεις ὑποτασσησθε τοις τοιουτοις και παντι τω συνεργουντι και κοπιωντι.

2Co 1 9 ἀλλα αὐτοι ἐν ἑαυτοις το ἀποκριμα του θανατου ἐσχηκαμεν, *ἱνα* μη πεποιθοτες ὡμεν ἐφ ἑαυτοις

11 συνυπουργουντων και ὑμων ὑπερ ἡμων τη δεησει, *ἱνα* ἐκ πολλων προσωπων το εἰς ἡμας χαρισμα δια πολλων εὐχαριστηθη ὑπερ ἡμων.

15 και ταυτη τη πεποιθησει ἐβουλομην προτερον προς ὑμας ἐλθειν *ἱνα* δευτεραν χαριν σχητε,

17 ἡ ἁ βουλευομαι κατα σαρκα βουλευομαι, *ἱνα* ἡ παρ ἐμοι το ναι ναι και το οὐ οὐ;

2 3 και ἐγραψα τουτο αὐτο *ἱνα* μη ἐλθων λυπην σχω ἀφ ὡν ἐδει με χαιρειν,

4 οὐχ *ἱνα* λυπηθητε, ἀλλα την ἀγαπην *ἱνα* γνωτε ἡν ἐχω περισσοτερως εἰς ὑμας.

4 οὐχ *ἱνα* λυπηθητε, ἀλλα την ἀγαπην *ἱνα* γνωτε ἡν ἐχω περισσοτερως εἰς ὑμας.

5 εἰ δε τις λελυπηκεν, οὐκ ἐμε λελυπηκεν, ἀλλα ἀπο μερους, *ἱνα* μη ἐπιβαρω, παντας ὑμας.

9 εἰς τουτο γαρ και ἐγραψα, *ἱνα* γνω την δοκιμην ὑμων, εἰ εἰς παντα ὑπηκοοι ἐστε.

11 *ἱνα* μη πλεονεκτηθωμεν ὑπο του σατανα·

4 7 ἐχομεν δε τον θησαυρον τουτον ἐν ὀστρακινοις σκευεσιν, *ἱνα* ἡ ὑπερβολη της δυναμεως ἡ του θεου και μη ἐξ ἡμων·

10 παντοτε την νεκρωσιν του ἰησου ἐν τω σωματι περιφεροντες, *ἱνα* και ἡ ζωη του ἰησου ἐν τω σωματι ἡμων φανερωθη.

11 ἀει γαρ ἡμεις οἱ ζωντες εἰς θανατον παραδιδομεθα δια ἰησουν, *ἱνα* και ἡ ζωη του ἰησου φανερωθη ἐν τη θνητη σαρκι ἡμων.

15 τα γαρ παντα δι ὑμας, *ἱνα* ἡ χαρις πλεονασασα δια των πλειονων την εὐχαριστιαν περισσευση εἰς την δοξαν του θεου.

5 4 ἐφ ὡ οὐ θελομεν ἐκδυσασθαι ἀλλ ἐπενδυσασθαι, *ἱνα* καταποθη το θνητον ὑπο της ζωης.

10 τους γαρ παντας ἡμας φανερωθηναι δει ἐμπροσθεν του βηματος του χριστου, *ἱνα* κομισηται ἐκαστος τα δια του σωματος προς ἁ ἐπραξεν,

12 ἀλλα ἀφορμην διδοντες ὑμιν καυχηματος ὑπερ ἡμων, *ἱνα* ἐχητε προς τους ἐν προσωπω καυχωμενους και μη ἐν καρδια.

15 και ὑπερ παντων ἀπεθανεν *ἱνα* οἱ ζωντες μηκετι ἑαυτοις ζωσιν ἀλλα τω ὑπερ αὐτων ἀποθανοντι και ἐγερθεντι.

21 τον μη γνοντα ἁμαρτιαν ὑπερ ἡμων ἁμαρτιαν ἐποιησεν, *ἱνα* ἡμεις γενωμεθα δικαιοσυνη θεου ἐν αὐτω.

6 3 μηδεμιαν ἐν μηδενι διδοντες προσκοπην, *ἱνα* μη μωμηθη ἡ διακονια,

7 9 ἐλυπηθητε γαρ κατα θεον, *ἱνα* ἐν μηδενι ζημιωθητε ἐξ ἡμων.

8 6 εἰς το παρακαλεσαι ἡμας τιτον, *ἱνα* καθως προενηρξατο οὑτως και ἐπιτελεση εἰς ὑμας και την χαριν ταυτην.

7 ἀλλ ὡσπερ ἐν παντι περισσευετε, πιστει και λογω και γνωσει και παση σπουδη και τη ἐξ ἡμων ἐν ὑμιν ἀγαπη, *ἱνα* και ἐν ταυτη τη χαριτι περισσευητε.

9 ὁτι δι ὑμας ἐπτωχευσεν πλουσιος ὡν, *ἱνα* ὑμεις τη ἐκεινου πτωχεια πλουτησητε.

13 οὐ γαρ *ἱνα* ἀλλοις ἀνεσις, ὑμιν θλιψις, ἀλλ ἐξ ἰσοτητος

14 ἐν τω νυν καιρω τσ ὑμων περισσευμα εἰς το ἐκεινων ὑστερημα, *ἱνα* και το ἐκεινων περισσευμα γενηται εἰς το ὑμων ὑστερημα,

9 3 ἐπεμψα δε τους ἀδελφους, *ἱνα* μη το καυχημα ἡμων το ὑπερ ὑμων κενωθη ἐν τω μερει τουτω,

3 ἐπεμψα δε τους ἀδελφους, *ἱνα* μη το καυχημα ἡμων το ὑπερ ὑμων κενωθη ἐν τω μερει τουτω, *ἱνα* καθως ἐλεγον παρεσκευασμενοι ἡτε,

4 μη πως ἐαν ἐλθωσιν συν ἐμοι μακεδονες και εὑρωσιν ὑμας ἀπαρασκευαστους καταισχυνθωμεν ἡμεις, *ἱνα* μη λεγω ὑμεις, ἐν τη ὑποστασει ταυτη.

5 ἀναγκαιον οὐν ἡγησαμην παρακαλεσαι τους ἀδελφους *ἱνα* προελθωσιν εἰς ὑμας

ἵνα [663]

2Co	9 8	δυναται δε ὁ θεος πασαν χαριν περισσευσαι εἰς ὑμας, *ἵνα* ἐν παντι παντοτε πασαν αὐταρκειαν ἐχοντες περισσευητε εἰς παν ἐργον ἀγαθον,
	10 9	οὐκ αἰσχυνθησομαι, *ἵνα* μη δοξω ὡς ἀν ἐκφοβειν ὑμας δια των ἐπιστολων.
	11 7	ἠ ἁμαρτιαν ἐποιησα ἐμαυτον ταπεινων *ἵνα* ὑμεις ὑψωθητε, ὁτι δωρεαν το του θεου εὐαγγελιον εὐηγγελισαμην ὑμιν;
	12	ὁ δε ποιω, και ποιησω, *ἵνα* ἐκκοψω την ἀφορμην των θελοντων ἀφορμην,
	12	*ἵνα* ἐκκοψω την ἀφορμην των θελοντων ἀφορμην, *ἵνα* ἐν ᾡ καυχωνται εὑρεθωσιν καθως και ἡμεις.
	16	καν ὡς ἀφρονα δεξασθε με, *ἵνα* καγω μικρον τι καυχησωμαι.
	12 7	διο *ἵνα* μη ὑπεραιρωμαι, ἐδοθη μοι σκολοψ τη σαρκι, ἀγγελος σατανα, *ἵνα* με κολαφιζη, *ἵνα* μη ὑπεραιρωμαι.
	7	διο *ἵνα* μη ὑπεραιρωμαι, ἐδοθη μοι σκολοψ τη σαρκι, ἀγγελος σατανα, *ἵνα* με κολαφιζη, *ἵνα* μη ὑπεραιρωμαι.
	7	διο *ἵνα* μη ὑπεραιρωμαι, ἐδοθη μοι σκολοψ τη σαρκι, ἀγγελος σατανα, *ἵνα* με κολαφιζη, *ἵνα* μη ὑπεραιρωμαι.
	8	ὑπερ τουτου τρις τον κυριον παρεκαλεσα, *ἵνα* ἀποστη ἀπ ἐμου.
	9	ἡδιστα οὐν μαλλον καυχησομαι ἐν ταις ἀσθενειαις μου, *ἵνα* ἐπισκηνωση ἐπ ἐμε ἡ δυναμις του χριστου.
	13 7	οὐχ *ἵνα* ἡμεις δοκιμοι φανωμεν, ἀλλ *ἵνα* ὑμεις το καλον ποιητε,
	7	οὐχ *ἵνα* ἡμεις δοκιμοι φανωμεν, ἀλλ *ἵνα* ὑμεις το καλον ποιητε,
	10	δια τουτο ταυτα ἀπων γραφω, *ἵνα* παρων μη ἀποτομως χρησωμαι κατα την ἐξουσιαν
Ga	1 16	ἀποκαλυψαι τον υἱον αὐτου ἐν ἐμοι, *ἵνα* εὐαγγελιζωμαι αὐτον ἐν τοις ἐθνεσιν,
	2 4	οἱτινες παρεισηλθον κατασκοπησαι την ἐλευθεριαν ἡμων ἡν ἐχομεν ἐν χριστω ἰησου, *ἵνα* ἡμας καταδουλωσουσιν·
	5	οἱς οὐδε προς ὡραν εἰξαμεν τη ὑποταγη, *ἵνα* ἡ ἀληθεια του εὐαγγελιου διαμεινη προς ὑμας.
	9	οἱ δοκουντες στυλοι εἰναι, δεξιας ἐδωκαν ἐμοι και βαρναβα κοινωνιας, *ἵνα* ἡμεις εἰς τα ἐθνη,
	10	μονον των πτωχων *ἵνα* μνημονευωμεν,
	16	και ἡμεις εἰς χριστον ἰησουν ἐπιστευσαμεν, *ἵνα* δικαιωθωμεν ἐκ πιστεως χριστου και οὐκ ἐξ ἐργων νομου,
	19	ἐγω γαρ δια νομου νομω ἀπεθανον *ἵνα* θεω ζησω.
	3 14	*ἵνα* εἰς τα ἐθνη ἡ εὐλογια του ἀβρααμ γενηται ἐν χριστω ἰησου,
	14	*ἵνα* την ἐπαγγελιαν του πνευματος λαβωμεν δια της πιστεως.
	22	ἀλλα συνεκλεισεν ἡ γραφη τα παντα ὑπο ἁμαρτιαν *ἵνα* ἡ ἐπαγγελια ἐκ πιστεως ἰησου χριστου δοθη τοις πιστευουσιν.
	24	ὡστε ὁ νομος παιδαγωγος ἡμων γεγονεν εἰς χριστον, *ἵνα* ἐκ πιστεως δικαιωθωμεν·
	4 5	γενομενον ἐκ γυναικος, γενομενον ὑπο νομον, *ἵνα* τους ὑπο νομον ἐξαγοραση,
	5	*ἵνα* τους ὑπο νομον ἐξαγοραση, *ἵνα* την υἱοθεσιαν ἀπολαβωμεν.
	17	ζηλουσιν ὑμας οὐ καλως, ἀλλα ἐκκλεισαι ὑμας θελουσιν, *ἵνα* αὐτους ζηλουτε.
	5 17	ταυτα γαρ ἀλληλοις ἀντικειται, *ἵνα* μη ἀ ἐαν θελητε ταυτα ποιητε.
	6 12	οὑτοι ἀναγκαζουσιν ὑμας περιτεμνεσθαι, μονον *ἵνα* τω σταυρω του χριστου μη διωκωνται.
	13	οὐδε γαρ οἱ περιτεμνομενοι αὐτοι νομον φυλασσουσιν, ἀλλα θελουσιν ὑμας περιτεμνεσθαι *ἵνα* ἐν τη ὑμετερα σαρκι καυχησωνται.
Eph	1 17	*ἵνα* ὁ θεος του κυριου ἡμων ἰησου χριστου, ὁ πατηρ της δοξης, δωη ὑμιν πνευμα σοφιας και ἀποκαλυψεως ἐν ἐπιγνωσει αὐτου,
	2 7	*ἵνα* ἐνδειξηται ἐν τοις αἰωσιν τοις ἐπερχομενοις το ὑπερβαλλον πλουτος της χαριτος αὐτου ἐν χρηστοτητι ἐφ ἡμας ἐν χριστω ἰησου.
	9	οὐκ ἐξ ἐργων, *ἵνα* μη τις καυχησηται.
	10	κτισθεντες ἐν χριστω ἰησου ἐπι ἐργοις ἀγαθοις, οἱς προητοιμασεν ὁ θεος *ἵνα* ἐν αὐτοις περιπατησωμεν.
	15	*ἵνα* τους δυο κτιση ἐν αὐτω εἰς ἑνα καινον ἀνθρωπον ποιων εἰρηνην,
	3 10	*ἵνα* γνωρισθη νυν ταις ἀρχαις και ταις ἐξουσιαις ἐν τοις ἐπουρανιοις δια της ἐκκλησιας ἡ πολυποικιλος σοφια του θεου,
	16	*ἵνα* δω ὑμιν κατα το πλουτος της δοξης αὐτου δυναμει κραταιωθηναι δια του πνευματος αὐτου εἰς τον ἐσω ἀνθρωπον,
	18	*ἵνα* ἐξισχυσητε καταλαβεσθαι συν πασιν τοις ἁγιοις τί το πλατος και μηκος και ὑψος και βαθος,

ἵνα [663]

Eph	3 19	γνωναι τε την ὑπερβαλλουσαν της γνωσεως ἀγαπην του χριστου, *ἵνα* πληρωθητε εἰς παν το πληρωμα του θεου.
	4 10	ὁ καταβας αὐτος ἐστιν και ὁ ἀναβας ὑπερανω παντων των οὐρανων, *ἵνα* πληρωση τα παντα.
	14	*ἵνα* μηκετι ὡμεν νηπιοι,
	28	μαλλον δε κοπιατω ἐργαζομενος ταις [ἰδιαις] χερσιν το ἀγαθον, *ἵνα* ἐχη μεταδιδοναι τω χρειαν ἐχοντι.
	29	ἀλλα εἰ τις ἀγαθος προς οἰκοδομην της χρειας, *ἵνα* δω χαριν τοις ἀκουουσιν.
	5 26	*ἵνα* αὐτην ἁγιαση καθαρισας τω λουτρω του ὑδατος ἐν ρηματι,
	27	*ἵνα* παραστηση αὐτος ἑαυτω ἐνδοξον την ἐκκλησιαν,
	27	μη ἐχουσαν σπιλον ἡ ρυτιδα ἡ τι των τοιουτων, ἀλλ *ἵνα* ἡ ἁγια και ἀμωμος.
	33	ἡ δε γυνη *ἵνα* φοβηται τον ἀνδρα.
	6 3	*ἵνα* εὐ σοι γενηται και ἐση μακροχρονιος ἐπι της γης.
	13	δια τουτο ἀναλαβετε την πανοπλιαν του θεου, *ἵνα* δυνηθητε ἀντιστηναι ἐν τη ἡμερα τη πονηρα και ἁπαντα κατεργασαμενοι στηναι.
	19	και ὑπερ ἐμου, *ἵνα* μοι δοθη λογος ἐν ἀνοιξει του στοματος μου,
	20	ἐν παρρησια γνωρισαι το μυστηριον του εὐαγγελιου, ὑπερ οὑ πρεσβευω ἐν ἁλυσει, *ἵνα* ἐν αὐτω παρρησιασωμαι ὡς δει με λαλησαι.
	21	*ἵνα* δε εἰδητε και ὑμεις τα κατ ἐμε, τί πρασσω, παντα γνωρισει ὑμιν τυχικος ὁ ἀγαπητος ἀδελφος και πιστος διακονος ἐν κυριω,
	22	ὁν ἐπεμψα προς ὑμας εἰς αὐτο τουτο, *ἵνα* γνωτε τα περι ἡμων και παρακαλεση τας καρδιας ὑμων.
Php	1 9	και τουτο προσευχομαι, *ἵνα* ἡ ἀγαπη ὑμων ἐτι μαλλον και μαλλον περισσευη ἐν ἐπιγνωσει και παση αἰσθησει,
	10	εἰς το δοκιμαζειν ὑμας τα διαφεροντα, *ἵνα* ἠτε εἰλικρινεις και ἀπροσκοποι εἰς ἡμεραν χριστου,
	26	*ἵνα* το καυχημα ὑμων περισσευη ἐν χριστω ἰησου ἐν ἐμοι δια της ἐμης παρουσιας παλιν προς ὑμας.
	27	μονον ἀξιως του εὐαγγελιου του χριστου πολιτευεσθε, *ἵνα* εἰτε ἐλθων και ἰδων ὑμας εἰτε ἀπων ἀκουω τα περι ὑμων, ὁτι στηκετε ἐν ἑνι πνευματι,
	2 2	εἰ τις σπλαγχνα και οἰκτιρμοι, πληρωσατε μου την χαραν *ἵνα* το αὐτο φρονητε,
	10	και ἐχαρισατο αὐτω το ὀνομα το ὑπερ παν ὀνομα, *ἵνα* ἐν τω ὀνοματι ἰησου παν γονυ καμψη ἐπουρανιων και ἐπιγειων και καταχθονιων,
	15	παντα ποιειτε χωρις γογγυσμων και διαλογισμων, *ἵνα* γενησθε ἀμεμπτοι και ἀκεραιοι,
	19	ἐλπιζω δε ἐν κυριω ἰησου τιμοθεον ταχεως πεμψαι ὑμιν, *ἵνα* καγω εὐψυχω γνους τα περι ὑμων.
	27	ἀλλα ὁ θεος ἠλεησεν αὐτον, οὐκ αὐτον δε μονον ἀλλα και ἐμε, *ἵνα* μη λυπην ἐπι λυπην σχω.
	28	σπουδαιοτερως οὐν ἐπεμψα αὐτον, *ἵνα* ἰδοντες αὐτον παλιν χαρητε καγω ἀλυποτερος ὡ.
	30	ὁτι δια το ἐργον χριστου μεχρι θανατου ἠγγισεν παραβολευσαμενος τη ψυχη, *ἵνα* ἀναπληρωση το ὑμων ὑστερημα της προς με λειτουργιας.
	3 8	και ἡγουμαι σκυβαλα *ἵνα* χριστον κερδησω και εὑρεθω ἐν αὐτω,
Col	1 9	οὐ παυομεθα ὑπερ ὑμων προσευχομενοι και αἰτουμενοι *ἵνα* πληρωθητε την ἐπιγνωσιν του θεληματος αὐτου ἐν παση σοφια και συνεσει πνευματικη,
	18	ὁς ἐστιν ἀρχη, πρωτοτοκος ἐκ των νεκρων, *ἵνα* γενηται ἐν πασιν αὐτος πρωτευων,
	28	ὁν ἡμεις καταγγελλομεν νουθετουντες παντα ἀνθρωπον και διδασκοντες παντα ἀνθρωπον ἐν παση σοφια, *ἵνα* παραστησωμεν παντα ἀνθρωπον τελειον ἐν χριστω·
	2 2	θελω γαρ ὑμας εἰδεναι ἡλικον ἀγωνα ἐχω ὑπερ ὑμων και των ἐν λαοδικεια και ὁσοι οὐχ ἑορακαν το προσωπον μου ἐν σαρκι, *ἵνα* παρακληθωσιν αἱ καρδιαι αὐτων,
	4	τουτο λεγω *ἵνα* μηδεις ὑμας παραλογιζηται ἐν πιθανολογια.
	3 21	οἱ πατερες, μη ἐρεθιζετε τα τεκνα ὑμων, *ἵνα* μη ἀθυμωσιν.
	4 3	προσευχομενοι ἁμα και περι ἡμων, *ἵνα* ὁ θεος ἀνοιξη ἡμιν θυραν του λογου,
	4	δι ὁ και δεδεμαι, *ἵνα* φανερωσω αὐτο ὡς δει με λαλησαι.
	8	ὁν ἐπεμψα προς ὑμας εἰς αὐτο τουτο, *ἵνα* γνωτε τα περι ἡμων και παρακαλεση τας καρδιας ὑμων,
	12	παντοτε ἀγωνιζομενος ὑπερ ὑμων ἐν ταις προσευχαις, *ἵνα* σταθητε τελειοι και πεπληροφορημενοι ἐν παντι θεληματι του θεου.
	16	και ὁταν ἀναγνωσθη παρ ὑμιν ἡ ἐπιστολη, ποιησατε *ἵνα* και ἐν τη λαοδικεων ἐκκλησια ἀναγνωσθη,

ἵνα [663]

Col	4 16	και την εκ λαοδικειας *ἵνα* και ὑμεις ἀναγνωτε.
	17	βλεπε την διακονιαν ἣν παρελαβες ἐν κυριω, *ἵνα* αὑτην πληροις.
1Th	2 16	κωλυοντων ἡμας τοις ἐθνεσιν λαλησαι *ἵνα* σωθωσιν,
	4 1	λοιπον οὑν, ἀδελφοι, ἐρωτωμεν ὑμας και παρακαλουμεν ἐν κυριω ἰησου, *ἵνα* καθως παρελαβετε παρ ἡμων το πῶς δει ὑμας περιπατειν και ἀρεσκειν θεω, καθως και περιπατειτε,
	1	καθως και περιπατειτε, *ἵνα* περισσευητε μαλλον.
	12	*ἵνα* περιπατητε εὐσχημονως προς τους ἐξω και μηδενος χρειαν ἐχητε.
	13	οὑ θελομεν δε ὑμας ἀγνοειν, ἀδελφοι, περι των κοιμωμενων, *ἵνα* μη λυπησθε καθως και οἱ λοιποι οἱ μη ἐχοντες ἐλπιδα.
	5 4	ὑμεις δε, ἀδελφοι, οὐκ ἐστε ἐν σκοτει, *ἵνα* ἡ ἡμερα ὑμας ὡς κλεπτης καταλαβη
	10	*ἵνα* εἰτε γρηγορωμεν εἰτε καθευδωμεν ἁμα συν αὐτω ζησωμεν.
2Th	1 11	εἰς ὃ και προσευχομεθα παντοτε περι ὑμων, *ἵνα* ὑμας ἀξιωση της κλησεως ὁ θεος ἡμων
	2 12	*ἵνα* κριθωσιν παντες οἱ μη πιστευσαντες τη ἀληθεια ἀλλα εὐδοκησαντες τη ἀδικια.
	3 1	το λοιπον προσευχεσθε, ἀδελφοι, περι ἡμων, *ἵνα* ὁ λογος του κυριου τρεχη και δοξαζηται καθως και προς ὑμας,
	2	*ἵνα* ὁ λογος του κυριου τρεχη και δοξαζηται καθως και προς ὑμας, και *ἵνα* ρυσθωμεν ἀπο των ἀτοπων και πονηρων ἀνθρωπων·
	9	οὐχ ὁτι οὐκ ἐχομεν ἐξουσιαν, ἀλλ *ἵνα* ἑαυτους τυπον δωμεν ὑμιν εἰς το μιμεισθαι ἡμας.
	12	τοις δε τοιουτοις παραγγελλομεν και παρακαλουμεν ἐν κυριω ἰησου χριστω *ἵνα* μετα ἡσυχιας ἐργαζομενοι τον ἑαυτων ἀρτον ἐσθιωσιν.
	14	τουτον σημειουσθε, μη συναναμιγνυσθαι αὐτω, *ἵνα* ἐντραπη·
1Tm	1 3	καθως παρεκαλεσα σε προσμειναι ἐν ἐφεσω, πορευομενος εἰς μακεδονιαν, *ἵνα* παραγγειλης τισιν μη ἑτεροδιδασκαλειν
	16	ἀλλα δια τουτο ἠλεηθην, *ἵνα* ἐν ἐμοι πρωτω ἐνδειξηται χριστος ἰησους την ἁπασαν μακροθυμιαν,
	18	ταυτην την παραγγελιαν παρατιθεμαι σοι, τεκνον τιμοθεε, κατα τας προαγουσας ἐπι σε προφητειας, *ἵνα* στρατευη ἐν αὐταις την καλην στρατειαν,
	20	ὡν ἐστιν ὑμεναιος και ἀλεξανδρος, οὑς παρεδωκα τω σατανα, *ἵνα* παιδευθωσιν μη βλασφημειν.
	2 2	*ἵνα* ἠρεμον και ἡσυχιον βιον διαγωμεν ἐν παση εὐσεβεια και σεμνοτητι.
	3 6	μη νεοφυτον, *ἵνα* μη τυφωθεις εἰς κριμα ἐμπεση του διαβολου.
	7	δει δε και μαρτυριαν καλην ἐχειν ἀπο των ἐξωθεν, *ἵνα* μη εἰς ὀνειδισμον ἐμπεση και παγιδα του διαβολου.
	15	ἐαν δε βραδυνω, *ἵνα* εἰδης πῶς δει ἐν οἰκω θεου ἀναστρεφεσθαι,
	4 15	ταυτα μελετα, ἐν τουτοις ἰσθι, *ἵνα* σου ἡ προκοπη φανερα ἡ πασιν.
	5 7	και ταυτα παραγγελλε, *ἵνα* ἀνεπιλημπτοι ὡσιν.
	16	και μη βαρεισθω ἡ ἐκκλησια, *ἵνα* ταις ὀντως χηραις ἐπαρκεση.
	20	τους ἁμαρτανοντας ἐνωπιον παντων ἐλεγχε, *ἵνα* και οἱ λοιποι φοβον ἐχωσιν.
	21	διαμαρτυρομαι ἐνωπιον του θεου και χριστου ἰησου και των ἐκλεκτων ἀγγελων *ἵνα* ταυτα φυλαξης χωρις προκριματος,
	6 1	ὁσοι εἰσιν ὑπο ζυγον δουλοι, τους ἰδιους δεσποτας πασης τιμης ἀξιους ἡγεισθωσαν, *ἵνα* μη το ὀνομα του θεου και ἡ διδασκαλια βλασφημηται.
	19	ἀποθησαυριζοντας ἑαυτοις θεμελιον καλον εἰς το μελλον, *ἵνα* ἐπιλαβωνται της ὀντως ζωης.
2Tm	1 4	ἐπιποθων σε ἰδειν, μεμνημενος σου των δακρυων, *ἵνα* χαρας πληρωθω,
	2 4	οὐδεις στρατευομενος ἐμπλεκεται ταις του βιου πραγματειαις, *ἵνα* τω στρατολογησαντι ἀρεση.
	10	δια τουτο παντα ὑπομενω δια τους ἐκλεκτους, *ἵνα* και αὐτοι σωτηριας τυχωσιν της ἐν χριστω ἰησου μετα δοξης αἰωνιου.
	3 17	*ἵνα* ἀρτιος ἡ ὁ του θεου ἀνθρωπος, προς παν ἐργον ἀγαθον ἐξηρτισμενος.
	4 17	ὁ δε κυριος μοι παρεστη και ἐνεδυναμωσεν με, *ἵνα* δι ἐμου το κηρυγμα πληροφορηθη και ἀκουσωσιν παντα τα ἐθνη,
Tit	1 5	τουτου χαριν ἀπελιπον σε ἐν κρητη, *ἵνα* τα λειποντα ἐπιδιορθωση,
	9	φιλαγαθον, σωφρονα, δικαιον, ὁσιον, ἐγκρατη, ἀντεχομενον του κατα την διδαχην πιστου λογου, *ἵνα* δυνατος ἡ και παρακαλειν ἐν τη διδασκαλια τη ὑγιαινουση και τους ἀντιλεγοντας ἐλεγχειν.
	13	δι ἣν αἰτιαν ἐλεγχε αὐτους ἀποτομως, *ἵνα* ὑγιαινωσιν ἐν τη πιστει,

ἵνα [663]

Tit	2 4	*ἵνα* σωφρονιζωσιν τας νεας φιλανδρους εἰναι,
	5	*ἵνα* μη ὁ λογος του θεου βλασφημηται.
	8	*ἵνα* ὁ ἐξ ἐναντιας ἐντραπη μηδεν ἐχων λεγειν περι ἡμων φαυλον.
	10	ἀλλα πασαν πιστιν ἐνδεικνυμενους ἀγαθην, *ἵνα* την διδασκαλιαν την του σωτηρος ἡμων θεου κοσμωσιν ἐν πασιν.
	12	παιδευουσα ἡμας, *ἵνα* ἀρνησαμενοι την ἀσεβειαν και τας κοσμικας ἐπιθυμιας σωφρονως και δικαιως και εὐσεβως ζησωμεν ἐν τω νυν αἰωνι,
	14	ὃς ἐδωκεν ἑαυτον ὑπερ ἡμων *ἵνα* λυτρωσηται ἡμας ἀπο πασης ἀνομιας και καθαριση ἑαυτω λαον περιουσιον,
	3 7	*ἵνα* δικαιωθεντες τη ἐκεινου χαριτι κληρονομοι γενηθωμεν κατ ἐλπιδα ζωης αἰωνιου.
	8	και περι τουτων βουλομαι σε διαβεβαιουσθαι, *ἵνα* φροντιζωσιν καλων ἐργων προιστασθαι οἱ πεπιστευκοτες θεω.
	13	ζηναν τον νομικον και ἀπολλων σπουδαιως προπεμψον, *ἵνα* μηδεν αὐτοις λειπη.
	14	μανθανετωσαν δε και οἱ ἡμετεροι καλων ἐργων προιστασθαι εἰς τας ἀναγκαιας χρειας, *ἵνα* μη ὡσιν ἀκαρποι.
Phm	13	ὃν ἐγω ἐβουλομην προς ἐμαυτον κατεχειν, *ἵνα* ὑπερ σου μοι διακονη ἐν τοις δεσμοις του εὐαγγελιου.
	14	χωρις δε της σης γνωμης οὐδεν ἠθελησα ποιησαι, *ἵνα* μη ὡς κατα ἀναγκην το ἀγαθον σου ἡ ἀλλα κατα ἑκουσιον.
	15	ταχα γαρ δια τουτο ἐχωρισθη προς ὡραν, *ἵνα* αἰωνιον αὐτον ἀπεχης,
	19	*ἵνα* μη λεγω σοι ὁτι και σεαυτον μοι προσοφειλεις.
Heb	2 14	και αὐτος παραπλησιως μετεσχεν των αὐτων, *ἵνα* δια του θανατου καταργηση τον το κρατος ἐχοντα του θανατου,
	17	ὁθεν ὠφειλεν κατα παντα τοις ἀδελφοις ὁμοιωθηναι, *ἵνα* ἐλεημων γενηται και πιστος ἀρχιερευς τα προς τον θεον,
	3 13	ἀλλα παρακαλειτε ἑαυτους καθ ἑκαστην ἡμεραν, ἀχρις οὑ το σημερον καλειται, *ἵνα* μη σκληρυνθη τις ἐξ ὑμων ἀπατη της ἁμαρτιας·
	4 11	σπουδασωμεν οὑν εἰσελθειν εἰς ἐκεινην την καταπαυσιν, *ἵνα* μη ἐν τω αὐτω τις ὑποδειγματι πεση της ἀπειθειας.
	16	προσερχωμεθα οὑν μετα παρρησιας τω θρονω της χαριτος, *ἵνα* λαβωμεν ἐλεος και χαριν εὑρωμεν εἰς εὐκαιρον βοηθειαν.
	5 1	πας γαρ ἀρχιερευς ἐξ ἀνθρωπων λαμβανομενος ὑπερ ἀνθρωπων καθισταται τα προς τον θεον, *ἵνα* προσφερη δωρα τε και θυσιας ὑπερ ἁμαρτιων,
	6 12	ἐπιθυμουμεν δε ἑκαστον ὑμων την αὐτην ἐνδεικνυσθαι σπουδην προς την πληροφοριαν της ἐλπιδος ἀχρι τελους, *ἵνα* μη νωθροι γενησθε,
	18	*ἵνα* δια δυο πραγματων ἀμεταθετων, ἐν οἱς ἀδυνατον ψευσασθαι [τον] θεον, ἰσχυραν παρακλησιν ἐχωμεν οἱ καταφυγοντες
	9 25	οὐδ *ἵνα* πολλακις προσφερη ἑαυτον, ὡσπερ ὁ ἀρχιερευς εἰσερχεται εἰς ιι ἁγια κατ ἐνιαυτον ἐν αἱματι ἀλλοτριω,
	10 9	ἀναιρει το πρωτον *ἵνα* το δευτερον στηση
	36	ὑπομονης γαρ ἐχετε χρειαν *ἵνα* το θελημα του θεου ποιησαντες κομισησθε την ἐπαγγελιαν.
	11 28	πιστει πεποιηκεν το πασχα και την προσχυσιν του αἱματος, *ἵνα* μη ὁ ὀλοθρευων τα πρωτοτοκα θιγη αὐτων.
	35	οὑ προσδεξαμενοι την ἀπολυτρωσιν, *ἵνα* κρειττονος ἀναστασεως τυχωσιν·
	40	του θεου περι ἡμων κρειττον τι προβλεψαμενου, *ἵνα* μη χωρις ἡμων τελειωθωσιν.
	12 3	ἀναλογισασθε γαρ τον τοιαυτην ὑπομεμενηκοτα ὑπο των ἁμαρτωλων εἰς ἑαυτον ἀντιλογιαν, *ἵνα* μη καμητε ταις ψυχαις ὑμων ἐκλυομενοι.
	13	και τροχιας ὀρθας ποιειτε τοις ποσιν ὑμων, *ἵνα* μη το χωλον ἐκτραπη,
	27	το δε ἐτι ἁπαξ δηλοι [την] των σαλευομενων μεταθεσιν ὡς πεποιημενων, *ἵνα* μεινη τα μη σαλευομενα.
	13 12	διο και ἰησους, *ἵνα* ἁγιαση δια του ἰδιου αἱματος τον λαον, ἐξω της πυλης ἐπαθεν.
	17	*ἵνα* μετα χαρας τουτο ποιωσιν και μη στεναζοντες·
	19	περισσοτερως δε παρακαλω τουτο ποιησαι, *ἵνα* ταχιον ἀποκατασταθω ὑμιν.
Ja	1 4	ἡ δε ὑπομονη ἐργον τελειον ἐχετω, *ἵνα* ἠτε τελειοι και ὁλοκληροι,
	4 3	διοτι κακως αἰτεισθε, *ἵνα* ἐν ταις ἡδοναις ὑμων δαπανησητε.
	5 9	μη στεναζετε, ἀδελφοι, κατ ἀλληλων *ἵνα* μη κριθητε·
	12	ἠτω δε ὑμων το ναι ναι, και το οὑ οὑ, *ἵνα* μη ὑπο κρισιν πεσητε.
1Pt	1 7	*ἵνα* το δοκιμιον ὑμων της πιστεως πολυτιμοτερον χρυσιου του ἀπολλυμενου,

ἵνα [663]

1Pt	2 2	ὡς ἀρτιγεννητα βρεφη το λογικον ἀδολον γαλα ἐπιποθησατε, *ἵνα* ἐν αὐτω αὐξηθητε εἰς σωτηριαν,
	12	*ἵνα* ἐν ᾧ καταλαλουσιν ὑμων ὡς κακοποιων, ἐκ των καλων ἐργων ἐποπτευοντες δοξασωσιν τον θεον ἐν ἡμερα ἐπισκοπης.
	21	ὁτι και χριστος ἐπαθεν ὑπερ ὑμων, ὑμιν ὑπολιμπανων ὑπογραμμον *ἵνα* ἐπακολουθησητε τοις ἰχνεσιν αὐτου·
	24	*ἵνα* ταις ἁμαρτιαις ἀπογενομενοι τη δικαιοσυνη ζησωμεν·
	3 1	*ἵνα* και εἰ τινες ἀπειθουσιν τω λογω, δια της των γυναικων ἀναστροφης ἀνευ λογου κερδηθησονται,
	9	τουναντιον δε εὐλογουντες, ὁτι εἰς τουτο ἐκληθητε *ἵνα* εὐλογιαν κληρονομησητε.
	16	συνειδησιν ἐχοντες ἀγαθην, *ἵνα* ἐν ᾧ καταλαλεισθε καταισχυνθωσιν οἱ ἐπηρεαζοντες ὑμων την ἀγαθην ἐν χριστω ἀναστροφην.
	18	ὁτι και χριστος ἁπαξ περι ἁμαρτιων ἐπαθεν, δικαιος ὑπερ ἀδικων, *ἵνα* ὑμας προσαγαγη τω θεω,
	4 6	εἰς τουτο γαρ και νεκροις εὐηγγελισθη, *ἵνα* κριθωσι μεν κατα ἀνθρωπους σαρκι,
	11	*ἵνα* ἐν πασιν δοξαζηται ὁ θεος δια ἰησου χριστου,
	13	ἀλλα καθο κοινωνειτε τοις του χριστου παθημασιν χαιρετε, *ἵνα* και ἐν τη ἀποκαλυψει της δοξης αὐτου χαρητε ἀγαλλιωμενοι.
	5 6	ταπεινωθητε οὐν ὑπο την κραταιαν χειρα του θεου, *ἵνα* ὑμας ὑψωση ἐν καιρω,
2Pt	1 4	δι ὡν τα τιμια και μεγιστα ἡμιν ἐπαγγελματα δεδωρηται, *ἵνα* δια τουτων γενησθε θειας κοινωνοι φυσεως,
	3 17	ὑμεις οὐν, ἀγαπητοι, προγινωσκοντες φυλασσεσθε *ἵνα* μη τη των ἀθεσμων πλανη συναπαχθεντες ἐκπεσητε του ἰδιου στηριγμου,
1Jh	1 3	ὁ ἑωρακαμεν και ἀκηκοαμεν, ἀπαγγελλομεν και ὑμιν, *ἵνα* και ὑμεις κοινωνιαν ἐχητε μεθ ἡμων.
	4	και ταυτα γραφομεν ἡμεις *ἵνα* ἡ χαρα ἡμων ἡ πεπληρωμενη.
	9	πιστος ἐστιν και δικαιος, *ἵνα* ἀφη ἡμιν τας ἁμαρτιας και καθαριση ἡμας ἀπο πασης ἀδικιας.
	2 1	τεκνια μου, ταυτα γραφω ὑμιν *ἵνα* μη ἁμαρτητε.
	19	ἀλλ *ἵνα* φανερωθωσιν ὁτι οὐκ εἰσιν παντες ἐξ ἡμων.
	27	και οὐ χρειαν ἐχετε *ἵνα* τις διδασκη ὑμας·
	28	και νυν, τεκνια, μενετε ἐν αὐτω, *ἵνα* ἐαν φανερωθη σχωμεν παρρησιαν και μη αἰσχυνθωμεν ἀπ αὐτου ἐν τη παρουσια αὐτου.
	3 1	ἰδετε ποταπην ἀγαπην δεδωκεν ἡμιν ὁ πατηρ *ἵνα* τεκνα θεου κληθωμεν, και ἐσμεν.
	5	και οἰδατε ὁτι ἐκεινος ἐφανερωθη *ἵνα* τας ἁμαρτιας ἀρη,
	8	εἰς τουτο ἐφανερωθη ὁ υἱος του θεου, *ἵνα* λυση τα ἐργα του διαβολου.
	11	ὁτι αὑτη ἐστιν ἡ ἀγγελια ἡν ἠκουσατε ἀπ ἀρχης, *ἵνα* ἀγαπωμεν ἀλληλους·
	23	και αὑτη ἐστιν ἡ ἐντολη αὐτου, *ἵνα* πιστευσωμεν τω ὀνοματι του υἱου αὐτου ἰησου χριστου
	4 9	ἐν τουτω ἐφανερωθη ἡ ἀγαπη του θεου ἐν ἡμιν, ὁτι τον υἱον αὐτου τον μονογενη ἀπεσταλκεν ὁ θεος εἰς τον κοσμον *ἵνα* ζησωμεν δι αὐτου.
	17	ἐν τουτω τετελειωται ἡ ἀγαπη μεθ ἡμων, *ἵνα* παρρησιαν ἐχωμεν ἐν τη ἡμερα της κρισεως,
	21	και ταυτην την ἐντολην ἐχομεν ἀπ αὐτου, *ἵνα* ὁ ἀγαπων τον θεον ἀγαπα και τον ἀδελφον αὐτου.
	5 3	αὑτη γαρ ἐστιν ἡ ἀγαπη του θεου, *ἵνα* τας ἐντολας αὐτου τηρωμεν·
	13	ταυτα ἐγραψα ὑμιν *ἵνα* εἰδητε ὁτι ζωην ἐχετε αἰωνιον,
	16	ἐστιν ἁμαρτια προς θανατον· οὐ περι ἐκεινης λεγω *ἵνα* ἐρωτηση.
	20	οἰδαμεν δε ὁτι ὁ υἱος του θεου ἡκει, και δεδωκεν ἡμιν διανοιαν *ἵνα* γινωσκωμεν τον ἀληθινον·
2Jh	5	και νυν ἐρωτω σε, κυρια, οὐχ ὡς ἐντολην καινην γραφων σοι, ἀλλα ἡν εἰχομεν ἀπ ἀρχης, *ἵνα* ἀγαπωμεν ἀλληλους.
	6	και αὑτη ἐστιν ἡ ἀγαπη, *ἵνα* περιπατωμεν κατα τας ἐντολας αὐτου·
	6	αὑτη ἡ ἐντολη ἐστιν, καθως ἠκουσατε ἀπ ἀρχης, *ἵνα* ἐν αὐτη περιπατητε.
	8	βλεπετε ἑαυτους, *ἵνα* μη ἀπολεσητε ἁ εἰργασαμεθα,
	12	ἀλλα ἐλπιζω γενεσθαι προς ὑμας και στομα προς στομα λαλησαι, *ἵνα* ἡ χαρα ἡμων πεπληρωμενη ἡ.
3Jh	4	μειζοτεραν τουτων οὐκ ἐχω χαραν, *ἵνα* ἀκουω τα ἐμα τεκνα ἐν τη ἀληθεια περιπατουντα.
	8	ἡμεις οὐν ὀφειλομεν ὑπολαμβανειν τους τοιουτους, *ἵνα* συνεργοι γινωμεθα τη ἀληθεια.
Apc	2 10	ἰδου μελλει βαλλειν ὁ διαβολος ἐξ ὑμων εἰς φυλακην *ἵνα* πειρασθητε,
	21	και ἐδωκα αὐτη χρονον *ἵνα* μετανοηση,

ἵνα [663]

Apc	3 9	ἰδου ποιησω αὐτους *ἵνα* ἡξουσιν και προσκυνησουσιν ἐνωπιον των ποδων σου,
	11	ἐρχομαι ταχυ· κρατει ὁ ἐχεις, *ἵνα* μηδεις λαβη τον στεφανον σου.
	18	συμβουλευω σοι ἀγορασαι παρ ἐμου χρυσιον πεπυρωμενον ἐκ πυρος *ἵνα* πλουτησης,
	18	συμβουλευω σοι ἀγορασαι παρ ἐμου χρυσιον πεπυρωμενον ἐκ πυρος *ἵνα* πλουτησης, και ἱματια λευκα *ἵνα* περιβαλη και μη φανερωθη ἡ αἰσχυνη της γυμνοτητος σου,
	18	και κολλ[ο]υριον ἐγχρισαι τους ὀφθαλμους σου *ἵνα* βλεπης,
	6 2	και ἐδοθη αὐτω στεφανος, και ἐξηλθεν νικων και *ἵνα* νικηση.
	4	και τω καθημενω ἐπ αὐτον ἐδοθη αὐτω λαβειν την εἰρηνην ἐκ της γης και *ἵνα* ἀλληλους σφαξουσιν,
	11	και ἐρρεθη αὐτοις *ἵνα* ἀναπαυσονται ἐτι χρονον μικρον,
	7 1	κρατουντας τους τεσσαρας ἀνεμους της γης, *ἵνα* μη πνεη ἀνεμος ἐπι της γης μητε ἐπι της θαλασσης μητε ἐπι παν δενδρον.
	8 3	και ἐδοθη αὐτω θυμιαματα πολλα, *ἵνα* δωσει ταις προσευχαις των ἁγιων παντων ἐπι το θυσιαστηριον το χρυσουν το ἐνωπιον του θρονου.
	6	και οἱ ἑπτα ἀγγελοι οἱ ἐχοντες τας ἑπτα σαλπιγγας ἡτοιμασαν αὐτους *ἵνα* σαλπισωσιν.
	12	*ἵνα* σκοτισθη το τριτον αὐτων και ἡ ἡμερα μη φανη το τριτον αὐτης,
	9 4	και ἐρρεθη αὐταις *ἵνα* μη ἀδικησουσιν τον χορτον της γης οὐδε παν χλωρον οὐδε παν δενδρον,
	5	και ἐδοθη αὐτοις *ἵνα* μη ἀποκτεινωσιν αὐτους,
	5	και ἐδοθη αὐτοις *ἵνα* μη ἀποκτεινωσιν αὐτους, ἀλλ *ἵνα* βασανισθησονται μηνας πεντε·
	15	και ἐλυθησαν οἱ τεσσαρες ἀγγελοι οἱ ἡτοιμασμενοι εἰς την ὡραν και ἡμεραν και μηνα και ἐνιαυτον, *ἵνα* ἀποκτεινωσιν το τριτον των ἀνθρωπων.
	20	οὐδε μετενοησαν ἐκ των ἐργων των χειρων αὐτων, *ἵνα* μη προσκυνησουσιν τα δαιμονια
	11 6	οὑτοι ἐχουσιν την ἐξουσιαν κλεισαι τον οὐρανον, *ἵνα* μη ὑετος βρεχη τας ἡμερας της προφητειας αὐτων,
	12 4	και ὁ δρακων ἐστηκεν ἐνωπιον της γυναικος της μελλουσης τεκειν, *ἵνα* ὁταν τεκη το τεκνον αὐτης καταφαγη.
	6	ὁπου ἐχει ἐκει τοπον ἡτοιμασμενον ἀπο του θεου, *ἵνα* ἐκει τρεφωσιν αὐτην ἡμερας χιλιασδιακοσιασεξηκοντα.
	14	και ἐδοθησαν τη γυναικι αἱ δυο πτερυγες του ἀετου του μεγαλου, *ἵνα* πετηται εἰς την ἐρημον εἰς τον τοπον αὐτης,
	15	και ἐβαλεν ὁ ὀφις ἐκ του στοματος αὐτου ὀπισω της γυναικος ὑδωρ ὡς ποταμον, *ἵνα* αὐτην ποταμοφορητον ποιηση.
	13 12	και ποιει την γην και τους ἐν αὐτη κατοικουντας *ἵνα* προσκυνησουσιν το θηριον το πρωτον,
	13	και ποιει σημεια μεγαλα, *ἵνα* και πυρ ποιη ἐκ του οὐρανου καταβαινειν εἰς την γην ἐνωπιον των ἀνθρωπων.
	15	και ἐδοθη αὐτω δουναι πνευμα τη εἰκονι του θηριου, *ἵνα* και λαληση ἡ εἰκων του θηριου,
	15	*ἵνα* και λαληση ἡ εἰκων του θηριου, και ποιηση [*ἵνα*] ὁσοι ἐαν μη προσκυνησωσιν τη εἰκονι του θηριου ἀποκτανθωσιν.
	16	*ἵνα* δωσιν αὐτοις χαραγμα ἐπι της χειρος αὐτων της δεξιας ἡ ἐπι το μετωπον αὐτων,
	17	και *ἵνα* μη τις δυνηται ἀγορασαι ἡ πωλησαι εἰ μη ὁ ἐχων το χαραγμα το ὀνομα του θηριου ἡ τον ἀριθμον του ὀνοματος αὐτου.
	14 13	ναι, λεγει το πνευμα, *ἵνα* ἀναπαησονται ἐκ των κοπων αὐτων·
	16 12	και ἐξηρανθη το ὑδωρ αὐτου, *ἵνα* ἑτοιμασθη ἡ ὁδος των βασιλεων των ἀπο ἀνατολης ἡλιου.
	15	μακαριος ὁ γρηγορων και τηρων τα ἱματια αὐτου, *ἵνα* μη γυμνος περιπατη και βλεπωσιν την ἀσχημοσυνην αὐτου.
	18 4	ἐξελθατε ὁ λαος μου ἐξ αὐτης, *ἵνα* μη συγκοινωνησητε ταις ἁμαρτιαις αὐτης,
	4	*ἵνα* μη συγκοινωνησητε ταις ἁμαρτιαις αὐτης, και ἐκ των πληγων αὐτης *ἵνα* μη λαβητε·
	19 8	και ἐδοθη αὐτη *ἵνα* περιβαληται βυσσινον λαμπρον καθαρον·
	15	και ἐκ του στοματος αὐτου ἐκπορευεται ρομφαια ὀξεια, *ἵνα* ἐν αὐτη παταξη τα ἐθνη·
	18	δευτε συναχθητε εἰς το δειπνον το μεγα του θεου, *ἵνα* φαγητε σαρκας βασιλεων
	20 3	και ἐκλεισεν και ἐσφραγισεν ἐπανω αὐτου, *ἵνα* μη πλανηση ἐτι τα ἐθνη,
	21 15	και ὁ λαλων μετ ἐμου εἰχεν μετρον καλαμον χρυσουν, *ἵνα* μετρηση την πολιν και τους πυλωνας αὐτης και το τειχος αὐτης.
	23	και ἡ πολις οὐ χρειαν ἐχει του ἡλιου οὐδε της σεληνης, *ἵνα* φαινωσιν αὐτη·

ινα [663]

Apc	22 14	μακαριοι οι πλυνοντες τας στολας αυτων, *ινα* εσται η εξουσια αυτων επι το ξυλον της ζωης

ινατι [6]

Mt	9 4	*ινατι* ενθυμεισθε πονηρα εν ταις καρδιαις υμων;
	27 46	ηλι ηλι λεμα σαβαχθανι; τουτ εστιν· θεε μου θεε μου, *ινατι* με εγκατελιπες;
Lc	13 7	εκκοψον [ουν] αυτην· *ινατι* και την γην καταργει;
Ac	4 25	*ινατι* εφρυαξαν εθνη και λαοι εμελετησαν κενα;
	7 26	ανδρες, αδελφοι εστε· *ινατι* αδικειτε αλληλους;
1Co	10 29	*ινατι* γαρ η ελευθερια μου κρινεται υπο αλλης συνειδησεως;

ιοππη [10]

Ac	9 36	εν *ιοππη* δε τις ην μαθητρια ονοματι ταβιθα,
	38	εγγυς δε ουσης λυδδας τη *ιοππη* οι μαθηται ακουσαντες οτι πετρος εστιν εν αυτη απεστειλαν δυο ανδρας προς αυτον παρακαλουντες·
	42	γνωστον δε εγενετο καθ ολης της *ιοππης*, και επιστευσαν πολλοι επι τον κυριον.
	43	εγενετο δε ημερας ικανας μειναι εν *ιοππη* παρα τινι σιμωνι βυρσει.
10 5		και νυν πεμψον ανδρας εις *ιοππην* και μεταπεμψαι σιμωνα τινα ος επικαλειται πετρος·
	8	και εξηγησαμενος απαντα αυτοις απεστειλεν αυτους εις την *ιοππην*.
	23	τη δε επαυριον αναστας εξηλθεν συν αυτοις, και τινες των αδελφων των απο *ιοππης* συνηλθον αυτω.
	32	πεμψον ουν εις *ιοππην* και μετακαλεσαι σιμωνα ος επικαλειται πετρος·
11 5		εγω ημην εν πολει *ιοππη* προσευχομενος, και ειδον εν εκστασει οραμα,
	13	αποστειλον εις *ιοππην* και μεταπεμψαι σιμωνα τον επικαλουμενον πετρον,

ιορδανης [15]

Mt	3 5	τοτε εξεπορευετο προς αυτον ιεροσολυμα και πασα η ιουδαια και πασα η περιχωρος του *ιορδανου*,
	6	και εβαπτιζοντο εν τω *ιορδανη* ποταμω υπ αυτου εξομολογουμενοι τας αμαρτιας αυτων.
	13	τοτε παραγινεται ο ιησους απο της γαλιλαιας επι τον *ιορδανην* προς τον ιωαννην του βαπτισθηναι υπ αυτου.
4 15		οδον θαλασσης, περαν του *ιορδανου*, γαλιλαια των εθνων,
	25	και ηκολουθησαν αυτω οχλοι πολλοι απο της γαλιλαιας και δεκαπολεως και ιεροσολυμων και ιουδαιας και περαν του *ιορδανου*.
19 1		και εγενετο οτε ετελεσεν ο ιησους τους λογους τουτους, μετηρεν απο της γαλιλαιας και ηλθεν εις τα ορια της ιουδαιας περαν του *ιορδανου*.
Mc	1 5	και εβαπτιζοντο υπ αυτου εν τω *ιορδανη* ποταμω εξομολογουμενοι τας αμαρτιας αυτων.
	9	και εγενετο εν εκειναις ταις ημεραις ηλθεν ιησους απο ναζαρετ της γαλιλαιας και εβαπτισθη εις τον *ιορδανην* υπο ιωαννου.
3 8		και πολυ πληθος απο της γαλιλαιας [ηκολουθησεν]· και απο της ιουδαιας και απο ιεροσολυμων και απο της ιδουμαιας και περαν του *ιορδανου* και περι τυρον και σιδωνα,
10 1		και εκειθεν αναστας ερχεται εις τα ορια της ιουδαιας [και] περαν του *ιορδανου*,
Lc	3 3	και ηλθεν εις πασαν την περιχωρον του *ιορδανου* κηρυσσων βαπτισμα μετανοιας εις αφεσιν αμαρτιων,
4 1		ιησους δε πληρης πνευματος αγιου υπεστρεψεν απο του *ιορδανου*,
Jh	1 28	ταυτα εν βηθανια εγενετο περαν του *ιορδανου*,
	3 26	ραββι, ος ην μετα σου περαν του *ιορδανου*,
10 40		και απηλθεν παλιν περαν του *ιορδανου* εις τον τοπον οπου ην ιωαννης το πρωτον βαπτιζων,

ιος [3]

Rm	3 13	*ιος* ασπιδων υπο τα χειλη αυτων· ων το στομα αρας και πικριας γεμει·
Ja	3 8	την δε γλωσσαν ουδεις δαμασαι δυναται ανθρωπων· ακαταστατον κακον, μεστη *ιου* θανατηφορου.
	5 3	και ο *ιος* αυτων εις μαρτυριον υμιν εσται και φαγεται τας σαρκας υμων ως πυρ.

ιουδαια [44]

Mt	2 1	του δε ιησου γεννηθεντος εν βηθλεεμ της *ιουδαιας* εν ημεραις ηρωδου του βασιλεως,
	5	οι δε ειπαν αυτω· εν βηθλεεμ της *ιουδαιας*·
	22	ακουσας δε οτι αρχελαος βασιλευει της *ιουδαιας* αντι του πατρος αυτου ηρωδου εφοβηθη εκει απελθειν·
3 1		εν δε ταις ημεραις εκειναις παραγινεται ιωαννης ο βαπτιστης κηρυσσων εν τη ερημω της *ιουδαιας*,
	5	τοτε εξεπορευετο προς αυτον ιεροσολυμα και πασα η *ιουδαια* και πασα η περιχωρος του ιορδανου,
4 25		και ηκολουθησαν αυτω οχλοι πολλοι απο της γαλιλαιας και δεκαπολεως και ιεροσολυμων και *ιουδαιας* και περαν του ιορδανου.
19 1		και εγενετο οτε ετελεσεν ο ιησους τους λογους τουτους, μετηρεν απο της γαλιλαιας και ηλθεν εις τα ορια της *ιουδαιας* περαν του ιορδανου.
24 16		οταν ουν ιδητε το βδελυγμα της ερημωσεως το ρηθεν δια δανιηλ του προφητου εστος εν τοπω αγιω, ο αναγινωσκων νοειτω, τοτε οι εν τη *ιουδαια* φευγετωσαν εις τα ορη,
Mc	1 5	και εξεπορευετο προς αυτον πασα η *ιουδαια* χωρα και οι ιεροσολυμιται παντες,
3 7		και πολυ πληθος απο της γαλιλαιας [ηκολουθησεν]· και απο της *ιουδαιας* και απο ιεροσολυμων και απο της ιδουμαιας και περαν του ιορδανου και περι τυρον και σιδωνα,
10 1		και εκειθεν αναστας ερχεται εις τα ορια της *ιουδαιας* [και] περαν του ιορδανου,
13 14		τοτε οι εν τη *ιουδαια* φευγετωσαν εις τα ορη,
Lc	1 5	εγενετο εν ταις ημεραις ηρωδου βασιλεως της *ιουδαιας* ιερευς τις ονοματι ζαχαριας εξ εφημεριας αβια,
	65	και εν ολη τη ορεινη της *ιουδαιας* διελαλειτο παντα τα ρηματα ταυτα,
2 4		ανεβη δε και ιωσηφ απο της γαλιλαιας εκ πολεως ναζαρεθ εις την *ιουδαιαν* εις πολιν δαυιδ ητις καλειται βηθλεεμ,
3 1		εν ετει δε πεντεκαιδεκατω της ηγεμονιας τιβεριου καισαρος, ηγεμονευοντος ποντιου πιλατου της *ιουδαιας*,
4 44		και ην κηρυσσων εις τας συναγωγας της *ιουδαιας*.
5 17		και ησαν καθημενοι φαρισαιοι και νομοδιδασκαλοι οι ησαν εληλυθοτες εκ πασης κωμης της γαλιλαιας και *ιουδαιας* και ιερουσαλημ·
6 17		και πληθος πολυ του λαου απο πασης της *ιουδαιας* και ιερουσαλημ και της παραλιου τυρου και σιδωνος,
7 17		και εξηλθεν ο λογος ουτος εν ολη τη *ιουδαια* περι αυτου και παση τη περιχωρω.
21 21		τοτε οι εν τη *ιουδαια* φευγετωσαν εις τα ορη,
23 5		οι δε επισχυον λεγοντες οτι ανασειει τον λαον, διδασκων καθ ολης της *ιουδαιας*,
Jh	4 3	αφηκεν την *ιουδαιαν* και απηλθεν παλιν εις την γαλιλαιαν.
	47	και ην τις βασιλικος ου ο υιος ησθενει εν καφαρναουμ· ουτος ακουσας οτι ιησους ηκει εκ της *ιουδαιας* εις την γαλιλαιαν,
	54	τουτο [δε] παλιν δευτερον σημειον εποιησεν ο ιησους ελθων εκ της *ιουδαιας* εις την γαλιλαιαν.
7 1		ου γαρ ηθελεν εν τη *ιουδαια* περιπατειν, οτι εζητουν αυτον οι ιουδαιοι αποκτειναι.
	3	μεταβηθι εντευθεν και υπαγε εις την *ιουδαιαν*,
11 7		αγωμεν εις την *ιουδαιαν* παλιν.
Ac	1 8	και εσεσθε μου μαρτυρες εν τε ιερουσαλημ και [εν] παση τη *ιουδαια* και σαμαρεια και εως εσχατου της γης.
2 9		και οι κατοικουντες την μεσοποταμιαν, *ιουδαιαν* τε και καππαδοκιαν,
8 1		παντες δε διεσπαρησαν κατα τας χωρας της *ιουδαιας* και σαμαρειας πλην των αποστολων.
9 31		η μεν ουν εκκλησια καθ ολης της *ιουδαιας* και γαλιλαιας και σαμαρειας ειχεν ειρηνην οικοδομουμενη
10 37		υμεις οιδατε το γενομενον ρημα καθ ολης της *ιουδαιας*,
11 1		ηκουσαν δε οι αποστολοι και οι αδελφοι οι οντες κατα την *ιουδαιαν* οτι και τα εθνη εδεξαντο τον λογον του θεου.
	29	των δε μαθητων καθως ευπορειτο τις, ωρισαν εκαστος αυτων εις διακονιαν πεμψαι τοις κατοικουσιν εν τη *ιουδαια* αδελφοις·
12 19		και κατελθων απο της *ιουδαιας* εις καισαρειαν διετριβεν.
15 1		και τινες κατελθοντες απο της *ιουδαιας* εδιδασκον τους αδελφους οτι εαν μη περιτμηθητε τω εθει τω μωυσεως, ου δυνασθε σωθηναι.
21 10		επιμενοντων δε ημερας πλειους κατηλθεν τις απο της *ιουδαιας* προφητης ονοματι αγαβος,
26 20		αλλα τοις εν δαμασκω πρωτον τε και ιεροσολυμοις, πασαν τε την χωραν της *ιουδαιας* και τοις εθνεσιν απηγγελλον μετανοειν και επιστρεφειν επι τον θεον,

ιουδαια [44]

Ac	28 21	ἡμεις ουτε γραμματα περι σου ἐδεξαμεθα ἀπο της *ιουδαιας,* ουτε παραγενομενος τις των ἀδελφων ἀπηγγειλεν ἠ ἐλαλησεν τι περι σου πονηρον.
Rm	15 31	ἱνα ρυσθω ἀπο των ἀπειθουντων ἐν τη *ιουδαια*
2Co	1 16	και δι ὑμων διελθειν εἰς μακεδονιαν, και παλιν ἀπο μακεδονιας ἐλθειν προς ὑμας και ὑφ ὑμων προπεμφθηναι εἰς την *ιουδαιαν.*
Ga	1 22	ἡμην δε ἀγνοουμενος τω προσωπω ταις ἐκκλησιαις της *ιουδαιας* ταις ἐν χριστω.
1Th	2 14	των οὐσων ἐν τη *ιουδαια* ἐν χριστω ἰησου,

ιουδαιζω [1]

Ga	2 14	εἰ συ ιουδαιος ὑπαρχων ἐθνικως και οὐχι ιουδαικως ζης, πως τα ἐθνη ἀναγκαζεις *ιουδαιζειν;*

ιουδαικος [1]

Tit	1 14	ἱνα ὑγιαινωσιν ἐν τη πιστει, μη προσεχοντες *ιουδαικοις* μυθοις και ἐντολαις ἀνθρωπων ἀποστρεφομενων την ἀληθειαν.

ιουδαικως [1]

Ga	2 14	εἰ συ ιουδαιος ὑπαρχων ἐθνικως και οὐχι *ιουδαικως* ζης, πως τα ἐθνη ἀναγκαζεις ιουδαιζειν;

ιουδαιος [195]

Mt	2 2	που ἐστιν ὁ τεχθεις βασιλευς των *ιουδαιων;*
	27 11	συ εἰ ὁ βασιλευς των *ιουδαιων;*
	29	χαιρε, βασιλευ των *ιουδαιων,*
	37	οὑτος ἐστιν ἰησους ὁ βασιλευς των *ιουδαιων.*
	28 15	και διεφημισθη ὁ λογος οὑτος παρα *ιουδαιοις* μεχρι της σημερον [ἡμερας].
Mc	7 3	οἱ γαρ φαρισαιοι και παντες οἱ *ιουδαιοι* ἐαν μη πυγμη νιψωνται τας χειρας οὐκ ἐσθιουσιν,
	15 2	συ εἰ ὁ βασιλευς των *ιουδαιων;*
	9	θελετε ἀπολυσω ὑμιν τον βασιλεα των *ιουδαιων;*
	12	τι οὑν [θελετε] ποιησω [ὁν λεγετε] τον βασιλεα των *ιουδαιων;*
	18	χαιρε, βασιλευ των *ιουδαιων·*
	26	και ἡν ἡ ἐπιγραφη της αἰτιας αὐτου ἐπιγεγραμμενη· ὁ βασιλευς των *ιουδαιων.*
Lc	7 3	ἀκουσας δε περι του ἰησου ἀπεστειλεν προς αὐτον πρεσβυτερους των *ιουδαιων,* ἐρωτων αὐτον ὁπως ἐλθων διασωση τον δουλον αὐτου.
	23 3	συ εἰ ὁ βασιλευς των *ιουδαιων;*
	37	εἰ συ εἰ ὁ βασιλευς των *ιουδαιων,* σωσον σεαυτον.
	38	ὁ βασιλευς των *ιουδαιων* οὑτος.
	51	ἀπο ἀριμαθαιας πολεως των *ιουδαιων,* ὁς προσεδεχετο την βασιλειαν του θεου.
Jh	1 19	και αὑτη ἐστιν ἡ μαρτυρια του ἰωαννου, ὁτε ἀπεστειλαν [προς αὐτον] οἱ *ιουδαιοι* ἐξ ἱεροσολυμων ἱερεις και λευιτας ἱνα ἐρωτησωσιν αὐτον·
	2 6	ἡσαν δε ἐκει λιθιναι ὑδριαι ἑξ κατα τον καθαρισμον των *ιουδαιων* κειμεναι,
	13	και ἐγγυς ἡν το πασχα των *ιουδαιων,* και ἀνεβη εἰς ἱεροσολυμα ὁ ἰησους.
	18	ἀπεκριθησαν οὑν οἱ *ιουδαιοι* και εἰπαν αὐτω· τι σημειον δεικνυεις ἡμιν,
	20	εἰπαν οὑν οἱ *ιουδαιοι·* τεσσερακονταεξ ἐτεσιν οἰκοδομηθη ὁ ναος οὑτος,
	3 1	νικοδημος ὀνομα αὐτω, ἀρχων των *ιουδαιων·*
	22	μετα ταυτα ἡλθεν ὁ ἰησους και οἱ μαθηται αὐτου εἰς την *ιουδαιαν* γην,
	25	ἐγενετο οὑν ζητησις ἐκ των μαθητων ἰωαννου μετα *ιουδαιου* περι καθαρισμου.
	4 9	πως συ *ιουδαιος* ὡν παρ ἐμου πειν αἰτεις γυναικος σαμαριτιδος οὐσης;
	9	οὐ γαρ συγχρωνται *ιουδαιοι* σαμαριταις.
	22	ἡμεις προσκυνουμεν ὁ οἰδαμεν, ὁτι ἡ σωτηρια ἐκ των *ιουδαιων* ἐστιν·
	5 1	μετα ταυτα ἡν ἑορτη των *ιουδαιων,*
	10	ἐλεγον οὑν οἱ *ιουδαιοι* τω τεθεραπευμενω· σαββατον ἐστιν,
	15	ἀπηλθεν ὁ ἀνθρωπος και ἀνηγγειλεν τοις *ιουδαιοις* ὁτι ἰησους ἐστιν ὁ ποιησας αὐτον ὑγιη.
	16	και δια τουτο ἐδιωκον οἱ *ιουδαιοι* τον ἰησουν, ὁτι ταυτα ἐποιει ἐν σαββατω.

ιουδαιος [195]

Jh	5 18	δια τουτο οὑν μαλλον ἐζητουν αὐτον οἱ *ιουδαιοι* ἀποκτειναι, ὁτι οὐ μονον ἐλυεν το σαββατον, ἀλλα και πατερα ἰδιον ἐλεγεν τον θεον,
	6 4	ἡν δε ἐγγυς το πασχα, ἡ ἑορτη των *ιουδαιων.*
	41	ἐγογγυζον οὑν οἱ *ιουδαιοι* περι αὐτου ὁτι εἰπεν·
	52	ἐμαχοντο οὑν προς ἀλληλους οἱ *ιουδαιοι* λεγοντες·
	7 1	οὐ γαρ ἠθελεν ἐν τη ιουδαια περιπατειν, ὁτι ἐζητουν αὐτον οἱ *ιουδαιοι* ἀποκτειναι.
	2	ἡν δε ἐγγυς ἡ ἑορτη των *ιουδαιων* ἡ σκηνοπηγια.
	11	οἱ οὑν *ιουδαιοι* ἐζητουν αὐτον ἐν τη ἑορτη και ἐλεγον·
	13	οὐδεις μεντοι παρρησια ἐλαλει περι αὐτου δια τον φοβον των *ιουδαιων.*
	15	ἐθαυμαζον οὑν οἱ *ιουδαιοι* λεγοντες·
	35	εἰπον οὑν οἱ *ιουδαιοι* προς ἑαυτους· που οὑτος μελλει πορευεσθαι, ὁτι ἡμεις οὐχ εὑρησομεν αὐτον;
	8 22	ἐλεγον οὑν οἱ *ιουδαιοι·* μητι ἀποκτενει ἑαυτον, ὁτι λεγει· ὁπου ἐγω ὑπαγω ὑμεις οὐ δυνασθε ἐλθειν;
	31	ἐλεγεν οὑν ὁ ἰησους προς τους πεπιστευκοτας αὐτω *ιουδαιους·* ἐαν ὑμεις μεινητε ἐν τω λογω τω ἐμω, ἀληθως μαθηται μου ἐστε,
	48	ἀπεκριθησαν οἱ *ιουδαιοι* και εἰπαν αὐτω· οὐ καλως λεγομεν ἡμεις ὁτι σαμαριτης εἰ συ και δαιμονιον ἐχεις;
	52	εἰπον [οὑν] αὐτω οἱ *ιουδαιοι·* νυν ἐγνωκαμεν ὁτι δαιμονιον ἐχεις.
	57	εἰπον οὑν οἱ *ιουδαιοι* προς αὐτον· πεντηκοντα ἐτη οὑπω ἐχεις και ἀβρααμ ἑωρακας;
	9 18	οὐκ ἐπιστευσαν οὑν οἱ *ιουδαιοι* περι αὐτου ὁτι ἡν τυφλος και ἀνεβλεψεν,
	22	ταυτα εἰπαν οἱ γονεις αὐτου ὁτι ἐφοβουντο τους *ιουδαιους·*
	22	ἡδη γαρ συνετεθειντο οἱ *ιουδαιοι* ἱνα ἐαν τις αὐτον ὁμολογηση χριστον, ἀποσυναγωγος γενηται.
	10 19	σχισμα παλιν ἐγενετο ἐν τοις *ιουδαιοις* δια τους λογους τουτους.
	24	ἐκυκλωσαν οὑν αὐτον οἱ *ιουδαιοι* και ἐλεγον αὐτω·
	31	ἐβαστασαν παλιν λιθους οἱ *ιουδαιοι* ἱνα λιθασωσιν αὐτον.
	33	ἀπεκριθησαν αὐτω οἱ *ιουδαιοι·* περι καλου ἐργου οὐ λιθαζομεν σε ἀλλα περι βλασφημιας,
	11 8	ραββι, νυν ἐζητουν σε λιθασαι οἱ *ιουδαιοι,* και παλιν ὑπαγεις ἐκει;
	19	πολλοι δε ἐκ των *ιουδαιων* ἐληλυθεισαν προς την μαρθαν και μαριαμ,
	31	οἱ οὑν *ιουδαιοι* οἱ ὀντες μετ αὐτης ἐν τη οἰκια και παραμυθουμενοι αὐτην, ἰδοντες την μαριαμ ὁτι ταχεως ἀνεστη και ἐξηλθεν, ἠκολουθησαν αὐτη,
	33	ἰησους οὑν ὡς εἰδεν αὐτην κλαιουσαν και τους συνελθοντας αὐτη *ιουδαιους* κλαιοντας, ἐνεβριμησατο τω πνευματι και ἐταραξεν ἑαυτον,
	36	ἐλεγον οὑν οἱ *ιουδαιοι·* ἰδε πως ἐφιλει αὐτον.
	45	πολλοι οὑν ἐκ των *ιουδαιων,* οἱ ἐλθοντες προς την μαριαμ και θεασαμενοι ἁ ἐποιησεν, ἐπιστευσαν εἰς αὐτον·
	54	ὁ οὑν ἰησους οὐκετι παρρησια περιεπατει ἐν τοις *ιουδαιοις,*
	55	ἡν δε ἐγγυς το πασχα των *ιουδαιων,*
	12 9	ἐγνω οὑν [ὁ] ὀχλος πολυς ἐκ των *ιουδαιων* ὁτι ἐκει ἐστιν,
	11	ἐβουλευσαντο δε οἱ ἀρχιερεις ἱνα και τον λαζαρον ἀποκτεινωσιν, ὁτι πολλοι δι αὐτον ὑπηγον των *ιουδαιων* και ἐπιστευον εἰς τον ἰησουν.
	13 33	ζητησετε με, και καθως εἰπον τοις *ιουδαιοις* ὁτι ὁπου ἐγω ὑπαγω ὑμεις οὐ δυνασθε ἐλθειν, και ὑμιν λεγω ἀρτι.
	18 12	ἡ οὑν σπειρα και ὁ χιλιαρχος και οἱ ὑπηρεται των *ιουδαιων* συνελαβον τον ἰησουν και ἐδησαν αὐτον,
	14	ἡν δε καιαφας ὁ συμβουλευσας τοις *ιουδαιοις* ὁτι συμφερει ἑνα ἀνθρωπον ἀποθανειν ὑπερ του λαου.
	20	ἐγω παντοτε ἐδιδαξα ἐν συναγωγη και ἐν τω ἱερω, ὁπου παντες οἱ *ιουδαιοι* συνερχονται,
	31	εἰπον οὑν αὐτω οἱ *ιουδαιοι·* ἡμιν οὐκ ἐξεστιν ἀποκτειναι οὐδενα·
	33	συ εἰ ὁ βασιλευς των *ιουδαιων;*
	35	μητι ἐγω *ιουδαιος* εἰμι;
	36	εἰ ἐκ του κοσμου τουτου ἡν ἡ βασιλεια ἡ ἐμη, οἱ ὑπηρεται οἱ ἐμοι ἡγωνιζοντο [ἀν], ἱνα μη παραδοθω τοις *ιουδαιοις·*
	38	και τουτο εἰπων παλιν ἐξηλθεν προς τους *ιουδαιους,*
	39	βουλεσθε οὑν ἀπολυσω ὑμιν τον βασιλεα των *ιουδαιων;*
	19 3	χαιρε ὁ βασιλευς των *ιουδαιων·*
	7	ἀπεκριθησαν αὐτω οἱ *ιουδαιοι·* ἡμεις νομον ἐχομεν,
	12	οἱ δε *ιουδαιοι* ἐκραυγασαν λεγοντες·
	14	και λεγει τοις *ιουδαιοις·* ἰδε ὁ βασιλευς ὑμων.
	19	ἡν δε γεγραμμενον· ἰησους ὁ ναζωραιος ὁ βασιλευς των *ιουδαιων.*
	20	τουτον οὑν τον τιτλον πολλοι ἀνεγνωσαν των *ιουδαιων,*

ιουδαιος [195]

Jh 19 21 ελεγον ουν τω πιλατω οι αρχιερεις των *ιουδαιων·* μη γραφε· ο βασιλευς των ιουδαιων, αλλ οτι εκεινος ειπεν· βασιλευς ειμι των ιουδαιων·

21 μη γραφε· ο βασιλευς των *ιουδαιων,* αλλ οτι εκεινος ειπεν· βασιλευς ειμι των ιουδαιων.

21 μη γραφε· ο βασιλευς των ιουδαιων, αλλ οτι εκεινος ειπεν· βασιλευς ειμι των *ιουδαιων.*

31 οι ουν *ιουδαιοι,* επει παρασκευη ην, ινα μη μεινη επι του σταυρου τα σωματα εν τω σαββατω, ην γαρ μεγαλη η ημερα εκεινου του σαββατου, ηρωτησαν τον πιλατον

38 μετα δε ταυτα ηρωτησεν τον πιλατον ιωσηφ [ο] απο αριμαθαιας, ων μαθητης του ιησου κεκρυμμενος δε δια τον φοβον των *ιουδαιων,* ινα αρη το σωμα του ιησου·

40 ελαβον ουν το σωμα του ιησου και εδησαν αυτο οθονιοις μετα των αρωματων, καθως εθος εστιν τοις *ιουδαιοις* ενταφιαζειν.

42 εκει ουν δια την παρασκευην των *ιουδαιων,* οτι εγγυς ην το μνημειον, εθηκαν τον ιησουν.

20 19 και των θυρων κεκλεισμενων οπου ησαν οι μαθηται δια τον φοβον των *ιουδαιων,*

Ac 2 5 ησαν δε εις ιερουσαλημ κατοικουντες *ιουδαιοι,*

11 και οι επιδημουντες ρωμαιοι, *ιουδαιοι* τε και προσηλυτοι, κρητες και αραβες,

14 ανδρες *ιουδαιοι* και οι κατοικουντες ιερουσαλημ παντες, τουτο υμιν γνωστον εστω,

9 22 σαυλος δε μαλλον ενεδυναμουτο και συνεχυννεν [τους] *ιουδαιους* τους κατοικουντας εν δαμασκω, συμβιβαζων οτι ουτος εστιν ο χριστος.

23 ως δε επληρουντο ημεραι ικαναι, συνεβουλευσαντο οι *ιουδαιοι* ανελειν αυτον·

10 22 κορνηλιος εκατονταρχης, ανηρ δικαιος και φοβουμενος τον θεον, μαρτυρουμενος τε υπο ολου του εθνους των *ιουδαιων,*

28 υμεις επιστασθε ως αθεμιτον εστιν ανδρι *ιουδαιω* κολλασθαι η προσερχεσθαι αλλοφυλω·

39 και ημεις μαρτυρες παντων ων εποιησεν εν τε τη χωρα των *ιουδαιων* και [εν] ιερουσαλημ·

11 19 οι μεν ουν διασπαρεντες απο της θλιψεως της γενομενης επι στεφανω διηλθον εως φοινικης και κυπρου και αντιοχειας, μηδενι λαλουντες τον λογον ει μη μονον *ιουδαιοις.*

12 3 ιδων δε οτι αρεστον εστιν τοις *ιουδαιοις* προσεθετο συλλαβειν και πετρον,

11 νυν οιδα αληθως οτι εξαπεστειλεν [ο] κυριος τον αγγελον αυτου και εξειλατο με εκ χειρος ηρωδου και πασης της προσδοκιας του λαου των *ιουδαιων.*

13 5 και γενομενοι εν σαλαμινι κατηγγελλον τον λογον του θεου εν ταις συναγωγαις των *ιουδαιων·*

6 διελθοντες δε ολην την νησον αχρι παφου ευρον ανδρα τινα μαγον ψευδοπροφητην *ιουδαιον,*

43 λυθεισης δε της συναγωγης ηκολουθησαν πολλοι των *ιουδαιων* και των σεβομενων προσηλυτων τω παυλω και τω βαρναβα,

45 ιδοντες δε οι *ιουδαιοι* τους οχλους επλησθησαν ζηλου, και αντελεγον τοις υπο παυλου λαλουμενοις βλασφημουντες.

50 οι δε *ιουδαιοι* παρωτρυναν τας σεβομενας γυναικας τας ευσχημονας και τους πρωτους της πολεως,

14 1 εγενετο δε εν ικονιω κατα το αυτο εισελθειν αυτους εις την συναγωγην των *ιουδαιων* και λαλησαι ουτως ωστε πιστευσαι ιουδαιων τε και ελληνων πολυ πληθος.

1 εγενετο δε εν ικονιω κατα το αυτο εισελθειν αυτους εις την συναγωγην των ιουδαιων και λαλησαι ουτως ωστε πιστευσαι *ιουδαιων* τε και ελληνων πολυ πληθος.

2 οι δε απειθησαντες *ιουδαιοι* επηγειραν και εκακωσαν τας ψυχας των εθνων κατα των αδελφων.

4 και οι μεν ησαν συν τοις *ιουδαιοις,* οι δε συν τοις αποστολοις.

5 ως δε εγενετο ορμη των εθνων τε και *ιουδαιων* συν τοις αρχουσιν αυτων υβρισαι και λιθοβολησαι αυτους,

19 επηλθαν δε απο αντιοχειας και ικονιου *ιουδαιοι,*

16 1 τιμοθεος, υιος γυναικος *ιουδαιας* πιστης πατρος δε ελληνος, ος εμαρτυρειτο υπο των εν λυστροις και ικονιω αδελφων.

3 και λαβων περιετεμεν αυτον δια τους *ιουδαιους* τους οντας εν τοις τοποις εκεινοις·

20 ουτοι οι ανθρωποι εκταρασσουσιν ημων την πολιν, *ιουδαιοι* υπαρχοντες,

17 1 διοδευσαντες δε την αμφιπολιν και την απολλωνιαν ηλθον εις θεσσαλονικην, οπου ην συναγωγη των *ιουδαιων.*

5 ζηλωσαντες δε οι *ιουδαιοι* και προσλαβομενοι των αγοραιων ανδρας τινας πονηρους και οχλοποιησαντες εθορυβουν την πολιν,

ιουδαιος [195]

Ac 17 10 οι δε αδελφοι ευθεως δια νυκτος εξεπεμψαν τον τε παυλον και τον σιλαν εις βεροιαν, οιτινες παραγενομενοι εις την συναγωγην των *ιουδαιων* απηεσαν·

13 ως δε εγνωσαν οι απο της θεσσαλονικης *ιουδαιοι* οτι και εν τη βεροια κατηγγελη υπο του παυλου ο λογος του θεου, ηλθον κακει σαλευοντες και ταρασσοντες τους οχλους.

17 διελεγετο μεν ουν εν τη συναγωγη τοις *ιουδαιοις* και τοις σεβομενοις και εν τη αγορα κατα πασαν ημεραν προς τους παρατυγχανοντας.

18 2 και ευρων τινα *ιουδαιον* ονοματι ακυλαν, ποντικον τω γενει, προσφατως εληλυθοτα απο της ιταλιας,

2 δια το διατεταχεναι κλαυδιον χωριζεσθαι παντας τους *ιουδαιους* απο της ρωμης,

4 διελεγετο δε εν τη συναγωγη κατα παν σαββατον, επειθεν τε *ιουδαιους* και ελληνας.

5 συνειχετο τω λογω ο παυλος, διαμαρτυρομενος τοις *ιουδαιοις* ειναι τον χριστον ιησουν.

12 γαλλιωνος δε ανθυπατου οντος της αχαιας κατεπεστησαν ομοθυμαδον οι *ιουδαιοι* τω παυλω

14 μελλοντος δε του παυλου ανοιγειν το στομα ειπεν ο γαλλιων προς τους *ιουδαιους·* ει μεν ην αδικημα τι η ραδιουργημα πονηρον, ω ιουδαιοι, κατα λογον αν ανεσχομην υμων·

14 ει μεν ην αδικημα τι η ραδιουργημα πονηρον, ω *ιουδαιοι,* κατα λογον αν ανεσχομην υμων·

19 αυτος δε εισελθων εις την συναγωγην διελεξατο τοις *ιουδαιοις.*

24 *ιουδαιος* δε τις απολλως ονοματι, αλεξανδρευς τω γενει, ανηρ λογιος, κατηντησεν εις εφεσον, δυνατος ων εν ταις γραφαις.

28 ευτονως γαρ τοις *ιουδαιοις* διακατηλεγχετο δημοσια επιδεικνυς δια των γραφων ειναι τον χριστον ιησουν.

19 10 ωστε παντας τους κατοικουντας την ασιαν ακουσαι τον λογον του κυριου, *ιουδαιους* τε και ελληνας.

13 επεχειρησαν δε τινες και των περιερχομενων *ιουδαιων* εξορκιστων ονομαζειν επι τους εχοντας τα πνευματα τα πονηρα το ονομα του κυριου ιησου λεγοντες·

14 ησαν δε τινος σκευα *ιουδαιου* αρχιερεως επτα υιοι τουτο ποιουντες.

17 τουτο δε εγενετο γνωστον πασιν *ιουδαιοις* τε και ελλησιν τοις κατοικουσιν την εφεσον,

33 εκ δε του οχλου συνεβιβασαν αλεξανδρον, προβαλοντων αυτον των *ιουδαιων·*

34 επιγνοντες δε οτι *ιουδαιος* εστιν, φωνη εγενετο μια εκ παντων, ως επι ωρας δυο κραζοντων·

20 3 γενομενης επιβουλης αυτω υπο των *ιουδαιων* μελλοντι αναγεσθαι εις την συριαν, εγενετο γνωμης του υποστρεφειν δια μακεδονιας.

19 δουλευων τω κυριω μετα πασης ταπεινοφροσυνης και δακρυων και πειρασμων των συμβαντων μοι εν ταις επιβουλαις των *ιουδαιων·*

21 διαμαρτυρομενος *ιουδαιοις* τε και ελλησιν την εις θεον μετανοιαν και πιστιν εις τον κυριον ημων ιησουν.

21 11 τον ανδρα ου εστιν η ζωνη αυτη ουτως δησουσιν εν ιερουσαλημ οι *ιουδαιοι* και παραδωσουσιν εις χειρας εθνων.

20 θεωρεις, αδελφε, ποσαι μυριαδες εισιν εν τοις *ιουδαιοις* των πεπιστευκοτων,

21 κατηχηθησαν δε περι σου οτι αποστασιαν διδασκεις απο μωυσεως τους κατα τα εθνη παντας *ιουδαιους,*

27 ως δε εμελλον αι επτα ημεραι συντελεισθαι, οι απο της ασιας *ιουδαιοι* θεασαμενοι αυτον εν τω ιερω συνεχεον παντα τον οχλον,

39 εγω ανθρωπος μεν ειμι *ιουδαιος,* ταρσευς, της κιλικιας ουκ ασημου πολεως πολιτης·

22 3 εγω ειμι ανηρ *ιουδαιος,* γεγεννημενος εν ταρσω της κιλικιας,

12 ανανιας δε τις, ανηρ ευλαβης κατα τον νομον, μαρτυρουμενος υπο παντων των κατοικουντων *ιουδαιων,* ελθων προς με και επιστας ειπεν μοι·

30 τη δε επαυριον βουλομενος γνωναι το ασφαλες, το τι κατηγορειται υπο των *ιουδαιων,*

23 12 γενομενης δε ημερας ποιησαντες συστροφην οι *ιουδαιοι* ανεθεματισαν εαυτους, λεγοντες μητε φαγειν μητε πιειν εως ου αποκτεινωσιν τον παυλον.

20 ειπεν δε οτι οι *ιουδαιοι* συνεθεντο του ερωτησαι σε οπως αυριον τον παυλον καταγαγης εις το συνεδριον ως μελλον τι ακριβεστερον πυνθανεσθαι περι αυτου.

27 τον ανδρα τουτον συλλημφθεντα υπο των *ιουδαιων* και μελλοντα αναιρεισθαι υπ αυτων επιστας συν τω στρατευματι εξειλαμην,

ιουδαιος [195]

Ac 24 5 εὑροντες γαρ τον ἀνδρα τουτον λοιμον και κινουντα στασεις πασιν τοις *ιουδαιοις* τοις κατα την οἰκουμενην πρωτοστατην τε της των ναζωραιων αἱρεσεως,

    9 συνεπεθεντο δε και οἱ *ιουδαιοι* φασκοντες ταυτα οὑτως ἐχειν.

    19 τινες δε ἀπο της ἀσιας *ιουδαιοι*, οὑς ἐδει ἐπι σοῦ παρειναι και κατηγορειν εἰ τι ἐχοιεν προς ἐμε.

    24 μετα δε ἡμερας τινας παραγενομενος ὁ φηλιξ συν δρουσιλλῃ τῃ ἰδια γυναικι οὐσῃ *ιουδαια* μετεπεμψατο τον παυλον,

    27 θελων τε χαριτα καταθεσθαι τοις *ιουδαιοις* ὁ φηλιξ κατελιπε τον παυλον δεδεμενον.

    25 2 ἐνεφανισαν τε αὐτῳ οἱ ἀρχιερεις και οἱ πρωτοι των *ιουδαιων* κατα του παυλου,

    7 παραγενομενου δε αὐτου περιεστησαν αὐτον οἱ ἀπο ἱεροσολυμων καταβεβηκοτες *ιουδαιοι*,

    8 του παυλου ἀπολογουμενου ὁτι οὐτε εἰς τον νομον των *ιουδαιων* οὐτε εἰς το ἱερον οὐτε εἰς καισαρα τι ἡμαρτον.

    9 ὁ φηστος δε θελων τοις *ιουδαιοις* χαριν καταθεσθαι, ἀποκριθεις τῳ παυλῳ εἰπεν·

    10 *ιουδαιους* οὐδεν ἠδικησα, ὡς και συ καλλιον ἐπιγινωσκεις.

    15 ἀνηρ τις ἐστιν καταλελειμμενος ὑπο φηλικος δεσμιος, περι οὑ γενομενου μου εἰς ἱεροσολυμα ἐνεφανισαν οἱ ἀρχιερεις και οἱ πρεσβυτεροι των *ιουδαιων*,

    24 θεωρειτε τουτον περι οὑ ἁπαν το πληθος των *ιουδαιων* ἐνετυχον μοι ἐν τε ἱεροσολυμοις και ἐνθαδε,

    26 2 περι παντων ὡν ἐγκαλουμαι ὑπο *ιουδαιων*, βασιλευ ἀγριππα, ἡγημαι ἐμαυτον μακαριον ἐπι σοῦ μελλων σημερον ἀπολογεισθαι,

    3 ἡγημαι ἐμαυτον μακαριον ἐπι σοῦ μελλων σημερον ἀπολογεισθαι, μαλιστα γνωστην ὀντα σε παντων των κατα *ιουδαιους* ἐθων τε και ζητηματων·

    4 την μεν οὐν βιωσιν μου [την] ἐκ νεοτητος την ἀπ ἀρχης γενομενην ἐν τῳ ἐθνει μου ἐν τε ἱεροσολυμοις ἰσασι παντες [οἱ] *ιουδαιοι*,

    7 περι ἡς ἐλπιδος ἐγκαλουμαι ὑπο *ιουδαιων*, βασιλευ.

    21 ἑνεκα τουτων με *ιουδαιοι* συλλαβομενοι [ὀντα] ἐν τῳ ἱερῳ ἐπειρωντο διαχειρισασθαι.

    28 17 ἐγενετο δε μετα ἡμερας τρεις συγκαλεσασθαι αὐτον τους ὀντας των *ιουδαιων* πρωτους·

    19 ἀντιλεγοντων δε των *ιουδαιων* ἠναγκασθην ἐπικαλεσασθαι καισαρα,

    29* και ταυτα αὐτου εἰποντος ἀπηλθον οἱ *ιουδαιοι* πολλην ἐχοντες ἐν ἑαυτοις συζητησιν.

Rm 1 16 δυναμις γαρ θεου ἐστιν εἰς σωτηριαν παντι τῳ πιστευοντι. *ιουδαιῳ* τε πρωτον και ἑλληνι.

    2 9 θλιψις και στενοχωρια ἐπι πασαν ψυχην ἀνθρωπου του κατεργαζομενου το κακον, *ιουδαιου* τε πρωτον και ἑλληνος·

    10 δοξα δε και τιμη και εἰρηνη παντι τῳ ἐργαζομενῳ το ἀγαθον, *ιουδαιῳ* τε πρωτον και ἑλληνι.

    17 εἰ δε συ *ιουδαιος* ἐπονομαζῃ και ἐπαναπαυῃ νομῳ και καυχασαι ἐν θεῳ και γινωσκεις το θελημα και δοκιμαζεις τα διαφεροντα κατηχουμενος ἐκ του νομου,

    28 οὐ γαρ ὁ ἐν τῳ φανερῳ *ιουδαιος* ἐστιν,

    29 ἀλλ ὁ ἐν τῳ κρυπτῳ *ιουδαιος*, και περιτομη καρδιας ἐν πνευματι οὐ γραμματι, οὑ ὁ ἐπαινος οὐκ ἐξ ἀνθρωπων ἀλλ ἐκ του θεου.

    3 1 τι οὐν το περισσον του *ιουδαιου*, ἠ τις ἡ ὠφελεια της περιτομης;

    9 προῃτιασαμεθα γαρ *ιουδαιους* τε και ἑλληνας παντας ὑφ ἁμαρτιαν εἰναι, καθως γεγραπται ὁτι οὐκ ἐστιν δικαιος οὐδε εἱς,

    29 ἠ *ιουδαιων* ὁ θεος μονον; οὐχι και ἐθνων;

    9 24 οὑς και ἐκαλεσεν ἡμας οὐ μονον ἐξ *ιουδαιων* ἀλλα και ἐξ ἐθνων;

    10 12 οὐ γαρ ἐστιν διαστολη *ιουδαιου* τε και ἑλληνος.

1Co 1 22 ἐπειδη και *ιουδαιοι* σημεια αἰτουσιν και ἑλληνες σοφιαν ζητουσιν, ἡμεις δε κηρυσσομεν χριστον ἐσταυρωμενον,

    23 ἡμεις δε κηρυσσομεν χριστον ἐσταυρωμενον, *ιουδαιοις* μεν σκανδαλον, ἐθνεσιν δε μωριαν,

    24 αὐτοις δε τοις κλητοις, *ιουδαιοις* τε και ἑλλησιν, χριστον θεου δυναμιν και θεου σοφιαν.

    9 20 και ἐγενομην τοις *ιουδαιοις* ὡς *ιουδαιος*,

    20 και ἐγενομην τοις *ιουδαιοις* ὡς *ιουδαιος*,

    20 και ἐγενομην τοις *ιουδαιοις* ὡς *ιουδαιος*, ἰνα *ιουδαιους* κερδησω·

    10 32 ἀπροσκοποι και *ιουδαιοις* γινεσθε και ἑλλησιν και τῃ ἐκκλησιᾳ του θεου,

    12 13 και γαρ ἐν ἑνι πνευματι ἡμεις παντες εἰς ἑν σωμα ἐβαπτισθημεν, εἰτε *ιουδαιοι* εἰτε ἑλληνες, εἰτε δουλοι εἰτε ἐλευθεροι,

---

ιουδαιος [195]

2Co 11 24 ὑπο *ιουδαιων* πεντακις τεσσερακοντα παρα μιαν ἐλαβον,

Ga 2 13 και συνυπεκριθησαν αὐτῳ [και] οἱ λοιποι *ιουδαιοι*,

    14 εἰ συ *ιουδαιος* ὑπαρχων ἐθνικως και οὐχι ἰουδαικως ζῃς, πως τα ἐθνη ἀναγκαζεις ἰουδαιζειν·

    15 ἡμεις φυσει *ιουδαιοι* και οὐκ ἐξ ἐθνων ἁμαρτωλοι,

    3 28 οὐκ ἐνι *ιουδαιος* οὐδε ἑλλην, οὐκ ἐνι δουλος οὐδε ἐλευθερος, οὐκ ἐνι ἀρσεν και θηλυ·

Col 3 11 ὁπου οὐκ ἐνι ἑλλην και *ιουδαιος*,

1Th 2 14 ὁτι τα αὐτα ἐπαθετε και ὑμεις ὑπο των ἰδιων συμφυλετων, καθως και αὐτοι ὑπο των *ιουδαιων*,

Apc 2 9 οἰδα σου την θλιψιν και την πτωχειαν, ἀλλα πλουσιος εἰ, και την βλασφημιαν ἐκ των λεγοντων *ιουδαιους* εἰναι ἑαυτους, και οὐκ εἰσιν ἀλλα συναγωγη του σατανα.

    3 9 ἰδου διδω ἐκ της συναγωγης του σατανα, των λεγοντων ἑαυτους *ιουδαιους* εἰναι,

---

ιουδαισμος [2]

Ga 1 13 ἠκουσατε γαρ την ἐμην ἀναστροφην ποτε ἐν τῳ *ιουδαισμῳ*,

    14 και προεκοπτον ἐν τῳ *ιουδαισμῳ* ὑπερ πολλους συνηλικιωτας ἐν τῳ γενει μου,

---

ιουδας [45]

Mt 1 2 ἰακωβ δε ἐγεννησεν τον *ιουδαν* και τους ἀδελφους αὐτου,

    3 *ιουδας* δε ἐγεννησεν τον φαρες και τον ζαρα ἐκ της θαμαρ,

    2 6 και συ βηθλεεμ, γη *ιουδα*, οὐδαμως ἐλαχιστη εἰ ἐν τοις ἡγεμοσιν ιουδα.

    6 γη ιουδα, οὐδαμως ἐλαχιστη εἰ ἐν τοις ἡγεμοσιν ιουδα.

    10 4 σιμων ὁ κανανιος και *ιουδας* ὁ ἰσκαριωτης ὁ και παραδους αὐτον.

    13 55 οὐχ ἡ μητηρ αὐτου λεγεται μαριαμ και οἱ ἀδελφοι αὐτου ἰακωβος και ἰωσηφ και σιμων και *ιουδας*;

    26 14 τοτε πορευθεις εἰς των δωδεκα, ὁ λεγομενος *ιουδας* ἰσκαριωτης, προς τους ἀρχιερεις εἰπεν·

    25 ἀποκριθεις δε *ιουδας* ὁ παραδιδους αὐτον εἰπεν· μητι ἐγω εἰμι, ῥαββι;

    47 ἰδου *ιουδας* εἱς των δωδεκα ἠλθεν, και μετ αὐτου ὀχλος πολυς μετα μαχαιρων και ξυλων ἀπο των ἀρχιερεων και πρεσβυτερων του λαου.

    27 3 τοτε ἰδων *ιουδας* ὁ παραδιδους αὐτον ὁτι κατεκριθη, μεταμεληθεις ἐστρεψεν τα τριακοντα ἀργυρια τοις ἀρχιερευσιν και πρεσβυτεροις λεγων·

Mc 3 19 και ἀνδρεαν και φιλιππον και βαρθολομαιον και μαθθαιον και θωμαν και ἰακωβον τον του ἀλφαιου και θαδδαιον και σιμωνα τον κανανιον και *ιουδαν* ἰσκαριωθ, ὁς και παρεδωκεν αὐτον.

    6 3 οὐχ οὑτος ἐστιν ὁ τεκτων, ὁ υἱος της μαριας και ἀδελφος ἰακωβου και ἰωσητος και *ιουδα* και σιμωνος;

    14 10 και *ιουδας* ἰσκαριωθ, ὁ εἱς των δωδεκα, ἀπηλθεν προς τους ἀρχιερεις ἰνα αὐτον παραδοι αὐτοις.

    43 και εὐθυς ἐτι αὐτου λαλουντος παραγινεται *ιουδας* εἱς των δωδεκα,

Lc 1 39 ἀναστασα δε μαριαμ ἐν ταις ἡμεραις ταυταις ἐπορευθη εἰς την ὀρεινην μετα σπουδης εἰς πολιν *ιουδα*,

    3 30 του συμεων του *ιουδα* του ἰωσηφ του ἰωναμ του ἐλιακιμ

    33 του ἀμιναδαβ του ἀδμιν του ἀρνι του ἐσρωμ του φαρες του *ιουδα*

    6 16 και *ιουδαν* ἰακωβου, και *ιουδαν* ἰσκαριωθ, ὁς ἐγενετο προδοτης,

    16 και *ιουδαν* ἰακωβου, και *ιουδαν* ἰσκαριωθ, ὁς ἐγενετο προδοτης,

    22 3 εἰσηλθεν δε σατανας εἰς *ιουδαν* τον καλουμενον ἰσκαριωτην,

    47 ἐτι αὐτου λαλουντος ἰδου ὀχλος, και ὁ λεγομενος *ιουδας* εἱς των δωδεκα προηρχετο αὐτους, και ἠγγισεν τῳ ἰησου φιλησαι αὐτον.

    48 *ιουδα*, φιληματι τον υἱον του ἀνθρωπου παραδιδως;

Jh 6 71 ἐλεγεν δε τον *ιουδαν* σιμωνος ἰσκαριωτου·

    12 4 λεγει δε *ιουδας* ὁ ἰσκαριωτης εἱς [ἐκ] των μαθητων αὐτου, ὁ μελλων αὐτον παραδιδοναι· δια τι τουτο το μυρον οὐκ ἐπραθη τριακοσιων δηναριων και ἐδοθη πτωχοις;

    13 2 και δειπνου γινομενου, του διαβολου ἠδη βεβληκοτος εἰς την καρδιαν ἰνα παραδοι αὐτον *ιουδας* σιμωνος ἰσκαριωτου,

    26 βαψας οὐν το ψωμιον [λαμβανει και] διδωσιν *ιουδα* σιμωνος ἰσκαριωτου.

    29 τινες γαρ ἐδοκουν, ἐπει το γλωσσοκομον εἰχεν *ιουδας*, ὁτι λεγει αὐτῳ [ὁ] ἰησους·

    14 22 λεγει αὐτῳ *ιουδας*, οὐχ ὁ ἰσκαριωτης· κυριε, [και] τι γεγονεν ὁτι ἡμιν μελλεις ἐμφανιζειν σεαυτον και οὐχι τῳ κοσμῳ;

ιουδας [45]

Jh	18 2	ήδει δε και *ιουδας* ὁ παραδιδους αύτον τον τοπον,
	3	ὁ ούν *ιουδας* λαβων την σπειραν και έκ των άρχιερεων και έκ των φαρισαιων ύπηρετιας έρχεται έκει μετα φανων και λαμπαδων και όπλων.
	5	είστηκει δε και *ιουδας* ὁ παραδιδους αύτον μετ αύτων.
Ac	1 13	ιακωβος άλφαιου και σιμων ὁ ζηλωτης και *ιουδας* ιακωβου.
	16	άνδρες άδελφοι, έδει πληρωθηναι την γραφην ήν προειπεν το πνευμα το άγιον δια στοματος δαυιδ περι *ιουδα* του γενομενου όδηγου τοις συλλαβουσιν ιησουν,
	25	ένα λαβειν τον τοπον της διακονιας ταυτης και άποστολης, άφ ής παρεβη *ιουδας* πορευθηναι είς τον τοπον τον ίδιον.
	5 37	μετα τουτον άνεστη *ιουδας* ὁ γαλιλαιος έν ταις ήμεραις της άπογραφης και άπεστησεν λαον όπισω αύτου·
	9 11	άναστας πορευθητι έπι την ρυμην την καλουμενην εύθειαν και ζητησον έν οίκια *ιουδα* σαυλον όνοματι ταρσεα·
	15 22	*ιουδαν* τον καλουμενον βαρσαββαν και σιλαν, άνδρας ήγουμενους έν τοις άδελφοις,
	27	άπεσταλκαμεν ούν *ιουδαν* και σιλαν, και αύτους δια λογου άπαγγελλοντας τα αύτα.
	32	*ιουδας* τε και σιλας, και αύτοι προφηται όντες, δια λογου πολλου παρεκαλεσαν τους άδελφους και έπεστηριξαν·
	34 *	έδοξεν δε τω σιλα έπιμειναι αύτους, μονος δε *ιουδας* έπορευθη.
Heb	7 14	προδηλον γαρ ότι έξ *ιουδα* άνατεταλκεν ὁ κυριος ήμων,
	8 8	και συντελεσω έπι τον οίκον ισραηλ και έπι τον οίκον *ιουδα* διαθηκην καινην,
Ju	1	*ιουδας* ιησου χριστου δουλος, άδελφος δε ιακωβου,
Apc	5 5	ίδου ένικησεν ὁ λεων ὁ έκ της φυλης *ιουδα*, ή ριζα δαυιδ, άνοιξαι το βιβλιον και τας έπτα σφραγιδας αύτου.
	7 5	έκ φυλης *ιουδα* δωδεκα χιλιαδες έσφραγισμενοι,

ιουλια [1]

Rm	16 15	άσπασασθε φιλολογον και *ιουλιαν*, νηρεα και την άδελφην αύτου, και όλυμπαν, και τους συν αύτοις παντας άγιους.

ιουλιος [2]

Ac	27 1	ώς δε έκριθη του άποπλειν ήμας είς την ιταλιαν, παρεδιδουν τον τε παυλον και τινας έτερους δεσμωτας έκατονταρχη όνοματι *ιουλιω* σπειρης σεβαστης.
	3	φιλανθρωπως τε ὁ *ιουλιος* τω παυλω χρησαμενος έπετρεψεν προς τους φιλους πορευθεντι έπιμελειας τυχειν.

ιουνιας [1]

Rm	16 7	άσπασασθε άνδρονικον και *ιουνιαν* τους συγγενεις μου και συναιχμαλωτους μου,

ιουστος [3]

Ac	1 23	και έστησαν δυο, ιωσηφ τον καλουμενον βαρσαββαν, ός έπεκληθη *ιουστος*, και μαθθιαν.
	18 7	και μεταβας έκειθεν είσηλθεν είς οίκιαν τινος όνοματι τιτιου *ιουστου* σεβομενου τον θεον,
Col	4 11	και ιησους ὁ λεγομενος *ιουστος*,

ιππευς [2]

Ac	23 23	έτοιμασατε στρατιωτας διακοσιους όπως πορευθωσιν έως καισαρειας, και *ιππεις* έβδομηκοντα και δεξιολαβους διακοσιους, άπο τριτης ώρας της νυκτος,
	32	τη δε έπαυριον έασαντες τους *ιππεις* άπερχεσθαι συν αύτω, ύπεστρεψαν είς την παρεμβολην·

ιππικος [1]

Apc	9 16	και ὁ άριθμος των στρατευματων του *ιππικου* δισμυριαδες μυριαδων·

ιππος [17]

Ja	3 3	εί δε των *ιππων* τους χαλινους είς τα στοματα βαλλομεν είς το πειθεσθαι αύτους ήμιν, και όλον το σωμα αύτων μεταγομεν.
Apc	6 2	και είδον, και ίδου *ιππος* λευκος,
	4	και έξηλθεν άλλος *ιππος* πυρρός,
	5	και είδον, και ίδου *ιππος* μελας,
	8	και είδον, και ίδου *ιππος* χλωρος,

ιππος [17]

Apc	9 7	και τα όμοιωματα των άκριδων όμοια *ιπποις* ήτοιμασμενοις είς πολεμον,
	9	και ή φωνη των πτερυγων αύτων ώς φωνη άρματων *ιππων* πολλων τρεχοντων είς πολεμον,
	17	και ούτως είδον τους *ιππους* έν τη όρασει και τους καθημενους έπ αύτων,
	17	και αί κεφαλαι των *ιππων* ώς κεφαλαι λεοντων,
	19	ή γαρ έξουσια των *ιππων* έν τω στοματι αύτων έστιν και έν ταις ούραις αύτων·
	14 20	και έξηλθεν αίμα έκ της ληνου άχρι των χαλινων των *ιππων*,
	18 13	και σιτον και κτηνη και προβατα, και *ιππων* και ρεδων και σωματων,
	19 11	και ίδου *ιππος* λευκος, και ὁ καθημενος έπ αύτον [καλουμενος] πιστος και άληθινος,
	14	και τα στρατευματα [τα] έν τω ούρανω ήκολουθει αύτω έφ *ιπποις* λευκοις,
	18 .	ίνα φαγητε σαρκας βασιλεων και σαρκας χιλιαρχων και σαρκας ίσχυρων και σαρκας *ιππων* και των καθημενων έπ αύτων,
	19	και είδον το θηριον και τους βασιλεις της γης και τα στρατευματα αύτων συνηγμενα ποιησαι τον πολεμον μετα του καθημενου έπι του *ιππου* και μετα του στρατευματος αύτου.
	21	και οί λοιποι άπεκτανθησαν έν τη ρομφαια του καθημενου έπι του *ιππου* τη έξελθουση έκ του στοματος αύτου,

ιρις [2]

Apc	4 3	και *ιρις* κυκλοθεν του θρονου όμοιος όρασει σμαραγδινω.
	10 1	και ή *ιρις* έπι της κεφαλης αύτου,

ισαακ [20]

Mt	1 2	άβρααμ έγεννησεν τον *ισαακ*,
	2	*ισαακ* δε έγεννησεν τον ιακωβ,
	8 11	λεγω δε ύμιν ότι πολλοι άπο άνατολων και δυσμων ήξουσιν και άνακλιθησονται μετα άβρααμ και *ισαακ* και ιακωβ έν τη βασιλεια των ούρανων·
	22 32	έγω είμι ὁ θεος άβρααμ και ὁ θεος *ισαακ* και ὁ θεος ιακωβ;
Mc	12 26	έγω ὁ θεος άβρααμ και [ὁ] θεος *ισαακ* και [ὁ] θεος ιακωβ;
Lc	3 34	του ιακωβ του *ισαακ* του άβρααμ του θαρα του ναχωρ
	13 28	έκει έσται ὁ κλαυθμος και ὁ βρυγμος των όδοντων, όταν όψησθε άβρααμ και *ισαακ* και ιακωβ και παντας τους προφητας έν τη βασιλεια του θεου, ύμας δε έκβαλλομενους έξω.
	20 37	και μωυσης έμηνυσεν έπι της βατου, ώς λεγει κυριον τον θεον άβρααμ και θεον *ισαακ* και θεον ιακωβ·
Ac	3 13	ὁ θεος άβρααμ και [ὁ θεος] *ισαακ* και [ὁ θεος] ιακωβ, ὁ θεος των πατερων ήμων, έδοξασεν τον παιδα αύτου ιησουν,
	7 8	και ούτως έγεννησεν τον *ισαακ* και περιετεμεν αύτον τη ήμερα τη όγδοη,
	8	και ούτως έγεννησεν τον *ισαακ* και περιετεμεν αύτον τη ήμερα τη όγδοη, και *ισαακ* τον ιακωβ, και ιακωβ τους δωδεκα πατριαρχας.
	32	έγω ὁ θεος των πατερων σου, ὁ θεος άβρααμ και *ισαακ* και ιακωβ.
Rm	9 7	έν *ισαακ* κληθησεται σοι σπερμα.
	10	ού μονον δε, άλλα και ρεβεκκα έξ ένος κοιτην έχουσα, *ισαακ* του πατρος ήμων·
Ga	4 28	ύμεις δε, άδελφοι, κατα *ισαακ* έπαγγελιας τεκνα έστε.
Heb	11 9	πιστει παρωκησεν είς γην της έπαγγελιας ώς άλλοτριαν, έν σκηναις κατοικησας, μετα *ισαακ* και ιακωβ των συγκληρονομων της έπαγγελιας της αύτης·
	17	πιστει προσενηνοχεν άβρααμ τον *ισαακ* πειραζομενος,
	18	προς όν έλαληθη ότι έν *ισαακ* κληθησεται σοι σπερμα,
	20	πιστει και περι μελλοντων εύλογησεν *ισαακ* τον ιακωβ και τον ήσαυ.
Ja	2 21	άβρααμ ὁ πατηρ ήμων ούκ έξ έργων έδικαιωθη, άνενεγκας *ισαακ* τον υίον αύτου έπι το θυσιαστηριον;

ισαγγελος [1]

Lc	20 36	ούδε γαρ άποθανειν έτι δυνανται, *ισαγγελοι* γαρ είσιν,

ἰσκαριωθ [3]

Mc 3 19 και ανδρεαν και φιλιππον και βαρθολομαιον και μαθθαιον
και θωμαν και ιακωβον τον του αλφαιου και θαδδαιον και
σιμωνα τον καναναιον και ιουδαν *ἰσκαριωθ*, ὃς και
παρεδωκεν αὐτον.

14 10 και ἰουδας *ἰσκαριωθ*, ὁ εἱς των δωδεκα, ἀπηλθεν προς τους
ἀρχιερεις ἱνα αὐτον παραδοι αὐτοις.

Lc 6 16 και ἰουδαν ιακωβου, και ιουδαν *ἰσκαριωθ*, ὃς ἐγενετο
προδοτης,

ἰσκαριωτης [8]

Mt 10 4 σιμων ὁ καναναιος και ιουδας ὁ *ἰσκαριωτης* ὁ και παραδους
αὐτον.

26 14 τοτε πορευθεις εἱς των δωδεκα, ὁ λεγομενος ιουδας
ἰσκαριωτης, προς τους ἀρχιερεις εἱπεν·

Lc 22 3 εἱσηλθεν δε σατανας εἱς ιουδαν τον καλουμενον *ἰσκαριωτην*,

Jh 6 71 ἐλεγεν δε τον ιουδαν σιμωνος *ἰσκαριωτου*·

12 4 λεγει δε ιουδας ὁ *ἰσκαριωτης* εἱς [ἐκ] των μαθητων αὐτου, ὁ
μελλων αὐτον παραδιδοναι· δια τι τουτο το μυρον οὐκ
ἐπραθη τριακοσιων δηναριων και ἐδοθη πτωχοις;

13 2 και δειπνου γινομενου, του διαβολου ἠδη βεβληκοτος εἱς την
καρδιαν ἱνα παραδοι αὐτον ιουδας σιμωνος *ἰσκαριωτου*,

26 βαψας οὐν το ψωμιον [λαμβανει και] διδωσιν ιουδᾳ σιμωνος
ἰσκαριωτου.

14 22 λεγει αὐτῳ ιουδας, οὐχ ὁ *ἰσκαριωτης*· κυριε, [και] τι γεγονεν
ὁτι ἡμιν μελλεις ἐμφανιζειν σεαυτον και οὐχι τῳ κοσμῳ;

ἰσος [8]

Mt 20 12 οὑτοι οἱ ἐσχατοι μιαν ὡραν ἐποιησαν, και *ἰσους* ἡμιν αὐτους
ἐποιησας τοις βαστασασι το βαρος της ἡμερας και τον
καυσωνα.

Mc 14 56 πολλοι γαρ ἐψευδομαρτυρουν κατ αὐτου, και *ἰσαι* αἱ
μαρτυριαι οὐκ ἠσαν.

59 και οὐδε οὑτως *ἰση* ἠν ἡ μαρτυρια αὐτων.

Lc 6 34 και ἁμαρτωλοι ἁμαρτωλοις δανιζουσιν ἱνα ἀπολαβωσιν τα
ἰσα.

Jh 5 18 ὁτι οὐ μονον ἐλυεν το σαββατον, ἀλλα και πατερα ἰδιον
ἐλεγεν τον θεον, *ἰσον* ἑαυτον ποιων τῳ θεῳ.

Ac 11 17 εἰ οὐν την *ἰσην* δωρεαν ἐδωκεν αὐτοις ὁ θεος ὡς και ἡμιν,
πιστευσασιν ἐπι τον κυριον ιησουν χριστον, ἐγω τις ἡμην
δυνατος κωλυσαι τον θεον;

Php 2 6 τουτο φρονειτε ἐν ὑμιν ὁ και ἐν χριστῳ ιησου, ὃς ἐν μορφῃ
θεου ὑπαρχων οὐχ ἁρπαγμον ἡγησατο το εἱναι *ἰσα* θεῳ,

Apc 21 16 το μηκος και το πλατος και το ὑψος αὐτης *ἰσα* ἐστιν.

ἰσοτης [3]

2Co 8 13 οὐ γαρ ἱνα ἀλλοις ἀνεσις, ὑμιν θλιψις, ἀλλ ἐξ *ἰσοτητος*

14 ἱνα και το ἐκεινων περισσευμα γενηται εἱς το ὑμων
ὑστερημα, ὁπως γενηται *ἰσοτης*,

Col 4 1 οἱ κυριοι, το δικαιον και την *ἰσοτητα* τοις δουλοις παρεχεσθε,

ἰσοτιμος [1]

2Pt 1 1 συμεων πετρος δουλος και ἀποστολος ιησου χριστου τοις
ἰσοτιμον ἡμιν λαχουσιν πιστιν ἐν δικαιοσυνῃ του θεου ἡμων
και σωτηρος ιησου χριστου·

ἰσοψυχος [1]

Php 2 20 οὐδενα γαρ ἐχω *ἰσοψυχον*, ὁστις γνησιως τα περι ὑμων
μεριμνησει·

ἰσραηλ [68]

Mt 2 6 ἐκ σοῦ γαρ ἐξελευσεται ἡγουμενος, ὁστις ποιμανει τον λαον
μου τον *ἰσραηλ*.

20 ἐγερθεις παραλαβε το παιδιον και την μητερα αὐτου, και
πορευου εἱς γην *ἰσραηλ*·

21 ὁ δε ἐγερθεις παρελαβεν το παιδιον και την μητερα αὐτου και
εἱσηλθεν εἱς γην *ἰσραηλ*.

8 10 παρ οὐδενι τοσαυτην πιστιν ἐν τῳ *ἰσραηλ* εὑρον.

9 33 οὐδεποτε ἐφανη οὑτως ἐν τῳ *ἰσραηλ*.

10 6 πορευεσθε δε μαλλον προς τα προβατα τα ἀπολωλοτα οἱκου
ἰσραηλ.

23 οὐ μη τελεσητε τας πολεις του *ἰσραηλ* ἑως ἀν ἐλθῃ ὁ υἱος του
ἀνθρωπου.

ἰσραηλ [68]

Mt 15 24 οὐκ ἀπεσταλην εἰ μη εἱς τα προβατα τα ἀπολωλοτα οἱκου
ἰσραηλ.

31 και ἐδοξασαν τον θεον *ἰσραηλ*.

19 28 ἐν τῃ παλιγγενεσιᾳ, ὁταν καθισῃ ὁ υἱος του ἀνθρωπου ἐπι
θρονου δοξης αὐτου, καθησεσθε και ὑμεις ἐπι δωδεκα
θρονους κρινοντες τας δωδεκα φυλας του *ἰσραηλ*.

27 9 και ἐλαβον τα τριακοντα ἀργυρια, την τιμην του τετιμημενου
ὃν ἐτιμησαντο ἀπο υἱων *ἰσραηλ*,

42 βασιλευς *ἰσραηλ* ἐστιν, καταβατω νυν ἀπο του σταυρου και
πιστευσομεν ἐπ αὐτον.

Mc 12 29 ἀκουε, *ἰσραηλ*, κυριος ὁ θεος ἡμων κυριος εἱς ἐστιν,

15 32 ὁ χριστος ὁ βασιλευς *ἰσραηλ* καταβατω νυν ἀπο του σταυρου,
ἱνα ἰδωμεν και πιστευσωμεν.

Lc 1 16 και πολλους των υἱων *ἰσραηλ* ἐπιστρεψει ἐπι κυριον τον θεον
αὐτων·

54 ἀντελαβετο *ἰσραηλ* παιδος αὐτου, μνησθηναι ἐλεους,

68 εὐλογητος κυριος ὁ θεος του *ἰσραηλ*,

80 το δε παιδιον ηὐξανεν και ἐκραταιουτο πνευματι, και ἠν ἐν
ταις ἐρημοις ἑως ἡμερας ἀναδειξεως αὐτου προς τον *ἰσραηλ*.

2 25 και ὁ ἀνθρωπος οὑτος δικαιος και εὐλαβης, προσδεχομενος
παρακλησιν του *ἰσραηλ*, και πνευμα ἠν ἁγιον ἐπ αὐτον·

32 ὁ ἡτοιμασας κατα προσωπον παντων των λαων, φως εἱς
ἀποκαλυψιν ἐθνων και δοξαν λαου σου *ἰσραηλ*.

34 ἰδου οὑτος κειται εἱς πτωσιν και ἀναστασιν πολλων ἐν τῳ
ἰσραηλ και εἱς σημειον ἀντιλεγομενον και σου [δε] αὐτης την
ψυχην διελευσεται ρομφαια,

4 25 πολλαι χηραι ἠσαν ἐν ταις ἡμεραις ἡλιου ἐν τῳ *ἰσραηλ*,

27 και πολλοι λεπροι ἠσαν ἐν τῳ *ἰσραηλ* ἐπι ἐλισαιου του
προφητου,

7 9 λεγω ὑμιν, οὐδε ἐν τῳ *ἰσραηλ* τοσαυτην πιστιν εὑρον.

22 30 και καθησεσθε ἐπι θρονων τας δωδεκα φυλας κρινοντες του
ἰσραηλ.

24 21 ἡμεις δε ἡλπιζομεν ὁτι αὐτος ἐστιν ὁ μελλων λυτρουσθαι τον
ἰσραηλ·

Jh 1 31 ἀλλ ἱνα φανερωθῃ τῳ *ἰσραηλ*, δια τουτο ἠλθον ἐγω ἐν ὑδατι
βαπτιζων.

49 συ εἱ ὁ υἱος του θεου, συ βασιλευς εἱ του *ἰσραηλ*.

3 10 συ εἱ ὁ διδασκαλος του *ἰσραηλ* και ταυτα οὐ γινωσκεις;

12 13 ὡσαννα, εὐλογημενος ὁ ἐρχομενος ἐν ὀνοματι κυριου, [και] ὁ
βασιλευς του *ἰσραηλ*.

Ac 1 6 κυριε, εἰ ἐν τῳ χρονῳ τουτῳ ἀποκαθιστανεις την βασιλειαν
τῳ *ἰσραηλ*;

2 36 ἀσφαλως οὐν γινωσκετω πας οἱκος *ἰσραηλ* ὁτι και κυριον
αὐτον και χριστον ἐποιησεν ὁ θεος,

4 10 γνωστον ἐστω πασιν ὑμιν και παντι τῳ λαῳ *ἰσραηλ*, ὁτι ἐν τῳ
ὀνοματι ιησου χριστου του ναζωραιου, ὃν ὑμεις
ἐσταυρωσατε, ὃν ὁ θεος ἠγειρεν ἐκ νεκρων, ἐν τουτῳ οὑτος
παρεστηκεν ἐνωπιον ὑμων ὑγιης.

27 ἡρωδης τε και ποντιος πιλατος συν ἐθνεσιν και λαοις *ἰσραηλ*,
ποιησαι ὁσα ἡ χειρ σου και ἡ βουλη [σου] προωρισεν
γενεσθαι.

5 21 παραγενομενος δε ὁ ἀρχιερευς και οἱ συν αὐτῳ συνεκαλεσαν
το συνεδριον και πασαν την γερουσιαν των υἱων *ἰσραηλ*,

31 τουτον ὁ θεος ἀρχηγον και σωτηρα ὑψωσεν τῃ δεξιᾳ αὐτου
[του] δουναι μετανοιαν τῳ *ἰσραηλ* και ἀφεσιν ἁμαρτιων.

7 23 ὡς δε ἐπληρουτο αὐτῳ τεσσερακονταετης χρονος, ἀνεβη ἐπι
την καρδιαν αὐτου ἐπισκεψασθαι τους ἀδελφους αὐτου τους
υἱους *ἰσραηλ*.

37 οὑτος ἐστιν ὁ μωυσης ὁ εἱπας τοις υἱοις *ἰσραηλ*· προφητην
ὑμιν ἀναστησει ὁ θεος ἐκ των ἀδελφων ὑμων ὡς ἐμε.

42 οἱκος *ἰσραηλ*;

9 15 πορευου, ὁτι σκευος ἐκλογης ἐστιν μοι οὑτος του βαστασαι
το ὀνομα μου ἐνωπιον ἐθνων τε και βασιλεων υἱων τε
ἰσραηλ·

10 36 τον λογον [ὃν] ἀπεστειλεν τοις υἱοις *ἰσραηλ* εὐαγγελιζομενος
εἰρηνην δια ιησου χριστου·

13 17 ὁ θεος του λαου τουτου *ἰσραηλ* ἐξελεξατο τους πατερας ἡμων,

23 τουτου ὁ θεος ἀπο του σπερματος κατ ἐπαγγελιαν ἠγαγεν τῳ
ἰσραηλ σωτηρα ιησουν,

24 προκηρυξαντος ιωαννου προ προσωπου της εἰσοδου αὐτου
βαπτισμα μετανοιας παντι τῳ λαῳ *ἰσραηλ*.

28 20 εἱνεκεν γαρ της ἐλπιδος του *ἰσραηλ* την ἁλυσιν ταυτην
περικειμαι.

Rm 9 6 οὐ γαρ παντες οἱ ἐξ *ἰσραηλ*, οὑτοι ἰσραηλ·

6 οὐ γαρ παντες οἱ ἐξ ἰσραηλ, οὑτοι *ἰσραηλ*·

27 ἡσαιας δε κραζει ὑπερ του *ἰσραηλ*· ἐαν ᾐ ὁ ἀριθμος των υἱων
ἰσραηλ ὡς ἡ ἀμμος της θαλασσης, το ὑπολειμμα σωθησεται·

27 ἐαν ᾐ ὁ ἀριθμος των υἱων *ἰσραηλ* ὡς ἡ ἀμμος της θαλασσης,
το ὑπολειμμα σωθησεται·

ισραηλ [68]

Rm 9 31 ισραηλ δε διωκων νομον δικαιοσυνης εις νομον ουκ εφθασεν.
   10 19 αλλα λεγω, μη ισραηλ ουκ εγνω;
     21 προς δε τον ισραηλ λεγει· ολην την ημεραν εξεπετασα τας χειρας μου προς λαον απειθουντα και αντιλεγοντα.
   11 2 η ουκ οιδατε εν ηλια τι λεγει η γραφη, ως εντυγχανει τω θεω κατα του ισραηλ;
     7 ο επιζητει ισραηλ, τουτο ουκ επετυχεν, η δε εκλογη επετυχεν·
     25 ινα μη ητε [παρ] εαυτοις φρονιμοι, οτι πωρωσις απο μερους τω ισραηλ γεγονεν αχρι ου το πληρωμα των εθνων εισελθη,
     26 και ουτως πας ισραηλ σωθησεται, καθως γεγραπται·
1Co 10 18 βλεπετε τον ισραηλ κατα σαρκα·
2Co 3 7 ει δε η διακονια του θανατου εν γραμμασιν εντετυπωμενη λιθοις εγενηθη εν δοξη, ωστε μη δυνασθαι ατενισαι τους υιους ισραηλ εις το προσωπον μωυσεως
     13 και ου καθαπερ μωυσης ετιθει καλυμμα επι το προσωπον αυτου, προς το μη ατενισαι τους υιους ισραηλ εις το τελος του καταργουμενου.
Ga 6 16 ειρηνη επ αυτους και ελεος, και επι τον ισραηλ του θεου.
Eph 2 12 οτι ητε τω καιρω εκεινω χωρις χριστου, απηλλοτριωμενοι της πολιτειας του ισραηλ και ξενοι των διαθηκων της επαγγελιας,
Php 3 5 περιτομη οκταημερος, εκ γενους ισραηλ, φυλης βενιαμιν, εβραιος εξ εβραιων,
Heb 8 8 και συντελεσω επι τον οικον ισραηλ και επι τον οικον ιουδα διαθηκην καινην,
     10 οτι αυτη η διαθηκη ην διαθησομαι τω οικω ισραηλ μετα τας ημερας εκεινας, λεγει κυριος,
   11 22 πιστει ιωσηφ τελευτων περι της εξοδου των υιων ισραηλ εμνημονευσεν
Apc 2 14 οτι εχεις εκει κρατουντας την διδαχην βαλααμ, ος εδιδασκεν τω βαλακ βαλειν σκανδαλον ενωπιον των υιων ισραηλ,
     7 4 εκατοντεσσερακοντατεσσαρες χιλιαδες εσφραγισμενοι εκ πασης φυλης υιων ισραηλ·
   21 12 και ονοματα επιγεγραμμενα, α εστιν [τα ονοματα] των δωδεκα φυλων υιων ισραηλ.

ισραηλιτης [9]

Jh 1 47 ιδε αληθως ισραηλιτης, εν ω δολος ουκ εστιν.
Ac 2 22 ανδρες ισραηλιται, ακουσατε τους λογους τουτους·
   3 12 ανδρες ισραηλιται, τι θαυμαζετε επι τουτο, η ημιν τι ατενιζετε ως ιδια δυναμει η ευσεβεια πεποιηκοσιν του περιπατειν αυτον;
   5 35 ανδρες ισραηλιται, προσεχετε εαυτοις επι τοις ανθρωποις τουτοις τι μελλετε πρασσειν.
   13 16 ανδρες ισραηλιται και οι φοβουμενοι τον θεον, ακουσατε.
   21 28 και επεβαλον επ αυτον τας χειρας, κραζοντες· ανδρες ισραηλιται, βοηθειτε·
Rm 9 4 ηυχομην γαρ αναθεμα ειναι αυτος εγω απο του χριστου υπερ των αδελφων μου των συγγενων μου κατα σαρκα, οιτινες εισιν ισραηλιται,
   11 1 και γαρ εγω ισραηλιτης ειμι, εκ σπερματος αβρααμ, φυλης βενιαμιν.
2Co 11 22 ισραηλιται εισιν; καγω.

ισσαχαρ [1]

Apc 7 7 εκ φυλης ισσαχαρ δωδεκα χιλιαδες,

ιστημι [154]

Mt 2 9 προηγεν αυτους εως ελθων εσταθη επανω ου ην το παιδιον.
   4 5 και εστησεν αυτον επι το πτερυγιον του ιερου,
   6 5 ουκ εσεσθε ως οι υποκριται· οτι φιλουσιν εν ταις συναγωγαις και εν ταις γωνιαις των πλατειων εστωτες προσευχεσθαι,
   12 25 και πασα πολις η οικια μερισθεισα καθ εαυτης ου σταθησεται.
     26 πως ουν σταθησεται η βασιλεια αυτου;
     46 ιδου η μητηρ και οι αδελφοι αυτου ειστηκεισαν εξω ζητουντες αυτω λαλησαι.
     47 [ιδου η μητηρ σου και οι αδελφοι σου εξω εστηκασιν ζητουντες σοι λαλησαι].
   13 2 και πας ο οχλος επι τον αιγιαλον ειστηκει.
   16 28 αμην λεγω υμιν οτι εισιν τινες των ωδε εστωτων οιτινες ου μη γευσωνται θανατου εως αν ιδωσιν τον υιον του ανθρωπου ερχομενον εν τη βασιλεια αυτου.
   18 2 και προσκαλεσαμενος παιδιον εστησεν αυτο εν μεσω αυτων και ειπεν·
     16 εαν δε μη ακουση, παραλαβε μετα σου ετι ενα η δυο, ινα επι στοματος δυο μαρτυρων η τριων σταθη παν ρημα·

ιστημι [154]

Mt 20 3 και εξελθων περι τριτην ωραν ειδεν αλλους εστωτας εν τη αγορα αργους,
     6 περι δε την ενδεκατην εξελθων ευρεν αλλους εστωτας,
     6 τι ωδε εστηκατε ολην την ημεραν αργοι;
     32 και στας ο ιησους εφωνησεν αυτους και ειπεν·
   24 15 οταν ουν ιδητε το βδελυγμα της ερημωσεως το ρηθεν δια δανιηλ του προφητου εστος εν τοπω αγιω, ο αναγινωσκων νοειτω, τοτε οι εν τη ιουδαια φευγετωσαν εις τα ορη·
   25 33 και στησει τα μεν προβατα εκ δεξιων αυτου, τα δε εριφια εξ ευωνυμων.
   26 15 οι δε εστησαν αυτω τριακοντα αργυρια.
     73 μετα μικρον δε προσελθοντες οι εστωτες ειπον τω πετρω·
   27 11 ο δε ιησους εσταθη εμπροσθεν του ηγεμονος·
     47 τινες δε των εκει εστηκοτων ακουσαντες ελεγον οτι ηλιαν φωνει ουτος.
Mc 3 24 και εαν βασιλεια εφ εαυτην μερισθη, ου δυναται σταθηναι η βασιλεια εκεινη·
     25 και εαν οικια εφ εαυτην μερισθη, ου δυνησεται η οικια εκεινη σταθηναι.
     26 και ει ο σατανας ανεστη εφ εαυτον και εμερισθη, ου δυναται στηναι αλλα τελος εχει.
   7 9 καλως αθετειτε την εντολην του θεου, ινα την παραδοσιν υμων στησητε.
   9 1 αμην λεγω υμιν οτι εισιν τινες ωδε των εστηκοτων οιτινες ου μη γευσωνται θανατου εως αν ιδωσιν την βασιλειαν του θεου εληλυθυιαν εν δυναμει.
     36 και λαβων παιδιον εστησεν αυτο εν μεσω αυτων, και εναγκαλισαμενος αυτο ειπεν αυτοις·
   10 49 και στας ο ιησους ειπεν·
   11 5 και τινες των εκει εστηκοτων ελεγον αυτοις·
   13 9 παραδωσουσιν υμας εις συνεδρια και εις συναγωγας δαρησεσθε και επι ηγεμονων και βασιλεων σταθησεσθε ενεκεν εμου, εις μαρτυριον αυτοις.
     14 οταν δε ιδητε το βδελυγμα της ερημωσεως εστηκοτα οπου ου δει, ο αναγινωσκων νοειτω,
Lc 1 11 ωφθη δε αυτω αγγελος κυριου εστως εκ δεξιων του θυσιαστηριου του θυμιαματος.
   4 9 ηγαγεν δε αυτον εις ιερουσαλημ και εστησεν επι το πτερυγιον του ιερου,
   5 1 εγενετο δε εν τω τον οχλον επικεισθαι αυτω και ακουειν τον λογον του θεου, και αυτος ην εστως παρα την λιμνην γεννησαρετ,
     2 και ειδεν δυο πλοια εστωτα παρα την λιμνην·
   6 8 εγειρε και στηθι εις το μεσον·
     8 και αναστας εστη.
     17 και καταβας μετ αυτων εστη επι τοπου πεδινου,
   7 14 οι δε βασταζοντες εστησαν, και ειπεν·
     38 και στασα οπισω παρα τους ποδας αυτου κλαιουσα, τοις δακρυσιν ηρξατο βρεχειν τους ποδας αυτου,
   8 20 η μητηρ σου και οι αδελφοι σου εστηκασιν εξω ιδειν θελοντες σε.
     44 και παραχρημα εστη η ρυσις του αιματος αυτης.
   9 27 λεγω δε υμιν αληθως, εισιν τινες των αυτου εστηκοτων οι ου μη γευσωνται θανατου εως αν ιδωσιν την βασιλειαν του θεου.
     47 ο δε ιησους ειδως τον διαλογισμον της καρδιας αυτων, επιλαβομενος παιδιον εστησεν αυτο παρ εαυτω,
   11 18 ει δε και ο σατανας εφ εαυτον διεμερισθη, πως σταθησεται η βασιλεια αυτου;
   13 25 αφ ου αν εγερθη ο οικοδεσποτης και αποκλειση την θυραν, και αρξησθε εξω εσταναι και κρουειν την θυραν λεγοντες·
   17 12 και εισερχομενου αυτου εις τινα κωμην απηντησαν [αυτω] δεκα λεπροι ανδρες, οι εστησαν πορρωθεν,
   18 11 ο φαρισαιος σταθεις προς εαυτον ταυτα προσηυχετο·
     13 ο δε τελωνης μακροθεν εστως ουκ ηθελεν ουδε τους οφθαλμους επαραι εις τον ουρανον,
     40 σταθεις δε ο ιησους εκελευσεν αυτον αχθηναι προς αυτον.
   19 8 σταθεις δε ζακχαιος ειπεν προς τον κυριον·
   21 36 αγρυπνειτε δε εν παντι καιρω δεομενοι ινα κατισχυσητε εκφυγειν ταυτα παντα τα μελλοντα γινεσθαι, και σταθηναι εμπροσθεν του υιου του ανθρωπου.
   23 10 ειστηκεισαν δε οι αρχιερεις και οι γραμματεις ευτονως κατηγορουντες αυτου.
     35 και ειστηκει ο λαος θεωρων.
     49 ειστηκεισαν δε παντες οι γνωστοι αυτω απο μακροθεν, και γυναικες αι συνακολουθουσαι αυτω απο της γαλιλαιας, ορωσαι ταυτα.
   24 17 τινες οι λογοι ουτοι ους αντιβαλλετε προς αλληλους περιπατουντες; και εσταθησαν σκυθρωποι.

ἵστημι [154]

Lc 24 36 ταυτα δε αυτων λαλουντων αυτος *έστη* εν μεσω αυτων και λεγει αυτοις,

Jh 1 26 μεσος υμων *έστηκεν* ον υμεις ουκ οιδατε,

35 τη επαυριον παλιν *είστηκει* ο ιωαννης και εκ των μαθητων αυτου δυο,

3 29 ο δε φιλος του νυμφιου, ο *έστηκως* και ακουων αυτου,

6 22 τη επαυριον ο οχλος ο *έστηκως* περαν της θαλασσης ειδον οτι πλοιαριον αλλο ουκ ην εκει ει μη εν,

7 37 εν δε τη εσχατη ημερα τη μεγαλη της εορτης *είστηκει* ο ιησους και εκραξεν λεγων·

8 3* αγουσιν δε οι γραμματεις και οι φαρισαιοι γυναικα επι μοιχεια κατειλημμενην, και *στησαντες* αυτην εν μεσω λεγουσιν αυτω·

11 56 εζητουν ουν τον ιησουν και ελεγον μετ αλληλων εν τω ιερω *έστηκοτες*· τι δοκει υμιν;

12 29 ο ουν οχλος ο *έστως* και ακουσας ελεγεν βροντην γεγονεναι·

18 5 *είστηκει* δε και ιουδας ο παραδιδους αυτον μετ αυτων.

16 ο δε πετρος *είστηκει* προς τη θυρα εξω.

18 *είστηκεισαν* δε οι δουλοι και οι υπηρεται ανθρακιαν πεποιηκοτες, οτι ψυχος ην,

18 ην δε και ο πετρος μετ αυτων *έστως* και θερμαινομενος.

25 ην δε σιμων πετρος *έστως* και θερμαινομενος.

19 25 *είστηκεισαν* δε παρα τω σταυρω του ιησου η μητηρ αυτου και η αδελφη της μητρος αυτου, μαρια η του κλωπα και μαρια η μαγδαληνη.

20 11 μαρια δε *είστηκει* προς τω μνημειω εξω κλαιουσα.

14 ταυτα ειπουσα εστραφη εις τα οπισω, και θεωρει τον ιησουν *έστωτα*,

19 ηλθεν ο ιησους και *έστη* εις το μεσον, και λεγει αυτοις·

26 και *έστη* εις το μεσον και ειπεν·

21 4 πρωιας δε ηδη γενομενης *έστη* ιησους εις τον αιγιαλον·

Ac 1 11 ανδρες γαλιλαιοι, τι *έστηκατε* [εμ]βλεποντες εις τον ουρανον;

23 και *έστησαν* δυο, ιωσηφ τον καλουμενον βαρσαββαν, ος επεκληθη ιουστος, και μαθθιαν.

2 14 *σταθεις* δε ο πετρος συν τοις ενδεκα επηρεν την φωνην αυτου και απεφθεγξατο αυτοις·

3 8 και εξαλλομενος *έστη*, και περιπατει, και εισηλθεν συν αυτοις εις το ιερον περιπατων και αλλομενος και αινων τον θεον.

4 7 και *στησαντες* αυτους εν τω μεσω επυνθανοντο·

14 τον τε ανθρωπον βλεποντες συν αυτοις *έστωτα* τον τεθεραπευμενον, ουδεν ειχον αντειπειν.

5 20 πορευεσθε και *σταθεντες* λαλειτε εν τω ιερω τω λαω παντα τα ρηματα της ζωης ταυτης.

23 αναστρεψαντες δε απηγγειλαν λεγοντες οτι το δεσμωτηριον ευρομεν κεκλεισμενον εν παση ασφαλεια και τους φυλακας *έστωτας* επι των θυρων, ανοιξαντες δε εσω ουδενα ευρομεν.

25 παραγενομενος δε τις απηγγειλεν αυτοις οτι ιδου οι ανδρες, ους εθεσθε εν τη φυλακη, εισιν εν τω ιερω *έστωτες* και διδασκοντες τον λαον.

27 αγαγοντες δε αυτους *έστησαν* εν τω συνεδριω.

6 6 και φιλιππον και προχορον και νικανορα και τιμωνα και παρμεναν και νικολαον προσηλυτον αντιοχεα, ους *έστησαν* ενωπιον των αποστολων,

13 *έστησαν* τε μαρτυρας ψευδεις λεγοντας·

7 33 λυσον το υποδημα των ποδων σου· ο γαρ τοπος εφ ω *έστηκας* γη αγια εστιν.

55 υπαρχων δε πληρης πνευματος αγιου ατενισας εις τον ουρανον ειδεν δοξαν θεου και ιησουν *έστωτα* εκ δεξιων του θεου,

56 ιδου θεωρω τους ουρανους διηνοιγμενους και τον υιον του ανθρωπου εκ δεξιων *έστωτα* του θεου.

60 κυριε, μη *στησης* αυτοις ταυτην την αμαρτιαν.

8 38 και εκελευσεν *στηναι* το αρμα,

9 7 οι δε ανδρες οι συνοδευοντες αυτω *είστηκεισαν* ενεοι, ακουοντες μεν της φωνης, μηδενα δε θεωρουντες.

10 30 και ιδου ανηρ *έστη* ενωπιον μου εν εσθητι λαμπρα, και φησιν·

11 13 απηγγειλεν δε ημιν πως ειδεν [τον] αγγελον εν τω οικω αυτου *σταθεντα* και ειποντα·

12 14 εισδραμουσα δε απηγγειλεν *έσταναι* τον πετρον προ του πυλωνος.

16 9 ανηρ μακεδων τις ην *έστως* και παρακαλων αυτον και λεγων·

17 22 *σταθεις* δε [ο] παυλος εν μεσω του αρειουπαγου εφη·

31 καθοτι *έστησεν* ημεραν εν η μελλει κρινειν την οικουμενην εν δικαιοσυνη,

21 40 επιτρεψαντος δε αυτου ο παυλος *έστως* επι των αναβαθμων κατεσεισεν τη χειρι τω λαω·

ἵστημι [154]

Ac 22 25 ως δε προετειναν αυτον τοις ιμασιν, ειπεν προς τον *έστωτα* εκατονταρχον ο παυλος· ει ανθρωπον ρωμαιον και ακατακριτον εξεστιν υμιν μαστιζειν;

30 και καταγαγων τον παυλον *έστησεν* εις αυτους.

24 20 η αυτοι ουτοι ειπατωσαν τι ευρον αδικημα *σταντος* μου επι του συνεδριου,

21 η αυτοι ουτοι ειπατωσαν τι ευρον αδικημα σταντος μου επι του συνεδριου, η περι μιας ταυτης φωνης ης εκεκραξα εν αυτοις *έστως* οτι περι αναστασεως νεκρων εγω κρινομαι σημερον εφ υμων.

25 10 επι του βηματος καισαρος *έστως* ειμι, ου με δει κρινεσθαι.

18 περι ου *σταθεντες* οι κατηγοροι ουδεμιαν αιτιαν εφερον ων εγω υπενοουν πονηρων,

26 6 και νυν επ ελπιδι της εις τους πατερας ημων επαγγελιας γενομενης υπο του θεου *έστηκα* κρινομενος,

16 αλλα αναστηθι και *στηθι* επι τους ποδας σου·

22 επικουριας ουν τυχων της απο του θεου αχρι της ημερας ταυτης *έστηκα* μαρτυρομενος μικρω τε και μεγαλω,

27 21 πολλης τε ασιτιας υπαρχουσης τοτε *σταθεις* ο παυλος εν μεσω αυτων ειπεν·

Rm 3 31 μη γενοιτο, αλλα νομον *ιστανομεν*.

5 2 δια του κυριου ημων ιησου χριστου, δι ου και την προσαγωγην εσχηκαμεν [τη πιστει] εις την χαριν ταυτην εν η *έστηκαμεν*,

10 3 αγνοουντες γαρ την του θεου δικαιοσυνην, και την ιδιαν [δικαιοσυνην] ζητουντες *στησαι*, τη δικαιοσυνη του θεου ουχ υπεταγησαν.

11 20 τη απιστια εξεκλασθησαν, συ δε τη πιστει *έστηκας*.

14 4 *σταθησεται* δε, δυνατει γαρ ο κυριος στησαι αυτον.

4 σταθησεται δε, δυνατει γαρ ο κυριος *στησαι* αυτον.

1Co 7 37 ος δε *έστηκεν* εν τη καρδια αυτου εδραιος, μη εχων αναγκην,

10 12 ωστε ο δοκων *έσταναι* βλεπετω μη πεση.

15 1 ο και παρελαβετε, εν ω και *έστηκατε*,

2Co 1 24 ουχ οτι κυριευομεν υμων της πιστεως, αλλα συνεργοι εσμεν της χαρας υμων· τη γαρ πιστει *έστηκατε*.

13 1 επι στοματος δυο μαρτυρων και τριων *σταθησεται* παν ρημα.

Eph 6 11 ενδυσασθε την πανοπλιαν του θεου προς το δυνασθαι υμας *στηναι* προς τας μεθοδειας του διαβολου·

13 δια τουτο αναλαβετε την πανοπλιαν του θεου, ινα δυνηθητε αντιστηναι εν τη ημερα τη πονηρα και απαντα κατεργασαμενοι *στηναι*.

14 *στητε* ουν περιζωσαμενοι την οσφυν υμων εν αληθεια,

Col 4 12 παντοτε αγωνιζομενος υπερ υμων εν ταις προσευχαις, ινα *σταθητε* τελειοι και πεπληροφορημενοι εν παντι θεληματι του θεου.

2Tm 2 19 ο μεντοι στερεος θεμελιος του θεου *έστηκεν*, εχων την σφραγιδα ταυτην·

Heb 10 9 αναιρει το πρωτον ινα το δευτερον *στηση*·

11 και πας μεν ιερευς *έστηκεν* καθ ημεραν λειτουργων και τας αυτας πολλακις προσφερων θυσιας,

Ja 2 3 και τω πτωχω ειπητε· συ *στηθι* εκει η καθου υπο το υποποδιον μου,

5 9 ιδου ο κριτης προ των θυρων *έστηκεν*.

1Pt 5 12 παρακαλων και επιμαρτυρων ταυτην ειναι αληθη χαριν του θεου, εις ην *στητε*.

Ju 24 τω δε δυναμενω φυλαξαι υμας απταιστους και *στησαι* κατενωπιον της δοξης αυτου αμωμους εν αγαλλιασει,

Apc 3 20 ιδου *έστηκα* επι την θυραν και κρουω·

5 6 και ειδον εν μεσω του θρονου και των τεσσαρων ζωων και εν μεσω των πρεσβυτερων αρνιον *έστηκος* ως εσφαγμενον,

6 17 οτι ηλθεν η ημερα η μεγαλη της οργης αυτων, και τις δυναται *σταθηναι*;

7 1 μετα τουτο ειδον τεσσαρας αγγελους *έστωτας* επι τας τεσσαρας γωνιας της γης,

9 *έστωτες* ενωπιον του θρονου και ενωπιον του αρνιου,

11 και παντες οι αγγελοι *είστηκεισαν* κυκλω του θρονου και των πρεσβυτερων και των τεσσαρων ζωων,

8 2 και ειδον τους επτα αγγελους οι ενωπιον του θεου *έστηκασιν*,

3 και αλλος αγγελος ηλθεν και *έσταθη* επι του θυσιαστηριου εχων λιβανωτον χρυσουν,

10 5 και ο αγγελος, ον ειδον *έστωτα* επι της θαλασσης και επι της γης, ηρεν την χειρα αυτου την δεξιαν εις τον ουρανον,

8 υπαγε λαβε το βιβλιον το ηνεωγμενον εν τη χειρι του αγγελου του *έστωτος* επι της θαλασσης και επι της γης.

11 4 ουτοι εισιν αι δυο ελαιαι και αι δυο λυχνιαι αι ενωπιον του κυριου της γης *έστωτες*.

11 και *έστησαν* επι τους ποδας αυτων,

12 4 και ο δρακων *έστηκεν* ενωπιον της γυναικος της μελλουσης τεκειν,

ἵστημι [154]

Apc	12 18	καὶ ἐστάθη ἐπι την ἀμμον της θαλασσης.
	14 1	καὶ εἰδον, καὶ ἰδου το ἀρνιον ἑστος ἐπι το ὁρος σιων,
	15 2	καὶ τους νικωντας ἐκ ιου θηριου και ἐκ της εἰκονος αὐτου και ἐκ του ἀριθμου του ὀνοματος αὐτου ἑστωτας ἐπι την θαλασσαν την ὑαλινην,
	18 10	ἀπο μακροθεν ἑστηκοτες δια τον φοβον του βασανισμου αὐτης, λεγοντες·
	15	οἱ ἐμποροι τουτων, οἱ πλουτησαντες ἀπ αὐτης, ἀπο μακροθεν στησονται
	17	καὶ πας κυβερνητης και πας ὁ ἐπι τοπον πλεων και ναυται και ὁσοι την θαλασσαν ἐργαζονται, ἀπο μακροθεν ἑστησαν
	19 17	καὶ εἰδον ἑνα ἀγγελον ἑστωτα ἐν τω ἡλιω,
	20 12	καὶ εἰδον τους νεκρους, τους μεγαλους και τους μικρους, ἑστωτας ἐνωπιον του θρονου,

ἱστορεω [1]

Ga	1 18	ἐπειτα μετα ἐτη τρια ἀνηλθον εἰς ἱεροσολυμα ἱστορησαι κηφαν,

ἰσχυρος [29]

Mt	3 11	ἐγω μεν ὑμας βαπτιζω ἐν ὑδατι εἰς μετανοιαν· ὁ δε ὀπισω μου ἐρχομενος ἰσχυροτερος μου ἐστιν,
	12 29	ἠ πῶς δυναται τις εἰσελθειν εἰς την οἰκιαν του ἰσχυρου και τα σκευη αὐτου ἁρπασαι,
	29	ἠ πῶς δυναται τις εἰσελθειν εἰς την οἰκιαν του ἰσχυρου και τα σκευη αὐτου ἁρπασαι, ἐαν μη πρωτον δηση τον ἰσχυρον;
	14 30	βλεπων δε τον ἀνεμον [ἰσχυρον] ἐφοβηθη,
Mc	1 7	ἐρχεται ὁ ἰσχυροτερος μου ὀπισω μου, οὑ οὐκ εἰμι ἱκανος κυψας λυσαι τον ἱμαντα των ὑποδηματων αὐτου.
	3 27	ἀλλ οὐ δυναται οὐδες εἰς την οἰκιαν του ἰσχυρου εἰσελθων τα σκευη αὐτου διαρπασαι,
	27	ἀλλ οὐ δυναται οὐδεις εἰς την οἰκιαν του ἰσχυρου εἰσελθων τα σκευη αὐτου διαρπασαι, ἐαν μη πρωτον τον ἰσχυρον δηση,
Lc	3 16	ἐγω μεν ὑδατι βαπτιζω ὑμας· ἐρχεται δε ὁ ἰσχυροτερος μου, οὑ οὐκ εἰμι ἱκανος λυσαι τον ἱμαντα των ὑποδηματων αὐτου·
	11 21	ὁταν ὁ ἰσχυρος καθωπλισμενος φυλασση την ἑαυτου αὐλην, ἐν εἰρηνη ἐστιν τα ὑπαρχοντα αὐτου·
	22	ἐπαν δε ἰσχυροτερος αὐτου ἐπελθων νικηση αὐτον, την πανοπλιαν αὐτου αἰρει, ἐφ ἡ ἐπεποιθει, και τα σκυλα αὐτου διαδιδωσιν.
	15 14	δαπανησαντος δε αὐτου παντα ἐγενετο λιμος ἰσχυρα κατα την χωραν ἐκεινην,
1Co	1 25	ὁτι το μωρον του θεου σοφωτερον των ἀνθρωπων ἐστιν, και το ἀσθενες του θεου ἰσχυροτερον των ἀνθρωπων.
	27	καὶ τα ἀσθενη του κοσμου ἐξελεξατο ὁ θεος ἱνα καταισχυνη τα ἰσχυρα,
	4 10	ἡμεις ἀσθενεις, ὑμεις δε ἰσχυροι· ὑμεις ἐνδοξοι, ἡμεις δε ἀτιμοι.
	10 22	ἠ παραζηλουμεν τον κυριον; μη ἰσχυροτεροι αὐτου ἐσμεν;
2Co	10 10	ὁτι αἱ ἐπιστολαι μεν, φησιν, βαρειαι και ἰσχυραι,
Heb	5 7	ὁς ἐν ταις ἡμεραις της σαρκος αὐτου δεησεις τε και ἱκετηριας προς τον δυναμενον σωζειν αὐτον ἐκ θανατου μετα κραυγης ἰσχυρας και δακρυων
	6 18	ἱνα δια δυο πραγματων ἀμεταθετων, ἐν οἱς ἀδυνατον ψευσασθαι [τον] θεον, ἰσχυραν παρακλησιν ἐχωμεν οἱ καταφυγοντες
	11 34	ἐδυναμωθησαν ἀπο ἀσθενειας, ἐγενηθησαν ἰσχυροι ἐν πολεμω, παρεμβολας ἐκλιναν ἀλλοτριων.
1Jh	2 14	ἐγραψα ὑμιν, νεανισκοι, ὁτι ἰσχυροι ἐστε και ὁ λογος του θεου ἐν ὑμιν μενει και νενικηκατε τον πονηρον.
Apc	5 2	καὶ εἰδον ἀγγελον ἰσχυρον κηρυσσοντα ἐν φωνη μεγαλη·
	6 15	καὶ οἱ βασιλεις της γης και οἱ μεγιστανες και οἱ χιλιαρχοι και οἱ πλουσιοι και οἱ ἰσχυροι και πας δουλος και ἐλευθερος ἐκρυψαν ἑαυτους
	10 1	καὶ εἰδον ἀλλον ἀγγελον ἰσχυρον καταβαινοντα ἐκ του οὐρανου,
	18 2	καὶ ἐκραξεν ἐν ἰσχυρα φωνη λεγων·
	8	ὁτι ἰσχυρος κυριος ὁ θεος ὁ κρινας αὐτην.
	10	οὐαι οὐαι, ἡ πολις ἡ μεγαλη, βαβυλων ἡ πολις ἡ ἰσχυρα,
	21	καὶ ἡρεν εἱς ἀγγελος ἰσχυρος λιθον ὡς μυλινον μεγαν,
	19 6	καὶ ἡκουσα ὡς φωνην ὀχλου πολλου και ὡς φωνην ὑδατων πολλων και ὡς φωνην βροντων ἰσχυρων, λεγοντων·
	18	ἱνα φαγητε σαρκας βασιλεων και σαρκας χιλιαρχων και σαρκας ἰσχυρων και σαρκας ἱππων και των καθημενων ἐπ αὐτων,

ἰσχυς [10]

Mc	12 30	καὶ ἀγαπησεις κυριον τον θεον σου ἐξ ὁλης της καρδιας σου και ἐξ ὁλης της ψυχης ουυ και ἐξ ὁλης της διανοιας σου και ἐξ ὁλης της ἰσχυος σου.
	33	καὶ το ἀγαπαν αὐτον ἐξ ὁλης της καρδιας και ἐξ ὁλης της συνεσεως και ἐξ ὁλης της ἰσχυος,
Lc	10 27	ἀγαπησεις κυριον τον θεον σου ἐξ ὁλης [της] καρδιας σου και ἐν ὁλη τη ψυχη σου και ἐν ὁλη τη ἰσχυι σου και ἐν ὁλη τη διανοια σου, και τον πλησιον σου ὡς σεαυτον.
Eph	1 19	καὶ τι το ὑπερβαλλον μεγεθος της δυναμεως αὐτου εἰς ἡμας τους πιστευοντας κατα την ἐνεργειαν του κρατους της ἰσχυος αὐτου,
	6 10	του λοιπου, ἐνδυναμουσθε ἐν κυριω και ἐν τω κρατει της ἰσχυος αὐτου.
2Th	1 9	οἱτινες δικην τισουσιν ὀλεθρον αἰωνιον ἀπο προσωπου του κυριου και ἀπο της δοξης της ἰσχυος αὐτου,
1Pt	4 11	εἱ τις διακονει, ὡς ἐξ ἰσχυος ἡς χορηγει ὁ θεος·
2Pt	2 11	ὁπου ἀγγελοι ἰσχυι και δυναμει μειζονες ὀντες οὐ φερουσιν κατ αὐτων παρα κυριου βλασφημον κρισιν.
Apc	5 12	ἀξιον ἐστιν το ἀρνιον το ἐσφαγμενον λαβειν την δυναμιν και πλουτον και σοφιαν και ἰσχυν και τιμην και δοξαν και εὐλογιαν.
	7 12	ἡ εὐλογια και ἡ δοξα και ἡ σοφια και ἡ εὐχαριστια και ἡ τιμη και ἡ δυναμις και ἡ ἰσχυς τω θεω ἡμων εἰς τους αἰωνας των αἰωνων·

ἰσχυω [28]

Mt	5 13	εἰς οὐδεν ἰσχυει ἐτι εἰ μη βληθεν ἐξω καταπατεισθαι ὑπο των ἀνθρωπων.
	8 28	χαλεποι λιαν, ὡστε μη ἰσχυειν τινα παρελθειν δια της ὁδου ἐκεινης.
	9 12	οὐ χρειαν ἐχουσιν οἱ ἰσχυοντες ἰατρου ἀλλ οἱ κακως ἐχοντες.
	26 40	οὑτως οὐκ ἰσχυσατε μιαν ὡραν γρηγορησαι μετ ἐμου;
Mc	2 17	καὶ ἀκουσας ὁ ἰησους λεγει αὐτοις οὐ χρειαν ἐχουσιν οἱ ἰσχυοντες ἰατρου ἀλλ οἱ κακως ἐχοντες·
	5 4	δια το αὐτον πολλακις πεδαις και ἁλυσεσιν δεδεσθαι, και διεσπασθαι ὑπ αὐτου τας ἁλυσεις και τας πεδας συντετριφθαι, και οὐδεις ἰσχυεν αὐτον δαμασαι·
	9 18	καὶ εἰπα τοις μαθηταις σου ἱνα αὐτο ἐκβαλωσιν, και οὐκ ἰσχυσαν.
	14 37	σιμων, καθευδεις; οὐκ ἰσχυσας μιαν ὡραν γρηγορησαι;
Lc	6 48	πλημμυρης δε γενομενης προσερηξεν ὁ ποταμος τη οἰκια ἐκεινη, και οὐκ ἰσχυσεν σαλευσαι αὐτην δια το καλως οἰκοδομησθαι αὐτην·
	8 43	καὶ γυνη οὐσα ἐν ρυσει αἱματος ἀπο ἐτων δωδεκα, ἡτις [ἰατροις προσαναλωσασα ὁλον τον βιον] οὐκ ἰσχυσεν ἀπ οὐδενος θεραπευθηναι,
	13 24	ἀγωνιζεσθε εἰσελθειν δια της στενης θυρας, ὁτι πολλοι, λεγω ὑμιν, ζητησουσιν εἰσελθειν και οὐκ ἰσχυσουσιν. ἀφ οὑ ἀν ἐγερθη ὁ οἰκοδεσποτης και ἀποκλειση την θυραν,
	14 6	καὶ οὐκ ἰσχυσαν ἀνταποκριθηναι προς ταυτα.
	29	ἱνα μηποτε θεντος αὐτου θεμελιον και μη ἰσχυοντος ἐκτελεσαι παντες οἱ θεωρουντες ἀρξωνται αὐτω ἐμπαιζειν λεγοντες
	30	ὁτι οὑτος ὁ ἀνθρωπος ἡρξατο οἰκοδομειν και οὐκ ἰσχυσεν ἐκτελεσαι.
	16 3	σκαπτειν οὐκ ἰσχυω, ἐπαιτειν αἰσχυνομαι.
	20 26	καὶ οὐκ ἰσχυσαν ἐπιλαβεσθαι αὐτου ρηματος ἐναντιον του λαου,
Jh	21 6	ἐβαλον οὐν, και οὐκετι αὐτο ἑλκυσαι ἰσχυον ἀπο του πληθους των ἰχθυων.
Ac	6 10	καὶ οὐκ ἰσχυον ἀντιστηναι τη σοφια και τω πνευματι ὡ ἐλαλει.
	15 10	νυν οὐν τι πειραζετε τον θεον, ἐπιθειναι ζυγον ἐπι τον τραχηλον των μαθητων, ὁν οὐτε οἱ πατερες ἡμων οὐτε ἡμεις ἰσχυσαμεν βαστασαι;
	19 16	καὶ ἐφαλομενος ὁ ἀνθρωπος ἐπ αὐτους, ἐν ὡ ἡν το πνευμα το πονηρον, κατακυριευσας ἀμφοτερων ἰσχυσεν κατ αὐτων,
	20	οὑτως κατα κρατος του κυριου ὁ λογος ηὑξανεν και ἰσχυεν.
	25 7	πολλα και βαρεα αἰτιωματα καταφεροντες, ἁ οὐκ ἰσχυον ἀποδειξαι,
	27 16	νησιον δε τι ὑποδραμοντες καλουμενον καυδα ἰσχυσαμεν μολις περικρατεις γενεσθαι της σκαφης,
Ga	5 6	ἐν γαρ χριστω ἰησου οὐτε περιτομη τι ἰσχυει οὐτε ἀκροβυστια,
Php	4 13	παντα ἰσχυω ἐν τω ἐνδυναμουντι με.
Heb	9 17	διαθηκη γαρ ἐπι νεκροις βεβαια, ἐπει μηποτε ἰσχυει ὁτε ζη ὁ διαθεμενος.
Ja	5 16	πολυ ἰσχυει δεησις δικαιου ἐνεργουμενη.

ἰσχυω [28]

Apc 12 8   και ὁ δρακων ἐπολεμησεν και οἱ ἀγγελοι αὐτου, και οὐκ ἰσχυσεν,

ἰσως [1]

Lc 20 13   πεμψω τον υἱον μου τον ἀγαπητον· ἰσως τουτον ἐντραπησονται.

ἰταλια [4]

Ac 18 2   και εὑρων τινα ἰουδαιον ὀνοματι ἀκυλαν, ποντικον τω γενει, προσφατως ἐληλυθοτα ἀπο της ἰταλιας,

27 1   ὡς δε ἐκριθη του ἀποπλειν ἡμας εἰς την ἰταλιαν, παρεδιδουν τον τε παυλον και τινας ἑτερους δεσμωτας ἑκατονταρχη ὀνοματι ἰουλιω σπειρης σεβαστης.

6   κακει εὑρων ὁ ἑκατονταρχης πλοιον ἀλεξανδρινον πλεον εἰς την ἰταλιαν ἐνεβιβασεν ἡμας εἰς αὐτο.

Heb 13 24   ἀσπαζονται ὑμας οἱ ἀπο της ἰταλιας.

ἰταλικος [1]

Ac 10 1   ἀνηρ δε τις ἐν καισαρεια ὀνοματι κορνηλιος, ἑκατονταρχης ἐκ σπειρης της καλουμενης ἰταλικης,

ἰτουραια [1]

Lc 3 1   και τετρααρχουντος της γαλιλαιας ἡρωδου, φιλιππου δε του ἀδελφου αὐτου τετρααρχουντος της ἰτουραιας και τραχωνιτιδος χωρας,

ἰχθυδιον [2]

Mt 15 34   ἑπτα, και ὀλιγα ἰχθυδια.
Mc 8 7   και εἰχον ἰχθυδια ὀλιγα·

ἰχθυς [20]

Mt 7 10   ἠ και ἰχθυν αἰτησει,

14 17   οὐκ ἐχομεν ὡδε εἰ μη πεντε ἀρτους και δυο ἰχθυας.

19   λαβων τους πεντε ἀρτους και τους δυο ἰχθυας, ἀναβλεψας εἰς τον οὐρανον εὐλογησεν, και κλασας ἐδωκεν τοις μαθηταις τους ἀρτους,

15 36   και παραγγειλας τω ὀχλω ἀναπεσειν ἐπι την γην ἐλαβεν τους ἑπτα ἀρτους και τους ἰχθυας και εὐχαριστησας ἐκλασεν και ἐδιδου τοις μαθηταις,

17 27   ἰνα δε μη σκανδαλισωμεν αὐτους, πορευθεις εἰς θαλασσαν βαλε ἀγκιστρον και τον ἀναβαντα πρωτον ἰχθυν ἀρον, και ἀνοιξας το στομα αὐτου εὑρησεις στατηρα·

Mc 6 38   και γνοντες λεγουσιν· πεντε, και δυο ἰχθυας.

41   και λαβων τους πεντε ἀρτους και τους δυο ἰχθυας, ἀναβλεψας εἰς τον οὐρανον εὐλογησεν και κατεκλασεν τους ἀρτους και ἐδιδου τοις μαθηταις [αὐτου] ἰνα παρατιθωσιν αὐτοις,

41   και τους δυο ἰχθυας ἐμερισεν πασιν.

43   και ἠραν κλασματα δωδεκα κοφινων πληρωματα και ἀπο των ἰχθυων.

Lc 5 6   και τουτο ποιησαντες συνεκλεισαν πληθος ἰχθυων πολυ·

9   θαμβος γαρ περιεσχεν αὐτον και παντας τους συν αὐτω ἐπι τη ἀγρα των ἰχθυων ὡν συνελαβον,

9 13   οὐκ εἰσιν ἡμιν πλειον ἠ ἀρτοι πεντε και ἰχθυες δυο,

16   λαβων δε τους πεντε ἀρτους και τους δυο ἰχθυας, ἀναβλεψας εἰς τον οὐρανον εὐλογησεν αὐτους και κατεκλασεν, και ἐδιδου τοις μαθηταις παραθειναι τω ὀχλω.

11 11   τινα δε ἐξ ὑμων τον πατερα αἰτησει ὁ υἱος ἰχθυν, και ἀντι ἰχθυος ὀφιν αὐτω ἐπιδωσει;

11   τινα δε ἐξ ὑμων τον πατερα αἰτησει ὁ υἱος ἰχθυν, και ἀντι ἰχθυος ὀφιν αὐτω ἐπιδωσει;

24 42   οἱ δε ἐπεδωκαν αὐτω ἰχθυος ὀπτου μερος·

Jh 21 6   ἐβαλον οὐν, και οὐκετι αὐτο ἑλκυσαι ἰσχυον ἀπο του πληθους των ἰχθυων.

8   οἱ δε ἀλλοι μαθηται τω πλοιαριω ἠλθον, οὐ γαρ ἠσαν μακραν ἀπο της γης ἀλλα ὡς ἀπο πηχων διακοσιων, συροντες το δικτυον των ἰχθυων.

11   ἀνεβη οὐν σιμων πετρος και εἰλκυσεν το δικτυον εἰς την γην μεστον ἰχθυων μεγαλων ἑκατονπεντηκοντατριων·

1Co 15 39   ἀλλη δε σαρξ πτηνων, ἀλλη δε ἰχθυων.

ἰχνος [3]

Rm 4 12   και πατερα περιτομης τοις οὐκ ἐκ περιτομης μονον ἀλλα και τοις στοιχουσιν τοις ἰχνεσιν της ἐν ἀκροβυστια πιστεως του πατρος ἡμων ἀβρααμ.

2Co 12 18   οὐ τω αὐτω πνευματι περιεπατησαμεν; οὐ τοις αὐτοις ἰχνεσιν;

1Pt 2 21   ὁτι και χριστος ἐπαθεν ὑπερ ὑμων, ὑμιν ὑπολιμπανων ὑπογραμμον ἰνα ἐπακολουθησητε τοις ἰχνεσιν αὐτου·

ἰωαθαμ [2]

Mt 1 9   ὀζιας δε ἐγεννησεν τον ἰωαθαμ,

9   ἰωαθαμ δε ἐγεννησεν τον ἀχαζ,

ἰωαναν [1]

Lc 3 27   του ἰωαναν του ρησα του ζοροβαβελ του σαλαθιηλ του νηρι

ἰωαννα [2]

Lc 8 3   και ἰωαννα γυνη χουζα ἐπιτροπου ἡρωδου και σουσαννα και ἑτεραι πολλαι,

24 10   ἠσαν δε ἡ μαγδαληνη μαρια και ἰωαννα και μαρια ἡ ἰακωβου·

ἰωαννης [135]

Mt 3 1   ἐν δε ταις ἡμεραις ἐκειναις παραγινεται ἰωαννης ὁ βαπτιστης κηρυσσων ἐν τη ἐρημω της ἰουδαιας,

4   αὐτος δε ὁ ἰωαννης εἰχεν το ἐνδυμα αὐτου ἀπο τριχων καμηλου και ζωνην δερματινην περι την ὀσφυν αὐτου·

13   τοτε παραγινεται ὁ ἰησους ἀπο της γαλιλαιας ἐπι τον ἰορδανην προς τον ἰωαννην του βαπτισθηναι ὑπ αὐτου.

14   ὁ δε ἰωαννης διεκωλυεν αὐτον λεγων·

4 12   ἀκουσας δε ὁτι ἰωαννης παρεδοθη ἀνεχωρησεν εἰς την γαλιλαιαν.

21   και προβας ἐκειθεν εἰδεν ἀλλους δυο ἀδελφους, ἰακωβον τον του ζεβεδαιου και ἰωαννην τον ἀδελφον αὐτου,

9 14   τοτε προσερχονται αὐτω οἱ μαθηται ἰωαννου λεγοντες·

10 2   και ἰακωβος ὁ του ζεβεδαιου και ἰωαννης ὁ ἀδελφος αὐτου,

11 2   ὁ δε ἰωαννης ἀκουσας ἐν τω δεσμωτηριω τα ἐργα του χριστου,

4   πορευθεντες ἀπαγγειλατε ἰωαννη ἀ ἀκουετε και βλεπετε·

7   τουτων δε πορευομενων ἠρξατο ὁ ἰησους λεγειν τοις ὀχλοις περι ἰωαννου·

11   οὐκ ἐγηγερται ἐν γεννητοις γυναικων μειζων ἰωαννου του βαπτιστου·

12   ἀπο δε των ἡμερων ἰωαννου του βαπτιστου ἑως ἀρτι ἡ βασιλεια των οὐρανων βιαζεται,

13   παντες γαρ οἱ προφηται και ὁ νομος ἑως ἰωαννου ἐπροφητευσαν·

18   ἠλθεν γαρ ἰωαννης μητε ἐσθιων μητε πινων,

14 2   και εἰπεν τοις παισιν αὐτου· οὑτος ἐστιν ἰωαννης ὁ βαπτιστης·

3   ὁ γαρ ἡρωδης κρατησας τον ἰωαννην ἐδησεν [αὐτον] και ἐν φυλακη ἀπεθετο δια ἡρωδιαδα την γυναικα φιλιππου του ἀδελφου αὐτου·

4   ἐλεγεν γαρ ὁ ἰωαννης αὐτω· οὐκ ἐξεστιν σοι ἐχειν αὐτην.

8   δος μοι, φησιν, ὡδε ἐπι πινακι την κεφαλην ἰωαννου του βαπτιστου.

10   και πεμψας ἀπεκεφαλισεν [τον] ἰωαννην ἐν τη φυλακη.

16 14   οἱ δε εἰπαν· οἱ μεν ἰωαννην τον βαπτιστην, ἀλλοι δε ἡλιαν, ἑτεροι δε ἰερεμιαν ἠ ἑνα των προφητων.

17 1   και μεθ ἡμερας ἑξ παραλαμβανει ὁ ἰησους τον πετρον και ἰακωβον και ἰωαννην τον ἀδελφον αὐτου,

13   τοτε συνηκαν οἱ μαθηται ὁτι περι ἰωαννου του βαπτιστου εἰπεν αὐτοις.

21 25   το βαπτισμα το ἰωαννου ποθεν ἠν; ἐξ οὐρανου ἠ ἐξ ἀνθρωπων;

26   ἐαν δε εἰπωμεν· ἐξ ἀνθρωπων, φοβουμεθα τον ὀχλον· παντες γαρ ὡς προφητην ἐχουσιν τον ἰωαννην.

32   ἠλθεν γαρ ἰωαννης προς ὑμας ἐν ὁδω δικαιοσυνης,

Mc 1 4   ἐγενετο ἰωαννης [ὁ] βαπτιζων ἐν τη ἐρημω κηρυσσων βαπτισμα μετανοιας εἰς ἀφεσιν ἀμαρτιων.

6   και ἠν ὁ ἰωαννης ἐνδεδυμενος τριχας καμηλου και ζωνην δερματινην περι την ὀσφυν αὐτου,

9   και ἐγενετο ἐν ἐκειναις ταις ἡμεραις ἠλθεν ἰησους ἀπο ναζαρετ της γαλιλαιας και ἐβαπτισθη εἰς τον ἰορδανην ὑπο ἰωαννου.

14   μετα δε το παραδοθηναι τον ἰωαννην ἠλθεν ὁ ἰησους εἰς την γαλιλαιαν κηρυσσων το εὐαγγελιον του θεου και λεγων,

ιωαννης [135]

Mc 1 19 και προβας ολιγον ειδεν ιακωβον τον του ζεβεδαιου και *ιωαννην* τον αδελφον αυτου και αυτους εν τω πλοιω καταρτιζοντας τα δικτυα.

29 και ευθυς εκ της συναγωγης εξελθοντες ηλθον εις την οικιαν σιμωνος και ανδρεου μετα ιακωβου και *ιωαννου*.

2 18 και ησαν οι μαθηται *ιωαννου* και οι φαρισαιοι νηστευοντες.

18 δια τι οι μαθηται *ιωαννου* και οι μαθηται των φαρισαιων νηστευουσιν, οι δε σοι μαθηται ου νηστευουσιν;

3 17 και ιακωβον τον του ζεβεδαιου και *ιωαννην* τον αδελφον του ιακωβου, και επεθηκεν αυτοις ονομα[τα] βοανηργες, ο εστιν υιοι βροντης·

5 37 ο δε ιησους παρακουσας τον λογον λαλουμενον λεγει τω αρχισυναγωγω· μη φοβου, μονον πιστευε και ουκ αφηκεν ουδενα μετ αυτου συνακολουθησαι ει μη τον πετρον και ιακωβον και *ιωαννην* τον αδελφον ιακωβου.

6 14 και ηκουσεν ο βασιλευς ηρωδης, φανερον γαρ εγενετο το ονομα αυτου, και ελεγον οτι *ιωαννης* ο βαπτιζων εγηγερται εκ νεκρων,

16 ακουσας δε ο ηρωδης ελεγεν· ον εγω απεκεφαλισα *ιωαννην*, ουτος ηγερθη.

17 αυτος γαρ ο ηρωδης αποστειλας εκρατησεν τον *ιωαννην* και εδησεν αυτον εν φυλακη δια ηρωδιαδα την γυναικα φιλιππου του αδελφου αυτου,

18 ελεγεν γαρ ο *ιωαννης* τω ηρωδη οτι ουκ εξεστιν σοι εχειν την γυναικα του αδελφου σου.

20 ο γαρ ηρωδης εφοβειτο τον *ιωαννην*,

24 η δε ειπεν· την κεφαλην *ιωαννου* του βαπτιζοντος.

25 θελω ινα εξαυτης δως μοι επι πινακι την κεφαλην *ιωαννου* του βαπτιστου.

8 28 οι δε ειπαν αυτω λεγοντες [οτι] *ιωαννην* τον βαπτιστην, και αλλοι ηλιαν, αλλοι δε οτι εις των προφητων.

9 2 και μετα ημερας εξ παραλαμβανει ο ιησους τον πετρον και τον ιακωβον και τον *ιωαννην*, και αναφερει αυτους εις ορος υψηλον κατ ιδιαν μονους.

38 εφη αυτω ο *ιωαννης*· διδασκαλε, ειδομεν τινα εν τω ονοματι σου εκβαλλοντα δαιμονια,

10 35 και προσπορευονται αυτω ιακωβος και *ιωαννης* οι υιοι ζεβεδαιου λεγοντες αυτω·

41 και ακουσαντες οι δεκα ηρξαντο αγανακτειν περι ιακωβου και *ιωαννου*.

11 30 το βαπτισμα το *ιωαννου* εξ ουρανου ην η εξ ανθρωπων; αποκριθητε μοι.

32 αλλα ειπωμεν· εξ ανθρωπων; εφοβουντο τον οχλον· απαντες γαρ ειχον τον *ιωαννην* οντως οτι προφητης ην.

13 3 και καθημενου αυτου εις το ορος των ελαιων κατεναντι του ιερου, επηρωτα αυτον κατ ιδιαν πετρος και ιακωβος και *ιωαννης* και ανδρεας· ειπον ημιν, ποτε ταυτα εσται,

14 33 και παραλαμβανει τον πετρον και [τον] ιακωβον και [τον] *ιωαννην* μετ αυτου,

Lc 1 13 και η γυνη σου ελισαβετ γεννησει υιον σοι, και καλεσεις το ονομα αυτου *ιωαννην*·

60 και αποκριθεισα η μητηρ αυτου ειπεν· ουχι, αλλα κληθησεται *ιωαννης*.

63 *ιωαννης* εστιν ονομα αυτου.

3 2 επι αρχιερεως αννα και καιαφα, εγενετο ρημα θεου επι *ιωαννην* τον ζαχαριου υιον εν τη ερημω.

15 προσδοκωντος δε του λαου και διαλογιζομενων παντων εν ταις καρδιαις αυτων περι του *ιωαννου*, μηποτε αυτος ειη ο χριστος,

16 απεκρινατο λεγων πασιν ο *ιωαννης*· εγω μεν υδατι βαπτιζω υμας·

20 προσεθηκεν και τουτο επι πασιν, [και] κατεκλεισεν τον *ιωαννην* εν φυλακη.

5 10 ομοιως δε και ιακωβον και *ιωαννην* υιους ζεβεδαιου, οι ησαν κοινωνοι τω σιμωνι.

33 οι μαθηται *ιωαννου* νηστευουσιν πυκνα και δεησεις ποιουνται, ομοιως και οι των φαρισαιων,

6 14 και ιακωβον και *ιωαννην*, και φιλιππον και βαρθολομαιον,

7 18 και απηγγειλαν *ιωαννη* οι μαθηται αυτου περι παντων τουτων.

18 και προσκαλεσαμενος δυο τινας των μαθητων αυτου ο *ιωαννης* επεμψεν προς τον κυριον λεγων·

20 *ιωαννης* ο βαπτιστης απεστειλεν ημας προς σε λεγων· συ ει ο ερχομενος, η αλλον προσδοκωμεν;

22 πορευθεντες απαγγειλατε *ιωαννη* α ειδετε και ηκουσατε·

24 απελθοντων δε των αγγελων *ιωαννου* ηρξατο λεγειν προς τους οχλους περι ιωαννου·

ιωαννης [135]

Lc 7 24 απελθοντων δε των αγγελων *ιωαννου* ηρξατο λεγειν προς τους οχλους περι *ιωαννου*· τι εξηλθατε εις την ερημον θεασασθαι;

28 μειζων εν γεννητοις γυναικων *ιωαννου* ουδεις εστιν·

29 και πας ο λαος ακουσας και οι τελωναι εδικαιωσαν τον θεον, βαπτισθεντες το βαπτισμα *ιωαννου*·

33 εληλυθεν γαρ *ιωαννης* ο βαπτιστης μη εσθιων αρτον μητε πινων οινον, και λεγετε·

8 51 ελθων δε εις την οικιαν ουκ αφηκεν εισελθειν τινα συν αυτω ει μη πετρον και *ιωαννην* και ιακωβον και τον πατερα της παιδος και την μητερα.

9 7 και διηπορει δια το λεγεσθαι υπο τινων οτι *ιωαννης* ηγερθη εκ νεκρων,

9 *ιωαννην* εγω απεκεφαλισα· τις δε εστιν ουτος περι ου ακουω τοιαυτα;

19 *ιωαννην* τον βαπτιστην, αλλοι δε ηλιαν, αλλοι δε οτι προφητης τις των αρχαιων ανεστη.

28 εγενετο δε μετα τους λογους τουτους ωσει ημεραι οκτω, [και] παραλαβων πετρον και *ιωαννην* και ιακωβον ανεβη εις το ορος προσευξασθαι.

49 αποκριθεις δε *ιωαννης* ειπεν· επιστατα, ειδομεν τινα εν τω ονοματι σου εκβαλλοντα δαιμονια,

54 ιδοντες δε οι μαθηται ιακωβος και *ιωαννης* ειπαν·

11 1 κυριε, διδαξον ημας προσευχεσθαι, καθως και *ιωαννης* εδιδαξεν τους μαθητας αυτου.

16 16 ο νομος και οι προφηται μεχρι *ιωαννου*·

20 4 το βαπτισμα *ιωαννου* εξ ουρανου ην η εξ ανθρωπων;

6 πεπεισμενος γαρ εστιν *ιωαννην* προφητην ειναι.

22 8 και απεστειλεν πετρον και *ιωαννην* ειπων·

Jh 1 6 απεσταλμενος παρα θεου, ονομα αυτω *ιωαννης*·

15 *ιωαννης* μαρτυρει περι αυτου και κεκραγεν λεγων·

19 και αυτη εστιν η μαρτυρια του *ιωαννου*,

26 απεκριθη αυτοις ο *ιωαννης* λεγων· εγω βαπτιζω εν υδατι·

28 ταυτα εν βηθανια εγενετο περαν του ιορδανου, οπου ην ο *ιωαννης* βαπτιζων.

32 και εμαρτυρησεν *ιωαννης* λεγων οτι τεθεαμαι το πνευμα καταβαινον ως περιστεραν εξ ουρανου,

35 τη επαυριον παλιν ειστηκει ο *ιωαννης* και εκ των μαθητων αυτου δυο,

40 ην ανδρεας ο αδελφος σιμωνος πετρου εις εκ των δυο των ακουσαντων παρα *ιωαννου* και ακολουθησαντων αυτω·

42 εμβλεψας αυτω ο ιησους ειπεν· συ ει σιμων ο υιος *ιωαννου*, συ κληθηση κηφας ο ερμηνευεται πετρος.

3 23 ην δε και ο *ιωαννης* βαπτιζων εν αινων εγγυς του σαλειμ,

24 ουπω γαρ ην βεβλημενος εις την φυλακην ο *ιωαννης*.

25 εγενετο ουν ζητησις εκ των μαθητων *ιωαννου* μετα ιουδαιου περι καθαρισμου.

26 και ηλθον προς τον *ιωαννην* και ειπαν αυτω·

27 απεκριθη *ιωαννης* και ειπεν· ου δυναται ανθρωπος λαμβανειν ουδε εν εαν μη η δεδομενον αυτω εκ του ουρανου.

4 1 ως ουν εγνω ο ιησους οτι ηκουσαν οι φαρισαιοι οτι ιησους πλειονας μαθητας ποιει και βαπτιζει η *ιωαννης*,

5 33 υμεις απεσταλκατε προς *ιωαννην*, και μεμαρτυρηκεν τη αληθεια·

36 εγω δε εχω την μαρτυριαν μειζω του *ιωαννου*·

10 40 και απηλθεν παλιν περαν του ιορδανου εις τον τοπον οπου ην *ιωαννης* το πρωτον βαπτιζων,

41 και πολλοι ηλθον προς αυτον και ελεγον οτι *ιωαννης* μεν σημειον εποιησεν ουδεν,

41 παντα δε οσα ειπεν *ιωαννης* περι τουτου αληθη ην.

21 15 σιμων *ιωαννου*, αγαπας με πλεον τουτων;

16 σιμων *ιωαννου*, αγαπας με;

17 σιμων *ιωαννου*, φιλεις με;

Ac 1 5 οτι *ιωαννης* μεν εβαπτισεν υδατι, υμεις δε εν πνευματι βαπτισθησεσθε αγιω ου μετα πολλας ταυτας ημερας.

13 ο τε πετρος και *ιωαννης* και ιακωβος και ανδρεας,

22 αρξαμενος απο του βαπτισματος *ιωαννου* εως της ημερας ης ανελημφθη αφ ημων,

3 1 πετρος δε και *ιωαννης* ανεβαινον εις το ιερον επι την ωραν της προσευχης την ενατην.

3 ος ιδων πετρον και *ιωαννην* μελλοντας εισιεναι εις το ιερον ηρωτα ελεημοσυνην λαβειν.

4 ατενισας δε πετρος εις αυτον συν τω *ιωαννη* ειπεν·

11 κρατουντος δε αυτου τον πετρον και τον *ιωαννην* συνεδραμεν πας ο λαος προς αυτους επι τη στοα τη καλουμενη σολομωντος εκθαμβοι.

4 6 και αννας ο αρχιερευς και καιαφας και *ιωαννης* και αλεξανδρος και οσοι ησαν εκ γενους αρχιερατικου,

13 θεωρουντες δε την του πετρου παρρησιαν και *ιωαννου*,

ιωαννης [135]

Ac	4 19	ὁ δε πετρος και *ιωαννης* ἀποκριθεντες εἰπον προς αὐτους·
	8 14	ἀκουσαντες δε οἱ ἐν ἱεροσολυμοις ἀποστολοι ὁτι δεδεκται ἡ σαμαρεια τον λογον του θεου, ἀπεστειλαν προς αὐτους πετρον και *ιωαννην*,
	10 37	ὑμεις οἰδατε το γενομενον ῥημα καθ ὁλης της ιουδαιας, ἀρξαμενος ἀπο της γαλιλαιας μετα το βαπτισμα ὁ ἐκηρυξεν *ιωαννης*,
	11 16	*ιωαννης* μεν ἐβαπτισεν ὑδατι, ὑμεις δε βαπτισθησεσθε ἐν πνευματι ἁγιω.
	12 2	ἀνειλεν δε ιακωβον τον ἀδελφον *ιωαννου* μαχαιρη.
	12	συνιδων τε ἠλθεν ἐπι την οικιαν της μαριας της μητρος *ιωαννου* του ἐπικαλουμενου μαρκου,
	25	πληρωσαντες την διακονιαν, συμπαραλαβοντες *ιωαννην* τον ἐπικληθεντα μαρκον.
	13 5	εἰχον δε και *ιωαννην* ὑπηρετην.
	13	*ιωαννης* δε ἀποχωρησας ἀπ αὐτων ὑπεστρεψεν εἰς ἱεροσολυμα.
	24	προκηρυξαντος *ιωαννου* προ προσωπου της εἰσοδου αὐτου βαπτισμα μετανοιας παντι τω λαω ισραηλ.
	25	ὡς δε ἐπληρου *ιωαννης* τον δρομον, ἐλεγεν·
	15 37	βαρναβας δε ἐβουλετο συμπαραλαβειν και τον *ιωαννην* τον καλουμενον μαρκον·
	18 25	και ζεων τω πνευματι ἐλαλει και ἐδιδασκεν ἀκριβως τα περι του ιησου, ἐπισταμενος μονον το βαπτισμα *ιωαννου*·
	19 3	οἱ δε εἰπαν· εἰς το *ιωαννου* βαπτισμα.
	4	*ιωαννης* ἐβαπτισεν βαπτισμα μετανοιας, τω λαω λεγων εἰς τον ἐρχομενον μετ αὐτον ἱνα πιστευσωσιν, τουτ ἐστιν εἰς τον ιησουν.
Ga	2 9	και γνοντες την χαριν την δοθεισαν μοι, ιακωβος και κηφας και *ιωαννης*,
Apc	1 1	και ἐσημανεν ἀποστειλας δια του ἀγγελου αὐτου τω δουλω αὐτου *ιωαννη*,
	4	*ιωαννης* ταις ἑπτα ἐκκλησιαις ταις ἐν τη ἀσια·
	9	ἐγω *ιωαννης* ὁ ἀδελφος ὑμων και συγκοινωνος ἐν τη θλιψει και βασιλεια και ὑπομονη ἐν ιησου,
	22 8	καγω *ιωαννης* ὁ ἀκουων και βλεπων ταυτα.

ιωβ [1]

Ja	5 11	την ὑπομονην *ιωβ* ἠκουσατε, και το τελος κυριου εἰδετε,

ιωβηδ [3]

Mt	1 5	βοες δε ἐγεννησεν τον *ιωβηδ* ἐκ της ῥουθ,
	5	*ιωβηδ* δε ἐγεννησεν τον ιεσσαι,
Lc	3 32	του ιεσσαι του *ιωβηδ* του βοος του σαλα του νααςσων

ιωδα [1]

Lc	3 26	του μααθ του ματταθιου του σεμειν του ιωσηχ του *ιωδα*

ιωηλ [1]

Ac	2 16	οὐ γαρ ὡς ὑμεις ὑπολαμβανετε οὑτοι μεθυουσιν, ἐστιν γαρ ὡρα τριτη της ἡμερας, ἀλλα τουτο ἐστιν το εἰρημενον δια του προφητου *ιωηλ*· και ἐσται ἐν ταις ἐσχαταις ἡμεραις, λεγει ὁ θεος,

ιωναμ [1]

Lc	3 30	του συμεων του ιουδα του ιωσηφ του *ιωναμ* του ἐλιακιμ

ιωνας [9]

Mt	12 39	και σημειον οὐ δοθησεται αὐτη εἰ μη το σημειον *ιωνα* του προφητου.
	40	ὡσπερ γαρ ἠν *ιωνας* ἐν τη κοιλια του κητους τρεις ἡμερας και τρεις νυκτας,
	41	ἀνδρες νινευιται ἀναστησονται ἐν τη κρισει μετα της γενεας ταυτης και κατακρινουσιν αὐτην· ὁτι μετενοησαν εἰς το κηρυγμα *ιωνα*,
	41	και ἰδου πλειον *ιωνα* ὡδε.
	16 4	γενεα πονηρα και μοιχαλις σημειον ἐπιζητει, και σημειον οὐ δοθησεται αὐτη εἰ μη το σημειον *ιωνα*.
Lc	11 29	σημειον ζητει, και σημειον οὐ δοθησεται αὐτη εἰ μη το σημειον *ιωνα*.
	30	καθως γαρ ἐγενετο *ιωνας* τοις νινευιταις σημειον, οὑτως ἐσται και ὁ υἱος του ἀνθρωπου τη γενεα ταυτη.

ιωνας [9]

Lc	11 32	ὁτι μετενοησαν εἰς το κηρυγμα *ιωνα*, και ἰδου πλειον *ιωνα* ὡδε.
	32	ὁτι μετενοησαν εἰς το κηρυγμα *ιωνα*, και ἰδου πλειον *ιωνα* ὡδε.

ιωραμ [2]

Mt	1 8	ιωσαφατ δε ἐγεννησεν τον *ιωραμ*,
	8	*ιωραμ* δε ἐγεννησεν τον ὀζιαν,

ιωριμ [1]

Lc	3 29	του ιησου του ἐλιεζερ του *ιωριμ* του μαθθατ του λευι

ιωσαφατ [2]

Mt	1 8	ἀσαφ δε ἐγεννησεν τον *ιωσαφατ*,
	8	*ιωσαφατ* δε ἐγεννησεν τον ιωραμ.

ιωσης [3]

Mc	6 3	οὐχ οὑτος ἐστιν ὁ τεκτων, ὁ υἱος της μαριας και ἀδελφος ιακωβου και *ιωσητος* και ιουδα και σιμωνος;
	15 40	ἠσαν δε και γυναικες ἀπο μακροθεν θεωρουσαι, ἐν αἱς και μαρια ἡ μαγδαληνη και μαρια ἡ ιακωβου του μικρου και *ιωσητος* μητηρ και σαλωμη.
	47	ἡ δε μαρια ἡ μαγδαληνη και μαρια ἡ *ιωσητος* ἐθεωρουν ποῦ τεθειται.

ιωσηφ [35]

Mt	1 16	ιακωβ δε ἐγεννησεν τον *ιωσηφ* τον ἀνδρα μαριας,
	18	μνηστευθεισης της μητρος αὐτου μαριας τω *ιωσηφ*,
	19	*ιωσηφ* δε ὁ ἀνηρ αὐτης, δικαιος ὡν και μη θελων αὐτην δειγματισαι,
	20	*ιωσηφ* υἱος δαυιδ, μη φοβηθης παραλαβειν μαριαν την γυναικα σου·
	24	ἐγερθεις δε ὁ *ιωσηφ* ἀπο του ὑπνου ἐποιησεν ὡς προσεταξεν αὐτω ὁ ἀγγελος κυριου,
	2 13	ἰδου ἀγγελος κυριου φαινεται κατ ὀναρ τω *ιωσηφ* λεγων·
	19	ἰδου ἀγγελος κυριου φαινεται κατ ὀναρ τω *ιωσηφ* ἐν αἰγυπτω λεγων·
	13 55	οὐχ ἡ μητηρ αὐτου λεγεται μαριαμ και οἱ ἀδελφοι αὐτου ιακωβος και *ιωσηφ* και σιμων και ιουδας;
	27 56	ἐν αἱς ἠν μαρια ἡ μαγδαληνη, και μαρια ἡ του ιακωβου και *ιωσηφ* μητηρ, και ἡ μητηρ των υἱων ζεβεδαιου.
	57	ὀψιας δε γενομενης ἠλθεν ἀνθρωπος πλουσιος ἀπο ἀριμαθαιας, τουνομα *ιωσηφ*, ὁς και αὐτος ἐμαθητευθη τω ιησου·
	59	και λαβων το σωμα ὁ *ιωσηφ* ἐνετυλιξεν αὐτο [ἐν] σινδονι καθαρα,
Mc	15 43	ἐλθων *ιωσηφ* [ὁ] ἀπο ἀριμαθαιας, εὐσχημων βουλευτης, ὁς και αὐτος ἠν προσδεχομενος την βασιλειαν του θεου,
	45	και γνους ἀπο του κεντυριωνος ἐδωρησατο το πτωμα τω *ιωσηφ*.
Lc	1 27	προς παρθενον ἐμνηστευμενην ἀνδρι ᾡ ὀνομα *ιωσηφ*, ἐξ οἰκου δαυιδ, και το ὀνομα της παρθενου μαριαμ.
	2 4	ἀνεβη δε και *ιωσηφ* ἀπο της γαλιλαιας ἐκ πολεως ναζαρεθ εἰς την ιουδαιαν εἰς πολιν δαυιδ ἡτις καλειται βηθλεεμ,
	16	και ἠλθαν σπευσαντες, και ἀνευραν την τε μαριαμ και τον *ιωσηφ* και το βρεφος κειμενον ἐν τη φατνη·
	3 23	και αὐτος ἠν ιησους ἀρχομενος ὡσει ἐτων τριακοντα, ὡν υἱος, ὡς ἐνομιζετο, *ιωσηφ*,
	24	ὡν υἱος, ὡς ἐνομιζετο, ιωσηφ, του ἡλι του μαθθατ του λευι του μελχι του ιανναι του *ιωσηφ*
	30	του συμεων του ιουδα του *ιωσηφ* του ιωναμ του ἐλιακιμ
	4 22	οὐχι υἱος ἐστιν *ιωσηφ* οὑτος;
	23 50	και ἰδου ἀνηρ ὀνοματι *ιωσηφ* βουλευτης ὑπαρχων, [και] ἀνηρ ἀγαθος και δικαιος,
Jh	1 45	ὁν ἐγραψεν μωυσης ἐν τω νομω και οἱ προφηται εὑρηκαμεν, ιησουν υἱον του *ιωσηφ* τον ἀπο ναζαρετ.
	4 5	ἐρχεται οὐν εἰς πολι της σαμαρειας λεγομενην συχαρ, πλησιον του χωριου ὁ ἐδωκεν ιακωβ [τω] *ιωσηφ* τω υἱω αὐτου·
	6 42	οὐχ οὑτος ἐστιν ιησους ὁ υἱος *ιωσηφ*, οὑ ἡμεις οἰδαμεν τον πατερα και την μητερα;
	19 38	μετα δε ταυτα ἠρωτησεν τον πιλατον *ιωσηφ* [ὁ] ἀπο ἀριμαθαιας, ὡν μαθητης του ιησου κεκρυμμενος δε δια τον φοβον των ιουδαιων, ἱνα ἀρη το σωμα του ιησου·

ιωσηφ [35]

Ac   1 23   και έστησαν δυο, *ιωσηφ* τον καλουμενον βαρσαββαν, ός επεκληθη ιουστος, και μαθθιαν.

     4 36   *ιωσηφ* δε ό επικληθεις βαρναβας άπο των άποστολων, ό έστιν μεθερμηνευομενον υίος παρακλησεως, λευιτης, κυπριος τω γενει,

     7 9   και οί πατριαρχαι ζηλωσαντες τον *ιωσηφ* άπεδοντο εις αίγυπτον·

     13   και έν τω δευτερω άνεγνωρισθη *ιωσηφ* τοις άδελφοις αύτου,

     13   και φανερον έγενετο τω φαραω το γενος *ιωσηφ*.

     14   άποστειλας δε *ιωσηφ* μετεκαλεσατο ιακωβ τον πατερα αύτου και πασαν την συγγενειαν έν ψυχαις έβδομηκονταπεντε.

     18   άχρι ού άνεστη βασιλευς έτερος [έπ αίγυπτον], ός ούκ ήδει τον *ιωσηφ*.

Heb   11 21   πιστει ιακωβ άποθνησκων έκαστον των υίων *ιωσηφ* εύλογησεν,

     22   πιστει *ιωσηφ* τελευτων περι της έξοδου των υίων ισραηλ έμνημονευσεν

Apc   7 8   έκ φυλης *ιωσηφ* δωδεκα χιλιαδες,

ιωσηχ [1]

Lc   3 26   του μααθ του ματταθιου του σεμειν του *ιωσηχ* του ιωδα

ιωσιας [2]

Mt   1 10   άμως δε έγεννησεν τον *ιωσιαν*,

     11   *ιωσιας* δε έγεννησεν τον ιεχονιαν και τους άδελφους αύτου έπι της μετοικεσιας βαβυλωνος.

ιωτα [1]

Mt   5 18   *ιωτα* έν ή μια κεραια ού μη παρελθη άπο του νομου,

K

καγω [84]

Mt   2 8   άπαγγειλατε μοι, όπως *καγω* έλθων προσκυνησω αύτω.

     10 32   πας ούν όστις όμολογησει έν έμοι έμπροσθεν των άνθρωπων, όμολογησω *καγω* έν αύτω έμπροσθεν του πατρος μου του έν [τοις] ούρανοις·

     33   όστις δ άν άρνησηται με έμπροσθεν των άνθρωπων, άρνησομαι *καγω* αύτον έμπροσθεν του πατρος μου του έν [τοις] ούρανοις.

     11 28   δευτε προς με παντες οί κοπιωντες και πεφορτισμενοι, *καγω* άναπαυσω ύμας.

     16 18   *καγω* δε σοι λεγω ότι συ εί πετρος,

     18 33   ούκ έδει και σέ έλεησαι τον συνδουλον σου, ώς *καγω* σέ ήλεησα;

     21 24   έρωτησω ύμας *καγω* λογον ένα, όν έαν είπητε μοι, *καγω* ύμιν έρω έν ποια έξουσια ταυτα ποιω·

     24   έρωτησω ύμας *καγω* λογον ένα, όν έαν είπητε μοι, *καγω* ύμιν έρω έν ποια έξουσια ταυτα ποιω·

     26 15   τί θελετε μοι δουναι, *καγω* ύμιν παραδωσω αύτον;

Lc   1 3   έδοξε *καμοι* παρηκολουθηκοτι άνωθεν πασιν άκριβως καθεξης σοι γραψαι, κρατιστε θεοφιλε, ίνα έπιγνως περι ών κατηχηθης λογων την άσφαλειαν.

     2 48   τεκνον, τί έποιησας ήμιν ούτως; ίδου ό πατηρ σου *καγω* όδυνωμενοι έζητουμεν σε.

     11 9   *καγω* ύμιν λεγω, αίτειτε, και δοθησεται ύμιν·

     19 23   *καγω* έλθων συν τοκω άν αύτο έπραξα.

     20 3   έρωτησω ύμας *καγω* λογον, και είπατε μοι·

     22 29   *καγω* διατιθεμαι ύμιν καθως διεθετο μοι ό πατηρ μου βασιλειαν,

Jh   1 31   *καγω* ούκ ήδειν αύτον,

     33   *καγω* ούκ ήδειν αύτον,

     34   *καγω* έωρακα, και μεμαρτυρηκα ότι ούτος έστιν ό υίος του θεου.

     5 17   ό πατηρ μου έως άρτι έργαζεται, *καγω* έργαζομαι·

     6 44   *καγω* άναστησω αύτον έν τη έσχατη ήμερα.

     54   *καγω* άναστησω αύτον τη έσχατη ήμερα.

     56   ό τρωγων μου την σαρκα και πινων μου το αίμα έν έμοι μενει *καγω* έν αύτω.

καγω [84]

Jh   6 57   καθως άπεστειλεν με ό ζων πατηρ *καγω* ζω δια τον πατερα,

     7 28   *καμε* οίδατε και οίδατε ποθεν είμι·

     8 26   *καγω* ά ήκουσα παρ αύτου, ταυτα λαλω εις τον κοσμον.

     10 15   και γινωσκω τα έμα και γινωσκουσι με τα έμα, καθως γινωσκει με ό πατηρ *καγω* γινωσκω τον πατερα,

     27   τα προβατα τα έμα της φωνης μου άκουουσιν, *καγω* γινωσκω αύτα, και άκολουθουσιν μοι,

     28   *καγω* διδωμι αύτοις ζωην αίωνιον, και ού μη άπολωνται εις τον αίωνα,

     38   τοις έργοις πιστευετε, ίνα γνωτε και γινωσκητε ότι έν έμοι ό πατηρ *καγω* έν τω πατρι.

     12 32   *καγω* έαν ύψωθω έκ της γης, παντας έλκυσω προς έμαυτον.

     14 16   *καγω* έρωτησω τον πατερα και άλλον παρακλητον δωσει ύμιν, ίνα μεθ ύμων εις τον αίωνα ή, το πνευμα της άληθειας,

     20   έν έκεινη τη ήμερα γνωσεσθε ύμεις ότι έγω έν τω πατρι μου και ύμεις έν έμοι *καγω* έν ύμιν.

     21   *καγω* άγαπησω αύτον και έμφανισω αύτω έμαυτον.

     15 4   μεινατε έν έμοι, *καγω* έν ύμιν.

     5   ό μενων έν έμοι *καγω* έν αύτω, ούτος φερει καρπον πολυν, ότι χωρις έμου ού δυνασθε ποιειν ούδεν.

     9   καθως ήγαπησεν με ό πατηρ, *καγω* ύμας ήγαπησα·

     16 32   ίδου έρχεται ώρα και έληλυθεν ίνα σκορπισθητε έκαστος εις τα ίδια *καμε* μονον άφητε·

     17 6   σοι ήσαν *καμοι* αύτους έδωκας, και τον λογον σου τετηρηκαν.

     11   και αύτοι έν τω κοσμω είσιν, *καγω* προς σέ έρχομαι.

     18   καθως έμε άπεστειλας εις τον κοσμον, *καγω* άπεστειλα αύτους εις τον κοσμον·

     21   άλλα και περι των πιστευοντων δια του λογου αύτων εις έμε, ίνα παντες έν ώσιν, καθως συ, πατερ, έν έμοι *καγω* έν σοι,

     22   *καγω* την δοξαν ήν δεδωκας μοι δεδωκα αύτοις,

     26   και έγνωρισα αύτοις το όνομα σου και γνωρισω, ίνα ή άγαπη ήν ήγαπησας με έν αύτοις ή *καγω* έν αύτοις.

     20 15   κυριε, εί συ έβαστασας αύτον, είπε μοι πού έθηκας αύτον, *καγω* αύτον άρω.

     21   καθως άπεσταλκεν με ό πατηρ, *καγω* πεμπω ύμας.

Ac   8 19   δοτε *καμοι* την έξουσιαν ταυτην ίνα ώ έαν έπιθω τας χειρας λαμβανη πνευμα άγιον.

     10 28   *καμοι* ό θεος έδειξεν μηδενα κοινον ή άκαθαρτον λεγειν άνθρωπον·

     22 13   *καγω* αύτη τη ώρα άνεβλεψα εις αύτον.

     19   *καγω* είπον· κυριε, αύτοι έπιστανται ότι έγω ήμην φυλακιζων και δερων κατα τας συναγωγας τους πιστευοντας έπι σέ·

Rm   3 7   εί δε ή άληθεια του θεου έν τω έμω ψευσματι έπερισσευσεν εις την δοξαν αύτου, τί έτι *καγω* ώς άμαρτωλος κρινομαι;

     11 3   *καγω* ύπελειφθην μονος και ζητουσιν την ψυχην μου.

1Co   2 1   *καγω* έλθων προς ύμας, άδελφοι, ήλθον ού καθ ύπεροχην λογου ή σοφιας καταγγελλων ύμιν το μυστηριον του θεου.

     3   *καγω* έν άσθενεια και έν φοβω και έν τρομω πολλω έγενομην προς ύμας,

     3 1   *καγω*, άδελφοι, ούκ ήδυνηθην λαλησαι ύμιν ώς πνευματικοις άλλ ώς σαρκινοις, ώς νηπιοις έν χριστω.

     7 8   λεγω δε τοις άγαμοις και ταις χηραις, καλον αύτοις έαν μεινωσιν ώς *καγω*·

     40   δοκω δε *καγω* πνευμα θεου έχειν.

     10 33   καθως *καγω* παντα πασιν άρεσκω, μη ζητων το έμαυτου συμφορον άλλα το των πολλων, ίνα σωθωσιν.

     11 1   μιμηται μου γινεσθε, καθως *καγω* χριστου.

     15 8   έσχατον δε παντων ώσπερει τω έκτρωματι ώφθη *καμοι*.

     16 4   έαν δε άξιον ή του *καμε* πορευεσθαι, συν έμοι πορευσονται.

     10   το γαρ έργον κυριου έργαζεται ώς *καγω*·

2Co   2 10   ώ δε τι χαριζεσθε, *καγω*·

     6 17   και άκαθαρτου μη άπτεσθε· *καγω* είσδεξομαι ύμας,

     11 16   καν ώς άφρονα δεξασθε με, ίνα *καγω* μικρον τι καυχησωμαι.

     18   έπει πολλοι καυχωνται κατα σαρκα, *καγω* καυχησομαι.

     21   έν ώ δ άν τις τολμα, έν άφροσυνη λεγω, τολμω *καγω*.

     22   έβραιοι είσιν; *καγω*.

     22   ισραηλιται είσιν; *καγω*.

     22   σπερμα άβρααμ είσιν; *καγω*.

     12 20   *καγω* εύρεθω ύμιν οίον ού θελετε,

Ga   4 12   γινεσθε ώς έγω, ότι *καγω* ώς ύμεις, άδελφοι, δεομαι ύμων.

     6 14   εί μη έν τω σταυρω του κυριου ήμων ιησου χριστου, δι ού έμοι κοσμος έσταυρωται *καγω* κοσμω.

Eph   1 15   δια τουτο *καγω*, άκουσας την καθ ύμας πιστιν έν τω κυριω ιησου και την άγαπην την εις παντας τους άγιους, ού παυομαι εύχαριστων

Php   2 19   έλπιζω δε έν κυριω ιησου τιμοθεον ταχεως πεμψαι ύμιν, ίνα *καγω* εύψυχω γνους τα περι ύμων.

καγω [84]

Php 2 28 σπουδαιοτερως ουν επεμψα αυτον, ινα ιδοντες αυτον παλιν χαρητε *καγω* αλυποτερος ω.

1Th 3 5 δια τουτο *καγω* μηκετι στεγων επεμψα εις το γνωναι την πιστιν υμων,

Heb 8 9 οτι αυτοι ουχ ενεμειναν εν τη διαθηκη μου, *καγω* ημελησα αυτων, λεγει κυριος.

Ja 2 18 συ πιστιν εχεις, *καγω* εργα εχω·
18 *καγω* σοι δειξω εκ των εργων μου την πιστιν.

Apc 2 6 αλλα τουτο εχεις, οτι μισεις τα εργα των νικολαιτων, α *καγω* μισω.
28 ως *καγω* ειληφα παρα του πατρος μου,
3 10 οτι ετηρησας τον λογον της υπομονης μου, *καγω* σε τηρησω εκ της ωρας του πειρασμου
21 ο νικων, δωσω αυτω καθισαι μετ εμου εν τω θρονω μου, ως *καγω* ενικησα και εκαθισα μετα του πατρος μου εν τω θρονω αυτου.
22 8 *καγω* ιωαννης ο ακουων και βλεπων ταυτα.

καθα [1]

Mt 27 10 και εδωκαν αυτα εις τον αγρον του κεραμεως, *καθα* συνεταξεν μοι κυριος.

καθαιρεσις [3]

2Co 10 4 τα γαρ οπλα της στρατειας ημων ου σαρκικα αλλα δυνατα τω θεω προς *καθαιρεσιν* οχυρωματων,
8 εαν [τε] γαρ περισσοτερον τι καυχησωμαι περι της εξουσιας ημων, ης εδωκεν ο κυριος εις οικοδομην και ουκ εις *καθαιρεσιν* υμων, ουκ αισχυνθησομαι,
13 10 ινα παρων μη αποτομως χρησωμαι κατα την εξουσιαν ην ο κυριος εδωκεν μοι εις οικοδομην και ουκ εις *καθαιρεσιν.*

καθαιρεω [9]

Mc 15 36 αφετε ιδωμεν ει ερχεται ηλιας *καθελειν* αυτον.
46 και αγορασας σινδονα *καθελων* αυτον ενειλησεν τη σινδονι και εθηκεν αυτον εν μνημειω ο ην λελατομημενον εκ πετρας,

Lc 1 52 *καθειλεν* δυναστας απο θρονων και υψωσεν ταπεινους,
12 18 *καθελω* μου τας αποθηκας και μειζονας οικοδομησω,
23 53 και *καθελων* ενετυλιξεν αυτο σινδονι,

Ac 13 19 και *καθελων* εθνη επτα εν γη χανααν κατεκληρονομησεν την γην αυτων ως ετεσιν τετρακοσιοισκαιπεντηκοντα.
29 ως δε ετελεσαν παντα τα περι αυτου γεγραμμενα, *καθελοντες* απο του ξυλου εθηκαν εις μνημειον.
19 27 αλλα και το της μεγαλης θεας αρτεμιδος ιερον εις ουθεν λογισθηναι, μελλειν τε και *καθαιρεισθαι* της μεγαλειοτητος αυτης,

2Co 10 4 λογισμους *καθαιρουντες* και παν υψωμα επαιρομενον κατα της γνωσεως του θεου,

καθαιρω [1]

Jh 15 2 και παν το καρπον φερον, *καθαιρει* αυτο ινα καρπον πλειονα φερη.

καθαπερ [13]

Rm 4 6 *καθαπερ* και δαυιδ λεγει τον μακαρισμον του ανθρωπου ω ο θεος λογιζεται δικαιοσυνην χωρις εργων·
12 4 *καθαπερ* γαρ εν ενι σωματι πολλα μελη εχομεν, τα δε μελη παντα ου την αυτην εχει πραξιν, ουτως οι πολλοι εν σωμα εσμεν εν χριστω,

1Co 10 10 μηδε γογγυζετε, *καθαπερ* τινες αυτων εγογγυσαν,
12 12 *καθαπερ* γαρ το σωμα εν εστιν και μελη πολλα εχει, παντα δε τα μελη του σωματος πολλα οντα εν εστιν σωμα, ουτως και ο χριστος·

2Co 1 14 καθως και επεγνωτε ημας απο μερους, οτι καυχημα υμων εσμεν *καθαπερ* και υμεις ημων εν τη ημερα του κυριου [ημων] ιησου.
3 13 εχοντες ουν τοιαυτην ελπιδα πολλη παρρησια χρωμεθα, και ου *καθαπερ* μωυσης ετιθει καλυμμα επι το προσωπον αυτου,
18 ημεις δε παντες ανακεκαλυμμενω προσωπω την δοξαν κυριου κατοπτριζομενοι την αυτην εικονα μεταμορφουμεθα απο δοξης εις δοξαν, *καθαπερ* απο κυριου πνευματος.
8 11 οπως *καθαπερ* η προθυμια του θελειν, ουτως και το επιτελεσαι εκ του εχειν.

1Th 2 11 *καθαπερ* οιδατε ως ενα εκαστον υμων ως πατηρ τεκνα εαυτου παρακαλουντες υμας

καθαπερ [13]

1Th 3 6 και οτι εχετε μνειαν ημων αγαθην παντοτε, επιποθουντες ημας ιδειν *καθαπερ* και ημεις υμας,
12 υμας δε ο κυριος πλεονασαι και περισσευσαι τη αγαπη εις αλληλους και εις παντας, *καθαπερ* και ημεις εις υμας,
4 5 μη εν παθει επιθυμιας *καθαπερ* και τα εθνη τα μη ειδοτα τον θεον,

Heb 4 2 και γαρ εσμεν ευηγγελισμενοι *καθαπερ* κακεινοι·

καθαπτω [1]

Ac 28 3 συστρεψαντος δε του παυλου φρυγανων τι πληθος και επιθεντος επι την πυραν, εχιδνα απο της θερμης εξελθουσα *καθηψεν* της χειρος αυτου.

καθαριζω [31]

Mt 8 2 εαν θελης, δυνασαι με *καθαρισαι.*
3 θελω, *καθαρισθητι.* και ευθεως εκαθαρισθη αυτου η λεπρα.
3 και ευθεως *εκαθαρισθη* αυτου η λεπρα.
10 8 λεπρους *καθαριζετε,* δαιμονια εκβαλλετε·
11 5 λεπροι *καθαριζονται* και κωφοι ακουουσιν,
23 25 ουαι υμιν, γραμματεις και φαρισαιοι υποκριται, οτι *καθαριζετε* το εξωθεν του ποτηριου και της παροψιδος, εσωθεν δε γεμουσιν εξ αρπαγης και ακρασιας.
26 φαρισαιε τυφλε, *καθαρισον* πρωτον το εντος του ποτηριου ινα γενηται και το εκτος αυτου καθαρον.

Mc 1 40 και ερχεται προς αυτον λεπρος παρακαλων αυτον [και γονυπετων] και λεγων αυτω οτι εαν θελης δυνασαι με *καθαρισαι.*
41 και σπλαγχνισθεις εκτεινας την χειρα αυτου ηψατο και λεγει αυτω· θελω, *καθαρισθητι.*
42 και ευθυς απηλθεν απ αυτου η λεπρα, και *εκαθαρισθη.*
7 19 ου νοειτε οτι παν το εξωθεν εισπορευομενον εις τον ανθρωπον ου δυναται αυτον κοινωσαι, οτι ουκ εισπορευεται αυτου εις την καρδιαν αλλ εις την κοιλιαν, και εις τον αφεδρωνα εκπορευεται, *καθαριζων* παντα τα βρωματα;

Lc 4 27 και πολλοι λεπροι ησαν εν τω ισραηλ επι ελισαιου του προφητου, και ουδεις αυτων *εκαθαρισθη* ει μη ναιμαν ο συρος.
5 12 κυριε, εαν θελης, δυνασαι με *καθαρισαι.*
13 και εκτεινας την χειρα ηψατο αυτου λεγων· θελω, *καθαρισθητι·*
7 22 τυφλοι αναβλεπουσιν, χωλοι περιπατουσιν, λεπροι *καθαριζονται,*
11 39 νυν υμεις οι φαρισαιοι το εξωθεν του ποτηριου και του πινακος *καθαριζετε,* το δε εσωθεν υμων γεμει αρπαγης και πονηριας.
17 14 και εγενετο εν τω υπαγειν αυτους *εκαθαρισθησαν.*
17 ουχ οι δεκα *εκαθαρισθησαν;* οι δε εννεα που;

Ac 10 15 α ο θεος *εκαθαρισεν* συ μη κοινου.
11 9 α ο θεος *εκαθαρισεν* συ μη κοινου.
15 9 και ουθεν διεκρινεν μεταξυ ημων τε και αυτων, τη πιστει *καθαρισας* τας καρδιας αυτων.

2Co 7 1 ταυτας ουν εχοντες τας επαγγελιας, αγαπητοι, *καθαρισωμεν* εαυτους απο παντος μολυσμου σαρκος και πνευματος,

Eph 5 26 ινα αυτην αγιαση *καθαρισας* τω λουτρω του υδατος εν ρηματι,

Tit 2 14 ος εδωκεν εαυτον υπερ ημων ινα λυτρωσηται ημας απο πασης ανομιας και *καθαριση* εαυτω λαον περιουσιον,

Heb 9 14 ποσω μαλλον το αιμα του χριστου, ος δια πνευματος αιωνιου εαυτον προσηνεγκεν αμωμον τω θεω, *καθαριει* την συνειδησιν ημων απο νεκρων εργων εις το λατρευειν θεω ζωντι.
22 και σχεδον εν αιματι παντα *καθαριζεται* κατα τον νομον,
23 αναγκη ουν τα μεν υποδειγματα των εν τοις ουρανοις τουτοις *καθαριζεσθαι,*
10 2 επει ουκ αν επαυσαντο προσφερομεναι, δια το μηδεμιαν εχειν ετι συνειδησιν αμαρτιων τους λατρευοντας απαξ *κεκαθαρισμενους;*

Ja 4 8 *καθαρισατε* χειρας, αμαρτωλοι, και αγνισατε καρδιας, διψυχοι.

1Jh 1 7 και το αιμα ιησου του υιου αυτου *καθαριζει* ημας απο πασης αμαρτιας.
9 πιστος εστιν και δικαιος, ινα αφη ημιν τας αμαρτιας και *καθαριση* ημας απο πασης αδικιας.

καθαρισμος [7]

Mc 1 44 ὅρα μηδενι μηδεν εἴπης, ἀλλα ὑπαγε σεαυτον δειξον τῳ ἱερει και προσενεγκε περι του *καθαρισμου* σου ἀ προσεταξεν μωυσης,

Lc 2 22 και ὅτε ἐπλησθησαν αἱ ἡμεραι του *καθαρισμου* αὐτων κατα τον νομον μωυσεως, ἀνηγαγον αὐτον εἰς ἱεροσολυμα παραστησαι τῳ κυριῳ,

5 14 και προσενεγκε περι του *καθαρισμου* σου καθως προσεταξεν μωυσης, εἰς μαρτυριον αὐτοις.

Jh 2 6 ἦσαν δε ἐκει λιθιναι ὑδριαι ἑξ κατα τον *καθαρισμον* των ἰουδαιων κειμεναι,

3 25 ἐγενετο οὖν ζητησις ἐκ των μαθητων ἰωαννου μετα ἰουδαιου περι *καθαρισμου*.

Heb 1 3 *καθαρισμον* των ἁμαρτιων ποιησαμενος ἐκαθισεν ἐν δεξιᾳ της μεγαλωσυνης ἐν ὑψηλοις,

2Pt 1 9 τυφλος ἐστιν μυωπαζων, ληθην λαβων του *καθαρισμου* των παλαι αὐτου ἁμαρτιων.

καθαρος [27]

Mt 5 8 μακαριοι οἱ *καθαροι* τῃ καρδιᾳ, ὅτι αὐτοι τον θεον ὀψονται.

23 26 φαρισαιε τυφλε, καθαρισον πρωτον το ἐντος του ποτηριου ἱνα γενηται και το ἐκτος αὐτου *καθαρον*.

27 59 και λαβων το σωμα ὁ ἰωσηφ ἐνετυλιξεν αὐτο [ἐν] σινδονι *καθαρᾳ*,

Lc 11 41 πλην τα ἐνοντα δοτε ἐλεημοσυνην, και ἰδου παντα *καθαρα* ὑμιν ἐστιν.

Jh 13 10 ὁ λελουμενος οὐκ ἐχει χρειαν εἰ μη τους ποδας νιψασθαι, ἀλλ ἐστιν *καθαρος* ὁλος·

10 και ὑμεις *καθαροι* ἐστε, ἀλλ οὐχι παντες.

11 δια τουτο εἰπεν ὅτι οὐχι παντες *καθαροι* ἐστε.

15 3 ἤδη ὑμεις *καθαροι* ἐστε δια τον λογον ὁν λελαληκα ὑμιν·

Ac 18 6 το αἱμα ὑμων ἐπι την κεφαλην ὑμων· *καθαρος* ἐγω ἀπο του νυν εἰς τα ἐθνη πορευσομαι.

20 26 διοτι μαρτυρομαι ὑμιν ἐν τῃ σημερον ἡμερᾳ ὅτι *καθαρος* εἰμι ἀπο του αἱματος παντων·

Rm 14 20 παντα μεν *καθαρα*, ἀλλα κακον τῳ ἀνθρωπῳ τῳ δια προσκομματος ἐσθιοντι.

1Tm 1 5 το δε τελος της παραγγελιας ἐστιν ἀγαπη ἐκ *καθαρας* καρδιας και συνειδησεως ἀγαθης και πιστεως ἀνυποκριτου,

3 9 ἐχοντας το μυστηριον της πιστεως ἐν *καθαρᾳ* συνειδησει.

2Tm 1 3 χαριν ἐχω τῳ θεῳ, ᾧ λατρευω ἀπο προγονων ἐν *καθαρᾳ* συνειδησει, ὡς ἀδιαλειπτον ἐχω την περι σου μνειαν ἐν ταις δεησεσιν μου νυκτος και ἡμερας,

2 22 διωκε δε δικαιοσυνην, πιστιν, ἀγαπην, εἰρηνην μετα των ἐπικαλουμενων τον κυριον ἐκ *καθαρας* καρδιας.

Tit 1 15 παντα *καθαρα* τοις καθαροις·

15 παντα καθαρα τοις *καθαροις*·

15 τοις δε μεμιαμμενοις και ἀπιστοις οὐδεν *καθαρον*,

Heb 10 22 ῥεραντισμενοι τας καρδιας ἀπο συνειδησεως πονηρας και λελουσμενοι το σωμα ὑδατι *καθαρῳ·*

Ja 1 27 θρησκεια *καθαρα* και ἀμιαντος παρα τῳ θεῳ και πατρι αὑτη ἐστιν,

1Pt 1 22 ἐκ [*καθαρας*] καρδιας ἀλληλους ἀγαπησατε ἐκτενως,

Apc 15 6 και ἐξηλθον οἱ ἑπτα ἀγγελοι [οἱ] ἐχοντες τας ἑπτα πληγας ἐκ του ναου, ἐνδεδυμενοι λινον *καθαρον* λαμπρον

19 8 και ἐδοθη αὐτῃ ἱνα περιβαληται βυσσινον λαμπρον *καθαρον·*

14 και τα στρατευματα [τα] ἐν τῳ οὐρανῳ ἠκολουθει αὐτῳ ἐφ ἱπποις λευκοις, ἐνδεδυμενοι βυσσινον λευκον *καθαρον*.

21 18 και ἡ πολις χρυσιον *καθαρον* ὁμοιον ὑαλῳ καθαρῳ.

18 και ἡ πολις χρυσιον καθαρον ὁμοιον ὑαλῳ *καθαρῳ*.

21 και ἡ πλατεια της πολεως χρυσιον *καθαρον* ὡς ὑαλος διαυγης.

καθαροτης [1]

Heb 9 13 εἰ γαρ το αἱμα τραγων και ταυρων και σποδος δαμαλεως ῥαντιζουσα τους κεκοινωμενους ἁγιαζει προς την της σαρκος *καθαροτητα*, ποσῳ μαλλον το αἱμα του χριστου,

καθεδρα [3]

Mt 21 12 και τας τραπεζας των κολλυβιστων κατεστρεψεν και τας *καθεδρας* των πωλουντων τας περιστερας,

23 2 ἐπι της μωυσεως *καθεδρας* ἐκαθισαν οἱ γραμματεις και οἱ φαρισαιοι.

Mc 11 15 και τας τραπεζας των κολλυβιστων και τας *καθεδρας* των πωλουντων τας περιστερας κατεστρεψεν,

καθεζομαι [7]

Mt 26 55 καθ ἡμεραν ἐν τῳ ἱερῳ *ἐκαθεζομην* διδασκων, και οὐκ ἐκρατησατε με.

Lc 2 46 και ἐγενετο μετα ἡμερας τρεις εὑρον αὐτον ἐν τῳ ἱερῳ *καθεζομενον* ἐν μεσῳ των διδασκαλων και ἀκουοντα αὐτων και ἐπερωτωντα αὐτους·

Jh 4 6 ὁ οὖν ἰησους κεκοπιακως ἐκ της ὁδοιποριας *ἐκαθεζετο* οὑτως ἐπι τῃ πηγῃ·

11 20 μαριαμ δε ἐν τῳ οἰκῳ *ἐκαθεζετο*.

20 12 ὡς οὖν ἐκλαιεν, παρεκυψεν εἰς το μνημειον, και θεωρει δυο ἀγγελους ἐν λευκοις *καθεζομενους*,

Ac 6 15 και ἀτενισαντες εἰς αὐτον παντες οἱ *καθεζομενοι* ἐν τῳ συνεδριῳ εἰδον το προσωπον αὐτου ὡσει προσωπον ἀγγελου.

20 9 *καθεζομενος* δε τις νεανιας ὀνοματι εὐτυχος ἐπι της θυριδος, καταφερομενος ὑπνῳ βαθει, διαλεγομενου του παυλου ἐπι πλειον,

καθεξης [5]

Lc 1 3 ἐδοξε καμοι παρηκολουθηκοτι ἀνωθεν πασιν ἀκριβως *καθεξης* σοι γραψαι, κρατιστε θεοφιλε, ἱνα ἐπιγνως περι ὡν κατηχηθης λογων την ἀσφαλειαν.

8 1 και ἐγενετο ἐν τῳ *καθεξης* και αὐτος διωδευεν κατα πολιν και κωμην κηρυσσων και εὐαγγελιζομενος την βασιλειαν του θεου,

Ac 3 24 και παντες δε οἱ προφηται ἀπο σαμουηλ και των *καθεξης* ὁσοι ἐλαλησαν και κατηγγειλαν τας ἡμερας ταυτας.

11 4 ἀρξαμενος δε πετρος ἐξετιθετο αὐτοις *καθεξης* λεγων·

18 23 και ποιησας χρονον τινα ἐξηλθεν, διερχομενος *καθεξης* την γαλατικην χωραν και φρυγιαν,

καθευδω [22]

Mt 8 24 αὐτος δε *ἐκαθευδεν*.

9 24 οὐ γαρ ἀπεθανεν το κορασιον ἀλλα *καθευδει*.

13 25 ἐν δε τῳ *καθευδειν* τους ἀνθρωπους ἠλθεν αὐτου ὁ ἐχθρος και ἐπεσπειρεν ζιζανια ἀνα μεσον του σιτου και ἀπηλθεν.

25 5 χρονιζοντος δε του νυμφιου ἐνυσταξαν πασαι και *ἐκαθευδον*.

26 40 και ἐρχεται προς τους μαθητας και εὑρισκει αὐτους *καθευδοντας*,

43 και ἐλθων παλιν εὑρεν αὐτους *καθευδοντας*, ἠσαν γαρ αὐτων οἱ ὀφθαλμοι βεβαρημενοι.

45 *καθευδετε* [το] λοιπον και ἀναπαυεσθε·

Mc 4 27 και *καθευδη* και ἐγειρηται νυκτα και ἡμεραν,

38 και αὐτος ἠν ἐν τῃ πρυμνῃ ἐπι το προσκεφαλαιον *καθευδων*,

5 39 τι θορυβεισθε και κλαιετε; το παιδιον οὐκ ἀπεθανεν ἀλλα *καθευδει*.

13 36 μη ἐλθων ἐξαιφνης εὑρῃ ὑμας *καθευδοντας*.

14 37 και ἐρχεται και εὑρισκει αὐτους *καθευδοντας*,

37 και λεγει τῳ πετρῳ· σιμων, *καθευδεις*;

40 και παλιν ἐλθων εὑρεν αὐτους *καθευδοντας*,

41 *καθευδετε* το λοιπον και ἀναπαυεσθε· ἀπεχει·

Lc 8 52 μη κλαιετε· οὐ γαρ ἀπεθανεν ἀλλα *καθευδει*.

22 46 τι *καθευδετε*; ἀνασταντες προσευχεσθε, ἱνα μη εἰσελθητε εἰς πειρασμον.

Eph 5 14 ἐγειρε, ὁ *καθευδων*, και ἀναστα ἐκ των νεκρων,

1Th 5 6 ἀρα οὖν μη *καθευδωμεν* ὡς οἱ λοιποι,

7 οἱ γαρ *καθευδοντες* νυκτος καθευδουσιν,

7 οἱ γαρ καθευδοντες νυκτος *καθευδουσιν*,

10 ἱνα εἰτε γρηγορωμεν εἰτε *καθευδωμεν* ἁμα συν αὐτῳ ζησωμεν.

καθηγητης [2]

Mt 23 10 μηδε κληθητε *καθηγηται*, ὅτι καθηγητης ὑμων ἐστιν εἱς ὁ χριστος.

10 μηδε κληθητε καθηγηται, ὅτι *καθηγητης* ὑμων ἐστιν εἱς ὁ χριστος.

καθηκω [2]

Ac 22 22 αἰρε ἀπο της γης τον τοιουτον· οὐ γαρ *καθηκεν* αὐτον ζην.

Rm 1 28 παρεδωκεν αὐτους ὁ θεος εἰς ἀδοκιμον νουν, ποιειν τα μη *καθηκοντα*,

καθημαι [91]

Mt 4 16 ὁ λαος ὁ *καθημενος* ἐν σκοτει φως εἰδεν μεγα,

16 και τοις *καθημενοις* ἐν χωρᾳ και σκιᾳ θανατου, φως ἀνετειλεν αὐτοις.

καθημαι [91]

Mt	9 9	και παραγων ὁ ἰησους ἐκειθεν εἰδεν ἀνθρωπον *καθημενον* ἐπι το τελωνιον,
	11 16	ὁμοια ἐστιν παιδιοις *καθημενοις* ἐν ταις ἀγοραις ἁ προσφωνουντα τοις ἑτεροις λεγουσιν·
	13 1	ἐν τη ἡμερα ἐκεινη ἐξελθων ὁ ἰησους της οἰκιας *ἐκαθητο* παρα την θαλασσαν·
	2	και συνηχθησαν προς αὐτον ὀχλοι πολλοι, ὡστε αὐτον εἰς πλοιον ἐμβαντα *καθησθαι*,
	15 29	και μεταβας ἐκειθεν ὁ ἰησους ἠλθεν παρα την θαλασσαν της γαλιλαιας, και ἀναβας εἰς το ὀρος *ἐκαθητο* ἐκει.
	19 28	ἐν τη παλιγγενεσια, ὁταν καθιση ὁ υἱος του ἀνθρωπου ἐπι θρονου δοξης αὐτου, *καθησεσθε* και ὑμεις ἐπι δωδεκα θρονους κρινοντες τας δωδεκα φυλας του ἰσραηλ.
	20 30	και ἰδου δυο τυφλοι *καθημενοι* παρα την ὁδον, ἀκουσαντες ὁτι ἰησους παραγει, ἐκραξαν λεγοντες· ἐλεησον ἡμας, [κυριε,] υἱος δαυιδ.
	22 44	πως οὐν δαυιδ ἐν πνευματι καλει αὐτον κυριον λεγων· εἰπεν κυριος τω κυριω μου· *καθου* ἐκ δεξιων μου ἑως ἀν θω τους ἐχθρους σου ὑποκατω των ποδων σου;
	23 22	και ὁ ὀμοσας ἐν τω οὐρανω ὀμνυει ἐν τω θρονω του θεου και ἐν τω *καθημενω* ἐπανω αὐτου.
	24 3	*καθημενου* δε αὐτου ἐπι του ὀρους των ἐλαιων προσηλθον αὐτω οἱ μαθηται κατ ἰδιαν λεγοντες·
	26 58	και εἰσελθων ἐσω *ἐκαθητο* μετα των ὑπηρετων ἰδειν το τελος.
	64	ἀπ ἀρτι ὀψεσθε τον υἱον του ἀνθρωπου *καθημενον* ἐκ δεξιων της δυναμεως και ἐρχομενον ἐπι των νεφελων του οὐρανου.
	69	ὁ δε πετρος *ἐκαθητο* ἐξω ἐν τη αὐλη·
	27 19	*καθημενου* δε αὐτου ἐπι του βηματος ἀπεστειλεν προς αὐτον ἡ γυνη αὐτου λεγουσα·
	36	και *καθημενοι* ἐτηρουν αὐτον ἐκει.
	61	ἠν δε ἐκει μαριαμ ἡ μαγδαληνη και ἡ ἀλλη μαρια, *καθημεναι* ἀπεναντι του ταφου.
	28 2	ἀγγελος γαρ κυριου καταβας ἐξ οὐρανου και προσελθων ἀπεκυλισεν τον λιθον και *ἐκαθητο* ἐπανω αὐτου.
Mc	2 6	ἠσαν δε τινες των γραμματεων ἐκει *καθημενοι* και διαλογιζομενοι ἐν ταις καρδιαις αὐτων·
	14	και παραγων εἰδεν λευιν τον του ἀλφαιου *καθημενον* ἐπι το τελωνιον,
	3 32	και *ἐκαθητο* περι αὐτον ὀχλος,
	34	και περιβλεψαμενος τους περι αὐτον κυκλω *καθημενους* λεγει·
	4 1	και συναγεται προς αὐτον ὀχλος πλειστος, ὡστε αὐτον εἰς πλοιον ἐμβαντα *καθησθαι* ἐν τη θαλασση,
	5 15	και ἐρχονται προς τον ἰησουν, και θεωρουσιν τον δαιμονιζομενον *καθημενον* ἱματισμενον και σωφρονουντα, τον ἐσχηκοτα τον λεγιωνα, και ἐφοβηθησαν.
	10 46	και ἐκπορευομενου αὐτου ἀπο ἰεριχω και των μαθητων αὐτου και ὀχλου ἰκανου ὁ υἱος τιμαιου βαρτιμαιος, τυφλος προσαιτης, *ἐκαθητο* παρα την ὁδον.
	12 36	εἰπεν κυριος τω κυριω μου· *καθου* ἐκ δεξιων μου ἑως ἀν θω τους ἐχθρους σου ὑποκατω των ποδων σου.
	13 3	και *καθημενου* αὐτου εἰς το ὀρος των ἐλαιων κατεναντι του ἰερου, ἐπηρωτα αὐτον κατ ἰδιαν πετρος και ἰακωβος και ἰωαννης και ἀνδρεας·
	14 62	και ὀψεσθε τον υἱον του ἀνθρωπου ἐκ δεξιων *καθημενον* της δυναμεως και ἐρχομενον μετα των νεφελων του οὐρανου.
	16 5	και εἰσελθουσαι εἰς το μνημειον εἰδον νεανισκον *καθημενον* ἐν τοις δεξιοις περιβεβλημενον στολην λευκην,
Lc	1 79	ἐπιφαναι τοις ἐν σκοτει και σκια θανατου *καθημενοις*, του κατευθυναι τους ποδας ἡμων εἰς ὁδον εἰρηνης.
	5 17	και ἠσαν *καθημενοι* φαρισαιοι και νομοδιδασκαλοι οἱ ἠσαν ἐληλυθοτες ἐκ πασης κωμης της γαλιλαιας και ἰουδαιας και ἰερουσαλημ·
	27	και μετα ταυτα ἐξηλθεν, και ἐθεασατο τελωνην ὀνοματι λευιν *καθημενον* ἐπι το τελωνιον,
	7 32	ὁμοιοι εἰσιν παιδιοις τοις ἐν ἀγορα *καθημενοις* και προσφωνουσιν ἀλληλοις ἁ λεγει·
	8 35	και εὑρον *καθημενον* τον ἀνθρωπον ἀφ οὑ τα δαιμονια ἐξηλθεν ἱματισμενον και σωφρονουντα παρα τους ποδας του ἰησου, και ἐφοβηθησαν.
	10 13	ὁτι εἰ ἐν τυρω και σιδωνι ἐγενηθησαν αἱ δυναμεις αἱ γενομεναι ἐν ὑμιν, παλαι ἀν ἐν σακκω και σποδω *καθημενοι* μετενοησαν.
	18 35	ἐγενετο δε ἐν τω ἐγγιζειν αὐτον εἰς ἰεριχω τυφλος τις *ἐκαθητο* παρα την ὁδον ἐπαιτων.
	20 42	*καθου* ἐκ δεξιων μου ἑως ἀν θω τους ἐχθρους σου ὑποποδιον των ποδων σου.
	21 35	ἐπεισελευσεται γαρ ἐπι παντας τους *καθημενους* ἐπι προσωπον πασης της γης.

καθημαι [91]

Lc	22 30	και *καθησεσθε* ἐπι θρονων τας δωδεκα φυλας κρινοντες του ἰσραηλ.
	55	περιαψαντων δε πυρ ἐν μεσω της αὐλης και συγκαθισαντων *ἐκαθητο* ὁ πετρος μεσος αὐτων.
	56	ἰδουσα δε αὐτον παιδισκη τις *καθημενον* προς το φως και ἀτενισασα αὐτω εἰπεν·
	69	ἀπο του νυν δε ἐσται ὁ υἱος του ἀνθρωπου *καθημενος* ἐκ δεξιων της δυναμεως του θεου.
Jh	2 14	και εὑρεν ἐν τω ἰερω τους πωλουντας βοας και προβατα και περιστερας και τους κερματιστας *καθημενους*,
	6 3	ἀνηλθεν δε εἰς το ὀρος ἰησους, και ἐκει *ἐκαθητο* μετα των μαθητων αὐτου.
	9 8	οὐχ οὑτος ἐστιν ὁ *καθημενος* και προσαιτων;
	12 15	ἰδου ὁ βασιλευς σου ἐρχεται, *καθημενος* ἐπι πωλον ὀνου.
Ac	2 2	και ἐγενετο ἀφνω ἐκ του οὐρανου ἠχος ὡσπερ φερομενης πνοης βιαιας και ἐπληρωσεν ὁλον τον οἰκον οὑ ἠσαν *καθημενοι*,
	34	εἰπεν [ὁ] κυριος τω κυριω μου· *καθου* ἐκ δεξιων μου, ἑως ἀν θω τους ἐχθρους σου ὑποποδιον των ποδων σου.
	3 10	ἐπεγινωσκον δε αὐτον, ὁτι αὐτος ἠν ὁ προς την ἐλεημοσυνην *καθημενος* ἐπι τη ὡραια πυλη του ἰερου,
	8 28	ὁς ἐληλυθει προσκυνησων εἰς ἰερουσαλημ, ἠν τε ὑποστρεφων και *καθημενος* ἐπι του ἀρματος αὐτου και ἀνεγινωσκεν τον προφητην ἠσαιαν.
	14 8	και τις ἀνηρ ἀδυνατος ἐν λυστροις τοις ποσιν *ἐκαθητο*,
	23 3	και συ *καθη* κρινων με κατα τον νομον, και παρανομως κελευεις με τυπτεσθαι;
1Co	14 30	ἐαν δε ἀλλω ἀποκαλυφθη *καθημενω*, ὁ πρωτος σιγατω.
Col	3 1	τα ἀνω ζητειτε, οὑ ὁ χριστος ἐστιν ἐν δεξια του θεου *καθημενος*·
Heb	1 13	*καθου* ἐκ δεξιων μου ἑως ἀν θω τους ἐχθρους σου ὑποποδιον των ποδων σου;
Ja	2 3	ἐπιβλεψητε δε ἐπι τον φορουντα την ἐσθητα την λαμπραν και εἰπητε· συ *καθου* ὡδε καλως,
	3	και τω πτωχω εἰπητε· συ στηθι ἐκει ἠ *καθου* ὑπο το ὑποποδιον μου,
Apc	4 2	και ἐπι τον θρονον *καθημενος*,
	3	και ὁ *καθημενος* ὁμοιος ὁρασει λιθω ἰασπιδι και σαρδιω,
	4	και ἐπι τους θρονους εἰκοσιτεσσαρας πρεσβυτερους *καθημενους* περιβεβλημενους ἐν ἱματιοις λευκοις,
	9	και ὁταν δωσουσιν τα ζωα δοξαν και τιμην και εὐχαριστιαν τω *καθημενω* ἐπι τω θρονω τω ζωντι εἰς τους αἰωνας των αἰωνων, πεσουνται οἱ εἰκοσιτεσσαρες πρεσβυτεροι
	10	πεσουνται οἱ εἰκοσιτεσσαρες πρεσβυτεροι ἐνωπιον του *καθημενου* ἐπι του θρονου,
	5 1	και εἰδον ἐπι την δεξιαν του *καθημενου* ἐπι του θρονου βιβλιον γεγραμμενον ἐσωθεν και ὀπισθεν,
	7	και ἠλθεν και εἰληφεν ἐκ της δεξιας του *καθημενου* ἐπι του θρονου.
	13	τω *καθημενω* ἐπι τω θρονω και τω ἀρνιω ἡ εὐλογια και ἡ τιμη και ἡ δοξα και το κρατος εἰς τους αἰωνας των αἰωνων.
	6 2	και εἰδου ἱππος λευκος, και ὁ *καθημενος* ἐπ αὐτον ἐχων τοξον,
	4	και ἐξηλθεν ἀλλος ἱππος πυρρος, και τω *καθημενω* ἐπ αὐτον ἐδοθη αὐτω λαβειν την εἰρηνην ἐκ της γης
	5	και εἰδον, και ἰδου ἱππος μελας, και ὁ *καθημενος* ἐπ αὐτον ἐχων ζυγον ἐν τη χειρι αὐτου.
	8	και εἰδον, και ἰδου ἱππος χλωρος, και ὁ *καθημενος* ἐπανω αὐτου, ὀνομα αὐτω [ὁ] θανατος,
	16	πεσετε ἐφ ἡμας και κρυψατε ἡμας ἀπο προσωπου του *καθημενου* ἐπι του θρονου
	7 10	ἡ σωτηρια τω θεω ἡμων τω *καθημενω* ἐπι τω θρονω και τω ἀρνιω.
	15	και ὁ *καθημενος* ἐπι του θρονου σκηνωσει ἐπ αὐτους.
	9 17	και οὑτως εἰδον τους ἱππους ἐν τη ὁρασει και τους *καθημενους* ἐπ αὐτων,
	11 16	και οἱ εἰκοσιτεσσαρες πρεσβυτεροι, [οἱ] ἐνωπιον του θεου *καθημενοι* ἐπι τους θρονους αὐτων, ἐπεσαν ἐπι τα προσωπα αὐτων
	14 6	ἐχοντα εὐαγγελιον αἰωνιον εὐαγγελισαι ἐπι τους *καθημενους* ἐπι της γης και ἐπι παν ἐθνος και φυλην και γλωσσαν και λαον,
	14	και ἐπι την νεφελην *καθημενον* ὁμοιον υἱον ἀνθρωπου,
	15	και ἀλλος ἀγγελος ἐξηλθεν ἐκ του ναου, κραζων ἐν φωνη μεγαλη τω *καθημενω* ἐπι της νεφελης· πεμψον το δρεπανον σου και θερισον.
	16	και ἐβαλεν ὁ *καθημενος* ἐπι της νεφελης το δρεπανον αὐτου ἐπι την γην,
	17 1	δευρο, δειξω σοι το κριμα της πορνης της μεγαλης της *καθημενης* ἐπι ὑδατων πολλων,

καθημαι [91]

Apc 17 3   καὶ εἶδον γυναικα *καθημενην* ἐπι θηριον κοκκινον, γεμον[τα] ὀνοματα βλασφημιας,

9   αἱ ἑπτα κεφαλαι ἑπτα ὀρη εἰσιν, ὁπου ἡ γυνη *καθηται* ἐπ αὐτων,

15   τα ὑδατα ἁ εἶδες, οὗ ἡ πορνη *καθηται*, λαοι και ὀχλοι εἰσιν και ἐθνη και γλωσσαι.

18 7   ὀτι ἐν τῇ καρδιᾳ αὐτης λεγει ὀτι *καθημαι* βασιλισσα και χηρα οὐκ εἰμι και· πενθος οὐ μη ἰδω·

19 4   και προσεκυνησαν τῳ θεῳ τῳ *καθημενῳ* ἐπι τῳ θρονῳ λεγοντες·

11   και ἰδου ἱππος λευκος, και ὁ *καθημενος* ἐπ αὐτον [καλουμενος] πιστος και ἀληθινος,

18   ἱνα φαγητε σαρκας βασιλεων και σαρκας χιλιαρχων και σαρκας ἰσχυρων και σαρκας ἱππων και των *καθημενων* ἐπ αὐτων,

19   και εἶδον το θηριον και τους βασιλεις της γης και τα στρατευματα αὐτων συνηγμενα ποιησαι τον πολεμον μετα του *καθημενου* ἐπι του ἱππου και μετα του στρατευματος αὐτου.

21   και οἱ λοιποι ἀπεκτανθησαν ἐν τῃ ῥομφαιᾳ του *καθημενου* ἐπι του ἱππου τῃ ἐξελθουσῃ ἐκ του στοματος αὐτου,

20 11   και εἶδον θρονον μεγαν λευκον και τον *καθημενον* ἐπ αὐτον οὗ ἀπο του προσωπου ἐφυγεν ἡ γη και ὁ οὐρανος,

21 5   και εἶπεν ὁ *καθημενος* ἐπι τῳ θρονῳ· ἰδου καινα ποιω παντα.

καθημερινος [1]

Ac 6 1   ἐν δε ταις ἡμεραις ταυταις πληθυνοντων των μαθητων ἐγενετο γογγυσμος των ἑλληνιστων προς τους ἑβραιους, ὀτι παρεθεωρουντο ἐν τῃ διακονιᾳ τῃ *καθημερινῃ* αἱ χηραι αὐτων.

καθιζω [46]

Mt 5 1   και *καθισαντος* αὐτου προσηλθαν αὐτῳ οἱ μαθηται αὐτου·

13 48   ἡν ὀτε ἐπληρωθη ἀναβιβασαντες ἐπι τον αἰγιαλον και *καθισαντες* συνελεξαν τα καλα εἰς ἀγγη,

19 28   ἐν τῃ παλιγγενεσιᾳ, ὀταν *καθισῃ* ὁ υἱος του ἀνθρωπου ἐπι θρονου δοξης αὐτου, καθησεσθε και ὑμεις ἐπι δωδεκα θρονους κρινοντες τας δωδεκα φυλας του ἰσραηλ.

20 21   εἰπε ἱνα *καθισωσιν* οὑτοι οἱ δυο υἱοι μου εἱς ἐκ δεξιων σου και εἱς ἐξ εὐωνυμων σου ἐν τῃ βασιλειᾳ σου.

23   το μεν ποτηριον μου πιεσθε, το δε *καθισαι* ἐκ δεξιων μου και ἐξ εὐωνυμων οὐκ ἐστιν ἐμον [τουτο] δουναι,

23 2   ἐπι της μωυσεως καθεδρας *ἐκαθισαν* οἱ γραμματεις και οἱ φαρισαιοι.

25 31   ὀταν δε ἐλθῃ ὁ υἱος του ἀνθρωπου ἐν τῃ δοξῃ αὐτου και παντες οἱ ἀγγελοι μετ αὐτου, τοτε *καθισει* ἐπι θρονου δοξης αὐτου·

26 36   *καθισατε* αὐτου ἑως [οὗ] ἀπελθων ἐκει προσευξωμαι.

Mc 9 35   και *καθισας* ἐφωνησεν τους δωδεκα και λεγει αὐτοις·

10 37   δος ἡμιν ἱνα εἱς σου ἐκ δεξιων και εἱς ἐξ ἀριστερων *καθισωμεν* ἐν τῃ δοξῃ σου.

40   το δε *καθισαι* ἐκ δεξιων μου ἡ ἐξ εὐωνυμων οὐκ ἐστιν ἐμον δουναι, ἀλλ οἱς ἡτοιμασται.

11 2   ὑπαγετε εἰς την κωμην την κατεναντι ὑμων, και εὐθυς εἰσπορευομενοι εἰς αὐτην εὑρησετε πωλον δεδεμενον ἐφ ὁν οὐδεις οὐπω ἀνθρωπων *ἐκαθισεν*·

7   και ἐπιβαλλουσιν αὐτῳ τα ἱματια αὐτων, και *ἐκαθισεν* ἐπ αὐτον.

12 41   και *καθισας* κατεναντι του γαζοφυλακιου ἐθεωρει πως ὁ ὀχλος βαλλει χαλκον εἰς το γαζοφυλακιον·

14 32   *καθισατε* ὡδε ἑως προσευξωμαι.

16 19   ὁ μεν οὖν κυριος ἰησους μετα το λαλησαι αὐτοις ἀνελημφθη εἰς τον οὐρανον και *ἐκαθισεν* ἐκ δεξιων του θεου.

Lc 4 20   και πτυξας το βιβλιον ἀποδους τῳ ὑπηρετῃ *ἐκαθισεν*·

5 3   *καθισας* δε ἐκ του πλοιου ἐδιδασκεν τους ὀχλους.

14 28   τις γαρ ἐξ ὑμων θελων πυργον οἰκοδομησαι οὐχι πρωτον *καθισας* ψηφιζει την δαπανην;

31   ἡ τις βασιλευς πορευομενος ἑτερῳ βασιλει συμβαλειν εἰς πολεμον οὐχι *καθισας* πρωτον βουλευσεται εἰ δυνατος ἐστιν ἐν δεκα χιλιασιν ὑπαντησαι τῳ μετα εἰκοσι χιλιαδων ἐρχομενῳ ἐπ αὐτον;

16 6   δεξαι σου τα γραμματα και *καθισας* ταχεως γραψον πεντηκοντα.

19 30   ἐν ᾗ εἰσπορευομενοι εὑρησετε πωλον δεδεμενον, ἐφ ὁν οὐδεις πωποτε ἀνθρωπων *ἐκαθισεν*·

24 49   ὑμεις δε *καθισατε* ἐν τῃ πολει ἑως οὗ ἐνδυσησθε ἐξ ὑψους δυναμιν.

καθιζω [46]

Jh 8 2*   και πας ὁ λαος ἡρχετο προς αὐτον, και *καθισας* ἐδιδασκεν αὐτους.

12 14   εὑρων δε ὁ ἰησους ὀναριον *ἐκαθισεν* ἐπ αὐτο,

19 13   και *ἐκαθισεν* ἐπι βηματος εἰς τοπον λεγομενον λιθοστρωτον, ἑβραιστι δε γαββαθα.

Ac 2 3   και *ἐκαθισεν* ἐφ ἑνα ἑκαστον αὐτων, και ἐπλησθησαν παντες πνευματος ἀγιου,

30   προφητης οὖν ὑπαρχων και εἰδως ὀτι ὁρκῳ ὠμοσεν αὐτῳ ὁ θεος ἐκ καρπου της ὀσφυος αὐτου *καθισαι* ἐπι τον θρονον αὐτου,

8 31   παρεκαλεσεν τε τον φιλιππον ἀναβαντα *καθισαι* συν αὐτῳ.

12 21   τακτῃ δε ἡμερᾳ ὁ ἡρωδης ἐνδυσαμενος ἐσθητα βασιλικην [και] *καθισας* ἐπι του βηματος ἐδημηγορει προς αὐτους·

13 14   και [εἰσ]ελθοντες εἰς την συναγωγην τῃ ἡμερᾳ των σαββατων *ἐκαθισαν*.

16 13   και *καθισαντες* ἐλαλουμεν ταις συνελθουσαις γυναιξιν.

18 11   *ἐκαθισεν* δε ἐνιαυτον και μηνας ἑξ διδασκων ἐν αὐτοις τον λογον του θεου.

25 6   τῃ ἐπαυριον *καθισας* ἐπι του βηματος ἐκελευσεν τον παυλον ἀχθηναι.

17   συνελθοντων οὖν [αὐτων] ἐνθαδε ἀναβολην μηδεμιαν ποιησαμενος τῃ ἑξης *καθισας* ἐπι του βηματος ἐκελευσα ἀχθηναι τον ἀνδρα·

1Co 6 4   βιωτικα μεν οὖν κριτηρια ἐαν ἐχητε, τους ἐξουθενημενους ἐν τῃ ἐκκλησιᾳ, τουτους *καθιζετε*;

10 7   *ἐκαθισεν* ὁ λαος φαγειν και πειν, και ἀνεστησαν παιζειν.

Eph 1 20   ἡν ἐνηργησεν ἐν τῳ χριστῳ ἐγειρας αὐτον ἐκ νεκρων, και *καθισας* ἐν δεξιᾳ αὐτου ἐν τοις ἐπουρανιοις,

2Th 2 4   ὡστε αὐτον εἰς τον ναον του θεου *καθισαι*,

Heb 1 3   καθαρισμον των ἁμαρτιων ποιησαμενος *ἐκαθισεν* ἐν δεξιᾳ της μεγαλωσυνης ἐν ὑψηλοις,

8 1   τοιουτον ἐχομεν ἀρχιερεα, ὁς *ἐκαθισεν* ἐν δεξιᾳ του θρονου της μεγαλωσυνης ἐν τοις οὐρανοις,

10 12   οὑτος δε μιαν ὑπερ ἁμαρτιων προσενεγκας θυσιαν εἰς το διηνεκες *ἐκαθισεν* ἐν δεξιᾳ του θεου,

12 2   ἐν δεξιᾳ τε του θρονου του θεου *κεκαθικεν*.

Apc 3 21   ὁ νικων, δωσω αὐτῳ *καθισαι* μετ ἐμου ἐν τῳ θρονῳ μου,

21   ὁ νικων, δωσω αὐτῳ καθισαι μετ ἐμου ἐν τῳ θρονῳ μου, ὡς καγω ἐνικησα και *ἐκαθισα* μετα του πατρος μου ἐν τῳ θρονῳ αὐτου.

20 4   και εἶδον θρονους, και *ἐκαθισαν* ἐπ αὐτους,

καθημι [4]

Lc 5 19   και μη εὑροντες ποιας εἰσενεγκωσιν αὐτον δια τον ὀχλον, ἀναβαντες ἐπι το δωμα δια των κεραμων *καθηκαν* αὐτον συν τῳ κλινιδιῳ εἰς το μεσον ἐμπροσθεν του ἰησου.

Ac 9 25   λαβοντες δε οἱ μαθηται αὐτου νυκτος δια του τειχους *καθηκαν* αὐτον χαλασαντες ἐν σπυριδι.

10 11   και θεωρει τον οὐρανον ἀνεῳγμενον και καταβαινον σκευος τι ὡς ὀθονην μεγαλην, τεσσαρσιν ἀρχαις *καθιεμενον* ἐπι της γης,

11 5   και εἶδον ἐν ἐκστασει ὀραμα, καταβαινον σκευος τι ὡς ὀθονην μεγαλην τεσσαρσιν ἀρχαις *καθιεμενην* ἐκ του οὐρανου,

καθιστημι [21]

Mt 24 45   τις ἀρα ἐστιν ὁ πιστος δουλος και φρονιμος ὁν *κατεστησεν* ὁ κυριος ἐπι της οἰκετειας αὐτου του δουναι αὐτοις την τροφην ἐν καιρῳ;

47   ἀμην λεγω ὑμιν ὀτι ἐπι πασιν τοις ὑπαρχουσιν αὐτου *καταστησει* αὐτον.

25 21   εὖ, δουλε ἀγαθε και πιστε, ἐπι ὀλιγα ἡς πιστος, ἐπι πολλων σε *καταστησω*·

23   εὖ, δουλε ἀγαθε και πιστε, ἐπι ὀλιγα ἡς πιστος, ἐπι πολλων σε *καταστησω*·

Lc 12 14   ἀνθρωπε, τις με *κατεστησεν* κριτην ἡ μεριστην ἐφ ὑμας;

42   τις ἀρα ἐστιν ὁ πιστος οἰκονομος ὁ φρονιμος, ὁν *καταστησει* ὁ κυριος ἐπι της θεραπειας αὐτου του διδοναι ἐν καιρῳ [το] σιτομετριον;

44   ἀληθως λεγω ὑμιν ὀτι ἐπι πασιν τοις ὑπαρχουσιν αὐτου *καταστησει* αὐτον.

Ac 6 3   ἐπισκεψασθε δε, ἀδελφοι, ἀνδρας ἐξ ὑμων μαρτυρουμενους ἑπτα πληρεις πνευματος και σοφιας, οὑς *καταστησομεν* ἐπι της χρειας ταυτης·

7 10   και *κατεστησεν* αὐτον ἡγουμενον ἐπ αἰγυπτον και [ἐφ] ὀλον τον οἰκον αὐτου.

27   τις σε *κατεστησεν* ἀρχοντα και δικαστην ἐφ ἡμων;

καθιστημι [21]

Ac   7 35   τίς σε κατεστησεν άρχοντα και δικαστην;
     17 15   οι δε καθιστανοντες τον παυλον ήγαγον έως άθηνων,
Rm   5 19   ώσπερ γαρ δια της παρακοης του ένος άνθρωπου άμαρτωλοι κατεσταθησαν οι πολλοι, ούτως και δια της υπακοης του ένος δικαιοι κατασταθησονται οι πολλοι.
      19   ώσπερ γαρ δια της παρακοης του ένος άνθρωπου άμαρτωλοι κατεσταθησαν οι πολλοι, ούτως και δια της υπακοης του ένος δικαιοι κατασταθησονται οι πολλοι.
Tit   1 5   ίνα τα λειποντα έπιδιορθωση, και καταστησης κατα πολιν πρεσβυτερους,
Heb   5 1   πας γαρ άρχιερευς έξ άνθρωπων λαμβανομενος υπερ άνθρωπων καθισταται τα προς τον θεον,
     7 28   ό νομος γαρ άνθρωπους καθιστησιν άρχιερεις έχοντας άσθενειαν,
     8 3   πας γαρ άρχιερευς είς το προσφερειν δωρα τε και θυσιας καθισταται·
Ja   3 6   ή γλωσσα καθισταται έν τοις μελεσιν ήμων,
     4 4   ός έαν ούν βουληθη φιλος είναι του κοσμου, έχθρος του θεου καθισταται.
2Pt   1 8   ταυτα γαρ ύμιν υπαρχοντα και πλεοναζοντα ούκ άργους ούδε άκαρπους καθιστησιν είς την του κυριου ήμων ίησου χριστου έπιγνωσιν·

καθο [4]

Rm   8 26   το γαρ τί προσευξωμεθα καθο δει ούκ οίδαμεν, άλλα αύτο το πνευμα υπερεντυγχανει στεναγμοις άλαλητοις·
2Co   8 12   εί γαρ ή προθυμια προκειται, καθο έαν έχη εύπροσδεκτος, ού καθο ούκ έχει.
     12   εί γαρ ή προθυμια προκειται, καθο έαν έχη εύπροσδεκτος, ού καθο ούκ έχει.
1Pt   4 13   άλλα καθο κοινωνειτε τοις του χριστου παθημασιν χαιρετε,

καθολου [1]

Ac   4 18   και καλεσαντες αύτους παρηγγειλαν το καθολου μη φθεγγεσθαι μηδε διδασκειν έπι τω όνοματι του ίησου.

καθοπλιζομαι [1]

Lc   11 21   όταν ό ίσχυρος καθωπλισμενος φυλασση την έαυτου αύλην, έν είρηνη έστιν τα υπαρχοντα αύτου·

καθοραω [1]

Rm   1 20   τα γαρ άορατα αύτου άπο κτισεως κοσμου τοις ποιημασιν νοουμενα καθοραται, ή τε άιδιος αύτου δυναμις και θειοτης, είς το είναι αύτους άναπολογητους,

καθοτι [6]

Lc   1 7   και ούκ ήν αύτοις τεκνον, καθοτι ήν ή έλισαβετ στειρα,
   19 9   είπεν δε προς αύτον ό ίησους ότι σημερον σωτηρια τω οίκω τουτω έγενετο, καθοτι και αύτος υίος άβρααμ έστιν·
Ac   2 24   όν ό θεος άνεστησεν λυσας τας ώδινας του θανατου, καθοτι ούκ ήν δυνατον κρατεισθαι αύτον ύπ αύτου.
     45   και τα κτηματα και τας υπαρξεις έπιπρασκον και διεμεριζον αύτα πασιν, καθοτι άν τις χρειαν είχεν.
    4 35   διεδιδετο δε έκαστω καθοτι άν τις χρειαν είχεν.
   17 31   καθοτι έστησεν ήμεραν έν ή μελλει κρινειν την οίκουμενην έν δικαιοσυνη,

καθως [182]

Mt   21 6   πορευθεντες δε οι μαθηται και ποιησαντες καθως συνεταξεν αύτοις ό ίησους ήγαγον την όνον και τον πωλον.
   26 24   ό μεν υίος του άνθρωπου υπαγει καθως γεγραπται περι αύτου,
   28 6   ούκ έστιν ώδε· ήγερθη γαρ καθως είπεν·
Mc   1 2   καθως γεγραπται έν τω ήσαια τω προφητη· ίδου άποστελλω τον άγγελον μου προ προσωπου σου,
   4 33   και τοιαυταις παραβολαις πολλαις έλαλει αύτοις τον λογον, καθως ήδυναντο άκουειν·
   9 13   άλλα λεγω ύμιν ότι και ήλιας έληλυθεν, και έποιησαν αύτω όσα ήθελον, καθως γεγραπται έπ αύτον.
   11 6   οι δε είπαν αύτοις καθως είπεν ό ίησους· και άφηκαν αύτους.
   14 16   και έξηλθον οι μαθηται και ήλθον είς την πολιν και εύρον καθως είπεν αύτοις,

καθως [182]

Mc   14 21   ότι ό μεν υίος του άνθρωπου υπαγει καθως γεγραπται περι αύτου,
   15 8   και άναβας ό όχλος ήρξατο αίτεισθαι καθως έποιει αύτοις,
   16 7   έκει αύτον όψεσθε, καθως είπεν ύμιν.
Lc   1 2   έπειδηπερ πολλοι έπεχειρησαν άναταξασθαι διηγησιν περι των πεπληροφορημενων έν ήμιν πραγματων, καθως παρεδοσαν ήμιν οι άπ άρχης αύτοπται και υπηρεται γενομενοι του λογου,
     55   άντελαβετο ίσραηλ παιδος αύτου, μνησθηναι έλεους, καθως έλαλησεν προς τους πατερας ήμων,
     70   και ήγειρεν κερας σωτηριας ήμιν έν οίκω δαυιδ παιδος αύτου, καθως έλαλησεν δια στοματος των άγιων άπ αίωνος προφητων αύτου,
   2 20   και υπεστρεψαν οι ποιμενες δοξαζοντες και αίνουντες τον θεον έπι πασιν οίς ήκουσαν και είδον καθως έλαληθη προς αύτους.
     23   άνηγαγον αύτον είς ίεροσολυμα παραστησαι τω κυριω, καθως γεγραπται έν νομω κυριου ότι παν άρσεν διανοιγον μητραν άγιον τω κυριω κληθησεται,
   5 14   και προσενεγκε περι του καθαρισμου σου καθως προσεταξεν μωυσης, είς μαρτυριον αύτοις.
   6 31   και καθως θελετε ίνα ποιωσιν ύμιν οι άνθρωποι, ποιειτε αύτοις όμοιως.
     36   γινεσθε οίκτιρμονες, καθως [και] ό πατηρ ύμων οίκτιρμων έστιν.
   11 1   κυριε, διδαξον ήμας προσευχεσθαι, καθως και ίωαννης έδιδαξεν τους μαθητας αύτου.
     30   καθως γαρ έγενετο ίωνας τοις νινευιταις σημειον, ούτως έσται και ό υίος του άνθρωπου τη γενεα ταυτη.
   17 26   και καθως έγενετο έν ταις ήμεραις νωε, ούτως έσται και έν ταις ήμεραις του υίου του άνθρωπου·
     28   όμοιως καθως έγενετο έν ταις ήμεραις λωτ·
   19 32   άπελθοντες δε οι άπεσταλμενοι εύρον καθως είπεν αύτοις.
   22 13   άπελθοντες δε εύρον καθως είρηκει αύτοις,
     29   καγω διατιθεμαι ύμιν καθως διεθετο μοι ό πατηρ μου βασιλειαν,
   24 24   και εύρον ούτως καθως και αι γυναικες είπον,
     39   ψηλαφησατε με και ίδετε, ότι πνευμα σαρκα και όστεα ούκ έχει καθως έμε θεωρειτε έχοντα.
Jh   1 23   εύθυνατε την όδον κυριου, καθως είπεν ήσαιας ό προφητης.
   3 14   και καθως μωυσης ύψωσεν τον όφιν έν τη έρημω, ούτως ύψωθηναι δει τον υίον του άνθρωπου,
   5 23   άλλα την κρισιν πασαν δεδωκεν τω υίω, ίνα παντες τιμωσι τον υίον καθως τιμωσι τον πατερα.
     30   καθως άκουω κρινω, και ή κρισις ή έμη δικαια έστιν,
   6 31   οι πατερες ήμων το μαννα έφαγον έν τη έρημω, καθως έστιν γεγραμμενον·
     57   καθως άπεστειλεν με ό ζων πατηρ καγω ζω δια τον πατερα,
     58   ούτος έστιν ό άρτος ό έξ ούρανου καταβας, ού καθως έφαγον οι πατερες και άπεθανον·
   7 38   ό πιστευων είς έμε, καθως είπεν ή γραφη, ποταμοι έκ της κοιλιας αύτου ρευσουσιν ύδατος ζωντος.
   8 28   και άπ έμαυτου ποιω ούδεν, άλλα καθως έδιδαξεν με ό πατηρ, ταυτα λαλω.
   10 15   και γινωσκω τα έμα και γινωσκουσι με τα έμα, καθως γινωσκει με ό πατηρ καγω γινωσκω τον πατερα,
   12 14   εύρων δε ό ίησους όναριον έκαθισεν έπ αύτο, καθως έστιν γεγραμμενον·
     50   ά ούν έγω λαλω, καθως είρηκεν μοι ό πατηρ, ούτως λαλω.
   13 15   υποδειγμα γαρ έδωκα ύμιν ίνα καθως έγω έποιησα ύμιν και ύμεις ποιητε.
     33   ζητησετε με, και καθως είπον τοις ίουδαιοις ότι όπου έγω υπαγω ύμεις ού δυνασθε έλθειν, και ύμιν λεγω άρτι.
     34   καθως ήγαπησα ύμας ίνα και ύμεις άγαπατε άλληλους.
   14 27   ού καθως ό κοσμος διδωσιν έγω διδωμι ύμιν.
     31   και καθως ένετειλατο μοι ό πατηρ, ούτως ποιω.
   15 4   καθως το κλημα ού δυναται καρπον φερειν άφ έαυτου έαν μη μενη έν τη άμπελω, ούτως ούδε ύμεις έαν μη έν έμοι μενητε.
     9   καθως ήγαπησεν με ό πατηρ, καγω ύμας ήγαπησα·
     10   μενειτε έν τη άγαπη μου, καθως έγω τας έντολας του πατρος μου τετηρηκα και μενω αύτου έν τη άγαπη.
     12   αύτη έστιν ή έντολη ή έμη, ίνα άγαπατε άλληλους καθως ήγαπησα ύμας.
   17 2   καθως έδωκας αύτω έξουσιαν πασης σαρκος, ίνα παν ό δεδωκας αύτω δωση αύτοις ζωην αίωνιον.
     11   πατερ άγιε, τηρησον αύτους έν τω όνοματι σου ώ δεδωκας μοι, ίνα ώσιν έν καθως ήμεις.
     14   και ό κοσμος έμισησεν αύτους, ότι ούκ είσιν έκ του κοσμου καθως έγω ούκ είμι έκ του κοσμου.

καθως [182]

Jh	17 16	ἐκ του κοσμου οὐκ εἰσιν *καθως* ἐγω οὐκ εἰμι ἐκ του κοσμου.
	18	*καθως* ἐμε ἀπεστειλας εἰς τον κοσμον, καγω ἀπεστειλα αὐτους εἰς τον κοσμον·
	21	ἀλλα και περι των πιστευοντων δια του λογου αὐτων εἰς ἐμε, ἱνα παντες ἑν ὡσιν, *καθως* συ, πατερ, ἐν ἐμοι καγω ἐν σοι,
	22	καγω την δοξαν ἡν δεδωκας μοι δεδωκα αὐτοις, ἱνα ὡσιν ἑν *καθως* ἡμεις ἑν·
	23	ἱνα γινωσκῃ ὁ κοσμος ὁτι συ με ἀπεστειλας και ἠγαπησας αὐτους *καθως* ἐμε ἠγαπησας.
	19 40	ἐλαβον οὐν το σωμα του ἰησου και ἐδησαν αὐτο ὀθονιοις μετα των ἀρωματων, *καθως* ἐθος ἐστιν τοις ἰουδαιοις ἐνταφιαζειν.
	20 21	*καθως* ἀπεσταλκεν με ὁ πατηρ, καγω πεμπω ὑμας.
Ac	2 4	και ἠρξαντο λαλειν ἑτεραις γλωσσαις *καθως* το πνευμα ἐδιδου ἀποφθεγγεσθαι αὐτοις.
	22	οἱς ἐποιησεν δι αὐτου ὁ θεος ἐν μεσῳ ὑμων, *καθως* αὐτοι οἰδατε,
	7 17	*καθως* δε ἠγγιζεν ὁ χρονος της ἐπαγγελιας ἡς ὡμολογησεν ὁ θεος τῳ ἀβρααμ, ηὐξησεν ὁ λαος και ἐπληθυνθη ἐν αἰγυπτῳ,
	42	ἐστρεψεν δε ὁ θεος και παρεδωκεν αὐτους λατρευειν τῃ στρατιᾳ του οὐρανου, *καθως* γεγραπται ἐν βιβλῳ των προφητων· μη σφαγια και θυσιας προσηνεγκατε μοι
	44	ἡ σκηνη του μαρτυριου ἡν τοις πατρασιν ἡμων ἐν τῃ ἐρημῳ, *καθως* διεταξατο ὁ λαλων τῳ μωυσῃ ποιησαι αὐτην κατα τον τυπον ὁν ἑωρακει·
	48	ἀλλ οὐχ ὁ ὑψιστος ἐν χειροποιητοις κατοικει· *καθως* ὁ προφητης λεγει·
	11 29	των δε μαθητων *καθως* εὐπορειτο τις, ὡρισαν ἑκαστος αὐτων εἰς διακονιαν πεμψαι τοις κατοικουσιν ἐν τῃ ἰουδαιᾳ ἀδελφοις·
	15 8	και ὁ καρδιογνωστης θεος ἐμαρτυρησεν αὐτοις δους το πνευμα το ἁγιον *καθως* και ἡμιν,
	14	συμεων ἐξηγησατο *καθως* πρωτον ὁ θεος ἐπεσκεψατο λαβειν ἐξ ἐθνων λαον τῳ ὀνοματι αὐτου.
	15	και τουτῳ συμφωνουσιν οἱ λογοι των προφητων, *καθως* γεγραπται·
	22 3	ζηλωτης ὑπαρχων του θεου *καθως* παντες ὑμεις ἐστε σημερον·
Rm	1 13	ἱνα τινα καρπον σχω και ἐν ὑμιν *καθως* και ἐν τοις λοιποις ἐθνεσιν.
	17	δικαιοσυνη γαρ θεου ἐν αὐτῳ ἀποκαλυπτεται ἐκ πιστεως εἰς πιστιν, *καθως* γεγραπται·
	28	και *καθως* οὐκ ἐδοκιμασαν τον θεον ἐχειν ἐν ἐπιγνωσει, παρεδωκεν αὐτους ὁ θεος εἰς ἀδοκιμον νουν,
	2 24	το γαρ ὀνομα του θεου δι ὑμας βλασφημειται ἐν τοις ἐθνεσιν, *καθως* γεγραπται.
	3 4	γινεσθω δε ὁ θεος ἀληθης, πας δε ἀνθρωπος ψευστης, *καθως* γεγραπται·
	8	και μη *καθως* βλασφημουμεθα και καθως φασιν τινες ἡμας λεγειν ὁτι ποιησωμεν τα κακα ἱνα ἐλθῃ τα ἀγαθα;
	8	και μη καθως βλασφημουμεθα και *καθως* φασιν τινες ἡμας λεγειν ὁτι ποιησωμεν τα κακα ἱνα ἐλθῃ τα ἀγαθα;
	10	προῃτιασαμεθα γαρ ἰουδαιους τε και ἑλληνας παντας ὑφ ἁμαρτιαν εἰναι, *καθως* γεγραπται ὁτι οὐκ ἐστιν δικαιος οὐδε εἱς·
	4 17	*καθως* γεγραπται ὁτι πατερα πολλων ἐθνων τεθεικα σε,
	8 36	*καθως* γεγραπται ὁτι ἑνεκεν σου θανατουμεθα ὁλην την ἡμεραν, ἐλογισθημεν ὡς προβατα σφαγης.
	9 13	*καθως* γεγραπται· τον ἰακωβ ἠγαπησα, τον δε ἠσαυ ἐμισησα.
	29	και *καθως* προειρηκεν ἠσαιας· εἰ μη κυριος σαβαωθ ἐγκατελιπεν ἡμιν σπερμα, ὡς σοδομα ἀν ἐγενηθημεν και ὡς γομορρα ἀν ὡμοιωθημεν.
	33	προσεκοψαν τῳ λιθῳ του προσκομματος, *καθως* γεγραπται·
	10 15	*καθως* γεγραπται· ὡς ὡραιοι οἱ ποδες των εὐαγγελιζομενων [τα] ἀγαθα.
	11 8	οἱ δε λοιποι ἐπωρωθησαν, *καθως* γεγραπται·
	26	και οὑτως πας ἰσραηλ σωθησεται, *καθως* γεγραπται·
	15 3	και γαρ ὁ χριστος οὐχ ἑαυτῳ ἠρεσεν· ἀλλα *καθως* γεγραπται·
	7	διο προσλαμβανεσθε ἀλληλους, *καθως* και ὁ χριστος προσελαβετο ὑμας εἰς δοξαν του θεου.
	9	τα δε ἐθνη ὑπερ ἐλεους δοξασαι τον θεον, *καθως* γεγραπται·
	21	ἀλλα *καθως* γεγραπται· οἱς οὐκ ἀνηγγελη περι αὐτου ὀψονται,
1Co	1 6	*καθως* το μαρτυριον του χριστου ἐβεβαιωθη ἐν ὑμιν,
	31	ὁς ἐγενηθη σοφια ἡμιν ἀπο θεου, δικαιοσυνη τε και ἁγιασμος και ἀπολυτρωσις, ἱνα *καθως* γεγραπται·
	2 9	ἀλλα *καθως* γεγραπται· ἁ ὀφθαλμος οὐκ εἰδεν και οὐς οὐκ ἠκουσεν και ἐπι καρδιαν ἀνθρωπου οὐκ ἀνεβη, ἁ ἡτοιμασεν ὁ θεος τοις ἀγαπωσιν αὐτον.

καθως [182]

1Co	4 17	ὁς ὑμας ἀναμνησει τας ὁδους μου τας ἐν χριστῳ [ἰησου], *καθως* πανταχου ἐν πασῃ ἐκκλησιᾳ διδασκω.
	5 7	ἐκκαθαρατε την παλαιαν ζυμην, ἱνα ἠτε νεον φυραμα, *καθως* ἐστε ἀζυμοι.
	8 2	εἰ τις δοκει ἐγνωκεναι τι, οὐπω ἐγνω *καθως* δει γνωναι·
	10 6	εἰς το μη εἰναι ἡμας ἐπιθυμητας κακων, *καθως* κακεινοι ἐπεθυμησαν.
	7	μηδε εἰδωλολατραι γινεσθε, *καθως* τινες αὐτων·
	8	μηδε πορνευωμεν, *καθως* τινες αὐτων ἐπορνευσαν και ἐπεσαν μιᾳ ἡμερᾳ εἰκοσιτρεις χιλιαδες.
	9	μηδε ἐκπειραζωμεν τον χριστον, *καθως* τινες αὐτων ἐπειρασαν και ὑπο των ὀφεων ἀπωλλυντο.
	33	*καθως* καγω παντα πασιν ἀρεσκω, μη ζητων το ἐμαυτου συμφορον ἀλλα το των πολλων, ἱνα σωθωσιν.
	11 1	μιμηται μου γινεσθε, *καθως* καγω χριστου.
	2	ἐπαινω δε ὑμας ὁτι παντα μου μεμνησθε και *καθως* παρεδωκα ὑμιν τας παραδοσεις κατεχετε.
	12 11	παντα δε ταυτα ἐνεργει το ἑν και το αὐτο πνευμα, διαιρουν ἰδιᾳ ἑκαστῳ *καθως* βουλεται.
	18	νυνι δε ὁ θεος ἐθετο τα μελη, ἑν ἑκαστον αὐτων ἐν τῳ σωματι *καθως* ἠθελησεν.
	13 12	ἀρτι γινωσκω ἐκ μερους, τοτε δε ἐπιγνωσομαι *καθως* και ἐπεγνωσθην.
	14 34	οὐ γαρ ἐπιτρεπεται αὐταις λαλειν, ἀλλα ὑποτασσεσθωσαν, *καθως* και ὁ νομος λεγει.
	15 38	ὁ δε θεος διδωσιν αὐτῳ σωμα *καθως* ἠθελησεν,
	49	και *καθως* ἐφορεσαμεν την εἰκονα του χοικου, φορεσομεν και την εἰκονα του ἐπουρανιου.
2Co	1 5	ὁτι *καθως* περισσευει τα παθηματα του χριστου εἰς ἡμας, οὑτως δια του χριστου περισσευει και ἡ παρακλησις ἡμων.
	14	ἐλπιζω δε ὁτι ἑως τελους ἐπιγνωσεσθε, *καθως* και ἐπεγνωτε ἡμας ἀπο μερους,
	4 1	δια τουτο, ἐχοντες την διακονιαν ταυτην, *καθως* ἠλεηθημεν, οὐκ ἐγκακουμεν,
	6 16	ἡμεις γαρ ναος θεου ἐσμεν ζωντος· *καθως* εἰπεν ὁ θεος ὁτι ἐνοικησω ἐν αὐτοις και ἐμπεριπατησω,
	8 5	και οὐ *καθως* ἠλπισαμεν, ἀλλα ἑαυτους ἐδωκαν πρωτον τῳ κυριῳ και ἡμιν δια θεληματος θεου,
	6	εἰς το παρακαλεσαι ἡμας τιτον, ἱνα *καθως* προενηρξατο οὑτως και ἐπιτελεσῃ εἰς ὑμας και την χαριν ταυτην.
	15	*καθως* γεγραπται· ὁ το πολυ οὐκ ἐπλεονασεν, και ὁ το ὀλιγον οὐκ ἠλαττονησεν.
	9 3	ἐπεμψα δε τους ἀδελφους, ἱνα μη το καυχημα ἡμων το ὑπερ ὑμων κενωθῃ ἐν τῳ μερει τουτῳ, ἱνα *καθως* ἐλεγον παρεσκευασμενοι ἠτε,
	7	ἑκαστος *καθως* προῃρηται τῃ καρδιᾳ, μη ἐκ λυπης ἡ ἐξ ἀναγκης·
		καθως γεγραπται· ἐσκορπισεν, ἐδωκεν τοις πενησιν,
	10 7	τουτο λογιζεσθω παλιν ἐφ ἑαυτου, ὁτι *καθως* αὐτος χριστου, οὑτως και ἡμεις.
	11 12	ἱνα ἐκκοψω την ἀφορμην των θελοντων ἀφορμην, ἱνα ἐν ᾡ καυχωνται εὑρεθωσιν *καθως* και ἡμεις.
Ga	2 7	ἀλλα τουναντιον ἰδοντες ὁτι πεπιστευμαι το εὐαγγελιον της ἀκροβυστιας *καθως* πετρος της περιτομης,
	3 6	*καθως* ἀβρααμ ἐπιστευσεν τῳ θεῳ, και ἐλογισθη αὐτῳ εἰς δικαιοσυνην·
	5 21	διχοστασιαι, αἱρεσεις, φθονοι, μεθαι, κωμοι, και τα ὁμοια τουτοις, ἁ προλεγω ὑμιν *καθως* προειπον,
Eph	1 4	*καθως* ἐξελεξατο ἡμας ἐν αὐτῳ προ καταβολης κοσμου,
	3 3	[ὁτι] κατα ἀποκαλυψιν ἐγνωρισθη μοι το μυστηριον, *καθως* προεγραψα ἐν ὀλιγῳ,
	4 4	ἑν σωμα και ἑν πνευμα, *καθως* και ἐκληθητε ἐν μιᾳ ἐλπιδι της κλησεως ὑμων·
	17	μηκετι ὑμας περιπατειν *καθως* και τα ἐθνη περιπατει ἐν ματαιοτητι του νοος αὐτων,
	21	εἰ γε αὐτον ἠκουσατε και ἐν αὐτῳ ἐδιδαχθητε *καθως* ἐστιν ἀληθεια ἐν τῳ ἰησου,
	32	γινεσθε [δε] εἰς ἀλληλους χρηστοι, εὐσπλαγχνοι, χαριζομενοι ἑαυτοις *καθως* και ὁ θεος ἐν χριστῳ ἐχαρισατο ὑμιν.
	5 2	*καθως* και ὁ χριστος ἠγαπησεν ἡμας και παρεδωκεν ἑαυτον ὑπερ ἡμων προσφοραν και θυσιαν τῳ θεῳ εἰς ὀσμην εὐωδιας.
	3	πορνεια δε και ἀκαθαρσια πασα ἡ πλεονεξια μηδε ὀνομαζεσθω ἐν ὑμιν, *καθως* πρεπει ἁγιοις,
	25	οἱ ἀνδρες, ἀγαπατε τας γυναικας, *καθως* και ὁ χριστος ἠγαπησεν την ἐκκλησιαν και ἑαυτον παρεδωκεν ὑπερ αὐτης,
	29	ἀλλα ἐκτρεφει και θαλπει αὐτην, *καθως* και ὁ χριστος την ἐκκλησιαν,
Php	1 7	*καθως* ἐστιν δικαιον ἐμοι τουτο φρονειν ὑπερ παντων ὑμων,
	2 12	ὡστε, ἀγαπητοι μου, *καθως* παντοτε ὑπηκουσατε,

καθως [182]

Php	3 17	και σκοπειτε τους ουτω περιπατουντας *καθως* εχετε τυπον ημας.
Col	1 6	*καθως* και εν παντι τω κοσμω εστιν καρποφορουμενον και αυξανομενον *καθως* και εν υμιν,
	6	*καθως* και εν παντι τω κοσμω εστιν καρποφορουμενον και αυξανομενον *καθως* και εν υμιν,
	7	*καθως* εμαθετε απο επαφρα του αγαπητου συνδουλου ημων,
	2 7	εν αυτω περιπατειτε, ερριζωμενοι και εποικοδομουμενοι εν αυτω και βεβαιουμενοι τη πιστει *καθως* εδιδαχθητε.
	3 13	*καθως* και ο κυριος εχαρισατο υμιν ουτως και υμεις·
1Th	1 5	*καθως* οιδατε οιοι εγενηθημεν [εν] υμιν δι υμας.
	2 2	αλλα προπαθοντες και υβρισθεντες *καθως* οιδατε εν φιλιπποις επαρρησιασαμεθα εν τω θεω ημων λαλησαι προς υμας το ευαγγελιον του θεου εν πολλω αγωνι.
	4	αλλα *καθως* δεδοκιμασμεθα υπο του θεου πιστευθηναι το ευαγγελιον ουτως λαλουμεν,
	5	ουτε γαρ ποτε εν λογω κολακειας εγενηθημεν, *καθως* οιδατε, ουτε εν προφασει πλεονεξιας,
	13	οτι παραλαβοντες λογον ακοης παρ ημων του θεου εδεξασθε ου λογον ανθρωπων αλλα *καθως* εστιν αληθως λογον θεου,
	14	οτι τα αυτα επαθετε και υμεις υπο των ιδιων συμφυλετων, *καθως* και αυτοι υπο των ιουδαιων,
	3 4	προελεγομεν υμιν οτι μελλομεν θλιβεσθαι, *καθως* και εγενετο και οιδατε.
	4 1	λοιπον ουν, αδελφοι, ερωτωμεν υμας και παρακαλουμεν εν κυριω ιησου, ινα *καθως* παρελαβετε παρ ημων το πως δει υμας περιπατειν και αρεσκειν θεω, *καθως* και περιπατειτε,
	1	ινα *καθως* παρελαβετε παρ ημων το πως δει υμας περιπατειν και αρεσκειν θεω, *καθως* και περιπατειτε,
	6	*καθως* και προειπαμεν υμιν και διεμαρτυραμεθα.
	11	και φιλοτιμεισθαι ησυχαζειν και πρασσειν τα ιδια και εργαζεσθαι ταις [ιδιαις] χερσιν υμων, *καθως* υμιν παρηγγειλαμεν,
	13	ου θελομεν δε υμας αγνοειν, αδελφοι, περι των κοιμωμενων, ινα μη λυπησθε *καθως* και οι λοιποι οι μη εχοντες ελπιδα.
	5 11	διο παρακαλειτε αλληλους και οικοδομειτε εις τον ενα, *καθως* και ποιειτε.
2Th	1 3	ευχαριστειν οφειλομεν τω θεω παντοτε περι υμων, αδελφοι, *καθως* αξιον εστιν,
	3 1	το λοιπον προσευχεσθε, αδελφοι, περι ημων, ινα ο λογος του κυριου τρεχη και δοξαζηται *καθως* και προς υμας,
1Tm	1 3	*καθως* παρεκαλεσα σε προσμειναι εν εφεσω, πορευομενος εις μακεδονιαν,
Heb	3 7	διο, *καθως* λεγει το πνευμα το αγιον· σημερον εαν της φωνης αυτου ακουσητε,
	4 3	εισερχομεθα γαρ εις [την] καταπαυσιν οι πιστευσαντες, *καθως* ειρηκεν·
	7	*καθως* προειρηται· σημερον εαν της φωνης αυτου ακουσητε, μη σκληρυνητε τας καρδιας υμων.
	5 3	και δι αυτην οφειλει, *καθως* περι του λαου, ουτως και περι εαυτου προσφερειν περι αμαρτιων.
	6	*καθως* και εν ετερω λεγει·
	8 5	*καθως* κεχρηματισται μωυσης μελλων επιτελειν την σκηνην· ορα γαρ φησιν,
	10 25	μη εγκαταλειποντες την επισυναγωγην εαυτων, *καθως* εθος τισιν, αλλα παρακαλουντες,
	11 12	*καθως* τα αστρα του ουρανου τω πληθει και ως η αμμος η παρα το χειλος της θαλασσης η αναριθμητος.
1Pt	4 10	εκαστος *καθως* ελαβεν χαρισμα, εις εαυτους αυτο διακονουντες ως καλοι οικονομοι ποικιλης χαριτος θεου·
2Pt	1 14	*καθως* και ο κυριος ημων ιησους χριστος εδηλωσεν μοι·
	3 15	*καθως* και ο αγαπητος ημων αδελφος παυλος κατα την δοθεισαν αυτω σοφιαν εγραψεν υμιν,
1Jh	2 6	ο λεγων εν αυτω μενειν οφειλει *καθως* εκεινος περιεπατησεν και αυτος [ουτως] περιπατειν.
	18	και *καθως* ηκουσατε οτι αντιχριστος ερχεται, και νυν αντιχριστοι πολλοι γεγονασιν·
	27	και *καθως* εδιδαξεν υμας, μενετε εν αυτω.
	3 2	οιδαμεν οτι εαν φανερωθη ομοιοι αυτω εσομεθα, οτι οψομεθα αυτον *καθως* εστιν.
	3	και πας ο εχων την ελπιδα ταυτην επ αυτω αγνιζει εαυτον *καθως* εκεινος αγνος εστιν.
		ο ποιων την δικαιοσυνην δικαιος εστιν, *καθως* εκεινος δικαιος εστιν·
	12	ου *καθως* καιν εκ του πονηρου ην και εσφαξεν τον αδελφον αυτου·
	23	ινα πιστευσωμεν τω ονοματι του υιου αυτου ιησου χριστου και αγαπωμεν αλληλους *καθως* εδωκεν εντολην ημιν.
	4 17	οτι *καθως* εκεινος εστιν και ημεις εσμεν εν τω κοσμω τουτω.

καθως [182]

2Jh	4	εχαρην λιαν οτι ευρηκα εκ των τεκνων σου περιπατουντας εν αληθεια, *καθως* εντολην ελαβομεν παρα του πατρος,
	6	αυτη η εντολη εστιν, *καθως* ηκουσατε απ αρχης, ινα εν αυτη περιπατητε.
3Jh	2	αγαπητε, περι παντων ευχομαι σε ευοδουσθαι και υγιαινειν, *καθως* ευοδουται σου η ψυχη.
	3	εχαρην γαρ λιαν ερχομενων αδελφων και μαρτυρουντων σου τη αληθεια, *καθως* συ εν αληθεια περιπατεις.

καθωσπερ [1]

Heb	5 4	αλλα καλουμενος υπο του θεου, *καθωσπερ* και ααρων.

και [9164]

cf append.

καιαφας [9]

Mt	26 3	τοτε συνηχθησαν οι αρχιερεις και οι πρεσβυτεροι του λαου εις την αυλην του αρχιερεως του λεγομενου *καιαφα*,
	57	οι δε κρατησαντες τον ιησουν απηγαγον προς *καιαφαν* τον αρχιερεα,
Lc	3 2	και λυσανιου της αβιληνης τετρααρχουντος, επι αρχιερεως αννα και *καιαφα*,
Jh	11 49	εις δε τις εξ αυτων *καιαφας*, αρχιερευς ων του ενιαυτου εκεινου, ειπεν αυτοις·
	18 13	και ηγαγον προς αυτον πρωτον· ην γαρ πενθερος του *καιαφα*,
	14	ην δε *καιαφας* ο συμβουλευσας τοις ιουδαιοις οτι συμφερει ενα ανθρωπον αποθανειν υπερ του λαου.
	24	απεστειλεν ουν αυτον ο αννας δεδεμενον προς *καιαφαν* τον αρχιερεα.
	28	αγουσιν ουν τον ιησουν απο του *καιαφα* εις το πραιτωριον·
Ac	4 6	και αννας ο αρχιερευς και *καιαφας* και ιωαννης και αλεξανδρος και οσοι ησαν εκ γενους αρχιερατικου,

καιν [3]

Heb	11 4	πιστει πλειονα θυσιαν αβελ παρα *καιν* προσηνεγκεν τω θεω,
1Jh	3 12	ου καθως *καιν* εκ του πονηρου ην και εσφαξεν τον αδελφον αυτου·
Ju	11	ουαι αυτοις, οτι τη οδω του *καιν* επορευθησαν,

καιναμ [2]

Lc	3 36	του *καιναμ* του αρφαξαδ του σημ του νωε του λαμεχ
	37	του μαθουσαλα του ενωχ του ιαρετ του μαλελεηλ του *καιναμ*

καινος [42]

Mt	9 17	αλλα βαλλουσιν οινον νεον εις ασκους *καινους*,
	13 52	δια τουτο πας γραμματευς μαθητευθεις τη βασιλεια των ουρανων ομοιος εστιν ανθρωπω οικοδεσποτη, οστις εκβαλλει εκ του θησαυρου αυτου *καινα* και παλαια.
	26 29	ου μη πιω απ αρτι εκ τουτου του γενηματος της αμπελου εως της ημερας εκεινης οταν αυτο πινω μεθ υμων *καινον* εν τη βασιλεια του πατρος μου.
	27 60	και εθηκεν αυτο εν τω *καινω* αυτου μνημειω ο ελατομησεν εν τη πετρα,
Mc	1 27	τι εστιν τουτο; διδαχη *καινη* κατ εξουσιαν·
	2 21	ει δε μη, αιρει το πληρωμα απ αυτου το *καινον* του παλαιου,
	22	αλλα οινον νεον εις ασκους *καινους*.
	14 25	αμην λεγω υμιν οτι ουκετι ου μη πιω εκ του γενηματος της αμπελου εως της ημερας εκεινης οταν αυτο πινω *καινον* εν τη βασιλεια του θεου.
	16 17	εν τω ονοματι μου δαιμονια εκβαλουσιν, γλωσσαις λαλησουσιν *καιναις*,
Lc	5 36	ελεγεν δε και παραβολην προς αυτους οτι ουδεις επιβλημα απο ιματιου *καινου* σχισας επιβαλλει επι ιματιον παλαιον·
	36	ει δε μηγε, και το *καινον* σχισει και τω παλαιω ου συμφωνησει το επιβλημα το απο του καινου.
	36	ει δε μηγε, και το καινον σχισει και τω παλαιω ου συμφωνησει το επιβλημα το απο του *καινου*.
	38	αλλα οινον νεον εις ασκους *καινους* βλητεον.
	22 20	τουτο το ποτηριον η *καινη* διαθηκη εν τω αιματι μου, το υπερ υμων εκχυννομενον.
Jh	13 34	εντολην *καινην* διδωμι υμιν, ινα αγαπατε αλληλους,
	19 41	ην δε εν τω τοπω οπου εσταυρωθη κηπος, και εν τω κηπω μνημειον *καινον*,

καινος [42]

Ac	17 19	δυναμεθα γνωναι τίς ἡ καινη αὐτη ἡ ὑπο σου λαλουμενη διδαχη;
	21	ἀθηναιοι δε παντες και οἱ ἐπιδημουντες ξενοι εἰς οὐδεν ἑτερον ηὐκαιρουν ἢ λεγειν τι ἢ ἀκουειν τι καινοτερον.
1Co	11 25	τουτο το ποτηριον ἡ καινη διαθηκη ἐστιν ἐν τω ἐμω αἱματι·
2Co	3 6	ἀλλ ἡ ἱκανοτης ἡμων ἐκ του θεου, ὁς και ἱκανωσεν ἡμας διακονους καινης διαθηκης,
	5 17	ὡστε εἰ τις ἐν χριστω, καινη κτισις·
	17	τα ἀρχαια παρηλθεν, ἰδου γεγονεν καινα.
Ga	6 15	οὐτε γαρ περιτομη τι ἐστιν οὐτε ἀκροβυστια, ἀλλα καινη κτισις.
Eph	2 15	ἱνα τους δυο κτιση ἐν αὑτω εἰς ἑνα καινον ἀνθρωπον ποιων εἰρηνην,
	4 24	και ἐνδυσασθαι τον καινον ἀνθρωπον τον κατα θεον κτισθεντα ἐν δικαιοσυνη και ὁσιοτητι της ἀληθειας.
Heb	8 8	και συντελεσω ἐπι τον οἰκον ἰσραηλ και ἐπι τον οἰκον ἰουδα διαθηκην καινην,
	13	ἐν τω λεγειν καινην πεπαλαιωκεν την πρωτην·
	9 15	και δια τουτο διαθηκης καινης μεσιτης ἐστιν,
2Pt	3 13	καινους δε οὐρανους και γην καινην κατα το ἐπαγγελμα αὐτου προσδοκωμεν,
	13	καινους δε οὐρανους και γην καινην κατα το ἐπαγγελμα αὐτου προσδοκωμεν,
1Jh	2 7	ἀγαπητοι, οὐκ ἐντολην καινην γραφω ὑμιν,
	8	παλιν ἐντολην καινην γραφω ὑμιν, ὁ ἐστιν ἀληθες ἐν αὐτω και ἐν ὑμιν,
2Jh	5	και νυν ἐρωτω σε, κυρια, οὐχ ὡς ἐντολην καινην γραφων σοι, ἀλλα ἡν εἰχομεν ἀπ ἀρχης, ἱνα ἀγαπωμεν ἀλληλους.
Apc	2 17	και δωσω αὑτω ψηφον λευκην, και ἐπι την ψηφον ὀνομα καινον γεγραμμενον,
	3 12	της καινης ἱερουσαλημ ἡ καταβαινουσα ἐκ του οὐρανου ἀπο του θεου μου,
	12	και το ὀνομα μου το καινον.
	5 9	και ἀδουσιν ὠδην καινην λεγοντες·
	14 3	και ἀδουσιν [ὡς] ὠδην καινην ἐνωπιον του θρονου και ἐνωπιον των τεσσαρων ζωων και των πρεσβυτερων·
	21 1	και εἰδον οὐρανον καινον και γην καινην·
	1	και εἰδον οὐρανον καινον και γην καινην·
	2	και την πολιν την ἁγιαν ἱερουσαλημ καινην εἰδον καταβαινουσαν ἐκ του οὐρανου ἀπο του θεου,
	5	και εἰπεν ὁ καθημενος ἐπι τω θρονω· ἰδου καινα ποιω παντα.

καινοτης [2]

Rm	6 4	ἱνα ὡσπερ ἠγερθη χριστος ἐκ νεκρων δια της δοξης του πατρος, οὑτως και ἡμεις ἐν καινοτητι ζωης περιπατησωμεν.
	7 6	ἀποθανοντες ἐν ω κατειχομεθα, ὡστε δουλευειν ἡμας ἐν καινοτητι πνευματος και οὐ παλαιοτητι γραμματος.

καιπερ [5]

Php	3 4	καιπερ ἐγω ἐχων πεποιθησιν και ἐν σαρκι.
Heb	5 8	καιπερ ὡν υἱος, ἐμαθεν ἀφ ὡν ἐπαθεν την ὑπακοην,
	7 5	καιπερ ἐξεληλυθοτας ἐκ της ὀσφυος ἀβρααμ·
	12 17	μετανοιας γαρ τοπον οὐχ εὑρεν, καιπερ μετα δακρυων ἐκζητησας αὐτην.
2Pt	1 12	καιπερ εἰδοτας και ἐστηριγμενους ἐν τη παρουση ἀληθεια.

καιρος [86]

Mt	8 29	ἠλθες ὡδε προ καιρου βασανισαι ἡμας;
	11 25	ἐν ἐκεινω τω καιρω ἀποκριθεις ὁ ἰησους εἰπεν·
	12 1	ἐν ἐκεινω τω καιρω ἐπορευθη ὁ ἰησους τοις σαββασιν δια των σποριμων·
	13 30	και ἐν καιρω του θερισμου ἐρω τοις θερισταις·
	14 1	ἐν ἐκεινω τω καιρω ἠκουσεν ἡρωδης ὁ τετρααρχης την ἀκοην ἰησου,
	16 3	[το μεν προσωπον του οὐρανου γινωσκετε διακρινειν], τα δε σημεια των καιρων οὐ δυνασθε];
	21 34	ὁτε δε ἠγγισεν ὁ καιρος των καρπων, ἀπεστειλεν τους δουλους αὐτου προς τους γεωργους λαβειν τους καρπους αὐτου.
	41	και τον ἀμπελωνα ἐκδωσεται ἀλλοις γεωργοις, οἱτινες ἀποδωσουσιν αὐτω τους καρπους ἐν τοις καιροις αὐτων.
	24 45	τίς ἀρα ἐστιν ὁ πιστος δουλος και φρονιμος ὁν κατεστησεν ὁ κυριος ἐπι της οἰκετειας αὐτου του δουναι αὐτοις την τροφην ἐν καιρω;
	26 18	ὁ διδασκαλος λεγει· ὁ καιρος μου ἐγγυς ἐστιν·

καιρος [86]

Mc	1 15	μετα δε το παραδοθηναι τον ἰωαννην ἠλθεν ὁ ἰησους εἰς την γαλιλαιαν κηρυσσων το εὐαγγελιον του θεου και λεγων, ὁτι πεπληρωται ὁ καιρος και ἠγγικεν ἡ βασιλεια του θεου·
	10 30	ἐαν μη λαβη ἑκατονταπλασιονα νυν ἐν τω καιρω τουτω οἰκιας και ἀδελφους και ἀδελφας και μητερας και τεκνα και ἀγρους μετα διωγμων, και ἐν τω αἰωνι τω ἐρχομενω ζωην αἰωνιον.
	11 13	και ἐλθων ἐπ αὑτην οὐδεν εὑρεν εἰ μη φυλλα· ὁ γαρ καιρος οὐκ ἠν συκων.
	12 2	και ἀπεστειλεν προς τους γεωργους τω καιρω δουλον,
	13 33	βλεπετε, ἀγρυπνειτε· οὐκ οἰδατε γαρ ποτε ὁ καιρος ἐστιν.
Lc	1 20	και ἰδου ἐση σιωπων και μη δυναμενος λαλησαι ἀχρι ἡς ἡμερας γενηται ταυτα, ἀνθ ὡν οὐκ ἐπιστευσας τοις λογοις μου, οἱτινες πληρωθησονται εἰς τον καιρον αὐτων.
	4 13	και συντελεσας παντα πειρασμον ὁ διαβολος ἀπεστη ἀπ αὐτου ἀχρι καιρου.
	8 13	και οὑτοι ῥιζαν οὐκ ἐχουσιν, οἱ προς καιρον πιστευουσιν και ἐν καιρω πειρασμου ἀφιστανται.
	13	και οὑτοι ῥιζαν οὐκ ἐχουσιν, οἱ προς καιρον πιστευουσιν και ἐν καιρω πειρασμου ἀφιστανται.
	12 42	τίς ἀρα ἐστιν ὁ πιστος οἰκονομος ὁ φρονιμος, ὁν καταστησει ὁ κυριος ἐπι της θεραπειας αὐτου του διδοναι ἐν καιρω [το] σιτομετριον;
	56	ὑποκριται, το προσωπον της γης και του οὐρανου οἰδατε δοκιμαζειν, τον καιρον δε τουτον πως οὐκ οἰδατε δοκιμαζειν;
	13 1	παρησαν δε τινες ἐν αὐτω τω καιρω ἀπαγγελλοντες αὐτω περι των γαλιλαιων ὡν το αἱμα πιλατος ἐμιξεν μετα των θυσιων αὐτων.
	18 30	ὁς οὐχι μη [ἀπο]λαβη πολλαπλασιονα ἐν τω καιρω τουτω και ἐν τω αἰωνι τω ἐρχομενω ζωην αἰωνιον.
	19 44	και οὐκ ἀφησουσιν λιθον ἐπι λιθον ἐν σοι, ἀνθ ὡν οὐκ ἐγνως τον καιρον της ἐπισκοπης σου.
	20 10	και καιρω ἀπεστειλεν προς τους γεωργους δουλον, ἱνα ἀπο του καρπου του ἀμπελωνος δωσουσιν αὐτω·
	21 8	ἐγω εἰμι, και· ὁ καιρος ἠγγικεν·
	24	και ἱερουσαλημ ἐσται πατουμενη ὑπο ἐθνων, ἀχρι οὑ πληρωθωσιν καιροι ἐθνων.
	36	ἀγρυπνειτε δε ἐν παντι καιρω δεομενοι ἱνα κατισχυσητε ἐκφυγειν ταυτα παντα τα μελλοντα γινεσθαι,
Jh	5 4*	ἀγγελος δε κυριου κατα καιρον κατεβαινεν ἐν τη κολυμβηθρα και ἐταρασσετο το ὑδωρ·
	7 6	ὁ καιρος ὁ ἐμος οὐπω παρεστιν, ὁ δε καιρος ὁ ὑμετερος παντοτε ἐστιν ἑτοιμος.
	6	ὁ καιρος ὁ ἐμος οὐπω παρεστιν, ὁ δε καιρος ὁ ὑμετερος παντοτε ἐστιν ἑτοιμος·
	8	ἐγω οὐκ ἀναβαινω εἰς την ἑορτην ταυτην, ὁτι ὁ ἐμος καιρος οὐπω πεπληρωται.
Ac	1 7	οὐχ ὑμων ἐστιν γνωναι χρονους ἢ καιρους οὑς ὁ πατηρ ἐθετο ἐν τη ἰδια ἐξουσια,
	3 20	ὁπως ἀν ἐλθωσιν καιροι ἀναψυξεως ἀπο προσωπου του κυριου και ἀποστειλη τον προκεχειρισμενον ὑμιν χριστον ἰησουν,
	7 20	ἐν ω καιρω ἐγεννηθη μωυσης, και ἡν ἀστειος τω θεω·
	12 1	κατ ἐκεινον δε τον καιρον ἐπεβαλεν ἡρωδης ὁ βασιλευς τας χειρας κακωσαι τινας των ἀπο της ἐκκλησιας.
	13 11	και νυν ἰδου χειρ κυριου ἐπι σε, και ἐση τυφλος μη βλεπων τον ἡλιον ἀχρι καιρου.
	14 17	καιτοι οὐκ ἀμαρτυρον αὑτον ἀφηκεν ἀγαθουργων, οὐρανοθεν ὑμιν ὑετους διδους και καιρους καρποφορους,
	17 26	ἐποιησεν τε ἐξ ἑνος παν ἐθνος ἀνθρωπων κατοικειν ἐπι παντος προσωπου της γης, ὁρισας προστεταγμενους καιρους και τας ὁροθεσιας της κατοικιας αὐτων,
	19 23	ἐγενετο δε κατα τον καιρον ἐκεινον ταραχος οὐκ ὀλιγος περι της ὁδου.
	24 25	το νυν ἐχον πορευου, καιρον δε μεταλαβων μετακαλεσομαι σε·
Rm	3 26	προς την ἐνδειξιν της δικαιοσυνης αὐτου ἐν τω νυν καιρω,
	5 6	ἐτι γαρ χριστος ὀντων ἡμων ἀσθενων ἐτι κατα καιρον ὑπερ ἀσεβων ἀπεθανεν.
	8 18	λογιζομαι γαρ ὁτι οὐκ ἀξια τα παθηματα του νυν καιρου προς την μελλουσαν δοξαν ἀποκαλυφθηναι εἰς ἡμας.
	9 9	κατα τον καιρον τουτον ἐλευσομαι και ἐσται τη σαρρα υἱος.
	11 5	οὑτως οὐν και ἐν τω νυν καιρω λειμμα κατ ἐκλογην χαριτος γεγονεν·
	13 11	και τουτο εἰδοτες τον καιρον, ὁτι ὡρα ἠδη ὑμας ἐξ ὑπνου ἐγερθηναι·
1Co	4 5	ὡστε μη προ καιρου τι κρινετε, ἑως ἀν ἐλθη ὁ κυριος,
	7 5	εἰ μητι ἀν ἐκ συμφωνου προς καιρον
	29	τουτο δε φημι, ἀδελφοι, ὁ καιρος συνεσταλμενος ἐστιν·

καιρος [86]

2Co	6 2	καιρω δεκτω έπηκουσα σου και έν ήμερα σωτηριας έβοηθησα σοι·
	2	ίδου νυν καιρος εύπροσδεκτος, ίδου νυν ήμερα σωτηριας·
	8 14	έν τω νυν καιρω το ύμων περισσευμα εἰς το έκεινων ύστερημα,
Ga	4 10	ήμερας παρατηρεισθε και μηνας και καιρους και ένιαυτους.
	6 9	καιρω γαρ ίδιω θερισομεν μη έκλυομενοι.
	10	άρα ούν ώς καιρον έχομεν, έργαζωμεθα το άγαθον προς παντας,
Eph	1 10	κατα την εύδοκιαν αύτου, ήν προεθετο έν αύτω εἰς οἰκονομιαν του πληρωματος των καιρων,
	2 12	ότι ήτε τω καιρω έκεινω χωρις χριστου,
	5 16	έξαγοραζομενοι τον καιρον, ότι αί ήμεραι πονηραι εἰσιν.
	6 18	δια πασης προσευχης και δεησεως, προσευχομενοι έν παντι καιρω έν πνευματι,
Col	4 5	έν σοφια περιπατειτε προς τους έξω, τον καιρον έξαγοραζομενοι.
1Th	2 17	ήμεις δε, άδελφοι, άπορφανισθεντες άφ ύμων προς καιρον ώρας προσωπω ού καρδια,
	5 1	περι δε των χρονων και των καιρων, άδελφοι, ού χρειαν έχετε ύμιν γραφεσθαι·
2Th	2 6	και νυν το κατεχον οίδατε, εἰς το άποκαλυφθηναι αύτον έν τω έαυτου καιρω.
1Tm	2 6	ό δους έαυτον άντιλυτρον ύπερ παντων, το μαρτυριον καιροις ίδιοις·
	4 1	το δε πνευμα ρητως λεγει ότι έν ύστεροις καιροις άποστησονται τινες της πιστεως,
	6 15	μεχρι της έπιφανειας του κυριου ήμων ίησου χριστου, ήν καιροις ίδιοις δειξει ό μακαριος και μονος δυναστης,
2Tm	3 1	τουτο δε γινωσκε, ότι έν έσχαταις ήμεραις ένστησονται καιροι χαλεποι·
	4 3	έσται γαρ καιρος ότε της ύγιαινουσης διδασκαλιας ούκ άνεξονται,
	6	έγω γαρ ήδη σπενδομαι, και ό καιρος της άναλυσεως μου έφεστηκεν.
Tit	1 3	έφανερωσεν δε καιροις ίδιοις τον λογον αύτου έν κηρυγματι ό έπιστευθην έγω κατ έπιταγην του σωτηρος ήμων θεου,
Heb	9 9	μηπω πεφανερωσθαι την των άγιων όδον έτι της πρωτης σκηνης έχουσης στασιν, ήτις παραβολη εἰς τον καιρον τον ένεστηκοτα,
	10	μονον έπι βρωμασιν και πομασιν και διαφοροις βαπτισμοις, δικαιωματα σαρκος μεχρι καιρου διορθωσεως έπικειμενα.
	11 11	πιστει και αύτη σαρρα στειρα δυναμιν εἰς καταβολην σπερματος έλαβεν και παρα καιρον ήλικιας,
	15	και εἰ μεν έκεινης έμνημονευον άφ ής έξεβησαν, εἰχον άν καιρον άνακαμψαι·
1Pt	1 5	τετηρημενην έν ούρανοις εἰς ύμας τους έν δυναμει θεου φρουρουμενους δια πιστεως εἰς σωτηριαν έτοιμην άποκαλυφθηναι έν καιρω έσχατω.
	11	έραυνωντες εἰς τίνα ή ποιον καιρον έδηλου το έν αύτοις πνευμα χριστου
	4 17	ότι [ό] καιρος του άρξασθαι το κριμα άπο του οίκου του θεου·
	5 6	ταπεινωθητε ούν ύπο την κραταιαν χειρα του θεου, ίνα ύμας ύψωση έν καιρω,
Apc	1 3	ό γαρ καιρος έγγυς.
	11 18	και ήλθεν ή όργη σου και ό καιρος των νεκρων κριθηναι
	12 12	ότι κατεβη ό διαβολος προς ύμας έχων θυμον μεγαν, εἰδως ότι όλιγον καιρον έχει.
	14	ίνα πετηται εἰς την έρημον εἰς τον τοπον αύτης, όπου τρεφεται έκει καιρον και καιρους και ήμισυ καιρου άπο προσωπου του όφεως.
	14	ίνα πετηται εἰς την έρημον εἰς τον τοπον αύτης, όπου τρεφεται έκει καιρον και καιρους και ήμισυ καιρου άπο προσωπου του όφεως.
	14	ίνα πετηται εἰς την έρημον εἰς τον τοπον αύτης, όπου τρεφεται έκει καιρον και καιρους και ήμισυ καιρου άπο προσωπου του όφεως.
	22 10	ό καιρος γαρ έγγυς έστιν.

καισαρ [29]

Mt	22 17	έξεστιν δουναι κηνσον καισαρι ή ού;
	21	τίνος ή εἰκων αύτη και ή έπιγραφη; λεγουσιν αύτω· καισαρος.
	21	άποδοτε ούν τα καισαρος καισαρι και τα του θεου τω θεω.
	21	άποδοτε ούν τα καισαρος καισαρι και τα του θεου τω θεω.
Mc	12 14	έξεστιν δουναι κηνσον καισαρι ή ού; δωμεν ή μη δωμεν;
	16	καισαρος.
	17	τα καισαρος άποδοτε καισαρι και τα του θεου τω θεω.

καισαρ [29]

Mc	12 17	τα καισαρος άποδοτε καισαρι και τα του θεου τω θεω.
Lc	2 1	έγενετο δε έν ταις ήμεραις έκειναις έξηλθεν δογμα παρα καισαρος αύγουστου άπογραφεσθαι πασαν την οίκουμενην.
	3 1	έν έτει δε πεντεκαιδεκατω της ήγεμονιας τιβεριου καισαρος, ήγεμονευοντος ποντιου πιλατου της ίουδαιας,
	20 22	έξεστιν ήμας καισαρι φορον δουναι ή ού;
	24	τίνος έχει εἰκονα και έπιγραφην; οί δε είπαν· καισαρος.
	25	τοινυν άποδοτε τα καισαρος καισαρι και τα του θεου τω θεω.
	25	τοινυν άποδοτε τα καισαρος καισαρι και τα του θεου τω θεω.
	23 2	τουτον εύραμεν διαστρεφοντα το έθνος ήμων και κωλυοντα φορους καισαρι διδοναι,
Jh	19 12	έαν τουτον άπολυσης, ούκ εί φιλος του καισαρος·
	12	πας ό βασιλεα έαυτον ποιων άντιλεγει τω καισαρι.
	15	ούκ έχομεν βασιλεα εἰ μη καισαρα.
Ac	17 7	και ούτοι παντες άπεναντι των δογματων καισαρος πρασσουσιν, βασιλεα έτερον λεγοντες είναι ίησουν.
	25 8	του παυλου άπολογουμενου ότι ούτε εἰς τον νομον των ίουδαιων ούτε εἰς το ίερον ούτε εἰς καισαρα τι ήμαρτον.
	10	έπι του βηματος καισαρος έστως είμι, ού με δει κρινεσθαι.
	11	εἰ δε ούδεν έστιν ών ούτοι κατηγορουσιν μου, ούδεις με δυναται αύτοις χαρισασθαι· καισαρα έπικαλουμαι.
	12	καισαρα έπικεκλησαι, έπι καισαρα πορευση.
	12	καισαρα έπικεκλησαι, έπι καισαρα πορευση.
	21	του δε παυλου έπικαλεσαμενου τηρηθηναι αύτον εἰς την του σεβαστου διαγνωσιν, έκελευσα τηρεισθαι αύτον έως ού άναπεμψω αύτον προς καισαρα.
	26 32	άπολελυσθαι έδυνατο ό άνθρωπος ούτος εἰ μη έπεκεκλητο καισαρα.
	27 24	μη φοβου, παυλε· καισαρι σε δει παραστηναι,
	28 19	άντιλεγοντων δε των ίουδαιων ήναγκασθην έπικαλεσασθαι καισαρα,
Php	4 22	άσπαζονται ύμας παντες οί άγιοι, μαλιστα δε οί έκ της καισαρος οίκιας.

καισαρεια [17]

Mt	16 13	έλθων δε ό ίησους εἰς τα μερη καισαρειας της φιλιππου ήρωτα τους μαθητας αύτου λεγων·
Mc	8 27	και έξηλθεν ό ίησους και οί μαθηται αύτου εἰς.τας κωμας καισαρειας της φιλιππου·
Ac	8 40	φιλιππος δε εύρεθη εἰς άζωτον, και διερχομενος εύηγγελιζετο τας πολεις πασας έως του έλθειν αύτον εἰς καισαρειαν.
	9 30	έπιγνοντες δε οί άδελφοι κατηγαγον αύτον εἰς καισαρειαν και έξαπεστειλαν αύτον εἰς ταρσον.
	10 1	άνηρ δε τις έν καισαρεια όνοματι κορνηλιος, έκατονταρχης έκ σπειρης της καλουμενης ίταλικης,
	24	τη δε έπαυριον εἰσηλθεν εἰς την καισαρειαν·
	11 11	και ίδου έξαυτης τρεις άνδρες έπεστησαν έπι την οίκιαν έν ή ήμεν, άπεσταλμενοι άπο καισαρειας προς με.
	12 19	και κατελθων άπο της ίουδαιας εἰς καισαρειαν διετριβεν.
	18 22	άνηχθη άπο της έφεσου, και κατελθων εἰς καισαρειαν,
	21 8	τη δε έπαυριον έξελθοντες ήλθομεν εἰς καισαρειαν,
	16	συνηλθον δε και των μαθητων άπο καισαρειας συν ήμιν,
	23 23	έτοιμασατε στρατιωτας διακοσιους όπως πορευθωσιν έως καισαρειας,
	33	οίτινες εἰσελθοντες εἰς την καισαρειαν και άναδοντες την έπιστολην τω ήγεμονι,
	25 1	φηστος ούν έπιβας τη έπαρχεια μετα τρεις ήμερας άνεβη εἰς ίεροσολυμα άπο καισαρειας,
	4	ό μεν ούν φηστος άπεκριθη τηρεισθαι τον παυλον εἰς καισαρειαν,
	6	διατριψας δε έν αύτοις ήμερας ού πλειους όκτω ή δεκα, καταβας εἰς καισαρειαν,
	13	ήμερων δε διαγενομενων τινων άγριππας ό βασιλευς και βερνικη κατηντησαν εἰς καισαρειαν άσπασαμενοι τον φηστον.

καιτοι [3]

Jh	4 2	καιτοιγε ίησους αύτος ούκ έβαπτιζεν άλλ οί μαθηται αύτου,
Ac	14 17	καιτοι ούκ άμαρτυρον αύτον άφηκεν άγαθουργων,
Heb	4 3	καιτοι των έργων άπο καταβολης κοσμου γενηθεντων.

καιτοιγε [1]

Jh	4 2	καιτοιγε ίησους αύτος ούκ έβαπτιζεν άλλ οί μαθηται αύτου,

καιω [12]

Mt 5 15 οὐδε καιουσιν λυχνον και τιθεασιν αὐτον ὑπο τον μοδιον, ἀλλ ἐπι την λυχνιαν,

13 40 ὡσπερ οὐν συλλεγεται τα ζιζανια και πυρι [κατα]καιεται, οὑτως ἐσται ἐν τη συντελεια του αἰωνος.

Lc 12 35 ἐστωσαν ὑμων αἱ ὀσφυες περιεζωσμεναι και οἱ λυχνοι καιομενοι·

24 32 οὐχι ἡ καρδια ἡμων καιομενη ἠν [ἐν ἡμιν], ὡς ἐλαλει ἡμιν ἐν τη ὁδω, ὡς διηνοιγεν ἡμιν τας γραφας;

Jh 5 35 ἐκεινος ἠν ὁ λυχνος ὁ καιομενος και φαινων,

15 6 και συναγουσιν αὐτα και εἰς το πυρ βαλλουσιν, και καιεται.

Heb 12 18 οὐ γαρ προσεληλυθατε ψηλαφωμενω και κεκαυμενω πυρι και γνοφω και ζοφω και θυελλη και σαλπιγγος ἠχω

Apc 4 5 και ἐπτα λαμπαδες πυρος καιομεναι ἐνωπιον του θρονου,

8 8 και ὡς ὀρος μεγα πυρι καιομενον ἐβληθη εἰς την θαλασσαν·

10 και ἐπεσεν ἐκ του οὐρανου ἀστηρ μεγας καιομενος ὡς λαμπας,

19 20 ζωντες ἐβληθησαν οἱ δυο εἰς την λιμνην του πυρος της καιομενης ἐν θειω.

21 8 και πασιν τοις ψευδεσιν το μερος αὐτων ἐν τη λιμνη τη καιομενη πυρι και θειω,

κακει [10]

Mt 5 23 ἐαν οὐν προσφερης το δωρον σου ἐπι το θυσιαστηριον κακει μνησθης ὁτι ὁ ἀδελφος σου ἐχει τι κατα σου, ἀφες ἐκει το δωρον σου ἐμπροσθεν του θυσιαστηριου,

10 11 κακει μεινατε ἑως ἀν ἐξελθητε.

28 10 μη φοβεισθε· ὑπαγετε ἀπαγγειλατε τοις ἀδελφοις μου ἱνα ἀπελθωσιν εἰς την γαλιλαιαν, κακει με ὀψονται.

Mc 1 35 και πρωι ἐννυχα λιαν ἀναστας ἐξηλθεν και ἀπηλθεν εἰς ἐρημον τοπον, κακει προσηυχετο.

Jh 11 54 ἀλλα ἀπηλθεν ἐκειθεν εἰς την χωραν ἐγγυς της ἐρημου, εἰς ἐφραιμ λεγομενην πολιν, κακει ἐμεινεν μετα των μαθητων.

Ac 14 7 συνιδοντες κατεφυγον εἰς τας πολεις της λυκαονιας λυστραν και δερβην και την περιχωρον· κακει εὐαγγελιζομενοι ἠσαν.

17 13 ὡς δε ἐγνωσαν οἱ ἀπο της θεσσαλονικης ἰουδαιοι ὁτι και ἐν τη βεροια κατηγγελη ὑπο του παυλου ὁ λογος του θεου, ἠλθον κακει σαλευοντες και ταρασσοντες τους ὀχλους.

22 10 ἀναστας πορευου εἰς δαμασκον, κακει σοι λαληθησεται περι παντων ὡν τετακται σοι ποιησαι.

25 20 ἀπορουμενος δε ἐγω την περι τουτων ζητησιν ἐλεγον εἰ βουλοιτο πορευεσθαι εἰς ἱεροσολυμα κακει κρινεσθαι περι τουτων.

27 6 κακει εὑρων ὁ ἑκατονταρχης πλοιον ἀλεξανδρινον πλεον εἰς την ἰταλιαν ἐνεβιβασεν ἡμας εἰς αὐτο.

κακειθεν [10]

Mc 9 30 κακειθεν ἐξελθοντες παρεπορευοντο δια της γαλιλαιας,

Lc 11 53 κακειθεν ἐξελθοντος αὐτου ἠρξαντο οἱ γραμματεις και οἱ φαρισαιοι δεινως ἐνεχειν και ἀποστοματιζειν αὐτον περι πλειονων,

Ac 7 4 κακειθεν μετα το ἀποθανειν τον πατερα αὐτου μετωκισεν αὐτον εἰς την γην ταυτην εἰς ἡν ὑμεις νυν κατοικειτε,

13 21 κακειθεν ἡτησαντο βασιλεα, και ἐδωκεν αὐτοις ὁ θεος τον σαουλ υἱον κις,

14 26 και λαλησαντες ἐν περγη τον λογον κατεβησαν εἰς ἀτταλειαν, κακειθεν ἀπεπλευσαν εἰς ἀντιοχειαν,

16 12 κακειθεν εἰς φιλιππους, ἡτις ἐστιν πρωτη[ς] μεριδος της μακεδονιας πολις, κολωνια.

20 15 κακειθεν ἀποπλευσαντες τη ἐπιουση κατηντησαμεν ἀντικρυς χιου,

21 1 εὐθυδρομησαντες ἠλθομεν εἰς την κω, τη δε ἑξης εἰς την ῥοδον κακειθεν εἰς παταρα·

27 4 κακειθεν ἀναχθεντες ὑπεπλευσαμεν την κυπρον δια το τους ἀνεμους εἰναι ἐναντιους,

28 15 κακειθεν οἱ ἀδελφοι ἀκουσαντες τα περι ἡμων ἠλθαν εἰς ἀπαντησιν ἡμιν ἀχρι ἀππιουφορου και τριωνταβερνων,

κακεινος [22]

Mt 15 18 τα δε ἐκπορευομενα ἐκ του στοματος ἐκ της καρδιας ἐξερχεται, κακεινα κοινοι τον ἀνθρωπον.

23 23 ταυτα [δε] ἐδει ποιησαι κακεινα μη ἀφιεναι.

Mc 12 4 και παλιν ἀπεστειλεν προς αὐτους ἀλλον δουλον· κακεινον ἐκεφαλιωσαν και ἠτιμασαν,

5 και ἀλλον ἀπεστειλεν· κακεινον ἀπεκτειναν, και πολλους ἀλλους, οὑς μεν δεροντες, οὑς δε ἀποκτεννοντες.

16 11 κακεινοι ἀκουσαντες ὁτι ζη και ἐθεαθη ὑπ αὐτης ἠπιστησαν.

κακεινος [22]

Mc 16 13 κακεινοι ἀπελθοντες ἀπηγγειλαν τοις λοιποις·

Lc 11 7 κακεινος ἐσωθεν ἀποκριθεις εἰπη·

42 ταυτα δε ἐδει ποιησαι κακεινα μη παρειναι.

20 11 οἱ δε κακεινον δειραντες και ἀτιμασαντες ἐξαπεστειλαν κενον.

22 12 κακεινος ὑμιν δειξει ἀναγαιον μεγα ἐστρωμενον·

Jh 6 57 και ὁ τρωγων με κακεινος ζησει δι ἐμε.

7 29 ἐγω οἰδα αὐτον, ὁτι παρ αὐτου εἰμι κακεινος με ἀπεστειλεν.

10 16 και ἀλλα προβατα ἐχω ἀ οὐκ ἐστιν ἐκ της αὐλης ταυτης· κακεινα δει με ἀγαγειν,

14 12 ὁ πιστευων εἰς ἐμε τα ἐργα ἀ ἐγω ποιω κακεινος ποιησει,

17 24 πατερ, ὁ δεδωκας μοι, θελω ἱνα ὁπου εἰμι ἐγω κακεινοι ὠσιν μετ ἐμου,

Ac 5 37 κακεινος ἀπωλετο, και παντες ὁσοι ἐπειθοντο αὐτω διεσκορπισθησαν.

15 11 ἀλλα δια της χαριτος του κυριου ἰησου πιστευομεν σωθηναι καθ ὁν τροπον κακεινοι.

18 19 κατηντησαν δε εἰς ἐφεσον, κακεινους κατελιπεν αὐτου,

Rm 11 23 κακεινοι δε, ἐαν μη ἐπιμενωσιν τη ἀπιστια, ἐγκεντρισθησονται·

1Co 10 6 εἰς το μη εἰναι ἡμας ἐπιθυμητας κακων, καθως κακεινοι ἐπεθυμησαν.

2Tm 2 12 εἰ ἀρνησομεθα, κακεινος ἀρνησεται ἡμας·

Heb 4 2 και γαρ ἐσμεν εὐηγγελισμενοι καθαπερ κακεινοι·

κακια [11]

Mt 6 34 ἀρκετον τη ἡμερα ἡ κακια αὐτης.

Ac 8 22 μετανοησον οὐν ἀπο της κακιας σου ταυτης,

Rm 1 29 πεπληρωμενους παση ἀδικια πονηρια πλεονεξια κακια,

1Co 5 8 ὡστε ἑορταζωμεν μη ἐν ζυμη παλαια μηδε ἐν ζυμη κακιας και πονηριας, ἀλλ ἐν ἀζυμοις εἰλικρινειας και ἀληθειας.

14 20 ἀλλα τη κακια νηπιαζετε, ταις δε φρεσιν τελειοι γινεσθε.

Eph 4 31 πασα πικρια και θυμος και ὀργη και κραυγη και βλασφημια ἀρθητω ἀφ ὑμων συν παση κακια.

Col 3 8 νυνι δε ἀποθεσθε και ὑμεις τα παντα, ὀργην, θυμον, κακιαν, βλασφημιαν, αἰσχρολογιαν ἐκ του στοματος ὑμων·

Tit 3 3 ἐν κακια και φθονω διαγοντες, στυγητοι, μισουντες ἀλληλους.

Ja 1 21 διο ἀποθεμενοι πασαν ῥυπαριαν και περισσειαν κακιας ἐν πραυτητι

1Pt 2 1 ἀποθεμενοι οὐν πασαν κακιαν και παντα δολον και ὑποκρισεις και φθονους και πασας καταλαλιας,

16 ὡς ἐλευθεροι, και μη ὡς ἐπικαλυμμα ἐχοντες της κακιας την ἐλευθεριαν,

κακοηθεια [1]

Rm 1 29 μεστους φθονου φονου ἐριδος δολου κακοηθειας, ψιθυριστας, καταλαλους, θεοστυγεις, ὑβριστας, ὑπερηφανους, ἀλαζονας, ἐφευρετας κακων, γονευσιν ἀπειθεις, ἀσυνετους, ἀσυνθετους, ἀστοργους, ἀνελεημονας·

κακολογεω [4]

Mt 15 4 ὁ κακολογων πατερα ἠ μητερα θανατω τελευτατω.

Mc 7 10 τιμα τον πατερα σου και την μητερα σου, και· ὁ κακολογων πατερα ἠ μητερα θανατω τελευτατω.

9 39 μη κωλυετε αὐτον· οὐδεις γαρ ἐστιν ὁς ποιησει δυναμιν ἐπι τω ὀνοματι μου και δυνησεται ταχυ κακολογησαι με·

Ac 19 9 ὡς δε τινες ἐσκληρυνοντο και ἠπειθουν κακολογουντες την ὁδον ἐνωπιον του πληθους, ἀποστας ἀπ αὐτων ἀφωρισεν τους μαθητας,

κακοπαθεω [3]

2Tm 2 9 κατα το εὐαγγελιον μου· ἐν ὡ κακοπαθω μεχρι δεσμων ὡς κακουργος,

4 5 συ δε νηφε ἐν πασιν, κακοπαθησον, ἐργον ποιησον εὐαγγελιστου·

Ja 5 13 κακοπαθει τις ἐν ὑμιν; προσευχεσθω·

κακοπαθια [1]

Ja 5 10 ὑποδειγμα λαβετε, ἀδελφοι, της κακοπαθιας και της μακροθυμιας τους προφητας,

κακοποιεω [4]

Mc 3 4 ἐξεστιν τοις σαββασιν ἀγαθον ποιησαι ἠ κακοποιησαι,

κακοποιεω [4]

Lc	6 9	ἐπερωτω ὑμας εἰ ἐξεστιν τω σαββατω ἀγαθοποιησαι ἢ κακοποιησαι, ψυχην σωσαι ἢ ἀπολεσαι;
1Pt	3 17	κρειττον γαρ ἀγαθοποιουντας, εἰ θελοι το θελημα του θεου, πασχειν ἢ κακοποιουντας.
3Jh	11	ὁ κακοποιων οὐχ ἑωρακεν τον θεον.

κακοποιος [3]

1Pt	2 12	ἱνα ἐν ᾧ καταλαλουσιν ὑμων ὡς κακοποιων, ἐκ των καλων ἐργων ἐποπτευοντες δοξασωσιν τον θεον ἐν ἡμερᾳ ἐπισκοπης.
	14	εἰτε βασιλει ὡς ὑπερεχοντι, εἰτε ἡγεμοσιν ὡς δι αὐτου πεμπομενοις εἰς ἐκδικησιν κακοποιων ἐπαινον δε ἀγαθοποιων·
	4 15	μη γαρ τις ὑμων πασχετω ὡς φονευς ἢ κλεπτης ἢ κακοποιος ἢ ὡς ἀλλοτριεπισκοπος·

κακος [50]

Mt	21 41	κακους κακως ἀπολεσει αὐτους,
	24 48	ἐαν δε εἰπῃ ὁ κακος δουλος ἐκεινος ἐν τῃ καρδιᾳ αὐτου· χρονιζει μου ὁ κυριος,
	27 23	τι γαρ κακον ἐποιησεν;
Mc	7 21	ἐσωθεν γαρ ἐκ της καρδιας των ἀνθρωπων οἱ διαλογισμοι οἱ κακοι ἐκπορευονται, πορνειαι, κλοπαι, φονοι, μοιχειαι, πλιονεξιαι, πονηριαι, δολος, ἀσελγεια, ὀφθαλμος πονηρος, βλασφημια, ὑπερηφανια, ἀφροσυνη·
	15 14	τι γαρ ἐποιησεν κακον;
Lc	16 25	τεκνον, μνησθητι ὁτι ἀπελαβες τα ἀγαθα σου ἐν τῃ ζωῃ σου, και λαζαρος ὁμοιως τα κακα·
	23 22	τι γαρ κακον ἐποιησεν οὑτος;
Jh	18 23	εἰ κακως ἐλαλησα, μαρτυρησον περι του κακου·
	30	εἰ μη ἠν οὑτος κακον ποιων, οὐκ ἀν σοι παρεδωκαμεν αὐτον.
Ac	9 13	κυριε, ἠκουσα ἀπο πολλων περι του ἀνδρος τουτου, ὁσα κακα τοις ἁγιοις σου ἐποιησεν ἐν ἱερουσαλημ·
	16 28	μηδεν πραξῃς σεαυτω κακον, ἁπαντες γαρ ἐσμεν ἐνθαδε.
	23 9	οὐδεν κακον εὑρισκομεν ἐν τω ἀνθρωπω τουτω·
	28 5	ὁ μεν οὐν ἀποτιναξας το θηριον εἰς το πυρ ἐπαθεν οὐδεν κακον·
Rm	1 30	μεστους φθονου φονου ἐριδος δολου κακοηθειας, ψιθυριστας, καταλαλους, θεοστυγεις, ὑβριστας, ὑπερηφανους, ἀλαζονας, ἐφευρετας κακων, γονευσιν ἀπειθεις, ἀσυνετους, ἀσυνθετους, ἀστοργους, ἀνελεημονας·
	2 9	θλιψις και στενοχωρια ἐπι πασαν ψυχην ἀνθρωπου του κατεργαζομενου το κακον,
	3 8	και μη καθως βλασφημουμεθα και καθως φασιν τινες ἡμας λεγειν ὁτι ποιησωμεν τα κακα ἱνα ἐλθῃ τα ἀγαθα;
	7 19	οὐ γαρ ὁ θελω ποιω ἀγαθον, ἀλλα ὁ οὐ θελω κακον τουτο πρασσω.
	21	εὑρισκω ἀρα τον νομον τω θελοντι ἐμοι ποιειν το καλον, ὁτι ἐμοι το κακον παρακειται·
	12 17	μηδενι κακον ἀντι κακου ἀποδιδοντες·
	17	μηδενι κακον ἀντι κακου ἀποδιδοντες·
	21	μη νικω ὑπο του κακου, ἀλλα νικα ἐν τω ἀγαθω το κακον.
	21	μη νικω ὑπο του κακου, ἀλλα νικα ἐν τω ἀγαθω το κακον.
	13 3	οἱ γαρ ἀρχοντες οὐκ εἰσιν φοβος τω ἀγαθω ἐργω ἀλλα τω κακω.
	4	ἐαν δε το κακον ποιῃς, φοβου·
	4	θεου γαρ διακονος ἐστιν ἐκδικος εἰς ὀργην τω το κακον πρασσοντι.
	10	ἡ ἀγαπη τω πλησιον κακον οὐκ ἐργαζεται· πληρωμα οὐν νομου ἡ ἀγαπη.
	14 20	παντα μεν καθαρα, ἀλλα κακον τω ἀνθρωπω τω δια προσκομματος ἐσθιοντι.
	16 19	ἐφ ὑμιν οὐν χαιρω, θελω δε ὑμας σοφους εἰναι εἰς το ἀγαθον, ἀκεραιους δε εἰς το κακον.
1Co	10 6	ταυτα δε τυποι ἡμων ἐγενηθησαν, εἰς το μη εἰναι ἡμας ἐπιθυμητας κακων,
	13 5	οὐ ζηλοι, [ἡ ἀγαπη] οὐ περπερευεται, οὐ φυσιουται, οὐκ ἀσχημονει, οὐ ζητει τα ἑαυτης, οὐ παροξυνεται, οὐ λογιζεται το κακον, οὐ χαιρει ἐπι τῃ ἀδικια, συγχαιρει δε τῃ ἀληθεια·
	15 33	φθειρουσιν ἠθη χρηστα ὁμιλιαι κακαι.
2Co	13 7	εὐχομεθα δε προς τον θεον μη ποιησαι ὑμας κακον μηδεν,
Php	3 2	βλεπετε τους κυνας, βλεπετε τους κακους ἐργατας,
Col	3 5	νεκρωσατε οὐν τα μελη τα ἐπι της γης, πορνειαν, ἀκαθαρσιαν, παθος, ἐπιθυμιαν κακην,
1Th	5 15	ὁρατε μη τις κακον ἀντι κακου τινι ἀποδω,
	15	ὁρατε μη τις κακον ἀντι κακου τινι ἀποδω,
1Tm	6 10	ῥιζα γαρ παντων των κακων ἐστιν ἡ φιλαργυρια,
2Tm	4 14	ἀλεξανδρος ὁ χαλκευς πολλα μοι κακα ἐνεδειξατο·

κακος [50]

Tit	1 12	κρητες ἀει ψευσται, κακα θηρια, γαστερες ἀργαι.
Heb	5 14	των δια την ἑξιν τα αἰσθητηρια γεγυμνασμενα ἐχοντων προς διακρισιν καλου τε και κακου.
Ja	1 13	ὁ γαρ θεος ἀπειραστος ἐστιν κακων,
	3 8	την δε γλωσσαν οὐδεις δαμασαι δυναται ἀνθρωπων· ἀκαταστατον κακον, μεστη ἰου θανατηφορου.
1Pt	3 9	μη ἀποδιδοντες κακον ἀντι κακου ἢ λοιδοριαν ἀντι λοιδοριας,
	9	μη ἀποδιδοντες κακον ἀντι κακου ἢ λοιδοριαν ἀντι λοιδοριας,
	10	ὁ γαρ θελων ζωην ἀγαπαν και ἰδειν ἡμερας ἀγαθας παυσατω την γλωσσαν ἀπο κακου
	11	ἐκκλινατω δε ἀπο κακου και ποιησατω ἀγαθον,
	12	προσωπον δε κυριου ἐπι ποιουντας κακα.
3Jh	11	ἀγαπητε, μη μιμου το κακον ἀλλα το ἀγαθον.
Apc	2 2	οἰδα τα ἐργα σου και τον κοπον και την ὑπομονην σου, και ὁτι οὐ δυνη βαστασαι κακους,
	16 2	και ἐγενετο ἑλκος κακον και πονηρον ἐπι τους ἀνθρωπους· τους ἐχοντας το χαραγμα του θηριου και τους προσκυνουντας τη εἰκονι αὐτου.

κακουργος [4]

Lc	23 32	ἠγοντο δε και ἑτεροι κακουργοι δυο συν αὐτω ἀναιρεθηναι.
	33	και ὁτε ἠλθον ἐπι τον τοπον τον καλουμενον κρανιον, ἐκει ἐσταυρωσαν αὐτον και τους κακουργους,
	39	εἱς δε των κρεμασθεντων κακουργων ἐβλασφημει αὐτον λεγων·
2Tm	2 9	κατα το εὐαγγελιον μου· ἐν ᾧ κακοπαθω μεχρι δεσμων ὡς κακουργος,

κακουχεω [2]

Heb	11 37	περιηλθον ἐν μηλωταις, ἐν αἰγειοις δερμασιν, ὑστερουμενοι, θλιβομενοι, κακουχουμενοι,
	13 3	μιμνησκεσθε των δεσμιων ὡς συνδεδεμενοι, των κακουχουμενων ὡς και αὐτοι ὀντες ἐν σωματι.

κακοω [6]

Ac	7 6	και δουλωσουσιν αὐτο και κακωσουσιν ἐτη τετρακοσια·
	19	οὑτος κατασοφισαμενος το γενος ἡμων ἐκακωσεν τους πατερας [ἡμων] του ποιειν τα βρεφη ἐκθετα αὐτων εἰς το μη ζωογονεισθαι.
	12 1	κατ ἐκεινον δε τον καιρον ἐπεβαλεν ἡρωδης ὁ βασιλευς τας χειρας κακωσαι τινας των ἀπο της ἐκκλησιας.
	14 2	οἱ δε ἀπειθησαντες ἰουδαιοι ἐπηγειραν και ἐκακωσαν τας ψυχας των ἐθνων κατα των ἀδελφων.
	18 10	διοτι ἐγω εἰμι μετα σου και οὐδεις ἐπιθησεται σοι του κακωσαι σε,
1Pt	3 13	και τις ὁ κακωσων ὑμας ἐαν του ἀγαθου ζηλωται γενησθε;

κακως [16]

Mt	4 24	και προσηνεγκαν αὐτω παντας τους κακως ἐχοντας ποικιλαις νοσοις και βασανοις συνεχομενους,
	8 16	και παντας τους κακως ἐχοντας ἐθεραπευσεν·
	9 12	οὐ χρειαν ἐχουσιν οἱ ἰσχυοντες ἰατρου ἀλλ οἱ κακως ἐχοντες.
	14 35	και προσηνεγκαν αὐτω παντας τους κακως ἐχοντας,
	15 22	ἐλεησον με, κυριε υἱος δαυιδ· ἡ θυγατηρ μου κακως δαιμονιζεται.
	17 15	κυριε, ἐλεησον μου τον υἱον, ὁτι σεληνιαζεται και κακως πασχει·
	21 41	κακους κακως ἀπολεσει αὐτους,
Mc	1 32	ὀψιας δε γενομενης, ὁτε ἐδυ ὁ ἡλιος, ἐφερον προς αὐτον παντας τους κακως ἐχοντας και τους δαιμονιζομενους·
	34	και ἐθεραπευσεν πολλους κακως ἐχοντας ποικιλαις νοσοις,
	2 17	και ἀκουσας ὁ ἰησους λεγει αὐτοις· οὐ χρειαν ἐχουσιν οἱ ἰσχυοντες ἰατρου ἀλλ οἱ κακως ἐχοντες·
	6 55	και ἐξελθοντων αὐτων ἐκ του πλοιου εὐθυς ἐπιγνοντες αὐτον περιεδραμον ὁλην την χωραν ἐκεινην και ἠρξαντο ἐπι τοις κραβαττοις τους κακως ἐχοντας περιφερειν,
Lc	5 31	οὐ χρειαν ἐχουσιν οἱ ὑγιαινοντες ἰατρου ἀλλα οἱ κακως ἐχοντες·
	7 2	ἑκατονταρχου δε τινος δουλος κακως ἐχων ἠμελλεν τελευταν, ὁς ἠν αὐτω ἐντιμος.
Jh	18 23	εἰ κακως ἐλαλησα, μαρτυρησον περι του κακου·
Ac	23 5	γεγραπται γαρ ὁτι ἀρχοντα του λαου σου οὐκ ἐρεις κακως.
Ja	4 3	αἰτειτε και οὐ λαμβανετε, διοτι κακως αἰτεισθε,

κακωσις [1]

Ac   7 34   ἰδων εἰδον την *κακωσιν* του λαου μου του ἐν αἰγυπτῳ, και του στεναγμου αὐτων ἠκουσα,

καλαμη [1]

1Co   3 12   εἰ δε τις ἐποικοδομει ἐπι τον θεμελιον χρυσον, ἀργυρον, λιθους τιμιους, ξυλα, χορτον, *καλαμην*, ἑκαστου το ἐργον φανερον γενησεται·

καλαμος [12]

Mt   11 7   τί ἐξηλθατε εἰς την ἐρημον θεασασθαι; *καλαμον* ὑπο ἀνεμου σαλευομενον;
  12 20   *καλαμον* συντετριμμενον οὐ κατεαξει και λινον τυφομενον οὐ σβεσει,
  27 29   και πλεξαντες στεφανον ἐξ ἀκανθων ἐπεθηκαν ἐπι της κεφαλης αὐτου και *καλαμον* ἐν τη δεξια αὐτου,
    30   και ἐμπτυσαντες εἰς αὐτον ἐλαβον τον *καλαμον* και ἐτυπτον εἰς την κεφαλην αὐτου.
    48   και εὐθεως δραμων εἰς ἐξ αὐτων και λαβων σπογγον πλησας τε ὀξους και περιθεις *καλαμῳ* ἐποτιζεν αὐτον.
Mc   15 19   και ἐτυπτον αὐτου την κεφαλην *καλαμῳ* και ἐνεπτυον αὐτῳ,
    36   δραμων δε τις [και] γεμισας σπογγον ὀξους περιθεις *καλαμῳ* ἐποτιζεν αὐτον,
Lc   7 24   τί ἐξηλθατε εἰς την ἐρημον θεασασθαι; *καλαμον* ὑπο ἀνεμου σαλευομενον;
3Jh   13   πολλα εἰχον γραψαι σοι, ἀλλ οὐ θελω δια μελανος και *καλαμου* σοι γραφειν·
Apc   11 1   και ἐδοθη μοι *καλαμος* ὁμοιος ῥαβδῳ, λεγων·
  21 15   και ὁ λαλων μετ ἐμου εἰχεν μετρον *καλαμον* χρυσουν,
    16   και ἐμετρησεν την πολιν τῳ *καλαμῳ* ἐπι σταδιων δωδεκα χιλιαδων·

καλεω [148]

Mt   1 21   και *καλεσεις* το ὀνομα αὐτου ἰησουν·
    23   και *καλεσουσιν* το ὀνομα αὐτου ἐμμανουηλ,
    25   και *ἐκαλεσεν* το ὀνομα αὐτου ἰησουν.
  2 7   τοτε ἡρωδης λαθρα *καλεσας* τους μαγους ἠκριβωσεν παρ αὐτων τον χρονον του φαινομενου ἀστερος,
    15   ἐξ αἰγυπτου *ἐκαλεσα* τον υἱον μου.
    23   και ἐλθων κατωκησεν εἰς πολιν λεγομενην ναζαρετ· ὀπως πληρωθη το ῥηθεν δια των προφητων ὀτι ναζωραιος *κληθησεται*.
  4 21   και *ἐκαλεσεν* αὐτους.
  5 9   μακαριοι οἱ εἰρηνοποιοι, ὀτι αὐτοι υἱοι θεου *κληθησονται*.
    19   ὀς ἐαν οὐν λυση μιαν των ἐντολων τουτων των ἐλαχιστων και διδαξη οὑτως τους ἀνθρωπους, ἐλαχιστος *κληθησεται* ἐν τη βασιλεια των οὐρανων·
    19   ὀς δ ἀν ποιηση και διδαξη, οὑτος μεγας *κληθησεται* ἐν τη βασιλεια των οὐρανων.
  9 13   οὐ γαρ ἠλθον *καλεσαι* δικαιους ἀλλα ἁμαρτωλους.
  20 8   *καλεσον* τους ἐργατας και ἀποδος αὐτοις τον μισθον,
  21 13   γεγραπται· ὁ οἰκος μου οἰκος προσευχης *κληθησεται*, ὑμεις δε αὐτον ποιειτε σπηλαιον ληστων.
  22 3   και ἀπεστειλεν τους δουλους αὐτου *καλεσαι* τους *κεκλημενους* εἰς τους γαμους, και οὐκ ἠθελον ἐλθειν.
    3   και ἀπεστειλεν τους δουλους αὐτου *καλεσαι* τους *κεκλημενους* εἰς τους γαμους, και οὐκ ἠθελον ἐλθειν.
    4   εἰπατε τοις *κεκλημενοις*· ἰδου το ἀριστον μου ἡτοιμακα,
    8   ὁ μεν γαμος ἐτοιμος ἐστιν, οἱ δε *κεκλημενοι* οὐκ ἠσαν ἀξιοι·
    9   πορευεσθε οὐν ἐπι τας διεξοδους των ὁδων, και ὀσους ἐαν εὑρητε *καλεσατε* εἰς τους γαμους.
  43   πως οὐν δαυιδ ἐν πνευματι *καλει* αὐτον κυριον λεγων·
  45   εἰ οὐν δαυιδ *καλει* αὐτον κυριον, πως υἱος αὐτου ἐστιν;
  23 7   φιλουσιν δε την πρωτοκλισιαν ἐν τοις δειπνοις και τας πρωτοκαθεδριας ἐν ταις συναγωγαις και τους ἀσπασμους ἐν ταις ἀγοραις και *καλεισθαι* ὑπο των ἀνθρωπων ῥαββι.
    8   ὑμεις δε μη *κληθητε* ῥαββι· εἱς γαρ ἐστιν ὑμων ὁ διδασκαλος, παντες δε ὑμεις ἀδελφοι ἐστε.
    9   και πατερα μη *καλεσητε* ὑμων ἐπι της γης· εἱς γαρ ἐστιν ὑμων ὁ πατηρ ὁ οὐρανιος.
    10   μηδε *κληθητε* καθηγηται, ὀτι καθηγητης ὑμων ἐστιν εἱς ὁ χριστος.
  25 14   ὡσπερ γαρ ἀνθρωπος ἀποδημων *ἐκαλεσεν* τους ἰδιους δουλους και παρεδωκεν αὐτοις τα ὑπαρχοντα αὐτου,
  27 8   διο *ἐκληθη* ὁ ἀγρος ἐκεινος ἀγρος αἱματος ἑως της σημερον.
Mc   1 20   και εὐθυς *ἐκαλεσεν* αὐτους·
  2 17   οὐκ ἠλθον *καλεσαι* δικαιους ἀλλα ἁμαρτωλους.

καλεω [148]

Mc   3 31   και ἐρχεται ἡ μητηρ αὐτου και οἱ ἀδελφοι αὐτου, και ἐξω στηκοντες ἀπεστειλαν προς αὐτον *καλουντες* αὐτον.
  11 17   οὐ γεγραπται ὀτι ὁ οἰκος μου οἰκος προσευχης *κληθησεται* πασιν τοις ἐθνεσιν;
Lc   1 13   και ἡ γυνη σου ἐλισαβετ γεννησει υἱον σοι, και *καλεσεις* το ὀνομα αὐτου ἰωαννην·
    31   και ἰδου συλλημψη ἐν γαστρι και τεξη υἱον, και *καλεσεις* το ὀνομα αὐτου ἰησουν·
    32   οὑτος ἐσται μεγας και υἱος ὑψιστου *κληθησεται*,
    35   διο και το γεννωμενον ἀγιον *κληθησεται* υἱος θεου.
    36   και οὑτος μην ἑκτος ἐστιν αὐτη τη *καλουμενη* στειρα·
    59   και ἐγενετο ἐν τη ἡμερα τη ὀγδοη ἠλθον περιτεμειν το παιδιον, και *ἐκαλουν* αὐτο ἐπι τω ὀνοματι του πατρος αὐτου ζαχαριαν.
    60   και ἀποκριθεισα ἡ μητηρ αὐτου εἰπεν· οὐχι, ἀλλα *κληθησεται* ἰωαννης.
    61   και εἰπαν προς αὐτην ὀτι οὐδεις ἐστιν ἐκ της συγγενειας σου ὀς *καλειται* τω ὀνοματι τουτω.
    62   ἐνενευον δε τω πατρι αὐτου το τί ἀν θελοι *καλεισθαι* αὐτο.
    76   και συ δε, παιδιον, προφητης ὑψιστου *κληθηση*·
  2 4   ἀνεβη δε και ἰωσηφ ἀπο της γαλιλαιας ἐκ πολεως ναζαρεθ εἰς την ἰουδαιαν εἰς πολιν δαυιδ ἡτις *καλειται* βηθλεεμ,
    21   και ὀτε ἐπλησθησαν ἡμεραι ὀκτω του περιτεμειν αὐτον, και *ἐκληθη* το ὀνομα αὐτου ἰησους,
    21   και *ἐκληθη* το ὀνομα αὐτου ἰησους, το *κληθεν* ὑπο του ἀγγελου προ του συλλημφθηναι αὐτον ἐν τη κοιλια.
    23   ἀνηγαγον αὐτον εἰς ἱεροσολυμα παραστησαι τω κυριω, καθως γεγραπται ἐν νομω κυριου ὀτι παν ἀρσεν διανοιγον μητραν ἀγιον τω κυριω *κληθησεται*,
  5 32   οὐκ ἐληλυθα *καλεσαι* δικαιους ἀλλα ἁμαρτωλους εἰς μετανοιαν.
  6 15   και μαθθαιον και θωμαν, και ἰακωβον ἀλφαιου και σιμωνα τον *καλουμενον* ζηλωτην,
  46   τί δε με *καλειτε*· κυριε κυριε, και οὐ ποιειτε ἀ λεγω;
  7 11   και ἐγενετο ἐν τω ἐξης ἐπορευθη εἰς πολιν *καλουμενην* ναιν,
    39   ἰδων δε ὁ φαρισαιος ὁ *καλεσας* αὐτον εἰπεν ἐν ἑαυτω λεγων·
  8 2   και γυναικες τινες αἱ ἠσαν τεθεραπευμεναι ἀπο πνευματων πονηρων και ἀσθενειων, μαρια ἡ *καλουμενη* μαγδαληνη,
  9 10   και παραλαβων αὐτους ὑπεχωρησεν κατ ἰδιαν εἰς πολιν *καλουμενην* βηθσαιδα.
  10 39   και τηδε ἠν ἀδελφη *καλουμενη* μαριαμ, [ἡ] και παρακαθεσθεισα προς τους ποδας του κυριου ἠκουεν τον λογον αὐτου.
  14 7   ἐλεγεν δε προς τους *κεκλημενους* παραβολην, ἐπεχων πως τας πρωτοκλισιας ἐξελεγοντο,
    8   ὀταν *κληθης* ὑπο τινος εἰς γαμους, μη κατακλιθης εἰς την πρωτοκλισιαν,
    8   ὀταν *κληθης* ὑπο τινος εἰς γαμους, μη κατακλιθης εἰς την πρωτοκλισιαν, μηποτε ἐντιμοτερος σου ἡ *κεκλημενος* ὑπ αὐτου,
    9   μηποτε ἐντιμοτερος σου ἡ κεκλημενος ὑπ αὐτου, και ἐλθων ὁ σε και αὐτον *καλεσας* ἐρει σοι·
    10   ἀλλ ὀταν *κληθης*, πορευθεις ἀναπεσε εἰς τον ἐσχατον τοπον, ἰνα ὀταν ἐλθη ὁ κεκληκως σε ἐρει σοι· φιλε, προσαναβηθι ἀνωτερον·
    10   ἀλλ ὀταν κληθης, πορευθεις ἀναπεσε εἰς τον ἐσχατον τοπον, ἰνα ὀταν ἐλθη ὁ *κεκληκως* σε ἐρει σοι· φιλε, προσαναβηθι ἀνωτερον·
    12   ἐλεγεν δε και τω *κεκληκοτι* αὐτον· ὀταν ποιης ἀριστον ἡ δειπνον, μη φωνει τους φιλους σου
    13   ἀλλ ὀταν δοχην ποιης, *καλει* πτωχους, ἀναπειρους, χωλους, τυφλους·
    16   ἀνθρωπος τις ἐποιει δειπνον μεγα, και *ἐκαλεσεν* πολλους,
    17   και ἀπεστειλεν τον δουλον αὐτου τη ὡρα του δειπνου εἰπειν τοις *κεκλημενοις*· ἐρχεσθε, ὀτι ἠδη ἐτοιμα ἐστιν.
    24   λεγω γαρ ὑμιν ὀτι οὐδεις των ἀνδρων ἐκεινων των *κεκλημενων* γευσεται μου του δειπνου.
  15 19   πατερ, ἡμαρτον εἰς τον οὐρανον και ἐνωπιον σου, οὐκετι εἰμι ἀξιος *κληθηναι* υἱος σου·
    21   πατερ, ἡμαρτον εἰς τον οὐρανον και ἐνωπιον σου, οὐκετι εἰμι ἀξιος *κληθηναι* υἱος σου.
  19 2   και ἰδου ἀνηρ ὀνοματι *καλουμενος* ζακχαιος, και αὐτος ἠν ἀρχιτελωνης,
    13   *καλεσας* δε δεκα δουλους ἑαυτου ἐδωκεν αὐτοις δεκα μνας.
    29   και ἐγενετο ὡς ἠγγισεν εἰς βηθφαγη και βηθανια[ν] προς το ὀρος το *καλουμενον* ἐλαιων, ἀπεστειλεν δυο των μαθητων λεγων·
  20 44   δαυιδ οὐν κυριον αὐτον *καλει*, και πως αὐτου υἱος ἐστιν;

καλεω [148]

Lc	21 37	ἦν δε τας ἡμερας ἐν τω ἱερω διδασκων, τας δε νυκτας ἐξερχομενος ηὐλιζετο εἰς το ὀρος το *καλουμενον* ἐλαιων.
	22 3	εἰσηλθεν δε σατανας εἰς ἰουδαν τον *καλουμενον* ἰσκαριωτην,
	25	οἱ βασιλεις των ἐθνων κυριευουσιν αὐτων, και οἱ ἐξουσιαζοντες αὐτων εὐεργεται *καλουνται*.
	23 33	και ὁτε ἠλθον ἐπι τον τοπον τον *καλουμενον* κρανιον, ἐκει ἐσταυρωσαν αὐτον και τους κακουργους,
Jh	1 42	συ εἰ σιμων ὁ υἱος ἰωαννου, συ *κληθηση* κηφας ὁ ἑρμηνευεται πετρος.
	2 2	*ἐκληθη* δε και ὁ ἰησους και οἱ μαθηται αὐτου εἰς τον γαμον.
Ac	1 12	τοτε ὑπεστρεψαν εἰς ἱερουσαλημ ἀπο ὁρους του *καλουμενου* ἐλαιωνος, ὁ ἐστιν ἐγγυς ἱερουσαλημ σαββατου ἐχον ὁδον.
	19	και γνωστον ἐγενετο πασι τοις κατοικουσιν ἱερουσαλημ, ὡστε *κληθηναι* το χωριον ἐκεινο τη ἰδια διαλεκτω αὐτων ἀκελδαμαχ, τουτ ἐστιν χωριον αἱματος.
	23	και ἐστησαν δυο, ἰωσηφ τον *καλουμενον* βαρσαββαν, ὁς ἐπεκληθη ἰουστος, και μαθθιαν.
	3 11	κρατουντος δε αὐτου τον πετρον και τον ἰωαννην συνεδραμεν πας ὁ λαος προς αὐτους ἐπι τη στοα τη *καλουμενη* σολομωντος ἐκθαμβοι.
	4 18	και *καλεσαντες* αὐτους παρηγγειλαν το καθολου μη φθεγγεσθαι μηδε διδασκειν ἐπι τω ὀνοματι του ἰησου.
	7 58	και οἱ μαρτυρες ἀπεθεντο τα ἱματια αὐτων παρα τους ποδας νεανιου *καλουμενου* σαυλου.
	8 10	οὑτος ἐστιν ἡ δυναμις του θεου ἡ *καλουμενη* μεγαλη.
	9 11	ἀναστας πορευθητι ἐπι την ῥυμην την *καλουμενην* εὐθειαν και ζητησον ἐν οἰκια ἰουδα σαυλον ὀνοματι ταρσεα·
	10 1	ἀνηρ δε τις ἐν καισαρεια ὀνοματι κορνηλιος, ἑκατονταρχης ἐκ σπειρης της *καλουμενης* ἰταλικης,
	13 1	ἠσαν δε ἐν ἀντιοχεια κατα την οὐσαν ἐκκλησιαν προφηται και διδασκαλοι ὁ τε βαρναβας και συμεων ὁ *καλουμενος* νιγερ,
	14 12	*ἐκαλουν* τε τον βαρναβαν δια, τον δε παυλον ἑρμην,
	15 22	ἰουδαν τον *καλουμενον* βαρσαββαν και σιλαν, ἀνδρας ἡγουμενους ἐν τοις ἀδελφοις,
	37	βαρναβας δε ἐβουλετο συμπαραλαβειν και τον ἰωαννην τον *καλουμενον* μαρκον·
	24 2	*κληθεντος* δε αὐτου ἡρξατο κατηγορειν ὁ τερτυλλος λεγων·
	27 8	μολις τε παραλεγομενοι αὐτην ἠλθομεν εἰς τοπον τινα *καλουμενον* καλους λιμενας,
	14	μετ οὐ πολυ δε ἐβαλεν κατ αὐτης ἀνεμος τυφωνικος ὁ *καλουμενος* εὐρακυλων·
	16	νησιον δε τι ὑποδραμοντες *καλουμενον* καυδα ἰσχυσαμεν μολις περικρατεις γενεσθαι της σκαφης,
	28 1	και διασωθεντες τοτε ἐπεγνωμεν ὁτι μελιτη ἡ νησος *καλειται*.
Rm	4 17	κατεναντι οὑ ἐπιστευσεν θεου του ζωοποιουντος τους νεκρους και *καλουντος* τα μη ὀντα ὡς ὀντα·
	8 30	οὑς δε προωρισεν, τουτους και *ἐκαλεσεν·*
	30	οὑς *ἐκαλεσεν,* τουτους και ἐδικαιωσεν·
	9 7	ἐν ἰσαακ *κληθησεται* σοι σπερμα.
	12	ἱνα ἡ κατ ἐκλογην προθεσις του θεου μενη, οὐκ ἐξ ἐργων ἀλλ ἐκ του *καλουντος,*
	24	οὑς και *ἐκαλεσεν* ἡμας οὐ μονον ἐξ ἰουδαιων ἀλλα και ἐξ ἐθνων;
	25	*καλεσω* τον οὐ λαον μου λαον μου και την οὐκ ἠγαπημενην ἠγαπημενην·
	26	και ἐσται ἐν τω τοπω οὑ ἐρρεθη αὐτοις· οὐ λαος μου ὑμεις, ἐκει *κληθησονται* υἱοι θεου ζωντος.
1Co	1 9	πιστος ὁ θεος, δι οὑ *ἐκληθητε* εἰς κοινωνιαν του υἱου αὐτου ἰησου χριστου του κυριου ἡμων.
	7 15	ἐν δε εἰρηνη *κεκληκεν* ὑμας ὁ θεος.
	17	εἰ μη ἑκαστω ὡς ἐμερισεν ὁ κυριος, ἑκαστον ὡς *κεκληκεν* ὁ θεος, οὑτως περιπατειτω.
	18	περιτετμημενος τις *ἐκληθη;* μη ἐπισπασθω·
	18	ἐν ἀκροβυστια *κεκληται* τις; μη περιτεμνεσθω.
	20	ἑκαστος ἐν τη κλησει ἡ *ἐκληθη,* ἐν ταυτη μενετω.
	21	δουλος *ἐκληθης;* μη σοι μελετω·
	22	ὁ γαρ ἐν κυριω *κληθεις* δουλος ἀπελευθερος κυριου ἐστιν·
	22	ὁμοιως ὁ ἐλευθερος *κληθεις* δουλος ἐστιν χριστου.
	24	ἑκαστος ἐν ᾡ *ἐκληθη,* ἀδελφοι, ἐν τουτω μενετω παρα θεω.
	10 27	εἰ τις *καλει* ὑμας των ἀπιστων και θελετε πορευεσθαι, παν το παρατιθεμενον ὑμιν ἐσθιετε μηδεν ἀνακρινοντες δια την συνειδησιν.
	15 9	ἐγω γαρ εἰμι ὁ ἐλαχιστος των ἀποστολων, ὁς οὐκ εἰμι ἱκανος *καλεισθαι* ἀποστολος.
Ga	1 6	θαυμαζω ὁτι οὑτως ταχεως μετατιθεσθε ἀπο του *καλεσαντος* ὑμας ἐν χαριτι [χριστου] εἰς ἑτερον εὐαγγελιον,
	15	ὁτε δε εὐδοκησεν [ὁ θεος] ὁ ἀφορισας με ἐκ κοιλιας μητρος μου και *καλεσας* δια της χαριτος αὐτου

καλεω [148]

Ga	5 8	ἡ πεισμονη οὐκ ἐκ του *καλουντος* ὑμας.
	13	ὑμεις γαρ ἐπ ἐλευθερια *ἐκληθητε,* ἀδελφοι·
Eph	4 1	παρακαλω οὐν ὑμας ἐγω ὁ δεσμιος ἐν κυριω ἀξιως περιπατησαι της κλησεως ἡς *ἐκληθητε,*
	4	ἐν σωμα και ἐν πνευμα, καθως και *ἐκληθητε* ἐν μια ἐλπιδι της κλησεως ὑμων·
Col	3 15	και ἡ εἰρηνη του χριστου βραβευετω ἐν ταις καρδιαις ὑμων, εἰς ἡν και *ἐκληθητε* ἐν ἑνι σωματι·
1Th	2 12	εἰς το περιπατειν ὑμας ἀξιως του θεου του *καλουντος* ὑμας εἰς την ἑαυτου βασιλειαν και δοξαν.
	4 7	οὐ γαρ *ἐκαλεσεν* ἡμας ὁ θεος ἐπι ἀκαθαρσια ἀλλ ἐν ἁγιασμω.
	5 24	πιστος ὁ *καλων* ὑμας, ὁς και ποιησει.
2Th	2 14	ὁτι εἱλατο ὑμας ὁ θεος ἀπαρχην εἰς σωτηριαν ἐν ἁγιασμω πνευματος και πιστει ἀληθειας, εἰς ὁ [και] *ἐκαλεσεν* ὑμας δια του εὐαγγελιου ἡμων,
1Tm	6 12	ἐπιλαβου της αἰωνιου ζωης, εἰς ἡν *ἐκληθης* και ὡμολογησας την καλην ὁμολογιαν ἐνωπιον πολλων μαρτυρων.
2Tm	1 9	ἀλλα συγκακοπαθησον τω εὐαγγελιω κατα δυναμιν θεου, του σωσαντος ἡμας και *καλεσαντος* κλησει ἁγια,
Heb	2 11	δι ἡν αἰτιαν οὐκ ἐπαισχυνεται ἀδελφους αὐτους *καλειν,* λεγων·
	3 13	ἀλλα παρακαλειτε ἑαυτους καθ ἑκαστην ἡμεραν, ἀχρις οὑ το σημερον *καλειται,* ἱνα μη σκληρυνθη τις ἐξ ὑμων ἀπατη της ἁμαρτιας·
	5 4	και οὐχ ἑαυτω τις λαμβανει την τιμην, ἀλλα *καλουμενος* ὑπο του θεου,
	9 15	και δια τουτο διαθηκης καινης μεσιτης ἐστιν, ὁπως θανατου γενομενου εἰς ἀπολυτρωσιν των ἐπι τη πρωτη διαθηκη παραβασεων την ἐπαγγελιαν λαβωσιν οἱ *κεκλημενοι* της αἰωνιου κληρονομιας.
	11 8	πιστει *καλουμενος* ἀβρααμ ὑπηκουσεν ἐξελθειν εἰς τοπον ὁν ἠμελλεν λαμβανειν εἰς κληρονομιαν,
	18	προς ὁν ἐλαληθη ὁτι ἐν ἰσαακ *κληθησεται* σοι σπερμα,
Ja	2 23	και ἐλογισθη αὐτω εἰς δικαιοσυνην, και φιλος θεου *ἐκληθη.*
1Pt	1 15	ἀλλα κατα τον *καλεσαντα* ὑμας ἁγιον και αὐτοι ἁγιοι ἐν παση ἀναστροφη γενηθητε,
	2 9	ὁπως τας ἀρετας ἐξαγγειλητε του ἐκ σκοτους ὑμας *καλεσαντος* εἰς το θαυμαστον αὐτου φως·
	21	εἰς τουτο γαρ *ἐκληθητε,* ὁτι και χριστος ἐπαθεν ὑπερ ὑμων,
	3 6	ὡς σαρρα ὑπηκουσεν τω ἀβρααμ, κυριον αὐτον *καλουσα,*
	9	τουναντιον δε εὐλογουντες, ὁτι εἰς τουτο *ἐκληθητε* ἱνα εὐλογιαν κληρονομησητε.
	5 10	ὁ δε θεος πασης χαριτος, ὁ *καλεσας* ὑμας εἰς την αἰωνιον αὐτου δοξαν ἐν χριστω [ἰησου], ὀλιγον παθοντας αὐτος καταρτισει,
2Pt	1 3	του *καλεσαντος* ἡμας ἰδια δοξη και ἀρετη,
1Jh	3 1	ἰδετε ποταπην ἀγαπην δεδωκεν ἡμιν ὁ πατηρ ἱνα τεκνα θεου *κληθωμεν,*
Apc	1 9	ἐγενομην ἐν τη νησω τη *καλουμενη* πατμω δια τον λογον του θεου και την μαρτυριαν ἰησου.
	11 8	και το πτωμα αὐτων ἐπι της πλατειας της πολεως της μεγαλης, ἡτις *καλειται* πνευματικως σοδομα και αἰγυπτος,
	12 9	και ἐβληθη ὁ δρακων ὁ μεγας, ὁ ὀφις ὁ ἀρχαιος, ὁ *καλουμενος* διαβολος και ὁ σατανας, ὁ πλανων την οἰκουμενην ὁλην,
	16 16	και συνηγαγεν αὐτους εἰς τον τοπον τον *καλουμενον* ἑβραιστι ἁρμαγεδων.
	19 9	μακαριοι οἱ εἰς το δειπνον του γαμου του ἀρνιου *κεκλημενοι.*
	11	και ἰδου ἱππος λευκος, και ὁ καθημενος ἐπ αὐτον [*καλουμενος*] πιστος και ἀληθινος,
	13	και *κεκληται* το ὀνομα αὐτου ὁ λογος του θεου.

καλλιελαιος [1]

Rm	11 24	εἰ γαρ συ ἐκ της κατα φυσιν ἐξεκοπης ἀγριελαιου και παρα φυσιν ἐνεκεντρισθης εἰς *καλλιελαιον,* ποσω μαλλον οὑτοι οἱ κατα φυσιν ἐγκεντρισθησονται τη ἰδια ἐλαια.

καλοδιδασκαλος [1]

Tit	2 3	πρεσβυτιδας ὡσαυτως ἐν καταστηματι ἱεροπρεπεις, μη διαβολους, μη οἰνω πολλω δεδουλωμενας, *καλοδιδασκαλους*

καλοποιεω [1]

2Th	3 13	ὑμεις δε, ἀδελφοι, μη ἐγκακησητε *καλοποιουντες*.

καλος [101]

Mt	3 10	παν ουν δενδρον μη ποιουν καρπον *καλον* εκκοπτεται και εις πυρ βαλλεται.
	5 16	οπως ιδωσιν υμων τα *καλα* εργα και δοξασωσιν τον πατερα υμων τον εν τοις ουρανοις.
	7 17	ουτως παν δενδρον αγαθον καρπους *καλους* ποιει,
	18	ουδε δενδρον σαπρον καρπους *καλους* ποιειν.
	19	παν δενδρον μη ποιουν καρπον *καλον* εκκοπτεται και εις πυρ βαλλεται.
	12 33	η ποιησατε το δενδρον *καλον* και τον καρπον αυτου καλον,
	33	η ποιησατε το δενδρον καλον και τον καρπον αυτου *καλον*,
	13 8	αλλα δε επεσεν επι την γην την *καλην* και εδιδου καρπον,
	23	ο δε επι την *καλην* γην σπαρεις, ουτος εστιν ο τον λογον ακουων και συνιεις,
	24	ωμοιωθη η βασιλεια των ουρανων ανθρωπω σπειραντι *καλον* σπερμα εν τω αγρω αυτου.
	27	κυριε, ουχι *καλον* σπερμα εσπειρας εν τω σω αγρω;
	37	ο σπειρων το *καλον* σπερμα εστιν ο υιος του ανθρωπου·
	38	το δε *καλον* σπερμα, ουτοι εισιν οι υιοι της βασιλειας·
	45	παλιν ομοια εστιν η βασιλεια των ουρανων ανθρωπω εμπορω ζητουντι *καλους* μαργαριτας·
	48	ην οτε επληρωθη αναβιβασαντες επι τον αιγιαλον και καθισαντες συνελεξαν τα *καλα* εις αγγη
	15 26	ουκ εστιν *καλον* λαβειν τον αρτον των τεκνων και βαλειν τοις κυναριοις.
	17 4	κυριε, *καλον* εστιν ημας ωδε ειναι·
	18 8	*καλον* σοι εστιν εισελθειν εις την ζωην κυλλον η χωλον, η δυο χειρας η δυο ποδας εχοντα βληθηναι εις το πυρ το αιωνιον.
	9	*καλον* σοι εστιν μονοφθαλμον εις την ζωην εισελθειν, η δυο οφθαλμους εχοντα βληθηναι εις την γεενναν του πυρος.
	26 10	τι κοπους παρεχετε τη γυναικι; εργον γαρ *καλον* ηργασατο εις εμε·
	24	ουαι δε τω ανθρωπω εκεινω δι ου ο υιος του ανθρωπου παραδιδοται· *καλον* ην αυτω ει ουκ εγεννηθη ο ανθρωπος εκεινος.
Mc	4 8	και αλλα επεσεν εις την γην την *καλην* και εδιδου καρπον αναβαινοντα και αυξανομενα και εφερεν εν τριακοντα και εν εξηκοντα και εν εκατον.
	20	και εκεινοι εισιν οι επι την γην την *καλην* σπαρεντες, οιτινες ακουουσιν τον λογον και παραδεχονται και καρποφορουσιν εν τριακοντα και εν εξηκοντα και εν εκατον.
	7 27	ου γαρ εστιν *καλον* λαβειν τον αρτον των τεκνων και τοις κυναριοις βαλειν.
	9 5	ραββι, *καλον* εστιν ημας ωδε ειναι, και ποιησωμεν τρεις σκηνας, σοι μιαν και μωυσει μιαν και ηλια μιαν.
	42	και ος αν σκανδαλιση ενα των μικρων τουτων των πιστευοντων [εις εμε,] *καλον* εστιν αυτω μαλλον ει περικειται μυλος ονικος περι τον τραχηλον αυτου και βεβληται εις την θαλασσαν.
	43	*καλον* εστιν σε κυλλον εισελθειν εις την ζωην, η τας δυο χειρας εχοντα απελθειν εις την γεενναν, εις το πυρ το ασβεστον.
	45	*καλον* εστιν σε εισελθειν εις την ζωην χωλον, η τους δυο ποδας εχοντα βληθηναι εις την γεενναν.
	47	*καλον* σε εστιν μονοφθαλμον εισελθειν εις την βασιλειαν του θεου, η δυο οφθαλμους εχοντα βληθηναι εις την γεενναν,
	50	πας γαρ πυρι αλισθησεται. *καλον* το αλας·
	14 6	*καλον* εργον ηργασατο εν εμοι.
	21	*καλον* αυτω ει ουκ εγεννηθη ο ανθρωπος εκεινος.
Lc	3 9	παν ουν δενδρον μη ποιουν καρπον *καλον* εκκοπτεται και εις πυρ βαλλεται.
	6 38	μετρον *καλον* πεπιεσμενον σεσαλευμενον υπερεκχυννομενον δωσουσιν εις τον κολπον υμων·
	43	ου γαρ εστιν δενδρον *καλον* ποιουν καρπον σαπρον, ουδε παλιν δενδρον σαπρον ποιουν καρπον καλον.
	43	ου γαρ εστιν δενδρον καλον ποιουν καρπον σαπρον, ουδε παλιν δενδρον σαπρον ποιουν καρπον *καλον*.
	8 15	το δε εν τη *καλη* γη, ουτοι εισιν οιτινες εν καρδια καλη και αγαθη ακουσαντες τον λογον κατεχουσιν και καρποφορουσιν εν υπομονη.
	15	το δε εν τη καλη γη, ουτοι εισιν οιτινες εν καρδια *καλη* και αγαθη ακουσαντες τον λογον κατεχουσιν και καρποφορουσιν εν υπομονη.
	9 33	επιστατα, *καλον* εστιν ημας ωδε ειναι,
	14 34	*καλον* ουν το αλας·
	21 5	και τινων λεγοντων περι του ιερου, οτι λιθοις *καλοις* και αναθημασιν κεκοσμηται,
Jh	2 10	πας ανθρωπος πρωτον τον *καλον* οινον τιθησιν,
	10	συ τετηρηκας τον *καλον* οινον εως αρτι.

καλος [101]

Jh	10 11	εγω ειμι ο ποιμην ο *καλος*.
	11	ο ποιμην ο *καλος* την ψυχην αυτου τιθησιν υπερ των προβατων·
	14	εγω ειμι ο ποιμην ο *καλος*,
	32	πολλα εργα *καλα* εδειξα υμιν εκ του πατρος·
	33	περι *καλου* εργου ου λιθαζομεν σε αλλα περι βλασφημιας,
Ac	27 8	μολις τε παραλεγομενοι αυτην ηλθομεν εις τοπον τινα καλουμενον *καλους* λιμενας,
Rm	7 16	ει δε ο ου θελω τουτο ποιω, συμφημι τω νομω οτι *καλος*.
	18	το γαρ θελειν παρακειται μοι, το δε κατεργαζεσθαι το *καλον* ου·
	21	ευρισκω αρα τον νομον τω θελοντι εμοι ποιειν το *καλον*,
	12 17	προνοουμενοι *καλα* ενωπιον παντων ανθρωπων·
	14 21	*καλον* το μη φαγειν κρεα μηδε πιειν οινον μηδε εν ω ο αδελφος σου προσκοπτει.
1Co	5 6	ου *καλον* το καυχημα υμων.
	7 1	περι δε ων εγραψατε, *καλον* ανθρωπω γυναικος μη απτεσθαι·
	8	λεγω δε τοις αγαμοις και ταις χηραις, *καλον* αυτοις εαν μεινωσιν ως καγω·
	26	νομιζω ουν τουτο *καλον* υπαρχειν δια την ενεστωσαν αναγκην, οτι καλον ανθρωπω το ουτως ειναι.
	26	νομιζω ουν τουτο καλον υπαρχειν δια την ενεστωσαν αναγκην, οτι *καλον* ανθρωπω το ουτως ειναι.
	9 15	*καλον* γαρ μοι μαλλον αποθανειν η το καυχημα μου ουδεις κενωσει.
2Co	8 21	προνοουμεν γαρ *καλα* ου μονον ενωπιον κυριου αλλα και ενωπιον ανθρωπων.
	13 7	ουχ ινα ημεις δοκιμοι φανωμεν, αλλ ινα υμεις το *καλον* ποιητε,
Ga	4 18	*καλον* δε ζηλουσθαι εν καλω παντοτε,
	18	καλον δε ζηλουσθαι εν *καλω* παντοτε,
	6 9	το δε *καλον* ποιουντες μη εγκακωμεν·
1Th	5 21	παντα δε δοκιμαζετε, το *καλον* κατεχετε·
1Tm	1 8	οιδαμεν δε οτι *καλος* ο νομος,
	18	ταυτην την παραγγελιαν παρατιθεμαι σοι, τεκνον τιμοθεε, κατα τας προαγουσας επι σε προφητειας, ινα στρατευη εν αυταις την *καλην* στρατειαν,
	2 3	τουτο *καλον* και αποδεκτον ενωπιον του σωτηρος ημων θεου,
	3 1	ει τις επισκοπης ορεγεται, *καλου* εργου επιθυμει.
	7	δει δε και μαρτυριαν *καλην* εχειν απο των εξωθεν,
	13	οι γαρ καλως διακονησαντες βαθμον εαυτοις *καλον* περιποιουνται και πολλην παρρησιαν εν πιστει τη εν χριστω ιησου.
	4 4	οτι παν κτισμα θεου *καλον*, και ουδεν αποβλητον μετα ευχαριστιας λαμβανομενον·
	6	ταυτα υποτιθεμενος τοις αδελφοις *καλος* εση διακονος χριστου ιησου,
	6	εση διακονος χριστου ιησου, εντρεφομενος τοις λογοις της πιστεως και της *καλης* διδασκαλιας η παρηκολουθηκας·
	5 10	ενος ανδρος γυνη, εν εργοις *καλοις* μαρτυρουμενη,
	25	ωσαυτως και τα εργα τα *καλα* προδηλα,
	6 12	αγωνιζου τον *καλον* αγωνα της πιστεως,
	12	επιλαβου της αιωνιου ζωης, εις ην εκληθης και ωμολογησας την *καλην* ομολογιαν ενωπιον πολλων μαρτυρων.
	13	παραγγελλω [σοι] ενωπιον του θεου του ζωογονουντος τα παντα και χριστου ιησου του μαρτυρησαντος επι ποντιου πιλατου την *καλην* ομολογιαν,
	18	αγαθοεργειν, πλουτειν εν εργοις *καλοις*, ευμεταδοτους ειναι, κοινωνικους,
	19	αποθησαυριζοντας εαυτοις θεμελιον *καλον* εις το μελλον,
2Tm	1 14	την *καλην* παραθηκην φυλαξον δια πνευματος αγιου του ενοικουντος εν ημιν.
	2 3	συγκακοπαθησον ως *καλος* στρατιωτης χριστου ιησου.
	4 7	τον *καλον* αγωνα ηγωνισμαι, τον δρομον τετελεκα,
Tit	2 7	σεαυτον παρεχομενος τυπον *καλων* εργων,
	14	ινα λυτρωσηται ημας απο πασης ανομιας και καθαριση εαυτω λαον περιουσιον, ζηλωτην *καλων* εργων.
	3 8	και περι τουτων βουλομαι σε διαβεβαιουσθαι, ινα φροντιζωσιν *καλων* εργων προιστασθαι οι πεπιστευκοτες θεω.
	8	ταυτα εστιν *καλα* και ωφελιμα τοις ανθρωποις·
	14	μανθανετωσαν δε και οι ημετεροι *καλων* εργων προιστασθαι εις τας αναγκαιας χρειας,
Heb	5 14	των δια την εξιν τα αισθητηρια γεγυμνασμενα εχοντων προς διακρισιν *καλου* τε και κακου.
	6 5	και *καλον* γευσαμενους θεου ρημα δυναμεις τε μελλοντος αιωνος,
	10 24	και κατανοωμεν αλληλους εις παροξυσμον αγαπης και *καλων* εργων,

καλος [101]

Heb	13 9	καλον γαρ χαριτι βεβαιουσθαι την καρδιαν, ου βρωμασιν,
	18	πειθομεθα γαρ οτι καλην συνειδησιν εχομεν, εν πασιν καλως θελοντες αναστρεφεσθαι.
Ja	2 7	ουκ αυτοι βλασφημουσιν το καλον ονομα το επικληθεν εφ υμας;
	3 13	δειξατω εκ της καλης αναστροφης τα εργα αυτου εν πραυτητι σοφιας.
	4 17	ειδοτι ουν καλον ποιειν και μη ποιουντι, αμαρτια αυτω εστιν.
1Pt	2 12	την αναστροφην υμων εν τοις εθνεσιν εχοντες καλην,
	12	ινα εν ω καταλαλουσιν υμων ως κακοποιων, εκ των καλων εργων εποπτευοντες δοξασωσιν τον θεον εν ημερα επισκοπης.
	4 10	εκαστος καθως ελαβεν χαρισμα, εις εαυτους αυτο διακονουντες ως καλοι οικονομοι ποικιλης χαριτος θεου·

καλυμμα [4]

2Co	3 13	εχοντες ουν τοιαυτην ελπιδα πολλη παρρησια χρωμεθα, και ου καθαπερ μωυσης ετιθει καλυμμα επι το προσωπον αυτου,
	14	αχρι γαρ της σημερον ημερας το αυτο καλυμμα επι τη αναγνωσει της παλαιας διαθηκης μενει,
	15	αλλ εως σημερον ηνικα αν αναγινωσκηται μωυσης καλυμμα επι την καρδιαν αυτων κειται·
	16	ηνικα δε εαν επιστρεψη προς κυριον, περιαιρειται το καλυμμα.

καλυπτω [8]

Mt	8 24	και ιδου σεισμος μεγας εγενετο εν τη θαλασση, ωστε το πλοιον καλυπτεσθαι υπο των κυματων·
	10 26	ουδεν γαρ εστιν κεκαλυμμενον ο ουκ αποκαλυφθησεται,
Lc	8 16	ουδεις δε λυχνον αψας καλυπτει αυτον σκευει η υποκατω κλινης τιθησιν,
	23 30	πεσετε εφ ημας, και τοις βουνοις· καλυψατε ημας·
2Co	4 3	ει δε και εστιν κεκαλυμμενον το ευαγγελιον ημων, εν τοις ·πολλυμενοις εστιν κεκαλυμμενον,
	3	ει δε και εστιν κεκαλυμμενον το ευαγγελιον ημων, εν τοις απολλυμενοις εστιν κεκαλυμμενον,
Ja	5 20	γινωσκετω οτι ο επιστρεψας αμαρτωλον εκ πλανης οδου αυτου σωσει ψυχην αυτου εκ θανατου και καλυψει πληθος αμαρτιων.
1Pt	4 8	προ παντων την εις εαυτους αγαπην εκτενη εχοντες, οτι αγαπη καλυπτει πληθος αμαρτιων·

καλως [37]

Mt	12 12	ωστε εξεστιν τοις σαββασιν καλως ποιειν.
	15 7	υποκριται, καλως επροφητευσεν περι υμων ησαιας λεγων·
Mc	7 6	καλως επροφητευσεν ησαιας περι υμων των υποκριτων,
	9	καλως αθετειτε την εντολην του θεου, ινα την παραδοσιν υμων στησητε.
	37	καλως παντα πεποιηκεν, και τους κωφους ποιει ακουειν και [τους] αλαλους λαλειν.
	12 28	και προσελθων εις των γραμματεων, ακουσας αυτων συζητουντων, ιδων οτι καλως απεκριθη αυτοις,
	32	καλως, διδασκαλε, επ αληθειας ειπες οτι εις εστιν και ουκ εστιν αλλος πλην αυτου·
	16 18	επι αρρωστους χειρας επιθησουσιν και καλως εξουσιν.
Lc	6 26	ουαι οταν καλως ειπωσιν υμας παντες οι ανθρωποι·
	27	αγαπατε τους εχθρους υμων, καλως ποιειτε τοις μισουσιν υμας,
	48	πλημμυρης δε γενομενης προσερηξεν ο ποταμος τη οικια εκεινη, και ουκ ισχυσεν σαλευσαι αυτην δια το καλως οικοδομησθαι αυτην.
	20 39	αποκριθεντες δε τινες των γραμματεων ειπαν· διδασκαλε, καλως ειπας.
Jh	4 17	λεγει αυτη ο ιησους· καλως ειπας οτι ανδρα ουκ εχω·
	8 48	ου καλως λεγομεν ημεις οτι σαμαριτης ει συ και δαιμονιον εχεις;
	13 13	υμεις φωνειτε με· ο διδασκαλος και ο κυριος, και καλως λεγετε· ειμι γαρ.
	18 23	ει κακως ελαλησα, μαρτυρησον περι του κακου· ει δε καλως, τι με δερεις;
Ac	10 33	εξαυτης ουν επεμψα προς σε, συ τε καλως εποιησας παραγενομενος.
	25 10	ιουδαιους ουδεν ηδικησα, ως και συ καλλιον επιγινωσκεις.
	28 25	ειποντος του παυλου ρημα εν, οτι καλως το πνευμα το αγιον ελαλησεν δια ησαιου του προφητου προς τους πατερας υμων λεγων·
Rm	11 20	ερεις ουν· εξεκλασθησαν κλαδοι ινα εγω εγκεντρισθω. καλως·

καλως [37]

1Co	7 37	και τουτο κεκρικεν εν τη ιδια καρδια, τηρειν την εαυτου παρθενον, καλως ποιησει.
	38	ωστε και ο γαμιζων την εαυτου παρθενον καλως ποιει,
	14 17	συ μεν γαρ καλως ευχαριστεις, αλλ ο ετερος ουκ οικοδομειται.
2Co	11 4	ει μεν γαρ ο ερχομενος αλλον ιησουν κηρυσσει ον ουκ εκηρυξαμεν, η πνευμα ετερον λαμβανετε ο ουκ ελαβετε, η ευαγγελιον ετερον ο ουκ εδεξασθε, καλως ανεχεσθε.
Ga	4 17	ζηλουσιν υμας ου καλως, αλλα εκκλεισαι υμας θελουσιν,
	5 7	ετρεχετε καλως· τις υμας ενεκοψεν [τη] αληθεια μη πειθεσθαι;
Php	4 14	πλην καλως εποιησατε συγκοινωνησαντες μου τη θλιψει.
1Tm	3 4	του ιδιου οικου καλως προισταμενον, τεκνα εχοντα εν υποταγη μετα πασης σεμνοτητος,
	12	διακονοι εστωσαν μιας γυναικος ανδρες, τεκνων καλως προισταμενοι και των ιδιων οικων.
	13	οι γαρ καλως διακονησαντες βαθμον εαυτοις καλον περιποιουνται και πολλην παρρησιαν εν πιστει τη εν χριστω ιησου.
	5 17	οι καλως προεστωτες πρεσβυτεροι διπλης τιμης αξιουσθωσαν,
Heb	13 18	πειθομεθα γαρ οτι καλην συνειδησιν εχομεν, εν πασιν καλως θελοντες αναστρεφεσθαι.
Ja	2 3	επιβλεψητε δε επι τον φορουντα την εσθητα την λαμπραν και ειπητε· συ καθου ωδε καλως,
	8	ει μεντοι νομον τελειτε βασιλικον κατα την γραφην· αγαπησεις τον πλησιον σου ως σεαυτον, καλως ποιειτε·
	19	συ πιστευεις οτι εις εστιν ο θεος; καλως ποιεις·
2Pt	1 19	ω καλως ποιειτε προσεχοντες ως λυχνω φαινοντι εν αυχμηρω τοπω,
3Jh	6	ους καλως ποιησεις προπεμψας αξιως του θεου·

καμηλος [6]

Mt	3 4	αυτος δε ο ιωαννης ειχεν το ενδυμα αυτου απο τριχων καμηλου και ζωνην δερματινην περι την οσφυν αυτου·
	19 24	ευκοπωτερον εστιν καμηλον δια τρυπηματος ραφιδος διελθειν η πλουσιον εισελθειν εις την βασιλειαν του θεου.
	23 24	οδηγοι τυφλοι, οι διυλιζοντες τον κωνωπα, την δε καμηλον καταπινοντες.
Mc	1 6	και ην ο ιωαννης ενδεδυμενος τριχας καμηλου και ζωνην δερματινην περι την οσφυν αυτου,
	10 25	ευκοπωτερον εστιν καμηλον δια [της] τρυμαλιας [της] ραφιδος διελθειν η πλουσιον εις την βασιλειαν του θεου εισελθειν.
Lc	18 25	ευκοπωτερον γαρ εστιν καμηλον δια τρηματος βελονης εισελθειν η πλουσιον εις την βασιλειαν του θεου εισελθειν.

καμινος [4]

Mt	13 42	και βαλουσιν αυτους εις την καμινον του πυρος·
	50	και βαλουσιν αυτους εις την καμινον του πυρος·
Apc	1 15	και οι ποδες αυτου ομοιοι χαλκολιβανω ως εν καμινω πεπυρωμενης,
	9 2	και ανεβη καπνος εκ του φρεατος ως καπνος καμινου μεγαλης,

καμμυω [2]

Mt	13 15	και τοις ωσιν βαρεως ηκουσαν, και τους οφθαλμους αυτων εκαμμυσαν·
Ac	28 27	και τοις ωσιν βαρεως ηκουσαν, και τους οφθαλμους αυτων εκαμμυσαν·

καμνω [2]

Heb	12 3	αναλογισασθε γαρ τον τοιαυτην υπομεμενηκοτα υπο των αμαρτωλων εις εαυτον αντιλογιαν, ινα μη καμητε ταις ψυχαις υμων εκλυομενοι.
Ja	5 15	και η ευχη της πιστεως σωσει τον καμνοντα,

καμπτω [4]

Rm	11 4	κατελιπον εμαυτω επτακισχιλιους ανδρας, οιτινες ουκ εκαμψαν γονυ τη βααλ.
	14 11	ζω εγω, λεγει κυριος, οτι εμοι καμψει παν γονυ,
Eph	3 14	τουτου χαριν καμπτω τα γονατα μου προς τον πατερα,
Php	2 10	και εχαρισατο αυτω το ονομα το υπερ παν ονομα, ινα εν τω ονοματι ιησου παν γονυ καμψη επουρανιων και επιγειων και καταχθονιων,

καν [17]

Mt	21 21	ἐαν ἐχητε πιστιν και μη διακριθητε, οὐ μονον το της συκης ποιησετε, ἀλλα *καν* τω ὀρει τουτω εἰπητε·
	26 35	*καν* δεη με συν σοι ἀποθανειν, οὐ μη σε ἀπαρνησομαι.
Mc	5 28	ἐλεγεν γαρ ὀτι ἐαν ἀψωμαι *καν* των ἱματιων αὐτου, σωθησομαι.
	6 56	και παρεκαλουν αὐτον ἱνα *καν* του κρασπεδου του ἱματιου αὐτου ἀψωνται.
	16 18	[και ἐν ταις χερσιν] ὀφεις ἀρουσιν *καν* θανασιμον τι πιωσιν οὐ μη αὐτους βλαψη,
Lc	12 38	*καν* ἐν τη δευτερα *καν* ἐν τη τριτη φυλακη ἐλθη και εὑρη οὑτως, μακαριοι εἰσιν ἐκεινοι.
	38	*καν* ἐν τη δευτερα *καν* ἐν τη τριτη φυλακη ἐλθη και εὑρη οὑτως, μακαριοι εἰσιν ἐκεινοι.
	13 9	ἑως ὀτου σκαψω περι αὐτην και βαλω κοπρια, *καν* μεν ποιηση καρπον εἰς το μελλον·
Jh	8 14	*καν* ἐγω μαρτυρω περι ἐμαυτου, ἀληθης ἐστιν ἡ μαρτυρια μου,
	55	*καν* εἰπω ὀτι οὐκ οἰδα αὐτον, ἐσομαι ὁμοιος ὑμιν ψευστης·
	10 38	εἰ δε ποιω, *καν* ἐμοι μη πιστευητε, τοις ἐργοις πιστευετε,
	11 25	ὁ πιστευων εἰς ἐμε *καν* ἀποθανη ζησεται,
Ac	5 15	ὡστε και εἰς τας πλατειας ἐκφερειν τους ἀσθενεις και τιθεναι ἐπι κλιναριων και κραβαττων, ἱνα ἐρχομενου πετρου *καν* ἡ σκια ἐπισκιαση τινι αὐτων.
1Co	13 3	*καν* ψωμισω παντα τα ὑπαρχοντα μου, και ἐαν παραδω το σωμα μου ἱνα καυχησωμαι, ἀγαπην δε μη ἐχω, οὐδεν ὠφελουμαι.
2Co	11 16	εἰ δε μη γε, *καν* ὡς ἀφρονα δεξασθε με,
Heb	12 20	*καν* θηριον θιγη του ὀρους, λιθοβοληθησεται·
Ja	5 15	*καν* ἁμαρτιας ἠ πεποιηκως, ἀφεθησεται αὐτω.

κανα [4]

Jh	2 1	και τη ἡμερα τη τριτη γαμος ἐγενετο ἐν *κανα* της γαλιλαιας,
	11	ταυτην ἐποιησεν ἀρχην των σημειων ὁ ἰησους ἐν *κανα* της γαλιλαιας και ἐφανερωσεν την δοξαν αὐτου,
	4 46	ἠλθεν οὐν παλιν εἰς την *κανα* της γαλιλαιας,
	21 2	ἠσαν ὁμου σιμων πετρος και θωμας ὁ λεγομενος διδυμος και ναθαναηλ ὁ ἀπο *κανα* της γαλιλαιας και οἱ του ζεβεδαιου και ἀλλοι ἐκ των μαθητων αὐτου δυο.

καναναιος [2]

Mt	10 4	σιμων ὁ *καναναιος* και ἰουδας ὁ ἰσκαριωτης ὁ και παραδους αὐτον.
Mc	3 18	και ἀνδρεαν και φιλιππον και βαρθολομαιον και μαθθαιον και θωμαν και ἰακωβον τον του ἀλφαιου και θαδδαιον και σιμωνα τον *καναναιον* και ἰουδαν ἰσκαριωθ,

κανδακη [1]

Ac	8 27	και ἰδου ἀνηρ αἰθιοψ εὐνουχος δυναστης *κανδακης* βασιλισσης αἰθιοπων,

κανων [4]

2Co	10 13	ἡμεις δε οὐκ εἰς τα ἀμετρα καυχησομεθα, ἀλλα κατα το μετρον του *κανονος*
	15	ἐλπιδα δε ἐχοντες αὐξανομενης της πιστεως ὑμων ἐν ὑμιν μεγαλυνθηναι κατα τον *κανονα* ἡμων εἰς περισσειαν,
	16	εἰς τα ὑπερεκεινα ὑμων εὐαγγελισασθαι, οὐκ ἐν ἀλλοτριω *κανονι* εἰς τα ἑτοιμα καυχησασθαι.
Ga	6 16	και ὁσοι τω *κανονι* τουτω στοιχησουσιν, εἰρηνη ἐπ αὐτους και ἐλεος,

καπηλευω [1]

2Co	2 17	οὐ γαρ ἐσμεν ὡς οἱ πολλοι *καπηλευοντες* τον λογον του θεου,

καπνος [13]

Ac	2 19	και δωσω τερατα ἐν τω οὐρανω ἀνω και σημεια ἐπι της γης κατω, αἱμα και πυρ και ἀτμιδα *καπνου.*
Apc	8 4	και ἀνεβη ὁ *καπνος* των θυμιαματων ταις προσευχαις των ἁγιων ἐκ χειρος του ἀγγελου ἐνωπιον του θεου.
	9 2	και ἀνεβη *καπνος* ἐκ του φρεατος ὡς *καπνος* καμινου μεγαλης,
	2	και ἀνεβη καπνος ἐκ του φρεατος ὡς *καπνος* καμινου μεγαλης,
	2	και ἐσκοτωθη ὁ ἡλιος και ὁ ἀηρ ἐκ του *καπνου* του φρεατος.

καπνος [13]

Apc	9 3	και ἐκ του *καπνου* ἐξηλθον ἀκριδες εἰς την γην,
	17	και ἐκ των στοματων αὐτων ἐκπορευεται πυρ και *καπνος* και θειον.
	18	ἀπο των τριων πληγων τουτων ἀπεκτανθησαν το τριτον των ἀνθρωπων, ἐκ του πυρος και του *καπνου* και του θειου του ἐκπορευομενου ἐκ των στοματων αὐτων.
	14 11	και ὁ *καπνος* του βασανισμου αὐτων εἰς αἰωνας αἰωνων ἀναβαινει,
	15 8	και ἐγεμισθη ὁ ναος *καπνου* ἐκ της δοξης του θεου
	18 9	και κλαυσουσιν και κοψονται ἐπ αὐτην οἱ βασιλεις της γης οἱ μετ αὐτης πορνευσαντες και στρηνιασαντες, ὀταν βλεπωσιν τον *καπνον* της πυρωσεως αὐτης,
	18	και ἐκραζον βλεποντες τον *καπνον* της πυρωσεως αὐτης λεγοντες·
	19 3	και ὁ *καπνος* αὐτης ἀναβαινει εἰς τους αἰωνας των αἰωνων.

καππαδοκια [2]

Ac	2 9	και οἱ κατοικουντες την μεσοποταμιαν, ἰουδαιαν τε και *καππαδοκιαν,*
1Pt	1 1	πετρος ἀποστολος ἰησου χριστου ἐκλεκτοις παρεπιδημοις διασπορας ποντου, γαλατιας, *καππαδοκιας,* ἀσιας και βιθυνιας,

καρδια [157]

Mt	5 8	μακαριοι οἱ καθαροι τη *καρδια,* ὀτι αὐτοι τον θεον ὀψονται.
	28	ἐγω δε λεγω ὑμιν ὀτι πας ὁ βλεπων γυναικα προς το ἐπιθυμησαι αὐτην ἠδη ἐμοιχευσεν αὐτην ἐν τη *καρδια* αὐτου.
	6 21	ὀπου γαρ ἐστιν ὁ θησαυρος σου, ἐκει ἐσται και ἡ *καρδια* σου.
	9 4	ἱνατι ἐνθυμεισθε πονηρα ἐν ταις *καρδιαις* ὑμων;
	11 29	ἀρατε τον ζυγον μου ἐφ ὑμας και μαθετε ἀπ ἐμου, ὀτι πραυς εἰμι και ταπεινος τη *καρδια,*
	12 34	ἐκ γαρ του περισσευματος της *καρδιας* το στομα λαλει.
	40	οὑτως ἐσται ὁ υἱος του ἀνθρωπου ἐν τη *καρδια* της γης τρεις ἡμερας και τρεις νυκτας.
	13 15	ἐπαχυνθη γαρ ἡ *καρδια* του λαου τουτου,
	15	μηποτε ἰδωσιν τοις ὀφθαλμοις και τοις ὡσιν ἀκουσωσιν και τη *καρδια* συνωσιν και ἐπιστρεψωσιν,
	19	παντος ἀκουοντος τον λογον της βασιλειας και μη συνιεντος ἐρχεται ὁ πονηρος και ἀρπαζει το ἐσπαρμενον ἐν τη *καρδια* αὐτου·
	15 8	ὁ λαος οὑτος τοις χειλεσιν με τιμα, ἡ δε *καρδια* αὐτων πορρω ἀπεχει ἀπ ἐμου·
	18	τα δε ἐκπορευομενα ἐκ του στοματος ἐκ της *καρδιας* ἐξερχεται,
	19	ἐκ γαρ της *καρδιας* ἐξερχονται διαλογισμοι πονηροι, φονοι, μοιχειαι, πορνειαι, κλοπαι, ψευδομαρτυριαι, βλασφημιαι.
	18 35	οὑτως και ὁ πατηρ μου ὁ οὐρανιος ποιησει ὑμιν, ἐαν μη ἀφητε ἑκαστος τω ἀδελφω αὐτου ἀπο των *καρδιων* ὑμων.
	22 37	ἀγαπησεις κυριον τον θεον σου ἐν ὀλη τη *καρδια* σου και ἐν ὀλη τη ψυχη σου και ἐν ὀλη τη διανοια σου.
	24 48	ἐαν δε εἰπη ὁ κακος δουλος ἐκεινος ἐν τη *καρδια* αὐτου· χρονιζει μου ὁ κυριος,
Mc	2 6	ἠσαν δε τινες των γραμματεων ἐκει καθημενοι και διαλογιζομενοι ἐν ταις *καρδιαις* αὐτων· τι οὑτος οὑτως λαλει;
	8	τι ταυτα διαλογιζεσθε ἐν ταις *καρδιαις* ὑμων;
	3 5	συλλυπουμενος ἐπι τη πωρωσει της *καρδιας* αὐτων, λεγει τω ἀνθρωπω·
	6 52	οὐ γαρ συνηκαν ἐπι τοις ἀρτοις, ἀλλ ἠν αὐτων ἡ *καρδια* πεπωρωμενη.
	7 6	ὡς γεγραπται [ὀτι] οὑτος ὁ λαος τοις χειλεσιν με τιμα, ἡ δε *καρδια* αὐτων πορρω ἀπεχει ἀπ ἐμου·
	19	οὐ νοειτε ὀτι παν το ἐξωθεν εἰσπορευομενον εἰς τον ἀνθρωπον οὐ δυναται αὐτον κοινωσαι, ὀτι οὐκ εἰσπορευεται αὐτου εἰς την *καρδιαν* ἀλλ εἰς την κοιλιαν, και εἰς τον ἀφεδρωνα ἐκπορευεται, καθαριζων παντα τα βρωματα;
	21	ἐσωθεν γαρ ἐκ της *καρδιας* των ἀνθρωπων οἱ διαλογισμοι οἱ κακοι ἐκπορευονται, πορνειαι, κλοπαι, φονοι, μοιχειαι, πλεονεξιαι, πονηριαι, δολος, ἀσελγεια, ὀφθαλμος πονηρος, βλασφημια, ὑπερηφανια, ἀφροσυνη·
	8 17	οὐπω νοειτε οὐδε συνιετε; πεπωρωμενην ἐχετε την *καρδιαν* ὑμων;
	11 23	ἀμην λεγω ὑμιν ὀτι ὀς ἀν εἰπη τω ὀρει τουτω· ἀρθητι και βληθητι εἰς την θαλασσαν, και μη διακριθη ἐν τη *καρδια* αὐτου ἀλλα πιστευη ὀτι ὁ λαλει γινεται, ἐσται αὐτω.
	12 30	και ἀγαπησεις κυριον τον θεον σου ἐξ ὀλης της *καρδιας* σου και ἐξ ὀλης της ψυχης σου και ἐξ ὀλης της διανοιας σου και ἐξ ὀλης της ἰσχυος σου.

καρδια [157]

Mc	12 33	και το αγαπαν αυτον εξ ολης της *καρδιας* και εξ ολης της συνεσεως και εξ ολης της ισχυος,
Lc	1 17	και αυτος προελευσεται ενωπιον αυτου εν πνευματι και δυναμει ηλιου, επιστρεψαι *καρδιας* πατερων επι τεκνα και απειθεις εν φρονησει δικαιων, ετοιμασαι κυριω λαον κατεσκευασμενον.
	51	και αγιον το ονομα αυτου, και το ελεος αυτου εις γενεας και γενεας τοις φοβουμενοις αυτον εποιησεν κρατος εν βραχιονι αυτου, διεσκορπισεν υπερηφανους διανοια *καρδιας* αυτων·
	66	και εθεντο παντες οι ακουσαντες εν τη *καρδια* αυτων, λεγοντες·
	2 19	η δε μαριαμ παντα συνετηρει τα ρηματα ταυτα συμβαλλουσα εν τη *καρδια* αυτης.
	35	ιδου ουτος κειται εις πτωσιν και αναστασιν πολλων εν τω ισραηλ και εις σημειον αντιλεγομενον και σου [δε] αυτης την ψυχην διελευσεται ρομφαια, οπως αν αποκαλυφθωσιν εκ πολλων *καρδιων* διαλογισμοι.
	51	και η μητηρ αυτου διετηρει παντα τα ρηματα εν τη *καρδια* αυτης.
	3 15	προσδοκωντος δε του λαου και διαλογιζομενων παντων εν ταις *καρδιαις* αυτων περι του ιωαννου, μηποτε αυτος ειη ο χριστος,
	5 22	τι διαλογιζεσθε εν ταις *καρδιαις* υμων;
	6 45	ο αγαθος ανθρωπος εκ του αγαθου θησαυρου της *καρδιας* προφερει το αγαθον,
	45	εκ γαρ περισσευματος *καρδιας* λαλει το στομα αυτου.
	8 12	οι δε παρα την οδον εισιν οι ακουσαντες, ειτα ερχεται ο διαβολος και αιρει τον λογον απο της *καρδιας* αυτων,
	15	το δε εν τη καλη γη, ουτοι εισιν οιτινες εν *καρδια* καλη και αγαθη ακουσαντες τον λογον κατεχουσιν και καρποφορουσιν εν υπομονη.
	9 47	ο δε ιησους ειδως τον διαλογισμον της *καρδιας* αυτων, επιλαβομενος παιδιον εστησεν αυτο παρ εαυτω,
	10 27	αγαπησεις κυριον τον θεον σου εξ ολης [της] *καρδιας* σου και εν ολη τη ψυχη και εν ολη τη ισχυι σου και εν ολη τη διανοια σου, και τον πλησιον σου ως σεαυτον.
	12 34	οπου γαρ εστιν ο θησαυρος υμων, εκει και η *καρδια* υμων εσται.
	45	εαν δε ειπη ο δουλος εκεινος εν τη *καρδια* αυτου· χρονιζει ο κυριος μου ερχεσθαι,
	16 15	υμεις εστε οι δικαιουντες εαυτους ενωπιον των ανθρωπων, ο δε θεος γινωσκει τας *καρδιας* υμων·
	21 14	θετε ουν εν ταις *καρδιαις* υμων μη προμελεταν απολογηθηναι·
	34	προσεχετε δε εαυτοις μηποτε βαρηθωσιν υμων αι *καρδιαι* εν κραιπαλη και μεθη και μεριμναις βιωτικαις,
	24 25	ω ανοητοι και βραδεις τη *καρδια* του πιστευειν επι πασιν οις ελαλησαν οι προφηται·
	32	ουχι η *καρδια* ημων καιομενη ην [εν ημιν], ως ελαλει ημιν εν τη οδω, ως διηνοιγεν ημιν τας γραφας;
	38	τι τεταραγμενοι εστε, και δια τι διαλογισμοι αναβαινουσιν εν τη *καρδια* υμων;
Jh	12 40	τετυφλωκεν αυτων τους οφθαλμους και επωρωσεν αυτων την *καρδιαν*, ινα μη ιδωσιν τοις οφθαλμοις και νοησωσιν τη καρδια και στραφωσιν, και ιασομαι αυτους.
	40	τετυφλωκεν αυτων τους οφθαλμους και επωρωσεν αυτων την *καρδιαν*, ινα μη ιδωσιν τοις οφθαλμοις και νοησωσιν τη *καρδια* και στραφωσιν, και ιασομαι αυτους.
	13 2	και δειπνου γινομενου, του διαβολου ηδη βεβληκοτος εις την *καρδιαν* ινα παραδοι αυτον ιουδας σιμωνος ισκαριωτου,
	14 1	μη ταρασσεσθω υμων η *καρδια*
	27	μη ταρασσεσθω υμων η *καρδια* μηδε δειλιατω.
	16 6	αλλ οτι ταυτα λελαληκα υμιν, η λυπη πεπληρωκεν υμων την *καρδιαν*.
	22	παλιν δε οψομαι υμας, και χαρησεται υμων η *καρδια*,
Ac	2 26	δια τουτο ηυφρανθη η *καρδια* μου και ηγαλλιασατο η γλωσσα μου,
	37	ακουσαντες δε κατενυγησαν την *καρδιαν*,
	46	κλωντες τε κατ οικον αρτον, μετελαμβανον τροφης εν αγαλλιασει και αφελοτητι *καρδιας*,
	4 32	του δε πληθους των πιστευσαντων ην *καρδια* και ψυχη μια,
	5 3	ανανια, δια τι επληρωσεν ο σατανας την *καρδιαν* σου, ψευσασθαι σε το πνευμα το αγιον και νοσφισασθαι απο της τιμης του χωριου;
	4	τι οτι εθου εν τη *καρδια* σου το πραγμα τουτο;
	7 23	ως δε επληρουτο αυτω τεσσερακονταετης χρονος, ανεβη επι την *καρδιαν* αυτου επισκεψασθαι τους αδελφους αυτου τους υιους ισραηλ.

καρδια [157]

Ac	7 39	αλλα απωσαντο και εστραφησαν εν ταις *καρδιαις* αυτων εις αιγυπτον, ειποντες τω ααρον·
	51	σκληροτραχηλοι και απεριτμητοι *καρδιαις* και τοις ωσιν, υμεις αει τω πνευματι τω αγιω αντιπιπτετε, ως οι πατερες υμων και υμεις.
	54	ακουοντες δε ταυτα διεπριοντο ταις *καρδιαις* αυτων και εβρυχον τους οδοντας επ αυτον.
	8 21	η γαρ *καρδια* σου ουκ εστιν ευθεια εναντι του θεου.
	22	και δεηθητι του κυριου ει αρα αφεθησεται σοι η επινοια της *καρδιας* σου·
	37 *	ει πιστευεις εξ ολης της *καρδιας*, εξεστιν.
	11 23	και παρεκαλει παντας τη προθεσει της *καρδιας* προσμενειν τω κυριω,
	13 22	ευρον δαυιδ τον του ιεσσαι, ανδρα κατα την *καρδιαν* μου, ος ποιησει παντα τα θεληματα μου.
	14 17	ουρανοθεν υμιν υετους διδους και καιρους καρποφορους, εμπιπλων τροφης και ευφροσυνης τας *καρδιας* υμων.
	15 9	και ουθεν διεκρινεν μεταξυ ημων τε και αυτων, τη πιστει καθαρισας τας *καρδιας* αυτων.
	16 14	ης ο κυριος διηνοιξεν την *καρδιαν* προσεχειν τοις λαλουμενοις υπο του παυλου.
	21 13	τι ποιειτε κλαιοντες και συνθρυπτοντες μου την *καρδιαν*;
	28 27	επαχυνθη γαρ η *καρδια* του λαου τουτου,
	27	μηποτε ιδωσιν τοις οφθαλμοις και τοις ωσιν ακουσωσιν και τη *καρδια* συνωσιν και επιστρεψωσιν,
Rm	1 21	αλλ εματαιωθησαν εν τοις διαλογισμοις αυτων, και εσκοτισθη η ασυνετος αυτων *καρδια*.
	24	διο παρεδωκεν αυτους ο θεος εν ταις επιθυμιαις των *καρδιων* αυτων εις ακαθαρσιαν του ατιμαζεσθαι τα σωματα αυτων εν αυτοις.
	2 5	κατα δε την σκληροτητα σου και αμετανοητον *καρδιαν* θησαυριζεις σεαυτω οργην εν ημερα οργης και αποκαλυψεως δικαιοκρισιας του θεου,
	15	οιτινες ενδεικνυνται το εργον του νομου γραπτον εν ταις *καρδιαις* αυτων,
	29	αλλ ο εν τω κρυπτω ιουδαιος, και περιτομη *καρδιας* εν πνευματι ου γραμματι, ου ο επαινος ουκ εξ ανθρωπων αλλ εκ του θεου.
	5 5	η δε ελπις ου καταισχυνει, οτι η αγαπη του θεου εκκεχυται εν ταις *καρδιαις* ημων δια πνευματος αγιου του δοθεντος ημιν·
	6 17	χαρις δε τω θεω οτι ητε δουλοι της αμαρτιας, υπηκουσατε δε εκ *καρδιας* εις ον παρεδοθητε τυπον διδαχης,
	8 27	ο δε εραυνων τας *καρδιας* οιδεν τι το φρονημα του πνευματος, οτι κατα θεον εντυγχανει υπερ αγιων.
	9 2	συμμαρτυρουσης μοι της συνειδησεως μου εν πνευματι αγιω, οτι λυπη μοι εστιν μεγαλη και αδιαλειπτος οδυνη τη *καρδια* μου.
	10 1	αδελφοι, η μεν ευδοκια της εμης *καρδιας* και η δεησις προς τον θεον υπερ αυτων εις σωτηριαν.
	6	μη ειπης εν τη *καρδια* σου· τις αναβησεται εις τον ουρανον;
	8	εγγυς σου το ρημα εστιν, εν τω στοματι σου και εν τη *καρδια* σου·
	9	οτι εαν ομολογησης εν τω στοματι σου κυριον ιησουν, και πιστευσης εν τη *καρδια* σου οτι ο θεος αυτον ηγειρεν εκ νεκρων, σωθηση·
	10	*καρδια* γαρ πιστευεται εις δικαιοσυνην, στοματι δε ομολογειται εις σωτηριαν.
	16 18	και δια της χρηστολογιας και ευλογιας εξαπατωσιν τας *καρδιας* των ακακων.
1Co	2 9	α οφθαλμος ουκ ειδεν και ους ουκ ηκουσεν και επι *καρδιαν* ανθρωπου ουκ ανεβη, α ητοιμασεν ο θεος τοις αγαπωσιν αυτον.
	4 5	εως αν ελθη ο κυριος, ος και φωτισει τα κρυπτα του σκοτους και φανερωσει τας βουλας των *καρδιων*·
	7 37	ος δε εστηκεν εν τη *καρδια* αυτου εδραιος, μη εχων αναγκην,
	37	εξουσιαν δε εχει περι του ιδιου θεληματος, και τουτο κεκρικεν εν τη ιδια *καρδια*,
	14 25	τα κρυπτα της *καρδιας* αυτου φανερα γινεται,
2Co	1 22	ο και σφραγισαμενος ημας και δους τον αρραβωνα του πνευματος εν ταις *καρδιαις* ημων.
	2 4	εκ γαρ πολλης θλιψεως και συνοχης *καρδιας* εγραψα υμιν δια πολλων δακρυων,
	3 2	η επιστολη ημων υμεις εστε, εγγεγραμμενη εν ταις *καρδιαις* ημων, γινωσκομενη και αναγινωσκομενη υπο παντων ανθρωπων,
	3	εγγεγραμμενη ου μελανι αλλα πνευματι θεου ζωντος, ουκ εν πλαξιν λιθιναις αλλ εν πλαξιν *καρδιαις* σαρκιναις.
	15	αλλ εως σημερον ηνικα αν αναγινωσκηται μωυσης καλυμμα επι την *καρδιαν* αυτων κειται·

καρδια [157]

2Co	4 6	ὁτι ὁ θεος ὁ είπων· ἐκ σκοτους φως λαμψει, ὁς ἐλαμψεν ἐν ταις *καρδιαις* ἡμων προς φωτισμον της γνωσεως της δοξης του θεου ἐν προσωπω [ἰησου] χριστου.
	5 12	ἀλλα ἀφορμην διδοντες ὑμιν καυχηματος ὑπερ ἡμων, ἱνα ἐχητε προς τους ἐν προσωπω καυχωμενους και μη ἐν *καρδια*.
	6 11	το στομα ἡμων ἀνεωγεν προς ὑμας, κορινθιοι, ἡ *καρδια* ἡμων πεπλατυνται
	7 3	προειρηκα γαρ ὁτι ἐν ταις *καρδιαις* ἡμων ἐστε εἰς το συναποθανειν και συζην.
	8 16	χαρις δε τω θεω τω δοντι την αὑτην σπουδην ὑπερ ὑμων ἐν τη *καρδια* τιτου,
	9 7	ἑκαστος καθως προηρηται τη *καρδια*, μη ἐκ λυπης ἡ ἐξ ἀναγκης·
Ga	4 6	ὁτι δε ἐστε υἱοι, ἐξαπεστειλεν ὁ θεος το πνευμα του υἱου αὐτου εἰς τας *καρδιας* ἡμων,
Eph	1 18	δωη ὑμιν πνευμα σοφιας και ἀποκαλυψεως ἐν ἐπιγνωσει αὐτου, πεφωτισμενους τους ὀφθαλμους της *καρδιας* [ὑμων],
	3 17	κατοικησαι τον χριστον δια της πιστεως ἐν ταις *καρδιαις* ὑμων,
	4 18	δια την ἀγνοιαν την οὐσαν ἐν αὐτοις, δια την πωρωσιν της *καρδιας* αὐτων,
	5 19	ἀδοντες και ψαλλοντες τη *καρδια* ὑμων τω κυριω,
	6 5	οἱ δουλοι, ὑπακουετε τοις κατα σαρκα κυριοις μετα φοβου και τρομου ἐν ἀπλοτητι της *καρδιας* ὑμων ὡς τω χριστω,
	22	ὁν ἐπεμψα προς ὑμας εἰς αὐτο τουτο, ἱνα γνωτε τα περι ἡμων και παρακαλεση τας *καρδιας* ὑμων.
Php	1 7	καθως ἐστιν δικαιον ἐμοι τουτο φρονειν ὑπερ παντων ὑμων, δια το ἐχειν με ἐν τη *καρδια* ὑμας,
	4 7	και ἡ εἰρηνη του θεου ἡ ὑπερεχουσα παντα νουν φρουρησει τας *καρδιας* ὑμων
Col	2 2	θελω γαρ ὑμας εἰδεναι ἡλικον ἀγωνα ἐχω ὑπερ ὑμων και των ἐν λαοδικεια και ὁσοι οὐχ ἑορακαν το προσωπον μου ἐν σαρκι, ἱνα παρακληθωσιν αἱ *καρδιαι* αὐτων,
	3 15	και ἡ εἰρηνη του χριστου βραβευετω ἐν ταις *καρδιαις* ὑμων,
	16	ψαλμοις ὑμνοις ὡδαις πνευματικαις ἐν [τη] χαριτι ἀδοντες ἐν ταις *καρδιαις* ὑμων τω θεω·
	22	μη ἐν ὀφθαλμοδουλια ὡς ἀνθρωπαρεσκοι, ἀλλ ἐν ἁπλοτητι *καρδιας* φοβουμενοι τον κυριον.
	4 8	ὁν ἐπεμψα προς ὑμας εἰς αὐτο τουτο, ἱνα γνωτε τα περι ἡμων και παρακαλεση τας *καρδιας* ὑμων,
1Th	2 4	οὐχ ὡς ἀνθρωποις ἀρεσκοντες, ἀλλα θεω τω δοκιμαζοντι τας *καρδιας* ἡμων.
	17	ἡμεις δε, ἀδελφοι, ἀπορφανισθεντες ἀφ ὑμων προς καιρον ὡρας προσωπω οὐ *καρδια*,
	3 13	εἰς το στηριξαι ὑμων τας *καρδιας* ἀμεμπτους ἐν ἁγιωσυνη
2Th	2 17	παρακαλεσαι ὑμων τας *καρδιας* και στηριξαι ἐν παντι ἐργω και λογω ἀγαθω.
	3 5	ὁ δε κυριος κατευθυναι ὑμων τας *καρδιας* εἰς την ἀγαπην του θεου και εἰς την ὑπομονην του χριστου.
1Tm	1 5	το δε τελος της παραγγελιας ἐστιν ἀγαπη ἐκ καθαρας *καρδιας* και συνειδησεως ἀγαθης και πιστεως ἀνυποκριτου,
2Tm	2 22	διωκε δε δικαιοσυνην, πιστιν, ἀγαπην, εἰρηνην μετα των ἐπικαλουμενων τον κυριον ἐκ καθαρας *καρδιας*.
Heb	3 8	σημερον ἐαν της φωνης αὐτου ἀκουσητε, μη σκληρυνητε τας *καρδιας* ὑμων ὡς ἐν τω παραπικρασμω κατα την ἡμεραν του πειρασμου ἐν τη ἐρημω,
	10	ἀει πλανωνται τη *καρδια*·
	12	βλεπετε, ἀδελφοι, μηποτε ἐσται ἐν τινι ὑμων *καρδια* πονηρα ἀπιστιας ἐν τω ἀποστηναι ἀπο θεου ζωντος,
	15	σημερον ἐαν της φωνης αὐτου ἀκουσητε, μη σκληρυνητε τας *καρδιας* ὑμων ὡς ἐν τω παραπικρασμω.
	4 7	σημερον ἐαν της φωνης αὐτου ἀκουσητε, μη σκληρυνητε τας *καρδιας* ὑμων.
	12	και κριτικος ἐνθυμησεων και ἐννοιων *καρδιας*·
	8 10	διδους νομους μου εἰς την διανοιαν αὐτων, και ἐπι *καρδιας* αὐτων ἐπιγραψω αὐτους,
	10 16	διδους νομους μου ἐπι *καρδιας* αὐτων,
	22	προσερχωμεθα μετα ἀληθινης *καρδιας* ἐν πληροφορια πιστεως,
	22	ῥεραντισμενοι τας *καρδιας* ἀπο συνειδησεως πονηρας και λελουσμενοι το σωμα ὑδατι καθαρω·
	13 9	καλον γαρ χαριτι βεβαιουσθαι την *καρδιαν*, οὐ βρωμασιν,
Ja	1 26	εἰ τις δοκει θρησκος εἰναι, μη χαλιναγωγων γλωσσαν αὐτου ἀλλα ἀπατων *καρδιαν* αὐτου, τουτου ματαιος ἡ θρησκεια.
	3 14	εἰ δε ζηλον πικρον ἐχετε και ἐριθειαν ἐν τη *καρδια* ὑμων, μη κατακαυχασθε και ψευδεσθε κατα της ἀληθειας.
	4 8	καθαρισατε χειρας, ἁμαρτωλοι, και ἁγνισατε *καρδιας*, διψυχοι.
	5 5	ἐθρεψατε τας *καρδιας* ὑμων ἐν ἡμερα σφαγης.

καρδια [157]

Ja	5 8	στηριξατε τας *καρδιας* ὑμων, ὁτι ἡ παρουσια του κυριου ἡγγικεν.
1Pt	1 22	ἐκ [καθαρας] *καρδιας* ἀλληλους ἀγαπησατε ἐκτενως,
	3 4	ἀλλ ὁ κρυπτος της *καρδιας* ἀνθρωπος ἐν τω ἀφθαρτω του πραεως και ἡσυχιου πνευματος,
	15	κυριον δε τον χριστον ἁγιασατε ἐν ταις *καρδιαις* ὑμων,
2Pt	1 19	ὡ καλως ποιειτε προσεχοντες ὡς λυχνω φαινοντι ἐν αὐχμηρω τοπω, ἑως οὑ ἡμερα διαυγαση και φωσφορος ἀνατειλη ἐν ταις *καρδιαις* ὑμων·
	2 14	δελεαζοντες ψυχας ἀστηρικτους, *καρδιαν* γεγυμνασμενην πλεονεξιας ἐχοντες,
1Jh	3 19	και ἐμπροσθεν αὐτου πεισομεν την *καρδιαν* ἡμων
	20	ὁτι ἐαν καταγινωσκη ἡμων ἡ *καρδια*, ὁτι μειζων ἐστιν ὁ θεος της *καρδιας* ἡμων και γινωσκει παντα.
	20	ὁτι ἐαν καταγινωσκη ἡμων ἡ *καρδια*, ὁτι μειζων ἐστιν ὁ θεος της *καρδιας* ἡμων και γινωσκει παντα.
	21	ἀγαπητοι, ἐαν ἡ *καρδια* [ἡμων] μη καταγινωσκη, παρρησιαν ἐχομεν προς τον θεον,
Apc	2 23	και γνωσονται πασαι αἱ ἐκκλησιαι ὁτι ἐγω εἰμι ὁ ἐραυνων νεφρους και *καρδιας*,
	17 17	ὁ γαρ θεος ἐδωκεν εἰς τας *καρδιας* αὐτων ποιησαι την γνωμην αὐτου,
	18 7	ὁτι ἐν τη *καρδια* αὐτης λεγει ὁτι καθημαι βασιλισσα και χηρα οὐκ εἰμι και πενθος οὐ μη ἰδω·

καρδιογνωστης [2]

Ac	1 24	συ κυριε *καρδιογνωστα* παντων, ἀναδειξον ὁν ἐξελεξω ἐκ τουτων των δυο
	15 8	και ὁ *καρδιογνωστης* θεος ἐμαρτυρησεν αὐτοις δους το πνευμα το ἁγιον καθως και ἡμιν,

καρπος [66]

Mt	3 8	ποιησατε οὑν *καρπον* ἀξιον της μετανοιας·
	10	παν οὑν δενδρον μη ποιουν *καρπον* καλον ἐκκοπτεται και εἰς πυρ βαλλεται.
	7 16	ἀπο των *καρπων* αὐτων ἐπιγνωσεσθε αὐτους.
	17	οὑτως παν δενδρον ἀγαθον *καρπους* καλους ποιει,
	17	το δε σαπρον δενδρον *καρπους* πονηρους ποιει.
	18	οὐ δυναται δενδρον ἀγαθον *καρπους* πονηρους ποιειν,
	18	οὐδε δενδρον σαπρον *καρπους* καλους ποιειν.
	19	παν δενδρον μη ποιουν *καρπον* καλον ἐκκοπτεται και εἰς πυρ βαλλεται.
	20	ἀρα γε ἀπο των *καρπων* αὐτων ἐπιγνωσεσθε αὐτους.
	12 33	ἡ ποιησατε το δενδρον καλον και τον *καρπον* αὐτου καλον,
	33	ἡ ποιησατε το δενδρον σαπρον και τον *καρπον* αὐτου σαπρον·
	33	ἐκ γαρ του *καρπου* το δενδρον γινωσκεται.
	13 8	ἀλλα δε ἐπεσεν ἐπι την γην την καλην και ἐδιδου *καρπον*,
	26	ὁτε δε ἐβλαστησεν ὁ χορτος και *καρπον* ἐποιησεν, τοτε ἐφανη και τα ζιζανια.
	21 19	μηκετι ἐκ σου *καρπος* γενηται εἰς τον αἰωνα.
	34	ὁτε δε ἡγγισεν ὁ καιρος των *καρπων*, ἀπεστειλεν τους δουλους αὐτου προς τους γεωργους λαβειν τους καρπους αὐτου.
	34	ὁτε δε ἡγγισεν ὁ καιρος των καρπων, ἀπεστειλεν τους δουλους αὐτου προς τους γεωργους λαβειν τους *καρπους* αὐτου.
	41	και τον ἀμπελωνα ἐκδωσεται ἀλλοις γεωργοις, οἱτινες ἀποδωσουσιν αὐτω τους *καρπους* ἐν τοις καιροις αὐτων.
	43	δια τουτο λεγω ὑμιν ὁτι ἀρθησεται ἀφ ὑμων ἡ βασιλεια του θεου και δοθησεται ἐθνει ποιουντι τους *καρπους* αὐτης.
Mc	4 7	και *καρπον* οὐκ ἐδωκεν.
	8	και ἀλλα ἐπεσεν εἰς την γην την καλην και ἐδιδου *καρπον* ἀναβαινοντα και αὐξανομενα και ἐφερεν ἐν τριακοντα και ἐν ἑξηκοντα και ἐν ἑκατον.
	29	ὁταν δε παραδοι ὁ *καρπος*, εὐθυς ἀποστελλει το δρεπανον,
	11 14	μηκετι εἰς τον αἰωνα ἐκ σου μηδεις *καρπον* φαγοι.
	12 2	και ἀπεστειλεν προς τους γεωργους τω καιρω δουλον, ἱνα παρα των γεωργων λαβη ἀπο των *καρπων* του ἀμπελωνος·
Lc	1 42	εὐλογημενη συ ἐν γυναιξιν, και εὐλογημενος ὁ *καρπος* της κοιλιας σου.
	3 8	ποιησατε οὑν *καρπους* ἀξιους της μετανοιας· και μη ἀρξησθε λεγειν ἐν ἑαυτοις· πατερα ἐχομεν τον ἀβρααμ·
	9	παν οὑν δενδρον μη ποιουν *καρπον* καλον ἐκκοπτεται και εἰς πυρ βαλλεται.
	6 43	οὐ γαρ ἐστιν δενδρον καλον ποιουν *καρπον* σαπρον, οὐδε παλιν δενδρον σαπρον ποιουν καρπον καλον.

καρπος [66]

Lc	6 43	οὐ γαρ ἐστιν δενδρον καλον ποιουν καρπον σαπρον, οὐδε παλιν δενδρον σαπρον ποιουν *καρπον* καλον.
	44	ἑκαστον γαρ δενδρον ἐκ του ἰδιου *καρπου* γινωσκεται·
	8 8	και ἑτερον ἐπεσεν εἰς την γην την ἀγαθην και φυεν ἐποιησεν καρπον ἑκατονταπλασιονα.
	12 17	τι ποιησω, ὁτι οὐκ ἐχω πού συναξω τους *καρπους* μου;
	13 6	και ἠλθεν ζητων *καρπον* ἐν αὐτῃ και οὐχ εὑρεν.
	7	ἰδου τρια ἐτη ἀφ οὑ ἐρχομαι ζητων *καρπον* ἐν τῃ συκῃ ταυτῃ και οὐχ εὑρισκω·
	9	ἑως ὁτου σκαψω περι αὐτην και βαλω κοπρια, κἀν μεν ποιησῃ *καρπον* εἰς το μελλον·
	20 10	και καιρῳ ἀπεστειλεν προς τους γεωργους δουλον, ἱνα ἀπο του *καρπου* του ἀμπελωνος δωσουσιν αὐτῳ·
Jh	4 36	ἠδη ὁ θεριζων μισθον λαμβανει και συναγει *καρπον* εἰς ζωην αἰωνιον,
	12 24	ἐαν δε ἀποθανῃ, πολυν *καρπον* φερει.
	15 2	παν κλημα ἐν ἐμοι μη φερον *καρπον*, αἰρει αὐτο,
	2	και παν το *καρπον* φερον, καθαιρει αὐτο ἱνα καρπον πλειονα φερῃ.
	2	και παν το καρπον φερον, καθαιρει αὐτο ἱνα *καρπον* πλειονα φερῃ.
	4	καθως το κλημα οὐ δυναται *καρπον* φερειν ἀφ ἑαυτου ἐαν μη μενῃ ἐν τῃ ἀμπελῳ, οὑτως οὐδε ὑμεις ἐαν μη ἐν ἐμοι μενητε.
	5	ὁ μενων ἐν ἐμοι κἀγω ἐν αὐτῳ, οὑτος φερει *καρπον* πολυν, ὁτι χωρις ἐμου οὐ δυνασθε ποιειν οὐδεν.
	8	ἐν τουτῳ ἐδοξασθη ὁ πατηρ μου, ἱνα *καρπον* πολυν φερητε και γενησησθε ἐμοι μαθηται.
	16	και ἐθηκα ὑμας ἱνα ὑμεις ὑπαγητε και *καρπον* φερητε και ὁ καρπος ὑμων μενῃ
	16	και ἐθηκα ὑμας ἱνα ὑμεις ὑπαγητε και καρπον φερητε και ὁ *καρπος* ὑμων μενῃ,
Ac	2 30	προφητης οὐν ὑπαρχων και εἰδως ὁτι ὁρκῳ ὡμοσεν αὐτῳ ὁ θεος ἐκ *καρπου* της ὀσφυος αὐτου καθισαι ἐπι τον θρονον αὐτου,
Rm	1 13	ἱνα τινα *καρπον* σχω και ἐν ὑμιν καθως και ἐν τοις λοιποις ἐθνεσιν.
	6 21	τινα οὐν *καρπον* εἰχετε τοτε; ἐφ οἱς νυν ἐπαισχυνεσθε·
	22	νυνι δε ἐλευθερωθεντες ἀπο της ἁμαρτιας δουλωθεντες δε τῳ θεῳ, ἐχετε τον *καρπον* ὑμων εἰς ἁγιασμον,
	15 28	τουτο οὐν ἐπιτελεσας, και σφραγισαμενος αὐτοις τον *καρπον* τουτον, ἀπελευσομαι δι ὑμων εἰς σπανιαν·
1Co	9 7	τις φυτευει ἀμπελωνα και τον *καρπον* αὐτου οὐκ ἐσθιει;
Ga	5 22	ὁ δε *καρπος* του πνευματος ἐστιν ἀγαπη, χαρα, εἰρηνη, μακροθυμια, χρηστοτης, ἀγαθωσυνη, πιστις, πραυτης, ἐγκρατεια·
Eph	5 9	ὁ γαρ *καρπος* του φωτος ἐν πασῃ ἀγαθωσυνῃ και δικαιοσυνῃ και ἀληθειᾳ,
Php	1 11	ἱνα ἠτε εἰλικρινεις και ἀπροσκοποι εἰς ἡμεραν χριστου, πεπληρωμενοι *καρπον* δικαιοσυνης τον δια ἰησου χριστου,
	22	εἰ δε το ζην ἐν σαρκι, τουτο μοι *καρπος* ἐργου, και τι αἱρησομαι οὐ γνωριζω.
	4 17	οὐχ ὁτι ἐπιζητω το δομα, ἀλλα ἐπιζητω τον *καρπον* τον πλεοναζοντα εἰς λογον ὑμων.
2Tm	2 6	τον κοπιωντα γεωργον δει πρωτον των *καρπων* μεταλαμβανειν.
Heb	12 11	ὑστερον δε *καρπον* εἰρηνικον τοις δι αὐτης γεγυμνασμενοις ἀποδιδωσιν δικαιοσυνης.
	13 15	δι αὐτου [οὐν] ἀναφερωμεν θυσιαν αἰνεσεως δια παντος τῳ θεῳ, τουτ ἐστιν *καρπον* χειλεων ὁμολογουντων τῳ ὀνοματι αὐτου.
Ja	3 17	ἐπειτα εἰρηνικη, ἐπιεικης, εὐπειθης, μεστη ἐλεους και *καρπων* ἀγαθων, ἀδιακριτος, ἀνυποκριτος.
	18	*καρπος* δε δικαιοσυνης ἐν εἰρηνῃ σπειρεται τοις ποιουσιν εἰρηνην.
	5 7	ἰδου ὁ γεωργος ἐκδεχεται τον τιμιον *καρπον* της γης,
	18	και ὁ οὐρανος ὑετον ἐδωκεν και ἡ γη ἐβλαστησεν τον *καρπον* αὐτης.
Apc	22 2	ἐν μεσῳ της πλατειας αὐτης και του ποταμου ἐντευθεν και ἐκειθεν ξυλον ζωης ποιουν *καρπους* δωδεκα,
	2	ποιουν καρπους δωδεκα, κατα μηνα ἑκαστον ἀποδιδουν τον *καρπον* αὐτου,

κάρπος [1]

2Tm	4 13	τον φαιλονην, ὁν ἀπελιπον ἐν τρωαδι παρα *καρπῳ*, ἐρχομενος φερε, και τα βιβλια, μαλιστα τας μεμβρανας.

καρποφορεω [8]

Mt	13 23	ὁς δη *καρποφορει* και ποιει ὁ μεν ἑκατον,
Mc	4 20	και ἐκεινοι εἰσιν οἱ ἐπι την γην την καλην σπαρεντες, οἱτινες ἀκουουσιν τον λογον και παραδεχονται και *καρποφορουσιν* ἐν τριακοντα και ἐν ἑξηκοντα και ἐν ἑκατον·
	28	αὐτοματη ἡ γη *καρποφορει*, πρωτον χορτον, εἰτα σταχυν, εἰτα πληρη[ς] σιτον ἐν τῳ σταχυι.
Lc	8 15	το δε ἐν τῃ καλῃ γῃ, οὑτοι εἰσιν οἱτινες ἐν καρδιᾳ καλῃ και ἀγαθῃ ἀκουσαντες τον λογον κατεχουσιν και *καρποφορουσιν* ἐν ὑπομονῃ.
Rm	7 4	εἰς το γενεσθαι ὑμας ἑτερῳ, τῳ ἐκ νεκρων ἐγερθεντι, ἱνα *καρποφορησωμεν* τῳ θεῳ.
	5	ὁτε γαρ ἠμεν ἐν τῃ σαρκι, τα παθηματα των ἁμαρτιων τα δια του νομου ἐνηργειτο ἐν τοις μελεσιν ἡμων εἰς το *καρποφορησαι* τῳ θανατῳ·
Col	1 6	καθως και ἐν παντι τῳ κοσμῳ ἐστιν *καρποφορουμενον* και αὐξανομενον καθως και ἐν ὑμιν,
	10	ἐν παντι ἐργῳ ἀγαθῳ *καρποφορουντες* και αὐξανομενοι τῃ ἐπιγνωσει του θεου,

καρποφορος [1]

Ac	14 17	καιτοι οὐκ ἀμαρτυρον αὐτον ἀφηκεν ἀγαθουργων, οὐρανοθεν ὑμιν ὑετους διδους και καιρους *καρποφορους*,

καρτερεω [1]

Heb	11 27	τον γαρ ἀορατον ὡς ὁρων *ἐκαρτερησεν*.

καρφος [6]

Mt	7 3	τι δε βλεπεις το *καρφος* το ἐν τῳ ὀφθαλμῳ του ἀδελφου σου,
	4	ἀφες ἐκβαλω το *καρφος* ἐκ του ὀφθαλμου σου,
	5	ἐκβαλε πρωτον ἐκ του ὀφθαλμου σου την δοκον, και τοτε διαβλεψεις ἐκβαλειν το *καρφος* ἐκ του ὀφθαλμου του ἀδελφου σου.
Lc	6 41	τι δε βλεπεις το *καρφος* το ἐν τῳ ὀφθαλμῳ του ἀδελφου σου, την δε δοκον την ἐν τῳ ἰδιῳ ὀφθαλμῳ οὐ κατανοεις;
	42	ἀδελφε, ἀφες ἐκβαλω το *καρφος* το ἐν τῳ ὀφθαλμῳ σου, αὐτος την ἐν τῳ ὀφθαλμῳ σου δοκον οὐ βλεπων·
	42	ὑποκριτα, ἐκβαλε πρωτον την δοκον ἐκ του ὀφθαλμου σου, και τοτε διαβλεψεις το *καρφος* το ἐν τῳ ὀφθαλμῳ του ἀδελφου σου ἐκβαλειν.

κατα [476]

Mt	1 20	ἰδου ἀγγελος κυριου *κατ* ὀναρ ἐφανη αὐτῳ λεγων·
	2 12	και χρηματισθεντες *κατ* ὀναρ μη ἀνακαμψαι προς ἡρωδην,
	13	ἰδου ἀγγελος κυριου φαινεται *κατ* ὀναρ τῳ ἰωσηφ λεγων·
	16	*κατα* τον χρονον ὁν ἠκριβωσεν παρα των μαγων.
	19	ἰδου ἀγγελος κυριου φαινεται *κατ* ὀναρ τῳ ἰωσηφ ἐν αἰγυπτῳ λεγων·
	22	χρηματισθεις δε *κατ* ὀναρ ἀνεχωρησεν εἰς τα μερη της γαλιλαιας,
	5 11	μακαριοι ἐστε ὁταν ὀνειδισωσιν ὑμας και διωξωσιν και εἰπωσιν παν πονηρον *καθ* ὑμων [ψευδομενοι] ἑνεκεν ἐμου.
	23	ἐαν οὐν προσφερῃς το δωρον σου ἐπι το θυσιαστηριον κἀκει μνησθῃς ὁτι ὁ ἀδελφος σου ἐχει τι *κατα* σου, ἀφες ἐκει το δωρον σου ἐμπροσθεν του θυσιαστηριου,
	8 32	και ἰδου ὡρμησεν πασα ἡ ἀγελη *κατα* του κρημνου εἰς την θαλασσαν,
	9 29	*κατα* την πιστιν ὑμων γενηθητω ὑμιν.
	10 35	ἠλθον γαρ διχασαι ἀνθρωπον *κατα* του πατρος αὐτου και θυγατερα κατα της μητρος αὐτης και νυμφην κατα της πενθερας αὐτης,
	35	ἠλθον γαρ διχασαι ἀνθρωπον κατα του πατρος αὐτου και θυγατερα *κατα* της μητρος αὐτης και νυμφην κατα της πενθερας αὐτης,
	35	ἠλθον γαρ διχασαι ἀνθρωπον κατα του πατρος αὐτου και θυγατερα κατα της μητρος αὐτης και νυμφην *κατα* της πενθερας αὐτης,
	12 14	ἐξελθοντες δε οἱ φαρισαιοι συμβουλιον ἐλαβον *κατ* αὐτου, ὁπως αὐτον ἀπολεσωσιν.
	25	πασα βασιλεια μερισθεισα *καθ* ἑαυτης ἐρημουται,
	25	και πασα πολις ἠ οἰκια μερισθεισα *καθ* ἑαυτης οὐ σταθησεται.
	30	ὁ μη ὠν μετ ἐμου *κατ* ἐμου ἐστιν,
	32	και ὁς ἐαν εἰπῃ λογον *κατα* του υἱου του ἀνθρωπου, ἀφεθησεται αὐτῳ·

κατα [476]

Mt	12 32	ὃς δ ἂν εἴπῃ *κατα* του πνευματος του ἁγιου, οὐκ ἀφεθησεται αὐτῳ οὔτε ἐν τουτῳ τῳ αἰωνι οὔτε ἐν τῳ μελλοντι.
	14 13	ἀκουσας δε ὁ ἰησους ἀνεχωρησεν ἐκειθεν ἐν πλοιῳ εἰς ἐρημον τοπον *κατ ἰδιαν·*
	23	και ἀπολυσας τους ὀχλους ἀνεβη εἰς το ὀρος *κατ ἰδιαν* προσευξασθαι.
	16 27	μελλει γαρ ὁ υἱος του ἀνθρωπου ἐρχεσθαι ἐν τῃ δοξῃ του πατρος αὐτου μετα των ἀγγελων αὐτου, και τοτε ἀποδωσει ἑκαστῳ *κατα* την πραξιν αὐτου.
	17 1	και μεθ ἡμερας ἑξ παραλαμβανει ὁ ἰησους τον πετρον και ἰακωβον και ἰωαννην τον ἀδελφον αὐτου, και ἀναφερει αὐτους εἰς ὀρος ὑψηλον *κατ ἰδιαν.*
	19	τοτε προσελθοντες οἱ μαθηται τῳ ἰησου *κατ ἰδιαν* εἰπον·
	19 3	και προσηλθον αὐτῳ φαρισαιοι πειραζοντες αὐτον και λεγοντες· εἰ ἐξεστιν ἀνθρωπῳ ἀπολυσαι την γυναικα αὐτου *κατα* πασαν αἰτιαν;
	20 11	λαβοντες δε ἐγογγυζον *κατα* του οἰκοδεσποτου λεγοντες·
	17	και ἀναβαινων ὁ ἰησους εἰς ἱεροσολυμα παρελαβεν τους δωδεκα [μαθητας] *κατ ἰδιαν,*
	23 3	παντα οὐν ὁσα ἐαν εἰπωσιν ὑμιν ποιησατε και τηρειτε, *κατα* δε τα ἐργα αὐτων μη ποιειτε·
	24 3	καθημενου δε αὐτου ἐπι του ὀρους των ἐλαιων προσηλθον αὐτῳ οἱ μαθηται *κατ ἰδιαν* λεγοντες·
	7	και ἐσονται λιμοι και σεισμοι *κατα* τοπους·
	25 15	και ᾧ μεν ἐδωκεν πεντε ταλαντα, ᾧ δε δυο, ᾧ δε ἐν, ἑκαστῳ *κατα* την ἰδιαν δυναμιν,
	26 55	*καθ* ἡμεραν ἐν τῳ ἱερῳ ἐκαθεζομην διδασκων, και οὐκ ἐκρατησατε με.
	59	οἱ δε ἀρχιερεις και το συνεδριον ὁλον ἐζητουν ψευδομαρτυριαν *κατα* του ἰησου ὁπως αὐτον θανατωσωσιν,
	63	ἐξορκιζω σε *κατα* του θεου του ζωντος ἰνα ἡμιν εἰπῃς εἰ συ εἰ ὁ χριστος ὁ υἱος του θεου.
	27 1	πρωιας δε γενομενης συμβουλιον ἐλαβον παντες οἱ ἀρχιερεις και οἱ πρεσβυτεροι του λαου *κατα* του ἰησου ὡστε θανατωσαι αὐτον·
	15	*κατα* δε ἑορτην εἰωθει ὁ ἡγεμων ἀπολυειν ἐνα τῳ ὀχλῳ δεσμιον ὀν ἠθελον.
	19	μηδεν σοι και τῳ δικαιῳ ἐκεινῳ· πολλα γαρ ἐπαθον σημερον *κατ* ὀναρ δι αὐτον.
Mc	1 27	τι ἐστιν τουτο; διδαχη καινη *κατ* ἐξουσιαν·
	3 6	και ἐξελθοντες οἱ φαρισαιοι εὐθυς μετα των ἡρωδιανων συμβουλιον ἐδιδουν *κατ* αὐτου,
	4 10	και ὁτε ἐγενετο *κατα* μονας, ἠρωτων αὐτον οἱ περι αὐτον συν τοις δωδεκα τας παραβολας.
	34	*κατ ἰδιαν* δε τοις ἰδιοις μαθηταις ἐπελυεν παντα.
	5 13	και ὡρμησεν ἡ ἀγελη *κατα* του κρημνου εἰς την θαλασσαν, ὡς δισχιλιοι, και ἐπνιγοντο ἐν τῃ θαλασσῃ.
	6 31	δευτε ὑμεις αὐτοι *κατ ἰδιαν* εἰς ἐρημον τοπον και ἀναπαυσασθε ὀλιγον.
	32	και ἀπηλθον ἐν τῳ πλοιῳ εἰς ἐρημον τοπον *κατ ἰδιαν.*
	40	και ἀνεπεσαν πρασιαι πρασιαι *κατα* ἑκατον και *κατα* πεντηκοντα.
	40	και ἀνεπεσαν πρασιαι πρασιαι *κατα* ἑκατον και *κατα* πεντηκοντα.
	7 5	δια τι οὐ περιπατουσιν οἱ μαθηται σου *κατα* την παραδοσιν των πρεσβυτερων, ἀλλα κοιναις χερσιν ἐσθιουσιν τον ἀρτον;
	33	και ἀπολαβομενος αὐτον ἀπο του ὀχλου *κατ ἰδιαν* ἐβαλεν τους δακτυλους αὐτου εἰς τα ὠτα αὐτου και πτυσας ἡψατο της γλωσσης αὐτου,
	9 2	και μετα ἡμερας ἑξ παραλαμβανει ὁ ἰησους τον πετρον και τον ἰακωβον και τον ἰωαννην, και ἀναφερει αὐτους εἰς ὀρος ὑψηλον *κατ ἰδιαν* μονους.
	28	και εἰσελθοντος αὐτου εἰς οἰκον οἱ μαθηται αὐτου *κατ ἰδιαν* ἐπηρωτων αὐτον·
	40	ὀς γαρ οὐκ ἐστιν *καθ* ἡμων, ὑπερ ἡμων ἐστιν.
	11 25	και ὁταν στηκετε προσευχομενοι, ἀφιετε εἰ τι ἐχετε *κατα* τινος,
	13 3	και καθημενου αὐτου εἰς το ὀρος των ἐλαιων κατεναντι του ἱερου, ἐπηρωτα αὐτον *κατ ἰδιαν* πετρος και ἰακωβος και ἰωαννης και ἀνδρεας· εἰπον ἡμιν, ποτε ταυτα ἐσται,
	8	ἐσονται σεισμοι *κατα* τοπους, ἐσονται λιμοι· ἀρχη ὠδινων ταυτα.
	14 19	ἠρξαντο λυπεισθαι και λεγειν αὐτῳ εἰς *κατα* εἰς· μητι ἐγω;
	49	*καθ* ἡμεραν ἡμην προς ὑμας ἐν τῳ ἱερῳ διδασκων, και οὐκ ἐκρατησατε με·
	55	οἱ δε ἀρχιερεις και ὀλον το συνεδριον ἐζητουν *κατα* του ἰησου μαρτυριαν εἰς το θανατωσαι αὐτον, και οὐχ ηὑρισκον·
	56	πολλοι γαρ ἐψευδομαρτυρουν *κατ* αὐτου, και ἰσαι αἱ μαρτυριαι οὐκ ἠσαν.

κατα [476]

Mc	14 57	και τινες ἀνασταντες ἐψευδομαρτυρουν *κατ* αὐτου λεγοντες ὁτι ἡμεις ἠκουσαμεν αὐτου λεγοντος ὁτι ἐγω καταλυσω τον ναον τουτον τον χειροποιητον και δια τριων ἡμερων ἀλλον ἀχειροποιητον οἰκοδομησω.
	15 6	*κατα* δε ἑορτην ἀπελυεν αὐτοις ἐνα δεσμιον ὀν παρῃτουντο.
Lc	1 9	*κατα* το ἐθος της ἱερατειας ἐλαχε του θυμιασαι εἰσελθων εἰς τον ναον του κυριου,
	18	*κατα* τι γνωσομαι τουτο; ἐγω γαρ εἰμι πρεσβυτης και ἡ γυνη μου προβεβηκυια ἐν ταις ἡμεραις αὐτης.
	38	ἰδου ἡ δουλη κυριου· γενοιτο μοι *κατα* το ρημα σου.
	2 22	και ὁτε ἐπλησθησαν αἱ ἡμεραι του καθαρισμου αὐτων *κατα* τον νομον μωυσεως, ἀνηγαγον αὐτον εἰς ἱεροσολυμα παραστησαι τῳ κυριῳ,
	24	και του δουναι θυσιαν *κατα* το εἰρημενον ἐν τῳ νομῳ κυριου, ζευγος τρυγονων ἠ δυο νοσσους περιστερων.
	27	και ἐν τῳ εἰσαγαγειν τους γονεις το παιδιον ἰησουν του ποιησαι αὐτους *κατα* το εἰθισμενον του νομου περι αὐτου, και αὐτος ἐδεξατο αὐτο εἰς τας ἀγκαλας και εὐλογησεν τον θεον και εἰπεν·
	29	νυν ἀπολυεις τον δουλον σου, δεσποτα, *κατα* το ρημα σου ἐν εἰρηνῃ·
	31	ὁτι εἰδον οἱ ὀφθαλμοι μου το σωτηριον σου, ὁ ἡτοιμασας *κατα* προσωπον παντων των λαων,
	39	και ὡς ἐτελεσαν παντα τα *κατα* τον νομον κυριου, ἐπεστρεψαν εἰς την γαλιλαιαν εἰς πολιν ἑαυτων ναζαρεθ.
	41	και ἐπορευοντο οἱ γονεις αὐτου *κατ* ἐτος εἰς ἱερουσαλημ τῃ ἑορτῃ του πασχα.
	42	και ὁτε ἐγενετο ἐτων δωδεκα, ἀναβαινοντων αὐτων *κατα* το ἐθος της ἑορτης,
	4 14	και φημη ἐξηλθεν *καθ* ὁλης της περιχωρου περι αὐτου.
	16	και εἰσηλθεν *κατα* το εἰωθος αὐτῳ ἐν τῃ ἡμερᾳ των σαββατων εἰς την συναγωγην,
	6 23	*κατα* τα αὐτα γαρ ἐποιουν τοις προφηταις οἱ πατερες αὐτων.
	26	οὐαι ὁταν καλως εἰπωσιν ὑμας παντες οἱ ἀνθρωποι· *κατα* τα αὐτα γαρ ἐποιουν τοις ψευδοπροφηταις οἱ πατερες αὐτων.
	8 1	και ἐγενετο ἐν τῳ καθεξης και αὐτος διωδευεν *κατα* πολιν και κωμην κηρυσσων και εὐαγγελιζομενος την βασιλειαν του θεου,
	4	συνιοντος δε ὀχλου πολλου και των *κατα* πολιν ἐπιπορευομενων προς αὐτον εἰπεν δια παραβολης·
	33	και ὡρμησεν ἡ ἀγελη *κατα* του κρημνου εἰς την λιμνην και ἀπεπνιγη.
	39	και ἀπηλθεν *καθ* ὁλην την πολιν κηρυσσων ὁσα ἐποιησεν αὐτῳ ὁ ἰησους.
	9 6	ἐξερχομενοι δε διηρχοντο *κατα* τας κωμας εὐαγγελιζομενοι και θεραπευοντες πανταχου.
	10	και παραλαβων αὐτους ὑπεχωρησεν *κατ ἰδιαν* εἰς πολιν καλουμενην βηθσαιδα.
	18	και ἐγενετο ἐν τῳ εἰναι αὐτον προσευχομενον *κατα* μονας συνησαν αὐτῳ οἱ μαθηται,
	23	εἰ τις θελει ὀπισω μου ἐρχεσθαι, ἀρνησασθω ἑαυτον και ἀρατω τον σταυρον αὐτου *καθ* ἡμεραν, και ἀκολουθειτω μοι.
	50	μη κωλυετε· ὃς γαρ οὐκ ἐστιν *καθ* ὑμων, ὑπερ ὑμων ἐστιν.
	10 4	μη βασταζετε βαλλαντιον, μη πηραν, μη ὑποδηματα· και μηδενα *κατα* την ὁδον ἀσπασησθε.
	23	και στραφεις προς τους μαθητας *κατ ἰδιαν* εἰπεν·
	31	*κατα* συγκυριαν δε ἱερευς τις κατεβαινεν ἐν τῃ ὁδῳ ἐκεινῃ,
	32	ὁμοιως δε και λευιτης [γενομενος] *κατα* τον τοπον ἐλθων και ἰδων ἀντιπαρηλθεν.
	33	σαμαριτης δε τις ὁδευων ἠλθεν *κατ* αὐτον και ἰδων ἐσπλαγχνισθη,
	11 3	ἐλθετω ἡ βασιλεια σου· τον ἀρτον ἡμων τον ἐπιουσιον διδου ἡμιν το *καθ* ἡμεραν·
	23	ὁ μη ὠν μετ ἐμου *κατ* ἐμου ἐστιν, και ὁ μη συναγων μετ ἐμου σκορπιζει.
	13 22	και διεπορευετο *κατα* πολεις και κωμας διδασκων και πορειαν ποιουμενος εἰς ἱεροσολυμα.
	15 14	δαπανησαντος δε αὐτου παντα ἐγενετο λιμος ἰσχυρα *κατα* την χωραν ἐκεινην,
	16 19	ἀνθρωπος δε τις ἠν πλουσιος, και ἐνεδιδυσκετο πορφυραν και βυσσον εὐφραινομενος *καθ* ἡμεραν λαμπρως.
	17 30	*κατα* τα αὐτα ἐσται ᾑ ἡμερᾳ ὁ υἱος του ἀνθρωπου ἀποκαλυπτεται.
	19 47	και ἠν διδασκων το *καθ* ἡμεραν ἐν τῳ ἱερῳ·
	21 11	σεισμοι τε μεγαλοι και *κατα* τοπους λιμοι και λοιμοι ἐσονται,
	22 22	ὁτι ὁ υἱος μεν του ἀνθρωπου *κατα* το ὡρισμενον πορευεται,
	39	και ἐξελθων ἐπορευθη *κατα* το ἐθος εἰς το ὀρος των ἐλαιων·

κατα [476]

Lc 22 53 *καθ* ἡμεραν ὀντος μου μεθ ὑμων ἐν τω ἱερω οὐκ ἐξετεινατε τας χειρας ἐπ ἐμε·

23 5 οἱ δε ἐπισχυον λεγοντες ὁτι ἀνασειει τον λαον, διδασκων *καθ* ὁλης της ἰουδαιας,

14 και ἰδου ἐγω ἐνωπιον ὑμων ἀνακρινας οὐθεν εὑρον ἐν τω ἀνθρωπω τουτω αἰτιον ὡν κατηγορειτε *κατ* αὐτου.

17* ἀναγκην δε εἰχεν ἀπολυειν αὐτοις *κατα* ἑορτην ἑνα,

56 και το μεν σαββατον ἡσυχασαν *κατα* την ἐντολην,

Jh 2 6 ἠσαν δε ἐκει λιθιναι ὑδριαι ἑξ *κατα* τον καθαρισμον των ἰουδαιων κειμεναι,

5 4* ἀγγελος δε κυριου *κατα* καιρον κατεβαινεν ἐν τη κολυμβηθρα και ἐταρασσετο το ὑδωρ·

7 24 μη κρινετε *κατ* ὀψιν, ἀλλα την δικαιαν κρισιν κρινετε.

8 9* οἱ δε ἀκουσαντες ἐξηρχοντο εἰς *καθ* εἰς ἀρξαμενοι ἀπο των πρεσβυτερων,

15 ὑμεις *κατα* την σαρκα κρινετε, ἐγω οὐ κρινω οὐδενα.

10 3 και τα προβατα της φωνης αὐτου ἀκουει, και τα ἰδια προβατα φωνει *κατ* ὀνομα και ἐξαγει αὐτα.

18 29 τινα κατηγοριαν φερετε [*κατα*] του ἀνθρωπου τουτου;

31 λαβετε αὐτον ὑμεις, και *κατα* τον νομον ὑμων κρινατε αὐτον.

19 7 ἡμεις νομον ἐχομεν, και *κατα* τον νομον ὀφειλει ἀποθανειν,

11 οὐκ εἰχες ἐξουσιαν *κατ* ἐμου οὐδεμιαν εἰ μη ἠν δεδομενον σοι ἀνωθεν·

21 25 ἀτινα ἐαν γραφηται *καθ* ἑν, οὐδ αὐτον οἰμαι τον κοσμον χωρησειν τα γραφομενα βιβλια.

Ac 2 10 αἰγυπτον και τα μερη της λιβυης της *κατα* κυρηνην,

46 *καθ* ἡμεραν τε προσκαρτερουντες ὁμοθυμαδον ἐν τω ἱερω,

46 κλωντες τε *κατ* οἰκον ἀρτον, μετελαμβανον τροφης ἐν ἀγαλλιασει και ἀφελοτητι καρδιας,

47 ὁ δε κυριος προσετιθει τους σωζομενους *καθ* ἡμεραν ἐπι το αὐτο.

3 2 και τις ἀνηρ χωλος ἐκ κοιλιας μητρος αὐτου ὑπαρχων ἐβασταζετο, ὁν ἐτιθουν *καθ* ἡμεραν προς την θυραν του ἱερου την λεγομενην ὡραιαν

13 ὁ θεος των πατερων ἡμων, ἐδοξασεν τον παιδα αὐτου ἰησουν, ὁν ὑμεις μεν παρεδωκατε και ἠρνησασθε *κατα* προσωπον πιλατου, κριναντος ἐκεινου ἀπολυειν·

17 και νυν, ἀδελφοι, οἰδα ὁτι *κατα* ἀγνοιαν ἐπραξατε, ὡσπερ και οἱ ἀρχοντες ὑμων·

22 αὐτου ἀκουσεσθε *κατα* παντα ὁσα ἀν λαληση προς ὑμας.

4 26 παρεστησαν οἱ βασιλεις της γης και οἱ ἀρχοντες συνηχθησαν ἐπι το αὐτο *κατα* του κυριου και *κατα* του χριστου αὐτου.

26 παρεστησαν οἱ βασιλεις της γης και οἱ ἀρχοντες συνηχθησαν ἐπι το αὐτο *κατα* του κυριου και *κατα* του χριστου αὐτου.

5 42 πασαν τε ἡμεραν ἐν τω ἱερω και *κατ* οἰκον οὐκ ἐπαυοντο διδασκοντες και εὐαγγελιζομενοι τον χριστον ἰησουν.

6 13 ὁ ἀνθρωπος οὑτος οὐ παυεται λαλων ῥηματα *κατα* του τοπου του ἁγιου [τουτου] και του νομου·

7 44 ἡ σκηνη του μαρτυριου ἠν τοις πατρασιν ἡμων ἐν τη ἐρημω, καθως διεταξατο ὁ λαλων τω μωυση ποιησαι αὐτην *κατα* τον τυπον ὁν ἑωρακει·

8 1 παντες δε διεσπαρησαν *κατα* τας χωρας της ἰουδαιας και σαμαρειας πλην των ἀποστολων.

3 σαυλος δε ἐλυμαινετο την ἐκκλησιαν *κατα* τους οἰκους εἰσπορευομενος, συρων τε ἀνδρας και γυναικας παρεδιδου εἰς φυλακην.

26 ἀναστηθι και πορευου *κατα* μεσημβριαν ἐπι την ὁδον την καταβαινουσαν ἀπο ἰερουσαλημ εἰς γαζαν·

36 ὡς δε ἐπορευοντο *κατα* την ὁδον, ἠλθον ἐπι τι ὑδωρ,

9 31 ἡ μεν οὐν ἐκκλησια *καθ* ὁλης της ἰουδαιας και γαλιλαιας και σαμαρειας εἰχεν εἰρηνην οἰκοδομουμενη

42 γνωστον δε ἐγενετο *καθ* ὁλης της ἰοππης, και ἐπιστευσαν πολλοι ἐπι τον κυριον.

10 37 ὑμεις οἰδατε το γενομενον ῥημα *καθ* ὁλης της ἰουδαιας,

11 1 ἠκουσαν δε οἱ ἀποστολοι και οἱ ἀδελφοι οἱ ὀντες *κατα* την ἰουδαιαν ὁτι και τα ἐθνη ἐδεξαντο τον λογον του θεου.

12 1 *κατ* ἐκεινον δε τον καιρον ἐπεβαλεν ἡρωδης ὁ βασιλευς τας χειρας κακωσαι τινας των ἀπο της ἐκκλησιας.

13 1 ἠσαν δε ἐν ἀντιοχεια *κατα* την οὐσαν ἐκκλησιαν προφηται και διδασκαλοι ὁ τε βαρναβας και συμεων ὁ καλουμενος νιγερ,

22 εὑρον δαυιδ τον του ἰεσσαι, ἀνδρα *κατα* την καρδιαν μου, ὁς ποιησει παντα τα θεληματα μου.

23 τουτου ὁ θεος ἀπο του σπερματος *κατ* ἐπαγγελιαν ἠγαγεν τω ἰσραηλ σωτηρα ἰησουν,

27 οἱ γαρ κατοικουντες ἐν ἰερουσαλημ και οἱ ἀρχοντες αὐτων τουτον ἀγνοησαντες και τας φωνας των προφητων τας *κατα* παν σαββατον ἀναγινωσκομενας κριναντες ἐπληρωσαν,

κατα [476]

Ac 14 1 ἐγενετο δε ἐν ἰκονιω *κατα* το αὐτο εἰσελθειν αὐτους εἰς την συναγωγην των ἰουδαιων και λαλησαι οὑτως ὡστε πιστευσαι ἰουδαιων τε και ἑλληνων πολυ πληθος.

2 οἱ δε ἀπειθησαντες ἰουδαιοι ἐπηγειραν και ἐκακωσαν τας ψυχας των ἐθνων *κατα* των ἀδελφων.

23 χειροτονησαντες δε αὐτοις *κατ* ἐκκλησιαν πρεσβυτερους, προσευξαμενοι μετα νηστειων παρεθεντο αὐτους τω κυριω εἰς ὁν πεπιστευκεισαν.

15 11 ἀλλα δια της χαριτος του κυριου ἰησου πιστευομεν σωθηναι *καθ* ὁν τροπον κακεινοι.

21 μωυσης γαρ ἐκ γενεων ἀρχαιων *κατα* πολιν τους κηρυσσοντας αὐτον ἐχει ἐν ταις συναγωγαις *κατα* παν σαββατον ἀναγινωσκομενος.

21 μωυσης γαρ ἐκ γενεων ἀρχαιων *κατα* πολιν τους κηρυσσοντας αὐτον ἐχει ἐν ταις συναγωγαις *κατα* παν σαββατον ἀναγινωσκομενος.

23 οἱ ἀποστολοι και οἱ πρεσβυτεροι ἀδελφοι τοις *κατα* την ἀντιοχειαν και συριαν και κιλικιαν ἀδελφοις τοις ἐξ ἐθνων χαιρειν.

36 ἐπιστρεψαντες δη ἐπισκεψωμεθα τους ἀδελφους *κατα* πολιν πασαν ἐν αἰς κατηγγειλαμεν τον λογον του κυριου, πως ἐχουσιν.

16 5 αἱ μεν οὐν ἐκκλησιαι ἐστερεουντο τη πιστει και ἐπερισσευον τω ἀριθμω *καθ* ἡμεραν.

7 ἐλθοντες δε *κατα* την μυσιαν ἐπειραζον εἰς την βιθυνιαν πορευθηναι,

22 και συνεπεστη ὁ ὀχλος *κατ* αὐτων, και οἱ στρατηγοι περιρηξαντες αὐτων τα ἱματια ἐκελευον ῥαβδιζειν,

25 *κατα* δε το μεσονυκτιον παυλος και σιλας προσευχομενοι ὑμνουν τον θεον, ἐπηκροωντο δε αὐτων οἱ δεσμιοι·

17 2 *κατα* δε το εἰωθως τω παυλω εἰσηλθεν προς αὐτους,

11 οἱτινες ἐδεξαντο τον λογον μετα πασης προθυμιας, *καθ* ἡμεραν ἀνακρινοντες τας γραφας εἰ ἐχοι ταυτα οὑτως.

17 διελεγετο μεν οὐν ἐν τη συναγωγη τοις ἰουδαιοις και τοις σεβομενοις και ἐν τη ἀγορα *κατα* πασαν ἡμεραν προς τους παρατυγχανοντας.

22 ἀνδρες ἀθηναιοι, *κατα* παντα ὡς δεισιδαιμονεστερους ὑμας θεωρω.

28 ἐν αὐτω γαρ ζωμεν και κινουμεθα και ἐσμεν, ὡς και τινες των *καθ* ὑμας ποιητων εἰρηκασιν·

18 4 διελεγετο δε ἐν τη συναγωγη *κατα* παν σαββατον, ἐπειθεν τε ἰουδαιους και ἑλληνας.

14 εἰ μεν ἠν ἀδικημα τι ἡ ῥαδιουργημα πονηρον, ὠ ἰουδαιοι, *κατα* λογον ἀν ἀνεσχομην ὑμων·

15 εἰ δε ζητηματα ἐστιν περι λογου και ὀνοματων και νομου του *καθ* ὑμας, ὀψεσθε αὐτοι·

19 9 ἀποστας ἀπ αὐτων ἀφωρισεν τους μαθητας, *καθ* ἡμεραν διαλεγομενος ἐν τη σχολη τυραννου.

16 και ἐφαλομενος ὁ ἀνθρωπος ἐπ αὐτους, ἐν ᾡ ἠν το πνευμα το πονηρον, κατακυριευσας ἀμφοτερων ἰσχυσεν *κατ* αὐτων,

20 οὑτως *κατα* κρατος του κυριου ὁ λογος ηὐξανεν και ἰσχυεν.

23 ἐγενετο δε *κατα* τον καιρον ἐκεινον ταραχος οὐκ ὀλιγος περι της ὁδου.

20 20 ὡς οὐδεν ὑπεστειλαμην των συμφεροντων του μη ἀναγγειλαι ὑμιν και διδαξαι ὑμας δημοσια και *κατ* οἰκους,

23 τα ἐν αὐτη συναντησοντα μοι μη εἰδως, πλην ὁτι το πνευμα το ἁγιον *κατα* πολιν διαμαρτυρεται μοι λεγον ὁτι δεσμα και θλιψεις με μενουσιν.

21 19 και ἀσπασαμενος αὐτους ἐξηγειτο *καθ* ἑν ἑκαστον ὡν ἐποιησεν ὁ θεος ἐν τοις ἐθνεσιν δια της διακονιας αὐτου.

21 κατηχηθησαν δε περι σου ὁτι ἀποστασιαν διδασκεις ἀπο μωυσεως τους *κατα* τα ἐθνη παντας ἰουδαιους,

28 οὑτος ἐστιν ὁ ἀνθρωπος ὁ *κατα* του λαου και του νομου και του τοπου τουτου παντας πανταχη διδασκων,

22 3 ἀνατεθραμμενος δε ἐν τη πολει ταυτη, παρα τους ποδας γαμαλιηλ πεπαιδευμενος *κατα* ἀκριβειαν του πατρωου νομου,

12 ἀνανιας δε τις, ἀνηρ εὐλαβης *κατα* τον νομον, μαρτυρουμενος ὑπο παντων των κατοικουντων ἰουδαιων, ἐλθων προς με και ἐπιστας εἰπεν μοι·

19 καγω εἰπον· κυριε, αὐτοι ἐπιστανται ὁτι ἐγω ἡμην φυλακιζων και δερων *κατα* τας συναγωγας τους πιστευοντας ἐπι σε·

23 3 και συ *καθη* κρινων με *κατα* τον νομον, και παρανομων κελευεις με τυπτεσθαι;

19 ἐπιλαβομενος δε της χειρος αὐτου ὁ χιλιαρχος και ἀναχωρησας *κατ* ἰδιαν ἐπυνθανετο·

31 οἱ μεν οὐν στρατιωται *κατα* το διατεταγμενον αὐτοις ἀναλαβοντες τον παυλον ἠγαγον δια νυκτος εἰς την ἀντιπατριδα·

κατα [476]

Ac 24 1 μετα δε πεντε ἡμερας κατεβη ὁ ἀρχιερευς ἀνανιας μετα πρεσβυτερων τινων και ῥητορος τερτυλλου τινος, οἱτινες ἐνεφανισαν τω ἡγεμονι *κατα* του παυλου.

5 εὑροντες γαρ τον ἀνδρα τουτον λοιμον και κινουντα στασεις πασιν τοις ιουδαιοις τοις *κατα* την οἰκουμενην πρωτοστατην τε της των ναζωραιων αἱρεσεως,

7* ὁν και ἐκρατησαμεν και *κατα* τον ἡμετερον νομον ἠθελησαμεν κριναι.

12 και οὐτε ἐν τω ἱερω εὑρον με προς τινα διαλεγομενον ἠ ἐπιστασιν ποιουντα ὀχλου, οὐτε ἐν ταις συναγωγαις οὐτε *κατα* την πολιν,

14 ὁμολογω δε τουτο σοι, ὁτι *κατα* την ὁδον ἡν λεγουσιν αἱρεσιν οὑτως λατρευω τω πατρωω θεω,

14 ὁτι *κατα* την ὁδον ἡν λεγουσιν αἱρεσιν οὑτως λατρευω τω πατρωω θεω, πιστευων πασι τοις *κατα* τον νομον και τοις ἐν τοις προφηταις γεγραμμενοις,

22 ὁταν λυσιας ὁ χιλιαρχος καταβη, διαγνωσομαι τα *καθ* ὑμας·

25 2 ἐνεφανισαν τε αὐτω οἱ ἀρχιερεις και οἱ πρωτοι των ιουδαιων *κατα* του παυλου,

3 ἐνεφανισαν τε αὐτω οἱ ἀρχιερεις και οἱ πρωτοι των ιουδαιων *κατα* του παυλου, και παρεκαλουν αὐτον αἰτουμενοι χαριν *κατ* αὐτου,

3 ὁπως μεταπεμψηται αὐτον εἰς ιερουσαλημ, ἐνεδραν ποιουντες ἀνελειν αὐτον *κατα* την ὁδον.

14 ὡς δε πλειους ἡμερας διετριβον ἐκει, ὁ φηστος τω βασιλει ἀνεθετο τα *κατα* τον παυλον λεγων·

15 περι οὑ γενομενου μου εἰς ιεροσολυμα ἐνεφανισαν οἱ ἀρχιερεις και οἱ πρεσβυτεροι των ιουδαιων, αἰτουμενοι *κατ* αὐτου καταδικην·

16 προς οὑς ἀπεκριθην ὁτι οὐκ ἐστιν ἐθος ῥωμαιοις χαριζεσθαι τινα ἀνθρωπον πριν ἠ ὁ κατηγορουμενος *κατα* προσωπον ἐχοι τους κατηγορους τοπον τε ἀπολογιας λαβοι περι του ἐγκληματος.

23 και εἰσελθοντων εἰς το ἀκροατηριον συν τε χιλιαρχοις και ἀνδρασιν τοις *κατ* ἐξοχην της πολεως,

27 ἀλογον γαρ μοι δοκει πεμποντα δεσμιον μη και τας *κατ* αὐτου αἰτιας σημαναι.

26 3 ἡγημαι ἐμαυτον μακαριον ἐπι σοῦ μελλων σημερον ἀπολογεισθαι, μαλιστα γνωστην ὀντα σε παντων των *κατα* ιουδαιους ἐθων τε και ζητηματων·

5 ἐαν θελωσι μαρτυρειν, ὁτι *κατα* την ἀκριβεστατην αἱρεσιν της ἡμετερας θρησκειας ἐζησα φαρισαιος.

11 και *κατα* πασας τας συναγωγας πολλακις τιμωρων αὐτους ἠναγκαζον βλασφημειν,

13 ἡμερας μεσης *κατα* την ὁδον εἰδον, βασιλευ, οὐρανοθεν ὑπερ την λαμπροτητα του ἡλιου περιλαμψαν με φως και τους συν ἐμοι πορευομενους·

27 2 ἐπιβαντες δε πλοιω ἀδραμυττηνω μελλοντι πλειν εἰς τους *κατα* την ἀσιαν τοπους ἀνηχθημεν,

5 το τε πελαγος το *κατα* την κιλικιαν και παμφυλιαν διαπλευσαντες κατηλθομεν εἰς μυρα της λυκιας.

7 ἐν ἱκαναις δε ἡμεραις βραδυπλοουντες και μολις γενομενοι *κατα* την κνιδον, μη προσεωντος ἡμας του ἀνεμου, ὑπεπλευσαμεν την κρητην *κατα* σαλμωνην,

7 ἐν ἱκαναις δε ἡμεραις βραδυπλοουντες και μολις γενομενοι *κατα* την κνιδον, μη προσεωντος ἡμας του ἀνεμου, ὑπεπλευσαμεν την κρητην *κατα* σαλμωνην,

12 εἰ πως δυναιντο κατανησαντες εἰς φοινικα παραχειμασαι, λιμενα της κρητης βλεποντα *κατα* λιβα και *κατα* χωρον.

12 εἰ πως δυναιντο κατανησαντες εἰς φοινικα παραχειμασαι, λιμενα της κρητης βλεποντα *κατα* λιβα και *κατα* χωρον.

14 μετ οὐ πολυ δε ἐβαλεν *κατ* αὐτης ἀνεμος τυφωνικος ὁ καλουμενος εὐρακυλων·

25 πιστευω γαρ τω θεω ὁτι οὑτως ἐσται *καθ* ὁν τροπον λελαληται μοι.

27 ὡς δε τεσσαρεσκαιδεκατη νυξ ἐγενετο διαφερομενων ἡμων ἐν τω ἀδρια, *κατα* μεσον της νυκτος ὑπενοουν οἱ ναυται προσαγειν τινα αὐτοις χωραν.

29 φοβουμενοι τε μη που *κατα* τραχεις τοπους ἐκπεσωμεν, ἐκ πρυμνης ῥιψαντες ἀγκυρας τεσσαρας ηὐχοντο ἡμεραν γενεσθαι.

28 16 ὁτε δε εἰσηλθομεν εἰς ρωμην, ἐπετραπη τω παυλω μενειν *καθ* ἑαυτον συν τω φυλασσοντι αὐτον στρατιωτη.

Rm 1 3 ὁ προεπηγγειλατο δια των προφητων αὐτου ἐν γραφαις ἁγιαις περι του υἱου αὐτου του γενομενου ἐκ σπερματος δαυιδ *κατα* σαρκα,

4 του ὁρισθεντος υἱου θεου ἐν δυναμει *κατα* πνευμα ἁγιωσυνης ἐξ ἀναστασεως νεκρων,

Rm 1 15 οὑτως το *κατ* ἐμε προθυμον και ὑμιν τοις ἐν ρωμη εὐαγγελισασθαι.

2 2 οἰδαμεν δε ὁτι το κριμα του θεου ἐστιν *κατα* ἀληθειαν ἐπι τους τα τοιαυτα πρασσοντας.

5 *κατα* δε την σκληροτητα σου και ἀμετανοητον καρδιαν θησαυριζεις σεαυτω ὀργην ἐν ἡμερα ὀργης και ἀποκαλυψεως δικαιοκρισιας του θεου,

6 του θεου, ὁς ἀποδωσει ἑκαστω *κατα* τα ἐργα αὐτου·

7 τοις μεν *καθ* ὑπομονην ἐργου ἀγαθου δοξαν και τιμην και ἀφθαρσιαν ζητουσιν ζωην αἰωνιον·

16 ἐν ἡμερα ὀτε κρινει ὁ θεος τα κρυπτα των ἀνθρωπων *κατα* το εὐαγγελιον μου δια χριστου ιησου.

3 2 τι οὐν το περισσον του ιουδαιου, ἠ τις ἡ ὠφελεια της περιτομης; πολυ *κατα* παντα τροπον.

5 *κατα* ἀνθρωπον λεγω. μη γενοιτο·

4 1 τι οὐν ἐρουμεν εὑρηκεναι ἀβρααμ τον προπατορα ἡμων *κατα* σαρκα;

4 τω δε ἐργαζομενω ὁ μισθος οὐ λογιζεται *κατα* χαριν ἀλλα *κατα* ὀφειλημα·

4 τω δε ἐργαζομενω ὁ μισθος οὐ λογιζεται *κατα* χαριν ἀλλα *κατα* ὀφειλημα·

16 δια τουτο ἐκ πιστεως, ἱνα *κατα* χαριν, εἰς το εἰναι βεβαιαν την ἐπαγγελιαν παντι τω σπερματι,

18 ὁς παρ ἐλπιδα ἐπ ἐλπιδι ἐπιστευσεν, εἰς το γενεσθαι αὐτον πατερα πολλων ἐθνων *κατα* το εἰρημενον·

5 6 ἐτι γαρ χριστος ὀντων ἡμων ἀσθενων ἐτι *κατα* καιρον ὑπερ ἀσεβων ἀπεθανεν.

7 13 ἀλλα ἡ ἁμαρτια, ἱνα φανη ἁμαρτια, δια του ἀγαθου μοι κατεργαζομενη θανατον, ἱνα γενηται *καθ* ὑπερβολην ἁμαρτωλος ἡ ἁμαρτια δια της ἐντολης.

22 συνηδομαι γαρ τω νομω του θεου *κατα* τον ἐσω ἀνθρωπον,

8 4 ἱνα το δικαιωμα του νομου πληρωθη ἐν ἡμιν τοις μη *κατα* σαρκα περιπατουσιν ἀλλα *κατα* πνευμα.

4 ἱνα το δικαιωμα του νομου πληρωθη ἐν ἡμιν τοις μη *κατα* σαρκα περιπατουσιν ἀλλα *κατα* πνευμα.

5 οἱ γαρ *κατα* σαρκα ὀντες τα της σαρκος φρονουσιν,

5 οἱ γαρ *κατα* σαρκα ὀντες τα της σαρκος φρονουσιν, οἱ δε *κατα* πνευμα τα του πνευματος.

12 ἀρα οὐν ἀδελφοι, ὀφειλεται ἐσμεν, οὐ τη σαρκι του *κατα* σαρκα ζην.

13 εἰ γαρ *κατα* σαρκα ζητε, μελλετε ἀποθνησκειν·

27 ὁ δε ἐραυνων τας καρδιας οἰδεν τι το φρονημα του πνευματος, ὁτι *κατα* θεον ἐντυγχανει ὑπερ ἁγιων.

28 οἰδαμεν δε ὁτι τοις ἀγαπωσιν τον θεον παντα συνεργει εἰς ἀγαθον, τοις *κατα* προθεσιν κλητοις οὐσιν.

31 εἰ ὁ θεος ὑπερ ἡμων, τις *καθ* ἡμων;

33 τις ἐγκαλεσει *κατα* ἐκλεκτων θεου; θεος ὁ δικαιων·

9 3 ηὐχομην γαρ ἀναθεμα εἰναι αὐτος ἐγω ἀπο του χριστου ὑπερ των ἀδελφων μου των συγγενων μου *κατα* σαρκα,

5 ὡν οἱ πατερες, και ἐξ ὡν ὁ χριστος το *κατα* σαρκα·

9 *κατα* τον καιρον τουτον ἐλευσομαι και ἐσται τη σαρρα υἱος·

11 μηπω γαρ γεννηθεντων μηδε πραξαντων τι ἀγαθον ἠ φαυλον, ἱνα η *κατ* ἐκλογην προθεσις του θεου μενη,

10 2 μαρτυρω γαρ αὐτοις ὁτι ζηλον θεου ἐχουσιν, ἀλλ οὐ *κατ* ἐπιγνωσιν·

11 2 ἡ οὐκ οἰδατε ἐν ἡλια τι λεγει ἡ γραφη, ὡς ἐντυγχανει τω θεω *κατα* του ισραηλ;

5 οὑτως οὐν και ἐν τω νυν καιρω λειμμα *κατ* ἐκλογην χαριτος γεγονεν·

21 εἰ γαρ ὁ θεος των *κατα* φυσιν κλαδων οὐκ ἐφεισατο, [μη πως] οὐδε σου φεισεται.

24 εἰ γαρ συ ἐκ της *κατα* φυσιν ἐξεκοπης ἀγριελαιου και παρα φυσιν ἐνεκεντρισθης εἰς καλλιελαιον, ποσω μαλλον οὑτοι οἱ *κατα* φυσιν ἐγκεντρισθησονται τη ἰδια ἐλαια.

24 εἰ γαρ συ ἐκ της *κατα* φυσιν ἐξεκοπης ἀγριελαιου και παρα φυσιν ἐνεκεντρισθης εἰς καλλιελαιον, ποσω μαλλον οὑτοι οἱ *κατα* φυσιν ἐγκεντρισθησονται τη ἰδια ἐλαια.

28 *κατα* μεν το εὐαγγελιον ἐχθροι δι ὑμας, *κατα* δε την ἐκλογην ἀγαπητοι δια τους πατερας·

28 *κατα* μεν το εὐαγγελιον ἐχθροι δι ὑμας, *κατα* δε την ἐκλογην ἀγαπητοι δια τους πατερας·

12 5 το δε *καθ* εἰς ἀλληλων μελη.

6 ἐχοντες δε χαρισματα *κατα* την χαριν την δοθεισαν ἡμιν διαφορα,

6 εἰτε προφητειαν, *κατα* την ἀναλογιαν της πιστεως·

14 15 εἰ γαρ δια βρωμα ὁ ἀδελφος σου λυπειται, οὐκετι *κατα* ἀγαπην περιπατεις.

22 συ πιστιν [ἡν] ἐχεις *κατα* σεαυτον ἐχε ἐνωπιον του θεου.

κατα [476]

Rm 15 5 ὁ δε θεος της ὑπομονης και της παρακλησεως δωη ὑμιν το αυτο φρονειν ἐν ἀλληλοις *κατα* χριστον ἰησουν,

16 5 οἱς ουκ ἐγω μονος ευχαριστω ἀλλα και πασαι αἱ ἐκκλησιαι των ἐθνων, και την *κατ* οἰκον αυτων ἐκκλησιαν.

25 [τω δε δυναμενω ὑμας στηριξαι *κατα* το ευαγγελιον μου και το κηρυγμα ἰησου χριστου],

25 [τω δε δυναμενω ὑμας στηριξαι *κατα* το ευαγγελιον μου και το κηρυγμα ἰησου χριστου], [*κατα* ἀποκαλυψιν μυστηριου χρονοις αἰωνιοις σεσιγημενου], .

26 [*κατα* ἀποκαλυψιν μυστηριου χρονοις αἰωνιοις σεσιγημενου], [φανερωθεντος δε νυν δια τε γραφων προφητικων *κατ* ἐπιταγην του αἰωνιου θεου εἰς ὑπακοην πιστεως εἰς παντα τα ἐθνη γνωρισθεντος],

1Co 1 26 βλεπετε γαρ την κλησιν ὑμων, ἀδελφοι, ὁτι ου πολλοι σοφοι *κατα* σαρκα,

2 1 καγω ἐλθων προς ὑμας, ἀδελφοι, ἠλθον ου *καθ* ὑπεροχην λογου ἠ σοφιας καταγγελλων ὑμιν το μυστηριον του θεου.

3 3 ὁπου γαρ ἐν ὑμιν ζηλος και ἐρις, ουχι σαρκικοι ἐστε και *κατα* ἀνθρωπον περιπατειτε;

8 ὁ φυτευων δε και ὁ ποτιζων ἑν εἰσιν, ἑκαστος δε τον ἰδιον μισθον λημψεται *κατα* τον ἰδιον κοπον.

10 *κατα* την χαριν του θεου την δοθεισαν μοι ὡς σοφος ἀρχιτεκτων θεμελιον ἐθηκα, ἀλλος δε ἐποικοδομει.

4 6 ἱνα ἐν ἡμιν μαθητε το μη ὑπερ ἁ γεγραπται, ἱνα μη εἱς ὑπερ του ἑνος φυσιουσθε *κατα* του ἑτερου.

7 6 τουτο δε λεγω *κατα* συγγνωμην, ου *κατ* ἐπιταγην.

6 τουτο δε λεγω *κατα* συγγνωμην, ου *κατ* ἐπιταγην.

40 μακαριωτερα δε ἐστιν ἐαν ουτως μεινη, *κατα* την ἐμην γνωμην·

9 8 μη *κατα* ἀνθρωπον ταυτα λαλω, ἠ και ὁ νομος ταυτα ου λεγει;

10 18 βλεπετε τον ἰσραηλ *κατα* σαρκα·

11 4 πας ἀνηρ προσευχομενος ἠ προφητευων *κατα* κεφαλης ἐχων καταισχυνει την κεφαλην αυτου.

12 8 ᾡ μεν γαρ δια του πνευματος διδοται λογος σοφιας, ἀλλω δε λογος γνωσεως *κατα* το αυτο πνευμα,

31 και ἐτι *καθ* ὑπερβολην ὁδον ὑμιν δεικνυμι.

14 27 ειτε γλωσση τις λαλει, *κατα* δυο ἠ το πλειστον τρεις, και ἀνα μερος,

31 δυνασθε γαρ *καθ* ἑνα παντες προφητευειν,

40 παντα δε ευσχημονως και *κατα* ταξιν γινεσθω.

15 3 παρεδωκα γαρ ὑμιν ἐν πρωτοις, ὁ και παρελαβον, ὁτι χριστος ἀπεθανεν ὑπερ των ἁμαρτιων ἡμων *κατα* τας γραφας,

4 και ὁτι ἐταφη, και ὁτι ἐγηγερται τη ἡμερα τη τριτη *κατα* τας γραφας,

15 ευρισκομεθα δε και ψευδομαρτυρες του θεου, ὁτι ἐμαρτυρησαμεν *κατα* του θεου ὁτι ἠγειρεν τον χριστον,

31 *καθ* ἡμεραν ἀποθνησκω, νη την ὑμετεραν καυχησιν, [ἀδελφοι],

32 ει *κατα* ἀνθρωπον ἐθηριομαχησα ἐν ἐφεσω, τι μοι το ὀφελος;

16 2 *κατα* μιαν σαββατου ἑκαστος ὑμων παρ ἑαυτω τιθετω θησαυριζων ὁτι ἐαν ευοδωται,

19 ἀσπαζεται ὑμας ἐν κυριω πολλα ἀκυλας και πρισκα συν τη *κατ* οἰκον αυτων ἐκκλησια.

2Co 1 8 ου γαρ θελομεν ὑμας ἀγνοειν, ἀδελφοι, ὑπερ της θλιψεως ἡμων της γενομενης ἐν τη ἀσια, ὁτι *καθ* ὑπερβολην ὑπερ δυναμιν ἐβαρηθημεν,

17 ἠ ἁ βουλευομαι *κατα* σαρκα βουλευομαι, ἱνα ἠ παρ ἐμοι το ναι ναι και το ου ου;

4 13 ἐχοντες δε το αυτο πνευμα της πιστεως, *κατα* το γεγραμμενον· ἐπιστευσα, διο ἐλαλησα, και ἡμεις πιστευομεν,

17 το γαρ παραυτικα ἐλαφρον της θλιψεως ἡμων *καθ* ὑπερβολην εἰς ὑπερβολην αἰωνιον βαρος δοξης κατεργαζεται ἡμιν,

5 16 ὡστε ἡμεις ἀπο του νυν ουδενα οιδαμεν *κατα* σαρκα·

16 ει και ἐγνωκαμεν *κατα* σαρκα χριστον, ἀλλα νυν ουκετι γινωσκομεν.

7 9 ἐλυπηθητε γαρ *κατα* θεον, ἱνα ἐν μηδενι ζημιωθητε ἐξ ἡμων,

10 ἡ γαρ *κατα* θεον λυπη μετανοιαν εἰς σωτηριαν ἀμεταμελητον ἐργαζεται·

11 ἰδου γαρ αυτο τουτο το *κατα* θεον λυπηθηναι ποσην κατειργασατο ὑμιν σπουδην,

8 2 ὁτι ἐν πολλη δοκιμη θλιψεως ἡ περισσεια της χαρας αυτων και ἡ *κατα* βαθους πτωχεια αυτων ἐπερισσευσεν εἰς το πλουτος της ἁπλοτητος αυτων·

3 ὁτι *κατα* δυναμιν, μαρτυρω, και παρα δυναμιν, αυθαιρετοι μετα πολλης παρακλησεως δεομενοι ἡμων

8 ου *κατ* ἐπιταγην λεγω, ἀλλα δια της ἑτερων σπουδης και το της ὑμετερας ἀγαπης γνησιον δοκιμαζων·

κατα [476]

2Co 10 1 ὁς *κατα* προσωπον μεν ταπεινος ἐν ὑμιν, ἀπων δε θαρρω εἰς ὑμας·

2 δεομαι δε το μη παρων θαρρησαι τη πεποιθησει ἡ λογιζομαι τολμησαι ἐπι τινας τους λογιζομενους ἡμας ὡς *κατα* σαρκα περιπατουντας.

3 ἐν σαρκι γαρ περιπατουντες ου *κατα* σαρκα στρατευομεθα,

5 λογισμους καθαιρουντες και παν ὑψωμα ἐπαιρομενον *κατα* της γνωσεως του θεου,

7 τα *κατα* προσωπον βλεπετε.

13 ἡμεις δε ουκ εἰς τα ἀμετρα καυχησομεθα, ἀλλα *κατα* το μετρον του κανονος

15 ἐλπιδα δε ἐχοντες αυξανομενης της πιστεως ὑμων ἐν ὑμιν μεγαλυνθηναι *κατα* τον κανονα ἡμων εἰς περισσειαν,

11 15 ὡν το τελος ἐσται *κατα* τα ἐργα αυτων.

17 ὁ λαλω, ου *κατα* κυριον λαλω,

18 ἐπει πολλοι καυχωνται *κατα* σαρκα, καγω καυχησομαι.

21 *κατα* ἀτιμιαν λεγω, ὡς ὁτι ἡμεις ἠσθενηκαμεν·

28 χωρις των παρεκτος ἡ ἐπιστασις μοι ἡ *καθ* ἡμεραν, ἡ μεριμνα πασων των ἐκκλησιων.

13 8 ου γαρ δυναμεθα τι *κατα* της ἀληθειας, ἀλλα ὑπερ της ἀληθειας.

10 δια τουτο ταυτα ἀπων γραφω, ἱνα παρων μη ἀποτομως χρησωμαι *κατα* την ἐξουσιαν

Ga 1 4 του δοντος ἑαυτον ὑπερ των ἁμαρτιων ἡμων, ὁπως ἐξεληται ἡμας ἐκ του αἰωνος του ἐνεστωτος πονηρου *κατα* το θελημα του θεου

11 γνωριζω γαρ ὑμιν, ἀδελφοι, το ευαγγελιον το ευαγγελισθεν ὑπ ἐμου ὁτι ουκ ἐστιν *κατα* ἀνθρωπον·

13 ἠκουσατε γαρ την ἐμην ἀναστροφην ποτε ἐν τω ἰουδαισμω, ὁτι *καθ* ὑπερβολην ἐδιωκον την ἐκκλησιαν του θεου και ἐπορθουν αυτην,

2 2 ἀνεβην δε *κατα* ἀποκαλυψιν·

2 και ἀνεθεμην αυτοις το ευαγγελιον ὁ κηρυσσω ἐν τοις ἐθνεσιν, *κατ* ἰδιαν δε τοις δοκουσιν,

11 ὁτε δε ἠλθεν κηφας εἰς ἀντιοχειαν, *κατα* προσωπον αυτω ἀντεστην,

3 1 τις ὑμας ἐβασκανεν, οἱς *κατ* ὀφθαλμους ἰησους χριστος προεγραφη ἐσταυρωμενος;

15 ἀδελφοι, *κατα* ἀνθρωπον λεγω.

21 ὁ ουν νομος *κατα* των ἐπαγγελιων [του θεου];

29 ει δε ὑμεις χριστου, ἀρα του ἀβρααμ σπερμα ἐστε, *κατ* ἐπαγγελιαν κληρονομοι.

4 23 ἀλλ ὁ μεν ἐκ της παιδισκης *κατα* σαρκα γεγεννηται,

28 ὑμεις δε, ἀδελφοι, *κατα* ἰσαακ ἐπαγγελιας τεκνα ἐστε.

29 ἀλλ ὡσπερ τοτε ὁ *κατα* σαρκα γεννηθεις ἐδιωκεν τον *κατα* πνευμα, ουτως και νυν.

29 ἀλλ ὡσπερ τοτε ὁ *κατα* σαρκα γεννηθεις ἐδιωκεν τον *κατα* πνευμα, ουτως και νυν.

5 17 ἡ γαρ σαρξ ἐπιθυμει *κατα* του πνευματος, το δε πνευμα *κατα* της σαρκος,

17 ἡ γαρ σαρξ ἐπιθυμει *κατα* του πνευματος, το δε πνευμα *κατα* της σαρκος,

23 *κατα* των τοιουτων ουκ ἐστιν νομος.

Eph 1 5 προορισας ἡμας εἰς υἱοθεσιαν δια ἰησου χριστου εἰς αυτον, *κατα* την ευδοκιαν του θεληματος αυτου,

7 την ἀφεσιν των παραπτωματων, *κατα* το πλουτος της χαριτος αυτου,

9 γνωρισας ἡμιν το μυστηριον του θεληματος αυτου, *κατα* την ευδοκιαν αυτου,

11 ἐν αυτω, ἐν ᾡ και ἐκληρωθημεν προορισθεντες *κατα* προθεσιν του τα παντα ἐνεργουντος *κατα* την βουλην του θεληματος αυτου,

11 ἐν αυτω, ἐν ᾡ και ἐκληρωθημεν προορισθεντες *κατα* προθεσιν του τα παντα ἐνεργουντος *κατα* την βουλην του θεληματος αυτου,

15 δια τουτο καγω, ἀκουσας την *καθ* ὑμας πιστιν ἐν τω κυριω ἰησου και την ἀγαπην την εἰς παντας τους ἁγιους, ου παυομαι ευχαριστων

19 και τι το ὑπερβαλλον μεγεθος της δυναμεως αυτου εἰς ἡμας τους πιστευοντας *κατα* την ἐνεργειαν του κρατους της ἰσχυος αυτου,

2 2 ἐν αἱς ποτε περιεπατησατε *κατα* τον αἰωνα του κοσμου τουτου,

2 *κατα* τον αἰωνα του κοσμου τουτου, *κατα* τον ἀρχοντα της ἐξουσιας του ἀερος,

3 3 *κατα* χαριν εγω παυλος ὁ δεσμιος του χριστου [ἰησου] ὑπερ ὑμων των ἐθνων ει γε ἠκουσατε την οικονομιαν της χαριτος του θεου της δοθεισης μοι εἰς ὑμας, [ὁτι] *κατα* ἀποκαλυψιν ἐγνωρισθη μοι το μυστηριον,

κατα [476]

Eph 3 7 δια του εὐαγγελιου, οὐ ἐγενηθην διακονος *κατα* την δωρεαν
της χαριτος του θεου της δοθεισης μοι *κατα* την ἐνεργειαν
της δυναμεως αὐτου.

7 δια του εὐαγγελιου, οὐ ἐγενηθην διακονος κατα την δωρεαν
της χαριτος του θεου της δοθεισης μοι *κατα* την ἐνεργειαν
της δυναμεως αὐτου.

11 ἰνα γνωρισθη νυν ταις ἀρχαις και ταις ἐξουσιαις ἐν τοις
ἐπουρανιοις δια της ἐκκλησιας ἡ πολυποικιλος σοφια του
θεου, *κατα* προθεσιν των αἰωνων

16 ἰνα δω ὑμιν *κατα* το πλουτος της δοξης αὐτου δυναμει
κραταιωθηναι δια του πνευματος αὐτου εἰς τον ἐσω
ἀνθρωπον,

20 τω δε δυναμενῳ ὑπερ παντα ποιησαι ὑπερεκπερισσου ὡν
αἰτουμεθα ἡ νοουμεν *κατα* την δυναμιν την ἐνεργουμενην ἐν
ὑμιν,

4 7 ἐνι δε ἐκαστῳ ἡμων ἐδοθη ἡ χαρις *κατα* το μετρον της
δωρεας του χριστου.

16 *κατ* ἐνεργειαν ἐν μετρῳ ἐνος ἐκαστου μερους την αὐξησιν του
σωματος ποιειται εἰς οἰκοδομην ἐαυτου ἐν ἀγαπη.

22 ἀποθεσθαι ὑμας *κατα* την προτεραν ἀναστροφην τον
παλαιον ἀνθρωπον τον φθειρομενον *κατα* τας ἐπιθυμιας της
ἀπατης,

22 ἀποθεσθαι ὑμας κατα την προτεραν ἀναστροφην τον
παλαιον ἀνθρωπον τον φθειρομενον *κατα* τας ἐπιθυμιας της
ἀπατης,

24 και ἐνδυσασθαι τον καινον ἀνθρωπον τον *κατα* θεον
κτισθεντα ἐν δικαιοσυνη και ὁσιοτητι της ἀληθειας.

5 33 πλην και ὑμεις οἱ *καθ* ἐνα ἐκαστος την ἑαυτου γυναικα οὑτως
ἀγαπατω ὡς ἑαυτον,

6 5 οἱ δουλοι, ὑπακουετε τοις *κατα* σαρκα κυριοις μετα φοβου
και τρομου ἐν ἀπλοτητι της καρδιας ὑμων ὡς τω χριστῳ,

6 οἱ δουλοι, ὑπακουετε τοις κατα σαρκα κυριοις μετα φοβου
και τρομου ἐν ἀπλοτητι της καρδιας ὑμων ὡς τω χριστῳ, μη
κατ ὀφθαλμοδουλιαν ὡς ἀνθρωπαρεσκοι,

21 ἰνα δε εἰδητε και ὑμεις τα *κατ* ἐμε, τι πρασσω, παντα
γνωρισει ὑμιν τυχικος ὁ ἀγαπητος ἀδελφος και πιστος
διακονος ἐν κυριῳ,

Php 1 12 γινωσκειν δε ὑμας βουλομαι, ἀδελφοι, ὁτι τα *κατ* ἐμε μαλλον
εἰς προκοπην του εὐαγγελιου ἐληλυθεν,

20 *κατα* την ἀποκαραδοκιαν και ἐλπιδα μου ὁτι ἐν οὐδενι
αἰσχυνθησομαι,

2 3 το ἐν φρονουντες, μηδεν *κατ* ἐριθειαν μηδε κατα κενοδοξιαν,

3 το ἐν φρονουντες, μηδεν κατ ἐριθειαν μηδε *κατα* κενοδοξιαν,

3 5 *κατα* νομον φαρισαιος, *κατα* ζηλος διωκων την ἐκκλησιαν,

6 κατα νομον φαρισαιος, *κατα* ζηλος διωκων την ἐκκλησιαν,

6 κατα ζηλος διωκων την ἐκκλησιαν, *κατα* δικαιοσυνην την ἐν
νομῳ γενομενος ἀμεμπτος.

14 *κατα* σκοπον διωκω εἰς το βραβειον της ἀνω κλησεως του
θεου ἐν χριστῳ ἰησου.

21 *κατα* την ἐνεργειαν του δυνασθαι αὐτον και ὑποταξαι αὐτῳ
τα παντα.

4 11 οὐχ ὁτι *καθ* ὑστερησιν λεγω·

19 ὁ δε θεος μου πληρωσει πασαν χρειαν ὑμων *κατα* το πλουτος
αὐτου ἐν δοξη ἐν χριστῳ ἰησου.

Col 1 11 ἐν παση δυναμει δυναμουμενοι *κατα* το κρατος της δοξης
αὐτου εἰς πασαν ὑπομονην και μακροθυμιαν,

25 ὁ ἐστιν ἡ ἐκκλησια, ἡς ἐγενομην ἐγω διακονος *κατα* την
οἰκονομιαν του θεου

29 εἰς ὁ και κοπιω ἀγωνιζομενος *κατα* την ἐνεργειαν αὐτου την
ἐνεργουμενην ἐν ἐμοι ἐν δυναμει.

2 8 βλεπετε μη τις ὑμας ἐσται ὁ συλαγωγων δια της φιλοσοφιας
και κενης ἀπατης *κατα* την παραδοσιν των ἀνθρωπων,

8 *κατα* τα στοιχεια του κοσμου και οὐ κατα χριστον·

8 κατα τα στοιχεια του κοσμου και οὐ *κατα* χριστον·

14 ἐξαλειψας το *καθ* ἡμων χειρογραφον τοις δογμασιν ὁ ἠν
ὑπεναντιον ἡμιν,

22 ἁ ἐστιν παντα εἰς φθοραν τη ἀποχρησει, *κατα* τα ἐνταλματα
και διδασκαλιας των ἀνθρωπων;

3 10 και ἐνδυσαμενοι τον νεον τον ἀνακαινουμενον εἰς ἐπιγνωσιν
κατ εἰκονα του κτισαντος αὐτον,

20 τα τεκνα, ὑπακουετε τοις γονευσιν *κατα* παντα,

22 οἱ δουλοι, ὑπακουετε *κατα* παντα τοις κατα σαρκα κυριοις,

22 οἱ δουλοι, ὑπακουετε κατα παντα τοις *κατα* σαρκα κυριοις,

4 7 τα *κατ* ἐμε παντα γνωρισει ὑμιν τυχικος ὁ ἀγαπητος ἀδελφος
και πιστος διακονος και συνδουλος ἐν κυριῳ,

15 ἀσπασασθε τους ἐν λαοδικεια ἀδελφους και νυμφαν και την
κατ οἰκον αὐτης ἐκκλησιαν.

κατα [476]

2Th 1 12 ὁπως ἐνδοξασθη το ὀνομα του κυριου ἡμων ἰησου ἐν ὑμιν,
και ὑμεις ἐν αὐτῳ, *κατα* την χαριν του θεου ἡμων και κυριου
ἰησου χριστου.

2 3 μη τις ὑμας ἐξαπατηση *κατα* μηδενα τροπον·

9 και καταργησει τη ἐπιφανεια της παρουσιας αὐτου, οὑ ἐστιν
ἡ παρουσια *κατ* ἐνεργειαν του σατανα

3 6 στελλεσθαι ὑμας ἀπο παντος ἀδελφου ἀτακτως
περιπατουντος και μη *κατα* την παραδοσιν ἡν παρελαβοσαν
παρ ἡμων.

1Tm 1 1 παυλος ἀποστολος χριστου ἰησου *κατ* ἐπιταγην θεου
σωτηρος ἡμων και χριστου ἰησου της ἐλπιδος ἡμων

11 και εἰ τι ἐτερον τη ὑγιαινουση διδασκαλια ἀντικειται, *κατα*
το εὐαγγελιον της δοξης του μακαριου θεου,

18 ταυτην την παραγγελιαν παρατιθεμαι σοι, τεκνον τιμοθεε,
κατα τας προαγουσας ἐπι σε προφητειας, ἰνα στρατευη ἐν
αὐταις την καλην στρατειαν,

5 19 *κατα* πρεσβυτερου κατηγοριαν μη παραδεχου,

21 διαμαρτυρομαι ἐνωπιον του θεου και χριστου ἰησου και των
ἐκλεκτων ἀγγελων ἰνα ταυτα φυλαξης χωρις προκριματος,
μηδεν ποιων *κατα* προσκλισιν.

6 3 εἰ τις ἑτεροδιδασκαλει και μη προσερχεται ὑγιαινουσιν
λογοις τοις του κυριου ἡμων ἰησου χριστου, και τη *κατ*
εὐσεβειαν διδασκαλια, τετυφωται, μηδεν ἐπισταμενος,

2Tm 1 1 παυλος ἀποστολος χριστου ἰησου δια θεληματος θεου *κατ*
ἐπαγγελιαν ζωης της ἐν χριστῳ ἰησου

8 μη οὐν ἐπαισχυνθης το μαρτυριον του κυριου ἡμων μηδε ἐμε
τον δεσμιον αὐτου, ἀλλα συγκακοπαθησον τω εὐαγγελιῳ
κατα δυναμιν θεου,

9 του σωσαντος ἡμας και καλεσαντος κλησει ἁγια, οὑ *κατα* τα
ἐργα ἡμων ἀλλα κατα ἰδιαν προθεσιν και χαριν,

9 του σωσαντος ἡμας και καλεσαντος κλησει ἁγια, οὑ κατα τα
ἐργα ἡμων ἀλλα *κατα* ἰδιαν προθεσιν και χαριν,

2 8 ἐκ σπερματος δαυιδ, *κατα* το εὐαγγελιον μου·

4 3 ἀλλα *κατα* τας ἰδιας ἐπιθυμιας ἑαυτοις ἐπισωρευσουσιν
διδασκαλους κνηθομενοι την ἀκοην,

14 ἀποδωσει αὐτῳ ὁ κυριος *κατα* τα ἐργα αὐτου·

Tit 1 1 παυλος δουλος θεου, ἀποστολος δε ἰησου χριστου *κατα*
πιστιν ἐκλεκτων θεου και ἐπιγνωσιν ἀληθειας της κατ
εὐσεβειαν

1 παυλος δουλος θεου, ἀποστολος δε ἰησου χριστου κατα
πιστιν ἐκλεκτων θεου και ἐπιγνωσιν ἀληθειας της *κατ*
εὐσεβειαν

3 ἐφανερωσεν δε καιροις ἰδιοις τον λογον αὐτου ἐν κηρυγματι
ὁ ἐπιστευθην ἐγω *κατ* ἐπιταγην του σωτηρος ἡμων θεου,

4 τιτω γνησιω τεκνω *κατα* κοινην πιστιν· χαρις και εἰρηνη ἀπο
θεου πατρος και χριστου ἰησου του σωτηρος ἡμων.

5 ἰνα τα λειποντα ἐπιδιορθωση, και καταστησης *κατα* πολιν
πρεσβυτερους,

9 μη αἰσχροκερδη, ἀλλα φιλοξενον, φιλαγαθον, σωφρονα,
δικαιον, ὁσιον, ἐγκρατη, ἀντεχομενον του *κατα* την διδαχην
πιστου λογου,

3 5 οὐκ ἐξ ἐργων των ἐν δικαιοσυνη ἁ ἐποιησαμεν ἡμεις, ἀλλα
κατα το αὐτου ἐλεος ἐσωσεν ἡμας δια λουτρου παλιγγενεσιας
και ἀνακαινωσεως πνευματος ἁγιου,

7 ἰνα δικαιωθεντες τη ἐκεινου χαριτι κληρονομοι γενηθωμεν
κατ ἐλπιδα ζωης αἰωνιου.

Phm 2 και ἀπφιᾳ τη ἀδελφη και ἀρχιππω τω συστρατιωτη ἡμων και
τη *κατ* οἰκον σου ἐκκλησιᾳ·

14 χωρις δε της σης γνωμης οὐδεν ἠθελησα ποιησαι, ἰνα μη ὡς
κατα ἀναγκην το ἀγαθον σου ἡ ἀλλα κατα ἑκουσιον.

14 χωρις δε της σης γνωμης οὐδεν ἠθελησα ποιησαι, ἰνα μη ὡς
κατα ἀναγκην το ἀγαθον σου ἡ ἀλλα *κατα* ἑκουσιον.

Heb 1 10 συ *κατ* ἀρχας, κυριε, την γην ἐθεμελιωσας,

2 4 συνεπιμαρτυρουντος του θεου σημειοις τε και τερασιν και
ποικιλαις δυναμεσιν και πνευματος ἁγιου μερισμοις *κατα* την
αὐτου θελησιν.

17 ὁθεν ὡφειλεν *κατα* παντα τοις ἀδελφοις ὁμοιωθηναι,

3 3 πλειονος γαρ οὑτος δοξης παρα μωυσην ἠξιωται *καθ* ὁσον
πλειονα τιμην ἐχει του οἰκου ὁ κατασκευασας αὐτον·

8 σημερον ἐαν της φωνης αὐτου ἀκουσητε, μη σκληρυνητε τας
καρδιας ὑμων ὡς ἐν τω παραπικρασμω *κατα* την ἡμεραν του
πειρασμου ἐν τη ἐρημῳ,

13 ἀλλα παρακαλειτε ἑαυτους *καθ* ἑκαστην ἡμεραν, ἀχρις οὑ το
σημερον καλειται, ἰνα μη σκληρυνθη τις ἐξ ὑμων ἀπατη της
ἁμαρτιας.

4 15 οὐ γαρ ἐχομεν ἀρχιερεα μη δυναμενον συμπαθησαι ταις
ἀσθενειαις ἡμων, πεπειρασμενον δε *κατα* παντα *καθ*
ὁμοιοτητα χωρις ἁμαρτιας.

κατα [476]

Heb | 4 15 | οὐ γαρ ἐχομεν ἀρχιερεα μη δυναμενον συμπαθησαι ταις ἀσθενειαις ἡμων, πεπειρασμενον δε κατα παντα *καθ* ὁμοιοτητα χωρις ἁμαρτιας.
| 5 6 | συ ἱερευς εἰς τον αἰωνα *κατα* την ταξιν μελχισεδεκ.
| 10 | προσαγορευθεις ὑπο του θεου ἀρχιερευς *κατα* την ταξιν μελχισεδεκ.
| 6 13 | τω γαρ ἀβρααμ ἐπαγγειλαμενος ὁ θεος, ἐπει *κατ* οὐδενος εἰχεν μειζονος ὁμοσαι, ὡμοσεν *καθ* ἑαυτου,
| 13 | τω γαρ ἀβρααμ ἐπαγγειλαμενος ὁ θεος, ἐπει *κατ* οὐδενος εἰχεν μειζονος ὁμοσαι, ὡμοσεν *καθ* ἑαυτου,
| 16 | ἀνθρωποι γαρ *κατα* του μειζονος ὀμνυουσιν,
| 20 | ὁπου προδρομος ὑπερ ἡμων εἰσηλθεν ἰησους, *κατα* την ταξιν μελχισεδεκ ἀρχιερευς γενομενος εἰς τον αἰωνα.
| 7 5 | και οἱ μεν ἐκ των υἱων λευι την ἱερατειαν λαμβανοντες ἐντολην ἐχουσιν ἀποδεκατουν τον λαον *κατα* τον νομον,
| 11 | τις ἐτι χρεια *κατα* την ταξιν μελχισεδεκ ἑτερον ἀνιστασθαι ἱερεα και οὐ *κατα* την ταξιν ἀαρων λεγεσθαι;
| 11 | τις ἐτι χρεια *κατα* την ταξιν μελχισεδεκ ἑτερον ἀνιστασθαι ἱερεα και οὐ *κατα* την ταξιν ἀαρων λεγεσθαι;
| 15 | και περισσοτερον ἐτι καταδηλον ἐστιν, εἰ *κατα* την ὁμοιοτητα μελχισεδεκ ἀνισταται ἱερευς ἑτερος,
| 16 | εἰ *κατα* την ὁμοιοτητα μελχισεδεκ ἀνισταται ἱερευς ἑτερος, ὁς οὐ *κατα* νομον ἐντολης σαρκινης γεγονεν ἀλλα κατα δυναμιν ζωης ἀκαταλυτου.
| 16 | εἰ *κατα* την ὁμοιοτητα μελχισεδεκ ἀνισταται ἱερευς ἑτερος, ὁς οὐ *κατα* νομον ἐντολης σαρκινης γεγονεν ἀλλα *κατα* δυναμιν ζωης ἀκαταλυτου.
| 17 | μαρτυρειται γαρ ὁτι συ ἱερευς εἰς τον αἰωνα *κατα* την ταξιν μελχισεδεκ.
| 20 | και *καθ* ὁσον οὐ χωρις ὁρκωμοσιας,
| 22 | *κατα* τοσουτο [και] κρειττονος διαθηκης γεγονεν ἐγγυος ἰησους.
| 27 | ὁς οὐκ ἐχει *καθ* ἡμεραν ἀναγκην, ὡσπερ οἱ ἀρχιερεις, προτερον ὑπερ των ἰδιων ἁμαρτιων θυσιας ἀναφερειν, ἐπειτα των του λαου·
| 8 4 | ὀντων των προσφεροντων *κατα* νομον τα δωρα·
| 5 | ποιησεις παντα *κατα* τον τυπον τον δειχθεντα σοι ἐν τω ὀρει·
| 9 | οὐ *κατα* την διαθηκην ἡν ἐποιησα τοις πατρασιν αὐτων ἐν ἡμερα ἐπιλαβομενου μου της χειρος αὐτων ἐξαγαγειν αὐτους ἐκ γης αἰγυπτου,
| 9 5 | περι ὡν οὐκ ἐστιν νυν λεγειν *κατα* μερος.
| 9 | ἡτις παραβολη εἰς τον καιρον τον ἐνεστηκοτα, *καθ* ἡν δωρα τε και θυσιαι προσφερονται
| 9 | *καθ* ἡν δωρα τε και θυσιαι προσφερονται μη δυναμεναι *κατα* συνειδησιν τελειωσαι τον λατρευοντα,
| 19 | λαληθεισης γαρ πασης ἐντολης *κατα* τον νομον ὑπο μωυσεως παντι τω λαω, λαβων το αἱμα των μοσχων
| 22 | και σχεδον ἐν αἱματι παντα καθαριζεται *κατα* τον νομον,
| 25 | οὐδ ἱνα πολλακις προσφερη ἑαυτον, ὡσπερ ὁ ἀρχιερευς εἰσερχεται εἰς τα ἁγια *κατ* ἐνιαυτον ἐν αἱματι ἀλλοτριω,
| 27 | και *καθ* ὁσον ἀποκειται τοις ἀνθρωποις ἁπαξ ἀποθανειν, μετα δε τουτο κρισις, οὑτως και ὁ χριστος, ἁπαξ προσενεχθεις εἰς το πολλων ἀνενεγκειν ἁμαρτιας,
| 10 1 | *κατ* ἐνιαυτον ταις αὐταις θυσιαις ἁς προσφερουσιν εἰς το διηνεκες οὐδεποτε δυναται τους προσερχομενους τελειωσαι·
| 3 | ἀλλ ἐν αὐταις ἀναμνησις ἁμαρτιων *κατ* ἐνιαυτον·
| 8 | ἀνωτερον λεγων ὁτι θυσιας και προσφορας και ὁλοκαυτωματα και περι ἁμαρτιας οὐκ ἠθελησας οὐδε εὐδοκησας, αἱτινες *κατα* νομον προσφερονται,
| 11 | και πας μεν ἱερευς ἑστηκεν *καθ* ἡμεραν λειτουργων και τας αὐτας πολλακις προσφερων θυσιας,
| 11 7 | και της *κατα* πιστιν δικαιοσυνης ἐγενετο κληρονομος.
| 13 | *κατα* πιστιν ἀπεθανον οὑτοι παντες,
| 12 10 | οἱ μεν γαρ προς ὀλιγας ἡμερας *κατα* το δοκουν αὐτοις ἐπαιδευον, ὁ δε ἐπι το συμφερον εἰς το μεταλαβειν της ἁγιοτητος αὐτου.

Ja | 2 8 | εἰ μεντοι νομον τελειτε βασιλικον *κατα* την γραφην· ἀγαπησεις τον πλησιον σου ὡς σεαυτον, καλως ποιειτε·
| 17 | οὑτως και ἡ πιστις, ἐαν μη ἐχη ἐργα, νεκρα ἐστιν *καθ* ἑαυτην.
| 3 9 | και ἐν αὐτη καταρωμεθα τους ἀνθρωπους τους *καθ* ὁμοιωσιν θεου γεγονοτας·
| 14 | εἰ δε ζηλον πικρον ἐχετε και ἐριθειαν ἐν τη καρδια ὑμων, μη κατακαυχασθε και ψευδεσθε *κατα* της ἀληθειας.
| 5 9 | μη στεναζετε, ἀδελφοι, κατ ἀλληλων ἱνα μη κριθητε·

1Pt | 1 2 | *κατα* προγνωσιν θεου πατρος, ἐν ἁγιασμω πνευματος,
| 3 | ὁ *κατα* το πολυ αὐτου ἐλεος ἀναγεννησας ἡμας εἰς ἐλπιδα ζωσαν δι ἀναστασεως ἰησου χριστου ἐκ νεκρων,
| 15 | ἀλλα *κατα* τον καλεσαντα ὑμας ἁγιον και αὐτοι ἁγιοι ἐν παση ἀναστροφη γενηθητε,

κατα [476]

1Pt | 1 17 | και εἰ πατερα ἐπικαλεισθε τον ἀπροσωπολημπτως κρινοντα *κατα* το ἑκαστου ἐργον, ἐν φοβω τον της παροικιας ὑμων χρονον ἀναστραφητε,
| 2 11 | ἀγαπητοι, παρακαλω ὡς παροικους και παρεπιδημους ἀπεχεσθαι των σαρκικων ἐπιθυμιων, αἱτινες στρατευονται *κατα* της ψυχης·
| 3 7 | οἱ ἀνδρες ὁμοιως, συνοικουντες *κατα* γνωσιν ὡς ἀσθενεστερω σκευει τω γυναικειω,
| 4 6 | εἰς τουτο γαρ και νεκροις εὐηγγελισθη, ἱνα κριθωσι μεν *κατα* ἀνθρωπους σαρκι,
| 6 | ἱνα κριθωσι μεν κατα ἀνθρωπους σαρκι, ζωσι δε *κατα* θεον πνευματι.
| 19 | ὡστε και οἱ πασχοντες *κατα* το θελημα του θεου πιστω κτιστη παρατιθεσθωσαν τας ψυχας αὐτων ἐν ἀγαθοποιια.
| 5 2 | ποιμανατε το ἐν ὑμιν ποιμνιον του θεου, [ἐπισκοπουντες] μη ἀναγκαστως ἀλλα ἑκουσιως *κατα* θεον,

2Pt | 2 11 | ὁπου ἀγγελοι ἰσχυι και δυναμει μειζονες ὀντες οὐ φερουσιν *κατ* αὐτων παρα κυριου βλασφημον κρισιν.
| 3 3 | τουτο πρωτον γινωσκοντες, ὁτι ἐλευσονται ἐπ ἐσχατων των ἡμερων [ἐν] ἐμπαιγμονη ἐμπαικται *κατα* τας ἰδιας ἐπιθυμιας αὐτων πορευομενοι
| 13 | καινους δε οὐρανους και γην καινην *κατα* το ἐπαγγελμα αὐτου προσδοκωμεν,
| 15 | καθως και ὁ ἀγαπητος ἡμων ἀδελφος παυλος *κατα* την δοθεισαν αὐτω σοφιαν ἐγραψεν ὑμιν,

1Jh | 5 14 | και αὐτη ἐστιν ἡ παρρησια ἡν ἐχομεν προς αὐτον, ὁτι ἐαν τι αἰτωμεθα *κατα* το θελημα αὐτου ἀκουει ἡμων.

2Jh | | και αὐτη ἐστιν ἡ ἀγαπη, ἱνα περιπατωμεν *κατα* τας ἐντολας αὐτου·

3Jh | 15 | ἀσπαζονται σε οἱ φιλοι. ἀσπαζου τους φιλους *κατ* ὀνομα.

Ju | 15 | ἰδου ἠλθεν κυριος ἐν ἁγιαις μυριασιν αὐτου, ποιησαι κρισιν *κατα* παντων
| 15 | και περι παντων των σκληρων ὡν ἐλαλησαν *κατ* αὐτου ἁμαρτωλοι ἀσεβεις.
| 16 | οὑτοι εἰσιν γογγυσται μεμψιμοιροι, *κατα* τας ἐπιθυμιας ἑαυτων πορευομενοι,
| 18 | [ὁτι] ἐπ ἐσχατου [του] χρονου ἐσονται ἐμπαικται *κατα* τας ἑαυτων ἐπιθυμιας πορευομενοι των ἀσεβειων.

Apc | 2 4 | ἀλλα ἐχω *κατα* σου ὁτι την ἀγαπην σου την πρωτην ἀφηκες.
| 14 | ἀλλ ἐχω *κατα* σου ὀλιγα, ὁτι ἐχεις ἐκει κρατουντας την διδαχην βαλααμ,
| 20 | ἀλλα ἐχω *κατα* σου ὁτι ἀφεις την γυναικα ἰεζαβελ,
| 23 | και δωσω ὑμιν ἑκαστω *κατα* τα ἐργα ὑμων.
| 4 8 | και τα τεσσαρα ζωα, ἐν *καθ* ἐν αὐτων ἐχων ἀνα πτερυγας ἑξ, κυκλοθεν και ἐσωθεν γεμουσιν ὀφθαλμων·
| 18 6 | και διπλωσατε τα διπλα *κατα* τα ἐργα αὐτης·
| 20 12 | και ἐκριθησαν οἱ νεκροι ἐκ των γεγραμμενων ἐν τοις βιβλιοις *κατα* τα ἐργα αὐτων.
| 13 | και ἐκριθησαν ἑκαστος *κατα* τα ἐργα αὐτων.
| 22 2 | ποιουν καρπους δωδεκα, *κατα* μηνα ἑκαστον ἀποδιδουν τον καρπον αὐτου,

καταβαινω [82]

Mt | 3 16 | και εἰδεν [το] πνευμα [του] θεου *καταβαινον* ὡσει περιστεραν,
| 7 25 | και *κατεβη* ἡ βροχη και ἠλθον οἱ ποταμοι και ἐπνευσαν οἱ ἀνεμοι και προσεπεσαν τη οἰκια ἐκεινη,
| 27 | και *κατεβη* ἡ βροχη και ἠλθον οἱ ποταμοι και ἐπνευσαν οἱ ἀνεμοι και προσεκοψαν τη οἰκια ἐκεινη,
| 8 1 | *καταβαντος* δε αὐτου ἀπο του ὀρους ἠκολουθησαν αὐτω ὀχλοι πολλοι.
| 11 23 | μη ἑως οὐρανου ὑψωθηση; ἑως ᾁδου *καταβηση*·
| 14 29 | και *καταβας* ἀπο του πλοιου [ὁ] πετρος περιεπατησεν ἐπι τα ὑδατα και ἠλθεν προς τον ἰησουν.
| 17 9 | και *καταβαινοντων* αὐτων ἐκ του ὀρους ἐνετειλατο αὐτοις ὁ ἰησους λεγων·
| 24 17 | ὁ ἐπι του δωματος μη *καταβατω* ἀραι τα ἐκ της οἰκιας αὐτου,
| 27 40 | ὁ καταλυων τον ναον και ἐν τρισιν ἡμεραις οἰκοδομων, σωσον σεαυτον, εἰ υἱος εἰ του θεου, [και] *καταβηθι* ἀπο του σταυρου.
| 42 | βασιλευς ἰσραηλ ἐστιν, *καταβατω* νυν ἀπο του σταυρου και πιστευσομεν ἐπ αὐτον.
| 28 2 | ἀγγελος γαρ κυριου *καταβας* ἐξ οὐρανου και προσελθων ἀπεκυλισεν τον λιθον και ἐκαθητο ἐπανω αὐτου.

Mc | 1 10 | και εὐθυς ἀναβαινων ἐκ του ὑδατος εἰδεν σχιζομενους τους οὐρανους και το πνευμα ὡς περιστεραν *καταβαινον* εἰς αὐτον·
| 3 22 | και οἱ γραμματεις οἱ ἀπο ἱεροσολυμων *καταβαντες* ἐλεγον ὁτι βεελζεβουλ ἐχει,

καταβαινω [82]

Mc 9 9   και *καταβαινοντων* αυτων εκ του ορους διεστειλατο αυτοις ινα μηδενι ἁ ειδον διηγησωνται,

13 15   ὁ [δε] επι του δωματος μη *καταβατω* μηδε εισελθατω αραι τι εκ της οικιας·αυτου,

15 30   ουὰ ὁ καταλυων τον ναον και οικοδομων εν τρισιν ημεραις, σωσον σεαυτον *καταβας* απο του σταυρου.

32   ὁ χριστος ὁ βασιλευς ισραηλ *καταβατω* νυν απο του σταυρου, ινα ιδωμεν και πιστευσωμεν.

Lc 2 51   και *κατεβη* μετ αυτων και ηλθεν εις ναζαρεθ,

3 22   εγενετο δε εν τω βαπτισθηναι ἁπαντα τον λαον και ιησου βαπτισθεντος και προσευχομενου ανεωχθηναι τον ουρανον και *καταβηναι* το πνευμα το ἁγιον σωματικω ειδει ὡς περιστεραν επ αυτον,

6 17   και *καταβας* μετ αυτων εστη επι ιοπου πεδινου,

8 23   και *κατεβη* λαιλαψ ανεμου εις την λιμνην,

9 54   κυριε, θελεις ειπωμεν πυρ *καταβηναι* απο του ουρανου και αναλωσαι αυτους;

10 15   και συ, καφαρναουμ, μη ἑως ουρανου ὑψωθηση; ἑως του ἁδου *καταβηση.*

30   ανθρωπος τις *κατεβαινεν* απο ιερουσαλημ εις ιεριχω,

31   κατα συγκυριαν δε ιερευς τις *κατεβαινεν* εν τη ὁδω εκεινη,

17 31   εν εκεινη τη ἡμερα ὁς εσται επι του δωματος και τα σκευη αυτου εν τη οικια, μη *καταβατω* αραι αυτα,

18 14   λεγω ὑμιν, *κατεβη* ουτος δεδικαιωμενος εις τον οικον αυτου παρ εκεινον·

19 5   ζακχαιε, σπευσας *καταβηθι·* σημερον γαρ εν τω οικω σου δει με μειναι.

6   και σπευσας *κατεβη,* και ὑπεδεξατο αυτον χαιρων.

22 44   [και εγενετο ὁ ἱδρως αυτου ὡσει θρομβοι αιματος *καταβαινοντες* επι την γην].

Jh 1 32   και εμαρτυρησεν ιωαννης λεγων ὁτι τεθεαμαι το πνευμα *καταβαινον* ὡς περιστεραν εξ ουρανου,

33   εφ ὁν αν ιδης το πνευμα *καταβαινον* και μενον επ αυτον, ουτος εστιν ὁ βαπτιζων εν πνευματι ἁγιω.

51   οψεσθε τον ουρανον ανεωγοτα και τους αγγελους του θεου αναβαινοντας και *καταβαινοντας* επι τον υιον του ανθρωπου.

2 12   μετα τουτο *κατεβη* εις καφαρναουμ αυτος και ἡ μητηρ αυτου και οι αδελφοι αυτου και οι μαθηται αυτου,

3 13   και ουδεις αναβεβηκεν εις τον ουρανον ει μη ὁ εκ του ουρανου *καταβας,*

4 47   ουτος ακουσας ὁτι ιησους ηκει εκ της ιουδαιας εις την γαλιλαιαν, απηλθεν προς αυτον και ηρωτα ινα *καταβη* και ιασηται αυτου τον υιον·

49   κυριε, *καταβηθι* πριν αποθανειν το παιδιον μου.

51   ηδη δε αυτου *καταβαινοντος* οι δουλοι αυτου ὑπηντησαν αυτω λεγοντες ὁτι ὁ παις αυτου ζη.

5 4*   αγγελος δε κυριου κατα καιρον *κατεβαινεν* εν τη κολυμβηθρα και εταρασσετο το ὑδωρ·

7   εν ᾡ δε ερχομαι εγω, αλλος προ εμου *καταβαινει.*

6 16   ὡς δε οψια εγενετο, *κατεβησαν* οι μαθηται αυτου επι την θαλασσαν,

33   ὁ γαρ αρτος του θεου εστιν ὁ *καταβαινων* εκ του ουρανου και ζωην διδους τω κοσμω.

38   ὁτι *καταβεβηκα* απο του ουρανου ουχ ινα ποιω το θελημα το εμον αλλα το θελημα του πεμψαντος με.

41   εγω ειμι ὁ αρτος ὁ *καταβας* εκ του ουρανου,

42   πως νυν λεγει ὁτι εκ του ουρανου *καταβεβηκα;*

50   ουτος εστιν ὁ αρτος ὁ εκ του ουρανου *καταβαινων,* ινα τις εξ αυτου φαγη και μη αποθανη.

51   εγω ειμι ὁ αρτος ὁ ζων ὁ εκ του ουρανου *καταβας·*

58   ουτος εστιν ὁ αρτος ὁ εξ ουρανου *καταβας,* ου καθως εφαγον οι πατερες και απεθανον·

Ac 7 15   και *κατεβη* ιακωβ εις αιγυπτον,

34   ιδων ειδον την κακωσιν του λαου μου του εν αιγυπτω, και του στεναγμου αυτων ηκουσα, και *κατεβην* εξελεσθαι αυτους·

8 15   απεστειλαν προς αυτον πετρον και ιωαννην, οιτινες *καταβαντες* προσηυξαντο περι αυτων ὁπως λαβωσιν πνευμα ἁγιον·

26   αναστηθι και πορευου κατα μεσημβριαν επι την ὁδον την *καταβαινουσαν* απο ιερουσαλημ εις γαζαν·

38   και *κατεβησαν* αμφοτεροι εις το ὑδωρ, ὁ τε φιλιππος και ὁ ευνουχος, και εβαπτισεν αυτον.

10 11   και θεωρει τον ουρανον ανεωγμενον και *καταβαινον* σκευος τι ὡς οθονην μεγαλην,

20   αλλα αναστας *καταβηθι,* και πορευου συν αυτοις μηδεν διακρινομενος,

21   *καταβας* δε πετρος προς τους ανδρας ειπεν·

καταβαινω [82]

Ac 11 5   και ειδον εν εκστασει ὁραμα, *καταβαινον* σκευος τι ὡς οθονην μεγαλην τεσσαρσιν αρχαις καθιεμενην εκ του ουρανου,

14 11   οι θεοι ὁμοιωθεντες ανθρωποις *κατεβησαν* προς ημας,

25   και λαλησαντες εν περγη τον λογον *κατεβησαν* εις ατταλειαν,

16 8   παρελθοντες δε την μυσιαν *κατεβησαν* εις τρωαδα.

18 22   αναβας και ασπασαμενος την εκκλησιαν, *κατεβη* εις αντιοχειαν,

20 10   *καταβας* δε ὁ παυλος επεπεσεν αυτω και συμπεριλαβων ειπεν·

23 10   εκελευσεν το στρατευμα *καταβαν* ἁρπασαι αυτον εκ μεσου αυτων αγειν τε εις την παρεμβολην.

24 1   μετα δε πεντε ἡμερας *κατεβη* ὁ αρχιερευς ανανιας μετα πρεσβυτερων τινων και ρητορος τερτυλλου τινος,

22   οταν λυσιας ὁ χιλιαρχος *καταβη,* διαγνωσομαι τα καθ ὑμας·

25 6   διατριψας δε εν αυτοις ἡμερας ου πλειους οκτω ἠ δεκα, *καταβας* εις καισαρειαν,

7   παραγενομενου δε αυτου περιεστησαν αυτον οι απο ιεροσολυμων *καταβεβηκοτες* ιουδαιοι,

Rm 10 7   τις *καταβησεται* εις την αβυσσον;

Eph 4 9   το δε ανεβη τι εστιν ει μη ὁτι και *κατεβη* εις τα κατωτερα [μερη] της γης;

10   ὁ *καταβας* αυτος εστιν και ὁ αναβας ὑπερανω παντων των ουρανων,

1Th 4 16   ὁτι αυτος ὁ κυριος εν κελευσματι, εν φωνη αρχαγγελου και εν σαλπιγγι θεου, *καταβησεται* απ ουρανου,

Ja 1 17   πασα δοσις αγαθη και παν δωρημα τελειον ανωθεν εστιν *καταβαινον* απο του πατρος των φωτων,

Apc 3 12   της καινης ιερουσαλημ ἡ *καταβαινουσα* εκ του ουρανου απο του θεου μου,

10 1   και ειδον αλλον αγγελον ισχυρον *καταβαινοντα* εκ του ουρανου,

12 12   ουαι την γην και την θαλασσαν, ὁτι *κατεβη* ὁ διαβολος προς ὑμας εχων θυμον μεγαν,

13 13   και ποιει σημεια μεγαλα, ινα και πυρ ποιη εκ του ουρανου *καταβαινειν* εις την γην ενωπιον των ανθρωπων.

16 21   και χαλαζα μεγαλη ὡς ταλαντιαια *καταβαινει* εκ του ουρανου επι τους ανθρωπους·

18 1   μετα ταυτα ειδον αλλον αγγελον *καταβαινοντα* εκ του ουρανου,

20 1   και ειδον αγγελον *καταβαινοντα* εκ του ουρανου,

9   και *κατεβη* πυρ εκ του ουρανου και κατεφαγεν αυτους·

21 2   και την πολιν την ἁγιαν ιερουσαλημ καινην ειδον *καταβαινουσαν* εκ του ουρανου απο του θεου,

10   και εδειξεν μοι την πολιν την ἁγιαν ιερουσαλημ *καταβαινουσαν* εκ του ουρανου απο του θεου,

καταβαλλω [2]

2Co 4 9   διωκομενοι αλλ ουκ εγκαταλειπομενοι, *καταβαλλομενοι* αλλ ουκ απολλυμενοι,

Heb 6 1   μη παλιν θεμελιον *καταβαλλομενοι* μετανοιας απο νεκρων εργων, και πιστεως επι θεον, βαπτισμων διδαχης, επιθεσεως τε χειρων, αναστασεως τε νεκρων,

καταβαρεω [1]

2Co 12 16   εστω δε, εγω ου *κατεβαρησα* ὑμας·

καταβαρυνω [1]

Mc 14 40   ησαν γαρ αυτων οι οφθαλμοι *καταβαρυνομενοι,*

καταβασις [1]

Lc 19 37   εγγιζοντος δε αυτου ηδη προς τη *καταβασει* του ορους των ελαιων ηρξαντο ἁπαν το πληθος των μαθητων χαιροντες αινειν τον θεον φωνη μεγαλη περι πασων ὡν ειδον δυναμεων,

καταβολη [11]

Mt 13 35   ανοιξω εν παραβολαις το στομα μου, ερευξομαι κεκρυμμενα απο *καταβολης* [κοσμου].

25 34   δευτε οι ευλογημενοι του πατρος μου, κληρονομησατε την ἡτοιμασμενην ὑμιν βασιλειαν απο *καταβολης* κοσμου.

Lc 11 50   και εξ αυτων αποκτενουσιν και διωξουσιν, ινα εκζητηθη το αιμα παντων των προφητων το εκκεχυμενον απο *καταβολης* κοσμου απο της γενεας ταυτης.

Jh 17 24   ινα θεωρωσιν την δοξαν την εμην, ἡν δεδωκας μοι ὁτι ηγαπησας με προ *καταβολης* κοσμου.

καταβολη [11]

Eph	1 4	καθως έξελεξατο ήμας έν αύτω προ *καταβολης* κοσμου,
Heb	4 3	καιτοι των έργων άπο *καταβολης* κοσμου γενηθεντων.
	9 26	έπει έδει αύτον πολλακις παθειν άπο *καταβολης* κοσμου·
	11 11	πιστει και αύτη σαρρα στειρα δυναμιν είς *καταβολην* σπερματος έλαβεν και παρα καιρον ήλικιας,
1Pt	1 20	προεγνωσμενου μεν προ *καταβολης* κοσμου, φανερωθεντος δε έπ έσχατου των χρονων δι ύμας
Apc	13 8	ού ού γεγραπται το όνομα αύτου έν τω βιβλιω της ζωης του άρνιου του έσφαγμενου άπο *καταβολης* κοσμου.
	17 8	και θαυμασθησονται οί κατοικουντες έπι της γης, ών ού γεγραπται το όνομα έπι το βιβλιον της ζωης άπο *καταβολης* κοσμου,

καταβραβευω [1]

Col	2 18	μηδεις ύμας *καταβραβευετω* θελων έν ταπεινοφροσυνη και θρησκεια των άγγελων,

καταγγελευς [1]

Ac	17 18	οί δε· ξενων δαιμονιων δοκει *καταγγελευς* είναι·

καταγγελλω [18]

Ac	3 24	και παντες δε οί προφηται άπο σαμουηλ και των καθεξης όσοι έλαλησαν και *κατηγγειλαν* τας ήμερας ταυτας.
	4 2	διαπονουμενοι δια το διδασκειν αύτους τον λαον και *καταγγελλειν* έν τω ίησου την άναστασιν την έκ νεκρων,
	13 5	και γενομενοι έν σαλαμινι *κατηγγελλον* τον λογον του θεου έν ταις συναγωγαις των ίουδαιων·
	38	γνωστον ούν έστω ύμιν, άνδρες άδελφοι, ότι δια τουτου ύμιν άφεσις άμαρτιων *καταγγελλεται*,
	15 36	έπιστρεψαντες δη έπισκεψωμεθα τους άδελφους κατα πολιν πασαν έν αίς *κατηγγειλαμεν* τον λογον του κυριου, πώς έχουσιν.
	16 17	ούτοι οί άνθρωποι δουλοι του θεου του ύψιστου είσιν, οίτινες *καταγγελλουσιν* ύμιν όδον σωτηριας.
	21	και *καταγγελλουσιν* έθη ά ούκ έξεστιν ήμιν παραδεχεσθαι ούδε ποιειν ρωμαιοις ούσιν.
	17 3	και ότι ούτος έστιν ό χριστος, [ό] ίησους, όν έγω *καταγγελλω* ύμιν.
	13	ώς δε έγνωσαν οί άπο της θεσσαλονικης ίουδαιοι ότι και έν τη βεροια *κατηγγελη* ύπο του παυλου ό λογος του θεου, ήλθον κακει σαλευοντες και ταρασσοντες τους όχλους.
	23	ό ούν άγνοουντες εύσεβειτε, τουτο έγω *καταγγελλω* ύμιν.
	26 23	εί παθητος ό χριστος, εί πρωτος έξ άναστασεως νεκρων φως μελλει *καταγγελλειν* τω τε λαω και τοις έθνεσιν.
Rm	1 8	πρωτον μεν εύχαριστω τω θεω μου δια ίησου χριστου περι παντων ύμων, ότι ή πιστις ύμων *καταγγελλεται* έν όλω τω κοσμω.
1Co	2 1	καγω έλθων προς ύμας, άδελφοι, ήλθον ού καθ ύπεροχην λογου ή σοφιας *καταγγελλων* ύμιν το μυστηριον του θεου.
	9 14	ούτως και ό κυριος διεταξεν τοις το εύαγγελιον *καταγγελλουσιν* έκ του εύαγγελιου ζην.
	11 26	όσακις γαρ έαν έσθιητε τον άρτον τουτον και το ποτηριον πινητε, τον θανατον του κυριου *καταγγελλετε*, άχρι ού έλθη.
Php	1 17	οί δε έξ έριθειας τον χριστον *καταγγελλουσιν*,
	18	πλην ότι παντι τροπω, είτε προφασει είτε άληθεια, χριστος *καταγγελλεται*, και έν τουτω χαιρω·
Col	1 28	όν ήμεις *καταγγελλομεν* νουθετουντες παντα άνθρωπον και διδασκοντες παντα άνθρωπον έν παση σοφια,

καταγελαω [3]

Mt	9 24	και *κατεγελων* αύτου.
Mc	5 40	το παιδιον ούκ άπεθανεν άλλα καθευδει. και *κατεγελων* αύτου.
Lc	8 53	και *κατεγελων* αύτου, είδοτες ότι άπεθανεν.

καταγινωσκω [3]

Ga	2 11	κατα προσωπον αύτω άντεστην, ότι *κατεγνωσμενος* ήν.
1Jh	3 20	ότι έαν *καταγινωσκη* ήμων ή καρδια, ότι μειζων έστιν ό θεος της καρδιας ήμων και γινωσκει παντα.
	21	άγαπητοι, έαν ή καρδια [ήμων] μη *καταγινωσκη*, παρρησιαν έχομεν προς τον θεον,

καταγνυμι [4]

Mt	12 20	καλαμον συντετριμμενον ού *κατεαξει* και λινον τυφομενον ού σβεσει,
Jh	19 31	ήρωτησαν τον πιλατον ίνα *κατεαγωσιν* αύτων τα σκελη και άρθωσιν.
	32	και του μεν πρωτου *κατεαξαν* τα σκελη και του άλλου του συσταυρωθεντος αύτω·
	33	έπι δε τον ίησουν έλθοντες, ώς είδον ήδη αύτον τεθνηκοτα, ού *κατεαξαν* αύτου τα σκελη,

καταγραφω [1]

Jh	8 6*	ό δε ίησους κατω κυψας τω δακτυλω *κατεγραφεν* είς την γην.

καταγω [9]

Lc	5 11	και *καταγαγοντες* τα πλοια έπι την γην, άφεντες παντα ήκολουθησαν αύτω.
Ac	9 30	έπιγνοντες δε οί άδελφοι *κατηγαγον* αύτον είς καισαρειαν και έξαπεστειλαν αύτον είς ταρσον.
	22 30	και *καταγαγων* τον παυλον έστησεν είς αύτους.
	23 15	νυν ούν ύμεις έμφανισατε τω χιλιαρχω συν τω συνεδριω όπως *καταγαγη* αύτον είς ύμας ώς μελλοντας διαγινωσκειν άκριβεστερον τα περι αύτου·
	20	είπεν δε ότι οί ίουδαιοι συνεθεντο του έρωτησαι σε όπως αύριον τον παυλον *καταγαγης* είς το συνεδριον ώς μελλον τι άκριβεστερον πυνθανεσθαι περι αύτου.
	28	βουλομενος τε έπιγνωναι την αίτιαν δι ήν ένεκαλουν αύτω, *κατηγαγον* είς το συνεδριον αύτων·
	27 3	τη τε έτερα *κατηχθημεν* είς σιδωνα,
	28 12	και *καταχθεντες* είς συρακουσας έπεμειναμεν ήμερας τρεις,
Rm	10 6	μη είπης έν τη καρδια σου· τίς άναβησεται είς τον ούρανον; τουτ έστιν χριστον *καταγαγειν*· ή·

καταγωνιζομαι [1]

Heb	11 33	περι γεδεων, βαρακ, σαμψων, ίεφθαε, δαυιδ τε και σαμουηλ και των προφητων, οί δια πιστεως *κατηγωνισαντο* βασιλειας, ήργασαντο δικαιοσυνην,

καταδεω [1]

Lc	10 34	και προσελθων *κατεδησεν* τα τραυματα αύτου έπιχεων έλαιον και οίνον,

καταδηλος [1]

Heb	7 15	και περισσοτερον έτι *καταδηλον* έστιν, εί κατα την όμοιοτητα μελχισεδεκ άνισταται ίερευς έτερος,

καταδικαζω [5]

Mt	12 7	ούκ άν *κατεδικασατε* τους άναιτιους.
	37	και έκ των λογων σου *καταδικασθηση*.
Lc	6 37	και μη *καταδικαζετε*, και ού μη καταδικασθητε.
	37	και μη *καταδικαζετε*, και ού μη *καταδικασθητε*.
Ja	5 6	*κατεδικασατε*, έφονευσατε τον δικαιον·

καταδικη [1]

Ac	25 15	περι ού γενομενου μου είς ίεροσολυμα ένεφανισαν οί άρχιερεις και οί πρεσβυτεροι των ίουδαιων, αίτουμενοι κατ αύτου *καταδικην*·

καταδιωκω [1]

Mc	1 36	και *κατεδιωξεν* αύτον σιμων και οί μετ αύτου,

καταδουλοω [2]

2Co	11 20	άνεχεσθε γαρ εί τις ύμας *καταδουλοι*, εί τις κατεσθιει, εί τις λαμβανει, εί τις έπαιρεται, εί τις είς προσωπον ύμας δερει.
Ga	2 4	οίτινες παρεισηλθον κατασκοπησαι την έλευθεριαν ήμων ήν έχομεν έν χριστω ίησου, ίνα ήμας *καταδουλωσουσιν*·

καταδυναστευω [2]

Ac   10 38   ὡς ἔχρισεν αὐτον ὁ θεος πνευματι ἁγιῳ και δυναμει, ὁς διηλθεν εὐεργετων και ἰωμενος παντας τους *καταδυναστευομενους* ὑπο του διαβολου,

Ja   2 6   οὐχ οἱ πλουσιοι *καταδυναστευουσιν* ὑμων, και αὐτοι ἑλκουσιν ὑμας εἰς κριτηρια;

καταθεμα [1]

Apc   22 3   και παν *καταθεμα* οὐκ ἐσται ἐτι.

καταθεματιζω [1]

Mt   26 74   τοτε ἠρξατο *καταθεματιζειν* και ὀμνυειν ὁτι οὐκ οἰδα τον ἀνθρωπον.

καταισχυνω [13]

Lc   13 17   και ταυτα λεγοντος αὐτου *κατησχυνοντο* παντες οἱ ἀντικειμενοι αὐτῳ και πας ὁ ὀχλος ἐχαιρεν ἐπι πασιν τοις ἐνδοξοις τοις γινομενοις ὑπ αὐτου.

Rm   5 5   ἡ δε ἐλπις οὐ *καταισχυνει*,
   9 33   ἰδου τιθημι ἐν σιων λιθον προσκομματος και πετραν σκανδαλου, και ὁ πιστευων ἐπ αὐτῳ οὐ *καταισχυνθησεται*.
   10 11   πας ὁ πιστευων ἐπ αὐτῳ οὐ *καταισχυνθησεται*.

1Co   1 27   ἀλλα τα μωρα του κοσμου ἐξελεξατο ὁ θεος ἱνα *κατα:σχυνη* τους σοφους,
   27   και τα ἀσθενη του κοσμου ἐξελεξατο ὁ θεος ἱνα *καταισχυνη* τα ἰσχυρα,
   11 4   πας ἀνηρ προσευχομενος ἡ προφητευων κατα κεφαλης ἐχων *καταισχυνει* την κεφαλην αὐτου.
   5   πασα δε γυνη προσευχομενη ἡ προφητευουσα ἀκατακαλυπτῳ τῃ κεφαλῃ *καταισχυνει* την κεφαλην αὐτης·
   22   ἡ της ἐκκλησιας του θεου καταφρονειτε, και *καταισχυνετε* τους μη ἐχοντας;

2Co   7 14   ὁτι εἰ τι αὐτῳ ὑπερ ὑμων κεκαυχημαι, οὐ *κατησχυνθην*,
   9 4   μη πως ἐαν ἐλθωσιν συν ἐμοι μακεδονες και εὑρωσιν ὑμας ἀπαρασκευαστους *καταισχυνθωμεν* ἡμεις, ἱνα μη λεγω ὑμεις, ἐν τῃ ὑποστασει ταυτῃ.

1Pt   2 6   και ὁ πιστευων ἐπ αὐτῳ οὐ μη *καταισχυνθῃ*.
   3 16   συνειδησιν ἐχοντες ἀγαθην, ἱνα ἐν ᾡ καταλαλεισθε *καταισχυνθωσιν* οἱ ἐπηρεαζοντες ὑμων την ἀγαθην ἐν χριστῳ ἀναστροφην.

κατακαιω [12]

Mt   3 12   το δε ἀχυρον *κατακαυσει* πυρι ἀσβεστῳ.
   13 30   συλλεξατε πρωτον τα ζιζανια και δησατε αὐτα εἰς δεσμας προς το *κατακαυσαι* αὐτα,
   40   ὡσπερ οὐν συλλεγεται τα ζιζανια και πυρι [κατα]καιεται, οὑτως ἐσται ἐν τῃ συντελειᾳ του αἰωνος.

Lc   3 17   το δε ἀχυρον *κατακαυσει* πυρι ἀσβεστῳ.

Ac   19 19   ἱκανοι δε των τα περιεργα πραξαντων συνενεγκαντες τας βιβλους *κατεκαιον* ἐνωπιον παντων·

1Co   3 15   εἰ τινος το ἐργον *κατακαησεται*, ζημιωθησεται, αὐτος δε σωθησεται, οὑτως δε ὡς δια πυρος.

Heb   13 11   ὡν γαρ εἰσφερεται ζωων το αἱμα περι ἁμαρτιας εἰς τα ἁγια δια του ἀρχιερεως, τουτων τα σωματα *κατακαιεται* ἐξω της παρεμβολης.

Apc   8 7   και το τριτον της γης *κατεκαη*,
   7   και το τριτον των δενδρων *κατεκαη*,
   7   και πας χορτος χλωρος *κατεκαη*.
   17 16   και τας σαρκας αὐτης φαγονται, και αὐτην *κατακαυσουσιν* ἐν πυρι·
   18 8   και ἐν πυρι *κατακαυθησεται*·

κατακαλυπτω [3]

1Co   11 6   εἰ γαρ οὐ *κατακαλυπτεται* γυνη, και κειρασθω·
   6   εἰ δε αἰσχρον γυναικι το κειρασθαι ἡ ξυρασθαι, *κατακαλυπτεσθω*.
   7   ἀνηρ μεν γαρ οὐκ ὀφειλει *κατακαλυπτεσθαι* την κεφαλην, εἰκων και δοξα θεου ὑπαρχων·

κατακαυχαομαι [4]

Rm   11 18   εἰ δε τινες των κλαδων ἐξεκλασθησαν, συ δε ἀγριελαιος ὡν ἐνεκεντρισθης ἐν αὐτοις και συγκοινωνος της ῥιζης της πιοτητος της ἐλαιας ἐγενου, μη *κατακαυχω* των κλαδων·

κατακαυχαομαι [4]

Rm   11 18   εἰ δε *κατακαυχασαι*, οὐ συ την ῥιζαν βασταζεις ἀλλα ἡ ῥιζα σε.

Ja   2 13   ἡ γαρ κρισις ἀνελεος τῳ μη ποιησαντι ἐλεος· *κατακαυχαται* ἐλεος κρισεως.
   3 14   εἰ δε ζηλον πικρον ἐχετε και ἐριθειαν ἐν τῃ καρδιᾳ ὑμων, μη *κατακαυχασθε* και ψευδεσθε κατα της ἀληθειας.

κατακειμαι [12]

Mc   1 30   ἡ δε πενθερα σιμωνος *κατεκειτο* πυρεσσουσα,
   2 4   και ἐξορυξαντες χαλωσι τον κραβαττον ὁπου ὁ παραλυτικος *κατεκειτο*.
   15   και γινεται *κατακεισθαι* αὐτον ἐν τῃ οἰκιᾳ αὐτου,
   14 3   και ὀντος αὐτου ἐν βηθανιᾳ ἐν τῃ οἰκιᾳ σιμωνος του λεπρου, *κατακειμενου* αὐτου ἠλθεν γυνη ἐχουσα ἀλαβαστρον μυρου ναρδου πιστικης πολυτελους·

Lc   5 25   και παραχρημα ἀναστας ἐνωπιον αὐτων, ἀρας ἐφ ὁ *κατεκειτο*, ἀπηλθεν εἰς τον οἰκον αὐτου δοξαζων τον θεον.
   29   και ἠν ὀχλος πολυς τελωνων και ἀλλων οἱ ἠσαν μετ αὐτων *κατακειμενοι*.
   7 37   και ἰδου γυνη ἡτις ἠν ἐν τῃ πολει ἁμαρτωλος, και ἐπιγνουσα ὁτι *κατακειται* ἐν τῃ οἰκιᾳ του φαρισαιου, κομισασα ἀλαβαστρον μυρου

Jh   5 3   ἐν ταυταις *κατεκειτο* πληθος των ἀσθενουντων, τυφλων, χωλων, ξηρων.
   6   ἠν δε τις ἀνθρωπος ἐκει τριακονταικαιοκτω ἐτη ἐχων ἐν τῃ ἀσθενειᾳ αὐτου· τουτον ἰδων ὁ ἰησους *κατακειμενον*,

Ac   9 33   εὑρεν δε ἐκει ἀνθρωπον τινα ὀνοματι αἰνεαν ἐξ ἐτων ὀκτω *κατακειμενον* ἐπι κραβαττου,
   28 8   ἐγενετο δε τον πατερα του ποπλιου πυρετοις και δυσεντεριῳ συνεχομενον *κατακεισθαι*,

1Co   8 10   ἐαν γαρ τις ἰδῃ σε τον ἐχοντα γνωσιν ἐν εἰδωλειῳ *κατακειμενον*, οὐχι ἡ συνειδησις αὐτου ἀσθενους ὀντος οἰκοδομηθησεται εἰς το τα εἰδωλοθυτα ἐσθιειν;

κατακλαω [2]

Mc   6 41   και λαβων τους πεντε ἀρτους και τους δυο ἰχθυας, ἀναβλεψας εἰς τον οὐρανον εὐλογησεν και *κατεκλασεν* τους ἀρτους και ἐδιδου τοις μαθηταις [αὐτου] ἱνα παρατιθωσιν αὐτοις,

Lc   9 16   λαβων δε τους πεντε ἀρτους και τους δυο ἰχθυας, ἀναβλεψας εἰς τον οὐρανον εὐλογησεν αὐτους και *κατεκλασεν*, και ἐδιδου τοις μαθηταις παραθειναι τῳ ὀχλῳ.

κατακλειω [2]

Lc   3 20   προσεθηκεν και τουτο ἐπι πασιν, [και] *κατεκλεισεν* τον ἰωαννην ἐν φυλακῃ.

Ac   26 10   ὁ και ἐποιησα ἐν ἰεροσολυμοις, και πολλους τε των ἁγιων ἐγω ἐν φυλακαις *κατεκλεισα* την παρα των ἀρχιερεων ἐξουσιαν λαβων,

κατακληρονομεω [1]

Ac   13 19   και καθελων ἐθνη ἑπτα ἐν γῃ χανααν *κατεκληρονομησεν* την γην αὐτων ὡς ἐτεσιν τετρακοσιοισκαιπεντηκοντα.

κατακλινω [5]

Lc   7 36   και εἰσελθων εἰς τον οἰκον του φαρισαιου *κατεκλιθη*.
   9 14   *κατακλινατε* αὐτους κλισιας [ὡσει] ἀνα πεντηκοντα.
   15   και ἐποιησαν οὑτως και *κατεκλιναν* ἀπαντας.
   14 8   ὁταν κληθῃς ὑπο τινος εἰς γαμους, μη *κατακλιθῃς* εἰς την πρωτοκλισιαν,
   24 30   και ἐγενετο ἐν τῳ *κατακλιθηναι* αὐτον μετ αὐτων λαβων τον ἀρτον εὐλογησεν και κλασας ἐπεδιδου αὐτοις·

κατακλυζω [1]

2Pt   3 6   δι ὡν ὁ τοτε κοσμος ὑδατι *κατακλυσθεις* ἀπωλετο·

κατακλυσμος [4]

Mt   24 38   ὡς γαρ ἠσαν ἐν ταις ἡμεραις [ἐκειναις] ταις προ του *κατακλυσμου* τρωγοντες και πινοντες,
   39   και οὐκ ἐγνωσαν ἑως ἠλθεν ὁ *κατακλυσμος* και ἠρεν ἁπαντας,

Lc   17 27   και ἠλθεν ὁ *κατακλυσμος* και ἀπωλεσεν παντας.

κατακλυσμος [4]

2Pt   2 5   άλλά όγδοον νωε δικαιοσυνης κηρυκα έφυλαξεν, κατακλυσμον κοσμω άσεβων έπαξας,

κατακολουθεω [2]

Lc   23 55   κατακολουθησασαι δε αί γυναικες, αίτινες ήσαν συνεληλυθυιαι έκ της γαλιλαιας αύτω,

Ac   16 17   αύτη κατακολουθουσα τω παυλω και ήμιν έκραζεν λεγουσα·

κατακοπτω [1]

Mc   5 5   και δια παντος νυκτος και ήμερας έν τοις μνημασιν και έν τοις όρεσιν ήν κραζων και κατακοπτων έαυτον λιθοις.

κατακρημνιζω [1]

Lc   4 29   και ήγαγον αύτον έως όφρυος του όρους έφ ού ή πολις ώκοδομητο αύτων, ώστε κατακρημνισαι αύτον·

κατακριμα [3]

Rm   5 16   το μεν γαρ κριμα έξ ένος είς κατακριμα, το δε χαρισμα έκ πολλων παραπτωματων είς δικαιωμα.

    18   άρα ούν ώς δι ένος παραπτωματος είς παντας άνθρωπους είς κατακριμα, ούτως και δι ένος δικαιωματος είς παντας άνθρωπους είς δικαιωσιν ζωης·

    8 1   ούδεν άρα νυν κατακριμα τοις έν χριστω ίησου.

κατακρινω [18]

Mt   12 41   άνδρες νινευιται άναστησονται έν τη κρισει μετα της γενεας ταυτης και κατακρινοῦσιν αύτην·

    42   βασιλισσα νοτου έγερθησεται έν τη κρισει μετα της γενεας ταυτης και κατακρινεῖ αύτην·

    20 18   και κατακρινοῦσιν αύτον θανατω, και παραδωσουσιν αύτον τοις έθνεσιν είς το έμπαιξαι και μαστιγωσαι και σταυρωσαι,

    27 3   τοτε ίδων ίουδας ό παραδιδους αύτον ότι κατεκριθη, μεταμεληθεις έστρεψεν τα τριακοντα άργυρια τοις άρχιερευσιν και πρεσβυτεροις λεγων·

Mc   10 33   και κατακρινοῦσιν αύτον θανατω και παραδωσουσιν αύτον τοις έθνεσιν και έμπαιξουσιν αύτω και έμπτυσουσιν αύτω και μαστιγωσουσιν αύτον και άποκτενουσιν,

    14 64   οί δε παντες κατεκριναν αύτον ένοχον είναι θανατου.

    16 16   ό πιστευσας και βαπτισθεις σωθησεται, ό δε άπιστησας κατακριθησεται.

Lc   11 31   βασιλισσα νοτου έγερθησεται έν τη κρισει μετα των άνδρων της γενεας ταυτης και κατακρινεῖ αύτους·

    32   άνδρες νινευιται άναστησονται έν τη κρισει μετα της γενεας ταυτης και κατακρινοῦσιν αύτην·

Jh   8 10*   γυναι, πού είσιν; ούδεις σε κατεκρινεν;

    11*   είπεν δε ό ίησους· ούδε έγω σε κατακρινω·

Rm   2 1   έν ώ γαρ κρινεις τον έτερον, σεαυτον κατακρινεις·

    8 3   το γαρ άδυνατον του νομου, έν ώ ήσθενει δια της σαρκος, ό θεος τον έαυτου υίον πεμψας έν όμοιωματι σαρκος άμαρτιας και περι άμαρτιας κατεκρινεν την άμαρτιαν έν τη σαρκι,

    34   τίς ό κατακρινῶν; χριστος [ίησους] ό άποθανων, μαλλον δε έγερθεις,

    14 23   ό δε διακρινομενος έαν φαγη κατακεκριται, ότι ούκ έκ πιστεως·

1Co   11 32   κρινομενοι δε ύπο [του] κυριου παιδευομεθα, ίνα μη συν τω κοσμω κατακριθωμεν.

Heb   11 7   εύλαβηθεις κατεσκευασεν κιβωτον είς σωτηριαν του οίκου αύτου, δι ής κατεκρινεν τον κοσμον,

2Pt   2 6   και πολεις σοδομων και γομορρας τεφρωσας [καταστροφη] κατεκρινεν,

κατακρισις [2]

2Co   3 9   εί γαρ τη διακονια της κατακρισεως δοξα, πολλω μαλλον περισσευει ή διακονια της δικαιοσυνης δοξη.

    7 3   προς κατακρισιν ού λεγω· προειρηκα γαρ ότι έν ταις καρδιαις ήμων έστε είς το συναποθανειν και συζην.

κατακυπτω [1]

Jh   8 8*   και παλιν κατακυψας έγραφεν είς την γην.

κατακυριευω [4]

Mt   20 25   οίδατε ότι οί άρχοντες των έθνων κατακυριευουσιν αύτων και οί μεγαλοι κατεξουσιαζουσιν αύτων.

Mc   10 42   οίδατε ότι οί δοκουντες άρχειν των έθνων κατακυριευουσιν αύτων και οί μεγαλοι αύτων κατεξουσιαζουσιν αύτων.

Ac   19 16   και έφαλομενος ό άνθρωπος έπ αύτους, έν ώ ήν το πνευμα το πονηρον, κατακυριευσας άμφοτερων ίσχυσεν κατ αύτων,

1Pt   5 3   μηδ ώς κατακυριευοντες των κληρων άλλα τυποι γινομενοι του ποιμνιου·

καταλαλεω [5]

Ja   4 11   μη καταλαλειτε άλληλων, άδελφοι.

    11   ό καταλαλων άδελφου ή κρινων τον άδελφον αύτου καταλαλει νομου και κρινει νομον·

    11   ό καταλαλων άδελφου ή κρινων τον άδελφον αύτου καταλαλει νομου και κρινει νομον·

1Pt   2 12   ίνα έν ώ καταλαλουσιν ύμων ώς κακοποιων, έκ των καλων έργων έποπτευοντες δοξασωσιν τον θεον έν ήμερα έπισκοπης.

    3 16   συνειδησιν έχοντες άγαθην, ίνα έν ώ καταλαλεισθε καταισχυνθωσιν οί έπηρεαζοντες ύμων την άγαθην έν χριστω άναστροφην.

καταλαλια [2]

2Co   12 20   μη πως έρις, ζηλος, θυμοι, έριθειαι, καταλαλιαι, ψιθυρισμοι, φυσιωσεις, άκαταστασιαι·

1Pt   2 1   άποθεμενοι ούν πασαν κακιαν και παντα δολον και ύποκρισεις και φθονους και πασας καταλαλιας,

καταλαλος [1]

Rm   1 30   μεστους φθονου φονου έριδος δολου κακοηθειας, ψιθυριστας, καταλαλους, θεοστυγεις, ύβριστας, ύπερηφανους, άλαζονας, έφευρετας κακων, γονευσιν άπειθεις, άσυνετους, άσυνθετους, άστοργους, άνελεημονας·

καταλαμβανω [15]

Mc   9 18   και όπου έαν αύτον καταλαβη, ρησσει αύτον, και άφριζει και τριζει τους όδοντας και ξηραινεται·

Jh   1 5   και ή σκοτια αύτο ού κατελαβεν.

    8 3*   άγουσιν δε οί γραμματεις και οί φαρισαιοι γυναικα έπι μοιχεια κατειλημμενην, και στησαντες αύτην έν μεσω λεγουσιν αύτω·

    4*   διδασκαλε, αύτη ή γυνη κατειληπται έπ αύτοφωρω μοιχευομενη·

    12 35   περιπατειτε ώς το φως έχετε, ίνα μη σκοτια ύμας καταλαβη·

Ac   4 13   και καταλαβομενοι ότι άνθρωποι άγραμματοι είσιν και ίδιωται, έθαυμαζον, έπεγινωσκον τε αύτους ότι συν τω ίησου ήσαν,

    10 34   έπ άληθειας καταλαμβανομαι ότι ούκ έστιν προσωπολημπτης ό θεος,

    25 25   έγω δε κατελαβομην μηδεν άξιον αύτον θανατου πεπραχεναι, αύτου δε τουτου έπικαλεσαμενου τον σεβαστον έκρινα πεμπειν.

Rm   9 30   τί ούν έρουμεν; ότι έθνη τα μη διωκοντα δικαιοσυνην κατελαβεν δικαιοσυνην,

1Co   9 24   ούτως τρεχετε ίνα καταλαβητε.

Eph   3 18   ίνα έξισχυσητε καταλαβεσθαι συν πασιν τοις άγιοις τί το πλατος και μηκος και ύψος και βαθος,

Php   3 12   διωκω δε εί και καταλαβω, έφ ώ και κατελημφθην ύπο χριστου [ίησου].

    12   διωκω δε εί και καταλαβω, έφ ώ και κατελημφθην ύπο χριστου [ίησου].

    13   άδελφοι, έγω έμαυτον ού λογιζομαι κατειληφεναι·

1Th   5 4   ύμεις δε, άδελφοι, ούκ έστε έν σκοτει, ίνα ή ήμερα ύμας ώς κλεπτης καταλαβη·

καταλεγομαι [1]

1Tm   5 9   χηρα καταλεγεσθω μη έλαττον έτων έξηκοντα γεγονυια,

καταλειπω [24]

Mt   4 13   και καταλιπων την ναζαρα έλθων κατωκησεν είς καφαρναουμ την παραθαλασσιαν έν όριοις ζαβουλων και νεφθαλιμ·

    16 4   και καταλιπων αύτους άπηλθεν.

καταλειπω [24]

Mt 19 5 ἑνεκα τουτου *καταλειψει* ἀνθρωπος τον πατερα και την μητερα και κολληθησεται τη γυναικι αὐτου, και ἐσονται οἱ δυο εἰς σαρκα μιαν.

21 17 και *καταλιπων* αὐτους ἐξηλθεν ἐξω της πολεως εἰς βηθανιαν, και ηὐλισθη ἐκει.

Mc 10 7 ἑνεκεν τουτου *καταλειψει* ἀνθρωπος τον πατερα αὐτου και την μητερα [και προσκολληθησεται προς την γυναικα αὐτου,] και ἐσονται οἱ δυο εἰς σαρκα μιαν·

12 19 διδασκαλε, μωυσης ἐγραψεν ἡμιν ὁτι ἐαν τινος ἀδελφος ἀποθανη και *καταλιπη* γυναικα και μη ἀφη τεκνον, ἱνα λαβη ὁ ἀδελφος αὐτου την γυναικα και ἐξαναστηση σπερμα τω ἀδελφω αὐτου.

21 και ὁ δευτερος ἐλαβεν αὐτην, και ἀπεθανεν μη *καταλιπων* σπερμα·

14 52 ὁ δε *καταλιπων* την σινδονα γυμνος ἐφυγεν.

Lc 5 28 και *καταλιπων* παντα ἀναστας ἡκολουθει αὐτω.

10 40 κυριε, οὐ μελει σοι ὁτι ἡ ἀδελφη μου μονην με *κατελιπεν* διακονειν;

15 4 τίς ἀνθρωπος ἐξ ὑμων ἐχων ἑκατον προβατα και ἀπολεσας ἐξ αὐτων ἐν οὐ *καταλειπει* τα ἐνενηκονταεννεα ἐν τη ἐρημω και πορευεται ἐπι το ἀπολωλος ἑως εὑρη αὐτο;

20 31 και ὁ δευτερος και ὁ τριτος ἐλαβεν αὐτην, ὡσαυτως δε και οἱ ἑπτα οὐ *κατελιπον* τεκνα και ἀπεθανον.

Jh 8 9* οἱ δε ἀκουσαντες ἐξηρχοντο εἰς καθ εἱς ἀρξαμενοι ἀπο των πρεσβυτερων, και *κατελειφθη* μονος, και ἡ γυνη ἐν μεσω οὐσα.

Ac 6 2 οὐκ ἀρεστον ἐστιν ἡμας *καταλειψαντας* τον λογον του θεου διακονειν τραπεζαις.

18 19 κατηντησαν δε εἰς ἐφεσον, κακεινους *κατελιπεν* αὐτου,

21 3 ἀναφαναντες δε την κυπρον και *καταλιποντες* αὐτην εὐωνυμον ἐπλεομεν εἰς συριαν,

24 27 θελων τε χαριτα καταθεσθαι τοις ἰουδαιοις ὁ φηλιξ *κατελιπε* τον παυλον δεδεμενον.

25 14 ἀνηρ τις ἐστιν *καταλελειμμενος* ὑπο φηλικος δεσμιος, περι οὑ γενομενου μου εἰς ἱεροσολυμα ἐνεφανισαν οἱ ἀρχιερεις και οἱ πρεσβυτεροι των ἰουδαιων,

Rm 11 4 *κατελιπον* ἐμαυτω ἑπτακισχιλιους ἀνδρας, οἱτινες οὐκ ἐκαμψαν γονυ τη βααλ.

Eph 5 31 ἀντι τουτου *καταλειψει* ἀνθρωπος [τον] πατερα και [την] μητερα και προσκολληθησεται προς την γυναικα αὐτου,

1Th 3 1 διο μηκετι στεγοντες εὐδοκησαμεν *καταλειφθηναι* ἐν ἀθηναις μονοι,

Heb 4 1 φοβηθωμεν οὐν μηποτε *καταλειπομενης* ἐπαγγελιας εἰσελθειν εἰς την καταπαυσιν αὐτου δοκη τις ἐξ ὑμων ὑστερηκεναι.

11 27 πιστει *κατελιπεν* αἰγυπτον, μη φοβηθεις τον θυμον του βασιλεως·

2Pt 2 15 *καταλειποντες* εὐθειαν ὁδον ἐπλανηθησαν,

καταλιθαζω [1]

Lc 20 6 ἐαν δε εἰπωμεν· ἐξ ἀνθρωπων, ὁ λαος ἁπας *καταλιθασει* ἡμας·

καταλλαγη [4]

Rm 5 11 ἀλλα και καυχωμενοι ἐν τω θεω δια του κυριου ἡμων ἰησου χριστου, δι οὑ νυν την *καταλλαγην* ἐλαβομεν.

11 15 εἰ γαρ ἡ ἀποβολη αὐτων *καταλλαγη* κοσμου, τίς ἡ προσλημψις εἰ μη ζωη ἐκ νεκρων;

2Co 5 18 τα δε παντα ἐκ του θεου του καταλλαξαντος ἡμας ἑαυτω δια χριστου και δοντος ἡμιν την διακονιαν της *καταλλαγης,*

19 μη λογιζομενος αὐτοις τα παραπτωματα αὐτων, και θεμενος ἐν ἡμιν τον λογον της *καταλλαγης.*

καταλλασσω [6]

Rm 5 10 εἰ γαρ ἐχθροι ὀντες *κατηλλαγημεν* τω θεω δια του θανατου του υἱου αὐτου, πολλω μαλλον καταλλαγεντες σωθησομεθα ἐν τη ζωη αὐτου·

10 εἰ γαρ ἐχθροι ὀντες *κατηλλαγημεν* τω θεω δια του θανατου του υἱου αὐτου, πολλω μαλλον *καταλλαγεντες* σωθησομεθα ἐν τη ζωη αὐτου·

1Co 7 11 ἐαν δε και χωρισθη, μενετω ἀγαμος ἡ τω ἀνδρι *καταλλαγητω,*

2Co 5 18 τα δε παντα ἐκ του θεου του *καταλλαξαντος* ἡμας ἑαυτω δια χριστου και δοντος ἡμιν την διακονιαν της καταλλαγης,

19 ὡς ὁτι θεος ἡν ἐν χριστω κοσμον *καταλλασσων* ἑαυτω,

20 δεομεθα ὑπερ χριστου, *καταλλαγητε* τω θεω.

καταλοιπος [1]

Ac 15 17 ὁπως ἀν ἐκζητησωσιν οἱ *καταλοιποι* των ἀνθρωπων τον κυριον,

καταλυμα [3]

Mc 14 14 ποῦ ἐστιν το *καταλυμα* μου, ὁπου το πασχα μετα των μαθητων μου φαγω;

Lc 2 7 και ἐσπαργανωσεν αὐτον και ἀνεκλινεν αὐτον ἐν φατνη, διοτι οὐκ ἡν αὐτοις τοπος ἐν τω *καταλυματι.*

22 11 λεγει σοι ὁ διδασκαλος· ποῦ ἐστιν το *καταλυμα* ὁπου το πασχα μετα των μαθητων μου φαγω;

καταλυω [17]

Mt 5 17 μη νομισητε ὁτι ἡλθον *καταλυσαι* τον νομον ἡ τους προφητας·

17 οὐκ ἡλθον *καταλυσαι* ἀλλα πληρωσαι.

24 2 ἀμην λεγω ὑμιν, οὐ μη ἀφεθη ὡδε λιθος ἐπι λιθον ὁς οὐ *καταλυθησεται.*

26 61 οὑτος ἐφη· δυναμαι *καταλυσαι* τον ναον του θεου και δια τριων ἡμερων οἰκοδομησαι.

27 40 ὁ *καταλυων* τον ναον και ἐν τρισιν ἡμεραις οἰκοδομων, σωσον σεαυτον,

Mc 13 2 οὐ μη ἀφεθη ὡδε λιθος ἐπι λιθον ὁς οὐ μη *καταλυθη.*

14 58 και τινες ἀνασταντες ἐψευδομαρτυρουν κατ αὐτου λεγοντες ὁτι ἡμεις ἡκουσαμεν αὐτου λεγοντος ὁτι ἐγω *καταλυσω* τον ναον τουτον τον χειροποιητον και δια τριων ἡμερων ἀλλον ἀχειροποιητον οἰκοδομησω.

15 29 οὐα ὁ *καταλυων* τον ναον και οἰκοδομων ἐν τρισιν ἡμεραις, σωσον σεαυτον καταβας ἀπο του σταυρου.

Lc 9 12 ἀπολυσον τον ὀχλον, ἱνα πορευθεντες εἰς τας κυκλω κωμας και ἀγρους *καταλυσωσιν* και εὑρωσιν ἐπισιτισμον, ὁτι ὡδε ἐν ἐρημω τοπω ἐσμεν.

19 7 και ἰδοντες παντες διεγογγυζον λεγοντες ὁτι παρα ἁμαρτωλω ἀνδρι εἰσηλθεν *καταλυσαι.*

21 6 ταυτα ἁ θεωρειτε, ἐλευσονται ἡμεραι ἐν αἱς οὐκ ἀφεθησεται λιθος ἐπι λιθω ὁς οὐ *καταλυθησεται.*

Ac 5 38 ὁτι ἐαν ἡ ἐξ ἀνθρωπων ἡ βουλη αὑτη ἡ το ἐργον τουτο, *καταλυθησεται·*

39 εἰ δε ἐκ θεου ἐστιν, οὐ δυνησεσθε *καταλυσαι* αὐτους, μηποτε και θεομαχοι εὑρεθητε.

6 14 ἀκηκοαμεν γαρ αὐτου λεγοντος ὁτι ἰησους ὁ ναζωραιος οὑτος *καταλυσει* τον τοπον τουτον και ἀλλαξει τα ἐθη ἁ παρεδωκεν ἡμιν μωυσης.

Rm 14 20 μη ἑνεκεν βρωματος *καταλυε* το ἐργον του θεου.

2Co 5 1 οἰδαμεν γαρ ὁτι ἐαν ἡ ἐπιγειος ἡμων οἰκια του σκηνους *καταλυθη,* οἰκοδομην ἐκ θεου ἐχομεν,

Ga 2 18 εἰ γαρ ἁ *κατελυσα* ταυτα παλιν οἰκοδομω, παραβατην ἐμαυτον συνιστανω.

καταμανθανω [1]

Mt 6 28 *καταμαθετε* τα κρινα του ἀγρου, πῶς αὐξανουσιν·

καταμαρτυρεω [3]

Mt 26 62 οὐδεν ἀποκρινη, τί οὑτοι σου *καταμαρτυρουσιν;*

27 13 οὐκ ἀκουεις ποσα σου *καταμαρτυρουσιν;*

Mc 14 60 οὐκ ἀποκρινη οὐδεν τί οὑτοι σου *καταμαρτυρουσιν;*

καταμενω [1]

Ac 1 13 και ὁτε εἰσηλθον, εἰς το ὑπερωον ἀνεβησαν οὑ ἡσαν *καταμενοντες,* ὁ τε πετρος και ἰωαννης και ἰακωβος και ἀνδρεας,

καταναλισκω [1]

Heb 12 29 και γαρ ὁ θεος ἡμων πυρ *καταναλισκον.*

καταναρκαω [3]

2Co 11 9 και παρων προς ὑμας και ὑστερηθεις οὐ *κατεναρκησα* οὐθενος·

12 13 τί γαρ ἐστιν ὁ ἡσσωθητε ὑπερ τας λοιπας ἐκκλησιας, εἰ μη ὁτι αὐτος ἐγω οὐ *κατεναρκησα* ὑμων;

14 ἰδου τριτον τουτο ἑτοιμως ἐχω ἐλθειν προς ὑμας, και οὐ *καταναρκησω·*

κατανευω [1]

Lc 5 7 και κατενευσαν τοις μετοχοις ἐν τω ἑτερω πλοιω του ἐλθοντας συλλαβεσθαι αὐτοις·

κατανοεω [14]

Mt 7 3 την δε ἐν τω σω ὀφθαλμω δοκον οὐ κατανοεις;

Lc 6 41 τί δε βλεπεις το καρφος το ἐν τω ὀφθαλμω του ἀδελφου σου, την δε δοκον την ἐν τω ἰδιω ὀφθαλμω οὐ κατανοεις;

12 24 κατανοησατε τους κορακας, ὁτι οὐ σπειρουσιν οὐδε θεριζουσιν, οἱς οὐκ ἐστιν ταμειον οὐδε ἀποθηκη, και ὁ θεος τρεφει αὐτους·

27 κατανοησατε τα κρινα, πῶς αὐξανει·

20 23 κατανοησας δε αὐτων την πανουργιαν εἰπεν προς αὐτους·

Ac 7 31 προσερχομενου δε αὐτου κατανοησαι ἐγενετο φωνη κυριου·

32 ἐντρομος δε γενομενος μωυσης οὐκ ἐτολμα κατανοησαι.

11 6 εἰς ἡν ἀτενισας κατενοουν, και εἰδον τα τετραποδα της γης και τα θηρια και τα ἑρπετα και τα πετεινα του οὐρανου.

27 39 την γην οὐκ ἐπεγινωσκον, κολπον δε τινα κατενοουν ἐχοντα αἰγιαλον,

Rm 4 19 και μη ἀσθενησας τη πιστει κατενοησεν το ἑαυτου σωμα [ἠδη] νενεκρωμενον, ἑκατονταετης που ὑπαρχων,

Heb 3 1 κατανοησατε τον ἀποστολον και ἀρχιερεα της ὁμολογιας ἡμων ἰησουν,

10 24 και κατανοωμεν ἀλληλους εἰς παροξυσμον ἀγαπης και καλων ἐργων,

Ja 1 23 ὁτι εἰ τις ἀκροατης λογου ἐστιν και οὐ ποιητης, οὑτος ἑοικεν ἀνδρι κατανοουντι το προσωπον της γενεσεως αὐτου ἐν ἐσοπτρω·

24 κατενοησεν γαρ ἑαυτον και ἀπεληλυθεν,

κατανταω [13]

Ac 16 1 κατηντησεν δε [και] εἰς δερβην και εἰς λυστραν.

18 19 κατηντησαν δε εἰς ἐφεσον, κακεινους κατελιπεν αὐτου,

24 ἰουδαιος δε τις ἀπολλως ὀνοματι, ἀλεξανδρευς τω γενει, ἀνηρ λογιος, κατηντησεν εἰς ἐφεσον, δυνατος ὡν ἐν ταις γραφαις.

20 15 κακειθεν ἀποπλευσαντες τη ἐπιουση κατηντησαμεν ἀντικρυς χιου,

21 7 ἡμεις δε τον πλουν διανυσαντες ἀπο τυρου κατηντησαμεν εἰς πτολεμαιδα,

25 13 ἡμερων δε διαγενομενων τινων ἀγριππας ὁ βασιλευς και βερνικη κατηντησαν εἰς καισαρειαν ἀσπασαμενοι τον φηστον.

26 7 εἰς ἡν το δωδεκαφυλον ἡμων ἐν ἐκτενεια νυκτα και ἡμεραν λατρευον ἐλπιζει καταντησαι·

27 12 οἱ πλειονες ἐθεντο βουλην ἀναχθηναι ἐκειθεν, εἰ πως δυναιντο καταντησαντες εἰς φοινικα παραχειμασαι,

28 13 και καταχθεντες εἰς συρακουσας ἐπεμειναμεν ἡμερας τρεις, ὁθεν περιελθοντες κατηντησαμεν εἰς ρηγιον.

1Co 10 11 ἐγραφη δε προς νουθεσιαν ἡμων, εἰς οὑς τα τελη των αἰωνων κατηντηκεν.

14 36 ἡ ἀφ ὑμων ὁ λογος του θεου ἐξηλθεν, ἡ εἰς ὑμας μονους κατηντησεν;

Eph 4 13 μεχρι καταντησωμεν οἱ παντες εἰς την ἑνοτητα της πιστεως και της ἐπιγνωσεως του υἱου του θεου,

Php 3 11 συμμορφιζομενος τω θανατω αὐτου, εἰ πως καταντησω εἰς την ἐξαναστασιν την ἐκ νεκρων.

κατανυξις [1]

Rm 11 8 ἐδωκεν αὐτοις ὁ θεος πνευμα κατανυξεως,

κατανυσσομαι [1]

Ac 2 37 ἀκουσαντες δε κατενυγησαν την καρδιαν,

καταξιοομαι [3]

Lc 20 35 οἱ δε καταξιωθεντες του αἰωνος ἐκεινου τυχειν και της ἀναστασεως της ἐκ νεκρων οὐτε γαμουσιν οὐτε γαμιζονται·

Ac 5 41 οἱ μεν οὐν ἐπορευοντο χαιροντες ἀπο προσωπου του συνεδριου, ὁτι κατηξιωθησαν ὑπερ του ὀνοματος ἀτιμασθηναι·

2Th 1 5 ἐνδειγμα της δικαιας κρισεως του θεου, εἰς το καταξιωθηναι ὑμας της βασιλειας του θεου,

καταπατεω [5]

Mt 5 13 εἰς οὐδεν ἰσχυει ἐτι εἰ μη βληθεν ἐξω καταπατεισθαι ὑπο των ἀνθρωπων.

7 6 μηποτε καταπατησουσιν αὐτους ἐν τοις ποσιν αὐτων και στραφεντες ρηξωσιν ὑμας.

Lc 8 5 και ἐν τω σπειρειν αὐτον ὁ μεν ἐπεσεν παρα την ὁδον και κατεπατηθη,

12 1 ἐν οἱς ἐπισυναχθεισων των μυριαδων του ὀχλου, ὡστε καταπατειν ἀλληλους,

Heb 10 29 ποσω δοκειτε χειρονος ἀξιωθησεται τιμωριας ὁ τον υἱον του θεου καταπατησας

καταπαυσις [9]

Ac 7 49 ποιον οἰκον οἰκοδομησετε μοι, λεγει κυριος, ἡ τίς τοπος της καταπαυσεως μου;

Heb 3 11 ὡς ὡμοσα ἐν τη ὀργη μου εἰ εἰσελευσονται εἰς την καταπαυσιν μου.

18 τισιν δε ὡμοσεν μη εἰσελευσεσθαι εἰς την καταπαυσιν αὐτου εἰ μη τοις ἀπειθησασιν;

4 1 φοβηθωμεν οὐν μηποτε καταλειπομενης ἐπαγγελιας εἰσελθειν εἰς την καταπαυσιν αὐτου δοκη τις ἐξ ὑμων ὑστερηκεναι.

3 εἰσερχομεθα γαρ εἰς [την] καταπαυσιν οἱ πιστευσαντες,

3 εἰ εἰσελευσονται εἰς την καταπαυσιν μου,

5 εἰ εἰσελευσονται εἰς την καταπαυσιν μου.

10 ὁ γαρ εἰσελθων εἰς την καταπαυσιν αὐτου και αὐτος κατεπαυσεν ἀπο των ἐργων αὐτου,

11 σπουδασωμεν οὐν εἰσελθειν εἰς ἐκεινην την καταπαυσιν,

καταπαυω [4]

Ac 14 18 και ταυτα λεγοντες μολις κατεπαυσαν τους ὀχλους του μη θυειν αὐτοις.

Heb 4 4 και κατεπαυσεν ὁ θεος ἐν τη ἡμερα τη ἑβδομη ἀπο παντων των ἐργων αὐτου·

8 εἰ γαρ αὐτους ἰησους κατεπαυσεν, οὐκ ἀν περι ἀλλης ἐλαλει μετα ταυτα ἡμερας.

10 ὁ γαρ εἰσελθων εἰς την καταπαυσιν αὐτου και αὐτος κατεπαυσεν ἀπο των ἐργων αὐτου,

καταπετασμα [6]

Mt 27 51 και ἰδου το καταπετασμα του ναου ἐσχισθη ἀπ ἀνωθεν ἑως κατω εἰς δυο,

Mc 15 38 και το καταπετασμα του ναου ἐσχισθη εἰς δυο ἀπ ἀνωθεν ἑως κατω.

Lc 23 45 ἐσχισθη δε το καταπετασμα του ναου μεσον.

Heb 6 19 ἡν ὡς ἀγκυραν ἐχομεν της ψυχης ἀσφαλη τε και βεβαιαν και εἰσερχομενην εἰς το ἐσωτερον του καταπετασματος,

9 3 μετα δε το δευτερον καταπετασμα σκηνη ἡ λεγομενη ἀγια ἀγιων,

10 20 ἡν ἐνεκαινισεν ἡμιν ὁδον προσφατον και ζωσαν δια του καταπετασματος,

καταπινω [7]

Mt 23 24 ὁδηγοι τυφλοι, οἱ διυλιζοντες τον κωνωπα, την δε καμηλον καταπινοντες.

1Co 15 54 κατεποθη ὁ θανατος εἰς νικος.

2Co 2 7 ὡστε τουναντιον μαλλον ὑμας χαρισασθαι και παρακαλεσαι, μη πως τη περισσοτερα λυπη καταποθη ὁ τοιουτος.

5 4 ἐφ ᾡ οὐ θελομεν ἐκδυσασθαι ἀλλ ἐπενδυσασθαι, ἱνα καταποθη το θνητον ὑπο της ζωης.

Heb 11 29 πιστει διεβησαν την ἐρυθραν θαλασσαν ὡς δια ξηρας γης, ἡς πειραν λαβοντες οἱ αἰγυπτιοι κατεποθησαν.

1Pt 5 8 ὁ ἀντιδικος ὑμων διαβολος ὡς λεων ὠρυομενος περιπατει ζητων [τινα] καταπιειν·

Apc 12 16 και ἠνοιξεν ἡ γη το στομα αὐτης και κατεπιεν τον ποταμον ὁν ἐβαλεν ὁ δρακων ἐκ του στοματος αὐτου.

καταπιπτω [3]

Lc 8 6 και ἑτερον κατεπεσεν ἐπι την πετραν, και φυεν ἐξηρανθη δια το μη ἐχειν ἰκμαδα.

Ac 26 14 παντων τε καταπεσοντων ἡμων εἰς την γην ἠκουσα φωνην λεγουσαν προς με τη ἑβραιδι διαλεκτω·

28 6 οἱ δε προσεδοκων αὐτον μελλειν πιμπρασθαι ἡ καταπιπτειν ἀφνω νεκρον.

καταπλεω [1]

Lc 8 26 και κατεπλευσαν εἰς την χωραν των γερασηνων,

καταπονεω [2]

Ac 7 24 και ἰδων τινα ἀδικουμενον ἠμυνατο, και ἐποιησεν ἐκδικησιν τω καταπονουμενω παταξας τον αἰγυπτιον.
2Pt 2 7 και δικαιον λωτ καταπονουμενον ὑπο της των ἀθεσμων ἐν ἀσελγεια ἀναστροφης ἐρρυσατο·

καταποντιζομαι [2]

Mt 14 30 και ἀρξαμενος καταποντιζεσθαι ἐκραξεν λεγων·
18 6 ὃς δ ἀν σκανδαλιση ἑνα των μικρων τουτων των πιστευοντων εἰς ἐμε, συμφερει αὐτω ἱνα κρεμασθη μυλος ὀνικος περι τον τραχηλον αὐτου και καταποντισθη ἐν τω πελαγει της θαλασσης.

καταρα [6]

Ga 3 10 ὁσοι γαρ ἐξ ἐργων νομου εἰσιν, ὑπο καταραν εἰσιν·
13 χριστος ἡμας ἐξηγορασεν ἐκ της καταρας του νομου γενομενος ὑπερ ἡμων καταρα,
13 χριστος ἡμας ἐξηγορασεν ἐκ της καταρας του νομου γενομενος ὑπερ ἡμων καταρα,
Heb 6 8 ἐκφερουσα δε ἀκανθας και τριβολους ἀδοκιμος και καταρας ἐγγυς, ἡς το τελος εἰς καυσιν.
Ja 3 10 ἐκ του αὐτου στοματος ἐξερχεται εὐλογια και καταρα.
2Pt 2 14 δελεαζοντες ψυχας ἀστηρικτους, καρδιαν γεγυμνασμενην πλεονεξιας ἐχοντες, καταρας τεκνα·

καταραομαι [5]

Mt 25 41 πορευεσθε ἀπ ἐμου [οἱ] κατηραμενοι εἰς το πυρ το αἰωνιον το ἡτοιμασμενον τω διαβολω και τοις ἀγγελοις αὐτου.
Mc 11 21 ῥαββι, ἰδε ἡ συκη ἡν κατηρασω ἐξηρανται.
Lc 6 28 εὐλογειτε τους καταρωμενους ὑμας, προσευχεσθε περι των ἐπηρεαζοντων ὑμας.
Rm 12 14 εὐλογειτε τους διωκοντας [ὑμας,] εὐλογειτε και μη καταρασθε.
Ja 3 9 και ἐν αὐτη καταρωμεθα τους ἀνθρωπους τους καθ ὁμοιωσιν θεου γεγονοτας·

καταργεω [27]

Lc 13 7 ἐκκοψον [οὐν] αὐτην· ἱνατι και την γην καταργει;
Rm 3 3 εἰ ἠπιστησαν τινες, μη ἡ ἀπιστια αὐτων την πιστιν του θεου καταργησει;
31 νομον οὐν καταργουμεν δια της πιστεως;
4 14 εἰ γαρ οἱ ἐκ νομου κληρονομοι, κεκενωται ἡ πιστις και κατηργηται ἡ ἐπαγγελια.
6 6 τουτο γινωσκοντες, ὁτι ὁ παλαιος ἡμων ἀνθρωπος συνεσταυρωθη, ἱνα καταργηθη το σωμα της ἁμαρτιας, του μηκετι δουλευειν ἡμας τη ἁμαρτια·
7 2 ἐαν δε ἀποθανη ὁ ἀνηρ, κατηργηται ἀπο του νομου του ἀνδρος.
6 νυνι δε κατηργηθημεν ἀπο του νομου, ἀποθανοντες ἐν ᾡ κατειχομεθα,
1Co 1 28 και τα ἀγενη του κοσμου και τα ἐξουθενημενα ἐξελεξατο ὁ θεος, τα μη ὀντα, ἱνα τα ὀντα καταργηση,
2 6 σοφιαν δε λαλουμεν ἐν τοις τελειοις, σοφιαν δε οὐ του αἰωνος τουτου οὐδε των ἀρχοντων του αἰωνος τουτου των καταργουμενων·
6 13 ὁ δε θεος και ταυτην και ταυτα καταργησει.
13 8 ἡ ἀγαπη οὐδεποτε πιπτει· εἰτε δε προφητειαι, καταργηθησονται·
8 εἰτε γλωσσαι, παυσονται· εἰτε γνωσις, καταργηθησεται.
10 ὁταν δε ἐλθη το τελειον, το ἐκ μερους καταργηθησεται.
11 ὁτε γεγονα ἀνηρ, κατηργηκα τα του νηπιου.
15 24 εἰτα το τελος, ὁταν παραδιδω την βασιλειαν τω θεω και πατρι, ὁταν καταργηση πασαν ἀρχην και πασαν ἐξουσιαν και δυναμιν.
26 ἐσχατος ἐχθρος καταργειται ὁ θανατος·
2Co 3 7 ὡστε μη δυνασθαι ἀτενισαι τους υἱους ἰσραηλ εἰς το προσωπον μωυσεως δια την δοξαν του προσωπου αὐτου την καταργουμενην,
11 εἰ γαρ το καταργουμενον δια δοξης, πολλω μαλλον το μενον ἐν δοξη.

καταργεω [27]

2Co 3 13 και οὐ καθαπερ μωυσης ἐτιθει καλυμμα ἐπι το προσωπον αὐτου, προς το μη ἀτενισαι τους υἱους ἰσραηλ εἰς το τελος του καταργουμενου.
14 ἀχρι γαρ της σημερον ἡμερας το αὐτο καλυμμα ἐπι τη ἀναγνωσει της παλαιας διαθηκης μενει, μη ἀνακαλυπτομενον ὁτι ἐν χριστω καταργειται·
Ga 3 17 διαθηκην προκεκυρωμενην ὑπο του θεου ὁ μετα τετρακοσιακαιτριακοντα ἐτη γεγονως νομος οὐκ ἀκυροι, εἰς το καταργησαι την ἐπαγγελιαν.
5 4 κατηργηθητε ἀπο χριστου οἱτινες ἐν νομω δικαιουσθε,
11 ἀρα κατηργηται το σκανδαλον του σταυρου.
Eph 2 15 ὁ ποιησας τα ἀμφοτερα ἑν και το μεσοτοιχον του φραγμου λυσας, την ἐχθραν, ἐν τη σαρκι αὐτου τον νομον των ἐντολων ἐν δογμασιν καταργησας,
2Th 2 8 ὁν ὁ κυριος [ἰησους] ἀνελει τω πνευματι του στοματος αὐτου και καταργησει τη ἐπιφανεια της παρουσιας αὐτου,
2Tm 1 10 του σωτρος ἡμων χριστου ἰησου, καταργησαντος μεν τον θανατον φωτισαντος δε ζωην και ἀφθαρσιαν
Heb 2 14 και αὐτος παραπλησιως μετεσχεν των αὐτων, ἱνα δια του θανατου καταργηση τον το κρατος ἐχοντα του θανατου,

καταριθμεω [1]

Ac 1 17 ὁτι κατηριθμημενος ἠν ἐν ἡμιν και ἐλαχεν τον κληρον της διακονιας ταυτης.

καταρτιζω [13]

Mt 4 21 ἰακωβον τον του ζεβεδαιου και ἰωαννην τον ἀδελφον αὐτου, ἐν τω πλοιω μετα ζεβεδαιου του πατρος αὐτων καταρτιζοντας τα δικτυα αὐτων·
21 16 ναι· οὐδεποτε ἀνεγνωτε ὁτι ἐκ στοματος νηπιων και θηλαζοντων κατηρτισω αἰνον;
Mc 1 19 και προβας ὀλιγον εἰδεν ἰακωβον τον του ζεβεδαιου και ἰωαννην τον ἀδελφον αὐτου και αὐτους ἐν τω πλοιω καταρτιζοντας τα δικτυα.
Lc 6 40 οὐκ ἐστιν μαθητης ὑπερ τον διδασκαλον· κατηρτισμενος δε πας ἐσται ὡς ὁ διδασκαλος αὐτου.
Rm 9 22 εἰ δε θελων ὁ θεος ἐνδειξασθαι την ὀργην και γνωρισαι το δυνατον αὐτου ἠνεγκεν ἐν πολλη μακροθυμια σκευη ὀργης κατηρτισμενα εἰς ἀπωλειαν,
1Co 1 10 ἠτε δε κατηρτισμενοι ἐν τω αὐτω νοι και ἐν τη αὐτη γνωμη.
2Co 13 11 λοιπον, ἀδελφοι, χαιρετε, καταρτιζεσθε, παρακαλεισθε, το αὐτο φρονειτε, εἰρηνευετε,
Ga 6 1 ἀδελφοι, ἐαν και προλημφθη ἀνθρωπος ἐν τινι παραπτωματι, ὑμεις οἱ πνευματικοι καταρτιζετε τον τοιουτον ἐν πνευματι πραυτητος,
1Th 3 10 νυκτος και ἡμερας ὑπερεκπερισσου δεομενοι εἰς το ἰδειν ὑμων το προσωπον και καταρτισαι τα ὑστερηματα της πιστεως ὑμων;
Heb 10 5 θυσιαν και προσφοραν οὐκ ἠθελησας, σωμα δε κατηρτισω μοι·
11 3 πιστει νοουμεν κατηρτισθαι τους αἰωνας ῥηματι θεου,
13 21 ὁ δε θεος της εἰρηνης, ὁ ἀναγαγων ἐκ νεκρων τον ποιμενα των προβατων τον μεγαν ἐν αἱματι διαθηκης αἰωνιου, τον κυριον ἡμων ἰησουν, καταρτισαι ὑμας ἐν παντι ἀγαθω
1Pt 5 10 ὁ δε θεος πασης χαριτος, ὁ καλεσας ὑμας εἰς την αἰωνιον αὐτου δοξαν ἐν χριστω [ἰησου], ὀλιγον παθοντας αὐτος καταρτισει,

καταρτισις [1]

2Co 13 9 τουτο και εὐχομεθα, την ὑμων καταρτισιν.

καταρτισμος [1]

Eph 4 12 προς τον καταρτισμον των ἁγιων εἰς ἐργον διακονιας,

κατασειω [4]

Ac 12 17 κατασεισας δε αὐτοις τη χειρι σιγαν διηγησατο [αὐτοις] πως ὁ κυριος αὐτον ἐξηγαγεν ἐκ της φυλακης,
13 16 ἀναστας δε παυλος και κατασεισας τη χειρι εἰπεν·
19 33 ὁ δε ἀλεξανδρος κατασεισας την χειρα ἠθελεν ἀπολογεισθαι τω δημω·
21 40 ἐπιτρεψαντος δε αὐτου ὁ παυλος ἐστως ἐπι των ἀναβαθμων κατεσεισεν τη χειρι τω λαω·

κατασκαπτω [2]

Ac   15 16   και τα κατεσκαμμενα αυτης ανοικοδομησω και ανορθωσω αυτην,

Rm   11 3   κυριε, τους προφητας σου απεκτειναν, τα θυσιαστηρια σου κατεσκαψαν,

κατασκευαζω [11]

Mt   11 10   ιδου εγω αποστελλω τον αγγελον μου προ προσωπου σου, ος κατασκευασει την οδον σου εμπροσθεν σου.

Mc   1 2   ιδου αποστελλω τον αγγελον μου προ προσωπου σου, ος κατασκευασει την οδον σου·

Lc   1 17   και αυτος προελευσεται ενωπιον αυτου εν πνευματι και δυναμει ηλιου, επιστρεψαι καρδιας πατερων επι τεκνα και απειθεις εν φρονησει δικαιων, ετοιμασαι κυριω λαον κατεσκευασμενον.

    7 27   ιδου αποστελλω τον αγγελον μου προ προσωπου σου, ος κατασκευασει την οδον σου εμπροσθεν σου.

Heb   3 3   πλειονος γαρ ουτος δοξης παρα μωυσην ηξιωται καθ οσον πλειονα τιμην εχει ο οικου ο κατασκευασας αυτον.

    4   πας γαρ οικος κατασκευαζεται υπο τινος,

    4   ο δε παντα κατασκευασας θεος.

    9 2   σκηνη γαρ κατεσκευασθη η πρωτη,

    6   τουτων δε ουτως κατεσκευασμενων εις μεν την πρωτην σκηνην δια παντος εισιασιν οι ιερεις τας λατρειας επιτελουντες,

    11 7   πιστει χρηματισθεις νωε περι των μηδεπω βλεπομενων, ευλαβηθεις κατεσκευασεν κιβωτον εις σωτηριαν του οικου αυτου,

1Pt   3 20   απειθησασιν ποτε οτε απεξεδεχετο η του θεου μακροθυμια εν ημεραις νωε κατασκευαζομενης κιβωτου,

κατασκηνοω [4]

Mt   13 32   μειζον των λαχανων εστιν και γινεται δενδρον, ωστε ελθειν τα πετεινα του ουρανου και κατασκηνουν εν τοις κλαδοις αυτου.

Mc   4 32   και ποιει κλαδους μεγαλους, ωστε δυνασθαι υπο την σκιαν αυτου τα πετεινα του ουρανου κατασκηνουν.

Lc   13 19   και ηυξησεν και εγενετο εις δενδρον, και τα πετεινα του ουρανου κατεσκηνωσεν εν τοις κλαδοις αυτου.

Ac   2 26   ετι δε και η σαρξ μου κατασκηνωσει επ ελπιδι,

κατασκηνωσις [2]

Mt   8 20   αι αλωπεκες φωλεους εχουσιν και τα πετεινα του ουρανου κατασκηνωσεις,

Lc   9 58   αι αλωπεκες φωλεους εχουσιν και τα πετεινα του ουρανου κατασκηνωσεις, ο δε υιος του ανθρωπου ουκ εχει που την κεφαλην κλινη.

κατασκιαζω [1]

Heb   9 5   υπερανω δε αυτης χερουβιμ δοξης κατασκιαζοντα το ιλαστηριον·

κατασκοπεω [1]

Ga   2 4   δια δε τους παρεισακτους ψευδαδελφους, οιτινες παρεισηλθον κατασκοπησαι την ελευθεριαν ημων ην εχομεν εν χριστω ιησου,

κατασκοπος [1]

Heb   11 31   πιστει ρααβ η πορνη ου συναπωλετο τοις απειθησασιν, δεξαμενη τους κατασκοπους μετ ειρηνης.

κατασοφιζομαι [1]

Ac   7 19   ουτος κατασοφισαμενος το γενος ημων εκακωσεν τους πατερας [ημων] του ποιειν τα βρεφη εκθετα αυτων εις το μη ζωογονεισθαι.

καταστελλω [2]

Ac   19 35   καταστειλας δε ο γραμματευς τον οχλον φησιν·

    36   αναντιρρητων ουν οντων τουτων δεον εστιν υμας κατεσταλμενους υπαρχειν και μηδεν προπετες πρασσειν.

καταστημα [1]

Tit   2 3   πρεσβυτιδας ωσαυτως εν καταστηματι ιεροπρεπεις, μη διαβολους, μη οινω πολλω δεδουλωμενας, καλοδιδασκαλους,

καταστολη [1]

1Tm   2 9   ωσαυτως [και] γυναικας εν καταστολη κοσμιω, μετα αιδους και σωφροσυνης κοσμειν εαυτας,

καταστρεφω [2]

Mt   21 12   και τας τραπεζας των κολλυβιστων κατεστρεψεν και τας καθεδρας των πωλουντων τας περιστερας,

Mc   11 15   και τας τραπεζας των κολλυβιστων και τας καθεδρας των πωλουντων τας περιστερας κατεστρεψεν,

καταστρηνιαω [1]

1Tm   5 11   οταν γαρ καταστρηνιασωσιν του χριστου, γαμειν θελουσιν,

καταστροφη [2]

2Tm   2 14   επ ουδεν χρησιμον, επι καταστροφη των ακουοντων.

2Pt   2 6   και πολεις σοδομων και γομορρας τεφρωσας [καταστροφη] κατεκρινεν,

καταστρωννυμι [1]

1Co   10 5   αλλ ουκ εν τοις πλειοσιν αυτων ευδοκησεν ο θεος· κατεστρωθησαν γαρ εν τη ερημω.

κατασυρω [1]

Lc   12 58   εν τη οδω δος εργασιαν απηλλαχθαι απ αυτου, μηποτε κατασυρη σε προς τον κριτην,

κατασφαζω [1]

Lc   19 27   πλην τους εχθρους μου τουτους τους μη θελησαντας με βασιλευσαι επ αυτους αγαγετε ωδε και κατασφαξατε αυτους εμπροσθεν μου.

κατασφραγιζω [1]

Apc   5 1   και ειδον επι την δεξιαν του καθημενου επι του θρονου βιβλιον γεγραμμενον εσωθεν και οπισθεν, κατεσφραγισμενον σφραγισιν επτα.

κατασχεσις [2]

Ac   7 5   και επηγγειλατο δουναι αυτω εις κατασχεσιν αυτην και τω σπερματι αυτου μετ αυτον,

    45   ην και εισηγαγον διαδεξαμενοι οι πατερες ημων μετα ιησου εν τη κατασχεσει των εθνων,

κατατιθημι [2]

Ac   24 27   θελων τε χαριτα καταθεσθαι τοις ιουδαιοις ο φηλιξ κατελιπε τον παυλον δεδεμενον.

    25 9   ο φηστος δε θελων τοις ιουδαιοις χαριν καταθεσθαι, αποκριθεις τω παυλω ειπεν·

κατατομη [1]

Php   3 2   βλεπετε τους κακους εργατας, βλεπετε την κατατομην.

κατατρεχω [1]

Ac   21 32   ος εξαυτης παραλαβων στρατιωτας και εκατονταρχας κατεδραμεν επ αυτους·

καταφερω [4]

Ac   20 9   καθεζομενος δε τις νεανιας ονοματι ευτυχος επι της θυριδος, καταφερομενος υπνω βαθει, διαλεγομενου του παυλου επι πλειον,

    9   κατενεχθεις απο του υπνου επεσεν απο του τριστεγου κατω και ηρθη νεκρος.

καταφερω [4]

Ac	25 7	παραγενομενου δε αυτου περιεστησαν αυτον οι απο ιεροσολυμων καταβεβηκοτες ιουδαιοι, πολλα και βαρεα αιτιωματα *καταφεροντες*,
	26 10	αναιρουμενων τε αυτων *κατηνεγκα* ψηφον,

καταφευγω [2]

Ac	14 6	συνιδοντες *κατεφυγον* εις τας πολεις της λυκαονιας λυστραν και δερβην και την περιχωρον·
Heb	6 18	ινα δια δυο πραγματων αμεταθετων, εν οις αδυνατον ψευσασθαι [τον] θεον, ισχυραν παρακλησιν εχωμεν οι *καταφυγοντες*

καταφθειρω [1]

2Tm	3 8	ανθρωποι *κατεφθαρμενοι* τον νουν, αδοκιμοι περι την πιστιν.

καταφιλεω [6]

Mt	26 49	χαιρε, ραββι, και *κατεφιλησεν* αυτον.
Mc	14 45	και *κατεφιλησεν* αυτον·
Lc	7 38	και ταις θριξιν της κεφαλης αυτης εξεμασσεν, και *κατεφιλει* τους ποδας αυτου και ηλειφεν τω μυρω.
	45	αυτη δε αφ ης εισηλθον ου διελιπεν *καταφιλουσα* μου τους ποδας.
	15 20	και δραμων επεπεσεν επι τον τραχηλον αυτου και *κατεφιλησεν* αυτον.
Ac	20 37	ικανος δε κλαυθμος εγενετο παντων, και επιπεσοντες επι τον τραχηλον του παυλου *κατεφιλουν* αυτον,

καταφρονεω [9]

Mt	6 24	η ενος ανθεξεται και του ετερου *καταφρονησει*.
	18 10	ορατε μη *καταφρονησητε* ενος των μικρων τουτων·
Lc	16 13	η γαρ τον ενα μισησει και τον ετερον αγαπησει, η ενος ανθεξεται και του ετερου *καταφρονησει*.
Rm	2 4	η του πλουτου της χρηστοτητος αυτου και της ανοχης και της μακροθυμιας *καταφρονεις*, αγνοων οτι το χρηστον του θεου εις μετανοιαν σε αγει;
1Co	11 22	η της εκκλησιας του θεου *καταφρονειτε*, και καταισχυνετε τους μη εχοντας;
1Tm	4 12	μηδεις σου της νεοτητος *καταφρονειτω*,
	6 2	οι δε πιστους εχοντες δεσποτας μη *καταφρονειτωσαν*,
Heb	12 2	αφορωντες εις τον της πιστεως αρχηγον και τελειωτην ιησουν, ος αντι της προκειμενης αυτω χαρας υπεμεινεν σταυρον αισχυνης *καταφρονησας*,
2Pt	2 10	αδικους δε εις ημεραν κρισεως κολαζομενους τηρειν, μαλιστα δε τους οπισω σαρκος εν επιθυμια μιασμου πορευομενους και κυριοτητος *καταφρονουντας*.

καταφρονητης [1]

Ac	13 41	ιδετε, οι *καταφρονηται*, και θαυμασατε και αφανισθητε,

καταχεω [2]

Mt	26 7	του δε ιησου γενομενου εν βηθανια εν οικια σιμωνος του λεπρου, προσηλθεν αυτω γυνη εχουσα αλαβαστρον μυρου βαρυτιμου και *κατεχεεν* επι της κεφαλης αυτου ανακειμενου.
Mc	14 3	συντριψασα την αλαβαστρον *κατεχεεν* αυτου της κεφαλης.

καταχθονιος [1]

Php	2 10	και εχαρισατο αυτω το ονομα το υπερ παν ονομα, ινα εν τω ονοματι ιησου παν γονυ καμψη επουρανιων και επιγειων και *καταχθονιων*,

καταχραομαι [2]

1Co	7 31	και οι αγοραζοντες ως μη κατεχοντες, και οι χρωμενοι τον κοσμον ως μη *καταχρωμενοι*·
	9 18	ινα ευαγγελιζομενος αδαπανον θησω το ευαγγελιον, εις το μη *καταχρησασθαι* τη εξουσια μου εν τω ευαγγελιω.

καταψυχω [1]

Lc	16 24	πατερ αβρααμ, ελεησον με και πεμψον λαζαρον ινα βαψη το ακρον του δακτυλου αυτου υδατος και *καταψυξη* την γλωσσαν μου,

κατειδωλος [1]

Ac	17 16	εν δε ταις αθηναις εκδεχομενου αυτους του παυλου, παρωξυνετο το πνευμα αυτου εν αυτω θεωρουντος *κατειδωλον* ουσαν την πολιν.

κατεναντι [8]

Mt	21 2	πορευεσθε εις την κωμην την *κατεναντι* υμων,
Mc	11 2	υπαγετε εις την κωμην την *κατεναντι* υμων, και ευθυς εισπορευομενοι εις αυτην ευρησετε πωλον δεδεμενον εφ ον ουδεις ουπω ανθρωπων εκαθισεν·
	12 41	και καθισας *κατεναντι* του γαζοφυλακιου εθεωρει πως ο οχλος βαλλει χαλκον εις το γαζοφυλακιον·
	13 3	και καθημενου αυτου εις το ορος των ελαιων *κατεναντι* του ιερου, επηρωτα αυτον κατ ιδιαν πετρος και ιακωβος και ιωαννης και ανδρεας·
Lc	19 30	υπαγετε εις την *κατεναντι* κωμην, εν η εισπορευομενοι ευρησετε πωλον δεδεμενον,
Rm	4 17	*κατεναντι* ου επιστευσεν θεου του ζωοποιουντος τους νεκρους και καλουντος τα μη οντα ως οντα·
2Co	2 17	αλλ ως εξ ειλικρινειας, αλλ ως εκ θεου *κατεναντι* θεου εν χριστω λαλουμεν.
	12 19	*κατεναντι* θεου εν χριστω λαλουμεν·

κατενωπιον [3]

Eph	1 4	ειναι ημας αγιους και αμωμους *κατενωπιον* αυτου, εν αγαπη
Col	1 22	παραστησαι υμας αγιους και αμωμους και ανεγκλητους *κατενωπιον* αυτου,
Ju	24	τω δε δυναμενω φυλαξαι υμας απταιστους και στησαι *κατενωπιον* της δοξης αυτου αμωμους εν αγαλλιασει,

κατεξουσιαζω [2]

Mt	20 25	οιδατε οτι οι αρχοντες των εθνων κατακυριευουσιν αυτων και οι μεγαλοι *κατεξουσιαζουσιν* αυτων.
Mc	10 42	οιδατε οτι οι δοκουντες αρχειν των εθνων κατακυριευουσιν αυτων και οι μεγαλοι αυτων *κατεξουσιαζουσιν* αυτων.

κατεργαζομαι [22]

Rm	1 27	αρσενες εν αρσεσιν την ασχημοσυνην *κατεργαζομενοι* και την αντιμισθιαν ην εδει της πλανης αυτων εν εαυτοις απολαμβανοντες.
	2 9	θλιψις και στενοχωρια επι πασαν ψυχην ανθρωπου του *κατεργαζομενου* το κακον,
	4 15	ο γαρ νομος οργην *κατεργαζεται*·
	5 3	ου μονον δε, αλλα και καυχωμεθα εν ταις θλιψεσιν, ειδοτες οτι η θλιψις υπομονην *κατεργαζεται*,
	7 8	αφορμην δε λαβουσα η αμαρτια δια της εντολης *κατειργασατο* εν εμοι πασαν επιθυμιαν·
	13	αλλα η αμαρτια, ινα φανη αμαρτια, δια του αγαθου μοι *κατεργαζομενη* θανατον,
	15	ο γαρ *κατεργαζομαι* ου γινωσκω·
	17	νυνι δε ουκετι εγω *κατεργαζομαι* αυτο αλλα η οικουσα εν εμοι αμαρτια.
	18	το γαρ θελειν παρακειται μοι, το δε *κατεργαζεσθαι* το καλον ου·
	20	ει δε ο ου θελω [εγω] τουτο ποιω, ουκετι εγω *κατεργαζομαι* αυτο αλλα η οικουσα εν εμοι αμαρτια.
	15 18	ου γαρ τολμησω τι λαλειν ων ου *κατειργασατο* χριστος δι εμου εις υπακοην εθνων,
1Co	5 3	εγω μεν γαρ, απων τω σωματι, παρων δε τω πνευματι, ηδη κεκρικα ως παρων τον ουτως τουτο *κατεργασαμενον*
2Co	4 17	το γαρ παραυτικα ελαφρον της θλιψεως ημων καθ υπερβολην εις υπερβολην αιωνιον βαρος δοξης *κατεργαζεται* ημιν,
	5 5	ο δε *κατεργασαμενος* ημας εις αυτο τουτο θεος,
	7 10	η δε του κοσμου λυπη θανατον *κατεργαζεται*.
	11	ιδου γαρ αυτο τουτο το κατα θεον λυπηθηναι ποσην *κατειργασατο* υμιν σπουδην,
	9 11	εν παντι πλουτιζομενοι εις πασαν απλοτητα, ητις *κατεργαζεται* δι ημων ευχαριστιαν τω θεω·
	12 12	τα μεν σημεια του αποστολου *κατειργασθη* εν υμιν εν παση υπομονη,

κατεργαζομαι [22]

Eph	6 13	δια τουτο άναλαβετε την πανοπλιαν του θεου, ίνα δυνηθητε άντιστηναι έν τη ήμερα τη πονηρα και άπαντα *κατεργασαμενοι* στηναι.
Php	2 12	μετα φοβου και τρομου την έαυτων σωτηριαν *κατεργαζεσθε·*
Ja	1 3	γινωσκοντες ότι το δοκιμιον ύμων της πιστεως *κατεργαζεται* ύπομονην.
1Pt	4 3	άρκετος γαρ ό παρεληλυθως χρονος το βουλημα των έθνων *κατειργασθαι,*

κατερχομαι [16]

Lc	4 31	και *κατηλθεν* είς καφαρναουμ πολιν της γαλιλαιας.
	9 37	έγενετο δε τη έξης ήμερα *κατελθοντων* αύτων άπο του όρους συνηντησεν αύτω όχλος πολυς.
Ac	8 5	φιλιππος δε *κατελθων* είς [την] πολιν της σαμαρειας έκηρυσσεν αύτοις τον χριστον.
	9 32	έγενετο δε πετρον διερχομενον δια παντων *κατελθειν* και προς τους άγιους τους κατοικουντας λυδδα.
	11 27	έν ταυταις δε ταις ήμεραις *κατηλθον* άπο ίεροσολυμων προφηται είς άντιοχειαν.
	12 19	και *κατελθων* άπο της ίουδαιας είς καισαρειαν διετριβεν.
	13 4	αύτοι μεν ούν έκπεμφθεντες ύπο του άγιου πνευματος *κατηλθον* είς σελευκειαν,
	15 1	και τινες *κατελθοντες* άπο της ίουδαιας έδιδασκον τους άδελφους ότι έαν μη περιτμηθητε τω έθει τω μωυσεως, ού δυνασθε σωθηναι.
	30	οί μεν ούν άπολυθεντες *κατηλθον* είς άντιοχειαν, και συναγαγοντες το πληθος έπεδωκαν την έπιστολην.
	18 5	ώς δε *κατηλθον* άπο της μακεδονιας ό τε σιλας και ό τιμοθεος, συνειχετο τω λογω ό παυλος.
	22	άνηχθη άπο της έφεσου, και *κατελθων* είς καισαρειαν,
	19 1	έγενετο δε έν τω τον άπολλω είναι έν κορινθω παυλον διελθοντα τα άνωτερικα μερη *[κατ]ελθειν* είς έφεσον και εύρειν τινας μαθητας,
	21 3	άναφανεντες δε την κυπρον και καταλιποντες αύτην εύωνυμον έπλεομεν είς συριαν, και *κατηλθομεν* είς τυρον·
	10	έπιμενοντων δε ήμερας πλειους *κατηλθεν* τις άπο της ίουδαιας προφητης όνοματι άγαβος,
	27 5	το τε πελαγος το κατα την κιλικιαν και παμφυλιαν διαπλευσαντες *κατηλθομεν* είς μυρα της λυκιας.
Ja	3 15	ούκ έστιν αύτη ή σοφια άνωθεν *κατερχομενη,*

κατεσθιω [15]

Mt	13 4	και έλθοντα τα πετεινα *κατεφαγεν* αύτα.
	23 14*	ούαι ύμιν, γραμματεις και φαρισαιοι, ύποκριται, ότι *κατεσθιετε* τας οίκιας των χηρων, και προφασει μακρα προσευχομενοι·
Mc	4 4	και ήλθεν τα πετεινα και *κατεφαγεν* αύτο.
	12 40	οί *κατεσθιοντες* τας οίκιας των χηρων και προφασει μακρα προσευχομενοι,
Lc	8 5	και τα πετεινα του ούρανου *κατεφαγεν* αύτο.
	15 30	ότε δε ό υίος σου ούτος ό *καταφαγων* σου τον βιον μετα πορνων ήλθεν, έθυσας αύτω τον σιτευτον μοσχον.
	20 47	οί *κατεσθιουσιν* τας οίκιας των χηρων και προφασει μακρα προσευχονται·
Jh	2 17	ό ζηλος του οίκου σου *καταφαγεται* με.
2Co	11 20	άνεχεσθε γαρ εί τις ύμας καταδουλοι, εί τις *κατεσθιει,* εί τις λαμβανει, εί τις έπαιρεται, εί τις είς προσωπον ύμας δερει.
Ga	5 15	εί δε άλληλους δακνετε και *κατεσθιετε,* βλεπετε μη ύπ άλληλων άναλωθητε.
Apc	10 9	λαβε και *καταφαγε* αύτο, και πικρανει σου την κοιλιαν,
	10	και έλαβον το βιβλαριδιον έκ της χειρος του άγγελου και *κατεφαγον* αύτο,
	11 5	και εί τις αύτους θελει άδικησαι, πυρ έκπορευεται έκ του στοματος αύτων και *κατεσθιει* τους έχθρους αύτων·
	12 4	και ό δρακων έστηκεν ένωπιον της γυναικος της μελλουσης τεκειν, ίνα όταν τεκη το τεκνον αύτης *καταφαγη.*
	20 9	και κατεβη πυρ έκ του ούρανου και *κατεφαγεν* αύτους·

κατευθυνω [3]

Lc	1 79	έπιφαναι τοις έν σκοτει και σκια θανατου καθημενοις, του *κατευθυναι* τους ποδας ήμων είς όδον είρηνης.
1Th	3 11	αύτος δε ό θεος και πατηρ ήμων και ό κυριος ήμων ίησους *κατευθυναι* την όδον ήμων προς ύμας·
2Th	3 5	ό δε κυριος *κατευθυναι* ύμων τας καρδιας είς την άγαπην του θεου και είς την ύπομονην του χριστου.

κατευλογεω [1]

Mc	10 16	και έναγκαλισαμενος αύτα *κατευλογει* τιθεις τας χειρας έπ αύτα.

κατεφισταμαι [1]

Ac	18 12	γαλλιωνος δε άνθυπατου όντος της άχαιας *κατεπεστησαν* όμοθυμαδον οί ίουδαιοι τω παυλω

κατεχω [18]

Lc	4 42	και ήλθον έως αύτου, και *κατειχον* αύτον του μη πορευεσθαι άπ αύτων.
	8 15	το δε έν τη καλη γη, ούτοι είσιν οίτινες έν καρδια καλη και άγαθη άκουσαντες τον λογον *κατεχουσιν* και καρποφορουσιν έν ύπομονη.
	14 9	και τοτε άρξη μετα αίσχυνης τον έσχατον τοπον *κατεχειν.*
Jh	5 4*	ό ούν πρωτος έμβας μετα την ταραχην του ύδατος ύγιης έγινετο οίωδηποτουν *κατειχετο* νοσηματι.
Ac	27 40	άμα άνεντες τας ζευκτηριας των πηδαλιων, και έπαραντες τον άρτεμωνα τη πνεουση *κατειχον* είς τον αίγιαλον.
Rm	1 18	άποκαλυπτεται γαρ όργη θεου άπ ούρανου έπι πασαν άσεβειαν και άδικιαν άνθρωπων των την άληθειαν έν άδικια *κατεχοντων,*
	7 6	νυνι δε κατηργηθημεν άπο του νομου, άποθανοντες έν ώ *κατειχομεθα,*
1Co	7 30	και οί χαιροντες ώς μη χαιροντες, και οί άγοραζοντες ώς μη *κατεχοντες,*
	11 2	έπαινω δε ύμας ότι παντα μου μεμνησθε και καθως παρεδωκα ύμιν τας παραδοσεις *κατεχετε.*
	15 2	τίνι λογω εύηγγελισαμην ύμιν εί *κατεχετε,* έκτος εί μη είκη έπιστευσατε.
2Co	6 10	ώς πτωχοι πολλους δε πλουτιζοντες, ώς μηδεν έχοντες και παντα *κατεχοντες.*
1Th	5 21	παντα δε δοκιμαζετε, το καλον *κατεχετε·*
2Th	2 6	και νυν το *κατεχον* οίδατε,
	7	μονον ό *κατεχων* άρτι έως έκ μεσου γενηται.
Phm	13	όν έγω έβουλομην προς έμαυτον *κατεχειν,*
Heb	3 6	ού οίκος έσμεν ήμεις, έαν[περ] την παρρησιαν και το καυχημα της έλπιδος *κατασχωμεν.*
	14	μετοχοι γαρ του χριστου γεγοναμεν, έανπερ την άρχην της ύποστασεως μεχρι τελους βεβαιαν *κατασχωμεν.*
	10 23	*κατεχωμεν* την όμολογιαν της έλπιδος άκλινη, πιστος γαρ ό έπαγγειλαμενος,

κατηγορεω [23]

Mt	12 10	εί έξεστιν τοις σαββασιν θεραπευσαι; ίνα *κατηγορησωσιν* αύτου.
	27 12	και έν τω *κατηγορεισθαι* αύτον ύπο των άρχιερεων και πρεσβυτερων ούδεν άπεκρινατο.
Mc	3 2	και παρετηρουν αύτον εί τοις σαββασιν θεραπευσει αύτον, ίνα *κατηγορησωσιν* αύτου.
	15 3	και *κατηγορουν* αύτου οί άρχιερεις πολλα.
	4	ούκ άποκρινη ούδεν; ίδε ποσα σου *κατηγορουσιν.*
Lc	6 7	παρετηρουντο δε αύτον οί γραμματεις και οί φαρισαιοι εί έν τω σαββατω θεραπευει, ίνα εύρωσιν *κατηγορειν* αύτου.
	23 2	ήρξαντο δε *κατηγορειν* αύτου λεγοντες·
	10	είστηκεισαν δε οί άρχιερεις και οί γραμματεις εύτονως *κατηγορουντες* αύτου.
	14	και ίδου έγω ένωπιον ύμων άνακρινας ούθεν εύρον έν τω άνθρωπω τουτω αίτιον ών *κατηγορειτε* κατ αύτου.
Jh	5 45	μη δοκειτε ότι έγω *κατηγορησω* ύμων προς τον πατερα·
	45	έστιν ό *κατηγορων* ύμων μωυσης,
	8 6*	τουτο δε έλεγον πειραζοντες αύτον, ίνα έχωσιν *κατηγορειν* αύτου.
Ac	22 30	τη δε έπαυριον βουλομενος γνωναι το άσφαλες, το τί *κατηγορειται* ύπο των ίουδαιων,
	24 2	κληθεντος δε αύτου ήρξατο *κατηγορειν* ό τερτυλλος λεγων·
	8	παρ ού δυνηση αύτος άνακρινας περι παντων τουτων έπιγνωναι ών ήμεις *κατηγορουμεν* αύτου.
	13	ούδε παραστησαι δυνανται σοι περι ών νυνι *κατηγορουσιν* μου.
	19	τινες δε άπο της άσιας ίουδαιοι, ούς έδει έπι σου παρειναι και *κατηγορειν* εί τι έχοιεν προς έμε.
	25 5	οί ούν έν ύμιν, φησιν, δυνατοι συγκαταβαντες, εί τι έστιν έν τω άνδρι άτοπον, *κατηγορειτωσαν* αύτου.
	11	εί δε ούδεν έστιν ών ούτοι *κατηγορουσιν* μου, ούδεις με δυναται αύτοις χαρισασθαι·

κατηγορεω [23]

Ac 25 16 προς οὓς ἀπεκριθην ὅτι οὐκ ἔστιν ἔθος ῥωμαιοις χαριζεσθαι τινα ἄνθρωπον πριν ἢ ὁ *κατηγορουμενος* κατα προσωπον ἔχοι τους κατηγορους τοπον τε ἀπολογιας λαβοι περι του ἐγκληματος.

28 19 ἀντιλεγοντων δε των ἰουδαιων ἠναγκασθην ἐπικαλεσασθαι καισαρα, οὐχ ὡς του ἔθνους μου ἔχων τι *κατηγορειν*.

Rm 2 15 συμμαρτυρουσης αὐτων της συνειδησεως και μεταξυ ἀλληλων των λογισμων *κατηγορουντων* ἢ και ἀπολογουμενων,

Apc 12 10 ὅτι ἐβληθη ὁ κατηγωρ των ἀδελφων ἡμων, ὁ *κατηγορων* αὐτους ἐνωπιον του θεου ἡμων ἡμερας και νυκτος.

κατηγορια [3]

Jh 18 29 τινα *κατηγοριαν* φερετε [κατα] του ἀνθρωπου τουτου;
1Tm 5 19 κατα πρεσβυτερου *κατηγοριαν* μη παραδεχου,
Tit 1 6 εἴ τις ἐστιν ἀνεγκλητος, μιας γυναικος ἀνηρ, τεκνα ἔχων πιστα, μη ἐν *κατηγορια* ἀσωτιας ἢ ἀνυποτακτα.

κατηγορος [5]

Ac 23 30 ἐξαυτης ἐπεμψα προς σε, παραγγειλας και τοις *κατηγοροις* λεγειν [τα] προς αὐτον ἐπι σου.

35 και πυθομενος ὅτι ἀπο κιλικιας, διακουσομαι σου, ἔφη, ὅταν και οἱ *κατηγοροι* σου παραγενωνται·

24 7* παρελθων δε λυσιας ὁ χιλιαρχος μετα πολλης βιας ἐκ των χειρων ἡμων ἀπηγαγεν, κελευσας τους *κατηγορους* αὐτου ἔρχεσθαι ἐπι σε,

25 16 προς οὓς ἀπεκριθην ὅτι οὐκ ἔστιν ἔθος ῥωμαιοις χαριζεσθαι τινα ἄνθρωπον πριν ἢ ὁ κατηγορουμενος κατα προσωπον ἔχοι τους *κατηγορους* τοπον τε ἀπολογιας λαβοι περι του ἐγκληματος.

18 περι οὗ σταθεντες οἱ *κατηγοροι* οὐδεμιαν αἰτιαν ἔφερον ὧν ἐγω ὑπενοουν πονηρων,

κατηγωρ [1]

Apc 12 10 ὅτι ἐβληθη ὁ *κατηγωρ* των ἀδελφων ἡμων,

κατηφεια [1]

Ja 4 9 ὁ γελως ὑμων εἰς πενθος μετατραπητω και ἡ χαρα εἰς *κατηφειαν*.

κατηχεω [8]

Lc 1 4 ἔδοξε καμοι παρηκολουθηκοτι ἄνωθεν πασιν ἀκριβως καθεξης σοι γραψαι, κρατιστε θεοφιλε, ἵνα ἐπιγνως περι ὧν *κατηχηθης* λογων την ἀσφαλειαν.

Ac 18 25 οὗτος ἦν *κατηχημενος* την ὁδον του κυριου,

21 21 *κατηχηθησαν* δε περι σου ὅτι ἀποστασιαν διδασκεις ἀπο μωυσεως τους κατα τα ἔθνη παντας ἰουδαιους,

24 και δαπανησον ἐπ αὐτοις ἵνα ξυρησονται την κεφαλην, και γνωσονται παντες ὅτι ὧν *κατηχηνται* περι σου οὐδεν ἐστιν,

Rm 2 18 εἰ δε συ ἰουδαιος ἐπονομαζῃ και ἐπαναπαυῃ νομῳ και καυχασαι ἐν θεῳ και γινωσκεις το θελημα και δοκιμαζεις τα διαφεροντα *κατηχουμενος* ἐκ του νομου,

1Co 14 19 ἀλλα ἐν ἐκκλησιᾳ θελω πεντε λογους τῳ νοι μου λαλησαι, ἵνα και ἄλλους *κατηχησω*, ἢ μυριους λογους ἐν γλωσσῃ.

Ga 6 6 κοινωνειτω δε ὁ *κατηχουμενος* τον λογον τῳ κατηχουντι ἐν πασιν ἀγαθοις.

6 κοινωνειτω δε ὁ κατηχουμενος τον λογον τῳ *κατηχουντι* ἐν πασιν ἀγαθοις.

κατιοομαι [1]

Ja 5 3 ὁ χρυσος ὑμων και ὁ ἄργυρος *κατιωται*,

κατισχυω [3]

Mt 16 18 και ἐπι ταυτῃ τῃ πετρᾳ οἰκοδομησω μου την ἐκκλησιαν, και πυλαι ᾅδου οὐ *κατισχυσουσιν* αὐτης.

Lc 21 36 ἀγρυπνειτε δε ἐν παντι καιρῳ δεομενοι ἵνα *κατισχυσητε* ἐκφυγειν ταυτα παντα τα μελλοντα γινεσθαι,

23 23 οἱ δε ἐπεκειντο φωναις μεγαλαις αἰτουμενοι σταυρωθηναι, και *κατισχυον* αἱ φωναι αὐτων.

κατοικεω [44]

Mt 2 23 και ἐλθων *κατωκησεν* εἰς πολιν λεγομενην ναζαρετ·

κατοικεω [44]

Mt 4 13 και καταλιπων την ναζαρα ἐλθων *κατωκησεν* εἰς καφαρναουμ την παραθαλασσιαν ἐν ὁριοις ζαβουλων και νεφθαλιμ·

12 45 και εἰσελθοντα *κατοικει* ἐκει·

23 21 και ὁ ὀμοσας ἐν τῳ ναῳ ὀμνυει ἐν αὐτῳ και ἐν τῳ *κατοικουντι* αὐτον·

Lc 11 26 τοτε πορευεται και παραλαμβανει ἑτερα πνευματα πονηροτερα ἑαυτου ἑπτα, και εἰσελθοντα *κατοικει* ἐκει·

13 4 ἢ ἐκεινοι οἱ δεκαοκτω ἐφ οὓς ἔπεσεν ὁ πυργος ἐν τῳ σιλωαμ και ἀπεκτεινεν αὐτους, δοκειτε ὅτι αὐτοι ὀφειλεται ἐγενοντο παρα παντας τους ἀνθρωπους τους *κατοικουντας* ἱερουσαλημ;

Ac 1 19 και γνωστον ἐγενετο πασι τοις *κατοικουσιν* ἱερουσαλημ, ὡστε κληθηναι το χωριον ἐκεινο τῃ ἰδιᾳ διαλεκτῳ αὐτων ἁκελδαμαχ, τουτ ἐστιν χωριον αἱματος.

20 γενηθητω ἡ ἐπαυλις αὐτου ἐρημος και μη ἔστω ὁ *κατοικων* ἐν αὐτῃ, και· την ἐπισκοπην αὐτου λαβετω ἑτερος.

2 5 ἦσαν δε εἰς ἱερουσαλημ *κατοικουντες* ἰουδαιοι,

9 και οἱ *κατοικουντες* την μεσοποταμιαν, ἰουδαιαν τε και καππαδοκιαν,

14 ἄνδρες ἰουδαιοι και οἱ *κατοικουντες* ἱερουσαλημ παντες, τουτο ὑμιν γνωστον ἔστω,

4 16 ὅτι μεν γαρ γνωστον σημειον γεγονεν δι αὐτων, πασιν τοις *κατοικουσιν* ἱερουσαλημ φανερον,

7 2 ὁ θεος της δοξης ὤφθη τῳ πατρι ἡμων ἀβρααμ ὄντι ἐν τῃ μεσοποταμιᾳ πριν ἢ *κατοικησαι* αὐτον ἐν χαρραν,

4 τοτε ἐξελθων ἐκ γης χαλδαιων *κατωκησεν* ἐν χαρραν.

4 κακειθεν μετα το ἀποθανειν τον πατερα αὐτου μετωκισεν αὐτον εἰς την γην ταυτην εἰς ἣν ὑμεις νυν *κατοικειτε*,

48 ἀλλ οὐχ ὁ ὑψιστος ἐν χειροποιητοις *κατοικει·*

9 22 σαυλος δε μαλλον ἐνεδυναμουτο και συνεχυννεν [τους] ἰουδαιους τους *κατοικουντας* ἐν δαμασκῳ, συμβιβαζων ὅτι οὗτος ἐστιν ὁ χριστος.

32 ἐγενετο δε πετρον διερχομενον δια παντων κατελθειν και προς τους ἁγιους τους *κατοικουντας* λυδδα.

35 και εἶδαν αὐτον παντες οἱ *κατοικουντες* λυδδα και τον σαρωνα, οἵτινες ἐπεστρεψαν ἐπι τον κυριον.

11 29 των δε μαθητων καθως εὐπορειτο τις, ὡρισαν ἑκαστος αὐτων εἰς διακονιαν πεμψαι τοις *κατοικουσιν* ἐν τῃ ἰουδαιᾳ ἀδελφοις·

13 27 οἱ γαρ *κατοικουντες* ἐν ἱερουσαλημ και οἱ ἄρχοντες αὐτων τουτον ἀγνοησαντες και τας φωνας των προφητων τας κατα παν σαββατον ἀναγινωσκομενας κριναντες ἐπληρωσαν,

17 24 ὁ θεος ὁ ποιησας τον κοσμον και παντα τα ἐν αὐτῳ, οὗτος οὐρανου και γης ὑπαρχων κυριος οὐκ ἐν χειροποιητοις ναοις *κατοικει*,

26 ἐποιησεν τε ἐξ ἑνος παν ἔθνος ἀνθρωπων *κατοικειν* ἐπι παντος προσωπου της γης,

19 10 τουτο δε ἐγενετο ἐπι ἔτη δυο, ὡστε παντας τους *κατοικουντας* την ἀσιαν ἀκουσαι τον λογον του κυριου,

17 τουτο δε ἐγενετο γνωστον πασιν ἰουδαιοις τε και ἑλλησιν τοις *κατοικουσιν* την ἐφεσον,

22 12 ἁνανιας δε τις, ἀνηρ εὐλαβης κατα τον νομον, μαρτυρουμενος ὑπο παντων των *κατοικουντων* ἰουδαιων, ἐλθων προς με και ἐπιστας εἶπεν μοι·

Eph 3 17 *κατοικησαι* τον χριστον δια της πιστεως ἐν ταις καρδιαις ὑμων,

Col 1 19 ὅτι ἐν αὐτῳ εὐδοκησεν παν το πληρωμα *κατοικησαι* και δι αὐτου ἀποκαταλλαξαι τα παντα εἰς αὐτον,

2 9 ὅτι ἐν αὐτῳ *κατοικει* παν το πληρωμα της θεοτητος σωματικως,

Heb 11 9 πιστει παρῳκησεν εἰς γην της ἐπαγγελιας ὡς ἀλλοτριαν, ἐν σκηναις *κατοικησας*,

2Pt 3 13 καινους δε οὐρανους και γην καινην κατα το ἐπαγγελμα αὐτου προσδοκωμεν, ἐν οἷς δικαιοσυνη *κατοικει*.

Apc 2 13 ταδε λεγει ὁ ἔχων την ῥομφαιαν την διστομον την ὀξειαν οἶδα που *κατοικεις*·

13 και οὐκ ἠρνησω την πιστιν μου και ἐν ταις ἡμεραις ἀντιπας ὁ μαρτυς μου ὁ πιστος μου, ὃς ἀπεκτανθη παρ ὑμιν, ὁπου ὁ σατανας *κατοικει*.

3 10 της μελλουσης ἔρχεσθαι ἐπι της οἰκουμενης ὁλης, πειρασαι τους *κατοικουντας* ἐπι της γης.

6 10 ἑως ποτε, ὁ δεσποτης ὁ ἁγιος και ἀληθινος, οὐ κρινεις και ἐκδικεις το αἷμα ἡμων ἐκ των *κατοικουντων* ἐπι της γης;

8 13 οὐαι οὐαι οὐαι τους *κατοικουντας* ἐπι της γης

11 10 και οἱ *κατοικουντες* ἐπι της γης χαιρουσιν ἐπ αὐτοις και εὐφραινονται,

10 ὅτι οὗτοι οἱ δυο προφηται ἐβασανισαν τους *κατοικουντας* ἐπι της γης.

κατοικεω [44]

Apc 13 8   και προσκυνησουσιν αυτον παντες οι *κατοικουντες* επι της γης,

     12   και ποιει την γην και τους εν αυτη *κατοικουντας* ινα προσκυνησουσιν το θηριον το πρωτον,

     14   και πλανα τους *κατοικουντας* επι της γης δια τα σημεια α εδοθη αυτω ποιησαι ενωπιον του θηριου,

     14   λεγων τοις *κατοικουσιν* επι της γης ποιησαι εικονα τω θηριω,

17 2   και εμεθυσθησαν οι *κατοικουντες* την γην εκ του οινου της πορνειας αυτης.

     8   και θαυμασθησονται οι *κατοικουντες* επι της γης,

κατοικησις [1]

Mc 5 3   ευθυς υπηντησεν αυτω εκ των μνημειων ανθρωπος εν πνευματι ακαθαρτω, ος την *κατοικησιν* ειχεν εν τοις μνημασιν,

κατοικητηριον [2]

Eph 2 22   εν ω και υμεις συνοικοδομεισθε εις *κατοικητηριον* του θεου εν πνευματι.

Apc 18 2   επεσεν επεσεν βαβυλων η μεγαλη, και εγενετο *κατοικητηριον* δαιμονιων

κατοικια [1]

Ac 17 26   εποιησεν τε εξ ενος παν εθνος ανθρωπων κατοικειν επι παντος προσωπου της γης, ορισας προστεταγμενους καιρους και τας οροθεσιας της *κατοικιας* αυτων,

κατοικιζω [1]

Ja 4 5   η δοκειτε οτι κενως η γραφη λεγει· προς φθονον επιποθει το πνευμα ο *κατωκισεν* εν ημιν;

κατοπτριζω [1]

2Co 3 18   ημεις δε παντες ανακεκαλυμμενω προσωπω την δοξαν κυριου *κατοπτριζομενοι* την αυτην εικονα μεταμορφουμεθα απο δοξης εις δοξαν,

κατω [9]

Mt 4 6   ει υιος ει του θεου, βαλε σεαυτον *κατω·*

     27 51   και ιδου το καταπετασμα του ναου εσχισθη απ ανωθεν εως *κατω* εις δυο,

Mc 14 66   και οντος του πετρου *κατω* εν τη αυλη ερχεται μια των παιδισκων του αρχιερεως,

     15 38   και το καταπετασμα του ναου εσχισθη εις δυο απ ανωθεν εως *κατω.*

Lc 4 9   ει υιος ει του θεου, βαλε σεαυτον εντευθεν *κατω·*

Jh 8 6*   ο δε ιησους *κατω* κυψας τω δακτυλω κατεγραφεν εις την γην.

     23   υμεις εκ των *κατω* εστε, εγω εκ των ανω ειμι·

Ac 2 19   και δωσω τερατα εν τω ουρανω ανω και σημεια επι της γης *κατω,*

     20 9   κατενεχθεις απο του υπνου επεσεν απο του τριστεγου *κατω* και ηρθη νεκρος.

κατωτερος [1]

Eph 4 9   το δε ανεβη τι εστιν ει μη οτι και κατεβη εις τα *κατωτερα* [μερη] της γης;

κατωτερω [1]

Mt 2 16   και αποστειλας ανειλεν παντας τους παιδας τους εν βηθλεεμ και εν πασι τοις οριοις αυτης απο διετους και *κατωτερω,*

καυδα [1]

Ac 27 16   νησιον δε τι υποδραμοντες καλουμενον *καυδα* ισχυσαμεν μολις περικρατεις γενεσθαι της σκαφης,

καυμα [2]

Apc 7 16   ουδε μη πεση επ αυτους ο ηλιος ουδε παν *καυμα,*

     16 9   και εκαυματισθησαν οι ανθρωποι *καυμα* μεγα,

καυματιζω [4]

Mt 13 6   ηλιου δε ανατειλαντος *εκαυματισθη,* και δια το μη εχειν ριζαν εξηρανθη.

Mc 4 6   και οτε ανετειλεν ο ηλιος *εκαυματισθη,*

Apc 16 8   και εδοθη αυτω *καυματισαι* τους ανθρωπους εν πυρι.

     9   και *εκαυματισθησαν* οι ανθρωποι καυμα μεγα,

καυσις [1]

Heb 6 8   εκφερουσα δε ακανθας και τριβολους αδοκιμος και καταρας εγγυς, ης το τελος εις *καυσιν.*

καυσοομαι [2]

2Pt 3 10   στοιχεια δε *καυσουμενα* λυθησεται, και γη και τα εν αυτη εργα ευρεθησεται.

     12   προσδοκωντας και σπευδοντας την παρουσιαν της του θεου ημερας, δι ην ουρανοι πυρουμενοι λυθησονται και στοιχεια *καυσουμενα* τηκεται.

καυστηριαζομαι [1]

1Tm 4 2   εν υποκρισει ψευδολογων, *κεκαυστηριασμενων* την ιδιαν συνειδησιν,

καυσων [3]

Mt 20 12   ουτοι οι εσχατοι μιαν ωραν εποιησαν, και ισους ημιν αυτους εποιησας τοις βαστασασι το βαρος της ημερας και τον *καυσωνα.*

Lc 12 55   και οταν νοτον πνεοντα, λεγετε οτι *καυσων* εσται, και γινεται.

Ja 1 11   ανετειλεν γαρ ο ηλιος συν τω *καυσωνι* και εξηρανεν τον χορτον,

καυχαομαι [37]

Rm 2 17   ει δε συ ιουδαιος επονομαζη και επαναπαυη νομω και *καυχασαι* εν θεω και γινωσκεις το θελημα και δοκιμαζεις τα διαφεροντα κατηχουμενος εκ του νομου,

     23   ος εν νομω *καυχασαι,* δια της παραβασεως του νομου τον θεον ατιμαζεις;

     5 2   δι ου και την προσαγωγην εσχηκαμεν [τη πιστει] εις την χαριν ταυτην εν η εστηκαμεν, και *καυχωμεθα* επ ελπιδι της δοξης του θεου.

     3   ου μονον δε, αλλα και *καυχωμεθα* εν ταις θλιψεσιν,

     11   ου μονον δε, αλλα και *καυχωμενοι* εν τω θεω δια του κυριου ημων ιησου χριστου,

1Co 1 29   και τα αγενη του κοσμου και τα εξουθενημενα εξελεξατο ο θεος, τα μη οντα, ινα τα οντα καταργηση, οπως μη *καυχησηται* πασα σαρξ ενωπιον του θεου.

     31   ο *καυχωμενος* εν κυριω καυχασθω.

     31   ο καυχωμενος εν κυριω *καυχασθω.*

     3 21   ωστε μηδεις *καυχασθω* εν ανθρωποις·

     4 7   ει δε και ελαβες, τι *καυχασαι* ως μη λαβων;

     13 3   καν ψωμισω παντα τα υπαρχοντα μου, και εαν παραδω το σωμα μου ινα *καυχησωμαι,* αγαπην δε μη εχω, ουδεν ωφελουμαι.

2Co 5 12   αλλα αφορμην διδοντες υμιν *καυχηματος* υπερ ημων, ινα εχητε προς τους εν προσωπω *καυχωμενους* και μη εν καρδια.

     7 14   οτι ει τι αυτω υπερ υμων *κεκαυχημαι,* ου κατησχυνθην,

     9 2   οιδα γαρ την προθυμιαν υμων ην υπερ υμων *καυχωμαι* μακεδοσιν οτι αχαια παρεσκευασται απο περυσι,

     10 8   εαν [τε] γαρ περισσοτερον τι *καυχησωμαι* περι της εξουσιας ημων, ης εδωκεν ο κυριος εις οικοδομην και ουκ εις καθαιρεσιν υμων, ουκ αισχυνθησομαι,

     13   ημεις δε ουκ εις τα αμετρα *καυχησομεθα,* αλλα κατα το μετρον του κανονος

     15   ουκ εις τα αμετρα *καυχωμενοι* εν αλλοτριοις κοποις,

     16   εις τα υπερεκεινα υμων ευαγγελισασθαι, ουκ εν αλλοτριω κανονι εις τα ετοιμα *καυχησασθαι.*

     17   ο δε *καυχωμενος* εν κυριω καυχασθω·

     17   ο δε καυχωμενος εν κυριω *καυχασθω·*

     11 12   ινα εκκοψω την αφορμην των θελοντων αφορμην, ινα εν ω *καυχωνται* ευρεθωσιν καθως και ημεις.

     16   καν ως αφρονα δεξασθε με, ινα καγω μικρον τι *καυχησωμαι.*

     18   επει πολλοι *καυχωνται* κατα σαρκα, καγω καυχησομαι.

     18   επει πολλοι καυχωνται κατα σαρκα, καγω *καυχησομαι.*

     30   ει *καυχασθαι* δει, τα της ασθενειας μου καυχησομαι.

     30   ει καυχασθαι δει, τα της ασθενειας μου *καυχησομαι.*

καυχαομαι [37]

2Co	12 1	καυχασθαι δει, ού συμφερον μεν,
	5	ύπερ του τοιουτου καυχησομαι, ύπερ δε έμαυτου ού καυχησομαι εί μη έν ταις άσθενειαις.
	5	ύπερ του τοιουτου καυχησομαι, ύπερ δε έμαυτου ού καυχησομαι εί μη έν ταις άσθενειαις.
	6	έαν γαρ θελησω καυχησασθαι, ούκ έσομαι άφρων, άληθειαν γαρ έρω·
	9	ήδιστα ούν μαλλον καυχησομαι έν ταις άσθενειαις μου,
Ga	6 13	ούδε γαρ οί περιτεμνομενοι αύτοι νομον φυλασσουσιν, άλλα θελουσιν ύμας περιτεμνεσθαι ίνα έν τη ύμετερα σαρκι καυχησωνται.
	14	έμοι δε μη γενοιτο καυχασθαι εί μη έν τω σταυρω του κυριου ήμων ίησου χριστου,
Eph	2 9	ούκ έξ έργων, ίνα μη τις καυχησηται.
Php	3 3	οί πνευματι θεου λατρευοντες και καυχωμενοι έν χριστω ίησου
Ja	1 9	καυχασθω δε ό άδελφος ό ταπεινος έν τω ύψει αύτου,
	4 16	νυν δε καυχασθε έν ταις άλαζονειαις ύμων·

καυχημα [11]

Rm	4 2	εί γαρ άβρααμ έξ έργων έδικαιωθη, έχει καυχημα· άλλ ού προς θεον.
1Co	5 6	ού καλον το καυχημα ύμων.
	9 15	καλον γαρ μοι μαλλον άποθανειν ή το καυχημα μου ούδεις κενωσει.
	16	έαν γαρ εύαγγελιζωμαι, ούκ έστιν μοι καυχημα·
2Co	1 14	καθως και έπεγνωτε ήμας άπο μερους, ότι καυχημα ύμων έσμεν καθαπερ και ύμεις ήμων έν τη ήμερα του κυριου [ήμων] ίησου.
	5 12	ού παλιν έαυτους συνιστανομεν ύμιν, άλλα άφορμην διδοντες ύμιν καυχηματος ύπερ ήμων,
	9 3	έπεμψα δε τους άδελφους, ίνα μη το καυχημα ήμων το ύπερ ύμων κενωθη έν τω μερει τουτω,
Ga	6 4	και τοτε είς έαυτον μονον το καυχημα έξει και ούκ είς τον έτερον·
Php	1 26	ίνα το καυχημα ύμων περισσευη έν χριστω ίησου έν έμοι δια της έμης παρουσιας παλιν προς ύμας.
	2 16	λογον ζωης έπεχοντες, είς καυχημα έμοι είς ήμεραν χριστου,
Heb	3 6	ού οίκος έσμεν ήμεις, έαν[περ] την παρρησιαν και το καυχημα της έλπιδος κατασχωμεν.

καυχησις [11]

Rm	3 27	πού ούν ή καυχησις; έξεκλεισθη.
	15 17	έχω ούν την καυχησιν έν χριστω ίησου τα προς τον θεον·
1Co	15 31	καθ ήμεραν άποθνησκω, νη την ύμετεραν καυχησιν, [άδελφοι],
2Co	1 12	ή γαρ καυχησις ήμων αύτη έστιν, το μαρτυριον της συνειδησεως ήμων,
	7 4	πολλη μοι παρρησια προς ύμας, πολλη μοι καυχησις ύπερ ύμων·
	14	άλλ ώς παντα έν άληθεια έλαλησαμεν ύμιν, ούτως και ή καυχησις ήμων ή έπι τιτου άληθεια έγενηθη.
	8 24	την ούν ένδειξιν της άγαπης ύμων και ήμων καυχησεως ύπερ ύμων είς αύτους ένδεικνυμενοι είς προσωπον των έκκλησιων.
	11 10	έστιν άληθεια χριστου έν έμοι, ότι ή καυχησις αύτη ού φραγησεται είς έμε έν τοις κλιμασιν της άχαιας.
	17	ού κατα κυριον λαλω, άλλ ώς έν άφροσυνη, έν ταυτη τη ύποστασει της καυχησεως.
1Th	2 19	τίς γαρ ήμων έλπις ή χαρα ή στεφανος καυχησεως
Ja	4 16	πασα καυχησις τοιαυτη πονηρα έστιν.

καφαρναουμ [16]

Mt	4 13	και καταλιπων την ναζαρα έλθων κατωκησεν είς καφαρναουμ την παραθαλασσιαν έν όριοις ζαβουλων και νεφθαλιμ·
	8 5	είσελθοντος δε αύτου είς καφαρναουμ προσηλθεν αύτω έκατονταρχος παρακαλων αύτον και λεγων·
	11 23	και συ, καφαρναουμ, μη έως ούρανου ύψωθηση;
	17 24	έλθοντων δε αύτων είς καφαρναουμ προσηλθον οί τα διδραχμα λαμβανοντες τω πετρω και είπαν·
Mc	1 21	και είσπορευονται είς καφαρναουμ·
	2 1	και είσελθων παλιν είς καφαρναουμ δι ήμερων ήκουσθη ότι έν οίκω έστιν.
	9 33	και ήλθον είς καφαρναουμ.
Lc	4 23	όσα ήκουσαμεν γενομενα είς την καφαρναουμ, ποιησον και ώδε έν τη πατριδι σου.

καφαρναουμ [16]

Lc	4 31	και κατηλθεν είς καφαρναουμ πολιν της γαλιλαιας.
	7 1	έπειδη έπληρωσεν παντα τα ρηματα αύτου είς τας άκοας του λαου, είσηλθεν είς καφαρναουμ.
	10 15	και συ, καφαρναουμ, μη έως ούρανου ύψωθηση; έως του άδου καταβηση.
Jh	2 12	μετα τουτο κατεβη είς καφαρναουμ αύτος και ή μητηρ αύτου και οί άδελφοι αύτου και οί μαθηται αύτου,
	4 46	και ήν τις βασιλικος ού ό υίος ήσθενει έν καφαρναουμ·
	6 17	κατεβησαν οί μαθηται αύτου έπι την θαλασσαν, και έμβαντες είς πλοιον ήρχοντο περαν της θαλασσης είς καφαρναουμ.
	24	ότε ούν είδεν ό όχλος ότι ίησους ούκ έστιν έκει ούδε οί μαθηται αύτου, ένεβησαν αύτοι είς τα πλοιαρια και ήλθον είς καφαρναουμ ζητουντες τον ίησουν.
	59	ταυτα είπεν έν συναγωγη διδασκων έν καφαρναουμ.

κεγχρεαι [2]

Ac	18 18	κειραμενος έν κεγχρεαις την κεφαλην· είχεν γαρ εύχην.
Rm	16 1	συνιστημι δε ύμιν φοιβην την άδελφην ήμων, ούσαν [και] διακονον της έκκλησιας της έν κεγχρεαις,

κεδρων [1]

Jh	18 1	ταυτα είπων ίησους έξηλθεν συν τοις μαθηταις αύτου περαν του χειμαρρου του κεδρων,

κειμαι [24]

Mt	3 10	ήδη δε ή άξινη προς την ριζαν των δενδρων κειται·
	5 14	ύμεις έστε το φως του κοσμου. ού δυναται πολις κρυβηναι έπανω όρους κειμενη·
	28 6	δευτε ίδετε τον τοπον όπου έκειτο.
Lc	2 12	και τουτο ύμιν το σημειον, εύρησετε βρεφος έσπαργανωμενον και κειμενον έν φατνη.
	16	και ήλθαν σπευσαντες, και άνευραν την τε μαριαμ και τον ίωσηφ και το βρεφος κειμενον έν τη φατνη·
	34	ίδου ούτος κειται είς πτωσιν και άναστασιν πολλων έν τω ίσραηλ και είς σημειον άντιλεγομενον και σου [δε] αύτης την ψυχην διελευσεται ρομφαια,
	3 9	ήδη δε και ή άξινη προς την ριζαν των δενδρων κειται·
	12 19	ψυχη, έχεις πολλα άγαθα κειμενα είς έτη πολλα· άναπαυου, φαγε, πιε, εύφραινου.
	23 53	και έθηκεν αύτον έν μνηματι λαξευτω, ού ούκ ήν ούδεις ούπω κειμενος.
Jh	2 6	ήσαν δε έκει λιθιναι ύδριαι έξ κατα τον καθαρισμον των ίουδαιων κειμεναι,
	19 29	σκευος έκειτο όξους μεστον·
	20 5	και παρακυψας βλεπει κειμενα τα όθονια, ού μεντοι είσηλθεν.
	6	και είσηλθεν είς το μνημειον· και θεωρει τα όθονια κειμενα,
	7	και θεωρει τα όθονια κειμενα, και το σουδαριον, ό ήν έπι της κεφαλης αύτου, ού μετα των όθονιων κειμενον άλλα χωρις έντετυλιγμενον είς ένα τοπον.
	12	και θεωρει δυο άγγελους έν λευκοις καθεζομενους, ένα προς τη κεφαλη και ένα προς τοις ποσιν, όπου έκειτο το σωμα του ίησου.
	21 9	ώς ούν άπεβησαν είς την γην, βλεπουσιν άνθρακιαν κειμενην και όψαριον έπικειμενον και άρτον.
1Co	3 11	θεμελιον γαρ άλλον ούδεις δυναται θειναι παρα τον κειμενον, ός έστιν ίησους χριστος.
2Co	3 15	άλλ έως σημερον ήνικα άν άναγινωσκηται μωυσης καλυμμα έπι την καρδιαν αύτων κειται·
Php	1 16	οί μεν έξ άγαπης, είδοτες ότι είς άπολογιαν του εύαγγελιου κειμαι,
1Th	3 3	αύτοι γαρ οίδατε ότι είς τουτο κειμεθα·
1Tm	1 9	είδως τουτο, ότι δικαιω νομος ού κειται,
1Jh	5 19	οίδαμεν ότι έκ του θεου έσμεν, και ό κοσμος όλος έν τω πονηρω κειται.
Apc	4 2	και ίδου θρονος έκειτο έν τω ούρανω,
	21 16	και ή πολις τετραγωνος κειται, και το μηκος αύτης όσον [και] το πλατος.

κειρια [1]

Jh	11 44	έξηλθεν ό τεθνηκως δεδεμενος τους ποδας και τας χειρας κειριαις,

κειρω [4]

Ac   8 32   ὡς προβατον ἐπι σφαγην ἠχθη, και ὡς ἀμνος ἐναντιον του κειραντος αὐτον ἀφωνος,

     18 18   κειραμενος ἐν κεγχρεαις την κεφαλην· εἰχεν γαρ εὐχην.

1Co   11 6   εἰ γαρ οὐ κατακαλυπτεται γυνη, και κειρασθω·

     6   εἰ δε αἰσχρον γυναικι το κειρασθαι ἠ ξυρασθαι, κατακαλυπτεσθω.

κελευσμα [1]

1Th   4 16   ὀτι αὐτος ὁ κυριος ἐν κελευσματι, ἐν φωνη ἀρχαγγελου και ἐν σαλπιγγι θεου, καταβησεται ἀπ οὐρανου,

κελευω [26]

Mt   8 18   ἰδων δε ὁ ἰησους ὀχλον περι αὐτον ἐκελευσεν ἀπελθειν εἰς το περαν.

     14 9   και λυπηθεις ὁ βασιλευς δια τους ὀρκους και τους συνανακειμενους ἐκελευσεν δοθηναι,

     19   και κελευσας τους ὀχλους ἀνακλιθηναι ἐπι του χορτου,

     28   κυριε, εἰ συ εἰ, κελευσον με ἐλθειν προς σε ἐπι τα ὑδατα.

     18 25   μη ἐχοντος δε αὐτου ἀποδουναι, ἐκελευσεν αὐτον ὁ κυριος πραθηναι και την γυναικα και τα τεκνα και παντα ὀσα ἐχει, και ἀποδοθηναι.

     27 58   τοτε ὁ πιλατος ἐκελευσεν ἀποδοθηναι.

     64   κελευσον οὐν ἀσφαλισθηναι τον ταφον ἐως της τριτης ἡμερας,

Lc   18 40   σταθεις δε ὁ ἰησους ἐκελευσεν αὐτον ἀχθηναι προς αὐτον.

Ac   4 15   κελευσαντες δε αὐτους ἐξω του συνεδριου ἀπελθειν, συνεβαλλον προς ἀλληλους λεγοντες·

     5 34   ἐκελευσεν ἐξω βραχυ τους ἀνθρωπους ποιησαι, εἰπεν τε προς αὐτους·

     8 38   και ἐκελευσεν στηναι το ἀρμα,

     12 19   ἡρωδης δε ἐπιζητησας αὐτον και μη εὑρων, ἀνακρινας τους φυλακας ἐκελευσεν ἀπαχθηναι,

     16 22   και συνεπεστη ὁ ὀχλος κατ αὐτων, και οἱ στρατηγοι περιρηξαντες αὐτων τα ἱματια ἐκελευον ῥαβδιζειν,

     21 33   τοτε ἐγγισας ὁ χιλιαρχος ἐπελαβετο αὐτου και ἐκελευσεν δεθηναι ἀλυσεσι δυσι,

     34   μη δυναμενου δε αὐτου γνωναι το ἀσφαλες δια τον θορυβον, ἐκελευσεν ἀγεσθαι αὐτον εἰς την παρεμβολην.

     22 24   κραυγαζοντων τε αὐτων και ῥιπτουντων τα ἱματια και κονιορτον βαλλοντων εἰς τον ἀερα, ἐκελευσεν ὁ χιλιαρχος εἰσαγεσθαι αὐτον εἰς την παρεμβολην,

     30   ἐλυσεν αὐτον, και ἐκελευσεν συνελθειν τους ἀρχιερεις και παν το συνεδριον,

     23 3   και συ καθη κρινων με κατα τον νομον, και παρανομων κελευεις με τυπτεσθαι;

     10   ἐκελευσεν το στρατευμα καταβαν ἀρπασαι αὐτον ἐκ μεσου αὐτων ἀγειν τε εἰς την παρεμβολην.

     35   κελευσας ἐν τω πραιτωριω του ἡρωδου φυλασσεσθαι αὐτον.

     24 7*   παρελθων δε λυσιας ὁ χιλιαρχος μετα πολλης βιας ἐκ των χειρων ἡμων ἀπηγαγεν, κελευσας τους κατηγορους αὐτου ἐρχεσθαι ἐπι σε,

     25 6   τη ἐπαυριον καθισας ἐπι του βηματος ἐκελευσεν τον παυλον ἀχθηναι.

     17   συνελθοντων οὐν [αὐτων] ἐνθαδε ἀναβολην μηδεμιαν ποιησαμενος τη ἐξης καθισας ἐπι του βηματος ἐκελευσα ἀχθηναι τον ἀνδρα·

     21   του δε παυλου ἐπικαλεσαμενου τηρηθηναι αὐτον εἰς την του σεβαστου διαγνωσιν, ἐκελευσα τηρεισθαι αὐτον ἐως οὑ ἀναπεμψω αὐτον προς καισαρα.

     23   και κελευσαντος του φηστου ἠχθη ὁ παυλος.

     27 43   ἐκελευσεν τε τους δυναμενους κολυμβαν ἀπορριψαντας πρωτους ἐπι την γην ἐξιεναι,

κενοδοξια [1]

Php   2 3   το ἐν φρονουντες, μηδεν κατ ἐριθειαν μηδε κατα κενοδοξιαν,

κενοδοξος [1]

Ga   5 26   μη γινωμεθα κενοδοξοι, ἀλληλους προκαλουμενοι, ἀλληλοις φθονουντες.

κενος [18]

Mc   12 3   και λαβοντες αὐτον ἐδειραν και ἀπεστειλαν κενον.

Lc   1 53   πεινωντας ἐνεπλησεν ἀγαθων και πλουτουντας ἐξαπεστειλεν κενους.

κενος [18]

Lc   20 10   οἱ δε γεωργοι ἐξαπεστειλαν αὐτον δειραντες κενον.

     11   οἱ δε κακεινον δειραντες και ἀτιμασαντες ἐξαπεστειλαν κενον.

Ac   4 25   ἱνατι ἐφρυαξαν ἐθνη και λαοι ἐμελετησαν κενα;

1Co   15 10   και ἡ χαρις αὐτου ἡ εἰς ἐμε οὐ κενη ἐγενηθη,

     14   εἰ δε χριστος οὐκ ἐγηγερται, κενον ἀρα [και] το κηρυγμα ἡμων,

     14   κενον ἀρα [και] το κηρυγμα ἡμων, κενη και ἡ πιστις ὑμων·

     58   ὡστε, ἀδελφοι μου ἀγαπητοι, ἑδραιοι γινεσθε, ἀμετακινητοι, περισσευοντες ἐν τω ἐργω του κυριου παντοτε, εἰδοτες ὀτι ὁ κοπος ὑμων οὐκ ἐστιν κενος ἐν κυριω.

2Co   6 1   συνεργουντες δε και παρακαλουμεν μη εἰς κενον την χαριν του θεου δεξασθαι ὑμας.

Ga   2 2   και ἀνεθεμην αὐτοις το εὐαγγελιον ὁ κηρυσσω ἐν τοις ἐθνεσιν, κατ ἰδιαν δε τοις δοκουσιν, μη πως εἰς κενον τρεχω ἠ ἐδραμον.

Eph   5 6   μηδεις ὑμας ἀπατατω κενοις λογοις·

Php   2 16   ὀτι οὐκ εἰς κενον ἐδραμον οὐδε εἰς κενον ἐκοπιασα.

     16   ὀτι οὐκ εἰς κενον ἐδραμον οὐδε εἰς κενον ἐκοπιασα.

Col   2 8   βλεπετε μη τις ὑμας ἐσται ὁ συλαγωγων δια της φιλοσοφιας και κενης ἀπατης κατα την παραδοσιν των ἀνθρωπων,

1Th   2 1   αὐτοι γαρ οἰδατε, ἀδελφοι, την εἰσοδον ἡμων την προς ὑμας, ὀτι οὐ κενη γεγονεν,

     3 5   μη πως ἐπειρασεν ὑμας ὁ πειραζων και εἰς κενον γενηται ὁ κοπος ἡμων.

Ja   2 20   θελεις δε γνωναι, ὠ ἀνθρωπε κενε, ὀτι ἡ πιστις χωρις των ἐργων ἀργη ἐστιν;

κενοφωνια [2]

1Tm   6 20   ὠ τιμοθεε, την παραθηκην φυλαξον, ἐκτρεπομενος τας βεβηλους κενοφωνιας και ἀντιθεσεις της ψευδωνυμου γνωσεως,

2Tm   2 16   τας δε βεβηλους κενοφωνιας περιιστασο·

κενοω [5]

Rm   4 14   εἰ γαρ οἱ ἐκ νομου κληρονομοι, κεκενωται ἡ πιστις και κατηργηται ἡ ἐπαγγελια·

1Co   1 17   οὐ γαρ ἀπεστειλεν με χριστος βαπτιζειν ἀλλα εὐαγγελιζεσθαι, οὐκ ἐν σοφια λογου, ἱνα μη κενωθη ὁ σταυρος του χριστου.

     9 15   καλον γαρ μοι μαλλον ἀποθανειν ἠ το καυχημα μου οὐδεις κενωσει.

2Co   9 3   ἐπεμψα δε τους ἀδελφους, ἱνα μη το καυχημα ἡμων το ὑπερ ὑμων κενωθη ἐν τω μερει τουτω,

Php   2 7   ὁς ἐν μορφη θεου ὑπαρχων οὐχ ἁρπαγμον ἡγησατο το εἰναι ἰσα θεω, ἀλλα ἑαυτον ἐκενωσεν μορφην δουλου λαβων,

κεντρον [4]

Ac   26 14   σαουλ σαουλ, τι με διωκεις; σκληρον σοι προς κεντρα λακτιζειν.

1Co   15 55   που σου, θανατε, το νικος; που σου, θανατε, το κεντρον;

     56   το δε κεντρον του θανατου ἡ ἁμαρτια, ἡ δε δυναμις της ἁμαρτιας ὁ νομος.

Apc   9 10   και ἐχουσιν οὐρας ὁμοιας σκορπιοις και κεντρα,

κεντυριων [3]

Mc   15 39   ἰδων δε ὁ κεντυριων ὁ παρεστηκως ἐξ ἐναντιας αὐτου ὀτι οὑτως ἐξεπνευσεν, εἰπεν·

     44   και προσκαλεσαμενος τον κεντυριωνα ἐπηρωτησεν αὐτον εἰ παλαι ἀπεθανεν.

     45   και γνους ἀπο του κεντυριωνος ἐδωρησατο το πτωμα τω ἰωσηφ.

κενως [1]

Ja   4 5   ἠ δοκειτε ὀτι κενως ἡ γραφη λεγει·

κεραια [2]

Mt   5 18   ἰωτα ἐν ἠ μια κεραια οὐ μη παρελθη ἀπο του νομου,

Lc   16 17   εὐκοπωτερον δε ἐστιν τον οὐρανον και την γην παρελθειν ἠ του νομου μιαν κεραιαν πεσειν.

κεραμευς [3]

Mt   27 7   συμβουλιον δε λαβοντες ηγορασαν εξ αυτων τον αγρον του κεραμεως εἰς ταφην τοις ξενοις.

      10   και εδωκαν αυτα εἰς τον αγρον του κεραμεως, καθα συνεταξεν μοι κυριος.

Rm   9 21   ἢ οὐκ ἐχει ἐξουσιαν ὁ κεραμευς του πηλου ἐκ του αὐτου φυραματος ποιησαι ὁ μεν εἰς τιμην σκευος, ὁ δε εἰς ἀτιμιαν;

κεραμικος [1]

Apc   2 27   και ποιμανει αὐτους ἐν ῥαβδῳ σιδηρᾳ, ὡς τα σκευη τα κεραμικα συντριβεται,

κεραμιον [2]

Mc   14 13   ὑπαγετε εἰς την πολιν, και ἀπαντησει ὑμιν ἀνθρωπος κεραμιον ὑδατος βασταζων·

Lc   22 10   ἰδου εἰσελθοντων ὑμων εἰς την πολιν συναντησει ὑμιν ἀνθρωπος κεραμιον ὑδατος βασταζων·

κεραμος [1]

Lc   5 19   και μη εὑροντες ποιας εἰσενεγκωσιν αὐτον δια τον ὀχλον, ἀναβαντες ἐπι το δωμα δια των κεραμων καθηκαν αὐτον συν τῳ κλινιδιῳ εἰς το μεσον ἐμπροσθεν του ἰησου.

κεραννυμι [3]

Apc   14 10   και αὐτος πιεται ἐκ του οἰνου του θυμου του θεου του κεκερασμενου ἀκρατου ἐν τῳ ποτηριῳ της ὀργης αὐτου,

      18 6   ἐν τῳ ποτηριῳ ᾧ ἐκερασεν κερασατε αὐτῃ διπλουν·

          6   ἐν τῳ ποτηριῳ ᾧ ἐκερασεν κερασατε αὐτῃ διπλουν·

κερας [11]

Lc   1 69   και ηγειρεν κερας σωτηριας ἡμιν ἐν οἰκῳ δαυιδ παιδος αὐτου,

Apc   5 6   ἀρνιον ἐστηκος ὡς ἐσφαγμενον, ἐχων κερατα ἑπτα και ὀφθαλμους ἑπτα,

      9 13   και ἠκουσα φωνην μιαν ἐκ των [τεσσαρων] κερατων του θυσιαστηριου του χρυσου του ἐνωπιον του θεου,

      12 3   και ἰδου δρακων μεγας πυρρος, ἐχων κεφαλας ἑπτα και κερατα δεκα και ἐπι τας κεφαλας αὐτου ἑπτα διαδηματα,

      13 1   και εἰδον ἐκ της θαλασσης θηριον ἀναβαινον, ἐχον κερατα δεκα και κεφαλας ἑπτα,

          1   και ἐπι των κερατων αὐτου δεκα διαδηματα,

         11   και εἰδον ἀλλο θηριον ἀναβαινον ἐκ της γης, και εἰχεν κερατα δυο ὁμοια ἀρνιῳ,

      17 3   και εἰδον γυναικα καθημενην ἐπι θηριον κοκκινον, γεμον[τα] ὀνοματα βλασφημιας, ἐχων κεφαλας ἑπτα και κερατα δεκα.

          7   ἐγω ἐρω σοι το μυστηριον της γυναικος και του θηριου του βασταζοντος αὐτην του ἐχοντος τας ἑπτα κεφαλας και τα δεκα κερατα.

         12   και τα δεκα κερατα ἁ εἰδες δεκα βασιλεις εἰσιν,

         16   και τα δεκα κερατα ἁ εἰδες και το θηριον, οὑτοι μισησουσιν την πορνην,

κερατιον [1]

Lc   15 16   και ἐπεθυμει χορτασθηναι ἐκ των κερατιων ὡν ἠσθιον οἱ χοιροι και οὐδεις ἐδιδου αὐτῳ.

κερδαινω [17]

Mt   16 26   τι γαρ ὠφεληθησεται ἀνθρωπος, ἐαν τον κοσμον ὁλον κερδηση, την δε ψυχην αὐτου ζημιωθη;

      18 15   ἐαν σου ἀκουση, ἐκερδησας τον ἀδελφον σου·

      25 16   εὐθεως πορευθεις ὁ τα πεντε ταλαντα λαβων ηργασατο ἐν αὐτοις και ἐκερδησεν ἀλλα πεντε·

         17   ὡσαυτως ὁ τα δυο ἐκερδησεν ἀλλα δυο.

         20   κυριε, πεντε ταλαντα μοι παρεδωκας· ἰδε ἀλλα πεντε ταλαντα ἐκερδησα.

         22   κυριε, δυο ταλαντα μοι παρεδωκας· ἰδε ἀλλα δυο ταλαντα ἐκερδησα.

Mc   8 36   τι γαρ ὠφελει ἀνθρωπον κερδησαι τον κοσμον ὁλον και ζημιωθηναι την ψυχην αὐτου;

Lc   9 25   τι γαρ ὠφελειται ἀνθρωπος κερδησας τον κοσμον ὁλον ἑαυτον δε ἀπολεσας ἢ ζημιωθεις;

Ac   27 21   ἐδει μεν, ὠ ἀνδρες, πειθαρχησαντας μοι μη ἀναγεσθαι ἀπο της κρητης κερδησαι τε την ὑβριν ταυτην και την ζημιαν.

κερδαινω [17]

1Co   9 19   ἐλευθερος γαρ ὡν ἐκ παντων πασιν ἐμαυτον ἐδουλωσα, ἱνα τους πλειονας κερδησω·

         20   και ἐγενομην τοις ἰουδαιοις ὡς ἰουδαιος, ἱνα ἰουδαιους κερδησω·

         20   τοις ὑπο νομον ὡς ὑπο νομον, μη ὡν αὐτος ὑπο νομον, ἱνα τους ὑπο νομον κερδησω·

         21   τοις ἀνομοις ὡς ἀνομος, μη ὡν ἀνομος θεου ἀλλ ἐννομος χριστου, ἱνα κερδανω τους ἀνομους·

         22   ἐγενομην τοις ἀσθενεσιν ἀσθενης, ἱνα τους ἀσθενεις κερδησω·

Php   3 8   και ἡγουμαι σκυβαλα ἱνα χριστον κερδησω και εὑρεθω ἐν αὐτῳ,

Ja   4 13   σημερον ἢ αὐριον πορευσομεθα εἰς τηνδε την πολιν και ποιησομεν ἐκει ἐνιαυτον και ἐμπορευσομεθα και κερδησομεν·

1Pt   3 1   ἱνα και εἰ τινες ἀπειθουσιν τῳ λογῳ, δια της των γυναικων ἀναστροφης ἀνευ λογου κερδηθησονται,

κερδος [3]

Php   1 21   ἐμοι γαρ το ζην χριστος και το ἀποθανειν κερδος.

         3 7   [ἀλλα] ἀτινα ἠν μοι κερδη, ταυτα ἡγημαι δια τον χριστον ζημιαν.

Tit   1 11   οὑς δει ἐπιστομιζειν, οἰτινες ὁλους οἰκους ἀνατρεπουσιν διδασκοντες ἁ μη δει αἰσχρου κερδους χαριν.

κερμα [1]

Jh   2 15   και των κολλυβιστων ἐξεχεεν το κερμα και τας τραπεζας ἀνετρεψεν,

κερματιστης [1]

Jh   2 14   και εὑρεν ἐν τῳ ἱερῳ τους πωλουντας βοας και προβατα και περιστερας και τους κερματιστας καθημενους,

κεφαλαιον [2]

Ac   22 28   ἐγω πολλου κεφαλαιου την πολιτειαν ταυτην ἐκτησαμην.

Heb   8 1   κεφαλαιον δε ἐπι τοις λεγομενοις, τοιουτον ἐχομεν ἀρχιερεα,

κεφαλη [75]

Mt   5 36   μητε ἐν τῃ κεφαλῃ σου ὀμοσης, ὁτι οὐ δυνασαι μιαν τριχα λευκην ποιησαι ἢ μελαιναν.

         6 17   συ δε νηστευων ἀλειψαι σου την κεφαλην και το προσωπον σου νιψαι,

         8 20   ὁ δε υἱος του ἀνθρωπου οὐκ ἐχει που την κεφαλην κλινη.

      10 30   ὑμων δε και αἱ τριχες της κεφαλης πασαι ἠριθμημεναι εἰσιν.

      14 8   δος μοι, φησιν, ὡδε ἐπι πινακι την κεφαλην ἰωαννου του βαπτιστου.

         11   και ἠνεχθη ἡ κεφαλη αὐτου ἐπι πινακι και ἐδοθη τῳ κορασιῳ,

      21 42   λιθον ὁν ἀπεδοκιμασαν οἱ οἰκοδομουντες, οὑτος ἐγενηθη εἰς κεφαλην γωνιας·

      26 7   του δε ἰησου γενομενου ἐν βηθανιᾳ ἐν οἰκιᾳ σιμωνος του λεπρου, προσηλθεν αὐτῳ γυνη ἐχουσα ἀλαβαστρον μυρου βαρυτιμου και κατεχεεν ἐπι της κεφαλης αὐτου ἀνακειμενου.

      27 29   και πλεξαντες στεφανον ἐξ ἀκανθων ἐπεθηκαν ἐπι της κεφαλης αὐτου και καλαμον ἐν τῃ δεξιᾳ αὐτου,

         30   και ἐμπτυσαντες εἰς αὐτον ἐλαβον τον καλαμον και ἐτυπτον εἰς την κεφαλην αὐτου.

         37   και ἐπεθηκαν ἐπανω της κεφαλης αὐτου την αἰτιαν αὐτου γεγραμμενην· οὑτος ἐστιν ἰησους ὁ βασιλευς των ἰουδαιων.

         39   οἱ δε παραπορευομενοι ἐβλασφημουν αὐτον κινουντες τας κεφαλας αὐτων και λεγοντες·

Mc   6 24   ἡ δε εἰπεν· την κεφαλην ἰωαννου του βαπτιζοντος.

         25   θελω ἱνα ἐξαυτης δως μοι ἐπι πινακι την κεφαλην ἰωαννου του βαπτιστου.

         27   και εὐθυς ἀποστειλας ὁ βασιλευς σπεκουλατορα ἐπεταξεν ἐνεγκαι την κεφαλην αὐτου.

         28   και ηνεγκεν την κεφαλην αὐτου ἐπι πινακι και ἐδωκεν αὐτην τῳ κορασιῳ,

      12 10   λιθον ὁν ἀπεδοκιμασαν οἱ οἰκοδομουντες, οὑτος ἐγενηθη εἰς κεφαλην γωνιας·

      14 3   συντριψασα την ἀλαβαστρον κατεχεεν αὐτου της κεφαλης.

      15 19   και ἐτυπτον αὐτου την κεφαλην καλαμῳ και ἐνεπτυον αὐτῳ,

         29   και οἱ παραπορευομενοι ἐβλασφημουν αὐτον κινουντες τας κεφαλας αὐτων και λεγοντες·

κεφαλη [75]

Lc	7 38	και ταις θριξιν της *κεφαλης* αυτης εξεμασσεν, και κατεφιλει τους ποδας αυτου και ηλειφεν τω μυρω·
	46	ελαιω την *κεφαλην* μου ουκ ηλειψας·
	9 58	αι αλωπεκες φωλεους εχουσιν και τα πετεινα του ουρανου κατασκηνωσεις, ο δε υιος του ανθρωπου ουκ εχει που την *κεφαλην* κλινη.
	12 7	αλλα και αι τριχες της *κεφαλης* υμων πασαι ηριθμηνται.
	20 17	λιθον ον απεδοκιμασαν οι οικοδομουντες, ουτος εγενηθη εις *κεφαλην* γωνιας;
	21 18	και θριξ εκ της *κεφαλης* υμων ου μη αποληται·
	28	αρχομενων δε τουτων γινεσθαι ανακυψατε και επαρατε τας *κεφαλας* υμων, διοτι εγγιζει η απολυτρωσις υμων.
Jh	13 9	κυριε, μη τους ποδας μου μονον αλλα και τας χειρας και την *κεφαλην*.
	19 2	και οι στρατιωται πλεξαντες στεφανον εξ ακανθων επεθηκαν αυτου τη *κεφαλη*,
	30	οτε ουν ελαβεν το οξος [ο] ιησους ειπεν· τετελεσται, και κλινας την *κεφαλην* παρεδωκεν το πνευμα.
	20 7	και θεωρει τα οθονια κειμενα, και το σουδαριον, ο ην επι της *κεφαλης* αυτου, ου μετα των οθονιων κειμενον αλλα χωρις εντετυλιγμενον εις ενα τοπον.
	12	και θεωρει δυο αγγελους εν λευκοις καθεζομενους, ενα προς τη *κεφαλη* και ενα προς τοις ποσιν, οπου εκειτο το σωμα του ιησου.
Ac	4 11	ουτος εστιν ο λιθος ο εξουθενηθεις υφ υμων των οικοδομων, ο γενομενος εις *κεφαλην* γωνιας.
	18 6	το αιμα υμων επι την *κεφαλην* υμων· καθαρος εγω απο του νυν εις τα εθνη πορευσομαι.
	18	κειραμενος εν κεγχρεαις την *κεφαλην*· ειχεν γαρ ευχην.
	21 24	τουτους παραλαβων αγνισθητι συν αυτοις, και δαπανησον επ αυτοις ινα ξυρησονται την *κεφαλην*,
	27 34	ουδενος γαρ υμων θριξ απο της *κεφαλης* απολειται.
Rm	12 20	τουτο γαρ ποιων ανθρακας πυρος σωρευσεις επι την *κεφαλην* αυτου.
1Co	11 3	θελω δε υμας ειδεναι οτι παντος ανδρος η *κεφαλη* ο χριστος εστιν,
	3	θελω δε υμας ειδεναι οτι παντος ανδρος η *κεφαλη* ο χριστος εστιν, *κεφαλη* δε γυναικος ο ανηρ,
	3	*κεφαλη* δε γυναικος ο ανηρ, *κεφαλη* δε του χριστου ο θεος.
	4	πας ανηρ προσευχομενος η προφητευων κατα *κεφαλης* εχων καταισχυνει την *κεφαλην* αυτου.
	4	πας ανηρ προσευχομενος η προφητευων κατα κεφαλης εχων καταισχυνει την *κεφαλην* αυτου.
	5	πασα δε γυνη προσευχομενη η προφητευουσα ακατακαλυπτω τη *κεφαλη* καταισχυνει την κεφαλην αυτης·
	5	πασα δε γυνη προσευχομενη η προφητευουσα ακατακαλυπτω τη κεφαλη καταισχυνει την *κεφαλην* αυτης·
	7	ανηρ μεν γαρ ουκ οφειλει κατακαλυπτεσθαι την *κεφαλην*, εικων και δοξα θεου υπαρχων·
	10	δια τουτο οφειλει η γυνη εξουσιαν εχειν επι της *κεφαλης* δια τους αγγελους.
	12 21	ου δυναται δε ο οφθαλμος ειπειν τη χειρι· χρειαν σου ουκ εχω, η παλιν η *κεφαλη* τοις ποσιν· χρειαν υμων ουκ εχω·
Eph	1 22	και αυτον εδωκεν *κεφαλην* υπερ παντα τη εκκλησια,
	4 15	αληθευοντες δε εν αγαπη αυξησωμεν εις αυτον τα παντα, ος εστιν η *κεφαλη*, χριστος,
	5 23	οτι ανηρ εστιν *κεφαλη* της γυναικος ως και ο χριστος κεφαλη της εκκλησιας,
	23	οτι ανηρ εστιν κεφαλη της γυναικος ως και ο χριστος *κεφαλη* της εκκλησιας,
Col	1 18	και αυτος εστιν η *κεφαλη* του σωματος, της εκκλησιας·
	2 10	και εστε εν αυτω πεπληρωμενοι, ος εστιν η *κεφαλη* πασης αρχης και εξουσιας,
	19	και ου κρατων την *κεφαλην*, εξ ου παν το σωμα δια των αφων και συνδεσμων επιχορηγουμενον και συμβιβαζομενον αυξει την αυξησιν του θεου.
1Pt	2 7	ουτος εγενηθη εις *κεφαλην* γωνιας και λιθος προσκομματος και πετρα σκανδαλου·
Apc	1 14	η δε *κεφαλη* αυτου και αι τριχες λευκαι ως εριον λευκον ως χιων,
	4 4	και επι τας *κεφαλας* αυτων στεφανους χρυσους.
	9 7	και επι τας *κεφαλας* αυτων ως στεφανοι ομοιοι χρυσω,
	17	και αι *κεφαλαι* των ιππων ως κεφαλαι λεοντων,
	17	και αι κεφαλαι των ιππων ως *κεφαλαι* λεοντων,
	19	αι γαρ ουραι αυτων ομοιαι οφεσιν, εχουσαι *κεφαλας*, και εν αυταις αδικουσιν.
	10 1	και η ιρις επι της *κεφαλης* αυτου,
	12 1	και η σεληνη υποκατω των ποδων αυτης, και επι της *κεφαλης* αυτης στεφανος αστερων δωδεκα,

κεφαλη [75]

Apc	12 3	και ιδου δρακων μεγας πυρρος, εχων *κεφαλας* επτα και κερατα δεκα και επι τας *κεφαλας* αυτου επτα διαδηματα,
	3	και ιδου δρακων μεγας πυρρος, εχων κεφαλας επτα και κερατα δεκα και επι τας *κεφαλας* αυτου επτα διαδηματα,
	13 1	και ειδον.εκ της θαλασσης θηριον αναβαινον, εχον κερατα δεκα και *κεφαλας* επτα,
	1	και επι τας *κεφαλας* αυτου ονομα[τα] βλασφημιας.
	3	και μιαν εκ των *κεφαλων* αυτου ως εσφαγμενην εις θανατον,
	14 14	και ειδον και ιδου νεφελην καθημενον ομοιον υιον ανθρωπου, εχων επι της *κεφαλης* αυτου στεφανον χρυσουν και εν τη χειρι αυτου δρεπανον οξυ.
	17 3	και ειδον γυναικα καθημενην επι θηριον κοκκινον, γεμον[τα] ονοματα βλασφημιας, εχων *κεφαλας* επτα και κερατα δεκα.
	7	εγω ερω σοι το μυστηριον της γυναικος και του θηριου του βασταζοντος αυτην του εχοντος τας επτα *κεφαλας* και τα δεκα κερατα.
	9	αι επτα *κεφαλαι* επτα ορη εισιν, οπου η γυνη καθηται επ αυτων,
	18 19	και εβαλον χουν επι τας *κεφαλας* αυτων και εκραζον κλαιοντες και πενθουντες, λεγοντες·
	19 12	και επι την *κεφαλην* αυτου διαδηματα πολλα,

κεφαλιοω [1]

Mc	12 4	και παλιν απεστειλεν προς αυτους αλλον δουλον· κακεινον *εκεφαλιωσαν* και ητιμασαν.

κεφαλις [1]

Heb	10 7	ιδου ηκω, εν *κεφαλιδι* βιβλιου γεγραπται περι εμου, του ποιησαι ο θεος το θελημα σου.

κημοω [1]

1Co	9 9	ου *κημωσεις* βουν αλοωντα.

κηνσος [4]

Mt	17 25	οι βασιλεις της γης απο τινων λαμβανουσιν τελη η *κηνσον*; απο των υιων αυτων η απο των αλλοτριων;
	22 17	εξεστιν δουναι *κηνσον* καισαρι η ου;
	19	επιδειξατε μοι το νομισμα του *κηνσου*.
Mc	12 14	εξεστιν δουναι *κηνσον* καισαρι η ου; δωμεν η μη δωμεν;

κηπος [5]

Lc	13 19	ομοια εστιν κοκκω σιναπεως, ον λαβων ανθρωπος εβαλεν εις *κηπον* εαυτου,
Jh	18 1	ταυτα ειπων ιησους εξηλθεν συν τοις μαθηταις αυτου περαν του χειμαρρου του κεδρων, οπου ην *κηπος*,
	26	λεγει εις εκ των δουλων του αρχιερεως, συγγενης ων ου απεκοψεν πετρος το ωτιον· ουκ εγω σε ειδον εν τω *κηπω* μετ αυτου;
	19 41	ην δε εν τω τοπω οπου εσταυρωθη *κηπος*,
	41	ην δε εν τω τοπω οπου εσταυρωθη κηπος, και εν τω *κηπω* μνημειον καινον,

κηπουρος [1]

Jh	20 15	εκεινη δοκουσα οτι ο *κηπουρος* εστιν, λεγει αυτω·

κηρυγμα [9]

Mt	12 41	ανδρες νινευιται αναστησονται εν τη κρισει μετα της γενεας ταυτης και κατακρινουσιν αυτην· οτι μετενοησαν εις το *κηρυγμα* ιωνα,
Mc	16 8*	μετα δε ταυτα και αυτος ο ιησους απο ανατολης και αχρι δυσεως εξαπεστειλεν δι αυτων το ιερον και αφθαρτον *κηρυγμα* της αιωνιου σωτηριας αμην.
Lc	11 32	οτι μετενοησαν εις το *κηρυγμα* ιωνα, και ιδου πλειον ιωνα ωδε.
Rm	16 25	[τω δε δυναμενω υμας στηριξαι κατα το ευαγγελιον μου και το *κηρυγμα* ιησου χριστου],
1Co	1 21	επειδη γαρ εν τη σοφια του θεου ουκ εγνω ο κοσμος δια της σοφιας τον θεον, ευδοκησεν ο θεος δια της μωριας του *κηρυγματος* σωσαι τους πιστευοντας.
	2 4	και ο λογος μου και το *κηρυγμα* μου ουκ εν πειθοι[ς] σοφιας [λογοις],

κηρυγμα [9]

1Co	15 14	εἰ δε χριστος οὐκ ἐγηγερται, κενον ἀρα [και] το *κηρυγμα* ἡμων,
2Tm	4 17	ὁ δε κυριος μοι παρεστη και ἐνεδυναμωσεν με, ἱνα δι ἐμου το *κηρυγμα* πληροφορηθη και ἀκουσωσιν παντα τα ἐθνη,
Tit	1 3	ἐφανερωσεν δε καιροις ἰδιοις τον λογον αὐτου ἐν *κηρυγματι* ὁ ἐπιστευθην ἐγω κατ ἐπιταγην του σωτηρος ἡμων θεου,

κηρυξ [3]

1Tm	2 7	εἰς ὁ ἐτεθην ἐγω *κηρυξ* και ἀποστολος, ἀληθειαν λεγω, οὐ ψευδομαι, διδασκαλος ἐθνων ἐν πιστει και ἀληθεια.
2Tm	1 11	δια του εὐαγγελιου, εἰς ὁ ἐτεθην ἐγω *κηρυξ* και ἀποστολος και διδασκαλος·
2Pt	2 5	και ἀρχαιου κοσμου οὐκ ἐφεισατο, ἀλλα ὀγδοον νωε δικαιοσυνης *κηρυκα* ἐφυλαξεν,

κηρυσσω [61]

Mt	3 1	ἐν δε ταις ἡμεραις ἐκειναις παραγινεται ἰωαννης ὁ βαπτιστης *κηρυσσων* ἐν τη ἐρημῳ της ἰουδαιας,
	4 17	ἀπο τοτε ἠρξατο ὁ ἰησους *κηρυσσειν* και λεγειν· μετανοειτε·
	23	διδασκων ἐν ταις συναγωγαις αὐτων και *κηρυσσων* το εὐαγγελιον της βασιλειας και θεραπευων πασαν νοσον και πασαν μαλακιαν ἐν τω λαω.
	9 35	και περιηγεν ὁ ἰησους τας πολεις πασας και τας κωμας, διδασκων ἐν ταις συναγωγαις αὐτων και *κηρυσσων* το εὐαγγελιον της βασιλειας και θεραπευων πασαν νοσον και πασαν μαλακιαν.
	10 7	πορευομενοι δε *κηρυσσετε* λεγοντες ὀτι ἠγγικεν ἡ βασιλεια των οὐρανων.
	27	και ὁ εἰς το οὐς ἀκουετε, *κηρυξατε* ἐπι των δωματων.
	11 1	και ἐγενετο ὀτε ἐτελεσεν ὁ ἰησους διατασσων τοις δωδεκα μαθηταις αὐτου, μετεβη ἐκειθεν του διδασκειν και *κηρυσσειν* ἐν ταις πολεσιν αὐτων.
	24 14	και *κηρυχθησεται* τουτο το εὐαγγελιον της βασιλειας ἐν ὀλη τη οἰκουμενη εἰς μαρτυριον πασιν τοις ἐθνεσιν,
	26 13	ὀπου ἐαν *κηρυχθη* το εὐαγγελιον τουτο ἐν ὀλῳ τω κοσμῳ, λαληθησεται και ὁ ἐποιησεν αὐτη εἰς μνημοσυνον αὐτης.
Mc	1 4	ἐγενετο ἰωαννης [ὁ] βαπτιζων ἐν τη ἐρημῳ και *κηρυσσων* βαπτισμα μετανοιας εἰς ἀφεσιν ἀμαρτιων.
	7	και *ἐκηρυσσεν* λεγων· ἐρχεται ὁ ἰσχυροτερος μου ὀπισω μου,
	14	μετα δε το παραδοθηναι τον ἰωαννην ἠλθεν ὁ ἰησους εἰς την γαλιλαιαν *κηρυσσων* το εὐαγγελιον του θεου και λεγων,
	38	ἀγωμεν ἀλλαχου εἰς τας ἐχομενας κωμοπολεις, ἱνα και ἐκει *κηρυξω·*
	39	και ἠλθεν *κηρυσσων* εἰς τας συναγωγας αὐτων εἰς ὀλην την γαλιλαιαν και τα δαιμονια ἐκβαλλων.
	45	ὁ δε ἐξελθων ἠρξατο *κηρυσσειν* πολλα και διαφημιζειν τον λογον,
	3 14	και ἱνα ἀποστελλη αὐτους *κηρυσσειν* και ἐχειν ἐξουσιαν ἐκβαλλειν τα δαιμονια· [και ἐποιησεν τους δωδεκα],
	5 20	και ἀπηλθεν και ἠρξατο *κηρυσσειν* ἐν τη δεκαπολει ὀσα ἐποιησεν αὐτῳ ὁ ἰησους.
	6 12	και ἐξελθοντες *ἐκηρυξαν* ἱνα μετανοωσιν,
	7 36	ὀσον δε αὐτοις διεστελλετο, αὐτοι μαλλον περισσοτερον *ἐκηρυσσον.*
	13 10	και εἰς παντα τα ἐθνη πρωτον δει *κηρυχθηναι* το εὐαγγελιον.
	14 9	ὀπου ἐαν *κηρυχθη* το εὐαγγελιον εἰς ὀλον τον κοσμον, και ὁ ἐποιησεν αὐτη λαληθησεται εἰς μνημοσυνον αὐτης.
	16 15	πορευθεντες εἰς τον κοσμον ἀπαντα *κηρυξατε* το εὐαγγελιον παση τη κτισει.
	20	ἐκεινοι δε ἐξελθοντες *ἐκηρυξαν* πανταχου, του κυριου συνεργουντος και τον λογον βεβαιουντος δια των ἐπακολουθουντων σημειων.
Lc	3 3	και ἠλθεν εἰς πασαν την περιχωρον του ἰορδανου *κηρυσσων* βαπτισμα μετανοιας εἰς ἀφεσιν ἀμαρτιων,
	4 18	εὐαγγελισασθαι πτωχοις, ἀπεσταλκεν με, *κηρυξαι* αἰχμαλωτοις ἀφεσιν και τυφλοις ἀναβλεψιν, ἀποστειλαι τεθραυσμενους ἐν ἀφεσει, *κηρυξαι* ἐνιαυτον κυριου δεκτον.
	19	εὐαγγελισασθαι πτωχοις, ἀπεσταλκεν με, *κηρυξαι* αἰχμαλωτοις ἀφεσιν και τυφλοις ἀναβλεψιν, ἀποστειλαι τεθραυσμενους ἐν ἀφεσει, *κηρυξαι* ἐνιαυτον κυριου δεκτον.
	44	και ἠν *κηρυσσων* εἰς τας συναγωγας της ἰουδαιας.
	8 1	και ἐγενετο ἐν τω καθεξης και αὐτος διωδευεν κατα πολιν και κωμην κηρυσσων και εὐαγγελιζομενος την βασιλειαν του θεου,
	39	και ἀπηλθεν καθ ὀλην την πολιν *κηρυσσων* ὀσα ἐποιησεν αὐτω ὁ ἰησους.

κηρυσσω [61]

Lc	9 2	και ἀπεστειλεν αὐτους *κηρυσσειν* την βασιλειαν του θεου και ἰασθαι [τους ἀσθενεις],
	12 3	και ὁ προς το οὐς ἐλαλησατε ἐν τοις ταμειοις *κηρυχθησεται* ἐπι των δωματων.
	24 47	και *κηρυχθηναι* ἐπι τω ὀνοματι αὐτου μετανοιαν εἰς ἀφεσιν ἀμαρτιων εἰς παντα τα ἐθνη, ἀρξαμενοι ἀπο ἰερουσαλημ.
Ac	8 5	φιλιππος δε κατελθων εἰς [την] πολιν της σαμαρειας *ἐκηρυσσεν* αὐτοις τον χριστον.
	9 20	και εὐθεως ἐν ταις συναγωγαις *ἐκηρυσσεν* τον ἰησουν, ὀτι οὑτος ἐστιν ὁ υἰος του θεου.
	10 37	ὑμεις οἰδατε το γενομενον ρημα καθ ὀλης της ἰουδαιας, ἀρξαμενος ἀπο της γαλιλαιας μετα το βαπτισμα ὁ *ἐκηρυξεν* ἰωαννης,
	42	και παρηγγειλεν ἡμιν *κηρυξαι* τω λαω και διαμαρτυρασθαι ὀτι οὑτος ἐστιν ὁ ὡρισμενος ὑπο του θεου κριτης ζωντων και νεκρων.
	15 21	μωυσης γαρ ἐκ γενεων ἀρχαιων κατα πολιν τους *κηρυσσοντας* αὐτον ἐχει ἐν ταις συναγωγαις κατα παν σαββατον ἀναγινωσκομενος.
	19 13	ὀρκιζω ὑμας τον ἰησουν ὁν παυλος *κηρυσσει.*
	20 25	και νυν ἰδου ἐγω οἰδα ὀτι οὐκετι ὀψεσθε το προσωπον μου ὑμεις παντες ἐν οἱς διηλθον *κηρυσσων* την βασιλειαν.
	28 31	και ἀπεδεχετο παντας τους εἰσπορευομενους προς αὐτον, *κηρυσσων* την βασιλειαν του θεου και διδασκων τα περι του κυριου ἰησου χριστου μετα πασης παρρησιας ἀκωλυτως.
Rm	2 21	ὁ οὐν διδασκων ἑτερον σεαυτον οὐ διδασκεις; ὁ *κηρυσσων* μη κλεπτειν κλεπτεις;
	10 8	ἐγγυς σου το ρημα ἐστιν, ἐν τω στοματι σου και ἐν τη καρδια σου· τουτ ἐστιν το ρημα της πιστεως ὁ *κηρυσσομεν.*
	14	πως δε πιστευσωσιν οὐ οὐκ ἠκουσαν; πως δε ἀκουσωσιν χωρις *κηρυσσοντος;*
	15	πως δε ἀκουσωσιν χωρις *κηρυσσοντος;* πως δε *κηρυξωσιν* ἐαν μη ἀποσταλωσιν;
1Co	1 23	ἐπειδη και ἰουδαιοι σημεια αἰτουσιν και ἑλληνες σοφιαν ζητουσιν, ἡμεις δε *κηρυσσομεν* χριστον ἐσταυρωμενον,
	9 27	ἀλλα ὑπωπιαζω μου το σωμα και δουλαγωγω, μη πως ἀλλοις *κηρυξας* αὐτος ἀδοκιμος γενωμαι.
	15 11	εἰτε οὐν ἐγω εἰτε ἐκεινοι, οὑτως *κηρυσσομεν* και οὑτως ἐπιστευσατε.
	12	εἰ δε χριστος *κηρυσσεται* ὀτι ἐκ νεκρων ἐγηγερται, πως λεγουσιν ἐν ὑμιν τινες ὀτι ἀναστασις νεκρων οὐκ ἐστιν;
2Co	1 19	ὁ του θεου γαρ υἰος ἰησους χριστος ὁ ἐν ὑμιν δι ἡμων *κηρυχθεις,* δι ἐμου και σιλουανου και τιμοθεου, οὐκ ἐγενετο ναι και οὐ,
	4 5	οὐ γαρ ἑαυτους *κηρυσσομεν* ἀλλα ἰησουν χριστον κυριον,
	11 4	εἰ μεν γαρ ὁ ἐρχομενος ἀλλον ἰησουν *κηρυσσει* ὁν οὐκ *ἐκηρυξαμεν,* ἠ πνευμα ἑτερον λαμβανετε ὁ οὐκ ἐλαβετε, ἠ εὐαγγελιον ἑτερον ὁ οὐκ ἐδεξασθε, καλως ἀνεχεσθε.
	4	εἰ μεν γαρ ὁ ἐρχομενος ἀλλον ἰησουν κηρυσσει ὁν οὐκ *ἐκηρυξαμεν,* ἠ πνευμα ἑτερον λαμβανετε ὁ οὐκ ἐλαβετε, ἠ εὐαγγελιον ἑτερον ὁ οὐκ ἐδεξασθε, καλως ἀνεχεσθε.
Ga	2 2	και ἀνεθεμην αὐτοις το εὐαγγελιον ὁ *κηρυσσω* ἐν τοις ἐθνεσιν, κατ ἰδιαν δε τοις δοκουσιν,
	5 11	ἐγω δε, ἀδελφοι, εἰ περιτομην ἐτι *κηρυσσω,* τι ἐτι διωκομαι;
Php	1 15	τινες μεν και δια φθονον και ἐριν, τινες δε και δι εὐδοκιαν τον χριστον *κηρυσσουσιν·*
Col	1 23	και μη μετακινουμενοι ἀπο της ἐλπιδος του εὐαγγελιου οὐ ἠκουσατε, του *κηρυχθεντος* ἐν παση κτισει τη ὑπο τον οὐρανον,
1Th	2 9	νυκτος και ἡμερας ἐργαζομενοι προς το μη ἐπιβαρησαι τινα ὑμων *ἐκηρυξαμεν* εἰς ὑμας το εὐαγγελιον του θεου.
1Tm	3 16	*ἐκηρυχθη* ἐν ἐθνεσιν, ἐπιστευθη ἐν κοσμω, ἀνελημφθη ἐν δοξη.
2Tm	4 2	*κηρυξον* τον λογον, ἐπιστηθι εὐκαιρως ἀκαιρως,
1Pt	3 19	ἐν ᾡ και τοις ἐν φυλακη πνευμασιν πορευθεις *ἐκηρυξεν,*
Apc	5 2	και εἰδον ἀγγελον ἰσχυρον *κηρυσσοντα* ἐν φωνη μεγαλη· τις ἀξιος ἀνοιξαι το βιβλιον και λυσαι τας σφραγιδας αὐτου;

κητος [1]

Mt	12 40	ὡσπερ γαρ ἠν ἰωνας ἐν τη κοιλια του *κητους* τρεις ἡμερας και τρεις νυκτας,

κηφας [9]

Jh	1 42	συ εἰ σιμων ὁ υἰος ἰωαννου, συ κληθηση *κηφας* ὁ ἑρμηνευεται πετρος.
1Co	1 12	ἐγω μεν εἰμι παυλου, ἐγω δε ἀπολλω, ἐγω δε *κηφα,* ἐγω δε χριστου.

κηφας [9]

1Co	3 22	παντα γαρ ὑμων ἐστιν, εἰτε παυλος εἰτε ἀπολλως εἰτε *κηφας*, εἰτε κοσμος εἰτε ζωη εἰτε θανατος,
	9 5	μη οὐκ ἐχομεν ἐξουσιαν ἀδελφην γυναικα περιαγειν, ὡς και οἱ λοιποι ἀποστολοι και οἱ ἀδελφοι του κυριου και *κηφας*;
	15 5	και ὁτι ἐγηγερται τη ἡμερα τη τριτη κατα τας γραφας, και ὁτι ὠφθη *κηφα*,
Ga	1 18	ἐπειτα μετα ἐτη τρια ἀνηλθον εἰς ἱεροσολυμα ἱστορησαι *κηφαν*,
	2 9	και γνοντες την χαριν την δοθεισαν μοι, ἰακωβος και *κηφας* και ἰωαννης,
	11	ὁτε δε ἡλθεν *κηφας* εἰς ἀντιοχειαν, κατα προσωπον αὐτω ἀντεστην,
	14	ἀλλ ὁτε εἰδον ὁτι οὐκ ὀρθοποδουσιν προς την ἀληθειαν του εὐαγγελιου, εἰπον τω *κηφα* ἐμπροσθεν παντων· εἰ συ ἰουδαιος ὑπαρχων ἐθνικως

κιβωτος [6]

Mt	24 38	γαμουντες και γαμιζοντες, ἀχρι ἡς ἡμερας εἰσηλθεν νωε εἰς την *κιβωτον*,
Lc	17 27	ἠσθιον, ἐπινον, ἐγαμουν, ἐγαμιζοντο, ἀχρι ἡς ἡμερας εἰσηλθεν νωε εἰς την *κιβωτον*,
Heb	9 4	χρυσουν ἐχουσα θυμιατηριον και την *κιβωτον* της διαθηκης περικεκαλυμμενην παντοθεν χρυσιω,
	11 7	πιστει χρηματισθεις νωε περι των μηδεπω βλεπομενων, εὐλαβηθεις κατεσκευασεν *κιβωτον* εἰς σωτηριαν του οἰκου αὐτου,
1Pt	3 20	ἀπειθησασιν ποτε ὁτε ἀπεξεδεχετο ἡ του θεου μακροθυμια ἐν ἡμεραις νωε κατασκευαζομενης *κιβωτου*,
Apc	11 19	και ὠφθη ἡ *κιβωτος* της διαθηκης αὐτου ἐν τω ναω αὐτου,

κιθαρα [4]

1Co	14 7	ὁμως τα ἀψυχα φωνην διδοντα, εἰτε αὐλος εἰτε *κιθαρα*,
Apc	5 8	τα τεσσαρα ζωα και οἱ εἰκοσιτεσσαρες πρεσβυτεροι ἐπεσαν ἐνωπιον του ἀρνιου, ἐχοντες ἑκαστος *κιθαραν* και φιαλας χρυσας γεμουσας θυμιαματων,
	14 2	και ἡ φωνη ἡν ἠκουσα ὡς κιθαρωδων κιθαριζοντων ἐν ταις *κιθαραις* αὐτων.
	15 2	και τους νικωντας ἐκ του θηριου και ἐκ της εἰκονος αὐτου και ἐκ του ἀριθμου του ὀνοματος αὐτου ἑστωτας ἐπι την θαλασσαν την ὑαλινην, ἐχοντας *κιθαρας* του θεου.

κιθαριζω [2]

1Co	14 7	ἐαν διαστολην τοις φθογγοις μη δω, πῶς γνωσθησεται το αὐλουμενον ἡ το *κιθαριζομενον*;
Apc	14 2	και ἡ φωνη ἡν ἠκουσα ὡς κιθαρωδων *κιθαριζοντων* ἐν ταις κιθαραις αὐτων.

κιθαρωδος [2]

Apc	14 2	και ἡ φωνη ἡν ἠκουσα ὡς *κιθαρωδων* κιθαριζοντων ἐν ταις κιθαραις αὐτων.
	18 22	και φωνη *κιθαρωδων* και μουσικων και αὐλητων και σαλπιστων οὐ μη ἀκουσθη ἐν σοι ἐτι,

κιλικια [8]

Ac	6 9	ἀνεστησαν δε τινες των ἐκ της συναγωγης της λεγομενης λιβερτινων και κυρηναιων και ἀλεξανδρεων και των ἀπο *κιλικιας* και ἀσιας συζητουντες τω στεφανω,
	15 23	οἱ ἀποστολοι και οἱ πρεσβυτεροι ἀδελφοι τοις κατα την ἀντιοχειαν και συριαν και *κιλικιαν* ἀδελφοις τοις ἐξ ἐθνων χαιρειν.
	41	διηρχετο δε την συριαν και [την] *κιλικιαν* ἐπιστηριζων τας ἐκκλησιας.
	21 39	ἐγω ἀνθρωπος μεν εἰμι ἰουδαιος, ταρσευς, της *κιλικιας* οὐκ ἀσημου πολεως πολιτης·
	22 3	ἐγω εἰμι ἀνηρ ἰουδαιος, γεγεννημενος ἐν ταρσω της *κιλικιας*,
	23 34	και πυθομενος ὁτι ἀπο *κιλικιας*, διακουσομαι σου, ἐφη, ὁταν και οἱ κατηγοροι σου παραγενωνται·
	27 5	το τε πελαγος το κατα την *κιλικιαν* και παμφυλιαν διαπλευσαντες κατηλθομεν εἰς μυρα της λυκιας.
Ga	1 21	ἐπειτα ἡλθον εἰς τα κλιματα της συριας και της *κιλικιας*.

κινδυνευω [4]

Lc	8 23	και κατεβη λαιλαψ ἀνεμου εἰς την λιμνην, και συνεπληρουντο και *ἐκινδυνευον*.
Ac	19 27	οὐ μονον δε τουτο *κινδυνευει* ἡμιν το μερος εἰς ἀπελεγμον ἐλθειν, ἀλλα και το της μεγαλης θεας ἀρτεμιδος ἱερον εἰς οὐθεν λογισθηναι,
	40	και γαρ *κινδυνευομεν* ἐγκαλεισθαι στασεως περι της σημερον,
1Co	15 30	τι και ἡμεις *κινδυνευομεν* πασαν ὡραν;

κινδυνος [9]

Rm	8 35	τις ἡμας χωρισει ἀπο της ἀγαπης του χριστου; θλιψις ἡ στενοχωρια ἡ διωγμος ἡ λιμος ἡ γυμνοτης ἡ *κινδυνος* ἡ μαχαιρα;
2Co	11 26	ὁδοιποριαις πολλακις, *κινδυνοις* ποταμων, κινδυνοις ληστων,
	26	ὁδοιποριαις πολλακις, κινδυνοις ποταμων, *κινδυνοις* ληστων,
	26	*κινδυνοις* ἐκ γενους, κινδυνοις ἐξ ἐθνων, κινδυνοις ἐν πολει,
	26	κινδυνοις ἐκ γενους, *κινδυνοις* ἐξ ἐθνων, κινδυνοις ἐν πολει,
	26	κινδυνοις ἐκ γενους, κινδυνοις ἐξ ἐθνων, *κινδυνοις* ἐν πολει,
	26	*κινδυνοις* ἐν ἐρημια, κινδυνοις ἐν θαλασση, κινδυνοις ἐν ψευδαδελφοις,
	26	κινδυνοις ἐν ἐρημια, *κινδυνοις* ἐν θαλασση, κινδυνοις ἐν ψευδαδελφοις,
	26	κινδυνοις ἐν ἐρημια, κινδυνοις ἐν θαλασση, *κινδυνοις* ἐν ψευδαδελφοις,

κινεω [8]

Mt	23 4	αὐτοι δε τω δακτυλω αὐτων οὐ θελουσιν *κινησαι* αὐτα.
	27 39	οἱ δε παραπορευομενοι ἐβλασφημουν αὐτον *κινουντες* τας κεφαλας αὐτων και λεγοντες·
Mc	15 29	και οἱ παραπορευομενοι ἐβλασφημουν αὐτον *κινουντες* τας κεφαλας αὐτων και λεγοντες·
Ac	17 28	ἐν αὐτω γαρ ζωμεν και *κινουμεθα* και ἐσμεν,
	21 30	*ἐκινηθη* τε ἡ πολις ὁλη και ἐγενετο συνδρομη του λαου,
	24 5	εὑροντες γαρ τον ἀνδρα τουτον λοιμον και *κινουντα* στασεις πασιν τοις ἰουδαιοις τοις κατα την οἰκουμενην πρωτοστατην τε της των ναζωραιων αἱρεσεως,
Apc	2 5	εἰ δε μη, ἐρχομαι σοι και *κινησω* την λυχνιαν σου ἐκ του τοπου αὐτης,
	6 14	και παν ὁρος και νησος ἐκ των τοπων αὐτων *ἐκινηθησαν*.

κινναμωμον [1]

Apc	18 13	και *κινναμωμον* και ἀμωμον και θυμιαματα και μυρον

κις [1]

Ac	13 21	κακειθεν ἠτησαντο βασιλεα, και ἐδωκεν αὐτοις ὁ θεος τον σαουλ υἱον *κις*,

κιχρημι [1]

Lc	11 5	φιλε, *χρησον* μοι τρεις ἀρτους, ἐπειδη φιλος μου παρεγενετο ἐξ ὁδου προς με και οὐκ ἐχω ὁ παραθησω αὐτω·

κλαδος [11]

Mt	13 32	μειζον των λαχανων ἐστιν και γινεται δενδρον, ὡστε ἐλθειν τα πετεινα του οὐρανου και κατασκηνουν ἐν τοις *κλαδοις* αὐτου.
	21 8	ἀλλοι δε ἐκοπτον *κλαδους* ἀπο των δενδρων και ἐστρωννυον ἐν τη ὁδω.
	24 32	ὁταν ἡδη ὁ *κλαδος* αὐτης γενηται ἁπαλος και τα φυλλα ἐκφυη, γινωσκετε ὁτι ἐγγυς το θερος·
Mc	4 32	και ποιει *κλαδους* μεγαλους,
	13 28	ἀπο δε της συκης μαθετε την παραβολην· ὁταν ἡδη ὁ *κλαδος* αὐτης ἁπαλος γενηται και ἐκφυη τα φυλλα, γινωσκετε ὁτι ἐγγυς το θερος ἐστιν·
Lc	13 19	και ηὐξησεν και ἐγενετο εἰς δενδρον, και τα πετεινα του οὐρανου κατεσκηνωσεν ἐν τοις *κλαδοις* αὐτου.
Rm	11 16	και εἰ ἡ ριζα ἁγια, και οἱ *κλαδοι*.
	17	εἰ δε τινες των *κλαδων* ἐξεκλασθησαν, συ δε ἀγριελαιος ὠν ἐνεκεντρισθης ἐν αὐτοις και συγκοινωνος της ριζης της πιοτητος της ἐλαιας ἐγενου, μη κατακαυχω των *κλαδων*·
	18	εἰ δε κατακαυχασαι, οὐ συ την ριζαν βασταζεις ἀλλα ἡ ριζα σε.
	18	εἰ δε τινες των *κλαδων* ἐξεκλασθησαν, συ δε ἀγριελαιος ὠν ἐνεκεντρισθης ἐν αὐτοις και συγκοινωνος της ριζης της πιοτητος της ἐλαιας ἐγενου, μη κατακαυχω των *κλαδων*·
	19	ἐρεις οὐν· ἐξεκλασθησαν *κλαδοι* ἱνα ἐγω ἐγκεντρισθω.

κλαδος [11]

Rm   11 21   εἰ γαρ ὁ θεος των κατα φυσιν *κλαδων* οὐκ ἐφεισατο, [μη πως] οὐδε σοῦ φεισεται.

κλαιω [40]

Mt   2 18   ῥαχηλ *κλαιουσα* τα τεκνα αὐτης,
   26 75   και ἐξελθων ἐξω *ἐκλαυσεν* πικρως.
Mc   5 38   και ἐρχονται εἰς τον οικον του ἀρχισυναγωγου, και θεωρει θορυβον, και *κλαιοντας* και ἀλαλαζοντας πολλα,
   39   και εἰσελθων λεγει αὐτοις· τί θορυβεισθε και *κλαιετε*;
   14 72   και ἐπιβαλων *ἐκλαιεν.*
   16 10   ἐκεινη πορευθεισα ἀπηγγειλεν τοις μετ αὐτου γενομενοις πενθουσι και *κλαιουσιν·*
Lc   6 21   μακαριοι οἱ *κλαιοντες* νυν, ὁτι γελασετε.
   25   οὐαι, οἱ γελωντες νυν, ὁτι πενθησετε και *κλαυσετε.*
   7 13   και ἰδων αὐτην ὁ κυριος ἐσπλαγχνισθη ἐπ αὐτη και εἰπεν αὐτη· μη *κλαιε.*
   32   ηὐλησαμεν ὑμιν και οὐκ ὠρχησασθε· ἐθρηνησαμεν και οὐκ *ἐκλαυσατε.*
   38   και στασα ὀπισω παρα τους ποδας αὐτου *κλαιουσα,* τοις δακρυσιν ἠρξατο βρεχειν τους ποδας αὐτου,
   8 52   *ἐκλαιον* δε παντες και ἐκοπτοντο αὐτην·
   52   μη *κλαιετε·* οὐ γαρ ἀπεθανεν ἀλλα καθευδει.
   19 41   και ὡς ἠγγισεν, ἰδων την πολιν *ἐκλαυσεν* ἐπ αὐτην,
   22 62   και ἐξελθων ἐξω *ἐκλαυσεν* πικρως.
   23 28   θυγατερες ἰερουσαλημ, μη *κλαιετε* ἐπ ἐμε·
   28   πλην ἐφ ἑαυτας *κλαιετε* και ἐπι τα τεκνα ὑμων, ὁτι ἰδου ἐρχονται ἡμεραι ἐν αἱς ἐρουσιν·
Jh   11 31   ἠκολουθησαν αὐτη, δοξαντες ὁτι ὑπαγει εἰς το μνημειον ἰνα *κλαυση* ἐκει.
   33   ἰησους οὐν ὡς εἰδεν αὐτην *κλαιουσαν* και τους συνελθοντας αὐτη ἰουδαιους κλαιοντας, ἐνεβριμησατο τω πνευματι και ἐταραξεν ἑαυτον,
   33   ἰησους οὐν ὡς εἰδεν αὐτην κλαιουσαν και τους συνελθοντας αὐτη ἰουδαιους *κλαιοντας,* ἐνεβριμησατο τω πνευματι και ἐταραξεν ἑαυτον,
   16 20   ἀμην ἀμην λεγω ὑμιν ὁτι *κλαυσετε* και θρηνησετε ὑμεις, ὁ δε κοσμος χαρησεται·
   20 11   μαρια δε εἰστηκει προς τω μνημειω ἐξω *κλαιουσα.*
   11   ὡς οὐν *ἐκλαιεν,* παρεκυψεν εἰς το μνημειον, και θεωρει δυο ἀγγελους ἐν λευκοις καθεζομενους,
   13   και λεγουσιν αὐτη ἐκεινοι· γυναι, τί *κλαιεις;*
   15   γυναι, τί *κλαιεις;* τίνα ζητεις;
Ac   9 39   ὁν παραγενομενον ἀνηγαγον εἰς το ὑπερωον, και παρεστησαν αὐτω πασαι αἱ χηραι *κλαιουσαι*
   21 13   τί ποιειτε *κλαιοντες* και συνθρυπτοντες μου την καρδιαν;
Rm   12 15   χαιρειν μετα χαιροντων, *κλαιειν* μετα κλαιοντων.
   15   χαιρειν μετα χαιροντων, κλαιειν μετα *κλαιοντων.*
1Co   7 30   το λοιπον ἰνα και οἱ ἐχοντες γυναικας ὡς μη ἐχοντες ὡσιν, και οἱ *κλαιοντες* ὡς μη κλαιοντες,
   30   το λοιπον ἰνα και οἱ ἐχοντες γυναικας ὡς μη ἐχοντες ὡσιν, και οἱ κλαιοντες ὡς μη *κλαιοντες,*
Php   3 18   νυν δε και *κλαιων* λεγω, τους ἐχθρους του σταυρου του χριστου,
Ja   4 9   ταλαιπωρησατε και πενθησατε και *κλαυσατε·*
   5 1   ἀγε νυν οἱ πλουσιοι, *κλαυσατε* ὀλολυζοντες ἐπι ταις ταλαιπωριαις ὑμων ταις ἐπερχομεναις.
Apc   5 4   και *ἐκλαιον* πολυ, ὁτι οὐδεις ἀξιος εὑρεθη ἀνοιξαι το βιβλιον οὐτε βλεπειν αὐτο.
   5   και εἱς ἐκ των πρεσβυτερων λεγει μοι· μη *κλαιε·*
   18 9   και *κλαυσουσιν* και κοψονται ἐπ αὐτην οἱ βασιλεις της γης οἱ μετ αὐτης πορνευσαντες και στρηνιασαντες,
   11   και οἱ ἐμποροι της γης *κλαιουσιν* και πενθουσιν ἐπ αὐτην,
   15   ἀπο μακροθεν στησονται δια τον φοβον του βασανισμου αὐτης *κλαιοντες* και πενθουντες, λεγοντες·
   19   και ἐβαλον χουν ἐπι τας κεφαλας αὐτων και ἐκραζον *κλαιοντες* και πενθουντες, λεγοντες·

κλασις [2]

Lc   24 35   και αὐτοι ἐξηγουντο τα ἐν τη ὁδω και ὡς ἐγνωσθη αὐτοις ἐν τη *κλασει* του ἀρτου.
Ac   2 42   ἠσαν δε προσκαρτερουντες τη διδαχη των ἀποστολων και τη κοινωνια, τη *κλασει* του ἀρτου και ταις προσευχαις.

κλασμα [9]

Mt   14 20   και ἠραν το περισσευον των *κλασματων,* δωδεκα κοφινους πληρεις.

κλασμα [9]

Mt   15 37   και το περισσευον των *κλασματων* ἠραν, ἑπτα σπυριδας πληρεις.
Mc   6 43   και ἠραν *κλασματα* δωδεκα κοφινων πληρωματα και ἀπο των ἰχθυων.
   8 8   και ἐφαγον και ἐχορτασθησαν, και ἠραν περισσευματα *κλασματων,* ἑπτα σπυριδας.
   19   και οὐ μνημονευετε, ὁτε τους πεντε ἀρτους ἐκλασα εἰς τους πεντακισχιλιους, ποσους κοφινους *κλασματων* πληρεις ἠρατε;
   20   ὁτε τους ἑπτα εἰς τους τετρακισχιλιους, ποσων σπυριδων πληρωματα *κλασματων* ἠρατε;
Lc   9 17   και ἠρθη το περισσευσαν αὐτοις *κλασματων* κοφινοι δωδεκα.
Jh   6 12   συναγαγετε τα περισσευσαντα *κλασματα,* ἰνα μη τι ἀποληται.
   13   συνηγαγον οὐν, και ἐγεμισαν δωδεκα κοφινους *κλασματων* ἐκ των πεντε ἀρτων των κριθινων ἁ ἐπερισσευσαν τοις βεβρωκοσιν.

κλαυδια [1]

2Tm   4 21   ἀσπαζεται σε εὐβουλος και πουδης και λινος και *κλαυδια* και οἱ ἀδελφοι παντες.

κλαυδιος [3]

Ac   11 28   ἀναστας δε εἱς ἐξ αὐτων ὀνοματι ἀγαβος ἐσημανεν δια του πνευματος λιμον μεγαλην μελλειν ἐσεσθαι ἐφ ὁλην την οἰκουμενην· ἡτις ἐγενετο ἐπι *κλαυδιου.*
   18 2   δια το διατεταχεναι *κλαυδιον* χωριζεσθαι παντας τους ἰουδαιους ἀπο της ῥωμης,
   23 26   *κλαυδιος* λυσιας τω κρατιστω ἡγεμονι φηλικι χαιρειν.

κλαυθμος [9]

Mt   2 18   φωνη ἐν ῥαμα ἠκουσθη, *κλαυθμος* και ὀδυρμος πολυς·
   8 12   ἐκει ἐσται ὁ *κλαυθμος* και ὁ βρυγμος των ὀδοντων.
   13 42   και βαλουσιν αὐτους εἰς την καμινον του πυρος· ἐκει ἐσται ὁ *κλαυθμος* και ὁ βρυγμος των ὀδοντων.
   50   και βαλουσιν αὐτους εἰς την καμινον του πυρος· ἐκει ἐσται ὁ *κλαυθμος* και ὁ βρυγμος των ὀδοντων.
   22 13   δησαντες αὐτου ποδας και χειρας ἐκβαλετε αὐτον εἰς το σκοτος το ἐξωτερον· ἐκει ἐσται ὁ *κλαυθμος* και ὁ βρυγμος των ὀδοντων.
   24 51   ἐκει ἐσται ὁ *κλαυθμος* και ὁ βρυγμος των ὀδοντων.
   25 30   ἐκει ἐσται ὁ *κλαυθμος* και ὁ βρυγμος των ὀδοντων.
Lc   13 28   ἐκει ἐσται ὁ *κλαυθμος* και ὁ βρυγμος των ὀδοντων, ὁταν ὀψησθε ἀβρααμ και ἰσαακ και ἰακωβ και παντας τους προφητας ἐν τη βασιλεια του θεου, ὑμας δε ἐκβαλλομενους ἐξω.
Ac   20 37   ἰκανος δε *κλαυθμος* ἐγενετο παντων, και ἐπιπεσοντες ἐπι τον τραχηλον του παυλου κατεφιλουν αὐτον,

κλαω [14]

Mt   14 19   λαβων τους πεντε ἀρτους και τους δυο ἰχθυας, ἀναβλεψας εἰς τον οὐρανον εὐλογησεν, και *κλασας* ἐδωκεν τοις μαθηταις τους ἀρτους,
   15 36   και παραγγειλας τω ὀχλω ἀναπεσειν ἐπι την γην ἐλαβεν τους ἑπτα ἀρτους και τους ἰχθυας και εὐχαριστησας *ἐκλασεν* και ἐδιδου τοις μαθηταις,
   26 26   ἐσθιοντων δε αὐτων λαβων ὁ ἰησους ἀρτον και εὐλογησας *ἐκλασεν* και δους τοις μαθηταις εἰπεν·
Mc   8 6   και λαβων τους ἑπτα ἀρτους εὐχαριστησας *ἐκλασεν* και ἐδιδου τοις μαθηταις αὐτου ἰνα παρατιθωσιν, και παρεθηκαν τω ὀχλω.
   19   και οὐ μνημονευετε, ὁτε τους πεντε ἀρτους *ἐκλασα* εἰς τους πεντακισχιλιους, ποσους κοφινους κλασματων πληρεις ἠρατε;
   14 22   και ἐσθιοντων αὐτων λαβων ἀρτον εὐλογησας *ἐκλασεν* και ἐδωκεν αὐτοις και εἰπεν·
Lc   22 19   και λαβων ἀρτον εὐχαριστησας *ἐκλασεν* και ἐδωκεν αὐτοις λεγων·
   24 30   και ἐγενετο ἐν τω κατακλιθηναι αὐτον μετ αὐτων λαβων τον ἀρτον εὐλογησεν και *κλασας* ἐπεδιδου αὐτοις·
Ac   2 46   *κλωντες* τε κατ οικον ἀρτον, μεταλαμβανον τροφης ἐν ἀγαλλιασει και ἀφελοτητι καρδιας,
   20 7   ἐν δε τη μια των σαββατων συνηγμενων ἡμων *κλασαι* ἀρτον ὁ παυλος διελεγετο αὐτοις,
   11   ἀναβας δε και *κλασας* τον ἀρτον και γευσαμενος, ἐφ ἰκανον τε ὁμιλησας ἀχρι αὐγης, οὑτως ἐξηλθεν.
   27 35   εἰπας δε ταυτα και λαβων ἀρτον εὐχαριστησεν τω θεω ἐνωπιον παντων και *κλασας* ἠρξατο ἐσθιειν.

κλαω [14]

1Co	10 16	τον άρτον όν *κλωμεν,* ούχι κοινωνια του σωματος του χριστου έστιν;
	11 24	ότι ό κυριος ίησους έν τη νυκτι ή παρεδιδετο έλαβεν άρτον και εύχαριστησας *έκλασεν* και είπεν·

κλεις [6]

Mt	16 19	δωσω σοι τας *κλειδας* της βασιλειας των ούρανων,
Lc	11 52	ούαι ύμιν τοις νομικοις, ότι ήρατε την *κλειδα* της γνωσεως·
Apc	1 18	και έχω τας *κλεις* του θανατου και του άδου.
	3 7	ταδε λεγει ό άγιος, ό άληθινος, ό έχων την *κλειν* δαυιδ,
	9 1	και έδοθη αύτω ή *κλεις* του φρεατος της άβυσσου.
	20 1	και είδον άγγελον καταβαινοντα έκ του ούρανου, έχοντα την *κλειν* της άβυσσου και άλυσιν μεγαλην έπι την χειρα αύτου.

κλειω [16]

Mt	6 6	είσελθε είς το ταμειον σου και *κλεισας* την θυραν σου πρόσευξαι τω πατρι σου τω έν τω κρυπτω·
	23 13	ούαι δε ύμιν, γραμματεις και φαρισαιοι ύποκριται, ότι *κλειετε* την βασιλειαν των ούρανων έμπροσθεν των άνθρωπων·
	25 10	και αί έτοιμοι είσηλθον μετ αύτου είς τους γαμους, και *έκλεισθη* ή θυρα.
Lc	4 25	πολλαι χηραι ήσαν έν ταις ήμεραις ήλιου έν τω ίσραηλ, ότε *έκλεισθη* ό ούρανος έπι έτη τρια και μηνας έξ,
	11 7	μη μοι κοπους παρεχε· ήδη ή θυρα *κεκλεισται,*
Jh	20 19	και των θυρων *κεκλεισμενων* όπου ήσαν οί μαθηται δια τον φοβον των ίουδαιων,
	26	έρχεται ό ίησους των θυρων *κεκλεισμενων,*
Ac	5 23	άναστρεψαντες δε άπηγγειλαν λεγοντες ότι το δεσμωτηριον εύρομεν *κεκλεισμενον* έν παση άσφαλεια και τους φυλακας έστωτας έπι των θυρων, άνοιξαντες δε έσω ούδενα εύρομεν.
	21 30	και έπιλαβομενοι του παυλου είλκον αύτον έξω του ίερου, και εύθεως *έκλεισθησαν* αί θυραι.
1Jh	3 17	ός δ άν έχη τον βιον του κοσμου και θεωρη τον άδελφον αύτου χρειαν έχοντα και *κλειση* τα σπλαγχνα αύτου άπ αύτου, πως ή άγαπη του θεου μενει έν αύτω;
Apc	3 7	ό άνοιγων και ούδεις *κλεισει,* και *κλειων* και ούδεις άνοιγει·
	7	ό άνοιγων και ούδεις *κλεισει,* και *κλειων* και ούδεις άνοιγει·
	8	ίδου δεδωκα ένωπιον σου θυραν ήνεωγμενην, ήν ούδεις δυναται *κλεισαι* αύτην·
	11 6	ούτοι έχουσιν την έξουσιαν *κλεισαι* τον ούρανον,
	20 3	και *έκλεισεν* και έσφραγισεν έπανω αύτου,
	21 25	και οί πυλωνες αύτης ού μη *κλεισθωσιν* ήμερας,

κλεμμα [1]

Apc	9 21	και ού μετενοησαν έκ των φονων αύτων ούτε έκ των φαρμακων αύτων ούτε έκ της πορνειας αύτων ούτε έκ των *κλεμματων* αύτων.

κλεοπας [1]

Lc	24 18	άποκριθεις δε είς όνοματι *κλεοπας* είπεν προς αύτον· συ μονος παροικεις ίερουσαλημ και ούκ έγνως τα γενομενα έν αύτη έν ταις ήμεραις ταυταις;

κλεος [1]

1Pt	2 20	ποιον γαρ *κλεος* εί άμαρτανοντες και κολαφιζομενοι ύπομενειτε;

κλεπτης [16]

Mt	6 19	όπου σης και βρωσις άφανιζει, και όπου *κλεπται* διορυσσουσιν και κλεπτουσιν·
	20	όπου ούτε σης ούτε βρωσις άφανιζει, και όπου *κλεπται* ού διορυσσουσιν ούδε κλεπτουσιν·
	24 43	έκεινο δε γινωσκετε ότι εί ήδει ό οίκοδεσποτης ποια φυλακη ό *κλεπτης* έρχεται, έγρηγορησεν άν και ούκ άν είασεν διορυχθηναι την οίκιαν αύτου.
Lc	12 33	ποιησατε έαυτοις βαλλαντια μη παλαιουμενα, θησαυρον άνεκλειπτον έν τοις ούρανοις, όπου *κλεπτης* ούκ έγγιζει ούδε σης διαφθειρει·
	39	τουτο δε γινωσκετε, ότι εί ήδει ό οίκοδεσποτης ποια ώρα ό *κλεπτης* έρχεται, ούκ άν άφηκεν διορυχθηναι τον οίκον αύτου.

κλεπτης [16]

Jh	10 1	ό μη είσερχομενος δια της θυρας είς την αύλην των προβατων άλλα άναβαινων άλλαχοθεν, έκεινος *κλεπτης* έστιν και ληστης·
	8	παντες όσοι ήλθον [προ έμου] *κλεπται* είσιν και λησται·
	10	ό *κλεπτης* ούκ έρχεται εί μη ίνα κλεψη και θυση και άπολεση·
	12 6	είπεν δε τουτο ούχ ότι περι των πτωχων έμελεν αύτω, άλλ ότι *κλεπτης* ήν και το γλωσσοκομον έχων τα βαλλομενα έβασταζεν.
1Co	6 10	ούτε πορνοι ούτε είδωλολατραι ούτε μοιχοι ούτε μαλακοι ούτε άρσενοκοιται ούτε *κλεπται* ούτε πλεονεκται, ού μεθυσοι, ού λοιδοροι, ούχ άρπαγες βασιλειαν θεου κληρονομησουσιν.
1Th	5 2	αύτοι γαρ άκριβως οίδατε ότι ήμερα κυριου ώς *κλεπτης* έν νυκτι ούτως έρχεται.
	4	ύμεις δε, άδελφοι, ούκ έστε έν σκοτει, ίνα ή ήμερα ύμας ώς *κλεπτης* καταλαβη·
1Pt	4 15	μη γαρ τις ύμων πασχετω ώς φονευς ή *κλεπτης* ή κακοποιος ή ώς άλλοτριεπισκοπος·
2Pt	3 10	ήξει δε ήμερα κυριου ώς *κλεπτης,*
Apc	3 3	έαν ούν μη γρηγορησης, ήξω ώς *κλεπτης,*
	16 15	ίδου έρχομαι ώς *κλεπτης·* μακαριος ό γρηγορων και τηρων τα ίματια αύτου,

κλεπτω [13]

Mt	6 19	όπου σης και βρωσις άφανιζει, και όπου κλεπται διορυσσουσιν και *κλεπτουσιν·*
	20	όπου ούτε σης ούτε βρωσις άφανιζει, και όπου κλεπται ού διορυσσουσιν ούδε *κλεπτουσιν·*
	19 18	το ού φονευσεις, ού μοιχευσεις, ού *κλεψεις,* ού ψευδομαρτυρησεις, τιμα τον πατερα και την μητερα, και άγαπησεις τον πλησιον σου ώς σεαυτον.
	27 64	κελευσον ούν άσφαλισθηναι τον ταφον έως της τριτης ήμερας, μηποτε έλθοντες οί μαθηται αύτου *κλεψωσιν* αύτον και είπωσιν τω λαω·
	28 13	είπατε ότι οί μαθηται αύτου νυκτος έλθοντες *έκλεψαν* αύτον ήμων κοιμωμενων.
Mc	10 19	μη φονευσης, μη μοιχευσης, μη *κλεψης,* μη ψευδομαρτυρησης, μη άποστερησης, τιμα τον πατερα σου και την μητερα.
Lc	18 20	μη μοιχευσης, μη φονευσης, μη *κλεψης,* μη ψευδομαρτυρησης, τίμα τον πατερα σου και την μητερα.
Jh	10 10	ό *κλεπτης* ούκ έρχεται εί μη ίνα *κλεψη* και θυση και άπολεση·
Rm	2 21	ό ούν διδασκων έτερον σεαυτον ού διδασκεις; ό κηρυσσων μη *κλεπτειν κλεπτεις;*
	21	ό ούν διδασκων έτερον σεαυτον ού διδασκεις; ό κηρυσσων μη *κλεπτειν κλεπτεις;*
	13 9	το γαρ ού μοιχευσεις, ού φονευσεις, ού *κλεψεις,* ούκ έπιθυμησεις, και εί τις έτερα έντολη, έν τω λογω τουτω άνακεφαλαιουται, [έν τω]·
Eph	4 28	ό *κλεπτων* μηκετι *κλεπτετω,* μαλλον δε κοπιατω έργαζομενος ταις [ίδιαις] χερσιν το άγαθον,
	28	ό *κλεπτων* μηκετι *κλεπτετω,* μαλλον δε κοπιατω έργαζομενος ταις [ίδιαις] χερσιν το άγαθον,

κλημα [4]

Jh	15 2	παν *κλημα* έν έμοι μη φερον καρπον, αίρει αύτο,
	4	καθως το *κλημα* ού δυναται καρπον φερειν άφ έαυτου έαν μη μενη έν τη άμπελω, ούτως ούδε ύμεις έαν μη έν έμοι μενητε.
	5	έγω είμι ή άμπελος, ύμεις τα *κληματα.*
	6	έαν μη τις μενη έν έμοι, έβληθη έξω ώς το *κλημα* και έξηρανθη,

κλημης [1]

Php	4 3	συλλαμβανου αύταις, αίτινες έν τω εύαγγελιω συνηθλησαν μοι μετα και *κλημεντος* και των λοιπων συνεργων μου,

κληρονομεω [18]

Mt	5 5	μακαριοι οί πραεις, ότι αύτοι *κληρονομησουσιν* την γην.
	19 29	και πας όστις άφηκεν οίκιας ή άδελφους ή άδελφας ή πατερα ή μητερα ή τεκνα ή άγρους ένεκεν του όνοματος μου, έκατονταπλασιονα λημψεται και ζωην αίωνιον *κληρονομησει.*
	25 34	δευτε οί εύλογημενοι του πατρος μου, *κληρονομησατε* την ήτοιμασμενην ύμιν βασιλειαν άπο καταβολης κοσμου.
Mc	10 17	διδασκαλε άγαθε, τί ποιησω ίνα ζωην αίωνιον *κληρονομησω;*

κληρονομεω [18]

Lc	10 25	διδασκαλε, τί ποιησας ζωην αἰωνιον κληρονομησω;
	18 18	διδασκαλε ἀγαθε, τί ποιησας ζωην αἰωνιον κληρονομησω;
1Co	6 9	ἡ οὐκ οἰδατε ὅτι ἀδικοι θεου βασιλειαν οὐ κληρονομησουσιν;
	10	οὐτε πορνοι οὐτε εἰδωλολατραι οὐτε μοιχοι οὐτε μαλακοι οὐτε ἀρσενοκοιται οὐτε κλεπται οὐτε πλεονεκται, οὐ μεθυσοι, οὐ λοιδοροι, οὐχ ἁρπαγες βασιλειαν θεου κληρονομησουσιν.
	15 50	τουτο δε φημι, ἀδελφοι, ὅτι σαρξ και αἱμα βασιλειαν θεου κληρονομησαι οὐ δυνανται,
	50	τουτο δε φημι, ἀδελφοι, ὅτι σαρξ και αἱμα βασιλειαν θεου κληρονομησαι οὐ δυνανται, οὐδε ἡ φθορα την ἀφθαρσιαν κληρονομει.
Ga	4 30	οὐ γαρ μη κληρονομησει ὁ υἱος της παιδισκης μετα του υἱου της ἐλευθερας.
	5 21	ὅτι οἱ τα τοιαυτα πρασσοντες βασιλειαν θεου οὐ κληρονομησουσιν.
Heb	1 4	τοσουτῳ κρειττων γενομενος των ἀγγελων ὁσῳ διαφορωτερον παρ αὐτους κεκληρονομηκεν ὀνομα.
	14	οὐχι παντες εἰσιν λειτουργικα πνευματα εἰς διακονιαν ἀποστελλομενα δια τους μελλοντας κληρονομειν σωτηριαν;
	6 12	ἱνα μη νωθροι γενησθε, μιμηται δε των δια πιστεως και μακροθυμιας κληρονομουντων τας ἐπαγγελιας.
	12 17	ἰστε γαρ ὅτι και μετεπειτα θελων κληρονομησαι την εὐλογιαν ἀπεδοκιμασθη,
1Pt	3 9	τουναντιον δε εὐλογουντες, ὅτι εἰς τουτο ἐκληθητε ἱνα εὐλογιαν κληρονομησητε.
Apc	21 7	ὁ νικων κληρονομησει ταυτα, και ἐσομαι αὐτῳ θεος και αὐτος ἐσται μοι υἱος.

κληρονομια [14]

Mt	21 38	οὑτος ἐστιν ὁ κληρονομος· δευτε ἀποκτεινωμεν αὐτον και σχωμεν την κληρονομιαν αὐτου·
Mc	12 7	ἐκεινοι δε οἱ γεωργοι προς ἑαυτους εἰπαν ὅτι οὑτος ἐστιν ὁ κληρονομος· δευτε ἀποκτεινωμεν αὐτον, και ἡμων ἐσται ἡ κληρονομια.
Lc	12 13	διδασκαλε, εἰπε τῳ ἀδελφῳ μου μερισασθαι μετ ἐμου την κληρονομιαν.
	20 14	οὑτος ἐστιν ὁ κληρονομος· ἀποκτεινωμεν αὐτον, ἱνα ἡμων γενηται ἡ κληρονομια.
Ac	7 5	και οὐκ ἐδωκεν αὐτῳ κληρονομιαν ἐν αὐτῃ οὐδε βημα ποδος,
	20 32	και τα νυν παρατιθεμαι ὑμας τῳ θεῳ και τῳ λογῳ της χαριτος αὐτου τῳ δυναμενῳ οἰκοδομησαι και δουναι την κληρονομιαν ἐν τοις ἡγιασμενοις πασιν.
Ga	3 18	εἰ γαρ ἐκ νομου ἡ κληρονομια, οὐκετι ἐξ ἐπαγγελιας·
Eph	1 14	ἐν ᾡ και πιστευσαντες ἐσφραγισθητε τῳ πνευματι της ἐπαγγελιας τῳ ἁγιῳ, ὁ ἐστιν ἀρραβων της κληρονομιας ἡμων,
	18	τίς ὁ πλουτος της δοξης της κληρονομιας αὐτου ἐν τοις ἁγιοις,
	5 5	ὅτι πας πορνος ἡ ἀκαθαρτος ἡ πλεονεκτης, ὁ ἐστιν εἰδωλολατρης, οὐκ ἐχει κληρονομιαν ἐν τῃ βασιλειᾳ του χριστου και θεου.
Col	3 24	εἰδοτες ὅτι ἀπο κυριου ἀπολημψεσθε την ἀνταποδοσιν της κληρονομιας.
Heb	9 15	και δια τουτο διαθηκης καινης μεσιτης ἐστιν, ὁπως θανατου γενομενου εἰς ἀπολυτρωσιν των ἐπι τῃ πρωτῃ διαθηκῃ παραβασεων την ἐπαγγελιαν λαβωσιν οἱ κεκλημενοι της αἰωνιου κληρονομιας.
	11 8	πιστει καλουμενος ἁβρααμ ὑπηκουσεν ἐξελθειν εἰς τοπον ὁν ἡμελλεν λαμβανειν εἰς κληρονομιαν,
1Pt	1 4	εἰς κληρονομιαν ἀφθαρτον και ἀμιαντον και ἀμαραντον,

κληρονομος [15]

Mt	21 38	οὑτος ἐστιν ὁ κληρονομος· δευτε ἀποκτεινωμεν αὐτον και σχωμεν την κληρονομιαν αὐτου·
Mc	12 7	ἐκεινοι δε οἱ γεωργοι προς ἑαυτους εἰπαν ὅτι οὑτος ἐστιν ὁ κληρονομος· δευτε ἀποκτεινωμεν αὐτον, και ἡμων ἐσται ἡ κληρονομια.
Lc	20 14	οὑτος ἐστιν ὁ κληρονομος· ἀποκτεινωμεν αὐτον, ἱνα ἡμων γενηται ἡ κληρονομια.
Rm	4 13	οὐ γαρ δια νομου ἡ ἐπαγγελια τῳ ἁβρααμ ἡ τῳ σπερματι αὐτου, το κληρονομον αὐτον εἰναι κοσμου, ἀλλα δια δικαιοσυνης πιστεως.
	14	εἰ γαρ οἱ ἐκ νομου κληρονομοι, κεκενωται ἡ πιστις και κατηργηται ἡ ἐπαγγελια·
	8 17	εἰ δε τεκνα, και κληρονομοι· κληρονομοι μεν θεου,
	17	εἰ δε τεκνα, και κληρονομοι· κληρονομοι μεν θεου,
Ga	3 29	εἰ δε ὑμεις χριστου, ἀρα του ἁβρααμ σπερμα ἐστε, κατ ἐπαγγελιαν κληρονομοι.

κληρονομος [15]

Ga	4 1	ἐφ ὁσον χρονον ὁ κληρονομος νηπιος ἐστιν, οὐδεν διαφερει δουλου κυριος παντων ὠν,
	7	εἰ δε υἱος, και κληρονομος δια θεου.
Tit	3 7	ἱνα δικαιωθεντες τῃ ἐκεινου χαριτι κληρονομοι γενηθωμεν κατ ἐλπιδα ζωης αἰωνιου.
Heb	1 2	ἐπ ἐσχατου των ἡμερων τουτων ἐλαλησεν ἡμιν ἐν υἱῳ, ὁν ἐθηκεν κληρονομον παντων,
	6 17	ἐν ᾡ περισσοτερον βουλομενος ὁ θεος ἐπιδειξαι τοις κληρονομοις της ἐπαγγελιας το ἀμεταθετον της βουλης αὐτου ἐμεσιτευσεν ὁρκῳ,
	11 7	και της κατα πιστιν δικαιοσυνης ἐγενετο κληρονομος.
Ja	2 5	οὐχ ὁ θεος ἐξελεξατο τους πτωχους τῳ κοσμῳ πλουσιους ἐν πιστει και κληρονομους της βασιλειας ἡς ἐπηγγειλατο τοις ἀγαπωσιν αὐτον;

κληρος [11]

Mt	27 35	σταυρωσαντες δε αὐτον διεμερισαντο τα ἱματια αὐτου βαλλοντες κληρον,
Mc	15 24	και διαμεριζονται τα ἱματια αὐτου, βαλλοντες κληρον ἐπ αὐτα τίς τί ἀρῃ.
Lc	23 34	διαμεριζομενοι δε τα ἱματια αὐτου ἐβαλον κληρους.
Jh	19 24	διεμερισαντο τα ἱματια μου ἑαυτοις και ἐπι τον ἱματισμον μου ἐβαλον κληρον.
Ac	1 17	ὅτι κατηριθμημενος ἡν ἐν ἡμιν και ἐλαχεν τον κληρον της διακονιας ταυτης.
	26	και ἐδωκαν κληρους αὐτοις,
	26	και ἐπεσεν ὁ κληρος ἐπι μαθθιαν,
	8 21	οὐκ ἐστιν σοι μερις οὐδε κληρος ἐν τῳ λογῳ τουτῳ·
	26 18	του λαβειν αὐτους ἀφεσιν ἁμαρτιων και κληρον ἐν τοις ἡγιασμενοις πιστει τῃ εἰς ἐμε.
Col	1 12	μετα χαρας εὐχαριστουντες τῳ πατρι τῳ ἱκανωσαντι ὑμας εἰς την μεριδα του κληρου των ἁγιων ἐν τῳ φωτι.
1Pt	5 3	μηδ ὡς κατακυριευοντες των κληρων ἀλλα τυποι γινομενοι του ποιμνιου·

κληροω [1]

Eph	1 11	ἐν αὐτῳ, ἐν ᾡ και ἐκληρωθημεν προορισθεντες κατα προθεσιν του τα παντα ἐνεργουντος κατα την βουλην του θεληματος αὐτου,

κλησις [11]

Rm	11 29	ἀμεταμελητα γαρ τα χαρισματα και ἡ κλησις του θεου.
1Co	1 26	βλεπετε γαρ την κλησιν ὑμων, ἀδελφοι, ὅτι οὐ πολλοι σοφοι κατα σαρκα,
	7 20	ἑκαστος ἐν τῃ κλησει ᾑ ἐκληθη, ἐν ταυτῃ μενετω.
Eph	1 18	πεφωτισμενους τους ὀφθαλμους της καρδιας [ὑμων], εἰς το εἰδεναι ὑμας τίς ἐστιν ἡ ἐλπις της κλησεως αὐτου,
	4 1	παρακαλω οὐν ὑμας ἐγω ὁ δεσμιος ἐν κυριῳ ἀξιως περιπατησαι της κλησεως ἡς ἐκληθητε,
	4	ἑν σωμα και ἑν πνευμα, καθως και ἐκληθητε ἐν μιᾳ ἐλπιδι της κλησεως ὑμων·
Php	3 14	κατα σκοπον διωκω εἰς το βραβειον της ἀνω κλησεως του θεου ἐν χριστῳ ἰησου.
2Th	1 11	εἰς ὁ και προσευχομεθα παντοτε περι ὑμων, ἱνα ὑμας ἀξιωσῃ της κλησεως ὁ θεος ἡμων
2Tm	1 9	ἀλλα συγκακοπαθησον τῳ εὐαγγελιῳ κατα δυναμιν θεου, του σωσαντος ἡμας και καλεσαντος κλησει ἁγιᾳ,
Heb	3 1	ὁθεν, ἀδελφοι ἁγιοι, κλησεως ἐπουρανιου μετοχοι, · κατανοησατε τον ἀποστολον και ἀρχιερεα της ὁμολογιας ἡμων ἰησουν,
2Pt	1 10	διο μαλλον, ἀδελφοι, σπουδασατε βεβαιαν ὑμων την κλησιν και ἐκλογην ποιεισθαι·

κλητος [10]

Mt	22 14	πολλοι γαρ εἰσιν κλητοι, ὀλιγοι δε ἐκλεκτοι.
Rm	1 1	παυλος δουλος χριστου ἰησου, κλητος ἀποστολος ἀφωρισμενος εἰς εὐαγγελιον θεου,
	6	ἐν οἱς ἐστε και ὑμεις κλητοι ἰησου χριστου,
	7	πασιν τοις οὐσιν ἐν ρωμῃ ἀγαπητοις θεου, κλητοις ἁγιοις· χαρις ὑμιν και εἰρηνη ἀπο θεου πατρος ἡμων και κυριου ἰησου χριστου.
	8 28	οἰδαμεν δε ὅτι τοις ἀγαπωσιν τον θεον παντα συνεργει εἰς ἀγαθον, τοις κατα προθεσιν κλητοις οὐσιν.
1Co	1 1	παυλος κλητος ἀποστολος χριστου ἰησου δια θεληματος θεου και σωσθενης ὁ ἀδελφος

κλητος [10]

1Co   1 2   τη έκκλησια του θεου τη ούση έν κορινθω, ήγιασμενοις έν χριστω ίησου, κλητοις άγιοις,

     24   αύτοις δε τοις κλητοις, ιουδαιοις τε και έλλησιν, χριστον θεου δυναμιν και θεου σοφιαν.

Ju   1   τοις έν θεω πατρι ήγαπημενοις και ίησου χριστω τετηρημενοις κλητοις.

Apc   17 14   και οί μετ αύτου κλητοι και έκλεκτοι και πιστοι.

κλιβανος [2]

Mt   6 30   εί δε τον χορτον του άγρου σημερον όντα και αύριον είς κλιβανον βαλλομενον ό θεος ούτως άμφιεννυσιν,

Lc   12 28   εί δε έν άγρω τον χορτον όντα σημερον και αύριον είς κλιβανον βαλλομενον ό θεος ούτως άμφιεζει, ποσω μαλλον ύμας, όλιγοπιστοι.

κλιμα [3]

Rm   15 23   νυνι δε μηκετι τοπον έχων έν τοις κλιμασι τουτοις, έπιποθιαν δε έχων του έλθειν προς ύμας άπο πολλων έτων, ώς άν πορευωμαι είς την σπανιαν·

2Co   11 10   έστιν άληθεια χριστου έν έμοι, ότι ή καυχησις αύτη ού φραγησεται είς έμε έν τοις κλιμασιν της άχαιας.

Ga   1 21   έπειτα ήλθον είς τα κλιματα της συριας και της κιλικιας.

κλιναριον [1]

Ac   5 15   ώστε και είς τας πλατειας έκφερειν τους άσθενεις και τιθεναι έπι κλιναριων και κραβαττων, ίνα έρχομενου πετρου καν ή σκια έπισκιαση τινι αύτων.

κλινη [9]

Mt   9 2   και ίδου προσεφερον αύτω παραλυτικον έπι κλινης βεβλημενον.

    6   έγερθεις άρον σου την κλινην και ύπαγε είς τον οίκον σου.

Mc   4 21   και έλεγεν αύτοις μητι έρχεται ό λυχνος ίνα ύπο τον μοδιον τεθη ή ύπο την κλινην;

    7 4   και άλλα πολλα έστιν ά παρελαβον κρατειν, βαπτισμους ποτηριων και ξεστων και χαλκιων [και κλινων],

    30   και άπελθουσα είς τον οίκον αύτης εύρεν το παιδιον βεβλημενον έπι την κλινην και το δαιμονιον έξεληλυθος.

Lc   5 18   και ίδου άνδρες φεροντες έπι κλινης άνθρωπον ός ήν παραλελυμενος,

    8 16   ούδεις δε λυχνον άψας καλυπτει αύτον σκευει ή ύποκατω κλινης τιθησιν,

    17 34   λεγω ύμιν, ταυτη τη νυκτι έσονται δυο έπι κλινης μιας, ό είς παραλημφθησεται και ό έτερος άφεθησεται·

Apc   2 22   ίδου βαλλω αύτην είς κλινην,

κλινιδιον [2]

Lc   5 19   και μη εύροντες ποιας είσενεγκωσιν αύτον δια τον όχλον, άναβαντες έπι το δωμα δια των κεραμων καθηκαν αύτον συν τω κλινιδιω είς το μεσον έμπροσθεν του ίησου.

    24   σοι λεγω, έγειρε και άρας το κλινιδιον σου πορευου είς τον οίκον σου.

κλινω [7]

Mt   8 20   ό δε υίος του άνθρωπου ούκ έχει πού την κεφαλην κλινη.

Lc   9 12   ή δε ήμερα ήρξατο κλινειν·

    58   αί άλωπεκες φωλεους έχουσιν και τα πετεινα του ουρανου κατασκηνωσεις, ό δε υίος του άνθρωπου ούκ έχει πού την κεφαλην κλινη.

    24 5   έμφοβων δε γενομενων αύτων και κλινουσων τα προσωπα είς την γην,

    29   μεινον μεθ ήμων, ότι προς έσπεραν έστιν και κεκλικεν ήδη ή ήμερα.

Jh   19 30   ότε ούν έλαβεν το όξος [ό] ίησους είπεν· τετελεσται, και κλινας την κεφαλην παρεδωκεν το πνευμα.

Heb   11 34   έδυναμωθησαν άπο άσθενειας, έγενηθησαν ίσχυροι έν πολεμω, παρεμβολας έκλιναν άλλοτριων.

κλισια [1]

Lc   9 14   κατακλινατε αύτους κλισιας [ώσει] άνα πεντηκοντα.

κλοπη [2]

Mt   15 19   έκ γαρ της καρδιας έξερχονται διαλογισμοι πονηροι, φονοι, μοιχειαι, πορνειαι, κλοπαι, ψευδομαρτυριαι, βλασφημιαι.

Mc   7 21   έσωθεν γαρ έκ της καρδιας των άνθρωπων οί διαλογισμοι οί κακοι έκπορευονται, πορνειαι, κλοπαι, φονοι, μοιχειαι, πλεονεξιαι, πονηριαι, δολος, άσελγεια, όφθαλμος πονηρος, βλασφημια, ύπερηφανια, άφροσυνη·

κλυδων [2]

Lc   8 24   ό δε διεγερθεις έπετιμησεν τω άνεμω και τω κλυδωνι του ύδατος·

Ja   1 6   ό γαρ διακρινομενος έοικεν κλυδωνι θαλασσης άνεμιζομενω και ριπιζομενω.

κλυδωνιζομαι [1]

Eph   4 14   ίνα μηκετι ώμεν νηπιοι, κλυδωνιζομενοι και περιφερομενοι παντι άνεμω της διδασκαλιας έν τη κυβεια των άνθρωπων,

κλωπας [1]

Jh   19 25   είστηκεισαν δε παρα τω σταυρω του ίησου ή μητηρ αύτου και ή άδελφη της μητρος αύτου, μαρια ή του κλωπα και μαρια ή μαγδαληνη.

κνηθω [1]

2Tm   4 3   άλλα κατα τας ίδιας έπιθυμιας έαυτοις έπισωρευσουσιν διδασκαλους κνηθομενοι την άκοην,

κνιδος [1]

Ac   27 7   έν ίκαναις δε ήμεραις βραδυπλοουντες και μολις γενομενοι κατα την κνιδον, μη προσεωντος ήμας του άνεμου, ύπεπλευσαμεν την κρητην κατα σαλμωνην,

κοδραντης [2]

Mt   5 26   ού μη έξελθης έκειθεν έως άν άποδως τον έσχατον κοδραντην.

Mc   12 42   και έλθουσα μια χηρα πτωχη έβαλεν λεπτα δυο, ό έστιν κοδραντης.

κοιλια [22]

Mt   12 40   ώσπερ γαρ ήν ιωνας έν τη κοιλια του κητους τρεις ήμερας και τρεις νυκτας,

    15 17   ού νοειτε ότι παν το είσπορευομενον είς το στομα είς την κοιλιαν χωρει και είς άφεδρωνα έκβαλλεται;

    19 12   είσιν γαρ εύνουχοι οίτινες έκ κοιλιας μητρος έγεννηθησαν ούτως,

Mc   7 19   ού νοειτε ότι παν το έξωθεν είσπορευομενον είς τον άνθρωπον ού δυναται αύτον κοινωσαι, ότι ούκ είσπορευεται αύτου είς την καρδιαν άλλ είς την κοιλιαν, και είς τον άφεδρωνα έκπορευεται, καθαριζων παντα τα βρωματα;

Lc   1 15   και πνευματος άγιου πλησθησεται έτι έκ κοιλιας μητρος αύτου,

    41   και έγενετο ώς ήκουσεν τον άσπασμον της μαριας ή έλισαβετ, έσκιρτησεν το βρεφος έν τη κοιλια αύτης,

    42   εύλογημενη συ έν γυναιξιν, και εύλογημενος ό καρπος της κοιλιας σου.

    44   ίδου γαρ ώς έγενετο ή φωνη του άσπασμου σου είς τα ώτα μου, έσκιρτησεν έν άγαλλιασει το βρεφος έν τη κοιλια μου.

    2 21   και έκληθη το όνομα αύτου ίησους, το κληθεν ύπο του άγγελου προ του συλλημφθηναι αύτον έν τη κοιλια.

    11 27   μακαρια ή κοιλια ή βαστασασα σε και μαστοι ούς έθηλασας.

    23 29   και αί κοιλιαι αί ούκ έγεννησαν,

Jh   3 4   μη δυναται είς την κοιλιαν της μητρος αύτου δευτερον είσελθειν και γεννηθηναι;

    7 38   ό πιστευων είς έμε, καθως είπεν ή γραφη, ποταμοι έκ της κοιλιας αύτου ρευσουσιν ύδατος ζωντος.

Ac   3 2   και τις άνηρ χωλος έκ κοιλιας μητρος αύτου ύπαρχων έβασταζετο,

    14 8   και τις άνηρ άδυνατος έν λυστροις τοις ποσιν έκαθητο, χωλος έκ κοιλιας μητρος αύτου ός ούδεποτε περιεπατησεν.

Rm   16 18   οί γαρ τοιουτοι τω κυριω ήμων χριστω ού δουλευουσιν άλλα τη έαυτων κοιλια,

1Co   6 13   τα βρωματα τη κοιλια, και ή κοιλια τοις βρωμασιν·

    13   τα βρωματα τη κοιλια, και ή κοιλια τοις βρωμασιν·

κοιλια [22]

Ga	1 15	ὁτε δε εὐδοκησεν [ὁ θεος] ὁ ἀφορισας με ἐκ *κοιλιας* μητρος μου και καλεσας δια της χαριτος αὑτου
Php	3 19	ὡν ὁ θεος ἡ *κοιλια* και ἡ δοξα ἐν τη αἰσχυνη αὑτων,
Apc	10 9	και πικρανει σου την *κοιλιαν*, ἀλλ ἐν τω στοματι σου ἐσται γλυκυ ὡς μελι.
	10	και ὁτε ἐφαγον αὐτο, ἐπικρανθη ἡ *κοιλια* μου.

κοιμαομαι [18]

Mt	27 52	και τα μνημεια ἀνεωχθησαν και πολλα σωματα των *κεκοιμημενων* ἁγιων ἠγερθησαν·
	28 13	εἰπατε ὁτι οἱ μαθηται αὑτου νυκτος ἐλθοντες ἐκλεψαν αὑτον ἡμων *κοιμωμενων*.
Lc	22 45	και ἀναστας ἀπο της προσευχης, ἐλθων προς τους μαθητας εὑρεν *κοιμωμενους* αὐτους ἀπο της λυπης,
Jh	11 11	λαζαρος ὁ φιλος ἡμων *κεκοιμηται*· ἀλλα πορευομαι ἰνα ἐξυπνισω αὐτον.
	12	κυριε, εἰ *κεκοιμηται*, σωθησεται.
Ac	7 60	και τουτο εἰπων *ἐκοιμηθη*.
	12 6	τη νυκτι ἐκεινη ἡν ὁ πετρος *κοιμωμενος* μεταξυ δυο στρατιωτων δεδεμενος ἁλυσεσιν δυσιν,
	13 36	δαυιδ μεν γαρ ἰδια γενεα ὑπηρετησας τη του θεου βουλη *ἐκοιμηθη* και προσετεθη προς τους πατερας αὑτου και εἰδεν διαφθοραν·
1Co	7 39	ἐαν δε *κοιμηθη* ὁ ἀνηρ, ἐλευθερα ἐστιν ὡ θελει γαμηθηναι, μονον ἐν κυριω.
	11 30	δια τουτο ἐν ὑμιν πολλοι ἀσθενεις και ἀρρωστοι και *κοιμωνται* ἱκανοι.
	15 6	ἐξ ὡν οἱ πλειονες μενουσιν ἑως ἀρτι, τινες δε *ἐκοιμηθησαν*·
	18	ἀρα και οἱ *κοιμηθεντες* ἐν χριστω ἀπωλοντο.
	20	νυνι δε χριστος ἐγηγερται ἐκ νεκρων, ἀπαρχη των *κεκοιμημενων*.
	51	παντες οὐ *κοιμηθησομεθα*, παντες δε ἀλλαγησομεθα,
1Th	4 13	οὐ θελομεν δε ὑμας ἀγνοειν, ἀδελφοι, περι των *κοιμωμενων*,
	14	εἰ γαρ πιστευομεν ὁτι ἰησους ἀπεθανεν και ἀνεστη, οὑτως και ὁ θεος τους *κοιμηθεντας* δια του ἰησου ἀξει συν αὑτω.
	15	τουτο γαρ ὑμιν λεγομεν ἐν λογω κυριου, ὁτι ἡμεις οἱ ζωντες οἱ περιλειπομενοι εἰς την παρουσιαν του κυριου οὐ μη φθασωμεν τους *κοιμηθεντας*·
2Pt	3 4	ἀφ ἡς γαρ οἱ πατερες *ἐκοιμηθησαν*, παντα οὑτως διαμενει ἀπ ἀρχης κτισεως.

κοιμησις [1]

Jh	11 13	ἐκεινοι δε ἐδοξαν ὁτι περι της *κοιμησεως* του ὑπνου λεγει.

κοινος [14]

Mc	7 2	και ἰδοντες τινας των μαθητων αὑτου ὁτι *κοιναις* χερσιν, τουτ ἐστιν ἀνιπτοις, ἐσθιουσιν τους ἀρτους,
	5	δια τί οὐ περιπατουσιν οἱ μαθηται σου κατα την παραδοσιν των πρεσβυτερων, ἀλλα *κοιναις* χερσιν ἐσθιουσιν τον ἀρτον;
Ac	2 44	παντες δε οἱ πιστευοντες ἠσαν ἐπι το αὐτο και εἰχον ἁπαντα *κοινα*,
	4 32	και οὐδε εἰς τι των ὑπαρχοντων αὑτω ἐλεγεν ἰδιον εἰναι, ἀλλ ἠν αὑτοις ἁπαντα *κοινα*.
	10 14	μηδαμως, κυριε, ὁτι οὐδεποτε ἐφαγον παν *κοινον* και ἀκαθαρτον.
	28	καμοι ὁ θεος ἐδειξεν μηδενα *κοινον* ἠ ἀκαθαρτον λεγειν ἀνθρωπον·
	11 8	μηδαμως, κυριε, ὁτι *κοινον* ἠ ἀκαθαρτον οὐδεποτε εἰσηλθεν εἰς το στομα μου.
Rm	14 14	οἰδα και πεπεισμαι ἐν κυριω ἰησου ὁτι οὐδεν *κοινον* δι ἑαυτου·
	14	εἰ μη τω λογιζομενω τι *κοινον* εἰναι, ἐκεινω κοινον.
	14	εἰ μη τω λογιζομενω τι κοινον εἰναι, ἐκεινω *κοινον*.
Tit	1 4	τιτω γνησιω τεκνω κατα *κοινην* πιστιν· χαρις και εἰρηνη ἀπο θεου πατρος και χριστου ἰησου του σωτηρος ἡμων.
Heb	10 29	ποσω δοκειτε χειρονος ἀξιωθησεται τιμωριας ὁ τον υἱον του θεου καταπατησας και το αἱμα της διαθηκης *κοινον* ἡγησαμενος,
Ju	3	ἀγαπητοι, πασαν σπουδην ποιουμενος γραφειν ὑμιν περι της *κοινης* ἡμων σωτηριας, ἀναγκην ἐσχον γραψαι ὑμιν παρακαλων
Apc	21 27	και οὐ μη εἰσελθη εἰς αὐτην παν *κοινον* και [ὁ] ποιων βδελυγμα και ψευδος,

κοινοω [14]

Mt	15 11	οὐ το εἰσερχομενον εἰς το στομα *κοινοι* τον ἀνθρωπον,
	11	ἀλλα το ἐκπορευομενον ἐκ του στοματος, τουτο *κοινοι* τον ἀνθρωπον.
	18	τα δε ἐκπορευομενα ἐκ του στοματος ἐκ της καρδιας ἐξερχεται, κακεινα *κοινοι* τον ἀνθρωπον.
	20	ἐκ γαρ της καρδιας ἐξερχονται διαλογισμοι πονηροι, φονοι, μοιχειαι, πορνειαι, κλοπαι, ψευδομαρτυριαι, βλασφημιαι. ταυτα ἐστιν τα *κοινουντα* τον ἀνθρωπον·
	20	το δε ἀνιπτοις χερσιν φαγειν οὐ *κοινοι* τον ἀνθρωπον.
Mc	7 15	οὐδεν ἐστιν ἐξωθεν του ἀνθρωπου εἰσπορευομενον εἰς αὐτον ὁ δυναται *κοινωσαι* αὐτον·
	15	οὐδεν ἐστιν ἐξωθεν του ἀνθρωπου εἰσπορευομενον εἰς αὐτον ὁ δυναται κοινωσαι αὐτον· ἀλλα τα ἐκ του ἀνθρωπου ἐκπορευομενα ἐστιν τα *κοινουντα* τον ἀνθρωπον.
	18	οὐ νοειτε ὁτι παν το ἐξωθεν εἰσπορευομενον εἰς τον ἀνθρωπον οὐ δυναται αὐτον *κοινωσαι*,
	20	ἐλεγεν δε ὁτι το ἐκ του ἀνθρωπου ἐκπορευομενον, ἐκεινο *κοινοι* τον ἀνθρωπον.
	23	παντα ταυτα τα πονηρα ἐσωθεν ἐκπορευεται και *κοινοι* τον ἀνθρωπον.
Ac	10 15	ἁ ὁ θεος ἐκαθαρισεν συ μη *κοινου*.
	11 9	ἁ ὁ θεος ἐκαθαρισεν συ μη *κοινου*.
	21 28	ἐτι τε και ἑλληνας εἰσηγαγεν εἰς το ἱερον και *κεκοινωκεν* τον ἁγιον τοπον τουτον.
Heb	9 13	εἰ γαρ το αἱμα τραγων και ταυρων και σποδος δαμαλεως ῥαντιζουσα τους *κεκοινωμενους* ἁγιαζει προς την της σαρκος καθαροτητα, ποσω μαλλον το αἱμα του χριστου,

κοινωνεω [8]

Rm	12 13	τη προσευχη προσκαρτερουντες, ταις χρειαις των ἁγιων *κοινωνουντες*,
	15 27	εἰ γαρ τοις πνευματικοις αὑτων *ἐκοινωνησαν* τα ἐθνη, ὀφειλουσιν και ἐν τοις σαρκικοις λειτουργησαι αὑτοις.
Ga	6 6	*κοινωνειτω* δε ὁ κατηχουμενος τον λογον τω κατηχουντι ἐν πασιν ἀγαθοις.
Php	4 15	οἰδατε δε και ὑμεις, φιλιππησιοι, ὁτι ἐν ἀρχη του εὐαγγελιου, ὁτε ἐξηλθον ἀπο μακεδονιας, οὐδεμια μοι ἐκκλησια *ἐκοινωνησεν*
1Tm	5 22	χειρας ταχεως μηδενι ἐπιτιθει, μηδε *κοινωνει* ἁμαρτιαις ἀλλοτριαις·
Heb	2 14	ἐπει οὐν τα παιδια *κεκοινωνηκεν* αἱματος και σαρκος, και αὐτος παραπλησιως μετεσχεν των αὐτων,
1Pt	4 13	ἀλλα καθο *κοινωνειτε* τοις του χριστου παθημασιν χαιρετε,
2Jh	11	ὁ λεγων γαρ αὑτω χαιρειν *κοινωνει* τοις ἐργοις αὑτου τοις πονηροις.

κοινωνια [19]

Ac	2 42	ἠσαν δε προσκαρτερουντες τη διδαχη των ἀποστολων και τη *κοινωνια*, τη κλασει του ἀρτου και ταις προσευχαις.
Rm	15 26	εὐδοκησαν γαρ μακεδονια και ἀχαια *κοινωνιαν* τινα ποιησασθαι εἰς τους πτωχους των ἁγιων των ἐν ἰερουσαλημ.
1Co	1 9	πιστος ὁ θεος, δι οὐ ἐκληθητε εἰς *κοινωνιαν* του υἱου αὑτου ἰησου χριστου του κυριου ἡμων.
	10 16	το ποτηριον της εὐλογιας ὁ εὐλογουμεν, οὐχι *κοινωνια* ἐστιν του αἱματος του χριστου;
	16	τον ἀρτον ὁν κλωμεν, οὐχι *κοινωνια* του σωματος του χριστου ἐστιν;
2Co	6 14	τίς γαρ μετοχη δικαιοσυνη και ἀνομια, ἠ τίς *κοινωνια* φωτι προς σκοτος;
	8 4	αὐθαιρετοι μετα πολλης παρακλησεως δεομενοι ἡμων την χαριν και την *κοινωνιαν* της διακονιας της εἰς τους ἁγιους,
	9 13	δια της δοκιμης της διακονιας ταυτης δοξαζοντες τον θεον ἐπι τη ὑποταγη της ὁμολογιας ὑμων εἰς το εὐαγγελιον του χριστου και ἁπλοτητι της *κοινωνιας* εἰς αὐτους και εἰς παντας,
	13 13	ἡ χαρις του κυριου ἰησου χριστου και ἡ ἀγαπη του θεου και ἡ *κοινωνια* του ἁγιου πνευματος μετα παντων ὑμων.
Ga	2 9	ἰακωβος και κηφας και ἰωαννης, οἱ δοκουντες στυλοι εἰναι, δεξιας ἐδωκαν ἐμοι και βαρναβα *κοινωνιας*,
Php	1 5	ἐπι τη *κοινωνια* ὑμων εἰς το εὐαγγελιον ἀπο της πρωτης ἡμερας ἀχρι του νυν,
	2 1	εἰ τις *κοινωνια* πνευματος, εἰ τις σπλαγχνα και οἰκτιρμοι,
	3 10	του γνωναι αὑτον και την δυναμιν της ἀναστασεως αὑτου και [την] *κοινωνιαν* [των] παθηματων αὑτου,
Phm	6	ὁπως ἡ *κοινωνια* της πιστεως σου ἐνεργης γενηται ἐν ἐπιγνωσει παντος ἀγαθου του ἐν ἡμιν εἰς χριστον.
Heb	13 16	της δε εὐποιιας και *κοινωνιας* μη ἐπιλανθανεσθε·

κοινωνια [19]

1Jh 1 3 ὁ ἑωρακαμεν και ἀκηκοαμεν, ἀπαγγελλομεν και ὑμιν, ἱνα και ὑμεις *κοινωνιαν* ἐχητε μεθ ἡμων.

3 και ἡ *κοινωνια* δε ἡ ἡμετερα μετα του πατρος και μετα του υἱου αὐτου ἰησου χριστου.

6 ἐαν εἰπωμεν ὁτι *κοινωνιαν* ἐχομεν μετ αὐτου και ἐν τω σκοτει περιπατωμεν, ψευδομεθα και οὐ ποιουμεν την ἀληθειαν·

7 ἐαν δε ἐν τω φωτι περιπατωμεν ὡς αὐτος ἐστιν ἐν τω φωτι, *κοινωνιαν* ἐχομεν μετ ἀλληλων

κοινωνικος [1]

1Tm 6 18 ἀγαθοεργειν, πλουτειν ἐν ἐργοις καλοις, εὐμεταδοτους εἰναι, *κοινωνικους,*

κοινωνος [10]

Mt 23 30 εἰ ἡμεθα ἐν ταις ἡμεραις των πατερων ἡμων, οὐκ ἀν ἡμεθα αὐτων *κοινωνοι* ἐν τω αἱματι των προφητων.

Lc 5 10 ὁμοιως δε και ἰακωβον και ἰωαννην υἱους ζεβεδαιου, οἱ ἠσαν *κοινωνοι* τω σιμωνι.

1Co 10 18 οὐχ οἱ ἐσθιοντες τας θυσιας *κοινωνοι* του θυσιαστηριου εἰσιν;

20 οὐ θελω δε ὑμας *κοινωνους* των δαιμονιων γινεσθαι.

2Co 1 7 εἰδοτες ὁτι ὡς *κοινωνοι* ἐστε των παθηματων, οὑτως και της παρακλησεως.

8 23 εἰτε ὑπερ τιτου, *κοινωνος* ἐμος και εἰς ὑμας συνεργος·

Phm 17 εἰ οὐν με ἐχεις *κοινωνον,* προσλαβου αὐτον ὡς ἐμε.

Heb 10 33 τουτο δε *κοινωνοι* των οὑτως ἀναστρεφομενων γενηθεντες.

1Pt 5 1 ὁ και της μελλουσης ἀποκαλυπτεσθαι δοξης *κοινωνος*·

2Pt 1 4 δι ὡν τα τιμια και μεγιστα ἡμιν ἐπαγγελματα δεδωρηται, ἱνα δια τουτων γενησθε θειας *κοινωνοι* φυσεως,

κοιτη [4]

Lc 11 7 ἠδη ἡ θυρα κεκλεισται, και τα παιδια μου μετ ἐμου εἰς την *κοιτην* εἰσιν·

Rm 9 10 οὐ μονον δε, ἀλλα και ρεβεκκα ἐξ ἑνος *κοιτην* ἐχουσα, ἰσαακ του πατρος ἡμων·

13 13 ὡς ἐν ἡμερα εὐσχημονως περιπατησωμεν, μη κωμοις και μεθαις, μη *κοιταις* και ἀσελγειαις, μη ἐριδι και ζηλω·

Heb 13 4 τιμιος ὁ γαμος ἐν πασιν και ἡ *κοιτη* ἀμιαντος·

κοιτων [1]

Ac 12 20 ὁμοθυμαδον δε παρησαν προς αὐτον, και πεισαντες βλαστον τον ἐπι του *κοιτωνος* του βασιλεως ἡτουντο εἰρηνην,

κοκκινος [6]

Mt 27 28 και ἐκδυσαντες αὐτον χλαμυδα *κοκκινην* περιεθηκαν αὐτω,

Heb 9 19 λαβων το αἱμα των μοσχων [και των τραγων] μετα ὑδατος και ἐριου *κοκκινου* και ὑσσωπου,

Apc 17 3 και εἰδον γυναικα καθημενην ἐπι θηριον *κοκκινον,* γεμον[τα] ὀνοματα βλασφημιας,

4 και ἡ γυνη ἠν περιβεβλημενη πορφυρουν και *κοκκινον,*

18 12 και πορφυρας και σιρικου και *κοκκινου,*

16 οὐαι οὐαι, ἡ πολις ἡ μεγαλη, ἡ περιβεβλημενη βυσσινον και πορφυρουν και *κοκκινον,*

κοκκος [7]

Mt 13 31 ὁμοια ἐστιν ἡ βασιλεια των οὐρανων *κοκκω* σιναπεως,

17 20 ἐαν ἐχητε πιστιν ὡς *κοκκον* σιναπεως, ἐρειτε τω ὀρει τουτω· μεταβα ἐνθεν ἐκει, και μεταβησεται, και οὐδεν ἀδυνατησει ὑμιν.

Mc 4 31 πως ὁμοιωσωμεν την βασιλειαν του θεου, ἠ ἐν τινι αὐτην παραβολη θωμεν; ὡς *κοκκω* σιναπεως,

Lc 13 19 ὁμοια ἐστιν *κοκκω* σιναπεως, ὁν λαβων ἀνθρωπος ἐβαλεν εἰς κηπον ἑαυτου,

17 6 εἰ ἐχετε πιστιν ὡς *κοκκον* σιναπεως, ἐλεγετε ἀν τη συκαμινω [ταυτη]·

Jh 12 24 ἐαν μη ὁ *κοκκος* του σιτου πεσων εἰς την γην ἀποθανη, αὐτος μονος μενει·

1Co 15 37 και ὁ σπειρεις, οὐ το σωμα το γενησομενον σπειρεις, ἀλλα γυμνον *κοκκον* εἰ τυχοι σιτου ἠ τινος των λοιπων·

κολαζω [2]

Ac 4 21 οἱ δε προσαπειλησαμενοι ἀπελυσαν αὐτους, μηδεν εὑρισκοντες το πως *κολασωνται* αὐτους, δια τον λαον, ὁτι παντες ἐδοξαζον τον θεον ἐπι τω γεγονοτι·

2Pt 2 9 οἰδεν κυριος εὐσεβεις ἐκ πειρασμου ρυεσθαι, ἀδικους δε εἰς ἡμεραν κρισεως *κολαζομενους* τηρειν,

κολακεια [1]

1Th 2 5 οὐτε γαρ ποτε ἐν λογω *κολακειας* ἐγενηθημεν, καθως οἰδατε, οὐτε ἐν προφασει πλεονεξιας,

κολασις [2]

Mt 25 46 και ἀπελευσονται οὑτοι εἰς *κολασιν* αἰωνιον, οἱ δε δικαιοι εἰς ζωην αἰωνιον.

1Jh 4 18 ἀλλ ἡ τελεια ἀγαπη ἐξω βαλλει τον φοβον, ὁτι ὁ φοβος *κολασιν* ἐχει,

κολαφιζω [5]

Mt 26 67 τοτε ἐνεπτυσαν εἰς το προσωπον αὐτου και *ἐκολαφισαν* αὐτον,

Mc 14 65 και ἡρξαντο τινες ἐμπτυειν αὐτω και περικαλυπτειν αὐτου το προσωπον και *κολαφιζειν* αὐτον και λεγειν αὐτω·

1Co 4 11 και *κολαφιζομεθα* και ἀστατουμεν και κοπιωμεν ἐργαζομενοι ταις ἰδιαις χερσιν·

2Co 12 7 διο ἱνα μη ὑπεραιρωμαι, ἐδοθη μοι σκολοψ τη σαρκι, ἀγγελος σατανα, ἱνα με *κολαφιζη,* ἱνα μη ὑπεραιρωμαι.

1Pt 2 20 ποιον γαρ κλεος εἰ ἁμαρτανοντες και *κολαφιζομενοι* ὑπομενειτε;

κολλαομαι [12]

Mt 19 5 ἑνεκα τουτου καταλειψει ἀνθρωπος τον πατερα και την μητερα και *κολληθησεται* τη γυναικι αὐτου, και ἐσονται οἱ δυο εἰς σαρκα μιαν.

Lc 10 11 και τον κονιορτον τον *κολληθεντα* ἡμιν ἐκ της πολεως ὑμων εἰς τους ποδας ἀπομασσομεθα ὑμιν·

15 15 και πορευθεις *ἐκολληθη* ἑνι των πολιτων της χωρας ἐκεινης,

Ac 5 13 των δε λοιπων οὐδεις ἐτολμα *κολλασθαι* αὐτοις, ἀλλ ἐμεγαλυνεν αὐτους ὁ λαος·

8 29 προσελθε και *κολληθητι* τω ἀρματι τουτω.

9 26 παραγενομενος δε εἰς ἰερουσαλημ ἐπειραζεν *κολλασθαι* τοις μαθηταις·

10 28 ὑμεις ἐπιστασθε ὡς ἀθεμιτον ἐστιν ἀνδρι ἰουδαιω *κολλασθαι* ἠ προσερχεσθαι ἀλλοφυλω·

17 34 τινες δε ἀνδρες *κολληθεντες* αὐτω ἐπιστευσαν,

Rm 12 9 ἀποστυγουντες το πονηρον, *κολλωμενοι* τω ἀγαθω·

1Co 6 16 [ἠ] οὐκ οἰδατε ὁτι ὁ *κολλωμενος* τη πορνη ἑν σωμα ἐστιν;

17 ὁ δε *κολλωμενος* τω κυριω ἑν πνευμα ἐστιν.

Apc 18 5 ὁτι *ἐκολληθησαν* αὐτης αἱ ἁμαρτιαι ἀχρι του οὐρανου,

κολλουριον [1]

Apc 3 18 και *κολλ[ο]υριον* ἐγχρισαι τους ὀφθαλμους σου ἱνα βλεπης.

κολλυβιστης [3]

Mt 21 12 και τας τραπεζας των *κολλυβιστων* κατεστρεψεν και τας καθεδρας των πωλουντων τας περιστερας,

Mc 11 15 και τας τραπεζας των *κολλυβιστων* και τας καθεδρας των πωλουντων τας περιστερας κατεστρεψεν,

Jh 2 15 και των *κολλυβιστων* ἐξεχεεν το κερμα και τας τραπεζας ἀνετρεψεν,

κολλυριον [1]

Apc 3 18 και *κολλ[ο]υριον* ἐγχρισαι τους ὀφθαλμους σου ἱνα βλεπης.

κολοβοω [4]

Mt 24 22 και εἰ μη *ἐκολοβωθησαν* αἱ ἡμεραι ἐκειναι, οὐκ ἀν ἐσωθη πασα σαρξ·

22 δια δε τους ἐκλεκτους *κολοβωθησονται* αἱ ἡμεραι ἐκειναι.

Mc 13 20 και εἰ μη *ἐκολοβωσεν* κυριος τας ἡμερας, οὐκ ἀν ἐσωθη πασα σαρξ·

20 και εἰ μη ἐκολοβωσεν κυριος τας ἡμερας, οὐκ ἀν ἐσωθη πασα σαρξ· ἀλλα δια τους ἐκλεκτους οὑς ἐξελεξατο *ἐκολοβωσεν* τας ἡμερας.

κολοσσαι [1]

Col 1 2 τοις ἐν *κολοσσαις* ἁγιοις και πιστοις ἀδελφοις ἐν χριστω· χαρις ὑμιν και εἰρηνη ἀπο θεου πατρος ἡμων.

κολπος [6]

Lc 6 38 μετρον καλον πεπιεσμενον σεσαλευμενον ὑπερεκχυννομενον δωσουσιν εἰς τον *κολπον* ὑμων·

16 22 ἐγενετο δε ἀποθανειν τον πτωχον και ἀπενεχθηναι αὐτον ὑπο των ἀγγελων εἰς τον *κολπον* ἀβρααμ·

23 και ἐν τω ἁδη ἐπαρας τους ὀφθαλμους αὐτου, ὑπαρχων ἐν βασανοις, ὁρα ἀβρααμ ἀπο μακροθεν και λαζαρον ἐν τοις *κολποις* αὐτου.

Jh 1 18 μονογενης θεος ὁ ὢν εἰς τον *κολπον* του πατρος, ἐκεινος ἐξηγησατο.

13 23 ἦν ἀνακειμενος εἰς ἐκ των μαθητων αὐτου ἐν τω *κολπω* του ἰησου, ὃν ἠγαπα ὁ ἰησους·

Ac 27 39 την γην οὐκ ἐπεγινωσκον, *κολπον* δε τινα κατενοουν ἐχοντα αἰγιαλον,

κολυμβαω [1]

Ac 27 43 ἐκελευσεν τε τους δυναμενους *κολυμβαν* ἀπορριψαντας πρωτους ἐπι την γην ἐξιεναι,

κολυμβηθρα [4]

Jh 5 2 ἐστιν δε ἐν τοις ἱεροσολυμοις ἐπι τη προβατικη *κολυμβηθρα*,

4 * ἀγγελος δε κυριου κατα καιρον κατεβαινεν ἐν τη *κολυμβηθρα* και ἐταρασσετο το ὑδωρ·

7 κυριε, ἀνθρωπον οὐκ ἐχω, ἱνα ὀταν ταραχθη το ὑδωρ βαλη με εἰς την *κολυμβηθραν*·

9 7 ὑπαγε νιψαι εἰς την *κολυμβηθραν* του σιλωαμ ὁ ἑρμηνευεται ἀπεσταλμενος.

κολωνια [1]

Ac 16 12 κακειθεν εἰς φιλιππους, ἡτις ἐστιν πρωτη[ς] μεριδος της μακεδονιας πολις, *κολωνια*.

κομαω [2]

1Co 11 14 οὐδε ἡ φυσις αὐτη διδασκει ὑμας ὁτι ἀνηρ μεν ἐαν *κομα*, ἀτιμια αὐτω ἐστιν, γυνη δε ἐαν κομα, δοξα αὐτη ἐστιν;

15 οὐδε ἡ φυσις αὐτη διδασκει ὑμας ὁτι ἀνηρ μεν ἐαν κομα, ἀτιμια αὐτω ἐστιν, γυνη δε ἐαν *κομα*, δοξα αὐτη ἐστιν;

κομη [1]

1Co 11 15 ὁτι ἡ *κομη* ἀντι περιβολαιου δεδοται [αὐτη].

κομιζω [10]

Mt 25 27 και ἐλθων ἐγω *ἐκομισαμην* ἀν το ἐμον συν τοκω.

Lc 7 37 και ἰδου γυνη ἡτις ἠν ἐν τη πολει ἁμαρτωλος, και ἐπιγνουσα ὁτι κατακειται ἐν τη οἰκια του φαρισαιου, *κομισασα* ἀλαβαστρον μυρου

2Co 5 10 τους γαρ παντας ἡμας φανερωθηναι δει ἐμπροσθεν του βηματος του χριστου, ἱνα *κομισηται* ἑκαστος τα δια του σωματος προς ἃ ἐπραξεν,

Eph 6 8 εἰδοτες ὁτι ἑκαστος ἐαν τι ποιηση ἀγαθον, τουτο *κομισεται* παρα κυριου,

Col 3 25 ὁ γαρ ἀδικων *κομισεται* ὁ ἠδικησεν,

Heb 10 36 ὑπομονης γαρ ἐχετε χρειαν ἱνα το θελημα του θεου ποιησαντες *κομισησθε* την ἐπαγγελιαν.

11 19 ὁθεν αὐτον και ἐν παραβολη *ἐκομισατο*.

39 και οὑτοι παντες μαρτυρηθεντες δια της πιστεως οὐκ *ἐκομισαντο* την ἐπαγγελιαν,

1Pt 1 9 *κομιζομενοι* το τελος της πιστεως [ὑμων] σωτηριαν ψυχων.

5 4 και φανερωθεντος του ἀρχιποιμενος *κομιεισθε* τον ἀμαραντινον της δοξης στεφανον.

κομψοτερον [1]

Jh 4 52 ἐπυθετο οὖν την ὡραν παρ αὐτων ἐν ἡ *κομψοτερον* ἐσχεν·

κονιαω [2]

Mt 23 27 οὐαι ὑμιν, γραμματεις και φαρισαιοι ὑποκριται, ὁτι παρομοιαζετε ταφοις *κεκονιαμενοις*,

Ac 23 3 τυπτειν σε μελλει ὁ θεος, τοιχε *κεκονιαμενε*·

κονιορτος [5]

Mt 10 14 ἐξερχομενοι ἐξω της οἰκιας ἡ της πολεως ἐκεινης ἐκτιναξατε τον *κονιορτον* των ποδων ὑμων.

Lc 9 5 και ὁσοι ἀν μη δεχωνται ὑμας, ἐξερχομενοι ἀπο της πολεως ἐκεινης τον *κονιορτον* ἀπο των ποδων ὑμων ἀποτινασσετε εἰς μαρτυριον ἐπ αὐτους.

10 11 και τον *κονιορτον* τον κολληθεντα ἡμιν ἐκ της πολεως ὑμων εἰς τους ποδας ἀπομασσομεθα ὑμιν·

Ac 13 51 οἱ δε ἐκτιναξαμενοι τον *κονιορτον* των ποδων ἐπ αὐτους ἠλθον εἰς ἰκονιον,

22 23 κραυγαζοντων τε αὐτων και ῥιπτουντων τα ἱματια και *κονιορτον* βαλλοντων εἰς τον ἀερα, ἐκελευσεν ὁ χιλιαρχος εἰσαγεσθαι αὐτον εἰς την παρεμβολην,

κοπαζω [3]

Mt 14 32 και ἀναβαντων αὐτων εἰς το πλοιον *ἐκοπασεν* ὁ ἀνεμος.

Mc 4 39 και *ἐκοπασεν* ὁ ἀνεμος, και ἐγενετο γαληνη μεγαλη.

6 51 και ἀνεβη προς αὐτους εἰς το πλοιον, και *ἐκοπασεν* ὁ ἀνεμος·

κοπετος [1]

Ac 8 2 συνεκομισαν δε τον στεφανον ἀνδρες εὐλαβεις και ἐποιησαν *κοπετον* μεγαν ἐπ αὐτω.

κοπη [1]

Heb 7 1 οὑτος γαρ ὁ μελχισεδεκ, βασιλευς σαλημ, ἱερευς του θεου του ὑψιστου, ὁ συναντησας ἀβρααμ ὑποστρεφοντι ἀπο της *κοπης* των βασιλεων και εὐλογησας αὐτον,

κοπιαω [23]

Mt 6 28 πῶς αὐξανουσιν· οὐ *κοπιωσιν* οὐδε νηθουσιν·

11 28 δευτε προς με παντες οἱ *κοπιωντες* και πεφορτισμενοι, καγω ἀναπαυσω ὑμας.

Lc 5 5 ἐπιστατα, δι ὁλης νυκτος *κοπιασαντες* οὐδεν ἐλαβομεν· ἐπι δε τω ῥηματι σου χαλασω τα δικτυα.

12 27 οὐ *κοπια* οὐδε νηθει·

Jh 4 6 ὁ οὖν ἰησους *κεκοπιακως* ἐκ της ὁδοιποριας ἐκαθεζετο οὑτως ἐπι τη πηγη·

38 ἐγω ἀπεστειλα ὑμας θεριζειν ὁ οὐχ ὑμεις *κεκοπιακατε*·

38 ἀλλοι *κεκοπιακασιν*, και ὑμεις εἰς τον κοπον αὐτων εἰσεληλυθατε.

Ac 20 35 παντα ὑπεδειξα ὑμιν, ὁτι οὑτως *κοπιωντας* δει ἀντιλαμβανεσθαι των ἀσθενουντων,

Rm 16 6 ἀσπασασθε μαριαν, ἡτις πολλα *ἐκοπιασεν* εἰς ὑμας.

12 ἀσπασασθε τρυφαιναν και τρυφωσαν τας *κοπιωσας* ἐν κυριω.

12 ἀσπασασθε περσιδα την ἀγαπητην, ἡτις πολλα *ἐκοπιασεν* ἐν κυριω.

1Co 4 12 και κολαφιζομεθα και ἀστατουμεν και *κοπιωμεν* ἐργαζομενοι ταις ἰδιαις χερσιν·

15 10 και ἡ χαρις αὐτου ἡ εἰς ἐμε οὐ κενη ἐγενηθη, ἀλλα περισσοτερον αὐτων παντων *ἐκοπιασα*,

16 16 ἱνα και ὑμεις ὑποτασσησθε τοις τοιουτοις και παντι τω συνεργουντι και *κοπιωντι*.

Ga 4 11 φοβουμαι ὑμας μη πως εἰκη *κεκοπιακα* εἰς ὑμας.

Eph 4 28 ὁ κλεπτων μηκετι κλεπτετω, μαλλον δε *κοπιατω* ἐργαζομενος ταις [ἰδιαις] χερσιν το ἀγαθον,

Php 2 16 ὁτι οὐκ εἰς κενον ἐδραμον οὐδε εἰς κενον *ἐκοπιασα*.

Col 1 29 εἰς ὁ και *κοπιω* ἀγωνιζομενος κατα την ἐνεργειαν αὐτου την ἐνεργουμενην ἐν ἐμοι ἐν δυναμει.

1Th 5 12 ἐρωτωμεν δε ὑμας, ἀδελφοι, εἰδεναι τους *κοπιωντας* ἐν ὑμιν και προισταμενους ὑμων ἐν κυριω και νουθετουντας ὑμας,

1Tm 4 10 εἰς τουτο γαρ *κοπιωμεν* και ἀγωνιζομεθα, ὁτι ἠλπικαμεν ἐπι θεω ζωντι,

5 17 οἱ καλως προεστωτες πρεσβυτεροι διπλης τιμης ἀξιουσθωσαν, μαλιστα οἱ *κοπιωντες* ἐν λογω και διδασκαλια.

2Tm 2 6 τον *κοπιωντα* γεωργον δει πρωτον των καρπων μεταλαμβανειν.

Apc 2 3 και ἐβαστασας δια το ὀνομα μου, και οὐ *κεκοπιακες*.

κοπος [18]

Mt	26 10	τί *κοπους* παρεχετε τη γυναικι;
Mc	14 6	άφετε αύτην· τί αύτη *κοπους* παρεχετε;
Lc	11 7	μη μοι *κοπους* παρεχε· ήδη ή θυρα κεκλεισται,
	18 5	εί και τον θεον ού φοβουμαι ουδε άνθρωπον έντρεπομαι, δια γε το παρεχειν μοι *κοπον* την χηραν ταυτην έκδικησω αύτην,
Jh	4 38	άλλοι κεκοπιακασιν, και ύμεις εις τον *κοπον* αύτων είσεληλυθατε.
1Co	3 8	ό φυτευων δε και ό ποτιζων έν εισιν, έκαστος δε τον ίδιον μισθον λημψεται κατα τον ίδιον *κοπον*.
	15 58	ώστε, άδελφοι μου άγαπητοι, έδραιοι γινεσθε, άμετακινητοι, περισσευοντες έν τω έργω του κυριου παντοτε, είδοτες ότι ό *κοπος* ύμων ούκ έστιν κενος έν κυριω.
2Co	6 5	έν άκαταστασιαις, έν *κοποις*, έν άγρυπνιαις,
	10 15	ούκ εις τα άμετρα καυχωμενοι έν άλλοτριοις *κοποις*,
	11 23	έν *κοποις* περισσοτερως, έν φυλακαις περισσοτερως, έν πληγαις ύπερβαλλοντως, έν θανατοις πολλακις.
	27	*κοπω* και μοχθω, έν άγρυπνιαις πολλακις, έν λιμω και διψει,
Ga	6 17	του λοιπου *κοπους* μοι μηδεις παρεχετω·
1Th	1 3	άδιαλειπτως μνημονευοντες ύμων του έργου της πιστεως και του *κοπου* της άγαπης
	2 9	μνημονευετε γαρ, άδελφοι, τον *κοπον* ήμων και τον μοχθον·
	3 5	μη πως έπειρασεν ύμας ό πειραζων και εις κενον γενηται ό *κοπος* ήμων.
2Th	3 8	ουδε δωρεαν άρτον έφαγομεν παρα τινος, άλλ έν *κοπω* και μοχθω νυκτος και ήμερας έργαζομενοι
Apc	2 2	οίδα τα έργα σου και τον *κοπον* και την ύπομονην σου,
	14 13	ναι, λεγει το πνευμα, ίνα άναπαησονται έκ των *κοπων* αύτων·

κοπρια [1]

Lc	14 35	ούτε εις γην ούτε εις *κοπριαν* εύθετον έστιν·

κοπριον [1]

Lc	13 8	κυριε, άφες αύτην και τουτο το έτος, έως ότου σκαψω περι αύτην και βαλω *κοπρια*,

κοπτω [8]

Mt	11 17	έθρηνησαμεν και ούκ *έκοψασθε*.
	21 8	άλλοι δε *έκοπτον* κλαδους άπο των δενδρων και έστρωννυον έν τη όδω.
	24 30	και τοτε *κοψονται* πασαι αί φυλαι της γης και όψονται τον υίον του άνθρωπου έρχομενον έπι των νεφελων του ούρανου μετα δυναμεως και δοξης πολλης·
Mc	11 8	και πολλοι τα ίματια αύτων έστρωσαν εις την όδον, άλλοι δε στιβαδας, *κοψαντες* έκ των άγρων.
Lc	8 52	έκλαιον δε παντες και *έκοπτοντο* αύτην.
	23 27	ήκολουθει δε αύτω πολυ πληθος του λαου και γυναικων αί *έκοπτοντο* και έθρηνουν αύτον.
Apc	1 7	και *κοψονται* έπ αύτον πασαι αί φυλαι της γης·
	18 9	και κλαυσουσιν και *κοψονται* έπ αύτην οί βασιλεις της γης οί μετ αύτης πορνευσαντες και στρηνιασαντες,

κοραξ [1]

Lc	12 24	κατανοησατε τους *κορακας*, ότι ού σπειρουσιν ουδε θεριζουσιν, οίς ούκ έστιν ταμειον ουδε άποθηκη, και ό θεος τρεφει αύτους·

κορασιον [8]

Mt	9 24	ού γαρ άπεθανεν το *κορασιον* άλλα καθευδει.
	25	και ήγερθη το *κορασιον*.
	14 11	και ήνεχθη ή κεφαλη αύτου έπι πινακι και έδοθη τω *κορασιω*,
Mc	5 41	ό έστιν μεθερμηνευομενον· το *κορασιον*, σοί λεγω, έγειρε.
	42	και εύθυς άνεστη το *κορασιον* και περιεπατει·
	6 22	είπεν ό βασιλευς τω *κορασιω*· αίτησον με ό έαν θελης,
	28	και ήνεγκεν την κεφαλην αύτου έπι πινακι και έδωκεν αύτην τω *κορασιω*,
	28	και το *κορασιον* έδωκεν αύτην τη μητρι αύτης.

κορβαν [1]

Mc	7 11	έαν είπη άνθρωπος τω πατρι ή τη μητρι· *κορβαν*, ό έστιν δωρον, ό έαν έξ έμου ώφεληθης,

κορβανας [1]

Mt	27 6	ούκ έξεστιν βαλειν αύτα εις τον *κορβαναν*, έπει τιμη αίματος έστιν.

κορε [1]

Ju	11	και τη άντιλογια του *κορε* άπωλοντο.

κορεννυμαι [2]

Ac	27 38	*κορεσθεντες* δε τροφης έκουφιζον το πλοιον έκβαλλομενοι τον σιτον εις την θαλασσαν.
1Co	4 8	ήδη *κεκορεσμενοι* έστε· ήδη έπλουτησατε· χωρις ήμων έβασιλευσατε·

κορινθιος [2]

Ac	18 8	και πολλοι των *κορινθιων* άκουοντες έπιστευον και έβαπτιζοντο.
2Co	6 11	το στομα ήμων άνεωγεν προς ύμας, *κορινθιοι*, ή καρδια ήμων πεπλατυνται·

κορινθος [6]

Ac	18 1	μετα ταυτα χωρισθεις έκ των άθηνων ήλθεν εις *κορινθον*.
	19 1	έγενετο δε έν τω τον άπολλω είναι έν *κορινθω* παυλον διελθοντα τα άνωτερικα μερη [κατ]ελθειν εις έφεσον και εύρειν τινας μαθητας,
1Co	1 2	τη έκκλησια του θεου τη ούση έν *κορινθω*, ήγιασμενοις έν χριστω ίησου,
2Co	1 1	παυλος άποστολος χριστου ίησου δια θεληματος θεου και τιμοθεος ό άδελφος τη έκκλησια του θεου τη ούση έν *κορινθω* συν τοις άγιοις πασιν τοις ούσιν έν όλη τη άχαια·
	23	έγω δε μαρτυρα τον θεον έπικαλουμαι έπι την έμην ψυχην, ότι φειδομενος ύμων ούκετι ήλθον εις *κορινθον*.
2Tm	4 20	έραστος έμεινεν έν *κορινθω*, τροφιμον δε άπελιπον έν μιλητω άσθενουντα.

κορνηλιος [8]

Ac	10 1	άνηρ δε τις έν καισαρεια όνοματι *κορνηλιος*, έκατονταρχης έκ σπειρης της καλουμενης ίταλικης,
	3	είδεν έν όραματι φανερως, ώσει περι ώραν ένατην της ήμερας, άγγελον του θεου είσελθοντα προς αύτον και είπ[οντα] αύτω· *κορνηλιε*.
	17	ώς δε έν έαυτω διηπορει ό πετρος τί άν είη το όραμα ό είδεν, ίδου οί άνδρες οί άπεσταλμενοι ύπο του *κορνηλιου* διερωτησαντες την οίκιαν του σιμωνος έπεστησαν έπι τον πυλωνα,
	22	*κορνηλιος* έκατονταρχης, άνηρ δικαιος και φοβουμενος τον θεον,
	24	ό δε *κορνηλιος* ήν προσδοκων αύτους, συγκαλεσαμενος τους συγγενεις αύτου και τους άναγκαιους φιλους.
	25	ώς δε έγενετο του είσελθειν τον πετρον, συναντησας αύτω ό *κορνηλιος* πεσων έπι τους ποδας προσεκυνησεν.
	30	και ό *κορνηλιος* έφη· άπο τεταρτης ήμερας μεχρι ταυτης της ώρας ήμην την ένατην προσευχομενος έν τω οίκω μου,
	31	*κορνηλιε*, είσηκουσθη σου ή προσευχη και αί έλεημοσυναι σου έμνησθησαν ένωπιον του θεου.

κορος [1]

Lc	16 7	ό δε είπεν· έκατον *κορους* σιτου.

κοσμεω [10]

Mt	12 44	και έλθον εύρισκει σχολαζοντα σεσαρωμενον και *κεκοσμημενον*.
	23 29	ούαι ύμιν, γραμματεις και φαρισαιοι ύποκριται, ότι οίκοδομειτε τους ταφους των προφητων και *κοσμειτε* τα μνημεια των δικαιων,
	25 7	τοτε ήγερθησαν πασαι αί παρθενοι έκειναι και *έκοσμησαν* τας λαμπαδας έαυτων.
Lc	11 25	και έλθον εύρισκει σεσαρωμενον και *κεκοσμημενον*.
	21 5	και τινων λεγοντων περι του ίερου, ότι λιθοις καλοις και άναθημασιν *κεκοσμηται*,
1Tm	2 9	ώσαυτως [και] γυναικας έν καταστολη κοσμιω, μετα αίδους και σωφροσυνης *κοσμειν* έαυτας.
Tit	2 10	άλλα πασαν πιστιν ένδεικνυμενους άγαθην, ίνα την διδασκαλιαν την του σωτηρος ήμων θεου *κοσμωσιν* έν πασιν.

κοσμεω [10]

1Pt 3 5 οὕτως γαρ ποτε και αἱ ἁγιαι γυναικες αἱ ἐλπιζουσαι εἰς θεον ἐκοσμουν ἑαυτας,

Apc 21 2 και την πολιν την ἁγιαν ἰερουσαλημ καινην εἰδον καταβαινουσαν ἐκ του οὐρανου ἀπο του θεου, ἡτοιμασμενην ὡς νυμφην κεκοσμημενην τω ἀνδρι αὐτης.

19 οἱ θεμελιοι του τειχους της πολεως παντι λιθω τιμιω κεκοσμημενοι·

κοσμικος [2]

Tit 2 12 παιδευουσα ἡμας, ἱνα ἀρνησαμενοι την ἀσεβειαν και τας κοσμικας ἐπιθυμιας σωφρονως και δικαιως και εὐσεβως ζησωμεν ἐν τω νυν αἰωνι,

Heb 9 1 εἰχε μεν οὐν [και] ἡ πρωτη δικαιωματα λατρειας το τε ἁγιον κοσμικον.

κοσμιος [2]

1Tm 2 9 ὡσαυτως [και] γυναικας ἐν καταστολη κοσμιω, μετα αἰδους και σωφροσυνης κοσμειν ἑαυτας,

3 2 δει οὐν τον ἐπισκοπον ἀνεπιλημπτον εἰναι, μιας γυναικος ἀνδρα, νηφαλιον, σωφρονα, κοσμιον, φιλοξενον, διδακτικον,

κοσμοκρατωρ [1]

Eph 6 12 ἀλλα προς τας ἀρχας, προς τας ἐξουσιας, προς τους κοσμοκρατορας του σκοτους τουτου, προς τα πνευματικα της πονηριας ἐν τοις ἐπουρανιοις.

κοσμος [186]

Mt 4 8 και δεικνυσιν αὐτω πασας τας βασιλειας του κοσμου και την δοξαν αὐτων,

5 14 ὑμεις ἐστε το φως του κοσμου.

13 35 ἀνοιξω ἐν παραβολαις το στομα μου, ἐρευξομαι κεκρυμμενα ἀπο καταβολης [κοσμου].

38 ὁ δε ἀγρος ἐστιν ὁ κοσμος·

16 26 τι γαρ ὠφεληθησεται ἀνθρωπος, ἐαν τον κοσμον ὁλον κερδηση, την δε ψυχην αὐτου ζημιωθη;

18 7 οὐαι τω κοσμω ἀπο των σκανδαλων·

24 21 ἐσται γαρ τοτε θλιψις μεγαλη, οἱα οὐ γεγονεν ἀπ ἀρχης κοσμου ἑως του νυν οὐδ οὐ μη γενηται.

25 34 δευτε οἱ εὐλογημενοι του πατρος μου, κληρονομησατε την ἡτοιμασμενην ὑμιν βασιλειαν ἀπο καταβολης κοσμου.

26 13 ὁπου ἐαν κηρυχθη το εὐαγγελιον τουτο ἐν ὁλω τω κοσμω, λαληθησεται και ὁ ἐποιησεν αὐτη εἰς μνημοσυνον αὐτης.

Mc 8 36 τι γαρ ὠφελει ἀνθρωπον κερδησαι τον κοσμον ὁλον και ζημιωθηναι την ψυχην αὐτου;

14 9 ὁπου ἐαν κηρυχθη το εὐαγγελιον εἰς ὁλον τον κοσμον, και ὁ ἐποιησεν αὐτη λαληθησεται εἰς μνημοσυνον αὐτης.

16 15 πορευθεντες εἰς τον κοσμον ἀπαντα κηρυξατε το εὐαγγελιον παση τη κτισει.

Lc 9 25 τι γαρ ὠφελειται ἀνθρωπος κερδησας τον κοσμον ὁλον ἑαυτον δε ἀπολεσας ἡ ζημιωθεις;

11 50 και ἐξ αὐτων ἀποκτενουσιν και διωξουσιν, ἱνα ἐκζητηθη το αἱμα παντων των προφητων το ἐκκεχυμενον ἀπο καταβολης κοσμου ἀπο της γενεας ταυτης,

12 30 ταυτα γαρ παντα τα ἐθνη του κοσμου ἐπιζητουσιν·

Jh 1 9 ὁ φωτιζει παντα ἀνθρωπον, ἐρχομενον εἰς τον κοσμον.

10 ἐν τω κοσμω ἠν,

10 και ὁ κοσμος δι αὐτου ἐγενετο,

10 και ὁ κοσμος αὐτον οὐκ ἐγνω.

29 ἰδε ὁ ἀμνος του θεου ὁ αἰρων την ἁμαρτιαν του κοσμου.

3 16 οὑτως γαρ ἠγαπησεν ὁ θεος τον κοσμον, ὡστε τον υἱον τον μονογενη ἐδωκεν,

17 οὐ γαρ ἀπεστειλεν ὁ θεος τον υἱον εἰς τον κοσμον ἱνα κρινη τον κοσμον,

17 οὐ γαρ ἀπεστειλεν ὁ θεος τον υἱον εἰς τον κοσμον ἱνα κρινη τον κοσμον, ἀλλ ἱνα σωθη ὁ κοσμος δι αὐτου.

17 οὐ γαρ ἀπεστειλεν ὁ θεος τον υἱον εἰς τον κοσμον ἱνα κρινη τον κοσμον, ἀλλ ἱνα σωθη ὁ κοσμος δι αὐτου.

19 αὑτη δε ἐστιν ἡ κρισις, ὁτι το φως ἐληλυθεν εἰς τον κοσμον και ἠγαπησαν οἱ ἀνθρωποι μαλλον το σκοτος ἡ το φως·

4 42 αὐτοι γαρ ἀκηκοαμεν, και οἰδαμεν ὁτι οὑτος ἐστιν ἀληθως ὁ σωτηρ του κοσμου.

6 14 οἱ οὐν ἀνθρωποι ἰδοντες ὁ ἐποιησεν σημειον ἐλεγον ὁτι οὑτος ἐστιν ἀληθως ὁ προφητης ὁ ἐρχομενος εἰς τον κοσμον.

33 ὁ γαρ ἀρτος του θεου ἐστιν ὁ καταβαινων ἐκ του οὐρανου και ζωην διδους τω κοσμω.

Jh 6 51 και ὁ ἀρτος δε ὁν ἐγω δωσω ἡ σαρξ μου ἐστιν ὑπερ της του κοσμου ζωης.

7 4 εἰ ταυτα ποιεις, φανερωσον σεαυτον τω κοσμω.

7 οὐ δυναται ὁ κοσμος μισειν ὑμας, ἐμε δε μισει, ὁτι ἐγω μαρτυρω περι αὐτου ὁτι τα ἐργα αὐτου πονηρα ἐστιν.

8 12 ἐγω εἰμι το φως του κοσμου·

23 ὑμεις ἐκ τουτου του κοσμου ἐστε, ἐγω οὐκ εἰμι ἐκ του κοσμου τουτου.

23 ὑμεις ἐκ τουτου του κοσμου ἐστε, ἐγω οὐκ εἰμι ἐκ του κοσμου τουτου.

26 καγω ἁ ἠκουσα παρ αὐτου, ταυτα λαλω εἰς τον κοσμον.

9 5 ὁταν ἐν τω κοσμω ὠ, φως εἰμι του κοσμου.

5 ὁταν ἐν τω κοσμω ὠ, φως εἰμι του κοσμου.

39 εἰς κριμα ἐγω εἰς τον κοσμον τουτον ἠλθον, ἱνα οἱ μη βλεποντες βλεπωσιν και οἱ βλεποντες τυφλοι γενωνται.

10 36 ὁν ὁ πατηρ ἡγιασεν και ἀπεστειλεν εἰς τον κοσμον ὑμεις λεγετε ὁτι βλασφημεις,

11 9 ἐαν τις περιπατη ἐν τη ἡμερα, οὐ προσκοπτει, ὁτι το φως του κοσμου τουτου βλεπει·

27 ἐγω πεπιστευκα ὁτι συ εἰ ὁ χριστος ὁ υἱος του θεου ὁ εἰς τον κοσμον ἐρχομενος.

12 19 θεωρειτε ὁτι οὐκ ὠφελειτε οὐδεν· ἰδε ὁ κοσμος ὀπισω αὐτου ἀπηλθεν.

25 και ὁ μισων την ψυχην αὐτου ἐν τω κοσμω τουτω εἰς ζωην αἰωνιον φυλαξει αὐτην.

31 νυν κρισις ἐστιν του κοσμου τουτου·

31 νυν ὁ ἀρχων του κοσμου τουτου ἐκβληθησεται ἐξω·

46 ἐγω φως εἰς τον κοσμον ἐληλυθα, ἱνα πας ὁ πιστευων εἰς ἐμε ἐν τη σκοτια μη μεινη.

47 οὐ γαρ ἠλθον ἱνα κρινω τον κοσμον, ἀλλ ἱνα σωσω τον κοσμον.

47 οὐ γαρ ἠλθον ἱνα κρινω τον κοσμον, ἀλλ ἱνα σωσω τον κοσμον.

13 1 προ δε της ἑορτης του πασχα εἰδως ὁ ἰησους ὁτι ἠλθεν αὐτου ἡ ὡρα ἱνα μεταβη ἐκ του κοσμου τουτου προς τον πατερα,

1 ἀγαπησας τους ἰδιους τους ἐν τω κοσμω, εἰς τελος ἠγαπησεν αὐτους.

14 17 το πνευμα της ἀληθειας, ὁ ὁ κοσμος οὐ δυναται λαβειν, ὁτι οὐ θεωρει αὐτο οὐδε γινωσκει·

19 ἐτι μικρον και ὁ κοσμος με οὐκετι θεωρει,

22 κυριε, [και] τι γεγονεν ὁτι ἡμιν μελλεις ἐμφανιζειν σεαυτον και οὐχι τω κοσμω;

27 οὐ καθως ὁ κοσμος διδωσιν ἐγω διδωμι ὑμιν.

30 οὐκετι πολλα λαλησω μεθ ὑμων, ἐρχεται γαρ ὁ του κοσμου ἀρχων·

31 ἀλλ ἱνα γνω ὁ κοσμος ὁτι ἀγαπω τον πατερα,

15 18 εἰ ὁ κοσμος ὑμας μισει, γινωσκετε ὁτι ἐμε πρωτον ὑμων μεμισηκεν·

19 εἰ ἐκ του κοσμου ἠτε, ὁ κοσμος ἀν το ἰδιον ἐφιλει·

19 εἰ ἐκ του κοσμου ἠτε, ὁ κοσμος ἀν το ἰδιον ἐφιλει·

19 ὁτι δε ἐκ του κοσμου οὐκ ἐστε, ἀλλ ἐγω ἐξελεξαμην ὑμας ἐκ του κοσμου, δια τουτο μισει ὑμας ὁ κοσμος.

19 ὁτι δε ἐκ του κοσμου οὐκ ἐστε, ἀλλ ἐγω ἐξελεξαμην ὑμας ἐκ του κοσμου, δια τουτο μισει ὑμας ὁ κοσμος.

19 ὁτι δε ἐκ του κοσμου οὐκ ἐστε, ἀλλ ἐγω ἐξελεξαμην ὑμας ἐκ του κοσμου, δια τουτο μισει ὑμας ὁ κοσμος.

16 8 και ἐλθων ἐκεινος ἐλεγξει τον κοσμον περι ἁμαρτιας και περι δικαιοσυνης και περι κρισεως·

11 περι δε κρισεως, ὁτι ὁ ἀρχων του κοσμου τουτου κεκριται.

20 ἀμην ἀμην λεγω ὑμιν ὁτι κλαυσετε και θρηνησετε ὑμεις, ὁ δε κοσμος χαρησεται·

21 ὁταν δε γεννηση το παιδιον, οὐκετι μνημονευει της θλιψεως δια την χαραν ὁτι ἐγεννηθη ἀνθρωπος εἰς τον κοσμον.

28 ἐξηλθον παρα του πατρος και ἐληλυθα εἰς τον κοσμον·

28 παλιν ἀφιημι τον κοσμον και πορευομαι προς τον πατερα.

33 ἐν τω κοσμω θλιψιν ἐχετε ἀλλα θαρσειτε, ἐγω νενικηκα τον κοσμον.

33 ἐν τω κοσμω θλιψιν ἐχετε ἀλλα θαρσειτε, ἐγω νενικηκα τον κοσμον.

17 5 και νυν δοξασον με συ, πατερ, παρα σεαυτω τη δοξη ἡ εἰχον προ του τον κοσμον εἰναι παρα σοι.

6 ἐφανερωσα σου το ὀνομα τοις ἀνθρωποις οὑς ἐδωκας μοι ἐκ του κοσμου,

9 οὐ περι του κοσμου ἐρωτω, ἀλλα περι ὡν δεδωκας μοι, ὁτι σοι εἰσιν,

11 και οὐκετι εἰμι ἐν τω κοσμω, και αὐτοι ἐν τω κοσμω εἰσιν,

11 και οὐκετι εἰμι ἐν τω κοσμω, και αὐτοι ἐν τω κοσμω εἰσιν,

κοσμος [186]

Jh	17 13	και ταυτα λαλω έν τω *κοσμω* ίνα έχωσιν την χαραν την έμην πεπληρωμενην έν έαυτοις.
	14	και ό *κοσμος* έμισησεν αύτους, ότι ούκ είσιν έκ του κοσμου καθως έγω ούκ είμι έκ του κοσμου.
	14	και ό *κοσμος* έμισησεν αύτους, ότι ούκ είσιν έκ του *κοσμου* καθως έγω ούκ είμι έκ του κοσμου.
	14	και ό *κοσμος* έμισησεν αύτους, ότι ούκ είσιν έκ του *κοσμου* καθως έγω ούκ είμι έκ του κοσμου.
	15	ούκ έρωτω ίνα άρης αύτους έκ του *κοσμου*, άλλ ίνα τηρησης αύτους έκ του πονηρου.
	16	έκ του *κοσμου* ούκ είσιν καθως έγω ούκ είμι έκ του κοσμου.
	16	έκ του *κοσμου* ούκ είσιν καθως έγω ούκ είμι έκ του κοσμου.
	18	καθως έμε άπεστειλας είς τον *κοσμον*, καγω άπεστειλα αύτους είς τον κοσμον·
	18	καθως έμε άπεστειλας είς τον *κοσμον*, καγω άπεστειλα αύτους είς τον *κοσμον*·
	21	ίνα και αύτοι έν ήμιν ώσιν, ίνα ό *κοσμος* πιστευη ότι συ με άπεστειλας.
	23	ίνα γινωσκη ό *κοσμος* ότι συ με άπεστειλας και ήγαπησας αύτους καθως έμε ήγαπησας.
	24	ίνα θεωρωσιν την δοξαν την έμην, ήν δεδωκας μοι ότι ήγαπησας με προ καταβολης *κοσμου*.
	25	πατερ δικαιε, και ό *κοσμος* σε ούκ έγνω,
	18 20	έγω παρρησια λελαληκα τω *κοσμω*·
	36	ή βασιλεια ή έμη ούκ έστιν έκ του *κοσμου* τουτου·
	36	εί έκ του *κοσμου* τουτου ήν ή βασιλεια ή έμη, οί ύπηρεται οί έμοι ήγωνιζοντο [άν],
	37	έγω είς τουτο γεγεννημαι και είς τουτο έληλυθα είς τον *κοσμον*, ίνα μαρτυρησω τη άληθεια·
	21 25	άτινα έαν γραφηται καθ έν, ούδ αύτον οίμαι τον *κοσμον* χωρησειν τα γραφομενα βιβλια.
Ac	17 24	ό θεος ό ποιησας τον *κοσμον* και παντα τα έν αύτω, ούτος ούρανου και γης ύπαρχων κυριος ούκ έν χειροποιητοις ναοις κατοικει,
Rm	1 8	πρωτον μεν εύχαριστω τω θεω μου δια ίησου χριστου περι παντων ύμων, ότι ή πιστις ύμων καταγγελλεται έν όλω τω *κοσμω*.
	20	τα γαρ άορατα αύτου άπο κτισεως *κοσμου* τοις ποιημασιν νοουμενα καθοραται, ή τε άιδιος αύτου δυναμις και θειοτης, είς το είναι αύτους άναπολογητους,
	3 6	έπει πως κρινεῖ ό θεος τον *κοσμον*;
	19	οίδαμεν δε ότι όσα ό νομος λεγει τοις έν τω νομω λαλει, ίνα παν στομα φραγη και ύποδικος γενηται πας ό *κοσμος* τω θεω·
	4 13	ού γαρ δια νομου ή έπαγγελια τω άβρααμ ή τω σπερματι αύτου, το κληρονομον αύτον είναι *κοσμου*, άλλα δια δικαιοσυνης πιστεως.
	5 12	δια τουτο ώσπερ δι ένος άνθρωπου ή άμαρτια είς τον *κοσμον* είσηλθεν, και δια της άμαρτιας ό θανατος, και ούτως είς παντας άνθρωπους ό θανατος διηλθεν,
	13	άχρι γαρ νομου άμαρτια ήν έν *κοσμω*, άμαρτια δε ούκ έλλογειται μη όντος νομου·
	11 12	εί δε το παραπτωμα αύτων πλουτος *κοσμου* και το ήττημα αύτων πλουτος έθνων, ποσω μαλλον το πληρωμα αύτων.
	15	εί γαρ ή άποβολη αύτων καταλλαγη *κοσμου*, τίς ή προσλημψις εί μη ζωη έκ νεκρων;
1Co	1 20	ούχι έμωρανεν ό θεος την σοφιαν του *κοσμου*;
	21	έπειδη γαρ έν τη σοφια του θεου ούκ έγνω ό *κοσμος* δια της σοφιας τον θεον, εύδοκησεν ό θεος δια της μωριας του κηρυγματος σωσαι τους πιστευοντας,
	27	άλλα τα μωρα του *κοσμου* έξελεξατο ό θεος ίνα καταισχυνη τους σοφους,
	27	και τα άσθενη του *κοσμου* έξελεξατο ό θεος ίνα καταισχυνη τα ίσχυρα,
	28	και τα άγενη του *κοσμου* και τα έξουθενημενα έξελεξατο ό θεος, και τα μη όντα, ίνα τα όντα καταργηση,
	2 12	ήμεις δε ού το πνευμα του *κοσμου* έλαβομεν άλλα το πνευμα το έκ του θεου,
	3 19	ή γαρ σοφια του *κοσμου* τουτου μωρια παρα τω θεω έστιν.
	22	είτε *κοσμος* είτε ζωη είτε θανατος, είτε ένεστωτα είτε μελλοντα, παντα ύμων,
	4 9	δοκω γαρ, ό θεος ήμας τους άποστολους έσχατους άπεδειξεν ώς έπιθανατιους, ότι θεατρον έγενηθημεν τω *κοσμω* και άγγελοις και άνθρωποις.
	13	ώς περικαθαρματα του *κοσμου* έγενηθημεν, παντων περιψημα έως άρτι.
	5 10	ού παντως τοις πορνοις του *κοσμου* τουτου ή τοις πλεονεκταις και άρπαξιν ή είδωλολατραις,

κοσμος [186]

1Co	5 10	ού παντως τοις πορνοις του κοσμου τουτου ή τοις πλεονεκταις και άρπαξιν ή είδωλολατραις, έπει ώφειλετε άρα έκ του *κοσμου* έξελθειν.
	6 2	ή ούκ οίδατε ότι οί άγιοι τον *κοσμον* κρινουσιν;
	2	και εί έν ύμιν κρινεται ό *κοσμος*, άναξιοι έστε κριτηριων έλαχιστων;
	7 31	και οί άγοραζοντες ώς μη κατεχοντες, και οί χρωμενοι τον *κοσμον* ώς μη καταχρωμενοι·
	31	παραγει γαρ το σχημα του *κοσμου* τουτου.
	33	ό δε γαμησας μεριμνα τα του *κοσμου*, πως άρεση τη γυναικι,
	34	ή δε γαμησασα μεριμνα τα του *κοσμου*, πως άρεση τω άνδρι.
	8 4	περι της βρωσεως ούν των είδωλοθυτων οίδαμεν ότι ούδεν είδωλον έν *κοσμω*,
	11 32	κρινομενοι δε ύπο [του] κυριου παιδευομεθα, ίνα μη συν τω *κοσμω* κατακριθωμεν.
	14 10	τοσαυτα εί τυχοι γενη φωνων είσιν έν *κοσμω*, και ούδεν άφωνον·
2Co	1 12	το μαρτυριον της συνειδησεως ήμων, ότι έν άπλοτητι και είλικρινεια του θεου, [και] ούκ έν σοφια σαρκικη άλλ έν χαριτι θεου, άνεστραφημεν έν τω *κοσμω*,
	5 19	ώς ότι θεος ήν έν χριστω *κοσμον* καταλλασσων έαυτω,
	7 10	ή δε του *κοσμου* λυπη θανατον κατεργαζεται.
Ga	4 3	ούτως και ήμεις, ότε ήμεν νηπιοι, ύπο τα στοιχεια του *κοσμου* ήμεθα δεδουλωμενοι·
	6 14	έμοι δε μη γενοιτο καυχασθαι εί μη έν τω σταυρω του κυριου ήμων ίησου χριστου, δι ού έμοι *κοσμος* έσταυρωται καγω κοσμω.
	14	εί μη έν τω σταυρω του κυριου ήμων ίησου χριστου, δι ού έμοι κοσμος έσταυρωται καγω *κοσμω*.
Eph	1 4	καθως έξελεξατο ήμας έν αύτω προ καταβολης *κοσμου*,
	2 2	έν αίς ποτε περιεπατησατε κατα τον αίωνα του *κοσμου* τουτου,
	12	άπηλλοτριωμενοι της πολιτειας του ίσραηλ και ξενοι των διαθηκων της έπαγγελιας, έλπιδα μη έχοντες και άθεοι έν τω *κοσμω*.
Php	2 15	τεκνα θεου άμωμα μεσον γενεας σκολιας και διεστραμμενης, έν οίς φαινεσθε ώς φωστηρες έν *κοσμω*,
Col	1 6	καθως και έν παντι τω *κοσμω* έστιν καρποφορουμενον και αύξανομενον καθως και έν ύμιν,
	2 8	κατα τα στοιχεια του *κοσμου* και ού κατα χριστον·
	20	εί άπεθανετε συν χριστω άπο των στοιχειων του *κοσμου*, τί ώς ζωντες έν κοσμω δογματιζεσθε·
	20	εί άπεθανετε συν χριστω άπο των στοιχειων του κοσμου, τί ώς ζωντες έν *κοσμω* δογματιζεσθε·
1Tm	1 15	πιστος ό λογος και πασης άποδοχης άξιος, ότι χριστος ίησους ήλθεν είς τον *κοσμον* άμαρτωλους σωσαι·
	3 16	έκηρυχθη έν έθνεσιν, έπιστευθη έν *κοσμω*, άνελημφθη έν δοξη.
	6 7	ούδεν γαρ είσηνεγκαμεν είς τον *κοσμον*, ότι ούδε έξενεγκειν τι δυναμεθα·
Heb	4 3	καιτοι των έργων άπο καταβολης *κοσμου* γενηθεντων.
	9 26	έπει έδει αύτον πολλακις παθειν άπο καταβολης *κοσμου*·
	10 5	διο είσερχομενος είς τον *κοσμον* λεγει·
	11 7	εύλαβηθεις κατεσκευασεν κιβωτον είς σωτηριαν του οίκου αύτου, δι ής κατεκρινεν τον *κοσμον*,
	38	περιηλθον έν μηλωταις, έν αίγειοις δερμασιν, ύστερουμενοι, θλιβομενοι, κακουχουμενοι, ών ούκ ήν άξιος ό *κοσμος*,
Ja	1 27	άσπιλον έαυτον τηρειν άπο του *κοσμου*.
	2 5	ούχ ό θεος έξελεξατο τους πτωχους τω *κοσμω* πλουσιους έν πιστει και κληρονομους της βασιλειας ής έπηγγειλατο τοις άγαπωσιν αύτον;
	3 6	και ή γλωσσα πυρ, ό *κοσμος* της άδικιας,
	4 4	μοιχαλιδες, ούκ οίδατε ότι ή φιλια του *κοσμου* έχθρα του θεου έστιν;
	4	ός έαν ούν βουληθη φιλος είναι του *κοσμου*, έχθρος του θεου καθισταται.
1Pt	1 20	προεγνωσμενου μεν προ καταβολης *κοσμου*, φανερωθεντος δε έπ έσχατου των χρονων δι ύμας
	3 3	ών έστω ούχ ό έξωθεν έμπλοκης τριχων και περιθεσεως χρυσιων ή ένδυσεως ίματιων *κοσμος*,
	5 9	ώ άντιστητε στερεοι τη πιστει, είδοτες τα αύτα των παθηματων τη έν [τω] *κοσμω* ύμων άδελφοτητι έπιτελεισθαι.
2Pt	1 4	ίνα δια τουτων γενησθε θειας κοινωνοι φυσεως, άποφυγοντες της έν τω *κοσμω* έν έπιθυμια φθορας.
	2 5	και άρχαιου *κοσμου* ούκ έφεισατο, άλλα όγδοον νωε δικαιοσυνης κηρυκα έφυλαξεν,
	5	άλλα όγδοον νωε δικαιοσυνης κηρυκα έφυλαξεν, κατακλυσμον *κοσμω* άσεβων έπαξας,

κοσμος [186]

2Pt 2 20 εἰ γαρ ἀποφυγοντες τα μιασματα του *κοσμου* ἐν ἐπιγνωσει
           του κυριου [ἡμων] και σωτηρος ἰησου χριστου, τουτοις δε
           παλιν ἐμπλακεντες ἡττωνται, γεγονεν αὐτοις τα ἐσχατα
           χειρονα των πρωτων.
      3 6 δι ὦν ὁ τοτε *κοσμος* ὑδατι κατακλυσθεις ἀπωλετο·

1Jh 2 2   και αὐτος ἱλασμος ἐστιν περι των ἀμαρτιων ἡμων, οὐ περι
           των ἡμετερων δε μονον ἀλλα και περι ὁλου του *κοσμου*.
      15   μη ἀγαπατε τον *κοσμον* μηδε τα ἐν τω κοσμω.
      15   μη ἀγαπατε τον κοσμον μηδε τα ἐν τω *κοσμω*.
      15   ἐαν τις ἀγαπα τον *κοσμον*, οὐκ ἐστιν ἡ ἀγαπη του πατρος ἐν
           αὐτω·
      16   ὁτι παν το ἐν τω *κοσμω*, ἡ ἐπιθυμια της σαρκος και ἡ
           ἐπιθυμια των ὀφθαλμων και ἡ ἀλαζονεια του βιου, οὐκ ἐστιν
           ἐκ του πατρος,
      16   οὐκ ἐστιν ἐκ του πατρος, ἀλλ ἐκ του *κοσμου* ἐστιν.
      17   και ὁ *κοσμος* παραγεται και ἡ ἐπιθυμια αὐτου·
    3 1   δια τουτο ὁ *κοσμος* οὐ γινωσκει ἡμας, ὁτι οὐκ ἐγνω αὐτον.
      13   [και] μη θαυμαζετε, ἀδελφοι, εἰ μισει ὑμας ὁ *κοσμος*.
      17   ὁς δ ἀν ἐχη τον βιον του *κοσμου* και θεωρη τον ἀδελφον
           αὐτου χρειαν ἐχοντα και κλειση τα σπλαγχνα αὐτου ἀπ
           αὐτου, πῶς ἡ ἀγαπη του θεου μενει ἐν αὐτω;
    4 1   ὁτι πολλοι ψευδοπροφηται ἐξεληλυθασιν εἰς τον *κοσμον*.
      3   και νυν ἐν τω *κοσμω* ἐστιν ἠδη.
      4   ὁτι μειζων ἐστιν ὁ ἐν ὑμιν ἠ ὁ ἐν τω *κοσμω*.
      5   αὐτοι ἐκ του *κοσμου* εἰσιν·
      5   δια τουτο ἐκ του *κοσμου* λαλουσιν και ὁ κοσμος αὐτων
           ἀκουει.
      5   δια τουτο ἐκ του κοσμου λαλουσιν και ὁ *κοσμος* αὐτων
           ἀκουει.
      9   ἐν τουτω ἐφανερωθη ἡ ἀγαπη του θεου ἐν ἡμιν, ὁτι τον υἱον
           αὐτου τον μονογενη ἀπεσταλκεν ὁ θεος εἰς τον *κοσμον* ἱνα
           ζησωμεν δι αὐτου.
      14 και ἡμεις τεθεαμεθα και μαρτυρουμεν ὁτι ὁ πατηρ
           ἀπεσταλκεν τον υἱον σωτηρα του *κοσμου*.
      17 ὁτι καθως ἐκεινος ἐστιν και ἡμεις ἐσμεν ἐν τω *κοσμω* τουτω.
    5 4   ὁτι παν το γεγεννημενον ἐκ του θεου νικα τον *κοσμον*·
      4   και αὐτη ἐστιν ἡ νικη ἡ νικησασα τον *κοσμον*, ἡ πιστις ἡμων.
      5   τις [δε] ἐστιν ὁ νικων τον *κοσμον* εἰ μη ὁ πιστευων ὁτι
           ἰησους ἐστιν ὁ υἱος του θεου;
      19 οἰδαμεν ὁτι ἐκ του θεου ἐσμεν, και ὁ *κοσμος* ὁλος ἐν τω
           πονηρω κειται.

2Jh   7   ὁτι πολλοι πλανοι ἐξηλθον εἰς τον *κοσμον*,
Apc 11 15 ἐγενετο ἡ βασιλεια του *κοσμου* του κυριου ἡμων και του
           χριστου αὐτου,
    13 8   οὗ οὐ γεγραπται το ὀνομα αὐτου ἐν τω βιβλιω της ζωης του
           ἀρνιου του ἐσφαγμενου ἀπο καταβολης *κοσμου*.
    17 8   και θαυμασθησονται οἱ κατοικουντες ἐπι της γης, ὦν οὐ
           γεγραπται το ὀνομα ἐπι το βιβλιον της ζωης ἀπο καταβολης
           κοσμου,

κουαρτος [1]

Rm 16 23 ἀσπαζεται ὑμας ἐραστος ὁ οἰκονομος της πολεως και
           κουαρτος ὁ ἀδελφος.

κουμ [1]

Mc   5 41 και κρατησας της χειρος του παιδιου λεγει αὐτη· ταλιθα
           κουμ,

κουστωδια [3]

Mt 27 65 ἐχετε *κουστωδιαν*· ὑπαγετε ἀσφαλισασθε ὡς οἰδατε.
      66   οἱ δε πορευθεντες ἠσφαλισαντο τον ταφον σφραγισαντες τον
           λιθον μετα της *κουστωδιας*.
    28 11 πορευομενων δε αὐτων ἰδου τινες της *κουστωδιας* ἐλθοντες
           εἰς την πολιν ἀπηγγειλαν τοις ἀρχιερευσιν ἀπαντα τα
           γενομενα.

κουφιζω [1]

Ac 27 38 κορεσθεντες δε τροφης *ἐκουφιζον* το πλοιον ἐκβαλλομενοι
           τον σιτον εἰς την θαλασσαν.

κοφινος [6]

Mt 14 20 και ἠραν το περισσευον των κλασματων, δωδεκα *κοφινους*
           πληρεις.

κοφινος [6]

Mt 16 9   οὐπω νοειτε, οὐδε μνημονευετε τους πεντε ἀρτους των
           πεντακισχιλιων και ποσους *κοφινους* ἐλαβετε;
Mc   6 43 και ἠραν κλασματα δωδεκα *κοφινων* πληρωματα και ἀπο
           των ἰχθυων.
     8 19 και οὐ μνημονευετε, ὁτε τους πεντε ἀρτους ἐκλασα εἰς τους
           πεντακισχιλιους, ποσους *κοφινους* κλασματων πληρεις ἠρατε;
Lc   9 17 και ἠρθη το περισσευσαν αὐτοις κλασματων *κοφινοι* δωδεκα.
Jh   6 13 συνηγαγον οὖν, και ἐγεμισαν δωδεκα *κοφινους* κλασματων
           ἐκ των πεντε ἀρτων των κριθινων ἁ ἐπερισσευσαν τοις
           βεβρωκοσιν.

κραβαττος [11]

Mc   2 4   και ἐξορυξαντες χαλωσι τον *κραβαττον* ὁπου ὁ παραλυτικος
           κατεκειτο.
      9   ἀφιενται σου αἱ ἀμαρτιαι, ἠ εἰπειν· ἐγειρε και ἀρον τον
           κραβαττον σου και περιπατει;
      11 σοι λεγω, ἐγειρε ἀρον τον *κραβαττον* σου και ὑπαγε εἰς τον
           οἰκον σου.
      12 και ἡγερθη και εὐθυς ἀρας τον *κραβαττον* ἐξηλθεν ἐμπροσθεν
           παντων,
     6 55 και ἐξελθοντων αὐτων ἐκ του πλοιου εὐθυς ἐπιγνοντες αὐτον
           περιεδραμον ὁλην την χωραν ἐκεινην και ἠρξαντο ἐπι τοις
           κραβαττοις τους κακως ἐχοντας περιφερειν·
Jh   5 8   ἐγειρε ἀρον τον *κραβαττον* σου και περιπατει.
      9   και εὐθεως ἐγενετο ὑγιης ὁ ἀνθρωπος, και ἠρεν τον
           κραβαττον αὐτου και περιεπατει.
      10 σαββατον ἐστιν, και οὐκ ἐξεστιν σοι ἀραι τον *κραβαττον* σου.
      11 ἀρον τον *κραβαττον* σου και περιπατει.
Ac   5 15 ὡστε και εἰς τας πλατειας ἐκφερειν τους ἀσθενεις και τιθεναι
           ἐπι κλιναριων και *κραβαττων*, ἱνα ἐρχομενου πετρου καν ἡ
           σκια ἐπισκιαση τινι αὐτων.
     9 33 εὑρεν δε ἐκει ἀνθρωπον τινα ὀνοματι αἰνεαν ἐξ ἐτων ὀκτω
           κατακειμενον ἐπι *κραβαττου*,

κραζω [56]

Mt   8 29 και ἰδου *ἐκραξαν* λεγοντες·
     9 27 και παραγοντι ἐκειθεν τω ἰησου ἠκολουθησαν [αὐτω] δυο
           τυφλοι *κραζοντες* και λεγοντες·
    14 26 οἱ δε μαθηται ἰδοντες αὐτον ἐπι της θαλασσης περιπατουντα
           ἐταραχθησαν λεγοντες ὁτι φαντασμα ἐστιν, και ἀπο του
           φοβου *ἐκραξαν*.
      30 και ἀρξαμενος καταποντιζεσθαι *ἐκραξεν* λεγων· κυριε, σωσον
           με.
    15 22 και ἰδου γυνη χαναναια ἀπο των ὁριων ἐκεινων ἐξελθουσα
           ἐκραζεν λεγουσα· ἐλεησον με, κυριε υἱος δαυιδ·
      23 ἀπολυσον αὐτην, ὁτι *κραζει* ὀπισθεν ἡμων.
    20 30 και ἰδου δυο τυφλοι καθημενοι παρα την ὁδον, ἀκουσαντες
           ὁτι ἰησους παραγει, *ἐκραξαν* λεγοντες· ἐλεησον ἡμας, [κυριε,]
           υἱος δαυιδ.
      31 οἱ δε μειζον *ἐκραξαν* λεγοντες· ἐλεησον ἡμας, κυριε, υἱος
           δαυιδ.
    21 9   οἱ δε ὀχλοι οἱ προαγοντες αὐτον και οἱ ἀκολουθουντες
           ἐκραζον λεγοντες· ὡσαννα τω υἱω δαυιδ· εὐλογημενος ὁ
           ἐρχομενος ἐν ὀνοματι κυριου· ὡσαννα ἐν τοις ὑψιστοις.
      15 ἰδοντες δε οἱ ἀρχιερεις και οἱ γραμματεις τα θαυμασια ἁ
           ἐποιησεν και τους παιδας τους *κραζοντας* ἐν τω ἱερω και
           λεγοντας· ὡσαννα τω υἱω δαυιδ, ἠγανακτησαν,
    27 23 οἱ δε περισσως *ἐκραζον* λεγοντες· σταυρωθητω.
      50 ὁ δε ἰησους παλιν *κραξας* φωνη μεγαλη ἀφηκεν το πνευμα.
Mc   3 11 και τα πνευματα τα ἀκαθαρτα, ὁταν αὐτον ἐθεωρουν,
           προσεπιπτον αὐτω και *ἐκραζον* λεγοντες ὁτι συ εἰ ὁ υἱος του
           θεου.
     5 5   και δια παντος νυκτος και ἡμερας ἐν τοις μνημασιν και ἐν
           τοις ὀρεσιν ἠν *κραζων* και κατακοπτων ἑαυτον λιθοις.
      7   και *κραξας* φωνη μεγαλη λεγει· τι ἐμοι και σοι, ἰησου υἱε
           του θεου του ὑψιστου;
     9 24 εὐθυς *κραξας* ὁ πατηρ του παιδιου ἐλεγεν· πιστευω· βοηθει
           μου τη ἀπιστια.
      26 και *κραξας* και πολλα σπαραξας ἐξηλθεν·
    10 47 και ἀκουσας ὁτι ἰησους ὁ ναζαρηνος ἐστιν ἠρξατο *κραζειν*
           και λεγειν· υἱε δαυιδ ἰησου, ἐλεησον με.
      48 ὁ δε πολλω μαλλον *ἐκραζεν*· υἱε δαυιδ, ἐλεησον με.
    11 9   και οἱ προαγοντες και οἱ ἀκολουθουντες *ἐκραζον*· ὡσαννα·
           εὐλογημενος ὁ ἐρχομενος ἐν ὀνοματι κυριου·
    15 13 οἱ δε παλιν *ἐκραξαν*· σταυρωσον αὐτον.
      14 οἱ δε περισσως *ἐκραξαν*· σταυρωσον αὐτον.

κραζω [56]

Lc 4 41   ἐξηρχετο δε και δαιμονια ἀπο πολλων, κρ[αυγ]αζοντα και λεγοντα ὁτι συ εἰ ὁ υἱος του θεου.

9 39   και ἰδου πνευμα λαμβανει αὐτον, και ἐξαιφνης κραζει και σπαρασσει αὐτον μετα ἀφρου,

18 39   αὐτος δε πολλω μαλλον ἐκραζεν· υἱε δαυιδ, ἐλεησον με.

19 40   λεγω ὑμιν, ἐαν οὑτοι σιωπησουσιν, οἱ λιθοι κραξουσιν.

Jh 1 15   ἰωαννης μαρτυρει περι αὐτου και κεκραγεν λεγων·

7 28   ἐκραξεν οὐν ἐν τω ἱερω διδασκων ὁ ἰησους και λεγων·

37   ἐν δε τη ἐσχατη ἡμερα τη μεγαλη της ἑορτης εἱστηκει ὁ ἰησους και ἐκραξεν λεγων·

12 44   ἰησους δε ἐκραξεν και εἰπεν· ὁ πιστευων εἰς ἐμε οὐ πιστευει εἰς ἐμε ἀλλα εἰς τον πεμψαντα με,

Ac 7 57   κραξαντες δε φωνη μεγαλη συνεσχον τα ὠτα αὐτων, και ὡρμησαν ὁμοθυμαδον ἐπ αὐτον,

60   θεις δε τα γονατα ἐκραξεν φωνη μεγαλη· κυριε, μη στησης αὐτοις ταυτην την ἁμαρτιαν.

14 14   ἀκουσαντες δε οἱ ἀποστολοι βαρναβας και παυλος, διαρρηξαντες τα ἱματια αὐτων ἐξεπηδησαν εἰς τον ὀχλον, κραζοντες και λεγοντες·

16 17   αὑτη κατακολουθουσα τω παυλω και ἡμιν ἐκραζεν λεγουσα·

19 28   ἀκουσαντες δε και γενομενοι πληρεις θυμου ἐκραζον λεγοντες· μεγαλη ἡ ἀρτεμις ἐφεσιων.

32   ἀλλοι μεν οὐν ἀλλο τι ἐκραζον·

34   ἐπιγνοντες δε ὁτι ἰουδαιος ἐστιν, φωνη ἐγενετο μια ἐκ παντων, ὡς ἐπι ὡρας δυο κραζοντων· μεγαλη ἡ ἀρτεμις ἐφεσιων.

21 28   οἱ ἀπο της ἀσιας ἰουδαιοι θεασαμενοι αὐτον ἐν τω ἱερω συνεχεον παντα τον ὀχλον, και ἐπεβαλον ἐπ αὐτον τας χειρας, κραζοντες· ἀνδρες ἰσραηλιται, βοηθειτε·

36   ἠκολουθει γαρ το πληθος του λαου κραζοντες· αἱρε αὐτον.

23 6   γνους δε ὁ παυλος ὁτι το ἑν μερος ἐστιν σαδδουκαιων το δε ἑτερον φαρισαιων ἐκραζεν ἐν τω συνεδριω· ἀνδρες ἀδελφοι, ἐγω φαρισαιος εἰμι,

24 21   ἠ αὐτοι οὑτοι εἰπατωσαν τί εὑρον ἀδικημα σταντος μου ἐπι του συνεδριου, ἠ περι μιας ταυτης φωνης ἡς ἐκεκραξα ἐν αὐτοις ἑστως ὁτι περι ἀναστασεως νεκρων ἐγω κρινομαι σημερον ἐφ ὑμων.

Rm 8 15   ἀλλα ἐλαβετε πνευμα υἱοθεσιας, ἐν ὡ κραζομεν· ἀββα ὁ πατηρ.

9 27   ἠσαιας δε κραζει ὑπερ του ἰσραηλ· ἐαν ἠ ὁ ἀριθμος των υἱων ἰσραηλ ὡς ἡ ἀμμος της θαλασσης, το ὑπολειμμα σωθησεται·

Ga 4 6   ἐξαπεστειλεν ὁ θεος το πνευμα του υἱου αὐτου εἰς τας καρδιας ἡμων, κραζον· ἀββα ὁ πατηρ.

Ja 5 4   ἰδου ὁ μισθος των ἐργατων των ἀμησαντων τας χωρας ὑμων ὁ ἀπεστερημενος ἀφ ὑμων κραζει,

Apc 6 10   και ἐκραξαν φωνη μεγαλη λεγοντες·

7 2   και ἐκραξεν φωνη μεγαλη τοις τεσσαρσιν ἀγγελοις οἱς ἐδοθη αὐτοις ἀδικησαι την γην και την θαλασσαν, λεγων·

10   και κραζουσιν φωνη μεγαλη λεγοντες·

10 3   και ἐκραξεν φωνη μεγαλη ὡσπερ λεων μυκαται.

3   και ὁτε ἐκραξεν, ἐλαλησαν αἱ ἑπτα βρονται τας ἑαυτων φωνας.

12 2   και κραζει ὠδινουσα και βασανιζομενη τεκειν.

14 15   και ἀλλος ἀγγελος ἐξηλθεν ἐκ του ναου, κραζων ἐν φωνη μεγαλη τω καθημενω ἐπι της νεφελης· πεμψον το δρεπανον σου και θερισον,

18 2   και ἐκραξεν ἐν ἰσχυρα φωνη λεγων·

18   και ἐκραζον βλεποντες τον καπνον της πυρωσεως αὐτης λεγοντες·

19   και ἐβαλον χουν ἐπι τας κεφαλας αὐτων και ἐκραζον κλαιοντες και πενθουντες, λεγοντες·

19 17   και ἐκραξεν [ἐν] φωνη μεγαλη λεγων πασιν τοις ὀρνεοις τοις πετομενοις ἐν μεσουρανηματι·

κραιπαλη [1]

Lc 21 34   προσεχετε δε ἑαυτοις μηποτε βαρηθωσιν ὑμων αἱ καρδιαι ἐν κραιπαλη και μεθη και μεριμναις βιωτικαις,

κρανιον [4]

Mt 27 33   και ἐλθοντες εἰς τοπον λεγομενον γολγοθα, ὁ ἐστιν κρανιου τοπος λεγομενος, ἐδωκαν αὐτω πιειν οἰνον μετα χολης μεμιγμενον·

Mc 15 22   και φερουσιν αὐτον ἐπι τον γολγοθα τοπον, ὁ ἐστιν μεθερμηνευομενον κρανιου τοπος.

Lc 23 33   και ὁτε ἠλθον ἐπι τον τοπον τον καλουμενον κρανιον, ἐκει ἐσταυρωσαν αὐτον και τους κακουργους,

κρανιον [4]

Jh 19 17   και βασταζων ἑαυτω τον σταυρον ἐξηλθεν εἰς τον λεγομενον κρανιου τοπον, ὁ λεγεται ἑβραιστι γολγοθα, ὁπου αὐτον ἐσταυρωσαν,

κρασπεδον [5]

Mt 9 20   και ἰδου γυνη αἱμορροουσα δωδεκα ἐτη προσελθουσα ὀπισθεν ἡψατο του κρασπεδου του ἱματιου αὐτου·

14 36   και παρεκαλουν αὐτον ἰνα μονον ἁψωνται του κρασπεδου του ἱματιου αὐτου·

23 5   πλατυνουσιν γαρ τα φυλακτηρια αὐτων και μεγαλυνουσιν τα κρασπεδα,

Mc 6 56   και παρεκαλουν αὐτον ἰνα καν του κρασπεδου του ἱματιου αὐτου ἁψωνται·

Lc 8 44   ἡτις [ἰατροις προσαναλωσασα ὁλον τον βιον] οὐκ ἰσχυσεν ἀπ οὐδενος θεραπευθηναι, προσελθουσα ὀπισθεν ἡψατο του κρασπεδου του ἱματιου αὐτου,

κραταιοομαι [4]

Lc 1 80   το δε παιδιον ηὐξανεν και ἐκραταιουτο πνευματι,

2 40   το δε παιδιον ηὐξανεν και ἐκραταιουτο πληρουμενον σοφια,

1Co 16 13   γρηγορειτε, στηκετε ἐν τη πιστει, ἀνδριζεσθε, κραταιουσθε.

Eph 3 16   ἰνα δω ὑμιν κατα το πλουτος της δοξης αὐτου δυναμει κραταιωθηναι δια του πνευματος αὐτου εἰς τον ἐσω ἀνθρωπον,

κραταιος [1]

1Pt 5 6   ταπεινωθητε οὐν ὑπο την κραταιαν χειρα του θεου,

κρατεω [47]

Mt 9 25   ὁτε δε ἐξεβληθη ὁ ὀχλος, εἰσελθων ἐκρατησεν της χειρος αὐτης,

12 11   και ἐαν ἐμπεση τουτο τοις σαββασιν εἰς βοθυνον, οὐχι κρατησει αὐτο και ἐγερει;

14 3   ὁ γαρ ἡρωδης κρατησας τον ἰωαννην ἐδησεν [αὐτον] και ἐν φυλακη ἀπεθετο δια ἡρωδιαδα την γυναικα φιλιππου του ἀδελφου αὐτου·

18 28   και κρατησας αὐτον ἐπνιγεν λεγων· ἀποδος εἰ τι ὀφειλεις.

21 46   και ζητουντες αὐτον κρατησαι ἐφοβηθησαν τους ὀχλους, ἐπει εἰς προφητην αὐτον εἰχον.

22 6   οἱ δε λοιποι κρατησαντες τους δουλους αὐτου ὑβρισαν και ἀπεκτειναν.

26 4   τοτε συνηχθησαν οἱ ἀρχιερεις και οἱ πρεσβυτεροι του λαου εἰς την αὐλην του ἀρχιερεως του λεγομενου καιαφα, και συνεβουλευσαντο ἰνα τον ἰησουν δολω κρατησωσιν και ἀποκτεινωσιν·

48   ὁν ἀν φιλησω αὐτος ἐστιν· κρατησατε αὐτον.

50   τοτε προσελθοντες ἐπεβαλον τας χειρας ἐπι τον ἰησουν και ἐκρατησαν αὐτον.

55   καθ ἡμεραν ἐν τω ἱερω ἐκαθεζομην διδασκων, και οὐκ ἐκρατησατε με.

57   οἱ δε κρατησαντες τον ἰησουν ἀπηγαγον προς καιαφαν τον ἀρχιερεα,

28 9   αἱ δε προσελθουσαι ἐκρατησαν αὐτου τους ποδας και προσεκυνησαν αὐτω.

Mc 1 31   και προσελθων ἡγειρεν αὐτην κρατησας της χειρος·

3 21   και ἀκουσαντες οἱ παρ αὐτου ἐξηλθον κρατησαι αὐτον·

5 41   και κρατησας της χειρος του παιδιου λεγει αὐτη· ταλιθα κουμ,

6 17   αὐτος γαρ ὁ ἡρωδης ἀποστειλας ἐκρατησεν τον ἰωαννην και ἐδησεν αὐτον ἐν φυλακη δια ἡρωδιαδα την γυναικα φιλιππου του ἀδελφου αὐτου,

7 3   οἱ γαρ φαρισαιοι και παντες οἱ ἰουδαιοι ἐαν μη πυγμη νιψωνται τας χειρας οὐκ ἐσθιουσιν, κρατουντες την παραδοσιν των πρεσβυτερων,

4   και ἀλλα πολλα ἐστιν ἁ παρελαβον κρατειν, βαπτισμους ποτηριων και ξεστων και χαλκιων [και κλινων],

8   ἀφεντες την ἐντολην του θεου κρατειτε την παραδοσιν των ἀνθρωπων.

9 10   και τον λογον ἐκρατησαν προς ἑαυτους συζητουντες τί ἐστιν το ἐκ νεκρων ἀναστηναι.

27   ὁ δε ἰησους κρατησας της χειρος αὐτου ἡγειρεν αὐτον, και ἀνεστη.

12 12   και ἐζητουν αὐτον κρατησαι, και ἐφοβηθησαν τον ὀχλον·

14 1   και ἐζητουν οἱ ἀρχιερεις και οἱ γραμματεις πως αὐτον ἐν δολω κρατησαντες ἀποκτεινωσιν.

κρατεω [47]

Mc 14 44 ὃν ἂν φιλησω αὐτος ἐστιν· *κρατησατε* αὐτον και ἀπαγετε ἀσφαλως.

46 οἱ δε ἐπεβαλον τας χειρας αὐτω και *ἐκρατησαν* αὐτον.

49 καθ ἡμεραν ἡμην προς ὑμας ἐν τω ἱερω διδασκων, και οὐκ *ἐκρατησατε* με·

51 και νεανισκος τις συνηκολουθει αὐτω περιβεβλημενος σινδονα ἐπι γυμνου, και *κρατουσιν* αὐτον·

Lc 8 54 αὐτος δε *κρατησας* της χειρος αὐτης ἐφωνησεν λεγων·

24 16 οἱ δε ὀφθαλμοι αὐτων *ἐκρατουντο* του μη ἐπιγνωναι αὐτον.

Jh 20 23 ἂν τινων ἀφητε τας ἁμαρτιας, ἀφεωνται αὐτοις· ἂν τινων *κρατητε*, κεκρατηνται.

23 ἂν τινων ἀφητε τας ἁμαρτιας, ἀφεωνται αὐτοις· ἂν τινων *κρατητε*, κεκρατηνται.

Ac 2 24 ὃν ὁ θεος ἀνεστησεν λυσας τας ὠδινας του θανατου, καθοτι οὐκ ἠν δυνατον *κρατεισθαι* αὐτον ὑπ αὐτου.

3 11 *κρατουντος* δε αὐτου τον πετρον και τον ἰωαννην συνεδραμεν πας ὁ λαος προς αὐτους ἐπι τη στοα τη καλουμενη σολομωντος ἐκθαμβοι.

24 6 ὃν και *ἐκρατησαμεν* και κατα τον ἡμετερον νομον ἠθελησαμεν κριναι.

27 13 ὑποπνευσαντος δε νοτου δοξαντες της προθεσεως *κεκρατηκεναι*, ἀραντες ἀσσον παρελεγοντο την κρητην.

Col 2 19 και οὐ *κρατων* την κεφαλην, ἐξ οὗ παν το σωμα δια των ἁφων και συνδεσμων ἐπιχορηγουμενον και συμβιβαζομενον αὐξει την αὐξησιν του θεου.

2Th 2 15 ἀρα οὐν, ἀδελφοι, στηκετε, και *κρατειτε* τας παραδοσεις

Heb 4 14 ἐχοντες οὐν ἀρχιερεα μεγαν διεληλυθοτα τους οὐρανους, ἰησουν τον υἱον του θεου, *κρατωμεν* της ὁμολογιας.

6 18 ἱνα δια δυο πραγματων ἀμεταθετων, ἐν οἱς ἀδυνατον ψευσασθαι [τον] θεον, ἰσχυραν παρακλησιν ἐχωμεν οἱ καταφυγοντες *κρατησαι* της προκειμενης ἐλπιδος·

Apc 2 1 ταδε λεγει ὁ *κρατων* τους ἐπτα ἀστερας ἐν τη δεξια αὐτου,

13 και *κρατεις* το ὀνομα μου,

14 ἀλλ ἐχω κατα σου ὀλιγα, ὁτι ἐχεις ἐκει *κρατουντας* την διδαχην βαλααμ,

15 οὑτως ἐχεις και συ *κρατουντας* την διδαχην [των] νικολαιτων ὁμοιως.

25 πλην ὁ ἐχετε *κρατησατε* ἀχρι[ς] οὗ ἂν ἡξω.

3 11 ἐρχομαι ταχυ· *κρατει* ὁ ἐχεις, ἱνα μηδεις λαβη τον στεφανον σου.

7 1 μετα τουτο εἰδον τεσσαρας ἀγγελους ἑστωτας ἐπι τας τεσσαρας γωνιας της γης, *κρατουντας* τους τεσσαρας ἀνεμους της γης,

20 2 και *ἐκρατησεν* τον δρακοντα, ὁ ὀφις ὁ ἀρχαιος,

κρατιστος [4]

Lc 1 3 ἐδοξε καμοι παρηκολουθηκοτι ἀνωθεν πασιν ἀκριβως καθεξης σοι γραψαι, *κρατιστε* θεοφιλε, ἱνα ἐπιγνως περι ὡν κατηχηθης λογων την ἀσφαλειαν.

Ac 23 26 κλαυδιος λυσιας τω *κρατιστω* ἡγεμονι φηλικι χαιρειν.

24 3 και διορθωματων γινομενων τω ἐθνει τουτω δια της σης προνοιας, παντη τε και πανταχου ἀποδεχομεθα, *κρατιστε* φηλιξ, μετα πασης εὐχαριστιας.

26 25 οὐ μαινομαι, φησιν, *κρατιστε* φηστε,

κρατος [12]

Lc 1 51 και ἁγιον το ὀνομα αὐτου, και το ἐλεος αὐτου εἰς γενεας και γενεας τοις φοβουμενοις αὐτον ἐποιησεν *κρατος* ἐν βραχιονι αὐτου, διεσκορπισεν ὑπερηφανους διανοια καρδιας αὐτων·

Ac 19 20 οὑτως κατα *κρατος* του κυριου ὁ λογος ηὐξανεν και ἰσχυεν.

Eph 1 19 και τι το ὑπερβαλλον μεγεθος της δυναμεως αὐτου εἰς ἡμας τους πιστευοντας κατα την ἐνεργειαν του *κρατους* της ἰσχυος αὐτου,

6 10 του λοιπου, ἐνδυναμουσθε ἐν κυριω και ἐν τω *κρατει* της ἰσχυος αὐτου.

Col 1 11 ἐν παση δυναμει δυναμουμενοι κατα το *κρατος* της δοξης αὐτου εἰς πασαν ὑπομονην και μακροθυμιαν,

1Tm 6 16 ᾡ τιμη και *κρατος* αἰωνιον· ἀμην.

Heb 2 14 και αὐτος παραπλησιως μετεσχεν των αὐτων, ἱνα δια του θανατου καταργηση τον το *κρατος* ἐχοντα του θανατου,

1Pt 4 11 ἱνα ἐν πασιν δοξαζηται ὁ θεος δια ἰησου χριστου, ᾡ ἐστιν ἡ δοξα και το *κρατος* εἰς τους αἰωνας των αἰωνων· ἀμην.

5 11 αὐτω το *κρατος* εἰς τους αἰωνας· ἀμην.

Ju 25 μονω θεω σωτηρι ἡμων δια ἰησου χριστου του κυριου ἡμων δοξα μεγαλωσυνη *κρατος* και ἐξουσια προ παντος του αἰωνος και νυν και εἰς παντας τους αἰωνας·

Apc 1 6 αὐτω ἡ δοξα και το *κρατος* εἰς τους αἰωνας [των αἰωνων]·

κρατος [12]

Apc 5 13 τω καθημενω ἐπι τω θρονω και τω ἀρνιω ἡ εὐλογια και ἡ τιμη και ἡ δοξα και το *κρατος* εἰς τους αἰωνας των αἰωνων.

κραυγαζω [9]

Mt 12 19 οὐκ ἐρισει οὐδε *κραυγασει*,

Lc 4 41 ἐξηρχετο δε και δαιμονια ἀπο πολλων, *κρ[αυγ]αζοντα* και λεγοντα ὀτι συ εἰ ὁ υἱος του θεου.

Jh 11 43 και ταυτα εἰπων φωνη μεγαλη *ἐκραυγασεν*· λαζαρε, δευρο ἐξω.

12 13 και ἐξηλθον εἰς ὑπαντησιν αὐτω, και *ἐκραυγαζον*· ὡσαννα, εὐλογημενος ὁ ἐρχομενος ἐν ὀνοματι κυριου, [και] ὁ βασιλευς του ἰσραηλ.

18 40 *ἐκραυγασαν* οὐν παλιν λεγοντες·

19 6 ὀτε οὐν εἰδον αὐτον οἱ ἀρχιερεις και οἱ ὑπηρεται, *ἐκραυγασαν* λεγοντες·

12 οἱ δε ἰουδαιοι *ἐκραυγασαν* λεγοντες·

15 *ἐκραυγασαν* οὐν ἐκεινοι· ἀρον ἀρον, σταυρωσον αὐτον.

Ac 22 23 *κραυγαζοντων* τε αὐτων και ῥιπτουντων τα ἱματια και κονιορτον βαλλοντων εἰς τον ἀερα, ἐκελευσεν ὁ χιλιαρχος εἰσαγεσθαι αὐτον εἰς την παρεμβολην,

κραυγη [6]

Mt 25 6 μεσης δε νυκτος *κραυγη* γεγονεν· ἰδου ὁ νυμφιος, ἐξερχεσθε εἰς ἀπαντησιν [αὐτου].

Lc 1 42 και ἐπλησθη πνευματος ἁγιου ἡ ἐλισαβετ, και ἀνεφωνησεν *κραυγη* μεγαλη και εἰπεν·

Ac 23 9 ἐγενετο δε *κραυγη* μεγαλη, και ἀνασταντες τινες των γραμματεων του μερους των φαρισαιων διεμαχοντο λεγοντες·

Eph 4 31 πασα πικρια και θυμος και ὀργη και *κραυγη* και βλασφημια ἀρθητω ἀφ ὑμων συν παση κακια.

Heb 5 7 ὁς ἐν ταις ἡμεραις της σαρκος αὐτου δεησεις τε και ἱκετηριας προς τον δυναμενον σωζειν αὐτον ἐκ θανατου μετα *κραυγης* ἰσχυρας και δακρυων

Apc 21 4 οὐτε πενθος οὐτε *κραυγη* οὐτε πονος οὐκ ἐσται ἐτι·

κρεας [2]

Rm 14 21 καλον το μη φαγειν *κρεα* μηδε πιειν οἰνον μηδε ἐν ᾡ ὁ ἀδελφος σου προσκοπτει.

1Co 8 13 διοπερ εἰ βρωμα σκανδαλιζει τον ἀδελφον μου, οὐ μη φαγω *κρεα* εἰς τον αἰωνα,

κρεισσων [19]

1Co 7 9 *κρειττον* γαρ ἐστιν γαμησαι ἠ πυρουσθαι.

38 ὡστε και ὁ γαμιζων την ἑαυτου παρθενον καλως ποιει, και ὁ μη γαμιζων *κρεισσον* ποιησει.

11 17 τουτο δε παραγγελλων οὐκ ἐπαινω ὀτι οὐκ εἰς το *κρεισσον* ἀλλα εἰς το ἡσσον συνερχεσθε.

Php 1 23 την ἐπιθυμιαν ἐχων εἰς το ἀναλυσαι και συν χριστω εἰναι, πολλω [γαρ] μαλλον *κρεισσον*·

Heb 1 4 τοσουτω *κρειττων* γενομενος των ἀγγελων ὀσω διαφορωτερον παρ αὐτους κεκληρονομηκεν ὀνομα.

6 9 πεπεισμεθα δε περι ὑμων, ἀγαπητοι, τα *κρεισσονα* και ἐχομενα σωτηριας, εἰ και οὑτως λαλουμεν.

7 7 χωρις δε πασης ἀντιλογιας το ἐλαττον ὑπο του *κρειττονος* εὐλογειται.

19 οὐδεν γαρ ἐτελειωσεν ὁ νομος, ἐπεισαγωγη δε *κρειττονος* ἐλπιδος, δι ἡς ἐγγιζομεν τω θεω.

22 κατα τοσουτο [και] *κρειττονος* διαθηκης γεγονεν ἐγγυος ἰησους.

8 6 νυν[ι] δε διαφορωτερας τετυχεν λειτουργιας, ὀσω και *κρειττονος* ἐστιν διαθηκης μεσιτης,

6 νυν[ι] δε διαφορωτερας τετυχεν λειτουργιας, ὀσω και κρειττονος ἐστιν διαθηκης μεσιτης, ἡτις ἐπι *κρειττοσιν* ἐπαγγελιαις νενομοθετηται.

9 23 αὐτα δε τα ἐπουρανια *κρειττοσιν* θυσιαις παρα ταυτας.

10 34 και την ἁρπαγην των ὑπαρχοντων ὑμων μετα χαρας προσεδεξασθε, γινωσκοντες ἐχειν ἑαυτους *κρειττονα* ὑπαρξιν και μενουσαν.

11 16 νυν δε *κρειττονος* ὀρεγονται, τουτ ἐστιν ἐπουρανιου.

35 οὐ προσδεξαμενοι την ἀπολυτρωσιν, ἱνα *κρειττονος* ἀναστασεως τυχωσιν.

40 του θεου περι ἡμων *κρειττον* τι προβλεψαμενου, ἱνα μη χωρις ἡμων τελειωθωσιν.

12 24 και διαθηκης νεας μεσιτη ἰησου, και αἱματι ῥαντισμου *κρειττον* λαλουντι παρα τον ἀβελ.

κρεισσων [19]

1Pt	3 17	κρειττον γαρ άγαθοποιουντας, εί θελοι το θελημα του θεου, πασχειν ή κακοποιουντας.
2Pt	2 21	κρειττον γαρ ήν αύτοις μη έπεγνωκεναι την όδον της δικαιοσυνης,

κρεμαννυμι [7]

Mt	18 6	ός δ άν σκανδαλιση ένα των μικρων τουτων των πιστευοντων είς έμε, συμφερει αύτω ίνα κρεμασθη μυλος όνικος περι τον τραχηλον αύτου και καταποντισθη έν τω πελαγει της θαλασσης.
	22 40	έν ταυταις ταις δυσιν έντολαις όλος ό νομος κρεμαται και οί προφηται.
Lc	23 39	είς δε των κρεμασθεντων κακουργων έβλασφημει αύτον λεγων·
Ac	5 30	ό θεος των πατερων ήμων ήγειρεν ίησουν, όν ύμεις διεχειρισασθε κρεμασαντες έπι ξυλου·
	10 39	όν και άνειλαν κρεμασαντες έπι ξυλου.
	28 4	ώς δε είδον οί βαρβαροι κρεμαμενον το θηριον έκ της χειρος αύτου, προς άλληλους έλεγον·
Ga	3 13	έπικαταρατος πας ό κρεμαμενος έπι ξυλου,

κρημνος [3]

Mt	8 32	και ίδου ώρμησεν πασα ή άγελη κατα του κρημνου είς την θαλασσαν,
Mc	5 13	και ώρμησεν ή άγελη κατα του κρημνου είς την θαλασσαν, ώς δισχιλιοι, και έπνιγοντο έν τη θαλασση.
Lc	8 33	και ώρμησεν ή άγελη κατα του κρημνου είς την λιμνην και άπεπνιγη.

κρης [2]

Ac	2 11	και οί έπιδημουντες ρωμαιοι, ιουδαιοι τε και προσηλυτοι, κρητες και άραβες,
Tit	1 12	κρητες άει ψευσται, κακα θηρια, γαστερες άργαι.

κρησκης [1]

2Tm	4 10	και έπορευθη είς θεσσαλονικην, κρησκης είς γαλατιαν, τιτος είς δαλματιαν·

κρητη [5]

Ac	27 7	έν ίκαναις δε ήμεραις βραδυπλοουντες και μολις γενομενοι κατα την κνιδον, μη προσεωντος ήμας του άνεμου, ύπεπλευσαμεν την κρητην κατα σαλμωνην,
	12	εί πως δυναιντο καταντησαντες είς φοινικα παραχειμασαι, λιμενα της κρητης βλεποντα κατα λιβα και κατα χωρον.
	13	ύποπνευσαντος δε νοτου δοξαντες της προθεσεως κεκρατηκεναι, άραντες άσσον παρελεγοντο την κρητην.
	21	έδει μεν, ώ άνδρες, πειθαρχησαντας μοι μη άναγεσθαι άπο της κρητης
Tit	1 5	τουτου χαριν άπελιπον σε έν κρητη, ίνα τα λειποντα έπιδιορθωση,

κριθη [1]

Apc	6 6	χοινιξ σιτου δηναριου, και τρεις χοινικες κριθων δηναριου·

κριθινος [2]

Jh	6 9	έστιν παιδαριον ώδε ός έχει πεντε άρτους κριθινους και δυο όψαρια·
	13	συνηγαγον ούν, και έγεμισαν δωδεκα κοφινους κλασματων έκ των πεντε άρτων των κριθινων ά έπερισσευσαν τοις βεβρωκοσιν.

κριμα [28]

Mt	7 2	έν ώ γαρ κριματι κρινετε κριθησεσθε,
	23 14 *	δια τουτο λημψεσθε περισσοτερον κριμα.
Mc	12 40	ούτοι λημψονται περισσοτερον κριμα.
Lc	20 47	ούτοι λημψονται περισσοτερον κριμα.
	23 40	ούδε φοβη συ τον θεον, ότι έν τω αύτω κριματι εί;
	24 20	όπως τε παρεδωκαν αύτον οί άρχιερεις και οί άρχοντες ήμων είς κριμα θανατου και έσταυρωσαν αύτον.
Jh	9 39	είς κριμα έγω είς τον κοσμον τουτον ήλθον, ίνα οί μη βλεποντες βλεπωσιν και οί βλεποντες τυφλοι γενωνται.

κριμα [28]

Ac	24 25	διαλεγομενου δε αύτου περι δικαιοσυνης και έγκρατειας και του κριματος του μελλοντος έμφοβος γενομενος ό φηλιξ άπεκριθη·
Rm	2 2	οίδαμεν δε ότι το κριμα του θεου έστιν κατα άληθειαν έπι τους τα τοιαυτα πρασσοντας.
	3	λογιζη δε τουτο, ώ άνθρωπε ό κρινων τους τα τοιαυτα πρασσοντας και ποιων αύτα, ότι συ έκφευξη το κριμα του θεου;
	3 8	και μη καθως βλασφημουμεθα και καθως φασιν τινες ήμας λεγειν ότι ποιησωμεν τα κακα ίνα έλθη τα άγαθα; ών το κριμα ένδικον έστιν.
	5 16	το μεν γαρ κριμα έξ ένος είς κατακριμα, το δε χαρισμα έκ πολλων παραπτωματων είς δικαιωμα.
	11 33	ώς άνεξερανητα τα κριματα αύτου και άνεξιχνιαστοι αί όδοι αύτου.
	13 2	οί δε άνθεστηκοτες έαυτοις κριμα λημψονται.
1Co	6 7	ήδη μεν [ούν] όλως ήττημα ύμιν έστιν ότι κριματα έχετε μεθ έαυτων.
	11 29	ό γαρ έσθιων και πινων κριμα έαυτω έσθιει και πινει μη διακρινων το σωμα.
	34	εί τις πεινα, έν οίκω έσθιετω, ίνα μη είς κριμα συνερχησθε.
Ga	5 10	ό δε ταρασσων ύμας βαστασει το κριμα, όστις έαν ή.
1Tm	3 6	μη νεοφυτον, ίνα μη τυφωθεις είς κριμα έμπεση του διαβολου.
	5 12	γαμειν θελουσιν, έχουσαι κριμα ότι την πρωτην πιστιν ήθετησαν·
Heb	6 2	μη παλιν θεμελιον καταβαλλομενοι μετανοιας άπο νεκρων έργων, και πιστεως έπι θεον, βαπτισμων διδαχης, έπιθεσεως τε χειρων, άναστασεως τε νεκρων, και κριματος αίωνιου.
Ja	3 1	μη πολλοι διδασκαλοι γινεσθε, άδελφοι μου, είδοτες ότι μειζον κριμα λημψομεθα.
1Pt	4 17	ότι [ό] καιρος του άρξασθαι το κριμα άπο του οίκου του θεου·
2Pt	2 3	οίς το κριμα έκπαλαι ούκ άργει,
Ju	4	παρεισεδυσαν γαρ τινες άνθρωποι, οί παλαι προγεγραμμενοι είς τουτο το κριμα, άσεβεις,
Apc	17 1	δευρο, δειξω σοι το κριμα της πορνης της μεγαλης της καθημενης έπι ύδατων πολλων,
	18 20	εύφραινου έπ αύτη, ούρανε και οί άγιοι και οί άποστολοι και οί προφηται, ότι έκρινεν ό θεος το κριμα ύμων έξ αύτης.
	20 4	και έκαθισαν έπ αύτους, και κριμα έδοθη αύτοις,

κρινον [2]

Mt	6 28	καταμαθετε τα κρινα του άγρου, πώς αύξανουσιν·
Lc	12 27	κατανοησατε τα κρινα, πώς αύξανει·

κρινω [115]

Mt	5 40	και τω θελοντι σοι κριθηναι και τον χιτωνα σου λαβειν, άφες αύτω και το ίματιον·
	7 1	μη κρινετε, ίνα μη κριθητε·
	1	μη κρινετε, ίνα μη κριθητε·
	2	έν ώ γαρ κριματι κρινετε κριθησεσθε,
	2	έν ώ γαρ κριματι κρινετε κριθησεσθε,
	19 28	έν τη παλιγγενεσια, όταν καθιση ό υίος του άνθρωπου έπι θρονου δοξης αύτου, καθησεσθε και ύμεις έπι δωδεκα θρονους κρινοντες τας δωδεκα φυλας του ίσραηλ.
Lc	6 37	και μη κρινετε, και ού μη κριθητε·
	37	και μη κρινετε, και ού μη κριθητε·
	7 43	ό δε είπεν αύτω· όρθως έκρινας.
	12 57	τί δε και άφ έαυτων ού κρινετε το δικαιον;
	19 22	έκ του στοματος σου κρινω σε, πονηρε δουλε.
	22 30	και καθησεσθε έπι θρονων τας δωδεκα φυλας κρινοντες του ίσραηλ.
Jh	3 17	ού γαρ άπεστειλεν ό θεος τον υίον είς τον κοσμον ίνα κρινη τον κοσμον, άλλ ίνα σωθη ό κοσμος δι αύτου.
	18	ό πιστευων είς αύτον ού κρινεται·
	18	ό δε μη πιστευων ήδη κεκριται,
	5 22	ούδε γαρ ό πατηρ κρινει ούδενα, άλλα την κρισιν πασαν δεδωκεν τω υίω,
	30	καθως άκουω κρινω, και ή κρισις ή έμη δικαια έστιν,
	7 24	μη κρινετε κατ όψιν, άλλα την δικαιαν κρισιν κρινετε.
	24	μη κρινετε κατ όψιν, άλλα την δικαιαν κρισιν κρινετε.
	51	μη ό νομος ήμων κρινει τον άνθρωπον έαν μη άκουση πρωτον παρ αύτου και γνω τί ποιει;
	8 15	ύμεις κατα την σαρκα κρινετε, έγω ού κρινω ούδενα.
	15	ύμεις κατα την σαρκα κρινετε, έγω ού κρινω ούδενα.
	16	και έαν κρινω δε έγω, ή κρισις ή έμη άληθινη έστιν, ότι μονος ούκ είμι, άλλ έγω και ό πεμψας με πατηρ.

κρινω [115]

Jh	8 26	πολλα έχω περι ύμων λαλειν και *κρινειν·*
	50	έγω δε ού ζητω την δοξαν μου· έστιν ὁ ζητων και *κρινων.*
	12 47	και εαν τις μου άκουση των ρηματων και μη φυλαξη, έγω ού *κρινω* αύτον·
	47	ού γαρ ήλθον ίνα *κρινω* τον κοσμον, άλλ ίνα σωσω τον κοσμον.
	48	ὁ άθετων έμε και μη λαμβανων τα ρηματα μου έχει τον *κρινοντα* αύτον·
	48	ὁ λογος ὁν έλαλησα, έκεινος *κρινεῖ* αύτον έν τη έσχατη ήμερα.
	16 11	περι δε κρισεως, ότι ὁ άρχων του κοσμου τουτου *κεκριται.*
	18 31	λαβετε αύτον ύμεις, και κατα τον νομον ύμων *κρινατε* αύτον.
Ac	3 13	ὁ θεος των πατερων ήμων, έδοξασεν τον παιδα αύτου ίησουν, ὁν ύμεις μεν παρεδωκατε και ήρνησασθε κατα προσωπον πιλατου, *κριναντος* έκεινου άπολυειν·
	4 19	εί δικαιον έστιν ένωπιον του θεου, ύμων άκουειν μαλλον ή του θεου, *κρινατε·*
	7 7	και το έθνος ᾧ έαν δουλευσουσιν *κρινω* έγω, ὁ θεος είπεν, και μετα ταυτα έξελευσονται και λατρευσουσιν μοι έν τω τοπω τουτω.
	13 27	οί γαρ κατοικουντες έν ιερουσαλημ και οί άρχοντες αύτων τουτον άγνοησαντες και τας φωνας των προφητων τας κατα παν σαββατον άναγινωσκομενας *κριναντες* έπληρωσαν,
	46	έπειδη άπωθεισθε αύτον και ούκ άξιους *κρινετε* έαυτους της αίωνιου ζωης, ίδου στρεφομεθα είς τα έθνη.
	15 19	διο έγω *κρινω* μη παρενοχλειν τοις άπο των έθνων έπιστρεφουσιν έπι τον θεον,
	16 4	ώς δε διεπορευοντο τας πολεις, παρεδιδοσαν αύτοις φυλασσειν τα δογματα τα *κεκριμενα* ύπο των άποστολων και πρεσβυτερων των έν ιεροσολυμοις.
	15	εί *κεκρικατε* με πιστην τω κυριω είναι, είσελθοντες είς τον οίκον μου μενετε·
	17 31	καθοτι έστησεν ήμεραν έν ή μελλει *κρινειν* την οίκουμενην έν δικαιοσυνη,
	20 16	*κεκρικει* γαρ ὁ παυλος παραπλευσαι την έφεσον, όπως μη γενηται αύτω χρονοτριβησαι έν τη άσια·
	21 25	περι δε των πεπιστευκοτων έθνων ήμεις έπεστειλαμεν *κριναντες* φυλασσεσθαι αύτους το τε είδωλοθυτον και αίμα και πνικτον και πορνειαν.
	23 3	και συ καθη *κρινων* με κατα τον νομον, και παρανομων κελευεις με τυπτεσθαι;
	6	περι έλπιδος και άναστασεως νεκρων [έγω] *κρινομαι.*
	24 7 *	ὁν και έκρατησαμεν και κατα τον ήμετερον νομον ήθελησαμεν *κριναι.*
	21	ή περι μιας ταυτης φωνης ής έκεκραξα έν αύτοις έστως ότι περι άναστασεως νεκρων έγω *κρινομαι* σημερον έφ ύμων.
	25 9	θελεις είς ιεροσολυμα άναβας έκει περι τουτων *κριθηναι* έπ έμου;
	10	έπι του βηματος καισαρος έστως είμι, ού με δει *κρινεσθαι.*
	20	άπορουμενος δε έγω την περι τουτων ζητησιν έλεγον εί βουλοιτο πορευεσθαι είς ιεροσολυμα κάκει *κρινεσθαι* περι τουτων.
	25	έγω δε κατελαβομην μηδεν άξιον αύτον θανατου πεπραχεναι, αύτου δε τουτου έπικαλεσαμενου τον σεβαστον *έκρινα* πεμπειν.
	26 6	και νυν έπ έλπιδι της είς τους πατερας ήμων έπαγγελιας γενομενης ύπο του θεου έστηκα *κρινομενος,*
	8	τί άπιστον *κρινεται* παρ ύμιν εί ὁ θεος νεκρους έγειρει;
	27 1	ώς δε *έκριθη* του άποπλειν ήμας είς την ιταλιαν, παρεδιδουν τον τε παυλον και τινας έτερους δεσμωτας έκατονταρχη όνοματι ίουλιω σπειρης σεβαστης.
Rm	2 1	διο άναπολογητος εί, ώ άνθρωπε πας ὁ *κρινων·*
	1	έν ᾧ γαρ *κρινεις* τον έτερον, σεαυτον κατακρινεις·
	1	τα γαρ αύτα πρασσεις ὁ *κρινων.*
	3	λογιζη δε τουτο, ώ άνθρωπε ὁ *κρινων* τους τα τοιαυτα πρασσοντας και ποιων αύτα, ότι συ έκφευξη το κριμα του θεου;
	12	και όσοι έν νομω ήμαρτον, δια νομου *κριθησονται·*
	16	έν ήμερα ότε *κρινει* ὁ θεος τα κρυπτα των άνθρωπων κατα το εύαγγελιον μου δια χριστου ίησου.
	27	και *κρινεῖ* ή έκ φυσεως άκροβυστια τον νομον τελουσα σέ τον δια γραμματος και περιτομης παραβατην νομου.
	3 4	όπως άν δικαιωθης έν τοις λογοις σου και νικησεις έν τω *κρινεσθαι* σε.
	6	έπει πῶς *κρινεῖ* ὁ θεος τον κοσμον;
	7	εί δε ή άληθεια του θεου έν τω έμω ψευσματι έπερισσευσεν είς την δοξαν αύτου, τί έτι καγω ώς άμαρτωλος *κρινομαι;*
	14 3	ὁ έσθιων τον μη έσθιοντα μη έξουθενειτω, ὁ δε μη έσθιων τον έσθιοντα μη *κρινετω.*

κρινω [115]

Rm	14 4	συ τίς εί ὁ *κρινων* άλλοτριον οίκετην;
	5	ὁς μεν [γαρ] *κρινει* ήμεραν παρ ήμεραν, ὁς δε κρινει πασαν ήμεραν·
	5	ὁς μεν [γαρ] κρινει ήμεραν παρ ήμεραν, ὁς δε *κρινει* πασαν ήμεραν·
	10	συ δε τί *κρινεις* τον άδελφον σου;
	13	μηκετι ούν άλληλους *κρινωμεν·*
	13	άλλα τουτο *κρινατε* μαλλον, το μη τιθεναι προσκομμα τω άδελφω ή σκανδαλον.
	22	μακαριος ὁ μη *κρινων* έαυτον έν ᾧ δοκιμαζει·
1Co	2 2	ού γαρ *έκρινα* τι είδεναι έν ύμιν εί μη ίησουν χριστον και τουτον έσταυρωμενον.
	4 5	ώστε μη προ καιρου τι *κρινετε,* έως άν έλθη ὁ κυριος,
	5 3	έγω μεν γαρ, άπων τω σωματι, παρων δε τω πνευματι, ήδη *κεκρικα* ώς παρων τον ούτως τουτο κατεργασαμενον
	12	τί γαρ μοι τους έξω *κρινειν;*
	12	τί γαρ μοι τους έξω κρινειν; ούχι τους έσω ύμεις *κρινετε;*
	13	ούχι τους έσω ύμεις κρινετε; τους δε έξω ὁ θεος *κρινεῖ.*
	6 1	τολμα τις ύμων πραγμα έχων προς τον έτερον *κρινεσθαι* έπι των άδικων, και ούχι έπι των άγιων;
	2	ή ούκ οίδατε ότι οί άγιοι τον κοσμον *κρινουσιν;*
	2	και εί έν ύμιν *κρινεται* ὁ κοσμος, άναξιοι έστε κριτηριων έλαχιστων;
	3	ούκ οίδατε ότι άγγελους *κρινουμεν,* μητι γε βιωτικα;
	6	άλλα άδελφος μετα άδελφου *κρινεται,* και τουτο έπι άπιστων;
	7 37	έξουσιαν δε έχει περι του ίδιου θεληματος, και τουτο *κεκρικεν* έν τη ίδια καρδια,
	10 15	ώς φρονιμοις λεγω· *κρινατε* ύμεις ὁ φημι.
	29	ίνατι γαρ ή έλευθερια μου *κρινεται* ύπο άλλης συνειδησεως;
	11 13	έν ύμιν αύτοις *κρινατε·* πρεπον έστιν γυναικα άκατακαλυπτον τω θεω προσευχεσθαι;
	31	εί δε έαυτους διεκρινομεν, ούκ άν *έκρινομεθα·*
	32	*κρινομενοι* δε ύπο [του] κυριου παιδευομεθα, ίνα μη συν τω κοσμω κατακριθωμεν.
2Co	2 1	*έκρινα* γαρ έμαυτω τουτο, το μη παλιν έν λυπη προς ύμας έλθειν.
	5 14	ή γαρ άγαπη του χριστου συνεχει ήμας, *κριναντας* τουτο, ότι είς ύπερ παντων άπεθανεν·
Col	2 16	μη ούν τις ύμας *κρινετω* έν βρωσει και έν ποσει ή έν μερει έορτης ή νεομηνιας ή σαββατων,
2Th	2 12	ίνα *κριθωσιν* παντες οί μη πιστευσαντες τη άληθεια άλλα εύδοκησαντες τη άδικια.
2Tm	4 1	διαμαρτυρομαι ένωπιον του θεου και χριστου ίησου, του μελλοντος *κρινειν* ζωντας και νεκρους,
Tit	3 12	έκει γαρ *κεκρικα* παραχειμασαι.
Heb	10 30	οίδαμεν γαρ τον είποντα· έμοι έκδικησις, έγω άνταποδωσω· και παλιν· *κρινεῖ* κυριος τον λαον αύτου.
	13 4	πορνους γαρ και μοιχους *κρινεῖ* ὁ θεος.
Ja	2 12	ούτως λαλειτε και ούτως ποιειτε ώς δια νομου έλευθεριας μελλοντες *κρινεσθαι.*
	4 11	ὁ καταλαλων άδελφου ή *κρινων* τον άδελφον αύτου καταλαλει νομου και κρινει νομου·
	11	ὁ καταλαλων άδελφου ή *κρινων* τον άδελφον αύτου καταλαλει νομου και *κρινει* νομον·
	11	εί δε νομον *κρινεις,* ούκ εί ποιητης νομου άλλα κριτης.
	12	συ δε τίς εί, ὁ *κρινων* τον πλησιον;
	5 9	μη στεναζετε, άδελφοι, κατ άλληλων ίνα μη *κριθητε·*
1Pt	1 17	και εί πατερα έπικαλεισθε τον άπροσωπολημπτως *κρινοντα* κατα το έκαστου έργον, έν φοβω τον της παροικιας ύμων χρονον άναστραφητε,
	2 23	παρεδιδου δε τω *κρινοντι* δικαιως·
	4 5	οί άποδωσουσιν λογον τω έτοιμως έχοντι *κριναι* ζωντας και νεκρους.
	6	είς τουτο γαρ και νεκροις εύηγγελισθη, ίνα *κριθωσι* μεν κατα άνθρωπους σαρκι,
Apc	6 10	έως πότε, ὁ δεσποτης ὁ άγιος και άληθινος, ού *κρινεις* και έκδικεις το αίμα ήμων έκ των κατοικουντων έπι της γης;
	11 18	και ήλθεν ή όργη σου και ὁ καιρος των νεκρων *κριθηναι*
	16 5	δικαιος εί, ὁ ών και ὁ ήν, ὁ όσιος, ότι ταυτα *έκρινας,*
	18 8	ότι ίσχυρος κυριος ὁ θεος ὁ *κρινας* αύτην.
	20	εύφραινου έπ αύτη, ούρανε και οί άγιοι και οί άποστολοι και οί προφηται, ότι *έκρινεν* ὁ θεος το κριμα ύμων έξ αύτης.
	19 2	ότι *έκρινεν* την πορνην την μεγαλην ήτις έφθειρεν την γην έν τη πορνεια αύτης,
	11	και έν δικαιοσυνη *κρινει* και πολεμει.
	20 12	και *έκριθησαν* οί νεκροι έκ των γεγραμμενων έν τοις βιβλιοις κατα τα έργα αύτων.
	13	και *έκριθησαν* έκαστος κατα τα έργα αύτων.

κρισις [47]

Mt	5 21	ὃς δ ἂν φονευση, ἐνοχος ἐσται τῃ *κρισει*.
	22	ἐγω δε λεγω ὑμιν ὁτι πας ὁ ὀργιζομενος τῳ ἀδελφῳ αὑτου ἐνοχος ἐσται τῃ *κρισει·*
	10 15	ἀνεκτοτερον ἐσται γῃ σοδομων και γομορρων ἐν ἡμερᾳ *κρισεως* ἢ τῃ πολει ἐκεινῃ.
	11 22	τυρῳ και σιδωνι ἀνεκτοτερον ἐσται ἐν ἡμερᾳ *κρισεως* ἢ ὑμιν.
	24	πλην λεγω ὑμιν ὁτι γῃ σοδομων ἀνεκτοτερον ἐσται ἐν ἡμερᾳ *κρισεως* ἢ σοι.
	12 18	και *κρισιν* τοις ἐθνεσιν ἀπαγγελει.
	20	καλαμον συντετριμμενον οὐ κατεαξει και λινον τυφομενον οὐ σβεσει, ἑως ἂν ἐκβαλῃ εἰς νικος την *κρισιν*.
	36	λεγω δε ὑμιν ὁτι παν ῥημα ἀργον ὃ λαλησουσιν οἱ ἀνθρωποι, ἀποδωσουσιν περι αὑτου λογον ἐν ἡμερᾳ *κρισεως·*
	41	ἀνδρες νινευιται ἀναστησονται ἐν τῃ *κρισει* μετα της γενεας ταυτης και κατακρινουσιν αὑτην·
	42	βασιλισσα νοτου ἐγερθησεται ἐν τῃ *κρισει* μετα της γενεας ταυτης και κατακρινει αὑτην·
	23 23	και ἀφηκατε τα βαρυτερα του νομου, την *κρισιν* και το ἐλεος και την πιστιν·
	33	ὀφεις, γεννηματα ἐχιδνων, πως φυγητε ἀπο της *κρισεως* της γεεννης;
Lc	10 14	πλην τυρῳ και σιδωνι ἀνεκτοτερον ἐσται ἐν τῃ *κρισει* ἢ ὑμιν.
	11 31	βασιλισσα νοτου ἐγερθησεται ἐν τῃ *κρισει* μετα των ἀνδρων της γενεας ταυτης και κατακρινει αὑτους·
	32	ἀνδρες νινευιται ἀναστησονται ἐν τῃ *κρισει* μετα της γενεας ταυτης και κατακρινουσιν αὑτην·
	42	ἀλλα οὐαι ὑμιν τοις φαρισαιοις, ὁτι ἀποδεκατουτε το ἡδυοσμον και το πηγανον και παν λαχανον, και παρερχεσθε την *κρισιν* και την ἀγαπην του θεου.
Jh	3 19	αὑτη δε ἐστιν ἡ *κρισις*, ὁτι το φως ἐληλυθεν εἰς τον κοσμον και ἠγαπησαν οἱ ἀνθρωποι μαλλον το σκοτος ἢ το φως·
	5 22	οὐδε γαρ ὁ πατηρ κρινει οὐδενα, ἀλλα την *κρισιν* πασαν δεδωκεν τῳ υἱῳ,
	24	και εἰς *κρισιν* οὐκ ἐρχεται ἀλλα μεταβεβηκεν ἐκ του θανατου εἰς την ζωην.
	27	και ἐξουσιαν ἐδωκεν αὑτῳ *κρισιν* ποιειν,
	29	ὁτι ἐρχεται ὡρα ἐν ᾑ παντες οἱ ἐν τοις μνημειοις ἀκουσουσιν της φωνης αὑτου και ἐκπορευσονται οἱ τα ἀγαθα ποιησαντες εἰς ἀναστασιν ζωης, οἱ δε τα φαυλα πραξαντες εἰς ἀναστασιν *κρισεως*.
	30	καθως ἀκουω κρινω, και ἡ *κρισις* ἡ ἐμη δικαια ἐστιν,
	7 24	μη κρινετε κατ ὀψιν, ἀλλα την δικαιαν *κρισιν* κρινετε.
	8 16	και ἐαν κρινω δε ἐγω, ἡ *κρισις* ἡ ἐμη ἀληθινη ἐστιν, ὁτι μονος οὐκ εἰμι, ἀλλ ἐγω και ὁ πεμψας με πατηρ.
	12 31	νυν *κρισις* ἐστιν του κοσμου τουτου·
	16 8	και ἐλθων ἐκεινος ἐλεγξει τον κοσμον περι ἁμαρτιας και περι δικαιοσυνης και περι *κρισεως·*
	11	περι δε *κρισεως*, ὁτι ὁ ἀρχων του κοσμου τουτου κεκριται.
Ac	8 33	ἐν τῃ ταπεινωσει [αὑτου] ἡ *κρισις* αὑτου ἠρθη·
2Th	1 5	ἐνδειγμα της δικαιας *κρισεως* του θεου,
1Tm	5 24	τινων ἀνθρωπων αἱ ἁμαρτιαι προδηλοι εἰσιν προαγουσαι εἰς *κρισιν*, τισιν δε και ἐπακολουθουσιν·
Heb	9 27	και καθ ὁσον ἀποκειται τοις ἀνθρωποις ἁπαξ ἀποθανειν, μετα δε τουτο *κρισις*, ὁυτως και ὁ χριστος, ἁπαξ προσενεχθεις εἰς το πολλων ἀνενεγκειν ἁμαρτιας·
	10 27	οὐκετι περι ἁμαρτιων ἀπολειπεται θυσια, φοβερα δε τις ἐκδοχη *κρισεως* και πυρος ζηλος ἐσθιειν μελλοντος τους ὑπεναντιους.
Ja	2 13	ἡ γαρ *κρισις* ἀνελεος τῳ μη ποιησαντι ἐλεος·
	13	ἡ γαρ κρισις ἀνελεος τῳ μη ποιησαντι ἐλεος· κατακαυχαται ἐλεος *κρισεως*.
	5 12	ἠτω δε ὑμων το ναι ναι, και το οὐ οὐ, ἱνα μη ὑπο *κρισιν* πεσητε.
2Pt	2 4	εἰ γαρ ὁ θεος ἀγγελων ἁμαρτησαντων οὐκ ἐφεισατο, ἀλλα σειραις ζοφου ταρταρωσας παρεδωκεν εἰς *κρισιν* τηρουμενους,
	9	οἰδεν κυριος εὐσεβεις ἐκ πειρασμου ῥυεσθαι, ἀδικους δε εἰς ἡμεραν *κρισεως* κολαζομενους τηρειν,
	11	ὁπου ἀγγελοι ἰσχυι και δυναμει μειζονες ὀντες οὐ φερουσιν κατ αὑτων παρα κυριου βλασφημον *κρισιν*.
	3 7	οἱ δε νυν οὐρανοι και ἡ γη τῳ αὑτῳ λογῳ τεθησαυρισμενοι εἰσιν πυρι τηρουμενοι εἰς ἡμεραν *κρισεως* και ἀπωλειας των ἀσεβων ἀνθρωπων.
1Jh	4 17	ἐν τουτῳ τετελειωται ἡ ἀγαπη μεθ ἡμων, ἱνα παρρησιαν ἐχωμεν ἐν τῃ ἡμερᾳ της *κρισεως*,
Ju	6	ἀγγελους τε τους μη τηρησαντας την ἑαυτων ἀρχην ἀλλα ἀπολιποντας το ἰδιον οἰκητηριον εἰς *κρισιν* μεγαλης ἡμερας δεσμοις ἀιδιοις ὑπο ζοφον τετηρηκεν·

κρισις [47]

Ju	9	ὁ δε μιχαηλ ὁ ἀρχαγγελος, ὁτε τῳ διαβολῳ διακρινομενος διελεγετο περι του μωυσεως σωματος, οὐκ ἐτολμησεν *κρισιν* ἐπενεγκειν βλασφημιας,
	15	ἰδου ἠλθεν κυριος ἐν ἁγιαις μυριασιν αὑτου, ποιησαι *κρισιν* κατα παντων
Apc	14 7	φοβηθητε τον θεον και δοτε αὑτῳ δοξαν, ὁτι ἠλθεν ἡ ὡρα της *κρισεως* αὑτου,
	16 7	ναι, κυριε ὁ θεος ὁ παντοκρατωρ, ἀληθιναι και δικαιαι αἱ *κρισεις* σου.
	18 10	οὐαι οὐαι, ἡ πολις ἡ μεγαλη, βαβυλων ἡ πολις ἡ ἰσχυρα, ὁτι μιᾳ ὡρᾳ ἠλθεν ἡ *κρισις* σου.
	19 2	ἡ σωτηρια και ἡ δοξα και ἡ δυναμις του θεου ἡμων, ὁτι ἀληθιναι και δικαιαι αἱ *κρισεις* αὑτου·

κρισπος [2]

Ac	18 8	*κρισπος* δε ὁ ἀρχισυναγωγος ἐπιστευσεν τῳ κυριῳ συν ὁλῳ τῳ οἰκῳ αὑτου,
1Co	1 14	εὐχαριστω [τῳ θεῳ] ὁτι οὐδενα ὑμων ἐβαπτισα εἰ μη *κρισπον* και γαιον·

κριτηριον [3]

1Co	6 2	και εἰ ἐν ὑμιν κρινεται ὁ κοσμος, ἀναξιοι ἐστε *κριτηριων* ἐλαχιστων;
	4	βιωτικα μεν οὐν *κριτηρια* ἐαν ἐχητε, τους ἐξουθενημενους ἐν τῃ ἐκκλησιᾳ, τουτους καθιζετε;
Ja	2 6	οὐχ οἱ πλουσιοι καταδυναστευουσιν ὑμων, και αὑτοι ἑλκουσιν ὑμας εἰς *κριτηρια*;

κριτης [19]

Mt	5 25	μηποτε σε παραδῳ ὁ ἀντιδικος τῳ *κριτῃ* και ὁ κριτης τῳ ὑπηρετῃ,
	25	μηποτε σε παραδῳ ὁ ἀντιδικος τῳ κριτῃ και ὁ *κριτης* τῳ ὑπηρετῃ,
	12 27	δια τουτο αὑτοι *κριται* ἐσονται ὑμων.
Lc	11 19	δια τουτο αὑτοι ὑμων *κριται* ἐσονται.
	12 14	ἀνθρωπε, τις με κατεστησεν *κριτην* ἢ μεριστην ἐφ ὑμας;
	58	ἐν τῃ ὁδῳ δος ἐργασιαν ἀπηλλαχθαι ἀπ αὑτου, μηποτε κατασυρῃ σε προς τον *κριτην*,
	58	μηποτε κατασυρῃ σε προς τον κριτην, και ὁ *κριτης* σε παραδωσει τῳ πρακτορι,
	18 2	*κριτης* τις ἠν ἐν τινι πολει τον θεον μη φοβουμενος και ἀνθρωπον μη ἐντρεπομενος.
	6	ἀκουσατε τι ὁ *κριτης* της ἀδικιας λεγει·
Ac	10 42	και παρηγγειλεν ἡμιν κηρυξαι τῳ λαῳ και διαμαρτυρασθαι ὁτι οὑτος ἐστιν ὁ ὡρισμενος ὑπο του θεου *κριτης* ζωντων και νεκρων.
	13 20	και μετα ταυτα ἐδωκεν *κριτας* ἑως σαμουηλ [του] προφητου.
	18 15	*κριτης* ἐγω τουτων οὐ βουλομαι εἰναι.
	24 10	ἐκ πολλων ἐτων ὀντα σε *κριτην* τῳ ἐθνει τουτῳ ἐπισταμενος εὐθυμως τα περι ἐμαυτου ἀπολογουμαι,
2Tm	4 8	ὁν ἀποδωσει μοι ὁ κυριος ἐν ἐκεινῃ τῃ ἡμερᾳ, ὁ δικαιος *κριτης*, οὐ μονον δε ἐμοι ἀλλα και πασι τοις ἠγαπηκοσι την ἐπιφανειαν αὑτου.
Heb	12 23	και *κριτῃ* θεῳ παντων, και πνευμασι δικαιων τετελειωμενων,
Ja	2 4	οὐ διεκριθητε ἐν ἑαυτοις και ἐγενεσθε *κριται* διαλογισμων πονηρων;
	4 11	εἰ δε νομον κρινεις, οὐκ εἰ ποιητης νομου ἀλλα *κριτης*.
	12	εἱς ἐστιν [ὁ] νομοθετης και *κριτης*,
	5 9	ἰδου ὁ *κριτης* προ των θυρων ἑστηκεν.

κριτικος [1]

Heb	4 12	και *κριτικος* ἐνθυμησεων και ἐννοιων καρδιας·

κρουω [9]

Mt	7 7	*κρουετε*, και ἀνοιγησεται ὑμιν.
	8	και τῳ *κρουοντι* ἀνοιγησεται.
Lc	11 9	ζητειτε, και εὑρησετε· *κρουετε*, και ἀνοιγησεται ὑμιν.
	10	πας γαρ ὁ αἰτων λαμβανει, και ὁ ζητων εὑρισκει, και τῳ *κρουοντι* ἀνοιγ[ησ]εται.
	12 36	και ὑμεις ὁμοιοι ἀνθρωποις προσδεχομενοις τον κυριον ἑαυτων, ποτε ἀναλυσῃ ἐκ των γαμων, ἱνα ἐλθοντος και *κρουσαντος* εὐθεως ἀνοιξωσιν αὑτῳ.
	13 25	ἀφ οὑ ἂν ἐγερθῃ ὁ οἰκοδεσποτης και ἀποκλεισῃ την θυραν, και ἀρξησθε ἐξω ἑσταναι και *κρουειν* την θυραν λεγοντες·

κρουω [9]

Ac   12 13   κρουσαντος δε αυτου την θυραν του πυλωνος προσηλθεν παιδισκη ύπακουσαι όνοματι ροδη,

     16   ὁ δε πετρος έπεμενεν κρουων·

Apc   3 20   ίδου έστηκα έπι την θυραν και κρουω·

κρυπτη [1]

Lc   11 33   ούδεις λυχνον άψας είς κρυπτην τιθησιν [ούδε ύπο τον μοδιον,] άλλ έπι την λυχνιαν, ίνα οἱ είσπορευομενοι το φως βλεπωσιν.

κρυπτος [17]

Mt   6 4   σοῦ δε ποιουντος έλεημοσυνην μη γνωτω ή άριστερα σου τί ποιει ή δεξια σου, όπως ή σου ή έλεημοσυνη έν τω κρυπτω·

     4   και ὁ πατηρ σου ὁ βλεπων έν τω κρυπτω άποδωσει σοι.

     6   είσελθε είς το ταμειον σου και κλεισας την θυραν σου πρόσευξαι τω πατρι σου τω έν τω κρυπτω·

     6   και ὁ πατηρ σου ὁ βλεπων έν τω κρυπτω άποδωσει σοι.

   10 26   ούδεν γαρ έστιν κεκαλυμμενον ὁ ούκ άποκαλυφθησεται, και κρυπτον ὁ ού γνωσθησεται.

Mc   4 22   ού γαρ έστιν κρυπτον, έαν μη ίνα φανερωθη·

Lc   8 17   ού γαρ έστιν κρυπτον ὁ ού φανερον γενησεται,

  12 2   ούδεν δε συγκεκαλυμμενον έστιν ὁ ούκ άποκαλυφθησεται, και κρυπτον ὁ ού γνωσθησεται.

Jh   7 4   ούδεις γαρ τι έν κρυπτω ποιει και ζητει αυτος έν παρρησια είναι.

     10   τοτε και αυτος άνεβη, ού φανερως άλλα [ώς] έν κρυπτω.

   18 20   και έν κρυπτω έλαλησα ούδεν.

Rm   2 16   έν ήμερα ότε κρινει ὁ θεος τα κρυπτα των άνθρωπων κατα το εύαγγελιον μου δια χριστου ίησου.

     29   άλλ ὁ έν τω κρυπτω ίουδαιος, και περιτομη καρδιας έν πνευματι ού γραμματι, ού ὁ έπαινος ούκ έξ άνθρωπων άλλ έκ του θεου.

1Co   4 5   έως άν έλθη ὁ κυριος, ὁς και φωτισει τα κρυπτα του σκοτους και φανερωσει τας βουλας των καρδιων·

  14 25   τα κρυπτα της καρδιας αυτου φανερα γινεται,

2Co   4 2   ούκ έγκακουμεν, άλλα άπειπαμεθα τα κρυπτα της αίσχυνης,

1Pt   3 4   άλλ ὁ κρυπτος της καρδιας άνθρωπος έν τω άφθαρτω του πραεως και ήσυχιου πνευματος,

κρυπτω [19]

Mt   5 14   ὑμεις έστε το φως του κοσμου. ού δυναται πολις κρυβηναι έπανω όρους κειμενη·

  11 25   έξομολογουμαι σοι πατερ κυριε του ούρανου και της γης, ότι έκρυψας ταυτα άπο σοφων και συνετων,

  13 35   άνοιξω έν παραβολαις το στομα μου, έρευξομαι κεκρυμμενα άπο καταβολης [κοσμου].

     44   ὁμοια έστιν ή βασιλεια των ούρανων θησαυρω κεκρυμμενω έν τω άγρω,

     44   ὁμοια έστιν ή βασιλεια των ούρανων θησαυρω κεκρυμμενω έν τω άγρω, ὁν εύρων άνθρωπος έκρυψεν,

  25 18   ὁ δε το έν λαβων άπελθων ώρυξεν γην και έκρυψεν το άργυριον του κυριου αύτου.

     25   και φοβηθεις άπελθων έκρυψα το ταλαντον σου έν τη γη· ίδε έχεις το σον.

Lc   13 21   ὁμοια έστιν ζυμη, ήν λαβουσα γυνη [έν]εκρυψεν είς άλευρου σατα τρια, έως ού έζυμωθη όλον.

  18 34   και αύτοι ούδεν τουτων συνηκαν, και ήν το ρημα τουτο κεκρυμμενον άπ αύτων,

  19 42   νυν δε έκρυβη άπο όφθαλμων σου.

Jh   8 59   ίησους δε έκρυβη και έξηλθεν έκ του ίερου.

  12 36   ταυτα έλαλησεν ίησους, και άπελθων έκρυβη άπ αύτων.

  19 38   μετα δε ταυτα ήρωτησεν τον πιλατον ίωσηφ [ὁ] άπο άριμαθαιας, ών μαθητης του ίησου κεκρυμμενος δε δια τον φοβον των ίουδαιων, ίνα άρη το σωμα του ίησου·

Col   3 3   άπεθανετε γαρ, και ή ζωη ύμων κεκρυπται συν τω χριστω έν τω θεω·

1Tm   5 25   και τα άλλως έχοντα κρυβηναι ού δυνανται.

Heb   11 23   πιστει μωυσης γεννηθεις έκρυβη τριμηνον ύπο των πατερων αύτου,

Apc   2 17   τω νικωντι δωσω αύτω του μαννα του κεκρυμμενου,

   6 15   και οἱ βασιλεις της γης και οἱ μεγιστανες και οἱ χιλιαρχοι και οἱ πλουσιοι και οἱ ίσχυροι και πας δουλος και έλευθερος έκρυψαν έαυτους

     16   πεσετε έφ ήμας και κρυψατε ήμας άπο προσωπου του καθημενου έπι του θρονου

κρυσταλλιζω [1]

Apc   21 11   ὁ φωστηρ αύτης όμοιος λιθω τιμιωτατω, ώς λιθω ίασπιδι κρυσταλλιζοντι·

κρυσταλλος [2]

Apc   4 6   και ένωπιον του θρονου ώς θαλασσα ύαλινη όμοια κρυσταλλω·

  22 1   και έδειξεν μοι ποταμον ύδατος ζωης λαμπρον ώς κρυσταλλον,

κρυφαιος [2]

Mt   6 18   όπως μη φανης τοις άνθρωποις νηστευων άλλα τω πατρι σου τω έν τω κρυφαιω·

     18   και ὁ πατηρ σου ὁ βλεπων έν τω κρυφαιω άποδωσει σοι.

κρυφη [1]

Eph   5 12   τα γαρ κρυφη γινομενα ύπ αύτων αίσχρον έστιν και λεγειν·

κταομαι [7]

Mt   10 9   μη κτησησθε χρυσον μηδε άργυρον μηδε χαλκον είς τας ζωνας ύμων,

Lc   18 12   νηστευω δις του σαββατου, άποδεκατω παντα όσα κτωμαι.

  21 19   έν τη ύπομονη ύμων κτησασθε τας ψυχας ύμων.

Ac   1 18   ούτος μεν ούν έκτησατο χωριον έκ μισθου της άδικιας,

   8 20   το άργυριον σου συν σοί είη είς άπωλειαν, ότι την δωρεαν του θεου ένομισας δια χρηματων κτασθαι.

  22 28   έγω πολλου κεφαλαιου την πολιτειαν ταυτην έκτησαμην.

1Th   4 4   είδεναι έκαστον ύμων το έαυτου σκευος κτασθαι έν άγιασμω και τιμη,

κτημα [4]

Mt   19 22   άκουσας δε ὁ νεανισκος τον λογον άπηλθεν λυπουμενος· ήν γαρ έχων κτηματα πολλα.

Mc   10 22   ὁ δε στυγνασας έπι τω λογω άπηλθεν λυπουμενος, ήν γαρ έχων κτηματα πολλα.

Ac   2 45   και τα κτηματα και τας ύπαρξεις έπιπρασκον και διεμεριζον αύτα πασιν, καθοτι άν τις χρειαν είχεν.

   5 1   άνηρ δε τις άνανιας όνοματι συν σαπφιρη τη γυναικι αύτου έπωλησεν κτημα,

κτηνος [4]

Lc   10 34   έπιβιβασας δε αύτον έπι το ίδιον κτηνος ήγαγεν αύτον είς πανδοχειον και έπεμεληθη αύτου.

Ac   23 24   κτηνη τε παραστησαι, ίνα έπιβιβασαντες τον παυλον διασωσωσι προς φηλικα τον ήγεμονα,

1Co   15 39   άλλα άλλη μεν άνθρωπων, άλλη δε σαρξ κτηνων,

Apc   18 13   και σιτον και κτηνη και προβατα, και ίππων και ρεδων και σωματων,

κτητωρ [1]

Ac   4 34   όσοι γαρ κτητορες χωριων ή οίκιων ύπηρχον, πωλουντες έφερον τας τιμας των πιπρασκομενων και έτιθουν παρα τους ποδας των άποστολων·

κτιζω [15]

Mt   19 4   ούκ άνεγνωτε ότι ὁ κτισας άπ άρχης άρσεν και θηλυ έποιησεν αύτους;

Mc   13 19   έσονται γαρ αἱ ήμεραι έκειναι θλιψις, οία ού γεγονεν τοιαυτη άπ άρχης κτισεως ήν έκτισεν ὁ θεος έως του νυν και ού μη γενηται.

Rm   1 25   οίτινες μετηλλαξαν την άληθειαν του θεου έν τω ψευδει, και έσεβασθησαν και έλατρευσαν τη κτισει παρα τον κτισαντα,

1Co   11 9   και γαρ ούκ έκτισθη άνηρ δια την γυναικα, άλλα γυνη δια τον άνδρα.

Eph   2 10   αύτου γαρ έσμεν ποιημα, κτισθεντες έν χριστω ίησου έπι έργοις άγαθοις,

     15   ίνα τους δυο κτιση έν αύτω είς ένα καινον άνθρωπον ποιων είρηνην,

     3 9   και φωτισαι [παντας] τίς ή οίκονομια του μυστηριου του άποκεκρυμμενου άπο των αίωνων έν τω θεω τω τα παντα κτισαντι,

κτιζω [15]

Eph	4 24	και ενδυσασθαι τον καινον ανθρωπον τον κατα θεον *κτισθεντα* εν δικαιοσυνη και οσιοτητι της αληθειας.
Col	1 16	οτι εν αυτω *εκτισθη* τα παντα εν τοις ουρανοις και επι της γης, τα ορατα και τα αορατα, ειτε θρονοι ειτε κυριοτητες ειτε αρχαι ειτε εξουσιαι·
	16	τα παντα δι αυτου και εις αυτον *εκτισται·*
	3 10	και ενδυσαμενοι τον νεον τον ανακαινουμενον εις επιγνωσιν κατ εικονα του *κτισαντος* αυτον,
1Tm	4 3	κωλυοντων γαμειν, απεχεσθαι βρωματων, α ο θεος *εκτισεν* εις μεταλημψιν μετα ευχαριστιας τοις πιστοις και επεγνωκοσι την αληθειαν.
Apc	4 11	οτι συ *εκτισας* τα παντα, και δια το θελημα σου ησαν και εκτισθησαν.
	11	οτι συ *εκτισας* τα παντα, και δια το θελημα σου ησαν και εκτισθησαν.
	10 6	και ωμοσεν εν τω ζωντι εις τους αιωνας των αιωνων, ος *εκτισεν* τον ουρανον και τα εν αυτω και την γην και τα εν αυτη και την θαλασσαν και τα εν αυτη, οτι χρονος ουκετι εσται,

κτισις [19]

Mc	10 6	απο δε αρχης *κτισεως* αρσεν και θηλυ εποιησεν αυτους·
	13 19	εσονται γαρ αι ημεραι εκειναι θλιψις, οια ου γεγονεν τοιαυτη απ αρχης *κτισεως* ην εκτισεν ο θεος εως του νυν και ου μη γενηται.
	16 15	πορευθεντες εις τον κοσμον απαντα κηρυξατε το ευαγγελιον παση τη *κτισει.*
Rm	1 20	τα γαρ αορατα αυτου απο *κτισεως* κοσμου τοις ποιημασιν νοουμενα καθοραται, η τε αιδιος αυτου δυναμις και θειοτης, εις το ειναι αυτους αναπολογητους,
	25	οιτινες μετηλλαξαν την αληθειαν του θεου εν τω ψευδει, και εσεβασθησαν και ελατρευσαν τη *κτισει* παρα τον κτισαντα,
	8 19	η γαρ αποκαραδοκια της *κτισεως* την αποκαλυψιν των υιων του θεου απεκδεχεται.
	20	τη γαρ ματαιοτητι η *κτισις* υπεταγη, ουχ εκουσα, αλλα δια τον υποταξαντα, εφ ελπιδι
	21	οτι και αυτη η *κτισις* ελευθερωθησεται απο της δουλειας της φθορας εις την ελευθεριαν της δοξης των τεκνων του θεου.
	22	οιδαμεν γαρ οτι πασα η *κτισις* συστεναζει και συνωδινει αχρι του νυν·
	39	πεπεισμαι γαρ οτι ουτε θανατος ουτε ζωη ουτε αγγελοι ουτε αρχαι ουτε ενεστωτα ουτε μελλοντα ουτε δυναμεις ουτε υψωμα ουτε βαθος ουτε τις *κτισις* ετερα δυνησεται ημας χωρισαι απο της αγαπης του θεου της εν χριστω ιησου τω κυριω ημων.
2Co	5 17	ωστε ει τις εν χριστω, καινη *κτισις·*
Ga	6 15	ουτε γαρ περιτομη τι εστιν ουτε ακροβυστια, αλλα καινη *κτισις.*
Col	1 15	ος εστιν εικων του θεου του αορατου, πρωτοτοκος πασης *κτισεως,*
	23	και μη μετακινουμενοι απο της ελπιδος του ευαγγελιου ου ηκουσατε, του κηρυχθεντος εν παση *κτισει* τη υπο τον ουρανον,
Heb	4 13	και ουκ εστιν *κτισις* αφανης ενωπιον αυτου,
	9 11	δια της μειζονος και τελειοτερας σκηνης ου χειροποιητου, τουτ εστιν ου ταυτης της *κτισεως,*
1Pt	2 13	υποταγητε παση ανθρωπινη *κτισει* δια τον κυριον·
2Pt	3 4	αφ ης γαρ οι πατερες εκοιμηθησαν, παντα ουτως διαμενει απ αρχης *κτισεως.*
Apc	3 14	ταδε λεγει ο αμην, ο μαρτυς ο πιστος και αληθινος, η αρχη της *κτισεως* του θεου· οιδα σου τα εργα,

κτισμα [4]

1Tm	4 4	οτι παν *κτισμα* θεου καλον, και ουδεν αποβλητον μετα ευχαριστιας λαμβανομενον·
Ja	1 18	βουληθεις απεκυησεν ημας λογω αληθειας, εις το ειναι ημας απαρχην τινα των αυτου *κτισματων.*
Apc	5 13	και παν *κτισμα* ο εν τω ουρανω και επι της γης και υποκατω της γης και επι της θαλασσης
	8 9	και απεθανεν το τριτον των *κτισματων* των εν τη θαλασση,

κτιστης [1]

1Pt	4 19	ωστε και οι πασχοντες κατα το θελημα του θεου πιστω *κτιστη* παρατιθεσθωσαν τας ψυχας αυτων εν αγαθοποιια.

κυβεια [1]

Eph	4 14	ινα μηκετι ωμεν νηπιοι, κλυδωνιζομενοι και περιφερομενοι παντι ανεμω της διδασκαλιας εν τη *κυβεια* των ανθρωπων,

κυβερνησις [1]

1Co	12 28	επειτα δυναμεις, επειτα χαρισματα ιαματων, αντιλημψεις, *κυβερνησεις,* γενη γλωσσων.

κυβερνητης [2]

Ac	27 11	ο δε εκατονταρχης τω *κυβερνητη* και τω ναυκληρω μαλλον επειθετο η τοις υπο παυλου λεγομενοις.
Apc	18 17	και πας *κυβερνητης* και πας ο επι τοπον πλεων και ναυται και οσοι την θαλασσαν εργαζονται, απο μακροθεν εστησαν

κυκλευω [1]

Apc	20 9	και *εκυκλευσαν* την παρεμβολην των αγιων και την πολιν την ηγαπημενην·

κυκλοθεν [3]

Apc	4 3	και ιρις *κυκλοθεν* του θρονου ομοιος ορασει σμαραγδινω.
	4	και *κυκλοθεν* του θρονου θρονους εικοσιτεσσαρες,
	8	και τα τεσσαρα ζωα, εν καθ εν αυτων εχων ανα πτερυγας εξ, *κυκλοθεν* και εσωθεν γεμουσιν οφθαλμων·

κυκλοω [4]

Lc	21 20	οταν δε ιδητε *κυκλουμενην* υπο στρατοπεδων ιερουσαλημ, τοτε γνωτε οτι ηγγικεν η ερημωσις αυτης.
Jh	10 24	*εκυκλωσαν* ουν αυτον οι ιουδαιοι και ελεγον αυτω·
Ac	14 20	*κυκλωσαντων* δε των μαθητων αυτον αναστας εισηλθεν εις την πολιν.
Heb	11 30	πιστει τα τειχη ιεριχω επεσαν *κυκλωθεντα* επι επτα ημερας.

κυκλω [8]

Mc	3 34	και περιβλεψαμενος τους περι αυτον *κυκλω* καθημενους λεγει·
	6 6	και περιηγεν τας κωμας *κυκλω* διδασκων.
	36	απολυσον αυτους, ινα απελθοντες εις τους *κυκλω* αγρους και κωμας αγορασωσιν εαυτοις τι φαγωσιν.
Lc	9 12	απολυσον τον οχλον, ινα πορευθεντες εις τας *κυκλω* κωμας και αγρους καταλυσωσιν και ευρωσιν επισιτισμον, οτι ωδε εν ερημω τοπω εσμεν.
Rm	15 19	ωστε με απο ιερουσαλημ και *κυκλω* μεχρι του ιλλυρικου πεπληρωκεναι το ευαγγελιον του χριστου.
Apc	4 6	και εν μεσω του θρονου και *κυκλω* του θρονου τεσσαρα ζωα γεμοντα οφθαλμων εμπροσθεν και οπισθεν.
	5 11	και ειδον, και ηκουσα φωνην αγγελων πολλων *κυκλω* του θρονου και των ζωων και των πρεσβυτερων,
	7 11	και παντες οι αγγελοι ειστηκεισαν *κυκλω* του θρονου και των πρεσβυτερων και των τεσσαρων ζωων,

κυλιομαι [1]

Mc	9 20	και ιδων αυτον το πνευμα ευθυς συνεσπαραξεν αυτον, και πεσων επι της γης *εκυλιετο* αφριζων.

κυλισμος [1]

2Pt	2 22	υς λουσαμενη εις *κυλισμον* βορβορου.

κυλλος [4]

Mt	15 30	και προσηλθον αυτω οχλοι πολλοι εχοντες μεθ εαυτων χωλους, τυφλους, *κυλλους,* κωφους, και ετερους πολλους, και ερριψαν αυτους παρα τους ποδας αυτου·
	31	ωστε τον οχλον θαυμασαι βλεποντας κωφους λαλουντας, *κυλλους* υγιεις και χωλους περιπατουντας και τυφλους βλεποντας·
	18 8	καλον σοι εστιν εισελθειν εις την ζωην *κυλλον* η χωλον, η δυο χειρας η δυο ποδας εχοντα βληθηναι εις το πυρ το αιωνιον.
Mc	9 43	καλον εστιν σε *κυλλον* εισελθειν εις την ζωην, η τας δυο χειρας εχοντα απελθειν εις την γεενναν, εις το πυρ το ασβεστον.

κυμα [5]

Mt	8 24	και ιδου σεισμος μεγας εγενετο εν τη θαλασση, ωστε το πλοιον καλυπτεσθαι υπο των *κυματων*·
	14 24	το δε πλοιον ηδη σταδιους πολλους απο της γης απειχεν, βασανιζομενον υπο των *κυματων*, ην γαρ εναντιος ο ανεμος.
Mc	4 37	και τα *κυματα* επεβαλλεν εις το πλοιον,
Ac	27 41	και η μεν πρωρα ερεισασα εμεινεν ασαλευτος, η δε πρυμνα ελυετο υπο της βιας [των *κυματων*].
Ju	13	*κυματα* αγρια θαλασσης επαφριζοντα τας εαυτων αισχυνας,

κυμβαλον [1]

1Co	13 1	εαν ταις γλωσσαις των ανθρωπων λαλω και των αγγελων, αγαπην δε μη εχω, γεγονα χαλκος·ηχων η *κυμβαλον* αλαλαζον.

κυμινον [1]

Mt	23 23	ουαι υμιν, γραμματεις και φαρισαιοι υποκριται, οτι αποδεκατουτε το ηδυοσμον και το ανηθον και το *κυμινον*,

κυναριον [4]

Mt	15 26	ουκ εστιν καλον λαβειν τον αρτον των τεκνων και βαλειν τοις *κυναριοις*.
	27	και γαρ τα *κυναρια* εσθιει απο των ψιχιων των πιπτοντων απο της τραπεζης των κυριων αυτων.
Mc	7 27	ου γαρ εστιν καλον λαβειν τον αρτον των τεκνων και τοις *κυναριοις* βαλειν.
	28	κυριε· και τα *κυναρια* υποκατω της τραπεζης εσθιουσιν απο των ψιχιων των παιδιων.

κυπριος [3]

Ac	4 36	ιωσηφ δε ο επικληθεις βαρναβας απο των αποστολων, ο εστιν μεθερμηνευομενον υιος παρακλησεως, λευιτης, *κυπριος* τω γενει,
	11 20	ησαν δε τινες εξ αυτων ανδρες *κυπριοι* και κυρηναιοι,
	21 16	συνηλθον δε και των μαθητων απο καισαρειας συν ημιν, αγοντες παρ ω ξενισθωμεν μνασωνι τινι *κυπριω*,

κυπρος [5]

Ac	11 19	οι μεν ουν διασπαρεντες απο της θλιψεως της γενομενης επι στεφανω διηλθον εως φοινικης και *κυπρου* και αντιοχειας,
	13 4	αυτοι μεν ουν εκπεμφθεντες υπο του αγιου πνευματος κατηλθον εις σελευκειαν, εκειθεν τε απεπλευσαν εις *κυπρον*,
	15 39	εγενετο δε παροξυσμος, ωστε αποχωρισθηναι αυτους απ αλληλων, τον τε βαρναβαν παραλαβοντα τον μαρκον εκπλευσαι εις *κυπρον*.
	21 3	αναφαναντες δε την *κυπρον* και καταλιποντες αυτην ευωνυμον επλεομεν εις συριαν,
	27 4	κακειθεν αναχθεντες υπεπλευσαμεν την *κυπρον* δια το τους ανεμους ειναι εναντιους,

κυπτω [2]

Mc	1 7	ερχεται ο ισχυροτερος μου οπισω μου, ου ουκ ειμι ικανος *κυψας* λυσαι τον ιμαντα των υποδηματων αυτου.
Jh	8 6*	ο δε ιησους κατω *κυψας* τω δακτυλω κατεγραφεν εις την γην.

κυρηναιος [6]

Mt	27 32	εξερχομενοι δε ευρον ανθρωπον *κυρηναιον*, ονοματι σιμωνα·
Mc	15 21	και αγγαρευουσιν παραγοντα τινα σιμωνα *κυρηναιον* ερχομενον απ αγρου, τον πατερα αλεξανδρου και ρουφου, ινα αρη τον σταυρον αυτου.
Lc	23 26	και ως απηγαγον αυτον, επιλαβομενοι σιμωνα τινα *κυρηναιον* ερχομενον απ αγρου επεθηκαν αυτω τον σταυρον φερειν οπισθεν του ιησου.
Ac	6 9	ανεστησαν δε τινες των εκ της συναγωγης της λεγομενης λιβερτινων και *κυρηναιων* και αλεξανδρεων και των απο κιλικιας και ασιας συζητουντες τω στεφανω,
	11 20	ησαν δε τινες εξ αυτων ανδρες κυπριοι και *κυρηναιοι*,
	13 1	και λουκιος ο *κυρηναιος*, μαναην τε ηρωδου του τετρααρχου συντροφος και σαυλος.

κυρηνη [1]

Ac	2 10	αιγυπτον και τα μερη της λιβυης της κατα *κυρηνην*,

κυρηνιος [1]

Lc	2 2	αυτη απογραφη πρωτη εγενετο ηγεμονευοντος της συριας *κυρηνιου*.

κυρια [2]

2Jh	1	ο πρεσβυτερος εκλεκτη *κυρια* και τοις τεκνοις αυτης,
	5	και νυν ερωτω σε, *κυρια*, ουχ ως εντολην καινην γραφων σοι, αλλα ην ειχομεν απ αρχης, ινα αγαπωμεν αλληλους.

κυριακος [2]

1Co	11 20	συνερχομενων ουν υμων επι το αυτο ουκ εστιν *κυριακον* δειπνον φαγειν·
Apc	1 10	εγενομην εν πνευματι εν τη *κυριακη* ημερα,

κυριευω [7]

Lc	22 25	οι βασιλεις των εθνων *κυριευουσιν* αυτων, και οι εξουσιαζοντες αυτων ευεργεται καλουνται.
Rm	6 9	ειδοτες οτι χριστος εγερθεις εκ νεκρων ουκετι αποθνησκει, θανατος αυτου ουκετι *κυριευει*.
	14	αμαρτια γαρ υμων ου *κυριευσει*·
	7 1	η αγνοειτε, αδελφοι, γινωσκουσιν γαρ νομον λαλω, οτι ο νομος *κυριευει* του ανθρωπου εφ οσον χρονον ζη;
	14 9	εις τουτο γαρ χριστος απεθανεν και εζησεν, ινα και νεκρων και ζωντων *κυριευση*.
2Co	1 24	ουχ οτι *κυριευομεν* υμων της πιστεως, αλλα συνεργοι εσμεν της χαρας υμων·
1Tm	6 15	ην καιροις ιδιοις δειξει ο μακαριος και μονος δυναστης, ο βασιλευς των βασιλευοντων και κυριος των *κυριευοντων*,

κυριος [719]

Mt	1 20	ιδου αγγελος *κυριου* κατ οναρ εφανη αυτω λεγων·
	22	τουτο δε ολον γεγονεν ινα πληρωθη το ρηθεν υπο *κυριου* δια του προφητου λεγοντος·
	24	εγερθεις δε ο ιωσηφ απο του υπνου εποιησεν ως προσεταξεν αυτω ο αγγελος *κυριου*,
	2 13	ιδου αγγελος *κυριου* φαινεται κατ οναρ τω ιωσηφ λεγων·
	15	ινα πληρωθη το ρηθεν υπο *κυριου* δια του προφητου λεγοντος·
	19	ιδου αγγελος *κυριου* φαινεται κατ οναρ τω ιωσηφ εν αιγυπτω λεγων·
	3 3	ετοιμασατε την οδον *κυριου*, ευθειας ποιειτε τας τριβους αυτου.
	4 7	ουκ εκπειρασεις *κυριον* τον θεον σου.
	10	*κυριον* τον θεον σου προσκυνησεις και αυτω μονω λατρευσεις.
	5 33	ουκ επιορκησεις, αποδωσεις δε τω *κυριω* τους ορκους σου.
	6 24	ουδεις δυναται δυσι *κυριοις* δουλευειν
	7 21	ου πας ο λεγων μοι *κυριε κυριε*, εισελευσεται εις την βασιλειαν των ουρανων,
	21	ου πας ο λεγων μοι *κυριε κυριε*, εισελευσεται εις την βασιλειαν των ουρανων,
	22	πολλοι ερουσιν μοι εν εκεινη τη ημερα· *κυριε κυριε*,
	22	πολλοι ερουσιν μοι εν εκεινη τη ημερα· *κυριε κυριε*,
	8 2	και ιδου λεπρος προσελθων προσεκυνει αυτω λεγων· *κυριε*, εαν θελης,
	6	εισελθοντος δε αυτου εις καφαρναουμ προσηλθεν αυτω εκατονταρχος παρακαλων αυτον και λεγων· *κυριε*, ο παις μου βεβληται εν τη οικια παραλυτικος,
	8	*κυριε*, ουκ ειμι ικανος ινα μου υπο την στεγην εισελθης·
	21	*κυριε*, επιτρεψον μοι πρωτον απελθειν και θαψαι τον πατερα μου.
	25	*κυριε*, σωσον,
	9 28	ναι, *κυριε*.
	38	δεηθητε ουν του *κυριου* του θερισμου οπως εκβαλη εργατας εις τον θερισμον αυτου.
	10 24	ουκ εστιν μαθητης υπερ τον διδασκαλον ουδε δουλος υπερ τον *κυριον* αυτου.
	25	αρκετον τω μαθητη ινα γενηται ως ο διδασκαλος αυτου, και ο δουλος ως ο *κυριος* αυτου.
	11 25	εξομολογουμαι σοι πατερ *κυριε* του ουρανου και της γης, οτι εκρυψας ταυτα απο σοφων και συνετων,
	12 8	*κυριος* γαρ εστιν του σαββατου ο υιος του ανθρωπου.
	13 27	*κυριε*, ουχι καλον σπερμα εσπειρας εν τω σω αγρω;
	14 28	*κυριε*, ει συ ει, κελευσον με ελθειν προς σε επι τα υδατα.
	30	και αρξαμενος καταποντιζεσθαι εκραξεν λεγων· *κυριε*, σωσον με.

κυριος [719]

Mt	15 22	ἐλεησον με, κυριε υἱος δαυιδ· ἡ θυγατηρ μου κακως δαιμονιζεται.
	25	ἡ δε ἐλθουσα προσεκυνει αὐτω λεγουσα· κυριε, βοηθει μοι.
	27	ἡ δε εἰπεν· ναι, κυριε· και γαρ τα κυναρια ἐσθιει ἀπο των ψιχιων των πιπτοντων ἀπο της τραπεζης των κυριων αὐτων.
	27	και γαρ τα κυναρια ἐσθιει ἀπο των ψιχιων των πιπτοντων ἀπο της τραπεζης των κυριων αὐτων.
	16 22	ἱλεως σοι, κυριε· οὐ μη ἐσται σοι τουτο.
	17 4	κυριε, καλον ἐστιν ἡμας ὡδε εἰναι·
	15	κυριε, ἐλεησον μου τον υἱον, ὁτι σεληνιαζεται και κακως πασχει·
	18 21	κυριε, ποσακις ἁμαρτησει εἰς ἐμε ὁ ἀδελφος μου και ἀφησω αὐτω; ἐως ἑπτακις;
	25	μη ἐχοντος δε αὐτου ἀποδουναι, ἐκελευσεν αὐτον ὁ κυριος πραθηναι και την γυναικα και τα τεκνα και παντα ὁσα ἐχει, και ἀποδοθηναι.
	27	σπλαγχνισθεις δε ὁ κυριος του δουλου ἐκεινου ἀπελυσεν αὐτον, και το δανειον ἀφηκεν αὐτω.
	31	και ἐλθοντες διεσαφησαν τω κυριω ἑαυτων παντα τα γενομενα.
	32	τοτε προσκαλεσαμενος αὐτον ὁ κυριος αὐτου λεγει αὐτω· δουλε πονηρε, πασαν την ὀφειλην ἐκεινην ἀφηκα σοι, ἐπει παρεκαλεσας με·
	34	και ὀργισθεις ὁ κυριος αὐτου παρεδωκεν αὐτον τοις βασανισταις ἐως οὑ ἀποδω παν το ὀφειλομενον.
	20 8	ὀψιας δε γενομενης λεγει ὁ κυριος του ἀμπελωνος τω ἐπιτροπω αὐτου· καλεσον τους ἐργατας και ἀποδος αὐτοις τον μισθον,
	30	και ἰδου δυο τυφλοι καθημενοι παρα την ὁδον, ἀκουσαντες ὁτι ἰησους παραγει, ἐκραξαν λεγοντες· ἐλεησον ἡμας, [κυριε,] υἱος δαυιδ.
	31	ἐλεησον ἡμας, κυριε, υἱος δαυιδ.
	33	λεγουσιν αὐτω· κυριε, ἱνα ἀνοιγωσιν οἱ ὀφθαλμοι ἡμων.
	21 3	και ἐαν τις ὑμιν εἰπη τι, ἐρειτε ὁτι ὁ κυριος αὐτων χρειαν ἐχει·
	9	ὡσαννα τω υἱω δαυιδ· εὐλογημενος ὁ ἐρχομενος ἐν ὀνοματι κυριου· ὡσαννα ἐν τοις ὑψιστοις.
	30	ἐγω, κυριε, και οὐκ ἀπηλθεν.
	40	ὁταν οὐν ἐλθη ὁ κυριος του ἀμπελωνος, τι ποιησει τοις γεωργοις ἐκεινοις;
	42	παρα κυριου ἐγενετο αὑτη, και ἐστιν θαυμαστη ἐν ὀφθαλμοις ἡμων;
	22 37	ἀγαπησεις κυριον τον θεον σου ἐν ὁλη τη καρδια σου και ἐν ὁλη τη ψυχη σου και ἐν ὁλη τη διανοια σου.
	43	πως οὐν δαυιδ ἐν πνευματι καλει αὐτον κυριον λεγων·
	44	πως οὐν δαυιδ ἐν πνευματι καλει αὐτον κυριον λεγων· εἰπεν κυριος τω κυριω μου· καθου ἐκ δεξιων μου ἐως ἁν θω τους ἐχθρους σου ὑποκατω των ποδων σου;
	44	πως οὐν δαυιδ ἐν πνευματι καλει αὐτον κυριον λεγων· εἰπεν κυριος τω κυριω μου· καθου ἐκ δεξιων μου ἐως ἁν θω τους ἐχθρους σου ὑποκατω των ποδων σου;
	45	εἰ οὐν δαυιδ καλει αὐτον κυριον, πως υἱος αὐτου ἐστιν;
	23 39	εὐλογημενος ὁ ἐρχομενος ἐν ὀνοματι κυριου.
	24 42	γρηγορειτε οὐν, ὁτι οὐκ οἰδατε ποια ἡμερα ὁ κυριος ὑμων ἐρχεται.
	45	τις ἀρα ἐστιν ὁ πιστος δουλος και φρονιμος ὁν κατεστησεν ὁ κυριος ἐπι της οἰκετειας αὐτου του δουναι αὐτοις την τροφην ἐν καιρω;
	46	μακαριος ὁ δουλος ἐκεινος ὁν ἐλθων ὁ κυριος αὐτου εὑρησει οὑτως ποιουντα·
	48	ἐαν δε εἰπη ὁ κακος δουλος ἐκεινος ἐν τη καρδια αὐτου· χρονιζει μου ὁ κυριος,
	50	ἡξει ὁ κυριος του δουλου ἐκεινου ἐν ἡμερα ἡ οὐ προσδοκα και ἐν ὡρα ἡ οὐ γινωσκει,
	25 11	κυριε κυριε, ἀνοιξον ἡμιν.
	11	κυριε κυριε, ἀνοιξον ἡμιν.
	18	ὁ δε ἐν λαβων ἀπελθων ὡρυξεν γην και ἐκρυψεν το ἀργυριον του κυριου αὐτου.
	19	μετα δε πολυν χρονον ἐρχεται ὁ κυριος των δουλων ἐκεινων και συναιρει λογον μετ᾽ αὐτων.
	20	κυριε, πεντε ταλαντα μοι παρεδωκας· ἰδε ἀλλα πεντε ταλαντα ἐκερδησα.
	21	ἐφη αὐτω ὁ κυριος αὐτου· εὐ, δουλε ἀγαθε και πιστε, ἐπι ὀλιγα ἡς πιστος, ἐπι πολλων σε καταστησω·
	21	εἰσελθε εἰς την χαραν του κυριου σου.
	22	κυριε, δυο ταλαντα μοι παρεδωκας· ἰδε ἀλλα δυο ταλαντα ἐκερδησα.
	23	ἐφη αὐτω ὁ κυριος αὐτου· εὐ, δουλε ἀγαθε και πιστε, ἐπι ὀλιγα ἡς πιστος, ἐπι πολλων σε καταστησω·

κυριος [719]

Mt	25 23	εἰσελθε εἰς την χαραν του κυριου σου.
	24	κυριε, ἐγνων σε ὁτι σκληρος εἰ ἀνθρωπος, θεριζων ὁπου οὐκ ἐσπειρας, και συναγων ὁθεν οὐ διεσκορπισας·
	26	ἀποκριθεις δε ὁ κυριος αὐτου εἰπεν αὐτω· πονηρε δουλε και ὀκνηρε, ἡδεις ὁτι θεριζω ὁπου οὐκ ἐσπειρα, και συναγω ὁθεν οὐ διεσκορπισα;
	37	κυριε, ποτε σε εἰδομεν πεινωντα και ἐθρεψαμεν, ἡ διψωντα και ἐποτισαμεν;
	44	κυριε, ποτε σε εἰδομεν πεινωντα ἡ διψωντα ἡ ξενον ἡ γυμνον ἡ ἀσθενη ἡ ἐν φυλακη και οὐ διηκονησαμεν σοι;
	26 22	μητι ἐγω εἰμι, κυριε;
	27 10	και ἐδωκαν αὐτα εἰς τον ἀγρον του κεραμεως, καθα συνεταξεν μοι κυριος.
	63	κυριε, ἐμνησθημεν ὁτι ἐκεινος ὁ πλανος εἰπεν ἐτι ζων· μετα τρεις ἡμερας ἐγειρομαι.
	28 2	ἀγγελος γαρ κυριου καταβας ἐξ οὐρανου και προσελθων ἀπεκυλισεν τον λιθον και ἐκαθητο ἐπανω αὐτου.
Mc	1 3	ἑτοιμασατε την ὁδον κυριου,
	2 28	ὡστε κυριος ἐστιν ὁ υἱος του ἀνθρωπου και του σαββατου.
	5 19	ὑπαγε εἰς τον οἰκον σου προς τους σους, και ἀπαγγειλον αὐτοις ὁσα ὁ κυριος σοι πεποιηκεν και ἠλεησεν σε.
	7 28	κυριε· και τα κυναρια ὑποκατω της τραπεζης ἐσθιουσιν ἀπο των ψιχιων των παιδιων.
	11 3	εἰπατε· ὁ κυριος αὐτου χρειαν ἐχει, και εὐθυς αὐτον ἀποστελλει παλιν ὡδε.
	9	ὡσαννα· εὐλογημενος ὁ ἐρχομενος ἐν ὀνοματι κυριου·
	12 9	τι [οὐν] ποιησει ὁ κυριος του ἀμπελωνος; ἐλευσεται και ἀπολεσει τους γεωργους, και δωσει τον ἀμπελωνα ἀλλοις.
	11	παρα κυριου ἐγενετο αὑτη, και ἐστιν θαυμαστη ἐν ὀφθαλμοις ἡμων;
	29	ἀκουε, ἰσραηλ, κυριος ὁ θεος ἡμων κυριος εἱς ἐστιν,
	29	ἀκουε, ἰσραηλ, κυριος ὁ θεος ἡμων κυριος εἱς ἐστιν,
	30	και ἀγαπησεις κυριον τον θεον σου ἐξ ὁλης της καρδιας σου και ἐξ ὁλης της ψυχης σου και ἐξ ὁλης της διανοιας σου και ἐξ ὁλης της ἰσχυος σου.
	36	εἰπεν κυριος τω κυριω μου· καθου ἐκ δεξιων μου ἐως ἁν θω τους ἐχθρους σου ὑποκατω των ποδων σου.
	36	εἰπεν κυριος τω κυριω μου· καθου ἐκ δεξιων μου ἐως ἁν θω τους ἐχθρους σου ὑποκατω των ποδων σου.
	37	αὐτος δαυιδ λεγει αὐτον κυριον, και ποθεν αὐτου ἐστιν υἱος;
	13 20	και εἰ μη ἐκολοβωσεν κυριος τας ἡμερας, οὐκ ἀν ἐσωθη πασα σαρξ·
	35	οὐκ οἰδατε γαρ ποτε ὁ κυριος της οἰκιας ἐρχεται,
	16 19	ὁ μεν οὐν κυριος ἰησους μετα το λαλησαι αὐτοις ἀνελημφθη εἰς τον οὐρανον και ἐκαθισεν ἐκ δεξιων του θεου.
	20	ἐκεινοι δε ἐξελθοντες ἐκηρυξαν πανταχου, του κυριου συνεργουντος και τον λογον βεβαιουντος δια των ἐπακολουθουντων σημειων.
Lc	1 6	ἠσαν δε δικαιοι ἀμφοτεροι ἐναντιον του θεου, πορευομενοι ἐν πασαις ταις ἐντολαις και δικαιωμασιν του κυριου ἀμεμπτοι.
	9	κατα το ἐθος της ἱερατειας ἐλαχε του θυμιασαι εἰσελθων εἰς τον ναον του κυριου,
	11	ὡφθη δε αὐτω ἀγγελος κυριου ἑστως ἐκ δεξιων του θυσιαστηριου του θυμιαματος.
	15	ἐσται γαρ μεγας ἐνωπιον [του] κυριου,
	16	και πολλους των υἱων ἰσραηλ ἐπιστρεψει ἐπι κυριον τον θεον αὐτων·
	17	και αὐτος προελευσεται ἐνωπιον αὐτου ἐν πνευματι και δυναμει ἡλιου, ἐπιστρεψαι καρδιας πατερων ἐπι τεκνα και ἀπειθεις ἐν φρονησει δικαιων, ἑτοιμασαι κυριω λαον κατεσκευασμενον.
	25	λεγουσα ὁτι οὑτως μοι πεποιηκεν κυριος ἐν ἡμεραις αἱς ἐπειδεν ἀφελειν ὀνειδος μου ἐν ἀνθρωποις.
	28	χαιρε, κεχαριτωμενη, ὁ κυριος μετα σου.
	32	και δωσει αὐτω κυριος ὁ θεος τον θρονον δαυιδ του πατρος αὐτου,
	38	ἰδου ἡ δουλη κυριου· γενοιτο μοι κατα το ῥημα σου.
	43	και ποθεν μοι τουτο ἱνα ἐλθη ἡ μητηρ του κυριου μου προς ἐμε;
	45	και μακαρια ἡ πιστευσασα ὁτι ἐσται τελειωσις τοις λελαλημενοις αὐτη παρα κυριου.
	46	μεγαλυνει ἡ ψυχη μου τον κυριον,
	58	και ἠκουσαν οἱ περιοικοι και οἱ συγγενεις αὐτης ὁτι ἐμεγαλυνεν κυριος το ἐλεος αὐτου μετ᾽ αὐτης, και συνεχαιρον αὐτη.
	66	τι ἀρα το παιδιον τουτο ἐσται; και γαρ χειρ κυριου ἡν μετ᾽ αὐτου.
	68	εὐλογητος κυριος ὁ θεος του ἰσραηλ,

κυριος [719]

Lc 1 76 και συ δε, παιδιον, προφητης ὑψιστου κληθηση· προπορευση γαρ ἐνωπιον *κυριου* ἑτοιμασαι ὁδους αὐτου,

2 9 και ἀγγελος *κυριου* ἐπεστη αὐτοις και δοξα *κυριου* περιελαμψεν αὐτους,

9 και ἀγγελος *κυριου* ἐπεστη αὐτοις και δοξα *κυριου* περιελαμψεν αὐτους,

11 ὁτι ἐτεχθη ὑμιν σημερον σωτηρ, ὁς ἐστιν χριστος *κυριος*, ἐν πολει δαυιδ·

15 διελθωμεν δη ἑως βηθλεεμ και ἰδωμεν το ῥημα τουτο το γεγονος ὁ ὁ *κυριος* ἐγνωρισεν ἡμιν.

22 και ὁτε ἐπλησθησαν αἱ ἡμεραι του καθαρισμου αὐτων κατα τον νομον μωυσεως, ἀνηγαγον αὐτον εἰς ἱεροσολυμα παραστησαι τω *κυριω*,

23 ἀνηγαγον αὐτον εἰς ἱεροσολυμα παραστησαι τω *κυριω*, καθως γεγραπται ἐν νομω *κυριου* ὁτι παν ἀρσεν διανοιγον μητραν ἁγιον τω *κυριω* κληθησεται,

23 ἀνηγαγον αὐτον εἰς ἱεροσολυμα παραστησαι τω *κυριω*, καθως γεγραπται ἐν νομω *κυριου* ὁτι παν ἀρσεν διανοιγον μητραν ἁγιον τω *κυριω* κληθησεται,

24 και του δουναι θυσιαν κατα το εἰρημενον ἐν τω νομω *κυριου*, ζευγος τρυγονων ἡ δυο νοσσους περιστερων.

26 και ἡν αὐτω κεχρηματισμενον ὑπο του πνευματος του ἁγιου μη ἰδειν θανατον πριν [ἡ] ἀν ἰδη τον χριστον *κυριου*.

39 και ὡς ἐτελεσαν παντα τα κατα τον νομον *κυριου*, ἐπεστρεψαν εἰς την γαλιλαιαν εἰς πολι ἑαυτων ναζαρεθ.

3 4 ἑτοιμασατε την ὁδον *κυριου*, εὐθειας ποιειτε τας τριβους αὐτου·

4 8 γεγραπται· *κυριον* τον θεον σου προσκυνησεις και αὐτω μονω λατρευσεις.

12 οὐκ ἐκπειρασεις *κυριον* τον θεον σου.

18 πνευμα *κυριου* ἐπ ἐμε,

19 εὐαγγελισασθαι πτωχοις, ἀπεσταλκεν με, κηρυξαι αἰχμαλωτοις ἀφεσιν και τυφλοις ἀναβλεψιν, ἀποστειλαι τεθραυσμενους ἐν ἀφεσει, κηρυξαι ἐνιαυτον *κυριου* δεκτον.

5 8 ἐξελθε ἀπ ἐμου, ὁτι ἀνηρ ἁμαρτωλος εἰμι, *κυριε*.

12 *κυριε*, ἐαν θελης, δυνασαι με καθαρισαι.

17 και δυναμις *κυριου* ἡν εἰς το ἰασθαι αὐτον.

6 5 *κυριος* ἐστιν του σαββατου ὁ υἱος του ἀνθρωπου.

46 *κυριε κυριε*, και οὐ ποιειτε ἁ λεγω·

46 *κυριε κυριε*, και οὐ ποιειτε ἁ λεγω;

7 6 *κυριε*, μη σκυλλου· οὐ γαρ ἱκανος εἰμι ἱνα ὑπο την στεγην μου εἰσελθης·

13 και ἰδων αὐτην ὁ *κυριος* ἐσπλαγχνισθη ἐπ αὐτη και εἰπεν αὐτη·

19 και προσκαλεσαμενος δυο τινας των μαθητων αὐτου ὁ ἰωαννης ἐπεμψεν προς τον *κυριον* λεγων·

9 54 *κυριε*, θελεις εἰπωμεν πυρ καταβηναι ἀπο του οὐρανου και ἀναλωσαι αὐτους;

59 [*κυριε*] ἐπιτρεψον μοι ἀπελθοντι πρωτον θαψαι τον πατερα μου.

61 ἀκολουθησω σοι, *κυριε*· πρωτον δε ἐπιτρεψον μοι ἀποταξασθαι τοις εἰς τον οἰκον μου.

10 1 μετα δε ταυτα ἀνεδειξεν ὁ *κυριος* ἑτερους ἑβδομηκοντα[δυο],

2 δεηθητε οὐν του *κυριου* του θερισμου ὁπως ἐργατας ἐκβαλη εἰς τον θερισμον αὐτου.

17 *κυριε*, και τα δαιμονια ὑποτασσεται ἡμιν ἐν τω ὀνοματι σου.

21 ἐξομολογουμαι σοι, πατερ, *κυριε* του οὐρανου και της γης, ὁτι ἀπεκρυψας ταυτα ἀπο σοφων και συνετων, και ἀπεκαλυψας αὐτα νηπιοις·

27 ἀγαπησεις *κυριον* τον θεον σου ἐξ ὁλης [της] καρδιας σου και ἐν ὁλη τη ψυχη σου και ἐν ὁλη τη ἰσχυι σου και ἐν ὁλη τη διανοια σου, και τον πλησιον σου ὡς σεαυτον.

39 και τηδε ἡν ἀδελφη καλουμενη μαριαμ, [ἡ] και παρακαθεσθεισα προς τους ποδας του *κυριου* ἡκουεν τον λογον αὐτου.

40 *κυριε*, οὐ μελει σοι ὁτι ἡ ἀδελφη μου μονην με κατελιπεν διακονειν;

41 ἀποκριθεις δε εἰπεν αὐτη ὁ *κυριος*· μαρθα μαρθα, μεριμνας και θορυβαζη περι πολλα,

11 1 *κυριε*, διδαξον ἡμας προσευχεσθαι, καθως και ἰωαννης ἐδιδαξεν τους μαθητας αὐτου.

39 εἰπεν δε ὁ *κυριος* προς αὐτον· νυν ὑμεις οἱ φαρισαιοι το ἐξωθεν του ποτηριου και του πινακος καθαριζετε·

12 36 και ὑμεις ὁμοιοι ἀνθρωποις προσδεχομενοις τον *κυριον* ἑαυτων, ποτε ἀναλυση ἐκ των γαμων, ἱνα ἐλθοντος και κρουσαντος εὐθεως ἀνοιξωσιν αὐτω.

37 μακαριοι οἱ δουλοι ἐκεινοι, οὑς ἐλθων ὁ *κυριος* εὑρησει γρηγορουντας·

κυριος [719]

Lc 12 41 *κυριε*, προς ἡμας την παραβολην ταυτην λεγεις ἡ και προς παντας;

42 και εἰπεν ὁ *κυριος*· τις ἀρα ἐστιν ὁ πιστος οἰκονομος ὁ φρονιμος,

42 τις ἀρα ἐστιν ὁ πιστος οἰκονομος ὁ φρονιμος, ὁν καταστησει ὁ *κυριος* ἐπι της θεραπειας αὐτου του διδοναι ἐν καιρω [το] σιτομετριον;

43 μακαριος ὁ δουλος ἐκεινος, ὁν ἐλθων ὁ *κυριος* αὐτου εὑρησει ποιουντα οὑτως.

45 ἐαν δε εἰπη ὁ δουλος ἐκεινος ἐν τη καρδια αὐτου· χρονιζει ὁ *κυριος* μου ἐρχεσθαι,

46 ἡξει ὁ *κυριος* του δουλου ἐκεινου ἐν ἡμερα ἡ οὐ προσδοκα και ἐν ὡρα ἡ οὐ γινωσκει, και διχοτομησει αὐτον,

47 ἐκεινος δε ὁ δουλος ὁ γνους το θελημα του *κυριου* αὐτου και μη ἑτοιμασας ἡ ποιησας προς το θελημα αὐτου δαρησεται πολλας·

13 8 *κυριε*, ἀφες αὐτην και τουτο το ἐτος, ἑως ὁτου σκαψω περι αὐτην και βαλω κοπρια,

15 ἀπεκριθη δε αὐτω ὁ *κυριος* και εἰπεν· ὑποκριται, ἑκαστος ὑμων τω σαββατω οὐ λυει τον βουν αὐτου ἡ τον ὀνον ἀπο της φατνης και ἀπαγαγων ποτιζει;

23 *κυριε*, εἰ ὀλιγοι οἱ σωζομενοι;

25 και ἀρξησθε ἐξω ἑσταναι και κρουειν την θυραν λεγοντες· *κυριε*, ἀνοιξον ἡμιν,

35 εὐλογημενος ὁ ἐρχομενος ἐν ὀνοματι *κυριου*.

14 21 και παραγενομενος ὁ δουλος ἀπηγγειλεν τω *κυριω* αὐτου ταυτα.

22 *κυριε*, γεγονεν ὁ ἐπεταξας, και ἐτι τοπος ἐστιν.

23 και εἰπεν ὁ *κυριος* προς τον δουλον· ἐξελθε εἰς τας ὁδους και φραγμους και ἀναγκασον εἰσελθειν, ἱνα γεμισθη μου ὁ οἰκος·

16 3 τι ποιησω, ὁτι ὁ *κυριος* μου ἀφαιρειται την οἰκονομιαν ἀπ ἐμου;

5 και προσκαλεσαμενος ἑνα ἑκαστον των χρεοφειλετων του *κυριου* ἑαυτου ἐλεγεν τω πρωτω·

5 ποσον ὀφειλεις τω *κυριω* μου;

8 και ἐπηνεσεν ὁ *κυριος* τον οἰκονομον της ἀδικιας ὁτι φρονιμως ἐποιησεν·

13 οὐδεις οἰκετης δυναται δυσι *κυριοις* δουλευειν·

17 5 και εἰπαν οἱ ἀποστολοι τω *κυριω*· προσθες ἡμιν πιστιν.

6 εἰπεν δε ὁ *κυριος*· εἰ ἐχετε πιστιν ὡς κοκκον σιναπεως, ἐλεγετε ἀν τη συκαμινω [ταυτη]·

37 και ἀποκριθεντες λεγουσιν αὐτω· που, *κυριε*;

18 6 εἰπεν δε ὁ *κυριος*· ἀκουσατε τι ὁ κριτης της ἀδικιας λεγει·

41 ὁ δε εἰπεν· *κυριε*, ἱνα ἀναβλεψω.

19 8 σταθεις δε ζακχαιος εἰπεν προς τον *κυριον*· ἰδου τα ἡμισια μου των ὑπαρχοντων, *κυριε*, τοις πτωχοις διδωμι,

8 ἰδου τα ἡμισια μου των ὑπαρχοντων, *κυριε*, τοις πτωχοις διδωμι,

16 *κυριε*, ἡ μνα σου δεκα προσηργασατο μνας.

18 ἡ μνα σου, *κυριε*, ἐποιησεν πεντε μνας.

20 *κυριε*, ἰδου ἡ μνα σου, ἡν εἰχον ἀποκειμενην ἐν σουδαριω·

25 και εἰπαν αὐτω· *κυριε*, ἐχει δεκα μνας.

31 και ἐαν τις ὑμας ἐρωτα· δια τι λυετε; οὑτως ἐρειτε· ὁτι ὁ *κυριος* αὐτου χρειαν ἐχει.

33 λυοντων δε αὐτων τον πωλον εἰπαν οἱ *κυριοι* αὐτου προς αὐτους· τι λυετε τον πωλον;

34 οἱ δε εἰπαν· ὁτι ὁ *κυριος* αὐτου χρειαν ἐχει.

38 εὐλογημενος ὁ ἐρχομενος, ὁ βασιλευς ἐν ὀνοματι *κυριου*· ἐν οὐρανω εἰρηνη και δοξα ἐν ὑψιστοις.

20 13 εἰπεν δε ὁ *κυριος* του ἀμπελωνος· τι ποιησω;

15 τι οὐν ποιησει αὐτοις ὁ *κυριος* του ἀμπελωνος;

37 και μωυσης ἐμηνυσεν ἐπι της βατου, ὡς λεγει *κυριον* τον θεον ἀβρααμ και θεον ἰσαακ και θεον ἰακωβ·

42 εἰπεν *κυριος* τω κυριω μου· καθου ἐκ δεξιων μου ἑως ἀν θω τους ἐχθρους σου ὑποποδιον των ποδων σου.

42 εἰπεν *κυριος* τω κυριω μου· καθου ἐκ δεξιων μου ἑως ἀν θω τους ἐχθρους σου ὑποποδιον των ποδων σου.

44 δαυιδ οὐν *κυριον* αὐτον καλει, και πως αὐτου υἱος ἐστιν;

22 33 *κυριε*, μετα σου ἑτοιμος εἰμι και εἰς φυλακην και εἰς θανατον πορευεσθαι.

38 *κυριε*, ἰδου μαχαιραι ὡδε δυο.

49 *κυριε*, εἰ παταξομεν ἐν μαχαιρη;

61 και στραφεις ὁ *κυριος* ἐνεβλεψεν τω πετρω,

61 και ὑπεμνησθη ὁ πετρος του ῥηματος του *κυριου*, ὡς εἰπεν αὐτω ὁτι πριν ἀλεκτορα φωνησαι σημερον ἀπαρνηση με τρις.

24 3 εἰσελθουσαι δε οὐχ εὑρον το σωμα του *κυριου* ἰησου.

34 και εὑρον ἡθροισμενους τους ἑνδεκα και τους συν αὐτοις, λεγοντας ὁτι ὀντως ἡγερθη ὁ *κυριος* και ὡφθη σιμωνι.

Jh 1 23 εὐθυνατε την ὁδον *κυριου*.

κυριος [719]

Jh	4 11	κυριε, ουτε αντλημα εχεις και το φρεαρ εστιν βαθυ·
	15	κυριε, δος μοι τουτο το υδωρ,
	19	κυριε, θεωρω οτι προφητης ει συ.
	49	κυριε, καταβηθι πριν αποθανειν το παιδιον μου.
	5 4*	αγγελος δε κυριου κατα καιρον κατεβαινεν εν τη κολυμβηθρα και εταρασσετο το υδωρ·
	7	κυριε, ανθρωπον ουκ εχω, ινα οταν ταραχθη το υδωρ βαλη με εις την κολυμβηθραν·
	6 23	αλλα ηλθεν πλοια[ρια] εκ τιβεριαδος εγγυς του τοπου οπου εφαγον τον αρτον ευχαριστησαντος του κυριου.
	34	κυριε, παντοτε δος ημιν τον αρτον τουτον.
	68	κυριε, προς τινα απελευσομεθα;
	8 11*	η δε ειπεν· ουδεις, κυριε.
	9 36	και τις εστιν, κυριε, ινα πιστευσω εις αυτον;
	38	ο δε εφη· πιστευω, κυριε· και προσεκυνησεν αυτω.
	11 2	ην δε μαριαμ η αλειψασα τον κυριον μυρω και εκμαξασα τους ποδας αυτου ταις θριξιν αυτης,
	3	κυριε, ιδε ον φιλεις ασθενει.
	12	κυριε, ει κεκοιμηται, σωθησεται.
	21	κυριε, ει ης ωδε, ουκ αν απεθανεν ο αδελφος μου.
	27	λεγει αυτω· ναι, κυριε·
	32	κυριε, ει ης ωδε, ουκ αν μου απεθανεν ο αδελφος.
	34	κυριε, ερχου και ιδε.
	39	κυριε, ηδη οζει· τεταρταιος γαρ εστιν.
	12 13	ωσαννα, ευλογημενος ο ερχομενος εν ονοματι κυριου, [και] ο βασιλευς του ισραηλ.
	21	κυριε, θελομεν τον ιησουν ιδειν.
	38	κυριε, τις επιστευσεν τη ακοη ημων; και ο βραχιων κυριου τινι απεκαλυφθη;
	38	κυριε, τις επιστευσεν τη ακοη ημων; και ο βραχιων κυριου τινι απεκαλυφθη;
	13 6	κυριε, συ μου νιπτεις τους ποδας;
	9	κυριε, μη τους ποδας μου μονον αλλα και τας χειρας και την κεφαλην.
	13	υμεις φωνειτε με· ο διδασκαλος και ο κυριος, και καλως λεγετε· ειμι γαρ.
	14	ει ουν εγω ενιψα υμων τους ποδας ο κυριος και ο διδασκαλος, και υμεις οφειλετε αλληλων νιπτειν τους ποδας·
	16	ουκ εστιν δουλος μειζων του κυριου αυτου,
	25	αναπεσων ουν εκεινος ουτως επι το στηθος του ιησου λεγει αυτω· κυριε, τις εστιν;
	36	λεγει αυτω σιμων πετρος· κυριε, που υπαγεις;
	37	κυριε, δια τι ου δυναμαι σοι ακολουθησαι αρτι;
	14 5	κυριε, ουκ οιδαμεν που υπαγεις·
	8	κυριε, δειξον ημιν τον πατερα, και αρκει ημιν.
	22	κυριε, [και] τι γεγονεν οτι ημιν μελλεις εμφανιζειν σεαυτον και ουχι τω κοσμω;
	15 15	ουκετι λεγω υμας δουλους, οτι ο δουλος ουκ οιδεν τι ποιει αυτου ο κυριος·
	20	ουκ εστιν δουλος μειζων του κυριου αυτου.
	20 2	ηραν τον κυριον εκ του μνημειου, και ουκ οιδαμεν που εθηκαν αυτον.
	13	λεγει αυτοις οτι ηραν τον κυριον μου, και ουκ οιδα που εθηκαν αυτον.
	15	κυριε, ει συ εβαστασας αυτον, ειπε μοι που εθηκας αυτον, καγω αυτον αρω.
	18	ερχεται μαριαμ η μαγδαληνη αγγελλουσα τοις μαθηταις οτι εωρακα τον κυριον, και ταυτα ειπεν αυτη.
	20	εχαρησαν ουν οι μαθηται ιδοντες τον κυριον.
	25	ελεγον ουν αυτω οι αλλοι μαθηται· εωρακαμεν τον κυριον.
	28	ο κυριος μου και ο θεος μου.
	21 7	λεγει ουν ο μαθητης εκεινος ον ηγαπα ο ιησους τω πετρω· ο κυριος εστιν.
	7	ακουσας οτι ο κυριος εστιν, τον επενδυτην διεζωσατο, ην γαρ γυμνος,
	12	ειδοτες οτι ο κυριος εστιν.
	15	ναι, κυριε, συ οιδας οτι φιλω σε.
	16	ναι, κυριε, συ οιδας οτι φιλω σε.
	17	κυριε, παντα συ οιδας, συ γινωσκεις οτι φιλω σε·
	20	κυριε, τις εστιν ο παραδιδους σε;
	21	τουτον ουν ιδων ο πετρος λεγει τω ιησου· κυριε, ουτος δε τι;
Ac	1 6	κυριε, ει εν τω χρονω τουτω αποκαθιστανεις την βασιλειαν τω ισραηλ;
	21	δει ουν των συνελθοντων ημιν ανδρων εν παντι χρονω ω εισηλθεν και εξηλθεν εφ ημας ο κυριος ιησους,
	24	συ κυριε καρδιογνωστα παντων, αναδειξον ον εξελεξω εκ τουτων των δυο
	2 20	ο ηλιος μεταστραφησεται εις σκοτος και η σεληνη εις αιμα, πριν ελθειν ημεραν κυριου την μεγαλην και επιφανη.

κυριος [719]

Ac	2 21	και εσται πας ος αν επικαλεσηται το ονομα κυριου σωθησεται.
	25	προορωμην τον κυριον ενωπιον μου δια παντος,
	34	ειπεν [ο] κυριος τω κυριω μου· καθου εκ δεξιων μου, εως αν θω τους εχθρους σου υποποδιον των ποδων σου.
	34	ειπεν [ο] κυριος τω κυριω μου· καθου εκ δεξιων μου, εως αν θω τους εχθρους σου υποποδιον των ποδων σου.
	36	ασφαλως ουν γινωσκετω πας οικος ισραηλ οτι και κυριον αυτον και χριστον εποιησεν ο θεος,
	39	υμιν γαρ εστιν η επαγγελια και τοις τεκνοις υμων και πασιν τοις εις μακραν, οσους αν προσκαλεσηται κυριος ο θεος ημων.
	47	ο δε κυριος προσετιθει τους σωζομενους καθ ημεραν επι το αυτο.
	3 20	οπως αν ελθωσιν καιροι αναψυξεως απο προσωπου του κυριου και αποστειλη τον προκεχειρισμενον υμιν χριστον ιησουν,
	22	μωυσης μεν ειπεν οτι προφητην υμιν αναστησει κυριος ο θεος υμων εκ των αδελφων υμων ως εμε·
	4 26	παρεστησαν οι βασιλεις της γης και οι αρχοντες συνηχθησαν επι το αυτο κατα του κυριου και κατα του χριστου αυτου.
	29	και τα νυν, κυριε, επιδε επι τας απειλας αυτων,
	33	και δυναμει μεγαλη απεδιδουν το μαρτυριον οι αποστολοι της αναστασεως του κυριου ιησου,
	5 9	τι οτι συνεφωνηθη υμιν πειρασαι το πνευμα κυριου;
	14	μαλλον δε προσετιθεντο πιστευοντες τω κυριω, πληθη ανδρων τε και γυναικων·
	19	αγγελος δε κυριου δια νυκτος ανοιξας τας θυρας της φυλακης εξαγαγων τε αυτους ειπεν·
	7 31	προσερχομενου δε αυτου κατανοησαι εγενετο φωνη κυριου·
		εγω ο θεος των πατερων σου, ο θεος αβρααμ και ισαακ και ιακωβ.
	33	ειπεν δε αυτω ο κυριος· λυσον το υποδημα των ποδων σου·
	49	ποιον οικον οικοδομησετε μοι, λεγει κυριος, η τις τοπος της καταπαυσεως μου;
	59	κυριε ιησου, δεξαι το πνευμα μου.
	60	κυριε, μη στησης αυτοις ταυτην την αμαρτιαν.
	8 16	ουδεπω γαρ ην επ ουδενι αυτων επιπεπτωκος, μονον δε βεβαπτισμενοι υπηρχον εις το ονομα του κυριου ιησου.
	22	και δεηθητι του κυριου ει αρα αφεθησεται σοι η επινοια της καρδιας σου·
	24	δεηθητε υμεις υπερ εμου προς τον κυριον, οπως μηδεν επελθη επ εμε ων ειρηκατε.
	25	οι μεν ουν διαμαρτυραμενοι και λαλησαντες τον λογον του κυριου υπεστρεφον εις ιεροσολυμα, πολλας τε κωμας των σαμαριτων ευηγγελιζοντο.
	26	αγγελος δε κυριου ελαλησεν προς φιλιππον λεγων·
	39	οτε δε ανεβησαν εκ του υδατος, πνευμα κυριου ηρπασεν τον φιλιππον,
	9 1	ο δε σαυλος ετι εμπνεων απειλης και φονου εις τους μαθητας του κυριου, προσελθων τω αρχιερει ητησατο παρ αυτου επιστολας εις δαμασκον προς τας συναγωγας,
	5	ειπεν δε· τις ει, κυριε;
	10	και ειπεν προς αυτον εν οραματι ο κυριος· ανανια.
	10	ο δε ειπεν· ιδου εγω, κυριε.
	11	ο δε κυριος προς αυτον·
	13	κυριε, ηκουσα απο πολλων περι του ανδρος τουτου, οσα κακα τοις αγιοις σου εποιησεν εν ιερουσαλημ·
	15	ειπεν δε προς αυτον ο κυριος· πορευου, οτι σκευος εκλογης εστιν μοι ουτος του βαστασαι το ονομα μου ενωπιον εθνων τε και βασιλεων υιων τε ισραηλ·
	17	σαουλ αδελφε, ο κυριος απεσταλκεν με, ιησους ο οφθεις σοι εν τη οδω η ηρχου, οπως αναβλεψης και πλησθης πνευματος αγιου.
	27	βαρναβας δε επιλαβομενος αυτον ηγαγεν προς τους αποστολους, και διηγησατο αυτοις πως εν τη οδω ειδεν τον κυριον
	28	και ην μετ αυτων εισπορευομενος και εκπορευομενος εις ιερουσαλημ, παρρησιαζομενος εν τω ονοματι του κυριου,
	31	και πορευομενη τω φοβω του κυριου, και τη παρακλησει του αγιου πνευματος επληθυνετο.
	35	και ειδαν αυτον παντες οι κατοικουντες λυδδα και τον σαρωνα, οιτινες επεστρεψαν επι τον κυριον.
	42	γνωστον δε εγενετο καθ ολης της ιοππης, και επιστευσαν πολλοι επι τον κυριον.
	10 4	ο δε ατενισας αυτω και εμφοβος γενομενος ειπεν· τι εστιν, κυριε;
	14	μηδαμως, κυριε, οτι ουδεποτε εφαγον παν κοινον και ακαθαρτον.

κυριος [719]

Ac 10 33 νυν ουν παντες ημεις ενωπιον του θεου παρεσμεν ακουσαι παντα τα προστεταγμενα σοι υπο του *κυριου.*
36 τον λογον [ον] απεστειλεν τοις υιοις ισραηλ ευαγγελιζομενος ειρηνην δια ιησου χριστου· ουτος εστιν παντων *κυριος.*
11 8 μηδαμως, *κυριε.* οτι κοινον η ακαθαρτον ουδεποτε εισηλθεν εις το στομα μου.
16 εμνησθην δε του ρηματος του *κυριου,* ως ελεγεν·
17 ει ουν την ισην δωρεαν εδωκεν αυτοις ο θεος ως και ημιν, πιστευσασιν επι τον *κυριον* ιησουν χριστον, εγω τις ημην δυνατος κωλυσαι τον θεον;
20 οιτινες ελθοντες εις αντιοχειαν ελαλουν και προς τους ελληνιστας, ευαγγελιζομενοι τον *κυριον* ιησουν.
21 και ην χειρ *κυριου* μετ αυτων.
21 πολυς τε αριθμος ο πιστευσας επεστρεψεν επι τον *κυριον.*
23 και παρεκαλει παντας τη προθεσει της καρδιας προσμενειν τω *κυριω,*
24 και προσετεθη οχλος ικανος τω *κυριω.*
12 7 και ιδου αγγελος *κυριου* επεστη, και φως ελαμψεν εν τω οικηματι·
11 νυν οιδα αληθως οτι εξαπεστειλεν [ο] *κυριος* τον αγγελον αυτου και εξειλατο με εκ χειρος ηρωδου και πασης της προσδοκιας του λαου των ιουδαιων.
17 κατασεισας δε αυτοις τη χειρι σιγαν διηγησατο [αυτοις] πως ο *κυριος* αυτον εξηγαγεν εκ της φυλακης.
23 παραχρημα δε επαταξεν αυτον αγγελος *κυριου* ανθ ων ουκ εδωκεν την δοξαν τω θεω,
13 2 λειτουργουντων δε αυτων τω *κυριω* και νηστευοντων ειπεν το πνευμα το αγιον·
10 εχθρε πασης δικαιοσυνης, ου παυση διαστρεφων τας οδους [του] *κυριου* τας ευθειας;
11 και νυν ιδου χειρ *κυριου* επι σε,
12 τοτε ιδων ο ανθυπατος το γεγονος επιστευσεν, εκπλησσομενος επι τη διδαχη του *κυριου.*
44 τω δε ερχομενω σαββατω σχεδον πασα η πολις συνηχθη ακουσαι τον λογον του *κυριου.*
47 ουτως γαρ εντεταλται ημιν ο *κυριος·* τεθεικα σε εις φως εθνων του ειναι σε εις σωτηριαν εως εσχατου της γης.
48 ακουοντα δε τα εθνη εχαιρον και εδοξαζον τον λογον του *κυριου,*
49 διεφερετο δε ο λογος του *κυριου* δι ολης της χωρας.
14 3 ικανον μεν ουν χρονον διετριψαν παρρησιαζομενοι επι τω *κυριω* τω μαρτυρουντι επι τω λογω της χαριτος αυτου,
23 χειροτονησαντες δε αυτοις κατ εκκλησιαν πρεσβυτερους, προσευξαμενοι μετα νηστειων παρεθεντο αυτους τω *κυριω* εις ον πεπιστευκεισαν.
15 11 αλλα δια της χαριτος του *κυριου* ιησου πιστευομεν σωθηναι καθ ον τροπον κακεινοι.
17 οπως αν εκζητησωσιν οι καταλοιποι των ανθρωπων τον *κυριον,*
17 λεγει *κυριος* ποιων ταυτα γνωστα απ αιωνος.
26 εκλεξαμενοις ανδρας πεμψαι προς υμας συν τοις αγαπητοις ημων βαρναβα και παυλω, ανθρωποις παραδεδωκοσι τας ψυχας αυτων υπερ του ονοματος του *κυριου* ημων ιησου χριστου.
35 παυλος δε και βαρναβας διετριβον εν αντιοχεια, διδασκοντες και ευαγγελιζομενοι μετα και ετερων πολλων τον λογον του *κυριου.*
36 επιστρεψαντες δη επισκεψωμεθα τους αδελφους κατα πολιν πασαν εν αις κατηγγειλαμεν τον λογον του *κυριου,* πως εχουσιν.
40 παυλος δε επιλεξαμενος σιλαν εξηλθεν, παραδοθεις τη χαριτι του *κυριου* υπο των αδελφων·
16 14 ης ο *κυριος* διηνοιξεν την καρδιαν προσεχειν τοις λαλουμενοις υπο του παυλου.
15 ει κεκρικατε με πιστην τω *κυριω* ειναι, εισελθοντες εις τον οικον μου μενετε·
16 παιδισκην τινα εχουσαν πνευμα πυθωνα υπαντησαι ημιν, ητις εργασιαν πολλην παρειχεν τοις *κυριοις* αυτης μαντευομενη.
19 ιδοντες δε οι *κυριοι* αυτης οτι εξηλθεν η ελπις της εργασιας αυτων, επιλαβομενοι τον παυλον και τον σιλαν ειλκυσαν εις την αγοραν επι τους αρχοντας,
30 *κυριοι,* τι με δει ποιειν ινα σωθω;
31 πιστευσον επι τον *κυριον* ιησουν, και σωθηση συ και ο οικος σου.
32 και ελαλησαν αυτω τον λογον του *κυριου* συν πασιν τοις εν τη οικια αυτου.
17 24 ο θεος ο ποιησας τον κοσμον και παντα τα εν αυτω, ουτος ουρανου και γης υπαρχων *κυριος* ουκ εν χειροποιητοις ναοις κατοικει,

κυριος [719]

Ac 18 8 κρισπος δε ο αρχισυναγωγος επιστευσεν τω *κυριω* συν ολω τω οικω αυτου,
9 ειπεν δε ο *κυριος* εν νυκτι δι οραματος τω παυλω· μη φοβου, αλλα λαλει και μη σιωπησης,
25 ουτος ην κατηχημενος την οδον του *κυριου.*
19 5 ακουσαντες δε εβαπτισθησαν εις το ονομα του *κυριου* ιησου·
10 τουτο δε εγενετο επι ετη δυο, ωστε παντας τους κατοικουντας την ασιαν ακουσαι τον λογον του *κυριου,*
13 επεχειρησαν δε τινες και των περιερχομενων ιουδαιων εξορκιστων ονομαζειν επι τους εχοντας τα πνευματα τα πονηρα το ονομα του *κυριου* ιησου λεγοντες·
17 και επεπεσεν φοβος επι παντας αυτους, και εμεγαλυνετο το ονομα του *κυριου* ιησου·
20 ουτως κατα κρατος του *κυριου* ο λογος ηυξανεν και ισχυεν.
20 19 πως μεθ υμων τον παντα χρονον εγενομην, δουλευων τω *κυριω* μετα πασης ταπεινοφροσυνης
21 διαμαρτυρομενος ιουδαιοις τε και ελλησιν την εις θεον μετανοιαν και πιστιν εις τον *κυριον* ημων ιησουν.
24 αλλ ουδενος λογου ποιουμαι την ψυχην τιμιαν εμαυτω ως τελειωσαι τον δρομον μου και την διακονιαν ην ελαβον παρα του *κυριου* ιησου,
35 οτι ουτως κοπιωντας δει αντιλαμβανεσθαι των ασθενουντων, μνημονευειν τε των λογων του *κυριου* ιησου,
21 13 εγω γαρ ου μονον δεθηναι αλλα και αποθανειν εις ιερουσαλημ ετοιμως εχω υπερ του ονοματος του *κυριου* ιησου.
14 μη πειθομενου δε αυτου ησυχασαμεν ειποντες· του *κυριου* το θελημα γινεσθω.
22 8 εγω δε απεκριθην· τις ει, *κυριε;*
10 ειπον δε· τι ποιησω, *κυριε;*
10 ο δε *κυριος* ειπεν προς με·
19 καγω ειπον· *κυριε,* αυτοι επιστανται οτι εγω ημην φυλακιζων και δερων κατα τας συναγωγας τους πιστευοντας επι σε·
23 11 τη δε επιουση νυκτι επιστας αυτω ο *κυριος* ειπεν·
25 26 περι ου ασφαλες τι γραψαι τω *κυριω* ουκ εχω·
26 15 εγω δε ειπα· τις ει, *κυριε;*
15 ο δε *κυριος* ειπεν· εγω ειμι ιησους ον συ διωκεις.
28 31 και απεδεχετο παντας τους εισπορευομενους προς αυτον, κηρυσσων την βασιλειαν του θεου και διδασκων τα περι του *κυριου* ιησου χριστου μετα πασης παρρησιας ακωλυτως.
Rm 1 4 του ορισθεντος υιου θεου εν δυναμει κατα πνευμα αγιωσυνης εξ αναστασεως νεκρων, ιησου χριστου του *κυριου* ημων,
7 χαρις υμιν και ειρηνη απο θεου πατρος ημων και *κυριου* ιησου χριστου.
4 8 μακαριος ανηρ ου ου μη λογισηται *κυριος* αμαρτιαν.
24 αλλα και δι ημας, οις μελλει λογιζεσθαι, τοις πιστευουσιν επι τον εγειραντα ιησουν τον *κυριον* ημων εκ νεκρων,
5 1 δικαιωθεντες ουν εκ πιστεως ειρηνην εχομεν προς τον θεον δια του *κυριου* ημων ιησου χριστου,
11 ου μονον δε, αλλα και καυχωμενοι εν τω θεω δια του *κυριου* ημων ιησου χριστου,
21 ινα ωσπερ εβασιλευσεν η αμαρτια εν τω θανατω, ουτως και η χαρις βασιλευση δια δικαιοσυνης εις ζωην αιωνιον δια ιησου χριστου του *κυριου* ημων.
6 23 τα γαρ οψωνια της αμαρτιας θανατος, το δε χαρισμα του θεου ζωη αιωνιος εν χριστω ιησου τω *κυριω* ημων.
7 25 χαρις δε τω θεω δια ιησου χριστου του *κυριου* ημων.
8 39 πεπεισμαι γαρ οτι ουτε θανατος ουτε ζωη ουτε αγγελοι ουτε αρχαι ουτε ενεστωτα ουτε μελλοντα ουτε δυναμεις ουτε υψωμα ουτε βαθος ουτε τις κτισις ετερα δυνησεται ημας χωρισαι απο της αγαπης του θεου της εν χριστω ιησου τω *κυριω* ημων.
9 28 λογον γαρ συντελων και συντεμνων ποιησει *κυριος* επι της γης.
29 ει μη *κυριος* σαβαωθ εγκατελιπεν ημιν σπερμα, ως σοδομα αν εγενηθημεν και ως γομορρα αν ωμοιωθημεν.
10 9 οτι εαν ομολογησης εν τω στοματι σου *κυριον* ιησουν, και πιστευσης εν τη καρδια σου οτι ο θεος αυτον ηγειρεν εκ νεκρων, σωθηση·
12 ο γαρ αυτος *κυριος* παντων, πλουτων εις παντας τους επικαλουμενους αυτον·
13 πας γαρ ος αν επικαλεσηται το ονομα *κυριου* σωθησεται.
16 *κυριε,* τις επιστευσεν τη ακοη ημων;
11 3 *κυριε,* τους προφητας σου απεκτειναν,
34 τις γαρ εγνω νουν *κυριου;* η τις συμβουλος αυτου εγενετο;
12 11 τω πνευματι ζεοντες, τω *κυριω* δουλευοντες,
19 εμοι εκδικησις, εγω ανταποδωσω, λεγει *κυριος.*
13 14 αλλα ενδυσασθε τον *κυριον* ιησουν χριστον, και της σαρκος προνοιαν μη ποιεισθε εις επιθυμιας.

κυριος [719]

Rm	14 4	συ τίς εί ὁ κρινων ἀλλοτριον οἰκετην; τω ἰδιω *κυριω* στηκει ἠ πιπτει·
	4	σταθησεται δε, δυνατει γαρ ὁ *κυριος* στησαι αὐτον.
	6	ὁ φρονων την ἡμεραν *κυριω* φρονει.
	6	και ὁ ἐσθιων *κυριω* ἐσθιει, εὐχαριστει γαρ τω θεω·
	6	και ὁ μη ἐσθιων *κυριω* οὐκ ἐσθιει, και εὐχαριστει τω θεω.
	8	ἐαν τε γαρ ζωμεν, τω *κυριω* ζωμεν, ἐαν τε ἀποθνησκωμεν, τω *κυριω* ἀποθνησκομεν.
	8	ἐαν τε γαρ ζωμεν, τω *κυριω* ζωμεν, ἐαν τε ἀποθνησκωμεν, τω *κυριω* ἀποθνησκωμεν.
	8	ἐαν τε οὐν ζωμεν ἐαν τε ἀποθνησκωμεν, του *κυριου* ἐσμεν.
	11	ζω ἐγω, λεγει *κυριος*, ὁτι ἐμοι καμψει παν γονυ,
	14	οἰδα και πεπεισμαι ἐν *κυριω* ἰησου ὁτι οὐδεν κοινον δι ἑαυτου·
	15 6	ὁ δε θεος της ὑπομονης και της παρακλησεως δωη ὑμιν το αὐτο φρονειν ἐν ἀλληλοις κατα χριστον ἰησουν, ἱνα ὁμοθυμαδον ἐν ἑνι στοματι δοξαζητε τον θεον και πατερα του *κυριου* ἡμων ἰησου χριστου.
	11	αἰνειτε, παντα τα ἐθνη, τον *κυριον*, και ἐπαινεσατωσαν αὐτον παντες οἱ λαοι.
	30	παρακαλω δε ὑμας, [ἀδελφοι,] δια του *κυριου* ἡμων ἰησου χριστου και δια της ἀγαπης του πνευματος, συναγωνισασθαι μοι ἐν ταις προσευχαις ὑπερ ἐμου προς τον θεον,
	16 2	συνιστημι δε ὑμιν φοιβην την ἀδελφην ἡμων, οὐσαν [και] διακονον της ἐκκλησιας της ἐν κεγχρεαις, ἱνα αὐτην προσδεξησθε ἐν *κυριω* ἀξιως των ἀγιων,
	8	ἀσπασασθε ἀμπλιατον τον ἀγαπητον μου ἐν *κυριω*.
	11	ἀσπασασθε τους ἐκ των ναρκισσου τους ὀντας ἐν *κυριω*.
	12	ἀσπασασθε τρυφαιναν και τρυφωσαν τας κοπιωσας ἐν *κυριω*.
	12	ἀσπασασθε περσιδα την ἀγαπητην, ἡτις πολλα ἐκοπιασεν ἐν *κυριω*.
	13	ἀσπασασθε ρουφον τον ἐκλεκτον ἐν *κυριω* και την μητερα αὐτου και ἐμου.
	18	οἱ γαρ τοιουτοι τω *κυριω* ἡμων χριστω οὐ δουλευουσιν ἀλλα τη ἑαυτων κοιλια,
	20	ἡ χαρις του *κυριου* ἡμων ἰησου μεθ ὑμων.
	22	ἀσπαζομαι ὑμας ἐγω τερτιος ὁ γραψας την ἐπιστολην ἐν *κυριω*.
	24 *	ἡ χαρις του *κυριου* ἡμων ἰησου χριστου μετα παντων ὑμων· ἀμην.
1Co	1 2	συν πασιν τοις ἐπικαλουμενοις το ὀνομα του *κυριου* ἡμων ἰησου χριστου ἐν παντι τοπω, αὐτων και ἡμων·
	3	χαρις ὑμιν και εἰρηνη ἀπο θεου πατρος ἡμων και *κυριου* ἰησου χριστου.
	7	ὡστε ὑμας μη ὑστερεισθαι ἐν μηδενι χαρισματι, ἀπεκδεχομενους την ἀποκαλυψιν του *κυριου* ἡμων ἰησου χριστου·
	8	ὁς και βεβαιωσει ὑμας ἑως τελους ἀνεγκλητους ἐν τη ἡμερα του *κυριου* ἡμων ἰησου [χριστου].
	9	πιστος ὁ θεος, δι οὑ ἐκληθητε εἰς κοινωνιαν του υἱου αὐτου ἰησου χριστου του *κυριου* ἡμων.
	10	παρακαλω δε ὑμας, ἀδελφοι, δια του ὀνοματος του *κυριου* ἡμων ἰησου χριστου, ἱνα το αὐτο λεγητε παντες,
	31	ὁ καυχωμενος ἐν *κυριω* καυχασθω.
	2 8	εἰ γαρ ἐγνωσαν, οὐκ ἀν τον *κυριον* της δοξης ἐσταυρωσαν·
	16	τίς γαρ ἐγνω νουν *κυριου*, ὁς συμβιβασει αὐτον;
	3 5	διακονοι δι ὡν ἐπιστευσατε, και ἑκαστω ὡς ὁ *κυριος* ἐδωκεν.
	20	*κυριος* γινωσκει τους διαλογισμους των σοφων, ὁτι εἰσιν ματαιοι.
	4 4	ὁ δε ἀνακρινων με *κυριος* ἐστιν.
	5	ὡστε μη προ καιρου τι κρινετε, ἑως ἀν ἐλθη ὁ *κυριος*,
	17	δια τουτο ἐπεμψα ὑμιν τιμοθεον, ὁς ἐστιν μου τεκνον ἀγαπητον και πιστον ἐν *κυριω*,
	19	ἐλευσομαι δε ταχεως προς ὑμας, ἐαν ὁ *κυριος* θεληση,
	5 4	ἐν τω ὀνοματι του *κυριου* [ἡμων] ἰησου συναχθεντων ὑμων και του ἐμου πνευματος συν τη δυναμει του *κυριου* ἡμων ἰησου
	4	ἐν τω ὀνοματι του κυριου [ἡμων] ἰησου συναχθεντων ὑμων και του ἐμου πνευματος συν τη δυναμει του *κυριου* ἡμων ἰησου
	5	παραδουναι τον τοιουτον τω σατανα εἰς ὀλεθρον της σαρκος, ἱνα το πνευμα σωθη ἐν τη ἡμερα του *κυριου*.
	6 11	ἀλλα ἀπελουσασθε, ἀλλα ἡγιασθητε, ἀλλα ἐδικαιωθητε ἐν τω ὀνοματι του *κυριου* ἰησου χριστου και ἐν τω πνευματι του θεου ἡμων.
	13	το δε σωμα οὐ τη πορνεια ἀλλα τω *κυριω*, και ὁ κυριος τω σωματι·
	13	το δε σωμα οὐ τη πορνεια ἀλλα τω κυριω, και ὁ *κυριος* τω σωματι·

1Co	6 14	ὁ δε θεος και τον *κυριον* ἡγειρεν και ἡμας ἐξεγερει δια της δυναμεως αὐτου.
	17	ὁ δε κολλωμενος τω *κυριω* ἑν πνευμα ἐστιν.
	7 10	τοις δε γεγαμηκοσιν παραγγελλω, οὐκ ἐγω ἀλλα ὁ *κυριος*, γυναικα ἀπο ἀνδρος μη χωρισθηναι,
	12	τοις δε λοιποις λεγω ἐγω, οὐχ ὁ *κυριος*· εἰ τις ἀδελφος γυναικα ἐχει ἀπιστον, και αὐτη συνευδοκει οἰκειν μετ αὐτου, μη ἀφιετω αὐτην·
	17	εἰ μη ἑκαστω ὡς ἐμερισεν ὁ *κυριος*, ἑκαστον ὡς κεκληκεν ὁ θεος, οὑτως περιπατειτω.
	22	ὁ γαρ ἐν *κυριω* κληθεις δουλος ἀπελευθερος κυριου ἐστιν·
	22	ὁ γαρ ἐν κυριω κληθεις δουλος ἀπελευθερος *κυριου* ἐστιν·
	25	περι δε των παρθενων ἐπιταγην *κυριου* οὐκ ἐχω,
	25	γνωμην δε διδωμι ὡς ἠλεημενος ὑπο *κυριου* πιστος εἰναι.
	32	ὁ ἀγαμος μεριμνα τα του *κυριου*, πως ἀρεση τω κυριω·
	32	ὁ ἀγαμος μεριμνα τα του κυριου, πως ἀρεση τω *κυριω*·
	34	και ἡ γυνη ἡ ἀγαμος και ἡ παρθενος μεριμνα τα του *κυριου*, ἱνα ἡ ἀγια και τω σωματι και τω πνευματι·
	35	οὐχ ἱνα βροχον ὑμιν ἐπιβαλω, ἀλλα προς το εὐσχημον και εὐπαρεδρον τω *κυριω* ἀπερισπαστως.
	39	ἐαν δε κοιμηθη ὁ ἀνηρ, ἐλευθερα ἐστιν ὡ θελει γαμηθηναι, μονον ἐν *κυριω*.
	8 5	και γαρ εἰπερ εἰσιν λεγομενοι θεοι εἰτε ἐν οὐρανω εἰτε ἐπι γης, ὡσπερ εἰσιν θεοι πολλοι και *κυριοι* πολλοι, ἀλλ ἡμιν εἰς θεος ὁ πατηρ,
	6	και εἰς *κυριος* ἰησους χριστος, δι οὑ τα παντα και ἡμεις δι αὐτου.
	9 1	οὐχι ἰησουν τον *κυριον* ἡμων ἑορακα;
	1	οὐ το ἐργον μου ὑμεις ἐστε ἐν *κυριω*;
	2	ἡ γαρ σφραγις μου της ἀποστολης ὑμεις ἐστε ἐν *κυριω*.
	5	μη οὐκ ἐχομεν ἐξουσιαν ἀδελφην γυναικα περιαγειν, ὡς και οἱ λοιποι ἀποστολοι και οἱ ἀδελφοι του *κυριου* και κηφας;
	14	οὑτως και ὁ *κυριος* διεταξεν τοις το εὐαγγελιον καταγγελλουσιν ἐκ του εὐαγγελιου ζην.
	10 21	οὐ δυνασθε ποτηριον *κυριου* πινειν και ποτηριον δαιμονιων·
	21	οὐ δυνασθε τραπεζης *κυριου* μετεχειν και τραπεζης δαιμονιων·
	22	ἡ παραζηλουμεν τον *κυριον*; μη ἰσχυροτεροι αὐτου ἐσμεν;
	26	του *κυριου* γαρ ἡ γη και το πληρωμα αὐτης.
	11 11	πλην οὐτε γυνη χωρις ἀνδρος οὐτε ἀνηρ χωρις γυναικος ἐν *κυριω*·
	23	ἐγω γαρ παρελαβον ἀπο του *κυριου*, ὁ και παρεδωκα ὑμιν,
	23	ὁτι ὁ *κυριος* ἰησους ἐν τη νυκτι ἡ παρεδιδετο ἐλαβεν ἀρτον και εὐχαριστησας ἐκλασεν και εἰπεν·
	26	ὁσακις γαρ ἐαν ἐσθιητε τον ἀρτον τουτον και το ποτηριον πινητε, τον θανατον του *κυριου* καταγγελλετε, ἀχρι οὑ ἐλθη.
	27	ὡστε ὁς ἀν ἐσθιη τον ἀρτον ἡ πινη το ποτηριον του *κυριου* ἀναξιως, ἐνοχος ἐσται του σωματος και του αἱματος του κυριου.
	27	ὡστε ὁς ἀν ἐσθιη τον ἀρτον ἡ πινη το ποτηριον του κυριου ἀναξιως, ἐνοχος ἐσται του σωματος και του αἱματος του *κυριου*.
	32	κρινομενοι δε ὑπο [του] *κυριου* παιδευομεθα, ἱνα μη συν τω κοσμω κατακριθωμεν.
	12 3	και οὐδεις δυναται εἰπειν· *κυριος* ἰησους, εἰ μη ἐν πνευματι ἀγιω.
	5	και διαιρεσεις διακονιων εἰσιν, και ὁ αὐτος *κυριος*·
	14 21	ἐν τω νομω γεγραπται ὁτι ἐν ἑτερογλωσσοις και ἐν χειλεσιν ἑτερων λαλησω τω λαω τουτω, και οὐδ οὑτως εἰσακουσονται μου, λεγει *κυριος*.
	37	εἰ τις δοκει προφητης εἰναι ἡ πνευματικος, ἐπιγινωσκετω ἀ γραφω ὑμιν ὁτι *κυριου* ἐστιν ἐντολη.
	15 31	καθ ἡμεραν ἀποθνησκω, νη την ὑμετεραν καυχησιν, [ἀδελφοι,] ἡν ἐχω ἐν χριστω ἰησου τω *κυριω* ἡμων.
	57	τω δε θεω χαρις τω διδοντι ἡμιν το νικος δια του *κυριου* ἡμων ἰησου χριστου.
	58	ὡστε, ἀδελφοι μου ἀγαπητοι, ἑδραιοι γινεσθε, ἀμετακινητοι, περισσευοντες ἐν τω ἐργω του *κυριου* παντοτε, εἰδοτες ὁτι ὁ κοπος ὑμων οὐκ ἐστιν κενος ἐν κυριω.
	58	ὡστε, ἀδελφοι μου ἀγαπητοι, ἑδραιοι γινεσθε, ἀμετακινητοι, περισσευοντες ἐν τω ἐργω του κυριου παντοτε, εἰδοτες ὁτι ὁ κοπος ὑμων οὐκ ἐστιν κενος ἐν *κυριω*.
	16 7	ἐλπιζω γαρ χρονον τινα ἐπιμειναι προς ὑμας, ἐαν ὁ *κυριος* ἐπιτρεψη.
	10	το γαρ ἐργον *κυριου* ἐργαζεται ὡς καγω·
	19	ἀσπαζεται ὑμας ἐν *κυριω* πολλα ἀκυλας και πρισκα συν τη κατ οἰκον αὐτων ἐκκλησια.
	22	εἰ τις οὐ φιλει τον *κυριον*, ἡτω ἀναθεμα.
	23	ἡ χαρις του *κυριου* ἰησου μεθ ὑμων.

κυριος [719]

2Co	1 2	χαρις ὑμιν και είρηνη άπο θεου πατρος ἡμων και *κυριου* ἰησου χριστου.
	3	εὐλογητος ὁ θεος και πατηρ του *κυριου* ἡμων ἰησου χριστου,
	14	καθως και ἐπεγνωτε ἡμας ἀπο μερους, ὁτι καυχημα ὑμων ἐσμεν καθαπερ και ὑμεις ἡμων ἐν τη ἡμερα του *κυριου* [ἡμων] ἰησου.
	2 12	ἐλθων δε είς την τρωαδα είς το εὐαγγελιον του χριστου, και θυρας μοι ἀνεωγμενης ἐν *κυριω*, οὐκ ἐσχηκα ἀνεσιν τω πνευματι μου
	3 16	ἡνικα δε ἐαν ἐπιστρεψη προς *κυριον*, περιαιρειται το καλυμμα.
	17	ὁ δε *κυριος* το πνευμα ἐστιν·
	17	οὐ δε το πνευμα *κυριου*, ἐλευθερια.
	18	ἡμεις δε παντες ἀνακεκαλυμμενῳ προσωπῳ την δοξαν *κυριου* κατοπτριζομενοι την αὐτην είκονα μεταμορφουμεθα ἀπο δοξης είς δοξαν,
	18	ἡμεις δε παντες ἀνακεκαλυμμενῳ προσωπῳ την δοξαν κυριου κατοπτριζομενοι την αὐτην είκονα μεταμορφουμεθα ἀπο δοξης είς δοξαν, καθαπερ ἀπο *κυριου* πνευματος.
	4 5	οὐ γαρ ἑαυτους κηρυσσομεν ἀλλα ἰησουν χριστον *κυριον*,
	14	διο και λαλουμεν, είδοτες ὁτι ὁ ἐγειρας τον *κυριον* ἰησουν και ἡμας συν ἰησου ἐγερει και παραστησει συν ὑμιν.
	5 6	θαρρουντες οὐν παντοτε και είδοτες ὁτι ἐνδημουντες ἐν τω σωματι ἐκδημουμεν ἀπο του *κυριου*·
	8	θαρρουμεν δε και εὐδοκουμεν μαλλον ἐκδημησαι ἐκ του σωματος και ἐνδημησαι προς τον *κυριον*.
	11	είδοτες οὐν τον φοβον του *κυριου* ἀνθρωπους πειθομεν, θεω δε πεφανερωμεθα·
	6 17	διο ἐξελθατε ἐκ μεσου αὐτων και ἀφορισθητε, λεγει *κυριος*,
	18	και ὑμεις ἐσεσθε μοι είς υἱους και θυγατερας, λεγει *κυριος* παντοκρατωρ.
	8 5	και οὐ καθως ἡλπισαμεν, ἀλλα ἑαυτους ἐδωκαν πρωτον τω *κυριω* και ἡμιν δια θεληματος θεου,
	9	γινωσκετε γαρ την χαριν του *κυριου* ἡμων ἰησου χριστου,
	19	οὐ μονον δε ἀλλα και χειροτονηθεις ὑπο των ἐκκλησιων συνεκδημος ἡμων συν τη χαριτι ταυτη τη διακονουμενη ὑφ ἡμων προς την [αὐτου] του *κυριου* δοξαν και προθυμιαν ἡμων,
	21	προνοουμεν γαρ καλα οὐ μονον ἐνωπιον *κυριου* ἀλλα και ἐνωπιον ἀνθρωπων.
	10 8	ἐαν [τε] γαρ περισσοτερον τι καυχησωμαι περι της ἐξουσιας ἡμων, ἡς ἐδωκεν ὁ *κυριος* είς οίκοδομην και οὐκ είς καθαιρεσιν ὑμων, οὐκ αίσχυνθησομαι,
	17	ὁ δε καυχωμενος ἐν *κυριω* καυχασθω·
	18	οὐ γαρ ὁ ἑαυτον συνιστανων, ἐκεινος ἐστιν δοκιμος, ἀλλα ὁν ὁ *κυριος* συνιστησιν.
	11 17	ὁ λαλω, οὐ κατα *κυριον* λαλω,
	31	ὁ θεος και πατηρ του *κυριου* ἰησου οίδεν,
	12 1	ἐλευσομαι δε είς ὁπτασιας και ἀποκαλυψεις *κυριου*.
	8	ὑπερ τουτου τρις τον *κυριον* παρεκαλεσα, ἱνα ἀποστη ἀπ ἐμου.
	13 10	ἱνα παρων μη ἀποτομως χρησωμαι κατα την ἐξουσιαν ἡν ὁ *κυριος* ἐδωκεν μοι είς οίκοδομην και οὐκ είς καθαιρεσιν.
	13	ἡ χαρις του *κυριου* ἰησου χριστου και ἡ ἀγαπη του θεου και ἡ κοινωνια του ἁγιου πνευματος μετα παντων ὑμων.
Ga	1 3	χαρις ὑμιν και είρηνη ἀπο θεου πατρος ἡμων και *κυριου* ἰησου χριστου,
	19	ἑτερον δε των ἀποστολων οὐκ είδον, εί μη ἰακωβον τον ἀδελφον του *κυριου*.
	4 1	ἐφ ὁσον χρονον ὁ κληρονομος νηπιος ἐστιν, οὐδεν διαφερει δουλου *κυριος* παντων ὡν,
	5 10	ἐγω πεποιθα είς ὑμας ἐν *κυριω* ὁτι οὐδεν ἀλλο φρονησετε·
	6 14	ἐμοι δε μη γενοιτο καυχασθαι εί μη ἐν τω σταυρω του *κυριου* ἡμων ἰησου χριστου,
	18	ἡ χαρις του *κυριου* ἡμων ἰησου χριστου μετα του πνευματος ὑμων, ἀδελφοι· ἀμην.
Eph	1 2	χαρις ὑμιν και είρηνη ἀπο θεου πατρος ἡμων και *κυριου* ἰησου χριστου.
	3	εὐλογητος ὁ θεος και πατηρ του *κυριου* ἡμων ἰησου χριστου,
	15	δια τουτο καγω, ἀκουσας την καθ ὑμας πιστιν ἐν τω *κυριω* ἰησου και την ἀγαπην την είς παντας τους ἁγιους, οὐ παυομαι εὐχαριστων
	17	ἱνα ὁ θεος του *κυριου* ἡμων ἰησου χριστου, ὁ πατηρ της δοξης, δωη ὑμιν πνευμα σοφιας και ἀποκαλυψεως ἐν ἐπιγνωσει αὐτου,
	2 21	ἐν ᾡ πασα οίκοδομη συναρμολογουμενη αὐξει είς ναον ἁγιον ἐν *κυριω*,
	3 11	κατα προθεσιν των αίωνων ἡν ἐποιησεν ἐν τω χριστω ἰησου τω *κυριω* ἡμων,

κυριος [719]

Eph	4 1	παρακαλω οὐν ὑμας ἐγω ὁ δεσμιος ἐν *κυριω* ἀξιως περιπατησαι της κλησεως ἡς ἐκληθητε,
	5	είς *κυριος*, μια πιστις, ἐν βαπτισμα·
	17	τουτο οὐν λεγω και μαρτυρομαι ἐν *κυριω*,
	5 8	ἡτε γαρ ποτε σκοτος, νυν δε φως ἐν *κυριω*·
	10	δοκιμαζοντες τί ἐστιν εὐαρεστον τω *κυριω*,
	17	δια τουτο μη γινεσθε ἀφρονες, ἀλλα συνιετε τί το θελημα του *κυριου*.
	19	ᾀδοντες και ψαλλοντες τη καρδιᾳ ὑμων τω *κυριω*,
	20	εὐχαριστουντες παντοτε ὑπερ παντων ἐν ὀνοματι του *κυριου* ἡμων ἰησου χριστου τω θεω και πατρι,
	22	αἱ γυναικες τοις ίδιοις ἀνδρασιν ὡς τω *κυριω*,
	6 1	τα τεκνα, ὑπακουετε τοις γονευσιν ὑμων [ἐν *κυριω*]·
	4	μη παροργιζετε τα τεκνα ὑμων, ἀλλα ἐκτρεφετε αὐτα ἐν παιδειᾳ και νουθεσιᾳ *κυριου*.
	5	οἱ δουλοι, ὑπακουετε τοις κατα σαρκα *κυριοις* μετα φοβου και τρομου ἐν ἁπλοτητι της καρδιας ὑμων ὡς τω *χριστω*,
	7	ἀλλ ὡς δουλοι χριστου ποιουντες το θελημα του θεου ἐκ ψυχης, μετ εὐνοιας δουλευοντες ὡς τω *κυριω* και οὐκ ἀνθρωποις,
	8	είδοτες ὁτι ἑκαστος ἐαν τι ποιηση ἀγαθον, τουτο κομισεται παρα *κυριου*,
	9	και οἱ *κυριοι*, τα αὐτα ποιειτε προς αὐτους,
	9	είδοτες ὁτι και αὐτων και ὑμων ὁ *κυριος* ἐστιν ἐν οὐρανοις,
	10	του λοιπου, ἐνδυναμουσθε ἐν *κυριω* και ἐν τω κρατει της ίσχυος αὐτου.
	21	ἱνα δε είδητε και ὑμεις τα κατ ἐμε, τί πρασσω, παντα γνωρισει ὑμιν τυχικος ὁ ἀγαπητος ἀδελφος και πιστος διακονος ἐν *κυριω*,
	23	είρηνη τοις ἀδελφοις και ἀγαπη μετα πιστεως ἀπο θεου πατρος και *κυριου* ἰησου χριστου.
	24	ἡ χαρις μετα παντων των ἀγαπωντων τον *κυριον* ἡμων ἰησουν χριστον ἐν ἀφθαρσιᾳ.
Php	1 2	χαρις ὑμιν και είρηνη ἀπο θεου πατρος ἡμων και *κυριου* ἰησου χριστου.
	14	και τους πλειονας των ἀδελφων ἐν *κυριω* πεποιθοτας τοις δεσμοις μου περισσοτερως τολμαν ἀφοβως τον λογον λαλειν.
	2 11	και πασα γλωσσα ἐξομολογησηται ὁτι *κυριος* ἰησους χριστος είς δοξαν θεου πατρος.
	19	ἐλπιζω δε ἐν *κυριω* ἰησου τιμοθεον ταχεως πεμψαι ὑμιν,
	24	πεποιθα δε ἐν *κυριω* ὁτι και αὐτος ταχεως ἐλευσομαι.
	29	προσδεχεσθε οὐν αὐτον ἐν *κυριω* μετα πασης χαρας,
	3 1	το λοιπον, ἀδελφοι μου, χαιρετε ἐν *κυριω*.
	8	ἀλλα μενουνγε και ἡγουμαι παντα ζημιαν είναι δια το ὑπερεχον της γνωσεως χριστου ἰησου του *κυριου* μου,
	20	ἡμων γαρ το πολιτευμα ἐν οὐρανοις ὑπαρχει, ἐξ οὑ και σωτηρα ἀπεκδεχομεθα *κυριον* ἰησουν χριστον,
	4 1	ὡστε, ἀδελφοι μου ἀγαπητοι και ἐπιποθητοι, χαρα και στεφανος μου, οὑτως στηκετε ἐν *κυριω*, ἀγαπητοι.
	2	εὐοδιαν παρακαλω και συντυχην παρακαλω το αὐτο φρονειν ἐν *κυριω*.
	4	χαιρετε ἐν *κυριω* παντοτε· παλιν ἐρω, χαιρετε.
	5	ὁ *κυριος* ἐγγυς. μηδεν μεριμνατε,
	10	ἐχαρην δε ἐν *κυριω* μεγαλως ὁτι ἡδη ποτε ἀνεθαλετε το ὑπερ ἐμου φρονειν·
	23	ἡ χαρις του *κυριου* ἰησου χριστου μετα του πνευματος ὑμων.
Col	1 3	εὐχαριστουμεν τω θεω πατρι του *κυριου* ἡμων ἰησου χριστου παντοτε περι ὑμων προσευχομενοι,
	10	περιπατησαι ἀξιως του *κυριου* είς πασαν ἀρεσκειαν,
	2 6	ὡς οὐν παρελαβετε τον χριστον ἰησουν τον *κυριον*, ἐν αὐτω περιπατειτε,
	3 13	καθως και ὁ *κυριος* ἐχαρισατο ὑμιν οὑτως και ὑμεις·
	17	και παν ὁτι ἐαν ποιητε ἐν λογω ἡ ἐν ἐργω, παντα ἐν ὀνοματι *κυριου* ἰησου,
	18	αἱ γυναικες, ὑποτασσεσθε τοις ἀνδρασιν, ὡς ἀνηκεν ἐν *κυριω*.
	20	τα τεκνα, ὑπακουετε τοις γονευσιν κατα παντα, τουτο γαρ εὐαρεστον ἐστιν ἐν *κυριω*.
	22	οἱ δουλοι, ὑπακουετε κατα παντα τοις κατα σαρκα *κυριοις*,
	22	μη ἐν ὀφθαλμοδουλιᾳ ὡς ἀνθρωπαρεσκοι, ἀλλ ἐν ἁπλοτητι καρδιας φοβουμενοι τον *κυριον*.
	23	ὁ ἐαν ποιητε, ἐκ ψυχης ἐργαζεσθε ὡς τω *κυριω* και οὐκ ἀνθρωποις,
	24	είδοτες ὁτι ἀπο *κυριου* ἀπολημψεσθε την ἀνταποδοσιν της κληρονομιας.
	24	τω *κυριω* χριστω δουλευετε·
	4 1	οἱ *κυριοι*, το δικαιον και την ίσοτητα τοις δουλοις παρεχεσθε,
	1	οἱ κυριοι, το δικαιον και την ίσοτητα τοις δουλοις παρεχεσθε, είδοτες ὁτι και ὑμεις ἐχετε *κυριον* ἐν οὐρανω.

κυριος [719]

Col 4 7 τα κατ εμε παντα γνωρισει υμιν τυχικος ο αγαπητος αδελφος και πιστος διακονος και συνδουλος εν κυριω,
17 βλεπε την διακονιαν ην παρελαβες εν κυριω,

1Th 1 1 παυλος και σιλουανος και τιμοθεος τη εκκλησια θεσσαλονικεων εν θεω πατρι και κυριω ιησου χριστω·
3 αδιαλειπτως μνημονευοντες υμων του εργου της πιστεως και του κοπου της αγαπης και της υπομονης της ελπιδος του κυριου ημων ιησου χριστου
6 και υμεις μιμηται ημων εγενηθητε και του κυριου,
8 αφ υμων γαρ εξηχηται ο λογος του κυριου ου μονον εν τη μακεδονια και [εν τη] αχαια,
2 15 των και τον κυριον αποκτειναντων ιησουν και τους προφητας,
19 η ουχι και υμεις εμπροσθεν του κυριου ημων ιησου εν τη αυτου παρουσια;
3 8 οτι νυν ζωμεν εαν υμεις στηκετε εν κυριω.
11 αυτος δε ο θεος και πατηρ ημων και ο κυριος ημων ιησους κατευθυναι την οδον ημων προς υμας·
12 υμας δε ο κυριος πλεονασαι και περισσευσαι τη αγαπη εις αλληλους και εις παντας,
13 εμπροσθεν του θεου και πατρος ημων εν τη παρουσια του κυριου ημων ιησου μετα παντων των αγιων αυτου.
4 1 λοιπον ουν, αδελφοι, ερωτωμεν υμας και παρακαλουμεν εν κυριω ιησου,
2 οιδατε γαρ τινας παραγγελιας εδωκαμεν υμιν δια του κυριου ιησου.
6 το μη υπερβαινειν και πλεονεκτειν εν τω πραγματι τον αδελφον αυτου, διοτι εκδικος κυριος περι παντων τουτων,
15 τουτο γαρ υμιν λεγομεν εν λογω κυριου, οτι ημεις οι ζωντες οι περιλειπομενοι εις την παρουσιαν του κυριου ου μη φθασωμεν τους κοιμηθεντας·
15 τουτο γαρ υμιν λεγομεν εν λογω κυριου, οτι ημεις οι ζωντες οι περιλειπομενοι εις την παρουσιαν του κυριου ου μη φθασωμεν τους κοιμηθεντας·
16 οτι αυτος ο κυριος εν κελευσματι, εν φωνη αρχαγγελου και εν σαλπιγγι θεου, καταβησεται απ ουρανου,
17 επειτα ημεις οι ζωντες οι περιλειπομενοι αμα συν αυτοις αρπαγησομεθα εν νεφελαις εις απαντησιν του κυριου εις αερα·
17 και ουτως παντοτε συν κυριω εσομεθα.
5 2 αυτοι γαρ ακριβως οιδατε οτι ημερα κυριου ως κλεπτης εν νυκτι ουτως ερχεται.
9 οτι ουκ εθετο ημας ο θεος εις οργην αλλα εις περιποιησιν σωτηριας δια του κυριου ημων ιησου χριστου,
12 ερωτωμεν δε υμας, αδελφοι, ειδεναι τους κοπιωντας εν υμιν και προισταμενους υμων εν κυριω και νουθετουντας υμας,
23 και ολοκληρον υμων το πνευμα και η ψυχη και το σωμα αμεμπτως εν τη παρουσια του κυριου ημων ιησου χριστου τηρηθειη.
27 ενορκιζω υμας τον κυριον αναγνωσθηναι την επιστολην πασιν τοις αδελφοις.
28 η χαρις του κυριου ημων ιησου χριστου μεθ υμων.

2Th 1 1 παυλος και σιλουανος και τιμοθεος τη εκκλησια θεσσαλονικεων εν θεω πατρι ημων και κυριω ιησου χριστω·
2 χαρις υμιν και ειρηνη απο θεου πατρος [ημων] και κυριου ιησου χριστου.
7 εν τη αποκαλυψει του κυριου ιησου απ ουρανου μετ αγγελων δυναμεως αυτου εν πυρι φλογος,
8 διδοντος εκδικησιν τοις μη ειδοσιν θεον και τοις μη υπακουουσιν τω ευαγγελιω του κυριου ημων ιησου,
9 οιτινες δικην τισουσιν ολεθρον αιωνιον απο προσωπου του κυριου και απο της δοξης της ισχυος αυτου,
12 οπως ενδοξασθη το ονομα του κυριου ημων ιησου εν υμιν, και υμεις εν αυτω, κατα την χαριν του θεου ημων και κυριου ιησου χριστου.
12 οπως ενδοξασθη το ονομα του κυριου ημων ιησου εν υμιν, και υμεις εν αυτω, κατα την χαριν του θεου ημων και κυριου ιησου χριστου.
2 1 ερωτωμεν δε υμας, αδελφοι, υπερ της παρουσιας του κυριου ημων ιησου χριστου και ημων επισυναγωγης επ αυτον, εις το μη ταχεως σαλευθηναι υμας απο του νοος
2 ως οτι ενεστηκεν η ημερα του κυριου.
8 και τοτε αποκαλυφθησεται ο ανομος, ον ο κυριος [ιησους] ανελει τω πνευματι του στοματος αυτου,
13 ημεις δε οφειλομεν ευχαριστειν τω θεω παντοτε περι υμων, αδελφοι ηγαπημενοι υπο κυριου,
14 εις ο [και] εκαλεσεν υμας δια του ευαγγελιου ημων, εις περιποιησιν δοξης του κυριου ημων ιησου χριστου.

κυριος [719]

2Th 2 16 αυτος δε ο κυριος ημων ιησους χριστος και [ο] θεος ο πατηρ ημων,
3 1 το λοιπον προσευχεσθε, αδελφοι, περι ημων, ινα ο λογος του κυριου τρεχη και δοξαζηται καθως και προς υμας,
3 πιστος δε εστιν ο κυριος, ος στηριξει υμας και φυλαξει απο του πονηρου.
4 πεποιθαμεν δε εν κυριω εφ υμας, οτι α παραγγελλομεν [και] ποιειτε και ποιησετε.
5 ο δε κυριος κατευθυναι υμων τας καρδιας εις την αγαπην του θεου και εις την υπομονην του χριστου.
6 παραγγελλομεν δε υμιν, αδελφοι, εν ονοματι του κυριου [ημων] ιησου χριστου, στελλεσθαι υμας απο παντος αδελφου
12 τοις δε τοιουτοις παραγγελλομεν και παρακαλουμεν εν κυριω ιησου χριστω ινα μετα ησυχιας εργαζομενοι τον εαυτων αρτον εσθιωσιν.
16 αυτος δε ο κυριος της ειρηνης δωη υμιν την ειρηνην δια παντος εν παντι τροπω.
16 ο κυριος μετα παντων υμων.
18 η χαρις του κυριου ημων ιησου χριστου μετα παντων υμων.

1Tm 1 2 χαρις, ελεος, ειρηνη απο θεου πατρος και χριστου ιησου του κυριου ημων.
12 χαριν εχω τω ενδυναμωσαντι με χριστω ιησου τω κυριω ημων,
14 υπερεπλεονασεν δε η χαρις του κυριου ημων μετα πιστεως και αγαπης της εν χριστω ιησου.
6 3 ει τις ετεροδιδασκαλει και μη προσερχεται υγιαινουσιν λογοις τοις του κυριου ημων ιησου χριστου, και τη κατ ευσεβειαν διδασκαλια, τετυφωται, μηδεν επισταμενος,
14 τηρησαι σε την εντολην ασπιλον ανεπιλημπτον μεχρι της επιφανειας του κυριου ημων ιησου χριστου,
15 ην καιροις ιδιοις δειξει ο μακαριος και μονος δυναστης, ο βασιλευς των βασιλευοντων και κυριος των κυριευοντων,

2Tm 1 2 χαρις, ελεος, ειρηνη απο θεου πατρος και χριστου ιησου του κυριου ημων.
8 μη ουν επαισχυνθης το μαρτυριον του κυριου ημων μηδε εμε τον δεσμιον αυτου,
16 δωη ελεος ο κυριος τω ονησιφορου οικω,
18 δωη αυτω ο κυριος ευρειν ελεος παρα κυριου εν εκεινη τη ημερα.
18 δωη αυτω ο κυριος ευρειν ελεος παρα κυριου εν εκεινη τη ημερα·
2 7 δωσει γαρ σοι ο κυριος συνεσιν εν πασιν.
19 εγνω κυριος τους οντας αυτου, και· αποστητω απο αδικιας πας ο ονομαζων το ονομα κυριου.
19 εγνω κυριος τους οντας αυτου, και· αποστητω απο αδικιας πας ο ονομαζων το ονομα κυριου.
22 διωκε δε δικαιοσυνην, πιστιν, αγαπην, ειρηνην μετα των επικαλουμενων τον κυριον εκ καθαρας καρδιας.
24 δουλον δε κυριου ου δει μαχεσθαι
3 11 οιους διωγμους υπηνεγκα, και εκ παντων με ερρυσατο ο κυριος.
4 8 λοιπον αποκειται μοι ο της δικαιοσυνης στεφανος, ον αποδωσει μοι ο κυριος εν εκεινη τη ημερα,
14 αποδωσει αυτω ο κυριος κατα τα εργα αυτου·
17 ο δε κυριος μοι παρεστη και ενεδυναμωσεν με,
18 ρυσεται με ο κυριος απο παντος εργου πονηρου και σωσει εις την βασιλειαν αυτου την επουρανιον·
22 ο κυριος μετα του πνευματος σου.

Phm 3 χαρις υμιν και ειρηνη απο θεου πατρος ημων και κυριου ιησου χριστου.
5 ακουων σου την αγαπην και την πιστιν ην εχεις προς τον κυριον ιησουν και εις παντας τους αγιους,
16 ινα αιωνιον αυτον απεχης, ουκετι ως δουλον αλλ υπερ δουλον, αδελφον αγαπητον, μαλιστα εμοι, ποσω δε μαλλον σοι και εν σαρκι και εν κυριω.
20 ναι, αδελφε, εγω σου οναιμην εν κυριω·
25 η χαρις του κυριου ιησου χριστου μετα του πνευματος υμων.

Heb 1 10 συ κατ αρχας, κυριε, την γην εθεμελιωσας,
2 3 ητις αρχην λαβουσα λαλεισθαι δια του κυριου, υπο των ακουσαντων εις ημας εβεβαιωθη,
7 14 προδηλον γαρ οτι εξ ιουδα ανατεταλκεν ο κυριος ημων,
21 ωμοσεν κυριος, και ου μεταμεληθησεται· συ ιερευς εις τον αιωνα
8 2 των αγιων λειτουργος και της σκηνης της αληθινης, ην επηξεν ο κυριος,
8 ιδου ημεραι ερχονται, λεγει κυριος,
9 οτι αυτοι ουκ ενεμειναν εν τη διαθηκη μου, καγω ημελησα αυτων, λεγει κυριος.

κυριος [719]

Heb	8 10	ὁτι αὑτη ἡ διαθηκη ἡν διαθησομαι τῳ οικῳ ισραηλ μετα τας ἡμερας ἑκεινας, λεγει *κυριος*,
	11	γνωθι τον *κυριον*, ὁτι παντες εἱδησουσιν με ἁπο μικρου ἑως μεγαλου αὑτων.
	10 16	αὑτη ἡ διαθηκη ἡν διαθησομαι προς αὑτους μετα τας ἡμερας ἑκεινας, λεγει *κυριος*·
	30	οἱδαμεν γαρ τον εἱποντα· ἑμοι ἑκδικησις, ἑγω ἁνταποδωσω· και παλιν· κρινεῖ *κυριος* τον λαον αὑτου.
	12 5	υἱε μου, μη ὁλιγωρει παιδειας *κυριου*,
	6	ὁν γαρ ἁγαπα *κυριος* παιδευει,
	14	εἱρηνην διωκετε μετα παντων, και τον ἁγιασμον, οὑ χωρις οὑδεις ὁψεται τον *κυριον*,
	13 6	*κυριος* ἑμοι βοηθος, [και] οὑ φοβηθησομαι·
	20	ὁ δε θεος της εἱρηνης, ὁ ἁναγαγων ἑκ νεκρων τον ποιμενα των προβατων τον μεγαν ἑν αἱματι διαθηκης αἱωνιου, τον *κυριον* ἡμων ιησουν, καταρτισαι ὑμας ἑν παντι ἁγαθῳ
Ja	1 1	ιακωβος θεου και *κυριου* ιησου χριστου δουλος ταις δωδεκα φυλαις ταις ἑν τῃ διασπορᾳ χαιρειν.
	7	μη γαρ οἱεσθω ὁ ἁνθρωπος ἑκεινος ὁτι λημψεται τι παρα του *κυριου*,
	2 1	ἁδελφοι μου, μη ἑν προσωπολημψιαις ἑχετε την πιστιν του *κυριου* ἡμων ιησου χριστου της δοξης.
	3 9	ἑν αὑτῃ εὑλογουμεν τον *κυριον* και πατερα,
	4 10	ταπεινωθητε ἑνωπιον *κυριου*, και ὑψωσει ὑμας.
	15	ἑαν ὁ *κυριος* θεληση, και ζησομεν και ποιησομεν τουτο ἡ ἑκεινο.
	5 4	και αἱ βοαι των θερισαντων εἱς τα ὡτα *κυριου* σαβαωθ εἱσεληλυθασιν.
	7	μακροθυμησατε οὑν, ἁδελφοι, ἑως της παρουσιας του *κυριου*.
	8	στηριξατε τας καρδιας ὑμων, ὁτι ἡ παρουσια του *κυριου* ἡγγικεν.
	10	ὑποδειγμα λαβετε, ἁδελφοι, της κακοπαθιας και της μακροθυμιας τους προφητας, οἱ ἑλαλησαν ἑν τῳ ὁνοματι *κυριου*.
	11	την ὑπομονην ιωβ ἡκουσατε, και το τελος *κυριου* εἱδετε,
	11	και το τελος κυριου εἱδετε, ὁτι πολυσπλαγχνος ἑστιν ὁ *κυριος* και οἱκτιρμων.
	14	και προσευξασθωσαν ἑπ αὑτον ἁλειψαντες [αὑτον] ἑλαιῳ ἑν τῳ ὁνοματι *κυριου*.
	15	και ἡ εὑχη της πιστεως σωσει τον καμνοντα, και ἑγερει αὑτον ὁ *κυριος*·
1Pt	1 3	εὑλογητος ὁ θεος και πατηρ του *κυριου* ἡμων ιησου χριστου,
	25	το δε ῥημα *κυριου* μενει εἱς τον αἱωνα.
	2 3	εἱ ἑγευσασθε ὁτι χρηστος ὁ *κυριος*.
	13	ὑποταγητε παση ἁνθρωπινη κτισει δια τον *κυριον*·
	3 6	ὡς σαρρα ὑπηκουσεν τῳ ἁβρααμ, *κυριον* αὑτον καλουσα·
	12	ὁτι ὁφθαλμοι *κυριου* ἑπι δικαιους και ὡτα αὑτου εἱς δεησιν αὑτων,
	12	προσωπον δε *κυριου* ἑπι ποιουντας κακα.
	15	*κυριον* δε τον χριστον ἁγιασατε ἑν ταις καρδιαις ὑμων,
2Pt	1 2	χαρις ὑμιν και εἱρηνη πληθυνθειη ἑν ἑπιγνωσει του θεου και ιησου του *κυριου* ἡμων.
	8	ταυτα γαρ ὑμιν ὑπαρχοντα και πλεοναζοντα οὑκ ἁργους οὑδε ἁκαρπους καθιστησιν εἱς την του *κυριου* ἡμων ιησου χριστου ἑπιγνωσιν·
	11	οὑτως γαρ πλουσιως ἑπιχορηγηθησεται ὑμιν ἡ εἱσοδος εἱς την αἱωνιον βασιλειαν του *κυριου* ἡμων και σωτηρος ιησου χριστου.
	14	καθως και ὁ *κυριος* ἡμων ιησους χριστος ἑδηλωσεν μοι·
	16	οὑ γαρ σεσοφισμενοις μυθοις ἑξακολουθησαντες ἑγνωρισαμεν ὑμιν την του *κυριου* ἡμων ιησου χριστου δυναμιν και παρουσιαν,
	2 9	οἱδεν *κυριος* εὑσεβεις ἑκ πειρασμου ῥυεσθαι,
	11	ὁπου ἁγγελοι ἱσχυι και δυναμει μειζονες ὁντες οὑ φερουσιν κατ αὑτων παρα *κυριου* βλασφημον κρισιν.
	20	εἱ γαρ ἁποφυγοντες τα μιασματα του κοσμου ἑν ἑπιγνωσει του *κυριου* [ἡμων] και σωτηρος ιησου χριστου, τουτοις δε παλιν ἑμπλακεντες ἡττωνται, γεγονεν αὑτοις τα ἑσχατα χειρονα των πρωτων.
	3 2	μνησθηναι των προειρημενων ῥηματων ὑπο των ἁγιων προφητων και της των ἁποστολων ὑμων ἑντολης του *κυριου* και σωτηρος,
	8	ἑν δε τουτο μη λανθανετω ὑμας, ἁγαπητοι, ὁτι μια ἡμερα παρα *κυριῳ* ὡς χιλια ἑτη και χιλια ἑτη ὡς ἡμερα μια.
	9	οὑ βραδυνει *κυριος* της ἑπαγγελιας, ὡς τινες βραδυτητα ἡγουνται,
	10	ἡξει δε ἡμερα *κυριου* ὡς κλεπτης,
	15	και την του *κυριου* ἡμων μακροθυμιαν σωτηριαν ἡγεισθε,

κυριος [719]

2Pt	3 18	αὑξανετε δε ἑν χαριτι και γνωσει του *κυριου* ἡμων και σωτηρος ιησου χριστου.
Ju	4	ἁσεβεις, την του θεου ἡμων χαριτα μετατιθεντες εἱς ἁσελγειαν και τον μονον δεσποτην και *κυριον* ἡμων ιησουν χριστον ἁρνουμενοι.
	5	ὑπομνησαι δε ὑμας βουλομαι, εἱδοτας [ὑμας] παντα, ὁτι [ὁ] *κυριος* ἁπαξ λαον ἑκ γης αἱγυπτου σωσας το δευτερον τους μη πιστευσαντας ἁπωλεσεν,
	9	ἁλλα εἱπεν· ἑπιτιμησαι σοι *κυριος*.
	14	ἱδου ἡλθεν *κυριος* ἑν ἁγιαις μυριασιν αὑτου,
	17	ὑμεις δε, ἁγαπητοι, μνησθητε των ῥηματων των προειρημενων ὑπο των ἁποστολων του *κυριου* ἡμων ιησου χριστου,
	21	ἑαυτους ἑν ἁγαπη θεου τηρησατε, προσδεχομενοι το ἑλεος του *κυριου* ἡμων ιησου χριστου εἱς ζωην αἱωνιον.
	25	μονῳ θεῳ σωτηρι ἡμων δια ιησου χριστου του *κυριου* ἡμων δοξα μεγαλωσυνη κρατος και ἑξουσια προ παντος του αἱωνος και νυν και εἱς παντας τους αἱωνας·
Apc	1 8	ἑγω εἱμι το ἁλφα και το ὡ, λεγει *κυριος* ὁ θεος,
	4 8	ἁγιος ἁγιος ἁγιος *κυριος* ὁ θεος ὁ παντοκρατωρ,
	11	ἁξιος εἱ, ὁ *κυριος* και ὁ θεος ἡμων, λαβειν την δοξαν και την τιμην και την δυναμιν,
	7 14	και εἱρηκα αὑτῳ· *κυριε* μου, συ οἱδας.
	11 4	οὑτοι εἱσιν αἱ δυο ἑλαιαι και αἱ δυο λυχνιαι αἱ ἑνωπιον του *κυριου* της γης ἑστωτες.
	8	ἡτις καλειται πνευματικως σοδομα και αἱγυπτος, ὁπου και ὁ *κυριος* αὑτων ἑσταυρωθη.
	15	ἑγενετο ἡ βασιλεια του κοσμου του *κυριου* ἡμων και του χριστου αὑτου,
	17	εὑχαριστουμεν σοι, *κυριε* ὁ θεος ὁ παντοκρατωρ, ὁ ὡν και ὁ ἡν,
	14 13	μακαριοι οἱ νεκροι οἱ ἑν *κυριῳ* ἁποθνησκοντες ἁπ ἁρτι.
	15 3	μεγαλα και θαυμαστα τα ἑργα σου, *κυριε* ὁ θεος ὁ παντοκρατωρ·
	4	τις οὑ μη φοβηθῃ, *κυριε*, και δοξασει το ὁνομα σου;
	16 7	ναι, *κυριε* ὁ θεος ὁ παντοκρατωρ, ἁληθιναι και δικαιαι αἱ κρισεις σου.
	17 14	οὑτοι μετα του ἁρνιου πολεμησουσιν και το ἁρνιον νικησει αὑτους, ὁτι *κυριος* κυριων ἑστιν και βασιλευς βασιλεων,
	14	οὑτοι μετα του ἁρνιου πολεμησουσιν και το ἁρνιον νικησει αὑτους, ὁτι κυριος *κυριων* ἑστιν και βασιλευς βασιλεων,
	18 8	ὁτι ἱσχυρος *κυριος* ὁ θεος ὁ κρινας αὑτην.
	19 6	ἁλληλουια, ὁτι ἑβασιλευσεν *κυριος* ὁ θεος [ἡμων] ὁ παντοκρατωρ.
	16	και ἑχει ἑπι το ἱματιον και ἑπι τον μηρον αὑτου ὁνομα γεγραμμενον· βασιλευς βασιλεων και *κυριος* κυριων.
	16	και ἑχει ἑπι το ἱματιον και ἑπι τον μηρον αὑτου ὁνομα γεγραμμενον· βασιλευς βασιλεων και κυριος *κυριων*.
	21 22	ὁ γαρ *κυριος* ὁ θεος ὁ παντοκρατωρ ναος αὑτης ἑστιν,
	22 5	και οὑκ ἑχουσιν χρειαν φωτος λυχνου και φωτος ἡλιου, ὁτι *κυριος* ὁ θεος φωτισει ἑπ αὑτους,
	6	και ὁ *κυριος* ὁ θεος των πνευματων των προφητων ἁπεστειλεν τον ἁγγελον αὑτου δειξαι τοις δουλοις αὑτου ἁ δει γενεσθαι ἑν ταχει.
	20	ἁμην, ἑρχου *κυριε* ιησου.
	21	ἡ χαρις του *κυριου* ιησου μετα παντων.

κυριοτης [4]

Eph	1 21	ὑπερανω πασης ἁρχης και ἑξουσιας και δυναμεως και *κυριοτητος*
Col	1 16	ὁτι ἑν αὑτῳ ἑκτισθη τα παντα ἑν τοις οὑρανοις και ἑπι της γης, τα ὁρατα και τα ἁορατα, εἱτε θρονοι εἱτε *κυριοτητες* εἱτε ἁρχαι εἱτε ἑξουσιαι·
2Pt	2 10	ἁδικους δε εἱς ἡμεραν κρισεως κολαζομενους τηρειν, μαλιστα δε τους ὁπισω σαρκος ἑν ἑπιθυμια μιασμου πορευομενους και *κυριοτητος* καταφρονουντας.
Ju	8	ὁμοιως μεντοι και οὑτοι ἑνυπνιαζομενοι σαρκα μεν μιαινουσιν, *κυριοτητα* δε ἁθετουσιν, δοξας δε βλασφημουσιν.

κυροω [2]

2Co	2 8	διο παρακαλω ὑμας *κυρωσαι* εἱς αὑτον ἁγαπην·
Ga	3 15	ὁμως ἁνθρωπου *κεκυρωμενην* διαθηκην οὑδεις ἁθετει ἡ ἑπιδιατασσεται.

κυων [5]

Mt	7 6	μη δωτε το ἁγιον τοις *κυσιν*,
Lc	16 21	ἁλλα και οἱ *κυνες* ἑρχομενοι ἑπελειχον τα ἑλκη αὑτου.

κυων [5]

Php	3 2	βλεπετε τους *κυνας*, βλεπετε τους κακους έργατας,
2Pt	2 22	*κυων* έπιστρεψας έπι το ίδιον έξεραμα,
Apc	22 15	έξω οἱ *κυνες* και οἱ φαρμακοι και οἱ πορνοι και οἱ φονεις και οἱ είδωλολατραι και πας φιλων και ποιων ψευδος.

κωλον [1]

Heb	3 17	ούχι τοις άμαρτησασιν, ών τα *κωλα* έπεσεν έν τη έρημω;

κωλυω [23]

Mt	19 14	άφετε τα παιδια και μη *κωλυετε* αύτα έλθειν προς με·
Mc	9 38	και *έκωλυομεν* αύτον, ότι ούκ ήκολουθει ήμιν.
	39	μη *κωλυετε* αύτον· ούδεις γαρ έστιν ός ποιησει δυναμιν έπι τω όνοματι μου και δυνησεται ταχυ κακολογησαι με·
	10 14	άφετε τα παιδια έρχεσθαι προς με, μη *κωλυετε* αύτα· των γαρ τοιουτων έστιν ή βασιλεια του θεου.
Lc	6 29	και άπο του αίροντος σου το ίματιον και τον χιτωνα μη *κωλυσης.*
	9 49	και *έκωλυομεν* αύτον, ότι ούκ άκολουθει μεθ ήμων.
	50	μη *κωλυετε·* ός γαρ ούκ έστιν καθ ύμων, ύπερ ύμων έστιν.
	11 52	αύτοι ούκ είσηλθατε και τους είσερχομενους *έκωλυσατε.*
	18 16	άφετε τα παιδια έρχεσθαι προς με και μη *κωλυετε* αύτα·
	23 2	τουτον εύραμεν διαστρεφοντα το έθνος ήμων και *κωλυοντα* φορους καισαρι διδοναι,
Ac	8 36	ίδου ύδωρ· τί *κωλυει* με βαπτισθηναι;
	10 47	μητι το ύδωρ δυναται *κωλυσαι* τις του μη βαπτισθηναι τουτους, οίτινες το πνευμα το άγιον έλαβον ώς και ήμεις;
	11 17	εί ούν την ίσην δωρεαν έδωκεν αύτοις ό θεος ώς και ήμιν, πιστευσασιν έπι τον κυριον ίησουν χριστον, έγω τίς ήμην δυνατος *κωλυσαι* τον θεον;
	16 6	διηλθον δε την φρυγιαν και γαλατικην χωραν, *κωλυθεντες* ύπο του άγιου πνευματος λαλησαι τον λογον έν τη άσια·
	24 23	διαταξαμενος τω έκατονταρχη τηρεισθαι αύτον έχειν τε άνεσιν και μηδενα *κωλυειν* των ίδιων αύτου ύπηρετειν αύτω.
	27 43	ό δε έκατονταρχης βουλομενος διασωσαι τον παυλον *έκωλυσεν* αύτους του βουληματος,
Rm	1 13	ού θελω δε ύμας άγνοειν, άδελφοι, ότι πολλακις προεθεμην έλθειν προς ύμας, και *έκωλυθην* άχρι του δευρο,
1Co	14 39	ώστε, άδελφοι [μου,] ζηλουτε το προφητευειν, και το λαλειν μη *κωλυετε* γλωσσαις·
1Th	2 16	*κωλυοντων* ήμας τοις έθνεσιν λαλησαι ίνα σωθωσιν,
1Tm	4 3	*κωλυοντων* γαμειν, άπεχεσθαι βρωματων, ά ό θεος έκτισεν είς μεταλημψιν μετα εύχαριστιας τοις πιστοις και έπεγνωκοσι την άληθειαν.
Heb	7 23	και οἱ μεν πλειονες είσιν γεγονοτες ίερεις δια το θανατω *κωλυεσθαι* παραμενειν·
2Pt	2 16	ύποζυγιον άφωνον έν άνθρωπου φωνη φθεγξαμενον *έκωλυσεν* την του προφητου παραφρονιαν.
3Jh	10	ούτε αύτος έπιδεχεται τους άδελφους και τους βουλομενους *κωλυει* και έκ της έκκλησιας έκβαλλει.

κωμη [27]

Mt	9 35	και περιηγεν ό ίησους τας πολεις πασας και τας *κωμας,*
	10 11	είς ήν δ άν πολιν ή *κωμην* είσελθητε, έξετασατε τίς έν αύτη άξιος έστιν·
	14 15	άπολυσον τους όχλους, ίνα άπελθοντες είς τας *κωμας* άγορασωσιν έαυτοις βρωματα.
	21 2	πορευεσθε είς την *κωμην* την κατεναντι ύμων,
Mc	6 6	και περιηγεν τας *κωμας* κυκλω διδασκων.
	36	άπολυσον αύτους, ίνα άπελθοντες είς τους κυκλω άγρους και *κωμας* άγορασωσιν έαυτοις τί φαγωσιν.
	56	και όπου άν είσεπορευετο είς *κωμας* ή είς πολεις ή είς άγρους, έν ταις άγοραις έτιθεσαν τους άσθενουντας,
	8 23	και έπιλαβομενος της χειρος του τυφλου έξηνεγκεν αύτον έξω της *κωμης,*
	26	και άπεστειλεν αύτον είς οίκον αύτου λεγων· μηδε είς την *κωμην* είσελθης.
	27	και έξηλθεν ό ίησους και οἱ μαθηται αύτου είς τας *κωμας* καισαρειας της φιλιππου·
	11 2	ύπαγετε είς την *κωμην* την κατεναντι ύμων, και εύθυς είσπορευομενοι είς αύτην εύρησετε πωλον δεδεμενον έφ όν ούδεις ούπω άνθρωπων έκαθισεν·
Lc	5 17	και ήσαν καθημενοι φαρισαιοι και νομοδιδασκαλοι οἱ ήσαν έληλυθοτες έκ πασης *κωμης* της γαλιλαιας και ίουδαιας και ίερουσαλημ·

κωμη [27]

Lc	8 1	και έγενετο έν τω καθεξης και αύτος διωδευεν κατα πολιν και *κωμην* κηρυσσων και εύαγγελιζομενος την βασιλειαν του θεου,
	9 6	έξερχομενοι δε διηρχοντο κατα τας *κωμας* εύαγγελιζομενοι και θεραπευοντες πανταχου.
	12	άπολυσον τον όχλον, ίνα πορευθεντες είς τας κυκλω *κωμας* και άγρους καταλυσωσιν και εύρωσιν έπισιτισμον, ότι ώδε έν έρημω τοπω έσμεν.
	52	και πορευθεντες είσηλθον είς *κωμην* σαμαριτων, ώς έτοιμασαι αύτω·
	56	και έπορευθησαν είς έτεραν *κωμην.*
	10 38	έν δε τω πορευεσθαι αύτους αύτος είσηλθεν είς *κωμην* τινα·
	13 22	και διεπορευετο κατα πολεις και *κωμας* διδασκων και πορειαν ποιουμενος είς ίεροσολυμα.
	17 12	και είσερχομενου αύτου είς τινα *κωμην* άπηντησαν [αύτω] δεκα λεπροι άνδρες,
	19 30	ύπαγετε είς την κατεναντι *κωμην,* έν ή είσπορευομενοι εύρησετε πωλον δεδεμενον,
	24 13	και ίδου δυο έξ αύτων έν αύτη τη ήμερα ήσαν πορευομενοι είς *κωμην* άπεχουσαν σταδιους έξηκοντα άπο ίερουσαλημ, ή όνομα έμμαους,
	28	και ήγγισαν είς την *κωμην* ού έπορευοντο,
Jh	7 42	ούχ ή γραφη είπεν ότι έκ του σπερματος δαυιδ, και άπο βηθλεεμ της *κωμης* όπου ήν δαυιδ, έρχεται ό χριστος;
	11 1	ήν δε τις άσθενων, λαζαρος άπο βηθανιας, έκ της *κωμης* μαριας και μαρθας της άδελφης αύτης.
	30	ούπω δε έληλυθει ό ίησους είς την *κωμην,* άλλ ήν έτι έν τω τοπω όπου ύπηντησεν αύτω ή μαρθα.
Ac	8 25	οἱ μεν ούν διαμαρτυραμενοι και λαλησαντες τον λογον του κυριου ύπεστρεφον είς ίεροσολυμα, πολλας τε *κωμας* των σαμαριτων εύηγγελιζοντο.

κωμοπολις [1]

Mc	1 38	άγωμεν άλλαχου είς τας έχομενας *κωμοπολεις,*

κωμος [3]

Rm	13 13	ώς έν ήμερα εύσχημονως περιπατησωμεν, μη *κωμοις* και μεθαις, μη κοιταις και άσελγειαις, μη έριδι και ζηλω·
Ga	5 21	διχοστασιαι, αίρεσεις, φθονοι, μεθαι, *κωμοι,* και τα όμοια τουτοις,
1Pt	4 3	πεπορευμενους έν άσελγειαις, έπιθυμιαις, οίνοφλυγιαις, *κωμοις,* ποτοις και άθεμιτοις είδωλολατριαις.

κωνωψ [1]

Mt	23 24	όδηγοι τυφλοι, οἱ διυλιζοντες τον *κωνωπα,* την δε καμηλον καταπινοντες.

κως [1]

Ac	21 1	ώς δε έγενετο άναχθηναι ήμας άποσπασθεντας άπ αύτων, εύθυδρομησαντες ήλθομεν είς την *κω,*

κωσαμ [1]

Lc	3 28	του μελχι του άδδι του *κωσαμ* του έλμαδαμ του ήρ

κωφος [14]

Mt	9 32	αύτων δε έξερχομενων, ίδου προσηνεγκαν αύτω άνθρωπον *κωφον* δαιμονιζομενον.
	33	και έκβληθεντος του δαιμονιου έλαλησεν ό *κωφος.*
	11 5	λεπροι καθαριζονται και *κωφοι* άκουουσιν,
	12 22	τοτε προσηνεχθη αύτω δαιμονιζομενος τυφλος και *κωφος·*
	22	και έθεραπευσεν αύτον, ώστε τον *κωφον* λαλειν και βλεπειν.
	15 30	και προσηλθον αύτω όχλοι πολλοι έχοντες μεθ έαυτων χωλους, τυφλους, κυλλους, *κωφους,* και έτερους πολλους, και έρριψαν αύτους παρα τους ποδας αύτου·
	31	ώστε τον όχλον θαυμασαι βλεποντας *κωφους* λαλουντας, κυλλους ύγιεις και χωλους περιπατουντας και τυφλους βλεποντας·
Mc	7 32	και φερουσιν αύτω *κωφον* και μογιλαλον,
	37	καλως παντα πεποιηκεν, και τους *κωφους* ποιει άκουειν και [τους] άλαλους λαλειν.
	9 25	το άλαλον και *κωφον* πνευμα, έγω έπιτασσω σοι, έξελθε έξ αύτου και μηκετι είσελθης είς αύτον.
Lc	1 22	και αύτος ήν διανευων αύτοις, και διεμενεν *κωφος.*

κωφος [14]

Lc 7 22 και *κωφοι* άκουουσιν, νεκροι έγειρονται, πτωχοι
ευαγγελιζονται·

11 14 και ήν έκβαλλων δαιμονιον, [και αύτο ήν] *κωφον*·

14 έγενετο δε του δαιμονιου έξελθοντος έλαλησεν ό *κωφος*·

Λ

λαγχανω [4]

Lc 1 9 κατα το έθος της ιερατειας *έλαχε* του θυμιασαι είσελθων είς
τον ναον του κυριου,

Jh 19 24 μη σχισωμεν αύτον, άλλα *λαχωμεν* περι αύτου τίνος έσται·

Ac 1 17 ότι κατηριθμημενος ήν έν ήμιν και *έλαχεν* τον κληρον της
διακονιας ταυτης.

2Pt 1 1 συμεων πετρος δουλος και άποστολος ίησου χριστου τοις
ίσοτιμω ήμιν *λαχουσιν* πιστιν έν δικαιοσυνη του θεου ήμων
και σωτηρος ίησου χριστου·

λαζαρος [15]

Lc 16 20 πτωχος δε τις όνοματι *λαζαρος* έβεβλητο προς τον πυλωνα
αύτου είλκωμενος και έπιθυμων χορτασθηναι άπο των
πιπτοντων άπο της τραπεζης του πλουσιου·

23 και έν τω άδη έπαρας τους όφθαλμους αύτου, ύπαρχων έν
βασανοις, όρα άβρααμ άπο μακροθεν και *λαζαρον* έν τοις
κολποις αύτου.

24 πατερ άβρααμ, έλεησον με και πεμψον *λαζαρον* ίνα βαψη το
άκρον του δακτυλου αύτου ύδατος και καταψυξη την
γλωσσαν μου,

25 τεκνον, μνησθητι ότι άπελαβες τα άγαθα σου έν τη ζωη σου,
και *λαζαρος* όμοιως τα κακα·

Jh 11 1 ήν δε τις άσθενων, *λαζαρος* άπο βηθανιας,

2 ήν δε μαριαμ ή άλειψασα τον κυριον μυρω και έκμαξασα
τους ποδας αύτου ταις θριξιν αύτης, ής ό άδελφος *λαζαρος*
ήσθενει.

5 ήγαπα δε ό ίησους την μαρθαν και την άδελφην αύτης και
τον *λαζαρον*.

11 *λαζαρος* ό φιλος ήμων κεκοιμηται· άλλα πορευομαι ίνα
έξυπνισω αύτον.

14 *λαζαρος* άπεθανεν, και χαιρω δι ύμας,

43 και ταυτα είπων φωνη μεγαλη έκραυγασεν· *λαζαρε*, δευρο
έξω.

12 1 ό ούν ίησους προ έξ ήμερων του πασχα ήλθεν είς βηθανιαν,
όπου ήν *λαζαρος*,

2 ό δε *λαζαρος* είς ήν έκ των άνακειμενων συν αύτω·

9 και ήλθον ού δια τον ίησουν μονον, άλλ ίνα και τον *λαζαρον*
ίδωσιν όν ήγειρεν έκ νεκρων.

10 έβουλευσαντο δε οί άρχιερεις ίνα και τον *λαζαρον*
άποκτεινωσιν,

17 έμαρτυρει ούν ό όχλος ό ών μετ αύτου ότε τον *λαζαρον*
έφωνησεν έκ του μνημειου και ήγειρεν αύτον έκ νεκρων.

λαθρα [4]

Mt 1 19 έβουληθη *λαθρα* άπολυσαι αύτην.

2 7 τοτε ήρωδης *λαθρα* καλεσας τους μαγους ήκριβωσεν παρ
αύτων τον χρονον του φαινομενου άστερος,

Jh 11 28 και τουτο είπουσα άπηλθεν και έφωνησεν μαριαμ την
άδελφην αύτης *λαθρα* είπουσα·

Ac 16 37 και νυν *λαθρα* ήμας έκβαλλουσιν;

λαιλαψ [3]

Mc 4 37 και γινεται *λαιλαψ* μεγαλη άνεμου,

Lc 8 23 και κατεβη *λαιλαψ* άνεμου είς την λιμνην,

2Pt 2 17 ούτοι είσιν πηγαι άνυδροι και όμιχλαι ύπο *λαιλαπος*
έλαυνομεναι,

λακαω [1]

Ac 1 18 και πρηνης γενομενος *έλακησεν* μεσος, και έξεχυθη παντα τα
σπλαγχνα αύτου·

λακτιζω [1]

Ac 26 14 σαουλ σαουλ, τί με διωκεις; σκληρον σοι προς κεντρα
λακτιζειν.

λαλεω [296]

Mt 9 18 ταυτα αύτου *λαλουντος* αύτοις, ίδου άρχων είς έλθων
προσεκυνει αύτω λεγων ότι ή θυγατηρ μου άρτι έτελευτησεν·

33 και έκβληθεντος του δαιμονιου *έλαλησεν* ό κωφος.

10 19 μη μεριμνησητε πως ή τί *λαλησητε*·

19 δοθησεται γαρ ύμιν έν έκεινη τη ώρα τί *λαλησητε*·

20 ού γαρ ύμεις έστε οί *λαλουντες*, άλλα το πνευμα του πατρος
ύμων το *λαλουν* έν ύμιν.

20 ού γαρ ύμεις έστε οί *λαλουντες*, άλλα το πνευμα του πατρος
ύμων το *λαλουν* έν ύμιν.

12 22 και έθεραπευσεν αύτον, ώστε τον κωφον *λαλειν* και βλεπειν.

34 πως δυνασθε άγαθα *λαλειν* πονηροι όντες;

34 έκ γαρ του περισσευματος της καρδιας το στομα *λαλει*.

36 λεγω δε ύμιν ότι παν ρημα άργον ό *λαλησουσιν* οί άνθρωποι,
άποδωσουσιν περι αύτου λογον έν ήμερα κρισεως·

46 έτι αύτου *λαλουντος* τοις όχλοις, ίδου ή μητηρ και οί άδελφοι
αύτου είστηκεισαν έξω ζητουντες αύτω *λαλησαι*.

46 ίδου ή μητηρ και οί άδελφοι αύτου είστηκεισαν έξω
ζητουντες αύτω *λαλησαι*.

47 [ίδου ή μητηρ σου και οί άδελφοι σου έξω έστηκασιν
ζητουντες σοι *λαλησαι*].

13 3 και *έλαλησεν* αύτοις πολλα έν παραβολαις λεγων·

10 δια τί έν παραβολαις *λαλεις* αύτοις;

13 δια τουτο έν παραβολαις αύτοις *λαλω*, ότι βλεποντες ού
βλεπουσιν και άκουοντες ούκ άκουουσιν ούδε συνιουσιν.

33 άλλην παραβολην *έλαλησεν* αύτοις· όμοια έστιν ή βασιλεια
των ούρανων ζυμη,

34 ταυτα παντα *έλαλησεν* ό ίησους έν παραβολαις τοις όχλοις,

34 και χωρις παραβολης ούδεν *έλαλει* αύτοις·

14 27 εύθυς δε *έλαλησεν* [ό ίησους] αύτοις λεγων· θαρσειτε, έγω
είμι·

15 31 ώστε τον όχλον θαυμασαι βλεποντας κωφους *λαλουντας*,
κυλλους ύγιεις και χωλους περιπατουντας και τυφλους
βλεποντας·

17 5 έτι αύτου *λαλουντος*, ίδου νεφελη φωτεινη έπεσκιασεν
αύτους,

23 1 τοτε ό ίησους *έλαλησεν* τοις όχλοις και τοις μαθηταις αύτου
λεγων· έπι της μωυσεως καθεδρας έκαθισαν οί γραμματεις
και οί φαρισαιοι.

26 13 όπου έαν κηρυχθη το εύαγγελιον τουτο έν όλω τω κοσμω,
λαληθησεται και ό έποιησεν αύτη είς μνημοσυνον αύτης.

47 και έτι αύτου *λαλουντος*, ίδου ίουδας είς των δωδεκα ήλθεν,

28 18 και προσελθων ό ίησους *έλαλησεν* αύτοις λεγων· έδοθη μοι
πασα έξουσια έν ούρανω και έπι [της] γης.

Mc 1 34 και ούκ ήφιεν *λαλειν* τα δαιμονια, ότι ήδεισαν αύτον.

2 2 και *έλαλει* αύτοις τον λογον.

7 τί ούτος ούτως *λαλει*; βλασφημει·

4 33 και τοιαυταις παραβολαις πολλαις *έλαλει* αύτοις τον λογον,

34 χωρις δε παραβολης ούκ *έλαλει* αύτοις,

5 35 έτι αύτου *λαλουντος* έρχονται άπο του άρχισυναγωγου
λεγοντες ότι ή θυγατηρ σου άπεθανεν·

36 ό δε ίησους παρακουσας τον λογον *λαλουμενον* λεγει τω
άρχισυναγωγω· μη φοβου, μονον πιστευε και ούκ άφηκεν
ούδενα μετ αύτου συνακολουθησαι εί μη τον πετρον και
ίακωβον και ίωαννην τον άδελφον ίακωβου.

6 50 ό δε εύθυς *έλαλησεν* μετ αύτων, και λεγει αύτοις· θαρσειτε,
έγω είμι·

7 35 και έλυθη ό δεσμος της γλωσσης αύτου, και *έλαλει* όρθως.

37 καλως παντα πεποιηκεν, και τους κωφους ποιει άκουειν και
[τους] άλαλους *λαλειν*.

8 32 και παρρησια τον λογον *έλαλει*.

11 23 άμην λεγω ύμιν ότι ός άν είπη τω όρει τουτω· άρθητι και
βληθητι είς την θαλασσαν, και μη διακριθη έν τη καρδια
αύτου άλλα πιστευη ότι ό *λαλει* γινεται, έσται αύτω.

12 1 και ήρξατο αύτοις έν παραβολαις *λαλειν*.

13 11 και όταν άγωσιν ύμας παραδιδοντες, μη προμεριμνατε τί
λαλησητε,

11 μη προμεριμνατε τί *λαλησητε*, άλλ ό έαν δοθη ύμιν έν έκεινη
τη ώρα, τουτο *λαλειτε*·

11 ού γαρ έστε ύμεις οί *λαλουντες* άλλα το πνευμα το άγιον.

14 9 όπου έαν κηρυχθη το εύαγγελιον είς όλον τον κοσμον, και ό
έποιησεν αύτη *λαληθησεται* είς μνημοσυνον αύτης.

31 ό δε έκπερισσως *έλαλει*· έαν δεη με συναποθανειν σοι, ού μη
σε άπαρνησομαι.

λαλεω [296]

Mc 14 43   και ευθυς ετι αυτου *λαλουντος* παραγινεται ιουδας εις των δωδεκα,

16 17   εν τω ονοματι μου δαιμονια εκβαλουσιν, γλωσσαις *λαλησουσιν* καιναις,

19   ο μεν ουν κυριος ιησους μετα το *λαλησαι* αυτοις ανελημφθη εις τον ουρανον και εκαθισεν εκ δεξιων του θεου.

Lc 1 19   εγω ειμι γαβριηλ ο παρεστηκως ενωπιον του θεου, και απεσταλην *λαλησαι* προς σε και ευαγγελισασθαι σοι ταυτα·

20   και ιδου εση σιωπων και μη δυναμενος *λαλησαι* αχρι ης ημερας γενηται ταυτα,

22   εξελθων δε ουκ εδυνατο *λαλησαι* αυτοις,

45   και μακαρια η πιστευσασα οτι εσται τελειωσις τοις *λελαλημενοις* αυτη παρα κυριου.

55   αντελαβετο ισραηλ παιδος αυτου, μνησθηναι ελεους, καθως *ελαλησεν* προς τους πατερας ημων,

64   ανεωχθη δε το στομα αυτου παραχρημα και η γλωσσα αυτου, και *ελαλει* ευλογων τον θεον.

70   και ηγειρεν κερας σωτηριας ημιν εν οικω δαυιδ παιδος αυτου, καθως *ελαλησεν* δια στοματος των αγιων απ αιωνος προφητων αυτου,

2 15   οι ποιμενες *ελαλουν* προς αλληλους· διελθωμεν δη εως βηθλεεμ και ιδωμεν το ρημα τουτο το γεγονος ο ο κυριος εγνωρισεν ημιν.

17   ιδοντες δε εγνωρισαν περι του ρηματος του *λαληθεντος* αυτοις περι του παιδιου τουτου.

18   και παντες οι ακουσαντες εθαυμασαν περι των *λαληθεντων* υπο των ποιμενων προς αυτους·

20   και υπεστρεψαν οι ποιμενες δοξαζοντες και αινουντες τον θεον επι πασιν οις ηκουσαν και ειδον καθως *ελαληθη* προς αυτους.

33   και ην ο πατηρ αυτου και η μητηρ θαυμαζοντες επι τοις *λαλουμενοις* περι αυτου.

38   και αυτη τη ωρα επιστασα ανθωμολογειτο τω θεω και *ελαλει* περι αυτου πασιν τοις προσδεχομενοις λυτρωσιν ιερουσαλημ.

50   και αυτοι ου συνηκαν το ρημα ο *ελαλησεν* αυτοις.

4 41   και επιτιμων ουκ εια αυτα *λαλειν*, οτι ηδεισαν τον χριστον αυτον ειναι.

5 4   ως δε επαυσατο *λαλων*, ειπεν προς τον σιμωνα·

21   τις εστιν ουτος ος *λαλει* βλασφημιας;

6 45   εκ γαρ περισσευματος καρδιας *λαλει* το στομα αυτου.

7 15   και ανεκαθισεν ο νεκρος και ηρξατο *λαλειν*,

8 49   ετι αυτου *λαλουντος* ερχεται τις παρα του αρχισυναγωγου λεγων οτι τεθνηκεν η θυγατηρ σου·

9 11   και αποδεξαμενος αυτους *ελαλει* αυτοις περι της βασιλειας του θεου,

11 14   εγενετο δε του δαιμονιου εξελθοντος *ελαλησεν* ο κωφος·

37   εν δε τω *λαλησαι* ερωτα αυτον φαρισαιος οπως αριστηση παρ αυτω·

12 3   και ο προς το ους *ελαλησατε* εν τοις ταμειοις κηρυχθησεται επι των δωματων.

22 47   ετι αυτου *λαλουντος* ιδου οχλος, και ο λεγομενος ιουδας εις των δωδεκα προηρχετο αυτους, και ηγγισεν τω ιησου φιλησαι αυτον.

60   και παραχρημα ετι *λαλουντος* αυτου εφωνησεν αλεκτωρ.

24 6   μνησθητε ως *ελαλησεν* υμιν ετι ων εν τη γαλιλαια,

25   ω ανοητοι και βραδεις τη καρδια του πιστευειν επι πασιν οις *ελαλησαν* οι προφηται·

32   ουχι η καρδια ημων καιομενη ην [εν ημιν], ως *ελαλει* ημιν εν τη οδω, ως διηνοιγεν ημιν τας γραφας;

36   ταυτα δε αυτων *λαλουντων* αυτος εστη εν μεσω αυτων και λεγει αυτοις,

Jh 1 37   ουτοι οι λογοι μου ους *ελαλησα* προς υμας ετι ων συν υμιν.

  και ηκουσαν οι δυο μαθηται αυτου *λαλουντος* και ηκολουθησαν τω ιησου.

3 11   αμην αμην λεγω σοι οτι ο οιδαμεν *λαλουμεν* και ο εωρακαμεν μαρτυρουμεν,

31   ο ων εκ της γης εκ της γης εστιν και εκ της γης *λαλει*.

34   ον γαρ απεστειλεν ο θεος τα ρηματα του θεου *λαλει*·

4 26   εγω ειμι, ο *λαλων* σοι.

27   και επι τουτω ηλθαν οι μαθηται αυτου, και εθαυμαζον οτι μετα γυναικος *ελαλει*·

27   τι ζητεις η τι *λαλεις* μετ αυτης;

6 63   τα ρηματα α εγω *λελαληκα* υμιν πνευμα εστιν και ζωη εστιν.

7 13   ουδεις μεντοι παρρησια *ελαλει* περι αυτου δια τον φοβον των ιουδαιων.

  εαν τις θελη το θελημα αυτου ποιειν, γνωσεται περι της διδαχης, ποτερον εκ του θεου εστιν η εγω απ εμαυτου *λαλω*.

18   ο αφ εαυτου *λαλων* την δοξαν την ιδιαν ζητει·

26   και ιδε παρρησια *λαλει*, και ουδεν αυτω λεγουσιν.

λαλεω [296]

Jh 7 46   ουδεποτε *ελαλησεν* ουτως ανθρωπος.

8 12   παλιν ουν αυτοις *ελαλησεν* ο ιησους λεγων· εγω ειμι το φως του κοσμου·

20   ταυτα τα ρηματα *ελαλησεν* εν τω γαζοφυλακιω διδασκων εν τω ιερω·

25   ειπεν αυτοις ο ιησους· την αρχην οτι και *λαλω* υμιν;

26   πολλα εχω περι υμων *λαλειν* και κρινειν·

26   καγω α ηκουσα παρ αυτου, ταυτα *λαλω* εις τον κοσμον.

28   και απ εμαυτου ποιω ουδεν, αλλα καθως εδιδαξεν με ο πατηρ, ταυτα *λαλω*.

30   ταυτα αυτου *λαλουντος* πολλοι επιστευσαν εις αυτον.

38   α εγω εωρακα παρα τω πατρι *λαλω*·

40   νυν δε ζητειτε με αποκτειναι, ανθρωπον ος την αληθειαν υμιν *λελαληκα*,

44   οταν λαλη το ψευδος, εκ των ιδιων *λαλει*, οτι ψευστης εστιν και ο πατηρ αυτου.

44   οταν *λαλη* το ψευδος, εκ των ιδιων λαλει, οτι ψευστης εστιν και ο πατηρ αυτου.

9 21   αυτον ερωτησατε, ηλικιαν εχει, αυτος περι εαυτου *λαλησει*.

29   ημεις οιδαμεν οτι μωυσει *λελαληκεν* ο θεος, τουτον δε ουκ οιδαμεν ποθεν εστιν.

37   και εωρακας αυτον και ο *λαλων* μετα σου εκεινος εστιν.

10 6   εκεινοι δε ουκ εγνωσαν τινα ην α *ελαλει* αυτοις.

12 29   αλλοι ελεγον· αγγελος αυτω *λελαληκεν*.

36   ταυτα *ελαλησεν* ιησους, και απελθων εκρυβη απ αυτων.

41   ταυτα ειπεν ησαιας οτι ειδεν την δοξαν αυτου, και *ελαλησεν* περι αυτου.

48   ο λογος ον *ελαλησα*, εκεινος κρινει αυτον εν τη εσχατη ημερα.

49   οτι εγω εξ εμαυτου ουκ *ελαλησα*, αλλ ο πεμψας με πατηρ αυτος μοι εντολην δεδωκεν τι ειπω και τι *λαλησω*.

49   οτι εγω εξ εμαυτου ουκ ελαλησα, αλλ ο πεμψας με πατηρ αυτος μοι εντολην δεδωκεν τι ειπω και τι *λαλησω*.

50   α ουν εγω *λαλω*, καθως ειρηκεν μοι ο πατηρ, ουτως λαλω.

50   α ουν εγω λαλω, καθως ειρηκεν μοι ο πατηρ, ουτως *λαλω*.

14 10   τα ρηματα α εγω λεγω υμιν απ εμαυτου ου *λαλω*·

25   ταυτα *λελαληκα* υμιν παρ υμιν μενων·

30   ουκετι πολλα *λαλησω* μεθ υμων, ερχεται γαρ ο του κοσμου αρχων·

15 3   ηδη υμεις καθαροι εστε δια τον λογον ον *λελαληκα* υμιν·

11   ταυτα *λελαληκα* υμιν ινα η χαρα η εμη εν υμιν η και η χαρα υμων πληρωθη.

22   ει μη ηλθον και *ελαλησα* αυτοις, αμαρτιαν ουκ ειχοσαν·

16 1   ταυτα *λελαληκα* υμιν ινα μη σκανδαλισθητε.

4   αλλα ταυτα *λελαληκα* υμιν ινα οταν ελθη η ωρα αυτων μνημονευητε αυτων, οτι εγω ειπον υμιν.

6   αλλ οτι ταυτα *λελαληκα* υμιν, η λυπη πεπληρωκεν υμων την καρδιαν.

13   ου γαρ *λαλησει* αφ εαυτου, αλλ οσα ακουσει λαλησει,

13   ου γαρ λαλησει αφ εαυτου, αλλ οσα ακουσει *λαλησει*,

18   τι εστιν τουτο [ο λεγει] το μικρον; ουκ οιδαμεν τι *λαλει*.

25   ταυτα εν παροιμιαις *λελαληκα* υμιν·

29   ερχεται ωρα οτε ουκετι εν παροιμιαις *λαλησω* υμιν,

29   ιδε νυν εν παρρησια *λαλεις*, και παροιμιαν ουδεμιαν λεγεις.

33   ταυτα *λελαληκα* υμιν ινα εν εμοι ειρηνην εχητε.

17 1   ταυτα *ελαλησεν* ιησους,

13   και ταυτα *λαλω* εν τω κοσμω ινα εχωσιν την χαραν την εμην πεπληρωμενην εν εαυτοις.

18 20   εγω παρρησια *λελαληκα* τω κοσμω·

20   και εν κρυπτω *ελαλησα* ουδεν.

23   τι με δερεις; ερωτησον τους ακηκοοτας τι *ελαλησα* αυτοις·

23   ει κακως *ελαλησα*, μαρτυρησον περι του κακου·

19 10   λεγει ουν αυτω ο πιλατος· εμοι ου *λαλεις*;

Ac 2 4   και ηρξαντο *λαλειν* ετεραις γλωσσαις καθως το πνευμα εδιδου αποφθεγγεσθαι αυτοις.

6   γενομενης δε της φωνης ταυτης συνηλθεν το πληθος και συνεχυθη, οτι ηκουον εις εκαστος τη ιδια διαλεκτω *λαλουντων* αυτων.

7   ουχ ιδου απαντες ουτοι εισιν οι *λαλουντες* γαλιλαιοι;

11   ακουομεν *λαλουντων* αυτων ταις ημετεραις γλωσσαις τα μεγαλεια του θεου;

31   προιδων *ελαλησεν* περι της αναστασεως του χριστου, οτι ουτε εγκατελειφθη εις αδην ουτε η σαρξ αυτου ειδεν διαφθοραν.

3 21   ον δει ουρανον μεν δεξασθαι αχρι χρονων αποκαταστασεως παντων ων *ελαλησεν* ο θεος

22   αυτου ακουσεσθε κατα παντα οσα αν *λαληση* προς υμας.

24   και παντες δε οι προφηται απο σαμουηλ και των καθεξης οσοι *ελαλησαν* και κατηγγειλαν τας ημερας ταυτας.

λαλεω [296]

Ac 4 1 λαλουντων δε αυτων προς τον λαον, επεστησαν αυτοις οι ιερεις και ὁ στρατηγος του ιερου και οι σαδδουκαιοι,

17 ἀλλ ἱνα μη ἐπι πλειον διανεμηθη εἰς τον λαον, ἀπειλησωμεθα αὐτοις μηκετι λαλειν ἐπι τῳ ὀνοματι τουτῳ μηδενι ἀνθρωπων·

20 οὐ δυναμεθα γαρ ἡμεις ἃ εἰδαμεν και ἡκουσαμεν μη λαλειν.

29 και δος τοις δουλοις σου μετα παρρησιας πασης λαλειν τον λογον σου,

31 και ἐπλησθησαν ἁπαντες του ἁγιου πνευματος, και ἐλαλουν τον λογον του θεου μετα παρρησιας.

5 20 πορευεσθε και σταθεντες λαλειτε ἐν τῳ ἱερῳ τῳ λαῳ παντα τα ρηματα της ζωης ταυτης.

40 ἐπεισθησαν δε αὐτῳ, και προσκαλεσαμενοι τους ἀποστολους δειραντες παρηγγειλαν μη λαλειν ἐπι τῳ ὀνοματι του ἰησου και ἀπελυσαν.

6 10 και οὐκ ἰσχυον ἀντιστηναι τῃ σοφιᾳ και τῳ πνευματι ᾡ ἐλαλει.

11 τοτε ὑπεβαλον ἀνδρας λεγοντας ὁτι ἀκηκοαμεν αὐτου λαλουντος ρηματα βλασφημα εἰς μωυσην και τον θεον·

13 ὁ ἀνθρωπος οὑτος οὐ παυεται λαλων ρηματα κατα του τοπου του ἁγιου [τουτου] και του νομου·

7 6 ἐλαλησεν δε οὑτως ὁ θεος, ὁτι ἐσται το σπερμα αὐτου παροικον ἐν γῃ ἀλλοτριᾳ,

38 του λαλουντος αὐτῳ ἐν τῳ ὀρει σινα και των πατερων ἡμων,

44 ἡ σκηνη του μαρτυριου ἠν τοις πατρασιν ἡμων ἐν τῃ ἐρημῳ, καθως διεταξατο ὁ λαλων τῳ μωυσῃ ποιησαι αὐτην κατα τον τυπον ὁν ἑωρακει·

8 25 οἱ μεν οὐν διαμαρτυραμενοι και λαλησαντες τον λογον του κυριου ὑπεστρεφον εἰς ἱεροσολυμα, πολλας τε κωμας των σαμαριτων εὐηγγελιζοντο.

26 ἀγγελος δε κυριου ἐλαλησεν προς φιλιππον λεγων· ἀναστηθι και πορευου κατα μεσημβριαν ἐπι την ὁδον

9 6 ἀλλα ἀναστηθι και εἰσελθε εἰς την πολιν, και λαληθησεται σοι ὁτι σε δει ποιειν.

27 και διηγησατο αὐτοις πως ἐν τῃ ὁδῳ εἰδεν τον κυριον και ὁτι ἐλαλησεν αὐτῳ,

29 ἐλαλει τε και συνεζητει προς τους ἑλληνιστας·

10 7 ὡς δε ἀπηλθεν ὁ ἀγγελος ὁ λαλων αὐτῳ, φωνησας δυο των οἰκετων και στρατιωτην εὐσεβη των προσκαρτερουντων αὐτῳ,

44 ἐτι λαλουντος του πετρου τα ρηματα ταυτα ἐπεπεσεν το πνευμα το ἁγιον ἐπι παντας τους ἀκουοντας τον λογον.

46 ἠκουον γαρ αὐτων λαλουντων γλωσσαις και μεγαλυνοντων τον θεον.

11 14 ἀποστειλον εἰς ἰοππην και μεταπεμψαι σιμωνα τον ἐπικαλουμενον πετρον, ὁς λαλησει ρηματα προς σε ἐν οἱς σωθηση συ και πας ὁ οἰκος σου.

15 ἐν δε τῳ ἀρξασθαι με λαλειν ἐπεπεσεν το πνευμα το ἁγιον ἐπ αὐτους ὡσπερ και ἐφ ἡμας ἐν ἀρχῃ.

19 οἱ μεν οὐν διασπαρεντες ἀπο της θλιψεως της γενομενης ἐπι στεφανῳ διηλθον ἑως φοινικης και κυπρου και ἀντιοχειας, μηδενι λαλουντες τον λογον εἰ μη μονον ἰουδαιοις.

20 ἠσαν δε τινες ἐξ αὐτων ἀνδρες κυπριοι και κυρηναιοι, οἱτινες ἐλθοντες εἰς ἀντιοχειαν ἐλαλουν και προς τους ἑλληνιστας,

13 42 ἐξιοντων δε αὐτων παρεκαλουν εἰς το μεταξυ σαββατον λαληθηναι αὐτοις τα ρηματα ταυτα.

45 ἰδοντες δε οἱ ἰουδαιοι τους ὀχλους ἐπλησθησαν ζηλου, και ἀντελεγον τοις ὑπο παυλου λαλουμενοις βλασφημουντες.

46 ὑμιν ἠν ἀναγκαιον πρωτον λαληθηναι τον λογον του θεου·

14 1 ἐγενετο δε ἐν ἰκονιῳ κατα το αὐτο εἰσελθειν αὐτους εἰς την συναγωγην των ἰουδαιων και λαλησαι οὑτως ὡστε πιστευσαι ἰουδαιων τε και ἑλληνων πολυ πληθος.

9 οὑτος ἠκουσεν του παυλου λαλουντος· ὁς ἀτενισας αὐτῳ και ἰδων ὁτι ἐχει πιστιν του σωθηναι,

25 και λαλησαντες ἐν περγῃ τον λογον κατεβησαν εἰς ἀτταλειαν,

16 6 διηλθον δε την φρυγιαν και γαλατικην χωραν, κωλυθεντες ὑπο του ἁγιου πνευματος λαλησαι τον λογον ἐν τῃ ἀσιᾳ·

13 και καθισαντες ἐλαλουμεν ταις συνελθουσαις γυναιξιν.

14 ἡς ὁ κυριος διηνοιξεν την καρδιαν προσεχειν τοις λαλουμενοις ὑπο του παυλου.

32 και ἐλαλησαν αὐτῳ τον λογον του κυριου συν πασιν τοις ἐν τῃ οἰκιᾳ αὐτου.

17 19 δυναμεθα γνωναι τις ἡ καινη αὑτη ἡ ὑπο σου λαλουμενη διδαχη;

18 9 μη φοβου, ἀλλα λαλει και μη σιωπησης,

25 και ζεων τῳ πνευματι ἐλαλει και ἐδιδασκεν ἀκριβως τα περι του ἰησου,

19 6 και ἐπιθεντος αὐτοις του παυλου [τας] χειρας ἠλθε το πνευμα το ἁγιον ἐπ αὐτους, ἐλαλουν τε γλωσσαις και ἐπροφητευον.

λαλεω [296]

Ac 20 30 και ἐξ ὑμων αὐτων ἀναστησονται ἀνδρες λαλουντες διεστραμμενα του ἀποσπαν τους μαθητας ὀπισω αὐτων.

21 39 δεομαι δε σου, ἐπιτρεψον μοι λαλησαι προς τον λαον.

22 9 οἱ δε συν ἐμοι ὀντες το μεν φως ἐθεασαντο, την δε φωνην οὐκ ἠκουσαν του λαλουντος μοι.

10 ἀναστας πορευου εἰς δαμασκον, κακει σοι λαληθησεται περι παντων ὡν τετακται σοι ποιησαι.

23 9 οὐδεν κακον εὑρισκομεν ἐν τῳ ἀνθρωπῳ τουτῳ· εἰ δε πνευμα ἐλαλησεν αὐτῳ ἠ ἀγγελος.

18 ὁ δεσμιος παυλος προσκαλεσαμενος με ἠρωτησεν τουτον τον νεανισκον ἀγαγειν προς σε, ἐχοντα τι λαλησαι σοι.

26 22 οὐδεν ἐκτος λεγων ὡν τε οἱ προφηται ἐλαλησαν μελλοντων γινεσθαι και μωυσης, εἰ παθητος ὁ χριστος,

26 ἐπισταται γαρ περι τουτων ὁ βασιλευς, προς ὁν και παρρησιαζομενος λαλω·

31 και ἀναχωρησαντες ἐλαλουν προς ἀλληλους λεγοντες ὁτι οὐδεν θανατου ἠ δεσμων ἀξιον [τι] πρασσει ὁ ἀνθρωπος οὑτος.

27 25 πιστευω γαρ τῳ θεῳ ὁτι οὑτως ἐσται καθ ὁν τροπον λελαληται μοι.

28 21 ἡμεις οὐτε γραμματα περι σου ἐδεξαμεθα ἀπο της ἰουδαιας, οὐτε παραγενομενος τις των ἀδελφων ἀπηγγειλεν ἠ ἐλαλησεν τι περι σου πονηρον.

25 εἰποντος του παυλου ρημα ἑν, ὁτι καλως το πνευμα το ἁγιον ἐλαλησεν δια ἠσαιου του προφητου προς τους πατερας ὑμων λεγων·

Rm 3 19 οἰδαμεν δε ὁτι ὁσα ὁ νομος λεγει τοις ἐν τῳ νομῳ λαλει,

7 1 ἠ ἀγνοειτε, ἀδελφοι, γινωσκουσιν γαρ νομον λαλω, ὁτι ὁ νομος κυριευει του ἀνθρωπου ἐφ ὁσον χρονον ζῃ;

15 18 οὐ γαρ τολμησω τι λαλειν ὡν οὐ κατειργασατο χριστος δι ἐμου εἰς ὑπακοην ἐθνων,

1Co 2 6 σοφιαν δε λαλουμεν ἐν τοις τελειοις,

7 ἀλλα λαλουμεν θεου σοφιαν ἐν μυστηριῳ, την ἀποκεκρυμμενην, ἡν προωρισεν ὁ θεος προ των αἰωνων εἰς δοξαν ἡμων·

13 ἁ και λαλουμεν οὐκ ἐν διδακτοις ἀνθρωπινης σοφιας λογοις,

3 1 καγω, ἀδελφοι, οὐκ ἠδυνηθην λαλησαι ὑμιν ὡς πνευματικοις ἀλλ ὡς σαρκινοις, ὡς νηπιοις ἐν χριστῳ.

9 8 μη κατα ἀνθρωπον ταυτα λαλω, ἠ και ὁ νομος ταυτα οὐ λεγει;

12 3 διο γνωριζω ὑμιν ὁτι οὐδεις ἐν πνευματι θεου λαλων λεγει·

30 μη παντες χαρισματα ἐχουσιν ἰαματων; μη παντες γλωσσαις λαλουσιν;

13 1 ἐαν ταις γλωσσαις των ἀνθρωπων λαλω και των ἀγγελων, ἀγαπην δε μη ἐχω, γεγονα χαλκος ἠχων ἠ κυμβαλον ἀλαλαζον.

11 ὁτε ἠμην νηπιος, ἐλαλουν ὡς νηπιος, ἐφρονουν ὡς νηπιος, ἐλογιζομην ὡς νηπιος·

14 2 ὁ γαρ λαλων γλωσσῃ οὐκ ἀνθρωποις λαλει ἀλλα θεῳ·

2 ὁ γαρ λαλων γλωσσῃ οὐκ ἀνθρωποις λαλει ἀλλα θεῳ·

2 οὐδεις γαρ ἀκουει, πνευματι δε λαλει μυστηρια·

3 ὁ δε προφητευων ἀνθρωποις λαλει οἰκοδομην και παρακλησιν και παραμυθιαν.

4 ὁ λαλων γλωσσῃ ἑαυτον οἰκοδομει·

5 θελω δε παντας ὑμας λαλειν γλωσσαις,

5 μειζων δε ὁ προφητευων ἠ ὁ λαλων γλωσσαις,

6 νυν δε, ἀδελφοι, ἐαν ἐλθω προς ὑμας γλωσσαις λαλων, τι ὑμας ὠφελησω,

6 τι ὑμας ὠφελησω, ἐαν μη ὑμιν λαλησω ἠ ἐν ἀποκαλυψει ἠ ἐν γνωσει ἠ ἐν προφητειᾳ ἠ [ἐν] διδαχῃ;

9 οὑτως και ὑμεις δια της γλωσσης ἐαν μη εὐσημον λογον δωτε, πως γνωσθησεται το λαλουμενον;

9 ἐσεσθε γαρ εἰς ἀερα λαλουντες·

11 ἐαν οὐν μη εἰδω την δυναμιν της φωνης, ἐσομαι τῳ λαλουντι βαρβαρος και ὁ λαλων ἐν ἐμοι βαρβαρος.

11 ἐαν οὐν μη εἰδω την δυναμιν της φωνης, ἐσομαι τῳ λαλουντι βαρβαρος και ὁ λαλων ἐν ἐμοι βαρβαρος.

13 διο ὁ λαλων γλωσσῃ προσευχεσθω ἱνα διερμηνευῃ.

18 εὐχαριστω τῳ θεῳ, παντων ὑμων μαλλον γλωσσαις λαλω·

19 ἀλλα ἐν ἐκκλησιᾳ θελω πεντε λογους τῳ νοι μου λαλησαι, ἱνα και ἀλλους κατηχησω, ἠ μυριους λογους ἐν γλωσσῃ.

21 ἐν τῳ νομῳ γεγραπται ὁτι ἐν ἑτερογλωσσοις και ἐν χειλεσιν ἑτερων λαλησω τῳ λαῳ τουτῳ, και οὐδ οὑτως εἰσακουσονται μου, λεγει κυριος.

23 ἐαν οὐν συνελθῃ ἡ ἐκκλησια ὁλη ἐπι το αὐτο και παντες λαλωσιν γλωσσαις, εἰσελθωσιν δε ἰδιωται ἠ ἀπιστοι, οὐκ ἐρουσιν ὁτι μαινεσθε;

27 εἰτε γλωσσῃ τις λαλει, κατα δυο ἠ το πλειστον τρεις, και ἀνα μερος,

λαλεω [296]

1Co 14 28 ἐαν δε μη ᾖ διερμηνευτης, σιγατω ἐν ἐκκλησιᾳ, ἑαυτῳ δε λαλειτω και τῳ θεῳ.

29 προφηται δε δυο ἢ τρεις λαλειτωσαν,

34 οὐ γαρ ἐπιτρεπεται αὐταις λαλειν, ἀλλα ὑποτασσεσθωσαν,

35 αἰσχρον γαρ ἐστιν γυναικι λαλειν ἐν ἐκκλησιᾳ.

39 ὥστε, ἀδελφοι [μου,] ζηλουτε το προφητευειν, και το λαλειν μη κωλυετε γλωσσαις·

15 34 ἀγνωσιαν γαρ θεου τινες ἐχουσιν· προς ἐντροπην ὑμιν λαλω.

2Co 2 17 ἀλλ ὡς ἐξ εἰλικρινειας, ἀλλ ὡς ἐκ θεου κατεναντι θεου ἐν χριστῳ λαλουμεν.

4 13 ἐχοντες δε το αὐτο πνευμα της πιστεως, κατα το γεγραμμενον· ἐπιστευσα, διο ἐλαλησα, και ἡμεις πιστευομεν,

13 διο και λαλουμεν, εἰδοτες ὁτι ὁ ἐγειρας τον κυριον ἰησουν και ἡμας συν ἰησου ἐγερει και παραστησει συν ὑμιν.

7 14 ἀλλ ὡς παντα ἐν ἀληθειᾳ ἐλαλησαμεν ὑμιν, οὑτως και ἡ καυχησις ἡμων ἡ ἐπι τιτου ἀληθεια ἐγενηθη.

11 17 ὁ λαλω, οὐ κατα κυριον λαλω,

17 ὁ λαλω, οὐ κατα κυριον λαλω,

23 διακονοι χριστου εἰσιν; παραφρονων λαλω, ὑπερ ἐγω·

12 4 και ἡκουσεν ἀρρητα ῥηματα, ἁ οὐκ ἐξον ἀνθρωπῳ λαλησαι.

19 κατεναντι θεου ἐν χριστῳ λαλουμεν·

13 3 ἐπει δοκιμην ζητειτε του ἐν ἐμοι λαλουντος χριστου,

Eph 4 25 διο ἀποθεμενοι το ψευδος λαλειτε ἀληθειαν ἑκαστος μετα του πλησιον αὐτου,

5 19 λαλουντες ἑαυτοις [ἐν] ψαλμοις και ὑμνοις και ᾠδαις πνευματικαις,

6 20 ἐν παρρησιᾳ γνωρισαι το μυστηριον του εὐαγγελιου, ὑπερ οὑ πρεσβευω ἐν ἁλυσει, ἱνα ἐν αὐτῳ παρρησιασωμαι ὡς δει με λαλησαι.

Php 1 14 και τους πλειονας των ἀδελφων ἐν κυριῳ πεποιθοτας τοις δεσμοις μου περισσοτερως τολμαν ἀφοβως τον λογον λαλειν.

Col 4 3 ἱνα ὁ θεος ἀνοιξῃ ἡμιν θυραν του λογου, λαλησαι το μυστηριον του χριστου,

4 δι ὁ και δεδεμαι, ἱνα φανερωσω αὐτο ὡς δει με λαλησαι.

1Th 1 8 ἀλλ ἐν παντι τοπῳ ἡ πιστις ὑμων ἡ προς τον θεον ἐξεληλυθεν, ὡστε μη χρειαν ἐχειν ἡμας λαλειν τι·

2 2 ἀλλα προπαθοντες και ὑβρισθεντες καθως οἰδατε ἐν φιλιπποις ἐπαρρησιασαμεθα ἐν τῳ θεῳ ἡμων λαλησαι προς ὑμας το εὐαγγελιον του θεου ἐν πολλῳ ἀγωνι.

4 ἀλλα καθως δεδοκιμασμεθα ὑπο του θεου πιστευθηναι το εὐαγγελιον οὑτως λαλουμεν,

16 κωλυοντων ἡμας τοις ἐθνεσιν λαλησαι ἱνα σωθωσιν,

1Tm 5 13 οὐ μονον δε ἀργαι ἀλλα και φλυαροι και περιεργοι, λαλουσαι τα μη δεοντα.

Tit 2 1 συ δε λαλει ἁ πρεπει τῃ ὑγιαινουσῃ διδασκαλιᾳ.

15 ταυτα λαλει και παρακαλει και ἐλεγχε μετα πασης ἐπιταγης·

Heb 1 1 πολυμερως και πολυτροπως παλαι ὁ θεος λαλησας τοις πατρασιν ἐν τοις προφηταις ἐπ ἐσχατου των ἡμερων τουτων ἐλαλησεν ἡμιν ἐν υἱῳ,

2 ἐπ ἐσχατου των ἡμερων τουτων ἐλαλησεν ἡμιν ἐν υἱῳ,

2 2 εἰ γαρ ὁ δι ἀγγελων λαληθεις λογος ἐγενετο βεβαιος, και πασα παραβασις και παρακοη ἐλαβεν ἐνδικον μισθαποδοσιαν, πως ἡμεις ἐκφευξομεθα τηλικαυτης ἀμελησαντες σωτηριας;

3 ἡτις ἀρχην λαβουσα λαλεισθαι δια του κυριου, ὑπο των ἀκουσαντων εἰς ἡμας ἐβεβαιωθη,

5 οὐ γαρ ἀγγελοις ὑπεταξεν την οἰκουμενην την μελλουσαν, περι ἡς λαλουμεν.

3 5 και μωυσης μεν πιστος ἐν ὁλῳ τῳ οἰκῳ αὐτου ὡς θεραπων εἰς μαρτυριον των λαληθησομενων,

4 8 εἰ γαρ αὐτους ἰησους κατεπαυσεν, οὐκ ἀν περι ἀλλης ἐλαλει μετα ταυτα ἡμερας.

5 5 οὑτως και ὁ χριστος οὐχ ἑαυτον ἐδοξασεν γενηθηναι ἀρχιερεα, ἀλλ ὁ λαλησας προς αὐτον· υἱος μου εἰ συ,

6 9 πεπεισμεθα δε περι ὑμων, ἀγαπητοι, τα κρεισσονα και ἐχομενα σωτηριας, εἰ και οὑτως λαλουμεν.

7 14 προδηλον γαρ ὁτι ἐξ ἰουδα ἀνατεταλκεν ὁ κυριος ἡμων, εἰς ἡν φυλην περι ἱερεων οὐδεν μωυσης ἐλαλησεν.

9 19 λαληθεισης γαρ πασης ἐντολης κατα τον νομον ὑπο μωυσεως παντι τῳ λαῳ, λαβων το αἱμα των μοσχων

11 4 και δι αὐτης ἀποθανων ἐτι λαλει.

18 προς ὁν ἐλαληθη ὁτι ἐν ἰσαακ κληθησεται σοι σπερμα,

12 24 και διαθηκης νεας μεσιτῃ ἰησου, και αἱματι ῥαντισμου κρειττον λαλουντι παρα τον ἀβελ.

25 βλεπετε μη παραιτησησθε τον λαλουντα·

13 7 μνημονευετε των ἡγουμενων ὑμων, οἱτινες ἐλαλησαν ὑμιν τον λογον του θεου,

Ja 1 19 ἐστω δε πας ἀνθρωπος ταχυς εἰς το ἀκουσαι, βραδυς εἰς το λαλησαι, βραδυς εἰς ὀργην·

Ja 2 12 οὑτως λαλειτε και οὑτως ποιειτε ὡς δια νομου ἐλευθεριας μελλοντες κρινεσθαι.

5 10 ὑποδειγμα λαβετε, ἀδελφοι, της κακοπαθιας και της μακροθυμιας τους προφητας, οἱ ἐλαλησαν ἐν τῳ ὀνοματι κυριου.

1Pt 3 10 παυσατω την γλωσσαν ἀπο κακου και χειλη του μη λαλησαι δολον,

4 11 εἰ τις λαλει, ὡς λογια θεου·

2Pt 1 21 ἀλλα ὑπο πνευματος ἁγιου φερομενοι ἐλαλησαν ἀπο θεου ἀνθρωποι.

3 16 ὡς και ἐν πασαις ἐπιστολαις λαλων ἐν αὐταις περι τουτων,

1Jh 4 5 δια τουτο ἐκ του κοσμου λαλουσιν και ὁ κοσμος αὐτων ἀκουει.

2Jh 12 ἀλλα ἐλπιζω γενεσθαι προς ὑμας και στομα προς στομα λαλησαι,

3Jh 14 ἐλπιζω δε εὐθεως σε ἰδειν, και στομα προς στομα λαλησομεν.

Ju 15 και περι παντων των σκληρων ὡν ἐλαλησαν κατ αὐτου ἁμαρτωλοι ἀσεβεις.

16 και το στομα αὐτων λαλει ὑπερογκα, θαυμαζοντες προσωπα ὠφελειας χαριν.

Apc 1 12 και ἐπεστρεψα βλεπειν την φωνην ἡτις ἐλαλει μετ ἐμου·

4 1 και ἡ φωνη ἡ πρωτη ἡν ἡκουσα ὡς σαλπιγγος λαλουσης μετ ἐμου, λεγων·

10 3 και ὁτε ἐκραξεν, ἐλαλησαν αἱ ἑπτα βρονται τας ἑαυτων φωνας.

4 και ὁτε ἐλαλησαν αἱ ἑπτα βρονται, ἡμελλον γραφειν·

4 σφραγισον ἁ ἐλαλησαν αἱ ἑπτα βρονται,

8 και ἡ φωνη ἡν ἡκουσα ἐκ του οὐρανου, παλιν λαλουσαν μετ ἐμου και λεγουσαν·

13 5 και ἐδοθη αὐτῳ στομα λαλουν μεγαλα και βλασφημιας,

11 και εἰχεν κερατα δυο ὁμοια ἀρνιῳ, και ἐλαλει ὡς δρακων.

15 και ἐδοθη αὐτῳ δουναι πνευμα τῃ εἰκονι του θηριου, ἱνα και λαλησῃ ἡ εἰκων του θηριου,

17 1 και ἐλαλησεν μετ ἐμου λεγων·

21 9 και ἐλαλησεν μετ ἐμου λεγων·

15 και ὁ λαλων μετ ἐμου εἰχεν μετρον καλαμον χρυσουν,

λαλια [3]

Mt 26 73 ἀληθως και συ ἐξ αὐτων εἰ, και γαρ ἡ λαλια σου δηλον σε ποιει.

Jh 4 42 τῃ τε γυναικι ἐλεγον ὁτι οὐκετι δια την σην λαλιαν πιστευομεν·

8 43 δια τι την λαλιαν την ἐμην οὐ γινωσκετε;

λαμα [1]

Mc 15 34 ἐλωι ἐλωι λαμα σαβαχθανι;

λαμβανω [260]

Mt 5 40 και τῳ θελοντι σοι κριθηναι και τον χιτωνα σου λαβειν, ἀφες αὐτῳ και το ἱματιον·

7 8 πας γαρ ὁ αἰτων λαμβανει,

8 17 αὐτος τας ἀσθενειας ἡμων ἐλαβεν και τας νοσους ἐβαστασεν.

10 8 δωρεαν ἐλαβετε, δωρεαν δοτε.

38 και ὁς οὐ λαμβανει τον σταυρον αὐτου και ἀκολουθει ὀπισω μου, οὐκ ἐστιν μου ἀξιος.

41 ὁ δεχομενος προφητην εἰς ὀνομα προφητου μισθον προφητου λημψεται,

41 και ὁ δεχομενος δικαιον εἰς ὀνομα δικαιου μισθον δικαιου λημψεται.

12 14 ἐξελθοντες δε οἱ φαρισαιοι συμβουλιον ἐλαβον κατ αὐτου, ὁπως αὐτον ἀπολεσωσιν.

13 20 ὁ δε ἐπι τα πετρωδη σπαρεις, οὑτος ἐστιν ὁ τον λογον ἀκουων και εὐθυς μετα χαρας λαμβανων αὐτον·

31 ὁμοια ἐστιν ἡ βασιλεια των οὐρανων κοκκῳ σιναπεως, ὁν λαβων ἀνθρωπος ἐσπειρεν ἐν τῳ ἀγρῳ αὐτου·

33 ὁμοια ἐστιν ἡ βασιλεια των οὐρανων ζυμῃ, ἡν λαβουσα γυνη ἐνεκρυψεν εἰς ἀλευρου σατα τρια,

14 19 λαβων τους πεντε ἀρτους και τους δυο ἰχθυας, ἀναβλεψας εἰς τον οὐρανον εὐλογησεν, και κλασας ἐδωκεν τοις μαθηταις τους ἀρτους,

15 26 οὐκ ἐστιν καλον λαβειν τον ἀρτον των τεκνων και βαλειν τοις κυναριοις.

36 και παραγγειλας τῳ ὀχλῳ ἀναπεσειν ἐπι την γην ἐλαβεν τους ἑπτα ἀρτους και τους ἰχθυας και εὐχαριστησας ἐκλασεν και ἐδιδου τοις μαθηταις,

λαμβανω [260]

Mt 16 5 και ἐλθοντες οἱ μαθηται εἰς το περαν ἐπελαθοντο ἀρτους λαβειν.
7 οἱ δε διελογιζοντο ἐν ἑαυτοις λεγοντες ὁτι ἀρτους οὐκ ἐλαβομεν.
9 οὐπω νοειτε, οὐδε μνημονευετε τους πεντε ἀρτους των πεντακισχιλιων και ποσους κοφινους ἐλαβετε;
10 οὐπω νοειτε, οὐδε μνημονευετε τους πεντε ἀρτους των πεντακισχιλιων και ποσους κοφινους ἐλαβετε; οὐδε τους ἑπτα ἀρτους των τετρακισχιλιων και ποσας σπυριδας ἐλαβετε;
17 24 ἐλθοντων δε αὐτων εἰς καφαρναουμ προσηλθον οἱ τα διδραχμα λαμβανοντες τω πετρω και εἰπαν·
25 οἱ βασιλεις της γης ἀπο τινων λαμβανουσιν τελη ἡ κηνσον; ἀπο των υἱων αὐτων ἡ ἀπο των ἀλλοτριων;
27 και ἀνοιξας το στομα αὐτου εὑρησεις στατηρα· ἐκεινον λαβων δος αὐτοις ἀντι ἐμου και σου.
19 29 και πας ὁστις ἀφηκεν οἰκιας ἡ ἀδελφους ἡ ἀδελφας ἡ πατερα ἡ μητερα ἡ τεκνα ἡ ἀγρους ἑνεκεν του ὀνοματος μου, ἑκατονταπλασιονα λημψεται και ζωην αἰωνιον κληρονομησει.
20 9 και ἐλθοντες οἱ περι την ἐνδεκατην ὡραν ἐλαβον ἀνα δηναριον.
10 και ἐλθοντες οἱ πρωτοι ἐνομισαν ὁτι πλειον λημψονται· και ἐλαβον [το] ἀνα δηναριον και αὐτοι.
10 11 λαβοντες δε ἐγογγυζον κατα του οἰκοδεσποτου λεγοντες·
21 22 και παντα ὁσα ἀν αἰτησητε ἐν τη προσευχη πιστευοντες λημψεσθε.
34 ὁτε δε ἠγγισεν ὁ καιρος των καρπων, ἀπεστειλεν τους δουλους αὐτου προς τους γεωργους λαβειν τους καρπους αὐτου.
35 και λαβοντες οἱ γεωργοι τους δουλους αὐτου ὁν μεν ἐδειραν, ὁν δε ἀπεκτειναν, ὁν δε ἐλιθοβολησαν.
39 και λαβοντες αὐτον ἐξεβαλον ἐξω του ἀμπελωνος και ἀπεκτειναν.
22 15 τοτε πορευθεντες οἱ φαρισαιοι συμβουλιον ἐλαβον ὁπως αὐτον παγιδευσωσιν ἐν λογω.
23 14 * δια τουτο λημψεσθε περισσοτερον κριμα.
25 1 τοτε ὁμοιωθησεται ἡ βασιλεια των οὐρανων δεκα παρθενοις, αἱτινες λαβουσαι τας λαμπαδας ἑαυτων ἐξηλθον εἰς ὑπαντησιν του νυμφιου.
3 αἱ γαρ μωραι λαβουσαι τας λαμπαδας αὐτων οὐκ ἐλαβον μεθ ἑαυτων ἐλαιον.
3 αἱ γαρ μωραι λαβουσαι τας λαμπαδας αὐτων οὐκ ἐλαβον μεθ ἑαυτων ἐλαιον.
4 αἱ δε φρονιμοι ἐλαβον ἐλαιον ἐν τοις ἀγγειοις μετα των λαμπαδων ἑαυτων.
16 εὐθεως πορευθεις ὁ τα πεντε ταλαντα λαβων ἠργασατο ἐν αὐτοις και ἐκερδησεν ἀλλα πεντε·
18 ὁ δε το ἑν λαβων ἀπελθων ὡρυξεν γην και ἐκρυψεν το ἀργυριον του κυριου αὐτου.
20 και προσελθων ὁ τα πεντε ταλαντα λαβων προσηνεγκεν ἀλλα πεντε ταλαντα λεγων·
24 προσελθων δε και ὁ το ἑν ταλαντον εἰληφως εἰπεν·
26 26 ἐσθιοντων δε αὐτων λαβων ὁ ἰησους ἀρτον και εὐλογησας ἐκλασεν και δους τοις μαθηταις εἰπεν·
26 λαβετε φαγετε· τουτο ἐστιν το σωμα μου.
27 και λαβων ποτηριον και εὐχαριστησας ἐδωκεν αὐτοις λεγων·
52 παντες γαρ οἱ λαβοντες μαχαιραν ἐν μαχαιρη ἀπολουνται.
27 1 πρωιας δε γενομενης συμβουλιον ἐλαβον παντες οἱ ἀρχιερεις και οἱ πρεσβυτεροι του λαου κατα του ἰησου ὡστε θανατωσαι αὐτον·
6 οἱ δε ἀρχιερεις λαβοντες τα ἀργυρια εἰπαν·
7 συμβουλιον δε λαβοντες ἠγορασαν ἐξ αὐτων τον ἀγρον του κεραμεως εἰς ταφην τοις ξενοις.
9 και ἐλαβον τα τριακοντα ἀργυρια, την τιμην του τετιμημενου ὁν ἐτιμησαντο ἀπο υἱων ἰσραηλ,
24 ἰδων δε ὁ πιλατος ὁτι οὐδεν ὠφελει ἀλλα μαλλον θορυβος γινεται, λαβων ὑδωρ ἀπενιψατο τας χειρας ἀπεναντι του ὀχλου λεγων·
30 και ἐμπτυσαντες εἰς αὐτον ἐλαβον τον καλαμον και ἐτυπτον εἰς την κεφαλην αὐτου.
48 και εὐθεως δραμων εἰς ἐξ αὐτων και λαβων σπογγον πλησας τε ὀξους και περιθεις καλαμω ἐποτιζεν αὐτον.
59 και λαβων το σωμα ὁ ἰωσηφ ἐνετυλιξεν αὐτο [ἐν] σινδονι καθαρα,
28 12 και συναχθεντες μετα των πρεσβυτερων συμβουλιον τε λαβοντες ἀργυρια ἱκανα ἐδωκαν τοις στρατιωταις.
15 οἱ δε λαβοντες τα ἀργυρια ἐποιησαν ὡς ἐδιδαχθησαν.
Mc 4 16 και οὑτοι εἰσιν οἱ ἐπι τα πετρωδη σπειρομενοι, οἱ ὁταν ἀκουσωσιν τον λογον εὐθυς μετα χαρας λαμβανουσιν αὐτον,

λαμβανω [260]

Mc 6 41 και λαβων τους πεντε ἀρτους και τους δυο ἰχθυας, ἀναβλεψας εἰς τον οὐρανον εὐλογησεν και κατεκλασεν τους ἀρτους και ἐδιδου τοις μαθηταις [αὐτου] ἱνα παρατιθωσιν αὐτοις,
7 27 οὐ γαρ ἐστιν καλον λαβειν τον ἀρτον των τεκνων και τοις κυναριοις βαλειν.
8 6 και λαβων τους ἑπτα ἀρτους εὐχαριστησας ἐκλασεν και ἐδιδου τοις μαθηταις αὐτου ἱνα παρατιθωσιν, και παρεθηκαν τω ὀχλω.
14 και ἐπελαθοντο λαβειν ἀρτους, και εἰ μη ἑνα ἀρτον οὐκ εἰχον μεθ ἑαυτων ἐν τω πλοιω.
9 36 και λαβων παιδιον ἐστησεν αὐτο ἐν μεσω αὐτων, και ἐναγκαλισαμενος αὐτο εἰπεν αὐτοις·
10 30 ἐαν μη λαβη ἑκατονταπλασιονα νυν ἐν τω καιρω τουτω οἰκιας και ἀδελφους και ἀδελφας και μητερας και τεκνα και ἀγρους μετα διωγμων, και ἐν τω αἰωνι τω ἐρχομενω ζωην αἰωνιον.
11 24 δια τουτο λεγω ὑμιν, παντα ὁσα προσευχεσθε και αἰτεισθε, πιστευετε ὁτι ἐλαβετε, και ἐσται ὑμιν.
12 2 και ἀπεστειλεν προς τους γεωργους τω καιρω δουλον, ἱνα παρα των γεωργων λαβη ἀπο των καρπων του ἀμπελωνος·
3 και λαβοντες αὐτον ἐδειραν και ἀπεστειλαν κενον.
8 και λαβοντες ἀπεκτειναν αὐτον, και ἐξεβαλον αὐτον ἐξω του ἀμπελωνος.
19 διδασκαλε, μωυσης ἐγραψεν ἡμιν ὁτι ἐαν τινος ἀδελφος ἀποθανη και καταλιπη γυναικα και μη ἀφη τεκνον, ἱνα λαβη ὁ ἀδελφος αὐτου την γυναικα και ἐξαναστηση σπερμα τω ἀδελφω αὐτου.
20 ἑπτα ἀδελφοι ἠσαν· και ὁ πρωτος ἐλαβεν γυναικα,
21 και ἀποθνησκων οὐκ ἀφηκεν σπερμα· και ὁ δευτερος ἐλαβεν αὐτην,
40 οὑτοι λημψονται περισσοτερον κριμα.
14 22 και ἐσθιοντων αὐτων λαβων ἀρτον εὐλογησας ἐκλασεν και ἐδωκεν αὐτοις και εἰπεν·
22 λαβετε· τουτο ἐστιν το σωμα μου.
23 και λαβων ποτηριον εὐχαριστησας ἐδωκεν αὐτοις, και ἐπιον ἐξ αὐτου παντες.
65 και οἱ ὑπηρεται ῥαπισμασιν αὐτον ἐλαβον.
15 23 και ἐδιδουν αὐτω ἐσμυρνισμενον οἰνον· ὁς δε οὐκ ἐλαβεν.
Lc 5 5 ἐπιστατα, δι ὁλης νυκτος κοπιασαντες οὐδεν ἐλαβομεν· ἐπι δε τω ῥηματι σου χαλασω τα δικτυα.
26 και ἐκστασις ἐλαβεν ἁπαντας, και ἐδοξαζον τον θεον,
6 4 [ὡς] εἰσηλθεν εἰς τον οἰκον του θεου και τους ἀρτους της προθεσεως λαβων ἐφαγεν και ἐδωκεν τοις μετ αὐτου,
34 και ἐαν δανισητε παρ ὡν ἐλπιζετε λαβειν, ποια ὑμιν χαρις [ἐστιν];
7 16 ἐλαβεν δε φοβος παντας, και ἐδοξαζον τον θεον λεγοντες ὁτι προφητης μεγας ἠγερθη ἐν ἡμιν,
9 16 λαβων δε τους πεντε ἀρτους και τους δυο ἰχθυας, ἀναβλεψας εἰς τον οὐρανον εὐλογησεν αὐτους και κατεκλασεν, και ἐδιδου τοις μαθηταις παραθειναι τω ὀχλω.
39 και ἰδου πνευμα λαμβανει αὐτον, και ἐξαιφνης κραζει και σπαρασσει αὐτον μετα ἀφρου,
11 10 πας γαρ ὁ αἰτων λαμβανει, και ὁ ζητων εὑρισκει, και τω κρουοντι ἀνοιγ[ησ]εται.
13 19 ὁμοια ἐστιν κοκκω σιναπεως, ὁν λαβων ἀνθρωπος ἐβαλεν εἰς κηπον ἑαυτου,
21 ὁμοια ἐστιν ζυμη, ἡν λαβουσα γυνη [ἐν]εκρυψεν εἰς ἀλευρου σατα τρια, ἑως οὑ ἐζυμωθη ὁλον.
18 30 ὁς οὐχι μη [ἀπο]λαβη πολλαπλασιονα ἐν τω καιρω τουτω και ἐν τω αἰωνι τω ἐρχομενω ζωην αἰωνιον.
19 12 ἀνθρωπος τις εὐγενης ἐπορευθη εἰς χωραν μακραν λαβειν ἑαυτω βασιλειαν και ὑποστρεψαι.
15 και ἐγενετο ἐν τω ἐπανελθειν αὐτον λαβοντα την βασιλειαν και εἰπεν φωνηθηναι αὐτω τους δουλους τουτους
20 21 διδασκαλε, οἰδαμεν ὁτι ὀρθως λεγεις και διδασκεις και οὐ λαμβανεις προσωπον,
28 ἐαν τινος ἀδελφος ἀποθανη ἐχων γυναικα, και οὑτος ἀτεκνος ἠ, ἱνα λαβη ὁ ἀδελφος αὐτου την γυναικα και ἐξαναστηση σπερμα τω ἀδελφω αὐτου.
29 και ὁ πρωτος λαβων γυναικα ἀπεθανεν ἀτεκνος·
31 και ὁ δευτερος και ὁ τριτος ἐλαβεν αὐτην, ὡσαυτως δε και οἱ ἑπτα οὐ κατελιπον τεκνα και ἀπεθανον.
47 οὑτοι λημψονται περισσοτερον κριμα.
22 17 λαβετε τουτο και διαμερισατε εἰς ἑαυτους·
19 και λαβων ἀρτον εὐχαριστησας ἐκλασεν και ἐδωκεν αὐτοις λεγων·
24 30 και ἐγενετο ἐν τω κατακλιθηναι αὐτον μετ αὐτων λαβων τον ἀρτον εὐλογησεν και κλασας ἐπεδιδου αὐτοις·
43 και λαβων ἐνωπιον αὐτων ἐφαγεν.

λαμβανω [260]

Jh 1 12 ὅσοι δε ἔλαβον αὐτον, ἐδωκεν αὐτοις ἐξουσιαν τεκνα θεου γεγενεσθαι,

16 ὅτι ἐκ του πληρωματος αὐτου ἡμεις παντες ἐλαβομεν, και χαριν ἀντι χαριτος·

3 11 ἀμην ἀμην λεγω σοι ὅτι ὁ οἴδαμεν λαλουμεν και ὁ ἑωρακαμεν μαρτυρουμεν, και την μαρτυριαν ἡμων οὐ λαμβανετε.

27 οὐ δυναται ἀνθρωπος λαμβανειν οὐδε ἓν ἐαν μη ἦ δεδομενον αὐτω ἐκ του οὐρανου.

32 τουτο μαρτυρει, και την μαρτυριαν αὐτου οὐδεις λαμβανει.

33 ὁ λαβων αὐτου την μαρτυριαν ἐσφραγισεν ὅτι ὁ θεος ἀληθης ἐστιν.

4 36 ἠδη ὁ θεριζων μισθον λαμβανει και συναγει καρπον εἰς ζωην αἰωνιον,

5 34 ἐγω δε οὐ παρα ἀνθρωπου την μαρτυριαν λαμβανω, ἀλλα ταυτα λεγω ἰνα ὑμεις σωθητε.

41 δοξαν παρα ἀνθρωπων οὐ λαμβανω,

43 ἐγω ἐληλυθα ἐν τω ὀνοματι του πατρος μου, και οὐ λαμβανετε με·

43 ἐαν ἀλλος ἐλθη ἐν τω ὀνοματι τω ἰδιω, ἐκεινον λημψεσθε.

44 πως δυνασθε ὑμεις πιστευσαι, δοξαν παρα ἀλληλων λαμβανοντες,

6 7 διακοσιων δηναριων ἀρτοι οὐκ ἀρκουσιν αὐτοις, ἰνα ἑκαστος βραχυ [τι] λαβη.

11 ἐλαβεν οὐν τους ἀρτους ὁ ἰησους και εὐχαριστησας διεδωκεν τοις ἀνακειμενοις,

21 ἠθελον οὐν λαβειν αὐτον εἰς το πλοιον,

7 23 εἰ περιτομην λαμβανει ὁ ἀνθρωπος ἐν σαββατω ἰνα μη λυθη ὁ νομος μωυσεως, ἐμοι χολατε ὅτι ὁλον ἀνθρωπον ὑγιη ἐποιησα ἐν σαββατω;

39 τουτο δε εἰπεν περι του πνευματος ὁ ἐμελλον λαμβανειν οἱ πιστευσαντες εἰς αὐτον·

10 17 δια τουτο με ὁ πατηρ ἀγαπα ὅτι ἐγω τιθημι την ψυχην μου, ἰνα παλιν λαβω αὐτην.

18 ἐξουσιαν ἐχω θειναι αὐτην, και ἐξουσιαν ἐχω παλιν λαβειν αὐτην·

18 ταυτην την ἐντολην ἐλαβον παρα του πατρος μου.

12 3 ἡ οὐν μαριαμ λαβουσα λιτραν μυρου ναρδου πιστικης πολυτιμου ἠλειψεν τους ποδας του ἰησου και ἐξεμαξεν ταις θριξιν αὐτης τους ποδας αὐτου·

13 τη ἐπαυριον ὁ ὀχλος πολυς ὁ ἐλθων εἰς την ἑορτην, ἀκουσαντες ὁτι ἐρχεται [ὁ] ἰησους εἰς ἱεροσολυμα, ἐλαβον τα βαια των φοινικων

48 ὁ ἀθετων ἐμε και μη λαμβανων τα ρηματα μου ἐχει τον κρινοντα αὐτον·

13 4 ἐγειρεται ἐκ του δειπνου και τιθησιν τα ἱματια, και λαβων λεντιον διεζωσεν ἑαυτον·

12 ὁτε οὐν ἐνιψεν τους ποδας αὐτων [και] ἐλαβεν τα ἱματια αὐτου και ἀνεπεσεν παλιν, εἰπεν αὐτοις·

20 ὁ λαμβανων ἀν τινα πεμψω ἐμε λαμβανει,

20 ὁ λαμβανων ἀν τινα πεμψω ἐμε λαμβανει,

20 ὁ δε ἐμε λαμβανων λαμβανει τον πεμψαντα με.

20 ὁ δε ἐμε λαμβανων λαμβανει τον πεμψαντα με.

26 βαψας οὐν το ψωμιον [λαμβανει και] διδωσιν ιουδα σιμωνος ἰσκαριωτου.

30 λαβων οὐν το ψωμιον ἐκεινος ἐξηλθεν εὐθυς·

14 17 το πνευμα της ἀληθειας, ὁ ὁ κοσμος οὐ δυναται λαβειν, ὁτι οὐ θεωρει αὐτο οὐδε γινωσκει·

16 14 ἐκεινος ἐμε δοξασει, ὁτι ἐκ του ἐμου λημψεται και ἀναγγελει ὑμιν.

15 δια τουτο εἰπον ὁτι ἐκ του ἐμου λαμβανει και ἀναγγελει ὑμιν.

24 αἰτειτε, και λημψεσθε, ἰνα ἡ χαρα ὑμων ἠ πεπληρωμενη.

17 8 ὁτι τα ρηματα ἁ ἐδωκας μοι δεδωκα αὐτοις, και αὐτοι ἐλαβον,

18 3 ὁ οὐν ιουδας λαβων την σπειραν και ἐκ των ἀρχιερεων και ἐκ των φαρισαιων ὑπηρετας ἐρχεται ἐκει μετα φανων και λαμπαδων και ὁπλων.

31 λαβετε αὐτον ὑμεις, και κατα τον νομον ὑμων κρινατε αὐτον.

19 1 τοτε οὐν ἐλαβεν ὁ πιλατος τον ἰησουν και ἐμαστιγωσεν.

6 λαβετε αὐτον ὑμεις και σταυρωσατε·

23 οἱ οὐν στρατιωται, ὁτε ἐσταυρωσαν τον ἰησουν, ἐλαβον τα ἱματια αὐτου και ἐποιησαν τεσσαρα μερη,

27 και ἀπ ἐκεινης της ὡρας ἐλαβεν ὁ μαθητης αὐτην εἰς τα ἰδια.

30 ὁτε οὐν ἐλαβεν το ὀξος [ὁ] ἰησους εἰπεν·

40 ἐλαβον οὐν το σωμα του ἰησου και ἐδησαν αὐτο ὀθονιοις μετα των ἀρωματων,

20 22 και τουτο εἰπων ἐνεφυσησεν και λεγει αὐτοις· λαβετε πνευμα ἁγιον.

21 13 ἐρχεται ἰησους και λαμβανει τον ἀρτον και διδωσιν αὐτοις,

λαμβανω [260]

Ac 1 8 ἀλλα λημψεσθε δυναμιν ἐπελθοντος του ἁγιου πνευματος ἐφ ὑμας,

20 και· την ἐπισκοπην αὐτου λαβετω ἑτερος.

25 ἀναδειξον ὁν ἐξελεξω ἐκ τουτων των δυο ἑνα λαβειν τον τοπον της διακονιας ταυτης και ἀποστολης,

2 33 τη δεξια οὐν του θεου ὑψωθεις την τε ἐπαγγελιαν του πνευματος του ἁγιου λαβων παρα του πατρος ἐξεχεεν τουτο ὁ ὑμεις [και] βλεπετε και ἀκουετε.

38 και λημψεσθε την δωρεαν του ἁγιου πνευματος.

3 3 ὁς ἰδων πετρον και ιωαννην μελλοντας εἰσιεναι εἰς το ἱερον ἠρωτα ἐλεημοσυνην λαβειν.

5 ὁ δε ἐπειχεν αὐτοις προσδοκων τι παρ αὐτων λαβειν.

7 53 οὑ νυν ὑμεις προδοται και φονεις ἐγενεσθε, οἰτινες ἐλαβετε τον νομον εἰς διαταγας ἀγγελων,

8 15 ἀπεστειλαν προς αὐτους πετρον και ιωαννην, οἰτινες καταβαντες προσηυξαντο περι αὐτων ὁπως λαβωσιν πνευμα ἁγιον·

17 τοτε ἐπετιθεσαν τας χειρας ἐπ αὐτους, και ἐλαμβανον πνευμα ἁγιον.

19 δοτε καμοι την ἐξουσιαν ταυτην ἰνα ὡ ἐαν ἐπιθω τας χειρας λαμβανη πνευμα ἁγιον.

9 19 και ἀναστας ἐβαπτισθη, και λαβων τροφην ἐνισχυσεν.

25 λαβοντες δε οἱ μαθηται αὐτου νυκτος δια του τειχους καθηκαν αὐτον χαλασαντες ἐν σπυριδι.

10 43 τουτω παντες οἱ προφηται μαρτυρουσιν, ἀφεσιν ἁμαρτιων λαβειν δια του ὀνοματος αὐτου παντα τον πιστευοντα εἰς αὐτον.

47 μητι το ὑδωρ δυναται κωλυσαι τις του μη βαπτισθηναι τουτους, οἰτινες το πνευμα το ἁγιον ἐλαβον ὡς και ἡμεις;

15 14 συμεων ἐξηγησατο καθως πρωτον ὁ θεος ἐπεσκεψατο λαβειν ἐξ ἐθνων λαον τω ὀνοματι αὐτου.

16 3 και λαβων περιετεμεν αὐτον δια τους ιουδαιους τους ὀντας ἐν τοις τοποις ἐκεινοις·

24 ὁς παραγγελιαν τοιαυτην λαβων ἐβαλεν αὐτους εἰς την ἐσωτεραν φυλακην και τους ποδας ἠσφαλισατο αὐτων εἰς το ξυλον.

17 9 και λαβοντες το ἱκανον παρα του ιασονος και των λοιπων ἀπελυσαν αὐτους.

15 και λαβοντες ἐντολην προς τον σιλαν και τον τιμοθεον ἰνα ὡς ταχιστα ἐλθωσιν προς αὐτον ἐξηεσαν.

19 2 εἰπεν τε προς αὐτους· εἰ πνευμα ἁγιον ἐλαβετε πιστευσαντες;

20 24 ἀλλ οὐδενος λογου ποιουμαι την ψυχην τιμιαν ἐμαυτω ὡς τελειωσαι τον δρομον μου και την διακονιαν ἡν ἐλαβον παρα του κυριου ἰησου,

35 μακαριον ἐστιν μαλλον διδοναι ἡ λαμβανειν.

24 27 διετιας δε πληρωθεισης ἐλαβεν διαδοχον ὁ φηλιξ πορκιον φηστον·

25 16 προς οὑς ἀπεκριθην ὁτι οὐκ ἐστιν ἐθος ρωμαιοις χαριζεσθαι τινα ἀνθρωπον πριν ἡ ὁ κατηγορουμενος κατα προσωπον ἐχοι τους κατηγορους τοπον τε ἀπολογιας λαβοι περι του ἐγκληματος.

26 10 ὁ και ἐποιησα ἐν ἱεροσολυμοις, και πολλους τε των ἁγιων ἐγω ἐν φυλακαις κατεκλεισα την παρα των ἀρχιερεων ἐξουσιαν λαβων,

18 του λαβειν αὐτους ἀφεσιν ἁμαρτιων και κληρον ἐν τοις ἡγιασμενοις πιστει τη εἰς ἐμε.

27 35 εἰπας δε ταυτα και λαβων ἀρτον εὐχαριστησεν τω θεω ἐνωπιον παντων και κλασας ἠρξατο ἐσθιειν.

28 15 οὑς ἰδων ὁ παυλος εὐχαριστησας τω θεω ἐλαβε θαρσος.

Rm 1 5 ἰησου χριστου του κυριου ἡμων, δι οὑ ἐλαβομεν χαριν, και ἀποστολην εἰς ὑπακοην πιστεως ἐν πασιν τοις ἐθνεσιν ὑπερ του ὀνοματος αὐτου.

4 11 και σημειον ἐλαβεν περιτομης σφραγιδα της δικαιοσυνης της πιστεως της ἐν τη ἀκροβυστια,

5 11 ἀλλα και καυχωμενοι ἐν τω θεω δια του κυριου ἡμων ἰησου χριστου, δι οὑ νυν την καταλλαγην ἐλαβομεν.

17 πολλω μαλλον οἱ την περισσειαν της χαριτος και της δωρεας της δικαιοσυνης λαμβανοντες ἐν ζωη βασιλευσουσιν δια του ἑνος ἰησου χριστου.

7 8 ἀφορμην δε λαβουσα ἡ ἁμαρτια δια της ἐντολης κατειργασατο ἐν ἐμοι πασαν ἐπιθυμιαν·

11 ἡ γαρ ἁμαρτια ἀφορμην λαβουσα δια της ἐντολης ἐξηπατησεν με και δι αὐτης ἀπεκτεινεν.

8 15 οὐ γαρ ἐλαβετε πνευμα δουλειας παλιν εἰς φοβον, ἀλλα ἐλαβετε πνευμα υἰοθεσιας,

15 οὐ γαρ ἐλαβετε πνευμα δουλειας παλιν εἰς φοβον, ἀλλα ἐλαβετε πνευμα υἰοθεσιας,

13 2 οἱ δε ἀνθεστηκοτες ἑαυτοις κριμα λημψονται.

λαμβανω [260]

1Co	2 12	ημεις δε ου το πνευμα του κοσμου *ελαβομεν* αλλα το πνευμα το εκ του θεου,
	3 8	ο φυτευων δε και ο ποτιζων εν εισιν, εκαστος δε τον ιδιον μισθον *λημψεται* κατα τον ιδιον κοπον.
	14	ει τινος το εργον μενει ο εποικοδομησεν, μισθον *λημψεται·*
	4 7	τις γαρ σε διακρινει; τι δε εχεις ο ουκ *ελαβες;*
	7	ει δε και *ελαβες,* τι καυχασαι ως μη λαβων;
	7	ει δε και *ελαβες,* τι καυχασαι ως μη λαβων;
	9 24	ουκ οιδατε οτι οι εν σταδιω τρεχοντες παντες μεν τρεχουσιν, εις δε *λαμβανει* το βραβειον;
	25	πας δε ο αγωνιζομενος παντα εγκρατευεται, εκεινοι μεν ουν ινα φθαρτον στεφανον *λαβωσιν,* ημεις δε αφθαρτον.
	10 13	πειρασμος υμας ουκ *ειληφεν* ει μη ανθρωπινος·
	11 23	οτι ο κυριος ιησους εν τη νυκτι η παρεδιδετο *ελαβεν* αρτον και ευχαριστησας εκλασεν και ειπεν·
	14 5	εκτος ει μη διερμηνευη, ινα η εκκλησια οικοδομην *λαβη.*
2Co	11 4	ει μεν γαρ ο ερχομενος αλλον ιησουν κηρυσσει ον ουκ εκηρυξαμεν, η πνευμα ετερον *λαμβανετε* ο ουκ *ελαβετε,* η ευαγγελιον ετερον ο ουκ εδεξασθε, καλως ανεχεσθε.
	4	ει μεν γαρ ο ερχομενος αλλον ιησουν κηρυσσει ον ουκ εκηρυξαμεν, η πνευμα ετερον *λαμβανετε* ο ουκ *ελαβετε,* η ευαγγελιον ετερον ο ουκ εδεξασθε, καλως ανεχεσθε.
	8	αλλας εκκλησιας εσυλησα *λαβων* οψωνιον προς την υμων διακονιαν,
	20	ανεχεσθε γαρ ει τις υμας καταδουλοι, ει τις κατεσθιει, ει τις *λαμβανει,* ει τις επαιρεται, ει τις εις προσωπον υμας δερει.
	24	υπο ιουδαιων πεντακις τεσσερακοντα παρα μιαν *ελαβον,*
	12 16	αλλα υπαρχων πανουργος δολω υμας *ελαβον.*
Ga	2 6	προσωπον [ο] θεος ανθρωπου ου *λαμβανει*
	3 2	εξ εργων νομου το πνευμα *ελαβετε* η εξ ακοης πιστεως;
	14	ινα την επαγγελιαν του πνευματος *λαβωμεν* δια της πιστεως.
Php	2 7	ος εν μορφη θεου υπαρχων ουχ αρπαγμον ηγησατο το ειναι ισα θεω, αλλα εαυτον εκενωσεν μορφην δουλου *λαβων,*
	3 12	ουχ οτι ηδη *ελαβον* η ηδη τετελειωμαι,
Col	4 10	και μαρκος ο ανεψιος βαρναβα, περι ου *ελαβετε* εντολας,
1Tm	4 4	οτι παν κτισμα θεου καλον, και ουδεν αποβλητον μετα ευχαριστιας *λαμβανομενον·*
2Tm	1 5	υπομνησιν *λαβων* της εν σοι ανυποκριτου πιστεως,
Heb	2 2	ει γαρ ο δι αγγελων λαληθεις λογος εγενετο βεβαιος, και πασα παραβασις και παρακοη *ελαβεν* ενδικον μισθαποδοσιαν, πως ημεις εκφευξομεθα τηλικαυτης αμελησαντες σωτηριας;
	3	ητις αρχην *λαβουσα* λαλεισθαι δια του κυριου, υπο των ακουσαντων εις ημας εβεβαιωθη,
	4 16	προσερχωμεθα ουν μετα παρρησιας τω θρονω της χαριτος, ινα *λαβωμεν* ελεος και χαριν ευρωμεν εις ευκαιρον βοηθειαν.
	5 1	πας γαρ αρχιερευς εξ ανθρωπων *λαμβανομενος* υπερ ανθρωπων καθισταται τα προς τον θεον,
	4	και ουχ εαυτω τις *λαμβανει* την τιμην,
	7 5	και οι μεν εκ των υιων λευι την ιερατειαν *λαμβανοντες* εντολην εχουσιν αποδεκατουν τον λαον κατα τον νομον,
	8	και ωδε μεν δεκατας αποθνησκοντες ανθρωποι *λαμβανουσιν,*
	9	δι αβρααμ και λευι ο δεκατας *λαμβανων* δεδεκατωται·
	9 15	και δια τουτο διαθηκης καινης μεσιτης εστιν, οπως θανατου γενομενου εις απολυτρωσιν των επι τη πρωτη διαθηκη παραβασεων την επαγγελιαν *λαβωσιν* οι κεκλημενοι της αιωνιου κληρονομιας.
	19	*λαβων* το αιμα των μοσχων [και των τραγων] μετα υδατος και εριου κοκκινου και υσσωπου,
	10 26	εκουσιως γαρ αμαρτανοντων ημων μετα το *λαβειν* την επιγνωσιν της αληθειας, ουκετι περι αμαρτιων απολειπεται θυσια,
	11 8	πιστει καλουμενος αβρααμ υπηκουσεν εξελθειν εις τοπον ον ημελλεν *λαμβανειν* εις κληρονομιαν,
	11	πιστει και αυτη σαρρα στειρα δυναμιν εις καταβολην σπερματος *ελαβεν* και παρα καιρον ηλικιας,
	13	κατα πιστιν απεθανον ουτοι παντες, μη *λαβοντες* τας επαγγελιας,
	29	πιστει διεβησαν την ερυθραν θαλασσαν ως δια ξηρας γης, ης πειραν *λαβοντες* οι αιγυπτιοι κατεποθησαν.
	35	*ελαβον* γυναικες εξ αναστασεως τους νεκρους αυτων·
	36	ετεροι δε εμπαιγμων και μαστιγων πειραν *ελαβον,*
Ja	1 7	μη γαρ οιεσθω ο ανθρωπος εκεινος οτι *λημψεται* τι παρα του κυριου,
	12	μακαριος ανηρ ος υπομενει πειρασμον, οτι δοκιμος γενομενος *λημψεται* τον στεφανον της ζωης,
	3 1	μη πολλοι διδασκαλοι γινεσθε, αδελφοι μου, ειδοτες οτι μειζον κριμα *λημψομεθα.*
	4 3	αιτειτε και ου *λαμβανετε,* διοτι κακως αιτεισθε,

λαμβανω [260]

Ja	5 7	ιδου ο γεωργος εκδεχεται τον τιμιον καρπον της γης, μακροθυμων επ αυτω εως *λαβη* προιμον και οψιμον.
	10	υποδειγμα *λαβετε,* αδελφοι, της κακοπαθιας και της μακροθυμιας τους προφητας,
1Pt	4 10	εκαστος καθως *ελαβεν* χαρισμα, εις εαυτους αυτο διακονουντες ως καλοι οικονομοι ποικιλης χαριτος θεου·
2Pt	1 9	τυφλος εστιν μυωπαζων, ληθην *λαβων* του καθαρισμου των παλαι αυτου αμαρτιων.
	17	*λαβων* γαρ παρα θεου πατρος τιμην και δοξαν φωνης ενεχθεισης αυτω τοιασδε υπο της μεγαλοπρεπους δοξης·
1Jh	2 27	και υμεις το χρισμα ο *ελαβετε* απ αυτου μενει εν υμιν,
	3 22	και ο εαν αιτωμεν *λαμβανομεν* απ αυτου,
	5 9	ει την μαρτυριαν των ανθρωπων *λαμβανομεν,* η μαρτυρια του θεου μειζων εστιν,
2Jh	4	εχαρην λιαν οτι ευρηκα εκ των τεκνων σου περιπατουντας εν αληθεια, καθως εντολην *ελαβομεν* παρα του πατρος.
	10	ει τις ερχεται προς υμας και ταυτην την διδαχην ου φερει, μη *λαμβανετε* αυτον εις οικιαν,
3Jh	7	υπερ γαρ του ονοματος εξηλθον μηδεν *λαμβανοντες* απο των εθνικων.
Apc	2 17	και επι την ψηφον ονομα καινον γεγραμμενον, ο ουδεις οιδεν ει μη ο *λαμβανων.*
	28	ως καγω *ειληφα* παρα του πατρος μου,
	3 3	μνημονευε ουν πως *ειληφας* και ηκουσας,
	11	ερχομαι ταχυ· κρατει ο εχεις, ινα μηδεις *λαβη* τον στεφανον σου.
	4 11	αξιος ει, ο κυριος και ο θεος ημων, *λαβειν* την δοξαν και την τιμην και την δυναμιν,
	5 7	και ηλθεν και *ειληφεν* εκ της δεξιας του καθημενου επι του θρονου.
	8	και οτε *ελαβεν* το βιβλιον, τα τεσσαρα ζωα και οι εικοσιτεσσαρες πρεσβυτεροι επεσαν ενωπιον του αρνιου,
	9	αξιος ει *λαβειν* το βιβλιον και ανοιξαι τας σφραγιδας αυτου,
	12	αξιον εστιν το αρνιον το εσφαγμενον *λαβειν* την δυναμιν και πλουτον και σοφιαν και ισχυν και τιμην και δοξαν και ευλογιαν.
	6 4	και εξηλθεν αλλος ιππος πυρρος, και τω καθημενω επ αυτον εδοθη αυτω *λαβειν* την ειρηνην εκ της γης
	8 5	και *ειληφεν* ο αγγελος τον λιβανωτον,
	10 8	υπαγε *λαβε* το βιβλιον το ηνεωγμενον εν τη χειρι του αγγελου του εστωτος επι της θαλασσης και επι της γης.
	9	*λαβε* και καταφαγε αυτο, και πικρανει σου την κοιλιαν,
	10	και *ελαβον* το βιβλαριδιον εκ της χειρος του αγγελου και κατεφαγον αυτο,
	11 17	ευχαριστουμεν σοι, κυριε ο θεος ο παντοκρατωρ, ο ων και ο ην, οτι *ειληφας* την δυναμιν σου την μεγαλην και εβασιλευσας·
	14 9	ει τις προσκυνει το θηριον και την εικονα αυτου, και *λαμβανει* χαραγμα επι του μετωπου αυτου η επι την χειρα αυτου, και αυτος πιεται
	11	και ει τις *λαμβανει* το χαραγμα του ονοματος αυτου.
	17 12	και τα δεκα κερατα α ειδες δεκα βασιλεις εισιν, οιτινες βασιλειαν ουπω *ελαβον,*
	12	οιτινες βασιλειαν ουπω *ελαβον,* αλλα εξουσιαν ως βασιλεις μιαν ωραν *λαμβανουσιν* μετα του θηριου.
	18 4	ινα μη συγκοινωνησητε ταις αμαρτιαις αυτης, και εκ των πληγων αυτης ινα μη *λαβητε·*
	19 20	εν οις επλανησεν τους *λαβοντας* το χαραγμα του θηριου και τους προσκυνουντας τη εικονι αυτου·
	20 4	και οιτινες ου προσεκυνησαν το θηριον ουδε την εικονα αυτου και ουκ *ελαβον* το χαραγμα επι το μετωπον και επι την χειρα αυτων·
	22 17	και ο διψων ερχεσθω, ο θελων *λαβετω* υδωρ ζωης δωρεαν.

λαμεχ [1]

Lc	3 36	του καιναμ του αρφαξαδ του σημ του νωε του *λαμεχ*

λαμπας [9]

Mt	25 1	τοτε ομοιωθησεται η βασιλεια των ουρανων δεκα παρθενοις, αιτινες λαβουσαι τας *λαμπαδας* εαυτων εξηλθον εις υπαντησιν του νυμφιου.
	3	αι γαρ μωραι λαβουσαι τας *λαμπαδας* αυτων ουκ ελαβον μεθ εαυτων ελαιον.
	4	αι δε φρονιμοι ελαβον ελαιον εν τοις αγγειοις μετα των *λαμπαδων* εαυτων.
	7	τοτε ηγερθησαν πασαι αι παρθενοι εκειναι και εκοσμησαν τας *λαμπαδας* εαυτων.

λαμπας [9]

Mt	25 8	δοτε ἡμιν ἐκ του ἐλαιου ὑμων, ὁτι αἱ λαμπαδες ἡμων σβεννυνται.
Jh	18 3	ὁ οὐν ἱουδας λαβων την σπειραν και ἐκ των ἀρχιερεων και ἐκ των φαρισαιων ὑπηρετας ἐρχεται ἐκει μετα φανων και λαμπαδων και ὁπλων.
Ac	20 8	ἠσαν δε λαμπαδες ἱκαναι ἐν τω ὑπερωω οὑ ἡμεν συνηγμενοι.
Apc	4 5	και ἑπτα λαμπαδες πυρος καιομεναι ἐνωπιον του θρονου,
	8 10	και ἐπεσεν ἐκ του οὐρανου ἀστηρ μεγας καιομενος ὡς λαμπας,

λαμπρος [9]

Lc	23 11	ἐξουθενησας δε αὐτον [και] ὁ ἡρωδης συν τοις στρατευμασιν αὐτου και ἐμπαιξας, περιβαλων ἐσθητα λαμπραν ἀνεπεμψεν αὐτον τω πιλατω.
Ac	10 30	και ἱδου ἀνηρ ἐστη ἐνωπιον μου ἐν ἐσθητι λαμπρα, και φησιν·
Ja	2 2	ἐαν γαρ εἰσελθη εἰς συναγωγην ὑμων ἀνηρ χρυσοδακτυλιος ἐν ἐσθητι λαμπρα,
	3	ἐπιβλεψητε δε ἐπι τον φορουντα την ἐσθητα την λαμπραν και εἰπητε·
Apc	15 6	και ἐξηλθον οἱ ἑπτα ἀγγελοι [οἱ] ἐχοντες τας ἑπτα πληγας ἐκ του ναου, ἐνδεδυμενοι λινον καθαρον λαμπρον
	18 14	και παντα τα λιπαρα και τα λαμπρα ἀπωλετο ἀπο σου,
	19 8	και ἐδοθη αὐτη ἱνα περιβαληται βυσσινον λαμπρον καθαρον·
	22 1	και ἐδειξεν μοι ποταμον ὑδατος ζωης λαμπρον ὡς κρυσταλλον,
	16	ἐγω εἰμι ἡ ριζα και το γενος δαυιδ, ὁ ἀστηρ ὁ λαμπρος ὁ πρωινος.

λαμπροτης [1]

Ac	26 13	ἡμερας μεσης κατα την ὁδον εἰδον, βασιλευ, οὐρανοθεν ὑπερ την λαμπροτητα του ἡλιου περιλαμψαν με φως και τους συν ἐμοι πορευομενους·

λαμπρως [1]

Lc	16 19	ἀνθρωπος δε τις ἠν πλουσιος, και ἐνεδιδυσκετο πορφυραν και βυσσον εὐφραινομενος καθ ἡμεραν λαμπρως.

λαμπω [7]

Mt	5 15	και λαμπει πασιν τοις ἐν τη οἰκια.
	16	οὑτως λαμψατω το φως ὑμων ἐμπροσθεν των ἀνθρωπων,
	17 2	και μετεμορφωθη ἐμπροσθεν αὐτων, και ἐλαμψεν το προσωπον αὐτου ὡς ὁ ἡλιος,
Lc	17 24	ὡσπερ γαρ ἡ ἀστραπη ἀστραπτουσα ἐκ της ὑπο τον οὐρανον εἰς την ὑπ οὐρανον λαμπει, οὑτως ἐσται ὁ υἱος του ἀνθρωπου [ἐν τη ἡμερα αὐτου].
Ac	12 7	και ἱδου ἀγγελος κυριου ἐπεστη, και φως ἐλαμψεν ἐν τω οἰκηματι·
2Co	4 6	ὁτι ὁ θεος ὁ εἰπων· ἐκ σκοτους φως λαμψει, ὁς ἐλαμψεν ἐν ταις καρδιαις ἡμων προς φωτισμον της γνωσεως της δοξης του θεου ἐν προσωπω [ἰησου] χριστου.
	6	ὁτι ὁ θεος ὁ εἰπων· ἐκ σκοτους φως λαμψει, ὁς ἐλαμψεν ἐν ταις καρδιαις ἡμων προς φωτισμον της γνωσεως της δοξης του θεου ἐν προσωπω [ἰησου] χριστου.

λανθανω [6]

Mc	7 24	και εἰσελθων εἰς οἰκιαν οὐδενα ἠθελεν γνωναι, και οὐκ ἠδυνηθη λαθειν·
Lc	8 47	ἰδουσα δε ἡ γυνη ὁτι οὐκ ἐλαθεν, τρεμουσα ἠλθεν και προσπεσουσα αὐτω δι ἡν αἰτιαν ἡψατο αὐτου ἀπηγγειλεν ἐνωπιον παντος του λαου, και ὡς ἰαθη παραχρημα.
Ac	26 26	λανθανειν γαρ αὐτον [τι] τουτων οὐ πειθομαι οὐθεν·
Heb	13 2	της φιλοξενιας μη ἐπιλανθανεσθε· δια ταυτης γαρ ἐλαθον τινες ξενισαντες ἀγγελους.
2Pt	3 5	λανθανει γαρ αὐτους τουτο θελοντας ὁτι οὐρανοι ἠσαν ἐκπαλαι
	8	ἐν δε τουτο μη λανθανετω ὑμας, ἀγαπητοι,

λαξευτος [1]

Lc	23 53	και ἐθηκεν αὐτον ἐν μνηματι λαξευτω,

λαοδικεια [6]

Col	2 1	θελω γαρ ὑμας εἰδεναι ἡλικον ἀγωνα ἐχω ὑπερ ὑμων και των ἐν λαοδικεια και ὁσοι οὐχ ἑορακαν το προσωπον μου ἐν σαρκι,
	4 13	μαρτυρω γαρ αὐτω ὁτι ἐχει πολυν πονον ὑπερ ὑμων και των ἐν λαοδικεια και των ἐν ἱεραπολει.
	15	ἀσπασασθε τους ἐν λαοδικεια ἀδελφους και νυμφαν και την κατ οἰκον αὐτης ἐκκλησιαν.
	16	και την ἐκ λαοδικειας ἱνα και ὑμεις ἀναγνωτε.
Apc	1 11	εἰς ἐφεσον και εἰς σμυρναν και εἰς περγαμον και εἰς θυατειρα και εἰς σαρδεις και εἰς φιλαδελφειαν και εἰς λαοδικειαν.
	3 14	και τω ἀγγελω της ἐν λαοδικεια ἐκκλησιας γραψον·

λαοδικευς [1]

Col	4 16	και ὁταν ἀναγνωσθη παρ ὑμιν ἡ ἐπιστολη, ποιησατε ἱνα και ἐν τη λαοδικεων ἐκκλησια ἀναγνωσθη,

λαος [142]

Mt	1 21	αὐτος γαρ σωσει τον λαον αὐτου ἀπο των ἁμαρτιων αὐτων.
	2 4	και συναγαγων παντας τους ἀρχιερεις και γραμματεις του λαου ἐπυνθανετο παρ αὐτων που ὁ χριστος γενναται.
	6	ἐκ σου γαρ ἐξελευσεται ἡγουμενος, ὁστις ποιμανει τον λαον μου τον ἰσραηλ.
	4 16	ὁ λαος ὁ καθημενος ἐν σκοτει φως εἰδεν μεγα,
	23	διδασκων ἐν ταις συναγωγαις αὐτων και κηρυσσων το εὐαγγελιον της βασιλειας και θεραπευων πασαν νοσον και πασαν μαλακιαν ἐν τω λαω.
	13 15	ἐπαχυνθη γαρ ἡ καρδια του λαου τουτου,
	15 8	ὁ λαος οὑτος τοις χειλεσιν με τιμα, ἡ δε καρδια αὐτων πορρω ἀπεχει ἀπ ἐμου.
	21 23	και ἐλθοντος αὐτου εἰς το ἱερον προσηλθον αὐτω διδασκοντι οἱ ἀρχιερεις και οἱ πρεσβυτεροι του λαου λεγοντες·
	26 3	τοτε συνηχθησαν οἱ ἀρχιερεις και οἱ πρεσβυτεροι του λαου εἰς την αὐλην του ἀρχιερεως του λεγομενου καιαφα,
	5	μη ἐν τη ἑορτη, ἱνα μη θορυβος γενηται ἐν τω λαω.
	47	ἰδου ἰουδας εἱς των δωδεκα ἠλθεν, και μετ αὐτου ὀχλος πολυς μετα μαχαιρων και ξυλων ἀπο των ἀρχιερεων και πρεσβυτερων του λαου.
	27 1	πρωιας δε γενομενης συμβουλιον ἐλαβον παντες οἱ ἀρχιερεις και οἱ πρεσβυτεροι του λαου κατα του ἰησου ὡστε θανατωσαι αὐτον·
	25	και ἀποκριθεις πας ὁ λαος εἰπεν· το αἱμα αὐτου ἐφ ἡμας και ἐπι τα τεκνα ἡμων.
	64	κελευσον οὐν ἀσφαλισθηναι τον ταφον ἑως της τριτης ἡμερας, μηποτε ἐλθοντες οἱ μαθηται αὐτου κλεψωσιν αὐτον και εἰπωσιν τω λαω· ἠγερθη ἀπο των νεκρων,
Mc	7 6	ὡς γεγραπται [ὁτι] οὑτος ὁ λαος τοις χειλεσιν με τιμα, ἡ δε καρδια αὐτων πορρω ἀπεχει ἀπ ἐμου·
	14 2	μη ἐν τη ἑορτη, μηποτε ἐσται θορυβος του λαου.
Lc	1 10	και παν το πληθος ἠν του λαου προσευχομενον ἐξω τη ὡρα του θυμιαματος.
	17	και αὐτος προελευσεται ἐνωπιον αὐτου ἐν πνευματι και δυναμει ἡλιου, ἐπιστρεψαι καρδιας πατερων ἐπι τεκνα και ἀπειθεις ἐν φρονησει δικαιων, ἑτοιμασαι κυριω λαον κατεσκευασμενον·
	21	και ἠν ὁ λαος προσδοκων τον ζαχαριαν,
	68	εὐλογητος κυριος ὁ θεος του ἰσραηλ, ὁτι ἐπεσκεψατο και ἐποιησεν λυτρωσιν τω λαω αὐτου,
	77	προπορευση γαρ ἐνωπιον κυριου ἑτοιμασαι ὁδους αὐτου, του δουναι γνωσιν σωτηριας τω λαω αὐτου ἐν ἀφεσει ἁμαρτιων αὐτων,
	2 10	ἰδου γαρ εὐαγγελιζομαι ὑμιν χαραν μεγαλην, ἡτις ἐσται παντι τω λαω,
	31	ὁτι εἰδον οἱ ὀφθαλμοι μου το σωτηριον σου, ὁ ἡτοιμασας κατα προσωπον παντων των λαων,
	32	ὁ ἡτοιμασας κατα προσωπον παντων των λαων, φως εἰς ἀποκαλυψιν ἐθνων και δοξαν λαου σου ἰσραηλ.
	3 15	προσδοκωντος δε του λαου και διαλογιζομενων παντων ἐν ταις καρδιαις αὐτων περι του ἰωαννου, μηποτε αὐτος εἰη ὁ χριστος,
	18	πολλα μεν οὐν και ἑτερα παρακαλων εὐηγγελιζετο τον λαον·
	21	ἐγενετο δε ἐν τω βαπτισθηναι ἁπαντα τον λαον και ἰησου βαπτισθεντος και προσευχομενου ἀνεωχθηναι τον οὐρανον και καταβηναι το πνευμα το ἁγιον σωματικω εἰδει ὡς περιστεραν ἐπ αὐτον,
	6 17	και πληθος πολυ του λαου ἀπο πασης της ἰουδαιας και ἱερουσαλημ και της παραλιου τυρου και σιδωνος,

λαος [142]

Lc	7 1	ἐπειδη ἐπληρωσεν παντα τα ῥηματα αὐτου εἰς τας ἀκοας του λαου, εἰσηλθεν εἰς καφαρναουμ.
	16	και ἐδοξαζον τον θεον λεγοντες ὀτι προφητης μεγας ἠγερθη ἐν ἡμιν, και ὀτι ἐπεσκεψατο ὁ θεος τον λαον αὐτου.
	29	και πας ὁ λαος ἀκουσας και οἱ τελωναι ἐδικαιωσαν τον θεον,
	8 47	ἰδουσα δε ἡ γυνη ὀτι οὐκ ἐλαθεν, τρεμουσα ἠλθεν και προσπεσουσα αὐτω δι ἠν αἰτιαν ἡψατο αὐτου ἀπηγγειλεν ἐνωπιον παντος του λαου, και ὡς ἰαθη παραχρημα.
	9 13	οὐκ εἰσιν ἡμιν πλειον ἠ ἀρτοι πεντε και ἰχθυες δυο, εἰ μητι πορευθεντες ἡμεις ἀγορασωμεν εἰς παντα τον λαον τουτον βρωματα.
	18 43	και πας ὁ λαος ἰδων ἐδωκεν αἰνον τω θεω.
	19 47	οἱ δε ἀρχιερεις και οἱ γραμματεις ἐζητουν αὐτον ἀπολεσαι και οἱ πρωτοι του λαου,
	48	ὁ λαος γαρ ἀπας ἐξεκρεματο αὐτου ἀκουων.
	20 1	και ἐγενετο ἐν μια των ἡμερων διδασκοντος αὐτου τον λαον ἐν τω ἱερω και εὐαγγελιζομενου ἐπεστησαν οἱ ἀρχιερεις και οἱ γραμματεις συν τοις πρεσβυτεροις.
	6	ἐαν δε εἰπωμεν· ἐξ ἀνθρωπων, ὁ λαος ἀπας καταλιθασει ἡμας·
	9	ἠρξατο δε προς τον λαον λεγειν την παραβολην ταυτην.
	19	και ἐφοβηθησαν τον λαον· ἐγνωσαν γαρ ὀτι προς αὐτους εἰπεν την παραβολην ταυτην.
	26	και οὐκ ἰσχυσαν ἐπιλαβεσθαι αὐτου ῥηματος ἐναντιον του λαου,
	45	ἀκουοντος δε παντος του λαου εἰπεν τοις μαθηταις [αὐτου]·
	21 23	ἐσται γαρ ἀναγκη μεγαλη ἐπι της γης και ὀργη τω λαω τουτω,
	38	και πας ὁ λαος ὠρθριζεν προς αὐτον ἐν τω ἱερω ἀκουειν αὐτου.
	22 2	και ἐζητουν οἱ ἀρχιερεις και οἱ γραμματεις το πῶς ἀνελωσιν αὐτον· ἐφοβουντο γαρ τον λαον.
	66	και ὡς ἐγενετο ἡμερα, συνηχθη το πρεσβυτεριον του λαου,
	23 5	οἱ δε ἐπισχυον λεγοντες ὀτι ἀνασειει τον λαον,
	13	πιλατος δε συγκαλεσαμενος τους ἀρχιερεις και τους ἀρχοντας και τον λαον
	14	προσηνεγκατε μοι τον ἀνθρωπον τουτον ὡς ἀποστρεφοντα τον λαον,
	27	ἠκολουθει δε αὐτω πολυ πληθος του λαου και γυναικων αἱ ἐκοπτοντο και ἐθρηνουν αὐτον.
	35	και εἱστηκει ὁ λαος θεωρων.
	24 19	τα περι ἰησου του ναζαρηνου, ὁς ἐγενετο ἀνηρ προφητης δυνατος ἐν ἐργω και λογω ἐναντιον του θεου και παντος του λαου,
Jh	8 2*	και πας ὁ λαος ἠρχετο προς αὐτον, και καθισας ἐδιδασκεν αὐτους.
	11 50	ὑμεις οὐκ οἰδατε οὐδεν, οὐδε λογιζεσθε ὀτι συμφερει ὑμιν ἰνα εἰς ἀνθρωπος ἀποθανη ὑπερ του λαου και μη ὀλον το ἐθνος ἀποληται.
	18 14	ἠν δε καιαφας ὁ συμβουλευσας τοις ἰουδαιοις ὀτι συμφερει ἐνα ἀνθρωπον ἀποθανειν ὑπερ του λαου.
Ac	2 47	αἰνουντες τον θεον και ἐχοντες χαριν προς ὀλον τον λαον.
	3 9	και εἰδεν πας ὁ λαος αὐτον περιπατουντα και αἰνουντα τον θεον·
	11	κρατουντος δε αὐτου τον πετρον και τον ἰωαννην συνεδραμεν πας ὁ λαος προς αὐτους ἐπι τη στοα τη καλουμενη σολομωντος ἐκθαμβοι.
	12	ἰδων δε ὁ πετρος ἀπεκρινατο προς τον λαον· ἀνδρες ἰσραηλιται, τι θαυμαζετε ἐπι τουτω, ἠ ἡμιν τι ἀτενιζετε ὡς ἰδια δυναμει ἠ εὐσεβεια πεποιηκοσιν του περιπατειν αὐτον;
	23	ἐσται δε πασα ψυχη ἡτις ἐαν μη ἀκουση του προφητου ἐκεινου ἐξολεθρευθησεται ἐκ του λαου.
	4 1	λαλουντων δε αὐτων προς τον λαον, ἐπεστησαν αὐτοις οἱ ἱερεις και ὁ στρατηγος του ἱερου και οἱ σαδδουκαιοι,
	2	διαπονουμενοι δια το διδασκειν αὐτους τον λαον και καταγγελλειν ἐν τω ἰησου την ἀναστασιν την ἐκ νεκρων,
	8	ἀρχοντες του λαου και πρεσβυτεροι, εἰ ἡμεις σημερον ἀνακρινομεθα ἐπι εὐεργεσια ἀνθρωπου ἀσθενους, ἐν τινι οὑτος σεσωται,
	10	γνωστον ἐστω πασιν ὑμιν και παντι τω λαω ἰσραηλ, ὀτι ἐν τω ὀνοματι ἰησου χριστου του ναζωραιου, ὁν ὑμεις ἐσταυρωσατε, ὁν ὁ θεος ἠγειρεν ἐκ νεκρων, ἐν τουτω οὑτος παρεστηκεν ἐνωπιον ὑμων ὑγιης.
	17	ἀλλ ἰνα μη ἐπι πλειον διανεμηθη εἰς τον λαον, ἀπειλησωμεθα αὐτοις μηκετι λαλειν ἐπι τω ὀνοματι τουτω μηδενι ἀνθρωπων.
	21	οἱ δε προσαπειλησαμενοι ἀπελυσαν αὐτους, μηδεν εὑρισκοντες το πῶς κολασωνται αὐτους, δια τον λαον, ὀτι παντες ἐδοξαζον τον θεον ἐπι τω γεγονοτι·
	25	ἱνατι ἐφρυαξαν ἐθνη και λαοι ἐμελετησαν κενα;

λαος [142]

Ac	4 27	ἡρωδης τε και ποντιος πιλατος συν ἐθνεσιν και λαοις ἰσραηλ, ποιησαι ὀσα ἡ χειρ σου και ἡ βουλη [σου] προωρισεν γενεσθαι.
	5 12	δια δε των χειρων των ἀποστολων ἐγινετο σημεια και τερατα πολλα ἐν τω λαω·
	13	των δε λοιπων οὐδεις ἐτολμα κολλασθαι αὐτοις, ἀλλ ἐμεγαλυνεν αὐτους ὁ λαος·
	20	πορευεσθε και σταθεντες λαλειτε ἐν τω ἱερω τω λαω παντα τα ῥηματα της ζωης ταυτης.
	25	παραγενομενος δε τις ἀπηγγειλεν αὐτοις ὀτι ἰδου οἱ ἀνδρες, οὑς ἐθεσθε ἐν τη φυλακη, εἰσιν ἐν τω ἱερω ἑστωτες και διδασκοντες τον λαον.
	26	ἐφοβουντο γαρ τον λαον, μη λιθασθωσιν·
	34	ἀναστας δε τις ἐν τω συνεδριω φαρισαιος ὀνοματι γαμαλιηλ, νομοδιδασκαλος τιμιος παντι τω λαω,
	37	μετα τουτον ἀνεστη ἰουδας ὁ γαλιλαιος ἐν ταις ἡμεραις της ἀπογραφης και ἀπεστησεν λαον ὀπισω αὐτου·
	6 8	στεφανος δε πληρης χαριτος και δυναμεως ἐποιει τερατα και σημεια μεγαλα ἐν τω λαω.
	12	συνεκινησαν τε τον λαον και τους πρεσβυτερους και τους γραμματεις,
	7 17	καθως δε ἠγγιζεν ὁ χρονος της ἐπαγγελιας ἡς ὡμολογησεν ὁ θεος τω ἀβρααμ, ηὐξησεν ὁ λαος και ἐπληθυνθη ἐν αἰγυπτω,
	34	ἰδων εἰδον την κακωσιν του λαου μου του ἐν αἰγυπτω, και του στεναγμου αὐτων ἠκουσα,
	10 2	ποιων ἐλεημοσυνας πολλας τω λαω και δεομενος του θεου δια παντος,
	41	οὐ παντι τω λαω, ἀλλα μαρτυσιν τοις προκεχειροτονημενοις ὑπο του θεου,
	42	και παρηγγειλεν ἡμιν κηρυξαι τω λαω και διαμαρτυρασθαι ὀτι οὑτος ἐστιν ὁ ὡρισμενος ὑπο του θεου κριτης ζωντων και νεκρων.
	12 4	παραδους τεσσαρσιν τετραδιοις στρατιωτων φυλασσειν αὐτον, βουλομενος μετα το πασχα ἀναγαγειν αὐτον τω λαω.
	11	νυν οἰδα ἀληθως ὀτι ἐξαπεστειλεν [ὁ] κυριος τον ἀγγελον αὐτου και ἐξειλατο με ἐκ χειρος ἡρωδου και πασης της προσδοκιας του λαου των ἰουδαιων.
	13 15	ἀνδρες ἀδελφοι, εἰ τις ἐστιν ἐν ὑμιν λογος παρακλησεως προς τον λαον, λεγετε.
	17	ὁ θεος του λαου τουτου ἰσραηλ ἐξελεξατο τους πατερας ἡμων
	17	ὁ θεος του λαου τουτου ἰσραηλ ἐξελεξατο τους πατερας ἡμων, και τον λαον ὑψωσεν ἐν τη παροικια ἐν γη αἰγυπτου,
	24	προκηρυξαντος ἰωαννου προ προσωπου της εἰσοδου αὐτου βαπτισμα μετανοιας παντι τω λαω ἰσραηλ.
	31	ὁς ὠφθη ἐπι ἡμερας πλειους τοις συναναβασιν αὐτω ἀπο της γαλιλαιας εἰς ἱερουσαλημ, οἰτινες [νυν] εἰσιν μαρτυρες αὐτου προς τον λαον.
	15 14	συμεων ἐξηγησατο καθως πρωτον ὁ θεος ἐπεσκεψατο λαβειν ἐξ ἐθνων λαον τω ὀνοματι αὐτου.
	18 10	διοτι ἐγω εἰμι μετα σου και οὐδεις ἐπιθησεται σοι του κακωσαι σε, διοτι λαος ἐστι μοι πολυς ἐν τη πολει ταυτη.
	19 4	ἰωαννης ἐβαπτισεν βαπτισμα μετανοιας, τω λαω λεγων εἰς τον ἐρχομενον μετ αὐτον ἰνα πιστευσωσιν, τουτ ἐστιν εἰς τον ἰησουν.
	21 28	οὑτος ἐστιν ὁ ἀνθρωπος ὁ κατα του λαου και του νομου και του τοπου τουτου παντας πανταχη διδασκων,
	30	ἐκινηθη τε ἡ πολις ὀλη και ἐγενετο συνδρομη του λαου,
	36	ἠκολουθει γαρ το πληθος του λαου κραζοντες·
	39	δεομαι δε σου, ἐπιτρεψον μοι λαλησαι προς τον λαον.
	40	ἐπιτρεψαντος δε αὐτου ὁ παυλος ἑστως ἐπι των ἀναβαθμων κατεσεισεν τη χειρι τω λαω·
	23 5	γεγραπται γαρ ὀτι ἀρχοντα του λαου σου οὐκ ἐρεις κακως.
	26 17	ἐξαιρουμενος σε ἐκ του λαου και ἐκ των ἐθνων, εἰς οὑς ἐγω ἀποστελλω σε,
	23	εἰ παθητος ὁ χριστος, εἰ πρωτος ἐξ ἀναστασεως νεκρων φως μελλει καταγγελλειν τω τε λαω και τοις ἐθνεσιν.
	28 17	ἐγω, ἀνδρες ἀδελφοι, οὐδεν ἐναντιον ποιησας τω λαω ἠ τοις ἐθεσι τοις πατρωοις,
	26	πορευθητι προς τον λαον τουτον και εἰπον· ἀκοη ἀκουσετε και οὐ μη συνητε,
	27	ἐπαχυνθη γαρ ἡ καρδια του λαου τουτου,
Rm	9 25	καλεσω τον οὐ λαον μου λαον μου και την οὐκ ἠγαπημενην ἠγαπημενην·
	25	καλεσω τον οὐ λαον μου λαον μου και την οὐκ ἠγαπημενην ἠγαπημενην·
	26	και ἐσται ἐν τω τοπω οὑ ἐρρεθη αὐτοις· οὐ λαος μου ὑμεις, ἐκει κληθησονται υἱοι θεου ζωντος.
	10 21	ὀλην την ἡμεραν ἐξεπετασα τας χειρας μου προς λαον ἀπειθουντα και ἀντιλεγοντα.

λαος [142]

Rm	11 1	λεγω οὖν, μη ἀπωσατο ὁ θεος τον λαον αὐτου;
	2	οὐκ ἀπωσατο ὁ θεος τον λαον αὐτου ὃν προεγνω.
	15 10	εὐφρανθητε, ἐθνη, μετα του λαου αὐτου.
	11	αἰνειτε, παντα τα ἐθνη, τον κυριον, και ἐπαινεσατωσαν αὐτον παντες οἱ λαοι.
1Co	10 7	ἐκαθισεν ὁ λαος φαγειν και πειν, και ἀνεστησαν παιζειν.
	14 21	ἐν τω νομω γεγραπται ὅτι ἐν ἑτερογλωσσοις και ἐν χειλεσιν ἑτερων λαλησω τω λαω τουτω, και οὐδ᾽ οὕτως εἰσακουσονται μου, λεγει κυριος.
2Co	6 16	και ἐσομαι αὐτων θεος, και αὐτοι ἐσονται μου λαος.
Tit	2 14	ὃς ἐδωκεν ἑαυτον ὑπερ ἡμων ἱνα λυτρωσηται ἡμας ἀπο πασης ἀνομιας και καθαριση ἑαυτω λαον περιουσιον,
Heb	2 17	ἱνα ἐλεημων γενηται και πιστος ἀρχιερευς τα προς τον θεον, εἰς το ἱλασκεσθαι τας ἁμαρτιας του λαου.
	4 9	ἀρα ἀπολειπεται σαββατισμος τω λαω του θεου.
	5 3	και δι᾽ αὐτην ὀφειλει, καθως περι του λαου, οὑτως και περι ἑαυτου προσφερειν περι ἁμαρτιων.
	7 5	και οἱ μεν ἐκ των υἱων λευι την ἱερατειαν λαμβανοντες ἐντολην ἐχουσιν ἀποδεκατουν τον λαον κατα τον νομον,
	11	εἰ μεν οὖν τελειωσις δια της λευιτικης ἱερωσυνης ἠν, ὁ λαος γαρ ἐπ᾽ αὐτης νενομοθετηται, τις ἐτι χρεια
	27	ὃς οὐκ ἐχει καθ᾽ ἡμεραν ἀναγκην, ὡσπερ οἱ ἀρχιερεις, προτερον ὑπερ των ἰδιων ἁμαρτιων θυσιας ἀναφερειν, ἐπειτα των του λαου·
	8 10	και ἐσομαι αὐτοις εἰς θεον και αὐτοι ἐσονται μοι εἰς λαον.
	9 7	εἰς δε την δευτεραν ἁπαξ του ἐνιαυτου μονος ὁ ἀρχιερευς, οὐ χωρις αἱματος ὁ προσφερει ὑπερ ἑαυτου και των του λαου ἀγνοηματων,
	19	λαληθεισης γαρ πασης ἐντολης κατα τον νομον ὑπο μωυσεως παντι τω λαω, λαβων το αἱμα των μοσχων
	19	αὐτο τε το βιβλιον και παντα τον λαον ἐρραντισεν, λεγων·
	10 30	οἰδαμεν γαρ τον εἰποντα· ἐμοι ἐκδικησις, ἐγω ἀνταποδωσω· και παλιν· κρινει κυριος τον λαον αὐτου.
	11 25	μαλλον ἑλομενος συγκακουχεισθαι τω λαω του θεου ἠ προσκαιρον ἐχειν ἁμαρτιας ἀπολαυσιν,
	13 12	διο και ἰησους, ἱνα ἁγιαση δια του ἰδιου αἱματος τον λαον, ἐξω της πυλης ἐπαθεν.
1Pt	2 9	ὑμεις δε γενος ἐκλεκτον, βασιλειον ἱερατευμα, ἐθνος ἁγιον, λαος εἰς περιποιησιν,
	10	οἱ ποτε οὐ λαος, νυν δε λαος θεου,
	10	οἱ ποτε οὐ λαος, νυν δε λαος θεου,
2Pt	2 1	ἐγενοντο δε και ψευδοπροφηται ἐν τω λαω,
Ju	5	ὑπομνησαι δε ὑμας βουλομαι, εἰδοτας [ὑμας] παντα, ὅτι [ὁ] κυριος ἁπαξ λαον ἐκ γης αἰγυπτου σωσας το δευτερον τους μη πιστευσαντας ἀπωλεσεν,
Apc	5 9	ὅτι ἐσφαγης και ἠγορασας τω θεω ἐν τω αἱματι σου ἐκ πασης φυλης και γλωσσης και λαου και ἐθνους,
	7 9	ὃν ἀριθμησαι αὐτον οὐδεις ἐδυνατο, ἐκ παντος ἐθνους και φυλων και λαων και γλωσσων,
	10 11	δει σε παλιν προφητευσαι ἐπι λαοις και ἐθνεσιν και γλωσσαις και βασιλευσιν πολλοις.
	11 9	και βλεπουσιν ἐκ των λαων και φυλων και γλωσσων και ἐθνων το πτωμα αὐτων ἡμερας τρεις και ἡμισυ,
	13 7	και ἐδοθη αὐτω ἐξουσια ἐπι πασαν φυλην και λαον και γλωσσαν και ἐθνος.
	14 6	ἐχοντα εὐαγγελιον αἰωνιον εὐαγγελισαι ἐπι τους καθημενους ἐπι της γης και ἐπι παν ἐθνος και φυλην και γλωσσαν και λαον,
	17 15	τα ὑδατα ἁ εἰδες, οὐ ἡ πορνη καθηται, λαοι και ὀχλοι εἰσιν και ἐθνη και γλωσσαι.
	18 4	ἐξελθατε ὁ λαος μου ἐξ αὐτης, ἱνα μη συγκοινωνησητε ταις ἁμαρτιαις αὐτης,
	21 3	και σκηνωσει μετ᾽ αὐτων, και αὐτοι λαοι αὐτου ἐσονται,

λαρυγξ [1]

Rm	3 13	ταφος ἀνεωγμενος ὁ λαρυγξ αὐτων, ταις γλωσσαις αὐτων ἐδολιουσαν,

λασαια [1]

Ac	27 8	μολις τε παραλεγομενοι αὐτην ἠλθομεν εἰς τοπον τινα καλουμενον καλους λιμενας, ᾡ ἐγγυς πολις ἠν λασαια.

λατομεω [2]

Mt	27 60	και ἐθηκεν αὐτο ἐν τω καινω αὐτου μνημειω ὁ ἐλατομησεν ἐν τη πετρα,

λατομεω [2]

Mc	15 46	και ἀγορασας σινδονα καθελων αὐτον ἐνειλησεν τη σινδονι και ἐθηκεν αὐτον ἐν μνημειω ὁ ἠν λελατομημενον ἐκ πετρας,

λατρεια [5]

Jh	16 2	ἀλλ᾽ ἐρχεται ὡρα ἱνα πας ὁ ἀποκτεινας ὑμας δοξη λατρειαν προσφερειν τω θεω.
Rm	9 4	οἱτινες εἰσιν ἰσραηλιται, ὡν ἡ υἱοθεσια και ἡ δοξα και αἱ διαθηκαι και ἡ νομοθεσια και ἡ λατρεια και αἱ ἐπαγγελιαι,
	12 1	παραστησαι τα σωματα ὑμων θυσιαν ζωσαν ἁγιαν εὐαρεστον τω θεω, την λογικην λατρειαν ὑμων·
Heb	9 1	εἰχε μεν οὖν [και] ἡ πρωτη δικαιωματα λατρειας το τε ἁγιον κοσμικον.
	6	τουτων δε οὑτως κατεσκευασμενων εἰς μεν την πρωτην σκηνην δια παντος εἰσιασιν οἱ ἱερεις τας λατρειας ἐπιτελουντες,

λατρευω [21]

Mt	4 10	κυριον τον θεον σου προσκυνησεις και αὐτω μονω λατρευσεις.
Lc	1 74	ὁρκον ὁν ὡμοσεν προς ἀβρααμ τον πατερα ἡμων, του δουναι ἡμιν ἀφοβως ἐκ χειρος ἐχθρων ῥυσθεντας λατρευειν αὐτω ἐν ὁσιοτητι και δικαιοσυνη ἐνωπιον αὐτου πασαις ταις ἡμεραις ἡμων.
	2 37	και αὐτη χηρα ἑως ἐτων ὀγδοηκοντατεσσαρων, ἡ οὐκ ἀφιστατο του ἱερου νηστειαις και δεησεσιν λατρευουσα νυκτα και ἡμεραν.
	4 8	γεγραπται· κυριον τον θεον σου προσκυνησεις και αὐτω μονω λατρευσεις.
Ac	7 7	και το ἐθνος ᾡ ἐαν δουλευσουσιν κρινω ἐγω, ὁ θεος εἰπεν, και μετα ταυτα ἐξελευσονται και λατρευσουσιν μοι ἐν τω τοπω τουτω.
	42	ἐστρεψεν δε ὁ θεος και παρεδωκεν αὐτους λατρευειν τη στρατια του οὐρανου,
	24 14	ὁμολογω δε τουτο σοι, ὁτι κατα την ὁδον ἡν λεγουσιν αἱρεσιν οὑτως λατρευω τω πατρωω θεω,
	26 7	εἰς ἡν το δωδεκαφυλον ἡμων ἐν ἐκτενεια νυκτα και ἡμεραν λατρευον ἐλπιζει καταντησαι·
	27 23	παρεστη γαρ μοι ταυτη τη νυκτι του θεου οὐ εἰμι [ἐγω,] ᾡ και λατρευω, ἀγγελος λεγων·
Rm	1 9	μαρτυς γαρ μου ἐστιν ὁ θεος, ᾡ λατρευω ἐν τω πνευματι μου ἐν τω εὐαγγελιω του υἱου αὐτου,
	25	οἱτινες μετηλλαξαν την ἀληθειαν του θεου ἐν τω ψευδει, και ἐσεβασθησαν και ἐλατρευσαν τη κτισει παρα τον κτισαντα,
Php	3 3	ἡμεις γαρ ἐσμεν ἡ περιτομη, οἱ πνευματι θεου λατρευοντες
2Tm	1 3	χαριν ἐχω τω θεω, ᾡ λατρευω ἀπο προγονων ἐν καθαρα συνειδησει, ὡς ἀδιαλειπτον ἐχω την περι σου μνειαν ἐν ταις δεησεσιν μου νυκτος και ἡμερας,
Heb	8 5	οἱτινες ὑποδειγματι και σκια λατρευουσιν των ἐπουρανιων,
	9 9	καθ᾽ ἡν δωρα τε και θυσιαι προσφερονται μη δυναμεναι κατα συνειδησιν τελειωσαι τον λατρευοντα,
	14	ποσω μαλλον το αἱμα του χριστου, ὁς δια πνευματος αἰωνιου ἑαυτον προσηνεγκεν ἀμωμον τω θεω, καθαριει την συνειδησιν ἡμων ἀπο νεκρων ἐργων εἰς το λατρευειν θεω ζωντι.
	10 2	ἐπει οὐκ ἀν ἐπαυσαντο προσφερομεναι, δια το μηδεμιαν ἐχειν ἐτι συνειδησιν ἁμαρτιων τους λατρευοντας ἁπαξ κεκαθαρισμενους;
	12 28	διο βασιλειαν ἀσαλευτον παραλαμβανοντες ἐχωμεν χαριν, δι᾽ ἡς λατρευωμεν εὐαρεστως τω θεω,
	13 10	ἐχομεν θυσιαστηριον ἐξ οὐ φαγειν οὐκ ἐχουσιν ἐξουσιαν οἱ τη σκηνη λατρευοντες.
Apc	7 15	και λατρευουσιν αὐτω ἡμερας και νυκτος ἐν τω ναω αὐτου,
	22 3	και οἱ δουλοι αὐτου λατρευσουσιν αὐτω,

λαχανον [4]

Mt	13 32	ὁταν δε αὐξηθη, μειζον των λαχανων ἐστιν και γινεται δενδρον,
Mc	4 32	και ὁταν σπαρη, ἀναβαινει και γινεται μειζον παντων των λαχανων,
Lc	11 42	ἀλλα οὐαι ὑμιν τοις φαρισαιοις, ὁτι ἀποδεκατουτε το ἡδυοσμον και το πηγανον και παν λαχανον,
Rm	14 2	ὁς μεν πιστευει φαγειν παντα, ὁ δε ἀσθενων λαχανα ἐσθιει.

λεγιων [4]

Mt 26 53 ἡ δοκεῖς ὅτι οὐ δύναμαι παρακαλέσαι τὸν πατέρα μου, καὶ παραστήσει μοι ἄρτι πλείω δώδεκα *λεγιῶνας* ἀγγέλων;

Mc 5 9 *λεγιων* ὄνομά μοι, ὅτι πολλοί ἐσμεν.

    15 καὶ ἔρχονται πρὸς τὸν ἰησοῦν, καὶ θεωροῦσιν τὸν δαιμονιζόμενον καθήμενον ἱματισμένον καὶ σωφρονοῦντα, τὸν ἐσχηκότα τὸν *λεγιωνα*, καὶ ἐφοβήθησαν.

Lc 8 30 *λεγιων*, ὅτι εἰσῆλθεν δαιμόνια πολλὰ εἰς αὐτόν.

λεγω [2262]

Mt 1 16 ἐξ ἧς ἐγεννήθη ἰησοῦς ὁ *λεγομενος* χριστός.

    20 ἰδοὺ ἄγγελος κυρίου κατ ὄναρ ἐφάνη αὐτῷ *λεγων·* ἰωσηφ υἱὸς δαυιδ,

    22 τοῦτο δὲ ὅλον γέγονεν ἵνα πληρωθῇ τὸ ῥηθὲν ὑπὸ κυρίου διὰ τοῦ προφήτου *λεγοντος·* ἰδοὺ ἡ παρθένος ἐν γαστρὶ ἕξει καὶ τέξεται υἱόν,

   2 2 τοῦ δὲ ἰησοῦ γεννηθέντος ἐν βηθλεεμ τῆς ἰουδαίας ἐν ἡμέραις ἡρῴδου τοῦ βασιλέως, ἰδοὺ μάγοι ἀπὸ ἀνατολῶν παρεγένοντο εἰς ἱεροσόλυμα *λεγοντες·* ποῦ ἐστιν ὁ τεχθεὶς βασιλεὺς τῶν ἰουδαίων;

    5 οἱ δὲ *εἰπαν* αὐτῷ· ἐν βηθλεεμ τῆς ἰουδαίας·

    8 καὶ πέμψας αὐτοὺς εἰς βηθλεεμ *εἰπεν·* πορευθέντες ἐξετάσατε ἀκριβῶς περὶ τοῦ παιδίου·

    13 ἰδοὺ ἄγγελος κυρίου φαίνεται κατ ὄναρ τῷ ἰωσηφ *λεγων·* ἐγερθεὶς παράλαβε τὸ παιδίον καὶ τὴν μητέρα αὐτοῦ,

    13 καὶ ἴσθι ἐκεῖ ἕως ἂν *εἰπω* σοι·

    15 ἵνα πληρωθῇ τὸ ῥηθὲν ὑπὸ κυρίου διὰ τοῦ προφήτου *λεγοντος·* ἐξ αἰγύπτου ἐκάλεσα τὸν υἱόν μου.

    17 τότε ἐπληρώθη τὸ ῥηθὲν διὰ ἰερεμίου τοῦ προφήτου *λεγοντος·*

    20 ἰδοὺ ἄγγελος κυρίου φαίνεται κατ ὄναρ τῷ ἰωσηφ ἐν αἰγύπτῳ *λεγων·* ἐγερθεὶς παράλαβε τὸ παιδίον καὶ τὴν μητέρα αὐτοῦ,

    23 καὶ ἐλθὼν κατῴκησεν εἰς πόλιν *λεγομενην* ναζαρετ·

   3 2 ἐν δὲ ταῖς ἡμέραις ἐκείναις παραγίνεται ἰωάννης ὁ βαπτιστὴς κηρύσσων ἐν τῇ ἐρήμῳ τῆς ἰουδαίας, [καὶ] *λεγων·* μετανοεῖτε

    3 οὗτος γάρ ἐστιν ὁ ῥηθεὶς διὰ ἠσαΐου τοῦ προφήτου *λεγοντος·* φωνὴ βοῶντος ἐν τῇ ἐρήμῳ·

    7 ἰδὼν δὲ πολλοὺς τῶν φαρισαίων καὶ σαδδουκαίων ἐρχομένους ἐπὶ τὸ βάπτισμα αὐτοῦ *εἰπεν* αὐτοῖς· γεννήματα ἐχιδνῶν,

    9 καὶ μὴ δόξητε *λεγειν* ἐν ἑαυτοῖς· πατέρα ἔχομεν τὸν ἀβρααμ·

    9 *λεγω* γὰρ ὑμῖν ὅτι δύναται ὁ θεὸς ἐκ τῶν λίθων τούτων ἐγεῖραι τέκνα τῷ ἀβρααμ.

    14 ὁ δὲ ἰωάννης διεκώλυεν αὐτὸν *λεγων·* ἐγὼ χρείαν ἔχω ὑπὸ σοῦ βαπτισθῆναι,

    15 ἀποκριθεὶς δὲ ὁ ἰησοῦς *εἰπεν* αὐτῷ· ἄφες ἄρτι·

    17 καὶ ἰδοὺ φωνὴ ἐκ τῶν οὐρανῶν *λεγουσα·* οὗτός ἐστιν ὁ υἱός μου ὁ ἀγαπητός,

   4 3 καὶ προσελθὼν ὁ πειράζων *εἰπεν* αὐτῷ· εἰ υἱὸς εἶ τοῦ θεοῦ,

    3 εἰ υἱὸς εἶ τοῦ θεοῦ, *εἰπε* ἵνα οἱ λίθοι οὗτοι ἄρτοι γένωνται.

    4 ὁ δὲ ἀποκριθεὶς *εἰπεν·* γέγραπται·

    6 καὶ *λεγει* αὐτῷ· εἰ υἱὸς εἶ τοῦ θεοῦ,

    9 καὶ *εἰπεν* αὐτῷ· ταῦτά σοι πάντα δώσω,

    10 τότε *λεγει* αὐτῷ ὁ ἰησοῦς· ὕπαγε,

    14 ἵνα πληρωθῇ τὸ ῥηθὲν διὰ ἠσαΐου τοῦ προφήτου *λεγοντος·* γῆ ζαβουλων καὶ γῆ νεφθαλιμ,

    17 ἀπὸ τότε ἤρξατο ὁ ἰησοῦς κηρύσσειν καὶ *λεγειν·* μετανοεῖτε·

    18 περιπατῶν δὲ παρὰ τὴν θάλασσαν τῆς γαλιλαίας εἶδεν δύο ἀδελφούς, σίμωνα τὸν *λεγομενον* πέτρον καὶ ἀνδρέαν τὸν ἀδελφὸν αὐτοῦ,

    19 καὶ *λεγει* αὐτοῖς· δεῦτε ὀπίσω μου,

   5 2 καὶ ἀνοίξας τὸ στόμα αὐτοῦ ἐδίδασκεν αὐτοὺς *λεγων·* μακάριοι οἱ πτωχοὶ τῷ πνεύματι,

    11 μακάριοί ἐστε ὅταν ὀνειδίσωσιν ὑμᾶς καὶ διώξωσιν καὶ *εἰπωσιν* πᾶν πονηρὸν καθ ὑμῶν [ψευδόμενοι] ἕνεκεν ἐμοῦ.

    18 ἀμὴν γὰρ *λεγω* ὑμῖν, ἕως ἂν παρέλθῃ ὁ οὐρανὸς καὶ ἡ γῆ,

    20 *λεγω* γὰρ ὑμῖν ὅτι ἐὰν μὴ περισσεύσῃ ὑμῶν ἡ δικαιοσύνη πλεῖον τῶν γραμματέων καὶ φαρισαίων, οὐ μὴ εἰσέλθητε εἰς τὴν βασιλείαν τῶν οὐρανῶν.

    22 *ἐγω δὲ λεγω* ὑμῖν ὅτι πᾶς ὁ ὀργιζόμενος τῷ ἀδελφῷ αὐτοῦ ἔνοχος ἔσται τῇ κρίσει·

    22 ὃς δ ἂν *εἰπῃ* τῷ ἀδελφῷ αὐτοῦ ῥακα, ἔνοχος ἔσται τῷ συνεδρίῳ·

    22 ὃς δ ἂν *εἰπῃ* μωρέ, ἔνοχος ἔσται εἰς τὴν γέενναν τοῦ πυρός.

    26 ἀμὴν *λεγω* σοι, οὐ μὴ ἐξέλθῃς ἐκεῖθεν ἕως ἂν ἀποδῷς τὸν ἔσχατον κοδράντην.

    28 *ἐγω δὲ λεγω* ὑμῖν ὅτι πᾶς ὁ βλέπων γυναῖκα πρὸς τὸ ἐπιθυμῆσαι αὐτὴν ἤδη ἐμοίχευσεν αὐτὴν ἐν τῇ καρδίᾳ αὐτοῦ.

λεγω [2262]

Mt 5 32 *ἐγω δὲ λεγω* ὑμῖν ὅτι πᾶς ὁ ἀπολύων τὴν γυναῖκα αὐτοῦ παρεκτὸς λόγου πορνείας ποιεῖ αὐτὴν μοιχευθῆναι,

    34 *ἐγω δὲ λεγω* ὑμῖν μὴ ὀμόσαι ὅλως·

    39 *ἐγω δὲ λεγω* ὑμῖν μὴ ἀντιστῆναι τῷ πονηρῷ·

    44 *ἐγω δὲ λεγω* ὑμῖν· ἀγαπᾶτε τοὺς ἐχθροὺς ὑμῶν καὶ προσεύχεσθε ὑπὲρ τῶν διωκόντων ὑμᾶς·

   6 2 ἀμὴν *λεγω* ὑμῖν, ἀπέχουσιν τὸν μισθὸν αὐτῶν.

    5 ἀμὴν *λεγω* ὑμῖν, ἀπέχουσιν τὸν μισθὸν αὐτῶν.

    16 ἀμὴν *λεγω* ὑμῖν, ἀπέχουσιν τὸν μισθὸν αὐτῶν.

    25 διὰ τοῦτο *λεγω* ὑμῖν· μὴ μεριμνᾶτε τῇ ψυχῇ ὑμῶν τί φάγητε [ἢ τί πίητε],

    29 *λεγω* δὲ ὑμῖν ὅτι οὐδὲ σολομὼν ἐν πάσῃ τῇ δόξῃ αὐτοῦ περιεβάλετο ὡς ἓν τούτων. εἰ δὲ τὸν χόρτον τοῦ ἀγροῦ σήμερον ὄντα καὶ αὔριον εἰς κλίβανον βαλλόμενον ὁ θεὸς οὕτως ἀμφιέννυσιν,

    31 μὴ οὖν μεριμνήσετε *λεγοντες·* τί φάγωμεν;

   7 21 οὐ πᾶς ὁ *λεγων* μοι κύριε κύριε, εἰσελεύσεται εἰς τὴν βασιλείαν τῶν οὐρανῶν,

   8 2 καὶ ἰδοὺ λεπρὸς προσελθὼν προσεκύνει αὐτῷ *λεγων·* κύριε,

    3 καὶ ἐκτείνας τὴν χεῖρα ἥψατο αὐτοῦ *λεγων·* θέλω,

    4 καὶ *λεγει* αὐτῷ ὁ ἰησοῦς· ὅρα μηδενὶ εἴπῃς,

    4 ὅρα μηδενὶ *εἰπῃς·*

    6 εἰσελθόντος δὲ αὐτοῦ εἰς καφαρναοὺμ προσῆλθεν αὐτῷ ἑκατόνταρχος παρακαλῶν αὐτὸν καὶ *λεγων·* κύριε,

    7 καὶ *λεγει* αὐτῷ· ἐγὼ ἐλθὼν θεραπεύσω αὐτόν.

    8 ἀλλὰ μόνον *εἰπε* λόγῳ, καὶ ἰαθήσεται ὁ παῖς μου.

    9 καὶ *λεγω* τούτῳ· πορεύθητι, καὶ πορεύεται, καὶ ἄλλῳ· ἔρχου, καὶ ἔρχεται, καὶ τῷ δούλῳ μου· ποίησον τοῦτο, καὶ ποιεῖ.

    10 ἀκούσας δὲ ὁ ἰησοῦς ἐθαύμασεν καὶ *εἰπεν* τοῖς ἀκολουθοῦσιν· ἀμὴν *λεγω* ὑμῖν,

    10 ἀμὴν *λεγω* ὑμῖν, παρ οὐδενὶ τοσαύτην πίστιν ἐν τῷ ἰσραηλ εὗρον.

    11 *λεγω* δὲ ὑμῖν ὅτι πολλοὶ ἀπὸ ἀνατολῶν καὶ δυσμῶν ἥξουσιν καὶ ἀνακλιθήσονται μετὰ ἀβρααμ καὶ ἰσαακ καὶ ἰακωβ ἐν τῇ βασιλείᾳ τῶν οὐρανῶν·

    13 καὶ *εἰπεν* ὁ ἰησοῦς τῷ ἑκατοντάρχῃ· ὕπαγε,

    17 καὶ πάντας τοὺς κακῶς ἔχοντας ἐθεράπευσεν· ὅπως πληρωθῇ τὸ ῥηθὲν διὰ ἠσαΐου τοῦ προφήτου *λεγοντος·* αὐτὸς τὰς ἀσθενείας ἡμῶν ἔλαβεν καὶ τὰς νόσους ἐβάστασεν.

    19 καὶ προσελθὼν εἷς γραμματεὺς *εἰπεν* αὐτῷ· διδάσκαλε,

    20 καὶ *λεγει* αὐτῷ ὁ ἰησοῦς· αἱ ἀλώπεκες φωλεοὺς ἔχουσιν καὶ τὰ πετεινὰ τοῦ οὐρανοῦ κατασκηνώσεις,

    21 ἕτερος δὲ τῶν μαθητῶν [αὐτοῦ] *εἰπεν* αὐτῷ· κύριε,

    22 ὁ δὲ ἰησοῦς *λεγει* αὐτῷ· ἀκολούθει μοι,

    25 καὶ προσελθόντες ἤγειραν αὐτὸν *λεγοντες·* κύριε,

    26 καὶ *λεγει* αὐτοῖς· τί δειλοί ἐστε,

    27 οἱ δὲ ἄνθρωποι ἐθαύμασαν *λεγοντες·* ποταπός ἐστιν οὗτος,

    29 καὶ ἰδοὺ ἔκραξαν *λεγοντες·* τί ἡμῖν καὶ σοί,

    31 οἱ δὲ δαίμονες παρεκάλουν αὐτὸν *λεγοντες·* εἰ ἐκβάλλεις ἡμᾶς,

    32 καὶ *εἰπεν* αὐτοῖς· ὑπάγετε.

   9 2 καὶ ἰδὼν ὁ ἰησοῦς τὴν πίστιν αὐτῶν *εἰπεν* τῷ παραλυτικῷ· θάρσει,

    3 καὶ ἰδού τινες τῶν γραμματέων *εἰπαν* ἐν ἑαυτοῖς· οὗτος βλασφημεῖ.

    4 καὶ ἰδὼν ὁ ἰησοῦς τὰς ἐνθυμήσεις αὐτῶν *εἰπεν·* ἱνατί ἐνθυμεῖσθε πονηρὰ ἐν ταῖς καρδίαις ὑμῶν;

    5 τί γάρ ἐστιν εὐκοπώτερον, *εἰπειν·* ἀφίενταί σου αἱ ἁμαρτίαι,

    5 ἀφίενταί σου αἱ ἁμαρτίαι, ἢ *εἰπειν·* ἔγειρε καὶ περιπάτει;

    6 ἵνα δὲ εἰδῆτε ὅτι ἐξουσίαν ἔχει ὁ υἱὸς τοῦ ἀνθρώπου ἐπὶ τῆς γῆς ἀφιέναι ἁμαρτίας τότε *λεγει* τῷ παραλυτικῷ· ἐγερθεὶς ἆρόν σου τὴν κλίνην καὶ ὕπαγε εἰς τὸν οἶκόν σου.

    9 καὶ παράγων ὁ ἰησοῦς ἐκεῖθεν εἶδεν ἄνθρωπον καθήμενον ἐπὶ τὸ τελώνιον, μαθθαῖον *λεγομενον,*

    9 μαθθαῖον *λεγομενον,* καὶ *λεγει* αὐτῷ· ἀκολούθει μοι.

    11 καὶ ἰδόντες οἱ φαρισαῖοι *ἐλεγον* τοῖς μαθηταῖς αὐτοῦ· διὰ τί μετὰ τῶν τελωνῶν καὶ ἁμαρτωλῶν ἐσθίει ὁ διδάσκαλος ὑμῶν;

    12 ὁ δὲ ἀκούσας *εἰπεν·* οὐ χρείαν ἔχουσιν οἱ ἰσχύοντες ἰατροῦ ἀλλ οἱ κακῶς ἔχοντες.

    14 τότε προσέρχονται αὐτῷ οἱ μαθηταὶ ἰωάννου *λεγοντες·* διὰ τί ἡμεῖς καὶ οἱ φαρισαῖοι νηστεύομεν [πολλά],

    15 καὶ *εἰπεν* αὐτοῖς ὁ ἰησοῦς· μὴ δύνανται οἱ υἱοὶ τοῦ νυμφῶνος πενθεῖν,

    18 ἰδοὺ ἄρχων εἷς ἐλθὼν προσεκύνει αὐτῷ *λεγων* ὅτι ἡ θυγάτηρ μου ἄρτι ἐτελεύτησεν·

    21 *ἐλεγεν* γὰρ ἐν ἑαυτῇ· ἐὰν μόνον ἅψωμαι τοῦ ἱματίου αὐτοῦ,

    22 ὁ δὲ ἰησοῦς στραφεὶς καὶ ἰδὼν αὐτὴν *εἰπεν·* θάρσει,

λεγω [2262]

Mt 9 24 και ελθων ο ιησους εις την οικιαν του αρχοντος και ιδων τους αυλητας και τον οχλον θορυβουμενον *ελεγεν*· αναχωρειτε·

27 και παραγοντι εκειθεν τω ιησου ηκολουθησαν [αυτω] δυο τυφλοι κραζοντες και *λεγοντες*· ελεησον ημας,

28 και *λεγει* αυτοις ο ιησους· πιστευετε οτι δυναμαι τουτο ποιησαι;

28 *λεγουσιν* αυτω· ναι.

29 τοτε ηψατο των οφθαλμων αυτων *λεγων*· κατα την πιστιν υμων γενηθητω υμιν.

30 και ενεβριμηθη αυτοις ο ιησους *λεγων*· ορατε μηδεις γινωσκετω.

33 και εθαυμασαν οι οχλοι *λεγοντες*· ουδεποτε εφανη ουτως εν τω ισραηλ.

34 οι δε φαρισαιοι *ελεγον*· εν τω αρχοντι των δαιμονιων εκβαλλει τα δαιμονια.

37 τοτε *λεγει* τοις μαθηταις αυτου· ο μεν θερισμος πολυς,

10 2 πρωτος σιμων ο *λεγομενος* πετρος και ανδρεας ο αδελφος αυτου,

5 τουτους τους δωδεκα απεστειλεν ο ιησους παραγγειλας αυτοις *λεγων*· εις οδον εθνων μη απελθητε,

7 πορευομενοι δε κηρυσσετε *λεγοντες* οτι ηγγικεν η βασιλεια των ουρανων.

15 αμην *λεγω* υμιν, ανεκτοτερον εσται γη σοδομων και γομορρων εν ημερα κρισεως η τη πολει εκεινη.

23 αμην γαρ *λεγω* υμιν, ου μη τελεσητε τας πολεις του ισραηλ εως αν ελθη ο υιος του ανθρωπου.

27 ο *λεγω* υμιν εν τη σκοτια, ειπατε εν τω φωτι·

27 ο *λεγω* υμιν εν τη σκοτια, ειπατε εν τω φωτι·

42 αμην *λεγω* υμιν, ου μη απολεση τον μισθον αυτου.

11 3 ο δε ιωαννης ακουσας εν τω δεσμωτηριω τα εργα του χριστου, πεμψας δια των μαθητων αυτου *ειπεν* αυτω· συ ει ο ερχομενος,

4 και αποκριθεις ο ιησους *ειπεν* αυτοις· πορευθεντες απαγγειλατε ιωαννη α ακουετε και βλεπετε·

7 τουτων δε πορευομενων ηρξατο ο ιησους *λεγειν* τοις οχλοις περι ιωαννου·

9 ναι *λεγω* υμιν, και περισσοτερον προφητου.

11 αμην *λεγω* υμιν, ουκ εγηγερται εν γεννητοις γυναικων μειζων ιωαννου του βαπτιστου·

17 ομοια εστιν παιδιοις καθημενοις εν ταις αγοραις α προσφωνουντα τοις ετεροις *λεγουσιν*· ηυλησαμεν υμιν και ουκ ωρχησασθε·

18 και *λεγουσιν*· δαιμονιον εχει.

19 και *λεγουσιν*· ιδου ανθρωπος φαγος και οινοποτης,

22 πλην *λεγω* υμιν, τυρω και σιδωνι ανεκτοτερον εσται εν ημερα κρισεως η υμιν.

24 πλην *λεγω* υμιν οτι γη σοδομων ανεκτοτερον εσται εν ημερα κρισεως η σοι.

25 εν εκεινω τω καιρω αποκριθεις ο ιησους *ειπεν*· εξομολογουμαι σοι πατερ κυριε του ουρανου και της γης,

12 2 οι δε φαρισαιοι ιδοντες *ειπαν* αυτω· ιδου οι μαθηται σου ποιουσιν ο ουκ εξεστιν ποιειν εν σαββατω·

3 ο δε *ειπεν* αυτοις· ουκ ανεγνωτε τι εποιησεν δαυιδ,

6 *λεγω* δε υμιν οτι του ιερου μειζον εστιν ωδε.

10 και επηρωτησαν αυτον *λεγοντες*· ει εξεστιν τοις σαββασιν θεραπευσαι;

11 ο δε *ειπεν* αυτοις· τις εσται εξ υμων ανθρωπος ος εξει προβατον εν,

13 τοτε *λεγει* τω ανθρωπω· εκτεινον σου την χειρα.

17 ινα πληρωθη το ρηθεν δια ησαιου του προφητου *λεγοντος*· ιδου ο παις μου ον ηρετισα,

23 και εξισταντο παντες οι οχλοι και *ελεγον*· μητι ουτος εστιν ο υιος δαυιδ;

24 οι δε φαρισαιοι ακουσαντες *ειπον*· ουτος ουκ εκβαλλει τα δαιμονια ει μη εν τω βεελζεβουλ αρχοντι των δαιμονιων.

25 ειδως δε τας ενθυμησεις αυτων *ειπεν* αυτοις· πασα βασιλεια μερισθεισα καθ εαυτης ερημουται,

31 δια τουτο *λεγω* υμιν, πασα αμαρτια και βλασφημια αφεθησεται τοις ανθρωποις,

32 και ος εαν *ειπη* λογον κατα του υιου του ανθρωπου, αφεθησεται αυτω·

32 ος δ αν *ειπη* κατα του πνευματος του αγιου, ουκ αφεθησεται αυτω ουτε εν τουτω τω αιωνι ουτε εν τω μελλοντι.

36 *λεγω* δε υμιν οτι παν ρημα αργον ο λαλησουσιν οι ανθρωποι, αποδωσουσιν περι αυτου λογον εν ημερα κρισεως·

38 τοτε απεκριθησαν αυτω τινες των γραμματεων και φαρισαιων *λεγοντες*· διδασκαλε,

λεγω [2262]

Mt 12 39 ο δε αποκριθεις *ειπεν* αυτοις· γενεα πονηρα και μοιχαλις σημειον επιζητει,

44 τοτε *λεγει*· εις τον οικον μου επιστρεψω οθεν εξηλθον·

47 [*ειπεν* δε τις αυτω]· [ιδου η μητηρ σου και οι αδελφοι σου εξω εστηκασιν ζητουντες σοι λαλησαι].

48 ο δε αποκριθεις *ειπεν* τω λεγοντι αυτω· τις εστιν η μητηρ μου,

48 ο δε αποκριθεις *ειπεν* τω λεγοντι αυτω· τις εστιν η μητηρ μου,

49 και εκτεινας την χειρα αυτου επι τους μαθητας αυτου *ειπεν*· ιδου η μητηρ μου και οι αδελφοι μου.

13 3 και ελαλησεν αυτοις πολλα εν παραβολαις *λεγων*· ιδου εξηλθεν ο σπειρων του σπειρειν.

10 και προσελθοντες οι μαθηται *ειπαν* αυτω· δια τι εν παραβολαις λαλεις αυτοις;

11 ο δε αποκριθεις *ειπεν* αυτοις· οτι υμιν δεδοται γνωναι τα μυστηρια της βασιλειας των ουρανων,

14 και αναπληρουται αυτοις η προφητεια ησαιου η *λεγουσα*· ακοη ακουσετε και ου μη συνητε,

17 αμην γαρ *λεγω* υμιν οτι πολλοι προφηται και δικαιοι επεθυμησαν ιδειν α βλεπετε και ουκ ειδαν,

24 αλλην παραβολην παρεθηκεν αυτοις *λεγων*· ωμοιωθη η βασιλεια των ουρανων ανθρωπω σπειραντι καλον σπερμα εν τω αγρω αυτου.

27 προσελθοντες δε οι δουλοι του οικοδεσποτου *ειπον* αυτω· κυριε, ουχι καλον σπερμα εσπειρας εν τω σω αγρω;

28 οι δε δουλοι *λεγουσιν* αυτω· θελεις ουν απελθοντες συλλεξωμεν αυτα;

31 αλλην παραβολην παρεθηκεν αυτοις *λεγων*· ομοια εστιν η βασιλεια των ουρανων κοκκω σιναπεως,

35 οπως πληρωθη το ρηθεν δια του προφητου *λεγοντος*· ανοιξω εν παραβολαις το στομα μου,

36 και προσηλθον αυτω οι μαθηται αυτου *λεγοντες*· διασαφησον ημιν την παραβολην των ζιζανιων του αγρου.

37 ο δε αποκριθεις *ειπεν*· ο σπειρων το καλον σπερμα εστιν ο υιος του ανθρωπου·

51 *λεγουσιν* αυτω· ναι.

52 ο δε *ειπεν* αυτοις· δια τουτο πας γραμματευς μαθητευθεις τη βασιλεια των ουρανων ομοιος εστιν ανθρωπω οικοδεσποτη,

54 και ελθων εις την πατριδα αυτου εδιδασκεν αυτους εν τη συναγωγη αυτων, ωστε εκπλησσεσθαι αυτους και *λεγειν*· ποθεν τουτω η σοφια αυτη και αι δυναμεις;

55 ουχ η μητηρ αυτου *λεγεται* μαριαμ και οι αδελφοι αυτου ιακωβος και ιωσηφ και σιμων και ιουδας;

57 ο δε ιησους *ειπεν* αυτοις· ουκ εστιν προφητης ατιμος ει μη εν τη πατριδι και εν τη οικια αυτου.

14 2 εν εκεινω τω καιρω ηκουσεν ηρωδης ο τετρααρχης την ακοην ιησου, και *ειπεν* τοις παισιν αυτου· ουτος εστιν ιωαννης ο βαπτιστης·

4 *ελεγεν* γαρ ο ιωαννης αυτω· ουκ εξεστιν σοι εχειν αυτην.

15 οψιας δε γενομενης προσηλθον αυτω οι μαθηται *λεγοντες*· ερημος εστιν ο τοπος και η ωρα ηδη παρηλθεν·

16 ο δε [ιησους] *ειπεν* αυτοις· ου χρειαν εχουσιν απελθειν·

17 οι δε *λεγουσιν* αυτω· ουκ εχομεν ωδε ει μη πεντε αρτους και δυο ιχθυας.

18 ο δε *ειπεν*· φερετε μοι ωδε αυτους.

26 οι δε μαθηται ιδοντες αυτον επι της θαλασσης περιπατουντα εταραχθησαν *λεγοντες* οτι φαντασμα εστιν,

27 ευθυς δε ελαλησεν [ο ιησους] αυτοις *λεγων*· θαρσειτε, εγω ειμι·

28 αποκριθεις δε αυτω ο πετρος *ειπεν*· κυριε, ει συ ει, κελευσον με ελθειν προς σε επι τα υδατα.

29 ο δε *ειπεν*· ελθε.

30 και αρξαμενος καταποντιζεσθαι εκραξεν *λεγων*· κυριε, σωσον με.

31 και *λεγει* αυτω· ολιγοπιστε, εις τι εδιστασας;

33 οι δε εν τω πλοιω προσεκυνησαν αυτω *λεγοντες*· αληθως θεου υιος ει.

15 1 τοτε προσερχονται τω ιησου απο ιεροσολυμων φαρισαιοι και γραμματεις *λεγοντες*· δια τι οι μαθηται σου παραβαινουσιν την παραδοσιν των πρεσβυτερων;

3 ο δε αποκριθεις *ειπεν* αυτοις· δια τι και υμεις παραβαινετε την εντολην του θεου δια την παραδοσιν υμων;

4 ο γαρ θεος *ειπεν*· τιμα τον πατερα και την μητερα, και·

5 υμεις δε *λεγετε*· ος αν ειπη τω πατρι η τη μητρι·

5 ος αν *ειπη* τω πατρι η τη μητρι· δωρον ο εαν εξ εμου ωφεληθης, ου μη τιμησει τον πατερα αυτου·

7 υποκριται, καλως επροφητευσεν περι υμων ησαιας *λεγων*· λαος ουτος τοις χειλεσιν με τιμα,

10 και προσκαλεσαμενος τον οχλον *ειπεν* αυτοις· ακουετε και συνιετε·

λεγω [2262]

Mt 15 12 τοτε προσελθοντες οἱ μαθηται *λεγουσιν* αὐτῳ· οἰδας ὅτι οἱ φαρισαιοι ἀκουσαντες τον λογον ἐσκανδαλισθησαν;

13 ὁ δε ἀποκριθεις *εἰπεν*· πασα φυτεια ἣν οὐκ ἐφυτευσεν ὁ πατηρ μου ὁ οὐρανιος ἐκριζωθησεται.

15 ἀποκριθεις δε ὁ πετρος *εἰπεν* αὐτῳ· φρασον ἡμιν την παραβολην [ταυτην].

16 ὁ δε *εἰπεν*· ἀκμην και ὑμεις ἀσυνετοι ἐστε;

22 και ἰδου γυνη χαναναια ἀπο των ὁριων ἐκεινων ἐξελθουσα ἐκραζεν *λεγουσα*· ἐλεησον με, κυριε υἱος δαυιδ·

23 και προσελθοντες οἱ μαθηται αὐτου ἠρωτουν αὐτον *λεγοντες*· ἀπολυσον αὐτην, ὅτι κραζει ὀπισθεν ἡμων.

24 ὁ δε ἀποκριθεις *εἰπεν*· οὐκ ἀπεσταλην εἰ μη εἰς τα προβατα τα ἀπολωλοτα οἰκου ἰσραηλ.

25 ἡ δε ἐλθουσα προσεκυνει αὐτῳ *λεγουσα*· κυριε, βοηθει μοι.

26 ὁ δε ἀποκριθεις *εἰπεν*· οὐκ ἐστιν καλον λαβειν τον ἀρτον των τεκνων και βαλειν τοις κυναριοις.

27 ἡ δε *εἰπεν*· ναι, κυριε·

28 τοτε ἀποκριθεις ὁ ἰησους *εἰπεν* αὐτῃ· ὠ γυναι, μεγαλη σου ἡ πιστις·

32 ὁ δε ἰησους προσκαλεσαμενος τους μαθητας αὐτου *εἰπεν*· σπλαγχνιζομαι ἐπι τον ὀχλον,

33 και *λεγουσιν* αὐτῳ οἱ μαθηται· ποθεν ἡμιν ἐν ἐρημιᾳ ἀρτοι τοσουτοι ὠστε χορτασαι ὀχλον τοσουτον;

34 και *λεγει* αὐτοις ὁ ἰησους· ποσους ἀρτους ἐχετε;

34 οἱ δε *εἰπαν*· ἑπτα, και ὀλιγα ἰχθυδια.

16 2 ὁ δε ἀποκριθεις *εἰπεν* αὐτοις· [ὀψιας γενομενης *λεγετε*· εὐδια, πυρραζει γαρ ὁ οὐρανος· και πρωι· σημερον χειμων, πυρραζει γαρ στυγναζων ὁ οὐρανος].

2 [ὀψιας γενομενης *λεγετε*· εὐδια, πυρραζει γαρ ὁ οὐρανος· και πρωι· σημερον χειμων, πυρραζει γαρ στυγναζων ὁ οὐρανος].

6 ὁ δε ἰησους *εἰπεν* αὐτοις· ὁρατε και προσεχετε ἀπο της ζυμης των φαρισαιων και σαδδουκαιων.

7 οἱ δε διελογιζοντο ἐν ἑαυτοις *λεγοντες* ὅτι ἀρτους οὐκ ἐλαβομεν.

8 γνους δε ὁ ἰησους *εἰπεν*· τι διαλογιζεσθε ἐν ἑαυτοις, ὀλιγοπιστοι, ὅτι ἀρτους οὐκ ἐχετε;

11 πως οὐ νοειτε ὅτι οὐ περι ἀρτων *εἰπον* ὑμιν; προσεχετε δε ἀπο της ζυμης των φαρισαιων και σαδδουκαιων.

12 τοτε συνηκαν ὅτι οὐκ *εἰπεν* προσεχειν ἀπο της ζυμης των ἀρτων, ἀλλα ἀπο της διδαχης των φαρισαιων και σαδδουκαιων.

13 ἐλθων δε ὁ ἰησους εἰς τα μερη καισαρειας της φιλιππου ἠρωτα τους μαθητας αὐτου *λεγων*· τινα λεγουσιν οἱ ἀνθρωποι εἰναι τον υἱον του ἀνθρωπου;

13 τινα *λεγουσιν* οἱ ἀνθρωποι εἰναι τον υἱον του ἀνθρωπου;

14 οἱ δε *εἰπαν*· οἱ μεν ἰωαννην τον βαπτιστην, ἀλλοι δε ἡλιαν, ἑτεροι δε ἰερεμιαν ἢ ἑνα των προφητων.

15 *λεγει* αὐτοις· ὑμεις δε τινα με *λεγετε* εἰναι;

15 ὑμεις δε τινα με *λεγετε* εἰναι;

16 ἀποκριθεις δε σιμων πετρος *εἰπεν*· συ εἰ ὁ χριστος ὁ υἱος του θεου του ζωντος.

17 ἀποκριθεις δε ὁ ἰησους *εἰπεν* αὐτῳ· μακαριος εἰ, σιμων βαριωνα, ὅτι σαρξ και αἱμα οὐκ ἀπεκαλυψεν σοι ἀλλ ὁ πατηρ μου ὁ ἐν τοις οὐρανοις.

18 καγω δε σοι *λεγω* ὅτι συ εἰ πετρος,

20 τοτε διεστειλατο τοις μαθηταις ἱνα μηδενι *εἰπωσιν* ὅτι αὐτος ἐστιν ὁ χριστος.

22 και προσλαβομενος αὐτον ὁ πετρος ἠρξατο ἐπιτιμαν αὐτῳ *λεγων*· ἱλεως σοι, κυριε· οὐ μη ἐσται σοι τουτο.

23 ὁ δε στραφεις *εἰπεν* τῳ πετρῳ· ὑπαγε ὀπισω μου, σατανα·

24 τοτε ὁ ἰησους *εἰπεν* τοις μαθηταις αὐτου· εἰ τις θελει ὀπισω μου ἐλθειν, ἀπαρνησασθω ἑαυτον και ἀρατω τον σταυρον αὐτου, και ἀκολουθειτω μοι.

28 ἀμην *λεγω* ὑμιν ὅτι εἰσιν τινες των ὠδε ἑστωτων οἱτινες οὐ μη γευσωνται θανατου ἑως ἀν ἰδωσιν τον υἱον του ἀνθρωπου ἐρχομενον ἐν τῃ βασιλειᾳ αὐτου.

17 4 ἀποκριθεις δε ὁ πετρος *εἰπεν* τῳ ἰησου· κυριε, καλον ἐστιν ἡμας ὠδε εἰναι·

5 και ἰδου φωνη ἐκ της νεφελης *λεγουσα*· οὑτος ἐστιν ὁ υἱος μου ὁ ἀγαπητος, ἐν ᾡ εὐδοκησα· ἀκουετε αὐτου.

7 και προσηλθεν ὁ ἰησους και ἁψαμενος αὐτων *εἰπεν*· ἐγερθητε και μη φοβεισθε.

9 και καταβαινοντων αὐτων ἐκ του ὀρους ἐνετειλατο αὐτοις ὁ ἰησους *λεγων*· μηδενι εἰπητε το ὁραμα ἑως οὑ ὁ υἱος του ἀνθρωπου ἐκ νεκρων ἐγερθῃ.

9 μηδενι *εἰπητε* το ὁραμα ἑως οὑ ὁ υἱος του ἀνθρωπου ἐκ νεκρων ἐγερθῃ.

10 και ἐπηρωτησαν αὐτον οἱ μαθηται *λεγοντες*· τι οὐν οἱ γραμματεις λεγουσιν ὅτι ἡλιαν δει ἐλθειν πρωτον;

λεγω [2262]

Mt 17 10 τι οὐν οἱ γραμματεις *λεγουσιν* ὅτι ἡλιαν δει ἐλθειν πρωτον;

11 ὁ δε ἀποκριθεις *εἰπεν*· ἡλιας μεν ἐρχεται και ἀποκαταστησει παντα·

12 *λεγω* δε ὑμιν ὅτι ἡλιας ἠδη ἠλθεν, και οὐκ ἐπεγνωσαν αὐτον, ἀλλα ἐποιησαν ἐν αὐτῳ ὁσα ἠθελησαν·

13 τοτε συνηκαν οἱ μαθηται ὅτι περι ἰωαννου του βαπτιστου *εἰπεν* αὐτοις.

15 και ἐλθοντων προς τον ὀχλον προσηλθεν αὐτῳ ἀνθρωπος γονυπετων αὐτον και *λεγων*· κυριε, ἐλεησον μου τον υἱον, ὅτι σεληνιαζεται και κακως πασχει·

17 ἀποκριθεις δε ὁ ἰησους *εἰπεν*· ὠ γενεα ἀπιστος και διεστραμμενη, ἑως ποτε μεθ ὑμων ἐσομαι;

19 τοτε προσελθοντες οἱ μαθηται τῳ ἰησου κατ ἰδιαν *εἰπον*· δια τι ἡμεις οὐκ ἠδυνηθημεν ἐκβαλειν αὐτο;

20 ὁ δε *λεγει* αὐτοις· δια την ὀλιγοπιστιαν ὑμων·

20 ἀμην γαρ *λεγω* ὑμιν, ἐαν ἐχητε πιστιν ὡς κοκκον σιναπεως, ἐρειτε τῳ ὁρει τουτῳ· μεταβα ἐνθεν ἐκει, και μεταβησεται, και οὐδεν ἀδυνατησει ὑμιν.

22 συστρεφομενων δε αὐτων ἐν τῃ γαλιλαιᾳ *εἰπεν* αὐτοις ὁ ἰησους· μελλει ὁ υἱος του ἀνθρωπου παραδιδοσθαι εἰς χειρας ἀνθρωπων, και ἀποκτενουσιν αὐτον, και τῃ τριτῃ ἡμερᾳ ἐγερθησεται.

24 ἐλθοντων δε αὐτων εἰς καφαρναουμ προσηλθον οἱ τα διδραχμα λαμβανοντες τῳ πετρῳ και *εἰπαν*· ὁ διδασκαλος ὑμων οὐ τελει τα διδραχμα;

25 *λεγει*· ναι.

25 και ἐλθοντα εἰς την οἰκιαν προεφθασεν αὐτον ὁ ἰησους *λεγων*· τι σοι δοκει, σιμων;

26 *εἰποντος* δε ἀπο των ἀλλοτριων, ἐφη αὐτῳ ὁ ἰησους· ἀρα γε ἐλευθεροι εἰσιν οἱ υἱοι.

18 1 ἐν ἐκεινῃ τῃ ὡρᾳ προσηλθον οἱ μαθηται τῳ ἰησου *λεγοντες*· τις ἀρα μειζων ἐστιν ἐν τῃ βασιλειᾳ των οὐρανων;

3 και προσκαλεσαμενος παιδιον ἐστησεν αὐτο ἐν μεσῳ αὐτων και *εἰπεν*· ἀμην λεγω ὑμιν, ἐαν μη στραφητε και γενησθε ὡς τα παιδια, οὐ μη εἰσελθητε εἰς την βασιλειαν των οὐρανων.

3 ἀμην *λεγω* ὑμιν, ἐαν μη στραφητε και γενησθε ὡς τα παιδια, οὐ μη εἰσελθητε εἰς την βασιλειαν των οὐρανων.

10 *λεγω* γαρ ὑμιν ὅτι οἱ ἀγγελοι αὐτων ἐν οὐρανοις δια παντος βλεπουσι το προσωπον του πατρος μου του ἐν οὐρανοις.

13 και ἐαν γενηται εὑρειν αὐτο, ἀμην *λεγω* ὑμιν ὅτι χαιρει ἐπ αὐτῳ μαλλον ἢ ἐπι τοις ἐνενηκονταεννεα τοις μη πεπλανημενοις.

17 ἐαν δε παρακουσῃ αὐτων, *εἰπε* τῃ ἐκκλησιᾳ·

18 ἀμην *λεγω* ὑμιν, ὁσα ἐαν δησητε ἐπι της γης ἐσται δεδεμενα ἐν οὐρανῳ,

19 παλιν [ἀμην] *λεγω* ὑμιν ὅτι ἐαν δυο συμφωνησωσιν ἐξ ὑμων ἐπι της γης περι παντος πραγματος οὑ ἐαν αἰτησωνται, γενησεται αὐτοις παρα του πατρος μου του ἐν οὐρανοις.

21 τοτε προσελθων ὁ πετρος *εἰπεν* αὐτῳ· κυριε, ποσακις ἁμαρτησει εἰς ἐμε ὁ ἀδελφος μου και ἀφησω αὐτῳ;

22 *λεγει* αὐτῳ ὁ ἰησους· οὐ λεγω σοι ἑως ἑπτακις, ἀλλα ἑως ἑβδομηκοντακις ἑπτα.

22 οὐ *λεγω* σοι ἑως ἑπτακις, ἀλλα ἑως ἑβδομηκοντακις ἑπτα.

26 πεσων οὑν ὁ δουλος προσεκυνει αὐτῳ *λεγων*· μακροθυμησον ἐπ ἐμοι, και παντα ἀποδωσω σοι.

28 και κρατησας αὐτον ἐπνιγεν *λεγων*· ἀποδος εἰ τι ὀφειλεις.

29 πεσων οὑν ὁ συνδουλος αὐτου παρεκαλει αὐτον *λεγων*· μακροθυμησον ἐπ ἐμοι, και ἀποδωσω σοι.

32 τοτε προσκαλεσαμενος αὐτον ὁ κυριος αὐτου *λεγει* αὐτῳ· δουλε πονηρε, πασαν την ὀφειλην ἐκεινην ἀφηκα σοι, ἐπει παρεκαλεσας με·

19 3 και προσηλθον αὐτῳ φαρισαιοι πειραζοντες αὐτον και *λεγοντες*· εἰ ἐξεστιν ἀνθρωπῳ ἀπολυσαι την γυναικα αὐτου κατα πασαν αἰτιαν;

4 ὁ δε ἀποκριθεις *εἰπεν*· οὐκ ἀνεγνωτε ὅτι ὁ κτισας ἀπ ἀρχης ἀρσεν και θηλυ ἐποιησεν αὐτους;

5 και *εἰπεν*· ἑνεκα τουτου καταλειψει ἀνθρωπος τον πατερα και την μητερα και κολληθησεται τῃ γυναικι αὐτου, και ἐσονται οἱ δυο εἰς σαρκα μιαν.

7 *λεγουσιν* αὐτῳ· τι οὐν μωυσης ἐνετειλατο δουναι βιβλιον ἀποστασιου και ἀπολυσαι [αὐτην];

8 *λεγει* αὐτοις· ὅτι μωυσης προς την σκληροκαρδιαν ὑμων ἐπετρεψεν ὑμιν ἀπολυσαι τας γυναικας ὑμων· ἀπ ἀρχης δε οὐ γεγονεν οὑτως.

9 *λεγω* δε ὑμιν ὅτι ὁς ἀν ἀπολυσῃ την γυναικα αὐτου μη ἐπι πορνειᾳ και γαμησῃ ἀλλην, μοιχαται.

10 *λεγουσιν* αὐτῳ οἱ μαθηται [αὐτου]· εἰ οὑτως ἐστιν ἡ αἰτια του ἀνθρωπου μετα της γυναικος, οὐ συμφερει γαμησαι.

λεγω [2262]

Mt 19 11 ὁ δε εἰπεν αὐτοις· οὐ παντες χωρουσιν τον λογον [τουτον,] ἀλλ οἱς δεδοται.

14 ὁ δε ἰησους εἰπεν· ἀφετε τα παιδια και μη κωλυετε αὐτα ἐλθειν προς με·

16 και ἰδου εἱς προσελθων αὐτω εἰπεν· διδασκαλε, τί ἀγαθον ποιησω ἱνα σχω ζωην αἰωνιον;

17 ὁ δε εἰπεν αὐτω· τί με ἐρωτας περι του ἀγαθου;

18 λεγει αὐτω· ποιας;

18 ὁ δε ἰησους εἰπεν· το οὐ φονευσεις, οὐ μοιχευσεις, οὐ κλεψεις, οὐ ψευδομαρτυρησεις, τιμα τον πατερα και την μητερα, και ἀγαπησεις τον πλησιον σου ὡς σεαυτον.

20 λεγει αὐτω ὁ νεανισκος· παντα ταυτα ἐφυλαξα· τί ἐτι ὑστερω;

23 ὁ δε ἰησους εἰπεν τοις μαθηταις αὐτου· ἀμην λεγω ὑμιν ὁτι πλουσιος δυσκολως εἰσελευσεται εἱς την βασιλειαν των οὐρανων.

23 ἀμην λεγω ὑμιν ὁτι πλουσιος δυσκολως εἰσελευσεται εἱς την βασιλειαν των οὐρανων.

24 παλιν δε λεγω ὑμιν, εὐκοπωτερον ἐστιν καμηλον δια τρυπηματος ῥαφιδος διελθειν ἠ πλουσιον εἰσελθειν εἱς την βασιλειαν του θεου.

25 ἀκουσαντες δε οἱ μαθηται ἐξεπλησσοντο σφοδρα λεγοντες· τίς ἀρα δυναται σωθηναι;

26 ἐμβλεψας δε ὁ ἰησους εἰπεν αὐτοις· παρα ἀνθρωποις τουτο ἀδυνατον ἐστιν, παρα δε θεω παντα δυνατα.

27 τοτε ἀποκριθεις ὁ πετρος εἰπεν αὐτω· ἰδου ἡμεις ἀφηκαμεν παντα και ἠκολουθησαμεν σοι· τί ἀρα ἐσται ἡμιν;

28 ὁ δε ἰησους εἰπεν αὐτοις· ἀμην λεγω ὑμιν ὁτι ὑμεις οἱ ἀκολουθησαντες μοι,

28 ἀμην λεγω ὑμιν ὁτι ὑμεις οἱ ἀκολουθησαντες μοι, ἐν τη παλιγγενεσια, ὁταν καθιση ὁ υἱος του ἀνθρωπου ἐπι θρονου δοξης αὐτου, καθησεσθε και ὑμεις ἐπι δωδεκα θρονους κρινοντες τας δωδεκα φυλας του ἰσραηλ.

20 4 και ἐκεινοις εἰπεν· ὑπαγετε και ὑμεις εἱς τον ἀμπελωνα,

6 και λεγει αὐτοις· τί ὡδε ἑστηκατε ὁλην την ἡμεραν ἀργοι;

7 λεγουσιν αὐτω· ὁτι οὐδεις ἡμας ἐμισθωσατο.

7 λεγει αὐτοις· ὑπαγετε και ὑμεις εἱς τον ἀμπελωνα.

8 ὀψιας δε γενομενης λεγει ὁ κυριος του ἀμπελωνος τω ἐπιτροπω αὐτου· καλεσον τους ἐργατας και ἀποδος αὐτοις τον μισθον,

12 λαβοντες δε ἐγογγυζον κατα του οἰκοδεσποτου λεγοντες· οὑτοι οἱ ἐσχατοι μιαν ὡραν ἐποιησαν, και ἰσους ἡμιν αὐτους ἐποιησας τοις βαστασασι το βαρος της ἡμερας και τον καυσωνα.

13 ὁ δε ἀποκριθεις ἑνι αὐτων εἰπεν· ἑταιρε, οὐκ ἀδικω σε· οὐχι δηναριου συνεφωνησας μοι;

17 και ἀναβαινων ὁ ἰησους εἱς ἱεροσολυμα παρελαβεν τους δωδεκα [μαθητας] κατ ἰδιαν, και ἐν τη ὁδω εἰπεν αὐτοις· ἰδου ἀναβαινομεν εἱς ἱεροσολυμα,

21 ὁ δε εἰπεν αὐτη· τί θελεις;

21 λεγει αὐτω· εἰπε ἱνα καθισωσιν οὑτοι οἱ δυο υἱοι μου εἱς ἐκ δεξιων σου και εἱς ἐξ εὐωνυμων σου ἐν τη βασιλεια σου.

21 εἰπε ἱνα καθισωσιν οὑτοι οἱ δυο υἱοι μου εἱς ἐκ δεξιων σου και εἱς ἐξ εὐωνυμων σου ἐν τη βασιλεια σου.

22 ἀποκριθεις δε ὁ ἰησους εἰπεν· οὐκ οἰδατε τί αἰτεισθε.

22 λεγουσιν αὐτω· δυναμεθα.

23 λεγει αὐτοις· το μεν ποτηριον μου πιεσθε,

25 ὁ δε ἰησους προσκαλεσαμενος αὐτους εἰπεν· οἰδατε ὁτι οἱ ἀρχοντες των ἐθνων κατακυριευουσιν αὐτων και οἱ μεγαλοι κατεξουσιαζουσιν αὐτων.

30 και ἰδου δυο τυφλοι καθημενοι παρα την ὁδον, ἀκουσαντες ὁτι ἰησους παραγει, ἐκραξαν λεγοντες· ἐλεησον ἡμας, [κυριε,] υἱος δαυιδ.

31 οἱ δε μειζον ἐκραξαν λεγοντες· ἐλεησον ἡμας, κυριε, υἱος δαυιδ.

32 και στας ὁ ἰησους ἐφωνησεν αὐτους και εἰπεν· τί θελετε ποιησω ὑμιν;

33 λεγουσιν αὐτω· κυριε, ἱνα ἀνοιγωσιν οἱ ὀφθαλμοι ἡμων.

21 2 και ὀτε ἠγγισαν εἱς ἱεροσολυμα και ἠλθον εἱς βηθφαγη εἱς το ὀρος των ἐλαιων, τοτε ἰησους ἀπεστειλεν δυο μαθητας λεγων αὐτοις· πορευεσθε εἱς την κωμην την κατεναντι ὑμων,

3 και ἐαν τις ὑμιν εἰπη τι, ἐρειτε ὁτι ὁ κυριος αὐτων χρειαν ἐχει·

4 τουτο δε γεγονεν ἱνα πληρωθη το ῥηθεν δια του προφητου λεγοντος· εἰπατε τη θυγατρι σιων· ἰδου ὁ βασιλευς σου ἐρχεται σοι πραυς και ἐπιβεβηκως ἐπι ὀνον και ἐπι πωλον υἱον ὑποζυγιου.

5 εἰπατε τη θυγατρι σιων· ἰδου ὁ βασιλευς σου ἐρχεται σοι πραυς και ἐπιβεβηκως ἐπι ὀνον και ἐπι πωλον υἱον ὑποζυγιου.

λεγω [2262]

Mt 21 9 οἱ δε ὀχλοι οἱ προαγοντες αὐτον και οἱ ἀκολουθουντες ἐκραζον λεγοντες· ὡσαννα τω υἱω δαυιδ· εὐλογημενος ὁ ἐρχομενος ἐν ὀνοματι κυριου· ὡσαννα ἐν τοις ὑψιστοις.

10 και εἰσελθοντος αὐτου εἱς ἱεροσολυμα ἐσεισθη πασα ἡ πολις λεγουσα· τίς ἐστιν οὑτος;

11 οἱ δε ὀχλοι ἐλεγον· οὑτος ἐστιν ὁ προφητης ἰησους ὁ ἀπο ναζαρεθ της γαλιλαιας.

13 και λεγει αὐτοις· γεγραπται· ὁ οἰκος μου οἰκος προσευχης κληθησεται, ὑμεις δε αὐτον ποιειτε σπηλαιον ληστων.

15 ἰδοντες δε οἱ ἀρχιερεις και οἱ γραμματεις τα θαυμασια ἁ ἐποιησεν και τους παιδας τους κραζοντας ἐν τω ἱερω και λεγοντας· ὡσαννα τω υἱω δαυιδ, ἠγανακτησαν,

16 και εἰπαν αὐτω· ἀκουεις τί οὑτοι λεγουσιν;

16 ἀκουεις τί οὑτοι λεγουσιν;

16 ὁ δε ἰησους λεγει αὐτοις· ναι· οὐδεποτε ἀνεγνωτε ὁτι ἐκ στοματος νηπιων και θηλαζοντων κατηρτισω αἰνον;

19 και λεγει αὐτη· μηκετι ἐκ σου καρπος γενηται εἱς τον αἰωνα.

20 και ἰδοντες οἱ μαθηται ἐθαυμασαν λεγοντες· πῶς παραχρημα ἐξηρανθη ἡ συκη;

21 ἀποκριθεις δε ὁ ἰησους εἰπεν αὐτοις· ἀμην λεγω ὑμιν,

21 ἀμην λεγω ὑμιν, ἐαν ἐχητε πιστιν και μη διακριθητε, οὐ μονον το της συκης ποιησετε,

21 ἐαν ἐχητε πιστιν και μη διακριθητε, οὐ μονον το της συκης ποιησετε, ἀλλα καν τω ὀρει τουτω εἰπητε· ἀρθητι και βληθητι εἱς την θαλασσαν, γενησεται·

23 και ἐλθοντος αὐτου εἱς το ἱερον προσηλθον αὐτω διδασκοντι οἱ ἀρχιερεις και οἱ πρεσβυτεροι του λαου λεγοντες· ἐν ποια ἐξουσια ταυτα ποιεις;

24 ἀποκριθεις δε ὁ ἰησους εἰπεν αὐτοις· ἐρωτησω ὑμας καγω λογον ἑνα, ὁν ἐαν εἰπητε μοι, καγω ὑμιν ἐρω ἐν ποια ἐξουσια ταυτα ποιω·

24 ἐρωτησω ὑμας καγω λογον ἑνα, ὁν ἐαν εἰπητε μοι, καγω ὑμιν ἐρω ἐν ποια ἐξουσια ταυτα ποιω·

25 οἱ δε διελογιζοντο ἐν ἑαυτοις λεγοντες· ἐαν εἰπωμεν· ἐξ οὐρανου, ἐρει ἡμιν· δια τί οὐν οὐκ ἐπιστευσατε αὐτω;

25 ἐαν εἰπωμεν· ἐξ οὐρανου, ἐρει ἡμιν· δια τί οὐν οὐκ ἐπιστευσατε αὐτω;

26 ἐαν δε εἰπωμεν· ἐξ ἀνθρωπων, φοβουμεθα τον ὀχλον· παντες γαρ ὡς προφητην ἐχουσιν τον ἰωαννην.

27 και ἀποκριθεντες τω ἰησου εἰπαν· οὐκ οἰδαμεν.

27 οὐδε ἐγω λεγω ὑμιν ἐν ποια ἐξουσια ταυτα ποιω.

28 και προσελθων τω πρωτω εἰπεν· τεκνον, ὑπαγε σημερον ἐργαζου ἐν τω ἀμπελωνι.

29 ὁ δε ἀποκριθεις εἰπεν· οὐ θελω, ὑστερον δε μεταμεληθεις ἀπηλθεν.

30 προσελθων δε τω ἑτερω εἰπεν ὡσαυτως.

30 ὁ δε ἀποκριθεις εἰπεν· ἐγω, κυριε, και οὐκ ἀπηλθεν.

31 τίς ἐκ των δυο ἐποιησεν το θελημα του πατρος; λεγουσιν· ὁ πρωτος.

31 λεγει αὐτοις ὁ ἰησους· ἀμην λεγω ὑμιν ὁτι οἱ τελωναι και αἱ πορναι προαγουσιν ὑμας εἱς την βασιλειαν του θεου.

31 ἀμην λεγω ὑμιν ὁτι οἱ τελωναι και αἱ πορναι προαγουσιν ὑμας εἱς την βασιλειαν του θεου.

37 ὑστερον δε ἀπεστειλεν προς αὐτους τον υἱον αὐτου λεγων· ἐντραπησονται τον υἱον μου.

38 οἱ δε γεωργοι ἰδοντες τον υἱον εἰπον ἐν ἑαυτοις· οὑτος ἐστιν ὁ κληρονομος· δευτε ἀποκτεινωμεν αὐτον και σχωμεν την κληρονομιαν αὐτου·

41 λεγουσιν αὐτω· κακους κακως ἀπολεσει αὐτους,

42 λεγει αὐτοις ὁ ἰησους· οὐδεποτε ἀνεγνωτε ἐν ταις γραφαις·

43 δια τουτο λεγω ὑμιν ὁτι ἀρθησεται ἀφ ὑμων ἡ βασιλεια του θεου και δοθησεται ἐθνει ποιουντι τους καρπους αὐτης.

45 και ἀκουσαντες οἱ ἀρχιερεις και οἱ φαρισαιοι τας παραβολας αὐτου ἐγνωσαν ὁτι περι αὐτων λεγει·

22 1 και ἀποκριθεις ὁ ἰησους παλιν εἰπεν ἐν παραβολαις αὐτοις λεγων· ὡμοιωθη ἡ βασιλεια των οὐρανων ἀνθρωπω βασιλει, ὁστις ἐποιησεν γαμους τω υἱω αὐτου.

1 και ἀποκριθεις ὁ ἰησους παλιν εἰπεν ἐν παραβολαις αὐτοις λεγων· ὡμοιωθη ἡ βασιλεια των οὐρανων ἀνθρωπω βασιλει, ὁστις ἐποιησεν γαμους τω υἱω αὐτου.

4 παλιν ἀπεστειλεν ἀλλους δουλους λεγων· εἰπατε τοις κεκλημενοις· ἰδου το ἀριστον μου ἡτοιμακα,

4 εἰπατε τοις κεκλημενοις· ἰδου το ἀριστον μου ἡτοιμακα,

8 τοτε λεγει τοις δουλοις αὐτου· ὁ μεν γαμος ἑτοιμος ἐστιν, οἱ δε κεκλημενοι οὐκ ἠσαν ἀξιοι·

12 και λεγει αὐτω· ἑταιρε, πῶς εἰσηλθες ὡδε μη ἐχων ἐνδυμα γαμου;

13 τοτε ὁ βασιλευς εἰπεν τοις διακονοις· δησαντες αὐτου ποδας και χειρας ἐκβαλετε αὐτον εἱς το σκοτος το ἐξωτερον·

λεγω [2262]

Mt	22 16	και ἀποστελλουσιν αὐτῳ τους μαθητας αὐτων μετα των ἡρωδιανων *λεγοντες*· διδασκαλε, οἰδαμεν ὁτι ἀληθης εἰ και την ὁδον του θεου ἐν ἀληθεια διδασκεις,
	17	*εἰπε* οὐν ἡμιν, τί σοι δοκει;
	18	γνους δε ὁ ἰησους την πονηριαν αὐτων *εἰπεν*· τί με πειραζετε, ὑποκριται;
	20	και *λεγει* αὐτοις· τίνος ἡ εἰκων αὑτη και ἡ ἐπιγραφη;
	21	τίνος ἡ εἰκων αὑτη και ἡ ἐπιγραφη; *λεγουσιν* αὐτῳ· καισαρος.
	21	τοτε *λεγει* αὐτοις· ἀποδοτε οὐν τα καισαρος καισαρι και τα του θεου τῳ θεῳ.
	23	ἐν ἐκεινῃ τῃ ἡμερᾳ προσηλθον αὐτῳ σαδδουκαιοι, *λεγοντες* μη εἰναι ἀναστασιν,
	24	και ἐπηρωτησαν αὐτον *λεγοντες*· διδασκαλε, μωσης *εἰπεν*· ἐαν τις ἀποθανη μη ἐχων τεκνα, ἐπιγαμβρευσει ὁ ἀδελφος αὐτου την γυναικα αὐτου και ἀναστησει σπερμα τῳ ἀδελφῳ αὐτου.
	24	διδασκαλε, μωσης *εἰπεν*· ἐαν τις ἀποθανη μη ἐχων τεκνα, ἐπιγαμβρευσει ὁ ἀδελφος αὐτου την γυναικα αὐτου και ἀναστησει σπερμα τῳ ἀδελφῳ αὐτου.
	29	ἀποκριθεις δε ὁ ἰησους *εἰπεν* αὐτοις· πλανασθε μη εἰδοτες τας γραφας μηδε την δυναμιν του θεου·
	31	περι δε της ἀναστασεως των νεκρων οὐκ ἀνεγνωτε το ῥηθεν ὑμιν ὑπο του θεου *λεγοντος*· ἐγω εἰμι ὁ θεος ἀβρααμ και ὁ θεος ἰσαακ και ὁ θεος ἰακωβ;
	42	συνηγμενων δε των φαρισαιων ἐπηρωτησεν αὐτους ὁ ἰησους *λεγων*· τί ὑμιν δοκει περι του χριστου;
	42	τίνος υἱος ἐστιν; *λεγουσιν* αὐτῳ· του δαυιδ.
	43	*λεγει* αὐτοις· πως οὐν δαυιδ ἐν πνευματι καλει αὐτον κυριον *λεγων*·
	43	πως οὐν δαυιδ ἐν πνευματι καλει αὐτον κυριον *λεγων*· εἰπεν κυριος τῳ κυριῳ μου· καθου ἐκ δεξιων μου ἑως ἀν θω τους ἐχθρους σου ὑποκατω των ποδων σου;
	44	πως οὐν δαυιδ ἐν πνευματι καλει αὐτον κυριον *λεγων*· εἰπεν κυριος τῳ κυριῳ μου· καθου ἐκ δεξιων μου ἑως ἀν θω τους ἐχθρους σου ὑποκατω των ποδων σου;
	23 2	τοτε ὁ ἰησους ἐλαλησεν τοις ὀχλοις και τοις μαθηταις αὐτου *λεγων*· ἐπι της μωσεως καθεδρας ἐκαθισαν οἱ γραμματεις και οἱ φαρισαιοι.
	3	παντα οὐν ὁσα ἐαν *εἰπωσιν* ὑμιν ποιησατε και τηρειτε, κατα δε τα ἐργα αὐτων μη ποιειτε·
	3	κατα δε τα ἐργα αὐτων μη ποιειτε· *λεγουσιν* γαρ και οὐ ποιουσιν.
	16	οὐαι ὑμιν, ὁδηγοι τυφλοι οἱ *λεγοντες*· ὁς ἀν ὀμοσῃ ἐν τῳ ναῳ, οὐδεν ἐστιν·
	30	και *λεγετε*· εἰ ἠμεθα ἐν ταις ἡμεραις των πατερων ἡμων, οὐκ ἀν ἠμεθα αὐτων κοινωνοι ἐν τῳ αἱματι των προφητων.
	36	*ἀμην λεγω* ὑμιν, ἡξει ταυτα παντα ἐπι την γενεαν ταυτην.
	39	*λεγω* γαρ ὑμιν, οὐ μη με ἰδητε ἀπ ἀρτι ἑως ἀν *εἰπητε*·
	39	*λεγω* γαρ ὑμιν, οὐ μη με ἰδητε ἀπ ἀρτι ἑως ἀν *εἰπητε*· εὐλογημενος ὁ ἐρχομενος ἐν ὀνοματι κυριου.
	24 2	ὁ δε ἀποκριθεις *εἰπεν* αὐτοις· οὐ βλεπετε ταυτα παντα;
	2	*ἀμην λεγω* ὑμιν, οὐ μη ἀφεθη ὡδε λιθος ἐπι λιθον ὁς οὐ καταλυθησεται.
	3	καθημενου δε αὐτου ἐπι του ὀρους των ἐλαιων προσηλθον αὐτῳ οἱ μαθηται κατ ἰδιαν *λεγοντες*· εἰπε ἡμιν, ποτε ταυτα ἐσται, και τί το σημειον της σης παρουσιας και συντελειας του αἰωνος;
	3	*εἰπε* ἡμιν, ποτε ταυτα ἐσται, και τί το σημειον της σης παρουσιας και συντελειας του αἰωνος;
	4	και ἀποκριθεις ὁ ἰησους *εἰπεν* αὐτοις· βλεπετε μη τις ὑμας πλανηση.
	5	πολλοι γαρ ἐλευσονται ἐπι τῳ ὀνοματι μου *λεγοντες*· ἐγω εἰμι ὁ χριστος, και πολλους πλανησουσιν.
	23	τοτε ἐαν τις ὑμιν *εἰπῃ*· ἰδου ὡδε ὁ χριστος, ἡ· ὡδε, μη πιστευσητε·
	26	ἐαν οὐν *εἰπωσιν* ὑμιν· ἰδου ἐν τῃ ἐρημῳ ἐστιν, μη ἐξελθητε· ἰδου ἐν τοις ταμειοις, μη πιστευσητε·
	34	*ἀμην λεγω* ὑμιν ὁτι οὐ μη παρελθη ἡ γενεα αὑτη ἑως ἀν παντα ταυτα γενηται.
	47	*ἀμην λεγω* ὑμιν ὁτι ἐπι πασιν τοις ὑπαρχουσιν αὐτου καταστησει αὐτον.
	48	ἐαν δε *εἰπῃ* ὁ κακος δουλος ἐκεινος ἐν τῃ καρδιᾳ αὐτου· χρονιζει μου ὁ κυριος,
	25 8	αἱ δε μωραι ταις φρονιμοις *εἰπαν*· δοτε ἡμιν ἐκ του ἐλαιου ὑμων, ὁτι αἱ λαμπαδες ἡμων σβεννυνται.
	9	ἀπεκριθησαν δε αἱ φρονιμοι *λεγουσαι*· μηποτε οὐ μη ἀρκεση ἡμιν και ὑμιν· πορευεσθε μαλλον προς τους πωλουντας και ἀγορασατε ἑαυταις.

λεγω [2262]

Mt	25 11	ὑστερον δε ἐρχονται και αἱ λοιπαι παρθενοι *λεγουσαι*· κυριε κυριε, ἀνοιξον ἡμιν.
	12	ὁ δε ἀποκριθεις *εἰπεν*· ἀμην *λεγω* ὑμιν, οὐκ οἰδα ὑμας.
	12	*ἀμην λεγω* ὑμιν, οὐκ οἰδα ὑμας.
	20	και προσελθων ὁ τα πεντε ταλαντα λαβων προσηνεγκεν ἀλλα πεντε ταλαντα *λεγων*· κυριε, πεντε ταλαντα μοι παρεδωκας· ἰδε ἀλλα πεντε ταλαντα ἐκερδησα.
	22	προσελθων [δε] και ὁ τα δυο ταλαντα *εἰπεν*· κυριε, δυο ταλαντα μοι παρεδωκας· ἰδε ἀλλα δυο ταλαντα ἐκερδησα.
	24	προσελθων δε και ὁ το ἑν ταλαντον εἰληφως *εἰπεν*· κυριε, ἐγνων σε ὁτι σκληρος εἰ ἀνθρωπος, θεριζων ὁπου οὐκ ἐσπειρας, και συναγων ὁθεν οὐ διεσκορπισας·
	26	ἀποκριθεις δε ὁ κυριος αὐτου *εἰπεν* αὐτῳ· πονηρε δουλε και ὀκνηρε, ἠδεις ὁτι θεριζω ὁπου οὐκ ἐσπειρα, και συναγω ὁθεν οὐ διεσκορπισα·
	37	τοτε ἀποκριθησονται αὐτῳ οἱ δικαιοι *λεγοντες*· κυριε, ποτε σε εἰδομεν πεινωντα και ἐθρεψαμεν, ἡ διψωντα και ἐποτισαμεν;
	40	*ἀμην λεγω* ὑμιν, ἐφ ὁσον ἐποιησατε ἑνι τουτων των ἀδελφων μου των ἐλαχιστων, ἐμοι ἐποιησατε.
	44	τοτε ἀποκριθησονται και αὐτοι *λεγοντες*· κυριε, ποτε σε εἰδομεν πεινωντα ἡ διψωντα ἡ ξενον ἡ γυμνον ἡ ἀσθενη ἡ ἐν φυλακῃ και οὐ διηκονησαμεν σοι;
	45	τοτε ἀποκριθησεται αὐτοις *λεγων*· ἀμην *λεγω* ὑμιν, ἐφ ὁσον οὐκ ἐποιησατε ἑνι τουτων των ἐλαχιστων, οὐδε ἐμοι ἐποιησατε.
	45	*ἀμην λεγω* ὑμιν, ἐφ ὁσον οὐκ ἐποιησατε ἑνι τουτων των ἐλαχιστων, οὐδε ἐμοι ἐποιησατε.
	26 1	και ἐγενετο ὁτε ἐτελεσεν ὁ ἰησους παντας τους λογους τουτους, *εἰπεν* τοις μαθηταις αὐτου· οἰδατε ὁτι μετα δυο ἡμερας το πασχα γινεται,
	3	τοτε συνηχθησαν οἱ ἀρχιερεις και οἱ πρεσβυτεροι του λαου εἰς την αὐλην του ἀρχιερεως του *λεγομενου* καιαφα,
	5	*ἐλεγον* δε· μη ἐν τῃ ἑορτῃ, ἱνα μη θορυβος γενηται ἐν τῳ λαῳ.
	8	ἰδοντες δε οἱ μαθηται ἠγανακτησαν *λεγοντες*· εἰς τί ἡ ἀπωλεια αὑτη;
	10	γνους δε ὁ ἰησους *εἰπεν* αὐτοις· τί κοπους παρεχετε τῃ γυναικι;
	13	*ἀμην λεγω* ὑμιν, ὁπου ἐαν κηρυχθη το εὐαγγελιον τουτο ἐν ὁλῳ τῳ κοσμῳ, λαληθησεται και ὁ ἐποιησεν αὑτη εἰς μνημοσυνον αὐτης.
	14	τοτε πορευθεις εἰς των δωδεκα, ὁ *λεγομενος* ἰουδας ἰσκαριωτης, προς τους ἀρχιερεις *εἰπεν*·
	15	τοτε πορευθεις εἰς των δωδεκα, ὁ *λεγομενος* ἰουδας ἰσκαριωτης, προς τους ἀρχιερεις *εἰπεν*· τί θελετε μοι δουναι, καγω ὑμιν παραδωσω αὐτον;
	17	τῃ δε πρωτῃ των ἀζυμων προσηλθον οἱ μαθηται τῳ ἰησου *λεγοντες*· που θελεις ἑτοιμασωμεν σοι φαγειν το πασχα;
	18	ὁ δε *εἰπεν*· ὑπαγετε εἰς την πολιν προς τον δεινα και εἰπατε αὐτῳ·
	18	ὑπαγετε εἰς την πολιν προς τον δεινα και *εἰπατε* αὐτῳ· ὁ διδασκαλος *λεγει*· ὁ καιρος μου ἐγγυς ἐστιν·
	18	ὁ διδασκαλος *λεγει*· ὁ καιρος μου ἐγγυς ἐστιν·
	21	και ἐσθιοντων αὐτων *εἰπεν*· ἀμην *λεγω* ὑμιν ὁτι εἰς ἐξ ὑμων παραδωσει με.
	21	*ἀμην λεγω* ὑμιν ὁτι εἰς ἐξ ὑμων παραδωσει με.
	22	και λυπουμενοι σφοδρα ἠρξαντο *λεγειν* αὐτῳ εἰς ἑκαστος· μητι ἐγω εἰμι, κυριε;
	23	ὁ δε ἀποκριθεις *εἰπεν*· ὁ ἐμβαψας μετ ἐμου την χειρα ἐν τῳ τρυβλιῳ, οὑτος με παραδωσει.
	25	ἀποκριθεις δε ἰουδας ὁ παραδιδους αὐτον *εἰπεν*· μητι ἐγω εἰμι, ῥαββι; *λεγει* αὐτῳ· συ εἰπας.
	25	*λεγει* αὐτῳ· συ *εἰπας*.
	26	ἐσθιοντων δε αὐτων λαβων ὁ ἰησους ἀρτον και εὐλογησας ἐκλασεν και δους τοις μαθηταις *εἰπεν*· λαβετε φαγετε·
	27	και λαβων ποτηριον και εὐχαριστησας ἐδωκεν αὐτοις *λεγων*· πιετε ἐξ αὐτου παντες·
	29	*λεγω* δε ὑμιν, οὐ μη πιω ἀπ ἀρτι ἐκ τουτου του γενηματος της ἀμπελου ἑως της ἡμερας ἐκεινης ὁταν αὐτο πινω μεθ ὑμων καινον ἐν τῃ βασιλειᾳ του πατρος μου.
	31	τοτε *λεγει* αὐτοις ὁ ἰησους· παντες ὑμεις σκανδαλισθησεσθε ἐν ἐμοι ἐν τῃ νυκτι ταυτη·
	33	ἀποκριθεις δε ὁ πετρος *εἰπεν* αὐτῳ· εἰ παντες σκανδαλισθησονται ἐν σοι, ἐγω οὐδεποτε σκανδαλισθησομαι.
	34	*ἀμην λεγω* σοι ὁτι ἐν ταυτη τῃ νυκτι πριν ἀλεκτορα φωνησαι τρις ἀπαρνηση με.
	35	*λεγει* αὐτῳ ὁ πετρος· καν δεη με συν σοι ἀποθανειν, οὐ μη σε ἀπαρνησομαι.

λεγω [2262]

Mt 26 35 ὁμοιως και παντες οἱ μαθηται εἰπαν.

36 τοτε ἐρχεται μετ αυτων ὁ ἰησους εἰς χωριον λεγομενον γεθσημανι,

36 και λεγει τοις μαθηταις· καθισατε αυτου ἑως [οὐ] ἀπελθων ἐκει προσευξωμαι.

38 τοτε λεγει αυτοις· περιλυπος ἐστιν ἡ ψυχη μου ἑως θανατου·

39 και προελθων μικρον ἐπεσεν ἐπι προσωπον αυτου προσευχομενος και λεγων· πατερ μου, εἰ δυνατον ἐστιν, παρελθατω ἀπ ἐμου το ποτηριον τουτο·

40 και λεγει τω πετρω· οὑτως οὐκ ἰσχυσατε μιαν ὡραν γρηγορησαι μετ ἐμου;

42 παλιν ἐκ δευτερου ἀπελθων προσηυξατο λεγων· πατερ μου, εἰ οὐ δυναται τουτο παρελθειν ἐαν μη αὐτο πιω, γενηθητω το θελημα σου.

44 και ἀφεις αὐτους παλιν ἀπελθων προσηυξατο ἐκ τριτου, τον αὐτον λογον εἰπων παλιν.

45 τοτε ἐρχεται προς τους μαθητας και λεγει αυτοις· καθευδετε [το] λοιπον και ἀναπαυεσθε·

48 ὁ δε παραδιδους αὐτον ἐδωκεν αὐτοις σημειον λεγων· ὃν ἀν φιλησω αὐτος ἐστιν· κρατησατε αὐτον.

49 και εὐθεως προσελθων τω ἰησου εἰπεν· χαιρε, ῥαββι, και κατεφιλησεν αὐτον.

50 ὁ δε ἰησους εἰπεν αὐτω· ἑταιρε, ἐφ ὁ παρει.

52 τοτε λεγει αὐτω ὁ ἰησους· ἀποστρεψον την μαχαιραν σου εἰς τον τοπον αὐτης·

55 ἐν ἐκεινη τη ὡρα εἰπεν ὁ ἰησους τοις ὀχλοις· ὡς ἐπι ληστην ἐξηλθατε μετα μαχαιρων και ξυλων συλλαβειν με;

61 ὑστερον δε προσελθοντες δυο εἰπαν· οὑτος ἐφη· δυναμαι καταλυσαι τον ναον του θεου και δια τριων ἡμερων οἰκοδομησαι.

62 και ἀναστας ὁ ἀρχιερευς εἰπεν αὐτω· οὐδεν ἀποκρινη, τί οὑτοι σου καταμαρτυρουσιν;

63 και ὁ ἀρχιερευς εἰπεν αὐτω· ἐξορκιζω σε κατα του θεου του ζωντος ἱνα ἡμιν εἰπης εἰ συ εἰ ὁ χριστος ὁ υἱος του θεου.

63 ἐξορκιζω σε κατα του θεου του ζωντος ἱνα ἡμιν εἰπης εἰ συ εἰ ὁ χριστος ὁ υἱος του θεου.

64 λεγει αὐτω ὁ ἰησους· συ εἰπας.

64 λεγει αὐτω ὁ ἰησους· συ εἰπας·

64 πλην λεγω ὑμιν, ἀπ ἀρτι ὀψεσθε τον υἱον του ἀνθρωπου καθημενον ἐκ δεξιων της δυναμεως και ἐρχομενον ἐπι των νεφελων του οὐρανου.

65 τοτε ὁ ἀρχιερευς διερρηξεν τα ἱματια αὐτου λεγων· ἐβλασφημησεν· τί ἐτι χρειαν ἐχομεν μαρτυρων;

66 οἱ δε ἀποκριθεντες εἰπαν· ἐνοχος θανατου ἐστιν.

68 οἱ δε ἐραπισαν λεγοντες· προφητευσον ἡμιν, χριστε, τίς ἐστιν ὁ παισας σε;

69 και προσηλθεν αὐτω μια παιδισκη λεγουσα· και συ ἠσθα μετα ἰησου του γαλιλαιου.

70 ὁ δε ἠρνησατο ἐμπροσθεν παντων λεγων· οὐκ οἰδα τί λεγεις.

70 οὐκ οἰδα τί λεγεις.

71 ἐξελθοντα δε εἰς τον πυλωνα εἰδεν αὐτον ἀλλη και λεγει τοις ἐκει· οὑτος ἠν μετα ἰησου του ναζωραιου.

73 μετα μικρον δε προσελθοντες οἱ ἑστωτες εἰπον τω πετρω· ἀληθως και συ ἐξ αὐτων εἰ, και γαρ ἡ λαλια σου δηλον σε ποιει.

27 4 τοτε ἰδων ἰουδας ὁ παραδιδους αὐτον ὁτι κατεκριθη, μεταμεληθεις ἐστρεψεν τα τριακοντα ἀργυρια τοις ἀρχιερευσιν και πρεσβυτεροις λεγων· ἡμαρτον παραδους αἱμα ἀθωον.

4 οἱ δε εἰπαν· τί προς ἡμας; συ ὀψη.

6 οἱ δε ἀρχιερεις λαβοντες τα ἀργυρια εἰπαν· οὐκ ἐξεστιν βαλειν αὐτα εἰς τον κορβαναν, ἐπει τιμη αἱματος ἐστιν.

9 τοτε ἐπληρωθη το ῥηθεν δια ἰερεμιου του προφητου λεγοντος· και ἐλαβον τα τριακοντα ἀργυρια, την τιμην του τετιμημενου ὁν ἐτιμησαντο ἀπο υἱων ἰσραηλ,

11 και ἐπηρωτησεν αὐτον ὁ ἡγεμων λεγων· συ εἰ ὁ βασιλευς των ἰουδαιων;

11 ὁ δε ἰησους ἐφη· συ λεγεις.

13 τοτε λεγει αὐτω ὁ πιλατος· οὐκ ἀκουεις ποσα σου καταμαρτυρουσιν;

16 εἰχον δε τοτε δεσμιον ἐπισημον λεγομενον [ἰησουν] βαραββαν.

17 συνηγμενων οὐν αὐτων εἰπεν αὐτοις ὁ πιλατος· τίνα θελετε ἀπολυσω ὑμιν, [ἰησουν τον] βαραββαν ἠ ἰησουν τον λεγομενον χριστον;

17 τίνα θελετε ἀπολυσω ὑμιν, [ἰησουν τον] βαραββαν ἠ ἰησουν τον λεγομενον χριστον;

19 καθημενου δε αὐτου ἐπι του βηματος ἀπεστειλεν προς αὐτον ἡ γυνη αὐτου λεγουσα· μηδεν σοί και τω δικαιω ἐκεινω·

λεγω [2262]

Mt 27 21 ἀποκριθεις δε ὁ ἡγεμων εἰπεν αὐτοις· τίνα θελετε ἀπο των δυο ἀπολυσω ὑμιν;

21 οἱ δε εἰπαν· τον βαραββαν.

22 λεγει αὐτοις ὁ πιλατος· τί οὐν ποιησω ἰησουν τον λεγομενον χριστον;

22 τί οὐν ποιησω ἰησουν τον λεγομενον χριστον;

22 λεγουσιν παντες· σταυρωθητω.

23 οἱ δε περισσως ἐκραζον λεγοντες· σταυρωθητω.

24 ἰδων δε ὁ πιλατος ὁτι οὐδεν ὠφελει ἀλλα μαλλον θορυβος γινεται, λαβων ὑδωρ ἀπενιψατο τας χειρας ἀπεναντι του ὀχλου λεγων· ἀθωος εἰμι ἀπο του αἱματος τουτου·

25 και ἀποκριθεις πας ὁ λαος εἰπεν· το αἱμα αὐτου ἐφ ἡμας και ἐπι τα τεκνα ἡμων.

29 και γονυπετησαντες ἐμπροσθεν αὐτου ἐνεπαιξαν αὐτω λεγοντες· χαιρε, βασιλευ των ἰουδαιων,

33 και ἐλθοντες εἰς τοπον λεγομενον γολγοθα, ὁ ἐστιν κρανιου τοπος λεγομενος, ἐδωκαν αὐτω πιειν οἰνον μετα χολης μεμιγμενον·

33 και ἐλθοντες εἰς τοπον λεγομενον γολγοθα, ὁ ἐστιν κρανιου τοπος λεγομενος, ἐδωκαν αὐτω πιειν οἰνον μετα χολης μεμιγμενον·

40 οἱ δε παραπορευομενοι ἐβλασφημουν αὐτον κινουντες τας κεφαλας αὐτων και λεγοντες· ὁ καταλυων τον ναον και ἐν τρισιν ἡμεραις οἰκοδομων, σωσον σεαυτον,

41 ὁμοιως και οἱ ἀρχιερεις ἐμπαιζοντες μετα των γραμματεων και πρεσβυτερων ἐλεγον· ἀλλους ἐσωσεν, ἑαυτον οὐ δυναται σωσαι·

43 εἰπεν γαρ ὁτι θεου εἰμι υἱος.

46 περι δε την ἐνατην ὡραν ἀνεβοησεν ὁ ἰησους φωνη μεγαλη λεγων· ἠλι ἠλι λεμα σαβαχθανι;

47 τινες δε των ἐκει ἑστηκοτων ἀκουσαντες ἐλεγον ὁτι ἠλιαν φωνει οὑτος.

49 οἱ δε λοιποι ἐλεγον· ἀφες ἰδωμεν εἰ ἐρχεται ἠλιας σωσων αὐτον.

54 ὁ δε ἑκατονταρχος και οἱ μετ αὐτου τηρουντες τον ἰησουν ἰδοντες τον σεισμον και τα γινομενα ἐφοβηθησαν σφοδρα, λεγοντες· ἀληθως θεου υἱος ἠν οὑτος.

63 συνηχθησαν οἱ ἀρχιερεις και οἱ φαρισαιοι προς πιλατον λεγοντες· κυριε, ἐμνησθημεν ὁτι ἐκεινος ὁ πλανος εἰπεν ἐτι ζων·

63 κυριε, ἐμνησθημεν ὁτι ἐκεινος ὁ πλανος εἰπεν ἐτι ζων· μετα τρεις ἡμερας ἐγειρομαι.

64 κελευσον οὐν ἀσφαλισθηναι τον ταφον ἑως της τριτης ἡμερας, μηποτε ἐλθοντες οἱ μαθηται αὐτου κλεψωσιν αὐτον και εἰπωσιν τω λαω· ἠγερθη ἀπο των νεκρων,

28 5 ἀποκριθεις δε ὁ ἀγγελος εἰπεν ταις γυναιξιν· μη φοβεισθε ὑμεις·

6 οὐκ ἐστιν ὡδε· ἠγερθη γαρ καθως εἰπεν·

7 και ταχυ πορευθεισαι εἰπατε τοις μαθηταις αὐτου ὁτι ἠγερθη ἀπο των νεκρων,

7 ἰδου εἰπον ὑμιν.

9 και ἰδου ἰησους ὑπηντησεν αὐταις λεγων· χαιρετε.

10 τοτε λεγει αὐταις ὁ ἰησους· μη φοβεισθε· ὑπαγετε ἀπαγγειλατε τοις ἀδελφοις μου ἱνα ἀπελθωσιν εἰς την γαλιλαιαν, κἀκει με ὀψονται.

13 και συναχθεντες μετα των πρεσβυτερων συμβουλιον τε λαβοντες ἀργυρια ἱκανα ἐδωκαν τοις στρατιωταις, λεγοντες· εἰπατε ὁτι οἱ μαθηται αὐτου νυκτος ἐλθοντες ἐκλεψαν αὐτον ἡμων κοιμωμενων.

13 εἰπατε ὁτι οἱ μαθηται αὐτου νυκτος ἐλθοντες ἐκλεψαν αὐτον ἡμων κοιμωμενων.

18 και προσελθων ὁ ἰησους ἐλαλησεν αὐτοις λεγων· ἐδοθη μοι πασα ἐξουσια ἐν οὐρανω και ἐπι [της] γης.

Mc 1 7 και ἐκηρυσσεν λεγων· ἐρχεται ὁ ἰσχυροτερος μου ὀπισω μου,

15 μετα δε το παραδοθηναι τον ἰωαννην ἠλθεν ὁ ἰησους εἰς την γαλιλαιαν κηρυσσων το εὐαγγελιον του θεου και λεγων, ὁτι πεπληρωται ὁ καιρος και ἠγγικεν ἡ βασιλεια του θεου·

17 και εἰπεν αὐτοις ὁ ἰησους· δευτε ὀπισω μου,

24 και ἀνεκραξεν λεγων· τί ἡμιν και σοί,

25 και ἐπετιμησεν αὐτω ὁ ἰησους λεγων· φιμωθητι και ἐξελθε ἐξ αὐτου.

27 και ἐθαμβηθησαν ἁπαντες, ὡστε συζητειν προς ἑαυτους λεγοντας· τί ἐστιν τουτο;

30 και εὐθυς λεγουσιν αὐτω περι αὐτης.

37 και εὑρον αὐτον και λεγουσιν αὐτω ὁτι παντες ζητουσιν σε.

38 και λεγει αὐτοις· ἀγωμεν ἀλλαχου εἰς τας ἐχομενας κωμοπολεις,

λεγω [2262]

Mc 1 40 και έρχεται προς αυτον λεπρος παρακαλων αυτον [και
γονυπετων] και λεγων αυτω ότι εάν θελης δυνασαι με
καθαρισαι.
41 και σπλαγχνισθεις έκτεινας την χειρα αυτου ήψατο και λεγει
αυτω· θελω, καθαρισθητι.
44 και λεγει αυτω· όρα μηδενι μηδεν είπης,
44 όρα μηδενι μηδεν είπης,
2 5 και ιδων ό ίησους την πιστιν αυτων λεγει τω παραλυτικω·
τεκνον, άφιενται σου αί άμαρτιαι.
8 λεγει αυτοις· τί ταυτα διαλογιζεσθε έν ταις καρδιαις υμων;
9 τί έστιν εύκοπωτερον, είπειν τω παραλυτικω· άφιενται σου αί
άμαρτιαι, ή είπειν·
9 τί έστιν εύκοπωτερον, είπειν τω παραλυτικω· άφιενται σου αί
άμαρτιαι, ή είπειν· έγειρε και άρον τον κραβαττον σου και
περιπάτει;
10 ίνα δε είδητε ότι έξουσιαν έχει ό υίος του άνθρωπου άφιεναι
άμαρτιας έπι της γης, λεγει τω παραλυτικω· σοί λεγω, έγειρε
άρον τον κραβαττον σου και ύπαγε είς τον οίκον σου.
11 σοί λεγω, έγειρε άρον τον κραβαττον σου και ύπαγε είς τον
οίκον σου.
12 και ήγερθη και εύθυς άρας τον κραβαττον έξηλθεν έμπροσθεν
παντων, ώστε έξιστασθαι παντας και δοξαζειν τον θεον
λεγοντας ότι ούτως ούδεποτε είδαμεν.
14 και λεγει αυτω· άκολούθει μοι.
16 και οί γραμματεις των φαρισαιων ίδοντες ότι έσθιει μετα των
άμαρτωλων και τελωνων έλεγον τοις μαθηταις αυτου· ότι
μετα των τελωνων και άμαρτωλων έσθιει;
17 και άκουσας ό ίησους λεγει αυτοις ού χρειαν έχουσιν οί
ίσχυοντες ίατρου άλλ οί κακως έχοντες.
18 και έρχονται και λεγουσιν αυτω· δια τί οί μαθηται ιωαννου
και οί μαθηται των φαρισαιων νηστευουσιν, οί δε σοί
μαθηται ού νηστευουσιν;
19 και είπεν αυτοις ό ίησους· μη δυνανται οί υίοι του νυμφωνος,
έν ώ ό νυμφιος μετ αυτων έστιν, νηστευειν;
24 και οί φαρισαιοι έλεγον αυτω· ίδε τί ποιουσιν τοις σαββασιν
ό ούκ έξεστιν;
25 και λεγει αυτοις· ούδεποτε άνεγνωτε τί έποιησεν δαυιδ,
27 και έλεγεν αυτοις· το σαββατον δια τον άνθρωπον έγενετο,
3 3 και λεγει τω άνθρωπω τω την ξηραν χειρα έχοντι· έγειρε είς
το μεσον.
4 και λεγει αυτοις· έξεστιν τοις σαββασιν άγαθον ποιησαι ή
κακοποιησαι,
5 συλλυπουμενος έπι τη πωρωσει της καρδιας αυτων, λεγει τω
άνθρωπω· έκτεινον την χειρα.
9 και είπεν τοις μαθηταις αυτου ίνα πλοιαριον προσκαρτερη
αυτω δια τον όχλον,
11 και τα πνευματα τα άκαθαρτα, όταν αυτον έθεωρουν,
προσεπιπτον αυτω και έκραζον λεγοντες ότι συ εί ό υίος του
θεου.
21 και άκουσαντες οί παρ αυτου έξηλθον κρατησαι αυτον·
έλεγον γαρ ότι έξεστη.
22 και οί γραμματεις οί άπο ιεροσολυμων καταβαντες έλεγον
ότι βεελζεβουλ έχει,
23 και προσκαλεσαμενος αυτους έν παραβολαις έλεγεν αυτοις·
πως δυναται σατανας σαταναν έκβαλλειν;
28 άμην λεγω υμιν ότι παντα άφεθησεται τοις υίοις των
άνθρωπων τα άμαρτηματα και αί βλασφημιαι,
30 ότι έλεγον· πνευμα άκαθαρτον έχει.
32 και λεγουσιν αυτω· ίδου ή μητηρ σου και οί άδελφοι σου
[και αί άδελφαι σου] έξω ζητουσιν σε.
33 και άποκριθεις αυτοις λεγει· τίς έστιν ή μητηρ μου και οί
άδελφοι [μου];
34 και περιβλεψαμενος τους περι αυτον κυκλω καθημενους
λεγει· ίδε ή μητηρ μου και οί άδελφοι μου.
4 2 και έλεγεν αυτοις έν τη διδαχη αυτου· άκουετε.
9 και έλεγεν· ός έχει ώτα άκουειν άκουετω.
11 και έλεγεν αυτοις· υμιν το μυστηριον δεδοται της βασιλειας
του θεου,
13 και λεγει αυτοις· ούκ οίδατε την παραβολην ταυτην,
21 και έλεγεν αυτοις μητι έρχεται ό λυχνος ίνα υπο τον μοδιον
τεθη ή ύπο την κλινην;
24 και έλεγεν αυτοις· βλεπετε τί άκουετε.
26 και έλεγεν· ούτως έστιν ή βασιλεια του θεου,
30 και έλεγεν· πως όμοιωσωμεν την βασιλειαν του θεου, ή έν
τίνι αυτην παραβολη θωμεν;
35 και λεγει αυτοις έν έκεινη τη ήμερα όψιας γενομενης·
διελθωμεν είς το περαν.
38 και έγειρουσιν αυτον και λεγουσιν αυτω· διδασκαλε, ού μελει
σοι ότι άπολλυμεθα;

λεγω [2262]

Mc 4 39 και διεγερθεις έπετιμησεν τω άνεμω και είπεν τη θαλασση·
σιωπα, πεφιμωσο.
40 και είπεν αυτοις· τί δειλοι έστε;
41 και έλεγον προς άλληλους· τίς άρα ούτος έστιν,
5 7 και κραξας φωνη μεγαλη λεγει· τί έμοι και σοί, ίησου υίε του
θεου του ύψιστου;
8 έλεγεν γαρ αυτω· έξελθε το πνευμα το άκαθαρτον έκ του
άνθρωπου.
9 και λεγει αυτω· λεγιων όνομα μοι,
12 και παρεκαλεσαν αυτον λεγοντες· πεμψον ήμας είς τους
χοιρους, ίνα είς αυτους είσελθωμεν.
19 και ούκ άφηκεν αυτον, άλλα λεγει αυτω· ύπαγε είς τον οίκον
σου προς τους σους,
23 και παρακαλει αυτον πολλα λεγων ότι το θυγατριον μου
έσχατως έχει,
28 έλεγεν γαρ ότι έαν άψωμαι καν των ίματιων αυτου,
σωθησομαι.
30 έπιστραφεις έν τω όχλω έλεγεν· τίς μου ήψατο των ίματιων;
31 και έλεγον αυτω οί μαθηται αυτου· βλεπεις τον όχλον
συνθλιβοντα σε, και λεγεις·
31 βλεπεις τον όχλον συνθλιβοντα σε, και λεγεις· τίς μου ήψατο;
33 ή δε γυνη φοβηθεισα και τρεμουσα, είδυια ό γεγονεν αυτη,
ήλθεν και προσεπεσεν αυτω και είπεν αυτω πασαν την
άληθειαν.
34 ό δε είπεν αυτη· θυγατηρ, ή πιστις σου σεσωκεν σε·
35 έτι αυτου λαλουντος έρχονται άπο του άρχισυναγωγου
λεγοντες ότι ή θυγατηρ σου άπεθανεν·
36 ό δε ίησους παρακουσας τον λογον λαλουμενον λεγει τω
άρχισυναγωγω· μη φοβου, μονον πιστευε και ούκ άφηκεν
ούδενα μετ αυτου συνακολουθησαι εί μη τον πετρον και
ίακωβον και ίωαννην τον άδελφον ίακωβου.
39 και είσελθων λεγει αυτοις· τί θορυβεισθε και κλαιετε;
41 και κρατησας της χειρος του παιδιου λεγει αυτη· ταλιθα
κουμ,
41 ό έστιν μεθερμηνευομενον· το κορασιον, σοί λεγω, έγειρε.
43 και διεστειλατο αυτοις πυλλα ίνα μηδεις γνοι τουτο, και
είπεν δοθηναι αυτη φαγειν.
6 2 και πολλοι άκουοντες έξεπλησσοντο λεγοντες· ποθεν τουτω
ταυτα, και τίς ή σοφια ή δοθεισα τουτω,
4 και έλεγεν αυτοις ό ίησους ότι ούκ έστιν προφητης άτιμος εί
μη έν τη πατριδι αυτου και έν τοις συγγενευσιν αυτου και έν
τη οίκια αυτου.
10 και έλεγεν αυτοις· όπου έαν είσελθητε είς οίκιαν,
14 και ήκουσεν ό βασιλευς ήρωδης, φανερον γαρ έγενετο το
όνομα αυτου, και έλεγον ότι ίωαννης ό βαπτιζων έγηγερται
έκ νεκρων,
15 άλλοι δε έλεγον ότι ήλιας έστιν·
15 άλλοι δε έλεγον ότι προφητης ώς είς των προφητων.
16 άκουσας δε ό ήρωδης έλεγεν· όν έγω άπεκεφαλισα ίωαννην,
ούτος ήγερθη.
18 έλεγεν γαρ ό ίωαννης τω ήρωδη ότι ούκ έξεστιν σοι έχειν την
γυναικα του άδελφου σου.
22 είπεν ό βασιλευς τω κορασιω· αίτησον με ό έαν θελης,
24 και έξελθουσα είπεν τη μητρι αυτης· τί αίτησωμαι;
24 ή δε είπεν· την κεφαλην ίωαννου του βαπτιζοντος.
25 και είσελθουσα εύθυς μετα σπουδης προς τον βασιλεα
ήτησατο λεγουσα· θελω ίνα έξαυτης δως μοι έπι πινακι την
κεφαλην ίωαννου του βαπτιστου.
31 και λεγει αυτοις· δευτε υμεις αυτοι κατ ίδιαν είς έρημον
τοπον και άναπαυσασθε όλιγον.
35 και ήδη ώρας πολλης γενομενης προσελθοντες αυτω οί
μαθηται αυτου έλεγον ότι έρημος έστιν ό τοπος και ήδη ώρα
πολλη·
37 ό δε άποκριθεις είπεν αυτοις· δοτε αυτοις υμεις φαγειν.
37 και λεγουσιν αυτω· άπελθοντες άγορασωμεν δηναριων
διακοσιων άρτους,
38 ό δε λεγει αυτοις· ποσους άρτους έχετε;
38 και γνοντες λεγουσιν· πεντε, και δυο ίχθυας.
50 ό δε εύθυς έλαλησεν μετ αυτων, και λεγει αυτοις· θαρσειτε,
έγω είμι·
7 6 ό δε είπεν αυτοις· καλως έπροφητευσεν ήσαιας περι υμων των
ύποκριτων,
9 και έλεγεν αυτοις· καλως άθετειτε την έντολην του θεου,
10 μωυσης γαρ είπεν· τιμα τον πατερα σου και την μητερα σου,
και· ό κακολογων πατερα ή μητερα θανατω τελευτατω.
11 υμεις δε λεγετε· έαν είπη άνθρωπος τω πατρι ή τη μητρι·
11 έαν είπη άνθρωπος τω πατρι ή τη μητρι· κορβαν, ό έστιν
δωρον, ό έαν έξ έμου ώφεληθης,

Mc 7 14 και προσκαλεσαμενος παλιν τον όχλον *έλεγεν* αυτοις·
ακουσατε μου παντες και συνετε.

18 και *λεγει* αυτοις· ουτως και υμεις ασυνετοι εστε;

20 *έλεγεν* δε ότι το εκ του ανθρωπου εκπορευομενον, εκεινο
κοινοι τον άνθρωπον.

27 και *έλεγεν* αυτη· άφες πρωτον χορτασθηναι τα τεκνα·

28 η δε απεκριθη και *λεγει* αυτω· κυριε· και τα κυναρια
υποκατω της τραπεζης εσθιουσιν απο των ψιχιων των
παιδιων.

29 και *είπεν* αυτη· δια τουτον τον λογον υπαγε, εξεληλυθεν εκ
της θυγατρος σου το δαιμονιον.

34 και αναβλεψας εις τον ουρανον εστεναξεν, και *λεγει* αυτω·
εφφαθα, ό εστιν διανοιχθητι.

36 και διεστειλατο αυτοις ινα μηδενι *λεγωσιν*·

37 και υπερπερισσως εξεπλησσοντο *λεγοντες*· καλως παντα
πεποιηκεν, και τους κωφους ποιει ακουειν και [τους] άλαλους
λαλειν.

8 1 προσκαλεσαμενος τους μαθητας *λεγει* αυτοις· σπλαγχνιζομαι
επι τον όχλον, ότι ήδη ημεραι τρεις προσμενουσιν μοι και
ουκ έχουσιν τί φαγωσιν·

5 ποσους έχετε άρτους; οι δε *είπαν*· έπτα.

7 και είχον ιχθυδια ολιγα· και ευλογησας αυτα *είπεν* και ταυτα
παρατιθεναι.

12 και αναστεναξας τω πνευματι αυτου *λεγει*· τί ή γενεα αυτη
ζητει σημειον;

12 αμην *λεγω* υμιν, ει δοθησεται τη γενεα ταυτη σημειον.

15 και διεστελλετο αυτοις *λεγων*· όρατε, βλεπετε απο της ζυμης
των φαρισαιων και της ζυμης ηρωδου.

17 και γνους *λεγει* αυτοις· τί διαλογιζεσθε ότι άρτους ουκ έχετε;

19 και ου μνημονευετε, ότε τους πεντε άρτους έκλασα εις τους
πεντακισχιλιους, ποσους κοφινους κλασματων πληρεις ήρατε;
λεγουσιν αυτω· δωδεκα.

20 ότε τους έπτα εις τους τετρακισχιλιους, ποσων σπυριδων
πληρωματα κλασματων ήρατε; και *λεγουσιν* [αυτω·] έπτα.

21 και *έλεγεν* αυτοις· ουπω συνιετε;

24 και αναβλεψας *έλεγεν*· βλεπω τους άνθρωπους, ότι ως δενδρα
όρω περιπατουντας.

26 και απεστειλεν αυτον εις οίκον αυτου *λεγων*· μηδε εις την
κωμην εισελθης.

27 και εν τη όδω επηρωτα τους μαθητας αυτου *λεγων* αυτοις·
τίνα με *λεγουσιν* οι άνθρωποι είναι;

27 και εν τη όδω επηρωτα τους μαθητας αυτου λεγων αυτοις·
τίνα με *λεγουσιν* οι άνθρωποι είναι;

28 οι δε *είπαν* αυτω λεγοντες [ότι] ιωαννην τον βαπτιστην, και
άλλοι ήλιαν, άλλοι δε ότι εις των προφητων.

28 οι δε *είπαν* αυτω *λεγοντες* [ότι] ιωαννην τον βαπτιστην, και
άλλοι ήλιαν, άλλοι δε ότι εις των προφητων.

29 και αυτος επηρωτα αυτους· υμεις δε τίνα με *λεγετε* είναι;

29 αποκριθεις ό πετρος *λεγει* αυτω· συ εί ό χριστος.

30 και επετιμησεν αυτοις ινα μηδενι *λεγωσιν* περι αυτου.

33 ό δε επιστραφεις και ιδων τους μαθητας αυτου επετιμησεν
πετρω και *λεγει*· υπαγε οπισω μου, σατανα, ότι ου φρονεις τα
του θεου άλλα τα των ανθρωπων.

34 και προσκαλεσαμενος τον όχλον συν τοις μαθηταις αυτου
είπεν αυτοις· εί τις θελει οπισω μου ακολουθειν,
απαρνησασθω εαυτον και αρατω τον σταυρον αυτου, και
ακολουθειτω μοι.

9 1 και *έλεγεν* αυτοις· αμην λεγω υμιν ότι εισιν τινες ώδε των
εστηκοτων οιτινες ου μη γευσωνται θανατου έως άν ίδωσιν
την βασιλειαν του θεου εληλυθυιαν εν δυναμει.

1 αμην *λεγω* υμιν ότι εισιν τινες ώδε των εστηκοτων οιτινες ου
μη γευσωνται θανατου έως άν ίδωσιν την βασιλειαν του θεου
εληλυθυιαν εν δυναμει.

5 και αποκριθεις ό πετρος *λεγει* τω ιησου· ραββι, καλον εστιν
ημας ώδε είναι, και ποιησωμεν τρεις σκηνας, σοί μιαν και
μωυσει μιαν και ήλια μιαν.

11 και επηρωτων αυτον *λεγοντες*· ότι λεγουσιν οι γραμματεις
ότι ήλιαν δει ελθειν πρωτον;

11 και επηρωτων αυτον λεγοντες· ότι *λεγουσιν* οι γραμματεις
ότι ήλιαν δει ελθειν πρωτον;

13 άλλα *λεγω* υμιν ότι και ήλιας εληλυθεν, και εποιησαν αυτω
όσα ήθελον, καθως γεγραπται επ αυτον.

18 και *είπα* τοις μαθηταις σου ινα αυτο εκβαλωσιν, και ουκ
ισχυσαν.

19 ό δε αποκριθεις αυτοις *λεγει*· ώ γενεα άπιστος, έως πότε προς
υμας έσομαι;

21 ποσος χρονος εστιν ώς τουτο γεγονεν αυτω; ό δε *είπεν*· εκ
παιδιοθεν·

Mc 9 23 ό δε ιησους *είπεν* αυτω· το εί δυνη, παντα δυνατα τω
πιστευοντι.

24 ευθυς κραξας ό πατηρ του παιδιου *έλεγεν*· πιστευω· βοηθει
μου τη απιστια.

25 ιδων δε ό ιησους ότι επισυντρεχει όχλος, επετιμησεν τω
πνευματι τω ακαθαρτω *λεγων* αυτω· το άλαλον και κωφον
πνευμα, εγω επιτασσω σοι, έξελθε εξ αυτου και μηκετι
εισελθης εις αυτον.

26 και εγενετο ώσει νεκρος, ώστε τους πολλους *λεγειν* ότι
απεθανεν.

29 και *είπεν* αυτοις· τουτο το γενος εν ουδενι δυναται εξελθειν
εί μη εν προσευχη.

31 και *έλεγεν* αυτοις ότι ό υιος του άνθρωπου παραδιδοται εις
χειρας ανθρωπων, και αποκτενουσιν αυτον, και αποκτανθεις
μετα τρεις ημερας αναστησεται.

35 και καθισας εφωνησεν τους δωδεκα και *λεγει* αυτοις· εί τις
θελει πρωτος είναι, εσται παντων εσχατος και παντων
διακονος.

36 και λαβων παιδιον έστησεν αυτο εν μεσω αυτων, και
εναγκαλισαμενος αυτο *είπεν* αυτοις· ός άν έν των τοιουτων
παιδιων δεξηται επι τω ονοματι μου, εμε δεχεται·

39 ό δε ιησους *είπεν*· μη κωλυετε αυτον·

41 ός γαρ άν ποτιση υμας ποτηριον υδατος εν ονοματι, ότι
χριστου εστε, αμην *λεγω* υμιν ότι ου μη απολεση τον μισθον
αυτου.

10 3 ό δε αποκριθεις *είπεν* αυτοις· τί υμιν ενετειλατο μωυσης;

4 οι δε *είπαν*· επετρεψεν μωυσης βιβλιον αποστασιου γραψαι
και απολυσαι.

5 ό δε ιησους *είπεν* αυτοις· προς την σκληροκαρδιαν υμων
έγραψεν υμιν την εντολην ταυτην.

11 και *λεγει* αυτοις· ός άν απολυση την γυναικα αυτου και
γαμηση άλλην, μοιχαται επ αυτην·

14 ιδων δε ό ιησους ηγανακτησεν και *είπεν* αυτοις· άφετε τα
παιδια έρχεσθαι προς με, μη κωλυετε αυτα· των γαρ τοιουτων
εστιν ή βασιλεια του θεου.

15 αμην *λεγω* υμιν, ός άν μη δεξηται την βασιλειαν του θεου ώς
παιδιον, ου μη εισελθη εις αυτην.

18 ό δε ιησους *είπεν* αυτω· τί με λεγεις άγαθον;

18 τί με *λεγεις* άγαθον; ουδεις άγαθος εί μη εις ό θεος.

21 ό δε ιησους εμβλεψας αυτω ηγαπησεν αυτον και *είπεν* αυτω·
έν σε υστερει· υπαγε, όσα έχεις πωλησον και δος [τοις]
πτωχοις,

23 και περιβλεψαμενος ό ιησους *λεγει* τοις μαθηταις αυτου· πως
δυσκολως οι τα χρηματα έχοντες εις την βασιλειαν του θεου
εισελευσονται.

24 ό δε ιησους παλιν αποκριθεις *λεγει* αυτοις· τεκνα, πως
δυσκολον εστιν εις την βασιλειαν του θεου εισελθειν·

26 οι δε περισσως εξεπλησσοντο *λεγοντες* προς εαυτους· και τίς
δυναται σωθηναι;

27 εμβλεψας αυτοις ό ιησους *λεγει*· παρα άνθρωποις αδυνατον,
άλλ ου παρα θεω· παντα γαρ δυνατα παρα τω θεω.

28 ήρξατο *λεγειν* ό πετρος αυτω· ιδου ημεις αφηκαμεν παντα και
ηκολουθηκαμεν σοι.

29 αμην *λεγω* υμιν, ουδεις εστιν ός αφηκεν οικιαν ή αδελφους ή
αδελφας ή μητερα ή πατερα ή τεκνα ή άγρους ένεκεν εμου
και ένεκεν του ευαγγελιου,

32 και παραλαβων παλιν τους δωδεκα ήρξατο αυτοις *λεγειν* τα
μελλοντα αυτω συμβαινειν,

35 και προσπορευονται αυτω ιακωβος και ιωαννης οι υιοι
ζεβεδαιου *λεγοντες* αυτω· διδασκαλε, θελομεν ινα ό εαν
αιτησωμεν σε ποιησης ήμιν.

36 ό δε *είπεν* αυτοις· τί θελετε [με] ποιησω υμιν;

37 οι δε *είπαν* αυτω· δος ήμιν ινα εις σου εκ δεξιων και εις εξ
αριστερων καθισωμεν εν τη δοξη σου.

38 ό δε ιησους *είπεν* αυτοις· ουκ οιδατε τί αιτεισθε.

39 οι δε *είπαν* αυτω· δυναμεθα.

39 ό δε ιησους *είπεν* αυτοις· το ποτηριον ό εγω πινω πιεσθε, και
το βαπτισμα ό εγω βαπτιζομαι βαπτισθησεσθε·

42 και προσκαλεσαμενος αυτους ό ιησους *λεγει* αυτοις· οιδατε
ότι οι δοκουντες άρχειν των εθνων κατακυριευουσιν αυτων
και οι μεγαλοι αυτων κατεξουσιαζουσιν αυτων.

47 και ακουσας ότι ιησους ό ναζαρηνος εστιν ήρξατο κραζειν
και *λεγειν*· υιε δαυιδ ιησου, ελεησον με.

49 και στας ό ιησους *είπεν*· φωνησατε αυτον.

49 και φωνουσιν τον τυφλον *λεγοντες* αυτω· θαρσει, έγειρε,
φωνει σε.

51 και αποκριθεις αυτω ό ιησους *είπεν*· τί σοι θελεις ποιησω;

51 ό τυφλος *είπεν* αυτω· ραββουνι, ινα αναβλεψω.

52 και ό ιησους *είπεν* αυτω· υπαγε, ή πιστις σου σεσωκεν σε.

λεγω [2262]

Mc 11 2 και ότε έγγιζουσιν είς ιεροσολυμα είς βηθφαγη και βηθανιαν προς το όρος των έλαιων. άποστελλει δυο των μαθητων αύτου και λεγει αύτοις· ύπαγετε είς την κωμην την κατεναντι ύμων,

3 και έαν τις ύμιν *είπη· τί ποιειτε τουτο; είπατε· ό κυριος αύτου χρειαν έχει, και εύθυς αύτον άποστελλει παλιν ώδε.

3 *είπατε· ό κυριος αύτου χρειαν έχει, και εύθυς αύτον άποστελλει παλιν ώδε.

5 και τινες των έκει έστηκοτων *έλεγον αύτοις· τί ποιειτε λυοντες τον πωλον·

6 οί δε *είπαν αύτοις καθως είπεν ό ίησους· και άφηκαν αύτους.

6 οί δε είπαν αύτοις καθως *είπεν ό ίησους· και άφηκαν αύτους.

14 και άποκριθεις *είπεν αύτη· μηκετι είς τον αίωνα έκ σου μηδεις καρπον φαγοι.

17 και έδιδασκεν και *έλεγεν αύτοις· ού γεγραπται ότι ό οίκος μου οίκος προσευχης κληθησεται πασιν τοις έθνεσιν;

21 και άναμνησθεις ό πετρος *λεγει αύτω· ραββι, ίδε ή συκη ήν κατηρασω έξηρανται.

22 και άποκριθεις ό ίησους *λεγει αύτοις· έχετε πιστιν θεου.

23 άμην *λεγω ύμιν ότι ός άν είπη τω όρει τουτω· άρθητι και βληθητι είς την θαλασσαν, και μη διακριθη έν τη καρδια αύτου άλλα πιστευη ότι ό λαλει γινεται, έσται αύτω.

23 άμην λεγω ύμιν ότι ός άν *είπη τω όρει τουτω· άρθητι και βληθητι είς την θαλασσαν, και μη διακριθη έν τη καρδια αύτου άλλα πιστευη ότι ό λαλει γινεται, έσται αύτω.

24 δια τουτο *λεγω ύμιν, παντα όσα προσευχεσθε και αίτεισθε, πιστευετε ότι έλαβετε, και έσται ύμιν.

28 και *έλεγον αύτω· έν ποια έξουσια ταυτα ποιεις; ή τίς σοι έδωκεν την έξουσιαν ταυτην ίνα ταυτα ποιης;

29 ό δε ίησους *είπεν αύτοις· έπερωτησω ύμας ένα λογον, και άποκριθητε μοι, και έρω ύμιν έν ποια έξουσια ταυτα ποιω.

31 και διελογιζοντο προς έαυτους *λεγοντες· έαν *είπωμεν· έξ ούρανου, έρει· δια τί [ούν] ούκ έπιστευσατε αύτω;

31 έαν *είπωμεν· έξ ούρανου, έρει· δια τί [ούν] ούκ έπιστευσατε αύτω;

32 άλλα *είπωμεν· έξ άνθρωπων; έφοβουντο τον όχλον· άπαντες γαρ είχον τον ίωαννην όντως ότι προφητης ήν.

33 και άποκριθεντες τω ίησου *λεγουσιν· ούκ οίδαμεν.

33 και ό ίησους *λεγει αύτοις· ούδε έγω λεγω ύμιν έν ποια έξουσια ταυτα ποιω.

33 ούδε έγω *λεγω ύμιν έν ποια έξουσια ταυτα ποιω.

12 6 άπεστειλεν αύτον έσχατον προς αύτους *λεγων ότι έντραπησονται τον υίον μου.

7 έκεινοι δε οί γεωργοι προς έαυτους *είπαν ότι ούτος έστιν ό κληρονομος· δευτε άποκτεινωμεν αύτον, και ήμων έσται ή κληρονομια.

12 έγνωσαν γαρ ότι προς αύτους την παραβολην *είπεν.

14 και έλθοντες *λεγουσιν αύτω· διδασκαλε, οίδαμεν ότι άληθης εί και ού μελει σοι περι ούδενος·

15 ό δε είδως αύτων την ύποκρισιν *είπεν αύτοις· τί με πειραζετε; φερετε μοι δηναριον ίνα ίδω.

16 και *λεγει αύτοις· τίνος ή είκων αύτη και ή έπιγραφη;

16 τίνος ή είκων αύτη και ή έπιγραφη; οί δε *είπαν αύτω· καισαρος.

17 ό δε ίησους *είπεν αύτοις· τα καισαρος άποδοτε καισαρι και τα του θεου τω θεω.

18 και έρχονται σαδδουκαιοι προς αύτον, οίτινες *λεγουσιν άναστασιν μη είναι,

18 και έπηρωτων αύτον *λεγοντες· διδασκαλε, μωυσης έγραψεν ήμιν ότι έαν τινος άδελφος άποθανη και καταλιπη γυναικα και μη άφη τεκνον, ίνα λαβη ό άδελφος αύτου την γυναικα και έξαναστηση σπερμα τω άδελφω αύτου.

26 περι δε των νεκρων ότι έγειρονται, ούκ άνεγνωτε έν τη βιβλω μωυσεως έπι του βατου πως *είπεν αύτω ό θεος λεγων· έγω ό θεος άβρααμ και [ό] θεος ίσαακ και [ό] θεος ίακωβ;

26 περι δε των νεκρων ότι έγειρονται, ούκ άνεγνωτε έν τη βιβλω μωυσεως έπι του βατου πως είπεν αύτω ό θεος *λεγων· έγω ό θεος άβρααμ και [ό] θεος ίσαακ και [ό] θεος ίακωβ;

32 και *είπεν αύτω ό γραμματευς· καλως, διδασκαλε, έπ άληθειας είπες ότι είς έστιν και ούκ έστιν άλλος πλην αύτου·

32 καλως, διδασκαλε, έπ άληθειας *είπες ότι είς έστιν και ούκ έστιν άλλος πλην αύτου·

34 και ό ίησους, ίδων [αύτον] ότι νουνεχως άπεκριθη, *είπεν αύτω· ού μακραν εί άπο της βασιλειας του θεου.

35 και άποκριθεις ό ίησους *έλεγεν διδασκων έν τω ίερω· πως λεγουσιν οί γραμματεις ότι ό χριστος υίος δαυιδ έστιν;

35 πως *λεγουσιν οί γραμματεις ότι ό χριστος υίος δαυιδ έστιν;

λεγω [2262]

Mc 12 36 αύτος δαυιδ *είπεν έν τω πνευματι τω άγιω· είπεν κυριος τω κυριω μου· καθου έκ δεξιων μου έως άν θω τους έχθρους σου ύποκατω των ποδων σου.

36 *είπεν κυριος τω κυριω μου· καθου έκ δεξιων μου έως άν θω τους έχθρους σου ύποκατω των ποδων σου.

37 αύτος δαυιδ *λεγει αύτον κυριον, και ποθεν αύτου έστιν υίος;

38 και έν τη διδαχη αύτου *έλεγεν· βλεπετε άπο των γραμματεων των θελοντων έν στολαις περιπατειν και άσπασμους έν ταις άγοραις και πρωτοκαθεδριας έν ταις συναγωγαις και πρωτοκλισιας έν τοις δειπνοις·

43 και προσκαλεσαμενος τους μαθητας αύτου *είπεν αύτοις· άμην λεγω ύμιν ότι ή χηρα αύτη ή πτωχη πλειον παντων έβαλεν των βαλλοντων είς το γαζοφυλακιον·

43 άμην *λεγω ύμιν ότι ή χηρα αύτη ή πτωχη πλειον παντων έβαλεν των βαλλοντων είς το γαζοφυλακιον·

13 1 και έκπορευομενου αύτου έκ του ίερου *λεγει αύτω είς των μαθητων αύτου· διδασκαλε, ίδε ποταποι λιθοι και ποταπαι οίκοδομαι.

2 και ό ίησους *είπεν αύτω· βλεπεις ταυτας τας μεγαλας οίκοδομας;

4 *είπον ήμιν, ποτε ταυτα έσται,

5 ό δε ίησους ήρξατο *λεγειν αύτοις· βλεπετε μη τις ύμας πλανηση.

6 πολλοι έλευσονται έπι τω όνοματι μου *λεγοντες ότι έγω είμι, και πολλους πλανησουσιν.

21 και τοτε έαν τις ύμιν *είπη· ίδε ώδε ό χριστος, ίδε έκει, μη πιστευετε·

30 άμην *λεγω ύμιν ότι ού μη παρελθη ή γενεα αύτη μεχρις ού ταυτα παντα γενηται.

37 ό δε ύμιν *λεγω, πασιν λεγω, γρηγορειτε.

37 ό δε ύμιν λεγω, πασιν *λεγω, γρηγορειτε.

14 2 *έλεγον γαρ· μη έν τη έορτη, μηποτε έσται θορυβος του λαου.

6 ό δε ίησους *είπεν· άφετε αύτην· τί αύτη κοπους παρεχετε;

9 άμην δε *λεγω ύμιν, όπου έαν κηρυχθη το εύαγγελιον είς όλον τον κοσμον, και ό έποιησεν αύτη λαληθησεται είς μνημοσυνον αύτης.

12 και τη πρωτη ήμερα των άζυμων, ότε το πασχα έθυον, *λεγουσιν αύτω οί μαθηται αύτου· που θελεις άπελθοντες έτοιμασωμεν ίνα φαγης το πασχα;

13 και άποστελλει δυο των μαθητων αύτου και *λεγει αύτοις· ύπαγετε είς την πολιν,

14 και όπου έαν είσελθη *είπατε τω οίκοδεσποτη ότι ό διδασκαλος λεγει·

14 και όπου έαν είσελθη είπατε τω οίκοδεσποτη ότι ό διδασκαλος *λεγει· που έστιν το καταλυμα μου, όπου το πασχα μετα των μαθητων μου φαγω;

16 και έξηλθον οί μαθηται και ήλθον είς την πολιν και εύρον καθως *είπεν αύτοις,

18 και άνακειμενων αύτων και έσθιοντων ό ίησους *είπεν· άμην λεγω ύμιν ότι είς έξ ύμων παραδωσει με, ό έσθιων μετ έμου·

18 άμην *λεγω ύμιν ότι είς έξ ύμων παραδωσει με, ό έσθιων μετ έμου.

19 ήρξαντο λυπεισθαι και *λεγειν αύτω είς κατα είς· μητι έγω;

20 ό δε *είπεν αύτοις· είς των δωδεκα, ό έμβαπτομενος μετ έμου είς το τρυβλιον.

22 και έσθιοντων αύτων λαβων άρτον εύλογησας έκλασεν και έδωκεν αύτοις και *είπεν· λαβετε· τουτο έστιν το σωμα μου.

24 και *είπεν αύτοις· τουτο έστιν το αίμα μου της διαθηκης το έκχυννομενον ύπερ πολλων.

25 άμην *λεγω ύμιν ότι ούκετι ού μη πιω έκ του γενηματος της άμπελου έως της ήμερας έκεινης όταν αύτο πινω καινον έν τη βασιλεια του θεου.

27 και *λεγει αύτοις ό ίησους ότι παντες σκανδαλισθησεσθε,

30 και *λεγει αύτω ό ίησους· άμην λεγω σοι ότι συ σημερον ταυτη τη νυκτι πριν ή δις άλεκτορα φωνησαι τρις με άπαρνηση.

30 και λεγει αύτω ό ίησους· άμην *λεγω σοι ότι συ σημερον ταυτη τη νυκτι πριν ή δις άλεκτορα φωνησαι τρις με άπαρνηση.

31 ώσαυτως δε και παντες *έλεγον.

32 και *λεγει τοις μαθηταις αύτου· καθισατε ώδε έως προσευξωμαι.

34 και *λεγει αύτοις· περιλυπος έστιν ή ψυχη μου έως θανατου·

36 και *έλεγεν· άββα ό πατηρ, παντα δυνατα σοι·

37 και *λεγει τω πετρω· σιμων, καθευδεις;

39 και παλιν άπελθων προσηυξατο τον αύτον λογον *είπων·

41 και έρχεται το τριτον και *λεγει αύτοις· καθευδετε το λοιπον και άναπαυεσθε· άπεχει·

44 δεδωκει δε ό παραδιδους αύτον συσσημον αύτοις *λεγων· όν άν φιλησω αύτος έστιν·

λεγω [2262]

Mc 14 45 και ελθων ευθυς προσελθων αυτω *λεγει·* ραββι,

48 και αποκριθεις ο ιησους *ειπεν* αυτοις· ως επι ληστην εξηλθατε μετα μαχαιρων και ξυλων συλλαβειν με;

57 και τινες αναστάντες εψευδομαρτυρουν κατ αυτου *λεγοντες* οτι ημεις ηκουσαμεν αυτου *λεγοντος* οτι εγω καταλυσω τον ναον τουτον τον χειροποιητον και δια τριων ημερων αλλον αχειροποιητον οικοδομησω.

58 και τινες αναστάντες εψευδομαρτυρουν κατ αυτου *λεγοντες* οτι ημεις ηκουσαμεν αυτου *λεγοντος* οτι εγω καταλυσω τον ναον τουτον τον χειροποιητον και δια τριων ημερων αλλον αχειροποιητον οικοδομησω.

60 και αναστας ο αρχιερευς εις μεσον επηρωτησεν τον ιησουν *λεγων·* ουκ αποκρινη ουδεν τι ουτοι σου καταμαρτυρουσιν;

61 παλιν ο αρχιερευς επηρωτα αυτον και *λεγει* αυτω· συ ει ο χριστος ο υιος του ευλογητου;

62 ο δε ιησους *ειπεν·* εγω ειμι,

63 ο δε αρχιερευς διαρρηξας τους χιτωνας αυτου *λεγει·* τι ετι χρειαν εχομεν μαρτυρων;

65 και ηρξαντο τινες εμπτυειν αυτω και περικαλυπτειν αυτου το προσωπον και κολαφιζειν αυτον και *λεγειν* αυτω· προφητευσον,

67 και ιδουσα τον πετρον θερμαινομενον εμβλεψασα αυτω *λεγει·* και συ μετα του ναζαρηνου ησθα του ιησου.

68 ο δε ηρνησατο *λεγων·* ουτε οιδα ουτε επισταμαι συ τι *λεγεις.*

68 ουτε οιδα ουτε επισταμαι συ τι *λεγεις.*

69 και η παιδισκη ιδουσα αυτον ηρξατο παλιν *λεγειν* τοις παρεστωσιν οτι ουτος εξ αυτων εστιν.

70 και μετα μικρον παλιν οι παρεστωτες *ελεγον* τω πετρω· αληθως εξ αυτων ει· και γαρ γαλιλαιος ει.

71 ο δε ηρξατο αναθεματιζειν και ομνυναι οτι ουκ οιδα τον ανθρωπον τουτον ον *λεγετε.*

72 και ανεμνησθη ο πετρος το ρημα ως *ειπεν* αυτω ο ιησους οτι πριν αλεκτορα φωνησαι δις τρις με απαρνηση·

15 2 ο δε αποκριθεις αυτω *λεγει·* συ λεγεις.

2 ο δε αποκριθεις αυτω *λεγει·* συ *λεγεις.*

4 ο δε πιλατος παλιν επηρωτα αυτον *λεγων·* ουκ αποκρινη ουδεν;

7 ην δε ο *λεγομενος* βαραββας μετα των στασιαστων δεδεμενος, οιτινες εν τη στασει φονον πεποιηκεισαν.

9 ο δε πιλατος απεκριθη αυτοις *λεγων·* θελετε απολυσω υμιν τον βασιλεα των ιουδαιων;

12 ο δε πιλατος παλιν αποκριθεις *ελεγεν* αυτοις· τι ουν [θελετε] ποιησω [ον *λεγετε*] τον βασιλεα των ιουδαιων;

12 τι ουν [θελετε] ποιησω [ον *λεγετε*] τον βασιλεα των ιουδαιων;

14 ο δε πιλατος *ελεγεν* αυτοις· τι γαρ εποιησεν κακον;

28 * και επληρωθη η γραφη η *λεγουσα·* και μετα ανομων ελογισθη.

29 και οι παραπορευομενοι εβλασφημουν αυτον κινουντες τας κεφαλας αυτων και *λεγοντες·* ουα ο καταλυων τον ναον και οικοδομων εν τρισιν ημεραις,

31 ομοιως και οι αρχιερεις εμπαιζοντες προς αλληλους μετα των γραμματεων *ελεγον·* αλλους εσωσεν, εαυτον ου δυναται σωσαι·

35 και τινες των παρεστηκοτων ακουσαντες *ελεγον·* ιδε ηλιαν φωνει.

36 δραμων δε τις [και] γεμισας σπογγον οξους περιθεις καλαμω εποτιζεν αυτον, *λεγων·* αφετε ιδωμεν ει ερχεται ηλιας καθελειν αυτον.

39 ιδων δε ο κεντυριων ο παρεστηκως εξ εναντιας αυτου οτι ουτως εξεπνευσεν, *ειπεν·* αληθως ουτος ο ανθρωπος υιος θεου ην.

16 3 και *ελεγον* προς εαυτας· τις αποκυλισει ημιν τον λιθον εκ της θυρας του μνημειου;

6 ο δε *λεγει* αυταις· μη εκθαμβεισθε· ιησουν ζητειτε τον ναζαρηνον τον εσταυρωμενον·

7 αλλα υπαγετε ειπατε τοις μαθηταις αυτου και τω πετρω οτι προαγει υμας εις την γαλιλαιαν·

7 εκει αυτον οψεσθε, καθως *ειπεν* υμιν.

8 και ουδενι ουδεν *ειπαν·* εφοβουντο γαρ.

15 και *ειπεν* αυτοις· πορευθεντες εις τον κοσμον απαντα κηρυξατε το ευαγγελιον παση τη κτισει.

Lc 1 13 *ειπεν* δε προς αυτον ο αγγελος· μη φοβου, ζαχαρια, διοτι εισηκουσθη η δεησις σου,

18 και *ειπεν* ζαχαριας προς τον αγγελον· κατα τι γνωσομαι τουτο;

19 και αποκριθεις ο αγγελος *ειπεν* αυτω· εγω ειμι γαβριηλ ο παρεστηκως ενωπιον του θεου,

24 *λεγουσα* οτι ουτως μοι πεποιηκεν κυριος εν ημεραις αις επειδεν αφελειν ονειδος μου εν ανθρωποις.

λεγω [2262]

Lc 1 28 και εισελθων προς αυτην *ειπεν·* χαιρε, κεχαριτωμενη, ο κυριος μετα σου.

30 και *ειπεν* ο αγγελος αυτη· μη φοβου, μαριαμ· ευρες γαρ χαριν παρα τω θεω.

34 *ειπεν* δε μαριαμ προς τον αγγελον· πως εσται τουτο, επει ανδρα ου γινωσκω;

35 και αποκριθεις ο αγγελος *ειπεν* αυτη· πνευμα αγιον επελευσεται επι σε,

38 *ειπεν* δε μαριαμ· ιδου η δουλη κυριου· γενοιτο μοι κατα το ρημα σου.

42 και επλησθη πνευματος αγιου η ελισαβετ, και ανεφωνησεν κραυγη μεγαλη και *ειπεν·* ευλογημενη συ εν γυναιξιν,

46 και *ειπεν* μαριαμ· μεγαλυνει η ψυχη μου τον κυριον,

60 και αποκριθεισα η μητηρ αυτου *ειπεν·* ουχι, αλλα κληθησεται ιωαννης.

61 και *ειπαν* προς αυτην οτι ουδεις εστιν εκ της συγγενειας σου ος καλειται τω ονοματι τουτω.

63 και αιτησας πινακιδιον εγραψεν *λεγων·* ιωαννης εστιν ονομα αυτου.

66 και εθεντο παντες οι ακουσαντες εν τη καρδια αυτων, *λεγοντες·* τι αρα το παιδιον τουτο εσται;

67 και ζαχαριας ο πατηρ αυτου επλησθη πνευματος αγιου και επροφητευσεν *λεγων·* ευλογητος κυριος ο θεος του ισραηλ,

2 10 και *ειπεν* αυτοις ο αγγελος· μη φοβεισθε·

13 και εξαιφνης εγενετο συν τω αγγελω πληθος στρατιας ουρανιου αινουντων τον θεον και *λεγοντων·* δοξα εν υψιστοις θεω και επι γης ειρηνη εν ανθρωποις ευδοκιας.

28 και αυτος εδεξατο αυτο εις τας αγκαλας και ευλογησεν τον θεον και *ειπεν·* νυν απολυεις τον δουλον σου, δεσποτα, κατα το ρημα σου εν ειρηνη·

34 και ευλογησεν αυτους συμεων και *ειπεν* προς μαριαμ την μητερα αυτου· ιδου ουτος κειται εις πτωσιν και αναστασιν πολλων εν τω ισραηλ και εις σημειον αντιλεγομενον και σου [δε] αυτης την ψυχην διελευσεται ρομφαια,

48 και ιδοντες αυτον εξεπλαγησαν, και *ειπεν* προς αυτον η μητηρ αυτου· τεκνον, τι εποιησας ημιν ουτως;

49 και *ειπεν* προς αυτους· τι οτι εζητειτε με;

3 7 *ελεγεν* ουν τοις εκπορευομενοις οχλοις βαπτισθηναι υπ αυτου· γεννηματα εχιδνων, τις υπεδειξεν υμιν φυγειν απο της μελλουσης οργης;

8 ποιησατε ουν καρπους αξιους της μετανοιας· και μη αρξησθε *λεγειν* εν εαυτοις· πατερα εχομεν τον αβρααμ·

8 *λεγω* γαρ υμιν οτι δυναται ο θεος εκ των λιθων τουτων εγειραι τεκνα τω αβρααμ.

10 και επηρωτων αυτον οι οχλοι *λεγοντες·* τι ουν ποιησωμεν;

11 αποκριθεις δε *ελεγεν* αυτοις· ο εχων δυο χιτωνας μεταδοτω τω μη εχοντι,

12 ηλθον δε και τελωναι βαπτισθηναι και *ειπαν* προς αυτον· διδασκαλε, τι ποιησωμεν;

13 ο δε *ειπεν* προς αυτους· μηδεν πλεον παρα το διατεταγμενον υμιν πρασσετε.

14 επηρωτων δε αυτον και στρατευομενοι *λεγοντες·* τι ποιησωμεν και ημεις;

14 και *ειπεν* αυτοις· μηδενα διασεισητε μηδε συκοφαντησητε, και αρκεισθε τοις οψωνιοις υμων.

16 απεκρινατο *λεγων* πασιν ο ιωαννης· εγω μεν υδατι βαπτιζω υμας·

4 3 *ειπεν* δε αυτω ο διαβολος· ει υιος ει του θεου, ειπε τω λιθω τουτω ινα γενηται αρτος.

3 ει υιος ει του θεου, *ειπε* τω λιθω τουτω ινα γενηται αρτος.

6 και *ειπεν* αυτω ο διαβολος· σοι δωσω την εξουσιαν ταυτην απασαν και την δοξαν αυτων,

8 και αποκριθεις ο ιησους *ειπεν* αυτω· γεγραπται· κυριον τον θεον σου προσκυνησεις και αυτω μονω λατρευσεις.

9 και *ειπεν* αυτω· ει υιος ει του θεου, βαλε σεαυτον εντευθεν κατω·

12 και αποκριθεις *ειπεν* αυτω ο ιησους οτι ειρηται· ουκ εκπειρασεις κυριον τον θεον σου.

21 ηρξατο δε *λεγειν* προς αυτους οτι σημερον πεπληρωται η γραφη αυτη εν τοις ωσιν υμων.

22 και *ελεγον·* ουχι υιος εστιν ιωσηφ ουτος;

23 και *ειπεν* προς αυτους· παντως ερειτε μοι την παραβολην ταυτην·

24 *ειπεν* δε· αμην *λεγω* υμιν οτι ουδεις προφητης δεκτος εστιν εν τη πατριδι αυτου.

24 αμην *λεγω* υμιν οτι ουδεις προφητης δεκτος εστιν εν τη πατριδι αυτου.

25 επ αληθειας δε *λεγω* υμιν, πολλαι χηραι ησαν εν ταις ημεραις ηλιου εν τω ισραηλ,

λεγω [2262]

Lc 4 35   και έπετιμησεν αυτω ὁ ίησους *λεγων*· φιμωθητι και έξελθε άπ αύτου.

36   και συνελαλουν προς άλληλους *λεγοντες*· τίς ὁ λογος ούτος, ότι έν έξουσια και δυναμει έπιτασσει τοις άκαθαρτοις πνευμασιν και έξερχονται;

41   έξηρχετο δε και δαιμονια άπο πολλων, κρ[αυγ]αζοντα και *λεγοντα* ότι συ εί ὁ υίος του θεου.

43   ὁ δε *είπεν* προς αύτους ότι και ταις έτεραις πολεσιν εύαγγελισασθαι με δει την βασιλειαν του θεου, ότι έπι τουτο άπεσταλην.

5 4   ὡς δε έπαυσατο λαλων, *είπεν* προς τον σιμωνα· έπαναγαγε εις το βαθος, και χαλασατε τα δικτυα ύμων εις άγραν.

5   και άποκριθεις σιμων *είπεν*· έπιστατα, δι όλης νυκτος κοπιασαντες ουδεν έλαβομεν·

8   ίδων δε σιμων πετρος προσεπεσεν τοις γονασιν ίησου *λεγων*· έξελθε άπ έμου, ότι άνηρ άμαρτωλος είμι, κυριε.

10   και *είπεν* προς τον σιμωνα ὁ ίησους· μη φοβου· άπο του νυν άνθρωπους έση ζωγρων.

12   ίδων δε τον ίησουν, πεσων έπι προσωπον έδεηθη αυτου *λεγων*· κυριε, έαν θελης, δυνασαι με καθαρισαι.

13   και έκτεινας την χειρα ήψατο αυτου *λεγων*· θελω, καθαρισθητι·

14   και αυτος παρηγγειλεν αυτω μηδενι *είπειν*, άλλα άπελθων δειξον σεαυτον τω ίερει,

20   και ίδων την πιστιν αυτων *είπεν*· άνθρωπε, άφεωνται σοι αί άμαρτιαι σου.

21   και ήρξαντο διαλογιζεσθαι οί γραμματεις και οί φαρισαιοι *λεγοντες*· τίς έστιν ουτος ὁς λαλει βλασφημιας;

22   έπιγνους δε ὁ ίησους τους διαλογισμους αυτων, άποκριθεις *είπεν* προς αυτους· τί διαλογιζεσθε έν ταις καρδιαις ύμων;

23   τί έστιν εύκοπωτερον, *είπειν*· άφεωνται σοι αί άμαρτιαι σου, ή είπειν· έγειρε και περιπατει;

23   τί έστιν εύκοπωτερον, είπειν· άφεωνται σοι αί άμαρτιαι σου, ή *είπειν*· έγειρε και περιπατει;

24   ίνα δε είδητε ότι ὁ υίος του άνθρωπου έξουσιαν έχει έπι της γης άφιεναι άμαρτιας, *είπεν* τω παραλελυμενω· σοί λεγω, έγειρε και άρας το κλινιδιον σου πορευου εις τον οίκον σου.

24   σοί *λεγω*, έγειρε και άρας το κλινιδιον σου πορευου εις τον οίκον σου.

26   και έπλησθησαν φοβου *λεγοντες* ότι είδομεν παραδοξα σημερον.

27   και *είπεν* αυτω· άκολουθει μοι.

30   και έγογγυζον οί φαρισαιοι και οί γραμματεις αυτων προς τους μαθητας αυτου *λεγοντες*· δια τί μετα των τελωνων και άμαρτωλων έσθιετε και πινετε;

31   και άποκριθεις ὁ ίησους *είπεν* προς αυτους· ού χρειαν έχουσιν οί ύγιαινοντες ίατρου άλλα οί κακως έχοντες·

33   οί δε *είπαν* προς αυτον· οί μαθηται ίωαννου νηστευουσιν πυκνα και δεησεις ποιουνται, όμοιως και οί των φαρισαιων,

34   ὁ δε ίησους *είπεν* προς αυτους· μη δυνασθε τους υίους του νυμφωνος, έν ῳ ὁ νυμφιος μετ αυτων έστιν, ποιησαι νηστευσαι;

36   *έλεγεν* δε και παραβολην προς αυτους ότι ουδεις έπιβλημα άπο ίματιου καινου σχισας έπιβαλλει έπι ίματιον παλαιον·

39   [και] ουδεις πιων παλαιον θελει νεον· *λεγει* γαρ· ὁ παλαιος χρηστος έστιν.

6 2   τινες δε των φαρισαιων *είπαν*· τί ποιειτε ὁ ουκ έξεστιν τοις σαββασιν;

3   και άποκριθεις προς αυτους *είπεν* ὁ ίησους· ουδε τουτο άνεγνωτε ὁ έποιησεν δαυιδ, ότε έπεινασεν αυτος και οί μετ αυτου [όντες];

5   και *έλεγεν* αυτοις· κυριος έστιν του σαββατου ὁ υίος του άνθρωπου.

8   *είπεν* δε τω άνδρι τω ξηραν έχοντι την χειρα· έγειρε και στηθι εις το μεσον·

9   *είπεν* δε ὁ ίησους προς αυτους· έπερωτω ύμας εί έξεστιν τω σαββατω άγαθοποιησαι ή κακοποιησαι, ψυχην σωσαι ή άπολεσαι;

10   και περιβλεψαμενος παντας αυτους *είπεν* αυτω·

20   και αυτος έπαρας τους όφθαλμους αυτου εις τους μαθητας αυτου *έλεγεν*· μακαριοι οί πτωχοι, ότι ύμετερα έστιν ή βασιλεια του θεου.

26   ουαι όταν καλως *είπωσιν* ύμας παντες οί άνθρωποι·

27   άλλα ύμιν *λεγω* τοις άκουουσιν· άγαπατε τους έχθρους ύμων,

39   *είπεν* δε και παραβολην αυτοις· μητι δυναται τυφλος τυφλον όδηγειν;

42   πως δυνασαι *λεγειν* τω άδελφω σου· άδελφε, άφες έκβαλω το καρφος το έν τω όφθαλμω σου, αυτος την έν τω όφθαλμω σου δοκον ού βλεπων;

λεγω [2262]

Lc 6 46   κυριε κυριε, και ού ποιειτε ά *λεγω*;

7 4   οί δε παραγενομενοι προς τον ίησουν παρεκαλουν αυτον σπουδαιως, *λεγοντες* ότι άξιος έστιν ῳ παρεξη τουτο·

6   ήδη δε αυτου ού μακραν άπεχοντος άπο της οίκιας, έπεμψεν φιλους ὁ έκατονταρχης *λεγων* αυτω· κυριε, μη σκυλλου·

7   άλλα *είπε* λογω, και ίαθητω ὁ παις μου.

8   και *λεγω* τουτω· πορευθητι, και πορευεται, και άλλω· έρχου, και έρχεται, και τω δουλω μου· ποιησον τουτο, και ποιει.

9   άκουσας δε ταυτα ὁ ίησους έθαυμασεν αυτον, και στραφεις τω άκολουθουντι αυτω όχλω *είπεν*· λεγω ύμιν, ουδε έν τω ίσραηλ τοσαυτην πιστιν εύρον.

9   *λεγω* ύμιν, ουδε έν τω ίσραηλ τοσαυτην πιστιν εύρον.

13   και ίδων αυτην ὁ κυριος έσπλαγχνισθη έπ αυτη και *είπεν* αυτη· μη κλαιε.

14   οί δε βασταζοντες έστησαν, και *είπεν*· νεανισκε, σοί λεγω, έγερθητι.

14   νεανισκε, σοί *λεγω*, έγερθητι.

16   έλαβεν δε φοβος παντας, και έδοξαζον τον θεον *λεγοντες* ότι προφητης μεγας ήγερθη έν ήμιν,

19   και προσκαλεσαμενος δυο τινας των μαθητων αυτου ὁ ίωαννης έπεμψεν προς τον κυριον *λεγων*· συ εί ὁ έρχομενος, ή άλλον προσδοκωμεν;

20   παραγενομενοι δε προς αυτον οί άνδρες *είπαν*· ίωαννης ὁ βαπτιστης άπεστειλεν ήμας προς σέ *λεγων*·

20   ίωαννης ὁ βαπτιστης άπεστειλεν ήμας προς σέ *λεγων*· συ εί ὁ έρχομενος, ή άλλον προσδοκωμεν;

22   και άποκριθεις *είπεν* αυτοις· πορευθεντες άπαγγειλατε ίωαννη ά είδετε και ήκουσατε·

24   άπελθοντων δε των άγγελων ίωαννου ήρξατο *λεγειν* προς τους όχλους περι ίωαννου· τί έξηλθατε εις την έρημον θεασασθαι;

26   ναι *λεγω* ύμιν, και περισσοτερον προφητου.

28   *λεγω* ύμιν, μειζων έν γεννητοις γυναικων ίωαννου ουδεις έστιν·

32   όμοιοι είσιν παιδιοις τοις έν άγορα καθημενοις και προσφωνουσιν άλληλοις ά *λεγει*· ηύλησαμεν ύμιν και ουκ ώρχησασθε·

33   έληλυθεν γαρ ίωαννης ὁ βαπτιστης μη έσθιων άρτον μητε πινων οίνον, και *λεγετε*· δαιμονιον έχει.

34   έληλυθεν ὁ υίος του άνθρωπου έσθιων και πινων, και *λεγετε*· ίδου άνθρωπος φαγος και οίνοποτης, φιλος τελωνων και άμαρτωλων.

39   ίδων δε ὁ φαρισαιος ὁ καλεσας αυτον *είπεν* έν έαυτω λεγων· ουτος εί ήν προφητης, έγινωσκεν άν τίς και ποταπη ή γυνη ήτις άπτεται αυτου, ότι άμαρτωλος έστιν.

39   ίδων δε ὁ φαρισαιος ὁ καλεσας αυτον είπεν έν έαυτω *λεγων*· ουτος εί ήν προφητης, έγινωσκεν άν τίς και ποταπη ή γυνη ήτις άπτεται αυτου, ότι άμαρτωλος έστιν.

40   και άποκριθεις ὁ ίησους *είπεν* προς αυτον· σιμων, έχω σοι τι είπειν.

40   σιμων, έχω σοι τι *είπειν*.

40   ὁ δε· διδασκαλε, *είπε*, φησιν.

43   άποκριθεις σιμων *είπεν*· ύπολαμβανω ότι ῳ το πλειον έχαρισατο.

43   ὁ δε *είπεν* αυτω· όρθως έκρινας.

47   ού χαριν *λεγω* σοι, άφεωνται αί άμαρτιαι αυτης αί πολλαι, ότι ήγαπησεν πολυ·

48   *είπεν* δε αυτη· άφεωνται σου αί άμαρτιαι.

49   και ήρξαντο οί συνανακειμενοι *λεγειν* έν έαυτοις· τίς ουτος έστιν, ὁς και άμαρτιας άφιησιν;

50   *είπεν* δε προς την γυναικα· ή πιστις σου σεσωκεν σε· πορευου εις είρηνην.

8 4   συνιοντος δε όχλου πολλου και των κατα πολι έπιπορευομενων προς αυτον *είπεν* δια παραβολης·

8   ταυτα *λεγων* έφωνει· ὁ έχων ώτα άκουειν άκουετω.

10   ὁ δε *είπεν*· ύμιν δεδοται γνωναι τα μυστηρια της βασιλειας του θεου,

21   ὁ δε άποκριθεις *είπεν* προς αυτους· μητηρ μου και άδελφοι μου ουτοι είσιν οί τον λογον του θεου άκουοντες και ποιουντες.

22   και *είπεν* προς αυτους· διελθωμεν εις το περαν της λιμνης·

24   προσελθοντες δε διηγειραν αυτον *λεγοντες*· έπιστατα έπιστατα, άπολυμεθα.

25   *είπεν* δε αυτοις· που ή πιστις ύμων;

25   φοβηθεντες δε έθαυμασαν, *λεγοντες* προς άλληλους· τίς άρα ουτος έστιν,

28   ίδων δε τον ίησουν άνακραξας προσεπεσεν αυτω και φωνη μεγαλη *είπεν*· τί έμοι και σοί, ίησου υίε του θεου του ύψιστου;

λεγω [2262]

Lc 8 30 ὁ δὲ *εἶπεν·* λεγιων, ὅτι εἰσῆλθεν δαιμονια πολλα εἰς αὐτον.

38 ἀπελυσεν δε αὐτον *λεγων·* ὑποστρεφε εἰς τον οἶκον σου, και διηγου ὁσα σοι ἐποιησεν ὁ θεος.

45 και *εἶπεν* ὁ ἰησους· τίς ὁ ἀψαμενος μου;

45 ἀρνουμενων δε παντων *εἶπεν* ὁ πετρος· ἐπιστατα, οἱ ὀχλοι συνεχουσιν σε και ἀποθλιβουσιν.

46 ὁ δε ἰησους *εἶπεν·* ἡψατο μου τις· ἐγω γαρ ἐγνων δυναμιν ἐξεληλυθυιαν ἀπ ἐμου.

48 ὁ δε *εἶπεν* αὐτῃ· θυγατηρ, ἡ πιστις σου σεσωκεν σε· πορευου εἰς εἰρηνην.

49 ἐτι αὐτου λαλουντος ἐρχεται τις παρα του ἀρχισυναγωγου *λεγων* ὅτι τεθνηκεν ἡ θυγατηρ σου·

52 ὁ δε *εἶπεν·* μη κλαιετε· οὐ γαρ ἀπεθανεν ἀλλα καθευδει.

54 αὐτος δε κρατησας της χειρος αὐτης ἐφωνησεν *λεγων·* ἡ παις, ἐγειρε.

56 ὁ δε παρηγγειλεν αὐτοις μηδενι *εἶπειν* το γεγονος.

9 3 και *εἶπεν* προς αὐτους· μηδεν αἰρετε εἰς την ὁδον, μητε ῥαβδον μητε πηραν μητε ἀρτον μητε ἀργυριον μητε [ἀνα] δυο χιτωνας ἐχειν.

7 και διηπορει δια το *λεγεσθαι* ὑπο τινων ὁτι ἰωαννης ἡγερθη ἐκ νεκρων,

9 *εἶπεν* δε ἡρωδης· ἰωαννην ἐγω ἀπεκεφαλισα·

12 προσελθοντες δε οἱ δωδεκα *εἶπαν* αὐτῳ· ἀπολυσον τον ὀχλον,

13 *εἶπεν* δε προς αὐτους· δοτε αὐτοις ὑμεις φαγειν.

13 οἱ δε *εἶπαν·* οὐκ εἰσιν ἡμιν πλειον ἠ ἀρτοι πεντε και ἰχθυες δυο,

14 *εἶπεν* δε προς τους μαθητας αὐτου· κατακλινατε αὐτους κλισιας [ὡσει] ἀνα πεντηκοντα.

18 και ἐπηρωτησεν αὐτους *λεγων·* τινα με λεγουσιν οἱ ὀχλοι εἰναι;

18 τινα με *λεγουσιν* οἱ ὀχλοι εἰναι;

19 οἱ δε ἀποκριθεντες *εἶπαν·* ἰωαννην τον βαπτιστην,

20 *εἶπεν* δε αὐτοις· ὑμεις δε τινα με λεγετε εἰναι;

20 ὑμεις δε τινα με *λεγετε* εἰναι;

20 πετρος δε ἀποκριθεις *εἶπεν·* τον χριστον του θεου.

21 ὁ δε ἐπιτιμησας αὐτοις παρηγγειλεν μηδενι *λεγειν* τουτο,

22 *εἶπων* ὅτι δει τον υἱον του ἀνθρωπου πολλα παθειν και ἀποδοκιμασθηναι ἀπο των πρεσβυτερων και ἀρχιερεων και γραμματεων και ἀποκτανθηναι και τῃ τριτῃ ἡμερᾳ ἐγερθηναι.

23 *ἐλεγεν* δε προς παντας· εἰ τις θελει ὀπισω μου ἐρχεσθαι, ἀρνησασθω ἑαυτον και ἀρατω τον σταυρον αὐτου καθ ἡμεραν, και ἀκολουθειτω μοι.

27 *λεγω* δε ὑμιν ἀληθως, εἰσιν τινες των αὐτου ἑστηκοτων οἱ οὐ μη γευσωνται θανατου ἑως ἀν ἰδωσιν την βασιλειαν του θεου.

31 οἱτινες ἠσαν μωυσης και ἡλιας, οἱ ὀφθεντες ἐν δοξῃ *ἐλεγον* την ἐξοδον αὐτου,

33 και ἐγενετο ἐν τῳ διαχωριζεσθαι αὐτους ἀπ αὐτου *εἶπεν* ὁ πετρος προς τον ἰησουν· ἐπιστατα, καλον ἐστιν ἡμας ὡδε εἰναι,

33 και ποιησωμεν σκηνας τρεις, μιαν σοι και μιαν μωυσει και μιαν ἡλιᾳ, μη εἰδως ὁ *λεγει.*

34 ταυτα δε αὐτου *λεγοντος* ἐγενετο νεφελη και ἐπεσκιαζεν αὐτους·

35 και φωνη ἐγενετο ἐκ της νεφελης *λεγουσα·* οὑτος ἐστιν ὁ υἱος μου ὁ ἐκλελεγμενος, αὐτου ἀκουετε.

38 και ἰδου ἀνηρ ἀπο του ὀχλου ἐβοησεν *λεγων·* διδασκαλε, δεομαι σου ἐπιβλεψαι ἐπι τον υἱον μου,

41 ἀποκριθεις δε ὁ ἰησους *εἶπεν·* ὦ γενεα ἀπιστος και διεστραμμενη, ἑως ποτε ἐσομαι προς ὑμας και ἀνεξομαι ὑμων;

43 παντων δε θαυμαζοντων ἐπι πασιν οἱς ἐποιει *εἶπεν* προς τους μαθητας αὐτου· θεσθε ὑμεις εἰς τα ὠτα ὑμων τους λογους τουτους·

48 και *εἶπεν* αὐτοις· ὁς ἐαν δεξηται τουτο το παιδιον ἐπι τῳ ὀνοματι μου, ἐμε δεχεται·

49 ἀποκριθεις δε ἰωαννης *εἶπεν·* ἐπιστατα, εἰδομεν τινα ἐν τῳ ὀνοματι σου ἐκβαλλοντα δαιμονια,

50 *εἶπεν* δε προς αὐτον ὁ ἰησους· μη κωλυετε· ὁς γαρ οὐκ ἐστιν καθ ὑμων, ὑπερ ὑμων ἐστιν.

54 ἰδοντες δε οἱ μαθηται ἰακωβος και ἰωαννης *εἶπαν·* κυριε, θελεις εἰπωμεν πυρ καταβηναι ἀπο του οὐρανου και ἀναλωσαι αὐτους;

54 κυριε, θελεις *εἶπωμεν* πυρ καταβηναι ἀπο του οὐρανου και ἀναλωσαι αὐτους;

57 και πορευομενων αὐτων ἐν τῃ ὁδῳ *εἶπεν* τις προς αὐτον· ἀκολουθησω σοι ὁπου ἐαν ἀπερχῃ.

λεγω [2262]

Lc 9 58 και *εἶπεν* αὐτῳ ὁ ἰησους· αἱ ἀλωπεκες φωλεους ἐχουσιν και τα πετεινα του οὐρανου κατασκηνωσεις, ὁ δε υἱος του ἀνθρωπου οὐκ ἐχει που την κεφαλην κλινῃ.

59 *εἶπεν* δε προς ἑτερον· ἀκολουθει μοι.

59 ὁ δε *εἶπεν·* [κυριε] ἐπιτρεψον μοι ἀπελθοντι πρωτον θαψαι τον πατερα μου.

60 *εἶπεν* δε αὐτῳ· ἀφες τους νεκρους θαψαι τους ἑαυτων νεκρους, συ δε ἀπελθων διαγγελλε την βασιλειαν του θεου.

61 *εἶπεν* δε και ἑτερος· ἀκολουθησω σοι, κυριε·

62 *εἶπεν* δε [προς αὐτον] ὁ ἰησους· οὐδεις ἐπιβαλων την χειρα ἐπ ἀροτρον και βλεπων εἰς τα ὀπισω εὐθετος ἐστιν τῃ βασιλειᾳ του θεου.

10 2 *ἐλεγεν* δε προς αὐτους· ὁ μεν θερισμος πολυς, οἱ δε ἐργαται ὀλιγοι·

5 εἰς ἡν δ ἀν εἰσελθητε οἰκιαν, πρωτον *λεγετε·* εἰρηνη τῳ οἰκῳ τουτῳ.

9 και θεραπευετε τους ἐν αὐτῃ ἀσθενεις, και *λεγετε* αὐτοις· ἠγγικεν ἐφ ὑμας ἡ βασιλεια του θεου.

10 εἰς ἡν δ ἀν πολιν εἰσελθητε και μη δεχωνται ὑμας, ἐξελθοντες εἰς τας πλατειας αὐτης *εἶπατε·* και τον κονιορτον τον κολληθεντα ἡμιν ἐκ της πολεως ὑμων εἰς τους ποδας ἀπομασσομεθα ὑμιν·

12 *λεγω* ὑμιν ὅτι σοδομοις ἐν τῃ ἡμερᾳ ἐκεινῃ ἀνεκτοτερον ἐσται ἡ τῃ πολει ἐκεινῃ.

17 ὑπεστρεψαν δε οἱ ἑβδομηκοντα[δυο] μετα χαρας *λεγοντες·* κυριε, και τα δαιμονια ὑποτασσεται ἡμιν ἐν τῳ ὀνοματι σου.

18 *εἶπεν* δε αὐτοις· ἐθεωρουν τον σαταναν ὡς ἀστραπην ἐκ του οὐρανου πεσοντα.

21 ἐν αὐτῃ τῃ ὡρᾳ ἠγαλλιασατο [ἐν] τῳ πνευματι τῳ ἁγιῳ και *εἶπεν·* ἐξομολογουμαι σοι, πατερ, κυριε του οὐρανου και της γης,

23 και στραφεις προς τους μαθητας κατ ἰδιαν *εἶπεν·* μακαριοι οἱ ὀφθαλμοι οἱ βλεποντες ἁ βλεπετε.

24 *λεγω* γαρ ὑμιν ὅτι πολλοι προφηται και βασιλεις ἠθελησαν ἰδειν ἁ ὑμεις βλεπετε και οὐκ εἰδαν, και ἀκουσαι ἁ ἀκουετε και οὐκ ἠκουσαν.

25 και ἰδου νομικος τις ἀνεστη ἐκπειραζων αὐτον *λεγων·* διδασκαλε, τί ποιησας ζωην αἰωνιον κληρονομησω;

26 ὁ δε *εἶπεν* προς αὐτον· ἐν τῳ νομῳ τί γεγραπται;

27 ὁ δε ἀποκριθεις *εἶπεν·* ἀγαπησεις κυριον τον θεον σου ἐξ ὁλης [της] καρδιας σου και ἐν ὁλῃ τῃ ψυχῃ σου και ἐν ὁλῃ τῃ ἰσχυι σου και ἐν ὁλῃ τῃ διανοιᾳ σου,

28 *εἶπεν* δε αὐτῳ· ὀρθως ἀπεκριθης· τουτο ποιει και ζηση.

29 ὁ δε θελων δικαιωσαι ἑαυτον *εἶπεν* προς τον ἰησουν· και τίς ἐστιν μου πλησιον;

30 ὑπολαβων ὁ ἰησους *εἶπεν·* ἀνθρωπος τις κατεβαινεν ἀπο ἰερουσαλημ εἰς ἰεριχω,

35 και ἐπι την αὐριον ἐκβαλων ἐδωκεν δυο δηναρια τῳ πανδοχει και *εἶπεν·* ἐπιμεληθητι αὐτου,

37 ὁ δε *εἶπεν·* ὁ ποιησας το ἐλεος μετ αὐτου.

37 *εἶπεν* δε αὐτῳ ὁ ἰησους· πορευου και συ ποιει ὁμοιως.

40 ἐπιστασα δε *εἶπεν·* κυριε, οὐ μελει σοι ὅτι ἡ ἀδελφη μου μονην με κατελιπεν διακονειν;

40 *εἶπε* οὐν αὐτῃ ἱνα μοι συναντιλαβηται.

41 ἀποκριθεις δε *εἶπεν* αὐτῃ ὁ κυριος· μαρθα μαρθα, μεριμνας και θορυβαζῃ περι πολλα,

11 1 και ἐγενετο ἐν τῳ εἰναι αὐτον ἐν τοπῳ τινι προσευχομενον, ὡς ἐπαυσατο, *εἶπεν* τις των μαθητων αὐτου προς αὐτον· κυριε, διδαξον ἡμας προσευχεσθαι,

2 *εἶπεν* δε αὐτοις· ὁταν προσευχησθε, λεγετε· πατερ, ἁγιασθητω το ὀνομα σου·

2 ὁταν προσευχησθε, *λεγετε·* πατερ, ἁγιασθητω το ὀνομα σου·

5 και *εἶπεν* προς αὐτους· τίς ἐξ ὑμων ἑξει φιλον, και πορευσεται προς αὐτον μεσονυκτιου και εἰπῃ αὐτῳ·

5 τίς ἐξ ὑμων ἑξει φιλον, και πορευσεται προς αὐτον μεσονυκτιου και *εἶπῃ* αὐτῳ· φιλε, χρησον μοι τρεις ἀρτους,

7 κακεινος ἐσωθεν ἀποκριθεις *εἶπῃ·* μη μοι κοπους παρεχε·

8 *λεγω* ὑμιν, εἰ και οὐ δωσει αὐτῳ ἀναστας δια το εἰναι φιλον αὐτου, δια γε την ἀναιδειαν αὐτου ἐγερθεις δωσει αὐτῳ ὁσων χρῃζει.

9 καγω ὑμιν *λεγω,* αἰτειτε, και δοθησεται ὑμιν·

15 τινες δε ἐξ αὐτων *εἶπον·* ἐν βεελζεβουλ τῳ ἀρχοντι των δαιμονιων ἐκβαλλει τα δαιμονια·

17 αὐτος δε εἰδως αὐτων τα διανοηματα *εἶπεν* αὐτοις· πασα βασιλεια ἐφ ἑαυτην διαμερισθεισα ἐρημουται,

18 ὅτι *λεγετε* ἐν βεελζεβουλ ἐκβαλλειν με τα δαιμονια.

λεγω [2262]

Lc 11 24 ὅταν τὸ ἀκαθαρτον πνευμα ἐξέλθῃ ἀπο του ἀνθρωπου, διερχεται δι ἀνυδρων τοπων ζητουν ἀναπαυσιν, και μη εὑρισκον [τοτε] *λεγει*· ὑποστρεψω εἰς τον οἰκον μου ὅθεν ἐξῆλθον·

27 ἐγενετο δε ἐν τῳ *λεγειν* αὐτον ταυτα ἐπαρασα τις φωνην γυνη ἐκ του ὀχλου εἰπεν αὐτῳ·

27 ἐγενετο δε ἐν τῳ *λεγειν* αὐτον ταυτα ἐπαρασα τις φωνην γυνη ἐκ του ὀχλου *εἰπεν* αὐτῳ· μακαρια ἡ κοιλια ἡ βαστασασα σε και μαστοι οὑς ἐθηλασας.

28 αὐτος δε *εἰπεν*· μενουν μακαριοι οἱ ἀκουοντες τον λογον του θεου και φυλασσοντες.

29 των δε ὀχλων ἐπαθροιζομενων ἠρξατο *λεγειν*· ἡ γενεα αὐτη γενεα πονηρα ἐστιν·

39 *εἰπεν* δε ὁ κυριος προς αὐτον· νυν ὑμεις οἱ φαρισαιοι το ἐξωθεν του ποτηριου και του πινακος καθαριζετε,

45 ἀποκριθεις δε τις των νομικων *λεγει* αὐτῳ· διδασκαλε, ταυτα *λεγων* και ἡμας ὑβριζεις.

45 διδασκαλε, ταυτα *λεγων* και ἡμας ὑβριζεις.

46 ὁ δε *εἰπεν*· και ὑμιν τοις νομικοις οὐαι, ὅτι φορτιζετε τους ἀνθρωπους φορτια δυσβαστακτα, και αὐτοι ἑνι των δακτυλων ὑμων οὐ προσψαυετε τοις φορτιοις.

49 δια τουτο και ἡ σοφια του θεου *εἰπεν*· ἀποστελω εἰς αὐτους προφητας και ἀποστολους,

51 ναι *λεγω* ὑμιν, ἐκζητηθησεται ἀπο της γενεας ταυτης.

12 1 ἠρξατο *λεγειν* προς τους μαθητας αὐτου πρωτον· προσεχετε ἑαυτοις ἀπο της ζυμης, ἡτις ἐστιν ὑποκρισις, των φαρισαιων.

3 ἀνθ ὡν ὁσα ἐν τῃ σκοτιᾳ *εἰπατε* ἐν τῳ φωτι ἀκουσθησεται,

4 *λεγω* δε ὑμιν τοις φιλοις μου, μη φοβηθητε ἀπο των ἀποκτεινοντων το σωμα και μετα ταυτα μη ἐχοντων περισσοτερον τι ποιησαι.

5 ναι *λεγω* ὑμιν, τουτον φοβηθητε.

8 *λεγω* δε ὑμιν, πας ὁς ἀν ὁμολογηση ἐν ἐμοι ἐμπροσθεν των ἀνθρωπων, και ὁ υἱος του ἀνθρωπου ὁμολογησει ἐν αὐτῳ ἐμπροσθεν των ἀγγελων του θεου·

11 ὁταν δε εἰσφερωσιν ὑμας ἐπι τας συναγωγας και τας ἀρχας και τας ἐξουσιας, μη μεριμνησητε πως ἡ τι ἀπολογησησθε ἡ τι *εἰπητε*·

12 το γαρ ἁγιον πνευμα διδαξει ὑμας ἐν αὐτῃ τῃ ὡρᾳ ἁ δει *εἰπειν*.

13 *εἰπεν* δε τις ἐκ του ὀχλου αὐτῳ· διδασκαλε, *εἰπε* τῳ ἀδελφῳ μου μερισασθαι μετ ἐμου την κληρονομιαν·

13 διδασκαλε, *εἰπε* τῳ ἀδελφῳ μου μερισασθαι μετ ἐμου την κληρονομιαν.

14 ὁ δε *εἰπεν* αὐτῳ· ἀνθρωπε, τις με κατεστησεν κριτην ἡ μεριστην ἐφ ὑμας;

15 *εἰπεν* δε προς αὐτους· ὁρατε και φυλασσεσθε ἀπο πασης πλεονεξιας, ὁτι οὐκ ἐν τῳ περισσευειν τινι ἡ ζωη αὐτου ἐστιν ἐκ των ὑπαρχοντων αὐτῳ.

16 *εἰπεν* δε παραβολην προς αὐτους λεγων· ἀνθρωπου τινος πλουσιου εὐφορησεν ἡ χωρα.

16 *εἰπεν* δε παραβολην προς αὐτους *λεγων*· ἀνθρωπου τινος πλουσιου εὐφορησεν ἡ χωρα.

17 και διελογιζετο ἐν ἑαυτῳ *λεγων*· τι ποιησω, ὁτι οὐκ ἐχω που συναξω τους καρπους μου;

18 και *εἰπεν*· τουτο ποιησω·

20 *εἰπεν* δε αὐτῳ ὁ θεος· ἀφρων, ταυτῃ τῃ νυκτι την ψυχην σου ἀπαιτουσιν ἀπο σου· ἁ δε ἡτοιμασας, τινι ἐσται;

22 *εἰπεν* δε προς τους μαθητας [αὐτου·] δια τουτο *λεγω* ὑμιν· μη μεριμνατε τῃ ψυχῃ τι φαγητε, μηδε τῳ σωματι τι ἐνδυσησθε. ἡ γαρ ψυχη πλειον ἐστιν της τροφης και το σωμα του ἐνδυματος.

22 *εἰπεν* δε προς τους μαθητας [αὐτου·] δια τουτο *λεγω* ὑμιν· μη μεριμνατε τῃ ψυχῃ τι φαγητε, μηδε τῳ σωματι τι ἐνδυσησθε. ἡ γαρ ψυχη πλειον ἐστιν της τροφης και το σωμα του ἐνδυματος.

27 *λεγω* δε ὑμιν, οὐδε σολομων ἐν πασῃ τῃ δοξῃ αὐτου περιεβαλετο ὡς ἑν τουτων.

37 ἀμην *λεγω* ὑμιν ὁτι περιζωσεται και ἀνακλινει αὐτους και παρελθων διακονησει αὐτοις.

41 *εἰπεν* δε ὁ πετρος· κυριε, προς ἡμας την παραβολην ταυτην *λεγεις* ἡ και προς παντας;

41 κυριε, προς ἡμας την παραβολην ταυτην *λεγεις* ἡ και προς παντας;

42 και *εἰπεν* ὁ κυριος· τις ἀρα ἐστιν ὁ πιστος οἰκονομος ὁ φρονιμος,

44 ἀληθως *λεγω* ὑμιν ὁτι ἐπι πασιν τοις ὑπαρχουσιν αὐτου καταστησει αὐτον.

45 ἐαν δε *εἰπῃ* ὁ δουλος ἐκεινος ἐν τῃ καρδιᾳ αὐτου· χρονιζει ὁ κυριος μου ἐρχεσθαι,

λεγω [2262]

Lc 12 51 οὐχι, *λεγω* ὑμιν, ἀλλ ἡ διαμερισμον.

54 *ἐλεγεν* δε και τοις ὀχλοις· ὁταν ἰδητε την νεφελην ἀνατελλουσαν ἐπι δυσμων, εὐθεως *λεγετε* ὁτι ὀμβρος ἐρχεται, και γινεται οὑτως·

54 ὁταν ἰδητε την νεφελην ἀνατελλουσαν ἐπι δυσμων, εὐθεως *λεγετε* ὁτι ὀμβρος ἐρχεται, και γινεται οὑτως·

55 και ὁταν νοτον πνεοντα, *λεγετε* ὁτι καυσων ἐσται, και γινεται.

59 *λεγω* σοι, οὐ μη ἐξελθῃς ἐκειθεν ἑως και το ἐσχατον λεπτον ἀποδως.

13 2 και ἀποκριθεις *εἰπεν* αὐτοις· δοκειτε ὁτι οἱ γαλιλαιοι οὑτοι ἁμαρτωλοι παρα παντας τους γαλιλαιους ἐγενοντο, ὁτι ταυτα πεπονθασιν;

3 οὐχι, *λεγω* ὑμιν, ἀλλ ἐαν μη μετανοητε, παντες ὁμοιως ἀπολεισθε.

5 οὐχι, *λεγω* ὑμιν, ἀλλ ἐαν μη μετανοητε, παντες ὡσαυτως ἀπολεισθε.

6 *ἐλεγεν* δε ταυτην την παραβολην.

7 *εἰπεν* δε προς τον ἀμπελουργον· ἰδου τρια ἐτη ἀφ οὑ ἐρχομαι ζητων καρπον ἐν τῃ συκῃ ταυτῃ και οὐχ εὑρισκω·

8 ὁ δε ἀποκριθεις *λεγει* αὐτῳ· κυριε, ἀφες αὐτην και τουτο το ἐτος,

12 ἰδων δε αὐτην ὁ ἰησους προσεφωνησεν και *εἰπεν* αὐτῃ· γυναι, ἀπολελυσαι της ἀσθενειας σου,

14 *ἐλεγεν* τῳ ὀχλῳ ὁτι ἐξ ἡμεραι εἰσιν ἐν αἱς δει ἐργαζεσθαι·

15 ἀπεκριθη δε αὐτῳ ὁ κυριος και *εἰπεν*· ὑποκριται, ἑκαστος ὑμων τῳ σαββατῳ οὐ λυει τον βουν αὐτου ἡ τον ὀνον ἀπο της φατνης και ἀπαγαγων ποτιζει;

17 και ταυτα *λεγοντος* αὐτου κατῃσχυνοντο παντες οἱ ἀντικειμενοι αὐτῳ και πας ὁ ὀχλος ἐχαιρεν ἐπι πασιν τοις ἐνδοξοις τοις γινομενοις ὑπ αὐτου.

18 *ἐλεγεν* οὐν· τινι ὁμοια ἐστιν ἡ βασιλεια του θεου, και τινι ὁμοιωσω αὐτην;

20 και παλιν *εἰπεν*· τινι ὁμοιωσω την βασιλειαν του θεου;

23 *εἰπεν* δε τις αὐτῳ· κυριε, εἰ ὀλιγοι οἱ σωζομενοι;

23 ὁ δε *εἰπεν* προς αὐτους· ἀγωνιζεσθε εἰσελθειν δια της στενης θυρας, ὁτι πολλοι, *λεγω* ὑμιν, ζητησουσιν εἰσελθειν και οὐκ ἰσχυσουσιν.

24 ἀγωνιζεσθε εἰσελθειν δια της στενης θυρας, ὁτι πολλοι, *λεγω* ὑμιν, ζητησουσιν εἰσελθειν και οὐκ ἰσχυσουσιν. ἀφ οὑ ἀν ἐγερθῃ ὁ οἰκοδεσποτης και ἀποκλειση την θυραν,

25 ἀφ οὑ ἀν ἐγερθῃ ὁ οἰκοδεσποτης και ἀποκλειση την θυραν, και ἀρξησθε ἐξω ἑσταναι και κρουειν την θυραν *λεγοντες*· κυριε, ἀνοιξον ἡμιν,

26 τοτε ἀρξεσθε *λεγειν*· ἐφαγομεν ἐνωπιον σου και ἐπιομεν, και ἐν ταις πλατειαις ἡμων ἐδιδαξας·

27 και ἐρει *λεγων* ὑμιν· οὐκ οἰδα [ὑμας] ποθεν ἐστε·

31 ἐν αὐτῃ τῃ ὡρᾳ προσηλθαν τινες φαρισαιοι *λεγοντες* αὐτῳ· ἐξελθε και πορευου ἐντευθεν, ὁτι ἡρωδης θελει σε ἀποκτειναι.

32 και *εἰπεν* αὐτοις· πορευθεντες εἰπατε τῃ ἀλωπεκι ταυτῃ·

32 πορευθεντες *εἰπατε* τῃ ἀλωπεκι ταυτῃ· ἰδου ἐκβαλλω δαιμονια και ἰασεις ἀποτελω σημερον και αὐριον, και τῃ τριτῃ τελειουμαι.

35 *λεγω* [δε] ὑμιν, οὐ μη ἰδητε με ἑως [ἡξει ὁτε] *εἰπητε*·

35 οὐ μη ἰδητε με ἑως [ἡξει ὁτε] *εἰπητε*· εὐλογημενος ὁ ἐρχομενος ἐν ὀνοματι κυριου.

14 3 και ἀποκριθεις ὁ ἰησους *εἰπεν* προς τους νομικους και φαρισαιους *λεγων*· ἐξεστιν τῳ σαββατῳ θεραπευσαι ἡ οὐ;

3 και ἀποκριθεις ὁ ἰησους εἰπεν προς τους νομικους και φαρισαιους *λεγων*· ἐξεστιν τῳ σαββατῳ θεραπευσαι ἡ οὐ;

5 και προς αὐτους *εἰπεν*· τινος ὑμων υἱος ἡ βους εἰς φρεαρ πεσειται, και οὐκ εὐθεως ἀνασπασει αὐτον ἐν ἡμερᾳ του σαββατου;

7 *ἐλεγεν* δε προς τους κεκλημενους παραβολην, ἐπεχων πως τας πρωτοκλισιας ἐξελεγοντο,

7 *λεγων* προς αὐτους· ὁταν κληθῃς ὑπο τινος εἰς γαμους, μη κατακλιθῃς εἰς την πρωτοκλισιαν,

12 *ἐλεγεν* δε και τῳ κεκληκοτι αὐτον· ὁταν ποιῃς ἀριστον ἡ δειπνον, μη φωνει τους φιλους σου

15 ἀκουσας δε τις των συνανακειμενων ταυτα *εἰπεν* αὐτῳ· μακαριος ὁστις φαγεται ἀρτον ἐν τῃ βασιλειᾳ του θεου.

16 ὁ δε *εἰπεν* αὐτῳ· ἀνθρωπος τις ἐποιει δειπνον μεγα, και ἐκαλεσεν πολλους,

17 και ἀπεστειλεν τον δουλον αὐτου τῃ ὡρᾳ του δειπνου *εἰπειν* τοις κεκλημενοις· ἐρχεσθε, ὁτι ἠδη ἑτοιμα ἐστιν.

18 ὁ πρωτος *εἰπεν* αὐτῳ· ἀγρον ἠγορασα, και ἐχω ἀναγκην ἐξελθων ἰδειν αὐτον·

19 και ἑτερος *εἰπεν*· ζευγη βοων ἠγορασα πεντε, και πορευομαι δοκιμασαι αὐτα·

λεγω [2262]

Lc 14 20 και έτερος *είπεν*· γυναικα έγημα, και δια τουτο ού δυναμαι ελθειν.

21 τοτε όργισθεις ό οίκοδεσποτης *είπεν* τω δουλω αύτου· έξελθε ταχεως είς τας πλατειας και ρυμας της πολεως,

22 και *είπεν* ό δουλος· κυριε, γεγονεν ό έπεταξας, και έτι τοπος έστιν.

23 και *είπεν* ό κυριος προς τον δουλον· έξελθε είς τας όδους και φραγμους και άναγκασον είσελθειν, ίνα γεμισθη μου ό οίκος·

24 *λεγω* γαρ ύμιν ότι ούδεις των άνδρων έκεινων των κεκλημενων γευσεται μου του δειπνου.

25 και στραφεις *είπεν* προς αύτους· εί τις έρχεται προς με και ού μισει τον πατερα έαυτου

30 άρξωνται αύτω έμπαιζειν *λεγοντες* ότι ούτος ό άνθρωπος ήρξατο οίκοδομειν και ούκ ίσχυσεν έκτελεσαι.

15 2 και διεγογγυζον οί τε φαρισαιοι και οί γραμματεις *λεγοντες* ότι ούτος άμαρτωλους προσδεχεται και συνεσθιει αύτοις.

3 *είπεν* δε προς αύτους την παραβολην ταυτην *λεγων*· τίς άνθρωπος έξ ύμων έχων έκατον προβατα

3 *είπεν* δε προς αύτους την παραβολην ταυτην *λεγων*· τίς άνθρωπος έξ ύμων έχων έκατον προβατα

6 και έλθων είς τον οίκον συγκαλει τους φιλους και τους γειτονας, *λεγων* αύτοις· συγχαρητε μοι,

7 *λεγω* ύμιν ότι ούτως χαρα έν τω ούρανω έσται έπι ένι άμαρτωλω μετανοουντι ή έπι ένενηκονταεννεα δικαιοις οίτινες ού χρειαν έχουσιν μετανοιας.

9 και εύρουσα συγκαλει τας φιλας και γειτονας *λεγουσα*· συγχαρητε μοι,

10 ούτως, *λεγω* ύμιν, γινεται χαρα ένωπιον των άγγελων του θεου έπι ένι άμαρτωλω μετανοουντι.

11 *είπεν* δε· άνθρωπος τις είχεν δυο υίους.

12 και *είπεν* ό νεωτερος αύτων τω πατρι· πατερ, δος μοι το έπιβαλλον μερος της ούσιας.

21 *είπεν* δε ό υίος αύτω· πατερ, ήμαρτον είς τον ούρανον και ένωπιον σου,

22 *είπεν* δε ό πατηρ προς τους δουλους αύτου· ταχυ έξενεγκατε στολην την πρωτην και ένδυσατε αύτον,

27 ό δε *είπεν* αύτω ότι ό άδελφος σου ήκει, και έθυσεν ό πατηρ σου τον μοσχον τον σιτευτον, ότι ύγιαινοντα αύτον άπελαβεν.

29 ό δε άποκριθεις *είπεν* τω πατρι αύτου· ίδου τοσαυτα έτη δουλευω σοι και ούδεποτε έντολην σου παρηλθον,

31 ό δε *είπεν* αύτω· τεκνον, συ παντοτε μετ έμου εί,

16 1 *έλεγεν* δε και προς τους μαθητας· άνθρωπος τις ήν πλουσιος ός είχεν οίκονομον,

2 και φωνησας αύτον *είπεν* αύτω· τί τουτο άκουω περι σου;

3 *είπεν* δε έν έαυτω ό οίκονομος· τί ποιησω, ότι ό κυριος μου άφαιρειται την οίκονομιαν άπ έμου;

5 και προσκαλεσαμενος ένα έκαστον των χρεοφειλετων του κυριου έαυτου *έλεγεν* τω πρωτω· ποσον όφειλεις τω κυριω μου;

6 ό δε *είπεν*· έκατον βατους έλαιου.

6 ό δε *είπεν* αύτω· δεξαι σου τα γραμματα και καθισας ταχεως γραψον πεντηκοντα.

7 έπειτα έτερω *είπεν*· συ δε ποσον όφειλεις;

7 ό δε *είπεν*· έκατον κορους σιτου.

7 *λεγει* αύτω· δεξαι σου τα γραμματα και γραψον όγδοηκοντα.

9 και έγω ύμιν *λεγω*, έαυτοις ποιησατε φιλους έκ του μαμωνα της άδικιας,

15 και *είπεν* αύτοις· ύμεις έστε οί δικαιουντες έαυτους ένωπιον των άνθρωπων,

24 και αύτος φωνησας *είπεν*· πατερ άβρααμ, έλεησον με και πεμψον λαζαρον

25 *είπεν* δε άβρααμ· τεκνον, μνησθητι ότι άπελαβες τα άγαθα σου έν τη ζωη σου,

27 *είπεν* δε· έρωτω σε ούν, πατερ, ίνα πεμψης αύτον είς τον οίκον του πατρος μου·

29 *λεγει* δε άβρααμ· έχουσι μωυσεα και τους προφητας· άκουσατωσαν αύτων.

30 ό δε *είπεν*· ούχι, πατερ άβρααμ, άλλ έαν τις άπο νεκρων πορευθη προς αύτους, μετανοησουσιν.

31 *είπεν* δε αύτω· εί μωυσεως και των προφητων ούκ άκουουσιν, ούδ άν τις έκ νεκρων άναστη πεισθησονται.

17 1 *είπεν* δε προς τους μαθητας· άνενδεκτον έστιν του τα σκανδαλα μη έλθειν, πλην ούαι δι ού έρχεται·

4 και έαν έπτακις της ήμερας άμαρτηση είς σέ και έπτακις έπιστρεψη προς σέ *λεγων*· μετανοω, άφησεις αύτω.

5 και *είπαν* οί άποστολοι τω κυριω· προσθες ήμιν πιστιν.

6 *είπεν* δε ό κυριος· εί έχετε πιστιν ώς κοκκον σιναπεως, έλεγετε άν τη συκαμινω [ταυτη]·

λεγω [2262]

Lc 17 6 εί έχετε πιστιν ώς κοκκον σιναπεως, *έλεγετε* άν τη συκαμινω [ταυτη]· έκριζωθητι και φυτευθητι έν τη θαλασση

10 ούτως και ύμεις, όταν ποιησητε παντα τα διαταχθεντα ύμιν, *λεγετε* ότι δουλοι άχρειοι έσμεν, ό ώφειλομεν ποιησαι πεποιηκαμεν.

13 και αύτοι ήραν φωνην *λεγοντες*· ίησου έπιστατα, έλεησον ήμας.

14 και ίδων *είπεν* αύτοις· πορευθεντες έπιδειξατε έαυτους τοις ίερευσιν.

17 άποκριθεις δε ό ίησους *είπεν*· ούχ οί δεκα έκαθαρισθησαν;

19 και *είπεν* αύτω· άναστας πορευου· ή πιστις σου σεσωκεν σε.

20 έπερωτηθεις δε ύπο των φαρισαιων ποτε έρχεται ή βασιλεια του θεου, άπεκριθη αύτοις και *είπεν*· ούκ έρχεται ή βασιλεια του θεου μετα παρατηρησεως,

22 *είπεν* δε προς τους μαθητας· έλευσονται ήμεραι ότε έπιθυμησετε μιαν των ήμερων του υίου του άνθρωπου ίδειν και ούκ όψεσθε.

34 *λεγω* ύμιν, ταυτη τη νυκτι έσονται δυο έπι κλινης μιας, ό είς παραλημφθησεται και ό έτερος άφεθησεται·

37 και άποκριθεντες *λεγουσιν* αύτω· που, κυριε;

37 ό δε *είπεν* αύτοις· όπου το σωμα, έκει και οί άετοι έπισυναχθησονται.

18 1 *έλεγεν* δε παραβολην αύτοις προς το δειν παντοτε προσευχεσθαι αύτους και μη έγκακειν, *λεγων*· κριτης τις ήν έν τινι πολει τον θεον μη φοβουμενος και άνθρωπον μη έντρεπομενος.

2 *έλεγεν* δε παραβολην αύτοις προς το δειν παντοτε προσευχεσθαι αύτους και μη έγκακειν, *λεγων*· κριτης τις ήν έν τινι πολει τον θεον μη φοβουμενος και άνθρωπον μη έντρεπομενος.

3 χηρα δε ήν έν τη πολει έκεινη, και ήρχετο προς αύτον *λεγουσα*· έκδικησον με άπο του άντιδικου μου.

4 μετα δε ταυτα *είπεν* έν έαυτω· εί και τον θεον ού φοβουμαι ούδε άνθρωπον έντρεπομαι, δια γε το παρεχειν μοι κοπον την χηραν ταυτην έκδικησω αύτην,

6 *είπεν* δε ό κυριος· άκουσατε τί ό κριτης της άδικιας λεγει·

6 άκουσατε τί ό κριτης της άδικιας *λεγει*·

8 *λεγω* ύμιν ότι ποιησει την έκδικησιν αύτων έν ταχει.

9 *είπεν* δε και προς τινας τους πεποιθοτας έφ έαυτοις ότι είσιν δικαιοι και έξουθενουντας τους λοιπους την παραβολην ταυτην.

13 ό δε τελωνης μακροθεν έστως ούκ ήθελεν ούδε τους όφθαλμους έπαραι είς τον ούρανον, άλλ έτυπτεν το στηθος αύτου *λεγων*· ό θεος, ίλασθητι μοι τω άμαρτωλω.

14 *λεγω* ύμιν, κατεβη ούτος δεδικαιωμενος είς τον οίκον αύτου παρ έκεινον·

16 ό δε ίησους προσεκαλεσατο αύτα *λεγων*· άφετε τα παιδια έρχεσθαι προς με και μη κωλυετε αύτα·

17 άμην *λεγω* ύμιν, ός άν μη δεξηται την βασιλειαν του θεου ώς παιδιον, ού μη είσελθη είς αύτην.

18 και έπηρωτησεν τις αύτον άρχων *λεγων*· διδασκαλε άγαθε, τί ποιησας ζωην αίωνιον κληρονομησω;

19 *είπεν* δε αύτω ό ίησους· τί με *λεγεις* άγαθον;

19 τί με *λεγεις* άγαθον; ούδεις άγαθος εί μη είς ό θεος.

21 ό δε *είπεν*· ταυτα παντα έφυλαξα έκ νεοτητος.

22 άκουσας δε ό ίησους *είπεν* αύτω· έτι έν σοι λειπει·

24 ίδων δε αύτον ό ίησους [περιλυπον γενομενον] *είπεν*· πως δυσκολως οί τα χρηματα έχοντες είς την βασιλειαν του θεου είσπορευονται·

26 *είπαν* δε οί άκουσαντες· και τίς δυναται σωθηναι;

27 ό δε *είπεν*· τα άδυνατα παρα άνθρωποις δυνατα παρα τω θεω έστιν.

28 *είπεν* δε ό πετρος· ίδου ήμεις άφεντες τα ίδια ήκολουθησαμεν σοι.

29 ό δε *είπεν* αύτοις· άμην λεγω ύμιν ότι ούδεις έστιν ός άφηκεν οίκιαν ή γυναικα ή άδελφους ή γονεις ή τεκνα ένεκεν της βασιλειας του θεου,

29 άμην *λεγω* ύμιν ότι ούδεις έστιν ός άφηκεν οίκιαν ή γυναικα ή άδελφους ή γονεις ή τεκνα ένεκεν της βασιλειας του θεου,

31 παραλαβων δε τους δωδεκα *είπεν* προς αύτους· ίδου άναβαινομεν είς ίερουσαλημ,

34 και ήν το ρημα τουτο κεκρυμμενον άπ αύτων, και ούκ έγινωσκον τα *λεγομενα*.

38 και έβοησεν *λεγων*· ίησου υίε δαυιδ, έλεησον με.

41 ό δε *είπεν*· κυριε, ίνα άναβλεψω.

42 και ό ίησους *είπεν* αύτω· άναβλεψον· ή πιστις σου σεσωκεν σε.

λεγω [2262]

Lc 19 5 και ὡς ἦλθεν ἐπι τον τοπον, ἀναβλεψας ὁ ἰησους εἶπεν προς
αὐτον· ζακχαιε, σπευσας καταβηθι· σημερον γαρ ἐν τω οἰκω
σου δει με μειναι.

7 και ἰδοντες παντες διεγογγυζον λεγοντες ὁτι παρα ἁμαρτωλω
ἀνδρι εἰσηλθεν καταλυσαι.

8 σταθεις δε ζακχαιος εἶπεν προς τον κυριον· ἰδου τα ἡμισια
μου των ὑπαρχοντων, κυριε, τοις πτωχοις διδωμι,

9 εἶπεν δε προς αὐτον ὁ ἰησους ὁτι σημερον σωτηρια τω οἰκω
τουτω ἐγενετο,

11 ἀκουοντων δε αὐτων ταυτα προσθεις εἶπεν παραβολην,

12 εἶπεν οὖν· ἀνθρωπος τις εὐγενης ἐπορευθη εἰς χωραν μακραν
λαβειν ἑαυτω βασιλειαν και ὑποστρεψαι.

13 και εἶπεν προς αὐτους· πραγματευσασθε ἐν ᾧ ἐρχομαι.

14 οἱ δε πολιται αὐτου ἐμισουν αὐτον, και ἀπεστειλαν πρεσβειαν
ὀπισω αὐτου λεγοντες· οὐ θελομεν τουτον βασιλευσαι ἐφ
ἡμας.

15 και εἶπεν φωνηθηναι αὐτω τους δουλους τουτους

16 παρεγενετο δε ὁ πρωτος λεγων· κυριε, ἡ μνα σου δεκα
προσηργασατο μνας.

17 και εἶπεν αὐτω· εὖ γε, ἀγαθε δουλε, ὁτι ἐν ἐλαχιστω πιστος
ἐγενου, ἰσθι ἐξουσιαν ἐχων ἐπανω δεκα πολεων.

18 και ἦλθεν ὁ δευτερος λεγων· ἡ μνα σου, κυριε, ἐποιησεν πεντε
μνας.

19 εἶπεν δε και τουτω· και συ ἐπανω γινου πεντε πολεων.

20 και ὁ ἑτερος ἦλθεν λεγων· κυριε, ἰδου ἡ μνα σου, ἣν εἶχον
ἀποκειμενην ἐν σουδαριω·

22 λεγει αὐτω· ἐκ του στοματος σου κρινω σε, πονηρε δουλε.

24 και τοις παρεστωσιν εἶπεν· ἀρατε ἀπ αὐτου την μναν και
δοτε τω τας δεκα μνας ἐχοντι.

25 και εἶπαν αὐτω· κυριε, ἐχει δεκα μνας.

26 λεγω ὑμιν ὁτι παντι τω ἐχοντι δοθησεται, ἀπο δε του μη
ἐχοντος και ὁ ἐχει ἀρθησεται.

28 και εἶπων ταυτα ἐπορευετο ἐμπροσθεν ἀναβαινων εἰς
ἱεροσολυμα.

30 και ἐγενετο ὡς ἡγγισεν εἰς βηθφαγη και βηθανια[ν] προς το
ὀρος το καλουμενον ἐλαιων, ἀπεστειλεν δυο των μαθητων
λεγων· ὑπαγετε εἰς την κατεναντι κωμην,

32 ἀπελθοντες δε οἱ ἀπεσταλμενοι εὑρον καθως εἶπεν αὐτοις.

33 λυοντων δε αὐτων τον πωλον εἶπαν οἱ κυριοι αὐτου προς
αὐτους· τί λυετε τον πωλον;

34 οἱ δε εἶπαν· ὁτι ὁ κυριος αὐτου χρειαν ἐχει.

38 λεγοντες· εὐλογημενος ὁ ἐρχομενος, ὁ βασιλευς ἐν ὀνοματι
κυριου· ἐν οὐρανω εἰρηνη και δοξα ἐν ὑψιστοις.

39 και τινες των φαρισαιων ἀπο του ὀχλου εἶπαν προς αὐτον·
διδασκαλε, ἐπιτιμησον τοις μαθηταις σου.

40 και ἀποκριθεις εἶπεν· λεγω ὑμιν, ἐαν οὑτοι σιωπησουσιν, οἱ
λιθοι κραξουσιν.

40 λεγω ὑμιν, ἐαν οὑτοι σιωπησουσιν, οἱ λιθοι κραξουσιν.

42 λεγων ὁτι εἰ ἐγνως ἐν τη ἡμερα ταυτη και συ τα προς
εἰρηνην·

46 και εἰσελθων εἰς το ἱερον ἠρξατο ἐκβαλλειν τους πωλουντας,
λεγων αὐτοις· γεγραπται· και ἐσται ὁ οἰκος μου οἰκος
προσευχης·

20 2 και εἶπαν λεγοντες προς αὐτον· εἰπον ἡμιν ἐν ποια ἐξουσια
ταυτα ποιεις,

2 και εἶπαν λεγοντες προς αὐτον· εἰπον ἡμιν ἐν ποια ἐξουσια
ταυτα ποιεις,

2 εἰπον ἡμιν ἐν ποια ἐξουσια ταυτα ποιεις, ἢ τίς ἐστιν ὁ δους
σοι την ἐξουσιαν ταυτην;

3 ἀποκριθεις δε εἶπεν προς αὐτους· ἐρωτησω ὑμας καγω λογον,
και εἰπατε μοι·

3 ἐρωτησω ὑμας καγω λογον, και εἰπατε μοι·

5 οἱ δε συνελογισαντο προς ἑαυτους λεγοντες ὁτι ἐαν εἰπωμεν·
ἐξ οὐρανου, ἐρει· δια τί οὐκ ἐπιστευσατε αὐτω;

5 οἱ δε συνελογισαντο προς ἑαυτους λεγοντες ὁτι ἐαν εἰπωμεν·
ἐξ οὐρανου, ἐρει· δια τί οὐκ ἐπιστευσατε αὐτω;

6 ἐαν δε εἰπωμεν· ἐξ ἀνθρωπων, ὁ λαος ἁπας καταλιθασει ἡμας·

8 και ὁ ἰησους εἶπεν αὐτοις· οὐδε ἐγω λεγω ὑμιν ἐν ποια
ἐξουσια ταυτα ποιω.

8 οὐδε ἐγω λεγω ὑμιν ἐν ποια ἐξουσια ταυτα ποιω.

9 ἠρξατο δε προς τον λαον λεγειν την παραβολην ταυτην.

13 εἶπεν δε ὁ κυριος του ἀμπελωνος· τί ποιησω;

14 ἰδοντες δε αὐτον οἱ γεωργοι διελογιζοντο προς ἀλληλους
λεγοντες· οὑτος ἐστιν ὁ κληρονομος·

16 ἀκουσαντες δε εἶπαν· μη γενοιτο.

17 ὁ δε ἐμβλεψας αὐτοις εἶπεν· τί οὖν ἐστιν το γεγραμμενον
τουτο·

19 και ἐφοβηθησαν τον λαον· ἐγνωσαν γαρ ὁτι προς αὐτους
εἶπεν την παραβολην ταυτην.

λεγω [2262]

Lc 20 21 και ἐπηρωτησαν αὐτον λεγοντες· διδασκαλε, οἰδαμεν ὁτι
ὀρθως λεγεις και διδασκεις και οὐ λαμβανεις προσωπον,

21 διδασκαλε, οἰδαμεν ὁτι ὀρθως λεγεις και διδασκεις και οὐ
λαμβανεις προσωπον,

23 κατανοησας δε αὐτων την πανουργιαν εἶπεν προς αὐτους·
δειξατε μοι δηναριον·

24 τίνος ἐχει εἰκονα και ἐπιγραφην; οἱ δε εἶπαν· καισαρος.

25 ὁ δε εἶπεν προς αὐτους· τοινυν ἀποδοτε τα καισαρος καισαρι
και τα του θεου τω θεω.

27 προσελθοντες δε τινες των σαδδουκαιων, οἱ [ἀντι]λεγοντες
ἀναστασιν μη εἰναι,

28 ἐπηρωτησαν αὐτον λεγοντες· διδασκαλε, μωυσης ἐγραψεν
ἡμιν,

34 και εἶπεν αὐτοις ὁ ἰησους· οἱ υἱοι του αἰωνος τουτου
γαμουσιν και γαμισκονται,

37 και μωυσης ἐμηνυσεν ἐπι της βατου, ὡς λεγει κυριον τον θεον
ἀβρααμ και θεον ἰσαακ και θεον ἰακωβ·

39 ἀποκριθεντες δε τινες των γραμματεων εἶπαν· διδασκαλε,
καλως εἶπας.

39 ἀποκριθεντες δε τινες των γραμματεων εἶπαν· διδασκαλε,
καλως εἶπας.

41 εἶπεν δε προς αὐτους· πως λεγουσιν τον χριστον εἰναι δαυιδ
υἱον;

41 πως λεγουσιν τον χριστον εἰναι δαυιδ υἱον;

42 αὐτος γαρ δαυιδ λεγει ἐν βιβλω ψαλμων· εἶπεν κυριος τω
κυριω μου·

42 εἶπεν κυριος τω κυριω μου· καθου ἐκ δεξιων μου ἑως ἀν θω
τους ἐχθρους σου ὑποποδιον των ποδων σου.

45 ἀκουοντος δε παντος του λαου εἶπεν τοις μαθηταις [αὐτου]·
προσεχετε ἀπο των γραμματεων των θελοντων περιπατειν ἐν
στολαις

21 3 και εἶπεν· ἀληθως λεγω ὑμιν ὁτι ἡ χηρα αὑτη ἡ πτωχη πλειον
παντων ἐβαλεν·

3 ἀληθως λεγω ὑμιν ὁτι ἡ χηρα αὑτη ἡ πτωχη πλειον παντων
ἐβαλεν·

5 και τινων λεγοντων περι του ἱερου, ὁτι λιθοις καλοις και
ἀναθημασιν κεκοσμηται,

5 εἶπεν· ταυτα ἃ θεωρειτε, ἐλευσονται ἡμεραι ἐν αἱς οὐκ
ἀφεθησεται λιθος ἐπι λιθω ὁς οὐ καταλυθησεται·

7 ἐπηρωτησαν δε αὐτον λεγοντες· διδασκαλε, ποτε οὖν ταυτα
ἐσται;

8 ὁ δε εἶπεν· βλεπετε μη πλανηθητε·

8 πολλοι γαρ ἐλευσονται ἐπι τω ὀνοματι μου λεγοντες· ἐγω
εἰμι, και· ὁ καιρος ἡγγικεν·

10 τοτε ἐλεγεν αὐτοις· ἐγερθησεται ἐθνος ἐπ ἐθνος και βασιλεια
ἐπι βασιλειαν,

29 και εἶπεν παραβολην αὐτοις· ἰδετε την συκην και παντα τα
δενδρα·

32 ἀμην λεγω ὑμιν ὁτι οὐ μη παρελθη ἡ γενεα αὑτη ἑως ἀν
παντα γενηται.

22 1 ἠγγιζεν δε ἡ ἑορτη των ἀζυμων ἡ λεγομενη πασχα.

8 και ἀπεστειλεν πετρον και ἰωαννην εἶπων· πορευθεντες
ἑτοιμασατε ἡμιν το πασχα, ἱνα φαγωμεν,

9 οἱ δε εἶπαν αὐτω· που θελεις ἑτοιμασωμεν;

10 ὁ δε εἶπεν αὐτοις· ἰδου εἰσελθοντων ὑμων εἰς την πολιν
συναντησει ὑμιν ἀνθρωπος κεραμιον ὑδατος βασταζων·

11 λεγει σοι ὁ διδασκαλος· που ἐστιν το καταλυμα ὁπου το
πασχα μετα των μαθητων μου φαγω;

15 και εἶπεν προς αὐτους· ἐπιθυμια ἐπεθυμησα τουτο το πασχα
φαγειν μεθ ὑμων προ του με παθειν.

16 λεγω γαρ ὑμιν ὁτι οὐ μη φαγω αὐτο ἑως ὁτου πληρωθη ἐν τη
βασιλεια του θεου.

17 και δεξαμενος ποτηριον εὐχαριστησας εἶπεν· λαβετε τουτο
και διαμερισατε εἰς ἑαυτους·

18 λεγω γαρ ὑμιν, [ὁτι] οὐ μη πιω ἀπο του νυν ἀπο του
γενηματος της ἀμπελου ἑως οὑ ἡ βασιλεια του θεου ἐλθη.

19 και λαβων ἀρτον εὐχαριστησας ἐκλασεν και ἐδωκεν αὐτοις
λεγων· τουτο ἐστιν το σωμα μου το ὑπερ ὑμων διδομενον·

20 λεγων· τουτο το ποτηριον ἡ καινη διαθηκη ἐν τω αἱματι μου,
το ὑπερ ὑμων ἐκχυννομενον.

25 ὁ δε εἶπεν αὐτοις· οἱ βασιλεις των ἐθνων κυριευουσιν αὐτων,

33 ὁ δε εἶπεν αὐτω· κυριε, μετα σου ἑτοιμος εἰμι και εἰς φυλακην
και εἰς θανατον πορευεσθαι.

34 ὁ δε εἶπεν· λεγω σοι, πετρε, οὐ φωνησει σημερον ἀλεκτωρ ἑως
τρις με ἀπαρνηση εἰδεναι.

34 λεγω σοι, πετρε, οὐ φωνησει σημερον ἀλεκτωρ ἑως τρις με
ἀπαρνηση εἰδεναι.

35 και εἶπεν αὐτοις· ὁτε ἀπεστειλα ὑμας ἀτερ βαλλαντιου και
πηρας και ὑποδηματων, μη τινος ὑστερησατε;

λεγω [2262]

Lc   22 35   οἱ δε *εἶπαν* οὐθενος.

36   *εἶπεν* δε αὐτοις· ἀλλα νυν ὁ ἐχων βαλλαντιον ἀρατω, ὁμοιως και πηραν, και ὁ μη ἐχων πωλησατω το ἱματιον αὐτου και ἀγορασατω μαχαιραν.

37   *λεγω* γαρ ὑμιν ὁτι τουτο το γεγραμμενον δει τελεσθηναι ἐν ἐμοι, το· και μετα ἀνομων ἐλογισθη·

38   οἱ δε *εἶπαν*· κυριε, ἰδου μαχαιραι ὡδε δυο.

38   ὁ δε *εἶπεν* αὐτοις· ἱκανον ἐστιν.

40   γενομενος δε ἐπι του τοπου *εἶπεν* αὐτοις· προσευχεσθε μη εἰσελθειν εἰς πειρασμον.

42   και θεις τα γονατα προσηυχετο *λεγων*· πατερ, εἰ βουλει παρενεγκε τουτο το ποτηριον ἀπ ἐμου·

46   και *εἶπεν* αὐτοις· τί καθευδετε;

47   ἐτι αὐτου λαλουντος ἰδου ὀχλος, και ὁ *λεγομενος* ἰουδας εἱς των δωδεκα προηρχετο αὐτους, και ἠγγισεν τω ἰησου φιλησαι αὐτον.

48   ἰησους δε *εἶπεν* αὐτω· ἰουδα, φιληματι τον υἱον του ἀνθρωπου παραδιδως;

49   ἰδοντες δε οἱ περι αὐτον το ἐσομενον *εἶπαν*· κυριε, εἰ παταξομεν ἐν μαχαιρη;

51   ἀποκριθεις δε ὁ ἰησους *εἶπεν*· ἐατε ἑως τουτου·

52   *εἶπεν* δε ἰησους προς τους παραγενομενους ἐπ αὐτον ἀρχιερεις και στρατηγους του ἱερου και πρεσβυτερους· ὡς ἐπι ληστην ἐξηλθατε μετα μαχαιρων και ξυλων;

56   ἰδουσα δε αὐτον παιδισκη τις καθημενη προς το φως και ἀτενισασα αὐτω *εἶπεν*· και οὑτος συν αὐτω ἠν.

57   ὁ δε ἠρνησατο *λεγων*· οὐκ οἰδα αὐτον, γυναι.

59   και διαστασης ὡσει ὡρας μιας ἀλλος τις διισχυριζετο *λεγων*· ἐπ ἀληθειας και οὑτος μετ αὐτου ἠν, και γαρ γαλιλαιος ἐστιν.

60   *εἶπεν* δε ὁ πετρος· ἀνθρωπε, οὐκ οἰδα ὁ λεγεις.

60   ἀνθρωπε, οὐκ οἰδα ὁ *λεγεις*.

61   και ὑπεμνησθη ὁ πετρος του ῥηματος του κυριου, ὡς *εἶπεν* αὐτω ὁτι πριν ἀλεκτορα φωνησαι σημερον ἀπαρνηση με τρις.

64   και περικαλυψαντες αὐτον ἐπηρωτων *λεγοντες*· προφητευσον, τίς ἐστιν ὁ παισας σε;

65   και ἑτερα πολλα βλασφημουντες *ἐλεγον* εἰς αὐτον.

67   και ἀπηγαγον αὐτον εἰς το συνεδριον αὐτων, *λεγοντες*· εἰ συ εἰ ὁ χριστος, *εἶπον* ἡμιν.

67   εἰ συ εἰ ὁ χριστος, *εἶπον* ἡμιν.

67   *εἶπεν* δε αὐτοις· ἐαν ὑμιν *εἶπω*, οὐ μη πιστευσητε·

67   ἐαν ὑμιν *εἶπω*, οὐ μη πιστευσητε·

70   *εἶπαν* δε παντες· συ οὑν εἰ ὁ υἱος του θεου;

70   ὑμεις *λεγετε* ὁτι ἐγω εἰμι.

71   οἱ δε *εἶπαν*· τί ἐτι ἐχομεν μαρτυριας χρειαν;

23 2   ἠρξαντο δε κατηγορειν αὐτου *λεγοντες*· τουτον εὑραμεν διαστρεφοντα το ἐθνος ἡμων και κωλυοντα φορους καισαρι διδοναι,

2   και *λεγοντα* ἑαυτον χριστον βασιλεα εἰναι.

3   ὁ δε πιλατος ἠρωτησεν αὐτον *λεγων*· συ εἰ ὁ βασιλευς των ἰουδαιων;

3   ὁ δε ἀποκριθεις αὐτω ἐφη· συ *λεγεις*.

4   ὁ δε πιλατος *εἶπεν* προς τους ἀρχιερεις και τους ὀχλους·

5   οἱ δε ἐπισχυον *λεγοντες* ὁτι ἀνασειει τον λαον,

14   *εἶπεν* προς αὐτους· προσηνεγκατε μοι τον ἀνθρωπον τουτον ὡς ἀποστρεφοντα τον λαον,

18   ἀνεκραγον δε παμπληθει *λεγοντες*· αἰρε τουτον, ἀπολυσον δε ἡμιν τον βαραββαν·

21   οἱ δε ἐπεφωνουν *λεγοντες*· σταυρου σταυρου αὐτον.

22   ὁ δε τριτον *εἶπεν* προς αὐτους· τί γαρ κακον ἐποιησεν οὑτος;

28   στραφεις δε προς αὐτας [ὁ] ἰησους *εἶπεν*· θυγατερες ἰερουσαλημ, μη κλαιετε ἐπ ἐμε·

30   τοτε ἀρξονται *λεγειν* τοις ὀρεσιν· πεσετε ἐφ ἡμας, και τοις βουνοις· καλυψατε ἡμας·

34   [ὁ δε ἰησους *ἐλεγεν*]· [πατερ, ἀφες αὐτοις· οὐ γαρ οἰδασιν τί ποιουσιν]·

35   ἐξεμυκτηριζον δε και οἱ ἀρχοντες *λεγοντες*· ἀλλους ἐσωσεν, σωσατω ἑαυτον,

37   ὀξος προσφεροντες αὐτω και *λεγοντες*· εἰ συ εἰ ὁ βασιλευς των ἰουδαιων, σωσον σεαυτον.

39   εἱς δε των κρεμασθεντων κακουργων ἐβλασφημει αὐτον *λεγων*· οὐχι συ εἰ ὁ χριστος;

42   και *ἐλεγεν*· ἰησου, μνησθητι μου ὁταν ἐλθης εἰς την βασιλειαν σου.

43   και *εἶπεν* αὐτω· ἀμην σοι λεγω, σημερον μετ ἐμου ἐση ἐν τω παραδεισω.

43   ἀμην σοι *λεγω*, σημερον μετ ἐμου ἐση ἐν τω παραδεισω.

46   και φωνησας φωνη μεγαλη ὁ ἰησους *εἶπεν*· πατερ, εἰς χειρας σου παρατιθεμαι το πνευμα μου.

46   τουτο δε *εἶπων* ἐξεπνευσεν.

λεγω [2262]

Lc   23 47   ἰδων δε ὁ ἑκατονταρχης το γενομενον ἐδοξαζεν τον θεον *λεγων*· ὀντως ὁ ἀνθρωπος οὑτος δικαιος ἠν.

24 5   *εἶπαν* προς αὐτας· τί ζητειτε τον ζωντα μετα των νεκρων;

7   *λεγων* τον υἱον του ἀνθρωπου ὁτι δει παραδοθηναι εἰς χειρας ἀνθρωπων ἁμαρτωλων και σταυρωθηναι και τη τριτη ἡμερα ἀναστηναι.

10   και αἱ λοιπαι συν αὐταις *ἐλεγον* προς τους ἀποστολους ταυτα.

17   *εἶπεν* δε προς αὐτους· τίνες οἱ λογοι οὑτοι οὑς ἀντιβαλλετε προς ἀλληλους περιπατουντες;

18   ἀποκριθεις δε εἱς ὀνοματι κλεοπας *εἶπεν* προς αὐτον· συ μονος παροικεις ἰερουσαλημ και οὐκ ἐγνως τα γενομενα ἐν αὐτη ἐν ταις ἡμεραις ταυταις;

19   και *εἶπεν* αὐτοις· ποια;

19   οἱ δε *εἶπαν* αὐτω· τα περι ἰησου του ναζαρηνου,

23   και μη εὑρουσαι το σωμα αὐτου ἠλθον *λεγουσαι* και ὀπτασιαν ἀγγελων ἑωρακεναι, οἱ *λεγουσιν* αὐτον ζην.

23   και μη εὑρουσαι το σωμα αὐτου ἠλθον λεγουσαι και ὀπτασιαν ἀγγελων ἑωρακεναι, οἱ *λεγουσιν* αὐτον ζην.

24   και εὑρον οὑτως καθως και αἱ γυναικες *εἶπον*·

25   και αὐτος *εἶπεν* προς αὐτους· ὡ ἀνοητοι και βραδεις τη καρδια του πιστευειν ἐπι πασιν οἱς ἐλαλησαν οἱ προφηται·

29   και παρεβιασαντο αὐτον *λεγοντες*· μεινον μεθ ἡμων, ὁτι προς ἑσπεραν ἐστιν και κεκλικεν ἠδη ἡ ἡμερα.

32   και *εἶπαν* προς ἀλληλους· οὐχι ἡ καρδια ἡμων καιομενη ἠν [ἐν ἡμιν],

34   και εὑρον ἠθροισμενους τους ἑνδεκα και τους συν αὐτοις, *λεγοντας* ὁτι ὀντως ἠγερθη ὁ κυριος και ὠφθη σιμωνι.

36   ταυτα δε αὐτων λαλουντων αὐτος ἐστη ἐν μεσω αὐτων και *λεγει* αὐτοις· εἰρηνη ὑμιν.

38   και *εἶπεν* αὐτοις· τί τεταραγμενοι ἐστε, και δια τί διαλογισμοι ἀναβαινουσιν ἐν τη καρδια ὑμων;

40   και τουτο *εἶπων* ἐδειξεν αὐτοις τας χειρας και τους ποδας.

41   ἐτι δε ἀπιστουντων αὐτων ἀπο της χαρας και θαυμαζοντων, *εἶπεν* αὐτοις· ἐχετε τι βρωσιμον ἐνθαδε;

44   *εἶπεν* δε προς αὐτους· οὑτοι οἱ λογοι μου οὑς ἐλαλησα προς ὑμας ἐτι ὡν συν ὑμιν,

46   και *εἶπεν* αὐτοις ὁτι οὑτως γεγραπται παθειν τον χριστον και ἀναστηναι ἐκ νεκρων τη τριτη ἡμερα,

Jh   1 15   ἰωαννης μαρτυρει περι αὐτου και κεκραγεν *λεγων*· οὑτος ἠν ὁν *εἶπον*·

15   οὑτος ἠν ὁν *εἶπον*· ὁ ὀπισω μου ἐρχομενος ἐμπροσθεν μου γεγονεν,

21   και *λεγει*· οὐκ εἰμι.

22   *εἶπαν* οὑν αὐτω· τίς εἰ;

22   τί *λεγεις* περι σεαυτου;

23   εὐθυνατε την ὁδον κυριου, καθως *εἶπεν* ἠσαιας ὁ προφητης.

25   και ἠρωτησαν αὐτον και *εἶπαν* αὐτω· τί οὑν βαπτιζεις εἰ συ οὐκ εἰ ὁ χριστος οὐδε ἠλιας οὐδε ὁ προφητης;

26   ἀπεκριθη αὐτοις ὁ ἰωαννης *λεγων*· ἐγω βαπτιζω ἐν ὑδατι·

29   και *λεγει*· ἰδε ὁ ἀμνος του θεου ὁ αἰρων την ἁμαρτιαν του κοσμου.

30   οὑτος ἐστιν ὑπερ οὑ ἐγω *εἶπον*· ὀπισω μου ἐρχεται ἀνηρ ὁς ἐμπροσθεν μου γεγονεν,

32   και ἐμαρτυρησεν ἰωαννης *λεγων* ὁτι τεθεαμαι το πνευμα καταβαινον ὡς περιστεραν ἐξ οὐρανου,

33   ἀλλ ὁ πεμψας με βαπτιζειν ἐν ὑδατι, ἐκεινος μοι *εἶπεν*· ἐφ ὁν ἀν ἰδης το πνευμα καταβαινον και μενον ἐπ αὐτον,

36   και ἐμβλεψας τω ἰησου περιπατουντι *λεγει*· ἰδε ὁ ἀμνος του θεου.

38   στραφεις δε ὁ ἰησους και θεασαμενος αὐτους ἀκολουθουντας *λεγει* αὐτοις· τί ζητειτε;

38   οἱ δε *εἶπαν* αὐτω· ῥαββι ὁ *λεγεται* μεθερμηνευομενον διδασκαλε,

38   οἱ δε *εἶπαν* αὐτω· ῥαββι ὁ *λεγεται* μεθερμηνευομενον διδασκαλε, που μενεις;

39   *λεγει* αὐτοις· ἐρχεσθε και ὀψεσθε.

41   εὑρισκει οὑτος πρωτον τον ἀδελφον τον ἰδιον σιμωνα και *λεγει* αὐτω· εὑρηκαμεν τον μεσσιαν ὁ ἐστιν μεθερμηνευομενον χριστος.

42   ἐμβλεψας αὐτω ὁ ἰησους *εἶπεν*· συ εἰ σιμων ὁ υἱος ἰωαννου,

43   και εὑρισκει φιλιππον. και *λεγει* αὐτω ὁ ἰησους· ἀκολουθει μοι.

45   εὑρισκει φιλιππος τον ναθαναηλ και *λεγει* αὐτω· ὁν ἐγραψεν μωυσης ἐν τω νομω και οἱ προφηται εὑρηκαμεν,

46   και *εἶπεν* αὐτω ναθαναηλ· ἐκ ναζαρετ δυναται τι ἀγαθον εἰναι;

46   *λεγει* αὐτω [ὁ] φιλιππος· ἐρχου και ἰδε.

λεγω [2262]

Jh 1 47 εἶδεν ὁ ἰησους τον ναθαναηλ ἐρχομενον προς αὐτον και *λεγει* περι αὐτου· ἰδε ἀληθως ἰσραηλιτης,

48 *λεγει* αὐτῳ ναθαναηλ· ποθεν με γινωσκεις;

48 ἀπεκριθη ἰησους και *εἰπεν* αὐτῳ· προ του σε φιλιππον φωνησαι ὀντα ὑπο την συκην εἰδον σε.

50 ἀπεκριθη ἰησους και *εἰπεν* αὐτῳ· ὁτι εἰπον σοι ὁτι εἰδον σε ὑποκατω της συκης, πιστευεις; μειζω τουτων ὀψη.

50 ἀπεκριθη ἰησους και εἰπεν αὐτῳ· ὁτι *εἰπον* σοι ὁτι εἰδον σε ὑποκατω της συκης, πιστευεις; μειζω τουτων ὀψη.

51 και *λεγει* αὐτῳ· ἀμην ἀμην *λεγω* ὑμιν,

51 και λεγει αὐτῳ· ἀμην ἀμην *λεγω* ὑμιν, ὀψεσθε τον οὐρανον ἀνεῳγοτα και τους ἀγγελους του θεου ἀναβαινοντας και καταβαινοντας ἐπι τον υἱον του ἀνθρωπου.

2 3 και ὑστερησαντος οἰνου *λεγει* ἡ μητηρ του ἰησου προς αὐτον· οἰνον οὐκ ἐχουσιν.

4 [και] *λεγει* αὐτῃ ὁ ἰησους· τι ἐμοι και σοι;

5 *λεγει* ἡ μητηρ αὐτου τοις διακονοις· ὁτι ἀν *λεγη* ὑμιν,

5 λεγει ἡ μητηρ αὐτου τοις διακονοις· ὁτι ἀν *λεγη* ὑμιν, ποιησατε.

7 *λεγει* αὐτοις ὁ ἰησους· γεμισατε τας ὑδριας ὑδατος.

8 και *λεγει* αὐτοις· ἀντλησατε νυν και φερετε τῳ ἀρχιτρικλινῳ.

10 φωνει τον νυμφιον ὁ ἀρχιτρικλινος και *λεγει* αὐτῳ· πας ἀνθρωπος πρωτον τον καλον οἰνον τιθησιν,

16 και τοις τας περιστερας πωλουσιν *εἰπεν*· ἀρατε ταυτα ἐντευθεν,

18 ἀπεκριθησαν οὐν οἱ ἰουδαιοι και *εἰπαν* αὐτῳ· τι σημειον δεικνυεις ἡμιν,

19 ἀπεκριθη ἰησους και *εἰπεν* αὐτοις· λυσατε τον ναον τουτον,

20 *εἰπαν* οὐν οἱ ἰουδαιοι· τεσσερακονταικαιεξ ἐτεσιν οἰκοδομηθη ὁ ναος οὑτος,

21 ἐκεινος δε *ἐλεγεν* περι του ναου του σωματος αὐτου.

22 ὁτε οὐν ἠγερθη ἐκ νεκρων, ἐμνησθησαν οἱ μαθηται αὐτου ὁτι τουτο *ἐλεγεν*,

22 ἐμνησθησαν οἱ μαθηται αὐτου ὁτι τουτο ἐλεγεν, και ἐπιστευσαν τῃ γραφῃ και τῳ λογῳ ὁν *εἰπεν* ὁ ἰησους.

3 2 οὑτος ἠλθεν προς αὐτον νυκτος και *εἰπεν* αὐτῳ· ῥαββι,

3 ἀπεκριθη ἰησους και *εἰπεν* αὐτῳ· ἀμην ἀμην *λεγω* σοι,

3 ἀμην ἀμην *λεγω* σοι, ἐαν μη τις γεννηθῃ ἀνωθεν,

4 *λεγει* προς αὐτον [ὁ] νικοδημος· πως δυναται ἀνθρωπος γεννηθηναι γερων ὠν;

5 ἀμην ἀμην *λεγω* σοι, ἐαν μη τις γεννηθῃ ἐξ ὑδατος και πνευματος,

7 μη θαυμασῃς ὁτι *εἰπον* σοι· δει ὑμας γεννηθηναι ἀνωθεν.

9 ἀπεκριθη νικοδημος και *εἰπεν* αὐτῳ· πως δυναται ταυτα γενεσθαι;

10 ἀπεκριθη ἰησους και *εἰπεν* αὐτῳ· συ εἰ ὁ διδασκαλος του ἰσραηλ και ταυτα οὐ γινωσκεις;

11 ἀμην ἀμην *λεγω* σοι ὁτι ὁ οἰδαμεν λαλουμεν και ὁ ἑωρακαμεν μαρτυρουμεν,

12 εἰ τα ἐπιγεια *εἰπον* ὑμιν και οὐ πιστευετε, πως ἐαν εἰπω ὑμιν τα ἐπουρανια πιστευσετε;

12 εἰ τα ἐπιγεια εἰπον ὑμιν και οὐ πιστευετε, πως ἐαν *εἰπω* ὑμιν τα ἐπουρανια πιστευσετε;

26 και ἠλθον προς τον ἰωαννην και *εἰπαν* αὐτῳ· ῥαββι,

27 ἀπεκριθη ἰωαννης και *εἰπεν*· οὐ δυναται ἀνθρωπος λαμβανειν οὐδε ἑν ἐαν μη ᾐ δεδομενον αὐτῳ ἐκ του οὐρανου.

28 αὐτοι ὑμεις μοι μαρτυρειτε ὁτι *εἰπον*· [ὁτι] οὐκ εἰμι ἐγω ὁ χριστος,

4 5 ἐρχεται οὐν εἰς πολιν της σαμαρειας *λεγομενην* συχαρ,

7 *λεγει* αὐτῃ ὁ ἰησους· δος μοι πειν.

9 *λεγει* οὐν αὐτῳ ἡ γυνη ἡ σαμαριτις· πως συ ἰουδαιος ὠν παρ ἐμου πειν αἰτεις γυναικος σαμαριτιδος οὐσης;

10 ἀπεκριθη ἰησους και *εἰπεν* αὐτῃ· εἰ ᾐδεις την δωρεαν του θεου,

10 εἰ ᾐδεις την δωρεαν του θεου, και τις ἐστιν ὁ *λεγων* σοι· δος μοι πειν,

11 *λεγει* αὐτῳ [ἡ γυνη]· κυριε, οὐτε ἀντλημα ἐχεις και το φρεαρ ἐστιν βαθυ·

13 ἀπεκριθη ἰησους και *εἰπεν* αὐτῃ· πας ὁ πινων ἐκ του ὑδατος τουτου διψησει παλιν·

15 *λεγει* προς αὐτον ἡ γυνη· κυριε, δος μοι τουτο το ὑδωρ,

16 *λεγει* αὐτῃ· ὑπαγε φωνησον τον ἀνδρα σου και ἐλθε ἐνθαδε.

17 ἀπεκριθη ἡ γυνη και *εἰπεν* αὐτῳ· οὐκ ἐχω ἀνδρα.

17 *λεγει* αὐτῃ ὁ ἰησους· καλως *εἰπας* ὁτι ἀνδρα οὐκ ἐχω·

17 λεγει αὐτῃ ὁ ἰησους· καλως εἰπας ὁτι ἀνδρα οὐκ ἐχω·

19 *λεγει* αὐτῳ ἡ γυνη· κυριε, θεωρω ὁτι προφητης εἰ συ.

20 και ὑμεις *λεγετε* ὁτι ἐν ἱεροσολυμοις ἐστιν ὁ τοπος ὁπου προσκυνειν δει.

λεγω [2262]

Jh 4 21 *λεγει* αὐτῃ ὁ ἰησους· πιστευε μοι, γυναι, ὁτι ἐρχεται ὡρα ὁτε οὐτε ἐν τῳ ὀρει τουτῳ οὐτε ἐν ἱεροσολυμοις προσκυνησετε τῳ πατρι.

25 *λεγει* αὐτῳ ἡ γυνη· οἰδα ὁτι μεσσιας ἐρχεται,

25 οἰδα ὁτι μεσσιας ἐρχεται, ὁ *λεγομενος* χριστος·

26 *λεγει* αὐτῃ ὁ ἰησους· ἐγω εἰμι, ὁ λαλων σοι.

27 οὐδεις μεντοι *εἰπεν*· τι ζητεις ἠ τι λαλεις μετ αὐτης;

28 και *λεγει* τοις ἀνθρωποις· δευτε ἰδετε ἀνθρωπον ὁς *εἰπεν* μοι παντα ὁσα ἐποιησα·

29 δευτε ἰδετε ἀνθρωπον ὁς *εἰπεν* μοι παντα ὁσα ἐποιησα·

31 ἐν τῳ μεταξυ ἠρωτων αὐτον οἱ μαθηται *λεγοντες*· ῥαββι, φαγε.

32 ὁ δε *εἰπεν* αὐτοις· ἐγω βρωσιν ἐχω φαγειν ἡν ὑμεις οὐκ οἰδατε.

33 *ἐλεγον* οὐν οἱ μαθηται προς ἀλληλους· μη τις ἠνεγκεν αὐτῳ φαγειν;

34 *λεγει* αὐτοις ὁ ἰησους· ἐμον βρωμα ἐστιν ἱνα ποιησω το θελημα του πεμψαντος με και τελειωσω αὐτου το ἐργον.

35 οὐχ ὑμεις *λεγετε* ὁτι ἐτι τετραμηνος ἐστιν και ὁ θερισμος ἐρχεται;

35 ἰδου *λεγω* ὑμιν, ἐπαρατε τους ὀφθαλμους ὑμων και θεασασθε τας χωρας,

39 ἐκ δε της πολεως ἐκεινης πολλοι ἐπιστευσαν εἰς αὐτον των σαμαριτων δια τον λογον της γυναικος μαρτυρουσης ὁτι *εἰπεν* μοι παντα ἁ ἐποιησα.

42 τῃ τε γυναικι *ἐλεγον* ὁτι οὐκετι δια την σην λαλιαν πιστευομεν·

48 *εἰπεν* οὐν ὁ ἰησους προς αὐτον· ἐαν μη σημεια και τερατα ἰδητε,

49 *λεγει* προς αὐτον ὁ βασιλικος· κυριε, καταβηθι πριν ἀποθανειν το παιδιον μου.

50 *λεγει* αὐτῳ ὁ ἰησους· πορευου, ὁ υἱος σου ζῃ.

50 ἐπιστευσεν ὁ ἀνθρωπος τῳ λογῳ ὁν *εἰπεν* αὐτῳ ὁ ἰησους,

51 ἠδη δε αὐτου καταβαινοντος οἱ δουλοι αὐτου ὑπηντησαν αὐτῳ *λεγοντες* ὁτι ὁ παις αὐτου ζῃ.

52 *εἰπαν* οὐν αὐτῳ ὁτι ἐχθες ὡραν ἑβδομην ἀφηκεν αὐτον ὁ πυρετος.

53 ἐγνω οὐν ὁ πατηρ ὁτι [ἐν] ἐκεινῃ τῃ ὡρᾳ ἐν ᾐ *εἰπεν* αὐτῳ ὁ ἰησους· ὁ υἱος σου ζῃ·

5 6 *λεγει* αὐτῳ ὁ ἰησους· θελεις ὑγιης γενεσθαι;

8 *λεγει* αὐτῳ ὁ ἰησους· ἐγειρε ἀρον τον κραβαττον σου και περιπατει.

10 *ἐλεγον* οὐν οἱ ἰουδαιοι τῳ τεθεραπευμενῳ· σαββατον ἐστιν,

11 ὁ ποιησας με ὑγιη, ἐκεινος μοι *εἰπεν*· ἀρον τον κραβαττον σου και περιπατει.

12 τις ἐστιν ὁ ἀνθρωπος ὁ *εἰπων* σοι· ἀρον και περιπατει;

14 μετα ταυτα εὑρισκει αὐτον ὁ ἰησους ἐν τῳ ἱερῳ και *εἰπεν* αὐτῳ· ἰδε ὑγιης γεγονας·

18 δια τουτο οὐν μαλλον ἐζητουν αὐτον οἱ ἰουδαιοι ἀποκτειναι, ὁτι οὐ μονον ἐλυεν το σαββατον, ἀλλα και πατερα ἰδιον *ἐλεγεν* τον θεον,

19 ἀπεκρινατο οὐν ὁ ἰησους και *ἐλεγεν* αὐτοις· ἀμην ἀμην *λεγω* ὑμιν, οὐ δυναται ὁ υἱος ποιειν ἀφ ἑαυτου οὐδεν,

19 ἀμην ἀμην *λεγω* ὑμιν, οὐ δυναται ὁ υἱος ποιειν ἀφ ἑαυτου οὐδεν,

24 ἀμην ἀμην *λεγω* ὑμιν ὁτι ὁ τον λογον μου ἀκουων και πιστευων τῳ πεμψαντι με ἐχει ζωην αἰωνιον,

25 ἀμην ἀμην *λεγω* ὑμιν ὁτι ἐρχεται ὡρα και νυν ἐστιν ὁτε οἱ νεκροι ἀκουσουσιν της φωνης του υἱου του θεου και οἱ ἀκουσαντες ζησουσιν.

34 ἐγω δε οὐ παρα ἀνθρωπου την μαρτυριαν λαμβανω, ἀλλα ταυτα *λεγω* ἱνα ὑμεις σωθητε.

6 5 και θεασαμενος ὁτι πολυς ὀχλος ἐρχεται προς αὐτον, *λεγει* προς φιλιππον· ποθεν ἀγορασωμεν ἀρτους ἱνα φαγωσιν οὑτοι;

6 τουτο δε *ἐλεγεν* πειραζων αὐτον· αὐτος γαρ ᾐδει τι ἐμελλεν ποιειν.

8 *λεγει* αὐτῳ εἰς ἐκ των μαθητων αὐτου, ἀνδρεας ὁ ἀδελφος σιμωνος πετρου· ἐστιν παιδαριον ὡδε ὁς ἐχει πεντε ἀρτους κριθινους και δυο ὀψαρια·

10 *εἰπεν* ὁ ἰησους· ποιησατε τους ἀνθρωπους ἀναπεσειν.

12 ὡς δε ἐνεπλησθησαν, *λεγει* τοις μαθηταις αὐτου·

14 οἱ οὐν ἀνθρωποι ἰδοντες ὁ ἐποιησεν σημειον *ἐλεγον* ὁτι οὑτος ἐστιν ἀληθως ὁ προφητης ὁ ἐρχομενος εἰς τον κοσμον.

20 ὁ δε *λεγει* αὐτοις· ἐγω εἰμι· μη φοβεισθε.

25 και εὑροντες αὐτον περαν της θαλασσης *εἰπον* αὐτῳ· ῥαββι, ποτε ὡδε γεγονας;

26 ἀπεκριθη αὐτοις ὁ ἰησους και *εἰπεν*· ἀμην ἀμην *λεγω* ὑμιν, ζητειτε με οὐχ ὁτι εἰδετε σημεια,

λεγω [2262]

Jh 6 26 ἀμὴν ἀμὴν *λεγω* ὑμιν, ζητειτε με οὐχ ὅτι εἴδετε σημεια, ἀλλ ὅτι ἐφαγετε ἐκ των ἀρτων και ἐχορτασθητε.

28 *είπον* οὖν προς αὐτον· τί ποιωμεν ἱνα ἐργαζωμεθα τα ἐργα του θεου.

29 ἀπεκριθη [ὁ] ἰησους και *είπεν* αὐτοις· τουτο ἐστιν το ἐργον του θεου, ἱνα πιστευητε εἰς ὁν ἀπεστειλεν ἐκεινος.

30 *είπον* οὖν αὐτω· τί οὖν ποιεις συ σημειον, ἱνα ἰδωμεν και πιστευσωμεν σοι;

32 *είπεν* οὖν αὐτοις ὁ ἰησους· ἀμὴν ἀμὴν λεγω ὑμιν, οὐ μωυσης δεδωκεν ὑμιν τον ἀρτον ἐκ του οὐρανου,

32 ἀμὴν ἀμὴν *λεγω* ὑμιν, οὐ μωυσης δεδωκεν ὑμιν τον ἀρτον ἐκ του οὐρανου,

34 *είπον* οὖν προς αὐτον· κυριε, παντοτε δος ἡμιν τον ἀρτον τουτον.

35 *είπεν* αὐτοις ὁ ἰησους· ἐγω εἰμι ὁ ἀρτος της ζωης·

36 ἀλλ *είπον* ὑμιν ὅτι και ἑωρακατε [με] και οὐ πιστευετε.

41 ἐγογγυζον οὖν οἱ ἰουδαιοι περι αὐτου ὅτι *είπεν*· ἐγω εἰμι ὁ ἀρτος ὁ καταβας ἐκ του οὐρανου,

42 και *ἐλεγον*· οὐχ οὑτος ἐστιν ἰησους ὁ υἱος ἰωσηφ, οὑ ἡμεις οἰδαμεν τον πατερα και την μητερα;

42 πως νυν *λεγει* ὅτι ἐκ του οὐρανου καταβεβηκα;

43 ἀπεκριθη ἰησους και *είπεν* αὐτοις· μη γογγυζετε μετ ἀλληλων.

47 ἀμὴν ἀμὴν *λεγω* ὑμιν, ὁ πιστευων ἐχει ζωην αἰωνιον.

52 ἐμαχοντο οὖν προς ἀλληλους οἱ ἰουδαιοι *λεγοντες*· πως δυναται οὑτος ἡμιν δουναι την σαρκα [αὐτου] φαγειν;

53 *είπεν* οὖν αὐτοις ὁ ἰησους· ἀμὴν ἀμὴν λεγω ὑμιν,

53 ἀμὴν ἀμὴν *λεγω* ὑμιν, ἐαν μη φαγητε την σαρκα του υἱου του ἀνθρωπου και πιητε αὐτου το αἱμα, οὐκ ἐχετε ζωην ἐν ἑαυτοις.

59 ταυτα *είπεν* ἐν συναγωγη διδασκων ἐν καφαρναουμ.

60 πολλοι οὖν ἀκουσαντες ἐκ των μαθητων αὐτου *είπαν*· σκληρος ἐστιν ὁ λογος οὑτος·

61 εἰδως δε ὁ ἰησους ἐν ἑαυτω ὅτι γογγυζουσιν περι τουτου οἱ μαθηται αὐτου, *είπεν* αὐτοις· τουτο ὑμας σκανδαλιζει;

65 και *ἐλεγεν*· δια τουτο εἰρηκα ὑμιν ὅτι οὐδεις δυναται ἐλθειν προς με ἐαν μη ἠ δεδομενον αὐτω ἐκ του πατρος·

67 *είπεν* οὖν ὁ ἰησους τοις δωδεκα· μη και ὑμεις θελετε ὑπαγειν;

71 *ἐλεγεν* δε τον ἰουδαν σιμωνος ἰσκαριωτου·

7 3 *είπον* οὖν προς αὐτον οἱ ἀδελφοι αὐτου· μεταβηθι ἐντευθεν και ὑπαγε εἰς την ἰουδαιαν,

6 *λεγει* οὖν αὐτοις ὁ ἰησους· ὁ καιρος ὁ ἐμος οὐπω παρεστιν,

9 ταυτα δε *είπων* αὐτος ἐμεινεν ἐν τη γαλιλαια.

11 οἱ οὖν ἰουδαιοι ἐζητουν αὐτον ἐν τη ἑορτη και *ἐλεγον*· που ἐστιν ἐκεινος;

12 οἱ μεν *ἐλεγον* ὅτι ἀγαθος ἐστιν· ἀλλοι [δε] *ἐλεγον*· οὐ, ἀλλα πλανα τον ὀχλον.

12 οἱ μεν *ἐλεγον* ὅτι ἀγαθος ἐστιν· ἀλλοι [δε] *ἐλεγον*· οὐ, ἀλλα πλανα τον ὀχλον.

15 ἐθαυμαζον οὖν οἱ ἰουδαιοι *λεγοντες*· πως οὑτος γραμματα οἰδεν μη μεμαθηκως;

16 ἀπεκριθη οὖν αὐτοις [ὁ] ἰησους και *είπεν*· ἡ ἐμη διδαχη οὐκ ἐστιν ἐμη ἀλλα του πεμψαντος με·

21 ἀπεκριθη ἰησους και *είπεν* αὐτοις· ἑν ἐργον ἐποιησα και παντες θαυμαζετε.

25 *ἐλεγον* οὖν τινες ἐκ των ἱεροσολυμιτων· οὐχ οὑτος ἐστιν ὁν ζητουσιν ἀποκτειναι;

26 και ἰδε παρρησια λαλει, και οὐδεν αὐτω *λεγουσιν*.

28 ἐκραξεν οὖν ἐν τω ἱερω διδασκων ὁ ἰησους και *λεγων*· καμε οἰδατε και οἰδατε ποθεν εἰμι·

31 ἐκ του ὀχλου δε πολλοι ἐπιστευσαν εἰς αὐτον, και *ἐλεγον*· ὁ χριστος ὁταν ἐλθη, μη πλειονα σημεια ποιησει ὡν οὑτος ἐποιησεν;

33 *είπεν* οὖν ὁ ἰησους· ἐτι χρονον μικρον μεθ ὑμων εἰμι και ὑπαγω προς τον πεμψαντα με.

35 *είπον* οὖν οἱ ἰουδαιοι προς ἑαυτους· που οὑτος μελλει πορευεσθαι, ὅτι ἡμεις οὐχ εὑρησομεν αὐτον;

36 τίς ἐστιν ὁ λογος οὑτος ὁν *είπεν*· ζητησετε με και οὐχ εὑρησετε [με,] και ὁπου εἰμι ἐγω ὑμεις οὐ δυνασθε ἐλθειν;

37 ἐν δε τη ἐσχατη ἡμερα τη μεγαλη της ἑορτης εἱστηκει ὁ ἰησους και ἐκραξεν *λεγων*· ἐαν τις διψα, ἐρχεσθω προς με και πινετω.

38 ὁ πιστευων εἰς ἐμε, καθως *είπεν* ἡ γραφη, ποταμοι ἐκ της κοιλιας αὐτου ρευσουσιν ὑδατος ζωντος.

39 τουτο δε *είπεν* περι του πνευματος ὁ ἐμελλον λαμβανειν οἱ πιστευσαντες εἰς αὐτον·

40 ἐκ του ὀχλου οὖν ἀκουσαντες των λογων τουτων *ἐλεγον* ὅτι· οὑτος ἐστιν ἀληθως ὁ προφητης·

41 ἀλλοι *ἐλεγον*· οὑτος ἐστιν ὁ χριστος·

41 οἱ δε *ἐλεγον*· μη γαρ ἐκ της γαλιλαιας ὁ χριστος ἐρχεται;

λεγω [2262]

Jh 7 42 οὐχ ἡ γραφη *είπεν* ὅτι ἐκ του σπερματος δαυιδ, και ἀπο βηθλεεμ της κωμης ὁπου ἡν δαυιδ, ἐρχεται ὁ χριστος;

45 και *είπον* αὐτοις ἐκεινοι· δια τί οὐκ ἠγαγετε αὐτον;

50 *λεγει* νικοδημος προς αὐτους, ὁ ἐλθων προς αὐτον [το] προτερον, εἰς ὡν ἐξ αὐτων· μη ὁ νομος ἡμων κρινει τον ἀνθρωπον

52 ἀπεκριθησαν και *είπαν* αὐτω· μη και συ ἐκ της γαλιλαιας εἰ;

8 4 * *λεγουσιν* αὐτω· διδασκαλε, αὑτη ἡ γυνη κατειληπται ἐπ αὐτοφωρω μοιχευομενη·

5 * ἐν δε τω νομω ἡμιν μωυσης ἐνετειλατο τας τοιαυτας λιθαζειν· συ οὖν τί *λεγεις*;

6 * τουτο δε *ἐλεγον* πειραζοντες αὐτον, ἱνα ἐχωσιν κατηγορειν αὐτου.

7 * ὡς δε ἐπεμενον ἐρωτωντες αὐτον, ἀνεκυψεν και *είπεν* αὐτοις· ὁ ἀναμαρτητος ὑμων πρωτος ἐπ αὐτην βαλετω λιθον.

10 * ἀνακυψας δε ὁ ἰησους *είπεν* αὐτη· γυναι, που εἰσιν;

11 * ἡ δε *είπεν*· οὐδεις, κυριε.

11 * *είπεν* δε ὁ ἰησους· οὐδε ἐγω σε κατακρινω·

12 παλιν οὖν αὐτοις ἐλαλησεν ὁ ἰησους *λεγων*· ἐγω εἰμι το φως του κοσμου·

13 *είπον* οὖν αὐτω οἱ φαρισαιοι· συ περι σεαυτου μαρτυρεις· ἡ μαρτυρια σου οὐκ ἐστιν ἀληθης.

14 ἀπεκριθη ἰησους και *είπεν* αὐτοις· καν ἐγω μαρτυρω περι ἐμαυτου, ἀληθης ἐστιν ἡ μαρτυρια μου,

19 *ἐλεγον* οὖν αὐτω· που ἐστιν ὁ πατηρ σου;

21 *είπεν* οὖν παλιν αὐτοις· ἐγω ὑπαγω και ζητησετε με,

22 *ἐλεγον* οὖν οἱ ἰουδαιοι· μητι ἀποκτενει ἑαυτον, ὅτι *λεγει*· ὁπου ἐγω ὑπαγω ὑμεις οὐ δυνασθε ἐλθειν;

22 μητι ἀποκτενει ἑαυτον, ὅτι *λεγει*· ὁπου ἐγω ὑπαγω ὑμεις οὐ δυνασθε ἐλθειν;

23 και *ἐλεγεν* αὐτοις· ὑμεις ἐκ των κατω ἐστε, ἐγω ἐκ των ἀνω εἰμι·

24 *είπον* οὖν ὑμιν ὅτι ἀποθανεισθε ἐν ταις ἀμαρτιαις ὑμων·

25 *ἐλεγον* οὖν αὐτω· συ τίς εἰ;

25 *είπεν* αὐτοις ὁ ἰησους· την ἀρχην ὅτι και λαλω ὑμιν;

27 οὐκ ἐγνωσαν ὅτι τον πατερα αὐτοις *ἐλεγεν*.

28 *είπεν* οὖν [αὐτοις] ὁ ἰησους· ὁταν ὑψωσητε τον υἱον του ἀνθρωπου, τοτε γνωσεσθε ὅτι ἐγω εἰμι,

31 *ἐλεγεν* οὖν ὁ ἰησους προς τους πεπιστευκοτας αὐτω ἰουδαιους· ἐαν ὑμεις μεινητε ἐν τω λογω τω ἐμω, ἀληθως μαθηται μου ἐστε,

33 πως συ *λεγεις* ὅτι ἐλευθεροι γενησεσθε;

34 ἀμὴν ἀμὴν *λεγω* ὑμιν ὅτι πας ὁ ποιων την ἀμαρτιαν δουλος ἐστιν της ἀμαρτιας.

39 ἀπεκριθησαν και *είπαν* αὐτω· ὁ πατηρ ἡμων ἀβρααμ ἐστιν.

39 *λεγει* αὐτοις ὁ ἰησους· εἰ τεκνα του ἀβρααμ ἐστε, τα ἐργα του ἀβρααμ ἐποιειτε·

41 *είπαν* [οὖν] αὐτω· ἡμεις ἐκ πορνειας οὐ γεγεννημεθα, ἑνα πατερα ἐχομεν τον θεον.

42 *είπεν* αὐτοις ὁ ἰησους· εἰ ὁ θεος πατηρ ὑμων ἡν, ἠγαπατε ἀν ἐμε·

45 ἐγω δε ὅτι την ἀληθειαν *λεγω*, οὐ πιστευετε μοι.

46 εἰ ἀληθειαν *λεγω*, δια τί ὑμεις οὐ πιστευετε μοι;

48 ἀπεκριθησαν οἱ ἰουδαιοι και *είπαν* αὐτω· οὐ καλως *λεγομεν* ἡμεις ὅτι σαμαριτης εἰ συ και δαιμονιον ἐχεις;

48 οὐ καλως *λεγομεν* ἡμεις ὅτι σαμαριτης εἰ συ και δαιμονιον ἐχεις;

51 ἀμὴν ἀμὴν *λεγω* ὑμιν, ἐαν τις τον ἐμον λογον τηρηση, θανατον οὐ μη θεωρηση εἰς τον αἰωνα.

52 *είπον* [οὖν] αὐτω οἱ ἰουδαιοι· νυν ἐγνωκαμεν ὅτι δαιμονιον ἐχεις.

52 ἀβρααμ ἀπεθανεν και οἱ προφηται, και συ *λεγεις*· ἐαν τις τον λογον μου τηρηση, οὐ μη γευσηται θανατου εἰς τον αἰωνα.

54 ἐστιν ὁ πατηρ μου ὁ δοξαζων με, ὁν ὑμεις *λεγετε* ὅτι θεος ἡμων ἐστιν,

55 καν *είπω* ὅτι οὐκ οἰδα αὐτον, ἐσομαι ὁμοιος ὑμιν ψευστης·

57 *είπον* οὖν οἱ ἰουδαιοι προς αὐτον· πεντηκοντα ἐτη οὐπω ἐχεις και ἀβρααμ ἑωρακας;

58 *είπεν* αὐτοις ἰησους· ἀμὴν ἀμὴν λεγω ὑμιν, πριν ἀβρααμ γενεσθαι ἐγω εἰμι.

58 ἀμὴν ἀμὴν *λεγω* ὑμιν, πριν ἀβρααμ γενεσθαι ἐγω εἰμι.

9 2 και ἠρωτησαν αὐτον οἱ μαθηται αὐτου *λεγοντες*· ραββι, τίς ἡμαρτεν, οὑτος ἡ οἱ γονεις αὐτου, ἱνα τυφλος γεννηθη;

6 ταυτα *είπων* ἐπτυσεν χαμαι και ἐποιησεν πηλον ἐκ του πτυσματος,

7 και *είπεν* αὐτω· ὑπαγε νιψαι εἰς την κολυμβηθραν του σιλωαμ ὁ ἑρμηνευεται ἀπεσταλμενος.

λεγω [2262]

Jh 9 8   οἱ οὖν γειτονες και οἱ θεωρουντες αὐτον το προτερον, ὅτι προσαιτης ἦν, ἔλεγον· οὐχ οὗτος ἐστιν ὁ καθημενος και προσαιτων,

9   ἄλλοι ἔλεγον ὅτι οὗτος ἐστιν·

9   ἄλλοι ἔλεγον· οὐχι, ἀλλα ὁμοιος αὐτῳ ἐστιν.

9   ἐκεινος ἔλεγεν ὅτι ἐγω εἰμι.

10   ἔλεγον οὖν αὐτῳ· πῶς [οὖν] ἠνεῳχθησαν σου οἱ ὀφθαλμοι;

11   ὁ ἄνθρωπος ὁ λεγομενος ἰησους πηλον ἐποιησεν και ἐπεχρισεν μου τους ὀφθαλμους και εἰπεν μοι ὅτι ὑπαγε εἰς τον σιλωαμ και νιψαι·

11   ὁ ἄνθρωπος ὁ λεγομενος ἰησους πηλον ἐποιησεν και ἐπεχρισεν μου τους ὀφθαλμους και εἰπεν μοι ὅτι ὑπαγε εἰς τον σιλωαμ και νιψαι·

12   και εἰπαν αὐτῳ· που ἐστιν ἐκεινος;

12   που ἐστιν ἐκεινος; λεγει· οὐκ οἰδα.

15   ὁ δε εἰπεν αὐτοις· πηλον ἐπεθηκεν μου ἐπι τους ὀφθαλμους, και ἐνιψαμην, και βλεπω.

16   ἔλεγον οὖν ἐκ των φαρισαιων τινες· οὐκ ἐστιν οὗτος παρα θεου ὁ ἄνθρωπος, ὅτι το σαββατον οὐ τηρει.

16   ἄλλοι [δε] ἔλεγον· πῶς δυναται ἄνθρωπος ἁμαρτωλος τοιαυτα σημεια ποιειν;

17   λεγουσιν οὖν τῳ τυφλῳ παλιν· τί συ λεγεις περι αὐτου, ὅτι ἠνεῳξεν σου τους ὀφθαλμους;

17   τί συ λεγεις περι αὐτου, ὅτι ἠνεῳξεν σου τους ὀφθαλμους;

17   ὁ δε εἰπεν ὅτι προφητης ἐστιν.

19   και ἠρωτησαν αὐτους λεγοντες· οὗτος ἐστιν ὁ υἱος ὑμων, ὃν ὑμεις λεγετε ὅτι τυφλος ἐγεννηθη;

19   οὗτος ἐστιν ὁ υἱος ὑμων, ὃν ὑμεις λεγετε ὅτι τυφλος ἐγεννηθη; πῶς οὖν βλεπει ἀρτι;

20   ἀπεκριθησαν οὖν οἱ γονεις αὐτου και εἰπαν. οἰδαμεν ὅτι οὗτος ἐστιν ὁ υἱος ἡμων και ὅτι τυφλος ἐγεννηθη·

22   ταυτα εἰπαν οἱ γονεις αὐτου ὅτι ἐφοβουντο τους ἰουδαιους·

23   δια τουτο οἱ γονεις αὐτου εἰπαν ὅτι ἡλικιαν ἐχει, αὐτον ἐπερωτησατε.

24   ἐφωνησαν οὖν τον ἄνθρωπον ἐκ δευτερου ὃς ἦν τυφλος, και εἰπαν αὐτῳ· δος δοξαν τῳ θεῳ·

26   εἰπον οὖν αὐτῳ· τί ἐποιησεν σοι;

27   εἰπον ὑμιν ἤδη και οὐκ ἠκουσατε·

28   και ἐλοιδορησαν αὐτον και εἰπον· συ μαθητης εἰ ἐκεινου, ἡμεις δε του μωυσεως ἐσμεν μαθηται·

30   ἀπεκριθη ὁ ἄνθρωπος και εἰπεν αὐτοις· ἐν τουτῳ γαρ το θαυμαστον ἐστιν, ὅτι ὑμεις οὐκ οἰδατε ποθεν ἐστιν, και ἠνοιξεν μου τους ὀφθαλμους.

34   ἀπεκριθησαν και εἰπαν αὐτῳ· ἐν ἁμαρτιαις συ ἐγεννηθης ὅλος, και συ διδασκεις ἡμας;

35   ἠκουσεν ἰησους ὅτι ἐξεβαλον αὐτον ἐξω, και εὑρων αὐτον εἰπεν· συ πιστευεις εἰς τον υἱον του ἀνθρωπου;

36   ἀπεκριθη ἐκεινος και εἰπεν· και τίς ἐστιν, κυριε, ἱνα πιστευσω εἰς αὐτον;

37   εἰπεν αὐτῳ ὁ ἰησους· και ἑωρακας αὐτον και ὁ λαλων μετα σου ἐκεινος ἐστιν.

39   και εἰπεν ὁ ἰησους· εἰς κριμα ἐγω εἰς τον κοσμον τουτον ἦλθον, ἱνα οἱ μη βλεποντες βλεπωσιν και οἱ βλεποντες τυφλοι γενωνται.

40   και εἰπον αὐτῳ· μη και ἡμεις τυφλοι ἐσμεν;

41   εἰπεν αὐτοις ὁ ἰησους· εἰ τυφλοι ἦτε, οὐκ ἂν εἰχετε ἁμαρτιαν·

41   νυν δε λεγετε ὅτι βλεπομεν· ἡ ἁμαρτια ὑμων μενει.

10 1   ἀμην ἀμην λεγω ὑμιν, ὁ μη εἰσερχομενος δια της θυρας εἰς την αὐλην των προβατων ἀλλα ἀναβαινων ἀλλαχοθεν, ἐκεινος κλεπτης ἐστιν και ληστης·

6   ταυτην την παροιμιαν εἰπεν αὐτοις ὁ ἰησους·

7   εἰπεν οὖν παλιν ὁ ἰησους· ἀμην ἀμην λεγω ὑμιν ὅτι ἐγω εἰμι ἡ θυρα των προβατων.

7   ἀμην ἀμην λεγω ὑμιν ὅτι ἐγω εἰμι ἡ θυρα των προβατων.

20   ἔλεγον δε πολλοι ἐξ αὐτων· δαιμονιον ἐχει και μαινεται· τί αὐτου ἀκουετε;

21   ἄλλοι ἔλεγον· ταυτα τα ῥηματα οὐκ ἐστιν δαιμονιζομενου· μη δαιμονιον δυναται τυφλων ὀφθαλμους ἀνοιξαι;

24   ἐκυκλωσαν οὖν αὐτον οἱ ἰουδαιοι και ἔλεγον αὐτῳ· ἑως ποτε την ψυχην ἡμων αἰρεις;

24   εἰ συ εἰ ὁ χριστος, εἰπε ἡμιν παρρησια.

25   εἰπον ὑμιν, και οὐ πιστευετε·

34   οὐκ ἐστιν γεγραμμενον ἐν τῳ νομῳ ὑμων ὅτι ἐγω εἰπα· θεοι ἐστε;

35   εἰ ἐκεινους εἰπεν θεους προς οὓς ὁ λογος του θεου ἐγενετο, και οὐ δυναται λυθηναι ἡ γραφη,

36   ὃν ὁ πατηρ ἡγιασεν και ἀπεστειλεν εἰς τον κοσμον ὑμεις λεγετε ὅτι βλασφημεις,

---

λεγω [2262]

Jh 10 36   ὃν ὁ πατηρ ἡγιασεν και ἀπεστειλεν εἰς τον κοσμον ὑμεις λεγετε ὅτι βλασφημεις, ὅτι εἰπον· υἱος του θεου εἰμι;

41   και πολλοι ἦλθον προς αὐτον και ἔλεγον ὅτι ἰωαννης μεν σημειον ἐποιησεν οὐδεν,

41   παντα δε ὅσα εἰπεν ἰωαννης περι τουτου ἀληθη ἦν.

11 3   ἀπεστειλαν οὖν αἱ ἀδελφαι προς αὐτον λεγουσαι· κυριε, ἰδε ὃν φιλεις ἀσθενει.

4   ἀκουσας δε ὁ ἰησους εἰπεν· αὕτη ἡ ἀσθενεια οὐκ ἐστιν προς θανατον ἀλλ᾽ ὑπερ της δοξης του θεου,

7   ἐπειτα μετα τουτο λεγει τοις μαθηταις· ἀγωμεν εἰς την ἰουδαιαν παλιν.

8   λεγουσιν αὐτῳ οἱ μαθηται· ῥαββι, νυν ἐζητουν σε λιθασαι οἱ ἰουδαιοι,

11   ταυτα εἰπεν, και μετα τουτο λεγει αὐτοις·

11   ταυτα εἰπεν, και μετα τουτο λεγει αὐτοις· λαζαρος ὁ φιλος ἡμων κεκοιμηται·

12   εἰπαν οὖν οἱ μαθηται αὐτῳ· κυριε, εἰ κεκοιμηται, σωθησεται.

13   ἐκεινοι δε ἐδοξαν ὅτι περι της κοιμησεως του ὑπνου λεγει.

14   τοτε οὖν εἰπεν αὐτοις ὁ ἰησους παρρησια· λαζαρος ἀπεθανεν, και χαιρω δι᾽ ὑμας,

16   εἰπεν οὖν θωμας ὁ λεγομενος διδυμος τοις συμμαθηταις· ἀγωμεν και ἡμεις ἱνα ἀποθανωμεν μετ᾽ αὐτου.

16   εἰπεν οὖν θωμας ὁ λεγομενος διδυμος τοις συμμαθηταις· ἀγωμεν και ἡμεις ἱνα ἀποθανωμεν μετ᾽ αὐτου.

21   εἰπεν οὖν ἡ μαρθα προς τον ἰησουν· κυριε, εἰ ἦς ὧδε, οὐκ ἂν ἀπεθανεν ὁ ἀδελφος μου.

23   λεγει αὐτῃ ὁ ἰησους· ἀναστησεται ὁ ἀδελφος σου.

24   λεγει αὐτῳ ἡ μαρθα· οἰδα ὅτι ἀναστησεται ἐν τῃ ἀναστασει ἐν τῃ ἐσχατῃ ἡμερᾳ.

25   εἰπεν αὐτῃ ὁ ἰησους· ἐγω εἰμι ἡ ἀναστασις και ἡ ζωη·

27   λεγει αὐτῳ· ναι, κυριε,

28   και τουτο εἰπουσα ἀπηλθεν και ἐφωνησεν μαριαμ την ἀδελφην αὐτης λαθρᾳ εἰπουσα·

28   και τουτο εἰπουσα ἀπηλθεν και ἐφωνησεν μαριαμ την ἀδελφην αὐτης λαθρᾳ εἰπουσα· ὁ διδασκαλος παρεστιν και φωνει σε.

32   ἰδουσα αὐτον ἐπεσεν αὐτου προς τους ποδας, λεγουσα αὐτῳ· κυριε, εἰ ἦς ὧδε, οὐκ ἂν μου ἀπεθανεν ὁ ἀδελφος.

34   και εἰπεν· που τεθεικατε αὐτον;

34   λεγουσιν αὐτῳ· κυριε, ἐρχου και ἰδε.

36   ἔλεγον οὖν οἱ ἰουδαιοι· ἰδε πῶς ἐφιλει αὐτον.

37   τινες δε ἐξ αὐτων εἰπαν· οὐκ ἐδυνατο οὗτος ὁ ἀνοιξας τους ὀφθαλμους του τυφλου ποιησαι ἱνα και οὗτος μη ἀποθανῃ;

39   λεγει ὁ ἰησους· ἀρατε τον λιθον.

39   λεγει αὐτῳ ἡ ἀδελφη του τετελευτηκοτος μαρθα· κυριε, ἤδη ὄζει· τεταρταιος γαρ ἐστιν.

40   λεγει αὐτῃ ὁ ἰησους· οὐκ εἰπον σοι ὅτι ἐαν πιστευσῃς ὄψῃ την δοξαν του θεου;

40   οὐκ εἰπον σοι ὅτι ἐαν πιστευσῃς ὄψῃ την δοξαν του θεου;

41   ὁ δε ἰησους ἦρεν τους ὀφθαλμους ἀνω και εἰπεν· πατερ, εὐχαριστω σοι ὅτι ἠκουσας μου.

42   ἀλλα δια τον ὀχλον τον περιεστωτα εἰπον, ἱνα πιστευσωσιν ὅτι συ με ἀπεστειλας.

43   και ταυτα εἰπων φωνῃ μεγαλῃ ἐκραυγασεν·

44   λεγει αὐτοις ὁ ἰησους· λυσατε αὐτον και ἀφετε αὐτον ὑπαγειν.

46   τινες δε ἐξ αὐτων ἀπηλθον προς τους φαρισαιους και εἰπαν αὐτοις ἃ ἐποιησεν ἰησους.

47   και ἔλεγον· τί ποιουμεν, ὅτι οὗτος ὁ ἀνθρωπος πολλα ποιει σημεια;

49   εἰς δε τις ἐξ αὐτων καιαφας, ἀρχιερευς ὢν του ἐνιαυτου ἐκεινου, εἰπεν αὐτοις· ὑμεις οὐκ οἰδατε οὐδεν,

51   τουτο δε ἀφ᾽ ἑαυτου οὐκ εἰπεν, ἀλλα ἀρχιερευς ὢν του ἐνιαυτου ἐκεινου ἐπροφητευσεν

54   ἀλλα ἀπηλθεν ἐκειθεν εἰς την χωραν ἐγγυς της ἐρημου, εἰς ἐφραιμ λεγομενην πολιν, κακει ἐμεινεν μετα των μαθητων.

56   ἐζητουν οὖν τον ἰησουν και ἔλεγον μετ᾽ ἀλληλων ἐν τῳ ἱερῳ ἑστηκοτες· τί δοκει ὑμιν;

12 4   λεγει δε ἰουδας ὁ ἰσκαριωτης εἰς [ἐκ] των μαθητων αὐτου, ὁ μελλων αὐτον παραδιδοναι· δια τί τουτο το μυρον οὐκ ἐπραθη τριακοσιων δηναριων και ἐδοθη πτωχοις;

6   εἰπεν δε τουτο οὐχ ὅτι περι των πτωχων ἐμελεν αὐτῳ, ἀλλ᾽ ὅτι κλεπτης ἦν και το γλωσσοκομον ἐχων τα βαλλομενα ἐβασταζεν.

7   εἰπεν οὖν ὁ ἰησους· ἀφες αὐτην, ἱνα εἰς την ἡμεραν του ἐνταφιασμου μου τηρησῃ αὐτο·

19   οἱ οὖν φαρισαιοι εἰπαν προς ἑαυτους· θεωρειτε ὅτι οὐκ ὠφελειτε οὐδεν·

21   και ἠρωτων αὐτον λεγοντες· κυριε, θελομεν τον ἰησουν ἰδειν.

λεγω [2262]

Jh 12 22 ἐρχεται ὁ φιλιππος και λεγει τω ἀνδρεα·
22 ἐρχεται ἀνδρεας και φιλιππος και λεγουσιν τω ἰησου.
23 ὁ δε ἰησους ἀποκρινεται αὐτοις λεγων· ἐληλυθεν ἡ ὡρα ἱνα δοξασθῃ ὁ υἱος του ἀνθρωπου·
24 ἀμην ἀμην λεγω ὑμιν, ἐαν μη ὁ κοκκος του σιτου πεσων εἰς την γην ἀποθανῃ, αὐτος μονος μενει·
27 νυν ἡ ψυχη μου τεταρακται, και τί εἰπω· πατερ, σωσον με ἐκ της ὡρας ταυτης.
29 ὁ δε ὀχλος ὁ ἑστως και ἀκουσας ἐλεγεν βροντην γεγονεναι· ἀλλοι ἐλεγον· ἀγγελος αὐτω λελαληκεν.
29 ἀλλοι ἐλεγον· ἀγγελος αὐτω λελαληκεν.
30 ἀπεκριθη ἰησους και εἰπεν· οὐ δι ἐμε ἡ φωνη αὐτη γεγονεν ἀλλα δι ὑμας.
33 τουτο δε ἐλεγεν σημαινων ποιω θανατω ἠμελλεν ἀποθνησκειν.
34 ἡμεις ἠκουσαμεν ἐκ του νομου ὀτι ὁ χριστος μενει εἰς τον αἰωνα, και πως λεγεις συ ὀτι δει ὑψωθηναι τον υἱον του ἀνθρωπου;
35 εἰπεν οὖν αὐτοις ὁ ἰησους· ἐτι μικρον χρονον το φως ἐν ὑμιν ἐστιν.
38 τοσαυτα δε αὐτου σημεια πεποιηκοτος ἐμπροσθεν αὐτων οὐκ ἐπιστευον εἰς αὐτον, ἱνα ὁ λογος ἠσαιου του προφητου πληρωθῃ ὁν εἰπεν· κυριε, τίς ἐπιστευσεν τῃ ἀκοῃ ἡμων;
39 δια τουτο οὐκ ἠδυναντο πιστευειν, ὀτι παλιν εἰπεν ἠσαιας· τετυφλωκεν αὐτων τους ὀφθαλμους και ἐπωρωσεν αὐτων την καρδιαν,
41 ταυτα εἰπεν ἠσαιας ὀτι εἰδεν την δοξαν αὐτου, και ἐλαλησεν περι αὐτου.
44 ἰησους δε ἐκραξεν και εἰπεν· ὁ πιστευων εἰς ἐμε οὐ πιστευει εἰς ἐμε ἀλλα εἰς τον πεμψαντα με,
49 ὀτι ἐγω ἐξ ἐμαυτου οὐκ ἐλαλησα, ἀλλ ὁ πεμψας με πατηρ αὐτος μοι ἐντολην δεδωκεν τί εἰπω και τί λαλησω.
13 6 λεγει αὐτω· κυριε, συ μου νιπτεις τους ποδας;
7 ἀπεκριθη ἰησους και εἰπεν αὐτω· ὁ ἐγω ποιω συ οὐκ οἰδας ἀρτι, γνωσῃ δε μετα ταυτα.
8 λεγει αὐτω πετρος· οὐ μη νιψῃς μου τους ποδας εἰς τον αἰωνα.
9 λεγει αὐτω σιμων πετρος· κυριε, μη τους ποδας μου μονον ἀλλα και τας χειρας και την κεφαλην.
10 λεγει αὐτω ὁ ἰησους· ὁ λελουμενος οὐκ ἐχει χρειαν εἰ μη τους ποδας νιψασθαι, ἀλλ ἐστιν καθαρος ὀλος·
11 δια τουτο εἰπεν ὀτι οὐχι παντες καθαροι ἐστε.
12 ὀτε οὖν ἐνιψεν τους ποδας αὐτων [και] ἐλαβεν τα ἱματια αὐτου και ἀνεπεσεν παλιν, εἰπεν αὐτοις· γινωσκετε τί πεποιηκα ὑμιν;
13 ὑμεις φωνειτε με· ὁ διδασκαλος και ὁ κυριος, και καλως λεγετε· εἰμι γαρ.
16 ἀμην ἀμην λεγω ὑμιν, οὐκ ἐστιν δουλος μειζων του κυριου αὐτου,
18 οὐ περι παντων ὑμων λεγω· ἐγω οἰδα τίνας ἐξελεξαμην·
19 ἀπ ἀρτι λεγω ὑμιν προ του γενεσθαι, ἱνα πιστευσητε ὀταν γενηται ὀτι ἐγω εἰμι.
20 ἀμην ἀμην λεγω ὑμιν, ὁ λαμβανων ἀν τινα πεμψω ἐμε λαμβανει,
21 ταυτα εἰπων [ὁ] ἰησους ἐταραχθη τω πνευματι και ἐμαρτυρησεν και εἰπεν·
21 ταυτα εἰπων [ὁ] ἰησους ἐταραχθη τω πνευματι και ἐμαρτυρησεν και εἰπεν· ἀμην ἀμην λεγω ὑμιν ὀτι εἱς ἐξ ὑμων παραδωσει με.
21 ἀμην ἀμην λεγω ὑμιν ὀτι εἱς ἐξ ὑμων παραδωσει με.
22 ἐβλεπον εἰς ἀλληλους οἱ μαθηται ἀπορουμενοι περι τίνος λεγει.
24 νευει οὖν τουτω σιμων πετρος πυθεσθαι τίς ἀν εἰη περι οὗ λεγει.
25 ἀναπεσων οὖν ἐκεινος οὑτως ἐπι το στηθος του ἰησου λεγει αὐτω· κυριε, τίς ἐστιν;
27 λεγει οὖν αὐτω ὁ ἰησους· ὁ ποιεις ποιησον ταχιον.
28 τουτο [δε] οὐδεις ἐγνω των ἀνακειμενων προς τί εἰπεν αὐτω·
29 τινες γαρ ἐδοκουν, ἐπει το γλωσσοκομον εἰχεν ἰουδας, ὀτι λεγει αὐτω [ὁ] ἰησους· ἀγορασον ὡν χρειαν ἐχομεν εἰς την ἑορτην·
31 ὀτε οὖν ἐξηλθεν, λεγει ἰησους· νυν ἐδοξασθη ὁ υἱος του ἀνθρωπου,
33 ζητησετε με, και καθως εἰπον τοις ἰουδαιοις ὀτι ὀπου ἐγω ὑπαγω ὑμεις οὐ δυνασθε ἐλθειν, και ὑμιν λεγω ἀρτι.
33 ζητησετε με, και καθως εἰπον τοις ἰουδαιοις ὀτι ὀπου ἐγω ὑπαγω ὑμεις οὐ δυνασθε ἐλθειν, και ὑμιν λεγω ἀρτι.
36 λεγει αὐτω σιμων πετρος· κυριε, ποῦ ὑπαγεις;
37 λεγει αὐτω ὁ πετρος· κυριε, δια τί οὐ δυναμαι σοι ἀκολουθησαι ἀρτι;

λεγω [2262]

Jh 13 38 ἀμην ἀμην λεγω σοι, οὐ μη ἀλεκτωρ φωνησῃ ἑως οὗ ἀρνησῃ με τρις.
14 2 εἰ δε μη, εἰπον ἀν ὑμιν· ὀτι πορευομαι ἑτοιμασαι τοπον ὑμιν·
5 λεγει αὐτω θωμας· κυριε, οὐκ οἰδαμεν ποῦ ὑπαγεις·
6 λεγει αὐτω [ὁ] ἰησους· ἐγω εἰμι ἡ ὁδος και ἡ ἀληθεια και ἡ ζωη·
8 λεγει αὐτω φιλιππος· κυριε, δειξον ἡμιν τον πατερα, και ἀρκει ἡμιν.
9 λεγει αὐτω ὁ ἰησους· τοσουτω χρονω μεθ ὑμων εἰμι και οὐκ ἐγνωκας με, φιλιππε;
9 πως συ λεγεις· δειξον ἡμιν τον πατερα;
10 τα ῥηματα ἁ ἐγω λεγω ὑμιν ἀπ ἐμαυτου οὐ λαλω·
12 ἀμην ἀμην λεγω ὑμιν, ὁ πιστευων εἰς ἐμε τα ἐργα ἁ ἐγω ποιω κακεινος ποιησει,
22 λεγει αὐτω ἰουδας, οὐχ ὁ ἰσκαριωτης· κυριε, [και] τί γεγονεν ὀτι ἡμιν μελλεις ἐμφανιζειν σεαυτον και οὐχι τω κοσμω;
23 ἀπεκριθη ἰησους και εἰπεν αὐτω· ἐαν τις ἀγαπᾳ με, τον λογον μου τηρησει,
26 ὁ δε παρακλητος, το πνευμα το ἁγιον ὁ πεμψει ὁ πατηρ ἐν τω ὀνοματι μου, ἐκεινος ὑμας διδαξει παντα και ὑπομνησει ὑμας παντα ἁ εἰπον ὑμιν [ἐγω].
28 ἠκουσατε ὀτι ἐγω εἰπον ὑμιν· ὑπαγω και ἐρχομαι προς ὑμας.
15 15 οὐκετι λεγω ὑμας δουλους, ὀτι ὁ δουλος οὐκ οἰδεν τί ποιει αὐτου ὁ κυριος·
20 μνημονευετε του λογου οὗ ἐγω εἰπον ὑμιν·
16 4 ἀλλα ταυτα λελαληκα ὑμιν ἱνα ὀταν ἐλθη ἡ ὡρα αὐτων μνημονευητε αὐτων, ὀτι ἐγω εἰπον ὑμιν.
4 ταυτα δε ὑμιν ἐξ ἀρχης οὐκ εἰπον, ὀτι μεθ ὑμων ἠμην.
7 ἀλλ ἐγω την ἀληθειαν λεγω ὑμιν, συμφερει ὑμιν ἱνα ἐγω ἀπελθω.
12 ἐτι πολλα ἐχω ὑμιν λεγειν, ἀλλ οὐ δυνασθε βασταζειν ἀρτι·
15 δια τουτο εἰπον ὀτι ἐκ του ἐμου λαμβανει και ἀναγγελει ὑμιν.
17 εἰπαν οὖν ἐκ των μαθητων αὐτου προς ἀλληλους· τί ἐστιν τουτο ὁ λεγει ἡμιν· μικρον και οὐ θεωρειτε με, και παλιν μικρον και ὀψεσθε με;
17 τί ἐστιν τουτο ὁ λεγει ἡμιν· μικρον και οὐ θεωρειτε με, και παλιν μικρον και ὀψεσθε με;
18 ἐλεγον οὖν· τί ἐστιν τουτο [ὁ λεγει] το μικρον;
18 τί ἐστιν τουτο [ὁ λεγει] το μικρον; οὐκ οἰδαμεν τί λαλει.
19 και εἰπεν αὐτοις· περι τουτου ζητειτε μετ ἀλληλων ὀτι εἰπον·
19 περι τουτου ζητειτε μετ ἀλληλων ὀτι εἰπον· μικρον και οὐ θεωρειτε με, και παλιν μικρον και ὀψεσθε με;
20 ἀμην ἀμην λεγω ὑμιν ὀτι κλαυσετε και θρηνησετε ὑμεις, ὁ δε κοσμος χαρησεται·
23 ἀμην ἀμην λεγω ὑμιν, ἀν τι αἰτησητε τον πατερα ἐν τω ὀνοματι μου δωσει ὑμιν.
26 και οὐ λεγω ὑμιν ὀτι ἐγω ἐρωτησω τον πατερα περι ὑμων·
29 λεγουσιν οἱ μαθηται αὐτου· ἰδε νυν ἐν παρρησιᾳ λαλεις, και παροιμιαν οὐδεμιαν λεγεις·
29 ἰδε νυν ἐν παρρησιᾳ λαλεις, και παροιμιαν οὐδεμιαν λεγεις·
17 1 ταυτα ἐλαλησεν ἰησους, και ἐπαρας τους ὀφθαλμους αὐτου εἰς τον οὐρανον εἰπεν· πατερ, ἐληλυθεν ἡ ὡρα·
18 1 ταυτα εἰπων ἰησους ἐξηλθεν συν τοις μαθηταις αὐτου περαν του χειμαρρου του κεδρων,
4 ἰησους οὖν εἰδως παντα τα ἐρχομενα ἐπ αὐτον ἐξηλθεν και λεγει αὐτοις· τίνα ζητειτε;
5 λεγει αὐτοις· ἐγω εἰμι.
6 ὡς οὖν εἰπεν αὐτοις· ἐγω εἰμι, ἀπηλθον εἰς τα ὀπισω και ἐπεσαν χαμαι.
7 οἱ δε εἰπαν· ἰησουν τον ναζωραιον.
8 ἀπεκριθη ἰησους· εἰπον ὑμιν ὀτι ἐγω εἰμι·
9 ἱνα πληρωθη ὁ λογος ὁν εἰπεν, ὀτι οὓς δεδωκας μοι, οὐκ ἀπωλεσα ἐξ αὐτων οὐδενα.
11 εἰπεν οὖν ὁ ἰησους τω πετρω· βαλε την μαχαιραν εἰς την θηκην·
16 ἐξηλθεν οὖν ὁ μαθητης ὁ ἀλλος ὁ γνωστος του ἀρχιερεως και εἰπεν τῃ θυρωρω,
17 λεγει οὖν τω πετρω ἡ παιδισκη ἡ θυρωρος· μη και συ ἐκ των μαθητων εἰ του ἀνθρωπου τουτου;
17 λεγει ἐκεινος· οὐκ εἰμι.
21 ἐρωτησον τους ἀκηκοοτας τί ἐλαλησα αὐτοις· ἰδε οὑτοι οἰδασιν ἁ εἰπον ἐγω.
22 ταυτα δε αὐτου εἰποντος εἱς παρεστηκως των ὑπηρετων ἐδωκεν ῥαπισμα τω ἰησου εἰπων·
22 ταυτα δε αὐτου εἰποντος εἱς παρεστηκως των ὑπηρετων ἐδωκεν ῥαπισμα τω ἰησου εἰπων· οὑτως ἀποκρινῃ τω ἀρχιερει;
25 εἰπον οὖν αὐτω· μη και συ ἐκ των μαθητων αὐτου εἰ;
25 ἠρνησατο ἐκεινος και εἰπεν· οὐκ εἰμι.

λεγω [2262]

Jh 18 26   *λεγει* εἰς ἐκ των δουλων του ἀρχιερεως, συγγενης ὤν οὗ ἀπεκοψεν πετρος το ὠτιον· οὐκ ἐγω σε εἰδον ἐν τω κηπω μετ αὐτου;

30   ἀπεκριθησαν και *εἰπαν* αὐτω· εἰ μη ἠν οὑτος κακον ποιων, οὐκ ἀν σοι παρεδωκαμεν αὐτον.

31   *εἰπεν* οὖν αὐτοις ὁ πιλατος· λαβετε αὐτον ὑμεις, και κατα τον νομον ὑμων κρινατε αὐτον.

31   *εἰπον* αὐτω οἱ ιουδαιοι· ἡμιν οὐκ ἐξεστιν ἀποκτειναι οὐδενα·

32   ἱνα ὁ λογος του ιησου πληρωθη ὃν *εἰπεν* σημαινων ποιω θανατω ἠμελλεν ἀποθνησκειν.

33   εἰσηλθεν οὖν παλιν εἰς το πραιτωριον ὁ πιλατος και ἐφωνησεν τον ιησουν και *εἰπεν* αὐτω· συ εἰ ὁ βασιλευς των ιουδαιων;

34   ἀπο σεαυτου συ τουτο *λεγεις*, ἠ ἀλλοι εἰπον σοι περι ἐμου;

34   ἀπο σεαυτου συ τουτο *λεγεις*, ἠ ἀλλοι *εἰπον* σοι περι ἐμου;

37   *εἰπεν* οὖν αὐτω ὁ πιλατος· οὐκουν βασιλευς εἰ συ;

37   συ *λεγεις* ὁτι βασιλευς εἰμι.

38   *λεγει* αὐτω ὁ πιλατος· τι ἐστιν ἀληθεια;

38   και τουτο *εἰπων* παλιν ἐξηλθεν προς τους ιουδαιους,

38   και *λεγει* αὐτοις· ἐγω οὐδεμιαν εὑρισκω ἐν αὐτω αἰτιαν.

40   ἐκραυγασαν οὖν παλιν *λεγοντες*· μη τουτον, ἀλλα τον βαραββαν.

19 3   και ἠρχοντο προς αὐτον και *ἐλεγον*· χαιρε ὁ βασιλευς των ιουδαιων·

4   και ἐξηλθεν παλιν ἐξω ὁ πιλατος και *λεγει* αὐτοις· ἰδε ἀγω ὑμιν αὐτον ἐξω, ἱνα γνωτε ὁτι οὐδεμιαν αἰτιαν εὑρισκω ἐν αὐτω.

5   και *λεγει* αὐτοις· ἰδου ὁ ἀνθρωπος.

6   ὁτε οὖν εἰδον αὐτον οἱ ἀρχιερεις και οἱ ὑπηρεται, ἐκραυγασαν *λεγοντες*· σταυρωσον σταυρωσον.

6   *λεγει* αὐτοις ὁ πιλατος· λαβετε αὐτον ὑμεις και σταυρωσατε·

9   και εἰσηλθεν εἰς το πραιτωριον παλιν και *λεγει* τω ιησου· ποθεν εἰ συ;

10   *λεγει* οὖν αὐτω ὁ πιλατος· ἐμοι οὐ λαλεις;

12   οἱ δε ιουδαιοι ἐκραυγασαν *λεγοντες*· ἐαν τουτον ἀπολυσης, οὐκ εἰ φιλος του καισαρος·

13   και ἐκαθισεν ἐπι βηματος εἰς τοπον *λεγομενον* λιθοστρωτον, ἑβραιστι δε γαββαθα.

14   και *λεγει* τοις ιουδαιοις· ἰδε ὁ βασιλευς ὑμων.

15   *λεγει* αὐτοις ὁ πιλατος· τον βασιλεα ὑμων σταυρωσω;

17   και βασταζων ἑαυτω τον σταυρον ἐξηλθεν εἰς τον *λεγομενον* κρανιου τοπον, ὁ *λεγεται* ἑβραιστι γολγοθα, ὁπου αὐτον ἐσταυρωσαν,

17   και βασταζων ἑαυτω τον σταυρον ἐξηλθεν εἰς τον *λεγομενον* κρανιου τοπον, ὁ *λεγεται* ἑβραιστι γολγοθα, ὁπου αὐτον ἐσταυρωσαν,

21   *ἐλεγον* οὖν τω πιλατω οἱ ἀρχιερεις των ιουδαιων· μη γραφε· ὁ βασιλευς των ιουδαιων, ἀλλ ὁτι ἐκεινος εἰπεν· βασιλευς εἰμι των ιουδαιων.

21   μη γραφε· ὁ βασιλευς των ιουδαιων, ἀλλ ὁτι ἐκεινος *εἰπεν*· βασιλευς εἰμι των ιουδαιων.

24   *εἰπαν* οὖν προς ἀλληλους· μη σχισωμεν αὐτον, ἀλλα λαχωμεν περι αὐτου τινος ἐσται·

24   ἱνα ἡ γραφη πληρωθη [ἡ *λεγουσα*]· διεμερισαντο τα ιματια μου ἑαυτοις και ἐπι τον ιματισμον μου ἐβαλον κληρον.

26   ιησους οὖν ἰδων την μητερα και τον μαθητην παρεστωτα ὁν ἠγαπα, *λεγει* τη μητρι· γυναι, ἰδε ὁ υἱος σου.

27   εἰτα *λεγει* τω μαθητη· ἰδε ἡ μητηρ σου.

28   μετα τουτο εἰδως ὁ ιησους ὁτι ἠδη παντα τετελεσται, ἱνα τελειωθη ἡ γραφη, *λεγει*· διψω.

30   ὁτε οὖν ἐλαβεν το ὀξος [ὁ] ιησους *εἰπεν*· τετελεσται, και κλινας την κεφαλην παρεδωκεν το πνευμα.

35   και ἐκεινος οἰδεν ὁτι ἀληθη *λεγει*, ἱνα και ὑμεις πιστευ[σ]ητε.

37   και παλιν ἑτερα γραφη *λεγει*· ὀψονται εἰς ὁν ἐξεκεντησαν.

20 2   και *λεγει* αὐτοις· ἠραν τον κυριον ἐκ του μνημειου, και οὐκ οἰδαμεν που ἐθηκαν αὐτον.

13   και *λεγουσιν* αὐτη ἐκεινοι· γυναι, τι κλαιεις;

13   *λεγει* αὐτοις ὁτι ἠραν τον κυριον μου, και οὐκ οἰδα που ἐθηκαν αὐτον.

14   ταυτα *εἰπουσα* ἐστραφη εἰς τα ὀπισω, και θεωρει τον ιησουν ἑστωτα,

15   *λεγει* αὐτη ιησους· γυναι, τι κλαιεις;

15   ἐκεινη δοκουσα ὁτι ὁ κηπουρος ἐστιν, *λεγει* αὐτω· κυριε, εἰ συ ἐβαστασας αὐτον, εἰπε μοι που ἐθηκας αὐτον, καγω αὐτον ἀρω.

15   κυριε, εἰ συ ἐβαστασας αὐτον, *εἰπε* μοι που ἐθηκας αὐτον, καγω αὐτον ἀρω.

16   *λεγει* αὐτη ιησους· μαριαμ.

λεγω [2262]

Jh 20 16   στραφεισα ἐκεινη *λεγει* αὐτω ἑβραιστι· ραββουνι ὁ *λεγεται* διδασκαλε.

16   στραφεισα ἐκεινη *λεγει* αὐτω ἑβραιστι· ραββουνι ὁ *λεγεται* διδασκαλε.

17   *λεγει* αὐτη ιησους· μη μου ἀπτου, οὐπω γαρ ἀναβεβηκα προς τον πατερα·

17   πορευου δε προς τους ἀδελφους μου και *εἰπε* αὐτοις· ἀναβαινω προς τον πατερα μου

18   ἐρχεται μαριαμ ἡ μαγδαληνη ἀγγελλουσα τοις μαθηταις ὁτι ἑωρακα τον κυριον, και ταυτα *εἰπεν* αὐτη.

19   ἠλθεν ὁ ιησους και ἐστη εἰς το μεσον, και *λεγει* αὐτοις· εἰρηνη ὑμιν.

20   και τουτο *εἰπων* ἐδειξεν τας χειρας και την πλευραν αὐτοις.

21   *εἰπεν* οὖν αὐτοις [ὁ ιησους] παλιν· εἰρηνη ὑμιν·

22   και τουτο *εἰπων* ἐνεφυσησεν και *λεγει* αὐτοις·

22   και τουτο *εἰπων* ἐνεφυσησεν και *λεγει* αὐτοις· λαβετε πνευμα ἁγιον.

24   θωμας δε εἰς ἐκ των δωδεκα, ὁ *λεγομενος* διδυμος, οὐκ ἠν μετ αὐτων ὁτε ἠλθεν ιησους.

25   *ἐλεγον* οὖν αὐτω οἱ ἀλλοι μαθηται· ἑωρακαμεν τον κυριον.

25   ὁ δε *εἰπεν* αὐτοις· ἐαν μη ἰδω ἐν ταις χερσιν αὐτου τον τυπον των ἡλων και βαλω τον δακτυλον μου εἰς τον τυπον των ἡλων και βαλω μου την χειρα εἰς την πλευραν αὐτου, οὐ μη πιστευσω.

26   και ἐστη εἰς το μεσον και *εἰπεν*· εἰρηνη ὑμιν.

27   εἰτα *λεγει* τω θωμα· φερε τον δακτυλον σου ὡδε και ἰδε τας χειρας μου,

28   ἀπεκριθη θωμας και *εἰπεν* αὐτω· ὁ κυριος μου και ὁ θεος μου.

29   *λεγει* αὐτω ὁ ιησους· ὁτι ἑωρακας με, πεπιστευκας;

21 2   ἠσαν ὁμου σιμων πετρος και θωμας ὁ *λεγομενος* διδυμος και ναθαναηλ ὁ ἀπο κανα της γαλιλαιας και οἱ του ζεβεδαιου και ἀλλοι ἐκ των μαθητων αὐτου δυο.

3   *λεγει* αὐτοις σιμων πετρος· ὑπαγω ἁλιευειν.

3   *λεγουσιν* αὐτω· ἐρχομεθα και ἡμεις συν σοι.

5   *λεγει* οὖν αὐτοις [ὁ] ιησους· παιδια, μη τι προσφαγιον ἐχετε;

6   ὁ δε *εἰπεν* αὐτοις· βαλετε εἰς τα δεξια μερη του πλοιου το δικτυον, και εὑρησετε.

7   *λεγει* οὖν ὁ μαθητης ἐκεινος ὁν ἠγαπα ὁ ιησους τω πετρω· ὁ κυριος ἐστιν.

10   *λεγει* αὐτοις ὁ ιησους· ἐνεγκατε ἀπο των ὀψαριων ὡν ἐπιασατε νυν.

12   *λεγει* αὐτοις ὁ ιησους· δευτε ἀριστησατε.

15   ὁτε οὖν ἠριστησαν, *λεγει* τω σιμωνι πετρω ὁ ιησους· σιμων ιωαννου, ἀγαπας με πλεον τουτων;

15   *λεγει* αὐτω· ναι, κυριε, συ οἰδας ὁτι φιλω σε.

15   *λεγει* αὐτω· βοσκε τα ἀρνια μου.

16   *λεγει* αὐτω παλιν δευτερον· σιμων ιωαννου, ἀγαπας με;

16   *λεγει* αὐτω· ναι, κυριε, συ οἰδας ὁτι φιλω σε.

16   *λεγει* αὐτω· ποιμαινε τα προβατα μου.

17   *λεγει* αὐτω το τριτον· σιμων ιωαννου, φιλεις με;

17   ἐλυπηθη ὁ πετρος ὁτι *εἰπεν* αὐτω το τριτον· φιλεις με;

17   και *λεγει* αὐτω· κυριε, παντα συ οἰδας, συ γινωσκεις ὁτι φιλω σε·

17   *λεγει* αὐτω [ὁ ιησους]· βοσκε τα προβατα μου.

18   ἀμην ἀμην *λεγω* σοι, ὁτε ἠς νεωτερος, ἐζωννυες σεαυτον και περιεπατεις ὁπου ἠθελες·

19   τουτο δε *εἰπεν* σημαινων ποιω θανατω δοξασει τον θεον.

19   και τουτο *εἰπων* *λεγει* αὐτω·

19   και τουτο *εἰπων* *λεγει* αὐτω· ἀκολουθει μοι.

20   ὁς και ἀνεπεσεν ἐν τω δειπνω ἐπι το στηθος αὐτου και *εἰπεν*· κυριε, τις ἐστιν ὁ παραδιδους σε;

21   τουτον οὖν ἰδων ὁ πετρος *λεγει* τω ιησου· κυριε, οὑτος δε τι;

22   *λεγει* αὐτω ὁ ιησους· ἐαν αὐτον θελω μενειν ἑως ἐρχομαι, τι προς σε;

23   οὐκ *εἰπεν* δε αὐτω ὁ ιησους ὁτι οὐκ ἀποθνησκει, ἀλλ· ἐαν αὐτον θελω μενειν ἑως ἐρχομαι, [τι προς σε];

Ac 1 3   δι ἡμερων τεσσερακοντα ὀπτανομενος αὐτοις και *λεγων* τα περι της βασιλειας του θεου·

6   οἱ μεν οὖν συνελθοντες ἠρωτων αὐτον *λεγοντες*· κυριε, εἰ ἐν τω χρονω τουτω ἀποκαθιστανεις την βασιλειαν τω ισραηλ;

7   *εἰπεν* δε προς αὐτους· οὐχ ὑμων ἐστιν γνωναι χρονους ἠ καιρους οὑς ὁ πατηρ ἐθετο ἐν τη ἰδια ἐξουσια,

9   και ταυτα *εἰπων* βλεποντων αὐτων ἐπηρθη,

11   οἱ και *εἰπαν*· ἀνδρες γαλιλαιοι, τι ἑστηκατε [ἐμ]βλεποντες εἰς τον οὐρανον;

15   και ἐν ταις ἡμεραις ταυταις ἀναστας πετρος ἐν μεσω των ἀδελφων *εἰπεν*· ἠν τε ὀχλος ὀνοματων ἐπι το αὐτο ὡσει ἑκατονεικοσι· ἀνδρες ἀδελφοι, ἐδει πληρωθηναι την γραφην

24   και προσευξαμενοι *εἰπαν*· συ κυριε καρδιογνωστα παντων,

λεγω [2262]

Ac

2 7 ἐξισταντο δε και ἐθαυμαζον λεγοντες· οὐχ ἰδου ἀπαντες
ουτοι εἰσιν οἱ λαλουντες γαλιλαιοι;

12 ἐξισταντο δε παντες και διηπορουν, ἀλλος προς ἀλλον
λεγοντες· τι θελει τουτο εἰναι;

13 ἑτεροι δε διαχλευαζοντες ἐλεγον ὁτι γλευκους μεμεστωμενοι
εἰσιν.

17 και ἐσται ἐν ταις ἐσχαταις ἡμεραις, λεγει ὁ θεος, ἐκχεω ἀπο
του πνευματος μου ἐπι πασαν σαρκα,

25 δαυιδ γαρ λεγει εἰς αὐτον· προορωμην τον κυριον ἐνωπιον
μου δια παντος,

29 ἀνδρες ἀδελφοι, ἐξον εἰπειν μετα παρρησιας προς ὑμας περι
του πατριαρχου δαυιδ,

34 οὐ γαρ δαυιδ ἀνεβη εἰς τους οὐρανους, λεγει δε αὐτος· εἰπεν
[ὁ] κυριος τω κυριω μου· καθου ἐκ δεξιων μου,

34 εἰπεν [ὁ] κυριος τω κυριω μου· καθου ἐκ δεξιων μου, ἑως ἀν
θω τους ἐχθρους σου ὑποποδιον των ποδων σου.

37 εἰπον τε προς τον πετρον και τους λοιπους ἀποστολους· τι
ποιησωμεν, ἀνδρες ἀδελφοι;

40 και παρεκαλει αὐτους λεγων· σωθητε ἀπο της γενεας της
σκολιας ταυτης.

3 2 και τις ἀνηρ χωλος ἐκ κοιλιας μητρος αὐτου ὑπαρχων
ἐβασταζετο, ὁν ἐτιθουν καθ ἡμεραν προς την θυραν του ἱερου
την λεγομενην ὡραιαν

4 ἀτενισας δε πετρος εἰς αὐτον συν τω ἰωαννη εἰπεν· βλεψον εἰς
ἡμας.

6 εἰπεν δε πετρος· ἀργυριον και χρυσιον οὐχ ὑπαρχει μοι· ὁ δε
ἐχω, τουτο σοι διδωμι·

22 μωυσης μεν εἰπεν ὁτι προφητην ὑμιν ἀναστησει κυριος ὁ θεος
ὑμων ἐκ των ἀδελφων ὑμων ὡς ἐμε·

25 ὑμεις ἐστε οἱ υἱοι των προφητων και της διαθηκης ἡς διεθετο
ὁ θεος προς τους πατερας ὑμων, λεγων προς ἀβρααμ· και ἐν
τω σπερματι σου [ἐν]ευλογηθησονται πασαι αἱ πατριαι της
γης.

4 8 τοτε πετρος πλησθεις πνευματος ἀγιου εἰπεν προς αὐτους·
ἀρχοντες του λαου και πρεσβυτεροι,

16 κελευσαντες δε αὐτους ἐξω του συνεδριου ἀπελθειν,
συνεβαλλον προς ἀλληλους λεγοντες· τι ποιησωμεν τοις
ἀνθρωποις τουτοις;

19 ὁ δε πετρος και ἰωαννης ἀποκριθεντες εἰπον προς αὐτους· εἰ
δικαιον ἐστιν ἐνωπιον του θεου, ὑμων ἀκουειν μαλλον ἠ του
θεου, κρινατε·

23 ἀπολυθεντες δε ἠλθον προς τους ἰδιους και ἀπηγγειλαν ὁσα
προς αὐτους οἱ ἀρχιερεις και οἱ πρεσβυτεροι εἰπαν.

24 οἱ δε ἀκουσαντες ὁμοθυμαδον ἠραν φωνην προς τον θεον και
εἰπαν· δεσποτα, συ ὁ ποιησας τον οὐρανον και την γην και
την θαλασσαν και παντα τα ἐν αὐτοις,

25 ὁ του πατρος ἡμων δια πνευματος ἀγιου στοματος δαυιδ
παιδος σου εἰπων· ἰνατι ἐφρυαξαν ἐθνη και λαοι ἐμελετησαν
κενα;

32 και οὐδε εἰς τι των ὑπαρχοντων αὐτω ἐλεγεν ἰδιον εἰναι,

5 3 εἰπεν δε ὁ πετρος· ἀνανια, δια τι ἐπληρωσεν ὁ σατανας την
καρδιαν σου, ψευσασθαι σε το πνευμα το ἀγιον και
νοσφισασθαι ἀπο της τιμης του χωριου;

8 εἰπε μοι, εἰ τοσουτου το χωριον ἀπεδοσθε;

8 ἡ δε εἰπεν· ναι, τοσουτου.

19 ἀγγελος δε κυριου δια νυκτος ἀνοιξας τας θυρας της φυλακης
ἐξαγαγων τε αὐτους εἰπεν· πορευεσθε και σταθεντες λαλειτε
ἐν τω ἱερω τω λαω παντα τα ρηματα της ζωης ταυτης.

23 ἀναστρεψαντες δε ἀπηγγειλαν λεγοντες ὁτι το δεσμωτηριον
εὑρομεν κεκλεισμενον ἐν παση ἀσφαλεια και τους φυλακας
ἐστωτας ἐπι των θυρων, ἀνοιξαντες δε ἐσω οὐδενα εὑρομεν.

28 και ἐπηρωτησεν αὐτους ὁ ἀρχιερευς λεγων· [οὐ] παραγγελια
παρηγγειλαμεν ὑμιν μη διδασκειν ἐπι τω ὀνοματι τουτω;

29 ἀποκριθεις δε πετρος και οἱ ἀποστολοι εἰπαν· πειθαρχειν δει
θεω μαλλον ἠ ἀνθρωποις.

35 ἐκελευσεν ἐξω βραχυ τους ἀνθρωπους ποιησαι, εἰπεν τε προς
αὐτους· ἀνδρες ἰσραηλιται, προσεχετε ἑαυτοις ἐπι τοις
ἀνθρωποις τουτοις τι μελλετε πρασσειν.

36 προ γαρ τουτων των ἡμερων ἀνεστη θευδας, λεγων εἰναι τινα
ἑαυτον, ᾡ προσεκλιθη ἀνδρων ἀριθμος ὡς τετρακοσιων·

38 και τα νυν λεγω ὑμιν, ἀποστητε ἀπο των ἀνθρωπων τουτων
και ἀφετε αὐτους·

6 2 προσκαλεσαμενοι δε οἱ δωδεκα το πληθος των μαθητων
εἰπαν· οὐκ ἀρεστον ἐστιν ἡμας καταλειψαντας τον λογον του
θεου διακονειν τραπεζαις.

9 ἀνεστησαν δε τινες των ἐκ της συναγωγης της λεγομενης
λιβερτινων και κυρηναιων και ἀλεξανδρεων και των ἀπο
κιλικιας και ἀσιας συζητουντες τω στεφανω,

λεγω [2262]

Ac

6 11 τοτε ὑπεβαλον ἀνδρας λεγοντας ὁτι ἀκηκοαμεν αὐτου
λαλουντος ρηματα βλασφημα εἰς μωυσην και τον θεον·

13 ἐστησαν τε μαρτυρας ψευδεις λεγοντας· ὁ ἀνθρωπος οὑτος οὐ
παυεται λαλων ρηματα κατα του τοπου του ἀγιου [τουτου]
και του νομου.

14 ἀκηκοαμεν γαρ αὐτου λεγοντος ὁτι ἰησους ὁ ναζωραιος
οὑτος καταλυσει τον τοπον τουτον και ἀλλαξει τα ἐθη ἀ
παρεδωκεν ἡμιν μωυσης.

7 1 εἰπεν δε ὁ ἀρχιερευς· εἰ ταυτα οὑτως ἐχει;

3 και εἰπεν προς αὐτον· ἐξελθε ἐκ της γης σου και [ἐκ] της
συγγενειας σου,

7 και το ἐθνος ᾡ ἐαν δουλευσουσιν κρινω ἐγω, ὁ θεος εἰπεν,
και μετα ταυτα ἐξελευσονται και λατρευσουσιν μοι ἐν τω
τοπω τουτω.

26 και συνηλλασσεν αὐτους εἰς εἰρηνην εἰπων· ἀνδρες, ἀδελφοι
ἐστε· ἰνατι ἀδικειτε ἀλληλους;

27 ὁ δε ἀδικων τον πλησιον ἀπωσατο αὐτον εἰπων· τις σε
κατεστησεν ἀρχοντα και δικαστην ἐφ ἡμων;

33 εἰπεν δε αὐτω ὁ κυριος· λυσον το ὑποδημα των ποδων σου·

35 τουτον τον μωυσην, ὁν ἠρνησαντο εἰποντες· τις σε
κατεστησεν ἀρχοντα και δικαστην;

37 οὑτος ἐστιν ὁ μωυσης ὁ εἰπας τοις υἱοις ἰσραηλ· προφητην
ὑμιν ἀναστησει ὁ θεος ἐκ των ἀδελφων ὑμων ὡς ἐμε.

40 ἀλλα ἀπωσαντο και ἐστραφησαν ἐν ταις καρδιαις αὐτων εἰς
αἰγυπτον, εἰποντες τω ἀαρων· ποιησον ἡμιν θεους οἱ
προπορευσονται ἡμων·

48 ἀλλ οὐχ ὁ ὑψιστος ἐν χειροποιητοις κατοικει· καθως ὁ
προφητης λεγει· ὁ οὐρανος μοι θρονος, ἡ δε γη ὑποποδιον
των ποδων μου·

49 ποιον οἰκον οἰκοδομησετε μοι, λεγει κυριος, ἠ τις τοπος της
καταπαυσεως μου;

56 και εἰπεν· ἰδου θεωρω τους οὐρανους διηνοιγμενους και τον
υἱον του ἀνθρωπου ἐκ δεξιων ἐστωτα του θεου.

59 και ἐλιθοβολουν τον στεφανον, ἐπικαλουμενον και λεγοντα·
κυριε ἰησου, δεξαι το πνευμα μου.

60 και τουτο εἰπων ἐκοιμηθη.

8 6 προσειχον δε οἱ ὀχλοι τοις λεγομενοις ὑπο του φιλιππου
ὁμοθυμαδον ἐν τω ἀκουειν αὐτους και βλεπειν τα σημεια ἀ
ἐποιει.

9 ἀνηρ δε τις ὀνοματι σιμων προυπηρχεν ἐν τη πολει μαγευων
και ἐξιστανων το ἐθνος της σαμαρειας, λεγων εἰναι τινα
ἑαυτον μεγαν,

10 ᾡ προσειχον παντες ἀπο μικρου ἑως μεγαλου λεγοντες· οὑτος
ἐστιν ἡ δυναμις του θεου ἡ καλουμενη μεγαλη.

19 ἰδων δε ὁ σιμων ὁτι δια της ἐπιθεσεως των χειρων των
ἀποστολων διδοται το πνευμα, προσηνεγκεν αὐτοις χρηματα
λεγων· δοτε καμοι την ἐξουσιαν ταυτην

20 πετρος δε εἰπεν προς αὐτον· το ἀργυριον σου συν σοι εἰη εἰς
ἀπωλειαν,

24 ἀποκριθεις δε ὁ σιμων εἰπεν· δεηθητε ὑμεις ὑπερ ἐμου προς
τον κυριον, ὁπως μηδεν ἐπελθη ἐπ ἐμε ὡν εἰρηκατε.

26 ἀγγελος δε κυριου ἐλαλησεν προς φιλιππον λεγων· ἀναστηθι
και πορευου κατα μεσημβριαν ἐπι την ὁδον

29 εἰπεν δε το πνευμα τω φιλιππω· προσελθε και κολληθητι τω
ἀρματι τουτω.

30 προσδραμων δε ὁ φιλιππος ἠκουσεν αὐτου ἀναγινωσκοντος
ἠσαιαν τον προφητην, και εἰπεν· ἀρα γε γινωσκεις ἀ
ἀναγινωσκεις;

31 ὁ δε εἰπεν· πως γαρ ἀν δυναιμην ἐαν μη τις ὁδηγησει με;

34 ἀποκριθεις δε ὁ εὐνουχος τω φιλιππω εἰπεν· δεομαι σου, περι
τινος ὁ προφητης λεγει τουτο;

34 δεομαι σου, περι τινος ὁ προφητης λεγει τουτο;

37 * εἰπεν δε· εἰ πιστευεις ἐξ ὁλης της καρδιας, ἐξεστιν.

37 * ἀποκριθεις δε εἰπεν· πιστευω τον υἱον του θεου εἰναι τον
ἰησουν χριστον.

9 4 και πεσων ἐπι την γην ἠκουσεν φωνην λεγουσαν αὐτω·
σαουλ σαουλ, τι με διωκεις;

5 εἰπεν δε· τις εἰ, κυριε;

10 και εἰπεν προς αὐτον ἐν ὁραματι ὁ κυριος· ἀνανια.

10 ὁ δε εἰπεν· ἰδου ἐγω, κυριε.

15 εἰπεν δε προς αὐτον ὁ κυριος· πορευου, ὁτι σκευος ἐκλογης
ἐστιν μοι οὑτος του βαστασαι το ὀνομα μου ἐνωπιον ἐθνων
τε και βασιλεων υἱων τε ἰσραηλ·

17 και ἐπιθεις ἐπ αὐτον τας χειρας εἰπεν· σαουλ ἀδελφε, ὁ κυριος
ἀπεσταλκεν με,

21 ἐξισταντο δε παντες οἱ ἀκουοντες και ἐλεγον· οὐχ οὑτος
ἐστιν ὁ πορθησας εἰς ἰερουσαλημ τους ἐπικαλουμενους το
ὀνομα τουτο,

34 και εἰπεν αὐτω ὁ πετρος· αἰνεα, ἰαται σε ἰησους χριστος·

λεγω [2262]

Ac 9 36 ἐν ἰοππη δε τις ἦν μαθητρια ὀνοματι ταβιθα, ἡ διερμηνευομενη *λεγεται* δορκας·

40 και ἐπιστρεψας προς το σωμα *εἰπεν*· ταβιθα, ἀναστηθι.

10 3 εἰδεν ἐν ὁραματι φανερως, ὡσει περι ὡραν ἐνατην της ἡμερας, ἀγγελον του θεου εἰσελθοντα προς αὐτον και *εἰποντα* αὐτω· κορνηλιε.

4 ὁ δε ἀτενισας αὐτω και ἐμφοβος γενομενος *εἰπεν*· τι ἐστιν, κυριε,

4 *εἰπεν* δε αὐτω· αἱ προσευχαι σου και αἱ ἐλεημοσυναι σου ἀνεβησαν εἰς μνημοσυνον ἐμπροσθεν του θεου.

14 ὁ δε πετρος *εἰπεν*· μηδαμως, κυριε, ὁτι οὐδεποτε ἐφαγον παν κοινον και ἀκαθαρτον.

19 του δε πετρου διενθυμουμενου περι του ὁραματος *εἰπεν* [αὐτω] το πνευμα· ἰδου ἀνδρες τρεις ζητουντες σε·

21 καταβας δε πετρος προς τους ἀνδρας *εἰπεν*· ἰδου ἐγω εἰμι ὁν ζητειτε·

22 οἱ δε *εἰπαν*· κορνηλιος ἑκατονταρχης, ἀνηρ δικαιος και φοβουμενος τον θεον,

26 ὁ δε πετρος ἡγειρεν αὐτον *λεγων*· ἀναστηθι· και ἐγω αὐτος ἀνθρωπος εἰμι.

28 καμοι ὁ θεος ἐδειξεν μηδενα κοινον ἡ ἀκαθαρτον *λεγειν* ἀνθρωπον·

34 ἀνοιξας δε πετρος το στομα *εἰπεν*· ἐπ ἀληθειας καταλαμβανομαι ὁτι οὐκ ἐστιν προσωπολημπτης ὁ θεος,

11 3 ὁτε δε ἀνεβη πετρος εἰς ἰερουσαλημ, διεκρινοντο προς αὐτον οἱ ἐκ περιτομης *λεγοντες* ὁτι εἰσηλθες προς ἀνδρας ἀκροβυστιαν ἐχοντας και συνεφαγες αὐτοις.

4 ἀρξαμενος δε πετρος ἐξετιθετο αὐτοις καθεξης *λεγων*· ἐγω ἡμην ἐν πολει ἰοππη προσευχομενος,

7 ἡκουσα δε και φωνης *λεγουσης* μοι· ἀναστας, πετρε, θυσον και φαγε.

8 *εἰπον* δε· μηδαμως, κυριε, ὁτι κοινον ἡ ἀκαθαρτον οὐδεποτε εἰσηλθεν εἰς το στομα μου.

12 *εἰπεν* δε το πνευμα μοι συνελθειν αὐτοις μηδεν διακριναντα.

13 ἀπηγγειλεν δε ἡμιν πως εἰδεν [τον] ἀγγελον ἐν τω οἰκω αὐτου σταθεντα και *εἰποντα*· ἀποστειλον εἰς ἰοππην και μεταπεμψαι σιμωνα τον ἐπικαλουμενον πετρον,

16 ἐμνησθην δε του ῥηματος του κυριου, ὡς *ἐλεγεν*· ἰωαννης μεν ἐβαπτισεν ὑδατι, ὑμεις δε βαπτισθησεσθε ἐν πνευματι ἀγιω.

18 ἀκουσαντες δε ταυτα ἡσυχασαν, και ἐδοξασαν τον θεον *λεγοντες*· ἀρα και τοις ἐθνεσιν ὁ θεος την μετανοιαν εἰς ζωην ἐδωκεν.

12 7 παταξας δε την πλευραν του πετρου ἡγειρεν αὐτον *λεγων*· ἀναστα ἐν ταχει.

8 *εἰπεν* δε ὁ ἀγγελος προς αὐτον· ζωσαι και ὑποδησαι τα σανδαλια σου.

8 και *λεγει* αὐτω· περιβαλου το ἱματιον σου και ἀκολουθει μοι.

11 και ὁ πετρος ἐν ἑαυτω γενομενος *εἰπεν*· νυν οἰδα ἀληθως ὁτι ἐξαπεστειλεν [ὁ] κυριος τον ἀγγελον αὐτου και ἐξειλατο με ἐκ χειρος ἡρωδου και πασης της προσδοκιας του λαου των ἰουδαιων.

15 οἱ δε προς αὐτην *εἰπαν*· μαινη.

15 οἱ δε *ἐλεγον*· ὁ ἀγγελος ἐστιν αὐτου.

17 *εἰπεν* τε· ἀπαγγειλατε ἰακωβω και τοις ἀδελφοις ταυτα.

13 2 λειτουργουντων δε αὐτων τω κυριω και νηστευοντων *εἰπεν* το πνευμα το ἁγιον· ἀφορισατε δη μοι τον βαρναβαν και σαυλον εἰς το ἐργον ὁ προσκεκλημαι αὐτους.

10 σαυλος δε, ὁ και παυλος, πλησθεις πνευματος ἁγιου ἀτενισας εἰς αὐτον *εἰπεν*· ὡ πληρης παντος δολου και πασης ῥαδιουργιας, υἱε διαβολου,

15 μετα δε την ἀναγνωσιν του νομου και των προφητων ἀπεστειλαν οἱ ἀρχισυναγωγοι προς αὐτους *λεγοντες*· ἀνδρες ἀδελφοι,

15 ἀνδρες ἀδελφοι, εἰ τις ἐστιν ἐν ὑμιν λογος παρακλησεως προς τον λαον, *λεγετε*.

16 ἀναστας δε παυλος και κατασεισας τη χειρι *εἰπεν*· ἀνδρες ἰσραηλιται και οἱ φοβουμενοι τον θεον, ἀκουσατε.

22 και μεταστησας αὐτον ἡγειρεν τον δαυιδ αὐτοις εἰς βασιλεα, ὡ και *εἰπεν* μαρτυρησας·

25 ὡς δε ἐπληρου ἰωαννης τον δρομον, *ἐλεγεν*· τι ἐμε ὑπονοειτε εἰναι, οὐκ εἰμι ἐγω·

35 διοτι και ἐν ἑτερω *λεγει*· οὐ δωσεις τον ὁσιον σου ἰδειν διαφθοραν.

46 παρρησιασαμενοι τε ὁ παυλος και ὁ βαρναβας *εἰπαν*· ὑμιν ἡν ἀναγκαιον πρωτον λαληθηναι τον λογον του θεου·

14 10 *εἰπεν* μεγαλη φωνη· ἀναστηθι ἐπι τους ποδας σου ὀρθος.

11 οἱ τε ὀχλοι ἰδοντες ὁ ἐποιησεν παυλος ἐπηραν την φωνην αὐτων λυκαονιστι *λεγοντες*· οἱ θεοι ὁμοιωθεντες ἀνθρωποις κατεβησαν προς ἡμας,

λεγω [2262]

Ac 14 15 ἀκουσαντες δε οἱ ἀποστολοι βαρναβας και παυλος, διαρρηξαντες τα ἱματια αὐτων ἐξεπηδησαν εἰς τον ὀχλον, κραζοντες και *λεγοντες*· ἀνδρες, τι ταυτα ποιειτε;

18 και ταυτα *λεγοντες* μολις κατεπαυσαν τους ὀχλους του μη θυειν αὐτοις.

15 5 ἐξανεστησαν δε τινες των ἀπο της αἱρεσεως των φαρισαιων πεπιστευκοτες, *λεγοντες* ὁτι δει περιτεμνειν αὐτους παραγγελλειν τε τηρειν τον νομον μωυσεως.

7 πολλης δε ζητησεως γενομενης ἀναστας πετρος *εἰπεν* προς αὐτους· ἀνδρες ἀδελφοι,

13 μετα δε το σιγησαι αὐτους ἀπεκριθη ἰακωβος *λεγων*· ἀνδρες ἀδελφοι, ἀκουσατε μου.

17 *λεγει* κυριος ποιων ταυτα γνωστα ἀπ αἰωνος.

36 μετα δε τινας ἡμερας *εἰπεν* προς βαρναβαν παυλος· ἐπιστρεψαντες δη ἐπισκεψωμεθα τους ἀδελφους κατα πολιν πασαν

16 9 ἀνηρ μακεδων τις ἦν ἑστως και παρακαλων αὐτον και *λεγων*· διαβας εἰς μακεδονιαν βοηθησον ἡμιν.

15 ὡς δε ἐβαπτισθη και ὁ οἰκος αὐτης, παρεκαλεσεν *λεγουσα*· εἰ κεκρικατε με πιστην τω κυριω εἰναι, εἰσελθοντες εἰς τον οἰκον μου μενετε·

17 αὑτη κατακολουθουσα τω παυλω και ἡμιν ἐκραζεν *λεγουσα*· οὑτοι οἱ ἀνθρωποι δουλοι του θεου του ὑψιστου εἰσιν,

18 διαπονηθεις δε παυλος και ἐπιστρεψας τω πνευματι *εἰπεν*· παραγγελλω σοι ἐν ὀνοματι ἰησου χριστου ἐξελθειν ἀπ αὐτης·

20 και προσαγαγοντες αὐτους τοις στρατηγοις *εἰπαν*· οὑτοι οἱ ἀνθρωποι ἐκταρασσουσιν ἡμων την πολιν,

28 ἐφωνησεν δε μεγαλη φωνη [ὁ] παυλος *λεγων*· μηδεν πραξης σεαυτω κακον, ἁπαντες γαρ ἐσμεν ἐνθαδε.

31 οἱ δε *εἰπαν*· πιστευσον ἐπι τον κυριον ἰησουν,

35 ἡμερας δε γενομενης ἀπεστειλαν οἱ στρατηγοι τους ῥαβδουχους *λεγοντες*· ἀπολυσον τους ἀνθρωπους ἐκεινους.

17 7 και οὑτοι παντες ἀπεναντι των δογματων καισαρος πρασσουσιν, βασιλεα ἑτερον *λεγοντες* εἰναι ἰησουν.

18 και τινες *ἐλεγον*· τι ἀν θελοι ὁ σπερμολογος οὑτος *λεγειν*;

18 τι ἀν θελοι ὁ σπερμολογος οὑτος *λεγειν*;

19 ἐπιλαβομενοι τε αὐτου ἐπι τον ἀρειονπαγον ἠγαγον, *λεγοντες*· δυναμεθα γνωναι τις ἡ καινη αὑτη ἡ ὑπο σου λαλουμενη διδαχη;

21 ἀθηναιοι δε παντες και οἱ ἐπιδημουντες ξενοι εἰς οὐδεν ἑτερον ηὐκαιρουν ἡ *λεγειν* τι ἡ ἀκουειν τι καινοτερον.

32 οἱ μεν ἐχλευαζον, οἱ δε *εἰπαν*· ἀκουσομεθα σου περι τουτου και παλιν.

18 6 ἀντιτασσομενων δε αὐτων και βλασφημουντων ἐκτιναξαμενος τα ἱματια *εἰπεν* προς αὐτους· το αἱμα ὑμων ἐπι την κεφαλην ὑμων·

9 *εἰπεν* δε ὁ κυριος ἐν νυκτι δι ὁραματος τω παυλω· μη φοβου, ἀλλα λαλει και μη σιωπησης,

13 και ἠγαγον αὐτον ἐπι το βημα, *λεγοντες* ὁτι παρα τον νομον ἀναπειθει οὑτος τους ἀνθρωπους σεβεσθαι τον θεον.

14 μελλοντος δε του παυλου ἀνοιγειν το στομα *εἰπεν* ὁ γαλλιων προς τους ἰουδαιους· εἰ μεν ἡν ἀδικημα τι ἡ ῥαδιουργημα πονηρον, ὡ ἰουδαιοι, κατα λογον ἀν ἀνεσχομην ὑμων,

21 οὐκ ἐπενευσεν, ἀλλα ἀποταξαμενος και *εἰπων*· παλιν ἀνακαμψω προς ὑμας του θεου θελοντος,

19 2 *εἰπεν* τε προς αὐτους· εἰ πνευμα ἁγιον ἐλαβετε πιστευσαντες;

3 *εἰπεν* τε· εἰς τι οὐν ἐβαπτισθητε;

3 οἱ δε *εἰπαν*· εἰς το ἰωαννου βαπτισμα.

4 *εἰπεν* δε παυλος· ἰωαννης ἐβαπτισεν βαπτισμα μετανοιας,

4 ἰωαννης ἐβαπτισεν βαπτισμα μετανοιας, τω λαω *λεγων* εἰς τον ἐρχομενον μετ αὐτον ἰνα πιστευσωσιν, τουτ ἐστιν εἰς τον ἰησουν.

13 ἐπεχειρησαν δε τινες και των περιερχομενων ἰουδαιων ἐξορκιστων ὀνομαζειν ἐπι τους ἐχοντας τα πνευματα τα πονηρα το ὀνομα του κυριου ἰησου *λεγοντες*· ὁρκιζω ὑμας τον ἰησουν ὁν παυλος κηρυσσει.

15 ἀποκριθεν δε το πνευμα το πονηρον *εἰπεν* αὐτοις· τον [μεν] ἰησουν γινωσκω και τον παυλον ἐπισταμαι·

21 *εἰπων* ὁτι μετα το γενεσθαι με ἐκει δει με και ῥωμην ἰδειν.

25 οὑς συναθροισας και τους περι τα τοιαυτα ἐργατας *εἰπεν*· ἀνδρες, ἐπιστασθε ὁτι ἐκ ταυτης της ἐργασιας ἡ εὐπορια ἡμιν ἐστιν,

26 *λεγων* ὁτι οὐκ εἰσιν θεοι οἱ δια χειρων γινομενοι.

28 ἀκουσαντες δε και γενομενοι πληρεις θυμου ἐκραζον *λεγοντες*· μεγαλη ἡ ἀρτεμις ἐφεσιων.

40 και ταυτα *εἰπων* ἀπελυσεν την ἐκκλησιαν.

20 10 καταβας δε ὁ παυλος ἐπεπεσεν αὐτω και συμπεριλαβων *εἰπεν*· μη θορυβεισθε·

λεγω [2262]

Ac   20 18 ὡς δε παρεγενοντο προς αυτον, *εἰπεν* αυτοις· ὑμεις ἐπιστασθε, ἀπο πρωτης ἡμερας ἀφ ἡς ἐπεβην εἰς την ἀσιαν,

23 τα ἐν αὐτῃ συναντησοντα μοι μη εἰδως, πλην ὁτι το πνευμα το ἁγιον κατα πολιν διαμαρτυρεται μοι *λεγον* ὁτι δεσμα και θλιψεις με μενουσιν.

35 μνημονευειν τε των λογων του κυριου ἰησου, ὁτι αὐτος *εἰπεν*· μακαριον ἐστιν μαλλον διδοναι ἠ λαμβανειν.

36 και ταυτα *εἰπων*, θεις τα γονατα αὐτου συν πασιν αὐτοις προσηυξατο.

21 4 οἰτινες τῳ παυλῳ *ἐλεγον* δια του πνευματος μη ἐπιβαινειν εἰς ἱεροσολυμα.

11 και ἐλθων προς ἡμας και ἀρας την ζωνην του παυλου, δησας ἐαυτου τους ποδας και τας χειρας *εἰπεν*· ταδε λεγει το πνευμα το ἁγιον·

11 ταδε *λεγει* το πνευμα το ἁγιον·

14 μη πειθομενου δε αὐτου ἡσυχασαμεν *εἰποντες*· του κυριου το θελημα γινεσθω.

20 οἱ δε ἀκουσαντες ἐδοξαζον τον θεον, *εἰπον* τε αὐτῳ· θεωρεις, ἀδελφε, ποσαι μυριαδες εἰσιν ἐν τοις ἰουδαιοις των πεπιστευκοτων,

21 *λεγων* μη περιτεμνειν αὐτους τα τεκνα μηδε τοις ἐθεσιν περιπατειν.

23 τουτο οὐν ποιησον ὁ σοι *λεγομεν*·

37 μελλων τε εἰσαγεσθαι εἰς την παρεμβολην ὁ παυλος *λεγει* τῳ χιλιαρχῳ· εἰ ἐξεστιν μοι εἰπειν τι προς σε;

37 εἰ ἐξεστιν μοι *εἰπειν* τι προς σε;

39 *εἰπεν* δε ὁ παυλος· ἐγω ἀνθρωπος μεν εἰμι ἰουδαιος,

40 πολλης δε σιγης γενομενης προσεφωνησεν τη ἑβραιδι διαλεκτῳ *λεγων*· ἀνδρες ἀδελφοι και πατερες,

22 7 ἐπεσα τε εἰς το ἐδαφος και ἠκουσα φωνης *λεγουσης* μοι· σαουλ σαουλ, τι με διωκεις;

8 *εἰπεν* τε προς με· ἐγω εἰμι ἰησους ὁ ναζωραιος, ὁν συ διωκεις.

10 *εἰπον* δε· τι ποιησω, κυριε;

10 ὁ δε κυριος *εἰπεν* προς με· ἀναστας πορευου εἰς δαμασκον,

13 ἀνανιας δε τις, ἀνηρ εὐλαβης κατα τον νομον, μαρτυρουμενος ὑπο παντων των κατοικουντων ἰουδαιων, ἐλθων προς με και ἐπιστας *εἰπεν* μοι· σαουλ ἀδελφε, ἀναβλεψον.

14 ὁ δε *εἰπεν*· ὁ θεος των πατερων ἡμων προεχειρισατο σε γνωναι το θελημα αὐτου

18 ἐγενετο δε μοι ὑποστρεψαντι εἰς ἱερουσαλημ και προσευχομενου μου ἐν τῳ ἱερῳ γενεσθαι με ἐν ἐκστασει, και ἰδειν αὐτον *λεγοντα* μοι· σπευσον και ἐξελθε ἐν ταχει ἐξ ἱερουσαλημ,

19 καγω *εἰπον*· κυριε, αὐτοι ἐπιστανται ὁτι ἐγω ἠμην φυλακιζων και δερων κατα τας συναγωγας τους πιστευοντας ἐπι σε·

21 και *εἰπεν* προς με· πορευου, ὁτι ἐγω εἰς ἐθνη μακραν ἐξαποστελω σε.

22 ἠκουον δε αὐτου ἀχρι τουτου του λογου, και ἐπηραν την φωνην αὐτων *λεγοντες*· αἰρε ἀπο της γης τον τοιουτον·

24 ἐκελευσεν ὁ χιλιαρχος εἰσαγεσθαι αὐτον εἰς την παρεμβολην, *εἰπας* μαστιξιν ἀνεταζεσθαι αὐτον,

25 ὡς δε προετειναν αὐτον τοις ἱμασιν, *εἰπεν* προς τον ἑστωτα ἑκατονταρχον ὁ παυλος· εἰ ἀνθρωπον ρωμαιον και ἀκατακριτον ἐξεστιν ὑμιν μαστιζειν;

26 ἀκουσας δε ὁ ἑκατονταρχης προσελθων τῳ χιλιαρχῳ ἀπηγγειλεν *λεγων*· τι μελλεις ποιειν;

27 προσελθων δε ὁ χιλιαρχος *εἰπεν* αὐτῳ· λεγε μοι, συ ρωμαιος εἰ;

27 προσελθων δε ὁ χιλιαρχος εἰπεν αὐτῳ· λεγε μοι, συ ρωμαιος εἰ;

23 1 ἀτενισας δε ὁ παυλος τῳ συνεδριῳ *εἰπεν*· ἀνδρες ἀδελφοι, ἐγω παση συνειδησει ἀγαθη πεπολιτευμαι τῳ θεῳ ἀχρι ταυτης της ἡμερας.

3 τοτε ὁ παυλος προς αὐτον *εἰπεν*· τυπτειν σε μελλει ὁ θεος, τοιχε κεκονιαμενε·

4 οἱ δε παρεστωτες *εἰπαν*· τον ἀρχιερεα του θεου λοιδορεις;

7 τουτο δε αὐτου *εἰποντος* ἐγενετο στασις των φαρισαιων και σαδδουκαιων,

8 σαδδουκαιοι μεν γαρ *λεγουσιν* μη εἰναι ἀναστασιν μητε ἀγγελον μητε πνευμα, φαρισαιοι δε ὁμολογουσιν τα ἀμφοτερα.

9 ἐγενετο δε κραυγη μεγαλη, και ἀναστατες τινες των γραμματεων του μερους των φαρισαιων διεμαχοντο *λεγοντες*· οὐδεν κακον εὑρισκομεν ἐν τῳ ἀνθρωπῳ τουτῳ·

11 τη δε ἐπιουση νυκτι ἐπιστας αὐτῳ ὁ κυριος *εἰπεν*· θαρσει·

12 γενομενης δε ἡμερας ποιησαντες συστροφην οἱ ἰουδαιοι ἀνεθεματισαν ἐαυτους, *λεγοντες* μητε φαγειν μητε πιειν ἑως οὑ ἀποκτεινωσιν τον παυλον.

λεγω [2262]

Ac   23 14 οἰτινες προσελθοντες τοις ἀρχιερευσιν και τοις πρεσβυτεροις *εἰπαν*· ἀναθεματι ἀνεθεματισαμεν ἐαυτους μηδενος γευσασθαι ἑως οὑ ἀποκτεινωμεν τον παυλον.

20 *εἰπεν* δε ὁτι οἱ ἰουδαιοι συνεθεντο του ἐρωτησαι σε ὁπως αὐριον τον παυλον καταγαγης εἰς το συνεδριον ὡς μελλον τι ἀκριβεστερον πυνθανεσθαι περι αὐτου.

23 και προσκαλεσαμενος δυο [τινας] των ἑκατονταρχων *εἰπεν*·

30 ἐξαυτης ἐπεμψα προς σε, παραγγειλας και τοις κατηγοροις *λεγειν* [τα] προς αὐτον ἐπι σου.

24 2 κληθεντος δε αὐτου ἠρξατο κατηγορειν ὁ τερτυλλος *λεγων*· πολλης εἰρηνης τυγχανοντες δια σου

10 ἀπεκριθη τε ὁ παυλος, νευσαντος αὐτῳ του ἡγεμονος *λεγειν*· ἐκ πολλων ἐτων ὀντα σε κριτην

14 ὁμολογω δε τουτο σοι, ὁτι κατα την ὁδον ἡν *λεγουσιν* αἱρεσιν οὑτως λατρευω τῳ πατρῳω θεῳ,

20 ἠ αὐτοι οὑτοι *εἰπατωσαν* τι εὑρον ἀδικημα σταντος μου ἐπι του συνεδριου,

22 ἀνεβαλετο δε αὐτους ὁ φηλιξ, ἀκριβεστερον εἰδως τα περι της ὁδου, *εἰπας*· ὁταν λυσιας ὁ χιλιαρχος καταβη, διαγνωσομαι τα καθ ὑμας·

25 9 ὁ φηστος δε θελων τοις ἰουδαιοις χαριν καταθεσθαι, ἀποκριθεις τῳ παυλῳ *εἰπεν*· θελεις εἰς ἱεροσολυμα ἀναβας ἐκει περι τουτων κριθηναι ἐπ ἐμου;

10 *εἰπεν* δε ὁ παυλος· ἐπι του βηματος καισαρος ἑστως εἰμι, οὑ με δει κρινεσθαι.

14 ὡς δε πλειους ἡμερας διετριβον ἐκει, ὁ φηστος τῳ βασιλει ἀνεθετο τα κατα τον παυλον *λεγων*· ἀνηρ τις ἐστιν καταλελειμμενος ὑπο φηλικος δεσμιος,

20 ἀπορουμενος δε ἐγω την περι τουτων ζητησιν *ἐλεγον* εἰ βουλοιτο πορευεσθαι εἰς ἱεροσολυμα κακει κρινεσθαι περι τουτων.

26 1 ἐπιτρεπεται σοι περι σεαυτου *λεγειν*.

14 παντων τε καταπεσοντων ἡμων εἰς την γην ἠκουσα φωνην *λεγουσαν* προς με τη ἑβραιδι διαλεκτῳ· σαουλ σαουλ, τι με διωκεις;

15 ἐγω δε *εἰπα*· τις εἰ, κυριε;

15 ὁ δε κυριος *εἰπεν*· ἐγω εἰμι ἰησους ὁν συ διωκεις.

22 οὐδεν ἐκτος *λεγων* ὡν τε οἱ προφηται ἐλαλησαν μελλοντων γινεσθαι και μωυσης

31 και ἀναχωρησαντες ἐλαλουν προς ἀλληλους *λεγοντες* ὁτι οὐδεν θανατου ἠ δεσμων ἀξιον [τι] πρασσει ὁ ἀνθρωπος οὑτος.

27 10 παρηνει ὁ παυλος *λεγων* αὐτοις· ἀνδρες, θεωρω ὁτι μετα ὑβρεως και πολλης ζημιας οὐ μονον του φορτιου και του πλοιου ἀλλα και των ψυχων ἡμων μελλειν ἐσεσθαι τον πλουν.

11 ὁ δε ἑκατονταρχης τῳ κυβερνητη και τῳ ναυκληρῳ μαλλον ἐπειθετο ἠ τοις ὑπο παυλου *λεγομενοις*.

21 πολλης τε ἀσιτιας ὑπαρχουσης τοτε σταθεις ὁ παυλος ἐν μεσῳ αὐτων *εἰπεν*· ἐδει μεν, ὡ ἀνδρες, πειθαρχησαντας μοι μη ἀναγεσθαι ἀπο της κρητης

24 παρεστη γαρ μοι ταυτη τη νυκτι του θεου οὑ εἰμι [ἐγω,] ῳ και λατρευω, ἀγγελος *λεγων*· μη φοβου, παυλε·

31 *εἰπεν* ὁ παυλος τῳ ἑκατονταρχη και τοις στρατιωταις· ἐαν μη οὑτοι μεινωσιν ἐν τῳ πλοιῳ, ὑμεις σωθηναι οὐ δυνασθε.

33 ἀχρι δε οὑ ἡμερα ἠμελλεν γινεσθαι, παρεκαλει ὁ παυλος ἀπαντας μεταλαβειν τροφης *λεγων*· τεσσαρεσκαιδεκατην σημερον ἡμεραν προσδοκωντες ἀσιτοι διατελειτε,

35 *εἰπας* δε ταυτα και λαβων ἀρτον εὐχαριστησεν τῳ θεῳ ἐνωπιον παντων και κλασας ἠρξατο ἐσθιειν.

28 4 ὡς δε εἰδον οἱ βαρβαροι κρεμαμενον το θηριον ἐκ της χειρος αὐτου, προς ἀλληλους *ἐλεγον*· παντως φονευς ἐστιν ὁ ἀνθρωπος οὑτος,

6 ἐπι πολυ δε αὐτων προσδοκωντων και θεωρουντων μηδεν ἀτοπον εἰς αὐτον γινομενον, μεταβαλομενοι *ἐλεγον* αὐτον εἰναι θεον.

17 συνελθοντων δε αὐτων *ἐλεγεν* προς αὐτους· ἐγω, ἀνδρες ἀδελφοι, οὐδεν ἐναντιον ποιησας τῳ λαῳ ἠ τοις ἐθεσι τοις πατρωοις,

21 οἱ δε προς αὐτον *εἰπαν*· ἡμεις οὐτε γραμματα περι σου ἐδεξαμεθα ἀπο της ἰουδαιας, οὐτε παραγενομενος τις των ἀδελφων ἀπηγγειλεν ἠ ἐλαλησεν τι περι σου πονηρον.

24 και οἱ μεν ἐπειθοντο τοις *λεγομενοις*, οἱ δε ἠπιστουν·

25 ἀσυμφωνοι δε ὀντες προς ἀλληλους ἀπελυοντο, *εἰποντος* του παυλου ρημα ἐν,

26 εἰποντος του παυλου ρημα ἐν, ὁτι καλως το πνευμα το ἁγιον ἐλαλησεν δια ἠσαιου του προφητου προς τους πατερας ὑμων *λεγων*· πορευθητι προς τον λαον τουτον και εἰπον·

λεγω [2262]

Ac 28 26 πορευθητι προς τον λαον τουτον και *είπον·* άκοη άκουσετε
και ου μη συνητε,

29 * και ταυτα αυτου *είποντος* άπηλθον οι ιουδαιοι πολλην
έχοντες έν έαυτοις συζητησιν.

Rm 2 22 ὁ κηρυσσων μη κλεπτειν κλεπτεις; ὁ *λεγων* μη μοιχευειν
μοιχευεις;

3 5 κατα άνθρωπον *λεγω.* μη γενοιτο

8 και μη καθως βλασφημουμεθα και καθως φασιν τινες ήμας
λεγειν ότι ποιησωμεν τα κακα ίνα έλθη τα άγαθα;

19 οίδαμεν δε ότι όσα ὁ νομος *λεγει* τοις έν τω νομω λαλει,

4 3 τί γαρ ή γραφη *λεγει;* έπιστευσεν δε άβρααμ τω θεω, και
έλογισθη αύτω εις δικαιοσυνην.

6 καθαπερ και δαυιδ *λεγει* τον μακαρισμον του άνθρωπου ῷ ὁ
θεος λογιζεται δικαιοσυνην χωρις έργων·

9 *λεγομεν γαρ·* έλογισθη τω άβρααμ ή πιστις εις δικαιοσυνην.

6 19 άνθρωπινον *λεγω* δια την άσθενειαν της σαρκος ύμων.

7 7 την τε γαρ έπιθυμιαν ούκ ήδειν εί μη ὁ νομος *έλεγεν·* ούκ
έπιθυμησεις·

9 1 άληθειαν *λεγω* έν χριστω, ού ψευδομαι,

15 τω μωυσει γαρ *λεγει·* έλεησω όν άν έλεω, και οικτιρησω όν
άν οικτιρω.

17 *λεγει* γαρ ή γραφη τω φαραω ότι εις αύτο τουτο έξηγειρα σε,

25 ώς και έν τω ώσηε *λεγει·* καλεσω τον ού λαον μου λαον μου
και την ούκ ήγαπημενην ήγαπημενην·

10 6 ή δε έκ πιστεως δικαιοσυνη ούτως *λεγει·* μη είπης έν τη
καρδια σου· τίς άναβησεται εις τον ούρανον;

6 μη *είπης* έν τη καρδια σου· τίς άναβησεται εις τον ούρανον;

8 άλλα τί *λεγει;* έγγυς σου το ρημα έστιν, έν τω στοματι σου
και έν τη καρδια σου·

11 *λεγει* γαρ ή γραφη· πας ὁ πιστευων έπ αύτω ού
καταισχυνθησεται.

16 ήσαιας γαρ *λεγει·* κυριε, τίς έπιστευσεν τη άκοη ήμων;

18 άλλα *λεγω,* μη ούκ ήκουσαν;

19 άλλα *λεγω,* μη ισραηλ ούκ έγνω;

19 πρωτος μωυσης *λεγει·* έγω παραζηλωσω ύμας έπ ούκ έθνει, έπ
έθνει άσυνετω παροργιω ύμας.

20 ήσαιας δε άποτολμα και *λεγει·* εύρεθην [έν] τοις έμε μη
ζητουσιν, έμφανης έγενομην τοις έμε μη έπερωτωσιν.

21 προς δε τον ισραηλ *λεγει·* όλην την ήμεραν έξεπετασα τας
χειρας μου προς λαον άπειθουντα και άντιλεγοντα.

11 1 *λεγω* ούν, μη άπωσατο ὁ θεος τον λαον αύτου;

2 ή ούκ οίδατε έν ήλια τί *λεγει* ή γραφη, ώς έντυγχανει τω θεω
κατα του ισραηλ;

4 άλλα τί *λεγει* αύτω ὁ χρηματισμος; κατελιπον έμαυτω
έπτακισχιλιους άνδρας, οίτινες ούκ έκαμψαν γονυ τη βααλ.

9 και δαυιδ *λεγει·* γενηθητω ή τραπεζα αύτων εις παγιδα και
εις θηραν και εις σκανδαλον και εις άνταποδομα αύτοις,

11 *λεγω* ούν, μη έπταισαν ίνα πεσωσιν;

13 ύμιν δε *λεγω* τοις έθνεσιν.

12 3 *λεγω* γαρ δια της χαριτος της δοθεισης μοι παντι τω όντι έν
ύμιν, μη ύπερφρονειν παρ ὁ δει φρονειν,

19 έμοι έκδικησις, έγω άνταποδωσω, *λεγει* κυριος.

14 11 ζω έγω, *λεγει* κυριος, ότι έμοι καμψει παν γονυ,

15 8 *λεγω* γαρ χριστον διακονον γεγενησθαι περιτομης ύπερ
άληθειας θεου,

10 και παλιν *λεγει·* εύφρανθητε, έθνη, μετα του λαου αύτου.

12 και παλιν ήσαιας *λεγει·* έσται ή ριζα του ιεσσαι, και ὁ
άνισταμενος άρχειν έθνων· έπ αύτω έθνη έλπιουσιν.

1Co 1 10 παρακαλω δε ύμας, άδελφοι, δια του όνοματος του κυριου
ήμων ιησου χριστου, ίνα το αύτο *λεγητε* παντες,

12 *λεγω* δε τουτο, ότι έκαστος ύμων *λεγει·*

12 *λεγω* δε τουτο, ότι έκαστος ύμων *λεγει·* έγω μεν είμι παυλου,
έγω δε άπολλω, έγω δε κηφα, έγω δε χριστου.

15 ίνα μη τις *είπη* ότι εις το έμον όνομα έβαπτισθητε.

3 4 όταν γαρ *λεγη* τις· έγω μεν είμι παυλου, έτερος δε· έγω
άπολλω, ούκ άνθρωποι έστε;

6 5 προς έντροπην ύμιν *λεγω.*

7 6 τουτο δε *λεγω* κατα συγγνωμην, ού κατ έπιταγην.

8 *λεγω* δε τοις άγαμοις και ταις χηραις, καλον αύτοις έαν
μεινωσιν ώς καγω·

12 τοις δε λοιποις *λεγω* έγω, ούχ ὁ κυριος· εί τις άδελφος
γυναικα έχει άπιστον, και αύτη συνευδοκει οικειν μετ αύτου,
μη άφιετο αύτην·

35 τουτο δε προς το ύμων αύτων συμφορον *λεγω,*

8 5 και γαρ είπερ είσιν *λεγομενοι* θεοι είτε έν ούρανω είτε έπι
γης, ώσπερ είσιν θεοι πολλοι και κυριοι πολλοι, άλλ ήμιν εις
θεος ὁ πατηρ,

9 8 μη κατα άνθρωπον ταυτα λαλω, ή και ὁ νομος ταυτα ού
λεγει;

1Co 9 10 ή δι ήμας παντως *λεγει;*

10 15 ώς φρονιμοις *λεγω·* κρινατε ύμεις ὁ φημι.

28 έαν δε τις ύμιν *είπη·* τουτο ιεροθυτον έστιν, μη έσθιετε δι
έκεινον τον μηνυσαντα και την συνειδησιν·

29 συνειδησιν δε *λεγω* ούχι την έαυτου άλλα την του έτερου.

11 22 τί *είπω* ύμιν; έπαινεσω ύμας;

24 ότι ὁ κυριος ιησους έν τη νυκτι ή παρεδιδετο έλαβεν άρτον
και εύχαριστησας έκλασεν και *είπεν·* τουτο μου έστιν το
σωμα το ύπερ ύμων·

25 ώσαυτως και το ποτηριον μετα το δειπνησαι, *λεγων·* τουτο το
ποτηριον ή καινη διαθηκη έστιν έν τω έμω αίματι·

12 3 διο γνωριζω ύμιν ότι ούδεις έν πνευματι θεου λαλων *λεγει*
άναθεμα ιησους,

3 και ούδεις δυναται *είπειν·* κυριος ιησους, εί μη έν πνευματι
άγιω.

15 έαν *είπη* ὁ πους· ότι ούκ είμι χειρ, ούκ είμι έκ του σωματος,
ού παρα τουτο ούκ έστιν έκ του σωματος.

16 και έαν *είπη* το ούς· ότι ούκ είμι όφθαλμος, ούκ είμι έκ του
σωματος, ού παρα τουτο ούκ έστιν έκ του σωματος.

21 ού δυναται δε ὁ όφθαλμος *είπειν* τη χειρι· χρειαν σου ούκ
έχω, ή παλιν ή κεφαλη τοις ποσιν· χρειαν ύμων ούκ έχω·

14 16 έπειδη τί *λεγεις* ούκ οίδεν·

21 έν τω νομω γεγραπται ότι έν έτερογλωσσοις και έν χειλεσιν
έτερων λαλησω τω λαω τουτω, και ούδ ούτως εισακουσονται
μου, *λεγει* κυριος.

34 ού γαρ έπιτρεπεται αύταις λαλειν, άλλα ύποτασσεσθωσαν,
καθως και ὁ νομος *λεγει.*

15 12 εί δε χριστος κηρυσσεται ότι έκ νεκρων έγηγερται, πως
λεγουσιν έν ύμιν τινες ότι άναστασις νεκρων ούκ έστιν;

27 όταν δε *είπη* ότι παντα ύποτετακται, δηλον ότι έκτος του
ύποταξαντος αύτω τα παντα.

51 ιδου μυστηριον ύμιν *λεγω·* παντες ού κοιμηθησομεθα, παντες
δε άλλαγησομεθα,

2Co 4 6 ότι ὁ θεος ὁ *είπων·* έκ σκοτους φως λαμψει, ός έλαμψεν έν
ταις καρδιαις ήμων προς φωτισμον της γνωσεως της δοξης
του θεου έν προσωπω [ιησου] χριστου.

6 2 *λεγει* γαρ· καιρω δεκτω έπηκουσα σου και έν ήμερα σωτηριας
έβοηθησα σοι·

13 την δε αύτην άντιμισθιαν, ώς τεκνοις *λεγω,* πλατυνθητε και
ύμεις.

16 ήμεις γαρ ναος θεου έσμεν ζωντος· καθως *είπεν* ὁ θεος ότι
ένοικησω έν αύτοις και έμπεριπατησω,

17 διο έξελθατε έκ μεσου αύτων και άφορισθητε, *λεγει* κυριος,

18 και ύμεις έσεσθε μοι εις υίους και θυγατερας, *λεγει* κυριος
παντοκρατωρ.

7 3 προς κατακρισιν ού *λεγω·* προειρηκα γαρ ότι έν ταις καρδιαις
ήμων έστε εις το συναποθανειν και συζην.

8 8 ού κατ έπιταγην *λεγω,* άλλα δια της έτερων σπουδης και το
της ύμετερας άγαπης γνησιον δοκιμαζων·

9 3 έπεμψα δε τους άδελφους, ίνα μη το καυχημα ήμων το ύπερ
ύμων κενωθη έν τω μερει τουτω, ίνα καθως *έλεγον*
παρεσκευασμενοι ήτε,

4 μη πως έαν έλθωσιν συν έμοι μακεδονες και εύρωσιν ύμας
άπαρασκευαστους καταισχυνθωμεν ήμεις, ίνα μη *λεγω* ύμεις,
έν τη ύποστασει ταυτη.

11 16 παλιν *λεγω,* μη τις με δοξη άφρονα είναι·

21 κατα άτιμιαν *λεγω,* ώς ότι ήμεις ήσθενηκαμεν·

21 έν ῷ δ άν τις τολμα, έν άφροσυνη *λεγω,* τολμω καγω.

Ga 1 9 ώς προειρηκαμεν, και άρτι παλιν *λεγω,* εί τις ύμας
εύαγγελιζεται παρ ὁ παρελαβετε, άναθεμα έστω.

2 14 άλλ ότε είδον ότι ούκ όρθοποδουσιν προς την άληθειαν του
εύαγγελιου, *είπον* τω κηφα έμπροσθεν παντων· εί συ ιουδαιος
ύπαρχων έθνικως

3 15 άδελφοι, κατα άνθρωπον *λεγω.*

16 ού *λεγει·* και τοις σπερμασιν, ώς έπι πολλων, άλλ ώς έφ ένος·
και τω σπερματι σου, ός έστιν χριστος.

17 τουτο δε *λεγω·* διαθηκην προκεκυρωμενην ύπο του θεου ὁ
μετα τετρακοσιακαιτριακοντα έτη γεγονως νομος ούκ
άκυροι,

4 1 *λεγω* δε, έφ όσον χρονον ὁ κληρονομος νηπιος έστιν,

21 *λεγετε* μοι, οί ύπο νομον θελοντες είναι, τον νομον ούκ
άκουετε;

30 άλλα τί *λεγει* ή γραφη; έκβαλε την παιδισκην και τον υίον
αύτης·

5 2 ίδε έγω παυλος *λεγω* ύμιν ότι έαν περιτεμνησθε χριστος ύμας
ούδεν ώφελησει.

16 *λεγω* δε, πνευματι περιπατειτε και έπιθυμιαν σαρκος ού μη
τελεσητε.

λεγω [2262]

Eph	2 11	διο μνημονευετε ότι ποτε ύμεις τα έθνη έν σαρκι, οί *λεγομενοι* άκροβυστια ύπο της *λεγομενης* περιτομης έν σαρκι χειροποιητου,
	11	διο μνημονευετε ότι ποτε ύμεις τα έθνη έν σαρκι, οί *λεγομενοι* άκροβυστια ύπο της *λεγομενης* περιτομης έν σαρκι χειροποιητου,
	4 8	διο *λεγει*· άναβας είς ύψος ήχμαλωτευσεν αίχμαλωσιαν,
	17	τουτο ούν *λεγω* και μαρτυρομαι έν κυριω,
	5 12	τα γαρ κρυφη γινομενα ύπ αύτων αίσχρον έστιν και *λεγειν*·
	14	διο *λεγει*· έγειρε, ό καθευδων,
	32	έγω δε *λεγω* είς χριστον και είς την έκκλησιαν.
Php	3 18	πολλοι γαρ περιπατουσιν ούς πολλακις *έλεγον* ύμιν,
	18	νυν δε και κλαιων *λεγω*, τους έχθρους του σταυρου του χριστου,
	4 11	ούχ ότι καθ ύστερησιν *λεγω*·
Col	2 4	τουτο *λεγω* ίνα μηδεις ύμας παραλογιζηται έν πιθανολογια.
	4 11	και ίησους ό *λεγομενος* ίουστος,
	17	και *είπατε* άρχιππω· βλεπε την διακονιαν ήν παρελαβες έν κυριω,
1Th	4 15	τουτο γαρ ύμιν *λεγομεν* έν λογω κυριου, ότι ήμεις οί ζωντες οί περιλειπομενοι είς την παρουσιαν του κυριου ού μη φθασωμεν τους κοιμηθεντας·
	5 2	όταν *λεγωσιν*· είρηνη και άσφαλεια, τοτε αίφνιδιος αύτοις έφισταται όλεθρος ώσπερ ή ώδιν τη έν γαστρι έχουση,
2Th	2 4	ό υίος της άπωλειας, ό άντικειμενος και ύπεραιρομενος έπι παντα *λεγομενον* θεον ή σεβασμα,
	5	ού μνημονευετε ότι έτι ών προς ύμας ταυτα *έλεγον* ύμιν;
1Tm	1 7	θελοντες είναι νομοδιδασκαλοι, μη νοουντες μητε ά *λεγουσιν* μητε περι τίνων διαβεβαιουνται.
	2 7	είς ό έτεθην έγω κηρυξ και άποστολος, άληθειαν *λεγω*, ού ψευδομαι, διδασκαλος έθνων έν πιστει και άληθεια.
	4 1	το δε πνευμα ρητως *λεγει* ότι έν ύστεροις καιροις άποστησονται τινες της πιστεως,
	5 18	*λεγει* γαρ ή γραφη· βουν άλοωντα ού φιμωσεις, και· άξιος ό έργατης του μισθου αύτου.
2Tm	2 7	νόει ό *λεγω*· δωσει γαρ σοι ό κυριος συνεσιν έν πασιν.
	18	οίτινες περι την άληθειαν ήστοχησαν, *λεγοντες* [την] άναστασιν ήδη γεγονεναι,
Tit	1 12	*είπεν* τις έξ αύτων ίδιος αύτων προφητης· κρητες άει ψευσται,
	2 8	ίνα ό έξ έναντιας έντραπη μηδεν έχων *λεγειν* περι ήμων φαυλον.
Phm	19	ίνα μη *λεγω* σοι ότι και σεαυτον μοι προσοφειλεις.
	21	πεποιθως τη ύπακοη σου έγραψα σοι, είδως ότι και ύπερ ά *λεγω* ποιησεις.
Heb	1 5	τίνι γαρ *είπεν* ποτε των άγγελων· υίος μου εί συ, έγω σημερον γεγεννηκα σε;
	6	όταν δε παλιν είσαγαγη τον πρωτοτοκον είς την οίκουμενην, *λεγει*· και προσκυνησατωσαν αύτω παντες άγγελοι θεου.
	7	και προς μεν τους άγγελους *λεγει*· ό ποιων τους άγγελους αύτου πνευματα,
	2 6	διεμαρτυρατο δε που τις *λεγων*· τί έστιν άνθρωπος ότι μιμνησκη αύτου;
	12	δι ήν αίτιαν ούκ έπαισχυνεται άδελφους αύτους καλειν, *λεγων*· άπαγγελω το όνομα σου τοις άδελφοις μου,
	3 7	διο, καθως *λεγει* το πνευμα το άγιον· σημερον έαν της φωνης αύτου άκουσητε,
	10	διο προσωχθισα τη γενεα ταυτη και *είπον*· άει πλανωνται τη καρδια·
	15	έν τω *λεγεσθαι*· σημερον έαν της φωνης αύτου άκουσητε, μη σκληρυνητε τας καρδιας ύμων ώς έν τω παραπικρασμω.
	4 7	παλιν τινα όριζει ήμεραν, σημερον, έν δαυιδ *λεγων* μετα τοσουτον χρονον,
	5 6	καθως και έν έτερω *λεγει*· συ ίερευς είς τον αίωνα κατα την ταξιν μελχισεδεκ.
	11	περι ού πολυς ήμιν ό λογος και δυσερμηνευτος *λεγειν*, έπει νωθροι γεγονατε ταις άκοαις.
	6 14	ώμοσεν καθ έαυτου, *λεγων*· εί μην εύλογων εύλογησω σε και πληθυνων πληθυνω σε·
	7 9	και ώς έπος *είπειν*, δι άβρααμ και λευι ό δεκατας λαμβανων δεδεκατωται·
	11	τίς έτι χρεια κατα την ταξιν μελχισεδεκ έτερον άνιστασθαι ίερεα και ού κατα την ταξιν άαρων *λεγεσθαι*;
	13	έφ όν γαρ *λεγεται* ταυτα, φυλης έτερας μετεσχηκεν,
	21	ό δε μετα όρκωμοσιας δια του *λεγοντος* προς αύτον· ώμοσεν κυριος, και ού μεταμεληθησεται·
	8 1	κεφαλαιον δε έπι τοις *λεγομενοις*, τοιουτον έχομεν άρχιερεα,
	8	μεμφομενος γαρ αύτους *λεγει*· ίδου ήμεραι έρχονται, *λεγει* κυριος,
	8	ίδου ήμεραι έρχονται, *λεγει* κυριος,

λεγω [2262]

Heb	8 9	ότι αύτοι ούχ ένεμειναν έν τη διαθηκη μου, καγω ήμελησα αύτων, *λεγει* κυριος.
	10	ότι αύτη ή διαθηκη ήν διαθησομαι τω οίκω ίσραηλ μετα τας ήμερας έκεινας, *λεγει* κυριος,
	11	και ού μη διδαξωσιν έκαστος τον πολιτην αύτου και έκαστος τον άδελφον αύτου, *λεγων*· γνωθι τον κυριον,
	13	έν τω *λεγειν* καινην πεπαλαιωκεν την πρωτην·
	9 2	έν ή ή τε λυχνια και ή τραπεζα και ή προθεσις των άρτων, ήτις *λεγεται* άγια·
	3	μετα δε το δευτερον καταπετασμα σκηνη ή *λεγομενη* άγια άγιων,
	5	περι ών ούκ έστιν νυν *λεγειν* κατα μερος.
	20	αύτο τε το βιβλιον και παντα τον λαον έρραντισεν, *λεγων*· τουτο το αίμα της διαθηκης ής ένετειλατο προς ύμας ό θεος.
	10 5	διο είσερχομενος είς τον κοσμον *λεγει*· θυσιαν και προσφοραν ούκ ήθελησας,
	7	τοτε *είπον*· ίδου ήκω, έν κεφαλιδι βιβλιου γεγραπται περι έμου, του ποιησαι ό θεος το θελημα σου.
	8	άνωτερον *λεγων* ότι θυσιας και προσφορας και όλοκαυτωματα και περι άμαρτιας ούκ ήθελησας ούδε εύδοκησας,
	16	αύτη ή διαθηκη ήν διαθησομαι προς αύτους μετα τας ήμερας έκεινας, *λεγει* κυριος·
	30	οίδαμεν γαρ τον *είποντα*· έμοι έκδικησις, έγω άνταποδωσω·
	11 14	οί γαρ τοιαυτα *λεγοντες* έμφανιζουσιν ότι πατριδα έπιζητουσιν.
	24	πιστει μωυσης μεγας γενομενος ήρνησατο *λεγεσθαι* υίος θυγατρος φαραω,
	32	και τί έτι *λεγω*; έπιλειψει με γαρ διηγουμενον ό χρονος
	12 21	και, ούτω φοβερον ήν το φανταζομενον, μωυσης *είπεν*· έκφοβος είμι και έντρομος·
	26	ού ή φωνη την γην έσαλευσεν τοτε, νυν δε έπηγγελται *λεγων*· έτι άπαξ έγω σεισω ού μονον την γην άλλα και τον ούρανον.
	13 6	ώστε θαρρουντας ήμας *λεγειν*· κυριος έμοι βοηθος, [και] ού φοβηθησομαι·
Ja	1 13	μηδεις πειραζομενος *λεγετω* ότι άπο θεου πειραζομαι·
	2 3	έπιβλεψητε δε έπι τον φορουντα την έσθητα την λαμπραν και *είπητε*· συ καθου ώδε καλως,
	3	και τω πτωχω *είπητε*· συ στηθι έκει ή καθου ύπο το ύποποδιον μου,
	11	ό γαρ *είπων*· μη μοιχευσης, είπεν και· μη φονευσης·
	11	ό γαρ *είπων*· μη μοιχευσης, *είπεν* και· μη φονευσης·
	14	τί το όφελος, άδελφοι μου, έαν πιστιν *λεγη* τις έχειν έργα δε μη έχη;
	16	*είπη* δε τις αύτοις έξ ύμων· ύπαγετε έν είρηνη, θερμαινεσθε και χορταζεσθε,
	23	και έπληρωθη ή γραφη ή *λεγουσα*· έπιστευσεν δε άβρααμ τω θεω,
	4 5	ή δοκειτε ότι κενως ή γραφη *λεγει*· προς φθονον έπιποθει το πνευμα ό κατωκισεν έν ήμιν;
	6	διο *λεγει*· ό θεος ύπερηφανοις άντιτασσεται, ταπεινοις δε διδωσιν χαριν.
	13	άγε νυν οί *λεγοντες*· σημερον ή αύριον πορευσομεθα είς τηνδε την πολιν και ποιησομεν έκει ένιαυτον και έμπορευσομεθα και κερδησομεν·
	15	άντι του *λεγειν* ύμας· έαν ό κυριος θεληση, και ζησομεν και ποιησομεν τουτο ή έκεινο.
2Pt	3 4	και *λεγοντες*· πού έστιν ή έπαγγελια της παρουσιας αύτου;
1Jh	1 6	έαν *είπωμεν* ότι κοινωνιαν έχομεν μετ αύτου και έν τω σκοτει περιπατωμεν, ψευδομεθα και ού ποιουμεν την άληθειαν·
	8	έαν *είπωμεν* ότι άμαρτιαν ούκ έχομεν, έαυτους πλανωμεν και ή άληθεια ούκ έστιν έν ήμιν.
	10	έαν *είπωμεν* ότι ούχ ήμαρτηκαμεν, ψευστην ποιουμεν αύτον και ό λογος αύτου ούκ έστιν έν ήμιν.
	2 4	ό *λεγων* ότι έγνωκα αύτον, και τας έντολας αύτου μη τηρων, ψευστης έστιν,
	6	ό *λεγων* έν αύτω μενειν όφειλει καθως έκεινος περιεπατησεν και αύτος [ούτως] περιπατειν.
	9	ό *λεγων* έν τω φωτι είναι και τον άδελφον αύτου μισων έν τη σκοτια έστιν έως άρτι.
	4 20	έαν τις *είπη* ότι άγαπω τον θεον, και τον άδελφον αύτου μιση, ψευστης έστιν·
	5 16	έστιν άμαρτια προς θανατον· ού περι έκεινης *λεγω* ίνα έρωτηση.
2Jh	10	μη λαμβανετε αύτον είς οίκιαν, και χαιρειν αύτω μη *λεγετε*·
	11	ό *λεγων* γαρ αύτω χαιρειν κοινωνει τοις έργοις αύτου τοις πονηροις.

λεγω [2262]

Ju 9 οὐκ ἐτόλμησεν κρισιν ἐπενεγκειν βλασφημιας, ἀλλα εἶπεν· ἐπιτιμησαι σοι κυριος.

14 προεφητευσεν δε και τουτοις ἑβδομος ἀπο ἀδαμ ἑνωχ λεγων· ἰδου ἦλθεν κυριος ἐν ἁγιαις μυριασιν αὐτου,

18 ὁτι ἐλεγον ὑμιν· [ὁτι] ἐπ ἐσχατου [του] χρονου ἐσονται ἐμπαικται κατα τας ἑαυτων ἐπιθυμιας πορευομενοι των ἀσεβειων.

Apc 1 8 ἐγω εἰμι το ἀλφα και το ὠ, λεγει κυριος ὁ θεος,

11 και ἠκουσα ὀπισω μου φωνην μεγαλην ὡς σαλπιγγος λεγουσης· ὁ βλεπεις γραφον εἰς βιβλιον και πεμψον ταις ἑπτα ἐκκλησιαις,

17 και ἐθηκεν την δεξιαν αὐτου ἐπ ἐμε λεγων· μη φοβου·

2 1 ταδε λεγει ὁ κρατων τους ἑπτα ἀστερας ἐν τη δεξια αὐτου,

2 και ἐπειρασας τους λεγοντας ἑαυτους ἀποστολους και οὐκ εἰσιν,

7 ὁ ἐχων οὐς ἀκουσατω τι το πνευμα λεγει ταις ἐκκλησιαις. τω νικωντι δωσω αὐτω φαγειν ἐκ του ξυλου της ζωης,

8 ταδε λεγει ὁ πρωτος και ὁ ἐσχατος, ὁς ἐγενετο νεκρος και ἐζησεν·

9 οἰδα σου την θλιψιν και την πτωχειαν, ἀλλα πλουσιος εἰ, και την βλασφημιαν ἐκ των λεγοντων ἰουδαιους εἰναι ἑαυτους, και οὐκ εἰσιν ἀλλα συναγωγη του σατανα.

11 ὁ ἐχων οὐς ἀκουσατω τι το πνευμα λεγει ταις ἐκκλησιαις. ὁ νικων οὐ μη ἀδικηθη ἐκ του θανατου του δευτερου.

12 ταδε λεγει ὁ ἐχων την ῥομφαιαν την διστομον την ὀξειαν· οἰδα που κατοικεις·

17 ὁ ἐχων οὐς ἀκουσατω τι το πνευμα λεγει ταις ἐκκλησιαις.

18 ταδε λεγει ὁ υἱος του θεου, ὁ ἐχων τους ὀφθαλμους αὐτου ὡς φλογα πυρος,

20 ἀλλα ἐχω κατα σου ὁτι ἀφεις την γυναικα ἰεζαβελ, ἡ λεγουσα ἑαυτην προφητιν,

24 ὑμιν δε λεγω τοις λοιποις τοις ἐν θυατειροις,

24 ὁσοι οὐκ ἐχουσιν την διδαχην ταυτην, οἱτινες οὐκ ἐγνωσαν τα βαθεα του σατανα, ὡς λεγουσιν· οὐ βαλλω ἐφ ὑμας ἀλλο βαρος·

29 ὁ ἐχων οὐς ἀκουσατω τι το πνευμα λεγει ταις ἐκκλησιαις.

3 1 ταδε λεγει ὁ ἐχων τα ἑπτα πνευματα του θεου και τους ἑπτα ἀστερας· οἰδα σου τα ἐργα,

6 ὁ ἐχων οὐς ἀκουσατω τι το πνευμα λεγει ταις ἐκκλησιαις.

7 ταδε λεγει ὁ ἁγιος, ὁ ἀληθινος, ὁ ἐχων την κλειν δαυιδ,

9 ἰδου διδω ἐκ της συναγωγης του σατανα, των λεγοντων ἑαυτους ἰουδαιους εἰναι,

13 ὁ ἐχων οὐς ἀκουσατω τι το πνευμα λεγει ταις ἐκκλησιαις.

14 ταδε λεγει ὁ ἀμην, ὁ μαρτυς ὁ πιστος και ἀληθινος, ἡ ἀρχη της κτισεως του θεου· οἰδα σου τα ἐργα,

17 ὁτι λεγεις ὁτι πλουσιος εἰμι και πεπλουτηκα και οὐδεν χρειαν ἐχω,

22 ὁ ἐχων οὐς ἀκουσατω τι το πνευμα λεγει ταις ἐκκλησιαις.

4 1 και ἡ φωνη ἡ πρωτη ἡν ἠκουσα ὡς σαλπιγγος λαλουσης μετ ἐμου, λεγων· ἀναβα ὡδε, και δειξω σοι ἁ δει γενεσθαι μετα ταυτα.

8 και ἀναπαυσιν οὐκ ἐχουσιν ἡμερας και νυκτος λεγοντες· ἁγιος ἁγιος ἁγιος κυριος ὁ θεος ὁ παντοκρατωρ,

10 και βαλουσιν τους στεφανους αὐτων ἐνωπιον του θρονου, λεγοντες· ἀξιος εἰ, ὁ κυριος και ὁ θεος ἡμων,

5 5 και εἱς ἐκ των πρεσβυτερων λεγει μοι· μη κλαιε·

9 και ἀδουσιν ὡδην καινην λεγοντες· ἀξιος εἰ λαβειν το βιβλιον και ἀνοιξαι τας σφραγιδας αὐτου,

12 και ἡν ὁ ἀριθμος αὐτων μυριαδες μυριαδων και χιλιαδες χιλιαδων, λεγοντες φωνη μεγαλη· ἀξιον ἐστιν το ἀρνιον το ἐσφαγμενον λαβειν

13 και τα ἐν αὐτοις παντα, ἠκουσα λεγοντας· τω καθημενω ἐπι τω θρονω και τω ἀρνιω ἡ εὐλογια και ἡ τιμη και ἡ δοξα και το κρατος εἰς τους αἰωνας των αἰωνων.

14 και τα τεσσαρα ζωα ἐλεγον· ἀμην,

6 1 και ἠκουσα ἑνος ἐκ των τεσσαρων ζωων λεγοντος ὡς φωνη βροντης· ἐρχου.

3 και ὁτε ἠνοιξεν την σφραγιδα την δευτεραν, ἠκουσα του δευτερου ζωου λεγοντος· ἐρχου.

5 και ὁτε ἠνοιξεν την σφραγιδα την τριτην, ἠκουσα του τριτου ζωου λεγοντος· ἐρχου.

6 και ἠκουσα ὡς φωνην ἐν μεσω των τεσσαρων ζωων λεγουσαν· χοινιξ σιτου δηναριου,

7 και ὁτε ἠνοιξεν την σφραγιδα την τεταρτην, ἠκουσα φωνην του τεταρτου ζωου λεγοντος· ἐρχου.

10 και ἐκραξαν φωνη μεγαλη λεγοντες· ἑως ποτε, ὁ δεσποτης ὁ ἁγιος και ἀληθινος,

16 και λεγουσιν τοις ὀρεσιν και ταις πετραις· πεσετε ἐφ ἡμας

λεγω [2262]

Apc 7 3 και ἐκραξεν φωνη μεγαλη τοις τεσσαρσιν ἀγγελοις οἱς ἐδοθη αὐτοις ἀδικησαι την γην και την θαλασσαν, λεγων· μη ἀδικησητε την γην

10 και κραζουσιν φωνη μεγαλη λεγοντες· ἡ σωτηρια τω θεω ἡμων τω καθημενω ἐπι τω θρονω και τω ἀρνιω.

12 και ἐπεσαν ἐνωπιον του θρονου ἐπι τα προσωπα αὐτων και προσεκυνησαν τω θεω, λεγοντες· ἀμην,

13 και ἀπεκριθη εἱς ἐκ των πρεσβυτερων λεγων μοι· οὑτοι οἱ περιβεβλημενοι τας στολας τας λευκας τινες εἰσιν και ποθεν ἠλθον;

14 και εἰπεν μοι· οὑτοι εἰσιν οἱ ἐρχομενοι ἐκ της θλιψεως της μεγαλης

8 11 και το ὀνομα του ἀστερος λεγεται ὁ ἀψινθος.

13 και εἰδον, και ἠκουσα ἑνος ἀετου πετομενου ἐν μεσουρανηματι λεγοντος φωνη μεγαλη· οὐαι οὐαι οὐαι τους κατοικουντας ἐπι της γης

9 14 και ἠκουσα φωνην μιαν ἐκ των [τεσσαρων] κερατων του θυσιαστηριου του χρυσου του ἐνωπιον του θεου, λεγοντα τω ἑκτω ἀγγελω, ὁ ἐχων την σαλπιγγα· λυσον τους τεσσαρας ἀγγελους

10 4 και ἠκουσα φωνην ἐκ του οὐρανου λεγουσαν· σφραγισον ἁ ἐλαλησαν αἱ ἑπτα βρονται,

8 και ἡ φωνη ἡν ἠκουσα ἐκ του οὐρανου, παλιν λαλουσαν μετ ἐμου και λεγουσαν· ὑπαγε λαβε το βιβλιον

9 και ἀπηλθα προς τον ἀγγελον, λεγων αὐτω δουναι μοι το βιβλαριδιον.

9 και λεγει μοι· λαβε και καταφαγε αὐτο,

11 και λεγουσιν μοι· δει σε παλιν προφητευσαι ἐπι λαοις και ἐθνεσιν και γλωσσαις και βασιλευσιν πολλοις.

11 1 και ἐδοθη μοι καλαμος ὁμοιος ῥαβδω, λεγων· ἐγειρε και μετρησον τον ναον του θεου

12 και ἠκουσαν φωνης μεγαλης ἐκ του οὐρανου λεγουσης αὐτοις· ἀναβατε ὡδε·

15 και ἐγενοντο φωναι μεγαλαι ἐν τω οὐρανω, λεγοντες· ἐγενετο ἡ βασιλεια του κοσμου του κυριου ἡμων

17 ἐπεσαν ἐπι τα προσωπα αὐτων και προσεκυνησαν τω θεω, λεγοντες· εὐχαριστουμεν σοι, κυριε ὁ θεος ὁ παντοκρατωρ, ὁ ὡν και ὁ ἠν,

12 10 και ἠκουσα φωνην μεγαλην ἐν τω οὐρανω λεγουσαν· ἀρτι ἐγενετο ἡ σωτηρια και ἡ δυναμις και ἡ βασιλεια του θεου ἡμων

13 4 και προσεκυνησαν τω θηριω λεγοντες· τις ὁμοιος τω θηριω,

14 λεγων τοις κατοικουσιν ἐπι της γης ποιησαι εἰκονα τω θηριω,

14 7 λεγων ἐν φωνη μεγαλη· φοβηθητε τον θεον και δοτε αὐτω δοξαν,

8 και ἀλλος ἀγγελος δευτερος ἠκολουθησεν λεγων· ἐπεσεν ἐπεσεν βαβυλων ἡ μεγαλη,

9 και ἀλλος ἀγγελος τριτος ἠκολουθησεν αὐτοις λεγων ἐν φωνη μεγαλη· εἰ τις προσκυνει το θηριον και την εἰκονα αὐτου, και λαμβανει χαραγμα ἐπι του μετωπου αὐτου ἡ ἐπι την χειρα αὐτου,

13 και ἠκουσα φωνης ἐκ του οὐρανου λεγουσης· γραψον·

13 ναι, λεγει το πνευμα, ἱνα ἀναπαησονται ἐκ των κοπων αὐτων·

18 και ἐφωνησεν φωνη μεγαλη τω ἐχοντι το δρεπανον το ὀξυ λεγων· πεμψον σου το δρεπανον το ὀξυ

15 3 και ἀδουσιν την ὡδην μωυσεως του δουλου του θεου και την ὡδην του ἀρνιου, λεγοντες· μεγαλα και θαυμαστα τα ἐργα σου,

16 1 και ἠκουσα μεγαλης φωνης ἐκ του ναου λεγουσης τοις ἑπτα ἀγγελοις· ὑπαγετε και ἐκχεετε τας ἑπτα φιαλας του θυμου του θεου εἰς την γην.

5 και ἠκουσα του ἀγγελου των ὑδατων λεγοντος· δικαιος εἰ, ὁ ὡν και ὁ ἠν, ὁ ὁσιος,

7 και ἠκουσα του θυσιαστηριου λεγοντος· ναι, κυριε ὁ θεος ὁ παντοκρατωρ, ἀληθιναι και δικαιαι αἱ κρισεις σου.

17 και ἐξηλθεν φωνη μεγαλη ἐκ του ναου ἀπο του θρονου λεγουσα· γεγονεν.

17 1 και ἐλαλησεν μετ ἐμου λεγων· δευρο, δειξω σοι το κριμα της πορνης της μεγαλης της καθημενης ἐπι ὑδατων πολλων,

7 και εἰπεν μοι ὁ ἀγγελος· δια τι ἐθαυμασας;

15 και λεγει μοι· τα ὑδατα ἁ εἰδες, οὑ ἡ πορνη καθηται, λαοι και ὀχλοι εἰσιν και ἐθνη και γλωσσαι.

18 2 και ἐκραξεν ἐν ἰσχυρα φωνη λεγων· ἐπεσεν ἐπεσεν βαβυλων ἡ μεγαλη,

4 και ἠκουσα ἀλλην φωνην ἐκ του οὐρανου λεγουσαν· ἐξελθατε ὁ λαος μου ἐξ αὐτης,

7 ὁτι ἐν τη καρδια αὐτης λεγει ὁτι καθημαι βασιλισσα και χηρα οὐκ εἰμι και πενθος οὐ μη ἰδω·

λεγω [2262]

Apc	18 10	ἀπο μακροθεν ἑστηκοτες δια τον φοβον του βασανισμου αὐτης, *λεγοντες*· οὐαι οὐαι, ἡ πολις ἡ μεγαλη, βαβυλων ἡ πολις ἡ ἰσχυρα,
	16	ἀπο μακροθεν στησονται δια τον φοβον του βασανισμου αὐτης κλαιοντες και πενθουντες, *λεγοντες*· οὐαι οὐαι, ἡ πολις ἡ μεγαλη,
	18	και ἐκραζον βλεποντες τον καπνον της πυρωσεως αὐτης *λεγοντες*· τίς ὁμοια τη πολει τη μεγαλη;
	19	και ἐβαλον χουν ἐπι τας κεφαλας αὐτων και ἐκραζον κλαιοντες και πενθουντες, *λεγοντες*· οὐαι οὐαι, ἡ πολις ἡ μεγαλη,
	21	και ἦρεν εἱς ἀγγελος ἰσχυρος λιθον ὡς μυλινον μεγαν, και ἐβαλεν εἰς την θαλασσαν *λεγων*· οὑτως ὁρμηματι βληθησεται βαβυλων ἡ μεγαλη πολις,
	19 1	μετα ταυτα ἠκουσα ὡς φωνην μεγαλην ὀχλου πολλου ἐν τω οὐρανω *λεγοντων*· ἁλληλουια·
	4	και προσεκυνησαν τω θεω τω καθημενω ἐπι τω θρονω *λεγοντες*· ἁμην ἁλληλουια.
	5	και φωνη ἀπο του θρονου ἐξηλθεν *λεγουσα*· αἰνειτε τω θεω ἡμων,
	6	και ἠκουσα ὡς φωνην ὀχλου πολλου και ὡς φωνην ὑδατων πολλων και ὡς φωνην βροντων ἰσχυρων, *λεγοντων*· ἁλληλουια,
	9	και *λεγει* μοι· γραψον·
	9	και *λεγει* μοι· οὑτοι οἱ λογοι ἀληθινοι του θεου εἰσιν.
	10	και *λεγει* μοι· ὁρα μη·
	17	και ἐκραξεν [ἐν] φωνη μεγαλη *λεγων* πασιν τοις ὀρνεοις τοις πετομενοις ἐν μεσουρανηματι· δευτε συναχθητε εἰς το δειπνον το μεγα του θεου,
	21 3	και ἠκουσα φωνης μεγαλης ἐκ του θρονου *λεγουσης*· ἰδου ἡ σκηνη του θεου μετα των ἀνθρωπων,
	5	και *εἰπεν* ὁ καθημενος ἐπι τω θρονω· ἰδου καινα ποιω παντα.
	5	και *λεγει*· γραψον, ὁτι οὑτοι οἱ λογοι πιστοι και ἀληθινοι εἰσιν.
	6	και *εἰπεν* μοι· γεγοναν.
	9	και ἐλαλησεν μετ ἐμου *λεγων*· δευρο, δειξω σοι την νυμφην την γυναικα του ἀρνιου.
	22 6	και *εἰπεν* μοι· οὑτοι οἱ λογοι πιστοι και ἀληθινοι,
	9	και *λεγει* μοι· ὁρα μη·
	10	και *λεγει* μοι· μη σφραγισης τους λογους της προφητειας του βιβλιου τουτου·
	17	και το πνευμα και ἡ νυμφη *λεγουσιν*· ἐρχου.
	17	και ὁ ἀκουων *εἰπατω*· ἐρχου.
	20	*λεγει* ὁ μαρτυρων ταυτα· ναι, ἐρχομαι ταχυ.

λειμμα [1]

Rm	11 5	οὑτως οὑν και ἐν τω νυν καιρω *λειμμα* κατ ἐκλογην χαριτος γεγονεν·

λειος [1]

Lc	3 5	και ἐσται τα σκολια εἰς εὐθειαν και αἱ τραχειαι εἰς ὁδους *λειας*·

λειπω [6]

Lc	18 22	ἐτι ἐν σοι *λειπει*·
Tit	1 5	τουτου χαριν ἀπελιπον σε ἐν κρητη, ἱνα τα *λειποντα* ἐπιδιορθωση,
	3 13	ζηναν τον νομικον και ἀπολλων σπουδαιως προπεμψον, ἱνα μηδεν αὐτοις *λειπη*.
Ja	1 4	ἱνα ἠτε τελειοι και ὁλοκληροι, ἐν μηδενι *λειπομενοι*.
	5	εἰ δε τις ὑμων *λειπεται* σοφιας, αἰτειτω παρα του διδοντος θεου πασιν ἁπλως και μη ὀνειδιζοντος,
	2 15	ἐαν ἀδελφος ἡ ἀδελφη γυμνοι ὑπαρχωσιν και *λειπομενοι* της ἐφημερου τροφης, εἰπη δε τις αὐτοις ἐξ ὑμων·

λειτουργεω [3]

Ac	13 2	*λειτουργουντων* δε αὐτων τω κυριω και νηστευοντων εἰπεν το πνευμα το ἁγιον·
Rm	15 27	εἰ γαρ τοις πνευματικοις αὐτων ἐκοινωνησαν τα ἐθνη, ὀφειλουσιν και ἐν τοις σαρκικοις *λειτουργησαι* αὐτοις.
Heb	10 11	και πας μεν ἱερευς ἑστηκεν καθ ἡμεραν *λειτουργων* και τας αὐτας πολλακις προσφερων θυσιας,

λειτουργια [6]

Lc	1 23	και ἐγενετο ὡς ἐπλησθησαν αἱ ἡμεραι της *λειτουργιας* αὐτου, ἀπηλθεν εἰς τον οἰκον αὐτου.
2Co	9 12	ὁτι ἡ διακονια της *λειτουργιας* ταυτης οὐ μονον ἐστιν προσαναπληρουσα τα ὑστερηματα των ἁγιων, ἀλλα και περισσευουσα δια πολλων εὐχαριστιων τω θεω·
Php	2 17	ἀλλα εἰ και σπενδομαι ἐπι τη θυσια και *λειτουργια* της πιστεως ὑμων, χαιρω και συγχαιρω πασιν ὑμιν·
	30	ὁτι δια το ἐργον χριστου μεχρι θανατου ἠγγισεν παραβολευσαμενος τη ψυχη, ἱνα ἀναπληρωση το ὑμων ὑστερημα της προς με *λειτουργιας*.
Heb	8 6	νυν[ι] δε διαφορωτερας τετυχεν *λειτουργιας*, ὁσω και κρειττονος ἐστιν διαθηκης μεσιτης,
	9 21	και την σκηνην δε και παντα τα σκευη της *λειτουργιας* τω αἱματι ὁμοιως ἐρραντισεν.

λειτουργικος [1]

Heb	1 14	οὐχι παντες εἰσιν *λειτουργικα* πνευματα εἰς διακονιαν ἀποστελλομενα δια τους μελλοντας κληρονομειν σωτηριαν;

λειτουργος [5]

Rm	13 6	*λειτουργοι* γαρ θεου εἰσιν εἰς αὐτο τουτο προσκαρτερουντες.
	15 16	εἰς το εἰναι με *λειτουργον* χριστου ἰησου εἰς τα ἐθνη,
Php	2 25	ἀναγκαιον δε ἡγησαμην ἐπαφροδιτον τον ἀδελφον και συνεργον και συστρατιωτην μου, ὑμων δε ἀποστολον και *λειτουργον* της χρειας μου, πεμψαι προς ὑμας,
Heb	1 7	ὁ ποιων τους ἀγγελους αὐτου πνευματα, και τους *λειτουργους* αὐτου πυρος φλογα·
	8 2	ὁς ἐκαθισεν ἐν δεξια του θρονου της μεγαλωσυνης ἐν τοις οὐρανοις, των ἁγιων *λειτουργος* και της σκηνης της ἀληθινης,

λεμα [1]

Mt	27 46	ἠλι ἠλι *λεμα* σαβαχθανι;

λεντιον [2]

Jh	13 4	ἐγειρεται ἐκ του δειπνου και τιθησιν τα ἱματια, και λαβων *λεντιον* διεζωσεν ἑαυτον·
	5	εἰτα βαλλει ὑδωρ εἰς τον νιπτηρα, και ἠρξατο νιπτειν τους ποδας των μαθητων και ἐκμασσειν τω *λεντιω* ᾡ ἡν διεζωσμενος.

λεπις [1]

Ac	9 18	και εὐθεως ἀπεπεσαν αὐτου ἀπο των ὀφθαλμων ὡς *λεπιδες*, ἀνεβλεψεν τε,

λεπρα [4]

Mt	8 3	και εὐθεως ἐκαθαρισθη αὐτου ἡ *λεπρα*.
Mc	1 42	και εὐθυς ἀπηλθεν ἀπ αὐτου ἡ *λεπρα*,
Lc	5 12	και ἐγενετο ἐν τω εἰναι αὐτον ἐν μια των πολεων και ἰδου ἀνηρ πληρης *λεπρας*·
	13	και εὐθεως ἡ *λεπρα* ἀπηλθεν ἀπ αὐτου.

λεπρος [9]

Mt	8 2	και ἰδου *λεπρος* προσελθων προσεκυνει αὐτω λεγων·
	10 8	*λεπρους* καθαριζετε, δαιμονια ἐκβαλλετε·
	11 5	*λεπροι* καθαριζονται και κωφοι ἀκουουσιν,
	26 6	του δε ἰησου γενομενου ἐν βηθανια ἐν οἰκια σιμωνος του *λεπρου*, προσηλθεν αὐτω γυνη ἐχουσα ἀλαβαστρον μυρου βαρυτιμου και κατεχεεν ἐπι της κεφαλης αὐτου ἀνακειμενου.
Mc	1 40	και ἐρχεται προς αὐτον *λεπρος* παρακαλων αὐτον [και γονυπετων] και λεγων αὐτω ὁτι ἐαν θελης δυνασαι με καθαρισαι.
	14 3	και ὀντος αὐτου ἐν βηθανια ἐν τη οἰκια σιμωνος του *λεπρου*, κατακειμενου αὐτου ἠλθεν γυνη ἐχουσα ἀλαβαστρον μυρου ναρδου πιστικης πολυτελους·
Lc	4 27	και πολλοι *λεπροι* ἠσαν ἐν τω ἰσραηλ ἐπι ἐλισαιου του προφητου,
	7 22	τυφλοι ἀναβλεπουσιν, χωλοι περιπατουσιν, *λεπροι* καθαριζονται,
	17 12	και εἰσερχομενου αὐτου εἰς τινα κωμην ἀπηντησαν [αὐτω] δεκα *λεπροι* ἀνδρες,

λεπτον [3]

Mc 12 42 και ελθουσα μια χηρα πτωχη εβαλεν *λεπτα* δυο, ο εστιν κοδραντης.

Lc 12 59 ου μη εξελθης εκειθεν εως και το εσχατον *λεπτον* αποδως.

     21 2 ειδεν δε τινα χηραν πενιχραν βαλλουσαν εκει *λεπτα* δυο,

λευι [2]

Heb 7 5 και οι μεν εκ των υιων *λευι* την ιερατειαν λαμβανοντες εντολην εχουσιν αποδεκατουν τον λαον κατα τον νομον,

     9 δι αβρααμ και *λευι* ο δεκατας λαμβανων δεδεκατωται·

λευις [6]

Mc 2 14 και παραγων ειδεν *λευιν* τον του αλφαιου καθημενον επι το τελωνιον,

Lc 3 24 ων υιος, ως ενομιζετο, ιωσηφ, του ηλι του μαθθατ του *λευι* του μελχι του ιανναι του ιωσηφ

     29 του ιησου του ελιεζερ του ιωριμ του μαθθατ του *λευι*

     5 27 και μετα ταυτα εξηλθεν, και εθεασατο τελωνην ονοματι *λευιν* καθημενον επι το τελωνιον,

     29 και εποιησεν δοχην μεγαλην *λευις* αυτω εν τη οικια αυτου·

Apc 7 7 εκ φυλης *λευι* δωδεκα χιλιαδες,

λευιτης [3]

Lc 10 32 ομοιως δε και *λευιτης* [γενομενος] κατα τον τοπον ελθων και ιδων αντιπαρηλθεν.

Jh 1 19 και αυτη εστιν η μαρτυρια του ιωαννου, οτε απεστειλαν [προς αυτον] οι ιουδαιοι εξ ιεροσολυμων ιερεις και *λευιτας* ινα ερωτησωσιν αυτον·

Ac 4 36 ιωσηφ δε ο επικληθεις βαρναβας απο των αποστολων, ο εστιν μεθερμηνευομενον υιος παρακλησεως, *λευιτης*, κυπριος τω γενει,

λευιτικος [1]

Heb 7 11 ει μεν ουν τελειωσις δια της *λευιτικης* ιερωσυνης ην, ο λαος γαρ επ αυτης νενομοθετηται, τις ετι χρεια

λευκαινω [2]

Mc 9 3 και τα ιματια αυτου εγενετο στιλβοντα λευκα λιαν, οια γναφευς επι της γης ου δυναται ουτως *λευκαναι*.

Apc 7 14 και επλυναν τας στολας αυτων και *ελευκαναν* αυτας εν τω αιματι του αρνιου.

λευκος [25]

Mt 5 36 μητε εν τη κεφαλη σου ομοσης, οτι ου δυνασαι μιαν τριχα *λευκην* ποιησαι η μελαιναν.

     17 2 και ελαμψεν το προσωπον αυτου ως ο ηλιος, τα δε ιματια αυτου εγενετο *λευκα* ως το φως.

     28 3 ην δε η ειδεα αυτου ως αστραπη, και το ενδυμα αυτου *λευκον* ως χιων.

Mc 9 3 και τα ιματια αυτου εγενετο στιλβοντα *λευκα* λιαν, οια γναφευς επι της γης ου δυναται ουτως λευκαναι.

     16 5 και εισελθουσαι εις το μνημειον ειδον νεανισκον καθημενον εν τοις δεξιοις περιβεβλημενον στολην *λευκην*,

Lc 9 29 και εγενετο εν τω προσευχεσθαι αυτον το ειδος του προσωπου αυτου ετερον και ο ιματισμος αυτου *λευκος* εξαστραπτων.

Jh 4 35 επαρατε τους οφθαλμους υμων και θεασασθε τας χωρας, οτι *λευκαι* εισιν προς θερισμον.

     20 12 ως ουν εκλαιεν, παρεκυψεν εις το μνημειον, και θεωρει δυο αγγελους εν *λευκοις* καθεζομενους,

Ac 1 10 και ως ατενιζοντες ησαν εις τον ουρανον πορευομενου αυτου, και ιδου ανδρες δυο παρειστηκεισαν αυτοις εν εσθησεσι *λευκαις*,

Apc 1 14 η δε κεφαλη αυτου και αι τριχες *λευκαι* ως εριον *λευκον* ως χιων,

     14 η δε κεφαλη αυτου και αι τριχες *λευκαι* ως εριον *λευκον* ως χιων,

     2 17 και δωσω αυτω ψηφον *λευκην*,

     3 4 και περιπατησουσιν μετ εμου εν *λευκοις*, οτι αξιοι εισιν.

     5 ο νικων ουτως περιβαλειται εν ιματιοις *λευκοις*,

     18 συμβουλευω σοι αγορασαι παρ εμου χρυσιον πεπυρωμενον εκ πυρος ινα πλουτησης, και ιματια *λευκα* ινα περιβαλη και μη φανερωθη η αισχυνη της γυμνοτητος σου,

λευκος [25]

Apc 4 4 και επι τους θρονους εικοσιτεσσαρας πρεσβυτερους καθημενους περιβεβλημενους εν ιματιοις *λευκοις*,

     6 2 και ειδον, και ιδου ιππος *λευκος*,

     11 και εδοθη αυτοις εκαστω στολη *λευκη*,

     7 9 εστωτες ενωπιον του θρονου και ενωπιον του αρνιου, περιβεβλημενους στολας *λευκας*,

     13 ουτοι οι περιβεβλημενοι τας στολας τας *λευκας* τινες εισιν και ποθεν ηλθον;

     14 14 και ειδον, και ιδου νεφελη *λευκη*,

     19 11 και ιδου ιππος *λευκος*, και ο καθημενος επ αυτον [καλουμενος] πιστος και αληθινος,

     14 και τα στρατευματα [τα] εν τω ουρανω ηκολουθει αυτω εφ ιπποις *λευκοις*,

     14 και τα στρατευματα [τα] εν τω ουρανω ηκολουθει αυτω εφ ιπποις λευκοις, ενδεδυμενοι βυσσινον *λευκον* καθαρον.

     20 11 και ειδον θρονον μεγαν *λευκον* και τον καθημενον επ αυτου ου απο του προσωπου εφυγεν η γη και ο ουρανος,

λεων [9]

2Tm 4 17 και ερρυσθην εκ στοματος *λεοντος*.

Heb 11 33 επετυχον επαγγελιων, εφραξαν στοματα *λεοντων*, εσβεσαν δυναμιν πυρος, εφυγον στοματα μαχαιρης,

1Pt 5 8 ο αντιδικος υμων διαβολος ως *λεων* ωρυομενος περιπατει ζητων [τινα] καταπιειν·

Apc 4 7 και το ζωον το πρωτον ομοιον *λεοντι*,

     5 5 ιδου ενικησεν ο *λεων* ο εκ της φυλης ιουδα, η ριζα δαυιδ, ανοιξαι το βιβλιον και τας επτα σφραγιδας αυτου.

     9 8 και οι οδοντες αυτων ως *λεοντων* ησαν,

     17 και αι κεφαλαι των ιππων ως κεφαλαι *λεοντων*,

     10 3 και εκραξεν φωνη μεγαλη ωσπερ *λεων* μυκαται.

     13 2 και οι ποδες αυτου ως αρκου, και το στομα αυτου ως στομα *λεοντος*.

ληθη [1]

2Pt 1 9 τυφλος εστιν μυωπαζων, *ληθην* λαβων του καθαρισμου των παλαι αυτου αμαρτιων.

λημψις [1]

Php 4 15 ουδεμια μοι εκκλησια εκοινωνησεν εις λογον δοσεως και *λημψεως* ει μη υμεις μονοι,

ληνος [5]

Mt 21 33 και φραγμον αυτω περιεθηκεν και ωρυξεν εν αυτω *ληνον* και ωκοδομησεν πυργον,

Apc 14 19 και ετρυγησεν την αμπελον της γης και εβαλεν εις την *ληνον* του θυμου του θεου τον μεγαν.

     20 και επατηθη η *ληνος* εξωθεν της πολεως,

     20 και εξηλθεν αιμα εκ της *ληνου* αχρι των χαλινων των ιππων

     19 15 και αυτος πατει την *ληνον* του οινου του θυμου της οργης του θεου του παντοκρατορος.

ληρος [1]

Lc 24 11 και εφανησαν ενωπιον αυτων ωσει *ληρος* τα ρηματα ταυτα, και ηπιστουν αυταις.

ληστης [15]

Mt 21 13 γεγραπται· ο οικος μου οικος προσευχης κληθησεται, υμεις δε αυτον ποιειτε σπηλαιον *ληστων*.

     26 55 ως επι *ληστην* εξηλθατε μετα μαχαιρων και ξυλων συλλαβειν με;

     27 38 τοτε σταυρουνται συν αυτω δυο *λησται*,

     44 το δ αυτο και οι *λησται* οι συσταυρωθεντες συν αυτω ωνειδιζον αυτον.

Mc 11 17 ου γεγραπται οτι ο οικος μου οικος προσευχης κληθησεται πασιν τοις εθνεσιν; υμεις δε πεποιηκατε αυτον σπηλαιον *ληστων*.

     14 48 ως επι *ληστην* εξηλθατε μετα μαχαιρων και ξυλων συλλαβειν με;

     15 27 και συν αυτω σταυρουσιν δυο *ληστας*,

Lc 10 30 ανθρωπος τις κατεβαινεν απο ιερουσαλημ εις ιεριχω, και *λησταις* περιεπεσεν,

     36 τις τουτων των τριων πλησιον δοκει σοι γεγονεναι του εμπεσοντος εις τους *ληστας*;

ληστης [15]

Lc	19 46	ὑμεις δε αὐτον ἐποιησατε σπηλαιον ληστων.
	22 52	ὡς ἐπι ληστην ἐξηλθατε μετα μαχαιρων και ξυλων;
Jh	10 1	ὁ μη εἰσερχομενος δια της θυρας εἰς την αὐλην των προβατων ἀλλα ἀναβαινων ἀλλαχοθεν, ἐκεινος κλεπτης ἐστιν και ληστης·
	8	παντες ὁσοι ἠλθον [προ ἐμου] κλεπται εἰσιν και λησται·
	18 40	ἠν δε ὁ βαραββας ληστης.
2Co	11 26	ὁδοιποριαις πολλακις, κινδυνοις ποταμων, κινδυνοις ληστων,

λιαν [12]

Mt	2 16	τοτε ἡρωδης ἰδων ὁτι ἐνεπαιχθη ὑπο των μαγων ἐθυμωθη λιαν,
	4 8	παλιν παραλαμβανει αὐτον ὁ διαβολος εἰς ὁρος ὑψηλον λιαν,
	8 28	και ἐλθοντος αὐτου εἰς το περαν εἰς την χωραν των γαδαρηνων ὑπηντησαν αὐτω δυο δαιμονιζομενοι ἐκ των μνημειων ἐξερχομενοι, χαλεποι λιαν,
	27 14	και οὐκ ἀπεκριθη αὐτω προς οὐδε ἑν ῥημα, ὡστε θαυμαζειν τον ἡγεμονα λιαν.
Mc	1 35	και πρωι ἐννυχα λιαν ἀναστας ἐξηλθεν και ἀπηλθεν εἰς ἐρημον τοπον,
	6 51	και λιαν [ἐκ περισσου] ἐν ἑαυτοις ἐξισταντο·
	9 3	και τα ἱματια αὐτου ἐγενετο στιλβοντα λευκα λιαν, οἱα γναφευς ἐπι της γης οὐ δυναται οὑτως λευκαναι.
	16 2	και λιαν πρωι τη μια σαββατων ἐρχονται ἐπι το μνημειον, ἀνατειλαντος του ἡλιου.
Lc	23 8	ὁ δε ἡρωδης ἰδων τον ἰησουν ἐχαρη λιαν·
2Tm	4 15	ὁν και συ φυλασσου· λιαν γαρ ἀντεστη τοις ἡμετεροις λογοις.
2Jh	4	ἐχαρην λιαν ὁτι εὑρηκα ἐκ των τεκνων σου περιπατουντας ἐν ἀληθεια,
3Jh	3	ἐχαρην γαρ λιαν ἐρχομενων ἀδελφων και μαρτυρουντων σου τη ἀληθεια,

λιβανος [2]

Mt	2 11	και ἀνοιξαντες τους θησαυρους αὐτων προσηνεγκαν αὐτω δωρα, χρυσον και λιβανον και σμυρναν.
Apc	18 13	και λιβανον και οἰνον και ἐλαιον και σεμιδαλιν

λιβανωτος [2]

Apc	8 3	και ἀλλος ἀγγελος ἠλθεν και ἐσταθη ἐπι του θυσιαστηριου ἐχων λιβανωτον χρυσουν,
	5	και εἰληφεν ὁ ἀγγελος τον λιβανωτον,

λιβερτινος [1]

Ac	6 9	ἀνεστησαν δε τινες των ἐκ της συναγωγης της λεγομενης λιβερτινων και κυρηναιων και ἀλεξανδρεων και των ἀπο κιλικιας και ἀσιας συζητουντες τω στεφανω,

λιβυη [1]

Ac	2 10	αἰγυπτον και τα μερη της λιβυης της κατα κυρηνην,

λιθαζω [9]

Jh	8 5*	ἐν δε τω νομω ἡμιν μωυσης ἐνετειλατο τας τοιαυτας λιθαζειν· συ οὐν τι λεγεις;
	10 31	ἐβαστασαν παλιν λιθους οἱ ἰουδαιοι ἱνα λιθασωσιν αὐτον.
	32	δια ποιον αὐτων ἐργον ἐμε λιθαζετε;
	33	περι καλου ἐργου οὐ λιθαζομεν σε ἀλλα περι βλασφημιας,
	11 8	ῥαββι, νυν ἐζητουν σε λιθασαι οἱ ἰουδαιοι, και παλιν ὑπαγεις ἐκει;
Ac	5 26	ἐφοβουντο γαρ τον λαον, μη λιθασθωσιν·
	14 19	ἐπηλθαν δε ἀπο ἀντιοχειας και ἰκονιου ἰουδαιοι, και πεισαντες τους ὀχλους και λιθασαντες τον παυλον ἐσυρον ἐξω της πολεως,
2Co	11 25	τρις ἐρραβδισθην, ἁπαξ ἐλιθασθην, τρις ἐναυαγησα, νυχθημερον ἐν τω βυθω πεποιηκα·
Heb	11 37	ἐλιθασθησαν, ἐπρισθησαν, ἐν φονω μαχαιρης ἀπεθανον,

λιθινος [3]

Jh	2 6	ἠσαν δε ἐκει λιθιναι ὑδριαι ἑξ κατα τον καθαρισμον των ἰουδαιων κειμεναι,
2Co	3 3	ἐγγεγραμμενη οὐ μελανι ἀλλα πνευματι θεου ζωντος, οὐκ ἐν πλαξιν λιθιναις ἀλλ ἐν πλαξιν καρδιαις σαρκιναις.

λιθινος [3]

Apc	9 20	ἱνα μη προσκυνησουσιν τα δαιμονια και τα εἰδωλα τα χρυσα και τα ἀργυρα και τα χαλκα και τα λιθινα και τα ξυλινα,

λιθοβολεω [7]

Mt	21 35	και λαβοντες οἱ γεωργοι τους δουλους αὐτου ὁν μεν ἐδειραν, ὁν δε ἀπεκτειναν, ὁν δε ἐλιθοβολησαν.
	23 37	ἰερουσαλημ ἰερουσαλημ, ἡ ἀποκτεινουσα τους προφητας και λιθοβολουσα τους ἀπεσταλμενους προς αὐτην,
Lc	13 34	ἰερουσαλημ ἰερουσαλημ, ἡ ἀποκτεινουσα τους προφητας και λιθοβολουσα τους ἀπεσταλμενους προς αὐτην,
Ac	7 58	και ἐκβαλοντες ἐξω της πολεως ἐλιθοβολουν.
	59	και ἐλιθοβολουν τον στεφανον, ἐπικαλουμενον και λεγοντα·
	14 5	ὡς δε ἐγενετο ὁρμη των ἐθνων τε και ἰουδαιων συν τοις ἀρχουσιν αὐτων ὑβρισαι και λιθοβολησαι αὐτους,
Heb	12 20	καν θηριον θιγη του ὀρους, λιθοβοληθησεται·

λιθος [59]

Mt	3 9	λεγω γαρ ὑμιν ὁτι δυναται ὁ θεος ἐκ των λιθων τουτων ἐγειραι τεκνα τω ἀβρααμ.
	4 3	εἰ υἱος εἰ του θεου, εἰπε ἱνα οἱ λιθοι οὑτοι ἀρτοι γενωνται.
	6	μηποτε προσκοψης προς λιθον τον ποδα σου.
	7 9	μη λιθον ἐπιδωσει αὐτω;
	21 42	λιθον ὁν ἀπεδοκιμασαν οἱ οἰκοδομουντες, οὑτος ἐγενηθη εἰς κεφαλην γωνιας·
	44	[και ὁ πεσων ἐπι τον λιθον τουτον συνθλασθησεται]· [ἐφ ὁν δ ἀν πεση, λικμησει αὐτον].
	24 2	ἀμην λεγω ὑμιν, οὐ μη ἀφεθη ὡδε λιθος ἐπι λιθον ὁς οὐ καταλυθησεται.
	2	ἀμην λεγω ὑμιν, οὐ μη ἀφεθη ὡδε λιθος ἐπι λιθον ὁς οὐ καταλυθησεται.
	27 60	και προσκυλισας λιθον μεγαν τη θυρα του μνημειου ἀπηλθεν.
	66	οἱ δε πορευθεντες ἠσφαλισαντο τον ταφον σφραγισαντες τον λιθον μετα της κουστωδιας.
	28 2	ἀγγελος γαρ κυριου καταβας ἐξ οὐρανου και προσελθων ἀπεκυλισεν τον λιθον και ἐκαθητο ἐπανω αὐτου.
Mc	5 5	και δια παντος νυκτος και ἡμερας ἐν τοις μνημασιν και ἐν τοις ὀρεσιν ἠν κραζων και κατακοπτων ἑαυτον λιθοις.
	12 10	λιθον ὁν ἀπεδοκιμασαν οἱ οἰκοδομουντες, οὑτος ἐγενηθη εἰς κεφαλην γωνιας·
	13 1	διδασκαλε, ἰδε ποταποι λιθοι και ποταπαι οἰκοδομαι.
	2	οὐ μη ἀφεθη ὡδε λιθος ἐπι λιθον ὁς οὐ μη καταλυθη.
	2	οὐ μη ἀφεθη ὡδε λιθος ἐπι λιθον ὁς οὐ μη καταλυθη.
	15 46	και προσεκυλισεν λιθον ἐπι την θυραν του μνημειου.
	16 3	τις ἀποκυλισει ἡμιν τον λιθον ἐκ της θυρας του μνημειου;
	4	και ἀναβλεψασαι θεωρουσιν ὁτι ἀποκεκυλισται ὁ λιθος· ἠν γαρ μεγας σφοδρα.
Lc	3 8	λεγω γαρ ὑμιν ὁτι δυναται ὁ θεος ἐκ των λιθων τουτων ἐγειραι τεκνα τω ἀβρααμ.
	4 3	εἰ υἱος εἰ του θεου, εἰπε τω λιθω τουτω ἱνα γενηται ἀρτος.
	11	γεγραπται γαρ ὁτι τοις ἀγγελοις αὐτου ἐντελειται περι σου του διαφυλαξαι σε, και ὁτι ἐπι χειρων ἀρουσιν σε, μηποτε προσκοψης προς λιθον τον ποδα σου.
	17 2	λυσιτελει αὐτω εἰ λιθος μυλικος περικειται περι τον τραχηλον αὐτου και ἐρριπται εἰς την θαλασσαν, ἠ ἱνα σκανδαλιση των μικρων τουτων ἑνα.
	19 40	λεγω ὑμιν, ἐαν οὑτοι σιωπησουσιν, οἱ λιθοι κραξουσιν.
	44	και οὐκ ἀφησουσιν λιθον ἐπι λιθον ἐν σοι, ἀνθ ὡν οὐκ ἐγνως τον καιρον της ἐπισκοπης σου.
	44	και οὐκ ἀφησουσιν λιθον ἐπι λιθον ἐν σοι, ἀνθ ὡν οὐκ ἐγνως τον καιρον της ἐπισκοπης σου.
	20 17	λιθον ὁν ἀπεδοκιμασαν οἱ οἰκοδομουντες, οὑτος ἐγενηθη εἰς κεφαλην γωνιας;
	18	πας ὁ πεσων ἐπ ἐκεινον τον λιθον συνθλασθησεται·
	21 5	και τινων λεγοντων περι του ἱερου, ὁτι λιθοις καλοις και ἀναθημασιν κεκοσμηται,
	6	ταυτα ἁ θεωρειτε, ἐλευσονται ἡμεραι ἐν αἱς οὐκ ἀφεθησεται λιθος ἐπι λιθω ὁς οὐ καταλυθησεται.
	6	ταυτα ἁ θεωρειτε, ἐλευσονται ἡμεραι ἐν αἱς οὐκ ἀφεθησεται λιθος ἐπι λιθω ὁς οὐ καταλυθησεται.
	22 41	και αὐτος ἀπεσπασθη ἀπ αὐτων ὡσει λιθου βολην,
	24 2	εὑρον δε τον λιθον ἀποκεκυλισμενον ἀπο του μνημειου,
Jh	8 7*	ὁ ἀναμαρτητος ὑμων πρωτος ἐπ αὐτην βαλετω λιθον.
	59	ἠραν οὐν λιθους ἱνα βαλωσιν ἐπ αὐτον·
	10 31	ἐβαστασαν παλιν λιθους οἱ ἰουδαιοι ἱνα λιθασωσιν αὐτον.
	11 38	ἠν δε σπηλαιον, και λιθος ἐπεκειτο ἐπ αὐτω.
	39	λεγει ὁ ἰησους· ἀρατε τον λιθον.
	41	ἠραν οὐν τον λιθον.

λιθος [59]

Jh	20 1	τη δε μια των σαββατων μαρια ἡ μαγδαληνη ερχεται πρωι σκοτιας ετι ουσης εις το μνημειον, και βλεπει τον λιθον ηρμενον εκ του μνημειου.
Ac	4 11	ουτος εστιν ὁ λιθος ὁ εξουθενηθεις ὑφ ὑμων των οικοδομων, ὁ γενομενος εις κεφαλην γωνιας.
	17 29	γενος ουν ὑπαρχοντες του θεου ουκ οφειλομεν νομιζειν, χρυσω ἡ αργυρω ἡ λιθω, χαραγματι τεχνης και ενθυμησεως ανθρωπου, το θειον ειναι ομοιον.
Rm	9 32	προσεκοψαν τω λιθω του προσκομματος, καθως γεγραπται·
	33	ιδου τιθημι εν σιων λιθον προσκομματος και πετραν σκανδαλου,
1Co	3 12	ει δε τις εποικοδομει επι τον θεμελιον χρυσον, αργυρον, λιθους τιμιους, ξυλα, χορτον, καλαμην, εκαστου το εργον φανερον γενησεται·
2Co	3 7	ει δε ἡ διακονια του θανατου εν γραμμασιν εντετυπωμενη λιθοις εγενηθη εν δοξη, ωστε μη δυνασθαι ατενισαι τους υιους ισραηλ εις το προσωπον μωυσεως
1Pt	2 4	προς ὁν προσερχομενοι, λιθον ζωντα, ὑπο ανθρωπων μεν αποδεδοκιμασμενον παρα δε θεω εκλεκτον εντιμον,
	5	και αυτοι ὡς λιθοι ζωντες οικοδομεισθε οικος πνευματικος εις ιερατευμα αγιον,
	6	ιδου τιθημι εν σιων λιθον ακρογωνιαιον εκλεκτον εντιμον,
	7	απιστουσιν δε λιθος ὁν απεδοκιμασαν οι οικοδομουντες,
	8	ουτος εγενηθη εις κεφαλην γωνιας και λιθος προσκομματος και πετρα σκανδαλου·
Apc	4 3	και ὁ καθημενος ομοιος ορασει λιθω ιασπιδι και σαρδιω,
	17 4	και κεχρυσωμενη χρυσιω και λιθω τιμιω και μαργαριταις,
	18 12	και λιθου τιμιου και μαργαριτων και βυσσινου
	16	και κεχρυσωμενη [εν] χρυσιω και λιθω τιμιω και μαργαριτη,
	21	και ηρεν εις αγγελος ισχυρος λιθον ὡς μυλινον μεγαν,
	21 11	ὁ φωστηρ αυτης ομοιος λιθω τιμιωτατω,
	11	ὁ φωστηρ αυτης ομοιος λιθω τιμιωτατω, ὡς λιθω ιασπιδι κρυσταλλιζοντι·
	19	οι θεμελιοι του τειχους της πολεως παντι λιθω τιμιω κεκοσμημενοι·

λιθοστρωτος [1]

Jh	19 13	και εκαθισεν επι βηματος εις τοπον λεγομενον λιθοστρωτον, εβραιστι δε γαββαθα.

λικμαω [2]

Mt	21 44	[και ὁ πεσων επι τον λιθον τουτον συνθλασθησεται]· [εφ ὁν δ αν πεση, λικμησει αυτον].
Lc	20 18	εφ ὁν δ αν πεση, λικμησει αυτον.

λιμην [3]

Ac	27 8	μολις τε παραλεγομενοι αυτην ηλθομεν εις τοπον τινα καλουμενον καλους λιμενας,
	12	ανευθετου δε του λιμενος ὑπαρχοντος προς παραχειμασιαν οι πλειονες εθεντο βουλην αναχθηναι εκειθεν,
	12	ει πως δυναιντο καταντησαντες εις φοινικα παραχειμασαι, λιμενα της κρητης βλεποντα κατα λιβα και κατα χωρον.

λιμνη [11]

Lc	5 1	εγενετο δε εν τω τον οχλον επικεισθαι αυτω και ακουειν τον λογον του θεου, και αυτος ην εστως παρα την λιμνην γεννησαρετ,
	2	και ειδεν δυο πλοια εστωτα παρα την λιμνην·
	8 22	και ειπεν προς αυτους· διελθωμεν εις το περαν της λιμνης·
	23	και κατεβη λαιλαψ ανεμου εις την λιμνην,
	33	και ωρμησεν ἡ αγελη κατα του κρημνου εις την λιμνην και απεπνιγη.
Apc	19 20	ζωντες εβληθησαν οι δυο εις την λιμνην του πυρος της καιομενης εν θειω.
	20 10	και ὁ διαβολος ὁ πλανων αυτους εβληθη εις την λιμνην του πυρος και θειου,
	14	και ὁ θανατος και ὁ αδης εβληθησαν εις την λιμνην του πυρος.
	14	ουτος ὁ θανατος ὁ δευτερος εστιν, ἡ λιμνη του πυρος.
	15	και ει τις ουχ ευρεθη εν τη βιβλω της ζωης γεγραμμενος, εβληθη εις την λιμνην του πυρος.
	21 8	τοις δε δειλοις και απιστοις και εβδελυγμενοις και φονευσιν και πορνοις και φαρμακοις και ειδωλολατραις και πασιν τοις ψευδεσιν το μερος αυτων εν τη λιμνη

λιμος [12]

Mt	24 7	και εσονται λιμοι και σεισμοι κατα τοπους·
Mc	13 8	εσονται σεισμοι κατα τοπους, εσονται λιμοι· αρχη ωδινων ταυτα.
Lc	4 25	οτε εκλεισθη ὁ ουρανος επι ετη τρια και μηνας εξ, ὡς εγενετο λιμος μεγας επι πασαν την γην.
	15 14	δαπανησαντος δε αυτου παντα εγενετο λιμος ισχυρα κατα την χωραν εκεινην,
	17	ποσοι μισθιοι του πατρος μου περισσευονται αρτων, εγω δε λιμω ωδε απολλυμαι.
	21 11	σεισμοι τε μεγαλοι και κατα τοπους λιμοι και λοιμοι εσονται,
Ac	7 11	ηλθεν δε λιμος εφ ολην την αιγυπτον και χανααν και θλιψις μεγαλη,
	11 28	αναστας δε εις εξ αυτων ονοματι αγαβος εσημανεν δια του πνευματος λιμον μεγαλην μελλειν εσεσθαι εφ ολην την οικουμενην·
Rm	8 35	τις ἡμας χωρισει απο της αγαπης του χριστου; θλιψις ἡ στενοχωρια ἡ διωγμος ἡ λιμος ἡ γυμνοτης ἡ κινδυνος ἡ μαχαιρα;
2Co	11 27	κοπω και μοχθω, εν αγρυπνιαις πολλακις, εν λιμω και διψει,
Apc	6 8	και εδοθη αυτοις εξουσια επι το τεταρτον της γης, αποκτειναι εν ρομφαια και εν λιμω και εν θανατω και ὑπο των θηριων της γης.
	18 8	δια τουτο εν μια ἡμερα ηξουσιν αι πληγαι αυτης, θανατος και πενθος και λιμος,

λινον [2]

Mt	12 20	καλαμον συντετριμμενον ου κατεαξει και λινον τυφομενον ου σβεσει,
Apc	15 6	και εξηλθον οι επτα αγγελοι [οι] εχοντες τας επτα πληγας εκ του ναου, ενδεδυμενοι λινον καθαρον λαμπρον

λινος [1]

2Tm	4 21	ασπαζεται σε ευβουλος και πουδης και λινος και κλαυδια και οι αδελφοι παντες.

λιπαρος [1]

Apc	18 14	και παντα τα λιπαρα και τα λαμπρα απωλετο απο σου,

λιτρα [2]

Jh	12 3	ἡ ουν μαριαμ λαβουσα λιτραν μυρου ναρδου πιστικης πολυτιμου ηλειψεν τους ποδας του ιησου και εξεμαξεν ταις θριξιν αυτης τους ποδας αυτου·
	19 39	ηλθεν δε και νικοδημος, ὁ ελθων προς αυτον νυκτος το πρωτον, φερων μιγμα σμυρνης και αλοης ὡς λιτρας εκατον.

λιψ [1]

Ac	27 12	ει πως δυναιντο καταντησαντες εις φοινικα παραχειμασαι, λιμενα της κρητης βλεποντα κατα λιβα και κατα χωρον.

λογεια [2]

1Co	16 1	περι δε της λογειας της εις τους αγιους, ὡσπερ διεταξα ταις εκκλησιαις της γαλατιας, ουτως και ὑμεις ποιησατε.
	2	κατα μιαν σαββατου εκαστος ὑμων παρ εαυτω τιθετω θησαυριζων ὁτι εαν ευοδωται, ινα μη οταν ελθω τοτε λογειαι γινωνται.

λογιζομαι [41]

Mc	15 28 *	και μετα ανομων ελογισθη.
Lc	22 37	λεγω γαρ ὑμιν ὁτι τουτο το γεγραμμενον δει τελεσθηναι εν εμοι, το· και μετα ανομων ελογισθη·
Jh	11 50	ὑμεις ουκ οιδατε ουδεν, ουδε λογιζεσθε ὁτι συμφερει ὑμιν ινα εις ανθρωπος αποθανη ὑπερ του λαου και μη ολον το εθνος αποληται.
Ac	19 27	ου μονον δε τουτο κινδυνευει ἡμιν το μερος εις απελεγμον ελθειν, αλλα και το της μεγαλης θεας αρτεμιδος ιερον εις ουθεν λογισθηναι,
Rm	2 3	λογιζη δε τουτο, ὁ ανθρωπε ὁ κρινων τους τα τοιαυτα πρασσοντας και ποιων αυτα, ὁτι συ εκφευξη το κριμα του θεου;
	26	εαν ουν ἡ ακροβυστια τα δικαιωματα του νομου φυλασση, ουχ ἡ ακροβυστια αυτου εις περιτομην λογισθησεται;

λογιζομαι [41]

Rm 3 28   λογιζομεθα γαρ δικαιουσθαι πιστει ἀνθρωπον χωρις ἐργων νομου.

4 3   ἐπιστευσεν δε ἀβρααμ τω θεω, και ἐλογισθη αὐτω εἰς δικαιοσυνην.

4   τω δε ἐργαζομενω ὁ μισθος οὐ λογιζεται κατα χαριν ἀλλα κατα ὀφειλημα·

5   τω δε μη ἐργαζομενω, πιστευοντι δε ἐπι τον δικαιουντα τον ἀσεβη, λογιζεται ἡ πιστις αὐτου εἰς δικαιοσυνην,

6   καθαπερ και δαυιδ λεγει τον μακαρισμον του ἀνθρωπου ᾧ ὁ θεος λογιζεται δικαιοσυνην χωρις ἐργων·

8   μακαριος ἀνηρ οὐ οὐ μη λογισηται κυριος ἁμαρτιαν.

9   ἐλογισθη τω ἀβρααμ ἡ πιστις εἰς δικαιοσυνην.

10   πως οὖν ἐλογισθη; ἐν περιτομη ὀντι ἡ ἐν ἀκροβυστια,

11   εἰς το εἶναι αὐτον πατερα παντων των πιστευοντων δι ἀκροβυστιας, εἰς το λογισθηναι [και] αὐτοις [την] δικαιοσυνην,

22   διο [και] ἐλογισθη αὐτω εἰς δικαιοσυνην.

23   οὐκ ἐγραφη δε δι αὐτον μονον ὀτι ἐλογισθη αὐτω, ἀλλα και δι ἡμας, οἱς μελλει λογιζεσθαι,

24   οὐκ ἐγραφη δε δι αὐτον μονον ὀτι ἐλογισθη αὐτω, ἀλλα και δι ἡμας, οἱς μελλει λογιζεσθαι,

6 11   οὑτως και ὑμεις λογιζεσθε ἑαυτους [εἰναι] νεκρους μεν τη ἁμαρτια ζωντας δε τω θεω ἐν χριστω ἰησου.

8 18   λογιζομαι γαρ ὀτι οὐκ ἀξια τα παθηματα του νυν καιρου προς την μελλουσαν δοξαν ἀποκαλυφθηναι εἰς ἡμας.

36   καθως γεγραπται ὀτι ἐνεκεν σου θανατουμεθα ὀλην την ἡμεραν, ἐλογισθημεν ὡς προβατα σφαγης.

9 8   τουτ ἐστιν, οὐ τα τεκνα της σαρκος ταυτα τεκνα του θεου, ἀλλα τα τεκνα της ἐπαγγελιας λογιζεται εἰς σπερμα.

14 14   εἰ μη τω λογιζομενω τι κοινον εἰναι, ἐκεινω κοινον.

1Co 4 1   οὑτως ἡμας λογιζεσθω ἀνθρωπος ὡς ὑπηρετας χριστου και οἰκονομους μυστηριων θεου.

13 5   οὐ ζηλοι, [ἡ ἀγαπη] οὐ περπερευεται, οὐ φυσιουται, οὐκ ἀσχημονει, οὐ ζητει τα ἑαυτης, οὐ παροξυνεται, οὐ λογιζεται το κακον, οὐ χαιρει ἐπι τη ἀδικια, συγχαιρει δε τη ἀληθεια·

11   ὀτε ἡμην νηπιος, ἐλαλουν ὡς νηπιος, ἐφρονουν ὡς νηπιος, ἐλογιζομην ὡς νηπιος·

2Co 3 5   οὐχ ὀτι ἀφ ἑαυτων ἱκανοι ἐσμεν λογισασθαι τι ὡς ἐξ ἑαυτων,

5 19   ὡς ὀτι θεος ἠν ἐν χριστω κοσμον καταλλασσων ἑαυτω, μη λογιζομενος αὐτοις τα παραπτωματα αὐτων,

10 2   δεομαι δε το μη παρων θαρρησαι τη πεποιθησει ᾗ λογιζομαι τολμησαι ἐπι τινας τους λογιζομενους ἡμας ὡς κατα σαρκα περιπατουντας.

  δεομαι δε το μη παρων θαρρησαι τη πεποιθησει ᾗ λογιζομαι τολμησαι ἐπι τινας τους λογιζομενους ἡμας ὡς κατα σαρκα περιπατουντας.

7   εἰ τις πεποιθεν ἑαυτω χριστου εἰναι, τουτο λογιζεσθω παλιν ἐφ ἑαυτου,

11   τουτο λογιζεσθω ὁ τοιουτος, ὀτι οἱοι ἐσμεν τω λογω δι ἐπιστολων ἀποντες, τοιουτοι και παροντες τω ἐργω.

11 5   λογιζομαι γαρ μηδεν ὑστερηκεναι των ὑπερλιαν ἀποστολων.

12 6   φειδομαι δε, μη τις εἰς ἐμε λογισηται ὑπερ ὁ βλεπει με ἡ ἀκουει [τι] ἐξ ἐμου

Ga 3 6   καθως ἀβρααμ ἐπιστευσεν τω θεω, και ἐλογισθη αὐτω εἰς δικαιοσυνην.

Php 3 13   ἀδελφοι, ἐγω ἐμαυτον οὐ λογιζομαι κατειληφεναι·

4 8   εἰ τις ἀρετη και εἰ τις ἐπαινος, ταυτα λογιζεσθε·

2Tm 4 16   ἀλλα παντες με ἐγκατελιπον· μη αὐτοις λογισθειη·

Heb 11 19   λογισαμενος ὀτι και ἐκ νεκρων ἐγειρειν δυνατος ὁ θεος·

Ja 2 23   ἐπιστευσεν δε ἀβρααμ τω θεω, και ἐλογισθη αὐτω εἰς δικαιοσυνην,

1Pt 5 12   ὡς λογιζομαι, δι ὀλιγων ἐγραψα,

λογικος [2]

Rm 12 1   παραστησαι τα σωματα ὑμων θυσιαν ζωσαν ἁγιαν εὐαρεστον τω θεω, την λογικην λατρειαν ὑμων·

1Pt 2 2   ὡς ἀρτιγεννητα βρεφη το λογικον ἀδολον γαλα ἐπιποθησατε,

λογιον [4]

Ac 7 38   ὁς ἐδεξατο λογια ζωντα δουναι ἡμιν,

Rm 3 2   πρωτον μεν [γαρ] ὀτι ἐπιστευθησαν τα λογια του θεου.

Heb 5 12   και γαρ ὀφειλοντες εἰναι διδασκαλοι δια τον χρονον, παλιν χρειαν ἐχετε του διδασκειν ὑμας τινα τα στοιχεια της ἀρχης των λογιων του θεου,

1Pt 4 11   εἰ τις λαλει, ὡς λογια θεου·

λογιος [1]

Ac 18 24   ἰουδαιος δε τις ἀπολλως ὀνοματι, ἀλεξανδρευς τω γενει, ἀνηρ λογιος, κατηντησεν εἰς ἐφεσον, δυνατος ὠν ἐν ταις γραφαις.

λογισμος [2]

Rm 2 15   συμμαρτυρουσης αὐτων της συνειδησεως και μεταξυ ἀλληλων των λογισμων κατηγορουντων ἡ και ἀπολογουμενων,

2Co 10 4   λογισμους καθαιρουντες και παν ὑψωμα ἐπαιρομενον κατα της γνωσεως του θεου,

λογομαχεω [1]

2Tm 2 14   ταυτα ὑπομιμνησκε, διαμαρτυρομενος ἐνωπιον του θεου μη λογομαχειν,

λογομαχια [1]

1Tm 6 4   τετυφωται, μηδεν ἐπισταμενος, ἀλλα νοσων περι ζητησεις και λογομαχιας,

λογος [330]

Mt 5 32   ἐγω δε λεγω ὑμιν ὀτι πας ὁ ἀπολυων την γυναικα αὐτου παρεκτος λογου πορνειας ποιει αὐτην μοιχευθηναι,

37   ἐστω δε ὁ λογος ὑμων ναι ναι,

7 24   πας οὖν ὀστις ἀκουει μου τους λογους τουτους και ποιει αὐτους,

26   και πας ὁ ἀκουων μου τους λογους τουτους και μη ποιων αὐτους ὁμοιωθησεται ἀνδρι μωρω,

28   και ἐγενετο ὀτε ἐτελεσεν ὁ ἰησους τους λογους τουτους,

8 8   ἀλλα μονον εἰπε λογω, και ἰαθησεται ὁ παις μου.

16   και ἐξεβαλεν τα πνευματα λογω,

10 14   και ὁς ἀν μη δεξηται ὑμας μηδε ἀκουση τους λογους ὑμων, ἐξερχομενοι ἐξω της οἰκιας ἡ της πολεως ἐκεινης ἐκτιναξατε τον κονιορτον των ποδων ὑμων.

12 32   και ὁς ἐαν εἰπη λογον κατα του υἱου του ἀνθρωπου, ἀφεθησεται αὐτω·

36   λεγω δε ὑμιν ὀτι παν ῥημα ἀργον ὁ λαλησουσιν οἱ ἀνθρωποι, ἀποδωσουσιν περι αὐτου λογον ἐν ἡμερα κρισεως·

37   ἐκ γαρ των λογων σου δικαιωθηση,

37   και ἐκ των λογων σου καταδικασθηση.

13 19   παντος ἀκουοντος τον λογον της βασιλειας και μη συνιεντος ἐρχεται ὁ πονηρος και ἀρπαζει το ἐσπαρμενον ἐν τη καρδια αὐτου·

20   ὁ δε ἐπι τα πετρωδη σπαρεις, οὑτος ἐστιν ὁ τον λογον ἀκουων και εὐθυς μετα χαρας λαμβανων αὐτον·

21   γενομενης δε θλιψεως ἡ διωγμου δια τον λογον εὐθυς σκανδαλιζεται.

22   ὁ δε εἰς τας ἀκανθας σπαρεις, οὑτος ἐστιν ὁ τον λογον ἀκουων,

22   και ἡ μεριμνα του αἰωνος και ἡ ἀπατη του πλουτου συμπνιγει τον λογον,

23   ὁ δε ἐπι την καλην γην σπαρεις, οὑτος ἐστιν ὁ τον λογον ἀκουων και συνιεις,

15 6   και ἡκυρωσατε τον λογον του θεου δια την παραδοσιν ὑμων.

12   οἰδας ὀτι οἱ φαρισαιοι ἀκουσαντες τον λογον ἐσκανδαλισθησαν;

23   ὁ δε οὐκ ἀπεκριθη αὐτη λογον.

18 23   δια τουτο ὡμοιωθη ἡ βασιλεια των οὐρανων ἀνθρωπω βασιλει, ὁς ἠθελησεν συναραι λογον μετα των δουλων αὐτου.

19 1   και ἐγενετο ὀτε ἐτελεσεν ὁ ἰησους τους λογους τουτους, μετηρεν ἀπο της γαλιλαιας και ἠλθεν εἰς τα ὁρια της ἰουδαιας περαν του ἰορδανου.

11   οὐ παντες χωρουσιν τον λογον [τουτον,] ἀλλ οἱς δεδοται.

22   ἀκουσας δε ὁ νεανισκος τον λογον ἀπηλθεν λυπουμενος·

21 24   ἐρωτησω ὑμας καγω λογον ἐνα, ὁν ἐαν εἰπητε μοι, καγω ὑμιν ἐρω ἐν ποια ἐξουσια ταυτα ποιω·

22 15   τοτε πορευθεντες οἱ φαρισαιοι συμβουλιον ἐλαβον ὁπως αὐτον παγιδευσωσιν ἐν λογω.

46   και οὐδεις ἐδυνατο ἀποκριθηναι αὐτω λογον οὐδε ἐτολμησεν τις ἀπ ἐκεινης της ἡμερας ἐπερωτησαι αὐτον οὐκετι.

24 35   ὁ οὐρανος και ἡ γη παρελευσεται, οἱ δε λογοι μου οὐ μη παρελθωσιν.

25 19   μετα δε πολυν χρονον ἐρχεται ὁ κυριος των δουλων ἐκεινων και συναιρει λογον μετ αὐτων.

26 1   και ἐγενετο ὀτε ἐτελεσεν ὁ ἰησους παντας τους λογους τουτους, εἰπεν τοις μαθηταις αὐτου·

44   και ἀφεις αὐτους παλιν ἀπελθων προσηυξατο ἐκ τριτου, τον αὐτον λογον εἰπων παλιν.

λογος [330]

Mt 28 15   και διεφημισθη ὁ *λογος* οὑτος παρα ιουδαιοις μεχρι της σημερον [ἡμερας].

Mc 1 45   ὁ δε ἐξελθων ἡρξατο κηρυσσειν πολλα και διαφημιζειν τον *λογον*,

2 2   και ἐλαλει αὐτοις τον *λογον*.

4 14   ὁ σπειρων τον *λογον* σπειρει.

15   οὑτοι δε εἰσιν οἱ παρα την ὁδον, ὁπου σπειρεται ὁ *λογος*,

15   και ὁταν ἀκουσωσιν, εὐθυς ἐρχεται ὁ σατανας και αἰρει τον *λογον* τον ἐσπαρμενον εἰς αὐτους.

16   και οὑτοι εἰσιν οἱ ἐπι τα πετρωδη σπειρομενοι, οἱ ὁταν ἀκουσωσιν τον *λογον* εὐθυς μετα χαρας λαμβανουσιν αὐτον,

17   εἰτα γενομενης θλιψεως ἡ διωγμου δια τον *λογον* εὐθυς σκανδαλιζονται.

18   οὑτοι εἰσιν οἱ τον *λογον* ἀκουσαντες, και αἱ μεριμναι του αἰωνος και ἡ ἀπατη του πλουτου και αἱ περι τα λοιπα ἐπιθυμιαι εἰσπορευομεναι συμπνιγουσιν τον λογον, και ἀκαρπος γινεται.

19   οὑτοι εἰσιν οἱ τον *λογον* ἀκουσαντες, και αἱ μεριμναι του αἰωνος και ἡ ἀπατη του πλουτου και αἱ περι τα λοιπα ἐπιθυμιαι εἰσπορευομεναι συμπνιγουσιν τον *λογον*, και ἀκαρπος γινεται.

20   και ἐκεινοι εἰσιν οἱ ἐπι την γην την καλην σπαρεντες, οἱτινες ἀκουουσιν τον *λογον* και παραδεχονται και καρποφορουσιν ἐν τριακοντα και ἐν ἑξηκοντα και ἐν ἑκατον.

33   και τοιαυταις παραβολαις πολλαις ἐλαλει αὐτοις τον *λογον*,

5 36   ὁ δε ἰησους παρακουσας τον *λογον* λαλουμενον λεγει τῳ ἀρχισυναγωγῳ· μη φοβου, μονον πιστευε και οὐκ ἀφηκεν οὐδενα μετ αὐτου συνακολουθησαι εἰ μη τον πετρον και ἰακωβον και ἰωαννην τον ἀδελφον ἰακωβου.

7 13   οὐκετι ἀφιετε αὐτον οὐδεν ποιησαι τῳ πατρι ἡ τη μητρι, ἀκυρουντες τον *λογον* του θεου τη παραδοσει ὑμων ἡ παρεδωκατε·

29   δια τουτον τον *λογον* ὑπαγε, ἐξεληλυθεν ἐκ της θυγατρος σου το δαιμονιον.

8 32   και παρρησια τον *λογον* ἐλαλει.

38   ὁς γαρ ἐαν ἐπαισχυνθη με και τους ἐμους *λογους* ἐν τη γενεα ταυτη τη μοιχαλιδι και ἁμαρτωλῳ,

9 10   και τον *λογον* ἐκρατησαν προς ἑαυτους συζητουντες τι ἐστιν το ἐκ νεκρων ἀναστηναι.

10 22   ὁ δε στυγνασας ἐπι τῳ *λογῳ* ἀπηλθεν λυπουμενος, ἡν γαρ ἐχων κτηματα πολλα.

24   οἱ δε μαθηται ἐθαμβουντο ἐπι τοις *λογοις* αὐτου.

11 29   ἐπερωτησω ὑμας ἑνα *λογον*, και ἀποκριθητε μοι, και ἐρω ὑμιν ἐν ποια ἐξουσια ταυτα ποιω.

12 13   και ἀποστελλουσιν προς αὐτον τινας των φαρισαιων και των ἡρωδιανων ἱνα αὐτον ἀγρευσωσιν *λογῳ*.

13 31   ὁ οὐρανος και ἡ γη παρελευσονται, οἱ δε *λογοι* μου οὐ μη παρελευσονται.

14 39   και παλιν ἀπελθων προσηυξατο τον αὐτον *λογον* εἰπων.

16 20   ἐκεινοι δε ἐξελθοντες ἐκηρυξαν πανταχου, του κυριου συνεργουντος και τον *λογον* βεβαιουντος δια των ἐπακολουθουντων σημειων.

Lc 1 2   ἐπειδηπερ πολλοι ἐπεχειρησαν ἀναταξασθαι διηγησιν περι των πεπληροφορημενων ἐν ἡμιν πραγματων, καθως παρεδοσαν ἡμιν οἱ ἀπ ἀρχης αὐτοπται και ὑπηρεται γενομενοι του *λογου*,

4   ἐδοξε καμοι παρηκολουθηκοτι ἀνωθεν πασιν ἀκριβως καθεξης σοι γραψαι, κρατιστε θεοφιλε, ἱνα ἐπιγνως περι ὡν κατηχηθης *λογων* την ἀσφαλειαν.

20   και ἰδου ἐση σιωπων και μη δυναμενος λαλησαι ἀχρι ἡς ἡμερας γενηται ταυτα, ἀνθ ὡν οὐκ ἐπιστευσας τοις *λογοις* μου, οἱτινες πληρωθησονται εἰς τον καιρον αὐτων.

29   ἡ δε ἐπι τῳ *λογῳ* διεταραχθη,

3 4   ὡς γεγραπται ἐν βιβλῳ *λογων* ἡσαιου του προφητου· φωνη βοωντος ἐν τη ἐρημῳ·

4 22   και παντες ἐμαρτυρουν αὐτῳ και ἐθαυμαζον ἐπι τοις *λογοις* της χαριτος τοις ἐκπορευομενοις ἐκ του στοματος αὐτου,

32   και ἐξεπλησσοντο ἐπι τη διδαχη αὐτου, ὁτι ἐν ἐξουσια ἡν ὁ *λογος* αὐτου.

36   τις ὁ *λογος* οὑτος, ὁτι ἐν ἐξουσια και δυναμει ἐπιτασσει τοις ἀκαθαρτοις πνευμασιν και ἐξερχονται;

5 1   ἐγενετο δε ἐν τῳ τον ὀχλον ἐπικεισθαι αὐτῳ και ἀκουειν τον *λογον* του θεου, και αὐτος ἡν ἑστως παρα την λιμνην γεννησαρετ,

15   διηρχετο δε μαλλον ὁ *λογος* περι αὐτου,

6 47   πας ὁ ἐρχομενος προς με και ἀκουων μου των *λογων* και ποιων αὐτους, ὑποδειξω ὑμιν τινι ἐστιν ὁμοιος.

7 7   ἀλλα εἰπε *λογῳ*, και ἰαθητω ὁ παις μου.

λογος [330]

Lc 7 17   και ἐξηλθεν ὁ *λογος* οὑτος ἐν ὁλη τη ιουδαια περι αὐτου και παση τη περιχωρῳ.

8 11   ὁ σπορος ἐστιν ὁ *λογος* του θεου.

12   οἱ δε παρα την ὁδον εἰσιν οἱ ἀκουσαντες, εἰτα ἐρχεται ὁ διαβολος και αἰρει τον *λογον* ἀπο της καρδιας αὐτων,

13   οἱ δε ἐπι της πετρας οἱ ὁταν ἀκουσωσιν μετα χαρας δεχονται τον *λογον*·

15   το δε ἐν τη καλη γη, οὑτοι εἰσιν οἱτινες ἐν καρδια καλη και ἀγαθη ἀκουσαντες τον *λογον* κατεχουσιν και καρποφορουσιν ἐν ὑπομονη.

21   μητηρ μου και ἀδελφοι μου οὑτοι εἰσιν οἱ τον *λογον* του θεου ἀκουοντες και ποιουντες.

9 26   ὁς γαρ ἀν ἐπαισχυνθη με και τους ἐμους *λογους*, τουτον ὁ υἱος του ἀνθρωπου ἐπαισχυνθησεται, ὁταν ἐλθη ἐν τη δοξη αὐτου και του πατρος και των ἁγιων ἀγγελων.

28   ἐγενετο δε μετα τους *λογους* τουτους ὡσει ἡμεραι ὀκτω, [και] παραλαβων πετρον και ἰωαννην και ἰακωβον ἀνεβη εἰς το ὀρος προσευξασθαι.

44   θεσθε ὑμεις εἰς τα ὡτα ὑμων τους *λογους* τουτους·

10 39   και τηδε ἡν ἀδελφη καλουμενη μαριαμ, [ἡ] και παρακαθεσθεισα προς τους ποδας του κυριου ἡκουεν τον *λογον* αὐτου.

11 28   μενουν μακαριοι οἱ ἀκουοντες τον *λογον* του θεου και φυλασσοντες.

12 10   και πας ὁς ἐρει *λογον* εἰς τον υἱον του ἀνθρωπου, ἀφεθησεται αὐτῳ·

16 2   ἀποδος τον *λογον* της οἰκονομιας σου· οὐ γαρ δυνη ἐτι οἰκονομειν.

20 3   ἐρωτησω ὑμας καγω *λογον*, και εἰπατε μοι·

20   και παρατηρησαντες ἀπεστειλαν ἐγκαθετους ὑποκρινομενους ἑαυτους δικαιους εἰναι, ἱνα ἐπιλαβωνται αὐτου *λογου*,

21 33   ὁ οὐρανος και ἡ γη παρελευσονται, οἱ δε *λογοι* μου οὐ μη παρελευσονται.

23 9   ἐπηρωτα δε αὐτον ἐν *λογοις* ἱκανοις·

24 17   τινες οἱ *λογοι* οὑτοι οὑς ἀντιβαλλετε προς ἀλληλους περιπατουντες; και ἐσταθησαν σκυθρωποι.

19   τα περι ἰησου του ναζαρηνου, ὁς ἐγενετο ἀνηρ προφητης δυνατος ἐν ἐργῳ και *λογῳ* ἐναντιον του θεου και παντος του λαου,

44   οὑτοι οἱ *λογοι* μου οὑς ἐλαλησα προς ὑμας ἐτι ὡν συν ὑμιν,

Jh 1 1   ἐν ἀρχη ἡν ὁ *λογος*,

1   και ὁ *λογος* ἡν προς τον θεον,

1   και θεος ἡν ὁ *λογος*.

14   και ὁ *λογος* σαρξ ἐγενετο και ἐσκηνωσεν ἐν ἡμιν,

2 22   ἐμνησθησαν οἱ μαθηται αὐτου ὁτι τουτο ἐλεγεν, και ἐπιστευσαν τη γραφη και τῳ *λογῳ* ὁν εἰπεν ὁ ἰησους.

4 37   ἐν γαρ τουτῳ ὁ *λογος* ἐστιν ἀληθινος ὁτι ἀλλος ἐστιν ὁ σπειρων και ἀλλος ὁ θεριζων·

39   ἐκ δε της πολεως ἐκεινης πολλοι ἐπιστευσαν εἰς αὐτον των σαμαριτων δια τον *λογον* της γυναικος μαρτυρουσης ὁτι εἰπεν μοι παντα ἁ ἐποιησα.

41   και πολλῳ πλειους ἐπιστευσαν δια τον *λογον* αὐτου,

50   ἐπιστευσεν ὁ ἀνθρωπος τῳ *λογῳ* ὁν εἰπεν αὐτῳ ὁ ἰησους.

5 24   ἀμην ἀμην λεγω ὑμιν ὁτι ὁ τον *λογον* μου ἀκουων και πιστευων τῳ πεμψαντι με ἐχει ζωην αἰωνιον,

38   και τον *λογον* αὐτου οὐκ ἐχετε ἐν ὑμιν μενοντα,

6 60   σκληρος ἐστιν ὁ *λογος* οὑτος· τις δυναται αὐτου ἀκουειν;

7 36   τις ἐστιν ὁ *λογος* οὑτος ὁν εἰπεν·

40   ἐκ του ὀχλου οὑν ἀκουσαντες των *λογων* τουτων ἐλεγον ὁτι·

8 31   ἐαν ὑμεις μεινητε ἐν τῳ *λογῳ* τῳ ἐμῳ, ἀληθως μαθηται μου ἐστε,

37   οἰδα ὁτι σπερμα ἀβρααμ ἐστε· ἀλλα ζητειτε με ἀποκτειναι, ὁτι ὁ *λογος* ὁ ἐμος οὐ χωρει ἐν ὑμιν.

43   δια τι την λαλιαν την ἐμην οὐ γινωσκετε; ὁτι οὐ δυνασθε ἀκουειν τον *λογον* τον ἐμον.

51   ἐαν τις τον ἐμον *λογον* τηρηση, θανατον οὐ μη θεωρηση εἰς τον αἰωνα.

52   ἐαν τις τον *λογον* μου τηρηση, οὐ μη γευσηται θανατου εἰς τον αἰωνα.

55   ἀλλα οἰδα αὐτον και τον *λογον* αὐτου τηρω.

10 19   σχισμα παλιν ἐγενετο ἐν τοις ιουδαιοις δια τους *λογους* τουτους·

35   εἰ ἐκεινους εἰπεν θεους προς οὑς ὁ *λογος* του θεου ἐγενετο, και οὐ δυναται λυθηναι ἡ γραφη,

12 38   τοσαυτα δε αὐτου σημεια πεποιηκοτος ἐμπροσθεν αὐτων οὐκ ἐπιστευον εἰς αὐτον, ἱνα ὁ *λογος* ἡσαιου του προφητου πληρωθη ὁν εἰπεν·

48   ὁ *λογος* ὁν ἐλαλησα, ἐκεινος κρινει αὐτον ἐν τη ἐσχατη ἡμερα.

λογος [330]

Jh 14 23 ἐάν τις ἀγαπα με, τον λογον μου τηρησει,
24 ὁ μη ἀγαπων με τους λογους μου οὐ τηρει·
24 και ὁ λογος ὁν ἀκουετε οὐκ ἐστιν ἐμος ἀλλα του πεμψαντος με πατρος.
15 3 ἠδη ὑμεις καθαροι ἐστε δια τον λογον ὁν λελαληκα ὑμιν·
20 μνημονευετε του λογου οὑ ἐγω εἰπον ὑμιν·
20 εἰ τον λογον μου ἐτηρησαν, και τον ὑμετερον τηρησουσιν.
25 ἀλλ ἱνα πληρωθη ὁ λογος ὁ ἐν τω νομω αὐτων γεγραμμενος ὁτι ἐμισησαν με δωρεαν.
17 6 σοι ἠσαν καμοι αὐτους ἐδωκας, και τον λογον σου τετηρηκαν.
14 ἐγω δεδωκα αὐτοις τον λογον σου,
17 ὁ λογος ὁ σος ἀληθεια ἐστιν.
20 οὐ περι τουτων δε ἐρωτω μονον, ἀλλα και περι των πιστευοντων δια του λογου αὐτων εἰς ἐμε,
18 9 ἱνα πληρωθη ὁ λογος ὁν εἰπεν, ὁτι οὑς δεδωκας μοι, οὐκ ἀπωλεσα ἐξ αὐτων οὐδενα.
32 ἱνα ὁ λογος του ἰησου πληρωθη ὁν εἰπεν σημαινων ποιω θανατω ἠμελλεν ἀποθνησκειν.
19 8 ὁτε οὐν ἠκουσεν ὁ πιλατος τουτον τον λογον, μαλλον ἐφοβηθη,
13 ὁ οὐν πιλατος ἀκουσας των λογων τουτων ἠγαγεν ἐξω τον ἰησουν,
21 23 ἐξηλθεν οὐν οὑτος ὁ λογος εἰς τους ἀδελφους ὁτι ὁ μαθητης ἐκεινος οὐκ ἀποθνησκει·

Ac 1 1 τον μεν πρωτον λογον ἐποιησαμην περι παντων, ὠ θεοφιλε, ὡν ἠρξατο ὁ ἰησους ποιειν τε και διδασκειν,
2 22 ἀνδρες ἰσραηλιται, ἀκουσατε τους λογους τουτους·
40 ἑτεροις τε λογοις πλειοσιν διεμαρτυρατο,
41 οἱ μεν οὐν ἀποδεξαμενοι τον λογον αὐτου ἐβαπτισθησαν,
4 4 πολλοι δε των ἀκουσαντων τον λογον ἐπιστευσαν,
29 και δος τοις δουλοις σου μετα παρρησιας πασης λαλειν τον λογον σου,
31 και ἐπλησθησαν ἁπαντες του ἁγιου πνευματος, και ἐλαλουν τον λογον του θεου μετα παρρησιας.
5 5 ἀκουων δε ὁ ἀνανιας τους λογους τουτους πεσων ἐξεψυξεν·
24 ὡς δε ἠκουσαν τους λογους τουτους ὁ τε στρατηγος του ἱερου και οἱ ἀρχιερεις, διηπορουν περι αὐτων τι ἀν γενοιτο τουτο.
6 2 οὐκ ἀρεστον ἐστιν ἡμας καταλειψαντας τον λογον του θεου διακονειν τραπεζαις.
4 ἡμεις δε τη προσευχη και τη διακονια του λογου προσκαρτερησομεν.
5 και ἠρεσεν ὁ λογος ἐνωπιον παντος του πληθους,
7 ὁ λογος του θεου ηὐξανεν,
7 22 και ἐπαιδευθη μωυσης [ἐν] παση σοφια αἰγυπτιων, ἠν δε δυνατος ἐν λογοις και ἐργοις αὐτου.
29 ἐφυγεν δε μωυσης ἐν τω λογω τουτω, και ἐγενετο παροικος ἐν γη μαδιαμ,
8 4 οἱ μεν οὐν διασπαρεντες διηλθον εὐαγγελιζομενοι τον λογον.
14 ἀκουσαντες δε οἱ ἐν ἱεροσολυμοις ἀποστολοι ὁτι δεδεκται ἡ σαμαρεια τον λογον του θεου, ἀπεστειλαν προς αὐτους πετρον και ἰωαννην,
21 οὐκ ἐστιν σοι μερις οὐδε κληρος ἐν τω λογω τουτω·
25 οἱ μεν οὐν διαμαρτυραμενοι και λαλησαντες τον λογον του κυριου ὑπεστρεφον εἰς ἱεροσολυμα, πολλας τε κωμας των σαμαριτων εὐηγγελιζοντο.
10 29 πυνθανομαι οὐν, τινι λογω μετεπεμψασθε με;
36 τον λογον [ὁν] ἀπεστειλεν τοις υἱοις ἰσραηλ εὐαγγελιζομενος εἰρηνην δια ἰησου χριστου·
44 ἐτι λαλουντος του πετρου τα ῥηματα ταυτα ἐπεπεσεν το πνευμα το ἁγιον ἐπι παντας τους ἀκουοντας τον λογον.
11 1 ἠκουσαν δε οἱ ἀποστολοι και οἱ ἀδελφοι οἱ ὁντες κατα την ἰουδαιαν ὁτι και τα ἐθνη ἐδεξαντο τον λογον του θεου.
19 οἱ μεν οὐν διασπαρεντες ἀπο της θλιψεως της γενομενης ἐπι στεφανω διηλθον ἑως φοινικης και κυπρου και ἀντιοχειας, μηδενι λαλουντες τον λογον εἰ μη μονον ἰουδαιοις.
22 ἠκουσθη δε ὁ λογος εἰς τα ὠτα της ἐκκλησιας της οὐσης ἐν ἰερουσαλημ περι αὐτων,
12 24 ὁ δε λογος του θεου ηὐξανεν και ἐπληθυνετο.
13 5 και γενομενοι ἐν σαλαμινι κατηγγελλον τον λογον του θεου ἐν ταις συναγωγαις των ἰουδαιων·
7 οὑτος προσκαλεσαμενος βαρναβαν·και σαυλον ἐπεζητησεν ἀκουσαι τον λογον του θεου.
15 ἀνδρες ἀδελφοι, εἰ τις ἐστιν ἐν ὑμιν λογος παρακλησεως προς τον λαον, λεγετε.
26 ἀνδρες ἀδελφοι, υἱοι γενους ἀβρααμ και οἱ ἐν ὑμιν φοβουμενοι τον θεον, ἡμιν ὁ λογος της σωτηριας ταυτης ἐξαπεσταλη.

λογος [330]

Ac 13 44 τω δε ἐρχομενω σαββατω σχεδον πασα ἡ πολις συνηχθη ἀκουσαι τον λογον του κυριου.
46 ὑμιν ἠν ἀναγκαιον πρωτον λαληθηναι τον λογον του θεου·
48 ἀκουοντα δε τα ἐθνη ἐχαιρον και ἐδοξαζον τον λογον του κυριου,
49 διεφερετο δε ὁ λογος του κυριου δι ὁλης της χωρας.
14 3 ἱκανον μεν οὐν χρονον διετριψαν παρρησιαζομενοι ἐπι τω κυριω τω μαρτυρουντι ἐπι τω λογω της χαριτος αὐτου,
12 ἐκαλουν τε τον βαρναβαν δια, τον δε παυλον ἑρμην, ἐπειδη αὐτος ἠν ὁ ἡγουμενος του λογου.
25 και λαλησαντες ἐν περγη τον λογον κατεβησαν εἰς ἀτταλειαν.
15 6 συνηχθησαν τε οἱ ἀποστολοι και οἱ πρεσβυτεροι ἰδειν περι του λογου τουτου.
7 ἀνδρες ἀδελφοι, ὑμεις ἐπιστασθε ὁτι ἀφ ἡμερων ἀρχαιων ἐν ὑμιν ἐξελεξατο ὁ θεος δια του στοματος μου ἀκουσαι τα ἐθνη τον λογον του εὐαγγελιου και πιστευσαι.
15 και τουτω συμφωνουσιν οἱ λογοι των προφητων, καθως γεγραπται·
24 ἐπειδη ἠκουσαμεν ὁτι τινες ἐξ ἡμων [ἐξελθοντες] ἐταραξαν ὑμας λογοις ἀνασκευαζοντες τας ψυχας ὑμων, οἱς οὐ διεστειλαμεθα, ἐδοξεν ἡμιν γενομενοις ὁμοθυμαδον,
27 ἀπεσταλκαμεν οὐν ἰουδαν και σιλαν, και αὐτους δια λογου ἀπαγγελλοντας τα αὐτα.
32 ἰουδας τε και σιλας, και αὐτοι προφηται ὁντες, δια λογου πολλου παρεκαλεσαν τους ἀδελφους και ἐπεστηριξαν,
35 παυλος δε και βαρναβας διετριβον ἐν ἀντιοχεια, διδασκοντες και εὐαγγελιζομενοι μετα και ἑτερων πολλων τον λογον του κυριου.
36 ἐπιστρεψαντες δη ἐπισκεψωμεθα τους ἀδελφους κατα πολιν πασαν ἐν αἱς κατηγγειλαμεν τον λογον του κυριου, πως ἐχουσιν.
16 6 διηλθον δε την φρυγιαν και γαλατικην χωραν, κωλυθεντες ὑπο του ἁγιου πνευματος λαλησαι τον λογον ἐν τη ἀσια·
32 και ἐλαλησαν αὐτω τον λογον του κυριου συν πασιν τοις ἐν τη οἰκια αὐτου.
36 ἀπηγγειλεν δε ὁ δεσμοφυλαξ τους λογους [τουτους] προς τον παυλον,
17 11 οὑτοι δε ἠσαν εὐγενεστεροι των ἐν θεσσαλονικη, οἱτινες ἐδεξαντο τον λογον μετα πασης προθυμιας,
13 ὡς δε ἐγνωσαν οἱ ἀπο της θεσσαλονικης ἰουδαιοι ὁτι και ἐν τη βεροια κατηγγελη ὑπο του παυλου ὁ λογος του θεου, ἠλθον κακει σαλευοντες και ταρασσοντες τους ὀχλους.
18 5 ὡς δε κατηλθον ἀπο της μακεδονιας ὁ τε σιλας και ὁ τιμοθεος, συνειχετο τω λογω ὁ παυλος,
11 ἐκαθισεν δε ἐνιαυτον και μηνας ἑξ διδασκων ἐν αὐτοις τον λογον του θεου.
14 εἰ μεν ἠν ἀδικημα τι ἠ ῥαδιουργημα πονηρον, ὠ ἰουδαιοι, κατα λογον ἀν ἀνεσχομην ὑμων·
15 εἰ δε ζητηματα ἐστιν περι λογου και ὀνοματων και νομου του καθ ὑμας, ὀψεσθε αὐτοι·
19 10 τουτο δε ἐγενετο ἐπι ἐτη δυο, ὡστε παντας τους κατοικουντας την ἀσιαν ἀκουσαι τον λογον του κυριου,
20 οὑτως κατα κρατος του κυριου ὁ λογος ηὐξανεν και ἰσχυεν.
38 εἰ μεν οὐν δημητριος και οἱ συν αὐτω τεχνιται ἐχουσι προς τινα λογον, ἀγοραιοι ἀγονται και ἀνθυπατοι εἰσιν, ἐγκαλειτωσαν ἀλληλοις.
40 μηδενος αἰτιου ὑπαρχοντος, περι οὑ [οὐ] δυνησομεθα ἀποδουναι λογον περι της συστροφης ταυτης.
20 2 διελθων δε τα μερη ἐκεινα και παρακαλεσας αὐτους λογω πολλω ἠλθεν εἰς την ἑλλαδα,
7 μελλων ἐξιεναι τη ἐπαυριον, παρετεινεν τε τον λογον μεχρι μεσονυκτιου.
24 ἀλλ οὐδενος λογου ποιουμαι την ψυχην τιμιαν ἐμαυτω ὡς τελειωσαι τον δρομον μου και την διακονιαν ἡν ἐλαβον παρα του κυριου ἰησου,
32 και τα νυν παρατιθεμαι ὑμας τω θεω και τω λογω της χαριτος αὐτου τω δυναμενω οἰκοδομησαι και δουναι την κληρονομιαν ἐν τοις ἡγιασμενοις πασιν.
35 ὁτι οὑτως κοπιωντας δει ἀντιλαμβανεσθαι των ἀσθενουντων, μνημονευειν τε των λογων του κυριου ἰησου,
38 και ἐπιπεσοντες ἐπι τον τραχηλον του παυλου κατεφιλουν αὐτον, ὀδυνωμενοι μαλιστα ἐπι τω λογω ὡ εἰρηκει, ὁτι οὐκετι μελλουσιν το προσωπον αὐτου θεωρειν.
22 22 ἠκουον δε αὐτου ἀχρι τουτου του λογου,

Rm 3 4 ὁπως ἀν δικαιωθης ἐν τοις λογοις σου και νικησεις ἐν τω κρινεσθαι σε.
9 6 οὐχ οἱον δε ὁτι ἐκπεπτωκεν ὁ λογος του θεου.
9 ἐπαγγελιας γαρ ὁ λογος οὑτος·

λογος [330]

Rm	9 28	λογον γαρ συντελων και συντεμνων ποιησει κυριος επι της γης.
	13 9	εν τω λογω τουτω ανακεφαλαιουται, [εν τω]· αγαπησεις τον πλησιον σου ως σεαυτον.
	14 12	αρα [ουν] εκαστος ημων περι εαυτου λογον δωσει [τω θεω].
	15 18	ου γαρ τολμησω τι λαλειν ων ου κατειργασατο χριστος δι εμου εις υπακοην εθνων, λογω και εργω,
1Co	1 5	οτι εν παντι επλουτισθητε εν αυτω, εν παντι λογω και παση γνωσει,
	17	ου γαρ απεστειλεν με χριστος βαπτιζειν αλλα ευαγγελιζεσθαι, ουκ εν σοφια λογου, ινα μη κενωθη ο σταυρος του χριστου.
	18	ο λογος γαρ ο του σταυρου τοις μεν απολλυμενοις μωρια εστιν, τοις δε σωζομενοις ημιν δυναμις θεου εστιν.
	2 1	καγω ελθων προς υμας, αδελφοι, ηλθον ου καθ υπεροχην λογου η σοφιας καταγγελλων υμιν το μυστηριον του θεου.
	4	και ο λογος μου και το κηρυγμα μου ουκ εν πειθοι[ς] σοφιας [λογοις],
	4	και ο λογος μου και το κηρυγμα μου ουκ εν πειθοι[ς] σοφιας [λογοις],
	13	α και λαλουμεν ουκ εν διδακτοις ανθρωπινης σοφιας λογοις,
	4 19	και γνωσομαι ου τον λογον των πεφυσιωμενων αλλα την δυναμιν·
	20	ου γαρ εν λογω η βασιλεια του θεου, αλλ εν δυναμει.
	12 8	ω μεν γαρ δια του πνευματος διδοται λογος σοφιας,
	8	ω μεν γαρ δια του πνευματος διδοται λογος σοφιας, αλλω δε λογος γνωσεως κατα το αυτο πνευμα,
	14 9	ουτως και υμεις δια της γλωσσης εαν μη ευσημον λογον δωτε, πως γνωσθησεται το λαλουμενον;
	19	αλλα εν εκκλησια θελω πεντε λογους τω νοι μου λαλησαι, ινα και αλλους κατηχησω, η μυριους λογους εν γλωσση.
	19	αλλα εν εκκλησια θελω πεντε λογους τω νοι μου λαλησαι, ινα και αλλους κατηχησω, η μυριους λογους εν γλωσση.
	36	η αφ υμων ο λογος του θεου εξηλθεν, η εις υμας μονους κατηντησεν;
	15 2	τινι λογω ευηγγελισαμην υμιν ει κατεχετε, εκτος ει μη εικη επιστευσατε.
	54	οταν δε το φθαρτον τουτο ενδυσηται αφθαρσιαν και το θνητον τουτο ενδυσηται αθανασιαν, τοτε γενησεται ο λογος ο γεγραμμενος·
2Co	1 18	πιστος δε ο θεος οτι ο λογος ημων ο προς υμας ουκ εστιν ναι και ου.
	2 17	ου γαρ εσμεν ως οι πολλοι καπηλευοντες τον λογον του θεου,
	4 2	αλλα απειπαμεθα τα κρυπτα της αισχυνης, μη περιπατουντες εν πανουργια μηδε δολουντες τον λογον του θεου,
	5 19	μη λογιζομενος αυτοις τα παραπτωματα αυτων, και θεμενος εν ημιν τον λογον της καταλλαγης.
	6 7	εν αγαπη ανυποκριτω, εν λογω αληθειας, εν δυναμει θεου·
	8 7	αλλ ωσπερ εν παντι περισσευετε, πιστει και λογω και γνωσει και παση σπουδη και τη εξ ημων εν υμιν αγαπη, ινα και εν ταυτη τη χαριτι περισσευητε.
	10 10	η δε παρουσια του σωματος ασθενης και ο λογος εξουθενημενος.
	11	τουτο λογιζεσθω ο τοιουτος, οτι οιοι εσμεν τω λογω δι επιστολων αποντες, τοιουτοι και παροντες τω εργω.
	11 6	ει δε και ιδιωτης τω λογω, αλλ ου τη γνωσει,
Ga	5 14	ο γαρ πας νομος εν ενι λογω πεπληρωται,
	6 6	κοινωνειτω δε ο κατηχουμενος τον λογον τω κατηχουντι εν πασιν αγαθοις.
Eph	1 13	εν ω και υμεις, ακουσαντες τον λογον της αληθειας,
	4 29	πας λογος σαπρος εκ του στοματος υμων μη εκπορευεσθω,
	5 6	μηδεις υμας απατατω κενοις λογοις·
	6 19	και υπερ εμου, ινα μοι δοθη λογος εν ανοιξει του στοματος μου,
Php	1 14	και τους πλειονας των αδελφων εν κυριω πεποιθοτας τοις δεσμοις μου περισσοτερως τολμαν αφοβως τον λογον λαλειν.
	2 16	λογον ζωης επεχοντες, εις καυχημα εμοι εις ημεραν χριστου,
	4 15	ουδεμια μοι εκκλησια εκοινωνησεν εις λογον δοσεως και λημψεως ει μη υμεις μονοι,
	17	ουχ οτι επιζητω το δομα, αλλα επιζητω τον καρπον τον πλεοναζοντα εις λογον υμων.
Col	1 5	δια την ελπιδα την αποκειμενην υμιν εν τοις ουρανοις, ην προηκουσατε εν τω λογω της αληθειας
	25	ης εγενομην εγω διακονος κατα την οικονομιαν του θεου την δοθεισαν μοι εις υμας πληρωσαι τον λογον του θεου,
	2 23	ατινα εστιν λογον μεν εχοντα σοφιας εν εθελοθρησκια και ταπεινοφροσυνη [και] αφειδια σωματος,
	3 16	ο λογος του χριστου ενοικειτω εν υμιν πλουσιως,
	17	και παν οτι εαν ποιητε εν λογω η εν εργω, παντα εν ονοματι κυριου ιησου.

λογος [330]

Col	4 3	προσευχομενοι αμα και περι ημων, ινα ο θεος ανοιξη ημιν θυραν του λογου,
	6	ο λογος υμων παντοτε εν χαριτι,
1Th	1 5	ειδοτες, αδελφοι ηγαπημενοι υπο [του] θεου, την εκλογην υμων, οτι το ευαγγελιον ημων ουκ εγενηθη εις υμας εν λογω μονον,
	6	και υμεις μιμηται ημων εγενηθητε και του κυριου, δεξαμενοι τον λογον εν θλιψει πολλη μετα χαρας πνευματος αγιου,
	8	αφ υμων γαρ εξηχηται ο λογος του κυριου ου μονον εν τη μακεδονια και [εν τη] αχαια,
	2 5	ουτε γαρ ποτε εν λογω κολακειας εγενηθημεν, καθως οιδατε, ουτε εν προφασει πλεονεξιας,
	13	οτι παραλαβοντες λογον ακοης παρ ημων του θεου εδεξασθε ου λογον ανθρωπων
	13	οτι παραλαβοντες λογον ακοης παρ ημων του θεου εδεξασθε ου λογον ανθρωπων
	13	οτι παραλαβοντες λογον ακοης παρ ημων του θεου εδεξασθε ου λογον ανθρωπων αλλα καθως εστιν αληθως λογον θεου,
	4 15	τουτο γαρ υμιν λεγομεν εν λογω κυριου, οτι ημεις οι ζωντες οι περιλειπομενοι εις την παρουσιαν του κυριου ου μη φθασωμεν τους κοιμηθεντας·
	18	ωστε παρακαλειτε αλληλους εν τοις λογοις τουτοις.
2Th	2 2	μηδε θροεισθαι, μητε δια πνευματος μητε δια λογου μητε δι επιστολης ως δι ημων,
	15	και κρατειτε τας παραδοσεις ας εδιδαχθητε ειτε δια λογου ειτε δι επιστολης ημων.
	17	παρακαλεσαι υμων τας καρδιας και στηριξαι εν παντι εργω και λογω αγαθω.
	3 1	το λοιπον προσευχεσθε, αδελφοι, περι ημων, ινα ο λογος του κυριου τρεχη και δοξαζηται καθως και προς υμας,
	14	ει δε τις ουχ υπακουει τω λογω ημων δια της επιστολης, τουτον σημειουσθε,
1Tm	1 15	πιστος ο λογος και πασης αποδοχης αξιος,
	3 1	πιστος ο λογος· ει τις επισκοπης ορεγεται, καλου εργου επιθυμει.
	4 5	αγιαζεται γαρ δια λογου θεου και εντευξεως.
	6	εση διακονος χριστου ιησου, εντρεφομενος τοις λογοις της πιστεως και της καλης διδασκαλιας η παρηκολουθηκας·
	9	πιστος ο λογος και πασης αποδοχης αξιος,
	12	μηδεις σου της νεοτητος καταφρονειτω, αλλα τυπος γινου των πιστων εν λογω,
	5 17	οι καλως προεστωτες πρεσβυτεροι διπλης τιμης αξιουσθωσαν, μαλιστα οι κοπιωντες εν λογω και διδασκαλια.
	6 3	ει τις ετεροδιδασκαλει και μη προσερχεται υγιαινουσιν λογοις τοις του κυριου ημων ιησου χριστου, και τη κατ ευσεβειαν διδασκαλια, τετυφωται, μηδεν επισταμενος,
2Tm	1 13	υποτυπωσιν εχε υγιαινοντων λογων ων παρ εμου ηκουσας εν πιστει και αγαπη τη εν χριστω ιησου·
	2 9	αλλα ο λογος του θεου ου δεδεται.
	11	πιστος ο λογος· ει γαρ συναπεθανομεν, και συζησομεν·
	15	σπουδασον σεαυτον δοκιμον παραστησαι τω θεω, εργατην ανεπαισχυντον, ορθοτομουντα τον λογον της αληθειας.
	17	και ο λογος αυτων ως γαγγραινα νομην εξει·
	4 2	κηρυξον τον λογον, επιστηθι ευκαιρως ακαιρως,
	15	ον και συ φυλασσου· λιαν γαρ αντεστη τοις ημετεροις λογοις.
Tit	1 3	εφανερωσεν δε καιροις ιδιοις τον λογον αυτου εν κηρυγματι ο επιστευθην εγω κατ επιταγην του σωτηρος ημων θεου,
	9	μη αισχροκερδη, αλλα φιλοξενον, φιλαγαθον, σωφρονα, δικαιον, οσιον, εγκρατη, αντεχομενον του κατα την διδαχην πιστου λογου,
	2 5	ινα μη ο λογος του θεου βλασφημηται.
	8	σεαυτον παρεχομενος τυπον καλων εργων, εν τη διδασκαλια αφθοριαν, σεμνοτητα, λογον υγιη ακαταγνωστον,
	3 8	πιστος ο λογος, και περι τουτων βουλομαι σε διαβεβαιουσθαι, ινα φροντιζωσιν καλων εργων προιστασθαι οι πεπιστευκοτες θεω.
Heb	2 2	ει γαρ ο δι αγγελων λαληθεις λογος εγενετο βεβαιος, και πασα παραβασις και παρακοη ελαβεν ενδικον μισθαποδοσιαν, πως ημεις εκφευξομεθα τηλικαυτης αμελησαντες σωτηριας;
	4 2	αλλ ουκ ωφελησεν ο λογος της ακοης εκεινους μη συγκεκερασμενους τη πιστει τοις ακουσασιν.
	12	ζων γαρ ο λογος του θεου και ενεργης και τομωτερος υπερ πασαν μαχαιραν διστομον
	13	προς ον ημιν ο λογος.
	5 11	περι ου πολυς ημιν ο λογος και δυσερμηνευτος λεγειν, επει νωθροι γεγονατε ταις ακοαις.
	13	πας γαρ ο μετεχων γαλακτος απειρος λογου δικαιοσυνης, νηπιος γαρ εστιν·

λογος [330]

Heb	6 1	διο ἀφεντες τον της ἀρχης του χριστου *λογον* ἐπι την τελειοτητα φερωμεθα,
	7 28	ὁ *λογος* δε της ὁρκωμοσιας της μετα τον νομον υἱον εἰς τον αἰωνα τετελειωμενον.
	12 19	και φωνη ῥηματων, ἡς οἱ ἀκουσαντες παρητησαντο μη προστεθηναι αὐτοις *λογον·*
	13 7	μνημονευετε των ἡγουμενων ὑμων, οἱτινες ἐλαλησαν ὑμιν τον *λογον* του θεου,
	17	αὐτοι γαρ ἀγρυπνουσιν ὑπερ των ψυχων ὑμων ὡς *λογον* ἀποδωσοντες·
	22	παρακαλω δε ὑμας, ἀδελφοι, ἀνεχεσθε του *λογου* της παρακλησεως·
Ja	1 18	βουληθεις ἀπεκυησεν ἡμας *λογω* ἀληθειας,
	21	δεξασθε τον ἐμφυτον *λογον* τον δυναμενον σωσαι τας ψυχας ὑμων.
	22	γινεσθε δε ποιηται *λογου,* και μη μονον ἀκροαται παραλογιζομενοι ἑαυτους.
	23	ὁτι εἰ τις ἀκροατης *λογου* ἐστιν και οὐ ποιητης, οὑτος ἐοικεν ἀνδρι κατανοουντι το προσωπον της γενεσεως αὐτου ἐν ἐσοπτρω·
	3 2	εἰ τις ἐν *λογω* οὐ πταιει, οὑτος τελειος ἀνηρ,
1Pt	1 23	ἀναγεγεννημενοι οὐκ ἐκ σπορας φθαρτης ἀλλα ἀφθαρτου δια *λογου* ζωντος θεου και μενοντος.
	2 8	οἱ προσκοπτουσιν τω *λογω* ἀπειθουντες, εἰς ὁ και ἐτεθησαν·
	3 1	ἱνα και εἰ τινες ἀπειθουσιν τω *λογω,* δια της των γυναικων ἀναστροφης ἀνευ λογου κερδηθησονται,
	1	ἱνα και εἰ τινες ἀπειθουσιν τω λογω, δια της των γυναικων ἀναστροφης ἀνευ λογου κερδηθησονται,
	15	ἑτοιμοι ἀει προς ἀπολογιαν παντι τω αἰτουντι ὑμας *λογον* περι της ἐν ὑμιν ἐλπιδος,
	4 5	οἱ ἀποδωσουσιν *λογον* τω ἑτοιμως ἐχοντι κριναι ζωντας και νεκρους.
2Pt	1 19	και ἐχομεν βεβαιοτερον τον προφητικον *λογον,*
	2 3	και ἐν πλεονεξια πλαστοις *λογοις* ὑμας ἐμπορευσονται·
	3 5	ὁτι οὐρανοι ἠσαν ἐκπαλαι και γη ἐξ ὑδατος και δι ὑδατος συνεστωσα τω του θεου *λογω,*
	7	οἱ δε νυν οὐρανοι και ἡ γη τω αὐτω *λογω* τεθησαυρισμενοι εἰσιν πυρι τηρουμενοι εἰς ἡμεραν κρισεως και ἀπωλειας των ἀσεβων ἀνθρωπων.
1Jh	1 1	ὁ ἐθεασαμεθα και αἱ χειρες ἡμων ἐψηλαφησαν, περι του *λογου* της ζωης,
	10	ἐαν εἰπωμεν ὁτι οὐχ ἡμαρτηκαμεν, ψευστην ποιουμεν αὐτον και ὁ *λογος* αὐτου οὐκ ἐστιν ἐν ἡμιν.
	2 5	ὁς δ ἀν τηρη αὐτου τον *λογον,* ἀληθως ἐν τουτω ἡ ἀγαπη του θεου τετελειωται.
	7	ἡ ἐντολη ἡ παλαια ἐστιν ὁ *λογος* ὁν ἠκουσατε.
	14	ἐγραψα ὑμιν, νεανισκοι, ὁτι ἰσχυροι ἐστε και ὁ *λογος* του θεου ἐν ὑμιν μενει και νενικηκατε τον πονηρον.
	3 18	τεκνια, μη ἀγαπωμεν *λογω* μηδε τη γλωσση,
3Jh	10	*λογοις* πονηροις φλυαρων ἡμας, και μη ἀρκουμενος ἐπι τουτοις
Apc	1 2	και ἐσημανεν ἀποστειλας δια του ἀγγελου αὐτου τω δουλω αὐτου ἰωαννη, ὁς ἐμαρτυρησεν τον *λογον* του θεου
	3	μακαριος ὁ ἀναγινωσκων και οἱ ἀκουοντες τους *λογους* της προφητειας και τηρουντες τα ἐν αὐτη γεγραμμενα·
	9	ἐγενομην ἐν τη νησω τη καλουμενη πατμω δια τον *λογον* του θεου και την μαρτυριαν ἰησου.
	3 8	και ἐτηρησας μου τον *λογον* και οὐκ ἠρνησω το ὀνομα μου.
	10	ὁτι ἐτηρησας τον *λογον* της ὑπομονης μου, καγω σε τηρησω ἐκ της ὡρας του πειρασμου
	6 9	εἰδον ὑποκατω του θυσιαστηριου τας ψυχας των ἐσφαγμενων δια τον *λογον* του θεου και δια την μαρτυριαν ἡν εἰχον.
	12 11	και αὐτοι ἐνικησαν αὐτον δια το αἱμα του ἀρνιου και δια τον *λογον* της μαρτυριας αὐτων·
	17 17	και ποιησαι μιαν γνωμην και δουναι την βασιλειαν αὐτων τω θηριω, ἀχρι τελεσθησονται οἱ *λογοι* του θεου.
	19 9	οὑτοι οἱ *λογοι* ἀληθινοι του θεου εἰσιν.
	13	και κεκληται το ὀνομα αὐτου ὁ *λογος* του θεου.
	20 4	και τας ψυχας των πεπελεκισμενων δια την μαρτυριαν ἰησου και δια τον *λογον* του θεου,
	21 5	και λεγει· γραψον, ὁτι οὑτοι οἱ *λογοι* πιστοι και ἀληθινοι εἰσιν.
	22 6	οὑτοι οἱ *λογοι* πιστοι και ἀληθινοι,
	7	μακαριος ὁ τηρων τους *λογους* της προφητειας του βιβλιου τουτου.
	9	συνδουλος σου εἰμι και των ἀδελφων σου των προφητων και των τηρουντων τους *λογους* του βιβλιου τουτου·
	10	μη σφραγισης τους *λογους* της προφητειας του βιβλιου τουτου·

λογος [330]

Apc	22 18	μαρτυρω ἐγω παντι τω ἀκουοντι τους *λογους* της προφητειας του βιβλιου τουτου·
	19	και ἐαν τις ἀφελη ἀπο των *λογων* του βιβλιου της προφητειας ταυτης, ἀφελει ὁ θεος το μερος αὐτου ἀπο του ξυλου της ζωης

λογχη [1]

Jh	19 34	οὐ κατεαξαν αὐτου τα σκελη, ἀλλ εἱς των στρατιωτων *λογχη* αὐτου την πλευραν ἐνυξεν,

λοιδορεω [4]

Jh	9 28	και *ἐλοιδορησαν* αὐτον και εἰπον·
Ac	23 4	τον ἀρχιερεα του θεου *λοιδορεις;*
1Co	4 12	*λοιδορουμενοι* εὐλογουμεν, διωκομενοι ἀνεχομεθα, δυσφημουμενοι παρακαλουμεν·
1Pt	2 23	ὁς *λοιδορουμενος* οὐκ ἀντελοιδορει, πασχων οὐκ ἠπειλει,

λοιδορια [3]

1Tm	5 14	βουλομαι οὐν νεωτερας γαμειν, τεκνογονειν, οἰκοδεσποτειν, μηδεμιαν ἀφορμην διδοναι τω ἀντικειμενω *λοιδοριας* χαριν·
1Pt	3 9	μη ἀποδιδοντες κακον ἀντι κακου ἠ *λοιδοριαν* ἀντι λοιδοριας,
	9	μη ἀποδιδοντες κακον ἀντι κακου ἠ λοιδοριαν ἀντι *λοιδοριας,*

λοιδορος [2]

1Co	5 11	νυν δε ἐγραψα ὑμιν μη συναναμιγνυσθαι ἐαν τις ἀδελφος ὀνομαζομενος ἠ πορνος ἠ πλεονεκτης ἠ εἰδωλολατρης ἠ *λοιδορος* ἠ μεθυσος ἠ ἁρπαξ,
	6 10	οὐτε πορνοι οὐτε εἰδωλολατραι οὐτε μοιχοι οὐτε μαλακοι οὐτε ἀρσενοκοιται οὐτε κλεπται οὐτε πλεονεκται, οὐ μεθυσοι, οὐ *λοιδοροι,* οὐχ ἁρπαγες βασιλειαν θεου κληρονομησουσιν.

λοιμος [2]

Lc	21 11	σεισμοι τε μεγαλοι και κατα τοπους λιμοι και *λοιμοι* ἐσονται,
Ac	24 5	εὑροντες γαρ τον ἀνδρα τουτον *λοιμον* και κινουντα στασεις πασιν τοις ἰουδαιοις τοις κατα την οἰκουμενην πρωτοστατην τε της των ναζωραιων αἱρεσεως,

λοιπος [55]

Mt	22 6	οἱ δε *λοιποι* κρατησαντες τους δουλους αὐτου ὑβρισαν και ἀπεκτειναν.
	25 11	ὑστερον δε ἐρχονται και αἱ *λοιπαι* παρθενοι λεγουσαι·
	26 45	καθευδετε [το] *λοιπον* και ἀναπαυεσθε·
	27 49	οἱ δε *λοιποι* ἐλεγον·
Mc	4 19	οὑτοι εἰσιν οἱ τον λογον ἀκουσαντες, και αἱ μεριμναι του αἰωνος και ἡ ἀπατη του πλουτου και αἱ περι τα *λοιπα* ἐπιθυμιαι εἰσπορευομεναι συμπνιγουσιν τον λογον, και ἀκαρπος γινεται.
	14 41	καθευδετε το *λοιπον* και ἀναπαυεσθε· ἀπεχει·
	16 13	κακεινοι ἀπελθοντες ἀπηγγειλαν τοις *λοιποις·*
Lc	8 10	ὑμιν δεδοται γνωναι τα μυστηρια της βασιλειας του θεου, τοις δε *λοιποις* ἐν παραβολαις.
	12 26	εἰ οὐν οὐδε ἐλαχιστον δυνασθε, τι περι των *λοιπων* μεριμνατε;
	18 9	εἰπεν δε και προς τινας τους πεποιθοτας ἐφ ἑαυτοις ὁτι εἰσιν δικαιοι και ἐξουθενουντας τους *λοιπους* την παραβολην ταυτην.
	11	ὁ θεος, εὐχαριστω σοι ὁτι οὐκ εἰμι ὡσπερ οἱ *λοιποι* των ἀνθρωπων, ἁρπαγες, ἀδικοι, μοιχοι, ἠ και ὡς οὑτος ὁ τελωνης·
	24 9	και ὑποστρεψασαι ἀπο του μνημειου ἀπηγγειλαν ταυτα παντα τοις ἑνδεκα και πασιν τοις *λοιποις.*
	10	και αἱ *λοιπαι* συν αὐταις ἐλεγον προς τους ἀποστολους ταυτα.
Ac	2 37	εἰπον τε προς τον πετρον και τους *λοιπους* ἀποστολους· τι ποιησωμεν, ἀνδρες ἀδελφοι;
	5 13	των δε *λοιπων* οὐδεις ἐτολμα κολλασθαι αὐτοις, ἀλλ ἐμεγαλυνεν αὐτους ὁ λαος·
	17 9	και λαβοντες το ἱκανον παρα του ἰασονος και των *λοιπων* ἀπελυσαν αὐτους.
	27 20	*λοιπον* περιηρειτο ἐλπις πασα του σωζεσθαι ἡμας.
	44	και τους *λοιπους* οὑς μεν ἐπι σανισιν, οὑς δε ἐπι τινων ἀπο του πλοιου.

λοιπος [55]

Ac	28 9	τουτου δε γενομενου και οι *λοιποι* οι εν τη νησω εχοντες ασθενειας προσηρχοντο και εθεραπευοντο,
Rm	1 13	ινα τινα καρπον σχω και εν υμιν καθως και εν τοις *λοιποις* εθνεσιν.
	11 7	οι δε *λοιποι* επωρωθησαν, καθως γεγραπται·
1Co	1 16	*λοιπον* ουκ οιδα ει τινα αλλον εβαπτισα.
	4 2	ωδε *λοιπον* ζητειται εν τοις οικονομοις ινα πιστος τις ευρεθη.
	7 12	τοις δε *λοιποις* λεγω εγω, ουχ ο κυριος·
	29	το *λοιπον* ινα και οι εχοντες γυναικας ως μη εχοντες ωσιν,
	9 5	μη ουκ εχομεν εξουσιαν αδελφην γυναικα περιαγειν, ως και οι *λοιποι* αποστολοι και οι αδελφοι του κυριου και κηφας;
	11 34	τα δε *λοιπα* ως αν ελθω διαταξομαι.
	15 37	και ο σπειρεις, ου το σωμα το γενησομενον σπειρεις, αλλα γυμνον κοκκον ει τυχοι σιτου η τινος των *λοιπων*·
2Co	12 13	τι γαρ εστιν ο ησσωθητε υπερ τας *λοιπας* εκκλησιας, ει μη οτι αυτος εγω ου κατεναρκησα υμων;
	13 2	προειρηκα και προλεγω, ως παρων το δευτερον και απων νυν, τοις προημαρτηκοσιν και τοις *λοιποις* πασιν,
	11	*λοιπον*, αδελφοι, χαιρετε, καταρτιζεσθε, παρακαλεισθε, το αυτο φρονειτε, ειρηνευετε,
Ga	2 13	και συνυπεκριθησαν αυτω [και] οι *λοιποι* ιουδαιοι,
	6 17	του *λοιπου* κοπους μοι μηδεις παρεχετω·
Eph	2 3	και ημεθα τεκνα φυσει οργης ως και οι *λοιποι*·
	6 10	του *λοιπου*, ενδυναμουσθε εν κυριω και εν τω κρατει της ισχυος αυτου.
Php	1 13	ωστε τους δεσμους μου φανερους εν χριστω γενεσθαι εν ολω τω πραιτωριω και τοις *λοιποις* πασιν,
	3 1	το *λοιπον*, αδελφοι μου, χαιρετε εν κυριω.
	4 3	συλλαμβανου αυταις, αιτινες εν τω ευαγγελιω συνηθλησαν μοι μετα και κλημεντος και των *λοιπων* συνεργων μου,
	8	το *λοιπον*, αδελφοι, οσα εστιν αληθη,
1Th	4 1	*λοιπον* ουν, αδελφοι, ερωτωμεν υμας και παρακαλουμεν εν κυριω ιησου,
	13	ου θελομεν δε υμας αγνοειν, αδελφοι, περι των κοιμωμενων, ινα μη λυπησθε καθως και οι *λοιποι* οι μη εχοντες ελπιδα.
	5 6	αρα ουν μη καθευδωμεν ως οι *λοιποι*,
2Th	3 1	το *λοιπον* προσευχεσθε, αδελφοι, περι ημων, ινα ο λογος του κυριου τρεχη και δοξαζηται καθως και προς υμας,
1Tm	5 20	τους αμαρτανοντας ενωπιον παντων ελεγχε, ινα και οι *λοιποι* φοβον εχωσιν.
2Tm	4 8	*λοιπον* αποκειται μοι ο της δικαιοσυνης στεφανος,
Heb	10 13	το *λοιπον* εκδεχομενος εως τεθωσιν οι εχθροι αυτου υποποδιον των ποδων αυτου.
2Pt	3 16	εν αις εστιν δυσνοητα τινα, α οι αμαθεις και αστηρικτοι στρεβλουσιν ως και τας *λοιπας* γραφας προς την ιδιαν αυτων απωλειαν.
Apc	2 24	υμιν δε λεγω τοις *λοιποις* τοις εν θυατειροις,
	3 2	και στηρισον τα *λοιπα* α εμελλον αποθανειν·
	8 13	ουαι ουαι ουαι τους κατοικουντας επι της γης εκ των *λοιπων* φωνων της σαλπιγγος των τριων αγγελων των μελλοντων σαλπιζειν.
	9 20	και οι *λοιποι* των ανθρωπων, οι ουκ απεκτανθησαν εν ταις πληγαις ταυταις,
	11 13	και οι *λοιποι* εμφοβοι εγενοντο και εδωκαν δοξαν τω θεω του ουρανου.
	12 17	και απηλθεν ποιησαι πολεμον μετα των *λοιπων* του σπερματος αυτης,
	19 21	και οι *λοιποι* απεκτανθησαν εν τη ρομφαια του καθημενου επι του ιππου τη εξελθουση εκ του στοματος αυτου,
	20 5	οι *λοιποι* των νεκρων ουκ εζησαν αχρι τελεσθη τα χιλια ετη.

λουκας [3]

Col	4 14	ασπαζεται υμας *λουκας* ο ιατρος ο αγαπητος και δημας.
2Tm	4 11	*λουκας* εστιν μονος μετ εμου.
Phm	24	ασπαζεται σε επαφρας ο συναιχμαλωτος μου εν χριστω ιησου, μαρκος, αρισταρχος, δημας, *λουκας*, οι συνεργοι μου.

λουκιος [2]

Ac	13 1	και *λουκιος* ο κυρηναιος, μαναην τε ηρωδου του τετρααρχου συντροφος και σαυλος.
Rm	16 21	ασπαζεται υμας τιμοθεος ο συνεργος μου, και *λουκιος* και ιασων και σωσιπατρος οι συγγενεις μου.

λουτρον [2]

Eph	5 26	ινα αυτην αγιαση καθαρισας τω *λουτρω* του υδατος εν ρηματι,

λουτρον [2]

Tit	3 5	ουκ εξ εργων των εν δικαιοσυνη α εποιησαμεν ημεις, αλλα κατα το αυτου ελεος εσωσεν ημας δια *λουτρου* παλιγγενεσιας και ανακαινωσεως πνευματος αγιου,

λουω [5]

Jh	13 10	ο *λελουμενος* ουκ εχει χρειαν ει μη τους ποδας νιψασθαι, αλλ εστιν καθαρος ολος·
Ac	9 37	*λουσαντες* δε εθηκαν [αυτην] εν υπερωω.
	16 33	και παραλαβων αυτους εν εκεινη τη ωρα της νυκτος *ελουσεν* απο των πληγων,
Heb	10 22	ρεραντισμενοι τας καρδιας απο συνειδησεως πονηρας και *λελουσμενοι* το σωμα υδατι καθαρω·
2Pt	2 22	υς *λουσαμενη* εις κυλισμον βορβορου.

λυδδα [3]

Ac	9 32	εγενετο δε πετρον διερχομενον δια παντων κατελθειν και προς τους αγιους τους κατοικουντας *λυδδα*.
	35	και ειδαν αυτον παντες οι κατοικουντες *λυδδα* και τον σαρωνα, οιτινες επεστρεψαν επι τον κυριον.
	38	εγγυς δε ουσης *λυδδας* τη ιοππη οι μαθηται ακουσαντες οτι πετρος εστιν εν αυτη απεστειλαν δυο ανδρας προς αυτον παρακαλουντες·

λυδια [2]

Ac	16 14	και τις γυνη ονοματι *λυδια*, πορφυροπωλις πολεως θυατειρων, σεβομενη τον θεον, ηκουεν,
	40	εξελθοντες δε απο της φυλακης εισηλθον προς την *λυδιαν*,

λυκαονια [1]

Ac	14 6	συνιδοντες κατεφυγον εις τας πολεις της *λυκαονιας* λυστραν και δερβην και την περιχωρον·

λυκαονιστι [1]

Ac	14 11	οι τε οχλοι ιδοντες ο εποιησεν παυλος επηραν την φωνην αυτων *λυκαονιστι* λεγοντες·

λυκια [1]

Ac	27 5	το τε πελαγος το κατα την κιλικιαν και παμφυλιαν διαπλευσαντες κατηλθομεν εις μυρα της *λυκιας*.

λυκος [6]

Mt	7 15	εσωθεν δε εισιν *λυκοι* αρπαγες.
	10 16	ιδου εγω αποστελλω υμας ως προβατα εν μεσω *λυκων*·
Lc	10 3	υπαγετε· ιδου αποστελλω υμας ως αρνας εν μεσω *λυκων*.
Jh	10 12	ο μισθωτος και ουκ ων ποιμην, ου ουκ εστιν τα προβατα ιδια, θεωρει τον *λυκον* ερχομενον και αφιησιν τα προβατα και φευγει,
	12	και ο *λυκος* αρπαζει αυτα και σκορπιζει·
Ac	20 29	εγω οιδα οτι εισελευσονται μετα την αφιξιν μου *λυκοι* βαρεις εις υμας μη φειδομενοι του ποιμνιου,

λυμαινομαι [1]

Ac	8 3	σαυλος δε *ελυμαινετο* την εκκλησιαν κατα τους οικους εισπορευομενος, συρων τε ανδρας και γυναικας παρεδιδου εις φυλακην.

λυπεω [26]

Mt	14 9	και *λυπηθεις* ο βασιλευς δια τους ορκους και τους συνανακειμενους εκελευσεν δοθηναι,
	17 23	και *ελυπηθησαν* σφοδρα.
	18 31	ιδοντες ουν οι συνδουλοι αυτου τα γενομενα *ελυπηθησαν* σφοδρα,
	19 22	ακουσας δε ο νεανισκος τον λογον απηλθεν *λυπουμενος*·
	26 22	και *λυπουμενοι* σφοδρα ηρξαντο λεγειν αυτω εις εκαστος·
	37	και παραλαβων τον πετρον και τους δυο υιους ζεβεδαιου ηρξατο *λυπεισθαι* και αδημονειν.
Mc	10 22	ο δε στυγνασας επι τω λογω απηλθεν *λυπουμενος*, ην γαρ εχων κτηματα πολλα.
	14 19	ηρξαντο *λυπεισθαι* και λεγειν αυτω εις κατα εις· μητι εγω;

λυπεω [26]

Jh	16 20	ὑμεις λυπηθησεσθε, ἀλλ ἡ λυπη ὑμων εἰς χαραν γενησεται.
	21 17	ἐλυπηθη ὁ πετρος ὁτι εἰπεν αὐτω το τριτον·
Rm	14 15	εἰ γαρ δια βρωμα ὁ ἀδελφος σου λυπειται, οὐκετι κατα ἀγαπην περιπατεις.
2Co	2 2	εἰ γαρ ἐγω λυπω ὑμας, και τις ὁ εὐφραινων με εἰ μη ὁ λυπουμενος ἐξ ἐμου;
	2	εἰ γαρ ἐγω λυπω ὑμας, και τις ὁ εὐφραινων με εἰ μη ὁ λυπουμενος ἐξ ἐμου;
	4	οὐχ ἱνα λυπηθητε, ἀλλα την ἀγαπην ἱνα γνωτε ἡν ἐχω περισσοτερως εἰς ὑμας.
	5	εἰ δε τις λελυπηκεν, οὐκ ἐμε λελυπηκεν, ἀλλα ἀπο μερους, ἱνα μη ἐπιβαρω, παντας ὑμας.
	5	εἰ δε τις λελυπηκεν, οὐκ ἐμε λελυπηκεν, ἀλλα ἀπο μερους, ἱνα μη ἐπιβαρω, παντας ὑμας.
	6 10	ὡς λυπουμενοι ἀει δε χαιροντες, ὡς πτωχοι πολλους δε πλουτιζοντες,
	7 8	ὁτι εἰ και ἐλυπησα ὑμας ἐν τη ἐπιστολη, οὐ μεταμελομαι·
	8	εἰ και μετεμελομην, βλεπω [γαρ] ὁτι ἡ ἐπιστολη ἐκεινη εἰ και προς ὡραν ἐλυπησεν ὑμας, νυν χαιρω,
	9	νυν χαιρω, οὐχ ὁτι ἐλυπηθητε, ἀλλ ὁτι ἐλυπηθητε εἰς μετανοιαν·
	9	νυν χαιρω, οὐχ ὁτι ἐλυπηθητε, ἀλλ ὁτι ἐλυπηθητε εἰς μετανοιαν·
	9	ἐλυπηθητε γαρ κατα θεον, ἱνα ἐν μηδενι ζημιωθητε ἐξ ἡμων.
	11	ἰδου γαρ αὐτο τουτο το κατα θεον λυπηθηναι ποσην κατειργασατο ὑμιν σπουδην,
Eph	4 30	και μη λυπειτε το πνευμα το ἁγιον του θεου,
1Th	4 13	οὐ θελομεν δε ὑμας ἀγνοειν, ἀδελφοι, περι των κοιμωμενων, ἱνα μη λυπησθε καθως και οἱ λοιποι οἱ μη ἐχοντες ἐλπιδα.
1Pt	1 6	ἐν ᾡ ἀγαλλιασθε, ὀλιγον ἀρτι εἰ δεον [ἐστιν] λυπηθεντες ἐν ποικιλοις πειρασμοις,

λυπη [16]

Lc	22 45	και ἀναστας ἀπο της προσευχης, ἐλθων προς τους μαθητας εὑρεν κοιμωμενους αὐτους ἀπο της λυπης,
Jh	16 6	ἀλλ ὁτι ταυτα λελαληκα ὑμιν, ἡ λυπη πεπληρωκεν ὑμων την καρδιαν.
	20	ὑμεις λυπηθησεσθε, ἀλλ ἡ λυπη ὑμων εἰς χαραν γενησεται.
	21	ἡ γυνη ὁταν τικτη λυπην ἐχει, ὁτι ἠλθεν ἡ ὡρα αὐτης·
	22	και ὑμεις οὐν νυν μεν λυπην ἐχετε·
Rm	9 2	συμμαρτυρουσης μοι της συνειδησεως μου ἐν πνευματι ἁγιω, ὁτι λυπη μοι ἐστιν μεγαλη και ἀδιαλειπτος ὀδυνη τη καρδια μου.
2Co	2 1	ἐκρινα γαρ ἐμαυτω τουτο, το μη παλιν ἐν λυπη προς ὑμας ἐλθειν.
	3	και ἐγραψα τουτο αὐτο ἱνα μη ἐλθων λυπην σχω ἀφ ὡν ἐδει με χαιρειν,
	7	ὡστε τουναντιον μαλλον ὑμας χαρισασθαι και παρακαλεσαι, μη πως τη περισσοτερα λυπη καταποθη ὁ τοιουτος.
	7 10	ἡ γαρ κατα θεον λυπη μετανοιαν εἰς σωτηριαν ἀμεταμελητον ἐργαζεται·
	10	ἡ δε του κοσμου λυπη θανατον κατεργαζεται.
	9 7	ἑκαστος καθως προηρηται τη καρδια, μη ἐκ λυπης ἡ ἐξ ἀναγκης·
Php	2 27	ἀλλα ὁ θεος ἠλεησεν αὐτον, οὐκ αὐτον δε μονον ἀλλα και ἐμε, ἱνα μη λυπην ἐπι λυπην σχω.
	27	ἀλλα ὁ θεος ἠλεησεν αὐτον, οὐκ αὐτον δε μονον ἀλλα και ἐμε, ἱνα μη λυπην ἐπι λυπην σχω.
Heb	12 11	πασα δε μεν παιδεια προς μεν το παρον οὐ δοκει χαρας εἰναι ἀλλα λυπης,
1Pt	2 19	τουτο γαρ χαρις εἰ δια συνειδησιν θεου ὑποφερει τις λυπας πασχων ἀδικως.

λυσανιας [1]

Lc	3 1	φιλιππου δε του ἀδελφου αὐτου τετρααρχουντος της ἰτουραιας και τραχωνιτιδος χωρας, και λυσανιου της ἀβιληνης τετρααρχουντος,

λυσιας [3]

Ac	23 26	κλαυδιος λυσιας τω κρατιστω ἡγεμονι φηλικι χαιρειν.
	24 7*	παρελθων δε λυσιας ὁ χιλιαρχος μετα πολλης βιας ἐκ των χειρων ἡμων ἀπηγαγεν,
	22	ὁταν λυσιας ὁ χιλιαρχος καταβη, διαγνωσομαι τα καθ ὑμας·

λυσις [1]

1Co	7 27	δεδεσαι γυναικι; μη ζητει λυσιν·

λυσιτελεω [1]

Lc	17 2	λυσιτελει αὐτω εἰ λιθος μυλικος περικειται περι τον τραχηλον αὐτου και ἐρριπται εἰς την θαλασσαν, ἡ ἱνα σκανδαλιση των μικρων τουτων ἑνα.

λυστρα [6]

Ac	14 6	συνιδοντες κατεφυγον εἰς τας πολεις της λυκαονιας λυστραν και δερβην και την περιχωρον·
	8	και τις ἀνηρ ἀδυνατος ἐν λυστροις τοις ποσιν ἐκαθητο,
	21	εὐαγγελισαμενοι τε την πολιν ἐκεινην και μαθητευσαντες ἱκανους ὑπεστρεψαν εἰς την λυστραν και εἰς ἰκονιον και [εἰς] ἀντιοχειαν,
	16 1	κατηντησεν δε [και] εἰς δερβην και εἰς λυστραν.
	2	τιμοθεος, υἱος γυναικος ἰουδαιας πιστης πατρος δε ἑλληνος, ὁς ἐμαρτυρειτο ὑπο των ἐν λυστροις και ἰκονιω ἀδελφων.
2Tm	3 11	τοις διωγμοις, τοις παθημασιν, οἱα μοι ἐγενετο ἐν ἀντιοχεια, ἐν ἰκονιω, ἐν λυστροις·

λυτρον [2]

Mt	20 28	ὡσπερ ὁ υἱος του ἀνθρωπου οὐκ ἠλθεν διακονηθηναι, ἀλλα διακονησαι και δουναι την ψυχην αὐτου λυτρον ἀντι πολλων.
Mc	10 45	και γαρ ὁ υἱος του ἀνθρωπου οὐκ ἠλθεν διακονηθηναι ἀλλα διακονησαι και δουναι την ψυχην αὐτου λυτρον ἀντι πολλων.

λυτροομαι [3]

Lc	24 21	ἡμεις δε ἠλπιζομεν ὁτι αὐτος ἐστιν ὁ μελλων λυτρουσθαι τον ἰσραηλ·
Tit	2 14	ὁς ἐδωκεν ἑαυτον ὑπερ ἡμων ἱνα λυτρωσηται ἡμας ἀπο πασης ἀνομιας και καθαριση ἑαυτω λαον περιουσιον,
1Pt	1 18	εἰδοτες ὁτι οὐ φθαρτοις, ἀργυριω ἡ χρυσιω, ἐλυτρωθητε ἐκ της ματαιας ὑμων ἀναστροφης πατροπαραδοτου, ἀλλα τιμιω αἱματι ὡς ἀμνου ἀμωμου και ἀσπιλου χριστου,

λυτρωσις [3]

Lc	1 68	εὐλογητος κυριος ὁ θεος του ἰσραηλ, ὁτι ἐπεσκεψατο και ἐποιησεν λυτρωσιν τω λαω αὐτου,
	2 38	και αὐτη τη ὡρα ἐπιστασα ἀνθωμολογειτο τω θεω και ἐλαλει περι αὐτου πασιν τοις προσδεχομενοις λυτρωσιν ἱερουσαλημ.
Heb	9 12	δια δε του ἰδιου αἱματος εἰσηλθεν ἐφαπαξ εἰς τα ἁγια, αἰωνιαν λυτρωσιν εὑραμενος.

λυτρωτης [1]

Ac	7 35	τουτον ὁ θεος [και] ἀρχοντα και λυτρωτην ἀπεσταλκεν συν χειρι ἀγγελου του ὀφθεντος αὐτω ἐν τη βατω.

λυχνια [12]

Mt	5 15	οὐδε καιουσιν λυχνον και τιθεασιν αὐτον ὑπο τον μοδιον, ἀλλ ἐπι την λυχνιαν,
Mc	4 21	και ἐλεγεν αὐτοις μητι ἐρχεται ὁ λυχνος ἱνα ὑπο τον μοδιον τεθη ἡ ὑπο την κλινην; οὐχ ἱνα ἐπι την λυχνιαν τεθη;
Lc	8 16	οὐδεις δε λυχνον ἁψας καλυπτει αὐτον σκευει ἡ ὑποκατω κλινης τιθησιν, ἀλλ ἐπι λυχνιας τιθησιν,
	11 33	οὐδεις λυχνον ἁψας εἰς κρυπτην τιθησιν [οὐδε ὑπο τον μοδιον,] ἀλλ ἐπι την λυχνιαν, ἱνα οἱ εἰσπορευομενοι το φως βλεπωσιν.
Heb	9 2	σκηνη γαρ κατεσκευασθη ἡ πρωτη, ἐν ᾑ ἡ τε λυχνια και ἡ τραπεζα και ἡ προθεσις των ἀρτων,
Apc	1 12	και ἐπιστρεψας εἰδον ἑπτα λυχνιας χρυσας,
	13	και ἐπιστρεψας εἰδον ἑπτα λυχνιας χρυσας, και ἐν μεσω των λυχνιων ὁμοιον υἱον ἀνθρωπου,
	20	το μυστηριον των ἑπτα ἀστερων οὑς εἰδες ἐπι της δεξιας μου, και τας ἑπτα λυχνιας τας χρυσας·
	20	οἱ ἑπτα ἀστερες ἀγγελοι των ἑπτα ἐκκλησιων εἰσιν, και αἱ λυχνιαι αἱ ἑπτα ἑπτα ἐκκλησιαι εἰσιν.
	2 1	ὁ περιπατων ἐν μεσω των ἑπτα λυχνιων των χρυσων·
	5	εἰ δε μη, ἐρχομαι σοι και κινησω την λυχνιαν σου ἐκ του τοπου αὐτης,
	11 4	οὑτοι εἰσιν αἱ δυο ἐλαιαι και αἱ δυο λυχνιαι αἱ ἐνωπιον του κυριου της γης ἑστωτες.

λυχνος [14]

Mt	5 15	οὐδὲ καιουσιν λυχνον και τιθεασιν αὐτον ὑπο τον μοδιον, ἀλλ ἐπι την λυχνιαν,
	6 22	ὁ λυχνος του σωματος ἐστιν ὁ ὀφθαλμος.
Mc	4 21	και ἐλεγεν αὐτοις μητι ἐρχεται ὁ λυχνος ἱνα ὑπο τον μοδιον τεθη ἡ ὑπο την κλινην;
Lc	8 16	οὐδεις δε λυχνον ἀψας καλυπτει αὐτον σκευει ἡ ὑποκατω κλινης τιθησιν,
	11 33	οὐδεις λυχνον ἀψας εἰς κρυπτην τιθησιν [οὐδε ὑπο τον μοδιον,] ἀλλ ἐπι την λυχνιαν, ἱνα οἱ εἰσπορευομενοι το φως βλεπωσιν.
	34	ὁ λυχνος του σωματος ἐστιν ὁ ὀφθαλμος σου.
	36	εἰ οὖν το σωμα σου ὁλον φωτεινον, μη ἐχον μερος τι σκοτεινον, ἐσται φωτεινον ὁλον ὡς ὁταν ὁ λυχνος τη ἀστραπη φωτιζη σε.
	12 35	ἐστωσαν ὑμων αἱ ὀσφυες περιεζωσμεναι και οἱ λυχνοι καιομενοι·
	15 8	ἡ τίς γυνη δραχμας ἐχουσα δεκα, ἐαν ἀπολεση δραχμην μιαν, οὐχι ἁπτει λυχνον και σαροι την οἰκιαν και ζητει ἐπιμελως ἑως οὗ εὑρη;
Jh	5 35	ἐκεινος ἦν ὁ λυχνος ὁ καιομενος και φαινων.
2Pt	1 19	ᾧ καλως ποιειτε προσεχοντες ὡς λυχνῳ φαινοντι ἐν αὐχμηρῳ τοπῳ,
Apc	18 23	και φως λυχνου οὐ μη φανη ἐν σοι ἐτι,
	21 23	ἡ γαρ δοξα του θεου ἐφωτισεν αὐτην, και ὁ λυχνος αὐτης το ἀρνιον.
	22 5	και οὐκ ἐχουσιν χρειαν φωτος λυχνου και φωτος ἡλιου,

λυω [42]

Mt	5 19	ὁς ἐαν οὖν λυση μιαν των ἐντολων τουτων των ἐλαχιστων και διδαξη οὑτως τους ἀνθρωπους, ἐλαχιστος κληθησεται ἐν τη βασιλεια των οὐρανων·
	16 19	και ὁ ἐαν δησης ἐπι της γης ἐσται δεδεμενον ἐν τοις οὐρανοις, και ὁ ἐαν λυσης ἐπι της γης ἐσται λελυμενον ἐν τοις οὐρανοις.
	19	και ὁ ἐαν δησης ἐπι της γης ἐσται δεδεμενον ἐν τοις οὐρανοις, και ὁ ἐαν λυσης ἐπι της γης ἐσται λελυμενον ἐν τοις οὐρανοις.
	18 18	ὁσα ἐαν δησητε ἐπι της γης ἐσται δεδεμενα ἐν οὐρανῳ, και ὁσα ἐαν λυσητε ἐπι της γης ἐσται λελυμενα ἐν οὐρανῳ.
	18	ὁσα ἐαν δησητε ἐπι της γης ἐσται δεδεμενα ἐν οὐρανῳ, και ὁσα ἐαν λυσητε ἐπι της γης ἐσται λελυμενα ἐν οὐρανῳ.
	21 2	πορευεσθε εἰς την κωμην την κατεναντι ὑμων, και εὐθεως εὑρησετε ὀνον δεδεμενην και πωλον μετ αὐτης· λυσαντες ἀγαγετε μοι.
Mc	1 7	ἐρχεται ὁ ἰσχυροτερος μου ὀπισω μου, οὗ οὐκ εἰμι ἱκανος κυψας λυσαι τον ἱμαντα των ὑποδηματων αὐτου.
	7 35	και ἐλυθη ὁ δεσμος της γλωσσης αὐτου, και ἐλαλει ὀρθως.
	11 2	και εὐθυς εἰσπορευομενοι εἰς αὐτην εὑρησετε πωλον δεδεμενον ἐφ ὁν οὐδεις οὐπω ἀνθρωπων ἐκαθισεν· λυσατε αὐτον και φερετε.
	4	και ἀπηλθον και εὑρον πωλον δεδεμενον προς θυραν ἐξω ἐπι του ἀμφοδου, και λυουσιν αὐτον.
	5	τί ποιειτε λυοντες τον πωλον;
Lc	3 16	ἐγω μεν ὑδατι βαπτιζω ὑμας· ἐρχεται δε ὁ ἰσχυροτερος μου, οὗ οὐκ εἰμι ἱκανος λυσαι τον ἱμαντα των ὑποδηματων αὐτου·
	13 15	ὑποκριται, ἑκαστος ὑμων τῳ σαββατῳ οὐ λυει τον βουν αὐτου ἡ τον ὀνον ἀπο της φατνης και ἀπαγαγων ποτιζει;
	16	ταυτην δε θυγατερα ἀβρααμ οὐσαν, ἡν ἐδησεν ὁ σατανας ἰδου δεκακαιοκτω ἐτη, οὐκ ἐδει λυθηναι ἀπο του δεσμου τουτου τη ἡμερα του σαββατου;
	19 30	ἐφ ὁν οὐδεις πωποτε ἀνθρωπων ἐκαθισεν, και λυσαντες αὐτον ἀγαγετε.
	31	και ἐαν τις ὑμας ἐρωτα· δια τί λυετε; οὑτως ἐρειτε· ὁτι ὁ κυριος αὐτου χρειαν ἐχει.
	33	λυοντων δε αὐτων τον πωλον εἰπαν οἱ κυριοι αὐτου προς αὐτους·
	33	τί λυετε τον πωλον;
Jh	1 27	ὁ ὀπισω μου ἐρχομενος, οὗ οὐκ εἰμι [ἐγω] ἀξιος ἱνα λυσω αὐτου τον ἱμαντα του ὑποδηματος.
	2 19	λυσατε τον ναον τουτον, και ἐν τρισιν ἡμεραις ἐγερω αὐτον.
	5 18	δια τουτο οὖν μαλλον ἐζητουν αὐτον οἱ ἰουδαιοι ἀποκτειναι, ὁτι οὐ μονον ἐλυεν το σαββατον, ἀλλα και πατερα ἰδιον ἐλεγεν τον θεον,
	7 23	εἰ περιτομην λαμβανει ὁ ἀνθρωπος ἐν σαββατῳ ἱνα μη λυθη ὁ νομος μωυσεως, ἐμοι χολατε ὁτι ὁλον ἀνθρωπον ὑγιη ἐποιησα ἐν σαββατῳ;
	10 35	εἰ ἐκεινους εἰπεν θεους προς οὑς ὁ λογος του θεου ἐγενετο, και οὐ δυναται λυθηναι ἡ γραφη,

λυω [42]

Jh	11 44	λυσατε αὐτον και ἀφετε αὐτον ὑπαγειν.
Ac	2 24	ὁν ὁ θεος ἀνεστησεν λυσας τας ὠδινας του θανατου, καθοτι οὐκ ἦν δυνατον κρατεισθαι αὐτον ὑπ αὐτου.
	7 33	λυσον το ὑποδημα των ποδων σου· ὁ γαρ τοπος ἐφ ᾧ ἑστηκας γη ἁγια ἐστιν.
	13 25	ἀλλ ἰδου ἐρχεται μετ ἐμε οὗ οὐκ εἰμι ἀξιος το ὑποδημα των ποδων λυσαι.
	43	λυθεισης δε της συναγωγης ἠκολουθησαν πολλοι των ἰουδαιων και των σεβομενων προσηλυτων τῳ παυλῳ και τῳ βαρναβα,
	22 30	ἐλυσεν αὐτον, και ἐκελευσεν συνελθειν τους ἀρχιερεις και παν το συνεδριον,
	27 41	και ἡ μεν πρωρα ἐρεισασα ἐμεινεν ἀσαλευτος, ἡ δε πρυμνα ἐλυετο ὑπο της βιας [των κυματων].
1Co	7 27	λελυσαι ἀπο γυναικος; μη ζητει γυναικα.
Eph	2 14	αὐτος γαρ ἐστιν ἡ εἰρηνη ἡμων, ὁ ποιησας τα ἀμφοτερα ἑν και το μεσοτοιχον του φραγμου λυσας,
2Pt	3 10	στοιχεια δε καυσουμενα λυθησεται, και γη και τα ἐν αὐτη ἐργα εὑρεθησεται.
	11	τουτων οὑτως παντων λυομενων ποταπους δει ὑπαρχειν [ὑμας] ἐν ἁγιαις ἀναστροφαις και εὐσεβειαις,
	12	προσδοκωντας και σπευδοντας την παρουσιαν της του θεου ἡμερας, δι ἡν οὐρανοι πυρουμενοι λυθησονται και στοιχεια καυσουμενα τηκεται.
1Jh	3 8	εἰς τουτο ἐφανερωθη ὁ υἱος του θεου, ἱνα λυση τα ἐργα του διαβολου.
Apc	1 5	τῳ ἀγαπωντι ἡμας και λυσαντι ἡμας ἐκ των ἁμαρτιων ἡμων ἐν τῳ αἱματι αὐτου,
	5 2	τίς ἀξιος ἀνοιξαι το βιβλιον και λυσαι τας σφραγιδας αὐτου;
	9 14	λυσον τους τεσσαρας ἀγγελους τους δεδεμενους ἐπι τῳ ποταμῳ τῳ μεγαλῳ εὐφρατη.
	15	και ἐλυθησαν οἱ τεσσαρες ἀγγελοι οἱ ἡτοιμασμενοι εἰς την ὡραν και ἡμεραν και μηνα και ἐνιαυτον,
	20 3	μετα ταυτα δει λυθηναι αὐτον μικρον χρονον.
	7	και ὁταν τελεσθη τα χιλια ἐτη, λυθησεται ὁ σατανας ἐκ της φυλακης αὐτου,

λωις [1]

2Tm	1 5	ὑπομνησιν λαβων της ἐν σοι ἀνυποκριτου πιστεως, ἡτις ἐνωκησεν πρωτον ἐν τη μαμμη σου λωιδι και τη μητρι σου εὐνικη,

λωτ [4]

Lc	17 28	ὁμοιως καθως ἐγενετο ἐν ταις ἡμεραις λωτ·
	29	ἡ δε ἡμερα ἐξηλθεν λωτ ἀπο σοδομων, ἐβρεξεν πυρ και θειον ἀπ οὐρανου και ἀπωλεσεν παντας.
	32	μνημονευετε της γυναικος λωτ.
2Pt	2 7	και δικαιον λωτ καταπονουμενον ὑπο της των ἀθεσμων ἐν ἀσελγεια ἀναστροφης ἐρρυσατο·

M

μααθ [1]

Lc	3 26	του μααθ του ματταθιου του σεμειν του ἰωσηχ του ἰωδα

μαγαδαν [1]

Mt	15 39	και ἀπολυσας τους ὀχλους ἐνεβη εἰς το πλοιον, και ἠλθεν εἰς τα ὁρια μαγαδαν.

μαγδαληνη [12]

Mt	27 56	ἐν αἱς ἦν μαρια ἡ μαγδαληνη, και μαρια ἡ του ἰακωβου και ἰωσηφ μητηρ, και ἡ μητηρ των υἱων ζεβεδαιου.
	61	ἦν δε ἐκει μαριαμ ἡ μαγδαληνη και ἡ ἀλλη μαρια, καθημεναι ἀπεναντι του ταφου.
	28 1	ὀψε δε σαββατων, τη ἐπιφωσκουση εἰς μιαν σαββατων, ἠλθεν μαριαμ ἡ μαγδαληνη και ἡ ἀλλη μαρια θεωρησαι τον ταφον.

μαγδαληνη [12]

Mc 15 40 ησαν δε και γυναικες απο μακροθεν θεωρουσαι, εν αις και
μαρια η *μαγδαληνη* και μαρια η ιακωβου του μικρου και
ιωσητος μητηρ και σαλωμη,

47 η δε μαρια η *μαγδαληνη* και μαρια η ιωσητος εθεωρουν που
τεθειται.

16 1 και διαγενομενου του σαββατου μαρια η *μαγδαληνη* και
μαρια η [του] ιακωβου και σαλωμη ηγορασαν αρωματα ινα
ελθουσαι αλειψωσιν αυτον.

9 αναστας δε πρωι πρωτη σαββατου εφανη πρωτον μαρια τη
μαγδαληνη,

Lc 8 2 και γυναικες τινες αι ησαν τεθεραπευμεναι απο πνευματων
πονηρων και ασθενειων, μαρια η καλουμενη *μαγδαληνη,*

24 10 ησαν δε η *μαγδαληνη* μαρια και ιωαννα και μαρια η
ιακωβου·

Jh 19 25 ειστηκεισαν δε παρα τω σταυρω του ιησου η μητηρ αυτου
και η αδελφη της μητρος αυτου, μαρια η του κλωπα και
μαρια η *μαγδαληνη.*

20 1 τη δε μια των σαββατων μαρια η *μαγδαληνη* ερχεται πρωι
σκοτιας ετι ουσης εις το μνημειον,

18 ερχεται μαριαμ η *μαγδαληνη* αγγελλουσα τοις μαθηταις οτι
εωρακα τον κυριον, και ταυτα ειπεν αυτη.

μαγεια [1]

Ac 8 11 προσειχον δε αυτω δια το ικανω χρονω ταις *μαγειαις*
εξεστακεναι αυτους.

μαγευω [1]

Ac 8 9 ανηρ δε τις ονοματι σιμων προυπηρχεν εν τη πολει *μαγευων*
και εξιστανων το εθνος της σαμαρειας, λεγων ειναι τινα
εαυτον μεγαν,

μαγος [6]

Mt 2 1 ιδου *μαγοι* απο ανατολων παρεγενοντο εις ιεροσολυμα
λεγοντες·

7 τοτε ηρωδης λαθρα καλεσας τους *μαγους* ηκριβωσεν παρ
αυτων τον χρονον του φαινομενου αστερος,

16 τοτε ηρωδης ιδων οτι ενεπαιχθη υπο των *μαγων* εθυμωθη
λιαν,

16 κατα τον χρονον ον ηκριβωσεν παρα των *μαγων.*

Ac 13 6 διελθοντες δε ολην την νησον αχρι παφου ευρον ανδρα τινα
μαγον ψευδοπροφητην ιουδαιον,

8 ανθιστατο δε αυτοις ελυμας ο *μαγος,* ουτως γαρ
μεθερμηνευεται το ονομα αυτου, ζητων διαστρεψαι τον
ανθυπατον απο της πιστεως.

μαγωγ [1]

Apc 20 8 και εξελευσεται πλανησαι τα εθνη τα εν ταις τεσσαρσιν
γωνιαις της γης, τον γωγ και *μαγωγ,*

μαδιαμ [1]

Ac 7 29 εφυγεν δε μωυσης εν τω λογω τουτω, και εγενετο παροικος εν
γη *μαδιαμ,*

μαθητευω [4]

Mt 13 52 δια τουτο πας γραμματευς *μαθητευθεις* τη βασιλεια των
ουρανων ομοιος εστιν ανθρωπω οικοδεσποτη,

27 57 οψιας δε γενομενης ηλθεν ανθρωπος πλουσιος απο
αριμαθαιας, τουνομα ιωσηφ, ος και αυτος *εμαθητευθη* τω
ιησου·

28 19 πορευθεντες ουν *μαθητευσατε* παντα τα εθνη, βαπτιζοντες
αυτους εις το ονομα του πατρος και του υιου και του αγιου
πνευματος, διδασκοντες αυτους τηρειν παντα οσα
ενετειλαμην υμιν·

Ac 14 21 ευαγγελισαμενοι τε την πολιν εκεινην και *μαθητευσαντες*
ικανους υπεστρεψαν εις την λυστραν και εις ικονιον και [εις]
αντιοχειαν,

μαθητης [261]

Mt 5 1 και καθισαντος αυτου προσηλθαν αυτω οι *μαθηται* αυτου·

8 21 ετερος δε των *μαθητων* [αυτου] ειπεν αυτω·

23 ηκολουθησαν αυτω οι *μαθηται* αυτου.

μαθητης [261]

Mt 9 10 και ιδου πολλοι τελωναι και αμαρτωλοι ελθοντες
συνανεκειντο τω ιησου και τοις *μαθηταις* αυτου.

11 και ιδοντες οι φαρισαιοι ελεγον τοις *μαθηταις* αυτου· δια τι
μετα των τελωνων και αμαρτωλων εσθιει ο διδασκαλος
υμων;

14 τοτε προσερχονται αυτω οι *μαθηται* ιωαννου λεγοντες·

14 δια τι ημεις και οι φαρισαιοι νηστευομεν [πολλα], οι δε
μαθηται σου ου νηστευουσιν;

19 και εγερθεις ο ιησους ηκολουθησεν αυτω και οι *μαθηται*
αυτου.

37 τοτε λεγει τοις *μαθηταις* αυτου· ο μεν θερισμος πολυς,

10 1 και προσκαλεσαμενος τους δωδεκα *μαθητας* αυτου εδωκεν
αυτοις εξουσιαν πνευματων ακαθαρτων ωστε εκβαλλειν αυτα,

24 ουκ εστιν *μαθητης* υπερ τον διδασκαλον ουδε δουλος υπερ
τον κυριον αυτου.

25 αρκετον τω *μαθητη* ινα γενηται ως ο διδασκαλος αυτου,

42 και ος αν ποτιση ενα των μικρων τουτων ποτηριον ψυχρου
μονον εις ονομα *μαθητου,*

11 1 και εγενετο οτε ετελεσεν ο ιησους διατασσων τοις δωδεκα
μαθηταις αυτου, μετεβη εκειθεν του διδασκειν και κηρυσσειν
εν ταις πολεσιν αυτων.

2 ο δε ιωαννης ακουσας εν τω δεσμωτηριω τα εργα του
χριστου, πεμψας δια των *μαθητων* αυτου ειπεν αυτω·

12 1 οι δε *μαθηται* αυτου επεινασαν,

2 ιδου οι *μαθηται* σου ποιουσιν ο ουκ εξεστιν ποιειν εν
σαββατω.

49 και εκτεινας την χειρα αυτου επι τους *μαθητας* αυτου ειπεν·

13 10 και προσελθοντες οι *μαθηται* ειπαν αυτω·

36 και προσηλθον οι *μαθηται* αυτου λεγοντες·

14 12 και προσελθοντες οι *μαθηται* αυτου ηραν το πτωμα και
εθαψαν αυτο[ν],

15 οψιας δε γενομενης προσηλθον αυτω οι *μαθηται* λεγοντες·

19 λαβων τους πεντε αρτους και τους δυο ιχθυας, αναβλεψας εις
τον ουρανον ευλογησεν, και κλασας εδωκεν τοις *μαθηταις*
τους αρτους,

19 λαβων τους πεντε αρτους και τους δυο ιχθυας, αναβλεψας εις
τον ουρανον ευλογησεν, και κλασας εδωκεν τοις μαθηταις
τους αρτους, οι δε *μαθηται* τοις οχλοις.

22 και ευθεως ηναγκασεν τους *μαθητας* εμβηναι εις το πλοιον
και προαγειν αυτον εις το περαν,

26 οι δε *μαθηται* ιδοντες αυτον επι της θαλασσης περιπατουντα
εταραχθησαν λεγοντες οτι φαντασμα εστιν,

15 2 δια τι οι *μαθηται* σου παραβαινουσιν την παραδοσιν των
πρεσβυτερων;

12 τοτε προσελθοντες οι *μαθηται* λεγουσιν αυτω·

23 και προσελθοντες οι *μαθηται* αυτου ηρωτουν αυτον λεγοντες·

32 ο δε ιησους προσκαλεσαμενος τους *μαθητας* αυτου ειπεν·
σπλαγχνιζομαι επι τον οχλον,

33 και λεγουσιν αυτω οι *μαθηται·* ποθεν ημιν εν ερημια αρτοι
τοσουτοι ωστε χορτασαι οχλον τοσουτον;

36 και παραγγειλας τω οχλω αναπεσειν επι την γην ελαβεν τους
επτα αρτους και τους ιχθυας και ευχαριστησας εκλασεν και
εδιδου τοις *μαθηταις,*

36 και παραγγειλας τω οχλω αναπεσειν επι την γην ελαβεν τους
επτα αρτους και τους ιχθυας και ευχαριστησας εκλασεν και
εδιδου τοις μαθηταις, οι δε *μαθηται* τοις οχλοις.

16 5 και ελθοντες οι *μαθηται* εις το περαν επελαθοντο αρτους
λαβειν.

13 ελθων δε ο ιησους εις τα μερη καισαρειας της φιλιππου
ηρωτα τους *μαθητας* αυτου λεγων· τινα λεγουσιν οι ανθρωποι
ειναι τον υιον του ανθρωπου;

20 τοτε διεστειλατο τοις *μαθηταις* ινα μηδενι ειπωσιν οτι αυτος
εστιν ο χριστος,

21 απο τοτε ηρξατο ο ιησους δεικνυειν τοις *μαθηταις* αυτου οτι
δει αυτον εις ιεροσολυμα απελθειν και πολλα παθειν απο των
πρεσβυτερων και αρχιερεων και γραμματεων και
αποκτανθηναι και τη τριτη ημερα εγερθηναι.

24 τοτε ο ιησους ειπεν τοις *μαθηταις* αυτου· ει τις θελει οπισω
μου ελθειν, απαρνησασθω εαυτον και αρατω τον σταυρον
αυτου, και ακολουθειτω μοι.

17 6 και ακουσαντες οι *μαθηται* επεσαν επι προσωπον αυτων και
εφοβηθησαν σφοδρα.

10 και επηρωτησαν αυτον οι *μαθηται* λεγοντες· τι ουν οι
γραμματεις λεγουσιν οτι ηλιαν δει ελθειν πρωτον;

13 τοτε συνηκαν οι *μαθηται* οτι περι ιωαννου του βαπτιστου
ειπεν αυτοις.

16 και προσηνεγκα αυτον τοις *μαθηταις* σου, και ουκ
ηδυνηθησαν αυτον θεραπευσαι.

19 τοτε προσελθοντες οι *μαθηται* τω ιησου κατ ιδιαν ειπον·

μαθητης [261]

Mt	18 1	ἐν ἐκείνῃ τῇ ὥρᾳ προσηλθον οἱ *μαθηται* τω ἰησου λεγοντες·
	19 10	λεγουσιν αὐτῳ οἱ *μαθηται* [αὐτου]· εἰ οὕτως ἐστιν ἡ αἰτια του ἀνθρωπου μετα της γυναικος, οὐ συμφερει γαμησαι.
	13	οἱ δε *μαθηται* ἐπετιμησαν αὐτοις.
	23	ὁ δε ἰησους εἰπεν τοις *μαθηταις* αὐτου· ἀμην λεγω ὑμιν ὅτι πλουσιος δυσκολως εἰσελευσεται εἰς την βασιλειαν των οὐρανων.
	25	ἀκουσαντες δε οἱ *μαθηται* ἐξεπλησσοντο σφοδρα λεγοντες·
	20 17	και ἀναβαινων ὁ ἰησους εἰς ἱεροσολυμα παρελαβεν τους δωδεκα [*μαθητας*] κατ ἰδιαν,
	21 1	και ὁτε ἠγγισαν εἰς ἱεροσολυμα και ἠλθον εἰς βηθφαγη εἰς το ὀρος των ἐλαιων, τοτε ἰησους ἀπεστειλεν δυο *μαθητας* λεγων αὐτοις·
	6	πορευθεντες δε οἱ *μαθηται* και ποιησαντες καθως συνεταξεν αὐτοις ὁ ἰησους ἠγαγον την ὀνον και τον πωλον,
	20	και ἰδοντες οἱ *μαθηται* ἐθαυμασαν λεγοντες·
	22 16	και ἀποστελλουσιν αὐτῳ τους *μαθητας* αὐτων μετα των ἡρωδιανων λεγοντες·
	23 1	τοτε ὁ ἰησους ἐλαλησεν τοις ὀχλοις και τοις *μαθηταις* αὐτου λεγων· ἐπι της μωυσεως καθεδρας ἐκαθισαν οἱ γραμματεις και οἱ φαρισαιοι.
	24 1	και προσηλθον οἱ *μαθηται* αὐτου ἐπιδειξαι αὐτῳ τας οἰκοδομας του ἱερου.
	3	καθημενου δε αὐτου ἐπι του ὀρους των ἐλαιων προσηλθον αὐτῳ οἱ *μαθηται* κατ ἰδιαν λεγοντες·
	26 1	και ἐγενετο ὁτε ἐτελεσεν ὁ ἰησους παντας τους λογους τουτους, εἰπεν τοις *μαθηταις* αὐτου· οἰδατε ὁτι μετα δυο ἡμερας το πασχα γινεται,
	8	ἰδοντες δε οἱ *μαθηται* ἠγανακτησαν λεγοντες·
	17	τῃ δε πρωτῃ των ἀζυμων προσηλθον οἱ *μαθηται* τω ἰησου λεγοντες·
	18	προς σε ποιω το πασχα μετα των *μαθητων* μου.
	19	και ἐποιησαν οἱ *μαθηται* ὡς συνεταξεν αὐτοις ὁ ἰησους, και ἡτοιμασαν το πασχα.
	26	ἐσθιοντων δε αὐτων λαβων ὁ ἰησους ἀρτον και εὐλογησας ἐκλασεν και δους τοις *μαθηταις* εἰπεν·
	35	ὁμοιως και παντες οἱ *μαθηται* εἰπαν.
	36	και λεγει τοις *μαθηταις*· καθισατε αὐτου ἑως [οὗ] ἀπελθων ἐκει προσευξωμαι.
	40	και ἐρχεται προς τους *μαθητας* και εὑρισκει αὐτους καθευδοντας,
	45	τοτε ἐρχεται προς τους *μαθητας* και λεγει αὐτοις·
	56	τοτε οἱ *μαθηται* παντες ἀφεντες αὐτον ἐφυγον.
	27 64	κελευσον οὖν ἀσφαλισθηναι τον ταφον ἑως της τριτης ἡμερας, μηποτε ἐλθοντες οἱ *μαθηται* αὐτου κλεψωσιν αὐτον και εἰπωσιν τω λαῳ·
	28 7	και ταχυ πορευθεισαι εἰπατε τοις *μαθηταις* αὐτου ὅτι ἠγερθη ἀπο των νεκρων,
	8	και ἀπελθουσαι ταχυ ἀπο του μνημειου μετα φοβου και χαρας μεγαλης ἐδραμον ἀπαγγειλαι τοις *μαθηταις* αὐτου.
	13	εἰπατε ὁτι οἱ *μαθηται* αὐτου νυκτος ἐλθοντες ἐκλεψαν αὐτον ἡμων κοιμωμενων.
	16	οἱ δε ἑνδεκα *μαθηται* ἐπορευθησαν εἰς την γαλιλαιαν,
Mc	2 15	και πολλοι τελωναι και ἁμαρτωλοι συνανεκειντο τω ἰησου και τοις *μαθηταις* αὐτου·
	16	και οἱ γραμματεις των φαρισαιων ἰδοντες ὅτι ἐσθιει μετα των ἁμαρτωλων και τελωνων ἐλεγον τοις *μαθηταις* αὐτου· ὅτι μετα των τελωνων και ἁμαρτωλων ἐσθιει;
	18	και ἠσαν οἱ *μαθηται* ἰωαννου και οἱ φαρισαιοι νηστευοντες.
	18	δια τι οἱ *μαθηται* ἰωαννου και οἱ *μαθηται* των φαρισαιων νηστευουσιν, οἱ δε σοι *μαθηται* οὐ νηστευουσιν;
	18	δια τι οἱ *μαθηται* ἰωαννου και οἱ *μαθηται* των φαρισαιων νηστευουσιν, οἱ δε σοι *μαθηται* οὐ νηστευουσιν;
	18	δια τι οἱ *μαθηται* ἰωαννου και οἱ *μαθηται* των φαρισαιων νηστευουσιν, οἱ δε σοι *μαθηται* οὐ νηστευουσιν;
	23	και οἱ *μαθηται* αὐτου ἠρξαντο ὁδον ποιειν τιλλοντες τους σταχυας.
	3 7	και ὁ ἰησους μετα των *μαθητων* αὐτου ἀνεχωρησεν προς την θαλασσαν·
	9	και εἰπεν τοις *μαθηταις* αὐτου ἱνα πλοιαριον προσκαρτερῃ αὐτῳ δια τον ὀχλον,
	4 34	κατ ἰδιαν δε τοις ἰδιοις *μαθηταις* ἐπελυεν παντα.
	5 31	και ἐλεγον αὐτῳ οἱ *μαθηται* αὐτου· βλεπεις τον ὀχλον συνθλιβοντα σε, και λεγεις·
	6 1	και ἐρχεται εἰς την πατριδα αὐτου, και ἀκολουθουσιν αὐτῳ οἱ *μαθηται* αὐτου.
	29	και ἀκουσαντες οἱ *μαθηται* αὐτου ἠλθον και ἠραν το πτωμα αὐτου και ἐθηκαν αὐτο ἐν μνημειῳ.

μαθητης [261]

Mc	6 35	και ἠδη ὡρας πολλης γενομενης προσελθοντες αὐτῳ οἱ *μαθηται* αὐτου ἐλεγον ὁτι ἐρημος ἐστιν ὁ τοπος και ἠδη ὡρα πολλη·
	41	και λαβων τους πεντε ἀρτους και τους δυο ἰχθυας, ἀναβλεψας εἰς τον οὐρανον εὐλογησεν και κατεκλασεν τους ἀρτους και ἐδιδου τοις *μαθηταις* [αὐτου] ἱνα παρατιθωσιν αὐτοις,
	45	και εὐθυς ἠναγκασεν τους *μαθητας* αὐτου ἐμβηναι εἰς το πλοιον και προαγειν εἰς το περαν προς βηθσαιδαν,
	7 2	και ἰδοντες τινας των *μαθητων* αὐτου ὅτι κοιναις χερσιν, τουτ ἐστιν ἀνιπτοις, ἐσθιουσιν τους ἀρτους,
	5	δια τι οὐ περιπατουσιν οἱ *μαθηται* σου κατα την παραδοσιν των πρεσβυτερων, ἀλλα κοιναις χερσιν ἐσθιουσιν τον ἀρτον;
	17	και ὁτε εἰσηλθεν εἰς οἰκον ἀπο του ὀχλου, ἐπηρωτων αὐτον οἱ *μαθηται* αὐτου την παραβολην.
	8 1	προσκαλεσαμενος τους *μαθητας* λεγει αὐτοις· σπλαγχνιζομαι ἐπι τον ὀχλον, ὅτι ἠδη ἡμεραι τρεις προσμενουσιν μοι και οὐκ ἐχουσιν τι φαγωσιν·
	4	και ἀπεκριθησαν αὐτῳ οἱ *μαθηται* αὐτου ὅτι ποθεν τουτους δυνησεται τις ὡδε χορτασαι ἀρτων ἐπ ἐρημιας;
	6	και λαβων τους ἑπτα ἀρτους εὐχαριστησας ἐκλασεν και ἐδιδου τοις *μαθηταις* αὐτου ἱνα παρατιθωσιν, και παρεθηκαν τω ὀχλῳ.
	10	και εὐθυς ἐμβας εἰς το πλοιον μετα των *μαθητων* αὐτου ἠλθεν εἰς τα μερη δαλμανουθα.
	27	και ἐξηλθεν ὁ ἰησους και οἱ *μαθηται* αὐτου εἰς τας κωμας καισαρειας της φιλιππου·
	27	και ἐν τῃ ὁδῳ ἐπηρωτα τους *μαθητας* αὐτου λεγων αὐτοις· τινα με λεγουσιν οἱ ἀνθρωποι εἰναι;
	33	ὁ δε ἐπιστραφεις και ἰδων τους *μαθητας* αὐτου ἐπετιμησεν πετρῳ και λεγει·
	34	και προσκαλεσαμενος τον ὀχλον συν τοις *μαθηταις* αὐτου εἰπεν αὐτοις· εἰ τις θελει ὀπισω μου ἀκολουθειν, ἀπαρνησασθω ἑαυτον και ἀρατω τον σταυρον αὐτου, και ἀκολουθειτω μοι.
	9 14	και ἐλθοντες προς τους *μαθητας* εἰδον ὀχλον πολυν περι αὐτους και γραμματεις συζητουντας προς αὐτους.
	18	και εἰπα τοις *μαθηταις* σου ἱνα αὐτο ἐκβαλωσιν, και οὐκ ἰσχυσαν.
	28	και εἰσελθοντος αὐτου εἰς οἰκον οἱ *μαθηται* αὐτου κατ ἰδιαν ἐπηρωτων αὐτον·
	31	ἐδιδασκεν γαρ τους *μαθητας* αὐτου,
	10 10	και εἰς την οἰκιαν παλιν οἱ *μαθηται* περι τουτου ἐπηρωτων αὐτον.
	13	και προσεφερον αὐτῳ παιδια ἱνα αὐτων ἁψηται· οἱ δε *μαθηται* ἐπετιμησαν αὐτοις.
	23	και περιβλεψαμενος ὁ ἰησους λεγει τοις *μαθηταις* αὐτου· πως δυσκολως οἱ τα χρηματα ἐχοντες εἰς την βασιλειαν του θεου εἰσελευσονται.
	24	οἱ δε *μαθηται* ἐθαμβουντο ἐπι τοις λογοις αὐτου.
	46	και ἐκπορευομενου αὐτου ἀπο ἰεριχω και των *μαθητων* αὐτου και ὀχλου ἱκανου ὁ υἱος τιμαιου βαρτιμαιος, τυφλος προσαιτης, ἐκαθητο παρα την ὁδον.
	11 1	και ὁτε ἐγγιζουσιν εἰς ἱεροσολυμα εἰς βηθφαγη και βηθανιαν προς το ὀρος των ἐλαιων, ἀποστελλει δυο των *μαθητων* αὐτου και λεγει αὐτοις·
	14	και ἠκουον οἱ *μαθηται* αὐτου.
	12 43	και προσκαλεσαμενος τους *μαθητας* αὐτου εἰπεν αὐτοις·
	13 1	και ἐκπορευομενου αὐτου ἐκ του ἱερου λεγει αὐτῳ εἰς των *μαθητων* αὐτου· διδασκαλε, ἰδε ποταποι λιθοι και ποταπαι οἰκοδομαι.
	14 12	και τῃ πρωτῃ ἡμερᾳ των ἀζυμων, ὁτε το πασχα ἐθυον, λεγουσιν αὐτῳ οἱ *μαθηται* αὐτου· που θελεις ἀπελθοντες ἑτοιμασωμεν ἱνα φαγῃς το πασχα;
	13	και ἀποστελλει δυο των *μαθητων* αὐτου και λεγει αὐτοις·
	14	που ἐστιν το καταλυμα μου, ὁπου το πασχα μετα των *μαθητων* μου φαγω;
	16	και ἐξηλθον οἱ *μαθηται* και ἠλθον εἰς την πολιν και εὑρον καθως εἰπεν αὐτοις,
	32	και λεγει τοις *μαθηταις* αὐτου· καθισατε ὡδε ἑως προσευξωμαι.
	16 7	ἀλλα ὑπαγετε εἰπατε τοις *μαθηταις* αὐτου και τω πετρῳ ὁτι προαγει ὑμας εἰς την γαλιλαιαν·
Lc	5 30	και ἐγογγυζον οἱ φαρισαιοι και οἱ γραμματεις αὐτων προς τους *μαθητας* αὐτου λεγοντες· δια τι μετα των τελωνων και ἁμαρτωλων ἐσθιετε και πινετε;
	33	οἱ *μαθηται* ἰωαννου νηστευουσιν πυκνα και δεησεις ποιουνται, ὁμοιως και οἱ των φαρισαιων,
	6 1	και ἐτιλλον οἱ *μαθηται* αὐτου και ἠσθιον τους σταχυας ψωχοντες ταις χερσιν·

μαθητης [261]

Lc	6 13	και οτε εγενετο ημερα, προσεφωνησεν τους *μαθητας* αυτου,
	17	και οχλος πολυς *μαθητων* αυτου,
	20	και αυτος επαρας τους οφθαλμους αυτου εις τους *μαθητας* αυτου ελεγεν·
	40	ουκ εστιν *μαθητης* υπερ τον διδασκαλον·
	7 11	και εγενετο εν τω εξης επορευθη εις πολιν καλουμενην ναιν, και συνεπορευοντο αυτω οι *μαθηται* αυτου και οχλος πολυς.
	18	και απηγγειλαν ιωαννη οι *μαθηται* αυτου περι παντων τουτων.
	18	και προσκαλεσαμενος δυο τινας των *μαθητων* αυτου ο ιωαννης επεμψεν προς τον κυριον λεγων·
	8 9	επηρωτων δε αυτον οι *μαθηται* αυτου τις αυτη ειη η παραβολη.
	22	εγενετο δε εν μια των ημερων και αυτος ενεβη εις πλοιον και οι *μαθηται* αυτου,
	9 14	ειπεν δε προς τους *μαθητας* αυτου· κατακλινατε αυτους κλισιας [ωσει] ανα πεντηκοντα.
	16	λαβων δε τους πεντε αρτους και τους δυο ιχθυας, αναβλεψας εις τον ουρανον ευλογησεν αυτους και κατεκλασεν, και εδιδου τοις *μαθηταις* παραθειναι τω οχλω.
	18	και εγενετο εν τω ειναι αυτον προσευχομενον κατα μονας συνησαν αυτω οι *μαθηται*,
	40	και εδεηθην των *μαθητων* σου ινα εκβαλωσιν αυτο, και ουκ ηδυνηθησαν.
	43	παντων δε θαυμαζοντων επι πασιν οις εποιει ειπεν προς τους *μαθητας* αυτου· θεσθε υμεις εις τα ωτα υμων τους λογους τουτους·
	54	ιδοντες δε οι *μαθηται* ιακωβος και ιωαννης ειπαν·
	10 23	και στραφεις προς τους *μαθητας* κατ ιδιαν ειπεν·
	11 1	και εγενετο εν τω ειναι αυτον εν τοπω τινι προσευχομενον, ως επαυσατο, ειπεν τις των *μαθητων* αυτου προς αυτον· κυριε, διδαξον ημας προσευχεσθαι,
	1	κυριε, διδαξον ημας προσευχεσθαι, καθως και ιωαννης εδιδαξεν τους *μαθητας* αυτου.
	12 1	ηρξατο λεγειν προς τους *μαθητας* αυτου πρωτον· προσεχετε εαυτοις απο της ζυμης, ητις εστιν υποκρισις, των φαρισαιων.
	22	ειπεν δε προς τους *μαθητας* [αυτου·] δια τουτο λεγω υμιν· μη μεριμνατε τη ψυχη τι φαγητε, μηδε τω σωματι τι ενδυσησθε. η γαρ ψυχη πλειον εστιν της τροφης και το σωμα του ενδυματος.
	14 26	ου δυναται ειναι μου *μαθητης*.
	27	οστις ου βασταζει τον σταυρον εαυτου και ερχεται οπισω μου, ου δυναται ειναι μου *μαθητης*.
	33	ουτως ουν πας εξ υμων ος ουκ αποτασσεται πασιν τοις εαυτου υπαρχουσιν ου δυναται ειναι μου *μαθητης*.
	16 1	ελεγεν δε και προς τους *μαθητας*· ανθρωπος τις ην πλουσιος ος ειχεν οικονομον,
	17 1	ειπεν δε προς τους *μαθητας* αυτου· ανενδεκτον εστιν του τα σκανδαλα μη ελθειν, πλην ουαι δι ου ερχεται·
	22	ειπεν δε προς τους *μαθητας*· ελευσονται ημεραι οτε επιθυμησετε μιαν των ημερων του υιου του ανθρωπου ιδειν και ουκ οψεσθε.
	18 15	ιδοντες δε οι *μαθηται* επετιμων αυτοις.
	19 29	και εγενετο ως ηγγισεν εις βηθφαγη και βηθανια[ν] προς το ορος το καλουμενον ελαιων, απεστειλεν δυο των *μαθητων* λεγων·
	37	εγγιζοντος δε αυτου ηδη προς τη καταβασει του ορους των ελαιων ηρξαντο απαν το πληθος των *μαθητων* χαιροντες αινειν τον θεον φωνη μεγαλη περι πασων ων ειδον δυναμεων,
	39	διδασκαλε, επιτιμησον τοις *μαθηταις* σου.
	20 45	ακουοντος δε παντος του λαου ειπεν τοις *μαθηταις* [αυτου]· προσεχετε απο των γραμματεων των θελοντων περιπατειν εν στολαις
	22 11	λεγει σοι ο διδασκαλος· που εστιν το καταλυμα οπου το πασχα μετα των *μαθητων* μου φαγω;
	39	ηκολουθησαν δε αυτω και οι *μαθηται*.
	45	και αναστας απο της προσευχης, ελθων προς τους *μαθητας* ευρεν κοιμωμενους αυτους απο της λυπης,
Jh	1 35	τη επαυριον παλιν ειστηκει ο ιωαννης και εκ των *μαθητων* αυτου δυο,
	37	και ηκουσαν οι δυο *μαθηται* αυτου λαλουντος και ηκολουθησαν τω ιησου.
	2 2	εκληθη δε και ο ιησους και οι *μαθηται* αυτου εις τον γαμον.
	11	και επιστευσαν εις αυτον οι *μαθηται* αυτου.
	12	μετα τουτο κατεβη εις καφαρναουμ αυτος και η μητηρ αυτου και οι αδελφοι αυτου και οι *μαθηται* αυτου,
	17	εμνησθησαν οι *μαθηται* αυτου οτι γεγραμμενον εστιν·
	22	οτε ουν ηγερθη εκ νεκρων, εμνησθησαν οι *μαθηται* αυτου οτι τουτο ελεγεν,

μαθητης [261]

Jh	3 22	μετα ταυτα ηλθεν ο ιησους και οι *μαθηται* αυτου εις την ιουδαιαν γην,
	25	εγενετο ουν ζητησις εκ των *μαθητων* ιωαννου μετα ιουδαιου περι καθαρισμου.
	4 1	ως ουν εγνω ο ιησους οτι ηκουσαν οι φαρισαιοι οτι ιησους πλειονας *μαθητας* ποιει και βαπτιζει η ιωαννης,
	2	καιτοιγε ιησους αυτος ουκ εβαπτιζεν αλλ οι *μαθηται* αυτου,
	8	οι γαρ *μαθηται* αυτου απεληλυθεισαν εις την πολιν,
	27	και επι τουτω ηλθαν οι *μαθηται* αυτου,
	31	εν τω μεταξυ ηρωτων αυτον οι *μαθηται* λεγοντες· ραββι, φαγε.
	33	ελεγον ουν οι *μαθηται* προς αλληλους· μη τις ηνεγκεν αυτω φαγειν;
	6 3	ανηλθεν δε εις το ορος ιησους, και εκει εκαθητο μετα των *μαθητων* αυτου.
	8	λεγει αυτω εις εκ των *μαθητων* αυτου, ανδρεας ο αδελφος σιμωνος πετρου· εστιν παιδαριον ωδε ος εχει πεντε αρτους κριθινους και δυο οψαρια·
	12	ως δε ενεπλησθησαν, λεγει τοις *μαθηταις* αυτου·
	16	ως δε οψια εγενετο, κατεβησαν οι *μαθηται* αυτου επι την θαλασσαν,
	22	και οτι ου συνεισηλθεν τοις *μαθηταις* αυτου ο ιησους εις το πλοιον αλλα μονοι οι *μαθηται* αυτου απηλθον·
	22	και οτι ου συνεισηλθεν τοις *μαθηταις* αυτου ο ιησους εις το πλοιον αλλα μονοι οι *μαθηται* αυτου απηλθον·
	24	οτε ουν ειδεν ο οχλος οτι ιησους ουκ εστιν εκει ουδε οι *μαθηται* αυτου, ενεβησαν αυτοι εις τα πλοιαρια και ηλθον εις καφαρναουμ ζητουντες τον ιησουν.
	60	πολλοι ουν ακουσαντες εκ των *μαθητων* αυτου ειπαν·
	61	ειδως δε ο ιησους εν εαυτω οτι γογγυζουσιν περι τουτου οι *μαθηται* αυτου, ειπεν αυτοις·
	66	εκ τουτου πολλοι [εκ] των *μαθητων* αυτου απηλθον εις τα οπισω και ουκετι μετ αυτου περιεπατουν.
	7 3	μεταβηθι εντευθεν και υπαγε εις την ιουδαιαν, ινα και οι *μαθηται* σου θεωρησουσιν σου τα εργα α ποιεις·
	8 31	εαν υμεις μεινητε εν τω λογω τω εμω, αληθως *μαθηται* μου εστε,
	9 2	και ηρωτησαν αυτον οι *μαθηται* αυτου λεγοντες· ραββι, τις ημαρτεν, ουτος η οι γονεις αυτου, ινα τυφλος γεννηθη;
	27	μη και υμεις θελετε αυτου *μαθηται* γενεσθαι·
	28	συ *μαθητης* ει εκεινου, ημεις δε του μωυσεως εσμεν μαθηται·
	28	συ *μαθητης* ει εκεινου, ημεις δε του μωυσεως εσμεν *μαθηται*·
	11 7	επειτα μετα τουτο λεγει τοις *μαθηταις*· αγωμεν εις την ιουδαιαν παλιν.
	8	λεγουσιν αυτω οι *μαθηται*· ραββι, νυν εζητουν σε λιθασαι οι ιουδαιοι,
	12	ειπαν ουν οι *μαθηται* αυτω· κυριε, ει κεκοιμηται, σωθησεται.
	54	αλλα απηλθεν εκειθεν εις την χωραν εγγυς της ερημου, εις εφραιμ λεγομενην πολιν, κακει εμεινεν μετα των *μαθητων*.
	12 4	λεγει δε ιουδας ο ισκαριωτης εις [εκ] των *μαθητων* αυτου, ο μελλων αυτον παραδιδοναι· δια τι τουτο το μυρον ουκ επραθη τριακοσιων δηναριων και εδοθη πτωχοις;
	16	ταυτα ουκ εγνωσαν αυτου οι *μαθηται* το πρωτον,
	13 5	ειτα βαλλει υδωρ εις τον νιπτηρα, και ηρξατο νιπτειν τους ποδας των *μαθητων* και εκμασσειν τω λεντιω ω ην διεζωσμενος·
	22	εβλεπον εις αλληλους οι *μαθηται* απορουμενοι περι τινος λεγει.
	23	ην ανακειμενος εις εκ των *μαθητων* αυτου εν τω κολπω του ιησου, ον ηγαπα ο ιησους·
	35	εν τουτω γνωσονται παντες οτι εμοι *μαθηται* εστε, εαν αγαπην εχητε εν αλληλοις.
	15 8	εν τουτω εδοξασθη ο πατηρ μου, ινα καρπον πολυν φερητε και γενησθε εμοι *μαθηται*.
	16 17	ειπαν ουν εκ των *μαθητων* αυτου προς αλληλους· τι εστιν τουτο ο λεγει ημιν· μικρον και ου θεωρειτε με, και παλιν μικρον και οψεσθε με;
	29	λεγουσιν οι *μαθηται*· ιδε νυν εν παρρησια λαλεις, και παροιμιαν ουδεμιαν λεγεις.
	18 1	ταυτα ειπων ιησους εξηλθεν συν τοις *μαθηταις* αυτου περαν του χειμαρρου του κεδρων,
	1	οπου ην κηπος, εις ον εισηλθεν αυτος και οι *μαθηται* αυτου.
	2	ηδει δε και ιουδας ο παραδιδους αυτον τον τοπον, οτι πολλακις συνηχθη ιησους εκει μετα των *μαθητων* αυτου.
	15	ηκολουθει δε τω ιησου σιμων πετρος και αλλος *μαθητης*.
	15	ο δε *μαθητης* εκεινος ην γνωστος τω αρχιερει,
	16	εξηλθεν ουν ο *μαθητης* ο αλλος ο γνωστος του αρχιερεως και ειπεν τη θυρωρω,
	17	μη και συ εκ των *μαθητων* ει του ανθρωπου τουτου;

μαθητης [261]

Jh 18 19 ὁ οὖν ἀρχιερευς ἠρωτησεν τον ἰησουν περι των *μαθητων* αὐτου και περι της διδαχης αὐτου.

25 μη και συ ἐκ των *μαθητων* αὐτου εἰ;

19 26 ἰησους οὖν ἰδων την μητερα και τον *μαθητην* παρεστωτα ὃν ἠγαπα, λεγει τη μητρι·

27 εἰτα λεγει τω *μαθητη*· ἰδε ἡ μητηρ σου.

27 και ἀπ ἐκεινης της ὡρας ἐλαβεν ὁ *μαθητης* αὐτην εἰς τα ἰδια.

38 μετα δε ταυτα ἠρωτησεν τον πιλατον ἰωσηφ [ὁ] ἀπο ἀριμαθιας, ὢν *μαθητης* του ἰησου κεκρυμμενος δε δια τον φοβον των ἰουδαιων, ἱνα ἀρη το σωμα του ἰησου·

20 2 τρεχει οὖν και ἐρχεται προς σιμωνα πετρον και προς τον ἀλλον *μαθητην* ὃν ἐφιλει ὁ ἰησους,

3 ἐξηλθεν οὖν ὁ πετρος και ὁ ἀλλος *μαθητης*,

4 και ὁ ἀλλος *μαθητης* προεδραμεν ταχιον του πετρου και ἠλθεν πρωτος εἰς το μνημειον,

8 τοτε οὖν εἰσηλθεν και ὁ ἀλλος *μαθητης* ὁ ἐλθων πρωτος εἰς το μνημειον,

10 ἀπηλθον οὖν παλιν προς αὐτους οἱ *μαθηται*.

18 ἐρχεται μαριαμ ἡ μαγδαληνη ἀγγελλουσα τοις *μαθηταις* ὁτι ἑωρακα τον κυριον, και ταυτα εἰπεν αὐτη.

19 και των θυρων κεκλεισμενων ὁπου ἠσαν οἱ *μαθηται* δια τον φοβον των ἰουδαιων,

20 ἐχαρησαν οὖν οἱ *μαθηται* ἰδοντες τον κυριον.

25 ἐλεγον οὖν αὐτω οἱ ἀλλοι *μαθηται*· ἑωρακαμεν τον κυριον.

26 και μεθ ἡμερας ὀκτω παλιν ἠσαν ἐσω οἱ *μαθηται* αὐτου, και θωμας μετ αὐτων·

30 πολλα μεν οὖν και ἀλλα σημεια ἐποιησεν ὁ ἰησους ἐνωπιον των *μαθητων* [αὐτου],

21 1 μετα ταυτα ἐφανερωσεν ἑαυτον παλιν ὁ ἰησους τοις *μαθηταις* ἐπι της θαλασσης της τιβεριαδος·

2 ἠσαν ὁμου σιμων πετρος και θωμας ὁ λεγομενος διδυμος και ναθαναηλ ὁ ἀπο κανα της γαλιλαιας και οἱ του ζεβεδαιου και ἀλλοι ἐκ των *μαθητων* αὐτου δυο.

4 οὐ μεντοι ἠδεισαν οἱ *μαθηται* ὁτι ἰησους ἐστιν.

7 λεγει οὖν ὁ *μαθητης* ἐκεινος ὃν ἠγαπα ὁ ἰησους τω πετρω· ὁ κυριος ἐστιν.

8 οἱ δε ἀλλοι *μαθηται* τω πλοιαριω ἠλθον, οὐ γαρ ἠσαν μακραν ἀπο της γης ἀλλα ὡς ἀπο πηχων διακοσιων, συροντες το δικτυον των ἰχθυων.

12 οὐδεις δε ἐτολμα των *μαθητων* ἐξετασαι αὐτον·

14 τουτο ἠδη τριτον ἐφανερωθη ἰησους τοις *μαθηταις* ἐγερθεις ἐκ νεκρων.

20 ἐπιστραφεις ὁ πετρος βλεπει τον *μαθητην* ὃν ἠγαπα ὁ ἰησους ἀκολουθουντα,

23 ἐξηλθεν οὖν οὑτος ὁ λογος εἰς τους ἀδελφους ὁτι ὁ *μαθητης* ἐκεινος οὐκ ἀποθνησκει·

24 οὑτος ἐστιν ὁ *μαθητης* ὁ μαρτυρων περι τουτων και ὁ γραψας ταυτα,

Ac 6 1 ἐν δε ταις ἡμεραις ταυταις πληθυνοντων των *μαθητων* ἐγενετο γογγυσμος των ἑλληνιστων προς τους ἑβραιους,

2 προσκαλεσαμενοι δε οἱ δωδεκα το πληθος των *μαθητων* εἰπαν·

7 και ἐπληθυνετο ὁ ἀριθμος των *μαθητων* ἐν ἱερουσαλημ σφοδρα,

9 1 ὁ δε σαυλος ἐτι ἐμπνεων ἀπειλης και φονου εἰς τους *μαθητας* του κυριου, προσελθων τω ἀρχιερει ἠτησατο παρ αὐτου ἐπιστολας εἰς δαμασκον προς τας συναγωγας,

10 ἠν δε τις *μαθητης* ἐν δαμασκω ὀνοματι ἁνανιας,

19 ἐγενετο δε μετα των ἐν δαμασκω *μαθητων* ἡμερας τινας,

25 λαβοντες δε οἱ *μαθηται* αὐτου νυκτος δια του τειχους καθηκαν αὐτον χαλασαντες ἐν σπυριδι.

26 παραγενομενος δε εἰς ἱερουσαλημ ἐπειραζεν κολλασθαι τοις *μαθηταις*·

26 και παντες ἐφοβουντο αὐτον, μη πιστευοντες ὁτι ἐστιν *μαθητης*.

38 ἐγγυς δε οὐσης λυδδας τη ἰοππη οἱ *μαθηται* ἀκουσαντες ὁτι πετρος ἐστιν ἐν αὐτη ἀπεστειλαν δυο ἀνδρας προς αὐτον παρακαλουντες·

11 26 ἐγενετο δε αὐτοις και ἐνιαυτον ὁλον συναχθηναι ἐν τη ἐκκλησια και διδαξαι ὀχλον ἱκανον, χρηματισαι τε πρωτως ἐν ἀντιοχεια τους *μαθητας* χριστιανους.

29 των δε *μαθητων* καθως εὐπορειτο τις, ὡρισαν ἑκαστος αὐτων εἰς διακονιαν πεμψαι τοις κατοικουσιν ἐν τη ἰουδαια ἀδελφοις·

13 52 οἱ τε *μαθηται* ἐπληρουντο χαρας και πνευματος ἁγιου.

14 20 κυκλωσαντων δε των *μαθητων* αὐτον ἀναστας εἰσηλθεν εἰς την πολιν.

μαθητης [261]

Ac 14 22 εὐαγγελισαμενοι τε την πολιν ἐκεινην και μαθητευσαντες ἱκανους ὑπεστρεψαν εἰς την λυστραν και εἰς ἰκονιον και [εἰς] ἀντιοχειαν, ἐπιστηριζοντες τας ψυχας των *μαθητων*,

28 διετριβον δε χρονον οὐκ ὀλιγον συν τοις *μαθηταις*.

15 10 νυν οὖν τι πειραζετε τον θεον, ἐπιθειναι ζυγον ἐπι τον τραχηλον των *μαθητων*, ὃν οὐτε οἱ πατερες ἡμων οὐτε ἡμεις ἰσχυσαμεν βαστασαι;

16 1 και ἰδου *μαθητης* τις ἠν ἐκει ὀνοματι τιμοθεος,

18 23 διερχομενος καθεξης την γαλατικην χωραν και φρυγιαν, ἐπιστηριζων παντας τους *μαθητας*.

27 βουλομενου δε αὐτου διελθειν εἰς την ἀχαιαν, προτρεψαμενοι οἱ ἀδελφοι ἐγραψαν τοις *μαθηταις* ἀποδεξασθαι αὐτον·

19 1 ἐγενετο δε ἐν τω τον ἀπολλω εἰναι ἐν κορινθω παυλον διελθοντα τα ἀνωτερικα μερη [κατ]ελθειν εἰς ἐφεσον και εὑρειν τινας *μαθητας*,

9 ὡς δε τινες ἐσκληρυνοντο και ἠπειθουν κακολογουντες την ὁδον ἐνωπιον του πληθους, ἀποστας ἀπ αὐτων ἀφωρισεν τους *μαθητας*,

30 παυλου δε βουλομενου εἰσελθειν εἰς τον δημον οὐκ εἰων αὐτον οἱ *μαθηται*·

20 1 μετα δε το παυσασθαι τον θορυβον μεταπεμψαμενος ὁ παυλος τους *μαθητας* και παρακαλεσας, ἀσπασαμενος ἐξηλθεν πορευεσθαι εἰς μακεδονιαν.

30 και ἐξ ὑμων αὐτων ἀναστησονται ἀνδρες λαλουντες διεστραμμενα του ἀποσπαν τους *μαθητας* ὀπισω αὐτων.

21 4 ἀνευροντες δε τους *μαθητας* ἐπεμειναμεν αὐτου ἡμερας ἑπτα·

16 συνηλθον δε και των *μαθητων* ἀπο καισαρειας συν ἡμιν,

16 ἀγοντες παρ ᾡ ξενισθωμεν μνασωνι τινι κυπριω, ἀρχαιω *μαθητη*.

μαθητρια [1]

Ac 9 36 ἐν ἰοππη δε τις ἠν *μαθητρια* ὀνοματι ταβιθα,

μαθθαιος [5]

Mt 9 9 και παραγων ὁ ἰησους ἐκειθεν εἰδεν ἀνθρωπον καθημενον ἐπι το τελωνιον, *μαθθαιον* λεγομενον,

10 3 θωμας και *μαθθαιος* ὁ τελωνης,

Mc 3 18 και ἀνδρεαν και φιλιππον και βαρθολομαιον και *μαθθαιον* και θωμαν και ἰακωβον τον του ἁλφαιου και θαδδαιον και σιμωνα τον καναναιον και ἰουδαν ἰσκαριωθ,

Lc 6 15 και *μαθθαιον* και θωμαν, και ἰακωβον ἁλφαιου και σιμωνα τον καλουμενον ζηλωτην,

Ac 1 13 φιλιππος και θωμας, βαρθολομαιος και *μαθθαιος*,

μαθθατ [2]

Lc 3 24 ὢν υἱος, ὡς ἐνομιζετο, ἰωσηφ, του ἡλι του *μαθθατ* του λευι του μελχι του ἰανναι του ἰωσηφ

29 του ἰησου του ἐλιεζερ του ἰωριμ του *μαθθατ* του λευι

μαθθιας [2]

Ac 1 23 και ἐστησαν δυο, ἰωσηφ τον καλουμενον βαρσαββαν, ὃς ἐπεκληθη ἰουστος, και *μαθθιαν*.

26 και ἐπεσεν ὁ κληρος ἐπι *μαθθιαν*,

μαθουσαλα [1]

Lc 3 37 του *μαθουσαλα* του ἑνωχ του ἰαρετ του μαλελεηλ του καιναμ

μαινομαι [5]

Jh 10 20 δαιμονιον ἐχει και *μαινεται*· τι αὐτου ἀκουετε;

Ac 12 15 οἱ δε προς αὐτην εἰπαν· *μαινη*.

26 24 *μαινη*, παυλε· τα πολλα σε γραμματα εἰς μανιαν περιτρεπει.

25 οὐ *μαινομαι*, φησιν, κρατιστε φηστε,

1Co 14 23 ἐαν οὖν συνελθη ἡ ἐκκλησια ὁλη ἐπι το αὐτο και παντες λαλωσιν γλωσσαις, εἰσελθωσιν δε ἰδιωται ἠ ἀπιστοι, οὐκ ἐρουσιν ὁτι *μαινεσθε*;

μακαριζω [2]

Lc 1 48 ἰδου γαρ ἀπο του νυν *μακαριουσιν* με πασαι αἱ γενεαι·

Ja 5 11 ἰδου *μακαριζομεν* τους ὑπομειναντας·

μακαριος [50]

Mt 5 3 μακαριοι οἱ πτωχοι τω πνευματι, ὅτι αὐτων ἐστιν ἡ βασιλεια των οὐρανων.

4 μακαριοι οἱ πενθουντες, ὅτι αὐτοι παρακληθησονται.

5 μακαριοι οἱ πραεις, ὅτι αὐτοι κληρονομησουσιν την γην.

6 μακαριοι οἱ πεινωντες και διψωντες την δικαιοσυνην, ὅτι αὐτοι χορτασθησονται.

7 μακαριοι οἱ ἐλεημονες, ὅτι αὐτοι ἐλεηθησονται.

8 μακαριοι οἱ καθαροι τῃ καρδιᾳ, ὅτι αὐτοι τον θεον ὀψονται.

9 μακαριοι οἱ εἰρηνοποιοι, ὅτι αὐτοι υἱοι θεου κληθησονται.

10 μακαριοι οἱ δεδιωγμενοι ἐνεκεν δικαιοσυνης, ὅτι αὐτων ἐστιν ἡ βασιλεια των οὐρανων.

11 μακαριοι ἐστε ὅταν ὀνειδισωσιν ὑμας και διωξωσιν και εἰπωσιν παν πονηρον καθ ὑμων [ψευδομενοι] ἐνεκεν ἐμου.

11 6 και μακαριος ἐστιν ὃς ἐαν μη σκανδαλισθῃ ἐν ἐμοι.

13 16 ὑμων δε μακαριοι οἱ ὀφθαλμοι ὅτι βλεπουσιν,

16 17 μακαριος εἶ, σιμων βαριωνα, ὅτι σαρξ και αἱμα οὐκ ἀπεκαλυψεν σοι ἀλλ ὁ πατηρ μου ὁ ἐν τοις οὐρανοις.

24 46 μακαριος ὁ δουλος ἐκεινος ὃν ἐλθων ὁ κυριος αὐτου εὑρησει οὑτως ποιουντα·

Lc 1 45 και μακαρια ἡ πιστευσασα ὅτι ἐσται τελειωσις τοις λελαλημενοις αὐτῃ παρα κυριου.

6 20 μακαριοι οἱ πτωχοι, ὅτι ὑμετερα ἐστιν ἡ βασιλεια του θεου.

21 μακαριοι οἱ πεινωντες νυν, ὅτι χορτασθησεσθε.

21 μακαριοι οἱ κλαιοντες νυν, ὅτι γελασετε.

22 μακαριοι ἐστε ὅταν μισησωσιν ὑμας οἱ ἀνθρωποι,

7 23 και μακαριος ἐστιν ὃς ἐαν μη σκανδαλισθῃ ἐν ἐμοι.

10 23 μακαριοι οἱ ὀφθαλμοι οἱ βλεποντες ἃ βλεπετε.

11 27 μακαρια ἡ κοιλια ἡ βαστασασα σε και μαστοι οὓς ἐθηλασας.

28 μενουν μακαριοι οἱ ἀκουοντες τον λογον του θεου και φυλασσοντες.

12 37 μακαριοι οἱ δουλοι ἐκεινοι, οὓς ἐλθων ὁ κυριος εὑρησει γρηγορουντας·

38 καν ἐν τῃ δευτερᾳ καν ἐν τῃ τριτῃ φυλακῃ ἐλθῃ και εὑρῃ οὑτως, μακαριοι εἰσιν ἐκεινοι.

43 μακαριος ὁ δουλος ἐκεινος, ὃν ἐλθων ὁ κυριος αὐτου εὑρησει ποιουντα οὑτως.

14 14 και μακαριος ἐσῃ, ὅτι οὐκ ἐχουσιν ἀνταποδουναι σοι·

15 μακαριος ὁστις φαγεται ἀρτον ἐν τῃ βασιλειᾳ του θεου.

23 29 μακαριαι αἱ στειραι, και αἱ κοιλιαι αἱ οὐκ ἐγεννησαν,

Jh 13 17 εἰ ταυτα οἰδατε, μακαριοι ἐστε ἐαν ποιητε αὐτα.

20 29 ὅτι ἑωρακας με, πεπιστευκας; μακαριοι οἱ μη ἰδοντες και πιστευσαντες.

Ac 20 35 μακαριον ἐστιν μαλλον διδοναι ἡ λαμβανειν.

26 2 περι παντων ὡν ἐγκαλουμαι ὑπο ἰουδαιων, βασιλευ ἀγριππα, ἡγημαι ἐμαυτον μακαριον ἐπι σου μελλων σημερον ἀπολογεισθαι,

Rm 4 7 μακαριοι ὡν ἀφεθησαν αἱ ἀνομιαι και ὡν ἐπεκαλυφθησαν αἱ ἁμαρτιαι·

8 μακαριος ἀνηρ οὗ οὐ μη λογισηται κυριος ἁμαρτιαν.

14 22 μακαριος ὁ μη κρινων ἑαυτον ἐν ᾡ δοκιμαζει·

1Co 7 40 μακαριωτερα δε ἐστιν ἐαν οὑτως μεινῃ, κατα την ἐμην γνωμην·

1Tm 1 11 και εἰ τι ἑτερον τῃ ὑγιαινουσῃ διδασκαλιᾳ ἀντικειται, κατα το εὐαγγελιον της δοξης του μακαριου θεου,

6 15 μεχρι της ἐπιφανειας του κυριου ἡμων ἰησου χριστου, ἡν καιροις ἰδιοις δειξει ὁ μακαριος και μονος δυναστης,

Tit 2 13 προσδεχομενοι την μακαριαν ἐλπιδα και ἐπιφανειαν της δοξης του μεγαλου θεου

Ja 1 12 μακαριος ἀνηρ ὃς ὑπομενει πειρασμον,

25 οὑτος μακαριος ἐν τῃ ποιησει αὐτου ἐσται.

1Pt 3 14 ἀλλ εἰ και πασχοιτε δια δικαιοσυνην, μακαριοι,

4 14 εἰ ὀνειδιζεσθε ἐν ὀνοματι χριστου, μακαριοι,

Apc 1 3 μακαριος ὁ ἀναγινωσκων και οἱ ἀκουοντες τους λογους της προφητειας και τηρουντες τα ἐν αὐτῃ γεγραμμενα·

14 13 μακαριοι οἱ νεκροι οἱ ἐν κυριῳ ἀποθνησκοντες ἀπ ἀρτι.

16 15 μακαριος ὁ γρηγορων και τηρων τα ἱματια αὐτου,

19 9 μακαριοι οἱ εἰς το δειπνον του γαμου του ἀρνιου κεκλημενοι.

20 6 μακαριος και ἁγιος ὁ ἐχων μερος ἐν τῃ ἀναστασει τῃ πρωτῃ·

22 7 μακαριος ὁ τηρων τους λογους της προφητειας του βιβλιου τουτου.

14 μακαριοι οἱ πλυνοντες τας στολας αὐτων,

μακαρισμος [3]

Rm 4 6 καθαπερ και δαυιδ λεγει τον μακαρισμον του ἀνθρωπου ᾡ ὁ θεος λογιζεται δικαιοσυνην χωρις ἐργων·

9 ὁ μακαρισμος οὖν οὑτος ἐπι την περιτομην ἡ και ἐπι την ἀκροβυστιαν;

Ga 4 15 που οὖν ὁ μακαρισμος ὑμων;

μακεδονια [22]

Ac 16 9 διαβας εἰς μακεδονιαν βοηθησον ἡμιν.

10 ὡς δε το ὁραμα εἰδεν, εὐθεως ἐζητησαμεν ἐξελθειν εἰς μακεδονιαν, συμβιβαζοντες ὅτι προσκεκληται ἡμας ὁ θεος εὐαγγελισασθαι αὐτους.

12 κακειθεν εἰς φιλιππους, ἡτις ἐστιν πρωτη[ς] μεριδος της μακεδονιας πολις, κολωνια.

18 5 ὡς δε κατηλθον ἀπο της μακεδονιας ὁ τε σιλας και ὁ τιμοθεος, συνειχετο τῳ λογῳ ὁ παυλος,

19 21 ὡς δε ἐπληρωθη ταυτα, ἐθετο ὁ παυλος ἐν τῳ πνευματι διελθων την μακεδονιαν και ἀχαιαν πορευεσθαι εἰς ἱεροσολυμα,

22 ἀποστειλας δε εἰς την μακεδονιαν δυο των διακονουντων αὐτῳ, τιμοθεον και ἐραστον,

20 1 μετα δε το παυσασθαι τον θορυβον μεταπεμψαμενος ὁ παυλος τους μαθητας και παρακαλεσας, ἀσπασαμενος ἐξηλθεν πορευεσθαι εἰς μακεδονιαν.

3 γενομενης ἐπιβουλης αὐτῳ ὑπο των ἰουδαιων μελλοντι ἀναγεσθαι εἰς την συριαν, ἐγενετο γνωμης του ὑποστρεφειν δια μακεδονιας.

Rm 15 26 εὐδοκησαν γαρ μακεδονια και ἀχαια κοινωνιαν τινα ποιησασθαι εἰς τους πτωχους των ἁγιων των ἐν ἱερουσαλημ.

1Co 16 5 ἐλευσομαι δε προς ὑμας ὅταν μακεδονιαν διελθω·

5 μακεδονιαν γαρ διερχομαι, προς ὑμας δε τυχον παραμενω ἡ και παραχειμασω,

2Co 1 16 και ταυτῃ τῃ πεποιθησει ἐβουλομην προτερον προς ὑμας ἐλθειν ἱνα δευτεραν χαριν σχητε, και δι ὑμων διελθειν εἰς μακεδονιαν,

16 και δι ὑμων διελθειν εἰς μακεδονιαν, και παλιν ἀπο μακεδονιας ἐλθειν προς ὑμας και ὑφ ὑμων προπεμφθηναι εἰς την ἰουδαιαν.

2 13 ἀλλα ἀποταξαμενος αὐτοις ἐξηλθον εἰς μακεδονιαν.

7 5 και γαρ ἐλθοντων ἡμων εἰς μακεδονιαν οὐδεμιαν ἐσχηκεν ἀνεσιν ἡ σαρξ ἡμων,

8 1 γνωριζομεν δε ὑμιν, ἀδελφοι, την χαριν του θεου την δεδομενην ἐν ταις ἐκκλησιαις της μακεδονιας,

11 9 το γαρ ὑστερημα μου προσανεπληρωσαν οἱ ἀδελφοι ἐλθοντες ἀπο μακεδονιας·

Php 4 15 οἰδατε δε και ὑμεις, φιλιππησιοι, ὅτι ἐν ἀρχῃ του εὐαγγελιου, ὅτε ἐξηλθον ἀπο μακεδονιας, οὐδεμια μοι ἐκκλησια ἐκοινωνησεν

1Th 1 7 ὡστε γενεσθαι ὑμας τυπον πασιν τοις πιστευουσιν ἐν τῃ μακεδονιᾳ και ἐν τῃ ἀχαιᾳ.

8 ἀφ ὑμων γαρ ἐξηχηται ὁ λογος του κυριου οὐ μονον ἐν τῃ μακεδονιᾳ και [ἐν τῃ] ἀχαιᾳ, ἀλλ ἐν παντι τοπῳ ἡ πιστις ὑμων ἡ προς τον θεον ἐξεληλυθεν,

4 10 και γαρ ποιειτε αὐτο εἰς παντας τους ἀδελφους [τους] ἐν ὁλῃ τῃ μακεδονιᾳ.

1Tm 1 3 καθως παρεκαλεσα σε προσμειναι ἐν ἐφεσῳ, πορευομενος εἰς μακεδονιαν,

μακεδων [5]

Ac 16 9 ἀνηρ μακεδων τις ἡν ἑστως και παρακαλων αὐτον και λεγων·

19 29 ὡρμησαν τε ὁμοθυμαδον εἰς το θεατρον, συναρπασαντες γαιον και ἀρισταρχον μακεδονας, συνεκδημους παυλου.

27 2 ὀντος συν ἡμιν ἀρισταρχου μακεδονος θεσσαλονικεως·

2Co 9 2 οἰδα γαρ την προθυμιαν ὑμων ἡν ὑπερ ὑμων καυχωμαι μακεδοσιν ὅτι ἀχαια παρεσκευασται ἀπο περυσι,

4 μη πως ἐαν ἐλθωσιν συν ἐμοι μακεδονες και εὑρωσιν ὑμας ἀπαρασκευαστους καταισχυνθωμεν ἡμεις, ἱνα μη λεγω ὑμεις, ἐν τῃ ὑποστασει ταυτῃ.

μακελλον [1]

1Co 10 25 παν το ἐν μακελλῳ πωλουμενον ἐσθιετε μηδεν ἀνακρινοντες δια την συνειδησιν·

μακραν [10]

Mt 8 30 ἡν δε μακραν ἀπ αὐτων ἀγελη χοιρων πολλων βοσκομενη.

Mc 12 34 οὐ μακραν εἶ ἀπο της βασιλειας του θεου.

Lc 7 6 ἡδη δε αὐτου οὐ μακραν ἀπεχοντος ἀπο της οἰκιας, ἐπεμψεν φιλους ὁ ἑκατονταρχης λεγων αὐτῳ·

15 20 ἐτι δε αὐτου μακραν ἀπεχοντος εἰδεν αὐτον ὁ πατηρ αὐτου και ἐσπλαγχνισθη,

Jh 21 8 οἱ δε ἀλλοι μαθηται τῳ πλοιαριῳ ἡλθον, οὐ γαρ ἡσαν μακραν ἀπο της γης ἀλλα ὡς ἀπο πηχων διακοσιων, συροντες το δικτυον των ἰχθυων.

μακραν [10]

Ac 2 39 ὑμιν γαρ ἐστιν ἡ ἐπαγγελια και τοις τεκνοις ὑμων και πασιν τοις εἰς μακραν,

17 27 και γε οὐ μακραν ἀπο ἑνος ἑκαστου ἡμων ὑπαρχοντα.

22 21 πορευου, ὁτι ἐγω εἰς ἐθνη μακραν ἐξαποστελω σε.

Eph 2 13 νυνι δε ἐν χριστω ἰησου ὑμεις οἱ ποτε ὀντες μακραν ἐγενηθητε ἐγγυς ἐν τω αἱματι του χριστου.

17 και ἐλθων εὐηγγελισατο εἰρηνην ὑμιν τοις μακραν και εἰρηνην τοις ἐγγυς·

μακροθεν [14]

Mt 26 58 ὁ δε πετρος ἠκολουθει αὐτω ἀπο μακροθεν ἑως της αὐλης του ἀρχιερεως,

27 55 ἠσαν δε ἐκει γυναικες πολλαι ἀπο μακροθεν θεωρουσαι,

Mc 5 6 και ἰδων τον ἰησουν ἀπο μακροθεν ἐδραμεν και προσεκυνησεν αὐτω,

8 3 και ἐαν ἀπολυσω αὐτους νηστεις εἰς οἰκον αὐτων, ἐκλυθησονται ἐν τη ὁδω· και τινες αὐτων ἀπο μακροθεν ἡκασιν.

11 13 και ἰδων συκην ἀπο μακροθεν ἐχουσαν φυλλα ἠλθεν εἰ ἀρα τι εὑρησει ἐν αὐτη,

14 54 και ὁ πετρος ἀπο μακροθεν ἠκολουθησεν αὐτω ἑως ἐσω εἰς την αὐλην του ἀρχιερεως,

15 40 ἠσαν δε και γυναικες ἀπο μακροθεν θεωρουσαι,

Lc 16 23 και ἐν τω ἁδη ἐπαρας τους ὀφθαλμους αὐτου, ὑπαρχων ἐν βασανοις, ὁρα ἀβρααμ ἀπο μακροθεν και λαζαρον ἐν τοις κολποις αὐτου.

18 13 ὁ δε τελωνης μακροθεν ἑστως οὐκ ἠθελεν οὐδε τους ὀφθαλμους ἐπαραι εἰς τον οὐρανον,

22 54 ὁ δε πετρος ἠκολουθει μακροθεν.

23 49 εἱστηκεισαν δε παντες οἱ γνωστοι αὐτω ἀπο μακροθεν, και γυναικες αἱ συνακολουθουσαι αὐτω ἀπο της γαλιλαιας, ὁρωσαι ταυτα.

Apc 18 10 ἀπο μακροθεν ἑστηκοτες δια τον φοβον του βασανισμου αὐτης, λεγοντες·

15 οἱ ἐμποροι τουτων, οἱ πλουτησαντες ἀπ αὐτης, ἀπο μακροθεν στησονται

17 και πας κυβερνητης και πας ὁ ἐπι τοπον πλεων και ναυται και ὁσοι την θαλασσαν ἐργαζονται, ἀπο μακροθεν ἐστησαν

μακροθυμεω [10]

Mt 18 26 μακροθυμησον ἐπ ἐμοι, και παντα ἀποδωσω σοι.

29 μακροθυμησον ἐπ ἐμοι, και ἀποδωσω σοι.

Lc 18 7 ὁ δε θεος οὐ μη ποιηση την ἐκδικησιν των ἐκλεκτων αὐτου των βοωντων αὐτω ἡμερας και νυκτος, και μακροθυμει ἐπ αὐτοις;

1Co 13 4 ἡ ἀγαπη μακροθυμει, χρηστευεται ἡ ἀγαπη,

1Th 5 14 ἀντεχεσθε των ἀσθενων, μακροθυμειτε προς παντας.

Heb 6 15 και οὑτως μακροθυμησας ἐπετυχεν της ἐπαγγελιας.

Ja 5 7 μακροθυμησατε οὐν, ἀδελφοι, ἑως της παρουσιας του κυριου.

7 ἰδου ὁ γεωργος ἐκδεχεται τον τιμιον καρπον της γης, μακροθυμων ἐπ αὐτω ἑως λαβη προιμον και ὀψιμον.

8 μακροθυμησατε και ὑμεις, στηριξατε τας καρδιας ὑμων,

2Pt 3 9 οὐ βραδυνει κυριος της ἐπαγγελιας, ὡς τινες βραδυτητα ἡγουνται, ἀλλα μακροθυμει εἰς ὑμας,

μακροθυμια [14]

Rm 2 4 ἡ του πλουτου της χρηστοτητος αὐτου και της ἀνοχης και της μακροθυμιας καταφρονεις, ἀγνοων ὁτι το χρηστον του θεου εἰς μετανοιαν σε ἀγει;

9 22 εἰ δε θελων ὁ θεος ἐνδειξασθαι την ὀργην και γνωρισαι το δυνατον αὐτου ἠνεγκεν ἐν πολλη μακροθυμια σκευη ὀργης κατηρτισμενα εἰς ἀπωλειαν,

2Co 6 6 ἐν μακροθυμια, ἐν χρηστοτητι, ἐν πνευματι ἁγιω,

Ga 5 22 ὁ δε καρπος του πνευματος ἐστιν ἀγαπη, χαρα, εἰρηνη, μακροθυμια, χρηστοτης, ἀγαθωσυνη, πιστις, πραυτης, ἐγκρατεια·

Eph 4 2 μετα πασης ταπεινοφροσυνης και πραυτητος, μετα μακροθυμιας,

Col 1 11 ἐν παση δυναμει δυναμουμενοι κατα το κρατος της δοξης αὐτου εἰς πασαν ὑπομονην και μακροθυμιαν,

3 12 ἐνδυσασθε οὐν, ὡς ἐκλεκτοι του θεου ἁγιοι και ἠγαπημενοι, σπλαγχνα οἰκτιρμου, χρηστοτητα, ταπεινοφροσυνην, πραυτητα, μακροθυμιαν,

1Tm 1 16 ἀλλα δια τουτο ἠλεηθην, ἱνα ἐν ἐμοι πρωτω ἐνδειξηται χριστος ἰησους την ἁπασαν μακροθυμιαν,

μακροθυμια [14]

2Tm 3 10 συ δε παρηκολουθησας μου τη διδασκαλια, τη ἀγωγη, τη προθεσει, τη πιστει, τη μακροθυμια, τη ἀγαπη, τη ὑπομονη,

4 2 ἐλεγξον, ἐπιτιμησον, παρακαλεσον, ἐν παση μακροθυμια και διδαχη.

Heb 6 12 ἱνα μη νωθροι γενησθε, μιμηται δε των δια πιστεως και μακροθυμιας κληρονομουντων τας ἐπαγγελιας.

Ja 5 10 ὑποδειγμα λαβετε, ἀδελφοι, της κακοπαθιας και της μακροθυμιας τους προφητας,

1Pt 3 20 ἐν ᾡ και τοις ἐν φυλακη πνευμασιν πορευθεις ἐκηρυξεν, ἀπειθησασιν ποτε ὁτε ἀπεξεδεχετο ἡ του θεου μακροθυμια ἐν ἡμεραις νωε

2Pt 3 15 και την του κυριου ἡμων μακροθυμιαν σωτηριαν ἡγεισθε,

μακροθυμως [1]

Ac 26 3 διο δεομαι μακροθυμως ἀκουσαι μου.

μακρος [5]

Mt 23 14 * οὐαι ὑμιν, γραμματεις και φαρισαιοι, ὑποκριται, ὁτι κατεσθιετε τας οἰκιας των χηρων, και προφασει μακρα προσευχομενοι·

Mc 12 40 οἱ κατεσθιοντες τας οἰκιας των χηρων και προφασει μακρα προσευχομενοι,

Lc 15 13 και μετ οὐ πολλας ἡμερας συναγαγων ἁπαντα ὁ νεωτερος υἱος ἀπεδημησεν εἰς χωραν μακραν,

19 12 ἀνθρωπος τις εὐγενης ἐπορευθη εἰς χωραν μακραν λαβειν ἑαυτω βασιλειαν και ὑποστρεψαι.

20 47 οἱ κατεσθιουσιν τας οἰκιας των χηρων και προφασει μακρα προσευχονται·

μακροχρονιος [1]

Eph 6 3 ἱνα εὐ σοι γενηται και ἐση μακροχρονιος ἐπι της γης.

μαλακια [3]

Mt 4 23 διδασκων ἐν ταις συναγωγαις αὐτων και κηρυσσων το εὐαγγελιον της βασιλειας και θεραπευων πασαν νοσον και πασαν μαλακιαν ἐν τω λαω.

9 35 και περιηγεν ὁ ἰησους τας πολεις πασας και τας κωμας, διδασκων ἐν ταις συναγωγαις αὐτων και κηρυσσων το εὐαγγελιον της βασιλειας και θεραπευων πασαν νοσον και πασαν μαλακιαν.

10 1 και προσκαλεσαμενος τους δωδεκα μαθητας αὐτου ἐδωκεν αὐτοις ἐξουσιαν πνευματων ἀκαθαρτων ὡστε ἐκβαλλειν αὐτα, και θεραπευειν πασαν νοσον και πασαν μαλακιαν.

μαλακος [4]

Mt 11 8 ἀλλα τί ἐξηλθατε ἰδειν; ἀνθρωπον ἐν μαλακοις ἡμφιεσμενον;

8 ἰδου οἱ τα μαλακα φορουντες ἐν τοις οἰκοις των βασιλεων εἰσιν.

Lc 7 25 ἀλλα τί ἐξηλθατε ἰδειν; ἀνθρωπον ἐν μαλακοις ἱματιοις ἡμφιεσμενον;

1Co 6 9 οὐτε πορνοι οὐτε εἰδωλολατραι οὐτε μοιχοι οὐτε μαλακοι οὐτε ἀρσενοκοιται οὐτε κλεπται οὐτε πλεονεκται, οὐ μεθυσοι, οὐ λοιδοροι, οὐχ ἁρπαγες βασιλειαν θεου κληρονομησουσιν.

μαλελεηλ [1]

Lc 3 37 του μαθουσαλα του ἐνωχ του ἰαρετ του μαλελεηλ του καιναμ

μαλιστα [12]

Ac 20 38 και ἐπιπεσοντες ἐπι τον τραχηλον του παυλου κατεφιλουν αὐτον, ὀδυνωμενοι μαλιστα ἐπι τω λογω ᾡ εἰρηκει, ὁτι οὐκετι μελλουσιν το προσωπον αὐτου θεωρειν.

25 26 διο προηγαγον αὐτον ἐφ ὑμων και μαλιστα ἐπι σου, βασιλευ ἀγριππα, ὁπως της ἀνακρισεως γενομενης σχω τί γραψω·

26 3 ἡγημαι ἐμαυτον μακαριον ἐπι σου μελλων σημερον ἀπολογεισθαι, μαλιστα γνωστην ὀντα σε παντων των κατα ἰουδαιους ἐθων τε και ζητηματων·

Ga 6 10 ἐργαζωμεθα το ἀγαθον προς παντας, μαλιστα δε προς τους οἰκειους της πιστεως

Php 4 22 ἀσπαζονται ὑμας παντες οἱ ἁγιοι, μαλιστα δε οἱ ἐκ της καισαρος οἰκιας.

1Tm 4 10 ὁς ἐστιν σωτηρ παντων ἀνθρωπων, μαλιστα πιστων.

μαλιστα [12]

1Tm	5 8	εἰ δε τις των ἰδιων και *μαλιστα* οἰκειων οὐ προνοει, την πιστιν ἠρνηται και ἐστιν ἀπιστου χειρων.
	17	οἱ καλως προεστωτες πρεσβυτεροι διπλης τιμης ἀξιουσθωσαν, *μαλιστα* οἱ κοπιωντες ἐν λογω και διδασκαλια.
2Tm	4 13	τον φαιλονην, ὁν ἀπελιπον ἐν τρωαδι παρα καρπω, ἐρχομενος φερε, και τα βιβλια, *μαλιστα* τας μεμβρανας.
Tit	1 10	εἰσιν γαρ πολλοι [και] ἀνυποτακτοι, ματαιολογοι και φρεναπαται, *μαλιστα* οἱ ἐκ της περιτομης,
Phm	16	ἱνα αἰωνιον αὐτον ἀπεχης, οὐκετι ὡς δουλον ἀλλ ὑπερ δουλον, ἀδελφον ἀγαπητον, *μαλιστα* ἐμοι, ποσω δε μαλλον σοι και ἐν σαρκι και ἐν κυριω.
2Pt	2 10	ἀδικους δε εἰς ἡμεραν κρισεως κολαζομενους τηρειν, *μαλιστα* δε τους ὀπισω σαρκος ἐν ἐπιθυμια μιασμου πορευομενους και κυριοτητος καταφρονουντας.

μαλλον [81]

Mt	6 26	οὐχ ὑμεις *μαλλον* διαφερετε αὐτων;
	30	οὐ πολλω *μαλλον* ὑμας, ὀλιγοπιστοι;
	7 11	ποσω *μαλλον* ὁ πατηρ ὑμων ὁ ἐν τοις οὐρανοις δωσει ἀγαθα τοις αἰτουσιν αὐτον.
	10 6	πορευεσθε δε *μαλλον* προς τα προβατα τα ἀπολωλοτα οἰκου ἰσραηλ.
	25	εἰ τον οἰκοδεσποτην βεελζεβουλ ἐπεκαλεσαν, ποσω *μαλλον* τους οἰκιακους αὐτου.
	28	φοβεισθε δε *μαλλον* τον δυναμενον και ψυχην και σωμα ἀπολεσαι ἐν γεεννη·
	18 13	και ἐαν γενηται εὑρειν αὐτο, ἀμην λεγω ὑμιν ὁτι χαιρει ἐπ αὐτω *μαλλον* ἠ ἐπι τοις ἐνενηκονταεννεα τοις μη πεπλανημενοις.
	25 9	μηποτε οὐ μη ἀρκεση ἡμιν και ὑμιν· πορευεσθε *μαλλον* προς τους πωλουντας και ἀγορασατε ἑαυταις.
	27 24	ἰδων δε ὁ πιλατος ὁτι οὐδεν ὠφελει ἀλλα *μαλλον* θορυβος γινεται, λαβων ὑδωρ ἀπενιψατο τας χειρας ἀπεναντι του ὀχλου λεγων·
Mc	5 26	και πολλα παθουσα ὑπο πολλων ἰατρων και δαπανησασα τα παρ αὐτης παντα, και μηδεν ὠφεληθεισα ἀλλα *μαλλον* εἰς το χειρον ἐλθουσα,
	7 36	ὁσον δε αὐτοις διεστελλετο, αὐτοι *μαλλον* περισσοτερον ἐκηρυσσον.
	9 42	και ὁς ἀν σκανδαλιση ἑνα των μικρων τουτων των πιστευοντων [εἰς ἐμε,] καλον ἐστιν αὐτω *μαλλον* εἰ περικειται μυλος ὀνικος περι τον τραχηλον αὐτου και βεβληται εἰς την θαλασσαν.
	10 48	ὁ δε πολλω *μαλλον* ἐκραζεν· υἱε δαυιδ, ἐλεησον με.
	15 11	οἱ δε ἀρχιερεις ἀνεσεισαν τον ὀχλον ἱνα *μαλλον* τον βαραββαν ἀπολυση αὐτοις.
Lc	5 15	διηρχετο δε μαλλον ὁ λογος περι αὐτου,
	11 13	εἰ οὐν ὑμεις πονηροι ὑπαρχοντες οἰδατε δοματα ἀγαθα διδοναι τοις τεκνοις ὑμων, ποσω *μαλλον* ὁ πατηρ [ὁ] ἐξ οὐρανου δωσει πνευμα ἀγιον τοις αἰτουσιν αὐτον.
	12 24	ποσω *μαλλον* ὑμεις διαφερετε των πετεινων.
	28	εἰ δε ἐν ἀγρω τον χορτον ὀντα σημερον και αὐριον εἰς κλιβανον βαλλομενον ὁ θεος οὑτως ἀμφιεζει, ποσω *μαλλον* ὑμας, ὀλιγοπιστοι.
	18 39	αὐτος δε πολλω *μαλλον* ἐκραζεν·
Jh	3 19	αὑτη δε ἐστιν ἡ κρισις, ὁτι το φως ἐληλυθεν εἰς τον κοσμον και ἠγαπησαν οἱ ἀνθρωποι *μαλλον* το σκοτος ἠ το φως·
	5 18	δια τουτο οὐν *μαλλον* ἐζητουν αὐτον οἱ ἰουδαιοι ἀποκτειναι, ὁτι οὐ μονον ἐλυεν το σαββατον, ἀλλα και πατερα ἰδιον ἐλεγεν τον θεον,
	12 43	ἠγαπησαν γαρ την δοξαν των ἀνθρωπων *μαλλον* ἠπερ την δοξαν του θεου.
	19 8	ὁτε οὐν ἠκουσεν ὁ πιλατος τουτον τον λογον, *μαλλον* ἐφοβηθη,
Ac	4 19	εἰ δικαιον ἐστιν ἐνωπιον του θεου, ὑμων ἀκουειν *μαλλον* ἠ του θεου, κρινατε·
	5 14	*μαλλον* δε προσετιθεντο πιστευοντες τω κυριω, πληθη ἀνδρων τε και γυναικων·
	29	πειθαρχειν δει θεω *μαλλον* ἠ ἀνθρωποις.
	9 22	σαυλος δε *μαλλον* ἐνεδυναμουτο και συνεχυννεν [τους] ἰουδαιους τους κατοικουντας ἐν δαμασκω, συμβιβαζων ὁτι οὑτος ἐστιν ὁ χριστος.
	20 35	μακαριον ἐστιν *μαλλον* διδοναι ἠ λαμβανειν.
	22 2	ἀκουσαντες δε ὁτι τη ἑβραιδι διαλεκτω προσεφωνει αὐτοις *μαλλον* παρεσχον ἡσυχιαν.
	27 11	ὁ δε ἑκατονταρχης τω κυβερνητη και τω ναυκληρω *μαλλον* ἐπειθετο ἠ τοις ὑπο παυλου λεγομενοις.

μαλλον [81]

Rm	5 9	πολλω οὐν *μαλλον* δικαιωθεντες νυν ἐν τω αἱματι αὐτου σωθησομεθα δι αὐτου ἀπο της ὀργης.
	10	εἰ γαρ ἐχθροι ὀντες κατηλλαγημεν τω θεω δια του θανατου του υἱου αὐτου, πολλω *μαλλον* καταλλαγεντες σωθησομεθα ἐν τη ζωη αὐτου·
	15	εἰ γαρ τω του ἑνος παραπτωματι οἱ πολλοι ἀπεθανον, πολλω *μαλλον* ἡ χαρις του θεου και ἡ δωρεα ἐν χαριτι τη του ἑνος ἀνθρωπου ἰησου χριστου εἰς τους πολλους ἐπερισσευσεν.
	17	πολλω *μαλλον* οἱ την περισσειαν της χαριτος και της δωρεας της δικαιοσυνης λαμβανοντες ἐν ζωη βασιλευσουσιν δια του ἑνος ἰησου χριστου.
	8 34	τις ὁ κατακρινων; χριστος [ἰησους] ὁ ἀποθανων, *μαλλον* δε ἐγερθεις,
	11 12	εἰ δε το παραπτωμα αὐτων πλουτος κοσμου και το ἡττημα αὐτων πλουτος ἐθνων, ποσω *μαλλον* το πληρωμα αὐτων.
	24	εἰ γαρ συ ἐκ της κατα φυσιν ἐξεκοπης ἀγριελαιου και παρα φυσιν ἐνεκεντρισθης εἰς καλλιελαιον, ποσω *μαλλον* οὑτοι οἱ κατα φυσιν ἐγκεντρισθησονται τη ἰδια ἐλαια.
	14 13	ἀλλα τουτο κρινατε *μαλλον*, το μη τιθεναι προσκομμα τω ἀδελφω ἠ σκανδαλον.
1Co	5 2	και οὐχι *μαλλον* ἐπενθησατε, ἱνα ἀρθη ἐκ μεσου ὑμων ὁ το ἐργον τουτο πραξας;
	6 7	δια τί οὐχι *μαλλον* ἀδικεισθε;
	7	δια τί οὐχι *μαλλον* ἀποστερεισθε;
	7 21	ἀλλ εἰ και δυνασαι ἐλευθερος γενεσθαι, *μαλλον* χρησαι.
	9 12	εἰ ἀλλοι της ὑμων ἐξουσιας μετεχουσιν, οὐ *μαλλον* ἡμεις;
	15	καλον γαρ μοι *μαλλον* ἀποθανειν ἠ το καυχημα μου οὐδεις κενωσει.
	12 22	ἀλλα πολλω *μαλλον* τα δοκουντα μελη του σωματος ἀσθενεστερα ὑπαρχειν ἀναγκαια ἐστιν,
	14 1	ζηλουτε δε τα πνευματικα, *μαλλον* δε ἱνα προφητευητε.
	5	θελω δε παντας ὑμας λαλειν γλωσσαις, *μαλλον* δε ἱνα προφητευητε·
	18	εὐχαριστω τω θεω, παντων ὑμων *μαλλον* γλωσσαις λαλω·
2Co	2 7	ὡστε τουναντιον *μαλλον* ὑμας χαρισασθαι και παρακαλεσαι, μη πως τη περισσοτερα λυπη καταποθη ὁ τοιουτος.
	3 8	πως οὐχι *μαλλον* ἡ διακονια του πνευματος ἐσται ἐν δοξη;
	9	εἰ γαρ τη διακονια της κατακρισεως δοξα, πολλω *μαλλον* περισσευει ἡ διακονια της δικαιοσυνης δοξη.
	11	εἰ γαρ το καταργουμενον δια δοξης, πολλω *μαλλον* το μενον ἐν δοξη.
	5 8	θαρρουμεν δε και εὐδοκουμεν *μαλλον* ἐκδημησαι ἐκ του σωματος και ἐνδημησαι προς τον κυριον.
	7 7	ἀναγγελλων ἡμιν την ὑμων ἐπιποθησιν, τον ὑμων ὀδυρμον, τον ὑμων ζηλον ὑπερ ἐμου, ὡστε με *μαλλον* χαρηναι.
	13	ἐπι δε τη παρακλησει ἡμων περισσοτερως *μαλλον* ἐχαρημεν ἐπι τη χαρα τιτου.
	12 9	ἡδιστα οὐν *μαλλον* καυχησομαι ἐν ταις ἀσθενειαις μου,
Ga	4 9	*μαλλον* δε γνωσθεντες ὑπο θεου,
	27	ὁτι πολλα τα τεκνα της ἐρημου *μαλλον* ἠ της ἐχουσης τον ἀνδρα.
Eph	4 28	ὁ κλεπτων μηκετι κλεπτετω, *μαλλον* δε κοπιατω ἐργαζομενος ταις [ἰδιαις] χερσιν το ἀγαθον,
	5 4	και αἰσχροτης και μωρολογια ἠ εὐτραπελια, ἁ οὐκ ἀνηκεν, ἀλλα *μαλλον* εὐχαριστια.
	11	και μη συγκοινωνειτε τοις ἐργοις τοις ἀκαρποις του σκοτους, *μαλλον* δε και ἐλεγχετε,
Php	1 9	και τουτο προσευχομαι, ἱνα ἡ ἀγαπη ὑμων ἐτι *μαλλον* και *μαλλον* περισσευη ἐν ἐπιγνωσει και παση αἰσθησει,
	9	και τουτο προσευχομαι, ἱνα ἡ ἀγαπη ὑμων ἐτι μαλλον και *μαλλον* περισσευη ἐν ἐπιγνωσει και παση αἰσθησει,
	12	γινωσκειν δε ὑμας βουλομαι, ἀδελφοι, ὁτι τα κατ ἐμε *μαλλον* εἰς προκοπην του εὐαγγελιου ἐληλυθεν,
	23	την ἐπιθυμιαν ἐχων εἰς το ἀναλυσαι και συν χριστω εἰναι, πολλω [γαρ] *μαλλον* κρεισσον·
	2 12	καθως παντοτε ὑπηκουσατε, μη ὡς ἐν τη παρουσια μου μονον ἀλλα νυν πολλω *μαλλον* ἐν τη ἀπουσια μου,
	3 4	εἰ τις δοκει ἀλλος πεποιθεναι ἐν σαρκι, ἐγω *μαλλον*·
1Th	4 1	καθως και περιπατειτε, ἱνα περισσευητε *μαλλον*.
	10	παρακαλουμεν δε ὑμας, ἀδελφοι, περισσευειν *μαλλον*,
1Tm	1 4	μηδε προσεχειν μυθοις και γενεαλογιαις ἀπεραντοις, αἱτινες ἐκζητησεις παρεχουσιν *μαλλον* ἠ οἰκονομιαν θεου την ἐν πιστει·
	6 2	ἀλλα *μαλλον* δουλευετωσαν, ὁτι πιστοι εἰσιν και ἀγαπητοι οἱ της εὐεργεσιας ἀντιλαμβανομενοι.
2Tm	3 4	προδοται, προπετεις, τετυφωμενοι, φιληδονοι *μαλλον* ἠ φιλοθεοι,
Phm	9	διο, πολλην ἐν χριστω παρρησιαν ἐχων ἐπιτασσειν σοι το ἀνηκον, δια την ἀγαπην *μαλλον* παρακαλω·

μαλλον [81]

Phm 16 ἱνα αἰωνιον αὐτον ἀπεχης, οὐκετι ὡς δουλον ἀλλ ὑπερ δουλον, ἀδελφον ἀγαπητον, μαλιστα ἐμοι, ποσῳ δε μαλλον σοι και ἐν σαρκι και ἐν κυριῳ.

Heb 9 14 εἰ γαρ το αἱμα τραγων και ταυρων και σποδος δαμαλεως ῥαντιζουσα τους κεκοινωμενους ἁγιαζει προς την της σαρκος καθαροτητα, ποσῳ μαλλον το αἱμα του χριστου,

10 25 και τοσουτῳ μαλλον ὁσῳ βλεπετε ἐγγιζουσαν την ἡμεραν.

11 25 μαλλον ἑλομενος συγκακουχεισθαι τῳ λαῳ του θεου ἠ προσκαιρον ἐχειν ἁμαρτιας ἀπολαυσιν,

12 9 οὐ πολυ [δε] μαλλον ὑποταγησομεθα τῳ πατρι των πνευματων και ζησομεν;

13 ἱνα μη το χωλον ἐκτραπη, ἰαθη δε μαλλον.

25 εἰ γαρ ἐκεινοι οὐκ ἐξεφυγον ἐπι γης παραιτησαμενοι τον χρηματιζοντα, πολυ μαλλον ἡμεις οἱ τον ἀπ οὐρανων ἀποστρεφομενοι·

2Pt 1 10 διο μαλλον, ἀδελφοι, σπουδασατε βεβαιαν ὑμων την κλησιν και ἐκλογην ποιεισθαι·

μαλχος [1]

Jh 18 10 ἠν δε ὀνομα τῳ δουλῳ μαλχος.

μαμμη [1]

2Tm 1 5 ὑπομνησιν λαβων της ἐν σοι ἀνυποκριτου πιστεως, ἡτις ἐνωκησεν πρωτον ἐν τη μαμμη σου λωιδι και τη μητρι σου εὐνικη,

μαμωνας [4]

Mt 6 24 οὐ δυνασθε θεῳ δουλευειν και μαμωνᾳ.

Lc 16 9 ἑαυτοις ποιησατε φιλους ἐκ του μαμωνα της ἀδικιας, ἱνα ὁταν ἐκλιπη δεξωνται ὑμας εἰς τας αἰωνιους σκηνας.

11 εἰ οὐν ἐν τῳ ἀδικῳ μαμωνᾳ πιστοι οὐκ ἐγενεσθε, το ἀληθινον τις ὑμιν πιστευσει;

13 οὐ δυνασθε θεῳ δουλευειν και μαμωνᾳ.

μαναην [1]

Ac 13 1 και λουκιος ὁ κυρηναιος, μαναην τε ἡρῳδου του τετρααρχου συντροφος και σαυλος.

μανασσης [3]

Mt 1 10 ἑζεκιας δε ἐγεννησεν τον μανασση,

10 μανασσης δε ἐγεννησεν τον ἀμως,

Apc 7 6 ἐκ φυλης μανασση δωδεκα χιλιαδες,

μανθανω [25]

Mt 9 13 πορευθεντες δε μαθετε τι ἐστιν· ἐλεος θελω και οὐ θυσιαν·

11 29 ἀρατε τον ζυγον μου ἐφ ὑμας και μαθετε ἀπ ἐμου, ὁτι πραυς εἰμι και ταπεινος τη καρδιᾳ,

24 32 ἀπο δε της συκης μαθετε την παραβολην· ὁταν ἠδη ὁ κλαδος αὐτης γενηται ἁπαλος και τα φυλλα ἐκφυη, γινωσκετε ὁτι ἐγγυς το θερος·

Mc 13 28 ἀπο δε της συκης μαθετε την παραβολην·

Jh 6 45 πας ὁ ἀκουσας παρα του πατρος και μαθων ἐρχεται προς ἐμε.

7 15 πως οὑτος γραμματα οἰδεν μη μεμαθηκως;

Ac 23 27 τον ἀνδρα τουτον συλλημφθεντα ὑπο των ἰουδαιων και μελλοντα ἀναιρεισθαι ὑπ αὐτων ἐπιστας συν τῳ στρατευματι ἐξειλαμην, μαθων ὁτι ῥωμαιος ἐστιν·

Rm 16 17 παρακαλω δε ὑμας, ἀδελφοι, σκοπειν τους τας διχοστασιας και τα σκανδαλα παρα την διδαχην ἡν ὑμεις ἐμαθετε ποιουντας, και ἐκκλινετε ἀπ αὐτων·

1Co 4 6 ταυτα δε, ἀδελφοι, μετεσχηματισα εἰς ἐμαυτον και ἀπολλων δι ὑμας, ἱνα ἐν ἡμιν μαθητε το μη ὑπερ ἁ γεγραπται,

14 31 δυνασθε γαρ καθ ἑνα παντες προφητευειν, ἱνα παντες μανθανωσιν και παντες παρακαλωνται.

35 εἰ δε τι μαθειν θελουσιν, ἐν οἰκῳ τους ἰδιους ἀνδρας ἐπερωτατωσαν·

Ga 3 2 τουτο μονον θελω μαθειν ἀφ ὑμων,

Eph 4 20 ὑμεις δε οὐχ οὑτως ἐμαθετε τον χριστον,

Php 4 9 ἁ και ἐμαθετε και παρελαβετε και ἠκουσατε και εἰδετε ἐν ἐμοι, ταυτα πρασσετε·

11 ἐγω γαρ ἐμαθον ἐν οἱς εἰμι αὐταρκης εἰναι.

Col 1 7 καθως ἐμαθετε ἀπο ἐπαφρα του ἀγαπητου συνδουλου ἡμων,

1Tm 2 11 γυνη ἐν ἡσυχιᾳ μανθανετω ἐν παση ὑποταγη·

μανθανω [25]

1Tm 5 4 εἰ δε τις χηρα τεκνα ἠ ἐκγονα ἐχει, μανθανετωσαν πρωτον τον ἰδιον οἰκον εὐσεβειν και ἀμοιβας ἀποδιδοναι τοις προγονοις·

13 ἁμα δε και ἀργαι μανθανουσιν περιερχομεναι τας οἰκιας,

2Tm 3 7 παντοτε μανθανοντα και μηδεποτε εἰς ἐπιγνωσιν ἀληθειας ἐλθειν δυναμενα.

14 συ δε μενε ἐν οἱς ἐμαθες και ἐπιστωθης,

14 συ δε μενε ἐν οἱς ἐμαθες και ἐπιστωθης, εἰδως παρα τινων ἐμαθες,

Tit 3 14 μανθανετωσαν δε και οἱ ἡμετεροι καλων ἐργων προιστασθαι εἰς τας ἀναγκαιας χρειας,

Heb 5 8 καιπερ ὠν υἱος, ἐμαθεν ἀφ ὡν ἐπαθεν την ὑπακοην,

Apc 14 3 και οὐδεις ἐδυνατο μαθειν την ὡδην εἰ μη αἱ ἑκατοντεσσερακοντατεσσαρες χιλιαδες,

μανια [1]

Ac 26 24 τα πολλα σε γραμματα εἰς μανιαν περιτρεπει.

μαννα [4]

Jh 6 31 οἱ πατερες ἡμων το μαννα ἐφαγον ἐν τη ἐρημῳ,

49 οἱ πατερες ὑμων ἐφαγον ἐν τη ἐρημῳ το μαννα και ἀπεθανον·

Heb 9 4 ἐν ἡ σταμνος χρυση ἐχουσα το μαννα και ἡ ῥαβδος ἀαρων ἡ βλαστησασα και αἱ πλακες της διαθηκης,

Apc 2 17 τῳ νικωντι δωσω αὐτῳ του μαννα του κεκρυμμενου,

μαντευομαι [1]

Ac 16 16 παιδισκην τινα ἐχουσαν πνευμα πυθωνα ὑπαντησαι ἡμιν, ἡτις ἐργασιαν πολλην παρειχεν τοις κυριοις αὐτης μαντευομενη.

μαραινομαι [1]

Ja 1 11 οὑτως και ὁ πλουσιος ἐν ταις πορειαις αὐτου μαρανθησεται.

μαρανα [1]

1Co 16 22 εἰ τις οὐ φιλει τον κυριον, ἠτω ἀναθεμα. μαρανα θα.

μαργαριτης [9]

Mt 7 6 μηδε βαλητε τους μαργαριτας ὑμων ἐμπροσθεν των χοιρων,

13 45 παλιν ὁμοια ἐστιν ἡ βασιλεια των οὐρανων ἀνθρωπῳ ἐμπορῳ ζητουντι καλους μαργαριτας·

46 εὑρων δε ἑνα πολυτιμον μαργαριτην ἀπελθων πεπρακεν παντα ὁσα εἰχεν και ἠγορασεν αὐτον.

1Tm 2 9 μετα αἰδους και σωφροσυνης κοσμειν ἑαυτας, μη ἐν πλεγμασιν και χρυσιῳ ἠ μαργαριταις ἠ ἱματισμῳ πολυτελει,

Apc 17 4 και κεχρυσωμενη χρυσιῳ και λιθῳ τιμιῳ και μαργαριταις,

18 12 και λιθου τιμιου και μαργαριτων και βυσσινου

16 και κεχρυσωμενη [ἐν] χρυσιῳ και λιθῳ τιμιῳ και μαργαριτη,

21 21 και οἱ δωδεκα πυλωνες δωδεκα μαργαριται·

21 ἀνα εἱς ἑκαστος των πυλωνων ἠν ἐξ ἑνος μαργαριτου.

μαρθα [13]

Lc 10 38 γυνη δε τις ὀνοματι μαρθα ὑπεδεξατο αὐτον.

40 ἡ δε μαρθα περιεσπατο περι πολλην διακονιαν·

41 μαρθα μαρθα, μεριμνας και θορυβαζη περι πολλα, ἑνος ὀλιγων δε ἐστιν χρεια·

41 μαρθα μαρθα, μεριμνας και θορυβαζη περι πολλα, ἑνος ὀλιγων δε ἐστιν χρεια·

Jh 11 1 ἠν δε τις ἀσθενων, λαζαρος ἀπο βηθανιας, ἐκ της κωμης μαριας και μαρθας της ἀδελφης αὐτης.

5 ἠγαπα δε ὁ ἰησους την μαρθαν και την ἀδελφην αὐτης και τον λαζαρον.

19 πολλοι δε ἐκ των ἰουδαιων ἐληλυθεισαν προς την μαρθαν και μαριαμ,

20 ἡ οὐν μαρθα ὡς ἠκουσεν ὁτι ἰησους ἐρχεται, ὑπηντησεν αὐτῳ·

21 εἰπεν οὐν ἡ μαρθα προς τον ἰησουν· κυριε, εἰ ἠς ὡδε, οὐκ ἀν ἀπεθανεν ὁ ἀδελφος μου.

24 λεγει αὐτῳ ἡ μαρθα· οἰδα ὁτι ἀναστησεται ἐν τη ἀναστασει ἐν τη ἐσχατη ἡμερᾳ.

30 οὐπω δε ἐληλυθει ὁ ἰησους εἰς την κωμην, ἀλλ ἠν ἐτι ἐν τῳ τοπῳ ὁπου ὑπηντησεν αὐτῳ ἡ μαρθα.

39 λεγει αὐτῳ ἡ ἀδελφη του τετελευτηκοτος μαρθα· κυριε, ἠδη ὀζει· τεταρταιος γαρ ἐστιν.

12 2 ἐποιησαν οὐν αὐτῳ δειπνον ἐκει, και ἡ μαρθα διηκονει,

μαρια [27]

Mt 1 16 ιακωβ δε εγεννησεν τον ιωσηφ τον ανδρα *μαριας*,
18 μνηστευθεισης της μητρος αυτου *μαριας* τω ιωσηφ,
20 μη φοβηθης παραλαβειν *μαριαν* την γυναικα σου·
2 11 και ελθοντες εις την οικιαν ειδον το παιδιον μετα *μαριας* της μητρος αυτου,
27 56 εν αις ην *μαρια* η μαγδαληνη, και μαρια η του ιακωβου και ιωσηφ μητηρ, και η μητηρ των υιων ζεβεδαιου.
56 εν αις ην μαρια η μαγδαληνη, και *μαρια* η του ιακωβου και ιωσηφ μητηρ, και η μητηρ των υιων ζεβεδαιου.
61 ην δε εκει μαριαμ η μαγδαληνη και η αλλη *μαρια*, καθημεναι απεναντι του ταφου.
28 1 οψε δε σαββατων, τη επιφωσκουση εις μιαν σαββατων, ηλθεν μαριαμ η μαγδαληνη και η αλλη *μαρια* θεωρησαι τον ταφον.
Mc 6 3 ουχ ουτος εστιν ο τεκτων, ο υιος της *μαριας* και αδελφος ιακωβου και ιωσητος και ιουδα και σιμωνος;
15 40 ησαν δε και γυναικες απο μακροθεν θεωρουσαι, εν αις και *μαρια* η μαγδαληνη και μαρια η ιακωβου του μικρου και ιωσητος μητηρ και σαλωμη,
40 ησαν δε και γυναικες απο μακροθεν θεωρουσαι, εν αις και μαρια η μαγδαληνη και *μαρια* η ιακωβου του μικρου και ιωσητος μητηρ και σαλωμη,
47 η δε *μαρια* η μαγδαληνη και μαρια η ιωσητος εθεωρουν που τεθειται.
47 η δε μαρια η μαγδαληνη και *μαρια* η ιωσητος εθεωρουν που τεθειται.
16 1 και διαγενομενου του σαββατου *μαρια* η μαγδαληνη και μαρια η [του] ιακωβου και σαλωμη ηγορασαν αρωματα ινα ελθουσαι αλειψωσιν αυτον.
1 και διαγενομενου του σαββατου μαρια η μαγδαληνη και *μαρια* η [του] ιακωβου και σαλωμη ηγορασαν αρωματα ινα ελθουσαι αλειψωσιν αυτον.
9 αναστας δε πρωι πρωτη σαββατου εφανη πρωτον *μαρια* τη μαγδαληνη,
Lc 1 41 και εγενετο ως ηκουσεν τον ασπασμον της *μαριας* η ελισαβετ, εσκιρτησεν το βρεφος εν τη κοιλια αυτης,
8 2 και γυναικες τινες αι ησαν τεθεραπευμεναι απο πνευματων πονηρων και ασθενειων, *μαρια* η καλουμενη μαγδαληνη,
24 10 ησαν δε η μαγδαληνη *μαρια* και ιωαννα και μαρια η ιακωβου·
10 ησαν δε η μαγδαληνη μαρια και ιωαννα και *μαρια* η ιακωβου·
Jh 11 1 ην δε τις ασθενων, λαζαρος απο βηθανιας, εκ της κωμης *μαριας* και μαρθας της αδελφης αυτης.
19 25 ειστηκεισαν δε παρα τω σταυρω του ιησου η μητηρ αυτου και η αδελφη της μητρος αυτου, *μαρια* η του κλωπα και μαρια η μαγδαληνη.
25 ειστηκεισαν δε παρα τω σταυρω του ιησου η μητηρ αυτου και η αδελφη της μητρος αυτου, μαρια η του κλωπα και *μαρια* η μαγδαληνη.
20 1 τη δε μια των σαββατων *μαρια* η μαγδαληνη ερχεται πρωι σκοτιας ετι ουσης εις το μνημειον,
11 *μαρια* δε ειστηκει προς τω μνημειω εξω κλαιουσα.
Ac 12 12 συνιδων τε ηλθεν επι την οικιαν της *μαριας* της μητρος ιωαννου του επικαλουμενου μαρκου,
Rm 16 6 ασπασασθε *μαριαν*, ητις πολλα εκοπιασεν εις υμας.

μαριαμ [27]

Mt 13 55 ουχ η μητηρ αυτου λεγεται *μαριαμ* και οι αδελφοι αυτου ιακωβος και ιωσηφ και σιμων και ιουδας;
27 61 ην δε εκει *μαριαμ* η μαγδαληνη και η αλλη μαρια, καθημεναι απεναντι του ταφου.
28 1 οψε δε σαββατων, τη επιφωσκουση εις μιαν σαββατων, ηλθεν *μαριαμ* η μαγδαληνη και η αλλη μαρια θεωρησαι τον ταφον.
Lc 1 27 προς παρθενον εμνηστευμενην ανδρι ω ονομα ιωσηφ, εξ οικου δαυιδ, και το ονομα της παρθενου *μαριαμ*.
30 μη φοβου, *μαριαμ*· ευρες γαρ χαριν παρα τω θεω.
34 ειπεν δε *μαριαμ* προς τον αγγελον· πως εσται τουτο, επει ανδρα ου γινωσκω;
38 ειπεν δε *μαριαμ*· ιδου η δουλη κυριου· γενοιτο μοι κατα το ρημα σου.
39 ανασταση δε *μαριαμ* εν ταις ημεραις ταυταις επορευθη εις την ορεινην μετα σπουδης εις πολι ιουδα,
46 και ειπεν *μαριαμ*· μεγαλυνει η ψυχη μου τον κυριον,
56 εμεινεν δε *μαριαμ* συν αυτη ως μηνας τρεις, και υπεστρεψεν εις τον οικον αυτης.
2 5 απογραψασθαι συν *μαριαμ* τη εμνηστευμενη αυτω, ουση εγκυω.

Lc 2 16 και ηλθαν σπευσαντες, και ανευραν την τε *μαριαμ* και τον ιωσηφ και το βρεφος κειμενον εν τη φατνη·
19 η δε *μαριαμ* παντα συνετηρει τα ρηματα ταυτα συμβαλλουσα εν τη καρδια αυτης.
34 και ευλογησεν αυτους συμεων και ειπεν προς *μαριαμ* την μητερα αυτου· ιδου ουτος κειται εις πτωσιν και αναστασιν πολλων εν τω ισραηλ και εις σημειον αντιλεγομενον και σου [δε] αυτης την ψυχην διελευσεται ρομφαια,
10 39 και τηδε ην αδελφη καλουμενη *μαριαμ*, [η] και παρακαθεσθεισα προς τους ποδας του κυριου ηκουεν τον λογον αυτου.
42 *μαριαμ* γαρ την αγαθην μεριδα εξελεξατο, ητις ουκ αφαιρεθησεται αυτης.
Jh 11 2 ην δε *μαριαμ* η αλειψασα τον κυριον μυρω και εκμαξασα τους ποδας αυτου ταις θριξιν αυτης,
19 πολλοι δε εκ των ιουδαιων εληλυθεισαν προς την μαρθαν και *μαριαμ*,
20 *μαριαμ* δε εν τω οικω εκαθεζετο.
28 και τουτο ειπουσα απηλθεν και εφωνησεν *μαριαμ* την αδελφην αυτης λαθρα ειπουσα·
31 οι ουν ιουδαιοι οι οντες μετ αυτης εν τη οικια και παραμυθουμενοι αυτην, ιδοντες την *μαριαμ* οτι ταχεως ανεστη και εξηλθεν, ηκολουθησαν αυτη,
32 η ουν *μαριαμ* ως ηλθεν οπου ην ιησους, ιδουσα αυτον επεσεν αυτου προς τους ποδας,
45 πολλοι ουν εκ των ιουδαιων, οι ελθοντες προς την *μαριαμ* και θεασαμενοι α εποιησεν, επιστευσαν εις αυτον·
12 3 η ουν *μαριαμ* λαβουσα λιτραν μυρου ναρδου πιστικης πολυτιμου ηλειψεν τους ποδας του ιησου και εξεμαξεν ταις θριξιν αυτης τους ποδας αυτου·
20 16 λεγει αυτη ιησους· *μαριαμ*.
18 ερχεται *μαριαμ* η μαγδαληνη αγγελλουσα τοις μαθηταις οτι εωρακα τον κυριον, και ταυτα ειπεν αυτη.
Ac 1 14 ουτοι παντες ησαν προσκαρτερουντες ομοθυμαδον τη προσευχη συν γυναιξιν και *μαριαμ* τη μητρι του ιησου και τοις αδελφοις αυτου.

μαρκος [8]

Ac 12 12 συνιδων τε ηλθεν επι την οικιαν της μαριας της μητρος ιωαννου του επικαλουμενου *μαρκου*,
25 πληρωσαντες την διακονιαν, συμπαραλαβοντες ιωαννην τον επικληθεντα *μαρκον*.
15 37 βαρναβας δε εβουλετο συμπαραλαβειν και τον ιωαννην τον καλουμενον *μαρκον*·
39 εγενετο δε παροξυσμος, ωστε αποχωρισθηναι αυτους απ αλληλων, τον τε βαρναβαν παραλαβοντα τον *μαρκον* εκπλευσαι εις κυπρον.
Col 4 10 ασπαζεται υμας αρισταρχος ο συναιχμαλωτος μου, και *μαρκος* ο ανεψιος βαρναβα,
2Tm 4 11 *μαρκον* αναλαβων αγε μετα σεαυτου·
Phm 24 ασπαζεται σε επαφρας ο συναιχμαλωτος μου εν χριστω ιησου, *μαρκος*, αρισταρχος, δημας, λουκας, οι συνεργοι μου.
1Pt 5 13 ασπαζεται υμας η εν βαβυλωνι συνεκλεκτη και *μαρκος* ο υιος μου.

μαρμαρος [1]

Apc 18 12 και παν σκευος εκ ξυλου τιμιωτατου και χαλκου και σιδηρου και *μαρμαρου*,

μαρτυρεω [76]

Mt 23 31 ωστε *μαρτυρειτε* εαυτοις οτι υιοι εστε των φονευσαντων τους προφητας.
Lc 4 22 και παντες *εμαρτυρουν* αυτω και εθαυμαζον επι τοις λογοις της χαριτος τοις εκπορευομενοις εκ του στοματος αυτου,
Jh 1 7 ουτος ηλθεν εις μαρτυριαν, ινα *μαρτυρηση* περι του φωτος,
8 ουκ ην εκεινος το φως, αλλ ινα *μαρτυρηση* περι του φωτος.
15 ιωαννης *μαρτυρει* περι αυτου και κεκραγεν λεγων·
32 και *εμαρτυρησεν* ιωαννης λεγων οτι τεθεαμαι το πνευμα καταβαινον ως περιστεραν εξ ουρανου,
34 καγω εωρακα, και *μεμαρτυρηκα* οτι ουτος εστιν ο υιος του θεου.
2 25 και οτι ου χρειαν ειχεν ινα τις *μαρτυρηση* περι του ανθρωπου·
3 11 αμην αμην λεγω σοι οτι ο οιδαμεν λαλουμεν και ο εωρακαμεν *μαρτυρουμεν*,
26 ος ην μετα σου περαν του ιορδανου, ω συ *μεμαρτυρηκας*,

μαρτυρεω [76]

Jh   3 28   αὐτοι ὑμεις μοι *μαρτυρειτε* ὀτι εἰπον·

     32   ὀ ἑωρακεν και ἠκουσεν, τουτο *μαρτυρει,*

     4 39   ἐκ δε της πολεως ἐκεινης πολλοι ἐπιστευσαν εἰς αὐτον των σαμαριτων δια τον λογον της γυναικος *μαρτυρουσης* ὀτι εἰπεν μοι παντα ἀ ἐποιησα.

     44   αὐτος γαρ ἰησους *ἐμαρτυρησεν* ὀτι προφητης ἐν τη ἰδια πατριδι τιμην οὐκ ἐχει.

     5 31   ἐαν ἐγω *μαρτυρω* περι ἐμαυτου, ἠ μαρτυρια μου οὐκ ἐστιν ἀληθης·

     32   ἀλλος ἐστιν ὀ *μαρτυρων* περι ἐμου,

     32   και οἰδα ὀτι ἀληθης ἐστιν ἠ μαρτυρια ἡν *μαρτυρει* περι ἐμου.

     33   ὑμεις ἀπεσταλκατε προς ἰωαννην, και *μεμαρτυρηκεν* τη ἀληθεια·

     36   τα γαρ ἐργα ἀ δεδωκεν μοι ὀ πατηρ ἰνα τελειωσω αὐτα, αὐτα τα ἐργα ἀ ποιω *μαρτυρει* περι ἐμου ὀτι ὀ πατηρ με ἀπεσταλκεν.

     37   και ὀ πεμψας με πατηρ, ἐκεινος *μεμαρτυρηκεν* περι ἐμου.

     39   και ἐκειναι εἰσιν αἰ *μαρτυρουσαι* περι ἐμου·

     7 7   οὐ δυναται ὀ κοσμος μισειν ὑμας, ἐμε δε μισει, ὀτι ἐγω *μαρτυρω* περι αὐτου ὀτι τα ἐργα αὐτου πονηρα ἐστιν.

     8 13   συ περι σεαυτου *μαρτυρεις·* ἠ μαρτυρια σου οὐκ ἐστιν ἀληθης,

     14   καν ἐγω *μαρτυρω* περι ἐμαυτου, ἀληθης ἐστιν ἠ μαρτυρια μου,

     18   ἐγω εἰμι ὀ *μαρτυρων* περι ἐμαυτου,

     18   και *μαρτυρει* περι ἐμου ὀ πεμψας με πατηρ.

     10 25   τα ἐργα ἀ ἐγω ποιω ἐν τω ὀνοματι του πατρος μου, ταυτα *μαρτυρει* περι ἐμου·

     12 17   *ἐμαρτυρει* οὐν ὀ ὀχλος ὀ ὠν μετ αὐτου ὀτε τον λαζαρον ἐφωνησεν ἐκ του μνημειου και ἠγειρεν αὐτον ἐκ νεκρων.

     13 21   ταυτα εἰπων [ὀ] ἰησους ἐταραχθη τω πνευματι και *ἐμαρτυρησεν* και εἰπεν·

     15 26   ὀταν ἐλθη ὀ παρακλητος ὀν ἐγω πεμψω ὑμιν παρα του πατρος, το πνευμα της ἀληθειας ὀ παρα του πατρος ἐκπορευεται, ἐκεινος *μαρτυρησει* περι ἐμου·

     27   και ὑμεις δε *μαρτυρειτε,* ὀτι ἀπ ἀρχης μετ ἐμου ἐστε.

     18 23   εἰ κακως ἐλαλησα, *μαρτυρησον* περι του κακου·

     37   ἐγω εἰς τουτο γεγεννημαι και εἰς τουτο ἐληλυθα εἰς τον κοσμον, ἰνα *μαρτυρησω* τη ἀληθεια·

     19 35   και ὀ ἑωρακως *μεμαρτυρηκεν,* και ἀληθινη αὐτου ἐστιν ἠ μαρτυρια,

     21 24   οὑτος ἐστιν ὀ μαθητης ὀ *μαρτυρων* περι τουτων και ὀ γραψας ταυτα,

Ac   6 3   ἐπισκεψασθε δε, ἀδελφοι, ἀνδρας ἐξ ὑμων *μαρτυρουμενους* ἐπτα πληρεις πνευματος και σοφιας,

     10 22   κορνηλιος ἑκατονταρχης, ἀνηρ δικαιος και φοβουμενος τον θεον, *μαρτυρουμενος* τε ὑπο ὀλου του ἐθνους των ἰουδαιων,

     43   τουτω παντες οἰ προφηται *μαρτυρουσιν,* ἀφεσιν ἀμαρτιων λαβειν δια του ὀνοματος αὐτου παντα τον πιστευοντα εἰς αὐτον.

     13 22   και μεταστησας αὐτον ἠγειρεν τον δαυιδ αὐτοις εἰς βασιλεα, ὡ και εἰπεν *μαρτυρησας·*

     14 3   ἰκανον μεν οὐν χρονον διετριψαν παρρησιαζομενοι ἐπι τω κυριω τω *μαρτυρουντι* ἐπι τω λογω της χαριτος αὐτου,

     15 8   και ὀ καρδιογνωστης θεος *ἐμαρτυρησεν* αὐτοις δους το πνευμα το ἀγιον καθως και ἡμιν,

     16 2   τιμοθεος, υἰος γυναικος ἰουδαιας πιστης πατρος δε ἑλληνος, ὀς *ἐμαρτυρειτο* ὑπο των ἐν λυστροις και ἰκονιω ἀδελφων.

     22 5   δεσμευων και παραδιδους εἰς φυλακας ἀνδρας τε και γυναικας, ὡς και ὀ ἀρχιερευς *μαρτυρει* μοι και παν το πρεσβυτεριον·

     12   ἀνανιας δε τις, ἀνηρ εὐλαβης κατα τον νομον, *μαρτυρουμενος* ὑπο παντων των κατοικουντων ἰουδαιων, ἐλθων προς με και ἐπιστας εἰπεν μοι·

     23 11   ὡς γαρ διεμαρτυρω τα περι ἐμου εἰς ἰερουσαλημ, οὑτω σε δει και εἰς ῥωμην *μαρτυρησαι.*

     26 5   προγινωσκοντες με ἀνωθεν, ἐαν θελωσι *μαρτυρειν,*

Rm   3 21   νυνι δε χωρις νομου δικαιοσυνη θεου πεφανερωται, *μαρτυρουμενη* ὑπο του νομου και των προφητων,

     10 2   *μαρτυρω* γαρ αὐτοις ὀτι ζηλον θεου ἐχουσιν, ἀλλ οὐ κατ ἐπιγνωσιν·

1Co   15 15   εὑρισκομεθα δε και ψευδομαρτυρες του θεου, ὀτι *ἐμαρτυρησαμεν* κατα του θεου ὀτι ἠγειρεν τον χριστον,

2Co   8 3   ὀτι κατα δυναμιν, *μαρτυρω,* και παρα δυναμιν, αὐθαιρετοι μετα πολλης παρακλησεως δεομενοι ἡμων

Ga   4 15   *μαρτυρω* γαρ ὑμιν ὀτι εἰ δυνατον τους ὀφθαλμους ὑμων ἐξορυξαντες ἐδωκατε μοι.

Col   4 13   *μαρτυρω* γαρ αὐτω ὀτι ἐχει πολυν πονον ὑπερ ὑμων και των ἐν λαοδικεια και των ἐν ἰεραπολει.

μαρτυρεω [76]

1Tm   5 10   ἑνος ἀνδρος γυνη, ἐν ἐργοις καλοις *μαρτυρουμενη,*

     6 13   παραγγελλω [σοι] ἐνωπιον του θεου του ζωογονουντος τα παντα και χριστου ἰησου του *μαρτυρησαντος* ἐπι ποντιου πιλατου την καλην ὀμολογιαν,

Heb   7 8   και ὡδε μεν δεκατας ἀποθνησκοντες ἀνθρωποι λαμβανουσιν, ἐκει δε *μαρτυρουμενος* ὀτι ζη.

     17   *μαρτυρειται* γαρ ὀτι συ ἰερευς εἰς τον αἰωνα κατα την ταξιν μελχισεδεκ.

     10 15   *μαρτυρει* δε ἡμιν και το πνευμα το ἀγιον·

     11 2   ἐν ταυτη γαρ *ἐμαρτυρηθησαν* οἰ πρεσβυτεροι.

     4   πιστει πλειονα θυσιαν ἀβελ παρα καιν προσηνεγκεν τω θεω, δι ἡς *ἐμαρτυρηθη* εἰναι δικαιος,

     4   δι ἡς *ἐμαρτυρηθη* εἰναι δικαιος, *μαρτυρουντος* ἐπι τοις δωροις αὐτου του θεου,

     5   προ γαρ της μεταθεσεως *μεμαρτυρηται* εὐαρεστηκεναι τω θεω·

     39   και οὑτοι παντες *μαρτυρηθεντες* δια της πιστεως οὐκ ἐκομισαντο την ἐπαγγελιαν,

1Jh   1 2   και ἑωρακαμεν και *μαρτυρουμεν* και ἀπαγγελλομεν ὑμιν την ζωην την αἰωνιον,

     4 14   και ἡμεις τεθεαμεθα και *μαρτυρουμεν* ὀτι ὀ πατηρ ἀπεσταλκεν τον υἰον σωτηρα του κοσμου.

     5 6   και το πνευμα ἐστιν το *μαρτυρουν,*

     7   ὀτι τρεις εἰσιν οἰ *μαρτυρουντες,* το πνευμα και το ὑδωρ και το αἰμα.

     9   ὀτι αὑτη ἐστιν ἠ μαρτυρια του θεου, ὀτι *μεμαρτυρηκεν* περι του υἰου αὐτου.

     10   ὀ μη πιστευων τω θεω ψευστην πεποιηκεν αὐτον, ὀτι οὐ πεπιστευκεν εἰς την μαρτυριαν ἡν *μεμαρτυρηκεν* ὀ θεος περι του υἰου αὐτου.

3Jh   3   ἐχαρην γαρ λιαν ἐρχομενων ἀδελφων και *μαρτυρουντων* σου τη ἀληθεια,

     6   πιστον ποιεις ὀ ἐαν ἐργαση εἰς τους ἀδελφους και τουτο ξενους, οἰ *ἐμαρτυρησαν* σου τη ἀγαπη ἐνωπιον ἐκκλησιας,

     12   δημητριω *μεμαρτυρηται* ὑπο παντων και ὑπο αὐτης της ἀληθειας·

     12   και ἡμεις δε *μαρτυρουμεν,* και οἰδας ὀτι ἠ μαρτυρια ἡμων ἀληθης ἐστιν.

Apc   1 2   και ἐσημανεν ἀποστειλας δια του ἀγγελου αὐτου τω δουλω αὐτου ἰωαννη, ὀς *ἐμαρτυρησεν* τον λογον του θεου

     22 16   ἐγω ἰησους ἐπεμψα τον ἀγγελον μου *μαρτυρησαι* ὑμιν ταυτα ἐπι ταις ἐκκλησιαις.

     18   *μαρτυρω* ἐγω παντι τω ἀκουοντι τους λογους της προφητειας του βιβλιου τουτου·

     20   λεγει ὀ *μαρτυρων* ταυτα· ναι, ἐρχομαι ταχυ.

μαρτυρια [37]

Mc   14 55   οἰ δε ἀρχιερεις και ὀλον το συνεδριον ἐζητουν κατα του ἰησου *μαρτυριαν* εἰς το θανατωσαι αὐτον, και οὐχ ἡυρισκον·

     56   πολλοι γαρ ἐψευδομαρτυρουν κατ αὐτου, και ἰσαι αἰ *μαρτυριαι* οὐκ ἠσαν.

     59   και οὐδε οὑτως ἰση ἡν ἠ *μαρτυρια* αὐτων.

Lc   22 71   τι ἐτι ἐχομεν *μαρτυριας* χρειαν;

Jh   1 7   οὑτος ἠλθεν εἰς *μαρτυριαν,* ἰνα μαρτυρηση περι του φωτος,

     19   και αὑτη ἐστιν ἠ *μαρτυρια* του ἰωαννου,

     3 11   ἀμην ἀμην λεγω σοι ὀτι ὀ οἰδαμεν λαλουμεν και ὀ ἑωρακαμεν μαρτυρουμεν, και την *μαρτυριαν* ἡμων οὐ λαμβανετε.

     32   τουτο μαρτυρει, και την *μαρτυριαν* αὐτου οὐδεις λαμβανει.

     33   ὀ λαβων αὐτου την *μαρτυριαν* ἐσφραγισεν ὀτι ὀ θεος ἀληθης ἐστιν.

     5 31   ἐαν ἐγω μαρτυρω περι ἐμαυτου, ἠ *μαρτυρια* μου οὐκ ἐστιν ἀληθης·

     32   και οἰδα ὀτι ἀληθης ἐστιν ἠ *μαρτυρια* ἡν μαρτυρει περι ἐμου.

     34   ἐγω δε οὐ παρα ἀνθρωπου την *μαρτυριαν* λαμβανω, ἀλλα ταυτα λεγω ἰνα ὑμεις σωθητε.

     36   ἐγω δε ἐχω την *μαρτυριαν* μειζω του ἰωαννου·

     8 13   συ περι σεαυτου μαρτυρεις· ἠ *μαρτυρια* σου οὐκ ἐστιν ἀληθης.

     14   καν ἐγω μαρτυρω περι ἐμαυτου, ἀληθης ἐστιν ἠ *μαρτυρια* μου,

     17   και ἐν τω νομω δε τω ὑμετερω γεγραπται ὀτι δυο ἀνθρωπων ἠ *μαρτυρια* ἀληθης ἐστιν.

     19 35   και ὀ ἑωρακως μεμαρτυρηκεν, και ἀληθινη αὐτου ἐστιν ἠ *μαρτυρια,*

     21 24   οὑτος ἐστιν ὀ μαθητης ὀ μαρτυρων περι τουτων και ὀ γραψας ταυτα, και οἰδαμεν ὀτι ἀληθης αὐτου ἠ *μαρτυρια* ἐστιν.

μαρτυρια [37]

Ac	22 18	σπευσον και εξελθε εν ταχει εξ ιερουσαλημ, διοτι ου παραδεξονται σου μαρτυριαν περι εμου.
1Tm	3 7	δει δε και μαρτυριαν καλην εχειν απο των εξωθεν,
Tit	1 13	η μαρτυρια αυτη εστιν αληθης.
1Jh	5 9	ει την μαρτυριαν των ανθρωπων λαμβανομεν, η μαρτυρια του θεου μειζων εστιν,
	9	η μαρτυρια του θεου μειζων εστιν,
	9	οτι αυτη εστιν η μαρτυρια του θεου, οτι μεμαρτυρηκεν περι του υιου αυτου.
	10	ο πιστευων εις τον υιον του θεου εχει την μαρτυριαν εν εαυτω.
	10	ο μη πιστευων τω θεω ψευστην πεποιηκεν αυτον, οτι ου πεπιστευκεν εις την μαρτυριαν ην μεμαρτυρηκεν ο θεος περι του υιου αυτου.
	11	και αυτη εστιν η μαρτυρια, οτι ζωην αιωνιον εδωκεν ημιν ο θεος,
3Jh	12	και ημεις δε μαρτυρουμεν, και οιδας οτι η μαρτυρια ημων αληθης εστιν.
Apc	1 2	ος εμαρτυρησεν τον λογον του θεου και την μαρτυριαν ιησου χριστου, οσα ειδεν.
	9	εγενομην εν τη νησω τη καλουμενη πατμω δια τον λογον του θεου και την μαρτυριαν ιησου.
	6 9	ειδον υποκατω του θυσιαστηριου τας ψυχας των εσφαγμενων δια τον λογον του θεου και δια την μαρτυριαν ην ειχον.
	11 7	και οταν τελεσωσιν την μαρτυριαν αυτων, το θηριον το αναβαινον εκ της αβυσσου ποιησει μετ αυτων πολεμον
	12 11	και αυτοι ενικησαν αυτον δια το αιμα του αρνιου και δια τον λογον της μαρτυριας αυτων,
	17	και απηλθεν ποιησαι πολεμον μετα των λοιπων του σπερματος αυτης, των τηρουντων τας εντολας του θεου και εχοντων την μαρτυριαν ιησου·
	19 10	συνδουλος σου ειμι και των αδελφων σου των εχοντων την μαρτυριαν ιησου·
	10	η γαρ μαρτυρια ιησου εστιν το πνευμα της προφητειας.
	20 4	και τας ψυχας των πεπελεκισμενων δια την μαρτυριαν ιησου και δια τον λογον του θεου,

μαρτυριον [19]

Mt	8 4	εις μαρτυριον αυτοις.
	10 18	και επι ηγεμονας δε και βασιλεις αχθησεσθε ενεκεν εμου, εις μαρτυριον αυτοις και τοις εθνεσιν.
	24 14	και κηρυχθησεται τουτο το ευαγγελιον της βασιλειας εν ολη τη οικουμενη εις μαρτυριον πασιν τοις εθνεσιν,
Mc	1 44	αλλα υπαγε σεαυτον δειξον τω ιερει και προσενεγκε περι του καθαρισμου σου α προσεταξεν μωυσης, εις μαρτυριον αυτοις.
	6 11	και ος αν τοπος μη δεξηται υμας μηδε ακουσωσιν υμων, εκπορευομενοι εκειθεν εκτιναξατε τον χουν τον υποκατω των ποδων υμων εις μαρτυριον αυτοις.
	13 9	παραδωσουσιν υμας εις συνεδρια και εις συναγωγας δαρησεσθε και επι ηγεμονων και βασιλεων σταθησεσθε ενεκεν εμου, εις μαρτυριον αυτοις.
Lc	5 14	και προσενεγκε περι του καθαρισμου σου καθως προσεταξεν μωυσης, εις μαρτυριον αυτοις.
	9 5	και οσοι αν μη δεχωνται υμας, εξερχομενοι απο της πολεως εκεινης τον κονιορτον απο των ποδων υμων αποτινασσετε εις μαρτυριον επ αυτους.
	21 13	αποβησεται υμιν εις μαρτυριον.
Ac	4 33	και δυναμει μεγαλη απεδιδουν το μαρτυριον οι αποστολοι της αναστασεως του κυριου ιησου,
	7 44	η σκηνη του μαρτυριου ην τοις πατρασιν ημων εν τη ερημω,
1Co	1 6	καθως το μαρτυριον του χριστου εβεβαιωθη εν υμιν,
2Co	1 12	η γαρ καυχησις ημων αυτη εστιν, το μαρτυριον της συνειδησεως ημων,
2Th	1 10	οτι επιστευθη το μαρτυριον ημων εφ υμας, εν τη ημερα εκεινη.
1Tm	2 6	ο δους εαυτον αντιλυτρον υπερ παντων, το μαρτυριον καιροις ιδιοις·
2Tm	1 8	μη ουν επαισχυνθης το μαρτυριον του κυριου ημων μηδε εμε τον δεσμιον αυτου,
Heb	3 5	και μωυσης μεν πιστος εν ολω τω οικω αυτου ως θεραπων εις μαρτυριον των λαληθησομενων,
Ja	5 3	και ο ιος αυτων εις μαρτυριον υμιν εσται και φαγεται τας σαρκας υμων ως πυρ.
Apc	15 5	και ηνοιγη ο ναος της σκηνης του μαρτυριου εν τω ουρανω,

μαρτυρομαι [5]

Ac	20 26	διοτι μαρτυρομαι υμιν εν τη σημερον ημερα οτι καθαρος ειμι απο του αιματος παντων·
	26 22	επικουριας ουν τυχων της απο του θεου αχρι της ημερας ταυτης εστηκα μαρτυρομενος μικρω τε και μεγαλω,
Ga	5 3	μαρτυρομαι δε παλιν παντι ανθρωπω περιτεμνομενω οτι οφειλετης εστιν ολον τον νομον ποιησαι.
Eph	4 17	τουτο ουν λεγω και μαρτυρομαι εν κυριω,
1Th	2 12	καθαπερ οιδατε ως ενα εκαστον υμων ως πατηρ τεκνα εαυτου παρακαλουντες υμας και παραμυθουμενοι και μαρτυρομενοι

μαρτυς [35]

Mt	18 16	εαν δε μη ακουση, παραλαβε μετα σου ετι ενα η δυο, ινα επι στοματος δυο μαρτυρων η τριων σταθη παν ρημα·
	26 65	εβλασφημησεν· τι ετι χρειαν εχομεν μαρτυρων;
Mc	14 63	τι ετι χρειαν εχομεν μαρτυρων;
Lc	11 48	αρα μαρτυρες εστε και συνευδοκειτε τοις εργοις των πατερων υμων,
	24 48	υμεις μαρτυρες τουτων.
Ac	1 8	και εσεσθε μου μαρτυρες εν τε ιερουσαλημ και [εν] παση τη ιουδαια και σαμαρεια και εως εσχατου της γης.
	22	μαρτυρα της αναστασεως αυτου συν ημιν γενεσθαι ενα τουτων.
	2 32	τουτον τον ιησουν ανεστησεν ο θεος, ου παντες ημεις εσμεν μαρτυρες·
	3 15	τον δε αρχηγον της ζωης απεκτεινατε, ον ο θεος ηγειρεν εκ νεκρων, ου ημεις μαρτυρες εσμεν.
	5 32	και ημεις εσμεν μαρτυρες των ρηματων τουτων, και το πνευμα το αγιον ο εδωκεν ο θεος τοις πειθαρχουσιν αυτω.
	6 13	εστησαν τε μαρτυρας ψευδεις λεγοντας·
	7 58	και οι μαρτυρες απεθεντο τα ιματια αυτων παρα τους ποδας νεανιου καλουμενου σαυλου.
	10 39	και ημεις μαρτυρες παντων ων εποιησεν εν τε τη χωρα των ιουδαιων και [εν] ιερουσαλημ·
	41	ου παντι τω λαω, αλλα μαρτυσιν τοις προκεχειροτονημενοις υπο του θεου,
	13 31	ος ωφθη επι ημερας πλειους τοις συναναβασιν αυτω απο της γαλιλαιας εις ιερουσαλημ, οιτινες [νυν] εισιν μαρτυρες αυτου προς τον λαον.
	22 15	και ιδειν τον δικαιον και ακουσαι φωνην εκ του στοματος αυτου, οτι εση μαρτυς αυτω προς παντας ανθρωπους ων εωρακας και ηκουσας.
	20	και οτε εξεχυννετο το αιμα στεφανου του μαρτυρος σου, και αυτος ημην εφεστως και συνευδοκων και φυλασσων τα ιματια των αναιρουντων αυτον.
	26 16	εις τουτο γαρ ωφθην σοι, προχειρισασθαι σε υπηρετην και μαρτυρα ων τε ειδες [με] ων τε οφθησομαι σοι,
Rm	1 9	μαρτυς γαρ μου εστιν ο θεος, ω λατρευω εν τω πνευματι μου εν τω ευαγγελιω του υιου αυτου,
2Co	1 23	εγω δε μαρτυρα τον θεον επικαλουμαι επι την εμην ψυχην,
	13 1	επι στοματος δυο μαρτυρων και τριων σταθησεται παν ρημα.
Php	1 8	μαρτυς γαρ μου ο θεος, ως επιποθω παντας υμας εν σπλαγχνοις χριστου ιησου.
1Th	2 5	ουτε γαρ ποτε εν λογω κολακειας εγενηθημεν, καθως οιδατε, ουτε εν προφασει πλεονεξιας, θεος μαρτυς,
	10	υμεις μαρτυρες και ο θεος, ως οσιως και δικαιως και αμεμπτως υμιν τοις πιστευουσιν εγενηθημεν,
1Tm	5 19	κατα πρεσβυτερου κατηγοριαν μη παραδεχου, εκτος ει μη επι δυο η τριων μαρτυρων.
	6 12	επιλαβου της αιωνιου ζωης, εις ην εκληθης και ωμολογησας την καλην ομολογιαν ενωπιον πολλων μαρτυρων.
2Tm	2 2	και α ηκουσας παρ εμου δια πολλων μαρτυρων, ταυτα παραθου πιστοις ανθρωποις,
Heb	10 28	αθετησας τις νομον μωυσεως χωρις οικτιρμων επι δυσιν η τρισιν μαρτυσιν αποθνησκει·
	12 1	τοιγαρουν και ημεις, τοσουτον εχοντες περικειμενον ημιν νεφος μαρτυρων, ογκον αποθεμενοι παντα και την ευπεριστατον αμαρτιαν,
1Pt	5 1	πρεσβυτερους ουν εν υμιν παρακαλω ο συμπρεσβυτερος και μαρτυς των του χριστου παθηματων,
Apc	1 5	και απο ιησου χριστου, ο μαρτυς ο πιστος,
	2 13	και ουκ ηρνησω την πιστιν μου και εν ταις ημεραις αντιπας ο μαρτυς μου ο πιστος μου,
	3 14	ταδε λεγει ο αμην, ο μαρτυς ο πιστος και αληθινος, η αρχη της κτισεως του θεου· οιδα σου τα εργα,
	11 3	και δωσω τοις δυσιν μαρτυσιν μου, και προφητευσουσιν ημερας χιλιασδιακοσιασεξηκοντα περιβεβλημενοι σακκους.
	17 6	και ειδον την γυναικα μεθυουσαν εκ του αιματος των αγιων και εκ του αιματος των μαρτυρων ιησου.

μασαομαι [1]

Apc 16 10   και ἐμασωντο τας γλωσσας αὐτων ἐκ του πονου,

μαστιγοω [7]

Mt 10 17   και ἐν ταις συναγωγαις αὐτων μαστιγωσουσιν ὑμας·
20 19   και κατακρινοῦσιν αὐτον θανατω, και παραδωσουσιν αὐτον τοις ἐθνεσιν εἰς το ἐμπαιξαι και μαστιγωσαι και σταυρωσαι,
23 34   ἐξ αὐτων ἀποκτενειτε και σταυρωσετε, και ἐξ αὐτων μαστιγωσετε ἐν ταις συναγωγαις ὑμων και διωξετε ἀπο πολεως εἰς πολιν·

Mc 10 34   και κατακρινοῦσιν αὐτον θανατω και παραδωσουσιν αὐτον τοις ἐθνεσιν και ἐμπαιξουσιν αὐτω και ἐμπτυσουσιν αὐτω και μαστιγωσουσιν αὐτον και ἀποκτενουσιν,

Lc 18 33   και μαστιγωσαντες ἀποκτενουσιν αὐτον, και τη ἡμερα τη τριτη ἀναστησεται.

Jh 19 1   τοτε οὐν ἐλαβεν ὁ πιλατος τον ἰησουν και ἐμαστιγωσεν.

Heb 12 6   μαστιγοι δε παντα υἱον ὁν παραδεχεται.

μαστιζω [1]

Ac 22 25   ὡς δε προετειναν αὐτον τοις ἱμασιν, εἰπεν προς τον ἑστωτα ἑκατονταρχον ὁ παυλος· εἰ ἀνθρωπον ῥωμαιον και ἀκατακριτον ἐξεστιν ὑμιν μαστιζειν;

μαστιξ [6]

Mc 3 10   πολλους γαρ ἐθεραπευσεν, ὡστε ἐπιπιπτειν αὐτω ἱνα αὐτου ἁψωνται ὁσοι εἰχον μαστιγας.
5 29   και ἐγνω τω σωματι ὁτι ἰαται ἀπο της μαστιγος.
34   ὑπαγε εἰς εἰρηνην, και ἰσθι ὑγιης ἀπο της μαστιγος σου.

Lc 7 21   ἐν ἐκεινη τη ὡρα ἐθεραπευσεν πολλους ἀπο νοσων και μαστιγων και πνευματων πονηρων,

Ac 22 24   ἐκελευσεν ὁ χιλιαρχος εἰσαγεσθαι αὐτον εἰς την παρεμβολην, εἰπας μαστιξιν ἀνεταζεσθαι αὐτον,

Heb 11 36   ἑτεροι δε ἐμπαιγμων και μαστιγων πειραν ἐλαβον,

μαστος [3]

Lc 11 27   μακαρια ἡ κοιλια ἡ βαστασασα σε και μαστοι οὑς ἐθηλασας.
23 29   και αἱ κοιλιαι αἱ οὐκ ἐγεννησαν, και μαστοι οἱ οὐκ ἐθρεψαν.

Apc 1 13   και ἐν μεσω των λυχνιων ὁμοιον υἱον ἀνθρωπου, ἐνδεδυμενον ποδηρη και περιεζωσμενον προς τοις μαστοις ζωνην χρυσαν·

ματαιολογια [1]

1Tm 1 6   ὡν τινες ἀστοχησαντες ἐξετραπησαν εἰς ματαιολογιαν,

ματαιολογος [1]

Tit 1 10   εἰσιν γαρ πολλοι [και] ἀνυποτακτοι, ματαιολογοι και φρεναπαται, μαλιστα οἱ ἐκ της περιτομης,

ματαιοομαι [1]

Rm 1 21   διοτι γνοντες τον θεον οὐχ ὡς θεον ἐδοξασαν ἡ ηὐχαριστησαν, ἀλλ᾽ ἐματαιωθησαν ἐν τοις διαλογισμοις αὐτων,

ματαιος [6]

Ac 14 15   και ἡμεις ὁμοιοπαθεις ἐσμεν ὑμιν ἀνθρωποι, εὐαγγελιζομενοι ὑμας ἀπο τουτων των ματαιων ἐπιστρεφειν ἐπι θεον ζωντα,

1Co 3 20   κυριος γινωσκει τους διαλογισμους των σοφων, ὁτι εἰσιν ματαιοι.
15 17   εἰ δε χριστος οὐκ ἐγηγερται, ματαια ἡ πιστις ὑμων,

Tit 3 9   εἰσιν γαρ ἀνωφελεις και ματαιοι.

Ja 1 26   εἰ τις δοκει θρησκος εἰναι, μη χαλιναγωγων γλωσσαν αὐτου ἀλλα ἀπατων καρδιαν αὐτου, τουτου ματαιος ἡ θρησκεια.

1Pt 1 18   εἰδοτες ὁτι οὐ φθαρτοις, ἀργυριω ἡ χρυσιω, ἐλυτρωθητε ἐκ της ματαιας ὑμων ἀναστροφης πατροπαραδοτου, ἀλλα τιμιω αἱματι ὡς ἀμνου ἀμωμου και ἀσπιλου χριστου,

ματαιοτης [3]

Rm 8 20   τη γαρ ματαιοτητι ἡ κτισις ὑπεταγη, οὐχ ἑκουσα, ἀλλα δια τον ὑποταξαντα, ἐφ᾽ ἑλπιδι

ματαιοτης [3]

Eph 4 17   μηκετι ὑμας περιπατειν καθως και τα ἐθνη περιπατει ἐν ματαιοτητι του νοος αὐτων,

2Pt 2 18   ὑπερογκα γαρ ματαιοτητος φθεγγομενοι δελεαζουσιν ἐν ἐπιθυμιαις σαρκος ἀσελγειαις τους ὀλιγως ἀποφευγοντας τους ἐν πλανη ἀναστρεφομενους,

ματην [2]

Mt 15 9   ματην δε σεβονται με, διδασκοντες διδασκαλιας ἐνταλματα ἀνθρωπων.

Mc 7 7   ματην δε σεβονται με, διδασκοντες διδασκαλιας ἐνταλματα ἀνθρωπων.

ματθαν [2]

Mt 1 15   ἐλεαζαρ δε ἐγεννησεν τον ματθαν,
15   ματθαν δε ἐγεννησεν τον ἰακωβ,

ματταθα [1]

Lc 3 31   του μελεα του μεννα του ματταθα του ναθαμ του δαυιδ

ματταθιας [2]

Lc 3 25   του ματταθιου του ἀμως του ναουμ του ἐσλι του ναγγαι
26   του μααθ του ματταθιου του σεμειν του ἰωσηχ του ἰωδα

μαχαιρα [29]

Mt 10 34   οὐκ ἠλθον βαλειν εἰρηνην ἀλλα μαχαιραν.
26 47   ἰδου ἰουδας εἱς των δωδεκα ἠλθεν, και μετ αὐτου ὀχλος πολυς μετα μαχαιρων και ξυλων ἀπο των ἀρχιερεων και πρεσβυτερων του λαου.
51   και ἰδου εἱς των μετα ἰησου ἐκτεινας την χειρα ἀπεσπασεν την μαχαιραν αὐτου,
52   ἀποστρεψον την μαχαιραν σου εἰς τον τοπον αὐτης·
52   παντες γαρ οἱ λαβοντες μαχαιραν ἐν μαχαιρη ἀπολουνται.
52   παντες γαρ οἱ λαβοντες μαχαιραν ἐν μαχαιρη ἀπολουνται.
55   ὡς ἐπι ληστην ἐξηλθατε μετα μαχαιρων και ξυλων συλλαβειν με;

Mc 14 43   και μετ αὐτου ὀχλος μετα μαχαιρων και ξυλων παρα των ἀρχιερεων και των γραμματεων και των πρεσβυτερων.
47   εἱς δε [τις] των παρεστηκοτων σπασαμενος την μαχαιραν ἐπαισεν τον δουλον του ἀρχιερεως και ἀφειλεν αὐτου το ὠταριον.
48   ὡς ἐπι ληστην ἐξηλθατε μετα μαχαιρων και ξυλων συλλαβειν με;

Lc 21 24   και πεσουνται στοματι μαχαιρης και αἰχμαλωτισθησονται εἰς τα ἐθνη παντα,
22 36   ἀλλα νυν ὁ ἐχων βαλλαντιον ἀρατω, ὁμοιως και πηραν, και ὁ μη ἐχων πωλησατω το ἱματιον αὐτου και ἀγορασατω μαχαιραν.
38   κυριε, ἰδου μαχαιραι ὡδε δυο.
49   κυριε, εἰ παταξομεν ἐν μαχαιρη;
52   ὡς ἐπι ληστην ἐξηλθατε μετα μαχαιρων και ξυλων;

Jh 18 10   σιμων οὐν πετρος ἐχων μαχαιραν εἱλκυσεν αὐτην και ἐπαισεν τον του ἀρχιερεως δουλον και ἀπεκοψεν αὐτου το ὠταριον το δεξιον·
11   βαλε την μαχαιραν εἰς την θηκην·

Ac 12 2   ἀνειλεν δε ἰακωβον τον ἀδελφον ἰωαννου μαχαιρη.
16 27   ἐξυπνος δε γενομενος ὁ δεσμοφυλαξ και ἰδων ἀνεωγμενας τας θυρας της φυλακης, σπασαμενος [την] μαχαιραν ἠμελλεν ἑαυτον ἀναιρειν,

Rm 8 35   τις ἡμας χωρισει ἀπο της ἀγαπης του χριστου; θλιψις ἡ στενοχωρια ἡ διωγμος ἡ λιμος ἡ γυμνοτης ἡ κινδυνος ἡ μαχαιρα;
13 4   οὐ γαρ εἰκη την μαχαιραν φορει·

Eph 6 17   και την περικεφαλαιαν του σωτηριου δεξασθε, και την μαχαιραν του πνευματος,

Heb 4 12   ζων γαρ ὁ λογος του θεου και ἐνεργης και τομωτερος ὑπερ πασαν μαχαιραν διστομον
11 34   ἐπετυχον ἐπαγγελιων, ἐφραξαν στοματα λεοντων, ἐσβεσαν δυναμιν πυρος, ἐφυγον στοματα μαχαιρης,
37   ἐλιθασθησαν, ἐπρισθησαν, ἐν φονω μαχαιρης ἀπεθανον,

Apc 6 4   και ἐδοθη αὐτω μαχαιρα μεγαλη.
13 10   εἰ τις ἐν μαχαιρη ἀποκτανθηναι, αὐτον ἐν μαχαιρη ἀποκτανθηναι.
10   εἰ τις ἐν μαχαιρη ἀποκτανθηναι, αὐτον ἐν μαχαιρη ἀποκτανθηναι.

μαχαιρα [29]

Apc   13 14   λεγων τοις κατοικουσιν ἐπι της γης ποιησαι εικονα τω θηριω, ὃς ἐχει την πληγην της *μαχαιρης* και ἐζησεν.

μαχη [4]

2Co   7 5   ἀλλ ἐν παντι θλιβομενοι· ἐξωθεν *μαχαι*, ἐσωθεν φοβοι.
2Tm   2 23   τας δε μωρας και ἀπαιδευτους ζητησεις παραιτου, εἰδως ὃτι γεννωσιν *μαχας·*
Tit   3 9   μωρας δε ζητησεις και γενεαλογιας και ἐρεις και *μαχας* νομικας περιιστασο·
Ja   4 1   ποθεν πολεμοι και ποθεν *μαχαι* ἐν ὑμιν;

μαχομαι [4]

Jh   6 52   *ἐμαχοντο* οὖν προς ἀλληλους οἱ ἰουδαιοι λεγοντες·
Ac   7 26   τῃ τε ἐπιουσῃ ἡμερᾳ ὡφθη αὐτοις *μαχομενοις*,
2Tm   2 24   δουλον δε κυριου οὐ δει *μαχεσθαι*
Ja   4 2   *μαχεσθε* και πολεμειτε. οὐκ ἐχετε δια το μη αἰτεισθαι ὑμας·

μεγαλειος [1]

Ac   2 11   ἀκουομεν λαλουντων αὐτων ταις ἡμετεραις γλωσσαις τα *μεγαλεια* του θεου;

μεγαλειοτης [3]

Lc   9 43   ἐξεπλησσοντο δε παντες ἐπι τῃ *μεγαλειοτητι* του θεου.
Ac   19 27   ἀλλα και το της μεγαλης θεας ἀρτεμιδος ἱερον εἰς οὐθεν λογισθηναι, μελλειν τε και καθαιρεισθαι της *μεγαλειοτητος* αὐτης,
2Pt   1 16   ἀλλ ἐποπται γενηθεντες της ἐκεινου *μεγαλειοτητος.*

μεγαλοπρεπης [1]

2Pt   1 17   λαβων γαρ παρα θεου πατρος τιμην και δοξαν φωνης ἐνεχθεισης αὐτω τοιασδε ὑπο της *μεγαλοπρεπους* δοξης·

μεγαλυνω [8]

Mt   23 5   πλατυνουσιν γαρ τα φυλακτηρια αὐτων και *μεγαλυνουσιν* τα κρασπεδα,
Lc   1 46   *μεγαλυνει* ἡ ψυχη μου τον κυριον,
    58   και ἠκουσαν οἱ περιοικοι και οἱ συγγενεις αὐτης ὃτι *ἐμεγαλυνεν* κυριος το ἐλεος αὐτου μετ αὐτης, και συνεχαιρον αὐτῃ.
Ac   5 13   των δε λοιπων οὐδεις ἐτολμα κολλασθαι αὐτοις, ἀλλ *ἐμεγαλυνεν* αὐτους ὁ λαος·
    10 46   ἠκουον γαρ αὐτων λαλουντων γλωσσαις και *μεγαλυνοντων* τον θεον.
    19 17   και ἐπεπεσεν φοβος ἐπι παντας αὐτους, και *ἐμεγαλυνετο* το ὀνομα του κυριου ἰησου·
2Co   10 15   ἐλπιδα δε ἐχοντες αὐξανομενης της πιστεως ὑμων ἐν ὑμιν *μεγαλυνθηναι* κατα τον κανονα ἡμων εἰς περισσειαν,
Php   1 20   ἀλλ ἐν πασῃ παρρησιᾳ ὡς παντοτε και νυν *μεγαλυνθησεται* χριστος ἐν τω σωματι μου,

μεγαλως [1]

Php   4 10   ἐχαρην δε ἐν κυριω *μεγαλως* ὃτι ἠδη ποτε ἀνεθαλετε το ὑπερ ἐμου φρονειν·

μεγαλωσυνη [3]

Heb   1 3   καθαρισμον των ἁμαρτιων ποιησαμενος ἐκαθισεν ἐν δεξιᾳ της *μεγαλωσυνης* ἐν ὑψηλοις,
    8 1   τοιουτον ἐχομεν ἀρχιερεα, ὃς ἐκαθισεν ἐν δεξιᾳ του θρονου της *μεγαλωσυνης* ἐν τοις οὐρανοις,
Ju   25   μονῳ θεῳ σωτηρι ἡμων δια ἰησου χριστου του κυριου ἡμων δοξα *μεγαλωσυνη* κρατος και ἐξουσια προ παντος του αἰωνος και νυν και εἰς παντας τους αἰωνας·

μεγας [243]

Mt   2 10   ἰδοντες δε τον ἀστερα ἐχαρησαν χαραν *μεγαλην* σφοδρα.
    4 16   ὁ λαος ὁ καθημενος ἐν σκοτει φως εἰδεν *μεγα,*
    5 19   οὑτος *μεγας* κληθησεται ἐν τῃ βασιλειᾳ των οὐρανων.
    35   μητε εἰς ἱεροσολυμα, ὃτι πολις ἐστιν του *μεγαλου* βασιλεως·
    7 27   και ἠν ἡ πτωσις αὐτης *μεγαλη.*

μεγας [243]

Mt   8 24   και ἰδου σεισμος *μεγας* ἐγενετο ἐν τῃ θαλασσῃ,
    26   και ἐγενετο γαληνη *μεγαλη.*
    11 11   οὐκ ἐγηγερται ἐν γεννητοις γυναικων *μειζων* ἰωαννου του βαπτιστου·
    11   ὁ δε μικροτερος ἐν τῃ βασιλειᾳ των οὐρανων *μειζων* αὐτου ἐστιν.
    12 6   λεγω δε ὑμιν ὃτι του ἱερου *μειζον* ἐστιν ὡδε.
    13 32   ὁταν δε αὐξηθῃ, *μειζον* των λαχανων ἐστιν και γινεται δενδρον,
    15 28   ὠ γυναι, *μεγαλη* σου ἡ πιστις· γενηθητω σοι ὡς θελεις.
    18 1   τις ἀρα *μειζων* ἐστιν ἐν τῃ βασιλειᾳ των οὐρανων;
    4   ὁστις οὖν ταπεινωσει ἑαυτον ὡς το παιδιον τουτο, οὑτος ἐστιν ὁ *μειζων* ἐν τῃ βασιλειᾳ των οὐρανων.
    20 25   οἰδατε ὃτι οἱ ἀρχοντες των ἐθνων κατακυριευουσιν αὐτων και οἱ *μεγαλοι* κατεξουσιαζουσιν αὐτων.
    26   ἀλλ ὃς ἐαν θελῃ ἐν ὑμιν *μεγας* γενεσθαι, ἐσται ὑμων διακονος,
    31   οἱ δε *μειζον* ἐκραξαν λεγοντες· ἐλεησον ἡμας, κυριε, υἱος δαυιδ.
    22 36   διδασκαλε, ποια ἐντολη *μεγαλη* ἐν τω νομω;
    38   αὑτη ἐστιν ἡ *μεγαλη* και πρωτη ἐντολη.
    23 11   ὁ δε *μειζων* ὑμων ἐσται ὑμων διακονος.
    17   μωροι και τυφλοι, τις γαρ *μειζων* ἐστιν, ὁ χρυσος ἠ ὁ ναος ὁ ἁγιασας τον χρυσον;
    19   τυφλοι, τι γαρ *μειζον,* το δωρον ἠ το θυσιαστηριον το ἁγιαζον το δωρον;
    24 21   ἐσται γαρ τοτε θλιψις *μεγαλη,* οἱα οὐ γεγονεν ἀπ ἀρχης κοσμου ἑως του νυν οὐδ οὐ μη γενηται·
    24   ἐγερθησονται γαρ ψευδοχριστοι και ψευδοπροφηται, και δωσουσιν σημεια *μεγαλα* και τερατα,
    31   και ἀποστελει τους ἀγγελους αὐτου μετα σαλπιγγος *μεγαλης,*
    27 46   περι δε την ἐνατην ὡραν ἀνεβοησεν ὁ ἰησους φωνῃ *μεγαλῃ* λεγων· ἠλι ἠλι λεμα σαβαχθανι;
    50   ὁ δε ἰησους παλιν κραξας φωνῃ *μεγαλῃ* ἀφηκεν το πνευμα.
    60   και προσκυλισας λιθον *μεγαν* τῃ θυρᾳ του μνημειου ἀπηλθεν.
    28 2   και ἰδου σεισμος ἐγενετο *μεγας·*
    8   και ἀπελθουσαι ταχυ ἀπο του μνημειου μετα φοβου και χαρας *μεγαλης* ἐδραμον ἀπαγγειλαι τοις μαθηταις αὐτου.
Mc   1 26   και σπαραξαν αὐτον το πνευμα το ἀκαθαρτον και φωνησαν φωνῃ *μεγαλῃ* ἐξηλθεν ἐξ αὐτου.
    4 32   και ὁταν σπαρῃ, ἀναβαινει και γινεται *μειζον* παντων των λαχανων,
    32   και ποιει κλαδους *μεγαλους,*
    37   και γινεται λαιλαψ *μεγαλη* ἀνεμου,
    39   και ἐκοπασεν ὁ ἀνεμος, και ἐγενετο γαληνη *μεγαλη.*
    41   και ἐφοβηθησαν φοβον *μεγαν,* και ἐλεγον προς ἀλληλους·
    5 7   και κραξας φωνῃ *μεγαλῃ* λεγει· τι ἐμοι και σοι, ἰησου υἱε του θεου του ὑψιστου;
    11   ἠν δε ἐκει προς τω ὀρει ἀγελη χοιρων *μεγαλη* βοσκομενη·
    42   και ἐξεστησαν [εὐθυς] ἐκστασει *μεγαλῃ.*
    9 34   οἱ δε ἐσιωπων· προς ἀλληλους γαρ διελεχθησαν ἐν τῃ ὁδω τις *μειζων.*
    10 42   οἰδατε ὃτι οἱ δοκουντες ἀρχειν των ἐθνων κατακυριευουσιν αὐτων και οἱ *μεγαλοι* αὐτων κατεξουσιαζουσιν αὐτων.
    43   οὐχ οὑτως δε ἐστιν ἐν ὑμιν· ἀλλ ὃς ἀν θελῃ *μεγας* γενεσθαι ἐν ὑμιν, ἐσται ὑμων διακονος,
    12 31   *μειζων* τουτων ἀλλη ἐντολη οὐκ ἐστιν.
    13 2   βλεπεις ταυτας τας *μεγαλας* οἰκοδομας;
    14 15   και αὐτος ὑμιν δειξει ἀναγαιον *μεγα* ἐστρωμενον ἑτοιμον·
    15 34   και τῃ ἐνατῃ ὡρᾳ ἐβοησεν ὁ ἰησους φωνῃ *μεγαλῃ·* ἐλωι ἐλωι λαμα σαβαχθανι;
    37   ὁ δε ἰησους ἀφεις φωνην *μεγαλην* ἐξεπνευσεν.
    16 4   και ἀναβλεψασαι θεωρουσιν ὃτι ἀποκεκυλισται ὁ λιθος· ἠν γαρ *μεγας* σφοδρα.
Lc   1 15   ἐσται γαρ *μεγας* ἐνωπιον [του] κυριου,
    32   οὑτος ἐσται *μεγας* και υἱος ὑψιστου κληθησεται,
    42   και ἐπλησθη πνευματος ἀγιου ἡ ἐλισαβετ, και ἀνεφωνησεν κραυγῃ *μεγαλῃ* και εἰπεν·
    49   ὃτι ἐποιησεν μοι *μεγαλα* ὁ δυνατος,
    2 9   και ἀγγελος κυριου ἐπεστη αὐτοις και δοξα κυριου περιελαμψεν αὐτους, και ἐφοβηθησαν φοβον *μεγαν.*
    10   ἰδου γαρ εὐαγγελιζομαι ὑμιν χαραν *μεγαλην,* ἡτις ἐσται παντι τω λαω,
    4 25   ὃτε ἐκλεισθη ὁ οὐρανος ἐπι ἐτη τρια και μηνας ἑξ, ὡς ἐγενετο λιμος *μεγας* ἐπι πασαν την γην,
    33   και ἀνεκραξεν φωνῃ *μεγαλῃ·* ἐα, τι ἡμιν και σοι, ἰησου ναζαρηνε;
    38   πενθερα δε του σιμωνος ἠν συνεχομενη πυρετω *μεγαλω,*

μεγας [243]

Lc	5 29	και εποιησεν δοχην *μεγαλην* λευις αυτω εν τη οικια αυτου·
	6 49	και ευθυς συνεπεσεν, και εγενετο το ρηγμα της οικιας εκεινης *μεγα*.
	7 16	ελαβεν δε φοβος παντας, και εδοξαζον τον θεον λεγοντες οτι προφητης *μεγας* ηγερθη εν ημιν,
	28	*μειζων* εν γεννητοις γυναικων ιωαννου ουδεις εστιν·
	28	ο δε μικροτερος εν τη βασιλεια του θεου *μειζων* αυτου εστιν.
	8 28	ιδων δε τον ιησουν ανακραξας προσεπεσεν αυτω και φωνη *μεγαλη* ειπεν·
	37	και ηρωτησεν αυτον απαν το πληθος της περιχωρου των γερασηνων απελθειν απ αυτων, οτι φοβω *μεγαλω* συνειχοντο·
	9 46	εισηλθεν δε διαλογισμος εν αυτοις, το τις αν ειη *μειζων* αυτων.
	48	ο γαρ μικροτερος εν πασιν υμιν υπαρχων, ουτος εστιν *μεγας*.
	12 18	καθελω μου τας αποθηκας και *μειζονας* οικοδομησω,
	14 16	ανθρωπος τις εποιει δειπνον *μεγα*, και εκαλεσεν πολλους,
	16 26	και εν πασι τουτοις μεταξυ ημων και υμων χασμα *μεγα* εστηρικται,
	17 15	εις δε εξ αυτων, ιδων οτι ιαθη, υπεστρεψεν μετα φωνης *μεγαλης* δοξαζων τον θεον,
	19 37	εγγιζοντος δε αυτου ηδη προς τη καταβασει του ορους των ελαιων ηρξαντο απαν το πληθος των μαθητων χαιροντες αινειν τον θεον φωνη *μεγαλη* περι πασων ων ειδον δυναμεων,
	21 11	σεισμοι τε *μεγαλοι* και κατα τοπους λιμοι και λοιμοι εσονται,
	11	φοβητρα τε και απ ουρανου σημεια *μεγαλα* εσται.
	23	εσται γαρ αναγκη *μεγαλη* επι της γης και οργη τω λαω τουτω,
	22 12	κακεινος υμιν δειξει αναγαιον *μεγα* εστρωμενον·
	24	εγενετο δε και φιλονεικια εν αυτοις, το τις αυτων δοκει ειναι *μειζων*.
	26	υμεις δε ουχ ουτως, αλλ ο *μειζων* εν υμιν γινεσθω ως ο νεωτερος, και ο ηγουμενος ως ο διακονων·
	27	τις γαρ *μειζων*, ο ανακειμενος η ο διακονων; ουχι ο ανακειμενος;
	23 23	οι δε επεκειντο φωναις *μεγαλαις* αιτουμενοι αυτον σταυρωθηναι,
	46	και φωνησας φωνη *μεγαλη* ο ιησους ειπεν·
	24 52	και αυτοι προσκυνησαντες αυτον υπεστρεψαν εις ιερουσαλημ μετα χαρας *μεγαλης*,
Jh	1 50	απεκριθη ιησους και ειπεν αυτω· οτι ειπον σοι οτι ειδον σε υποκατω της συκης, πιστευεις; *μειζω* τουτων οψη.
	4 12	μη συ *μειζων* ει του πατρος ημων ιακωβ,
	5 20	και *μειζονα* τουτων δειξει αυτω εργα, ινα υμεις θαυμαζητε.
	36	εγω δε εχω την μαρτυριαν *μειζω* του ιωαννου·
	6 18	η τε θαλασσα ανεμου *μεγαλου* πνεοντος διεγειρετο.
	7 37	εν δε τη εσχατη ημερα τη *μεγαλη* της εορτης ειστηκει ο ιησους και εκραξεν λεγων·
	8 53	μη συ *μειζων* ει του πατρος ημων αβρααμ, οστις απεθανεν;
	10 29	ο πατηρ μου ο δεδωκεν μοι παντων *μειζον* εστιν,
	11 43	και ταυτα ειπων φωνη *μεγαλη* εκραυγασεν·
	13 16	ουκ εστιν δουλος *μειζων* του κυριου αυτου,
	16	ουκ εστιν δουλος *μειζων* του κυριου αυτου, ουδε αποστολος *μειζων* του πεμψαντος αυτον.
	14 12	και *μειζονα* τουτων ποιησει, οτι εγω προς τον πατερα πορευομαι·
	28	ει ηγαπατε με, εχαρητε αν οτι πορευομαι προς τον πατερα, οτι ο πατηρ *μειζων* μου εστιν.
	15 13	*μειζονα* ταυτης αγαπην ουδεις εχει, ινα τις την ψυχην αυτου θη υπερ των φιλων αυτου.
	20	ουκ εστιν δουλος *μειζων* του κυριου αυτου.
	19 11	δια τουτο ο παραδους με σοι *μειζονα* αμαρτιαν εχει.
	31	οι ουν ιουδαιοι, επει παρασκευη ην, ινα μη μεινη επι του σταυρου τα σωματα εν τω σαββατω, ην γαρ *μεγαλη* η ημερα εκεινου του σαββατου, ηρωτησαν τον πιλατον
	21 11	ανεβη ουν σιμων πετρος και ειλκυσεν το δικτυον εις την γην μεστον ιχθυων *μεγαλων* εκατονπεντηκοντατριων·
Ac	2 20	ο ηλιος μεταστραφησεται εις σκοτος και η σεληνη εις αιμα, πριν ελθειν ημεραν κυριου την *μεγαλην* και επιφανη.
	4 33	και δυναμει *μεγαλη* απεδιδουν το μαρτυριον οι αποστολοι της αναστασεως του κυριου ιησου,
	33	χαρις τε *μεγαλη* ην επι παντας αυτους.
	5 5	και εγενετο φοβος *μεγας* επι παντας τους ακουοντας.
	11	και εγενετο φοβος *μεγας* εφ ολην την εκκλησιαν και επι παντας τους ακουοντας ταυτα.
	6 8	στεφανος δε πληρης χαριτος και δυναμεως εποιει τερατα και σημεια *μεγαλα* εν τω λαω.
	7 11	ηλθεν δε λιμος εφ ολην την αιγυπτον και χανααν και θλιψις *μεγαλη*,

μεγας [243]

Ac	7 57	κραξαντες δε φωνη *μεγαλη* συνεσχον τα ωτα αυτων, και ωρμησαν ομοθυμαδον επ αυτον,
	60	θεις δε τα γονατα εκραξεν φωνη *μεγαλη*· κυριε, μη στησης αυτοις ταυτην την αμαρτιαν.
	8 1	εγενετο δε εν εκεινη τη ημερα διωγμος *μεγας* επι την εκκλησιαν την εν ιεροσολυμοις·
	2	συνεκομισαν δε τον στεφανον ανδρες ευλαβεις και εποιησαν κοπετον *μεγαν* επ αυτω.
	7	πολλοι γαρ των εχοντων πνευματα ακαθαρτα βοωντα φωνη *μεγαλη* εξηρχοντο·
	9	ανηρ δε τις ονοματι σιμων προυπηρχεν εν τη πολει μαγευων και εξιστανων το εθνος της σαμαρειας, λεγων ειναι τινα εαυτον *μεγαν*,
	10	ω προσειχον παντες απο μικρου εως *μεγαλου* λεγοντες·
	10	ουτος εστιν η δυναμις του θεου η καλουμενη *μεγαλη*.
	13	θεωρων τε σημεια και δυναμεις *μεγαλας* γινομενας εξιστατο.
	10 11	και θεωρει τον ουρανον ανεωγμενον και καταβαινον σκευος τι ως οθονην *μεγαλην*,
	11 5	και ειδον εν εκστασει οραμα, καταβαινον σκευος τι ως οθονην *μεγαλην* τεσσαρσιν αρχαις καθιεμενην εκ του ουρανου,
	28	αναστας δε εις εξ αυτων ονοματι αγαβος εσημανεν δια του πνευματος λιμον *μεγαλην* μελλειν εσεσθαι εφ ολην την οικουμενην·
	14 10	ειπεν *μεγαλη* φωνη· αναστηθι επι τους ποδας σου ορθος.
	15 3	και εποιουν χαραν *μεγαλην* πασιν τοις αδελφοις.
	16 26	αφνω δε σεισμος εγενετο *μεγας*, ωστε σαλευθηναι τα θεμελια του δεσμωτηριου·
	28	εφωνησεν δε *μεγαλη* φωνη [ο] παυλος λεγων·
	19 27	ου μονον δε τουτο κινδυνευει ημιν το μερος εις απελεγμον ελθειν, αλλα και το της *μεγαλης* θεας αρτεμιδος ιερον εις ουθεν λογισθηναι,
	28	*μεγαλη* η αρτεμις εφεσιων.
	34	*μεγαλη* η αρτεμις εφεσιων.
	35	ανδρες εφεσιοι, τις γαρ εστιν ανθρωπων ος ου γινωσκει την εφεσιων πολιν νεωκορον ουσαν της *μεγαλης* αρτεμιδος και του διοπετους;
	23 9	εγενετο δε κραυγη *μεγαλη*, και ανασταντες τινες των γραμματεων του μερους των φαρισαιων διεμαχοντο λεγοντες·
	26 22	επικουριας ουν τυχων της απο του θεου αχρι της ημερας ταυτης εστηκα μαρτυρομενος μικρω τε και *μεγαλω*,
	24	ταυτα δε αυτου απολογουμενου ο φηστος *μεγαλη* τη φωνη φησιν·
	29	ευξαιμην αν τω θεω και εν ολιγω και εν *μεγαλω* ου μονον σε αλλα και παντας τους ακουοντας μου σημερον γενεσθαι τοιουτους οποιος και εγω ειμι,
Rm	9 2	συμμαρτυρουσης μοι της συνειδησεως μου εν πνευματι αγιω, οτι λυπη μοι εστιν *μεγαλη* και αδιαλειπτος οδυνη τη καρδια μου.
	12	ερρεθη αυτη οτι ο *μειζων* δουλευσει τω ελασσονι·
1Co	9 11	ει ημεις υμιν τα πνευματικα εσπειραμεν, *μεγα* ει ημεις υμων τα σαρκικα θερισομεν;
	12 31	ζηλουτε δε τα χαρισματα τα *μειζονα*.
	13 13	νυνι δε μενει πιστις, ελπις, αγαπη, τα τρια ταυτα· *μειζων* δε τουτων η αγαπη.
	14 5	*μειζων* δε ο προφητευων η ο λαλων γλωσσαις,
	16 9	θυρα γαρ μοι ανεωγεν *μεγαλη* και ενεργης,
2Co	11 15	ου *μεγα* ουν ει και οι διακονοι αυτου μετασχηματιζονται ως διακονοι δικαιοσυνης·
Eph	5 32	το μυστηριον τουτο *μεγα* εστιν,
1Tm	3 16	και ομολογουμενως *μεγα* εστιν το της ευσεβειας μυστηριον·
	6 6	εστιν δε πορισμος *μεγας* η ευσεβεια μετα αυταρκειας·
2Tm	2 20	εν *μεγαλη* δε οικια ουκ εστιν μονον σκευη χρυσα και αργυρα, αλλα και ξυλινα και οστρακινα,
Tit	2 13	προσδεχομενοι την μακαριαν ελπιδα και επιφανειαν της δοξης του *μεγαλου* θεου
Heb	4 14	εχοντες ουν αρχιερεα *μεγαν* διεληλυθοτα τους ουρανους, ιησουν τον υιον του θεου, κρατωμεν της ομολογιας.
	6 13	τω γαρ αβρααμ επαγγειλαμενος ο θεος, επει κατ ουδενος ειχεν *μειζονος* ομοσαι, ωμοσεν καθ εαυτου,
	16	ανθρωποι γαρ κατα του *μειζονος* ομνυουσιν,
	8 11	γνωθι τον κυριον, οτι παντες ειδησουσιν με απο μικρου εως *μεγαλου* αυτων.
	9 11	δια της *μειζονος* και τελειοτερας σκηνης ου χειροποιητου,
	10 21	και ιερεα *μεγαν* επι τον οικον του θεου,
	35	μη αποβαλητε ουν την παρρησιαν υμων, ητις εχει *μεγαλην* μισθαποδοσιαν.
	11 24	πιστει μωυσης *μεγας* γενομενος ηρνησατο λεγεσθαι υιος θυγατρος φαραω,

μεγας [243]

Heb 11 26 μειζονα πλουτον ἡγησαμενος των αἰγυπτου θησαυρων τον ὀνειδισμον του χριστου·

13 20 ὁ δε θεος της εἰρηνης, ὁ ἀναγαγων ἐκ νεκρων τον ποιμενα των προβατων τον μεγαν ἐν αἱματι διαθηκης αἰωνιου, τον κυριον ἡμων ἰησουν, καταρτισαι ὑμας ἐν παντι ἀγαθῳ

Ja 3 1 μη πολλοι διδασκαλοι γινεσθε, ἀδελφοι μου, εἰδοτες ὁτι μειζον κριμα λημψομεθα.

5 οὑτως και ἡ γλωσσα μικρον μελος ἐστιν και μεγαλα αὐχει.

4 6 μειζονα δε διδωσιν χαριν·

2Pt 1 4 του καλεσαντος ἡμας ἰδια δοξῃ και ἀρετῃ, δι ὡν τα τιμια και μεγιστα ἡμιν ἐπαγγελματα δεδωρηται,

2 11 ὁπου ἀγγελοι ἰσχυι και δυναμει μειζονες ὀντες οὐ φερουσιν κατ αὐτων παρα κυριου βλασφημον κρισιν.

1Jh 3 20 ὁτι ἐαν καταγινωσκῃ ἡμων ἡ καρδια, ὁτι μειζων ἐστιν ὁ θεος της καρδιας ἡμων και γινωσκει παντα.

4 4 ὁτι μειζων ἐστιν ὁ ἐν ὑμιν ἠ ὁ ἐν τῳ κοσμῳ.

5 9 ἡ μαρτυρια του θεου μειζων ἐστιν,

3Jh 4 μειζοτεραν τουτων οὐκ ἐχω χαραν, ἱνα ἀκουω τα ἐμα τεκνα ἐν τῃ ἀληθειᾳ περιπατουντα.

Ju 6 ἀγγελους τε τους μη τηρησαντας την ἑαυτων ἀρχην ἀλλα ἀπολιποντας το ἰδιον οἰκητηριον εἰς κρισιν μεγαλης ἡμερας δεσμοις ἀϊδιοις ὑπο ζοφον τετηρηκεν·

Apc 1 10 και ἠκουσα ὀπισω μου φωνην μεγαλην ὡς σαλπιγγος λεγουσης·

2 22 ἰδου βαλλω αὐτην εἰς κλινην, και τους μοιχευοντας μετ αὐτης εἰς θλιψιν μεγαλην, ἐαν μη μετανοησωσιν ἐκ των ἐργων αὐτης·

5 2 και εἰδον ἀγγελον ἰσχυρον κηρυσσοντα ἐν φωνῃ μεγαλῃ· τις ἀξιος ἀνοιξαι το βιβλιον και λυσαι τας σφραγιδας αὐτου;

12 και ἠν ὁ ἀριθμος αὐτων μυριαδες μυριαδων και χιλιαδες χιλιαδων, λεγοντες φωνῃ μεγαλῃ· ἀξιον ἐστιν το ἀρνιον το ἐσφαγμενον λαβειν

6 4 και ἐδοθη αὐτῳ μαχαιρα μεγαλη.

10 και ἐκραξαν φωνῃ μεγαλῃ λεγοντες·

12 και σεισμος μεγας ἐγενετο, και ὁ ἡλιος ἐγενετο μελας ὡς σακκος τριχινος,

13 ὡς συκη βαλλει τους ὀλυνθους αὐτης ὑπο ἀνεμου μεγαλου σειομενη·

17 ὁτι ἠλθεν ἡ ἡμερα ἡ μεγαλη της ὀργης αὐτων,

7 2 και ἐκραξεν φωνῃ μεγαλῃ τοις τεσσαρσιν ἀγγελοις οἱς ἐδοθη αὐτοις ἀδικησαι την γην και την θαλασσαν, λεγων·

10 και κραζουσιν φωνῃ μεγαλῃ λεγοντες·

14 οὑτοι εἰσιν οἱ ἐρχομενοι ἐκ της θλιψεως της μεγαλης

8 8 και ὡς ὀρος μεγα πυρι καιομενον ἐβληθη εἰς την θαλασσαν·

10 και ἐπεσεν ἐκ του οὐρανου ἀστηρ μεγας καιομενος ὡς λαμπας,

13 και εἰδον, και ἠκουσα ἑνος ἀετου πετομενου ἐν μεσουρανηματι λεγοντος φωνῃ μεγαλῃ· οὐαι οὐαι οὐαι τους κατοικουντας ἐπι της γης

9 2 και ἀνεβη καπνος ἐκ του φρεατος ὡς καπνος καμινου μεγαλης,

14 λυσον τους τεσσαρας ἀγγελους τους δεδεμενους ἐπι τῳ ποταμῳ τῳ μεγαλῳ εὐφρατῃ.

10 3 και ἐκραξεν φωνῃ μεγαλῃ ὡσπερ λεων μυκαται.

11 8 και το πτωμα αὐτων ἐπι της πλατειας της πολεως της μεγαλης,

11 και φοβος μεγας ἐπεπεσεν ἐπι τους θεωρουντας αὐτους.

12 και ἠκουσαν φωνης μεγαλης ἐκ του οὐρανου λεγουσης αὐτοις·

13 και ἐν ἐκεινῃ τῃ ὡρᾳ ἐγενετο σεισμος μεγας,

15 και ἐγενοντο φωναι μεγαλαι ἐν τῳ οὐρανῳ, λεγοντες·

17 εὐχαριστουμεν σοι, κυριε ὁ θεος ὁ παντοκρατωρ, ὁ ὠν και ὁ ἠν, ὁτι εἰληφας την δυναμιν σου την μεγαλην και ἐβασιλευσας·

18 και τοις ἁγιοις και τοις φοβουμενοις το ὀνομα σου, τους μικρους και τους μεγαλους,

19 και ἐγενοντο ἀστραπαι και φωναι και βρονται και σεισμος και χαλαζα μεγαλη.

12 1 και σημειον μεγα ὠφθη ἐν τῳ οὐρανῳ, γυνη περιβεβλημενη τον ἡλιον,

3 και ἰδου δρακων μεγας πυρρος, ἐχων κεφαλας ἑπτα και κερατα δεκα και ἐπι τας κεφαλας αὐτου ἑπτα διαδηματα,

9 και ἐβληθη ὁ δρακων ὁ μεγας, ὁ ὀφις ὁ ἀρχαιος,

10 και ἠκουσα φωνην μεγαλην ἐν τῳ οὐρανῳ λεγουσαν·

12 οὐαι την γην και την θαλασσαν, ὁτι κατεβη ὁ διαβολος προς ὑμας ἐχων θυμον μεγαν,

14 και ἐδοθησαν τῃ γυναικι αἱ δυο πτερυγες του ἀετου του μεγαλου,

μεγας [243]

Apc 13 2 και ἐδωκεν αὐτῳ ὁ δρακων την δυναμιν αὐτου και τον θρονον αὐτου και ἐξουσιαν μεγαλην.

5 και ἐδοθη αὐτῳ στομα λαλουν μεγαλα και βλασφημιας,

13 και ποιει σημεια μεγαλα, ἱνα και πυρ ποιῃ ἐκ του οὐρανου καταβαινειν εἰς την γην ἐνωπιον των ἀνθρωπων.

16 και ποιει παντας, τους μικρους και τους μεγαλους,

14 2 και ἠκουσα φωνην ἐκ του οὐρανου ὡς φωνην ὑδατων πολλων και ὡς φωνην βροντης μεγαλης,

7 λεγων ἐν φωνῃ μεγαλῃ· φοβηθητε τον θεον και δοτε αὐτῳ δοξαν,

8 ἐπεσεν βαβυλων ἡ μεγαλη,

9 και ἀλλος ἀγγελος τριτος ἠκολουθησεν αὐτοις λεγων ἐν φωνῃ μεγαλῃ· εἰ τις προσκυνει το θηριον και την εἰκονα αὐτου, και λαμβανει χαραγμα ἐπι του μετωπου αὐτου ἠ ἐπι την χειρα αὐτου,

15 και ἀλλος ἀγγελος ἐξηλθεν ἐκ του ναου, κραζων ἐν φωνῃ μεγαλῃ τῳ καθημενῳ ἐπι της νεφελης· πεμψον το δρεπανον σου και θερισον,

18 και ἐφωνησεν φωνῃ μεγαλῃ τῳ ἐχοντι το δρεπανον το ὀξυ λεγων·

19 και ἐτρυγησεν την ἀμπελον της γης και ἐβαλεν εἰς την ληνον του θυμου του θεου τον μεγαν.

15 1 και εἰδον ἀλλο σημειον ἐν τῳ οὐρανῳ μεγα και θαυμαστον, ἀγγελους ἑπτα ἐχοντας πληγας ἑπτα τας ἐσχατας,

3 μεγαλα και θαυμαστα τα ἐργα σου, κυριε ὁ θεος ὁ παντοκρατωρ·

16 1 και ἠκουσα μεγαλης φωνης ἐκ του ναου λεγουσης τοις ἑπτα ἀγγελοις·

9 και ἐκαυματισθησαν οἱ ἀνθρωποι καυμα μεγα,

12 και ὁ ἑκτος ἐξεχεεν την φιαλην αὐτου ἐπι τον ποταμον τον μεγαν τον εὐφρατην·

14 ἁ ἐκπορευεται ἐπι τους βασιλεις της οἰκουμενης ὁλης, συναγαγειν αὐτους εἰς τον πολεμον της ἡμερας της μεγαλης του θεου του παντοκρατορος.

17 και ἐξηλθεν φωνη μεγαλη ἐκ του ναου ἀπο του θρονου λεγουσα·

18 και σεισμος ἐγενετο μεγας, οἱος οὐκ ἐγενετο ἀφ οὑ ἀνθρωπος ἐγενετο ἐπι της γης,

18 οἱος οὐκ ἐγενετο ἀφ οὑ ἀνθρωπος ἐγενετο ἐπι της γης, τηλικουτος σεισμος οὑτω μεγας.

19 και ἐγενετο ἡ πολις ἡ μεγαλη εἰς τρια μερη,

19 και βαβυλων ἡ μεγαλη ἐμνησθη ἐνωπιον του θεου δουναι αὐτῃ το ποτηριον του οἰνου του θυμου της ὀργης αὐτου.

21 και χαλαζα μεγαλη ὡς ταλαντιαια καταβαινει ἐκ του οὐρανου ἐπι τους ἀνθρωπους·

21 και ἐβλασφημησαν οἱ ἀνθρωποι τον θεον ἐκ της πληγης της χαλαζης, ὁτι μεγαλη ἐστιν ἡ πληγη αὐτης σφοδρα.

17 1 δευρο, δειξω σοι το κριμα της πορνης της μεγαλης της καθημενης ἐπι ὑδατων πολλων,

5 βαβυλων ἡ μεγαλη, ἡ μητηρ των πορνων και των βδελυγματων της γης.

6 και ἐθαυμασα ἰδων αὐτην θαυμα μεγα.

18 και ἡ γυνη ἡν εἰδες ἐστιν ἡ πολις ἡ μεγαλη ἡ ἐχουσα βασιλειαν ἐπι των βασιλεων της γης.

18 1 μετα ταυτα εἰδον ἀλλον ἀγγελον καταβαινοντα ἐκ του οὐρανου, ἐχοντα ἐξουσιαν μεγαλην,

2 ἐπεσεν ἐπεσεν βαβυλων ἡ μεγαλη,

10 οὐαι οὐαι, ἡ πολις ἡ μεγαλη, βαβυλων ἡ πολις ἡ ἰσχυρα,

16 οὐαι οὐαι, ἡ πολις ἡ μεγαλη, ἡ περιβεβλημενη βυσσινον και πορφυρουν και κοκκινον,

18 τις ὁμοια τῃ πολει τῃ μεγαλῃ;

19 οὐαι οὐαι, ἡ πολις ἡ μεγαλη, ἐν ᾑ ἐπλουτησαν παντες οἱ ἐχοντες τα πλοια ἐν τῃ θαλασσῃ ἐκ της τιμιοτητος αὐτης,

21 και ἠρεν εἱς ἀγγελος ἰσχυρος λιθον ὡς μυλινον μεγαν,

21 οὑτως ὁρμηματι βληθησεται βαβυλων ἡ μεγαλη πολις,

19 1 μετα ταυτα ἠκουσα ὡς φωνην μεγαλην ὀχλου πολλου ἐν τῳ οὐρανῳ λεγοντων·

2 ὁτι ἐκρινεν την πορνην την μεγαλην ἡτις ἐφθειρεν την γην ἐν τῃ πορνειᾳ αὐτης.

5 αἰνειτε τῳ θεῳ ἡμων, παντες οἱ δουλοι αὐτου, [και] οἱ φοβουμενοι αὐτον, οἱ μικροι και οἱ μεγαλοι.

17 και ἐκραξεν [ἐν] φωνῃ μεγαλῃ λεγων πασιν τοις ὀρνεοις τοις πετομενοις ἐν μεσουρανηματι·

17 δευτε συναχθητε εἰς το δειπνον το μεγα του θεου,

18 και σαρκας παντων ἐλευθερων τε και δουλων και μικρων και μεγαλων.

20 1 και εἰδον ἀγγελον καταβαινοντα ἐκ του οὐρανου, ἐχοντα την κλειν της ἀβυσσου και ἀλυσιν μεγαλην ἐπι την χειρα αὐτου.

μεγας [243]

Apc 20 11 και είδον θρονον μεγαν λευκον και τον καθημενον έπ αύτον
ού άπο του προσωπου έφυγεν ή γη και ό ούρανος,

12 και είδον τους νεκρους, τους μεγαλους και τους μικρους,
έστωτας ένωπιον του θρονου,

21 3 και ήκουσα φωνης μεγαλης έκ του θρονου λεγουσης·

10 και άπηνεγκεν με έν πνευματι έπι όρος μεγα και ύψηλον,

12 έχουσα τειχος μεγα και ύψηλον,

μεγεθος [1]

Eph 1 19 και τί το ύπερβαλλον μεγεθος της δυναμεως αύτου είς ήμας
τους πιστευοντας κατα την ένεργειαν του κρατους της ίσχυος
αύτου,

μεγιστανες [3]

Mc 6 21 και γενομενης ήμερας εύκαιρου ότε ήρωδης τοις γενεσιοις
αύτου δειπνον έποιησεν τοις μεγιστασιν αύτου και τοις
χιλιαρχοις και τοις πρωτοις της γαλιλαιας,

Apc 6 15 και οί βασιλεις της γης και οί μεγιστανες και οί χιλιαρχοι
και οί πλουσιοι και οί ίσχυροι και πας δουλος και έλευθερος
έκρυψαν έαυτους

18 23 ότι οί έμποροι σου ήσαν οί μεγιστανες της γης,

μεθερμηνευομαι [8]

Mt 1 23 και καλεσουσιν το όνομα αύτου έμμανουηλ, ό έστιν
μεθερμηνευομενον μεθ ήμων ό θεος.

Mc 5 41 ταλιθα κουμ, ό έστιν μεθερμηνευομενον· το κορασιον, σοί
λεγω, έγειρε.

15 22 και φερουσιν αύτον έπι τον γολγοθαν τοπον, ό έστιν
μεθερμηνευομενον κρανιου τοπος.

34 έλωι έλωι λαμα σαβαχθανι; ό έστιν μεθερμηνευομενον· ό
θεος μου ό θεος μου, είς τί έγκατελιπες με;

Jh 1 38 οί δε είπαν αύτω· ραββι ό λεγεται μεθερμηνευομενον
διδασκαλε, που μενεις;

41 εύρηκαμεν τον μεσσιαν ό έστιν μεθερμηνευομενον χριστος·

Ac 4 36 ίωσηφ δε ό έπικληθεις βαρναβας άπο των άποστολων, ό έστιν
μεθερμηνευομενον υίος παρακλησεως, λευιτης, κυπριος τω
γενει,

13 8 άνθιστατο δε αύτοις έλυμας ό μαγος, ούτως γαρ
μεθερμηνευεται το όνομα αύτου, ζητων διαστρεψαι τον
άνθυπατον άπο της πιστεως.

μεθη [3]

Lc 21 34 προσεχετε δε έαυτοις μηποτε βαρηθωσιν ύμων αί καρδιαι έν
κραιπαλη και μεθη και μεριμναις βιωτικαις,

Rm 13 13 ώς έν ήμερα εύσχημονως περιπατησωμεν, μη κωμοις και
μεθαις, μη κοιταις και άσελγειαις, μη έριδι και ζηλω·

Ga 5 21 διχοστασιαι, αίρεσεις, φθονοι, μεθαι, κωμοι, και τα όμοια
τουτοις,

μεθιστημι [5]

Lc 16 4 έγνων τί ποιησω, ίνα όταν μετασταθω έκ της οίκονομιας
δεξωνται με είς τους οίκους αύτων.

Ac 13 22 και μεταστησας αύτον ήγειρεν τον δαυιδ αύτοις είς βασιλεα,
ώ και είπεν μαρτυρησας,

19 26 και θεωρειτε και άκουετε ότι ού μονον έφεσου άλλα σχεδον
πασης της άσιας ό παυλος ούτος πεισας μετεστησεν ίκανον
όχλον,

1Co 13 2 και έαν έχω προφητειαν και είδω τα μυστηρια παντα και
πασαν την γνωσιν, και έαν έχω πασαν την πιστιν ώστε όρη
μεθισταναι, άγαπην δε μη έχω, ούθεν είμι.

Col 1 13 ός έρρυσατο ήμας έκ της έξουσιας του σκοτους και
μετεστησεν είς την βασιλειαν του υίου της άγαπης αύτου,

μεθοδεια [2]

Eph 4 14 έν πανουργια προς την μεθοδειαν της πλανης,

6 11 ένδυσασθε την πανοπλιαν του θεου προς το δυνασθαι ύμας
στηναι προς τας μεθοδειας του διαβολου·

μεθυσκομαι [3]

Lc 12 45 και άρξηται τυπτειν τους παιδας και τας παιδισκας, έσθιειν τε
και πινειν και μεθυσκεσθαι,

μεθυσκομαι [3]

Eph 5 18 και μη μεθυσκεσθε οίνω, έν ώ έστιν άσωτια, άλλα πληρουσθε
έν πνευματι,

1Th 5 7 οί γαρ καθευδοντες νυκτος καθευδουσιν, και οί
μεθυσκομενοι νυκτος μεθυουσιν·

μεθυσος [2]

1Co 5 11 νυν δε έγραψα ύμιν μη συναναμιγνυσθαι έαν τις άδελφος
όνομαζομενος ή πορνος ή πλεονεκτης ή είδωλολατρης ή
λοιδορος ή μεθυσος ή άρπαξ,

6 10 ούτε πορνοι ούτε είδωλολατραι ούτε μοιχοι ούτε μαλακοι
ούτε άρσενοκοιται ούτε κλεπται ούτε πλεονεκται, ού μεθυσοι,
ού λοιδοροι, ούχ άρπαγες βασιλειαν θεου κληρονομησουσιν.

μεθυω [7]

Mt 24 49 έσθιη δε και πινη μετα των μεθυοντων,

Jh 2 10 πας άνθρωπος πρωτον τον καλον οίνον τιθησιν, και όταν
μεθυσθωσιν τον έλασσω·

Ac 2 15 ού γαρ ώς ύμεις ύπολαμβανετε ούτοι μεθυουσιν, έστιν γαρ
ώρα τριτη της ήμερας, άλλα τουτο έστιν το είρημενον δια του
προφητου ίωηλ·

1Co 11 21 και ός μεν πεινα, ός δε μεθυει.

1Th 5 7 οί γαρ καθευδοντες νυκτος καθευδουσιν, και οί
μεθυσκομενοι νυκτος μεθυουσιν·

Apc 17 2 και έμεθυσθησαν οί κατοικουντες την γην έκ του οίνου της
πορνειας αύτης.

6 και είδον την γυναικα μεθυουσαν έκ του αίματος των άγιων
και έκ του αίματος των μαρτυρων ίησου.

μελας [6]

Mt 5 36 μητε έν τη κεφαλη σου όμοσης, ότι ού δυνασαι μιαν τριχα
λευκην ποιησαι ή μελαιναν.

2Co 3 3 έγγεγραμμενη ού μελανι άλλα πνευματι θεου ζωντος, ούκ έν
πλαξιν λιθιναις άλλ έν πλαξιν καρδιαις σαρκιναις.

2Jh 12 πολλα έχων ύμιν γραφειν ούκ έβουληθην δια χαρτου και
μελανος,

3Jh 13 πολλα είχον γραψαι σοι, άλλ ού θελω δια μελανος και
καλαμου σοι γραφειν·

Apc 6 5 και είδον, και ίδου ίππος μελας,

12 και ό ήλιος έγενετο μελας ώς σακκος τριχινος,

μελεα [1]

Lc 3 31 του μελεα του μεννα του ματταθα του ναθαμ του δαυιδ

μελει [10]

Mt 22 16 και ού μελει σοι περι ούδενος, ού γαρ βλεπεις είς προσωπον
άνθρωπων·

Mc 4 38 διδασκαλε, ού μελει σοι ότι άπολλυμεθα;

12 14 διδασκαλε, οίδαμεν ότι άληθης εί και ού μελει σοι περι
ούδενος·

Lc 10 40 κυριε, ού μελει σοι ότι ή άδελφη μου μονην με κατελιπεν
διακονειν;

Jh 10 13 ότι μισθωτος έστιν και ού μελει αύτω περι των προβατων.

12 6 είπεν δε τουτο ούχ ότι περι των πτωχων έμελεν αύτω, άλλ ότι
κλεπτης ήν και το γλωσσοκομον έχων τα βαλλομενα
έβασταζεν.

Ac 18 17 και ούδεν τουτων τω γαλλιωνι έμελεν.

1Co 7 21 δουλος έκληθης; μη σοι μελετω·

9 9 μη των βοων μελει τω θεω;

1Pt 5 7 πασαν την μεριμναν ύμων έπιριψαντες έπ αύτον, ότι αύτω
μελει περι ύμων.

μελεταω [2]

Ac 4 25 ίνατι έφρυαξαν έθνη και λαοι έμελετησαν κενα;

1Tm 4 15 ταυτα μελετα, έν τουτοις ίσθι, ίνα σου ή προκοπη φανερα ή
πασιν.

μελι [4]

Mt 3 4 ή δε τροφη ήν αύτου άκριδες και μελι άγριον.

Mc 1 6 και έσθιων άκριδας και μελι άγριον.

Apc 10 9 και πικρανει σου την κοιλιαν, άλλ έν τω στοματι σου έσται
γλυκυ ώς μελι.

10 και ήν έν τω στοματι μου ώς μελι γλυκυ·

μελιτη [1]

Ac 28 1 και διασωθεντες τοτε επεγνωμεν ότι μελιτη ή νησος καλειται.

μελλω [109]

Mt 2 13 μελλει γαρ ήρωδης ζητειν το παιδιον του άπολεσαι αυτο.
3 7 τίς ύπεδειξεν ύμιν φυγειν άπο της μελλουσης όργης;
11 14 αύτος έστιν ήλιας ὁ μελλων έρχεσθαι.
12 32 ούκ άφεθησεται αύτω ούτε έν τουτω τω αίωνι ούτε έν τω μελλοντι.
16 27 μελλει γαρ ὁ υίος του άνθρωπου έρχεσθαι έν τη δοξη του πατρος αύτου μετα των άγγελων αύτου,
17 12 ούτως και ὁ υίος του άνθρωπου μελλει πασχειν ύπ αύτων.
22 μελλει ὁ υίος του άνθρωπου παραδιδοσθαι είς χειρας άνθρωπων, και άποκτενουσιν αύτον, και τη τριτη ήμερα έγερθησεται.
20 22 ούκ οίδατε τί αίτεισθε. δυνασθε πιειν το ποτηριον ὁ έγω μελλω πινειν;
24 6 μελλησετε δε άκουειν πολεμους και άκοας πολεμων·
Mc 10 32 και παραλαβων παλιν τους δωδεκα ήρξατο αύτοις λεγειν τα μελλοντα αύτω συμβαινειν,
13 4 είπον ήμιν, ποτε ταυτα έσται, και τί το σημειον όταν μελλη ταυτα συντελεισθαι παντα;
Lc 3 7 γεννηματα έχιδνων, τίς ύπεδειξεν ύμιν φυγειν άπο της μελλουσης όργης;
7 2 έκατονταρχου δε τινος δουλος κακως έχων ήμελλεν τελευταν, ός ήν αύτω έντιμος.
9 31 οί όφθεντες έν δοξη έλεγον την έξοδον αύτου, ήν ήμελλεν πληρουν έν ίερουσαλημ.
44 ὁ γαρ υίος του άνθρωπου μελλει παραδιδοσθαι είς χειρας άνθρωπων.
10 1 και άπεστειλεν αύτους άνα δυο [δυο] προ προσωπου αύτου είς πασαν πολιν και τοπον ού ήμελλεν αύτος έρχεσθαι.
13 9 έως ότου σκαψω περι αύτην και βαλω κοπρια, καν μεν ποιηση καρπον είς το μελλον·
19 4 και προδραμων είς το έμπροσθεν άνεβη έπι συκομορεαν, ίνα ίδη αύτον, ότι έκεινης ήμελλεν διερχεσθαι.
11 δια το έγγυς είναι ίερουσαλημ αύτον και δοκειν αύτους ότι παραχρημα μελλει ή βασιλεια του θεου άναφαινεσθαι·
21 7 διδασκαλε, ποτε ούν ταυτα έσται; και τί το σημειον όταν μελλη ταυτα γινεσθαι;
36 άγρυπνειτε δε έν παντι καιρω δεομενοι ίνα κατισχυσητε έκφυγειν ταυτα παντα τα μελλοντα γινεσθαι,
22 23 και αύτοι ήρξαντο συζητειν προς έαυτους το τίς άρα είη έξ αύτων ὁ τουτο μελλων πρασσειν.
24 21 ήμεις δε ήλπιζομεν ότι αύτος έστιν ὁ μελλων λυτρουσθαι τον ίσραηλ·
Jh 4 47 άπηλθεν προς αύτον και ήρωτα ίνα καταβη και ίασηται αύτου τον υίον· ήμελλεν γαρ άποθνησκειν.
6 6 αύτος γαρ ήδει τί έμελλεν ποιειν.
15 ίησους ούν γνους ότι μελλουσιν έρχεσθαι και άρπαζειν αύτον ίνα ποιησωσιν βασιλεα, άνεχωρησεν παλιν είς το όρος αύτος μονος.
71 ούτος γαρ έμελλεν παραδιδοναι αύτον, είς έκ των δωδεκα.
7 35 πού ούτος μελλει πορευεσθαι, ότι ήμεις ούχ εύρησομεν αύτον;
35 μη την διασποραν των έλληνων μελλει πορευεσθαι και διδασκειν τους έλληνας;
39 τουτο δε είπεν περι του πνευματος ὁ έμελλον λαμβανειν οί πιστευσαντες είς αύτον·
11 51 άλλα άρχιερευς ών του ένιαυτου έκεινου έπροφητευσεν ότι έμελλεν ίησους άποθνησκειν ύπερ του έθνους,
12 4 λεγει δε ίουδας ὁ ίσκαριωτης είς [έκ] των μαθητων αύτου, ὁ μελλων αύτον παραδιδοναι· δια τί τουτο το μυρον ούκ έπραθη τριακοσιων δηναριων και έδοθη πτωχοις;
33 τουτο δε έλεγεν σημαινων ποιω θανατω ήμελλεν άποθνησκειν.
14 22 κυριε, [και] τί γεγονεν ότι ήμιν μελλεις έμφανιζειν σεαυτον και ούχι τω κοσμω;
18 32 ίνα ὁ λογος του ίησου πληρωθη όν είπεν σημαινων ποιω θανατω ήμελλεν άποθνησκειν.
Ac 3 3 ός ίδων πετρον και ίωαννην μελλοντας είσιεναι είς το ίερον ήρωτα έλεημοσυνην λαβειν.
5 35 άνδρες ίσραηλιται, προσεχετε έαυτοις έπι τοις άνθρωποις τουτοις τί μελλετε πρασσειν.
11 28 άναστας δε είς έξ αύτων όνοματι άγαβος έσημανεν δια του πνευματος λιμον μεγαλην μελλειν έσεσθαι έφ όλην την οίκουμενην·
12 6 ότε δε ήμελλεν προαγαγειν αύτον ὁ ήρωδης, τη νυκτι έκεινη ήν ὁ πετρος κοιμωμενος μεταξυ δυο στρατιωτων δεδεμενος άλυσεσιν δυσιν,

μελλω [109]

Ac 13 34 ότι δε άνεστησεν αύτον έκ νεκρων μηκετι μελλοντα ύποστρεφειν είς διαφθοραν, ούτως είρηκεν ότι δωσω ύμιν τα όσια δαυιδ τα πιστα.
16 27 έξυπνος δε γενομενος ὁ δεσμοφυλαξ και ίδων άνεωγμενας τας θυρας της φυλακης, σπασαμενος [την] μαχαιραν ήμελλεν έαυτον άναιρειν,
17 31 καθοτι έστησεν ήμεραν έν ή μελλει κρινειν την οίκουμενην έν δικαιοσυνη,
18 14 μελλοντος δε του παυλου άνοιγειν το στομα είπεν ὁ γαλλιων προς τους ίουδαιους·
19 27 άλλα και το της μεγαλης θεας άρτεμιδος ίερον είς ούθεν λογισθηναι, μελλειν τε και καθαιρεισθαι της μεγαλειοτητος αύτης,
20 3 γενομενης έπιβουλης αύτω ύπο των ίουδαιων μελλοντι άναγεσθαι είς την συριαν, έγενετο γνωμης του ύποστρεφειν δια μακεδονιας.
7 έν δε τη μια των σαββατων συνηγμενων ήμων κλασαι άρτον ὁ παυλος διελεγετο αύτοις, μελλων έξιεναι τη έπαυριον,
13 ήμεις δε προελθοντες έπι το πλοιον άνηχθημεν έπι την άσσον, έκειθεν μελλοντες άναλαμβανειν τον παυλον·
13 ούτως γαρ διατεταγμενος ήν, μελλων αύτος πεζευειν.
38 και έπιπεσοντες έπι τον τραχηλον του παυλου κατεφιλουν αύτον, όδυνωμενοι μαλιστα έπι τω λογω ώ είρηκει, ότι ούκετι μελλουσιν το προσωπον αύτου θεωρειν.
21 27 ώς δε έμελλον αί έπτα ήμεραι συντελεισθαι, οί άπο της άσιας ίουδαιοι θεασαμενοι αύτον έν τω ίερω συνεχεον παντα τον όχλον,
37 μελλων τε είσαγεσθαι είς την παρεμβολην ὁ παυλος λεγει τω χιλιαρχω·
22 16 και νυν τί μελλεις; άναστας βαπτισαι και άπολουσαι τας άμαρτιας σου,
26 τί μελλεις ποιειν; ὁ γαρ άνθρωπος ούτος ρωμαιος έστιν.
29 εύθεως ούν άπεστησαν άπ αύτου οί μελλοντες αύτον άνεταζειν·
23 3 τυπτειν σε μελλει ὁ θεος, τοιχε κεκονιαμενε·
15 νυν ούν ύμεις έμφανισατε τω χιλιαρχω συν τω συνεδριω όπως καταγαγη αύτον είς ύμας ώς μελλοντας διαγινωσκειν άκριβεστερον τα περι αύτου·
20 είπεν δε ότι οί ίουδαιοι συνεθεντο του έρωτησαι σε όπως αύριον τον παυλον καταγαγης είς το συνεδριον ώς μελλον τι άκριβεστερον πυνθανεσθαι περι αύτου.
27 τον άνδρα τουτον συλλημφθεντα ύπο των ίουδαιων και μελλοντα άναιρεισθαι ύπ αύτων έπιστας συν τω στρατευματι έξειλαμην,
24 15 έλπιδα έχων είς τον θεον, ήν και αύτοι ούτοι προσδεχονται, άναστασιν μελλειν έσεσθαι δικαιων τε και άδικων.
25 διαλεγομενου δε αύτου περι δικαιοσυνης και έγκρατειας και του κριματος του μελλοντος έμφοβος γενομενος ὁ φηλιξ άπεκριθη·
25 4 ὁ μεν ούν φηστος άπεκριθη τηρεισθαι τον παυλον είς καισαρειαν, έαυτον δε μελλειν έν ταχει έκπορευεσθαι·
26 2 περι παντων ών έγκαλουμαι ύπο ίουδαιων, βασιλευ άγριππα, ήγημαι έμαυτον μακαριον έπι σού μελλων σημερον άπολογεισθαι,
22 ούδεν έκτος λεγων ών τε οί προφηται έλαλησαν μελλοντων γινεσθαι και μωυσης, εί παθητος ὁ χριστος,
23 εί παθητος ὁ χριστος, εί πρωτος έξ άναστασεως νεκρων φως μελλει καταγγελλειν τω τε λαω και τοις έθνεσιν.
27 2 έπιβαντες δε πλοιω άδραμυττηνω μελλοντι πλειν είς τους κατα την άσιαν τοπους άνηχθημεν,
10 άνδρες, θεωρω ότι μετα ύβρεως και πολλης ζημιας ού μονον του φορτιου και του πλοιου άλλα και των ψυχων ήμων μελλειν έσεσθαι τον πλουν,
30 και χαλασαντων την σκαφην είς την θαλασσαν προφασει ώς έκ πρωρης άγκυρας μελλοντων έκτεινειν,
33 άχρι δε ού ήμερα ήμελλεν γινεσθαι, παρεκαλει ὁ παυλος άπαντας μεταλαβειν τροφης λεγων·
28 6 οί δε προσεδοκων αύτον μελλειν πιμπρασθαι ή καταπιπτειν άφνω νεκρον.
Rm 4 24 ούκ έγραφη δε δι αύτον μονον ότι έλογισθη αύτω, άλλα και δι ήμας, οίς μελλει λογιζεσθαι,
5 14 και έπι τους μη άμαρτησαντας έπι τω όμοιωματι της παραβασεως άδαμ, ός έστιν τυπος του μελλοντος.
8 13 εί γαρ κατα σαρκα ζητε, μελλετε άποθνησκειν·
18 λογιζομαι γαρ ότι ούκ άξια τα παθηματα του νυν καιρου προς την μελλουσαν δοξαν άποκαλυφθηναι είς ήμας.

μελλω [109]

Rm 8 38 πεπεισμαι γαρ οτι ουτε θανατος ουτε ζωη ουτε αγγελοι ουτε αρχαι ουτε ενεστωτα ουτε *μελλοντα* ουτε δυναμεις ουτε υψωμα ουτε βαθος ουτε τις κτισις ετερα δυνησεται ημας χωρισαι απο της αγαπης του θεου της εν χριστω ιησου τω κυριω ημων.

1Co 3 22 ειτε κοσμος ειτε ζωη ειτε θανατος, ειτε ενεστωτα ειτε *μελλοντα*, παντα υμων,

Ga 3 23 προ του δε ελθειν την πιστιν υπο νομον εφρουρουμεθα συγκλειομενοι εις την *μελλουσαν* πιστιν αποκαλυφθηναι.

Eph 1 21 και παντος ονοματος ονομαζομενου ου μονον εν τω αιωνι τουτω αλλα και εν τω *μελλοντι*·

Col 2 17 μη ουν τις υμας κρινετω εν βρωσει και εν ποσει η εν μερει εορτης η νεομηνιας η σαββατων, α εστιν σκια των *μελλοντων*,

1Th 3 4 και γαρ οτε προς υμας ημεν, προελεγομεν υμιν οτι *μελλομεν* θλιβεσθαι,

1Tm 1 16 προς υποτυπωσιν των *μελλοντων* πιστευειν επ αυτω εις ζωην αιωνιον.

4 8 η δε ευσεβεια προς παντα ωφελιμος εστιν, επαγγελιαν εχουσα ζωης της νυν και της *μελλουσης*.

6 19 αποθησαυριζοντας εαυτοις θεμελιον καλον εις το *μελλον*,

2Tm 4 1 διαμαρτυρομαι ενωπιον του θεου και χριστου ιησου, του *μελλοντος* κρινειν ζωντας και νεκρους,

Heb 1 14 ουχι παντες εισιν λειτουργικα πνευματα εις διακονιαν αποστελλομενα δια τους *μελλοντας* κληρονομειν σωτηριαν;

2 5 ου γαρ αγγελοις υπεταξεν την οικουμενην την *μελλουσαν*,

6 5 και καλον γευσαμενους θεου ρημα δυναμεις τε *μελλοντος* αιωνος,

8 5 καθως κεχρηματισται μωυσης *μελλων* επιτελειν την σκηνην· ορα γαρ φησιν,

10 1 σκιαν γαρ εχων ο νομος των *μελλοντων* αγαθων,

27 ουκετι περι αμαρτιων απολειπεται θυσια, φοβερα δε τις εκδοχη κρισεως και πυρος ζηλος εσθιειν *μελλοντος* τους υπεναντιους.

11 8 πιστει καλουμενος αβρααμ υπηκουσεν εξελθειν εις τοπον ον *ημελλεν* λαμβανειν εις κληρονομιαν,

20 πιστει και περι *μελλοντων* ευλογησεν ισαακ τον ιακωβ και τον ησαυ.

13 14 ου γαρ εχομεν ωδε μενουσαν πολιν, αλλα την *μελλουσαν* επιζητουμεν.

Ja 2 12 ουτως λαλειτε και ουτως ποιειτε ως δια νομου ελευθεριας *μελλοντες* κρινεσθαι.

1Pt 5 1 ο και της *μελλουσης* αποκαλυπτεσθαι δοξης κοινωνος·

2Pt 1 12 διο *μελλησω* αει υμας υπομιμνησκειν περι τουτων,

2 6 και πολεις σοδομων και γομορρας τεφρωσας [καταστροφη] κατεκρινεν, υποδειγμα *μελλοντων* ασεβε[σ]ιν τεθεικως,

Apc 1 19 γραψον ουν α ειδες και α εισιν και α *μελλει* γενεσθαι μετα ταυτα.

2 10 μηδεν φοβου α *μελλεις* πασχειν.

10 ιδου *μελλει* βαλλειν ο διαβολος εξ υμων εις φυλακην ινα πειρασθητε,

3 2 και στηρισον τα λοιπα α *εμελλον* αποθανειν·

10 καγω σε τηρησω εκ της ωρας του πειρασμου της *μελλουσης* ερχεσθαι επι της οικουμενης ολης,

16 ουτως οτι χλιαρος ει, και ουτε ζεστος ουτε ψυχρος, *μελλω* σε εμεσαι εκ του στοματος μου.

6 11 εως πληρωθωσιν και οι συνδουλοι αυτων και οι αδελφοι αυτων οι *μελλοντες* αποκτεννεσθαι ως και αυτοι.

8 13 ουαι ουαι ουαι τους κατοικουντας επι της γης εκ των λοιπων φωνων της σαλπιγγος των τριων αγγελων των *μελλοντων* σαλπιζειν.

10 4 και οτε ελαλησαν αι επτα βρονται, *ημελλον* γραφειν·

7 αλλ εν ταις ημεραις της φωνης του εβδομου αγγελου, οταν *μελλη* σαλπιζειν, και ετελεσθη το μυστηριον του θεου,

12 4 και ο δρακων εστηκεν ενωπιον της γυναικος της *μελλουσης* τεκειν,

5 η ετεκεν υιον αρσεν, ος *μελλει* ποιμαινειν παντα τα εθνη εν ραβδω σιδηρα·

17 8 το θηριον ο ειδες ην και ουκ εστιν, και *μελλει* αναβαινειν εκ της αβυσσου και εις απωλειαν υπαγει·

μελος [34]

Mt 5 29 συμφερει γαρ σοι ινα αποληται εν των *μελων* σου και μη ολον το σωμα σου βληθη εις γεενναν.

30 συμφερει γαρ σοι ινα αποληται εν των *μελων* σου και μη ολον το σωμα σου εις γεενναν απελθη.

Rm 6 13 μηδε παριστανετε τα *μελη* υμων οπλα αδικιας τη αμαρτια, αλλα παραστησατε εαυτους τω θεω

μελος [34]

Rm 6 13 αλλα παραστησατε εαυτους τω θεω ωσει εκ νεκρων ζωντας και τα *μελη* υμων οπλα δικαιοσυνης τω θεω,

19 ωσπερ γαρ παρεστησατε τα *μελη* υμων δουλα τη ακαθαρσια και τη ανομια εις την ανομιαν, ουτως νυν παραστησατε τα *μελη* υμων δουλα τη δικαιοσυνη εις αγιασμον.

19 ωσπερ γαρ παρεστησατε τα μελη υμων δουλα τη ακαθαρσια και τη ανομια εις την ανομιαν, ουτως νυν παραστησατε τα *μελη* υμων δουλα τη δικαιοσυνη εις αγιασμον.

7 5 οτε γαρ ημεν εν τη σαρκι, τα παθηματα των αμαρτιων τα δια του νομου ενηργειτο εν τοις *μελεσιν* ημων εις το καρποφορησαι τω θανατω·

23 βλεπω δε ετερον νομον εν τοις *μελεσιν* μου

23 αντιστρατευομενον τω νομω του νοος μου και αιχμαλωτιζοντα με εν τω νομω της αμαρτιας τω οντι εν τοις *μελεσιν* μου.

12 4 καθαπερ γαρ εν ενι σωματι πολλα *μελη* εχομεν, τα δε μελη παντα ου την αυτην εχει πραξιν, ουτως οι πολλοι εν σωμα εσμεν εν χριστω,

4 καθαπερ γαρ εν ενι σωματι πολλα μελη εχομεν, τα δε *μελη* παντα ου την αυτην εχει πραξιν, ουτως οι πολλοι εν σωμα εσμεν εν χριστω,

5 το δε καθ εις αλληλων *μελη*.

1Co 6 15 ουκ οιδατε οτι τα σωματα υμων *μελη* χριστου εστιν;

15 αρας ουν τα *μελη* του χριστου ποιησω πορνης μελη;

15 αρας ουν τα μελη του χριστου ποιησω πορνης *μελη*;

12 12 καθαπερ γαρ το σωμα εν εστιν και *μελη* πολλα εχει, παντα δε τα μελη του σωματος πολλα οντα εν εστιν σωμα, ουτως και ο χριστος·

12 καθαπερ γαρ το σωμα εν εστιν και μελη πολλα εχει, παντα δε τα *μελη* του σωματος πολλα οντα εν εστιν σωμα, ουτως και ο χριστος·

14 και γαρ το σωμα ουκ εστιν εν *μελος* αλλα πολλα.

18 νυνι δε ο θεος εθετο τα *μελη*,

19 ει δε ην τα παντα εν *μελος*, που το σωμα;

20 νυν δε πολλα μεν *μελη*, εν δε σωμα.

22 αλλα πολλω μαλλον τα δοκουντα *μελη* του σωματος ασθενεστερα υπαρχειν αναγκαια εστιν,

25 ινα μη η σχισμα εν τω σωματι, αλλα το αυτο υπερ αλληλων μεριμνωσιν τα *μελη*.

26 και ειτε πασχει εν *μελος*, συμπασχει παντα τα μελη·

26 και ειτε πασχει εν μελος, συμπασχει παντα τα *μελη*·

26 ειτε δοξαζεται [εν] *μελος*, συγχαιρει παντα τα μελη.

26 ειτε δοξαζεται [εν] μελος, συγχαιρει παντα τα *μελη*.

27 υμεις δε εστε σωμα χριστου και *μελη* εκ μερους.

Eph 4 25 διο αποθεμενοι το ψευδος λαλειτε αληθειαν εκαστος μετα του πλησιον αυτου, οτι εσμεν αλληλων *μελη*.

5 30 καθως και ο χριστος την εκκλησιαν, οτι *μελη* εσμεν του σωματος αυτου.

Col 3 5 νεκρωσατε ουν τα *μελη* τα επι της γης,

Ja 3 5 ουτως και η γλωσσα μικρον *μελος* εστιν και μεγαλα αυχει.

6 η γλωσσα καθισταται εν τοις *μελεσιν* ημων,

4 1 ουκ εντευθεν, εκ των ηδονων υμων των στρατευομενων εν τοις *μελεσιν* υμων;

μελχι [2]

Lc 3 24 ων υιος, ως ενομιζετο, ιωσηφ, του ηλι του μαθθατ του λευι του *μελχι* του ιανναι του ιωσηφ

28 του *μελχι* του αδδι του κωσαμ του ελμαδαμ του ηρ

μελχισεδεκ [8]

Heb 5 6 συ ιερευς εις τον αιωνα κατα την ταξιν *μελχισεδεκ*.

10 προσαγορευθεις υπο του θεου αρχιερευς κατα την ταξιν *μελχισεδεκ*.

6 20 οπου προδρομος υπερ ημων εισηλθεν ιησους, κατα την ταξιν *μελχισεδεκ* αρχιερευς γενομενος εις τον αιωνα.

7 1 ουτος γαρ ο *μελχισεδεκ*, βασιλευς σαλημ, ιερευς του θεου του υψιστου,

10 ετι γαρ εν τη οσφυι του πατρος ην οτε συνηντησεν αυτω *μελχισεδεκ*.

11 τις ετι χρεια κατα την ταξιν *μελχισεδεκ* ετερον ανιστασθαι ιερεα και ου κατα την ταξιν ααρων λεγεσθαι;

15 και περισσοτερον ετι καταδηλον εστιν, ει κατα την ομοιοτητα *μελχισεδεκ* ανισταται ιερευς ετερος,

17 μαρτυρειται γαρ οτι συ ιερευς εις τον αιωνα κατα την ταξιν *μελχισεδεκ*.

μεμβρανα [1]

2Tm   4 13   τον φαιλονην, ὃν ἀπελιπον ἐν τρωαδι παρα καρπω, ἐρχομενος φερε, και τα βιβλια, μαλιστα τας *μεμβρανας.*

μεμφομαι [2]

Rm   9 19   τί [οὖν] ἔτι *μεμφεται;* τω γαρ βουληματι αὐτου τίς ἀνθεστηκεν;

Heb   8 8   *μεμφομενος* γαρ αὐτους λεγει· ἰδου ἡμεραι ἐρχονται, λεγει κυριος,

μεμψιμοιρος [1]

Ju   16   οὗτοι εἰσιν γογγυσται *μεμψιμοιροι,* κατα τας ἐπιθυμιας ἑαυτων πορευομενοι,

μεν [180]

Mt   3 11   ἐγω *μεν* ὑμας βαπτιζω ἐν ὑδατι εἰς μετανοιαν· ὁ δε ὀπισω μου ἐρχομενος ἰσχυροτερος μου ἐστιν,
   9 37   ὁ *μεν* θερισμος πολυς, οἱ δε ἐργαται ὀλιγοι·
   10 13   και ἐαν *μεν* ἦ ἡ οἰκια ἀξια, ἐλθατω ἡ εἰρηνη ὑμων ἐπ αὐτην·
   13 4   και ἐν τω σπειρειν αὐτον ἃ *μεν* ἐπεσεν παρα την ὁδον,
   8   ἀλλα δε ἐπεσεν ἐπι την γην την καλην και ἐδιδου καρπον, ὁ *μεν* ἐκατον,
   23   ὃς δη καρποφορει και ποιει ὁ *μεν* ἐκατον, ὁ δε ἑξηκοντα,
   32   ὁ μικροτερον *μεν* ἐστιν παντων των σπερματων,
   16 3   [το *μεν* προσωπον του οὐρανου γινωσκετε διακρινειν], [τα δε σημεια των καιρων οὐ δυνασθε];
   14   οἱ δε εἰπαν· οἱ *μεν* ἰωαννην τον βαπτιστην, ἀλλοι δε ἡλιαν, ἑτεροι δε ἰερεμιαν ἢ ἑνα των προφητων.
   17 11   ἡλιας *μεν* ἐρχεται και ἀποκαταστησει παντα·
   20 23   το *μεν* ποτηριον μου πιεσθε, το δε καθισαι ἐκ δεξιων μου και ἐξ εὐωνυμων οὐκ ἐστιν ἐμον [τουτο] δουναι,
   21 35   και λαβοντες οἱ γεωργοι τους δουλους αὐτου ὃν *μεν* ἐδειραν, ὃν δε ἀπεκτειναν, ὃν δε ἐλιθοβολησαν.
   22 5   οἱ δε ἀμελησαντες ἀπηλθον, ὃς *μεν* εἰς τον ἰδιον ἀγρον, ὃς δε ἐπι την ἐμποριαν αὐτου·
   8   ὁ *μεν* γαμος ἑτοιμος ἐστιν, οἱ δε κεκλημενοι οὐκ ἦσαν ἀξιοι·
   23 27   ὃτι παρομοιαζετε ταφοις κεκονιαμενοις, οἱτινες ἐξωθεν *μεν* φαινονται ὡραιοι, ἐσωθεν δε γεμουσιν ὀστεων νεκρων και πασης ἀκαθαρσιας.
   28   οὑτως και ὑμεις ἐξωθεν *μεν* φαινεσθε τοις ἀνθρωποις δικαιοι, ἐσωθεν δε ἐστε μεστοι ὑποκρισεως και ἀνομιας.
   25 15   και ᾧ *μεν* ἐδωκεν πεντε ταλαντα, ᾧ δε δυο, ᾧ δε ἑν, ἑκαστω κατα την ἰδιαν δυναμιν,
   33   και στησει τα *μεν* προβατα ἐκ δεξιων αὐτου, τα δε ἐριφια ἐξ εὐωνυμων.
   26 24   ὁ *μεν* υἱος του ἀνθρωπου ὑπαγει καθως γεγραπται περι αὐτου,
   41   το *μεν* πνευμα προθυμον, ἡ δε σαρξ ἀσθενης.

Mc   4 4   και ἐγενετο ἐν τω σπειρειν ὁ *μεν* ἐπεσεν παρα την ὁδον,
   9 12   ἡλιας *μεν* ἐλθων πρωτον ἀποκαθιστανει παντα·
   12 5   και ἀλλον ἀπεστειλεν· κακεινον ἀπεκτειναν, και πολλους ἀλλους, οὓς *μεν* δεροντες, οὓς δε ἀποκτεννοντες.
   14 21   ὃτι ὁ *μεν* υἱος του ἀνθρωπου ὑπαγει καθως γεγραπται περι αὐτου·
   38   το *μεν* πνευμα προθυμον, ἡ δε σαρξ ἀσθενης.
   16 19   ὁ *μεν* οὖν κυριος ἰησους μετα το λαλησαι αὐτοις ἀνελημφθη εἰς τον οὐρανον και ἐκαθισεν ἐκ δεξιων του θεου.

Lc   3 16   ἐγω *μεν* ὑδατι βαπτιζω ὑμας· ἐρχεται δε ὁ ἰσχυροτερος μου, οὗ οὐκ εἰμι ἱκανος λυσαι τον ἱμαντα των ὑποδηματων αὐτου·
   18   πολλα *μεν* οὖν και ἑτερα παρακαλων εὐηγγελιζετο τον λαον·
   8 5   και ἐν τω σπειρειν αὐτον ὁ *μεν* ἐπεσεν παρα την ὁδον και κατεπατηθη,
   10 2   ὁ *μεν* θερισμος πολυς, οἱ δε ἐργαται ὀλιγοι·
   11 48   ἀρα μαρτυρες ἐστε και συνευδοκειτε τοις ἐργοις των πατερων ὑμων, ὃτι αὐτοι *μεν* ἀπεκτειναν αὐτους,
   13 9   ἑως ὁτου σκαψω περι αὐτην και βαλω κοπρια, καν *μεν* ποιηση καρπον εἰς το μελλον·
   22 22   ὃτι ὁ υἱος *μεν* του ἀνθρωπου κατα το ὡρισμενον πορευεται,
   23 33   ἐκει ἐσταυρωσαν αὐτον και τους κακουργους, ὃν *μεν* ἐκ δεξιων ὃν δε ἐξ ἀριστερων.
   41   και ἡμεις *μεν* δικαιως, ἀξια γαρ ὧν ἐπραξαμεν ἀπολαμβανομεν·
   56   και το *μεν* σαββατον ἡσυχασαν κατα την ἐντολην,

Jh   7 12   οἱ *μεν* ἐλεγον ὃτι ἀγαθος ἐστιν· ἀλλοι [δε] ἐλεγον· οὔ, ἀλλα πλανα τον ὀχλον.
   10 41   και πολλοι ἠλθον προς αὐτον και ἐλεγον ὃτι ἰωαννης *μεν* σημειον ἐποιησεν οὐδεν,

μεν [180]

Jh   11 6   ὡς οὖν ἠκουσεν ὃτι ἀσθενει, τοτε *μεν* ἐμεινεν ἐν ᾧ ἦν τοπω δυο ἡμερας·
   16 9   περι ἁμαρτιας *μεν,* ὃτι οὐ πιστευουσιν εἰς ἐμε·
   22   και ὑμεις οὖν νυν *μεν* λυπην ἐχετε·
   19 24   οἱ *μεν* οὖν στρατιωται ταυτα ἐποιησαν.
   32   και του *μεν* πρωτου κατεαξαν τα σκελη και του ἀλλου του συσταυρωθεντος αὐτω·
   20 30   πολλα *μεν* οὖν και ἀλλα σημεια ἐποιησεν ὁ ἰησους ἐνωπιον των μαθητων [αὐτου],

Ac   1 1   τον *μεν* πρωτον λογον ἐποιησαμην περι παντων, ὦ θεοφιλε, ὧν ἡρξατο ὁ ἰησους ποιειν τε και διδασκειν,
   5   ὃτι ἰωαννης *μεν* ἐβαπτισεν ὑδατι, ὑμεις δε ἐν πνευματι βαπτισθησεσθε ἁγιω οὐ μετα πολλας ταυτας ἡμερας.
   6   οἱ *μεν* οὖν συνελθοντες ἡρωτων αὐτον λεγοντες·
   18   οὗτος *μεν* οὖν ἐκτησατο χωριον ἐκ μισθου της ἀδικιας,
   2 41   οἱ *μεν* οὖν ἀποδεξαμενοι τον λογον αὐτου ἐβαπτισθησαν,
   3 13   ὁ θεος των πατερων ἡμων, ἐδοξασεν τον παιδα αὐτου ἰησουν, ὃν ὑμεις *μεν* παρεδωκατε και ἡρνησασθε κατα προσωπον πιλατου, κριναντος ἐκεινου ἀπολυειν·
   21   και ἀποστειλη τον προκεχειρισμενον ὑμιν χριστον ἰησουν, ὃν δει οὐρανον μεν δεξασθαι ἀχρι χρονων ἀποκαταστασεως παντων ὧν ἐλαλησεν ὁ θεος
   22   μωυσης *μεν* εἰπεν ὃτι προφητην ὑμιν ἀναστησει κυριος ὁ θεος ὑμων ἐκ των ἀδελφων ὑμων ὡς ἐμε·
   4 16   ὃτι *μεν* γαρ γνωστον σημειον γεγονεν δι αὐτων, πασιν τοις κατοικουσιν ἰερουσαλημ φανερον,
   5 41   οἱ *μεν* οὖν ἐπορευοντο χαιροντες ἀπο προσωπου του συνεδριου, ὃτι κατηξιωθησαν ὑπερ του ὀνοματος ἀτιμασθηναι·
   8 4   οἱ *μεν* οὖν διασπαρεντες διηλθον εὐαγγελιζομενοι τον λογον.
   25   οἱ *μεν* οὖν διαμαρτυραμενοι και λαλησαντες τον λογον του κυριου ὑπεστρεφον εἰς ἰεροσολυμα, πολλας τε κωμας των σαμαριτων εὐηγγελιζοντο.
   9 7   οἱ δε ἀνδρες οἱ συνοδευοντες αὐτω εἱστηκεισαν ἐνεοι, ἀκουοντες *μεν* της φωνης, μηδενα δε θεωρουντες·
   31   ἡ *μεν* οὖν ἐκκλησια καθ ὁλης της ἰουδαιας και γαλιλαιας και σαμαρειας εἰχεν εἰρηνην οἰκοδομουμενη
   11 16   ἰωαννης *μεν* ἐβαπτισεν ὑδατι, ὑμεις δε βαπτισθησεσθε ἐν πνευματι ἁγιω.
   19   οἱ *μεν* οὖν διασπαρεντες ἀπο της θλιψεως της γενομενης ἐπι στεφανω διηλθον ἑως φοινικης και κυπρου και ἀντιοχειας,
   12 5   ὁ *μεν* οὖν πετρος ἐτηρειτο ἐν τη φυλακη·
   13 4   αὐτοι *μεν* οὖν ἐκπεμφθεντες ὑπο του ἁγιου πνευματος κατηλθον εἰς σελευκειαν,
   36   δαυιδ *μεν* γαρ ἰδια γενεα ὑπηρετησας τη του θεου βουλη ἐκοιμηθη και προσετεθη προς τους πατερας αὐτου και εἰδεν διαφθοραν·
   14 3   ἱκανον *μεν* οὖν χρονον διετριψαν παρρησιαζομενοι ἐπι τω κυριω τω μαρτυρουντι ἐπι τω λογω της χαριτος αὐτου,
   4   και οἱ *μεν* ἦσαν συν τοις ἰουδαιοις, οἱ δε συν τοις ἀποστολοις.
   15 3   οἱ *μεν* οὖν προπεμφθεντες ὑπο της ἐκκλησιας διηρχοντο την τε φοινικην και σαμαρειαν ἐκδιηγουμενοι την ἐπιστροφην των ἐθνων,
   30   οἱ *μεν* οὖν ἀπολυθεντες κατηλθον εἰς ἀντιοχειαν,
   16 5   αἱ *μεν* οὖν ἐκκλησιαι ἐστερεουντο τη πιστει και ἐπερισσευον τω ἀριθμω καθ ἡμεραν.
   17 12   πολλοι *μεν* οὖν ἐξ αὐτων ἐπιστευσαν,
   17   διελεγετο *μεν* οὖν ἐν τη συναγωγη τοις ἰουδαιοις και τοις σεβομενοις και ἐν τη ἀγορα κατα πασαν ἡμεραν προς τους παρατυγχανοντας.
   30   τους *μεν* οὖν χρονους της ἀγνοιας ὑπεριδων ὁ θεος τα νυν παραγγελλει τοις ἀνθρωποις παντας πανταχου μετανοειν,
   32   ἀκουσαντες δε ἀναστασιν νεκρων, οἱ *μεν* ἐχλευαζον, οἱ δε εἰπαν·
   18 14   εἰ *μεν* ἦν ἀδικημα τι ἢ ῥαδιουργημα πονηρον, ὦ ἰουδαιοι, κατα λογον ἀν ἀνεσχομην ὑμων·
   19 15   τον [*μεν*] ἰησουν γινωσκω και τον παυλον ἐπισταμαι·
   32   ἀλλοι *μεν* οὖν ἀλλο τι ἐκραζον·
   38   εἰ *μεν* οὖν δημητριος και οἱ συν αὐτω τεχνιται ἐχουσι προς τινα λογον, ἀγοραιοι ἀγονται και ἀνθυπατοι εἰσιν, ἐγκαλειτωσαν ἀλληλοις.
   21 39   ἐγω ἀνθρωπος *μεν* εἰμι ἰουδαιος, ταρσευς, της κιλικιας οὐκ ἀσημου πολεως πολιτης·
   22 9   οἱ δε συν ἐμοι ὀντες το *μεν* φως ἐθεασαντο, την δε φωνην οὐκ ἠκουσαν του λαλουντος μοι.
   23 8   σαδδουκαιοι *μεν* γαρ λεγουσιν μη εἰναι ἀναστασιν μητε ἀγγελον μητε πνευμα, φαρισαιοι δε ὁμολογουσιν τα ἀμφοτερα.

μεν [180]

Ac   23 18   ὁ μεν οὖν παραλαβων αὐτον ἠγαγεν προς τον χιλιαρχον και φησιν·

     22   ὁ μεν οὖν χιλιαρχος ἀπελυσε τον νεανισκον, παραγγειλας μηδενι ἐκλαλησαι ὁτι ταυτα ἐνεφανισας προς με.

     31   οἱ μεν οὖν στρατιωται κατα το διατεταγμενον αὐτοις ἀναλαβοντες τον παυλον ἠγαγον δια νυκτος εἰς την ἀντιπατριδα·

   25 4   ὁ μεν οὖν φηστος ἀπεκριθη τηρεισθαι τον παυλον εἰς καισαρειαν,

     11   εἰ μεν οὖν ἀδικω και ἀξιον θανατου πεπραχα τι, οὐ παραιτουμαι το ἀποθανειν·

   26 4   την μεν οὖν βιωσιν μου [την] ἐκ νεοτητος την ἀπ ἀρχης γενομενην ἐν τω ἐθνει μου ἐν τε ἱεροσολυμοις ἰσασι παντες [οἱ] ἰουδαιοι,

     9   ἐγω μεν οὖν ἐδοξα ἐμαυτω προς το ὀνομα ἰησου του ναζωραιου δειν πολλα ἐναντια πραξαι·

   27 21   ἐδει μεν, ὦ ἀνδρες, πειθαρχησαντας μοι μη ἀναγεσθαι ἀπο της κρητης

     41   και ἡ μεν πρωρα ἐρεισασα ἐμεινεν ἀσαλευτος, ἡ δε πρυμνα ἐλυετο ὑπο της βιας [των κυματων].

     44   και τους λοιπους οὓς μεν ἐπι σανισιν, οὓς δε ἐπι τινων των ἀπο του πλοιου.

   28 5   ὁ μεν οὖν ἀποτιναξας το θηριον εἰς το πυρ ἐπαθεν οὐδεν κακον·

     22   περι μεν γαρ της αἱρεσεως ταυτης γνωστον ἡμιν ἐστιν ὁτι πανταχου ἀντιλεγεται.

     24   και οἱ μεν ἐπειθοντο τοις λεγομενοις, οἱ δε ἠπιστουν·

Rm   1 8   πρωτον μεν εὐχαριστω τω θεω μου δια ἰησου χριστου περι παντων ὑμων, ὁτι ἡ πιστις ὑμων καταγγελλεται ἐν ὁλω τω κοσμω.

   2 7   τοις μεν καθ ὑπομονην ἐργου ἀγαθου δοξαν και τιμην και ἀφθαρσιαν ζητουσιν ζωην αἰωνιον·

     25   περιτομη μεν γαρ ὠφελει ἐαν νομον πρασσης·

   3 2   πρωτον μεν [γαρ] ὁτι ἐπιστευθησαν τα λογια του θεου.

   5 16   το μεν γαρ κριμα ἐξ ἑνος εἰς κατακριμα, το δε χαρισμα ἐκ πολλων παραπτωματων εἰς δικαιωμα.

   6 11   οὑτως και ὑμεις λογιζεσθε ἑαυτους [εἰναι] νεκρους μεν τη ἁμαρτια ζωντας δε τω θεω ἐν χριστω ἰησου.

   7 12   ὡστε ὁ μεν νομος ἁγιος,

     25   ἀρα οὖν αὐτος ἐγω τω μεν νοι δουλευω νομω θεου, τη δε σαρκι νομω ἁμαρτιας.

   8 10   εἰ δε χριστος ἐν ὑμιν, το μεν σωμα νεκρον δια ἁμαρτιαν,

     17   εἰ δε τεκνα, και κληρονομοι· κληρονομοι μεν θεου,

   9 21   ἠ οὐκ ἐχει ἐξουσιαν ὁ κεραμευς του πηλου ἐκ του αὐτου φυραματος ποιησαι ὁ μεν εἰς τιμην σκευος, ὁ δε εἰς ἀτιμιαν;

   10 1   ἀδελφοι, ἡ μεν εὐδοκια της ἐμης καρδιας και ἡ δεησις προς τον θεον ὑπερ αὐτων εἰς σωτηριαν.

   11 13   ἐφ ὁσον μεν οὖν εἰμι ἐγω ἐθνων ἀποστολος, την διακονιαν μου δοξαζω,

     22   ἐπι μεν τους πεσοντας ἀποτομια, ἐπι δε σε χρηστοτης θεου,

     28   κατα μεν το εὐαγγελιον ἐχθροι δι ὑμας, κατα δε την ἐκλογην ἀγαπητοι δια τους πατερας·

   14 2   ὃς μεν πιστευει φαγειν παντα, ὁ δε ἀσθενων λαχανα ἐσθιει.

     5   ὃς μεν [γαρ] κρινει ἡμεραν παρ ἡμεραν, ὃς δε κρινει πασαν ἡμεραν·

     20   παντα μεν καθαρα, ἀλλα κακον τω ἀνθρωπω τω δια προσκομματος ἐσθιοντι.

1Co   1 12   ἐγω μεν εἰμι παυλου, ἐγω δε ἀπολλω, ἐγω δε κηφα, ἐγω δε χριστου.

     18   ὁ λογος γαρ ὁ του σταυρου τοις μεν ἀπολλυμενοις μωρια ἐστιν, τοις δε σωζομενοις ἡμιν δυναμις θεου ἐστιν.

     23   ἡμεις δε κηρυσσομεν χριστον ἐσταυρωμενον, ἰουδαιοις μεν σκανδαλον, ἐθνεσιν δε μωριαν,

   3 4   ὁταν γαρ λεγη τις· ἐγω μεν εἰμι παυλου, ἑτερος δε· ἐγω ἀπολλω, οὐκ ἀνθρωποι ἐστε;

   5 3   ἐγω μεν γαρ, ἀπων τω σωματι, παρων δε τω πνευματι, ἠδη κεκρικα ὡς παρων τον οὑτως τουτο κατεργασαμενον

   6 4   βιωτικα μεν οὖν κριτηρια ἐαν ἐχητε, τους ἐξουθενημενους ἐν τη ἐκκλησια, τουτους καθιζετε;

     7   ἠδη μεν [οὖν] ὁλως ἡττημα ὑμιν ἐστιν ὁτι κριματα ἐχετε μεθ ἑαυτων.

   7 7   ἀλλα ἑκαστος ἰδιον ἐχει χαρισμα ἐκ θεου, ὁ μεν οὑτως, ὁ δε οὑτως.

   9 24   οὐκ οἰδατε ὁτι οἱ ἐν σταδιω τρεχοντες παντες μεν τρεχουσιν, εἰς δε λαμβανει το βραβειον;

     25   πας δε ὁ ἀγωνιζομενος παντα ἐγκρατευεται, ἐκεινοι μεν οὖν ἱνα φθαρτον στεφανον λαβωσιν, ἡμεις δε ἀφθαρτον.

   11 7   ἀνηρ μεν γαρ οὐκ ὀφειλει κατακαλυπτεσθαι την κεφαλην, εἰκων και δοξα θεου ὑπαρχων·

1Co   11 14   οὐδε ἡ φυσις αὐτη διδασκει ὑμας ὁτι ἀνηρ μεν ἐαν κομα, ἀτιμια αὐτω ἐστιν, γυνη δε ἐαν κομα, δοξα αὐτη ἐστιν;

     18   πρωτον μεν γαρ συνερχομενων ὑμων ἐν ἐκκλησια ἀκουω σχισματα ἐν ὑμιν ὑπαρχειν,

     21   και ὃς μεν πεινα, ὃς δε μεθυει.

   12 8   ᾧ μεν γαρ δια του πνευματος διδοται λογος σοφιας,

     20   νυν δε πολλα μεν μελη, ἑν δε σωμα.

     28   και οὓς μεν ἐθετο ὁ θεος ἐν τη ἐκκλησια πρωτον ἀποστολους, δευτερον προφητας, τριτον διδασκαλους,

   14 17   συ μεν γαρ καλως εὐχαριστεις,

   15 39   οὐ πασα σαρξ ἡ αὐτη σαρξ, ἀλλα ἀλλη μεν ἀνθρωπων,

     40   ἀλλα ἑτερα μεν ἡ των ἐπουρανιων δοξα, ἑτερα δε ἡ των ἐπιγειων.

2Co   2 16   οἱς μεν ὀσμη ἐκ θανατου εἰς θανατον, οἱς δε ὀσμη ἐκ ζωης εἰς ζωην·

   8 17   χαρις δε τω θεω τω δοντι την αὐτην σπουδην ὑπερ ὑμων ἐν τη καρδια τιτου, ὁτι την μεν παρακλησιν ἐδεξατο,

   9 1   περι μεν γαρ της διακονιας της εἰς τους ἁγιους περισσον μοι ἐστιν το γραφειν ὑμιν·

   10 1   ὃς κατα προσωπον μεν ταπεινος ἐν ὑμιν, ἀπων δε θαρρω εἰς ὑμας·

     10   ὁτι αἱ ἐπιστολαι μεν, φησιν, βαρειαι και ἰσχυραι,

   11 4   εἰ μεν γαρ ὁ ἐρχομενος ἀλλον ἰησουν κηρυσσει ὃν οὐκ ἐκηρυξαμεν, ἠ πνευμα ἑτερον λαμβανετε ὁ οὐκ ἐλαβετε, ἠ εὐαγγελιον ἑτερον ὁ οὐκ ἐδεξασθε, καλως ἀνεχεσθε.

   12 1   καυχασθαι δει, οὐ συμφερον μεν,

     12   τα μεν σημεια του ἀποστολου κατειργασθη ἐν ὑμιν ἐν παση ὑπομονη,

Ga   4 8   ἀλλα τοτε μεν οὐκ εἰδοτες θεον ἐδουλευσατε τοις φυσει μη οὐσιν θεοις·

     23   ἀλλ ὁ μεν ἐκ της παιδισκης κατα σαρκα γεγεννηται,

     24   αὑται γαρ εἰσιν δυο διαθηκαι, μια μεν ἀπο ὀρους σινα, εἰς δουλειαν γεννωσα, ἡτις ἐστιν ἁγαρ.

Eph   4 11   και αὐτος ἐδωκεν τους μεν ἀποστολους, τους δε προφητας, τους δε εὐαγγελιστας, τους δε ποιμενας και διδασκαλους,

Php   1 15   τινες μεν και δια φθονον και ἐριν, τινες δε και δι εὐδοκιαν τον χριστον κηρυσσουσιν·

     16   οἱ μεν ἐξ ἀγαπης, εἰδοτες ὁτι εἰς ἀπολογιαν του εὐαγγελιου κειμαι,

   2 23   τουτον μεν οὖν ἐλπιζω πεμψαι ὡς ἀν ἀφιδω τα περι ἐμε ἐξαυτης·

   3 1   τα αὐτα γραφειν ὑμιν ἐμοι μεν οὐκ ὀκνηρον, ὑμιν δε ἀσφαλες.

     13   ἑν δε, τα μεν ὀπισω ἐπιλανθανομενος τοις δε ἐμπροσθεν ἐπεκτεινομενος,

Col   2 23   ἁτινα ἐστιν λογον μεν ἐχοντα σοφιας ἐν ἐθελοθρησκια και ταπεινοφροσυνη [και] ἀφειδια σωματος,

1Th   2 18   διοτι ἠθελησαμεν ἐλθειν προς ὑμας, ἐγω μεν παυλος και ἁπαξ και δις,

2Tm   1 10   του σωτηρος ἡμων χριστου ἰησου, καταργησαντος μεν τον θανατον φωτισαντος δε ζωην και ἀφθαρσιαν

   2 20   και ἀ μεν εἰς τιμην ἀ δε εἰς ἀτιμιαν·

   4 4   και ἀπο μεν της ἀληθειας την ἀκοην ἀποστρεψουσιν,

Heb   1 7   και προς μεν τους ἀγγελους λεγει·

   3 5   και μωυσης μεν πιστος ἐν ὁλω τω οἰκω αὐτου ὡς θεραπων εἰς μαρτυριον των λαληθησομενων,

   7 2   πρωτον μεν ἑρμηνευομενος βασιλευς δικαιοσυνης,

     5   και οἱ μεν ἐκ των υἱων λευι την ἱερατειαν λαμβανοντες ἐντολην ἐχουσιν ἀποδεκατουν τον λαον κατα τον νομον,

     8   και ὡδε μεν δεκατας ἀποθνησκοντες ἀνθρωποι λαμβανουσιν,

     11   εἰ μεν οὖν τελειωσις δια της λευιτικης ἱερωσυνης ἠν, ὁ λαος γαρ ἐπ αὐτης νενομοθετηται, τις ἐτι χρεια

     18   ἀθετησις μεν γαρ γινεται προαγουσης ἐντολης δια το αὐτης ἀσθενες και ἀνωφελες,

     20   οἱ μεν γαρ χωρις ὁρκωμοσιας εἰσιν ἱερεις γεγονοτες,

     23   και οἱ μεν πλειονες εἰσιν γεγονοτες ἱερεις δια το θανατω κωλυεσθαι παραμενειν·

   8 4   εἰ μεν οὖν ἠν ἐπι γης, οὐδ ἀν ἠν ἱερευς,

   9 1   εἰχε μεν οὖν [και] ἡ πρωτη δικαιωματα λατρειας το τε ἁγιον κοσμικον.

     6   τουτων δε οὑτως κατεσκευασμενων εἰς μεν την πρωτην σκηνην δια παντος εἰσιασιν οἱ ἱερεις τας λατρειας ἐπιτελουντες,

     23   ἀναγκη οὖν τα μεν ὑποδειγματα των ἐν τοις οὐρανοις τουτοις καθαριζεσθαι,

   10 11   και πας μεν ἱερευς ἑστηκεν καθ ἡμεραν λειτουργων και τας αὐτας πολλακις προσφερων θυσιας,

     33   τουτο μεν ὀνειδισμοις τε και θλιψεσιν θεατριζομενοι,

μεν [180]

Heb	11 15	και εἰ μὲν ἐκείνης ἐμνημόνευον ἀφ᾽ ἧς ἐξέβησαν, εἶχον ἂν καιρὸν ἀνακάμψαι·
	12 9	εἶτα τοὺς μὲν τῆς σαρκὸς ἡμῶν πατέρας εἴχομεν παιδευτὰς καὶ ἐνετρεπομεθα·
	10	οἱ μὲν γὰρ πρὸς ὀλίγας ἡμέρας κατὰ τὸ δοκοῦν αὐτοῖς ἐπαίδευον, ὁ δὲ ἐπὶ τὸ συμφέρον εἰς τὸ μεταλαβεῖν τῆς ἁγιότητος αὐτοῦ.
	11	πασα δὲ μὲν παιδεία πρὸς μὲν τὸ παρὸν οὐ δοκεῖ χαρᾶς εἶναι ἀλλὰ λύπης,
	11	πασα δὲ μὲν παιδεία πρὸς μὲν τὸ παρὸν οὐ δοκεῖ χαρᾶς εἶναι ἀλλὰ λύπης,
Ja	3 17	ἡ δὲ ἄνωθεν σοφία πρῶτον μὲν ἁγνή ἐστιν,
1Pt	1 20	προεγνωσμένου μὲν πρὸ καταβολῆς κοσμου, φανερωθέντος δὲ ἐπ᾽ ἐσχάτου τῶν χρόνων δι᾽ ὑμᾶς
	2 4	πρὸς ὃν προσερχόμενοι, λίθον ζῶντα, ὑπὸ ἀνθρώπων μὲν ἀποδεδοκιμασμένον παρὰ δὲ θεῷ ἐκλεκτὸν ἔντιμον,
	3 18	θανατωθεὶς μὲν σαρκὶ ζωοποιηθεὶς δὲ πνεύματι·
	4 6	εἰς τοῦτο γὰρ καὶ νεκροῖς εὐηγγελίσθη, ἵνα κριθῶσι μὲν κατὰ ἀνθρώπους σαρκὶ,
Ju	8	ὁμοίως καὶ οὗτοι ἐνυπνιαζόμενοι σάρκα μὲν μιαίνουσιν, κυριότητα δὲ ἀθετοῦσιν, δόξας δὲ βλασφημοῦσιν.
	10	οὗτοι δὲ ὅσα μὲν οὐκ οἴδασιν βλασφημοῦσιν,
	22	καὶ οὓς μὲν ἐλεᾶτε διακρινόμενους οὓς δὲ σωζετε ἐκ πυρὸς ἁρπάζοντες, οὓς δὲ ἐλεᾶτε ἐν φόβῳ,

μεννα [1]

Lc	3 31	τοῦ μελεα τοῦ μεννα τοῦ ματταθα τοῦ ναθαμ τοῦ δαυιδ

μενουν [1]

Lc	11 28	μενουν μακάριοι οἱ ἀκούοντες τὸν λόγον τοῦ θεοῦ καὶ φυλάσσοντες.

μενουνγε [3]

Rm	9 20	ὦ ἄνθρωπε, μενουνγε σὺ τίς εἶ ὁ ἀνταποκρινόμενος τῷ θεῷ;
	10 18	ἀλλὰ λέγω, μὴ οὐκ ἤκουσαν; μενουνγε·
Php	3 8	ἀλλὰ μενουνγε καὶ ἡγοῦμαι πάντα ζημίαν εἶναι διὰ τὸ ὑπερέχον τῆς γνώσεως χριστοῦ ἰησοῦ τοῦ κυρίου μου,

μεντοι [8]

Jh	4 27	οὐδεὶς μεντοι εἶπεν· τί ζητεῖς ἢ τί λαλεῖς μετ᾽ αὐτῆς;
	7 13	οὐδεὶς μεντοι παρρησίᾳ ἐλάλει περὶ αὐτοῦ διὰ τὸν φόβον τῶν ἰουδαίων.
	12 42	ὅμως μεντοι καὶ ἐκ τῶν ἀρχόντων πολλοὶ ἐπίστευσαν εἰς αὐτόν,
	20 5	καὶ παρακύψας βλέπει κείμενα τὰ ὀθόνια, οὐ μεντοι εἰσῆλθεν.
	21 4	οὐ μεντοι ᾔδεισαν οἱ μαθηταὶ ὅτι ἰησοῦς ἐστιν.
2Tm	2 19	ὁ μεντοι στερεὸς θεμελιος τοῦ θεοῦ ἕστηκεν, ἔχων τὴν σφραγῖδα ταύτην·
Ja	2 8	εἰ μεντοι νόμον τελεῖτε βασιλικὸν κατὰ τὴν γραφήν· ἀγαπήσεις τὸν πλησίον σου ὡς σεαυτόν, καλῶς ποιεῖτε·
Ju	8	ὁμοίως μεντοι καὶ οὗτοι ἐνυπνιαζόμενοι σάρκα μὲν μιαίνουσιν, κυριότητα δὲ ἀθετοῦσιν, δόξας δὲ βλασφημοῦσιν.

μενω [118]

Mt	10 11	κἀκεῖ μείνατε ἕως ἂν ἐξέλθητε.
	11 23	ὅτι εἰ ἐν σοδομοις ἐγενήθησαν αἱ δυνάμεις αἱ γενόμεναι ἐν σοί, ἔμεινεν ἂν μέχρι τῆς σήμερον.
	26 38	μείνατε ὧδε καὶ γρηγορεῖτε μετ᾽ ἐμοῦ.
Mc	6 10	ὅπου ἐὰν εἰσέλθητε εἰς οἰκίαν, ἐκεῖ μενετε ἕως ἂν ἐξέλθητε ἐκεῖθεν.
	14 34	περίλυπός ἐστιν ἡ ψυχή μου ἕως θανάτου· μείνατε ὧδε καὶ γρηγορεῖτε.
Lc	1 56	ἔμεινεν δὲ μαριαμ σὺν αὐτῇ ὡς μῆνας τρεῖς, καὶ ὑπέστρεψεν εἰς τὸν οἶκον αὐτῆς.
	8 27	καὶ ἐν οἰκίᾳ οὐκ ἔμενεν ἀλλ᾽ ἐν τοῖς μνήμασιν.
	9 4	καὶ εἰς ἣν ἂν οἰκίαν εἰσέλθητε, ἐκεῖ μενετε καὶ ἐκεῖθεν ἐξέρχεσθε.
	10 7	ἐν αὐτῇ δὲ τῇ οἰκίᾳ μενετε, ἐσθίοντες καὶ πίνοντες τὰ παρ᾽ αὐτῶν·
	19 5	ζακχαιε, σπεύσας κατάβηθι· σήμερον γὰρ ἐν τῷ οἴκῳ σου δεῖ με μεῖναι.
	24 29	μεῖνον μεθ᾽ ἡμῶν, ὅτι πρὸς ἑσπέραν ἐστὶν καὶ κέκλικεν ἤδη ἡ ἡμέρα.
	29	καὶ εἰσῆλθεν τοῦ μεῖναι σὺν αὐτοῖς.

μενω [118]

Jh	1 32	καὶ ἐμαρτύρησεν ιωαννης λέγων ὅτι τεθέαμαι τὸ πνεῦμα καταβαῖνον ὡς περιστερὰν ἐξ οὐρανοῦ, καὶ ἔμεινεν ἐπ᾽ αὐτόν.
	33	ἐφ᾽ ὃν ἂν ἴδῃς τὸ πνεῦμα καταβαῖνον καὶ μενον ἐπ᾽ αὐτόν, οὗτός ἐστιν ὁ βαπτίζων ἐν πνεύματι ἁγίῳ.
	38	ῥαββὶ ὃ λέγεται μεθερμηνευόμενον διδάσκαλε, ποῦ μενεις;
	39	ἦλθαν οὖν καὶ εἶδαν ποῦ μενει,
	39	καὶ παρ᾽ αὐτῷ ἔμειναν τὴν ἡμέραν ἐκείνην·
	2 12	μετὰ τοῦτο κατέβη εἰς καφαρναουμ αὐτὸς καὶ ἡ μήτηρ αὐτοῦ καὶ οἱ ἀδελφοὶ αὐτοῦ καὶ οἱ μαθηταὶ αὐτοῦ, καὶ ἐκεῖ ἔμειναν οὐ πολλὰς ἡμέρας.
	3 36	ὁ δὲ ἀπειθῶν τῷ υἱῷ οὐκ ὄψεται ζωήν, ἀλλ᾽ ἡ ὀργὴ τοῦ θεοῦ μενει ἐπ᾽ αὐτόν.
	4 40	ὡς οὖν ἦλθον πρὸς αὐτὸν οἱ σαμαριται, ἠρώτων αὐτὸν μεῖναι παρ᾽ αὐτοῖς·
	40	καὶ ἔμεινεν ἐκεῖ δύο ἡμέρας.
	5 38	καὶ τὸν λόγον αὐτοῦ οὐκ ἔχετε ἐν ὑμῖν μενοντα,
	6 27	ἐργάζεσθε μὴ τὴν βρῶσιν τὴν ἀπολλυμένην, ἀλλὰ τὴν βρῶσιν τὴν μενουσαν εἰς ζωὴν αἰώνιον, ἣν ὁ υἱὸς τοῦ ἀνθρώπου ὑμῖν δώσει·
	56	ὁ τρώγων μου τὴν σάρκα καὶ πίνων μου τὸ αἷμα ἐν ἐμοὶ μενει κἀγὼ ἐν αὐτῷ.
	7 9	ταῦτα δὲ εἰπὼν αὐτὸς ἔμεινεν ἐν τῇ γαλιλαίᾳ.
	8 31	ἐὰν ὑμεῖς μείνητε ἐν τῷ λόγῳ τῷ ἐμῷ, ἀληθῶς μαθηταί μου ἐστε,
	35	ὁ δὲ δοῦλος οὐ μενει ἐν τῇ οἰκίᾳ εἰς τὸν αἰῶνα·
	35	ὁ υἱὸς μενει εἰς τὸν αἰῶνα.
	9 41	νῦν δὲ λέγετε ὅτι βλέπομεν· ἡ ἁμαρτία ὑμῶν μενει.
	10 40	καὶ ἀπῆλθεν πάλιν πέραν τοῦ ιορδανου εἰς τὸν τόπον ὅπου ἦν ιωαννης τὸ πρῶτον βαπτίζων, καὶ ἔμεινεν ἐκεῖ.
	11 6	ὡς οὖν ἤκουσεν ὅτι ἀσθενεῖ, τότε μὲν ἔμεινεν ἐν ᾧ ἦν τόπῳ δύο ἡμέρας·
	54	ἀλλὰ ἀπῆλθεν ἐκεῖθεν εἰς τὴν χώραν ἐγγὺς τῆς ἐρήμου, εἰς ἐφραιμ λεγομένην πολιν, κἀκεῖ ἔμεινεν μετὰ τῶν μαθητῶν.
	12 24	ἐὰν μὴ ὁ κόκκος τοῦ σίτου πεσὼν εἰς τὴν γῆν ἀποθάνῃ, αὐτὸς μόνος μενει·
	34	ἡμεῖς ἠκούσαμεν ἐκ τοῦ νόμου ὅτι ὁ χριστὸς μενει εἰς τὸν αἰῶνα, καὶ πῶς λέγεις σὺ ὅτι δεῖ ὑψωθῆναι τὸν υἱὸν τοῦ ἀνθρώπου;
	46	ἐγὼ φῶς εἰς τὸν κόσμον ἐλήλυθα, ἵνα πᾶς ὁ πιστεύων εἰς ἐμὲ ἐν τῇ σκοτίᾳ μὴ μείνῃ.
	14 10	ὁ δὲ πατὴρ ἐν ἐμοὶ μενων ποιεῖ τὰ ἔργα αὐτοῦ.
	17	ὑμεῖς γινώσκετε αὐτό, ὅτι παρ᾽ ὑμῖν μενει καὶ ἐν ὑμῖν ἔσται.
	25	ταῦτα λελάληκα ὑμῖν παρ᾽ ὑμῖν μενων·
	15 4	μείνατε ἐν ἐμοι, κἀγὼ ἐν ὑμῖν.
	4	καθὼς τὸ κλῆμα οὐ δύναται καρπὸν φέρειν ἀφ᾽ ἑαυτοῦ ἐὰν μὴ μενη ἐν τῇ ἀμπέλῳ, οὕτως οὐδὲ ὑμεῖς ἐὰν μὴ ἐν ἐμοὶ μενητε.
	4	καθὼς τὸ κλῆμα οὐ δύναται καρπὸν φέρειν ἀφ᾽ ἑαυτοῦ ἐὰν μὴ μενη ἐν τῇ ἀμπέλῳ, οὕτως οὐδὲ ὑμεῖς ἐὰν μὴ ἐν ἐμοὶ μενητε.
	5	ὁ μενων ἐν ἐμοι κἀγὼ ἐν αὐτῷ, οὗτος φέρει καρπὸν πολύν, ὅτι χωρὶς ἐμοῦ οὐ δύνασθε ποιεῖν οὐδέν.
	6	ἐὰν μή τις μενη ἐν ἐμοι, ἐβλήθη ἔξω ὡς τὸ κλῆμα καὶ ἐξηράνθη,
	7	ἐὰν μείνητε ἐν ἐμοι καὶ τὰ ῥήματά μου ἐν ὑμῖν μείνῃ, ὃ ἐὰν θέλητε αἰτήσασθε, καὶ γενήσεται ὑμῖν.
	7	ἐὰν μείνητε ἐν ἐμοι καὶ τὰ ῥήματά μου ἐν ὑμῖν μείνῃ, ὃ ἐὰν θέλητε αἰτήσασθε, καὶ γενήσεται ὑμῖν.
	9	μείνατε ἐν τῇ ἀγάπῃ τῇ ἐμῇ.
	10	ἐὰν τὰς ἐντολάς μου τηρήσητε, μενειτε ἐν τῇ ἀγάπῃ μου,
	10	μενειτε ἐν τῇ ἀγάπῃ μου, καθὼς ἐγὼ τὰς ἐντολὰς τοῦ πατρός μου τετήρηκα καὶ μενω αὐτοῦ ἐν τῇ ἀγάπῃ.
	16	καὶ ἔθηκα ὑμᾶς ἵνα ὑμεῖς ὑπάγητε καὶ καρπὸν φέρητε καὶ ὁ καρπὸς ὑμῶν μενη,
	19 31	οἱ οὖν ιουδαιοι, ἐπεὶ παρασκευὴ ἦν, ἵνα μὴ μείνῃ ἐπὶ τοῦ σταυροῦ τὰ σώματα ἐν τῷ σαββάτῳ, ἦν γὰρ μεγάλη ἡ ἡμέρα ἐκείνου τοῦ σαββάτου, ἠρώτησαν τὸν πιλατον
	21 22	ἐὰν αὐτὸν θέλω μενειν ἕως ἔρχομαι, τί πρὸς σέ;
	23	οὐκ εἶπεν δὲ αὐτῷ ὁ ἰησοῦς ὅτι οὐκ ἀποθνήσκει, ἀλλ᾽ ἐὰν αὐτὸν θέλω μενειν ἕως ἔρχομαι, [τί πρὸς σέ];
Ac	5 4	οὐχὶ μενον σοὶ ἔμενεν καὶ πραθὲν ἐν τῇ σῇ ἐξουσίᾳ ὑπῆρχεν;
	4	οὐχὶ μενον σοὶ ἔμενεν καὶ πραθὲν ἐν τῇ σῇ ἐξουσίᾳ ὑπῆρχεν;
	9 43	ἐγένετο δὲ ἡμέρας ἱκανὰς μεῖναι ἐν ιοππη παρά τινι σιμωνι βυρσει.
	16 15	εἰ κεκρίκατέ με πιστὴν τῷ κυρίῳ εἶναι, εἰσελθόντες εἰς τὸν οἶκόν μου μενετε·
	18 3	προσῆλθεν αὐτοῖς, καὶ διὰ τὸ ὁμότεχνον εἶναι ἔμενεν παρ᾽ αὐτοῖς,
	20	ἐρωτώντων δὲ αὐτῶν ἐπὶ πλείονα χρόνον μεῖναι οὐκ ἐπένευσεν,
	20 5	οὗτοι δὲ προελθόντες ἔμενον ἡμᾶς ἐν τρωαδι·

μενω [118]

Ac	20 23	τα εν αυτη συναντησοντα μοι μη ειδως, πλην οτι το πνευμα το αγιον κατα πολιν διαμαρτυρεται μοι λεγον οτι δεσμα και θλιψεις με *μενουσιν.*
	21 7	και ασπασαμενοι τους αδελφους *εμειναμεν* ημεραν μιαν παρ αυτοις.
	8	και εισελθοντες εις τον οικον φιλιππου του ευαγγελιστου οντος εκ των επτα, *εμειναμεν* παρ αυτω.
	27 31	εαν μη ουτοι *μεινωσιν* εν τω πλοιω, υμεις σωθηναι ου δυνασθε.
	41	και η μεν πρωρα ερεισασα *εμεινεν* ασαλευτος, η δε πρυμνα ελυετο υπο της βιας [των κυματων].
	28 16	οτε δε εισηλθομεν εις ρωμην, επετραπη τω παυλω *μενειν* καθ εαυτον συν τω φυλασσοντι αυτον στρατιωτη.
Rm	9 11	μηπω γαρ γεννηθεντων μηδε πραξαντων τι αγαθον η φαυλον, ινα η κατ εκλογην προθεσις του θεου *μενη,*
1Co	3 14	ει τινος το εργον *μενεῖ* ο εποικοδομησεν, μισθον λημψεται·
	7 8	λεγω δε τοις αγαμοις και ταις χηραις, καλον αυτοις εαν *μεινωσιν* ως καγω·
	11	εαν δε και χωρισθη, *μενετω* αγαμος η τω ανδρι καταλλαγητω,
	20	εκαστος εν τη κλησει η εκληθη, εν ταυτη *μενετω.*
	24	εκαστος εν ω εκληθη, αδελφοι, εν τουτω *μενετω* παρα θεω.
	40	μακαριωτερα δε εστιν εαν ουτως *μεινη,* κατα την εμην γνωμην·
	13 13	νυνι δε *μενει* πιστις, ελπις, αγαπη, τα τρια ταυτα·
	15 6	επειτα ωφθη επανω πεντακοσιοις αδελφοις εφαπαξ, εξ ων οι πλειονες *μενουσιν* εως αρτι,
2Co	3 11	ει γαρ το καταργουμενον δια δοξης, πολλω μαλλον το *μενον* εν δοξη.
	14	αχρι γαρ της σημερον ημερας το αυτο καλυμμα επι τη αναγνωσει της παλαιας διαθηκης *μενει,*
	9 9	εσκορπισεν, εδωκεν τοις πενησιν, η δικαιοσυνη αυτου *μενει* εις τον αιωνα.
Php	1 25	οτι *μενω* και παραμενω πασιν υμιν εις την υμων προκοπην και χαραν της πιστεως,
1Tm	2 15	σωθησεται δε δια της τεκνογονιας, εαν *μεινωσιν* εν πιστει και αγαπη και αγιασμω μετα σωφροσυνης.
2Tm	2 13	ει απιστουμεν, εκεινος πιστος *μενει,*
	3 14	συ δε *μενε* εν οις εμαθες και επιστωθης,
	4 20	εραστος *εμεινεν* εν κορινθω, τροφιμον δε απελιπον εν μιλητω ασθενουντα.
Heb	7 3	αφωμοιωμενος δε τω υιω του θεου, *μενει* ιερευς εις το διηνεκες.
	24	ο δε δια το *μενειν* αυτον εις τον αιωνα απαραβατον εχει την ιερωσυνην·
	10 34	και την αρπαγην των υπαρχοντων υμων μετα χαρας προσεδεξασθε, γινωσκοντες εχειν εαυτοις κρειττονα υπαρξιν και *μενουσαν.*
	12 27	το δε ετι απαξ δηλοι [την] των σαλευομενων μεταθεσιν ως πεποιημενων, ινα *μεινη* τα μη σαλευομενα.
	13 1	η φιλαδελφια *μενετω.* της φιλοξενιας μη επιλανθανεσθε·
	14	ου γαρ εχομεν ωδε *μενουσαν* πολιν, αλλα την μελλουσαν επιζητουμεν.
1Pt	1 23	αναγεγεννημενοι ουκ εκ σπορας φθαρτης αλλα αφθαρτου δια λογου ζωντος θεου και *μενοντος.*
	25	το δε ρημα κυριου *μενει* εις τον αιωνα.
1Jh	2 6	ο λεγων εν αυτω *μενειν* οφειλει καθως εκεινος περιεπατησεν και αυτος [ουτως] περιπατειν.
	10	ο αγαπων τον αδελφον αυτου εν τω φωτι *μενει,*
	14	εγραψα υμιν, νεανισκοι, οτι ισχυροι εστε και ο λογος του θεου εν υμιν *μενει* και νενικηκατε τον πονηρον.
	17	ο δε ποιων το θελημα του θεου *μενει* εις τον αιωνα.
	19	ει γαρ εξ ημων ησαν, μεμενηκεισαν αν μεθ ημων·
	24	ο ηκουσατε απ αρχης, εν υμιν *μενετω.*
	24	εαν εν υμιν *μεινη* ο απ αρχης ηκουσατε, και υμεις εν τω υιω και εν τω πατρι *μενειτε.*
	24	εαν εν υμιν *μεινη* ο απ αρχης ηκουσατε, και υμεις εν τω υιω και εν τω πατρι *μενειτε.*
	27	και υμεις το χρισμα ο ελαβετε απ αυτου *μενει* εν υμιν,
	27	και καθως εδιδαξεν υμας, *μενετε* εν αυτω.
	28	και νυν, τεκνια, *μενετε* εν αυτω,
	3 6	πας ο εν αυτω *μενων* ουχ αμαρτανει·
	9	πας ο γεγεννημενος εκ του θεου αμαρτιαν ου ποιει, οτι σπερμα αυτου εν αυτω *μενει·*
	14	ο μη αγαπων *μενει* εν τω θανατω.
	15	και οιδατε οτι πας ανθρωποκτονος ουκ εχει ζωην αιωνιον εν αυτω *μενουσαν.*
	17	ος δ αν εχη τον βιον του κοσμου και θεωρη τον αδελφον αυτου χρειαν εχοντα και κλειση τα σπλαγχνα αυτου απ αυτου, πως η αγαπη του θεου *μενει* εν αυτω;

μενω [118]

1Jh	3 24	και ο τηρων τας εντολας αυτου εν αυτω *μενει* και αυτος εν αυτω·
	24	και εν τουτω γινωσκομεν οτι *μενει* εν ημιν, εκ του πνευματος ου ημιν εδωκεν.
	4 12	ο θεος εν ημιν *μενει* και η αγαπη αυτου εν ημιν τετελειωμενη εστιν.
	13	εν τουτω γινωσκομεν οτι εν αυτω *μενομεν* και αυτος εν ημιν, οτι εκ του πνευματος αυτου δεδωκεν ημιν.
	15	ο θεος εν αυτω *μενει* και αυτος εν τω θεω.
	16	και ο *μενων* εν τη αγαπη εν τω θεω μενει και ο θεος εν αυτω μενει.
	16	και ο *μενων* εν τη αγαπη εν τω θεω μενει και ο θεος εν αυτω μενει.
	16	και ο *μενων* εν τη αγαπη εν τω θεω μενει και ο θεος εν αυτω μενει.
2Jh	2	δια την αληθειαν την *μενουσαν* εν ημιν,
	9	πας ο προαγων και μη *μενων* εν τη διδαχη του χριστου θεον ουκ εχει·
	9	ο *μενων* εν τη διδαχη, ουτος και τον πατερα και τον υιον εχει.
Apc	17 10	και οταν ελθη ολιγον αυτον δει *μειναι.*

μεριζω [14]

Mt	12 25	πασα βασιλεια *μερισθεισα* καθ εαυτης ερημουται,
	25	και πασα πολις η οικια *μερισθεισα* καθ εαυτης ου σταθησεται.
	26	και ει ο σατανας τον σαταναν εκβαλλει, εφ εαυτον *εμερισθη·*
Mc	3 24	και εαν βασιλεια εφ εαυτην *μερισθη,* ου δυναται σταθηναι η βασιλεια εκεινη·
	25	και εαν οικια εφ εαυτην *μερισθη,* ου δυνησεται η οικια εκεινη σταθηναι.
	26	και ει ο σατανας ανεστη εφ εαυτον και *εμερισθη,* ου δυναται στηναι αλλα τελος εχει.
	6 41	και τους δυο ιχθυας *εμερισεν* πασιν.
Lc	12 13	διδασκαλε, ειπε τω αδελφω μου *μερισασθαι* μετ εμου την κληρονομιαν.
Rm	12 3	αλλα φρονειν εις το σωφρονειν, εκαστω ως ο θεος *εμερισεν* μετρον πιστεως.
1Co	1 13	*μεμερισται* ο χριστος; μη παυλος εσταυρωθη υπερ υμων,
	7 17	ει μη εκαστω ως *εμερισεν* ο κυριος, εκαστον ως κεκληκεν ο θεος, ουτως περιπατειτω.
	34	ο δε γαμησας μεριμνα τα του κοσμου, πως αρεση τη γυναικι, και *μεμερισται.*
2Co	10 13	αλλα κατα το μετρον του κανονος ου *εμερισεν* ημιν ο θεος μετρου, εφικεσθαι αχρι και υμων.
Heb	7 2	ω και δεκατην απο παντων *εμερισεν* αβρααμ,

μεριμνα [6]

Mt	13 22	και η *μεριμνα* του αιωνος και η απατη του πλουτου συμπνιγει τον λογον,
Mc	4 19	ουτοι εισιν οι τον λογον ακουσαντες, και αι *μεριμναι* του αιωνος και η απατη του πλουτου και αι περι τα λοιπα επιθυμιαι εισπορευομεναι συμπνιγουσιν τον λογον, και ακαρπος γινεται.
Lc	8 14	και υπο *μεριμνων* και πλουτου και ηδονων του βιου πορευομενοι συμπνιγονται και ου τελεσφορουσιν.
	21 34	προσεχετε δε εαυτοις μηποτε βαρηθωσιν υμων αι καρδιαι εν κραιπαλη και μεθη και *μεριμναις* βιωτικαις,
2Co	11 28	χωρις των παρεκτος η επιστασις μοι η καθ ημεραν, η *μεριμνα* πασων των εκκλησιων.
1Pt	5 7	πασαν την *μεριμναν* υμων επιριψαντες επ αυτον,

μεριμναω [19]

Mt	6 25	μη *μεριμνατε* τη ψυχη υμων τι φαγητε [η τι πιητε],
	27	τις δε εξ υμων *μεριμνων* δυναται προσθειναι επι την ηλικιαν αυτου πηχυν ενα;
	28	και περι ενδυματος τι *μεριμνατε;*
	31	μη ουν *μεριμνησητε* λεγοντες· τι φαγωμεν;
	34	μη ουν *μεριμνησητε* εις την αυριον,
	34	η γαρ αυριον *μεριμνησει* εαυτης·
	10 19	μη *μεριμνησητε* πως η τι λαλησητε·
Lc	10 41	μαρθα μαρθα, *μεριμνας* και θορυβαζη περι πολλα, ενος ολιγων δε εστιν χρεια·
	12 11	οταν δε εισφερωσιν υμας επι τας συναγωγας και τας αρχας και τας εξουσιας, μη *μεριμνησητε* πως η τι απολογησησθε η τι ειπητε·

μεριμναω [19]

Lc	12 22	ειπεν δε προς τους μαθητας [αυτου·] δια τουτο λεγω υμιν· μη μεριμνατε τη ψυχη τι φαγητε, μηδε τω σωματι τι ενδυσησθε. η γαρ ψυχη πλειον εστιν της τροφης και το σωμα του ενδυματος.
	25	τις δε εξ υμων μεριμνων δυναται επι την ηλικιαν αυτου προσθειναι πηχυν;
	26	ει ουν ουδε ελαχιστον δυνασθε, τι περι των λοιπων μεριμνατε;
1Co	7 32	ο αγαμος μεριμνα τα του κυριου, πως αρεση τω κυριω·
	33	ο δε γαμησας μεριμνα τα του κοσμου, πως αρεση τη γυναικι,
	34	και η γυνη η αγαμος και η παρθενος μεριμνα τα του κυριου, ινα η αγια και τω σωματι και τω πνευματι·
	34	η δε γαμησασα μεριμνα τα του κοσμου, πως αρεση τω ανδρι.
	12 25	ινα μη η σχισμα εν τω σωματι, αλλα το αυτο υπερ αλληλων μεριμνωσιν τα μελη.
Php	2 20	ουδενα γαρ εχω ισοψυχον, οστις γνησιως τα περι υμων μεριμνησει·
	4 6	μηδεν μεριμνατε, αλλ εν παντι τη προσευχη και τη δεησει μετα ευχαριστιας τα αιτηματα υμων γνωριζεσθω προς τον θεον.

μερις [5]

Lc	10 42	μαριαμ γαρ την αγαθην μεριδα εξελεξατο, ητις ουκ αφαιρεθησεται αυτης.
Ac	8 21	ουκ εστιν σοι μερις ουδε κληρος εν τω λογω τουτω·
	16 12	κακειθεν εις φιλιππους, ητις εστιν πρωτη[ς] μεριδος της μακεδονιας πολις, κολωνια.
2Co	6 15	τις δε συμφωνησις χριστου προς βελιαρ, η τις μερις πιστω μετα απιστου;
Col	1 12	μετα χαρας ευχαριστουντες τω πατρι τω ικανωσαντι υμας εις την μεριδα του κληρου των αγιων εν τω φωτι·

μερισμος [2]

Heb	2 4	συνεπιμαρτυρουντος του θεου σημειοις τε και τερασιν και ποικιλαις δυναμεσιν και πνευματος αγιου μερισμοις κατα την αυτου θελησιν.
	4 12	ζων γαρ ο λογος του θεου και ενεργης και τομωτερος υπερ πασαν μαχαιραν διστομον και διικνουμενος αχρι μερισμου ψυχης και πνευματος,

μεριστης [1]

Lc	12 14	ανθρωπε, τις με κατεστησεν κριτην η μεριστην εφ υμας;

μερος [42]

Mt	2 22	χρηματισθεις δε κατ οναρ ανεχωρησεν εις τα μερη της γαλιλαιας,
	15 21	και εξελθων εκειθεν ο ιησους ανεχωρησεν εις τα μερη τυρου και σιδωνος.
	16 13	ελθων δε ο ιησους εις τα μερη καισαρειας της φιλιππου ηρωτα τους μαθητας αυτου λεγων·
	24 51	και διχοτομησει αυτον, και το μερος αυτου μετα των υποκριτων θησει·
Mc	8 10	και ευθυς εμβας εις το πλοιον μετα των μαθητων αυτου ηλθεν εις τα μερη δαλμανουθα.
Lc	11 36	ει ουν το σωμα σου ολον φωτεινον, μη εχον μερος τι σκοτεινον, εσται φωτεινον ολον ως οταν ο λυχνος τη αστραπη φωτιζη σε.
	12 46	και το μερος αυτου μετα των απιστων θησει.
	15 12	πατερ, δος μοι το επιβαλλον μερος της ουσιας.
	24 42	οι δε επεδωκαν αυτω ιχθυος οπτου μερος·
Jh	13 8	εαν μη νιψω σε, ουκ εχεις μερος μετ εμου.
	19 23	οι ουν στρατιωται, οτε εσταυρωσαν τον ιησουν, ελαβον τα ιματια αυτου και εποιησαν τεσσαρα μερη,
	23	ελαβον τα ιματια αυτου και εποιησαν τεσσαρα μερη, εκαστω στρατιωτη μερος, και τον χιτωνα.
	21 6	βαλετε εις τα δεξια μερη του πλοιου το δικτυον, και ευρησετε.
Ac	2 10	αιγυπτον και τα μερη της λιβυης της κατα κυρηνην,
	5 2	και ενεγκας μερος τι παρα τους ποδας των αποστολων εθηκεν.
	19 1	εγενετο δε εν τω τον απολλω ειναι εν κορινθω παυλον διελθοντα τα ανωτερικα μερη [κατ]ελθειν εις εφεσον και ευρειν τινας μαθητας,
	27	ου μονον δε τουτο κινδυνευει ημιν το μερος εις απελεγμον ελθειν, αλλα και το της μεγαλης θεας αρτεμιδος ιερον εις ουθεν λογισθηναι,

μερος [42]

Ac	20 2	διελθων δε τα μερη εκεινα και παρακαλεσας αυτους λογω πολλω ηλθεν εις την ελλαδα,
	23 6	γνους δε ο παυλος οτι το εν μερος εστιν σαδδουκαιων το δε ετερον φαρισαιων εκραζεν εν τω συνεδριω·
	9	εγενετο δε κραυγη μεγαλη, και ανασταντες τινες των γραμματεων του μερους των φαρισαιων διεμαχοντο λεγοντες·
Rm	11 25	ινα μη ητε [παρ] εαυτοις φρονιμοι, οτι πωρωσις απο μερους τω ισραηλ γεγονεν αχρι ου το πληρωμα των εθνων εισελθη,
	15 15	τολμηροτερον δε εγραψα υμιν απο μερους, ως επαναμιμνησκων υμας δια την χαριν την δοθεισαν μοι υπο του θεου
	24	ελπιζω γαρ διαπορευομενος θεασασθαι υμας και υφ υμων προπεμφθηναι εκει, εαν υμων πρωτον απο μερους εμπλησθω,
1Co	11 18	πρωτον μεν γαρ συνερχομενων υμων εν εκκλησια ακουω σχισματα εν υμιν υπαρχειν, και μερος τι πιστευω·
	12 27	υμεις δε εστε σωμα χριστου και μελη εκ μερους.
	13 9	εκ μερους γαρ γινωσκομεν και εκ μερους προφητευομεν·
	9	εκ μερους γαρ γινωσκομεν και εκ μερους προφητευομεν·
	10	οταν δε ελθη το τελειον, το εκ μερους καταργηθησεται.
	12	αρτι γινωσκω εκ μερους, τοτε δε επιγνωσομαι καθως και επεγνωσθην.
	14 27	ειτε γλωσση τις λαλει, κατα δυο η το πλειστον τρεις, και ανα μερος,
2Co	1 14	ελπιζω δε οτι εως τελους επιγνωσεσθε, καθως και επεγνωτε ημας απο μερους,
	2 5	ει δε τις λελυπηκεν, ουκ εμε λελυπηκεν, αλλα απο μερους, ινα μη επιβαρω, παντας υμας.
	3 10	και γαρ ου δεδοξασται το δεδοξασμενον εν τουτω τω μερει εινεκεν της υπερβαλλουσης δοξης.
	9 3	επεμψα δε τους αδελφους, ινα μη το καυχημα ημων το υπερ υμων κενωθη εν τω μερει τουτω,
Eph	4 9	το δε ανεβη τι εστιν ει μη οτι και κατεβη εις τα κατωτερα [μερη] της γης;
	16	κατ ενεργειαν εν μετρω ενος εκαστου μερους την αυξησιν του σωματος ποιειται εις οικοδομην εαυτου εν αγαπη.
Col	2 16	μη ουν τις υμας κρινετω εν βρωσει και εν ποσει η εν μερει εορτης η νεομηνιας η σαββατων,
Heb	9 5	περι ων ουκ εστιν νυν λεγειν κατα μερος.
Apc	16 19	και εγενετο η πολις η μεγαλη εις τρια μερη,
	20 6	μακαριος και αγιος ο εχων μερος εν τη αναστασει τη πρωτη·
	21 8	τοις δε δειλοις και απιστοις και εβδελυγμενοις και φονευσιν και πορνοις και φαρμακοις και ειδωλολατραις και πασιν τοις ψευδεσιν το μερος αυτων εν τη λιμνη
	22 19	και εαν τις αφελη απο των λογων του βιβλιου της προφητειας ταυτης, αφελει ο θεος το μερος αυτου απο του ξυλου της ζωης

μεσημβρια [2]

Ac	8 26	αναστηθι και πορευου κατα μεσημβριαν επι την οδον την καταβαινουσαν απο ιερουσαλημ εις γαζαν·
	22 6	εγενετο δε μοι πορευομενω και εγγιζοντι τη δαμασκω περι μεσημβριαν εξαιφνης εκ του ουρανου περιαστραψαι φως ικανον περι εμε,

μεσιτευω [1]

Heb	6 17	εν ω περισσοτερον βουλομενος ο θεος επιδειξαι τοις κληρονομοις της επαγγελιας το αμεταθετον της βουλης αυτου εμεσιτευσεν ορκω,

μεσιτης [6]

Ga	3 19	αχρις ου αν ελθη το σπερμα ω επηγγελται, διαταγεις δι αγγελων, εν χειρι μεσιτου.
	20	ο δε μεσιτης ενος ουκ εστιν, ο δε θεος εις εστιν.
1Tm	2 5	εις γαρ θεος, εις και μεσιτης θεου και ανθρωπων, ανθρωπος χριστος ιησους,
Heb	8 6	νυν[ι] δε διαφορωτερας τετυχεν λειτουργιας, οσω και κρειττονος εστιν διαθηκης μεσιτης,
	9 15	και δια τουτο διαθηκης καινης μεσιτης εστιν,
	12 24	και διαθηκης νεας μεσιτη ιησου, και αιματι ραντισμου κρειττον λαλουντι παρα τον αβελ.

μεσονυκτιον [4]

Mc	13 35	ουκ οιδατε γαρ ποτε ο κυριος της οικιας ερχεται, η οψε η μεσονυκτιον η αλεκτοροφωνιας η πρωι·
Lc	11 5	τις εξ υμων εξει φιλον, και πορευσεται προς αυτον μεσονυκτιου και ειπη αυτω·

μεσονυκτιον [4]

Ac 16 25 κατα δε το μεσονυκτιον παυλος και σιλας προσευχομενοι ὑμνουν τον θεον, ἐπηκροωντο δε αὐτων οἱ δεσμιοι·

20 7 μελλων ἐξιεναι τῃ ἐπαυριον, παρετεινεν τε τον λογον μεχρι μεσονυκτιου.

μεσοποταμια [2]

Ac 2 9 και οἱ κατοικουντες την μεσοποταμιαν, ἰουδαιαν τε και καππαδοκιαν,

7 2 ὁ θεος της δοξης ὠφθη τῳ πατρι ἡμων ἀβρααμ ὀντι ἐν τῃ μεσοποταμιᾳ πριν ἠ κατοικησαι αὐτον ἐν χαρραν,

μεσος [58]

Mt 10 16 ἰδου ἐγω ἀποστελλω ὑμας ὡς προβατα ἐν μεσῳ λυκων·

13 25 ἐν δε τῳ καθευδειν τους ἀνθρωπους ἠλθεν αὐτου ὁ ἐχθρος και ἐπεσπειρεν ζιζανια ἀνα μεσον του σιτου και ἀπηλθεν.

49 ἐξελευσονται οἱ ἀγγελοι και ἀφοριουσιν τους πονηρους ἐκ μεσου των δικαιων,

14 6 γενεσιοις δε γενομενοις του ἡρῳδου ὠρχησατο ἡ θυγατηρ της ἡρῳδιαδος ἐν τῳ μεσῳ και ἠρεσεν τῳ ἡρῳδῃ,

18 2 και προσκαλεσαμενος παιδιον ἐστησεν αὐτο ἐν μεσῳ αὐτων και εἰπεν·

20 οὐ γαρ εἰσιν δυο ἠ τρεις συνηγμενοι εἰς το ἐμον ὀνομα, ἐκει εἰμι ἐν μεσῳ αὐτων.

25 6 μεσης δε νυκτος κραυγη γεγονεν·

Mc 3 3 και λεγει τῳ ἀνθρωπῳ τῳ την ξηραν χειρα ἐχοντι· ἐγειρε εἰς το μεσον.

6 47 και ὀψιας γενομενης ἠν το πλοιον ἐν μεσῳ της θαλασσης,

7 31 και παλιν ἐξελθων ἐκ των ὁριων τυρου ἠλθεν δια σιδωνος εἰς την θαλασσαν της γαλιλαιας ἀνα μεσον των ὁριων δεκαπολεως.

9 36 και λαβων παιδιον ἐστησεν αὐτο ἐν μεσῳ αὐτων, και ἐναγκαλισαμενος αὐτο εἰπεν αὐτοις·

14 60 και ἀναστας ὁ ἀρχιερευς εἰς μεσον ἐπηρωτησεν τον ἰησουν λεγων·

Lc 2 46 και ἐγενετο μετα ἡμερας τρεις εὑρον αὐτον ἐν τῳ ἱερῳ καθεζομενον ἐν μεσῳ των διδασκαλων και ἀκουοντα αὐτων και ἐπερωτωντα αὐτους·

4 30 αὐτος δε διελθων δια μεσου αὐτων ἐπορευετο.

35 και ῥιψαν αὐτον το δαιμονιον εἰς το μεσον ἐξηλθεν ἀπ αὐτου μηδεν βλαψαν αὐτον.

5 19 και μη εὑροντες ποιας εἰσενεγκωσιν αὐτον δια τον ὀχλον, ἀναβαντες ἐπι το δωμα δια των κεραμων καθηκαν αὐτον συν τῳ κλινιδιῳ εἰς το μεσον ἐμπροσθεν του ἰησου.

6 8 ἐγειρε και στηθι εἰς το μεσον·

8 7 και ἑτερον ἐπεσεν ἐν μεσῳ των ἀκανθων, και συμφυεισαι αἱ ἀκανθαι ἀπεπνιξαν αὐτο.

10 3 ὑπαγετε· ἰδου ἀποστελλω ὑμας ὡς ἀρνας ἐν μεσῳ λυκων.

17 11 και ἐγενετο ἐν τῳ πορευεσθαι εἰς ἰερουσαλημ, και αὐτος διηρχετο δια μεσον σαμαρειας και γαλιλαιας.

21 21 και οἱ ἐν μεσῳ αὐτης ἐκχωρειτωσαν,

22 27 ἐγω δε ἐν μεσῳ ὑμων εἰμι ὡς ὁ διακονων.

55 περιαψαντων δε πυρ ἐν μεσῳ της αὐλης και συγκαθισαντων ἐκαθητο ὁ πετρος μεσος αὐτων.

55 περιαψαντων δε πυρ ἐν μεσῳ της αὐλης και συγκαθισαντων ἐκαθητο ὁ πετρος μεσος αὐτων.

23 45 ἐσχισθη δε το καταπετασμα του ναου μεσον.

24 36 ταυτα δε αὐτων λαλουντων αὐτος ἐστη ἐν μεσῳ αὐτων και λεγει αὐτοις,

Jh 1 26 μεσος ὑμων ἐστηκεν ὁν ὑμεις οὐκ οἰδατε,

8 3* ἀγουσιν δε οἱ γραμματεις και οἱ φαρισαιοι γυναικα ἐπι μοιχειᾳ κατειλημμενην, και στησαντες αὐτην ἐν μεσῳ λεγουσιν αὐτῳ·

9* οἱ δε ἀκουσαντες ἐξηρχοντο εἰς καθ εἰς ἀρξαμενοι ἀπο των πρεσβυτερων, και κατελειφθη μονος, και ἡ γυνη ἐν μεσῳ οὐσα.

19 18 και μετ αὐτου ἀλλους δυο ἐντευθεν και ἐντευθεν, μεσον δε τον ἰησουν.

20 19 ἠλθεν ὁ ἰησους και ἐστη εἰς το μεσον, και λεγει αὐτοις·

26 και ἐστη εἰς το μεσον και εἰπεν·

Ac 1 15 και ἐν ταις ἡμεραις ταυταις ἀναστας πετρος ἐν μεσῳ των ἀδελφων εἰπεν· ἠν τε ὀχλος ὀνοματων ἐπι το αὐτο ὡσει ἑκατονεικοσι·

18 και πρηνης γενομενος ἐλακησεν μεσος, και ἐξεχυθη παντα τα σπλαγχνα αὐτου·

2 22 οἰς ἐποιησεν δι αὐτου ὁ θεος ἐν μεσῳ ὑμων, καθως αὐτοι οἰδατε,

4 7 και στησαντες αὐτους ἐν τῳ μεσῳ ἐπυνθανοντο·

μεσος [58]

Ac 17 22 σταθεις δε [ὁ] παυλος ἐν μεσῳ του ἀρειουπαγου ἐφη·

33 οὑτως ὁ παυλος ἐξηλθεν ἐκ μεσου αὐτων.

23 10 ἐκελευσεν το στρατευμα καταβαν ἁρπασαι αὐτον ἐκ μεσου αὐτων ἀγειν τε εἰς την παρεμβολην.

26 13 ἡμερας μεσης κατα την ὁδον εἰδον, βασιλευ, οὐρανοθεν ὑπερ την λαμπροτητα του ἡλιου περιλαμψαν με φως και τους συν ἐμοι πορευομενους·

27 21 πολλης τε ἀσιτιας ὑπαρχουσης τοτε σταθεις ὁ παυλος ἐν μεσῳ αὐτων εἰπεν·

27 ὡς δε τεσσαρεσκαιδεκατη νυξ ἐγενετο διαφερομενων ἡμων ἐν τῳ ἀδριᾳ, κατα μεσον της νυκτος ὑπενοουν οἱ ναυται προσαγειν τινα αὐτοις χωραν.

1Co 5 2 και οὐχι μαλλον ἐπενθησατε, ἱνα ἀρθη ἐκ μεσου ὑμων ὁ το ἐργον τουτο πραξας,

6 5 οὑτως οὐκ ἐνι ἐν ὑμιν οὐδεις σοφος, ὁς δυνησεται διακριναι ἀνα μεσον του ἀδελφου αὐτου;

2Co 6 17 διο ἐξελθατε ἐκ μεσου αὐτων και ἀφορισθητε, λεγει κυριος,

Php 2 15 ἱνα γενησθε ἀμεμπτοι και ἀκεραιοι, τεκνα θεου ἀμωμα μεσον γενεας σκολιας και διεστραμμενης,

Col 2 14 και αὐτο ἠρκεν ἐκ του μεσου, προσηλωσας αὐτο τῳ σταυρῳ·

1Th 2 7 ἀλλα ἐγενηθημεν νηπιοι ἐν μεσῳ ὑμων·

2Th 2 7 μονον ὁ κατεχων ἀρτι ἑως ἐκ μεσου γενηται.

Heb 2 12 ἐν μεσῳ ἐκκλησιας ὑμνησω σε·

Apc 1 13 και ἐπιστρεψας εἰδον ἑπτα λυχνιας χρυσας, και ἐν μεσῳ των λυχνιων ὁμοιον υἱον ἀνθρωπου,

2 1 ὁ περιπατων ἐν μεσῳ των ἑπτα λυχνιων των χρυσων·

4 6 και ἐν μεσῳ του θρονου και κυκλῳ του θρονου τεσσαρα ζωα γεμοντα ὀφθαλμων ἐμπροσθεν και ὀπισθεν.

5 6 και εἰδον ἐν μεσῳ του θρονου και των τεσσαρων ζωων και ἐν μεσῳ των πρεσβυτερων ἀρνιον ἐστηκος ὡς ἐσφαγμενον,

6 και εἰδον ἐν μεσῳ του θρονου και των τεσσαρων ζωων και ἐν μεσῳ των πρεσβυτερων ἀρνιον ἐστηκος ὡς ἐσφαγμενον,

6 6 και ἠκουσα ὡς φωνην ἐν μεσῳ των τεσσαρων ζωων λεγουσαν·

7 17 ὁτι το ἀρνιον το ἀνα μεσον του θρονου ποιμανει αὐτους και ὁδηγησει αὐτους ἐπι ζωης πηγας ὑδατων·

22 2 ἐν μεσῳ της πλατειας αὐτης και του ποταμου ἐντευθεν και ἐκειθεν ξυλον ζωης

μεσοτοιχον [1]

Eph 2 14 αὐτος γαρ ἐστιν ἡ εἰρηνη ἡμων, ὁ ποιησας τα ἀμφοτερα ἑν και το μεσοτοιχον του φραγμου λυσας,

μεσουρανημα [3]

Apc 8 13 και εἰδον, και ἠκουσα ἑνος ἀετου πετομενου ἐν μεσουρανηματι λεγοντος φωνῃ μεγαλῃ·

14 6 και εἰδον ἀλλον ἀγγελον πετομενον ἐν μεσουρανηματι,

19 17 και ἐκραξεν [ἐν] φωνῃ μεγαλῃ λεγων πασιν τοις ὀρνεοις τοις πετομενοις ἐν μεσουρανηματι· δευτε συναχθητε εἰς το δειπνον το μεγα του θεου,

μεσοω [1]

Jh 7 14 ἠδη δε της ἑορτης μεσουσης ἀνεβη ἰησους εἰς το ἱερον και ἐδιδασκεν.

μεσσιας [2]

Jh 1 41 εὑρηκαμεν τον μεσσιαν ὁ ἐστιν μεθερμηνευομενον χριστος.

4 25 οἰδα ὁτι μεσσιας ἐρχεται, ὁ λεγομενος χριστος·

μεστος [9]

Mt 23 28 οὑτως και ὑμεις ἐξωθεν μεν φαινεσθε τοις ἀνθρωποις δικαιοι, ἐσωθεν δε ἐστε μεστοι ὑποκρισεως και ἀνομιας.

Jh 19 29 σκευος ἐκειτο ὀξους μεστον·

29 σπογγον οὐν μεστον του ὀξους ὑσσωπῳ περιθεντες προσηνεγκαν αὐτου τῳ στοματι.

21 11 ἀνεβη οὐν σιμων πετρος και εἱλκυσεν το δικτυον εἰς την γην μεστον ἰχθυων μεγαλων ἑκατονπεντηκοντατριων·

Rm 1 29 μεστους φθονου φονου ἐριδος δολου κακοηθειας, ψιθυριστας, καταλαλους, θεοστυγεις, ὑβριστας, ὑπερηφανους, ἀλαζονας, ἐφευρετας κακων, γονευσιν ἀπειθεις, ἀσυνετους, ἀσυνθετους, ἀστοργους, ἀνελεημονας·

15 14 πεπεισμαι δε, ἀδελφοι μου, και αὐτος ἐγω περι ὑμων, ὁτι και αὐτοι μεστοι ἐστε ἀγαθωσυνης,

μεστος [9]

Ja 3 8 την δε γλωσσαν ούδεις δαμασαι δυναται άνθρωπων· άκαταστατον κακον, μεστη ίου θανατηφορου.

17 έπειτα είρηνικη, έπιεικης, εύπειθης, μεστη έλεους και καρπων άγαθων, άδιακριτος, άνυποκριτος.

2Pt 2 14 όφθαλμους έχοντες μεστους μοιχαλιδος και άκαταπαυστους άμαρτιας,

μεστοω [1]

Ac 2 13 έτεροι δε διαχλευαζοντες έλεγον ότι γλευκους μεμεστωμενοι είσιν.

μετα [473]

Mt 1 12 μετα δε την μετοικεσιαν βαβυλωνος ίεχονιας έγεννησεν τον σαλαθιηλ,

23 και καλεσουσιν το όνομα αύτου έμμανουηλ, ό έστιν μεθερμηνευομενον μεθ ήμων ό θεος.

2 3 και πασα ίεροσολυμα μετ αύτου,

11 και έλθοντες είς την οίκιαν είδον το παιδιον μετα μαριας της μητρος αύτου,

4 21 έν τω πλοιω μετα ζεβεδαιου του πατρος αύτων καταρτιζοντας τα δικτυα αύτων·

5 25 ίσθι εύνοων τω άντιδικω σου ταχυ έως ότου εί μετ αύτου έν τη όδω·

41 και όστις σε άγγαρευσει μιλιον έν, ύπαγε μετ αύτου δυο.

8 11 λεγω δε ύμιν ότι πολλοι άπο άνατολων και δυσμων ήξουσιν και άνακλιθησονται μετα άβρααμ και ίσαακ και ίακωβ έν τη βασιλεια των ούρανων·

9 11 δια τί μετα των τελωνων και άμαρτωλων έσθιει ό διδασκαλος ύμων;

15 μη δυνανται οί υίοι του νυμφωνος πενθειν, έφ όσον μετ αύτων έστιν ό νυμφιος;

12 3 ούκ άνεγνωτε τί έποιησεν δαυιδ, ότε έπεινασεν και οί μετ αύτου;

4 ό ούκ έξον ήν αύτω φαγειν ούδε τοις μετ αύτου,

30 ό μη ών μετ έμου κατ έμου έστιν,

30 και ό μη συναγων μετ έμου σκορπιζει.

41 άνδρες νινευιται άναστησονται έν τη κρισει μετα της γενεας ταυτης και κατακρινουσιν αύτην·

42 βασιλισσα νοτου έγερθησεται έν τη κρισει μετα της γενεας ταυτης και κατακρινει αύτην·

45 τοτε πορευεται και παραλαμβανει μεθ έαυτου έπτα έτερα πνευματα πονηροτερα έαυτου,

13 20 ό δε έπι τα πετρωδη σπαρεις, ούτος έστιν ό τον λογον άκουων και εύθυς μετα χαρας λαμβανων αύτον·

14 7 όθεν μεθ όρκου ώμολογησεν αύτη δουναι ό έαν αίτησηται.

15 30 και προσηλθον αύτω όχλοι πολλοι έχοντες μεθ έαυτων χωλους, τυφλους, κυλλους, κωφους, και έτερους πολλους, και έρριψαν αύτους παρα τους ποδας αύτου·

16 27 μελλει γαρ ό υίος του άνθρωπου έρχεσθαι έν τη δοξη του πατρος αύτου μετα των άγγελων αύτου,

17 1 και μεθ ήμερας έξ παραλαμβανει ό ίησους τον πετρον και ίακωβον και ίωαννην τον άδελφον αύτου,

3 και ίδου ώφθη αύτοις μωυσης και ήλιας συλλαλουντες μετ αύτου.

17 ώ γενεα άπιστος και διεστραμμενη, έως πότε μεθ ύμων έσομαι;

18 16 έαν δε μη άκουση, παραλαβε μετα σου έτι ένα ή δυο,

23 δια τουτο ώμοιωθη ή βασιλεια των ούρανων άνθρωπω βασιλει, ός ήθελησεν συναραι λογον μετα των δουλων αύτου.

19 10 εί ούτως έστιν ή αίτια του άνθρωπου μετα της γυναικος, ού συμφερει γαμησαι.

20 2 συμφωνησας δε μετα των έργατων έκ δηναριου την ήμεραν άπεστειλεν αύτους είς τον άμπελωνα αύτου.

20 τοτε προσηλθεν αύτω ή μητηρ των υίων ζεβεδαιου μετα των υίων αύτης προσκυνουσα και αίτουσα τι άπ αύτου.

21 2 πορευεσθε είς την κωμην την κατεναντι ύμων, και εύθεως εύρησετε όνον δεδεμενην και πωλον μετ αύτης· λυσαντες άγαγετε μοι.

22 16 και άποστελλουσιν αύτω τους μαθητας αύτων μετα των ήρωδιανων λεγοντες·

24 29 εύθεως δε μετα την θλιψιν των ήμερων έκεινων ό ήλιος σκοτισθησεται,

30 και τοτε κοψονται πασαι αί φυλαι της γης και όψονται τον υίον του άνθρωπου έρχομενον έπι των νεφελων του ούρανου μετα δυναμεως και δοξης πολλης·

31 και άποστελει τους άγγελους αύτου μετα σαλπιγγος μεγαλης,

49 έσθιη δε και πινη μετα των μεθυοντων,

μετα [473]

Mt 24 51 και διχοτομησει αύτον, και το μερος αύτου μετα των ύποκριτων θησει·

25 3 αί γαρ μωραι λαβουσαι τας λαμπαδας αύτων ούκ έλαβον μεθ έαυτων έλαιον.

4 αί δε φρονιμοι έλαβον έλαιον έν τοις άγγειοις μετα των λαμπαδων έαυτων.

10 και αί έτοιμοι είσηλθον μετ αύτου είς τους γαμους,

19 μετα δε πολυν χρονον έρχεται ό κυριος των δουλων έκεινων και συναιρει λογον μετ αύτων.

19 μετα δε πολυν χρονον έρχεται ό κυριος των δουλων έκεινων και συναιρει λογον μετ αύτων.

31 όταν δε έλθη ό υίος του άνθρωπου έν τη δοξη αύτου και παντες οί άγγελοι μετ αύτου, τοτε καθισει έπι θρονου δοξης αύτου·

26 2 οίδατε ότι μετα δυο ήμερας το πασχα γινεται, και ό υίος του άνθρωπου παραδιδοται είς το σταυρωθηναι.

11 παντοτε γαρ τους πτωχους έχετε μεθ έαυτων, έμε δε ού παντοτε έχετε·

18 προς σέ ποιω το πασχα μετα των μαθητων μου.

20 όψιας δε γενομενης άνεκειτο μετα των δωδεκα.

23 ό έμβαψας μετ έμου την χειρα έν τω τρυβλιω, ούτος με παραδωσει.

29 ού μη πιω άπ άρτι έκ τουτου του γενηματος της άμπελου έως της ήμερας έκεινης όταν αύτο πινω μεθ ύμων καινον έν τη βασιλεια του πατρος μου.

32 μετα δε το έγερθηναι με προαξω ύμας είς την γαλιλαιαν.

36 τοτε έρχεται μετ αύτων ό ίησους είς χωριον λεγομενον γεθσημανι,

38 μεινατε ώδε και γρηγορειτε μετ έμου.

40 ούτως ούκ ίσχυσατε μιαν ώραν γρηγορησαι μετ έμου;

47 ίδου ίουδας είς των δωδεκα ήλθεν, και μετ αύτου όχλος πολυς μετα μαχαιρων και ξυλων άπο των άρχιερεων και πρεσβυτερων του λαου.

47 ίδου ίουδας είς των δωδεκα ήλθεν, και μετ αύτου όχλος πολυς μετα μαχαιρων και ξυλων άπο των άρχιερεων και πρεσβυτερων του λαου.

51 και ίδου είς των μετα ίησου έκτεινας την χειρα άπεσπασεν την μαχαιραν αύτου,

55 ώς έπι ληστην έξηλθατε μετα μαχαιρων και ξυλων συλλαβειν με;

58 και είσελθων έσω έκαθητο μετα των ύπηρετων ίδειν το τελος.

69 και συ ήσθα μετα ίησου του γαλιλαιου.

71 ούτος ήν μετα ίησου του ναζωραιου.

72 και παλιν ήρνησατο μετα όρκου ότι ούκ οίδα τον άνθρωπον.

73 μετα μικρον δε προσελθοντες οί έστωτες είπον τω πετρω·

27 34 και έλθοντες είς τοπον λεγομενον γολγοθα, ό έστιν κρανιου τοπος λεγομενος, έδωκαν αύτω πιειν οίνον μετα χολης μεμιγμενον·

41 όμοιως και οί άρχιερεις έμπαιζοντες μετα των γραμματεων και πρεσβυτερων έλεγον· άλλους έσωσεν, έαυτον ού δυναται σωσαι·

53 και έξελθοντες έκ των μνημειων μετα την έγερσιν αύτου είσηλθον είς την άγιαν πολιν και ένεφανισθησαν πολλοις.

54 ό δε έκατονταρχος και οί μετ αύτου τηρουντες τον ίησουν ίδοντες τον σεισμον και τα γινομενα έφοβηθησαν σφοδρα, λεγοντες·

62 τη δε έπαυριον, ήτις έστιν μετα την παρασκευην,

63 κυριε, έμνησθημεν ότι έκεινος ό πλανος είπεν έτι ζων· μετα τρεις ήμερας έγειρομαι.

66 οί δε πορευθεντες ήσφαλισαντο τον ταφον σφραγισαντες τον λιθον μετα της κουστωδιας.

28 8 και άπελθουσαι ταχυ άπο του μνημειου μετα φοβου και χαρας μεγαλης έδραμον άπαγγειλαι τοις μαθηταις αύτου.

12 και συναχθεντες μετα των πρεσβυτερων συμβουλιον τε λαβοντες άργυρια ίκανα έδωκαν τοις στρατιωταις,

20 και ίδου έγω μεθ ύμων είμι πασας τας ήμερας έως της συντελειας του αίωνος.

Mc 1 13 και ήν μετα των θηριων,

14 μετα δε το παραδοθηναι τον ίωαννην ήλθεν ό ίησους είς την γαλιλαιαν κηρυσσων το εύαγγελιον του θεου και λεγων,

20 και άφεντες τον πατερα αύτων ζεβεδαιον έν τω πλοιω μετα των μισθωτων άπηλθον όπισω αύτου.

29 και εύθυς έκ της συναγωγης έξελθοντες ήλθον είς την οίκιαν σιμωνος και άνδρεου μετα ίακωβου και ίωαννου.

36 και κατεδιωξεν αύτον σιμων και οί μετ αύτου,

2 16 και οί γραμματεις των φαρισαιων ίδοντες ότι έσθιει μετα των άμαρτωλων και τελωνων έλεγον τοις μαθηταις αύτου·

μετα [473]

Mc	2 16	και οἱ γραμματεις των φαρισαιων ἰδοντες ὅτι ἐσθιει μετα των ἁμαρτωλων και τελωνων ἐλεγον τοις μαθηταις αὐτου· ὅτι μετα των τελωνων και ἁμαρτωλων ἐσθιει;
	19	μη δυνανται οἱ υἱοι του νυμφωνος, ἐν ᾧ ὁ νυμφιος μετ αὐτων ἐστιν, νηστευειν;
	19	ὅσον χρονον ἐχουσιν τον νυμφιον μετ αὐτων, οὐ δυνανται νηστευειν.
	25	οὐδεποτε ἀνεγνωτε τί ἐποιησεν δαυιδ, ὅτε χρειαν ἐσχεν και ἐπεινασεν αὐτος και οἱ μετ αὐτου;
	3 5	και περιβλεψαμενος αὐτους μετ ὀργης,
	6	και ἐξελθοντες οἱ φαρισαιοι εὐθυς μετα των ἡρωδιανων συμβουλιον ἐδιδουν κατ αὐτου,
	7	και ὁ ἰησους μετα των μαθητων αὐτου ἀνεχωρησεν προς την θαλασσαν·
	14	και ἐποιησεν δωδεκα [οὓς και ἀποστολους ὠνομασεν], ἱνα ὠσιν μετ αὐτου,
	4 16	και οὑτοι εἰσιν οἱ ἐπι τα πετρωδη σπειρομενοι, οἱ ὁταν ἀκουσωσιν τον λογον εὐθυς μετα χαρας λαμβανουσιν αὐτον,
	36	και ἀλλα πλοια ἠν μετ αὐτου.
	5 18	και ἐμβαινοντος αὐτου εἰς το πλοιον παρεκαλει αὐτον ὁ δαιμονισθεις ἱνα μετ αὐτου ᾐ.
	24	και ἀπηλθεν μετ αὐτου.
	37	ὁ δε ἰησους παρακουσας τον λογον λαλουμενον λεγει τῳ ἀρχισυναγωγῳ· μη φοβου, μονον πιστευε και οὐκ ἀφηκεν οὐδενα μετ αὐτου συνακολουθησαι εἰ μη τον πετρον και ἰακωβον και ἰωαννην τον ἀδελφον ἰακωβου.
	40	αὐτος δε ἐκβαλων παντας παραλαμβανει τον πατερα του παιδιου και την μητερα και τους μετ αὐτου,
	6 25	και εἰσελθουσα εὐθυς μετα σπουδης προς τον βασιλεα ᾐτησατο λεγουσα·
	50	ὁ δε εὐθυς ἐλαλησεν μετ αὐτων, και λεγει αὐτοις· θαρσειτε, ἐγω εἰμι·
	8 10	και εὐθυς ἐμβας εἰς το πλοιον μετα των μαθητων αὐτου ἠλθεν εἰς τα μερη δαλμανουθα.
	14	και ἐπελαθοντο λαβειν ἀρτους, και εἰ μη ἑνα ἀρτον οὐκ εἰχον μεθ ἑαυτων ἐν τῳ πλοιῳ.
	31	και ἠρξατο διδασκειν αὐτους ὁτι δει τον υἱον του ἀνθρωπου πολλα παθειν, και ἀποδοκιμασθηναι ὑπο των πρεσβυτερων και των ἀρχιερεων και των γραμματεων και ἀποκτανθηναι και μετα τρεις ἡμερας ἀναστηναι·
	38	και ὁ υἱος του ἀνθρωπου ἐπαισχυνθησεται αὐτον, ὁταν ἐλθη ἐν τη δοξη του πατρος αὐτου μετα των ἀγγελων των ἁγιων.
	9 2	και μετα ἡμερας ἑξ παραλαμβανει ὁ ἰησους τον πετρον και τον ἰακωβον και τον ἰωαννην,
	8	και ἐξαπινα περιβλεψαμενοι οὐκετι οὐδενα εἰδον ἀλλα τον ἰησουν μονον μεθ ἑαυτων.
	31	και ἐλεγεν αὐτοις ὁτι ὁ υἱος του ἀνθρωπου παραδιδοται εἰς χειρας ἀνθρωπων, και ἀποκτενουσιν αὐτον, και ἀποκτανθεις μετα τρεις ἡμερας ἀναστησεται.
	10 30	ἐαν μη λαβη ἑκατονταπλασιονα νυν ἐν τῳ καιρῳ τουτῳ οἰκιας και ἀδελφους και ἀδελφας και μητερας και τεκνα και ἀγρους μετα διωγμων, και ἐν τῳ αἰωνι τῳ ἐρχομενῳ ζωην αἰωνιον.
	34	και μετα τρεις ἡμερας ἀναστησεται.
	11 11	και περιβλεψαμενος παντα, ὀψιας ἠδη οὐσης της ὡρας, ἐξηλθεν εἰς βηθανιαν μετα των δωδεκα.
	13 24	ἀλλα ἐν ἐκειναις ταις ἡμεραις μετα την θλιψιν ἐκεινην ὁ ἡλιος σκοτισθησεται,
	26	και τοτε ὀψονται τον υἱον του ἀνθρωπου ἐρχομενον ἐν νεφελαις μετα δυναμεως πολλης και δοξης.
	14 1	ἠν δε το πασχα και τα ἀζυμα μετα δυο ἡμερας.
	7	παντοτε γαρ τους πτωχους ἐχετε μεθ ἑαυτων, και ὁταν θελητε δυνασθε αὐτοις εὐ ποιησαι,
	14	που ἐστιν το καταλυμα μου, ὁπου το πασχα μετα των μαθητων μου φαγω;
	17	και ὀψιας γενομενης ἐρχεται μετα των δωδεκα.
	18	ἀμην λεγω ὑμιν ὁτι εἱς ἐξ ὑμων παραδωσει με, ὁ ἐσθιων μετ ἐμου.
	20	εἱς των δωδεκα, ὁ ἐμβαπτομενος μετ ἐμου εἰς το τρυβλιον.
	28	ἀλλα μετα το ἐγερθηναι με προαξω ὑμας εἰς την γαλιλαιαν.
	33	και παραλαμβανει τον πετρον και [τον] ἰακωβον και [τον] ἰωαννην μετ αὐτου,
	43	και αὐτου ὀχλος μετα μαχαιρων και ξυλων παρα των ἀρχιερεων και των γραμματεων και των πρεσβυτερων.
	43	και μετ αὐτου ὀχλος μετα μαχαιρων και ξυλων παρα των ἀρχιερεων και των γραμματεων και των πρεσβυτερων.
	48	ὡς ἐπι ληστην ἐξηλθατε μετα μαχαιρων και ξυλων συλλαβειν με;

μετα [473]

Mc	14 54	και ἠν συγκαθημενος μετα των ὑπηρετων και θερμαινομενος προς το φως.
	62	και ὀψεσθε τον υἱον του ἀνθρωπου ἐκ δεξιων καθημενον της δυναμεως και ἐρχομενον μετα των νεφελων του οὐρανου.
	67	και συ μετα του ναζαρηνου ἠσθα του ἰησου.
	70	και μετα μικρον παλιν οἱ παρεστωτες ἐλεγον τῳ πετρῳ·
	15 1	και εὐθυς πρωι συμβουλιον ποιησαντες οἱ ἀρχιερεις μετα των πρεσβυτερων και γραμματεων και ὁλον το συνεδριον,
	7	ἠν δε ὁ λεγομενος βαραββας μετα των στασιαστων δεδεμενος, οἱτινες ἐν τη στασει φονον πεποιηκεισαν.
	28 *	και μετα ἀνομων ἐλογισθη.
	31	ὁμοιως και οἱ ἀρχιερεις ἐμπαιζοντες προς ἀλληλους μετα των γραμματεων ἐλεγον· ἀλλους ἐσωσεν, ἑαυτον οὐ δυναται σωσαι·
	16 8 *	μετα δε ταυτα και αὐτος ὁ ἰησους ἀπο ἀνατολης και ἀχρι δυσεως ἐξαπεστειλεν δι αὐτων το ἱερον και ἀφθαρτον κηρυγμα της αἰωνιου σωτηριας ἀμην.
	10	ἐκεινη πορευθεισα ἀπηγγειλεν τοις μετ αὐτου γενομενοις πενθουσι και κλαιουσιν·
	12	μετα δε ταυτα δυσιν ἐξ αὐτων περιπατουσιν ἐφανερωθη ἐν ἑτερα μορφη πορευομενοις εἰς ἀγρον·
	19	ὁ μεν οὐν κυριος ἰησους μετα το λαλησαι αὐτοις ἀνελημφθη εἰς τον οὐρανον και ἐκαθισεν ἐκ δεξιων του θεου.
Lc	1 24	μετα δε ταυτας τας ἡμερας συνελαβεν ἐλισαβετ ἡ γυνη αὐτου,
	28	χαιρε, κεχαριτωμενη, ὁ κυριος μετα σου.
	39	ἀναστασα δε μαριαμ ἐν ταις ἡμεραις ταυταις ἐπορευθη εἰς την ὀρεινην μετα σπουδης εἰς πολιν ἰουδα,
	58	και ἠκουσαν οἱ περιοικοι και οἱ συγγενεις αὐτης ὁτι ἐμεγαλυνεν κυριος το ἐλεος αὐτου μετ αὐτης, και συνεχαιρον αὐτη.
	66	τί ἀρα το παιδιον τουτο ἐσται; και γαρ χειρ κυριου ἠν μετ αὐτου.
	72	ποιησαι ἐλεος μετα των πατερων ἡμων και μνησθηναι διαθηκης ἁγιας αὐτου,
	2 36	αὑτη προβεβηκυια ἐν ἡμεραις πολλαις, ζησασα μετα ἀνδρος ἐτη ἑπτα ἀπο της παρθενιας αὐτης,
	46	και ἐγενετο μετα ἡμερας τρεις εὑρον αὐτον ἐν τῳ ἱερῳ καθεζομενον ἐν μεσῳ των διδασκαλων και ἀκουοντα αὐτων και ἐπερωτωντα αὐτους·
	51	και κατεβη μετ αὐτων και ἠλθεν εἰς ναζαρεθ,
	5 27	και μετα ταυτα ἐξηλθεν, και ἐθεασατο τελωνην ὀνοματι λευιν καθημενον ἐπι το τελωνιον,
	29	και ἠν ὀχλος πολυς τελωνων και ἀλλων οἱ ἠσαν μετ αὐτων κατακειμενοι.
	30	δια τί μετα των τελωνων και ἁμαρτωλων ἐσθιετε και πινετε;
	34	μη δυνασθε τους υἱους του νυμφωνος, ἐν ᾧ ὁ νυμφιος μετ αὐτων ἐστιν, ποιησαι νηστευσαι;
	6 3	οὐδε τουτο ἀνεγνωτε ὁ ἐποιησεν δαυιδ, ὁτε ἐπεινασεν αὐτος και οἱ μετ αὐτου [ὀντες];
	4	[ὡς] εἰσηλθεν εἰς τον οἰκον του θεου και τους ἀρτους της προθεσεως λαβων ἐφαγεν και ἐδωκεν τοις μετ αὐτου,
	17	και καταβας μετ αὐτων ἐστη ἐπι τοπου πεδινου,
	7 36	ἠρωτα δε τις αὐτον των φαρισαιων ἱνα φαγη μετ αὐτου·
	8 13	οἱ δε ἐπι της πετρας οἱ ὁταν ἀκουσωσιν μετα χαρας δεχονται τον λογον·
	9 28	ἐγενετο δε μετα τους λογους τουτους ὡσει ἡμεραι ὀκτω, [και] παραλαβων πετρον και ἰωαννην και ἰακωβον ἀνεβη εἰς το ὀρος προσευξασθαι.
	39	και ἰδου πνευμα λαμβανει αὐτον, και ἐξαιφνης κραζει και σπαρασσει αὐτον μετα ἀφρου,
	49	και ἐκωλυομεν αὐτον, ὁτι οὐκ ἀκολουθει μεθ ἡμων.
	10 1	μετα δε ταυτα ἀνεδειξεν ὁ κυριος ἑτερους ἑβδομηκοντα[δυο],
	17	ὑπεστρεψαν δε οἱ ἑβδομηκοντα[δυο] μετα χαρας λεγοντες·
	37	ὁ ποιησας το ἐλεος μετ αὐτου.
	11 7	ἠδη ἡ θυρα κεκλεισται, και τα παιδια μου μετ ἐμου εἰς την κοιτην εἰσιν·
	23	ὁ μη ὡν μετ ἐμου κατ ἐμου ἐστιν, και ὁ μη συναγων μετ ἐμου σκορπιζει.
	23	ὁ μη ὡν μετ ἐμου κατ ἐμου ἐστιν, και ὁ μη συναγων μετ ἐμου σκορπιζει.
	31	βασιλισσα νοτου ἐγερθησεται ἐν τη κρισει μετα των ἀνδρων της γενεας ταυτης και κατακρινει αὐτους·
	32	ἀνδρες νινευιται ἀναστησονται ἐν τη κρισει μετα της γενεας ταυτης και κατακρινουσιν αὐτην·
	12 4	μη φοβηθητε ἀπο των ἀποκτεινοντων το σωμα και μετα ταυτα μη ἐχοντων περισσοτερον τι ποιησαι.
	5	φοβηθητε τον μετα το ἀποκτειναι ἐχοντα ἐξουσιαν ἐμβαλειν εἰς την γεενναν.

μετα [473]

Lc 12 13 διδασκαλε, ειπε τω αδελφω μου μερισασθαι μετ εμου την κληρονομιαν.

46 και·το μερος αυτου μετα των απιστων θησει.

58 ως γαρ υπαγεις μετα του αντιδικου σου επ αρχοντα, εν τη οδω δος εργασιαν απηλλαχθαι απ αυτου,

13 1 παρησαν δε τινες εν αυτω τω καιρω απαγγελλοντες αυτω περι των γαλιλαιων ων το αιμα πιλατος εμιξεν μετα των θυσιων αυτων.

14 9 και τοτε αρξη μετα αισχυνης τον εσχατον τοπον κατεχειν.

31 η τις βασιλευς πορευομενος ετερω βασιλει συμβαλειν εις πολεμον ουχι καθισας πρωτον βουλευσεται ει δυνατος εστιν εν δεκα χιλιασιν υπαντησαι τω μετα εικοσι χιλιαδων ερχομενω επ αυτον;

15 13 και μετ ου πολλας ημερας συναγαγων απαντα ο νεωτερος υιος απεδημησεν εις χωραν μακραν,

29 και εμοι ουδεποτε εδωκας εριφον ινα μετα των φιλων μου ευφρανθω·

30 οτε δε ο υιος σου ουτος ο καταφαγων σου τον βιον μετα πορνων ηλθεν, εθυσας αυτω τον σιτευτον μοσχον.

31 τεκνον, συ παντοτε μετ εμου ει, και παντα τα εμα σα εστιν·

17 8 αλλ ουχι ερει αυτω· ετοιμασον τι δειπνησω, και περιζωσαμενος διακονει μοι εως φαγω και πιω, και μετα ταυτα φαγεσαι και πιεσαι συ;

15 εις δε εξ αυτων, ιδων οτι ιαθη, υπεστρεψεν μετα φωνης μεγαλης δοξαζων τον θεον,

20 ουκ ερχεται η βασιλεια του θεου μετα παρατηρησεως,

18 4 μετα δε ταυτα ειπεν εν εαυτω·

21 27 και τοτε οψονται τον υιον του ανθρωπου ερχομενον εν νεφελη μετα δυναμεως και δοξης πολλης.

22 11 λεγει σοι ο διδασκαλος· που εστιν το καταλυμα οπου το πασχα μετα των μαθητων μου φαγω;

15 επιθυμια επεθυμησα τουτο το πασχα φαγειν μεθ υμων προ του με παθειν·

20 και το ποτηριον ωσαυτως μετα το δειπνησαι,

21 πλην ιδου η χειρ του παραδιδοντος με μετ εμου επι της τραπεζης.

28 υμεις δε εστε οι διαμεμενηκοτες μετ εμου εν τοις πειρασμοις μου·

33 κυριε, μετα σου ετοιμος ειμι και εις φυλακην και εις θανατον πορευεσθαι.

37 λεγω γαρ υμιν οτι τουτο το γεγραμμενον δει τελεσθηναι εν εμοι, το· και μετα ανομων ελογισθη·

52 ως επι ληστην εξηλθατε μετα μαχαιρων και ξυλων;

53 καθ ημεραν οντος μου μεθ υμων εν τω ιερω ουκ εξετεινατε τας χειρας επ εμε·

58 και μετα βραχυ ετερος ιδων αυτον εφη·

59 επ αληθειας και ουτος μετ αυτου ην, και γαρ γαλιλαιος εστιν.

23 12 εγενοντο δε φιλοι ο τε ηρωδης και ο πιλατος εν αυτη τη ημερα μετ αλληλων·

43 αμην σοι λεγω, σημερον μετ εμου εση εν τω παραδεισω.

24 5 τι ζητειτε τον ζωντα μετα των νεκρων;

29 μεινον μεθ ημων, οτι προς εσπεραν εστιν και κεκλικεν ηδη η ημερα.

30 και εγενετο εν τω κατακλιθηναι αυτον μετ αυτων λαβων τον αρτον ευλογησεν και κλασας επεδιδου αυτοις·

52 και αυτοι προσκυνησαντες αυτον υπεστρεψαν εις ιερουσαλημ μετα χαρας μεγαλης,

Jh 2 12 μετα τουτο κατεβη εις καφαρναουμ αυτος και η μητηρ αυτου και οι αδελφοι αυτου και οι μαθηται αυτου,

3 2 ουδεις γαρ δυναται ταυτα τα σημεια ποιειν α συ ποιεις, εαν μη η ο θεος μετ αυτου.

22 μετα ταυτα ηλθεν ο ιησους και οι μαθηται αυτου εις την ιουδαιαν γην,

22 μετα ταυτα ηλθεν ο ιησους και οι μαθηται αυτου εις την ιουδαιαν γην, και εκει διετριβεν μετ αυτων και εβαπτιζεν.

25 εγενετο ουν ζητησις εκ των μαθητων ιωαννου μετα ιουδαιου περι καθαρισμου.

26 ραββι, ος ην μετα σου περαν του ιορδανου,

4 27 και επι τουτω ηλθαν οι μαθηται αυτου, και εθαυμαζον οτι μετα γυναικος ελαλει·

27 τι ζητεις η τι λαλεις μετ αυτης;

43 μετα δε τας δυο ημερας εξηλθεν εκειθεν εις την γαλιλαιαν.

5 1 μετα ταυτα ην εορτη των ιουδαιων,

4* ο ουν πρωτος εμβας μετα την ταραχην του υδατος υγιης εγινετο οιωδηποτουν κατειχετο νοσηματι.

14 μετα ταυτα ευρισκει αυτον ο ιησους εν τω ιερω και ειπεν αυτω·

6 1 μετα ταυτα απηλθεν ο ιησους περαν της θαλασσης της γαλιλαιας της τιβεριαδος.

μετα [473]

Jh 6 3 ανηλθεν δε εις το ορος ιησους, και εκει εκαθητο μετα των μαθητων αυτου.

43 μη γογγυζετε μετ αλληλων.

66 εκ τουτου πολλοι [εκ] των μαθητων αυτου απηλθον εις τα οπισω και ουκετι μετ αυτου περιεπατουν.

7 1 και μετα ταυτα περιεπατει ο ιησους εν τη γαλιλαια·

33 ετι χρονον μικρον μεθ υμων ειμι και υπαγω προς τον πεμψαντα με.

8 29 και ο πεμψας με μετ εμου εστιν·

9 37 και εωρακας αυτον και ο λαλων μετα σου εκεινος εστιν.

40 ηκουσαν εκ των φαρισαιων ταυτα οι μετ αυτου οντες,

11 7 επειτα μετα τουτο λεγει τοις μαθηταις·

11 ταυτα ειπεν, και μετα τουτο λεγει αυτοις·

16 αγωμεν και ημεις ινα αποθανωμεν μετ αυτου.

31 οι ουν ιουδαιοι οι οντες μετ αυτης εν τη οικια και παραμυθουμενοι αυτην, ιδοντες την μαριαμ οτι ταχεως ανεστη και εξηλθεν, ηκολουθησαν αυτη,

54 αλλα απηλθεν εκειθεν εις την χωραν εγγυς της ερημου, εις εφραιμ λεγομενην πολιν, κακει εμεινεν μετα των μαθητων.

56 εζητουν ουν τον ιησουν και ελεγον μετ αλληλων εν τω ιερω εστηκοτες· τι δοκει υμιν;

12 8 τους πτωχους γαρ παντοτε εχετε μεθ εαυτων, εμε δε ου παντοτε εχετε.

17 εμαρτυρει ουν ο οχλος ο ων μετ αυτου οτε τον λαζαρον εφωνησεν εκ του μνημειου και ηγειρεν αυτον εκ νεκρων.

13 7 ο εγω ποιω συ ουκ οιδας αρτι, γνωση δε μετα ταυτα.

8 εαν μη νιψω σε, ουκ εχεις μερος μετ εμου.

27 και μετα το ψωμιον τοτε εισηλθεν εις εκεινον ο σατανας.

33 τεκνια, ετι μικρον μεθ υμων ειμι·

14 9 τοσουτω χρονω μεθ υμων ειμι και ουκ εγνωκας με, φιλιππε;

16 καγω ερωτησω τον πατερα και αλλον παρακλητον δωσει υμιν, ινα μεθ υμων εις τον αιωνα η, το πνευμα της αληθειας,

30 ουκετι πολλα λαλησω μεθ υμων, ερχεται γαρ ο του κοσμου αρχων·

15 27 και υμεις δε μαρτυρειτε, οτι απ αρχης μετ εμου εστε.

16 4 ταυτα δε υμιν εξ αρχης ουκ ειπον, οτι μεθ υμων ημην.

19 περι τουτου ζητειτε μετ αλληλων οτι ειπον·

32 και ουκ ειμι μονος, οτι ο πατηρ μετ εμου εστιν.

17 12 οτε ημην μετ αυτων, εγω ετηρουν αυτους εν τω ονοματι σου ω δεδωκας μοι,

24 πατερ, ο δεδωκας μοι, θελω ινα οπου ειμι εγω κακεινοι ωσιν μετ εμου,

18 2 ηδει δε και ιουδας ο παραδιδους αυτον τον τοπον, οτι πολλακις συνηχθη ιησους εκει μετα των μαθητων αυτου.

3 ο ουν ιουδας λαβων την σπειραν και εκ των αρχιερεων και εκ των φαρισαιων υπηρετας ερχεται εκει μετα φανων και λαμπαδων και οπλων.

5 ειστηκει δε και ιουδας ο παραδιδους αυτον μετ αυτων.

18 ην δε και ο πετρος μετ αυτων εστως και θερμαινομενος.

26 λεγει εις εκ των δουλων του αρχιερεως, συγγενης ων ου απεκοψεν πετρος το ωτιον· ουκ εγω σε ειδον εν τω κηπω μετ αυτου;

19 18 και μετ αυτου αλλους δυο εντευθεν και εντευθεν, μεσον δε τον ιησουν.

28 μετα τουτο ειδως ο ιησους οτι ηδη παντα τετελεσται, ινα τελειωθη η γραφη, λεγει· διψω.

38 μετα δε ταυτα ηρωτησεν τον πιλατον ιωσηφ [ο] απο αριμαθαιας, ων μαθητης του ιησου κεκρυμμενος δε δια τον φοβον των ιουδαιων, ινα αρη το σωμα του ιησου·

40 ελαβον ουν το σωμα του ιησου και εδησαν αυτο οθονιοις μετα των αρωματων,

20 7 και θεωρει τα οθονια κειμενα, και το σουδαριον, ο ην επι της κεφαλης αυτου, ου μετα των οθονιων κειμενον αλλα χωρις εντετυλιγμενον εις ενα τοπον.

24 θωμας δε εις εκ των δωδεκα, ο λεγομενος διδυμος, ουκ ην μετ αυτων οτε ηλθεν ιησους.

26 και μεθ ημερας οκτω παλιν ησαν εσω οι μαθηται αυτου, και θωμας μετ αυτων.

26 και μεθ ημερας οκτω παλιν ησαν εσω οι μαθηται αυτου, και θωμας μετ αυτων.

21 1 μετα ταυτα εφανερωσεν εαυτον παλιν ο ιησους τοις μαθηταις επι της θαλασσης της τιβεριαδος·

Ac 1 3 οις και παρεστησεν εαυτον ζωντα μετα το παθειν αυτον εν πολλοις τεκμηριοις,

5 οτι ιωαννης μεν εβαπτισεν υδατι, υμεις δε εν πνευματι βαπτισθησεσθε αγιω ου μετα πολλας ταυτας ημερας.

26 και συγκατεψηφισθη μετα των ενδεκα αποστολων.

2 28 εγνωρισας μοι οδους ζωης, πληρωσεις με ευφροσυνης μετα του προσωπου σου.

μετα [473]

Ac   2 29   ἀνδρες ἀδελφοι, ἐξον εἰπειν *μετα* παρρησιας προς ὑμας περι του πατριαρχου δαυιδ,

   4 29   και δος τοις δουλοις σου *μετα* παρρησιας πασης λαλειν τον λογον σου,

     31   και ἐπλησθησαν ἁπαντες του ἁγιου πνευματος, και ἐλαλουν τον λογον του θεου *μετα* παρρησιας.

   5 26   τοτε ἀπελθων ὁ στρατηγος συν τοις ὑπηρεταις ἠγεν αὐτους, οὐ *μετα* βιας,

     37   *μετα* τουτον ἀνεστη ἰουδας ὁ γαλιλαιος ἐν ταις ἡμεραις της ἀπογραφης και ἀπεστησεν λαον ὀπισω αὐτου·

   7 4   κακειθεν *μετα* το ἀποθανειν τον πατερα αὐτου μετωκισεν αὐτον εἰς την γην ταυτην εἰς ἡν ὑμεις νυν κατοικειτε,

     5   και ἐπηγγειλατο δουναι αὐτω εἰς κατασχεσιν αὐτην και τω σπερματι αὐτου *μετ* αὐτον,

     7   και *μετα* ταυτα ἐξελευσονται και λατρευσουσιν μοι ἐν τω τοπω τουτω.

     9   και ἠν ὁ θεος *μετ* αὐτου, και ἐξειλατο αὐτον ἐκ πασων των θλιψεων αὐτου,

     38   οὑτος ἐστιν ὁ γενομενος ἐν τη ἐκκλησια ἐν τη ἐρημω *μετα* του ἀγγελου

     45   ἡν και εἰσηγαγον διαδεξαμενοι οἱ πατερες ἡμων *μετα* ἰησου ἐν τη κατασχεσει των ἐθνων,

   9 19   ἐγενετο δε *μετα* των ἐν δαμασκω μαθητων ἡμερας τινας,

     28   και ἠν *μετ* αὐτων εἰσπορευομενος και ἐκπορευομενος εἰς ἰερουσαλημ, παρρησιαζομενος ἐν τω ὀνοματι του κυριου,

     39   και ἐπιδεικνυμεναι χιτωνας και ἱματια, ὁσα ἐποιει *μετ* αὐτων οὐσα ἡ δορκας.

  10 37   ὑμεις οἰδατε το γενομενον ῥημα καθ ὁλης της ἰουδαιας, ἀρξαμενος ἀπο της γαλιλαιας *μετα* το βαπτισμα ὁ ἐκηρυξεν ἰωαννης,

     38   ὁς διηλθεν εὐεργετων και ἰωμενος παντας τους καταδυναστευομενους ὑπο του διαβολου, ὁτι ὁ θεος ἠν *μετ* αὐτου·

     41   ἀλλα μαρτυσιν τοις προκεχειροτονημενοις ὑπο του θεου, ἡμιν, οἱτινες συνεφαγομεν και συνεπιομεν αὐτω *μετα* το ἀναστηναι αὐτον ἐκ νεκρων·

  11 21   και ἠν χειρ κυριου *μετ* αὐτων,

  12 4   παραδους τεσσαρσιν τετραδιοις στρατιωτων φυλασσειν αὐτον, βουλομενος *μετα* το πασχα ἀναγαγειν αὐτον τω λαω.

  13 15   *μετα* δε την ἀναγνωσιν του νομου και των προφητων ἀπεστειλαν οἱ ἀρχισυναγωγοι προς αὐτους λεγοντες·

     17   και τον λαον ὑψωσεν ἐν τη παροικια ἐν γη αἰγυπτου, και *μετα* βραχιονος ὑψηλου ἐξηγαγεν αὐτους ἐξ αὐτης,

     20   και *μετα* ταυτα ἐδωκεν κριτας ἑως σαμουηλ [του] προφητου.

     25   ἀλλ ἰδου ἐρχεται *μετ* ἐμε οὐ οὐκ εἰμι ἀξιος το ὑποδημα των ποδων λυσαι.

  14 23   χειροτονησαντες δε αὐτοις κατ ἐκκλησιαν πρεσβυτερους, προσευξαμενοι *μετα* νηστειων παρεθεντο αὐτους τω κυριω εἰς ὁν πεπιστευκεισαν·

     27   παραγενομενοι δε και συναγαγοντες την ἐκκλησιαν, ἀνηγγελλον ὁσα ἐποιησεν ὁ θεος *μετ* αὐτων,

  15 4   ἀνηγγειλαν τε ὁσα ὁ θεος ἐποιησεν *μετ* αὐτων.

     13   *μετα* δε το σιγησαι αὐτους ἀπεκριθη ἰακωβος λεγων·

     16   *μετα* ταυτα ἀναστρεψω και ἀνοικοδομησω την σκηνην δαυιδ την πεπτωκυιαν,

     33   ποιησαντες δε χρονον ἀπελυθησαν *μετ* εἰρηνης ἀπο των ἀδελφων προς τους ἀποστειλαντας αὐτους.

     35   παυλος δε και βαρναβας διετριβον ἐν ἀντιοχεια, διδασκοντες και εὐαγγελιζομενοι *μετα* και ἑτερων πολλων τον λογον του κυριου.

     36   *μετα* δε τινας ἡμερας εἰπεν προς βαρναβαν παυλος·

  17 11   οὑτοι δε ἠσαν εὐγενεστεροι των ἐν θεσσαλονικη, οἱτινες ἐδεξαντο τον λογον *μετα* πασης προθυμιας,

  18 1   *μετα* ταυτα χωρισθεις ἐκ των ἀθηνων ἠλθεν εἰς κορινθον.

     10   διοτι ἐγω εἰμι *μετα* σου και οὐδεις ἐπιθησεται σοι του κακωσαι σε,

  19 4   ἰωαννης ἐβαπτισεν βαπτισμα μετανοιας, τω λαω λεγων εἰς τον ἐρχομενον *μετ* αὐτον ἱνα πιστευσωσιν, τουτ ἐστιν εἰς τον ἰησουν.

     21   εἰπων ὁτι *μετα* το γενεσθαι με ἐκει δει με και ῥωμην ἰδειν.

  20 1   *μετα* δε το παυσασθαι τον θορυβον μεταπεμψαμενος ὁ παυλος τους μαθητας και παρακαλεσας, ἀσπασαμενος ἐξηλθεν πορευεσθαι εἰς μακεδονιαν.

     6   ἡμεις δε ἐξεπλευσαμεν *μετα* τας ἡμερας των ἀζυμων ἀπο φιλιππων,

     18   ὑμεις ἐπιστασθε, ἀπο πρωτης ἡμερας ἀφ ἡς ἐπεβην εἰς την ἀσιαν, πως *μεθ* ὑμων τον παντα χρονον ἐγενομην,

     19   πως *μεθ* ὑμων τον παντα χρονον ἐγενομην, δουλευων τω κυριω *μετα* πασης ταπεινοφροσυνης

μετα [473]

Ac   20 29   ἐγω οἰδα ὁτι εἰσελευσονται *μετα* την ἀφιξιν μου λυκοι βαρεις εἰς ὑμας μη φειδομενοι του ποιμνιου,

     31   διο γρηγορειτε, μνημονευοντες ὁτι τριετιαν νυκτα και ἡμεραν οὐκ ἐπαυσαμην *μετα* δακρυων νουθετων ἑνα ἑκαστον.

     34   αὐτοι γινωσκετε ὁτι ταις χρειαις μου και τοις οὐσιν *μετ* ἐμου ὑπηρετησαν αἱ χειρες αὑται.

  21 15   *μετα* δε τας ἡμερας ταυτας ἐπισκευασαμενοι ἀνεβαινομεν εἰς ἰεροσολυμα·

  24 1   *μετα* δε πεντε ἡμερας κατεβη ὁ ἀρχιερευς ἀνανιας *μετα* πρεσβυτερων τινων και ῥητορος τερτυλλου τινος,

     1   *μετα* δε πεντε ἡμερας κατεβη ὁ ἀρχιερευς ἀνανιας *μετα* πρεσβυτερων τινων και ῥητορος τερτυλλου τινος,

     3   και διορθωματων γινομενων τω ἐθνει τουτω δια της σης προνοιας, παντη τε και πανταχου ἀποδεχομεθα, κρατιστε φηλιξ, *μετα* πασης εὐχαριστιας.

     7 *   παρελθων δε λυσιας ὁ χιλιαρχος *μετα* πολλης βιας ἐκ των χειρων ἡμων ἀπηγαγεν,

     18   ἐν αἱς εὑρον με ἡγνισμενον ἐν τω ἱερω, οὐ *μετα* ὀχλου οὐδε *μετα* θορυβου,

     18   ἐν αἱς εὑρον με ἡγνισμενον ἐν τω ἱερω, οὐ *μετα* ὀχλου οὐδε *μετα* θορυβου,

     24   *μετα* δε ἡμερας τινας παραγενομενος ὁ φηλιξ συν δρουσιλλη τη ἰδια γυναικι οὐση ἰουδαια μετεπεμψατο τον παυλον,

  25 1   φηστος οὐν ἐπιβας τη ἐπαρχεια *μετα* τρεις ἡμερας ἀνεβη εἰς ἰεροσολυμα ἀπο καισαρειας,

     12   τοτε ὁ φηστος συλλαλησας *μετα* του συμβουλιου ἀπεκριθη·

     23   τη οὐν ἐπαυριον ἐλθοντος του ἀγριππα και της βερνικης *μετα* πολλης φαντασιας

  26 12   ἐν οἱς πορευομενος εἰς την δαμασκον *μετ* ἐξουσιας και ἐπιτροπης της των ἀρχιερεων,

  27 10   ἀνδρες, θεωρω ὁτι *μετα* ὑβρεως και πολλης ζημιας οὐ μονον του φορτιου και του πλοιου ἀλλα και των ψυχων ἡμων μελλειν ἐσεσθαι τον πλουν.

     14   *μετ* οὐ πολυ δε ἐβαλεν κατ αὐτης ἀνεμος τυφωνικος ὁ καλουμενος εὐρακυλων·

     24   καισαρι σε δει παραστηναι, και ἰδου κεχαρισται σοι ὁ θεος παντας τους πλεοντας *μετα* σου.

  28 11   *μετα* δε τρεις μηνας ἀνηχθημεν ἐν πλοιω παρακεχειμακοτι ἐν τη νησω, ἀλεξανδρινω, παρασημω διοσκουροις.

     13   και *μετα* μιαν ἡμεραν ἐπιγενομενου νοτου δευτεραιοι ἠλθομεν εἰς ποτιολους,

     17   ἐγενετο δε *μετα* ἡμερας τρεις συγκαλεσασθαι αὐτον τους ὀντας των ἰουδαιων πρωτους·

     31   και ἀπεδεχετο παντας τους εἰσπορευομενους προς αὐτον, κηρυσσων την βασιλειαν του θεου και διδασκων τα περι του κυριου ἰησου χριστου *μετα* πασης παρρησιας ἀκωλυτως.

Rm   12 15   χαιρειν *μετα* χαιροντων, κλαιειν *μετα* κλαιοντων.

     15   χαιρειν *μετα* χαιροντων, κλαιειν *μετα* κλαιοντων.

     18   εἰ δυνατον, το ἐξ ὑμων, *μετα* παντων ἀνθρωπων εἰρηνευοντες·

  15 10   εὐφρανθητε, ἐθνη, *μετα* του λαου αὐτου.

     33   ὁ δε θεος της εἰρηνης *μετα* παντων ὑμων· ἀμην.

  16 20   ἡ χαρις του κυριου ἡμων ἰησου *μεθ* ὑμων.

     24 *   ἡ χαρις του κυριου ἡμων ἰησου χριστου *μετα* παντων ὑμων· ἀμην.

1Co   6 6   ἀλλα ἀδελφος *μετα* ἀδελφου κρινεται, και τουτο ἐπι ἀπιστων;

     7   ἡδη μεν [οὐν] ὁλως ἡττημα ὑμιν ἐστιν ὁτι κριματα ἐχετε *μεθ* ἑαυτων.

  7 12   εἰ τις ἀδελφος γυναικα ἐχει ἀπιστον, και αὑτη συνευδοκει οἰκειν *μετ* αὐτου, μη ἀφιετω αὐτην·

     13   και γυνη εἰ τις ἐχει ἀνδρα ἀπιστον, και οὑτος συνευδοκει οἰκειν *μετ* αὐτης, μη ἀφιετω τον ἀνδρα.

  11 25   ὡσαυτως και το ποτηριον *μετα* το δειπνησαι, λεγων·

  16 11   ἐκδεχομαι γαρ αὐτον *μετα* των ἀδελφων.

     12   περι δε ἀπολλω του ἀδελφου, πολλα παρεκαλεσα αὐτον ἱνα ἐλθη προς ὑμας *μετα* των ἀδελφων·

     23   ἡ χαρις του κυριου ἰησου *μεθ* ὑμων.

     24   ἡ ἀγαπη μου *μετα* παντων ὑμων ἐν χριστω ἰησου.

2Co   6 15   τις δε συμφωνησις χριστου προς βελιαρ, ἡ τις μερις πιστω *μετα* ἀπιστου;

     16   τις δε συγκαταθεσις ναω θεου *μετα* εἰδωλων;

  7 15   και τα σπλαγχνα αὐτου περισσοτερως εἰς ὑμας ἐστιν ἀναμιμνησκομενου την παντων ὑμων ὑπακοην, ὡς *μετα* φοβου και τρομου ἐδεξασθε αὐτον.

  8 4   αὐθαιρετοι *μετα* πολλης παρακλησεως δεομενοι ἡμων την χαριν και την κοινωνιαν της διακονιας της εἰς τους ἁγιους,

     18   συνεπεμψαμεν δε *μετ* αὐτου τον ἀδελφον οὐ ὁ ἐπαινος ἐν τω εὐαγγελιω δια πασων των ἐκκλησιων,

  13 11   και ὁ θεος της ἀγαπης και εἰρηνης ἐσται *μεθ* ὑμων.

μετα [473]

2Co	13 13	ἡ χαρις του κυριου ἰησου χριστου και ἡ ἀγαπη του θεου και ἡ κοινωνια του ἁγιου πνευματος *μετα* παντων ὑμων.
Ga	1 18	ἐπειτα *μετα* ἐτη τρια ἀνηλθον εἰς ἱεροσολυμα ἱστορησαι κηφαν,
	2 1	ἐπειτα δια δεκατεσσαρων ἐτων παλιν ἀνεβην εἰς ἱεροσολυμα *μετα* βαρναβα,
	12	προ του γαρ ἐλθειν τινας ἀπο ἰακωβου *μετα* των ἐθνων συνησθιεν·
	3 17	διαθηκην προκεκυρωμενην ὑπο του θεου ὁ *μετα* τετρακοσιακαιτριακοντα ἐτη γεγονως νομος οὐκ ἀκυροι, εἰς το καταργησαι την ἐπαγγελιαν.
	4 25	συστοιχει δε τη νυν ἱερουσαλημ, δουλευει γαρ *μετα* των τεκνων αὐτης.
	30	οὐ γαρ μη κληρονομησει ὁ υἱος της παιδισκης *μετα* του υἱου της ἐλευθερας.
	6 18	ἡ χαρις του κυριου ἡμων ἰησου χριστου *μετα* του πνευματος ὑμων, ἀδελφοι· ἀμην.
Eph	4 2	*μετα* πασης ταπεινοφροσυνης και πραυτητος, *μετα* μακροθυμιας,
	2	*μετα* πασης ταπεινοφροσυνης και πραυτητος, *μετα* μακροθυμιας,
	25	διο ἀποθεμενοι το ψευδος λαλειτε ἀληθειαν ἑκαστος *μετα* του πλησιον αὐτου,
	6 5	οἱ δουλοι, ὑπακουετε τοις κατα σαρκα κυριοις *μετα* φοβου και τρομου ἐν ἁπλοτητι της καρδιας ὑμων ὡς τω χριστω,
	7	ἀλλ ὡς δουλοι χριστου ποιουντες το θελημα του θεου ἐκ ψυχης, *μετ* εὐνοιας δουλευοντες ὡς τω κυριω και οὐκ ἀνθρωποις,
	23	εἰρηνη τοις ἀδελφοις και ἀγαπη *μετα* πιστεως ἀπο θεου πατρος και κυριου ἰησου χριστου.
	24	ἡ χαρις *μετα* παντων των ἀγαπωντων τον κυριον ἡμων ἰησουν χριστον ἐν ἀφθαρσια.
Php	1 4	παντοτε ἐν παση δεησει μου ὑπερ παντων ὑμων *μετα* χαρας την δεησιν ποιουμενος,
	2 12	*μετα* φοβου και τρομου την ἑαυτων σωτηριαν κατεργαζεσθε·
	29	προσδεχεσθε οὐν αὐτον ἐν κυριω *μετα* πασης χαρας,
	4 3	συλλαμβανου αὐταις, αἱτινες ἐν τω εὐαγγελιω συνηθλησαν μοι *μετα* και κλημεντος και των λοιπων συνεργων μου,
	6	μηδεν μεριμνατε, ἀλλ ἐν παντι τη προσευχη και τη δεησει *μετα* εὐχαριστιας τα αἰτηματα ὑμων γνωριζεσθω προς τον θεον.
	9	και ὁ θεος της εἰρηνης ἐσται *μεθ* ὑμων.
	23	ἡ χαρις του κυριου ἰησου χριστου *μετα* του πνευματος ὑμων.
Col	1 11	*μετα* χαρας εὐχαριστουντες τω πατρι τω ἱκανωσαντι ὑμας εἰς την μεριδα του κληρου των ἁγιων ἐν τω φωτι·
	4 18	μνημονευετε μου των δεσμων. ἡ χαρις *μεθ* ὑμων.
1Th	1 6	και ὑμεις μιμηται ἡμων ἐγενηθητε και του κυριου, δεξαμενοι τον λογον ἐν θλιψει πολλη *μετα* χαρας πνευματος ἁγιου,
	3 13	ἐμπροσθεν του θεου και πατρος ἡμων ἐν τη παρουσια του κυριου ἡμων ἰησου *μετα* παντων των ἁγιων αὐτου.
	5 28	ἡ χαρις του κυριου ἡμων ἰησου χριστου *μεθ* ὑμων.
2Th	1 7	εἰπερ δικαιον παρα θεω ἀνταποδουναι τοις θλιβουσιν ὑμας θλιψιν και ὑμιν τοις θλιβομενοις ἀνεσιν *μεθ* ἡμων,
	7	ἐν τη ἀποκαλυψει του κυριου ἰησου ἀπ οὐρανου *μετ* ἀγγελων δυναμεως αὐτου ἐν πυρι φλογος,
	3 12	τοις δε τοιουτοις παραγγελλομεν και παρακαλουμεν ἐν κυριω ἰησου χριστω ἱνα *μετα* ἡσυχιας ἐργαζομενοι τον ἑαυτων ἀρτον ἐσθιωσιν.
	16	ὁ κυριος *μετα* παντων ὑμων.
	18	ἡ χαρις του κυριου ἡμων ἰησου χριστου *μετα* παντων ὑμων.
1Tm	1 14	ὑπερεπλεονασεν δε ἡ χαρις του κυριου ἡμων *μετα* πιστεως και ἀγαπης της ἐν χριστω ἰησου.
	2 9	ὡσαυτως [και] γυναικας ἐν καταστολη κοσμιω, *μετα* αἰδους και σωφροσυνης κοσμειν ἑαυτας,
	15	σωθησεται δε δια της τεκνογονιας, ἐαν μεινωσιν ἐν πιστει και ἀγαπη και ἁγιασμω *μετα* σωφροσυνης.
	3 4	του ἰδιου οἰκου καλως προισταμενον, τεκνα ἐχοντα ἐν ὑποταγη *μετα* πασης σεμνοτητος,
	4 3	κωλυοντων γαμειν, ἀπεχεσθαι βρωματων, ἁ ὁ θεος ἐκτισεν εἰς μεταλημψιν *μετα* εὐχαριστιας τοις πιστοις και ἐπεγνωκοσι την ἀληθειαν.
	4	ὁτι παν κτισμα θεου καλον, και οὐδεν ἀποβλητον *μετα* εὐχαριστιας λαμβανομενον·
	14	μη ἀμελει της ἐν σοι χαρισματος, ὁ ἐδοθη σοι δια προφητειας *μετα* ἐπιθεσεως των χειρων του πρεσβυτεριου.
	6 6	ἐστιν δε πορισμος μεγας ἡ εὐσεβεια *μετα* αὐταρκειας·
	21	ἡ χαρις *μεθ* ὑμων.
2Tm	2 10	δια τουτο παντα ὑπομενω δια τους ἐκλεκτους, ἱνα και αὐτοι σωτηριας τυχωσιν της ἐν χριστω ἰησου *μετα* δοξης αἰωνιου.

μετα [473]

2Tm	2 22	διωκε δε δικαιοσυνην, πιστιν, ἀγαπην, εἰρηνην *μετα* των ἐπικαλουμενων τον κυριον ἐκ καθαρας καρδιας.
	4 11	λουκας ἐστιν μονος *μετ* ἐμου.
	11	μαρκον ἀναλαβων ἀγε *μετα* σεαυτου·
	22	ὁ κυριος *μετα* του πνευματος σου.
	22	ὁ κυριος *μετα* του πνευματος σου. ἡ χαρις *μεθ* ὑμων.
Tit	2 15	ταυτα λαλει και παρακαλει και ἐλεγχε *μετα* πασης ἐπιταγης·
	3 10	αἱρετικον ἀνθρωπον *μετα* μιαν και δευτεραν νουθεσιαν παραιτου,
	15	ἀσπαζονται σε οἱ *μετ* ἐμου παντες.
	15	ἡ χαρις *μετα* παντων ὑμων.
Phm	25	ἡ χαρις του κυριου ἰησου χριστου *μετα* του πνευματος ὑμων.
Heb	4 7	παλιν τινα ὁριζει ἡμεραν, σημερον, ἐν δαυιδ λεγων *μετα* τοσουτον χρονον,
	8	εἰ γαρ αὐτους ἰησους κατεπαυσεν, οὐκ ἀν περι ἀλλης ἐλαλει *μετα* ταυτα ἡμερας.
	16	προσερχωμεθα οὐν *μετα* παρρησιας τω θρονω της χαριτος,
	5 7	ὁς ἐν ταις ἡμεραις της σαρκος αὐτου δεησεις τε και ἱκετηριας προς τον δυναμενον σωζειν αὐτον ἐκ θανατου *μετα* κραυγης ἰσχυρας και δακρυων
	7 21	ὁ δε *μετα* ὁρκωμοσιας δια του λεγοντος προς αὐτον·
	28	ὁ λογος δε της ὁρκωμοσιας της *μετα* τον νομον υἱον εἰς τον αἰωνα τετελειωμενον.
	8 10	ὁτι αὑτη ἡ διαθηκη ἡν διαθησομαι τω οἰκω ἰσραηλ *μετα* τας ἡμερας ἐκεινας, λεγει κυριος,
	9 3	*μετα* δε το δευτερον καταπετασμα σκηνη ἡ λεγομενη ἁγια ἁγιων,
	19	λαβων το αἱμα των μοσχων [και των τραγων] *μετα* ὑδατος και ἐριου κοκκινου και ὑσσωπου,
	27	και καθ ὁσον ἀποκειται τοις ἀνθρωποις ἁπαξ ἀποθανειν, *μετα* δε τουτο κρισις, οὑτως και ὁ χριστος, ἁπαξ προσενεχθεις εἰς το πολλων ἀνενεγκειν ἁμαρτιας,
	10 15	*μετα* γαρ το εἰρηκεναι· αὑτη ἡ διαθηκη ἡν διαθησομαι προς αὐτους μετα τας ἡμερας ἐκεινας, λεγει κυριος·
	16	αὑτη ἡ διαθηκη ἡν διαθησομαι προς αὐτους *μετα* τας ἡμερας ἐκεινας, λεγει κυριος·
	22	προσερχωμεθα *μετα* ἀληθινης καρδιας ἐν πληροφορια πιστεως,
	26	ἑκουσιως γαρ ἁμαρτανοντων ἡμων *μετα* το λαβειν την ἐπιγνωσιν της ἀληθειας, οὐκετι περι ἁμαρτιων ἀπολειπεται θυσια,
	34	και την ἁρπαγην των ὑπαρχοντων ὑμων *μετα* χαρας προσεδεξασθε,
	11 9	πιστει παρωκησεν εἰς γην της ἐπαγγελιας ὡς ἀλλοτριαν, ἐν σκηναις κατοικησας, *μετα* ἰσαακ και ἰακωβ των συγκληρονομων της ἐπαγγελιας της αὐτης·
	31	πιστει ῥααβ ἡ πορνη οὐ συναπωλετο τοις ἀπειθησασιν, δεξαμενη τους κατασκοπους *μετ* εἰρηνης.
	12 14	εἰρηνην διωκετε *μετα* παντων, και τον ἁγιασμον,
	17	μετανοιας γαρ τοπον οὐχ εὑρεν, καιπερ *μετα* δακρυων ἐκζητησας αὐτην.
	28	δι ἡς λατρευωμεν εὐαρεστως τω θεω, *μετα* εὐλαβειας και δεους·
	13 17	ἱνα *μετα* χαρας τουτο ποιωσιν και μη στεναζοντες·
	23	γινωσκετε τον ἀδελφον ἡμων τιμοθεον ἀπολελυμενον, *μεθ* οὑ ἐαν ταχιον ἐρχηται ὁψομαι ὑμας.
	25	ἡ χαρις *μετα* παντων ὑμων.
1Pt	1 11	το ἐν αὐτοις πνευμα χριστου προμαρτυρομενον τα εἰς χριστον παθηματα και τας *μετα* ταυτα δοξας.
	3 16	ἑτοιμοι ἀει προς ἀπολογιαν παντι τω αἰτουντι ὑμας λογον περι της ἐν ὑμιν ἐλπιδος, ἀλλα *μετα* πραυτητος και φοβου,
2Pt	1 15	σπουδασω δε και ἑκαστοτε ἐχειν ὑμας *μετα* την ἐμην ἐξοδον την τουτων μνημην ποιεισθαι.
1Jh	1 3	ὁ ἑωρακαμεν και ἀκηκοαμεν, ἀπαγγελλομεν και ὑμιν, ἱνα και ὑμεις κοινωνιαν ἐχητε *μεθ* ἡμων.
	3	και ἡ κοινωνια δε ἡ ἡμετερα *μετα* του πατρος και *μετα* του υἱου αὐτου ἰησου χριστου.
	3	και ἡ κοινωνια δε ἡ ἡμετερα *μετα* του πατρος και *μετα* του υἱου αὐτου ἰησου χριστου.
	6	ἐαν εἰπωμεν ὁτι κοινωνιαν ἐχομεν *μετ* αὐτου και ἐν τω σκοτει περιπατωμεν, ψευδομεθα και οὐ ποιουμεν την ἀληθειαν·
	7	ἐαν δε ἐν τω φωτι περιπατωμεν ὡς αὐτος ἐστιν ἐν τω φωτι, κοινωνιαν ἐχομεν *μετ* ἀλληλων,
	2 19	εἰ γαρ ἐξ ἡμων ἡσαν, μεμενηκεισαν ἀν *μεθ* ἡμων·
	4 17	ἐν τουτω τετελειωται ἡ ἀγαπη *μεθ* ἡμων, ἱνα παρρησιαν ἐχωμεν ἐν τη ἡμερα της κρισεως,
2Jh	2	δια την ἀληθειαν την μενουσαν ἐν ἡμιν, και *μεθ* ἡμων ἐσται εἰς τον αἰωνα.

μετα [473]

2Jh	3	ἐσται μεϑ ἡμων χαρις ἐλεος εἰρηνη παρα ϑεου πατρος,
Apc	1 7	ἰδου ἐρχεται μετα των νεφελων,
	12	και ἐπεστρεψα βλεπειν την φωνην ἡτις ἐλαλει μετ ἐμου·
	19	γραψον οὐν ἁ εἰδες και ἁ εἰσιν και ἁ μελλει γενεσϑαι μετα ταυτα.
	2 16	μετανοησον οὐν· εἰ δε μη, ἐρχομαι σοι ταχυ και πολεμησω μετ αὐτων ἐν τη ρομφαια του στοματος μου.
	22	ἰδου βαλλω αὐτην εἰς κλινην, και τους μοιχευοντας μετ αὐτης εἰς ϑλιψιν μεγαλην, ἐαν μη μετανοησωσιν ἐκ των ἐργων αὐτης·
	3 4	και περιπατησουσιν μετ ἐμου ἐν λευκοις, ὁτι ἀξιοι εἰσιν.
	20	ἐαν τις ἀκουση της φωνης μου και ἀνοιξη την ϑυραν, [και] εἰσελευσομαι προς αὐτον και δειπνησω μετ αὐτου και αὐτος μετ ἐμου.
	20	ἐαν τις ἀκουση της φωνης μου και ἀνοιξη την ϑυραν, [και] εἰσελευσομαι προς αὐτον και δειπνησω μετ αὐτου και αὐτος μετ ἐμου.
	21	ὁ νικων, δωσω αὐτω καϑισαι μετ ἐμου ἐν τω ϑρονω μου,
	21	ὁ νικων, δωσω αὐτω καϑισαι μετ ἐμου ἐν τω ϑρονω μου, ὡς καγω ἐνικησα και ἐκαϑισα μετα του πατρος μου ἐν τω ϑρονω αὐτου.
	4 1	μετα ταυτα εἰδον, και ἰδου ϑυρα ἠνεωγμενη ἐν τω οὐρανω,
	1	και ἡ φωνη ἡ πρωτη ἡν ἠκουσα ὡς σαλπιγγος λαλουσης μετ ἐμου, λεγων·
	1	ἀναβα ὡδε, και δειξω σοι ἁ δει γενεσϑαι μετα ταυτα.
	6 8	και ὁ ἁδης ἠκολουϑει μετ αὐτου,
	7 1	μετα τουτο εἰδον τεσσαρας ἀγγελους ἑστωτας ἐπι τας τεσσαρας γωνιας της γης,
	9	μετα ταυτα εἰδον, και ἰδου ὀχλος πολυς,
	9 12	ἰδου ἐρχεται ἐτι δυο οὐαι μετα ταυτα.
	10 8	και ἡ φωνη ἡν ἠκουσα ἐκ του οὐρανου, παλιν λαλουσαν μετ ἐμου και λεγουσαν·
	11 7	το ϑηριον το ἀναβαινον ἐκ της ἀβυσσου ποιησει μετ αὐτων πολεμον
	11	και μετα τας τρεις ἡμερας και ἡμισυ πνευμα ζωης ἐκ του ϑεου εἰσηλϑεν ἐν αὐτοις,
	12 7	ὁ μιχαηλ και οἱ ἀγγελοι αὐτου του πολεμησαι μετα του δρακοντος.
	9	ἐβληϑη εἰς την γην, και οἱ ἀγγελοι αὐτου μετ αὐτου ἐβληϑησαν.
	17	και ἀπηλϑεν ποιησαι πολεμον μετα των λοιπων του σπερματος αὐτης,
	13 4	τίς ὁμοιος τω ϑηριω, και τίς δυναται πολεμησαι μετ αὐτου;
	7	και ἐδοϑη αὐτω ποιησαι πολεμον μετα των ἁγιων και νικησαι αὐτους,
	14 1	και εἰδον, και ἰδου το ἀρνιον ἑστος ἐπι το ὀρος σιων, και μετ αὐτου ἑκατοντεσσερακοντατεσσαρες χιλιαδες
	4	οὑτοι εἰσιν οἱ μετα γυναικων οὐκ ἐμολυνϑησαν·
	13	τα γαρ ἐργα αὐτων ἀκολουϑει μετ αὐτων.
	15 5	και μετα ταυτα εἰδον, και ἠνυιγη ὁ ναος της σκηνης του μαρτυριου ἐν τω οὐρανω,
	17 1	και ἐλαλησεν μετ ἐμου λεγων·
	2	δευρο, δειξω σοι το κριμα της πορνης της μεγαλης της καϑημενης ἐπι ὑδατων πολλων, μεϑ ἡς ἐπορνευσαν οἱ βασιλεις της γης,
	12	οἱτινες βασιλειαν οὐπω ἐλαβον, ἀλλα ἐξουσιαν ὡς βασιλεις μιαν ὡραν λαμβανουσιν μετα του ϑηριου.
	14	οὑτοι μετα του ἀρνιου πολεμησουσιν και το ἀρνιον νικησει αὐτους,
	14	και οἱ μετ αὐτου κλητοι και ἐκλεκτοι και πιστοι.
	18 1	μετα ταυτα εἰδον ἀλλον ἀγγελον καταβαινοντα ἐκ του οὐρανου,
	3	και οἱ βασιλεις της γης μετ αὐτης ἐπορνευσαν,
	9	και κλαυσουσιν και κοψονται ἐπ αὐτην οἱ βασιλεις της γης οἱ μετ αὐτης πορνευσαντες και στρηνιασαντες,
	19 1	μετα ταυτα ἠκουσα ὡς φωνην μεγαλην ὀχλου πολλου ἐν τω οὐρανω λεγοντων·
	19	και εἰδον το ϑηριον και τους βασιλεις της γης και τα στρατευματα αὐτων συνηγμενα ποιησαι τον πολεμον μετα του καϑημενου ἐπι του ἱππου και μετα του στρατευματος αὐτου.
	19	και εἰδον το ϑηριον και τους βασιλεις της γης και τα στρατευματα αὐτων συνηγμενα ποιησαι τον πολεμον μετα του καϑημενου ἐπι του ἱππου και μετα του στρατευματος αὐτου.
	20	και ἐπιασϑη το ϑηριον και μετ αὐτου ὁ ψευδοπροφητης ὁ ποιησας τα σημεια ἐνωπιον αὐτου.
	20 3	μετα ταυτα δει λυϑηναι αὐτον μικρον χρονον.
	4	και ἐζησαν και ἐβασιλευσαν μετα του χριστου χιλια ἐτη.

μετα [473]

Apc	20 6	και βασιλευσουσιν μετ αὐτου [τα] χιλια ἐτη.
	21 3	ἰδου ἡ σκηνη του ϑεου μετα των ἀνϑρωπων,
	3	και σκηνωσει μετ αὐτων, και αὐτοι λαοι αὐτου ἐσονται,
	3	και αὐτος ὁ ϑεος μετ αὐτων ἐσται [αὐτων ϑεος],
	9	και ἐλαλησεν μετ ἐμου λεγων·
	15	και ὁ λαλων μετ ἐμου εἰχεν μετρον καλαμον χρυσουν,
	22 12	ἰδου ἐρχομαι ταχυ, και ὁ μισϑος μου μετ ἐμου,
	21	ἡ χαρις του κυριου ἰησου μετα παντων.

μεταβαινω [12]

Mt	8 34	και ἰδοντες αὐτον παρεκαλεσαν ὁπως μεταβη ἀπο των ὁριων αὐτων.
	11 1	και ἐγενετο ὁτε ἐτελεσεν ὁ ἰησους διατασσων τοις δωδεκα μαϑηταις αὐτου, μετεβη ἐκειϑεν του διδασκειν και κηρυσσειν ἐν ταις πολεσιν αὐτων.
	12 9	και μεταβας ἐκειϑεν ἠλϑεν εἰς την συναγωγην αὐτων.
	15 29	και μεταβας ἐκειϑεν ὁ ἰησους ἠλϑεν παρα την ϑαλασσαν της γαλιλαιας,
	17 20	ἐαν ἐχητε πιστιν ὡς κοκκον σιναπεως, ἐρειτε τω ὀρει τουτω· μεταβα ἐνϑεν ἐκει, και μεταβησεται, και οὐδεν ἀδυνατησει ὑμιν.
	20	ἐαν ἐχητε πιστιν ὡς κοκκον σιναπεως, ἐρειτε τω ὀρει τουτω· μεταβα ἐνϑεν ἐκει, και μεταβησεται, και οὐδεν ἀδυνατησει ὑμιν.
Lc	10 7	μη μεταβαινετε ἐξ οἰκιας εἰς οἰκιαν.
Jh	5 24	και εἰς κρισιν οὐκ ἐρχεται ἀλλα μεταβεβηκεν ἐκ του ϑανατου εἰς την ζωην,
	7 3	μεταβηϑι ἐντευϑεν και ὑπαγε εἰς την ἰουδαιαν,
	13 1	προ δε της ἑορτης του πασχα εἰδως ὁ ἰησους ὁτι ἠλϑεν αὐτου ἡ ὡρα ἱνα μεταβη ἐκ του κοσμου τουτου προς τον πατερα,
Ac	18 7	και μεταβας ἐκειϑεν εἰσηλϑεν εἰς οἰκιαν τινος ὀνοματι τιτιου ἰουστου σεβομενου τον ϑεον,
1Jh	3 14	ἡμεις οἰδαμεν ὁτι μεταβεβηκαμεν ἐκ του ϑανατου εἰς την ζωην,

μεταβαλλομαι [1]

Ac	28 6	ἐπι πολυ δε αὐτων προσδοκωντων και ϑεωρουντων μηδεν ἀτοπον εἰς αὐτον γινομενον, μεταβαλομενοι ἐλεγον αὐτον εἰναι ϑεον.

μεταγω [2]

Ja	3 3	εἰ δε των ἱππων τους χαλινους εἰς τα στοματα βαλλομεν εἰς το πειϑεσϑαι αὐτους ἡμιν, και ὁλον το σωμα αὐτων μεταγομεν.
	4	μεταγεται ὑπο ἐλαχιστου πηδαλιου ὁπου ἡ ὁρμη του εὐϑυνοντος βουλεται·

μεταδιδωμι [5]

Lc	3 11	ὁ ἐχων δυο χιτωνας μεταδοτω τω μη ἐχοντι, και ὁ ἐχων βρωματα ὁμοιως ποιειτω.
Rm	1 11	ἐπιποϑω γαρ ἰδειν ὑμας, ἱνα τι μεταδω χαρισμα ὑμιν πνευματικον εἰς το στηριχϑηναι ὑμας,
	12 8	ὁ μεταδιδους ἐν ἁπλοτητι, ὁ προισταμενος ἐν σπουδη, ὁ ἐλεων ἐν ἱλαροτητι.
Eph	4 28	μαλλον δε κοπιατω ἐργαζομενος ταις [ἰδιαις] χερσιν το ἀγαϑον, ἱνα ἐχη μεταδιδοναι τω χρειαν ἐχοντι.
1Th	2 8	οὑτως ὁμειρομενοι ὑμων εὐδοκουμεν μεταδουναι ὑμιν οὐ μονον το εὐαγγελιον του ϑεου ἀλλα και τας ἑαυτων ψυχας,

μεταθεσις [3]

Heb	7 12	μετατιϑεμενης γαρ της ἱερωσυνης ἐξ ἀναγκης και νομου μεταϑεσις γινεται.
	11 5	προ γαρ της μεταϑεσεως μεμαρτυρηται εὐαρεστηκεναι τω ϑεω·
	12 27	το δε ἐτι ἁπαξ δηλοι [την] των σαλευομενων μεταϑεσιν ὡς πεποιημενων,

μεταιρω [2]

Mt	13 53	και ἐγενετο ὁτε ἐτελεσεν ὁ ἰησους τας παραβολας ταυτας, μετηρεν ἐκειϑεν.
	19 1	και ἐγενετο ὁτε ἐτελεσεν ὁ ἰησους τους λογους τουτους, μετηρεν ἀπο της γαλιλαιας και ἠλϑεν εἰς τα ὁρια της ἰουδαιας περαν του ἰορδανου.

μετακαλεομαι [4]

Ac   7 14   ἀποστειλας δε ιωσηφ *μετεκαλεσατο* ιακωβ τον πατερα αυτου και πασαν την συγγενειαν ἐν ψυχαις ἑβδομηκονταπεντε.

   10 32   πεμψον οὖν εἰς ιοππην και *μετακαλεσαι* σιμωνα ὃς ἐπικαλειται πετρος·

   20 17   ἀπο δε της μιλητου πεμψας εἰς ἐφεσον *μετεκαλεσατο* τους πρεσβυτερους της ἐκκλησιας.

   24 25   το νυν ἐχον πορευου, καιρον δε μεταλαβων *μετακαλεσομαι* σε·

μετακινεω [1]

Col   1 23   εἰ γε ἐπιμενετε τῃ πιστει τεθεμελιωμενοι και ἑδραιοι και μη *μετακινουμενοι* ἀπο της ἐλπιδος του εὐαγγελιου οὗ ἠκουσατε,

μεταλαμβανω [7]

Ac   2 46   κλωντες τε κατ οἰκον ἀρτον, *μετελαμβανον* τροφης ἐν ἀγαλλιασει και ἀφελοτητι καρδιας,

   24 25   το νυν ἐχον πορευου, καιρον δε *μεταλαβων* μετακαλεσομαι σε·

   27 33   ἀχρι δε οὗ ἡμερα ἠμελλεν γινεσθαι, παρεκαλει ὁ παυλος ἀπαντας *μεταλαβειν* τροφης λεγων·

   34   διο παρακαλω ὑμας *μεταλαβειν* τροφης·

2Tm   2 6   τον κοπιωντα γεωργον δει πρωτον των καρπων *μεταλαμβανειν.*

Heb   6 7   γη γαρ ἡ πιουσα τον ἐπ αὐτης ἐρχομενον πολλακις ὑετον και τικτουσα βοτανην εὐθετον ἐκεινοις δι οὓς και γεωργειται, *μεταλαμβανει* εὐλογιας ἀπο του θεου·

   12 10   οἱ μεν γαρ προς ὀλιγας ἡμερας κατα το δοκουν αὐτοις ἐπαιδευον, ὁ δε ἐπι το συμφερον εἰς το *μεταλαβειν* της ἁγιοτητος αὐτου.

μεταλημψις [1]

1Tm   4 3   κωλυοντων γαμειν, ἀπεχεσθαι βρωματων, ἃ ὁ θεος ἐκτισεν εἰς *μεταλημψιν* μετα εὐχαριστιας τοις πιστοις και ἐπεγνωκοσι την ἀληθειαν.

μεταλλασσω [2]

Rm   1 25   οἱτινες *μετηλλαξαν* την ἀληθειαν του θεου ἐν τῳ ψευδει,

   26   αἱ τε γαρ θηλειαι αὐτων *μετηλλαξαν* την φυσικην χρησιν εἰς την παρα φυσιν,

μεταμελομαι [6]

Mt   21 29   οὐ θελω, ὑστερον δε *μεταμεληθεις* ἀπηλθεν.

   32   ὑμεις δε ἰδοντες οὐδε *μετεμεληθητε* ὑστερον του πιστευσαι αὐτῳ.

   27 3   τοτε ἰδων ιουδας ὁ παραδιδους αὐτον ὁτι κατεκριθη, *μεταμεληθεις* ἐστρεψεν τα τριακοντα ἀργυρια τοις ἀρχιερευσιν και πρεσβυτεροις λεγων·

2Co   7 8   ὁτι εἰ και ἐλυπησα ὑμας ἐν τῃ ἐπιστολῃ, οὐ *μεταμελομαι·*

   8   εἰ και *μετεμελομην*, βλεπω [γαρ] ὁτι ἡ ἐπιστολη ἐκεινη εἰ και προς ὡραν ἐλυπησεν ὑμας, νυν χαιρω,

Heb   7 21   ὠμοσεν κυριος, και οὐ *μεταμεληθησεται·* συ ἱερευς εἰς τον αἰωνα·

μεταμορφοομαι [4]

Mt   17 2   και *μετεμορφωθη* ἐμπροσθεν αὐτων, και ἐλαμψεν το προσωπον αὐτου ὡς ὁ ἡλιος,

Mc   9 2   και *μετεμορφωθη* ἐμπροσθεν αὐτων, και τα ἱματια αὐτου ἐγενετο στιλβοντα λευκα λιαν,

Rm   12 2   και μη συσχηματιζεσθε τῳ αἰωνι τουτῳ, ἀλλα *μεταμορφουσθε* τῃ ἀνακαινωσει του νοος,

2Co   3 18   ἡμεις δε παντες ἀνακεκαλυμμενῳ προσωπῳ την δοξαν κυριου κατοπτριζομενοι την αὐτην εἰκονα *μεταμορφουμεθα* ἀπο δοξης εἰς δοξαν,

μετανοεω [34]

Mt   3 2   [και] λεγων· *μετανοειτε·* ἠγγικεν γαρ ἡ βασιλεια των οὐρανων.

   4 17   ἀπο τοτε ἠρξατο ὁ ἰησους κηρυσσειν και λεγειν· *μετανοειτε·* ἠγγικεν γαρ ἡ βασιλεια των οὐρανων.

   11 20   τοτε ἠρξατο ὀνειδιζειν τας πολεις ἐν αἷς ἐγενοντο αἱ πλεισται δυναμεις αὐτου, ὁτι οὐ *μετενοησαν·*

μετανοεω [34]

Mt   11 21   ὁτι εἰ ἐν τυρῳ και σιδωνι ἐγενοντο αἱ δυναμεις αἱ γενομεναι ἐν ὑμιν, παλαι ἀν ἐν σακκῳ και σποδῳ *μετενοησαν.*

   12 41   ἀνδρες νινευιται ἀναστησονται ἐν τῃ κρισει μετα της γενεας ταυτης και κατακρινουσιν αὐτην· ὁτι *μετενοησαν* εἰς το κηρυγμα ιωνα,

Mc   1 15   *μετανοειτε* και πιστευετε ἐν τῳ εὐαγγελιῳ.

   6 12   και ἐξελθοντες ἐκηρυξαν ἱνα *μετανοωσιν,*

Lc   10 13   ὁτι εἰ ἐν τυρῳ και σιδωνι ἐγενηθησαν αἱ δυναμεις αἱ γενομεναι ἐν ὑμιν, παλαι ἀν ἐν σακκῳ και σποδῳ καθημενοι *μετενοησαν.*

   11 32   ὁτι *μετενοησαν* εἰς το κηρυγμα ιωνα, και ἰδου πλειον ιωνα ὡδε.

   13 3   οὐχι, λεγω ὑμιν, ἀλλ ἐαν μη *μετανοητε*, παντες ὁμοιως ἀπολεισθε.

   5   οὐχι, λεγω ὑμιν, ἀλλ ἐαν μη *μετανοητε*, παντες ὡσαυτως ἀπολεισθε.

   15 7   λεγω ὑμιν ὁτι οὑτως χαρα ἐν τῳ οὐρανῳ ἐσται ἐπι ἑνι ἁμαρτωλῳ *μετανοουντι* ἠ ἐπι ἐνενηκονταεννεα δικαιοις οἱτινες οὐ χρειαν ἐχουσιν μετανοιας.

   10   οὑτως, λεγω ὑμιν, γινεται χαρα ἐνωπιον των ἀγγελων του θεου ἐπι ἑνι ἁμαρτωλῳ *μετανοουντι.*

   16 30   οὐχι, πατερ ἀβρααμ, ἀλλ ἐαν τις ἀπο νεκρων πορευθη προς αὐτους, *μετανοησουσιν.*

   17 3   ἐαν ἁμαρτη ὁ ἀδελφος σου, ἐπιτιμησον αὐτῳ, και ἐαν *μετανοηση*, ἀφες αὐτῳ.

   4   και ἐαν ἑπτακις της ἡμερας ἁμαρτηση εἰς σε και ἑπτακις ἐπιστρεψη προς σε λεγων· *μετανοω*, ἀφησεις αὐτῳ.

Ac   2 38   *μετανοησατε*, [φησιν,] και βαπτισθητω ἑκαστος ὑμων ἐπι τῳ ὀνοματι ἰησου χριστου εἰς ἀφεσιν των ἁμαρτιων ὑμων,

   3 19   *μετανοησατε* οὖν και ἐπιστρεψατε εἰς το ἐξαλειφθηναι ὑμων τας ἁμαρτιας,

   8 22   *μετανοησον* οὖν ἀπο της κακιας σου ταυτης,

   17 30   τους μεν οὖν χρονους της ἀγνοιας ὑπεριδων ὁ θεος τα νυν παραγγελλει τοις ἀνθρωποις παντας πανταχου *μετανοειν,*

   26 20   και τοις ἐθνεσιν ἀπηγγελλον *μετανοειν* και ἐπιστρεφειν ἐπι τον θεον,

2Co   12 21   και πενθησω πολλους των προημαρτηκοτων και μη *μετανοησαντων* ἐπι τῃ ἀκαθαρσιᾳ και πορνειᾳ και ἀσελγειᾳ ἡ ἐπραξαν.

Apc   2 5   μνημονευε οὖν ποθεν πεπτωκας, και *μετανοησον* και τα πρωτα ἐργα ποιησον·

   5   ἐρχομαι σοι και κινησω την λυχνιαν σου ἐκ του τοπου αὐτης, ἐαν μη *μετανοησης.*

   16   *μετανοησον* οὖν· εἰ δε μη, ἐρχομαι σοι ταχυ και πολεμησω μετ αὐτων ἐν τῃ ρομφαιᾳ του στοματος μου.

   21   και ἐδωκα αὐτῃ χρονον ἱνα *μετανοηση,*

   21   και οὐ θελει *μετανοησαι* ἐκ της πορνειας αὐτης.

   22   ἰδου βαλλω αὐτην εἰς κλινην, και τους μοιχευοντας μετ αὐτης εἰς θλιψιν μεγαλην, ἐαν μη *μετανοησωσιν* ἐκ των ἐργων αὐτης·

   3 3   μνημονευε οὖν πῶς εἰληφας και ἠκουσας, και τηρει και *μετανοησον.*

   19   ἐγω ὁσους ἐαν φιλω ἐλεγχω και παιδευω· ζηλευε οὖν και *μετανοησον.*

   9 20   και οἱ λοιποι των ἀνθρωπων, οἱ οὐκ ἀπεκτανθησαν ἐν ταις πληγαις ταυταις, οὐδε *μετενοησαν* ἐκ των ἐργων των χειρων αὐτων,

   21   και οὐ *μετενοησαν* ἐκ των φονων αὐτων οὐτε ἐκ των φαρμακων αὐτων οὐτε ἐκ της πορνειας αὐτων οὐτε ἐκ των κλεμματων αὐτων.

   16 9   και οὐ *μετενοησαν* δουναι αὐτῳ δοξαν.

   11   και οὐ *μετενοησαν* ἐκ των ἐργων αὐτων.

μετανοια [22]

Mt   3 8   ποιησατε οὖν καρπον ἀξιον της *μετανοιας·*

   11   ἐγω μεν ὑμας βαπτιζω ἐν ὑδατι εἰς *μετανοιαν·* ὁ δε ὀπισω μου ἐρχομενος ἰσχυροτερος μου ἐστιν,

Mc   1 4   ἐγενετο ιωαννης [ὁ] βαπτιζων ἐν τῃ ἐρημῳ κηρυσσων βαπτισμα *μετανοιας* εἰς ἀφεσιν ἁμαρτιων.

Lc   3 3   και ἠλθεν εἰς πασαν την περιχωρον του ιορδανου κηρυσσων βαπτισμα *μετανοιας* εἰς ἀφεσιν ἁμαρτιων,

   8   ποιησατε οὖν καρπους ἀξιους της *μετανοιας·* και μη ἀρξησθε λεγειν ἐν ἑαυτοις· πατερα ἐχομεν τον ἀβρααμ·

   5 32   οὐκ ἐληλυθα καλεσαι δικαιους ἀλλα ἁμαρτωλους εἰς *μετανοιαν.*

   15 7   λεγω ὑμιν ὁτι οὑτως χαρα ἐν τῳ οὐρανῳ ἐσται ἐπι ἑνι ἁμαρτωλῳ μετανοουντι ἠ ἐπι ἐνενηκονταεννεα δικαιοις οἱτινες οὐ χρειαν ἐχουσιν *μετανοιας.*

μετανοια [22]

Lc   24 47   και κηρυχθηναι έπι τω όνοματι αύτου *μετανοιαν* εἰς άφεσιν άμαρτιων εἰς παντα τα έθνη, άρξαμενοι άπο ιερουσαλημ.

Ac   5 31   τουτον ό θεος άρχηγον και σωτηρα ύψωσεν τη δεξια αύτου [του] δουναι *μετανοιαν* τω ίσραηλ και άφεσιν άμαρτιων.

    11 18   άρα και τοις έθνεσιν ό θεος την *μετανοιαν* εἰς ζωην έδωκεν.

    13 24   προκηρυξαντος ιωαννου προ προσωπου της είσοδου αύτου βαπτισμα *μετανοιας* παντι τω λαω ίσραηλ.

    19 4   ιωαννης έβαπτισεν βαπτισμα *μετανοιας*, τω λαω λεγων εἰς τον έρχομενον μετ αύτου ἱνα πιστευσωσιν, τουτ έστιν εἰς τον ἰησουν.

    20 21   διαμαρτυρομενος ιουδαιοις τε και έλλησιν την εἰς θεον *μετανοιαν* και πιστιν εἰς τον κυριον ήμων ἰησουν.

    26 20   και τοις έθνεσιν άπηγγελλον *μετανοειν* και έπιστρεφειν έπι τον θεον, άξια της *μετανοιας* έργα πρασσοντας.

Rm   2 4   ή του πλουτου της χρηστοτητος αύτου και της άνοχης και της μακροθυμιας καταφρονεις, άγνοων ότι το χρηστον του θεου εἰς *μετανοιαν* σε άγει;

2Co   7 9   νυν χαιρω, ούχ ότι έλυπηθητε, άλλ ότι έλυπηθητε εἰς *μετανοιαν·*

    10   ή γαρ κατα θεον λυπη *μετανοιαν* εἰς σωτηριαν άμεταμελητον έργαζεται·

2Tm   2 25   μηποτε δωη αύτοις ό θεος *μετανοιαν* εἰς έπιγνωσιν άληθειας,

Heb   6 1   μη παλιν θεμελιον καταβαλλομενοι *μετανοιας* άπο νεκρων έργων, και πιστεως έπι θεον, βαπτισμων διδαχης, έπιθεσεως τε χειρων, άναστασεως τε νεκρων,

    6   και παραπεσοντας, παλιν άνακαινιζειν εἰς *μετανοιαν,*

    12 17   *μετανοιας* γαρ τοπον ούχ εύρεν, καιπερ μετα δακρυων έκζητησας αύτην.

2Pt   3 9   άλλα μακροθυμει εἰς ύμας, μη βουλομενος τινας άπολεσθαι άλλα παντας εἰς *μετανοιαν* χωρησαι.

μεταξυ [9]

Mt   18 15   έαν δε άμαρτηση [εἰς σέ] ό άδελφος σου, ύπαγε έλεγξον αύτον *μεταξυ* σου και αύτου μονου.

    23 35   όπως έλθη έφ ύμας παν αίμα δικαιον έκχυννομενον έπι της γης άπο του αίματος άβελ του δικαιου έως του αίματος ζαχαριου υίου βαραχιου, όν έφονευσατε *μεταξυ* του ναου και του θυσιαστηριου.

Lc   11 51   άπο αίματος άβελ έως αίματος ζαχαριου του άπολομενου *μεταξυ* του θυσιαστηριου και του οίκου·

    16 26   και έν πασι τουτοις *μεταξυ* ήμων και ύμων χασμα μεγα έστηρικται,

Jh   4 31   έν τω *μεταξυ* ήρωτων αύτον οί μαθηται λεγοντες·

Ac   12 6   τη νυκτι έκεινη ήν ό πετρος κοιμωμενος *μεταξυ* δυο στρατιωτων δεδεμενος άλυσεσιν δυσιν,

    13 42   έξιοντων δε αύτων παρεκαλουν εἰς το *μεταξυ* σαββατον λαληθηναι αύτοις τα ρηματα ταυτα.

    15 9   και ούθεν διεκρινεν *μεταξυ* ήμων τε και αύτων, τη πιστει καθαρισας τας καρδιας αύτων.

Rm   2 15   συμμαρτυρουσης αύτων της συνειδησεως και *μεταξυ* άλληλων των λογισμων κατηγορουντων ή και άπολογουμενων,

μεταπεμπομαι [9]

Ac   10 5   και νυν πεμψον άνδρας εἰς ιοππην και *μεταπεμψαι* σιμωνα τινα ός έπικαλειται πετρος·

    22   μαρτυρουμενος τε ύπο όλου του έθνους των ιουδαιων, έχρηματισθη ύπο άγγελου άγιου *μεταπεμψασθαι* σε εἰς τον οίκον αύτου και άκουσαι ρηματα παρα σου·

    29   διο και άναντιρρητως ήλθον *μεταπεμφθεις.*

    29   πυνθανομαι ούν, τίνι λογω *μετεπεμψασθε* με;

    11 13   άποστειλον εἰς ιοππην και *μεταπεμψαι* σιμωνα τον έπικαλουμενον πετρον,

    20 1   μετα δε το παυσασθαι τον θορυβον *μεταπεμψαμενος* ό παυλος τους μαθητας και παρακαλεσας, άσπασαμενος έξηλθεν πορευεσθαι εἰς μακεδονιαν.

    24 24   μετα δε ήμερας τινας παραγενομενος ό φηλιξ συν δρουσιλλη τη ίδια γυναικι ούση ιουδαια *μετεπεμψατο* τον παυλον,

    26   διο και πυκνοτερον αύτον *μεταπεμπομενος* ώμιλει αύτω.

    25 3   και παρεκαλουν αύτον αίτουμενοι χαριν κατ αύτου, όπως *μεταπεμψηται* αύτον εἰς ιερουσαλημ,

μεταστρεφω [2]

Ac   2 20   ό ήλιος *μεταστραφησεται* εἰς σκοτος και ή σεληνη εἰς αίμα,

Ga   1 7   εί μη τινες είσιν οί ταρασσοντες ύμας και θελοντες *μεταστρεψαι* το εύαγγελιον του χριστου.

μετασχηματιζω [5]

1Co   4 6   ταυτα δε, άδελφοι, *μετεσχηματισα* εἰς έμαυτον και άπολλων δι ύμας, ἱνα έν ήμιν μαθητε το μη ύπερ ά γεγραπται,

2Co   11 13   οί γαρ τοιουτοι ψευδαποστολοι, έργαται δολιοι, *μετασχηματιζομενοι* εἰς άποστολους χριστου.

    14   αύτος γαρ ό σατανας *μετασχηματιζεται* εἰς άγγελον φωτος.

    15   ού μεγα ούν εί και οί διακονοι αύτου *μετασχηματιζονται* ώς διακονοι δικαιοσυνης·

Php   3 21   έξ ού και σωτηρα άπεκδεχομεθα κυριον ἰησουν χριστον, ός *μετασχηματισει* το σωμα της ταπεινωσεως ήμων συμμορφον τω σωματι της δοξης αύτου,

μετατιθημι [6]

Ac   7 16   και *μετετεθησαν* εἰς συχεμ και έτεθησαν έν τω μνηματι ώ ώνησατο άβρααμ τιμης άργυριου παρα των υίων έμμωρ έν συχεμ.

Ga   1 6   θαυμαζω ότι ούτως ταχεως *μετατιθεσθε* άπο του καλεσαντος ύμας έν χαριτι [χριστου] εἰς έτερον εύαγγελιον,

Heb   7 12   *μετατιθεμενης* γαρ της ίερωσυνης έξ άναγκης και νομου μεταθεσις γινεται.

    11 5   πιστει ένωχ *μετετεθη* του μη ίδειν θανατον,

    5   πιστει ένωχ *μετετεθη* του μη ίδειν θανατον, και ούχ ηύρισκετο διοτι *μετεθηκεν* αύτον ό θεος.

Ju   4   άσεβεις, την του θεου ήμων χαριτα *μετατιθεντες* εἰς άσελγειαν και τον μονον δεσποτην και κυριον ήμων ἰησουν χριστον άρνουμενοι.

μετατρεπω [1]

Ja   4 9   ό γελως ύμων εἰς πενθος *μετατραπητω* και ή χαρα εἰς κατηφειαν.

μετεπειτα [1]

Heb   12 17   ίστε γαρ ότι και *μετεπειτα* θελων κληρονομησαι την εύλογιαν άπεδοκιμασθη,

μετεχω [8]

1Co   9 10   δι ήμας γαρ έγραφη, ότι όφειλει έπ έλπιδι ό άροτριων άροτριαν, και ό άλοων έπ έλπιδι του *μετεχειν.*

    12   εί άλλοι της ύμων έξουσιας *μετεχουσιν*, ού μαλλον ήμεις;

    10 17   οί γαρ παντες έκ του ένος άρτου *μετεχομεν.*

    21   ού δυνασθε τραπεζης κυριου *μετεχειν* και τραπεζης δαιμονιων.

    30   εί έγω χαριτι *μετεχω*, τί βλασφημουμαι ύπερ ού έγω εύχαριστω;

Heb   2 14   και αύτος παραπλησιως *μετεσχεν* των αύτων,

    5 13   πας γαρ ό *μετεχων* γαλακτος άπειρος λογου δικαιοσυνης, νηπιος γαρ έστιν·

    7 13   έφ όν γαρ λεγεται ταυτα, φυλης έτερας *μετεσχηκεν,*

μετεωριζομαι [1]

Lc   12 29   και ύμεις μη ζητειτε τί φαγητε και τί πιητε, και μη *μετεωριζεσθε·*

μετοικεσια [4]

Mt   1 11   ιωσιας δε έγεννησεν τον ιεχονιαν και τους άδελφους αύτου έπι της *μετοικεσιας* βαβυλωνος.

    12   μετα δε την *μετοικεσιαν* βαβυλωνος ιεχονιας έγεννησεν τον σαλαθιηλ,

    17   και άπο δαυιδ έως της *μετοικεσιας* βαβυλωνος γενεαι δεκατεσσαρες,

    17   και άπο της *μετοικεσιας* βαβυλωνος έως του χριστου γενεαι δεκατεσσαρες.

μετοικιζω [2]

Ac   7 4   κακειθεν μετα το άποθανειν τον πατερα αύτου *μετωκισεν* αύτον εἰς την γην ταυτην εἰς ήν ύμεις νυν κατοικειτε,

    43   και *μετοικιω* ύμας έπεκεινα βαβυλωνος.

μετοχη [1]

2Co   6 14   τίς γαρ *μετοχη* δικαιοσυνη και άνομια, ή τίς κοινωνια φωτι προς σκοτος;

μετοχος [6]

Lc	5 7	και κατενευσαν τοις μετοχοις εν τω ετερω πλοιω του ελθοντας συλλαβεσθαι αυτοις·
Heb	1 9	δια τουτο εχρισεν σε, ο θεος, ο θεος σου ελαιον αγαλλιασεως παρα τους μετοχους σου.
	3 1	οθεν, αδελφοι αγιοι, κλησεως επουρανιου μετοχοι, κατανοησατε τον αποστολον και αρχιερεα της ομολογιας ημων ιησουν,
	14	μετοχοι γαρ του χριστου γεγοναμεν,
	6 4	και μετοχους γενηθεντας πνευματος αγιου
	12 8	ει δε χωρις εστε παιδειας, ης μετοχοι γεγονασιν παντες, αρα νοθοι και ουχ υιοι εστε.

μετρεω [11]

Mt	7 2	εν ω γαρ κριματι κρινετε κριθησεσθε, και εν ω μετρω μετρειτε μετρηθησεται υμιν.
	2	εν ω γαρ κριματι κρινετε κριθησεσθε, και εν ω μετρω μετρειτε μετρηθησεται υμιν.
Mc	4 24	εν ω μετρω μετρειτε μετρηθησεται υμιν,
	24	εν ω μετρω μετρειτε μετρηθησεται υμιν, και προστεθησεται υμιν.
Lc	6 38	ω γαρ μετρω μετρειτε αντιμετρηθησεται υμιν.
2Co	10 12	αλλα αυτοι εν εαυτοις εαυτους μετρουντες και συγκρινοντες εαυτους εαυτοις ου συνιασιν.
Apc	11 1	εγειρε και μετρησον τον ναον του θεου και το θυσιαστηριον και τους προσκυνουντας εν αυτω.
	2	και την αυλην την εξωθεν του ναου εκβαλε εξωθεν και μη αυτην μετρησης,
	21 15	και ο λαλων μετ εμου ειχεν μετρον καλαμον χρυσουν, ινα μετρηση την πολιν και τους πυλωνας αυτης και το τειχος αυτης.
	16	και εμετρησεν την πολιν τω καλαμω επι σταδιων δωδεκα χιλιαδων·
	17	και εμετρησεν το τειχος αυτης εκατοντεσσερακοντατεσσαρων πηχων,

μετρητης [1]

Jh	2 6	ησαν δε εκει λιθιναι υδριαι εξ κατα τον καθαρισμον των ιουδαιων κειμεναι, χωρουσαι ανα μετρητας δυο η τρεις.

μετριοπαθεω [1]

Heb	5 2	μετριοπαθειν δυναμενος τοις αγνοουσιν και πλανωμενοις,

μετριως [1]

Ac	20 12	ηγαγον δε τον παιδα ζωντα, και παρεκληθησαν ου μετριως.

μετρον [14]

Mt	7 2	εν ω γαρ κριματι κρινετε κριθησεσθε, και εν ω μετρω μετρειτε μετρηθησεται υμιν.
	23 32	και υμεις πληρωσατε το μετρον των πατερων υμων.
Mc	4 24	εν ω μετρω μετρειτε μετρηθησεται υμιν,
Lc	6 38	μετρον καλον πεπιεσμενον σεσαλευμενον υπερεκχυννομενον δωσουσιν εις τον κολπον υμων·
	38	ω γαρ μετρω μετρειτε αντιμετρηθησεται υμιν.
Jh	3 34	ου γαρ εκ μετρου διδωσιν το πνευμα.
Rm	12 3	αλλα φρονειν εις το σωφρονειν, εκαστω ως ο θεος εμερισεν μετρον πιστεως.
2Co	10 13	ημεις δε ουκ εις τα αμετρα καυχησομεθα, αλλα κατα το μετρον του κανονος
	13	αλλα κατα το μετρον του κανονος ου εμερισεν ημιν ο θεος μετρου, εφικεσθαι αχρι και υμων.
Eph	4 7	ενι δε εκαστω ημων εδοθη η χαρις κατα το μετρον της δωρεας του χριστου.
	13	εις ανδρα τελειον, εις μετρον ηλικιας του πληρωματος του χριστου,
	16	κατ ενεργειαν εν μετρω ενος εκαστου μερους την αυξησιν του σωματος ποιειται εις οικοδομην εαυτου εν αγαπη.
Apc	21 15	και ο λαλων μετ εμου ειχεν μετρον καλαμον χρυσουν,
	17	και εμετρησεν το τειχος αυτης εκατοντεσσερακοντατεσσαρων πηχων, μετρον ανθρωπου, ο εστιν αγγελου.

μετωπον [8]

Apc	7 3	αχρι σφραγισωμεν τους δουλους του θεου ημων επι των μετωπων αυτων.
	9 4	ει μη τους ανθρωπους οιτινες ουκ εχουσιν την σφραγιδα του θεου επι των μετωπων.
	13 16	ινα δωσιν αυτοις χαραγμα επι της χειρος αυτων της δεξιας η επι το μετωπον αυτων,
	14 1	και μετ αυτου εκατοντεσσερακοντατεσσαρες χιλιαδες εχουσαι το ονομα αυτου και το ονομα του πατρος αυτου γεγραμμενον επι των μετωπων αυτων.
	9	ει τις προσκυνει το θηριον και την εικονα αυτου, και λαμβανει χαραγμα επι του μετωπου αυτου η επι την χειρα αυτου, και αυτος πιεται
	17 5	και επι το μετωπον αυτης ονομα γεγραμμενον, μυστηριον,
	20 4	και οιτινες ου προσεκυνησαν το θηριον ουδε την εικονα αυτου και ουκ ελαβον το χαραγμα επι το μετωπον και επι την χειρα αυτων·
	22 4	και το ονομα αυτου επι των μετωπων αυτων.

μεχρι [17]

Mt	11 23	οτι ει εν σοδομοις εγενηθησαν αι δυναμεις αι γενομεναι εν σοι, εμεινεν αν μεχρι της σημερον.
	28 15	και διεφημισθη ο λογος ουτος παρα ιουδαιοις μεχρι της σημερον [ημερας].
Mc	13 30	αμην λεγω υμιν οτι ου μη παρελθη η γενεα αυτη μεχρις ου ταυτα παντα γενηται.
Lc	16 16	ο νομος και οι προφηται μεχρι ιωαννου·
Ac	10 30	απο τεταρτης ημερας μεχρι ταυτης της ωρας ημην την ενατην προσευχομενος εν τω οικω μου,
	20 7	μελλων εξιεναι τη επαυριον, παρετεινεν τε τον λογον μεχρι μεσονυκτιου.
Rm	5 14	αλλα εβασιλευσεν ο θανατος απο αδαμ μεχρι μωυσεως
	15 19	ωστε με απο ιερουσαλημ και κυκλω μεχρι του ιλλυρικου πεπληρωκεναι το ευαγγελιον του χριστου.
Ga	4 19	τεκνα μου, ους παλιν ωδινω μεχρις ου μορφωθη χριστος εν υμιν·
Eph	4 13	μεχρι καταντησωμεν οι παντες εις την ενοτητα της πιστεως και της επιγνωσεως του υιου του θεου,
Php	2 8	και σχηματι ευρεθεις ως ανθρωπος εταπεινωσεν εαυτον γενομενος υπηκοος μεχρι θανατου,
	30	και την τοιουτους εντιμους εχετε, οτι δια το εργον χριστου μεχρι θανατου ηγγισεν παραβολευσαμενος τη ψυχη,
1Tm	6 14	τηρησαι σε την εντολην ασπιλον ανεπιλημπτον μεχρι της επιφανειας του κυριου ημων ιησου χριστου,
2Tm	2 9	κατα το ευαγγελιον μου· εν ω κακοπαθω μεχρι δεσμων ως κακουργος,
Heb	3 14	μετοχοι γαρ του χριστου γεγοναμεν, εανπερ την αρχην της υποστασεως μεχρι τελους βεβαιαν κατασχωμεν.
	9 10	μονον επι βρωμασιν και πομασιν και διαφοροις βαπτισμοις, δικαιωματα σαρκος μεχρι καιρου διορθωσεως επικειμενα.
	12 4	ουπω μεχρις αιματος αντικατεστητε προς την αμαρτιαν ανταγωνιζομενοι,

μη [1043]

cf append.

μηγε [7]

Mt	6 1	ει δε μηγε, μισθον ουκ εχετε παρα τω πατρι υμων τω εν τοις ουρανοις.
	9 17	ουδε βαλλουσιν οινον νεον εις ασκους παλαιους· ει δε μηγε, ρηγνυνται οι ασκοι,
Lc	5 36	ει δε μηγε, και το καινον σχισει και τω παλαιω ου συμφωνησει το επιβλημα το απο του καινου.
	37	ει δε μηγε ρηξει ο οινος ο νεος τους ασκους, και αυτος εκχυθησεται και οι ασκοι απολουνται.
	10 6	ει δε μηγε εφ υμας ανακαμψει.
	13 9	καν μεν ποιηση καρπον εις το μελλον· ει δε μηγε, εκκοψεις αυτην.
	14 32	ει δε μηγε, ετι αυτου πορρω οντος πρεσβειαν αποστειλας ερωτα τα προς ειρηνην.

μηδαμως [2]

Ac	10 14	μηδαμως, κυριε, οτι ουδεποτε εφαγον παν κοινον και ακαθαρτον.
	11 8	μηδαμως, κυριε, οτι κοινον η ακαθαρτον ουδεποτε εισηλθεν εις το στομα μου.

μηδε [56]

Mt	6 25	μη μεριμνατε τη ψυχη υμων τί φαγητε [ἠ τί πιητε], μηδε τω σωματι υμων τί ἐνδυσησθε.
	7 6	μηδε βαλητε τους μαργαριτας υμων ἐμπροσθεν των χοιρων,
	10 9	μη κτησησθε χρυσον μηδε ἀργυρον μηδε χαλκον εἰς τας ζωνας υμων,
	9	μη κτησησθε χρυσον μηδε ἀργυρον μηδε χαλκον εἰς τας ζωνας υμων,
	10	μη κτησησθε χρυσον μηδε ἀργυρον μηδε χαλκον εἰς τας ζωνας υμων, μη πηραν εἰς ὁδον μηδε δυο χιτωνας μηδε ὑποδηματα μηδε ῥαβδον·
	10	μη κτησησθε χρυσον μηδε ἀργυρον μηδε χαλκον εἰς τας ζωνας υμων, μη πηραν εἰς ὁδον μηδε δυο χιτωνας μηδε ὑποδηματα μηδε ῥαβδον·
	10	μη κτησησθε χρυσον μηδε ἀργυρον ιμηδε χαλκον εἰς τας ζωνας υμων, μη πηραν εἰς ὁδον μηδε δυο χιτωνας μηδε ὑποδηματα μηδε ῥαβδον·
	14	και ὁς ἀν μη δεξηται υμας μηδε ἀκουση τους λογους υμων, ἐξερχομενοι ἐξω της οἰκιας ἠ της πολεως ἐκεινης ἐκτιναξατε τον κονιορτον των ποδων υμων.
	22 29	πλανασθε μη εἰδοτες τας γραφας μηδε την δυναμιν του θεου.
	23 10	μηδε κληθητε καθηγηται, ὁτι καθηγητης υμων ἐστιν εἰς ὁ χριστος.
	24 20	προσευχεσθε δε ἰνα μη γενηται ἡ φυγη υμων χειμωνος μηδε σαββατω·
Mc	2 2	και συνηχθησαν πολλοι, ὡστε μηκετι χωρειν μηδε τα προς την θυραν,
	3 20	και συνερχεται παλιν [ὁ] ὀχλος, ὡστε μη δυνασθαι αὑτους μηδε ἀρτον φαγειν.
	6 11	και ὁς ἀν τοπος μη δεξηται υμας μηδε ἀκουσωσιν υμων, ἐκπορευομενοι ἐκειθεν ἐκτιναξατε τον χουν τον ὑποκατω των ποδων υμων εἰς μαρτυριον αὑτοις.
	8 26	και ἀπεστειλεν αὑτον εἰς οἰκον αὑτου λεγων· μηδε εἰς την κωμην εἰσελθης.
	12 24	οὑ δια τουτο πλανασθε μη εἰδοτες τας γραφας μηδε την δυναμιν του θεου;
	13 15	ὁ [δε] ἐπι του δωματος μη καταβατω μηδε εἰσελθατω ἀραι τι ἐκ της οἰκιας αὑτου,
Lc	3 14	μηδενα διασεισητε μηδε συκοφαντησητε, και ἀρκεισθε τοις ὀψωνιοις υμων.
	12 22	εἰπεν δε προς τους μαθητας [αὑτου·] δια τουτο λεγω υμιν· μη μεριμνατε τη ψυχη τί φαγητε, μηδε τω σωματι τί ἐνδυσησθε. ἡ γαρ ψυχη πλειον ἐστιν της τροφης και το σωμα του ἐνδυματος.
	14 12	μη φωνει τους φιλους σου μηδε τους ἀδελφους σου μηδε τους συγγενεις σου μηδε γειτονας πλουσιους,
	12	μη φωνει τους φιλους σου μηδε τους ἀδελφους σου μηδε τους συγγενεις σου μηδε γειτονας πλουσιους,
	12	μη φωνει τους φιλους σου μηδε τους ἀδελφους σου μηδε τους συγγενεις σου μηδε γειτονας πλουσιους,
	16 26	ὁπως οἱ θελοντες διαβηναι ἐνθεν προς υμας μη δυνωνται, μηδε ἐκειθεν προς ἡμας διαπερωσιν.
	17 23	ἰδου ἐκει, [ἠ] ἰδου ὡδε· μη ἀπελθητε μηδε διωξητε.
Jh	4 15	κυριε, δος μοι τουτο το ὑδωρ, ἰνα μη διψω μηδε διερχωμαι ἐνθαδε ἀντλειν.
	14 27	μη ταρασσεσθω υμων ἡ καρδια μηδε δειλιατω.
Ac	4 18	και καλεσαντες αὑτους παρηγγειλαν το καθολου μη φθεγγεσθαι μηδε διδασκειν ἐπι τω ὀνοματι του ἰησου.
	21 21	λεγων μη περιτεμνειν αὑτους τα τεκνα μηδε τοις ἐθεσιν περιπατειν.
Rm	6 13	μηδε παριστανετε τα μελη υμων ὁπλα ἀδικιας τη ἀμαρτια, ἀλλα παραστησατε ἑαυτους τω θεω
	9 11	μηπω γαρ γεννηθεντων μηδε πραξαντων τι ἀγαθον ἠ φαυλον,
	14 21	καλον το μη φαγειν κρεα μηδε πιειν οἰνον μηδε ἐν ᾧ ὁ ἀδελφος σου προσκοπτει.
	21	καλον το μη φαγειν κρεα μηδε πιειν οἰνον μηδε ἐν ᾧ ὁ ἀδελφος σου προσκοπτει.
1Co	5 8	ὡστε ἑορταζωμεν μη ἐν ζυμη παλαια μηδε ἐν ζυμη κακιας και πονηριας, ἀλλ ἐν ἀζυμοις εἰλικρινειας και ἀληθειας.
	11	τω τοιουτω μηδε συνεσθιειν.
	10 7	μηδε εἰδωλολατραι γινεσθε, καθως τινες αὑτων·
	8	μηδε πορνευωμεν, καθως τινες αὑτων ἐπορνευσαν και ἐπεσαν μια ἡμερα εἰκοσιτρεις χιλιαδες.
	9	μηδε ἐκπειραζωμεν τον χριστον, καθως τινες αὑτων ἐπειρασαν και ὑπο των ὀφεων ἀπωλυντο.
	10	μηδε γογγυζετε, καθαπερ τινες αὑτων ἐγογγυσαν,
2Co	4 2	ἀλλα ἀπειπαμεθα τα κρυπτα της αἰσχυνης, μη περιπατουντες ἐν πανουργια μηδε δολουντες τον λογον του θεου,
Eph	4 27	ὁ ἡλιος μη ἐπιδυετω ἐπι [τω] παροργισμω υμων, μηδε διδοτε τοπον τω διαβολω.

μηδε [56]

Eph	5 3	πορνεια δε και ἀκαθαρσια πασα ἠ πλεονεξια μηδε ὀνομαζεσθω ἐν υμιν,
Php	2 3	το ἐν φρονουντες, μηδεν κατ ἐριθειαν μηδε κατα κενοδοξιαν,
Col	2 21	μη ἀψη μηδε γευση μηδε θιγης, ἀ ἐστιν παντα εἰς φθοραν τη ἀποχρησει,
	21	μη ἀψη μηδε γευση μηδε θιγης, ἀ ἐστιν παντα εἰς φθοραν τη ἀποχρησει,
2Th	2 2	εἰς το μη ταχεως σαλευθηναι υμας ἀπο του νοος μηδε θροεισθαι,
	3 10	τουτο παρηγγελλομεν υμιν, ὁτι εἰ τις οὑ θελει ἐργαζεσθαι, μηδε ἐσθιετω.
1Tm	1 4	ἰνα παραγγειλης τισιν μη ἑτεροδιδασκαλειν μηδε προσεχειν μυθοις και γενεαλογιαις ἀπεραντοις,
	5 22	χειρας ταχεως μηδενι ἐπιτιθει, μηδε κοινωνει ἀμαρτιαις ἀλλοτριαις·
	6 17	τοις πλουσιοις ἐν τω νυν αἰωνι παραγγελλε μη ὑψηλοφρονειν, μηδε ἠλπικεναι ἐπι πλουτου ἀδηλοτητι,
2Tm	1 8	μη οὐν ἐπαισχυνθης το μαρτυριον του κυριου ἡμων μηδε ἐμε τον δεσμιον αὑτου,
Heb	12 5	υἱε μου, μη ὀλιγωρει παιδειας κυριου, μηδε ἐκλυου ὑπ αὑτου ἐλεγχομενος·
1Pt	3 14	τον δε φοβον αὑτων μη φοβηθητε μηδε ταραχθητε,
	5 2	[ἐπισκοπουντες] μη ἀναγκαστως ἀλλα ἑκουσιως κατα θεον, μηδε αἰσχροκερδως ἀλλα προθυμως,
	3	μηδ ὡς κατακυριευοντες των κληρων ἀλλα τυποι γινομενοι του ποιμνιου·
1Jh	2 15	μη ἀγαπατε τον κοσμον μηδε τα ἐν τω κοσμω.
	3 18	τεκνια, μη ἀγαπωμεν λογω μηδε τη γλωσση,

μηδεις [89]

Mt	8 4	ὀρα μηδενι εἰπης,
	9 30	και ἐνεβριμηθη αὑτοις ὁ ἰησους λεγων· ὀρατε μηδεις γινωσκετω.
	16 20	τοτε διεστειλατο τοις μαθηταις ἰνα μηδενι εἰπωσιν ὁτι αὑτος ἐστιν ὁ χριστος.
	17 9	μηδενι εἰπητε το ὁραμα ἑως οὑ ὁ υἱος του ἀνθρωπου ἐκ νεκρων ἐγερθη.
	27 19	μηδεν σοι και τω δικαιω ἐκεινω· πολλα γαρ ἐπαθον σημερον κατ ὀναρ δι αὑτον.
Mc	1 44	ὀρα μηδενι μηδεν εἰπης,
	44	ὀρα μηδενι μηδεν εἰπης,
	5 26	και πολλα παθουσα ὑπο πολλων ἰατρων και δαπανησασα τα παρ αὑτης παντα, και μηδεν ὠφεληθεισα ἀλλα μαλλον εἰς το χειρον ἐλθουσα,
	43	και διεστειλατο αὑτοις πολλα ἰνα μηδεις γνοι τουτο,
	6 8	και παρηγγειλεν αὑτοις ἰνα μηδεν αἰρωσιν εἰς ὁδον εἰ μη ῥαβδον μονον, μη ἀρτον, μη πηραν, μη εἰς την ζωνην χαλκον,
	7 36	και διεστειλατο αὑτοις ἰνα μηδενι λεγωσιν·
	8 30	και ἐπετιμησεν αὑτοις ἰνα μηδενι λεγωσιν περι αὑτου.
	9 9	και καταβαινοντων αὑτων ἐκ του ὀρους διεστειλατο αὑτοις ἰνα μηδενι ἀ εἰδον διηγησωνται,
	11 14	μηκετι εἰς τον αἰωνα ἐκ σου μηδεις καρπον φαγοι.
Lc	3 13	μηδεν πλεον παρα το διατεταγμενον υμιν πρασσετε.
	14	μηδενα διασεισητε μηδε συκοφαντησητε, και ἀρκεισθε τοις ὀψωνιοις υμων.
	4 35	και ῥιψαν αὑτον το δαιμονιον εἰς το μεσον ἐξηλθεν ἀπ αὑτου μηδεν βλαψαν αὑτον.
	5 14	και αὑτος παρηγγειλεν αὑτω μηδενι εἰπειν, ἀλλα ἀπελθων δειξον σεαυτον τω ἱερει,
	6 35	πλην ἀγαπατε τους ἐχθρους υμων και ἀγαθοποιειτε και δανιζετε μηδεν ἀπελπιζοντες·
	8 56	ὁ δε παρηγγειλεν αὑτοις μηδενι εἰπειν το γεγονος.
	9 3	μηδεν αἰρετε εἰς την ὁδον, μητε ῥαβδον μητε πηραν μητε ἀρτον μητε ἀργυριον μητε [ἀνα] δυο χιτωνας ἐχειν.
	21	ὁ δε ἐπιτιμησας αὑτοις παρηγγειλεν μηδενι λεγειν τουτο,
	10 4	μη βασταζετε βαλλαντιον, μη πηραν, μη ὑποδηματα· και μηδενα κατα την ὁδον ἀσπασησθε.
Ac	4 17	ἀλλ ἰνα μη ἐπι πλειον διανεμηθη εἰς τον λαον, ἀπειλησωμεθα αὑτοις μηκετι λαλειν ἐπι τω ὀνοματι τουτω μηδενι ἀνθρωπων,
	21	οἱ δε προσαπειλησαμενοι ἀπελυσαν αὑτους, μηδεν εὑρισκοντες το πως κολασωνται αὑτους, δια τον λαον, ὁτι παντες ἐδοξαζον τον θεον ἐπι τω γεγονοτι·
	8 24	δεηθητε υμεις ὑπερ ἐμου προς τον κυριον, ὁπως μηδεν ἐπελθη ἐπ ἐμε ὡν εἰρηκατε.
	9 7	οἱ δε ἀνδρες οἱ συνοδευοντες αὑτω εἱστηκεισαν ἐνεοι, ἀκουοντες μεν της φωνης, μηδενα δε θεωρουντες·
	10 20	ἀλλα ἀναστας καταβηθι, και πορευου συν αὑτοις μηδεν διακρινομενος,

μηδεις [89]

Ac	10 28	καμοι ὁ θεος ἐδειξεν *μηδενα* κοινον ἤ ἀκαθαρτον λεγειν ἀνθρωπον·
	11 12	εἰπεν δε το πνευμα μοι συνελθειν αὐτοις *μηδεν* διακριναντα.
	19	οἱ μεν οὖν διασπαρεντες ἀπο της θλιψεως της γενομενης ἐπι στεφανω διηλθον ἑως φοινικης και κυπρου και ἀντιοχειας, *μηδενι* λαλουντες τον λογον εἰ μη μονον ἰουδαιοις.
	13 28	και *μηδεμιαν* αἰτιαν θανατου εὑροντες ἠτησαντο πιλατον ἀναιρεθηναι αὐτον.
	15 28	ἐδοξεν γαρ τω πνευματι τω ἁγιω και ἡμιν *μηδεν* πλεον ἐπιτιθεσθαι ὑμιν βαρος πλην τουτων των ἐπαναγκες,
	16 28	*μηδεν* πραξης σεαυτω κακον, ἁπαντες γαρ ἐσμεν ἐνθαδε.
	19 36	ἀναντιρρητων οὖν ὀντων τουτων δεον ἐστιν ὑμας κατεσταλμενους ὑπαρχειν και *μηδεν* προπετες πρασσειν.
	40	*μηδενος* αἰτιου ὑπαρχοντος, περι οὗ [οὐ] δυνησομεθα ἀποδουναι λογον περι της συστροφης ταυτης.
	23 14	ἀναθεματι ἀνεθεματισαν ἑαυτους *μηδενος* γευσασθαι ἑως οὗ ἀποκτεινωμεν τον παυλον.
	22	ὁ μεν οὖν χιλιαρχος ἀπελυσε τον νεανισκον, παραγγειλας *μηδενι* ἐκλαλησαι ὁτι ταυτα ἐνεφανισας προς με.
	29	ὁν εὑρον ἐγκαλουμενον περι ζητηματων του νομου αὐτων, *μηδεν* δε ἀξιον θανατου ἤ δεσμων ἐχοντα ἐγκλημα.
	24 23	διαταξαμενος τω ἑκατονταρχη τηρεισθαι αὐτον ἐχειν τε ἀνεσιν και *μηδενα* κωλυειν των ἰδιων αὐτου ὑπηρετειν αὐτω.
	25 17	συνελθοντων οὖν [αὐτων] ἐνθαδε ἀναβολην *μηδεμιαν* ποιησαμενος τη ἑξης καθισας ἐπι του βηματος ἐκελευσα ἀχθηναι τον ἀνδρα·
	25	ἐγω δε κατελαβομην *μηδεν* ἀξιον αὐτον θανατου πεπραχεναι, αὐτου δε τουτου ἐπικαλεσαμενου τον σεβαστον ἐκρινα πεμπειν.
	28 6	ἐπι πολυ δε αὐτων προσδοκωντων και θεωρουντων *μηδεν* ἀτοπον εἰς αὐτον γινομενον, μεταβαλομενοι ἐλεγον αὐτον εἰναι θεον.
	18	οἱτινες ἀνακριναντες με ἐβουλοντο ἀπολυσαι δια το *μηδεμιαν* αἰτιαν θανατου ὑπαρχειν ἐν ἐμοι·
Rm	12 17	*μηδενι* κακον ἀντι κακου ἀποδιδοντες·
	13 8	*μηδενι* μηδεν ὀφειλετε, εἰ μη το ἀλληλους ἀγαπαν·
	8	μηδενι *μηδεν* ὀφειλετε, εἰ μη το ἀλληλους ἀγαπαν·
1Co	1 7	καθως το μαρτυριον του χριστου ἐβεβαιωθη ἐν ὑμιν, ὡστε ὑμας μη ὑστερεισθαι ἐν *μηδενι* χαρισματι,
	3 18	*μηδεις* ἑαυτον ἐξαπατατω·
	21	ὡστε *μηδεις* καυχασθω ἐν ἀνθρωποις·
	10 24	*μηδεις* το ἑαυτου ζητειτω ἀλλα το του ἑτερου.
	25	παν το ἐν μακελλω πωλουμενον ἐσθιετε *μηδεν* ἀνακρινοντες δια την συνειδησιν·
	27	εἰ τις καλει ὑμας των ἀπιστων και θελετε πορευεσθαι, παν το παρατιθεμενον ὑμιν ἐσθιετε *μηδεν* ἀνακρινοντες δια την συνειδησιν.
2Co	6 3	*μηδεμιαν* ἐν μηδενι διδοντες προσκοπην, ἱνα μη μωμηθη ἡ διακονια,
	3	μηδεμιαν ἐν *μηδενι* διδοντες προσκοπην, ἱνα μη μωμηθη ἡ διακονια,
	10	ὡς πτωχοι πολλους δε πλουτιζοντες, ὡς *μηδεν* ἐχοντες και παντα κατεχοντες.
	7 9	ἐλυπηθητε γαρ κατα θεον, ἱνα ἐν *μηδενι* ζημιωθητε ἐξ ἡμων.
	11 5	λογιζομαι γαρ *μηδεν* ὑστερηκεναι των ὑπερλιαν ἀποστολων.
	13 7	εὐχομεθα δε προς τον θεον μη ποιησαι ὑμας κακον *μηδεν*,
Ga	6 3	εἰ γαρ δοκει τις εἰναι τι *μηδεν* ὡν, φρεναπατα ἑαυτον.
	17	του λοιπου κοπους μοι *μηδεις* παρεχετω·
Eph	5 6	*μηδεις* ὑμας ἀπατατω κενοις λογοις·
Php	1 28	μια ψυχη συναθλουντες τη πιστει του εὐαγγελιου, και μη πτυρομενοι ἐν *μηδενι* ὑπο των ἀντικειμενων,
	2 3	το ἑν φρονουντες, *μηδεν* κατ ἐριθειαν μηδε κατα κενοδοξιαν,
	4 6	*μηδεν* μεριμνατε, ἀλλ ἐν παντι τη προσευχη και τη δεησει μετα εὐχαριστιας τα αἰτηματα ὑμων γνωριζεσθω προς τον θεον.
Col	2 4	τουτο λεγω ἱνα *μηδεις* ὑμας παραλογιζηται ἐν πιθανολογια.
	18	*μηδεις* ὑμας καταβραβευετω θελων ἐν ταπεινοφροσυνη και θρησκεια των ἀγγελων.
1Th	3 3	εἰς το στηριξαι ὑμας και παρακαλεσαι ὑπερ της πιστεως ὑμων το *μηδενα* σαινεσθαι ἐν ταις θλιψεσιν ταυταις.
	4 12	ἱνα περιπατητε εὐσχημονως προς τους ἐξω και *μηδενος* χρειαν ἐχητε.
2Th	2 3	μη τις ὑμας ἐξαπατηση κατα *μηδενα* τροπον·
	3 11	ἀκουομεν γαρ τινας περιπατουντας ἐν ὑμιν ἀτακτως, *μηδεν* ἐργαζομενους ἀλλα περιεργαζομενους·
1Tm	4 12	*μηδεις* σου της νεοτητος καταφρονειτω,
	5 14	βουλομαι οὖν νεωτερας γαμειν, τεκνογονειν, οἰκοδεσποτειν, *μηδεμιαν* ἀφορμην διδοναι τω ἀντικειμενω λοιδοριας χαριν·

μηδεις [89]

1Tm	5 21	διαμαρτυρομαι ἐνωπιον του θεου και χριστου ἰησου και των ἐκλεκτων ἀγγελων ἱνα ταυτα φυλαξης χωρις προκριματος, *μηδεν* ποιων κατα προσκλισιν.
	22	χειρας ταχεως *μηδενι* ἐπιτιθει,
	6 4	εἰ τις ἑτεροδιδασκαλει και μη προσερχεται ὑγιαινουσιν λογοις τοις του κυριου ἡμων ἰησου χριστου, και τη κατ εὐσεβειαν διδασκαλια, τετυφωται, *μηδεν* ἐπισταμενος,
Tit	2 8	ἱνα ὁ ἐξ ἐναντιας ἐντραπη *μηδεν* ἐχων λεγειν περι ἡμων φαυλον.
	15	ταυτα λαλει και παρακαλει και ἐλεγχε μετα πασης ἐπιταγης· *μηδεις* σου περιφρονειτω.
	3 2	*μηδενα* βλασφημειν, ἀμαχους εἰναι, ἐπιεικεις, πασαν ἐνδεικνυμενους πραυτητα προς παντας ἀνθρωπους.
	13	ζηναν τον νομικον και ἀπολλων σπουδαιως προπεμψον, ἱνα *μηδεν* αὐτοις λειπη.
Heb	10 2	ἐπει οὐκ ἀν ἐπαυσαντο προσφερομεναι, δια το *μηδεμιαν* ἐχειν ἐτι συνειδησιν ἁμαρτιων τους λατρευοντας ἁπαξ κεκαθαρισμενους;
Ja	1 4	ἱνα ἠτε τελειοι και ὁλοκληροι, ἐν *μηδενι* λειπομενοι.
	6	αἰτειτω δε ἐν πιστει, *μηδεν* διακρινομενος·
	13	*μηδεις* πειραζομενος λεγετω ὁτι ἀπο θεου πειραζομαι·
1Pt	3 6	ἡς ἐγενηθητε τεκνα ἀγαθοποιουσαι και μη φοβουμεναι *μηδεμιαν* πτοησιν.
1Jh	3 7	τεκνια, *μηδεις* πλανατω ὑμας·
3Jh	7	ὑπερ γαρ του ὀνοματος ἐξηλθον *μηδεν* λαμβανοντες ἀπο των ἐθνικων.
Apc	2 10	*μηδεν* φοβου ἁ μελλεις πασχειν.
	3 11	ἐρχομαι ταχυ· κρατει ὁ ἐχεις, ἱνα *μηδεις* λαβη τον στεφανον σου.

μηδεποτε [1]

2Tm	3 7	παντοτε μανθανοντα και *μηδεποτε* εἰς ἐπιγνωσιν ἀληθειας ἐλθειν δυναμενα.

μηδεπω [1]

Heb	11 7	πιστει χρηματισθεις νωε περι των *μηδεπω* βλεπομενων,

μηδος [1]

Ac	2 9	παρθοι και *μηδοι* και ἐλαμιται,

μηθεις [1]

Ac	27 33	τεσσαρεσκαιδεκατην σημερον ἡμεραν προσδοκωντες ἀσιτοι διατελειτε, *μηθεν* προσλαβομενοι.

μηκετι [22]

Mt	21 19	*μηκετι* ἐκ σου καρπος γενηται εἰς τον αἰωνα.
Mc	1 45	ὁ δε ἐξελθων ἠρξατο κηρυσσειν πολλα και διαφημιζειν τον λογον, ὡστε *μηκετι* αὐτον δυνασθαι φανερως εἰς πολιν εἰσελθειν,
	2 2	και συνηχθησαν πολλοι, ὡστε *μηκετι* χωρειν μηδε τα προς την θυραν,
	9 25	το ἀλαλον και κωφον πνευμα, ἐγω ἐπιτασσω σοι, ἐξελθε ἐξ αὐτου και *μηκετι* εἰσελθης εἰς αὐτον.
	11 14	*μηκετι* εἰς τον αἰωνα ἐκ σου μηδεις καρπον φαγοι.
Lc	8 49	ἐτι αὐτου λαλουντος ἐρχεται τις παρα του ἀρχισυναγωγου λεγων ὁτι τεθνηκεν ἡ θυγατηρ σου· *μηκετι* σκυλλε τον διδασκαλον.
Jh	5 14	*μηκετι* ἁμαρτανε, ἱνα μη χειρον σοι τι γενηται.
	8 11 *	πορευου, [και] ἀπο του νυν *μηκετι* ἁμαρτανε.
Ac	4 17	ἀλλ ἱνα μη ἐπι πλειον διανεμηθη εἰς τον λαον, ἀπειλησωμεθα αὐτοις *μηκετι* λαλειν ἐπι τω ὀνοματι τουτω μηδενι ἀνθρωπων.
	13 34	ὁτι δε ἀνεστησεν αὐτον ἐκ νεκρων *μηκετι* μελλοντα ὑποστρεφειν εἰς διαφθοραν, οὑτως εἰρηκεν ὁτι δωσω ὑμιν τα ὁσια δαυιδ τα πιστα.
	25 24	θεωρειτε τουτον περι οὗ ἁπαν το πληθος των ἰουδαιων ἐνετυχον μοι ἐν τε ἱεροσολυμοις και ἐνθαδε, βοωντες μη δειν αὐτον ζην *μηκετι*.
Rm	6 6	τουτο γινωσκοντες, ὁτι ὁ παλαιος ἡμων ἀνθρωπος συνεσταυρωθη, ἱνα καταργηθη το σωμα της ἁμαρτιας, του *μηκετι* δουλευειν ἡμας τη ἁμαρτια·
	14 13	*μηκετι* οὖν ἀλληλους κρινωμεν·
	15 23	νυνι δε *μηκετι* τοπον ἐχων ἐν τοις κλιμασι τουτοις, ἐπιποθιαν δε ἐχων του ἐλθειν προς ὑμας ἀπο πολλων ἐτων, ὡς ἀν πορευωμαι εἰς την σπανιαν·

μηκετι [22]

2Co 5 15 και υπερ παντων απεθανεν ινα οι ζωντες *μηκετι* εαυτοις ζωσιν αλλα τω υπερ αυτων αποθανοντι και εγερθεντι.

Eph 4 14 ινα *μηκετι* ωμεν νηπιοι,
17 *μηκετι* υμας περιπατειν καθως και τα εθνη περιπατει εν ματαιοτητι του νοος αυτων,
28 ο κλεπτων *μηκετι* κλεπτετω, μαλλον δε κοπιατω εργαζομενος ταις [ιδιαις] χερσιν το αγαθον,

1Th 3 1 διο *μηκετι* στεγοντες ευδοκησαμεν καταλειφθηναι εν αθηναις μονοι,
5 δια τουτο καγω *μηκετι* στεγων επεμψα εις το γνωναι την πιστιν υμων,

1Tm 5 23 *μηκετι* υδροποτει, αλλα οινω ολιγω χρω δια τον στομαχον και τας πυκνας σου ασθενειας.

1Pt 4 2 εις το *μηκετι* ανθρωπων επιθυμιαις αλλα θεληματι θεου τον επιλοιπον εν σαρκι βιωσαι χρονον.

μηκος [3]

Eph 3 18 ινα εξισχυσητε καταλαβεσθαι συν πασιν τοις αγιοις τι το πλατος και *μηκος* και υψος και βαθος,

Apc 21 16 και η πολις τετραγωνος κειται, και το *μηκος* αυτης οσον [και] το πλατος.
16 το *μηκος* και το πλατος και το υψος αυτης ισα εστιν.

μηκυνομαι [1]

Mc 4 27 και ο σπορος βλαστα και *μηκυνηται* ως ουκ οιδεν αυτος.

μηλωτη [1]

Heb 11 37 περιηλθον εν *μηλωταις*, εν αιγειοις δερμασιν, υστερουμενοι, θλιβομενοι, κακουχουμενοι,

μην [18]

Lc 1 24 μετα δε ταυτας τας ημερας συνελαβεν ελισαβετ η γυνη αυτου, και περιεκρυβεν εαυτην *μηνας* πεντε,
26 εν δε τω *μηνι* τω εκτω απεσταλη ο αγγελος γαβριηλ απο του θεου εις πολιν της γαλιλαιας η ονομα ναζαρεθ,
36 και ουτος *μην* εκτος εστιν αυτη τη καλουμενη στειρα·
56 εμεινεν δε μαριαμ συν αυτη ως *μηνας* τρεις, και υπεστρεψεν εις τον οικον αυτης.
4 25 πολλαι χηραι ησαν εν ταις ημεραις ηλιου εν τω ισραηλ, οτε εκλεισθη ο ουρανος επι ετη τρια και *μηνας* εξ,

Ac 7 20 ος ανετραφη *μηνας* τρεις εν τω οικω του πατρος·
18 11 εκαθισεν δε ενιαυτον και *μηνας* εξ διδασκων εν αυτοις τον λογον του θεου.
19 8 εισελθων δε εις την συναγωγην επαρρησιαζετο επι *μηνας* τρεις διαλεγομενος και πειθων [τα] περι της βασιλειας του θεου.
20 3 διελθων δε τα μερη εκεινα και παρακαλεσας αυτους λογω πολλω ηλθεν εις την ελλαδα, ποιησας τε *μηνας* τρεις,
28 11 μετα δε τρεις *μηνας* ανηχθημεν εν πλοιω παρακεχειμακοτι εν τη νησω, αλεξανδρινω, παρασημω διοσκουροις.

Ga 4 10 ημερας παρατηρεισθε και *μηνας* και καιρους και ενιαυτους.

Ja 5 17 και ουκ εβρεξεν επι της γης ενιαυτους τρεις και *μηνας* εξ·

Apc 9 5 και εδοθη αυτοις ινα μη αποκτεινωσιν αυτους, αλλ ινα βασανισθησονται *μηνας* πεντε·
10 και εν ταις ουραις αυτων η εξουσια αυτων αδικησαι τους ανθρωπους *μηνας* πεντε.
15 και ελυθησαν οι τεσσαρες αγγελοι οι ητοιμασμενοι εις την ωραν και ημεραν και *μηνα* και ενιαυτον,
11 2 και την πολιν την αγιαν πατησουσιν *μηνας* τεσσερακοντα[και]δυο.
13 5 και εδοθη αυτω εξουσια ποιησαι *μηνας* τεσσερακοντα[και]δυο.
22 2 ποιουν καρπους δωδεκα, κατα *μηνα* εκαστον αποδιδουν τον καρπον αυτου,

μην [1]

Heb 6 14 ει *μην* ευλογων ευλογησω σε και πληθυνων πληθυνω σε·

μηνυω [4]

Lc 20 37 οτι δε εγειρονται οι νεκροι, και μωυσης *εμηνυσεν* επι της βατου,

Jh 11 57 δεδωκεισαν δε οι αρχιερεις και οι φαρισαιοι εντολας ινα εαν τις γνω που εστιν *μηνυση*, οπως πιασωσιν αυτον.

μηνυω [4]

Ac 23 30 *μηνυθεισης* δε μοι επιβουλης εις τον ανδρα εσεσθαι, εξαυτης επεμψα προς σε,

1Co 10 28 εαν δε τις υμιν ειπη· τουτο ιεροθυτον εστιν, μη εσθιετε δι εκεινον τον *μηνυσαντα* και την συνειδησιν·

μηποτε [25]

Mt 4 6 *μηποτε* προσκοψης προς λιθον τον ποδα σου.
5 25 *μηποτε* σε παραδω ο αντιδικος τω κριτη και ο κριτης τω υπηρετη,
7 6 *μηποτε* καταπατησουσιν αυτους εν τοις ποσιν αυτων και στραφεντες ρηξωσιν υμας.
13 15 *μηποτε* ιδωσιν τοις οφθαλμοις και τοις ωσιν ακουσωσιν και τη καρδια συνωσιν και επιστρεψωσιν,
29 ο δε φησιν· ου, *μηποτε* συλλεγοντες τα ζιζανια εκριζωσητε αμα αυτοις τον σιτον.
15 32 και απολυσαι αυτους νηστεις ου θελω, *μηποτε* εκλυθωσιν εν τη οδω.
25 9 *μηποτε* ου μη αρκεση ημιν και υμιν· πορευεσθε μαλλον προς τους πωλουντας και αγορασατε εαυταις.
27 64 κελευσον ουν ασφαλισθηναι τον ταφον εως της τριτης ημερας, *μηποτε* ελθοντες οι μαθηται αυτου κλεψωσιν αυτον και ειπωσιν τω λαω·

Mc 4 12 και ακουοντες ακουσωσιν και μη συνιωσιν, *μηποτε* επιστρεψωσιν και αφεθη αυτοις.
14 2 μη εν τη εορτη, *μηποτε* εσται θορυβος του λαου.

Lc 3 15 προσδοκωντος δε του λαου και διαλογιζομενων παντων εν ταις καρδιαις αυτων περι του ιωαννου, *μηποτε* αυτος ειη ο χριστος,
4 11 γεγραπται γαρ οτι τοις αγγελοις αυτου εντελειται περι σου του διαφυλαξαι σε, και οτι επι χειρων αρουσιν σε, *μηποτε* προσκοψης προς λιθον τον ποδα σου.
12 58 εν τη οδω δος εργασιαν απηλλαχθαι απ αυτου, *μηποτε* κατασυρη σε προς τον κριτην,
14 8 οταν κληθης υπο τινος εις γαμους, μη κατακλιθης εις την πρωτοκλισιαν, *μηποτε* εντιμοτερος σου η κεκλημενος υπ αυτου,
12 *μηποτε* και αυτοι αντικαλεσωσιν σε και γενηται ανταποδομα σοι.
29 ινα *μηποτε* θεντος αυτου θεμελιον και μη ισχυοντος εκτελεσαι παντες οι θεωρουντες αρξωνται αυτω εμπαιζειν λεγοντες
21 34 προσεχετε δε εαυτοις *μηποτε* βαρηθωσιν υμων αι καρδιαι εν κραιπαλη και μεθη και μεριμναις βιωτικαις,

Jh 7 26 *μηποτε* αληθως εγνωσαν οι αρχοντες οτι ουτος εστιν ο χριστος;

Ac 5 39 ει δε εκ θεου εστιν, ου δυνησεσθε καταλυσαι αυτους, *μηποτε* και θεομαχοι ευρεθητε.
28 27 *μηποτε* ιδωσιν τοις οφθαλμοις και τοις ωσιν ακουσωσιν και τη καρδια συνωσιν και επιστρεψωσιν,

2Tm 2 25 *μηποτε* δωη αυτοις ο θεος μετανοιαν εις επιγνωσιν αληθειας.

Heb 2 1 δια τουτο δει περισσοτερως προσεχειν ημας τοις ακουσθεισιν, *μηποτε* παραρυωμεν.
3 12 βλεπετε, αδελφοι, *μηποτε* εσται εν τινι υμων καρδια πονηρα απιστιας εν τω αποστηναι απο θεου ζωντος,
4 1 φοβηθωμεν ουν *μηποτε* καταλειπομενης επαγγελιας εισελθειν εις την καταπαυσιν αυτου δοκη τις εξ υμων υστερηκεναι.
9 17 διαθηκη γαρ επι νεκροις βεβαια, επει *μηποτε* ισχυει οτε ζη ο διαθεμενος.

μηπω [2]

Rm 9 11 *μηπω* γαρ γεννηθεντων μηδε πραξαντων τι αγαθον η φαυλον,

Heb 9 8 τουτο δηλουντος του πνευματος του αγιου, *μηπω* πεφανερωσθαι την των αγιων οδον ετι της πρωτης σκηνης εχουσης στασιν,

μηρος [1]

Apc 19 16 και εχει επι το ιματιον και επι τον *μηρον* αυτου ονομα γεγραμμενον·

μητε [34]

Mt 5 34 εγω δε λεγω υμιν μη ομοσαι ολως· *μητε* εν τω ουρανω,
35 *μητε* εν τη γη, οτι υποποδιον εστιν των ποδων αυτου·
35 *μητε* εις ιεροσολυμα, οτι πολις εστιν του μεγαλου βασιλεως·
36 *μητε* εν τη κεφαλη σου ομοσης, οτι ου δυνασαι μιαν τριχα λευκην ποιησαι η μελαιναν.

μητε [34]

Mt	11 18	ἦλθεν γαρ ἰωαννης **μητε** ἐσθιων **μητε** πινων,
	18	ἦλθεν γαρ ἰωαννης μητε ἐσθιων **μητε** πινων,
Lc	7 33	ἐληλυθεν γαρ ἰωαννης ὁ βαπτιστης μη ἐσθιων ἀρτον **μητε** πινων οἰνον, και λεγετε·
	9 3	μηδεν αἰρετε εἰς την ὁδον, **μητε** ῥαβδον **μητε** πηραν **μητε** ἀρτον **μητε** ἀργυριον **μητε** [ἀνα] δυο χιτωνας ἐχειν.
	3	μηδεν αἰρετε εἰς την ὁδον, **μητε** ῥαβδον **μητε** πηραν **μητε** ἀρτον **μητε** ἀργυριον **μητε** [ἀνα] δυο χιτωνας ἐχειν.
	3	μηδεν αἰρετε εἰς την ὁδον, μητε ῥαβδον μητε πηραν **μητε** ἀρτον **μητε** ἀργυριον **μητε** [ἀνα] δυο χιτωνας ἐχειν.
	3	μηδεν αἰρετε εἰς την ὁδον, μητε ῥαβδον μητε πηραν **μητε** ἀρτον **μητε** ἀργυριον **μητε** [ἀνα] δυο χιτωνας ἐχειν.
	3	μηδεν αἰρετε εἰς την ὁδον, μητε ῥαβδον μητε πηραν **μητε** ἀρτον μητε ἀργυριον μητε [ἀνα] δυο χιτωνας ἐχειν.
Ac	23 8	σαδδουκαιοι μεν γαρ λεγουσιν μη εἰναι ἀναστασιν **μητε** ἀγγελον **μητε** πνευμα, φαρισαιοι δε ὁμολογουσιν τα ἀμφοτερα.
	8	σαδδουκαιοι μεν γαρ λεγουσιν μη εἰναι ἀναστασιν μητε ἀγγελον **μητε** πνευμα, φαρισαιοι δε ὁμολογουσιν τα ἀμφοτερα.
	12	γενομενης δε ἡμερας ποιησαντες συστροφην οἱ ἰουδαιοι ἀνεθεματισαν ἑαυτους, λεγοντες **μητε** φαγειν **μητε** πιειν ἑως οὑ ἀποκτεινωσιν τον παυλον.
	12	γενομενης δε ἡμερας ποιησαντες συστροφην οἱ ἰουδαιοι ἀνεθεματισαν ἑαυτους, λεγοντες μητε φαγειν **μητε** πιειν ἑως οὑ ἀποκτεινωσιν τον παυλον.
	21	ἐνεδρευουσιν γαρ αὐτον ἐξ αὐτων ἀνδρες πλειους τεσσερακοντα, οἱτινες ἀνεθεματισαν ἑαυτους **μητε** φαγειν μητε πιειν ἑως οὑ ἀνελωσιν αὐτον,
	21	ἐνεδρευουσιν γαρ αὐτον ἐξ αὐτων ἀνδρες πλειους τεσσερακοντα, οἱτινες ἀνεθεματισαν ἑαυτους μητε φαγειν **μητε** πιειν ἑως οὑ ἀνελωσιν αὐτον,
	27 20	**μητε** δε ἡλιου μητε ἀστρων ἐπιφαινοντων ἐπι πλειονας ἡμερας,
	20	μητε δε ἡλιου **μητε** ἀστρων ἐπιφαινοντων ἐπι πλειονας ἡμερας,
2Th	2 2	μηδε θροεισθαι, **μητε** δια πνευματος μητε δια λογου μητε δι ἐπιστολης ὡς δι ἡμων,
	2	μηδε θροεισθαι, μητε δια πνευματος **μητε** δια λογου μητε δι ἐπιστολης ὡς δι ἡμων,
	2	μηδε θροεισθαι, μητε δια πνευματος μητε δια λογου **μητε** δι ἐπιστολης ὡς δι ἡμων,
1Tm	1 7	θελοντες εἰναι νομοδιδασκαλοι, μη νοουντες **μητε** ἀ λεγουσιν μητε περι τινων διαβεβαιουνται.
	7	θελοντες εἰναι νομοδιδασκαλοι, μη νοουντες μητε ἀ λεγουσιν **μητε** περι τινων διαβεβαιουνται.
Heb	7 3	**μητε** ἀρχην ἡμερων μητε ζωης τελος ἐχων,
	3	μητε ἀρχην ἡμερων **μητε** ζωης τελος ἐχων,
Ja	5 12	μη ὀμνυετε, **μητε** τον οὐρανον μητε την γην μητε ἀλλον τινα ὁρκον·
	12	μη ὀμνυετε, μητε τον οὐρανον **μητε** την γην μητε ἀλλον τινα ὁρκον·
	12	μη ὀμνυετε, μητε τον οὐρανον μητε την γην **μητε** ἀλλον τινα ὁρκον·
Apc	7 1	κρατουντας τους τεσσαρας ἀνεμους της γης, ἱνα μη πνεη ἀνεμος ἐπι της γης **μητε** ἐπι της θαλασσης μητε ἐπι παν δενδρον.
	1	κρατουντας τους τεσσαρας ἀνεμους της γης, ἱνα μη πνεη ἀνεμος ἐπι της γης μητε ἐπι της θαλασσης **μητε** ἐπι παν δενδρον.
	3	μη ἀδικησητε την γην **μητε** την θαλασσαν μητε τα δενδρα,
	3	μη ἀδικησητε την γην μητε την θαλασσαν **μητε** τα δενδρα,

μητηρ [83]

Mt	1 18	μνηστευθεισης της **μητρος** αὐτου μαριας τω ἰωσηφ,
	2 11	και ἐλθοντες εἰς την οἰκιαν εἰδον το παιδιον μετα μαριας της **μητρος** αὐτου,
	13	ἐγερθεις παραλαβε το παιδιον και την **μητερα** αὐτου,
	14	ὁ δε ἐγερθεις παρελαβεν το παιδιον και την **μητερα** αὐτου νυκτος και ἀνεχωρησεν εἰς αἰγυπτον,
	20	ἐγερθεις παραλαβε το παιδιον και την **μητερα** αὐτου,
	21	ὁ δε ἐγερθεις παρελαβεν το παιδιον και την **μητερα** αὐτου και εἰσηλθεν εἰς γην ἰσραηλ.
	10 35	ἦλθον γαρ διχασαι ἀνθρωπον κατα του πατρος αὐτου και θυγατερα κατα της **μητρος** αὐτης και νυμφην κατα της πενθερας αὐτης,
	37	ὁ φιλων πατερα ἠ **μητερα** ὑπερ ἐμε οὐκ ἐστιν μου ἀξιος·

μητηρ [83]

Mt	12 46	ἰδου ἡ **μητηρ** και οἱ ἀδελφοι αὐτου εἱστηκεισαν ἐξω ζητουντες αὐτω λαλησαι.
	47	[ἰδου ἡ **μητηρ** σου και οἱ ἀδελφοι σου ἐξω ἑστηκασιν ζητουντες σοι λαλησαι].
	48	τις ἐστιν ἡ **μητηρ** μου, και τινες εἰσιν οἱ ἀδελφοι μου;
	49	ἰδου ἡ **μητηρ** μου και οἱ ἀδελφοι μου.
	50	ὁστις γαρ ἀν ποιηση το θελημα του πατρος μου του ἐν οὐρανοις, αὐτος μου ἀδελφος και ἀδελφη και **μητηρ** ἐστιν.
	13 55	οὐχ ἡ **μητηρ** αὐτου λεγεται μαριαμ και οἱ ἀδελφοι αὐτου ἰακωβος και ἰωσηφ και σιμων και ἰουδας;
	14 8	ἡ δε προβιβασθεισα ὑπο της **μητρος** αὐτης·
	11	και ἠνεχθη ἡ κεφαλη αὐτου ἐπι πινακι και ἐδοθη τω κορασιω, και ἠνεγκεν τη **μητρι** αὐτης.
	15 4	ὁ γαρ θεος εἰπεν· τιμα τον πατερα και την **μητερα**, και· ὁ κακολογων πατερα ἠ **μητερα** θανατω τελευτατω.
	4	ὁ κακολογων πατερα ἠ **μητερα** θανατω τελευτατω.
	5	ὁς ἀν εἰπη τω πατρι ἠ τη **μητρι**· δωρον ὁ ἐαν ἐξ ἐμου ὠφεληθῃς, οὐ μη τιμησει τον πατερα αὐτου·
	19 5	ἑνεκα τουτου καταλειψει ἀνθρωπος τον πατερα και την **μητερα** και κολληθησεται τη γυναικι αὐτου, και ἐσονται οἱ δυο εἰς σαρκα μιαν.
	12	εἰσιν γαρ εὐνουχοι οἱτινες ἐκ κοιλιας **μητρος** ἐγεννηθησαν οὑτως,
	19	το οὐ φονευσεις, οὐ μοιχευσεις, οὐ κλεψεις, οὐ ψευδομαρτυρησεις, τιμα τον πατερα και την **μητερα**, και ἀγαπησεις τον πλησιον σου ὡς σεαυτον.
	29	και πας ὁστις ἀφηκεν οἰκιας ἠ ἀδελφους ἠ ἀδελφας ἠ πατερα ἠ **μητερα** ἠ τεκνα ἠ ἀγρους ἑνεκεν του ὀνοματος μου, ἑκατονταπλασιονα λημψεται και ζωην αἰωνιον κληρονομησει.
	20 20	τοτε προσηλθεν αὐτω ἡ **μητηρ** των υἱων ζεβεδαιου μετα των υἱων αὐτης προσκυνουσα και αἰτουσα τι ἀπ αὐτου.
	27 56	ἐν αἱς ἠν μαρια ἡ μαγδαληνη και μαρια ἡ του ἰακωβου και ἰωσηφ **μητηρ**, και ἡ **μητηρ** των υἱων ζεβεδαιου.
	56	ἐν αἱς ἠν μαρια ἡ μαγδαληνη και μαρια ἡ του ἰακωβου και ἰωσηφ μητηρ, και ἡ **μητηρ** των υἱων ζεβεδαιου.
Mc	3 31	και ἐρχεται ἡ **μητηρ** αὐτου και οἱ ἀδελφοι αὐτου,
	32	και λεγουσιν αὐτω· ἰδου ἡ **μητηρ** σου και οἱ ἀδελφοι σου [και αἱ ἀδελφαι σου] ἐξω ζητουσιν σε.
	33	τις ἐστιν ἡ **μητηρ** μου και οἱ ἀδελφοι [μου];
	34	και περιβλεψαμενος τους περι αὐτον κυκλω καθημενους λεγει· ἰδε ἡ **μητηρ** μου και οἱ ἀδελφοι μου.
	35	ὁς [γαρ] ἀν ποιηση το θελημα του θεου, οὑτος ἀδελφος μου και ἀδελφη και **μητηρ** ἐστιν.
	5 40	αὐτος δε ἐκβαλων παντας παραλαμβανει τον πατερα του παιδιου και την **μητερα** και τους μετ αὐτου,
	6 24	και ἐξελθουσα εἰπεν τη **μητρι** αὐτης· τι αἰτησωμαι;
	28	και ἠνεγκεν την κεφαλην αὐτου ἐπι πινακι και ἐδωκεν αὐτην τω κορασιω, και το κορασιον ἐδωκεν αὐτην τη **μητρι** αὐτης.
	7 10	τιμα τον πατερα σου και την **μητερα** σου, και· ὁ κακολογων πατερα ἠ **μητερα** θανατω τελευτατω.
	10	τιμα τον πατερα σου και την **μητερα** σου, και· ὁ κακολογων πατερα ἠ **μητερα** θανατω τελευτατω.
	11	ἐαν εἰπη ἀνθρωπος τω πατρι ἠ τη **μητρι**· κορβαν, ὁ ἐστιν δωρον, ὁ ἐαν ἐξ ἐμου ὠφεληθῃς,
	12	οὐκετι ἀφιετε αὐτον οὐδεν ποιησαι τω πατρι ἠ τη **μητρι**, ἀκυρουντες τον λογον του θεου τη παραδοσει ὑμων ἠ παρεδωκατε·
	10 7	ἑνεκεν τουτου καταλειψει ἀνθρωπος τον πατερα αὐτου και την **μητερα** [και προσκολληθησεται προς την γυναικα αὐτου,] και ἐσονται οἱ δυο εἰς σαρκα μιαν·
	19	μη φονευσης, μη μοιχευσης, μη κλεψης, μη ψευδομαρτυρησης, μη ἀποστερησης, τιμα τον πατερα σου και την **μητερα**,
	29	ἀμην λεγω ὑμιν, οὐδεις ἐστιν ὁς ἀφηκεν οἰκιαν ἠ ἀδελφους ἠ ἀδελφας ἠ **μητερα** ἠ πατερα ἠ τεκνα ἠ ἀγρους ἑνεκεν ἐμου και ἑνεκεν του εὐαγγελιου,
	30	ἐαν μη λαβη ἑκατονταπλασιονα νυν ἐν τω καιρω τουτω οἰκιας και ἀδελφους και ἀδελφας και **μητερας** και τεκνα και ἀγρους μετα διωγμων, και ἐν τω αἰωνι τω ἐρχομενω ζωην αἰωνιον.
	15 40	ἠσαν δε και γυναικες ἀπο μακροθεν θεωρουσαι, ἐν αἱς και μαρια ἡ μαγδαληνη και μαρια ἡ ἰακωβου του μικρου και ἰωσητος **μητηρ** και σαλωμη,
Lc	1 15	και πνευματος ἀγιου πλησθησεται ἐτι ἐκ κοιλιας **μητρος** αὐτου,
	43	και ποθεν μοι τουτο ἱνα ἐλθη ἡ **μητηρ** του κυριου μου προς ἐμε;
	60	και ἀποκριθεισα ἡ **μητηρ** αὐτου εἰπεν· οὐχι, ἀλλα κληθησεται ἰωαννης.

μητηρ [83]

Lc 2 33 και ην ο πατηρ αυτου και η *μητηρ* θαυμαζοντες επι τοις λαλουμενοις περι αυτου.

34 και ευλογησεν αυτους συμεων και ειπεν προς μαριαμ την *μητερα* αυτου· ιδου ουτος κειται εις πτωσιν και αναστασιν πολλων εν τω ισραηλ και εις σημειον αντιλεγομενον και σου [δε] αυτης την ψυχην διελευσεται ρομφαια,

48 και ιδοντες αυτον εξεπλαγησαν, και ειπεν προς αυτον η *μητηρ* αυτου· τεκνον, τι εποιησας ημιν ουτως;

51 και η *μητηρ* αυτου διετηρει παντα τα ρηματα εν τη καρδια αυτης.

7 12 ως δε ηγγισεν τη πυλη της πολεως, και ιδου εξεκομιζετο τεθνηκως μονογενης υιος τη *μητρι* αυτου,

15 και ανεκαθισεν ο νεκρος και ηρξατο λαλειν, και εδωκεν αυτον τη *μητρι* αυτου.

8 19 παρεγενετο δε προς αυτον η *μητηρ* και οι αδελφοι αυτου,

20 η *μητηρ* σου και οι αδελφοι σου εστηκασιν εξω ιδειν θελοντες σε.

21 *μητηρ* μου και αδελφοι μου ουτοι εισιν οι τον λογον του θεου ακουοντες και ποιουντες.

51 ελθων δε εις την οικιαν ουκ αφηκεν εισελθειν τινα συν αυτω ει μη πετρον και ιωαννην και ιακωβον και τον πατερα της παιδος και την *μητερα*.

12 53 *μητηρ* επι την θυγατερα και θυγατηρ επι την *μητερα*,

53 *μητηρ* επι την θυγατερα και θυγατηρ επι την *μητερα*,

14 26 ει τις ερχεται προς με και ου μισει τον πατερα εαυτου και την *μητερα* και την γυναικα και τα τεκνα και τους αδελφους και τας αδελφας,

18 20 μη μοιχευσης, μη φονευσης, μη κλεψης, μη ψευδομαρτυρησης, τιμα τον πατερα σου και την *μητερα*.

Jh 2 1 και τη ημερα τη τριτη γαμος εγενετο εν κανα της γαλιλαιας, και ην η *μητηρ* του ιησου εκει·

3 και υστερησαντος οινου λεγει η *μητηρ* του ιησου προς αυτον· οινον ουκ εχουσιν.

5 λεγει η *μητηρ* αυτου τοις διακονοις· οτι αν λεγη υμιν,

12 μετα τουτο κατεβη εις καφαρναουμ αυτος και η *μητηρ* αυτου και οι αδελφοι αυτου και οι μαθηται αυτου,

3 4 μη δυναται εις την κοιλιαν της *μητρος* αυτου δευτερον εισελθειν και γεννηθηναι;

6 42 ουχ ουτος εστιν ιησους ο υιος ιωσηφ, ου ημεις οιδαμεν τον πατερα και την *μητερα*;

19 25 ειστηκεισαν δε παρα τω σταυρω του ιησου η *μητηρ* αυτου και η αδελφη της *μητρος* αυτου, μαρια η του κλωπα και μαρια η μαγδαληνη.

25 ειστηκεισαν δε παρα τω σταυρω του ιησου η *μητηρ* αυτου και η αδελφη της *μητρος* αυτου, μαρια η του κλωπα και μαρια η μαγδαληνη.

26 ιησους ουν ιδων την *μητερα* και τον μαθητην παρεστωτα ον ηγαπα, λεγει τη *μητρι*·

26 ιησους ουν ιδων την *μητερα* και τον μαθητην παρεστωτα ον ηγαπα, λεγει τη *μητρι*· γυναι, ιδε ο υιος σου.

27 ιδε η *μητηρ* σου.

Ac 1 14 ουτοι παντες ησαν προσκαρτερουντες ομοθυμαδον τη προσευχη συν γυναιξιν και μαριαμ τη *μητρι* του ιησου και τοις αδελφοις αυτου.

3 2 και τις ανηρ χωλος εκ κοιλιας *μητρος* αυτου υπαρχων εβασταζετο,

12 12 συνιδων τε ηλθεν επι την οικιαν της μαριας της *μητρος* ιωαννου του επικαλουμενου μαρκου,

14 8 και τις ανηρ αδυνατος εν λυστροις τοις ποσιν εκαθητο, χωλος εκ κοιλιας *μητρος* αυτου ος ουδεποτε περιεπατησεν.

Rm 16 13 ασπασασθε ρουφον τον εκλεκτον εν κυριω και την *μητερα* αυτου και εμου.

Ga 1 15 οτε δε ευδοκησεν [ο θεος] ο αφορισας με εκ κοιλιας *μητρος* μου και καλεσας δια της χαριτος αυτου

4 26 η δε ανω ιερουσαλημ ελευθερα εστιν, ητις εστιν *μητηρ* ημων·

Eph 5 31 αντι τουτου καταλειψει ανθρωπος [τον] πατερα και [την] *μητερα* και προσκολληθησεται προς την γυναικα αυτου,

6 2 τιμα τον πατερα σου και την *μητερα*,

1Tm 5 2 πρεσβυτερω μη επιπληξης, αλλα παρακαλει ως πατερα, νεωτερους ως αδελφους, πρεσβυτερας ως *μητερας*, νεωτερας ως αδελφας εν παση αγνεια,

2Tm 1 5 υπομνησιν λαβων της εν σοι ανυποκριτου πιστεως, ητις ενωκησεν πρωτον εν τη μαμμη σου λωιδι και τη *μητρι* σου ευνικη,

Apc 17 5 βαβυλων η μεγαλη, η *μητηρ* των πορνων και των βδελυγματων της γης.

μητι [18]

Mt 7 16 *μητι* συλλεγουσιν απο ακανθων σταφυλας η απο τριβολων συκα;

12 23 *μητι* ουτος εστιν ο υιος δαυιδ;

26 22 *μητι* εγω ειμι, κυριε;

25 *μητι* εγω ειμι, ραββι;

Mc 4 21 και ελεγεν αυτοις *μητι* ερχεται ο λυχνος ινα υπο τον μοδιον τεθη η υπο την κλινην;

14 19 ηρξαντο λυπεισθαι και λεγειν αυτω εις κατα εις· *μητι* εγω;

Lc 6 39 *μητι* δυναται τυφλος τυφλον οδηγειν;

9 13 ουκ εισιν ημιν πλειον η αρτοι πεντε και ιχθυες δυο, ει *μητι* πορευθεντες ημεις αγορασωμεν εις παντα τον λαον τουτον βρωματα.

Jh 4 29 δευτε ιδετε ανθρωπον ος ειπεν μοι παντα οσα εποιησα· *μητι* ουτος εστιν ο χριστος;

8 22 *μητι* αποκτενει εαυτον, οτι λεγει· οπου εγω υπαγω υμεις ου δυνασθε ελθειν;

18 35 *μητι* εγω ιουδαιος ειμι;

Ac 10 47 *μητι* το υδωρ δυναται κωλυσαι τις του μη βαπτισθηναι τουτους, οιτινες το πνευμα το αγιον ελαβον ως και ημεις;

1Co 6 3 ουκ οιδατε οτι αγγελους κρινουμεν, *μητι* γε βιωτικα;

7 5 ει *μητι* αν εκ συμφωνου προς καιρον

2Co 1 17 τουτο ουν βουλομενος *μητι* αρα τη ελαφρια εχρησαμην;

12 18 *μητι* επλεονεκτησεν υμας τιτος;

13 5 η ουκ επιγινωσκετε εαυτους οτι ιησους χριστος εν υμιν; ει *μητι* αδοκιμοι εστε.

Ja 3 11 *μητι* η πηγη εκ της αυτης οπης βρυει το γλυκυ και το πικρον;

μητρα [2]

Lc 2 23 ανηγαγον αυτον εις ιεροσολυμα παραστησαι τω κυριω, καθως γεγραπται εν νομω κυριου οτι παν αρσεν διανοιγον *μητραν* αγιον τω κυριω κληθησεται,

Rm 4 19 και μη ασθενησας τη πιστει κατενοησεν το εαυτου σωμα [ηδη] νενεκρωμενον, εκατονταετης που υπαρχων, και την νεκρωσιν της *μητρας* σαρρας·

μητρολωας [1]

1Tm 1 9 πατρολωαις και *μητρολωαις*, ανδροφονοις,

μιαινω [5]

Jh 18 28 και αυτοι ουκ εισηλθον εις το πραιτωριον, ινα μη *μιανθωσιν* αλλα φαγωσιν το πασχα.

Tit 1 15 τοις δε *μεμιαμμενοις* και απιστοις ουδεν καθαρον,

15 τοις δε *μεμιαμμενοις* και απιστοις ουδεν καθαρον, αλλα *μεμιανται* αυτων και ο νους και η συνειδησις.

Heb 12 15 μη τις ριζα πικριας ανω φυουσα ενοχλη και δια ταυτης *μιανθωσιν* οι πολλοι,

Ju 8 ομοιως μεντοι και ουτοι ενυπνιαζομενοι σαρκα μεν *μιαινουσιν*, κυριοτητα δε αθετουσιν, δοξας δε βλασφημουσιν.

μιασμα [1]

2Pt 2 20 ει γαρ αποφυγοντες τα *μιασματα* του κοσμου εν επιγνωσει του κυριου [ημων] και σωτηρος ιησου χριστου, τουτοις δε παλιν εμπλακεντες ηττωνται, γεγονεν αυτοις τα εσχατα χειρονα των πρωτων.

μιασμος [1]

2Pt 2 10 αδικους δε εις ημεραν κρισεως κολαζομενους τηρειν, μαλιστα δε τους οπισω σαρκος εν επιθυμια *μιασμου* πορευομενους και κυριοτητος καταφρονουντας.

μιγμα [1]

Jh 19 39 ηλθεν δε και νικοδημος, ο ελθων προς αυτον νυκτος το πρωτον, φερων *μιγμα* σμυρνης και αλοης ως λιτρας εκατον.

μιγνυμι [4]

Mt 27 34 και ελθοντες εις τοπον λεγομενον γολγοθα, ο εστιν κρανιου τοπος λεγομενος, εδωκαν αυτω πιειν οινον μετα χολης *μεμιγμενον*·

Lc 13 1 παρησαν δε τινες εν αυτω τω καιρω απαγγελλοντες αυτω περι των γαλιλαιων ων το αιμα πιλατος *εμιξεν* μετα των θυσιων αυτων.

Apc 8 7 και εγενετο χαλαζα και πυρ *μεμιγμενα* εν αιματι

μιγνυμι [4]

Apc 15 2 καὶ εἶδον ὡς θάλασσαν ὑαλίνην *μεμιγμένην* πυρι,

μικρος [46]

Mt 10 42 καὶ ὃς ἂν ποτίσῃ ἕνα τῶν *μικρῶν* τουτων ποτηριον ψυχρου
μονον εἰς ὄνομα μαθητου,

11 11 ὁ δὲ *μικροτερος* ἐν τῇ βασιλεια τῶν οὐρανων μειζων αὐτου
ἐστιν.

13 32 ὃ *μικροτερον* μὲν ἐστιν παντων τῶν σπερματων,

18 6 ὃς δ ἂν σκανδαλισῃ ἕνα τῶν *μικρῶν* τουτων τῶν πιστευοντων
εἰς ἐμε, συμφερει αὐτῷ ἵνα κρεμασθῃ μυλος ὀνικος περι τὸν
τραχηλον αὐτου καὶ καταποντισθῃ ἐν τῷ πελαγει τῆς
θαλασσης.

10 ὁρᾶτε μὴ καταφρονησητε ἑνὸς τῶν *μικρῶν* τουτων·

14 οὕτως οὐκ ἔστιν θελημα ἔμπροσθεν του πατρος ὑμων του ἐν
οὐρανοις ἵνα ἀπολῃται ἕν τῶν *μικρῶν* τουτων.

26 39 καὶ προελθων *μικρον* ἔπεσεν ἐπι προσωπον αὐτου
προσευχομενος καὶ λεγων·

73 μετὰ *μικρον* δὲ προσελθοντες οἱ ἑστωτες εἶπον τῷ πετρῳ·

Mc 4 31 ὡς κοκκῳ σιναπεως, ὃς ὅταν σπαρῃ ἐπι τῆς γης, *μικροτερον*
ὃν παντων τῶν σπερματων τῶν ἐπι τῆς γης,

9 42 καὶ ὃς ἂν σκανδαλισῃ ἕνα τῶν *μικρῶν* τουτων τῶν
πιστευοντων [εἰς ἐμε,] καλον ἐστιν αὐτῷ μαλλον εἰ περικειται
μυλος ὀνικος περι τὸν τραχηλον αὐτου καὶ βεβληται εἰς την
θαλασσαν.

14 35 καὶ προελθων *μικρον* ἔπιπτεν ἐπι τῆς γης,

70 καὶ μετὰ *μικρον* παλιν οἱ παρεστωτες ἐλεγον τῷ πετρῳ·

15 40 ἦσαν δὲ καὶ γυναικες ἀπο μακροθεν θεωρουσαι, ἐν αἷς καὶ
μαρια ἡ μαγδαληνη καὶ μαρια ἡ ἰακωβου του *μικρου* καὶ
ἰωσητος μητηρ καὶ σαλωμη,

Lc 7 28 ὁ δὲ *μικροτερος* ἐν τῇ βασιλεια του θεου μειζων αὐτου ἐστιν.

9 48 ὁ γὰρ *μικροτερος* ἐν πασιν ὑμιν ὑπαρχων, οὗτος ἐστιν μεγας.

12 32 μὴ φοβου, τὸ *μικρον* ποιμνιον· ὅτι εὐδοκησεν ὁ πατηρ ὑμων
δουναι ὑμιν τὴν βασιλειαν.

17 2 λυσιτελει αὐτῷ εἰ λιθος μυλικος περικειται περι τὸν τραχηλον
αὐτου καὶ ἐρριπται εἰς τὴν θαλασσαν, ἢ ἵνα σκανδαλισῃ τῶν
μικρῶν τουτων ἕνα.

19 3 καὶ οὐκ ἐδυνατο ἀπο του ὀχλου, ὅτι τῇ ἡλικιᾳ *μικρος* ἦν.

Jh 7 33 ἔτι χρονον *μικρον* μεθ ὑμων εἰμι καὶ ὑπαγω προς τὸν
πεμψαντα με.

12 35 ἔτι *μικρον* χρονον το φως ἐν ὑμιν ἐστιν.

13 33 τεκνια, ἔτι *μικρον* μεθ ὑμων εἰμι·

14 19 ἔτι *μικρον* καὶ ὁ κοσμος με οὐκετι θεωρει,

16 16 *μικρον* καὶ οὐκετι θεωρειτε με, καὶ παλιν *μικρον* καὶ ὄψεσθε
με.

16 *μικρον* καὶ οὐκετι θεωρειτε με, καὶ παλιν *μικρον* καὶ ὄψεσθε
με.

17 τί ἐστιν τουτο ὃ λεγει ἡμιν· *μικρον* καὶ οὐ θεωρειτε με, καὶ
παλιν *μικρον* καὶ ὄψεσθε με;

17 τί ἐστιν τουτο ὃ λεγει ἡμιν· *μικρον* καὶ οὐ θεωρειτε με, καὶ
παλιν *μικρον* καὶ ὄψεσθε με;

18 τί ἐστιν τουτο [ὃ λεγει] το *μικρον*; οὐκ οἰδαμεν τί λαλει.

19 *μικρον* καὶ οὐ θεωρειτε με, καὶ παλιν μικρον καὶ ὄψεσθε με;

19 *μικρον* καὶ οὐ θεωρειτε με, καὶ παλιν *μικρον* καὶ ὄψεσθε με;

Ac 8 10 ᾧ προσειχον παντες ἀπο *μικρου* ἑως μεγαλου λεγοντες·

26 22 ἐπικουριας οὖν τυχων τῆς ἀπο του θεου ἀχρι τῆς ἡμερας
ταυτης ἑστηκα μαρτυρομενος *μικρῳ* τε καὶ μεγαλῳ,

1Co 5 6 οὐκ οἰδατε ὅτι *μικρα* ζυμη ὁλον το φυραμα ζυμοι;

2Co 11 1 ὀφελον ἀνειχεσθε μου *μικρον* τι ἀφροσυνης·

16 κἂν ὡς ἀφρονα δεξασθε με, ἵνα καγω *μικρον* τι καυχησωμαι.

Ga 5 9 *μικρα* ζυμη ὁλον το φυραμα ζυμοι.

Heb 8 11 γνωθι τὸν κυριον, ὅτι παντες εἰδησουσιν με ἀπο *μικρου* ἑως
μεγαλου αὐτων.

10 37 ἔτι γὰρ *μικρον* ὁσον ὁσον, ὁ ἐρχομενος ἡξει καὶ οὐ χρονισει·

Ja 3 5 οὕτως καὶ ἡ γλωσσα *μικρον* μελος ἐστιν καὶ μεγαλα αὐχει.

Apc 3 8 ὅτι *μικραν* ἐχεις δυναμιν, καὶ ἐτηρησας μου τον λογον καὶ
οὐκ ἠρνησω το ὀνομα μου.

6 11 καὶ ἐρρεθη αὐτοις ἱνα ἀναπαυσονται ἔτι χρονον *μικρον*,

11 18 καὶ τοις ἁγιοις καὶ τοις φοβουμενοις το ὀνομα σου, τους
μικρους καὶ τους μεγαλους,

13 16 καὶ ποιει παντας, τους *μικρους* καὶ τους μεγαλους,

19 5 αἰνειτε τῷ θεῷ ἡμων, παντες οἱ δουλοι αὐτου, [καὶ] οἱ
φοβουμενοι αὐτον, οἱ *μικροι* καὶ οἱ μεγαλοι.

18 καὶ σαρκας παντων ἐλευθερων τε καὶ δουλων καὶ *μικρων* καὶ
μεγαλων.

20 3 μετα ταυτα δει λυθηναι αὐτον *μικρον* χρονον.

12 καὶ εἶδον τους νεκρους, τους μεγαλους καὶ τους *μικρους*,
ἑστωτας ἐνωπιον του θρονου,

μιλητος [3]

Ac 20 15 τῇ δὲ ἑτερᾳ παρεβαλομεν εἰς σαμον, τῇ δὲ ἐχομενῃ ἡλθομεν
εἰς *μιλητον*.

17 ἀπο δὲ τῆς *μιλητου* πεμψας εἰς ἐφεσον μετεκαλεσατο τους
πρεσβυτερους τῆς ἐκκλησιας.

2Tm 4 20 ἐραστος ἐμεινεν ἐν κορινθῳ, τροφιμον δὲ ἀπελιπον ἐν *μιλητῳ*
ἀσθενουντα.

μιλιον [1]

Mt 5 41 καὶ ὁστις σε ἀγγαρευσει *μιλιον* ἑν, ὑπαγε μετ αὐτου δυο.

μιμεομαι [4]

2Th 3 7 αὐτοι γὰρ οἰδατε πως δει *μιμεισθαι* ἡμας,

9 οὐχ ὅτι οὐκ ἐχομεν ἐξουσιαν, ἀλλ ἱνα ἑαυτους τυπον δωμεν
ὑμιν εἰς το *μιμεισθαι* ἡμας.

Heb 13 7 ὡν ἀναθεωρουντες τὴν ἐκβασιν τῆς ἀναστροφης *μιμεισθε* τὴν
πιστιν.

3Jh 11 ἀγαπητε, μὴ *μιμου* το κακον ἀλλα το ἀγαθον.

μιμητης [6]

1Co 4 16 παρακαλω οὖν ὑμας, *μιμηται* μου γινεσθε.

11 1 *μιμηται* μου γινεσθε, καθως καγω χριστου.

Eph 5 1 γινεσθε οὖν *μιμηται* του θεου, ὡς τεκνα ἀγαπητα,

1Th 1 6 καὶ ὑμεις *μιμηται* ἡμων ἐγενηθητε καὶ του κυριου,

2 14 ὑμεις γὰρ *μιμηται* ἐγενηθητε, ἀδελφοι, τῶν ἐκκλησιων του
θεου

Heb 6 12 ἱνα μὴ νωθροι γενησθε, *μιμηται* δὲ τῶν δια πιστεως καὶ
μακροθυμιας κληρονομουντων τας ἐπαγγελιας.

μιμνησκομαι [23]

Mt 5 23 ἐαν οὖν προσφερῃς το δωρον σου ἐπι το θυσιαστηριον κακει
μνησθῃς ὅτι ὁ ἀδελφος σου ἐχει τι κατα σου, ἀφες ἐκει το
δωρον σου ἐμπροσθεν του θυσιαστηριου,

26 75 καὶ *ἐμνησθη* ὁ πετρος του ρηματος ἰησου εἰρηκοτος ὅτι πριν
ἀλεκτορα φωνησαι τρις ἀπαρνησῃ με·

27 63 κυριε, *ἐμνησθημεν* ὅτι ἐκεινος ὁ πλανος εἰπεν ἔτι ζων· μετα
τρεις ἡμερας ἐγειρομαι.

Lc 1 54 ἀντελαβετο ἰσραηλ παιδος αὐτου, *μνησθηναι* ἐλεους,

72 ποιησαι ἐλεος μετα τῶν πατερων ἡμων καὶ *μνησθηναι*
διαθηκης ἁγιας αὐτου,

16 25 τεκνον, *μνησθητι* ὅτι ἀπελαβες τα ἀγαθα σου ἐν τῇ ζωῃ σου,
καὶ λαζαρος ὁμοιως τα κακα·

23 42 ἰησου, *μνησθητι* μου ὅταν ἐλθῃς εἰς την βασιλειαν σου.

24 6 *μνησθητε* ὡς ἐλαλησεν ὑμιν ἔτι ὢν ἐν τῇ γαλιλαια,

8 καὶ *ἐμνησθησαν* τῶν ρηματων αὐτου.

Jh 2 17 *ἐμνησθησαν* οἱ μαθηται αὐτου ὅτι γεγραμμενον ἐστιν·

22 ὅτε οὖν ἡγερθη ἐκ νεκρων, *ἐμνησθησαν* οἱ μαθηται αὐτου ὅτι
τουτο ἐλεγεν,

12 16 ἀλλ ὅτε ἐδοξασθη ἰησους, τοτε *ἐμνησθησαν* ὅτι ταυτα ἦν ἐπ
αὐτῷ γεγραμμενα καὶ ταυτα ἐποιησαν αὐτῷ.

Ac 10 31 κορνηλιε, εἰσηκουσθη σου ἡ προσευχη καὶ αἱ ἐλεημοσυναι
σου *ἐμνησθησαν* ἐνωπιον του θεου.

11 16 *ἐμνησθην* δὲ του ρηματος του κυριου, ὡς ἐλεγεν·

1Co 11 2 ἐπαινω δὲ ὑμας ὅτι παντα μου *μεμνησθε* καὶ καθως
παρεδωκα ὑμιν τας παραδοσεις κατεχετε.

2Tm 1 4 ἐπιποθων σε ἰδειν, *μεμνημενος* σου τῶν δακρυων, ἱνα χαρας
πληρωθω,

Heb 2 6 τί ἐστιν ἀνθρωπος ὅτι *μιμνησκῃ* αὐτου;

8 12 καὶ τῶν ἁμαρτιων αὐτων οὐ μὴ *μνησθω* ἐτι.

10 17 καὶ τῶν ἁμαρτιων αὐτων καὶ τῶν ἀνομιων αὐτων οὐ μὴ
μνησθησομαι ἐτι.

13 3 *μιμνησκεσθε* τῶν δεσμιων ὡς συνδεδεμενοι, τῶν
κακουχουμενων ὡς καὶ αὐτοι ὀντες ἐν σωματι.

2Pt 3 2 ἐν αἷς διεγειρω ὑμων ἐν ὑπομνησει την εἰλικρινη διανοιαν,
μνησθηναι τῶν προειρημενων ρηματων ὑπο τῶν ἁγιων
προφητων

Ju 17 ὑμεις δε, ἀγαπητοι, *μνησθητε* τῶν ρηματων τῶν προειρημενων
ὑπο τῶν ἀποστολων του κυριου ἡμων ἰησου χριστου,

Apc 16 19 καὶ βαβυλων ἡ μεγαλη *ἐμνησθη* ἐνωπιον του θεου δουναι
αὐτῇ το ποτηριον του οἰνου του θυμου τῆς ὀργης αὐτου.

μισεω [40]

Mt 5 43 ἀγαπησεις τον πλησιον σου καὶ *μισησεις* τον ἐχθρον σου.

6 24 ἢ γὰρ τον ἑνα *μισησει* καὶ τον ἑτερον ἀγαπησει,

10 22 καὶ ἐσεσθε *μισουμενοι* ὑπο παντων δια το ὀνομα μου·

μισεω [40]

Mt	24 9	και έσεσθε μισουμενοι ύπο παντων των έθνων δια το όνομα μου.
	10	και τοτε σκανδαλισθησονται πολλοι και άλληλους παραδωσουσιν και μισησουσιν άλληλους·
Mc	13 13	και έσεσθε μισουμενοι ύπο παντων δια το όνομα μου·
Lc	1 71	σωτηριαν έξ έχθρων ήμων και έκ χειρος παντων των μισουντων ήμας,
	6 22	μακαριοι έστε όταν μισησωσιν ύμας οί άνθρωποι,
	27	άγαπατε τους έχθρους ύμων, καλως ποιειτε τοις μισουσιν ύμας,
	14 26	εί τις έρχεται προς με και ού μισει τον πατερα έαυτου
	16 13	ή γαρ τον ένα μισησει και τον έτερον άγαπησει, ή ένος άνθεξεται και του έτερου καταφρονησει.
	19 14	οί δε πολιται αύτου έμισουν αύτον, και άπεστειλαν πρεσβειαν όπισω αύτου λεγοντες·
	21 17	και έσεσθε μισουμενοι ύπο παντων δια το όνομα μου.
Jh	3 20	πας γαρ ό φαυλα πρασσων μισει το φως και ούκ έρχεται προς το φως,
	7 7	ού δυναται ό κοσμος μισειν ύμας, έμε δε μισει, ότι έγω μαρτυρω περι αύτου ότι τα έργα αύτου πονηρα έστιν.
	7	ού δυναται ό κοσμος μισειν ύμας, έμε δε μισει, ότι έγω μαρτυρω περι αύτου ότι τα έργα αύτου πονηρα έστιν.
	12 25	και ό μισων την ψυχην αύτου έν τω κοσμω τουτω είς ζωην αίωνιον φυλαξει αύτην.
	15 18	εί ό κοσμος ύμας μισει, γινωσκετε ότι έμε πρωτον ύμων μεμισηκεν.
	18	εί ό κοσμος ύμας μισει, γινωσκετε ότι έμε πρωτον ύμων μεμισηκεν.
	19	ότι δε έκ του κοσμου ούκ έστε, άλλ έγω έξελεξαμην ύμας έκ του κοσμου, δια τουτο μισει ύμας ό κοσμος.
	23	ό έμε μισων και τον πατερα μου μισει.
	23	ό έμε μισων και τον πατερα μου μισει.
	24	νυν δε και έωρακασιν και μεμισηκασιν και έμε και τον πατερα μου.
	25	άλλ ίνα πληρωθη ό λογος ό έν τω νομω αύτων γεγραμμενος ότι έμισησαν με δωρεαν.
	17 14	και ό κοσμος έμισησεν αύτους, ότι ούκ είσιν έκ του κοσμου καθως έγω ούκ είμι έκ του κοσμου.
Rm	7 15	ού γαρ ό θελω τουτο πρασσω, άλλ ό μισω τουτο ποιω.
	9 13	τον ίακωβ ήγαπησα, τον δε ήσαυ έμισησα.
Eph	5 29	ούδεις γαρ ποτε την έαυτου σαρκα έμισησεν,
Tit	3 3	έν κακια και φθονω διαγοντες, στυγητοι, μισουντες άλληλους.
Heb	1 9	ήγαπησας δικαιοσυνην και έμισησας άνομιαν·
1Jh	2 9	ό λεγων έν τω φωτι είναι και τον άδελφον αύτου μισων έν τη σκοτια έστιν έως άρτι.
	11	ό δε μισων τον άδελφον αύτου έν τη σκοτια έστιν και έν τη σκοτια περιπατει,
	3 13	[και] μη θαυμαζετε, άδελφοι, εί μισει ύμας ό κοσμος.
	15	πας ό μισων τον άδελφον αύτου άνθρωποκτονος έστιν,
	4 20	έαν τις είπη ότι άγαπω τον θεον, και τον άδελφον αύτου μιση, ψευστης έστιν·
Ju	23	μισουντες και τον άπο της σαρκος έσπιλωμενον χιτωνα.
Apc	2 6	άλλα τουτο έχεις, ότι μισεις τα έργα των νικολαιτων,
	6	άλλα τουτο έχεις, ότι μισεις τα έργα των νικολαιτων, ά καγω μισω.
	17 16	και τα δεκα κερατα ά είδες και το θηριον, ούτοι μισησουσιν την πορνην,
	18 2	[και φυλακη παντος θηριου άκαθαρτου] και μεμισημενου,

μισθαποδοσια [3]

Heb	2 2	εί γαρ ό δι άγγελων λαληθεις λογος έγενετο βεβαιος, και πασα παραβασις και παρακοη έλαβεν ένδικον μισθαποδοσιαν, πως ήμεις έκφευξομεθα τηλικαυτης άμελησαντες σωτηριας;
	10 35	μη άποβαλητε ούν την παρρησιαν ύμων, ήτις έχει μεγαλην μισθαποδοσιαν.
	11 26	άπεβλεπεν γαρ είς την μισθαποδοσιαν.

μισθαποδοτης [1]

Heb	11 6	πιστευσαι γαρ δει τον προσερχομενον τω θεω, ότι έστιν και τοις έκζητουσιν αύτον μισθαποδοτης γινεται.

μισθιος [2]

Lc	15 17	ποσοι μισθιοι του πατρος μου περισσευονται άρτων, έγω δε λιμω ώδε άπολλυμαι.

μισθιος [2]

Lc	15 19	ούκετι είμι άξιος κληθηναι υίος σου· ποιησον με ώς ένα των μισθιων σου.

μισθοομαι [2]

Mt	20 1	όμοια γαρ έστιν ή βασιλεια των ούρανων άνθρωπω οίκοδεσποτη, όστις έξηλθεν άμα πρωι μισθωσασθαι έργατας είς τον άμπελωνα αύτου.
	7	λεγουσιν αύτω· ότι ούδεις ήμας έμισθωσατο.

μισθος [29]

Mt	5 12	χαιρετε και άγαλλιασθε, ότι ό μισθος ύμων πολυς έν τοις ούρανοις·
	46	έαν γαρ άγαπησητε τους άγαπωντας ύμας, τίνα μισθον έχετε;
	6 1	εί δε μηγε, μισθον ούκ έχετε παρα τω πατρι ύμων τω έν τοις ούρανοις.
	2	άμην λεγω ύμιν, άπεχουσιν τον μισθον αύτων.
	5	άμην λεγω ύμιν, άπεχουσιν τον μισθον αύτων.
	16	άμην λεγω ύμιν, άπεχουσιν τον μισθον αύτων.
	10 41	ό δεχομενος προφητην είς όνομα προφητου μισθον προφητου λημψεται,
	41	και ό δεχομενος δικαιον είς όνομα δικαιου μισθον δικαιου λημψεται.
	42	ού μη άπολεση τον μισθον αύτου.
	20 8	καλεσον τους έργατας και άποδος αύτοις τον μισθον,
Mc	9 41	ός γαρ άν ποτιση ύμας ποτηριον ύδατος έν όνοματι, ότι χριστου έστε, άμην λεγω ύμιν ότι ού μη άπολεση τον μισθον αύτου.
Lc	6 23	ίδου γαρ ό μισθος ύμων πολυς έν τω ούρανω·
	35	και έσται ό μισθος ύμων πολυς, και έσεσθε υίοι ύψιστου, ότι αύτος χρηστος έστιν έπι τους άχαριστους και πονηρους.
	10 7	άξιος γαρ ό έργατης του μισθου αύτου.
Jh	4 36	ήδη ό θεριζων μισθον λαμβανει και συναγει καρπον είς ζωην αίωνιον,
Ac	1 18	ούτος μεν ούν έκτησατο χωριον έκ μισθου της άδικιας,
Rm	4 4	τω δε έργαζομενω ό μισθος ού λογιζεται κατα χαριν άλλα κατα όφειλημα·
1Co	3 8	ό φυτευων δε και ό ποτιζων έν είσιν, έκαστος δε τον ίδιον μισθον λημψεται κατα τον ίδιον κοπον.
	14	εί τινος το έργον μενεί ό έποικοδομησεν, μισθον λημψεται·
	9 17	εί γαρ έκων τουτο πρασσω, μισθον έχω·
	18	τίς ούν μου έστιν ό μισθος;
1Tm	5 18	λεγει γαρ ή γραφη· βουν άλοωντα ού φιμωσεις, και· άξιος ό έργατης του μισθου αύτου.
Ja	5 4	ίδου ό μισθος των έργατων των άμησαντων τας χωρας ύμων ό άπεστερημενος άφ ύμων κραζει,
2Pt	2 13	έν τη φθορα αύτων και φθαρησονται, άδικουμενοι μισθον άδικιας·
	15	έξακολουθησαντες τη όδω του βαλααμ του βοσορ, ός μισθον άδικιας ήγαπησεν,
2Jh	8	βλεπετε έαυτους, ίνα μη άπολεσητε ά είργασαμεθα, άλλα μισθον πληρη άπολαβητε.
Ju	11	και τη πλανη του βαλααμ μισθου έξεχυθησαν,
Apc	11 18	και ήλθεν ή όργη σου και ό καιρος των νεκρων κριθηναι και δουναι τον μισθον τοις δουλοις σου τοις προφηταις
	22 12	ίδου έρχομαι ταχυ, και ό μισθος μου μετ έμου,

μισθωμα [1]

Ac	28 30	ένεμεινεν δε διετιαν όλην έν ίδιω μισθωματι,

μισθωτος [3]

Mc	1 20	και άφεντες τον πατερα αύτων ζεβεδαιον έν τω πλοιω μετα των μισθωτων άπηλθον όπισω αύτου.
Jh	10 12	ό μισθωτος και ούκ ών ποιμην, ού ούκ έστιν τα προβατα ίδια, θεωρει τον λυκον έρχομενον και άφιησιν τα προβατα και φευγει,
	13	ότι μισθωτος έστιν και ού μελει αύτω περι των προβατων.

μιτυληνη [1]

Ac	20 14	ώς δε συνεβαλλεν ήμιν είς την άσσον, άναλαβοντες αύτον ήλθομεν είς μιτυληνην·

μιχαηλ [2]

Ju   9   ὁ δε μιχαηλ ὁ ἀρχαγγελος, ὁτε τω διαβολω διακρινομενος
διελεγετο περι του μωυσεως σωματος, οὐκ ἐτολμησεν κρισιν
ἐπενεγκειν βλασφημιας,

Apc   12 7   ὁ μιχαηλ και οἱ ἀγγελοι αὐτου του πολεμησαι μετα του
δρακοντος.

μνα [9]

Lc   19 13   καλεσας δε δεκα δουλους ἑαυτου ἐδωκεν αὐτοις δεκα μνας,
    16   κυριε, ἡ μνα σου δεκα προσηργασατο μνας.
    16   κυριε, ἡ μνα σου δεκα προσηργασατο μνας.
    18   ἡ μνα σου, κυριε, ἐποιησεν πεντε μνας.
    18   ἡ μνα σου, κυριε, ἐποιησεν πεντε μνας.
    20   κυριε, ἰδου ἡ μνα σου, ἡν εἰχον ἀποκειμενην ἐν σουδαριω·
    24   ἀρατε ἀπ αὐτου την μναν και δοτε τω τας δεκα μνας ἐχοντι.
    24   ἀρατε ἀπ αὐτου την μναν και δοτε τω τας δεκα μνας ἐχοντι.
    25   και εἰπαν αὐτω· κυριε, ἐχει δεκα μνας.

μνασων [1]

Ac   21 16   συνηλθον δε και των μαθητων ἀπο καισαρειας συν ἡμιν,
ἀγοντες παρ ᾡ ξενισθωμεν μνασωνι τινι κυπριω,

μνεια [7]

Rm   1 9   ὡς ἀδιαλειπτως μνειαν ὑμων ποιουμαι παντοτε ἐπι των
προσευχων μου,

Eph   1 16   οὐ παυομαι εὐχαριστων ὑπερ ὑμων μνειαν ποιουμενος ἐπι
των προσευχων μου,

Php   1 3   εὐχαριστω τω θεω μου ἐπι παση τη μνεια ὑμων,

1Th   1 2   μνειαν ποιουμενοι ἐπι των προσευχων ἡμων,
    3 6   και εὐαγγελισαμενου ἡμιν την πιστιν και την ἀγαπην ὑμων,
και ὁτι ἐχετε μνειαν ἡμων ἀγαθην παντοτε,

2Tm   1 3   χαριν ἐχω τω θεω, ᾡ λατρευω ἀπο προγονων ἐν καθαρα
συνειδησει, ὡς ἀδιαλειπτον ἐχω την περι σου μνειαν ἐν ταις
δεησεσιν μου νυκτος και ἡμερας,

Phm   4   εὐχαριστω τω θεω μου παντοτε μνειαν σου ποιουμενος ἐπι
των προσευχων μου,

μνημα [8]

Mc   5 3   εὐθυς ὑπηντησεν αὐτω ἐκ των μνημειων ἀνθρωπος ἐν
πνευματι ἀκαθαρτω, ὁς την κατοικησιν εἰχεν ἐν τοις
μνημασιν,
    5   και δια παντος νυκτος και ἡμερας ἐν τοις μνημασιν και ἐν
τοις ὀρεσιν ἡν κραζων και κατακοπτων ἑαυτον λιθοις.

Lc   8 27   και ἐν οἰκια οὐκ ἐμενεν ἀλλ ἐν τοις μνημασιν.
    23 53   και ἐθηκεν αὐτον ἐν μνηματι λαξευτω,
    24 1   τη δε μια των σαββατων ὀρθρου βαθεως ἐπι το μνημα ἠλθον
φερουσαι ἁ ἡτοιμασαν ἀρωματα.

Ac   2 29   ὁτι και ἐτελευτησεν και ἐταφη, και το μνημα αὐτου ἐστιν ἐν
ἡμιν ἀχρι της ἡμερας ταυτης.
    7 16   και μετετεθησαν εἰς συχεμ και ἐτεθησαν ἐν τω μνηματι ᾡ
ὠνησατο ἀβρααμ τιμης ἀργυριου παρα των υἱων ἐμμωρ ἐν
συχεμ.

Apc   11 9   και τα πτωματα αὐτων οὐκ ἀφιουσιν τεθηναι εἰς μνημα.

μνημειον [40]

Mt   8 28   και ἐλθοντος αὐτου εἰς το περαν εἰς την χωραν των
γαδαρηνων ὑπηντησαν αὐτω δυο δαιμονιζομενοι ἐκ των
μνημειων ἐξερχομενοι,
    23 29   οὐαι ὑμιν, γραμματεις και φαρισαιοι ὑποκριται, ὁτι
οἰκοδομειτε τους ταφους των προφητων και κοσμειτε τα
μνημεια των δικαιων,
    27 52   και τα μνημεια ἀνεωχθησαν και πολλα σωματα των
κεκοιμημενων ἀγιων ἠγερθησαν·
    53   και ἐξελθοντες ἐκ των μνημειων μετα την ἐγερσιν αὐτου
εἰσηλθον εἰς την ἁγιαν πολιν και ἐνεφανισθησαν πολλοις.
    60   και ἐθηκεν αὐτο ἐν τω καινω αὐτου μνημειω ὁ ἐλατομησεν
ἐν τη πετρα,
    60   και προσκυλισας λιθον μεγαν τη θυρα του μνημειου ἀπηλθεν.
    28 8   και ἀπελθουσαι ταχυ ἀπο του μνημειου μετα φοβου και
χαρας μεγαλης ἐδραμον ἀπαγγειλαι τοις μαθηταις αὐτου.

Mc   5 2   και ἐξελθοντος αὐτου ἐκ του πλοιου, εὐθυς ὑπηντησεν αὐτω
ἐκ των μνημειων ἀνθρωπος ἐν πνευματι ἀκαθαρτω,
    6 29   και ἀκουσαντες οἱ μαθηται αὐτου ἠλθον και ἠραν το πτωμα
αὐτου και ἐθηκαν αὐτο ἐν μνημειω.

μνημειον [40]

Mc   15 46   και ἀγορασας σινδονα καθελων αὐτον ἐνειλησεν τη σινδονι
και ἐθηκεν αὐτον ἐν μνημειω ὁ ἠν λελατομημενον ἐκ πετρας,
    46   και προσεκυλισεν λιθον ἐπι την θυραν του μνημειου.
    16 2   και λιαν πρωι τη μια των σαββατων ἐρχονται ἐπι το
μνημειον, ἀνατειλαντος του ἡλιου.
    3   τις ἀποκυλισει ἡμιν τον λιθον ἐκ της θυρας του μνημειου;
    5   και εἰσελθουσαι εἰς το μνημειον εἰδον νεανισκον καθημενον
ἐν τοις δεξιοις περιβεβλημενον στολην λευκην,
    8   και ἐξελθουσαι ἐφυγον ἀπο του μνημειου,

Lc   11 44   οὐαι ὑμιν, ὁτι ἐστε ὡς τα μνημεια τα ἀδηλα, και οἱ ἀνθρωποι
[οἱ] περιπατουντες ἐπανω οὐκ οἰδασιν.
    47   οὐαι ὑμιν, ὁτι οἰκοδομειτε τα μνημεια των προφητων, οἱ δε
πατερες ὑμων ἀπεκτειναν αὐτους.
    23 55   αἱτινες ἠσαν συνεληλυθυιαι ἐκ της γαλιλαιας αὐτω,
ἐθεασαντο το μνημειον και ὡς ἐτεθη το σωμα αὐτου,
    24 2   εὑρον δε τον λιθον ἀποκεκυλισμενον ἀπο του μνημειου,
    9   και ὑποστρεψασαι ἀπο του μνημειου ἀπηγγειλαν ταυτα
παντα τοις ἑνδεκα και πασιν τοις λοιποις.
    12   ὁ δε πετρος ἀναστας ἐδραμεν ἐπι το μνημειον·
    22   ἀλλα και γυναικες τινες ἐξ ἡμων ἐξεστησαν ἡμας, γενομεναι
ὀρθριναι ἐπι το μνημειον,
    24   και ἀπηλθον τινες των συν ἡμιν ἐπι το μνημειον,

Jh   5 28   μη θαυμαζετε τουτο, ὁτι ἐρχεται ὡρα ἐν ᾑ παντες οἱ ἐν τοις
μνημειοις ἀκουσουσιν της φωνης αὐτου και ἐκπορευσονται οἱ
τα ἀγαθα ποιησαντες εἰς ἀναστασιν ζωης,
    11 17   ἐλθων οὐν ὁ ἰησους εὑρεν αὐτον τεσσαρας ἠδη ἡμερας
ἐχοντα ἐν τω μνημειω.
    31   ἠκολουθησαν αὐτη, δοξαντες ὁτι ὑπαγει εἰς το μνημειον ἱνα
κλαυση ἐκει.
    38   ἰησους οὐν παλιν ἐμβριμωμενος ἐν ἑαυτω ἐρχεται εἰς το
μνημειον·
    12 17   ἐμαρτυρει οὐν ὁ ὀχλος ὁ ὡν μετ αὐτου ὁτε τον λαζαρον
ἐφωνησεν ἐκ του μνημειου και ἠγειρεν αὐτον ἐκ νεκρων.
    19 41   ἠν δε ἐν τω τοπω ὁπου ἐσταυρωθη κηπος, και ἐν τω κηπω
μνημειον καινον,
    42   ἐκει οὐν δια την παρασκευην των ιουδαιων, ὁτι ἐγγυς ἠν το
μνημειον, ἐθηκαν τον ἰησουν.
    20 1   τη δε μια των σαββατων μαρια ἡ μαγδαληνη ἐρχεται πρωι
σκοτιας ἐτι οὐσης εἰς το μνημειον,
    1   τη δε μια των σαββατων μαρια ἡ μαγδαληνη ἐρχεται πρωι
σκοτιας ἐτι οὐσης εἰς το μνημειον, και βλεπει τον λιθον
ἠρμενον ἐκ του μνημειου.
    2   ἠραν τον κυριον ἐκ του μνημειου, και οὐκ οἰδαμεν που
ἐθηκαν αὐτον.
    3   ἐξηλθεν οὐν ὁ πετρος και ὁ ἀλλος μαθητης, και ἠρχοντο εἰς
το μνημειον.
    4   και ὁ ἀλλος μαθητης προεδραμεν ταχιον του πετρου και
ἠλθεν πρωτος εἰς το μνημειον,
    6   ἐρχεται οὐν και σιμων πετρος ἀκολουθων αὐτω, και εἰσηλθεν
εἰς το μνημειον·
    8   τοτε οὐν εἰσηλθεν και ὁ ἀλλος μαθητης ὁ ἐλθων πρωτος εἰς
το μνημειον,
    11   μαρια δε εἰστηκει προς τω μνημειω ἐξω κλαιουσα.
    11   ὡς οὐν ἐκλαιεν, παρεκυψεν εἰς το μνημειον, και θεωρει δυο
ἀγγελους ἐν λευκοις καθεζομενους,

Ac   13 29   ὡς δε ἐτελεσαν παντα τα περι αὐτου γεγραμμενα, καθελοντες
ἀπο του ξυλου ἐθηκαν εἰς μνημειον.

μνημη [1]

2Pt   1 15   σπουδασω δε και ἑκαστοτε ἐχειν ὑμας μετα την ἐμην ἐξοδον
την τουτων μνημην ποιεισθαι.

μνημονευω [21]

Mt   16 9   οὐπω νοειτε, οὐδε μνημονευετε τους πεντε ἀρτους των
πεντακισχιλιων και ποσους κοφινους ἐλαβετε;

Mc   8 18   και οὐ μνημονευετε, ὁτε τους πεντε ἀρτους ἐκλασα εἰς τους
πεντακισχιλιους, ποσους κοφινους κλασματων πληρεις ἠρατε;

Lc   17 32   μνημονευετε της γυναικος λωτ.

Jh   15 20   μνημονευετε του λογου οὐ ἐγω εἰπον ὑμιν·
    16 4   ἀλλα ταυτα λελαληκα ὑμιν ἱνα ὁταν ἐλθη ἡ ὡρα αὐτων
μνημονευητε αὐτων, ὁτι ἐγω εἰπον ὑμιν.
    21   ὁταν δε γεννηση το παιδιον, οὐκετι μνημονευει της θλιψεως
δια την χαραν ὁτι ἐγεννηθη ἀνθρωπος εἰς τον κοσμον.

Ac   20 31   διο γρηγορειτε, μνημονευοντες ὁτι τριετιαν νυκτα και ἡμεραν
οὐκ ἐπαυσαμην μετα δακρυων νουθετων ἑνα ἑκαστον.
    35   ὁτι οὑτως κοπιωντας δει ἀντιλαμβανεσθαι των ἀσθενουντων,
μνημονευειν τε των λογων του κυριου ἰησου,

μνημονευω [21]

Ga 2 10 μονον των πτωχων ίνα μνημονευωμεν,
Eph 2 11 διο μνημονευετε ότι ποτε ύμεις τα έθνη έν σαρκι,
Col 4 18 μνημονευετε μου των δεσμων.
1Th 1 3 άδιαλειπτως μνημονευοντες ύμων του έργου της πιστεως και του κοπου της άγαπης
     2 9 μνημονευετε γαρ, άδελφοι, τον κοπον ήμων και τον μοχθον·
2Th 2 5 ού μνημονευετε ότι έτι ών προς ύμας ταυτα έλεγον ύμιν;
2Tm 2 8 μνημονευε ίησουν χριστον έγηγερμενον έκ νεκρων, έκ σπερματος δαυιδ,
Heb 11 15 και εί μεν έκεινης έμνημονευον άφ ής έξεβησαν, είχον άν καιρον άνακαμψαι·
     22 πιστει ίωσηφ τελευτων περι της έξοδου των υίων ίσραηλ έμνημονευσεν
     13 7 μνημονευετε των ήγουμενων ύμων, οίτινες έλαλησαν ύμιν τον λογον του θεου,
Apc 2 5 μνημονευε ούν ποθεν πεπτωκας, και μετανοησον και τα πρωτα έργα ποιησον·
     3 3 μνημονευε ούν πώς είληφας και ήκουσας,
     18 5 και έμνημονευσεν ό θεος τα άδικηματα αύτης.

μνημοσυνον [3]

Mt 26 13 όπου έαν κηρυχθη το εύαγγελιον τουτο έν όλω τω κοσμω, λαληθησεται και ό έποιησεν αύτη είς μνημοσυνον αύτης.
Mc 14 9 όπου έαν κηρυχθη το εύαγγελιον είς όλον τον κοσμον, και ό έποιησεν αύτη λαληθησεται είς μνημοσυνον αύτης.
Ac 10 4 αί προσευχαι σου και αί έλεημοσυναι σου άνεβησαν είς μνημοσυνον έμπροσθεν του θεου.

μνηστευομαι [3]

Mt 1 18 μνηστευθεισης της μητρος αύτου μαριας τω ίωσηφ,
Lc 1 27 προς παρθενον έμνηστευμενην άνδρι ώ όνομα ίωσηφ, έξ οίκου δαυιδ, και το όνομα της παρθενου μαριαμ.
     2 5 άπογραψασθαι συν μαριαμ τη έμνηστευμενη αύτω, ούση έγκυω.

μογιλαλος [1]

Mc 7 32 και φερουσιν αύτω κωφον και μογιλαλον,

μογις [1]

Lc 9 39 και έξαιφνης κραζει και σπαρασσει αύτον μετα άφρου, και μογις άποχωρει άπ αύτου συντριβον αύτον·

μοδιος [3]

Mt 5 15 ούδε καιουσιν λυχνον και τιθεασιν αύτον ύπο τον μοδιον, άλλ έπι την λυχνιαν,
Mc 4 21 και έλεγεν αύτοις μητι έρχεται ό λυχνος ίνα ύπο τον μοδιον τεθη ή ύπο την κλινην;
Lc 11 33 ούδεις λυχνον άψας είς κρυπτην τιθησιν [ούδε ύπο τον μοδιον,] άλλ έπι την λυχνιαν, ίνα οί είσπορευομενοι το φως βλεπωσιν.

μοιχαλις [7]

Mt 12 39 γενεα πονηρα και μοιχαλις σημειον έπιζητει,
     16 4 γενεα πονηρα και μοιχαλις σημειον έπιζητει,
Mc 8 38 ός γαρ έαν έπαισχυνθη με και τους έμους λογους έν τη γενεα ταυτη τη μοιχαλιδι και άμαρτωλω,
Rm 7 3 άρα ούν ζωντος του άνδρος μοιχαλις χρηματισει έαν γενηται άνδρι έτερω·
     3 έαν δε άποθανη ό άνηρ, έλευθερα έστιν άπο του νομου, του μη είναι αύτην μοιχαλιδα γενομενην άνδρι έτερω.
Ja 4 4 μοιχαλιδες, ούκ οίδατε ότι ή φιλια του κοσμου έχθρα του θεου έστιν;
2Pt 2 14 όφθαλμους έχοντες μεστους μοιχαλιδος και άκαταπαυστους άμαρτιας,

μοιχαομαι [4]

Mt 5 32 και ός έαν άπολελυμενην γαμηση, μοιχαται.
     19 9 λεγω δε ύμιν ότι ός άν άπολυση την γυναικα αύτου μη έπι πορνεια και γαμηση άλλην, μοιχαται.
Mc 10 11 ός άν άπολυση την γυναικα αύτου και γαμηση άλλην, μοιχαται έπ αύτην·

μοιχαομαι [4]

Mc 10 12 και έαν αύτη άπολυσασα τον άνδρα αύτης γαμηση άλλον, μοιχαται.

μοιχεια [3]

Mt 15 19 έκ γαρ της καρδιας έξερχονται διαλογισμοι πονηροι, φονοι, μοιχειαι, πορνειαι, κλοπαι, ψευδομαρτυριαι, βλασφημιαι.
Mc 7 22 έσωθεν γαρ έκ της καρδιας των άνθρωπων οί διαλογισμοι οί κακοι έκπορευονται, πορνειαι, κλοπαι, φονοι, μοιχειαι, πλεονεξιαι, πονηριαι, δολος, άσελγεια, όφθαλμος πονηρος, βλασφημια, ύπερηφανια, άφροσυνη·
Jh 8 3* άγουσιν δε οί γραμματεις και οί φαρισαιοι γυναικα έπι μοιχεια κατειλημμενην, και στησαντες αύτην έν μεσω λεγουσιν αύτω·

μοιχευω [15]

Mt 5 27 ήκουσατε ότι έρρεθη· ού μοιχευσεις.
     28 έγω δε λεγω ύμιν ότι πας ό βλεπων γυναικα προς το έπιθυμησαι αύτην ήδη έμοιχευσεν αύτην έν τη καρδια αύτου.
     32 έγω δε λεγω ύμιν ότι πας ό άπολυων την γυναικα αύτου παρεκτος λογου πορνειας ποιει αύτην μοιχευθηναι,
     19 18 το ού φονευσεις, ού μοιχευσεις, ού κλεψεις, ού ψευδομαρτυρησεις, τιμα τον πατερα και την μητερα, και άγαπησεις τον πλησιον σου ώς σεαυτον.
Mc 10 19 μη φονευσης, μη μοιχευσης, μη κλεψης, μη ψευδομαρτυρησης, μη άποστερησης, τιμα τον πατερα σου και την μητερα·
Lc 16 18 πας ό άπολυων την γυναικα αύτου και γαμων έτεραν μοιχευει, και ό άπολελυμενην άπο άνδρος γαμων μοιχευει.
     18 πας ό άπολυων την γυναικα αύτου και γαμων έτεραν μοιχευει, και ό άπολελυμενην άπο άνδρος γαμων μοιχευει.
     18 20 μη μοιχευσης, μη φονευσης, μη κλεψης, μη ψευδομαρτυρησης, τίμα τον πατερα σου και την μητερα.
Jh 8 4* διδασκαλε, αύτη ή γυνη κατειληπται έπ αύτοφωρω μοιχευομενη·
Rm 2 22 ό κηρυσσων μη κλεπτειν κλεπτεις; ό λεγων μη μοιχευειν μοιχευεις;
     22 ό κηρυσσων μη κλεπτειν κλεπτεις; ό λεγων μη μοιχευειν μοιχευεις;
     13 9 το γαρ ού μοιχευσεις, ού φονευσεις, ού κλεψεις, ούκ έπιθυμησεις, και εί τις έτερα έντολη, έν τω λογω τουτω άνακεφαλαιουται, [έν τω]·
Ja 2 11 ό γαρ είπων· μη μοιχευσης, είπεν και· μη φονευσης·
     11 εί δε ού μοιχευεις, φονευεις δε, γεγονας παραβατης νομου.
Apc 2 22 ίδου βαλλω αύτην είς κλινην, και τους μοιχευοντας μετ αύτης είς θλιψιν μεγαλην, έαν μη μετανοησωσιν έκ των έργων αύτης·

μοιχος [3]

Lc 18 11 άρπαγες, άδικοι, μοιχοι, ή και ώς ούτος ό τελωνης·
1Co 6 9 ούτε πορνοι ούτε είδωλολατραι ούτε μοιχοι ούτε μαλακοι ούτε άρσενοκοιται ούτε κλεπται ούτε πλεονεκται, ού μεθυσοι, ού λοιδοροι, ούχ άρπαγες βασιλειαν θεου κληρονομησουσιν.
Heb 13 4 πορνους γαρ και μοιχους κρινεί ό θεος.

μολις [6]

Ac 14 18 και ταυτα λεγοντες μολις κατεπαυσαν τους όχλους του μη θυειν αύτοις.
     27 7 έν ίκαναις δε ήμεραις βραδυπλοουντες και μολις γενομενοι κατα την κνιδον, μη προσεωντος ήμας του άνεμου, ύπεπλευσαμέν την κρητην κατα σαλμωνην,
     8 μολις τε παραλεγομενοι αύτην ήλθομεν είς τοπον τινα καλουμενον καλους λιμενας,
     16 νησιον δε τι ύποδραμοντες καλουμενον καυδα ίσχυσαμεν μολις περικρατεις γενεσθαι της σκαφης,
Rm 5 7 μολις γαρ ύπερ δικαιου τις άποθανειται·
1Pt 4 18 και εί ό δικαιος μολις σωζεται, ό άσεβης και άμαρτωλος πού φανειται;

μολοχ [1]

Ac 7 43 και άνελαβετε την σκηνην του μολοχ και το άστρον του θεου [ύμων] ραιφαν, τους τυπους ούς έποιησατε προσκυνειν αύτοις·

μολυνω [3]

1Co 8 7 και ή συνειδησις αύτων άσθενης ούσα μολυνεται.

μολυνω [3]

Apc 3 4 ἀλλὰ ἔχεις ὀλίγα ὀνόματα ἐν σαρδεσιν ἃ οὐκ *ἐμόλυναν* τὰ ἱματια αὐτῶν,
14 4 οὗτοί εἰσιν οἱ μετα γυναικων οὐκ *ἐμολυνθησαν*·

μολυσμος [1]

2Co 7 1 ταυτας οὖν ἔχοντες τὰς ἐπαγγελιας, ἀγαπητοι, καθαρισωμεν ἑαυτους ἀπο παντος *μολυσμου* σαρκος και πνευματος,

μομφη [1]

Col 3 13 ἀνεχομενοι ἀλληλων και χαριζομενοι ἑαυτοις, ἐαν τις προς τινα ἔχη *μομφην*·

μονη [2]

Jh 14 2 ἐν τῇ οἰκια του πατρος μου *μοναι* πολλαι εἰσιν·
23 και ὁ πατηρ μου ἀγαπησει αὐτον, και προς αὐτον ἐλευσομεθα και *μονην* παρ αὐτῳ ποιησομεθα.

μονογενης [9]

Lc 7 12 ὡς δὲ ἤγγισεν τῇ πυλῃ της πολεως, και ἰδου ἐξεκομιζετο τεθνηκως *μονογενης* υἱος τῇ μητρι αὐτου,
8 42 και πεσων παρα τους ποδας [του] ἰησου παρεκαλει αὐτον εἰσελθειν εἰς τον οἰκον αὐτου, ὁτι θυγατηρ *μονογενης* ἦν αὐτῳ ὡς ἐτων δωδεκα και αὐτη ἀπεθνησκεν.
9 38 διδασκαλε, δεομαι σου ἐπιβλεψαι ἐπι τον υἱον μου, ὁτι *μονογενης* μοι ἐστιν,
Jh 1 14 δοξαν ὡς *μονογενους* παρα πατρος, πληρης χαριτος και ἀληθειας.
18 *μονογενης* θεος ὁ ὢν εἰς τον κολπον του πατρος, ἐκεινος ἐξηγησατο.
3 16 οὕτως γαρ ἠγαπησεν ὁ θεος τον κοσμον, ὥστε τον υἱον τον *μονογενη* ἔδωκεν,
18 ὁ δε μη πιστευων ἤδη κεκριται, ὁτι μη πεπιστευκεν εἰς το ὀνομα του *μονογενους* υἱου του θεου.
Heb 11 17 και τον *μονογενη* προσεφερεν ὁ τας ἐπαγγελιας ἀναδεξαμενος,
1Jh 4 9 ἐν τουτῳ ἐφανερωθη ἡ ἀγαπη του θεου ἐν ἡμιν, ὁτι τον υἱον αὐτου τον *μονογενη* ἀπεσταλκεν ὁ θεος εἰς τον κοσμον ἱνα ζησωμεν δι αὐτου.

μονοομαι [1]

1Tm 5 5 ἡ δε ὀντως χηρα και μεμονωμενη ἤλπικεν ἐπι θεον

μονος [115]

Mt 4 4 οὐκ ἐπ ἀρτῳ *μονῳ* ζησεται ὁ ἀνθρωπος,
10 κυριον τον θεον σου προσκυνησεις και αὐτῳ *μονῳ* λατρευσεις.
5 47 και ἐαν ἀσπασησθε τους ἀδελφους ὑμων *μονον*, τι περισσον ποιειτε;
8 8 ἀλλα *μονον* εἰπε λογῳ,
9 21 ἐαν *μονον* ἀψωμαι του ἱματιου αὐτου, σωθησομαι.
10 42 και ὃς ἀν ποτιση ἑνα των μικρων τουτων ποτηριον ψυχρου *μονον* εἰς ὀνομα μαθητου,
12 4 ὃ οὐκ ἐξον ἦν αὐτῳ φαγειν οὐδε τοις μετ αὐτου, εἰ μη τοις ἱερευσιν *μονοις*;
14 23 ὀψιας δε γενομενης *μονος* ἦν ἐκει.
36 και παρεκαλουν αὐτον ἱνα *μονον* ἀψωνται του κρασπεδου του ἱματιου αὐτου·
17 8 ἐπαραντες δε τους ὀφθαλμους αὐτων οὐδενα εἰδον εἰ μη αὐτον ἰησουν *μονον*.
18 15 ἐαν δε ἁμαρτηση [εἰς σε] ὁ ἀδελφος σου, ὑπαγε ἐλεγξον αὐτον μεταξυ σου και αὐτου *μονου*·
21 19 και ἰδων συκην μιαν ἐπι της ὁδου ἦλθεν ἐπ αὐτην, και οὐδεν εὑρεν ἐν αὐτη εἰ μη φυλλα *μονον*,
21 ἐαν ἐχητε πιστιν και μη διακριθητε, οὐ *μονον* το της συκης ποιησετε,
24 36 περι δε της ἡμερας ἐκεινης και ὡρας οὐδεις οἰδεν, οὐδε οἱ ἀγγελοι των οὐρανων οὐδε ὁ υἱος, εἰ μη ὁ πατηρ *μονος*·
Mc 4 10 και ὁτε ἐγενετο κατα *μονας*, ἠρωτων αὐτον οἱ περι αὐτον συν τοις δωδεκα τας παραβολας.
5 36 ὁ δε ἰησους παρακουσας τον λογον λαλουμενον λεγει τῳ ἀρχισυναγωγῳ· μη φοβου, *μονον* πιστευε και οὐκ ἀφηκεν οὐδενα μετ αὐτου συνακολουθησαι εἰ μη τον πετρον και ἰακωβον και ἰωαννην τον ἀδελφον ἰακωβου.

μονος [115]

Mc 6 8 και παρηγγειλεν αὐτοις ἱνα μηδεν αἰρωσιν εἰς ὁδον εἰ μη ῥαβδον *μονον*, μη ἀρτον, μη πηραν, μη εἰς την ζωνην χαλκον,
47 και ὀψιας γενομενης ἦν το πλοιον ἐν μεσῳ της θαλασσης, και αὐτος *μονος* ἐπι της γης.
9 2 και μετα ἡμερας ἑξ παραλαμβανει ὁ ἰησους τον πετρον και τον ἰακωβον και τον ἰωαννην, και ἀναφερει αὐτους εἰς ὀρος ὑψηλον κατ ἰδιαν *μονους*.
8 και ἐξαπινα περιβλεψαμενοι οὐκετι οὐδενα εἰδον ἀλλα τον ἰησουν *μονον* μεθ ἑαυτων.
Lc 4 4 γεγραπται ὁτι οὐκ ἐπ ἀρτῳ *μονῳ* ζησεται ὁ ἀνθρωπος.
8 γεγραπται· κυριον τον θεον σου προσκυνησεις και αὐτῳ *μονῳ* λατρευσεις.
5 21 τις δυναται ἁμαρτιας ἀφειναι εἰ μη *μονος* ὁ θεος;
6 4 [ὡς] εἰσηλθεν εἰς τον οἰκον του θεου και τους ἀρτους της προθεσεως λαβων ἐφαγεν και ἐδωκεν τοις μετ αὐτου, οὓς οὐκ ἐξεστιν φαγειν εἰ μη *μονους* τους ἱερεις;
8 50 μη φοβου· *μονον* πιστευσον, και σωθησεται.
9 18 και ἐγενετο ἐν τῳ εἰναι αὐτον προσευχομενον κατα *μονας* συνησαν αὐτῳ οἱ μαθηται,
36 και ἐν τῳ γενεσθαι την φωνην εὑρεθη ἰησους *μονος*.
10 40 κυριε, οὐ μελει σοι ὁτι ἡ ἀδελφη μου *μονην* με κατελιπεν διακονειν;
24 12 και παρακυψας βλεπει τα ὀθονια *μονα*·
18 συ *μονος* παροικεις ἰερουσαλημ και οὐκ ἐγνως τα γενομενα ἐν αὐτη ἐν ταις ἡμεραις ταυταις;
Jh 5 18 δια τουτο οὖν μαλλον ἐζητουν αὐτον οἱ ἰουδαιοι ἀποκτειναι, ὁτι οὐ *μονον* ἐλυεν το σαββατον, ἀλλα και πατερα ἰδιον ἐλεγεν τον θεον,
44 δοξαν παρα ἀλληλων λαμβανοντες, και την δοξαν την παρα του *μονου* θεου οὐ ζητειτε;
6 15 ἰησους οὖν γνους ὁτι μελλουσιν ἐρχεσθαι και ἁρπαζειν αὐτον ἱνα ποιησωσιν βασιλεα, ἀνεχωρησεν παλιν εἰς το ὀρος αὐτος *μονος*.
22 και ὁτι οὐ συνεισηλθεν τοις μαθηταις αὐτου ὁ ἰησους εἰς το πλοιον ἀλλα *μονοι* οἱ μαθηται αὐτου ἀπηλθον·
8 9 * οἱ δε ἀκουσαντες ἐξηρχοντο εἰς καθ εἰς ἀρξαμενοι ἀπο των πρεσβυτερων, και κατελειφθη *μονος*, και ἡ γυνη ἐν μεσῳ οὐσα.
16 και ἐαν κρινω δε ἐγω, ἡ κρισις ἡ ἐμη ἀληθινη ἐστιν, ὁτι *μονος* οὐκ εἰμι, ἀλλ ἐγω και ὁ πεμψας με πατηρ.
29 οὐκ ἀφηκεν με *μονον*, ὁτι ἐγω τα ἀρεστα αὐτῳ ποιω παντοτε.
11 52 ὁτι ἐμελλεν ἰησους ἀποθνησκειν ὑπερ του ἐθνους, και οὐχ ὑπερ του ἐθνους *μονον*, ἀλλ ἱνα και τα τεκνα του θεου τα διεσκορπισμενα συναγαγη εἰς ἑν.
12 9 και ἦλθον οὐ δια τον ἰησουν *μονον*, ἀλλ ἱνα και τον λαζαρον ἰδωσιν ὃν ἠγειρεν ἐκ νεκρων.
24 ἐαν μη ὁ κοκκος του σιτου πεσων εἰς την γην ἀποθανη, αὐτος *μονος* μενει·
13 9 κυριε, μη τους ποδας μου *μονον* ἀλλα και τας χειρας και την κεφαλην.
16 32 ἰδου ἐρχεται ὡρα και ἐληλυθεν ἱνα σκορπισθητε ἑκαστος εἰς τα ἰδια καμε *μονον* ἀφητε·
32 και οὐκ εἰμι *μονος*, ὁτι ὁ πατηρ μετ ἐμου ἐστιν.
17 3 αὐτη δε ἐστιν ἡ αἰωνιος ζωη, ἱνα γινωσκωσιν σε τον *μονον* ἀληθινον θεον και ὃν ἀπεστειλας ἰησουν χριστον.
20 οὐ περι τουτων δε ἐρωτω *μονον*, ἀλλα και περι των πιστευοντων δια του λογου αὐτων εἰς ἐμε,
Ac 8 16 οὐδεπω γαρ ἦν ἐπ οὐδενι αὐτων ἐπιπεπτωκος, *μονον* δε βεβαπτισμενοι ὑπηρχον εἰς το ὀνομα του κυριου ἰησου.
11 19 οἱ μεν οὖν διασπαρεντες ἀπο της θλιψεως της γενομενης ἐπι στεφανῳ διηλθον ἑως φοινικης και κυπρου και ἀντιοχειας, μηδενι λαλουντες τον λογον εἰ μη *μονον* ἰουδαιοις.
15 34 * ἐδοξεν δε τῳ σιλα ἐπιμειναι αὐτους, *μονος* δε ἰουδας ἐπορευθη.
18 25 και ζεων τῳ πνευματι ἐλαλει και ἐδιδασκεν ἀκριβως τα περι του ἰησου, ἐπισταμενος *μονον* το βαπτισμα ἰωαννου·
19 26 και θεωρειτε και ἀκουετε ὁτι οὐ *μονον* ἐφεσου ἀλλα σχεδον πασης της ἀσιας ὁ παυλος οὑτος πεισας μετεστησεν ἱκανον ὀχλον,
27 οὐ *μονον* δε τουτο κινδυνευει ἡμιν το μερος εἰς ἀπελεγμον ἐλθειν, ἀλλα και το της μεγαλης θεας ἀρτεμιδος ἱερον εἰς οὐθεν λογισθηναι,
21 13 ἐγω γαρ οὐ *μονον* δεθηναι ἀλλα και ἀποθανειν εἰς ἰερουσαλημ ἑτοιμως ἔχω ὑπερ του ὀνοματος του κυριου ἰησου.
26 29 εὐξαιμην ἀν τῳ θεῳ και ἐν ὀλιγῳ και ἐν μεγαλῳ οὐ *μονον* σε ἀλλα και παντας τους ἀκουοντας μου σημερον γενεσθαι τοιουτους ὁποιος και ἐγω εἰμι,

μονος [115]

Ac	27 10	ἄνδρες, θεωρω ὅτι μετα ὕβρεως και πολλης ζημιας οὐ *μονον* του φορτιου και του πλοιου ἀλλα και των ψυχων ἡμων μελλειν ἐσεσθαι τον πλουν.
Rm	1 32	οὐ *μονον* αὐτα ποιουσιν, ἀλλα και συνευδοκουσιν τοις πρασσουσιν.
	3 29	ἢ ἰουδαιων ὁ θεος *μονον;* οὐχι και ἐθνων;
	4 12	και πατερα περιτομης τοις οὐκ ἐκ περιτομης *μονον* ἀλλα και τοις στοιχουσιν τοις ἰχνεσιν της ἐν ἀκροβυστια πιστεως του πατρος ἡμων ἀβρααμ.
	16	δια τουτο ἐκ πιστεως, ἱνα κατα χαριν, εἰς το εἰναι βεβαιαν την ἐπαγγελιαν παντι τω σπερματι, οὐ τω ἐκ του νομου *μονον* ἀλλα και τω ἐκ πιστεως ἀβρααμ,
	23	οὐκ ἐγραφη δε δι αὐτον *μονον* ὅτι ἐλογισθη αὐτω, ἀλλα και δι ἡμας, οἱς μελλει λογιζεσθαι,
	5 3	οὐ *μονον* δε, ἀλλα και καυχωμεθα ἐν ταις θλιψεσιν,
	11	οὐ *μονον* δε, ἀλλα και καυχωμενοι ἐν τω θεω δια του κυριου ἡμων ἰησου χριστου,
	8 23	οὐ *μονον* δε, ἀλλα και αὐτοι την ἀπαρχην του πνευματος ἐχοντες ἡμεις και αὐτοι ἐν ἑαυτοις στεναζομεν υἱοθεσιαν ἀπεκδεχομενοι,
	9 10	οὐ *μονον* δε, ἀλλα και ῥεβεκκα ἐξ ἑνος κοιτην ἐχουσα, ἰσαακ του πατρος ἡμων·
	24	οὑς και ἐκαλεσεν ἡμας οὐ *μονον* ἐξ ἰουδαιων ἀλλα και ἐξ ἐθνων;
	11 3	καγω ὑπελειφθην *μονος* και ζητουσιν την ψυχην μου.
	13 5	διο ἀναγκη ὑποτασσεσθαι, οὐ *μονον* δια την ὀργην ἀλλα και δια την συνειδησιν.
	16 4	οἱτινες ὑπερ της ψυχης μου τον ἑαυτων τραχηλον ὑπεθηκαν, οἱς οὐκ ἐγω *μονος* εὐχαριστω ἀλλα και πασαι αἱ ἐκκλησιαι των ἐθνων,
	27	[*μονω* σοφω θεω, δια ἰησου χριστου, ᾡ ἡ δοξα εἰς τους αἰωνας· ἀμην].
1Co	7 39	ἐαν δε κοιμηθη ὁ ἀνηρ, ἐλευθερα ἐστιν ᾡ θελει γαμηθηναι, *μονον* ἐν κυριω.
	9 6	ἢ *μονος* ἐγω και βαρναβας οὐκ ἐχομεν ἐξουσιαν μη ἐργαζεσθαι;
	14 36	ἢ ἀφ ὑμων ὁ λογος του θεου ἐξηλθεν, ἢ εἰς ὑμας *μονους* κατηντησεν;
	15 19	εἰ ἐν τη ζωη ταυτη ἐν χριστω ἠλπικοτες ἐσμεν *μονον*, ἐλεεινοτεροι παντων ἀνθρωπων ἐσμεν.
2Co	7 7	οὐ *μονον* δε ἐν τη παρουσια αὐτου, ἀλλα και ἐν τη παρακλησει ᾗ παρεκληθη ἐφ ὑμιν,
	8 10	τουτο γαρ ὑμιν συμφερει, οἱτινες οὐ *μονον* το ποιησαι ἀλλα και το θελειν προενηρξασθε ἀπο περυσι·
	19	οὐ *μονον* δε ἀλλα και χειροτονηθεις ὑπο των ἐκκλησιων συνεκδημος ἡμων
	21	προνοουμεν γαρ καλα οὐ *μονον* ἐνωπιον κυριου ἀλλα και ἐνωπιον ἀνθρωπων.
	9 12	ὁτι ἡ διακονια της λειτουργιας ταυτης οὐ *μονον* ἐστιν προσαναπληρουσα τα ὑστερηματα των ἁγιων, ἀλλα και περισσευουσα δια πολλων εὐχαριστιων τω θεω·
Ga	1 23	*μονον* δε ἀκουοντες ἠσαν ὁτι ὁ διωκων ἡμας ποτε νυν εὐαγγελιζεται την πιστιν ἡν ποτε ἐπορθει,
	2 10	μονον των πτωχων ἱνα μνημονευωμεν,
	3 2	τουτο *μονον* θελω μαθειν ἀφ ὑμων,
	4 18	καλον δε ζηλουσθαι ἐν καλω παντοτε, και μη *μονον* ἐν τω παρειναι με προς ὑμας,
	5 13	*μονον* μη την ἐλευθεριαν εἰς ἀφορμην τη σαρκι, ἀλλα δια της ἀγαπης δουλευετε ἀλληλοις.
	6 4	και τοτε εἰς ἑαυτον *μονον* το καυχημα ἑξει και οὐκ εἰς τον ἑτερον·
	12	οὑτοι ἀναγκαζουσιν ὑμας περιτεμνεσθαι, *μονον* ἱνα τω σταυρω του χριστου μη διωκωνται.
Eph	1 21	και παντος ὀνοματος ὀνομαζομενου οὐ *μονον* ἐν τω αἰωνι τουτω ἀλλα και ἐν τω μελλοντι·
Php	1 27	*μονον* ἀξιως του εὐαγγελιου του χριστου πολιτευεσθε,
	29	ὁτι ὑμιν ἐχαρισθη το ὑπερ χριστου, οὐ *μονον* το εἰς αὐτον πιστευειν ἀλλα και το ὑπερ αὐτου πασχειν,
	2 12	καθως παντοτε ὑπηκουσατε, μη ὡς ἐν τη παρουσια μου *μονον* ἀλλα νυν πολλω μαλλον ἐν τη ἀπουσια μου,
	27	ἀλλα ὁ θεος ἠλεησεν αὐτον, οὐκ αὐτον δε *μονον* ἀλλα και ἐμε, ἱνα μη λυπην ἐπι λυπην σχω.
	4 15	οὐδεμια μοι ἐκκλησια ἐκοινωνησεν εἰς λογον δοσεως και λημψεως εἰ μη ὑμεις *μονοι*,
Col	4 11	οὑτοι *μονοι* συνεργοι εἰς την βασιλειαν του θεου,
1Th	1 5	εἰδοτες, ἀδελφοι ἠγαπημενοι ὑπο [του] θεου, την ἐκλογην ὑμων, ὁτι το εὐαγγελιον ἡμων οὐκ ἐγενηθη εἰς ὑμας ἐν λογω *μονον*,

μονος [115]

1Th	1 8	ἀφ ὑμων γαρ ἐξηχηται ὁ λογος του κυριου οὐ *μονον* ἐν τη μακεδονια και [ἐν τη] ἀχαια, ἀλλ ἐν παντι τοπω ἡ πιστις ὑμων ἡ προς τον θεον ἐξεληλυθεν,
	2 8	οὑτως ὁμειρομενοι ὑμων εὐδοκουμεν μεταδουναι ὑμιν οὐ *μονον* το εὐαγγελιον του θεου ἀλλα και τας ἑαυτων ψυχας,
	3 1	διο μηκετι στεγοντες εὐδοκησαμεν καταλειφθηναι ἐν ἀθηναις *μονοι*,
2Th	2 7	*μονον* ὁ κατεχων ἀρτι ἑως ἐκ μεσου γενηται.
1Tm	1 17	τω δε βασιλει των αἰωνων, ἀφθαρτω ἀορατω *μονω* θεω, τιμη και δοξα εἰς τους αἰωνας των αἰωνων·
	5 13	οὐ *μονον* δε ἀργαι ἀλλα και φλυαροι και περιεργοι,
	6 15	μεχρι της ἐπιφανειας του κυριου ἡμων ἰησου χριστου, ἡν καιροις ἰδιοις δειξει ὁ μακαριος και *μονος* δυναστης,
	16	ὁ *μονος* ἐχων ἀθανασιαν, φως οἰκων ἀπροσιτον,
2Tm	2 20	ἐν μεγαλη δε οἰκια οὐκ ἐστιν *μονον* σκευη χρυσα και ἀργυρα, ἀλλα και ξυλινα και ὀστρακινα,
	4 8	ὁν ἀποδωσει μοι ὁ κυριος ἐν ἐκεινη τη ἡμερα, ὁ δικαιος κριτης, οὐ *μονον* δε ἐμοι ἀλλα και πασι τοις ἠγαπηκοσι την ἐπιφανειαν αὐτου.
	11	λουκας ἐστιν *μονος* μετ ἐμου.
Heb	9 7	εἰς δε την δευτεραν ἁπαξ του ἐνιαυτου *μονος* ὁ ἀρχιερευς,
	10	μη δυναμεναι κατα συνειδησιν τελειωσαι τον λατρευοντα, *μονον* ἐπι βρωμασιν και πομασιν και διαφοροις βαπτισμοις,
	12 26	ἐτι ἁπαξ ἐγω σεισω οὐ *μονον* την γην ἀλλα και τον οὐρανον.
Ja	1 22	γινεσθε δε ποιηται λογου, και μη *μονον* ἀκροαται παραλογιζομενοι ἑαυτους.
	2 24	ὁρατε ὁτι ἐξ ἐργων δικαιουται ἀνθρωπος και οὐκ ἐκ πιστεως *μονον*.
1Pt	2 18	οἱ οἰκεται, ὑποτασσομενοι ἐν παντι φοβω τοις δεσποταις, οὐ *μονον* τοις ἀγαθοις και ἐπιεικεσιν ἀλλα και τοις σκολιοις.
1Jh	2 2	και αὐτος ἱλασμος ἐστιν περι των ἁμαρτιων ἡμων, οὐ περι των ἡμετερων δε *μονον* ἀλλα και περι ὁλου του κοσμου.
	5 6	οὐκ ἐν τω ὑδατι *μονον*, ἀλλ ἐν τω ὑδατι και ἐν τω αἱματι·
2Jh	1	οὑς ἐγω ἀγαπω ἐν ἀληθεια, και οὐκ ἐγω *μονος* ἀλλα και παντες οἱ ἐγνωκοτες την ἀληθειαν,
Ju	4	ἀσεβεις, την του θεου ἡμων χαριτα μετατιθεντες εἰς ἀσελγειαν και τον *μονον* δεσποτην και κυριον ἡμων ἰησουν χριστον ἀρνουμενοι.
	25	*μονω* θεω σωτηρι ἡμων δια ἰησου χριστου του κυριου ἡμων δοξα μεγαλωσυνη κρατος και ἐξουσια προ παντος του αἰωνος και νυν και εἰς παντας τους αἰωνας·
Apc	15 4	ὁτι *μονος* ὁσιος, ὁτι παντα τα ἐθνη ἡξουσιν και προσκυνησουσιν ἐνωπιον σου,

μονοφθαλμος [2]

Mt	18 9	καλον σοι ἐστιν *μονοφθαλμον* εἰς την ζωην εἰσελθειν, ἢ δυο ὀφθαλμους ἐχοντα βληθηναι εἰς την γεενναν του πυρος.
Mc	9 47	καλον σε ἐστιν *μονοφθαλμον* εἰσελθειν εἰς την βασιλειαν του θεου, ἢ δυο ὀφθαλμους ἐχοντα βληθηναι εἰς την γεενναν,

μορφη [3]

Mc	16 12	μετα δε ταυτα δυσιν ἐξ αὐτων περιπατουσιν ἐφανερωθη ἐν ἑτερα *μορφη* πορευομενοις εἰς ἀγρον·
Php	2 6	τουτο φρονειτε ἐν ὑμιν ὁ και ἐν χριστω ἰησου, ὁς ἐν *μορφη* θεου ὑπαρχων οὐχ ἁρπαγμον ἡγησατο το εἰναι ἰσα θεω,
	7	ὁς ἐν μορφη θεου ὑπαρχων οὐχ ἁρπαγμον ἡγησατο το εἰναι ἰσα θεω, ἀλλα ἑαυτον ἐκενωσεν *μορφην* δουλου λαβων,

μορφοω [1]

Ga	4 19	τεκνα μου, οὑς παλιν ὠδινω μεχρις οὑ *μορφωθη* χριστος ἐν ὑμιν.

μορφωσις [2]

Rm	2 20	ἐχοντα την *μορφωσιν* της γνωσεως και της ἀληθειας ἐν τω νομω·
2Tm	3 5	ἐχοντες *μορφωσιν* εὐσεβειας την δε δυναμιν αὐτης ἠρνημενοι·

μοσχοποιεω [1]

Ac	7 41	και *ἐμοσχοποιησαν* ἐν ταις ἡμεραις ἐκειναις και ἀνηγαγον θυσιαν τω εἰδωλω,

μοσχος [6]

Lc	15 23	και φερετε τον *μοσχον* τον σιτευτον, θυσατε, και φαγοντες εύφρανθωμεν,
	27	ὁ δε εἰπεν αὐτῷ ὁτι ὁ ἀδελφος σου ἡκει, και ἐθυσεν ὁ πατηρ σου τον *μοσχον* τον σιτευτον, ὁτι ὑγιαινοντα αὐτον ἀπελαβεν.
	30	ὁτε δε ὁ υἱος σου οὑτος ὁ καταφαγων σου τον βιον μετα πορνων ἡλθεν, ἐθυσας αὐτῷ τον σιτευτον *μοσχον*.
Heb	9 12	οὐδε δι αἱματος τραγων και *μοσχων*, δια δε του ἰδιου αἱματος εἰσηλθεν ἐφαπαξ εἰς τα ἁγια,
	19	λαβων το αἱμα των *μοσχων* [και των τραγων] μετα ὑδατος και ἐριου κοκκινου και ὑσσωπου,
Apc	4 7	και το δευτερον ζωον ὁμοιον *μοσχῳ*,

μουσικος [1]

Apc	18 22	και φωνη κιθαρωδων και *μουσικων* και αὐλητων και σαλπιστων οὐ μη ἀκουσθη ἐν σοί ἐτι,

μοχθος [3]

2Co	11 27	κοπῳ και *μοχθῳ*, ἐν ἀγρυπνιαις πολλακις, ἐν λιμῳ και διψει,
1Th	2 9	μνημονευετε γαρ, ἀδελφοι, τον κοπον ἡμων και τον *μοχθον*·
2Th	3 8	οὐδε δωρεαν ἀρτον ἐφαγομεν παρα τινος, ἀλλ ἐν κοπῳ και *μοχθῳ* νυκτος και ἡμερας ἐργαζομενοι

μυελος [1]

Heb	4 12	και διικνουμενος ἀχρι μερισμου ψυχης και πνευματος, ἁρμων τε και *μυελων*,

μυεομαι [1]

Php	4 12	ἐν παντι και ἐν πασιν *μεμυημαι*,

μυθος [5]

1Tm	1 4	ἱνα παραγγειλης τισιν μη ἑτεροδιδασκαλειν μηδε προσεχειν *μυθοις* και γενεαλογιαις ἀπεραντοις,
	4 7	τους δε βεβηλους και γραωδεις *μυθους* παραιτου.
2Tm	4 4	και ἀπο μεν της ἀληθειας την ἀκοην ἀποστρεψουσιν, ἐπι δε τους *μυθους* ἐκτραπησονται.
Tit	1 14	ἱνα ὑγιαινωσιν ἐν τη πιστει, μη προσεχοντες ἰουδαικοις *μυθοις* και ἐντολαις ἀνθρωπων ἀποστρεφομενων την ἀληθειαν.
2Pt	1 16	οὐ γαρ σεσοφισμενοις *μυθοις* ἐξακολουθησαντες ἐγνωρισαμεν ὑμιν την του κυριου ἡμων ἰησου χριστου δυναμιν και παρουσιαν,

μυκαομαι [1]

Apc	10 3	και ἐκραξεν φωνη μεγαλη ὡσπερ λεων *μυκαται*.

μυκτηριζω [1]

Ga	6 7	μη πλανασθε, θεος οὐ *μυκτηριζεται*.

μυλικος [1]

Lc	17 2	λυσιτελει αὐτῳ εἰ λιθος *μυλικος* περικειται περι τον τραχηλον αὐτου και ἐρριπται εἰς την θαλασσαν, ἠ ἱνα σκανδαλιση των μικρων τουτων ἑνα.

μυλινος [1]

Apc	18 21	και ἡρεν εἱς ἀγγελος ἰσχυρος λιθον ὡς *μυλινον* μεγαν,

μυλος [4]

Mt	18 6	ὁς δ ἀν σκανδαλιση ἑνα των μικρων τουτων των πιστευοντων εἰς ἐμε, συμφερει αὐτῳ ἱνα κρεμασθη *μυλος* ὀνικος περι τον τραχηλον αὐτου και καταποντισθη ἐν τῳ πελαγει της θαλασσης.
	24 41	δυο ἀληθουσαι ἐν τῳ *μυλῳ*, μια παραλαμβανεται και μια ἀφιεται.
Mc	9 42	και ὁς ἀν σκανδαλιση ἑνα των μικρων τουτων των πιστευοντων [εἰς ἐμε,] καλον ἐστιν αὐτῳ μαλλον εἰ περικειται *μυλος* ὀνικος περι τον τραχηλον αὐτου και βεβληται εἰς την θαλασσαν.

μυλος [4]

Apc	18 22	και φωνη *μυλου* οὐ μη ἀκουσθη ἐν σοί ἐτι,

μυρα [1]

Ac	27 5	το τε πελαγος το κατα την κιλικιαν και παμφυλιαν διαπλευσαντες κατηλθομεν εἰς *μυρα* της λυκιας.

μυριας [8]

Lc	12 1	ἐν οἱς ἐπισυναχθεισων των *μυριαδων* του ὀχλου, ὡστε καταπατειν ἀλληλους,
Ac	19 19	και συνεψηφισαν τας τιμας αὐτων και εὑρον ἀργυριου *μυριαδας* πεντε.
	21 20	θεωρεις, ἀδελφε, ποσαι *μυριαδες* εἰσιν ἐν τοις ἰουδαιοις των πεπιστευκοτων,
Heb	12 22	ἰερουσαλημ ἐπουρανιῳ, και *μυριασιν* ἀγγελων, πανηγυρει,
Ju	14	ἰδου ἡλθεν κυριος ἐν ἁγιαις *μυριασιν* αὐτου,
Apc	5 11	και ἠν ὁ ἀριθμος αὐτων *μυριαδες* μυριαδων και χιλιαδες χιλιαδων, λεγοντες φωνη μεγαλη·
	11	και ἠν ὁ ἀριθμος αὐτων μυριαδες *μυριαδων* και χιλιαδες χιλιαδων, λεγοντες φωνη μεγαλη·
	9 16	και ὁ ἀριθμος των στρατευματων του ἱππικου δισμυριαδες *μυριαδων*·

μυριζω [1]

Mc	14 8	ὁ ἐσχεν ἐποιησεν· προελαβεν *μυρισαι* το σωμα μου εἰς τον ἐνταφιασμον.

μυριοι [3]

Mt	18 24	ἀρξαμενου δε αὐτου συναιρειν, προσηνεχθη αὐτῳ εἱς ὀφειλετης *μυριων* ταλαντων.
1Co	4 15	ἐαν γαρ *μυριους* παιδαγωγους ἐχητε ἐν χριστῳ, ἀλλ οὐ πολλους πατερας·
	14 19	ἀλλα ἐν ἐκκλησια θελω πεντε λογους τῳ νοι μου λαλησαι, ἱνα και ἀλλους κατηχησω, ἠ *μυριους* λογους ἐν γλωσση.

μυρον [14]

Mt	26 7	του δε ἰησου γενομενου ἐν βηθανια ἐν οἰκια σιμωνος του λεπρου, προσηλθεν αὐτῳ γυνη ἐχουσα ἀλαβαστρον *μυρου* βαρυτιμου και κατεχεεν ἐπι της κεφαλης αὐτου ἀνακειμενου.
	12	βαλουσα γαρ αὑτη το *μυρον* τουτο ἐπι του σωματος μου προς το ἐνταφιασαι με ἐποιησεν.
Mc	14 3	και ὀντος αὐτου ἐν βηθανια ἐν τη οἰκια σιμωνος του λεπρου, κατακειμενου αὐτου ἡλθεν γυνη ἐχουσα ἀλαβαστρον *μυρου* ναρδου πιστικης πολυτελους·
	4	εἰς τι ἡ ἀπωλεια αὑτη του *μυρου* γεγονεν;
	5	ἠδυνατο γαρ τουτο το *μυρον* πραθηναι ἐπανω δηναριων τριακοσιων και δοθηναι τοις πτωχοις·
Lc	7 37	και ἰδου γυνη ἡτις ἠν ἐν τη πολει ἁμαρτωλος, και ἐπιγνουσα ὁτι κατακειται ἐν τη οἰκια του φαρισαιου, κομισασα ἀλαβαστρον *μυρου*
	38	και ταις θριξιν της κεφαλης αὐτης ἐξεμασσεν, και κατεφιλει τους ποδας αὐτου και ἠλειφεν τω *μυρω*.
	46	αὑτη δε *μυρω* ἡλειψεν τους ποδας μου.
	23 56	ὑποστρεψασαι δε ἡτοιμασαν ἀρωματα και *μυρα*.
Jh	11 2	ἠν δε μαριαμ ἡ ἀλειψασα τον κυριον *μυρω* και ἐκμαξασα τους ποδας αὐτου ταις θριξιν αὐτης,
	12 3	ἡ οὑν μαριαμ λαβουσα λιτραν *μυρου* ναρδου πιστικης πολυτιμου ἡλειψεν τους ποδας του ἰησου και ἐξεμαξεν ταις θριξιν αὐτης τους ποδας αὐτου·
	3	ἡ δε οἰκια ἐπληρωθη ἐκ της ὀσμης του *μυρου*.
	5	δια τι τουτο το *μυρον* οὐκ ἐπραθη τριακοσιων δηναριων και ἐδοθη πτωχοις;
Apc	18 13	και κινναμωμον και ἀμωμον και θυμιαματα και *μυρον*

μυσια [2]

Ac	16 7	ἐλθοντες δε κατα την *μυσιαν* ἐπειραζον εἰς την βιθυνιαν πορευθηναι,
	8	παρελθοντες δε την *μυσιαν* κατεβησαν εἰς τρωαδα.

μυστηριον [28]

Mt	13 11	ὁ δε ἀποκριθεις εἰπεν αὐτοις· ὁτι ὑμιν δεδοται γνωναι τα *μυστηρια* της βασιλειας των οὐρανων,
Mc	4 11	ὑμιν το *μυστηριον* δεδοται της βασιλειας του θεου·

μυστηριον [28]

Lc	8 10	ὑμιν δεδοται γνωναι τα *μυστηρια* της βασιλειας του θεου,
Rm	11 25	οὐ γαρ θελω ὑμας ἀγνοειν, ἀδελφοι, το *μυστηριον* τουτο,
	16 25	[τω δε δυναμενω ὑμας στηριξαι κατα το εὐαγγελιον μου και το κηρυγμα ἰησου χριστου], [κατα ἀποκαλυψιν *μυστηριου* χρονοις αἰωνιοις σεσιγημενου],
1Co	2 1	καγω ἐλθων προς ὑμας, ἀδελφοι, ἠλθον οὐ καθ ὑπεροχην λογου ἠ σοφιας καταγγελλων ὑμιν το *μυστηριον* του θεου.
	7	ἀλλα λαλουμεν θεου σοφιαν ἐν *μυστηριω*, την ἀποκεκρυμμενην, ἠν προωρισεν ὁ θεος προ των αἰωνων εἰς δοξαν ἡμων·
	4 1	οὑτως ἡμας λογιζεσθω ἀνθρωπος ὡς ὑπηρετας χριστου και οἰκονομους *μυστηριων* θεου.
	13 2	και ἐαν ἐχω προφητειαν και εἰδω τα *μυστηρια* παντα και πασαν την γνωσιν, και ἐαν ἐχω πασαν την πιστιν ὡστε ὀρη μεθισταναι, ἀγαπην δε μη ἐχω, οὐθεν εἰμι.
	14 2	οὐδεις γαρ ἀκουει, πνευματι δε λαλει *μυστηρια*·
	15 51	ἰδου *μυστηριον* ὑμιν λεγω· παντες οὐ κοιμηθησομεθα, παντες δε ἀλλαγησομεθα,
Eph	1 9	γνωρισας ἡμιν το *μυστηριον* του θεληματος αὐτου,
	3 3	τουτου χαριν ἐγω παυλος ὁ δεσμιος του χριστου [ἰησου] ὑπερ ὑμων των ἐθνων εἰ γε ἠκουσατε την οἰκονομιαν της χαριτος του θεου της δοθεισης μοι εἰς ὑμας, [ὁτι] κατα ἀποκαλυψιν ἐγνωρισθη μοι το *μυστηριον*,
	4	προς ὁ δυνασθε ἀναγινωσκοντες νοησαι την συνεσιν μου ἐν τω *μυστηριω* του χριστου,
	9	και φωτισαι [παντας] τις ἡ οἰκονομια του *μυστηριου* του ἀποκεκρυμμενου ἀπο των αἰωνων ἐν τω θεω τω τα παντα κτισαντι,
	5 32	το *μυστηριον* τουτο μεγα ἐστιν,
	6 19	ἰνα μοι δοθη λογος ἐν ἀνοιξει του στοματος μου, ἐν παρρησια γνωρισαι το *μυστηριον* του εὐαγγελιου,
Col	1 26	την δοθεισαν μοι εἰς ὑμας πληρωσαι τον λογον του θεου, το *μυστηριον* το ἀποκεκρυμμενον ἀπο των αἰωνων και ἀπο των γενεων
	27	νυν δε ἐφανερωθη τοις ἀγιοις αὐτου, οἱς ἠθελησεν ὁ θεος γνωρισαι τι το πλουτος της δοξης του *μυστηριου* τουτου ἐν τοις ἐθνεσιν,
	2 2	συμβιβασθεντες ἐν ἀγαπη και εἰς παν πλουτος της πληροφοριας της συνεσεως, εἰς ἐπιγνωσιν του *μυστηριου* του θεου, χριστου,
	4 3	ἰνα ὁ θεος ἀνοιξη ἡμιν θυραν του λογου, λαλησαι το *μυστηριον* του χριστου,
2Th	2 7	το γαρ *μυστηριον* ἠδη ἐνεργειται της ἀνομιας·
1Tm	3 9	ἐχοντας το *μυστηριον* της πιστεως ἐν καθαρα συνειδησει.
	16	και ὁμολογουμενως μεγα ἐστιν το της εὐσεβειας *μυστηριον*· ὁς ἐφανερωθη ἐν σαρκι,
Apc	1 20	το *μυστηριον* των ἑπτα ἀστερων οὑς εἰδες ἐπι της δεξιας μου,
	10 7	και ἐτελεσθη το *μυστηριον* του θεου, ὡς εὐηγγελισεν τους ἑαυτου δουλους τους προφητας.
	17 5	και ἐπι το μετωπον αὐτης ὀνομα γεγραμμενον, *μυστηριον*, βαβυλων ἡ μεγαλη, ἡ μητηρ των πορνων και των βδελυγματων της γης.
	7	ἐγω ἐρω σοι το *μυστηριον* της γυναικος και του θηριου του βασταζοντος αὐτην του ἐχοντος τας ἑπτα κεφαλας και τα δεκα κερατα.

μυωπαζω [1]

2Pt	1 9	ᾡ γαρ μη παρεστιν ταυτα, τυφλος ἐστιν *μυωπαζων*,

μωλωψ [1]

1Pt	2 24	οὑ τω *μωλωπι* ἰαθητε.

μωμαομαι [2]

2Co	6 3	μηδεμιαν ἐν μηδενι διδοντες προσκοπην, ἰνα μη *μωμηθη* ἡ διακονια,
	8 20	στελλομενοι τουτο, μη τις ἡμας *μωμησηται* ἐν τη ἀδροτητι ταυτη τη διακονουμενη ὑφ ἡμων·

μωμος [1]

2Pt	2 13	σπιλοι και *μωμοι* ἐντρυφωντες ἐν ταις ἀπαταις αὐτων συνευωχουμενοι ὑμιν,

μωραινω [4]

Mt	5 13	ἐαν δε το ἁλας *μωρανθη*, ἐν τινι ἁλισθησεται;

μωραινω [4]

Lc	14 34	ἐαν δε και το ἁλας *μωρανθη*, ἐν τινι ἀρτυθησεται;
Rm	1 22	φασκοντες εἰναι σοφοι *ἐμωρανθησαν*,
1Co	1 20	οὐχι *ἐμωρανεν* ὁ θεος την σοφιαν του κοσμου;

μωρια [5]

1Co	1 18	ὁ λογος γαρ ὁ του σταυρου τοις μεν ἀπολλυμενοις *μωρια* ἐστιν, τοις δε σωζομενοις ἡμιν δυναμις θεου ἐστιν.
	21	ἐπειδη γαρ ἐν τη σοφια του θεου οὐκ ἐγνω ὁ κοσμος δια της σοφιας τον θεον, εὐδοκησεν ὁ θεος δια της *μωριας* του κηρυγματος σωσαι τους πιστευοντας.
	23	ἡμεις δε κηρυσσομεν χριστον ἐσταυρωμενον, ἰουδαιοις μεν σκανδαλον, ἐθνεσιν δε *μωριαν*,
	2 14	*μωρια* γαρ αὐτω ἐστιν, και οὐ δυναται γνωναι, ὁτι πνευματικως ἀνακρινεται.
	3 19	ἡ γαρ σοφια του κοσμου τουτου *μωρια* παρα τω θεω ἐστιν.

μωρολογια [1]

Eph	5 4	και αἰσχροτης και *μωρολογια* ἠ εὐτραπελια, ἁ οὐκ ἀνηκεν, ἀλλα μαλλον εὐχαριστια.

μωρος [12]

Mt	5 22	ὁς δ ἀν εἰπη *μωρε*, ἐνοχος ἐσται εἰς την γεενναν του πυρος.
	7 26	και πας ὁ ἀκουων μου τους λογους τουτους και μη ποιων αὐτους ὁμοιωθησεται ἀνδρι *μωρω*,
	23 17	*μωροι* και τυφλοι, τις γαρ μειζων ἐστιν, ὁ χρυσος ἠ ὁ ναος ὁ ἁγιασας τον χρυσον;
	25 2	πεντε δε ἐξ αὐτων ἠσαν *μωραι* και πεντε φρονιμοι.
	3	αἱ γαρ *μωραι* λαβουσαι τας λαμπαδας αὐτων οὐκ ἐλαβον μεθ ἑαυτων ἐλαιον.
	8	αἱ δε *μωραι* ταις φρονιμοις εἰπαν·
1Co	1 25	ὁτι το *μωρον* του θεου σοφωτερον των ἀνθρωπων ἐστιν,
	27	ἀλλα τα *μωρα* του κοσμου ἐξελεξατο ὁ θεος ἰνα καταισχυνη τους σοφους,
	3 18	εἰ τις δοκει σοφος εἰναι ἐν ὑμιν ἐν τω αἰωνι τουτω, *μωρος* γενεσθω, ἰνα γενηται σοφος.
	4 10	ἡμεις *μωροι* δια χριστον, ὑμεις δε φρονιμοι ἐν χριστω·
2Tm	2 23	τας δε *μωρας* και ἀπαιδευτους ζητησεις παραιτου,
Tit	3 9	*μωρας* δε ζητησεις και γενεαλογιας και ἐρεις και μαχας νομικας περιιστασο·

μωυσης [80]

Mt	8 4	ἀλλα ὑπαγε σεαυτον δειξον τω ἱερει και προσενεγκον το δωρον ὁ προσεταξεν *μωυσης*,
	17 3	και ἰδου ὡφθη αὐτοις *μωυσης* και ἡλιας συλλαλουντες μετ αὐτου.
	4	εἰ θελεις, ποιησω ὡδε τρεις σκηνας, σοι μιαν και *μωυσει* μιαν και ἡλια μιαν.
	19 7	τι οὐν *μωυσης* ἐνετειλατο δουναι βιβλιον ἀποστασιου και ἀπολυσαι [αὐτην];
	8	λεγει αὐτοις· ὁτι *μωυσης* προς την σκληροκαρδιαν ὑμων ἐπετρεψεν ὑμιν ἀπολυσαι τας γυναικας ὑμων· ἀπ ἀρχης δε οὐ γεγονεν οὑτως.
	22 24	διδασκαλε, *μωυσης* εἰπεν· ἐαν τις ἀποθανη μη ἐχων τεκνα, ἐπιγαμβρευσει ὁ ἀδελφος αὐτου την γυναικα αὐτου και ἀναστησει σπερμα τω ἀδελφω αὐτου.
	23 2	ἐπι της *μωυσεως* καθεδρας ἐκαθισαν οἱ γραμματεις και οἱ φαρισαιοι.
Mc	1 44	ὁρα μηδενι μηδεν εἰπης, ἀλλα ὑπαγε σεαυτον δειξον τω ἱερει και προσενεγκε περι του καθαρισμου σου ἁ προσεταξεν *μωυσης*,
	7 10	*μωυσης* γαρ εἰπεν· τιμα τον πατερα σου και την μητερα σου, και· ὁ κακολογων πατερα ἠ μητερα θανατω τελευτατω.
	9 4	και ὡφθη αὐτοις ἡλιας συν *μωυσει*, και ἠσαν συλλαλουντες τω ἰησου.
	5	ῥαββι, καλον ἐστιν ἡμας ὡδε εἰναι, και ποιησωμεν τρεις σκηνας, σοι μιαν και *μωυσει* μιαν και ἡλια μιαν.
	10 3	ὁ δε ἀποκριθεις εἰπεν αὐτοις· τι ὑμιν ἐνετειλατο *μωυσης*;
	4	ἐπετρεψεν *μωυσης* βιβλιον ἀποστασιου γραψαι και ἀπολυσαι.
	12 19	διδασκαλε, *μωυσης* ἐγραψεν ἡμιν ὁτι ἐαν τινος ἀδελφος ἀποθανη και καταλιπη γυναικα και μη ἀφη τεκνον, ἰνα λαβη ὁ ἀδελφος αὐτου την γυναικα και ἐξαναστηση σπερμα τω ἀδελφω αὐτου.
	26	περι δε των νεκρων ὁτι ἐγειρονται, οὐκ ἀνεγνωτε ἐν τη βιβλω *μωυσεως* ἐπι του βατου πως εἰπεν αὐτω ὁ θεος λεγων·

μωυσης [80]

Lc 2 22 και ότε επλησθησαν αι ημεραι του καθαρισμου αυτων κατα
τον νομον μωυσεως, ανηγαγον αυτον εις ιεροσολυμα
παραστησαι τω κυριω,

5 14 και προσενεγκε περι του καθαρισμου σου καθως προσεταξεν
μωυσης, εις μαρτυριον αυτοις.

9 30 και ιδου ανδρες δυο συνελαλουν αυτω, οιτινες ησαν μωυσης
και ηλιας,

33 και ποιησωμεν σκηνας τρεις, μιαν σοι και μιαν μωυσει και
μιαν ηλια, μη ειδως ο λεγει.

16 29 εχουσι μωυσεα και τους προφητας· ακουσατωσαν αυτων.

31 ει μωυσεως και των προφητων ουκ ακουουσιν, ουδ εαν τις εκ
νεκρων αναστη πεισθησονται.

20 28 διδασκαλε, μωυσης εγραψεν ημιν,

37 ότι δε εγειρονται οι νεκροι, και μωυσης εμηνυσεν επι της
βατου,

24 27 και αρξαμενος απο μωυσεως και απο παντων των προφητων
διερμηνευσεν αυτοις εν πασαις ταις γραφαις τα περι εαυτου.

44 ουτοι οι λογοι μου ους ελαλησα προς υμας ετι ων συν υμιν,
ότι δει πληρωθηναι παντα τα γεγραμμενα εν τω νομω
μωυσεως και τοις προφηταις και ψαλμοις περι εμου.

Jh 1 17 ότι ο νομος δια μωυσεως εδοθη,

45 όν εγραψεν μωυσης εν τω νομω και οι προφηται ευρηκαμεν,

3 14 και καθως μωυσης υψωσεν τον οφιν εν τη ερημω, ουτως
υψωθηναι δει τον υιον του ανθρωπου,

5 45 εστιν ο κατηγορων υμων μωυσης,

46 ει γαρ επιστευετε μωυσει, επιστευετε αν εμοι·

6 32 αμην αμην λεγω υμιν, ου μωυσης δεδωκεν υμιν τον αρτον
του ουρανου,

7 19 ου μωυσης δεδωκεν υμιν τον νομον;

22 δια τουτο μωυσης δεδωκεν υμιν την περιτομην, ουχ ότι εκ
του μωυσεως εστιν αλλ εκ των πατερων, και εν σαββατω
περιτεμνετε ανθρωπον.

22 δια τουτο μωυσης δεδωκεν υμιν την περιτομην, ουχ ότι εκ
του μωυσεως εστιν αλλ εκ των πατερων, και εν σαββατω
περιτεμνετε ανθρωπον.

23 ει περιτομην λαμβανει ο ανθρωπος εν σαββατω ινα μη λυθη ο
νομος μωυσεως, εμοι χολατε ότι ολον ανθρωπον υγιη
εποιησα εν σαββατω;

8 5* εν δε τω νομω ημιν μωυσης ενετειλατο τας τοιαυτας λιθαζειν·
συ ουν τι λεγεις;

9 28 συ μαθητης ει εκεινου, ημεις δε του μωυσεως εσμεν μαθηται·

29 ημεις οιδαμεν ότι μωυσει λελαληκεν ο θεος, τουτον δε ουκ
οιδαμεν ποθεν εστιν.

Ac 3 22 μωυσης μεν ειπεν ότι προφητην υμιν αναστησει κυριος ο θεος
υμων εκ των αδελφων υμων ως εμε·

6 11 τοτε υπεβαλον ανδρας λεγοντας ότι ακηκοαμεν αυτου
λαλουντος ρηματα βλασφημα εις μωυσην και τον θεον·

14 ακηκοαμεν γαρ αυτου λεγοντος ότι ιησους ο ναζωραιος
ουτος καταλυσει τον τοπον τουτον και αλλαξει τα εθη α
παρεδωκεν ημιν μωυσης.

7 20 εν ω καιρω εγεννηθη μωυσης, και ην αστειος τω θεω·

22 και επαιδευθη μωυσης [εν] παση σοφια αιγυπτιων,

29 εφυγεν δε μωυσης εν τω λογω τουτω, και εγενετο παροικος εν
γη μαδιαμ,

31 ο δε μωυσης ιδων εθαυμαζεν το οραμα·

32 εντρομος δε γενομενος μωυσης ουκ ετολμα κατανοησαι.

35 τουτον τον μωυσην, ον ηρνησαντο ειποντες·

37 ουτος εστιν ο μωυσης ο ειπας τοις υιοις ισραηλ·

40 ο γαρ μωυσης ουτος, ός εξηγαγεν ημας εκ γης αιγυπτου, ουκ
οιδαμεν τι εγενετο αυτω.

44 η σκηνη του μαρτυριου ην τοις πατρασιν ημων εν τη ερημω,
καθως διεταξατο ο λαλων τω μωυση ποιησαι αυτην κατα τον
τυπον ον εωρακει.

13 38 γνωστον ουν εστω υμιν, ανδρες αδελφοι, ότι δια τουτου υμιν
αφεσις αμαρτιων καταγγελλεται, [και] απο παντων ων ουκ
ηδυνηθητε εν νομω μωυσεως δικαιωθηναι,

15 1 και τινες κατελθοντες απο της ιουδαιας εδιδασκον τους
αδελφους ότι εαν μη περιτμηθητε τω εθει τω μωυσεως, ου
δυνασθε σωθηναι.

5 εξανεστησαν δε τινες των απο της αιρεσεως των φαρισαιων
πεπιστευκοτες, λεγοντες ότι δει περιτεμνειν αυτους
παραγγελλειν τε τηρειν τον νομον μωυσεως.

21 μωυσης γαρ εκ γενεων αρχαιων κατα πολι τους
κηρυσσοντας αυτον εχει εν ταις συναγωγαις κατα παν
σαββατον αναγινωσκομενος.

21 21 κατηχηθησαν δε περι σου ότι αποστασιαν διδασκεις απο
μωυσεως τους κατα τα εθνη παντας ιουδαιους,

26 22 ουδεν εκτος λεγων ών τε οι προφηται ελαλησαν μελλοντων
γινεσθαι και μωυσης, ει παθητος ο χριστος

μωυσης [80]

Ac 28 23 πειθων τε αυτους περι του ιησου απο τε του νομου μωυσεως
και των προφητων,

Rm 5 14 αλλα εβασιλευσεν ο θανατος απο αδαμ μεχρι μωυσεως

9 15 τω μωυσει γαρ λεγει· ελεησω όν αν ελεω, και οικτιρησω όν
αν οικτιρω.

10 5 μωυσης γαρ γραφει την δικαιοσυνην την εκ [του] νομου ότι ο
ποιησας αυτα ανθρωπος ζησεται εν αυτοις.

19 πρωτος μωυσης λεγει· εγω παραζηλωσω υμας επ ουκ εθνει, επ
εθνει ασυνετω παροργιω υμας.

1Co 9 9 εν γαρ τω μωυσεως νομω γεγραπται·

10 2 και παντες εις τον μωυσην εβαπτισθησαν εν τη νεφελη και εν
τη θαλασση,

2Co 3 7 ει δε η διακονια του θανατου εν γραμμασιν εντετυπωμενη
λιθοις εγενηθη εν δοξη, ωστε μη δυνασθαι ατενισαι τους
υιους ισραηλ εις το προσωπον μωυσεως

13 εχοντες ουν τοιαυτην ελπιδα πολλη παρρησια χρωμεθα, και
ου καθαπερ μωυσης ετιθει καλυμμα επι το προσωπον αυτου,

15 αλλ εως σημερον ηνικα αν αναγινωσκηται μωυσης καλυμμα
επι την καρδιαν αυτων κειται·

2Tm 3 8 όν τροπον δε ιαννης και ιαμβρης αντεστησαν μωυσει, ουτως
και ουτοι ανθισταντι τη αληθεια,

Heb 3 2 πιστον οντα τω ποιησαντι αυτον, ως και μωυσης εν [όλω] τω
οικω αυτου.

3 πλειονος γαρ ουτος δοξης παρα μωυσην ηξιωται καθ όσον
πλειονα τιμην εχει του οικου ο κατασκευασας αυτον.

5 και μωυσης μεν πιστος εν όλω τω οικω αυτου ως θεραπων εις
μαρτυριον των λαληθησομενων,

16 αλλ ου παντες οι εξελθοντες εξ αιγυπτου δια μωυσεως;

7 14 προδηλον γαρ ότι εξ ιουδα ανατεταλκεν ο κυριος ημων, εις ήν
φυλην περι ιερεων ουδεν μωυσης ελαλησεν.

8 5 καθως κεχρηματισται μωυσης μελλων επιτελειν την σκηνην·
ορα γαρ φησιν,

9 19 λαληθεισης γαρ πασης εντολης κατα τον νομον υπο μωυσεως
παντι τω λαω, λαβων το αιμα των μοσχων

10 28 αθετησας τις νομον μωυσεως χωρις οικτιρμων επι δυσιν ή
τρισιν μαρτυσιν αποθνησκει·

11 23 πιστει μωυσης γεννηθεις εκρυβη τριμηνον υπο των πατερων
αυτου,

24 πιστει μωυσης μεγας γενομενος ηρνησατο λεγεσθαι υιος
θυγατρος φαραω,

12 21 και, ουτω φοβερον ην το φανταζομενον, μωυσης ειπεν·

Ju 9 ο δε μιχαηλ ο αρχαγγελος, ότε τω διαβολω διακρινομενος
διελεγετο περι του μωυσεως σωματος, ουκ ετολμησεν κρισιν
επενεγκειν βλασφημιας,

Apc 15 3 και αδουσιν την ωδην μωυσεως του δουλου του θεου και την
ωδην του αρνιου, λεγοντες·

N

ναασσων [3]

Mt 1 4 αμιναδαβ δε εγεννησεν τον ναασσων,

4 ναασσων δε εγεννησεν τον σαλμων,

Lc 3 32 του ιεσσαι του ιωβηδ του βοος του σαλα του ναασσων

ναγγαι [1]

Lc 3 25 του ματταθιου του αμως του ναουμ του εσλι του ναγγαι

ναζαρα [2]

Mt 4 13 και καταλιπων την ναζαρα ελθων κατωκησεν εις
καφαρναουμ την παραθαλασσιαν εν οριοις ζαβουλων και
νεφθαλιμ

Lc 4 16 και ηλθεν εις ναζαρα, ού ην τεθραμμενος,

ναζαρεθ [6]

Mt 21 11 ουτος εστιν ο προφητης ιησους ο απο ναζαρεθ της γαλιλαιας.

Lc 1 26 εν δε τω μηνι τω εκτω απεσταλη ο αγγελος γαβριηλ απο του
θεου εις πολιν της γαλιλαιας ή ονομα ναζαρεθ,

2 4 ανεβη δε και ιωσηφ απο της γαλιλαιας εκ πολεως ναζαρεθ εις
την ιουδαιαν εις πολιν δαυιδ ήτις καλειται βηθλεεμ,

ναζαρεθ [6]

Lc   2 39   και ώς έτελεσαν παντα τα κατα τον νομον κυριου, έπεστρεψαν είς την γαλιλαιαν είς πολιν έαυτων *ναζαρεθ*.

     51   και κατεβη μετ αυτων και ήλθεν είς *ναζαρεθ,*

Ac   10 38   άρξαμενος άπο της γαλιλαιας μετα το βαπτισμα ό έκηρυξεν ιωαννης, ιησουν τον άπο *ναζαρεθ,*

ναζαρετ [4]

Mt   2 23   και έλθων κατωκησεν είς πολιν λεγομενην *ναζαρετ·*

Mc   1 9   και έγενετο έν έκειναις ταις ήμεραις ήλθεν ιησους άπο *ναζαρετ* της γαλιλαιας και έβαπτισθη είς τον ιορδανην ύπο ιωαννου.

Jh   1 45   όν έγραψεν μωυσης έν τω νομω και οί προφηται εύρηκαμεν, ιησουν υίον του ιωσηφ τον άπο *ναζαρετ.*

     46   και είπεν αύτω ναθαναηλ· έκ *ναζαρετ* δυναται τι άγαθον είναι;

ναζαρηνος [6]

Mc   1 24   τί ήμιν και σοί, ιησου *ναζαρηνε;*

     10 47   και άκουσας ότι ιησους ό *ναζαρηνος* έστιν ήρξατο κραζειν και λεγειν·

     14 67   και συ μετα του *ναζαρηνου* ήσθα του ιησου.

     16 6   ιησουν ζητειτε τον *ναζαρηνον* τον έσταυρωμενον·

Lc   4 34   έα, τί ήμιν και σοί, ιησου *ναζαρηνε;* ήλθες άπολεσαι ήμας;

     24 19   τα περι ιησου του *ναζαρηνου,* ός έγενετο άνηρ προφητης δυνατος έν έργω και λογω έναντιον του θεου και παντος του λαου,

ναζωραιος [13]

Mt   2 23   και έλθων κατωκησεν είς πολιν λεγομενην ναζαρετ· όπως πληρωθη το ρηθεν δια των προφητων ότι *ναζωραιος* κληθησεται.

     26 71   ούτος ήν μετα ιησου του *ναζωραιου.*

Lc   18 37   άπηγγειλαν δε αύτω ότι ιησους ό *ναζωραιος* παρερχεται.

Jh   18 5   άπεκριθησαν αύτω· ιησουν τον *ναζωραιον.*

     7   οί δε είπαν· ιησουν τον *ναζωραιον.*

     19 19   ήν δε γεγραμμενον· ιησους ό *ναζωραιος* ό βασιλευς των ιουδαιων.

Ac   2 22   ιησουν τον *ναζωραιον,* άνδρα άποδεδειγμενον άπο του θεου είς ύμας δυναμεσι και τερασι και σημειοις,

     3 6   έν τω όνοματι ιησου χριστου του *ναζωραιου* [έγειρε και] περιπάτει.

     4 10   γνωστον έστω πασιν ύμιν και παντι τω λαω ίσραηλ, ότι έν τω όνοματι ιησου χριστου του *ναζωραιου,* όν ύμεις έσταυρωσατε, όν ό θεος ήγειρεν έκ νεκρων, έν τουτω ούτος παρεστηκεν ένωπιον ύμων ύγιης.

     6 14   άκηκοαμεν γαρ αύτου λεγοντος ότι ιησους ό *ναζωραιος* ούτος καταλυσει τον τοπον τουτον και άλλαξει τα έθη ά παρεδωκεν ήμιν μωυσης.

     22 8   έγω είμι ιησους ό *ναζωραιος,* όν συ διωκεις.

     24 5   εύροντες γαρ τον άνδρα τουτον λοιμον και κινουντα στασεις πασιν τοις ιουδαιοις τοις κατα την οίκουμενην πρωτοστατην τε της των *ναζωραιων* αίρεσεως,

     26 9   έγω μεν ούν έδοξα έμαυτω προς το όνομα ιησου του *ναζωραιου* δειν πολλα έναντια πραξαι·

ναθαμ [1]

Lc   3 31   του μελεα του μεννα του ματταθα του *ναθαμ* του δαυιδ

ναθαναηλ [6]

Jh   1 45   εύρισκει φιλιππος τον *ναθαναηλ* και λεγει αύτω·

     46   και είπεν αύτω *ναθαναηλ·* έκ ναζαρετ δυναται τι άγαθον είναι;

     47   είδεν ό ιησους τον *ναθαναηλ* έρχομενον προς αύτον και λεγει περι αύτου·

     48   λεγει αύτω *ναθαναηλ·* ποθεν με γινωσκεις;

     49   άπεκριθη αύτω *ναθαναηλ·* ραββι,

     21 2   ήσαν όμου σιμων πετρος και θωμας ό λεγομενος διδυμος και *ναθαναηλ* ό άπο κανα της γαλιλαιας και οί του ζεβεδαιου και άλλοι έκ των μαθητων αύτου δυο.

ναι [33]

Mt   5 37   έστω δε ό λογος ύμων *ναι* ναι, ού ού· το δε περισσον τουτων έκ του πονηρου έστιν.

ναι [33]

Mt   5 37   έστω δε ό λογος ύμων *ναι* ναι, ού ού· το δε περισσον τουτων έκ του πονηρου έστιν·

     9 28   λεγουσιν αύτω· *ναι,* κυριε.

     11 9   *ναι* λεγω ύμιν, και περισσοτερον προφητου.

     26   *ναι* ό πατηρ, ότι ούτως εύδοκια έγενετο έμπροσθεν σου.

     13 51   λεγουσιν αύτω· *ναι.*

     15 27   ή δε είπεν· *ναι,* κυριε· και γαρ τα κυναρια έσθιει άπο των ψιχιων των πιπτοντων άπο της τραπεζης των κυριων αύτων.

     17 25   λεγει· *ναι.*

     21 16   *ναι·* ούδεποτε άνεγνωτε ότι έκ στοματος νηπιων και θηλαζοντων κατηρτισω αίνον;

Lc   7 26   *ναι* λεγω ύμιν, και περισσοτερον προφητου.

     10 21   *ναι,* ό πατηρ, ότι ούτως εύδοκια έγενετο έμπροσθεν σου.

     11 51   *ναι* λεγω ύμιν, έκζητηθησεται άπο της γενεας ταυτης.

     12 5   *ναι* λεγω ύμιν, τουτον φοβήθητε.

Jh   11 27   λεγει αύτω· *ναι,* κυριε·

     21 15   *ναι,* κυριε, συ οίδας ότι φιλω σε.

     16   *ναι,* κυριε, συ οίδας ότι φιλω σε.

Ac   5 8   ή δε είπεν· *ναι,* τοσουτου.

     22 27   λεγε μοι, συ ρωμαιος εί; ό δε έφη· *ναι.*

Rm   3 29   ούχι και έθνων; *ναι* και έθνων,

2Co   1 17   ή ά βουλευομαι κατα σαρκα βουλευομαι, ίνα ή παρ έμοι το *ναι* ναι και το ού ού;

     17   ή ά βουλευομαι κατα σαρκα βουλευομαι, ίνα ή παρ έμοι το *ναι* ναι και το ού ού;

     18   πιστος δε ό θεος ότι ό λογος ήμων ό προς ύμας ούκ έστιν *ναι* και ού.

     19   ό του θεου γαρ υίος ιησους χριστος ό έν ύμιν δι ήμων κηρυχθεις, δι έμου και σιλουανου και τιμοθεου, ούκ έγενετο *ναι* και ού,

     19   ούκ έγενετο ναι και ού, άλλα *ναι* έν αύτω γεγονεν.

     20   όσαι γαρ έπαγγελιαι θεου, έν αύτω το *ναι·*

Php   4 3   *ναι* έρωτω και σέ, γνησιε συζυγε, συλλαμβανου αύταις,

Phm   20   *ναι,* άδελφε, έγω σου όναιμην έν κυριω·

Ja   5 12   ήτω δε ύμων το *ναι* ναι, και το ού ού,

     12   ήτω δε ύμων το ναι *ναι,* και το ού ού,

Apc   1 7   και κοψονται έπ αύτον πασαι αί φυλαι της γης. *ναι,* άμην.

     14 13   *ναι,* λεγει το πνευμα, ίνα άναπαησονται έκ των κοπων αύτων·

     16 7   *ναι,* κυριε ό θεος ό παντοκρατωρ, άληθιναι και δικαιαι αί κρισεις σου.

     22 20   λεγει ό μαρτυρων ταυτα· *ναι,* έρχομαι ταχυ.

ναιμαν [1]

Lc   4 27   και πολλοι λεπροι ήσαν έν τω ίσραηλ έπι έλισαιου του προφητου, και ούδεις αύτων έκαθαρισθη εί μη *ναιμαν* ό συρος.

ναιν [1]

Lc   7 11   και έγενετο έν τω έξης έπορευθη είς πολιν καλουμενην *ναιν.*

ναος [45]

Mt   23 16   ός άν όμοση έν τω *ναω,* ούδεν έστιν· ός δ άν όμοση έν τω χρυσω του ναου, όφειλει.

     16   ός άν όμοση έν τω ναω, ούδεν έστιν· ός δ άν όμοση έν τω χρυσω του *ναου,* όφειλει.

     17   μωροι και τυφλοι, τίς γαρ μειζων έστιν, ό χρυσος ή ό *ναος* ό άγιασας τον χρυσον;

     21   και ό όμοσας έν τω *ναω* όμνυει έν αύτω και έν τω κατοικουντι αύτον·

     35   όπως έλθη έφ ύμας παν αίμα δικαιον έκχυννομενον έπι της γης άπο του αίματος άβελ του δικαιου έως του αίματος ζαχαριου υίου βαραχιου, όν έφονευσατε μεταξυ του *ναου* και του θυσιαστηριου.

     26 61   ούτος έφη· δυναμαι καταλυσαι τον *ναον* του θεου και δια τριων ήμερων οίκοδομησαι.

     27 5   και ριψας τα άργυρια είς τον *ναον* άνεχωρησεν, και άπελθων άπηγξατο.

     40   ό καταλυων τον *ναον* και έν τρισιν ήμεραις οίκοδομων, σωσον σεαυτον,

     51   και ίδου το καταπετασμα του *ναου* έσχισθη άπ άνωθεν έως κατω είς δυο,

Mc   14 58   και τινες άναστανTες έψευδομαρτυρουν κατ αύτου λεγοντες ότι ήμεις ήκουσαμεν αύτου λεγοντος ότι έγω καταλυσω τον *ναον* τουτον τον χειροποιητον και δια τριων ήμερων άλλον άχειροποιητον οίκοδομησω.

ναος [45]

Mc 15 29 οὐά ὁ καταλυων τον *ναον* και οἰκοδομων ἐν τρισιν ἡμεραις, σωσον σεαυτον καταβας ἀπο του σταυρου.
38 και το καταπετασμα του *ναου* ἐσχισθη εἰς δυο ἀπ ἀνωθεν ἐως κατω.

Lc 1 9 κατα το ἐθος της ἱερατειας ἐλαχε του θυμιασαι εἰσελθων εἰς τον *ναον* του κυριου,
21 και ἐθαυμαζον ἐν τω χρονιζειν ἐν τω *ναω* αὐτου.
22 ἐξελθων δε οὐκ ἐδυνατο λαλησαι αὐτοις, και ἐπεγνωσαν ὅτι ὀπτασιαν ἑωρακεν ἐν τω *ναω·*
23 45 ἐσχισθη δε το καταπετασμα του *ναου* μεσον.

Jh 2 19 λυσατε τον *ναον* τουτον, και ἐν τρισιν ἡμεραις ἐγερω αὐτον.
20 τεσσερακοντακαιεξ ἐτεσιν οἰκοδομηθη ὁ *ναος* οὑτος,
21 ἐκεινος δε ἐλεγεν περι του *ναου* του σωματος αὐτου.

Ac 17 24 ὁ θεος ὁ ποιησας τον κοσμον και παντα τα ἐν αὐτω, οὑτος οὐρανου και γης ὑπαρχων κυριος οὐκ ἐν χειροποιητοις *ναοις* κατοικει,
19 24 δημητριος γαρ τις ὀνοματι, ἀργυροκοπος, ποιων *ναους* ἀργυρους ἀρτεμιδος παρειχετο τοις τεχνιταις οὐκ ὀλιγην ἐργασιαν,

1Co 3 16 οὐκ οἰδατε ὅτι *ναος* θεου ἐστε και το πνευμα του θεου οἰκει ἐν ὑμιν;
17 εἰ τις τον *ναον* του θεου φθειρει, φθειρει τουτον ὁ θεος·
17 ὁ γαρ *ναος* του θεου ἁγιος ἐστιν, οἱτινες ἐστε ὑμεις.
6 19 ἡ οὐκ οἰδατε ὅτι το σωμα ὑμων *ναος* του ἐν ὑμιν ἁγιου πνευματος ἐστιν, οὑ ἐχετε ἀπο θεου, και οὐκ ἐστε ἑαυτων;

2Co 6 16 τίς δε συγκαταθεσις *ναω* θεου μετα εἰδωλων;
16 ἡμεις γαρ *ναος* θεου ἐσμεν ζωντος·

Eph 2 21 ἐν ὡ πασα οἰκοδομη συναρμολογουμενη αὐξει εἰς *ναον* ἁγιον ἐν κυριω,

2Th 2 4 ὡστε αὐτον εἰς τον *ναον* του θεου καθισαι,

Apc 3 12 ὁ νικων, ποιησω αὐτον στυλον ἐν τω *ναω* του θεου μου,
7 15 και λατρευουσιν αὐτω ἡμερας και νυκτος ἐν τω *ναω* αὐτου,
11 1 ἐγειρε και μετρησον τον *ναον* του θεου και το θυσιαστηριον και τους προσκυνουντας ἐν αὐτω.
2 και την αὐλην την ἐξωθεν του *ναου* ἐκβαλε ἐξωθεν και μη αὐτην μετρησης,
19 και ἠνοιγη ὁ *ναος* του θεου ὁ ἐν τω οὐρανω,
19 και ὠφθη ἡ κιβωτος της διαθηκης αὐτου ἐν τω *ναω* αὐτου,
14 15 και ἀλλος ἀγγελος ἐξηλθεν ἐκ του *ναου,*
17 και ἀλλος ἀγγελος ἐξηλθεν ἐκ του *ναου* του ἐν τω οὐρανω,
15 5 και ἠνοιγη ὁ *ναος* της σκηνης του μαρτυριου ἐν τω οὐρανω,
6 και ἐξηλθον οἱ ἐπτα ἀγγελοι [οἱ] ἐχοντες τας ἐπτα πληγας ἐκ του *ναου,*
8 και ἐγεμισθη ὁ *ναος* καπνου ἐκ της δοξης του θεου
8 και οὐδεις ἐδυνατο εἰσελθειν εἰς τον *ναον* ἀχρι τελεσθωσιν αἱ ἐπτα πληγαι των ἐπτα ἀγγελων.
16 1 και ἠκουσα μεγαλης φωνης ἐκ του *ναου* λεγουσης τοις ἐπτα ἀγγελοις·
17 και ἐξηλθεν φωνη μεγαλη ἐκ του *ναου* ἀπο του θρονου λεγουσα·
21 22 και *ναον* οὐκ εἰδον ἐν αὐτη·
22 ὁ γαρ κυριος ὁ θεος ὁ παντοκρατωρ *ναος* αὐτης ἐστιν,

ναουμ [1]

Lc 3 25 του ματταθιου του ἀμως του *ναουμ* του ἐσλι του ναγγαι

ναρδος [2]

Mc 14 3 και ὀντος αὐτου ἐν βηθανια ἐν τη οἰκια σιμωνος του λεπρου, κατακειμενου αὐτου ἠλθεν γυνη ἐχουσα ἀλαβαστρον μυρου *ναρδου* πιστικης πολυτελους·

Jh 12 3 ἡ οὐν μαριαμ λαβουσα λιτραν μυρου *ναρδου* πιστικης πολυτιμου ἠλειψεν τους ποδας του ἰησου και ἐξεμαξεν ταις θριξιν αὐτης τους ποδας αὐτου·

ναρκισσος [1]

Rm 16 11 ἀσπασασθε τους ἐκ των *ναρκισσου* τους ὀντας ἐν κυριω.

ναυαγεω [2]

2Co 11 25 τρις ἐρραβδισθην, ἀπαξ ἐλιθασθην, τρις *ἐναυαγησα,* νυχθημερον ἐν τω βυθω πεποιηκα·

1Tm 1 19 ἐχων πιστιν και ἀγαθην συνειδησιν, ἡν τινες ἀπωσαμενοι περι την πιστιν *ἐναυαγησαν·*

ναυκληρος [1]

Ac 27 11 ὁ δε ἑκατονταρχης τω κυβερνητη και τω *ναυκληρω* μαλλον ἐπειθετο ἡ τοις ὑπο παυλου λεγομενοις.

ναυς [1]

Ac 27 41 περιπεσοντες δε εἰς τοπον διθαλασσον ἐπεκειλαν την *ναυν,*

ναυτης [3]

Ac 27 27 ὡς δε τεσσαρεσκαιδεκατη νυξ ἐγενετο διαφερομενων ἡμων ἐν τω ἀδρια, κατα μεσον της νυκτος ὑπενοουν οἱ *ναυται* προσαγειν τινα αὐτοις χωραν.
30 των δε *ναυτων* ζητουντων φυγειν ἐκ του πλοιου

Apc 18 17 και πας κυβερνητης και πας ὁ ἐπι τοπον πλεων και *ναυται* και ὁσοι την θαλασσαν ἐργαζονται, ἀπο μακροθεν ἐστησαν

ναχωρ [1]

Lc 3 34 του ἰακωβ του ἰσαακ του ἀβρααμ του θαρα του *ναχωρ*

νεανιας [3]

Ac 7 58 και οἱ μαρτυρες ἀπεθεντο τα ἱματια αὐτων παρα τους ποδας *νεανιου* καλουμενου σαυλου.
20 9 καθεζομενος δε τις *νεανιας* ὀνοματι εὐτυχος ἐπι της θυριδος, καταφερομενος ὑπνω βαθει, διαλεγομενου του παυλου ἐπι πλειον,
23 17 τον *νεανιαν* τουτον ἀπαγαγε προς τον χιλιαρχον, ἐχει γαρ ἀπαγγειλαι τι αὐτω.

νεανισκος [11]

Mt 19 20 λεγει αὐτω ὁ *νεανισκος·* παντα ταυτα ἐφυλαξα· τί ἐτι ὑστερω;
22 ἀκουσας δε ὁ *νεανισκος* τον λογον ἀπηλθεν λυπουμενος·

Mc 14 51 και *νεανισκος* τις συνηκολουθει αὐτω περιβεβλημενος σινδονα ἐπι γυμνου,
16 5 και εἰσελθουσαι εἰς το μνημειον εἰδον *νεανισκον* καθημενον ἐν τοις δεξιοις περιβεβλημενον στολην λευκην,

Lc 7 14 *νεανισκε,* σοι λεγω, ἐγερθητι.

Ac 2 17 και οἱ *νεανισκοι* ὑμων ὁρασεις ὀψονται,
5 10 εἰσελθοντες δε οἱ *νεανισκοι* εὑρον αὐτην νεκραν, και ἐξενεγκαντες ἐθαψαν προς τον ἀνδρα αὐτης.
23 18 ὁ δεσμιος παυλος προσκαλεσαμενος με ἠρωτησεν τουτον τον *νεανισκον* ἀγαγειν προς σέ,
22 ὁ μεν οὐν χιλιαρχος ἀπελυσε τον *νεανισκον,* παραγγειλας μηδεν ἐκλαλησαι ὅτι ταυτα ἐνεφανισας προς με.

1Jh 2 13 γραφω ὑμιν, *νεανισκοι,* ὅτι νενικηκατε τον πονηρον.
14 ἐγραψα ὑμιν, *νεανισκοι,* ὅτι ἰσχυροι ἐστε και ὁ λογος του θεου ἐν ὑμιν μενει και νενικηκατε τον πονηρον.

νεαπολις [1]

Ac 16 11 ἀναχθεντες δε ἀπο τρωαδος εὐθυδρομησαμεν εἰς σαμοθρακην, τη δε ἐπιουση εἰς νεαν *πολιν,*

νεκρος [128]

Mt 8 22 ἀκολουθει μοι, και ἀφες τους *νεκρους* θαψαι τους ἑαυτων νεκρους.
22 ἀκολουθει μοι, και ἀφες τους νεκρους θαψαι τους ἑαυτων *νεκρους.*
10 8 ἀσθενουντας θεραπευετε, *νεκρους* ἐγειρετε,
11 5 και *νεκροι* ἐγειρονται και πτωχοι εὐαγγελιζονται·
14 2 οὑτος ἐστιν ἰωαννης ὁ βαπτιστης· αὐτος ἠγερθη ἀπο των *νεκρων,*
17 9 μηδενι εἰπητε το ὁραμα ἐως οὑ ὁ υἱος του ἀνθρωπου ἐκ *νεκρων* ἐγερθη.
22 31 περι δε της ἀναστασεως των *νεκρων* οὐκ ἀνεγνωτε το ῥηθεν ὑμιν ὑπο του θεου λεγοντος·
32 οὐκ ἐστιν [ὁ] θεος *νεκρων* ἀλλα ζωντων.
23 27 ὅτι παρομοιαζετε ταφοις κεκονιαμενοις, οἱτινες ἐξωθεν μεν φαινονται ὡραιοι, ἐσωθεν δε γεμουσιν ὀστεων *νεκρων* και πασης ἀκαθαρσιας.
27 64 ἠγερθη ἀπο των *νεκρων,*
28 4 ἀπο δε του φοβου αὐτου ἐσεισθησαν οἱ τηρουντες και ἐγενηθησαν ὡς *νεκροι.*
7 και ταχυ πορευθεισαι εἰπατε τοις μαθηταις αὐτου ὅτι ἠγερθη ἀπο των *νεκρων,*

νεκρος [128]

Mc	6 14	και ήκουσεν ὁ βασιλευς ἡρωδης, φανερον γαρ ἐγενετο το ὀνομα αὐτου, και ἐλεγον ὁτι ἰωαννης ὁ βαπτιζων ἐγηγερται ἐκ *νεκρων.*
	9 9	και καταβαινοντων αὐτων ἐκ του ὀρους διεστειλατο αὐτοις ἱνα μηδενι ἁ εἰδον διηγησωνται, εἰ μη ὁταν ὁ υἱος του ἀνθρωπου ἐκ *νεκρων* ἀναστη.
	10	και τον λογον ἐκρατησαν προς ἑαυτους συζητουντες τί ἐστιν το ἐκ *νεκρων* ἀναστηναι.
	26	και ἐγενετο ὡσει *νεκρος,* ὡστε τους πολλους λεγειν ὁτι ἀπεθανεν.
	12 25	ὁταν γαρ ἐκ *νεκρων* ἀναστωσιν, οὐτε γαμουσιν οὐτε γαμιζονται, ἀλλ εἰσιν ὡς ἀγγελοι ἐν τοις οὐρανοις.
	26	περι δε των *νεκρων* ὁτι ἐγειρονται, οὐκ ἀνεγνωτε ἐν τῃ βιβλῳ μωυσεως ἐπι του βατου πως εἰπεν αὐτῳ ὁ θεος λεγων·
	27	οὐκ ἐστιν θεος *νεκρων* ἀλλα ζωντων.
Lc	7 15	και ἀνεκαθισεν ὁ *νεκρος* και ἡρξατο λαλειν,
	22	και κωφοι ἀκουουσιν, *νεκροι* ἐγειρονται, πτωχοι εὐαγγελιζονται·
	9 7	και διηπορει δια το λεγεσθαι ὑπο τινων ὁτι ἰωαννης ἡγερθη ἐκ *νεκρων,*
	60	ἀφες τους *νεκρους* θαψαι τους ἑαυτων νεκρους, συ δε ἀπελθων διαγγελλε την βασιλειαν του θεου.
	60	ἀφες τους *νεκρους* θαψαι τους ἑαυτων νεκρους, συ δε ἀπελθων διαγγελλε την βασιλειαν του θεου.
	15 24	και φερετε τον μοσχον τον σιτευτον, θυσατε, και φαγοντες εὐφρανθωμεν, ὁτι οὑτος ὁ υἱος μου *νεκρος* ἡν και ἀνεζησεν,
	32	εὐφρανθηναι δε και χαρηναι ἐδει, ὁτι ὁ ἀδελφος σου οὑτος *νεκρος* ἡν και ἐζησεν, και ἀπολωλως και εὑρεθη.
	16 30	οὐχι, πατερ ἀβρααμ, ἀλλ ἐαν τις ἀπο *νεκρων* πορευθη προς αὐτους, μετανοησουσιν.
	31	εἰ μωυσεα και τους προφητας οὐκ ἀκουουσιν, οὐδ ἐαν τις ἐκ *νεκρων* ἀναστη πεισθησονται.
	20 35	οἱ δε καταξιωθεντες του αἰωνος ἐκεινου τυχειν και της ἀναστασεως της ἐκ *νεκρων* οὐτε γαμουσιν οὐτε γαμιζονται·
	37	ὁτι δε ἐγειρονται οἱ *νεκροι,* και μωυσης ἐμηνυσεν ἐπι της βατου,
	38	θεος δε οὐκ ἐστιν *νεκρων* ἀλλα ζωντων·
	24 5	τί ζητειτε τον ζωντα μετα των *νεκρων;*
	46	και εἰπεν αὐτοις ὁτι οὑτως γεγραπται παθειν τον χριστον και ἀναστηναι ἐκ *νεκρων* τῃ τριτῃ ἡμερᾳ,
Jh	2 22	ὁτε οὑν ἡγερθη ἐκ *νεκρων,* ἐμνησθησαν οἱ μαθηται αὐτου ὁτι τουτο ἐλεγεν.
	5 21	ὡσπερ γαρ ὁ πατηρ ἐγειρει τους *νεκρους* και ζωοποιει, οὑτως και ὁ υἱος οὑς θελει ζωοποιει.
	25	ἀμην ἀμην λεγω ὑμιν ὁτι ἐρχεται ὡρα και νυν ἐστιν ὁτε οἱ *νεκροι* ἀκουσουσιν της φωνης του υἱου του θεου και οἱ ἀκουσαντες ζησουσιν.
	12 1	ὁπου ἡν λαζαρος, ὁν ἡγειρεν ἐκ *νεκρων* ἰησους.
	9	και ἡλθον οὐ δια τον ἰησουν μονον, ἀλλ ἱνα και τον λαζαρον ἰδωσιν ὁν ἡγειρεν ἐκ *νεκρων.*
	17	ἐμαρτυρει οὑν ὁ ὀχλος ὁ ὡν μετ αὐτου ὁτε τον λαζαρον ἐφωνησεν ἐκ του μνημειου και ἡγειρεν αὐτον ἐκ *νεκρων.*
	20 9	οὐδεπω γαρ ἡδεισαν την γραφην, ὁτι δει αὐτον ἐκ *νεκρων* ἀναστηναι.
	21 14	τουτο ἡδη τριτον ἐφανερωθη ἰησους τοις μαθηταις ἐγερθεις ἐκ *νεκρων.*
Ac	3 15	τον δε ἀρχηγον της ζωης ἀπεκτεινατε, ὁν ὁ θεος ἡγειρεν ἐκ *νεκρων,* οὑ ἡμεις μαρτυρες ἐσμεν.
	4 2	διαπονουμενοι δια το διδασκειν αὐτους τον λαον και καταγγελλειν ἐν τῳ ἰησου την ἀναστασιν την ἐκ *νεκρων,*
	10	γνωστον ἐστω πασιν ὑμιν και παντι τῳ λαῳ ἰσραηλ, ὁτι ἐν τῳ ὀνοματι ἰησου χριστου του ναζωραιου, ὁν ὑμεις ἐσταυρωσατε, ὁν ὁ θεος ἡγειρεν ἐκ *νεκρων,* ἐν τουτῳ οὑτος παρεστηκεν ἐνωπιον ὑμων ὑγιης.
	5 10	εἰσελθοντες δε οἱ νεανισκοι εὑρον αὐτην *νεκραν,* και ἐξενεγκαντες ἐθαψαν προς τον ἀνδρα αὐτης.
	10 41	ἀλλα μαρτυσιν τοις προκεχειροτονημενοις ὑπο του θεου, ἡμιν, οἱτινες συνεφαγομεν και συνεπιομεν αὐτῳ μετα το ἀναστηναι αὐτον ἐκ *νεκρων·*
	42	και παρηγγειλεν ἡμιν κηρυξαι τῳ λαῳ και διαμαρτυρασθαι ὁτι οὑτος ἐστιν ὁ ὡρισμενος ὑπο του θεου κριτης ζωντων και *νεκρων.*
	13 30	ὁ δε θεος ἡγειρεν αὐτον ἐκ *νεκρων·*
	34	ὁτι δε ἀνεστησεν αὐτον ἐκ *νεκρων* μηκετι μελλοντα ὑποστρεφειν εἰς διαφθοραν, οὑτως εἰρηκεν ὁτι δωσω ὑμιν τα ὁσια δαυιδ τα πιστα.
	17 3	και ἐπι σαββατα τρια διελεξατο αὐτοις ἀπο των γραφων, διανοιγων και παρατιθεμενος ὁτι τον χριστον ἐδει παθειν και ἀναστηναι ἐκ *νεκρων,*

νεκρος [128]

Ac	17 31	πιστιν παρασχων πασιν ἀναστησας αὐτον ἐκ *νεκρων.*
	32	ἀκουσαντες δε ἀναστασιν *νεκρων,* οἱ μεν ἐχλευαζον,
	20 9	κατενεχθεις ἀπο του ὑπνου ἐπεσεν ἀπο του τριστεγου κατω και ἡρθη *νεκρος.*
	23 6	περι ἐλπιδος και ἀναστασεως *νεκρων* [ἐγω] κρινομαι.
	24 21	ἡ περι μιας ταυτης φωνης ἡς ἐκεκραξα ἐν αὐτοις ἐστως ὁτι περι ἀναστασεως *νεκρων* ἐγω κρινομαι σημερον ἐφ ὑμων.
	26 8	τί ἀπιστον κρινεται παρ ὑμιν εἰ ὁ θεος *νεκρους* ἐγειρει;
	23	εἰ παθητος ὁ χριστος, εἰ πρωτος ἐξ ἀναστασεως *νεκρων* φως μελλει καταγγελλειν τῳ τε λαῳ και τοις ἐθνεσιν.
	28 6	οἱ δε προσεδοκων αὐτον μελλειν πιμπρασθαι ἡ καταπιπτειν ἀφνω *νεκρον.*
Rm	1 4	του ὁρισθεντος υἱου θεου ἐν δυναμει κατα πνευμα ἁγιωσυνης ἐξ ἀναστασεως *νεκρων,*
	4 17	κατεναντι οὑ ἐπιστευσεν θεου του ζωοποιουντος τους *νεκρους* και καλουντος τα μη ὀντα ὡς ὀντα·
	24	ἀλλα και δι ἡμας, οἱς μελλει λογιζεσθαι, τοις πιστευουσιν ἐπι τον ἐγειραντα ἰησουν τον κυριον ἡμων ἐκ *νεκρων,*
	6 4	ἱνα ὡσπερ ἡγερθη χριστος ἐκ *νεκρων* δια της δοξης του πατρος, οὑτως και ἡμεις ἐν καινοτητι ζωης περιπατησωμεν.
	9	πιστευομεν ὁτι και συζησομεν αὐτῳ, εἰδοτες ὁτι χριστος ἐγερθεις ἐκ *νεκρων* οὐκετι ἀποθνησκει,
	11	οὑτως και ὑμεις λογιζεσθε ἑαυτους [εἰναι] *νεκρους* μεν τῃ ἁμαρτιᾳ ζωντας δε τῳ θεῳ ἐν χριστῳ ἰησου.
	13	ἀλλα παραστησατε ἑαυτους τῳ θεῳ ὡσει ἐκ *νεκρων* ζωντας και τα μελη ὑμων ὁπλα δικαιοσυνης τῳ θεῳ,
	7 4	εἰς το γενεσθαι ὑμας ἑτερῳ, τῳ ἐκ *νεκρων* ἐγερθεντι, ἱνα καρποφορησωμεν τῳ θεῳ.
	8	χωρις γαρ νομου ἁμαρτια *νεκρα.*
	8 10	εἰ δε χριστος ἐν ὑμιν, το μεν σωμα *νεκρον* δια ἁμαρτιαν,
	11	εἰ δε το πνευμα του ἐγειραντος τον ἰησουν ἐκ *νεκρων* οἰκει ἐν ὑμιν, ὁ ἐγειρας χριστον ἐκ *νεκρων* ζωοποιησει
	11	εἰ δε το πνευμα του ἐγειραντος τον ἰησουν ἐκ *νεκρων* οἰκει ἐν ὑμιν, ὁ ἐγειρας χριστον ἐκ *νεκρων* ζωοποιησει
	10 7	τίς καταβησεται εἰς την ἀβυσσον; τουτ ἐστιν χριστον ἐκ *νεκρων* ἀναγαγειν.
	9	ὁτι ἐαν ὁμολογησῃς ἐν τῳ στοματι σου κυριον ἰησουν, και πιστευσῃς ἐν τῃ καρδιᾳ σου ὁτι ὁ θεος αὐτον ἡγειρεν ἐκ *νεκρων,* σωθησῃ·
	11 15	εἰ γαρ ἡ ἀποβολη αὐτων καταλλαγη κοσμου, τίς ἡ προσλημψις εἰ μη ζωη ἐκ *νεκρων;*
	14 9	εἰς τουτο γαρ χριστος ἀπεθανεν και ἐζησεν, ἱνα και *νεκρων* και ζωντων κυριευσῃ.
1Co	15 12	εἰ δε χριστος κηρυσσεται ὁτι ἐκ *νεκρων* ἐγηγερται, πως λεγουσιν ἐν ὑμιν τινες ὁτι ἀναστασις *νεκρων* οὐκ ἐστιν;
	12	εἰ δε χριστος κηρυσσεται ὁτι ἐκ *νεκρων* ἐγηγερται, πως λεγουσιν ἐν ὑμιν τινες ὁτι ἀναστασις *νεκρων* οὐκ ἐστιν;
	13	εἰ δε ἀναστασις *νεκρων* οὐκ ἐστιν, οὐδε χριστος ἐγηγερται·
	15	ὁτι ἐμαρτυρησαμεν κατα του θεου ὁτι ἡγειρεν τον χριστον, ὁν οὐκ ἡγειρεν εἰπερ ἀρα *νεκροι* οὐκ ἐγειρονται.
	16	εἰ γαρ *νεκροι* οὐκ ἐγειρονται, οὐδε χριστος ἐγηγερται·
	20	νυνι δε χριστος ἐγηγερται ἐκ *νεκρων,* ἀπαρχη των κεκοιμημενων.
	21	ἐπειδη γαρ δι ἀνθρωπου θανατος, και δι ἀνθρωπου ἀναστασις *νεκρων.*
	29	ἐπει τί ποιησουσιν οἱ βαπτιζομενοι ὑπερ των *νεκρων;*
	29	εἰ ὁλως *νεκροι* οὐκ ἐγειρονται, τί και βαπτιζονται ὑπερ αὐτων;
	32	εἰ *νεκροι* οὐκ ἐγειρονται, φαγωμεν και πιωμεν, αὐριον γαρ ἀποθνησκομεν.
	35	ἀλλα ἐρει τις· πως ἐγειρονται οἱ *νεκροι;*
	42	οὑτως και ἡ ἀναστασις των *νεκρων.*
	52	σαλπισει γαρ, και οἱ *νεκροι* ἐγερθησονται ἀφθαρτοι,
2Co	1 9	ἱνα μη πεποιθοτες ὡμεν ἐφ ἑαυτοις ἀλλ ἐπι τῳ θεῳ τῳ ἐγειροντι τους *νεκρους·*
Ga	1 1	παυλος ἀποστολος, οὐκ ἀπ ἀνθρωπων οὐδε δι ἀνθρωπου ἀλλα δια ἰησου χριστου και θεου πατρος του ἐγειραντος αὐτον ἐκ *νεκρων,*
Eph	1 20	ἡν ἐνηργησεν ἐν τῳ χριστῳ ἐγειρας αὐτον ἐκ *νεκρων,*
	2 1	και ὑμας ὀντας *νεκρους* τοις παραπτωμασιν και ταις ἁμαρτιαις ὑμων,
	5	και ὀντας ἡμας *νεκρους* τοις παραπτωμασιν συνεζωοποιησεν τῳ χριστῳ,
	5 14	ἐγειρε, ὁ καθευδων, και ἀναστα ἐκ των *νεκρων,*
Php	3 11	συμμορφιζομενος τῳ θανατῳ αὐτου, εἰ πως καταντησω εἰς την ἐξαναστασιν την ἐκ *νεκρων.*
Col	1 18	ὁς ἐστιν ἀρχη, πρωτοτοκος ἐκ των *νεκρων,* ἱνα γενηται ἐν πασιν αὐτος πρωτευων,

νεκρος [128]

Col	2 12	ἐν ᾧ καὶ συνηγερθητε δια της πιστεως της ἐνεργειας του θεου του ἐγειραντος αὐτον ἐκ *νεκρων*·
	13	καὶ ὑμας *νεκρους* ὀντας [ἐν] τοις παραπτωμασιν και τη ἀκροβυστια της σαρκος ὑμων, συνεζωοποιησεν ὑμας συν αὐτω,
1Th	1 10	καὶ ἀναμενειν τον υἱον αὐτου ἐκ των οὐρανων, ὃν ἠγειρεν ἐκ [των] *νεκρων*,
	4 16	καὶ οἱ *νεκροι* ἐν χριστω ἀναστησονται πρωτον,
2Tm	2 8	μνημονευε ἰησουν χριστον ἐγηγερμενον ἐκ *νεκρων*, ἐκ σπερματος δαυιδ·
	4 1	διαμαρτυρομαι ἐνωπιον του θεου και χριστου ἰησου, του μελλοντος κρινειν ζωντας και *νεκρους*,
Heb	6 1	μη παλιν θεμελιον καταβαλλομενοι μετανοιας ἀπο *νεκρων* ἐργων, και πιστεως ἐπι θεον, βαπτισμων διδαχης, ἐπιθεσεως τε χειρων, ἀναστασεως τε *νεκρων*,
	2	μη παλιν θεμελιον καταβαλλομενοι μετανοιας ἀπο *νεκρων* ἐργων, και πιστεως ἐπι θεον, βαπτισμων διδαχης, ἐπιθεσεως τε χειρων, ἀναστασεως τε *νεκρων*,
	9 14	ποσω μαλλον το αἱμα του χριστου, ὃς δια πνευματος αἰωνιου ἑαυτον προσηνεγκεν ἀμωμον τω θεω, καθαριει την συνειδησιν ἡμων ἀπο *νεκρων* ἐργων εἰς το λατρευειν θεω ζωντι.
	17	διαθηκη γαρ ἐπι *νεκροις* βεβαια,
11 19	λογισαμενος ὁτι και ἐκ *νεκρων* ἐγειρειν δυνατος ὁ θεος·
	35	ἐλαβον γυναικες ἐξ ἀναστασεως τους *νεκρους* αὐτων·
	13 20	ὁ δε θεος της εἰρηνης, ὁ ἀναγαγων ἐκ *νεκρων* τον ποιμενα των προβατων τον μεγαν ἐν αἱματι διαθηκης αἰωνιου, τον κυριον ἡμων ἰησουν, καταρτισαι ὑμας ἐν παντι ἀγαθω
Ja	2 17	οὑτως και ἡ πιστις, ἐαν μη ἐχη ἐργα, *νεκρα* ἐστιν καθ ἑαυτην.
	26	ὡσπερ γαρ το σωμα χωρις πνευματος *νεκρον* ἐστιν, οὑτως και ἡ πιστις χωρις ἐργων *νεκρα* ἐστιν.
	26	ὡσπερ γαρ το σωμα χωρις πνευματος *νεκρον* ἐστιν, οὑτως και ἡ πιστις χωρις ἐργων *νεκρα* ἐστιν.
1Pt	1 3	ὁ κατα το πολυ αὐτου ἐλεος ἀναγεννησας ἡμας εἰς ἐλπιδα ζωσαν δι ἀναστασεως ἰησου χριστου ἐκ *νεκρων*,
	21	τους δι αὐτου πιστους εἰς θεον τον ἐγειραντα αὐτον ἐκ *νεκρων* και δοξαν αὐτω δοντα,
	4 5	οἱ ἀποδωσουσιν λογον τω ἑτοιμως ἐχοντι κριναι ζωντας και *νεκρους*.
	6	εἰς τουτο γαρ και *νεκροις* εὐηγγελισθη,
Apc	1 5	ὁ πρωτοτοκος των *νεκρων* και ὁ ἀρχων των βασιλεων της γης.
	17	και ὁτε εἰδον αὐτον, ἐπεσα προς τους ποδας αὐτου ὡς *νεκρος*·
	18	και ἐγενομην *νεκρος* και ἰδου ζων εἰμι εἰς τους αἰωνας των αἰωνων,
	2 8	ταδε λεγει ὁ πρωτος και ὁ ἐσχατος, ὃς ἐγενετο *νεκρος* και ἐζησεν·
	3 1	οἰδα σου τα ἐργα, ὁτι ὀνομα ἐχεις ὁτι ζης, και *νεκρος* εἰ.
	11 18	και ἠλθεν ἡ ὀργη σου και ὁ καιρος των *νεκρων* κριθηναι
	14 13	μακαριοι οἱ *νεκροι* οἱ ἐν κυριω ἀποθνησκοντες ἀπ ἀρτι.
	16 3	και ἐγενετο αἱμα ὡς *νεκρου*, και πασα ψυχη ζωης ἀπεθανεν,
	20 5	οἱ λοιποι των *νεκρων* οὐκ ἐζησαν ἀχρι τελεσθη τα χιλια ἐτη.
	12	και εἰδον τους *νεκρους*, τους μεγαλους και τους μικρους, ἑστωτας ἐνωπιον του θρονου,
	12	και ἐκριθησαν οἱ *νεκροι* ἐκ των γεγραμμενων ἐν τοις βιβλιοις κατα τα ἐργα αὐτων.
	13	και ἐδωκεν ἡ θαλασσα τους *νεκρους* τους ἐν αὐτη,
	13	και ὁ θανατος και ὁ ἁδης ἐδωκαν τους *νεκρους* τους ἐν αὐτοις,

νεκροω [3]

Rm	4 19	και μη ἀσθενησας τη πιστει κατενοησεν το ἑαυτου σωμα [ἠδη] *νενεκρωμενον*, ἑκατονταετης που ὑπαρχων,
Col	3 5	*νεκρωσατε* οὐν τα μελη τα ἐπι της γης,
Heb	11 12	διο και ἀφ ἑνος ἐγεννηθησαν, και ταυτα *νενεκρωμενου*,

νεκρωσις [2]

Rm	4 19	και μη ἀσθενησας τη πιστει κατενοησεν το ἑαυτου σωμα [ἠδη] νενεκρωμενον, ἑκατονταετης που ὑπαρχων, και την *νεκρωσιν* της μητρας σαρρας·
2Co	4 10	παντοτε την *νεκρωσιν* του ἰησου ἐν τω σωματι περιφεροντες,

νεομηνια [1]

Col	2 16	μη οὐν τις ὑμας κρινετω ἐν βρωσει και ἐν ποσει ἠ ἐν μερει ἑορτης ἠ *νεομηνιας* ἠ σαββατων,

νεος [24]

Mt	9 17	οὐδε βαλλουσιν οἰνον *νεον* εἰς ἀσκους παλαιους·
	17	ἀλλα βαλλουσιν οἰνον *νεον* εἰς ἀσκους καινους.
Mc	2 22	και οὐδεις βαλλει οἰνον *νεον* εἰς ἀσκους παλαιους·
	22	ἀλλα οἰνον *νεον* εἰς ἀσκους καινους.
Lc	5 37	και οὐδεις βαλλει οἰνον *νεον* εἰς ἀσκους παλαιους·
	37	εἰ δε μηγε ρηξει ὁ οἰνος ὁ *νεος* τους ἀσκους, και αὐτος ἐκχυθησεται και οἱ ἀσκοι ἀπολουνται.
	38	ἀλλα οἰνον *νεον* εἰς ἀσκους καινους βλητεον.
	39	[και] οὐδεις πιων παλαιον θελει *νεον*· λεγει γαρ· ὁ παλαιος χρηστος ἐστιν.
	15 12	και εἰπεν ὁ *νεωτερος* αὐτων τω πατρι· πατερ, δος μοι το ἐπιβαλλον μερος της οὐσιας.
	13	και μετ οὐ πολλας ἡμερας συναγαγων ἁπαντα ὁ *νεωτερος* υἱος ἀπεδημησεν εἰς χωραν μακραν,
22 26	ὑμεις δε οὐχ οὑτως, ἀλλ ὁ μειζων ἐν ὑμιν γινεσθω ὡς ὁ *νεωτερος*, και ὁ ἡγουμενος ὡς ὁ διακονων.
Jh	21 18	ὁτε ἠς *νεωτερος*, ἐζωννυες σεαυτον και περιεπατεις ὁπου ἠθελες·
Ac	5 6	ἀνασταντες δε οἱ *νεωτεροι* συνεστειλαν αὐτον και ἐξενεγκαντες ἐθαψαν.
	16 11	ἀναχθεντες δε ἀπο τρωαδος εὐθυδρομησαμεν εἰς σαμοθρακην, τη δε ἐπιουση εἰς *νεαν* πολιν,
1Co	5 7	ἐκκαθαρατε την παλαιαν ζυμην, ἱνα ἠτε *νεον* φυραμα,
Col	3 10	ἀπεκδυσαμενοι τον παλαιον ἀνθρωπον συν ταις πραξεσιν αὐτου, και ἐνδυσαμενοι τον *νεον*
1Tm	5 1	πρεσβυτερω μη ἐπιπληξης, ἀλλα παρακαλει ὡς πατερα, *νεωτερους* ὡς ἀδελφους, πρεσβυτερας ὡς μητερας, νεωτερας ὡς ἀδελφας ἐν παση ἁγνεια·
	2	πρεσβυτερω μη ἐπιπληξης, ἀλλα παρακαλει ὡς πατερα, *νεωτερους* ὡς ἀδελφους, πρεσβυτερας ὡς μητερας, *νεωτερας* ὡς ἀδελφας ἐν παση ἁγνεια.
	11	*νεωτερας* δε χηρας παραιτου·
	14	βουλομαι οὐν *νεωτερας* γαμειν,
Tit	2 4	ἱνα σωφρονιζωσιν τας *νεας* φιλανδρους εἰναι,
	6	τους *νεωτερους* ὡσαυτως παρακαλει σωφρονειν περι παντα,
Heb	12 24	και διαθηκης *νεας* μεσιτη ἰησου, και αἱματι ραντισμου κρειττον λαλουντι παρα τον ἀβελ.
1Pt	5 5	ὁμοιως, *νεωτεροι*, ὑποταγητε πρεσβυτεροις·

νεοτης [4]

Mc	10 20	διδασκαλε, ταυτα παντα ἐφυλαξαμην ἐκ *νεοτητος* μου.
Lc	18 21	ταυτα παντα ἐφυλαξα ἐκ *νεοτητος*.
Ac	26 4	την μεν οὐν βιωσιν μου [την] ἐκ *νεοτητος* την ἀπ ἀρχης γενομενην ἐν τω ἐθνει μου ἐν τε ἱεροσολυμοις ἰσασι παντες [οἱ] ἰουδαιοι,
1Tm	4 12	μηδεις σου της *νεοτητος* καταφρονειτω,

νεοφυτος [1]

1Tm	3 6	μη *νεοφυτον*, ἱνα μη τυφωθεις εἰς κριμα ἐμπεση του διαβολου.

νευω [2]

Jh	13 24	*νευει* οὐν τουτω σιμων πετρος πυθεσθαι τις ἀν εἰη περι οὑ λεγει.
Ac	24 10	ἀπεκριθη τε ὁ παυλος, *νευσαντος* αὐτω του ἡγεμονος λεγειν· ἐκ πολλων ἐτων ὀντα σε κριτην

νεφελη [25]

Mt	17 5	ἐτι αὐτου λαλουντος, ἰδου *νεφελη* φωτεινη ἐπεσκιασεν αὐτους,
	5	και ἰδου φωνη ἐκ της *νεφελης* λεγουσα· οὑτος ἐστιν ὁ υἱος μου ὁ ἀγαπητος, ἐν ᾧ εὐδοκησα· ἀκουετε αὐτου.
	24 30	και τοτε κοψονται πασαι αἱ φυλαι της γης και ὀψονται τον υἱον του ἀνθρωπου ἐρχομενον ἐπι των *νεφελων* του οὐρανου μετα δυναμεως και δοξης πολλης·
	26 64	ἀπ ἀρτι ὀψεσθε τον υἱον του ἀνθρωπου καθημενον ἐκ δεξιων της δυναμεως και ἐρχομενον ἐπι των *νεφελων* του οὐρανου.
Mc	9 7	και ἐγενετο *νεφελη* ἐπισκιαζουσα αὐτοις,
	7	και ἐγενετο φωνη ἐκ της *νεφελης*· οὑτος ἐστιν ὁ υἱος μου ὁ ἀγαπητος, ἀκουετε αὐτου.
	13 26	και τοτε ὀψονται τον υἱον του ἀνθρωπου ἐρχομενον ἐν *νεφελαις* μετα δυναμεως πολλης και δοξης.
	14 62	και ὀψεσθε τον υἱον του ἀνθρωπου ἐκ δεξιων καθημενον της δυναμεως και ἐρχομενον μετα των *νεφελων* του οὐρανου.
Lc	9 34	ταυτα δε αὐτου λεγοντος ἐγενετο *νεφελη* και ἐπεσκιαζεν αὐτους·

νεφελη [25]

Lc	9 34	ἐφοβηθησαν δε ἐν τω εἰσελθειν αὐτους εἰς την *νεφελην.*
	35	και φωνη ἐγενετο ἐκ της *νεφελης* λεγουσα·
	12 54	ὅταν ἰδητε την *νεφελην* ἀνατελλουσαν ἐπι δυσμων, εὐθεως λεγετε ὅτι ὀμβρος ἐρχεται, και γινεται οὑτως·
	21 27	και τοτε ὀψονται τον υἱον του ἀνθρωπου ἐρχομενον ἐν *νεφελη* μετα δυναμεως και δοξης πολλης.
Ac	1 9	και *νεφελη* ὑπελαβεν αὐτον ἀπο των ὀφθαλμων αὐτων.
1Co	10 1	οὐ θελω γαρ ὑμας ἀγνοειν, ἀδελφοι, ὅτι οἱ πατερες ἡμων παντες ὑπο την *νεφελην* ἡσαν
	2	και παντες εἰς τον μωυσην ἐβαπτισθησαν ἐν τη *νεφελη* και ἐν τη θαλασση,
1Th	4 17	ἐπειτα ἡμεις οἱ ζωντες οἱ περιλειπομενοι ἁμα συν αὐτοις ἁρπαγησομεθα ἐν *νεφελαις* εἰς ἀπαντησιν του κυριου εἰς ἀερα·
Ju	12	*νεφελαι* ἀνυδροι ὑπο ἀνεμων παραφερομεναι,
Apc	1 7	ἰδου ἐρχεται μετα των *νεφελων,*
	10 1	και εἰδον ἀλλον ἀγγελον ἰσχυρον καταβαινοντα ἐκ του οὐρανου, περιβεβλημενον *νεφελην,*
	11 12	και ἀνεβησαν εἰς τον οὐρανον ἐν τη *νεφελη,*
	14 14	και εἰδον, και ἰδου *νεφελη* λευκη,
	14	και ἐπι την *νεφελην* καθημενον ὁμοιον υἱον ἀνθρωπου,
	15	και ἀλλος ἀγγελος ἐξηλθεν ἐκ του ναου, κραζων ἐν φωνη μεγαλη τω καθημενω ἐπι της *νεφελης·* πεμψον το δρεπανον σου και θερισον,
	16	και ἐβαλεν ὁ καθημενος ἐπι της *νεφελης* το δρεπανον αὐτου ἐπι την γην,

νεφθαλιμ [3]

Mt	4 13	και καταλιπων την ναζαρα ἐλθων κατωκησεν εἰς καφαρναουμ την παραθαλασσιαν ἐν ὁριοις ζαβουλων και *νεφθαλιμ·*
	15	γη ζαβουλων και γη *νεφθαλιμ,* ὁδον θαλασσης,
Apc	7 6	ἐκ φυλης *νεφθαλιμ* δωδεκα χιλιαδες,

νεφος [1]

Heb	12 1	τοιγαρουν και ἡμεις, τοσουτον ἐχοντες περικειμενον ἡμιν *νεφος* μαρτυρων, ὀγκον ἀποθεμενοι παντα και την εὐπεριστατον ἁμαρτιαν,

νεφρος [1]

Apc	2 23	και γνωσονται πασαι αἱ ἐκκλησιαι ὅτι ἐγω εἰμι ὁ ἐραυνων *νεφρους* και καρδιας,

νεωκορος [1]

Ac	19 35	ἀνδρες ἐφεσιοι, τις γαρ ἐστιν ἀνθρωπων ὁς οὐ γινωσκει την ἐφεσιων πολιν *νεωκορον* οὐσαν της μεγαλης ἀρτεμιδος και του διοπετους;

νεωτερικος [1]

2Tm	2 22	τας δε *νεωτερικας* ἐπιθυμιας φευγε, διωκε δε δικαιοσυνην,

νη [1]

1Co	15 31	καθ ἡμεραν ἀποθνησκω, *νη* την ὑμετεραν καυχησιν, [ἀδελφοι],

νηθω [2]

Mt	6 28	πως αὐξανουσιν· οὐ κοπιωσιν οὐδε *νηθουσιν·*
Lc	12 27	οὐ κοπια οὐδε *νηθει·*

νηπιαζω [1]

1Co	14 20	ἀλλα τη κακια *νηπιαζετε,* ταις δε φρεσιν τελειοι γινεσθε.

νηπιος [15]

Mt	11 25	ὅτι ἐκρυψας ταυτα ἀπο σοφων και συνετων, και ἀπεκαλυψας αὐτα *νηπιοις·*
	21 16	ναι· οὐδεποτε ἀνεγνωτε ὅτι ἐκ στοματος *νηπιων* και θηλαζοντων κατηρτισω αἰνον;

νηπιος [15]

Lc	10 21	ἐξομολογουμαι σοι, πατερ, κυριε του οὐρανου και της γης, ὅτι ἀπεκρυψας ταυτα ἀπο σοφων και συνετων, και ἀπεκαλυψας αὐτα *νηπιοις·*
Rm	2 20	πεποιθας τε σεαυτον ὁδηγον εἰναι τυφλων, φως των ἐν σκοτει, παιδευτην ἀφρονων, διδασκαλον *νηπιων,*
1Co	3 1	καγω, ἀδελφοι, οὐκ ἡδυνηθην λαλησαι ὑμιν ὡς πνευματικοις ἀλλ ὡς σαρκινοις, ὡς *νηπιοις* ἐν χριστω.
	13 11	ὁτε ἡμην *νηπιος,* ἐλαλουν ὡς *νηπιος,* ἐφρονουν ὡς *νηπιος,* ἐλογιζομην ὡς *νηπιος·*
	11	ὁτε ἡμην *νηπιος,* ἐλαλουν ὡς *νηπιος,* ἐφρονουν ὡς *νηπιος,* ἐλογιζομην ὡς *νηπιος·*
	11	ὁτε ἡμην *νηπιος,* ἐλαλουν ὡς *νηπιος,* ἐφρονουν ὡς *νηπιος,* ἐλογιζομην ὡς *νηπιος·*
	11	ὁτε ἡμην *νηπιος,* ἐλαλουν ὡς *νηπιος,* ἐφρονουν ὡς *νηπιος,* ἐλογιζομην ὡς *νηπιος·*
	11	ὁτε γεγονα ἀνηρ, κατηργηκα τα του *νηπιου.*
Ga	4 1	ἐφ ὁσον χρονον ὁ κληρονομος *νηπιος* ἐστιν, οὐδεν διαφερει δουλου κυριος παντων ὠν,
	3	οὑτως και ἡμεις, ὁτε ἡμεν *νηπιοι,* ὑπο τα στοιχεια του κοσμου ἡμεθα δεδουλωμενοι·
Eph	4 14	ἰνα μηκετι ὠμεν *νηπιοι,*
1Th	2 7	ἀλλα ἐγενηθημεν *νηπιοι* ἐν μεσω ὑμων·
Heb	5 13	πας γαρ ὁ μετεχων γαλακτος ἀπειρος λογου δικαιοσυνης, *νηπιος* γαρ ἐστιν·

νηρευς [1]

Rm	16 15	ἀσπασασθε φιλολογον και ἰουλιαν, *νηρεα* και την ἀδελφην αὐτου, και ὀλυμπαν, και τους συν αὐτοις παντας ἁγιους.

νηρι [1]

Lc	3 27	του ἰωαναν του ῥησα του ζοροβαβελ του σαλαθιηλ του *νηρι*

νησιον [1]

Ac	27 16	*νησιον* δε τι ὑποδραμοντες καλουμενον καυδα ἰσχυσαμεν μολις περικρατεις γενεσθαι της σκαφης,

νησος [9]

Ac	13 6	διελθοντες δε ὁλην την *νησον* ἀχρι παφου εὑρον ἀνδρα τινα μαγον ψευδοπροφητην ἰουδαιον,
	27 26	εἰς *νησον* δε τινα δει ἡμας ἐκπεσειν.
	28 1	και διασωθεντες τοτε ἐπεγνωμεν ὁτι μελιτη ἡ *νησος* καλειται.
	7	ἐν δε τοις περι τον τοπον ἐκεινον ὑπηρχεν χωρια τω πρωτω της *νησου* ὀνοματι ποπλιω,
	9	τουτου δε γενομενου και οἱ λοιποι οἱ ἐν τη *νησω* ἐχοντες ἀσθενειας προσηρχοντο και ἐθεραπευοντο,
	11	μετα δε τρεις μηνας ἀνηχθημεν ἐν πλοιω παρακεχειμακοτι ἐν τη *νησω,* ἀλεξανδρινω, παρασημω διοσκουροις.
Apc	1 9	ἐγενομην ἐν τη *νησω* τη καλουμενη πατμω δια τον λογον του θεου και την μαρτυριαν ἰησου.
	6 14	και παν ὀρος και *νησος* ἐκ των τοπων αὐτων ἐκινηθησαν.
	16 20	και πασα *νησος* ἐφυγεν, και ὀρη οὐχ εὑρεθησαν.

νηστεια [6]

Mt	17 21 *	τουτο δε το γενος οὐκ ἐκπορευεται, εἰ μη ἐν προσευχη και *νηστεια.*
Lc	2 37	και αὐτη χηρα ἑως ἐτων ὀγδοηκοντατεσσαρων, ἡ οὐκ ἀφιστατο του ἱερου *νηστειαις* και δεησεσιν λατρευουσα νυκτα και ἡμεραν.
Ac	14 23	χειροτονησαντες δε αὐτοις κατ ἐκκλησιαν πρεσβυτερους, προσευξαμενοι μετα *νηστειων* παρεθεντο αὐτους τω κυριω εἰς ὁν πεπιστευκεισαν.
	27 9	ἱκανου δε χρονου διαγενομενου και ὀντος ἡδη ἐπισφαλους του πλοος δια το και την *νηστειαν* ἡδη παρεληλυθεναι, παρηνει ὁ παυλος λεγων αὐτοις·
2Co	6 5	ἐν *νηστειαις,* ἐν ἁγνοτητι, ἐν γνωσει,
	11 27	ἐν *νηστειαις* πολλακις, ἐν ψυχει και γυμνοτητι·

νηστευω [20]

Mt	4 2	και *νηστευσας* ἡμερας τεσσερακοντα και νυκτας τεσσερακοντα ὑστερον ἐπεινασεν.
	6 16	ὁταν δε *νηστευητε,* μη γινεσθε ὡς οἱ ὑποκριται σκυθρωποι·
	16	ἀφανιζουσιν γαρ τα προσωπα αὐτων ὁπως φανωσιν τοις ἀνθρωποις *νηστευοντες·*

νηστευω [20]

Mt	6 17	συ δε *νηστευων* άλειψαι σου την κεφαλην και το προσωπον σου νιψαι,
	18	όπως μη φανης τοις άνθρωποις *νηστευων* άλλα τω πατρι σου τω έν τω κρυφαιω·
	9 14	δια τί ήμεις και οί φαρισαιοι *νηστευομεν* [πολλα],
	14	δια τί ήμεις και οί φαρισαιοι *νηστευομεν* [πολλα], οί δε μαθηται σου ού *νηστευουσιν;*
	15	έλευσονται δε ήμεραι όταν άπαρθη άπ αύτων ό νυμφιος, και τοτε *νηστευσουσιν.*
Mc	2 18	και ήσαν οί μαθηται ιωαννου και οί φαρισαιοι *νηστευοντες.*
	18	δια τί οί μαθηται ιωαννου και οί μαθηται των φαρισαιων *νηστευουσιν,* οί δε σοί μαθηται ού *νηστευουσιν;*
	18	δια τί οί μαθηται ιωαννου και οί μαθηται των φαρισαιων *νηστευουσιν,* οί δε σοί μαθηται ού *νηστευουσιν;*
	19	μη δυνανται οί υίοι του νυμφωνος, έν ῷ ό νυμφιος μετ αύτων έστιν, *νηστευειν;*
	19	όσον χρονον έχουσιν τον νυμφιον μετ αύτων, ού δυνανται *νηστευειν.*
	20	έλευσονται δε ήμεραι όταν άπαρθη άπ αύτων ό νυμφιος, και τοτε *νηστευσουσιν* έν έκεινη τη ήμερα.
Lc	5 33	οί μαθηται ιωαννου *νηστευουσιν* πυκνα και δεησεις ποιουνται, όμοιως και οί των φαρισαιων,
	34	μη δυνασθε τους υίους του νυμφωνος, έν ῷ ό νυμφιος μετ αύτων έστιν, ποιησαι *νηστευσαι;*
	35	έλευσονται δε ήμεραι, και όταν άπαρθη άπ αύτων ό νυμφιος, τοτε *νηστευσουσιν* έν έκειναις ταις ήμεραις.
	18 12	*νηστευω* δις του σαββατου, άποδεκατω παντα όσα κτωμαι.
Ac	13 2	λειτουργουντων δε αύτων τω κυριω και *νηστευοντων* είπεν το πνευμα το άγιον·
	3	τοτε *νηστευσαντες* και προσευξαμενοι και έπιθεντες τας χειρας αύτοις άπελυσαν.

νηστις [2]

Mt	15 32	και άπολυσαι αύτους *νηστεις* ού θελω, μηποτε έκλυθωσιν έν τη όδω.
Mc	8 3	και έαν άπολυσω αύτους *νηστεις* είς οίκον αύτων, έκλυθησονται έν τη όδω·

νηφαλιος [3]

1Tm	3 2	δει ούν τον έπισκοπον άνεπιλημπτον είναι, μιας γυναικος άνδρα, *νηφαλιον,* σωφρονα, κοσμιον, φιλοξενον, διδακτικον,
	11	γυναικας ώσαυτως σεμνας, μη διαβολους, *νηφαλιους,* πιστας έν πασιν.
Tit	2 2	πρεσβυτας *νηφαλιους* είναι, σεμνους, σωφρονας, ύγιαινοντας τη πιστει, τη άγαπη, τη ύπομονη·

νηφω [6]

1Th	5 6	άρα ούν μη καθευδωμεν ώς οί λοιποι, άλλα γρηγορωμεν και *νηφωμεν.*
	8	ήμεις δε ήμερας όντες *νηφωμεν,* ένδυσαμενοι θωρακα πιστεως
2Tm	4 5	συ δε *νηφε* έν πασιν, κακοπαθησον, έργον ποιησον εύαγγελιστου,
1Pt	1 13	διο άναζωσαμενοι τας όσφυας της διανοιας ύμων, *νηφοντες,* τελειως έλπισατε έπι την φερομενην ύμιν χαριν έν άποκαλυψει ίησου χριστου.
	4 7	σωφρονησατε ούν και *νηψατε* είς προσευχας·
	5 8	*νηψατε,* γρηγορησατε. ό άντιδικος ύμων διαβολος ώς λεων ώρυομενος περιπατει ζητων [τινα] καταπιειν·

νιγερ [1]

Ac	13 1	ήσαν δε έν άντιοχεια κατα την ούσαν έκκλησιαν προφηται και διδασκαλοι ό τε βαρναβας και συμεων ό καλουμενος *νιγερ,*

νικανωρ [1]

Ac	6 5	και φιλιππον και προχορον και *νικανορα* και τιμωνα και παρμεναν και νικολαον προσηλυτον άντιοχεα,

νικαω [28]

Lc	11 22	έπαν δε ίσχυροτερος αύτου έπελθων *νικηση* αύτον, την πανοπλιαν αύτου αίρει, έφ ή έπεποιθει, και τα σκυλα αύτου διαδιδωσιν.

νικαω [28]

Jh	16 33	έν τω κοσμω θλιψιν έχετε άλλα θαρσειτε, έγω *νενικηκα* τον κοσμον.
Rm	3 4	όπως άν δικαιωθης έν τοις λογοις σου και *νικησεις* έν τω κρινεσθαι σε.
	12 21	μη *νικω* ύπο του κακου, άλλα νικα έν τω άγαθω το κακον.
	21	μη νικω ύπο του κακου, άλλα *νικα* έν τω άγαθω το κακον.
1Jh	2 13	γραφω ύμιν, νεανισκοι, ότι *νενικηκατε* τον πονηρον.
	14	έγραψα ύμιν, νεανισκοι, ότι ίσχυροι έστε και ό λογος του θεου έν ύμιν μενει και *νενικηκατε* τον πονηρον.
	4 4	ύμεις έκ του θεου έστε, τεκνια, και *νενικηκατε* αύτους,
	5 4	ότι παν το γεγεννημενον έκ του θεου *νικα* τον κοσμον·
	4	και αύτη έστιν ή νικη ή *νικησασα* τον κοσμον, ή πιστις ήμων.
	5	τίς [δε] έστιν ό *νικων* τον κοσμον εί μη ό πιστευων ότι ίησους έστιν ό υίος του θεου;
Apc	2 7	τω *νικωντι* δωσω αύτω φαγειν έκ του ξυλου της ζωης,
	11	ό *νικων* ού μη άδικηθη έκ του θανατου του δευτερου.
	17	τω *νικωντι* δωσω αύτω του μαννα του κεκρυμμενου,
	26	και ό *νικων* και ό τηρων άχρι τελους τα έργα μου, δωσω αύτω έξουσιαν έπι των έθνων,
	3 5	ό *νικων* ούτως περιβαλειται έν ίματιοις λευκοις,
	12	ό *νικων,* ποιησω αύτον στυλον έν τω ναω του θεου μου,
	21	ό *νικων,* δωσω αύτω καθισαι μετ έμου έν τω θρονω μου,
	21	ό *νικων,* δωσω αύτω καθισαι μετ έμου έν τω θρονω μου, ώς καγω *ένικησα* και έκαθισα μετα του πατρος μου έν τω θρονω αύτου.
	5 5	ίδου *ένικησεν* ό λεων ό έκ της φυλης ιουδα, ή ριζα δαυιδ, άνοιξαι το βιβλιον και τας έπτα σφραγιδας αύτου.
	6 2	και έδοθη αύτω στεφανος, και έξηλθεν *νικων* και ίνα νικηση.
	2	και έδοθη αύτω στεφανος, και έξηλθεν νικων και ίνα *νικηση.*
	11 7	το θηριον το άναβαινον έκ της άβυσσου ποιησει μετ αύτων πολεμον και *νικησει* αύτους και άποκτενει αύτους.
	12 11	και αύτοι *ένικησαν* αύτον δια το αίμα του άρνιου και δια τον λογον της μαρτυριας αύτων,
	13 7	και έδοθη αύτω ποιησαι πολεμον μετα των άγιων και *νικησαι* αύτους,
	15 2	και τους *νικωντας* έκ του θηριου και έκ της είκονος αύτου και έκ του άριθμου του όνοματος αύτου έστωτας έπι την θαλασσαν την ύαλινην,
	17 14	ούτοι μετα του άρνιου πολεμησουσιν και το άρνιον *νικησει* αύτους,
	21 7	ό *νικων* κληρονομησει ταυτα, και έσομαι αύτω θεος και αύτος έσται μοι υίος.

νικη [1]

1Jh	5 4	και αύτη έστιν ή *νικη* ή νικησασα τον κοσμον, ή πιστις ήμων.

νικοδημος [5]

Jh	3 1	ήν δε άνθρωπος έκ των φαρισαιων, *νικοδημος* όνομα αύτω,
	4	λεγει προς αύτον [ό] *νικοδημος·* πως δυναται άνθρωπος γεννηθηναι γερων ών;
	9	άπεκριθη *νικοδημος* και είπεν αύτω· πως δυναται ταυτα γενεσθαι;
	7 50	λεγει *νικοδημος* προς αύτους, ό έλθων προς αύτον [το] προτερον, είς ών έξ αύτων· μη ό νομος ήμων κρινει τον άνθρωπον
	19 39	ήλθεν δε και *νικοδημος,* ό έλθων προς αύτον νυκτος το πρωτον, φερων μιγμα σμυρνης και άλοης ώς λιτρας έκατον.

νικολαιτης [2]

Apc	2 6	άλλα τουτο έχεις, ότι μισεις τα έργα των *νικολαιτων,*
	15	ούτως έχεις και συ κρατουντας την διδαχην [των] *νικολαιτων* όμοιως.

νικολαος [1]

Ac	6 5	και φιλιππον και προχορον και νικανορα και τιμωνα και παρμεναν και *νικολαον* προσηλυτον άντιοχεα,

νικοπολις [1]

Tit	3 12	όταν πεμψω άρτεμαν προς σέ ή τυχικον, σπουδασον έλθειν προς με είς *νικοπολιν·*

νικος [4]

Mt	12 20	καλαμον συντετριμμενον ού κατεαξει και λινον τυφομενον ού σβεσει, έως άν έκβαλη εἰς νικος την κρισιν.
1Co	15 54	κατεποθη ὁ θανατος εἰς νικος.
	55	πού σου, θανατε, το νικος; πού σου, θανατε, το κεντρον;
	57	τω δε θεω χαρις τω διδοντι ήμιν το νικος δια του κυριου ήμων ἰησου χριστου.

νινευιτης [3]

Mt	12 41	άνδρες νινευιται άναστησονται έν τη κρισει μετα της γενεας ταυτης και κατακρινουσιν αὐτην·
Lc	11 30	καθως γαρ έγενετο ιωνας τοις νινευιταις σημειον, ουτως έσται και ὁ υἱος του άνθρωπου τη γενεα ταυτη.
	32	άνδρες νινευιται άναστησονται έν τη κρισει μετα της γενεας ταυτης και κατακρινουσιν αὐτην·

νιπτηρ [1]

Jh	13 5	ειτα βαλλει ύδωρ εἰς τον νιπτηρα, και ήρξατο νιπτειν τους ποδας των μαθητων και έκμασσειν τω λεντιω ῷ ήν διεζωσμενος.

νιπτω [17]

Mt	6 17	συ δε νηστευων άλειψαι σου την κεφαλην και το προσωπον σου νιψαι,
	15 2	δια τί οἱ μαθηται σου παραβαινουσιν την παραδοσιν των πρεσβυτερων; ού γαρ νιπτονται τας χειρας [αὐτων] όταν άρτον έσθιωσιν.
Mc	7 3	οἱ γαρ φαρισαιοι και παντες οἱ ιουδαιοι εαν μη πυγμη νιψωνται τας χειρας ούκ έσθιουσιν,
Jh	9 7	ύπαγε νιψαι εἰς την κολυμβηθραν του σιλωαμ ὁ ἑρμηνευεται άπεσταλμενος.
	7	άπηλθεν ούν και ένιψατο, και ήλθεν βλεπων.
	11	ὁ άνθρωπος ὁ λεγομενος ιησους πηλον έποιησεν και έπεχρισεν μου τους όφθαλμους και είπεν μοι ότι ύπαγε εἰς τον σιλωαμ και νιψαι·
	11	άπελθων ούν και νιψαμενος άνεβλεψα.
	15	πηλον έπεθηκεν μου έπι τους όφθαλμους, και ένιψαμην, και βλεπω.
	13 5	ειτα βαλλει ύδωρ εἰς τον νιπτηρα, και ήρξατο νιπτειν τους ποδας των μαθητων και έκμασσειν τω λεντιω ῷ ήν διεζωσμενος.
	6	κυριε, συ μου νιπτεις τους ποδας;
	8	ού μη νιψης μου τους ποδας εἰς τον αἰωνα.
	8	έαν μη νιψω σε, ούκ έχεις μερος μετ έμου.
	10	ὁ λελουμενος ούκ έχει χρειαν εἰ μη τους ποδας νιψασθαι, άλλ έστιν καθαρος ὁλος.
	12	ότε ούν ένιψεν τους ποδας αὐτων [και] έλαβεν τα ιματια αὐτου και άνεπεσεν παλιν, είπεν αὐτοις·
	14	εἰ ούν έγω ένιψα ύμων τους ποδας ὁ κυριος και ὁ διδασκαλος, και ύμεις όφειλετε άλληλων νιπτειν τους ποδας·
	14	εἰ ούν έγω ένιψα ύμων τους ποδας ὁ κυριος και ὁ διδασκαλος, και ύμεις όφειλετε άλληλων νιπτειν τους ποδας·
1Tm	5 10	εἰ έτεκνοτροφησεν, εἰ έξενοδοχησεν, εἰ ἁγιων ποδας ένιψεν,

νοεω [14]

Mt	15 17	ού νοειτε ότι παν το εἰσπορευομενον εἰς το στομα εἰς την κοιλιαν χωρει και εἰς άφεδρωνα έκβαλλεται;
	16 9	ούπω νοειτε, ούδε μνημονευετε τους πεντε άρτους των πεντακισχιλιων και ποσους κοφινους έλαβετε;
	11	πως ού νοειτε ότι ού περι άρτων είπον ύμιν; προσεχετε δε άπο της ζυμης των φαρισαιων και σαδδουκαιων.
	24 15	όταν ούν ίδητε το βδελυγμα της έρημωσεως το ρηθεν δια δανιηλ του προφητου ἑστος έν τοπω ἁγιω, ὁ άναγινωσκων νοειτω, τοτε οἱ έν τη ιουδαια φευγετωσαν εἰς τα όρη,
Mc	7 18	ού νοειτε ότι παν το έξωθεν εἰσπορευομενον εἰς τον άνθρωπον ού δυναται αὐτον κοινωσαι,
	8 17	τί διαλογιζεσθε ότι άρτους ούκ έχετε; ούπω νοειτε ούδε συνιετε;
	13 14	όταν δε ίδητε το βδελυγμα της έρημωσεως ἑστηκοτα όπου ού δει, ὁ άναγινωσκων νοειτω,
Jh	12 40	τετυφλωκεν αὐτων τους όφθαλμους και έπωρωσεν αὐτων την καρδιαν, ίνα μη ίδωσιν τοις όφθαλμοις και νοησωσιν τη καρδια και στραφωσιν, και ιασομαι αὐτους.
Rm	1 20	τα γαρ άορατα αὐτου άπο κτισεως κοσμου τοις ποιημασιν νοουμενα καθοραται, ή τε άιδιος αὐτου δυναμις και θειοτης, εἰς το είναι αὐτους άναπολογητους.

νοεω [14]

Eph	3 4	προς ὁ δυνασθε άναγινωσκοντες νοησαι την συνεσιν μου έν τω μυστηριω του χριστου,
	20	τω δε δυναμενω ύπερ παντα ποιησαι ύπερεκπερισσου ών αἰτουμεθα ή νοουμεν κατα την δυναμιν την ένεργουμενην έν ὑμιν,
1Tm	1 7	θελοντες είναι νομοδιδασκαλοι, μη νοουντες μητε ά λεγουσιν μητε περι τίνων διαβεβαιουνται.
2Tm	2 7	νόει ὁ λεγω· δωσει γαρ σοι ὁ κυριος συνεσιν έν πασιν.
Heb	11 3	πιστει νοουμεν κατηρτισθαι τους αἰωνας ρηματι θεου,

νοημα [6]

2Co	2 11	ού γαρ αὐτου τα νοηματα άγνοουμεν.
	3 14	άλλα έπωρωθη τα νοηματα αὐτων.
	4 4	έν οις ὁ θεος του αἰωνος τουτου έτυφλωσεν τα νοηματα των άπιστων εἰς το μη αὐγασαι τον φωτισμον του εὐαγγελιου της δοξης του χριστου,
	10 5	και αἰχμαλωτιζοντες παν νοημα εἰς την ὑπακοην του χριστου,
	11 3	φοβουμαι δε μη πως, ὡς ὁ όφις έξηπατησεν εὐαν έν τη πανουργια αὐτου, φθαρη τα νοηματα ὑμων άπο της ἁπλοτητος [και της ἁγνοτητος] της εἰς τον χριστον.
Php	4 7	και τα νοηματα ὑμων έν χριστω ιησου.

νοθος [1]

Heb	12 8	εἰ δε χωρις έστε παιδειας, ής μετοχοι γεγονασιν παντες, άρα νοθοι και ούχ υἱοι έστε.

νομη [2]

Jh	10 9	δι έμου έαν τις εἰσελθη, σωθησεται, και εἰσελευσεται και έξελευσεται και νομην εὑρησει.
2Tm	2 17	και ὁ λογος αὐτων ὡς γαγγραινα νομην έξει·

νομιζω [15]

Mt	5 17	μη νομισητε ότι ήλθον καταλυσαι τον νομον ή τους προφητας·
	10 34	μη νομισητε ότι ήλθον βαλειν εἰρηνην έπι την γην·
	20 10	και έλθοντες οἱ πρωτοι ένομισαν ότι πλειον λημψονται·
Lc	2 44	νομισαντες δε αὐτον είναι έν τη συνοδια ήλθον ἡμερας ὁδον και άνεζητουν αὐτον έν τοις συγγενευσιν και τοις γνωστοις,
	3 23	και αὐτος ήν ιησους άρχομενος ὡσει έτων τριακοντα, ών υἱος, ὡς ένομιζετο, ιωσηφ,
Ac	7 25	ένομιζεν δε συνιεναι τους άδελφους [αὐτου] ότι ὁ θεος δια χειρος αὐτου διδωσιν σωτηριαν αὐτοις·
	8 20	το άργυριον σου συν σοι εἰη εἰς άπωλειαν, ότι την δωρεαν του θεου ένομισας δια χρηματων κτασθαι.
	14 19	και πεισαντες τους όχλους και λιθασαντες τον παυλον έσυρον έξω της πολεως, νομιζοντες αὐτον τεθνηκεναι.
	16 13	τη τε ἡμερα των σαββατων έξηλθομεν έξω της πυλης παρα ποταμον ού ένομιζομεν προσευχην είναι,
	27	σπασαμενος [την] μαχαιραν ήμελλεν ἑαυτον άναιρειν, νομιζων έκπεφευγεναι τους δεσμιους.
	17 29	γενος ούν ὑπαρχοντες του θεου ούκ όφειλομεν νομιζειν, χρυσω ή άργυρω ή λιθω, χαραγματι τεχνης και ένθυμησεως άνθρωπου, το θειον είναι ὁμοιον.
	21 29	ήσαν γαρ προεωρακοτες τροφιμον τον έφεσιον έν τη πολει συν αὐτω, ὁν ένομιζον ότι εἰς το ιερον εἰσηγαγεν ὁ παυλος.
1Co	7 26	νομιζω ούν τουτο καλον ὑπαρχειν δια την ένεστωσαν άναγκην, ότι καλον άνθρωπω το ουτως είναι.
	36	εἰ δε τις άσχημονειν έπι την παρθενον αὐτου νομιζει, έαν ή ὑπερακμος, και ουτως όφειλει γινεσθαι, ὁ θελει ποιειτω·
1Tm	6 5	διαπαρατριβαι διεφθαρμενων άνθρωπων τον νουν και άπεστερημενων της άληθειας, νομιζοντων πορισμον είναι την εὐσεβειαν.

νομικος [9]

Mt	22 35	και έπηρωτησεν εἰς έξ αὐτων [νομικος] πειραζων αὐτον· διδασκαλε, ποια έντολη μεγαλη έν τω νομω;
Lc	7 30	οἱ δε φαρισαιοι και οἱ νομικοι την βουλην του θεου ήθετησαν εἰς ἑαυτους,
	10 25	και ἰδου νομικος τις άνεστη έκπειραζων αὐτον λεγων·
	11 45	άποκριθεις δε τις των νομικων λεγει αὐτω·
	46	και ὑμιν τοις νομικοις οὐαι, ότι φορτιζετε τους άνθρωπους φορτια δυσβαστακτα, και αὐτοι ἑνι των δακτυλων ὑμων ού προσψαυετε τοις φορτιοις.
	52	οὐαι ὑμιν τοις νομικοις, ότι ήρατε την κλειδα της γνωσεως·

νομικος [9]

Lc 14 3 και αποκριθεις ο ιησους ειπεν προς τους νομικους και
φαρισαιους λεγων· εξεστιν τω σαββατω θεραπευσαι η ου;

Tit 3 9 μωρας δε ζητησεις και γενεαλογιας και ερεις και μαχας
νομικας περιιστασο·

13 ζηναν τον νομικον και απολλων σπουδαιως προπεμψον, ινα
μηδεν αυτοις λειπη.

νομιμως [2]

1Tm 1 8 οιδαμεν δε οτι καλος ο νομος, εαν τις αυτω νομιμως χρηται,

2Tm 2 5 εαν δε και αθλη τις, ου στεφανουται εαν μη νομιμως αθληση.

νομισμα [1]

Mt 22 19 επιδειξατε μοι το νομισμα του κηνσου.

νομοδιδασκαλος [3]

Lc 5 17 και ησαν καθημενοι φαρισαιοι και νομοδιδασκαλοι οι ησαν
εληλυθοτες εκ πασης κωμης της γαλιλαιας και ιουδαιας και
ιερουσαλημ·

Ac 5 34 αναστας δε τις εν τω συνεδριω φαρισαιος ονοματι γαμαλιηλ,
νομοδιδασκαλος τιμιος παντι τω λαω,

1Tm 1 7 θελοντες ειναι νομοδιδασκαλοι, μη νοουντες μητε α λεγουσιν
μητε περι τινων διαβεβαιουνται.

νομοθεσια [1]

Rm 9 4 οιτινες εισιν ισραηλιται, ων η υιοθεσια και η δοξα και αι
διαθηκαι και η νομοθεσια και η λατρεια και αι επαγγελιαι,

νομοθετεω [2]

Heb 7 11 ει μεν ουν τελειωσις δια της λευιτικης ιερωσυνης ην, ο λαος
γαρ επ αυτης νενομοθετηται, τις ετι χρεια

8 6 νυν[ι] δε διαφορωτερας τετυχεν λειτουργιας, οσω και
κρειττονος εστιν διαθηκης μεσιτης, ητις επι κρειττοσιν
επαγγελιαις νενομοθετηται.

νομοθετης [1]

Ja 4 12 εις εστιν [ο] νομοθετης και κριτης,

νομος [195]

Mt 5 17 μη νομισητε οτι ηλθον καταλυσαι τον νομον η τους
προφητας·

18 ιωτα εν η μια κεραια ου μη παρελθη απο του νομου,

7 12 ουτος γαρ εστιν ο νομος και οι προφηται.

11 13 παντες γαρ οι προφηται και ο νομος εως ιωαννου
επροφητευσαν·

12 5 η ουκ ανεγνωτε εν τω νομω οτι τοις σαββασιν οι ιερεις εν τω
ιερω το σαββατον βεβηλουσιν και αναιτιοι εισιν;

22 36 διδασκαλε, ποια εντολη μεγαλη εν τω νομω;

40 εν ταυταις ταις δυσιν εντολαις ολος ο νομος κρεμαται και οι
προφηται.

23 23 και αφηκατε τα βαρυτερα του νομου, την κρισιν και το ελεος
και την πιστιν·

Lc 2 22 και οτε επλησθησαν αι ημεραι του καθαρισμου αυτων κατα
τον νομον μωυσεως, ανηγαγον αυτον εις ιεροσολυμα
παραστησαι τω κυριω,

23 ανηγαγον αυτον εις ιεροσολυμα παραστησαι τω κυριω,
καθως γεγραπται εν νομω κυριου οτι παν αρσεν διανοιγον
μητραν αγιον τω κυριω κληθησεται,

24 και του δουναι θυσιαν κατα το ειρημενον εν τω νομω κυριου,
ζευγος τρυγονων η δυο νοσσους περιστερων.

27 και εν τω εισαγαγειν τους γονεις το παιδιον ιησουν του
ποιησαι αυτους κατα το ειθισμενον του νομου περι αυτου,

και αυτος εδεξατο αυτο εις τας αγκαλας και ευλογησεν τον
θεον και ειπεν·

39 και ως ετελεσαν παντα τα κατα τον νομον κυριου,
επεστρεψαν εις την γαλιλαιαν εις πολιν εαυτων ναζαρεθ.

10 26 εν τω νομω τι γεγραπται; πως αναγινωσκεις;

16 16 ο νομος και οι προφηται μεχρι ιωαννου·

17 ευκοπωτερον δε εστιν τον ουρανον και την γην παρελθειν η
του νομου μιαν κεραιαν πεσειν.

24 44 ουτοι οι λογοι μου ους ελαλησα προς υμας ετι ων συν υμιν,
οτι δει πληρωθηναι παντα τα γεγραμμενα εν τω νομω
μωυσεως και τοις προφηταις και ψαλμοις περι εμου.

νομος [195]

Jh 1 17 οτι ο νομος δια μωυσεως εδοθη,

45 ον εγραψεν μωυσης εν τω νομω και οι προφηται ευρηκαμεν,

7 19 ου μωυσης δεδωκεν υμιν τον νομον;

19 και ουδεις εξ υμων ποιει τον νομον.

23 ει περιτομην λαμβανει ο ανθρωπος εν σαββατω ινα μη λυθη ο
νομος μωυσεως, εμοι χολατε οτι ολον ανθρωπον υγιη
εποιησα εν σαββατω;

49 αλλα ο οχλος ουτος ο μη γινωσκων τον νομον επαρατοι
εισιν.

51 μη ο νομος ημων κρινει τον ανθρωπον εαν μη ακουση
πρωτον παρ αυτου και γνω τι ποιει;

8 5* εν δε τω νομω ημιν μωυσης ενετειλατο τας τοιαυτας λιθαζειν·
συ ουν τι λεγεις;

17 και εν τω νομω δε τω υμετερω γεγραπται οτι δυο ανθρωπων
η μαρτυρια αληθης εστιν.

10 34 ουκ εστιν γεγραμμενον εν τω νομω υμων οτι εγω ειπα· θεοι
εστε;

12 34 ημεις ηκουσαμεν εκ του νομου οτι ο χριστος μενει εις τον
αιωνα, και πως λεγεις συ οτι δει υψωθηναι τον υιον του
ανθρωπου;

15 25 αλλ ινα πληρωθη ο λογος ο εν τω νομω αυτων γεγραμμενος
οτι εμισησαν με δωρεαν.

18 31 λαβετε αυτον υμεις, και κατα τον νομον υμων κρινατε αυτον.

19 7 ημεις νομον εχομεν, και κατα τον νομον οφειλει αποθανειν,

7 ημεις νομον εχομεν, και κατα τον νομον οφειλει αποθανειν,

Ac 6 13 ο ανθρωπος ουτος ου παυεται λαλων ρηματα κατα του τοπου
του αγιου [τουτου] και του νομου·

7 53 οι ουχ υμεις προδοται και φονεις εγενεσθε, οιτινες ελαβετε
τον νομον εις διαταγας αγγελων,

13 15 μετα δε την αναγνωσιν του νομου και των προφητων
απεστειλαν οι αρχισυναγωγοι προς αυτους λεγοντες·

38 γνωστον ουν εστω υμιν, ανδρες αδελφοι, οτι δια τουτου υμιν
αφεσις αμαρτιων καταγγελλεται, [και] απο παντων ων ουκ
ηδυνηθητε εν νομω μωυσεως δικαιωθηναι,

15 5 εξανεστησαν δε τινες των απο της αιρεσεως των φαρισαιων
πεπιστευκοτες, λεγοντες οτι δει περιτεμνειν αυτους
παραγγελλειν τε τηρειν τον νομον μωυσεως.

18 13 και ηγαγον αυτον επι το βημα, λεγοντες οτι παρα τον νομον
αναπειθει ουτος τους ανθρωπους σεβεσθαι τον θεον.

15 ει δε ζητηματα εστιν περι λογου και ονοματων και νομου του
καθ υμας, οψεσθε αυτοι·

21 20 θεωρεις, αδελφε, ποσαι μυριαδες εισιν εν τοις ιουδαιοις των
πεπιστευκοτων, και παντες ζηλωται του νομου υπαρχουσιν·

24 και γνωσονται παντες οτι ων κατηχηνται περι σου ουδεν
εστιν, αλλα στοιχεις και αυτος φυλασσων τον νομον.

28 ουτος εστιν ο ανθρωπος ο κατα του λαου και του νομου και
του τοπου τουτου παντας πανταχη διδασκων,

22 3 ανατεθραμμενος δε εν τη πολει ταυτη, παρα τους ποδας
γαμαλιηλ πεπαιδευμενος κατα ακριβειαν του πατρωου νομου,

12 ανανιας δε τις, ανηρ ευλαβης κατα τον νομον, μαρτυρουμενος
υπο παντων των κατοικουντων ιουδαιων, ελθων προς με και
επιστας ειπεν μοι·

23 3 και συ καθη κρινων με κατα τον νομον, και παρανομων
κελευεις με τυπτεσθαι;

29 ον ευρον εγκαλουμενον περι ζητηματων του νομου αυτων,

24 7* ον και εκρατησαμεν και κατα τον ημετερον νομον
ηθελησαμεν κριναι.

14 οτι κατα την οδον ην λεγουσιν αιρεσιν ουτως λατρευω τω
πατρωω θεω, πιστευων πασι τοις κατα τον νομον και τοις εν
τοις προφηταις γεγραμμενοις,

25 8 του παυλου απολογουμενου οτι ουτε εις τον νομον των
ιουδαιων ουτε εις το ιερον ουτε εις καισαρα τι ημαρτον.

28 23 πειθων τε αυτους περι του ιησου απο τε του νομου μωυσεως
και των προφητων,

Rm 2 12 και οσοι εν νομω ημαρτον, δια νομου κριθησονται·

12 και οσοι εν νομω ημαρτον, δια νομου κριθησονται·

13 ου γαρ οι ακροαται νομου δικαιοι παρα [τω] θεω,

13 ου γαρ οι ακροαται νομου δικαιοι παρα [τω] θεω, αλλ οι
ποιηται νομου δικαιωθησονται.

14 οταν γαρ εθνη τα μη νομον εχοντα φυσει τα του νομου
ποιωσιν, ουτοι νομον μη εχοντες εαυτοις εισιν νομος·

14 οταν γαρ εθνη τα μη νομον εχοντα φυσει τα του νομου
ποιωσιν, ουτοι νομον μη εχοντες εαυτοις εισιν νομος·

14 οταν γαρ εθνη τα μη νομον εχοντα φυσει τα του νομου
ποιωσιν, ουτοι νομον μη εχοντες εαυτοις εισιν νομος·

14 οταν γαρ εθνη τα μη νομον εχοντα φυσει τα του νομου
ποιωσιν, ουτοι νομον μη εχοντες εαυτοις εισιν νομος·

15 οιτινες ενδεικνυνται το εργον του νομου γραπτον εν ταις
καρδιαις αυτων,

νομος [195]

Rm 2 17 εἰ δε συ ἰουδαιος ἐπονομαζῃ και ἐπαναπαυῃ νομῳ και καυχασαι ἐν θεῳ και γινωσκεις το θελημα και δοκιμαζεις τα διαφεροντα κατηχουμενος ἐκ του νομου,
18 εἰ δε συ ἰουδαιος ἐπονομαζῃ και ἐπαναπαυῃ νομῳ και καυχασαι ἐν θεῳ και γινωσκεις το θελημα και δοκιμαζεις τα διαφεροντα κατηχουμενος ἐκ του *νομου*,
20 ἐχοντα την μορφωσιν της γνωσεως και της ἀληθειας ἐν τῳ νομῳ·
23 ὁς ἐν νομῳ καυχασαι, δια της παραβασεως του νομου τον θεον ἀτιμαζεις;
23 ὁς ἐν νομῳ καυχασαι, δια της παραβασεως του *νομου* τον θεον ἀτιμαζεις;
25 περιτομη μεν γαρ ὠφελει ἐαν νομον πρασσῃς·
25 ἐαν δε παραβατης νομου ᾖς, ἡ περιτομη σου ἀκροβυστια γεγονεν.
26 ἐαν οὖν ἡ ἀκροβυστια τα δικαιωματα του νομου φυλασσῃ, οὐχ ἡ ἀκροβυστια αὐτου εἰς περιτομην λογισθησεται;
27 και κρινει ἡ ἐκ φυσεως ἀκροβυστια τον νομον τελουσα σε τον δια γραμματος και περιτομης παραβατην νομου.
27 και κρινει ἡ ἐκ φυσεως ἀκροβυστια τον νομον τελουσα σε τον δια γραμματος και περιτομης παραβατην νομου.
3 19 οἰδαμεν δε ὁτι ὁσα ὁ νομος λεγει τοις ἐν τῳ νομῳ λαλει,
19 οἰδαμεν δε ὁτι ὁσα ὁ νομος λεγει τοις ἐν τῳ νομῳ λαλει,
20 διοτι ἐξ ἐργων νομου οὐ δικαιωθησεται πασα σαρξ ἐνωπιον αὐτου·
20 διοτι ἐξ ἐργων νομου οὐ δικαιωθησεται πασα σαρξ ἐνωπιον αὐτου· δια γαρ νομου ἐπιγνωσις ἁμαρτιας.
21 νυνι δε χωρις νομου δικαιοσυνη θεου πεφανερωται, μαρτυρουμενη ὑπο του νομου και των προφητων,
21 νυνι δε χωρις νομου δικαιοσυνη θεου πεφανερωται, μαρτυρουμενη ὑπο του νομου και των προφητων,
27 δια ποιου νομου; των ἐργων;
27 των ἐργων; οὐχι, ἀλλα δια νομου πιστεως.
28 λογιζομεθα γαρ δικαιουσθαι πιστει ἀνθρωπον χωρις ἐργων νομου.
31 νομον οὖν καταργουμεν δια της πιστεως;
31 μη γενοιτο, ἀλλα νομον ἱστανομεν.
4 13 οὐ γαρ δια νομου ἡ ἐπαγγελια τῳ ἀβρααμ ἠ τῳ σπερματι αὐτου, το κληρονομον αὐτον εἰναι κοσμου, ἀλλα δια δικαιοσυνης πιστεως.
14 εἰ γαρ οἱ ἐκ νομου κληρονομοι, κεκενωται ἡ πιστις και κατηργηται ἡ ἐπαγγελια·
15 ὁ γαρ νομος ὀργην κατεργαζεται·
15 οὐ δε οὐκ ἐστιν νομος, οὐδε παραβασις.
16 δια τουτο ἐκ πιστεως, ἱνα κατα χαριν, εἰς το εἰναι βεβαιαν την ἐπαγγελιαν παντι τῳ σπερματι, οὐ τῳ ἐκ του νομου μονον ἀλλα και τῳ ἐκ πιστεως ἀβρααμ,
5 13 ἀχρι γαρ νομου ἁμαρτια ἠν ἐν κοσμῳ, ἁμαρτια δε οὐκ ἐλλογειται μη ὀντος νομου·
13 ἀχρι γαρ νομου ἁμαρτια ἠν ἐν κοσμῳ, ἁμαρτια δε οὐκ ἐλλογειται μη ὀντος νομου·
20 νομος δε παρεισηλθεν ἱνα πλεοναση το παραπτωμα·
6 14 οὐ γαρ ἐστε ὑπο νομον ἀλλα ὑπο χαριν.
15 ἁμαρτησωμεν, ὁτι οὐκ ἐσμεν ὑπο νομον ἀλλα ὑπο χαριν;
7 1 ἠ ἀγνοειτε, ἀδελφοι, γινωσκουσιν γαρ νομον λαλω, ὁτι ὁ νομος κυριευει του ἀνθρωπου ἐφ ὁσον χρονον ζῃ;
1 ἠ ἀγνοειτε, ἀδελφοι, γινωσκουσιν γαρ νομον λαλω, ὁτι ὁ νομος κυριευει του ἀνθρωπου ἐφ ὁσον χρονον ζῃ;
2 ἠ γαρ ὑπανδρος γυνη τῳ ζωντι ἀνδρι δεδεται νομῳ·
2 ἐαν δε ἀποθανη ὁ ἀνηρ, κατηργηται ἀπο του νομου του ἀνδρος.
3 ἐαν δε ἀποθανη ὁ ἀνηρ, ἐλευθερα ἐστιν ἀπο του νομου,
4 ὡστε, ἀδελφοι μου, και ὑμεις ἐθανατωθητε τῳ νομῳ δια του σωματος του χριστου,
5 ὁτε γαρ ἠμεν ἐν τῃ σαρκι, τα παθηματα των ἁμαρτιων τα δια του νομου ἐνηργειτο ἐν τοις μελεσιν ἡμων εἰς το καρποφορησαι τῳ θανατῳ·
6 νυνι δε κατηργηθημεν ἀπο του νομου, ἀποθανοντες ἐν ᾡ κατειχομεθα,
7 τι οὖν ἐρουμεν; ὁ νομος ἁμαρτια;
7 ἀλλα την ἁμαρτιαν οὐκ ἐγνων εἰ μη δια νομου·
7 την τε γαρ ἐπιθυμιαν οὐκ ἠδειν εἰ μη ὁ νομος ἐλεγεν·
8 χωρις γαρ νομου ἁμαρτια νεκρα.
9 ἐγω δε ἐζων χωρις νομου ποτε·
12 ὡστε ὁ μεν νομος ἁγιος, και ἡ ἐντολη ἁγια και δικαια και ἀγαθη.
14 οἰδαμεν γαρ ὁτι ὁ νομος πνευματικος ἐστιν·
16 εἰ δε ὁ οὐ θελω τουτο ποιω, συμφημι τῳ νομῳ ὁτι καλος.
21 εὑρισκω ἀρα τον νομον τῳ θελοντι ἐμοι ποιειν το καλον,

Rm 7 22 συνηδομαι γαρ τῳ νομῳ του θεου κατα τον ἐσω ἀνθρωπον,
23 βλεπω δε ἑτερον νομον ἐν τοις μελεσιν μου
23 βλεπω δε ἑτερον νομον ἐν τοις μελεσιν μου ἀντιστρατευομενον τῳ νομῳ του νοος μου
23 ἀντιστρατευομενον τῳ νομῳ του νοος μου και αἰχμαλωτιζοντα με ἐν τῳ νομῳ της ἁμαρτιας τῳ ὀντι ἐν τοις μελεσιν μου.
25 ἀρα οὖν αὐτος ἐγω τῳ μεν νοι δουλευω νομῳ θεου, τῃ δε σαρκι νομῳ ἁμαρτιας.
25 ἀρα οὖν αὐτος ἐγω τῳ μεν νοι δουλευω νομῳ θεου, τῃ δε σαρκι νομῳ ἁμαρτιας.
8 2 ὁ γαρ νομος του πνευματος της ζωης ἐν χριστῳ ἰησου ἠλευθερωσεν σε ἀπο του νομου της ἁμαρτιας και του θανατου.
2 ὁ γαρ νομος του πνευματος της ζωης ἐν χριστῳ ἰησου ἠλευθερωσεν σε ἀπο του νομου της ἁμαρτιας και του θανατου.
3 το γαρ ἀδυνατον του νομου, ἐν ᾡ ἠσθενει δια της σαρκος, ὁ θεος τον ἑαυτου υἱον πεμψας ἐν ὁμοιωματι σαρκος ἁμαρτιας και περι ἁμαρτιας κατεκρινεν την ἁμαρτιαν ἐν τῃ σαρκι,
4 το γαρ ἀδυνατον του νομου, ἐν ᾡ ἠσθενει δια της σαρκος, ὁ θεος τον ἑαυτου υἱον πεμψας ἐν ὁμοιωματι σαρκος ἁμαρτιας και περι ἁμαρτιας κατεκρινεν την ἁμαρτιαν ἐν τῃ σαρκι, ἱνα το δικαιωμα του νομου πληρωθῃ ἐν ἡμιν
7 τῳ γαρ νομῳ του θεου οὐχ ὑποτασσεται, οὐδε γαρ δυναται·
9 31 ἰσραηλ δε διωκων νομον δικαιοσυνης εἰς νομον οὐκ ἐφθασεν.
31 ἰσραηλ δε διωκων νομον δικαιοσυνης εἰς νομον οὐκ ἐφθασεν.
10 4 τελος γαρ νομου χριστος εἰς δικαιοσυνην παντι τῳ πιστευοντι.
5 μωυσης γαρ γραφει την δικαιοσυνην την ἐκ [του] νομου ὁτι ὁ ποιησας αὐτα ἀνθρωπος ζησεται ἐν αὐτοις.
13 8 ὁ γαρ ἀγαπων τον ἑτερον νομον πεπληρωκεν.
10 ἡ ἀγαπη τῳ πλησιον κακον οὐκ ἐργαζεται· πληρωμα οὖν νομου ἡ ἀγαπη.
1Co 9 8 μη κατα ἀνθρωπον ταυτα λαλω, ἠ και ὁ νομος ταυτα οὐ λεγει;
9 ἐν γαρ τῳ μωυσεως νομῳ γεγραπται·
20 τοις ὑπο νομον ὡς ὑπο νομον, μη ὠν αὐτος ὑπο νομον,
20 τοις ὑπο νομον ὡς ὑπο νομον, μη ὠν αὐτος ὑπο νομον,
20 τοις ὑπο νομον ὡς ὑπο νομον, μη ὠν αὐτος ὑπο νομον,
20 τοις ὑπο νομον ὡς ὑπο νομον, μη ὠν αὐτος ὑπο νομον, ἱνα τους ὑπο νομον κερδησω·
14 21 ἐν τῳ νομῳ γεγραπται ὁτι ἐν ἑτερογλωσσοις και ἐν χειλεσιν ἑτερων λαλησω τῳ λαῳ τουτῳ,
34 οὐ γαρ ἐπιτρεπεται αὐταις λαλειν, ἀλλα ὑποτασσεσθωσαν, καθως και ὁ νομος λεγει.
15 56 το δε κεντρον του θανατου ἡ ἁμαρτια, ἡ δε δυναμις της ἁμαρτιας ὁ νομος.
Ga 2 16 εἰδοτες [δε] ὁτι οὐ δικαιουται ἀνθρωπος ἐξ ἐργων νομου ἐαν μη δια πιστεως ἰησου χριστου, και ἡμεις εἰς χριστον ἰησουν ἐπιστευσαμεν,
16 και ἡμεις εἰς χριστον ἰησουν ἐπιστευσαμεν, ἱνα δικαιωθωμεν ἐκ πιστεως χριστου και οὐκ ἐξ ἐργων νομου,
16 ἱνα δικαιωθωμεν ἐκ πιστεως χριστου και οὐκ ἐξ ἐργων νομου, ὁτι ἐξ ἐργων νομου οὐ δικαιωθησεται πασα σαρξ.
19 ἐγω γαρ δια νομου νομῳ ἀπεθανον ἱνα θεῳ ζησω.
19 ἐγω γαρ δια νομου νομῳ ἀπεθανον ἱνα θεῳ ζησω.
21 εἰ γαρ δια νομου δικαιοσυνη, ἀρα χριστος δωρεαν ἀπεθανεν.
3 2 ἐξ ἐργων νομου το πνευμα ἐλαβετε ἠ ἐξ ἀκοης πιστεως;
5 ὁ οὖν ἐπιχορηγων ὑμιν το πνευμα και ἐνεργων δυναμεις ἐν ὑμιν ἐξ ἐργων νομου ἠ ἐξ ἀκοης πιστεως;
10 ὁσοι γαρ ἐξ ἐργων νομου εἰσιν, ὑπο καταραν εἰσιν·
10 γεγραπται γαρ ὁτι ἐπικαταρατος πας ὁς οὐκ ἐμμενει πασιν τοις γεγραμμενοις ἐν τῳ βιβλιῳ του νομου του ποιησαι αὐτα.
11 ὁτι δε ἐν νομῳ οὐδεις δικαιουται παρα τῳ θεῳ δηλον,
12 ὁ δε νομος οὐκ ἐστιν ἐκ πιστεως,
13 χριστος ἡμας ἐξηγορασεν ἐκ της καταρας του νομου γενομενος ὑπερ ἡμων καταρα,
17 διαθηκην προκεκυρωμενην ὑπο του θεου ὁ μετα τετρακοσιακαιτριακοντα ἐτη γεγονως νομος οὐκ ἀκυροι, εἰς το καταργησαι την ἐπαγγελιαν.
18 εἰ γαρ ἐκ νομου ἡ κληρονομια, οὐκετι ἐξ ἐπαγγελιας·
19 τι οὖν ὁ νομος; των παραβασεων χαριν προσετεθη,
21 ὁ οὖν νομος κατα των ἐπαγγελιων [του θεου];
21 εἰ γαρ ἐδοθη νομος ὁ δυναμενος ζωοποιησαι, ὀντως ἐκ νομου ἀν ἠν ἡ δικαιοσυνη·
21 εἰ γαρ ἐδοθη νομος ὁ δυναμενος ζωοποιησαι, ὀντως ἐκ νομου ἀν ἠν ἡ δικαιοσυνη·

νομος [195]

Ga	3 23	προ του δε ελθειν την πιστιν υπο *νομον* εφρουρουμεθα συγκλειομενοι εις την μελλουσαν πιστιν αποκαλυφθηναι.
	24	ωστε ο *νομος* παιδαγωγος ημων γεγονεν εις χριστον, ινα εκ πιστεως δικαιωθωμεν·
	4 4	εξαπεστειλεν ο θεος τον υιον αυτου, γενομενον εκ γυναικος, γενομενον υπο *νομον*,
	5	γενομενον εκ γυναικος, γενομενον υπο *νομον*, ινα τους υπο *νομον* εξαγοραση,
	21	λεγετε μοι, οι υπο *νομον* θελοντες ειναι, τον *νομον* ουκ ακουετε;
	21	λεγετε μοι, οι υπο *νομον* θελοντες ειναι, τον *νομον* ουκ ακουετε;
	5 3	μαρτυρομαι δε παλιν παντι ανθρωπω περιτεμνομενω οτι οφειλετης εστιν ολον τον *νομον* ποιησαι.
	4	κατηργηθητε απο χριστου οιτινες εν *νομω* δικαιουσθε,
	14	ο γαρ πας *νομος* εν ενι λογω πεπληρωται,
	18	ει δε πνευματι αγεσθε, ουκ εστε υπο *νομον*.
	23	κατα των τοιουτων ουκ εστιν *νομος*.
	6 2	αλληλων τα βαρη βασταζετε, και ουτως αναπληρωσετε τον *νομον* του χριστου.
	13	ουδε γαρ οι περιτεμνομενοι αυτοι *νομον* φυλασσουσιν,
Eph	2 15	ο ποιησας τα αμφοτερα εν και το μεσοτοιχον του φραγμου λυσας, την εχθραν, εν τη σαρκι αυτου τον *νομον* των εντολων εν δογμασιν καταργησας,
Php	3 5	κατα *νομον* φαρισαιος, κατα ζηλος διωκων την εκκλησιαν,
	6	κατα ζηλος διωκων την εκκλησιαν, κατα δικαιοσυνην την εν *νομω* γενομενος αμεμπτος.
	9	και ηγουμαι σκυβαλα ινα χριστον κερδησω και ευρεθω εν αυτω, μη εχων εμην δικαιοσυνην την εκ *νομου*,
1Tm	1 8	οιδαμεν δε οτι καλος ο *νομος*,
	9	ειδως τουτο, οτι δικαιω *νομος* ου κειται,
Heb	7 5	και οι μεν εκ των υιων λευι την ιερατειαν λαμβανοντες εντολην εχουσιν αποδεκατουν τον λαον κατα τον *νομον*,
	12	μετατιθεμενης γαρ της ιερωσυνης εξ αναγκης και *νομου* μεταθεσις γινεται.
	16	ει κατα την ομοιοτητα μελχισεδεκ ανισταται ιερευς ετερος, ος ου κατα *νομον* εντολης σαρκινης γεγονεν αλλα κατα δυναμιν ζωης ακαταλυτου.
	19	ουδεν γαρ ετελειωσεν ο *νομος*, επεισαγωγη δε κρειττονος ελπιδος, δι ης εγγιζομεν τω θεω.
	28	ο *νομος* γαρ ανθρωπους καθιστησιν αρχιερεις εχοντας ασθενειαν,
	28	ο λογος δε της ορκωμοσιας της μετα τον *νομον* υιον εις τον αιωνα τετελειωμενον.
	8 4	οντων των προσφεροντων κατα *νομον* τα δωρα·
	10	διδους *νομους* μου εις την διανοιαν αυτων,
	9 19	λαληθεισης γαρ πασης εντολης κατα τον *νομον* υπο μωυσεως παντι τω λαω, λαβων το αιμα των μοσχων
	22	και σχεδον εν αιματι παντα καθαριζεται κατα τον *νομον*,
	10 1	σκιαν γαρ εχων ο *νομος* των μελλοντων αγαθων,
	8	ανωτερον λεγων οτι θυσιας και προσφορας και ολοκαυτωματα και περι αμαρτιας ουκ ηθελησας ουδε ευδοκησας, αιτινες κατα *νομον* προσφερονται,
	16	διδους *νομους* μου επι καρδιας αυτων,
	28	αθετησας τις *νομον* μωυσεως χωρις οικτιρμων επι δυσιν η τρισιν μαρτυσιν αποθνησκει·
Ja	1 25	ο δε παρακυψας εις *νομον* τελειον τον της ελευθεριας και παραμεινας, ουκ ακροατης επιλησμονης γενομενος αλλα ποιητης εργου,
	2 8	ει μεντοι *νομον* τελειτε βασιλικον κατα την γραφην· αγαπησεις τον πλησιον σου ως σεαυτον, καλως ποιειτε·
	9	ει δε προσωπολημπτειτε, αμαρτιαν εργαζεσθε, ελεγχομενοι υπο του *νομου* ως παραβαται.
	10	οστις γαρ ολον τον *νομον* τηρηση, πταιση δε εν ενι, γεγονεν παντων ενοχος.
	11	ει δε ου μοιχευεις, φονευεις δε, γεγονας παραβατης *νομου*.
	12	ουτως λαλειτε και ουτως ποιειτε ως δια *νομου* ελευθεριας μελλοντες κρινεσθαι.
	4 11	ο καταλαλων αδελφου η κρινων τον αδελφον αυτου καταλαλει *νομου* και κρινει νομον·
	11	ο καταλαλων αδελφου η κρινων τον αδελφον αυτου καταλαλει νομου και κρινει *νομον*·
	11	ει δε *νομον* κρινεις, ουκ ει ποιητης νομου αλλα κριτης.
	11	ει δε νομον κρινεις, ουκ ει ποιητης *νομου* αλλα κριτης.

νοσεω [1]

1Tm	6 4	τετυφωται, μηδεν επισταμενος, αλλα *νοσων* περι ζητησεις και λογομαχιας,

νοσημα [1]

Jh	5 4*	ο ουν πρωτος εμβας μετα την ταραχην του υδατος υγιης εγινετο οιωδηποτουν κατειχετο *νοσηματι*.

νοσος [11]

Mt	4 23	διδασκων εν ταις συναγωγαις αυτων και κηρυσσων το ευαγγελιον της βασιλειας και θεραπευων πασαν *νοσον* και πασαν μαλακιαν εν τω λαω.
	24	και προσηνεγκαν αυτω παντας τους κακως εχοντας ποικιλαις *νοσοις* και βασανοις συνεχομενους,
	8 17	αυτος τας ασθενειας ημων ελαβεν και τας *νοσους* εβαστασεν.
	9 35	και περιηγεν ο ιησους τας πολεις πασας και τας κωμας, διδασκων εν ταις συναγωγαις αυτων και κηρυσσων το ευαγγελιον της βασιλειας και θεραπευων πασαν *νοσον* και πασαν μαλακιαν.
	10 1	και προσκαλεσαμενος τους δωδεκα μαθητας αυτου εδωκεν αυτοις εξουσιαν πνευματων ακαθαρτων ωστε εκβαλλειν αυτα, και θεραπευειν πασαν *νοσον* και πασαν μαλακιαν.
Mc	1 34	και εθεραπευσεν πολλους κακως εχοντας ποικιλαις *νοσοις*,
Lc	4 40	δυνοντος δε του ηλιου απαντες οσοι ειχον ασθενουντας *νοσοις* ποικιλαις ηγαγον αυτους προς αυτον·
	6 18	και πληθος πολυ του λαου απο πασης της ιουδαιας και ιερουσαλημ και της παραλιου τυρου και σιδωνος, οι ηλθον ακουσαι αυτου και ιαθηναι απο των *νοσων* αυτων,
	7 21	εν εκεινη τη ωρα εθεραπευσεν πολλους απο *νοσων* και μαστιγων και πνευματων πονηρων,
	9 1	συγκαλεσαμενος δε τους δωδεκα εδωκεν αυτοις δυναμιν και εξουσιαν επι παντα τα δαιμονια και *νοσους* θεραπευειν·
Ac	19 12	ωστε και επι τους ασθενουντας αποφερεσθαι απο του χρωτος αυτου σουδαρια η σιμικινθια και απαλλασσεσθαι απ αυτων τας *νοσους*,

νοσσια [1]

Lc	13 34	ποσακις ηθελησα επισυναξαι τα τεκνα σου ον τροπον ορνις την εαυτης *νοσσιαν* υπο τας πτερυγας,

νοσσιον [1]

Mt	23 37	ποσακις ηθελησα επισυναγαγειν τα τεκνα σου, ον τροπον ορνις επισυναγει τα *νοσσια* αυτης υπο τας πτερυγας, και ουκ ηθελησατε.

νοσσος [1]

Lc	2 24	και του δουναι θυσιαν κατα το ειρημενον εν τω νομω κυριου, ζευγος τρυγονων η δυο *νοσσους* περιστερων.

νοσφιζομαι [3]

Ac	5 2	και *ενοσφισατο* απο της τιμης, συνειδυιης και της γυναικος,
	3	ανανια, δια τι επληρωσεν ο σατανας την καρδιαν σου, ψευσασθαι σε το πνευμα το αγιον και *νοσφισασθαι* απο της τιμης του χωριου;
Tit	2 10	δουλους ιδιοις δεσποταις υποτασσεσθαι εν πασιν, ευαρεστους ειναι, μη αντιλεγοντας, μη *νοσφιζομενους*,

νοτος [7]

Mt	12 42	βασιλισσα *νοτου* εγερθησεται εν τη κρισει μετα της γενεας ταυτης και κατακρινει αυτην·
Lc	11 31	βασιλισσα *νοτου* εγερθησεται εν τη κρισει μετα των ανδρων της γενεας ταυτης και κατακρινει αυτους·
	12 55	και οταν *νοτον* πνεοντα, λεγετε οτι καυσων εσται, και γινεται.
	13 29	και ηξουσιν απο ανατολων και δυσμων και απο βορρα και *νοτου*, και ανακλιθησονται εν τη βασιλεια του θεου.
Ac	27 13	υποπνευσαντος δε *νοτου* δοξαντες της προθεσεως κεκρατηκεναι, αραντες ασσον παρελεγοντο την κρητην.
	28 13	και μετα μιαν ημεραν επιγενομενου *νοτου* δευτεραιοι ηλθομεν εις ποτιολους.
Apc	21 13	και απο βορρα πυλωνες τρεις, και απο *νοτου* πυλωνες τρεις,

νουθεσια [3]

1Co	10 11	εγραφη δε προς *νουθεσιαν* ημων, εις ους τα τελη των αιωνων κατηντηκεν.
Eph	6 4	μη παροργιζετε τα τεκνα υμων, αλλα εκτρεφετε αυτα εν παιδεια και *νουθεσια* κυριου.

νουθεσια [3]

Tit 3 10 αἱρετικον ἀνθρωπον μετα μιαν και δευτεραν *νουθεσιαν* παραιτου,

νουθετεω [8]

Ac 20 31 διο γρηγορειτε, μνημονευοντες ὅτι τριετιαν νυκτα και ἡμεραν οὐκ ἐπαυσαμην μετα δακρυων *νουθετων* ἑνα ἑκαστον.

Rm 15 14 πεπληρωμενοι πασης [της] γνωσεως, δυναμενοι και ἀλληλους *νουθετειν.*

1Co 4 14 οὐκ ἐντρεπων ὑμας γραφω ταυτα, ἀλλ ὡς τεκνα μου ἀγαπητα *νουθετω[ν].*

Col 1 28 ὃν ἡμεις καταγγελλομεν *νουθετουντες* παντα ἀνθρωπον και διδασκοντες παντα ἀνθρωπον ἐν παση σοφια,

3 16 ἐν παση σοφια διδασκοντες και *νουθετουντες* ἑαυτους,

1Th 5 12 ἐρωτωμεν δε ὑμας, ἀδελφοι, εἰδεναι τους κοπιωντας ἐν ὑμιν και προισταμενους ὑμων ἐν κυριω και *νουθετουντας* ὑμας,

14 παρακαλουμεν δε ὑμας, ἀδελφοι, *νουθετειτε* τους ἀτακτους,

2Th 3 15 και μη ὡς ἐχθρον ἡγεισθε, ἀλλα *νουθετειτε* ὡς ἀδελφον.

νουνεχως [1]

Mc 12 34 και ὁ ἰησους, ἰδων [αὐτον] ὅτι *νουνεχως* ἀπεκριθη, εἰπεν αὐτω·

νους [24]

Lc 24 45 τοτε διηνοιξεν αὐτων τον *νουν* του συνιεναι τας γραφας·

Rm 1 28 και καθως οὐκ ἐδοκιμασαν τον θεον ἐχειν ἐν ἐπιγνωσει, παρεδωκεν αὐτους ὁ θεος εἰς ἀδοκιμον *νουν,*

7 23 βλεπω δε ἑτερον νομον ἐν τοις μελεσιν μου ἀντιστρατευομενον τω νομω του *νοος* μου

25 ἀρα οὖν αὐτος ἐγω τω μεν *νοι* δουλευω νομω θεου, τη δε σαρκι νομω ἁμαρτιας.

11 34 τίς γαρ ἐγνω *νουν* κυριου; ἢ τίς συμβουλος αὐτου ἐγενετο;

12 2 και μη συσχηματιζεσθε τω αἰωνι τουτω, ἀλλα μεταμορφουσθε τη ἀνακαινωσει του *νοος,*

14 5 ἑκαστος ἐν τω ἰδιω *νοι* πληροφορεισθω.

1Co 1 10 ἦτε δε κατηρτισμενοι ἐν τω αὐτω *νοι* και ἐν τη αὐτη γνωμη.

2 16 τίς γαρ ἐγνω *νουν* κυριου, ὃς συμβιβασει αὐτον;

16 ἡμεις δε *νουν* χριστου ἐχομεν.

14 14 το πνευμα μου προσευχεται, ὁ δε *νους* μου ἀκαρπος ἐστιν.

15 προσευξομαι τω πνευματι, προσευξομαι δε και τω *νοι·*

15 ψαλω τω πνευματι, ψαλω δε και τω *νοι.*

19 ἀλλα ἐν ἐκκλησια θελω πεντε λογους τω *νοι* μου λαλησαι, ἱνα και ἀλλους κατηχησω, ἢ μυριους λογους ἐν γλωσση.

Eph 4 17 μηκετι ὑμας περιπατειν καθως και τα ἐθνη περιπατει ἐν ματαιοτητι του *νοος* αὐτων,

23 ἀνανεουσθαι δε τω πνευματι του *νοος* ὑμων

Php 4 7 και ἡ εἰρηνη του θεου ἡ ὑπερεχουσα παντα *νουν* φρουρησει τας καρδιας ὑμων

Col 2 18 εἰκη φυσιουμενος ὑπο του *νοος* της σαρκος αὐτου,

2Th 2 2 ἐρωτωμεν δε ὑμας, ἀδελφοι, ὑπερ της παρουσιας του κυριου ἡμων ἰησου χριστου και ἡμων ἐπισυναγωγης ἐπ αὐτον, εἰς το μη ταχεως σαλευθηναι ὑμας ἀπο του *νοος*

1Tm 6 5 διαπαρατριβαι διεφθαρμενων ἀνθρωπων τον *νουν* και ἀπεστερημενων της ἀληθειας,

2Tm 3 8 ἀνθρωποι κατεφθαρμενοι τον *νουν,* ἀδοκιμοι περι την πιστιν.

Tit 1 15 τοις δε μεμιαμμενοις και ἀπιστοις οὐδεν καθαρον, ἀλλα μεμιανται αὐτων και ὁ *νους* και ἡ συνειδησις.

Apc 13 18 ὁ ἐχων *νουν* ψηφισατω τον ἀριθμον του θηριου·

17 9 ὧδε ὁ *νους* ὁ ἐχων σοφιαν.

νυμφα [1]

Col 4 15 ἀσπασασθε τους ἐν λαοδικεια ἀδελφους και *νυμφαν* και την κατ οἰκον αὐτης ἐκκλησιαν.

νυμφη [8]

Mt 10 35 ἠλθον γαρ διχασαι ἀνθρωπον κατα του πατρος αὐτου και θυγατερα κατα της μητρος αὐτης και *νυμφην* κατα της πενθερας αὐτης,

Lc 12 53 πενθερα ἐπι την *νυμφην* αὐτης και νυμφη ἐπι την πενθεραν.

53 ἡ πενθερα ἐπι την *νυμφην* και *νυμφη* ἐπι την πενθεραν.

Jh 3 29 ὁ ἐχων την *νυμφην* νυμφιος ἐστιν·

Apc 18 23 και φωνη νυμφιου και *νυμφης* οὐ μη ἀκουσθη ἐν σοι ἐτι·

21 2 και την πολιν την ἁγιαν ἱερουσαλημ καινην εἰδον καταβαινουσαν ἐκ του οὐρανου ἀπο του θεου, ἡτοιμασμενην ὡς *νυμφην* κεκοσμημενην τω ἀνδρι αὐτης.

νυμφη [8]

Apc 21 9 δευρο, δειξω σοι την *νυμφην* την γυναικα του ἀρνιου.

22 17 και το πνευμα και ἡ *νυμφη* λεγουσιν·

νυμφιος [16]

Mt 9 15 μη δυνανται οἱ υἱοι του νυμφωνος πενθειν, ἐφ ὁσον μετ αὐτων ἐστιν ὁ *νυμφιος;*

15 ἐλευσονται δε ἡμεραι ὁταν ἀπαρθη ἀπ αὐτων ὁ *νυμφιος,*

25 1 τοτε ὁμοιωθησεται ἡ βασιλεια των οὐρανων δεκα παρθενοις, αἱτινες λαβουσαι τας λαμπαδας ἑαυτων ἐξηλθον εἰς ὑπαντησιν του *νυμφιου.*

5 χρονιζοντος δε του *νυμφιου* ἐνυσταξαν πασαι και ἐκαθευδον.

6 ἰδου ὁ *νυμφιος,* ἐξερχεσθε εἰς ἀπαντησιν [αὐτου].

10 ἀπερχομενων δε αὐτων ἀγορασαι ἠλθεν ὁ *νυμφιος,*

Mc 2 19 μη δυνανται οἱ υἱοι του νυμφωνος, ἐν ᾧ ὁ *νυμφιος* μετ αὐτων ἐστιν, νηστευειν;

19 ὁσον χρονον ἐχουσιν τον *νυμφιον* μετ αὐτων, οὐ δυνανται νηστευειν.

20 ἐλευσονται δε ἡμεραι ὁταν ἀπαρθη ἀπ αὐτων ὁ *νυμφιος,*

Lc 5 34 μη δυνασθε τους υἱους του νυμφωνος, ἐν ᾧ ὁ *νυμφιος* μετ αὐτων ἐστιν, ποιησαι νηστευσαι;

35 ἐλευσονται δε ἡμεραι, και ὁταν ἀπαρθη ἀπ αὐτων ὁ *νυμφιος,* τοτε νηστευσουσιν ἐν ἐκειναις ταις ἡμεραις.

Jh 2 9 φωνει τον *νυμφιον* ὁ ἀρχιτρικλινος και λεγει αὐτω·

3 29 ὁ ἐχων την νυμφην *νυμφιος* ἐστιν·

29 ὁ δε φιλος του *νυμφιου,* ὁ ἑστηκως και ἀκουων αὐτου,

29 ὁ ἑστηκως και ἀκουων αὐτου, χαρα χαιρει δια την φωνην του *νυμφιου.*

Apc 18 23 και φωνη *νυμφιου* και νυμφης οὐ μη ἀκουσθη ἐν σοι ἐτι·

νυμφων [3]

Mt 9 15 μη δυνανται οἱ υἱοι του *νυμφωνος* πενθειν,

Mc 2 19 μη δυνανται οἱ υἱοι του *νυμφωνος,* ἐν ᾧ ὁ νυμφιος μετ αὐτων ἐστιν, νηστευειν;

Lc 5 34 μη δυνασθε τους υἱους του *νυμφωνος,* ἐν ᾧ ὁ νυμφιος μετ αὐτων ἐστιν, ποιησαι νηστευσαι;

νυν [148]

Mt 24 21 ἐσται γαρ τοτε θλιψις μεγαλη, οἱα οὐ γεγονεν ἀπ ἀρχης κοσμου ἑως του *νυν* οὐδ οὐ μη γενηται.

26 65 ἰδε *νυν* ἠκουσατε την βλασφημιαν· τί ὑμιν δοκει;

27 42 βασιλευς ἰσραηλ ἐστιν, καταβατω *νυν* ἀπο του σταυρου και πιστευσομεν ἐπ αὐτον.

43 πεποιθεν ἐπι τον θεον, ῥυσασθω *νυν* εἰ θελει αὐτον·

Mc 10 30 ἐαν μη λαβη ἑκατονταπλασιονα *νυν* ἐν τω καιρω τουτω οἰκιας και ἀδελφους και ἀδελφας και μητερας και τεκνα και ἀγρους μετα διωγμων, και ἐν τω αἰωνι τω ἐρχομενω ζωην αἰωνιον.

13 19 ἐσονται γαρ αἱ ἡμεραι ἐκειναι θλιψις, οἱα οὐ γεγονεν τοιαυτη ἀπ ἀρχης κτισεως ἣν ἐκτισεν ὁ θεος ἑως του *νυν* και οὐ μη γενηται.

15 32 ὁ χριστος ὁ βασιλευς ἰσραηλ καταβατω *νυν* ἀπο του σταυρου, ἱνα ἰδωμεν και πιστευσωμεν.

Lc 1 48 ἰδου γαρ ἀπο του *νυν* μακαριουσιν με πασαι αἱ γενεαι·

2 29 *νυν* ἀπολυεις τον δουλον σου, δεσποτα, κατα το ῥημα σου ἐν εἰρηνη·

5 10 μη φοβου· ἀπο του *νυν* ἀνθρωπους ἐση ζωγρων.

6 21 μακαριοι οἱ πεινωντες *νυν,* ὁτι χορτασθησεσθε.

21 μακαριοι οἱ κλαιοντες *νυν,* ὁτι γελασετε.

25 οὐαι ὑμιν, οἱ ἐμπεπλησμενοι *νυν,* ὁτι πεινασετε.

25 οὐαι, οἱ γελωντες *νυν,* ὁτι πενθησετε και κλαυσετε.

11 39 *νυν* ὑμεις οἱ φαρισαιοι το ἐξωθεν του ποτηριου και του πινακος καθαριζετε, το δε ἐσωθεν ὑμων γεμει ἁρπαγης και πονηριας.

12 52 ἐσονται γαρ ἀπο του *νυν* πεντε ἐν ἑνι οἰκω διαμεμερισμενοι, τρεις ἐπι δυσιν και δυο ἐπι τρισιν διαμερισθησονται,

16 25 *νυν* δε ὡδε παρακαλειται, συ δε ὀδυνασαι.

19 42 *νυν* δε ἐκρυβη ἀπο ὀφθαλμων σου.

22 18 λεγω γαρ ὑμιν, [ὁτι] οὐ μη πιω ἀπο του *νυν* ἀπο του γενηματος της ἀμπελου ἑως οὐ ἡ βασιλεια του θεου ἐλθη.

36 ἀλλα νυν ὁ ἐχων βαλλαντιον ἀρατω, ὁμοιως και πηραν, και ὁ μη ἐχων πωλησατω το ἱματιον αὐτου και ἀγορασατω μαχαιραν.

69 ἀπο του *νυν* δε ἐσται ὁ υἱος του ἀνθρωπου καθημενος ἐκ δεξιων της δυναμεως του θεου.

Jh 2 8 και λεγει αὐτοις· ἀντλησατε *νυν* και φερετε τω ἀρχιτρικλινω·

4 18 πεντε γαρ ἀνδρας ἐσχες, και *νυν* ὃν ἐχεις οὐκ ἐστιν σου ἀνηρ·

νυν [148]

Jh	4 23	ἀλλα ἐρχεται ὡρα και *νυν* ἐστιν, ὁτε οἱ ἀληθινοι προσκυνηται προσκυνησουσιν τω πατρι ἐν πνευματι και ἀληθεια·
	5 25	ἀμην ἀμην λεγω ὑμιν ὁτι ἐρχεται ὡρα και *νυν* ἐστιν ὁτε οἱ νεκροι ἀκουσουσιν της φωνης του υἱου του θεου και οἱ ἀκουσαντες ζησουσιν.
	6 42	πως *νυν* λεγει ὁτι ἐκ του οὐρανου καταβεβηκα;
	8 11 *	πορευου, [και] ἀπο του *νυν* μηκετι ἁμαρτανε.
	40	*νυν* δε ζητειτε με ἀποκτειναι,
	52	*νυν* ἐγνωκαμεν ὁτι δαιμονιον ἐχεις.
	9 21	πως δε *νυν* βλεπει οὐκ οἰδαμεν, ἠ τις ἠνοιξεν αὐτου τους ὀφθαλμους ἡμεις οὐκ οἰδαμεν·
	41	*νυν* δε λεγετε ὁτι βλεπομεν· ἡ ἁμαρτια ὑμων μενει.
	11 8	ῥαββι, *νυν* ἐζητουν σε λιθασαι οἱ ἰουδαιοι, και παλιν ὑπαγεις ἐκει;
	22	[ἀλλα] και *νυν* οἰδα ὁτι ὁσα ἀν αἰτηση τον θεον δωσει σοι ὁ θεος.
	12 27	*νυν* ἡ ψυχη μου τεταρακται, και τι εἰπω·
	31	*νυν* κρισις ἐστιν του κοσμου τουτου·
	31	*νυν* ὁ ἀρχων του κοσμου τουτου ἐκβληθησεται ἐξω·
	13 31	*νυν* ἐδοξασθη ὁ υἱος του ἀνθρωπου, και ὁ θεος ἐδοξασθη ἐν αὐτω·
	36	ὁπου ὑπαγω οὐ δυνασαι μοι *νυν* ἀκολουθησαι, ἀκολουθησεις δε ὑστερον.
	14 29	και *νυν* εἰρηκα ὑμιν πριν γενεσθαι, ἱνα ὁταν γενηται πιστευσητε.
	15 22	*νυν* δε προφασιν οὐκ ἐχουσιν περι της ἁμαρτιας αὐτων.
	24	*νυν* δε και ἑωρακασιν και μεμισηκασιν και ἐμε και τον πατερα μου.
	16 5	*νυν* δε ὑπαγω προς τον πεμψαντα με,
	22	και ὑμεις οὐν *νυν* μεν λυπην ἐχετε·
	29	ἰδε *νυν* ἐν παρρησια λαλεις, και παροιμιαν οὐδεμιαν λεγεις.
	30	*νυν* οἰδαμεν ὁτι οἰδας παντα και οὐ χρειαν ἐχεις ἱνα τις σε ἐρωτα·
	17 5	και *νυν* δοξασον με συ, πατερ, παρα σεαυτω τη δοξη ἡ εἰχον προ του τον κοσμον εἰναι παρα σοι.
	7	*νυν* ἐγνωκαν ὁτι παντα ὁσα δεδωκας μοι παρα σου εἰσιν·
	13	*νυν* δε προς σε ἐρχομαι,
	18 36	*νυν* δε ἡ βασιλεια ἡ ἐμη οὐκ ἐστιν ἐντευθεν.
	21 10	ἐνεγκατε ἀπο των ὀψαριων ὡν ἐπιασατε *νυν*.
Ac	3 17	και *νυν*, ἀδελφοι, οἰδα ὁτι κατα ἀγνοιαν ἐπραξατε, ὡσπερ και οἱ ἀρχοντες ὑμων·
	4 29	και τα *νυν*, κυριε, ἐπιδε ἐπι τας ἀπειλας αὐτων,
	5 38	και τα *νυν* λεγω ὑμιν, ἀποστητε ἀπο των ἀνθρωπων τουτων και ἀφετε αὐτους·
	7 4	κακειθεν μετα το ἀποθανειν τον πατερα αὐτου μετωκισεν αὐτον εἰς την γην ταυτην εἰς ἡν ὑμεις *νυν* κατοικειτε,
	34	και *νυν* δευρο ἀποστειλω σε εἰς αἰγυπτον.
	52	και ἀπεκτειναν τους προκαταγγειλαντας περι της ἐλευσεως του δικαιου, οὑ *νυν* ὑμεις προδοται και φονεις ἐγενεσθε,
	10 5	και *νυν* πεμψον ἀνδρας εἰς ἰοππην και μεταπεμψαι σιμωνα τινα ὁς ἐπικαλειται πετρος·
	33	*νυν* οὐν παντες ἡμεις ἐνωπιον του θεου παρεσμεν ἀκουσαι παντα τα προστεταγμενα σοι ὑπο του κυριου.
	12 11	*νυν* οἰδα ἀληθως ὁτι ἐξαπεστειλεν [ὁ] κυριος τον ἀγγελον αὐτου και ἐξειλατο με ἐκ χειρος ἡρωδου και πασης της προσδοκιας του λαου των ἰουδαιων.
	13 11	και *νυν* ἰδου χειρ κυριου ἐπι σε,
	31	ὁς ὡφθη ἐπι ἡμερας πλειους τοις συναναβασιν αὐτω ἀπο της γαλιλαιας εἰς ἰερουσαλημ, οἱτινες [*νυν*] εἰσιν μαρτυρες αὐτου προς τον λαον.
	15 10	*νυν* οὐν τι πειραζετε τον θεον, ἐπιθειναι ζυγον ἐπι τον τραχηλον των μαθητων, ὁν οὐτε οἱ πατερες ἡμων οὐτε ἡμεις ἰσχυσαμεν βαστασαι;
	16 36	*νυν* οὐν ἐξελθοντες πορευεσθε ἐν εἰρηνη.
	37	και *νυν* λαθρα ἡμας ἐκβαλλουσιν;
	17 30	τους μεν οὐν χρονους της ἀγνοιας ὑπεριδων ὁ θεος τα *νυν* παραγγελλει τοις ἀνθρωποις παντας πανταχου μετανοειν,
	18 6	το αἱμα ὑμων ἐπι την κεφαλην ὑμων· καθαρος ἐγω ἀπο του *νυν* εἰς τα ἐθνη πορευσομαι.
	20 22	και *νυν* ἰδου δεδεμενος ἐγω τω πνευματι πορευομαι εἰς ἰερουσαλημ,
	25	και *νυν* ἰδου ἐγω οἰδα ὁτι οὐκετι ὀψεσθε το προσωπον μου ὑμεις παντες ἐν οἱς διηλθον κηρυσσων την βασιλειαν.
	32	και τα *νυν* παρατιθεμαι ὑμας τω θεω και τω λογω της χαριτος αὐτου τω δυναμενω οἰκοδομησαι και δουναι την κληρονομιαν ἐν τοις ἡγιασμενοις πασιν.
	22 16	και *νυν* τι μελλεις; ἀναστας βαπτισαι και ἀπολουσαι τας ἁμαρτιας σου,

νυν [148]

Ac	23 15	*νυν* οὐν ὑμεις ἐμφανισατε τω χιλιαρχω συν τω συνεδριω ὁπως καταγαγη αὐτον εἰς ὑμας ὡς μελλοντας διαγινωσκειν ἀκριβεστερον τα περι αὐτου·
	21	και *νυν* εἰσιν ἑτοιμοι προσδεχομενοι την ἀπο σου ἐπαγγελιαν.
	24 25	το *νυν* ἐχον πορευου, καιρον δε μεταλαβων μετακαλεσομαι σε·
	26 6	και *νυν* ἐπ ἐλπιδι της εἰς τους πατερας ἡμων ἐπαγγελιας γενομενης ὑπο του θεου ἐστηκα κρινομενος,
	27 22	και τα *νυν* παραινω ὑμας εὐθυμειν·
Rm	3 26	προς την ἐνδειξιν της δικαιοσυνης αὐτου ἐν τω *νυν* καιρω,
	5 9	πολλω οὐν μαλλον δικαιωθεντες *νυν* ἐν τω αἱματι αὐτου σωθησομεθα δι αὐτου ἀπο της ὀργης.
	11	ἀλλα και καυχωμενοι ἐν τω θεω δια του κυριου ἡμων ἰησου χριστου, δι οὑ *νυν* την καταλλαγην ἐλαβομεν.
	6 19	ὡσπερ γαρ παρεστησατε τα μελη ὑμων δουλα τη ἀκαθαρσια και τη ἀνομια εἰς την ἀνομιαν, οὑτως *νυν* παραστησατε τα μελη ὑμων δουλα τη δικαιοσυνη εἰς ἁγιασμον.
	21	τινα οὐν καρπον εἰχετε τοτε; ἐφ οἱς *νυν* ἐπαισχυνεσθε·
	8 1	οὐδεν ἀρα *νυν* κατακριμα τοις ἐν χριστω ἰησου.
	18	λογιζομαι γαρ ὁτι οὐκ ἀξια τα παθηματα του *νυν* καιρου προς την μελλουσαν δοξαν ἀποκαλυφθηναι εἰς ἡμας.
	22	οἰδαμεν γαρ ὁτι πασα ἡ κτισις συστεναζει και συνωδινει ἀχρι του *νυν*·
	11 5	οὑτως οὐν και ἐν τω *νυν* καιρω λειμμα κατ ἐκλογην χαριτος γεγονεν·
	30	ὡσπερ γαρ ὑμεις ποτε ἠπειθησατε τω θεω, *νυν* δε ἠλεηθητε τη τουτων ἀπειθεια, οὑτως και οὑτοι νυν ἠπειθησαν τω ὑμετερω ἐλεει ἱνα και αὐτοι [*νυν*] ἐλεηθωσιν.
	31	ὡσπερ γαρ ὑμεις ποτε ἠπειθησατε τω θεω, νυν δε ἠλεηθητε τη τουτων ἀπειθεια, οὑτως και οὑτοι *νυν* ἠπειθησαν τω ὑμετερω ἐλεει ἱνα και αὐτοι [*νυν*] ἐλεηθωσιν.
	31	ὡσπερ γαρ ὑμεις ποτε ἠπειθησατε τω θεω, νυν δε ἠλεηθητε τη τουτων ἀπειθεια, οὑτως και οὑτοι νυν ἠπειθησαν τω ὑμετερω ἐλεει ἱνα και αὐτοι [*νυν*] ἐλεηθωσιν.
	13 11	*νυν* γαρ ἐγγυτερον ἡμων ἡ σωτηρια ἠ ὁτε ἐπιστευσαμεν.
	16 26	[κατα ἀποκαλυψιν μυστηριου χρονοις αἰωνιοις σεσιγημενου], [φανερωθεντος δε *νυν* δια τε γραφων προφητικων κατ ἐπιταγην του αἰωνιου θεου εἰς ὑπακοην πιστεως εἰς παντα τα ἐθνη γνωρισθεντος],
1Co	3 2	ἀλλ οὐδε ἐτι *νυν* δυνασθε, ἐτι γαρ σαρκικοι ἐστε.
	5 11	*νυν* δε ἐγραψα ὑμιν μη συναναμιγνυσθαι ἐαν τις ἀδελφος ὀνομαζομενος ἠ πορνος ἠ πλεονεκτης ἠ εἰδωλολατρης ἠ λοιδορος ἠ μεθυσος ἠ ἁρπαξ,
	7 14	ἐπει ἀρα τα τεκνα ὑμων ἀκαθαρτα ἐστιν, *νυν* δε ἁγια ἐστιν.
	12 20	*νυν* δε πολλα μεν μελη, ἑν δε σωμα.
	14 6	*νυν* δε, ἀδελφοι, ἐαν ἐλθω προς ὑμας γλωσσαις λαλων, τι ὑμας ὠφελησω,
	16 12	και παντως οὐκ ἠν θελημα ἱνα *νυν* ἐλθη·
2Co	5 16	ὡστε ἡμεις ἀπο του *νυν* οὐδενα οἰδαμεν κατα σαρκα·
	16	εἰ και ἐγνωκαμεν κατα σαρκα χριστον, ἀλλα *νυν* οὐκετι γινωσκομεν.
	6 2	ἰδου *νυν* καιρος εὐπροσδεκτος, ἰδου νυν ἡμερα σωτηριας·
	2	ἰδου νυν καιρος εὐπροσδεκτος, ἰδου *νυν* ἡμερα σωτηριας·
	7 9	*νυν* χαιρω, οὐχ ὁτι ἐλυπηθητε, ἀλλ ὁτι ἐλυπηθητε εἰς μετανοιαν·
	8 14	ἐν τω *νυν* καιρω το ὑμων περισσευμα εἰς το ἐκεινων ὑστερημα,
	13 2	προειρηκα και προλεγω, ὡς παρων το δευτερον και ἀπων *νυν*, τοις προημαρτηκοσιν και τοις λοιποις πασιν,
Ga	1 23	μονον δε ἀκουοντες ἠσαν ὁτι ὁ διωκων ἡμας ποτε *νυν* εὐαγγελιζεται την πιστιν ἡν ποτε ἐπορθει,
	2 20	ὁ δε *νυν* ζω ἐν σαρκι, ἐν πιστει ζω τη του υἱου του θεου του ἀγαπησαντος με και παραδοντος ἑαυτον ὑπερ ἐμου.
	3 3	ἐναρξαμενοι πνευματι *νυν* σαρκι ἐπιτελεισθε;
	4 9	*νυν* δε γνοντες θεον, μαλλον δε γνωσθεντες ὑπο θεου,
	25	συστοιχει δε τη *νυν* ἰερουσαλημ, δουλευει γαρ μετα των τεκνων αὐτης.
	29	ἀλλ ὡσπερ τοτε ὁ κατα σαρκα γεννηθεις ἐδιωκεν τον κατα πνευμα, οὑτως και *νυν*.
Eph	2 2	κατα τον ἀρχοντα της ἐξουσιας του ἀερος, του πνευματος του *νυν* ἐνεργουντος ἐν τοις υἱοις της ἀπειθειας·
	3 5	ὁ ἑτεραις γενεαις οὐκ ἐγνωρισθη τοις υἱοις των ἀνθρωπων ὡς *νυν* ἀπεκαλυφθη τοις ἁγιοις ἀποστολοις αὐτου και προφηταις ἐν πνευματι,
	10	ἱνα γνωρισθη *νυν* ταις ἀρχαις και ταις ἐξουσιαις ἐν τοις ἐπουρανιοις δια της ἐκκλησιας ἡ πολυποικιλος σοφια του θεου,
	5 8	ἠτε γαρ ποτε σκοτος, *νυν* δε φως ἐν κυριω·

νυν [148]

Php	1 5	ἐπι τη κοινωνια ὑμων εἰς το εὐαγγελιον ἀπο της πρωτης ἡμερας ἀχρι του *νυν*,
	20	ἀλλ ἐν παση παρρησια ὡς παντοτε και *νυν* μεγαλυνθησεται χριστος ἐν τω σωματι μου,
	30	τον αὐτον ἀγωνα ἐχοντες οἱον εἰδετε ἐν ἐμοι και *νυν* ἀκουετε ἐν ἐμοι.
	2 12	καθως παντοτε ὑπηκουσατε, μη ὡς ἐν τη παρουσια μου μονον ἀλλα *νυν* πολλω μαλλον ἐν τη ἀπουσια μου,
	3 18	*νυν* δε και κλαιων λεγω, τους ἐχθρους του σταυρου του χριστου,
Col	1 24	*νυν* χαιρω ἐν τοις παθημασιν ὑπερ ὑμων,
	26	*νυν* δε ἐφανερωθη τοις ἁγιοις αὐτου,
1Th	3 8	ὁτι *νυν* ζωμεν ἐαν ὑμεις στηκετε ἐν κυριω.
2Th	2 6	και *νυν* το κατεχον οἰδατε.
1Tm	4 8	ἡ δε εὐσεβεια προς παντα ὠφελιμος ἐστιν, ἐπαγγελιαν ἐχουσα ζωης της *νυν* και της μελλουσης.
	6 17	τοις πλουσιοις ἐν τω *νυν* αἰωνι παραγγελλε μη ὑψηλοφρονειν,
2Tm	1 10	φανερωθεισαν δε *νυν* δια της ἐπιφανειας του σωτηρος ἡμων χριστου ἰησου,
	4 10	δημας γαρ με ἐγκατελιπεν ἀγαπησας τον *νυν* αἰωνα,
Tit	2 12	παιδευουσα ἡμας, ἱνα ἀρνησαμενοι την ἀσεβειαν και τας κοσμικας ἐπιθυμιας σωφρονως και δικαιως και εὐσεβως ζησωμεν ἐν τω *νυν* αἰωνι,
Heb	2 8	*νυν* δε οὐπω ὁρωμεν αὐτω τα παντα ὑποτεταγμενα·
	8 6	νυν[ι] δε διαφορωτερας τετυχεν λειτουργιας, ὁσω και κρειττονος ἐστιν διαθηκης μεσιτης,
	9 5	περι ὡν οὐκ ἐστιν *νυν* λεγειν κατα μερος.
	24	*νυν* ἐμφανισθηναι τω προσωπω του θεου ὑπερ ἡμων·
	11 16	*νυν* δε κρειττονος ὀρεγονται, τουτ ἐστιν ἐπουρανιου.
	12 26	οὑ ἡ φωνη την γην ἐσαλευσεν τοτε, *νυν* δε ἐπηγγελται λεγων·
Ja	4 13	ἀγε *νυν* οἱ λεγοντες· σημερον ἠ αὐριον πορευσομεθα εἰς τηνδε την πολιν και ποιησομεν ἐκει ἐνιαυτον και ἐμπορευσομεθα και κερδησομεν·
	16	*νυν* δε καυχασθε ἐν ταις ἀλαζονειαις ὑμων·
	5 1	ἀγε *νυν* οἱ πλουσιοι, κλαυσατε ὀλολυζοντες ἐπι ταις ταλαιπωριαις ὑμων ταις ἐπερχομεναις.
1Pt	1 12	οἱς ἀπεκαλυφθη ὁτι οὐχ ἑαυτοις ὑμιν δε διηκονουν αὐτα, ἁ *νυν* ἀνηγγελη ὑμιν δια των εὐαγγελισαμενων ὑμας [ἐν] πνευματι ἁγιω
	2 10	οἱ ποτε οὐ λαος, *νυν* δε λαος θεου,
	10	οἱ οὐκ ἠλεημενοι, *νυν* δε ἐλεηθεντες.
	25	ἀλλα ἐπεστραφητε *νυν* ἐπι τον ποιμενα και ἐπισκοπον των ψυχων ὑμων.
	3 21	ὁ και ὑμας ἀντιτυπον *νυν* σωζει βαπτισμα,
2Pt	3 7	οἱ δε *νυν* οὐρανοι·και ἡ γη τω αὐτω λογω τεθησαυρισμενοι εἰσιν πυρι τηρουμενοι εἰς ἡμεραν κρισεως και ἀπωλειας των ἀσεβων ἀνθρωπων.
	18	αὐτω ἡ δοξα και *νυν* και εἰς ἡμεραν αἰωνος.
1Jh	2 18	και καθως ἠκουσατε ὁτι ἀντιχριστος ἐρχεται, και *νυν* ἀντιχριστοι πολλοι γεγονασιν,
	28	και *νυν*, τεκνια, μενετε ἐν αὐτω,
	3 2	ἀγαπητοι, *νυν* τεκνα θεου ἐσμεν, και οὐπω ἐφανερωθη τι ἐσομεθα.
	4 3	και *νυν* ἐν τω κοσμω ἐστιν ἠδη.
2Jh	5	και *νυν* ἐρωτω σε, κυρια, οὐχ ὡς ἐντολην καινην γραφων σοι, ἀλλα ἡν εἰχομεν ἀπ ἀρχης, ἱνα ἀγαπωμεν ἀλληλους.
Ju	25	μονω θεω σωτηρι ἡμων δια ἰησου χριστου του κυριου ἡμων δοξα μεγαλωσυνη κρατος και ἐξουσια προ παντος του αἰωνος και *νυν* και εἰς παντας τους αἰωνας·

νυνι [20]

Ac	22 1	ἀνδρες ἀδελφοι και πατερες, ἀκουσατε μου της προς ὑμας *νυνι* ἀπολογιας.
	24 13	οὐδε παραστησαι δυνανται σοι περι ὡν *νυνι* κατηγορουσιν μου.
Rm	3 21	*νυνι* δε χωρις νομου δικαιοσυνη θεου πεφανερωται, μαρτυρουμενη ὑπο του νομου και των προφητων,
	6 22	*νυνι* δε ἐλευθερωθεντες ἀπο της ἁμαρτιας δουλωθεντες δε τω θεω, ἐχετε τον καρπον ὑμων εἰς ἁγιασμον,
	7 6	*νυνι* δε κατηργηθημεν ἀπο του νομου, ἀποθανοντες ἐν ᾡ κατειχομεθα,
	17	*νυνι* δε οὐκετι ἐγω κατεργαζομαι αὐτο ἀλλα ἡ οἰκουσα ἐν ἐμοι ἁμαρτια.
	15 23	*νυνι* δε μηκετι τοπον ἐχων ἐν τοις κλιμασι τουτοις, ἐπιποθιαν δε ἐχων του ἐλθειν προς ὑμας ἀπο πολλων ἐτων, ὡς ἀν πορευωμαι εἰς την σπανιαν·
	25	*νυνι* δε πορευομαι εἰς ἰερουσαλημ διακονων τοις ἁγιοις.
1Co	12 18	*νυνι* δε ὁ θεος ἐθετο τα μελη,

νυνι [20]

1Co	13 13	*νυνι* δε μενει πιστις, ἐλπις, ἀγαπη, τα τρια ταυτα·
	15 20	*νυνι* δε χριστος ἐγηγερται ἐκ νεκρων, ἀπαρχη των κεκοιμημενων.
2Co	8 11	*νυνι* δε και το ποιησαι·ἐπιτελεσατε,
	22	ὁν ἐδοκιμασαμεν ἐν πολλοις πολλακις σπουδαιον ὀντα, *νυνι* δε πολυ σπουδαιοτερον πεποιθησει πολλη τη εἰς ὑμας.
Eph	2 13	*νυνι* δε ἐν χριστω ἰησου ὑμεις οἱ ποτε ὀντες μακραν ἐγενηθητε ἐγγυς ἐν τω αἱματι του χριστου.
Col	1 22	*νυνι* δε ἀποκατηλλαξεν ἐν τω σωματι της σαρκος αὐτου δια του θανατου,
	3 8	*νυνι* δε ἀποθεσθε και ὑμεις τα παντα,
Phm	9	τοιουτος ὡν ὡς παυλος πρεσβυτης, *νυνι* δε και δεσμιος χριστου ἰησου,
	11	ὀνησιμον, τον ποτε σοι ἀχρηστον *νυνι* δε [και] σοι και ἐμοι εὐχρηστον,
Heb	8 6	*νυν[ι]* δε διαφορωτερας τετυχεν λειτουργιας, ὁσω και κρειττονος ἐστιν διαθηκης μεσιτης,
	9 26	*νυνι* δε ἀπαξ ἐπι συντελεια των αἰωνων εἰς ἀθετησιν [της] ἁμαρτιας δια της θυσιας αὐτου πεφανερωται.

νυξ [61]

Mt	2 14	ὁ δε ἐγερθεις παρελαβεν το παιδιον και την μητερα αὐτου *νυκτος* και ἀνεχωρησεν εἰς αἰγυπτον,
	4 2	και νηστευσας ἡμερας τεσσερακοντα και *νυκτας* τεσσερακοντα ὑστερον ἐπεινασεν.
	12 40	ὡσπερ γαρ ἡν ἰωνας ἐν τη κοιλια του κητους τρεις ἡμερας και τρεις *νυκτας*,
	40	οὑτως ἐσται ὁ υἱος του ἀνθρωπου ἐν τη καρδια της γης τρεις ἡμερας και τρεις *νυκτας*.
	14 25	τεταρτη δε φυλακη της *νυκτος* ἠλθεν προς αὐτους περιπατων ἐπι την θαλασσαν.
	25 6	μεσης δε *νυκτος* κραυγη γεγονεν·
	26 31	παντες ὑμεις σκανδαλισθησεσθε ἐν ἐμοι ἐν τη *νυκτι* ταυτη·
	34	ἀμην λεγω σοι ὁτι ἐν ταυτη τη *νυκτι* πριν ἀλεκτορα φωνησαι τρις ἀπαρνηση με.
	28 13	εἰπατε ὁτι οἱ μαθηται αὐτου *νυκτος* ἐλθοντες ἐκλεψαν αὐτον ἡμων κοιμωμενων.
Mc	4 27	και καθευδη και ἐγειρεται *νυκτα* και ἡμεραν,
	5 5	και δια παντος *νυκτος* και ἡμερας ἐν τοις μνημασιν και ἐν τοις ὀρεσιν ἡν κραζων και κατακοπτων ἑαυτον λιθοις.
	6 48	και ἰδων αὐτους βασανιζομενους ἐν τω ἐλαυνειν, ἡν γαρ ὁ ἀνεμος ἐναντιος αὐτοις, περι τεταρτην φυλακην της *νυκτος* ἐρχεται προς αὐτους περιπατων ἐπι της θαλασσης·
	14 30	ἀμην λεγω σοι ὁτι συ σημερον ταυτη τη *νυκτι* πριν ἠ δις ἀλεκτορα φωνησαι τρις με ἀπαρνηση.
Lc	2 8	και ποιμενες ἠσαν ἐν τη χωρα τη αὐτη ἀγραυλουντες και φυλασσοντες φυλακας της *νυκτος* ἐπι την ποιμνην αὐτων.
	37	και αὑτη χηρα ἑως ἐτων ὀγδοηκοντατεσσαρων, ἡ οὐκ ἀφιστατο του ἱερου νηστειαις και δεησεσιν λατρευουσα *νυκτα* και ἡμεραν.
	5 5	ἐπιστατα, δι ὁλης *νυκτος* κοπιασαντες οὐδεν ἐλαβομεν· ἐπι δε τω ῥηματι σου χαλασω τα δικτυα.
	12 20	ἀφρων, ταυτη τη *νυκτι* την ψυχην σου ἀπαιτουσιν ἀπο σου· ἁ δε ἡτοιμασας, τινι ἐσται;
	17 34	λεγω ὑμιν, ταυτη τη *νυκτι* ἐσονται δυο ἐπι κλινης μιας, ὁ εἱς παραλημφθησεται και ὁ ἑτερος ἀφεθησεται·
	18 7	ὁ δε θεος οὐ μη ποιηση την ἐκδικησιν των ἐκλεκτων αὐτου των βοωντων αὐτω ἡμερας και *νυκτος*, και μακροθυμει ἐπ αὐτοις;
	21 37	ἠν δε τας ἡμερας ἐν τω ἱερω διδασκων, τας δε *νυκτας* ἐξερχομενος ηὐλιζετο εἰς το ὀρος το καλουμενον ἐλαιων.
Jh	3 2	οὑτος ἠλθεν προς αὐτον *νυκτος* και εἰπεν αὐτω·
	9 4	ἐρχεται *νυξ* ὁτε οὐδεις δυναται ἐργαζεσθαι.
	11 10	ἐαν δε τις περιπατη ἐν τη *νυκτι*, προσκοπτει, ὁτι το φως οὐκ ἐστιν ἐν αὐτω.
	13 30	λαβων οὑν το ψωμιον ἐκεινος ἐξηλθεν εὐθυς· ἠν δε *νυξ*.
	19 39	ἠλθεν δε και νικοδημος, ὁ ἐλθων προς αὐτον *νυκτος* το πρωτον, φερων μιγμα σμυρνης και ἀλοης ὡς λιτρας ἑκατον.
	21 3	και ἐν ἐκεινη τη *νυκτι* ἐπιασαν οὐδεν.
Ac	5 19	ἀγγελος δε κυριου δια *νυκτος* ἀνοιξας τας θυρας της φυλακης ἐξαγαγων τε αὐτους εἰπεν·
	9 24	παρετηρουντο δε και τας πυλας ἡμερας τε και *νυκτος* ὁπως αὐτον ἀνελωσιν·
	25	λαβοντες δε οἱ μαθηται αὐτου *νυκτος* δια του τειχους καθηκαν αὐτον χαλασαντες ἐν σπυριδι.
	12 6	τη *νυκτι* ἐκεινη ἡν ὁ πετρος κοιμωμενος μεταξυ δυο στρατιωτων δεδεμενος ἁλυσεσιν δυσιν,
	16 9	και ὁραμα δια [της] *νυκτος* τω παυλω ὡφθη,

νυξ — ξενος

νυξ [61]

Ac	16 33	και παραλαβων αυτους εν εκεινη τη ωρα της νυκτος ελουσεν απο των πληγων,
	17 10	οι δε αδελφοι ευθεως δια νυκτος εξεπεμψαν τον τε παυλον και τον σιλαν εις βεροιαν,
	18 9	ειπεν δε ο κυριος εν νυκτι δι οραματος τω παυλω· μη φοβου, αλλα λαλει και μη σιωπησης,
	20 31	διο γρηγορειτε, μνημονευοντες οτι τριετιαν νυκτα και ημεραν ουκ επαυσαμην μετα δακρυων νουθετων ενα εκαστον.
	23 11	τη δε επιουση νυκτι επιστας αυτω ο κυριος ειπεν·
	23	ετοιμασατε στρατιωτας διακοσιους οπως πορευθωσιν εως καισαρειας, και ιππεις εβδομηκοντα και δεξιολαβους διακοσιους, απο τριτης ωρας της νυκτος,
	31	οι μεν ουν στρατιωται κατα το διατεταγμενον αυτοις αναλαβοντες τον παυλον ηγαγον δια νυκτος εις την αντιπατριδα·
	26 7	εις ην το δωδεκαφυλον ημων εν εκτενεια νυκτα και ημεραν λατρευον ελπιζει καταντησαι·
	27 23	παρεστη γαρ μοι ταυτη τη νυκτι του θεου ου ειμι [εγω,] ω και λατρευω, αγγελος λεγων·
	27	ως δε τεσσαρεσκαιδεκατη νυξ εγενετο διαφερομενων ημων εν τω αδρια, κατα μεσον της νυκτος υπενοουν οι ναυται προσαγειν τινα αυτοις χωραν.
	27	ως δε τεσσαρεσκαιδεκατη νυξ εγενετο διαφερομενων ημων εν τω αδρια, κατα μεσον της νυκτος υπενοουν οι ναυται προσαγειν τινα αυτοις χωραν.
Rm	13 12	η νυξ προεκοψεν, η δε ημερα ηγγικεν.
1Co	11 23	οτι ο κυριος ιησους εν τη νυκτι η παρεδιδετο ελαβεν αρτον και ευχαριστησας εκλασεν και ειπεν·
1Th	2 9	νυκτος και ημερας εργαζομενοι προς το μη επιβαρησαι τινα υμων εκηρυξαμεν εις υμας το ευαγγελιον του θεου.
	3 10	νυκτος και ημερας υπερεκπερισσου δεομενοι εις το ιδειν υμων το προσωπον και καταρτισαι τα υστερηματα της πιστεως υμων;
	5 2	αυτοι γαρ ακριβως οιδατε οτι ημερα κυριου ως κλεπτης εν νυκτι ουτως ερχεται.
	5	ουκ εσμεν νυκτος ουδε σκοτους·
	7	οι γαρ καθευδοντες νυκτος καθευδουσιν,
	7	οι γαρ καθευδοντες νυκτος καθευδουσιν, και οι μεθυσκομενοι νυκτος μεθυουσιν·
2Th	3 8	ουδε δωρεαν αρτον εφαγομεν παρα τινος, αλλ εν κοπω και μοχθω νυκτος και ημερας εργαζομενοι
1Tm	5 5	η δε οντως χηρα και μεμονωμενη ηλπικεν επι θεον και προσμενει ταις δεησεσιν και ταις προσευχαις νυκτος και ημερας.
2Tm	1 3	χαριν εχω τω θεω, ω λατρευω απο προγονων εν καθαρα συνειδησει, ως αδιαλειπτον εχω την περι σου μνειαν εν ταις δεησεσιν μου νυκτος και ημερας,
Apc	4 8	και αναπαυσιν ουκ εχουσιν ημερας και νυκτος λεγοντες·
	7 15	και λατρευουσιν αυτω ημερας και νυκτος εν τω ναω αυτου,
	8 12	ινα σκοτισθη το τριτον αυτων και η ημερα μη φανη το τριτον αυτης, και η νυξ ομοιως.
	12 10	οτι εβληθη ο κατηγωρ των αδελφων ημων, ο κατηγορων αυτους ενωπιον του θεου ημων ημερας και νυκτος.
	14 11	και ουκ εχουσιν αναπαυσιν ημερας και νυκτος οι προσκυνουντες το θηριον και την εικονα αυτου,
	20 10	και βασανισθησονται ημερας και νυκτος εις τους αιωνας των αιωνων.
	21 25	και οι πυλωνες αυτης ου μη κλεισθωσιν ημερας, νυξ γαρ ουκ εσται εκει·
	22 5	και νυξ ουκ εσται ετι,

νυσσω [1]

Jh	19 34	ου κατεαξαν αυτου τα σκελη, αλλ εις των στρατιωτων λογχη αυτου την πλευραν ενυξεν,

νυσταζω [2]

Mt	25 5	χρονιζοντος δε του νυμφιου ενυσταξαν πασαι και εκαθευδον.
2Pt	2 3	οις το κριμα εκπαλαι ουκ αργει, και η απωλεια αυτων ου νυσταζει.

νυχθημερον [1]

2Co	11 25	τρις ερραβδισθην, απαξ ελιθασθην, τρις εναυαγησα, νυχθημερον εν τω βυθω πεποιηκα·

νωε [8]

Mt	24 37	ωσπερ γαρ αι ημεραι του νωε, ουτως εσται η παρουσια του υιου του ανθρωπου.
	38	γαμουντες και γαμιζοντες, αχρι ης ημερας εισηλθεν νωε εις την κιβωτον,
Lc	3 36	του καιναμ του αρφαξαδ του σημ του νωε του λαμεχ
	17 26	και καθως εγενετο εν ταις ημεραις νωε, ουτως εσται και εν ταις ημεραις του υιου του ανθρωπου·
	27	ησθιον, επινον, εγαμουν, εγαμιζοντο, αχρι ης ημερας εισηλθεν νωε εις την κιβωτον,
Heb	11 7	πιστει χρηματισθεις νωε περι των μηδεπω βλεπομενων,
1Pt	3 20	εν ω και τοις εν φυλακη πνευμασιν πορευθεις εκηρυξεν, απειθησασιν ποτε οτε απεξεδεχετο η του θεου μακροθυμια εν ημεραις νωε
2Pt	2 5	και αρχαιου κοσμου ουκ εφεισατο, αλλα ογδοον νωε δικαιοσυνης κηρυκα εφυλαξεν,

νωθρος [2]

Heb	5 11	περι ου πολυς ημιν ο λογος και δυσερμηνευτος λεγειν, επει νωθροι γεγονατε ταις ακοαις.
	6 12	επιθυμουμεν δε εκαστον υμων την αυτην ενδεικνυσθαι σπουδην προς την πληροφοριαν της ελπιδος αχρι τελους, ινα μη νωθροι γενησθε,

νωτος [1]

Rm	11 10	σκοτισθητωσαν οι οφθαλμοι αυτων του μη βλεπειν, και τον νωτον αυτων δια παντος συγκαμψον.

Ξ

ξενια [2]

Ac	28 23	ταξαμενοι δε αυτω ημεραν ηλθον προς αυτον εις την ξενιαν πλειονες,
Phm	22	αμα δε και ετοιμαζε μοι ξενιαν·

ξενιζω [10]

Ac	10 6	ουτος ξενιζεται παρα τινι σιμωνι βυρσει, ω εστιν οικια παρα θαλασσαν.
	18	και φωνησαντες επυνθανοντο ει σιμων ο επικαλουμενος πετρος ενθαδε ξενιζεται.
	23	εισκαλεσαμενος ουν αυτους εξενισεν.
	32	ουτος ξενιζεται εν οικια σιμωνος βυρσεως παρα θαλασσαν.
	17 20	δυναμεθα γνωναι τις η καινη αυτη η υπο σου λαλουμενη διδαχη; ξενιζοντα γαρ τινα εισφερεις εις τας ακοας ημων·
	21 16	συνηλθον δε και των μαθητων απο καισαρειας συν ημιν, αγοντες παρ ω ξενισθωμεν μνασωνι τινι κυπριω,
	28 7	εν δε τοις περι τον τοπον εκεινον υπηρχεν χωρια τω πρωτω της νησου ονοματι ποπλιω, ος αναδεξαμενος ημας ημερας τρεις φιλοφρονως εξενισεν.
Heb	13 2	της φιλοξενιας μη επιλανθανεσθε· δια ταυτης γαρ ελαθον τινες ξενισαντες αγγελους.
1Pt	4 4	εν ω ξενιζονται μη συντρεχοντων υμων εις την αυτην της ασωτιας αναχυσιν, βλασφημουντες·
	12	αγαπητοι, μη ξενιζεσθε τη εν υμιν πυρωσει προς πειρασμον υμιν γινομενη,

ξενοδοχεω [1]

1Tm	5 10	ει ετεκνοτροφησεν, ει εξενοδοχησεν, ει αγιων ποδας ενιψεν,

ξενος [14]

Mt	25 35	ξενος ημην και συνηγαγετε με, γυμνος και περιεβαλετε με,
	38	ποτε δε σε ειδομεν ξενον και συνηγαγομεν, η γυμνον και περιεβαλομεν;
	43	ξενος ημην και ου συνηγαγετε με, γυμνος και ου περιεβαλετε με, ασθενης και εν φυλακη και ουκ επεσκεψασθε με.
	44	κυριε, ποτε σε ειδομεν πεινωντα η διψωντα η ξενον η γυμνον η ασθενη η εν φυλακη και ου διηκονησαμεν σοι;

ξενος [14]

Mt	27 7	συμβουλιον δε λαβοντες ηγορασαν εξ αυτων τον αγρον του κεραμεως εις ταφην τοις ξενοις.
Ac	17 18	οἱ δε· ξενων δαιμονιων δοκει καταγγελευς εἰναι·
	21	ἀθηναιοι δε παντες και οἱ ἐπιδημουντες ξενοι εἰς οὐδεν ἑτερον ηὐκαιρουν ἢ λεγειν τι ἢ ἀκουειν τι καινοτερον.
Rm	16 23	ἀσπαζεται ὑμας γαιος ὁ ξενος μου και ὁλης της ἐκκλησιας.
Eph	2 12	ὁτι ἠτε τω καιρω ἐκεινω χωρις χριστου, ἀπηλλοτριωμενοι της πολιτειας του ἰσραηλ και ξενοι των διαθηκων της ἐπαγγελιας,
	19	ἀρα οὐν οὐκετι ἐστε ξενοι και παροικοι,
Heb	11 13	και ὁμολογησαντες ὁτι ξενοι και παρεπιδημοι εἰσιν ἐπι της γης.
	13 9	διδαχαις ποικιλαις και ξεναις μη παραφερεσθε·
1Pt	4 12	ἀγαπητοι, μη ξενιζεσθε τη ἐν ὑμιν πυρωσει προς πειρασμον ὑμιν γινομενη, ὡς ξενου ὑμιν συμβαινοντος,
3Jh	5	πιστον ποιεις ὁ ἐαν ἐργαση εἰς τους ἀδελφους και τουτο ξενους.

ξεστης [1]

Mc	7 4	και ἀλλα πολλα ἐστιν ἁ παρελαβον κρατειν, βαπτισμους ποτηριων και ξεστων και χαλκιων [και κλινων],

ξηραινω [15]

Mt	13 6	ἡλιου δε ἀνατειλαντος ἐκαυματισθη, και δια το μη ἐχειν ριζαν ἐξηρανθη.
	21 19	και ἐξηρανθη παραχρημα ἡ συκη.
	20	πως παραχρημα ἐξηρανθη ἡ συκη;
Mc	3 1	και ἠν ἐκει ἀνθρωπος ἐξηραμμενην ἐχων την χειρα·
	4 6	και δια το μη ἐχειν ριζαν ἐξηρανθη.
	5 29	και εὐθυς ἐξηρανθη ἡ πηγη του αἱματος αὐτης,
	9 18	και ὁπου ἐαν αὐτον καταλαβη, ρησσει αὐτον, και ἀφριζει και τριζει τους ὀδοντας και ξηραινεται·
	11 20	και παραπορευομενοι πρωι εἰδον την συκην ἐξηραμμενην ἐκ ριζων.
	21	ραββι, ἰδε ἡ συκη ἡν κατηρασω ἐξηρανται.
Lc	8 6	και ἑτερον κατεπεσεν ἐπι την πετραν, και φυεν ἐξηρανθη δια το μη ἐχειν ἱκμαδα.
Jh	15 6	ἐαν μη τις μενη ἐν ἐμοι, ἐβληθη ἐξω ὡς το κλημα και ἐξηρανθη,
Ja	1 11	ἀνετειλεν γαρ ὁ ἡλιος συν τω καυσωνι και ἐξηρανεν τον χορτον,
1Pt	1 24	ἐξηρανθη ὁ χορτος,
Apc	14 15	πεμψον το δρεπανον σου και θερισον, ὁτι ἠλθεν ἡ ὡρα θερισαι, ὁτι ἐξηρανθη ὁ θερισμος της γης.
	16 12	και ἐξηρανθη το ὑδωρ αὐτου,

ξηρος [8]

Mt	12 10	και ἰδου ἀνθρωπος χειρα ἐχων ξηραν·
	23 15	οὐαι ὑμιν, γραμματεις και φαρισαιοι ὑποκριται, ὁτι περιαγετε την θαλασσαν και την ξηραν ποιησαι ἑνα προσηλυτον,
Mc	3 3	και λεγει τω ἀνθρωπω τω την ξηραν χειρα ἐχοντι· ἐγειρε εἰς το μεσον.
Lc	6 6	και ἠν ἀνθρωπος ἐκει και ἡ χειρ αὐτου ἡ δεξια ἠν ξηρα·
	8	εἰπεν δε τω ἀνδρι τω ξηραν ἐχοντι την χειρα· ἐγειρε και στηθι εἰς το μεσον·
	23 31	ὁτι εἰ ἐν τω ὑγρω ξυλω ταυτα ποιουσιν, ἐν τω ξηρω τι γενηται;
Jh	5 3	ἐν ταυταις κατεκειτο πληθος των ἀσθενουντων, τυφλων, χωλων, ξηρων.
Heb	11 29	πιστει διεβησαν την ἐρυθραν θαλασσαν ὡς δια ξηρας γης,

ξυλινος [2]

2Tm	2 20	ἐν μεγαλη δε οἰκια οὐκ ἐστιν μονον σκευη χρυσα και ἀργυρα, ἀλλα και ξυλινα και ὀστρακινα,
Apc	9 20	ἱνα μη προσκυνησουσιν τα δαιμονια και τα εἰδωλα τα χρυσα και τα ἀργυρα και τα χαλκα και τα λιθινα και τα ξυλινα,

ξυλον [20]

Mt	26 47	ἰδου ἰουδας εἱς των δωδεκα ἠλθεν, και μετ αὐτου ὀχλος πολυς μετα μαχαιρων και ξυλων ἀπο των ἀρχιερεων και πρεσβυτερων του λαου.
	55	ὡς ἐπι ληστην ἐξηλθατε μετα μαχαιρων και ξυλων συλλαβειν με;
Mc	14 43	και μετ αὐτου ὀχλος μετα μαχαιρων και ξυλων παρα των ἀρχιερεων και των γραμματεων και των πρεσβυτερων.

ξυλον [20]

Mc	14 48	ὡς ἐπι ληστην ἐξηλθατε μετα μαχαιρων και ξυλων συλλαβειν με;
Lc	22 52	ὡς ἐπι ληστην ἐξηλθατε μετα μαχαιρων και ξυλων;
	23 31	ὁτι εἰ ἐν τω ὑγρω ξυλω ταυτα ποιουσιν, ἐν τω ξηρω τι γενηται;
Ac	5 30	ὁ θεος των πατερων ἡμων ἠγειρεν ἰησουν, ὁν ὑμεις διεχειρισασθε κρεμασαντες ἐπι ξυλου·
	10 39	ὁν και ἀνειλαν κρεμασαντες ἐπι ξυλου.
	13 29	ὡς δε ἐτελεσαν παντα τα περι αὐτου γεγραμμενα, καθελοντες ἀπο του ξυλου ἐθηκαν εἰς μνημειον.
	16 24	ὁς παραγγελιαν τοιαυτην λαβων ἐβαλεν αὐτους εἰς την ἐσωτεραν φυλακην και τους ποδας ἠσφαλισατο αὐτων εἰς το ξυλον.
1Co	3 12	εἰ δε τις ἐποικοδομει ἐπι τον θεμελιον χρυσον, ἀργυρον, λιθους τιμιους, ξυλα, χορτον, καλαμην, ἑκαστον το ἐργον φανερον γενησεται·
Ga	3 13	ἐπικαταρατος πας ὁ κρεμαμενος ἐπι ξυλου,
1Pt	2 24	ὁς τας ἁμαρτιας ἡμων αὐτος ἀνηνεγκεν ἐν τω σωματι αὐτου ἐπι το ξυλον,
Apc	2 7	τω νικωντι δωσω αὐτω φαγειν ἐκ του ξυλου της ζωης,
	18 12	και παν ξυλον θυινον και παν σκευος ἐλεφαντινον
	12	και παν σκευος ἐκ ξυλου τιμιωτατου και χαλκου και σιδηρου και μαρμαρου,
	22 2	ἐν μεσω της πλατειας αὐτης και του ποταμου ἐντευθεν και ἐκειθεν ξυλον ζωης
	2	και τα φυλλα του ξυλου εἰς θεραπειαν των ἐθνων.
	14	μακαριοι οἱ πλυνοντες τας στολας αὐτων, ἱνα ἐσται ἡ ἐξουσια αὐτων ἐπι το ξυλον της ζωης
	19	και ἐαν τις ἀφελη ἀπο των λογων του βιβλιου της προφητειας ταυτης, ἀφελει ὁ θεος το μερος αὐτου ἀπο του ξυλου της ζωης

ξυραομαι [3]

Ac	21 24	τουτους παραλαβων ἁγνισθητι συν αὐτοις, και δαπανησον ἐπ αὐτοις ἱνα ξυρησονται την κεφαλην,
1Co	11 5	ἐν γαρ ἐστιν και το αὐτο τη ἐξυρημενη.
	6	εἰ δε αἰσχρον γυναικι το κειρασθαι ἢ ξυρασθαι, κατακαλυπτεσθω.

Ο

ὁ [19904]

cf append.

ὀγδοηκοντα [1]

Lc	16 7	δεξαι σου τα γραμματα και γραψον ὀγδοηκοντα.

ὀγδοηκοντατεσσαρες [1]

Lc	2 37	και αὐτη χηρα ἑως ἐτων ὀγδοηκοντατεσσαρων, ἡ οὐκ ἀφιστατο του ἱερου νηστειαις και δεησεσιν λατρευουσα νυκτα και ἡμεραν.

ὀγδοος [5]

Lc	1 59	και ἐγενετο ἐν τη ἡμερα τη ὀγδοη ἠλθον περιτεμειν το παιδιον,
Ac	7 8	και οὑτως ἐγεννησεν τον ἰσαακ και περιετεμεν αὐτον τη ἡμερα τη ὀγδοη,
2Pt	2 5	και ἀρχαιου κοσμου οὐκ ἐφεισατο, ἀλλα ὀγδοον νωε δικαιοσυνης κηρυκα ἐφυλαξεν,
Apc	17 11	και το θηριον ὁ ἠν και οὐκ ἐστιν, και αὐτος ὀγδοος ἐστιν,
	21 20	ὁ ἑβδομος χρυσολιθος, ὁ ὀγδοος βηρυλλος,

ὀγκος [1]

Heb	12 1	τοιγαρουν και ἡμεις, τοσουτον ἐχοντες περικειμενον ἡμιν νεφος μαρτυρων, ὀγκον ἀποθεμενοι παντα και την εὐπεριστατον ἁμαρτιαν,

ὅδε [10]

Lc	10 39	καὶ τῇδε ἦν ἀδελφὴ καλουμενη μαριαμ, [ἡ] καὶ παρακαθεσθεισα προς τους ποδας του κυριου ἠκουεν τον λογον αυτου.
Ac	21 11	ταδε λεγει το πνευμα το ἁγιον·
Ja	4 13	σημερον ἢ αὐριον πορευσομεθα εἰς τηνδε την πολιν και ποιησομεν ἐκει ἐνιαυτον και ἐμπορευσομεθα και κερδησομεν·
Apc	2 1	ταδε λεγει ὁ κρατων τους ἑπτα ἀστερας ἐν τῃ δεξιᾳ αὐτου,
	8	ταδε λεγει ὁ πρωτος και ὁ ἐσχατος,
	12	ταδε λεγει ὁ ἐχων την ρομφαιαν την διστομον την ὀξειαν·
	18	ταδε λεγει ὁ υἱος του θεου·
	3 1	ταδε λεγει ὁ ἐχων τα ἑπτα πνευματα του θεου και τους ἑπτα ἀστερας·
	7	ταδε λεγει ὁ ἁγιος, ὁ ἀληθινος, ὁ ἐχων την κλειν δαυιδ,
	14	ταδε λεγει ὁ ἀμην, ὁ μαρτυς ὁ πιστος και ἀληθινος, ἡ ἀρχη της κτισεως του θεου·

ὁδεύω [1]

Lc	10 33	σαμαριτης δε τις ὁδευων ἠλθεν κατ αὐτον και ἰδων ἐσπλαγχνισθη,

ὁδηγεω [5]

Mt	15 14	τυφλος δε τυφλον ἐαν ὁδηγῃ, ἀμφοτεροι εἰς βοθυνον πεσουνται.
Lc	6 39	μητι δυναται τυφλος τυφλον ὁδηγειν;
Jh	16 13	ὁταν δε ἐλθῃ ἐκεινος, το πνευμα της ἀληθειας, ὁδηγησει ὑμας ἐν τῃ ἀληθειᾳ πασῃ·
Ac	8 31	πως γαρ ἀν δυναιμην ἐαν μη τις ὁδηγησει με;
Apc	7 17	ὁτι το ἀρνιον το ἀνα μεσον του θρονου ποιμανει αὐτους και ὁδηγησει αὐτους ἐπι ζωης πηγας ὑδατων·

ὁδηγος [5]

Mt	15 14	ἀφετε αὐτους· τυφλοι εἰσιν ὁδηγοι [τυφλων]·
	23 16	οὐαι ὑμιν, ὁδηγοι τυφλοι οἱ λεγοντες· ὁς ἀν ὀμοσῃ ἐν τῳ ναῳ, οὐδεν ἐστιν·
	24	ὁδηγοι τυφλοι, οἱ διυλιζοντες τον κωνωπα, την δε καμηλον καταπινοντες.
Ac	1 16	ἀνδρες ἀδελφοι, ἐδει πληρωθηναι την γραφην ἡν προειπεν το πνευμα το ἁγιον δια στοματος δαυιδ περι ἰουδα του γενομενου ὁδηγου τοις συλλαβουσιν ἰησουν,
Rm	2 19	πεποιθας τε σεαυτον ὁδηγον εἰναι τυφλων, φως των ἐν σκοτει, παιδευτην ἀφρονων, διδασκαλον νηπιων,

ὁδοιπορεω [1]

Ac	10 9	τῃ δε ἐπαυριον ὁδοιπορουντων ἐκεινων και τῃ πολει ἐγγιζοντων ἀνεβη πετρος ἐπι το δωμα προσευξασθαι περι ὡραν ἑκτην.

ὁδοιπορια [2]

Jh	4 6	ὁ οὐν ἰησους κεκοπιακως ἐκ της ὁδοιποριας ἐκαθεζετο οὑτως ἐπι τῃ πηγῃ·
2Co	11 26	ὁδοιποριαις πολλακις, κινδυνοις ποταμων, κινδυνοις λῃστων,

ὁδος [101]

Mt	2 12	δι ἀλλης ὁδου ἀνεχωρησαν εἰς την χωραν αὐτων.
	3 3	ἑτοιμασατε την ὁδον κυριου, εὐθειας ποιειτε τας τριβους αὐτου.
	4 15	γη ζαβουλων και γη νεφθαλιμ, ὁδον θαλασσης, περαν του ἰορδανου,
	5 25	ἰσθι εὐνοων τῳ ἀντιδικῳ σου ταχυ ἑως ὁτου εἰ μετ αὐτου ἐν τῃ ὁδῳ·
	7 13	ὁτι πλατεια ἡ πυλη και εὐρυχωρος ἡ ὁδος ἡ ἀπαγουσα εἰς την ἀπωλειαν,
	14	τι στενη ἡ πυλη και τεθλιμμενη ἡ ὁδος ἡ ἀπαγουσα εἰς την ζωην,
	8 28	χαλεποι λιαν, ὡστε μη ἰσχυειν τινα παρελθειν δια της ὁδου ἐκεινης.
	10 5	εἰς ὁδον ἐθνων μη ἀπελθητε,
	10	μη κτησησθε χρυσον μηδε ἀργυρον μηδε χαλκον εἰς τας ζωνας ὑμων, μη πηραν εἰς ὁδον μηδε δυο χιτωνας μηδε ὑποδηματα μηδε ραβδον·
	11 10	ἰδου ἐγω ἀποστελλω τον ἀγγελον μου προ προσωπου σου, ὁς κατασκευασει την ὁδον σου ἐμπροσθεν σου.
	13 4	και ἐν τῳ σπειρειν αὐτον ἁ μεν ἐπεσεν παρα την ὁδον,

ὁδος [101]

Mt	13 19	παντος ἀκουοντος τον λογον της βασιλειας και μη συνιεντος ἐρχεται ὁ πονηρος και ἁρπαζει το ἐσπαρμενον ἐν τῃ καρδιᾳ αὐτου· οὑτος ἐστιν ὁ παρα την ὁδον σπαρεις.
	15 32	και ἀπολυσαι αὐτους νηστεις οὐ θελω, μηποτε ἐκλυθωσιν ἐν τῃ ὁδῳ.
	20 17	και ἀναβαινων ὁ ἰησους εἰς ἱεροσολυμα παρελαβεν τους δωδεκα [μαθητας] κατ ἰδιαν, και ἐν τῃ ὁδῳ εἰπεν αὐτοις·
	30	και ἰδου δυο τυφλοι καθημενοι παρα την ὁδον, ἀκουσαντες ὁτι ἰησους παραγει, ἐκραξαν λεγοντες· ἐλεησον ἡμας, [κυριε,] υἱος δαυιδ.
	21 8	ὁ δε πλειστος ὀχλος ἐστρωσαν ἑαυτων τα ἱματια ἐν τῃ ὁδῳ,
	8	ἀλλοι δε ἐκοπτον κλαδους ἀπο των δενδρων και ἐστρωννυον ἐν τῃ ὁδῳ.
	19	και ἰδων συκην μιαν ἐπι της ὁδου ἠλθεν ἐπ αὐτην,
	32	ἠλθεν γαρ ἰωαννης προς ὑμας ἐν ὁδῳ δικαιοσυνης,
	22 9	πορευεσθε οὐν ἐπι τας διεξοδους των ὁδων, και ὁσους ἐαν εὑρητε καλεσατε εἰς τους γαμους.
	10	και ἐξελθοντες οἱ δουλοι ἐκεινοι εἰς τας ὁδους συνηγαγον παντας οὑς εὑρον, πονηρους τε και ἀγαθους·
	16	διδασκαλε, οἰδαμεν ὁτι ἀληθης εἰ και την ὁδον του θεου ἐν ἀληθειᾳ διδασκεις,
Mc	1 2	ἰδου ἀποστελλω τον ἀγγελον μου προ προσωπου σου, ὁς κατασκευασει την ὁδον σου·
	3	ἑτοιμασατε την ὁδον κυριου,
	2 23	και οἱ μαθηται αὐτου ἠρξαντο ὁδον ποιειν τιλλοντες τους σταχυας.
	4 4	και ἐγενετο ἐν τῳ σπειρειν ὁ μεν ἐπεσεν παρα την ὁδον,
	15	οὑτοι δε εἰσιν οἱ παρα την ὁδον, ὁπου σπειρεται ὁ λογος,
	6 8	και παρηγγειλεν αὐτοις ἱνα μηδεν αἰρωσιν εἰς ὁδον εἰ μη ραβδον μονον, μη ἀρτον, μη πηραν, μη εἰς την ζωνην χαλκον,
	8 3	και ἐαν ἀπολυσω αὐτους νηστεις εἰς οἰκον αὐτων, ἐκλυθησονται ἐν τῃ ὁδῳ·
	27	και ἐν τῃ ὁδῳ ἐπηρωτα τους μαθητας αὐτου λεγων αὐτοις·
	9 33	και ἐν τῃ οἰκιᾳ γενομενος ἐπηρωτα αὐτους· τι ἐν τῃ ὁδῳ διελογιζεσθε;
	34	οἱ δε ἐσιωπων· προς ἀλληλους γαρ διελεχθησαν ἐν τῃ ὁδῳ τις μειζων.
	10 17	και ἐκπορευομενου αὐτου εἰς ὁδον προσδραμων εἰς και γονυπετησας αὐτον ἐπηρωτα αὐτον·
	32	ἠσαν δε ἐν τῃ ὁδῳ ἀναβαινοντες εἰς ἱεροσολυμα, και ἠν προαγων αὐτους ὁ ἰησους·
	46	και ἐκπορευομενου αὐτου ἀπο ἱεριχω και των μαθητων αὐτου και ὀχλου ἱκανου ὁ υἱος τιμαιου βαρτιμαιος, τυφλος προσαιτης, ἐκαθητο παρα την ὁδον.
	52	και εὐθυς ἀνεβλεψεν, και ἠκολουθει αὐτῳ ἐν τῃ ὁδῳ.
	11 8	και πολλοι τα ἱματια αὐτων ἐστρωσαν εἰς την ὁδον, ἀλλοι δε στιβαδας, κοψαντες ἐκ των ἀγρων.
	12 14	οὐ γαρ βλεπεις εἰς προσωπον ἀνθρωπων, ἀλλ ἐπ ἀληθειας την ὁδον του θεου διδασκεις·
Lc	1 76	και συ δε, παιδιον, προφητης ὑψιστου κληθησῃ· προπορευσῃ γαρ ἐνωπιον κυριου ἑτοιμασαι ὁδους αὐτου,
	79	ἐπιφαναι τοις ἐν σκοτει και σκιᾳ θανατου καθημενοις, του κατευθυναι τους ποδας ἡμων εἰς ὁδον εἰρηνης.
	2 44	νομισαντες δε αὐτον εἰναι ἐν τῃ συνοδιᾳ ἠλθον ἡμερας ὁδον και ἀνεζητουν αὐτον ἐν τοις συγγενευσιν και τοις γνωστοις,
	3 4	ἑτοιμασατε την ὁδον κυριου, εὐθειας ποιειτε τας τριβους αὐτου·
	5	και ἐσται τα σκολια εἰς εὐθειαν και αἱ τραχειαι εἰς ὁδους λειας·
	7 27	ἰδου ἀποστελλω τον ἀγγελον μου προ προσωπου σου, ὁς κατασκευασει την ὁδον σου ἐμπροσθεν σου.
	8 5	και ἐν τῳ σπειρειν αὐτον ὁ μεν ἐπεσεν παρα την ὁδον και κατεπατηθη,
	12	οἱ δε παρα την ὁδον εἰσιν οἱ ἀκουσαντες,
	9 3	μηδεν αἰρετε εἰς την ὁδον, μητε ραβδον μητε πηραν μητε ἀρτον μητε ἀργυριον μητε [ἀνα] δυο χιτωνας ἐχειν.
	57	και πορευομενων αὐτων ἐν τῃ ὁδῳ εἰπεν τις προς αὐτον·
	10 4	μη βασταζετε βαλλαντιον, μη πηραν, μη ὑποδηματα· και μηδενα κατα την ὁδον ἀσπασησθε.
	31	κατα συγκυριαν δε ἱερευς τις κατεβαινεν ἐν τῃ ὁδῳ ἐκεινῃ,
	11 6	φιλε, χρησον μοι τρεις ἀρτους, ἐπειδη φιλος μου παρεγενετο ἐξ ὁδου προς με και οὐκ ἐχω ὁ παραθησω αὐτῳ·
	12 58	ὡς γαρ ὑπαγεις μετα του ἀντιδικου σου ἐπ ἀρχοντα, ἐν τῃ ὁδῳ δος ἐργασιαν ἀπηλλαχθαι ἀπ αὐτου,
	14 23	ἐξελθε εἰς τας ὁδους και φραγμους και ἀναγκασον εἰσελθειν, ἱνα γεμισθῃ μου ὁ οἰκος·
	18 35	ἐγενετο δε ἐν τῳ ἐγγιζειν αὐτον εἰς ἱεριχω τυφλος τις ἐκαθητο παρα την ὁδον ἐπαιτων.

ὁδος [101]

Lc	19 36	πορευομενου δε αυτου υπεστρωννυον τα ιματια αυτων εν τη ὁδω.
	20 21	διδασκαλε, οιδαμεν ὁτι ορθως λεγεις και διδασκεις και ου λαμβανεις προσωπον, αλλ επ αληθειας την ὁδον του θεου διδασκεις·
	24 32	ουχι ἡ καρδια ἡμων καιομενη ἡν [εν ἡμιν], ὡς ελαλει ἡμιν εν τη ὁδω, ὡς διηνοιγεν ἡμιν τας γραφας,
	35	και αυτοι εξηγουντο τα εν τη ὁδω και ὡς εγνωσθη αυτοις εν τη κλασει του αρτου.
Jh	1 23	ευθυνατε την ὁδον κυριου,
	14 4	και ὁπου [εγω] ὑπαγω οιδατε την ὁδον.
	5	πως δυναμεθα την ὁδον ειδεναι;
	6	εγω ειμι ἡ ὁδος και ἡ αληθεια και ἡ ζωη·
Ac	1 12	τοτε ὑπεστρεψαν εις ιερουσαλημ απο ορους του καλουμενου ελαιωνος, ὁ εστιν εγγυς ιερουσαλημ σαββατου εχον ὁδον.
	2 28	εγνωρισας μοι ὁδους ζωης, πληρωσεις με ευφροσυνης μετα του προσωπου σου.
	8 26	αναστηθι και πορευου κατα μεσημβριαν επι την ὁδον την καταβαινουσαν απο ιερουσαλημ εις γαζαν·
	36	ὡς δε επορευοντο κατα την ὁδον, ηλθον επι τι ὑδωρ,
	39	και ουκ ειδεν αυτον ουκετι ὁ ευνουχος, επορευετο γαρ την ὁδον αυτου χαιρων.
	9 2	προσελθων τω αρχιερει ητησατο παρ αυτου επιστολας εις δαμασκον προς τας συναγωγας, ὁπως εαν τινας ευρη της ὁδου οντας,
	17	σαουλ αδελφε, ὁ κυριος απεσταλκεν με, ιησους ὁ οφθεις σοι εν τη ὁδω ἡ ηρχου, ὁπως αναβλεψης και πλησθης πνευματος αγιου.
	27	βαρναβας δε επιλαβομενος αυτον ηγαγεν προς τους αποστολους, και διηγησατο αυτοις πως εν τη ὁδω ειδεν τον κυριον
	13 10	εχθρε πασης δικαιοσυνης, ου παυση διαστρεφων τας ὁδους [του] κυριου τας ευθειας;
	14 16	ὁς εν ταις παρωχημεναις γενεαις ειασεν παντα τα εθνη πορευεσθαι ταις ὁδοις αυτων·
	16 17	ουτοι οι ανθρωποι δουλοι του θεου του ὑψιστου εισιν, οιτινες καταγγελλουσιν ὑμιν ὁδον σωτηριας.
	18 25	ουτος ην κατηχημενος την ὁδον του κυριου,
	26	ακουσαντες δε αυτου πρισκιλλα και ακυλας προσελαβοντο αυτον και ακριβεστερον αυτω εξεθεντο την ὁδον [του θεου].
	19 9	ὡς δε τινες εσκληρυνοντο και ηπειθουν κακολογουντες την ὁδον ενωπιον του πληθους, αποστας απ αυτων αφωρισεν τους μαθητας,
	23	εγενετο δε κατα τον καιρον εκεινον ταραχος ουκ ολιγος περι της ὁδου.
	22 4	ὁς ταυτην την ὁδον εδιωξα αχρι θανατου, δεσμευων και παραδιδους εις φυλακας ανδρας τε και γυναικας,
	24 14	ὁμολογω δε τουτο σοι, ὁτι κατα την ὁδον ἡν λεγουσιν αἱρεσιν ουτως λατρευω τω πατρωω θεω,
	22	ανεβαλετο δε αυτους ὁ φηλιξ, ακριβεστερον ειδως τα περι της ὁδου, ειπας·
	25 3	ὁπως μεταπεμψηται αυτον εις ιερουσαλημ, ενεδραν ποιουντες ανελειν αυτον κατα την ὁδον.
	26 13	ἡμερας μεσης κατα την ὁδον ειδον, βασιλευ, ουρανοθεν ὑπερ την λαμπροτητα του ἡλιου περιλαμψαν με φως και τους συν εμοι πορευομενους·
Rm	3 16	συντριμμα και ταλαιπωρια εν ταις ὁδοις αυτων,
	17	και ὁδον ειρηνης ουκ εγνωσαν.
	11 33	ὡς ανεξεραυνητα τα κριματα αυτου και ανεξιχνιαστοι αἱ ὁδοι αυτου.
1Co	4 17	ὁς εστιν μου τεκνον αγαπητον και πιστον εν κυριω, ὁς ὑμας αναμνησει τας ὁδους μου τας εν χριστω [ιησου],
	12 31	και ετι καθ ὑπερβολην ὁδον ὑμιν δεικνυμι.
1Th	3 11	αυτος δε ὁ θεος και πατηρ ἡμων και ὁ κυριος ἡμων ιησους κατευθυναι την ὁδον ἡμων προς ὑμας·
Heb	3 10	αυτοι δε ουκ εγνωσαν τας ὁδους μου,
	9 8	τουτο δηλουντος του πνευματος του αγιου, μηπω πεφανερωσθαι την των αγιων ὁδον ετι της πρωτης σκηνης εχουσης στασιν,
	10 20	ἡν ενεκαινισεν ἡμιν ὁδον προσφατον και ζωσαν
Ja	1 8	ανηρ διψυχος, ακαταστατος εν πασαις ταις ὁδοις αυτου.
	2 25	ὁμοιως δε και ρααβ ἡ πορνη ουκ εξ εργων εδικαιωθη, ὑποδεξαμενη τους αγγελους και ἑτερα ὁδω εκβαλουσα;
	5 20	γινωσκετω ὁτι ὁ επιστρεψας ἁμαρτωλον εκ πλανης ὁδου αυτου σωσει ψυχην αυτου εκ θανατου και καλυψει πληθος ἁμαρτιων.
2Pt	2 2	δι ους ἡ ὁδος της αληθειας βλασφημηθησεται·

ὁδος [101]

2Pt	2 15	καταλειποντες ευθειαν ὁδον επλανηθησαν,
	15	καταλειποντες ευθειαν ὁδον επλανηθησαν, εξακολουθησαντες τη ὁδω του βαλααμ του βοσορ,
	21	κρειττον γαρ ην αυτοις μη επεγνωκεναι την ὁδον της δικαιοσυνης,
Ju	11	ουαι αυτοις, ὁτι τη ὁδω του καιν επορευθησαν,
Apc	15 3	δικαιαι και αληθιναι αἱ ὁδοι σου, ὁ βασιλευς των εθνων·
	16 12	και εξηρανθη το ὑδωρ αυτου, ινα ἑτοιμασθη ἡ ὁδος των βασιλεων των απο ανατολης ἡλιου.

ὁδους [12]

Mt	5 38	οφθαλμον αντι οφθαλμου και ὁδοντα αντι ὁδοντος.
	38	οφθαλμον αντι οφθαλμου και ὁδοντα αντι ὁδοντος.
	8 12	εκει εσται ὁ κλαυθμος και ὁ βρυγμος των ὁδοντων.
	13 42	και βαλουσιν αυτους εις την καμινον του πυρος· εκει εσται ὁ κλαυθμος και ὁ βρυγμος των ὁδοντων.
	50	και βαλουσιν αυτους εις την καμινον του πυρος· εκει εσται ὁ κλαυθμος και ὁ βρυγμος των ὁδοντων.
	22 13	δησαντες αυτου ποδας και χειρας εκβαλετε αυτον εις το σκοτος το εξωτερον· εκει εσται ὁ κλαυθμος και ὁ βρυγμος των ὁδοντων.
	24 51	εκει εσται ὁ κλαυθμος και ὁ βρυγμος των ὁδοντων.
	25 30	εκει εσται ὁ κλαυθμος και ὁ βρυγμος των ὁδοντων.
Mc	9 18	και ὁπου εαν αυτον καταλαβη, ρησσει αυτον, και αφριζει και τριζει τους ὁδοντας και ξηραινεται·
Lc	13 28	εκει εσται ὁ κλαυθμος και ὁ βρυγμος των ὁδοντων, ὁταν οψησθε αβρααμ και ισαακ και ιακωβ και παντας τους προφητας εν τη βασιλεια του θεου, ὑμας δε εκβαλλομενους εξω.
Ac	7 54	ακουοντες δε ταυτα διεπριοντο ταις καρδιαις αυτων και εβρυχον τους ὁδοντας επ αυτον.
Apc	9 8	και οι ὁδοντες αυτων ὡς λεοντων ησαν,

ὁδυναομαι [4]

Lc	2 48	τεκνον, τι εποιησας ἡμιν ουτως; ιδου ὁ πατηρ σου καγω ὁδυνωμενοι εζητουμεν σε.
	16 24	ινα βαψη το ακρον του δακτυλου αυτου ὑδατος και καταψυξη την γλωσσαν μου, ὁτι ὁδυνωμαι εν τη φλογι ταυτη.
	25	νυν δε ὡδε παρακαλειται, συ δε ὁδυνασαι.
Ac	20 38	και επιπεσοντες επι τον τραχηλον του παυλου κατεφιλουν αυτον, ὁδυνωμενοι μαλιστα επι τω λογω ᾡ ειρηκει, ὁτι ουκετι μελλουσιν το προσωπον αυτου θεωρειν.

ὁδυνη [2]

Rm	9 2	συμμαρτυρουσης μοι της συνειδησεως μου εν πνευματι αγιω, ὁτι λυπη μοι εστιν μεγαλη και αδιαλειπτος ὁδυνη τη καρδια μου.
1Tm	6 10	φιλαργυρια, ἡς τινες ορεγομενοι απεπλανηθησαν απο της πιστεως και ἑαυτους περιεπειραν ὁδυναις πολλαις.

ὁδυρμος [2]

Mt	2 18	φωνη εν ραμα ηκουσθη, κλαυθμος και ὁδυρμος πολυς·
2Co	7 7	αναγγελλων ἡμιν την ὑμων επιποθησιν, τον ὑμων ὁδυρμον, τον ὑμων ζηλον ὑπερ εμου,

ὁζιας [2]

Mt	1 8	ιωραμ δε εγεννησεν τον ὁζιαν,
	9	ὁζιας δε εγεννησεν τον ιωαθαμ,

ὁζω [1]

Jh	11 39	κυριε, ηδη ὁζει· τεταρταιος γαρ εστιν.

ὁθεν [15]

Mt	12 44	εις τον οικον μου επιστρεψω ὁθεν εξηλθον·
	14 7	ὁθεν μεθ ορκου ὡμολογησεν αυτη δουναι ὁ εαν αιτησηται.
	25 24	κυριε, εγνων σε ὁτι σκληρος ει ανθρωπος, θεριζων ὁπου ουκ εσπειρας, και συναγων ὁθεν ου διεσκορπισας·
	26	πονηρε δουλε και οκνηρε, ηδεις ὁτι θεριζω ὁπου ουκ εσπειρα, και συναγω ὁθεν ου διεσκορπισα;
Lc	11 24	ὑποστρεψω εις τον οικον μου ὁθεν εξηλθον·
Ac	14 26	κακειθεν απεπλευσαν εις αντιοχειαν, ὁθεν ησαν παραδεδομενοι τη χαριτι του θεου εις το εργον ὁ επληρωσαν.

ὅθεν [15]

Ac 26 19   ὅθεν, βασιλευ ἀγριππα, οὐκ ἐγενομην ἀπειθης τη οὐρανιω ὀπτασια,

28 13   και καταχθεντες εἰς συρακουσας ἐπεμειναμεν ἡμερας τρεις, ὅθεν περιελθοντες κατηντησαμεν εἰς ρηγιον.

Heb 2 17   ὅθεν ὤφειλεν κατα παντα τοις ἀδελφοις ὁμοιωθηναι,

3 1   ὅθεν, ἀδελφοι ἁγιοι, κλησεως ἐπουρανιου μετοχοι, κατανοησατε τον ἀποστολον και ἀρχιερεα της ὁμολογιας ἡμων ἰησουν,

7 25   ὅθεν και σωζειν εἰς το παντελες δυναται τους προσερχομενους δι αὐτου τω θεω,

8 3   ὅθεν ἀναγκαιον ἐχειν τι και τουτον ὁ προσενεγκη.

9 18   ὅθεν οὐδε ἡ πρωτη χωρις αἱματος ἐγκεκαινισται.

11 19   ὅθεν αὐτον και ἐν παραβολη ἐκομισατο.

1Jh 2 18   ὅθεν γινωσκομεν ὅτι ἐσχατη ὡρα ἐστιν.

ὀθονη [2]

Ac 10 11   και θεωρει τον οὐρανον ἀνεωγμενον και καταβαινον σκευος τι ὡς ὀθονην μεγαλην,

11 5   και εἰδον ἐν ἐκστασει ὁραμα, καταβαινον σκευος τι ὡς ὀθονην μεγαλην τεσσαρσιν ἀρχαις καθιεμενην ἐκ του οὐρανου,

ὀθονιον [5]

Lc 24 12   και παρακυψας βλεπει τα ὀθονια μονα·

Jh 19 40   ἐλαβον οὐν το σωμα του ἰησου και ἐδησαν αὐτο ὀθονιοις μετα των ἀρωματων,

20 5   και παρακυψας βλεπει κειμενα τα ὀθονια, οὐ μεντοι εἰσηλθεν.

6   και εἰσηλθεν εἰς το μνημειον· και θεωρει τα ὀθονια κειμενα,

7   και θεωρει τα ὀθονια κειμενα, και το σουδαριον, ὁ ἡν ἐπι της κεφαλης αὐτου, οὐ μετα των ὀθονιων κειμενον ἀλλα χωρις ἐντετυλιγμενον εἰς ἑνα τοπον.

οἶδα [318]

Mt 6 8   οἶδεν γαρ ὁ πατηρ ὑμων ὡν χρειαν ἐχετε προ του ὑμας αἰτησαι αὐτον.

32   οἶδεν γαρ ὁ πατηρ ὑμων ὁ οὐρανιος ὅτι χρηζετε τουτων ἁπαντων.

7 11   εἰ οὐν ὑμεις πονηροι ὀντες οἶδατε δοματα ἀγαθα διδοναι τοις τεκνοις ὑμων,

9 6   ἱνα δε εἰδητε ὅτι ἐξουσιαν ἐχει ὁ υἱος του ἀνθρωπου ἐπι της γης ἀφιεναι ἀμαρτιας τοτε λεγει τω παραλυτικω·

12 25   εἰδως δε τας ἐνθυμησεις αὐτων εἰπεν αὐτοις·

15 12   οἶδας ὅτι οἱ φαρισαιοι ἀκουσαντες τον λογον ἐσκανδαλισθησαν;

20 22   οὐκ οἶδατε τι αἰτεισθε. δυνασθε πιειν το ποτηριον ὁ ἐγω μελλω πινειν;

25   οἶδατε ὅτι οἱ ἀρχοντες των ἐθνων κατακυριευουσιν αὐτων και οἱ μεγαλοι κατεξουσιαζουσιν αὐτων.

21 27   και ἀποκριθεντες τω ἰησου εἰπαν· οὐκ οἶδαμεν.

22 16   διδασκαλε, οἶδαμεν ὅτι ἀληθης εἰ και την ὁδον του θεου ἐν ἀληθεια διδασκεις,

29   πλανασθε μη εἰδοτες τας γραφας μηδε την δυναμιν του θεου.

24 36   περι δε της ἡμερας ἐκεινης και ὡρας οὐδεις οἶδεν, οὐδε οἱ ἀγγελοι των οὐρανων οὐδε ὁ υἱος, εἰ μη ὁ πατηρ μονος.

42   γρηγορειτε οὐν, ὅτι οὐκ οἶδατε ποια ἡμερα ὁ κυριος ὑμων ἐρχεται.

43   ἐκεινο δε γινωσκετε ὅτι εἰ ἡδει ὁ οἰκοδεσποτης ποια φυλακη ὁ κλεπτης ἐρχεται, ἐγρηγορησεν ἀν και οὐκ ἀν εἰασεν διορυχθηναι την οἰκιαν αὐτου.

25 12   ἀμην λεγω ὑμιν, οὐκ οἶδα ὑμας.

13   γρηγορειτε οὐν, ὅτι οὐκ οἶδατε την ἡμεραν οὐδε την ὡραν.

26   πονηρε δουλε και ὀκνηρε, ἡδεις ὅτι θεριζω ὁπου οὐκ ἐσπειρα, και συναγω ὁθεν οὐ διεσκορπισα·

26 2   οἶδατε ὅτι μετα δυο ἡμερας το πασχα γινεται, και ὁ υἱος του ἀνθρωπου παραδιδοται εἰς το σταυρωθηναι.

70   οὐκ οἶδα τι λεγεις.

72   και παλιν ἡρνησατο μετα ὁρκου ὅτι οὐκ οἶδα τον ἀνθρωπον.

74   τοτε ἡρξατο καταθεματιζειν και ὀμνυειν ὅτι οὐκ οἶδα τον ἀνθρωπον.

27 18   ἡδει γαρ ὅτι δια φθονον παρεδωκαν αὐτον.

65   ἐχετε κουστωδιαν· ὑπαγετε ἀσφαλισασθε ὡς οἶδατε.

28 5   μη φοβεισθε ὑμεις· οἶδα γαρ ὅτι ἰησουν τον ἐσταυρωμενον ζητειτε·

Mc 1 24   οἶδα σε τις εἰ, ὁ ἁγιος του θεου.

34   και οὐκ ἡφιεν λαλειν τα δαιμονια, ὅτι ἡδεισαν αὐτον.

οἶδα [318]

Mc 2 10   ἱνα δε εἰδητε ὅτι ἐξουσιαν ἐχει ὁ υἱος του ἀνθρωπου ἀφιεναι ἀμαρτιας ἐπι της γης, λεγει τω παραλυτικω·

4 13   οὐκ οἶδατε την παραβολην ταυτην, και πως πασας τας παραβολας γνωσεσθε;

27   και ὁ σπορος βλαστα και μηκυνηται ὡς οὐκ οἶδεν αὐτος.

5 33   ἡ δε γυνη φοβηθεισα και τρεμουσα, εἰδυια ὁ γεγονεν αὐτη, ἡλθεν και προσεπεσεν αὐτω και εἰπεν αὐτω πασαν την ἀληθειαν.

6 20   ὁ γαρ ἡρωδης ἐφοβειτο τον ἰωαννην, εἰδως αὐτον ἀνδρα δικαιον και ἁγιον, και συνετηρει αὐτον, και ἀκουσας αὐτου πολλα ἡπορει, και ἡδεως αὐτου ἠκουεν.

9 6   οὐ γαρ ἡδει τι ἀποκριθη· ἐκφοβοι γαρ ἐγενοντο.

10 19   τας ἐντολας οἶδας· μη φονευσης, μη μοιχευσης, μη κλεψης, μη ψευδομαρτυρησης, μη ἀποστερησης, τιμα τον πατερα σου και την μητερα.

38   οὐκ οἶδατε τι αἰτεισθε.

42   οἶδατε ὅτι οἱ δοκουντες ἀρχειν των ἐθνων κατακυριευουσιν αὐτων και οἱ μεγαλοι αὐτων κατεξουσιαζουσιν αὐτων.

11 33   και ἀποκριθεντες τω ἰησου λεγουσιν· οὐκ οἶδαμεν.

12 14   διδασκαλε, οἶδαμεν ὅτι ἀληθης εἰ και οὐ μελει σοι περι οὐδενος·

15   ὁ δε εἰδως αὐτων την ὑποκρισιν εἰπεν αὐτοις· τι με πειραζετε;

24   οὐ δια τουτο πλανασθε μη εἰδοτες τας γραφας μηδε την δυναμιν του θεου;

13 32   περι δε της ἡμερας ἐκεινης ἡ της ὡρας οὐδεις οἶδεν, οὐδε οἱ ἀγγελοι ἐν οὐρανω οὐδε ὁ υἱος, εἰ μη ὁ πατηρ.

33   βλεπετε, ἀγρυπνειτε· οὐκ οἶδατε γαρ ποτε ὁ καιρος ἐστιν.

35   οὐκ οἶδατε γαρ ποτε ὁ κυριος της οἰκιας ἐρχεται,

14 40   και οὐκ ἡδεισαν τι ἀποκριθωσιν αὐτω.

68   οὐτε οἶδα οὐτε ἐπισταμαι συ τι λεγεις.

71   ὁ δε ἡρξατο ἀναθεματιζειν και ὀμνυναι ὅτι οὐκ οἶδα τον ἀνθρωπον τουτον ὁν λεγετε.

Lc 2 49   τι ὅτι ἐζητειτε με; οὐκ ἡδειτε ὅτι ἐν τοις του πατρος μου δει εἰναι με;

4 34   οἶδα σε τις εἰ, ὁ ἁγιος του θεου.

41   και ἐπιτιμων οὐκ εἰα αὐτα λαλειν, ὅτι ἡδεισαν τον χριστον αὐτον εἰναι.

5 24   ἱνα δε εἰδητε ὅτι ὁ υἱος του ἀνθρωπου ἐξουσιαν ἐχει ἐπι της γης ἀφιεναι ἀμαρτιας, εἰπεν τω παραλελυμενω·

6 8   αὐτος δε ἡδει τους διαλογισμους αὐτων,

8 53   και κατεγελων αὐτου, εἰδοτες ὅτι ἀπεθανεν.

9 33   και ποιησωμεν σκηνας τρεις, μιαν σοι και μιαν μωυσει και μιαν ἡλια, μη εἰδως ὁ λεγει.

47   ὁ δε ἰησους εἰδως τον διαλογισμον της καρδιας αὐτων, ἐπιλαβομενος παιδιον ἐστησεν αὐτο παρ ἑαυτω,

11 13   εἰ οὐν ὑμεις πονηροι ὑπαρχοντες οἶδατε δοματα ἀγαθα διδοναι τοις τεκνοις ὑμων, ποσω μαλλον ὁ πατηρ [ὁ] ἐξ οὐρανου δωσει πνευμα ἁγιον τοις αἰτουσιν αὐτον.

17   αὐτος δε εἰδως αὐτων τα διανοηματα εἰπεν αὐτοις·

44   οὐαι ὑμιν, ὅτι ἐστε ὡς τα μνημεια τα ἀδηλα, και οἱ ἀνθρωποι [οἱ] περιπατουντες ἐπανω οὐκ οἶδασιν.

12 30   ὑμων δε ὁ πατηρ οἶδεν ὅτι χρηζετε τουτων·

39   τουτο δε γινωσκετε, ὅτι εἰ ἡδει ὁ οἰκοδεσποτης ποια ὡρα ὁ κλεπτης ἐρχεται, οὐκ ἀν ἀφηκεν διορυχθηναι τον οἰκον αὐτου.

56   ὑποκριται, το προσωπον της γης και του οὐρανου οἶδατε δοκιμαζειν, τον καιρον δε τουτον πως οὐκ οἶδατε δοκιμαζειν;

56   ὑποκριται, το προσωπον της γης και του οὐρανου οἶδατε δοκιμαζειν, τον καιρον δε τουτον πως οὐκ οἶδατε δοκιμαζειν;

13 25   οὐκ οἶδα ὑμας ποθεν ἐστε.

27   οὐκ οἶδα [ὑμας] ποθεν ἐστε· ἀποστητε ἀπ ἐμου παντες ἐργαται ἀδικιας.

18 20   τας ἐντολας οἶδας· μη μοιχευσης, μη φονευσης, μη κλεψης, μη ψευδομαρτυρησης, τιμα τον πατερα σου και την μητερα.

19 22   ἡδεις ὅτι ἐγω ἀνθρωπος αὐστηρος εἰμι, αἱρων ὁ οὐκ ἐθηκα, και θεριζων ὁ οὐκ ἐσπειρα;

20 7   και ἀπεκριθησαν μη εἰδεναι ποθεν.

21   διδασκαλε, οἶδαμεν ὅτι ὀρθως λεγεις και διδασκεις και οὐ λαμβανεις προσωπον,

22 34   λεγω σοι, πετρε, οὐ φωνησει σημερον ἀλεκτωρ ἑως τρις με ἀπαρνηση εἰδεναι.

57   οὐκ οἶδα αὐτον, γυναι.

60   ἀνθρωπε, οὐκ οἶδα ὁ λεγεις.

23 34   [πατερ, ἀφες αὐτοις· οὐ γαρ οἶδασιν τι ποιουσιν].

Jh 1 26   μεσος ὑμων ἑστηκεν ὁν ὑμεις οὐκ οἶδατε,

31   καγω οὐκ ἡδειν αὐτον,

33   καγω οὐκ ἡδειν αὐτον,

2 9   ὡς δε ἐγευσατο ὁ ἀρχιτρικλινος το ὑδωρ οἰνον γεγενημενον, και οὐκ ἡδει ποθεν ἐστιν,

οἶδα [318]

Jh 2 9   καὶ οὐκ ᾔδει ποθεν ἐστιν, οἱ δε διακονοι ᾔδεισαν οἱ ἠντληκοτες το ὑδωρ,

3 2   οἴδαμεν ὅτι ἀπο θεου ἐληλυθας διδασκαλος·

    8   καὶ τὴν φωνὴν αὐτου ἀκουεις, ἀλλ οὐκ οἶδας ποθεν ἐρχεται καὶ ποῦ ὑπαγει·

    11   ἀμὴν ἀμὴν λεγω σοι ὅτι ὁ οἴδαμεν λαλουμεν καὶ ὁ ἑωρακαμεν μαρτυρουμεν,

4 10   εἰ ᾔδεις τὴν δωρεαν του θεου, καὶ τίς ἐστιν ὁ λεγων σοι·

    22   ὑμεις προσκυνειτε ὁ οὐκ οἴδατε, ἡμεις προσκυνουμεν ὁ οἴδαμεν,

    22   ὑμεις προσκυνειτε ὁ οὐκ οἴδατε, ἡμεις προσκυνουμεν ὁ οἴδαμεν,

    25   οἶδα ὅτι μεσσιας ἐρχεται, ὁ λεγομενος χριστος·

    32   ἐγω βρωσιν ἐχω φαγειν ἣν ὑμεις οὐκ οἴδατε.

    42   αὐτοι γαρ ἀκηκοαμεν, καὶ οἴδαμεν ὅτι οὑτος ἐστιν ἀληθως ὁ σωτηρ του κοσμου.

5 13   ὁ δε ἰαθεις οὐκ ᾔδει τίς ἐστιν·

    32   καὶ οἶδα ὅτι ἀληθης ἐστιν ἡ μαρτυρια ἣν μαρτυρει περι ἐμου.

6 6   αὐτος γαρ ᾔδει τί ἐμελλεν ποιειν.

    42   οὐχ οὑτος ἐστιν ἰησους ὁ υἱος ἰωσηφ, οὗ ἡμεις οἴδαμεν τον πατερα καὶ τὴν μητερα;

    61   εἰδὼς δε ὁ ἰησους ἐν ἑαυτῳ ὅτι γογγυζουσιν περι τουτου οἱ μαθηται αὐτου, εἰπεν αὐτοις·

    64   ᾔδει γαρ ἐξ ἀρχης ὁ ἰησους τίνες εἰσιν οἱ μη πιστευοντες καὶ τίς ἐστιν ὁ παραδωσων αὐτον.

7 15   πῶς οὑτος γραμματα οἶδεν μη μεμαθηκως;

    27   ἀλλα τουτον οἴδαμεν ποθεν ἐστιν·

    28   καμε οἴδατε καὶ οἴδατε ποθεν εἰμι·

    28   καμε οἴδατε καὶ οἴδατε ποθεν εἰμι·

    28   καὶ ἀπ ἐμαυτου οὐκ ἐληλυθα, ἀλλ ἐστιν ἀληθινος ὁ πεμψας με, ὃν ὑμεις οὐκ οἴδατε·

    29   ἐγω οἶδα αὐτον, ὅτι παρ αὐτου εἰμι κακεινος με ἀπεστειλεν.

8 14   καν ἐγω μαρτυρω περι ἐμαυτου, ἀληθης ἐστιν ἡ μαρτυρια μου, ὅτι οἶδα ποθεν ἠλθον καὶ ποῦ ὑπαγω·

    14   ὑμεις δε οὐκ οἴδατε ποθεν ἐρχομαι ἢ ποῦ ὑπαγω.

    19   οὐτε ἐμε οἴδατε οὐτε τον πατερα μου·

    19   εἰ ἐμε ᾔδειτε, καὶ τον πατερα μου ἂν ᾔδειτε.

    19   εἰ ἐμε ᾔδειτε, καὶ τον πατερα μου ἂν ᾔδειτε.

    37   οἶδα ὅτι σπερμα ἀβρααμ ἐστε· ἀλλα ζητειτε με ἀποκτειναι, ὅτι ὁ λογος ὁ ἐμος οὐ χωρει ἐν ὑμιν.

    55   καὶ οὐκ ἐγνωκατε αὐτον, ἐγω δε οἶδα αὐτον.

    55   καν εἰπω ὅτι οὐκ οἶδα αὐτον, ἐσομαι ὁμοιος ὑμιν ψευστης·

    55   ἀλλα οἶδα αὐτον καὶ τον λογον αὐτου τηρω.

9 12   ποῦ ἐστιν ἐκεινος; λεγει· οὐκ οἶδα.

    20   οἴδαμεν ὅτι οὑτος ἐστιν ὁ υἱος ἡμων καὶ ὅτι τυφλος ἐγεννηθη·

    21   πῶς δε νυν βλεπει οὐκ οἴδαμεν, ἢ τίς ἠνοιξεν αὐτου τους ὀφθαλμους ἡμεις οὐκ οἴδαμεν·

    21   πῶς δε νυν βλεπει οὐκ οἴδαμεν, ἢ τίς ἠνοιξεν αὐτου τους ὀφθαλμους ἡμεις οὐκ οἴδαμεν·

    24   ἡμεις οἴδαμεν ὅτι οὑτος ὁ ἀνθρωπος ἁμαρτωλος ἐστιν.

    25   εἰ ἁμαρτωλος ἐστιν οὐκ οἶδα· ἐν οἶδα, ὅτι τυφλος ὢν ἀρτι βλεπω.

    25   εἰ ἁμαρτωλος ἐστιν οὐκ οἶδα· ἐν οἶδα, ὅτι τυφλος ὢν ἀρτι βλεπω.

    29   ἡμεις οἴδαμεν ὅτι μωυσει λελαληκεν ὁ θεος, τουτον δε οὐκ οἴδαμεν ποθεν ἐστιν.

    29   ἡμεις οἴδαμεν ὅτι μωυσει λελαληκεν ὁ θεος, τουτον δε οὐκ οἴδαμεν ποθεν ἐστιν.

    30   ἐν τουτῳ γαρ το θαυμαστον ἐστιν, ὅτι ὑμεις οὐκ οἴδατε ποθεν ἐστιν, καὶ ἠνοιξεν μου τους ὀφθαλμους.

    31   οἴδαμεν ὅτι ἁμαρτωλων ὁ θεος οὐκ ἀκουει,

10 4   καὶ τα προβατα αὐτῳ ἀκολουθει, ὅτι οἴδασιν τὴν φωνην αὐτου·

    5   ἀλλοτριῳ δε οὐ μη ἀκολουθησουσιν, ἀλλα φευξονται ἀπ αὐτου, ὅτι οὐκ οἴδασιν των ἀλλοτριων τὴν φωνην.

11 22   [ἀλλα] καὶ νυν οἶδα ὅτι ὁσα ἂν αἰτηση τον θεον δωσει σοι ὁ θεος.

    24   οἶδα ὅτι ἀναστησεται ἐν τῃ ἀναστασει ἐν τῃ ἐσχατῃ ἡμερα.

    42   ἐγω δε ᾔδειν ὅτι παντοτε μου ἀκουεις·

    49   ὑμεις οὐκ οἴδατε οὐδεν, οὐδε λογιζεσθε ὅτι συμφερει ὑμιν ἱνα εἱς ἀνθρωπος ἀποθανη ὑπερ του λαου καὶ μη ὁλον το ἐθνος

12 35   καὶ ὁ περιπατων ἐν τῃ σκοτια οὐκ οἶδεν ποῦ ὑπαγει.

    50   καὶ οἶδα ὅτι ἡ ἐντολη αὐτου ζωη αἰωνιος ἐστιν.

13 1   προ δε της ἑορτης του πασχα εἰδὼς ὁ ἰησους ὅτι ἠλθεν αὐτου ἡ ὡρα ἱνα μεταβη ἐκ του κοσμου τουτου προς τον πατερα,

---

οἶδα [318]

Jh 13 3   εἰδὼς ὅτι παντα ἐδωκεν αὐτῳ ὁ πατηρ εἰς τας χειρας, καὶ ὅτι ἀπο θεου ἐξηλθεν καὶ προς τον θεον ὑπαγει, ἐγειρεται ἐκ του δειπνου καὶ τιθησιν τα ἱματια,

    7   ὃ ἐγω ποιω συ οὐκ οἶδας ἀρτι, γνωση δε μετα ταυτα.

    11   ᾔδει γαρ τον παραδιδοντα αὐτον·

    17   εἰ ταυτα οἴδατε, μακαριοι ἐστε ἐαν ποιητε αὐτα.

    18   οὐ περι παντων ὑμων λεγω· ἐγω οἶδα τίνας ἐξελεξαμην·

14 4   καὶ ὁπου [ἐγω] ὑπαγω οἴδατε τὴν ὁδον.

    5   κυριε, οὐκ οἴδαμεν ποῦ ὑπαγεις·

    5   πῶς δυναμεθα τὴν ὁδον εἰδεναι;

15 15   οὐκετι λεγω ὑμας δουλους, ὅτι ὁ δουλος οὐκ οἶδεν τί ποιει αὐτου ὁ κυριος·

    21   ἀλλα ταυτα παντα ποιησουσιν εἰς ὑμας δια το ὀνομα μου, ὅτι οὐκ οἴδασιν τον πεμψαντα με.

16 18   τί ἐστιν τουτο [ὃ λεγει] το μικρον; οὐκ οἴδαμεν τί λαλει.

    30   νυν οἴδαμεν ὅτι οἶδας παντα καὶ οὐ χρειαν ἐχεις ἱνα τις σε ἐρωτα·

    30   νυν οἴδαμεν ὅτι οἶδας παντα καὶ οὐ χρειαν ἐχεις ἱνα τις σε ἐρωτα·

18 2   ᾔδει δε καὶ ιουδας ὁ παραδιδους αὐτον τον τοπον,

    4   ἰησους οὐν εἰδὼς παντα τα ἐρχομενα ἐπ αὐτον ἐξηλθεν καὶ λεγει αὐτοις·

    21   ἐρωτησον τους ἀκηκοοτας τί ἐλαλησα αὐτοις· ἰδε οὑτοι οἴδασιν ἃ εἰπον ἐγω.

19 10   οὐκ οἶδας ὅτι ἐξουσιαν ἐχω ἀπολυσαι σε καὶ ἐξουσιαν ἐχω σταυρωσαι σε;

    28   μετα τουτο εἰδὼς ὁ ἰησους ὅτι ἠδη παντα τετελεσται, ἱνα τελειωθη ἡ γραφη, λεγει· διψω.

    35   καὶ ἐκεινος οἶδεν ὅτι ἀληθη λεγει, ἱνα καὶ ὑμεις πιστευ[σ]ητε.

20 2   ἠραν τον κυριον ἐκ του μνημειου, καὶ οὐκ οἴδαμεν ποῦ ἐθηκαν αὐτον.

    9   οὐδεπω γαρ ᾔδεισαν τὴν γραφην, ὅτι δει αὐτον ἐκ νεκρων ἀναστηναι.

    13   λεγει αὐτοις ὅτι ἠραν τον κυριον μου, καὶ οὐκ οἶδα ποῦ ἐθηκαν αὐτον.

    14   καὶ θεωρει τον ιησουν ἑστωτα, καὶ οὐκ ᾔδει ὅτι ιησους ἐστιν.

21 4   οὐ μεντοι ᾔδεισαν οἱ μαθηται ὅτι ιησους ἐστιν.

    12   εἰδοτες ὅτι ὁ κυριος ἐστιν.

    15   ναι, κυριε, συ οἶδας ὅτι φιλω σε.

    16   ναι, κυριε, συ οἶδας ὅτι φιλω σε.

    17   κυριε, παντα συ οἶδας, συ γινωσκεις ὅτι φιλω σε·

    24   οὑτος ἐστιν ὁ μαθητης ὁ μαρτυρων περι τουτων καὶ ὁ γραψας ταυτα, καὶ οἴδαμεν ὅτι ἀληθης αὐτου ἡ μαρτυρια ἐστιν.

Ac 2 22   οἱς ἐποιησεν δι αὐτου ὁ θεος ἐν μεσῳ ὑμων, καθως αὐτοι οἴδατε,

    30   προφητης οὐν ὑπαρχων καὶ εἰδὼς ὅτι ὁρκῳ ὠμοσεν αὐτῳ ὁ θεος ἐκ καρπου της ὀσφυος αὐτου καθισαι ἐπι τον θρονον αὐτου,

3 16   καὶ ἐπι τῃ πιστει του ὀνοματος αὐτου τουτον, ὃν θεωρειτε καὶ οἴδατε, ἐστερεωσεν το ὀνομα αὐτου,

    17   καὶ νυν, ἀδελφοι, οἶδα ὅτι κατα ἀγνοιαν ἐπραξατε, ὡσπερ καὶ οἱ ἀρχοντες ὑμων·

5 7   ἐγενετο δε ὡς ὡρων τριων διαστημα καὶ ἡ γυνη αὐτου μη εἰδυια το γεγονος εἰσηλθεν.

7 18   ἀχρι οὗ ἀνεστη βασιλευς ἑτερος [ἐπ αἰγυπτον], ὃς οὐκ ᾔδει τον ιωσηφ.

    40   ὁ γαρ μωυσης οὑτος, ὃς ἐξηγαγεν ἡμας ἐκ γης αἰγυπτου, οὐκ οἴδαμεν τί ἐγενετο αὐτῳ.

10 37   ὑμεις οἴδατε το γενομενον ρημα καθ ὁλης της ιουδαιας,

12 9   καὶ ἐξελθων ἠκολουθει, καὶ οὐκ ᾔδει ὅτι ἀληθες ἐστιν το γινομενον δια του ἀγγελου,

    11   νυν οἶδα ἀληθως ὅτι ἐξαπεστειλεν [ὁ] κυριος τον ἀγγελον αὐτου καὶ ἐξειλατο με ἐκ χειρος ἡρῳδου καὶ πασης της προσδοκιας του λαου των ιουδαιων.

16 3   ᾔδεισαν γαρ ἁπαντες ὅτι ἑλλην ὁ πατηρ αὐτου ὑπηρχεν.

19 32   ἠν γαρ ἡ ἐκκλησια συγκεχυμενη, καὶ οἱ πλειους οὐκ ᾔδεισαν τίνος ἑνεκα συνεληλυθεισαν.

20 22   καὶ νυν ἰδου δεδεμενος ἐγω τῳ πνευματι πορευομαι εἰς ιερουσαλημ, τα ἐν αὐτῃ συναντησοντα μοι μη εἰδως,

    25   καὶ νυν ἰδου ἐγω οἶδα ὅτι οὐκετι ὀψεσθε το προσωπον μου ὑμεις παντες ἐν οἱς διηλθον κηρυσσων τὴν βασιλειαν.

    29   ἐγω οἶδα ὅτι εἰσελευσονται μετα τὴν ἀφιξιν μου λυκοι βαρεις εἰς ὑμας μη φειδομενοι του ποιμνιου,

23 5   οὐκ ᾔδειν, ἀδελφοι, ὅτι ἐστιν ἀρχιερευς·

24 22   ἀνεβαλετο δε αὐτους ὁ φηλιξ, ἀκριβεστερον εἰδὼς τα περι της ὁδου, εἰπας·

26 4   τὴν μεν οὐν βιωσιν μου [τὴν] ἐκ νεοτητος τὴν ἀπ ἀρχης γενομενην ἐν τῳ ἐθνει μου ἐν τε ιεροσολυμοις ἰσασι παντες [οἱ] ιουδαιοι,

οἶδα [318]

Ac 26 27 πιστευεις, βασιλευ ἀγριππα, τοις προφηταις, οἶδα ὁτι πιστευεις.

Rm 2 2 οἴδαμεν δε ὁτι το κριμα του θεου ἐστιν κατα ἀληθειαν ἐπι τους τα τοιαυτα πρασσοντας.

3 19 οἴδαμεν δε ὁτι ὁσα ὁ νομος λεγει τοις ἐν τω νομω λαλει,

5 3 οὐ μονον δε, ἀλλα και καυχωμεθα ἐν ταις θλιψεσιν, εἰδοτες ὁτι ἡ θλιψις ὑπομονην κατεργαζεται,

6 9 πιστευομεν ὁτι και συζησομεν αὐτω, εἰδοτες ὁτι χριστος ἐγερθεις ἐκ νεκρων οὐκετι ἀποθνησκει,

16 οὐκ οἴδατε ὁτι ᾧ παριστανετε ἑαυτους δουλους εἰς ὑπακοην,

7 7 την τε γαρ ἐπιθυμιαν οὐκ ἤδειν εἰ μη ὁ νομος ἐλεγεν·

14 οἴδαμεν γαρ ὁτι ὁ νομος πνευματικος ἐστιν·

18 οἶδα γαρ ὁτι οὐκ οἰκει ἐν ἐμοι, τουτ ἐστιν ἐν τῃ σαρκι μου, ἀγαθον·

8 22 οἴδαμεν γαρ ὁτι πασα ἡ κτισις συστεναζει και συνωδινει ἀχρι του νυν·

26 το γαρ τι προσευξωμεθα καθο δει οὐκ οἴδαμεν, ἀλλα αὐτο το πνευμα ὑπερεντυγχανει στεναγμοις ἀλαλητοις·

27 ὁ δε ἐραυνων τας καρδιας οἶδεν τι το φρονημα του πνευματος, ὁτι κατα θεον ἐντυγχανει ὑπερ ἀγιων.

28 οἴδαμεν δε ὁτι τοις ἀγαπωσιν τον θεον παντα συνεργει εἰς ἀγαθον, τοις κατα προθεσιν κλητοις οὐσιν.

11 2 ἡ οὐκ οἴδατε ἐν ἡλιᾳ τι λεγει ἡ γραφη, ὡς ἐντυγχανει τω θεω κατα του ἰσραηλ;

13 11 και τουτο εἰδοτες τον καιρον, ὁτι ὡρα ἠδη ὑμας ἐξ ὑπνου ἐγερθηναι·

14 14 οἶδα και πεπεισμαι ἐν κυριω ἰησου ὁτι οὐδεν κοινον δι ἑαυτου·

15 29 οἶδα δε ὁτι ἐρχομενος προς ὑμας ἐν πληρωματι εὐλογιας χριστου ἐλευσομαι.

1Co 1 16 λοιπον οὐκ οἶδα εἰ τινα ἀλλον ἐβαπτισα.

2 2 οὐ γαρ ἐκρινα τι εἰδεναι ἐν ὑμιν εἰ μη ἰησουν χριστον και τουτον ἐσταυρωμενον.

11 τις γαρ οἶδεν ἀνθρωπων τα του ἀνθρωπου εἰ μη το πνευμα του ἀνθρωπου το ἐν αὐτω;

12 ἡμεις δε οὐ το πνευμα του κοσμου ἐλαβομεν ἀλλα το πνευμα το ἐκ του θεου, ἱνα εἰδωμεν τα ὑπο του θεου χαρισθεντα ἡμιν·

3 16 οὐκ οἴδατε ὁτι ναος θεου ἐστε και το πνευμα του θεου οἰκει ἐν ὑμιν;

5 6 οὐκ οἴδατε ὁτι μικρα ζυμη ὁλον το φυραμα ζυμοι;

6 2 ἡ οὐκ οἴδατε ὁτι οἱ ἁγιοι τον κοσμον κρινουσιν;

3 οὐκ οἴδατε ὁτι ἀγγελους κρινουμεν, μητι γε βιωτικα;

9 ἡ οὐκ οἴδατε ὁτι ἀδικοι θεου βασιλειαν οὐ κληρονομησουσιν;

15 οὐκ οἴδατε ὁτι τα σωματα ὑμων μελη χριστου ἐστιν;

16 [ἡ] οὐκ οἴδατε ὁτι ὁ κολλωμενος τῃ πορνῃ ἑν σωμα ἐστιν;

19 ἡ οὐκ οἴδατε ὁτι το σωμα ὑμων ναος του ἐν ὑμιν ἁγιου πνευματος ἐστιν, οὑ ἐχετε ἀπο θεου, και οὐκ ἐστε ἑαυτων;

7 16 τι γαρ οἶδας, γυναι, εἰ τον ἀνδρα σωσεις;

16 ἡ τι οἶδας, ἀνερ, εἰ την γυναικα σωσεις;

8 1 περι δε των εἰδωλοθυτων, οἴδαμεν ὁτι παντες γνωσιν ἐχομεν.

4 περι της βρωσεως οὐν των εἰδωλοθυτων οἴδαμεν ὁτι οὐδεν εἰδωλον ἐν κοσμω,

9 13 οὐκ οἴδατε ὁτι οἱ τα ἱερα ἐργαζομενοι [τα] ἐκ του ἱερου ἐσθιουσιν, οἱ τω θυσιαστηριω παρεδρευοντες τω θυσιαστηριω συμμεριζονται;

24 οὐκ οἴδατε ὁτι οἱ ἐν σταδιω τρεχοντες παντες μεν τρεχουσιν, εἰς δε λαμβανει το βραβειον;

11 3 θελω δε ὑμας εἰδεναι ὁτι παντος ἀνδρος ἡ κεφαλη ὁ χριστος ἐστιν,

12 2 οἴδατε ὁτι ὁτε ἐθνη ἠτε προς τα εἰδωλα τα ἀφωνα ὡς ἀν ἠγεσθε ἀπαγομενοι.

13 2 και ἐαν ἐχω προφητειαν και εἰδω τα μυστηρια παντα και πασαν την γνωσιν, και ἐαν ἐχω πασαν την πιστιν ὡστε ὀρη μεθιστάναι, ἀγαπην δε μη ἐχω, οὐθεν εἰμι.

14 11 ἐαν οὐν μη εἰδω την δυναμιν της φωνης, ἐσομαι τω λαλουντι βαρβαρος και ὁ λαλων ἐν ἐμοι βαρβαρος.

16 ἐπειδη τι λεγεις οὐκ οἶδεν·

15 58 ὡστε, ἀδελφοι μου ἀγαπητοι, ἑδραιοι γινεσθε, ἀμετακινητοι, περισσευοντες ἐν τω ἐργω του κυριου παντοτε, εἰδοτες ὁτι ὁ κοπος ὑμων οὐκ ἐστιν κενος ἐν κυριω.

16 15 οἴδατε την οἰκιαν στεφανα, ὁτι ἐστιν ἀπαρχη της ἀχαιας και εἰς διακονιαν τοις ἁγιοις ἐταξαν ἑαυτους·

2Co 1 7 εἰδοτες ὁτι ὡς κοινωνοι ἐστε των παθηματων, οὑτως και της παρακλησεως.

4 14 διο και λαλουμεν, εἰδοτες ὁτι ὁ ἐγειρας τον κυριον ἰησουν και ἡμας συν ἰησου ἐγερει και παραστησει συν ὑμιν.

5 1 οἴδαμεν γαρ ὁτι ἐαν ἡ ἐπιγειος ἡμων οἰκια του σκηνους καταλυθῃ, οἰκοδομην ἐκ θεου ἐχομεν,

---

οἶδα [318]

2Co 5 6 θαρρουντες οὐν παντοτε και εἰδοτες ὁτι ἐνδημουντες ἐν τω σωματι ἐκδημουμεν ἀπο του κυριου·

11 εἰδοτες οὐν τον φοβον του κυριου ἀνθρωπους πειθομεν, θεω δε πεφανερωμεθα·

16 ὡστε ἡμεις ἀπο του νυν οὐδενα οἴδαμεν κατα σαρκα·

9 2 οἶδα γαρ την προθυμιαν ὑμων ἡν ὑπερ ὑμων καυχωμαι μακεδοσιν ὁτι ἀχαια παρεσκευασται ἀπο περυσι,

11 11 ὁτι οὐκ ἀγαπω ὑμας; ὁ θεος οἶδεν.

31 ὁ θεος και πατηρ του κυριου ἰησου οἶδεν, ὁ ὡν εὐλογητος εἰς τους αἰωνας, ὁτι οὐ ψευδομαι.

12 2 οἶδα ἀνθρωπον ἐν χριστω προ ἐτων δεκατεσσαρων,

2 εἰτε ἐν σωματι οὐκ οἶδα, εἰτε ἐκτος του σωματος οὐκ οἶδα, ὁ θεος οἶδεν, ἁρπαγεντα τον τοιουτον ἑως τριτου οὐρανου.

2 εἰτε ἐν σωματι οὐκ οἶδα, εἰτε ἐκτος του σωματος οὐκ οἶδα, ὁ θεος οἶδεν, ἁρπαγεντα τον τοιουτον ἑως τριτου οὐρανου.

2 εἰτε ἐν σωματι οὐκ οἶδα, εἰτε ἐκτος του σωματος οὐκ οἶδα, ὁ θεος οἶδεν, ἁρπαγεντα τον τοιουτον ἑως τριτου οὐρανου.

3 και οἶδα τον τοιουτον ἀνθρωπον εἰτε ἐν σωματι εἰτε χωρις του σωματος οὐκ οἶδα, ὁ θεος οἶδεν, ὁτι ἡρπαγη εἰς τον παραδεισον

3 και οἶδα τον τοιουτον ἀνθρωπον εἰτε ἐν σωματι εἰτε χωρις του σωματος οὐκ οἶδα, ὁ θεος οἶδεν, ὁτι ἡρπαγη εἰς τον παραδεισον

3 και οἶδα τον τοιουτον ἀνθρωπον εἰτε ἐν σωματι εἰτε χωρις του σωματος οὐκ οἶδα, ὁ θεος οἶδεν, ὁτι ἡρπαγη εἰς τον παραδεισον

Ga 2 16 εἰδοτες [δε] ὁτι οὐ δικαιουται ἀνθρωπος ἐξ ἐργων νομου ἐαν μη δια πιστεως ἰησου χριστου, και ἡμεις εἰς χριστον ἰησουν ἐπιστευσαμεν,

4 8 ἀλλα τοτε μεν οὐκ εἰδοτες θεον ἐδουλευσατε τοις φυσει μη οὐσιν θεοις·

13 οἴδατε δε ὁτι δι ἀσθενειαν της σαρκος εὐηγγελισαμην ὑμιν το προτερον,

Eph 1 18 πεφωτισμενους τους ὀφθαλμους της καρδιας [ὑμων], εἰς το εἰδεναι ὑμας τις ἐστιν ἡ ἐλπις της κλησεως αὐτου,

5 5 τουτο γαρ ἰστε γινωσκοντες,

6 8 εἰδοτες ὁτι ἑκαστος ἐαν τι ποιηση ἀγαθον, τουτο κομισεται παρα κυριου,

9 εἰδοτες ὁτι και αὐτων και ὑμων ὁ κυριος ἐστιν ἐν οὐρανοις,

21 ἱνα δε εἰδητε και ὑμεις τα κατ ἐμε, τι πρασσω, παντα γνωρισει ὑμιν τυχικος ὁ ἀγαπητος ἀδελφος και πιστος διακονος ἐν κυριω,

Php 1 16 οἱ μεν ἐξ ἀγαπης, εἰδοτες ὁτι εἰς ἀπολογιαν του εὐαγγελιου κειμαι,

19 οἶδα γαρ ὁτι τουτο μοι ἀποβησεται εἰς σωτηριαν δια της ὑμων δεησεως και ἐπιχορηγιας του πνευματος ἰησου χριστου,

25 και τουτο πεποιθως οἶδα,

4 12 οἶδα και ταπεινουσθαι, οἶδα και περισσευειν·

12 οἶδα και ταπεινουσθαι, οἶδα και περισσευειν·

15 οἴδατε δε και ὑμεις, φιλιππησιοι, ὁτι ἐν ἀρχῃ του εὐαγγελιου, ὁτε ἐξηλθον ἀπο μακεδονιας, οὐδεμια μοι ἐκκλησια ἐκοινωνησεν

Col 2 1 θελω γαρ ὑμας εἰδεναι ἡλικον ἀγωνα ἐχω ὑπερ ὑμων και των ἐν λαοδικεια και ὁσοι οὐχ ἑορακαν το προσωπον μου ἐν σαρκι,

3 24 εἰδοτες ὁτι ἀπο κυριου ἀπολημψεσθε την ἀνταποδοσιν της κληρονομιας.

4 1 οἱ κυριοι, το δικαιον και την ἰσοτητα τοις δουλοις παρεχεσθε, εἰδοτες ὁτι και ὑμεις ἐχετε κυριον ἐν οὐρανω.

6 ὁ λογος ὑμων παντοτε ἐν χαριτι, ἁλατι ἠρτυμενος, εἰδεναι πως δει ὑμας ἑνι ἑκαστω ἀποκρινεσθαι.

1Th 1 4 εἰδοτες, ἀδελφοι ἠγαπημενοι ὑπο [του] θεου, την ἐκλογην ὑμων,

5 καθως οἴδατε οἱοι ἐγενηθημεν [ἐν] ὑμιν δι ὑμας.

2 1 αὐτοι γαρ οἴδατε, ἀδελφοι, την εἰσοδον ἡμων την προς ὑμας,

2 ἀλλα προπαθοντες και ὑβρισθεντες καθως οἴδατε ἐν φιλιπποις ἐπαρρησιασαμεθα ἐν τω θεω ἡμων λαλησαι προς ὑμας το εὐαγγελιον του θεου ἐν πολλω ἀγωνι.

5 οὐτε γαρ ποτε ἐν λογω κολακειας ἐγενηθημεν, καθως οἴδατε, οὐτε ἐν προφασει πλεονεξιας,

11 καθαπερ οἴδατε ὡς ἑνα ἑκαστον ὑμων ὡς πατηρ τεκνα ἑαυτου παρακαλουντες ὑμας

3 3 αὐτοι γαρ οἴδατε ὁτι εἰς τουτο κειμεθα·

4 προελεγομεν ὑμιν ὁτι μελλομεν θλιβεσθαι, καθως και ἐγενετο και οἴδατε.

4 2 οἴδατε γαρ τινας παραγγελιας ἐδωκαμεν ὑμιν δια του κυριου ἰησου.

4 εἰδεναι ἑκαστον ὑμων το ἑαυτου σκευος κτασθαι ἐν ἁγιασμω και τιμῃ,

οἶδα [318]

1Th	4 5	μη ἐν παθει ἐπιθυμιας καθαπερ και τα ἐθνη τα μη *εἰδοτα* τον θεον,
	5 2	αὐτοι γαρ ἀκριβως *οἰδατε* ὁτι ἡμερα κυριου ὡς κλεπτης ἐν νυκτι οὑτως ἐρχεται.
	12	ἐρωτωμεν δε ὑμας, ἀδελφοι, *εἰδεναι* τους κοπιωντας ἐν ὑμιν και προισταμενους ὑμων ἐν κυριω και νουθετουντας ὑμας,
2Th	1 8	διδοντος ἐκδικησιν τοις μη *εἰδοσιν* θεον και τοις μη ὑπακουουσιν τω εὐαγγελιω του κυριου ἡμων ἰησου,
	2 6	και νυν το κατεχον *οἰδατε,*
	3 7	αὐτοι γαρ *οἰδατε* πως δει μιμεισθαι ἡμας,
1Tm	1 8	*οἰδαμεν* δε ὁτι καλος ὁ νομος,
	9	*εἰδως* τουτο, ὁτι δικαιω νομος οὐ κειται,
	3 5	εἰ δε τις του ἰδιου οἰκου προστηναι οὐκ *οἰδεν,* πως ἐκκλησιας θεου ἐπιμελησεται;
	15	ἐαν δε βραδυνω, ἱνα *εἰδης* πως δει ἐν οἰκω θεου ἀναστρεφεσθαι,
2Tm	1 12	*οἰδα* γαρ ᾡ πεπιστευκα, και πεπεισμαι ὁτι δυνατος ἐστιν την παραθηκην μου φυλαξαι εἰς ἐκεινην την ἡμεραν.
	15	*οἰδας* τουτο, ὁτι ἀπεστραφησαν με παντες οἱ ἐν τη ἀσια,
	2 23	τας δε μωρας και ἀπαιδευτους ζητησεις παραιτου, *εἰδως* ὁτι γεννωσιν μαχας·
	3 14	συ δε μενε ἐν οἱς ἐμαθες και ἐπιστωθης, *εἰδως* παρα τινων ἐμαθες,
	15	και ὁτι ἀπο βρεφους [τα] ἱερα γραμματα *οἰδας,* τα δυναμενα σε σοφισαι εἰς σωτηριαν δια πιστεως της ἐν χριστω ἰησου.
Tit	1 16	θεον ὁμολογουσιν *εἰδεναι,* τοις δε ἐργοις ἀρνουνται,
	3 11	αἱρετικον ἀνθρωπον μετα μιαν και δευτεραν νουθεσιαν παραιτου, *εἰδως* ὁτι ἐξεστραπται ὁ τοιουτος και ἁμαρτανει ὡν αὐτοκατακριτος.
Phm	21	πεποιθως τη ὑπακοη σου ἐγραψα σοι, *εἰδως* ὁτι και ὑπερ ἁ λεγω ποιησεις.
Heb	8 11	γνωθι τον κυριον, ὁτι παντες *εἰδησουσιν* με ἀπο μικρου ἑως μεγαλου αὐτων.
	10 30	*οἰδαμεν* γαρ τον εἰποντα· ἐμοι ἐκδικησις, ἐγω ἀνταποδωσω·
	12 17	*ἰστε* γαρ ὁτι και μετεπειτα θελων κληρονομησαι την εὐλογιαν ἀπεδοκιμασθη,
Ja	1 19	*ἰστε,* ἀδελφοι μου ἀγαπητοι.
	3 1	μη πολλοι διδασκαλοι γινεσθε, ἀδελφοι μου, *εἰδοτες* ὁτι μειζον κριμα λημψομεθα.
	4 4	μοιχαλιδες, οὐκ *οἰδατε* ὁτι ἡ φιλια του κοσμου ἐχθρα του θεου ἐστιν;
	17	*εἰδοτι* οὐν καλον ποιειν και μη ποιουντι, ἁμαρτια αὐτω ἐστιν.
1Pt	1 18	*εἰδοτες* ὁτι οὐ φθαρτοις, ἀργυριω ἠ χρυσιω, ἐλυτρωθητε ἐκ της ματαιας ὑμων ἀναστροφης πατροπαραδοτου, ἀλλα τιμιω αἱματι ὡς ἀμνου ἀμωμου και ἀσπιλου χριστου,
	5 9	ᾡ ἀντιστητε στερεοι τη πιστει, *εἰδοτες* τα αὐτα των παθηματων τη ἐν [τω] κοσμω ὑμων ἀδελφοτητι ἐπιτελεισθαι.
2Pt	1 12	καιπερ *εἰδοτας* και ἐστηριγμενους ἐν τη παρουση ἀληθεια.
	14	*εἰδως* ὁτι ταχινη ἐστιν ἡ ἀποθεσις του σκηνωματος μου,
	2 9	*οἰδεν* κυριος εὐσεβεις ἐκ πειρασμου ῥυεσθαι,
1Jh	2 11	ὁ δε μισων τον ἀδελφον αὐτου ἐν τη σκοτια ἐστιν και ἐν τη σκοτια περιπατει, και οὐκ *οἰδεν* που ὑπαγει,
	20	και ὑμεις χρισμα ἐχετε ἀπο του ἁγιου, και *οἰδατε* παντες.
	21	οὐκ ἐγραψα ὑμιν ὁτι οὐκ *οἰδατε* την ἀληθειαν, ἀλλ ὁτι *οἰδατε* αὐτην,
	21	οὐκ ἐγραψα ὑμιν ὁτι οὐκ *οἰδατε* την ἀληθειαν, ἀλλ ὁτι *οἰδατε* αὐτην,
	29	ἐαν *εἰδητε* ὁτι δικαιος ἐστιν, γινωσκετε ὁτι και πας ὁ ποιων την δικαιοσυνην ἐξ αὐτου γεγεννηται.
	3 2	*οἰδαμεν* ὁτι ἐαν φανερωθη ὁμοιοι αὐτω ἐσομεθα,
	5	και *οἰδατε* ὁτι ἐκεινος ἐφανερωθη ἱνα τας ἁμαρτιας ἀρη,
	14	ἡμεις *οἰδαμεν* ὁτι μεταβεβηκαμεν ἐκ του θανατου εἰς την ζωην,
	15	και *οἰδατε* ὁτι πας ἀνθρωποκτονος οὐκ ἐχει ζωην αἰωνιον ἐν αὐτω μενουσαν.
	5 13	ταυτα ἐγραψα ὑμιν ἱνα *εἰδητε* ὁτι ζωην ἐχετε αἰωνιον,
	15	και ἐαν *οἰδαμεν* ὁτι ἀκουει ἡμων ὁ ἐαν αἰτωμεθα, *οἰδαμεν* ὁτι ἐχομεν τα αἰτηματα ἁ ἡτηκαμεν ἀπ αὐτου.
	15	και ἐαν οἰδαμεν ὁτι ἀκουει ἡμων ὁ ἐαν αἰτωμεθα, *οἰδαμεν* ὁτι ἐχομεν τα αἰτηματα ἁ ἡτηκαμεν ἀπ αὐτου.
	18	*οἰδαμεν* ὁτι πας ὁ γεγεννημενος ἐκ του θεου οὐχ ἁμαρτανει,
	19	*οἰδαμεν* ὁτι ἐκ του θεου ἐσμεν,
	20	*οἰδαμεν* δε ὁτι ὁ υἱος του θεου ἡκει,
3Jh	12	και ἡμεις δε μαρτυρουμεν, και *οἰδας* ὁτι ἡ μαρτυρια ἡμων ἀληθης ἐστιν.
Ju	5	ὑπομνησαι δε ὑμας βουλομαι, *εἰδοτας* [ὑμας] παντα, ὁτι [ὁ] κυριος ἁπαξ λαον ἐκ γης αἰγυπτου σωσας το δευτερον τους μη πιστευσαντας ἀπωλεσεν,
	10	οὑτοι δε ὁσα μεν οὐκ *οἰδασιν* βλασφημουσιν,

οἶδα [318]

Apc	2 2	*οἰδα* τα ἐργα σου και τον κοπον και την ὑπομονην σου,
	9	*οἰδα* σου την θλιψιν και την πτωχειαν, ἀλλα πλουσιος εἰ,
	13	ταδε λεγει ὁ ἐχων την ῥομφαιαν την διστομον την ὀξειαν· *οἰδα* που κατοικεις·
	17	και ἐπι την ψηφον ὀνομα καινον γεγραμμενον, ὁ οὐδεις *οἰδεν* εἰ μη ὁ λαμβανων.
	19	*οἰδα* σου τα ἐργα και την ἀγαπην και την πιστιν και την διακονιαν και την ὑπομονην σου,
	3 1	*οἰδα* σου τα ἐργα, ὁτι ὀνομα ἐχεις ὁτι ζης, και νεκρος εἰ.
	8	*οἰδα* σου τα ἐργα· ἰδου δεδωκα ἐνωπιον σου θυραν ἠνεωγμενην,
	15	*οἰδα* σου τα ἐργα, ὁτι οὐτε ψυχρος εἰ οὐτε ζεστος.
	17	και οὐκ *οἰδας* ὁτι συ εἰ ὁ ταλαιπωρος και ἐλεεινος και πτωχος και τυφλος και γυμνος,
	7 14	και εἰρηκα αὐτω· κυριε μου, συ *οἰδας.*
	12 12	ὁτι κατεβη ὁ διαβολος προς ὑμας ἐχων θυμον μεγαν, *εἰδως* ὁτι ὀλιγον καιρον ἐχει.
	19 12	και ἐπι την κεφαλην αὐτου διαδηματα πολλα, ἐχων ὀνομα γεγραμμενον ὁ οὐδεις *οἰδεν* εἰ μη αὐτος,

οἰκειος [3]

Ga	6 10	ἐργαζωμεθα το ἀγαθον προς παντας, μαλιστα δε προς τους *οἰκειους* της πιστεως.
Eph	2 19	ἀρα οὐν οὐκετι ἐστε ξενοι και παροικοι, ἀλλα ἐστε συμπολιται των ἁγιων και *οἰκειοι* του θεου,
1Tm	5 8	εἰ δε τις των ἰδιων και μαλιστα *οἰκειων* οὐ προνοει, την πιστιν ἠρνηται και ἐστιν ἀπιστου χειρων.

οἰκετεια [1]

Mt	24 45	τις ἀρα ἐστιν ὁ πιστος δουλος και φρονιμος ὁν κατεστησεν ὁ κυριος ἐπι της *οἰκετειας* αὐτου του δουναι αὐτοις την τροφην ἐν καιρω;

οἰκετης [4]

Lc	16 13	οὐδεις *οἰκετης* δυναται δυσι κυριοις δουλευειν·
Ac	10 7	ὡς δε ἀπηλθεν ὁ ἀγγελος ὁ λαλων αὐτω, φωνησας δυο των *οἰκετων* και στρατιωτην εὐσεβη των προσκαρτερουντων αὐτω,
Rm	14 4	συ τις εἰ ὁ κρινων ἀλλοτριον *οἰκετην*;
1Pt	2 18	οἱ *οἰκεται,* ὑποτασσομενοι ἐν παντι φοβω τοις δεσποταις,

οἰκεω [9]

Rm	7 17	νυνι δε οὐκετι ἐγω κατεργαζομαι αὐτο ἀλλα ἡ *οἰκουσα* ἐν ἐμοι ἁμαρτια.
	18	οἰδα γαρ ὁτι οὐκ *οἰκει* ἐν ἐμοι, τουτ ἐστιν ἐν τη σαρκι μου, ἀγαθον·
	20	εἰ δε ὁ οὐ θελω [ἐγω] τουτο ποιω, οὐκετι ἐγω κατεργαζομαι αὐτο ἀλλα ἡ *οἰκουσα* ἐν ἐμοι ἁμαρτια.
	8 9	ὑμεις δε οὐκ ἐστε ἐν σαρκι ἀλλα ἐν πνευματι, εἰπερ πνευμα θεου *οἰκει* ἐν ὑμιν.
	11	εἰ δε το πνευμα του ἐγειραντος τον ἰησουν ἐκ νεκρων *οἰκει* ἐν ὑμιν, ὁ ἐγειρας χριστον ἐκ νεκρων ζωοποιησει
1Co	3 16	οὐκ οἰδατε ὁτι ναος θεου ἐστε και το πνευμα του θεου *οἰκει* ἐν ὑμιν;
	7 12	εἰ τις ἀδελφος γυναικα ἐχει ἀπιστον, και αὐτη συνευδοκει *οἰκειν* μετ αὐτου, μη ἀφιετω αὐτην·
	13	και γυνη εἰ τις ἐχει ἀνδρα ἀπιστον, και οὑτος συνευδοκει *οἰκειν* μετ αὐτης, μη ἀφιετω τον ἀνδρα.
1Tm	6 16	ὁ μονος ἐχων ἀθανασιαν, φως *οἰκων* ἀπροσιτον,

οἰκημα [1]

Ac	12 7	και ἰδου ἀγγελος κυριου ἐπεστη, και φως ἐλαμψεν ἐν τω *οἰκηματι·*

οἰκητηριον [2]

2Co	5 2	και γαρ ἐν τουτω στεναζομεν, το *οἰκητηριον* ἡμων το ἐξ οὐρανου ἐπενδυσασθαι ἐπιποθουντες,
Ju	6	ἀγγελους τε τους μη τηρησαντας την ἑαυτων ἀρχην ἀλλα ἀπολιποντας το ἰδιον *οἰκητηριον* εἰς κρισιν μεγαλης ἡμερας δεσμοις ἀιδιοις ὑπο ζοφον τετηρηκεν·

οἰκια [94]

Mt	2 11	και ελθοντες εις την *οἰκιαν* ειδον το παιδιον μετα μαριας της μητρος αυτου,
	5 15	και λαμπει πασιν τοις εν τη *οἰκια*.
	7 24	ὁμοιωθησεται ανδρι φρονιμῳ, ὁστις ᾠκοδομησεν αυτου την *οἰκιαν* επι την πετραν.
	25	και κατεβη ἡ βροχη και ἠλθον οἱ ποταμοι και επνευσαν οἱ ανεμοι και προσεπεσαν τη *οἰκια* εκεινῃ,
	26	και πας ὁ ακουων μου τους λογους τουτους και μη ποιων αυτους ὁμοιωθησεται ανδρι μωρῳ, ὁστις ᾠκοδομησεν αυτου την *οἰκιαν* επι την ἀμμον.
	27	και κατεβη ἡ βροχη και ἠλθον οἱ ποταμοι και επνευσαν οἱ ανεμοι και προσεκοψαν τη *οἰκια* εκεινῃ,
	8 6	ὁ παις μου βεβληται εν τη *οἰκια* παραλυτικος,
	14	και ελθων ὁ ιησους εις την *οἰκιαν* πετρου ειδεν την πενθεραν αυτου βεβλημενην και πυρεσσουσαν·
	9 10	και εγενετο αυτου ανακειμενου εν τη *οἰκια*,
	23	και ελθων ὁ ιησους εις την *οἰκιαν* του αρχοντος και ιδων τους αυλητας και τον οχλον θορυβουμενον ελεγεν·
	28	ελθοντι δε εις την *οἰκιαν* προσηλθον αυτῳ οἱ τυφλοι,
	10 12	εισερχομενοι δε εις την *οἰκιαν* ασπασασθε αυτην·
	13	και εαν μεν ᾖ ἡ *οἰκια* αξια, ελθατω ἡ ειρηνη ὑμων επ αυτην·
	14	εξερχομενοι εξω της *οἰκιας* ἠ της πολεως εκεινης εκτιναξατε τον κονιορτον των ποδων ὑμων.
	12 25	και πασα πολις ἠ *οἰκια* μερισθεισα καθ ἑαυτης ου σταθησεται.
	29	ἠ πως δυναται τις εισελθειν εις την *οἰκιαν* του ισχυρου και τα σκευη αυτου ἁρπασαι,
	29	εαν μη πρωτον δησῃ τον ισχυρον; και τοτε την *οἰκιαν* αυτου διαρπασει.
	13 1	εν τη ἡμερᾳ εκεινῃ εξελθων ὁ ιησους της *οἰκιας* εκαθητο παρα την θαλασσαν·
	36	τοτε αφεις τους οχλους ἠλθεν εις την *οἰκιαν*.
	57	ουκ εστιν προφητης ἀτιμος ει μη εν τη πατριδι και εν τη *οἰκια* αυτου.
	17 25	και ελθοντα εις την *οἰκιαν* προεφθασεν αυτον ὁ ιησους λεγων·
	19 29	και πας ὁστις αφηκεν *οἰκιας* ἠ αδελφους ἠ αδελφας ἠ πατερα ἠ μητερα ἠ τεκνα ἠ αγρους ἑνεκεν του ονοματος μου, ἑκατονταπλασιονα λημψεται και ζωην αιωνιον κληρονομησει.
	23 14*	ουαι ὑμιν, γραμματεις και φαρισαιοι, ὑποκριται, ὁτι κατεσθιετε τας *οἰκιας* των χηρων, και προφασει μακρα προσευχομενοι·
	24 17	ὁ επι του δωματος μη καταβατω ἀραι τα εκ της *οἰκιας* αυτου,
	43	εκεινο δε γινωσκετε ὁτι ει ᾐδει ὁ οικοδεσποτης ποιᾳ φυλακῃ ὁ κλεπτης ερχεται, εγρηγορησεν ἀν και ουκ ἀν ειασεν διορυχθηναι την *οἰκιαν* αυτου.
	26 6	του δε ιησου γενομενου εν βηθανια εν *οἰκια* σιμωνος του λεπρου, προσηλθεν αυτῳ γυνη εχουσα αλαβαστρον μυρου βαρυτιμου και κατεχεεν επι της κεφαλης αυτου ανακειμενου.
Mc	1 29	και ευθυς εκ της συναγωγης εξελθοντες ἠλθον εις την *οἰκιαν* σιμωνος και ανδρεου μετα ιακωβου και ιωαννου.
	2 15	και γινεται κατακεισθαι αυτον εν τη *οἰκια* αυτου,
	3 25	και εαν *οἰκια* εφ ἑαυτην μερισθῃ, ου δυνησεται ἡ *οἰκια* εκεινη σταθηναι.
	25	και εαν *οἰκια* εφ ἑαυτην μερισθῃ, ου δυνησεται ἡ *οἰκια* εκεινη σταθηναι.
	27	ἀλλ ου δυναται ουδεις εις την *οἰκιαν* του ισχυρου εισελθων τα σκευη αυτου διαρπασαι,
	27	εαν μη πρωτον τον ισχυρον δησῃ, και τοτε την *οἰκιαν* αυτου διαρπασει.
	6 4	και ελεγεν αυτοις ὁ ιησους ὁτι ουκ εστιν προφητης ἀτιμος ει μη εν τη πατριδι αυτου και εν τοις συγγενευσιν αυτου και εν τη *οἰκια* αυτου.
	10	ὁπου εαν εισελθητε εις *οἰκιαν*, εκει μενετε ἑως ἀν εξελθητε εκειθεν.
	7 24	και εισελθων εις *οἰκιαν* ουδενα ηθελεν γνωναι,
	9 33	και εν τη *οἰκια* γενομενος επηρωτα αυτους· τι εν τη ὁδῳ διελογιζεσθε;
	10 10	και εις την *οἰκιαν* παλιν οἱ μαθηται περι τουτου επηρωτων αυτον.
	29	αμην λεγω ὑμιν, ουδεις εστιν ὁς αφηκεν *οἰκιαν* ἠ αδελφους ἠ αδελφας ἠ μητερα ἠ πατερα ἠ τεκνα ἠ αγρους ἑνεκεν εμου και ἑνεκεν του ευαγγελιου,
	30	εαν μη λαβῃ ἑκατονταπλασιονα νυν εν τῳ καιρῳ τουτῳ *οἰκιας* και αδελφους και αδελφας και μητερας και τεκνα και αγρους μετα διωγμων, και εν τῳ αιωνι τῳ ερχομενῳ ζωην αιωνιον.

οἰκια [94]

Mc	12 40	οἱ κατεσθιοντες τας *οἰκιας* των χηρων και προφασει μακρα προσευχομενοι,
	13 15	ὁ [δε] επι του δωματος μη καταβατω μηδε εισελθατω ἀραι τι εκ της *οἰκιας* αυτου,
	34	ὡς ανθρωπος αποδημος αφεις την *οἰκιαν* αυτου και δους τοις δουλοις αυτου την εξουσιαν, ἑκαστῳ το εργον αυτου,
	35	ουκ οιδατε γαρ ποτε ὁ κυριος της *οἰκιας* ερχεται,
	14 3	και οντος αυτου εν βηθανια εν τη *οἰκια* σιμωνος του λεπρου, κατακειμενου αυτου ἠλθεν γυνη εχουσα αλαβαστρον μυρου ναρδου πιστικης πολυτελους·
Lc	4 38	αναστας δε απο της συναγωγης εισηλθεν εις την *οἰκιαν* σιμωνος.
	5 29	και εποιησεν δοχην μεγαλην λευις αυτῳ εν τη *οἰκια* αυτου·
	6 48	ὁμοιος εστιν ανθρωπῳ οικοδομουντι *οἰκιαν*,
	48	πλημμυρης δε γενομενης προσερηξεν ὁ ποταμος τη *οἰκια* εκεινῃ,
	49	ὁ δε ακουσας και μη ποιησας ὁμοιος εστιν ανθρωπῳ οικοδομησαντι *οἰκιαν* επι την γην χωρις θεμελιου,
	49	και ευθυς συνεπεσεν, και εγενετο το ῥηγμα της *οἰκιας* εκεινης μεγα.
	7 6	ηδη δε αυτου ου μακραν απεχοντος απο της *οἰκιας*, επεμψεν φιλους ὁ ἑκατονταρχης λεγων αυτῳ·
	37	και ιδου γυνη ἡτις ην εν τη πολει ἁμαρτωλος, και επιγνουσα ὁτι κατακειται εν τη *οἰκια* του φαρισαιου, κομισασα αλαβαστρον μυρου
	44	εισηλθον σου εις την *οἰκιαν*, ὑδωρ μοι επι ποδας ουκ εδωκας·
	8 27	και εν *οἰκια* ουκ εμενεν αλλ εν τοις μνημασιν.
	51	ελθων δε εις την *οἰκιαν* ουκ αφηκεν εισελθειν τινα συν αυτῳ ει μη πετρον και ιωαννην και ιακωβον και τον πατερα της παιδος και την μητερα.
	9 4	και εις ἡν ἀν *οἰκιαν* εισελθητε, εκει μενετε και εκειθεν εξερχεσθε.
	10 5	εις ἡν δ ἀν εισελθητε *οἰκιαν*, πρωτον λεγετε·
	7	εν αυτῃ δε τη *οἰκια* μενετε, εσθιοντες και πινοντες τα παρ αυτων·
	7	μη μεταβαινετε εξ *οἰκιας* εις οἰκιαν.
	7	μη μεταβαινετε εξ οἰκιας εις *οἰκιαν*.
	15 8	ἠ τις γυνη δραχμας εχουσα δεκα, εαν απολεσῃ δραχμην μιαν, ουχι ἁπτει λυχνον και σαροι την *οἰκιαν* και ζητει επιμελως ἑως ου ευρῃ;
	25	και ὡς ερχομενος ηγγισεν τη *οἰκια*, ηκουσεν συμφωνιας και χορων,
	17 31	εν εκεινῃ τη ἡμερᾳ ὁς εσται επι του δωματος και τα σκευη αυτου εν τη *οἰκια*, μη καταβατω ἀραι αυτα,
	18 29	αμην λεγω ὑμιν ὁτι ουδεις εστιν ὁς αφηκεν *οἰκιαν* ἠ γυναικα ἠ αδελφους ἠ γονεις ἠ τεκνα ἑνεκεν της βασιλειας του θεου,
	20 47	οἱ κατεσθιουσιν τας *οἰκιας* των χηρων και προφασει μακρα προσευχονται·
	22 10	ακολουθησατε αυτῳ εις την *οἰκιαν* εις ἡν εισπορευεται·
	11	και ερειτε τῳ οικοδεσποτῃ της *οἰκιας*· λεγει σοι ὁ διδασκαλος· που εστιν το καταλυμα ὁπου το πασχα μετα των μαθητων μου φαγω;
	54	συλλαβοντες δε αυτον ηγαγον και εισηγαγον εις την *οἰκιαν* του αρχιερεως.
Jh	4 53	και επιστευσεν αυτος και ἡ *οἰκια* αυτου ὁλη.
	8 35	ὁ δε δουλος ου μενει εν τη *οἰκια* εις τον αιωνα·
	11 31	οἱ ουν ιουδαιοι οἱ οντες μετ αυτης εν τη *οἰκια* και παραμυθουμενοι αυτην, ιδοντες την μαριαμ ὁτι ταχεως ανεστη και εξηλθεν, ηκολουθησαν αυτῃ,
	12 3	ἡ δε *οἰκια* επληρωθη εκ της οσμης του μυρου.
	14 2	εν τη *οἰκια* του πατρος μου μοναι πολλαι εισιν·
Ac	4 34	ὁσοι γαρ κτητορες χωριων ἠ *οἰκιων* ὑπηρχον, πωλουντες εφερον τας τιμας των πιπρασκομενων και ετιθουν παρα τους ποδας των αποστολων·
	9 11	αναστας πορευθητι επι την ῥυμην την καλουμενην ευθειαν και ζητησον εν *οἰκια* ιουδα σαυλον ονοματι ταρσεα·
	17	απηλθεν δε ανανιας και εισηλθεν εις την *οἰκιαν*,
	10 6	ουτος ξενιζεται παρα τινι σιμωνι βυρσει, ᾡ εστιν *οἰκια* παρα θαλασσαν.
	17	ὡς δε εν ἑαυτῳ διηπορει ὁ πετρος τι ἀν ειη το ὁραμα ὁ ειδεν, ιδου οἱ ανδρες οἱ απεσταλμενοι ὑπο του κορνηλιου διερωτησαντες την *οἰκιαν* του σιμωνος επεστησαν επι τον πυλωνα,
	32	ουτος ξενιζεται εν *οἰκια* σιμωνος βυρσεως παρα θαλασσαν.
	11 11	και ιδου εξαυτης τρεις ανδρες επεστησαν επι την *οἰκιαν* εν ᾐ ημεν,
	12 12	συνιδων τε ἠλθεν επι την *οἰκιαν* της μαριας της μητρος ιωαννου του επικαλουμενου μαρκου,

οἰκία [94]

Ac	16 32	καὶ ἐλάλησαν αὐτῷ τὸν λογον τοῦ κυριου συν πασιν τοῖς ἐν τῇ οἰκίᾳ αὐτου.
	17 5	καὶ ἐπιστάντες τῇ οἰκίᾳ ἰασονος ἐζητουν αὐτους προαγαγειν εἰς τὸν δημον·
	18 7	καὶ μεταβας ἐκειθεν εἰσηλθεν εἰς οἰκίαν τινὸς ὀνοματι τιτιου ἰουστου σεβομενου τὸν θεον,
	7	καὶ μεταβας ἐκειθεν εἰσηλθεν εἰς οἰκίαν τινὸς ὀνοματι τιτιου ἰουστου σεβομενου τὸν θεον, οὗ ἡ οἰκία ἦν συνομορουσα τῇ συναγωγῃ.
1Co	11 22	μὴ γαρ οἰκίας οὐκ ἔχετε εἰς τὸ ἐσθειν καὶ πινειν;
	16 15	οἴδατε τὴν οἰκίαν στεφανα, ὅτι ἐστιν ἀπαρχη τῆς ἀχαιας καὶ εἰς διακονιαν τοῖς ἁγιοις ἐταξαν ἑαυτους·
2Co	5 1	οἴδαμεν γαρ ὅτι ἐὰν ἡ ἐπιγειος ἡμων οἰκία του σκηνους καταλυθῃ, οἰκοδομην ἐκ θεου ἔχομεν,
	1	οἰκοδομην ἐκ θεου ἔχομεν, οἰκίαν ἀχειροποιητον αἰωνιον ἐν τοῖς οὐρανοις.
Php	4 22	ἀσπαζονται ὑμας παντες οἱ ἁγιοι, μαλιστα δε οἱ ἐκ τῆς καισαρος οἰκίας.
1Tm	5 13	ἁμα δε καὶ ἀργαι μανθανουσιν περιερχομεναι τας οἰκίας,
2Tm	2 20	ἐν μεγαλῃ δε οἰκίᾳ οὐκ ἔστιν μονον σκευη χρυσα καὶ ἀργυρα, ἀλλα καὶ ξυλινα καὶ ὀστρακινα,
	3 6	ἐκ τουτων γαρ εἰσιν οἱ ἐνδυνοντες εἰς τας οἰκίας
2Jh	10	εἰ τις ἐρχεται προς ὑμας καὶ ταυτην τὴν διδαχην οὐ φερει, μὴ λαμβανετε αὐτον εἰς οἰκίαν,

οἰκιακος [2]

Mt	10 25	εἰ τὸν οἰκοδεσποτην βεελζεβουλ ἐπεκαλεσαν, ποσῳ μαλλον τους οἰκιακους αὐτου.
	36	καὶ ἐχθροι του ἀνθρωπου οἱ οἰκιακοι αὐτου.

οἰκοδεσποτεω [1]

1Tm	5 14	βουλομαι οὖν νεωτερας γαμειν, τεκνογονειν, οἰκοδεσποτειν, μηδεμιαν ἀφορμην διδοναι τῷ ἀντικειμενῳ λοιδοριας χαριν·

οἰκοδεσποτης [12]

Mt	10 25	εἰ τὸν οἰκοδεσποτην βεελζεβουλ ἐπεκαλεσαν, ποσῳ μαλλον τους οἰκιακους αὐτου.
	13 27	προσελθοντες δε οἱ δουλοι του οἰκοδεσποτου εἶπον αὐτῷ·
	52	δια τουτο πας γραμματευς μαθητευθεις τῇ βασιλειᾳ των οὐρανων ὁμοιος ἐστιν ἀνθρωπῳ οἰκοδεσποτῃ,
	20 1	ὁμοια γαρ ἐστιν ἡ βασιλεια των οὐρανων ἀνθρωπῳ οἰκοδεσποτῃ,
	11	λαβοντες δε ἐγογγυζον κατα του οἰκοδεσποτου λεγοντες·
	21 33	ἀνθρωπος ἦν οἰκοδεσποτης ὁστις ἐφυτευσεν ἀμπελωνα,
	24 43	ἐκεινο δε γινωσκετε ὅτι εἰ ᾔδει ὁ οἰκοδεσποτης ποιᾳ φυλακῃ ὁ κλεπτης ἐρχεται, ἐγρηγορησεν ἄν καὶ οὐκ ἄν εἰασεν διορυχθηναι τὴν οἰκιαν αὐτου.
Mc	14 14	καὶ ὁπου ἐὰν εἰσελθῃ εἰπατε τῷ οἰκοδεσποτῃ ὅτι ὁ διδασκαλος λεγει·
Lc	12 39	τουτο δε γινωσκετε, ὅτι εἰ ᾔδει ὁ οἰκοδεσποτης ποιᾳ ὡρᾳ ὁ κλεπτης ἐρχεται, οὐκ ἄν ἀφηκεν διορυχθηναι τὸν οἰκον αὐτου.
	13 25	ἀφ᾽ οὗ ἄν ἐγερθῃ ὁ οἰκοδεσποτης καὶ ἀποκλειση τὴν θυραν, καὶ ἀρξησθε ἐξω ἑσταναι καὶ κρουειν τὴν θυραν λεγοντες·
	14 21	τοτε ὀργισθεις ὁ οἰκοδεσποτης εἶπεν τῷ δουλῳ αὐτου·
	22 11	καὶ ἐρειτε τῷ οἰκοδεσποτῃ τῆς οἰκιας· λεγει σοι ὁ διδασκαλος· ποῦ ἐστιν το καταλυμα ὁπου το πασχα μετα των μαθητων μου φαγω;

οἰκοδομεω [40]

Mt	7 24	ὁμοιωθησεται ἀνδρι φρονιμῳ, ὁστις ᾠκοδομησεν αὐτου τὴν οἰκιαν ἐπι τὴν πετραν.
	26	καὶ πας ὁ ἀκουων μου τους λογους τουτους καὶ μὴ ποιων αὐτους ὁμοιωθησεται ἀνδρι μωρῳ, ὁστις ᾠκοδομησεν αὐτου τὴν οἰκιαν ἐπι τὴν ἀμμον.
	16 18	καγω δε σοι λεγω ὅτι συ εἶ πετρος, καὶ ἐπι ταυτῃ τῇ πετρᾳ οἰκοδομησω μου τὴν ἐκκλησιαν,
	21 33	καὶ φραγμον αὐτῳ περιεθηκεν καὶ ὠρυξεν ἐν αὐτῳ ληνον καὶ ᾠκοδομησεν πυργον,
	42	λιθον ὃν ἀπεδοκιμασαν οἱ οἰκοδομουντες, οὗτος ἐγενηθη εἰς κεφαλην γωνιας·
	23 29	οὐαι ὑμιν, γραμματεις καὶ φαρισαιοι ὑποκριται, ὅτι οἰκοδομειτε τους ταφους των προφητων καὶ κοσμειτε τα μνημεια των δικαιων,

οἰκοδομεω [40]

Mt	26 61	οὗτος ἐφη· δυναμαι καταλυσαι τὸν ναον του θεου καὶ δια τριων ἡμερων οἰκοδομησαι.
	27 40	ὁ καταλυων τὸν ναον καὶ ἐν τρισιν ἡμεραις οἰκοδομων, σωσον σεαυτον,
Mc	12 1	καὶ περιεθηκεν φραγμον καὶ ὠρυξεν ὑποληνιον καὶ ᾠκοδομησεν πυργον,
	10	λιθον ὃν ἀπεδοκιμασαν οἱ οἰκοδομουντες, οὗτος ἐγενηθη εἰς κεφαλην γωνιας·
	14 58	καὶ τινες ἀναστάντες ἐψευδομαρτυρουν κατ αὐτου λεγοντες ὅτι ἡμεις ἠκουσαμεν αὐτου λεγοντος ὅτι ἐγω καταλυσω τὸν ναον τουτον τὸν χειροποιητον καὶ δια τριων ἡμερων ἀλλον ἀχειροποιητον οἰκοδομησω.
	15 29	οὐα ὁ καταλυων τὸν ναον καὶ οἰκοδομων ἐν τρισιν ἡμεραις, σωσον σεαυτον καταβας ἀπο του σταυρου.
Lc	4 29	καὶ ἠγαγον αὐτον ἑως ὀφρυος του ὀρους ἐφ οὗ ἡ πολις ᾠκοδομητο αὐτων, ὡστε κατακρημνισαι αὐτον·
	6 48	ὁμοιος ἐστιν ἀνθρωπῳ οἰκοδομουντι οἰκιαν,
	48	πλημμυρης δε γενομενης προσερηξεν ὁ ποταμος τῇ οἰκιᾳ ἐκεινῃ, καὶ οὐκ ἰσχυσεν σαλευσαι αὐτην δια το καλως οἰκοδομησθαι αὐτην.
	49	ὁ δε ἀκουσας καὶ μὴ ποιησας ὁμοιος ἐστιν ἀνθρωπῳ οἰκοδομησαντι οἰκιαν ἐπι τὴν γην χωρις θεμελιου,
	7 5	ἀγαπα γαρ το ἐθνος ἡμων καὶ τὴν συναγωγην αὐτος ᾠκοδομησεν ἡμιν.
	11 47	οὐαι ὑμιν, ὅτι οἰκοδομειτε τα μνημεια των προφητων, οἱ δε πατερες ὑμων ἀπεκτειναν αὐτους.
	48	ὅτι αὐτοι μεν ἀπεκτειναν αὐτους, ὑμεις δε οἰκοδομειτε.
	12 18	καθελω μου τας ἀποθηκας καὶ μειζονας οἰκοδομησω,
	14 28	τις γαρ ἐξ ὑμων θελων πυργον οἰκοδομησαι οὐχι πρωτον καθισας ψηφιζει τὴν δαπανην,
	30	ὅτι οὗτος ὁ ἀνθρωπος ἠρξατο οἰκοδομειν καὶ οὐκ ἰσχυσεν ἐκτελεσαι.
	17 28	ἠσθιον, ἐπινον, ἠγοραζον, ἐπωλουν, ἐφυτευον, ᾠκοδομουν·
	20 17	λιθον ὃν ἀπεδοκιμασαν οἱ οἰκοδομουντες, οὗτος ἐγενηθη εἰς κεφαλην γωνιας;
Jh	2 20	τεσσερακοντακαιεξ ἐτεσιν οἰκοδομηθη ὁ ναος οὗτος,
Ac	7 47	σολομων δε οἰκοδομησεν αὐτῳ οἰκον.
	49	ποιον οἰκον οἰκοδομησετε μοι, λεγει κυριος, ἤ τις τοπος της καταπαυσεως μου.
	9 31	ἡ μεν οὖν ἐκκλησια καθ ὁλης της ἰουδαιας καὶ γαλιλαιας καὶ σαμαρειας εἰχεν εἰρηνην οἰκοδομουμενη
	20 32	καὶ τα νυν παρατιθεμαι ὑμας τῷ θεῳ καὶ τῷ λογῳ της χαριτος αὐτου τῳ δυναμενῳ οἰκοδομησαι καὶ δουναι τὴν κληρονομιαν ἐν τοις ἡγιασμενοις πασιν.
Rm	15 20	οὑτως δε φιλοτιμουμενον εὐαγγελιζεσθαι οὐχ ὁπου ὠνομασθη χριστος, ἱνα μὴ ἐπ ἀλλοτριον θεμελιον οἰκοδομω,
1Co	8 1	ἡ γνωσις φυσιοι, ἡ δε ἀγαπη οἰκοδομει·
	10	ἐὰν γαρ τις ἰδῃ σε τὸν ἐχοντα γνωσιν ἐν εἰδωλειῳ κατακειμενον, οὐχι ἡ συνειδησις αὐτου ἀσθενους ὀντος οἰκοδομηθησεται εἰς το τα εἰδωλοθυτα ἐσθιειν;
	10 23	παντα ἐξεστιν, ἀλλ οὐ παντα οἰκοδομει.
	14 4	ὁ λαλων γλωσσῃ ἑαυτον οἰκοδομει·
	4	ὁ δε προφητευων ἐκκλησιαν οἰκοδομει.
	17	συ μεν γαρ καλως εὐχαριστεις, ἀλλ ὁ ἑτερος οὐκ οἰκοδομειται.
Ga	2 18	εἰ γαρ ἃ κατελυσα ταυτα παλιν οἰκοδομω, παραβατην ἐμαυτον συνιστανω.
1Th	5 11	διο παρακαλειτε ἀλληλους καὶ οἰκοδομειτε εἰς τὸν ἑνα,
1Pt	2 5	καὶ αὐτοι ὡς λιθοι ζωντες οἰκοδομεισθε οἰκος πνευματικος εἰς ἱερατευμα ἁγιον,
	7	ἀπιστουσιν δε λιθος ὃν ἀπεδοκιμασαν οἱ οἰκοδομουντες,

οἰκοδομή [18]

Mt	24 1	καὶ προσηλθον οἱ μαθηται αὐτου ἐπιδειξαι αὐτῳ τας οἰκοδομας του ἱερου.
Mc	13 1	διδασκαλε, ἰδε ποταποι λιθοι καὶ ποταπαι οἰκοδομαι.
	2	βλεπεις ταυτας τας μεγαλας οἰκοδομας;
Rm	14 19	ἀρα οὖν τα της εἰρηνης διωκωμεν καὶ τα της οἰκοδομης της εἰς ἀλληλους.
	15 2	ἑκαστος ἡμων τῷ πλησιον ἀρεσκετω εἰς το ἀγαθον προς οἰκοδομην·
1Co	3 9	θεου γαρ ἐσμεν συνεργοι· θεου γεωργιον, θεου οἰκοδομη ἐστε.
	14 3	ὁ δε προφητευων ἀνθρωποις λαλει οἰκοδομην καὶ παρακλησιν καὶ παραμυθιαν.
	5	ἐκτος εἰ μὴ διερμηνευῃ, ἱνα ἡ ἐκκλησια οἰκοδομην λαβῃ.
	12	οὑτως καὶ ὑμεις, ἐπει ζηλωται ἐστε πνευματων, προς τὴν οἰκοδομην της ἐκκλησιας ζητειτε ἱνα περισσευητε.

οἰκοδομη [18]

1Co 14 26 παντα προς *οἰκοδομην* γινεσθω.
2Co 5 1 οἰδαμεν γαρ ὅτι ἐαν ἡ ἐπιγειος ἡμων οἰκια του σκηνους καταλυθη, *οἰκοδομην* ἐκ θεου ἐχομεν,
10 8 ἐαν [τε] γαρ περισσοτερον τι καυχησωμαι περι της ἐξουσιας ἡμων, ἧς ἐδωκεν ὁ κυριος εἰς *οἰκοδομην* και οὐκ εἰς καθαιρεσιν ὑμων, οὐκ αἰσχυνθησομαι.
12 19 τα δε παντα, ἀγαπητοι, ὑπερ της ὑμων *οἰκοδομης*.
13 10 ἱνα παρων μη ἀποτομως χρησωμαι κατα την ἐξουσιαν ἡν ὁ κυριος ἐδωκεν μοι εἰς *οἰκοδομην* και οὐκ εἰς καθαιρεσιν.
Eph 2 21 ἐν ᾡ πασα *οἰκοδομη* συναρμολογουμενη αὐξει εἰς ναον ἁγιον ἐν κυριῳ,
4 12 προς τον καταρτισμον των ἁγιων εἰς ἐργον διακονιας, εἰς *οἰκοδομην* του σωματος του χριστου,
16 κατ ἐνεργειαν ἐν μετρῳ ἑνος ἑκαστου μερους την αὐξησιν του σωματος ποιειται εἰς *οἰκοδομην* ἑαυτου ἐν ἀγαπη.
29 πας λογος σαπρος ἐκ του στοματος ὑμων μη ἐκπορευεσθω, ἀλλα εἰ τις ἀγαθος προς *οἰκοδομην* της χρειας,

οἰκοδομος [1]

Ac 4 11 οὗτος ἐστιν ὁ λιθος ὁ ἐξουθενηθεις ὑφ ὑμων των *οἰκοδομων*, ὁ γενομενος εἰς κεφαλην γωνιας.

οἰκονομεω [1]

Lc 16 2 ἀποδος τον λογον της οἰκονομιας σου· οὐ γαρ δυνη ἐτι *οἰκονομειν*.

οἰκονομια [9]

Lc 16 2 ἀποδος τον λογον της *οἰκονομιας* σου· οὐ γαρ δυνη ἐτι οἰκονομειν.
3 τι ποιησω, ὁτι ὁ κυριος μου ἀφαιρειται την *οἰκονομιαν* ἀπ ἐμου;
4 ἐγνων τι ποιησω, ἱνα ὁταν μετασταθω ἐκ της *οἰκονομιας* δεξωνται με εἰς τους οἰκους αὐτων.
1Co 9 17 εἰ γαρ ἑκων τουτο πρασσω, μισθον ἐχω· εἰ δε ἀκων, *οἰκονομιαν* πεπιστευμαι.
Eph 1 10 κατα την εὐδοκιαν αὐτου, ἡν προεθετο ἐν αὐτῳ εἰς *οἰκονομιαν* του πληρωματος των καιρων,
3 2 τουτου χαριν ἐγω παυλος ὁ δεσμιος του χριστου [ἰησου] ὑπερ ὑμων των ἐθνων εἰ γε ἠκουσατε την *οἰκονομιαν* της χαριτος του θεου της δοθεισης μοι εἰς ὑμας,
9 και φωτισαι [παντας] τις ἡ *οἰκονομια* του μυστηριου του ἀποκεκρυμμενου ἀπο των αἰωνων ἐν τῳ θεῳ τῳ τα παντα κτισαντι,
Col 1 25 ὁ ἐστιν ἡ ἐκκλησια, ἡς ἐγενομην ἐγω διακονος κατα την *οἰκονομιαν* του θεου
1Tm 1 4 μηδε προσεχειν μυθοις και γενεαλογιαις ἀπεραντοις, αἱτινες ἐκζητησεις παρεχουσιν μαλλον ἡ *οἰκονομιαν* θεου την ἐν πιστει·

οἰκονομος [10]

Lc 12 42 τις ἀρα ἐστιν ὁ πιστος *οἰκονομος* ὁ φρονιμος, ὁν καταστησει ὁ κυριος ἐπι της θεραπειας αὐτου του διδοναι ἐν καιρῳ [το] σιτομετριον;
16 1 ἀνθρωπος τις ἠν πλουσιος ὁς εἰχεν *οἰκονομον*, και οὗτος διεβληθη αὐτῳ ὡς διασκορπιζων τα ὑπαρχοντα αὐτου.
3 εἰπεν δε ἐν ἑαυτῳ ὁ *οἰκονομος*· τι ποιησω, ὁτι ὁ κυριος μου ἀφαιρειται την οἰκονομιαν ἀπ ἐμου;
8 και ἐπηνεσεν ὁ κυριος τον *οἰκονομον* της ἀδικιας ὁτι φρονιμως ἐποιησεν·
Rm 16 23 ἀσπαζεται ὑμας ἐραστος ὁ *οἰκονομος* της πολεως και κουαρτος ὁ ἀδελφος.
1Co 4 1 οὑτως ἡμας λογιζεσθω ἀνθρωπος ὡς ὑπηρετας χριστου και *οἰκονομους* μυστηριων θεου.
2 ὡδε λοιπον ζητειται ἐν τοις *οἰκονομοις* ἱνα πιστος τις εὑρεθη.
Ga 4 2 οὐδεν διαφερει δουλου κυριος παντων ὠν, ἀλλα ὑπο ἐπιτροπους ἐστιν και *οἰκονομους* ἀχρι της προθεσμιας του πατρος,
Tit 1 7 δει γαρ τον ἐπισκοπον ἀνεγκλητον εἰναι ὡς θεου *οἰκονομον*,
1Pt 4 10 ἑκαστος καθως ἐλαβεν χαρισμα, εἰς ἑαυτους αὐτο διακονουντες ὡς καλοι *οἰκονομοι* ποικιλης χαριτος θεου·

οἰκος [114]

Mt 9 6 ἐγερθεις ἀρον σου την κλινην και ὑπαγε εἰς τον *οἰκον* σου.
7 και ἐγερθεις ἀπηλθεν εἰς τον *οἰκον* αὐτου.

οἰκος [114]

Mt 10 6 πορευεσθε δε μαλλον προς τα προβατα τα ἀπολωλοτα *οἰκου* ἰσραηλ.
11 8 ἰδου οἱ τα μαλακα φορουντες ἐν τοις *οἰκοις* των βασιλεων εἰσιν.
12 4 πως εἰσηλθεν εἰς τον *οἰκον* του θεου και τους ἀρτους της προθεσεως ἐφαγον,
44 εἰς τον *οἰκον* μου ἐπιστρεψω ὁθεν ἐξηλθον·
15 24 οὐκ ἀπεσταλην εἰ μη εἰς τα προβατα τα ἀπολωλοτα *οἰκου* ἰσραηλ.
21 13 γεγραπται· ὁ *οἰκος* μου οἰκος προσευχης κληθησεται, ὑμεις δε αὐτον ποιειτε σπηλαιον λῃστων.
13 γεγραπται· ὁ *οἰκος* μου οἰκος προσευχης κληθησεται, ὑμεις δε αὐτον ποιειτε σπηλαιον λῃστων.
23 38 ἰδου ἀφιεται ὑμιν ὁ *οἰκος* ὑμων ἐρημος.
Mc 2 1 και εἰσελθων παλιν εἰς καφαρναουμ δι ἡμερων ἡκουσθη ὁτι ἐν *οἰκῳ* ἐστιν.
11 σοι λεγω, ἐγειρε ἀρον τον κραβαττον σου και ὑπαγε εἰς τον *οἰκον* σου.
26 πως εἰσηλθεν εἰς τον *οἰκον* του θεου ἐπι ἀβιαθαρ ἀρχιερεως και τους ἀρτους της προθεσεως ἐφαγεν,
3 20 και ἐρχεται εἰς *οἰκον*·
5 19 ὑπαγε εἰς τον *οἰκον* σου προς τους σους, και ἀπαγγειλον αὐτοις ὁσα ὁ κυριος σοι πεποιηκεν και ἠλεησεν σε.
38 και ἐρχονται εἰς τον *οἰκον* του ἀρχισυναγωγου, και θεωρει θορυβον, και κλαιοντας και ἀλαλαζοντας πολλα,
7 17 και ὁτε εἰσηλθεν εἰς *οἰκον* ἀπο του ὀχλου, ἐπηρωτων αὐτον οἱ μαθηται αὐτου την παραβολην.
30 και ἀπελθουσα εἰς τον *οἰκον* αὐτης εὑρεν το παιδιον βεβλημενον ἐπι την κλινην και το δαιμονιον ἐξεληλυθος.
8 3 και ἐαν ἀπολυσω αὐτους νηστεις εἰς *οἰκον* αὐτων, ἐκλυθησονται ἐν τη ὁδῳ·
26 και ἀπεστειλεν αὐτον εἰς *οἰκον* αὐτου λεγων·
9 28 και εἰσελθοντος αὐτου εἰς *οἰκον* οἱ μαθηται αὐτου κατ ἰδιαν ἐπηρωτων αὐτον·
11 17 οὐ γεγραπται ὁτι ὁ *οἰκος* μου οἰκος προσευχης κληθησεται πασιν τοις ἐθνεσιν;
17 οὐ γεγραπται ὁτι ὁ *οἰκος* μου οἰκος προσευχης κληθησεται πασιν τοις ἐθνεσιν;
Lc 1 23 και ἐγενετο ὡς ἐπλησθησαν αἱ ἡμεραι της λειτουργιας αὐτου, ἀπηλθεν εἰς τον *οἰκον* αὐτου.
27 προς παρθενον ἐμνηστευμενην ἀνδρι ᾡ ὀνομα ἰωσηφ, ἐξ *οἰκου* δαυιδ, και το ὀνομα της παρθενου μαριαμ·
33 και βασιλευσει ἐπι τον *οἰκον* ἰακωβ εἰς τους αἰωνας,
40 και εἰσηλθεν εἰς τον *οἰκον* ζαχαριου και ἠσπασατο την ἐλισαβετ.
56 ἐμεινεν δε μαριαμ συν αὐτη ὡς μηνας τρεις, και ὑπεστρεψεν εἰς τον *οἰκον* αὐτης.
69 και ἠγειρεν κερας σωτηριας ἡμιν ἐν *οἰκῳ* δαυιδ παιδος αὐτου,
2 4 ἀνεβη δε και ἰωσηφ ἀπο της γαλιλαιας ἐκ πολεως ναζαρεθ εἰς την ἰουδαιαν εἰς πολιν δαυιδ ἡτις καλειται βηθλεεμ, δια το εἰναι αὐτον ἐξ *οἰκου* και πατριας δαυιδ,
5 24 σοι λεγω, ἐγειρε και ἀρας το κλινιδιον σου πορευου εἰς τον *οἰκον* σου.
25 και παραχρημα ἀναστας ἐνωπιον αὐτων, ἀρας ἐφ ὁ κατεκειτο, ἀπηλθεν εἰς τον *οἰκον* αὐτου δοξαζων τον θεον.
6 4 [ὡς] εἰσηλθεν εἰς τον *οἰκον* του θεου και τους ἀρτους της προθεσεως λαβων ἐφαγεν και ἐδωκεν τοις μετ αὐτου,
7 10 και ὑποστρεψαντες εἰς τον *οἰκον* οἱ πεμφθεντες εὑρον τον δουλον ὑγιαινοντα.
36 και εἰσελθων εἰς τον *οἰκον* του φαρισαιου κατεκλιθη.
8 39 ὑποστρεφε εἰς τον *οἰκον* σου, και διηγου ὁσα σοι ἐποιησεν ὁ θεος.
41 και πεσων παρα τους ποδας [του] ἰησου παρεκαλει αὐτον εἰσελθειν εἰς τον *οἰκον* αὐτου, ὁτι θυγατηρ μονογενης ἠν αὐτῳ ὡς ἐτων δωδεκα και αὐτη ἀπεθνησκεν.
9 61 ἀκολουθησω σοι, κυριε· πρωτον δε ἐπιτρεψον μοι ἀποταξασθαι τοις εἰς τον *οἰκον* μου.
10 5 εἰς ἡν δ ἀν εἰσελθητε οἰκιαν, πρωτον λεγετε· εἰρηνη τῳ *οἰκῳ* τουτῳ.
11 17 πασα βασιλεια ἐφ ἑαυτην διαμερισθεισα ἐρημουται, και *οἰκος* ἐπι οἰκον πιπτει.
17 πασα βασιλεια ἐφ ἑαυτην διαμερισθεισα ἐρημουται, και οἰκος ἐπι οἰκον πιπτει.
24 ὑποστρεψω εἰς τον *οἰκον* μου ὁθεν ἐξηλθον·
51 ἀπο αἱματος ἀβελ ἑως αἱματος ζαχαριου του ἀπολομενου μεταξυ του θυσιαστηριου και του *οἰκου*·
12 39 τουτο δε γινωσκετε, ὁτι εἰ ἡδει ὁ οἰκοδεσποτης ποια ὡρα ὁ κλεπτης ἐρχεται, οὐκ ἀν ἀφηκεν διορυχθηναι τον *οἰκον* αὐτου.

οἶκος [114]

Lc 12 52 ἐσονται γαρ ἀπο του νυν πεντε ἐν ἑνι *οἶκῳ* διαμεμερισμενοι, τρεις ἐπι δυσιν και δυο ἐπι τρισιν διαμερισθησονται,

13 35 ἰδου ἀφιεται ὑμιν ὁ *οἶκος* ὑμων.

14 1 και ἐγενετο ἐν τῳ ἐλθειν αὐτον εἰς *οἶκον* τινος των ἀρχοντων [των] φαρισαιων σαββατῳ φαγειν ἀρτον,

23 ἐξελθε εἰς τας ὁδους και φραγμους και ἀναγκασον εἰσελθειν, ἱνα γεμισθη μου ὁ *οἶκος*·

15 6 και ἐλθων εἰς τον *οἶκον* συγκαλει τους φιλους και τους γειτονας, λεγων αὐτοις·

16 4 ἐγνων τί ποιησω, ἱνα ὁταν μετασταθω ἐκ της οἰκονομιας δεξωνται με εἰς τους *οἶκους* αὐτων.

27 ἐρωτω σε οὖν, πατερ, ἱνα πεμψης αὐτον εἰς τον *οἶκον* του πατρος μου·

18 14 λεγω ὑμιν, κατεβη οὑτος δεδικαιωμενος εἰς τον *οἶκον* αὐτου παρ ἐκεινον.

19 5 ζακχαιε, σπευσας καταβηθι· σημερον γαρ ἐν τῳ *οἶκῳ* σου δει με μειναι.

9 εἰπεν δε προς αὐτον ὁ ἰησους ὁτι σημερον σωτηρια τῳ *οἶκῳ* τουτῳ ἐγενετο,

46 γεγραπται· και ἐσται ὁ *οἶκος* μου οἶκος προσευχης·

46 γεγραπται· και ἐσται ὁ οἶκος μου *οἶκος* προσευχης·

Jh 2 16 μη ποιειτε τον *οἶκον* του πατρος μου οἶκον ἐμποριου.

16 μη ποιειτε τον οἶκον του πατρος μου *οἶκον* ἐμποριου.

17 ὁ ζηλος του *οἶκου* σου καταφαγεται με.

7 53* και ἐπορευθησαν ἑκαστος εἰς τον *οἶκον* αὐτου,

11 20 μαριαμ δε ἐν τῳ *οἶκῳ* ἐκαθεζετο.

Ac 2 2 και ἐγενετο ἀφνω ἐκ του οὐρανου ἠχος ὡσπερ φερομενης πνοης βιαιας και ἐπληρωσεν ὁλον τον *οἶκον* οὑ ἠσαν καθημενοι,

36 ἀσφαλως οὖν γινωσκετω πας *οἶκος* ἰσραηλ ὁτι και κυριον αὐτον και χριστον ἐποιησεν ὁ θεος,

46 κλωντες τε κατ *οἶκον* ἀρτον, μετελαμβανον τροφης ἐν ἀγαλλιασει και ἀφελοτητι καρδιας,

5 42 πασαν τε ἡμεραν ἐν τῳ ἱερῳ και κατ *οἶκον* οὐκ ἐπαυοντο διδασκοντες και εὐαγγελιζομενοι τον χριστον ἰησουν.

7 10 και κατεστησεν αὐτον ἡγουμενον ἐπ αἰγυπτον και [ἐφ] ὁλον τον *οἶκον* αὐτου.

20 ὁς ἀνετραφη μηνας τρεις ἐν τῳ *οἶκῳ* του πατρος·

42 *οἶκος* ἰσραηλ;

46 ὁς εὑρεν χαριν ἐνωπιον του θεου και ἡτησατο εὑρειν σκηνωμα τῳ *οἶκῳ* ἰακωβ.

47 σολομων δε οἰκοδομησεν αὐτῳ *οἶκον*.

49 ποιον *οἶκον* οἰκοδομησετε μοι, λεγει κυριος, ἡ τίς τοπος της καταπαυσεως μου;

8 3 σαυλος δε ἐλυμαινετο την ἐκκλησιαν κατα τους *οἶκους* εἰσπορευομενος, συρων τε ἀνδρας και γυναικας παρεδιδου εἰς φυλακην.

10 2 ἑκατονταρχης ἐκ σπειρης της καλουμενης ἰταλικης, εὐσεβης και φοβουμενος τον θεον συν παντι τῳ *οἶκῳ* αὐτου,

22 μαρτυρουμενος τε ὑπο ὁλου του ἐθνους των ἰουδαιων, ἐχρηματισθη ὑπο ἀγγελου ἁγιου μεταπεμψασθαι σε εἰς τον *οἶκον* αὐτου και ἀκουσαι ῥηματα παρα σου.

30 ἀπο τεταρτης ἡμερας μεχρι ταυτης της ὡρας ἡμην την ἐνατην προσευχομενος ἐν τῳ *οἶκῳ* μου,

11 12 και εἰσηλθομεν εἰς τον *οἶκον* του ἀνδρος.

13 ἀπηγγειλεν δε ἡμιν πως εἰδεν [τον] ἀγγελον ἐν τῳ *οἶκῳ* αὐτου σταθεντα και εἰποντα·

14 ἀποστειλον εἰς ἰοππην και μεταπεμψαι σιμωνα τον ἐπικαλουμενον πετρον, ὁς λαλησει ῥηματα προς σέ ἐν οἱς σωθηση συ και πας ὁ *οἶκος* σου.

16 15 ὡς δε ἐβαπτισθη και ὁ *οἶκος* αὐτης, παρεκαλεσεν λεγουσα·

15 εἰ κεκρικατε με πιστην τῳ κυριῳ εἰναι, εἰσελθοντες εἰς τον *οἶκον* μου μενετε·

31 πιστευσον ἐπι τον κυριον ἰησουν, και σωθηση συ και ὁ *οἶκος* σου.

34 ἀναγαγων τε αὐτους εἰς τον *οἶκον* παρεθηκεν τραπεζαν,

18 8 κρισπος δε ὁ ἀρχισυναγωγος ἐπιστευσεν τῳ κυριῳ συν ὁλῳ τῳ *οἶκῳ* αὐτου,

19 16 κατακυριευσας ἀμφοτερων ἰσχυσεν κατ αὐτων, ὡστε γυμνους και τετραυματισμενους ἐκφυγειν ἐκ του *οἶκου* ἐκεινου.

20 20 ὡς οὐδεν ὑπεστειλαμην των συμφεροντων του μη ἀναγγειλαι ὑμιν και διδαξαι ὑμας δημοσιᾳ και κατ *οἶκους*,

21 8 και εἰσελθοντες εἰς τον *οἶκον* φιλιππου του εὐαγγελιστου ὀντος ἐκ των ἑπτα, ἐμειναμεν παρ αὐτῳ.

Rm 16 5 οἱς οὐκ ἐγω μονος εὐχαριστω ἀλλα και πασαι αἱ ἐκκλησιαι των ἐθνων, και την κατ *οἶκον* αὐτων ἐκκλησιαν.

1Co 1 16 ἐβαπτισα δε και τον στεφανα *οἶκον*·

11 34 εἰ τις πεινα, ἐν *οἶκῳ* ἐσθιετω, ἱνα μη εἰς κριμα συνερχησθε.

οἶκος [114]

1Co 14 35 εἰ δε τι μαθειν θελουσιν, ἐν *οἶκῳ* τους ἰδιους ἀνδρας ἐπερωτατωσαν·

16 19 ἀσπαζεται ὑμας ἐν κυριῳ πολλα ἀκυλας και πρισκα συν τη κατ *οἶκον* αὐτων ἐκκλησια.

Col 4 15 ἀσπασασθε τους ἐν λαοδικεια ἀδελφους και νυμφαν και την κατ *οἶκον* αὐτης ἐκκλησιαν.

1Tm 3 4 του ἰδιου *οἶκου* καλως προισταμενον, τεκνα ἐχοντα ἐν ὑποταγη μετα πασης σεμνοτητος,

5 εἰ δε τις του ἰδιου *οἶκου* προστηναι οὐκ οἰδεν, πως ἐκκλησιας θεου ἐπιμελησεται;

12 διακονοι ἐστωσαν μιας γυναικος ἀνδρες, τεκνων καλως προισταμενοι και των ἰδιων *οἶκων*.

15 ἐαν δε βραδυνω, ἱνα εἰδης πως δει ἐν *οἶκῳ* θεου ἀναστρεφεσθαι,

5 4 εἰ δε τις χηρα τεκνα ἡ ἐκγονα ἐχει, μανθανετωσαν πρωτον τον ἰδιον *οἶκον* εὐσεβειν και ἀμοιβας ἀποδιδοναι τοις προγονοις·

2Tm 1 16 δωη ἐλεος ὁ κυριος τῳ ὀνησιφορου *οἶκῳ*,

4 19 ἀσπασαι πρισκαν και ἀκυλαν και τον ὀνησιφορου *οἶκον*.

Tit 1 11 οὑς δει ἐπιστομιζειν, οἱτινες ὁλους *οἶκους* ἀνατρεπουσιν διδασκοντες ἁ μη δει αἰσχρου κερδους χαριν.

Phm 2 και ἀπφιᾳ τη ἀδελφη και ἀρχιππῳ τῳ συστρατιωτη ἡμων και τη κατ *οἶκον* σου ἐκκλησια·

Heb 3 2 πιστον ὀντα τῳ ποιησαντι αὐτον, ὡς και μωυσης ἐν [ὁλῳ] τῳ *οἶκῳ* αὐτου.

3 πλειονος γαρ οὑτος δοξης παρα μωυσην ἠξιωται καθ ὁσον πλειονα τιμην ἐχει του *οἶκου* ὁ κατασκευασας αὐτον.

4 πας γαρ *οἶκος* κατασκευαζεται ὑπο τινος,

5 και μωυσης μεν πιστος ἐν ὁλῳ τῳ *οἶκῳ* αὐτου ὡς θεραπων εἰς μαρτυριον των λαληθησομενων,

6 και μωυσης μεν πιστος ἐν ὁλῳ τῳ *οἶκῳ* αὐτου ὡς θεραπων εἰς μαρτυριον των λαληθησομενων, χριστος δε ὡς υἱος ἐπι τον *οἶκον* αὐτου·

6 οὑ *οἶκος* ἐσμεν ἡμεις, ἐαν[περ] την παρρησιαν και το καυχημα της ἐλπιδος κατασχωμεν.

8 8 και συντελεσω ἐπι τον *οἶκον* ἰσραηλ και ἐπι τον υἱκον ἰουδα διαθηκην καινην,

8 και συντελεσω ἐπι τον οἶκον ἰσραηλ και ἐπι τον *οἶκον* ἰουδα διαθηκην καινην,

10 ὁτι αὑτη ἡ διαθηκη ἡν διαθησομαι τῳ *οἶκῳ* ἰσραηλ μετα τας ἡμερας ἐκεινας, λεγει κυριος,

10 21 και ἱερεα μεγαν ἐπι τον *οἶκον* του θεου,

11 7 πιστει χρηματισθεις νωε περι των μηδεπω βλεπομενων, εὐλαβηθεις κατεσκευασεν κιβωτον εἰς σωτηριαν του *οἶκου* αὐτου,

1Pt 2 5 και αὐτοι ὡς λιθοι ζωντες οἰκοδομεισθε *οἶκος* πνευματικος εἰς ἱερατευμα ἁγιον,

4 17 ὁτι [ὁ] καιρος του ἀρξασθαι το κριμα ἀπο του *οἶκου* του θεου·

οἰκουμενη [15]

Mt 24 14 και κηρυχθησεται τουτο το εὐαγγελιον της βασιλειας ἐν ὁλη τη *οἰκουμενη* εἰς μαρτυριον πασιν τοις ἐθνεσιν,

Lc 2 1 ἐγενετο δε ἐν ταις ἡμεραις ἐκειναις ἐξηλθεν δογμα παρα καισαρος αὐγουστου ἀπογραφεσθαι πασαν την *οἰκουμενην*.

4 5 και ἀναγαγων αὐτον ἐδειξεν αὐτῳ πασας τας βασιλειας της *οἰκουμενης* ἐν στιγμη χρονου.

21 26 και ἐπι της γης συνοχη ἐθνων ἐν ἀπορια ἠχους θαλασσης και σαλου, ἀποψυχοντων ἀνθρωπων ἀπο φοβου και προσδοκιας των ἐπερχομενων τη *οἰκουμενη*·

Ac 11 28 ἀναστας δε εἰς ἐξ αὐτων ὀνοματι ἀγαβος ἐσημανεν δια του πνευματος λιμον μεγαλην μελλειν ἐσεσθαι ἐφ ὁλην την *οἰκουμενην*·

17 6 βοωντες ὁτι οἱ την *οἰκουμενην* ἀναστατωσαντες οὑτοι και ἐνθαδε παρεισιν,

31 καθοτι ἐστησεν ἡμεραν ἐν ἡ μελλει κρινειν την *οἰκουμενην* ἐν δικαιοσυνη,

19 27 μελλειν τε και καθαιρεισθαι της μεγαλειοτητος αὐτης, ἡν ὁλη ἡ ἀσια και ἡ *οἰκουμενη* σεβεται.

24 5 εὑροντες γαρ τον ἀνδρα τουτον λοιμον και κινουντα στασεις πασιν τοις ἰουδαιοις τοις κατα την *οἰκουμενην* πρωτοστατην τε της των ναζωραιων αἱρεσεως,

Rm 10 18 εἰς πασαν την γην ἐξηλθεν ὁ φθογγος αὐτων, και εἰς τα περατα της *οἰκουμενης* τα ῥηματα αὐτων.

Heb 1 6 ὁταν δε παλιν εἰσαγαγη τον πρωτοτοκον εἰς την *οἰκουμενην*, λεγει·

2 5 οὐ γαρ ἀγγελοις ὑπεταξεν την *οἰκουμενην* την μελλουσαν,

οἰκουμενη [15]

Apc   3 10   καγω σε τηρησω ἐκ της ὡρας του πειρασμου της μελλουσης ἐρχεσθαι ἐπι της *οἰκουμενης* ὁλης,

  12 9   και ἐβληθη ὁ δρακων ὁ μεγας, ὁ ὀφις ὁ ἀρχαιος, ὁ καλουμενος διαβολος και ὁ σατανας, ὁ πλανων την *οἰκουμενην* ὁλην,

  16 14   εἰσιν γαρ πνευματα δαιμονιων ποιουντα σημεια, ἁ ἐκπορευεται ἐπι τους βασιλεις της *οἰκουμενης* ὁλης,

οἰκουργος [1]

Tit   2 5   ἱνα σωφρονιζωσιν τας νεας φιλανδρους εἰναι, φιλοτεκνους, σωφρονας, ἁγνας, *οἰκουργους* ἀγαθας, ὑποτασσομενας τοις ἰδιοις ἀνδρασιν,

οἰκτιρμος [5]

Rm   12 1   παρακαλω οὐν ὑμας, ἀδελφοι, δια των *οἰκτιρμων* του θεου, παραστησαι τα σωματα ὑμων θυσιαν ζωσαν ἁγιαν εὐαρεστον τω θεω,

2Co   1 3   εὐλογητος ὁ θεος και πατηρ του κυριου ἡμων ἰησου χριστου, ὁ πατηρ των *οἰκτιρμων* και θεος πασης παρακλησεως,

Php   2 1   εἰ τις κοινωνια πνευματος, εἰ τις σπλαγχνα και *οἰκτιρμοι*,

Col   3 12   ἐνδυσασθε οὐν, ὡς ἐκλεκτοι του θεου ἁγιοι και ἠγαπημενοι, σπλαγχνα *οἰκτιρμου*, χρηστοτητα, ταπεινοφροσυνην, πραυτητα, μακροθυμιαν,

Heb   10 28   ἀθετησας τις νομον μωυσεως χωρις *οἰκτιρμων* ἐπι δυσιν ἠ τρισιν μαρτυσιν ἀποθνησκει·

οἰκτιρμων [3]

Lc   6 36   γινεσθε *οἰκτιρμονες*, καθως [και] ὁ πατηρ ὑμων οἰκτιρμων ἐστιν.

  36   γινεσθε οἰκτιρμονες, καθως [και] ὁ πατηρ ὑμων *οἰκτιρμων* ἐστιν.

Ja   5 11   και το τελος κυριου εἰδετε, ὁτι πολυσπλαγχνος ἐστιν ὁ κυριος και *οἰκτιρμων*.

οἰκτιρω [2]

Rm   9 15   ἐλεησω ὁν ἀν ἐλεω, και *οἰκτιρησω* ὁν ἀν οἰκτιρω.

  15   ἐλεησω ὁν ἀν ἐλεω, και οἰκτιρησω ὁν ἀν *οἰκτιρω*.

οἰνοποτης [2]

Mt   11 19   ἰδου ἀνθρωπος φαγος και *οἰνοποτης* τελωνων φιλος και ἁμαρτωλων.

Lc   7 34   ἰδου ἀνθρωπος φαγος και *οἰνοποτης* φιλος τελωνων και ἁμαρτωλων.

οἰνος [34]

Mt   9 17   οὐδε βαλλουσιν *οἰνον* νεον εἰς ἀσκους παλαιους·

  17   και ὁ *οἰνος* ἐκχειται και οἱ ἀσκοι ἀπολλυνται.

  17   ἀλλα βαλλουσιν *οἰνον* νεον εἰς ἀσκους καινους,

  27 34   και ἐλθοντες εἰς τοπον λεγομενον γολγοθα, ὁ ἐστιν κρανιου τοπος λεγομενος, ἐδωκαν αὐτω πιειν *οἰνον* μετα χολης μεμιγμενον·

Mc   2 22   και οὐδεις βαλλει *οἰνον* νεον εἰς ἀσκους παλαιους·

  22   εἰ δε μη, ῥηξει ὁ *οἰνος* τους ἀσκους,

  22   και ὁ *οἰνος* ἀπολλυται και οἱ ἀσκοι.

  22   ἀλλα *οἰνον* νεον εἰς ἀσκους καινους.

  15 23   και ἐδιδουν αὐτω ἐσμυρνισμενον *οἰνον*·

Lc   1 15   και *οἰνον* και σικερα οὐ μη πιη,

  5 37   και οὐδεις βαλλει *οἰνον* νεον εἰς ἀσκους παλαιους·

  37   εἰ δε μηγε ῥηξει ὁ *οἰνος* ὁ νεος τους ἀσκους, και αὐτος ἐκχυθησεται και οἱ ἀσκοι ἀπολουνται·

  38   ἀλλα *οἰνον* νεον εἰς ἀσκους καινους βλητεον.

  7 33   ἐληλυθεν γαρ ἰωαννης ὁ βαπτιστης μη ἐσθιων ἀρτον μητε πινων *οἰνον*, και λεγετε·

  10 34   και προσελθων κατεδησεν τα τραυματα αὐτου ἐπιχεων ἐλαιον και *οἰνον*,

Jh   2 3   και ὑστερησαντος *οἰνου* λεγει ἡ μητηρ του ἰησου προς αὐτον·

  3   και ὑστερησαντος οἰνου λεγει ἡ μητηρ του ἰησου προς αὐτον·

  9   ὡς δε ἐγευσατο ὁ ἀρχιτρικλινος το ὑδωρ *οἰνον* γεγενημενον,

  10   πας ἀνθρωπος πρωτον τον καλον *οἰνον* τιθησιν,

  10   συ τετηρηκας τον καλον *οἰνον* ἐως ἀρτι.

  4 46   ἠλθεν οὐν παλιν εἰς την κανα της γαλιλαιας, ὁπου ἐποιησεν το ὑδωρ *οἰνον*.

οἰνος [34]

Rm   14 21   καλον το μη φαγειν κρεα μηδε πιειν *οἰνον* μηδε ἐν ᾡ ὁ ἀδελφος σου προσκοπτει.

Eph   5 18   και μη μεθυσκεσθε *οἰνω*, ἐν ᾡ ἐστιν ἀσωτια, ἀλλα πληρουσθε ἐν πνευματι,

1Tm   3 8   διακονους ὡσαυτως σεμνους, μη διλογους, μη *οἰνω* πολλω προσεχοντας, μη αἰσχροκερδεις,

  5 23   μηκετι ὑδροποτει, ἀλλα *οἰνω* ὀλιγω χρω δια τον στομαχον και τας πυκνας σου ἀσθενειας.

Tit   2 3   πρεσβυτιδας ὡσαυτως ἐν καταστηματι ἱεροπρεπεις, μη διαβολους, μη *οἰνω* πολλω δεδουλωμενας, καλοδιδασκαλους,

Apc   6 6   και το ἐλαιον και τον *οἰνον* μη ἀδικησης.

  14 8   ἐπεσεν ἐπεσεν βαβυλων ἡ μεγαλη, ἡ ἐκ του *οἰνου* του θυμου της πορνειας αὐτης πεποτικεν παντα τα ἐθνη.

  10   και αὐτος πιεται ἐκ του *οἰνου* του θυμου του θεου του κεκερασμενου ἀκρατου ἐν τω ποτηριω της ὀργης αὐτου,

  16 19   και βαβυλων ἡ μεγαλη ἐμνησθη ἐνωπιον του θεου δουναι αὐτη το ποτηριον του *οἰνου* του θυμου της ὀργης αὐτου.

  17 2   και ἐμεθυσθησαν οἱ κατοικουντες την γην ἐκ του *οἰνου* της πορνειας αὐτης.

  18 3   ὁτι ἐκ του *οἰνου* του θυμου της πορνειας αὐτης πεπωκαν παντα τα ἐθνη,

  13   και λιβανον και *οἰνον* και ἐλαιον και σεμιδαλιν

  19 15   και αὐτος πατει την ληνον του *οἰνου* του θυμου της ὀργης του θεου του παντοκρατορος.

οἰνοφλυγια [1]

1Pt   4 3   πεπορευμενους ἐν ἀσελγειαις, ἐπιθυμιαις, *οἰνοφλυγιαις*, κωμοις, ποτοις και ἀθεμιτοις εἰδωλολατριαις.

οἰομαι [3]

Jh   21 25   ἀτινα ἐαν γραφηται καθ ἑν, οὐδ αὐτον *οἰμαι* τον κοσμον χωρησειν τα γραφομενα βιβλια.

Php   1 17   οἱ δε ἐξ ἐριθειας τον χριστον καταγγελλουσιν, οὐχ ἁγνως, *οἰομενοι* θλιψιν ἐγειρειν τοις δεσμοις μου.

Ja   1 7   μη γαρ *οἰεσθω* ὁ ἀνθρωπος ἐκεινος ὁτι λημψεται τι παρα του κυριου,

οἰος [15]

Mt   24 21   ἐσται γαρ τοτε θλιψις μεγαλη, *οἰα* οὐ γεγονεν ἀπ ἀρχης κοσμου ἐως του νυν οὐδ οὐ μη γενηται.

Mc   9 3   και τα ἱματια αὐτου ἐγενετο στιλβοντα λευκα λιαν, *οἰα* γναφευς ἐπι της γης οὐ δυναται οὑτως λευκαναι.

  13 19   ἐσονται γαρ αἱ ἡμεραι ἐκειναι θλιψις, *οἰα* οὐ γεγονεν τοιαυτη ἀπ ἀρχης κτισεως ἡν ἐκτισεν ὁ θεος ἐως του νυν και οὐ μη γενηται.

Jh   5 4 *   ὁ οὐν πρωτος ἐμβας μετα την ταραχην του ὑδατος ὑγιης ἐγινετο *οἰοδηποτουν* κατειχετο νοσηματι.

Rm   9 6   οὐχ *οἰον* δε ὁτι ἐκπεπτωκεν ὁ λογος του θεου.

1Co   15 48   *οἰος* ὁ χοικος, τοιουτοι και οἱ χοικοι,

  48   και *οἰος* ὁ ἐπουρανιος, τοιουτοι και οἱ ἐπουρανιοι·

2Co   10 11   τουτο λογιζεσθω ὁ τοιουτος, ὁτι *οἰοι* ἐσμεν τω λογω δι ἐπιστολων ἀποντες, τοιουτοι και παροντες τω ἐργω.

  12 20   φοβουμαι γαρ μη πως ἐλθων οὐχ *οἰους* θελω εὑρω ὑμας,

  20   καγω εὑρεθω ὑμιν *οἰον* οὐ θελετε,

Php   1 30   τον αὐτον ἀγωνα ἐχοντες *οἰον* εἰδετε ἐν ἐμοι και νυν ἀκουετε ἐν ἐμοι.

1Th   1 5   καθως οἰδατε *οἰοι* ἐγενηθημεν [ἐν] ὑμιν δι ὑμας.

2Tm   3 11   τοις διωγμοις, τοις παθημασιν, *οἰα* μοι ἐγενετο ἐν ἀντιοχεια, ἐν ἰκονιω, ἐν λυστροις·

  11   *οἰους* διωγμους ὑπηνεγκα, και ἐκ παντων με ἐρρυσατο ὁ κυριος.

Apc   16 18   και σεισμος ἐγενετο μεγας, *οἰος* οὐκ ἐγενετο ἀφ οὑ ἀνθρωπος ἐγενετο ἐπι της γης

οἰοσδηποτουν [1]

Jh   5 4 *   ὁ οὐν πρωτος ἐμβας μετα την ταραχην του ὑδατος ὑγιης ἐγινετο *οἰωδηποτουν* κατειχετο νοσηματι.

ὀκνεω [1]

Ac   9 38   μη *ὀκνησης* διελθειν ἐως ἡμων.

ὀκνηρός [3]

Mt	25 26	πονηρε δουλε και *ὀκνηρε*, ἤδεις ὅτι θεριζω ὁπου οὐκ ἔσπειρα, και συναγω ὅθεν οὐ διεσκορπισα;
Rm	12 11	τῇ τιμῇ ἀλληλους προηγουμενοι, τῇ σπουδῇ μη *ὀκνηροι*,
Php	3 1	τα αὐτα γραφειν ὑμιν ἐμοι μεν οὐκ *ὀκνηρον*, ὑμιν δε ἀσφαλες.

ὀκταημερος [1]

Php	3 5	περιτομῇ *ὀκταημερος*, ἐκ γενους ἰσραηλ, φυλης βενιαμιν, ἑβραιος ἐξ ἑβραιων,

ὀκτω [6]

Lc	2 21	και ὁτε ἐπλησθησαν ἡμεραι *ὀκτω* του περιτεμειν αὐτον, και ἐκληθη το ὀνομα αὐτου ἰησους,
	9 28	ἐγενετο δε μετα τους λογους τουτους ὡσει ἡμεραι *ὀκτω*, [και] παραλαβων πετρον και ἰωαννην και ἰακωβον ἀνεβη εἰς το ὀρος προσευξασθαι.
Jh	20 26	και μεθ ἡμερας *ὀκτω* παλιν ἠσαν ἐσω οἱ μαθηται αὐτου, και θωμας μετ αὐτων.
Ac	9 33	εὑρεν δε ἐκει ἀνθρωπον τινα ὀνοματι αἰνεαν ἐξ ἐτων *ὀκτω* κατακειμενον ἐπι κραββαττου,
	25 6	διατριψας δε ἐν αὐτοις ἡμερας οὐ πλειους *ὀκτω* ἡ δεκα, καταβας εἰς καισαρειαν,
1Pt	3 20	κατασκευαζομενης κιβωτου, εἰς ἡν ὀλιγοι, τουτ ἐστιν *ὀκτω* ψυχαι, διεσωθησαν δι ὑδατος.

ὀλεθρος [4]

1Co	5 5	παραδουναι τον τοιουτον τῳ σατανᾳ εἰς *ὀλεθρον* της σαρκος,
1Th	5 3	ὁταν λεγωσιν· εἰρηνη και ἀσφαλεια, τοτε αἰφνιδιος αὐτοις ἐφισταται *ὀλεθρος* ὡσπερ ἡ ὠδιν τῇ ἐν γαστρι ἐχουσῃ,
2Th	1 9	οἱτινες δικην τισουσιν *ὀλεθρον* αἰωνιον ἀπο προσωπου του κυριου και ἀπο της δοξης της ἰσχυος αὐτου,
1Tm	6 9	αἱτινες βυθιζουσιν τους ἀνθρωπους εἰς *ὀλεθρον* και ἀπωλειαν.

ὀλιγοπιστια [1]

Mt	17 20	δια τί ἡμεις οὐκ ἠδυνηθημεν ἐκβαλειν αὐτο; ὁ δε λεγει αὐτοις· δια την *ὀλιγοπιστιαν* ὑμων·

ὀλιγοπιστος [5]

Mt	6 30	οὐ πολλῳ μαλλον ὑμας, *ὀλιγοπιστοι*;
	8 26	τί δειλοι ἐστε, *ὀλιγοπιστοι*;
	14 31	και λεγει αὐτῳ· *ὀλιγοπιστε*, εἰς τί ἐδιστασας;
	16 8	τί διαλογιζεσθε ἐν ἑαυτοις, *ὀλιγοπιστοι*, ὁτι ἀρτους οὐκ ἐχετε;
Lc	12 28	εἰ δε ἐν ἀγρῳ τον χορτον ὀντα σημερον και αὐριον εἰς κλιβανον βαλλομενον ὁ θεος οὑτως ἀμφιεζει, ποσῳ μαλλον ὑμας, *ὀλιγοπιστοι*.

ὀλιγος [41]

Mt	7 14	και *ὀλιγοι* εἰσιν οἱ εὑρισκοντες αὐτην.
	9 37	ὁ μεν θερισμος πολυς, οἱ δε ἐργαται *ὀλιγοι*·
	15 34	ἑπτα, και *ὀλιγα* ἰχθυδια.
	22 14	πολλοι γαρ εἰσιν κλητοι, *ὀλιγοι* δε ἐκλεκτοι.
	25 21	εὐ, δουλε ἀγαθε και πιστε, ἐπι *ὀλιγα* ἠς πιστος, ἐπι πολλων σε καταστησω·
	23	εὐ, δουλε ἀγαθε και πιστε, ἐπι *ὀλιγα* ἠς πιστος, ἐπι πολλων σε καταστησω·
Mc	1 19	και προβας *ὀλιγον* εἰδεν ἰακωβον τον του ζεβεδαιου και ἰωαννην τον ἀδελφον αὐτου και αὐτους ἐν τῳ πλοιῳ καταρτιζοντας τα δικτυα.
	6 5	και οὐκ ἐδυνατο ἐκει ποιησαι οὐδεμιαν δυναμιν, εἰ μη *ὀλιγοις* ἀρρωστοις ἐπιθεις τας χειρας ἐθεραπευσεν.
	31	δευτε ὑμεις αὐτοι κατ ἰδιαν εἰς ἐρημον τοπον και ἀναπαυσασθε *ὀλιγον*.
	8 7	και εἰχον ἰχθυδια *ὀλιγα*·
Lc	5 3	ἐμβας δε εἰς ἑν των πλοιων, ὁ ἠν σιμωνος, ἠρωτησεν αὐτον ἀπο της γης ἐπαναγαγειν *ὀλιγον*.
	7 47	οὐ δε *ὀλιγον* ἀφιεται, *ὀλιγον* ἀγαπα.
	47	ᾡ δε *ὀλιγον* ἀφιεται, *ὀλιγον* ἀγαπα.
	10 2	ὁ μεν θερισμος πολυς, οἱ δε ἐργαται *ὀλιγοι*·
	42	μαρθα μαρθα, μεριμνᾳς και θορυβαζῃ περι πολλα, ἑνος *ὀλιγων* δε ἐστιν χρεια·
	12 48	ὁ δε μη γνους, ποιησας δε ἀξια πληγων, δαρησεται *ὀλιγας*.
	13 23	κυριε, εἰ *ὀλιγοι* οἱ σωζομενοι;

ὀλιγος [41]

Ac	12 18	γενομενης δε ἡμερας ἠν ταραχος οὐκ *ὀλιγος* ἐν τοις στρατιωταις, τί ἀρα ὁ πετρος ἐγενετο.
	14 28	διετριβον δε χρονον οὐκ *ὀλιγον* συν τοις μαθηταις,
	15 2	γενομενης δε στασεως και ζητησεως οὐκ *ὀλιγης* τῳ παυλῳ και τῳ βαρναβᾳ προς αὐτους, ἐταξαν ἀναβαινειν παυλον και βαρναβαν
	17 4	των τε σεβομενων ἑλληνων πληθος πολυ, γυναικων τε των πρωτων οὐκ *ὀλιγαι*.
	12	πολλοι μεν οὐν ἐξ αὐτων ἐπιστευσαν, και των ἑλληνιδων γυναικων των εὐσχημονων και ἀνδρων οὐκ *ὀλιγοι*.
	19 23	ἐγενετο δε κατα τον καιρον ἐκεινον ταραχος οὐκ *ὀλιγος* περι της ὁδου.
	24	δημητριος γαρ τις ὀνοματι, ἀργυροκοπος, ποιων ναους ἀργυρους ἀρτεμιδος παρειχετο τοις τεχνιταις οὐκ *ὀλιγην* ἐργασιαν,
	26 28	ἐν *ὀλιγῳ* με πειθεις χριστιανον ποιησαι.
	29	εὐξαιμην ἀν τῳ θεῳ και ἐν *ὀλιγῳ* και ἐν μεγαλῳ οὐ μονον σε ἀλλα και παντας τους ἀκουοντας μου σημερον γενεσθαι τοιουτους ὁποιος και ἐγω εἰμι,
	27 20	μητε δε ἡλιου μητε ἀστρων ἐπιφαινοντων ἐπι πλειονας ἡμερας, χειμωνος τε οὐκ *ὀλιγου* ἐπικειμενου,
2Co	8 15	ὁ το πολυ οὐκ ἐπλεονασεν, και ὁ το *ὀλιγον* οὐκ ἠλαττονησεν.
Eph	3 3	[ὁτι] κατα ἀποκαλυψιν ἐγνωρισθη μοι το μυστηριον, καθως προεγραψα ἐν *ὀλιγῳ*,
1Tm	4 8	ἡ γαρ σωματικη γυμνασια προς *ὀλιγον* ἐστιν ὠφελιμος·
	5 23	μηκετι ὑδροποτει, ἀλλα οἰνῳ *ὀλιγῳ* χρω δια τον στομαχον και τας πυκνας σου ἀσθενειας.
Heb	12 10	οἱ μεν γαρ προς *ὀλιγας* ἡμερας κατα το δοκουν αὐτοις ἐπαιδευον, ὁ δε ἐπι το συμφερον εἰς το μεταλαβειν της ἁγιοτητος αὐτου.
Ja	4 14	ἀτμις γαρ ἐστε ἡ προς *ὀλιγον* φαινομενη, ἐπειτα και ἀφανιζομενη·
1Pt	1 6	ἐν ᾡ ἀγαλλιασθε, *ὀλιγον* ἀρτι εἰ δεον [ἐστιν] λυπηθεντες ἐν ποικιλοις πειρασμοις,
	3 20	κατασκευαζομενης κιβωτου, εἰς ἡν *ὀλιγοι*, τουτ ἐστιν ὀκτω ψυχαι, διεσωθησαν δι ὑδατος.
	5 10	ὁ δε θεος πασης χαριτος, ὁ καλεσας ὑμας εἰς την αἰωνιον αὐτου δοξαν ἐν χριστῳ [ἰησου], *ὀλιγον* παθοντας αὐτος καταρτισει,
	12	ὡς λογιζομαι, δι *ὀλιγων* ἐγραψα,
Apc	2 14	ἀλλ ἐχω κατα σου *ὀλιγα*, ὁτι ἐχεις ἐκει κρατουντας την διδαχην βαλααμ,
	3 4	ἀλλα ἐχεις *ὀλιγα* ὀνοματα ἐν σαρδεσιν ἁ οὐκ ἐμολυναν τα ἱματια αὐτων,
	12 12	ὁτι κατεβη ὁ διαβολος προς ὑμας ἐχων θυμον μεγαν, εἰδως ὁτι *ὀλιγον* καιρον ἐχει.
	17 10	και ὁταν ἐλθῃ *ὀλιγον* αὐτον δει μειναι.

ὀλιγοψυχος [1]

1Th	5 14	παρακαλουμεν δε ὑμας, ἀδελφοι, νουθετειτε τους ἀτακτους, παραμυθεισθε τους *ὀλιγοψυχους*,

ὀλιγωρεω [1]

Heb	12 5	υἱε μου, μη *ὀλιγωρει* παιδειας κυριου,

ὀλιγως [1]

2Pt	2 18	ὑπερογκα γαρ ματαιοτητος φθεγγομενοι δελεαζουσιν ἐν ἐπιθυμιαις σαρκος ἀσελγειαις τους *ὀλιγως* ἀποφευγοντας τους ἐν πλανῃ ἀναστρεφομενους,

ὀλοθρευτης [1]

1Co	10 10	μηδε γογγυζετε, καθαπερ τινες αὐτων ἐγογγυσαν, και ἀπωλοντο ὑπο του *ὀλοθρευτου*.

ὀλοθρευω [1]

Heb	11 28	πιστει πεποιηκεν το πασχα και την προσχυσιν του αἱματος, ἱνα μη ὁ *ὀλοθρευων* τα πρωτοτοκα θιγῃ αὐτων.

ὁλοκαυτωμα [3]

Mc	12 33	και το ἀγαπαν τον πλησιον ὡς ἑαυτον περισσοτερον ἐστιν παντων των *ὁλοκαυτωματων* και θυσιων.
Heb	10 6	*ὁλοκαυτωματα* και περι ἁμαρτιας οὐκ εὐδοκησας.

ὁλοκαυτωμα [3]

Heb 10 8 ἀνωτερον λεγων ὁτι θυσιας και προσφορας και ὁλοκαυτωματα και περι ἁμαρτιας οὐκ ἠθελησας οὐδε εὐδοκησας,

ὁλοκληρια [1]

Ac 3 16 και ἡ πιστις ἡ δι αὐτου ἐδωκεν αὐτῳ την ὁλοκληριαν ταυτην ἀπεναντι παντων ὑμων.

ὁλοκληρος [2]

1Th 5 23 και ὁλοκληρον ὑμων το πνευμα και ἡ ψυχη και το σωμα ἀμεμπτως ἐν τῃ παρουσιᾳ του κυριου ἡμων ἰησου χριστου τηρηθειη.

Ja 1 4 ἡ δε ὑπομονη ἐργον τελειον ἐχετω, ἱνα ἠτε τελειοι και ὁλοκληροι,

ὁλολυζω [1]

Ja 5 1 ἀγε νυν οἱ πλουσιοι, κλαυσατε ὁλολυζοντες ἐπι ταις ταλαιπωριαις ὑμων ταις ἐπερχομεναις.

ὁλος [110]

Mt 1 22 τουτο δε ὁλον γεγονεν ἱνα πληρωθῃ το ῥηθεν ὑπο κυριου δια του προφητου λεγοντος·

4 23 και περιηγεν ἐν ὁλῃ τῃ γαλιλαιᾳ,

24 και ἀπηλθεν ἡ ἀκοη αὐτου εἰς ὁλην την συριαν·

5 29 συμφερει γαρ σοι ἱνα ἀπολυται ἑν των μελων σου και μη ὁλον το σωμα σου βληθῃ εἰς γεενναν.

30 συμφερει γαρ σοι ἱνα ἀπολυται ἑν των μελων σου και μη ὁλον το σωμα σου εἰς γεενναν ἀπελθῃ.

6 22 ὁλον το σωμα σου φωτεινον ἐσται·

23 ὁλον το σωμα σου σκοτεινον ἐσται.

9 26 και ἐξηλθεν ἡ φημη αὑτη εἰς ὁλην την γην ἐκεινην.

31 οἱ δε ἐξελθοντες διεφημισαν αὐτον ἐν ὁλῃ τῃ γῃ ἐκεινῃ.

13 33 ἡν λαβουσα γυνη ἐνεκρυψεν εἰς ἀλευρου σατα τρια, ἑως οὗ ἐζυμωθη ὁλον.

14 35 και ἐπιγνοντες αὐτον οἱ ἀνδρες του τοπου ἐκεινου ἀπεστειλαν εἰς ὁλην την περιχωρον ἐκεινην,

16 26 τι γαρ ὠφεληθησεται ἀνθρωπος, ἐαν τον κοσμον ὁλον κερδησῃ, την δε ψυχην αὐτου ζημιωθῃ;

20 6 τι ὡδε ἑστηκατε ὁλην την ἡμεραν ἀργοι;

22 37 ἀγαπησεις κυριον τον θεον σου ἐν ὁλῃ τῃ καρδιᾳ σου και ἐν ὁλῃ τῃ ψυχῃ σου και ἐν ὁλῃ τῃ διανοιᾳ σου.

37 ἀγαπησεις κυριον τον θεον σου ἐν ὁλῃ τῃ καρδιᾳ σου και ἐν ὁλῃ τῃ ψυχῃ σου και ἐν ὁλῃ τῃ διανοιᾳ σου.

37 ἀγαπησεις κυριον τον θεον σου ἐν ὁλῃ τῃ καρδιᾳ σου και ἐν ὁλῃ τῃ ψυχῃ σου και ἐν ὁλῃ τῃ διανοιᾳ σου.

40 ἐν ταυταις ταις δυσιν ἐντολαις ὁλος ὁ νομος κρεμαται και οἱ προφηται.

24 14 και κηρυχθησεται τουτο το εὐαγγελιον της βασιλειας ἐν ὁλῃ τῃ οἰκουμενῃ εἰς μαρτυριον πασιν τοις ἐθνεσιν,

26 13 ὁπου ἐαν κηρυχθῃ το εὐαγγελιον τουτο ἐν ὁλῳ τῳ κοσμῳ, λαληθησεται και ὁ ἐποιησεν αὑτη εἰς μνημοσυνον αὐτης.

56 τουτο δε ὁλον γεγονεν ἱνα πληρωθωσιν αἱ γραφαι των προφητων.

59 οἱ δε ἀρχιερεις και το συνεδριον ὁλον ἐζητουν ψευδομαρτυριαν κατα του ἰησου ὁπως αὐτον θανατωσωσιν,

27 27 τοτε οἱ στρατιωται του ἡγεμονος παραλαβοντες τον ἰησουν εἰς το πραιτωριον συνηγαγον ἐπ αὐτον ὁλην την σπειραν.

Mc 1 28 και ἐξηλθεν ἡ ἀκοη αὐτου εὐθυς πανταχου εἰς ὁλην την περιχωρον της γαλιλαιας.

33 και ἡν ὁλη ἡ πολις ἐπισυνηγμενη προς την θυραν.

39 και ἡλθεν κηρυσσων εἰς τας συναγωγας αὐτων εἰς ὁλην την γαλιλαιαν και τα δαιμονια ἐκβαλλων.

6 55 και ἐξελθοντων αὐτων ἐκ του πλοιου εὐθυς ἐπιγνοντες αὐτον περιεδραμον ὁλην την χωραν ἐκεινην και ἠρξαντο ἐπι τοις κραβαττοις τους κακως ἐχοντας περιφερειν,

8 36 τι γαρ ὠφελει ἀνθρωπον κερδησαι τον κοσμον ὁλον και ζημιωθηναι την ψυχην αὐτου;

12 30 και ἀγαπησεις κυριον τον θεον σου ἐξ ὁλης της καρδιας σου και ἐξ ὁλης της ψυχης σου και ἐξ ὁλης της διανοιας σου και ἐξ ὁλης της ἰσχυος σου.

30 και ἀγαπησεις κυριον τον θεον σου ἐξ ὁλης της καρδιας σου και ἐξ ὁλης της ψυχης σου και ἐξ ὁλης της διανοιας σου και ἐξ ὁλης της ἰσχυος σου.

ὁλος [110]

Mc 12 30 και ἀγαπησεις κυριον τον θεον σου ἐξ ὁλης της καρδιας σου και ἐξ ὁλης της ψυχης σου και ἐξ ὁλης της διανοιας σου και ἐξ ὁλης της ἰσχυος σου.

30 και ἀγαπησεις κυριον τον θεον σου ἐξ ὁλης της καρδιας σου και ἐξ ὁλης της ψυχης σου και ἐξ ὁλης της διανοιας σου και ἐξ ὁλης της ἰσχυος σου.

33 και το ἀγαπαν αὐτον ἐξ ὁλης της καρδιας και ἐξ ὁλης της συνεσεως και ἐξ ὁλης της ἰσχυος,

33 και το ἀγαπαν αὐτον ἐξ ὁλης της καρδιας και ἐξ ὁλης της συνεσεως και ἐξ ὁλης της ἰσχυος,

33 και το ἀγαπαν αὐτον ἐξ ὁλης της καρδιας και ἐξ ὁλης της συνεσεως και ἐξ ὁλης της ἰσχυος,

44 παντες γαρ ἐκ του περισσευοντος αὐτοις ἐβαλον, αὑτη δε ἐκ της ὑστερησεως αὐτης παντα ὁσα εἰχεν ἐβαλεν, ὁλον τον βιον αὐτης.

14 9 ὁπου ἐαν κηρυχθῃ το εὐαγγελιον εἰς ὁλον τον κοσμον, και ὁ ἐποιησεν αὑτη λαληθησεται εἰς μνημοσυνον αὐτης.

55 οἱ δε ἀρχιερεις και ὁλον το συνεδριον ἐζητουν κατα του ἰησου μαρτυριαν εἰς το θανατωσαι αὐτον, και οὐχ ἡυρισκον·

15 1 και εὐθυς πρωι συμβουλιον ποιησαντες οἱ ἀρχιερεις μετα των πρεσβυτερων και γραμματεων και ὁλον το συνεδριον,

16 οἱ δε στρατιωται ἀπηγαγον αὐτον ἐσω της αὐλης, ὁ ἐστιν πραιτωριον, και συγκαλουσιν ὁλην την σπειραν.

33 και γενομενης ὡρας ἑκτης σκοτος ἐγενετο ἐφ ὁλην την γην ἑως ὡρας ἐνατης.

Lc 1 65 και ἐν ὁλῃ τῃ ὀρεινῃ της ἰουδαιας διελαλειτο παντα τα ῥηματα ταυτα,

4 14 και φημη ἐξηλθεν καθ ὁλης της περιχωρου περι αὐτου.

5 5 ἐπιστατα, δι ὁλης νυκτος κοπιασαντες οὐδεν ἐλαβομεν· ἐπι δε τῳ ῥηματι σου χαλασω τα δικτυα.

7 17 και ἐξηλθεν ὁ λογος οὑτος ἐν ὁλῃ τῃ ἰουδαιᾳ περι αὐτου και πασῃ τῃ περιχωρῳ.

8 39 και ἀπηλθεν καθ ὁλην την πολιν κηρυσσων ὁσα ἐποιησεν αὐτῳ ὁ ἰησους.

43 και γυνη οὐσα ἐν ῥυσει αἱματος ἀπο ἐτων δωδεκα, ἡτις [ἰατροις προσαναλωσασα ὁλον τον βιον] οὐκ ἰσχυσεν ἀπ οὐδενος θεραπευθηναι,

9 25 τι γαρ ὠφελειται ἀνθρωπος κερδησας τον κοσμον ὁλον ἑαυτον δε ἀπολεσας ἡ ζημιωθεις;

10 27 ἀγαπησεις κυριον τον θεον σου ἐξ ὁλης [της] καρδιας σου και ἐν ὁλῃ τῃ ψυχῃ σου και ἐν ὁλῃ τῃ ἰσχυι σου και ἐν ὁλῃ τῃ διανοιᾳ σου, και τον πλησιον σου ὡς σεαυτον.

27 ἀγαπησεις κυριον τον θεον σου ἐξ ὁλης [της] καρδιας σου και ἐν ὁλῃ τῃ ψυχῃ σου και ἐν ὁλῃ τῃ ἰσχυι σου και ἐν ὁλῃ τῃ διανοιᾳ σου, και τον πλησιον σου ὡς σεαυτον.

27 ἀγαπησεις κυριον τον θεον σου ἐξ ὁλης [της] καρδιας σου και ἐν ὁλῃ τῃ ψυχῃ σου και ἐν ὁλῃ τῃ ἰσχυι σου και ἐν ὁλῃ τῃ διανοιᾳ σου, και τον πλησιον σου ὡς σεαυτον.

27 ἀγαπησεις κυριον τον θεον σου ἐξ ὁλης [της] καρδιας σου και ἐν ὁλῃ τῃ ψυχῃ σου και ἐν ὁλῃ τῃ ἰσχυι σου και ἐν ὁλῃ τῃ διανοιᾳ σου, και τον πλησιον σου ὡς σεαυτον.

11 34 ὁταν ὁ ὀφθαλμος σου ἁπλους ἠ, και ὁλον το σωμα σου φωτεινον ἐστιν·

36 εἰ οὐν το σωμα σου ὁλον φωτεινον, μη ἐχον μερος τι σκοτεινον, ἐσται φωτεινον ὁλον ὡς ὁταν ὁ λυχνος τῃ ἀστραπῃ φωτιζῃ σε.

36 εἰ οὐν το σωμα σου ὁλον φωτεινον, μη ἐχον μερος τι σκοτεινον, ἐσται φωτεινον ὁλον ὡς ὁταν ὁ λυχνος τῃ ἀστραπῃ φωτιζῃ σε.

13 21 ὁμοια ἐστιν ζυμῃ, ἡν λαβουσα γυνη [ἐν]εκρυψεν εἰς ἀλευρου σατα τρια, ἑως οὑ ἐζυμωθη ὁλον.

23 5 οἱ δε ἐπισχυον λεγοντες ὁτι ἀνασειει τον λαον, διδασκων καθ ὁλης της ἰουδαιας,

44 και ἡν ἡδη ὡσει ὡρα ἑκτη και σκοτος ἐγενετο ἐφ ὁλην την γην ἑως ὡρας ἐνατης του ἡλιου ἐκλιποντος·

Jh 4 53 και ἐπιστευσεν αὐτος και ἡ οἰκια αὐτου ὁλη.

7 23 εἰ περιτομην λαμβανει ὁ ἀνθρωπος ἐν σαββατῳ ἱνα μη λυθῃ ὁ νομος μωυσεως, ἐμοι χολατε ὁτι ὁλον ἀνθρωπον ὑγιη ἐποιησα ἐν σαββατῳ;

9 34 ἐν ἁμαρτιαις συ ἐγεννηθης ὁλος, και συ διδασκεις ἡμας;

11 50 ὑμεις οὐκ οἰδατε οὐδεν, οὐδε λογιζεσθε ὁτι συμφερει ὑμιν ἱνα εἰς ἀνθρωπος ἀποθανῃ ὑπερ του λαου και μη ὁλον το ἐθνος ἀποληται.

13 10 ὁ λελουμενος οὐκ ἐχει χρειαν εἰ μη τους ποδας νιψασθαι, ἀλλ ἐστιν καθαρος ὁλος·

19 23 ἡν δε ὁ χιτων ἀραφος, ἐκ των ἀνωθεν ὑφαντος δι ὁλου.

Ac 2 2 και ἐγενετο ἀφνω ἐκ του οὐρανου ἠχος ὡσπερ φερομενης πνοης βιαιας και ἐπληρωσεν ὁλον τον οἰκον οὑ ἡσαν καθημενοι,

ὅλος [110]

Ac	2 47	αἰνουντες τον θεον και ἐχοντες χαριν προς ὅλον τον λαον.
	5 11	και ἐγενετο φοβος μεγας ἐφ ὅλην την ἐκκλησιαν και ἐπι παντας τους ἀκουοντας ταυτα.
	7 10	και κατεστησεν αὐτον ἡγουμενον ἐπ αἰγυπτον και [ἐφ] ὅλον τον οἰκον αὐτου.
	11	ἠλθεν δε λιμος ἐφ ὅλην την αἰγυπτον και χανααν και θλιψις μεγαλη,
	8 37 *	εἰ πιστευεις ἐξ ὅλης της καρδιας, ἐξεστιν.
	9 31	ἡ μεν οὐν ἐκκλησια καθ ὅλης της ἰουδαιας και γαλιλαιας και σαμαρειας εἰχεν εἰρηνην οἰκοδομουμενη
	42	γνωστον δε ἐγενετο καθ ὅλης της ἰοππης, και ἐπιστευσαν πολλοι ἐπι τον κυριον.
	10 22	κορνηλιος ἑκατονταρχης, ἀνηρ δικαιος και φοβουμενος τον θεον, μαρτυρουμενος τε ὑπο ὅλου του ἐθνους των ἰουδαιων,
	37	ὑμεις οἰδατε το γενομενον ῥημα καθ ὅλης της ἰουδαιας,
	11 26	ἐγενετο δε αὐτοις και ἐνιαυτον ὅλον συναχθηναι ἐν τη ἐκκλησια και διδαξαι ὀχλον ἱκανον,
	28	ἀναστας δε εἰς ἐξ αὐτων ὀνοματι ἀγαβος ἐσημανεν δια του πνευματος λιμον μεγαλην μελλειν ἐσεσθαι ἐφ ὅλην την οἰκουμενην·
	13 6	διελθοντες δε ὅλην την νησον ἀχρι παφου εὑρον ἀνδρα τινα μαγον ψευδοπροφητην ἰουδαιον
	49	διεφερετο δε ὁ λογος του κυριου δι ὅλης της χωρας.
	15 22	τοτε ἐδοξε τοις ἀποστολοις και τοις πρεσβυτεροις συν ὅλη τη ἐκκλησια ἐκλεξαμενους ἀνδρας ἐξ αὐτων πεμψαι εἰς ἀντιοχειαν συν τω παυλω και βαρναβα,
	18 8	κρισπος δε ὁ ἀρχισυναγωγος ἐπιστευσεν τω κυριω συν ὅλω τω οἰκω αὐτου,
	19 27	μελλειν τε και καθαιρεισθαι της μεγαλειοτητος αὐτης, ἡν ὅλη ἡ ἀσια και ἡ οἰκουμενη σεβεται.
	21 30	ἐκινηθη τε ἡ πολις ὅλη και ἐγενετο συνδρομη του λαου,
	31	ζητουντων τε αὐτον ἀποκτειναι ἀνεβη φασις τω χιλιαρχω της σπειρης ὅτι ὅλη συγχυννεται ἱερουσαλημ·
	28 30	ἐνεμεινεν δε διετιαν ὅλην ἐν ἰδιω μισθωματι,
Rm	1 8	πρωτον μεν εὐχαριστω τω θεω μου δια ἰησου χριστου περι παντων ὑμων, ὅτι ἡ πιστις ὑμων καταγγελλεται ἐν ὅλω τω κοσμω.
	8 36	καθως γεγραπται ὅτι ἑνεκεν σου θανατουμεθα ὅλην την ἡμεραν, ἐλογισθημεν ὡς προβατα σφαγης.
	10 21	ὅλην την ἡμεραν ἐξεπετασα τας χειρας μου προς λαον ἀπειθουντα και ἀντιλεγοντα.
	16 23	ἀσπαζεται ὑμας γαιος ὁ ξενος μου και ὅλης της ἐκκλησιας.
1Co	5 6	οὐκ οἰδατε ὅτι μικρα ζυμη ὅλον το φυραμα ζυμοι;
	12 17	εἰ ὅλον το σωμα ὀφθαλμος, που ἡ ἀκοη;
	17	εἰ ὅλον ἀκοη, που ἡ ὀσφρησις;
	14 23	ἐαν οὐν συνελθη ἡ ἐκκλησια ὅλη ἐπι το αὐτο και παντες λαλωσιν γλωσσαις, εἰσελθωσιν δε ἰδιωται ἡ ἀπιστοι, οὐκ ἐρουσιν ὅτι μαινεσθε;
2Co	1 1	παυλος ἀποστολος χριστου ἰησου δια θεληματος θεου και τιμοθεος ὁ ἀδελφος τη ἐκκλησια του θεου τη οὐση ἐν κορινθω συν τοις ἁγιοις πασιν τοις οὐσιν ἐν ὅλη τη ἀχαια·
Ga	5 3	μαρτυρομαι δε παλιν παντι ἀνθρωπω περιτεμνομενω ὅτι ὀφειλετης ἐστιν ὅλον τον νομον ποιησαι.
	9	μικρα ζυμη ὅλον το φυραμα ζυμοι.
Php	1 13	ὡστε τους δεσμους μου φανερους ἐν χριστω γενεσθαι ἐν ὅλω τω πραιτωριω και τοις λοιποις πασιν,
1Th	4 10	και γαρ ποιειτε αὐτο εἰς παντας τους ἀδελφους [τους] ἐν ὅλη τη μακεδονια.
Tit	1 11	οὑς δει ἐπιστομιζειν, οἰτινες ὅλους οἰκους ἀνατρεπουσιν διδασκοντες ἁ μη δει αἰσχρου κερδους χαριν.
Heb	3 2	πιστον ὀντα τω ποιησαντι αὐτον, ὡς και μωυσης ἐν [ὅλω] τω οἰκω αὐτου.
	5	και μωυσης μεν πιστος ἐν ὅλω τω οἰκω αὐτου ὡς θεραπων εἰς μαρτυριον των λαληθησομενων,
Ja	2 10	ὁστις γαρ ὅλον τον νομον τηρηση, πταιση δε ἐν ἑνι, γεγονεν παντων ἐνοχος.
	3 2	οὑτος τελειος ἀνηρ, δυνατος χαλιναγωγησαι και ὅλον το σωμα.
	3	εἰ δε των ἱππων τους χαλινους εἰς τα στοματα βαλλομεν εἰς το πειθεσθαι αὐτους ἡμιν, και ὅλον το σωμα αὐτων μεταγομεν.
	6	ἡ σπιλουσα ὅλον το σωμα και φλογιζουσα τον τροχον της γενεσεως και φλογιζομενη ὑπο της γεεννης.
1Jh	2 2	και αὐτος ἱλασμος ἐστιν περι των ἁμαρτιων ἡμων, οὐ περι των ἡμετερων δε μονον ἀλλα και περι ὅλου του κοσμου.
	5 19	οἰδαμεν ὅτι ἐκ του θεου ἐσμεν, και ὁ κοσμος ὅλος ἐν τω πονηρω κειται.
Apc	3 10	καγω σε τηρησω ἐκ της ὡρας του πειρασμου της μελλουσης ἐρχεσθαι ἐπι της οἰκουμενης ὅλης.

ὅλος [110]

Apc	6 12	και ἡ σεληνη ὅλη ἐγενετο ὡς αἱμα,
	12 9	και ἐβληθη ὁ δρακων ὁ μεγας, ὁ ὀφις ὁ ἀρχαιος, ὁ καλουμενος διαβολος και ὁ σατανας, ὁ πλανων την οἰκουμενην ὅλην,
	13 3	και ἐθαυμασθη ὅλη ἡ γη ὀπισω του θηριου,
	16 14	εἰσιν γαρ πνευματα δαιμονιων ποιουντα σημεια, ἁ ἐκπορευεται ἐπι τους βασιλεις της οἰκουμενης ὅλης.

ὁλοτελης [1]

| 1Th | 5 23 | αὐτος δε ὁ θεος της εἰρηνης ἁγιασαι ὑμας ὁλοτελεις, |

ὀλυμπας [1]

| Rm | 16 15 | ἀσπασασθε φιλολογον και ἰουλιαν, νηρεα και την ἀδελφην αὐτου, και ὀλυμπαν, και τους συν αὐτοις παντας ἁγιους. |

ὀλυνθος [1]

| Apc | 6 13 | ὡς συκη βαλλει τους ὀλυνθους αὐτης ὑπο ἀνεμου μεγαλου σειομενη, |

ὁλως [4]

Mt	5 34	ἐγω δε λεγω ὑμιν μη ὀμοσαι ὁλως· μητε ἐν τω οὐρανω,
1Co	5 1	ὁλως ἀκουεται ἐν ὑμιν πορνεια,
	6 7	ἠδη μεν [οὐν] ὁλως ἡττημα ὑμιν ἐστιν ὅτι κριματα ἐχετε μεθ ἑαυτων.
	15 29	εἰ ὁλως νεκροι οὐκ ἐγειρονται, τι και βαπτιζονται ὑπερ αὐτων;

ὀμβρος [1]

| Lc | 12 54 | ὁταν ἰδητε την νεφελην ἀνατελλουσαν ἐπι δυσμων, εὐθεως λεγετε ὅτι ὀμβρος ἐρχεται, και γινεται οὑτως· |

ὀμειρομαι [1]

| 1Th | 2 8 | οὑτως ὀμειρομενοι ὑμων εὐδοκουμεν μεταδουναι ὑμιν οὐ μονον το εὐαγγελιον του θεου ἀλλα και τας ἑαυτων ψυχας, |

ὀμιλεω [4]

Lc	24 14	και αὐτοι ὡμιλουν προς ἀλληλους περι παντων των συμβεβηκοτων τουτων.
	15	και ἐγενετο ἐν τω ὀμιλειν αὐτους και συζητειν, και αὐτος ἰησους ἐγγισας συνεπορευετο αὐτοις·
Ac	20 11	ἀναβας δε και κλασας τον ἀρτον και γευσαμενος, ἐφ ἱκανον τε ὀμιλησας ἀχρι αὐγης, οὑτως ἐξηλθεν.
	24 26	διο και πυκνοτερον αὐτον μεταπεμπομενος ὡμιλει αὐτω.

ὀμιλια [1]

| 1Co | 15 33 | φθειρουσιν ἠθη χρηστα ὀμιλιαι κακαι. |

ὀμιχλη [1]

| 2Pt | 2 17 | οὑτοι εἰσιν πηγαι ἀνυδροι και ὀμιχλαι ὑπο λαιλαπος ἐλαυνομεναι, |

ὀμμα [2]

| Mt | 20 34 | σπλαγχνισθεις δε ὁ ἰησους ἡψατο των ὀμματων αὐτων, και εὐθεως ἀνεβλεψαν και ἠκολουθησαν αὐτω. |
| Mc | 8 23 | και πτυσας εἰς τα ὀμματα αὐτου, ἐπιθεις τας χειρας αὐτω, ἐπηρωτα αὐτον· εἰ τι βλεπεις; |

ὄμνυω [26]

Mt	5 34	ἐγω δε λεγω ὑμιν μη ὀμοσαι ὁλως· μητε ἐν τω οὐρανω,
	36	μητε ἐν τη κεφαλη σου ὀμοσης, ὅτι οὐ δυνασαι μιαν τριχα λευκην ποιησαι ἡ μελαιναν.
	23 16	ὁς ἀν ὀμοση ἐν τω ναω, οὐδεν ἐστιν· ὁς δ ἀν ὀμοση ἐν τω χρυσω του ναου, ὀφειλει.
	16	ὁς ἀν ὀμοση ἐν τω ναω, οὐδεν ἐστιν· ὁς δ ἀν ὀμοση ἐν τω χρυσω του ναου, ὀφειλει.
	18	ὁς ἀν ὀμοση ἐν τω θυσιαστηριω, οὐδεν ἐστιν· ὁς δ ἀν ὀμοση ἐν τω δωρω τω ἐπανω αὐτου, ὀφειλει.

ὄμνυω [26]

Mt	23 18	ὃς ἄν ὀμοση ἐν τω θυσιαστηριω, οὐδεν ἐστιν· ὃς δ ἄν ὀμοση ἐν τω δωρω τω ἐπανω αὐτου, ὀφειλει.
	20	ὁ οὖν ὀμοσας ἐν τω θυσιαστηριω ὄμνυει ἐν αὐτω και ἐν πασι τοις ἐπανω αὐτου·
	20	ὁ οὖν ὀμοσας ἐν τω θυσιαστηριω ὄμνυει ἐν αὐτω και ἐν πασι τοις ἐπανω αὐτου·
	21	και ὁ ὀμοσας ἐν τω ναω ὄμνυει ἐν αὐτω και ἐν τω κατοικουντι αὐτον·
	21	και ὁ ὀμοσας ἐν τω ναω ὄμνυει ἐν αὐτω και ἐν τω κατοικουντι αὐτον·
	22	και ὁ ὀμοσας ἐν τω οὐρανω ὄμνυει ἐν τω θρονω του θεου και ἐν τω καθημενω ἐπανω αὐτου.
	22	και ὁ ὀμοσας ἐν τω οὐρανω ὄμνυει ἐν τω θρονω του θεου και ἐν τω καθημενω ἐπανω αὐτου.
	26 74	τοτε ἠρξατο καταθεματιζειν και ὀμνυειν ὀτι οὐκ οἰδα τον ἀνθρωπον.
Mc	6 23	και ὤμοσεν αὐτη [πολλα] ὀτι ἐαν με αἰτησης δωσω σοι ἐως ἡμισους της βασιλειας μου.
	14 71	ὁ δε ἠρξατο ἀναθεματιζειν και ὀμνυναι ὀτι οὐκ οἰδα τον ἀνθρωπον τουτον ὃν λεγετε.
Lc	1 73	ποιησαι ἐλεος μετα των πατερων ἡμων και μνησθηναι διαθηκης ἀγιας αὐτου, ὀρκον ὃν ὤμοσεν προς ἀβρααμ τον πατερα ἡμων,
Ac	2 30	προφητης οὖν ὑπαρχων και εἰδως ὀτι ὀρκω ὤμοσεν αὐτω ὁ θεος ἐκ καρπου της ὀσφυος αὐτου καθισαι ἐπι τον θρονον αὐτου,
Heb	3 11	ὡς ὤμοσα ἐν τη ὀργη μου εἰ εἰσελευσονται εἰς την καταπαυσιν μου.
	18	τισιν δε ὤμοσεν μη εἰσελευσεσθαι εἰς την καταπαυσιν αὐτου εἰ μη τοις ἀπειθησασιν;
	4 3	ὡς ὤμοσα ἐν τη ὀργη μου· εἰ εἰσελευσονται εἰς την καταπαυσιν μου,
	6 13	τω γαρ ἀβρααμ ἐπαγγειλαμενος ὁ θεος, ἐπει κατ οὐδενος εἰχεν μειζονος ὀμοσαι, ὤμοσεν καθ ἑαυτου,
	13	τω γαρ ἀβρααμ ἐπαγγειλαμενος ὁ θεος, ἐπει κατ οὐδενος εἰχεν μειζονος ὀμοσαι, ὤμοσεν καθ ἑαυτου,
	16	ἀνθρωποι γαρ κατα του μειζονος ὀμνυουσιν,
	7 21	ὤμοσεν κυριος, και οὐ μεταμεληθησεται· συ ἱερευς εἰς τον αἰωνα
Ja	5 12	προ παντων δε, ἀδελφοι μου, μη ὀμνυετε,
Apc	10 6	και ὤμοσεν ἐν τω ζωντι εἰς τους αἰωνας των αἰωνων,

ὁμοθυμαδον [11]

Ac	1 14	οὑτοι παντες ἠσαν προσκαρτερουντες ὁμοθυμαδον τη προσευχη συν γυναιξιν και μαριαμ τη μητρι του ἰησου και τοις ἀδελφοις αὐτου.
	2 46	καθ ἡμεραν τε προσκαρτερουντες ὁμοθυμαδον ἐν τω ἱερω,
	4 24	οἱ δε ἀκουσαντες ὁμοθυμαδον ἠραν φωνην προς τον θεον και εἰπαν·
	5 12	και ἠσαν ὁμοθυμαδον παντες ἐν τη στοα σολομωντος·
	7 57	κραξαντες δε φωνη μεγαλη συνεσχον τα ὠτα αὐτων, και ὡρμησαν ὁμοθυμαδον ἐπ αὐτον,
	8 6	προσειχον δε οἱ ὀχλοι τοις λεγομενοις ὑπο του φιλιππου ὁμοθυμαδον ἐν τω ἀκουειν αὐτους και βλεπειν τα σημεια ἁ ἐποιει.
	12 20	ὁμοθυμαδον δε παρησαν προς αὐτον, και πεισαντες βλαστον τον ἐπι του κοιτωνος του βασιλεως ἠτουντο εἰρηνην,
	15 25	ἐπειδη ἠκουσαμεν ὀτι τινες ἐξ ἡμων [ἐξελθοντες] ἐταραξαν ὑμας λογοις ἀνασκευαζοντες τας ψυχας ὑμων, οἱς οὐ διεστειλαμεθα, ἐδοξεν ἡμιν γενομενοις ὁμοθυμαδον,
	18 12	γαλλιωνος δε ἀνθυπατου ὀντος της ἀχαιας κατεπεστησαν ὁμοθυμαδον οἱ ἰουδαιοι τω παυλω
	19 29	και ἐπλησθη ἡ πολις της συγχυσεως, ὡρμησαν τε ὁμοθυμαδον εἰς το θεατρον,
Rm	15 6	ὁ δε θεος της ὑπομονης και της παρακλησεως δωη ὑμιν το αὐτο φρονειν ἐν ἀλληλοις κατα χριστον ἰησουν, ἱνα ὁμοθυμαδον ἐν ἑνι στοματι δοξαζητε τον θεον και πατερα του κυριου ἡμων ἰησου χριστου.

ὁμοιοπαθης [2]

Ac	14 15	και ἡμεις ὁμοιοπαθεις ἐσμεν ὑμιν ἀνθρωποι,
Ja	5 17	ἡλιας ἀνθρωπος ἠν ὁμοιοπαθης ἡμιν,

ὁμοιος [45]

Mt	11 16	ὁμοια ἐστιν παιδιοις καθημενοις ἐν ταις ἀγοραις ἁ προσφωνουντα τοις ἑτεροις λεγουσιν·

ὁμοιος [45]

Mt	13 31	ὁμοια ἐστιν ἡ βασιλεια των οὐρανων κοκκω σιναπεως,
	33	ὁμοια ἐστιν ἡ βασιλεια των οὐρανων ζυμη,
	44	ὁμοια ἐστιν ἡ βασιλεια των οὐρανων θησαυρω κεκρυμμενω ἐν τω ἀγρω,
	45	παλιν ὁμοια ἐστιν ἡ βασιλεια των οὐρανων ἀνθρωπω ἐμπορω ζητουντι καλους μαργαριτας·
	47	παλιν ὁμοια ἐστιν ἡ βασιλεια των οὐρανων σαγηνη βληθειση εἰς την θαλασσαν και ἐκ παντος γενους συναγαγουση·
	52	δια τουτο πας γραμματευς μαθητευθεις τη βασιλεια των οὐρανων ὁμοιος ἐστιν ἀνθρωπω οἰκοδεσποτη,
	20 1	ὁμοια γαρ ἐστιν ἡ βασιλεια των οὐρανων ἀνθρωπω οἰκοδεσποτη,
	22 39	δευτερα δε ὁμοια αὐτη· ἀγαπησεις τον πλησιον σου ὡς σεαυτον.
Lc	6 47	πας ὁ ἐρχομενος προς με και ἀκουων μου των λογων και ποιων αὐτους, ὑποδειξω ὑμιν τινι ἐστιν ὁμοιος·
	48	ὁμοιος ἐστιν ἀνθρωπω οἰκοδομουντι οἰκιαν,
	49	ὁ δε ἀκουσας και μη ποιησας ὁμοιος ἐστιν ἀνθρωπω οἰκοδομησαντι οἰκιαν ἐπι την γην χωρις θεμελιου,
	7 31	τινι οὖν ὁμοιωσω τους ἀνθρωπους της γενεας ταυτης, και τινι εἰσιν ὁμοιοι;
	32	ὁμοιοι εἰσιν παιδιοις τοις ἐν ἀγορα καθημενοις και προσφωνουσιν ἀλληλοις ἁ λεγει·
	12 36	και ὑμεις ὁμοιοι ἀνθρωποις προσδεχομενοις τον κυριον ἑαυτων, ποτε ἀναλυση ἐκ των γαμων, ἱνα ἐλθοντος και κρουσαντος εὐθεως ἀνοιξωσιν αὐτω.
	13 18	τινι ὁμοια ἐστιν ἡ βασιλεια του θεου, και τινι ὁμοιωσω αὐτην;
	19	ὁμοια ἐστιν κοκκω σιναπεως, ὃν λαβων ἀνθρωπος ἐβαλεν εἰς κηπον ἑαυτου,
	21	ὁμοια ἐστιν ζυμη, ἡν λαβουσα γυνη [ἐν]εκρυψεν εἰς ἀλευρου σατα τρια, ἐως οὑ ἐζυμωθη ὁλον.
Jh	8 55	καν εἰπω ὀτι οὐκ οἰδα αὐτον, ἐσομαι ὁμοιος ὑμιν ψευστης·
	9 9	οὐχι, ἀλλα ὁμοιος αὐτω ἐστιν.
Ac	17 29	γενος οὖν ὑπαρχοντες του θεου οὐκ ὀφειλομεν νομιζειν, χρυσω ἡ ἀργυρω ἡ λιθω, χαραγματι τεχνης και ἐνθυμησεως ἀνθρωπου, το θειον εἰναι ὁμοιον.
Ga	5 21	διχοστασιαι, αἱρεσεις, φθονοι, μεθαι, κωμοι, και τα ὁμοια τουτοις,
1Jh	3 2	οἰδαμεν ὀτι ἐαν φανερωθη ὁμοιοι αὐτω ἐσομεθα,
Ju	7	τον ὁμοιον τροπον τουτοις ἐκπορνευσασαι και ἀπελθουσαι ὀπισω σαρκος ἑτερας, προκεινται δειγμα πυρος αἰωνιου δικην ὑπεχουσαι.
Apc	1 13	και ἐπιστρεψας εἰδον ἑπτα λυχνιας χρυσας, και ἐν μεσω των λυχνιων ὁμοιον υἱον ἀνθρωπου,
	15	και οἱ ποδες αὐτου ὁμοιοι χαλκολιβανω ὡς ἐν καμινω πεπυρωμενης,
	2 18	ὁ ἐχων τους ὀφθαλμους αὐτου ὡς φλογα πυρος, και οἱ ποδες αὐτου ὁμοιοι χαλκολιβανω·
	4 3	και ὁ καθημενος ὁμοιος ὀρασει λιθω ἰασπιδι και σαρδιω,
	3	και ἰρις κυκλοθεν του θρονου ὁμοιος ὀρασει σμαραγδινω·
	6	και ἐνωπιον του θρονου ὡς θαλασσα ὑαλινη ὁμοια κρυσταλλω·
	7	και το ζωον το πρωτον ὁμοιον λεοντι,
	7	και το δευτερον ζωον ὁμοιον μοσχω,
	7	και το τεταρτον ζωον ὁμοιον ἀετω πετομενω.
	9 7	και τα ὁμοιωματα των ἀκριδων ὁμοια ἱπποις ἡτοιμασμενοις εἰς πολεμον,
	7	και ἐπι τας κεφαλας αὐτων ὡς στεφανοι ὁμοιοι χρυσω,
	10	και ἐχουσιν οὐρας ὁμοιας σκορπιοις και κεντρα,
	19	αἱ γαρ οὐραι αὐτων ὁμοιαι ὀφεσιν,
	11 1	και ἐδοθη μοι καλαμος ὁμοιος ῥαβδω, λεγων·
	13 2	και το θηριον ὁ εἰδον ἠν ὁμοιον παρδαλει,
	4	τις ὁμοιος τω θηριω, και τις δυναται πολεμησαι μετ αὐτου;
	11	και εἰδον ἀλλο θηριον ἀναβαινον ἐκ της γης, και εἰχεν κερατα δυο ὁμοια ἀρνιω,
	14 14	και ἐπι την νεφελην καθημενον ὁμοιον υἱον ἀνθρωπου,
	18 18	τις ὁμοια τη πολει τη μεγαλη;
	21 11	ὁ φωστηρ αὐτης ὁμοιος λιθω τιμιωτατω,
	18	και ἡ πολις χρυσιον καθαρον ὁμοιον ὑαλω καθαρω.

ὁμοιοτης [2]

Heb	4 15	οὐ γαρ ἐχομεν ἀρχιερεα μη δυναμενον συμπαθησαι ταις ἀσθενειαις ἡμων, πεπειρασμενον δε κατα παντα καθ ὁμοιοτητα χωρις ἁμαρτιας.
	7 15	και περισσοτερον ἐτι καταδηλον ἐστιν, εἰ κατα την ὁμοιοτητα μελχισεδεκ ἀνισταται ἱερευς ἑτερος,

ὁμοιοω [15]

Mt　6 8　μη ουν ὁμοιωθητε αυτοις·

7 24　πας ουν ὁστις ἀκουει μου τους λογους τουτους και ποιει
αὐτους, ὁμοιωθησεται ἀνδρι φρονιμῳ,

26　και πας ὁ ἀκουων μου τους λογους τουτους και μη ποιων
αὐτους ὁμοιωθησεται ἀνδρι μωρῳ,

11 16　τινι δε ὁμοιωσω την γενεαν ταυτην;

13 24　ὡμοιωθη ἡ βασιλεια των οὐρανων ἀνθρωπῳ σπειραντι καλον
σπερμα ἐν τῳ ἀγρῳ αὐτου.

18 23　δια τουτο ὡμοιωθη ἡ βασιλεια των οὐρανων ἀνθρωπῳ
βασιλει, ὁς ἠθελησεν συναραι λογον μετα των δουλων αὐτου.

22 2　ὡμοιωθη ἡ βασιλεια των οὐρανων ἀνθρωπῳ βασιλει, ὁστις
ἐποιησεν γαμους τῳ υἱῳ αὐτου.

25 1　τοτε ὁμοιωθησεται ἡ βασιλεια των οὐρανων δεκα παρθενοις,

Mc　4 30　και ἐλεγεν· πως ὁμοιωσωμεν την βασιλειαν του θεου, ἡ ἐν
τινι αὐτην παραβολῃ θωμεν;

Lc　7 31　τινι ουν ὁμοιωσω τους ἀνθρωπους της γενεας ταυτης, και τινι
εἰσιν ὁμοιοι;

13 18　τινι ὁμοια ἐστιν ἡ βασιλεια του θεου, και τινι ὁμοιωσω
αὐτην;

20　τινι ὁμοιωσω την βασιλειαν του θεου;

Ac　14 11　οἱ θεοι ὁμοιωθεντες ἀνθρωποις κατεβησαν προς ἡμας,

Rm　9 29　εἰ μη κυριος σαβαωθ ἐγκατελιπεν ἡμιν σπερμα, ὡς σοδομα ἀν
ἐγενηθημεν και ὡς γομορρα ἀν ὡμοιωθημεν.

Heb　2 17　ὁθεν ὠφειλεν κατα παντα τοις ἀδελφοις ὁμοιωθηναι,

ὁμοιωμα [6]

Rm　1 23　φασκοντες εἰναι σοφοι ἐμωρανθησαν, και ἡλλαξαν την δοξαν
του ἀφθαρτου θεου ἐν ὁμοιωματι εἰκονος φθαρτου ἀνθρωπου
και πετεινων και τετραποδων και ἑρπετων·

5 14　ἀλλα ἐβασιλευσεν ὁ θανατος ἀπο ἀδαμ μεχρι μωυσεως και
ἐπι τους μη ἁμαρτησαντας ἐπι τῳ ὁμοιωματι της παραβασεως
ἀδαμ,

6 5　εἰ γαρ συμφυτοι γεγοναμεν τῳ ὁμοιωματι του θανατου
αὐτου, ἀλλα και της ἀναστασεως ἐσομεθα·

8 3　το γαρ ἀδυνατον του νομου, ἐν ᾡ ἠσθενει δια της σαρκος, ὁ
θεος τον ἑαυτου υἱον πεμψας ἐν ὁμοιωματι σαρκος ἁμαρτιας
και περι ἁμαρτιας κατεκρινεν την ἁμαρτιαν ἐν τῃ σαρκι,

Php　2 7　ἀλλα ἑαυτον ἐκενωσεν μορφην δουλου λαβων, ἐν ὁμοιωματι
ἀνθρωπων γενομενος·

Apc　9 7　και τα ὁμοιωματα των ἀκριδων ὁμοια ἱπποις ἡτοιμασμενοις
εἰς πολεμον,

ὁμοιως [30]

Mt　22 26　και μη ἐχων σπερμα ἀφηκεν την γυναικα αὐτου τῳ ἀδελφῳ
αὐτου· ὁμοιως και ὁ δευτερος και ὁ τριτος, ἑως των ἑπτα.

26 35　ὁμοιως και παντες οἱ μαθηται εἰπαν.

27 41　ὁμοιως και οἱ ἀρχιερεις ἐμπαιζοντες μετα των γραμματεων
και πρεσβυτερων ἐλεγον

Mc　15 31　ὁμοιως και οἱ ἀρχιερεις ἐμπαιζοντες προς ἀλληλους μετα των
γραμματεων ἐλεγον·

Lc　3 11　ὁ ἐχων δυο χιτωνας μεταδοτω τῳ μη ἐχοντι, και ὁ ἐχων
βρωματα ὁμοιως ποιειτω.

5 10　ὁμοιως δε και ἰακωβον και ἰωαννην υἱους ζεβεδαιου, οἱ ἠσαν
κοινωνοι τῳ σιμωνι.

33　οἱ μαθηται ἰωαννου νηστευουσιν πυκνα και δεησεις
ποιουνται, ὁμοιως και οἱ των φαρισαιων,

6 31　και καθως θελετε ἱνα ποιωσιν ὑμιν οἱ ἀνθρωποι, ποιειτε
αὐτοις ὁμοιως.

10 32　ὁμοιως δε και λευιτης [γενομενος] κατα τον τοπον ἐλθων και
ἰδων ἀντιπαρηλθεν.

37　πορευου και συ ποιει ὁμοιως.

13 3　οὐχι, λεγω ὑμιν, ἀλλ ἐαν μη μετανοητε, παντες ὁμοιως
ἀπολεισθε.

16 25　τεκνον, μνησθητι ὁτι ἀπελαβες τα ἀγαθα σου ἐν τῃ ζωῃ σου,
και λαζαρος ὁμοιως τα κακα.

17 28　ὁμοιως καθως ἐγενετο ἐν ταις ἡμεραις λωτ·

31　και ὁ ἐν ἀγρῳ ὁμοιως μη ἐπιστρεψατω εἰς τα ὀπισω.

22 36　ἀλλα νυν ὁ ἐχων βαλλαντιον ἀρατω, ὁμοιως και πηραν, και ὁ
μη ἐχων πωλησατω το ἱματιον αὐτου και ἀγορασατω
μαχαιραν.

Jh　5 19　ἁ γαρ ἀν ἐκεινος ποιῃ, ταυτα και ὁ υἱος ὁμοιως ποιει.

6 11　ἐλαβεν ουν τους ἀρτους ὁ ἰησους και εὐχαριστησας διεδωκεν
τοις ἀνακειμενοις, ὁμοιως και ἐκ των ὀψαριων ὁσον ἠθελον.

21 13　ἐρχεται ἰησους και λαμβανει τον ἀρτον και διδωσιν αὐτοις,
και το ὀψαριον ὁμοιως.

Rm　1 27　ὁμοιως τε και οἱ ἀρσενες ἀφεντες την φυσικην χρησιν της
θηλειας ἐξεκαυθησαν ἐν τῃ ὀρεξει αὐτων εἰς ἀλληλους,

ὁμοιως [30]

1Co　7 3　τῃ γυναικι ὁ ἀνηρ την ὀφειλην ἀποδιδοτω, ὁμοιως δε και ἡ
γυνη τῳ ἀνδρι.

4　ὁμοιως δε και ὁ ἀνηρ του ἰδιου σωματος οὐκ ἐξουσιαζει ἀλλα
ἡ γυνη.

22　ὁμοιως ὁ ἐλευθερος κληθεις δουλος ἐστιν χριστου.

Heb　9 21　και την σκηνην δε και παντα τα σκευη της λειτουργιας τῳ
αἱματι ὁμοιως ἐρραντισεν.

Ja　2 25　ὁμοιως δε και ρααβ ἡ πορνη οὐκ ἐξ ἐργων ἐδικαιωθη,
ὑποδεξαμενη τους ἀγγελους και ἑτερᾳ ὁδῳ ἐκβαλουσα;

1Pt　3 1　ὁμοιως [αἱ] γυναικες, ὑποτασσομεναι τοις ἰδιοις ἀνδρασιν,

7　οἱ ἀνδρες ὁμοιως, συνοικουντες κατα γνωσιν ὡς ἀσθενεστερῳ
σκευει τῳ γυναικειῳ,

5 5　ὁμοιως, νεωτεροι, ὑποταγητε πρεσβυτεροις·

Ju　8　ὁμοιως μεντοι και οὑτοι ἐνυπνιαζομενοι σαρκα μεν
μιαινουσιν, κυριοτητα δε ἀθετουσιν, δοξας δε βλασφημουσιν.

Apc　2 15　οὑτως ἐχεις και συ κρατουντας την διδαχην [των] νικολαιτων
ὁμοιως.

8 12　ἱνα σκοτισθῃ το τριτον αὐτων και ἡ ἡμερα μη φανῃ το
τριτον αὐτης, και ἡ νυξ ὁμοιως.

ὁμοιωσις [1]

Ja　3 9　και ἐν αὐτῃ καταρωμεθα τους ἀνθρωπους τους καθ ὁμοιωσιν
θεου γεγονοτας·

ὁμολογεω [26]

Mt　7 23　και τοτε ὁμολογησω αὐτοις ὁτι οὐδεποτε ἐγνων ὑμας·

10 32　πας ουν ὁστις ὁμολογησει ἐν ἐμοι ἐμπροσθεν των ἀνθρωπων,
ὁμολογησω καγω ἐν αὐτῳ ἐμπροσθεν του πατρος μου του ἐν
[τοις] οὐρανοις·

32　πας ουν ὁστις ὁμολογησει ἐν ἐμοι ἐμπροσθεν των ἀνθρωπων,
ὁμολογησω καγω ἐν αὐτῳ ἐμπροσθεν του πατρος μου του ἐν
[τοις] οὐρανοις·

14 7　ὁθεν μεθ ὁρκου ὡμολογησεν αὐτῃ δουναι ὁ ἐαν αἰτησηται.

Lc　12 8　πας ὁς ἀν ὁμολογησῃ ἐν ἐμοι ἐμπροσθεν των ἀνθρωπων, και
ὁ υἱος του ἀνθρωπου ὁμολογησει ἐν αὐτῳ ἐμπροσθεν των
ἀγγελων του θεου·

8　πας ὁς ἀν ὁμολογησῃ ἐν ἐμοι ἐμπροσθεν των ἀνθρωπων, και
ὁ υἱος του ἀνθρωπου ὁμολογησει ἐν αὐτῳ ἐμπροσθεν των
ἀγγελων του θεου·

Jh　1 20　και ὡμολογησεν και οὐκ ἠρνησατο,

20　και ὡμολογησεν ὁτι ἐγω οὐκ εἰμι ὁ χριστος.

9 22　ἡδη γαρ συνετεθειντο οἱ ἰουδαιοι ἱνα ἐαν τις αὐτον
ὁμολογησῃ χριστον, ἀποσυναγωγος γενηται.

12 42　ἀλλα δια τους φαρισαιους οὐχ ὡμολογουν, ἱνα μη
ἀποσυναγωγοι γενωνται·

Ac　7 17　καθως δε ἠγγιζεν ὁ χρονος της ἐπαγγελιας ἡς ὡμολογησεν ὁ
θεος τῳ ἀβρααμ, ηὐξησεν ὁ λαος και ἐπληθυνθη ἐν αἰγυπτῳ,

23 8　σαδδουκαιοι μεν γαρ λεγουσιν μη εἰναι ἀναστασιν μητε
ἀγγελον μητε πνευμα, φαρισαιοι δε ὁμολογουσιν τα
ἀμφοτερα.

24 14　ὁμολογω δε τουτο σοι, ὁτι κατα την ὁδον ἡν λεγουσιν
αἱρεσιν οὑτως λατρευω τῳ πατρῳῳ θεῳ,

Rm　10 9　ὁτι ἐαν ὁμολογησῃς ἐν τῳ στοματι σου κυριον ἰησουν, και
πιστευσῃς ἐν τῃ καρδιᾳ σου ὁτι ὁ θεος αὐτον ἠγειρεν ἐκ
νεκρων, σωθησῃ·

10　καρδιᾳ γαρ πιστευεται εἰς δικαιοσυνην, στοματι δε
ὁμολογειται εἰς σωτηριαν.

1Tm　6 12　ἐπιλαβου της αἰωνιου ζωης, εἰς ἡν ἐκληθης και ὡμολογησας
την καλην ὁμολογιαν ἐνωπιον πολλων μαρτυρων.

Tit　1 16　θεον ὁμολογουσιν εἰδεναι, τοις δε ἐργοις ἀρνουνται,

Heb　11 13　και ὁμολογησαντες ὁτι ξενοι και παρεπιδημοι εἰσιν ἐπι της
γης.

13 15　δι αὐτου [ουν] ἀναφερωμεν θυσιαν αἰνεσεως δια παντος τῳ
θεῳ, τουτ ἐστιν καρπον χειλεων ὁμολογουντων τῳ ὀνοματι
αὐτου.

1Jh　1 9　ἐαν ὁμολογωμεν τας ἁμαρτιας ἡμων, πιστος ἐστιν και
δικαιος,

2 23　ὁ ὁμολογων τον υἱον και τον πατερα ἐχει.

4 2　παν πνευμα ὁ ὁμολογει ἰησουν χριστον ἐν σαρκι ἐληλυθοτα
ἐκ του θεου ἐστιν,

3　και παν πνευμα ὁ μη ὁμολογει τον ἰησουν ἐκ του θεου οὐκ
ἐστιν·

15　ὁς ἐαν ὁμολογησῃ ὁτι ἰησους ἐστιν ὁ υἱος του θεου, ὁ θεος ἐν
αὐτῳ μενει και αὐτος ἐν τῳ θεῳ.

2Jh　7　ὁτι πολλοι πλανοι ἐξηλθον εἰς τον κοσμον, οἱ μη
ὁμολογουντες ἰησουν χριστον ἐρχομενον ἐν σαρκι·

ὁμολογεω [26]

Apc 3 5 και ὁμολογησω το ὀνομα αυτου ἐνωπιον του πατρος μου και ἐνωπιον των ἀγγελων αὐτου.

ὁμολογια [6]

2Co 9 13 δια της δοκιμης της διακονιας ταυτης δοξαζοντες τον θεον ἐπι τη ὑποταγη της ὁμολογιας ὑμων εἰς το εὐαγγελιον του χριστου και ἁπλοτητι της κοινωνιας εἰς αὐτους και εἰς παντας,

1Tm 6 12 ἐπιλαβου της αἰωνιου ζωης, εἰς ἡν ἐκληθης και ὡμολογησας την καλην ὁμολογιαν ἐνωπιον πολλων μαρτυρων.

13 παραγγελλω [σοι] ἐνωπιον του θεου του ζωογονουντος τα παντα και χριστου ἰησου του μαρτυρησαντος ἐπι ποντιου πιλατου την καλην ὁμολογιαν,

Heb 3 1 κατανοησατε τον ἀποστολον και ἀρχιερεα της ὁμολογιας ἡμων ἰησουν,

4 14 ἐχοντες οὐν ἀρχιερεα μεγαν διεληλυθοτα τους οὐρανους, ἰησουν τον υἱον του θεου, κρατωμεν της ὁμολογιας.

10 23 κατεχωμεν την ὁμολογιαν της ἐλπιδος ἀκλινη, πιστος γαρ ὁ ἐπαγγειλαμενος,

ὁμολογουμενως [1]

1Tm 3 16 και ὁμολογουμενως μεγα ἐστιν το της εὐσεβειας μυστηριον·

ὁμοτεχνος [1]

Ac 18 3 προσηλθεν αὐτοις, και δια το ὁμοτεχνον εἰναι ἐμενεν παρ αὐτοις,

ὁμου [4]

Jh 4 36 ἡδη ὁ θεριζων μισθον λαμβανει και συναγει καρπον εἰς ζωην αἰωνιον, ἱνα ὁ σπειρων ὁμου χαιρη και ὁ θεριζων.

20 4 ἐτρεχον δε οἱ δυο ὁμου·

21 2 ἡσαν ὁμου σιμων πετρος και θωμας ὁ λεγομενος διδυμος και ναθαναηλ ὁ ἀπο κανα της γαλιλαιας και οἱ του ζεβεδαιου και ἀλλοι ἐκ των μαθητων αὐτου δυο.

Ac 2 1 και ἐν τω συμπληρουσθαι την ἡμεραν της πεντηκοστης ἡσαν παντες ὁμου ἐπι το αὐτο·

ὁμοφρων [1]

1Pt 3 8 το δε τελος παντες ὁμοφρονες, συμπαθεις, φιλαδελφοι, εὐσπλαγχνοι, ταπεινοφρονες,

ὁμως [3]

Jh 12 42 ὁμως μεντοι και ἐκ των ἀρχοντων πολλοι ἐπιστευσαν εἰς αὐτον,

1Co 14 7 ὁμως τα ἀψυχα φωνην διδοντα, εἰτε αὐλος εἰτε κιθαρα,

Ga 3 15 ὁμως ἀνθρωπου κεκυρωμενην διαθηκην οὐδεις ἀθετει ἠ ἐπιδιατασσεται.

ὀναρ [6]

Mt 1 20 ἰδου ἀγγελος κυριου κατ ὀναρ ἐφανη αὐτω λεγων·

2 12 και χρηματισθεντες κατ ὀναρ μη ἀνακαμψαι προς ἡρωδην,

13 ἰδου ἀγγελος κυριου φαινεται κατ ὀναρ τω ἰωσηφ λεγων·

19 ἰδου ἀγγελος κυριου φαινεται κατ ὀναρ τω ἰωσηφ ἐν αἰγυπτω λεγων·

22 χρηματισθεις δε κατ ὀναρ ἀνεχωρησεν εἰς τα μερη της γαλιλαιας,

27 19 μηδεν σοι και τω δικαιω ἐκεινω· πολλα γαρ ἐπαθον σημερον κατ ὀναρ δι αὐτον.

ὀναριον [1]

Jh 12 14 εὑρων δε ὁ ἰησους ὀναριον ἐκαθισεν ἐπ αὐτο,

ὀνειδιζω [9]

Mt 5 11 μακαριοι ἐστε ὀταν ὀνειδισωσιν ὑμας και διωξωσιν και εἰπωσιν παν πονηρον καθ ὑμων [ψευδομενοι] ἑνεκεν ἐμου.

11 20 τοτε ἡρξατο ὀνειδιζειν τας πολεις ἐν αἱς ἐγενοντο αἱ πλεισται δυναμεις αὐτου,

27 44 το δ αὐτο και οἱ λησται οἱ συσταυρωθεντες συν αὐτω ὠνειδιζον αὐτον.

ὀνειδιζω [9]

Mc 15 32 και οἱ συνεσταυρωμενοι συν αὐτω ὠνειδιζον αὐτον.

16 14 και ὠνειδισεν την ἀπιστιαν αὐτων και σκληροκαρδιαν ὀτι τοις θεασαμενοις αὐτον ἐγηγερμενον οὐκ ἐπιστευσαν.

Lc 6 22 μακαριοι ἐστε ὀταν μισησωσιν ὑμας οἱ ἀνθρωποι, και ὀταν ἀφορισωσιν ὑμας και ὀνειδισωσιν και ἐκβαλωσιν το ὀνομα ὑμων ὡς πονηρον ἑνεκα του υἱου του ἀνθρωπου.

Rm 15 3 οἱ ὀνειδισμοι των ὀνειδιζοντων σε ἐπεπεσαν ἐπ ἐμε.

Ja 1 5 εἰ δε τις ὑμων λειπεται σοφιας, αἰτειτω παρα του διδοντος θεου πασιν ἁπλως και μη ὀνειδιζοντος,

1Pt 4 14 εἰ ὀνειδιζεσθε ἐν ὀνοματι χριστου, μακαριοι,

ὀνειδισμος [5]

Rm 15 3 οἱ ὀνειδισμοι των ὀνειδιζοντων σε ἐπεπεσαν ἐπ ἐμε.

1Tm 3 7 δει δε και μαρτυριαν καλην ἐχειν ἀπο των ἐξωθεν, ἱνα μη εἰς ὀνειδισμον ἐμπεση και παγιδα του διαβολου.

Heb 10 33 τουτο μεν ὀνειδισμοις τε και θλιψεσιν θεατριζομενοι,

11 26 μειζονα πλουτον ἡγησαμενος των αἰγυπτου θησαυρων τον ὀνειδισμον του χριστου·

13 13 τοινυν ἐξερχωμεθα προς αὐτον ἐξω της παρεμβολης τον ὀνειδισμον αὐτου φεροντες·

ὀνειδος [1]

Lc 1 25 λεγουσα ὀτι οὑτως μοι πεποιηκεν κυριος ἐν ἡμεραις αἱς ἐπειδεν ἀφελειν ὀνειδος μου ἐν ἀνθρωποις.

ὀνησιμος [2]

Col 4 9 συν ὀνησιμω τω πιστω και ἀγαπητω ἀδελφω, ὁς ἐστιν ἐξ ὑμων·

Phm 10 ὁν ἐγεννησα ἐν τοις δεσμοις, ὀνησιμον,

ὀνησιφορος [2]

2Tm 1 16 δωη ἐλεος ὁ κυριος τω ὀνησιφορου οἰκω,

4 19 ἀσπασαι πρισκαν και ἀκυλαν και τον ὀνησιφορου οἰκον.

ὀνικος [2]

Mt 18 6 ὁς δ ἀν σκανδαλιση ἑνα των μικρων τουτων των πιστευοντων εἰς ἐμε, συμφερει αὐτω ἱνα κρεμασθη μυλος ὀνικος περι τον τραχηλον αὐτου και καταποντισθη ἐν τω πελαγει της θαλασσης.

Mc 9 42 και ὁς ἀν σκανδαλιση ἑνα των μικρων τουτων των πιστευοντων [εἰς ἐμε,] καλον ἐστιν αὐτω μαλλον εἰ περικειται μυλος ὀνικος περι τον τραχηλον αὐτου και βεβληται εἰς την θαλασσαν.

ὀνιναμαι [1]

Phm 20 ναι, ἀδελφε, ἐγω σου ὀναιμην ἐν κυριω·

ὀνομα [231]

Mt 1 21 και καλεσεις το ὀνομα αὐτου ἰησουν·

23 και καλεσουσιν το ὀνομα αὐτου ἐμμανουηλ,

25 και ἐκαλεσεν το ὀνομα αὐτου ἰησουν.

6 9 ἁγιασθητω το ὀνομα σου·

7 22 οὐ τω σω ὀνοματι ἐπροφητευσαμεν,

22 και τω σω ὀνοματι δαιμονια ἐξεβαλομεν,

22 και τω σω ὀνοματι δυναμεις πολλας ἐποιησαμεν;

10 2 των δε δωδεκα ἀποστολων τα ὀνοματα ἐστιν ταυτα·

22 και ἐσεσθε μισουμενοι ὑπο παντων δια το ὀνομα μου·

41 ὁ δεχομενος προφητην εἰς ὀνομα προφητου μισθον προφητου λημψεται,

41 και ὁ δεχομενος δικαιον εἰς ὀνομα δικαιου μισθον δικαιου λημψεται.

42 και ὁς ἀν ποτιση ἑνα των μικρων τουτων ποτηριον ψυχρου μονον εἰς ὀνομα μαθητου,

12 21 και τω ὀνοματι αὐτου ἐθνη ἐλπιουσιν.

18 5 και ὁς ἐαν δεξηται ἑν παιδιον τοιουτο ἐπι τω ὀνοματι μου, ἐμε δεχεται·

20 οὐ γαρ εἰσιν δυο ἠ τρεις συνηγμενοι εἰς το ἐμον ὀνομα, ἐκει εἰμι ἐν μεσω αὐτων.

19 29 και πας ὁστις ἀφηκεν οἰκιας ἠ ἀδελφους ἠ ἀδελφας ἠ πατερα ἠ μητερα ἠ τεκνα ἠ ἀγρους ἑνεκεν του ὀνοματος μου, ἑκατονταπλασιονα λημψεται και ζωην αἰωνιον κληρονομησει.

ὄνομα [231]

Mt	21 9	ὡσαννα τω υἱω δαυιδ· εὐλογημενος ὁ ἐρχομενος ἐν ὀνοματι κυριου· ὡσαννα ἐν τοις ὑψιστοις.
	23 39	εὐλογημενος ὁ ἐρχομενος ἐν ὀνοματι κυριου.
	24 5	πολλοι γαρ ἐλευσονται ἐπι τω ὀνοματι μου λεγοντες·
	9	και ἐσεσθε μισουμενοι ὑπο παντων των ἐθνων δια το ὄνομα μου.
	27 32	ἐξερχομενοι δε εὑρον ἀνθρωπον κυρηναιον, ὀνοματι σιμωνα·
	57	ὀψιας δε γενομενης ἠλθεν ἀνθρωπος πλουσιος ἀπο ἀριμαθαιας, τουνομα ἰωσηφ, ὁς και αὐτος ἐμαθητευθη τω ἰησου·
	28 19	πορευθεντες οὐν μαθητευσατε παντα τα ἐθνη, βαπτιζοντες αὐτους εἰς το ὄνομα του πατρος και του υἱου και του ἁγιου πνευματος, διδασκοντες αὐτους τηρειν παντα ὁσα ἐνετειλαμην ὑμιν·
Mc	3 16	και ἐπεθηκεν ὄνομα τω σιμωνι πετρον·
	17	και ἰακωβον τον του ζεβεδαιου και ἰωαννην τον ἀδελφον του ἰακωβου, και ἐπεθηκεν αὐτοις ὀνομα[τα] βοανηργες, ὁ ἐστιν υἱοι βροντης·
	5 9	και ἐπηρωτα αὐτον· τί ὀνομα σοι;
	9	λεγιων ὀνομα μοι, ὁτι πολλοι ἐσμεν.
	22	και ἐρχεται εἱς των ἀρχισυναγωγων, ὀνοματι ἰαιρος, και ἰδων αὐτον πιπτει προς τους ποδας αὐτου,
	6 14	και ἠκουσεν ὁ βασιλευς ἡρωδης, φανερον γαρ ἐγενετο το ὀνομα αὐτου, και ἐλεγον ὁτι ἰωαννης ὁ βαπτιζων ἐγηγερται ἐκ νεκρων,
	9 37	ὁς ἀν ἑν των τοιουτων παιδιων δεξηται ἐπι τω ὀνοματι μου, ἐμε δεχεται·
	38	διδασκαλε, εἰδομεν τινα ἐν τω ὀνοματι σου ἐκβαλλοντα δαιμονια,
	39	μη κωλυετε αὐτον· οὐδεις γαρ ἐστιν ὁς ποιησει δυναμιν ἐπι τω ὀνοματι μου και δυνησεται ταχυ κακολογησαι με·
	41	ὁς γαρ ἀν ποτιση ὑμας ποτηριον ὑδατος ἐν ὀνοματι, ὁτι χριστου ἐστε, ἀμην λεγω ὑμιν ὁτι οὐ μη ἀπολεση τον μισθον αὐτου.
	11 9	ὡσαννα· εὐλογημενος ὁ ἐρχομενος ἐν ὀνοματι κυριου·
	13 6	πολλοι ἐλευσονται ἐπι τω ὀνοματι μου λεγοντες ὁτι ἐγω εἰμι, και πολλους πλανησουσιν.
	13	και ἐσεσθε μισουμενοι ὑπο παντων δια το ὄνομα μου·
	14 32	και ἐρχονται εἰς χωριον οὑ το ὀνομα γεθσημανι,
	16 17	ἐν τω ὀνοματι μου δαιμονια ἐκβαλουσιν, γλωσσαις λαλησουσιν καιναις,
Lc	1 5	ἐγενετο ἐν ταις ἡμεραις ἡρωδου βασιλεως της ἰουδαιας ἰερευς τις ὀνοματι ζαχαριας ἐξ ἐφημεριας ἀβια,
	5	και γυνη αὐτω ἐκ των θυγατερων ἀαρων, και το ὀνομα αὐτης ἐλισαβετ.
	13	και ἡ γυνη σου ἐλισαβετ γεννησει υἱον σοι, και καλεσεις το ὀνομα αὐτου ἰωαννην·
	26	ἐν δε τω μηνι τω ἐκτω ἀπεσταλη ὁ ἀγγελος γαβριηλ ἀπο του θεου εἰς πολιν της γαλιλαιας ᾑ ὀνομα ναζαρεθ,
	27	προς παρθενον ἐμνηστευμενην ἀνδρι ᾡ ὀνομα ἰωσηφ, ἐξ οἰκου δαυιδ, και το ὀνομα της παρθενου μαριαμ,
	27	προς παρθενον ἐμνηστευμενην ἀνδρι ᾡ ὀνομα ἰωσηφ, ἐξ οἰκου δαυιδ, και το ὀνομα της παρθενου μαριαμ.
	31	και ἰδου συλλημψη ἐν γαστρι και τεξη υἱον, και καλεσεις το ὀνομα αὐτου ἰησουν.
	49	και ἁγιον το ὀνομα αὐτου, και το ἐλεος αὐτου εἰς γενεας και γενεας τοις φοβουμενοις αὐτον ἐποιησεν κρατος ἐν βραχιονι αὐτου, διεσκορπισεν ὑπερηφανους διανοια καρδιας αὐτων·
	59	και ἐγενετο ἐν τη ἡμερα τη ὀγδοη ἠλθον περιτεμειν το παιδιον, και ἐκαλουν αὐτο ἐπι τω ὀνοματι του πατρος αὐτου ζαχαριαν.
	61	και εἰπαν προς αὐτην ὁτι οὐδεις ἐστιν ἐκ της συγγενειας σου ὁς καλειται τω ὀνοματι τουτω.
	63	ἰωαννης ἐστιν ὀνομα αὐτου.
	2 21	και ὁτε ἐπλησθησαν ἡμεραι ὀκτω του περιτεμειν αὐτον, και ἐκληθη το ὀνομα αὐτου ἰησους,
	25	και ἰδου ἀνθρωπος ἠν ἐν ἰερουσαλημ ᾡ ὀνομα συμεων,
	5 27	και μετα ταυτα ἐξηλθεν, και ἐθεασατο τελωνην ὀνοματι λευιν καθημενον ἐπι το τελωνιον,
	6 22	μακαριοι ἐστε ὁταν μισησωσιν ὑμας οἱ ἀνθρωποι, και ὁταν ἀφορισωσιν ὑμας και ὀνειδισωσιν και ἐκβαλωσιν το ὀνομα ὑμων ὡς πονηρον ἑνεκα του υἱου του ἀνθρωπου.
	8 30	τί σοι ὀνομα ἐστιν;
	41	και ἰδου ἠλθεν ἀνηρ ᾡ ὀνομα ἰαιρος, και οὑτος ἀρχων της συναγωγης ὑπηρχεν·
	9 48	ὁς ἐαν δεξηται τουτο το παιδιον ἐπι τω ὀνοματι μου, ἐμε δεχεται·
	49	ἐπιστατα, εἰδομεν τινα ἐν τω ὀνοματι σου ἐκβαλλοντα δαιμονια,

ὄνομα [231]

Lc	10 17	κυριε, και τα δαιμονια ὑποτασσεται ἡμιν ἐν τω ὀνοματι σου.
	20	χαιρετε δε ὁτι τα ὀνοματα ὑμων ἐγγεγραπται ἐν τοις οὐρανοις.
	38	γυνη δε τις ὀνοματι μαρθα ὑπεδεξατο αὐτον.
	11 2	ὁταν προσευχησθε, λεγετε· πατερ, ἁγιασθητω το ὀνομα σου·
	13 35	εὐλογημενος ὁ ἐρχομενος ἐν ὀνοματι κυριου.
	16 20	πτωχος δε τις ὀνοματι λαζαρος ἐβεβλητο προς τον πυλωνα αὐτου εἱλκωμενος και ἐπιθυμων χορτασθηναι ἀπο των πιπτοντων ἀπο της τραπεζης του πλουσιου·
	19 2	και ἰδου ἀνηρ ὀνοματι καλουμενος ζακχαιος, και αὐτος ἠν ἀρχιτελωνης,
	38	εὐλογημενος ὁ ἐρχομενος, ὁ βασιλευς ἐν ὀνοματι κυριου· ἐν οὐρανω εἰρηνη και δοξα ἐν ὑψιστοις.
	21 8	πολλοι γαρ ἐλευσονται ἐπι τω ὀνοματι μου λεγοντες·
	12	παραδιδοντες εἰς τας συναγωγας και φυλακας, ἀπαγομενους ἐπι βασιλεις και ἡγεμονας ἑνεκεν του ὀνοματος μου·
	17	και ἐσεσθε μισουμενοι ὑπο παντων δια το ὀνομα μου.
	23 50	και ἰδου ἀνηρ ὀνοματι ἰωσηφ βουλευτης ὑπαρχων, [και] ἀνηρ ἀγαθος και δικαιος,
	24 13	και ἰδου δυο ἐξ αὐτων ἐν αὐτη τη ἡμερα ἠσαν πορευομενοι εἰς κωμην ἀπεχουσαν σταδιους ἑξηκοντα ἀπο ἰερουσαλημ, ᾑ ὀνομα ἐμμαους,
	18	ἀποκριθεις δε εἱς ὀνοματι κλεοπας εἰπεν προς αὐτον· συ μονος παροικεις ἰερουσαλημ και οὐκ ἐγνως τα γενομενα ἐν αὐτη ἐν ταις ἡμεραις ταυταις;
	47	και κηρυχθηναι ἐπι τω ὀνοματι αὐτου μετανοιαν εἰς ἀφεσιν ἁμαρτιων εἰς παντα τα ἐθνη, ἀρξαμενοι ἀπο ἰερουσαλημ.
Jh	1 6	ἀπεσταλμενος παρα θεου, ὀνομα αὐτω ἰωαννης·
	12	ἐδωκεν αὐτοις ἐξουσιαν τεκνα θεου γενεσθαι, τοις πιστευουσιν εἰς το ὀνομα αὐτου,
	2 23	ὡς δε ἠν ἐν τοις ἱεροσολυμοις ἐν τω πασχα ἐν τη ἑορτη, πολλοι ἐπιστευσαν εἰς το ὀνομα αὐτου,
	3 1	ἠν δε ἀνθρωπος ἐκ των φαρισαιων, νικοδημος ὀνομα αὐτω,
	18	ὁ δε μη πιστευων ἠδη κεκριται, ὁτι μη πεπιστευκεν εἰς το ὀνομα του μονογενους υἱου του θεου.
	5 43	ἐγω ἐληλυθα ἐν τω ὀνοματι του πατρος μου,
	43	ἐαν ἀλλος ἐλθη ἐν τω ὀνοματι τω ἰδιω, ἐκεινον λημψεσθε.
	10 3	και τα προβατα της φωνης αὐτου ἀκουει, και τα ἰδια προβατα φωνει κατ ὀνομα και ἐξαγει αὐτα.
	25	τα ἐργα ἁ ἐγω ποιω ἐν τω ὀνοματι του πατρος μου, ταυτα μαρτυρει περι ἐμου·
	12 13	ὡσαννα, εὐλογημενος ὁ ἐρχομενος ἐν ὀνοματι κυριου, [και] ὁ βασιλευς του ἰσραηλ.
	28	πατερ, δοξασον σου το ὀνομα.
	14 13	και ὁτι ἀν αἰτησητε ἐν τω ὀνοματι μου, τουτο ποιησω, ἱνα δοξασθη ὁ πατηρ ἐν τω υἱω.
	14	ἐαν τι αἰτησητε με ἐν τω ὀνοματι μου, ἐγω ποιησω.
	26	ὁ δε παρακλητος, το πνευμα το ἁγιον ὁ πεμψει ὁ πατηρ ἐν τω ὀνοματι μου, ἐκεινος ὑμας διδαξει παντα και ὑπομνησει ὑμας παντα ἁ εἰπον ὑμιν [ἐγω].
	15 16	και ἐθηκα ὑμας ἱνα ὑμεις ὑπαγητε και καρπον φερητε και ὁ καρπος ὑμων μενη, ἱνα ὁτι ἀν αἰτησητε τον πατερα ἐν τω ὀνοματι μου δω ὑμιν.
	21	ἀλλα ταυτα παντα ποιησουσιν εἰς ὑμας δια το ὀνομα μου, ὁτι οὐκ οἰδασιν τον πεμψαντα με.
	16 23	ἀν τι αἰτησητε τον πατερα ἐν τω ὀνοματι μου δωσει ὑμιν.
	24	ἑως ἀρτι οὐκ ᾐτησατε οὐδεν ἐν τω ὀνοματι μου·
	26	ἐν ἐκεινη τη ἡμερα ἐν τω ὀνοματι μου αἰτησεσθε,
	17 6	ἐφανερωσα σου το ὀνομα τοις ἀνθρωποις οὑς ἐδωκας μοι ἐκ του κοσμου.
	11	πατερ ἁγιε, τηρησον αὐτους ἐν τω ὀνοματι σου ᾡ δεδωκας μοι, ἱνα ὡσιν ἑν καθως ἡμεις.
	12	ὁτε ἠμην μετ αὐτων, ἐγω ἐτηρουν αὐτους ἐν τω ὀνοματι σου ᾡ δεδωκας μοι,
	26	και ἐγνωρισα αὐτοις το ὀνομα σου και γνωρισω, ἱνα ἡ ἀγαπη ἡν ἠγαπησας με ἐν αὐτοις ᾑ καγω ἐν αὐτοις.
	18 10	ἠν δε ὀνομα τω δουλω μαλχος.
	20 31	ταυτα δε γεγραπται ἱνα πιστευ[σ]ητε ὁτι ἰησους ἐστιν ὁ χριστος ὁ υἱος του θεου, και ἱνα πιστευοντες ζωην ἐχητε ἐν τω ὀνοματι αὐτου.
Ac	1 15	και ἐν ταις ἡμεραις ταυταις ἀναστας πετρος ἐν μεσω των ἀδελφων εἰπεν· ἠν τε ὀχλος ὀνοματων ἐπι το αὐτο ὡσει ἑκατονεικοσι· ἀνδρες ἀδελφοι, ἐδει πληρωθηναι την γραφην
	2 21	και ἐσται πας ὁς ἀν ἐπικαλεσηται το ὀνομα κυριου σωθησεται.
	38	μετανοησατε, [φησιν,] και βαπτισθητω ἑκαστος ὑμων ἐπι τω ὀνοματι ἰησου χριστου εἰς ἀφεσιν των ἁμαρτιων ὑμων,
	3 6	ἐν τω ὀνοματι ἰησου χριστου του ναζωραιου [ἐγειρε και] περιπατει.

ὄνομα [231]

Ac 3 16 και επι τη πιστει του ὀνόματος αυτου τουτον, ὁν θεωρειτε
και οἴδατε, ἐστερεωσεν το ὄνομα αὐτου,

16 και επι τη πιστει το ὀνόματος αυτου τουτον, ὁν θεωρειτε
και οἴδατε, ἐστερεωσεν το ὄνομα αὐτου,

4 7 ἐν ποιᾳ δυναμει ἠ ἐν ποιῳ ὀνόματι ἐποιησατε τουτο ὑμεις;

10 γνωστον ἐστω πασιν ὑμιν και παντι τω λαω ἰσραηλ, ὁτι ἐν τω
ὀνόματι ἰησου χριστου του ναζωραιου, ὁν ὑμεις
ἐσταυρωσατε, ὁν ὁ θεος ἠγειρεν ἐκ νεκρων, ἐν τουτω οὑτος
παρεστηκεν ἐνωπιον ὑμων ὑγιης.

12 οὐδε γαρ ὄνομα ἐστιν ἑτερον ὑπο τον οὐρανον το δεδομενον
ἐν ἀνθρωποις ἐν ᾡ δει σωθηναι ἡμας.

17 ἀλλ ἱνα μη ἐπι πλειον διανεμηθη εἰς τον λαον, ἀπειλησωμεθα
αὐτοις μηκετι λαλειν ἐπι τω ὀνόματι τουτῳ μηδενι ἀνθρωπων.

18 και καλεσαντες αὐτους παρηγγειλαν το καθολου μη
φθεγγεσθαι μηδε διδασκειν ἐπι τω ὀνόματι του ἰησου.

30 ἐν τω την χειρα [σου] ἐκτεινειν σε εἰς ἰασιν και σημεια και
τερατα γινεσθαι δια του ὀνόματος του ἁγιου παιδος σου
ἰησου.

5 1 ἀνηρ δε τις ἀνανιας ὀνόματι συν σαπφιρη τη γυναικι αὐτου
ἐπωλησεν κτημα,

28 [οὐ] παραγγελια παρηγγειλαμεν ὑμιν μη διδασκειν ἐπι τω
ὀνόματι τουτῳ;

34 ἀναστας δε τις ἐν τω συνεδριω φαρισαιος ὀνόματι γαμαλιηλ,

40 ἐπεισθησαν δε αὐτῳ, και προσκαλεσαμενοι τους ἀποστολους
δειραντες παρηγγειλαν μη λαλειν ἐπι τω ὀνόματι του ἰησου
και ἀπελυσαν.

41 οἱ μεν οὐν ἐπορευοντο χαιροντες ἀπο προσωπου του
συνεδριου, ὁτι κατηξιωθησαν ὑπερ του ὀνόματος
ἀτιμασθηναι·

8 9 ἀνηρ δε τις ὀνόματι σιμων προυπηρχεν ἐν τη πολει μαγευων
και ἐξιστανων το ἐθνος της σαμαρειας, λεγων εἰναι τινα
ἑαυτον μεγαν,

12 ὁτε δε ἐπιστευσαν τω φιλιππω εὐαγγελιζομενω περι της
βασιλειας του θεου και του ὀνόματος ἰησου χριστου,
ἐβαπτιζοντο ἀνδρες τε και γυναικες.

16 οὐδεπω γαρ ἠν ἐπ οὐδενι αὐτων ἐπιπεπτωκος, μονον δε
βεβαπτισμενοι ὑπηρχον εἰς το ὄνομα του κυριου ἰησου.

9 10 ἠν δε τις μαθητης ἐν δαμασκω ὀνόματι ἀνανιας,

11 ἀναστας πορευθητι ἐπι την ῥυμην την καλουμενην εὐθειαν
και ζητησον ἐν οἰκια ἰουδα σαυλον ὀνόματι ταρσεα·

12 ἰδου γαρ προσευχεται, και εἰδεν ἀνδρα [ἐν ὁραματι] ἀνανιαν
ὀνόματι εἰσελθοντα και ἐπιθεντα αὐτω [τας] χειρας, ὁπως
ἀναβλεψη.

14 και ὡδε ἐχει ἐξουσιαν παρα των ἀρχιερεων δησαι παντας
τους ἐπικαλουμενους το ὄνομα σου.

15 πορευου, ὁτι σκευος ἐκλογης ἐστιν μοι οὑτος του βαστασαι
το ὄνομα μου ἐνωπιον ἐθνων τε και βασιλεων υἱων τε
ἰσραηλ·

16 ἐγω γαρ ὑποδειξω αὐτω ὁσα δει αὐτον ὑπερ του ὀνόματος
μου παθειν.

21 οὐχ οὑτος ἐστιν ὁ πορθησας εἰς ἰερουσαλημ τους
ἐπικαλουμενους το ὄνομα τουτο, και ὡδε εἰς τουτο ἐληλυθει,
ἱνα δεδεμενους αὐτους ἀγαγη ἐπι τους ἀρχιερεις;

27 και ὁτι ἐλαλησεν αὐτω, και πως ἐν δαμασκω ἐπαρρησιασατο
ἐν τω ὀνόματι του ἰησου.

28 και ἠν μετ αὐτων εἰσπορευομενος και ἐκπορευομενος εἰς
ἰερουσαλημ, παρρησιαζομενος ἐν τω ὀνόματι του κυριου,

33 εὑρεν δε ἐκει ἀνθρωπον τινα ὀνόματι αἰνεαν ἐξ ἐτων ὀκτω
κατακειμενον ἐπι κραβαττου,

36 ἐν ἰοππη δε τις ἠν μαθητρια ὀνόματι ταβιθα,

10 1 ἀνηρ δε τις ἐν καισαρεια ὀνόματι κορνηλιος, ἑκατονταρχης
ἐκ σπειρης της καλουμενης ἰταλικης,

43 τουτω παντες οἱ προφηται μαρτυρουσιν, ἀφεσιν ἁμαρτιων
λαβειν δια του ὀνόματος αὐτου παντα τον πιστευοντα εἰς
αὐτον.

48 προσεταξεν δε αὐτους ἐν τω ὀνόματι ἰησου χριστου
βαπτισθηναι.

11 28 ἀναστας δε εἰς ἐξ αὐτων ὀνόματι ἀγαβος ἐσημανεν δια του
πνευματι λιμον μεγαλην μελλειν ἐσεσθαι ἐφ ὁλην την
οἰκουμενην·

12 13 κρουσαντος δε αὐτου την θυραν του πυλωνος προσηλθεν
παιδισκη ὑπακουσαι ὀνόματι ῥοδη,

13 6 διελθοντες δε ὁλην την νησον ἀχρι παφου εὑρον ἀνδρα τινα
μαγον ψευδοπροφητην ἰουδαιον, ᾡ ὄνομα βαριησου,

8 ἀνθιστατο δε αὐτοις ἐλυμας ὁ μαγος, οὑτως γαρ
μεθερμηνευεται το ὄνομα αὐτου, ζητων διαστρεψαι τον
ἀνθυπατον ἀπο της πιστεως.

15 14 συμεων ἐξηγησατο καθως πρωτον ὁ θεος ἐπεσκεψατο λαβειν
ἐξ ἐθνων λαον τω ὀνόματι αὐτου.

ὄνομα [231]

Ac 15 17 ὁπως ἀν ἐκζητησωσιν οἱ καταλοιποι των ἀνθρωπων τον
κυριον, και παντα τα ἐθνη ἐφ οὑς ἐπικεκληται το ὄνομα μου
ἐπ αὐτους,

26 ἐκλεξαμενοις ἀνδρας πεμψαι προς ὑμας συν τοις ἀγαπητοις
ἡμων βαρναβα και παυλω, ἀνθρωποις παραδεδωκοσι τας
ψυχας αὐτων ὑπερ του ὀνόματος του κυριου ἡμων ἰησου
χριστου.

16 1 και ἰδου μαθητης τις ἠν ἐκει ὀνόματι τιμοθεος,

14 και τις γυνη ὀνόματι λυδια, πορφυροπωλις πολεως θυατειρων,
σεβομενη τον θεον, ἠκουεν,

18 παραγγελλω σοι ἐν ὀνόματι ἰησου χριστου ἐξελθειν ἀπ αὐτης·

17 34 τινες δε ἀνδρες κολληθεντες αὐτω ἐπιστευσαν, ἐν οἱς και
διονυσιος ὁ ἀρεοπαγιτης και γυνη ὀνόματι δαμαρις και
ἑτεροι συν αὐτοις.

18 2 και εὑρων τινα ἰουδαιον ὀνόματι ἀκυλαν, ποντικον τω γενει,
προσφατως ἐληλυθοτα ἀπο της ἰταλιας,

7 και μεταβας ἐκειθεν εἰσηλθεν εἰς οἰκιαν τινος ὀνόματι τιτιου
ἰουστου σεβομενου τον θεον,

15 εἰ δε ζητηματα ἐστιν περι λογου και ὀνόματων και νομου του
καθ ὑμας, ὀψεσθε αὐτοι·

24 ἰουδαιος δε τις ἀπολλως ὀνόματι, ἀλεξανδρευς τω γενει, ἀνηρ
λογιος, κατηντησεν εἰς ἐφεσον, δυνατος ὡν ἐν ταις γραφαις.

19 5 ἀκουσαντες δε ἐβαπτισθησαν εἰς το ὄνομα του κυριου ἰησου·

13 ἐπεχειρησαν δε τινες και των περιερχομενων ἰουδαιων
ἐξορκιστων ὀνομαζειν ἐπι τους ἐχοντας τα πνευματα τα
πονηρα το ὄνομα του κυριου ἰησου λεγοντες·

17 και ἐπεπεσεν φοβος ἐπι παντας αὐτους, και ἐμεγαλυνετο το
ὄνομα του κυριου ἰησου·

24 δημητριος γαρ τις ὀνόματι, ἀργυροκοπος, ποιων ναους
ἀργυρους ἀρτεμιδος παρειχετο τοις τεχνιταις οὐκ ὀλιγην
ἐργασιαν,

20 9 καθεζομενος δε τις νεανιας ὀνόματι εὐτυχος ἐπι της θυριδος,
καταφερομενος ὑπνω βαθει, διαλεγομενου του παυλου ἐπι
πλειον,

21 10 ἐπιμενοντων δε ἡμερας πλειους κατηλθεν τις ἀπο της
ἰουδαιας προφητης ὀνόματι ἀγαβος,

13 ἐγω γαρ οὐ μονον δεθηναι ἀλλα και ἀποθανειν εἰς
ἰερουσαλημ ἑτοιμως ἐχω ὑπερ του ὀνόματος του κυριου
ἰησου.

22 16 ἀναστας βαπτισαι και ἀπολουσαι τας ἁμαρτιας σου,
ἐπικαλεσαμενος το ὄνομα αὐτου.

26 9 ἐγω μεν οὐν ἐδοξα ἐμαυτω προς το ὄνομα ἰησου του
ναζωραιου δειν πολλα ἐναντια πραξαι·

27 1 ὡς δε ἐκριθη του ἀποπλειν ἡμας εἰς την ἰταλιαν, παρεδιδουν
τον τε παυλον και τινας ἑτερους δεσμωτας ἑκατονταρχη
ὀνόματι ἰουλιω σπειρης σεβαστης.

28 7 ἐν δε τοις περι τον τοπον ἐκεινον ὑπηρχεν χωρια τω πρωτω
της νησου ὀνόματι ποπλιω,

Rm 1 5 ἰησου χριστου του κυριου ἡμων, δι οὑ ἐλαβομεν χαριν και
ἀποστολην εἰς ὑπακοην πιστεως ἐν πασιν τοις ἐθνεσιν ὑπερ
του ὀνόματος αὐτου,

2 24 το γαρ ὄνομα του θεου δι ὑμας βλασφημειται ἐν τοις ἐθνεσιν,
καθως γεγραπται.

9 17 ὁπως ἐνδειξωμαι ἐν σοι την δυναμιν μου, και ὁπως διαγγελη
το ὄνομα μου ἐν παση τη γη.

10 13 πας γαρ ὁς ἀν ἐπικαλεσηται το ὄνομα κυριου σωθησεται.

15 9 δια τουτο ἐξομολογησομαι σοι ἐν ἐθνεσιν και τω ὀνόματι
σου ψαλω.

1Co 1 2 συν πασιν τοις ἐπικαλουμενοις το ὄνομα του κυριου ἡμων
ἰησου χριστου ἐν παντι τοπω, αὐτων και ἡμων·

10 παρακαλω δε ὑμας, ἀδελφοι, δια του ὀνόματος του κυριου
ἡμων ἰησου χριστου, ἱνα το αὐτο λεγητε παντες,

13 μη παυλος ἐσταυρωθη ὑπερ ὑμων, ἠ εἰς το ὄνομα παυλου
ἐβαπτισθητε;

15 ἱνα μη τις εἰπη ὁτι εἰς το ἐμον ὄνομα ἐβαπτισθητε.

5 4 ἐν τω ὀνόματι του κυριου [ἡμων] ἰησου συναχθεντων ὑμων
και του ἐμου πνευματος συν τη δυναμει του κυριου ἡμων
ἰησου

6 11 ἀλλα ἀπελουσασθε, ἀλλα ἡγιασθητε, ἀλλα ἐδικαιωθητε ἐν τω
ὀνόματι του κυριου ἰησου χριστου και ἐν τω πνευματι του
θεου ἡμων.

Eph 1 21 και παντος ὀνόματος ὀνομαζομενου οὐ μονον ἐν τω αἰωνι
τουτω ἀλλα και ἐν τω μελλοντι·

5 20 εὐχαριστουντες παντοτε ὑπερ παντων ἐν ὀνόματι του κυριου
ἡμων ἰησου χριστου τω θεω και πατρι,

Php 2 9 διο και ὁ θεος αὐτον ὑπερυψωσεν και ἐχαρισατο αὐτω το
ὄνομα το ὑπερ παν ὄνομα,

9 διο και ὁ θεος αὐτον ὑπερυψωσεν και ἐχαρισατο αὐτω το
ὄνομα το ὑπερ παν ὄνομα,

ὄνομα [231]

Php	2 10	καὶ ἐχαρισατο αὐτῳ το ὄνομα το ὑπερ παν ὄνομα, ἱνα ἐν τῳ ὀνοματι ἰησου παν γονυ καμψη ἐπουρανιων και ἐπιγειων και καταχθονιων,
	4 3	αἱτινες ἐν τῳ εὐαγγελιῳ συνηθλησαν μοι μετα και κλημεντος και των λοιπων συνεργων μου, ὡν τα ὀνοματα ἐν βιβλῳ ζωης.
Col	3 17	και παν ὁτι ἐαν ποιητε ἐν λογῳ ἠ ἐν ἐργῳ, παντα ἐν ὀνοματι κυριου ἰησου,
2Th	1 12	ὁπως ἐνδοξασθη το ὄνομα του κυριου ἡμων ἰησου ἐν ὑμιν, και ὑμεις ἐν αὐτῳ, κατα την χαριν του θεου ἡμων και κυριου ἰησου χριστου.
	3 6	παραγγελλομεν δε ὑμιν, ἀδελφοι, ἐν ὀνοματι του κυριου [ἡμων] ἰησου χριστου, στελλεσθαι ὑμας ἀπο παντος ἀδελφου
1Tm	6 1	ὁσοι εἰσιν ὑπο ζυγον δουλοι, τους ἰδιους δεσποτας πασης τιμης ἀξιους ἡγεισθωσαν, ἱνα μη το ὄνομα του θεου και ἡ διδασκαλια βλασφημηται.
2Tm	2 19	ἐγνω κυριος τους ὀντας αὐτου, και· ἀποστητω ἀπο ἀδικιας πας ὁ ὀνομαζων το ὄνομα κυριου.
Heb	1 4	τοσουτῳ κρειττων γενομενος των ἀγγελων ὁσῳ διαφορωτερον παρ αὐτους κεκληρονομηκεν ὄνομα.
	2 12	ἀπαγγελω το ὄνομα σου τοις ἀδελφοις μου,
	6 10	οὐ γαρ ἀδικος ὁ θεος ἐπιλαθεσθαι του ἐργου ὑμων και της ἀγαπης ἡς ἐνεδειξασθε εἰς το ὄνομα αὐτου,
	13 15	δι αὐτου [οὐν] ἀναφερωμεν θυσιαν αἰνεσεως δια παντος τῳ θεῳ, τουτ ἐστιν καρπον χειλεων ὁμολογουντων τῳ ὀνοματι αὐτου.
Ja	2 7	οὐκ αὐτοι βλασφημουσιν το καλον ὄνομα το ἐπικληθεν ἐφ ὑμας;
	5 10	ὑποδειγμα λαβετε, ἀδελφοι, της κακοπαθιας και της μακροθυμιας τους προφητας, οἱ ἐλαλησαν ἐν τῳ ὀνοματι κυριου.
	14	και προσευξασθωσαν ἐπ αὐτον ἀλειψαντες [αὐτον] ἐλαιῳ ἐν τῳ ὀνοματι του κυριου.
1Pt	4 14	εἰ ὀνειδιζεσθε ἐν ὀνοματι χριστου, μακαριοι,
	16	εἰ δε ὡς χριστιανος, μη αἰσχυνεσθω, δοξαζετω δε τον θεον ἐν τῳ ὀνοματι τουτῳ.
1Jh	2 12	γραφω ὑμιν, τεκνια, ὁτι ἀφεωνται ὑμιν αἱ ἁμαρτιαι δια το ὄνομα αὐτου.
	3 23	και αὑτη ἐστιν ἡ ἐντολη αὐτου, ἱνα πιστευσωμεν τῳ ὀνοματι του υἱου αὐτου ἰησου χριστου
	5 13	ταυτα ἐγραψα ὑμιν ἱνα εἰδητε ὁτι ζωην ἐχετε αἰωνιον, τοις πιστευουσιν εἰς το ὄνομα του υἱου του θεου.
3Jh	7	ὑπερ γαρ του ὀνοματος ἐξηλθον μηδεν λαμβανοντες ἀπο των ἐθνικων.
	15	ἀσπαζονται σε οἱ φιλοι. ἀσπαζου τους φιλους κατ ὄνομα.
Apc	2 3	και ὑπομονην ἐχεις, και ἐβαστασας δια το ὄνομα μου,
	13	και κρατεις το ὄνομα μου,
	17	και δωσω αὐτῳ ψηφον λευκην, και ἐπι την ψηφον ὄνομα καινον γεγραμμενον,
	3 1	οἰδα σου τα ἐργα, ὁτι ὄνομα ἐχεις ὁτι ζης, και νεκρος εἰ.
	4	ἀλλα ἐχεις ὀλιγα ὀνοματα ἐν σαρδεσιν ἁ οὐκ ἐμολυναν τα ἱματια αὐτων,
	5	και οὐ μη ἐξαλειψω το ὄνομα αὐτου ἐκ της βιβλου της ζωης,
	5	και ὁμολογησω το ὄνομα αὐτου ἐνωπιον του πατρος μου και ἐνωπιον των ἀγγελων αὐτου.
	8	και ἐτηρησας μου τον λογον και οὐκ ἠρνησω το ὄνομα μου.
	12	και γραψω ἐπ αὐτον το ὄνομα του θεου μου και το ὄνομα της πολεως του θεου μου,
	12	και γραψω ἐπ αὐτον το ὄνομα του θεου μου και το ὄνομα της πολεως του θεου μου,
	12	και το ὄνομα μου το καινον.
	6 8	και εἰδον, και ἰδου ἱππος χλωρος, και ὁ καθημενος ἐπανω αὐτου, ὄνομα αὐτῳ [ὁ] θανατος,
	8 11	και το ὀνομα του ἀστερος λεγεται ὁ ἀψινθος.
	9 11	ἐχουσιν ἐπ αὐτων βασιλεα τον ἀγγελον της ἀβυσσου, ὄνομα αὐτῳ ἑβραιστι ἀβαδδων,
	11	και ἐν τη ἑλληνικη ὀνομα ἐχει ἀπολλυων.
	11 13	και ἀπεκτανθησαν ἐν τῳ σεισμῳ ὀνοματα ἀνθρωπων χιλιαδες ἑπτα,
	18	και δουναι τον μισθον τοις δουλοις σου τοις προφηταις και τοις ἁγιοις και τοις φοβουμενοις το ὄνομα σου,
	13 1	και ἐπι τας κεφαλας αὐτου ὀνομα[τα] βλασφημιας.
	6	και ἠνοιξεν το στομα αὐτου εἰς βλασφημιας προς τον θεον, βλασφημησαι το ὄνομα αὐτου και την σκηνην αὐτου,
	8	και προσκυνησουσιν αὐτον παντες οἱ κατοικουντες ἐπι της γης, οὑ οὐ γεγραπται το ὄνομα αὐτου ἐν τῳ βιβλιῳ της ζωης του ἀρνιου
	17	και ἱνα μη τις δυνηται ἀγορασαι ἠ πωλησαι εἰ μη ὁ ἐχων το χαραγμα το ὄνομα του θηριου ἠ τον ἀριθμον του ὀνοματος αὐτου.

ὄνομα [231]

Apc	13 17	και ἱνα μη τις δυνηται ἀγορασαι ἠ πωλησαι εἰ μη ὁ ἐχων το χαραγμα το ὄνομα του θηριου ἠ τον ἀριθμον του ὀνοματος αὐτου.
	14 1	και μετ αὐτου ἐκατοντεσσερακοντατεσσαρες χιλιαδες ἐχουσαι το ὄνομα αὐτου και το ὄνομα του πατρος αὐτου γεγραμμενον ἐπι των μετωπων αὐτων.
	1	και μετ αὐτου ἐκατοντεσσερακοντατεσσαρες χιλιαδες ἐχουσαι το ὄνομα αὐτου και το ὄνομα του πατρος αὐτου γεγραμμενον ἐπι των μετωπων αὐτων.
	11	και εἰ τις λαμβανει το χαραγμα του ὀνοματος αὐτου.
	15 2	και τους νικωντας ἐκ του θηριου και ἐκ της εἰκονος αὐτου και ἐκ του ἀριθμου του ὀνοματος αὐτου ἐστωτας ἐπι την θαλασσαν την ὑαλινην,
	4	τις οὑ μη φοβηθη, κυριε, και δοξασει το ὄνομα σου;
	16 9	και ἐβλασφημησαν το ὄνομα του θεου του ἐχοντος την ἐξουσιαν ἐπι τας πληγας ταυτας,
	17 3	και εἰδον γυναικα καθημενην ἐπι θηριον κοκκινον, γεμον[τα] ὀνοματα βλασφημιας,
	5	και ἐπι το μετωπον αὐτης ὀνομα γεγραμμενον, μυστηριον,
	8	και θαυμασθησονται οἱ κατοικουντες ἐπι της γης, ὡν οὐ γεγραπται το ὄνομα ἐπι το βιβλιον της ζωης ἀπο καταβολης κοσμου,
	19 12	και ἐπι την κεφαλην αὐτου διαδηματα πολλα, ἐχων ὀνομα γεγραμμενον ὁ οὐδεις οἰδεν εἰ μη αὐτος,
	13	και κεκληται το ὄνομα αὐτου ὁ λογος του θεου.
	16	και ἐχει ἐπι το ἱματιον και ἐπι τον μηρον αὐτου ὀνομα γεγραμμενον·
	21 12	και ὀνοματα ἐπιγεγραμμενα, ἁ ἐστιν [τα ὀνοματα] των δωδεκα φυλων υἱων ἰσραηλ.
	12	και ὀνοματα ἐπιγεγραμμενα, ἁ ἐστιν [τα ὀνοματα] των δωδεκα φυλων υἱων ἰσραηλ.
	14	και ἐπ αὐτων δωδεκα ὀνοματα των δωδεκα ἀποστολων του ἀρνιου.
	22 4	και το ὄνομα αὐτου ἐπι των μετωπων αὐτων.

ὀνομαζω [10]

Mc	3 14	και ἐποιησεν δωδεκα [οὑς και ἀποστολους ὠνομασεν],
Lc	6 13	και ἐκλεξαμενος ἀπ αὐτων δωδεκα, οὑς και ἀποστολους ὠνομασεν,
	14	σιμωνα, ὁν και ὠνομασεν πετρον, και ἀνδρεαν τον ἀδελφον αὐτου,
Ac	19 13	ἐπεχειρησαν δε τινες και των περιερχομενων ἰουδαιων ἐξορκιστων ὀνομαζειν ἐπι τους ἐχοντας τα πνευματα τα πονηρα το ὀνομα του κυριου ἰησου λεγοντες·
Rm	15 20	οὑτως δε φιλοτιμουμενον εὐαγγελιζεσθαι οὐχ ὁπου ὠνομασθη χριστος,
1Co	5 11	νυν δε ἐγραψα ὑμιν μη συναναμιγνυσθαι ἐαν τις ἀδελφος ὀνομαζομενος ἠ πορνος ἠ πλεονεκτης ἠ εἰδωλολατρης ἠ λοιδορος ἠ μεθυσος ἠ ἁρπαξ,
Eph	1 21	και παντος ὀνοματος ὀνομαζομενου οὐ μονον ἐν τῳ αἰωνι τουτῳ ἀλλα και ἐν τῳ μελλοντι·
	3 15	τουτου χαριν καμπτω τα γονατα μου προς τον πατερα, ἐξ οὑ πασα πατρια ἐν οὐρανοις και ἐπι γης ὀνομαζεται,
	5 3	πορνεια δε και ἀκαθαρσια πασα ἠ πλεονεξια μηδε ὀνομαζεσθω ἐν ὑμιν,
2Tm	2 19	ἐγνω κυριος τους ὀντας αὐτου, και· ἀποστητω ἀπο ἀδικιας πας ὁ ὀνομαζων το ὀνομα κυριου.

ὄνος [5]

Mt	21 2	πορευεσθε εἰς την κωμην την κατεναντι ὑμων, και εὐθεως εὑρησετε ὀνον δεδεμενην και πωλον μετ αὐτης· λυσαντες ἀγαγετε μοι.
	5	εἰπατε τη θυγατρι σιων· ἰδου ὁ βασιλευς σου ἐρχεται σοι πραυς και ἐπιβεβηκως ἐπι ὀνον και ἐπι πωλον υἱον ὑποζυγιου.
	7	πορευθεντες δε οἱ μαθηται και ποιησαντες καθως συνεταξεν αὐτοις ὁ ἰησους ἠγαγον την ὀνον και τον πωλον,
Lc	13 15	ὑποκριται, ἑκαστος ὑμων τῳ σαββατῳ οὐ λυει τον βουν αὐτου ἠ τον ὀνον ἀπο της φατνης και ἀπαγαγων ποτιζει;
Jh	12 15	ἰδου ὁ βασιλευς σου ἐρχεται, καθημενος ἐπι πωλον ὀνου.

ὄντως [10]

Mc	11 32	ἀλλα εἰπωμεν· ἐξ ἀνθρωπων; ἐφοβουντο τον ὀχλον· ἁπαντες γαρ εἰχον τον ἰωαννην ὀντως ὁτι προφητης ἠν.
Lc	23 47	ὀντως ὁ ἀνθρωπος οὑτος δικαιος ἠν.
	24 34	και εὑρον ἠθροισμενους τους ἑνδεκα και τους συν αὐτοις, λεγοντας ὁτι ὀντως ἠγερθη ὁ κυριος και ὠφθη σιμωνι.

ὄντως [10]

Jh	8 36	ἐὰν οὖν ὁ υἱὸς ὑμᾶς ἐλευθερώσῃ, ὄντως ἐλεύθεροι ἔσεσθε.
1Co	14 25	καὶ οὕτως πεσὼν ἐπὶ πρόσωπον προσκυνήσει τῷ θεῷ, ἀπαγγέλλων ὅτι ὄντως ὁ θεὸς ἐν ὑμῖν ἐστιν.
Ga	3 21	εἰ γὰρ ἐδόθη νόμος ὁ δυνάμενος ζωοποιῆσαι, ὄντως ἐκ νόμου ἂν ἦν ἡ δικαιοσύνη·
1Tm	5 3	χήρας τίμα τὰς ὄντως χήρας.
	5	ἡ δὲ ὄντως χήρα καὶ μεμονωμένη ἤλπικεν ἐπὶ θεὸν
	16	καὶ μὴ βαρείσθω ἡ ἐκκλησία, ἵνα ταῖς ὄντως χήραις ἐπαρκέσῃ.
	6 19	ἀποθησαυρίζοντας ἑαυτοῖς θεμέλιον καλὸν εἰς τὸ μέλλον, ἵνα ἐπιλάβωνται τῆς ὄντως ζωῆς.

ὄξος [6]

Mt	27 48	καὶ εὐθέως δραμὼν εἷς ἐξ αὐτῶν καὶ λαβὼν σπόγγον πλήσας τε ὄξους καὶ περιθεὶς καλάμῳ ἐπότιζεν αὐτόν.
Mc	15 36	δραμὼν δέ τις [καὶ] γεμίσας σπόγγον ὄξους περιθεὶς καλάμῳ ἐπότιζεν αὐτόν,
Lc	23 36	ὄξος προσφέροντες αὐτῷ καὶ λέγοντες·
Jh	19 29	σκεῦος ἔκειτο ὄξους μεστόν·
	29	σπόγγον οὖν μεστὸν τοῦ ὄξους ὑσσώπῳ περιθέντες προσήνεγκαν αὐτοῦ τῷ στόματι.
	30	ὅτε οὖν ἔλαβεν τὸ ὄξος [ὁ] ἰησοῦς εἶπεν·

ὀξύς [8]

Rm	3 15	ὀξεῖς οἱ πόδες αὐτῶν ἐκχέαι αἷμα,
Apc	1 16	καὶ ἐκ τοῦ στόματος αὐτοῦ ῥομφαία δίστομος ὀξεῖα ἐκπορευομένη,
	2 12	τάδε λέγει ὁ ἔχων τὴν ῥομφαίαν τὴν δίστομον τὴν ὀξεῖαν· οἶδα ποῦ κατοικεῖς·
	14 14	καὶ ἐπὶ τὴν νεφέλην καθήμενον ὅμοιον υἱὸν ἀνθρώπου, ἔχων ἐπὶ τῆς κεφαλῆς αὐτοῦ στέφανον χρυσοῦν καὶ ἐν τῇ χειρὶ αὐτοῦ δρέπανον ὀξύ.
	17	καὶ ἄλλος ἄγγελος ἐξῆλθεν ἐκ τοῦ ναοῦ τοῦ ἐν τῷ οὐρανῷ, ἔχων καὶ αὐτὸς δρέπανον ὀξύ.
	18	καὶ ἐφώνησεν φωνῇ μεγάλῃ τῷ ἔχοντι τὸ δρέπανον τὸ ὀξὺ λέγων·
	18	πέμψον σου τὸ δρέπανον τὸ ὀξὺ καὶ τρύγησον τοὺς βότρυας τῆς ἀμπέλου τῆς γῆς,
	19 15	καὶ ἐκ τοῦ στόματος αὐτοῦ ἐκπορεύεται ῥομφαία ὀξεῖα,

ὀπή [2]

Heb	11 38	ἐπὶ ἐρημίαις πλανώμενοι καὶ ὄρεσιν καὶ σπηλαίοις καὶ ταῖς ὀπαῖς τῆς γῆς.
Ja	3 11	μήτι ἡ πηγὴ ἐκ τῆς αὐτῆς ὀπῆς βρύει τὸ γλυκὺ καὶ τὸ πικρόν;

ὄπισθεν [7]

Mt	9 20	καὶ ἰδοὺ γυνὴ αἱμορροοῦσα δώδεκα ἔτη προσελθοῦσα ὄπισθεν ἥψατο τοῦ κρασπέδου τοῦ ἱματίου αὐτοῦ·
	15 23	ἀπόλυσον αὐτήν, ὅτι κράζει ὄπισθεν ἡμῶν.
Mc	5 27	ἀκούσασα περὶ τοῦ ἰησοῦ, ἐλθοῦσα ἐν τῷ ὄχλῳ ὄπισθεν ἥψατο τοῦ ἱματίου αὐτοῦ·
Lc	8 44	ἥτις [ἰατροῖς προσαναλώσασα ὅλον τὸν βίον] οὐκ ἴσχυσεν ἀπ᾽ οὐδενὸς θεραπευθῆναι, προσελθοῦσα ὄπισθεν ἥψατο τοῦ κρασπέδου τοῦ ἱματίου αὐτοῦ,
	23 26	καὶ ὡς ἀπήγαγον αὐτόν, ἐπιλαβόμενοι σίμωνά τινα κυρηναῖον ἐρχόμενον ἀπ᾽ ἀγροῦ ἐπέθηκαν αὐτῷ τὸν σταυρὸν φέρειν ὄπισθεν τοῦ ἰησοῦ.
Apc	4 6	καὶ ἐν μέσῳ τοῦ θρόνου καὶ κύκλῳ τοῦ θρόνου τέσσαρα ζῷα γέμοντα ὀφθαλμῶν ἔμπροσθεν καὶ ὄπισθεν.
	5 1	καὶ εἶδον ἐπὶ τὴν δεξιὰν τοῦ καθημένου ἐπὶ τοῦ θρόνου βιβλίον γεγραμμένον ἔσωθεν καὶ ὄπισθεν,

ὀπίσω [35]

Mt	3 11	ἐγὼ μὲν ὑμᾶς βαπτίζω ἐν ὕδατι εἰς μετάνοιαν· ὁ δὲ ὀπίσω μου ἐρχόμενος ἰσχυρότερός μου ἐστίν,
	4 19	δεῦτε ὀπίσω μου, καὶ ποιήσω ὑμᾶς ἁλιεῖς ἀνθρώπων.
	10 38	καὶ ὃς οὐ λαμβάνει τὸν σταυρὸν αὐτοῦ καὶ ἀκολουθεῖ ὀπίσω μου, οὐκ ἔστιν μου ἄξιος.
	16 23	ὕπαγε ὀπίσω μου, σατανᾶ·
	24	εἴ τις θέλει ὀπίσω μου ἐλθεῖν, ἀπαρνησάσθω ἑαυτὸν καὶ ἀράτω τὸν σταυρὸν αὐτοῦ, καὶ ἀκολουθείτω μοι.
	24 18	καὶ ὁ ἐν τῷ ἀγρῷ μὴ ἐπιστρεψάτω ὀπίσω ἆραι τὸ ἱμάτιον αὐτοῦ.

ὀπίσω [35]

Mc	1 7	ἔρχεται ὁ ἰσχυρότερός μου ὀπίσω μου, οὗ οὐκ εἰμὶ ἱκανὸς κύψας λῦσαι τὸν ἱμάντα τῶν ὑποδημάτων αὐτοῦ.
	17	δεῦτε ὀπίσω μου, καὶ ποιήσω ὑμᾶς γενέσθαι ἁλιεῖς ἀνθρώπων.
	20	καὶ ἀφέντες τὸν πατέρα αὐτῶν ζεβεδαῖον ἐν τῷ πλοίῳ μετὰ τῶν μισθωτῶν ἀπῆλθον ὀπίσω αὐτοῦ.
	8 33	ὕπαγε ὀπίσω μου, σατανᾶ, ὅτι οὐ φρονεῖς τὰ τοῦ θεοῦ ἀλλὰ τὰ τῶν ἀνθρώπων.
	34	εἴ τις θέλει ὀπίσω μου ἀκολουθεῖν, ἀπαρνησάσθω ἑαυτὸν καὶ ἀράτω τὸν σταυρὸν αὐτοῦ, καὶ ἀκολουθείτω μοι.
	13 16	καὶ ὁ εἰς τὸν ἀγρὸν μὴ ἐπιστρεψάτω εἰς τὰ ὀπίσω ἆραι τὸ ἱμάτιον αὐτοῦ.
Lc	7 38	καὶ στᾶσα ὀπίσω παρὰ τοὺς πόδας αὐτοῦ κλαίουσα, τοῖς δάκρυσιν ἤρξατο βρέχειν τοὺς πόδας αὐτοῦ,
	9 23	εἴ τις θέλει ὀπίσω μου ἔρχεσθαι, ἀρνησάσθω ἑαυτὸν καὶ ἀράτω τὸν σταυρὸν αὐτοῦ καθ᾽ ἡμέραν, καὶ ἀκολουθείτω μοι.
	62	οὐδεὶς ἐπιβαλὼν τὴν χεῖρα ἐπ᾽ ἄροτρον καὶ βλέπων εἰς τὰ ὀπίσω εὔθετός ἐστιν τῇ βασιλείᾳ τοῦ θεοῦ.
	14 27	ὅστις οὐ βαστάζει τὸν σταυρὸν ἑαυτοῦ καὶ ἔρχεται ὀπίσω μου, οὐ δύναται εἶναί μου μαθητής.
	17 31	καὶ ὁ ἐν ἀγρῷ ὁμοίως μὴ ἐπιστρεψάτω εἰς τὰ ὀπίσω.
	19 14	οἱ δὲ πολῖται αὐτοῦ ἐμίσουν αὐτόν, καὶ ἀπέστειλαν πρεσβείαν ὀπίσω αὐτοῦ λέγοντες·
	21 8	μὴ πορευθῆτε ὀπίσω αὐτῶν.
Jh	1 15	ὁ ὀπίσω μου ἐρχόμενος ἔμπροσθέν μου γέγονεν,
	27	ὁ ὀπίσω μου ἐρχόμενος, οὗ οὐκ εἰμὶ [ἐγὼ] ἄξιος ἵνα λύσω αὐτοῦ τὸν ἱμάντα τοῦ ὑποδήματος.
	30	ὀπίσω μου ἔρχεται ἀνὴρ ὃς ἔμπροσθέν μου γέγονεν,
	6 66	ἐκ τούτου πολλοὶ [ἐκ] τῶν μαθητῶν αὐτοῦ ἀπῆλθον εἰς τὰ ὀπίσω καὶ οὐκέτι μετ᾽ αὐτοῦ περιεπάτουν.
	12 19	θεωρεῖτε ὅτι οὐκ ὠφελεῖτε οὐδέν· ἴδε ὁ κόσμος ὀπίσω αὐτοῦ ἀπῆλθεν.
	18 6	ὡς οὖν εἶπεν αὐτοῖς· ἐγώ εἰμι, ἀπῆλθον εἰς τὰ ὀπίσω καὶ ἔπεσαν χαμαί.
	20 14	ταῦτα εἰποῦσα ἐστράφη εἰς τὰ ὀπίσω, καὶ θεωρεῖ τὸν ἰησοῦν ἑστῶτα,
Ac	5 37	μετὰ τοῦτον ἀνέστη ἰούδας ὁ γαλιλαῖος ἐν ταῖς ἡμέραις τῆς ἀπογραφῆς καὶ ἀπέστησεν λαὸν ὀπίσω αὐτοῦ·
	20 30	καὶ ἐξ ὑμῶν αὐτῶν ἀναστήσονται ἄνδρες λαλοῦντες διεστραμμένα τοῦ ἀποσπᾶν τοὺς μαθητὰς ὀπίσω αὐτῶν.
Php	3 13	ἐν δέ, τὰ μὲν ὀπίσω ἐπιλανθανόμενος τοῖς δὲ ἔμπροσθεν ἐπεκτεινόμενος,
1Tm	5 15	ἤδη γάρ τινες ἐξετράπησαν ὀπίσω τοῦ σατανᾶ.
2Pt	2 10	ἀδίκους δὲ εἰς ἡμέραν κρίσεως κολαζομένους τηρεῖν, μάλιστα δὲ τοὺς ὀπίσω σαρκὸς ἐν ἐπιθυμίᾳ μιασμοῦ πορευομένους καὶ κυριότητος καταφρονοῦντας.
Ju	7	τὸν ὅμοιον τρόπον τούτοις ἐκπορνεύσασαι καὶ ἀπελθοῦσαι ὀπίσω σαρκὸς ἑτέρας, πρόκεινται δεῖγμα πυρὸς αἰωνίου δίκην ὑπέχουσαι.
Apc	1 10	καὶ ἤκουσα ὀπίσω μου φωνὴν μεγάλην ὡς σάλπιγγος λεγούσης·
	12 15	καὶ ἔβαλεν ὁ ὄφις ἐκ τοῦ στόματος αὐτοῦ ὀπίσω τῆς γυναικὸς ὕδωρ ὡς ποταμόν,
	13 3	καὶ ἐθαυμάσθη ὅλη ἡ γῆ ὀπίσω τοῦ θηρίου,

ὁπλίζομαι [1]

1Pt	4 1	χριστοῦ οὖν παθόντος σαρκὶ καὶ ὑμεῖς τὴν αὐτὴν ἔννοιαν ὁπλίσασθε,

ὅπλον [6]

Jh	18 3	ὁ οὖν ἰούδας λαβὼν τὴν σπεῖραν καὶ ἐκ τῶν ἀρχιερέων καὶ ἐκ τῶν φαρισαίων ὑπηρέτας ἔρχεται ἐκεῖ μετὰ φανῶν καὶ λαμπάδων καὶ ὅπλων.
Rm	6 13	μηδὲ παριστάνετε τὰ μέλη ὑμῶν ὅπλα ἀδικίας τῇ ἁμαρτίᾳ, ἀλλὰ παραστήσατε ἑαυτοὺς τῷ θεῷ
	13	ἀλλὰ παραστήσατε ἑαυτοὺς τῷ θεῷ ὡσεὶ ἐκ νεκρῶν ζῶντας καὶ τὰ μέλη ὑμῶν ὅπλα δικαιοσύνης τῷ θεῷ,
	13 12	ἀποθώμεθα οὖν τὰ ἔργα τοῦ σκότους, ἐνδυσώμεθα [δὲ] τὰ ὅπλα τοῦ φωτός.
2Co	6 7	διὰ τῶν ὅπλων τῆς δικαιοσύνης τῶν δεξιῶν καὶ ἀριστερῶν,
	10 4	τὰ γὰρ ὅπλα τῆς στρατείας ἡμῶν οὐ σαρκικὰ ἀλλὰ δυνατὰ τῷ θεῷ πρὸς καθαίρεσιν ὀχυρωμάτων,

ὅποιος [5]

Ac	26 29	εὐξαιμην ἀν τω θεω και ἐν ὀλιγω και ἐν μεγαλω οὐ μονον σέ ἀλλα και παντας τους ἀκουοντας μου σημερον γενεσθαι τοιουτους ὅποιος και ἐγω εἰμι,
1Co	3 13	ἡ γαρ ἡμερα δηλωσει, ὅτι ἐν πυρι ἀποκαλυπτεται, και ἑκαστου το ἐργον ὅποιον ἐστιν το πυρ [αὐτο] δοκιμασει.
Ga	2 6	ἀπο δε των δοκουντων εἶναι τι, ὅποιοι ποτε ἦσαν οὐδεν μοι διαφερει·
1Th	1 9	αὐτοι γαρ περι ἡμων ἀπαγγελλουσιν ὅποιαν εἰσοδον ἐσχομεν προς ὑμας,
Ja	1 24	κατενοησεν γαρ ἑαυτον και ἀπεληλυθεν, και εὐθεως ἐπελαθετο ὅποιος ἦν.

ὅπου [84]

Mt	6 19	μη θησαυριζετε ὑμιν θησαυρους ἐπι της γης, ὅπου σης και βρωσις ἀφανιζει,
	19	ὅπου σης και βρωσις ἀφανιζει, και ὅπου κλεπται διορυσσουσιν και κλεπτουσιν·
	20	θησαυριζετε δε ὑμιν θησαυρους ἐν οὐρανω, ὅπου οὐτε σης οὐτε βρωσις ἀφανιζει,
	20	ὅπου οὐτε σης οὐτε βρωσις ἀφανιζει, και ὅπου κλεπται οὐ διορυσσουσιν οὐδε κλεπτουσιν·
	21	ὅπου γαρ ἐστιν ὁ θησαυρος σου, ἐκει ἐσται και ἡ καρδια σου.
	8 19	ἀκολουθησω σοι ὅπου ἐαν ἀπερχη.
	13 5	ἀλλα δε ἐπεσεν ἐπι τα πετρωδη ὅπου οὐκ εἰχεν γην πολλην,
	24 28	ὅπου ἐαν ἠ το πτωμα, ἐκει συναχθησονται οἱ ἀετοι.
	25 24	κυριε, ἐγνων σε ὅτι σκληρος εἰ ἀνθρωπος, θεριζων ὅπου οὐκ ἐσπειρας, και συναγων ὁθεν οὐ διεσκορπισας·
	26	πονηρε δουλε και ὀκνηρε, ἠδεις ὅτι θεριζω ὅπου οὐκ ἐσπειρα, και συναγω ὁθεν οὐ διεσκορπισα;
	26 13	ὅπου ἐαν κηρυχθη το εὐαγγελιον τουτο ἐν ὁλω τω κοσμω, λαληθησεται και ὁ ἐποιησεν αὐτη εἰς μνημοσυνον αὐτης.
	57	οἱ δε κρατησαντες τον ἰησουν ἀπηγαγον προς καιαφαν τον ἀρχιερεα, ὅπου οἱ γραμματεις και οἱ πρεσβυτεροι συνηχθησαν.
	28 6	δευτε ἰδετε τον τοπον ὅπου ἐκειτο.
Mc	2 4	και μη δυναμενοι προσενεγκαι αὐτω δια τον ὀχλον ἀπεστεγασαν την στεγην ὅπου ἠν,
	4	και ἐξορυξαντες χαλωσι τον κραβαττον ὅπου ὁ παραλυτικος κατεκειτο.
	4 5	και ἀλλο ἐπεσεν ἐπι το πετρωδες ὅπου οὐκ εἰχεν γην πολλην,
	15	οὑτοι δε εἰσιν οἱ παρα την ὁδον, ὅπου σπειρεται ὁ λογος,
	5 40	και εἰσπορευεται ὅπου ἠν το παιδιον.
	6 10	ὅπου ἐαν εἰσελθητε εἰς οἰκιαν, ἐκει μενετε ἑως ἀν ἐξελθητε ἐκειθεν.
	55	και ἐξελθοντων αὐτων ἐκ του πλοιου εὐθυς ἐπιγνοντες αὐτον περιεδραμον ὁλην την χωραν ἐκεινην και ἠρξαντο ἐπι τοις κραβαττοις τους κακως ἐχοντας περιφερειν, ὅπου ἠκουον ὅτι ἐστιν.
	56	και ὅπου ἀν εἰσεπορευετο εἰς κωμας ἠ εἰς πολεις ἠ εἰς ἀγρους, ἐν ταις ἀγοραις ἐτιθησαν τους ἀσθενουντας,
	9 18	ὅπου ἐαν αὐτον καταλαβη, ῥησσει αὐτον, και ἀφριζει και τριζει τους ὀδοντας και ξηραινεται·
	44 *	ὅπου ὁ σκωληξ αὐτων οὐ τελευτα και το πυρ οὐ σβεννυται.
	46 *	ὅπου ὁ σκωληξ αὐτων οὐ τελευτα και το πυρ οὐ σβεννυται.
	48	ἠ δυο ὀφθαλμους ἐχοντα βληθηναι εἰς την γεενναν, ὅπου ὁ σκωληξ αὐτων οὐ τελευτα και το πυρ οὐ σβεννυται.
	13 14	ὅταν δε ἰδητε το βδελυγμα της ἐρημωσεως ἑστηκοτα ὅπου οὐ δει, ὁ ἀναγινωσκων νοειτω,
	14 9	ὅπου ἐαν κηρυχθη το εὐαγγελιον εἰς ὁλον τον κοσμον, και ὁ ἐποιησεν αὐτη λαληθησεται εἰς μνημοσυνον αὐτης.
	14	και ὅπου ἐαν εἰσελθη εἰπατε τω οἰκοδεσποτη ὅτι ὁ διδασκαλος λεγει·
	14	που ἐστιν το καταλυμα μου, ὅπου το πασχα μετα των μαθητων μου φαγω;
Lc	16 6	ἰδε ὁ τοπος ὅπου ἐθηκαν αὐτον.
	9 57	ἀκολουθησω σοι ὅπου ἐαν ἀπερχη.
	12 33	ποιησατε ἑαυτοις βαλλαντια μη παλαιουμενα, θησαυρον ἀνεκλειπτον ἐν τοις οὐρανοις, ὅπου κλεπτης οὐκ ἐγγιζει οὐδε σης διαφθειρει·
	34	ὅπου γαρ ἐστιν ὁ θησαυρος ὑμων, ἐκει και ἡ καρδια ὑμων ἐσται.
	17 37	ὅπου το σωμα, ἐκει και οἱ ἀετοι ἐπισυναχθησονται.
	22 11	λεγει σοι ὁ διδασκαλος· που ἐστιν το καταλυμα ὅπου το πασχα μετα των μαθητων μου φαγω;
Jh	1 28	ταυτα ἐν βηθανια ἐγενετο περαν του ἰορδανου, ὅπου ἠν ἰωαννης βαπτιζων.
	3 8	το πνευμα ὅπου θελει πνει, και την φωνην αὐτου ἀκουεις,

ὅπου [84]

Jh	4 20	και ὑμεις λεγετε ὅτι ἐν ἱεροσολυμοις ἐστιν ὁ τοπος ὅπου προσκυνειν δει.
	46	ἠλθεν οὐν παλιν εἰς την κανα της γαλιλαιας, ὅπου ἐποιησεν το ὑδωρ οἰνον.
	6 23	ἀλλα ἠλθεν πλοια[ρια] ἐκ τιβεριαδος ἐγγυς του τοπου ὅπου ἐφαγον τον ἀρτον εὐχαριστησαντος του κυριου.
	62	τουτο ὑμας σκανδαλιζει; ἐαν οὐν θεωρητε τον υἱον του ἀνθρωπου ἀναβαινοντα ὅπου ἠν το προτερον;
	7 34	ζητησετε με και οὐχ εὑρησετε [με,] και ὅπου εἰμι ἐγω ὑμεις οὐ δυνασθε ἐλθειν.
	36	ζητησετε με και οὐχ εὑρησετε [με,] και ὅπου εἰμι ἐγω ὑμεις οὐ δυνασθε ἐλθειν;
	42	οὐχ ἡ γραφη εἰπεν ὅτι ἐκ του σπερματος δαυιδ, και ἀπο βηθλεεμ της κωμης ὅπου ἠν δαυιδ, ἐρχεται ὁ χριστος;
	8 21	ὅπου ἐγω ὑπαγω ὑμεις οὐ δυνασθε ἐλθειν.
	22	μητι ἀποκτενει ἑαυτον, ὅτι λεγει· ὅπου ἐγω ὑπαγω ὑμεις οὐ δυνασθε ἐλθειν;
	10 40	και ἀπηλθεν παλιν περαν του ἰορδανου εἰς τον τοπον ὅπου ἠν ἰωαννης το πρωτον βαπτιζων,
	11 30	οὐπω δε ἐληλυθει ὁ ἰησους εἰς την κωμην, ἀλλ ἠν ἐτι ἐν τω τοπω ὅπου ὑπηντησεν αὐτω ἡ μαρθα.
	32	ἡ οὐν μαριαμ ὡς ἠλθεν ὅπου ἠν ἰησους, ἰδουσα αὐτον ἐπεσεν αὐτου προς τους ποδας,
	12 1	ὁ οὐν ἰησους προ ἑξ ἡμερων του πασχα ἠλθεν εἰς βηθανιαν, ὅπου ἠν λαζαρος,
	26	και ὅπου εἰμι ἐγω, ἐκει και ὁ διακονος ὁ ἐμος ἐσται·
	13 33	ζητησετε με, και καθως εἰπον τοις ἰουδαιοις ὅτι ὅπου ἐγω ὑπαγω ὑμεις οὐ δυνασθε ἐλθειν, και ὑμιν λεγω ἀρτι.
	36	ὅπου ὑπαγω οὐ δυνασαι μοι νυν ἀκολουθησαι, ἀκολουθησεις δε ὑστερον.
	14 3	παλιν ἐρχομαι και παραλημψομαι ὑμας προς ἐμαυτον, ἱνα ὅπου εἰμι ἐγω και ὑμεις ἠτε.
	4	και ὅπου [ἐγω] ὑπαγω οἰδατε την ὁδον.
	17 24	πατερ, ὁ δεδωκας μοι, θελω ἱνα ὅπου εἰμι ἐγω κακεινοι ὡσιν μετ ἐμου,
	18 1	ταυτα εἰπων ἰησους ἐξηλθεν συν τοις μαθηταις αὐτου περαν του χειμαρρου των κεδρων, ὅπου ἠν κηπος,
	20	ἐγω παντοτε ἐδιδαξα ἐν συναγωγη και ἐν τω ἱερω, ὅπου παντες οἱ ἰουδαιοι συνερχονται,
	19 18	και βασταζων ἑαυτω τον σταυρον ἐξηλθεν εἰς τον λεγομενον κρανιου τοπον, ὁ λεγεται ἑβραιστι γολγοθα, ὅπου αὐτον ἐσταυρωσαν,
	20	τουτον οὐν τον τιτλον πολλοι ἀνεγνωσαν των ἰουδαιων, ὅτι ἐγγυς ἠν ὁ τοπος της πολεως ὅπου ἐσταυρωθη ὁ ἰησους·
	41	ἠν δε ἐν τω τοπω ὅπου ἐσταυρωθη κηπος,
	20 12	και θεωρει δυο ἀγγελους ἐν λευκοις καθεζομενους, ἑνα προς τη κεφαλη και ἑνα προς τοις ποσιν, ὅπου ἐκειτο το σωμα του ἰησου.
	19	και των θυρων κεκλεισμενων ὅπου ἠσαν οἱ μαθηται δια τον φοβον των ἰουδαιων,
	21 18	ὅτε ἠς νεωτερος, ἐζωννυες σεαυτον και περιεπατεις ὅπου ἠθελες·
	18	ὅταν δε γηρασης, ἐκτενεις τας χειρας σου, και ἀλλος σε ζωσει και οἰσει ὅπου οὐ θελεις.
Ac	17 1	διοδευσαντες δε την ἀμφιπολιν και την ἀπολλωνιαν ἠλθον εἰς θεσσαλονικην, ὅπου ἠν συναγωγη των ἰουδαιων.
	20 6	και ἠλθομεν προς αὐτους εἰς την τρωαδα ἀχρι ἡμερων πεντε, ὅπου διετριψαμεν ἡμερας ἑπτα.
Rm	15 20	οὑτως δε φιλοτιμουμενον εὐαγγελιζεσθαι οὐχ ὅπου ὠνομασθη χριστος,
1Co	3 3	ὅπου γαρ ἐν ὑμιν ζηλος και ἐρις, οὐχι σαρκικοι ἐστε και κατα ἀνθρωπον περιπατειτε;
Col	3 11	ὅπου οὐκ ἐνι ἑλλην και ἰουδαιος,
Heb	6 20	και εἰσερχομενην εἰς το ἐσωτερον του καταπετασματος, ὅπου προδρομος ὑπερ ἡμων εἰσηλθεν ἰησους,
	9 16	ὅπου γαρ διαθηκη, θανατον ἀναγκη φερεσθαι του διαθεμενου·
	10 18	ὅπου δε ἀφεσις τουτων, οὐκετι προσφορα περι ἁμαρτιας.
Ja	3 4	μεταγεται ὑπο ἐλαχιστου πηδαλιου ὅπου ἡ ὁρμη του εὐθυνοντος βουλεται·
	16	ὅπου γαρ ζηλος και ἐριθεια, ἐκει ἀκαταστασια και παν φαυλον πραγμα.
2Pt	2 11	ὅπου ἀγγελοι ἰσχυι και δυναμει μειζονες ὀντες οὐ φερουσιν κατ αὐτων παρα κυριου βλασφημον κρισιν.
Apc	2 13	οἰδα που κατοικεις· ὅπου ὁ θρονος του σατανα·
	13	και οὐκ ἠρνησω την πιστιν μου και ἐν ταις ἡμεραις ἀντιπας ὁ μαρτυς μου ὁ πιστος μου, ὁς ἀπεκτανθη παρ ὑμιν, ὅπου ὁ σατανας κατοικει.

ὅπου [84]

Apc 11 8 ἥτις καλειται πνευματικως σοδομα και αἰγυπτος, ὅπου και ὁ κυριος αὐτων ἐσταυρωθη.

12 6 και ἡ γυνη ἐφυγεν εἰς την ἐρημον, ὅπου ἐχει ἐκει τοπον ἡτοιμασμενον ἀπο του θεου,

14 ἰνα πετηται εἰς την ἐρημον εἰς τον τοπον αὐτης, ὅπου τρεφεται ἐκει καιρον και καιρους και ἡμισυ καιρου ἀπο προσωπου του ὀφεως.

14 4 οὑτοι οἰ ἀκολουθουντες τω ἀρνιω ὅπου ἀν ὑπαγη.

17 9 αἰ ἐπτα κεφαλαι ἐπτα ὀρη εἰσιν, ὅπου ἡ γυνη καθηται ἐπ αὐτων,

20 10 και ὁ διαβολος ὁ πλανων αὐτους ἐβληθη εἰς την λιμνην του πυρος και θειου, ὅπου και το θηριον και ὁ ψευδοπροφητης,

ὀπτανομαι [1]

Ac 1 3 δι ἡμερων τεσσερακοντα ὀπτανομενος αὐτοις και λεγων τα περι της βασιλειας του θεου·

ὀπτασια [4]

Lc 1 22 ἐξελθων δε οὐκ ἐδυνατο λαλησαι αὐτοις, και ἐπεγνωσαν ὁτι ὀπτασιαν ἑωρακεν ἐν τω ναω·

24 23 και μη εὑρουσαι το σωμα αὐτου ἠλθον λεγουσαι και ὀπτασιαν ἀγγελων ἑωρακεναι, οἰ λεγουσιν αὐτον ζην.

Ac 26 19 ὁθεν, βασιλευ ἀγριππα, οὐκ ἐγενομην ἀπειθης τη οὐρανιω ὀπτασια·

2Co 12 1 ἐλευσομαι δε εἰς ὀπτασιας και ἀποκαλυψεις κυριου.

ὀπτος [1]

Lc 24 42 οἰ δε ἐπεδωκαν αὐτω ἰχθυος ὀπτου μερος·

ὀπωρα [1]

Apc 18 14 και ἡ ὀπωρα σου της ἐπιθυμιας της ψυχης ἀπηλθεν ἀπο σοῦ,

ὁπως [53]

Mt 2 8 ἀπαγγειλατε μοι, ὁπως καγω ἐλθων προσκυνησω αὐτω.

23 και ἐλθων κατωκησεν εἰς πολιν λεγομενην ναζαρετ· ὁπως πληρωθη το ῥηθεν δια των προφητων ὁτι ναζωραιος κληθησεται.

5 16 ὁπως ἰδωσιν ὑμων τα καλα ἐργα και δοξασωσιν τον πατερα ὑμων τον ἐν τοις οὐρανοις.

45 ἀγαπατε τους ἐχθρους ὑμων και προσευχεσθε ὑπερ των διωκοντων ὑμας· ὁπως γενησθε υἰοι του πατρος ὑμων του ἐν οὐρανοις,

6 2 ὡσπερ οἰ ὑποκριται ποιουσιν ἐν ταις συναγωγαις και ἐν ταις ῥυμαις, ὁπως δοξασθωσιν ὑπο των ἀνθρωπων·

4 σοῦ δε ποιουντος ἐλεημοσυνην μη γνωτω ἡ ἀριστερα σου τί ποιει ἡ δεξια σου, ὁπως ἡ σου ἡ ἐλεημοσυνη ἐν τω κρυπτω·

5 ὁτι φιλουσιν ἐν ταις συναγωγαις και ἐν ταις γωνιαις των πλατειων ἐστωτες προσευχεσθαι, ὁπως φανωσιν τοις ἀνθρωποις·

16 ἀφανιζουσιν γαρ τα προσωπα αὐτων ὁπως φανωσιν τοις ἀνθρωποις νηστευοντες·

18 ὁπως μη φανης τοις ἀνθρωποις νηστευων ἀλλα τω πατρι σου τω ἐν τω κρυφαιω·

8 17 και παντας τους κακως ἐχοντας ἐθεραπευσεν· ὁπως πληρωθη το ῥηθεν δια ἠσαιου του προφητου λεγοντος·

34 και ἰδοντες αὐτον παρεκαλεσαν ὁπως μεταβη ἀπο των ὁριων αὐτων.

9 38 δεηθητε οὑν του κυριου του θερισμου ὁπως ἐκβαλη ἐργατας εἰς τον θερισμον αὐτου.

12 14 ἐξελθοντες δε οἰ φαρισαιοι συμβουλιον ἐλαβον κατ αὐτου, ὁπως αὐτον ἀπολεσωσιν.

13 35 ὁπως πληρωθη το ῥηθεν δια του προφητου λεγοντος·

22 15 τοτε πορευθεντες οἰ φαρισαιοι συμβουλιον ἐλαβον ὁπως αὐτον παγιδευσωσιν ἐν λογω.

23 35 ὁπως ἐλθη ἐφ ὑμας παν αἰμα δικαιον ἐκχυννομενον ἐπι της γης ἀπο του αἰματος ἀβελ του δικαιου ἑως του αἰματος ζαχαριου υἰου βαραχιου, ὁν ἐφονευσατε μεταξυ του ναου και του θυσιαστηριου.

26 59 οἰ δε ἀρχιερεις και το συνεδριον ὁλον ἐζητουν ψευδομαρτυριαν κατα του ἰησου ὁπως αὐτον θανατωσωσιν,

Mc 3 6 και ἐξελθοντες οἰ φαρισαιοι εὐθυς μετα των ἡρωδιανων συμβουλιον ἐδιδουν κατ αὐτου, ὁπως αὐτον ἀπολεσωσιν.

ὁπως [53]

Lc 2 35 ἰδου οὑτος κειται εἰς πτωσιν και ἀναστασιν πολλων ἐν τω ἰσραηλ και εἰς σημειον ἀντιλεγομενον και σοῦ [δε] αὐτης την ψυχην διελευσεται ῥομφαια, ὁπως ἀν ἀποκαλυφθωσιν ἐκ πολλων καρδιων διαλογισμοι.

7 3 ἀκουσας δε περι του ἰησου ἀπεστειλεν προς αὐτον πρεσβυτερους των ἰουδαιων, ἐρωτων αὐτον ὁπως ἐλθων διασωση τον δουλον αὐτου.

10 2 δεηθητε οὑν του κυριου του θερισμου ὁπως ἐργατας ἐκβαλη εἰς τον θερισμον αὐτου.

11 37 ἐν δε τω λαλησαι ἐρωτα αὐτον φαρισαιος ὁπως ἀριστηση παρ αὐτω·

16 26 και ἐν πασι τουτοις μεταξυ ἡμων και ὑμων χασμα μεγα ἐστηρικται, ὁπως οἰ θελοντες διαβηναι ἐνθεν προς ὑμας μη δυνωνται,

28 ὁπως διαμαρτυρηται αὐτοις, ἰνα μη και αὐτοι ἐλθωσιν εἰς τον τοπον τουτον της βασανου.

24 20 ὁπως τε παρεδωκαν αὐτον οἰ ἀρχιερεις και οἰ ἀρχοντες ἡμων εἰς κριμα θανατου και ἐσταυρωσαν αὐτον.

Jh 11 57 δεδωκεισαν δε οἰ ἀρχιερεις και οἰ φαρισαιοι ἐντολας ἰνα ἐαν τις γνω ποῦ ἐστιν μηνυση, ὁπως πιασωσιν αὐτον.

Ac 3 20 ὁπως ἀν ἐλθωσιν καιροι ἀναψυξεως ἀπο προσωπου του κυριου και ἀποστειλη τον προκεχειρισμενον ὑμιν χριστον ἰησουν,

8 15 ἀπεστειλαν προς αὐτους πετρον και ἰωαννην, οἰτινες καταβαντες προσηυξαντο περι αὐτων ὁπως λαβωσιν πνευμα ἀγιον·

24 δεηθητε ὑμεις ὑπερ ἐμου προς τον κυριον, ὁπως μηδεν ἐπελθη ἐπ ἐμε ὡν εἰρηκατε.

9 2 προσελθων τω ἀρχιερει ἠτησατο παρ αὐτου ἐπιστολας εἰς δαμασκον προς τας συναγωγας, ὁπως ἐαν τινας εὑρη της ὁδου ὀντας,

12 ἰδου γαρ προσευχεται, και εἰδεν ἀνδρα [ἐν ὁραματι] ἀνανιαν ὀνοματι εἰσελθοντα και ἐπιθεντα αὐτω [τας] χειρας, ὁπως ἀναβλεψη.

17 σαουλ ἀδελφε, ὁ κυριος ἀπεσταλκεν με, ἰησους ὁ ὀφθεις σοι ἐν τη ὁδω ἡ ἠρχου, ὁπως ἀναβλεψης και πλησθης πνευματος ἀγιου.

24 παρετηρουντο δε και τας πυλας ἡμερας τε και νυκτος ὁπως αὐτον ἀνελωσιν·

15 17 ὁπως ἀν ἐκζητησωσιν οἰ καταλοιποι των ἀνθρωπων τον κυριον,

20 16 κεκρικει γαρ ὁ παυλος παραπλευσαι την ἐφεσον, ὁπως μη γενηται αὐτω χρονοτριβησαι ἐν τη ἀσια·

23 15 νυν οὑν ὑμεις ἐμφανισατε τω χιλιαρχω συν τω συνεδριω ὁπως καταγαγη αὐτον εἰς ὑμας ὡς μελλοντας διαγινωσκειν ἀκριβεστερον τα περι αὐτου·

20 εἰπεν δε ὁτι οἰ ἰουδαιοι συνεθεντο του ἐρωτησαι σε ὁπως αὐριον τον παυλον καταγαγης εἰς το συνεδριον ὡς μελλον τι ἀκριβεστερον πυνθανεσθαι περι αὐτου.

23 ἑτοιμασατε στρατιωτας διακοσιους ὁπως πορευθωσιν ἑως καισαρειας,

25 3 και παρεκαλουν αὐτον αἰτουμενοι χαριν κατ αὐτου, ὁπως μεταπεμψηται αὐτον εἰς ἰερουσαλημ,

26 διο προηγαγον αὐτον ἐφ ὑμων και μαλιστα ἐπι σοῦ, βασιλευ ἀγριππα, ὁπως της ἀνακρισεως γενομενης σχω τί γραψω·

Rm 3 4 ὁπως ἀν δικαιωθης ἐν τοις λογοις σου και νικησεις ἐν τω κρινεσθαι σε.

9 17 λεγει γαρ ἡ γραφη τω φαραω ὁτι εἰς αὐτο τουτο ἐξηγειρα σε, ὁπως ἐνδειξωμαι ἐν σοι την δυναμιν μου,

17 ὁπως ἐνδειξωμαι ἐν σοι την δυναμιν μου, και ὁπως διαγγελη το ὀνομα μου ἐν παση τη γη.

1Co 1 29 και τα ἀγενη του κοσμου και τα ἐξουθενημενα ἐξελεξατο ὁ θεος, τα μη ὀντα, ἰνα τα ὀντα καταργηση, ὁπως μη καυχησηται πασα σαρξ ἐνωπιον του θεου.

2Co 8 11 ὁπως καθαπερ ἡ προθυμια του θελειν, οὑτως και το ἐπιτελεσαι ἐκ του ἐχειν.

14 ἰνα και το ἐκεινων περισσευμα γενηται εἰς το ὑμων ὑστερημα, ὁπως γενηται ἰσοτης,

Ga 1 4 του δοντος ἐαυτον ὑπερ των ἀμαρτιων ἡμων, ὁπως ἐξεληται ἡμας ἐκ του αἰωνος του ἐνεστωτος πονηρου κατα το θελημα του θεου

2Th 1 12 ὁπως ἐνδοξασθη το ὀνομα του κυριου ἡμων ἰησου ἐν ὑμιν, και ὑμεις ἐν αὐτω, κατα την χαριν του θεου ἡμων και κυριου ἰησου χριστου.

Phm 6 ὁπως ἡ κοινωνια της πιστεως σου ἐνεργης γενηται ἐν ἐπιγνωσει παντος ἀγαθου του ἐν ἡμιν εἰς χριστον.

Heb 2 9 ὁπως χαριτι θεου ὑπερ παντος γευσηται θανατου.

ὅπως [53]

Heb	9 15	και δια τουτο διαθηκης καινης μεσιτης ἐστιν, *ὅπως* θανατου γενομενου εἰς ἀπολυτρωσιν των ἐπι τῃ πρωτῃ διαθηκῃ παραβασεων την ἐπαγγελιαν λαβωσιν οἱ κεκλημενοι της αἰωνιου κληρονομιας.
Ja	5 16	ἐξομολογεισθε οὐν ἀλληλοις τας ἁμαρτιας, και εὐχεσθε ὑπερ ἀλληλων, *ὅπως* ἰαθητε.
1Pt	2 9	*ὅπως* τας ἀρετας ἐξαγγειλητε του ἐκ σκοτους ὑμας καλεσαντος εἰς το θαυμαστον αὐτου φως·

ὅραμα [12]

Mt	17 9	μηδενι εἴπητε το *ὅραμα* ἑως οὐ ὁ υἱος του ἀνθρωπου ἐκ νεκρων ἐγερθῃ.
Ac	7 31	ὁ δε μωυσης ἰδων ἐθαυμαζεν το *ὅραμα*·
	9 10	και εἰπεν προς αὐτον ἐν *ὁραματι* ὁ κυριος· ἀνανια.
	12	ἰδου γαρ προσευχεται, και εἰδεν ἀνδρα [ἐν *ὁραματι*] ἀνανιαν ὀνοματι εἰσελθοντα και ἐπιθεντα αὐτῳ [τας] χειρας, ὅπως ἀναβλεψῃ.
	10 3	εἰδεν ἐν *ὁραματι* φανερως, ὡσει περι ὡραν ἐνατην της ἡμερας, ἀγγελον του θεου εἰσελθοντα προς αὐτον και εἰποντα αὐτῳ· κορνηλιε.
	17	ὡς δε ἐν ἑαυτῳ διηπορει ὁ πετρος τι ἀν εἴη το *ὅραμα* ὁ εἰδεν, ἰδου οἱ ἀνδρες οἱ ἀπεσταλμενοι ὑπο του κορνηλιου διερωτησαντες την οἰκιαν του σιμωνος ἐπεστησαν ἐπι τον πυλωνα,
	19	του δε πετρου διενθυμουμενου περι του *ὁραματος* εἰπεν [αὐτῳ] το πνευμα·
	11 5	ἐγω ἡμην ἐν πολει ἰοππῃ προσευχομενος, και εἰδον ἐν ἐκστασει *ὅραμα*,
	12 9	και οὐκ ἠδει ὁτι ἀληθες ἐστιν το γινομενον δια του ἀγγελου, ἐδοκει δε *ὅραμα* βλεπειν.
	16 9	και *ὅραμα* δια [της] νυκτος τῳ παυλῳ ὤφθη,
	10	ὡς δε το *ὅραμα* εἰδεν, εὐθεως ἐζητησαμεν ἐξελθειν εἰς μακεδονιαν, συμβιβαζοντες ὁτι προσκεκληται ἡμας ὁ θεος εὐαγγελισασθαι αὐτους.
	18 9	εἰπεν δε ὁ κυριος ἐν νυκτι δι *ὁραματος* τῳ παυλῳ· μη φοβου, ἀλλα λαλει και μη σιωπησῃς,

ὅρασις [4]

Ac	2 17	και οἱ νεανισκοι ὑμων *ὁρασεις* ὀψονται,
Apc	4 3	και ὁ καθημενος ὁμοιος *ὁρασει* λιθῳ ἰασπιδι και σαρδιῳ,
	3	και ἰρις κυκλοθεν του θρονου ὁμοιος *ὁρασει* σμαραγδινῳ.
	9 17	και οὑτως εἰδον τους ἱππους ἐν τῃ *ὁρασει* και τους καθημενους ἐπ αὐτων,

ὁρατος [1]

Col	1 16	ὁτι ἐν αὐτῳ ἐκτισθη τα παντα ἐν τοις οὐρανοις και ἐπι της γης, τα *ὁρατα* και τα ἀορατα, εἰτε θρονοι εἰτε κυριοτητες εἰτε ἀρχαι εἰτε ἐξουσιαι·

ὁράω [449]

Mt	2 2	*εἰδομεν* γαρ αὐτου τον ἀστερα ἐν τῃ ἀνατολῃ,
	9	και ἰδου ὁ ἀστηρ, ὁν *εἰδον* ἐν τῃ ἀνατολῃ,
	10	*ἰδοντες* δε τον ἀστερα ἐχαρησαν χαραν μεγαλην σφοδρα.
	11	και ἐλθοντες εἰς την οἰκιαν *εἰδον* το παιδιον μετα μαριας της μητρος αὐτου,
	16	τοτε ἡρωδης *ἰδων* ὁτι ἐνεπαιχθη ὑπο των μαγων ἐθυμωθη λιαν,
	3 7	*ἰδων* δε πολλους των φαρισαιων και σαδδουκαιων ἐρχομενους ἐπι το βαπτισμα αὐτου εἰπεν αὐτοις·
	16	και *εἰδεν* [το] πνευμα [του] θεου καταβαινον ὡσει περιστεραν,
	4 16	ὁ λαος ὁ καθημενος ἐν σκοτει φως *εἰδεν* μεγα,
	18	περιπατων δε παρα την θαλασσαν της γαλιλαιας *εἰδεν* δυο ἀδελφους,
	21	και προβας ἐκειθεν *εἰδεν* ἀλλους δυο ἀδελφους,
	5 1	*ἰδων* δε τους ὀχλους ἀνεβη εἰς το ὀρος·
	8	μακαριοι οἱ καθαροι τῃ καρδιᾳ, ὁτι αὐτοι τον θεον *ὀψονται*.
	16	ὁπως *ἰδωσιν* ὑμων τα καλα ἐργα και δοξασωσιν τον πατερα ὑμων τον ἐν τοις οὐρανοις.
	8 4	*ὁρα* μηδενι εἰπῃς,
	14	και ἐλθων ὁ ἰησους εἰς την οἰκιαν πετρου *εἰδεν* την πενθεραν αὐτου βεβλημενην και πυρεσσουσαν·
	18	*ἰδων* δε ὁ ἰησους ὀχλον περι αὐτον ἐκελευσεν ἀπελθειν εἰς το περαν.

ὁράω [449]

Mt	8 34	και *ἰδοντες* αὐτον παρεκαλεσαν ὁπως μεταβῃ ἀπο των ὁριων αὐτων.
	9 2	και *ἰδων* ὁ ἰησους την πιστιν αὐτων εἰπεν τῳ παραλυτικῳ·
	4	και *ἰδων* ὁ ἰησους τας ἐνθυμησεις αὐτων εἰπεν·
	8	*ἰδοντες* δε οἱ ὀχλοι ἐφοβηθησαν και ἐδοξασαν τον θεον τον δοντα ἐξουσιαν τοιαυτην τοις ἀνθρωποις.
	9	και παραγων ὁ ἰησους ἐκειθεν *εἰδεν* ἀνθρωπον καθημενον ἐπι το τελωνιον,
	11	και *ἰδοντες* οἱ φαρισαιοι ἐλεγον τοις μαθηταις αὐτου·
	22	ὁ δε ἰησους στραφεις και *ἰδων* αὐτην εἰπεν·
	23	και ἐλθων ὁ ἰησους εἰς την οἰκιαν του ἀρχοντος και *ἰδων* τους αὐλητας και τον ὀχλον θορυβουμενον ἐλεγεν·
	30	και ἐνεβριμηθη αὐτοις ὁ ἰησους λεγων· *ὁρατε* μηδεις γινωσκετω.
	36	*ἰδων* δε τους ὀχλους ἐσπλαγχνισθη περι αὐτων,
	11 8	ἀλλα τι ἐξηλθατε *ἰδειν*; ἀνθρωπον ἐν μαλακοις ἠμφιεσμενον;
	9	ἀλλα τι ἐξηλθατε *ἰδειν*; προφητην;
	12 2	οἱ δε φαρισαιοι *ἰδοντες* εἰπαν αὐτῳ·
	38	διδασκαλε, θελομεν ἀπο σου σημειον *ἰδειν*.
	13 14	ἀκοῃ ἀκουσετε και οὐ μη συνητε, και βλεποντες βλεψετε και οὐ μη *ἰδητε*.
	15	μηποτε *ἰδωσιν* τοις ὀφθαλμοις και τοις ὠσιν ἀκουσωσιν και τῃ καρδιᾳ συνωσιν και ἐπιστρεψωσιν,
	17	ἀμην γαρ λεγω ὑμιν ὁτι πολλοι προφηται και δικαιοι ἐπεθυμησαν *ἰδειν* ἁ βλεπετε και οὐκ εἰδαν,
	17	ἀμην γαρ λεγω ὑμιν ὁτι πολλοι προφηται και δικαιοι ἐπεθυμησαν *ἰδειν* ἁ βλεπετε και οὐκ *εἰδαν*,
	14 14	και ἐξελθων *εἰδεν* πολυν ὀχλον,
	26	οἱ δε μαθηται *ἰδοντες* αὐτον ἐπι της θαλασσης περιπατουντα ἐταραχθησαν λεγοντες ὁτι φαντασμα ἐστιν,
	16 6	*ὁρατε* και προσεχετε ἀπο της ζυμης των φαρισαιων και σαδδουκαιων.
	28	ἀμην λεγω ὑμιν ὁτι εἰσιν τινες των ὡδε ἑστωτων οἱτινες οὐ μη γευσωνται θανατου ἑως ἀν *ἰδωσιν* τον υἱον του ἀνθρωπου ἐρχομενον ἐν τῃ βασιλειᾳ αὐτου.
	17 3	και ἰδου *ὤφθη* αὐτοις μωυσης και ἡλιας συλλαλουντες μετ αὐτου.
	8	ἐπαραντες δε τους ὀφθαλμους αὐτων οὐδενα *εἰδον* εἰ μη αὐτον ἰησουν μονον.
	18 10	*ὁρατε* μη καταφρονησητε ἑνος των μικρων τουτων·
	31	*ἰδοντες* οὐν οἱ συνδουλοι αὐτου τα γενομενα ἐλυπηθησαν σφοδρα,
	20 3	και ἐξελθων περι τριτην ὡραν *εἰδεν* ἀλλους ἑστωτας ἐν τῃ ἀγορᾳ ἀργους,
	21 15	*ἰδοντες* δε οἱ ἀρχιερεις και οἱ γραμματεις τα θαυμασια ἁ ἐποιησεν και τους παιδας τους κραζοντας ἐν τῳ ἱερῳ και λεγοντας· ὡσαννα τῳ υἱῳ δαυιδ, ἠγανακτησαν,
	19	και ἰδων συκην μιαν ἐπι της ὁδου ἠλθεν ἐπ αὐτην,
	20	και *ἰδοντες* οἱ μαθηται ἐθαυμασαν λεγοντες·
	32	ὑμεις δε *ἰδοντες* οὐδε μετεμεληθητε ὑστερον του πιστευσαι αὐτῳ.
	38	οἱ δε γεωργοι *ἰδοντες* τον υἱον εἰπον ἐν ἑαυτοις·
	22 11	εἰσελθων δε ὁ βασιλευς θεασασθαι τους ἀνακειμενους *εἰδεν* ἐκει ἀνθρωπον οὐκ ἐνδεδυμενον ἐνδυμα γαμου·
	23 39	λεγω γαρ ὑμιν, οὐ μη με *ἰδητε* ἀπ ἀρτι ἑως ἀν εἰπητε·
	24 6	μελλησετε δε ἀκουειν πολεμους και ἀκοας πολεμων· *ὁρατε* μη θροεισθε·
	15	ὁταν οὐν *ἰδητε* το βδελυγμα της ἐρημωσεως το ρηθεν δια δανιηλ του προφητου ἑστος ἐν τοπῳ ἁγιῳ, ὁ ἀναγινωσκων νοειτω, τοτε οἱ ἐν τῃ ἰουδαιᾳ φευγετωσαν εἰς τα ὀρη,
	30	και τοτε κοψονται πασαι αἱ φυλαι της γης και *ὀψονται* τον υἱον του ἀνθρωπου ἐρχομενον ἐπι των νεφελων του οὐρανου μετα δυναμεως και δοξης πολλης·
	33	οὑτως και ὑμεις ὁταν *ἰδητε* παντα ταυτα, γινωσκετε ὁτι ἐγγυς ἐστιν ἐπι θυραις.
	25 37	κυριε, ποτε σε *εἰδομεν* πεινωντα και ἐθρεψαμεν, ἠ διψωντα και ἐποτισαμεν;
	38	ποτε δε σε *εἰδομεν* ξενον και συνηγαγομεν, ἠ γυμνον και περιεβαλομεν;
	39	ποτε δε σε *εἰδομεν* ἀσθενουντα ἠ ἐν φυλακῃ και ἠλθομεν προς σε;
	44	κυριε, ποτε σε *εἰδομεν* πεινωντα ἠ διψωντα ἠ ξενον ἠ γυμνον ἠ ἀσθενη ἠ ἐν φυλακῃ και οὐ διηκονησαμεν σοι;
	26 8	*ἰδοντες* δε οἱ μαθηται ἠγανακτησαν λεγοντες·
	58	και εἰσελθων ἐσω ἐκαθητο μετα των ὑπηρετων *ἰδειν* το τελος.
	64	ἀπ ἀρτι *ὀψεσθε* τον υἱον του ἀνθρωπου καθημενον ἐκ δεξιων της δυναμεως και ἐρχομενον ἐπι των νεφελων του οὐρανου.
	71	ἐξελθοντα δε εἰς τον πυλωνα *εἰδεν* αὐτον ἀλλη και λεγει τοις ἐκει·

ὁραω [449]

Mt	27 3	τοτε *ἰδων* ἰουδας ὁ παραδιδους αὐτον ὁτι κατεκριθη, μεταμεληθεις ἐστρεψεν τα τριακοντα ἀργυρια τοις ἀρχιερευσιν και πρεσβυτεροις λεγων·
	4	οἱ δε εἰπαν· τι προς ἡμας; συ *ὁψη.*
	24	*ἰδων* δε ὁ πιλατος ὁτι οὐδεν ὠφελει ἀλλα μαλλον θορυβος γινεται, λαβων ὑδωρ ἀπενιψατο τας χειρας ἀπεναντι του ὀχλου λεγων·
	24	ἀθῳος εἰμι ἀπο του αἱματος τουτου· ὑμεις *ὀψεσθε.*
	49	ἀφες *ἰδωμεν* εἰ ἐρχεται ἡλιας σωσων αὐτον.
	54	ὁ δε ἑκατονταρχος και οἱ μετ αὐτου τηρουντες τον ἰησουν *ἰδοντες* τον σεισμον και τα γινομενα ἐφοβηθησαν σφοδρα, λεγοντες·
	28 6	δευτε *ἰδετε* τον τοπον ὁπου ἐκειτο.
	7	και *ἰδου* προαγει ὑμας εἰς την γαλιλαιαν, ἐκει αὐτον *ὀψεσθε.*
	10	μη φοβεισθε· ὑπαγετε ἀπαγγειλατε τοις ἀδελφοις μου ἱνα ἀπελθωσιν εἰς την γαλιλαιαν, κἀκει με *ὀψονται.*
	17	και *ἰδοντες* αὐτον προσεκυνησαν, οἱ δε ἐδιστασαν.
Mc	1 10	και εὐθυς ἀναβαινων ἐκ του ὑδατος *εἰδεν* σχιζομενους τους οὐρανους και το πνευμα ὡς περιστεραν καταβαινον εἰς αὐτον·
	16	και παραγων παρα την θαλασσαν της γαλιλαιας *εἰδεν* σιμωνα και ἀνδρεαν τον ἀδελφον σιμωνος ἀμφιβαλλοντας ἐν τῃ θαλασσῃ·
	19	και προβας ὀλιγον *εἰδεν* ἰακωβον τον του ζεβεδαιου και ἰωαννην τον ἀδελφον αὐτου και αὐτους ἐν τῳ πλοιῳ καταρτιζοντας τα δικτυα.
	44	*ὁρα* μηδενι μηδεν εἰπῃς,
	2 5	και *ἰδων* ὁ ἰησους την πιστιν αὐτων λεγει τῳ παραλυτικῳ·
	12	και ἠγερθη και εὐθυς ἀρας τον κραβαττον ἐξηλθεν ἐμπροσθεν παντων, ὡστε ἐξιστασθαι παντας και δοξαζειν τον θεον λεγοντας ὁτι οὑτως οὐδεποτε *εἰδαμεν.*
	14	και παραγων *εἰδεν* λευιν τον του ἀλφαιου καθημενον ἐπι το τελωνιον,
	16	και οἱ γραμματεις των φαρισαιων *ἰδοντες* ὁτι ἐσθιει μετα των ἁμαρτωλων και τελωνων ἐλεγον τοις μαθηταις αὐτου·
	4 12	ἐκεινοις δε τοις ἐξω ἐν παραβολαις τα παντα γινεται, ἱνα βλεποντες βλεπωσιν και μη *ἰδωσιν,*
	5 6	και *ἰδων* τον ἰησουν ἀπο μακροθεν ἐδραμεν και προσεκυνησεν αὐτῳ,
	14	και ἠλθον *ἰδειν* τι ἐστιν το γεγονος.
	16	και διηγησαντο αὐτοις οἱ *ἰδοντες* πως ἐγενετο τῳ δαιμονιζομενῳ και περι των χοιρων.
	22	και ἐρχεται εἱς των ἀρχισυναγωγων, ὀνοματι ἰαιρος, και *ἰδων* αὐτον πιπτει προς τους ποδας αὐτου,
	32	και περιεβλεπετο *ἰδειν* την τουτο ποιησασαν.
	6 33	και *εἰδον* αὐτους ὑπαγοντας και ἐπεγνωσαν πολλοι,
	34	και ἐξελθων *εἰδεν* πολυν ὀχλον,
	38	ποσους ἀρτους ἐχετε; ὑπαγετε *ἰδετε.*
	48	και *ἰδων* αὐτους βασανιζομενους ἐν τῳ ἐλαυνειν, ἠν γαρ ὁ ἀνεμος ἐναντιος αὐτοις, περι τεταρτην φυλακην της νυκτος ἐρχεται προς αὐτους περιπατων ἐπι της θαλασσης·
	49	οἱ δε *ἰδοντες* αὐτον ἐπι της θαλασσης περιπατουντα ἐδοξαν ὁτι φαντασμα ἐστιν, και ἀνεκραξαν·
	50	παντες γαρ αὐτον *εἰδον* και ἐταραχθησαν.
	7 2	και *ἰδοντες* τινας των μαθητων αὐτου ὁτι κοιναις χερσιν, τουτ ἐστιν ἀνιπτοις, ἐσθιουσιν τους ἀρτους,
	8 15	*ὁρατε,* βλεπετε ἀπο της ζυμης των φαρισαιων και της ζυμης ἡρωδου.
	24	βλεπω τους ἀνθρωπους, ὁτι ὡς δενδρα *ὁρω* περιπατουντας.
	33	ὁ δε ἐπιστραφεις και *ἰδων* τους μαθητας αὐτου ἐπετιμησεν πετρῳ και λεγει·
	9 1	ἀμην λεγω ὑμιν ὁτι εἰσιν τινες ὡδε των ἑστηκοτων οἱτινες οὐ μη γευσωνται θανατου ἑως ἀν *ἰδωσιν* την βασιλειαν του θεου ἐληλυθυιαν ἐν δυναμει.
	4	και *ὡφθη* αὐτοις ἡλιας συν μωυσει, και ἠσαν συλλαλουντες τῳ ἰησου.
	8	και ἐξαπινα περιβλεψαμενοι οὐκετι οὐδενα *εἰδον* ἀλλα τον ἰησουν μονον μεθ ἑαυτων.
	9	και καταβαινοντων αὐτων ἐκ του ὀρους διεστειλατο αὐτοις ἱνα μηδενι ἁ *εἰδον* διηγησωνται,
	14	και ἐλθοντες προς τους μαθητας *εἰδεν* ὀχλον πολυν περι αὐτους και γραμματεις συζητουντας προς αὐτους.
	15	και εὐθυς πας ὁ ὀχλος *ἰδοντες* αὐτον ἐξεθαμβηθησαν,
	20	και *ἰδων* αὐτον το πνευμα εὐθυς συνεσπαραξεν αὐτον,
	25	*ἰδων* δε ὁ ἰησους ὁτι ἐπισυντρεχει ὀχλος, ἐπετιμησεν τῳ πνευματι τῳ ἀκαθαρτῳ λεγων αὐτῳ·
	38	διδασκαλε, *εἰδομεν* τινα ἐν τῳ ὀνοματι σου ἐκβαλλοντα δαιμονια,
	10 14	*ἰδων* δε ὁ ἰησους ἠγανακτησεν και εἰπεν αὐτοις·

ὁραω [449]

Mc	11 13	και *ἰδων* συκην ἀπο μακροθεν ἐχουσαν φυλλα ἠλθεν εἰ ἀρα τι εὑρησει ἐν αὐτῃ,
	20	και παραπορευομενοι πρωι *εἰδον* την συκην ἐξηραμμενην ἐκ ῥιζων.
	12 15	φερετε μοι δηναριον ἱνα *ἰδω.*
	28	και προσελθων εἱς των γραμματεων, ἀκουσας αὐτων συζητουντων, *ἰδων* ὁτι καλως ἀπεκριθη αὐτοις,
	34	και ὁ ἰησους, *ἰδων* [αὐτον] ὁτι νουνεχως ἀπεκριθη, εἰπεν αὐτῳ·
	13 14	ὁταν δε *ἰδητε* το βδελυγμα της ἐρημωσεως ἑστηκοτα ὁπου οὐ δει, ὁ ἀναγινωσκων νοειτω,
	26	και τοτε *ὀψονται* τον υἱον του ἀνθρωπου ἐρχομενον ἐν νεφελαις μετα δυναμεως πολλης και δοξης.
	29	οὑτως και ὑμεις, ὁταν *ἰδητε* ταυτα γινομενα, γινωσκετε ὁτι ἐγγυς ἐστιν ἐπι θυραις.
	14 62	και *ὀψεσθε* τον υἱον του ἀνθρωπου ἐκ δεξιων καθημενον της δυναμεως και ἐρχομενον μετα των νεφελων του οὐρανου.
	67	και *ἰδουσα* τον πετρον θερμαινομενον ἐμβλεψασα αὐτῳ λεγει·
	69	και ἡ παιδισκη *ἰδουσα* αὐτον ἠρξατο παλιν λεγειν τοις παρεστωσιν ὁτι οὑτος ἐξ αὐτων ἐστιν.
	15 32	ὁ χριστος ὁ βασιλευς ἰσραηλ καταβατω νυν ἀπο του σταυρου, ἱνα *ἰδωμεν* και πιστευσωμεν.
	36	ἀφετε *ἰδωμεν* εἰ ἐρχεται ἡλιας καθελειν αὐτον.
	39	*ἰδων* δε ὁ κεντυριων ὁ παρεστηκως ἐξ ἐναντιας αὐτου ὁτι οὑτως ἐξεπνευσεν, εἰπεν·
	16 5	και εἰσελθουσαι εἰς το μνημειον *εἰδον* νεανισκον καθημενον ἐν τοις δεξιοις περιβεβλημενον στολην λευκην,
	7	ἐκει αὐτον *ὀψεσθε,* καθως εἰπεν ὑμιν.
Lc	1 11	*ὡφθη* δε αὐτῳ ἀγγελος κυριου ἑστως ἐκ δεξιων του θυσιαστηριου του θυμιαματος.
	12	και ἐταραχθη ζαχαριας *ἰδων,* και φοβος ἐπεπεσεν ἐπ αὐτον.
	22	ἐξελθων δε οὐκ ἐδυνατο λαλησαι αὐτοις, και ἐπεγνωσαν ὁτι ὀπτασιαν *ἑωρακεν* ἐν τῳ ναῳ·
	2 15	διελθωμεν δη ἑως βηθλεεμ και *ἰδωμεν* το ῥημα τουτο το γεγονος ὁ ὁ κυριος ἐγνωρισεν ἡμιν.
	17	*ἰδοντες* δε ἐγνωρισαν περι του ῥηματος του λαληθεντος αὐτοις περι του παιδιου τουτου.
	20	και ὑπεστρεψαν οἱ ποιμενες δοξαζοντες και αἰνουντες τον θεον ἐπι πασιν οἱς ἠκουσαν και *εἰδον* καθως ἐλαληθη προς αὐτους.
	26	και ἠν αὐτῳ κεχρηματισμενον ὑπο του πνευματος του ἁγιου μη *ἰδειν* θανατον πριν [ἠ] ἀν ἰδῃ τον χριστον κυριου.
	26	και ἠν αὐτῳ κεχρηματισμενον ὑπο του πνευματος του ἁγιου μη *ἰδειν* θανατον πριν [ἠ] ἀν ἰδῃ τον χριστον κυριου.
	30	νυν ἀπολυεις τον δουλον σου, δεσποτα, κατα το ῥημα σου ἐν εἰρηνῃ· ὁτι *εἰδον* οἱ ὀφθαλμοι μου το σωτηριον σου,
	48	και *ἰδοντες* αὐτον ἐξεπλαγησαν, και εἰπεν προς αὐτον ἡ μητηρ αὐτου·
	3 6	και *ὀψεται* πασα σαρξ το σωτηριον του θεου.
	5 2	και *εἰδεν* δυο πλοια ἑστωτα παρα την λιμνην·
	8	*ἰδων* δε σιμων πετρος προσεπεσεν τοις γονασιν ἰησου λεγων·
	12	*ἰδων* δε τον ἰησουν, πεσων ἐπι προσωπον ἐδεηθη αὐτου λεγων·
	20	και *ἰδων* την πιστιν αὐτων εἰπεν·
	26	και ἐπλησθησαν φοβου λεγοντες ὁτι *εἰδομεν* παραδοξα σημερον.
	7 13	και *ἰδων* αὐτην ὁ κυριος ἐσπλαγχνισθη ἐπ αὐτῃ και εἰπεν αὐτῃ·
	22	πορευθεντες ἀπαγγειλατε ἰωαννῃ ἁ *εἰδετε* και ἠκουσατε·
	25	ἀλλα τι ἐξηλθατε *ἰδειν;* ἀνθρωπον ἐν μαλακοις ἱματιοις ἠμφιεσμενον;
	26	ἀλλα τι ἐξηλθατε *ἰδειν;* προφητην;
	39	*ἰδων* δε ὁ φαρισαιος ὁ καλεσας αὐτον εἰπεν ἐν ἑαυτῳ λεγων·
	8 20	ἡ μητηρ σου και οἱ ἀδελφοι σου ἑστηκασιν ἐξω *ἰδειν* θελοντες σε.
	28	*ἰδων* δε τον ἰησουν ἀνακραξας προσεπεσεν αὐτῳ και φωνῃ μεγαλῃ εἰπεν·
	34	*ἰδοντες* δε οἱ βοσκοντες το γεγονος ἐφυγον και ἀπηγγειλαν εἰς την πολιν και εἰς τους ἀγρους.
	35	ἐξηλθον δε *ἰδειν* το γεγονος, και ἠλθον προς τον ἰησουν,
	36	ἀπηγγειλαν δε αὐτοις οἱ *ἰδοντες* πως ἐσωθη ὁ δαιμονισθεις.
	47	*ἰδουσα* δε ἡ γυνη ὁτι οὐκ ἐλαθεν, τρεμουσα ἠλθεν και προσπεσουσα αὐτῳ δι ἡν αἰτιαν ἡψατο αὐτου ἀπηγγειλεν ἐνωπιον παντος του λαου, και ὡς ἰαθη παραχρημα.
	9 9	τις δε ἐστιν οὑτος περι οὑ ἀκουω τοιαυτα; και ἐζητει *ἰδειν* αὐτον.

ὁράω [449]

Lc 9 27 λεγω δε ὑμιν ἀληθως, εἰσιν τινες των αὐτου ἑστηκοτων οἱ οὐ μη γευσωνται θανατου ἑως ἀν *ἴδωσιν* την βασιλειαν του θεου.

31 οἱτινες ἠσαν μωυσης και ἠλιας, οἱ *ὀφθεντες* ἐν δοξη ἐλεγον την ἐξοδον αὐτου,

32 διαγρηγορησαντες δε *εἰδον* την δοξαν αὐτου και τους δυο ἀνδρας τους συνεστωτας αὐτω.

36 και αὐτοι ἐσιγησαν και οὐδενι ἀπηγγειλαν ἐν ἐκειναις ταις ἡμεραις οὐδεν ὡν *ἑωρακαν.*

49 ἐπιστατα, *εἰδομεν* τινα ἐν τω ὀνοματι σου ἐκβαλλοντα δαιμονια,

54 *ἰδοντες* δε οἱ μαθηται ἰακωβος και ἰωαννης εἰπαν·

10 24 λεγω γαρ ὑμιν ὁτι πολλοι προφηται και βασιλεις ἠθελησαν *ἰδειν* ἁ ὑμεις βλεπετε και οὐκ εἰδαν, και ἀκουσαι ἁ ἀκουετε και οὐκ ἠκουσαν.

24 λεγω γαρ ὑμιν ὁτι πολλοι προφηται και βασιλεις ἠθελησαν ἰδειν ἁ ὑμεις βλεπετε και οὐκ *εἰδαν*, και ἀκουσαι ἁ ἀκουετε και οὐκ ἠκουσαν.

31 κατα συγκυριαν δε ἱερευς τις κατεβαινεν ἐν τη ὁδω ἐκεινη, και *ἰδων* αὐτον ἀντιπαρηλθεν.

32 ὁμοιως δε και λευιτης [γενομενος] κατα τον τοπον ἐλθων και *ἰδων* ἀντιπαρηλθεν.

33 σαμαριτης δε τις ὁδευων ἠλθεν κατ αὐτον και *ἰδων* ἐσπλαγχνισθη,

11 38 ὁ δε φαρισαιος *ἰδων* ἐθαυμασεν ὁτι οὐ πρωτον ἐβαπτισθη προ του ἀριστου.

12 15 *ὁρατε* και φυλασσεσθε ἀπο πασης πλεονεξιας, ὁτι οὐκ ἐν τω περισσευειν τινι ἡ ζωη αὐτου ἐστιν ἐκ των ὑπαρχοντων αὐτω.

54 ὁταν *ἰδητε* την νεφελην ἀνατελλουσαν ἐπι δυσμων, εὐθεως λεγετε ὁτι ὀμβρος ἐρχεται, και γινεται οὑτως·

13 12 *ἰδων* δε αὐτην ὁ ἰησους προσεφωνησεν και εἰπεν αὐτη·

28 ἐκει ἐσται ὁ κλαυθμος και ὁ βρυγμος των ὀδοντων, ὁταν *ὀψησθε* ἀβρααμ και ἰσαακ και ἰακωβ και παντας τους προφητας ἐν τη βασιλεια του θεου, ὑμας δε ἐκβαλλομενους ἐξω.

35 οὐ μη *ἰδητε* με ἑως [ἡξει ὁτε] εἰπητε·

14 18 ἀγρον ἠγορασα, και ἐχω ἀναγκην ἐξελθων *ἰδειν* αὐτον·

15 20 ἐτι δε αὐτου μακραν ἀπεχοντος *εἰδεν* αὐτον ὁ πατηρ αὐτου και ἐσπλαγχνισθη,

16 23 και ἐν τω ἁδη ἐπαρας τους ὀφθαλμους αὐτου, ὑπαρχων ἐν βασανοις, *ὁρα* ἀβρααμ ἀπο μακροθεν και λαζαρον ἐν τοις κολποις αὐτου.

17 14 και *ἰδων* εἰπεν αὐτοις·

15 εἰς δε ἐξ αὐτων, *ἰδων* ὁτι ἰαθη, ὑπεστρεψεν μετα φωνης μεγαλης δοξαζων τον θεον,

22 ἐλευσονται ἡμεραι ὁτε ἐπιθυμησετε μιαν των ἡμερων του υἱου του ἀνθρωπου *ἰδειν* και οὐκ ὀψεσθε.

22 ἐλευσονται ἡμεραι ὁτε ἐπιθυμησετε μιαν των ἡμερων του υἱου του ἀνθρωπου ἰδειν και οὐκ *ὀψεσθε.*

18 15 *ἰδοντες* δε οἱ μαθηται ἐπετιμων αὐτοις.

24 *ἰδων* δε αὐτον ὁ ἰησους [περιλυπον γενομενον] εἰπεν·

43 και πας ὁ λαος *ἰδων* ἐδωκεν αἰνον τω θεω.

19 3 και ἐζητει *ἰδειν* τον ἰησουν τις ἐστιν,

4 και προδραμων εἰς το ἐμπροσθεν ἀνεβη ἐπι συκομορεαν, ἱνα *ἰδη* αὐτον, ὁτι ἐκεινης ἡμελλεν διερχεσθαι.

7 και *ἰδοντες* παντες διεγογγυζον λεγοντες ὁτι παρα ἁμαρτωλω ἀνδρι εἰσηλθεν καταλυσαι.

37 ἐγγιζοντος δε αὐτου ἠδη προς τη καταβασει του ὀρους των ἐλαιων ἠρξαντο ἁπαν το πληθος των μαθητων χαιροντες αἰνειν τον θεον φωνη μεγαλη περι πασων ὡν *εἰδον* δυναμεων,

41 και ὡς ἠγγισεν, *ἰδων* την πολιν ἐκλαυσεν ἐπ αὐτην,

20 14 *ἰδοντες* δε αὐτον οἱ γεωργοι διελογιζοντο προς ἀλληλους λεγοντες·

21 1 ἀναβλεψας δε *εἰδεν* τους βαλλοντας εἰς το γαζοφυλακιον τα δωρα αὐτων πλουσιους.

2 *εἰδεν* δε τινα χηραν πενιχραν βαλλουσαν ἐκει λεπτα δυο,

20 ὁταν δε *ἰδητε* κυκλουμενην ὑπο στρατοπεδων ἰερουσαλημ, τοτε γνωτε ὁτι ἠγγικεν ἡ ἐρημωσις αὐτης.

27 και τοτε *ὀψονται* τον υἱον του ἀνθρωπου ἐρχομενον ἐν νεφελη μετα δυναμεως και δοξης πολλης.

29 *ἰδετε* την συκην και παντα τα δενδρα·

31 οὑτως και ὑμεις, ὁταν *ἰδητε* ταυτα γινομενα, γινωσκετε ὁτι ἐγγυς ἐστιν ἡ βασιλεια του θεου.

22 43 [*ὠφθη* δε αὐτω ἀγγελος ἀπ οὐρανου ἐνισχυων αὐτον].

49 *ἰδοντες* δε οἱ περι αὐτον το ἐσομενον εἰπαν·

56 *ἰδουσα* δε αὐτον παιδισκη τις καθημενον προς το φως και ἀτενισασα αὐτω εἰπεν·

58 και μετα βραχυ ἑτερος *ἰδων* αὐτον ἐφη·

23 8 ὁ δε ἡρωδης *ἰδων* τον ἰησουν ἐχαρη λιαν·

ὁράω [449]

Lc 23 8 ἠν γαρ ἐξ ἰκανων χρονων θελων *ἰδειν* αὐτον δια το ἀκουειν περι αὐτου,

8 και ἠλπιζεν τι σημειον *ἰδειν* ὑπ αὐτου γινομενον.

47 *ἰδων* δε ὁ ἑκατονταρχης το γενομενον ἐδοξαζεν τον θεον λεγων·

49 εἰστηκεισαν δε παντες οἱ γνωστοι αὐτω ἀπο μακροθεν, και γυναικες αἱ συνακολουθουσαι αὐτω ἀπο της γαλιλαιας, *ὁρωσαι* ταυτα.

24 23 και μη εὑρουσαι το σωμα αὐτου ἠλθον λεγουσαι και ὀπτασιαν ἀγγελων *ἑωρακεναι*, οἱ λεγουσιν αὐτον ζην.

24 και εὑρον οὑτως καθως και αἱ γυναικες εἰπον, αὐτον δε οὐκ *εἰδον.*

34 και εὑρον ἠθροισμενους τους ἑνδεκα και τους συν αὐτοις, λεγοντας ὁτι ὀντως ἠγερθη ὁ κυριος και *ὠφθη* σιμωνι.

39 *ἰδετε* τας χειρας μου και τους ποδας μου, ὁτι ἐγω εἰμι αὐτος·

39 ψηλαφησατε με και *ἰδετε*, ὁτι πνευμα σαρκα και ὀστεα οὐκ ἐχει καθως ἐμε θεωρειτε ἐχοντα.

Jh 1 18 θεον οὐδεις *ἑωρακεν* πωποτε·

33 ἐφ ὁν ἀν *ἰδης* το πνευμα καταβαινον και μενον ἐπ αὐτον, οὑτος ἐστιν ὁ βαπτιζων ἐν πνευματι ἁγιω·

34 καγω *ἑωρακα*, και μεμαρτυρηκα ὁτι οὑτος ἐστιν ὁ υἱος του θεου.

39 λεγει αὐτοις· ἐρχεσθε και *ὀψεσθε.*

39 ἠλθαν οὐν και *εἰδαν* που μενει,

47 *εἰδεν* ὁ ἰησους τον ναθαναηλ ἐρχομενον προς αὐτον και λεγει περι αὐτου·

48 προ του σε φιλιππον φωνησαι ὀντα ὑπο την συκην *εἰδον* σε.

50 ἀπεκριθη ἰησους και εἰπεν αὐτω· ὁτι εἰπον σοι ὁτι *εἰδον* σε ὑποκατω της συκης, πιστευεις; μειζω τουτων ὀψη·

50 ἀπεκριθη ἰησους και εἰπεν αὐτω· ὁτι εἰπον σοι ὁτι εἰδον σε ὑποκατω της συκης, πιστευεις; μειζω τουτων *ὀψη.*

51 *ὀψεσθε* τον οὐρανον ἀνεωγοτα και τους ἀγγελους του θεου ἀναβαινοντας και καταβαινοντας ἐπι τον υἱον του ἀνθρωπου.

3 3 ἐαν μη τις γεννηθη ἀνωθεν, οὐ δυναται *ἰδειν* την βασιλειαν του θεου.

11 ἀμην ἀμην λεγω σοι ὁτι ὁ οἰδαμεν λαλουμεν και ὁ *ἑωρακαμεν* μαρτυρουμεν,

32 ὁ *ἑωρακεν* και ἠκουσεν, τουτο μαρτυρει,

36 ὁ δε ἀπειθων τω υἱω οὐκ *ὀψεται* ζωην,

4 29 δευτε *ἰδετε* ἀνθρωπον ὁς εἰπεν μοι παντα ὁσα ἐποιησα·

45 ἐδεξαντο αὐτον οἱ γαλιλαιοι, παντα *ἑωρακοτες* ὁσα ἐποιησεν ἐν ἰεροσολυμοις ἐν τη ἑορτη·

48 ἐαν μη σημεια και τερατα *ἰδητε*, οὐ μη πιστευσητε.

5 6 ἠν δε τις ἀνθρωπος ἐκει τριακονταικοτω ἐτη ἐχων ἐν τη ἀσθενεια αὐτου· τουτον *ἰδων* ὁ ἰησους κατακειμενον,

37 οὐτε φωνην αὐτου πωποτε ἀκηκοατε οὐτε εἰδος αὐτου *ἑωρακατε*,

6 14 οἱ οὐν ἀνθρωποι *ἰδοντες* ὁ ἐποιησεν σημειον ἐλεγον ὁτι οὑτος ἐστιν ἀληθως ὁ προφητης ὁ ἐρχομενος εἰς τον κοσμον.

22 τη ἐπαυριον ὁ ὀχλος ὁ ἑστηκως περαν της θαλασσης *εἰδον* ὁτι πλοιαριον ἀλλο οὐκ ἠν ἐκει εἰ μη ἑν,

24 ὁτε οὐν *εἰδεν* ὁ ὀχλος ὁτι ἰησους οὐκ ἐστιν ἐκει οὐδε οἱ μαθηται αὐτου, ἐνεβησαν αὐτοι εἰς τα πλοιαρια και ἠλθον εἰς καφαρναουμ ζητουντες τον ἰησουν.

26 ἀμην ἀμην λεγω ὑμιν, ζητειτε με οὐχ ὁτι *εἰδετε* σημεια, ἀλλ ὁτι ἐφαγετε ἐκ των ἀρτων και ἐχορτασθητε.

30 τι οὐν ποιεις συ σημειον, ἱνα *ἰδωμεν* και πιστευσωμεν σοι;

36 ἀλλ εἰπον ὑμιν ὁτι και *ἑωρακατε* [με] και οὐ πιστευετε.

46 οὐχ ὁτι τον πατερα *ἑωρακεν* τις, εἰ μη ὁ ὡν παρα του θεου, οὑτος ἑωρακεν τον πατερα.

46 οὐχ ὁτι τον πατερα ἑωρακεν τις, εἰ μη ὁ ὡν παρα του θεου, οὑτος *ἑωρακεν* τον πατερα.

8 38 ἁ ἐγω *ἑωρακα* παρα τω πατρι λαλω·

56 ἀβρααμ ὁ πατηρ ὑμων ἠγαλλιασατο ἱνα *ἰδη* την ἡμεραν την ἐμην, και εἰδεν και ἐχαρη.

56 ἀβρααμ ὁ πατηρ ὑμων ἠγαλλιασατο ἱνα ἰδη την ἡμεραν την ἐμην, και *εἰδεν* και ἐχαρη.

57 πεντηκοντα ἐτη οὐπω ἐχεις και ἀβρααμ *ἑωρακας;*

9 1 και παραγων *εἰδεν* ἀνθρωπον τυφλον ἐκ γενετης.

37 και *ἑωρακας* αὐτον και ὁ λαλων μετα σου ἐκεινος ἐστιν.

11 31 οἱ οὐν ἰουδαιοι οἱ ὀντες μετ αὐτης ἐν τη οἰκια και παραμυθουμενοι αὐτην, *ἰδοντες* την μαριαμ ὁτι ταχεως ἀνεστη και ἐξηλθεν, ἠκολουθησαν αὐτη,

32 ἡ οὐν μαριαμ ὡς ἠλθεν ὁπου ἠν ἰησους, *ἰδουσα* αὐτον ἐπεσεν αὐτου προς τους ποδας,

33 ἰησους οὐν ὡς *εἰδεν* αὐτην κλαιουσαν και τους συνελθοντας αὐτη ἰουδαιους κλαιοντας, ἐνεβριμησατο τω πνευματι και ἐταραξεν ἑαυτον,

40 οὐκ εἰπον σοι ὁτι ἐαν πιστευσης *ὀψη* την δοξαν του θεου;

ὁράω [449]

Jh	12 9	και ήλθον ού δια τον ιησουν μονον, άλλ ίνα και τον λαζαρον ίδωσιν όν ήγειρεν έκ νεκρων.
	21	κυριε, θελομεν τον ιησουν *ίδειν*,
	40	τετυφλωκεν αυτων τους όφθαλμους και έπωρωσεν αυτων την καρδιαν, ίνα μη *ίδωσιν* τοις όφθαλμοις και νοησωσιν τη καρδιᾳ και στραφωσιν, και ίασομαι αυτους.
	41	ταυτα είπεν ήσαιας ότι *είδεν* την δοξαν αυτου, και έλαλησεν περι αυτου.
14	7	[και] άπ άρτι γινωσκετε αυτον και *έωρακατε* αυτον.
	9	ό *έωρακως* έμε έωρακεν τον πατερα·
	9	ό έωρακως έμε *έωρακεν* τον πατερα·
15	24	νυν δε και *έωρακασιν* και μεμισηκασιν και έμε και τον πατερα μου.
16	16	μικρον και ούκετι θεωρειτε με, και παλιν μικρον και *όψεσθε* με.
	17	τί έστιν τουτο ό λεγει ήμιν· μικρον και ού θεωρειτε με, και παλιν μικρον και *όψεσθε* με;
	19	μικρον και ού θεωρειτε με, και παλιν μικρον και *όψεσθε* με;
	22	παλιν δε *όψομαι* ύμας, και χαρησεται ύμων ή καρδια,
18	26	λεγει είς έκ των δουλων του άρχιερεως, συγγενης ών ού άπεκοψεν πετρος το ώτιον· ούκ έγω σε *είδον* έν τω κηπω μετ αυτου;
19	6	ότε ούν *είδον* αυτον οί άρχιερεις και οί ύπηρεται, έκραυγασαν λεγοντες·
	26	ίησους ούν *ίδων* την μητερα και τον μαθητην παρεστωτα όν ήγαπα, λεγει τη μητρι·
	33	έπι δε τον ιησουν έλθοντες, ώς *είδον* ήδη αυτον τεθνηκοτα, ού κατεαξαν αυτου τα σκελη,
	35	και ό *έωρακως* μεμαρτυρηκεν, και άληθινη αυτου έστιν ή μαρτυρια,
	37	*όψονται* είς όν έξεκεντησαν.
20	8	τοτε ούν είσηλθεν και ό άλλος μαθητης ό έλθων πρωτος είς το μνημειον, και *είδεν* και έπιστευσεν·
	18	έρχεται μαριαμ ή μαγδαληνη άγγελλουσα τοις μαθηταις ότι *έωρακα* τον κυριον, και ταυτα είπεν αύτη.
	20	έχαρησαν ούν οί μαθηται *ίδοντες* τον κυριον.
	25	έλεγον ούν αύτω οί άλλοι μαθηται· *έωρακαμεν* τον κυριον.
	25	έαν μη *ίδω* έν ταις χερσιν αυτου τον τυπον των ήλων και βαλω του δακτυλον μου είς τον τυπον των ήλων και βαλω μου την χειρα είς την πλευραν αυτου, ού μη πιστευσω.
	29	ότι *έωρακας* με, πεπιστευκας; μακαριοι οί μη *ίδοντες* και πιστευσαντες.
	29	ότι *έωρακας* με, πεπιστευκας; μακαριοι οί μη *ίδοντες* και πιστευσαντες.
	21 21	τουτον ούν *ίδων* ό πετρος λεγει τω ιησου·
Ac	2 3	και *ώφθησαν* αυτοις διαμεριζομεναι γλωσσαι ώσει πυρος,
	17	και οί νεανισκοι ύμων όρασεις *όψονται*.
	27	έτι δε και ή σαρξ μου κατασκηνωσει έπ έλπιδι, ότι ούκ έγκαταλειψεις την ψυχην μου είς άδην ούδε δωσεις τον όσιον σου *ίδειν* διαφθοραν.
	31	προιδων έλαλησεν περι της άναστασεως του χριστου, ότι ούτε έγκατελειφθη είς άδην ούτε ή σαρξ αυτου *είδεν* διαφθοραν.
3	3	ός *ίδων* πετρον και ιωαννην μελλοντας είσιεναι είς το ιερον ήρωτα έλεημοσυνην λαβειν.
	9	και *είδεν* πας ό λαος αυτον περιπατουντα και αίνουντα τον θεον·
	12	*ίδων* δε ό πετρος άπεκρινατο προς τον λαον·
4	20	ού δυναμεθα γαρ ήμεις ά *είδαμεν* και ήκουσαμεν μη λαλειν.
6	15	και άτενισαντες είς αυτον παντες οί καθεζομενοι έν τω συνεδριω *είδον* το προσωπον αυτου ώσει προσωπον άγγελου.
7	2	ό θεος της δοξης *ώφθη* τω πατρι ήμων άβρααμ όντι έν τη μεσοποταμια πριν ή κατοικησαι αυτον έν χαρραν,
	24	και *ίδων* τινα άδικουμενον ήμυνατο, και έποιησεν έκδικησιν τω καταπονουμενω παταξας τον αίγυπτιον·
	26	τη τε έπιουση ήμερα *ώφθη* αυτοις μαχομενοις,
	30	και πληρωθεντων έτων τεσσερακοντα *ώφθη* αυτω έν τη έρημω του όρους σινα άγγελος έν φλογι πυρος βατου.
	31	ό δε μωυσης *ίδων* έθαυμαζεν το όραμα·
	34	*ίδων είδον* την κακωσιν του λαου μου του έν αίγυπτω, και του στεναγμου αυτων ήκουσα,
	34	*ίδων είδον* την κακωσιν του λαου μου του έν αίγυπτω, και του στεναγμου αυτων ήκουσα,
	35	τουτον ό θεος [και] άρχοντα και λυτρωτην άπεσταλκεν συν χειρι άγγελου του *όφθεντος* αυτω έν τη βατω.
	44	ή σκηνη του μαρτυριου ήν τοις πατρασιν ήμων έν τη έρημω, καθως διεταξατο ό λαλων τω μωυση ποιησαι αυτην κατα τον τυπον όν *έωρακει*·

ὁράω [449]

Ac	7 55	ύπαρχων δε πληρης πνευματος άγιου άτενισας είς τον ούρανον *είδεν* δοξαν θεου και ιησουν έστωτα έκ δεξιων του θεου,
	8 18	*ίδων* δε ό σιμων ότι δια της έπιθεσεως των χειρων των άποστολων διδοται το πνευμα, προσηνεγκεν αυτοις χρηματα λεγων·
	23	είς γαρ χολην πικριας και συνδεσμον άδικιας *όρω* σε όντα.
	39	πνευμα κυριου ήρπασεν τον φιλιππον, και ούκ *είδεν* αυτον ούκετι ό εύνουχος·
	9 12	*ίδου* γαρ προσευχεται, και *είδεν* άνδρα [έν όραματι] άνανιαν όνοματι είσελθοντα και έπιθεντα αύτω [τας] χειρας, όπως άναβλεψη.
	17	σαουλ άδελφε, ό κυριος άπεσταλκεν με, ιησους ό *όφθεις* σοι έν τη όδω ή ήρχου, όπως άναβλεψης και πλησθης πνευματος άγιου.
	27	βαρναβας δε έπιλαβομενος αυτον ήγαγεν προς τους άποστολους, και διηγησατο αυτοις πως έν τη όδω *είδεν* τον κυριον
	35	και *είδαν* αυτον παντες οί κατοικουντες λυδδα και τον σαρωνα, οίτινες έπεστρεψαν έπι τον κυριον.
	40	ή δε ήνοιξεν τους όφθαλμους αύτης, και *ίδουσα* τον πετρον άνεκαθισεν.
10	3	*είδεν* έν όραματι φανερως, ώσει περι ώραν ένατην της ήμερας, άγγελον του θεου είσελθοντα προς αυτον και είποντα αύτω· κορνηλιε.
	17	ώς δε έν έαυτω διηπορει ό πετρος τί άν είη το όραμα ό *είδεν*, ίδου οί άνδρες οί άπεσταλμενοι ύπο του κορνηλιου διερωτησαντες την οίκιαν του σιμωνος έπεστησαν έπι τον πυλωνα,
11	5	έγω ήμην έν πολει ίοππη προσευχομενος, και *είδον* έν έκστασει όραμα,
	6	είς ήν άτενισας κατενοουν, και *είδον* τα τετραποδα της γης και τα θηρια και τα έρπετα και τα πετεινα του ούρανου.
	13	άπηγγειλεν δε ήμιν πως *είδεν* [τον] άγγελον έν τω οίκω αυτου σταθεντα και είποντα·
	23	ός παραγενομενος και *ίδων* την χαριν [την] του θεου έχαρη
12	3	*ίδων* δε ότι άρεστον έστιν τοις ιουδαιοις προσεθετο συλλαβειν και πετρον,
	16	άνοιξαντες δε *είδαν* αυτον και έξεστησαν.
13	12	τοτε *ίδων* ό άνθυπατος το γεγονος έπιστευσεν, έκπλησσομενος έπι τη διδαχη του κυριου.
	31	ός *ώφθη* έπι ήμερας πλειους τοις συναναβασιν αύτω άπο της γαλιλαιας είς ιερουσαλημ,
	35	ού δωσεις τον όσιον σου *ίδειν* διαφθοραν.
	36	δαυιδ μεν γαρ ίδια γενεα ύπηρετησας τη του θεου βουλη έκοιμηθη και προσετεθη προς τους πατερας αυτου και *είδεν* διαφθοραν·
	37	όν δε ό θεος ήγειρεν, ούκ *είδεν* διαφθοραν.
	41	*ίδετε*, οί καταφρονηται, και θαυμασατε και άφανισθητε,
	45	*ίδοντες* δε οί ιουδαιοι τους όχλους έπλησθησαν ζηλου, και άντελεγον τοις ύπο του παυλου λαλουμενοις βλασφημουντες.
14	9	ός άτενισας αύτω και *ίδων* ότι έχει πιστιν του σωθηναι,
	11	οί τε όχλοι *ίδοντες* ό έποιησεν παυλος έπηραν την φωνην αυτων λυκαονιστι λεγοντες·
15	6	συνηχθησαν τε οί άποστολοι και οί πρεσβυτεροι *ίδειν* περι του λογου τουτου.
16	9	και όραμα δια [της] νυκτος τω παυλω *ώφθη*,
	10	ώς δε το όραμα *είδεν*, εύθεως έζητησαμεν έξελθειν είς μακεδονιαν, συμβιβαζοντες ότι προσκεκληται ήμας ό θεος εύαγγελισασθαι αυτους.
	19	*ίδοντες* δε οί κυριοι αύτης ότι έξηλθεν ή έλπις της έργασιας αυτων, έπιλαβομενοι τον παυλον και τον σιλαν είλκυσαν είς την άγοραν έπι τους άρχοντας
	27	έξυπνος δε γενομενος ό δεσμοφυλαξ και *ίδων* άνεωγμενας τας θυρας της φυλακης, σπασαμενος [την] μαχαιραν ήμελλεν έαυτον άναιρειν,
	40	έξελθοντες δε άπο της φυλακης είσηλθον προς την λυδιαν, και *ίδοντες* παρεκαλεσαν τους άδελφους και έξηλθαν.
18	15	εί δε ζητηματα έστιν περι λογου και όνοματων και νομου του καθ ύμας, *όψεσθε* αύτοι·
19	21	είπων ότι μετα το γενεσθαι με έκει δει με και ρωμην *ίδειν*.
20	25	και νυν ίδου έγω οίδα ότι ούκετι *όψεσθε* το προσωπον μου ύμεις παντες έν οίς διηλθον κηρυσσων την βασιλειαν.
21	32	οί δε *ίδοντες* τον χιλιαρχον και τους στρατιωτας έπαυσαντο τυπτοντες τον παυλον.
22	14	ό θεος των πατερων ήμων προεχειρισατο σε γνωναι το θελημα αυτου και *ίδειν* τον δικαιον και άκουσαι φωνην έκ του στοματος αυτου,

ὁραω [449]

Ac 22 15 και ιδειν τον δικαιον και ακουσαι φωνην εκ του στοματος αυτου, οτι εση μαρτυς αυτω προς παντας ανθρωπους ὧν *ἑωρακας* και ηκουσας.

18 εγενετο δε μοι υποστρεψαντι εις ιερουσαλημ και προσευχομενου μου εν τω ιερω γενεσθαι με εν εκστασει, και *ιδειν* αυτον λεγοντα μοι·

26 13 ημερας μεσης κατα την οδον *ειδον*, βασιλευ, ουρανοθεν υπερ την λαμπροτητα του ηλιου περιλαμψαν με φως και τους συν εμοι πορευομενους·

16 εις τουτο γαρ *ωφθην* σοι, προχειρισασθαι σε υπηρετην και μαρτυρα ὧν τε *ειδες* [με] ὧν τε *οφθησομαι* σοι,

16 εις τουτο γαρ *ωφθην* σοι, προχειρισασθαι σε υπηρετην και μαρτυρα ὧν τε *ειδες* [με] ὧν τε *οφθησομαι* σοι,

16 εις τουτο γαρ *ωφθην* σοι, προχειρισασθαι σε υπηρετην και μαρτυρα ὧν τε *ειδες* [με] ὧν τε *οφθησομαι* σοι,

28 4 ὡς δε *ειδον* οι βαρβαροι κρεμαμενον το θηριον εκ της χειρος αυτου, προς αλληλους ελεγον·

15 ους *ιδων* ὁ παυλος ευχαριστησας τω θεω ελαβε θαρσος.

20 δια ταυτην ουν την αιτιαν παρεκαλεσα υμας *ιδειν* και προσλαλησαι·

26 ακοη ακουσετε και ου μη συνητε, και βλεποντες βλεψετε και ου μη *ιδητε·*

27 μηποτε *ιδωσιν* τοις οφθαλμοις και τοις ωσιν ακουσωσιν και τη καρδια συνωσιν και επιστρεψωσιν,

Rm 1 11 επιποθω γαρ *ιδειν* υμας, ινα τι μεταδω χαρισμα υμιν πνευματικον εις το στηριχθηναι υμας,

15 21 οις ουκ ανηγγελη περι αυτου *οψονται*, και οι ουκ ακηκοασιν συνησουσιν.

1Co 2 9 ἃ οφθαλμος ουκ *ειδεν* και ους ουκ ηκουσεν και επι καρδιαν ανθρωπου ουκ ανεβη, ἃ ητοιμασεν ὁ θεος τοις αγαπωσιν αυτον.

8 10 εαν γαρ τις *ιδη* σε τον εχοντα γνωσιν εν ειδωλειω κατακειμενον, ουχι ἡ συνειδησις αυτου ασθενους οντος οικοδομηθησεται εις το τα ειδωλοθυτα εσθιειν;

9 1 ουχι ιησουν τον κυριον ἡμων *εορακα;*

15 5 και οτι εγηγερται τη ημερα τη τριτη κατα τας γραφας, και οτι *ωφθη* κηφα,

6 επειτα *ωφθη* επανω πεντακοσιοις αδελφοις εφαπαξ,

7 επειτα *ωφθη* ιακωβω, ειτα τοις αποστολοις πασιν·

8 εσχατον δε παντων ωσπερει τω εκτρωματι *ωφθη* καμοι.

16 7 ου θελω γαρ υμας αρτι εν παροδω *ιδειν·*

Ga 1 19 ετερον δε των αποστολων ουκ *ειδον*, ει μη ιακωβον τον αδελφον του κυριου.

2 7 αλλα τουναντιον *ιδοντες* οτι πεπιστευμαι το ευαγγελιον της ακροβυστιας καθως πετρος της περιτομης,

14 αλλ ὁτε *ειδον* οτι ουκ ορθοποδουσιν προς την αληθειαν του ευαγγελιου, ειπον τω κηφα εμπροσθεν παντων·

6 11 *ιδετε* πηλικοις υμιν γραμμασιν εγραψα τη εμη χειρι.

Php 1 27 μονον αξιως του ευαγγελιου του χριστου πολιτευεσθε, ινα ειτε ελθων και *ιδων* υμας ειτε απων ακουω τα περι υμων, οτι στηκετε εν ενι πνευματι,

30 τον αυτον αγωνα εχοντες οιον *ειδετε* εν εμοι και νυν ακουετε εν εμοι.

2 28 σπουδαιοτερως ουν επεμψα αυτον, ινα *ιδοντες* αυτον παλιν χαρητε καγω αλυποτερος ω.

4 9 ἃ και εμαθετε και παρελαβετε και ηκουσατε και *ειδετε* εν εμοι, ταυτα πρασσετε·

Col 2 1 θελω γαρ υμας ειδεναι ηλικον αγωνα εχω υπερ υμων και των εν λαοδικεια και οσοι ουχ *εορακαν* το προσωπον μου εν σαρκι,

18 μηδεις υμας καταβραβευετω θελων εν ταπεινοφροσυνη και θρησκεια των αγγελων, ἃ *εορακεν* εμβατευων,

1Th 2 17 περισσοτερως εσπουδασαμεν το προσωπον υμων *ιδειν* εν πολλη επιθυμια.

3 6 και οτι εχετε μνειαν ημων αγαθην παντοτε, επιποθουντες ημας *ιδειν* καθαπερ και ημεις υμας,

10 νυκτος και ημερας υπερεκπερισσου δεομενοι εις το *ιδειν* υμων το προσωπον και καταρτισαι τα υστερηματα της πιστεως υμων;

5 15 *ορατε* μη τις κακον αντι κακου τινι αποδω,

1Tm 3 16 ὃς εφανερωθη εν σαρκι, εδικαιωθη εν.πνευματι, *ωφθη* αγγελοις,

6 16 ὁ μονος εχων αθανασιαν, φως οικων απροσιτον, ον *ειδεν* ουδεις ανθρωπων ουδε *ιδειν* δυναται·

16 ὁ μονος εχων αθανασιαν, φως οικων απροσιτον, ον *ειδεν* ουδεις ανθρωπων ουδε *ιδειν* δυναται·

2Tm 1 4 επιποθων σε *ιδειν*, μεμνημενος σου των δακρυων, ινα χαρας πληρωθω,

Heb 2 8 νυν δε ουπω *ορωμεν* αυτω τα παντα υποτεταγμενα·

ὁραω [449]

Heb 3 9 ου επειρασαν οι πατερες υμων εν δοκιμασια και *ειδον* τα εργα μου τεσσερακοντα ετη·

8 5 *ορα* γαρ φησιν, ποιησεις παντα κατα τον τυπον τον δειχθεντα σοι εν τω ορει·

9 28 εκ δευτερου χωρις αμαρτιας *οφθησεται* τοις αυτον απεκδεχομενοις εις σωτηριαν.

11 5 πιστει ενωχ μετετεθη του μη *ιδειν* θανατον,

13 μη λαβοντες τας επαγγελιας, αλλα πορρωθεν αυτας *ιδοντες* και ασπασαμενοι,

23 πιστει μωυσης γεννηθεις εκρυβη τριμηνον υπο των πατερων αυτου, διοτι *ειδον* αστειον το παιδιον,

27 τον γαρ αορατον ὡς *ορων* εκαρτερησεν.

12 14 ειρηνην διωκετε μετα παντων, και τον αγιασμον, ου χωρις ουδεις *οψεται* τον κυριον,

13 23 γινωσκετε τον αδελφον ημων τιμοθεον απολελυμενον, μεθ ου εαν ταχιον ερχηται *οψομαι* υμας.

Ja 2 24 *ορατε* οτι εξ εργων δικαιουται ανθρωπος και ουκ εκ πιστεως μονον.

5 11 την υπομονην ιωβ ηκουσατε, και το τελος κυριου *ειδετε*,

1Pt 1 8 εν αποκαλυψει ιησου χριστου· ον ουκ *ιδοντες* αγαπατε,

8 εις ον αρτι μη *ορωντες* πιστευοντες δε αγαλλιασθε χαρα ανεκλαλητω και δεδοξασμενη,

3 10 ὁ γαρ θελων ζωην αγαπαν και *ιδειν* ημερας αγαθας παυσατω την γλωσσαν απο κακου

1Jh 1 1 ὃ ην απ αρχης, ὃ ακηκοαμεν, ὃ *εωρακαμεν* τοις οφθαλμοις ημων,

2 και *εωρακαμεν* και μαρτυρουμεν και απαγγελλομεν υμιν την ζωην την αιωνιον,

3 ὃ *εωρακαμεν* και ακηκοαμεν, απαγγελλομεν και υμιν,

3 1 *ιδετε* ποταπην αγαπην δεδωκεν ημιν ὁ πατηρ ινα τεκνα θεου κληθωμεν, και εσμεν.

2 οιδαμεν οτι εαν φανερωθη ομοιοι αυτω εσομεθα, οτι *οψομεθα* αυτον καθως εστιν.

6 πας ὁ αμαρτανων ουχ *εωρακεν* αυτον ουδε εγνωκεν αυτον.

4 20 ὁ γαρ μη αγαπων τον αδελφον αυτου ον *εωρακεν*, τον θεον ον ουχ *εωρακεν* ου δυναται αγαπαν.

20 ὁ γαρ μη αγαπων τον αδελφον αυτου ον *εωρακεν*, τον θεον ον ουχ *εωρακεν* ου δυναται αγαπαν.

5 16 εαν τις *ιδη* τον αδελφον αυτου αμαρτανοντα αμαρτιαν μη προς θανατον, αιτησει,

3Jh 11 ὁ κακοποιων ουχ *εωρακεν* τον θεον.

14 ελπιζω δε ευθεως σε *ιδειν*, και στομα προς στομα λαλησομεν.

Apc 1 2 ὃς εμαρτυρησεν τον λογον του θεου και την μαρτυριαν ιησου χριστου, οσα *ειδεν*.

7 και *οψεται* αυτον πας οφθαλμος και οιτινες αυτον εξεκεντησαν,

12 και επιστρεψας *ειδον* επτα λυχνιας χρυσας,

17 και οτε *ειδον* αυτον, επεσα προς τους ποδας αυτου ὡς νεκρος·

19 γραψον ουν ἃ *ειδες* και ἃ εισιν και ἃ μελλει γενεσθαι μετα ταυτα.

20 το μυστηριον των επτα αστερων ους *ειδες* επι της δεξιας μου,

4 1 μετα ταυτα *ειδον*, και ιδου θυρα ηνεωγμενη εν τω ουρανω,

5 1 και *ειδον* επι την δεξιαν του καθημενου επι του θρονου βιβλιον γεγραμμενον εσωθεν και οπισθεν,

2 και *ειδον* αγγελον ισχυρον κηρυσσοντα εν φωνη μεγαλη·

6 και *ειδον* εν μεσω του θρονου και των τεσσαρων ζωων και εν μεσω των πρεσβυτερων αρνιον εστηκος ὡς εσφαγμενον,

11 και *ειδον*, και ηκουσα φωνην αγγελων πολλων κυκλω του θρονου και των ζωων και των πρεσβυτερων,

6 1 και *ειδον* οτε ηνοιξεν το αρνιον μιαν εκ των επτα σφραγιδων,

2 και *ειδον*, και ιδου ιππος λευκος,

5 και *ειδον*, και ιδου ιππος μελας,

8 και *ειδον*, και ιδου ιππος χλωρος,

9 και οτε ηνοιξεν την πεμπτην σφραγιδα, *ειδον* υποκατω του θυσιαστηριου τας ψυχας των εσφαγμενων

12 και *ειδον* οτε ηνοιξεν την σφραγιδα την εκτην,

7 1 μετα τουτο *ειδον* τεσσαρας αγγελους εστωτας επι τας τεσσαρας γωνιας της γης,

2 και *ειδον* αλλον αγγελον αναβαινοντα απο ανατολης ηλιου,

9 μετα ταυτα *ειδον*, και ιδου οχλος πολυς,

8 2 και *ειδον* τους επτα αγγελους οι ενωπιον του θεου εστηκασιν,

13 και *ειδον*, και ηκουσα ενος αετου πετομενου εν μεσουρανηματι λεγοντος φωνη μεγαλη·

9 1 και *ειδον* αστερα εκ του ουρανου πεπτωκοτα εις την γην,

17 και ουτως *ειδον* τους ιππους εν τη ορασει και τους καθημενους επ αυτων,

10 1 και *ειδον* αλλον αγγελον ισχυρον καταβαινοντα εκ του ουρανου,

ὁραω [449]

Apc	10 5	και ὁ ἀγγελος, ὃν εἶδον ἑστωτα ἐπι της θαλασσης και ἐπι της γης, ἦρεν την χειρα αὐτου την δεξιαν εἰς τον οὐρανον,
	11 19	και ὤφθη ἡ κιβωτος της διαθηκης αὐτου ἐν τω ναω αὐτου,
	12 1	και σημειον μεγα ὤφθη ἐν τω οὐρανω, γυνη περιβεβλημενη τον ἡλιον,
	3	και ὤφθη ἀλλο σημειον ἐν τω οὐρανω,
	13	και ὁτε εἶδεν ὁ δρακων ὁτι ἐβληθη εἰς την γην, ἐδιωξεν την γυναικα ἡτις ἐτεκεν τον ἀρσενα.
	13 1	και εἶδον ἐκ της θαλασσης θηριον ἀναβαινον,
	2	και το θηριον ὃ εἶδον ἦν ὁμοιον παρδαλει,
	11	και εἶδον ἀλλο θηριον ἀναβαινον ἐκ της γης,
	14 1	και εἶδον, και ἰδου το ἀρνιον ἑστος ἐπι το ὁρος σιων,
	6	και εἶδον ἀλλον ἀγγελον πετομενον ἐν μεσουρανηματι,
	14	και εἶδον, και ἰδου νεφελη λευκη,
	15 1	και εἶδον ἀλλο σημειον ἐν τω οὐρανω μεγα και θαυμαστον,
	2	και εἶδον ὡς θαλασσαν ὑαλινην μεμιγμενην πυρι,
	5	και μετα ταυτα εἶδον, και ἡνοιγη ὁ ναος της σκηνης του μαρτυριου ἐν τω οὐρανω,
	16 13	και εἶδον ἐκ του στοματος του δρακοντος και ἐκ του στοματος του θηριου και ἐκ του στοματος του ψευδοπροφητου πνευματα τρια ἀκαθαρτα ὡς βατραχοι·
	17 3	και εἶδον γυναικα καθημενην ἐπι θηριον κοκκινον, γεμον[τα] ὀνοματα βλασφημιας,
	6	και εἶδον την γυναικα μεθυουσαν ἐκ του αἱματος των ἁγιων και ἐκ του αἱματος των μαρτυρων ἰησου.
	6	και ἐθαυμασα ἰδων αὐτην θαυμα μεγα.
	8	το θηριον ὃ εἶδες ἦν και οὐκ ἐστιν,
	12	και τα δεκα κερατα ἃ εἶδες δεκα βασιλεις εἰσιν,
	15	τα ὑδατα ἃ εἶδες, οὗ ἡ πορνη καθηται, λαοι και ὀχλοι εἰσιν και ἐθνη και γλωσσαι.
	16	και τα δεκα κερατα ἃ εἶδες και το θηριον, οὗτοι μισησουσιν την πορνην,
	18	και ἡ γυνη ἣν εἶδες ἐστιν ἡ πολις ἡ μεγαλη ἡ ἐχουσα βασιλειαν ἐπι των βασιλεων της γης.
	18 1	μετα ταυτα εἶδον ἀλλον ἀγγελον καταβαινοντα ἐκ του οὐρανου,
	7	ὁτι ἐν τη καρδια αὐτης λεγει ὁτι καθημαι βασιλισσα και χηρα οὐκ εἰμι και πενθος οὐ μη ἰδω·
	19 10	και λεγει μοι· ὁρα μη·
	11	και εἶδον τον οὐρανον ἠνεωγμενον,
	17	και εἶδον ἑνα ἀγγελον ἑστωτα ἐν τω ἡλιω,
	19	και εἶδον το θηριον και τους βασιλεις της γης και τα στρατευματα αὐτων συνηγμενα ποιησαι τον πολεμον μετα του καθημενου ἐπι του ἱππου και μετα του στρατευματος αὐτου.
	20 1	και εἶδον ἀγγελον καταβαινοντα ἐκ του οὐρανου,
	4	και εἶδον θρονους, και ἐκαθισαν ἐπ αὐτους,
	11	και εἶδον θρονον μεγαν λευκον και τον καθημενον ἐπ αὐτον οὗ ἀπο του προσωπου ἐφυγεν ἡ γη και ὁ οὐρανος,
	12	και εἶδον τους νεκρους, τους μεγαλους και τους μικρους, ἑστωτας ἐνωπιον του θρονου,
	21 1	και εἶδον οὐρανον καινον και γην καινην·
	2	και την πολιν την ἁγιαν ἰερουσαλημ καινην εἶδον καταβαινουσαν ἐκ του οὐρανου ἀπο του θεου,
	22	και ναον οὐκ εἶδον ἐν αὐτη·
	22 4	και ὀψονται το προσωπον αὐτου,
	9	και λεγει μοι· ὁρα μη·

ὀργη [36]

Mt	3 7	τις ὑπεδειξεν ὑμιν φυγειν ἀπο της μελλουσης ὀργης;
Mc	3 5	και περιβλεψαμενος αὐτους μετ ὀργης,
Lc	3 7	γεννηματα ἐχιδνων, τις ὑπεδειξεν ὑμιν φυγειν ἀπο της μελλουσης ὀργης;
	21 23	ἐσται γαρ ἀναγκη μεγαλη ἐπι της γης και ὀργη τω λαω τουτω,
Jh	3 36	ὁ δε ἀπειθων τω υἱω οὐκ ὀψεται ζωην, ἀλλ ἡ ὀργη του θεου μενει ἐπ αὐτον.
Rm	1 18	ἀποκαλυπτεται γαρ ὀργη θεου ἀπ οὐρανου ἐπι πασαν ἀσεβειαν και ἀδικιαν ἀνθρωπων των την ἀληθειαν ἐν ἀδικια κατεχοντων,
	2 5	κατα δε την σκληροτητα σου και ἀμετανοητον καρδιαν θησαυριζεις σεαυτω ὀργην ἐν ἡμερα ὀργης και ἀποκαλυψεως δικαιοκρισιας του θεου,
	5	κατα δε την σκληροτητα σου και ἀμετανοητον καρδιαν θησαυριζεις σεαυτω ὀργην ἐν ἡμερα ὀργης και ἀποκαλυψεως δικαιοκρισιας του θεου,
	8	τοις δε ἐξ ἐριθειας και ἀπειθουσι τη ἀληθεια πειθομενοις δε τη ἀδικια, ὀργη και θυμος.

ὀργη [36]

Rm	3 5	μη ἀδικος ὁ θεος ὁ ἐπιφερων την ὀργην;
	4 15	ὁ γαρ νομος ὀργην κατεργαζεται.
	5 9	πολλω οὖν μαλλον δικαιωθεντες νυν ἐν τω αἱματι αὐτου σωθησομεθα δι αὐτου ἀπο της ὀργης.
	9 22	εἰ δε θελων ὁ θεος ἐνδειξασθαι την ὀργην και γνωρισαι το δυνατον αὐτου ἠνεγκεν ἐν πολλη μακροθυμια σκευη ὀργης κατηρτισμενα εἰς ἀπωλειαν,
	22	εἰ δε θελων ὁ θεος ἐνδειξασθαι την ὀργην και γνωρισαι το δυνατον αὐτου ἠνεγκεν ἐν πολλη μακροθυμια σκευη ὀργης κατηρτισμενα εἰς ἀπωλειαν,
	12 19	μη ἑαυτους ἐκδικουντες, ἀγαπητοι, ἀλλα δοτε τοπον τη ὀργη·
	13 4	θεου γαρ διακονος ἐστιν ἐκδικος εἰς ὀργην τω το κακον πρασσοντι.
	5	διο ἀναγκη ὑποτασσεσθαι, οὐ μονον δια την ὀργην ἀλλα και δια την συνειδησιν.
Eph	2 3	και ἠμεθα τεκνα φυσει ὀργης ὡς και οἱ λοιποι·
	4 31	πασα πικρια και θυμος και ὀργη και κραυγη και βλασφημια ἀρθητω ἀφ ὑμων συν παση κακια.
	5 6	δια ταυτα γαρ ἐρχεται ἡ ὀργη του θεου ἐπι τους υἱους της ἀπειθειας.
Col	3 6	και την πλεονεξιαν ἡτις ἐστιν εἰδωλολατρια, δι ἃ ἐρχεται ἡ ὀργη του θεου [ἐπι τους υἱους της ἀπειθειας]·
	8	νυνι δε ἀποθεσθε και ὑμεις τα παντα, ὀργην, θυμον, κακιαν, βλασφημιαν, αἰσχρολογιαν ἐκ του στοματος ὑμων·
1Th	1 10	ὃν ἠγειρεν ἐκ [των] νεκρων, ἰησουν τον ῥυομενον ἡμας ἐκ της ὀργης της ἐρχομενης.
	2 16	ἐφθασεν δε ἐπ αὐτους ἡ ὀργη εἰς τελος.
	5 9	ὁτι οὐκ ἐθετο ἡμας ὁ θεος εἰς ὀργην ἀλλα εἰς περιποιησιν σωτηριας δια του κυριου ἡμων ἰησου χριστου,
1Tm	2 8	βουλομαι οὖν προσευχεσθαι τους ἀνδρας ἐν παντι τοπω ἐπαιροντας ὁσιους χειρας χωρις ὀργης και διαλογισμου.
Heb	3 11	ὡς ὡμοσα ἐν τη ὀργη μου εἰ εἰσελευσονται εἰς την καταπαυσιν μου.
	4 3	ὡς ὡμοσα ἐν τη ὀργη μου· εἰ εἰσελευσονται εἰς την καταπαυσιν μου,
Ja	1 19	ἐστω δε πας ἀνθρωπος ταχυς εἰς το ἀκουσαι, βραδυς εἰς το λαλησαι, βραδυς εἰς ὀργην·
	20	ὀργη γαρ ἀνδρος δικαιοσυνην θεου οὐκ ἐργαζεται.
Apc	6 16	και κρυψατε ἡμας ἀπο προσωπου του καθημενου ἐπι του θρονου και ἀπο της ὀργης του ἀρνιου,
	17	ὁτι ἦλθεν ἡ ἡμερα ἡ μεγαλη της ὀργης αὐτων,
	11 18	και ἦλθεν ἡ ὀργη σου και ὁ καιρος των νεκρων κριθηναι
	14 10	και αὐτος πιεται ἐκ του οἰνου του θυμου του θεου του κεκερασμενου ἀκρατου ἐν τω ποτηριω της ὀργης αὐτου,
	16 19	και βαβυλων ἡ μεγαλη ἐμνησθη ἐνωπιον του θεου δουναι αὐτη το ποτηριον του οἰνου του θυμου της ὀργης αὐτου.
	19 15	και αὐτος πατει την ληνον του οἰνου του θυμου της ὀργης του θεου του παντοκρατορος.

ὀργιζομαι [8]

Mt	5 22	ἐγω δε λεγω ὑμιν ὁτι πας ὁ ὀργιζομενος τω ἀδελφω αὐτου ἐνοχος ἐσται τη κρισει·
	18 34	και ὀργισθεις ὁ κυριος αὐτου παρεδωκεν αὐτον τοις βασανισταις ἑως οὗ ἀποδω παν το ὀφειλομενον.
	22 7	ὁ δε βασιλευς ὠργισθη,
Lc	14 21	τοτε ὀργισθεις ὁ οἰκοδεσποτης εἰπεν τω δουλω αὐτου·
	15 28	ὠργισθη δε και οὐκ ἠθελεν εἰσελθειν·
Eph	4 26	ὀργιζεσθε και μη ἁμαρτανετε· ὁ ἡλιος μη ἐπιδυετω ἐπι [τω] παροργισμω ὑμων,
Apc	11 18	και τα ἐθνη ὠργισθησαν, και ἦλθεν ἡ ὀργη σου και ὁ καιρος των νεκρων κριθηναι
	12 17	και ὠργισθη ὁ δρακων ἐπι τη γυναικι,

ὀργιλος [1]

Tit	1 7	μη αὐθαδη, μη ὀργιλον, μη παροινον, μη πληκτην, μη αἰσχροκερδη, ἀλλα φιλοξενον,

ὀργυια [2]

Ac	27 28	και βολισαντες εὑρον ὀργυιας εἰκοσι, βραχυ δε διαστησαντες και παλιν βολισαντες εὑρον ὀργυιας δεκαπεντε·
	28	και βολισαντες εὑρον ὀργυιας εἰκοσι, βραχυ δε διαστησαντες και παλιν βολισαντες εὑρον ὀργυιας δεκαπεντε·

ὀρεγομαι [3]

1Tm	3 1	εἰ τις ἐπισκοπης ὀρεγεται, καλου ἐργου ἐπιθυμει.

ὀρεγομαι [3]

1Tm	6 10	φιλαργυρια, ἡς τινες ὀρεγομενοι ἀπεπλανηθησαν ἀπο της πιστεως και ἑαυτους περιεπειραν ὀδυναις πολλαις.
Heb	11 16	νυν δε κρειττονος ὀρεγονται, τουτ ἐστιν ἐπουρανιου.

ὀρεινος [2]

Lc	1 39	ἀναστασα δε μαριαμ ἐν ταις ἡμεραις ταυταις ἐπορευθη εἰς την ὀρεινην μετα σπουδης εἰς πολιν ιουδα,
	65	και ἐν ὁλη τη ὀρεινη της ιουδαιας διελαλειτο παντα τα ῥηματα ταυτα,

ὀρεξις [1]

Rm	1 27	ὁμοιως τε και οἱ ἀρσενες ἀφεντες την φυσικην χρησιν της θηλειας ἐξεκαυθησαν ἐν τη ὀρεξει αὐτων εἰς ἀλληλους,

ὀρθοποδεω [1]

Ga	2 14	ἀλλ ὁτε εἰδον ὁτι οὐκ ὀρθοποδουσιν προς την ἀληθειαν του εὐαγγελιου, εἰπον τω κηφα ἐμπροσθεν παντων·

ὀρθος [2]

Ac	14 10	ἀναστηθι ἐπι τους ποδας σου ὀρθος.
Heb	12 13	και τροχιας ὀρθας ποιειτε τοις ποσιν ὑμων,

ὀρθοτομεω [1]

2Tm	2 15	σπουδασον σεαυτον δοκιμον παραστησαι τω θεω, ἐργατην ἀνεπαισχυντον, ὀρθοτομουντα τον λογον της ἀληθειας.

ὀρθριζω [1]

Lc	21 38	και πας ὁ λαος ὠρθριζεν προς αὐτον ἐν τω ἱερω ἀκουειν αὐτου.

ὀρθρινος [1]

Lc	24 22	ἀλλα και γυναικες τινες ἐξ ἡμων ἐξεστησαν ἡμας, γενομεναι ὀρθριναι ἐπι το μνημειον,

ὀρθρος [3]

Lc	24 1	τη δε μια των σαββατων ὀρθρου βαθεως ἐπι το μνημα ἠλθον φερουσαι ἁ ἡτοιμασαν ἀρωματα.
Jh	8 2*	ὀρθρου δε παλιν παρεγενετο εἰς το ἱερον,
Ac	5 21	ἀκουσαντες δε εἰσηλθον ὑπο τον ὀρθρον εἰς το ἱερον και ἐδιδασκον.

ὀρθως [4]

Mc	7 35	και ἐλυθη ὁ δεσμος της γλωσσης αὐτου, και ἐλαλει ὀρθως.
Lc	7 43	ὁ δε εἰπεν αὐτω· ὀρθως ἐκρινας.
	10 28	ὀρθως ἀπεκριθης· τουτο ποιει και ζηση.
	20 21	διδασκαλε, οἰδαμεν ὁτι ὀρθως λεγεις και διδασκεις και οὐ λαμβανεις προσωπον,

ὁρια [12]

Mt	2 16	και ἀποστειλας ἀνειλεν παντας τους παιδας τους ἐν βηθλεεμ και ἐν πασι τοις ὁριοις αὐτης ἀπο διετους και κατωτερω,
	4 13	και καταλιπων την ναζαρα ἐλθων κατωκησεν εἰς καφαρναουμ την παραθαλασσιαν ἐν ὁριοις ζαβουλων και νεφθαλιμ·
	8 34	και ἰδοντες αὐτον παρεκαλεσαν ὁπως μεταβη ἀπο των ὁριων αὐτων.
	15 22	και ἰδου γυνη χαναναια ἀπο των ὁριων ἐκεινων ἐξελθουσα ἐκραζεν λεγουσα·
	39	και ἀπολυσας τους ὀχλους ἐνεβη εἰς το πλοιον, και ἠλθεν εἰς τα μαγαδαν.
	19 1	και ἐγενετο ὁτε ἐτελεσεν ὁ ιησους τους λογους τουτους, μετηρεν ἀπο της γαλιλαιας και ἠλθεν εἰς τα ὁρια της ιουδαιας περαν του ιορδανου.
Mc	5 17	και ἠρξαντο παρακαλειν αὐτον ἀπελθειν ἀπο των ὁριων αὐτων.
	7 24	ἐκειθεν δε ἀναστας ἀπηλθεν εἰς τα ὁρια τυρου.

ὁρια [12]

Mc	7 31	και παλιν ἐξελθων ἐκ των ὁριων τυρου ἠλθεν δια σιδωνος εἰς την θαλασσαν της γαλιλαιας ἀνα μεσον των ὁριων δεκαπολεως.
	31	και παλιν ἐξελθων ἐκ των ὁριων τυρου ἠλθεν δια σιδωνος εἰς την θαλασσαν της γαλιλαιας ἀνα μεσον των ὁριων δεκαπολεως.
	10 1	και ἐκειθεν ἀναστας ἐρχεται εἰς τα ὁρια της ιουδαιας [και] περαν του ιορδανου.
Ac	13 50	και ἐπηγειραν διωγμον ἐπι τον παυλον και βαρναβαν, και ἐξεβαλον αὐτους ἀπο των ὁριων αὐτων.

ὁριζω [8]

Lc	22 22	ὁτι ὁ υἱος μεν του ἀνθρωπου κατα το ὡρισμενον πορευεται,
Ac	2 23	τουτον τη ὡρισμενη βουλη και προγνωσει του θεου ἐκδοτον δια χειρος ἀνομων προσπηξαντες ἀνειλατε,
	10 42	και παρηγγειλεν ἡμιν κηρυξαι τω λαω και διαμαρτυρασθαι ὁτι οὑτος ἐστιν ὁ ὡρισμενος ὑπο του θεου κριτης ζωντων και νεκρων.
	11 29	των δε μαθητων καθως εὐπορειτο τις, ὡρισαν ἑκαστος αὐτων εἰς διακονιαν πεμψαι τοις κατοικουσιν ἐν τη ιουδαια ἀδελφοις·
	17 26	ἐποιησεν τε ἐξ ἑνος παν ἐθνος ἀνθρωπων κατοικειν ἐπι παντος προσωπου της γης, ὁρισας προστεταγμενους καιρους και τας ὁροθεσιας της κατοικιας αὐτων,
	31	καθοτι ἐστησεν ἡμεραν ἐν ἡ μελλει κρινειν την οἰκουμενην ἐν δικαιοσυνη, ἐν ἀνδρι ᾡ ὡρισεν,
Rm	1 4	του ὁρισθεντος υἱου θεου ἐν δυναμει κατα πνευμα ἁγιωσυνης ἐξ ἀναστασεως νεκρων,
Heb	4 7	ἐπει οὐν ἀπολειπεται τινας εἰσελθειν εἰς αὐτην, και οἱ προτερον εὐαγγελισθεντες οὐκ εἰσηλθον δι ἀπειθειαν, παλιν τινα ὁριζει ἡμεραν,

ὁρκιζω [2]

Mc	5 7	ὁρκιζω σε τον θεον, μη με βασανισης.
Ac	19 13	ὁρκιζω ὑμας τον ιησουν ὁν παυλος κηρυσσει.

ὁρκος [10]

Mt	5 33	οὐκ ἐπιορκησεις, ἀποδωσεις δε τω κυριω τους ὁρκους σου.
	14 7	ὁθεν μεθ ὁρκου ὡμολογησεν αὐτη δουναι ὁ ἐαν αἰτησηται.
	9	και λυπηθεις ὁ βασιλευς δια τους ὁρκους και τους συνανακειμενους ἐκελευσεν δοθηναι,
	26 72	και παλιν ἠρνησατο μετα ὁρκου ὁτι οὐκ οἰδα τον ἀνθρωπον.
Mc	6 26	και περιλυπος γενομενος ὁ βασιλευς δια τους ὁρκους και τους ἀνακειμενους οὐκ ἠθελησεν ἀθετησαι αὐτην.
Lc	1 73	ποιησαι ἐλεος μετα των πατερων ἡμων και μνησθηναι διαθηκης ἁγιας αὐτου, ὁρκον ὁν ὡμοσεν προς ἁβρααμ τον πατερα ἡμων,
Ac	2 30	προφητης οὐν ὑπαρχων και εἰδως ὁτι ὁρκω ὡμοσεν αὐτω ὁ θεος ἐκ καρπου της ὀσφυος αὐτου καθισαι ἐπι τον θρονον αὐτου,
Heb	6 16	και πασης αὐτοις ἀντιλογιας περας εἰς βεβαιωσιν ὁ ὁρκος·
	17	ἐν ᾡ περισσοτερον βουλομενος ὁ θεος ἐπιδειξαι τοις κληρονομοις της ἐπαγγελιας το ἀμεταθετον της βουλης αὐτου ἐμεσιτευσεν ὁρκω,
Ja	5 12	μη ὀμνυετε, μητε τον οὐρανον μητε την γην μητε ἀλλον τινα ὁρκον·

ὁρκωμοσια [4]

Heb	7 20	και καθ ὁσον οὐ χωρις ὁρκωμοσιας,
	20	οἱ μεν γαρ χωρις ὁρκωμοσιας εἰσιν ἱερεις γεγονοτες,
	21	ὁ δε μετα ὁρκωμοσιας δια του λεγοντος προς αὐτον·
	28	ὁ λογος δε της ὁρκωμοσιας της μετα τον νομον υἱον εἰς τον αἰωνα τετελειωμενον.

ὁρμαω [5]

Mt	8 32	και ἰδου ὡρμησεν πασα ἡ ἀγελη κατα του κρημνου εἰς την θαλασσαν,
Mc	5 13	και ὡρμησεν ἡ ἀγελη κατα του κρημνου εἰς την θαλασσαν, ὡς δισχιλιοι, και ἐπνιγοντο ἐν τη θαλασση.
Lc	8 33	και ὡρμησεν ἡ ἀγελη κατα του κρημνου εἰς την λιμνην και ἀπεπνιγη.
Ac	7 57	κραξαντες δε φωνη μεγαλη συνεσχον τα ὠτα αὐτων, και ὡρμησαν ὁμοθυμαδον ἐπ αὐτον,

ὁρμαω [5]

Ac 19 29 καὶ ἐπλήσθη ἡ πόλις τῆς συγχύσεως, ὥρμησάν τε ὁμοθυμαδον εἰς τὸ θεατρον,

ὁρμη [2]

Ac 14 5 ὡς δὲ ἐγενετο ὁρμη τῶν ἐθνῶν τε καὶ ἰουδαιων συν τοις ἀρχουσιν αὐτῶν ὑβρισαι καὶ λιθοβολησαι αὐτους,

Ja 3 4 μεταγεται ὑπο ἐλαχιστου πηδαλιου ὁπου ἡ ὁρμη τοῦ εὐθυνοντος βουλεται·

ὁρμημα [1]

Apc 18 21 οὑτως ὁρμηματι βληθησεται βαβυλων ἡ μεγαλη πολις,

ὀρνεον [3]

Apc 18 2 καὶ φυλακη παντος πνευματος ἀκαθαρτου καὶ φυλακη παντος ὀρνεου ἀκαθαρτου

19 17 καὶ ἐκραξεν [ἐν] φωνῃ μεγαλῃ λεγων πασιν τοις ὀρνεοις τοις πετομενοις ἐν μεσουρανηματι· δευτε συναχθητε εἰς τὸ δειπνον τὸ μεγα τοῦ θεου,

21 καὶ παντα τὰ ὀρνεα ἐχορτασθησαν ἐκ τῶν σαρκων αὐτῶν.

ὀρνις [2]

Mt 23 37 ποσακις ἠθελησα ἐπισυναγειν τὰ τεκνα σου, ὃν τροπον ὀρνις ἐπισυναγει τὰ νοσσια αὐτης ὑπο τὰς πτερυγας, καὶ οὐκ ἠθελησατε.

Lc 13 34 ποσακις ἠθελησα ἐπισυναξαι τὰ τεκνα σου ὃν τροπον ὀρνις τὴν ἑαυτης νοσσιαν ὑπο τὰς πτερυγας,

ὁροθεσια [1]

Ac 17 26 ἐποιησεν τε ἐξ ἑνος πᾶν ἐθνος ἀνθρωπων κατοικειν ἐπι παντος προσωπου τῆς γης, ὁρισας προστεταγμενους καιρους καὶ τὰς ὁροθεσιας τῆς κατοικιας αὐτῶν,

ὄρος [63]

Mt 4 8 παλιν παραλαμβανει αὐτον ὁ διαβολος εἰς ὄρος ὑψηλον λιαν,

5 1 ἰδων δὲ τους ὀχλους ἀνεβη εἰς τὸ ὄρος·

14 ὑμεις ἐστε τὸ φως τοῦ κοσμου. οὐ δυναται πολις κρυβηναι ἐπανω ὀρους κειμενη·

8 1 καταβαντος δὲ αὐτου ἀπο τοῦ ὀρους ἠκολουθησαν αὐτῳ ὀχλοι πολλοι.

14 23 καὶ ἀπολυσας τους ὀχλους ἀνεβη εἰς τὸ ὀρος κατ ἰδιαν προσευξασθαι.

15 29 καὶ μεταβας ἐκειθεν ὁ ἰησους ἠλθεν παρα τὴν θαλασσαν τῆς γαλιλαιας, καὶ ἀναβας εἰς τὸ ὀρος ἐκαθητο ἐκει.

17 1 καὶ μεθ ἡμερας ἑξ παραλαμβανει ὁ ἰησους τον πετρον καὶ ἰακωβον καὶ ἰωαννην τον ἀδελφον αὐτου, καὶ ἀναφερει αὐτους εἰς ὀρος ὑψηλον κατ ἰδιαν.

9 καὶ καταβαινοντων αὐτῶν ἐκ τοῦ ὀρους ἐνετειλατο αὐτοις ὁ ἰησους λεγων·

20 ἐαν ἐχητε πιστιν ὡς κοκκον σιναπεως, ἐρειτε τῳ ὀρει τουτῳ· μεταβα ἐνθεν ἐκει, καὶ μεταβησεται, καὶ οὐδεν ἀδυνατησει ὑμιν.

18 12 ἐαν γενηται τινι ἀνθρωπῳ ἑκατον προβατα καὶ πλανηθη ἐν ἐξ αὐτων, οὐχι ἀφησει τὰ ἐνενηκονταεννεα ἐπι τὰ ὀρη καὶ πορευθεις ζητει τὸ πλανωμενον;

21 1 καὶ ὁτε ἠγγισαν εἰς ἱεροσολυμα καὶ ἠλθον εἰς βηθφαγη εἰς τὸ ὀρος τῶν ἐλαιων, τοτε ἰησους ἀπεστειλεν δυο μαθητας λεγων αὐτοις·

21 ἐαν ἐχητε πιστιν καὶ μὴ διακριθητε, οὐ μονον τὸ τῆς συκης ποιησετε, ἀλλα καν τῳ ὀρει τουτῳ εἰπητε·

24 3 καθημενου δὲ αὐτου ἐπι τοῦ ὀρους τῶν ἐλαιων προσηλθον αὐτῳ οἱ μαθηται κατ ἰδιαν λεγοντες·

16 ὁταν οὐν ἰδητε τὸ βδελυγμα τῆς ἐρημωσεως τὸ ρηθεν δια δανιηλ τοῦ προφητου ἑστος ἐν τοπῳ ἁγιῳ, ὁ ἀναγινωσκων νοειτω, τοτε οἱ ἐν τῃ ἰουδαιᾳ φευγετωσαν εἰς τὰ ὀρη,

26 30 οἱ δὲ ἑνδεκα μαθηται ἐπορευθησαν εἰς τὴν γαλιλαιαν, εἰς τὸ ὀρος οὑ ἐταξατο αὐτοις ὁ ἰησους,

Mc 3 13 καὶ ἀναβαινει εἰς τὸ ὀρος,

5 5 καὶ δια παντος νυκτος καὶ ἡμερας ἐν τοις μνημασιν καὶ ἐν τοις ὀρεσιν ἠν κραζων καὶ κατακοπτων ἑαυτον λιθοις.

11 ἠν δὲ ἐκει προς τῳ ὀρει ἀγελη χοιρων μεγαλη βοσκομενη·

6 46 καὶ ἀποταξαμενος αὐτοις ἀπηλθεν εἰς τὸ ὀρος προσευξασθαι.

ὄρος [63]

Mc 9 2 καὶ μετα ἡμερας ἑξ παραλαμβανει ὁ ἰησους τον πετρον καὶ τον ἰακωβον καὶ τον ἰωαννην, καὶ ἀναφερει αὐτους εἰς ὀρος ὑψηλον κατ ἰδιαν μονους.

9 καὶ καταβαινοντων αὐτῶν ἐκ τοῦ ὀρους διεστειλατο αὐτοις ἱνα μηδενι ἀ εἰδον διηγησωνται,

11 1 καὶ ὁτε ἐγγιζουσιν εἰς ἱεροσολυμα εἰς βηθφαγη καὶ βηθανιαν προς τὸ ὀρος τῶν ἐλαιων, ἀποστελλει δυο τῶν μαθητων αὐτου καὶ λεγει αὐτοις·

23 ἀμην λεγω ὑμιν ὁτι ὁς ἀν εἰπῃ τῳ ὀρει τουτῳ· ἀρθητι καὶ βληθητι εἰς τὴν θαλασσαν, καὶ μὴ διακριθῃ ἐν τῃ καρδιᾳ αὐτου ἀλλα πιστευῃ ὁτι ὁ λαλει γινεται, ἐσται αὐτῳ.

13 3 καὶ καθημενου αὐτου εἰς τὸ ὀρος τῶν ἐλαιων κατεναντι τοῦ ἱερου, ἐπηρωτα αὐτον κατ ἰδιαν πετρος καὶ ἰακωβος καὶ ἰωαννης καὶ ἀνδρεας·

14 τοτε οἱ ἐν τῃ ἰουδαιᾳ φευγετωσαν εἰς τὰ ὀρη,

14 26 καὶ ὑμνησαντες ἐξηλθον εἰς τὸ ὀρος τῶν ἐλαιων.

Lc 3 5 πασα φαραγξ πληρωθησεται καὶ πᾶν ὀρος καὶ βουνος ταπεινωθησεται,

4 29 καὶ ἠγαγον αὐτον ἑως ὀφρυος τοῦ ὀρους ἐφ οὑ ἡ πολις ᾠκοδομητο αὐτων, ὡστε κατακρημνισαι αὐτον·

6 12 ἐγενετο δὲ ἐν ταις ἡμεραις ταυταις ἐξελθειν αὐτον εἰς τὸ ὀρος προσευξασθαι,

8 32 ἠν δὲ ἐκει ἀγελη χοιρων ἱκανων βοσκομενη ἐν τῳ ὀρει·

9 28 ἐγενετο δὲ μετα τους λογους τουτους ὡσει ἡμεραι ὀκτω, [καὶ] παραλαβων πετρον καὶ ἰωαννην καὶ ἰακωβον ἀνεβη εἰς τὸ ὀρος προσευξασθαι.

37 ἐγενετο δὲ τῃ ἑξης ἡμερᾳ κατελθοντων αὐτῶν ἀπο τοῦ ὀρους συνηντησεν αὐτῳ ὀχλος πολυς.

19 29 καὶ ἐγενετο ὡς ἠγγισεν εἰς βηθφαγη καὶ βηθανια[ν] προς τὸ ὀρος τὸ καλουμενον ἐλαιων, ἀπεστειλεν δυο τῶν μαθητων λεγων·

37 ἐγγιζοντος δὲ αὐτου ἠδη προς τῃ καταβασει τοῦ ὀρους τῶν ἐλαιων ἠρξαντο ἀπαν τὸ πληθος τῶν μαθητων χαιροντες αἰνειν τον θεον φωνῃ μεγαλῃ περι πασων ὡν εἰδον δυναμεων,

21 21 τοτε οἱ ἐν τῃ ἰουδαιᾳ φευγετωσαν εἰς τὰ ὀρη,

37 ἠν δὲ τὰς ἡμερας ἐν τῳ ἱερῳ διδασκων, τὰς δὲ νυκτας ἐξερχομενος ηὐλιζετο εἰς τὸ ὀρος τὸ καλουμενον ἐλαιων.

22 39 καὶ ἐξελθων ἐπορευθη κατα τὸ ἐθος εἰς τὸ ὀρος τῶν ἐλαιων·

23 30 τοτε ἀρξονται λεγειν τοις ὀρεσιν· πεσετε ἐφ ἡμας, καὶ τοις βουνοις· καλυψατε ἡμας·

Jh 4 20 οἱ πατερες ἡμων ἐν τῳ ὀρει τουτῳ προσεκυνησαν·

21 πιστευε μοι, γυναι, ὁτι ἐρχεται ὡρα ὁτε οὐτε ἐν τῳ ὀρει τουτῳ οὐτε ἐν ἱεροσολυμοις προσκυνησετε τῳ πατρι.

6 3 ἀνηλθεν δὲ εἰς τὸ ὀρος ἰησους,

15 ἰησους οὐν γνους ὁτι μελλουσιν ἐρχεσθαι καὶ ἁρπαζειν αὐτον ἱνα ποιησωσιν βασιλεα, ἀνεχωρησεν παλιν εἰς τὸ ὀρος αὐτος μονος.

8 1* ἰησους δὲ ἐπορευθη εἰς τὸ ὀρος τῶν ἐλαιων.

Ac 1 12 τοτε ὑπεστρεψαν εἰς ἱερουσαλημ ἀπο ὀρους τοῦ καλουμενου ἐλαιωνος, ὁ ἐστιν ἐγγυς ἱερουσαλημ σαββατου ἐχον ὁδον.

7 30 καὶ πληρωθεντων ἐτων τεσσερακοντα ὠφθη αὐτῳ ἐν τῃ ἐρημῳ τοῦ ὀρους σινα ἀγγελος ἐν φλογι πυρος βατου.

38 τοῦ λαλουντος αὐτῳ ἐν τῳ ὀρει σινα καὶ τῶν πατερων ἡμων,

1Co 13 2 καὶ ἐαν ἐχω προφητειαν καὶ εἰδω τὰ μυστηρια παντα καὶ πασαν τὴν γνωσιν, καὶ ἐαν ἐχω πασαν τὴν πιστιν ὡστε ὀρη μεθισταναι, ἀγαπην δὲ μὴ ἐχω, οὐθεν εἰμι.

Ga 4 24 αὑται γαρ εἰσιν δυο διαθηκαι, μια μὲν ἀπο ὀρους σινα, εἰς δουλειαν γεννωσα, ἡτις ἐστιν ἁγαρ.

25 τὸ δὲ ἁγαρ σινα ὀρος ἐστιν ἐν τῃ ἀραβιᾳ·

Heb 8 5 ποιησεις παντα κατα τον τυπον τον δειχθεντα σοι ἐν τῳ ὀρει·

11 38 ἐπι ἐρημιαις πλανωμενοι καὶ ὀρεσιν καὶ σπηλαιοις καὶ ταις ὀπαις τῆς γης.

12 20 καν θηριον θιγῃ τοῦ ὀρους, λιθοβοληθησεται·

22 ἀλλα προσεληλυθατε σιων ὀρει καὶ πολει θεου ζωντος,

2Pt 1 18 καὶ ταυτην τὴν φωνην ἡμεις ἠκουσαμεν ἐξ οὐρανου ἐνεχθεισαν συν αὐτῳ ὀντες ἐν τῳ ἁγιῳ ὀρει.

Apc 6 14 καὶ πᾶν ὀρος καὶ νησος ἐκ τῶν τοπων αὐτων ἐκινηθησαν.

15 καὶ πας δουλος καὶ ἐλευθερος ἐκρυψαν ἑαυτους εἰς τα σπηλαια καὶ εἰς τὰς πετρας τῶν ὀρεων,

16 καὶ λεγουσιν τοις ὀρεσιν καὶ ταις πετραις· πεσετε ἐφ ἡμας,

8 8 καὶ ὡς ὀρος μεγα πυρι καιομενον ἐβληθη εἰς τὴν θαλασσαν·

14 1 καὶ εἰδον, καὶ ἰδου τὸ ἀρνιον ἑστος ἐπι τὸ ὀρος σιων,

16 20 καὶ πασα νησος ἐφυγεν, καὶ ὀρη οὐχ εὑρεθησαν.

17 9 αἱ ἑπτα κεφαλαι ἑπτα ὀρη εἰσιν, ὁπου ἡ γυνη καθηται ἐπ αὐτων,

21 10 καὶ ἀπηνεγκεν με ἐν πνευματι ἐπι ὀρος μεγα καὶ ὑψηλον,

ὀρύσσω [3]

Mt 21 33 καὶ φραγμον αὐτω περιεθηκεν καὶ ὤρυξεν ἐν αὐτω ληνον καὶ ὠκοδομησεν πυργον,
25 18 ὁ δε το ἐν λαβων ἀπελθων ὤρυξεν γην καὶ ἐκρυψεν το ἀργυριον του κυριου αὐτου.

Mc 12 1 καὶ περιεθηκεν φραγμον καὶ ὤρυξεν ὑποληνιον καὶ ὠκοδομησεν πυργον,

ὀρφανός [2]

Jh 14 18 οὐκ ἀφησω ὑμας ὀρφανους, ἐρχομαι προς ὑμας.
Ja 1 27 ἐπισκεπτεσθαι ὀρφανους καὶ χηρας ἐν τη θλιψει αὐτων,

ὀρχέομαι [4]

Mt 11 17 ηὐλησαμεν ὑμιν καὶ οὐκ ὠρχησασθε·
14 6 γενεσιοις δε γενομενοις του ἡρωδου ὠρχησατο ἡ θυγατηρ της ἡρωδιαδος ἐν τω μεσω καὶ ἡρεσεν τω ἡρωδη,

Mc 6 22 καὶ εἰσελθουσης της θυγατρος αὐτου ἡρωδιαδος καὶ ὀρχησαμενης,

Lc 7 32 ηὐλησαμεν ὑμιν καὶ οὐκ ὠρχησασθε· ἐθρηνησαμεν καὶ οὐκ ἐκλαυσατε.

ὅς [1365]

cf append.

ὁσάκις [3]

1Co 11 25 τουτο ποιειτε, ὁσάκις ἐαν πινητε, εἰς την ἐμην ἀναμνησιν.
26 ὁσάκις γαρ ἐαν ἐσθιητε τον ἀρτον τουτον καὶ το ποτηριον πινητε, τον θανατον του κυριου καταγγελλετε, ἀχρι οὐ ἐλθη.

Apc 11 6 καὶ ἐξουσιαν ἐχουσιν ἐπι των ὑδατων στρεφειν αὐτα εἰς αἱμα καὶ πατάξαι την γην ἐν παση πληγη ὁσάκις ἐαν θελησωσιν.

ὅσιος [8]

Ac 2 27 ἐτι δε καὶ ἡ σαρξ μου κατασκηνωσει ἐπ ἐλπιδι, ὁτι οὐκ ἐγκαταλειψεις την ψυχην μου εἰς ἁδην οὐδε δωσεις τον ὅσιον σου ἰδειν διαφθοραν.
13 34 ὁτι δε ἀνεστησεν αὐτον ἐκ νεκρων μηκετι μελλοντα ὑποστρεφειν εἰς διαφθοραν, οὑτως εἰρηκεν ὁτι δωσω ὑμιν τα ὅσια δαυιδ τα πιστα.
35 οὐ δωσεις τον ὅσιον σου ἰδειν διαφθοραν.

1Tm 2 8 βουλομαι οὐν προσευχεσθαι τους ἀνδρας ἐν παντι τοπω ἐπαιροντας ὁσίους χειρας χωρις ὀργης καὶ διαλογισμου.

Tit 1 8 μη αἰσχροκερδη, ἀλλα φιλοξενον, φιλαγαθον, σωφρονα, δικαιον, ὅσιον, ἐγκρατη, ἀντεχομενον του κατα την διδαχην πιστου λογου,

Heb 7 26 τοιουτος γαρ ἡμιν καὶ ἐπρεπεν ἀρχιερευς, ὅσιος, ἀκακος, ἀμιαντος, κεχωρισμενος ἀπο των ἁμαρτωλων, καὶ ὑψηλοτερος των οὐρανων γενομενος·

Apc 15 4 ὁτι μονος ὅσιος, ὁτι παντα τα ἐθνη ἡξουσιν καὶ προσκυνησουσιν ἐνωπιον σου,
16 5 δικαιος εἰ, ὁ ὠν καὶ ὁ ἠν, ὁ ὅσιος, ὁτι ταυτα ἐκρινας,

ὁσιότης [2]

Lc 1 75 ὁρκον ὁν ὠμοσεν προς ἀβρααμ τον πατερα ἡμων, του δουναι ἡμιν ἀφοβως ἐκ χειρος ἐχθρων ῥυσθεντας λατρευειν αὐτω ἐν ὁσιότητι καὶ δικαιοσυνη ἐνωπιον αὐτου πασαις ταις ἡμεραις ἡμων.

Eph 4 24 καὶ ἐνδυσασθαι τον καινον ἀνθρωπον τον κατα θεον κτισθεντα ἐν δικαιοσυνη καὶ ὁσιότητι της ἀληθειας.

ὁσίως [1]

1Th 2 10 ὑμεις μαρτυρες καὶ ὁ θεος, ὡς ὁσίως καὶ δικαιως καὶ ἀμεμπτως ὑμιν τοις πιστευουσιν ἐγενηθημεν,

ὀσμή [6]

Jh 12 3 ἡ δε οἰκια ἐπληρωθη ἐκ της ὀσμῆς του μυρου.
2Co 2 14 τω δε θεω χαρις τω παντοτε θριαμβευοντι ἡμας ἐν τω χριστω καὶ την ὀσμὴν της γνωσεως αὐτου φανερουντι δι ἡμων ἐν παντι τοπω·
16 οἱς μεν ὀσμὴ ἐκ θανατου εἰς θανατον, οἱς δε ὀσμὴ ἐκ ζωης εἰς ζωην.
16 οἱς μεν ὀσμὴ ἐκ θανατου εἰς θανατον, οἱς δε ὀσμὴ ἐκ ζωης εἰς ζωην.

ὀσμή [6]

Eph 5 2 καθως καὶ ὁ χριστος ἠγαπησεν ἡμας καὶ παρεδωκεν ἑαυτον ὑπερ ἡμων προσφοραν καὶ θυσιαν τω θεω εἰς ὀσμὴν εὐωδιας.
Php 4 18 πεπληρωμαι δεξαμενος παρα ἐπαφροδιτου τα παρ ὑμων, ὀσμὴν εὐωδιας, θυσιαν δεκτην, εὐαρεστον τω θεω.

ὅσος [110]

Mt 7 12 παντα οὐν ὅσα ἐαν θελητε ἱνα ποιωσιν ὑμιν οἱ ἀνθρωποι,
9 15 μη δυνανται οἱ υἱοι του νυμφωνος πενθειν, ἐφ ὅσον μετ αὐτων ἐστιν ὁ νυμφιος;
13 44 καὶ ἀπο της χαρας αὐτου ὑπαγει καὶ πωλει παντα ὅσα ἐχει καὶ ἀγοραζει τον ἀγρον ἐκεινον.
46 εὑρων δε ἑνα πολυτιμον μαργαριτην ἀπελθων πεπρακεν παντα ὅσα εἰχεν καὶ ἡγορασεν αὐτον.
14 36 καὶ ὅσοι ἡψαντο διεσωθησαν.
17 12 λεγω δε ὑμιν ὁτι ἡλιας ἡδη ἡλθεν, καὶ οὐκ ἐπεγνωσαν αὐτον, ἀλλα ἐποιησαν ἐν αὐτω ὅσα ἠθελησαν·
18 18 ὅσα ἐαν δησητε ἐπι της γης ἐσται δεδεμενα ἐν οὐρανω, καὶ ὅσα ἐαν λυσητε ἐπι της γης ἐσται λελυμενα ἐν οὐρανω.
18 ὅσα ἐαν δησητε ἐπι της γης ἐσται δεδεμενα ἐν οὐρανω, καὶ ὅσα ἐαν λυσητε ἐπι της γης ἐσται λελυμενα ἐν οὐρανω.
25 μη ἐχοντος δε αὐτου ἀποδουναι, ἐκελευσεν αὐτον ὁ κυριος πραθηναι καὶ την γυναικα καὶ τα τεκνα καὶ παντα ὅσα ἐχει, καὶ ἀποδοθηναι.
21 22 καὶ παντα ὅσα ἀν αἰτησητε ἐν τη προσευχη πιστευοντες λημψεσθε.
22 9 πορευεσθε οὐν ἐπι τας διεξοδους των ὁδων, καὶ ὅσους ἐαν εὑρητε καλεσατε εἰς τους γαμους.
23 3 παντα οὐν ὅσα ἐαν εἰπωσιν ὑμιν ποιησατε καὶ τηρειτε, κατα δε τα ἐργα αὐτων μη ποιειτε·
25 40 ἀμην λεγω ὑμιν, ἐφ ὅσον ἐποιησατε ἑνι τουτων των ἀδελφων μου των ἐλαχιστων, ἐμοι ἐποιησατε.
45 ἀμην λεγω ὑμιν, ἐφ ὅσον οὐκ ἐποιησατε ἑνι τουτων των ἐλαχιστων, οὐδε ἐμοι ἐποιησατε.
28 20 πορευθεντες οὐν μαθητευσατε παντα τα ἐθνη, βαπτιζοντες αὐτους εἰς το ὀνομα του πατρος καὶ του υἱου καὶ του ἁγιου πνευματος, διδασκοντες αὐτους τηρειν παντα ὅσα ἐνετειλαμην ὑμιν·

Mc 2 19 ὅσον χρονον ἐχουσιν τον νυμφιον μετ αὐτων, οὐ δυνανται νηστευειν.
3 8 πληθος πολυ, ἀκουοντες ὅσα ἐποιει, ἠλθον προς αὐτον.
10 πολλους γαρ ἐθεραπευσεν, ὡστε ἐπιπιπτειν αὐτω ἱνα αὐτου ἁψωνται ὅσοι εἰχον μαστιγας.
28 ἀμην λεγω ὑμιν ὁτι παντα ἀφεθησεται τοις υἱοις των ἀνθρωπων τα ἁμαρτηματα καὶ αἱ βλασφημιαι, ὅσα ἐαν βλασφημησωσιν·
5 19 ὑπαγε εἰς τον οἰκον σου προς τους σους, καὶ ἀπαγγειλον αὐτοις ὅσα ὁ κυριος σοι πεποιηκεν καὶ ἠλεησεν σε.
20 καὶ ἀπηλθεν καὶ ἠρξατο κηρυσσειν ἐν τη δεκαπολει ὅσα ἐποιησεν αὐτω ὁ ἰησους,
6 30 καὶ συναγονται οἱ ἀποστολοι προς τον ἰησουν, καὶ ἀπηγγειλαν αὐτω παντα ὅσα ἐποιησαν καὶ ὅσα ἐδιδαξαν.
30 καὶ συναγονται οἱ ἀποστολοι προς τον ἰησουν, καὶ ἀπηγγειλαν αὐτω παντα ὅσα ἐποιησαν καὶ ὅσα ἐδιδαξαν.
56 καὶ ὅσοι ἀν ἡψαντο αὐτου ἐσωζοντο.
7 36 ὅσον δε αὐτοις διεστελλετο, αὐτοι μαλλον περισσοτερον ἐκηρυσσον.
9 13 ἀλλα λεγω ὑμιν ὁτι καὶ ἡλιας ἐληλυθεν, καὶ ἐποιησαν αὐτω ὅσα ἠθελον, καθως γεγραπται ἐπ αὐτον.
10 21 ἑν σε ὑστερει· ὑπαγε, ὅσα ἐχεις πωλησον καὶ δος [τοις] πτωχοις,
11 24 δια τουτο λεγω ὑμιν, παντα ὅσα προσευχεσθε καὶ αἰτεισθε, πιστευετε ὁτι ἐλαβετε, καὶ ἐσται ὑμιν.
12 44 παντες γαρ ἐκ του περισσευοντος αὐτοις ἐβαλον, αὑτη δε ἐκ της ὑστερησεως αὐτης παντα ὅσα εἰχεν ἐβαλεν, ὁλον τον βιον αὐτης.

Lc 4 23 ὅσα ἠκουσαμεν γενομενα εἰς την καφαρναουμ, ποιησον καὶ ὡδε ἐν τη πατριδι σου.
40 δυνοντος δε του ἡλιου ἀπαντες ὅσοι εἰχον ἀσθενουντας νοσοις ποικιλαις ἠγαγον αὐτους προς αὐτον·
8 39 ὑποστρεφε εἰς τον οἰκον σου, καὶ διηγου ὅσα σοι ἐποιησεν ὁ θεος.
39 καὶ ἀπηλθεν καθ ὁλην την πολιν κηρυσσων ὅσα ἐποιησεν αὐτω ὁ ἰησους.
9 5 καὶ ὅσοι ἀν μη δεχωνται ὑμας, ἐξερχομενοι ἀπο της πολεως ἐκεινης τον κονιορτον ἀπο των ποδων ὑμων ἀποτινασσετε εἰς μαρτυριον ἐπ αὐτους.
10 καὶ ὑποστρεψαντες οἱ ἀποστολοι διηγησαντο αὐτω ὅσα ἐποιησαν.

ὅσος [110]

Lc	11 8	εἰ καὶ οὐ δώσει αὐτῷ ἀναστὰς διὰ τὸ εἶναι φίλον αὐτοῦ, διά γε τὴν ἀναίδειαν αὐτοῦ ἐγερθεὶς δώσει αὐτῷ ὅσων χρῄζει.
	12 3	ἀνθ ὧν ὅσα ἐν τῇ σκοτίᾳ εἴπατε ἐν τῷ φωτὶ ἀκουσθήσεται,
	18 12	νηστεύω δὶς τοῦ σαββάτου, ἀποδεκατῶ πάντα ὅσα κτῶμαι.
	22	πάντα ὅσα ἔχεις πώλησον καὶ διάδος πτωχοῖς, καὶ ἕξεις θησαυρὸν ἐν [τοῖς] οὐρανοῖς,
Jh	1 12	ὅσοι δὲ ἔλαβον αὐτόν, ἔδωκεν αὐτοῖς ἐξουσίαν τέκνα θεοῦ γενέσθαι,
	4 29	δεῦτε ἴδετε ἄνθρωπον ὃς εἶπέν μοι πάντα ὅσα ἐποίησα·
	45	ἐδέξαντο αὐτὸν οἱ γαλιλαῖοι, πάντα ἑωρακότες ὅσα ἐποίησεν ἐν ἱεροσολύμοις ἐν τῇ ἑορτῇ·
	6 11	ἔλαβεν οὖν τοὺς ἄρτους ὁ ἰησοῦς καὶ εὐχαριστήσας διέδωκεν τοῖς ἀνακειμένοις, ὁμοίως καὶ ἐκ τῶν ὀψαρίων ὅσον ἤθελον.
	10 8	πάντες ὅσοι ἦλθον [πρὸ ἐμοῦ] κλέπται εἰσὶν καὶ λῃσταί·
	41	πάντα δὲ ὅσα εἶπεν ἰωάννης περὶ τούτου ἀληθῆ ἦν.
	11 22	[ἀλλὰ] καὶ νῦν οἶδα ὅτι ὅσα ἂν αἰτήσῃ τὸν θεὸν δώσει σοι ὁ θεός.
	16 13	οὐ γὰρ λαλήσει ἀφ ἑαυτοῦ, ἀλλ ὅσα ἀκούσει λαλήσει,
	15	πάντα ὅσα ἔχει ὁ πατὴρ ἐμά ἐστιν·
	17 7	νῦν ἔγνωκαν ὅτι πάντα ὅσα δέδωκάς μοι παρὰ σοῦ εἰσιν·
Ac	2 39	ὑμῖν γάρ ἐστιν ἡ ἐπαγγελία καὶ τοῖς τέκνοις ὑμῶν καὶ πᾶσιν τοῖς εἰς μακράν, ὅσους ἂν προσκαλέσηται κύριος ὁ θεὸς ἡμῶν.
	3 22	αὐτοῦ ἀκούσεσθε κατὰ πάντα ὅσα ἂν λαλήσῃ πρὸς ὑμᾶς.
	24	καὶ πάντες δὲ οἱ προφῆται ἀπὸ σαμουὴλ καὶ τῶν καθεξῆς ὅσοι ἐλάλησαν καὶ κατήγγειλαν τὰς ἡμέρας ταύτας.
	4 6	καὶ ἄννας ὁ ἀρχιερεὺς καὶ καιαφᾶς καὶ ἰωάννης καὶ ἀλέξανδρος καὶ ὅσοι ἦσαν ἐκ γένους ἀρχιερατικοῦ,
	23	ἀπολυθέντες δὲ ἦλθον πρὸς τοὺς ἰδίους καὶ ἀπήγγειλαν ὅσα πρὸς αὐτοὺς οἱ ἀρχιερεῖς καὶ οἱ πρεσβύτεροι εἶπαν.
	28	ἡρῴδης τε καὶ πόντιος πιλᾶτος σὺν ἔθνεσιν καὶ λαοῖς ἰσραήλ, ποιῆσαι ὅσα ἡ χείρ σου καὶ ἡ βουλή [σου] προώρισεν γενέσθαι.
	34	ὅσοι γὰρ κτήτορες χωρίων ἢ οἰκιῶν ὑπῆρχον, πωλοῦντες ἔφερον τὰς τιμὰς τῶν πιπρασκομένων καὶ ἐτίθουν παρὰ τοὺς πόδας τῶν ἀποστόλων·
	5 36	ὃς ἀνῃρέθη, καὶ πάντες ὅσοι ἐπείθοντο αὐτῷ διελύθησαν καὶ ἐγένοντο εἰς οὐδέν.
	37	κἀκεῖνος ἀπώλετο, καὶ πάντες ὅσοι ἐπείθοντο αὐτῷ διεσκορπίσθησαν.
	9 13	κύριε, ἤκουσα ἀπὸ πολλῶν περὶ τοῦ ἀνδρὸς τούτου, ὅσα κακὰ τοῖς ἁγίοις σου ἐποίησεν ἐν ἰερουσαλήμ·
	16	ἐγὼ γὰρ ὑποδείξω αὐτῷ ὅσα δεῖ αὐτὸν ὑπὲρ τοῦ ὀνόματός μου παθεῖν.
	39	καὶ ἐπιδεικνύμεναι χιτῶνας καὶ ἱμάτια, ὅσα ἐποίει μετ αὐτῶν οὖσα ἡ δορκάς.
	10 45	καὶ ἐξέστησαν οἱ ἐκ περιτομῆς πιστοὶ ὅσοι συνῆλθαν τῷ πέτρῳ,
	13 48	ἀκούοντα δὲ τὰ ἔθνη ἔχαιρον καὶ ἐδόξαζον τὸν λόγον τοῦ κυρίου, καὶ ἐπίστευσαν ὅσοι ἦσαν τεταγμένοι εἰς ζωὴν αἰώνιον·
	14 27	παραγενόμενοι δὲ καὶ συναγαγόντες τὴν ἐκκλησίαν, ἀνήγγελλον ὅσα ἐποίησεν ὁ θεὸς μετ αὐτῶν,
	15 4	ἀνήγγειλάν τε ὅσα ὁ θεὸς ἐποίησεν μετ αὐτῶν.
	12	ἐσίγησεν δὲ πᾶν τὸ πλῆθος, καὶ ἤκουον βαρναβᾶ καὶ παύλου ἐξηγουμένων ὅσα ἐποίησεν ὁ θεὸς σημεῖα καὶ τέρατα ἐν τοῖς ἔθνεσιν δι αὐτῶν.
Rm	2 12	ὅσοι γὰρ ἀνόμως ἥμαρτον, ἀνόμως καὶ ἀπολοῦνται·
	12	καὶ ὅσοι ἐν νόμῳ ἥμαρτον, διὰ νόμου κριθήσονται·
	3 19	οἴδαμεν δὲ ὅτι ὅσα ὁ νόμος λέγει τοῖς ἐν τῷ νόμῳ λαλεῖ,
	6 3	ἢ ἀγνοεῖτε ὅτι ὅσοι ἐβαπτίσθημεν εἰς χριστὸν ἰησοῦν, εἰς τὸν θάνατον αὐτοῦ ἐβαπτίσθημεν;
	7 1	ἢ ἀγνοεῖτε, ἀδελφοί, γινώσκουσιν γὰρ νόμον λαλῶ, ὅτι ὁ νόμος κυριεύει τοῦ ἀνθρώπου ἐφ ὅσον χρόνον ζῇ;
	8 14	ὅσοι γὰρ πνεύματι θεοῦ ἄγονται, οὗτοι υἱοὶ θεοῦ εἰσιν.
	11 13	ἐφ ὅσον μὲν οὖν εἰμι ἐγὼ ἐθνῶν ἀπόστολος, τὴν διακονίαν μου δοξάζω·
	15 4	ὅσα γὰρ προεγράφη, εἰς τὴν ἡμετέραν διδασκαλίαν ἐγράφη,
1Co	7 39	γυνὴ δέδεται ἐφ ὅσον χρόνον ζῇ ὁ ἀνὴρ αὐτῆς·
2Co	1 20	ὅσαι γὰρ ἐπαγγελίαι θεοῦ, ἐν αὐτῷ τὸ ναί·
Ga	3 10	ὅσοι γὰρ ἐξ ἔργων νόμου εἰσίν, ὑπὸ κατάραν εἰσίν·
	27	ὅσοι γὰρ εἰς χριστὸν ἐβαπτίσθητε, χριστὸν ἐνεδύσασθε.
	4 1	ἐφ ὅσον χρόνον ὁ κληρονόμος νήπιός ἐστιν, οὐδὲν διαφέρει δούλου κύριος πάντων ὤν,
	6 12	ὅσοι θέλουσιν εὐπροσωπῆσαι ἐν σαρκί, οὗτοι ἀναγκάζουσιν ὑμᾶς περιτέμνεσθαι,
	16	καὶ ὅσοι τῷ κανόνι τούτῳ στοιχήσουσιν, εἰρήνη ἐπ αὐτοὺς καὶ ἔλεος,
Php	3 15	ὅσοι οὖν τέλειοι, τοῦτο φρονῶμεν·

ὅσος [110]

Php	4 8	τὸ λοιπόν, ἀδελφοί, ὅσα ἐστὶν ἀληθῆ,
	8	ὅσα ἐστὶν ἀληθῆ, ὅσα σεμνά, ὅσα δίκαια,
	8	ὅσα ἐστὶν ἀληθῆ, ὅσα σεμνά, ὅσα δίκαια,
	8	ὅσα ἁγνά, ὅσα προσφιλῆ, ὅσα εὔφημα,
	8	ὅσα ἁγνά, ὅσα προσφιλῆ, ὅσα εὔφημα,
	8	ὅσα ἁγνά, ὅσα προσφιλῆ, ὅσα εὔφημα,
Col	2 1	θέλω γὰρ ὑμᾶς εἰδέναι ἡλίκον ἀγῶνα ἔχω ὑπὲρ ὑμῶν καὶ τῶν ἐν λαοδικείᾳ καὶ ὅσοι οὐχ ἑόρακαν τὸ πρόσωπόν μου ἐν σαρκί,
1Tm	6 1	ὅσοι εἰσὶν ὑπὸ ζυγὸν δοῦλοι, τοὺς ἰδίους δεσπότας πάσης τιμῆς ἀξίους ἡγείσθωσαν,
2Tm	1 18	καὶ ὅσα ἐν ἐφέσῳ διηκόνησεν, βέλτιον σὺ γινώσκεις.
Heb	1 4	τοσούτῳ κρείττων γενόμενος τῶν ἀγγέλων ὅσῳ διαφορώτερον παρ αὐτοὺς κεκληρονόμηκεν ὄνομα.
	2 15	καὶ ἀπαλλάξῃ τούτους, ὅσοι φόβῳ θανάτου διὰ παντὸς τοῦ ζῆν ἔνοχοι ἦσαν δουλείας.
	3 3	πλείονος γὰρ οὗτος δόξης παρὰ μωϋσῆν ἠξίωται καθ ὅσον πλείονα τιμὴν ἔχει τοῦ οἴκου ὁ κατασκευάσας αὐτόν.
	7 20	καὶ καθ ὅσον οὐ χωρὶς ὁρκωμοσίας,
	8 6	νῦν[ι] δὲ διαφορωτέρας τέτυχεν λειτουργίας, ὅσῳ καὶ κρείττονός ἐστιν διαθήκης μεσίτης,
	9 27	καὶ καθ ὅσον ἀπόκειται τοῖς ἀνθρώποις ἅπαξ ἀποθανεῖν, μετὰ δὲ τοῦτο κρίσις, οὕτως καὶ ὁ χριστός, ἅπαξ προσενεχθεὶς εἰς τὸ πολλῶν ἀνενεγκεῖν ἁμαρτίας,
	10 25	καὶ τοσούτῳ μᾶλλον· ὅσῳ βλέπετε ἐγγίζουσαν τὴν ἡμέραν.
	37	ἔτι γὰρ μικρὸν ὅσον ὅσον, ὁ ἐρχόμενος ἥξει καὶ οὐ χρονίσει·
	37	ἔτι γὰρ μικρὸν ὅσον ὅσον, ὁ ἐρχόμενος ἥξει καὶ οὐ χρονίσει·
2Pt	1 13	δίκαιον δὲ ἡγοῦμαι, ἐφ ὅσον εἰμὶ ἐν τούτῳ τῷ σκηνώματι, διεγείρειν ὑμᾶς ἐν ὑπομνήσει,
Ju	10	οὗτοι δὲ ὅσα μὲν οὐκ οἴδασιν βλασφημοῦσιν,
	10	ὅσα δὲ φυσικῶς ὡς τὰ ἄλογα ζῷα ἐπίστανται, ἐν τούτοις φθείρονται.
Apc	1 2	ὃς ἐμαρτύρησεν τὸν λόγον τοῦ θεοῦ καὶ τὴν μαρτυρίαν ἰησοῦ χριστοῦ, ὅσα εἶδεν.
	2 24	ὑμῖν δὲ λέγω τοῖς λοιποῖς τοῖς ἐν θυατείροις, ὅσοι οὐκ ἔχουσιν τὴν διδαχὴν ταύτην,
	3 19	ἐγὼ ὅσους ἐὰν φιλῶ ἐλέγχω καὶ παιδεύω·
	13 15	ἵνα καὶ λαλήσῃ ἡ εἰκὼν τοῦ θηρίου, καὶ ποιήσῃ [ἵνα] ὅσοι ἐὰν μὴ προσκυνήσωσιν τῇ εἰκόνι τοῦ θηρίου ἀποκτανθῶσιν.
	18 7	ὅσα ἐδόξασεν αὐτὴν καὶ ἐστρηνίασεν, τοσοῦτον δότε αὐτῇ βασανισμὸν καὶ πένθος.
	17	καὶ πᾶς κυβερνήτης καὶ πᾶς ὁ ἐπὶ τόπον πλέων καὶ ναῦται καὶ ὅσοι τὴν θάλασσαν ἐργάζονται, ἀπὸ μακρόθεν ἔστησαν
	21 16	καὶ ἡ πόλις τετράγωνος κεῖται, καὶ τὸ μῆκος αὐτῆς ὅσον [καὶ] τὸ πλάτος.

ὀστέον [4]

Mt	23 27	ὅτι παρομοιάζετε τάφοις κεκονιαμένοις, οἵτινες ἔξωθεν μὲν φαίνονται ὡραῖοι, ἔσωθεν δὲ γέμουσιν ὀστέων νεκρῶν καὶ πάσης ἀκαθαρσίας.
Lc	24 39	ψηλαφήσατέ με καὶ ἴδετε, ὅτι πνεῦμα σάρκα καὶ ὀστέα οὐκ ἔχει καθὼς ἐμὲ θεωρεῖτε ἔχοντα.
Jh	19 36	ὀστοῦν οὐ συντριβήσεται αὐτοῦ.
Heb	11 22	πίστει ἰωσὴφ τελευτῶν περὶ τῆς ἐξόδου τῶν υἱῶν ἰσραὴλ ἐμνημόνευσεν καὶ περὶ τῶν ὀστέων αὐτοῦ ἐνετείλατο.

ὅστις [148]

Mt	2 6	ἐκ σοῦ γὰρ ἐξελεύσεται ἡγούμενος, ὅστις ποιμανεῖ τὸν λαόν μου τὸν ἰσραήλ.
	5 39	ἐγὼ δὲ λέγω ὑμῖν μὴ ἀντιστῆναι τῷ πονηρῷ· ἀλλ ὅστις σε ῥαπίζει εἰς τὴν δεξιὰν σιαγόνα [σου],
	41	καὶ ὅστις σε ἀγγαρεύσει μίλιον ἕν,
	7 15	οἵτινες·ἔρχονται πρὸς ὑμᾶς ἐν ἐνδύμασι προβάτων,
	24	πᾶς οὖν ὅστις ἀκούει μου τοὺς λόγους τούτους καὶ ποιεῖ αὐτούς,
	24	ὁμοιωθήσεται ἀνδρὶ φρονίμῳ, ὅστις ᾠκοδόμησεν αὐτοῦ τὴν οἰκίαν ἐπὶ τὴν πέτραν.
	26	καὶ πᾶς ὁ ἀκούων μου τοὺς λόγους τούτους καὶ μὴ ποιῶν αὐτοὺς ὁμοιωθήσεται ἀνδρὶ μωρῷ, ὅστις ᾠκοδόμησεν αὐτοῦ τὴν οἰκίαν ἐπὶ τὴν ἄμμον.
	10 32	πᾶς οὖν ὅστις ὁμολογήσει ἐν ἐμοὶ ἔμπροσθεν τῶν ἀνθρώπων, ὁμολογήσω κἀγὼ ἐν αὐτῷ ἔμπροσθεν τοῦ πατρός μου τοῦ ἐν [τοῖς] οὐρανοῖς·
	33	ὅστις δ ἂν ἀρνήσηταί με ἔμπροσθεν τῶν ἀνθρώπων, ἀρνήσομαι κἀγὼ αὐτὸν ἔμπροσθεν τοῦ πατρός μου τοῦ ἐν [τοῖς] οὐρανοῖς.

ὅστις [148]

Mt	12 50	ὅστις γαρ ἀν ποιηση το θελημα του πατρος μου του ἐν οὐρανοις, αὐτος μου ἀδελφος και ἀδελφη και μητηρ ἐστιν.
	13 12	ὅστις γαρ ἐχει, δοθησεται αὐτω και περισσευθησεται·
	12	ὅστις δε οὐκ ἐχει, και ὁ ἐχει ἀρθησεται ἀπ αὐτου.
	52	δια τουτο πας γραμματευς μαθητευθεις τη βασιλεια των οὐρανων ὁμοιος ἐστιν ἀνθρωπω οἰκοδεσποτη, ὅστις ἐκβαλλει ἐκ του θησαυρου αὐτου καινα και παλαια.
	16 28	ἀμην λεγω ὑμιν ὁτι εἰσιν τινες των ὡδε ἑστωτων *οἰτινες* οὐ μη γευσωνται θανατου ἑως ἀν ἰδωσιν τον υἱον του ἀνθρωπου ἐρχομενον ἐν τη βασιλεια αὐτου.
	18 4	ὅστις οὐν ταπεινωσει ἑαυτον ὡς το παιδιον τουτο, οὑτος ἐστιν ὁ μειζων ἐν τη βασιλεια των οὐρανων.
	19 12	εἰσιν γαρ εὐνουχοι *οἰτινες* ἐκ κοιλιας μητρος ἐγεννηθησαν οὑτως,
	12	και εἰσιν εὐνουχοι *οἰτινες* εὐνουχισθησαν ὑπο των ἀνθρωπων,
	12	και εἰσιν εὐνουχοι *οἰτινες* εὐνουχισαν ἑαυτους δια την βασιλειαν των οὐρανων.
	29	και πας ὅστις ἀφηκεν οἰκιας ἠ ἀδελφους ἠ ἀδελφας ἠ πατερα ἠ μητερα ἠ τεκνα ἠ ἀγρους ἑνεκεν του ὀνοματος μου, ἑκατονταπλασιονα λημψεται και ζωην αἰωνιον κληρονομησει.
	20 1	ὁμοια γαρ ἐστιν ἡ βασιλεια των οὐρανων ἀνθρωπω οἰκοδεσποτη, ὅστις ἐξηλθεν ἁμα πρωι μισθωσασθαι ἐργατας εἰς τον ἀμπελωνα αὐτου.
	21 33	ἀνθρωπος ἠν οἰκοδεσποτης ὅστις ἐφυτευσεν ἀμπελωνα,
	41	και τον ἀμπελωνα ἐκδωσεται ἀλλοις γεωργοις, *οἰτινες* ἀποδωσουσιν αὐτω τους καρπους ἐν τοις καιροις αὐτων.
	22 2	ὡμοιωθη ἡ βασιλεια των οὐρανων ἀνθρωπω βασιλει, ὅστις ἐποιησεν γαμους τω υἱω αὐτου.
	23 12	ὅστις δε ὑψωσει ἑαυτον ταπεινωθησεται, και ὅστις ταπεινωσει ἑαυτον ὑψωθησεται.
	12	ὅστις δε ὑψωσει ἑαυτον ταπεινωθησεται, και ὅστις ταπεινωσει ἑαυτον ὑψωθησεται.
	27	ὁτι παρομοιαζετε ταφοις κεκονιαμενοις, *οἰτινες* ἐξωθεν μεν φαινονται ὡραιοι, ἐσωθεν δε γεμουσιν ὀστεων νεκρων και πασης ἀκαθαρσιας.
	25 1	τοτε ὁμοιωθησεται ἡ βασιλεια των οὐρανων δεκα παρθενοις, *αἰτινες* λαβουσαι τας λαμπαδας ἑαυτων ἐξηλθον εἰς ὑπαντησιν του νυμφιου.
	27 55	ἠσαν δε ἐκει γυναικες πολλαι ἀπο μακροθεν θεωρουσαι, *αἰτινες* ἠκολουθησαν τω ἰησου ἀπο της γαλιλαιας διακονουσαι αὐτω·
	62	τη δε ἐπαυριον, *ἡτις* ἐστιν μετα την παρασκευην,
Mc	4 20	και ἐκεινοι εἰσιν οἱ ἐπι την γην την καλην σπαρεντες, *οἰτινες* ἀκουουσιν τον λογον και παραδεχονται και καρποφορουσιν ἐν τριακοντα και ἐν ἑξηκοντα και ἐν ἑκατον.
	6 23	και ὡμοσεν αὐτη [πολλα] ὁτι ἐαν με αἰτησης δωσω σοι ἑως ἡμισους της βασιλειας μου.
	9 1	ἀμην λεγω ὑμιν ὁτι εἰσιν τινες ὡδε των ἑστηκοτων *οἰτινες* οὐ μη γευσωνται θανατου ἑως ἀν ἰδωσιν την βασιλειαν του θεου ἐληλυθυιαν ἐν δυναμει.
	12 18	και ἐρχονται σαδδουκαιοι προς αὐτον, *οἰτινες* λεγουσιν ἀναστασιν μη εἰναι,
	15 7	ἠν δε ὁ λεγομενος βαραββας μετα των στασιαστων δεδεμενος, *οἰτινες* ἐν τη στασει φονον πεποιηκεισαν.
Lc	1 20	και ἰδου ἐση σιωπων και μη δυναμενος λαλησαι ἀχρι ἡς ἡμερας γενηται ταυτα, ἀνθ ὡν οὐκ ἐπιστευσας τοις λογοις μου, *οἰτινες* πληρωθησονται εἰς τον καιρον αὐτων.
	2 4	ἀνεβη δε και ἰωσηφ ἀπο της γαλιλαιας ἐκ πολεως ναζαρεθ εἰς την ἰουδαιαν εἰς πολιν δαυιδ *ἡτις* καλειται βηθλεεμ,
	10	ἰδου γαρ εὐαγγελιζομαι ὑμιν χαραν μεγαλην, *ἡτις* ἐσται παντι τω λαω,
	7 37	και ἰδου γυνη *ἡτις* ἠν ἐν τη πολει ἁμαρτωλος, και ἐπιγνουσα ὁτι κατακειται ἐν τη οἰκια του φαρισαιου, κομισασα ἀλαβαστρον μυρου
	39	οὑτος εἰ ἠν προφητης, ἐγινωσκεν ἀν τις και ποταπη ἡ γυνη *ἡτις* ἁπτεται αὐτου, ὁτι ἁμαρτωλος ἐστιν.
	8 3	και ἰωαννα γυνη χουζα ἐπιτροπου ἡρωδου και σουσαννα και ἑτεραι πολλαι, *αἰτινες* διηκονουν αὐτοις ἐκ των ὑπαρχοντων αὐταις.
	15	το δε ἐν τη καλη γη, οὑτοι εἰσιν *οἰτινες* ἐν καρδια καλη και ἀγαθη ἀκουσαντες τον λογον κατεχουσιν και καρποφορουσιν ἐν ὑπομονη.
	26	και κατεπλευσαν εἰς την χωραν των γερασηνων, *ἡτις* ἐστιν ἀντιπερα της γαλιλαιας.
	43	και γυνη οὐσα ἐν ρυσει αἱματος ἀπο ἐτων δωδεκα, *ἡτις* [ἰατροις προσαναλωσασα ὁλον τον βιον] οὐκ ἰσχυσεν ἀπ οὐδενος θεραπευθηναι,

ὅστις [148]

Lc	9 30	και ἰδου ἀνδρες δυο συνελαλουν αὐτω, *οἰτινες* ἠσαν μωυσης και ἡλιας,
	10 35	ἐπιμεληθητι αὐτου, και ὁτι ἀν προσδαπανησης ἐγω ἐν τω ἐπανερχεσθαι με ἀποδωσω σοι.
	42	μαριαμ γαρ την ἀγαθην μεριδα ἐξελεξατο, *ἡτις* οὐκ ἀφαιρεθησεται αὐτης.
	12 1	προσεχετε ἑαυτοις ἀπο της ζυμης, *ἡτις* ἐστιν ὑποκρισις, των φαρισαιων.
	14 15	μακαριος ὅστις φαγεται ἀρτον ἐν τη βασιλεια του θεου.
	27	ὅστις οὐ βασταζει τον σταυρον ἑαυτου και ἐρχεται ὀπισω μου, οὐ δυναται εἰναι μου μαθητης.
	15 7	λεγω ὑμιν ὁτι οὑτως χαρα ἐν τω οὐρανω ἐσται ἐπι ἑνι ἁμαρτωλω μετανοουντι ἠ ἐπι ἐνενηκονταεννεα δικαιοις *οἰτινες* οὐ χρειαν ἐχουσιν μετανοιας.
	23 19	ὅστις ἠν δια στασιν τινα γενομενην ἐν τη πολει και φονον βληθεις ἐν τη φυλακη.
	55	κατακολουθησασαι δε αἱ γυναικες, *αἰτινες* ἠσαν συνεληλυθυιαι ἐκ της γαλιλαιας αὐτω,
Jh	2 5	λεγει ἡ μητηρ αὐτου τοις διακονοις· ὁτι ἀν λεγη ὑμιν, ποιησατε.
	8 25	εἰπεν αὐτοις ὁ ἰησους· την ἀρχην ὁτι και λαλω ὑμιν;
	53	μη συ μειζων εἰ του πατρος ἡμων ἀβρααμ, ὅστις ἀπεθανεν;
	14 13	και ὁτι ἀν αἰτησητε ἐν τω ὀνοματι μου, τουτο ποιησω, ἱνα δοξασθη ὁ πατηρ ἐν τω υἱω.
	15 16	και ἐθηκα ὑμας ἱνα ὑμεις ὑπαγητε και καρπον φερητε και ὁ καρπος ὑμων μενη, ἱνα ὁτι ἀν αἰτησητε τον πατερα ἐν τω ὀνοματι μου δω ὑμιν.
	21 25	*ἀτινα* ἐαν γραφηται καθ ἑν, οὐδ αὐτον οἰμαι τον κοσμον χωρησειν τα γραφομενα βιβλια.
Ac	3 23	ἐσται δε πασα ψυχη *ἡτις* ἐαν μη ἀκουση του προφητου ἐκεινου ἐξολεθρευθησεται ἐκ του λαου.
	5 16	φεροντες ἀσθενεις και ὀχλουμενους ὑπο πνευματων ἀκαθαρτων, *οἰτινες* ἐθεραπευοντο ἁπαντες.
	7 53	οὐ νυν ὑμεις προδοται και φονεις ἐγενεσθε, *οἰτινες* ἐλαβετε τον νομον εἰς διαταγας ἀγγελων,
	8 15	ἀπεστειλαν προς αὐτους πετρον και ἰωαννην, *οἰτινες* καταβαντες προσηυξαντο περι αὐτων ὁπως λαβωσιν πνευμα ἁγιον·
	9 6	ἀλλα ἀναστηθι και εἰσελθε εἰς την πολιν, και λαληθησεται σοι ὁτι σε δει ποιειν.
	35	και εἰδαν αὐτον παντες οἱ κατοικουντες λυδδα και τον σαρωνα, *οἰτινες* ἐπεστρεψαν ἐπι τον κυριον.
	10 41	ἀλλα μαρτυσιν τοις προκεχειροτονημενοις ὑπο του θεου, ἡμιν, *οἰτινες* συνεφαγομεν και συνεπιομεν αὐτω μετα το ἀναστηναι αὐτον ἐκ νεκρων·
	47	μητι το ὑδωρ δυναται κωλυσαι τις του μη βαπτισθηναι τουτους, *οἰτινες* το πνευμα το ἁγιον ἐλαβον ὡς και ἡμεις;
	11 20	ἠσαν δε τινες ἐξ αὐτων ἀνδρες κυπριοι και κυρηναιοι, *οἰτινες* ἐλθοντες εἰς ἀντιοχειαν ἐλαλουν και προς τους ἑλληνιστας,
	28	ἀναστας δε εἰς ἐξ αὐτων ὀνοματι ἁγαβος ἐσημανεν δια του πνευματος λιμον μεγαλην μελλειν ἐσεσθαι ἐφ ὁλην την οἰκουμενην· *ἡτις* ἐγενετο ἐπι κλαυδιου.
	12 10	διελθοντες δε πρωτην φυλακην και δευτεραν ἠλθαν ἐπι την πυλην την σιδηραν την φερουσαν εἰς την πολιν, *ἡτις* αὐτοματη ἠνοιγη αὐτοις,
	13 31	ὁς ὠφθη ἐπι ἡμερας πλειους τοις συναναβασιν αὐτω ἀπο της γαλιλαιας εἰς ἰερουσαλημ, *οἰτινες* [νυν] εἰσιν μαρτυρες αὐτου προς τον λαον.
	43	*οἰτινες* προσλαλουντες αὐτοις ἐπειθον αὐτους προσμενειν τη χαριτι του θεου.
	16 12	κακειθεν εἰς φιλιππους, *ἡτις* ἐστιν πρωτη[ς] μεριδος της μακεδονιας πολις, κολωνια.
	16	παιδισκην τινα ἐχουσαν πνευμα πυθωνα ὑπαντησαι ἡμιν, *ἡτις* ἐργασιαν πολλην παρειχεν τοις κυριοις αὐτης μαντευομενη.
	17	οὑτοι οἱ ἀνθρωποι δουλοι του θεου του ὑψιστου εἰσιν, *οἰτινες* καταγγελλουσιν ὑμιν ὁδον σωτηριας.
	17 10	οἱ δε ἀδελφοι εὐθεως δια νυκτος ἐξεπεμψαν τον τε παυλον και τον σιλαν εἰς βεροιαν, *οἰτινες* παραγενομενοι εἰς την συναγωγην των ἰουδαιων ἀπηεσαν.
	11	οὑτοι δε ἠσαν εὐγενεστεροι των ἐν θεσσαλονικη, *οἰτινες* ἐδεξαντο τον λογον μετα πασης προθυμιας,
	21 4	*οἰτινες* τω παυλω ἐλεγον δια του πνευματος μη ἐπιβαινειν εἰς ἱεροσολυμα.
	23 14	*οἰτινες* προσελθοντες τοις ἀρχιερευσιν και τοις πρεσβυτεροις εἰπαν·
	21	ἐνεδρευουσιν γαρ αὐτον ἐξ αὐτων ἀνδρες πλειους τεσσερακοντα, *οἰτινες* ἀνεθεματισαν ἑαυτους μητε φαγειν μητε πιειν ἑως οὑ ἀνελωσιν αὐτον,

ὅστις [148]

Ac	23 33	*οἵτινες* εἰσελθοντες εἰς την καισαρειαν και ἀναδοντες την ἐπιστολην τω ἡγεμονι,
	24 1	μετα δε πεντε ἡμερας κατεβη ὁ ἀρχιερευς ἀνανιας μετα πρεσβυτερων τινων και ῥητορος τερτυλλου τινος, *οἵτινες* ἐνεφανισαν τω ἡγεμονι κατα του παυλου.
	28 18	*οἵτινες* ἀνακρινοντες με ἐβουλοντο ἀπολυσαι δια το μηδεμιαν αἰτιαν θανατου ὑπαρχειν ἐν ἐμοι·
Rm	1 25	*οἵτινες* μετηλλαξαν την ἀληθειαν του θεου ἐν τω ψευδει,
	32	*οἵτινες* το δικαιωμα του θεου ἐπιγνοντες, ὀτι οἱ τα τοιαυτα πρασσοντες ἀξιοι θανατου εἰσιν,
	2 15	*οἵτινες* ἐνδεικνυνται το ἐργον του νομου γραπτον ἐν ταις καρδιαις αὐτων,
	6 2	*οἵτινες* ἀπεθανομεν τη ἁμαρτια, πῶς ἐτι ζησομεν ἐν αὐτη;
	9 4	ηὐχομην γαρ ἀναθεμα εἰναι αὐτος ἐγω ἀπο του χριστου ὑπερ των ἀδελφων μου των συγγενων μου κατα σαρκα, *οἵτινες* εἰσιν ἰσραηλιται,
	11 4	κατελιπον ἐμαυτω ἑπτακισχιλιους ἀνδρας, *οἵτινες* οὐκ ἐκαμψαν γονυ τη βααλ.
	16 4	ἀσπασασθε πρισκαν και ἀκυλαν τους συνεργους μου ἐν χριστω ἰησου, *οἵτινες* ὑπερ της ψυχης μου τον ἑαυτων τραχηλον ὑπεθηκαν,
	6	ἀσπασασθε μαριαν, *ἡτις* πολλα ἐκοπιασεν εἰς ὑμας.
	7	ἀσπασασθε ἀνδρονικον και ἰουνιαν τους συγγενεις μου και συναιχμαλωτους μου, *οἵτινες* εἰσιν ἐπισημοι ἐν τοις ἀποστολοις,
	12	ἀσπασασθε περσιδα την ἀγαπητην, *ἡτις* πολλα ἐκοπιασεν ἐν κυριω.
1Co	3 17	ὁ γαρ ναος του θεου ἁγιος ἐστιν, *οἵτινες* ἐστε ὑμεις.
	5 1	ὁλως ἀκουεται ἐν ὑμιν πορνεια, και τοιαυτη πορνεια *ἡτις* οὐδε ἐν τοις ἐθνεσιν,
	16 2	κατα μιαν σαββατου ἑκαστος ὑμων παρ ἑαυτω τιθετω θησαυριζων ὀτι ἐαν εὐοδωται,
2Co	8 10	τουτο γαρ ὑμιν συμφερει, *οἵτινες* οὐ μονον το ποιησαι ἀλλα και το θελειν προενηρξασθε ἀπο περυσι·
	9 11	ἐν παντι πλουτιζομενοι εἰς πασαν ἁπλοτητα, *ἡτις* κατεργαζεται δι ἡμων εὐχαριστιαν τω θεω·
Ga	2 4	δια δε τους παρεισακτους ψευδαδελφους, *οἵτινες* παρεισηλθον κατασκοπησαι την ἐλευθεριαν ἡμων ἡν ἐχομεν ἐν χριστω ἰησου,
	4 24	*ἀτινα* ἐστιν ἀλληγορουμενα· αὐται γαρ εἰσιν δυο διαθηκαι,
	24	αὐται γαρ εἰσιν δυο διαθηκαι, μια μεν ἀπο ὀρους σινα, εἰς δουλειαν γεννωσα, *ἡτις* ἐστιν ἀγαρ.
	26	ἡ δε ἀνω ἰερουσαλημ ἐλευθερα ἐστιν, *ἡτις* ἐστιν μητηρ ἡμων·
	5 4	κατηργηθητε ἀπο χριστου *οἵτινες* ἐν νομω δικαιουσθε,
	10	ὁ δε ταρασσων ὑμας βαστασει το κριμα, *ὀστις* ἐαν ἠ.
	19	*ἀτινα* ἐστιν πορνεια, ἀκαθαρσια, ἀσελγεια, εἰδωλολατρια,
Eph	1 23	και αὐτον ἐδωκεν κεφαλην ὑπερ παντα τη ἐκκλησια, *ἡτις* ἐστιν το σωμα αὐτου,
	3 13	διο αἰτουμαι μη ἐγκακειν ἐν ταις θλιψεσιν μου ὑπερ ὑμων, *ἡτις* ἐστιν δοξα ὑμων.
	4 19	*οἵτινες* ἀπηλγηκοτες ἑαυτους παρεδωκαν τη ἀσελγεια εἰς ἐργασιαν ἀκαθαρσιας πασης ἐν πλεονεξια.
	6 2	τιμα τον πατερα σου και την μητερα, *ἡτις* ἐστιν ἐντολη πρωτη ἐν ἐπαγγελια,
Php	1 28	και μη πτυρομενοι ἐν μηδενι ὑπο των ἀντικειμενων, *ἡτις* ἐστιν αὐτοις ἐνδειξις ἀπωλειας,
	2 20	οὐδενα γαρ ἐχω ἰσοψυχον, *ὀστις* γνησιως τα περι ὑμων μεριμνησει·
	3 7	[ἀλλα] *ἀτινα* ἠν μοι κερδη, ταυτα ἡγημαι δια τον χριστον ζημιαν.
	4 3	συλλαμβανου αὐταις, *αἱτινες* ἐν τω εὐαγγελιω συνηθλησαν μοι μετα και κλημεντος και των λοιπων συνεργων μου,
Col	2 23	*ἀτινα* ἐστιν λογον μεν ἐχοντα σοφιας ἐν ἐθελοθρησκια και ταπεινοφροσυνη [και] ἀφειδια σωματος,
	3 5	και την πλεονεξιαν *ἡτις* ἐστιν εἰδωλολατρια,
	17	και παν ὀτι ἐαν ποιητε ἐν λογω ἠ ἐν ἐργω, παντα ἐν ὀνοματι κυριου ἰησου,
	4 11	οὐτοι μονοι συνεργοι εἰς την βασιλειαν του θεου, *οἵτινες* ἐγενηθησαν μοι παρηγορια.
2Th	1 9	*οἵτινες* δικην τισουσιν ὀλεθρον αἰωνιον ἀπο προσωπου του κυριου και ἀπο της δοξης της ἰσχυος αὐτου,
1Tm	1 4	μηδε προσεχειν μυθοις και γενεαλογιαις ἀπεραντοις, *αἱτινες* ἐκζητησεις παρεχουσιν μαλλον ἠ οἰκονομιαν θεου την ἐν πιστει·
	3 15	ἱνα εἰδης πῶς δει ἐν οἰκω θεου ἀναστρεφεσθαι, *ἡτις* ἐστιν ἐκκλησια θεου ζωντος,
	6 9	*αἱτινες* βυθιζουσιν τους ἀνθρωπους εἰς ὀλεθρον και ἀπωλειαν.

ὅστις [148]

2Tm	1 5	ὑπομνησιν λαβων της ἐν σοι ἀνυποκριτου πιστεως, *ἡτις* ἐνωκησεν πρωτον ἐν τη μαμμη σου λωιδι και τη μητρι σου εὐνικη,
	2 2	ταυτα παραθου πιστοις ἀνθρωποις, *οἵτινες* ἱκανοι ἐσονται και ἑτερους διδαξαι.
	18	ὠν ἐστιν ὑμεναιος και φιλητος, *οἵτινες* περι την ἀληθειαν ἠστοχησαν,
Tit	1 11	οὐς δει ἐπιστομιζειν, *οἵτινες* ὁλους οἰκους ἀνατρεπουσιν διδασκοντες ἀ μη δει αἰσχρου κερδους χαριν.
Heb	2 3	*ἡτις* ἀρχην λαβουσα λαλεισθαι δια του κυριου, ὑπο των ἀκουσαντων εἰς ἡμας ἐβεβαιωθη,
	8 5	*οἵτινες* ὑποδειγματι και σκια λατρευουσιν των ἐπουρανιων,
	6	νυν[ι] δε διαφορωτερας τετυχεν λειτουργιας, ὀσω και κρειττονος ἐστιν διαθηκης μεσιτης, *ἡτις* ἐπι κρειττοσιν ἐπαγγελιαις νενομοθετηται.
	9 2	ἐν ἠ ἠ τε λυχνια και ἡ τραπεζα και ἡ προθεσις των ἀρτων, *ἡτις* λεγεται ἁγια·
	9	μηπω πεφανερωσθαι την των ἁγιων ὀδον ἐτι της πρωτης σκηνης ἐχουσης στασιν, *ἡτις* παραβολη εἰς τον καιρον τον ἐνεστηκοτα,
	10 8	ἀνωτερον λεγων ὀτι θυσιας και προσφορας και ὁλοκαυτωματα και περι ἁμαρτιας οὐκ ἠθελησας οὐδε εὐδοκησας, *αἱτινες* κατα νομον προσφερονται,
	11	και πας μεν ἱερευς ἑστηκεν καθ ἡμεραν λειτουργων και τας αὐτας πολλακις προσφερων θυσιας, *αἱτινες* οὐδεποτε δυνανται περιελειν ἁμαρτιας·
	35	μη ἀποβαλητε οὐν την παρρησιαν ὑμων, *ἡτις* ἐχει μεγαλην μισθαποδοσιαν.
	12 5	και ἐκλελησθε της παρακλησεως, *ἡτις* ὑμιν ὡς υἱοις διαλεγεται·
	13 7	μνημονευετε των ἡγουμενων ὑμων, *οἵτινες* ἐλαλησαν ὑμιν τον λογον του θεου,
Ja	2 10	*ὀστις* γαρ ὀλον τον νομον τηρηση, πταιση δε ἐν ἑνι, γεγονεν παντων ἐνοχος.
	4 14	*οἵτινες* οὐκ ἐπιστασθε το της αὐριον ποια ἡ ζωη ὑμων.
1Pt	2 11	ἀγαπητοι, παρακαλω ὡς παροικους και παρεπιδημους ἀπεχεσθαι των σαρκικων ἐπιθυμιων, *αἱτινες* στρατευονται κατα της ψυχης·
2Pt	2 1	ὡς και ἐν ὑμιν ἐσονται ψευδοδιδασκαλοι, *οἵτινες* παρεισαξουσιν αἱρεσεις ἀπωλειας,
1Jh	1 2	και ἀπαγγελλομεν ὑμιν την ζωην την αἰωνιον, *ἡτις* ἠν προς τον πατερα και ἐφανερωθη ἡμιν,
Apc	1 7	και ὀψεται αὐτον πας ὀφθαλμος και *οἵτινες* αὐτον ἐξεκεντησαν,
	12	και ἐπεστρεψα βλεπειν την φωνην *ἡτις* ἐλαλει μετ ἐμου·
	2 24	ὀσοι οὐκ ἐχουσιν την διδαχην ταυτην, *οἵτινες* οὐκ ἐγνωσαν τα βαθεα του σατανα, ὡς λεγουσιν·
	9 4	εἰ μη τους ἀνθρωπους *οἵτινες* οὐκ ἐχουσιν την σφραγιδα του θεου ἐπι των μετωπων.
	11 8	και το πτωμα αὐτων ἐπι της πλατειας της πολεως της μεγαλης, *ἡτις* καλειται πνευματικως σοδομα και αἰγυπτος,
	12 13	και ὀτε εἰδεν ὁ δρακων ὀτι ἐβληθη εἰς την γην, ἐδιωξεν την γυναικα *ἡτις* ἐτεκεν τον ἀρσενα.
	17 12	και τα δεκα κερατα ἀ εἰδες δεκα βασιλεις εἰσιν, *οἵτινες* βασιλειαν οὐπω ἐλαβον,
	19 2	ὀτι ἐκρινεν την πορνην την μεγαλην *ἡτις* ἐφθειρεν την γην ἐν τη πορνεια αὐτης,
	20 4	και *οἵτινες* οὐ προσεκυνησαν το θηριον οὐδε την εἰκονα αὐτου και οὐκ ἐλαβον το χαραγμα ἐπι το μετωπον και ἐπι την χειρα αὐτων·

ὀστρακινος [2]

2Co	4 7	ἐχομεν δε τον θησαυρον τουτον ἐν *ὀστρακινοις* σκευεσιν,
2Tm	2 20	ἐν μεγαλη δε οἰκια οὐκ ἐστιν μονον σκευη χρυσα και ἀργυρα, ἀλλα και ξυλινα και *ὀστρακινα*,

ὀσφρησις [1]

1Co	12 17	εἰ ὀλον ἀκοη, ποῦ ἡ *ὀσφρησις*;

ὀσφῦς [8]

Mt	3 4	αὐτος δε ὁ ἰωαννης εἰχεν το ἐνδυμα αὐτου ἀπο τριχων καμηλου και ζωνην δερματινην περι την *ὀσφυν* αὐτου·
Mc	1 6	και ἠν ὁ ἰωαννης ἐνδεδυμενος τριχας καμηλου και ζωνην δερματινην περι την *ὀσφυν* αὐτου,
Lc	12 35	ἐστωσαν ὑμων αἱ *ὀσφυες* περιεζωσμεναι και οἱ λυχνοι καιομενοι·

ὀσφῦς [8]

Ac 2 30   προφητης οὖν ὑπαρχων και εἰδως ὅτι ὁρκῳ ὡμοσεν αὐτῳ ὁ θεος ἐκ καρπου της ὀσφυος αὐτου καθισαι ἐπι τον θρονον αὐτου,

Eph 6 14   στητε οὖν περιζωσαμενοι την ὀσφῦν ὑμων ἐν ἀληθεια,

Heb 7 5   καιπερ ἐξεληλυθοτας ἐκ της ὀσφυος ἀβρααμ·

      10   ἐτι γαρ ἐν τη ὀσφυι του πατρος ἠν ὁτε συνηντησεν αὐτῳ μελχισεδεκ.

1Pt 1 13   διο ἀναζωσαμενοι τας ὀσφυας της διανοιας ὑμων, νηφοντες, τελειως ἐλπισατε ἐπι την φερομενην ὑμιν χαριν ἐν ἀποκαλυψει ἰησου χριστου.

ὅταν [123]

Mt 5 11   μακαριοι ἐστε ὅταν ὀνειδισωσιν ὑμας και διωξωσιν και εἰπωσιν παν πονηρον καθ ὑμων [ψευδομενοι] ἑνεκεν ἐμου.

      6 2   ὅταν οὖν ποιης ἐλεημοσυνην, μη σαλπισης ἐμπροσθεν σου,

      5   και ὅταν προσευχησθε, οὐκ ἐσεσθε ὡς οἱ ὑποκριται·

      6   συ δε ὅταν προσευχη, εἰσελθε εἰς το ταμειον σου και κλεισας την θυραν σου προσευξαι τῳ πατρι σου τῳ ἐν τῳ κρυπτῳ·

      16   ὅταν δε νηστευητε, μη γινεσθε ὡς οἱ ὑποκριται σκυθρωποι·

      9 15   ἐλευσονται δε ἡμεραι ὅταν ἀπαρθη ἀπ αὐτων ὁ νυμφιος,

      10 19   ὅταν δε παραδωσιν ὑμας, μη μεριμνησητε πῶς ἠ τί λαλησητε·

      23   ὅταν δε διωκωσιν ὑμας ἐν τη πολει ταυτη, φευγετε εἰς την ἑτεραν·

      12 43   ὅταν δε το ἀκαθαρτον πνευμα ἐξελθη ἀπο του ἀνθρωπου, διερχεται δι ἀνυδρων τοπων ζητουν ἀναπαυσιν,

      13 32   ὅταν δε αὐξηθη, μειζον των λαχανων ἐστιν και γινεται δενδρον,

      15 2   δια τί οἱ μαθηται σου παραβαινουσιν την παραδοσιν των πρεσβυτερων; οὐ γαρ νιπτονται τας χειρας [αὐτων] ὅταν ἀρτον ἐσθιωσιν.

      19 28   ἐν τη παλιγγενεσια, ὅταν καθιση ὁ υἱος του ἀνθρωπου ἐπι θρονου δοξης αὐτου, καθησεσθε και ὑμεις ἐπι δωδεκα θρονους κρινοντες τας δωδεκα φυλας του ἰσραηλ.

      21 40   ὅταν οὖν ἐλθη ὁ κυριος του ἀμπελωνος, τί ποιησει τοις γεωργοις ἐκεινοις;

      23 15   και ὅταν γενηται, ποιειτε αὐτον υἱον γεεννης διπλοτερον ὑμων.

      24 15   ὅταν οὖν ἰδητε το βδελυγμα της ἐρημωσεως το ρηθεν δια δανιηλ του προφητου ἐστος ἐν τοπῳ ἁγιῳ, ὁ ἀναγινωσκων νοειτω, τοτε οἱ ἐν τη ἰουδαια φευγετωσαν εἰς τα ὀρη,

      32   ὅταν ἠδη ὁ κλαδος αὐτης γενηται ἀπαλος και τα φυλλα ἐκφυη, γινωσκετε ὅτι ἐγγυς το θερος·

      33   οὑτως και ὑμεις ὅταν ἰδητε παντα ταυτα, γινωσκετε ὅτι ἐγγυς ἐστιν ἐπι θυραις.

      25 31   ὅταν δε ἐλθη ὁ υἱος του ἀνθρωπου ἐν τη δοξη αὐτου και παντες οἱ ἀγγελοι μετ αὐτου, τοτε καθισει ἐπι θρονου δοξης αὐτου·

      26 29   οὐ μη πιω ἀπ ἀρτι ἐκ τουτου του γενηματος της ἀμπελου ἑως της ἡμερας ἐκεινης ὅταν αὐτο πινω μεθ ὑμων καινον ἐν τη βασιλεια του πατρος μου.

Mc 2 20   ἐλευσονται δε ἡμεραι ὅταν ἀπαρθη ἀπ αὐτων ὁ νυμφιος,

      3 11   και τα πνευματα τα ἀκαθαρτα, ὅταν αὐτον ἐθεωρουν, προσεπιπτον αὐτῳ και ἐκραζον λεγοντες ὅτι συ εἰ ὁ υἱος του θεου.

      4 15   και ὅταν ἀκουσωσιν, εὐθυς ἐρχεται ὁ σατανας και αἱρει τον λογον τον ἐσπαρμενον εἰς αὐτους.

      16   και οὑτοι εἰσιν οἱ ἐπι τα πετρωδη σπειρομενοι, οἱ ὅταν ἀκουσωσιν τον λογον εὐθυς μετα χαρας λαμβανουσιν αὐτον,

      29   ὅταν δε παραδοι ὁ καρπος, εὐθυς ἀποστελλει το δρεπανον,

      31   ὡς κοκκῳ σιναπεως, ὁς ὅταν σπαρη ἐπι της γης, μικροτερον ὀν παντων των σπερματων των ἐπι της γης,

      32   και ὅταν σπαρη, ἀναβαινει και γινεται μειζον παντων των λαχανων,

      8 38   και ὁ υἱος του ἀνθρωπου ἐπαισχυνθησεται αὐτον, ὅταν ἐλθη ἐν τη δοξη του πατρος αὐτου μετα των ἀγγελων των ἁγιων.

      9 9   και καταβαινοντων αὐτων ἐκ του ὀρους διεστειλατο αὐτοις ἱνα μηδενι ἀ εἰδον διηγησωνται, εἰ μη ὅταν ὁ υἱος του ἀνθρωπου ἐκ νεκρων ἀναστη.

      11 19   και ὅταν ὀψε ἐγενετο, ἐξεπορευοντο ἐξω της πολεως.

      25   και ὅταν στηκετε προσευχομενοι, ἀφιετε εἰ τι ἐχετε κατα τινος,

      12 23   ἐν τη ἀναστασει, [ὅταν ἀναστωσιν,] τινος αὐτων ἐσται γυνη;

      25   ὅταν γαρ ἐκ νεκρων ἀναστωσιν, οὐτε γαμουσιν οὐτε γαμιζονται, ἀλλ εἰσιν ὡς ἀγγελοι ἐν τοις οὐρανοις.

      13 4   εἰπον ἡμιν, ποτε ταυτα ἐσται, και τί το σημειον ὅταν μελλη ταυτα συντελεισθαι παντα;

      7   ὅταν δε ἀκουσητε πολεμους και ἀκοας πολεμων, μη θροεισθε·

Mc 13 11   και ὅταν ἀγωσιν ὑμας παραδιδοντες, μη προμεριμνατε τί λαλησητε,

      14   ὅταν δε ἰδητε το βδελυγμα της ἐρημωσεως ἐστηκοτα ὁπου οὐ δει, ὁ ἀναγινωσκων νοειτω,

      28   ἀπο δε της συκης μαθετε την παραβολην· ὅταν ἠδη ὁ κλαδος αὐτης ἀπαλος γενηται και ἐκφυη τα φυλλα, γινωσκετε ὅτι ἐγγυς το θερος ἐστιν·

      29   οὑτως και ὑμεις, ὅταν ἰδητε ταυτα γινομενα, γινωσκετε ὅτι ἐγγυς ἐστιν ἐπι θυραις.

      14 7   παντοτε γαρ τους πτωχους ἐχετε μεθ ἑαυτων, και ὅταν θελητε δυνασθε αὐτοις εὐ ποιησαι,

      25   ἀμην λεγω ὑμιν ὅτι οὐκετι οὐ μη πιω ἐκ του γενηματος της ἀμπελου ἑως της ἡμερας ἐκεινης ὅταν αὐτο πινω καινον ἐν τη βασιλεια του θεου.

Lc 5 35   ἐλευσονται δε ἡμεραι, και ὅταν ἀπαρθη ἀπ αὐτων ὁ νυμφιος, τοτε νηστευσουσιν ἐν ἐκειναις ταις ἡμεραις.

      6 22   μακαριοι ἐστε ὅταν μισησωσιν ὑμας οἱ ἀνθρωποι,

      22   μακαριοι ἐστε ὅταν μισησωσιν ὑμας οἱ ἀνθρωποι, και ὅταν ἀφορισωσιν ὑμας και ὀνειδισωσιν και ἐκβαλωσιν το ὀνομα ὑμων ὡς πονηρον ἑνεκα του υἱου του ἀνθρωπου.

      26   οὐαι ὅταν καλως εἰπωσιν ὑμας παντες οἱ ἀνθρωποι·

      8 13   οἱ δε ἐπι της πετρας οἱ ὅταν ἀκουσωσιν μετα χαρας δεχονται τον λογον·

      9 26   ὁς γαρ ἀν ἐπαισχυνθη με και τους ἐμους λογους, τουτον ὁ υἱος του ἀνθρωπου ἐπαισχυνθησεται, ὅταν ἐλθη ἐν τη δοξη αὐτου και του πατρος και των ἁγιων ἀγγελων.

      11 2   ὅταν προσευχησθε, λεγετε· πατερ, ἁγιασθητω το ὀνομα σου·

      21   ὅταν ὁ ἰσχυρος καθωπλισμενος φυλασση την ἑαυτου αὐλην, ἐν εἰρηνη ἐστιν τα ὑπαρχοντα αὐτου·

      24   ὅταν το ἀκαθαρτον πνευμα ἐξελθη ἀπο του ἀνθρωπου, διερχεται δι ἀνυδρων τοπων ζητουν ἀναπαυσιν, και μη εὑρισκον [τοτε] λεγει·

      34   ὅταν ὁ ὀφθαλμος σου ἁπλους ἠ, και ὁλον το σωμα σου φωτεινον ἐστιν·

      36   εἰ οὖν το σωμα σου ὁλον φωτεινον, μη ἐχον μερος τι σκοτεινον, ἐσται φωτεινον ὁλον ὡς ὅταν ὁ λυχνος τη ἀστραπη φωτιζη σε.

      12 11   ὅταν δε εἰσφερωσιν ὑμας ἐπι τας συναγωγας και τας ἀρχας και τας ἐξουσιας, μη μεριμνησητε πῶς ἠ τί ἀπολογησησθε ἠ τί εἰπητε·

      54   ὅταν ἰδητε την νεφελην ἀνατελλουσαν ἐπι δυσμων, εὐθεως λεγετε ὁτι ὀμβρος ἐρχεται, και γινεται οὑτως·

      55   και ὅταν νοτον πνεοντα, λεγετε ὁτι καυσων ἐσται, και γινεται.

      13 28   ἐκει ἐσται ὁ κλαυθμος και ὁ βρυγμος των ὀδοντων, ὅταν ὀψησθε ἀβρααμ και ἰσαακ και ἰακωβ και παντας τους προφητας ἐν τη βασιλεια του θεου, ὑμας δε ἐκβαλλομενους ἐξω.

      14 8   ὅταν κληθης ὑπο τινος εἰς γαμους, μη κατακλιθης εἰς την πρωτοκλισιαν,

      10   ἀλλ ὅταν κληθης, πορευθεις ἀναπεσε εἰς τον ἐσχατον τοπον, ἱνα ὅταν ἐλθη ὁ κεκληκως σε ἐρει σοι· φιλε, προσαναβηθι ἀνωτερον·

      10   ἀλλ ὅταν κληθης, πορευθεις ἀναπεσε εἰς τον ἐσχατον τοπον, ἱνα ὅταν ἐλθη ὁ κεκληκως σε ἐρει σοι· φιλε, προσαναβηθι ἀνωτερον·

      12   ἐλεγεν δε και τῳ κεκληκοτι αὐτον· ὅταν ποιης ἀριστον ἠ δειπνον, μη φωνει τους φιλους σου

      13   ἀλλ ὅταν δοχην ποιης, καλει πτωχους, ἀναπειρους, χωλους, τυφλους·

      16 4   ἐγνων τί ποιησω, ἱνα ὅταν μετασταθω ἐκ της οἰκονομιας δεξωνται με εἰς τους οἰκους αὐτων.

      9   ἑαυτοις ποιησατε φιλους ἐκ του μαμωνα της ἀδικιας, ἱνα ὅταν ἐκλιπη δεξωνται ὑμας εἰς τας αἰωνιους σκηνας.

      17 10   οὑτως και ὑμεις, ὅταν ποιησητε παντα τα διαταχθεντα ὑμιν, λεγετε ὁτι δουλοι ἀχρειοι ἐσμεν, ὁ ὠφειλομεν ποιησαι πεποιηκαμεν.

      21 7   διδασκαλε, ποτε οὖν ταυτα ἐσται; και τί το σημειον ὅταν μελλη ταυτα γινεσθαι·

      9   ὅταν δε ἀκουσητε πολεμους και ἀκαταστασιας, μη πτοηθητε·

      20   ὅταν δε ἰδητε κυκλουμενην ὑπο στρατοπεδων ἰερουσαλημ, τοτε γνωτε ὁτι ἠγγικεν ἡ ἐρημωσις αὐτης.

      30   ὅταν προβαλωσιν ἠδη, βλεποντες ἀφ ἑαυτων γινωσκετε ὁτι ἠδη ἐγγυς το θερος ἐστιν·

      31   οὑτως και ὑμεις, ὅταν ἰδητε ταυτα γινομενα, γινωσκετε ὁτι ἐγγυς ἐστιν ἡ βασιλεια του θεου.

      23 42   ἰησου, μνησθητι μου ὅταν ἐλθης εἰς την βασιλειαν σου.

Jh 2 10   πας ἀνθρωπος πρωτον τον καλον οἰνον τιθησιν, και ὅταν μεθυσθωσιν τον ἐλασσω·

ὅταν [123]

Jh	4 25	ὅταν ἔλθῃ ἐκεῖνος, ἀναγγελεῖ ἡμῖν ἅπαντα.
	5 7	κύριε, ἄνθρωπον οὐκ ἔχω, ἵνα ὅταν ταραχθῇ τὸ ὕδωρ βάλῃ με εἰς τὴν κολυμβήθραν·
	7 27	ὁ δὲ χριστὸς ὅταν ἔρχηται, οὐδεὶς γινώσκει πόθεν ἐστίν.
	31	ὁ χριστὸς ὅταν ἔλθῃ, μὴ πλείονα σημεῖα ποιήσει ὧν οὗτος ἐποίησεν;
	8 28	ὅταν ὑψώσητε τὸν υἱὸν τοῦ ἀνθρώπου, τότε γνώσεσθε ὅτι ἐγώ εἰμι,
	44	ὅταν λαλῇ τὸ ψεῦδος, ἐκ τῶν ἰδίων λαλεῖ, ὅτι ψεύστης ἐστὶν καὶ ὁ πατὴρ αὐτοῦ.
	9 5	ὅταν ἐν τῷ κόσμῳ ὦ, φῶς εἰμι τοῦ κόσμου.
	10 4	ὅταν τὰ ἴδια πάντα ἐκβάλῃ, ἔμπροσθεν αὐτῶν πορεύεται, καὶ τὰ πρόβατα αὐτῷ ἀκολουθεῖ,
	13 19	ἀπ᾽ ἄρτι λέγω ὑμῖν πρὸ τοῦ γενέσθαι, ἵνα πιστεύσητε ὅταν γένηται ὅτι ἐγώ εἰμι.
	14 29	καὶ νῦν εἴρηκα ὑμῖν πρὶν γενέσθαι, ἵνα ὅταν γένηται πιστεύσητε.
	15 26	ὅταν ἔλθῃ ὁ παράκλητος ὃν ἐγὼ πέμψω ὑμῖν παρὰ τοῦ πατρός, τὸ πνεῦμα τῆς ἀληθείας ὃ παρὰ τοῦ πατρὸς ἐκπορεύεται, ἐκεῖνος μαρτυρήσει περὶ ἐμοῦ·
	16 4	ἀλλὰ ταῦτα λελάληκα ὑμῖν ἵνα ὅταν ἔλθῃ ἡ ὥρα αὐτῶν μνημονεύητε αὐτῶν, ὅτι ἐγὼ εἶπον ὑμῖν.
	13	ὅταν δὲ ἔλθῃ ἐκεῖνος, τὸ πνεῦμα τῆς ἀληθείας, ὁδηγήσει ὑμᾶς ἐν τῇ ἀληθείᾳ πάσῃ·
	21	ἡ γυνὴ ὅταν τίκτῃ λύπην ἔχει, ὅτι ἦλθεν ἡ ὥρα αὐτῆς·
	21	ὅταν δὲ γεννήσῃ τὸ παιδίον, οὐκέτι μνημονεύει τῆς θλίψεως διὰ τὴν χαρὰν ὅτι ἐγεννήθη ἄνθρωπος εἰς τὸν κόσμον.
	21 18	ὅταν δὲ γηράσῃς, ἐκτενεῖς τὰς χεῖράς σου, καὶ ἄλλος σε ζώσει καὶ οἴσει ὅπου οὐ θέλεις.
Ac	23 35	καὶ πυθόμενος ὅτι ἀπὸ κιλικίας, διακούσομαί σου, ἔφη, ὅταν καὶ οἱ κατήγοροί σου παραγένωνται·
	24 22	ὅταν λυσίας ὁ χιλίαρχος καταβῇ, διαγνώσομαι τὰ καθ᾽ ὑμᾶς·
Rm	2 14	ὅταν γὰρ ἔθνη τὰ μὴ νόμον ἔχοντα φύσει τὰ τοῦ νόμου ποιῶσιν, οὗτοι νόμον μὴ ἔχοντες ἑαυτοῖς εἰσιν νόμος·
	11 27	καὶ αὕτη αὐτοῖς ἡ παρ᾽ ἐμοῦ διαθήκη, ὅταν ἀφέλωμαι τὰς ἁμαρτίας αὐτῶν.
1Co	3 4	ὅταν γὰρ λέγῃ τις· ἐγὼ μέν εἰμι παύλου, ἕτερος δέ· ἐγὼ ἀπόλλω, οὐκ ἄνθρωποί ἐστε;
	13 10	ὅταν δὲ ἔλθῃ τὸ τέλειον, τὸ ἐκ μέρους καταργηθήσεται.
	14 26	ὅταν συνέρχησθε, ἕκαστος ψαλμὸν ἔχει,
	15 24	εἶτα τὸ τέλος, ὅταν παραδιδῷ τὴν βασιλείαν τῷ θεῷ καὶ πατρί,
	24	εἶτα τὸ τέλος, ὅταν παραδιδῷ τὴν βασιλείαν τῷ θεῷ καὶ πατρί, ὅταν καταργήσῃ πᾶσαν ἀρχὴν καὶ πᾶσαν ἐξουσίαν καὶ δύναμιν.
	27	ὅταν δὲ εἴπῃ ὅτι πάντα ὑποτέτακται, δῆλον ὅτι ἐκτὸς τοῦ ὑποτάξαντος αὐτῷ τὰ πάντα.
	28	ὅταν δὲ ὑποταγῇ αὐτῷ τὰ πάντα, τότε [καὶ] αὐτὸς ὁ υἱὸς ὑποταγήσεται τῷ ὑποτάξαντι αὐτῷ τὰ πάντα,
	54	ὅταν δὲ τὸ φθαρτὸν τοῦτο ἐνδύσηται ἀφθαρσίαν καὶ τὸ θνητὸν τοῦτο ἐνδύσηται ἀθανασίαν, τότε γενήσεται ὁ λόγος ὁ γεγραμμένος·
	16 2	κατὰ μίαν σαββάτου ἕκαστος ὑμῶν παρ᾽ ἑαυτῷ τιθέτω θησαυρίζων ὅτι ἐὰν εὐοδῶται, ἵνα μὴ ὅταν ἔλθω τότε λογεῖαι γίνωνται.
	3	ὅταν δὲ παραγένωμαι, οὓς ἐὰν δοκιμάσητε, δι᾽ ἐπιστολῶν τούτους πέμψω ἀπενεγκεῖν τὴν χάριν ὑμῶν εἰς ἰερουσαλήμ·
	5	ἐλεύσομαι δὲ πρὸς ὑμᾶς ὅταν μακεδονίαν διέλθω·
	12	καὶ πάντως οὐκ ἦν θέλημα ἵνα νῦν ἔλθῃ, ἐλεύσεται δὲ ὅταν εὐκαιρήσῃ.
2Co	10 6	καὶ ἐν ἑτοίμῳ ἔχοντες ἐκδικῆσαι πᾶσαν παρακοήν, ὅταν πληρωθῇ ὑμῶν ἡ ὑπακοή.
	12 10	ὅταν γὰρ ἀσθενῶ, τότε δυνατός εἰμι.
	13 9	χαίρομεν γὰρ ὅταν ἡμεῖς ἀσθενῶμεν, ὑμεῖς δὲ δυνατοὶ ἦτε· τοῦτο καὶ εὐχόμεθα, τὴν ὑμῶν κατάρτισιν.
Col	3 4	ὅταν ὁ χριστὸς φανερωθῇ, ἡ ζωὴ ὑμῶν, τότε καὶ ὑμεῖς σὺν αὐτῷ φανερωθήσεσθε ἐν δόξῃ.
	4 16	καὶ ὅταν ἀναγνωσθῇ παρ᾽ ὑμῖν ἡ ἐπιστολή, ποιήσατε ἵνα καὶ ἐν τῇ λαοδικέων ἐκκλησίᾳ ἀναγνωσθῇ,
1Th	5 2	ὅταν λέγωσιν· εἰρήνη καὶ ἀσφάλεια, τότε αἰφνίδιος αὐτοῖς ἐφίσταται ὄλεθρος ὥσπερ ἡ ὠδὶν τῇ ἐν γαστρὶ ἐχούσῃ,
2Th	1 10	ὅταν ἔλθῃ ἐνδοξασθῆναι ἐν τοῖς ἁγίοις αὐτοῦ καὶ θαυμασθῆναι ἐν πᾶσιν τοῖς πιστεύσασιν,
1Tm	5 11	ὅταν γὰρ καταστρηνιάσωσιν τοῦ χριστοῦ, γαμεῖν θέλουσιν,
Tit	3 12	ὅταν πέμψω ἀρτεμᾶν πρὸς σὲ ἢ τυχικόν, σπούδασον ἐλθεῖν πρός με εἰς νικόπολιν·
Heb	1 6	ὅταν δὲ πάλιν εἰσαγάγῃ τὸν πρωτότοκον εἰς τὴν οἰκουμένην, λέγει·

ὅταν [123]

Ja	1 2	πᾶσαν χαρὰν ἡγήσασθε, ἀδελφοί μου, ὅταν πειρασμοῖς περιπέσητε ποικίλοις,
1Jh	5 2	ἐν τούτῳ γινώσκομεν ὅτι ἀγαπῶμεν τὰ τέκνα τοῦ θεοῦ, ὅταν τὸν θεὸν ἀγαπῶμεν
Apc	4 9	καὶ ὅταν δώσουσιν τὰ ζῷα δόξαν καὶ τιμὴν καὶ εὐχαριστίαν τῷ καθημένῳ ἐπὶ τῷ θρόνῳ τῷ ζῶντι εἰς τοὺς αἰῶνας τῶν αἰώνων, πεσοῦνται οἱ εἰκοσιτέσσαρες πρεσβύτεροι
	8 1	καὶ ὅταν ἤνοιξεν τὴν σφραγῖδα τὴν ἑβδόμην, ἐγένετο σιγὴ ἐν τῷ οὐρανῷ ὡς ἡμιώριον.
	9 5	καὶ ὁ βασανισμὸς αὐτῶν ὡς βασανισμὸς σκορπίου, ὅταν παίσῃ ἄνθρωπον.
	10 7	ἀλλ᾽ ἐν ταῖς ἡμέραις τῆς φωνῆς τοῦ ἑβδόμου ἀγγέλου, ὅταν μέλλῃ σαλπίζειν, καὶ ἐτελέσθη τὸ μυστήριον τοῦ θεοῦ,
	11 7	καὶ ὅταν τελέσωσιν τὴν μαρτυρίαν αὐτῶν, τὸ θηρίον τὸ ἀναβαῖνον ἐκ τῆς ἀβύσσου ποιήσει μετ᾽ αὐτῶν πόλεμον
	12 4	καὶ ὁ δράκων ἕστηκεν ἐνώπιον τῆς γυναικὸς τῆς μελλούσης τεκεῖν, ἵνα ὅταν τέκῃ τὸ τέκνον αὐτῆς καταφάγῃ.
	17 10	καὶ ὅταν ἔλθῃ ὀλίγον αὐτὸν δεῖ μεῖναι.
	18 9	καὶ κλαύσουσιν καὶ κόψονται ἐπ᾽ αὐτὴν οἱ βασιλεῖς τῆς γῆς οἱ μετ᾽ αὐτῆς πορνεύσαντες καὶ στρηνιάσαντες, ὅταν βλέπωσιν τὸν καπνὸν τῆς πυρώσεως αὐτῆς,
	20 7	καὶ ὅταν τελεσθῇ τὰ χίλια ἔτη, λυθήσεται ὁ σατανᾶς ἐκ τῆς φυλακῆς αὐτοῦ,

ὅτε [103]

Mt	7 28	καὶ ἐγένετο ὅτε ἐτέλεσεν ὁ ἰησοῦς τοὺς λόγους τούτους,
	9 25	ὅτε δὲ ἐξεβλήθη ὁ ὄχλος, εἰσελθὼν ἐκράτησεν τῆς χειρὸς αὐτῆς,
	11 1	καὶ ἐγένετο ὅτε ἐτέλεσεν ὁ ἰησοῦς διατάσσων τοῖς δώδεκα μαθηταῖς αὐτοῦ, μετέβη ἐκεῖθεν τοῦ διδάσκειν καὶ κηρύσσειν ἐν ταῖς πόλεσιν αὐτῶν.
	12 3	οὐκ ἀνέγνωτε τί ἐποίησεν δαυίδ, ὅτε ἐπείνασεν καὶ οἱ μετ᾽ αὐτοῦ;
	13 26	ὅτε δὲ ἐβλάστησεν ὁ χόρτος καὶ καρπὸν ἐποίησεν, τότε ἐφάνη καὶ τὰ ζιζάνια.
	48	ἣν ὅτε ἐπληρώθη ἀναβιβάσαντες ἐπὶ τὸν αἰγιαλὸν καὶ καθίσαντες συνέλεξαν τὰ καλὰ εἰς ἄγγη,
	53	καὶ ἐγένετο ὅτε ἐτέλεσεν ὁ ἰησοῦς τὰς παραβολὰς ταύτας, μετῆρεν ἐκεῖθεν.
	19 1	καὶ ἐγένετο ὅτε ἐτέλεσεν ὁ ἰησοῦς τοὺς λόγους τούτους, μετῆρεν ἀπὸ τῆς γαλιλαίας καὶ ἦλθεν εἰς τὰ ὅρια τῆς ἰουδαίας πέραν τοῦ ἰορδάνου.
	21 1	καὶ ὅτε ἤγγισαν εἰς ἱεροσόλυμα καὶ ἦλθον εἰς βηθφαγὴ εἰς τὸ ὄρος τῶν ἐλαιῶν, τότε ἰησοῦς ἀπέστειλεν δύο μαθητὰς λέγων αὐτοῖς·
	34	ὅτε δὲ ἤγγισεν ὁ καιρὸς τῶν καρπῶν, ἀπέστειλεν τοὺς δούλους αὐτοῦ πρὸς τοὺς γεωργοὺς λαβεῖν τοὺς καρποὺς αὐτοῦ.
	26 1	καὶ ἐγένετο ὅτε ἐτέλεσεν ὁ ἰησοῦς πάντας τοὺς λόγους τούτους, εἶπεν τοῖς μαθηταῖς αὐτοῦ·
	27 31	καὶ ὅτε ἐνέπαιξαν αὐτῷ, ἐξέδυσαν αὐτὸν τὴν χλαμύδα καὶ ἐνέδυσαν αὐτὸν τὰ ἱμάτια αὐτοῦ,
Mc	1 32	ὀψίας δὲ γενομένης, ὅτε ἔδυ ὁ ἥλιος, ἔφερον πρὸς αὐτὸν πάντας τοὺς κακῶς ἔχοντας καὶ τοὺς δαιμονιζομένους·
	2 25	οὐδέποτε ἀνέγνωτε τί ἐποίησεν δαυίδ, ὅτε χρείαν ἔσχεν καὶ ἐπείνασεν αὐτὸς καὶ οἱ μετ᾽ αὐτοῦ;
	4 6	καὶ ὅτε ἀνέτειλεν ὁ ἥλιος ἐκαυματίσθη,
	10	καὶ ὅτε ἐγένετο κατὰ μόνας, ἠρώτων αὐτὸν οἱ περὶ αὐτὸν σὺν τοῖς δώδεκα τὰς παραβολάς.
	6 21	καὶ γενομένης ἡμέρας εὐκαίρου ὅτε ἡρῴδης τοῖς γενεσίοις αὐτοῦ δεῖπνον ἐποίησεν τοῖς μεγιστᾶσιν αὐτοῦ καὶ τοῖς χιλιάρχοις καὶ τοῖς πρώτοις τῆς γαλιλαίας,
	7 17	καὶ ὅτε εἰσῆλθεν εἰς οἶκον ἀπὸ τοῦ ὄχλου, ἐπηρώτων αὐτὸν οἱ μαθηταὶ αὐτοῦ τὴν παραβολήν.
	8 19	καὶ οὐ μνημονεύετε, ὅτε τοὺς πέντε ἄρτους ἔκλασα εἰς τοὺς πεντακισχιλίους, πόσους κοφίνους κλασμάτων πλήρεις ἤρατε;
	20	ὅτε τοὺς ἑπτὰ εἰς τοὺς τετρακισχιλίους, πόσων σπυρίδων πληρώματα κλασμάτων ἤρατε;
	11 1	καὶ ὅτε ἐγγίζουσιν εἰς ἱεροσόλυμα εἰς βηθφαγὴ καὶ βηθανίαν πρὸς τὸ ὄρος τῶν ἐλαιῶν, ἀποστέλλει δύο τῶν μαθητῶν αὐτοῦ καὶ λέγει αὐτοῖς·
	14 12	καὶ τῇ πρώτῃ ἡμέρᾳ τῶν ἀζύμων, ὅτε τὸ πάσχα ἔθυον, λέγουσιν αὐτῷ οἱ μαθηταὶ αὐτοῦ·
	15 20	καὶ ὅτε ἐνέπαιξαν αὐτῷ, ἐξέδυσαν αὐτὸν τὴν πορφύραν καὶ ἐνέδυσαν αὐτὸν τὰ ἱμάτια αὐτοῦ.
	41	ἐν αἷς καὶ μαρία ἡ μαγδαληνὴ καὶ μαρία ἡ ἰακώβου τοῦ μικροῦ καὶ ἰωσῆτος μήτηρ καὶ σαλώμη, αἳ ὅτε ἦν ἐν τῇ γαλιλαίᾳ ἠκολούθουν αὐτῷ καὶ διηκόνουν αὐτῷ,

ὀτε [103]

Lc 2 21 καὶ ὀτε ἐπλησθησαν ἡμεραι ὀκτω του περιτεμειν αὐτον, καὶ ἐκληθη το ὀνομα αὐτου ἰησους,

22 καὶ ὀτε ἐπλησθησαν αἱ ἡμεραι του καθαρισμου αὐτων κατα τον νομον μωυσεως, ἀνηγαγον αὐτον εἰς ἱεροσολυμα παραστησαι τω κυριω,

42 καὶ ὀτε ἐγενετο ἐτων δωδεκα, ἀναβαινοντων αὐτων κατα το ἐθος της ἑορτης,

4 25 πολλαι χηραι ἠσαν ἐν ταις ἡμεραις ἡλιου ἐν τω ἰσραηλ, ὀτε ἐκλεισθη ὁ οὐρανος ἐπι ἐτη τρια και μηνας ἑξ,

6 3 οὐδε τουτο ἀνεγνωτε ὁ ἐποιησεν δαυιδ, ὀτε ἐπεινασεν αὐτος και οἱ μετ αὐτου [ὀντες];

13 καὶ ὀτε ἐγενετο ἡμερα, προσεφωνησεν τους μαθητας αὐτου,

13 35 οὐ μη ἰδητε με ἑως [ἡξει ὀτε] εἰπητε·

15 30 ὀτε δε ὁ υἱος σου οὑτος ὁ καταφαγων σου τον βιον μετα πορνων ἠλθεν, ἐθυσας αὐτω τον σιτευτον μοσχον.

17 22 ἐλευσονται ἡμεραι ὀτε ἐπιθυμησετε μιαν των ἡμερων του υἱου του ἀνθρωπου ἰδειν και οὐκ ὀψεσθε.

22 14 καὶ ὀτε ἐγενετο ἡ ὡρα, ἀνεπεσεν, και οἱ ἀποστολοι συν αὐτω.

35 ὀτε ἀπεστειλα ὑμας ἀτερ βαλλαντιου και πηρας και ὑποδηματων, μη τινος ὑστερησατε;

23 33 καὶ ὀτε ἠλθον ἐπι τον τοπον τον καλουμενον κρανιον, ἐκει ἐσταυρωσαν αὐτον και τους κακουργους,

Jh 1 19 καὶ αὑτη ἐστιν ἡ μαρτυρια του ἰωαννου, ὀτε ἀπεστειλαν [προς αὐτον] οἱ ἰουδαιοι ἐξ ἱεροσολυμων ἱερεις και λευιτας ἱνα ἐρωτησωσιν αὐτον·

2 22 ὀτε οὑν ἠγερθη ἐκ νεκρων, ἐμνησθησαν οἱ μαθηται αὐτου ὀτι τουτο ἐλεγεν,

4 21 πιστευε μοι, γυναι, ὀτι ἐρχεται ὡρα ὀτε οὐτε ἐν τω ὀρει τουτω οὐτε ἐν ἱεροσολυμοις προσκυνησετε τω πατρι.

23 ἀλλα ἐρχεται ὡρα και νυν ἐστιν, ὀτε οἱ ἀληθινοι προσκυνηται προσκυνησουσιν τω πατρι ἐν πνευματι και ἀληθεια·

45 ὀτε οὑν ἠλθεν εἰς την γαλιλαιαν, ἐδεξαντο αὐτον οἱ γαλιλαιοι,

5 25 ἀμην ἀμην λεγω ὑμιν ὀτι ἐρχεται ὡρα και νυν ἐστιν ὀτε οἱ νεκροι ἀκουσουσιν της φωνης του υἱου του θεου και οἱ ἀκουσαντες ζησουσιν.

6 24 ὀτε οὑν εἰδεν ὁ ὀχλος ὀτι ἰησους οὐκ ἐστιν ἐκει οὐδε οἱ μαθηται αὐτου, ἐνεβησαν αὐτοι εἰς τα πλοιαρια και ἠλθον εἰς καφαρναουμ ζητουντες τον ἰησουν.

9 4 ἐρχεται νυξ ὀτε οὐδεις δυναται ἐργαζεσθαι.

12 16 ἀλλ ὀτε ἐδοξασθη ἰησους, τοτε ἐμνησθησαν ὀτι ταυτα ἠν ἐπ αὐτω γεγραμμενα και ταυτα ἐποιησαν αὐτω.

17 ἐμαρτυρει οὑν ὁ ὀχλος ὁ ὡν μετ αὐτου ὀτε τον λαζαρον ἐφωνησεν ἐκ του μνημειου και ἠγειρεν αὐτον ἐκ νεκρων.

13 12 ὀτε οὑν ἐνιψεν τους ποδας αὐτων [και] ἐλαβεν τα ἱματια αὐτου και ἀνεπεσεν παλιν, εἰπεν αὐτοις·

31 ὀτε οὑν ἐξηλθεν, λεγει ἰησους·

16 25 ἐρχεται ὡρα ὀτε οὐκετι ἐν παροιμιαις λαλησω ὑμιν,

17 12 ὀτε ἠμην μετ αὐτων, ἐγω ἐτηρουν αὐτους ἐν τω ὀνοματι σου ᾡ δεδωκας μοι,

19 6 ὀτε οὑν εἰδον αὐτον οἱ ἀρχιερεις και οἱ ὑπηρεται, ἐκραυγασαν λεγοντες·

8 ὀτε οὑν ἠκουσεν ὁ πιλατος τουτον τον λογον, μαλλον ἐφοβηθη,

23 οἱ οὑν στρατιωται, ὀτε ἐσταυρωσαν τον ἰησουν, ἐλαβον τα ἱματια αὐτου και ἐποιησαν τεσσαρα μερη,

30 ὀτε οὑν ἐλαβεν το ὀξος [ὁ] ἰησους εἰπεν·

20 24 θωμας δε εἱς ἐκ των δωδεκα, ὁ λεγομενος διδυμος, οὐκ ἠν μετ αὐτων ὀτε ἠλθεν ἰησους.

21 15 ὀτε οὑν ἠριστησαν, λεγει τω σιμωνι πετρω ὁ ἰησους·

18 ὀτε ἠς νεωτερος, ἐζωννυες σεαυτον και περιεπατεις ὀπου ἠθελες·

Ac 1 13 καὶ ὀτε εἰσηλθον, εἰς το ὑπερωον ἀνεβησαν οὑ ἠσαν καταμενοντες, ὁ τε πετρος και ἰωαννης και ἰακωβος και ἀνδρεας,

8 12 ὀτε δε ἐπιστευσαν τω φιλιππω εὐαγγελιζομενω περι της βασιλειας του θεου και του ὀνοματος ἰησου χριστου, ἐβαπτιζοντο ἀνδρες τε και γυναικες.

39 ὀτε δε ἀνεβησαν ἐκ του ὑδατος, πνευμα κυριου ἡρπασεν τον φιλιππον,

11 2 ὀτε δε ἀνεβη πετρος εἰς ἰερουσαλημ, διεκρινοντο προς αὐτον οἱ ἐκ περιτομης λεγοντες ὀτι εἰσηλθες προς ἀνδρας ἀκροβυστιαν ἐχοντας και συνεφαγες αὐτοις.

12 6 ὀτε δε ἠμελλεν προαγαγειν αὐτον ὁ ἡρωδης, τη νυκτι ἐκεινη ἠν ὁ πετρος κοιμωμενος μεταξυ δυο στρατιωτων δεδεμενος ἁλυσεσιν δυσιν,

ὀτε [103]

Ac 21 5 ὀτε δε ἐγενετο ἡμας ἐξαρτισαι τας ἡμερας, ἐξελθοντες ἐπορευομεθα προπεμποντων ἡμας παντων συν γυναιξι και τεκνοις ἑως ἐξω της πολεως,

35 ὀτε δε ἐγενετο ἐπι τους ἀναβαθμους, συνεβη βασταζεσθαι αὐτον ὑπο των στρατιωτων δια την βιαν του ὀχλου·

22 20 καὶ ὀτε ἐξεχυννετο το αἱμα στεφανου του μαρτυρος σου, και αὐτος ἠμην ἐφεστως και συνευδοκων και φυλασσων τα ἱματια των ἀναιρουντων αὐτον.

27 39 ὀτε δε ἡμερα ἐγενετο, την γην οὐκ ἐπεγινωσκον,

28 16 ὀτε δε εἰσηλθομεν εἰς ρωμην, ἐπετραπη τω παυλω μενειν καθ ἑαυτον συν τω φυλασσοντι αὐτον στρατιωτη.

Rm 2 16 ἐν ἡμερα ὀτε κρινει ὁ θεος τα κρυπτα των ἀνθρωπων κατα το εὐαγγελιον μου δια χριστου ἰησου.

6 20 ὀτε γαρ δουλοι ἠτε της ἁμαρτιας, ἐλευθεροι ἠτε τη δικαιοσυνη.

7 5 ὀτε γαρ ἠμεν ἐν τη σαρκι, τα παθηματα των ἁμαρτιων τα δια του νομου ἐνηργειτο ἐν τοις μελεσιν ἡμων εἰς το καρποφορησαι τω θανατω·

13 11 νυν γαρ ἐγγυτερον ἡμων ἡ σωτηρια ἡ ὀτε ἐπιστευσαμεν.

1Co 12 2 οἰδατε ὀτι ὀτε ἐθνη ἠτε προς τα εἰδωλα τα ἀφωνα ὡς ἀν ἠγεσθε ἀπαγομενοι.

13 11 ὀτε ἠμην νηπιος, ἐλαλουν ὡς νηπιος, ἐφρονουν ὡς νηπιος, ἐλογιζομην ὡς νηπιος·

11 ὀτε γεγονα ἀνηρ, κατηργηκα τα του νηπιου.

Ga 1 15 ὀτε δε εὐδοκησεν [ὁ θεος] ὁ ἀφορισας με ἐκ κοιλιας μητρος μου και καλεσας δια της χαριτος αὐτου

2 11 ὀτε δε ἠλθεν κηφας εἰς ἀντιοχειαν, κατα προσωπον αὐτω ἀντεστην,

12 ὀτε δε ἠλθον, ὑπεστελλεν και ἀφωριζεν ἑαυτον, φοβουμενος τους ἐκ περιτομης·

14 ἀλλ ὀτε εἰδον ὀτι οὐκ ὀρθοποδουσιν προς την ἀληθειαν του εὐαγγελιου, εἰπον τω κηφα ἐμπροσθεν παντων·

4 3 οὑτως και ἡμεις, ὀτε ἠμεν νηπιοι, ὑπο τα στοιχεια του κοσμου ἠμεθα δεδουλωμενοι·

4 ὀτε δε ἠλθεν το πληρωμα του χρονου, ἐξαπεστειλεν ὁ θεος τον υἱον αὐτου,

Php 4 15 οἰδατε δε και ὑμεις, φιλιππησιοι, ὀτι ἐν ἀρχη του εὐαγγελιου, ὀτε ἐξηλθον ἀπο μακεδονιας, οὐδεμια μοι ἐκκλησια ἐκοινωνησεν

Col 3 7 ἐν οἱς και ὑμεις περιεπατησατε ποτε, ὀτε ἐζητε ἐν τουτοις·

1Th 3 4 καὶ γαρ ὀτε προς ὑμας ἠμεν, προελεγομεν ὑμιν ὀτι μελλομεν θλιβεσθαι,

2Th 3 10 καὶ γαρ ὀτε ἠμεν προς ὑμας, τουτο παρηγγελλομεν ὑμιν,

2Tm 4 3 ἐσται γαρ καιρος ὀτε της ὑγιαινουσης διδασκαλιας οὐκ ἀνεξονται,

Tit 3 4 ὀτε δε ἡ χρηστοτης και ἡ φιλανθρωπια ἐπεφανη του σωτηρος ἡμων θεου,

Heb 7 10 ἐτι γαρ ἐν τη ὀσφυι του πατρος ἠν ὀτε συνηντησεν αὐτω μελχισεδεκ.

9 17 διαθηκη γαρ ἐπι νεκροις βεβαια, ἐπει μηποτε ἰσχυει ὀτε ζη ὁ διαθεμενος.

1Pt 3 20 ἐν ᾡ και τοις ἐν φυλακη πνευμασιν πορευθεις ἐκηρυξεν, ἀπειθησασιν ποτε ὀτε ἀπεξεδεχετο ἡ του θεου μακροθυμια ἐν ἡμεραις νωε

Ju 9 ὁ δε μιχαηλ ὁ ἀρχαγγελος, ὀτε τω διαβολω διακρινομενος διελεγετο περι του μωυσεως σωματος, οὐκ ἐτολμησεν κρισιν ἐπενεγκειν βλασφημιας,

Apc 1 17 καὶ ὀτε εἰδον αὐτον, ἐπεσα προς τους ποδας αὐτου ὡς νεκρος·

5 8 καὶ ὀτε ἐλαβεν το βιβλιον, τα τεσσαρα ζωα και οἱ εἰκοσιτεσσαρες πρεσβυτεροι ἐπεσαν ἐνωπιον του ἀρνιου,

6 1 καὶ εἰδον ὀτε ἠνοιξεν το ἀρνιον μιαν ἐκ των ἑπτα σφραγιδων,

3 καὶ ὀτε ἠνοιξεν την σφραγιδα την δευτεραν, ἠκουσα του δευτερου ζωου λεγοντος·

5 καὶ ὀτε ἠνοιξεν την σφραγιδα την τριτην, ἠκουσα του τριτου ζωου λεγοντος·

7 καὶ ὀτε ἠνοιξεν την σφραγιδα την τεταρτην, ἠκουσα φωνην του τεταρτου ζωου λεγοντος·

9 καὶ ὀτε ἠνοιξεν την πεμπτην σφραγιδα, εἰδον ὑποκατω του θυσιαστηριου τας ψυχας των ἐσφαγμενων

12 καὶ εἰδον ὀτε ἠνοιξεν την σφραγιδα την ἑκτην,

10 3 καὶ ὀτε ἐκραξεν, ἐλαλησαν αἱ ἑπτα βρονται τας ἑαυτων φωνας.

4 καὶ ὀτε ἐλαλησαν αἱ ἑπτα βρονται, ἠμελλον γραφειν·

10 καὶ ὀτε ἐφαγον αὐτο, ἐπικρανθη ἡ κοιλια μου.

12 13 καὶ ὀτε εἰδεν ὁ δρακων ὀτι ἐβληθη εἰς την γην, ἐδιωξεν την γυναικα ἡτις ἐτεκεν τον ἀρσενα.

22 8 καὶ ὀτε ἠκουσα και ἐβλεψα, ἐπεσα προσκυνησαι ἐμπροσθεν των ποδων του ἀγγελου του δεικνυοντος μοι ταυτα.

ὅτι [1297]

cf append.

ὅτου [5]

Mt 5 25 ἴσθι εὔνοων τῷ ἀντιδίκῳ σου ταχυ ἕως ὅτου εἰ μετ αὐτου ἐν τῇ ὁδῳ·

Lc 12 50 βαπτισμα δε ἔχω βαπτισθηναι, και πῶς συνεχομαι ἕως ὅτου τελεσθῃ.

13 8 κυριε, ἀφες αὐτην και τουτο το ἐτος, ἕως ὅτου σκαψω περι αὐτην και βαλω κοπρια,

22 16 λεγω γαρ ὑμιν ὅτι οὐ μη φαγω αὐτο ἕως ὅτου πληρωθῃ ἐν τῃ βασιλειᾳ του θεου.

Jh 9 18 οὐκ ἐπιστευσαν οὐν οἱ ιουδαιοι περι αὐτου ὅτι ἠν τυφλος και ἀνεβλεψεν, ἕως ὅτου ἐφωνησαν τους γονεις αὐτου του ἀναβλεψαντος

οὐ [1613]

cf append.

οὐ [17]

Mt 5 37 ἐστω δε ὁ λογος ὑμων ναι ναι, οὐ οὐ το δε περισσον τουτων ἐκ του πονηρου ἐστιν.

37 ἐστω δε ὁ λογος ὑμων ναι ναι, οὐ οὐ το δε περισσον τουτων ἐκ του πονηρου ἐστιν.

13 29 ὁ δε φησιν· οὐ, μηποτε συλλεγοντες τα ζιζανια ἐκριζωσητε ἁμα αὐτοις τον σιτον.

22 17 ἐξεστιν δουναι κηνσον καισαρι ἠ οὐ;

Mc 12 14 ἐξεστιν δουναι κηνσον καισαρι ἠ οὐ; δωμεν ἠ μη δωμεν;

Lc 14 3 ἐξεστιν τῳ σαββατῳ θεραπευσαι ἠ οὐ;

20 22 ἐξεστιν ἡμας καισαρι φορον δουναι ἠ οὐ;

Jh 1 21 και ἀπεκριθη· οὐ.

7 12 οἱ μεν ἐλεγον ὅτι ἀγαθος ἐστιν· ἀλλοι [δε] ἐλεγον· οὐ, ἀλλα πλανα τον ὀχλον.

21 5 ἀπεκριθησαν αὐτῳ· οὐ.

Rm 7 18 το γαρ θελειν παρακειται μοι, το δε κατεργαζεσθαι το καλον οὐ·

2Co 1 17 ἠ ἁ βουλευομαι κατα σαρκα βουλευομαι, ἱνα ἠ παρ ἐμοι το ναι ναι και το οὐ οὐ;

17 ἠ ἁ βουλευομαι κατα σαρκα βουλευομαι, ἱνα ἠ παρ ἐμοι το ναι ναι και το οὐ οὐ;

18 πιστος δε ὁ θεος ὅτι ὁ λογος ἡμων ὁ προς ὑμας οὐκ ἐστιν ναι και οὐ.

19 ὁ του θεου γαρ υἱος ιησους χριστος ὁ ἐν ὑμιν δι ἡμων κηρυχθεις, δι ἐμου και σιλουανου και τιμοθεου, οὐκ ἐγενετο ναι και οὐ,

Ja 5 12 ἠτω δε ὑμων το ναι ναι, και το οὐ οὐ,

12 ἠτω δε ὑμων το ναι ναι, και το οὐ οὐ,

οὐ [54]

Mt 1 25 και οὐκ ἐγινωσκεν αὐτην ἕως οὐ ἐτεκεν υἱον·

2 9 προηγεν αὐτους ἕως ἐλθων ἐσταθη ἐπανω οὐ ἠν το παιδιον.

13 33 ἠν λαβουσα γυνη ἐνεκρυψεν εἰς ἀλευρου σατα τρια, ἕως οὐ ἐζυμωθη ὁλον.

14 22 και εὐθεως ἠναγκασεν τους μαθητας ἐμβηναι εἰς το πλοιον και προαγειν αὐτον εἰς το περαν, ἕως οὐ ἀπολυσῃ τους ὀχλους.

17 9 μηδενι εἰπητε το ὁραμα ἕως οὐ ὁ υἱος του ἀνθρωπου ἐκ νεκρων ἐγερθῃ.

18 20 οὐ γαρ εἰσιν δυο ἠ τρεις συνηγμενοι εἰς το ἐμον ὀνομα, ἐκει εἰμι ἐν μεσῳ αὐτων.

34 και ὀργισθεις ὁ κυριος αὐτου παρεδωκεν αὐτον τοις βασανισταις ἕως οὐ ἀποδῳ παν το ὀφειλομενον.

26 36 καθισατε αὐτου ἕως [οὐ] ἀπελθων ἐκει προσευξωμαι.

28 16 οἱ δε ἑνδεκα μαθηται ἐπορευθησαν εἰς την γαλιλαιαν, εἰς το ὀρος οὐ ἐταξατο αὐτοις ὁ ιησους.

Mc 13 30 ἀμην λεγω ὑμιν ὅτι οὐ μη παρελθῃ ἡ γενεα αὐτη μεχρις οὐ ταυτα παντα γενηται.

Lc 4 16 και ἠλθεν εἰς ναζαρα, οὐ ἠν τεθραμμενος,

17 και ἀναπτυξας το βιβλιον εὑρεν τον τοπον οὐ ἠν γεγραμμενον· πνευμα κυριου ἐπ ἐμε,

10 1 και ἀπεστειλεν αὐτους ἀνα δυο [δυο] προ προσωπου αὐτου εἰς πασαν πολιν και τοπον οὐ ἠμελλεν αὐτος ἐρχεσθαι.

13 21 ὁμοια ἐστιν ζυμῃ, ἡν λαβουσα γυνη [ἐν]εκρυψεν εἰς ἀλευρου σατα τρια, ἕως οὐ ἐζυμωθη ὁλον.

25 ἀφ οὐ ἀν ἐγερθῃ ὁ οἰκοδεσποτης και ἀποκλεισῃ την θυραν, και ἀρξησθε ἐξω ἑσταναι και κρουειν την θυραν λεγοντες·

οὐ [54]

Lc 15 8 ἠ τις γυνη δραχμας ἐχουσα δεκα, ἐαν ἀπολεσῃ δραχμην μιαν, οὐχι ἁπτει λυχνον και σαροι την οἰκιαν και ζητει ἐπιμελως ἕως οὐ εὑρῃ;

21 24 και ιερουσαλημ ἐσται πατουμενη ὑπο ἐθνων, ἀχρι οὐ πληρωθωσιν καιροι ἐθνων.

22 18 λεγω γαρ ὑμιν, [ὅτι] οὐ μη πιω ἀπο του νυν ἀπο του γενηματος της ἀμπελου ἕως οὐ ἡ βασιλεια του θεου ἐλθῃ.

23 53 και ἐθηκεν αὐτον ἐν μνηματι λαξευτῳ, οὐ οὐκ ἠν οὐδεις οὐπω κειμενος.

24 21 ἀλλα γε και συν πασιν τουτοις τριτην ταυτην ἡμεραν ἀγει ἀφ οὐ ταυτα ἐγενετο.

28 και ἠγγισαν εἰς την κωμην οὐ ἐπορευοντο,

49 ὑμεις δε καθισατε ἐν τῃ πολει ἕως οὐ ἐνδυσησθε ἐξ ὑψους δυναμιν.

Jh 13 38 οὐ μη ἀλεκτωρ φωνησῃ ἕως οὐ ἀρνησῃ με τρις.

Ac 1 13 και ὁτε εἰσηλθον, εἰς το ὑπερῳον ἀνεβησαν οὐ ἠσαν καταμενοντες, ὁ τε πετρος και ιωαννης και ιακωβος και ἀνδρεας,

2 2 και ἐγενετο ἀφνω ἐκ του οὐρανου ἠχος ὡσπερ φερομενης πνοης βιαιας και ἐπληρωσεν ὁλον τον οἰκον οὐ ἠσαν καθημενοι,

7 29 και ἐγενετο παροικος ἐν γῃ μαδιαμ, οὐ ἐγεννησεν υἱους δυο.

12 12 συνιδων τε ἠλθεν ἐπι την οἰκιαν της μαριας της μητρος ιωαννου του ἐπικαλουμενου μαρκου, οὐ ἠσαν ἱκανοι συνηθροισμενοι και προσευχομενοι.

16 13 τῃ τε ἡμερᾳ των σαββατων ἐξηλθομεν ἐξω της πυλης παρα ποταμον οὐ ἐνομιζομεν προσευχην εἰναι,

20 8 ἠσαν δε λαμπαδες ἱκαναι ἐν τῳ ὑπερῳῳ οὐ ἠμεν συνηγμενοι.

21 26 διαγγελλων την ἐκπληρωσιν των ἡμερων του ἁγνισμου, ἕως οὐ προσηνεχθη ὑπερ ἑνος ἑκαστου αὐτων ἡ προσφορα.

23 12 γενομενης δε ἡμερας ποιησαντες συστροφην οἱ ιουδαιοι ἀνεθεματισαν ἑαυτους, λεγοντες μητε φαγειν μητε πιειν ἕως οὐ ἀποκτεινωσιν τον παυλον.

14 ἀναθεματι ἀνεθεματισαμεν ἑαυτους μηδενος γευσασθαι ἕως οὐ ἀποκτεινωμεν τον παυλον.

21 ἐνεδρευουσιν γαρ αὐτον ἐξ αὐτων ἀνδρες πλειους τεσσερακοντα, οἱτινες ἀνεθεματισαν ἑαυτους μητε φαγειν μητε πιειν ἕως οὐ ἀνελωσιν αὐτον,

25 10 ἐπι του βηματος καισαρος ἑστως εἰμι, οὐ με δει κρινεσθαι.

21 του δε παυλου ἐπικαλεσαμενου τηρηθηναι αὐτον εἰς την του σεβαστου διαγνωσιν, ἐκελευσα τηρεισθαι αὐτον ἕως οὐ ἀναπεμψω αὐτον προς καισαρα.

27 33 ἀχρι δε οὐ ἡμερα ἠμελλεν γινεσθαι, παρεκαλει ὁ παυλος ἁπαντας μεταλαβειν τροφης λεγων·

28 14 και μετα μιαν ἡμεραν ἐπιγενομενου νοτου δευτεραιοι ἠλθομεν εἰς ποτιολους, οὐ εὑροντες ἀδελφους παρεκληθημεν παρ αὐτοις ἐπιμειναι ἡμερας ἑπτα·

Rm 4 15 οὐ δε οὐκ ἐστιν νομος, οὐδε παραβασις.

5 20 οὐ δε ἐπλεονασεν ἡ ἁμαρτια, ὑπερεπερισσευσεν ἡ χαρις,

9 26 και ἐσται ἐν τῳ τοπῳ οὐ ἐρρεθη αὐτοις· οὐ λαος μου ὑμεις, ἐκει κληθησονται υἱοι θεου ζωντος.

11 25 ἱνα μη ἠτε [παρ] ἑαυτοις φρονιμοι, ὅτι πωρωσις ἀπο μερους τῳ ισραηλ γεγονεν ἀχρι οὐ το πληρωμα των ἐθνων εἰσελθῃ,

1Co 11 26 ὁσακις γαρ ἐαν ἐσθιητε τον ἀρτον τουτον και το ποτηριον πινητε, τον θανατον του κυριου καταγγελλετε, ἀχρι οὐ ἐλθῃ.

15 25 δει γαρ αὐτον βασιλευειν ἀχρι οὐ θῃ παντας τους ἐχθρους ὑπο τους ποδας αὐτου.

16 6 προς ὑμας δε τυχον παραμενῶ ἠ και παραχειμασω, ἱνα ὑμεις με προπεμψητε οὐ ἐαν πορευωμαι.

2Co 3 17 οὐ δε το πνευμα κυριου, ἐλευθερια.

Ga 3 19 των παραβασεων χαριν προσετεθη, ἀχρις οὐ ἀν ἐλθῃ το σπερμα ᾧ ἐπηγγελται,

4 19 τεκνα μου, οὐς παλιν ὠδινω μεχρις οὐ μορφωθῃ χριστος ἐν ὑμιν·

Col 3 1 τα ἀνω ζητειτε, οὐ ὁ χριστος ἐστιν ἐν δεξιᾳ του θεου καθημενος.

Heb 3 9 μη σκληρυνητε τας καρδιας ὑμων ὡς ἐν τῳ παραπικρασμῳ κατα την ἡμεραν του πειρασμου ἐν τῃ ἐρημῳ, οὐ ἐπειρασαν οἱ πατερες ὑμων ἐν δοκιμασιᾳ

13 ἀλλα παρακαλειτε ἑαυτους καθ ἑκαστην ἡμεραν, ἀχρις οὐ το σημερον καλειται, ἱνα μη σκληρυνθῃ τις ἐξ ὑμων ἀπατῃ της ἁμαρτιας·

2Pt 1 19 ᾧ καλως ποιειτε προσεχοντες ὡς λυχνῳ φαινοντι ἐν αὐχμηρῳ τοπῳ, ἕως οὐ ἡμερα διαυγασῃ και φωσφορος ἀνατειλῃ ἐν ταις καρδιαις ὑμων·

Apc 2 25 πλην ὁ ἐχετε κρατησατε ἀχρι[ς] οὐ ἀν ἠξω.

16 18 και σεισμος ἐγενετο μεγας, οἱος οὐκ ἐγενετο ἀφ οὐ ἀνθρωπος ἐγενετο ἐπι της γης,

οὐ [54]

Apc 17 15 τα ὑδατα ἁ ειδες, οὐ ἡ πορνη καθηται, λαοι και ὀχλοι εισιν
και ἐθνη και γλωσσαι.

οὐα [1]

Mc 15 29 οὐα ὁ καταλυων τον ναον και οικοδομων ἐν τρισιν ἡμεραις,
σωσον σεαυτον καταβας ἀπο του σταυρου.

οὐαι [47]

Mt 11 21 οὐαι σοι, χοραζιν· οὐαι σοι, βηθσαιδα·
   21 οὐαι σοι, χοραζιν· οὐαι σοι, βηθσαιδα·
   18 7 οὐαι τω κοσμω ἀπο των σκανδαλων·
   7 ἀναγκη γαρ ἐλθειν τα σκανδαλα, πλην οὐαι τω ἀνθρωπω δι
οὐ το σκανδαλον ἐρχεται.
   23 13 οὐαι δε ὑμιν, γραμματεις και φαρισαιοι ὑποκριται, ὁτι κλειετε
την βασιλειαν των οὐρανων ἐμπροσθεν των ἀνθρωπων·
   14* οὐαι ὑμιν, γραμματεις και φαρισαιοι, ὑποκριται, ὁτι
κατεσθιετε τας οἰκιας των χηρων, και προφασει μακρα
προσευχομενοι·
   15 οὐαι ὑμιν, γραμματεις και φαρισαιοι ὑποκριται, ὁτι περιαγετε
την θαλασσαν και την ξηραν ποιησαι ἑνα προσηλυτον,
   16 οὐαι ὑμιν, ὁδηγοι τυφλοι οἱ λεγοντες· ὁς ἀν ὁμοση ἐν τω ναω,
οὐδεν ἐστιν·
   23 οὐαι ὑμιν, γραμματεις και φαρισαιοι ὑποκριται, ὁτι
ἀποδεκατουτε το ἡδυοσμον και το ἀνηθον και το κυμινον,
   25 οὐαι ὑμιν, γραμματεις και φαρισαιοι ὑποκριται, ὁτι
καθαριζετε το ἐξωθεν του ποτηριου και της παροψιδος,
ἐσωθεν δε γεμουσιν ἐξ ἁρπαγης και ἀκρασιας,
   27 οὐαι ὑμιν, γραμματεις και φαρισαιοι ὑποκριται, ὁτι
παρομοιαζετε ταφοις κεκονιαμενοις,
   29 οὐαι ὑμιν, γραμματεις και φαρισαιοι ὑποκριται, ὁτι
οικοδομειτε τους ταφους των προφητων και κοσμειτε τα
μνημεια των δικαιων,
   24 19 οὐαι δε ταις ἐν γαστρι ἐχουσαις και ταις θηλαζουσαις ἐν
ἐκειναις ταις ἡμεραις.
   26 24 οὐαι δε· τω ἀνθρωπω ἐκεινω δι οὐ ὁ υιος του ἀνθρωπου
παραδιδοται·

Mc 13 17 οὐαι δε ταις ἐν γαστρι ἐχουσαις και ταις θηλαζουσαις ἐν
ἐκειναις ταις ἡμεραις.
   14 21 οὐαι δε τω ἀνθρωπω ἐκεινω δι οὐ ὁ υιος του ἀνθρωπου
παραδιδοται·

Lc 6 24 πλην οὐαι ὑμιν τοις πλουσιοις, ὁτι ἀπεχετε την παρακλησιν
ὑμων.
   25 οὐαι ὑμιν, οἱ ἐμπεπλησμενοι νυν, ὁτι πεινασετε.
   25 οὐαι, οἱ γελωντες νυν, ὁτι πενθησετε και κλαυσετε.
   26 οὐαι ὁταν καλως εἰπωσιν ὑμας παντες οἱ ἀνθρωποι·
   10 13 οὐαι σοι, χοραζιν, οὐαι σοι, βηθσαιδα·
   13 οὐαι σοι, χοραζιν, οὐαι σοι, βηθσαιδα·
   11 42 ἀλλα οὐαι ὑμιν τοις φαρισαιοις, ὁτι ἀποδεκατουτε το
ἡδυοσμον και το πηγανον και παν λαχανον,
   43 οὐαι ὑμιν τοις φαρισαιοις, ὁτι ἀγαπατε την πρωτοκαθεδριαν
ἐν ταις συναγωγαις και τους ἀσπασμους ἐν ταις ἀγοραις.
   44 οὐαι ὑμιν, ὁτι ἐστε ὡς τα μνημεια τα ἀδηλα, και οἱ ἀνθρωποι
[οἱ] περιπατουντες ἐπανω οὐκ οἰδασιν.
   46 και ὑμιν τοις νομικοις οὐαι, ὁτι φορτιζετε τους ἀνθρωπους
φορτια δυσβαστακτα, και αὐτοι ἑνι των δακτυλων ὑμων οὐ
προσψαυετε τοις φορτιοις.
   47 οὐαι ὑμιν, ὁτι οικοδομειτε τα μνημεια των προφητων, οἱ δε
πατερες ὑμων ἀπεκτειναν αὐτους.
   52 οὐαι ὑμιν τοις νομικοις, ὁτι ἠρατε την κλειδα της γνωσεως·
   17 1 ἀνενδεκτον ἐστιν του τα σκανδαλα μη ἐλθειν, πλην οὐαι δι
οὐ ἐρχεται.
   21 23 οὐαι ταις ἐν γαστρι ἐχουσαις και ταις θηλαζουσαις ἐν
ἐκειναις ταις ἡμεραις·
   22 22 πλην οὐαι τω ἀνθρωπω ἐκεινω δι οὐ παραδιδοται.
1Co 9 16 οὐαι γαρ μοι ἐστιν ἐαν μη εὐαγγελισωμαι.
Ju 11 οὐαι αὐτοις, ὁτι τη ὁδω του καιν ἐπορευθησαν,
Apc 8 13 οὐαι οὐαι οὐαι τους κατοικουντας ἐπι της γης
   13 οὐαι οὐαι οὐαι τους κατοικουντας ἐπι της γης
   13 οὐαι οὐαι οὐαι τους κατοικουντας ἐπι της γης
   9 12 ἡ οὐαι ἡ μια ἀπηλθεν· ἰδου ἐρχεται ἐτι δυο οὐαι μετα ταυτα.
   12 ἰδου ἐρχεται ἐτι δυο οὐαι μετα ταυτα.
   11 14 ἡ οὐαι ἡ δευτερα ἀπηλθεν·
   14 ἰδου ἡ οὐαι ἡ τριτη ἐρχεται ταχυ.
   12 12 οὐαι την γην και την θαλασσαν,
   18 10 οὐαι οὐαι, ἡ πολις ἡ μεγαλη, βαβυλων ἡ πολις ἡ ἰσχυρα,
   10 οὐαι οὐαι, ἡ πολις ἡ μεγαλη, βαβυλων ἡ πολις ἡ ἰσχυρα,
   16 οὐαι οὐαι, ἡ πολις ἡ μεγαλη,

οὐαι [47]

Apc 18 16 οὐαι οὐαι, ἡ πολις ἡ μεγαλη,
   19 οὐαι οὐαι, ἡ πολις ἡ μεγαλη,
   19 οὐαι οὐαι, ἡ πολις ἡ μεγαλη,

οὐδαμως [1]

Mt 2 6 γη ιουδα, οὐδαμως ἐλαχιστη εἰ ἐν τοις ἡγεμοσιν ιουδα.

οὐδε [144]

Mt 5 15 οὐδε καιουσιν λυχνον και τιθεασιν αὐτον ὑπο τον μοδιον,
ἀλλ ἐπι την λυχνιαν,
   6 15 ἐαν δε μη ἀφητε τοις ἀνθρωποις, οὐδε ὁ πατηρ ὑμων ἀφησει
τα παραπτωματα ὑμων.
   20 ὁπου οὐτε σης οὐτε βρωσις ἀφανιζει, και ὁπου κλεπται οὐ
διορυσσουσιν οὐδε κλεπτουσιν·
   26 ἐμβλεψατε εἰς τα πετεινα του οὐρανου, ὁτι οὐ σπειρουσιν
οὐδε θεριζουσιν οὐδε συναγουσιν εἰς ἀποθηκας,
   26 ἐμβλεψατε εἰς τα πετεινα του οὐρανου, ὁτι οὐ σπειρουσιν
οὐδε θεριζουσιν οὐδε συναγουσιν εἰς ἀποθηκας,
   28 πως αὐξανουσιν· οὐ κοπιωσιν οὐδε νηθουσιν·
   29 λεγω δε ὑμιν ὁτι οὐδε σολομων ἐν παση τη δοξη αὐτου
περιεβαλετο ὡς ἑν τουτων. εἰ δε τον χορτον του ἀγρου
σημερον ὀντα και αὐριον εἰς κλιβανον βαλλομενον ὁ θεος
οὑτως ἀμφιεννυσιν,
   7 18 οὐδε δενδρον σαπρον καρπους καλους ποιειν.
   9 17 οὐδε βαλλουσιν οἰνον νεον εἰς ἀσκους παλαιους·
   10 24 οὐκ ἐστιν μαθητης ὑπερ τον διδασκαλον οὐδε δουλος ὑπερ
τον κυριον αὐτου.
   11 27 οὐδε τον πατερα τις ἐπιγινωσκει εἰ μη ὁ υιος και ᾡ ἐαν
βουληται ὁ υιος ἀποκαλυψαι.
   12 4 ὁ οὐκ ἐξον ἠν αὐτω φαγειν οὐδε τοις μετ αὐτου,
   19 οὐκ ἐρισει οὐδε κραυγασει,
   19 οὐδε ἀκουσει τις ἐν ταις πλατειαις την φωνην αὐτου.
   13 13 δια τουτο ἐν παραβολαις αὐτοις λαλω, ὁτι βλεποντες οὐ
βλεπουσιν και ἀκουοντες οὐκ ἀκουουσιν οὐδε συνιουσιν.
   16 9 οὐπω νοειτε, οὐδε μνημονευετε τους πεντε ἀρτους των
πεντακισχιλιων και ποσους κοφινους ἐλαβετε;
   10 οὐπω νοειτε, οὐδε μνημονευετε τους πεντε ἀρτους των
πεντακισχιλιων και ποσους κοφινους ἐλαβετε; οὐδε τους ἑπτα
ἀρτους των τετρακισχιλιων και ποσας σπυριδας ἐλαβετε;
   21 27 οὐδε ἐγω λεγω ὑμιν ἐν ποια ἐξουσια ταυτα ποιω.
   32 ὑμεις δε ἰδοντες οὐδε μετεμεληθητε ὑστερον του πιστευσαι
αὐτω.
   22 46 και οὐδεις ἐδυνατο ἀποκριθηναι αὐτω λογον οὐδε ἐτολμησεν
τις ἀπ ἐκεινης της ἡμερας ἐπερωτησαι αὐτον οὐκετι.
   23 13 ὑμεις γαρ οὐκ εἰσερχεσθε, οὐδε τους εἰσερχομενους ἀφιετε
εἰσελθειν.
   24 21 ἐσται γαρ τοτε θλιψις μεγαλη, οἱα οὐ γεγονεν ἀπ ἀρχης
κοσμου ἑως του νυν οὐδ οὐ μη γενηται.
   36 περι δε της ἡμερας ἐκεινης και ὡρας οὐδεις οἰδεν, οὐδε οἱ
ἀγγελοι των οὐρανων οὐδε ὁ υιος, εἰ μη ὁ πατηρ μονος.
   36 περι δε της ἡμερας ἐκεινης και ὡρας οὐδεις οἰδεν, οὐδε οἱ
ἀγγελοι των οὐρανων οὐδε ὁ υιος, εἰ μη ὁ πατηρ μονος.
   25 13 γρηγορειτε οὐν, ὁτι οὐκ οἰδατε την ἡμεραν οὐδε την ὡραν.
   45 ἀμην λεγω ὑμιν, ἐφ ὁσον οὐκ ἐποιησατε ἑνι τουτων των
ἐλαχιστων, οὐδε ἐμοι ἐποιησατε.
   27 14 και οὐκ ἀπεκριθη αὐτω προς οὐδε ἑν ρημα, ὡστε θαυμαζειν
τον ἡγεμονα λιαν.

Mc 4 22 οὐδε ἐγενετο ἀποκρυφον, ἀλλ ἱνα ἐλθη εἰς φανερον.
   5 3 και ἁλυσει οὐκετι οὐδεις ἐδυνατο αὐτον δησαι, δια το
αὐτον πολλακις πεδαις και ἁλυσεσιν δεδεσθαι, και
διεσπασθαι ὑπ αὐτου τας ἁλυσεις και τας πεδας
συντετριφθαι,
   6 31 ἠσαν γαρ οἱ ἐρχομενοι και οἱ ὑπαγοντες πολλοι, και οὐδε
φαγειν εὐκαιρουν.
   8 17 τι διαλογιζεσθε ὁτι ἀρτους οὐκ ἐχετε; οὐπω νοειτε οὐδε
συνιετε;
   11 26* οὐδε ὁ πατηρ ὑμων ὁ ἐν τοις οὐρανοις ἀφησει τα
παραπτωματα ὑμων.
   33 οὐδε ἐγω λεγω ὑμιν ἐν ποια ἐξουσια ταυτα ποιω.
   12 10 οὐδε την γραφην ταυτην ἀνεγνωτε·
   13 32 περι δε της ἡμερας ἐκεινης ἡ της ὡρας οὐδεις οἰδεν, οὐδε οἱ
ἀγγελοι ἐν οὐρανω οὐδε ὁ υιος, εἰ μη ὁ πατηρ.
   32 περι δε της ἡμερας ἐκεινης ἡ της ὡρας οὐδεις οἰδεν, οὐδε οἱ
ἀγγελοι ἐν οὐρανω οὐδε ὁ υιος, εἰ μη ὁ πατηρ.
   14 59 και οὐδε οὑτως ἰση ἠν ἡ μαρτυρια αὐτων.
   16 13 κακεινοι ἀπελθοντες ἀπηγγειλαν τοις λοιποις· οὐδε ἐκεινοις
ἐπιστευσαν.

οὐδέ [144]

Lc	6 3	οὐδε τουτο ανεγνωτε ὁ εποιησεν δαυιδ, ὁτε επεινασεν αυτος και οἱ μετ αυτου [οντες];
	. 43	ου γαρ εστιν δενδρον καλον ποιουν καρπον σαπρον, *ουδε* παλιν δενδρον σαπρον ποιουν καρπον καλον.
	44	ου γαρ εξ ακανθων συλλεγουσιν συκα, *ουδε* εκ βατου σταφυλην τρυγωσιν.
	7 7	ου γαρ ικανος ειμι ινα υπο την στεγην μου εισελθης· διο *ουδε* εμαυτον ηξιωσα προς σε ελθειν·
	9	λεγω υμιν, *ουδε* εν τω ισραηλ τοσαυτην πιστιν ευρον.
	8 17	ου γαρ εστιν κρυπτον ὁ ου φανερον γενησεται, *ουδε* αποκρυφον ὁ ου μη γνωσθη και εις φανερον ελθη.
	11 33	ουδεις λυχνον αψας εις κρυπτην τιθησιν [*ουδε* υπο τον μοδιον,] αλλ επι την λυχνιαν, ινα οἱ εισπορευομενοι το φως βλεπωσιν.
	12 24	κατανοησατε τους κορακας, οτι ου σπειρουσιν *ουδε* θεριζουσιν, οἱς ουκ εστιν ταμειον *ουδε* αποθηκη, και ὁ θεος τρεφει αυτους·
	24	κατανοησατε τους κορακας, οτι ου σπειρουσιν *ουδε* θεριζουσιν, οἱς ουκ εστιν ταμειον *ουδε* αποθηκη, και ὁ θεος τρεφει αυτους·
	26	ει ουν *ουδε* ελαχιστον δυνασθε, τι περι των λοιπων μεριμνατε;
	27	ου κοπια *ουδε* νηθει·
	27	*ουδε* σολομων εν παση τη δοξη αυτου περιεβαλετο ὡς ἑν τουτων.
	33	ποιησατε ἑαυτοις βαλλαντια μη παλαιουμενα, θησαυρον ανεκλειπτον εν τοις ουρανοις, οπου κλεπτης ουκ εγγιζει *ουδε* σης διαφθειρει·
	16 31	ει μωυσεως και των προφητων ουκ ακουουσιν, ουδ εαν τις εκ νεκρων αναστη πεισθησονται.
	17 21	*ουδε* ερουσιν·
	18 4	ει και τον θεον ου φοβουμαι *ουδε* ανθρωπον εντρεπομαι, δια γε το παρεχειν μοι κοπον την χηραν ταυτην εκδικησω αυτην,
	13	ὁ δε τελωνης μακροθεν ἑστως ουκ ηθελεν *ουδε* τους οφθαλμους επαραι εις τον ουρανον,
	20 8	*ουδε* εγω λεγω υμιν εν ποια εξουσια ταυτα ποιω.
	36	*ουδε* γαρ αποθανειν ετι δυνανται, ισαγγελοι γαρ εισιν,
	23 15	αλλ *ουδε* ηρωδης· ανεπεμψεν γαρ αυτον προς ημας·
	40	*ουδε* φοβη συ τον θεον, οτι εν τω αυτω κριματι ει;
Jh	1 3	και χωρις αυτου εγενετο *ουδε* εν ὁ γεγονεν.
	13	οἱ ουκ εξ αἱματων *ουδε* εκ θεληματος σαρκος *ουδε* εκ θεληματος ανδρος αλλ εκ θεου εγεννηθησαν.
	13	οἱ ουκ εξ αἱματων *ουδε* εκ θεληματος σαρκος *ουδε* εκ θεληματος ανδρος αλλ εκ θεου εγεννηθησαν.
	25	τι ουν βαπτιζεις ει συ ουκ ει ὁ χριστος *ουδε* ηλιας *ουδε* ὁ προφητης;
	25	τι ουν βαπτιζεις ει συ ουκ ει ὁ χριστος *ουδε* ηλιας *ουδε* ὁ προφητης;
	3 27	ου δυναται ανθρωπος λαμβανειν *ουδε* εν εαν μη ἡ δεδομενον αυτω εκ του ουρανου.
	5 22	*ουδε* γαρ ὁ πατηρ κρινει ουδενα, αλλα την κρισιν πασαν δεδωκεν τω υἱω,
	6 24	ὁτε ουν ειδεν ὁ οχλος οτι ιησους ουκ εστιν εκει *ουδε* οἱ μαθηται αυτου, ενεβησαν αυτοι εις τα πλοιαρια και ηλθον εις καφαρναουμ ζητουντες τον ιησουν.
	7 5	*ουδε* γαρ οἱ αδελφοι αυτου επιστευον εις αυτον.
	8 11 *	ειπεν δε ὁ ιησους· *ουδε* εγω σε κατακρινω·
	42	*ουδε* γαρ απ εμαυτου εληλυθα, αλλ εκεινος με απεστειλεν.
	11 50	ὑμεις ουκ οιδατε ουδεν, *ουδε* λογιζεσθε οτι συμφερει ὑμιν ινα εἱς ανθρωπος αποθανη ὑπερ του λαου και μη ολον το εθνος αποληται.
	13 16	ουκ εστιν δουλος μειζων του κυριου αυτου, *ουδε* αποστολος μειζων του πεμψαντος αυτον.
	14 17	το πνευμα της αληθειας, ὁ ὁ κοσμος ου δυναται λαβειν, οτι ου θεωρει αυτο *ουδε* γινωσκει·
	15 4	καθως το κλημα ου δυναται καρπον φερειν αφ ἑαυτου εαν μη μενη εν τη αμπελω, ουτως *ουδε* ὑμεις εαν μη εν εμοι μενητε.
	16 3	και ταυτα ποιησουσιν οτι ουκ εγνωσαν τον πατερα *ουδε* εμε.
	21 25	ἁτινα εαν γραφηται καθ ἑν, ουδ αυτον οιμαι τον κοσμον χωρησειν τα γραφομενα βιβλια.
Ac	2 27	ετι δε και ἡ σαρξ μου κατασκηνωσει επ ελπιδι, οτι ουκ εγκαταλειψεις την ψυχην μου εις ἁδην *ουδε* δωσεις τον οσιον σου ιδειν διαφθοραν.
	4 12	*ουδε* γαρ ονομα εστιν ἑτερον ὑπο τον ουρανον το δεδομενον εν ανθρωποις εν ὡ δει σωθηναι ἡμας.
	32	και *ουδε* εἱς τι των ὑπαρχοντων αυτω ελεγεν ιδιον ειναι,
	34	*ουδε* γαρ ενδεης τις ην εν αυτοις·
	7 5	και ουκ εδωκεν αυτω κληρονομιαν εν αυτη *ουδε* βημα ποδος,
	8 21	ουκ εστιν σοι μερις *ουδε* κληρος εν τω λογω τουτω·

οὐδέ [144]

Ac	9 9	και ην ἡμερας τρεις μη βλεπων, και ουκ εφαγεν *ουδε* επιεν.
	16 21	και καταγγελλουσιν εθη ἁ ουκ εξεστιν ἡμιν παραδεχεσθαι *ουδε* ποιειν ρωμαιοις ουσιν.
	17 25	*ουδε* ὑπο χειρων ανθρωπινων θεραπευεται προσδεομενος τινος, αυτος διδους πασι ζωην και πνοην και τα παντα·
	19 2	αλλ ουδ ει πνευμα ἁγιον εστιν ηκουσαμεν.
	24 13	*ουδε* παραστησαι δυνανται σοι περι ὡν νυνι κατηγορουσιν μου.
	18	εν αἱς εὑρον με ἡγνισμενον εν τω ἱερω, ου μετα οχλου *ουδε* μετα θορυβου,
Rm	2 28	ου γαρ ὁ εν τω φανερω ιουδαιος εστιν, *ουδε* ἡ εν τω φανερω εν σαρκι περιτομη·
	3 10	προητιασαμεθα γαρ ιουδαιους τε και ἑλληνας παντας ὑφ ἁμαρτιαν ειναι, καθως γεγραπται οτι ουκ εστιν δικαιος *ουδε* εἱς, ουκ εστιν ὁ συνιων,
	4 15	ου δε ουκ εστιν νομος, *ουδε* παραβασις.
	8 7	τω γαρ νομω του θεου ουχ ὑποτασσεται, *ουδε* γαρ δυναται·
	9 7	*ουδ* οτι εισιν σπερμα αβρααμ, παντες τεκνα,
	16	αρα ουν ου του θελοντος *ουδε* του τρεχοντος, αλλα του ελεωντος θεου.
	11 21	ει γαρ ὁ θεος των κατα φυσιν κλαδων ουκ εφεισατο, [μη πως] *ουδε* σου φεισεται.
1Co	2 6	σοφιαν δε λαλουμεν εν τοις τελειοις, σοφιαν δε ου του αιωνος τουτου *ουδε* των αρχοντων του αιωνος τουτου των καταργουμενων·
	3 2	αλλ *ουδε* ετι νυν δυνασθε, ετι γαρ σαρκικοι εστε.
	4 3	αλλ *ουδε* εμαυτον ανακρινω·
	5 1	ολως ακουεται εν ὑμιν πορνεια, και τοιαυτη πορνεια ἡτις *ουδε* εν τοις εθνεσιν,
	11 14	*ουδε* ἡ φυσις αυτη διδασκει ὑμας οτι ανηρ μεν εαν κομα, ατιμια αυτω εστιν, γυνη δε εαν κομα, δοξα αυτη εστιν;
	16	ει δε τις δοκει φιλονεικος ειναι, ἡμεις τοιαυτην συνηθειαν ουκ εχομεν, *ουδε* αἱ εκκλησιαι του θεου.
	14 21	εν τω νομω γεγραπται οτι εν ἑτερογλωσσοις και εν χειλεσιν ἑτερων λαλησω τω λαω τουτω, και ουδ ουτως εισακουσονται μου, λεγει κυριος.
	15 13	ει δε αναστασις νεκρων ουκ εστιν, *ουδε* χριστος εγηγερται·
	16	ει γαρ νεκροι ουκ εγειρονται, *ουδε* χριστος εγηγερται·
	50	τουτο δε φημι, αδελφοι, οτι σαρξ και αἱμα βασιλειαν θεου κληρονομησαι ου δυνανται, *ουδε* ἡ φθορα την αφθαρσιαν κληρονομει.
2Co	7 12	αρα ει και εγραψα ὑμιν, ουχ ἑνεκεν του αδικησαντος *ουδε* ἑνεκεν του αδικηθεντος,
Ga	1 1	παυλος αποστολος, ουκ απ ανθρωπων *ουδε* δι ανθρωπου αλλα δια ιησου χριστου και θεου πατρος του εγειραντος αυτον εκ νεκρων,
	12	*ουδε* γαρ εγω παρα ανθρωπου παρελαβον αυτο ουτε εδιδαχθην,
	17	*ουδε* ανηλθον εις ιεροσολυμα προς τους προ εμου αποστολους,
	2 3	αλλ *ουδε* τιτος ὁ συν εμοι, ἑλλην ων, ηναγκασθη περιτμηθηναι·
	5	οἱς *ουδε* προς ωραν ειξαμεν τη ὑποταγη,
	3 28	ουκ ενι ιουδαιος *ουδε* ἑλλην, ουκ ενι δουλος *ουδε* ελευθερος, ουκ ενι αρσεν και θηλυ·
	28	ουκ ενι ιουδαιος *ουδε* ἑλλην, ουκ ενι δουλος *ουδε* ελευθερος, ουκ ενι αρσεν και θηλυ·
	4 14	και τον πειρασμον ὑμων εν τη σαρκι μου ουκ εξουθενησατε *ουδε* εξεπτυσατε,
	6 13	*ουδε* γαρ οἱ περιτεμνομενοι αυτοι νομον φυλασσουσιν,
Php	2 16	οτι ουκ εις κενον εδραμον *ουδε* εις κενον εκοπιασα.
1Th	2 3	ἡ γαρ παρακλησις ἡμων ουκ εκ πλανης *ουδε* εξ ακαθαρσιας *ουδε* εν δολω,
	3	ἡ γαρ παρακλησις ἡμων ουκ εκ πλανης *ουδε* εξ ακαθαρσιας *ουδε* εν δολω,
	5 5	ουκ εσμεν νυκτος *ουδε* σκοτους·
2Th	3 8	*ουδε* δωρεαν αρτον εφαγομεν παρα τινος,
1Tm	2 12	διδασκειν δε γυναικι ουκ επιτρεπω, *ουδε* αυθεντειν ανδρος, αλλ ειναι εν ἡσυχια·
	6 7	ουδεν γαρ εισηνεγκαμεν εις τον κοσμον, οτι *ουδε* εξενεγκειν τι δυναμεθα·
	16	ὁ μονος εχων αθανασιαν, φως οικων απροσιτον, ὁν ειδεν ουδεις ανθρωπων *ουδε* ιδειν δυναται·
Heb	8 4	ει μεν ουν ην επι γης, ουδ αν ην ἱερευς,
	9 12	*ουδε* δι αἱματος τραγων και μοσχων, δια δε του ιδιου αἱματος εισηλθεν εφαπαξ εις τα ἁγια,
	18	οθεν *ουδε* ἡ πρωτη χωρις αἱματος εγκεκαινισται.
	25	ουδ ινα πολλακις προσφερη ἑαυτον, ὡσπερ ὁ αρχιερευς εισερχεται εις τα ἁγια κατ ενιαυτον εν αἱματι αλλοτριω,

οὐδέ [144]

Heb 10 8 ἀνώτερον λεγων ὅτι θυσιας και προσφορας και ὁλοκαυτωματα και περι ἁμαρτιας οὐκ ἠθελησας οὐδὲ εὐδοκησας,

13 5 οὐ μη σε ἀνω οὐδ᾽ οὐ μη σε ἐγκαταλιπω·

1Pt 2 22 ὃς ἁμαρτιαν οὐκ ἐποιησεν οὐδὲ εὑρεθη δολος ἐν τω στοματι αὐτου·

2Pt 1 8 ταυτα γαρ ὑμιν ὑπαρχοντα και πλεοναζοντα οὐκ ἀργους οὐδὲ ἀκαρπους καθιστησιν εἰς την του κυριου ἡμων ἰησου χριστου ἐπιγνωσιν·

1Jh 2 23 πας ὁ ἀρνουμενος τον υἱον οὐδὲ τον πατερα ἐχει·

3 6 πας ὁ ἁμαρτανων οὐχ ἑωρακεν αὐτον οὐδὲ ἐγνωκεν αὐτον.

Apc 5 3 και οὐδεις ἐδυνατο ἐν τω οὐρανω οὐδὲ ἐπι της γης οὐδὲ ὑποκατω της γης ἀνοιξαι το βιβλιον οὔτε βλεπειν αὐτο.

3 και οὐδεις ἐδυνατο ἐν τω οὐρανω οὐδὲ ἐπι της γης οὐδὲ ὑποκατω της γης ἀνοιξαι το βιβλιον οὔτε βλεπειν αὐτο.

7 16 οὐ πεινασουσιν ἐτι οὐδὲ διψησουσιν ἐτι,

16 οὐδὲ μη πεση ἐπ᾽ αὐτους ὁ ἡλιος οὐδὲ παν καυμα,

16 οὐδὲ μη πεση ἐπ᾽ αὐτους ὁ ἡλιος οὐδὲ παν καυμα,

9 4 και ἐρρεθη αὐταις ἱνα μη ἀδικησουσιν τον χορτον της γης οὐδὲ παν χλωρον οὐδὲ παν δενδρον,

4 και ἐρρεθη αὐταις ἱνα μη ἀδικησουσιν τον χορτον της γης οὐδὲ παν χλωρον οὐδὲ παν δενδρον,

20 και οἱ λοιποι των ἀνθρωπων, οἱ οὐκ ἀπεκτανθησαν ἐν ταις πληγαις ταυταις, οὐδὲ μετενοησαν ἐκ των ἐργων των χειρων αὐτων,

12 8 οὐδὲ τοπος εὑρεθη αὐτων ἐτι ἐν τω οὐρανω.

20 4 και οἱτινες οὐ προσεκυνησαν το θηριον οὐδὲ την εἰκονα αὐτου και οὐκ ἐλαβον το χαραγμα ἐπι το μετωπον και ἐπι την χειρα αὐτων·

21 23 και ἡ πολις οὐ χρειαν ἐχει του ἡλιου οὐδὲ της σεληνης,

οὐδείς [227]

Mt 5 13 εἰς οὐδὲν ἰσχυει ἐτι εἰ μη βληθεν ἐξω καταπατεισθαι ὑπο των ἀνθρωπων.

6 24 οὐδεις δυναται δυσι κυριοις δουλευειν·

8 10 παρ᾽ οὐδενι τοσαυτην πιστιν ἐν τω ἰσραηλ εὑρον.

9 16 οὐδεις δε ἐπιβαλλει ἐπιβλημα ῥακους ἀγναφου ἐπι ἱματιω παλαιω·

10 26 οὐδεν γαρ ἐστιν κεκαλυμμενον ὁ οὐκ ἀποκαλυφθησεται,

11 27 και οὐδεις ἐπιγινωσκει τον υἱον εἰ μη ὁ πατηρ,

13 34 και χωρις παραβολης οὐδεν ἐλαλει αὐτοις·

17 8 ἐπαραντες δε τους ὀφθαλμους αὐτων οὐδενα εἰδον εἰ μη αὐτον ἰησουν μονον.

20 ἐαν ἐχητε πιστιν ὡς κοκκον σιναπεως, ἐρειτε τω ὀρει τουτω· μεταβα ἐνθεν ἐκει, και μεταβησεται, και οὐδεν ἀδυνατησει ὑμιν.

20 7 λεγουσιν αὐτω· ὅτι οὐδεις ἡμας ἐμισθωσατο.

21 19 και ἰδων συκην μιαν ἐπι της ὁδου ἠλθεν ἐπ᾽ αὐτην, και οὐδεν εὑρεν ἐν αὐτη εἰ μη φυλλα μονον,

22 16 και οὐ μελει σοι περι οὐδενος, οὐ γαρ βλεπεις εἰς προσωπον ἀνθρωπων·

46 και οὐδεις ἐδυνατο ἀποκριθηναι αὐτω λογον οὐδε ἐτολμησεν τις ἀπ᾽ ἐκεινης της ἡμερας ἐπερωτησαι αὐτον οὐκετι.

23 16 ὃς ἀν ὀμοση ἐν τω ναω, οὐδεν ἐστιν· ὃς δ᾽ ἀν ὀμοση ἐν τω χρυσω του ναου, ὀφειλει.

18 ὃς ἀν ὀμοση ἐν τω θυσιαστηριω, οὐδεν ἐστιν· ὃς δ᾽ ἀν ὀμοση ἐν τω δωρω τω ἐπανω αὐτου, ὀφειλει.

24 36 περι δε της ἡμερας ἐκεινης και ὡρας οὐδεις οἰδεν, οὐδε οἱ ἀγγελοι των οὐρανων οὐδε ὁ υἱος, εἰ μη ὁ πατηρ μονος.

26 62 οὐδεν ἀποκρινη, τί οὑτοι σου καταμαρτυρουσιν;

27 12 και ἐν τω κατηγορεισθαι αὐτον ὑπο των ἀρχιερεων και πρεσβυτερων οὐδεν ἀπεκρινατο.

24 ἰδων δε ὁ πιλατος ὅτι οὐδεν ὠφελει ἀλλα μαλλον θορυβος γινεται, λαβων ὑδωρ ἀπενιψατο τας χειρας ἀπεναντι του ὀχλου λεγων·

Mc 2 21 οὐδεις ἐπιβλημα ῥακους ἀγναφου ἐπιραπτει ἐπι ἱματιον παλαιον·

22 και οὐδεις βαλλει οἰνον νεον εἰς ἀσκους παλαιους·

3 27 ἀλλ᾽ οὐ δυναται οὐδεις εἰς την οἰκιαν του ἰσχυρου εἰσελθων τα σκευη αὐτου διαρπασαι,

5 3 και οὐδε ἁλυσει οὐκετι οὐδεις ἐδυνατο αὐτον δησαι, δια το αὐτον πολλακις πεδαις και ἁλυσεσιν δεδεσθαι, και διεσπασθαι ὑπ᾽ αὐτου τας ἁλυσεις και τας πεδας συντετριφθαι,

4 δια το αὐτον πολλακις πεδαις και ἁλυσεσιν δεδεσθαι, και διεσπασθαι ὑπ᾽ αὐτου τας ἁλυσεις και τας πεδας συντετριφθαι, και οὐδεις ἰσχυεν αὐτον δαμασαι·

Mc 5 37 ὁ δε ἰησους παρακουσας τον λογον λαλουμενον λεγει τω ἀρχισυναγωγω· μη φοβου, μονον πιστευε και οὐκ ἀφηκεν οὐδενα μετ᾽ αὐτου συνακολουθησαι εἰ μη τον πετρον και ἰακωβον και ἰωαννην τον ἀδελφον ἰακωβου.

6 5 και οὐκ ἐδυνατο ἐκει ποιησαι οὐδεμιαν δυναμιν,

7 12 οὐκετι ἀφιετε αὐτον οὐδεν ποιησαι τω πατρι ἢ τη μητρι, ἀκυρουντες τον λογον του θεου τη παραδοσει ὑμων ἡ παρεδωκατε·

15 οὐδεν ἐστιν ἐξωθεν του ἀνθρωπου εἰσπορευομενον εἰς αὐτον ὁ δυναται κοινωσαι αὐτον·

24 και εἰσελθων εἰς οἰκιαν οὐδενα ἠθελεν γνωναι,

9 8 και ἐξαπινα περιβλεψαμενοι οὐκετι οὐδενα εἰδον ἀλλα τον ἰησουν μονον μεθ᾽ ἑαυτων.

29 τουτο το γενος ἐν οὐδενι δυναται ἐξελθειν εἰ μη ἐν προσευχη.

39 μη κωλυετε αὐτον· οὐδεις γαρ ἐστιν ὃς ποιησει δυναμιν ἐπι τω ὀνοματι μου και δυνησεται ταχυ κακολογησαι με·

10 18 τί με λεγεις ἀγαθον; οὐδεις ἀγαθος εἰ μη εἱς ὁ θεος.

29 ἀμην λεγω ὑμιν, οὐδεις ἐστιν ὃς ἀφηκεν οἰκιαν ἢ ἀδελφους ἢ ἀδελφας ἢ μητερα ἢ πατερα ἢ τεκνα ἢ ἀγρους ἑνεκεν ἐμου και ἑνεκεν του εὐαγγελιου,

11 2 ὑπαγετε εἰς την κωμην την κατεναντι ὑμων, και εὐθυς εἰσπορευομενοι εἰς αὐτην εὑρησετε πωλον δεδεμενον ἐφ᾽ ὃν οὐδεις οὐπω ἀνθρωπων ἐκαθισεν·

13 και ἐλθων ἐπ᾽ αὐτην οὐδεν εὑρεν εἰ μη φυλλα·

12 14 διδασκαλε, οἰδαμεν ὅτι ἀληθης εἰ και οὐ μελει σοι περι οὐδενος·

34 και οὐδεις οὐκετι ἐτολμα αὐτον ἐπερωτησαι.

13 32 περι δε της ἡμερας ἐκεινης ἢ της ὡρας οὐδεις οἰδεν, οὐδε οἱ ἀγγελοι ἐν οὐρανω οὐδε ὁ υἱος, εἰ μη ὁ πατηρ.

14 60 οὐκ ἀποκρινη οὐδεν τί οὑτοι σου καταμαρτυρουσιν;

61 ὁ δε ἐσιωπα και οὐκ ἀπεκρινατο οὐδεν.

15 4 οὐκ ἀποκρινη οὐδεν; ἰδε ποσα σου κατηγορουσιν.

5 ὁ δε ἰησους οὐκετι οὐδεν ἀπεκριθη, ὡστε θαυμαζειν τον πιλατον.

16 8 και οὐδενι οὐδεν εἰπαν· ἐφοβουντο γαρ.

8 και οὐδενι οὐδεν εἰπαν· ἐφοβουντο γαρ.

Lc 1 61 και εἰπαν προς αὐτην ὅτι οὐδεις ἐστιν ἐκ της συγγενειας σου ὃς καλειται τω ὀνοματι τουτω.

4 2 και οὐκ ἐφαγεν οὐδεν ἐν ταις ἡμεραις ἐκειναις,

24 ἀμην λεγω ὑμιν ὅτι οὐδεις προφητης δεκτος ἐστιν ἐν τη πατριδι αὐτου.

26 ὡς ἐγενετο λιμος μεγας ἐπι πασαν την γην, και προς οὐδεμιαν αὐτων ἐπεμφθη ἡλιας εἰ μη εἰς σαρεπτα της σιδωνιας προς γυναικα χηραν·

27 και πολλοι λεπροι ἠσαν ἐν τω ἰσραηλ ἐπι ἐλισαιου του προφητου, και οὐδεις αὐτων ἐκαθαρισθη εἰ μη ναιμαν ὁ συρος.

5 5 ἐπιστατα, δι᾽ ὁλης νυκτος κοπιασαντες οὐδεν ἐλαβομεν· ἐπι δε τω ῥηματι σου χαλασω τα δικτυα.

36 ἐλεγεν δε και παραβολην προς αὐτους ὅτι οὐδεις ἐπιβλημα ἀπο ἱματιου καινου σχισας ἐπιβαλλει ἐπι ἱματιον παλαιον·

37 και οὐδεις βαλλει οἰνον νεον εἰς ἀσκους παλαιους·

39 [και] οὐδεις πιων παλαιον θελει νεον· λεγει γαρ· ὁ παλαιος χρηστος ἐστιν.

7 28 μειζων ἐν γεννητοις γυναικων ἰωαννου οὐδεις ἐστιν·

8 16 οὐδεις δε λυχνον ἀψας καλυπτει αὐτον σκευει ἢ ὑποκατω κλινης τιθησιν,

43 και γυνη οὐσα ἐν ῥυσει αἱματος ἀπο ἐτων δωδεκα, ἡτις [ἰατροις προσαναλωσασα ὁλον τον βιον] οὐκ ἰσχυσεν ἀπ᾽ οὐδενος θεραπευθηναι,

9 36 και αὐτοι ἐσιγησαν και οὐδενι ἀπηγγειλαν ἐν ἐκειναις ταις ἡμεραις οὐδεν ὡν ἑωρακαν.

36 και αὐτοι ἐσιγησαν και οὐδενι ἀπηγγειλαν ἐν ἐκειναις ταις ἡμεραις οὐδεν ὡν ἑωρακαν.

62 οὐδεις ἐπιβαλων την χειρα ἐπ᾽ ἀροτρον και βλεπων εἰς τα ὀπισω εὐθετος ἐστιν τη βασιλεια του θεου.

10 19 και οὐδεν ὑμας οὐ μη ἀδικηση.

22 και οὐδεις γινωσκει τίς ἐστιν ὁ υἱος εἰ μη ὁ πατηρ,

11 33 οὐδεις λυχνον ἀψας εἰς κρυπτην τιθησιν [οὐδε ὑπο τον μοδιον,] ἀλλ᾽ ἐπι την λυχνιαν, ἱνα οἱ εἰσπορευομενοι το φως βλεπωσιν.

12 2 οὐδεν δε συγκεκαλυμμενον ἐστιν ὁ οὐκ ἀποκαλυφθησεται, και κρυπτον ὁ οὐ γνωσθησεται.

14 24 λεγω γαρ ὑμιν ὅτι οὐδεις των ἀνδρων ἐκεινων των κεκλημενων γευσεται μου του δειπνου.

15 16 και ἐπεμψεν αὐτον εἰς τους ἀγρους αὐτου βοσκειν χοιρους· και ἐπεθυμει χορτασθηναι ἐκ των κερατιων ὡν ἠσθιον οἱ χοιροι· και οὐδεις ἐδιδου αὐτω.

16 13 οὐδεις οἰκετης δυναται δυσι κυριοις δουλευειν·

οὐδείς [227]

Lc	18 19	τί με λεγεις ἀγαθον; *οὐδεις* ἀγαθος εἰ μη εἰς ὁ θεος.
	29	ἀμην λεγω ὑμιν ὁτι *οὐδεις* ἐστιν ὁς ἀφηκεν οἰκιαν ἠ γυναικα ἠ ἀδελφους ἠ γονεις ἠ τεκνα ἑνεκεν της βασιλειας του θεου,
	34	και αὐτοι *οὐδεν* τουτων συνηκαν,
19	30	ἐν ᾑ εἰσπορευομενοι εὑρησετε πωλον δεδεμενον, ἐφ ὁν *οὐδεις* πωποτε ἀνθρωπων ἐκαθισεν,
20	40	οὐκετι γαρ ἐτολμων ἐπερωταν αὐτον *οὐδεν*.
23	4	*οὐδεν* εὑρισκω αἰτιον ἐν τω ἀνθρωπω τουτω.
	9	αὐτος δε *οὐδεν* ἀπεκρινατο αὐτω.
	15	και ἰδου *οὐδεν* ἀξιον θανατου ἐστιν πεπραγμενον αὐτω·
	22	*οὐδεν* αἰτιον θανατου εὑρον ἐν αὐτω· παιδευσας οὐν αὐτον ἀπολυσω.
	41	οὑτος δε *οὐδεν* ἀτοπον ἐπραξεν.
	53	και ἐθηκεν αὐτον ἐν μνηματι λαξευτω, οὑ οὐκ ἠν *οὐδεις* οὑπω κειμενος.
Jh	1 18	θεον *οὐδεις* ἑωρακεν πωποτε·
3	2	*οὐδεις* γαρ δυναται ταυτα τα σημεια ποιειν ἁ συ ποιεις,
	13	και *οὐδεις* ἀναβεβηκεν εἰς τον οὐρανον εἰ μη ὁ ἐκ του οὐρανου καταβας,
	32	τουτο μαρτυρει, και την μαρτυριαν αὐτου *οὐδεις* λαμβανει.
4	27	*οὐδεις* μεντοι εἰπεν· τί ζητεις ἠ τί λαλεις μετ αὐτης;
5	19	ἀμην ἀμην λεγω ὑμιν, οὐ δυναται ὁ υἱος ποιειν ἀφ ἑαυτου *οὐδεν*,
	22	οὐδε γαρ ὁ πατηρ κρινει *οὐδενα*, ἀλλα την κρισιν πασαν δεδωκεν τω υἱω,
	30	οὐ δυναμαι ἐγω ποιειν ἀπ ἐμαυτου *οὐδεν*·
6	44	*οὐδεις* δυναται ἐλθειν προς με ἐαν μη ὁ πατηρ ὁ πεμψας με ἑλκυση αὐτον,
	63	το πνευμα ἐστιν το ζωοποιουν, ἡ σαρξ οὐκ ὠφελει *οὐδεν*·
	65	δια τουτο εἰρηκα ὑμιν ὁτι *οὐδεις* δυναται ἐλθειν προς με ἐαν μη ᾐ δεδομενον αὐτω ἐκ του πατρος.
7	4	*οὐδεις* γαρ τι ἐν κρυπτω ποιει και ζητει αὐτος ἐν παρρησια εἰναι.
	13	*οὐδεις* μεντοι παρρησια ἐλαλει περι αὐτου δια τον φοβον των ἰουδαιων.
	19	και *οὐδεις* ἐξ ὑμων ποιει τον νομον.
	26	και ἰδε παρρησια λαλει, και *οὐδεν* αὐτω λεγουσιν.
	27	ὁ δε χριστος ὁταν ἐρχηται, *οὐδεις* γινωσκει ποθεν ἐστιν.
	30	ἐζητουν οὐν αὐτον πιασαι, και *οὐδεις* ἐπεβαλεν ἐπ αὐτον την χειρα,
	44	τινες δε ἠθελον ἐξ αὐτων πιασαι αὐτον, ἀλλ *οὐδεις* ἐπεβαλεν ἐπ αὐτον τας χειρας.
8	10 *	γυναι, που εἰσιν; *οὐδεις* σε κατεκρινεν;
	11 *	ἡ δε εἰπεν· *οὐδεις*, κυριε.
	15	ὑμεις κατα την σαρκα κρινετε, ἐγω οὐ κρινω *οὐδενα*.
	20	και *οὐδεις* ἐπιασεν αὐτον, ὁτι οὑπω ἐληλυθει ἡ ὡρα αὐτου.
	28	και ἀπ ἐμαυτου ποιω *οὐδεν*, ἀλλα καθως ἐδιδαξεν με ὁ πατηρ, ταυτα λαλω.
	33	σπερμα ἀβρααμ ἐσμεν, και *οὐδενι* δεδουλευκαμεν πωποτε·
	54	ἐαν ἐγω δοξασω ἐμαυτον, ἡ δοξα μου *οὐδεν* ἐστιν·
9	4	ἐρχεται νυξ ὁτε *οὐδεις* δυναται ἐργαζεσθαι.
	33	εἰ μη ἠν οὑτος παρα θεου, οὐκ ἠδυνατο ποιειν *οὐδεν*.
10	18	*οὐδεις* αἰρει αὐτην ἀπ ἐμου, ἀλλ ἐγω τιθημι αὐτην ἀπ ἐμαυτου.
	29	και *οὐδεις* δυναται ἀρπαζειν ἐκ της χειρος του πατρος.
	41	και πολλοι ἠλθον προς αὐτον και ἐλεγον ὁτι ἰωαννης μεν σημειον ἐποιησεν *οὐδεν*,
11	49	ὑμεις οὐκ οἰδατε *οὐδεν*, οὐδε λογιζεσθε ὁτι συμφερει ὑμιν ἱνα εἱς ἀνθρωπος ἀποθανη ὑπερ του λαου και μη ὁλον το ἐθνος ἀποληται.
12	19	θεωρειτε ὁτι οὐκ ὠφελειτε *οὐδεν*· ἰδε ὁ κοσμος ὀπισω αὐτου ἀπηλθεν.
13	28	τουτο [δε] *οὐδεις* ἐγνω των ἀνακειμενων προς τί εἰπεν αὐτω·
14	6	*οὐδεις* ἐρχεται προς τον πατερα εἰ μη δι ἐμου.
	30	και ἐν ἐμοι οὐκ ἐχει *οὐδεν*, ἀλλ ἱνα γνω ὁ κοσμος ὁτι ἀγαπω τον πατερα,
15	5	ὁ μενων ἐν ἐμοι καγω ἐν αὐτω, οὑτος φερει καρπον πολυν, ὁτι χωρις ἐμου οὐ δυνασθε ποιειν *οὐδεν*.
	13	μειζονα ταυτης ἀγαπην *οὐδεις* ἐχει, ἱνα τις την ψυχην αὐτου θη ὑπερ των φιλων αὐτου.
	24	εἰ τα ἐργα μη ἐποιησα ἐν αὐτοις ἁ *οὐδεις* ἀλλος ἐποιησεν, ἁμαρτιαν οὐκ εἰχοσαν·
16	5	και *οὐδεις* ἐξ ὑμων ἐρωτα με·
	22	και χαρησεται ὑμων ἡ καρδια, και την χαραν ὑμων *οὐδεις* αἰρει ἀφ ὑμων.
	23	και ἐν ἐκεινη τη ἡμερα ἐμε οὐκ ἐρωτησετε *οὐδεν*.
	24	ἑως ἀρτι οὐκ ᾑτησατε *οὐδεν* ἐν τω ὀνοματι μου·
	29	ἰδε νυν ἐν παρρησια λαλεις, και παροιμιαν *οὐδεμιαν* λεγεις.

οὐδείς [227]

Jh	17 12	και ἐφυλαξα, και *οὐδεις* ἐξ αὐτων ἀπωλετο εἰ μη ὁ υἱος της ἀπωλειας,
18	9	ἱνα πληρωθη ὁ λογος ὁν εἰπεν, ὁτι οὑς δεδωκας μοι, οὐκ ἀπωλεσα ἐξ αὐτων *οὐδενα*.
	20	και ἐν κρυπτω ἐλαλησα *οὐδεν*.
	31	ἡμιν οὐκ ἐξεστιν ἀποκτειναι *οὐδενα*·
	38	ἐγω *οὐδεμιαν* εὑρισκω ἐν αὐτω αἰτιαν.
19	4	ἰδε ἀγω ὑμιν αὐτον ἐξω, ἱνα γνωτε ὁτι *οὐδεμιαν* αἰτιαν εὑρισκω ἐν αὐτω.
	11	οὐκ εἰχες ἐξουσιαν κατ ἐμου *οὐδεμιαν* εἰ μη ἠν δεδομενον σοι ἀνωθεν·
	41	και ἐν τω κηπω μνημειον καινον, ἐν ᾡ *οὐδεπω* *οὐδεις* ἠν τεθειμενος.
21	3	και ἐν ἐκεινη τη νυκτι ἐπιασαν *οὐδεν*.
	12	*οὐδεις* δε ἐτολμα των μαθητων ἐξετασαι αὐτον·
Ac	4 12	και οὐκ ἐστιν ἐν ἀλλω *οὐδενι* ἡ σωτηρια·
	14	τον τε ἀνθρωπον βλεποντες συν αὐτοις ἑστωτα τον τεθεραπευμενον, *οὐδεν* εἰχον ἀντειπειν.
5	13	των δε λοιπων *οὐδεις* ἐτολμα κολλασθαι αὐτοις, ἀλλ ἐμεγαλυνεν αὐτους ὁ λαος·
	23	ἀναστρεψαντες δε ἀπηγγειλαν λεγοντες ὁτι το δεσμωτηριον εὑρομεν κεκλεισμενον ἐν παση ἀσφαλεια και τους φυλακας ἑστωτας ἐπι των θυρων, ἀνοιξαντες δε ἐσω *οὐδενα* εὑρομεν.
	36	ὁς ἀνηρεθη, και παντες ὁσοι ἐπειθοντο αὐτω διελυθησαν και ἐγενοντο εἰς *οὐδεν*.
8	16	*οὐδεπω* γαρ ἠν ἐπ *οὐδενι* αὐτων ἐπιπεπτωκος, μονον δε βεβαπτισμενοι ὑπηρχον εἰς το ὀνομα του κυριου ἰησου.
9	8	ἠγερθη δε σαυλος ἀπο της γης, ἀνεωγμενων δε των ὀφθαλμων αὐτου *οὐδεν* ἐβλεπεν·
17	21	ἀθηναιοι δε παντες και οἱ ἐπιδημουντες ξενοι εἰς *οὐδεν* ἑτερον ηὐκαιρουν ἠ λεγειν τι ἠ ἀκουειν τι καινοτερον.
18	10	διοτι ἐγω εἰμι μετα σου και *οὐδεις* ἐπιθησεται σοι του κακωσαι σε,
	17	και *οὐδεν* τουτων τω γαλλιωνι ἐμελεν.
20	20	ὡς *οὐδεν* ὑπεστειλαμην των συμφεροντων του μη ἀναγγειλαι ὑμιν και διδαξαι ὑμας δημοσια και κατ οἰκους,
	24	ἀλλ *οὐδενος* λογου ποιουμαι την ψυχην τιμιαν ἐμαυτω ὡς τελειωσαι τον δρομον μου και την διακονιαν ἡν ἐλαβον παρα του κυριου ἰησου,
	33	ἀργυριου ἠ χρυσιου ἠ ἱματισμου *οὐδενος* ἐπεθυμησα·
21	24	και δαπανησον ἐπ αὐτοις ἱνα ξυρησονται την κεφαλην, και γνωσονται παντες ὁτι ὡν κατηχηνται περι σου *οὐδεν* ἐστιν,
23	9	*οὐδεν* κακον εὑρισκομεν ἐν τω ἀνθρωπω τουτω·
25	10	ἰουδαιους *οὐδεν* ἠδικησα, ὡς και συ καλλιον ἐπιγινωσκεις.
	11	εἰ δε *οὐδεν* ἐστιν ὡν οὑτοι κατηγορουσιν μου, *οὐδεις* με δυναται αὐτοις χαρισασθαι·
	11	εἰ δε *οὐδεν* ἐστιν ὡν οὑτοι κατηγορουσιν μου, *οὐδεις* με δυναται αὐτοις χαρισασθαι·
	18	περι οὑ σταθεντες οἱ κατηγοροι *οὐδεμιαν* αἰτιαν ἐφερον ὡν ἐγω ὑπενοουν πονηρων,
26	22	*οὐδεν* ἐκτος λεγων ὡν τε οἱ προφηται ἐλαλησαν μελλοντων γινεσθαι και μωυσης,
	31	και ἀναχωρησαντες ἐλαλουν προς ἀλληλους λεγοντες ὁτι *οὐδεν* θανατου ἠ δεσμων ἀξιον [τι] πρασσει ὁ ἀνθρωπος οὑτος.
27	22	ἀποβολη γαρ ψυχης *οὐδεμια* ἐσται ἐξ ὑμων πλην του πλοιου.
	34	*οὐδενος* γαρ ὑμων θριξ ἀπο της κεφαλης ἀπολειται.
28	5	ὁ μεν οὐν ἀποτιναξας το θηριον εἰς το πυρ ἐπαθεν *οὐδεν* κακον·
	17	ἐγω, ἀνδρες ἀδελφοι, *οὐδεν* ἐναντιον ποιησας τω λαω ἠ τοις ἐθεσι τοις πατρωοις,
Rm	8 1	*οὐδεν* ἀρα νυν κατακριμα τοις ἐν χριστω ἰησου.
14	7	*οὐδεις* γαρ ἡμων ἑαυτω ζη,
	7	και *οὐδεις* ἑαυτω ἀποθνησκει·
	14	οἰδα και πεπεισμαι ἐν κυριω ἰησου ὁτι *οὐδεν* κοινον δι ἑαυτου.
1Co	1 14	εὐχαριστω [τω θεω] ὁτι *οὐδενα* ὑμων ἐβαπτισα εἰ μη κρισπον και γαιον·
2	8	ἡν *οὐδεις* των ἀρχοντων του αἰωνος τουτου ἐγνωκεν·
	11	οὑτως και τα του θεου *οὐδεις* ἐγνωκεν εἰ μη το πνευμα του θεου.
	15	ὁ δε πνευματικος ἀνακρινει [τα] παντα, αὐτος δε ὑπ *οὐδενος* ἀνακρινεται.
3	11	θεμελιον γαρ ἀλλον *οὐδεις* δυναται θειναι παρα τον κειμενον, ὁς ἐστιν ἰησους χριστος.
4	4	*οὐδεν* γαρ ἐμαυτω συνοιδα, ἀλλ οὐκ ἐν τουτω δεδικαιωμαι·
6	5	οὑτως οὐκ ἐνι ἐν ὑμιν *οὐδεις* σοφος, ὁς δυνησεται διακριναι ἀνα μεσον του ἀδελφου αὐτου;
7	19	ἡ περιτομη *οὐδεν* ἐστιν, και ἡ ἀκροβυστια *οὐδεν* ἐστιν,

οὐδείς [227]

1Co	7 19	ἡ περιτομη οὐδεν ἐστιν, και ἡ ἀκροβυστια οὐδεν ἐστιν,
	8 4	περι της βρωσεως οὖν των εἰδωλοθυτων οἰδαμεν ὀτι οὐδεν εἰδωλον ἐν κοσμῳ,
	4	περι της βρωσεως οὖν των εἰδωλοθυτων οἰδαμεν ὀτι οὐδεν εἰδωλον ἐν κοσμῳ, και ὀτι οὐδεις θεος εἰ μη εἰς.
	9 15	ἐγω δε οὐ κεχρημαι οὐδενι τουτων.
	15	καλον γαρ μοι μαλλον ἀποθανειν ἡ το καυχημα μου οὐδεις κενωσει.
	12 3	διο γνωριζω ὑμιν ὀτι οὐδεις ἐν πνευματι θεου λαλων λεγει·
	3	και οὐδεις δυναται εἰπειν· κυριος ἰησους, εἰ μη ἐν πνευματι ἁγιῳ.
	13 3	καν ψωμισω παντα τα ὑπαρχοντα μου, και ἐαν παραδω το σωμα μου ἱνα καυχησωμαι, ἀγαπην δε μη ἐχω, οὐδεν ὠφελουμαι.
	14 2	οὐδεις γαρ ἀκουει, πνευματι δε λαλει μυστηρια·
	10	τοσαυτα εἰ τυχοι γενη φωνων εἰσιν ἐν κοσμῳ, και οὐδεν ἀφωνον·
2Co	5 16	ὡστε ἡμεις ἀπο του νυν οὐδενα οἰδαμεν κατα σαρκα·
	7 2	οὐδενα ἠδικησαμεν, οὐδενα ἐφθειραμεν, οὐδενα ἐπλεονεκτησαμεν.
	2	οὐδενα ἠδικησαμεν, οὐδενα ἐφθειραμεν, οὐδενα ἐπλεονεκτησαμεν.
	2	οὐδενα ἠδικησαμεν, οὐδενα ἐφθειραμεν, οὐδενα ἐπλεονεκτησαμεν.
	5	και γαρ ἐλθοντων ἡμων εἰς μακεδονιαν οὐδεμιαν ἐσχηκεν ἀνεσιν ἡ σαρξ ἡμων,
	12 11	οὐδεν γαρ ὑστερησα των ὑπερλιαν ἀποστολων, εἰ και οὐδεν εἰμι.
	11	οὐδεν γαρ ὑστερησα των ὑπερλιαν ἀποστολων, εἰ και οὐδεν εἰμι.
Ga	2 6	ἀπο δε των δοκουντων εἰναι τι, ὁποιοι ποτε ἠσαν οὐδεν μοι διαφερει·
	6	ἐμοι γαρ οἱ δοκουντες οὐδεν προσανεθεντο,
	3 11	ὀτι δε ἐν νομῳ οὐδεις δικαιουται παρα τῳ θεῳ δηλον,
	15	ὁμως ἀνθρωπου κεκυρωμενην διαθηκην οὐδεις ἀθετει ἡ ἐπιδιατασσεται.
	4 1	ἐφ ὁσον χρονον ὁ κληρονομος νηπιος ἐστιν, οὐδεν διαφερει δουλου κυριος παντων ὠν,
	12	γινεσθε ὡς ἐγω, ὀτι καγω ὡς ὑμεις, ἀδελφοι, δεομαι ὑμων. οὐδεν με ἠδικησατε.
	5 2	ἰδε ἐγω παυλος λεγω ὑμιν ὀτι ἐαν περιτεμνησθε χριστος ὑμας οὐδεν ὠφελησει.
	10	ἐγω πεποιθα εἰς ὑμας ἐν κυριῳ ὀτι οὐδεν ἀλλο φρονησετε·
Eph	5 29	οὐδεις γαρ ποτε την ἑαυτου σαρκα ἐμισησεν,
Php	1 20	κατα την ἀποκαραδοκιαν και ἐλπιδα μου ὀτι ἐν οὐδενι αἰσχυνθησομαι,
	2 20	οὐδενα γαρ ἐχω ἰσοψυχον, ὁστις γνησιως τα περι ὑμων μεριμνησει·
	4 15	οἰδατε δε και ὑμεις, φιλιππησιοι, ὀτι ἐν ἀρχῃ του εὐαγγελιου, ὁτε ἐξηλθον ἀπο μακεδονιας, οὐδεμια μοι ἐκκλησια ἐκοινωνησεν
1Tm	4 4	και οὐδεν ἀποβλητον μετα εὐχαριστιας λαμβανομενον·
	6 7	οὐδεν γαρ εἰσηνεγκαμεν εἰς τον κοσμον, ὀτι οὐδε ἐξενεγκειν τι δυναμεθα·
	16	ὁ μονος ἐχων ἀθανασιαν, φως οἰκων ἀπροσιτον, ὁν εἰδεν οὐδεις ἀνθρωπων οὐδε ἰδειν δυναται·
2Tm	2 4	οὐδεις στρατευομενος ἐμπλεκεται ταις του βιου πραγματειαις,
	14	ἐπ οὐδεν χρησιμον, ἐπι καταστροφῃ των ἀκουοντων.
	4 16	ἐν τῃ πρωτῃ μου ἀπολογιᾳ οὐδεις μοι παρεγενετο,
Tit	1 15	τοις δε μεμιαμμενοις και ἀπιστοις οὐδεν καθαρον,
Phm	14	χωρις δε της σης γνωμης οὐδεν ἠθελησα ποιησαι,
Heb	2 8	ἐν γαρ τῳ ὑποταξαι [αὐτῳ] τα παντα οὐδεν ἀφηκεν αὐτῳ ἀνυποτακτον.
	6 13	τῳ γαρ ἀβρααμ ἐπαγγειλαμενος ὁ θεος, ἐπει κατ οὐδενος εἰχεν μειζονος ὀμοσαι, ὠμοσεν καθ ἑαυτου,
	7 13	φυλης ἑτερας μετεσχηκεν, ἀφ ἡς οὐδεις προσεσχηκεν τῳ θυσιαστηριῳ·
	14	προδηλον γαρ ὀτι ἐξ ἰουδα ἀνατεταλκεν ὁ κυριος ἡμων, εἰς ἡν φυλην περι ἱερεων οὐδεν μωυσης ἐλαλησεν.
	19	οὐδεν γαρ ἐτελειωσεν ὁ νομος, ἐπεισαγωγη δε κρειττονος ἐλπιδος, δι ἡς ἐγγιζομεν τῳ θεῳ.
	12 14	εἰρηνην διωκετε μετα παντων, και τον ἁγιασμον, οὐ χωρις οὐδεις ὀψεται τον κυριον,
Ja	1 13	ὁ γαρ θεος ἀπειραστος ἐστιν κακων, πειραζει δε αὐτος οὐδενα.
	3 8	την δε γλωσσαν οὐδεις δαμασαι δυναται ἀνθρωπων·
1Jh	1 5	ὀτι ὁ θεος φως ἐστιν και σκοτια ἐν αὐτῳ οὐκ ἐστιν οὐδεμια.
	4 12	θεον οὐδεις πωποτε τεθεαται·

οὐδείς [227]

Apc	2 17	και ἐπι την ψηφον ὀνομα καινον γεγραμμενον, ὁ οὐδεις οἰδεν εἰ μη ὁ λαμβανων.
	3 7	ὁ ἀνοιγων και οὐδεις κλεισει, και κλειων και οὐδεις ἀνοιγει·
	7	ὁ ἀνοιγων και οὐδεις κλεισει, και κλειων και οὐδεις ἀνοιγει·
	8	ἰδου δεδωκα ἐνωπιον σου θυραν ἡνεῳγμενην, ἡν οὐδεις δυναται κλεισαι αὐτην·
	17	ὀτι λεγεις ὀτι πλουσιος εἰμι και πεπλουτηκα και οὐδεν χρειαν ἐχω,
	5 3	και οὐδεις ἐδυνατο ἐν τῳ οὐρανῳ οὐδε ἐπι της γης οὐδε ὑποκατω της γης ἀνοιξαι το βιβλιον οὐτε βλεπειν αὐτο.
	4	και ἐκλαιον πολυ, ὀτι οὐδεις ἀξιος εὑρεθη ἀνοιξαι το βιβλιον οὐτε βλεπειν αὐτο.
	7 9	και ἰδου ὀχλος πολυς, ὁν ἀριθμησαι αὐτον οὐδεις ἐδυνατο,
	14 3	και οὐδεις ἐδυνατο μαθειν την ῳδην εἰ μη αἱ ἑκατοντεσσερακοντατεσσαρες χιλιαδες,
	15 8	και οὐδεις ἐδυνατο εἰσελθειν εἰς τον ναον ἀχρι τελεσθωσιν αἱ ἑπτα πληγαι των ἑπτα ἀγγελων.
	18 11	και οἱ ἐμποροι της γης κλαιουσιν και πενθουσιν ἐπ αὐτην, ὀτι τον γομον αὐτων οὐδεις ἀγοραζει οὐκετι,
	19 12	και ἐπι την κεφαλην αὐτου διαδηματα πολλα, ἐχων ὀνομα γεγραμμενον ὁ οὐδεις οἰδεν εἰ μη αὐτος,

οὐδέποτε [16]

Mt	7 23	και τοτε ὁμολογησω αὐτοις ὀτι οὐδεποτε ἐγνων ὑμας·
	9 33	οὐδεποτε ἐφανη οὑτως ἐν τῳ ἰσραηλ.
	21 16	ναι· οὐδεποτε ἀνεγνωτε ὀτι ἐκ στοματος νηπιων και θηλαζοντων κατηρτισω αἰνον;
	42	οὐδεποτε ἀνεγνωτε ἐν ταις γραφαις·
	26 33	εἰ παντες σκανδαλισθησονται ἐν σοι, ἐγω οὐδεποτε σκανδαλισθησομαι.
Mc	2 12	και ἠγερθη και εὐθυς ἀρας τον κραβαττον ἐξηλθεν ἐμπροσθεν παντων, ὡστε ἐξιστασθαι παντας και δοξαζειν τον θεον λεγοντας ὀτι οὑτως οὐδεποτε εἰδαμεν.
	25	οὐδεποτε ἀνεγνωτε τι ἐποιησεν δαυιδ, ὁτε χρειαν ἐσχεν και ἐπεινασεν αὐτος και οἱ μετ αὐτου;
Lc	15 29	ἰδου τοσαυτα ἐτη δουλευω σοι και οὐδεποτε ἐντολην σου παρηλθον,
	29	και ἐμοι οὐδεποτε ἐδωκας ἐριφον ἱνα μετα των φιλων μου εὐφρανθω·
Jh	7 46	οὐδεποτε ἐλαλησεν οὑτως ἀνθρωπος.
Ac	10 14	μηδαμως, κυριε, ὀτι οὐδεποτε ἐφαγον παν κοινον και ἀκαθαρτον.
	11 8	μηδαμως, κυριε, ὀτι κοινον ἡ ἀκαθαρτον οὐδεποτε εἰσηλθεν εἰς το στομα μου.
	14 8	και τις ἀνηρ ἀδυνατος ἐν λυστροις τοις ποσιν ἐκαθητο, χωλος ἐκ κοιλιας μητρος αὐτου ὁς οὐδεποτε περιεπατησεν.
1Co	13 8	ἡ ἀγαπη οὐδεποτε πιπτει·
Heb	10 1	κατ ἐνιαυτον ταις αὐταις θυσιαις ἁς προσφερουσιν εἰς το διηνεκες οὐδεποτε δυναται τους προσερχομενους τελειωσαι·
	11	και πας μεν ἱερευς ἑστηκεν καθ ἡμεραν λειτουργων και τας αὐτας πολλακις προσφερων θυσιας, αἱτινες οὐδεποτε δυνανται περιελειν ἁμαρτιας·

οὐδέπω [4]

Jh	7 39	οὐπω γαρ ἠν πνευμα, ὀτι ἰησους οὐδεπω ἐδοξασθη.
	19 41	και ἐν τῳ κηπῳ μνημειον καινον, ἐν ᾡ οὐδεπω οὐδεις ἠν τεθειμενος·
	20 9	οὐδεπω γαρ ᾐδεισαν την γραφην, ὀτι δει αὐτον ἐκ νεκρων ἀναστηναι.
Ac	8 16	οὐδεπω γαρ ἠν ἐπ οὐδενι αὐτων ἐπιπεπτωκος, μονον δε βεβαπτισμενοι ὑπηρχον εἰς το ὀνομα του κυριου ἰησου.

οὐθείς [7]

Lc	22 35	οἱ δε εἰπαν· οὐθενος.
	23 14	και ἰδου ἐγω ἐνωπιον ὑμων ἀνακρινας οὐθεν εὑρον ἐν τῳ ἀνθρωπῳ τουτῳ αἰτιον ὡν κατηγορειτε κατ αὐτου.
Ac	15 9	και οὐθεν διεκρινεν μεταξυ ἡμων τε και αὐτων, τῃ πιστει καθαρισας τας καρδιας αὐτων.
	19 27	οὐ μονον δε τουτο κινδυνευει ἡμιν το μερος εἰς ἀπελεγμον ἐλθειν, ἀλλα και το της μεγαλης θεας ἀρτεμιδος ἱερον εἰς οὐθεν λογισθηναι,
	26 26	λανθανειν γαρ αὐτον [τι] τουτων οὐ πειθομαι οὐθεν·
1Co	13 2	και ἐαν ἐχω προφητειαν και εἰδω τα μυστηρια παντα και πασαν την γνωσιν, και ἐαν ἐχω πασαν την πιστιν ὡστε ὀρη μεθισταναι, ἀγαπην δε μη ἐχω, οὐθεν εἰμι.

οὐθείς [7]

2Co	11 9	και παρων προς υμας και υστερηθεις ου κατεναρκησα *ουθενος·*

οὐκετι [47]

Mt	19 6	ενεκα τουτου καταλειψει ανθρωπος τον πατερα και την μητερα και κολληθησεται τη γυναικι αυτου, και εσονται οι δυο εις σαρκα μιαν. ωστε *ουκετι* εισιν δυο αλλα σαρξ μια.
	22 46	και ουδεις εδυνατο αποκριθηναι αυτω λογον ουδε ετολμησεν τις απ εκεινης της ημερας επερωτησαι αυτον *ουκετι.*
Mc	5 3	και ουδε αλυσει *ουκετι* ουδεις εδυνατο αυτον δησαι, δια το αυτον πολλακις πεδαις και αλυσεσιν δεδεσθαι, και διεσπασθαι υπ αυτου τας αλυσεις και τας πεδας συντετριφθαι,
	7 12	*ουκετι* αφιετε αυτον ουδεν ποιησαι τω πατρι η τη μητρι, ακυρουντες τον λογον του θεου τη παραδοσει υμων η παρεδωκατε·
	9 8	και εξαπινα περιβλεψαμενοι *ουκετι* ουδενα ειδον αλλα τον ιησουν μονον μεθ εαυτων.
	10 8	ενεκεν τουτου καταλειψει ανθρωπος τον πατερα αυτου και την μητερα [και προσκολληθησεται προς την γυναικα αυτου,] και εσονται οι δυο εις σαρκα μιαν· ωστε *ουκετι* εισιν δυο αλλα μια σαρξ.
	12 34	και ουδεις *ουκετι* ετολμα αυτον επερωτησαι.
	14 25	αμην λεγω υμιν οτι *ουκετι* ου μη πιω εκ του γενηματος της αμπελου εως της ημερας εκεινης οταν αυτο πινω καινον εν τη βασιλεια του θεου.
	15 5	ο δε ιησους *ουκετι* ουδεν απεκριθη, ωστε θαυμαζειν τον πιλατον.
Lc	15 19	πατερ, ημαρτον εις τον ουρανον και ενωπιον σου, *ουκετι* ειμι αξιος κληθηναι υιος σου·
	21	πατερ, ημαρτον εις τον ουρανον και ενωπιον σου, *ουκετι* ειμι αξιος κληθηναι υιος σου.
	20 40	*ουκετι* γαρ ετολμων επερωταν αυτον ουδεν.
Jh	4 42	τη τε γυναικι ελεγον οτι *ουκετι* δια την σην λαλιαν πιστευομεν·
	6 66	εκ τουτου πολλοι [εκ] των μαθητων αυτου απηλθον εις τα οπισω και *ουκετι* μετ αυτου περιεπατουν.
	11 54	ο ουν ιησους *ουκετι* παρρησια περιεπατει εν τοις ιουδαιοις,
	14 19	ετι μικρον και ο κοσμος με *ουκετι* θεωρει,
	30	*ουκετι* πολλα λαλησω μεθ υμων, ερχεται γαρ ο του κοσμου αρχων·
	15 15	*ουκετι* λεγω υμας δουλους, οτι ο δουλος ουκ οιδεν τι ποιει αυτου ο κυριος·
	16 10	περι δικαιοσυνης δε, οτι προς τον πατερα υπαγω και *ουκετι* θεωρειτε με·
	16	μικρον και *ουκετι* θεωρειτε με, και παλιν μικρον και οψεσθε με.
	21	οταν δε γεννηση το παιδιον, *ουκετι* μνημονευει της θλιψεως δια την χαραν οτι εγεννηθη ανθρωπος εις τον κοσμον.
	25	ερχεται ωρα οτε *ουκετι* εν παροιμιαις λαλησω υμιν,
	17 11	και *ουκετι* ειμι εν τω κοσμω, και αυτοι εν τω κοσμω εισιν,
	21 6	εβαλον ουν, και *ουκετι* αυτο ελκυσαι ισχυον απο του πληθους των ιχθυων.
Ac	8 39	πνευμα κυριου ηρπασεν τον φιλιππον, και ουκ ειδεν αυτον *ουκετι* ο ευνουχος·
	20 25	και νυν ιδου εγω οιδα οτι *ουκετι* οψεσθε το προσωπον μου υμεις παντες εν οις διηλθον κηρυσσων την βασιλειαν.
	38	και επιπεσοντες επι τον τραχηλον του παυλου κατεφιλουν αυτον, οδυνωμενοι μαλιστα επι τω λογω ω ειρηκει, οτι *ουκετι* μελλουσιν το προσωπον αυτου θεωρειν.
Rm	6 9	πιστευοντες οτι και συζησομεν αυτω, ειδοτες οτι χριστος εγερθεις εκ νεκρων *ουκετι* αποθνησκει,
	9	ειδοτες οτι χριστος εγερθεις εκ νεκρων ουκετι αποθνησκει, θανατος αυτου *ουκετι* κυριευει.
	7 17	νυνι δε *ουκετι* εγω κατεργαζομαι αυτο αλλα η οικουσα εν εμοι αμαρτια.
	20	ει δε ο ου θελω [εγω] τουτο ποιω, *ουκετι* εγω κατεργαζομαι αυτο αλλα η οικουσα εν εμοι αμαρτια.
	11 6	ει δε χαριτι, *ουκετι* εξ εργων, επει η χαρις ουκετι γινεται χαρις.
	6	ει δε χαριτι, ουκετι εξ εργων, επει η χαρις *ουκετι* γινεται χαρις.
	14 15	ει γαρ δια βρωμα ο αδελφος σου λυπειται, *ουκετι* κατα αγαπην περιπατεις.
2Co	1 23	εγω δε μαρτυρα τον θεον επικαλουμαι επι την εμην ψυχην, οτι φειδομενος υμων *ουκετι* ηλθον εις κορινθον.
	5 16	ει και εγνωκαμεν κατα σαρκα χριστον, αλλα νυν *ουκετι* γινωσκομεν.

Ga	2 20	ζω δε *ουκετι* εγω, ζη δε εν εμοι χριστος·
	3 18	ει γαρ εκ νομου η κληρονομια, *ουκετι* εξ επαγγελιας·
	25	ελθουσης δε της πιστεως *ουκετι* υπο παιδαγωγον εσμεν.
	4 7	ωστε *ουκετι* ει δουλος αλλα υιος·
Eph	2 19	αρα ουν *ουκετι* εστε ξενοι και παροικοι,
Phm	16	ινα αιωνιον αυτον απεχης, *ουκετι* ως δουλον αλλ υπερ δουλον, αδελφον αγαπητον, μαλιστα εμοι, ποσω δε μαλλον σοι και εν σαρκι και εν κυριω.
Heb	10 18	οπου δε αφεσις τουτων, *ουκετι* προσφορα περι αμαρτιας.
	26	εκουσιως γαρ αμαρτανοντων ημων μετα το λαβειν την επιγνωσιν της αληθειας, *ουκετι* περι αμαρτιων απολειπεται θυσια,
Apc	10 6	και ωμοσεν εν τω ζωντι εις τους αιωνας των αιωνων, ος εκτισεν τον ουρανον και τα εν αυτω και την γην και τα εν αυτη και την θαλασσαν και τα εν αυτη, οτι χρονος *ουκετι* εσται,
	18 11	και οι εμποροι της γης κλαιουσιν και πενθουσιν επ αυτην, οτι τον γομον αυτων ουδεις αγοραζει *ουκετι,*
	14	και *ουκετι* ου μη αυτα ευρησουσιν.

οὐκουν [1]

Jh	18 37	*ουκουν* βασιλευς ει συ;

οὖν [501]

cf append.

οὔπω [26]

Mt	16 9	*ουπω* νοειτε, ουδε μνημονευετε τους πεντε αρτους των πεντακισχιλιων και ποσους κοφινους ελαβετε;
	24 6	δει γαρ γενεσθαι, αλλ *ουπω* εστιν το τελος.
Mc	4 40	τι δειλοι εστε; *ουπω* εχετε πιστιν;
	8 17	τι διαλογιζεσθε οτι αρτους ουκ εχετε; *ουπω* νοειτε ουδε συνιετε;
	21	και ελεγεν αυτοις· *ουπω* συνιετε;
	11 2	υπαγετε εις την κωμην την κατεναντι υμων, και ευθυς εισπορευομενοι εις αυτην ευρησετε πωλον δεδεμενον εφ ον ουδεις *ουπω* ανθρωπων εκαθισεν·
	13 7	δει γενεσθαι, αλλ *ουπω* το τελος.
Lc	23 53	και εθηκεν αυτον εν μνηματι λαξευτω, ου ουκ ην ουδεις *ουπω* κειμενος.
Jh	2 4	*ουπω* ηκει η ωρα μου.
	3 24	*ουπω* γαρ ην βεβλημενος εις την φυλακην ο ιωαννης.
	6 17	και σκοτια ηδη εγεγονει και *ουπω* εληλυθει προς αυτους ο ιησους,
	7 6	ο καιρος ο εμος *ουπω* παρεστιν, ο δε καιρος ο υμετερος παντοτε εστιν ετοιμος.
	8	εγω ουκ αναβαινω εις την εορτην ταυτην, οτι ο εμος καιρος *ουπω* πεπληρωται.
	30	και ουδεις επεβαλεν επ αυτον την χειρα, οτι *ουπω* εληλυθει η ωρα αυτου.
	39	*ουπω* γαρ ην πνευμα, οτι ιησους ουδεπω εδοξασθη.
	8 20	και ουδεις επιασεν αυτον, οτι *ουπω* εληλυθει η ωρα αυτου.
	57	πεντηκοντα ετη *ουπω* εχεις και αβρααμ εωρακας;
	11 30	*ουπω* δε εληλυθει ο ιησους εις την κωμην, αλλ ην ετι εν τω τοπω οπου υπηντησεν αυτω η μαρθα.
	20 17	μη μου απτου, *ουπω* γαρ αναβεβηκα προς τον πατερα·
1Co	3 2	γαλα υμας εποτισα, ου βρωμα· *ουπω* γαρ εδυνασθε.
	8 2	ει τις δοκει εγνωκεναι τι, *ουπω* εγνω καθως δει γνωναι·
Heb	2 8	νυν δε *ουπω* ορωμεν αυτω τα παντα υποτεταγμενα·
	12 4	*ουπω* μεχρις αιματος αντικατεστητε προς την αμαρτιαν ανταγωνιζομενοι.
1Jh	3 2	αγαπητοι, νυν τεκνα θεου εσμεν, και *ουπω* εφανερωθη τι εσομεθα.
Apc	17 10	ο εις εστιν, ο αλλος *ουπω* ηλθεν,
	12	και τα δεκα κερατα α ειδες δεκα βασιλεις εισιν, οιτινες βασιλειαν *ουπω* ελαβον,

οὐρα [5]

Apc	9 10	και εχουσιν *ουρας* ομοιας σκορπιοις και κεντρα,
	10	και εν ταις *ουραις* αυτων η εξουσια αυτων αδικησαι τους ανθρωπους μηνας πεντε.
	19	η γαρ εξουσια των ιππων εν τω στοματι αυτων εστιν και εν ταις *ουραις* αυτων
	19	αι γαρ *ουραι* αυτων ομοιαι οφεσιν,
	12 4	και η *ουρα* αυτου συρει το τριτον των αστερων του ουρανου,

οὐράνιος [9]

Mt 5 48   ἔσεσθε οὖν ὑμεις τελειοι ὡς ὁ πατηρ ὑμων ὁ *οὐρανιος* τελειος ἐστιν.

     6 14   ἀφησει και ὑμιν ὁ πατηρ ὑμων ὁ *οὐρανιος·*

       26   και ὁ πατηρ ὑμων ὁ *οὐρανιος* τρεφει αὐτα·

       32   οἰδεν γαρ ὁ πατηρ ὑμων ὁ *οὐρανιος* ὁτι χρηζετε τουτων ἀπαντων.

     15 13   πασα φυτεια ἡν οὐκ ἐφυτευσεν ὁ πατηρ μου ὁ *οὐρανιος* ἐκριζωθησεται.

     18 35   οὑτως και ὁ πατηρ μου ὁ *οὐρανιος* ποιησει ὑμιν, ἐαν μη ἀφητε ἐκαστος τῳ ἀδελφῳ αὐτου ἀπο των καρδιων ὑμων.

     23 9   και πατερα μη καλεσητε ὑμων ἐπι της γης· εἰς γαρ ἐστιν ὑμων ὁ πατηρ ὁ *οὐρανιος.*

Lc   2 13   και ἐξαιφνης ἐγενετο συν τῳ ἀγγελῳ πληθος στρατιας *οὐρανιου* αἰνουντων τον θεον και λεγοντων·

Ac   26 19   ὁθεν, βασιλευ ἀγριππα, οὐκ ἐγενομην ἀπειθης τῃ *οὐρανιῳ* ὀπτασια,

οὐρανοθεν [2]

Ac   14 17   καιτοι οὐκ ἀμαρτυρον αὐτον ἀφηκεν ἀγαθουργων, *οὐρανοθεν* ὑμιν ὑετους διδους και καιρους καρποφορους,

     26 13   ἡμερας μεσης κατα την ὁδον εἰδον, βασιλευ, *οὐρανοθεν* ὑπερ την λαμπροτητα του ἡλιου περιλαμψαν με φως και τους συν ἐμοι πορευομενους·

οὐρανός [274]

Mt   3 2   μετανοειτε· ἠγγικεν γαρ ἡ βασιλεια των *οὐρανων.*

       16   και ἰδου ἠνεωχθησαν [αὐτῳ] οἱ *οὐρανοι,*

       17   και ἰδου φωνη ἐκ των *οὐρανων* λεγουσα·

     4 17   μετανοειτε· ἠγγικεν γαρ ἡ βασιλεια των *οὐρανων.*

     5 3   μακαριοι οἱ πτωχοι τῳ πνευματι, ὁτι αὐτων ἐστιν ἡ βασιλεια των *οὐρανων.*

       10   μακαριοι οἱ δεδιωγμενοι ἑνεκεν δικαιοσυνης, ὁτι αὐτων ἐστιν ἡ βασιλεια των *οὐρανων.*

       12   χαιρετε και ἀγαλλιασθε, ὁτι ὁ μισθος ὑμων πολυς ἐν τοις *οὐρανοις·*

       16   ὁπως ἰδωσιν ὑμων τα καλα ἐργα και δοξασωσιν τον πατερα ὑμων τον ἐν τοις *οὐρανοις.*

       18   ἑως ἀν παρελθη ὁ *οὐρανος* και ἡ γη, ἰωτα ἑν ἡ μια κεραια οὐ μη παρελθη ἀπο του νομου,

       19   ὁς ἐαν οὐν λυση μιαν των ἐντολων τουτων των ἐλαχιστων και διδαξη οὑτως τους ἀνθρωπους, ἐλαχιστος κληθησεται ἐν τῃ βασιλεια των *οὐρανων·*

       19   ὁς δ ἀν ποιηση και διδαξη, οὑτος μεγας κληθησεται ἐν τῃ βασιλεια των *οὐρανων.*

       20   λεγω γαρ ὑμιν ὁτι ἐαν μη περισσευση ὑμων ἡ δικαιοσυνη πλειον των γραμματεων και φαρισαιων, οὐ μη εἰσελθητε εἰς την βασιλειαν των *οὐρανων.*

       34   ἐγω δε λεγω ὑμιν μη ὀμοσαι ὁλως· μητε ἐν τῳ *οὐρανῳ,*

       45   ἀγαπατε τους ἐχθρους ὑμων και προσευχεσθε ὑπερ των διωκοντων ὑμας· ὁπως γενησθε υἱοι του πατρος ὑμων του ἐν *οὐρανοις,*

     6 1   εἰ δε μηγε, μισθον οὐκ ἐχετε παρα τῳ πατρι ὑμων τῳ ἐν τοις *οὐρανοις.*

       9   πατερ ἡμων ὁ ἐν τοις *οὐρανοις·*

       10   γενηθητω το θελημα σου, ὡς ἐν *οὐρανῳ* και ἐπι γης·

       20   θησαυριζετε δε ὑμιν θησαυρους ἐν *οὐρανῳ,*

       26   ἐμβλεψατε εἰς τα πετεινα του *οὐρανου.*

     7 11   ποσῳ μαλλον ὁ πατηρ ὑμων ὁ ἐν τοις *οὐρανοις* δωσει ἀγαθα τοις αἰτουσιν αὐτον.

       21   οὐ πας ὁ λεγων μοι κυριε κυριε, εἰσελευσεται εἰς την βασιλειαν των *οὐρανων,*

       21   ἀλλ ὁ ποιων το θελημα του πατρος μου του ἐν τοις *οὐρανοις.*

     8 11   λεγω δε ὑμιν ὁτι πολλοι ἀπο ἀνατολων και δυσμων ἡξουσιν και ἀνακλιθησονται μετα ἀβρααμ και ἰσαακ και ἰακωβ ἐν τῃ βασιλεια των *οὐρανων·*

       20   αἱ ἀλωπεκες φωλεους ἐχουσιν και τα πετεινα του *οὐρανου* κατασκηνωσεις,

     10 7   πορευομενοι δε κηρυσσετε λεγοντες ὁτι ἠγγικεν ἡ βασιλεια των *οὐρανων.*

       32   πας οὐν ὁστις ὁμολογησει ἐν ἐμοι ἐμπροσθεν των ἀνθρωπων, ὁμολογησω καγω ἐν αὐτῳ ἐμπροσθεν του πατρος μου του ἐν [τοις] *οὐρανοις·*

       33   ὁστις δ ἀν ἀρνησηται με ἐμπροσθεν των ἀνθρωπων, ἀρνησομαι καγω αὐτον ἐμπροσθεν του πατρος μου του ἐν [τοις] *οὐρανοις.*

     11 11   ὁ δε μικροτερος ἐν τῃ βασιλεια των *οὐρανων* μειζων αὐτου ἐστιν.

οὐρανός [274]

Mt   11 12   ἀπο δε των ἡμερων ἰωαννου του βαπτιστου ἑως ἀρτι ἡ βασιλεια των *οὐρανων* βιαζεται,

       23   καφαρναουμ, μη ἑως *οὐρανου* ὑψωθηση; ἑως ἁδου καταβηση·

       25   ἐξομολογουμαι σοι πατερ κυριε του *οὐρανου* και της γης, ὁτι ἐκρυψας ταυτα ἀπο σοφων και συνετων,

     12 50   ὁστις γαρ ἀν ποιηση το θελημα του πατρος μου του ἐν *οὐρανοις,* αὐτος μου ἀδελφος και ἀδελφη και μητηρ ἐστιν.

     13 11   ὁ δε ἀποκριθεις εἰπεν αὐτοις· ὁτι ὑμιν δεδοται γνωναι τα μυστηρια της βασιλειας των *οὐρανων,*

       24   ὡμοιωθη ἡ βασιλεια των *οὐρανων* ἀνθρωπῳ σπειραντι καλον σπερμα ἐν τῳ ἀγρῳ αὐτου.

       31   ὁμοια ἐστιν ἡ βασιλεια των *οὐρανων* κοκκῳ σιναπεως,

       32   μειζον των λαχανων ἐστιν και γινεται δενδρον, ὡστε ἐλθειν τα πετεινα του *οὐρανου* και κατασκηνουν ἐν τοις κλαδοις αὐτου.

       33   ὁμοια ἐστιν ἡ βασιλεια των *οὐρανων* ζυμη,

       44   ὁμοια ἐστιν ἡ βασιλεια των *οὐρανων* θησαυρῳ κεκρυμμενω ἐν τῳ ἀγρῳ,

       45   παλιν ὁμοια ἐστιν ἡ βασιλεια των *οὐρανων* ἀνθρωπῳ ἐμπορῳ ζητουντι καλους μαργαριτας·

       47   παλιν ὁμοια ἐστιν ἡ βασιλεια των *οὐρανων* σαγηνῃ βληθειση εἰς την θαλασσαν και ἐκ παντος γενους συναγαγουση·

       52   δια τουτο πας γραμματευς μαθητευθεις τῃ βασιλεια των *οὐρανων* ὁμοιος ἐστιν ἀνθρωπῳ οἰκοδεσποτῃ,

     14 19   λαβων τους πεντε ἀρτους και τους δυο ἰχθυας, ἀναβλεψας εἰς τον *οὐρανον* εὐλογησεν, και κλασας ἐδωκεν τοις μαθηταις τους ἀρτους,

     16 1   και προσελθοντες οἱ φαρισαιοι και σαδδουκαιοι πειραζοντες ἐπηρωτησαν αὐτον σημειον ἐκ του *οὐρανου* ἐπιδειξαι αὐτοις.

       2   [ὀψιας γενομενης λεγετε· εὐδια, πυρραζει γαρ ὁ *οὐρανος·* και πρωι· σημερον χειμων, πυρραζει γαρ στυγναζων ὁ *οὐρανος*].

       3   [ὀψιας γενομενης λεγετε· εὐδια, πυρραζει γαρ ὁ *οὐρανος·* και πρωι· σημερον χειμων, πυρραζει γαρ στυγναζων ὁ *οὐρανος*].

       3   [το μεν προσωπον του *οὐρανου* γινωσκετε διακρινειν], [τα δε σημεια των καιρων οὐ δυνασθε];

       17   μακαριος εἰ, σιμων βαριωνα, ὁτι σαρξ και αἱμα οὐκ ἀπεκαλυψεν σοι ἀλλ ὁ πατηρ μου ὁ ἐν τοις *οὐρανοις.*

       19   δωσω σοι τας κλειδας της βασιλειας των *οὐρανων,*

       19   και ὁ ἐαν δησης ἐπι της γης ἐσται δεδεμενον ἐν τοις *οὐρανοις,* και ὁ ἐαν λυσης ἐπι της γης ἐσται λελυμενον ἐν τοις *οὐρανοις.*

       19   και ὁ ἐαν δησης ἐπι της γης ἐσται δεδεμενον ἐν τοις *οὐρανοις,* και ὁ ἐαν λυσης ἐπι της γης ἐσται λελυμενον ἐν τοις *οὐρανοις.*

     18 1   τις ἀρα μειζων ἐστιν ἐν τῃ βασιλεια των *οὐρανων;*

       3   ἀμην λεγω ὑμιν, ἐαν μη στραφητε και γενησθε ὡς τα παιδια, οὐ μη εἰσελθητε εἰς την βασιλειαν των *οὐρανων.*

       4   ὁστις οὐν ταπεινωσει ἑαυτον ὡς το παιδιον τουτο, οὑτος ἐστιν ὁ μειζων ἐν τῃ βασιλεια των *οὐρανων.*

       10   λεγω γαρ ὑμιν ὁτι οἱ ἀγγελοι αὐτων ἐν *οὐρανοις* δια παντος βλεπουσι το προσωπον του πατρος μου του ἐν *οὐρανοις.*

       10   λεγω γαρ ὑμιν ὁτι οἱ ἀγγελοι αὐτων ἐν *οὐρανοις* δια παντος βλεπουσι το προσωπον του πατρος μου του ἐν *οὐρανοις.*

       14   οὑτως οὐκ ἐστιν θελημα ἐμπροσθεν του πατρος ὑμων του ἐν *οὐρανοις* ἱνα ἀποληται ἑν των μικρων τουτων.

       18   ὁσα ἐαν δησητε ἐπι της γης ἐσται δεδεμενα ἐν *οὐρανῳ,* και ὁσα ἐαν λυσητε ἐπι της γης ἐσται λελυμενα ἐν *οὐρανῳ.*

       18   ὁσα ἐαν δησητε ἐπι της γης ἐσται δεδεμενα ἐν *οὐρανῳ,* και ὁσα ἐαν λυσητε ἐπι της γης ἐσται λελυμενα ἐν *οὐρανῳ.*

       19   παλιν [ἀμην] λεγω ὑμιν ὁτι ἐαν δυο συμφωνησωσιν ἐξ ὑμων ἐπι της γης περι παντος πραγματος οὑ ἐαν αἰτησωνται, γενησεται αὐτοις παρα του πατρος μου του ἐν *οὐρανοις.*

       23   δια τουτο ὡμοιωθη ἡ βασιλεια των *οὐρανων* ἀνθρωπῳ βασιλει, ὁς ἠθελησεν συναραι λογον μετα των δουλων αὐτου.

     19 12   και εἰσιν εὐνουχοι οἱτινες εὐνουχισαν ἑαυτους δια την βασιλειαν των *οὐρανων.*

       14   ἀφετε τα παιδια και μη κωλυετε αὐτα ἐλθειν προς με· των γαρ τοιουτων ἐστιν ἡ βασιλεια των *οὐρανων.*

       21   και ἐξεις θησαυρον ἐν *οὐρανοις,* και δευρο ἀκολουθει μοι.

       23   ἀμην λεγω ὑμιν ὁτι πλουσιος δυσκολως εἰσελευσεται εἰς την

     20 1   ὁμοια γαρ ἐστιν ἡ βασιλεια των *οὐρανων* ἀνθρωπῳ οἰκοδεσποτῃ,

     21 25   το βαπτισμα το ἰωαννου ποθεν ἡν; ἐξ *οὐρανου* ἡ ἐξ ἀνθρωπων;

       25   ἐαν εἰπωμεν· ἐξ *οὐρανου,* ἐρει ἡμιν· δια τι οὐν οὐκ ἐπιστευσατε αὐτῳ·

     22 2   ὡμοιωθη ἡ βασιλεια των *οὐρανων* ἀνθρωπῳ βασιλει, ὁστις ἐποιησεν γαμους τῳ υἱῳ αὐτου.

οὐρανος [274]

Mt	22 30	ἐν γαρ τῃ ἀναστασει οὐτε γαμουσιν οὐτε γαμιζονται, ἀλλ ὡς ἀγγελοι ἐν τῳ *οὐρανῳ* εἰσιν.
	23 13	οὐαι δε ὑμιν, γραμματεις και φαρισαιοι ὑποκριται, ὁτι κλειετε την βασιλειαν των *οὐρανων* ἐμπροσθεν των ἀνθρωπων·
	22	και ὁ ὀμοσας ἐν τῳ *οὐρανῳ* ὀμνυει ἐν τῳ θρονῳ του θεου και ἐν τῳ καθημενῳ ἐπανω αὐτου.
	24 29	και οἱ ἀστερες πεσουνται ἀπο του *οὐρανου*,
	29	και αἱ δυναμεις των *οὐρανων* σαλευθησονται.
	30	και τοτε φανησεται το σημειον του υἱου του ἀνθρωπου ἐν *οὐρανῳ*·
	30	και τοτε κοψονται πασαι αἱ φυλαι της γης και ὀψονται τον υἱον του ἀνθρωπου ἐρχομενον ἐπι των νεφελων του *οὐρανου* μετα δυναμεως και δοξης πολλης·
	31	και ἐπισυναξουσιν τους ἐκλεκτους αὐτου ἐκ των τεσσαρων ἀνεμων ἀπ ἀκρων *οὐρανων* ἑως [των] ἀκρων αὐτων.
	35	ὁ *οὐρανος* και ἡ γη παρελευσεται, οἱ δε λογοι μου οὐ μη παρελθωσιν.
	36	περι δε της ἡμερας ἐκεινης και ὡρας οὐδεις οἰδεν, οὐδε οἱ ἀγγελοι των *οὐρανων* οὐδε ὁ υἱος, εἰ μη ὁ πατηρ μονος.
	25 1	τοτε ὁμοιωθησεται ἡ βασιλεια των *οὐρανων* δεκα παρθενοις,
	26 64	ἀπ ἀρτι ὀψεσθε τον υἱον του ἀνθρωπου καθημενον ἐκ δεξιων της δυναμεως και ἐρχομενον ἐπι των νεφελων του *οὐρανου*.
	28 2	ἀγγελος γαρ κυριου καταβας ἐξ *οὐρανου* και προσελθων ἀπεκυλισεν τον λιθον και ἐκαθητο ἐπανω αὐτου.
	18	ἐδοθη μοι πασα ἐξουσια ἐν *οὐρανῳ* και ἐπι [της] γης.
Mc	1 10	και εὐθυς ἀναβαινων ἐκ του ὑδατος εἰδεν σχιζομενους τους *οὐρανους* και το πνευμα ὡς περιστεραν καταβαινον εἰς αὐτον·
	11	και φωνη ἐγενετο ἐκ των *οὐρανων*· συ εἰ ὁ υἱος μου ὁ ἀγαπητος,
	4 32	και ποιει κλαδους μεγαλους, ὡστε δυνασθαι ὑπο την σκιαν αὐτου τα πετεινα του *οὐρανου* κατασκηνουν.
	6 41	και λαβων τους πεντε ἀρτους και τους δυο ἰχθυας, ἀναβλεψας εἰς τον *οὐρανον* εὐλογησεν και κατεκλασεν τους ἀρτους και ἐδιδου τοις μαθηταις [αὐτου] ἱνα παρατιθωσιν αὐτοις,
	7 34	και ἀναβλεψας εἰς τον *οὐρανον* ἐστεναξεν, και λεγει αὐτῳ·
	8 11	ζητουντες παρ αὐτου σημειον ἀπο του *οὐρανου*, πειραζοντες αὐτον.
	10 21	ἑν σε ὑστερει· ὑπαγε, ὁσα ἐχεις πωλησον και δος [τοις] πτωχοις, και ἑξεις θησαυρον ἐν *οὐρανῳ*,
	11 25	ἀφιετε εἰ τι ἐχετε κατα τινος, ἱνα και ὁ πατηρ ὑμων ὁ ἐν τοις *οὐρανοις* ἀφῃ ὑμιν τα παραπτωματα ὑμων.
	26*	οὐδε ὁ πατηρ ὑμων ὁ ἐν τοις *οὐρανοις* ἀφησει τα παραπτωματα ὑμων.
	30	το βαπτισμα το ἰωαννου ἐξ *οὐρανου* ἠν ἡ ἐξ ἀνθρωπων; ἀποκριθητε μοι.
	31	ἐαν εἰπωμεν· ἐξ *οὐρανου*, ἐρει· δια τι [οὐν] οὐκ ἐπιστευσατε αὐτῳ;
	12 25	ὁταν γαρ ἐκ νεκρων ἀναστωσιν, οὐτε γαμουσιν οὐτε γαμιζονται, ἀλλ εἰσιν ὡς ἀγγελοι ἐν τοις *οὐρανοις*.
	13 25	και οἱ ἀστερες ἐσονται ἐκ του *οὐρανου* πιπτοντες,
	25	και αἱ δυναμεις αἱ ἐν τοις *οὐρανοις* σαλευθησονται.
	27	και τοτε ἀποστελει τους ἀγγελους και ἐπισυναξει τους ἐκλεκτους [αὐτου] ἐκ των τεσσαρων ἀνεμων ἀπ ἀκρου γης ἑως ἀκρου *οὐρανου*.
	31	ὁ *οὐρανος* και ἡ γη παρελευσονται, οἱ δε λογοι μου οὐ μη παρελευσονται.
	32	περι δε της ἡμερας ἐκεινης ἡ της ὡρας οὐδεις οἰδεν, οὐδε οἱ ἀγγελοι ἐν *οὐρανῳ* οὐδε ὁ υἱος, εἰ μη ὁ πατηρ.
	14 62	και ὀψεσθε τον υἱον του ἀνθρωπου ἐκ δεξιων καθημενον της δυναμεως και ἐρχομενον μετα των νεφελων του *οὐρανου*.
	16 19	ὁ μεν οὐν κυριος ἰησους μετα το λαλησαι αὐτοις ἀνελημφθη εἰς τον *οὐρανον* και ἐκαθισεν ἐκ δεξιων του θεου.
Lc	2 15	και ἐγενετο ὡς ἀπηλθον ἀπ αὐτων εἰς τον *οὐρανον* οἱ ἀγγελοι, οἱ ποιμενες ἐλαλουν προς ἀλληλους·
	3 21	ἐγενετο δε ἐν τῳ βαπτισθηναι ἁπαντα τον λαον και ἰησου βαπτισθεντος και προσευχομενου ἀνεῳχθηναι τον *οὐρανον* και καταβηναι το πνευμα το ἁγιον σωματικῳ εἰδει ὡς περιστεραν ἐπ αὐτον,
	22	και φωνη ἐξ *οὐρανου* γενεσθαι· συ εἰ ὁ υἱος μου ὁ ἀγαπητος, ἐν σοι εὐδοκησα.
	4 25	πολλαι χηραι ἠσαν ἐν ταις ἡμεραις ἡλιου ἐν τῳ ἰσραηλ, ὁτε ἐκλεισθη ὁ *οὐρανος* ἐπι ἐτη τρια και μηνας ἑξ,
	6 23	ἰδου γαρ ὁ μισθος ὑμων πολυς ἐν τῳ *οὐρανῳ*·
	8 5	και τα πετεινα του *οὐρανου* κατεφαγεν αὐτο.
	9 16	λαβων δε τους πεντε ἀρτους και τους δυο ἰχθυας, ἀναβλεψας εἰς τον *οὐρανον* εὐλογησεν αὐτους και κατεκλασεν, και ἐδιδου τοις μαθηταις παραθειναι τῳ ὀχλῳ.
	54	κυριε, θελεις εἰπωμεν πυρ καταβηναι ἀπο του *οὐρανου* και ἀναλωσαι αὐτους;

οὐρανος [274]

Lc	9 58	αἱ ἀλωπεκες φωλεους ἐχουσιν και τα πετεινα του *οὐρανου* κατασκηνωσεις, ὁ δε υἱος του ἀνθρωπου οὐκ ἐχει που την κεφαλην κλινῃ.
	10 15	και συ, καφαρναουμ, μη ἑως *οὐρανου* ὑψωθηση; ἑως του ἁδου καταβηση.
	18	ἐθεωρουν τον σαταναν ὡς ἀστραπην ἐκ του *οὐρανου* πεσοντα.
	20	χαιρετε δε ὁτι τα ὀνοματα ὑμων ἐγγεγραπται ἐν τοις *οὐρανοις*.
	21	ἐξομολογουμαι σοι, πατερ, κυριε του *οὐρανου* και της γης, ὁτι ἀπεκρυψας ταυτα ἀπο σοφων και συνετων, και ἀπεκαλυψας αὐτα νηπιοις·
	11 13	εἰ οὐν ὑμεις πονηροι ὑπαρχοντες οἰδατε δοματα ἀγαθα διδοναι τοις τεκνοις ὑμων, ποσῳ μαλλον ὁ πατηρ [ὁ] ἐξ *οὐρανου* δωσει πνευμα ἁγιον τοις αἰτουσιν αὐτον.
	16	ἑτεροι δε πειραζοντες σημειον ἐξ *οὐρανου* ἐζητουν παρ αὐτου.
	12 33	ποιησατε ἑαυτοις βαλλαντια μη παλαιουμενα, θησαυρον ἀνεκλειπτον ἐν τοις *οὐρανοις*, ὁπου κλεπτης οὐκ ἐγγιζει οὐδε σης διαφθειρει·
	56	ὑποκριται, το προσωπον της γης και του *οὐρανου* οἰδατε δοκιμαζειν, τον καιρον δε τουτον πως οὐκ οἰδατε δοκιμαζειν;
	13 19	και ηὐξησεν και ἐγενετο εἰς δενδρον, και τα πετεινα του *οὐρανου* κατεσκηνωσεν ἐν τοις κλαδοις αὐτου.
	15 7	λεγω ὑμιν ὁτι οὑτως χαρα ἐν τῳ *οὐρανῳ* ἐσται ἐπι ἑνι ἁμαρτωλῳ μετανοουντι ἡ ἐπι ἐνενηκονταεννεα δικαιοις οἱτινες οὐ χρειαν ἐχουσιν μετανοιας.
	18	πατερ, ἡμαρτον εἰς τον *οὐρανον* και ἐνωπιον σου, οὐκετι εἰμι ἀξιος κληθηναι υἱος σου·
	21	πατερ, ἡμαρτον εἰς τον *οὐρανον* και ἐνωπιον σου, οὐκετι εἰμι ἀξιος κληθηναι υἱος σου.
	16 17	εὐκοπωτερον δε ἐστιν τον *οὐρανον* και την γην παρελθειν ἡ του νομου μιαν κεραιαν πεσειν.
	17 24	ὡσπερ γαρ ἡ ἀστραπη ἀστραπτουσα ἐκ της ὑπο τον *οὐρανον* εἰς την ὑπ οὐρανον λαμπει, οὑτως ἐσται ὁ υἱος του ἀνθρωπου [ἐν τῃ ἡμερᾳ αὐτου].
	24	ὡσπερ γαρ ἡ ἀστραπη ἀστραπτουσα ἐκ της ὑπο τον οὐρανον εἰς την ὑπ οὐρανον λαμπει, οὑτως ἐσται ὁ υἱος του ἀνθρωπου [ἐν τῃ ἡμερᾳ αὐτου].
	29	ἡ δε ἡμερᾳ ἐξηλθεν λωτ ἀπο σοδομων, ἐβρεξεν πυρ και θειον ἀπ *οὐρανου* και ἀπωλεσεν παντας.
	18 13	ὁ δε τελωνης μακροθεν ἑστως οὐκ ἠθελεν οὐδε τους ὀφθαλμους ἐπαραι εἰς τον *οὐρανον*,
	22	παντα ὁσα ἐχεις πωλησον και διαδος πτωχοις, και ἑξεις θησαυρον ἐν [τοις] *οὐρανοις*,
	19 38	εὐλογημενος ὁ ἐρχομενος, ὁ βασιλευς ἐν ὀνοματι κυριου· ἐν *οὐρανῳ* εἰρηνη και δοξα ἐν ὑψιστοις.
	20 4	το βαπτισμα ἰωαννου ἐξ *οὐρανου* ἠν ἡ ἐξ ἀνθρωπων;
	5	ἐξ *οὐρανου*, ἐρει· δια τι οὐκ ἐπιστευσατε αὐτῳ;
	21 11	φοβητρα τε και ἀπ *οὐρανου* σημεια μεγαλα ἐσται.
	26	αἱ γαρ δυναμεις των *οὐρανων* σαλευθησονται.
	33	ὁ *οὐρανος* και ἡ γη παρελευσονται, οἱ δε λογοι μου οὐ μη παρελευσονται.
	22 43	[ὡφθη δε αὐτῳ ἀγγελος ἀπ *οὐρανου* ἐνισχυων αὐτον].
	24 51	και ἐγενετο ἐν τῳ εὐλογειν αὐτον αὐτους διεστη ἀπ αὐτων και ἀνεφερετο εἰς τον *οὐρανον*.
Jh	1 32	και ἐμαρτυρησεν ἰωαννης λεγων ὁτι τεθεαμαι το πνευμα καταβαινον ὡς περιστεραν ἐξ *οὐρανου*,
	51	ὀψεσθε τον *οὐρανον* ἀνεῳγοτα και τους ἀγγελους του θεου ἀναβαινοντας και καταβαινοντας ἐπι τον υἱον του ἀνθρωπου.
	3 13	και οὐδεις ἀναβεβηκεν εἰς τον *οὐρανον* εἰ μη ὁ ἐκ του οὐρανου καταβας,
	13	και οὐδεις ἀναβεβηκεν εἰς τον οὐρανον εἰ μη ὁ ἐκ του *οὐρανου* καταβας,
	27	οὐ δυναται ἀνθρωπος λαμβανειν οὐδε ἑν ἐαν μη ἡ δεδομενον αὐτῳ ἐκ του *οὐρανου*.
	31	ὁ ἐκ του *οὐρανου* ἐρχομενος [ἐπανω παντων ἐστιν]·
	6 31	ἀρτον ἐκ του *οὐρανου* ἐδωκεν αὐτοις φαγειν.
	32	ἀμην ἀμην λεγω ὑμιν, οὐ μωυσης δεδωκεν ὑμιν τον ἀρτον ἐκ του *οὐρανου*,
	32	ἀμην ἀμην λεγω ὑμιν, οὐ μωυσης δεδωκεν ὑμιν τον ἀρτον ἐκ του οὐρανου, ἀλλ ὁ πατηρ μου διδωσιν ὑμιν τον ἀρτον ἐκ του *οὐρανου* τον ἀληθινον·
	33	ὁ γαρ ἀρτος του θεου ἐστιν ὁ καταβαινων ἐκ του *οὐρανου* και ζωην διδους τῳ κοσμῳ.
	38	ὁτι καταβεβηκα ἀπο του *οὐρανου* οὐχ ἱνα ποιω το θελημα το ἐμον ἀλλα το θελημα του πεμψαντος με.
	41	ἐγω εἰμι ὁ ἀρτος ὁ καταβας ἐκ του *οὐρανου*,
	42	πως νυν λεγει ὁτι ἐκ του *οὐρανου* καταβεβηκα;

οὐρανος [274]

Jh	6 50	οὗτος ἐστιν ὁ ἀρτος ὁ ἐκ του *οὐρανου* καταβαινων, ἱνα τις ἐξ αὐτου φαγη και μη ἀποθανη.
	51	ἐγω εἰμι ὁ ἀρτος ὁ ζων ὁ ἐκ του *οὐρανου* καταβας·
	58	οὗτος ἐστιν ὁ ἀρτος ὁ ἐξ *οὐρανου* καταβας, οὐ καθως ἐφαγον οἱ πατερες και ἀπεθανον.
	12 28	ἠλθεν οὖν φωνη ἐκ του *οὐρανου*· και ἐδοξασα και παλιν δοξασω.
	17 1	ταυτα ἐλαλησεν ἰησους, και ἐπαρας τους ὀφθαλμους αὐτου εἰς τον *οὐρανον* εἰπεν·
Ac	1 10	και ὡς ἀτενιζοντες ἠσαν εἰς τον *οὐρανον* πορευομενου αὐτου, και ἰδου ἀνδρες δυο παρειστηκεισαν αὐτοις ἐν ἐσθησεσι λευκαις,
	11	ἀνδρες γαλιλαιοι, τί ἑστηκατε [ἐμ]βλεποντες εἰς τον *οὐρανον*;
	11	οὗτος ὁ ἰησους ὁ ἀναλημφθεις ἀφ ὑμων εἰς τον *οὐρανον* οὑτως ἐλευσεται ὁν τροπον ἐθεασασθε αὐτον πορευομενον εἰς τον *οὐρανον*.
	11	οὗτος ὁ ἰησους ὁ ἀναλημφθεις ἀφ ὑμων εἰς τον *οὐρανον* οὑτως ἐλευσεται ὁν τροπον ἐθεασασθε αὐτον πορευομενον εἰς τον *οὐρανον*.
	2 2	και ἐγενετο ἀφνω ἐκ του *οὐρανου* ἠχος ὡσπερ φερομενης πνοης βιαιας και ἐπληρωσεν ὁλον τον οἰκον οὐ ἠσαν καθημενοι,
	5	ἠσαν δε εἰς ἰερουσαλημ κατοικουντες ἰουδαιοι, ἀνδρες εὐλαβεις ἀπο παντος ἐθνους των ὑπο τον *οὐρανον*·
	19	και δωσω τερατα ἐν τω *οὐρανω* ἀνω και σημεια ἐπι της γης κατω,
	34	οὐ γαρ δαυιδ ἀνεβη εἰς τους *οὐρανους*,
	3 21	και ἀποστειλη τον προκεχειρισμενον ὑμιν χριστον ἰησουν, ὁν δει *οὐρανον* μεν δεξασθαι ἀχρι χρονων ἀποκαταστασεως παντων ὡν ἐλαλησεν ὁ θεος
	4 12	οὐδε γαρ ὀνομα ἐστιν ἑτερον ὑπο τον *οὐρανον* το δεδομενον ἐν ἀνθρωποις ἐν ᾡ δει σωθηναι ἡμας.
	24	δεσποτα, συ ὁ ποιησας τον *οὐρανον* και την γην και την θαλασσαν και παντα τα ἐν αὐτοις,
	7 42	ἐστρεψεν δε ὁ θεος και παρεδωκεν αὐτους λατρευειν τη στρατια του *οὐρανου*,
	49	ὁ *οὐρανος* μοι θρονος, ἡ δε γη ὑποποδιον των ποδων μου·
	55	ὑπαρχων δε πληρης πνευματος ἁγιου ἀτενισας εἰς τον *οὐρανον* εἰδεν δοξαν θεου και ἰησουν ἑστωτα ἐκ δεξιων του θεου,
	56	ἰδου θεωρω τους *οὐρανους* διηνοιγμενους και τον υἱον του ἀνθρωπου ἐκ δεξιων ἑστωτα του θεου.
	9 3	ἐν δε τω πορευεσθαι ἐγενετο αὐτον ἐγγιζειν τη δαμασκω, ἐξαιφνης τε αὐτον περιηστραψεν φως ἐκ του *οὐρανου*,
	10 11	και θεωρει τον *οὐρανον* ἀνεωγμενον και καταβαινον σκευος τι ὡς ὀθονην μεγαλην,
	12	ἐν ᾡ ὑπηρχεν παντα τα τετραποδα και ἑρπετα της γης και πετεινα του *οὐρανου*.
	16	τουτο δε ἐγενετο ἐπι τρις, και εὐθυς ἀνελημφθη το σκευος εἰς τον *οὐρανον*.
	11 5	και ἰδον ἐν ἐκστασει ὁραμα, καταβαινον σκευος τι ὡς ὀθονην μεγαλην τεσσαρσιν ἀρχαις καθιεμενην ἐκ του *οὐρανου*,
	6	εἰς ἡν ἀτενισας κατενοουν, και εἰδον τα τετραποδα της γης και τα θηρια και τα ἑρπετα και τα πετεινα του *οὐρανου*.
	9	ἀπεκριθη δε φωνη ἐκ δευτερου ἐκ του *οὐρανου*· ἁ ὁ θεος ἐκαθαρισεν συ μη κοινου.
	10	τουτο δε ἐγενετο ἐπι τρις, και ἀνεσπασθη παλιν ἁπαντα εἰς τον *οὐρανον*.
	14 15	εὐαγγελιζομενοι ὑμας ἀπο τουτων των ματαιων ἐπιστρεφειν ἐπι θεον ζωντα, ὁς ἐποιησεν τον *οὐρανον* και την γην και την θαλασσαν και παντα τα ἐν αὐτοις·
	17 24	ὁ θεος ὁ ποιησας τον κοσμον και παντα τα ἐν αὐτω, οὑτος *οὐρανου* και γης ὑπαρχων κυριος οὐκ ἐν χειροποιητοις ναοις κατοικει.
	22 6	ἐγενετο δε μοι πορευομενω και ἐγγιζοντι τη δαμασκω περι μεσημβριαν ἐξαιφνης ἐκ του *οὐρανου* περιαστραψαι φως ἱκανον περι ἐμε,
Rm	1 18	ἀποκαλυπτεται γαρ ὀργη θεου ἀπ *οὐρανου* ἐπι πασαν ἀσεβειαν και ἀδικιαν ἀνθρωπων των την ἀληθειαν ἐν ἀδικια κατεχοντων,
	10 6	μη εἰπης ἐν τη καρδια σου· τίς ἀναβησεται εἰς τον *οὐρανον*;
1Co	8 5	και γαρ εἰπερ εἰσιν λεγομενοι θεοι εἰτε ἐν *οὐρανω* εἰτε ἐπι γης, ὡσπερ εἰσιν θεοι πολλοι και κυριοι πολλοι, ἀλλ ἡμιν εἰς θεος ὁ πατηρ,
	15 47	ὁ πρωτος ἀνθρωπος ἐκ γης χοικος, ὁ δευτερος ἀνθρωπος ἐξ *οὐρανου*.
2Co	5 1	οἰκοδομην ἐκ θεου ἐχομεν, οἰκιαν ἀχειροποιητον αἰωνιον ἐν τοις *οὐρανοις*.

οὐρανος [274]

2Co	5 2	και γαρ ἐν τουτω στεναζομεν, το οἰκητηριον ἡμων το ἐξ *οὐρανου* ἐπενδυσασθαι ἐπιποθουντες,
	12 2	εἰτε ἐν σωματι οὐκ οἰδα, εἰτε ἐκτος του σωματος οὐκ οἰδα, ὁ θεος οἰδεν, ἁρπαγεντα τον τοιουτον ἑως τριτου *οὐρανου*.
Ga	1 8	ἀλλα και ἐαν ἡμεις ἡ ἀγγελος ἐξ *οὐρανου* εὐαγγελιζηται [ὑμιν] παρ ὁ εὐηγγελισαμεθα ὑμιν, ἀναθεμα ἐστω.
Eph	1 10	ἀνακεφαλαιωσασθαι τα παντα ἐν τω χριστω, τα ἐπι τοις *οὐρανοις* και τα ἐπι της γης·
	3 15	τουτου χαριν καμπτω τα γονατα μου προς τον πατερα, ἐξ οὑ πασα πατρια ἐν *οὐρανοις* και ἐπι γης ὀνομαζεται,
	4 10	ὁ καταβας αὐτος ἐστιν και ὁ ἀναβας ὑπερανω παντων των *οὐρανων*,
	6 9	εἰδοτες ὁτι και αὐτων και ὑμων ὁ κυριος ἐστιν ἐν *οὐρανοις*,
Php	3 20	ἡμων γαρ το πολιτευμα ἐν *οὐρανοις* ὑπαρχει,
Col	1 5	δια την ἐλπιδα την ἀποκειμενην ὑμιν ἐν τοις *οὐρανοις*,
	16	ὁτι ἐν αὐτω ἐκτισθη τα παντα ἐν τοις *οὐρανοις* και ἐπι της γης, τα ὁρατα και τα ἀορατα, εἰτε θρονοι εἰτε κυριοτητες εἰτε ἀρχαι εἰτε ἐξουσιαι·
	20	εἰρηνοποιησας δια του αἱματος του σταυρου αὐτου, [δι αὐτου] εἰτε τα ἐπι της γης εἰτε τα ἐν τοις *οὐρανοις*.
	23	και μη μετακινουμενοι ἀπο της ἐλπιδος του εὐαγγελιου οὑ ἠκουσατε, του κηρυχθεντος ἐν παση κτισει τη ὑπο τον *οὐρανον*,
	4 1	οἱ κυριοι, το δικαιον και την ἰσοτητα τοις δουλοις παρεχεσθε, εἰδοτες ὁτι και ὑμεις ἐχετε κυριον ἐν *οὐρανω*.
1Th	1 10	και ἀναμενειν τον υἱον αὐτου ἐκ των *οὐρανων*,
	4 16	ὁτι αὐτος ὁ κυριος ἐν κελευσματι, ἐν φωνη ἀρχαγγελου και ἐν σαλπιγγι θεου, καταβησεται ἀπ *οὐρανου*,
2Th	1 7	ἐν τη ἀποκαλυψει του κυριου ἰησου ἀπ *οὐρανου* μετ ἀγγελων δυναμεως αὐτου ἐν πυρι φλογος,
Heb	1 10	και ἐργα των χειρων σου εἰσιν οἱ *οὐρανοι*·
	4 14	ἐχοντες οὖν ἀρχιερεα μεγαν διεληλυθοτα τους *οὐρανους*, ἰησουν τον υἱον του θεου, κρατωμεν της ὁμολογιας.
	7 26	τοιουτος γαρ ἡμιν και ἐπρεπεν ἀρχιερευς, ὁσιος, ἀκακος, ἀμιαντος, κεχωρισμενος ἀπο των ἁμαρτωλων, και ὑψηλοτερος των *οὐρανων* γενομενος·
	8 1	τοιουτον ἐχομεν ἀρχιερεα, ὁς ἐκαθισεν ἐν δεξια του θρονου της μεγαλωσυνης ἐν τοις *οὐρανοις*,
	9 23	ἀναγκη οὖν τα μεν ὑποδειγματα των ἐν τοις *οὐρανοις* τουτοις καθαριζεσθαι,
	24	οὐ γαρ εἰς χειροποιητα εἰσηλθεν ἁγια χριστος, ἀντιτυπα των ἀληθινων, ἀλλ εἰς αὐτον τον *οὐρανον*,
	11 12	καθως τα ἀστρα του *οὐρανου* τω πληθει και ὡς ἡ ἀμμος ἡ παρα το χειλος της θαλασσης ἡ ἀναριθμητος.
	12 23	και ἐκκλησια πρωτοτοκων ἀπογεγραμμενων ἐν *οὐρανοις*,
	25	εἰ γαρ ἐκεινοι οὐκ ἐξεφυγον ἐπι γης παραιτησαμενοι τον χρηματιζοντα, πολυ μαλλον ἡμεις οἱ τον ἀπ *οὐρανων* ἀποστρεφομενοι·
	26	ἐτι ἁπαξ ἐγω σεισω οὐ μονον την γην ἀλλα και τον *οὐρανον*.
Ja	5 12	μη ὀμνυετε, μητε τον *οὐρανον* μητε την γην μητε ἀλλον τινα ὁρκον·
	18	και ὁ *οὐρανος* ὑετον ἐδωκεν και ἡ γη ἐβλαστησεν τον καρπον αὐτης.
1Pt	1 4	εἰς κληρονομιαν ἀφθαρτον και ἀμιαντον και ἀμαραντον, τετηρημενην ἐν *οὐρανοις* εἰς ὑμας
	12	ἁ νυν ἀνηγγελη ὑμιν δια των εὐαγγελισαμενων ὑμας [ἐν] πνευματι ἁγιω ἀποσταλεντι ἀπ *οὐρανου*,
	3 22	ὁς ἐστιν ἐν δεξια [του] θεου, πορευθεις εἰς *οὐρανον*, ὑποταγεντων αὐτω ἀγγελων και ἐξουσιων και δυναμεων.
2Pt	1 18	και ταυτην την φωνην ἡμεις ἠκουσαμεν ἐξ *οὐρανου* ἐνεχθεισαν συν αὐτω ὀντες ἐν τω ἁγιω ὀρει.
	3 5	λανθανει γαρ αὐτους τουτο θελοντας ὁτι *οὐρανοι* ἠσαν ἐκπαλαι
	7	οἱ δε νυν *οὐρανοι* και ἡ γη τω αὐτω λογω τεθησαυρισμενοι εἰσιν πυρι τηρουμενοι εἰς ἡμεραν κρισεως και ἀπωλειας των ἀσεβων ἀνθρωπων.
	10	ἡξει δε ἡμερα κυριου ὡς κλεπτης, ἐν ᾑ οἱ *οὐρανοι* ῥοιζηδον παρελευσονται,
	12	προσδοκωντας και σπευδοντας την παρουσιαν της του θεου ἡμερας, δι ἡν *οὐρανοι* πυρουμενοι λυθησονται και στοιχεια καυσουμενα τηκεται.
	13	καινους δε *οὐρανους* και γην καινην κατα το ἐπαγγελμα αὐτου προσδοκωμεν,
Apc	3 12	της καινης ἰερουσαλημ ἡ καταβαινουσα ἐκ του *οὐρανου* ἀπο του θεου μου,
	4 1	μετα ταυτα εἰδον, και ἰδου θυρα ἠνεωγμενη ἐν τω *οὐρανω*,
	2	και ἰδου θρονος ἐκειτο ἐν τω *οὐρανω*,
	5 3	και οὐδεις ἐδυνατο ἐν τω *οὐρανω* οὐδε ἐπι της γης οὐδε ὑποκατω της γης ἀνοιξαι το βιβλιον οὐτε βλεπειν αὐτο.

οὐρανος [274]

Apc	5 13	και παν κτισμα ὁ ἐν τω *οὐρανω* και ἐπι της γης και ὑποκατω της γης και ἐπι της θαλασσης,
	6 13	και οἱ ἀστερες του *οὐρανου* ἐπεσαν εἰς την γην,
	14	και ὁ *οὐρανος* ἀπεχωρισθη ὡς βιβλιον ἐλισσομενον,
	8 1	και ὁταν ηνοιξεν την σφραγιδα την ἐβδομην, ἐγενετο σιγη ἐν τω *οὐρανω* ὡς ἡμιωριον.
	10	και ἐπεσεν ἐκ του *οὐρανου* ἀστηρ μεγας καιομενος ὡς λαμπας,
	9 1	και εἰδον ἀστερα ἐκ του *οὐρανου* πεπτωκοτα εἰς την γην,
	10 1	και εἰδον ἀλλον ἀγγελον ἰσχυρον καταβαινοντα ἐκ του *οὐρανου,*
	4	και ηκουσα φωνην ἐκ του *οὐρανου* λεγουσαν·
	5	και ὁ ἀγγελος, ὁν εἰδον ἐστωτα ἐπι της θαλασσης και ἐπι της γης, ἠρεν την χειρα αὐτου την δεξιαν εἰς τον *οὐρανον,*
	6	και ὠμοσεν ἐν τω ζωντι εἰς τους αἰωνας των αἰωνων, ὁς ἐκτισεν τον *οὐρανον* και τα ἐν αὐτω και την γην και τα ἐν αὐτη και την θαλασσαν και τα ἐν αὐτη, ὁτι χρονος οὐκετι ἐσται,
	8	και ἡ φωνη ἡν ηκουσα ἐκ του *οὐρανου,* παλιν λαλουσαν μετ ἐμου και λεγουσαν·
	11 6	οὑτοι ἐχουσιν την ἐξουσιαν κλεισαι τον *οὐρανον,*
	12	και ηκουσαν φωνης μεγαλης ἐκ του *οὐρανου* λεγουσης αὐτοις·
	12	και ἀνεβησαν εἰς τον *οὐρανον* ἐν τη νεφελη,
	13	και οἱ λοιποι ἐμφοβοι ἐγενοντο και ἐδωκαν δοξαν τω θεω του *οὐρανου.*
	15	και ἐγενοντο φωναι μεγαλαι ἐν τω *οὐρανω,* λεγοντες·
	19	και ηνοιγη ὁ ναος του θεου ὁ ἐν τω *οὐρανω,*
	12 1	και σημειον μεγα ὠφθη ἐν τω *οὐρανω,* γυνη περιβεβλημενη τον ηλιον,
	3	και ὠφθη ἀλλο σημειον ἐν τω *οὐρανω,* και ἰδου δρακων μεγας πυρρος,
	4	και ἡ οὐρα αὐτου συρει το τριτον των ἀστερων του *οὐρανου,*
	7	και ἐγενετο πολεμος ἐν τω *οὐρανω,*
	8	οὐδε τοπος εὑρεθη αὐτων ἐτι ἐν τω *οὐρανω.*
	10	και ηκουσα φωνην μεγαλην ἐν τω *οὐρανω* λεγουσαν·
	12	δια τουτο εὐφραινεσθε, [οἱ] *οὐρανοι* και οἱ ἐν αὐτοις σκηνουντες·
	13 6	βλασφημησαι το ὀνομα αὐτου και την σκηνην αὐτου, τους ἐν τω *οὐρανω* σκηνουντας.
	13	και ποιει σημεια μεγαλα, ἱνα και πυρ ποιη ἐκ του *οὐρανου* καταβαινειν εἰς την γην ἐνωπιον των ἀνθρωπων.
	14 2	και ηκουσα φωνην ἐκ του *οὐρανου* ὡς φωνην ὑδατων πολλων και ὡς φωνην βροντης μεγαλης,
	7	και προσκυνησατε τω ποιησαντι τον *οὐρανον* και την γην και θαλασσαν και πηγας ὑδατων.
	13	και ηκουσα φωνης ἐκ του *οὐρανου* λεγουσης·
	17	και ἀλλος ἀγγελος ἐξηλθεν ἐκ του ναου του ἐν τω *οὐρανω,*
	15 1	και εἰδον ἀλλο σημειον ἐν τω *οὐρανω* μεγα και θαυμαστον, ἀγγελους ἐπτα ἐχοντας πληγας ἐπτα τας ἐσχατας,
	5	και ηνοιγη ὁ ναος της σκηνης του μαρτυριου ἐν τω *οὐρανω,*
	16 11	και ἐβλασφημησαν τον θεον του *οὐρανου* ἐκ των πονων αὐτων και ἐκ των ἑλκων αὐτων,
	21	και χαλαζα μεγαλη ὡς ταλαντιαια καταβαινει ἐκ του *οὐρανου* ἐπι τους ἀνθρωπους·
	18 1	μετα ταυτα εἰδον ἀλλον ἀγγελον καταβαινοντα ἐκ του *οὐρανου,*
	4	και ηκουσα ἀλλην φωνην ἐκ του *οὐρανου* λεγουσαν·
	5	ὁτι ἐκολληθησαν αὐτης αἱ ἁμαρτιαι ἀχρι του *οὐρανου,*
	20	εὐφραινου ἐπ αὐτη, *οὐρανε* και οἱ ἁγιοι και οἱ ἀποστολοι και οἱ προφηται,
	19 1	μετα ταυτα ηκουσα ὡς φωνην μεγαλην ὀχλου πολλου ἐν τω *οὐρανω* λεγοντων·
	11	και εἰδον τον *οὐρανον* ηνεωγμενον,
	14	και [τα] στρατευματα [τα] ἐν τω *οὐρανω* ηκολουθει αὐτω ἐφ ἱπποις λευκοις,
	20 1	και εἰδον ἀγγελον καταβαινοντα ἐκ του *οὐρανου,*
	9	και κατεβη πυρ ἐκ του *οὐρανου* και κατεφαγεν αὐτους·
	11	και εἰδον θρονον μεγαν λευκον και τον καθημενον ἐπ αὐτον οὑ ἀπο του προσωπου ἐφυγεν ἡ γη και ὁ *οὐρανος,*
	21 1	και εἰδον *οὐρανον* καινον και γην καινην·
	1	ὁ γαρ πρωτος *οὐρανος* και ἡ πρωτη γη ἀπηλθαν,
	2	και την πολιν την ἁγιαν ἰερουσαλημ καινην εἰδον καταβαινουσαν ἐκ του *οὐρανου* ἀπο του θεου,
	10	και ἐδειξεν μοι την πολιν την ἁγιαν ἰερουσαλημ καταβαινουσαν ἐκ του *οὐρανου* ἀπο του θεου,

οὐρβανος [1]

Rm	16 9	ἀσπασασθε *οὐρβανον* τον συνεργον ἡμων ἐν χριστω και σταχυν τον ἀγαπητον μου.

οὐριας [1]

Mt	1 6	δαυιδ δε ἐγεννησεν τον σολομωνα ἐκ της του *οὐριου,*

οὖς [37]

Mt	10 27	και ὁ εἰς το *οὖς* ἀκουετε, κηρυξατε ἐπι των δωματων.
	11 15	ὁ ἐχων *ὦτα* ἀκουετω.
	13 9	ὁ ἐχων *ὦτα* ἀκουετω.
	15	και τοις *ὠσιν* βαρεως ηκουσαν, και τους ὀφθαλμους αὐτων ἐκαμμυσαν·
	15	μηποτε ἰδωσιν τοις ὀφθαλμοις και τοις *ὠσιν* ἀκουσωσιν και τη καρδια συνωσιν και ἐπιστρεψωσιν,
	16	ὑμων δε μακαριοι οἱ ὀφθαλμοι ὁτι βλεπουσιν, και τα *ὦτα* ὑμων ὁτι ἀκουουσιν.
Mc	4 9	και ἐλεγεν· ὁς ἐχει *ὦτα* ἀκουειν ἀκουετω.
	23	εἰ τις ἐχει *ὦτα* ἀκουειν ἀκουετω.
	7 16 *	εἰ τις ἐχει *ὦτα* ἀκουειν ἀκουετω.
	33	και ἀπολαβομενος αὐτον ἀπο του ὀχλου κατ ἰδιαν ἐβαλεν τους δακτυλους αὐτου εἰς τα *ὦτα* αὐτου και πτυσας ηψατο της γλωσσης αὐτου,
	8 18	ὀφθαλμους ἐχοντες οὐ βλεπετε, και *ὦτα* ἐχοντες οὐκ ἀκουετε;
Lc	1 44	ἰδου γαρ ὡς ἐγενετο ἡ φωνη του ἀσπασμου σου εἰς τα *ὦτα* μου, ἐσκιρτησεν ἐν ἀγαλλιασει το βρεφος ἐν τη κοιλια μου.
	4 21	ηρξατο δε λεγειν προς αὐτους ὁτι σημερον πεπληρωται ἡ γραφη αὑτη ἐν τοις *ὠσιν* ὑμων.
	8 8	ὁ ἐχων *ὦτα* ἀκουειν ἀκουετω.
	9 44	θεσθε ὑμεις εἰς τα *ὦτα* ὑμων τους λογους τουτους·
	12 3	και ὁ προς το *οὖς* ἐλαλησατε ἐν τοις ταμειοις κηρυχθησεται ἐπι των δωματων.
	14 35	ὁ ἐχων *ὦτα* ἀκουειν ἀκουετω.
	22 50	και ἐπαταξεν εἰς τις ἐξ αὐτων του ἀρχιερεως τον δουλον και ἀφειλεν το *οὖς* αὐτου το δεξιον.
Ac	7 51	σκληροτραχηλοι και ἀπεριτμητοι καρδιαις και τοις *ὠσιν,* ὑμεις ἀει τω πνευματι τω ἁγιω ἀντιπιπτετε, ὡς οἱ πατερες ὑμων και ὑμεις.
	57	κραξαντες δε φωνη μεγαλη συνεσχον τα *ὦτα* αὐτων, και ὡρμησαν ὁμοθυμαδον ἐπ αὐτον,
	11 22	ηκουσθη δε ὁ λογος εἰς τα *ὦτα* της ἐκκλησιας της οὐσης ἐν ἰερουσαλημ περι αὐτων,
	28 27	ἐπαχυνθη γαρ ἡ καρδια του λαου τουτου, και τοις *ὠσιν* βαρεως ηκουσαν,
	27	μηποτε ἰδωσιν τοις ὀφθαλμοις και τοις *ὠσιν* ἀκουσωσιν και τη καρδια συνωσιν και ἐπιστρεψωσιν,
Rm	11 8	ἐδωκεν αὐτοις ὁ θεος πνευμα κατανυξεως, ὀφθαλμους του μη βλεπειν και *ὦτα* του μη ἀκουειν, ἑως της σημερον ἡμερας.
1Co	2 9	ἁ ὀφθαλμος οὐκ εἰδεν και *οὖς* οὐκ ηκουσεν και ἐπι καρδιαν ἀνθρωπου οὐκ ἀνεβη, ἁ ἡτοιμασεν ὁ θεος τοις ἀγαπωσιν αὐτον.
	12 16	και ἐαν εἰπη το *οὖς·* ὁτι οὐκ εἰμι ὀφθαλμος, οὐκ εἰμι ἐκ του σωματος, οὐ παρα τουτο οὐκ ἐστιν ἐκ του σωματος.
Ja	5 4	και αἱ βοαι των θερισαντων εἰς τα *ὦτα* κυριου σαβαωθ εἰσεληλυθασιν.
1Pt	3 12	ὁτι ὀφθαλμοι κυριου ἐπι δικαιους και *ὦτα* αὐτου εἰς δεησιν αὐτων,
Apc	2 7	ὁ ἐχων *οὖς* ἀκουσατω τι το πνευμα λεγει ταις ἐκκλησιαις.
	11	ὁ ἐχων *οὖς* ἀκουσατω τι το πνευμα λεγει ταις ἐκκλησιαις.
	17	ὁ ἐχων *οὖς* ἀκουσατω τι το πνευμα λεγει ταις ἐκκλησιαις.
	29	ὁ ἐχων *οὖς* ἀκουσατω τι το πνευμα λεγει ταις ἐκκλησιαις.
	3 6	ὁ ἐχων *οὖς* ἀκουσατω τι το πνευμα λεγει ταις ἐκκλησιαις.
	13	ὁ ἐχων *οὖς* ἀκουσατω τι το πνευμα λεγει ταις ἐκκλησιαις.
	22	ὁ ἐχων *οὖς* ἀκουσατω τι το πνευμα λεγει ταις ἐκκλησιαις.
	13 9	εἰ τις ἐχει *οὖς* ἀκουσατω.

οὐσια [2]

Lc	15 12	πατερ, δος μοι το ἐπιβαλλον μερος της *οὐσιας.*
	13	και ἐκει διεσκορπισεν την *οὐσιαν* αὐτου ζων ἀσωτως.

οὔτε [87]

Mt	6 20	θησαυριζετε δε ὑμιν θησαυρους ἐν οὐρανω, ὁπου *οὔτε* σης οὔτε βρωσις ἀφανιζει,
	20	θησαυριζετε δε ὑμιν θησαυρους ἐν οὐρανω, ὁπου *οὔτε* σης οὔτε βρωσις ἀφανιζει,

οὔτε [87]

Mt 12 32 οὐκ ἀφεθησεται αὐτω *οὔτε* ἐν τουτω τω αἰωνι οὐτε ἐν τω μελλοντι.

32 οὐκ ἀφεθησεται αὐτω οὐτε ἐν τουτω τω αἰωνι *οὔτε* ἐν τω μελλοντι.

22 30 ἐν γαρ τη ἀναστασει *οὔτε* γαμουσιν οὐτε γαμιζονται, ἀλλ ὡς ἀγγελοι ἐν τω οὐρανω εἰσιν.

30 ἐν γαρ τη ἀναστασει οὐτε γαμουσιν *οὔτε* γαμιζονται, ἀλλ ὡς ἀγγελοι ἐν τω οὐρανω εἰσιν.

Mc 12 25 ὁταν γαρ ἐκ νεκρων ἀναστωσιν, *οὔτε* γαμουσιν οὐτε γαμιζονται, ἀλλ εἰσιν ὡς ἀγγελοι ἐν τοις οὐρανοις.

25 ὁταν γαρ ἐκ νεκρων ἀναστωσιν, οὐτε γαμουσιν *οὔτε* γαμιζονται, ἀλλ εἰσιν ὡς ἀγγελοι ἐν τοις οὐρανοις.

14 68 *οὔτε* οἰδα οὐτε ἐπισταμαι συ τί λεγεις.

68 οὐτε οἰδα *οὔτε* ἐπισταμαι συ τί λεγεις.

Lc 14 35 *οὔτε* εἰς γην οὐτε εἰς κοπριαν εὐθετον ἐστιν·

35 οὐτε εἰς γην *οὔτε* εἰς κοπριαν εὐθετον ἐστιν·

20 35 οἱ δε καταξιωθεντες του αἰωνος ἐκεινου τυχειν και της ἀναστασεως της ἐκ νεκρων *οὔτε* γαμουσιν οὐτε γαμιζονται·

35 οἱ δε καταξιωθεντες του αἰωνος ἐκεινου τυχειν και της ἀναστασεως της ἐκ νεκρων οὐτε γαμουσιν *οὔτε* γαμιζονται·

Jh 4 11 κυριε, *οὔτε* ἀντλημα ἐχεις και το φρεαρ ἐστιν βαθυ·

21 πιστευε μοι, γυναι, ὁτι ἐρχεται ὡρα ὁτε *οὔτε* ἐν τω ὀρει τουτω οὐτε ἐν ἱεροσολυμοις προσκυνησετε τω πατρι·

21 πιστευε μοι, γυναι, ὁτι ἐρχεται ὡρα ὁτε οὐτε ἐν τω ὀρει τουτω *οὔτε* ἐν ἱεροσολυμοις προσκυνησετε τω πατρι·

5 37 *οὔτε* φωνην αὐτου πωποτε ἀκηκοατε οὐτε εἰδος αὐτου ἑωρακατε,

37 οὐτε φωνην αὐτου πωποτε ἀκηκοατε *οὔτε* εἰδος αὐτου ἑωρακατε,

8 19 *οὔτε* ἐμε οἰδατε οὐτε τον πατερα μου·

19 οὐτε ἐμε οἰδατε *οὔτε* τον πατερα μου·

9 3 *οὔτε* οὑτος ἡμαρτεν οὐτε οἱ γονεις αὐτου, ἀλλ ἱνα φανερωθη τα ἐργα του θεου ἐν αὐτω.

3 οὐτε οὑτος ἡμαρτεν *οὔτε* οἱ γονεις αὐτου, ἀλλ ἱνα φανερωθη τα ἐργα του θεου ἐν αὐτω.

Ac 2 31 προιδων ἐλαλησεν περι της ἀναστασεως του χριστου, ὁτι *οὔτε* ἐγκατελειφθη εἰς ἁδην οὐτε ἡ σαρξ αὐτου εἰδεν διαφθοραν.

31 προιδων ἐλαλησεν περι της ἀναστασεως του χριστου, ὁτι οὐτε ἐγκατελειφθη εἰς ἁδην *οὔτε* ἡ σαρξ αὐτου εἰδεν διαφθοραν.

15 10 νυν οὑν τί πειραζετε τον θεον, ἐπιθειναι ζυγον ἐπι τον τραχηλον των μαθητων, ὁν *οὔτε* οἱ πατερες ἡμων οὐτε ἡμεις ἰσχυσαμεν βαστασαι;

10 νυν οὑν τί πειραζετε τον θεον, ἐπιθειναι ζυγον ἐπι τον τραχηλον των μαθητων, ὁν οὐτε οἱ πατερες ἡμων *οὔτε* ἡμεις ἰσχυσαμεν βαστασαι;

19 37 ἡγαγετε γαρ τους ἀνδρας τουτους *οὔτε* ἱεροσυλους οὐτε βλασφημουντας την θεον ἡμων.

37 ἡγαγετε γαρ τους ἀνδρας τουτους οὐτε ἱεροσυλους *οὔτε* βλασφημουντας την θεον ἡμων.

24 12 και *οὔτε* ἐν τω ἱερω εὑρον με προς τινα διαλεγομενον ἠ ἐπιστασιν ποιουντα ὀχλου,

12 και οὐτε ἐν τω ἱερω εὑρον με προς τινα διαλεγομενον ἠ ἐπιστασιν ποιουντα ὀχλου, *οὔτε* ἐν ταις συναγωγαις οὐτε κατα την πολιν,

12 και οὐτε ἐν τω ἱερω εὑρον με προς τινα διαλεγομενον ἠ ἐπιστασιν ποιουντα ὀχλου, οὐτε ἐν ταις συναγωγαις *οὔτε* κατα την πολιν,

25 8 του παυλου ἀπολογουμενου ὁτι *οὔτε* εἰς τον νομον των ἰουδαιων οὐτε εἰς το ἱερον οὐτε εἰς καισαρα τι ἡμαρτον.

8 του παυλου ἀπολογουμενου ὁτι οὐτε εἰς τον νομον των ἰουδαιων *οὔτε* εἰς το ἱερον οὐτε εἰς καισαρα τι ἡμαρτον.

8 του παυλου ἀπολογουμενου ὁτι οὐτε εἰς τον νομον των ἰουδαιων οὐτε εἰς το ἱερον *οὔτε* εἰς καισαρα τι ἡμαρτον.

28 21 ἡμεις *οὔτε* γραμματα περι σου ἐδεξαμεθα ἀπο της ἰουδαιας, οὐτε παραγενομενος τις των ἀδελφων ἀπηγειλεν ἠ ἐλαλησεν τι περι σοῦ πονηρον.

21 ἡμεις οὐτε γραμματα περι σου ἐδεξαμεθα ἀπο της ἰουδαιας, *οὔτε* παραγενομενος τις των ἀδελφων ἀπηγγειλεν ἠ ἐλαλησεν τι περι σοῦ πονηρον.

Rm 8 38 πεπεισμαι γαρ ὁτι *οὔτε* θανατος οὐτε ζωη οὐτε ἀγγελοι οὐτε ἀρχαι οὐτε ἐνεστωτα οὐτε μελλοντα οὐτε δυναμεις οὐτε ὑψωμα οὐτε βαθος οὐτε τις κτισις ἑτερα δυνησεται ἡμας χωρισαι ἀπο της ἀγαπης του θεου της ἐν χριστω ἰησου τω κυριω ἡμων.

38 πεπεισμαι γαρ ὁτι οὐτε θανατος *οὔτε* ζωη οὐτε ἀγγελοι οὐτε ἀρχαι οὐτε ἐνεστωτα οὐτε μελλοντα οὐτε δυναμεις οὐτε ὑψωμα οὐτε βαθος οὐτε τις κτισις ἑτερα δυνησεται ἡμας χωρισαι ἀπο της ἀγαπης του θεου της ἐν χριστω ἰησου τω κυριω ἡμων.

οὔτε [87]

Rm 8 38 πεπεισμαι γαρ ὁτι οὐτε θανατος οὐτε ζωη *οὔτε* ἀγγελοι οὐτε ἀρχαι οὐτε ἐνεστωτα οὐτε μελλοντα οὐτε δυναμεις οὐτε ὑψωμα οὐτε βαθος οὐτε τις κτισις ἑτερα δυνησεται ἡμας χωρισαι ἀπο της ἀγαπης του θεου της ἐν χριστω ἰησου τω κυριω ἡμων.

38 πεπεισμαι γαρ ὁτι οὐτε θανατος οὐτε ζωη οὐτε ἀγγελοι *οὔτε* ἀρχαι οὐτε ἐνεστωτα οὐτε μελλοντα οὐτε δυναμεις οὐτε ὑψωμα οὐτε βαθος οὐτε τις κτισις ἑτερα δυνησεται ἡμας χωρισαι ἀπο της ἀγαπης του θεου της ἐν χριστω ἰησου τω κυριω ἡμων.

38 πεπεισμαι γαρ ὁτι οὐτε θανατος οὐτε ζωη οὐτε ἀγγελοι οὐτε ἀρχαι *οὔτε* ἐνεστωτα οὐτε μελλοντα οὐτε δυναμεις οὐτε ὑψωμα οὐτε βαθος οὐτε τις κτισις ἑτερα δυνησεται ἡμας χωρισαι ἀπο της ἀγαπης του θεου της ἐν χριστω ἰησου τω κυριω ἡμων.

38 πεπεισμαι γαρ ὁτι οὐτε θανατος οὐτε ζωη οὐτε ἀγγελοι οὐτε ἀρχαι οὐτε ἐνεστωτα *οὔτε* μελλοντα οὐτε δυναμεις οὐτε ὑψωμα οὐτε βαθος οὐτε τις κτισις ἑτερα δυνησεται ἡμας χωρισαι ἀπο της ἀγαπης του θεου της ἐν χριστω ἰησου τω κυριω ἡμων.

38 πεπεισμαι γαρ ὁτι οὐτε θανατος οὐτε ζωη οὐτε ἀγγελοι οὐτε ἀρχαι οὐτε ἐνεστωτα οὐτε μελλοντα *οὔτε* δυναμεις οὐτε ὑψωμα οὐτε βαθος οὐτε τις κτισις ἑτερα δυνησεται ἡμας χωρισαι ἀπο της ἀγαπης του θεου της ἐν χριστω ἰησου τω κυριω ἡμων.

39 πεπεισμαι γαρ ὁτι οὐτε θανατος οὐτε ζωη οὐτε ἀγγελοι οὐτε ἀρχαι οὐτε ἐνεστωτα οὐτε μελλοντα οὐτε δυναμεις *οὔτε* ὑψωμα οὐτε βαθος οὐτε τις κτισις ἑτερα δυνησεται ἡμας χωρισαι ἀπο της ἀγαπης του θεου της ἐν χριστω ἰησου τω κυριω ἡμων.

39 πεπεισμαι γαρ ὁτι οὐτε θανατος οὐτε ζωη οὐτε ἀγγελοι οὐτε ἀρχαι οὐτε ἐνεστωτα οὐτε μελλοντα οὐτε δυναμεις οὐτε ὑψωμα *οὔτε* βαθος οὐτε τις κτισις ἑτερα δυνησεται ἡμας χωρισαι ἀπο της ἀγαπης του θεου της ἐν χριστω ἰησου τω κυριω ἡμων.

39 πεπεισμαι γαρ ὁτι οὐτε θανατος οὐτε ζωη οὐτε ἀγγελοι οὐτε ἀρχαι οὐτε ἐνεστωτα οὐτε μελλοντα οὐτε δυναμεις οὐτε ὑψωμα οὐτε βαθος *οὔτε* τις κτισις ἑτερα δυνησεται ἡμας χωρισαι ἀπο της ἀγαπης του θεου της ἐν χριστω ἰησου τω κυριω ἡμων.

1Co 3 7 ὡστε *οὔτε* ὁ φυτευων ἐστιν τι οὐτε ὁ ποτιζων, ἀλλ ὁ αὐξανων θεος.

7 ὡστε οὐτε ὁ φυτευων ἐστιν τι *οὔτε* ὁ ποτιζων, ἀλλ ὁ αὐξανων θεος.

6 9 *οὔτε* πορνοι οὐτε εἰδωλολατραι οὐτε μοιχοι οὐτε μαλακοι οὐτε ἀρσενοκοιται οὐτε κλεπται οὐτε πλεονεκται, οὐ μεθυσοι, οὐ λοιδοροι, οὐχ ἁρπαγες βασιλειαν θεου κληρονομησουσιν.

9 οὐτε πορνοι *οὔτε* εἰδωλολατραι οὐτε μοιχοι οὐτε μαλακοι οὐτε ἀρσενοκοιται οὐτε κλεπται οὐτε πλεονεκται, οὐ μεθυσοι, οὐ λοιδοροι, οὐχ ἁρπαγες βασιλειαν θεου κληρονομησουσιν.

9 οὐτε πορνοι οὐτε εἰδωλολατραι *οὔτε* μοιχοι οὐτε μαλακοι οὐτε ἀρσενοκοιται οὐτε κλεπται οὐτε πλεονεκται, οὐ μεθυσοι, οὐ λοιδοροι, οὐχ ἁρπαγες βασιλειαν θεου κληρονομησουσιν.

9 οὐτε πορνοι οὐτε εἰδωλολατραι οὐτε μοιχοι *οὔτε* μαλακοι οὐτε ἀρσενοκοιται οὐτε κλεπται οὐτε πλεονεκται, οὐ μεθυσοι, οὐ λοιδοροι, οὐχ ἁρπαγες βασιλειαν θεου κληρονομησουσιν.

9 οὐτε πορνοι οὐτε εἰδωλολατραι οὐτε μοιχοι οὐτε μαλακοι *οὔτε* ἀρσενοκοιται οὐτε κλεπται οὐτε πλεονεκται, οὐ μεθυσοι, οὐ λοιδοροι, οὐχ ἁρπαγες βασιλειαν θεου κληρονομησουσιν.

10 οὐτε πορνοι οὐτε εἰδωλολατραι οὐτε μοιχοι οὐτε μαλακοι οὐτε ἀρσενοκοιται *οὔτε* κλεπται οὐτε πλεονεκται, οὐ μεθυσοι, οὐ λοιδοροι, οὐχ ἁρπαγες βασιλειαν θεου κληρονομησουσιν.

10 οὐτε πορνοι οὐτε εἰδωλολατραι οὐτε μοιχοι οὐτε μαλακοι οὐτε ἀρσενοκοιται οὐτε κλεπται *οὔτε* πλεονεκται, οὐ μεθυσοι, οὐ λοιδοροι, οὐχ ἁρπαγες βασιλειαν θεου κληρονομησουσιν.

8 8 *οὔτε* ἐαν μη φαγωμεν ὑστερουμεθα, οὐτε ἐαν φαγωμεν περισσευομεν.

8 οὐτε ἐαν μη φαγωμεν ὑστερουμεθα, *οὔτε* ἐαν φαγωμεν περισσευομεν.

11 11 πλην *οὔτε* γυνη χωρις ἀνδρος οὐτε ἀνηρ χωρις γυναικος ἐν κυριω·

11 πλην οὐτε γυνη χωρις ἀνδρος *οὔτε* ἀνηρ χωρις γυναικος ἐν κυριω·

Ga 1 12 οὐδε γαρ ἐγω παρα ἀνθρωπου παρελαβον αὐτο *οὔτε* ἐδιδαχθην,

5 6 ἐν γαρ χριστω ἰησου *οὔτε* περιτομη τι ἰσχυει οὐτε ἀκροβυστια,

6 ἐν γαρ χριστω ἰησου οὐτε περιτομη τι ἰσχυει *οὔτε* ἀκροβυστια,

οὔτε [87]

Ga	6 15	οὔτε γαρ περιτομη τι ἐστιν οὔτε ἀκροβυστια, ἀλλα καινη κτισις.
	15	οὔτε γαρ περιτομη τι ἐστιν *οὔτε* ἀκροβυστια, *ἀλλα καινη κτισις.*
1Th	2 5	οὔτε γαρ ποτε ἐν λογω κολακειας ἐγενηθημεν, καθως οἰδατε, οὔτε ἐν προφασει πλεονεξιας,
	5	οὔτε γαρ ποτε ἐν λογω κολακειας ἐγενηθημεν, καθως οἰδατε, *οὔτε ἐν προφασει πλεονεξιας,*
	6	οὔτε ζητουντες ἐξ ἀνθρωπων δοξαν, οὔτε ἀφ ὑμων οὔτε ἀπ ἀλλων,
	6	οὔτε ζητουντες ἐξ ἀνθρωπων δοξαν, *οὔτε ἀφ ὑμων οὔτε ἀπ ἀλλων,*
	6	οὔτε ζητουντες ἐξ ἀνθρωπων δοξαν, οὔτε ἀφ ὑμων *οὔτε ἀπ ἀλλων,*
Ja	3 12	οὔτε ἀλυκον γλυκυ ποιησαι ὑδωρ.
3Jh	10	*οὔτε* αὐτος ἐπιδεχεται τους ἀδελφους και τους βουλομενους κωλυει και ἐκ της ἐκκλησιας ἐκβαλλει.
Apc	3 15	οἰδα σου τα ἐργα, ὁτι οὔτε ψυχρος εἰ οὔτε ζεστος.
	15	οἰδα σου τα ἐργα, ὁτι *οὔτε* ψυχρος εἰ *οὔτε* ζεστος.
	16	οὑτως ὁτι χλιαρος εἰ, και οὔτε ζεστος οὔτε ψυχρος, μελλω σε ἐμεσαι ἐκ του στοματος μου.
	16	οὑτως ὁτι χλιαρος εἰ, και *οὔτε* ζεστος *οὔτε ψυχρος,* μελλω σε ἐμεσαι ἐκ του στοματος μου.
	5 3	και οὐδεις ἐδυνατο ἐν τω οὐρανω οὐδε ἐπι της γης οὐδε ὑποκατω της γης ἀνοιξαι το βιβλιον *οὔτε* βλεπειν αὐτο.
	4	και ἐκλαιον πολυ, ὁτι οὐδεις ἀξιος εὑρεθη ἀνοιξαι το βιβλιον *οὔτε* βλεπειν αὐτο.
	9 20	και τα εἰδωλα τα χρυσα και τα ἀργυρα και τα χαλκα και τα λιθινα και τα ξυλινα, ἁ οὔτε βλεπειν δυνανται οὔτε ἀκουειν οὔτε περιπατειν.
	20	και τα εἰδωλα τα χρυσα και τα ἀργυρα και τα χαλκα και τα λιθινα και τα ξυλινα, ἁ *οὔτε* βλεπειν δυνανται *οὔτε* ἀκουειν *οὔτε περιπατειν,*
	20	και τα εἰδωλα τα χρυσα και τα ἀργυρα και τα χαλκα και τα λιθινα και τα ξυλινα, ἁ οὔτε βλεπειν δυνανται *οὔτε* ἀκουειν *οὔτε περιπατειν,*
	21	και οὐ μετενοησαν ἐκ των φονων αὐτων *οὔτε ἐκ των φαρμακων αὐτων* οὔτε ἐκ της πορνειας αὐτων οὔτε ἐκ των κλεμματων αὐτων.
	21	και οὐ μετενοησαν ἐκ των φονων αὐτων οὔτε ἐκ των φαρμακων αὐτων *οὔτε ἐκ της πορνειας αὐτων* οὔτε ἐκ των κλεμματων αὐτων.
	21	και οὐ μετενοησαν ἐκ των φονων αὐτων οὔτε ἐκ των φαρμακων αὐτων οὔτε ἐκ της πορνειας αὐτων *οὔτε ἐκ των κλεμματων αὐτων.*
21	4	οὔτε πενθος οὔτε κραυγη οὔτε πονος οὐκ ἐσται ἐτι·
	4	οὔτε πενθος *οὔτε* κραυγη οὔτε πονος οὐκ ἐσται ἐτι·
	4	οὔτε πενθος οὔτε κραυγη *οὔτε* πονος οὐκ ἐσται ἐτι·

οὗτος [1391]

cf append.

οὕτως [208]

Mt	1 18	του δε ἰησου χριστου ἡ γενεσις οὕτως ἠν.
	2 5	*οὕτως* γαρ γεγραπται δια του προφητου·
	3 15	*οὕτως* γαρ πρεπον ἐστιν ἡμιν πληρωσαι πασαν δικαιοσυνην.
	5 12	*οὕτως* γαρ ἐδιωξαν τους προφητας τους προ ὑμων.
	16	*οὕτως* λαμψατω το φως ὑμων ἐμπροσθεν των ἀνθρωπων,
	19	ὁς ἐαν οὐν λυση μιαν των ἐντολων τουτων των ἐλαχιστων και διδαξη *οὕτως* τους ἀνθρωπους, ἐλαχιστος κληθησεται ἐν τη βασιλεια των οὐρανων·
	6 9	*οὕτως* οὐν προσευχεσθε ὑμεις· πατερ ἡμων ὁ ἐν τοις οὐρανοις·
	30	εἰ δε τον χορτον του ἀγρου σημερον ὀντα και αὐριον εἰς κλιβανον βαλλομενον ὁ θεος *οὕτως* ἀμφιεννυσιν,
	7 12	*οὕτως* και ὑμεις ποιειτε αὐτοις·
	17	*οὕτως* παν δενδρον ἀγαθον καρπους καλους ποιει,
	9 33	οὐδεποτε ἐφανη *οὕτως* ἐν τω ἰσραηλ.
	11 26	ναι ὁ πατηρ, ὁτι *οὕτως* εὐδοκια ἐγενετο ἐμπροσθεν σου.
	12 40	*οὕτως* ἐσται ὁ υἱος του ἀνθρωπου ἐν τη καρδια της γης τρεις ἡμερας και τρεις νυκτας.
	45	*οὕτως* ἐσται και τη γενεα ταυτη τη πονηρα.
	13 40	ὡσπερ οὐν συλλεγεται τα ζιζανια και πυρι [κατα]καιεται, *οὕτως* ἐσται ἐν τη συντελεια του αἰωνος·
	49	*οὕτως* ἐσται ἐν τη συντελεια του αἰωνος· ἐξελευσονται οἱ ἀγγελοι και ἀφοριουσιν τους πονηρους ἐκ μεσου των δικαιων,

Mt	17 12	*οὕτως* και ὁ υἱος του ἀνθρωπου μελλει πασχειν ὑπ αὐτων.
	18 14	*οὕτως* οὐκ ἐστιν θελημα ἐμπροσθεν του πατρος ὑμων του ἐν οὐρανοις ἰνα ἀποληται ἑν των μικρων τουτων.
	35	*οὕτως* και ὁ πατηρ μου ὁ οὐρανιος ποιησει ὑμιν, ἐαν μη ἀφητε ἑκαστος τω ἀδελφω αὐτου ἀπο των καρδιων ὑμων.
	19 8	λεγει αὐτοις· ὁτι μωυσης προς την σκληροκαρδιαν ὑμων ἐπετρεψεν ὑμιν ἀπολυσαι τας γυναικας ὑμων· ἀπ ἀρχης δε οὐ γεγονεν *οὕτως.*
	10	εἰ *οὕτως* ἐστιν ἡ αἰτια του ἀνθρωπου μετα της γυναικος, οὐ συμφερει γαμησαι.
	12	εἰσιν γαρ εὐνουχοι οἰτινες ἐκ κοιλιας μητρος ἐγεννηθησαν *οὕτως,*
	20 16	*οὕτως* ἐσονται οἱ ἐσχατοι πρωτοι και οἱ πρωτοι ἐσχατοι.
	26	οὐχ *οὕτως* ἐσται ἐν ὑμιν· ἀλλ ὁς ἐαν θελη ἐν ὑμιν μεγας γενεσθαι, ἐσται ὑμων διακονος,
	23 28	*οὕτως* και ὑμεις ἐξωθεν μεν φαινεσθε τοις ἀνθρωποις δικαιοι, ἐσωθεν δε ἐστε μεστοι ὑποκρισεως και ἀνομιας.
	24 27	ὡσπερ γαρ ἡ ἀστραπη ἐξερχεται ἀπο ἀνατολων και φαινεται ἐως δυσμων, *οὕτως* ἐσται ἡ παρουσια του υἱου του ἀνθρωπου·
	33	*οὕτως* και ὑμεις ὁταν ἰδητε παντα ταυτα, γινωσκετε ὁτι ἐγγυς ἐστιν ἐπι θυραις.
	37	ὡσπερ γαρ αἱ ἡμεραι του νωε, *οὕτως* ἐσται ἡ παρουσια του υἱου του ἀνθρωπου.
	39	*οὕτως* ἐσται [και] ἡ παρουσια του υἱου του ἀνθρωπου.
	46	μακαριος ὁ δουλος ἐκεινος ὁν ἐλθων ὁ κυριος αὐτου εὑρησει *οὕτως* ποιουντα·
	26 40	*οὕτως* οὐκ ἰσχυσατε μιαν ὡραν γρηγορησαι μετ ἐμου;
	54	πως οὐν πληρωθωσιν αἱ γραφαι ὁτι *οὕτως* δει γενεσθαι;
Mc	2 7	τι οὑτος *οὕτως* λαλει; βλασφημει·
	8	και εὐθυς ἐπιγνους ὁ ἰησους τω πνευματι αὐτου ὁτι *οὕτως* διαλογιζονται ἐν ἑαυτοις,
	12	και ἡγερθη και εὐθυς ἀρας τον κραβαττον ἐξηλθεν ἐμπροσθεν παντων, ὡστε ἐξιστασθαι παντας και δοξαζειν τον θεον λεγοντας ὁτι *οὕτως* οὐδεποτε εἰδαμεν.
	4 26	*οὕτως* ἐστιν ἡ βασιλεια του θεου, ὡς ἀνθρωπος βαλη τον σπορον ἐπι της γης,
	7 18	και λεγει αὐτοις· *οὕτως* και ὑμεις ἀσυνετοι ἐστε;
	9 3	και τα ἱματια αὐτου ἐγενετο στιλβοντα λευκα λιαν, οἰα γναφευς ἐπι της γης οὐ δυναται *οὕτως* λευκαναι.
	10 43	οἰδατε ὁτι οἱ δοκουντες ἀρχειν των ἐθνων κατακυριευουσιν αὐτων και οἱ μεγαλοι αὐτων κατεξουσιαζουσιν αὐτων. οὐχ *οὕτως* δε ἐστιν ἐν ὑμιν·
	13 29	*οὕτως* και ὑμεις, ὁταν ἰδητε ταυτα γινομενα, γινωσκετε ὁτι ἐγγυς ἐστιν ἐπι θυραις.
	14 59	και οὐδε *οὕτως* ἰση ἠν ἡ μαρτυρια αὐτων.
	15 39	ἰδων δε ὁ κεντυριων ὁ παρεστηκως ἐξ ἐναντιας αὐτου ὁτι *οὕτως* ἐξεπνευσεν, εἰπεν·
Lc	1 25	λεγουσα ὁτι *οὕτως* μοι πεποιηκεν κυριος ἐν ἡμεραις αἱς ἐπειδεν ἀφελειν ὀνειδος μου ἐν ἀνθρωποις.
	2 48	τεκνον, τι ἐποιησας ἡμιν *οὕτως;* ἰδου ὁ πατηρ σου καγω ὀδυνωμενοι ἐζητουμεν σε.
	9 15	και ἐποιησαν *οὕτως* και κατεκλιναν ἀπαντας.
	10 21	ναι, ὁ πατηρ, ὁτι *οὕτως* εὐδοκια ἐγενετο ἐμπροσθεν σου.
	11 30	καθως γαρ ἐγενετο ἰωνας τοις νινευιταις σημειον, *οὕτως* ἐσται και ὁ υἱος του ἀνθρωπου τη γενεα ταυτη.
	12 21	*οὕτως* ὁ θησαυριζων ἑαυτω και μη εἰς θεον πλουτων.
	28	εἰ δε ἐν ἀγρω τον χορτον ὀντα σημερον και αὐριον εἰς κλιβανον βαλλομενον ὁ θεος *οὕτως* ἀμφιεζει, ποσω μαλλον ὑμας, ὀλιγοπιστοι.
	38	καν ἐν τη δευτερα καν ἐν τη τριτη φυλακη ἐλθη και εὑρη *οὕτως,* μακαριοι εἰσιν ἐκεινοι.
	43	μακαριος ὁ δουλος ἐκεινος, ὁν ἐλθων ὁ κυριος αὐτου εὑρησει ποιουντα *οὕτως.*
	54	ὁταν ἰδητε την νεφελην ἀνατελλουσαν ἐπι δυσμων, εὐθεως λεγετε ὁτι ὀμβρος ἐρχεται, και γινεται *οὕτως·*
	14 33	*οὕτως* οὐν πας ἐξ ὑμων ὁς οὐκ ἀποτασσεται πασιν τοις ἑαυτου ὑπαρχουσιν οὐ δυναται εἰναι μου μαθητης.
	15 7	λεγω ὑμιν ὁτι *οὕτως* χαρα ἐν τω οὐρανω ἐσται ἐπι ἑνι ἁμαρτωλω μετανοουντι ἡ ἐπι ἐνενηκονταεννεα δικαιοις οἰτινες οὐ χρειαν ἐχουσιν μετανοιας.
	10	*οὕτως,* λεγω ὑμιν, γινεται χαρα ἐνωπιον των ἀγγελων του θεου ἐπι ἑνι ἁμαρτωλω μετανοουντι.
	17 10	*οὕτως* και ὑμεις, ὁταν ποιησητε παντα τα διαταχθεντα ὑμιν, λεγετε ὁτι δουλοι ἀχρειοι ἐσμεν, ὁ ὠφειλομεν ποιησαι πεποιηκαμεν.
	24	ὡσπερ γαρ ἡ ἀστραπη ἀστραπτουσα ἐκ της ὑπο τον οὐρανον εἰς την ὑπ οὐρανον λαμπει, *οὕτως* ἐσται ὁ υἱος του ἀνθρωπου [ἐν τη ἡμερα αὐτου].

οὕτως [208]

Lc 17 26   καὶ καθὼς ἐγένετο ἐν ταῖς ἡμέραις νωε, *οὕτως* ἔσται καὶ ἐν ταῖς ἡμέραις τοῦ υἱοῦ τοῦ ἀνθρώπου·

19 31   καὶ ἐάν τις ὑμᾶς ἐρωτᾷ· διὰ τί λύετε; *οὕτως* ἐρεῖτε· ὅτι ὁ κύριος αὐτοῦ χρείαν ἔχει.

21 31   *οὕτως* καὶ ὑμεῖς, ὅταν ἴδητε ταῦτα γινόμενα, γινώσκετε ὅτι ἐγγύς ἐστιν ἡ βασιλεία τοῦ θεοῦ.

22 26   ὑμεῖς δὲ οὐχ *οὕτως*, ἀλλ᾽ ὁ μείζων ἐν ὑμῖν γινέσθω ὡς ὁ νεώτερος, καὶ ὁ ἡγούμενος ὡς ὁ διακονῶν.

24 24   καὶ εὗρον *οὕτως* καθὼς καὶ αἱ γυναῖκες εἶπον,

46   καὶ εἶπεν αὐτοῖς ὅτι *οὕτως* γέγραπται παθεῖν τὸν χριστὸν καὶ ἀναστῆναι ἐκ νεκρῶν τῇ τρίτῃ ἡμέρᾳ,

Jh 3 8   *οὕτως* ἐστὶν πᾶς ὁ γεγεννημένος ἐκ τοῦ πνεύματος.

14   καὶ καθὼς μωυσῆς ὕψωσεν τὸν ὄφιν ἐν τῇ ἐρήμῳ, *οὕτως* ὑψωθῆναι δεῖ τὸν υἱὸν τοῦ ἀνθρώπου,

16   *οὕτως* γὰρ ἠγάπησεν ὁ θεὸς τὸν κόσμον, ὥστε τὸν υἱὸν τὸν μονογενῆ ἔδωκεν,

4 6   ὁ οὖν ἰησοῦς κεκοπιακὼς ἐκ τῆς ὁδοιπορίας ἐκαθέζετο *οὕτως* ἐπὶ τῇ πηγῇ·

5 21   ὥσπερ γὰρ ὁ πατὴρ ἐγείρει τοὺς νεκροὺς καὶ ζῳοποιεῖ, *οὕτως* καὶ ὁ υἱὸς οὓς θέλει ζῳοποιεῖ.

26   ὥσπερ γὰρ ὁ πατὴρ ἔχει ζωὴν ἐν ἑαυτῷ, *οὕτως* καὶ τῷ υἱῷ ἔδωκεν ζωὴν ἔχειν ἐν ἑαυτῷ.

7 46   οὐδέποτε ἐλάλησεν *οὕτως* ἄνθρωπος.

11 48   ἐὰν ἀφῶμεν αὐτὸν *οὕτως*, πάντες πιστεύσουσιν εἰς αὐτόν,

12 50   ἃ οὖν ἐγὼ λαλῶ, καθὼς εἴρηκέν μοι ὁ πατήρ, *οὕτως* λαλῶ.

13 25   ἀναπεσὼν οὖν ἐκεῖνος *οὕτως* ἐπὶ τὸ στῆθος τοῦ ἰησοῦ λέγει αὐτῷ·

14 31   καὶ καθὼς ἐνετείλατο μοι ὁ πατήρ, *οὕτως* ποιῶ.

15 4   καθὼς τὸ κλῆμα οὐ δύναται καρπὸν φέρειν ἀφ᾽ ἑαυτοῦ ἐὰν μὴ μένῃ ἐν τῇ ἀμπέλῳ, *οὕτως* οὐδὲ ὑμεῖς ἐὰν μὴ ἐν ἐμοὶ μένητε.

18 22   *οὕτως* ἀποκρίνῃ τῷ ἀρχιερεῖ;

21 1   ἐφανέρωσεν δὲ *οὕτως*.

Ac 1 11   οὗτος ὁ ἰησοῦς ὁ ἀναλημφθεὶς ἀφ᾽ ὑμῶν εἰς τὸν οὐρανὸν *οὕτως* ἐλεύσεται ὃν τρόπον ἐθεάσασθε αὐτὸν πορευόμενον εἰς τὸν οὐρανόν.

3 18   ὁ δὲ θεὸς ἃ προκατήγγειλεν διὰ στόματος πάντων τῶν προφητῶν, παθεῖν τὸν χριστὸν αὐτοῦ, ἐπλήρωσεν *οὕτως*.

7 1   εἶπεν δὲ ὁ ἀρχιερεύς· εἰ ταῦτα *οὕτως* ἔχει;

6   ἐλάλησεν δὲ *οὕτως* ὁ θεός, ὅτι ἔσται τὸ σπέρμα αὐτοῦ πάροικον ἐν γῇ ἀλλοτρίᾳ,

8   καὶ *οὕτως* ἐγέννησεν τὸν ἰσαὰκ καὶ περιέτεμεν αὐτὸν τῇ ἡμέρᾳ τῇ ὀγδόῃ,

8 32   *οὕτως* οὐκ ἀνοίγει τὸ στόμα αὐτοῦ.

12 8   ἐποίησεν δὲ *οὕτως*.

15   ἡ δὲ διϊσχυρίζετο *οὕτως* ἔχειν.

13 8   ἀνθίστατο δὲ αὐτοῖς ἐλύμας ὁ μάγος, *οὕτως* γὰρ μεθερμηνεύεται τὸ ὄνομα αὐτοῦ, ζητῶν διαστρέψαι τὸν ἀνθύπατον ἀπὸ τῆς πίστεως.

34   ὅτι δὲ ἀνέστησεν αὐτὸν ἐκ νεκρῶν μηκέτι μέλλοντα ὑποστρέφειν εἰς διαφθοράν, *οὕτως* εἴρηκεν ὅτι δώσω ὑμῖν τὰ ὅσια δαυὶδ τὰ πιστά.

47   *οὕτως* γὰρ ἐντέταλται ἡμῖν ὁ κύριος·

14 1   ἐγένετο δὲ ἐν ἰκονίῳ κατὰ τὸ αὐτὸ εἰσελθεῖν αὐτοὺς εἰς τὴν συναγωγὴν τῶν ἰουδαίων καὶ λαλῆσαι *οὕτως* ὥστε πιστεῦσαι ἰουδαίων τε καὶ ἑλλήνων πολὺ πλῆθος.

17 11   οἵτινες ἐδέξαντο τὸν λόγον μετὰ πάσης προθυμίας, καθ᾽ ἡμέραν ἀνακρίνοντες τὰς γραφὰς εἰ ἔχοι ταῦτα *οὕτως*.

33   *οὕτως* ὁ παῦλος ἐξῆλθεν ἐκ μέσου αὐτῶν.

19 20   *οὕτως* κατὰ κράτος τοῦ κυρίου ὁ λόγος ηὔξανεν καὶ ἴσχυεν.

20 11   ἀναβὰς δὲ καὶ κλάσας τὸν ἄρτον καὶ γευσάμενος, ἐφ᾽ ἱκανόν τε ὁμιλήσας ἄχρι αὐγῆς, *οὕτως* ἐξῆλθεν.

13   *οὕτως* γὰρ διατεταγμένος ἦν, μέλλων αὐτὸς πεζεύειν.

35   πάντα ὑπέδειξα ὑμῖν, ὅτι *οὕτως* κοπιῶντας δεῖ ἀντιλαμβάνεσθαι τῶν ἀσθενούντων,

21 11   τὸν ἄνδρα οὗ ἐστιν ἡ ζώνη αὕτη *οὕτως* δήσουσιν ἐν ἰερουσαλὴμ οἱ ἰουδαῖοι καὶ παραδώσουσιν εἰς χεῖρας ἐθνῶν.

22 24   εἴπας μάστιξιν ἀνετάζεσθαι αὐτόν, ἵνα ἐπιγνῷ δι᾽ ἣν αἰτίαν *οὕτως* ἐπεφώνουν αὐτῷ.

23 11   ὡς γὰρ διεμαρτύρω τὰ περὶ ἐμοῦ εἰς ἰερουσαλήμ, *οὕτω* σε δεῖ καὶ εἰς ῥώμην μαρτυρῆσαι.

24 9   συνεπέθεντο δὲ καὶ οἱ ἰουδαῖοι φάσκοντες ταῦτα *οὕτως* ἔχειν.

14   ὁμολογῶ δὲ τοῦτό σοι, ὅτι κατὰ τὴν ὁδὸν ἣν λέγουσιν αἵρεσιν *οὕτως* λατρεύω τῷ πατρῴῳ θεῷ,

27 17   φοβούμενοί τε μὴ εἰς τὴν σύρτιν ἐκπέσωσιν, χαλάσαντες τὸ σκεῦος, *οὕτως* ἐφέροντο.

25   πιστεύω γὰρ τῷ θεῷ ὅτι *οὕτως* ἔσται καθ᾽ ὃν τρόπον λελάληταί μοι.

44   καὶ *οὕτως* ἐγένετο πάντας διασωθῆναι ἐπὶ τὴν γῆν.

28 14   καὶ *οὕτως* εἰς τὴν ῥώμην ἤλθαμεν.

οὕτως [208]

Rm 1 15   *οὕτως* τὸ κατ᾽ ἐμὲ πρόθυμον καὶ ὑμῖν τοῖς ἐν ῥώμῃ εὐαγγελίσασθαι.

4 18   *οὕτως* ἔσται τὸ σπέρμα σου·

5 12   διὰ τοῦτο ὥσπερ δι᾽ ἑνὸς ἀνθρώπου ἡ ἁμαρτία εἰς τὸν κόσμον εἰσῆλθεν, καὶ διὰ τῆς ἁμαρτίας ὁ θάνατος, καὶ *οὕτως* εἰς πάντας ἀνθρώπους ὁ θάνατος διῆλθεν,

15   ἀλλ᾽ οὐχ ὡς τὸ παράπτωμα, *οὕτως* καὶ τὸ χάρισμα·

18   ἄρα οὖν ὡς δι᾽ ἑνὸς παραπτώματος εἰς πάντας ἀνθρώπους εἰς κατάκριμα, *οὕτως* καὶ δι᾽ ἑνὸς δικαιώματος εἰς πάντας ἀνθρώπους εἰς δικαίωσιν ζωῆς·

19   ὥσπερ γὰρ διὰ τῆς παρακοῆς τοῦ ἑνὸς ἀνθρώπου ἁμαρτωλοὶ κατεστάθησαν οἱ πολλοί, *οὕτως* καὶ διὰ τῆς ὑπακοῆς τοῦ ἑνὸς δίκαιοι κατασταθήσονται οἱ πολλοί.

21   ἵνα ὥσπερ ἐβασίλευσεν ἡ ἁμαρτία ἐν τῷ θανάτῳ, *οὕτως* καὶ ἡ χάρις βασιλεύσῃ διὰ δικαιοσύνης εἰς ζωὴν αἰώνιον διὰ ἰησοῦ χριστοῦ τοῦ κυρίου ἡμῶν.

6 4   ἵνα ὥσπερ ἠγέρθη χριστὸς ἐκ νεκρῶν διὰ τῆς δόξης τοῦ πατρός, *οὕτως* καὶ ἡμεῖς ἐν καινότητι ζωῆς περιπατήσωμεν.

11   *οὕτως* καὶ ὑμεῖς λογίζεσθε ἑαυτοὺς [εἶναι] νεκροὺς μὲν τῇ ἁμαρτίᾳ ζῶντας δὲ τῷ θεῷ ἐν χριστῷ ἰησοῦ.

19   ὥσπερ γὰρ παρεστήσατε τὰ μέλη ὑμῶν δοῦλα τῇ ἀκαθαρσίᾳ καὶ τῇ ἀνομίᾳ εἰς τὴν ἀνομίαν, *οὕτως* νῦν παραστήσατε τὰ μέλη ὑμῶν δοῦλα τῇ δικαιοσύνῃ εἰς ἁγιασμόν.

9 20   μὴ ἐρεῖ τὸ πλάσμα τῷ πλάσαντι· τί με ἐποίησας *οὕτως*;

10 6   ἡ δὲ ἐκ πίστεως δικαιοσύνη *οὕτως* λέγει·

11 5   *οὕτως* οὖν καὶ ἐν τῷ νῦν καιρῷ λεῖμμα κατ᾽ ἐκλογὴν χάριτος γέγονεν·

26   καὶ *οὕτως* πᾶς ἰσραὴλ σωθήσεται, καθὼς γέγραπται·

31   ὥσπερ γὰρ ὑμεῖς ποτε ἠπειθήσατε τῷ θεῷ, νῦν δὲ ἠλεήθητε τῇ τούτων ἀπειθείᾳ, *οὕτως* καὶ οὗτοι νῦν ἠπείθησαν τῷ ὑμετέρῳ ἐλέει ἵνα καὶ αὐτοὶ [νῦν] ἐλεηθῶσιν.

12 5   καθάπερ γὰρ ἐν ἑνὶ σώματι πολλὰ μέλη ἔχομεν, τὰ δὲ μέλη πάντα οὐ τὴν αὐτὴν ἔχει πρᾶξιν, *οὕτως* οἱ πολλοὶ ἓν σῶμά ἐσμεν ἐν χριστῷ,

15 20   *οὕτως* δὲ φιλοτιμούμενον εὐαγγελίζεσθαι οὐχ ὅπου ὠνομάσθη χριστός,

1Co 2 11   *οὕτως* καὶ τὰ τοῦ θεοῦ οὐδεὶς ἔγνωκεν εἰ μὴ τὸ πνεῦμα τοῦ θεοῦ.

3 15   εἴ τινος τὸ ἔργον κατακαήσεται, ζημιωθήσεται, αὐτὸς δὲ σωθήσεται, *οὕτως* δὲ ὡς διὰ πυρός.

4 1   *οὕτως* ἡμᾶς λογιζέσθω ἄνθρωπος ὡς ὑπηρέτας χριστοῦ καὶ οἰκονόμους μυστηρίων θεοῦ.

5 3   ἐγὼ μὲν γάρ, ἀπὼν τῷ σώματι, παρὼν δὲ τῷ πνεύματι, ἤδη κέκρικα ὡς παρὼν τὸν *οὕτως* τοῦτο κατεργασάμενον·

6 5   *οὕτως* οὐκ ἔνι ἐν ὑμῖν οὐδεὶς σοφός, ὃς δυνήσεται διακρῖναι ἀνὰ μέσον τοῦ ἀδελφοῦ αὐτοῦ;

7 7   ἀλλὰ ἕκαστος ἴδιον ἔχει χάρισμα ἐκ θεοῦ, ὁ μὲν *οὕτως*, ὁ δὲ *οὕτως*.

7   ἀλλὰ ἕκαστος ἴδιον ἔχει χάρισμα ἐκ θεοῦ, ὁ μὲν *οὕτως*, ὁ δὲ *οὕτως*.

17   εἰ μὴ ἑκάστῳ ὡς ἐμέρισεν ὁ κύριος, ἕκαστον ὡς κέκληκεν ὁ θεός, *οὕτως* περιπατείτω.

17   καὶ *οὕτως* ἐν ταῖς ἐκκλησίαις πάσαις διατάσσομαι.

26   νομίζω οὖν τοῦτο καλὸν ὑπάρχειν διὰ τὴν ἐνεστῶσαν ἀνάγκην, ὅτι καλὸν ἀνθρώπῳ τὸ *οὕτως* εἶναι.

36   εἰ δέ τις ἀσχημονεῖν ἐπὶ τὴν παρθένον αὐτοῦ νομίζει, ἐὰν ᾖ ὑπέρακμος, καὶ *οὕτως* ὀφείλει γίνεσθαι, ὃ θέλει ποιείτω·

40   μακαριωτέρα δέ ἐστιν ἐὰν *οὕτως* μείνῃ, κατὰ τὴν ἐμὴν γνώμην·

8 12   *οὕτως* δὲ ἁμαρτάνοντες εἰς τοὺς ἀδελφοὺς καὶ τύπτοντες αὐτῶν τὴν συνείδησιν ἀσθενοῦσαν εἰς χριστὸν ἁμαρτάνετε.

9 14   *οὕτως* καὶ ὁ κύριος διέταξεν τοῖς τὸ εὐαγγέλιον καταγγέλλουσιν ἐκ τοῦ εὐαγγελίου ζῆν.

15   οὐκ ἔγραψα δὲ ταῦτα ἵνα *οὕτως* γένηται ἐν ἐμοί·

24   *οὕτως* τρέχετε ἵνα καταλάβητε.

26   ἐγὼ τοίνυν *οὕτως* τρέχω ὡς οὐκ ἀδήλως, οὕτως πυκτεύω ὡς οὐκ ἀέρα δέρων·

26   ἐγὼ τοίνυν οὕτως τρέχω ὡς οὐκ ἀδήλως, *οὕτως* πυκτεύω ὡς οὐκ ἀέρα δέρων·

11 12   ὥσπερ γὰρ ἡ γυνὴ ἐκ τοῦ ἀνδρός, *οὕτως* καὶ ὁ ἀνὴρ διὰ τῆς γυναικός·

28   καὶ *οὕτως* ἐκ τοῦ ἄρτου ἐσθιέτω καὶ ἐκ τοῦ ποτηρίου πινέτω·

12 12   καθάπερ γὰρ τὸ σῶμα ἕν ἐστιν καὶ μέλη πολλὰ ἔχει, πάντα δὲ τὰ μέλη τοῦ σώματος πολλὰ ὄντα ἕν ἐστιν σῶμα, *οὕτως* καὶ ὁ χριστός·

14 9   *οὕτως* καὶ ὑμεῖς διὰ τῆς γλώσσης ἐὰν μὴ εὔσημον λόγον δῶτε, πῶς γνωσθήσεται τὸ λαλούμενον;

12   *οὕτως* καὶ ὑμεῖς, ἐπεὶ ζηλωταί ἐστε πνευμάτων, πρὸς τὴν οἰκοδομὴν τῆς ἐκκλησίας ζητεῖτε ἵνα περισσεύητε.

οὕτως [208]

1Co	14 21	ἐν τῳ νομῳ γεγραπται ὅτι ἐν ἑτερογλωσσοις και ἐν χειλεσιν ἑτερων λαλησω τῳ λαῳ τουτῳ, και οὐδ᾽ *οὕτως* εἰσακουσονται μου, λεγει κυριος.
	25	και *οὕτως* πεσων ἐπι προσωπον προσκυνησει τῳ θεῳ,
	15 11	εἰτε οὐν ἐγω εἰτε ἐκεινοι, *οὕτως* κηρυσσομεν και *οὕτως* ἐπιστευσατε.
	11	εἰτε οὐν ἐγω εἰτε ἐκεινοι, *οὕτως* κηρυσσομεν και *οὕτως* ἐπιστευσατε.
	22	ὡσπερ γαρ ἐν τῳ ἀδαμ παντες ἀποθνησκουσιν, *οὕτως* και ἐν τῳ χριστῳ παντες ζῳοποιηθησονται.
	42	*οὕτως* και ἡ ἀναστασις των νεκρων.
	45	*οὕτως* και γεγραπται· ἐγενετο ὁ πρωτος ἀνθρωπος ἀδαμ εἰς ψυχην ζωσαν·
	16 1	περι δε της λογειας της εἰς τους ἁγιους, ὡσπερ διεταξα ταις ἐκκλησιαις της γαλατιας, *οὕτως* και ὑμεις ποιησατε.
2Co	1 5	ὅτι καθως περισσευει τα παθηματα του χριστου εἰς ἡμας, *οὕτως* δια του χριστου περισσευει και ἡ παρακλησις ἡμων.
	7	εἰδοτες ὅτι ὡς κοινωνοι ἐστε των παθηματων, *οὕτως* και της παρακλησεως.
	7 14	ἀλλ᾽ ὡς παντα ἐν ἀληθειᾳ ἐλαλησαμεν ὑμιν, *οὕτως* και ἡ καυχησις ἡμων ἡ ἐπι τιτου ἀληθεια ἐγενηθη.
	8 6	εἰς το παρακαλεσαι ἡμας τιτον, ἱνα καθως προενηρξατο *οὕτως* και ἐπιτελεσῃ εἰς ὑμας και την χαριν ταυτην.
	11	ὁπως καθαπερ ἡ προθυμια του θελειν, *οὕτως* και το ἐπιτελεσαι ἐκ του ἐχειν.
	9 5	και προκαταρτισωσιν την προεπηγγελμενην εὐλογιαν ὑμων, ταυτην ἑτοιμην εἰναι *οὕτως* ὡς εὐλογιαν και μη ὡς πλεονεξιαν.
	10 7	τουτο λογιζεσθω παλιν ἐφ᾽ ἑαυτου, ὅτι καθως αὐτος χριστου, *οὕτως* και ἡμεις.
Ga	1 6	θαυμαζω ὅτι *οὕτως* ταχεως μετατιθεσθε ἀπο του καλεσαντος ὑμας ἐν χαριτι [χριστου] εἰς ἑτερον εὐαγγελιον,
	3 3	*οὕτως* ἀνοητοι ἐστε; ἐναρξαμενοι πνευματι νυν σαρκι ἐπιτελεισθε;
	4 3	*οὕτως* και ἡμεις, ὁτε ἡμεν νηπιοι, ὑπο τα στοιχεια του κοσμου ἡμεθα δεδουλωμενοι·
	29	ἀλλ᾽ ὡσπερ τοτε ὁ κατα σαρκα γεννηθεις ἐδιωκεν τον κατα πνευμα, *οὕτως* και νυν.
	6 2	ἀλληλων τα βαρη βασταζετε, και *οὕτως* ἀναπληρωσετε τον νομον του χριστου.
Eph	4 20	ὑμεις δε οὐχ *οὕτως* ἐμαθετε τον χριστον,
	5 24	ἀλλα ὡς ἡ ἐκκλησια ὑποτασσεται τῳ χριστῳ, *οὕτως* και αἱ γυναικες τοις ἀνδρασιν ἐν παντι.
	28	*οὕτως* ὀφειλουσιν [και] οἱ ἀνδρες ἀγαπαν τας ἑαυτων γυναικας ὡς τα ἑαυτων σωματα.
	33	πλην και ὑμεις οἱ καθ᾽ ἑνα ἑκαστος την ἑαυτου γυναικα *οὕτως* ἀγαπατω ὡς ἑαυτον,
Php	3 17	και σκοπειτε τους *οὕτω* περιπατουντας καθως ἐχετε τυπον ἡμας.
	4 1	ὡστε, ἀδελφοι μου ἀγαπητοι και ἐπιποθητοι, χαρα και στεφανος μου, *οὕτως* στηκετε ἐν κυριῳ, ἀγαπητοι.
Col	3 13	καθως και ὁ κυριος ἐχαρισατο ὑμιν *οὕτως* και ὑμεις·
1Th	2 4	ἀλλα καθως δεδοκιμασμεθα ὑπο του θεου πιστευθηναι το εὐαγγελιον *οὕτως* λαλουμεν,
	8	*οὕτως* ὁμειρομενοι ὑμων εὐδοκουμεν μεταδουναι ὑμιν οὐ μονον το εὐαγγελιον του θεου ἀλλα και τας ἑαυτων ψυχας,
	4 14	εἰ γαρ πιστευομεν ὅτι ἰησους ἀπεθανεν και ἀνεστη, *οὕτως* και ὁ θεος τους κοιμηθεντας δια του ἰησου ἀξει συν αὐτῳ.
	17	και *οὕτως* παντοτε συν κυριῳ ἐσομεθα.
	5 2	αὐτοι γαρ ἀκριβως οἰδατε ὅτι ἡμερα κυριου ὡς κλεπτης ἐν νυκτι *οὕτως* ἐρχεται.
2Th	3 17	*οὕτως* γραφω. ἡ χαρις του κυριου ἡμων ἰησου χριστου μετα παντων ὑμων.
2Tm	3 8	ὁν τροπον δε ἰαννης και ἰαμβρης ἀντεστησαν μωϋσει, *οὕτως* και οὑτοι ἀνθιστανται τῃ ἀληθειᾳ,
Heb	4 4	εἰρηκεν γαρ που περι της ἑβδομης *οὕτως·* και κατεπαυσεν ὁ θεος ἐν τῃ ἡμερᾳ τῃ ἑβδομῃ ἀπο παντων των ἐργων αὐτου·
	5 3	και δι᾽ αὐτην ὀφειλει, καθως περι του λαου, *οὕτως* και περι ἑαυτου προσφερειν περι ἁμαρτιων.
	5	*οὕτως* και ὁ χριστος οὐχ ἑαυτον ἐδοξασεν γενηθηναι ἀρχιερεα,
	6 9	πεπεισμεθα δε περι ὑμων, ἀγαπητοι, τα κρεισσονα και ἐχομενα σωτηριας, εἰ και *οὕτως* λαλουμεν.
	15	και *οὕτως* μακροθυμησας ἐπετυχεν της ἐπαγγελιας.
	9 6	τουτων δε *οὕτως* κατεσκευασμενων εἰς μεν την πρωτην σκηνην δια παντος εἰσιασιν οἱ ἱερεις τας λατρειας ἐπιτελουντες,

οὕτως [208]

Heb	9 28	και καθ᾽ ὁσον ἀποκειται τοις ἀνθρωποις ἁπαξ ἀποθανειν, μετα δε τουτο κρισις, *οὕτως* και ὁ χριστος, ἁπαξ προσενεχθεις εἰς το πολλων ἀνενεγκειν ἁμαρτιας,
	10 33	τουτο δε κοινωνοι των *οὕτως* ἀναστρεφομενων γενηθεντες.
	12 21	και, *οὕτω* φοβερον ἠν το φανταζομενον, μωϋσης εἰπεν·
Ja	1 11	*οὕτως* και ὁ πλουσιος ἐν ταις πορειαις αὐτου μαρανθησεται.
	2 12	*οὕτως* λαλειτε και *οὕτως* ποιειτε ὡς δια νομου ἐλευθεριας μελλοντες κρινεσθαι.
	12	*οὕτως* λαλειτε και *οὕτως* ποιειτε ὡς δια νομου ἐλευθεριας μελλοντες κρινεσθαι.
	17	*οὕτως* και ἡ πιστις, ἐαν μη ἐχῃ ἐργα, νεκρα ἐστιν καθ᾽ ἑαυτην.
	26	ὡσπερ γαρ το σωμα χωρις πνευματος νεκρον ἐστιν, *οὕτως* και ἡ πιστις χωρις ἐργων νεκρα ἐστιν.
	3 5	*οὕτως* και ἡ γλωσσα μικρον μελος ἐστιν και μεγαλα αὐχει.
	10	οὐ χρη, ἀδελφοι μου, ταυτα *οὕτως* γινεσθαι.
1Pt	2 15	ὅτι *οὕτως* ἐστιν το θελημα του θεου, ἀγαθοποιουντας φιμουν την των ἀφρονων ἀνθρωπων ἀγνωσιαν·
	3 5	*οὕτως* γαρ ποτε και αἱ ἁγιαι γυναικες αἱ ἐλπιζουσαι εἰς θεον ἐκοσμουν ἑαυτας,
2Pt	1 11	*οὕτως* γαρ πλουσιως ἐπιχορηγηθησεται ὑμιν ἡ εἰσοδος εἰς την αἰωνιον βασιλειαν του κυριου ἡμων και σωτηρος ἰησου χριστου.
	3 4	ἀφ᾽ ἡς γαρ οἱ πατερες ἐκοιμηθησαν, παντα *οὕτως* διαμενει ἀπ᾽ ἀρχης κτισεως.
	11	τουτων *οὕτως* παντων λυομενων ποταπους δει ὑπαρχειν [ὑμας] ἐν ἁγιαις ἀναστροφαις και εὐσεβειαις,
1Jh	2 6	ὁ λεγων ἐν αὐτῳ μενειν ὀφειλει καθως ἐκεινος περιεπατησεν και αὐτος [*οὕτως*] περιπατειν.
	4 11	ἀγαπητοι, εἰ *οὕτως* ὁ θεος ἠγαπησεν ἡμας, και ἡμεις ὀφειλομεν ἀλληλους ἀγαπαν.
Apc	2 15	*οὕτως* ἐχεις και συ κρατουντας την διδαχην [των] νικολαιτων ὁμοιως.
	3 5	ὁ νικων *οὕτως* περιβαλειται ἐν ἱματιοις λευκοις,
	16	*οὕτως* ὅτι χλιαρος εἰ, και οὐτε ζεστος οὐτε ψυχρος, μελλω σε ἐμεσαι ἐκ του στοματος μου.
	9 17	και *οὕτως* εἰδον τους ἱππους ἐν τῃ ὁρασει και τους καθημενους ἐπ᾽ αὐτων,
	11 5	και εἰ τις θεληση αὐτους ἀδικησαι, *οὕτως* δει αὐτον ἀποκτανθηναι.
	16 18	οἱος οὐκ ἐγενετο ἀφ᾽ οὑ ἀνθρωπος ἐγενετο ἐπι της γης, τηλικουτος σεισμος *οὕτω* μεγας.
	18 21	*οὕτως* ὁρμηματι βληθησεται βαβυλων ἡ μεγαλη πολις,

οὐχι [53]

Mt	5 46	*οὐχι* και οἱ τελωναι το αὐτο ποιουσιν;
	47	*οὐχι* και οἱ ἐθνικοι το αὐτο ποιουσιν;
	6 25	*οὐχι* ἡ ψυχη πλειον ἐστιν της τροφης και το σωμα του ἐνδυματος;
	10 29	*οὐχι* δυο στρουθια ἀσσαριου πωλειται;
	12 11	και ἐαν ἐμπεσῃ τουτο τοις σαββασιν εἰς βοθυνον, *οὐχι* κρατησει αὐτο και ἐγερει;
	13 27	κυριε, *οὐχι* καλον σπερμα ἐσπειρας ἐν τῳ σῳ ἀγρῳ;
	56	και αἱ ἀδελφαι αὐτου *οὐχι* πασαι προς ἡμας εἰσιν;
	18 12	ἐαν γενηται τινι ἀνθρωπῳ ἑκατον προβατα και πλανηθῃ ἑν ἐξ αὐτων, *οὐχι* ἀφησει τα ἐνενηκονταεννεα ἐπι τα ὁρη και πορευθεις ζητει το πλανωμενον;
	20 13	ἑταιρε, οὐκ ἀδικω σε· *οὐχι* δηναριου συνεφωνησας μοι;
Lc	1 60	και ἀποκριθεισα ἡ μητηρ αὐτου εἰπεν· *οὐχι*, ἀλλα κληθησεται ἰωαννης.
	4 22	*οὐχι* υἱος ἐστιν ἰωσηφ οὑτος;
	6 39	μητι δυναται τυφλος τυφλον ὁδηγειν; *οὐχι* ἀμφοτεροι εἰς βοθυνον ἐμπεσουνται;
	12 6	*οὐχι* πεντε στρουθια πωλουνται ἀσσαριων δυο;
	51	*οὐχι*, λεγω ὑμιν, ἀλλ᾽ ἡ διαμερισμον.
	13 3	*οὐχι*, λεγω ὑμιν, ἀλλ᾽ ἐαν μη μετανοητε, παντες ὁμοιως ἀπολεισθε.
	5	*οὐχι*, λεγω ὑμιν, ἀλλ᾽ ἐαν μη μετανοητε, παντες ὡσαυτως ἀπολεισθε.
	14 28	τις γαρ ἐξ ὑμων θελων πυργον οἰκοδομησαι *οὐχι* πρωτον καθισας ψηφιζει την δαπανην,
	31	ἠ τις βασιλευς πορευομενος ἑτερῳ βασιλει συμβαλειν εἰς πολεμον *οὐχι* καθισας πρωτον βουλευσεται εἰ δυνατος ἐστιν ἐν δεκα χιλιασιν ὑπαντησαι τῳ μετα εἰκοσι χιλιαδων ἐρχομενῳ ἐπ᾽ αὐτον;
	15 8	ἠ τις γυνη δραχμας ἐχουσα δεκα, ἐαν ἀπολεσῃ δραχμην μιαν, *οὐχι* ἁπτει λυχνον και σαροι την οἰκιαν και ζητει ἐπιμελως ἑως οὑ εὑρῃ;

οὐχι [53]

Lc 16 30 οὐχι, πατερ ἀβρααμ, ἀλλ ἐαν τις ἀπο νεκρων πορευθη προς αὐτους, μετανοησουσιν.

17 8 ἀλλ οὐχι ἐρει αὐτω· ἐτοιμασον τί δειπνησω, και περιζωσαμενος διακονει μοι ἑως φαγω και πιω, και μετα ταυτα φαγεσαι και πιεσαι συ;

18 30 ὁς οὐχι μη [ἀπο]λαβη πολλαπλασιονα ἐν τω καιρω τουτω και ἐν τω αἰωνι τω ἐρχομενω ζωην αἰωνιον.

22 27 τίς γαρ μειζων, ὁ ἀνακειμενος ἠ ὁ διακονων; οὐχι ὁ ἀνακειμενος;

23 39 οὐχι συ εἰ ὁ χριστος; σωσον σεαυτον και ἡμας.

24 26 οὐχι ταυτα ἐδει παθειν τον χριστον και εἰσελθειν εἰς την δοξαν αὐτου;

32 οὐχι ἡ καρδια ἡμων καιομενη ἠν [ἐν ἡμιν], ὡς ἐλαλει ἡμιν ἐν τη ὁδω, ὡς διηνοιγεν ἡμιν τας γραφας;

Jh 9 9 οὐχι, ἀλλα ὁμοιος αὐτω ἐστιν.

11 9 οὐχι δωδεκα ὡραι εἰσιν της ἡμερας;

13 10 και ὑμεις καθαροι ἐστε, ἀλλ οὐχι παντες.

11 δια τουτο εἰπεν ὁτι οὐχι παντες καθαροι ἐστε.

14 22 κυριε, [και] τί γεγονεν ὁτι ἡμιν μελλεις ἐμφανιζειν σεαυτον και οὐχι τω κοσμω;

Ac 5 4 οὐχι μενον σοι ἐμενεν και πραθεν ἐν τη ση ἐξουσια ὑπηρχεν;

7 50 οὐχι ἡ χειρ μου ἐποιησεν ταυτα παντα;

Rm 3 27 των ἐργων; οὐχι, ἀλλα δια νομου πιστεως.

29 ἠ ἰουδαιων ὁ θεος μονον; οὐχι και ἐθνων;

8 32 ὁς γε του ἰδιου υἱου οὐκ ἐφεισατο, ἀλλα ὑπερ ἡμων παντων παρεδωκεν αὐτον, πως οὐχι και συν αὐτω τα παντα ἡμιν χαρισεται;

1Co 1 20 οὐχι ἐμωρανεν ὁ θεος την σοφιαν του κοσμου;

3 3 ὁπου γαρ ἐν ὑμιν ζηλος και ἐρις, οὐχι σαρκικοι ἐστε και κατα ἀνθρωπον περιπατειτε;

5 2 και οὐχι μαλλον ἐπενθησατε, ἰνα ἀρθη ἐκ μεσου ὑμων ὁ το ἐργον τουτο πραξας;

12 τί γαρ μοι τους ἐξω κρινειν; οὐχι τους ἐσω ὑμεις κρινετε;

6 1 τολμα τις ὑμων πραγμα ἐχων προς τον ἑτερον κρινεσθαι ἐπι των ἀδικων, και οὐχι ἐπι των ἁγιων;

7 δια τί οὐχι μαλλον ἀδικεισθε;

7 δια τί οὐχι μαλλον ἀποστερεισθε;

8 10 ἐαν γαρ τις ἰδη σέ τον ἐχοντα γνωσιν ἐν εἰδωλειω κατακειμενον, οὐχι ἡ συνειδησις αὐτου ἀσθενους ὀντος οἰκοδομηθησεται εἰς το τα εἰδωλοθυτα ἐσθιειν;

9 1 οὐχι ἰησουν τον κυριον ἡμων ἑορακα;

10 16 το ποτηριον της εὐλογιας ὁ εὐλογουμεν, οὐχι κοινωνια ἐστιν του αἰματος του χριστου;

16 τον ἀρτον ὁν κλωμεν, οὐχι κοινωνια του σωματος του χριστου ἐστιν;

29 συνειδησιν δε λεγω οὐχι την ἑαυτου ἀλλα την του ἑτερου.

2Co 3 8 πως οὐχι μαλλον ἡ διακονια του πνευματος ἐσται ἐν δοξη;

Ga 2 14 εἰ συ ἰουδαιος ὑπαρχων ἐθνικως και οὐχι ἰουδαικως ζης, πως τα ἐθνη ἀναγκαζεις ἰουδαιζειν;

1Th 2 19 ἠ οὐχι και ὑμεις ἐμπροσθεν του κυριου ἡμων ἰησου ἐν τη αὐτου παρουσια;

Heb 1 14 οὐχι παντες εἰσιν λειτουργικα πνευματα εἰς διακονιαν ἀποστελλομενα δια τους μελλοντας κληρονομειν σωτηριαν;

3 17 οὐχι τοις ἁμαρτησασιν, ὡν τα κωλα ἐπεσεν ἐν τη ἐρημω;

ὀφειλετης [7]

Mt 6 12 και ἀφες ἡμιν τα ὀφειληματα ἡμων, ὡς και ἡμεις ἀφηκαμεν τοις ὀφειλεταις ἡμων·

18 24 ἀρξαμενου δε αὐτου συναιρειν, προσηνεχθη αὐτω εἰς ὀφειλετης μυριων ταλαντων.

Lc 13 4 ἠ ἐκεινοι οἱ δεκαοκτω ἐφ οὑς ἐπεσεν ὁ πυργος ἐν τω σιλωαμ και ἀπεκτεινεν αὐτους, δοκειτε ὁτι αὐτοι ὀφειλεται ἐγενοντο παρα παντας τους ἀνθρωπους τους κατοικουντας ἰερουσαλημ;

Rm 1 14 ἑλλησιν τε και βαρβαροις, σοφοις τε και ἀνοητοις ὀφειλετης εἰμι·

8 12 ἀρα οὐν ἀδελφοι, ὀφειλεται ἐσμεν, οὐ τη σαρκι του κατα σαρκα ζην·

15 27 εὐδοκησαν γαρ, και ὀφειλεται εἰσιν αὐτων·

Ga 5 3 μαρτυρομαι δε παλιν παντι ἀνθρωπω περιτεμνομενω ὁτι ὀφειλετης ἐστιν ὁλον τον νομον ποιησαι.

ὀφειλη [3]

Mt 18 32 δουλε πονηρε, πασαν την ὀφειλην ἐκεινην ἀφηκα σοι, ἐπει παρεκαλεσας με·

Rm 13 7 ἀποδοτε πασιν τας ὀφειλας, τω τον φορον τον φορον,

1Co 7 3 τη γυναικι ὁ ἀνηρ την ὀφειλην ἀποδιδοτω, ὁμοιως δε και ἡ γυνη τω ἀνδρι.

ὀφειλημα [2]

Mt 6 12 και ἀφες ἡμιν τα ὀφειληματα ἡμων,

Rm 4 4 τω δε ἐργαζομενω ὁ μισθος οὐ λογιζεται κατα χαριν ἀλλα κατα ὀφειλημα·

ὀφειλω [35]

Mt 18 28 ἐξελθων δε ὁ δουλος ἐκεινος εὑρεν ἑνα των συνδουλων αὐτου, ὁς ὠφειλεν αὐτω ἑκατον δηναρια,

28 και κρατησας αὐτον ἐπνιγεν λεγων· ἀποδος εἰ τι ὀφειλεις.

30 ὁ δε οὐκ ἠθελεν, ἀλλα ἀπελθων ἐβαλεν αὐτον εἰς φυλακην ἑως ἀποδω το ὀφειλομενον.

34 και ὀργισθεις ὁ κυριος αὐτου παρεδωκεν αὐτον τοις βασανισταις ἑως οὑ ἀποδω παν το ὀφειλομενον.

23 16 ὁς ἀν ὁμοση ἐν τω ναω, οὐδεν ἐστιν· ὁς δ ἀν ὁμοση ἐν τω χρυσω του ναου, ὀφειλει.

18 ὁς ἀν ὁμοση ἐν τω θυσιαστηριω, οὐδεν ἐστιν· ὁς δ ἀν ὁμοση ἐν τω δωρω τω ἐπανω αὐτου, ὀφειλει.

Lc 7 41 ὁ εἰς ὠφειλεν δηναρια πεντακοσια, ὁ δε ἑτερος πεντηκοντα.

11 4 και ἀφες ἡμιν τας ἁμαρτιας ἡμων, και γαρ αὐτοι ἀφιομεν παντι ὀφειλοντι ἡμιν·

16 5 ποσον ὀφειλεις τω κυριω μου;

7 συ δε ποσον ὀφειλεις;

17 10 οὑτως και ὑμεις, ὁταν ποιησητε παντα τα διαταχθεντα ὑμιν, λεγετε ὁτι δουλοι ἀχρειοι ἐσμεν, ὁ ὠφειλομεν ποιησαι πεποιηκαμεν.

Jh 13 14 εἰ οὐν ἐγω ἐνιψα ὑμων τους ποδας ὁ κυριος και ὁ διδασκαλος, και ὑμεις ὀφειλετε ἀλληλων νιπτειν τους ποδας·

19 7 ἡμεις νομον ἐχομεν, και κατα τον νομον ὀφειλει ἀποθανειν,

Ac 17 29 γενος οὐν ὑπαρχοντες του θεου οὐκ ὀφειλομεν νομιζειν, χρυσω ἠ ἀργυρω ἠ λιθω, χαραγματι τεχνης και ἐνθυμησεως ἀνθρωπου, το θειον εἰναι ὁμοιον.

Rm 13 8 μηδενι μηδεν ὀφειλετε, εἰ μη το ἀλληλους ἀγαπαν·

15 1 ὀφειλομεν δε ἡμεις οἱ δυνατοι τα ἀσθενηματα των ἀδυνατων βασταζειν,

27 εἰ γαρ τοις πνευματικοις αὐτων ἐκοινωνησαν τα ἐθνη, ὀφειλουσιν και ἐν τοις σαρκικοις λειτουργησαι αὐτοις.

1Co 5 10 οὐ παντως τοις πορνοις του κοσμου τουτου ἠ τοις πλεονεκταις και ἁρπαξιν ἠ εἰδωλολατραις, ἐπει ὠφειλετε ἀρα ἐκ του κοσμου ἐξελθειν.

7 36 εἰ δε τις ἀσχημονειν ἐπι την παρθενον αὐτου νομιζει, ἐαν ἠ ὑπερακμος, και οὑτως ὀφειλει γινεσθαι, ὁ θελει ποιειτω·

9 10 δι ἡμας γαρ ἐγραφη, ὁτι ὀφειλει ἐπ ἐλπιδι ὁ ἀροτριων ἀροτριαν,

11 7 ἀνηρ μεν γαρ οὐκ ὀφειλει κατακαλυπτεσθαι την κεφαλην, εἰκων και δοξα θεου ὑπαρχων·

10 δια τουτο ὀφειλει ἡ γυνη ἐξουσιαν ἐχειν ἐπι της κεφαλης δια τους ἀγγελους.

2Co 12 11 ἐγω γαρ ὠφειλον ὑφ ὑμων συνιστασθαι.

14 οὐ γαρ ὀφειλει τα τεκνα τοις γονευσιν θησαυριζειν, ἀλλα οἱ γονεις τοις τεκνοις.

Eph 5 28 οὑτως ὀφειλουσιν [και] οἱ ἀνδρες ἀγαπαν τας ἑαυτων γυναικας ὡς τα ἑαυτων σωματα.

2Th 1 3 εὐχαριστειν ὀφειλομεν τω θεω παντοτε περι ὑμων, ἀδελφοι, καθως ἀξιον ἐστιν,

2 13 ἡμεις δε ὀφειλομεν εὐχαριστειν τω θεω παντοτε περι ὑμων,

Phm 18 εἰ δε τι ἠδικησεν σε ἠ ὀφειλει, τουτο ἐμοι ἐλλογα·

Heb 2 17 ὁθεν ὠφειλεν κατα παντα τοις ἀδελφοις ὁμοιωθηναι,

5 3 και δι αὐτην ὀφειλει, καθως περι του λαου, οὑτως και περι ἑαυτου προσφερειν περι ἁμαρτιων.

12 και γαρ ὀφειλοντες εἰναι διδασκαλοι δια τον χρονον, παλιν χρειαν ἐχετε του διδασκειν ὑμας τινα τα στοιχεια της ἀρχης των λογιων του θεου,

1Jh 2 6 ὁ λεγων ἐν αὐτω μενειν ὀφειλει καθως ἐκεινος περιεπατησεν και αὐτος [οὑτως] περιπατειν.

3 16 και ἡμεις ὀφειλομεν ὑπερ των ἀδελφων τας ψυχας θειναι.

4 11 ἀγαπητοι, εἰ οὑτως ὁ θεος ἠγαπησεν ἡμας, και ἡμεις ὀφειλομεν ἀλληλους ἀγαπαν.

3Jh 8 ἡμεις οὐν ὀφειλομεν ὑπολαμβανειν τους τοιουτους,

ὀφελον [4]

1Co 4 8 και ὀφελον γε ἐβασιλευσατε, ἰνα και ἡμεις ὑμιν συμβασιλευσωμεν.

2Co 11 1 ὀφελον ἀνειχεσθε μου μικρον τι ἀφροσυνης·

Ga 5 12 ὀφελον και ἀποκοψονται οἱ ἀναστατουντες ὑμας.

Apc 3 15 ὁτι οὐτε ψυχρος εἰ οὐτε ζεστος. ὀφελον ψυχρος ἠς ἠ ζεστος.

ὄφελος [3]

1Co	15 32	εἰ κατα ἀνθρωπον ἐθηριομαχησα ἐν ἐφεσω, τί μοι το ὄφελος;
Ja	2 14	τί το ὄφελος, ἀδελφοι μου, ἐαν πιστιν λεγη τις ἐχειν ἐργα δε μη ἐχη;
	16	μη δωτε δε αὐτοις τα ἐπιτηδεια του σωματος, τί το ὄφελος;

ὀφθαλμοδουλια [2]

Eph	6 6	οἱ δουλοι, ὑπακουετε τοις κατα σαρκα κυριοις μετα φοβου και τρομου ἐν ἁπλοτητι της καρδιας ὑμων ὡς τω χριστω, μη κατ ὀφθαλμοδουλιαν ὡς ἀνθρωπαρεσκοι,
Col	3 22	οἱ δουλοι, ὑπακουετε κατα παντα τοις κατα σαρκα κυριοις, μη ἐν ὀφθαλμοδουλια ὡς ἀνθρωπαρεσκοι,

ὀφθαλμος [100]

Mt	5 29	εἰ δε ὁ ὀφθαλμος σου ὁ δεξιος σκανδαλιζει σε, ἐξελε αὐτον και βαλε ἀπο σου·
	38	ὀφθαλμον ἀντι ὀφθαλμου και ὀδοντα ἀντι ὀδοντος.
	38	ὀφθαλμον ἀντι ὀφθαλμου και ὀδοντα ἀντι ὀδοντος.
	6 22	ὁ λυχνος του σωματος ἐστιν ὁ ὀφθαλμος.
	22	ἐαν οὐν ἠ ὁ ὀφθαλμος σου ἁπλους, ὁλον το σωμα σου φωτεινον ἐσται·
	23	ἐαν δε ὁ ὀφθαλμος σου πονηρος ἠ, ὁλον το σωμα σου σκοτεινον ἐσται.
	7 3	τί δε βλεπεις το καρφος το ἐν τω ὀφθαλμω του ἀδελφου σου,
	3	την δε ἐν τω σω ὀφθαλμω δοκον οὐ κατανοεις;
	4	ἀφες ἐκβαλω το καρφος ἐκ του ὀφθαλμου σου,
	4	και ἰδου ἡ δοκος ἐν τω ὀφθαλμω σου;
	5	ὑποκριτα, ἐκβαλε πρωτον ἐκ του ὀφθαλμου σου την δοκον, και τοτε διαβλεψεις ἐκβαλειν το καρφος ἐκ του ὀφθαλμου του ἀδελφου σου.
	5	ἐκβαλε πρωτον ἐκ του ὀφθαλμου σου την δοκον, και τοτε διαβλεψεις ἐκβαλειν το καρφος ἐκ του ὀφθαλμου του ἀδελφου σου.
	9 29	τοτε ἡψατο των ὀφθαλμων αὐτων λεγων·
	30	και ἠνεωχθησαν αὐτων οἱ ὀφθαλμοι.
	13 15	και τοις ὠσιν βαρεως ἠκουσαν, και τους ὀφθαλμους αὐτων ἐκαμμυσαν·
	15	μηποτε ἰδωσιν τοις ὀφθαλμοις και τοις ὠσιν ἀκουσωσιν και τη καρδια συνωσιν και ἐπιστρεψωσιν,
	16	ὑμων δε μακαριοι οἱ ὀφθαλμοι ὁτι βλεπουσιν,
	17 8	ἐπαραντες δε τους ὀφθαλμους αὐτων οὐδενα εἰδον εἰ μη αὐτον ἰησουν μονον.
	18 9	και εἰ ὁ ὀφθαλμος σου σκανδαλιζει σε, ἐξελε αὐτον και βαλε ἀπο σου·
	9	καλον σοι ἐστιν μονοφθαλμον εἰς την ζωην εἰσελθειν, ἠ δυο ὀφθαλμους ἐχοντα βληθηναι εἰς την γεενναν του πυρος.
	20 15	[ἠ] οὐκ ἐξεστιν μοι ὁ θελω ποιησαι ἐν τοις ἐμοις; ἠ ὁ ὀφθαλμος σου πονηρος ἐστιν ὁτι ἐγω ἀγαθος εἰμι;
	33	λεγουσιν αὐτω· κυριε, ἱνα ἀνοιγωσιν οἱ ὀφθαλμοι ἡμων.
	21 42	παρα κυριου ἐγενετο αὑτη, και ἐστιν θαυμαστη ἐν ὀφθαλμοις ἡμων;
	26 43	και ἐλθων παλιν εὑρεν αὐτους καθευδοντας, ἠσαν γαρ αὐτων οἱ ὀφθαλμοι βεβαρημενοι.
Mc	7 22	ἐσωθεν γαρ ἐκ της καρδιας των ἀνθρωπων οἱ διαλογισμοι οἱ κακοι ἐκπορευονται, πορνειαι, κλοπαι, φονοι, μοιχειαι, πλεονεξιαι, πονηριαι, δολος, ἀσελγεια, ὀφθαλμος πονηρος, βλασφημια, ὑπερηφανια, ἀφροσυνη·
	8 18	ὀφθαλμους ἐχοντες οὐ βλεπετε, και ὠτα ἐχοντες οὐκ ἀκουετε;
	25	εἰτα παλιν ἐπεθηκεν τας χειρας ἐπι τους ὀφθαλμους αὐτου,
	9 47	και ἐαν ὁ ὀφθαλμος σου σκανδαλιζη σε, ἐκβαλε αὐτον·
	47	καλον σε ἐστιν μονοφθαλμον εἰσελθειν εἰς την βασιλειαν του θεου, ἠ δυο ὀφθαλμους ἐχοντα βληθηναι εἰς την γεενναν,
	12 11	παρα κυριου ἐγενετο αὑτη, και ἐστιν θαυμαστη ἐν ὀφθαλμοις ἡμων;
	14 40	ἠσαν γαρ αὐτων οἱ ὀφθαλμοι καταβαρυνομενοι,
Lc	2 30	νυν ἀπολυεις τον δουλον σου, δεσποτα, κατα το ρημα σου ἐν εἰρηνη· ὁτι εἰδον οἱ ὀφθαλμοι μου το σωτηριον σου,
	4 20	και παντων οἱ ὀφθαλμοι ἐν τη συναγωγη ἠσαν ἀτενιζοντες αὐτω.
	6 20	και αὐτος ἐπαρας τους ὀφθαλμους αὐτου εἰς τους μαθητας αὐτου ἐλεγεν·
	41	τί δε βλεπεις το καρφος το ἐν τω ὀφθαλμω του ἀδελφου σου, την δε δοκον την ἐν τω ἰδιω ὀφθαλμω οὐ κατανοεις;
	41	τί δε βλεπεις το καρφος το ἐν τω ὀφθαλμω του ἀδελφου σου, την δε δοκον την ἐν τω ἰδιω ὀφθαλμω οὐ κατανοεις;
	42	ἀδελφε, ἀφες ἐκβαλω το καρφος το ἐν τω ὀφθαλμω σου, αὐτος την ἐν τω ὀφθαλμω σου δοκον οὐ βλεπων;

ὀφθαλμος [100]

Lc	6 42	ἀδελφε, ἀφες ἐκβαλω το καρφος το ἐν τω ὀφθαλμω σου, αὐτος την ἐν τω ὀφθαλμω σου δοκον οὐ βλεπων;
	42	ὑποκριτα, ἐκβαλε πρωτον την δοκον ἐκ του ὀφθαλμου σου, και τοτε διαβλεψεις το καρφος το ἐν τω ὀφθαλμω του ἀδελφου σου ἐκβαλειν.
	42	ὑποκριτα, ἐκβαλε πρωτον την δοκον ἐκ του ὀφθαλμου σου, και τοτε διαβλεψεις το καρφος το ἐν τω ὀφθαλμω του ἀδελφου σου ἐκβαλειν.
	10 23	μακαριοι οἱ ὀφθαλμοι οἱ βλεποντες ἀ βλεπετε.
	11 34	ὁ λυχνος του σωματος ἐστιν ὁ ὀφθαλμος σου.
	34	ὁταν ὁ ὀφθαλμος σου ἁπλους ἠ, και ὁλον το σωμα σου φωτεινον ἐστιν·
	16 23	και ἐν τω ἁδη ἐπαρας τους ὀφθαλμους αὐτου, ὑπαρχων ἐν βασανοις, ὁρα ἀβρααμ ἀπο μακροθεν και λαζαρον ἐν τοις κολποις αὐτου.
	18 13	ὁ δε τελωνης μακροθεν ἐστως οὐκ ἠθελεν οὐδε τους ὀφθαλμους ἐπαραι εἰς τον οὐρανον,
	19 42	νυν δε ἐκρυβη ἀπο ὀφθαλμων σου.
	24 16	οἱ δε ὀφθαλμοι αὐτων ἐκρατουντο του μη ἐπιγνωναι αὐτον.
	31	αὐτων δε διηνοιχθησαν οἱ ὀφθαλμοι, και ἐπεγνωσαν αὐτον·
Jh	4 35	ἐπαρατε τους ὀφθαλμους ὑμων και θεασασθε τας χωρας,
	6 5	ἐπαρας οὐν τους ὀφθαλμους ὁ ἰησους και θεασαμενος ὁτι πολυς ὀχλος ἐρχεται προς αὐτον, λεγει προς φιλιππον·
	9 6	ταυτα εἰπων ἐπτυσεν χαμαι και ἐποιησεν πηλον ἐκ του πτυσματος, και ἐπεχρισεν αὐτου τον πηλον ἐπι τους ὀφθαλμους,
	10	πῶς [οὐν] ἠνεωχθησαν σου οἱ ὀφθαλμοι;
	11	ὁ ἀνθρωπος ὁ λεγομενος ἰησους πηλον ἐποιησεν και ἐπεχρισεν μου τους ὀφθαλμους και εἰπεν μοι ὁτι ὑπαγε εἰς τον σιλωαμ και νιψαι·
	14	ἠν δε σαββατον ἐν ἠ ἡμερα τον πηλον ἐποιησεν ὁ ἰησους και ἀνεωξεν αὐτου τους ὀφθαλμους.
	15	πηλον ἐπεθηκεν μου ἐπι τους ὀφθαλμους, και ἐνιψαμην, και βλεπω.
	17	τί συ λεγεις περι αὐτου, ὁτι ἠνεωξεν σου τους ὀφθαλμους;
	21	πῶς δε νυν βλεπει οὐκ οἰδαμεν, ἠ τίς ἠνοιξεν αὐτου τους ὀφθαλμους ἡμεις οὐκ οἰδαμεν·
	26	πῶς ἠνοιξεν σου τους ὀφθαλμους;
	30	ἐν τουτω γαρ το θαυμαστον ἐστιν, ὁτι ὑμεις οὐκ οἰδατε ποθεν ἐστιν, και ἠνοιξεν μου τους ὀφθαλμους.
	32	ἐκ του αἰωνος οὐκ ἠκουσθη ὁτι ἠνεωξεν τις ὀφθαλμους τυφλου γεγεννημενου·
	10 21	ταυτα τα ρηματα οὐκ ἐστιν δαιμονιζομενου· μη δαιμονιον δυναται τυφλων ὀφθαλμους ἀνοιξαι;
	11 37	οὐκ ἐδυνατο οὑτος ὁ ἀνοιξας τους ὀφθαλμους του τυφλου ποιησαι ἱνα και οὑτος μη ἀποθανη;
	41	ὁ δε ἰησους ἠρεν τους ὀφθαλμους ἀνω και εἰπεν·
	12 40	τετυφλωκεν αὐτων τους ὀφθαλμους και ἐπωρωσεν αὐτων την καρδιαν, ἱνα μη ἰδωσιν τοις ὀφθαλμοις και νοησωσιν τη καρδια και στραφωσιν, και ἰασομαι αὐτους.
	40	τετυφλωκεν αὐτων τους ὀφθαλμους και ἐπωρωσεν αὐτων την καρδιαν, ἱνα μη ἰδωσιν τοις ὀφθαλμοις και νοησωσιν τη καρδια και στραφωσιν, και ἰασομαι αὐτους.
	17 1	ταυτα ἐλαλησεν ἰησους, και ἐπαρας τους ὀφθαλμους αὐτου εἰς τον οὐρανον εἰπεν·
Ac	1 9	και νεφελη ὑπελαβεν αὐτον ἀπο των ὀφθαλμων αὐτων.
	9 8	ἠγερθη δε σαυλος ἀπο της γης, ἀνεωγμενων δε των ὀφθαλμων αὐτου οὐδεν ἐβλεπεν·
	18	και εὐθεως ἀπεπεσαν αὐτου ἀπο των ὀφθαλμων ὡς λεπιδες, ἀνεβλεψεν τε,
	40	ἡ δε ἠνοιξεν τους ὀφθαλμους αὐτης, και ἰδουσα τον πετρον ἀνεκαθισεν.
	26 18	ἀνοιξαι ὀφθαλμους αὐτων, του ἐπιστρεψαι ἀπο σκοτους εἰς φως και της ἐξουσιας του σατανα ἐπι τον θεον,
	28 27	και τοις ὠσιν βαρεως ἠκουσαν, και τους ὀφθαλμους αὐτων ἐκαμμυσαν·
	27	μηποτε ἰδωσιν τοις ὀφθαλμοις και τοις ὠσιν ἀκουσωσιν και τη καρδια συνωσιν και ἐπιστρεψωσιν,
Rm	3 18	οὐκ ἐστιν φοβος θεου ἀπεναντι των ὀφθαλμων αὐτων.
	11 8	ἐδωκεν αὐτοις ὁ θεος πνευμα κατανυξεως, ὀφθαλμους του μη βλεπειν και ὠτα του μη ἀκουειν, ἑως της σημερον ἡμερας.
	10	σκοτισθητωσαν οἱ ὀφθαλμοι αὐτων του μη βλεπειν,
1Co	2 9	ἀ ὀφθαλμος οὐκ εἰδεν και οὐς οὐκ ἠκουσεν και ἐπι καρδιαν ἀνθρωπου οὐκ ἀνεβη, ἀ ἡτοιμασεν ὁ θεος τοις ἀγαπωσιν αὐτον.
	12 16	και ἐαν εἰπη το οὐς· ὁτι οὐκ εἰμι ὀφθαλμος, οὐκ εἰμι ἐκ του σωματος, οὐ παρα τουτο οὐκ ἐστιν ἐκ του σωματος.
	17	εἰ ὁλον το σωμα ὀφθαλμος, πουῦ ἡ ἀκοη;
	21	οὐ δυναται δε ὁ ὀφθαλμος εἰπειν τη χειρι·

ὀφθαλμος [100]

1Co	15 52	παντες ου κοιμηθησομεθα, παντες δε αλλαγησομεθα, εν ατομω, εν ριπη ὀφθαλμου, εν τη εσχατη σαλπιγγι·
Ga	3 1	τίς ὑμας ἐβασκανεν, οἱς κατ ὀφθαλμους ιησους χριστος προεγραφη ἐσταυρωμενος;
	4 15	μαρτυρω γαρ ὑμιν ὁτι εἰ δυνατον τους ὀφθαλμους ὑμων ἐξορυξαντες ἐδωκατε μοι.
Eph	1 18	δωη ὑμιν πνευμα σοφιας και ἀποκαλυψεως ἐν ἐπιγνωσει αὐτου, πεφωτισμενους τους ὀφθαλμους της καρδιας [ὑμων],
Heb	4 13	παντα δε γυμνα και τετραχηλισμενα τοις ὀφθαλμοις αὐτου,
1Pt	3 12	ὁτι ὀφθαλμοι κυριου ἐπι δικαιους και ὠτα αὐτου εἰς δεησιν αὐτων,
2Pt	2 14	ὀφθαλμους ἐχοντες μεστους μοιχαλιδος και ἀκαταπαυστους ἁμαρτιας,
1Jh	1 1	ὁ ἠν ἀπ ἀρχης, ὁ ἀκηκοαμεν, ὁ ἐωρακαμεν τοις ὀφθαλμοις ἡμων,
	2 11	και οὐκ οἰδεν που ὑπαγει, ὁτι ἡ σκοτια ἐτυφλωσεν τους ὀφθαλμους αὐτου.
	16	ὁτι παν το ἐν τω κοσμω, ἡ ἐπιθυμια της σαρκος και ἡ ἐπιθυμια των ὀφθαλμων και ἡ ἀλαζονεια του βιου, οὐκ ἐστιν ἐκ του πατρος,
Apc	1 7	και ὀψεται αὐτον πας ὀφθαλμος και οἱτινες αὐτον ἐξεκεντησαν,
	14	και οἱ ὀφθαλμοι αὐτου ὡς φλοξ πυρος,
	2 18	ταδε λεγει ὁ υἱος του θεου, ὁ ἐχων τους ὀφθαλμους αὐτου ὡς φλογα πυρος,
	3 18	και κολλ[ο]υριον ἐγχρισαι τους ὀφθαλμους σου ἱνα βλεπης.
	4 6	και ἐν μεσω του θρονου και κυκλω του θρονου τεσσαρα ζωα γεμοντα ὀφθαλμων ἐμπροσθεν και ὀπισθεν.
	8	και τα τεσσαρα ζωα, ἐν καθ ἐν αὐτων ἐχων ἀνα πτερυγας ἐξ, κυκλοθεν και ἐσωθεν γεμουσιν ὀφθαλμων·
	5 6	ἀρνιον ἐστηκος ὡς ἐσφαγμενον, ἐχων κερατα ἑπτα και ὀφθαλμους ἑπτα,
	7 17	και ἐξαλειψει ὁ θεος παν δακρυον ἐκ των ὀφθαλμων αὐτων.
	19 12	οἱ δε ὀφθαλμοι αὐτου [ὡς] φλοξ πυρος,
	21 4	και ἐξαλειψει παν δακρυον ἐκ των ὀφθαλμων αὐτων,

ὀφις [14]

Mt	7 10	μη ὀφιν ἐπιδωσει αὐτω;
	10 16	γινεσθε οὐν φρονιμοι ὡς οἱ ὀφεις και ἀκεραιοι ὡς αἱ περιστεραι.
	23 33	ὀφεις, γεννηματα ἐχιδνων, πως φυγητε ἀπο της κρισεως της γεεννης;
Mc	16 18	[και ἐν ταις χερσιν] ὀφεις ἀρουσιν καν θανασιμον τι πιωσιν οὐ μη αὐτους βλαψη,
Lc	10 19	ἰδου δεδωκα ὑμιν την ἐξουσιαν του πατειν ἐπανω ὀφεων και σκορπιων,
	11 11	τινα δε ἐξ ὑμων τον πατερα αἰτησει ὁ υἱος ἰχθυν, και ἀντι ἰχθυος ὀφιν αὐτω ἐπιδωσει;
Jh	3 14	και καθως μωυσης ὑψωσεν τον ὀφιν ἐν τη ἐρημω, οὑτως ὑψωθηναι δει τον υἱον του ἀνθρωπου,
1Co	10 9	μηδε ἐκπειραζωμεν τον χριστον, καθως τινες αὐτων ἐπειρασαν και ὑπο των ὀφεων ἀπωλλυντο.
2Co	11 3	φοβουμαι δε μη πως, ὡς ὁ ὀφις ἐξηπατησεν εὑαν ἐν τη πανουργια αὐτου, φθαρη τα νοηματα ὑμων ἀπο της ἁπλοτητος [και της ἁγνοτητος] της εἰς τον χριστον.
Apc	9 19	αἱ γαρ οὐραι αὐτων ὁμοιαι ὀφεσιν,
	12 9	και ἐβληθη ὁ δρακων ὁ μεγας, ὁ ὀφις ὁ ἀρχαιος,
	14	ἱνα πετηται εἰς την ἐρημον εἰς τον τοπον αὐτης, ὁπου τρεφεται ἐκει καιρον και καιρους και ἡμισυ καιρου ἀπο προσωπου του ὀφεως.
	15	και ἐβαλεν ὁ ὀφις ἐκ του στοματος αὐτου ὀπισω της γυναικος ὑδωρ ὡς ποταμον,
	20 2	και ἐκρατησεν τον δρακοντα, ὁ ὀφις ὁ ἀρχαιος,

ὀφρυς [1]

Lc	4 29	και ἠγαγον αὐτον ἐως ὀφρυος του ὀρους ἐφ οὑ ἡ πολις ὠκοδομητο αὐτων, ὡστε κατακρημνισαι αὐτον·

ὀχλεομαι [1]

Ac	5 16	συνηρχετο δε και το πληθος των περιξ πολεων ἰερουσαλημ, φεροντες ἀσθενεις και ὀχλουμενους ὑπο πνευματων ἀκαθαρτων,

ὀχλοποιεω [1]

Ac	17 5	ζηλωσαντες δε οἱ ιουδαιοι και προσλαβομενοι των ἀγοραιων ἀνδρας τινας πονηρους και ὀχλοποιησαντες ἐθορυβουν την πολιν,

ὀχλος [175]

Mt	4 25	και ἠκολουθησαν αὐτω ὀχλοι πολλοι ἀπο της γαλιλαιας και δεκαπολεως και ἰεροσολυμων και ιουδαιας και περαν του ἰορδανου.
	5 1	ἰδων δε τους ὀχλους ἀνεβη εἰς το ὀρος·
	7 28	ἐξεπλησσοντο οἱ ὀχλοι ἐπι τη διδαχη αὐτου·
	8 1	καταβαντος δε αὐτου ἀπο του ὀρους ἠκολουθησαν αὐτω ὀχλοι πολλοι.
	18	ἰδων δε ὁ ιησους ὀχλον περι αὐτον ἐκελευσεν ἀπελθειν εἰς το περαν.
	9 8	ἰδοντες δε οἱ ὀχλοι ἐφοβηθησαν και ἐδοξασαν τον θεον τον δοντα ἐξουσιαν τοιαυτην τοις ἀνθρωποις.
	23	και ἐλθων ὁ ιησους εἰς την οἰκιαν του ἀρχοντος και ἰδων τους αὐλητας και τον ὀχλον θορυβουμενον ἐλεγεν·
	25	ὁτε δε ἐξεβληθη ὁ ὀχλος, εἰσελθων ἐκρατησεν της χειρος αὐτης,
	33	και ἐθαυμασαν οἱ ὀχλοι λεγοντες·
	36	ἰδων δε τους ὀχλους ἐσπλαγχνισθη περι αὐτων,
	11 7	τουτων δε πορευομενων ἠρξατο ὁ ιησους λεγειν τοις ὀχλοις περι ιωαννου·
	12 15	και ἠκολουθησαν αὐτω ὀχλοι πολλοι,
	23	και ἐξισταντο παντες οἱ ὀχλοι και ἐλεγον·
	46	ἐτι αὐτου λαλουντος τοις ὀχλοις, ἰδου ἡ μητηρ και οἱ ἀδελφοι αὐτου εἰστηκεισαν ἐξω ζητουντες αὐτω λαλησαι.
	13 2	και συνηχθησαν προς αὐτον ὀχλοι πολλοι,
	2	και πας ὁ ὀχλος ἐπι τον αἰγιαλον εἱστηκει.
	34	ταυτα παντα ἐλαλησεν ὁ ιησους ἐν παραβολαις τοις ὀχλοις,
	36	τοτε ἀφεις τους ὀχλους ἠλθεν εἰς την οἰκιαν.
	14 5	και θελων αὐτον ἀποκτειναι ἐφοβηθη τον ὀχλον, ὁτι ὡς προφητην αὐτον εἰχον.
	13	και ἀκουσαντες οἱ ὀχλοι ἠκολουθησαν αὐτω πεζη ἀπο των πολεων.
	14	και ἐξελθων εἰδεν πολυν ὀχλον,
	15	ἀπολυσον τους ὀχλους, ἱνα ἀπελθοντες εἰς τας κωμας ἀγορασωσιν ἑαυτοις βρωματα.
	19	και κελευσας τους ὀχλους ἀνακλιθηναι ἐπι του χορτου,
	19	λαβων τους πεντε ἀρτους και τους δυο ἰχθυας, ἀναβλεψας εἰς τον οὐρανον εὐλογησεν, και κλασας ἐδωκεν τοις μαθηταις τους ἀρτους, οἱ δε μαθηται τοις ὀχλοις.
	22	και εὐθεως ἠναγκασεν τους μαθητας ἐμβηναι εἰς το πλοιον και προαγειν αὐτον εἰς το περαν, ἑως οὑ ἀπολυση τους ὀχλους.
	23	και ἀπολυσας τους ὀχλους ἀνεβη εἰς το ὀρος κατ ἰδιαν προσευξασθαι.
	15 10	και προσκαλεσαμενος τον ὀχλον εἰπεν αὐτοις· ἀκουετε και συνιετε·
	30	και προσηλθον αὐτω ὀχλοι πολλοι ἐχοντες μεθ ἑαυτων χωλους, τυφλους, κυλλους, κωφους, και ἑτερους πολλους, και ἐρριψαν αὐτους παρα τους ποδας αὐτου·
	31	ὡστε τον ὀχλον θαυμασαι βλεποντας κωφους λαλουντας, κυλλους ὑγιεις και χωλους περιπατουντας και τυφλους βλεποντας·
	32	σπλαγχνιζομαι ἐπι τον ὀχλον, ὁτι ἠδη ἡμεραι τρεις προσμενουσιν μοι και οὐκ ἐχουσιν τι φαγωσιν·
	33	ποθεν ἡμιν ἐν ἐρημια ἀρτοι τοσουτοι ὡστε χορτασαι ὀχλον τοσουτον;
	35	και παραγγειλας τω ὀχλω ἀναπεσειν ἐπι την γην ἐλαβεν τους ἑπτα ἀρτους και τους ἰχθυας και εὐχαριστησας ἐκλασεν και ἐδιδου τοις μαθηταις,
	36	και παραγγειλας τω ὀχλω ἀναπεσειν ἐπι την γην ἐλαβεν τους ἑπτα ἀρτους και τους ἰχθυας και εὐχαριστησας ἐκλασεν και ἐδιδου τοις μαθηταις, οἱ δε μαθηται τοις ὀχλοις.
	39	και ἀπολυσας τους ὀχλους ἐνεβη εἰς το πλοιον,
	17 14	και ἐλθοντων προς τον ὀχλον προσηλθεν αὐτω ἀνθρωπος γονυπετων αὐτον και λεγων·
	19 2	και ἠκολουθησαν αὐτω ὀχλοι πολλοι, και ἐθεραπευσεν αὐτους ἐκει.
	20 29	και ἐκπορευομενων αὐτων ἀπο ιεριχω ἠκολουθησεν αὐτω ὀχλος πολυς.
	31	ὁ δε ὀχλος ἐπετιμησεν αὐτοις ἱνα σιωπησωσιν·
	21 8	ὁ δε πλειστος ὀχλος ἐστρωσαν ἑαυτων τα ἱματια ἐν τη ὁδω,
	9	οἱ δε ὀχλοι οἱ προαγοντες αὐτον και οἱ ἀκολουθουντες ἐκραζον λεγοντες·

ὄχλος [175]

Mt 21 11 οἱ δε ὄχλοι ἐλεγον· οὗτος ἐστιν ὁ προφητης ἰησους ὁ ἀπο ναζαρεθ της γαλιλαιας.

26 ἐαν δε εἰπωμεν· ἐξ ἀνθρωπων, φοβουμεθα τον ὄχλον· παντες γαρ ὡς προφητην ἐχουσιν τον ἰωαννην.

46 και ζητουντες αὐτον κρατησαι ἐφοβηθησαν τους ὄχλους, ἐπει εἰς προφητην αὐτον εἰχον.

22 33 και ἀκουσαντες οἱ ὄχλοι ἐξεπλησσοντο ἐπι τη διδαχη αὐτου.

23 1 τοτε ὁ ἰησους ἐλαλησεν τοις ὄχλοις και τοις μαθηταις αὐτου λεγων· ἐπι της μωυσεως καθεδρας ἐκαθισαν οἱ γραμματεις και οἱ φαρισαιοι.

26 47 ἰδου ἰουδας εἱς των δωδεκα ἠλθεν, και μετ αὐτου ὄχλος πολυς μετα μαχαιρων και ξυλων ἀπο των ἀρχιερεων και πρεσβυτερων του λαου.

55 ἐν ἐκεινη τη ὡρα εἰπεν ὁ ἰησους τοις ὄχλοις· ὡς ἐπι ληστην ἐξηλθατε μετα μαχαιρων και ξυλων συλλαβειν με;

27 15 κατα δε ἑορτην εἰωθει ὁ ἡγεμων ἀπολυειν ἑνα τω ὄχλω δεσμιον ὁν ἠθελον.

20 οἱ δε ἀρχιερεις και οἱ πρεσβυτεροι ἐπεισαν τους ὄχλους ἱνα αἰτησωνται τον βαραββαν, τον δε ἰησουν ἀπολεσωσιν.

24 ἰδων δε ὁ πιλατος ὁτι οὐδεν ὠφελει ἀλλα μαλλον θορυβος γινεται, λαβων ὑδωρ ἀπενιψατο τας χειρας ἀπεναντι του ὄχλου λεγων·

Mc 2 4 και μη δυναμενοι προσενεγκαι αὐτω δια τον ὄχλον ἀπεστεγασαν την στεγην ὁπου ἠν,

13 και πας ὁ ὄχλος ἠρχετο προς αὐτον,

3 9 και εἰπεν τοις μαθηταις αὐτου ἱνα πλοιαριον προσκαρτερη αὐτω δια τον ὄχλον,

20 και συνερχεται παλιν [ὁ] ὄχλος,

32 και ἐκαθητο περι αὐτον ὄχλος,

4 1 και συναγεται προς αὐτον ὄχλος πλειστος,

1 και πας ὁ ὄχλος προς την θαλασσαν ἐπι της γης ἠσαν.

36 και ἀφεντες τον ὄχλον παραλαμβανουσιν αὐτον ὡς ἠν ἐν τω πλοιω,

5 21 και διαπερασαντος του ἰησου [ἐν τω πλοιω] παλιν εἰς το περαν συνηχθη ὄχλος πολυς ἐπ αὐτον,

24 και ἠκολουθει αὐτω ὄχλος πολυς, και συνεθλιβον αὐτον.

27 ἀκουσασα περι του ἰησου, ἐλθουσα ἐν τω ὄχλω ὀπισθεν ἡψατο του ἱματιου αὐτου·

30 ἐπιστραφεις ἐν τω ὄχλω ἐλεγεν· τις μου ἡψατο των ἱματιων;

31 βλεπεις τον ὄχλον συνθλιβοντα σε, και λεγεις· τις μου ἡψατο;

6 34 και ἐξελθων εἰδεν πολυν ὄχλον,

45 και εὐθυς ἠναγκασεν τους μαθητας αὐτου ἐμβηναι εἰς το πλοιον και προαγειν εἰς το περαν προς βηθσαιδαν, ἑως αὐτος ἀπολυει τον ὄχλον.

7 14 και προσκαλεσαμενος παλιν τον ὄχλον ἐλεγεν αὐτοις· ἀκουσατε μου παντες και συνετε.

17 και ὁτε εἰσηλθεν εἰς οἰκον ἀπο του ὄχλου, ἐπηρωτων αὐτον οἱ μαθηται αὐτου την παραβολην.

33 και ἀπολαβομενος αὐτον ἀπο του ὄχλου κατ ἰδιαν ἐβαλεν τους δακτυλους αὐτου εἰς τα ὠτα αὐτου και πτυσας ἡψατο της γλωσσης αὐτου,

8 1 ἐν ἐκειναις ταις ἡμεραις παλιν πολλου ὄχλου ὀντος και μη ἐχοντων τι φαγωσιν,

2 σπλαγχνιζομαι ἐπι τον ὄχλον, ὁτι ἠδη ἡμεραι τρεις προσμενουσιν μοι και οὐκ ἐχουσιν τι φαγωσιν·

6 και παραγγελλει τω ὄχλω ἀναπεσειν ἐπι της γης·

6 και λαβων τους ἑπτα ἀρτους εὐχαριστησας ἐκλασεν και ἐδιδου τοις μαθηταις αὐτου ἱνα παρατιθωσιν, και παρεθηκαν τω ὄχλω.

34 και προσκαλεσαμενος τον ὄχλον συν τοις μαθηταις αὐτου εἰπεν αὐτοις· εἰ τις θελει ὀπισω μου ἀκολουθειν, ἀπαρνησασθω ἑαυτον και ἀρατω τον σταυρον αὐτου, και ἀκολουθειτω μοι.

9 14 και ἐλθοντες προς τους μαθητας εἰδον ὄχλον πολυν περι αὐτους και γραμματεις συζητουντας προς αὐτους.

15 και εὐθυς πας ὁ ὄχλος ἰδοντες αὐτον ἐξεθαμβηθησαν,

17 και ἀπεκριθη αὐτω εἱς ἐκ του ὀχλου· διδασκαλε, ἠνεγκα τον υἱον μου προς σέ, ἐχοντα πνευμα ἀλαλον·

25 ἰδων δε ὁ ἰησους ὁτι ἐπισυντρεχει ὄχλος, ἐπετιμησεν τω πνευματι τω ἀκαθαρτω λεγων αὐτω·

10 1 και συμπορευονται παλιν ὄχλοι προς αὐτον, και ὡς εἰωθει παλιν ἐδιδασκεν αὐτους.

46 και ἐκπορευομενου αὐτου ἀπο ἰεριχω και των μαθητων αὐτου και ὄχλου ἰκανου ὁ υἱος τιμαιου βαρτιμαιος, τυφλος προσαιτης, ἐκαθητο παρα την ὁδον.

11 18 ἐφοβουντο γαρ αὐτον, πας γαρ ὁ ὄχλος ἐξεπλησσετο ἐπι τη διδαχη αὐτου.

32 ἀλλα εἰπωμεν· ἐξ ἀνθρωπων; ἐφοβουντο τον ὄχλον· ἁπαντες γαρ εἰχον τον ἰωαννην ὀντως ὁτι προφητης ἠν.

ὄχλος [175]

Mc 12 12 και ἐζητουν αὐτον κρατησαι, και ἐφοβηθησαν τον ὄχλον·

37 και [ὁ] πολυς ὄχλος ἠκουεν αὐτου ἡδεως.

41 και καθισας κατεναντι του γαζοφυλακιου ἐθεωρει πως ὁ ὄχλος βαλλει χαλκον εἰς το γαζοφυλακιον·

14 43 και μετ αὐτου ὄχλος μετα μαχαιρων και ξυλων παρα των ἀρχιερεων και των γραμματεων και των πρεσβυτερων.

15 8 και ἀναβας ὁ ὄχλος ἠρξατο αἰτεισθαι καθως ἐποιει αὐτοις·

11 οἱ δε ἀρχιερεις ἀνεσεισαν τον ὄχλον ἱνα μαλλον τον βαραββαν ἀπολυση αὐτοις.

15 ὁ δε πιλατος βουλομενος τω ὄχλω το ἱκανον ποιησαι ἀπελυσεν αὐτοις τον βαραββαν,

Lc 3 7 ἐλεγεν οὐν τοις ἐκπορευομενοις ὄχλοις βαπτισθηναι ὑπ αὐτου· γεννηματα ἐχιδνων, τις ὑπεδειξεν ὑμιν φυγειν ἀπο της μελλουσης ὀργης;

10 και ἐπηρωτων αὐτον οἱ ὄχλοι λεγοντες· τι οὐν ποιησωμεν;

4 42 και οἱ ὄχλοι ἐπεζητουν αὐτον,

5 1 ἐγενετο δε ἐν τω τον ὄχλον ἐπικεισθαι αὐτω και ἀκουειν τον λογον του θεου, και αὐτος ἠν ἑστως παρα την λιμνην γεννησαρετ,

3 καθισας δε ἐκ του πλοιου ἐδιδασκεν τους ὄχλους.

15 και συνηρχοντο ὄχλοι πολλοι ἀκουειν και θεραπευεσθαι ἀπο των ἀσθενειων αὐτων·

19 και μη εὑροντες ποιας εἰσενεγκωσιν αὐτον δια τον ὄχλον, ἀναβαντες ἐπι το δωμα δια των κεραμων καθηκαν αὐτον συν τω κλινιδιω εἰς το μεσον ἐμπροσθεν του ἰησου.

29 και ἠν ὄχλος πολυς τελωνων και ἀλλων οἱ ἠσαν μετ αὐτων κατακειμενοι.

6 17 και ὄχλος πολυς μαθητων αὐτου,

19 και πας ὁ ὄχλος ἐζητουν ἁπτεσθαι αὐτου,

7 9 ἀκουσας δε ταυτα ὁ ἰησους ἐθαυμασεν αὐτον, και στραφεις τω ἀκολουθουντι αὐτω ὄχλω εἰπεν·

11 και ἐγενετο ἐν τω ἑξης ἐπορευθη εἰς πολιν καλουμενην ναιν, και συνεπορευοντο αὐτω οἱ μαθηται αὐτου και ὄχλος πολυς.

12 και αὐτη ἠν χηρα, και ὄχλος της πολεως ἰκανος ἠν συν αὐτη.

24 ἀπελθοντων δε των ἀγγελων ἰωαννου ἠρξατο λεγειν προς τους ὄχλους περι ἰωαννου· τι ἐξηλθατε εἰς την ἐρημον θεασασθαι;

8 4 συνιοντος δε ὄχλου πολλου και των κατα πολιν ἐπιπορευομενων προς αὐτον εἰπεν δια παραβολης·

19 και οὐκ ἠδυναντο συντυχειν αὐτω δια τον ὄχλον.

40 ἐν δε τω ὑποστρεφειν τον ἰησουν ἀπεδεξατο αὐτον ὁ ὄχλος·

42 ἐν δε τω ὑπαγειν αὐτον οἱ ὄχλοι συνεπνιγον αὐτον.

45 ἐπιστατα, οἱ ὄχλοι συνεχουσιν σε και ἀποθλιβουσιν.

9 11 οἱ δε ὄχλοι γνοντες ἠκολουθησαν αὐτω·

12 ἀπολυσον τον ὄχλον, ἱνα πορευθεντες εἰς τας κυκλω κωμας και ἀγρους καταλυσωσιν και εὑρωσιν ἐπισιτισμον, ὁτι ὡδε ἐν ἐρημω τοπω ἐσμεν.

16 λαβων δε τους πεντε ἀρτους και τους δυο ἰχθυας, ἀναβλεψας εἰς τον οὐρανον εὐλογησεν αὐτους και κατεκλασεν, και ἐδιδου τοις μαθηταις παραθειναι τω ὄχλω.

18 τινα με λεγουσιν οἱ ὄχλοι εἰναι;

37 ἐγενετο δε τη ἑξης ἡμερα κατελθοντων αὐτων ἀπο του ὀρους συνηντησεν αὐτω ὄχλος πολυς.

38 και ἰδου ἀνηρ ἀπο του ὄχλου ἐβοησεν λεγων·

11 14 ἐγενετο δε του δαιμονιου ἐξελθοντος ἐλαλησεν ὁ κωφος· και ἐθαυμασαν οἱ ὄχλοι.

27 ἐγενετο δε ἐν τω λεγειν αὐτον ταυτα ἐπαρασα τις φωνην γυνη ἐκ του ὄχλου εἰπεν αὐτω·

29 των δε ὄχλων ἐπαθροιζομενων ἠρξατο λεγειν·

12 1 ἐν οἱς ἐπισυναχθεισων των μυριαδων του ὄχλου, ὡστε καταπατειν ἀλληλους,

13 εἰπεν δε τις ἐκ του ὄχλου αὐτω· διδασκαλε, εἰπε τω ἀδελφω μου μερισασθαι μετ ἐμου την κληρονομιαν.

54 ἐλεγεν δε και τοις ὄχλοις· ὁταν ἰδητε την νεφελην ἀνατελλουσαν ἐπι δυσμων, εὐθεως λεγετε ὁτι ὀμβρος ἐρχεται, και γινεται οὑτως·

13 14 ἐλεγεν τω ὄχλω ὁτι ἐξ ἡμεραι εἰσιν ἐν αἱς δει ἐργαζεσθαι·

17 και ταυτα λεγοντος αὐτου κατησχυνοντο παντες οἱ ἀντικειμενοι αὐτω και πας ὁ ὄχλος ἐχαιρεν ἐπι πασιν τοις ἐνδοξοις τοις γινομενοις ὑπ αὐτου.

14 25 συνεπορευοντο δε αὐτω ὄχλοι πολλοι,

18 36 ἀκουσας δε ὄχλου διαπορευομενου ἐπυνθανετο τι ειη τουτο.

19 3 και οὐκ ἐδυνατο ἀπο του ὄχλου, ὁτι τη ἡλικια μικρος ἠν.

39 και τινες των φαρισαιων ἀπο του ὀχλου εἰπαν προς αὐτον·

22 6 και ἐξωμολογησεν, και ἐζητει εὐκαιριαν του παραδουναι αὐτον ἀτερ ὀχλου αὐτοις.

47 ἐτι αὐτου λαλουντος ἰδου ὄχλος, και ὁ λεγομενος ἰουδας εἱς των δωδεκα προηρχετο αὐτους, και ἠγγισεν τω ἰησου φιλησαι αὐτον.

ὄχλος [175]

Lc 23 4 ὁ δε πιλατος είπεν προς τους ἀρχιερεις και τους ὄχλους·
       48 και παντες οἱ συμπαραγενομενοι ὄχλοι ἐπι την θεωριαν ταυτην, θεωρησαντες τα γενομενα, τυπτοντες τα στηθη ὑπεστρεφον·

Jh 5 13 ὁ γαρ ἰησους ἐξενευσεν ὄχλου ὀντος ἐν τω τοπω.
  6 2 ἠκολουθει δε αὐτω ὄχλος πολυς,
    5 και θεασαμενος ὀτι πολυς ὄχλος ἐρχεται προς αὐτον, λεγει προς φιλιππον·
    22 τη ἐπαυριον ὁ ὄχλος ὁ ἐστηκως περαν της θαλασσης είδον ὀτι πλοιαριον ἀλλο οὐκ ἠν ἐκει εἰ μη ἐν,
    24 ὀτε οὐν είδεν ὁ ὄχλος ὀτι ἰησους οὐκ ἐστιν ἐκει οὐδε οἱ μαθηται αὐτου, ἐνεβησαν αὐτοι εἰς τα πλοιαρια και ἠλθον εἰς καφαρναουμ ζητουντες τον ἰησουν.
  7 12 και γογγυσμος περι αὐτου ἠν πολυς ἐν τοις ὄχλοις·
    12 οἱ μεν ἐλεγον ὀτι ἀγαθος ἐστιν· ἀλλοι [δε] ἐλεγον· οὐ, ἀλλα πλανα τον ὄχλον.
    20 ἀπεκριθη ὁ ὄχλος· δαιμονιον ἐχεις· τις σε ζητει ἀποκτειναι;
    31 ἐκ του ὄχλου δε πολλοι ἐπιστευσαν εἰς αὐτον, και ἐλεγον·
    32 ἠκουσαν οἱ φαρισαιοι του ὄχλου γογγυζοντος περι αὐτου ταυτα, και ἀπεστειλαν οἱ ἀρχιερεις και οἱ φαρισαιοι ὑπηρετας ἱνα πιασωσιν αὐτον.
    40 ἐκ του ὄχλου οὐν ἀκουσαντες των λογων τουτων ἐλεγον ὀτι·
    43 σχισμα οὐν ἐγενετο ἐν τω ὄχλω δι αὐτον·
    49 ἀλλα ὁ ὄχλος οὑτος ὁ μη γινωσκων τον νομον ἐπαρατοι εἰσιν.
 11 42 ἀλλα δια τον ὄχλον τον περιεστωτα είπον, ἱνα πιστευσωσιν ὀτι συ με ἀπεστειλας.
 12 9 ἐγνω οὐν [ὁ] ὄχλος πολυς ἐκ των ἰουδαιων ὀτι ἐκει ἐστιν,
    12 τη ἐπαυριον ὁ ὄχλος πολυς ὁ ἐλθων εἰς την ἑορτην, ἀκουσαντες ὀτι ἐρχεται [ὁ] ἰησους εἰς ἱεροσολυμα, ἐλαβον τα βαια των φοινικων
    17 ἐμαρτυρει οὐν ὁ ὄχλος ὁ ὠν μετ αὐτου ὀτε τον λαζαρον ἐφωνησεν ἐκ του μνημειου και ἠγειρεν αὐτον ἐκ νεκρων.
    18 δια τουτο [και] ὑπηντησεν αὐτω ὁ ὄχλος, ὀτι ἠκουσαν τουτο αὐτον πεποιηκεναι το σημειον.
    29 ὁ οὐν ὄχλος ὁ ἑστως και ἀκουσας ἐλεγεν βροντην γεγονεναι·
    34 ἀπεκριθη οὐν αὐτω ὁ ὄχλος· ἡμεις ἠκουσαμεν ἐκ του νομου ὀτι ὁ χριστος μενει εἰς τον αἰωνα,

Ac 1 15 και ἐν ταις ἡμεραις ταυταις ἀναστας πετρος ἐν μεσω των ἀδελφων είπεν· ἠν τε ὄχλος ὀνοματων ἐπι το αὐτο ὡσει ἑκατονεικοσι· ἀνδρες ἀδελφοι, ἐδει πληρωθηναι την γραφην
  6 7 πολυς τε ὄχλος των ἱερεων ὑπηκουον τη πιστει.
  8 6 προσειχον δε οἱ ὀχλοι τοις λεγομενοις ὑπο του φιλιππου ὁμοθυμαδον ἐν τω ἀκουειν αὐτους και βλεπειν τα σημεια ἁ ἐποιει.
 11 24 και προσετεθη ὄχλος ἱκανος τω κυριω.
    26 ἐγενετο δε αὐτοις και ἐνιαυτον ὀλον συναχθηναι ἐν τη ἐκκλησια και διδαξαι ὄχλον ἱκανον,
 13 45 ἰδοντες δε οἱ ἰουδαιοι τους ὀχλους ἐπλησθησαν ζηλου, και ἀντελεγον τοις ὑπο παυλου λαλουμενοις βλασφημουντες.
 14 11 οἱ τε ὀχλοι ἰδοντες ὁ ἐποιησεν παυλος ἐπηραν την φωνην αὐτων λυκαονιστι λεγοντες·
    13 ταυρους και στεμματα ἐπι τους πυλωνας ἐνεγκας, συν τοις ὀχλοις ἠθελεν θυειν.
    14 ἀκουσαντες δε οἱ ἀποστολοι βαρναβας και παυλος, διαρρηξαντες τα ἱματια αὐτων ἐξεπηδησαν εἰς τον ὀχλον, κραζοντες και λεγοντες·
    18 και ταυτα λεγοντες μολις κατεπαυσαν τους ὀχλους του μη θυειν αὐτοις.
    19 ἐπηλθαν δε ἀπο ἀντιοχειας και ἰκονιου ἰουδαιοι, και πεισαντες τους ὀχλους και λιθασαντες τον παυλον ἐσυρον ἐξω της πολεως,
 16 22 και συνεπεστη ὁ ὀχλος κατ αὐτων, και οἱ στρατηγοι περιρηξαντες αὐτων τα ἱματια ἐκελευον ραβδιζειν·
 17 8 ἐταραξαν δε τον ὀχλον και τους πολιταρχας ἀκουοντας ταυτα,
    13 ὡς δε ἐγνωσαν οἱ ἀπο της θεσσαλονικης ἰουδαιοι ὀτι και ἐν τη βεροια κατηγγελη ὑπο του παυλου ὁ λογος του θεου, ἠλθον κακει σαλευοντες και ταρασσοντες τους ὀχλους.
 19 26 και θεωρειτε και ἀκουετε ὀτι οὐ μονον ἐφεσου ἀλλα σχεδον πασης της ἀσιας ὁ παυλος οὑτος πεισας μετεστησεν ἱκανον ὀχλον,
    33 ἐκ δε του ὀχλου συνεβιβασαν ἀλεξανδρον, προβαλοντων αὐτον των ἰουδαιων·
    35 καταστειλας δε ὁ γραμματευς τον ὀχλον φησιν·
 21 27 ὡς δε ἐμελλον αἱ ἑπτα ἡμεραι συντελεισθαι, οἱ ἀπο της ἀσιας ἰουδαιοι θεασαμενοι αὐτον ἐν τω ἱερω συνεχεον παντα τον ὀχλον,
    34 ἀλλοι δε ἀλλο τι ἐπεφωνουν ἐν τω ὀχλω·

ὄχλος [175]

Ac 21 35 ὀτε δε ἐγενετο ἐπι τους ἀναβαθμους, συνεβη βασταζεσθαι αὐτον ὑπο των στρατιωτων δια την βιαν του ὀχλου·
 24 12 και οὐτε ἐν τω ἱερω εὑρον με προς τινα διαλεγομενον ἠ ἐπιστασιν ποιουντα ὀχλου,
    18 ἐν αἱς εὑρον με ἡγνισμενον ἐν τω ἱερω, οὐ μετα ὀχλου οὐδε μετα θορυβου,

Apc 7 9 μετα ταυτα είδον, και ἰδου ὀχλος πολυς,
 17 15 τα ὑδατα ἁ είδες, οὑ ἡ πορνη καθηται, λαοι και ὀχλοι εἰσιν και ἐθνη και γλωσσαι.
 19 1 μετα ταυτα ἠκουσα ὡς φωνην μεγαλην ὀχλου πολλου ἐν τω οὐρανω λεγοντων·
   6 και ἠκουσα ὡς φωνην ὀχλου πολλου και ὡς φωνην ὑδατων πολλων και ὡς φωνην βροντων ἰσχυρων, λεγοντων·

ὀχυρωμα [1]

2Co 10 4 τα γαρ ὀπλα της στρατειας ἡμων οὐ σαρκικα ἀλλα δυνατα τω θεω προς καθαιρεσιν ὀχυρωματων,

ὀψαριον [5]

Jh 6 9 ἐστιν παιδαριον ὡδε ὁς ἐχει πεντε ἀρτους κριθινους και δυο ὀψαρια·
    11 ἐλαβεν οὐν τους ἀρτους ὁ ἰησους και εὐχαριστησας διεδωκεν τοις ἀνακειμενοις, ὁμοιως και ἐκ των ὀψαριων ὁσον ἠθελον.
 21 9 ὡς οὐν ἀπεβησαν εἰς την γην, βλεπουσιν ἀνθρακιαν κειμενην και ὀψαριον ἐπικειμενον και ἀρτον.
    10 ἐνεγκατε ἀπο των ὀψαριων ὡν ἐπιασατε νυν.
    13 ἐρχεται ἰησους και λαμβανει τον ἀρτον και διδωσιν αὐτοις, και το ὀψαριον ὁμοιως.

ὀψε [3]

Mt 28 1 ὀψε δε σαββατων, τη ἐπιφωσκουση εἰς μιαν σαββατων, ἠλθεν μαριαμ ἡ μαγδαληνη και ἡ ἀλλη μαρια θεωρησαι τον ταφον.
Mc 11 19 και ὁταν ὀψε ἐγενετο, ἐξεπορευοντο ἐξω της πολεως.
 13 35 οὐκ οἰδατε γαρ ποτε ὁ κυριος της οἰκιας ἐρχεται, ἠ ὀψε ἠ μεσονυκτιον ἠ ἀλεκτοροφωνιας ἠ πρωι·

ὀψια [14]

Mt 8 16 ὀψιας δε γενομενης προσηνεγκαν αὐτω δαιμονιζομενους πολλους·
 14 15 ὀψιας δε γενομενης προσηλθον αὐτω οἱ μαθηται λεγοντες·
    23 ὀψιας δε γενομενης μονος ἠν ἐκει.
 16 2 [ὀψιας γενομενης λεγετε· εὐδια, πυρραζει γαρ ὁ οὐρανος· και πρωι· σημερον χειμων, πυρραζει γαρ στυγναζων ὁ οὐρανος].
 20 8 ὀψιας δε γενομενης λεγει ὁ κυριος του ἀμπελωνος τω ἐπιτροπω αὐτου·
 26 20 ὀψιας δε γενομενης ἀνεκειτο μετα των δωδεκα.
 27 57 ὀψιας δε γενομενης ἠλθεν ἀνθρωπος πλουσιος ἀπο ἀριμαθαιας, τουνομα ἰωσηφ, ὁς και αὐτος ἐμαθητευθη τω ἰησου·
Mc 1 32 ὀψιας δε γενομενης, ὀτε ἐδυ ὁ ἡλιος, ἐφερον προς αὐτον παντας τους κακως ἐχοντας και τους δαιμονιζομενους·
  4 35 και λεγει αὐτοις ἐν ἐκεινη τη ἡμερα ὀψιας γενομενης· διελθωμεν εἰς το περαν.
  6 47 και ὀψιας γενομενης ἠν το πλοιον ἐν μεσω της θαλασσης,
 14 17 και ὀψιας γενομενης ἐρχεται μετα των δωδεκα.
 15 42 και ἠδη ὀψιας γενομενης, ἐπει ἠν παρασκευη, ὁ ἐστιν προσαββατον, ἐλθων ἰωσηφ [ὁ] ἀπο ἀριμαθαιας,
Jh 6 16 ὡς δε ὀψια ἐγενετο, κατεβησαν οἱ μαθηται αὐτου ἐπι την θαλασσαν,
 20 19 οὐσης οὐν ὀψιας τη ἡμερα ἐκεινη τη μια σαββατων,

ὀψιμος [1]

Ja 5 7 ἰδου ὁ γεωργος ἐκδεχεται τον τιμιον καρπον της γης, μακροθυμων ἐπ αὐτω ἑως λαβη προιμον και ὀψιμον.

ὀψιος [1]

Mc 11 11 και περιβλεψαμενος παντα, ὀψιας ἠδη οὐσης της ὡρας, ἐξηλθεν εἰς βηθανιαν μετα των δωδεκα.

ὀψις [3]

Jh 7 24 μη κρινετε κατ ὀψιν, ἀλλα την δικαιαν κρισιν κρινετε.

ὄψις [3]

Jh 11 44 ἐξῆλθεν ὁ τεθνηκως δεδεμενος τους ποδας και τας χειρας κειριαις, και ἡ ὄψις αὐτου σουδαριῳ περιεδεδετο.

Apc 1 16 και ἡ ὄψις αὐτου ὡς ὁ ἥλιος φαινει ἐν τῃ δυναμει αὐτου.

ὀψωνιον [4]

Lc 3 14 μηδενα διασεισητε μηδε συκοφαντησητε, και ἀρκεισθε τοις ὀψωνιοις ὑμων.

Rm 6 23 τα γαρ ὀψωνια της ἁμαρτιας θανατος, το δε χαρισμα του θεου ζωη αἰωνιος ἐν χριστῳ ἰησου τῳ κυριῳ ἡμων.

1Co 9 7 τίς στρατευεται ἰδιοις ὀψωνιοις ποτε;

2Co 11 8 ἀλλας ἐκκλησιας ἐσυλησα λαβων ὀψωνιον προς την ὑμων διακονιαν,

Π

παγιδευω [1]

Mt 22 15 τοτε πορευθεντες οἱ φαρισαιοι συμβουλιον ἐλαβον ὁπως αὐτον παγιδευσωσιν ἐν λογῳ.

παγις [5]

Lc 21 35 και ἐπιστῃ ἐφ ὑμας αἰφνιδιος ἡ ἡμερα ἐκεινη ὡς παγις·

Rm 11 9 γενηθητω ἡ τραπεζα αὐτων εἰς παγιδα και εἰς θηραν και εἰς σκανδαλον και εἰς ἀνταποδομα αὐτοις,

1Tm 3 7 δει δε και μαρτυριαν καλην ἐχειν ἀπο των ἐξωθεν, ἱνα μη εἰς ὀνειδισμον ἐμπεσῃ και παγιδα του διαβολου.

6 9 οἱ δε βουλομενοι πλουτειν ἐμπιπτουσιν εἰς πειρασμον και παγιδα και ἐπιθυμιας πολλας ἀνοητους και βλαβερας,

2Tm 2 26 και ἀνανηψωσιν ἐκ της του διαβολου παγιδος,

παγος [2]

Ac 17 19 ἐπιλαβομενοι τε αὐτου ἐπι τον ἀρειονπαγον ἠγαγον, λεγοντες·

22 σταθεις δε [ὁ] παυλος ἐν μεσῳ του ἀρειουπαγου ἐφη·

παθημα [16]

Rm 7 5 ὁτε γαρ ἠμεν ἐν τῃ σαρκι, τα παθηματα των ἁμαρτιων τα δια του νομου ἐνηργειτο ἐν τοις μελεσιν ἡμων εἰς το καρποφορησαι τῳ θανατῳ·

8 18 λογιζομαι γαρ ὁτι οὐκ ἀξια τα παθηματα του νυν καιρου προς την μελλουσαν δοξαν ἀποκαλυφθηναι εἰς ἡμας.

2Co 1 5 ὁτι καθως περισσευει τα παθηματα του χριστου εἰς ἡμας, οὑτως δια του χριστου περισσευει και ἡ παρακλησις ἡμων.

6 εἰτε παρακαλουμεθα, ὑπερ της ὑμων παρακλησεως της ἐνεργουμενης ἐν ὑπομονῃ των αὐτων παθηματων ὡν και ἡμεις πασχομεν,

7 εἰδοτες ὁτι ὡς κοινωνοι ἐστε των παθηματων, οὑτως και της παρακλησεως.

Ga 5 24 οἱ δε του χριστου [ἰησου] την σαρκα ἐσταυρωσαν συν τοις παθημασιν και ταις ἐπιθυμιαις.

Php 3 10 του γνωναι αὐτον και την δυναμιν της ἀναστασεως αὐτου και [την] κοινωνιαν [των] παθηματων αὐτου,

Col 1 24 νυν χαιρω ἐν τοις παθημασιν ὑπερ ὑμων,

2Tm 3 11 τοις διωγμοις, τοις παθημασιν, οἱα μοι ἐγενετο ἐν ἀντιοχειᾳ, ἐν ἰκονιῳ, ἐν λυστροις·

Heb 2 9 τον δε βραχυ τι παρ ἀγγελους ἠλαττωμενον βλεπομεν ἰησουν δια το παθημα του θανατου δοξῃ και τιμῃ ἐστεφανωμενον,

10 ἐπρεπεν γαρ αὐτῳ, δι ὁν τα παντα και δι οὑ τα παντα, πολλους υἱους εἰς δοξαν ἀγαγοντα τον ἀρχηγον της σωτηριας αὐτων δια παθηματων τελειωσαι.

10 32 ἀναμιμνῃσκεσθε δε τας προτερον ἡμερας, ἐν αἱς φωτισθεντες πολλην ἀθλησιν ὑπεμεινατε παθηματων,

1Pt 1 11 το ἐν αὐτοις πνευμα χριστου προμαρτυρομενον τα εἰς χριστον παθηματα και τας μετα ταυτα δοξας.

4 13 ἀλλα καθο κοινωνειτε τοις του χριστου παθημασιν χαιρετε,

5 1 πρεσβυτερους οὑν ἐν ὑμιν παρακαλω ὁ συμπρεσβυτερος και μαρτυς των του χριστου παθηματων,

9 ᾡ ἀντιστητε στερεοι τῃ πιστει, εἰδοτες τα αὐτα των παθηματων τῃ ἐν [τῳ] κοσμῳ ὑμων ἀδελφοτητι ἐπιτελεισθαι.

παθητος [1]

Ac 26 23 εἰ παθητος ὁ χριστος, εἰ πρωτος ἐξ ἀναστασεως νεκρων φως μελλει καταγγελλειν τῳ τε λαῳ και τοις ἐθνεσιν.

παθος [3]

Rm 1 26 δια τουτο παρεδωκεν αὐτους ὁ θεος εἰς παθη ἀτιμιας·

Col 3 5 νεκρωσατε οὑν τα μελη τα ἐπι της γης, πορνειαν, ἀκαθαρσιαν, παθος, ἐπιθυμιαν κακην,

1Th 4 5 μη ἐν παθει ἐπιθυμιας καθαπερ και τα ἐθνη τα μη εἰδοτα τον θεον,

παιδαγωγος [3]

1Co 4 15 ἐαν γαρ μυριους παιδαγωγους ἐχητε ἐν χριστῳ, ἀλλ οὐ πολλους πατερας·

Ga 3 24 ὡστε ὁ νομος παιδαγωγος ἡμων γεγονεν εἰς χριστον, ἱνα ἐκ πιστεως δικαιωθωμεν·

25 ἐλθουσης δε της πιστεως οὐκετι ὑπο παιδαγωγον ἐσμεν.

παιδαριον [1]

Jh 6 9 ἐστιν παιδαριον ὡδε ὁς ἐχει πεντε ἀρτους κριθινους και δυο ὀψαρια·

παιδεια [6]

Eph 6 4 μη παροργιζετε τα τεκνα ὑμων, ἀλλα ἐκτρεφετε αὐτα ἐν παιδειᾳ και νουθεσιᾳ κυριου.

2Tm 3 16 πασα γραφη θεοπνευστος και ὠφελιμος προς διδασκαλιαν, προς ἐλεγμον, προς ἐπανορθωσιν, προς παιδειαν την ἐν δικαιοσυνῃ·

Heb 12 5 υἱε μου, μη ὀλιγωρει παιδειας κυριου,

7 εἰς παιδειαν ὑπομενετε· ὡς υἱοις ὑμιν προσφερεται ὁ θεος·

8 εἰ δε χωρις ἐστε παιδειας, ἡς μετοχοι γεγονασιν παντες, ἀρα νοθοι και οὐχ υἱοι ἐστε.

11 πασα δε μεν παιδεια προς μεν το παρον οὐ δοκει χαρας εἰναι ἀλλα λυπης,

παιδευτης [2]

Rm 2 20 πεποιθας τε σεαυτον ὁδηγον εἰναι τυφλων, φως των ἐν σκοτει, παιδευτην ἀφρονων, διδασκαλον νηπιων,

Heb 12 9 εἰτα τους μεν της σαρκος ἡμων πατερας εἰχομεν παιδευτας και ἐνετρεπομεθα·

παιδευω [13]

Lc 23 16 παιδευσας οὑν αὐτον ἀπολυσω.

22 οὐδεν αἰτιον θανατου εὑρον ἐν αὐτῳ· παιδευσας οὑν αὐτον ἀπολυσω.

Ac 7 22 και ἐπαιδευθη μωυσης [ἐν] πασῃ σοφιᾳ αἰγυπτιων,

22 3 ἀνατεθραμμενος δε ἐν τῃ πολει ταυτῃ, παρα τους ποδας γαμαλιηλ πεπαιδευμενος κατα ἀκριβειαν του πατρωου νομου,

1Co 11 32 κρινομενοι δε ὑπο [του] κυριου παιδευομεθα, ἱνα μη συν τῳ κοσμῳ κατακριθωμεν.

2Co 6 9 ὡς ἀποθνησκοντες και ἰδου ζωμεν, ὡς παιδευομενοι και μη θανατουμενοι,

1Tm 1 20 ὡν ἐστιν ὑμεναιος και ἀλεξανδρος, οὑς παρεδωκα τῳ σατανᾳ, ἱνα παιδευθωσιν μη βλασφημειν.

2Tm 2 25 ἀλλα ἡπιον εἰναι προς παντας, διδακτικον, ἀνεξικακον, ἐν πραυτητι παιδευοντα τους ἀντιδιατιθεμενους,

Tit 2 12 ἐπεφανη γαρ ἡ χαρις του θεου σωτηριος πασιν ἀνθρωποις, παιδευουσα ἡμας,

Heb 12 6 ὁν γαρ ἀγαπα κυριος παιδευει,

7 τίς γαρ υἱος ὁν οὐ παιδευει πατηρ;

10 οἱ μεν γαρ προς ὀλιγας ἡμερας κατα το δοκουν αὐτοις ἐπαιδευον, ὁ δε ἐπι το συμφερον εἰς το μεταλαβειν της ἁγιοτητος αὐτου.

Apc 3 19 ἐγω ὁσους ἐαν φιλω ἐλεγχω και παιδευω·

παιδιοθεν [1]

Mc 9 21 ποσος χρονος ἐστιν ὡς τουτο γεγονεν αὐτῳ; ὁ δε εἰπεν· ἐκ παιδιοθεν·

παιδιον [52]

Mt 2 8 πορευθεντες ἐξετασατε ἀκριβως περι του παιδιου·

9 προηγεν αὐτους ἑως ἐλθων ἐσταθη ἐπανω οὑ ἡν το παιδιον.

παιδιον [52]

Mt 2 11 και ελθοντες εις την οικιαν ειδον το *παιδιον* μετα μαριας της μητρος αυτου,

13 εγερθεις παραλαβε το *παιδιον* και την μητερα αυτου,

13 μελλει γαρ ηρωδης ζητειν το *παιδιον* του απολεσαι αυτο.

14 ο δε εγερθεις παρελαβεν το *παιδιον* και την μητερα αυτου νυκτος και ανεχωρησεν εις αιγυπτον,

20 εγερθεις παραλαβε το *παιδιον* και την μητερα αυτου,

20 τεθνηκασιν γαρ οι ζητουντες την ψυχην του *παιδιου*.

21 ο δε εγερθεις παρελαβε το *παιδιον* και την μητερα αυτου και εισηλθεν εις γην ισραηλ.

11 16 ομοια εστιν *παιδιοις* καθημενοις εν ταις αγοραις α προσφωνουντα τοις ετεροις λεγουσιν·

14 21 οι δε εσθιοντες ησαν ανδρες ωσει πεντακισχιλιοι χωρις γυναικων και *παιδιων*.

15 38 οι δε εσθιοντες ησαν τετρακισχιλιοι ανδρες χωρις γυναικων και *παιδιων*.

18 2 και προσκαλεσαμενος *παιδιον* εστησεν αυτο εν μεσω αυτων και ειπεν·

3 αμην λεγω υμιν, εαν μη στραφητε και γενησθε ως τα *παιδια*, ου μη εισελθητε εις την βασιλειαν των ουρανων.

4 οστις ουν ταπεινωσει εαυτον ως το *παιδιον* τουτο, ουτος εστιν ο μειζων εν τη βασιλεια των ουρανων.

5 και ος εαν δεξηται εν *παιδιον* τοιουτο επι τω ονοματι μου, εμε δεχεται·

19 13 τοτε προσηνεχθησαν αυτω *παιδια*, ινα τας χειρας επιθη αυτοις και προσευξηται·

14 αφετε τα *παιδια* και μη κωλυετε αυτα ελθειν προς με·

Mc 5 39 τι θορυβεισθε και κλαιετε; το *παιδιον* ουκ απεθανεν αλλα καθευδει.

40 αυτος δε εκβαλων παντας παραλαμβανει τον πατερα του *παιδιου* και την μητερα και τους μετ αυτου,

40 και εισπορευεται οπου ην το *παιδιον*.

41 και κρατησας της χειρος του *παιδιου* λεγει αυτη· ταλιθα κουμ,

7 28 κυριε· και τα κυναρια υποκατω της τραπεζης εσθιουσιν απο των ψιχιων των *παιδιων*.

30 και απελθουσα εις τον οικον αυτης ευρεν το *παιδιον* βεβλημενον επι την κλινην και το δαιμονιον εξεληλυθος.

9 24 ευθυς κραξας ο πατηρ του *παιδιου* ελεγεν· πιστευω· βοηθει μου τη απιστια.

36 και λαβων *παιδιον* εστησεν αυτο εν μεσω αυτων, και εναγκαλισαμενος αυτο ειπεν αυτοις·

37 ος αν εν των τοιουτων *παιδιων* δεξηται επι τω ονοματι μου, εμε δεχεται·

10 13 και προσεφερον αυτω *παιδια* ινα αυτων αψηται·

14 αφετε τα *παιδια* ερχεσθαι προς με, μη κωλυετε αυτα· των γαρ τοιουτων εστιν η βασιλεια του θεου.

15 ος αν μη δεξηται την βασιλειαν του θεου ως *παιδιον*, ου μη εισελθη εις αυτην.

Lc 1 59 και εγενετο εν τη ημερα τη ογδοη ηλθον περιτεμειν το *παιδιον*,

66 τι αρα το *παιδιον* τουτο εσται; και γαρ χειρ κυριου ην μετ αυτου.

76 και συ δε, *παιδιον*, προφητης υψιστου κληθηση

80 το δε *παιδιον* ηυξανεν και εκραταιουτο πνευματι,

2 17 ιδοντες δε εγνωρισαν περι του ρηματος του λαληθεντος αυτοις περι του *παιδιου* τουτου.

27 και εν τω εισαγαγειν τους γονεις το *παιδιον* ιησουν του ποιησαι αυτους κατα το ειθισμενον του νομου περι αυτου, και αυτος εδεξατο αυτο εις τας αγκαλας και ευλογησεν τον θεον και ειπεν·

40 το δε *παιδιον* ηυξανεν και εκραταιουτο πληρουμενον σοφια,

7 32 ομοιοι εισιν *παιδιοις* τοις εν αγορα καθημενοις και προσφωνουσιν αλληλοις α λεγει·

9 47 ο δε ιησους ιδως τον διαλογισμον της καρδιας αυτων, επιλαβομενος *παιδιον* εστησεν αυτο παρ εαυτω,

48 ος εαν δεξηται τουτο το *παιδιον* επι τω ονοματι μου, εμε δεχεται·

11 7 ηδη η θυρα κεκλεισται, και τα *παιδια* μου μετ εμου εις την κοιτην εισιν·

18 16 αφετε τα *παιδια* ερχεσθαι προς με και μη κωλυετε αυτα·

17 ος αν μη δεξηται την βασιλειαν του θεου ως *παιδιον*, ου μη εισελθη εις αυτην.

Jh 4 49 κυριε, καταβηθι πριν αποθανειν το *παιδιον* μου.

16 21 *παιδιον*, ουκετι μνημονευει της θλιψεως δια την χαραν οτι εγεννηθη ανθρωπος εις τον κοσμον.

21 5 *παιδια*, μη τι προσφαγιον εχετε;

1Co 14 20 αδελφοι, μη *παιδια* γινεσθε ταις φρεσιν,

Heb 2 13 ιδου εγω και τα *παιδια* α μοι εδωκεν ο θεος.

παιδιον [52]

Heb 2 14 επει ουν τα *παιδια* κεκοινωνηκεν αιματος και σαρκος, και αυτος παραπλησιως μετεσχεν των αυτων,

11 23 πιστει μωυσης γεννηθεις εκρυβη τριμηνον υπο των πατερων αυτου, διοτι ειδον αστειον το *παιδιον*,

1Jh 2 14 εγραψα υμιν, *παιδια*, οτι εγνωκατε τον πατερα.

18 *παιδια*, εσχατη ωρα εστιν,

παιδισκη [13]

Mt 26 69 και προσηλθεν αυτω μια *παιδισκη* λεγουσα·

Mc 14 66 και οντος του πετρου κατω εν τη αυλη ερχεται μια των *παιδισκων* του αρχιερεως,

69 και η *παιδισκη* ιδουσα αυτον ηρξατο παλιν λεγειν τοις παρεστωσιν οτι ουτος εξ αυτων εστιν.

Lc 12 45 και αρξηται τυπτειν τους παιδας και τας *παιδισκας*, εσθιειν τε και πινειν και μεθυσκεσθαι,

22 56 ιδουσα δε αυτον *παιδισκη* τις καθημενον προς το φως και ατενισασα αυτω ειπεν·

Jh 18 17 λεγει ουν τω πετρω η *παιδισκη* η θυρωρος· μη και συ εκ των μαθητων ει του ανθρωπου τουτου;

Ac 12 13 κρουσαντος δε αυτου την θυραν του πυλωνος προσηλθεν *παιδισκη* υπακουσαι ονοματι ροδη,

16 16 εγενετο δε πορευομενων ημων εις την προσευχην, *παιδισκην* τινα εχουσαν πνευμα πυθωνα υπαντησαι ημιν,

Ga 4 22 γεγραπται γαρ οτι αβρααμ δυο υιους εσχεν, ενα εκ της *παιδισκης* και ενα εκ της ελευθερας.

23 αλλ ο μεν εκ της *παιδισκης* κατα σαρκα γεγεννηται,

30 εκβαλε την *παιδισκην* και τον υιον αυτης·

30 ου γαρ μη κληρονομησει ο υιος της *παιδισκης* μετα του υιου της ελευθερας.

31 διο, αδελφοι, ουκ εσμεν *παιδισκης* τεκνα αλλα της ελευθερας.

παιζω [1]

1Co 10 7 εκαθισεν ο λαος φαγειν και πειν, και ανεστησαν *παιζειν*.

παις [24]

Mt 2 16 και αποστειλας ανειλεν παντας τους *παιδας* τους εν βηθλεεμ και εν πασι τοις οριοις αυτης απο διετους και κατωτερω,

8 6 ο *παις* μου βεβληται εν τη οικια παραλυτικος,

8 αλλα μονον ειπε λογω, και ιαθησεται ο *παις* μου.

13 και ιαθη ο *παις* [αυτου] εν τη ωρα εκεινη.

12 18 ιδου ο *παις* μου ον ηρετισα,

14 2 εν εκεινω τω καιρω ηκουσεν ηρωδης ο τετρααρχης την ακοην ιησου, και ειπεν τοις *παισιν* αυτου· ουτος εστιν ιωαννης ο βαπτιστης·

17 18 και εξηλθεν απ αυτου το δαιμονιον, και εθεραπευθη ο *παις* απο της ωρας εκεινης.

21 15 ιδοντες δε οι αρχιερεις και οι γραμματεις τα θαυμασια α εποιησεν και τους *παιδας* τους κραζοντας εν τω ιερω και λεγοντας· ωσαννα τω υιω δαυιδ, ηγανακτησαν

Lc 1 54 αντελαβετο ισραηλ *παιδος* αυτου, μνησθηναι ελεους,

69 και ηγειρεν κερας σωτηριας ημιν εν οικω δαυιδ *παιδος* αυτου,

2 43 και τελειωσαντων τας ημερας, εν τω υποστρεφειν αυτους υπεμεινεν ιησους ο *παις* εν ιερουσαλημ, και ουκ εγνωσαν οι γονεις αυτου.

7 7 αλλα ειπε λογω, και ιαθητω ο *παις* μου.

8 51 ελθων δε εις την οικιαν ουκ αφηκεν εισελθειν τινα συν αυτω ει μη πετρον και ιωαννην και ιακωβον και τον πατερα της *παιδος* και την μητερα.

54 αυτος δε κρατησας της χειρος αυτης εφωνησεν λεγων· η *παις*, εγειρε.

9 42 και ιασατο τον *παιδα* και απεδωκεν αυτον τω πατρι αυτου.

12 45 και αρξηται τυπτειν τους *παιδας* και τας παιδισκας, εσθιειν τε και πινειν και μεθυσκεσθαι,

15 26 και προσκαλεσαμενος ενα των *παιδων* επυνθανετο τι αν ειη ταυτα.

Jh 4 51 ηδη δε αυτου καταβαινοντος οι δουλοι αυτου υπηντησαν αυτω λεγοντες οτι ο *παις* αυτου ζη.

Ac 3 13 ο θεος των πατερων ημων, εδοξασεν τον *παιδα* αυτου ιησουν,

26 υμιν πρωτον αναστησας ο θεος τον *παιδα* αυτου απεστειλεν αυτον ευλογουντα υμας εν τω αποστρεφειν εκαστον απο των πονηριων υμων.

4 25 ο του πατρος ημων δια πνευματος αγιου στοματος δαυιδ *παιδος* σου ειπων·

27 συνηχθησαν γαρ επ αληθειας εν τη πολει ταυτη επι τον αγιον *παιδα* σου ιησουν,

παις [24]

Ac   4 30   ἐν τῳ τὴν χειρα [σου] ἐκτεινειν σε εἰς ἰασιν και σημεια και τερατα γινεσθαι δια του ὀνοματος του ἁγιου *παιδος* σου ἰησου.

     20 12   ἠγαγον δε τον *παιδα* ζωντα, και παρεκληθησαν οὐ μετριως.

παιω [5]

Mt   26 68   προφητευσον ἡμιν, χριστε, τίς ἐστιν ὁ *παισας* σε;

Mc   14 47   εἰς δε [τις] των παρεστηκοτων σπασαμενος την μαχαιραν *ἐπαισεν* τον δουλον του ἀρχιερεως και ἀφειλεν αὐτου το ὠταριον.

Lc   22 64   προφητευσον, τίς ἐστιν ὁ *παισας* σε;

Jh   18 10   σιμων οὐν πετρος ἐχων μαχαιραν εἱλκυσεν αὐτην και *ἐπαισεν* τον του ἀρχιερεως δουλον και ἀπεκοψεν αὐτου το ὠταριον το δεξιον·

Apc   9 5   και ὁ βασανισμος αὐτων ὡς βασανισμος σκορπιου, ὁταν *παιση* ἀνθρωπον.

παλαι [7]

Mt   11 21   ὁτι εἰ ἐν τυρῳ και σιδωνι ἐγενοντο αἱ δυναμεις αἱ γενομεναι ἐν ὑμιν, *παλαι* ἀν ἐν σακκῳ και σποδῳ μετενοησαν.

Mc   15 44   και προσκαλεσαμενος τον κεντυριωνα ἐπηρωτησεν αὐτον εἰ *παλαι* ἀπεθανεν·

Lc   10 13   ὁτι εἰ ἐν τυρῳ και σιδωνι ἐγενηθησαν αἱ δυναμεις αἱ γενομεναι ἐν ὑμιν, *παλαι* ἀν ἐν σακκῳ και σποδῳ καθημενοι μετενοησαν.

2Co   12 19   *παλαι* δοκειτε ὁτι ὑμιν ἀπολογουμεθα.

Heb   1 1   πολυμερως και πολυτροπως *παλαι* ὁ θεος λαλησας τοις πατρασιν ἐν τοις προφηταις ἐπ ἐσχατου των ἡμερων τουτων ἐλαλησεν ἡμιν ἐν υἱῳ,

2Pt   1 9   τυφλος ἐστιν μυωπαζων, ληθην λαβων του καθαρισμου των *παλαι* αὐτου ἁμαρτιων.

Ju   4   παρεισεδυσαν γαρ τινες ἀνθρωποι, οἱ *παλαι* προγεγραμμενοι εἰς τουτο το κριμα,

παλαιος [19]

Mt   9 16   οὐδεις δε ἐπιβαλλει ἐπιβλημα ῥακους ἀγναφου ἐπι ἱματιῳ *παλαιῳ*·

     17   οὐδε βαλλουσιν οἰνον νεον εἰς ἀσκους *παλαιους*·

     13 52   δια τουτο πας γραμματευς μαθητευθεις τη βασιλεια των οὐρανων ὁμοιος ἐστιν ἀνθρωπῳ οἰκοδεσποτη, ὁστις ἐκβαλλει ἐκ του θησαυρου αὐτου καινα και *παλαια*.

Mc   2 21   οὐδεις ἐπιβλημα ῥακους ἀγναφου ἐπιραπτει ἐπι ἱματιον *παλαιον*·

     21   εἰ δε μη, αἰρει το πληρωμα ἀπ αὐτου το καινον του *παλαιου*,

     22   και οὐδεις βαλλει οἰνον νεον εἰς ἀσκους *παλαιους*·

Lc   5 36   ἐλεγεν δε και παραβολην προς αὐτους ὁτι οὐδεις ἐπιβλημα ἀπο ἱματιου καινου σχισας ἐπιβαλλει ἐπι ἱματιον *παλαιον*·

     36   εἰ δε μηγε, και το καινον σχισει και τω *παλαιῳ* οὐ συμφωνησει το ἐπιβλημα το ἀπο του καινου.

     37   και οὐδεις βαλλει οἰνον νεον εἰς ἀσκους *παλαιους*·

     39   [και] οὐδεις πιων *παλαιον* θελει νεον· λεγει γαρ· ὁ *παλαιος* χρηστος ἐστιν.

     39   [και] οὐδεις πιων *παλαιον* θελει νεον· λεγει γαρ· ὁ *παλαιος* χρηστος ἐστιν.

Rm   6 6   τουτο γινωσκοντες, ὁτι ὁ *παλαιος* ἡμων ἀνθρωπος συνεσταυρωθη, ἱνα καταργηθη το σωμα της ἁμαρτιας, του μηκετι δουλευειν ἡμας τη ἁμαρτια.

1Co   5 7   ἐκκαθαρατε την *παλαιαν* ζυμην, ἱνα ἠτε νεον φυραμα,

     8   ὡστε ἑορταζωμεν μη ἐν ζυμη *παλαια* μηδε ἐν ζυμη κακιας και πονηριας, ἀλλ ἐν ἀζυμοις εἰλικρινειας και ἀληθειας.

2Co   3 14   ἀχρι γαρ της σημερον ἡμερας το αὐτο καλυμμα ἐπι τη ἀναγνωσει της *παλαιας* διαθηκης μενει,

Eph   4 22   ἀποθεσθαι ὑμας κατα την προτεραν ἀναστροφην τον *παλαιον* ἀνθρωπον τον φθειρομενον κατα τας ἐπιθυμιας της ἀπατης,

Col   3 9   ἀπεκδυσαμενοι τον *παλαιον* ἀνθρωπον συν ταις πραξεσιν αὐτου,

1Jh   2 7   ἀγαπητοι, οὐκ ἐντολην καινην γραφω ὑμιν, ἀλλ ἐντολην *παλαιαν* ἡν εἰχετε ἀπ ἀρχης·

     7   ἡ ἐντολη ἡ *παλαια* ἐστιν ὁ λογος ὁν ἠκουσατε.

παλαιοτης [1]

Rm   7 6   ἀποθανοντες ἐν ᾡ κατειχομεθα, ὡστε δουλευειν ἡμας ἐν καινοτητι πνευματος και οὐ *παλαιοτητι* γραμματος.

παλαιοω [4]

Lc   12 33   ποιησατε ἑαυτοις βαλλαντια μη *παλαιουμενα*, θησαυρον ἀνεκλειπτον ἐν τοις οὐρανοις, ὁπου κλεπτης οὐκ ἐγγιζει οὐδε σης διαφθειρει·

Heb   1 11   και παντες ὡς ἱματιον *παλαιωθησονται*,

     8 13   ἐν τῳ λεγειν καινην *πεπαλαιωκεν* την πρωτην·

     13   το δε *παλαιουμενον* και γηρασκον ἐγγυς ἀφανισμου.

παλη [1]

Eph   6 12   ὁτι οὐκ ἐστιν ἡμιν ἡ *παλη* προς αἱμα και σαρκα,

παλιγγενεσια [2]

Mt   19 28   ἐν τη *παλιγγενεσια*, ὁταν καθιση ὁ υἱος του ἀνθρωπου ἐπι θρονου δοξης αὐτου, καθησεσθε και ὑμεις ἐπι δωδεκα θρονους κρινοντες τας δωδεκα φυλας του ἰσραηλ.

Tit   3 5   οὐκ ἐξ ἐργων των ἐν δικαιοσυνη ἀ ἐποιησαμεν ἡμεις, ἀλλα κατα το αὐτου ἐλεος ἐσωσεν ἡμας δια λουτρου *παλιγγενεσιας* και ἀνακαινωσεως πνευματος ἁγιου,

παλιν [141]

Mt   4 7   ἐφη αὐτῳ ὁ ἰησους· *παλιν* γεγραπται· οὐκ ἐκπειρασεις κυριον τον θεον σου.

     8   *παλιν* παραλαμβανει αὐτον ὁ διαβολος εἰς ὀρος ὑψηλον λιαν,

     5 33   *παλιν* ἠκουσατε ὁτι ἐρρεθη τοις ἀρχαιοις·

     13 45   *παλιν* ὁμοια ἐστιν ἡ βασιλεια των οὐρανων ἀνθρωπῳ ἐμπορῳ ζητουντι καλους μαργαριτας·

     47   *παλιν* ὁμοια ἐστιν ἡ βασιλεια των οὐρανων σαγηνη βληθειση εἰς την θαλασσαν και ἐκ παντος γενους συναγαγουση·

     18 19   *παλιν* [ἀμην] λεγω ὑμιν ὁτι ἐαν δυο συμφωνησωσιν ἐξ ὑμων ἐπι της γης περι παντος πραγματος οὐ ἐαν αἰτησωνται, γενησεται αὐτοις παρα του πατρος μου του ἐν οὐρανοις.

     19 24   *παλιν* δε λεγω ὑμιν, εὐκοπωτερον ἐστιν καμηλον δια τρυπηματος ῥαφιδος διελθειν ἡ πλουσιον εἰσελθειν εἰς την βασιλειαν του θεου.

     20 5   *παλιν* [δε] ἐξελθων περι ἑκτην και ἐνατην ὡραν ἐποιησεν ὡσαυτως.

     21 36   *παλιν* ἀπεστειλεν ἀλλους δουλους πλειονας των πρωτων,

     22 1   και ἀποκριθεις ὁ ἰησους *παλιν* εἰπεν ἐν παραβολαις αὐτοις λεγων· ὡμοιωθη ἡ βασιλεια των οὐρανων ἀνθρωπῳ βασιλει, ὁστις ἐποιησεν γαμους τῳ υἱῳ αὐτου.

     4   *παλιν* ἀπεστειλεν ἀλλους δουλους λεγων·

     26 42   *παλιν* ἐκ δευτερου ἀπελθων προσηυξατο λεγων·

     43   και ἐλθων *παλιν* εὑρεν αὐτους καθευδοντας, ἠσαν γαρ αὐτων οἱ ὀφθαλμοι βεβαρημενοι.

     44   και ἀφεις αὐτους *παλιν* ἀπελθων προσηυξατο ἐκ τριτου, τον αὐτον λογον εἰπων *παλιν*.

     44   και ἀφεις αὐτους *παλιν* ἀπελθων προσηυξατο ἐκ τριτου, τον αὐτον λογον εἰπων *παλιν*.

     72   και *παλιν* ἠρνησατο μετα ὁρκου ὁτι οὐκ οἰδα τον ἀνθρωπον.

     27 50   ὁ δε ἰησους *παλιν* κραξας φωνη μεγαλη ἀφηκεν το πνευμα.

Mc   2 1   και εἰσελθων *παλιν* εἰς καφαρναουμ δι ἡμερων ἠκουσθη ὁτι ἐν οἰκῳ ἐστιν.

     13   και ἐξηλθεν *παλιν* παρα την θαλασσαν·

     3 1   και εἰσηλθεν *παλιν* εἰς συναγωγην.

     20   και συνερχεται *παλιν* [ὁ] ὀχλος,

     4 1   και *παλιν* ἠρξατο διδασκειν παρα την θαλασσαν·

     5 21   και διαπερασαντος του ἰησου [ἐν τῳ πλοιῳ] *παλιν* εἰς το περαν συνηχθη ὀχλος πολυς ἐπ αὐτον,

     7 14   και προσκαλεσαμενος *παλιν* τον ὀχλον ἐλεγεν αὐτοις· ἀκουσατε μου παντες και συνετε.

     31   και *παλιν* ἐξελθων ἐκ των ὁριων τυρου ἠλθεν δια σιδωνος εἰς την θαλασσαν της γαλιλαιας ἀνα μεσον των ὁριων δεκαπολεως.

     8 1   ἐν ἐκειναις ταις ἡμεραις *παλιν* πολλου ὀχλου ὀντος και μη ἐχοντων τί φαγωσιν,

     13   και ἀφεις αὐτους *παλιν* ἐμβας ἀπηλθεν εἰς το περαν.

     25   εἰτα *παλιν* ἐπεθηκεν τας χειρας ἐπι τους ὀφθαλμους αὐτου,

     10 1   και συμπορευονται *παλιν* ὀχλοι προς αὐτον, και ὡς εἰωθει *παλιν* ἐδιδασκεν αὐτους.

     1   και συμπορευονται *παλιν* ὀχλοι προς αὐτον, και ὡς εἰωθει *παλιν* ἐδιδασκεν αὐτους.

     10   και εἰς την οἰκιαν *παλιν* οἱ μαθηται περι τουτου ἐπηρωτων αὐτον.

     24   ὁ δε ἰησους *παλιν* ἀποκριθεις λεγει αὐτοις·

     32   και παραλαβων *παλιν* τους δωδεκα ἠρξατο αὐτοις λεγειν τα μελλοντα αὐτω συμβαινειν,

παλιν [141]

Mc	11 3	εἰπατε· ὁ κυριος αὐτου χρειαν ἐχει, και εὐθυς αὐτον ἀποστελλει παλιν ὡδε.
	27	και ἐρχονται παλιν εἰς ἱεροσολυμα.
	12 4	και παλιν ἀπεστειλεν προς αὐτους ἀλλον δουλον·
	14 39	και παλιν ἀπελθων προσηυξατο τον αὐτον λογον εἰπων.
	40	και παλιν ἐλθων εὑρεν αὐτους καθευδοντας,
	61	παλιν ὁ ἀρχιερευς ἐπηρωτα αὐτον και λεγει αὐτω·
	69	και ἡ παιδισκη ἰδουσα αὐτον ἠρξατο παλιν λεγειν τοις παρεστωσιν ὁτι οὑτος ἐξ αὐτων ἐστιν.
	70	ὁ δε παλιν ἠρνειτο.
	70	και μετα μικρον παλιν οἱ παρεστωτες ἐλεγον τω πετρω·
	15 4	ὁ δε πιλατος παλιν ἐπηρωτα αὐτον λεγων·
	12	ὁ δε πιλατος παλιν ἀποκριθεις ἐλεγεν αὐτοις·
	13	οἱ δε παλιν ἐκραξαν·
Lc	6 43	οὐ γαρ ἐστιν δενδρον καλον ποιουν καρπον σαπρον, οὐδε παλιν δενδρον σαπρον ποιουν καρπον καλον.
	13 20	και παλιν εἰπεν·
	23 20	παλιν δε ὁ πιλατος προσεφωνησεν αὐτοις, θελων ἀπολυσαι τον ἰησουν.
Jh	1 35	τη ἐπαυριον παλιν εἱστηκει ὁ ἰωαννης και ἐκ των μαθητων αὐτου δυο,
	4 3	ἀφηκεν την ἰουδαιαν και ἀπηλθεν παλιν εἰς την γαλιλαιαν.
	13	πας ὁ πινων ἐκ του ὑδατος τουτου διψησει παλιν·
	46	ἠλθεν οὐν παλιν εἰς την κανα της γαλιλαιας,
	54	τουτο [δε] παλιν δευτερον σημειον ἐποιησεν ὁ ἰησους ἐλθων ἐκ της ἰουδαιας εἰς την γαλιλαιαν.
	6 15	ἰησους οὐν γνους ὁτι μελλουσιν ἐρχεσθαι και ἁρπαζειν αὐτον ἱνα ποιησωσιν βασιλεα, ἀνεχωρησεν παλιν εἰς το ὀρος αὐτος μονος.
	8 2*	ὀρθρου δε παλιν παρεγενετο εἰς το ἱερον,
	8*	και παλιν κατακυψας ἐγραφεν εἰς την γην.
	12	παλιν οὐν αὐτοις ἐλαλησεν ὁ ἰησους λεγων·
	21	εἰπεν οὐν παλιν αὐτοις· ἐγω ὑπαγω και ζητησετε με,
	9 15	παλιν οὐν ἠρωτων αὐτον και οἱ φαρισαιοι πως ἀνεβλεψεν.
	17	λεγουσιν οὐν τω τυφλω παλιν· τι συ λεγεις περι αὐτου, ὁτι ἠνεωξεν σου τους ὀφθαλμους;
	27	τι παλιν θελετε ἀκουειν; μη και ὑμεις θελετε αὐτου μαθηται γενεσθαι·
	10 7	εἰπεν οὐν παλιν ὁ ἰησους· ἀμην ἀμην λεγω ὑμιν ὁτι ἐγω εἰμι ἡ θυρα των προβατων.
	17	δια τουτο με ὁ πατηρ ἀγαπα ὁτι ἐγω τιθημι την ψυχην μου, ἱνα παλιν λαβω αὐτην.
	18	ἐξουσιαν ἐχω θειναι αὐτην, και ἐξουσιαν ἐχω παλιν λαβειν αὐτην·
	19	σχισμα παλιν ἐγενετο ἐν τοις ἰουδαιοις δια τους λογους τουτους.
	31	ἐβαστασαν παλιν λιθους οἱ ἰουδαιοι ἱνα λιθασωσιν αὐτον.
	39	ἐζητουν [οὐν] αὐτον παλιν πιασαι·
	40	και ἀπηλθεν παλιν περαν του ἰορδανου εἰς τον τοπον ὁπου ἠν ἰωαννης το πρωτον βαπτιζων.
	11 7	ἀγωμεν εἰς την ἰουδαιαν παλιν.
	8	ῥαββι, νυν ἐζητουν σε λιθασαι οἱ ἰουδαιοι, και παλιν ὑπαγεις ἐκει;
	38	ἰησους οὐν παλιν ἐμβριμωμενος ἐν ἑαυτω ἐρχεται εἰς το μνημειον·
	12 28	ἠλθεν οὐν φωνη ἐκ του οὐρανου· και ἐδοξασα και παλιν δοξασω.
	39	δια τουτο οὐκ ἠδυναντο πιστευειν, ὁτι παλιν εἰπεν ἠσαιας·
	13 12	ὁτε οὐν ἐνιψεν τους ποδας αὐτων [και] ἐλαβεν τα ἱματια αὐτου και ἀνεπεσεν παλιν, εἰπεν αὐτοις·
	14 3	και ἐαν πορευθω και ἑτοιμασω τοπον ὑμιν, παλιν ἐρχομαι και παραλημψομαι ὑμας προς ἐμαυτον,
	16 16	μικρον και οὐκετι θεωρειτε με, και παλιν μικρον και ὀψεσθε με.
	17	τι ἐστιν τουτο ὁ λεγει ἡμιν· μικρον και οὐ θεωρειτε με, και παλιν μικρον και ὀψεσθε με;
	19	μικρον και οὐ θεωρειτε με, και παλιν μικρον και ὀψεσθε με;
	22	παλιν δε ὀψομαι ὑμας, και χαρησεται ὑμων ἡ καρδια,
	28	παλιν ἀφιημι τον κοσμον και πορευομαι προς τον πατερα.
	18 7	παλιν οὐν ἐπηρωτησεν αὐτους· τινα ζητειτε;
	27	παλιν οὐν ἠρνησατο πετρος, και εὐθεως ἀλεκτωρ ἐφωνησεν.
	33	εἰσηλθεν οὐν παλιν εἰς το πραιτωριον ὁ πιλατος και ἐφωνησεν τον ἰησουν και εἰπεν αὐτω·
	38	και τουτο εἰπων παλιν ἐξηλθεν προς τους ἰουδαιους,
	40	ἐκραυγασαν οὐν παλιν λεγοντες·
	19 4	και ἐξηλθεν παλιν ἐξω ὁ πιλατος και λεγει αὐτοις·
	9	και εἰσηλθεν εἰς το πραιτωριον παλιν και λεγει τω ἰησου·
	37	και παλιν ἑτερα γραφη λεγει·
	20 10	ἀπηλθον οὐν παλιν προς αὐτους οἱ μαθηται.
Jh	20 21	εἰπεν οὐν αὐτοις [ὁ ἰησους] παλιν· εἰρηνη ὑμιν·
	26	και μεθ ἡμερας ὀκτω παλιν ἠσαν ἐσω οἱ μαθηται αὐτου, και θωμας μετ αὐτων.
	21 1	μετα ταυτα ἐφανερωσεν ἑαυτον παλιν ὁ ἰησους τοις μαθηταις ἐπι της θαλασσης της τιβεριαδος·
	16	λεγει αὐτω παλιν δευτερον· σιμων ἰωαννου, ἀγαπας με;
Ac	10 15	και φωνη παλιν ἐκ δευτερου προς αὐτον· ἀ ὁ θεος ἐκαθαρισεν συ μη κοινου.
	11 10	τουτο δε ἐγενετο ἐπι τρις, και ἀνεσπασθη παλιν ἁπαντα εἰς τον οὐρανον.
	17 32	ἀκουσομεθα σου περι τουτου και παλιν.
	18 21	παλιν ἀνακαμψω προς ὑμας του θεου θελοντος,
	27 28	και βολισαντες εὑρον ὀργυιας εἰκοσι, βραχυ δε διαστησαντες και παλιν βολισαντες εὑρον ὀργυιας δεκαπεντε·
Rm	8 15	οὐ γαρ ἐλαβετε πνευμα δουλειας παλιν εἰς φοβον, ἀλλα ἐλαβετε πνευμα υἱοθεσιας.
	11 23	δυνατος γαρ ἐστιν ὁ θεος παλιν ἐγκεντρισαι αὐτους.
	15 10	και παλιν λεγει· εὐφρανθητε, ἐθνη, μετα του λαου αὐτου.
	11	και παλιν· αἰνειτε, παντα τα ἐθνη, τον κυριον, και ἐπαινεσατωσαν αὐτον παντες οἱ λαοι.
	12	και παλιν ἠσαιας λεγει· ἐσται ἡ ῥιζα του ἰεσσαι, και ὁ ἀνισταμενος ἀρχειν ἐθνων· ἐπ αὐτω ἐθνη ἐλπιουσιν.
1Co	3 20	και παλιν· κυριος γινωσκει τους διαλογισμους των σοφων, ὁτι εἰσιν ματαιοι.
	7 5	εἰ μητι ἀν ἐκ συμφωνου προς καιρον ἱνα σχολασητε τη προσευχη και παλιν ἐπι το αὐτο ἠτε,
	12 21	οὐ δυναται δε ὁ ὀφθαλμος εἰπειν τη χειρι· χρειαν σου οὐκ ἐχω, ἡ παλιν ἡ κεφαλη τοις ποσιν· χρειαν ὑμων οὐκ ἐχω·
2Co	1 16	και δι ὑμων διελθειν εἰς μακεδονιαν, και παλιν ἀπο μακεδονιας ἐλθειν προς ὑμας και ὑφ ὑμων προπεμφθηναι εἰς την ἰουδαιαν.
	2 1	ἐκρινα γαρ ἐμαυτω τουτο, το μη παλιν ἐν λυπη προς ὑμας ἐλθειν.
	3 1	ἀρχομεθα παλιν ἑαυτους συνιστανειν;
	5 12	οὐ παλιν ἑαυτους συνιστανομεν ὑμιν,
	10 7	εἰ τις πεποιθεν ἑαυτω χριστου εἰναι, τουτο λογιζεσθω παλιν ἐφ ἑαυτου,
	11 16	παλιν λεγω, μη τις με δοξη ἀφρονα εἰναι·
	12 21	μη παλιν ἐλθοντος μου ταπεινωση με ὁ θεος μου προς ὑμας,
	13 2	προειρηκα και προλεγω, ὡς παρων το δευτερον και ἀπων νυν, τοις προημαρτηκοσιν και τοις λοιποις πασιν, ὁτι ἐαν ἐλθω εἰς το παλιν οὐ φεισομαι,
Ga	1 9	ὡς προειρηκαμεν, και ἀρτι παλιν λεγω,
	17	ἀλλα ἀπηλθον εἰς ἀραβιαν, και παλιν ὑπεστρεψα εἰς δαμασκον.
	2 1	ἐπειτα δια δεκατεσσαρων ἐτων παλιν ἀνεβην εἰς ἱεροσολυμα μετα βαρναβα,
	18	εἰ γαρ ἀ κατελυσα ταυτα παλιν οἰκοδομω, παραβατην ἐμαυτον συνιστανω.
	4 9	μαλλον δε γνωσθεντες ὑπο θεου, πως ἐπιστρεφετε παλιν ἐπι τα ἀσθενη και πτωχα στοιχεια,
	9	πως ἐπιστρεφετε παλιν ἐπι τα ἀσθενη και πτωχα στοιχεια, οἱς παλιν ἀνωθεν δουλευειν θελετε;
	19	τεκνα μου, οὑς παλιν ὠδινω μεχρις οὑ μορφωθη χριστος ἐν ὑμιν·
	5 1	στηκετε οὐν και μη παλιν ζυγω δουλειας ἐνεχεσθε.
	3	μαρτυρομαι δε παλιν παντι ἀνθρωπω περιτεμνομενω ὁτι ὀφειλετης ἐστιν ὁλον τον νομον ποιησαι.
Php	1 26	ἱνα το καυχημα ὑμων περισσευη ἐν χριστω ἰησου ἐν ἐμοι δια της ἐμης παρουσιας παλιν προς ὑμας.
	2 28	σπουδαιοτερως οὐν ἐπεμψα αὐτον, ἱνα ἰδοντες αὐτον παλιν χαρητε καγω ἀλυποτερος ὡ.
	4 4	χαιρετε ἐν κυριω παντοτε· παλιν ἐρω, χαιρετε.
Heb	1 5	και παλιν· ἐγω ἐσομαι αὐτω εἰς πατερα,
	6	ὁταν δε παλιν εἰσαγαγη τον πρωτοτοκον εἰς την οἰκουμενην, λεγει·
	2 13	και παλιν· ἐγω ἐσομαι πεποιθως ἐπ αὐτω·
	13	και παλιν· ἰδου ἐγω και τα παιδια ἀ μοι ἐδωκεν ὁ θεος.
	4 5	και ἐν τουτω παλιν· εἰ εἰσελευσονται εἰς την καταπαυσιν μου.
	7	ἐπει οὐν ἀπολειπεται τινας εἰσελθειν εἰς αὐτην, και οἱ προτερον εὐαγγελισθεντες οὐκ εἰσηλθον δι ἀπειθειαν, παλιν τινα ὁριζει ἡμεραν,
	5 12	και γαρ ὀφειλοντες εἰναι διδασκαλοι δια τον χρονον, παλιν χρειαν ἐχετε του διδασκειν ὑμας τινα τα στοιχεια της ἀρχης των λογιων του θεου,
	6 1	μη παλιν θεμελιον καταβαλλομενοι μετανοιας ἀπο νεκρων ἐργων, και πιστεως ἐπι θεον, βαπτισμων διδαχης, ἐπιθεσεως τε χειρων, ἀναστασεως τε νεκρων,
	6	και παραπεσοντας, παλιν ἀνακαινιζειν εἰς μετανοιαν,

παλιν [141]

Heb	10 30	οἰδαμεν γαρ τον εἰποντα· ἐμοι ἐκδικησις, ἐγω ἀνταποδωσω· και *παλιν*· κρινεῖ κυριος τον λαον αὐτου.
Ja	5 18	και *παλιν* προσηυξατο, και ὁ οὐρανος ὑετον ἐδωκεν και ἡ γη ἐβλαστησεν τον καρπον αὐτης.
2Pt	2 20	εἰ γαρ ἀποφυγοντες τα μιασματα του κοσμου ἐν ἐπιγνωσει του κυριου [ἡμων] και σωτηρος ἰησου χριστου, τουτοις δε *παλιν* ἐμπλακεντες ἡττωνται, γεγονεν αὐτοις τα ἐσχατα χειρονα των πρωτων.
1Jh	2 8	*παλιν* ἐντολην καινην γραφω ὑμιν, ὁ ἐστιν ἀληθες ἐν αὐτω και ἐν ὑμιν.
Apc	10 8	και ἡ φωνη ἡν ἠκουσα ἐκ του οὐρανου, *παλιν* λαλουσαν μετ ἐμου και λεγουσαν·
	11	δει σε *παλιν* προφητευσαι ἐπι λαοις και ἐθνεσιν και γλωσσαις και βασιλευσιν πολλοις.

παμπληθει [1]

Lc	23 18	ἀνεκραγον δε *παμπληθει* λεγοντες· αἰρε τουτον, ἀπολυσον δε ἡμιν τον βαραββαν·

παμφυλια [5]

Ac	2 10	ποντον και την ἀσιαν, φρυγιαν τε και *παμφυλιαν*,
	13 13	ἀναχθεντες δε ἀπο της παφου οἱ περι παυλον ἠλθον εἰς περγην της *παμφυλιας*·
	14 24	και διελθοντες την πισιδιαν ἠλθον εἰς την *παμφυλιαν*,
	15 38	παυλος δε ἠξιου, τον ἀποσταντα ἀπ αὐτων ἀπο *παμφυλιας* και μη συνελθοντα αὐτοις εἰς το ἐργον, μη συμπαραλαμβανειν τουτον.
	27 5	το τε πελαγος το κατα την κιλικιαν και *παμφυλιαν* διαπλευσαντες κατηλθομεν εἰς μυρα της λυκιας.

πανδοχειον [1]

Lc	10 34	ἐπιβιβασας δε αὐτον ἐπι το ἰδιον κτηνος ἠγαγεν αὐτον εἰς *πανδοχειον* και ἐπεμεληθη αὐτου.

πανδοχευς [1]

Lc	10 35	και ἐπι την αὐριον ἐκβαλων ἐδωκεν δυο δηναρια τω *πανδοχει* και εἰπεν·

πανηγυρις [1]

Heb	12 22	ἰερουσαλημ ἐπουρανιω, και μυριασιν ἀγγελων, *πανηγυρει*,

πανοικει [1]

Ac	16 34	ἀναγαγων τε αὐτους εἰς τον οἰκον παρεθηκεν τραπεζαν, και ἠγαλλιασατο *πανοικει* πεπιστευκως τω θεω.

πανοπλια [3]

Lc	11 22	ἐπαν δε ἰσχυροτερος αὐτου ἐπελθων νικηση αὐτον, την *πανοπλιαν* αὐτου αἰρει, ἐφ ἡ ἐπεποιθει, και τα σκυλα αὐτου διαδιδωσιν.
Eph	6 11	ἐνδυσασθε την *πανοπλιαν* του θεου προς το δυνασθαι ὑμας στηναι προς τας μεθοδειας του διαβολου·
	13	δια τουτο ἀναλαβετε την *πανοπλιαν* του θεου,

πανουργια [5]

Lc	20 23	κατανοησας δε αὐτων την *πανουργιαν* εἰπεν προς αὐτους·
1Co	3 19	ὁ δρασσομενος τους σοφους ἐν τη *πανουργια* αὐτων·
2Co	4 2	ἀλλα ἀπειπαμεθα τα κρυπτα της αἰσχυνης, μη περιπατουντες ἐν *πανουργια* μηδε δολουντες τον λογον του θεου,
	11 3	φοβουμαι δε μη πως, ὡς ὁ ὀφις ἐξηπατησεν εὐαν ἐν τη *πανουργια* αὐτου, φθαρη τα νοηματα ὑμων ἀπο της ἁπλοτητος [και της ἁγνοτητος] της εἰς τον χριστον.
Eph	4 14	ἐν *πανουργια* προς την μεθοδειαν της πλανης,

πανουργος [1]

2Co	12 16	ἀλλα ὑπαρχων *πανουργος* δολω ὑμας ἐλαβον.

πανταχη [1]

Ac	21 28	οὑτος ἐστιν ὁ ἀνθρωπος ὁ κατα του λαου και του νομου και του τοπου τουτου παντας *πανταχη* διδασκων,

πανταχου [7]

Mc	1 28	και ἐξηλθεν ἡ ἀκοη αὐτου εὐθυς *πανταχου* εἰς ὁλην την περιχωρον της γαλιλαιας.
	16 20	ἐκεινοι δε ἐξελθοντες ἐκηρυξαν *πανταχου*, του κυριου συνεργουντος και τον λογον βεβαιουντος δια των ἐπακολουθουντων σημειων.
Lc	9 6	ἐξερχομενοι δε διηρχοντο κατα τας κωμας εὐαγγελιζομενοι και θεραπευοντες *πανταχου*.
Ac	17 30	τους μεν οὐν χρονους της ἀγνοιας ὑπεριδων ὁ θεος τα νυν παραγγελλει τοις ἀνθρωποις παντας *πανταχου* μετανοειν,
	24 3	πολλης εἰρηνης τυγχανοντες δια σου και διορθωματων γινομενων τω ἐθνει τουτω δια της σης προνοιας, παντη τε και *πανταχου* ἀποδεχομεθα,
	28 22	περι μεν γαρ της αἰρεσεως ταυτης γνωστον ἡμιν ἐστιν ὁτι *πανταχου* ἀντιλεγεται.
1Co	4 17	ὁς ὑμας ἀναμνησει τας ὁδους μου τας ἐν χριστω [ἰησου], καθως *πανταχου* ἐν παση ἐκκλησια διδασκω.

παντελης [2]

Lc	13 11	και ἡν συγκυπτουσα και μη δυναμενη ἀνακυψαι εἰς το *παντελες*.
Heb	7 25	ὁθεν και σωζειν εἰς το *παντελες* δυναται τους προσερχομενους δι αὐτου τω θεω,

παντη [1]

Ac	24 3	πολλης εἰρηνης τυγχανοντες δια σου και διορθωματων γινομενων τω ἐθνει τουτω δια της σης προνοιας, *παντη* τε και πανταχου ἀποδεχομεθα,

παντοθεν [3]

Mc	1 45	και ἠρχοντο προς αὐτον *παντοθεν*.
Lc	19 43	ὁτι ἡξουσιν ἡμεραι ἐπι σε και παρεμβαλουσιν οἱ ἐχθροι σου χαρακα σοι και περικυκλωσουσιν σε και συνεξουσιν σε *παντοθεν*,
Heb	9 4	χρυσουν ἐχουσα θυμιατηριον και την κιβωτον της διαθηκης περικεκαλυμμενην *παντοθεν* χρυσιω,

παντοκρατωρ [10]

2Co	6 18	και ὑμεις ἐσεσθε μοι εἰς υἱους και θυγατερας, λεγει κυριος *παντοκρατωρ*.
Apc	1 8	ὁ ὡν και ὁ ἡν και ὁ ἐρχομενος, ὁ *παντοκρατωρ*.
	4 8	ἁγιος ἁγιος ἁγιος κυριος ὁ θεος ὁ *παντοκρατωρ*,
	11 17	εὐχαριστουμεν σοι, κυριε ὁ θεος ὁ *παντοκρατωρ*, ὁ ὡν και ὁ ἡν,
	15 3	μεγαλα και θαυμαστα τα ἐργα σου, κυριε ὁ θεος ὁ *παντοκρατωρ*·
	16 7	ναι, κυριε ὁ θεος ὁ *παντοκρατωρ*, ἀληθιναι και δικαιαι αἱ κρισεις σου.
	14	ἁ ἐκπορευεται ἐπι τους βασιλεις της οἰκουμενης ὁλης, συναγαγειν αὐτους εἰς τον πολεμον της ἡμερας της μεγαλης του θεου του *παντοκρατορος*.
	19 6	ἀλληλουια, ὁτι ἐβασιλευσεν κυριος ὁ θεος [ἡμων] ὁ *παντοκρατωρ*.
	15	και αὐτος πατει την ληνον του οἰνου του θυμου της ὀργης του θεου του *παντοκρατορος*.
	21 22	ὁ γαρ κυριος ὁ θεος ὁ *παντοκρατωρ* ναος αὐτης ἐστιν,

παντοτε [41]

Mt	26 11	*παντοτε* γαρ τους πτωχους ἐχετε μεθ ἐαυτων, ἐμε δε οὐ *παντοτε* ἐχετε·
	11	*παντοτε* γαρ τους πτωχους ἐχετε μεθ ἐαυτων, ἐμε δε οὐ *παντοτε* ἐχετε·
Mc	14 7	*παντοτε* γαρ τους πτωχους ἐχετε μεθ ἐαυτων, και ὁταν θελητε δυνασθε αὐτοις εὐ ποιησαι,
	7	*παντοτε* γαρ τους πτωχους ἐχετε μεθ ἐαυτων, και ὁταν θελητε δυνασθε αὐτοις εὐ ποιησαι, ἐμε δε οὐ *παντοτε* ἐχετε.
Lc	15 31	τεκνον, συ *παντοτε* μετ ἐμου εἰ, και παντα τα ἐμα σα ἐστιν·

παντοτε [41]

Lc	18 1	ἔλεγεν δε παραβολην αὐτοις προς το δειν *παντοτε* προσευχεσθαι αὐτους και μη ἐγκακειν, λεγων· κριτης τις ἠν ἐν τινι πολει τον θεον μη φοβουμενος και ἀνθρωπον μη ἐντρεπομενος.
Jh	6 34	κυριε, *παντοτε* δος ἡμιν τον ἀρτον τουτον.
	7 6	ὁ καιρος ὁ ἐμος οὐπω παρεστιν, ὁ δε καιρος ὁ ὑμετερος *παντοτε* ἐστιν ἑτοιμος.
	8 29	οὐκ ἀφηκεν με μονον, ὁτι ἐγω τα ἀρεστα αὐτω ποιω *παντοτε*.
	11 42	ἐγω δε ἠδειν ὁτι *παντοτε* μου ἀκουεις·
	12 8	τους πτωχους γαρ *παντοτε* ἐχετε μεθ ἑαυτων, ἐμε δε οὐ *παντοτε* ἐχετε.
	8	τους πτωχους γαρ *παντοτε* ἐχετε μεθ ἑαυτων, ἐμε δε οὐ *παντοτε* ἐχετε.
	18 20	ἐγω *παντοτε* ἐδιδαξα ἐν συναγωγῃ και ἐν τω ἱερω,
Rm	1 10	ὡς ἀδιαλειπτως μνειαν ὑμων ποιουμαι *παντοτε* ἐπι των προσευχων μου,
1Co	1 4	εὐχαριστω τω θεω μου *παντοτε* περι ὑμων ἐπι τῃ χαριτι του θεου τῃ δοθεισῃ ὑμιν ἐν χριστω ἰησου,
	15 58	ὡστε, ἀδελφοι μου ἀγαπητοι, ἑδραιοι γινεσθε, ἀμετακινητοι, περισσευοντες ἐν τω ἐργω του κυριου *παντοτε*, εἰδοτες ὁτι ὁ κοπος ὑμων οὐκ ἐστιν κενος ἐν κυριω.
2Co	2 14	τω δε θεω χαρις τω *παντοτε* θριαμβευοντι ἡμας ἐν τω χριστω και την ὀσμην της γνωσεως αὐτου φανερουντι δι ἡμων ἐν παντι τοπω·
	4 10	*παντοτε* την νεκρωσιν του ἰησου ἐν τω σωματι περιφεροντες,
	5 6	θαρρουντες οὐν *παντοτε* και εἰδοτες ὁτι ἐνδημουντες ἐν τω σωματι ἐκδημουμεν ἀπο του κυριου·
	9 8	δυναται δε ὁ θεος πασαν χαριν περισσευσαι εἰς ὑμας, ἰνα ἐν παντι *παντοτε* πασαν αὐταρκειαν ἐχοντες περισσευητε εἰς παν ἐργον ἀγαθον,
Ga	4 18	καλον δε ζηλουσθαι ἐν καλω *παντοτε*,
Eph	5 20	εὐχαριστουντες *παντοτε* ὑπερ παντων ἐν ὀνοματι του κυριου ἡμων ἰησου χριστου τω θεω και πατρι,
Php	1 4	*παντοτε* ἐν παση δεησει μου ὑπερ παντων ὑμων μετα χαρας την δεησιν ποιουμενος,
	20	ἀλλ ἐν παση παρρησια ὡς *παντοτε* και νυν μεγαλυνθησεται χριστος ἐν τω σωματι μου,
	2 12	ὡστε, ἀγαπητοι μου, καθως *παντοτε* ὑπηκουσατε,
	4 4	χαιρετε ἐν κυριω *παντοτε*· παλιν ἐρω, χαιρετε.
Col	1 3	εὐχαριστουμεν τω θεω πατρι του κυριου ἡμων ἰησου χριστου *παντοτε* περι ὑμων προσευχομενοι,
	4 6	ὁ λογος ὑμων *παντοτε* ἐν χαριτι,
	12	δουλος χριστου [ἰησου], *παντοτε* ἀγωνιζομενος ὑπερ ὑμων ἐν ταις προσευχαις,
1Th	1 2	εὐχαριστουμεν τω θεω *παντοτε* περι παντων ὑμων,
	2 16	κωλυοντων ἡμας τοις ἐθνεσιν λαλησαι ἰνα σωθωσιν, εἰς το ἀναπληρωσαι αὐτων τας ἀμαρτιας *παντοτε*.
	3 6	και εὐαγγελισαμενου ἡμιν την πιστιν και την ἀγαπην ὑμων, και ὁτι ἐχετε μνειαν ἡμων ἀγαθην *παντοτε*,
	4 17	και οὑτως *παντοτε* συν κυριω ἐσομεθα.
	5 15	ἀλλα *παντοτε* το ἀγαθον διωκετε [και] εἰς ἀλληλους και εἰς παντας,
	16	*παντοτε* χαιρετε, ἀδιαλειπτως προσευχεσθε,
2Th	1 3	εὐχαριστειν ὀφειλομεν τω θεω *παντοτε* περι ὑμων, ἀδελφοι, καθως ἀξιον ἐστιν,
	11	εἰς ὁ και προσευχομεθα *παντοτε* περι ὑμων,
	2 13	ἡμεις δε ὀφειλομεν εὐχαριστειν τω θεω *παντοτε* περι ὑμων,
2Tm	3 7	*παντοτε* μανθανοντα και μηδεποτε εἰς ἐπιγνωσιν ἀληθειας ἐλθειν δυναμενα.
Phm	4	εὐχαριστω τω θεω μου *παντοτε* μνειαν σου ποιουμενος ἐπι των προσευχων μου,
Heb	7 25	ὁθεν και σωζειν εἰς το παντελες δυναται τους προσερχομενους δι αὐτου τω θεω, *παντοτε* ζων εἰς το ἐντυγχανειν ὑπερ αὐτων.

παντως [8]

Lc	4 23	*παντως* ἐρειτε μοι την παραβολην ταυτην·
Ac	21 22	τι οὐν ἐστιν; *παντως* ἀκουσονται ὁτι ἐληλυθας.
	28 4	*παντως* φονευς ἐστιν ὁ ἀνθρωπος οὑτος, ὁν διασωθεντα ἐκ της θαλασσης ἡ δικη ζην οὐκ εἰασεν.
Rm	3 9	προεχομεθα; οὐ *παντως*·
1Co	5 10	οὐ *παντως* τοις πορνοις του κοσμου τουτου ἠ τοις πλεονεκταις και ἀρπαξιν ἠ εἰδωλολατραις,
	9 10	ἠ δι ἡμας *παντως* λεγει;
	22	τοις πασιν γεγονα παντα, ἰνα *παντως* τινας σωσω.
	16 12	και *παντως* οὐκ ἠν θελημα ἰνα νυν ἐλθῃ,

παρα [194]

Mt	2 4	και συναγαγων παντας τους ἀρχιερεις και γραμματεις του λαου ἐπυνθανετο *παρ* αὐτων που ὁ χριστος γενναται.
	7	τοτε ἡρωδης λαθρα καλεσας τους μαγους ἠκριβωσεν *παρ* αὐτων τον χρονον του φαινομενου ἀστερος,
	16	κατα τον χρονον ὁν ἠκριβωσεν *παρα* των μαγων.
	4 18	περιπατων δε *παρα* την θαλασσαν της γαλιλαιας εἰδεν δυο ἀδελφους,
	6 1	εἰ δε μηγε, μισθον οὐκ ἐχετε *παρα* τω πατρι ὑμων τω ἐν τοις οὐρανοις.
	8 10	*παρ* οὐδενι τοσαυτην πιστιν ἐν τω ἰσραηλ εὑρον.
	13 1	ἐν τῃ ἡμερα ἐκεινῃ ἐξελθων ὁ ἰησους της οἰκιας ἐκαθητο *παρα* την θαλασσαν·
	4	και ἐν τω σπειρειν αὐτον ἀ μεν ἐπεσεν *παρα* την ὁδον,
	19	παντος ἀκουοντος τον λογον της βασιλειας και μη συνιεντος ἐρχεται ὁ πονηρος και ἀρπαζει το ἐσπαρμενον ἐν τῃ καρδια αὐτου· οὑτος ἐστιν ὁ *παρα* την ὁδον σπαρεις.
	15 29	και μεταβας ἐκειθεν ὁ ἰησους ἠλθεν *παρα* την θαλασσαν της γαλιλαιας,
	30	και προσηλθον αὐτω ὀχλοι πολλοι ἐχοντες μεθ ἑαυτων χωλους, τυφλους, κυλλους, κωφους, και ἑτερους πολλους, και ἐρριψαν αὐτους *παρα* τους ποδας αὐτου·
	18 19	παλιν [ἀμην] λεγω ὑμιν ὁτι ἐαν δυο συμφωνησωσιν ἐξ ὑμων ἐπι της γης περι παντος πραγματος οὑ ἐαν αἰτησωνται, γενησεται αὐτοις *παρα* του πατρος μου του ἐν οὐρανοις.
	19 26	*παρα* ἀνθρωποις τουτο ἀδυνατον ἐστιν, *παρα* δε θεω παντα δυνατα.
	26	*παρα* ἀνθρωποις τουτο ἀδυνατον ἐστιν, *παρα* δε θεω παντα δυνατα.
	20 30	και ἰδου δυο τυφλοι καθημενοι *παρα* την ὁδον, ἀκουσαντες ὁτι ἰησους παραγει, ἐκραξαν λεγοντες· ἐλεησον ἡμας, [κυριε,] υἱος δαυιδ.
	21 42	*παρα* κυριου ἐγενετο αὑτη, και ἐστιν θαυμαστη ἐν ὀφθαλμοις ἡμων;
	22 25	ἠσαν δε *παρ* ἡμιν ἑπτα ἀδελφοι·
	28 15	και διεφημισθη ὁ λογος οὑτος *παρα* ἰουδαιοις μεχρι της σημερον [ἡμερας].
Mc	1 16	και παραγων *παρα* την θαλασσαν της γαλιλαιας εἰδεν σιμωνα και ἀνδρεαν τον ἀδελφον σιμωνος ἀμφιβαλλοντας ἐν τῃ θαλασσῃ·
	2 13	και ἐξηλθεν παλιν *παρα* την θαλασσαν·
	3 21	και ἀκουσαντες οἱ *παρ* αὐτου ἐξηλθον κρατησαι αὐτον·
	4 1	και παλιν ἠρξατο διδασκειν *παρα* την θαλασσαν·
	4	και ἐγενετο ἐν τω σπειρειν ὁ μεν ἐπεσεν *παρα* την ὁδον,
	15	οὑτοι δε εἰσιν οἱ *παρα* την ὁδον, ὁπου σπειρεται ὁ λογος,
	5 21	και διαπερασαντος του ἰησου [ἐν τω πλοιω] παλιν εἰς το περαν συνηχθη ὀχλος πολυς ἐπ αὐτον, και ἠν *παρα* την θαλασσαν.
	26	και γυνη οὐσα ἐν ῥυσει αἱματος δωδεκα ἐτη, και πολλα παθουσα ὑπο πολλων ἰατρων και δαπανησασα τα *παρ* αὐτης παντα,
	8 11	ζητουντες *παρ* αὐτου σημειον ἀπο του οὐρανου, πειραζοντες αὐτον.
	10 27	*παρα* ἀνθρωποις ἀδυνατον, ἀλλ οὐ *παρα* θεω· παντα γαρ δυνατα *παρα* τω θεω.
	27	*παρα* ἀνθρωποις ἀδυνατον, ἀλλ οὐ *παρα* θεω· παντα γαρ δυνατα *παρα* τω θεω.
	27	*παρα* ἀνθρωποις ἀδυνατον, ἀλλ οὐ *παρα* θεω· παντα γαρ δυνατα *παρα* τω θεω.
	46	και ἐκπορευομενου αὐτου ἀπο ἰεριχω και των μαθητων αὐτου και ὀχλου ἱκανου ὁ υἱος τιμαιου βαρτιμαιος, τυφλος προσαιτης, ἐκαθητο *παρα* την ὁδον.
	12 2	και ἀπεστειλεν προς τους γεωργους τω καιρω δουλον, ἰνα *παρα* των γεωργων λαβῃ ἀπο των καρπων του ἀμπελωνος·
	11	*παρα* κυριου ἐγενετο αὑτη, και ἐστιν θαυμαστη ἐν ὀφθαλμοις ἡμων;
	14 43	και μετ αὐτου ὀχλος μετα μαχαιρων και ξυλων *παρα* των ἀρχιερεων και των γραμματεων και των πρεσβυτερων.
	16 9	ἀναστας δε πρωι πρωτῃ σαββατου ἐφανη πρωτον μαρια τῃ μαγδαληνῃ, *παρ* ἡς ἐκβεβληκει ἑπτα δαιμονια.
Lc	1 30	μη φοβου, μαριαμ· εὑρες γαρ χαριν *παρα* τω θεω.
	37	ὁτι οὐκ ἀδυνατησει *παρα* του θεου παν ῥημα.
	45	και μακαρια ἡ πιστευσασα ὁτι ἐσται τελειωσις τοις λελαλημενοις αὐτῃ *παρα* κυριου.
	2 1	ἐγενετο δε ἐν ταις ἡμεραις ἐκειναις ἐξηλθεν δογμα *παρα* καισαρος αὐγουστου ἀπογραφεσθαι πασαν την οἰκουμενην.
	52	και ἰησους προεκοπτεν [ἐν τῃ] σοφια και ἡλικια και χαριτι *παρα* θεω και ἀνθρωποις.
	3 13	μηδεν πλεον *παρα* το διατεταγμενον ὑμιν πρασσετε.

παρα [194]

Lc 5 1 ἐγένετο δὲ ἐν τῳ τον ὀχλον ἐπικεισθαι αὐτῳ και ἀκουειν τον λογον του θεου, και αὐτος ἠν ἑστως *παρα* την λιμνην γεννησαρετ,

2 και εἰδεν δυο πλοια ἑστωτα *παρα* την λιμνην·

6 19 και πας ὁ ὀχλος ἐζητουν ἁπτεσθαι αὐτου, ὁτι δυναμις *παρ* αὐτου ἐξηρχετο και ἰατο παντας.

34 και ἐαν δανισητε *παρ* ὡν ἐλπιζετε λαβειν, ποια ὑμιν χαρις [ἐστιν];

7 38 και στασα ὀπισω *παρα* τους ποδας αὐτου κλαιουσα, τοις δακρυσιν ἠρξατο βρεχειν τους ποδας αὐτου,

8 5 και ἐν τῳ σπειρειν αὐτον ὁ μεν ἐπεσεν *παρα* την ὁδον και κατεπατηθη,

12 οἱ δε *παρα* την ὁδον εἰσιν οἱ ἀκουσαντες,

35 και εὑρον καθημενον τον ἀνθρωπον ἀφ οὑ τα δαιμονια ἐξηλθεν ἱματισμενον και σωφρονουντα *παρα* τους ποδας του ἰησου, και ἐφοβηθησαν.

41 και πεσων *παρα* τους ποδας [του] ἰησου παρεκαλει αὐτον εἰσελθειν εἰς τον οἰκον αὐτου,

49 ἐτι αὐτου λαλουντος ἐρχεται τις *παρα* του ἀρχισυναγωγου λεγων ὁτι τεθνηκεν ἡ θυγατηρ σου·

9 47 ὁ δε ἰησους εἰδως τον διαλογισμον της καρδιας αὐτων, ἐπιλαβομενος παιδιον ἐστησεν αὐτο *παρ* ἑαυτῳ,

10 7 ἐν αὐτη δε τη οἰκιᾳ μενετε, ἐσθιοντες και πινοντες τα *παρ* αὐτων·

11 16 ἑτεροι δε πειραζοντες σημειον ἐξ οὐρανου ἐζητουν *παρ* αὐτου.

37 ἐν δε τῳ λαλησαι ἐρωτα αὐτον φαρισαιος ὁπως ἀριστηση *παρ* αὐτῳ·

12 48 παντι δε ῳ ἐδοθη πολυ, πολυ ζητηθησεται *παρ* αὐτου, και ῳ παρεθεντο πολυ, περισσοτερον αἰτησουσιν αὐτον.

13 2 δοκειτε ὁτι οἱ γαλιλαιοι οὑτοι ἁμαρτωλοι *παρα* παντας τους γαλιλαιους ἐγενοντο, ὁτι ταυτα πεπονθασιν;

4 ἠ ἐκεινοι οἱ δεκαοκτω ἐφ οὑς ἐπεσεν ὁ πυργος ἐν τῳ σιλωαμ και ἀπεκτεινεν αὐτους, δοκειτε ὁτι αὐτοι ὀφειλεται ἐγενοντο *παρα* παντας τους ἀνθρωπους τους κατοικουντας ἰερουσαλημ;

17 16 και ἐπεσεν ἐπι προσωπον *παρα* τους ποδας αὐτου εὐχαριστων αὐτῳ·

18 14 λεγω ὑμιν, κατεβη οὑτος δεδικαιωμενος εἰς τον οἰκον αὐτου *παρ* ἐκεινον·

27 τα ἀδυνατα *παρα* ἀνθρωποις δυνατα *παρα* τῳ θεῳ ἐστιν.

27 τα ἀδυνατα *παρα* ἀνθρωποις δυνατα *παρα* τῳ θεῳ ἐστιν.

35 ἐγενετο δε ἐν τῳ ἐγγιζειν αὐτον εἰς ἰεριχω τυφλος τις ἐκαθητο *παρα* την ὁδον ἐπαιτων.

19 7 και ἰδοντες παντες διεγογγυζον λεγοντες ὁτι *παρα* ἁμαρτωλῳ ἀνδρι εἰσηλθεν καταλυσαι.

Jh 1 6 ἐγενετο ἀνθρωπος, ἀπεσταλμενος *παρα* θεου, ὀνομα αὐτῳ ἰωαννης·

14 δοξαν ὡς μονογενους *παρα* πατρος, πληρης χαριτος και ἀληθειας.

39 και *παρ* αὐτῳ ἐμειναν την ἡμεραν ἐκεινην·

40 ἠν ἀνδρεας ὁ ἀδελφος σιμωνος πετρου εἱς ἐκ των δυο των ἀκουσαντων *παρα* ἰωαννου και ἀκολουθησαντων αὐτῳ·

4 9 πως συ ἰουδαιος ὡν *παρ* ἐμου πειν αἰτεις γυναικος σαμαριτιδος οὐσης;

40 ὡς οὑν ἠλθον προς αὐτον οἱ σαμαριται, ἠρωτων αὐτον μειναι *παρ* αὐτοις·

52 ἐπυθετο οὑν την ὡραν *παρ* αὐτων ἐν ἡ κομψοτερον ἐσχεν·

5 34 ἐγω δε οὐ *παρα* ἀνθρωπου την μαρτυριαν λαμβανω, ἀλλα ταυτα λεγω ἱνα ὑμεις σωθητε.

41 δοξαν *παρα* ἀνθρωπων οὐ λαμβανω,

44 πως δυνασθε ὑμεις πιστευσαι, δοξαν *παρα* ἀλληλων λαμβανοντες,

44 δοξαν *παρα* ἀλληλων λαμβανοντες, και την δοξαν την *παρα* του μονου θεου οὐ ζητειτε;

6 45 πας ὁ ἀκουσας *παρα* του πατρος και μαθων ἐρχεται προς ἐμε.

46 οὐχ ὁτι τον πατερα ἑωρακεν τις, εἰ μη ὁ ὡν *παρα* του θεου, οὑτος ἑωρακεν τον πατερα.

7 29 ἐγω οἰδα αὐτον, ὁτι *παρ* αὐτου εἰμι κακεινος με ἀπεστειλεν.

51 μη ὁ νομος ἡμων κρινει τον ἀνθρωπον ἐαν μη ἀκουση πρωτον *παρ* αὐτου και γνω τι ποιει;

8 26 καγω ἁ ἠκουσα *παρ* αὐτου, ταυτα λαλω εἰς τον κοσμον·

38 ἁ ἐγω ἑωρακα *παρα* τῳ πατρι λαλω·

38 και ὑμεις οὑν ἁ ἠκουσατε *παρα* του πατρος ποιειτε.

40 ἀνθρωπον ὁς την ἀληθειαν ὑμιν λελαληκα, ἡν ἠκουσα *παρα* του θεου·

9 16 οὐκ ἐστιν οὑτος *παρα* θεου ὁ ἀνθρωπος, ὁτι το σαββατον οὐ τηρει.

33 εἰ μη ἠν οὑτος *παρα* θεου, οὐκ ἠδυνατο ποιειν οὐδεν.

10 18 ταυτην την ἐντολην ἐλαβον *παρα* του πατρος μου.

14 17 ὑμεις γινωσκετε αὐτο, ὁτι *παρ* ὑμιν μενει και ἐν ὑμιν ἐσται.

παρα [194]

Jh 14 23 και ὁ πατηρ μου ἀγαπησει αὐτον, και προς αὐτον ἐλευσομεθα και μονην *παρ* αὐτῳ ποιησομεθα.

25 ταυτα λελαληκα ὑμιν *παρ* ὑμιν μενων·

15 15 ὑμας δε εἰρηκα φιλους, ὁτι παντα ἁ ἠκουσα *παρα* του πατρος μου ἐγνωρισα ὑμιν.

26 ὁταν ἐλθη ὁ παρακλητος ὁν ἐγω πεμψω ὑμιν *παρα* του πατρος, το πνευμα της ἀληθειας ὁ *παρα* του πατρος ἐκπορευεται, ἐκεινος μαρτυρησει περι ἐμου·

26 ὁταν ἐλθη ὁ παρακλητος ὁν ἐγω πεμψω ὑμιν *παρα* του πατρος, το πνευμα της ἀληθειας ὁ *παρα* του πατρος ἐκπορευεται, ἐκεινος μαρτυρησει περι ἐμου·

16 27 αὐτος γαρ ὁ πατηρ φιλει ὑμας, ὁτι ὑμεις ἐμε πεφιληκατε και πεπιστευκατε ὁτι ἐγω *παρα* [του] θεου ἐξηλθον.

28 ἐξηλθον *παρα* του πατρος και ἐληλυθα εἰς τον κοσμον·

17 5 και νυν δοξασον με συ, πατερ, *παρα* σεαυτῳ τη δοξη ἡ εἰχον προ του τον κοσμον εἰναι *παρα* σοι.

5 και νυν δοξασον με συ, πατερ, *παρα* σεαυτῳ τη δοξη ἡ εἰχον προ του τον κοσμον εἰναι *παρα* σοι.

7 νυν ἐγνωκαν ὁτι παντα ὁσα δεδωκας μοι *παρα* σου εἰσιν·

8 και ἐγνωσαν ἀληθως ὁτι *παρα* σου ἐξηλθον, και ἐπιστευσαν ὁτι συ με ἀπεστειλας.

19 25 εἰστηκεισαν δε *παρα* τῳ σταυρῳ του ἰησου ἡ μητηρ αὐτου και ἡ ἀδελφη της μητρος αὐτου, μαρια ἡ του κλωπα και μαρια ἡ μαγδαληνη.

Ac 2 33 τη δεξιᾳ οὑν του θεου ὑψωθεις την τε ἐπαγγελιαν του πνευματος του ἁγιου λαβων *παρα* του πατρος ἐξεχεεν τουτο ὁ ὑμεις [και] βλεπετε και ἀκουετε.

3 2 ὁν ἐτιθουν καθ ἡμεραν προς την θυραν του ἱερου την λεγομενην ὡραιαν του αἰτειν ἐλεημοσυνην *παρα* των εἰσπορευομενων εἰς το ἱερον·

5 ὁ δε ἐπειχεν αὐτοις προσδοκων τι *παρ* αὐτων λαβειν.

4 35 ὁσοι γαρ κτητορες χωριων ἠ οἰκιων ὑπηρχον, πωλουντες ἐφερον τας τιμας των πιπρασκομενων και ἐτιθουν *παρα* τους ποδας των ἀποστολων·

5 2 και ἐνεγκας μερος τι *παρα* τους ποδας των ἀποστολων ἐθηκεν.

7 16 και μετετεθησαν εἰς συχεμ και ἐτεθησαν ἐν τῳ μνηματι ῳ ὠνησατο ἀβρααμ τιμης ἀργυριου *παρα* των υἱων ἐμμωρ ἐν συχεμ.

58 και οἱ μαρτυρες ἀπεθεντο τα ἱματια αὐτων *παρα* τους ποδας νεανιου καλουμενου σαυλου.

9 2 ὁ δε σαυλος ἐτι ἐμπνεων ἀπειλης και φονου εἰς τους μαθητας του κυριου, προσελθων τῳ ἀρχιερει ἡτησατο *παρ* αὐτου ἐπιστολας εἰς δαμασκον προς τας συναγωγας,

14 και ὡδε ἐχει ἐξουσιαν *παρα* των ἀρχιερεων δησαι παντας τους ἐπικαλουμενους το ὀνομα σου.

43 ἐγενετο δε ἡμερας ἱκανας μειναι ἐν ἰοππη *παρα* τινι σιμωνι βυρσει.

10 6 οὑτος ξενιζεται *παρα* τινι σιμωνι βυρσει, ῳ ἐστιν οἰκια *παρα* θαλασσαν.

6 οὑτος ξενιζεται *παρα* τινι σιμωνι βυρσει, ῳ ἐστιν οἰκια *παρα* θαλασσαν.

22 μαρτυρουμενος τε ὑπο ὁλου του ἐθνους των ἰουδαιων, ἐχρηματισθη ὑπο ἀγγελου ἁγιου μεταπεμψασθαι σε εἰς τον οἰκον αὐτου και ἀκουσαι ρηματα *παρα* σου.

32 οὑτος ξενιζεται ἐν οἰκιᾳ σιμωνος βυρσεως *παρα* θαλασσαν.

16 13 τη τε ἡμερᾳ των σαββατων ἐξηλθομεν ἐξω της πυλης *παρα* ποταμον οὑ ἐνομιζομεν προσευχην εἰναι,

17 9 και λαβοντες το ἱκανον *παρα* του ἰασονος και των λοιπων ἀπελυσαν αὐτους.

18 3 προσηλθεν αὐτοις, και δια το ὁμοτεχνον εἰναι ἐμενεν *παρ* αὐτοις,

13 και ἠγαγον αὐτον ἐπι το βημα, λεγοντες ὁτι *παρα* τον νομον ἀναπειθει οὑτος τους ἀνθρωπους σεβεσθαι τον θεον.

20 24 ἀλλ οὐδενος λογου ποιουμαι την ψυχην τιμιαν ἐμαυτῳ ὡς τελειωσαι τον δρομον μου και την διακονιαν ἡν ἐλαβον *παρα* του κυριου ἰησου,

21 7 και ἀσπασαμενοι τους ἀδελφους ἐμειναμεν ἡμεραν μιαν *παρ* αὐτοις.

8 και εἰσελθοντες εἰς τον οἰκον φιλιππου του εὐαγγελιστου ὀντος ἐκ των ἑπτα, ἐμειναμεν *παρ* αὐτῳ.

16 συνηλθον δε και των μαθητων ἀπο καισαρειας συν ἡμιν, ἀγοντες *παρ* ῳ ξενισθωμεν μνασωνι τινι κυπριῳ,

22 3 ἀνατεθραμμενος δε ἐν τη πολει ταυτη, *παρα* τους ποδας γαμαλιηλ πεπαιδευμενος κατα ἀκριβειαν του πατρωου νομου,

5 ὡς και ὁ ἀρχιερευς μαρτυρει μοι και πας το πρεσβυτεριον· *παρ* ὡν και ἐπιστολας δεξαμενος προς τους ἀδελφους εἰς δαμασκον ἐπορευομην,

παρα [194]

Ac	24 8	παρ οὗ δυνηση αὐτος ἀνακρινας περι παντων τουτων ἐπιγνωναι ὧν ἡμεις κατηγορουμεν αὐτου.
	26 8	τί ἀπιστον κρινεται παρ ὑμιν εἰ ὁ θεος νεκρους ἐγειρει;
	10	ὁ και ἐποιησα ἐν ἱεροσολυμοις, και πολλους τε των ἁγιων ἐγω ἐν φυλακαις κατεκλεισα την παρα των ἀρχιερεων ἐξουσιαν λαβων,
	28 14	και μετα μιαν ἡμεραν ἐπιγενομενου νοτου δευτεραιοι ἠλθομεν εἰς ποτιολους, οὐ εὑροντες ἀδελφους παρεκληθημεν παρ αὐτοις ἐπιμειναι ἡμερας ἑπτα·
	22	ἀξιουμεν δε παρα σου ἀκουσαι ἁ φρονεις·
Rm	1 25	οἱτινες μετηλλαξαν την ἀληθειαν του θεου ἐν τω ψευδει, και ἐσεβασθησαν και ἐλατρευσαν τη κτισει παρα τον κτισαντα,
	26	αἱ τε γαρ θηλειαι αὐτων μετηλλαξαν την φυσικην χρησιν εἰς την παρα φυσιν.
	2 11	οὐ γαρ ἐστιν προσωπολημψια παρα τω θεω.
	13	οὐ γαρ οἱ ἀκροαται νομου δικαιοι παρα [τω] θεω,
	4 18	ὁς παρ ἐλπιδα ἐπ ἐλπιδι ἐπιστευσεν,
	9 14	τί οὖν ἐρουμεν; μη ἀδικια παρα τω θεω;
	11 24	εἰ γαρ συ ἐκ της κατα φυσιν ἐξεκοπης ἀγριελαιου και παρα φυσιν ἐνεκεντρισθης εἰς καλλιελαιον, ποσω μαλλον οὑτοι οἱ κατα φυσιν ἐγκεντρισθησονται τη ἰδια ἐλαια.
	25	οὐ γαρ θελω ὑμας ἀγνοειν, ἀδελφοι, το μυστηριον τουτο, ἱνα μη ἠτε [παρ] ἑαυτοις φρονιμοι,
	27	και αὑτη αὐτοις ἡ παρ ἐμου διαθηκη, ὁταν ἀφελωμαι τας ἁμαρτιας αὐτων.
	12 3	λεγω γαρ δια της χαριτος της δοθεισης μοι παντι τω ὀντι ἐν ὑμιν, μη ὑπερφρονειν παρ ὁ δει φρονειν,
	16	μη γινεσθε φρονιμοι παρ ἑαυτοις.
	14 5	ὁς μεν [γαρ] κρινει ἡμεραν παρ ἡμεραν, ὁς δε κρινει πασαν ἡμεραν·
	16 17	παρακαλω δε ὑμας, ἀδελφοι, σκοπειν τους τας διχοστασιας και τα σκανδαλα παρα την διδαχην ἡν ὑμεις ἐμαθετε ποιουντας, και ἐκκλινετε ἀπ αὐτων·
1Co	3 11	θεμελιον γαρ ἀλλον οὐδεις δυναται θειναι παρα τον κειμενον, ὁς ἐστιν ἰησους χριστος.
	19	ἡ γαρ σοφια του κοσμου τουτου μωρια παρα τω θεω ἐστιν.
	7 24	ἑκαστος ἐν ᾡ ἐκληθη, ἀδελφοι, ἐν τουτω μενετω παρα θεω.
	12 15	ἐαν εἰπη ὁ πους· ὁτι οὐκ εἰμι χειρ, οὐκ εἰμι ἐκ του σωματος, οὐ παρα τουτο οὐκ ἐστιν ἐκ του σωματος.
	16	και ἐαν εἰπη το οὐς· ὁτι οὐκ εἰμι ὀφθαλμος, οὐκ εἰμι ἐκ του σωματος, οὐ παρα τουτο οὐκ ἐστιν ἐκ του σωματος.
	16 2	κατα μιαν σαββατου ἑκαστος ὑμων παρ ἑαυτω τιθετω θησαυριζων ὁτι ἐαν εὐοδωται,
2Co	1 17	ἡ ἁ βουλευομαι κατα σαρκα βουλευομαι, ἱνα ἠ παρ ἐμοι το ναι ναι και το οὐ οὐ;
	8 3	ὁτι κατα δυναμιν, μαρτυρω, και παρα δυναμιν, αὐθαιρετοι μετα πολλης παρακλησεως δεομενοι ἡμων
	11 24	ὑπο ἰουδαιων πεντακις τεσσερακοντα παρα μιαν ἐλαβον,
Ga	1 8	ἀλλα και ἐαν ἡμεις ἠ ἀγγελος ἐξ οὐρανου εὐαγγελιζηται [ὑμιν] παρ ὁ εὐηγγελισαμεθα ὑμιν, ἀναθεμα ἐστω.
	9	εἰ τις ὑμας εὐαγγελιζεται παρ ὁ παρελαβετε, ἀναθεμα ἐστω.
	12	οὐδε γαρ ἐγω παρα ἀνθρωπου παρελαβον αὐτο οὐτε ἐδιδαχθην,
	3 11	ὁτι δε ἐν νομω οὐδεις δικαιουται παρα τω θεω δηλον,
Eph	6 8	εἰδοτες ὁτι ἑκαστος ἐαν τι ποιηση ἀγαθον, τουτο κομισεται παρα κυριου,
	9	εἰδοτες ὁτι και αὐτων και ὑμων ὁ κυριος ἐστιν ἐν οὐρανοις, και προσωπολημψια οὐκ ἐστιν παρ αὐτω.
Php	4 18	πεπληρωμαι δεξαμενος παρα ἐπαφροδιτου τα παρ ὑμων,
	18	πεπληρωμαι δεξαμενος παρα ἐπαφροδιτου τα παρ ὑμων,
Col	4 16	και ὁταν ἀναγνωσθη παρ ὑμιν ἡ ἐπιστολη, ποιησατε ἱνα και ἐν τη λαοδικεων ἐκκλησια ἀναγνωσθη,
1Th	2 13	ὁτι παραλαβοντες λογον ἀκοης παρ ἡμων του θεου ἐδεξασθε οὐ λογον ἀνθρωπων
	4 1	λοιπον οὖν, ἀδελφοι, ἐρωτωμεν ὑμας και παρακαλουμεν ἐν κυριω ἰησου, ἱνα καθως παρελαβετε παρ ἡμων το πως δει ὑμας περιπατειν και ἀρεσκειν θεω, καθως και περιπατειτε,
2Th	1 6	εἰπερ δικαιον παρα θεω ἀνταποδουναι τοις θλιβουσιν ὑμας θλιψιν
	3 6	στελλεσθαι ὑμας ἀπο παντος ἀδελφου ἀτακτως περιπατουντος και μη κατα την παραδοσιν ἡν παρελαβοσαν παρ ἡμων.
	8	οὐδε δωρεαν ἀρτον ἐφαγομεν παρα τινος,
2Tm	1 13	ὑποτυπωσιν ἐχε ὑγιαινοντων λογων ὡν παρ ἐμου ἠκουσας ἐν πιστει και ἀγαπη τη ἐν χριστω ἰησου·
	18	δωη αὐτω ὁ κυριος εὑρειν ἐλεος παρα κυριου ἐν ἐκεινη τη ἡμερα·
	2 2	και ἁ ἠκουσας παρ ἐμου δια πολλων μαρτυρων, ταυτα παραθου πιστοις ἀνθρωποις,

παρα [194]

2Tm	3 14	συ δε μενε ἐν οἱς ἐμαθες και ἐπιστωθης, εἰδως παρα τινων ἐμαθες,
	4 13	τον φαιλονην, ὁν ἀπελιπον ἐν τρωαδι παρα καρπω, ἐρχομενος φερε, και τα βιβλια, μαλιστα τας μεμβρανας.
Heb	1 4	τοσουτω κρειττων γενομενος των ἀγγελων ὁσω διαφορωτερον παρ αὐτους κεκληρονομηκεν ὀνομα.
	9	δια τουτο ἐχρισεν σε, ὁ θεος, ὁ θεος σου ἐλαιον ἀγαλλιασεως παρα τους μετοχους σου.
	2 7	ἠλαττωσας αὐτον βραχυ τι παρ ἀγγελους,
	9	τον δε βραχυ τι παρ ἀγγελους ἠλαττωμενον βλεπομεν ἰησουν δια το παθημα του θανατου δοξη και τιμη ἐστεφανωμενον,
	3 3	πλειονος γαρ οὑτος δοξης παρα μωυσην ἠξιωται καθ ὁσον πλειονα τιμην ἐχει του οἰκου ὁ κατασκευασας αὐτον.
	9 23	αὐτα δε τα ἐπουρανια κρειττοσιν θυσιαις παρα ταυτας.
	11 4	πιστει πλειονα θυσιαν ἀβελ παρα καιν προσηνεγκεν τω θεω,
	11	πιστει και αὑτη σαρρα στειρα δυναμιν εἰς καταβολην σπερματος ἐλαβεν και παρα καιρον ἡλικιας,
	12	καθως τα ἀστρα του οὐρανου τω πληθει και ὡς ἡ ἀμμος ἡ παρα το χειλος της θαλασσης ἡ ἀναριθμητος.
	12 24	και διαθηκης νεας μεσιτη ἰησου, και αἱματι ῥαντισμου κρειττον λαλουντι παρα τον ἀβελ.
Ja	1 5	εἰ δε τις ὑμων λειπεται σοφιας, αἰτειτω παρα του διδοντος θεου πασιν ἁπλως και μη ὀνειδιζοντος,
	7	μη γαρ οἰεσθω ὁ ἀνθρωπος ἐκεινος ὁτι λημψεται τι παρα του κυριου,
	17	καταβαινον ἀπο του πατρος των φωτων, παρ ᾡ οὐκ ἐνι παραλλαγη ἡ τροπης ἀποσκιασμα.
	27	θρησκεια καθαρα και ἀμιαντος παρα τω θεω και πατρι αὑτη ἐστιν,
1Pt	2 4	προς ὁν προσερχομενοι, λιθον ζωντα, ὑπο ἀνθρωπων μεν ἀποδεδοκιμασμενον παρα δε θεω ἐκλεκτον ἐντιμον,
	20	ἀλλ εἰ ἀγαθοποιουντες και πασχοντες ὑπομενειτε, τουτο χαρις παρα θεω.
2Pt	1 17	λαβων γαρ παρα θεου πατρος τιμην και δοξαν φωνης ἐνεχθεισης αὐτω τοιασδε ὑπο της μεγαλοπρεπους δοξης·
	2 11	ὁπου ἀγγελοι ἰσχυι και δυναμει μειζονες ὀντες οὐ φερουσιν κατ αὐτων παρα κυριου βλασφημον κρισιν.
	3 8	ἐν δε τουτο μη λανθανετω ὑμας, ἀγαπητοι, ὁτι μια ἡμερα παρα κυριω ὡς χιλια ἐτη και χιλια ἐτη ὡς ἡμερα μια.
2Jh	3	ἐσται μεθ ἡμων χαρις ἐλεος εἰρηνη παρα θεου πατρος,
	3	ἐσται μεθ ἡμων χαρις ἐλεος εἰρηνη παρα θεου πατρος, και παρα ἰησου χριστου του υἱου του θεου,
	4	ἐχαρην λιαν ὁτι εὑρηκα ἐκ των τεκνων σου περιπατουντας ἐν ἀληθεια, καθως ἐντολην ἐλαβομεν παρα του πατρος.
Apc	2 13	και οὐκ ἠρνησω την πιστιν μου και ἐν ταις ἡμεραις ἀντιπας ὁ μαρτυς μου ὁ πιστος μου, ὁς ἀπεκτανθη παρ ὑμιν, ὁπου ὁ σατανας κατοικει.
	28	ὡς καγω εἰληφα παρα του πατρος μου,
	3 18	συμβουλευω σοι ἀγορασαι παρ ἐμου χρυσιον πεπυρωμενον ἐκ πυρος ἱνα πλουτησης,

παραβαινω [3]

Mt	15 2	δια τί οἱ μαθηται σου παραβαινουσιν την παραδοσιν των πρεσβυτερων;
	3	δια τί και ὑμεις παραβαινετε την ἐντολην του θεου δια την παραδοσιν ὑμων;
Ac	1 25	ἑνα λαβειν τον τοπον της διακονιας ταυτης και ἀποστολης, ἀφ ἡς παρεβη ἰουδας πορευθηναι εἰς τον τοπον τον ἰδιον.

παραβαλλω [1]

Ac	20 15	κακειθεν ἀποπλευσαντες τη ἐπιουση κατηντησαμεν ἀντικρυς χιου, τη δε ἑτερα παρεβαλομεν εἰς σαμον,

παραβασις [7]

Rm	2 23	ὁς ἐν νομω καυχασαι, δια της παραβασεως του νομου τον θεον ἀτιμαζεις;
	4 15	οὐ δε οὐκ ἐστιν νομος, οὐδε παραβασις·
	5 14	ἀλλα ἐβασιλευσεν ὁ θανατος ἀπο ἀδαμ μεχρι μωυσεως και ἐπι τους μη ἁμαρτησαντας ἐπι τω ὁμοιωματι της παραβασεως ἀδαμ,
Ga	3 19	τί οὖν ὁ νομος; των παραβασεων χαριν προσετεθη,
1Tm	2 14	ἡ δε γυνη ἐξαπατηθεισα ἐν παραβασει γεγονεν·
Heb	2 2	εἰ γαρ ὁ δι ἀγγελων λαληθεις λογος ἐγενετο βεβαιος, και πασα παραβασις και παρακοη ἐλαβεν ἐνδικον μισθαποδοσιαν, πως ἡμεις ἐκφευξομεθα τηλικαυτης ἀμελησαντες σωτηριας;

παραβασις [7]

Heb 9 15 και δια τουτο διαθηκης καινης μεσιτης εστιν, οπως θανατου γενομενου εις απολυτρωσιν των επι τη πρωτη διαθηκη *παραβασεων* την επαγγελιαν λαβωσιν οι κεκλημενοι της αιωνιου κληρονομιας.

παραβατης [5]

Rm 2 25 εαν δε *παραβατης* νομου ης, η περιτομη σου ακροβυστια γεγονεν.

27 και κρινεῖ η εκ φυσεως ακροβυστια τον νομον τελουσα σέ τον δια γραμματος και περιτομης *παραβατην* νομον.

Ga 2 18 ει γαρ ἁ κατελυσα ταυτα παλιν οικοδομω, *παραβατην* εμαυτον συνιστανω.

Ja 2 9 ει δε προσωπολημπτειτε, αμαρτιαν εργαζεσθε, ελεγχομενοι υπο του νομου ως *παραβαται*.

11 ει δε ου μοιχευεις, φονευεις δε, γεγονας *παραβατης* νομου.

παραβιαζομαι [2]

Lc 24 29 και *παρεβιασαντο* αυτον λεγοντες·

Ac 16 15 και *παρεβιασατο* ημας.

παραβολευομαι [1]

Php 2 30 και τους τοιουτους εντιμους εχετε, οτι δια το εργον χριστου μεχρι θανατου ηγγισεν *παραβολευσαμενος* τη ψυχη,

παραβολη [50]

Mt 13 3 και ελαλησεν αυτοις πολλα εν *παραβολαις* λεγων·

10 δια τί εν *παραβολαις* λαλεις αυτοις;

13 δια τουτο εν *παραβολαις* αυτοις λαλω, οτι βλεποντες ου βλεπουσιν και ακουοντες ουκ ακουουσιν ουδε συνιουσιν.

18 υμεις ουν ακουσατε την *παραβολην* του σπειραντος.

24 αλλην *παραβολην* παρεθηκεν αυτοις λεγων·

31 αλλην *παραβολην* παρεθηκεν αυτοις λεγων·

33 αλλην *παραβολην* ελαλησεν αυτοις·

34 ταυτα παντα ελαλησεν ὁ ιησους εν *παραβολαις* τοις οχλοις,

34 και χωρις *παραβολης* ουδεν ελαλει αυτοις·

35 ανοιξω εν *παραβολαις* το στομα μου, ερευξομαι κεκρυμμενα απο καταβολης [κοσμου].

36 διασαφησον ημιν την *παραβολην* των ζιζανιων του αγρου.

53 και εγενετο οτε ετελεσεν ὁ ιησους τας *παραβολας* ταυτας, μετηρεν εκειθεν.

15 15 φρασον ημιν την *παραβολην* [ταυτην].

21 33 αλλην *παραβολην* ακουσατε.

45 και ακουσαντες οι αρχιερεις και οι φαρισαιοι τας *παραβολας* αυτου εγνωσαν οτι περι αυτων λεγει·

22 1 και αποκριθεις ὁ ιησους παλιν ειπεν εν *παραβολαις* αυτοις λεγων· ωμοιωθη η βασιλεια των ουρανων ανθρωπω βασιλει, οστις εποιησεν γαμους τω υιω αυτου.

24 32 απο δε της συκης μαθετε την *παραβολην*· οταν ηδη ὁ κλαδος αυτης γενηται απαλος και τα φυλλα εκφυη, γινωσκετε οτι εγγυς το θερος·

Mc 3 23 και προσκαλεσαμενος αυτους εν *παραβολαις* ελεγεν αυτοις· πως δυναται σατανας σαταναν εκβαλλειν;

4 2 και εδιδασκεν αυτους εν *παραβολαις* πολλα,

10 και οτε εγενετο κατα μονας, ηρωτων αυτον οι περι αυτον συν τοις δωδεκα τας *παραβολας*.

11 υμιν το μυστηριον δεδοται της βασιλειας του θεου· εκεινοις δε τοις εξω εν *παραβολαις* τα παντα γινεται,

13 ουκ οιδατε την *παραβολην* ταυτην, και πως πασας τας *παραβολας* γνωσεσθε;

13 ουκ οιδατε την *παραβολην* ταυτην, και πως πασας τας *παραβολας* γνωσεσθε;

30 και ελεγεν· πως ομοιωσωμεν την βασιλειαν του θεου, η εν τινι αυτην *παραβολη* θωμεν;

33 και τοιαυταις *παραβολαις* πολλαις ελαλει αυτοις τον λογον,

34 χωρις δε *παραβολης* ουκ ελαλει αυτοις,

7 17 και οτε εισηλθεν εις οικον απο του οχλου, επηρωτων αυτον οι μαθηται αυτου την *παραβολην*.

12 1 και ηρξατο αυτοις εν *παραβολαις* λαλειν.

12 εγνωσαν γαρ οτι προς αυτους την *παραβολην* ειπεν.

13 28 απο δε της συκης μαθετε την *παραβολην*·

Lc 4 23 παντως ερειτε μοι την *παραβολην* ταυτην· ιατρε, θεραπευσον σεαυτον·

5 36 ελεγεν δε και *παραβολην* προς αυτους οτι ουδεις επιβλημα απο ιματιου καινου σχισας επιβαλλει επι ιματιον παλαιον·

παραβολη [50]

Lc 6 39 ειπεν δε και *παραβολην* αυτοις· μητι δυναται τυφλος τυφλον οδηγειν;

8 4 συνιοντος δε οχλου πολλου και των κατα πολιν επιπορευομενων προς αυτον ειπεν δια *παραβολης*·

9 επηρωτων δε αυτον οι μαθηται αυτου τίς αυτη ειη η *παραβολη*.

10 υμιν δεδοται γνωναι τα μυστηρια της βασιλειας του θεου, τοις δε λοιποις εν *παραβολαις*,

11 εστιν δε αυτη η *παραβολη*.

12 16 ειπεν δε *παραβολην* προς αυτους λεγων· ανθρωπου τινος πλουσιου ευφορησεν η χωρα.

41 κυριε, προς ημας την *παραβολην* ταυτην λεγεις η και προς παντας;

13 6 ελεγεν δε ταυτην την *παραβολην*.

14 7 ελεγεν δε προς τους κεκλημενους *παραβολην*, επεχων πως τας πρωτοκλισιας εξελεγοντο,

15 3 ειπεν δε προς αυτους την *παραβολην* ταυτην λεγων· τίς ανθρωπος εξ υμων εχων εκατον προβατα

18 1 ελεγεν δε *παραβολην* αυτοις προς το δειν παντοτε προσευχεσθαι αυτους και μη εγκακειν, λεγων· κριτης τις ην εν τινι πολει τον θεον μη φοβουμενος και ανθρωπον μη εντρεπομενος.

9 ειπεν δε και προς τινας τους πεποιθοτας εφ εαυτοις οτι εισιν δικαιοι και εξουθενουντας τους λοιπους την *παραβολην* ταυτην.

19 11 ακουοντων δε αυτων ταυτα προσθεις ειπεν *παραβολην*,

20 9 ηρξατο δε προς τον λαον λεγειν την *παραβολην* ταυτην.

19 και εφοβηθησαν τον λαον· εγνωσαν γαρ οτι προς αυτους ειπεν την *παραβολην* ταυτην.

21 29 και ειπεν *παραβολην* αυτοις· ιδετε την συκην και παντα τα δενδρα·

Heb 9 9 μηπω πεφανερωσθαι την των αγιων οδον ετι της πρωτης σκηνης εχουσης στασιν, ητις *παραβολη* εις τον καιρον τον ενεστηκοτα,

11 19 οθεν αυτον και εν *παραβολη* εκομισατο.

παραγγελια [5]

Ac 5 28 [ου] *παραγγελια* παρηγγειλαμεν υμιν μη διδασκειν επι τω ονοματι τουτω;

16 24 ος *παραγγελιαν* τοιαυτην λαβων εβαλεν αυτους εις την εσωτεραν φυλακην και τους ποδας ησφαλισατο αυτων εις το ξυλον.

1Th 4 2 οιδατε γαρ τινας *παραγγελιας* εδωκαμεν υμιν δια του κυριου ιησου.

1Tm 1 5 το δε τελος της *παραγγελιας* εστιν αγαπη εκ καθαρας καρδιας και συνειδησεως αγαθης και πιστεως ανυποκριτου,

18 ταυτην την *παραγγελιαν* παρατιθεμαι σοι, τεκνον τιμοθεε, κατα τας προαγουσας επι σέ προφητειας, ινα στρατευη εν αυταις την καλην στρατειαν,

παραγγελλω [32]

Mt 10 5 τουτους τους δωδεκα απεστειλεν ὁ ιησους *παραγγειλας* αυτοις λεγων·

15 35 και *παραγγειλας* τω οχλω αναπεσειν επι την γην ελαβεν τους επτα αρτους και τους ιχθυας και ευχαριστησας εκλασεν και εδιδου τοις μαθηταις,

Mc 6 8 και *παρηγγειλεν* αυτοις ινα μηδεν αιρωσιν εις οδον ει μη ραβδον μονον, μη αρτον, μη πηραν, μη εις την ζωνην χαλκον,

8 6 και *παραγγελλει* τω οχλω αναπεσειν επι της γης·

16 8* παντα δε τα *παρηγγελμενα* τοις περι τον πετρον συντομως εξηγγειλαν.

Lc 5 14 και αυτος *παρηγγειλεν* αυτω μηδενι ειπειν, αλλα απελθων δειξον σεαυτον τω ιερει,

8 29 *παρηγγειλεν* γαρ τω πνευματι τω ακαθαρτω εξελθειν απο του ανθρωπου.

56 ὁ δε *παρηγγειλεν* αυτοις μηδενι ειπειν το γεγονος.

9 21 ὁ δε επιτιμησας αυτοις *παρηγγειλεν* μηδενι λεγειν τουτο,

Ac 1 4 και συναλιζομενος *παρηγγειλεν* αυτοις απο ιεροσολυμων μη χωριζεσθαι,

4 18 και καλεσαντες αυτους *παρηγγειλαν* το καθολου μη φθεγγεσθαι μηδε διδασκειν επι τω ονοματι του ιησου.

5 28 [ου] *παραγγελια* παρηγγειλαμεν υμιν μη διδασκειν επι τω ονοματι τουτω;

40 επεισθησαν δε αυτω, και προσκαλεσαμενοι τους αποστολους δειραντες *παρηγγειλαν* μη λαλειν επι τω ονοματι του ιησου και απελυσαν.

παραγγελλω [32]

Ac 10 42 και *παρηγγειλεν* ἡμιν κηρυξαι τω λαω και διαμαρτυρασθαι ὁτι οὑτος ἐστιν ὁ ὡρισμενος ὑπο του θεου κριτης ζωντων και νεκρων.

15 5 ἐξανεστησαν δε τινες των ἀπο της αἱρεσεως των φαρισαιων πεπιστευκοτες, λεγοντες ὁτι δει περιτεμνειν αὑτους *παραγγελλειν* τε τηρειν τον νομον μωυσεως.

16 18 *παραγγελλω* σοι ἐν ὀνοματι ἰησου χριστου ἐξελθειν ἀπ αὑτης·

23 πολλας τε ἐπιθεντες αὑτοις πληγας ἐβαλον εἰς φυλακην, *παραγγειλαντες* τω δεσμοφυλακι ἀσφαλως τηρειν αὑτους

17 30 τους μεν οὑν χρονους της ἀγνοιας ὑπεριδων ὁ θεος τα νυν *παραγγελλει* τοις ἀνθρωποις παντας πανταχου μετανοειν·

23 22 ὁ μεν οὑν χιλιαρχος ἀπελυσε τον νεανισκον, *παραγγειλας* μηδενι ἐκλαλησαι ὁτι ταυτα ἐνεφανισας προς με.

30 ἐξαυτης ἐπεμψα προς σέ, *παραγγειλας* και τοις κατηγοροις λεγειν [τα] προς αὑτον ἐπι σου.

1Co 7 10 τοις δε γεγαμηκοσιν *παραγγελλω*, οὐκ ἐγω ἀλλα ὁ κυριος, γυναικα ἀπο ἀνδρος μη χωρισθηναι,

11 17 τουτο δε *παραγγελλων* οὐκ ἐπαινω ὁτι οὐκ εἰς το κρεισσον ἀλλα εἰς το ἡσσον συνερχεσθε.

1Th 4 11 και φιλοτιμεισθαι ἡσυχαζειν και πρασσειν τα ἰδια και ἐργαζεσθαι ταις [ἰδιαις] χερσιν ὑμων, καθως ὑμιν *παρηγγειλαμεν*,

2Th 3 4 πεποιθαμεν δε ἐν κυριω ἐφ ὑμας, ὁτι ἀ *παραγγελλομεν* [και] ποιειτε και ποιησετε.

6 *παραγγελλομεν* δε ὑμιν, ἀδελφοι, ἐν ὀνοματι του κυριου [ἡμων] ἰησου χριστου, στελλεσθαι ὑμας ἀπο παντος ἀδελφου

10 τουτο *παρηγγελλομεν* ὑμιν, ὁτι εἰ τις οὐ θελει ἐργαζεσθαι, μηδε ἐσθιετω.

12 τοις δε τοιουτοις *παραγγελλομεν* και παρακαλουμεν ἐν κυριω ἰησου χριστω ἱνα μετα ἡσυχιας ἐργαζομενοι τον ἑαυτων ἀρτον ἐσθιωσιν.

1Tm 1 3 καθως παρεκαλεσα σε προσμειναι ἐν ἐφεσω, πορευομενος εἰς μακεδονιαν, ἱνα *παραγγειλης* τισιν μη ἑτεροδιδασκαλειν

4 11 *παραγγελλε* ταυτα και διδασκε.

5 7 και ταυτα *παραγγελλε*, ἱνα ἀνεπιλημπτοι ὡσιν.

6 13 *παραγγελλω* [σοι] ἐνωπιον του θεου του ζωογονουντος τα παντα και χριστου ἰησου του μαρτυρησαντος ἐπι ποντιου πιλατου την καλην ὁμολογιαν,

17 τοις πλουσιοις ἐν τω νυν αἰωνι *παραγγελλε* μη ὑψηλοφρονειν,

παραγινομαι [37]

Mt 2 1 ἰδου μαγοι ἀπο ἀνατολων *παρεγενοντο* εἰς ἱεροσολυμα λεγοντες·

3 1 ἐν δε ταις ἡμεραις ἐκειναις *παραγινεται* ἰωαννης ὁ βαπτιστης κηρυσσων ἐν τη ἐρημω της ἰουδαιας,

13 τοτε *παραγινεται* ὁ ἰησους ἀπο της γαλιλαιας ἐπι τον ἰορδανην προς τον ἰωαννην του βαπτισθηναι ὑπ αὑτου.

Mc 14 43 και εὐθυς ἐτι αὑτου λαλουντος *παραγινεται* ἰουδας εἱς των δωδεκα,

Lc 7 4 οἱ δε *παραγενομενοι* προς τον ἰησουν παρεκαλουν αὑτον σπουδαιως, λεγοντες ὁτι ἀξιος ἐστιν ὡ παρεξη τουτο·

20 *παραγενομενοι* δε προς αὑτον οἱ ἀνδρες εἰπαν·

8 19 *παρεγενετο* δε προς αὑτον ἡ μητηρ και οἱ ἀδελφοι αὑτου,

11 6 φιλε, χρησον μοι τρεις ἀρτους, ἐπειδη φιλος μου *παρεγενετο* ἐξ ὁδου προς με και οὐκ ἐχω ὁ παραθησω αὑτω·

12 51 δοκειτε ὁτι εἰρηνην *παρεγενομην* δουναι ἐν τη γη;

14 21 και *παραγενομενος* ὁ δουλος ἀπηγγειλεν τω κυριω αὑτου ταυτα.

19 16 *παρεγενετο* δε ὁ πρωτος λεγων·

22 52 εἰπεν δε ἰησους προς τους *παραγενομενους* ἐπ αὑτον ἀρχιερεις και στρατηγους του ἱερου και πρεσβυτερους· ὡς ἐπι ληστην ἐξηλθατε μετα μαχαιρων και ξυλων;

Jh 3 23 και *παρεγινοντο* και ἐβαπτιζοντο·

8 2* ὀρθρου δε παλιν *παρεγενετο* εἰς το ἱερον,

Ac 5 21 *παραγενομενος* δε ὁ ἀρχιερευς και οἱ συν αὑτω συνεκαλεσαν το συνεδριον και πασαν την γερουσιαν των υἱων ἰσραηλ, και

22 οἱ δε *παραγενομενοι* ὑπηρεται οὐχ εὑρον αὑτους ἐν τη φυλακη·

25 *παραγενομενος* δε τις ἀπηγγειλεν αὑτοις ὁτι ἰδου οἱ ἀνδρες, οὑς ἐθεσθε ἐν τη φυλακη, εἰσιν ἐν τω ἱερω ἑστωτες και διδασκοντες τον λαον.

9 26 *παραγενομενος* δε εἰς ἰερουσαλημ ἐπειραζεν κολλασθαι τοις μαθηταις·

39 ὁν *παραγενομενον* ἀνηγαγον εἰς το ὑπερωον,

10 33 ἐξαυτης οὑν ἐπεμψα προς σέ, συ τε καλως ἐποιησας *παραγενομενος*.

11 23 ὁς *παραγενομενος* και ἰδων την χαριν [την] του θεου ἐχαρη,

παραγινομαι [37]

Ac 13 14 αὑτοι δε διελθοντες ἀπο της περγης *παρεγενοντο* εἰς ἀντιοχειαν την πισιδιαν,

14 27 *παραγενομενοι* δε και συναγαγοντες την ἐκκλησιαν, ἀνηγγελλον ὁσα ἐποιησεν ὁ θεος μετ αὑτων,

15 4 *παραγενομενοι* δε εἰς ἰερουσαλημ παρεδεχθησαν ἀπο της ἐκκλησιας και των ἀποστολων και των πρεσβυτερων,

17 10 οἱ δε ἀδελφοι εὐθεως δια νυκτος ἐξεπεμψαν τον τε παυλον και τον σιλαν εἰς βεροιαν, οἱτινες *παραγενομενοι* εἰς την συναγωγην των ἰουδαιων ἀπηεσαν·

18 27 ὁς *παραγενομενος* συνεβαλετο πολυ τοις πεπιστευκοσιν δια της χαριτος·

20 18 ὡς δε *παρεγενοντο* προς αὑτον, εἰπεν αὑτοις·

21 18 τη δε ἐπιουση εἰσηει ὁ παυλος συν ἡμιν προς ἰακωβον, παντες τε *παρεγενοντο* οἱ πρεσβυτεροι.

23 16 ἀκουσας δε ὁ υἱος της ἀδελφης παυλου την ἐνεδραν, *παραγενομενος* και εἰσελθων εἰς την παρεμβολην ἀπηγγειλεν τω παυλω.

35 και πυθομενος ὁτι ἀπο κιλικιας, διακουσομαι σου, ἐφη, ὁταν και οἱ κατηγοροι σου *παραγενωνται*·

24 17 δι ἐτων δε πλειονων ἐλεημοσυνας ποιησων εἰς το ἐθνος μου *παρεγενομην* και προσφορας,

24 μετα δε ἡμερας τινας *παραγενομενος* ὁ φηλιξ συν δρουσιλλη τη ἰδια γυναικι οὐση ἰουδαια μετεπεμψατο τον παυλον,

25 7 *παραγενομενου* δε αὑτου περιεστησαν αὑτον οἱ ἀπο ἱεροσολυμων καταβεβηκοτες ἰουδαιοι,

28 21 ἡμεις οὐτε γραμματα περι σου ἐδεξαμεθα ἀπο της ἰουδαιας, οὐτε *παραγενομενος* τις των ἀδελφων ἀπηγγειλεν ἡ ἐλαλησεν τι περι σου πονηρον.

1Co 16 3 ὁταν δε *παραγενωμαι*, οὑς ἐαν δοκιμασητε, δι ἐπιστολων τουτους πεμψω ἀπενεγκειν την χαριν ὑμων εἰς ἰερουσαλημ·

2Tm 4 16 ἐν τη πρωτη μου ἀπολογια οὐδεις μοι *παρεγενετο*,

Heb 9 11 χριστος δε *παραγενομενος* ἀρχιερευς των γενομενων ἀγαθων,

παραγω [10]

Mt 9 9 και *παραγων* ὁ ἰησους ἐκειθεν εἰδεν ἀνθρωπον καθημενον ἐπι το τελωνιον,

27 και *παραγοντι* ἐκειθεν τω ἰησου ἠκολουθησαν [αὑτω] δυο τυφλοι κραζοντες και λεγοντες·

20 30 και ἰδου δυο τυφλοι καθημενοι παρα την ὁδον, ἀκουσαντες ὁτι ἰησους *παραγει*, ἐκραξαν λεγοντες· ἐλεησον ἡμας, [κυριε,] υἱος δαυιδ.

Mc 1 16 και *παραγων* παρα την θαλασσαν της γαλιλαιας εἰδεν σιμωνα και ἀνδρεαν τον ἀδελφον σιμωνος ἀμφιβαλλοντας ἐν τη θαλασση·

2 14 και *παραγων* εἰδεν λευιν τον του ἀλφαιου καθημενον ἐπι το τελωνιον,

15 21 και ἀγγαρευουσιν *παραγοντα* τινα σιμωνα κυρηναιον ἐρχομενον ἀπ ἀγρου, τον πατερα ἀλεξανδρου και ρουφου, ἱνα ἀρη τον σταυρον αὑτου.

Jh 9 1 και *παραγων* εἰδεν ἀνθρωπον τυφλον ἐκ γενετης.

1Co 7 31 *παραγει* γαρ το σχημα του κοσμου τουτου.

1Jh 2 8 ὁτι ἡ σκοτια *παραγεται* και το φως το ἀληθινον ἡδη φαινει.

17 και ὁ κοσμος *παραγεται* και ἡ ἐπιθυμια αὑτου·

παραδειγματιζω [1]

Heb 6 6 ἀνασταυρουντας ἑαυτοις τον υἱον του θεου και *παραδειγματιζοντας*.

παραδεισος [3]

Lc 23 43 ἀμην σοι λεγω, σημερον μετ ἐμου ἐση ἐν τω *παραδεισω*.

2Co 12 4 και οἰδα τον τοιουτον ἀνθρωπον εἰτε ἐν σωματι εἰτε χωρις του σωματος οὐκ οἰδα, ὁ θεος οἰδεν, ὁτι ἡρπαγη εἰς τον *παραδεισον*

Apc 2 7 τω νικωντι δωσω αὑτω φαγειν ἐκ του ξυλου της ζωης, ὁ ἐστιν ἐν τω *παραδεισω* του θεου.

παραδεχομαι [6]

Mc 4 20 και ἐκεινοι εἰσιν οἱ ἐπι την γην την καλην σπαρεντες, οἱτινες ἀκουουσιν τον λογον και *παραδεχονται* και καρποφορουσιν ἐν τριακοντα και ἐν ἐξηκοντα και ἐν ἑκατον.

Ac 15 4 *παραγενομενοι* δε εἰς ἰερουσαλημ *παρεδεχθησαν* ἀπο της ἐκκλησιας και των ἀποστολων και των πρεσβυτερων,

16 21 και καταγγελλουσιν ἐθη ἀ οὐκ ἐξεστιν ἡμιν *παραδεχεσθαι* οὐδε ποιειν ρωμαιοις οὑσιν.

παραδεχομαι [6]

Ac 22 18 σπευσον και έξελθε έν ταχει έξ ιερουσαλημ, διοτι ού
παραδεξονταί σου μαρτυριαν περι έμου.

1Tm 5 19 κατα πρεσβυτερου κατηγοριαν μη παραδεχου,

Heb 12 6 μαστιγοι δε παντα υίον όν παραδεχεται.

παραδιδωμι [119]

Mt 4 12 άκουσας δε ότι ιωαννης παρεδοθη άνεχωρησεν είς την
γαλιλαιαν.

5 25 μηποτε σε παραδω ό άντιδικος τω κριτη και ό κριτης τω
ύπηρετη,

10 4 σιμων ό καναναιος και ιουδας ό ίσκαριωτης ό και παραδους
αύτον.

17 προσεχετε δε άπο των άνθρωπων· παραδωσουσιν γαρ ύμας
είς συνεδρια,

19 όταν δε παραδωσιν ύμας, μη μεριμνησητε πῶς ή τί λαλησητε·

21 παραδωσει δε άδελφος άδελφον είς θανατον και πατηρ
τεκνον,

11 27 παντα μοι παρεδοθη ύπο του πατρος μου,

17 22 μελλει ό υίος του άνθρωπου παραδιδοσθαι είς χειρας
άνθρωπων, και άποκτενουσιν αύτον, και τη τριτη ήμερα
έγερθησεται.

18 34 και όργισθεις ό κυριος αύτου παρεδωκεν αύτον τοις
βασανισταις έως ού άποδω παν το όφειλομενον.

20 18 και ό υίος του άνθρωπου παραδοθησεται τοις άρχιερευσιν
και γραμματευσιν,

19 και κατακρινοῦσιν αύτον θανατω, και παραδωσουσιν αύτον
τοις έθνεσιν είς το έμπαιξαι και μαστιγωσαι και σταυρωσαι,

24 9 τοτε παραδωσουσιν ύμας είς θλιψιν και άποκτενουσιν ύμας,

10 και τοτε σκανδαλισθησονται πολλοι και άλληλους
παραδωσουσιν και μισησουσιν άλληλους·

25 14 ώσπερ γαρ άνθρωπος άποδημων έκαλεσεν τους ίδιους
δουλους και παρεδωκεν αύτοις τα υπαρχοντα αύτου,

20 κυριε, πεντε ταλαντα μοι παρεδωκας· ίδε άλλα πεντε ταλαντα
έκερδησα.

22 κυριε, δυο ταλαντα μοι παρεδωκας· ίδε άλλα δυο ταλαντα
έκερδησα.

26 2 οίδατε ότι μετα δυο ήμερας το πασχα γινεται, και ό υίος του
άνθρωπου παραδιδοται είς το σταυρωθηναι.

15 τί θελετε μοι δουναι, καγω ύμιν παραδωσω αύτον;

16 και άπο τοτε έζητει εύκαιριαν ίνα αύτον παραδω.

21 άμην λεγω ύμιν ότι είς έξ ύμων παραδωσει με.

23 ό έμβαψας μετ έμου την χειρα έν τω τρυβλιω, ούτος με
παραδωσει.

24 ούαι δε τω άνθρωπω έκεινω δι ού ό υίος του άνθρωπου
παραδιδοται·

25 άποκριθεις δε ιουδας ό παραδιδους αύτον είπεν· μητι έγω
είμι, ραββι;

45 ίδου ήγγικεν ή ώρα και ό υίος του άνθρωπου παραδιδοται είς
χειρας άμαρτωλων.

46 έγειρεσθε, άγωμεν· ίδου ήγγικεν ό παραδιδους με.

48 ό δε παραδιδους αύτον έδωκεν αύτοις σημειον λεγων·

27 2 και δησαντες αύτον άπηγαγον και παρεδωκαν πιλατω τω
ήγεμονι.

3 τοτε ίδων ιουδας ό παραδιδους αύτον ότι κατεκριθη,
μεταμεληθεις έστρεψεν τα τριακοντα άργυρια τοις
άρχιερευσιν και πρεσβυτεροις λεγων·

4 ήμαρτον παραδους αίμα άθωον.

18 ήδει γαρ ότι δια φθονον παρεδωκαν αύτον.

26 τον δε ίησουν φραγελλωσας παρεδωκεν ίνα σταυρωθη.

Mc 1 14 μετα δε το παραδοθηναι τον ιωαννην ήλθεν ό ίησους είς την
γαλιλαιαν κηρυσσων το εύαγγελιον του θεου και λεγων,

3 19 και άνδρεαν και φιλιππον και βαρθολομαιον και μαθθαιον
και θωμαν και ίακωβον τον του άλφαιου και θαδδαιον και
σιμωνα τον καναναιον και ιουδαν ίσκαριωθ, όζ και
παρεδωκεν αύτον.

4 29 όταν δε παραδοι ό καρπος, εύθυς άποστελλει το δρεπανον,

7 13 ούκετι άφιετε αύτον ούδεν ποιησαι τω πατρι ή τη μητρι,
άκυρουντες τον λογον του θεου τη παραδοσει ύμων ή
παρεδωκατε·

9 31 και έλεγεν αύτοις ότι ό υίος του άνθρωπου παραδιδοται είς
χειρας άνθρωπων, και άποκτενουσιν αύτον, και άποκτανθεις
μετα τρεις ήμερας άναστησεται.

10 33 και ό υίος του άνθρωπου παραδοθησεται τοις άρχιερευσιν
και τοις γραμματευσιν,

33 και κατακρινοῦσιν αύτον θανατω και παραδωσουσιν αύτον
τοις έθνεσιν και έμπαιξουσιν αύτω και έμπτυσουσιν αύτω
και μαστιγωσουσιν αύτον και άποκτενουσιν,

παραδιδωμι [119]

Mc 13 9 παραδωσουσιν ύμας είς συνεδρια και είς συναγωγας
δαρησεσθε και έπι ήγεμονων και βασιλεων σταθησεσθε
ένεκεν έμου, είς μαρτυριον αύτοις.

11 και όταν άγωσιν ύμας παραδιδοντες, μη προμεριμνατε τί
λαλησητε,

12 και παραδωσει άδελφος άδελφον είς θανατον και πατηρ
τεκνον,

14 10 και ιουδας ίσκαριωθ, ό είς των δωδεκα, άπηλθεν προς τους
άρχιερεις ίνα αύτον παραδοι αύτοις.

11 και έζητει πῶς αύτον εύκαιρως παραδοι.

18 άμην λεγω ύμιν ότι είς έξ ύμων παραδωσει με, ό έσθιων μετ
έμου.

21 ούαι δε τω άνθρωπω έκεινω δι ού ό υίος του άνθρωπου
παραδιδοται·

41 ήλθεν ή ώρα, ίδου παραδιδοται ό υίος του άνθρωπου είς τας
χειρας των άμαρτωλων.

42 ίδου ό παραδιδους με ήγγικεν.

44 δεδωκει δε ό παραδιδους αύτον συσσημον αύτοις λεγων·

15 1 δησαντες τον ίησουν άπηνεγκαν και παρεδωκαν πιλατω.

10 έγινωσκεν γαρ ότι δια φθονον παραδεδωκεισαν αύτον οί
άρχιερεις.

15 και παρεδωκεν τον ίησουν φραγελλωσας ίνα σταυρωθη.

Lc 1 2 έπειδηπερ πολλοι έπεχειρησαν άναταξασθαι διηγησιν περι
των πεπληροφορημενων έν ήμιν πραγματων, καθως
παρεδοσαν ήμιν οί άπ άρχης αύτοπται και υπηρεται
γενομενοι του λογου,

4 6 σοί δωσω την έξουσιαν ταυτην άπασαν και την δοξαν αύτων,
ότι έμοι παραδεδοται και ῶ έαν θελω διδωμι αύτην·

9 44 ό γαρ υίος του άνθρωπου μελλει παραδιδοσθαι είς χειρας
άνθρωπων.

10 22 παντα μοι παρεδοθη ύπο του πατρος μου,

12 58 μηποτε κατασυρη σε προς τον κριτην, και ό κριτης σε
παραδωσει τω πρακτορι,

18 32 παραδοθησεται γαρ τοις έθνεσιν και έμπαιχθησεται και
ύβρισθησεται και έμπτυσθησεται,

20 20 ίνα έπιλαβωνται αύτου λογου, ώστε παραδουναι αύτον τη
άρχη και τη έξουσια του ήγεμονος.

21 12 προ δε τουτων παντων έπιβαλουσιν έφ ύμας τας χειρας αύτων
και διωξουσιν, παραδιδοντες είς τας συναγωγας και φυλακας,

16 παραδοθησεσθε δε και ύπο γονεων και άδελφων και
συγγενων και φιλων,

22 4 και άπελθων συνελαλησεν τοις άρχιερευσιν και στρατηγοις
το πῶς αύτοις παραδω αύτον.

6 και έξωμολογησεν, και έζητει εύκαιριαν του παραδουναι
αύτον άτερ όχλου αύτοις.

21 πλην ίδου ή χειρ του παραδιδοντος με μετ έμου έπι της
τραπεζης.

22 πλην ούαι τω άνθρωπω έκεινω δι ού παραδιδοται.

48 ιουδα, φιληματι τον υίον του άνθρωπου παραδιδως;

23 25 άπελυσεν δε τον δια στασιν και φονον βεβλημενον είς
φυλακην, όν ήτουντο, τον δε ίησουν παρεδωκεν τω θεληματι
αύτων.

24 7 λεγων τον υίον του άνθρωπου ότι δει παραδοθηναι είς χειρας
άνθρωπων άμαρτωλων και σταυρωθηναι και τη τριτη ήμερα
άναστηναι.

20 όπως τε παρεδωκαν αύτον οί άρχιερεις και οί άρχοντες ήμων
είς κριμα θανατου και έσταυρωσαν αύτον.

Jh 6 64 ήδει γαρ έξ άρχης ό ίησους τίνες είσιν οί μη πιστευοντες και
τίς έστιν ό παραδωσων αύτον.

71 ούτος γαρ έμελλεν παραδιδοναι αύτον, είς έκ των δωδεκα.

12 4 λεγει δε ιουδας ό ίσκαριωτης είς [έκ] των μαθητων αύτου, ό
μελλων αύτον παραδιδοναι· δια τί τουτο το μυρον ούκ
έπραθη τριακοσιων δηναριων και έδοθη πτωχοις;

13 2 και δειπνου γινομενου, του διαβολου ήδη βεβληκοτος είς την
καρδιαν ίνα παραδοι αύτον ιουδας σιμωνος ίσκαριωτου,

11 ήδει γαρ τον παραδιδοντα αύτον·

21 άμην άμην λεγω ύμιν ότι είς έξ ύμων παραδωσει με.

18 2 ήδει δε και ιουδας ό παραδιδους αύτον τον τοπον,

5 είστηκει δε και ιουδας ό παραδιδους αύτον μετ αύτων.

30 εί μη ήν ούτος κακον ποιων, ούκ άν σοι παρεδωκαμεν αύτον.

35 το έθνος το σον και οί άρχιερεις παρεδωκαν σε έμοι· τί
έποιησας;

36 εί έκ του κοσμου τουτου ήν ή βασιλεια ή έμη, οί ύπηρεται οί
έμοι ήγωνιζοντο [άν], ίνα μη παραδωθω τοις ιουδαιοις·

19 11 δια τουτο ό παραδους με σοι μειζονα άμαρτιαν έχει.

16 τοτε ούν παρεδωκεν αύτον αύτοις ίνα σταυρωθη.

30 ότε ούν έλαβεν το όξος [ό] ίησους είπεν· τετελεσται, και
κλινας την κεφαλην παρεδωκεν το πνευμα.

21 20 κυριε, τίς έστιν ό παραδιδους σε;

παραδιδωμι [119]

Ac 3 13 ὁ θεος των πατερων ἡμων, ἐδοξασεν τον παιδα αὐτου ἰησουν, ὃν ὑμεις μεν *παρεδωκατε* και ἠρνησασθε κατα προσωπον πιλατου, κριναντος ἐκεινου ἀπολυειν·

6 14 ἀκηκοαμεν γαρ αὐτου λεγοντος ὁτι ἰησους ὁ ναζωραιος οὑτος καταλυσει τον τοπον τουτον και ἀλλαξει τα ἐθη ἁ *παρεδωκεν* ἡμιν μωυσης.

7 42 ἐστρεψεν δε ὁ θεος και *παρεδωκεν* αὐτους λατρευειν τῃ στρατιᾳ του οὐρανου.

8 3 σαυλος δε ἐλυμαινετο την ἐκκλησιαν κατα τους οἰκους εἰσπορευομενος, συρων τε ἀνδρας και γυναικας *παρεδιδου* εἰς φυλακην.

12 4 ὃν και πιασας ἐθετο εἰς φυλακην, *παραδους* τεσσαρσιν τετραδιοις στρατιωτων φυλασσειν αὐτον,

14 26 κἀκειθεν ἀπεπλευσαν εἰς ἀντιοχειαν, ὁθεν ἠσαν *παραδεδομενοι* τῃ χαριτι του θεου εἰς το ἐργον ὁ ἐπληρωσαν.

15 26 ἐκλεξαμενοις ἀνδρας πεμψαι προς ὑμας συν τοις ἀγαπητοις ἡμων βαρναβᾳ και παυλῳ, ἀνθρωποις *παραδεδωκοσι* τας ψυχας αὐτων ὑπερ του ὀνοματος του κυριου ἡμων ἰησου χριστου.

40 παυλος δε ἐπιλεξαμενος σιλαν ἐξηλθεν, *παραδοθεις* τῃ χαριτι του κυριου ὑπο των ἀδελφων·

16 4 ὡς δε διεπορευοντο τας πολεις, *παρεδιδοσαν* αὐτοις φυλασσειν τα δογματα τα κεκριμενα ὑπο των ἀποστολων και πρεσβυτερων των ἐν ἱεροσολυμοις.

21 11 τον ἀνδρα οὑ ἐστιν ἡ ζωνη αὑτη οὑτως δησουσιν ἐν ἱερουσαλημ οἱ ἰουδαιοι και *παραδωσουσιν* εἰς χειρας ἐθνων.

22 4 ὁς ταυτην την ὁδον ἐδιωξα ἀχρι θανατου, δεσμευων και *παραδιδους* εἰς φυλακας ἀνδρας τε και γυναικας,

27 1 ὡς δε ἐκριθη του ἀποπλειν ἡμας εἰς την ἰταλιαν, *παρεδιδουν* τον τε παυλον και τινας ἑτερους δεσμωτας ἑκατονταρχῃ ὀνοματι ἰουλιῳ σπειρης σεβαστης.

28 17 δεσμιος ἐξ ἱεροσολυμων *παρεδοθην* εἰς τας χειρας των ῥωμαιων,

Rm 1 24 διο *παρεδωκεν* αὐτους ὁ θεος ἐν ταις ἐπιθυμιαις των καρδιων αὐτων εἰς ἀκαθαρσιαν του ἀτιμαζεσθαι τα σωματα αὐτων ἐν αὐτοις.

26 δια τουτο *παρεδωκεν* αὐτους ὁ θεος εἰς παθη ἀτιμιας·

28 και καθως οὐκ ἐδοκιμασαν τον θεον ἐχειν ἐν ἐπιγνωσει, *παρεδωκεν* αὐτους ὁ θεος εἰς ἀδοκιμον νουν,

4 25 τοις πιστευουσιν ἐπι τον ἐγειραντα ἰησουν τον κυριον ἡμων ἐκ νεκρων, ὁς *παρεδοθη* δια τα παραπτωματα ἡμων και ἠγερθη δια την δικαιωσιν ἡμων.

6 17 χαρις δε τῳ θεῳ ὁτι ἠτε δουλοι της ἁμαρτιας, ὑπηκουσατε δε ἐκ καρδιας εἰς ὁν *παρεδοθητε* τυπον διδαχης.

8 32 ὁς γε του ἰδιου υἱου οὐκ ἐφεισατο, ἀλλα ὑπερ ἡμων παντων *παρεδωκεν* αὐτον, πως οὐχι και συν αὐτῳ τα παντα ἡμιν χαρισεται;

1Co 5 5 *παραδουναι* τον τοιουτον τῳ σατανᾳ εἰς ὀλεθρον της σαρκος,

11 2 ἐπαινω δε ὑμας ὁτι παντα μου μεμνησθε και καθως *παρεδωκα* ὑμιν τας παραδοσεις κατεχετε.

23 ἐγω γαρ παρελαβον ἀπο του κυριου, ὁ και *παρεδωκα* ὑμιν,

23 ὁτι ὁ κυριος ἰησους ἐν τῃ νυκτι ῃ *παρεδιδετο* ἐλαβεν ἀρτον και εὐχαριστησας ἐκλασεν και εἰπεν·

13 3 καν ψωμισω παντα τα ὑπαρχοντα μου, και ἐαν *παραδω* το σωμα μου ἱνα καυχησωμαι, ἀγαπην δε μη ἐχω, οὐδεν ὠφελουμαι.

15 3 *παρεδωκα* γαρ ὑμιν ἐν πρωτοις, ὁ και παρελαβον,

24 εἰτα το τελος, ὁταν *παραδιδω* την βασιλειαν τῳ θεῳ και πατρι,

2Co 4 11 ἀει γαρ ἡμεις οἱ ζωντες εἰς θανατον *παραδιδομεθα* δια ἰησουν,

Ga 2 20 ὁ δε νυν ζω ἐν σαρκι, ἐν πιστει ζω τῃ του υἱου του θεου του ἀγαπησαντος με και *παραδοντος* ἑαυτον ὑπερ ἐμου.

Eph 4 19 οἱτινες ἀπηλγηκοτες ἑαυτους *παρεδωκαν* τῃ ἀσελγειᾳ εἰς ἐργασιαν ἀκαθαρσιας πασης ἐν πλεονεξιᾳ.

5 2 καθως και ὁ χριστος ἠγαπησεν ἡμας και *παρεδωκεν* ἑαυτον ὑπερ ἡμων προσφοραν και θυσιαν τῳ θεῳ εἰς ὀσμην εὐωδιας.

25 οἱ ἀνδρες, ἀγαπατε τας γυναικας, καθως και ὁ χριστος ἠγαπησεν την ἐκκλησιαν και ἑαυτον *παρεδωκεν* ὑπερ αὐτης,

1Tm 1 20 ὡν ἐστιν ὑμεναιος και ἀλεξανδρος, οὑς *παρεδωκα* τῳ σατανᾳ, ἱνα παιδευθωσιν μη βλασφημειν.

1Pt 2 23 *παρεδιδου* δε τῳ κρινοντι δικαιως·

2Pt 2 4 εἰ γαρ ὁ θεος ἀγγελων ἁμαρτησαντων οὐκ ἐφεισατο, ἀλλα σειραις ζοφου ταρταρωσας *παρεδωκεν* εἰς κρισιν τηρουμενους,

21 κρειττον γαρ ἠν αὐτοις μη ἐπεγνωκεναι την ὁδον της δικαιοσυνης, ἠ ἐπιγνουσιν ὑποστρεψαι ἐκ της *παραδοθεισης* αὐτοις ἁγιας ἐντολης.

παραδιδωμι [119]

Ju 3 ἀναγκην ἐσχον γραψαι ὑμιν παρακαλων ἐπαγωνιζεσθαι τῃ ἁπαξ *παραδοθεισῃ* τοις ἁγιοις πιστει.

παραδοξος [1]

Lc 5 26 και ἐπλησθησαν φοβου λεγοντες ὁτι εἰδομεν *παραδοξα* σημερον.

παραδοσις [13]

Mt 15 2 δια τι οἱ μαθηται σου παραβαινουσιν την *παραδοσιν* των πρεσβυτερων;

3 δια τι και ὑμεις παραβαινετε την ἐντολην του θεου δια την *παραδοσιν* ὑμων;

6 και ἠκυρωσατε τον λογον του θεου δια την *παραδοσιν* ὑμων.

Mc 7 3 οἱ γαρ φαρισαιοι και παντες οἱ ἰουδαιοι ἐαν μη πυγμῃ νιψωνται τας χειρας οὐκ ἐσθιουσιν, κρατουντες την *παραδοσιν* των πρεσβυτερων,

5 δια τι οὐ περιπατουσιν οἱ μαθηται σου κατα την *παραδοσιν* των πρεσβυτερων, ἀλλα κοιναις χερσιν ἐσθιουσιν τον ἀρτον;

8 ἀφεντες την ἐντολην του θεου κρατειτε την *παραδοσιν* των ἀνθρωπων.

9 καλως ἀθετειτε την ἐντολην του θεου, ἱνα την *παραδοσιν* ὑμων στησητε.

13 οὐκετι ἀφιετε αὐτον οὐδεν ποιησαι τῳ πατρι ἠ τῃ μητρι, ἀκυρουντες τον λογον του θεου τῃ *παραδοσει* ὑμων ῃ *παρεδωκατε*·

1Co 11 2 ἐπαινω δε ὑμας ὁτι παντα μου μεμνησθε και καθως παρεδωκα ὑμιν τας *παραδοσεις* κατεχετε.

Ga 1 14 περισσοτερως ζηλωτης ὑπαρχων των πατρικων μου *παραδοσεων*.

Col 2 8 βλεπετε μη τις ὑμας ἐσται ὁ συλαγωγων δια της φιλοσοφιας και κενης ἀπατης κατα την *παραδοσιν* των ἀνθρωπων,

2Th 2 15 ἀρα οὑν, ἀδελφοι, στηκετε, και κρατειτε τας *παραδοσεις*

3 6 στελλεσθαι ὑμας ἀπο παντος ἀδελφου ἀτακτως περιπατουντος και μη κατα την *παραδοσιν* ἡν παρελαβοσαν παρ ἡμων.

παραζηλοω [4]

Rm 10 19 ἐγω *παραζηλωσω* ὑμας ἐπ οὐκ ἐθνει, ἐπ ἐθνει ἀσυνετῳ παροργιω ὑμας.

11 11 ἀλλα τῳ αὐτων παραπτωματι ἡ σωτηρια τοις ἐθνεσιν, εἰς το *παραζηλωσαι* αὐτους.

14 ἐφ ὁσον μεν οὑν εἰμι ἐγω ἐθνων ἀποστολος, την διακονιαν μου δοξαζω, εἰ πως *παραζηλωσω* μου την σαρκα και σωσω τινας ἐξ αὐτων.

1Co 10 22 ἠ *παραζηλουμεν* τον κυριον; μη ἰσχυροτεροι αὐτου ἐσμεν;

παραθαλασσιος [1]

Mt 4 13 και καταλιπων την ναζαρα ἐλθων κατωκησεν εἰς καφαρναουμ την *παραθαλασσιαν* ἐν ὁριοις ζαβουλων και νεφθαλιμ·

παραθεωρεομαι [1]

Ac 6 1 ἐν δε ταις ἡμεραις ταυταις πληθυνοντων των μαθητων ἐγενετο γογγυσμος των ἑλληνιστων προς τους ἑβραιους, ὁτι *παρεθεωρουντο* ἐν τῃ διακονιᾳ τῃ καθημερινῃ αἱ χηραι αὐτων.

παραθηκη [3]

1Tm 6 20 ὡ τιμοθεε, την *παραθηκην* φυλαξον,

2Tm 1 12 οἰδα γαρ ῳ πεπιστευκα, και πεπεισμαι ὁτι δυνατος ἐστιν την *παραθηκην* μου φυλαξαι εἰς ἐκεινην την ἡμεραν.

14 την καλην *παραθηκην* φυλαξον δια πνευματος ἁγιου του ἐνοικουντος ἐν ἡμιν.

παραινεω [2]

Ac 27 9 *παρῃνει* ὁ παυλος λεγων αὐτοις· ἀνδρες, θεωρω ὁτι μετα ὑβρεως και πολλης ζημιας οὐ μονον του φορτιου και του πλοιου ἀλλα και των ψυχων ἡμων μελλειν ἐσεσθαι τον πλουν.

22 και τα νυν *παραινω* ὑμας εὐθυμειν·

παραιτεομαι [12]

Mc 15 6 κατα δε ἑορτην ἀπελυεν αὐτοις ἑνα δεσμιον ὁν παρητουντο.
Lc 14 18 και ἠρξαντο ἀπο μιας παντες παραιτεισθαι.
18 ἐρωτω σε, ἐχε με παρητημενον.
19 ἐρωτω σε, ἐχε με παρητημενον.
Ac 25 11 εἰ μεν οὐν ἀδικω και ἀξιον θανατου πεπραχα τι, οὐ παραιτουμαι το ἀποθανειν·
1Tm 4 7 τους δε βεβηλους και γραωδεις μυθους παραιτου.
5 11 νεωτερας δε χηρας παραιτου·
2Tm 2 23 τας δε μωρας και ἀπαιδευτους ζητησεις παραιτου,
Tit 3 10 αἱρετικον ἀνθρωπον μετα μιαν και δευτεραν νουθεσιαν παραιτου,
Heb 12 19 και φωνη ῥηματων, ἡς οἱ ἀκουσαντες παρητησαντο μη προστεθηναι αὐτοις λογον·
25 βλεπετε μη παραιτησησθε τον λαλουντα·
25 εἰ γαρ ἐκεινοι οὐκ ἐξεφυγον ἐπι γης παραιτησαμενοι τον χρηματιζοντα, πολυ μαλλον ἡμεις οἱ τον ἀπ οὐρανων ἀποστρεφομενοι·

παρακαθεζομαι [1]

Lc 10 39 και τηδε ἠν ἀδελφη καλουμενη μαριαμ, [ἡ] και παρακαθεσθεισα προς τους ποδας του κυριου ἠκουεν τον λογον αὐτου.

παρακαλεω [109]

Mt 2 18 και οὐκ ἠθελεν παρακληθηναι, ὁτι οὐκ εἰσιν.
5 4 μακαριοι οἱ πενθουντες, ὁτι αὐτοι παρακληθησονται.
8 5 εἰσελθοντος δε αὐτου εἰς καφαρναουμ προσηλθεν αὐτω ἑκατονταρχος παρακαλων αὐτον και λεγων·
31 οἱ δε δαιμονες παρεκαλουν αὐτον λεγοντες·
34 και ἰδοντες αὐτον παρεκαλεσαν ὁπως μεταβη ἀπο των ὁριων αὐτων.
14 36 και παρεκαλουν αὐτον ἰνα μονον ἁψωνται του κρασπεδου του ἱματιου αὐτου·
18 29 πεσων οὐν ὁ συνδουλος αὐτου παρεκαλει αὐτον λεγων· μακροθυμησον ἐπ ἐμοι, και ἀποδωσω σοι.
32 δουλε πονηρε, πασαν την ὀφειλην ἐκεινην ἀφηκα σοι, ἐπει παρεκαλεσας με·
26 53 ἡ δοκεις ὁτι οὐ δυναμαι παρακαλεσαι τον πατερα μου, και παραστησει μοι ἀρτι πλειω δωδεκα λεγιωνας ἀγγελων·
Mc 1 40 και ἐρχεται προς αὐτον λεπρος παρακαλων αὐτον [και γονυπετων] και λεγων αὐτω ὁτι ἐαν θελης δυνασαι με καθαρισαι.
5 10 και παρεκαλει αὐτον πολλα ἰνα μη αὐτα ἀποστειλη ἐξω της χωρας.
12 και παρεκαλεσαν αὐτον λεγοντες· πεμψον ἡμας εἰς τους χοιρους, ἰνα εἰς αὐτους εἰσελθωμεν.
17 και ἠρξαντο παρακαλειν αὐτον ἀπελθειν ἀπο των ὁριων αὐτων.
18 και ἐμβαινοντος αὐτου εἰς το πλοιον παρεκαλει αὐτον ὁ δαιμονισθεις ἰνα μετ αὐτου ἠ.
23 και παρακαλει αὐτον πολλα λεγων ὁτι το θυγατριον μου ἐσχατως ἐχει,
6 56 και παρεκαλουν αὐτον ἰνα καν του κρασπεδου του ἱματιου αὐτου ἁψωνται·
7 32 και φερουσιν αὐτω κωφον και μογιλαλον, και παρακαλουσιν αὐτον ἰνα ἐπιθη αὐτω την χειρα.
8 22 και φερουσιν αὐτω τυφλον, και παρακαλουσιν αὐτον ἰνα αὐτου ἁψηται.
Lc 3 18 πολλα μεν οὐν και ἑτερα παρακαλων εὐηγγελιζετο τον λαον·
7 4 οἱ δε παραγενομενοι προς τον ἰησουν παρεκαλουν αὐτον σπουδαιως, λεγοντες ὁτι ἀξιος ἐστιν ὡ παρεξη τουτο·
8 31 και παρεκαλουν αὐτον ἰνα μη ἐπιταξη αὐτοις εἰς την ἀβυσσον ἀπελθειν.
32 και παρεκαλεσαν αὐτον ἰνα ἐπιτρεψη αὐτοις εἰς ἐκεινους εἰσελθειν·
41 και πεσων παρα τους ποδας [του] ἰησου παρεκαλει αὐτον εἰσελθειν εἰς τον οἰκον αὐτου, ὁτι θυγατηρ μονογενης ἠν αὐτω ὡς ἐτων δωδεκα και αὐτη ἀπεθνησκεν.
15 28 ὁ δε πατηρ αὐτου ἐξελθων παρεκαλει αὐτον.
16 25 νυν δε ὡδε παρακαλειται, συ δε ὀδυνασαι.
Ac 2 40 και παρεκαλει αὐτους λεγων·
8 31 παρεκαλεσεν τε τον φιλιππον ἀναβαντα καθισαι συν αὐτω.
9 38 ἐγγυς δε οὐσης λυδδας τη ἰοππη οἱ μαθηται ἀκουσαντες ὁτι πετρος ἐστιν ἐν αὐτη ἀπεστειλαν δυο ἀνδρας προς αὐτον παρακαλουντες· μη ὀκνησης διελθειν ἑως ἡμων.
11 23 και παρεκαλει παντας τη προθεσει της καρδιας προσμενειν τω κυριω,

---

παρακαλεω [109]

Ac 13 42 ἐξιοντων δε αὐτων παρεκαλουν εἰς το μεταξυ σαββατον λαληθηναι αὐτοις τα ῥηματα ταυτα.
14 22 ἐπιστηριζοντες τας ψυχας των μαθητων, παρακαλουντες ἐμμενειν τη πιστει,
15 32 ἰουδας τε και σιλας, και αὐτοι προφηται ὀντες, δια λογου πολλου παρεκαλεσαν τους ἀδελφους και ἐπεστηριξαν·
16 9 ἀνηρ μακεδων τις ἠν ἑστως και παρακαλων αὐτον και λεγων·
15 ὡς δε ἐβαπτισθη και ὁ οἰκος αὐτης, παρεκαλεσεν λεγουσα·
39 και ἐλθοντες παρεκαλεσαν αὐτους, και ἐξαγαγοντες ἠρωτων ἀπελθειν ἀπο της πολεως.
40 ἐξελθοντες δε ἀπο της φυλακης εἰσηλθον προς την λυδιαν, και ἰδοντες παρεκαλεσαν τους ἀδελφους και ἐξηλθαν.
19 31 τινες δε και των ἀσιαρχων, ὀντες αὐτω φιλοι, πεμψαντες προς αὐτον παρεκαλουν μη δουναι ἑαυτον εἰς το θεατρον.
20 1 μετα δε το παυσασθαι τον θορυβον μεταπεμψαμενος ὁ παυλος τους μαθητας και παρακαλεσας, ἀσπασαμενος ἐξηλθεν πορευεσθαι εἰς μακεδονιαν.
2 διελθων δε τα μερη ἐκεινα και παρακαλεσας αὐτους λογω πολλω ἠλθεν εἰς την ἑλλαδα,
12 ἠγαγον δε τον παιδα ζωντα, και παρεκληθησαν οὐ μετριως.
21 12 ὡς δε ἠκουσαμεν ταυτα, παρεκαλουμεν ἡμεις τε και οἱ ἐντοπιοι του μη ἀναβαινειν αὐτον εἰς ἱερουσαλημ.
24 4 ἰνα δε μη ἐπι πλειον σε ἐγκοπτω, παρακαλω ἀκουσαι σε ἡμων συντομως τη ση ἐπιεικεια.
25 2 ἐνεφανισαν τε αὐτω οἱ ἀρχιερεις και οἱ πρωτοι των ἰουδαιων κατα του παυλου, και παρεκαλουν αὐτον αἰτουμενοι χαριν κατ αὐτου,
27 33 ἀχρι δε οὑ ἡμερα ἡμελλεν γινεσθαι, παρεκαλει ὁ παυλος ἁπαντας μεταλαβειν τροφης λεγων·
34 διο παρακαλω ὑμας μεταλαβειν τροφης·
28 14 και μετα μιαν ἡμεραν ἐπιγενομενου νοτου δευτεραιοι ἠλθομεν εἰς ποτιολους, οὑ εὑροντες ἀδελφους παρεκληθημεν παρ αὐτοις ἐπιμειναι ἡμερας ἑπτα·
20 δια ταυτην οὐν την αἰτιαν παρεκαλεσα ὑμας ἰδειν και προσλαλησαι·
Rm 12 1 παρακαλω οὐν ὑμας, ἀδελφοι, δια των οἰκτιρμων του θεου, παραστησαι τα σωματα ὑμων θυσιαν ζωσαν ἁγιαν εὐαρεστον τω θεω,
8 εἰτε ὁ παρακαλων, ἐν τη παρακλησει·
15 30 παρακαλω δε ὑμας, [ἀδελφοι,] δια του κυριου ἡμων ἰησου χριστου και δια της ἀγαπης του πνευματος, συναγωνισασθαι μοι ἐν ταις προσευχαις ὑπερ ἐμου προς τον θεον,
16 17 παρακαλω δε ὑμας, ἀδελφοι, σκοπειν τους τας διχοστασιας και τα σκανδαλα παρα την διδαχην ἡν ὑμεις ἐμαθετε ποιουντας, και ἐκκλινετε ἀπ αὐτων·
1Co 1 10 παρακαλω δε ὑμας, ἀδελφοι, δια του ὀνοματος του κυριου ἡμων ἰησου χριστου, ἰνα το αὐτο λεγητε παντες,
4 13 λοιδορουμενοι εὐλογουμεν, διωκομενοι ἀνεχομεθα, δυσφημουμενοι παρακαλουμεν·
16 παρακαλω οὐν ὑμας, μιμηται μου γινεσθε.
14 31 δυνασθε γαρ καθ ἑνα παντες προφητευειν, ἰνα παντες μανθανωσιν και παντες παρακαλωνται.
16 12 περι δε ἀπολλω του ἀδελφου, πολλα παρεκαλεσα αὐτον ἰνα ἐλθη προς ὑμας μετα των ἀδελφων·
15 παρακαλω δε ὑμας, ἀδελφοι· οἰδατε την οἰκιαν στεφανα, ὁτι ἐστιν ἀπαρχη της ἀχαιας και εἰς διακονιαν τοις ἁγιοις ἐταξαν ἑαυτους·
2Co 1 4 ὁ πατηρ των οἰκτιρμων και θεος πασης παρακλησεως, ὁ παρακαλων ἡμας ἐπι παση τη θλιψει ἡμων,
4 ὁ παρακαλων ἡμας ἐπι παση τη θλιψει ἡμων, εἰς το δυνασθαι ἡμας παρακαλειν τους ἐν παση θλιψει δια της παρακλησεως ἡς παρακαλουμεθα αὐτοι ὑπο του θεου.
4 ὁ παρακαλων ἡμας ἐπι παση τη θλιψει ἡμων, εἰς το δυνασθαι ἡμας παρακαλειν τους ἐν παση θλιψει δια της παρακλησεως ἡς παρακαλουμεθα αὐτοι ὑπο του θεου.
6 εἰτε παρακαλουμεθα, ὑπερ της ὑμων παρακλησεως της ἐνεργουμενης ἐν ὑπομονη των αὐτων παθηματων ὡν και ἡμεις πασχομεν,
2 7 ὡστε τουναντιον μαλλον ὑμας χαρισασθαι και παρακαλεσαι, μη πως τη περισσοτερα λυπη καταποθη ὁ τοιουτος.
8 διο παρακαλω ὑμας κυρωσαι εἰς αὐτον ἀγαπην·
5 20 ὑπερ χριστου οὐν πρεσβευομεν ὡς του θεου παρακαλουντος δι ἡμων,
6 1 συνεργουντες δε και παρακαλουμεν μη εἰς κενον την χαριν του θεου δεξασθαι ὑμας·
7 6 ἀλλ ὁ παρακαλων τους ταπεινους παρεκαλεσεν ἡμας ὁ θεος ἐν τη παρουσια τιτου·
6 ἀλλ ὁ παρακαλων τους ταπεινους παρεκαλεσεν ἡμας ὁ θεος ἐν τη παρουσια τιτου·

παρακαλεω [109]

2Co	7 7	οὐ μονον δε ἐν τῃ παρουσιᾳ αὐτου, ἀλλα και ἐν τῃ παρακλησει ᾑ παρεκληθη ἐφ ὑμιν,
	13	δια τουτο *παρακεκλημεθα.*
	8 6	ἀλλα ἑαυτους ἐδωκαν πρωτον τῳ κυριῳ και ἡμιν δια θεληματος θεου, εἰς το *παρακαλεσαι* ἡμας τιτον·
	9 5	ἀναγκαιον οὐν ἡγησαμην *παρακαλεσαι* τους ἀδελφους
	10 1	αὐτος δε ἐγω παυλος *παρακαλω* ὑμας δια της πραυτητος και ἐπιεικειας του χριστου,
	12 8	ὑπερ τουτου τρις τον κυριον *παρεκαλεσα,* ἱνα ἀποστῃ ἀπ ἐμου.
	18	*παρεκαλεσα* τιτον και συναπεστειλα τον ἀδελφον·
	13 11	λοιπον, ἀδελφοι, χαιρετε, καταρτιζεσθε, *παρακαλεισθε,* το αὐτο φρονειτε, εἰρηνευετε,
Eph	4 1	*παρακαλω* οὐν ὑμας ἐγω ὁ δεσμιος ἐν κυριῳ ἀξιως περιπατησαι της κλησεως ἡς ἐκληθητε,
	6 22	ὁν ἐπεμψα προς ὑμας εἰς αὐτο τουτο, ἱνα γνωτε τα περι ἡμων και *παρακαλεσῃ* τας καρδιας ὑμων.
Php	4 2	εὐοδιαν *παρακαλω* και συντυχην *παρακαλω* το αὐτο φρονειν ἐν κυριῳ.
	2	εὐοδιαν *παρακαλω* και συντυχην *παρακαλω* το αὐτο φρονειν ἐν κυριῳ.
Col	2 2	θελω γαρ ὑμας εἰδεναι ἡλικον ἀγωνα ἐχω ὑπερ ὑμων και των ἐν λαοδικειᾳ και ὁσοι οὐχ ἑορακαν το προσωπον μου ἐν σαρκι, ἱνα *παρακληθωσιν* αἱ καρδιαι αὐτων,
	4 8	ὁν ἐπεμψα προς ὑμας εἰς αὐτο τουτο, ἱνα γνωτε τα περι ἡμων και *παρακαλεσῃ* τας καρδιας ὑμων,
1Th	2 12	καθαπερ οἰδατε ὡς ἑνα ἑκαστον ὑμων ὡς πατηρ τεκνα ἑαυτου *παρακαλουντες* ὑμας
	3 2	εἰς το στηριξαι ὑμας και *παρακαλεσαι* ὑπερ της πιστεως ὑμων το μηδενα σαινεσθαι ἐν ταις θλιψεσιν ταυταις.
	7	δια τουτο *παρεκληθημεν,* ἀδελφοι, ἐφ ὑμιν ἐπι πασῃ τῃ ἀναγκῃ και θλιψει ἡμων δια της ὑμων πιστεως,
	4 1	λοιπον οὐν, ἀδελφοι, ἐρωτωμεν ὑμας και *παρακαλουμεν* ἐν κυριῳ ἰησου,
	10	*παρακαλουμεν* δε ὑμας, ἀδελφοι, περισσευειν μαλλον,
	18	ὡστε *παρακαλειτε* ἀλληλους ἐν τοις λογοις τουτοις.
	5 11	διο *παρακαλειτε* ἀλληλους και οἰκοδομειτε εἰς τον ἑνα,
	14	*παρακαλουμεν* δε ὑμας, ἀδελφοι, νουθετειτε τους ἀτακτους,
2Th	2 17	*παρακαλεσαι* ὑμων τας καρδιας και στηριξαι ἐν παντι ἐργῳ και λογῳ ἀγαθῳ.
	3 12	τοις δε τοιουτοις παραγγελλομεν και *παρακαλουμεν* ἐν κυριῳ ἰησου χριστῳ ἱνα μετα ἡσυχιας ἐργαζομενοι τον ἑαυτων ἀρτον ἐσθιωσιν.
1Tm	1 3	καθως *παρεκαλεσα* σε προσμειναι ἐν ἐφεσῳ, πορευομενος εἰς μακεδονιαν,
	2 1	*παρακαλω* οὐν πρωτον παντων ποιεισθαι δεησεις, προσευχας, ἐντευξεις, εὐχαριστιας, ὑπερ παντων ἀνθρωπων,
	5 1	πρεσβυτερῳ μη ἐπιπληξῃς, ἀλλα *παρακαλει* ὡς πατερα,
	6 2	ταυτα διδασκε και *παρακαλει.*
2Tm	4 2	ἐλεγξον, ἐπιτιμησον, *παρακαλεσον,* ἐν πασῃ μακροθυμιᾳ και διδαχῃ.
Tit	1 9	φιλαγαθον, σωφρονα, δικαιον, ὁσιον, ἐγκρατη, ἀντεχομενον του κατα την διδαχην πιστου λογου, ἱνα δυνατος ἡ και *παρακαλειν* ἐν τῃ διδασκαλιᾳ τῃ ὑγιαινουσῃ και τους ἀντιλεγοντας ἐλεγχειν.
	2 6	τους νεωτερους ὡσαυτως *παρακαλει* σωφρονειν περι παντα,
	15	ταυτα λαλει και *παρακαλει* και ἐλεγχε μετα πασης ἐπιταγης·
Phm	9	διο, πολλην ἐν χριστῳ παρρησιαν ἐχων ἐπιτασσειν σοι το ἀνηκον, δια την ἀγαπην μαλλον *παρακαλω·*
	10	*παρακαλω* σε περι του ἐμου τεκνου,
Heb	3 13	ἀλλα *παρακαλειτε* ἑαυτους καθ ἑκαστην ἡμεραν, ἀχρις οὑ το σημερον καλειται, ἱνα μη σκληρυνθῃ τις ἐξ ὑμων ἀπατῃ της ἁμαρτιας·
	10 25	μη ἐγκαταλειποντες την ἐπισυναγωγην ἑαυτων, καθως ἐθος τισιν, ἀλλα *παρακαλουντες,*
	13 19	περισσοτερως δε *παρακαλω* τουτο ποιησαι, ἱνα ταχιον ἀποκατασταθω ὑμιν.
	22	*παρακαλω* δε ὑμας, ἀδελφοι, ἀνεχεσθε του λογου της παρακλησεως·
1Pt	2 11	ἀγαπητοι, *παρακαλω* ὡς παροικους και παρεπιδημους ἀπεχεσθαι των σαρκικων ἐπιθυμιων,
	5 1	πρεσβυτερους οὐν ἐν ὑμιν *παρακαλω* ὁ συμπρεσβυτερος και μαρτυς των του χριστου παθηματων,
	12	*παρακαλων* και ἐπιμαρτυρων ταυτην εἰναι ἀληθη χαριν του θεου, εἰς ἡν στητε.
Ju	3	ἀγαπητοι, πασαν σπουδην ποιουμενος γραφειν ὑμιν περι της κοινης ἡμων σωτηριας, ἀναγκην ἐσχον γραψαι ὑμιν *παρακαλων*

παρακαλυπτω [1]

Lc	9 45	οἱ δε ἡγνοουν το ρημα τουτο, και ἡν *παρακεκαλυμμενον* ἀπ αὐτων ἱνα μη αἰσθωνται αὐτο,

παρακειμαι [2]

Rm	7 18	το γαρ θελειν *παρακειται* μοι, το δε κατεργαζεσθαι το καλον οὑ·
	21	εὑρισκω ἀρα τον νομον τῳ θελοντι ἐμοι ποιειν το καλον, ὁτι ἐμοι το κακον *παρακειται·*

παρακλησις [29]

Lc	2 25	και ὁ ἀνθρωπος οὑτος δικαιος και εὐλαβης, προσδεχομενος *παρακλησιν* του ἰσραηλ, και πνευμα ἡν ἁγιον ἐπ αὐτον·
	6 24	πλην οὐαι ὑμιν τοις πλουσιοις, ὁτι ἀπεχετε την *παρακλησιν* ὑμων.
Ac	4 36	ἰωσηφ δε ὁ ἐπικληθεις βαρναβας ἀπο των ἀποστολων, ὁ ἐστιν μεθερμηνευομενον υἱος *παρακλησεως,* λευιτης, κυπριος τῳ γενει,
	9 31	και τῃ *παρακλησει* του ἁγιου πνευματος ἐπληθυνετο.
	13 15	ἀνδρες ἀδελφοι, εἰ τις ἐστιν ἐν ὑμιν λογος *παρακλησεως* προς τον λαον, λεγετε.
	15 31	ἀναγνοντες δε ἐχαρησαν ἐπι τῃ *παρακλησει.*
Rm	12 8	εἰτε ὁ *παρακαλων,* ἐν τῃ *παρακλησει·*
	15 4	εἰς την ἡμετεραν διδασκαλιαν ἐγραφη, ἱνα δια της ὑπομονης και δια της *παρακλησεως* των γραφων την ἐλπιδα ἐχωμεν.
	5	ὁ δε θεος της ὑπομονης και της *παρακλησεως* δωη ὑμιν το αὐτο φρονειν ἐν ἀλληλοις κατα χριστον ἰησουν,
1Co	14 3	ὁ δε προφητευων ἀνθρωποις λαλει οἰκοδομην και *παρακλησιν* και παραμυθιαν.
2Co	1 3	εὐλογητος ὁ θεος και πατηρ του κυριου ἡμων ἰησου χριστου, ὁ πατηρ των οἰκτιρμων και θεος πασης *παρακλησεως,*
	4	ὁ *παρακαλων* ἡμας ἐπι πασῃ τῃ θλιψει ἡμων, εἰς το δυνασθαι ἡμας παρακαλειν τους ἐν πασῃ θλιψει δια της *παρακλησεως* ἡς παρακαλουμεθα αὐτοι ὑπο του θεου.
	5	ὁτι καθως περισσευει τα παθηματα του χριστου εἰς ἡμας, οὑτως δια του χριστου περισσευει και ἡ *παρακλησις* ἡμων.
	6	εἰτε δε θλιβομεθα, ὑπερ της ὑμων *παρακλησεως* και σωτηριας·
	6	εἰτε παρακαλουμεθα, ὑπερ της ὑμων *παρακλησεως* της ἐνεργουμενης ἐν ὑπομονῃ των αὐτων παθηματων ὡν και ἡμεις πασχομεν,
	7	εἰδοτες ὁτι ὡς κοινωνοι ἐστε των παθηματων, οὑτως και της *παρακλησεως.*
	7 4	πεπληρωμαι τῃ *παρακλησει,* ὑπερπερισσευομαι τῃ χαρᾳ ἐπι πασῃ τῃ θλιψει ἡμων.
	7	οὐ μονον δε ἐν τῃ παρουσιᾳ αὐτου, ἀλλα και ἐν τῃ *παρακλησει* ᾑ παρεκληθη ἐφ ὑμιν,
	13	ἐπι δε τῃ *παρακλησει* ἡμων περισσοτερως μαλλον ἐχαρημεν ἐπι τῃ χαρᾳ τιτου,
	8 4	αὐθαιρετοι μετα πολλης *παρακλησεως* δεομενοι ἡμων την χαριν και την κοινωνιαν της διακονιας της εἰς τους ἁγιους,
	17	χαρις δε τῳ θεῳ τῳ διδοντι την αὐτην σπουδην ὑπερ ὑμων ἐν τῃ καρδιᾳ τιτου, ὁτι την μεν *παρακλησιν* ἐδεξατο,
Php	2 1	εἰ τις οὐν *παρακλησις* ἐν χριστῳ, εἰ τι παραμυθιον ἀγαπης,
1Th	2 3	ἡ γαρ *παρακλησις* ἡμων οὐκ ἐκ πλανης οὐδε ἐξ ἀκαθαρσιας οὐδε ἐν δολῳ,
2Th	2 16	ὁ ἀγαπησας ἡμας και δους *παρακλησιν* αἰωνιαν και ἐλπιδα ἀγαθην ἐν χαριτι,
1Tm	4 13	ἑως ἐρχομαι προσεχε τῃ ἀναγνωσει, τῃ *παρακλησει,* τῃ διδασκαλιᾳ.
Phm	7	χαραν γαρ πολλην ἐσχον και *παρακλησιν* ἐπι τῃ ἀγαπῃ σου,
Heb	6 18	ἱνα δια δυο πραγματων ἀμεταθετων, ἐν οἱς ἀδυνατον ψευσασθαι [τον] θεον, ἰσχυραν *παρακλησιν* ἐχωμεν οἱ καταφυγοντες
	12 5	οὐπω μεχρις αἱματος ἀντικατεστητε προς την ἁμαρτιαν ἀνταγωνιζομενοι, και ἐκλελησθε της *παρακλησεως,*
	13 22	*παρακαλω* δε ὑμας, ἀδελφοι, ἀνεχεσθε του λογου της *παρακλησεως·*

παρακλητος [5]

Jh	14 16	καγω ἐρωτησω τον πατερα και ἀλλον *παρακλητον* δωσει ὑμιν, ἱνα μεθ ὑμων εἰς τον αἰωνα ᾑ, το πνευμα της ἀληθειας,
	26	ὁ δε *παρακλητος,* το πνευμα το ἁγιον ὁ πεμψει ὁ πατηρ ἐν τῳ ὀνοματι μου, ἐκεινος ὑμας διδαξει παντα και ὑπομνησει ὑμας παντα ἁ εἰπον ὑμιν [ἐγω].
	15 26	ὁταν ἐλθῃ ὁ *παρακλητος* ὁν ἐγω πεμψω ὑμιν παρα του πατρος, το πνευμα της ἀληθειας ὁ παρα του πατρος ἐκπορευεται, ἐκεινος μαρτυρησει περι ἐμου·

παρακλητος [5]

Jh	16 7	ἐαν γαρ μη ἀπελθω, ὁ παρακλητος οὐκ ἐλευσεται προς ὑμας·
1Jh	2 1	και ἐαν τις ἁμαρτη, παρακλητον ἐχομεν προς τον πατερα,

παρακοη [3]

Rm	5 19	ὡσπερ γαρ δια της παρακοης του ἑνος ἀνθρωπου ἁμαρτωλοι κατεσταθησαν οἱ πολλοι, οὑτως και δια της ὑπακοης του ἑνος δικαιοι κατασταθησονται οἱ πολλοι.
2Co	10 6	και ἐν ἑτοιμω ἐχοντες ἐκδικησαι πασαν παρακοην, ὁταν πληρωθη ὑμων ἡ ὑπακοη.
Heb	2 2	εἰ γαρ ὁ δι ἀγγελων λαληθεις λογος ἐγενετο βεβαιος, και πασα παραβασις και παρακοη ἐλαβεν ἐνδικον μισθαποδοσιαν, πως ἡμεις ἐκφευξομεθα τηλικαυτης ἀμελησαντες σωτηριας;

παρακολουθεω [4]

Mc	16 17	σημεια δε τοις πιστευσασιν ταυτα παρακολουθησει· ἐν τω ὀνοματι μου δαιμονια ἐκβαλουσιν, γλωσσαις λαλησουσιν καιναις,
Lc	1 3	ἐδοξε καμοι παρηκολουθηκοτι ἀνωθεν πασιν ἀκριβως καθεξης σοι γραψαι, κρατιστε θεοφιλε, ἱνα ἐπιγνως περι ὡν κατηχηθης λογων την ἀσφαλειαν.
1Tm	4 6	ἐση διακονος χριστου ἰησου, ἐντρεφομενος τοις λογοις της πιστεως και της καλης διδασκαλιας ἡ παρηκολουθηκας·
2Tm	3 10	συ δε παρηκολουθησας μου τη διδασκαλια, τη ἀγωγη, τη προθεσει, τη πιστει, τη μακροθυμια, τη ἀγαπη, τη ὑπομονη,

παρακουω [3]

Mt	18 17	ἐαν δε παρακουση αὐτων, εἰπε τη ἐκκλησια·
	17	ἐαν δε και της ἐκκλησιας παρακουση, ἐστω σοι ὡσπερ ὁ ἐθνικος και ὁ τελωνης.
Mc	5 36	ὁ δε ἰησους παρακουσας τον λογον λαλουμενον λεγει τω ἀρχισυναγωγω· μη φοβου, μονον πιστευε και οὐκ ἀφηκεν οὐδενα μετ αὐτου συνακολουθησαι εἰ μη τον πετρον και ἰακωβον και ἰωαννην τον ἀδελφον ἰακωβου.

παρακυπτω [5]

Lc	24 12	και παρακυψας βλεπει τα ὀθονια μονα·
Jh	20 5	και παρακυψας βλεπει κειμενα τα ὀθονια, οὐ μεντοι εἰσηλθεν.
	11	ὡς οὐν ἐκλαιεν, παρεκυψεν εἰς το μνημειον, και θεωρει δυο ἀγγελους ἐν λευκοις καθεζομενους,
Ja	1 25	ὁ δε παρακυψας εἰς νομον τελειον τον της ἐλευθεριας και παραμεινας, οὐκ ἀκροατης ἐπιλησμονης γενομενος ἀλλα ποιητης ἐργου,
1Pt	1 12	εἰς ἁ ἐπιθυμουσιν ἀγγελοι παρακυψαι.

παραλαμβανω [50]

Mt	1 20	μη φοβηθης παραλαβειν μαριαν την γυναικα σου·
	24	και παρελαβεν την γυναικα αὐτου·
	2 13	ἐγερθεις παραλαβε το παιδιον και την μητερα αὐτου,
	14	ὁ δε ἐγερθεις παρελαβεν το παιδιον και την μητερα αὐτου νυκτος και ἀνεχωρησεν εἰς αἰγυπτον,
	20	ἐγερθεις παραλαβε το παιδιον και την μητερα αὐτου,
	21	ὁ δε ἐγερθεις παρελαβεν το παιδιον και την μητερα αὐτου και εἰσηλθεν εἰς γην ἰσραηλ.
	4 5	τοτε παραλαμβανει αὐτον ὁ διαβολος εἰς την ἁγιαν πολιν,
	8	παλιν παραλαμβανει αὐτον ὁ διαβολος εἰς ὀρος ὑψηλον λιαν,
	12 45	τοτε πορευεται και παραλαμβανει μεθ ἑαυτου ἑπτα ἑτερα πνευματα πονηροτερα ἑαυτου,
	17 1	και μεθ ἡμερας ἑξ παραλαμβανει ὁ ἰησους τον πετρον και ἰακωβον και ἰωαννην τον ἀδελφον αὐτου,
	18 16	ἐαν δε μη ἀκουση, παραλαβε μετα σου ἐτι ἑνα ἡ δυο,
	20 17	και ἀναβαινων ὁ ἰησους εἰς ἱεροσολυμα παρελαβεν τους δωδεκα [μαθητας] κατ ἰδιαν,
	24 40	τοτε δυο ἐσονται ἐν τω ἀγρω, εἱς παραλαμβανεται και εἱς ἀφιεται·
	41	δυο ἀληθουσαι ἐν τω μυλω, μια παραλαμβανεται και μια ἀφιεται.
	26 37	και παραλαβων τον πετρον και τους δυο υἱους ζεβεδαιου ἡρξατο λυπεισθαι και ἀδημονειν.
	27 27	τοτε οἱ στρατιωται του ἡγεμονος παραλαβοντες τον ἰησουν εἰς το πραιτωριον συνηγαγον ἐπ αὐτον ὁλην την σπειραν.
Mc	4 36	και ἀφεντες τον ὀχλον παραλαμβανουσιν αὐτον ὡς ἡν ἐν τω πλοιω,

παραλαμβανω [50]

Mc	5 40	αὐτος δε ἐκβαλων παντας παραλαμβανει τον πατερα του παιδιου και την μητερα και τους μετ αὐτου,
	7 4	και ἀλλα πολλα ἐστιν ἁ παρελαβον κρατειν, βαπτισμους ποτηριων και ξεστων και χαλκιων [και κλινων],
	9 2	και μετα ἡμερας ἑξ παραλαμβανει ὁ ἰησους τον πετρον και τον ἰακωβον και τον ἰωαννην, και ἀναφερει αὐτους εἰς ὀρος ὑψηλον κατ ἰδιαν μονους.
	10 32	και παραλαβων παλιν τους δωδεκα ἡρξατο αὐτοις λεγειν τα μελλοντα αὐτω συμβαινειν,
	14 33	και παραλαμβανει τον πετρον και [τον] ἰακωβον και [τον] ἰωαννην μετ αὐτου,
Lc	9 10	και παραλαβων αὐτους ὑπεχωρησεν κατ ἰδιαν εἰς πολιν καλουμενην βηθσαιδα.
	28	ἐγενετο δε μετα τους λογους τουτους ὡσει ἡμεραι ὀκτω, [και] παραλαβων πετρον και ἰωαννην και ἰακωβον ἀνεβη εἰς το ὀρος προσευξασθαι.
	11 26	τοτε πορευεται και παραλαμβανει ἑτερα πνευματα πονηροτερα ἑαυτου ἑπτα,
	17 34	λεγω ὑμιν, ταυτη τη νυκτι ἐσονται δυο ἐπι κλινης μιας, ὁ εἱς παραλημφθησεται και ὁ ἑτερος ἀφεθησεται·
	35	ἐσονται δυο ἀληθουσαι ἐπι το αὐτο, ἡ μια παραλημφθησεται ἡ δε ἑτερα ἀφεθησεται.
	36 *	δυο ἐν ἀγρω· εἱς παραλημφθησεται και ὁ ἑτερος ἀφεθησεται.
	18 31	παραλαβων δε τους δωδεκα εἰπεν προς αὐτους·
Jh	1 11	και οἱ ἰδιοι αὐτον οὐ παρελαβον.
	14 3	και ἐαν πορευθω και ἑτοιμασω τοπον ὑμιν, παλιν ἐρχομαι και παραλημψομαι ὑμας προς ἐμαυτον,
	19 16	παρελαβον οὐν τον ἰησουν·
Ac	15 39	ἐγενετο δε παροξυσμος, ὡστε ἀποχωρισθηναι αὐτους ἀπ ἀλληλων, τον τε βαρναβαν παραλαβοντα τον μαρκον ἐκπλευσαι εἰς κυπρον,
	16 33	και παραλαβων αὐτους ἐν ἐκεινη τη ὡρα της νυκτος ἐλουσεν ἀπο των πληγων,
	21 24	τουτους παραλαβων ἁγνισθητι συν αὐτοις, και δαπανησον ἐπ αὐτοις ἱνα ξυρησονται την κεφαλην,
	26	τοτε ὁ παυλος παραλαβων τους ἀνδρας τη ἐχομενη ἡμερα συν αὐτοις ἁγνισθεις εἰσηει εἰς το ἱερον,
	32	ὁς ἐξαυτης παραλαβων στρατιωτας και ἑκατονταρχας κατεδραμεν ἐπ αὐτους·
	23 18	ὁ μεν οὐν παραλαβων αὐτον ἡγαγεν προς τον χιλιαρχον και φησιν·
1Co	11 23	ἐγω γαρ παρελαβον ἀπο του κυριου, ὁ και παρεδωκα ὑμιν,
	15 1	το εὐαγγελιον ὁ εὐηγγελισαμην ὑμιν, ὁ και παρελαβετε,
	3	παρεδωκα γαρ ὑμιν ἐν πρωτοις, ὁ και παρελαβον,
Ga	1 9	εἰ τις ὑμας εὐαγγελιζεται παρ ὁ παρελαβετε, ἀναθεμα ἐστω.
	12	οὐδε γαρ ἐγω παρα ἀνθρωπου παρελαβον αὐτο οὐτε ἐδιδαχθην,
Php	4 9	ἁ και ἐμαθετε και παρελαβετε και ἡκουσατε και εἰδετε ἐν ἐμοι, ταυτα πρασσετε·
Col	2 6	ὡς οὐν παρελαβετε τον χριστον ἰησουν τον κυριον, ἐν αὐτω περιπατειτε,
	4 17	βλεπε την διακονιαν ἡν παρελαβες ἐν κυριω,
1Th	2 13	ὁτι παραλαβοντες λογον ἀκοης παρ ἡμων του θεου ἐδεξασθε οὐ λογον ἀνθρωπων
	4 1	λοιπον οὐν, ἀδελφοι, ἐρωτωμεν ὑμας και παρακαλουμεν ἐν κυριω ἰησου, ἱνα καθως παρελαβετε παρ ἡμων το πως δει ὑμας περιπατειν και ἀρεσκειν θεω, καθως και περιπατειτε,
2Th	3 6	στελλεσθαι ὑμας ἀπο παντος ἀδελφου ἀτακτως περιπατουντος και μη κατα την παραδοσιν ἡν παρελαβοσαν παρ ἡμων.
Heb	12 28	διο βασιλειαν ἀσαλευτον παραλαμβανοντες ἐχωμεν χαριν,

παραλεγομαι [2]

Ac	27 8	μολις τε παραλεγομενοι αὐτην ἡλθομεν εἰς τοπον τινα καλουμενον καλους λιμενας,
	13	ὑποπνευσαντος δε νοτου δοξαντες της προθεσεως κεκρατηκεναι, ἀραντες ἀσσον παρελεγοντο την κρητην.

παραλιος [1]

Lc	6 17	και πληθος πολυ του λαου ἀπο πασης της ἰουδαιας και ἰερουσαλημ και της παραλιου τυρου και σιδωνος,

παραλλαγη [1]

Ja	1 17	καταβαινον ἀπο του πατρος των φωτων, παρ ὡ οὐκ ἐνι παραλλαγη ἡ τροπης ἀποσκιασμα.

παραλογιζομαι [2]

Col 2 4 τουτο λεγω ινα μηδεις ὑμας παραλογιζηται ἐν πιθανολογιᾳ.

Ja 1 22 γινεσθε δε ποιηται λογου, και μη μονον ἀκροαται παραλογιζομενοι ἑαυτους.

παραλυομαι [5]

Lc 5 18 και ἰδου ἀνδρες φεροντες ἐπι κλινης ἀνθρωπον ὁς ἠν παραλελυμενος,

   24 ινα δε εἰδητε ὁτι ὁ υἱος του ἀνθρωπου ἐξουσιαν ἐχει ἐπι της γης ἀφιεναι ἁμαρτιας, εἰπεν τῳ παραλελυμενῳ· σοι λεγω, ἐγειρε και ἀρας το κλινιδιον σου πορευου εἰς τον οἰκον σου.

Ac 8 7 πολλοι δε παραλελυμενοι και χωλοι ἐθεραπευθησαν·

   9 33 εὑρεν δε ἐκει ἀνθρωπον τινα ὀνοματι αἰνεαν ἐξ ἐτων ὀκτω κατακειμενον ἐπι κραβαττου, ὁς ἠν παραλελυμενος.

Heb 12 12 διο τας παρειμενας χειρας και τα παραλελυμενα γονατα ἀνορθωσατε,

παραλυτικος [10]

Mt 4 24 και προσηνεγκαν αὐτῳ παντας τους κακως ἐχοντας ποικιλαις νοσοις και βασανοις συνεχομενους, [και] δαιμονιζομενους και σεληνιαζομενους και παραλυτικους,

   8 6 ὁ παις μου βεβληται ἐν τῃ οἰκιᾳ παραλυτικος,

   9 2 και ἰδου προσεφερον αὐτῳ παραλυτικον ἐπι κλινης βεβλημενον.

   2 και ἰδων ὁ ἰησους την πιστιν αὐτων εἰπεν τῳ παραλυτικῳ· θαρσει,

   6 ινα δε εἰδητε ὁτι ἐξουσιαν ἐχει ὁ υἱος του ἀνθρωπου ἐπι της γης ἀφιεναι ἁμαρτιας τοτε λεγει τῳ παραλυτικῳ· ἐγερθεις ἀρον σου την κλινην και ὑπαγε εἰς τον οἰκον σου.

Mc 2 3 και ἐρχονται φεροντες προς αὐτον παραλυτικον αἰρομενον ὑπο τεσσαρων.

   4 και ἐξορυξαντες χαλωσι τον κραβαττον ὁπου ὁ παραλυτικος κατεκειτο.

   5 και ἰδων ὁ ἰησους την πιστιν αὐτων λεγει τῳ παραλυτικῳ· τεκνον, ἀφιενται σου αἱ ἁμαρτιαι.

   9 τί ἐστιν εὐκοπωτερον, εἰπειν τῳ παραλυτικῳ· ἀφιενται σου αἱ ἁμαρτιαι, ἠ εἰπειν·

   10 ινα δε εἰδητε ὁτι ἐξουσιαν ἐχει ὁ υἱος του ἀνθρωπου ἀφιεναι ἁμαρτιας ἐπι της γης, λεγει τῳ παραλυτικῳ· σοι λεγω, ἐγειρε ἀρον τον κραβαττον σου και ὑπαγε εἰς τον οἰκον σου.

παραμενω [4]

1Co 16 6 μακεδονιαν γαρ διερχομαι, προς ὑμας δε τυχον παραμενῶ ἠ και παραχειμασω,

Php 1 25 ὁτι μενῶ και παραμενῶ πασιν ὑμιν εἰς την ὑμων προκοπην και χαραν της πιστεως,

Heb 7 23 και οἱ μεν πλειονες εἰσιν γεγονοτες ἱερεις δια το θανατῳ κωλυεσθαι παραμενειν·

Ja 1 25 ὁ δε παρακυψας εἰς νομον τελειον τον της ἐλευθεριας και παραμεινας, οὐκ ἀκροατης ἐπιλησμονης γενομενος ἀλλα ποιητης ἐργου,

παραμυθεομαι [4]

Jh 11 19 πολλοι δε ἐκ των ἰουδαιων ἐληλυθεισαν προς την μαρθαν και μαριαμ, ινα παραμυθησωνται αὐτας περι του ἀδελφου.

   31 οἱ οὐν ἰουδαιοι οἱ ὀντες μετ αὐτης ἐν τῃ οἰκιᾳ και παραμυθουμενοι αὐτην, ἰδοντες την μαριαμ ὁτι ταχεως ἀνεστη και ἐξηλθεν, ἠκολουθησαν αὐτῃ,

1Th 2 12 καθαπερ οἰδατε ὡς ἑνα ἑκαστον ὑμων ὡς πατηρ τεκνα ἑαυτου παρακαλουμεν ὑμας και παραμυθουμενοι και μαρτυρομενοι

   5 14 παρακαλουμεν δε ὑμας, ἀδελφοι, νουθετειτε τους ἀτακτους, παραμυθεισθε τους ὀλιγοψυχους,

παραμυθια [1]

1Co 14 3 ὁ δε προφητευων ἀνθρωποις λαλει οἰκοδομην και παρακλησιν και παραμυθιαν.

παραμυθιον [1]

Php 2 1 εἰ τις οὐν παρακλησις ἐν χριστῳ, εἰ τι παραμυθιον ἀγαπης,

παρανομεω [1]

Ac 23 3 και συ καθη κρινων με κατα τον νομον, και παρανομων κελευεις με τυπτεσθαι;

παρανομια [1]

2Pt 2 16 ὁς μισθον ἀδικιας ἠγαπησεν, ἐλεγξιν δε ἐσχεν ἰδιας παρανομιας·

παραπικραινω [1]

Heb 3 16 τινες γαρ ἀκουσαντες παρεπικραναν;

παραπικρασμος [2]

Heb 3 8 σημερον ἐαν της φωνης αὐτου ἀκουσητε, μη σκληρυνητε τας καρδιας ὑμων ὡς ἐν τῳ παραπικρασμῳ κατα την ἡμεραν του πειρασμου ἐν τῃ ἐρημῳ,

   15 σημερον ἐαν της φωνης αὐτου ἀκουσητε, μη σκληρυνητε τας καρδιας ὑμων ὡς ἐν τῳ παραπικρασμῳ.

παραπιπτω [1]

Heb 6 6 και καλον γευσαμενους θεου ῥημα δυναμεις τε μελλοντος αἰωνος, και παραπεσοντας,

παραπλεω [1]

Ac 20 16 κεκρικει γαρ ὁ παυλος παραπλευσαι την ἐφεσον, ὁπως μη γενηται αὐτῳ χρονοτριβησαι ἐν τῃ ἀσιᾳ·

παραπλησιος [1]

Php 2 27 και γαρ ἠσθενησεν παραπλησιον θανατῳ·

παραπλησιως [1]

Heb 2 14 και αὐτος παραπλησιως μετεσχεν των αὐτων,

παραπορευομαι [5]

Mt 27 39 οἱ δε παραπορευομενοι ἐβλασφημουν αὐτον κινουντες τας κεφαλας αὐτων και λεγοντες·

Mc 2 23 και ἐγενετο αὐτον ἐν τοις σαββασιν παραπορευεσθαι δια των σποριμων,

   9 30 κἀκειθεν ἐξελθοντες παρεπορευοντο δια της γαλιλαιας,

   11 20 και παραπορευομενοι πρωι εἰδον την συκην ἐξηραμμενην ἐκ ῥιζων.

   15 29 και οἱ παραπορευομενοι ἐβλασφημουν αὐτον κινουντες τας κεφαλας αὐτων και λεγοντες·

παραπτωμα [20]

Mt 6 14 ἐαν γαρ ἀφητε τοις ἀνθρωποις τα παραπτωματα αὐτων, ἀφησει και ὑμιν ὁ πατηρ ὑμων ὁ οὐρανιος·

   15 ἐαν δε μη ἀφητε τοις ἀνθρωποις, οὐδε ὁ πατηρ ὑμων ἀφησει τα παραπτωματα ὑμων.

Mc 11 25 ἀφιετε εἰ τι ἐχετε κατα τινος, ινα και ὁ πατηρ ὑμων ὁ ἐν τοις οὐρανοις ἀφη ὑμιν τα παραπτωματα ὑμων.

   26* οὐδε ὁ πατηρ ὑμων ὁ ἐν τοις οὐρανοις ἀφησει τα παραπτωματα ὑμων.

Rm 4 25 τοις πιστευουσιν ἐπι τον ἐγειραντα ἰησουν τον κυριον ἡμων ἐκ νεκρων, ὁς παρεδοθη δια τα παραπτωματα ἡμων και ἠγερθη δια την δικαιωσιν ἡμων.

   5 15 ἀλλ οὐχ ὡς το παραπτωμα, οὑτως και το χαρισμα·

   15 εἰ γαρ τῳ του ἑνος παραπτωματι οἱ πολλοι ἀπεθανον, πολλῳ μαλλον ἡ χαρις του θεου και ἡ δωρεα ἐν χαριτι τῃ του ἑνος ἀνθρωπου ἰησου χριστου εἰς τους πολλους ἐπερισσευσεν.

   16 το μεν γαρ κριμα ἐξ ἑνος εἰς κατακριμα, το δε χαρισμα ἐκ πολλων παραπτωματων εἰς δικαιωμα.

   17 εἰ γαρ τῳ του ἑνος παραπτωματι ὁ θανατος ἐβασιλευσεν δια του ἑνος,

   18 ἀρα οὐν ὡς δι ἑνος παραπτωματος εἰς παντας ἀνθρωπους εἰς κατακριμα, οὑτως και δι ἑνος δικαιωματος εἰς παντας ἀνθρωπους εἰς δικαιωσιν ζωης·

   20 νομος δε παρεισηλθεν ινα πλεοναση το παραπτωμα·

   11 11 ἀλλα τῳ αὐτων παραπτωματι ἡ σωτηρια τοις ἐθνεσιν, εἰς το παραζηλωσαι αὐτους.

   12 εἰ δε το παραπτωμα αὐτων πλουτος κοσμου και το ἡττημα αὐτων πλουτος ἐθνων, ποσῳ μαλλον το πληρωμα αὐτων.

2Co 5 19 ὡς ὁτι θεος ἠν ἐν χριστῳ κοσμον καταλλασσων ἑαυτῳ, μη λογιζομενος αὐτοις τα παραπτωματα αὐτων,

Ga 6 1 ἀδελφοι, ἐαν και προλημφθη ἀνθρωπος ἐν τινι παραπτωματι, ὑμεις οἱ πνευματικοι καταρτιζετε τον τοιουτον ἐν πνευματι πραυτητος,

παραπτωμα [20]

Eph 1 7 ἐν ᾧ ἔχομεν την ἀπολυτρωσιν δια του αἱματος αὐτου, την
ἀφεσιν των *παραπτωματων,*

2 1 και ὑμας ὀντας νεκρους τοις *παραπτωμασιν* και ταις
ἁμαρτιαις ὑμων,

5 και ὀντας ἡμας νεκρους τοις *παραπτωμασιν* συνεζωοποιησεν
τω χριστω,

Col 2 13 και ὑμας νεκρους ὀντας [ἐν] τοις *παραπτωμασιν* και τη
ἀκροβυστια της σαρκος ὑμων, συνεζωοποιησεν ὑμας συν
αὐτω,

13 συνεζωοποιησεν ὑμας συν αὐτω, χαρισαμενος ἡμιν παντα τα
παραπτωματα·

παραρρεω [1]

Heb 2 1 δια τουτο δει περισσοτερως προσεχειν ἡμας τοις
ἀκουσθεισιν, μηποτε *παραρυωμεν.*

παρασημος [1]

Ac 28 11 μετα δε τρεις μηνας ἀνηχθημεν ἐν πλοιῳ παρακεχειμακοτι ἐν
τη νησω, ἀλεξανδρινω, *παρασημω* διοσκουροις.

παρασκευαζω [4]

Ac 10 10 *παρασκευαζοντων* δε αὐτων ἐγενετο ἐπ αὐτον ἐκστασις,
1Co 14 8 και γαρ ἐαν ἀδηλον σαλπιγξ φωνην δω, τίς *παρασκευασεται*
εἰς πολεμον;
2Co 9 2 οἰδα γαρ την προθυμιαν ὑμων ἡν ὑπερ ὑμων καυχωμαι
μακεδοσιν ὁτι ἀχαια *παρεσκευασται* ἀπο περυσι,

3 ἐπεμψα δε τους ἀδελφους, ἰνα μη το καυχημα ἡμων το ὑπερ
ὑμων κενωθη ἐν τω μερει τουτω, ἰνα καθως ἐλεγον
παρεσκευασμενοι ἠτε,

παρασκευη [6]

Mt 27 62 τη δε ἐπαυριον, ἡτις ἐστιν μετα την *παρασκευην,*
Mc 15 42 και ἠδη ὀψιας γενομενης, ἐπει ἡν *παρασκευη,* ὁ ἐστιν
προσαββατον, ἐλθων ἰωσηφ [ὁ] ἀπο ἀριμαθαιας,
Lc 23 54 και ἡμερα ἡν *παρασκευης,* και σαββατον ἐπεφωσκεν.
Jh 19 14 ἡν δε *παρασκευη* του πασχα, ὡρα ἡν ὡς ἑκτη·

31 οἱ οὐν ἰουδαιοι, ἐπει *παρασκευη* ἡν, ἰνα μη μεινη ἐπι του
σταυρου τα σωματα ἐν τω σαββατω, ἡν γαρ μεγαλη ἡ ἡμερα
ἐκεινου του σαββατου, ἡρωτησαν τον πιλατον

42 ἐκει οὐν δια την *παρασκευην* των ἰουδαιων, ὁτι ἐγγυς ἡν το
μνημειον, ἐθηκαν τον ἰησουν.

παρατεινω [1]

Ac 20 7 μελλων ἐξιεναι τη ἐπαυριον, *παρετεινεν* τε τον λογον μεχρι
μεσονυκτιου.

παρατηρεω [6]

Mc 3 2 και *παρετηρουν* αὐτον εἰ τοις σαββασιν θεραπευσει αὐτον,
Lc 6 7 *παρετηρουντο* δε αὐτον οἱ γραμματεις και οἱ φαρισαιοι εἰ ἐν
τω σαββατω θεραπευει, ἰνα εὑρωσιν κατηγορειν αὐτου.

14 1 και αὐτοι ἠσαν *παρατηρουμενοι* αὐτον.
20 20 και *παρατηρησαντες* ἀπεστειλαν ἐγκαθετους ὑποκρινομενους
ἑαυτους δικαιους εἰναι,
Ac 9 24 *παρετηρουντο* δε και τας πυλας ἡμερας τε και νυκτος ὁπως
αὐτον ἀνελωσιν·
Ga 4 10 ἡμερας *παρατηρεισθε* και μηνας και καιρους και ἐνιαυτους.

παρατηρησις [1]

Lc 17 20 οὐκ ἐρχεται ἡ βασιλεια του θεου μετα *παρατηρησεως,*

παρατιθημι [19]

Mt 13 24 ἀλλην παραβολην *παρεθηκεν* αὐτοις λεγων·
31 ἀλλην παραβολην *παρεθηκεν* αὐτοις λεγων·
Mc 6 41 και λαβων τους πεντε ἀρτους και τους δυο ἰχθυας, ἀναβλεψας
εἰς τον οὐρανον εὐλογησεν και κατεκλασεν τους ἀρτους και
ἐδιδου τοις μαθηταις [αὐτου] ἰνα *παρατιθωσιν* αὐτοις,

8 6 και λαβων τους ἑπτα ἀρτους εὐχαριστησας ἐκλασεν και
ἐδιδου τοις μαθηταις αὐτου ἰνα *παρατιθωσιν,* και παρεθηκαν
τω ὀχλω.

παρατιθημι [19]

Mc 8 6 και λαβων τους ἑπτα ἀρτους εὐχαριστησας ἐκλασεν και
ἐδιδου τοις μαθηταις αὐτου ἰνα *παρατιθωσιν,* και *παρεθηκαν*
τω ὀχλω.

7 και εἰχον ἰχθυδια ὀλιγα· και εὐλογησας αὐτα εἰπεν και ταυτα
παρατιθεναι.
Lc 9 16 λαβων δε τους πεντε ἀρτους και τους δυο ἰχθυας, ἀναβλεψας
εἰς τον οὐρανον εὐλογησεν αὐτους και κατεκλασεν, και
ἐδιδου τοις μαθηταις *παραθειναι* τω ὀχλω.

10 8 και εἰς ἡν ἀν πολιν εἰσερχησθε και δεχωνται ὑμας, ἐσθιετε τα
παρατιθεμενα ὑμιν,

11 6 φιλε, χρησον μοι τρεις ἀρτους, ἐπειδη φιλος μου παρεγενετο
ἐξ ὁδου προς με και οὐκ ἐχω ὁ *παραθησω* αὐτω·

12 48 παντι δε ᾧ ἐδοθη πολυ, πολυ ζητηθησεται παρ αὐτου, και ᾧ
παρεθεντο πολυ, περισσοτερον αἰτησουσιν αὐτον.

23 46 πατερ, εἰς χειρας σου *παρατιθεμαι* το πνευμα μου.
Ac 14 23 χειροτονησαντες δε αὐτοις κατ ἐκκλησιαν πρεσβυτερους,
προσευξαμενοι μετα νηστειων *παρεθεντο* αὐτους τω κυριω εἰς
ὁν πεπιστευκεισαν.

16 34 ἀναγαγων τε αὐτους εἰς τον οἰκον *παρεθηκεν* τραπεζαν,
17 3 και ἐπι σαββατα τρια διελεξατο αὐτοις ἀπο των γραφων,
διανοιγων και *παρατιθεμενος* ὁτι τον χριστον ἐδει παθειν και
ἀναστηναι ἐκ νεκρων,

20 32 και τα νυν *παρατιθεμαι* ὑμας τω θεω και τω λογω της
χαριτος αὐτου τω δυναμενω οἰκοδομησαι και δουναι την
κληρονομιαν ἐν τοις ἡγιασμενοις πασιν.

1Co 10 27 εἰ τις καλει ὑμας των ἀπιστων και θελετε πορευεσθαι, παν το
παρατιθεμενον ὑμιν ἐσθιετε μηδεν ἀνακρινοντες δια την
συνειδησιν.

1Tm 1 18 ταυτην την παραγγελιαν *παρατιθεμαι* σοι, τεκνον τιμοθεε,
κατα τας προαγουσας ἐπι σε προφητειας, ἰνα στρατευη ἐν
αὐταις την καλην στρατειαν,

2Tm 2 2 και ἀ ἠκουσας παρ ἐμου δια πολλων μαρτυρων, ταυτα
παραθου πιστοις ἀνθρωποις,

1Pt 4 19 ὡστε και οἱ πασχοντες κατα το θελημα του θεου πιστω
κτιστη *παρατιθεσθωσαν* τας ψυχας αὐτων ἐν ἀγαθοποιια.

παρατυγχανω [1]

Ac 17 17 διελεγετο μεν οὐν ἐν τη συναγωγη τοις ἰουδαιοις και τοις
σεβομενοις και ἐν τη ἀγορα κατα πασαν ἡμεραν προς τους
παρατυγχανοντας.

παραυτικα [1]

2Co 4 17 το γαρ *παραυτικα* ἐλαφρον της θλιψεως ἡμων καθ ὑπερβολην
εἰς ὑπερβολην αἰωνιον βαρος δοξης κατεργαζεται ἡμιν,

παραφερω [4]

Mc 14 36 *παρενεγκε* το ποτηριον τουτο ἀπ ἐμου· ἀλλ οὐ τί ἐγω θελω
ἀλλα τί συ.
Lc 22 42 πατερ, εἰ βουλει *παρενεγκε* τουτο το ποτηριον ἀπ ἐμου·
Heb 13 9 διδαχαις ποικιλαις και ξεναις μη *παραφερεσθε·*
Ju 12 νεφελαι ἀνυδροι ὑπο ἀνεμων *παραφερομεναι,*

παραφρονεω [1]

2Co 11 23 διακονοι χριστου εἰσιν; *παραφρονων* λαλω, ὑπερ ἐγω·

παραφρονια [1]

2Pt 2 16 ὑποζυγιον ἀφωνον ἐν ἀνθρωπου φωνη φθεγξαμενον
ἐκωλυσεν την του προφητου *παραφρονιαν.*

παραχειμαζω [4]

Ac 27 12 οἱ πλειονες ἐθεντο βουλην ἀναχθηναι ἐκειθεν, εἰ πως
δυναιντο καταντησαντες εἰς φοινικα *παραχειμασαι,*
28 11 μετα δε τρεις μηνας ἀνηχθημεν ἐν πλοιῳ παρακεχειμακοτι ἐν
τη νησω, ἀλεξανδρινω, παρασημω διοσκουροις.
1Co 16 6 μακεδονιαν γαρ διερχομαι, προς ὑμας δε τυχον παραμενω ἠ
και *παραχειμασω,*
Tit 3 12 ἐκει γαρ κεκρικα *παραχειμασαι.*

παραχειμασια [1]

Ac 27 12 ἀνευθετου δε του λιμενος ὑπαρχοντος προς *παραχειμασιαν* οἱ
πλειονες ἐθεντο βουλην ἀναχθηναι ἐκειθεν,

παραχρημα [18]

Mt	21 19	και εξηρανθη *παραχρημα* ἡ συκη.
	20	πως *παραχρημα* εξηρανθη ἡ συκη;
Lc	1 64	ανεωχθη δε το στομα αυτου *παραχρημα* και ἡ γλωσσα αυτου,
	4 39	*παραχρημα* δε ανασταση διηκονει αυτοις.
	5 25	και *παραχρημα* αναστας ενωπιον αυτων, ἀρας ἐφ ὁ κατεκειτο, ἀπηλθεν εις τον οικον αυτου δοξαζων τον θεον.
	8 44	και *παραχρημα* ἐστη ἡ ῥυσις του αἱματος αυτης·
	47	ιδουσα δε ἡ γυνη ὁτι ουκ ἐλαθεν, τρεμουσα ἠλθεν και προσπεσουσα αυτω δι ἡν αιτιαν ἡψατο αυτου ἀπηγγειλεν ενωπιον παντος του λαου, και ὡς ιαθη *παραχρημα*.
	55	και επεστρεψεν το πνευμα αυτης, και ανεστη *παραχρημα*,
	13 13	και *παραχρημα* ανωρθωθη, και εδοξαζεν τον θεον.
	18 43	και *παραχρημα* ανεβλεψεν, και ηκολουθει αυτω δοξαζων τον θεον.
	19 11	δια το εγγυς ειναι ιερουσαλημ αυτον και δοκειν αυτους ὁτι *παραχρημα* μελλει ἡ βασιλεια του θεου αναφαινεσθαι·
	22 60	και *παραχρημα* ετι λαλουντος αυτου εφωνησεν αλεκτωρ.
Ac	3 7	*παραχρημα* δε εστερεωθησαν αἱ βασεις αυτου και τα σφυδρα,
	5 10	επεσεν δε *παραχρημα* προς τους ποδας αυτου και εξεψυξεν·
	12 23	*παραχρημα* δε επαταξεν αυτον αγγελος κυριου ἀνθ ὡν ουκ εδωκεν την δοξαν τω θεω,
	13 11	*παραχρημα* τε επεσεν επ αυτον ἀχλυς και σκοτος,
	16 26	ηνεωχθησαν δε *παραχρημα* αἱ θυραι πασαι, και παντων τα δεσμα ανεθη.
	33	και εβαπτισθη αυτος και οἱ αυτου παντες *παραχρημα*,

παρδαλις [1]

Apc	13 2	και το θηριον ὁ ειδον ην ὁμοιον *παρδαλει*,

παρεδρευω [1]

1Co	9 13	ουκ οιδατε ὁτι οἱ τα ἱερα εργαζομενοι [τα] εκ του ἱερου εσθιουσιν, οἱ τω θυσιαστηριω *παρεδρευοντες* τω θυσιαστηριω συμμεριζονται;

παρειμι [24]

Mt	26 50	ὁ δε ιησους ειπεν αυτω· ἑταιρε, εφ ὁ *παρει*.
Lc	13 1	*παρησαν* δε τινες εν αυτω τω καιρω απαγγελλοντες αυτω περι των γαλιλαιων ὡν το αἱμα πιλατος εμιξεν μετα των θυσιων αυτων.
Jh	7 6	ὁ καιρος ὁ εμος ουπω *παρεστιν*, ὁ δε καιρος ὁ ὑμετερος παντοτε εστιν ἑτοιμος.
	11 28	ὁ διδασκαλος *παρεστιν* και φωνει σε.
Ac	10 21	ιδου εγω ειμι ὁν ζητειτε· τις ἡ αιτια δι ἡν *παρεστε*;
	33	νυν ουν παντες ἡμεις ενωπιον του θεου *παρεσμεν* ακουσαι παντα τα προστεταγμενα σοι ὑπο του κυριου.
	12 20	ὁμοθυμαδον δε *παρησαν* προς αυτον, και πεισαντες βλαστον τον επι του κοιτωνος του βασιλεως ητουντο ειρηνην,
	17 6	βοωντες ὁτι οἱ την οικουμενην αναστατωσαντες ουτοι και ενθαδε *παρεισιν*,
	24 19	τινες δε απο της ασιας ιουδαιοι, ους εδει επι σου *παρειναι* και κατηγορειν ει τι εχοιεν προς εμε.
1Co	5 3	εγω μεν γαρ, απων τω σωματι, *παρων* δε τω πνευματι, ηδη κεκρικα ὡς *παρων* τον ουτως τουτο κατεργασαμενον
	3	εγω μεν γαρ, απων τω σωματι, *παρων* δε τω πνευματι, ηδη κεκρικα ὡς *παρων* τον ουτως τουτο κατεργασαμενον
2Co	10 2	δεομαι δε το μη *παρων* θαρρησαι τη πεποιθησει ἡ λογιζομαι τολμησαι επι τινας τους λογιζομενους ἡμας ὡς κατα σαρκα περιπατουντας.
	11	τουτο λογιζεσθω ὁ τοιουτος, ὁτι οἱοι εσμεν τω λογω δι επιστολων αποντες, τοιουτοι και *παροντες* τω εργω.
	11 9	και *παρων* προς ὑμας και ὑστερηθεις ου κατεναρκησα ουθενος·
	13 2	προειρηκα και προλεγω, ὡς *παρων* το δευτερον και απων νυν, τοις προημαρτηκοσιν και τοις λοιποις πασιν,
	10	δια τουτο ταυτα απων γραφω, ινα *παρων* μη αποτομως χρησωμαι κατα την εξουσιαν
Ga	4 18	καλον δε ζηλουσθαι εν καλω παντοτε, και μη μονον εν τω *παρειναι* με προς ὑμας,
	20	ηθελον δε *παρειναι* προς ὑμας αρτι και αλλαξαι την φωνην μου,
Col	1 6	ην προηκουσατε εν τω λογω της αληθειας του ευαγγελιου του *παροντος* εις ὑμας,
Heb	12 11	πασα δε μεν παιδεια προς μεν το *παρον* ου δοκει χαρας ειναι αλλα λυπης,
	13 5	αφιλαργυρος ὁ τροπος, αρκουμενοι τοις *παρουσιν*·
2Pt	1 9	ὡ γαρ μη *παρεστιν* ταυτα, τυφλος εστιν μυωπαζων,

παρειμι [24]

2Pt	1 12	καιπερ ειδοτας και εστηριγμενους εν τη *παρουση* αληθεια.
Apc	17 8	βλεποντων το θηριον ὁτι ην και ουκ εστιν και *παρεσται*.

παρεισαγω [1]

2Pt	2 1	ὡς και εν ὑμιν εσονται ψευδοδιδασκαλοι, οιτινες *παρεισαξουσιν* αἱρεσεις απωλειας,

παρεισακτος [1]

Ga	2 4	δια δε τους *παρεισακτους* ψευδαδελφους, οιτινες παρεισηλθον κατασκοπησαι την ελευθεριαν ἡμων ην εχομεν εν χριστω ιησου,

παρεισδυω [1]

Ju	4	*παρεισεδυσαν* γαρ τινες ανθρωποι, οἱ παλαι προγεγραμμενοι εις τουτο το κριμα,

παρεισερχομαι [2]

Rm	5 20	νομος δε *παρεισηλθεν* ινα πλεοναση το παραπτωμα·
Ga	2 4	δια δε τους παρεισακτους ψευδαδελφους, οιτινες *παρεισηλθον* κατασκοπησαι την ελευθεριαν ἡμων ην εχομεν εν χριστω ιησου,

παρεισφερω [1]

2Pt	1 5	και αυτο τουτο δε σπουδην πασαν *παρεισενεγκαντες* επιχορηγησατε εν τη πιστει ὑμων την αρετην,

παρεκτος [3]

Mt	5 32	εγω δε λεγω ὑμιν ὁτι πας ὁ απολυων την γυναικα αυτου *παρεκτος* λογου πορνειας ποιει αυτην μοιχευθηναι,
Ac	26 29	ευξαιμην ἀν τω θεω και εν ολιγω και εν μεγαλω ου μονον σε αλλα και παντας τους ακουοντας μου σημερον γενεσθαι τοιουτους ὁποιος και εγω ειμι, *παρεκτος* των δεσμων τουτων.
2Co	11 28	χωρις των *παρεκτος* ἡ επιστασις μοι ἡ καθ ἡμεραν, ἡ μεριμνα πασων των εκκλησιων.

παρεμβαλλω [1]

Lc	19 43	ὁτι ηξουσιν ἡμεραι επι σε και *παρεμβαλουσιν* οἱ εχθροι σου χαρακα σοι και περικυκλωσουσιν σε και συνεξουσιν σε παντοθεν,

παρεμβολη [10]

Ac	21 34	μη δυναμενου δε αυτου γνωναι το ασφαλες δια τον θορυβον, εκελευσεν αγεσθαι αυτον εις την *παρεμβολην*.
	37	μελλων τε εισαγεσθαι εις την *παρεμβολην* ὁ παυλος λεγει τω χιλιαρχω·
	22 24	κραυγαζοντων τε αυτων και ῥιπτουντων τα ἱματια και κονιορτον βαλλοντων εις τον αερα, εκελευσεν ὁ χιλιαρχος εισαγεσθαι αυτον εις την *παρεμβολην*,
	23 10	εκελευσεν το στρατευμα καταβαν ἁρπασαι αυτον εκ μεσου αυτων αγειν τε εις την *παρεμβολην*.
	16	ακουσας δε ὁ υιος της αδελφης παυλου την ενεδραν, παραγενομενος και εισελθων εις την *παρεμβολην* απηγγειλεν τω παυλω.
	32	τη δε επαυριον εασαντες τους ἱππεις απερχεσθαι συν αυτω, υπεστρεψαν εις την *παρεμβολην*·
Heb	11 34	εδυναμωθησαν απο ασθενειας, εγενηθησαν ισχυροι εν πολεμω, *παρεμβολας* εκλιναν αλλοτριων.
	13 11	ὡν γαρ εισφερεται ζωων το αἱμα περι ἁμαρτιας εις τα ἁγια δια του αρχιερεως, τουτων τα σωματα κατακαιεται εξω της *παρεμβολης*.
	13	τοινυν εξερχωμεθα προς αυτον εξω της *παρεμβολης* τον ονειδισμον αυτου φεροντες.
Apc	20 9	και εκυκλευσαν την *παρεμβολην* των ἁγιων και την πολιν την ηγαπημενην·

παρενοχλεω [1]

Ac	15 19	διο εγω κρινω μη *παρενοχλειν* τοις απο των εθνων επιστρεφουσιν επι τον θεον,

παρεπιδημος [3]

Heb 11 13 και ομολογησαντες οτι ξενοι και *παρεπιδημοι* εισιν επι της γης.

1Pt 1 1 πετρος αποστολος ιησου χριστου εκλεκτοις *παρεπιδημοις* διασπορας ποντου, γαλατιας, καππαδοκιας, ασιας και βιθυνιας,

       2 11 αγαπητοι, παρακαλω ως παροικους και *παρεπιδημους* απεχεσθαι των σαρκικων επιθυμιων,

παρερχομαι [30]

Mt 5 18 εως αν *παρελθη* ο ουρανος και η γη, ιωτα εν η μια κεραια ου μη παρελθη απο του νομου,

       18 ιωτα εν η μια κεραια ου μη *παρελθη* απο του νομου,

       8 28 χαλεποι λιαν, ωστε μη ισχυειν τινα *παρελθειν* δια της οδου εκεινης.

       14 15 ερημος εστιν ο τοπος και η ωρα ηδη *παρηλθεν·*

       24 34 αμην λεγω υμιν οτι ου μη *παρελθη* η γενεα αυτη εως αν παντα ταυτα γενηται.

       35 ο ουρανος και η γη *παρελευσεται,* οι δε λογοι μου ου μη παρελθωσιν.

       35 ο ουρανος και η γη παρελευσεται, οι δε λογοι μου ου μη *παρελθωσιν.*

       26 39 πατερ μου, ει δυνατον εστιν, *παρελθατω* απ εμου το ποτηριον τουτο·

       42 πατερ μου, ει ου δυναται τουτο *παρελθειν* εαν μη αυτο πιω, γενηθητω το θελημα σου.

Mc 6 48 και ηθελεν *παρελθειν* αυτους.

       13 30 αμην λεγω υμιν οτι ου μη *παρελθη* η γενεα αυτη μεχρις ου ταυτα παντα γενηται.

       31 ο ουρανος και η γη *παρελευσονται,* οι δε λογοι μου ου μη παρελευσονται.

       31 ο ουρανος και η γη παρελευσονται, οι δε λογοι μου ου μη *παρελευσονται.*

       14 35 και προσηυχετο ινα ει δυνατον εστιν *παρελθη* απ αυτου η ωρα,

Lc 11 42 αλλα ουαι υμιν τοις φαρισαιοις, οτι αποδεκατουτε το ηδυοσμον και το πηγανον και παν λαχανον, και *παρερχεσθε* την κρισιν και την αγαπην του θεου·

       12 37 αμην λεγω υμιν οτι περιζωσεται και ανακλινει αυτους και *παρελθων* διακονησει αυτοις.

       15 29 ιδου τοσαυτα ετη δουλευω σοι και ουδεποτε εντολην σου *παρηλθον,*

       16 17 ευκοπωτερον δε εστιν τον ουρανον και την γην *παρελθειν* η του νομου μιαν κεραιαν πεσειν.

       17 7 τις δε εξ υμων δουλον εχων αροτριωντα η ποιμαινοντα, ος εισελθοντι εκ του αγρου ερει αυτω· ευθεως *παρελθων* αναπεσε,

       18 37 απηγγειλαν δε αυτω οτι ιησους ο ναζωραιος *παρερχεται.*

       21 32 αμην λεγω υμιν οτι ου μη *παρελθη* η γενεα αυτη εως αν παντα γενηται.

       33 ο ουρανος και η γη *παρελευσονται,* οι δε λογοι μου ου μη παρελευσονται.

       33 ο ουρανος και η γη παρελευσονται, οι δε λογοι μου ου μη *παρελευσονται.*

Ac 16 8 *παρελθοντες* δε την μυσιαν κατεβησαν εις τρωαδα.

       24 7* *παρελθων* δε λυσιας ο χιλιαρχος μετα πολλης βιας εκ των χειρων ημων απηγαγεν,

       27 9 ικανου δε χρονου διαγενομενου και οντος ηδη επισφαλους του πλοος δια το και την νηστειαν ηδη *παρεληλυθεναι,* παρηνει ο παυλος λεγων αυτοις·

2Co 5 17 τα αρχαια *παρηλθεν,* ιδου γεγονεν καινα.

Ja 1 10 ο δε πλουσιος εν τη ταπεινωσει αυτου, οτι ως ανθος χορτου *παρελευσεται.*

1Pt 4 3 αρκετος γαρ ο *παρεληλυθως* χρονος το βουλημα των εθνων κατειργασθαι,

2Pt 3 10 ηξει δε ημερα κυριου ως κλεπτης, εν η οι ουρανοι ροιζηδον *παρελευσονται,*

παρεσις [1]

Rm 3 25 εις ενδειξιν της δικαιοσυνης αυτου δια την *παρεσιν* των προγεγονοτων αμαρτηματων εν τη ανοχη του θεου,

παρεχω [16]

Mt 26 10 τι κοπους *παρεχετε* τη γυναικι;

Mc 14 6 αφετε αυτην· τι αυτη κοπους *παρεχετε;*

Lc 6 29 τω τυπτοντι σε επι την σιαγονα *παρεχε* και την αλλην,

παρεχω [16]

Lc 7 4 οι δε παραγενομενοι προς τον ιησουν παρεκαλουν αυτον σπουδαιως, λεγοντες οτι αξιος εστιν ω *παρεξη* τουτο·

       11 7 μη μοι κοπους *παρεχε·* ηδη η θυρα κεκλεισται,

       18 5 ει και τον θεον ου φοβουμαι ουδε ανθρωπον εντρεπομαι, δια γε το *παρεχειν* μοι κοπον την χηραν ταυτην εκδικησω αυτην,

Ac 16 16 παιδισκην τινα εχουσαν πνευμα πυθωνα υπαντησαι ημιν, ητις εργασιαν πολλην *παρειχεν* τοις κυριοις αυτης μαντευομενη.

       17 31 πιστιν *παρασχων* πασιν αναστησας αυτον εκ νεκρων.

       19 24 δημητριος γαρ τις ονοματι, αργυροκοπος, ποιων ναους αργυρους αρτεμιδος *παρειχετο* τοις τεχνιταις ουκ ολιγην εργασιαν,

       22 2 ακουσαντες δε οτι τη εβραιδι διαλεκτω προσεφωνει αυτοις μαλλον *παρεσχον* ησυχιαν.

       28 2 οι τε βαρβαροι *παρειχον* ου την τυχουσαν φιλανθρωπιαν ημιν·

Ga 6 17 του λοιπου κοπους μοι μηδεις *παρεχετω·*

Col 4 1 οι κυριοι, το δικαιον και την ισοτητα τοις δουλοις *παρεχεσθε,*

1Tm 1 4 μηδε προσεχειν μυθοις και γενεαλογιαις απεραντοις, αιτινες εκζητησεις *παρεχουσιν* μαλλον η οικονομιαν θεου την εν πιστει·

       6 17 μηδε ηλπικεναι επι πλουτου αδηλοτητι, αλλ επι θεω τω *παρεχοντι* ημιν παντα πλουσιως εις απολαυσιν,

Tit 2 7 σεαυτον *παρεχομενος* τυπον καλων εργων,

παρηγορια [1]

Col 4 11 ουτοι μονοι συνεργοι εις την βασιλειαν του θεου, οιτινες εγενηθησαν μοι *παρηγορια.*

παρθενια [1]

Lc 2 36 αυτη προβεβηκυια εν ημεραις πολλαις, ζησασα μετα ανδρος ετη επτα απο της *παρθενιας* αυτης,

παρθενος [15]

Mt 1 23 ιδου η *παρθενος* εν γαστρι εξει και τεξεται υιον,

       25 1 τοτε ομοιωθησεται η βασιλεια των ουρανων δεκα *παρθενοις,*

       7 τοτε ηγερθησαν πασαι αι *παρθενοι* εκειναι και εκοσμησαν τας λαμπαδας εαυτων.

       11 υστερον δε ερχονται και αι λοιπαι *παρθενοι* λεγουσαι·

Lc 1 27 προς *παρθενον* εμνηστευμενην ανδρι ω ονομα ιωσηφ, εξ οικου δαυιδ, και το ονομα της παρθενου μαριαμ.

       27 προς παρθενον εμνηστευμενην ανδρι ω ονομα ιωσηφ, εξ οικου δαυιδ, και το ονομα της *παρθενου* μαριαμ.

Ac 21 9 τουτω δε ησαν θυγατερες τεσσαρες *παρθενοι* προφητευουσαι.

1Co 7 25 περι δε των *παρθενων* επιταγην κυριου ουκ εχω,

       28 και εαν γημη η *παρθενος,* ουχ ημαρτεν·

       34 και η γυνη η αγαμος και η *παρθενος* μεριμνα τα του κυριου, ινα η αγια και τω σωματι και τω πνευματι·

       36 ει δε τις ασχημονειν επι την *παρθενον* αυτου νομιζει, εαν η υπερακμος, και ουτως οφειλει γινεσθαι, ο θελει ποιειτω·

       37 και τουτο κεκρικεν εν τη ιδια καρδια, τηρειν την εαυτου *παρθενον,* καλως ποιησει.

       38 ωστε και ο γαμιζων την εαυτου *παρθενον* καλως ποιει,

2Co 11 2 ηρμοσαμην γαρ υμας ενι ανδρι *παρθενον* αγνην παραστησαι τω χριστω·

Apc 14 4 ουτοι εισιν οι μετα γυναικων ουκ εμολυνθησαν· *παρθενοι* γαρ εισιν.

παρθος [1]

Ac 2 9 *παρθοι* και μηδοι και ελαμιται,

παριημι [2]

Lc 11 42 ταυτα δε εδει ποιησαι κακεινα μη *παρειναι.*

Heb 12 12 διο τας *παρειμενας* χειρας και τα παραλελυμενα γονατα ανορθωσατε,

παριστημι [41]

Mt 26 53 η δοκεις οτι ου δυναμαι παρακαλεσαι τον πατερα μου, και *παραστησει* μοι αρτι πλειω δωδεκα λεγιωνας αγγελων;

Mc 4 29 ευθυς αποστελλει το δρεπανον, οτι *παρεστηκεν* ο θερισμος.

       14 47 εις δε [τις] των *παρεστηκοτων* σπασαμενος την μαχαιραν επαισεν τον δουλον του αρχιερεως και αφειλεν αυτου το ωταριον.

παριστημι [41]

Mc	14 69	και ἡ παιδισκη ἰδουσα αὐτον ἠρξατο παλιν λεγειν τοις παρεστωσιν ὁτι οὑτος ἐξ αὐτων ἐστιν.
	70	και μετα μικρον παλιν οἱ *παρεστωτες* ἐλεγον τω πετρω·
	15 35	και τινες των *παρεστηκοτων* ἀκουσαντες ἐλεγον
	39	ἰδων δε ὁ κεντυριων ὁ *παρεστηκως* ἐξ ἐναντιας αὐτου ὁτι οὑτως ἐξεπνευσεν, εἰπεν·
Lc	1 19	ἐγω εἰμι γαβριηλ ὁ *παρεστηκως* ἐνωπιον του θεου,
	2 22	και ὁτε ἐπλησθησαν αἱ ἡμεραι του καθαρισμου αὐτων κατα τον νομον μωυσεως, ἀνηγαγον αὐτον εἰς ἱεροσολυμα *παραστησαι* τω κυριω,
	19 24	και τοις *παρεστωσιν* εἰπεν·
Jh	18 22	ταυτα δε αὐτου εἰποντος εἱς *παρεστηκως* των ὑπηρετων ἐδωκεν ῥαπισμα τω ἰησου εἰπων·
	19 26	ἰησους οὖν ἰδων την μητερα και τον μαθητην *παρεστωτα* ὁν ἠγαπα, λεγει τη μητρι·
Ac	1 3	οἱς και *παρεστησεν* ἑαυτον ζωντα μετα το παθειν αὐτον ἐν πολλοις τεκμηριοις,
	10	και ὡς ἀτενιζοντες ἠσαν εἰς τον οὐρανον πορευομενου αὐτου, και ἰδου ἀνδρες δυο *παρειστηκεισαν* αὐτοις ἐν ἐσθησεσι λευκαις,
	4 10	γνωστον ἐστω πασιν ὑμιν και παντι τω λαω ἰσραηλ, ὁτι ἐν τω ὀνοματι ἰησου χριστου του ναζωραιου, ὁν ὑμεις ἐσταυρωσατε, ὁν ὁ θεος ἠγειρεν ἐκ νεκρων, ἐν τουτω οὑτος *παρεστηκεν* ἐνωπιον ὑγιης.
	26	*παρεστησαν* οἱ βασιλεις της γης και οἱ ἀρχοντες συνηχθησαν ἐπι το αὐτο κατα του κυριου και κατα του χριστου αὐτου.
	9 39	ὁν παραγενομενον ἀνηγαγον εἰς το ὑπερωον, και *παρεστησαν* αὐτω πασαι αἱ χηραι κλαιουσαι
	41	φωνησας δε τους ἁγιους και τας χηρας *παρεστησεν* αὐτην ζωσαν.
	23 2	ὁ δε ἀρχιερευς ἁνανιας ἐπεταξεν τοις *παρεστωσιν* αὐτω τυπτειν αὐτου το στομα.
	4	οἱ δε *παρεστωτες* εἰπαν· τον ἀρχιερεα του θεου λοιδορεις;
	24	κτηνη τε *παραστησαι*, ἱνα ἐπιβιβασαντες τον παυλον διασωσωσι προς φηλικα τον ἡγεμονα,
	33	οἱτινες εἰσελθοντες εἰς την καισαρειαν και ἀναδοντες την ἐπιστολην τω ἡγεμονι, *παρεστησαν* και τον παυλον αὐτω.
	24 13	οὐδε *παραστησαι* δυνανται σοι περι ὡν νυνι κατηγορουσιν μου.
	27 23	*παρεστη* γαρ μοι ταυτη τη νυκτι του θεου οὑ εἰμι [ἐγω,] ὡ και λατρευω, ἀγγελος λεγων·
	24	μη φοβου, παυλε· καισαρι σε δει *παραστηναι*,
Rm	6 13	μηδε *παριστανετε* τα μελη ὑμων ὁπλα ἀδικιας τη ἁμαρτια, ἀλλα παραστησατε ἑαυτους τω θεω
	13	μηδε παριστανετε τα μελη ὑμων ὁπλα ἀδικιας τη ἁμαρτια, ἀλλα *παραστησατε* ἑαυτους τω θεω
	16	οὐκ οἰδατε ὁτι ὡ *παριστανετε* ἑαυτους δουλους εἰς ὑπακοην,
	19	ὡσπερ γαρ *παρεστησατε* τα μελη ὑμων δουλα τη ἀκαθαρσια και τη ἀνομια εἰς την ἀνομιαν, οὑτως νυν παραστησατε τα μελη ὑμων δουλα τη δικαιοσυνη εἰς ἁγιασμον.
	19	ὡσπερ γαρ παρεστησατε τα μελη ὑμων δουλα τη ἀκαθαρσια και τη ἀνομια εἰς την ἀνομιαν, οὑτως νυν *παραστησατε* τα μελη ὑμων δουλα τη δικαιοσυνη εἰς ἁγιασμον.
	12 1	παρακαλω οὖν ὑμας, ἀδελφοι, δια των οἰκτιρμων του θεου, *παραστησαι* τα σωματα ὑμων θυσιαν ζωσαν ἁγιαν εὐαρεστον τω θεω,
	14 10	παντες γαρ *παραστησομεθα* τω βηματι του θεου.
	16 2	ἱνα αὐτην προσδεξησθε ἐν κυριω ἀξιως των ἁγιων, και *παραστητε* αὐτη ἐν ὡ ἀν ὑμων χρηζη πραγματι·
1Co	8 8	βρωμα δε ἡμας οὑ *παραστησει* τω θεω·
2Co	4 14	διο και λαλουμεν, εἰδοτες ὁτι ὁ ἐγειρας τον κυριον ἰησουν και ἡμας συν ἰησου ἐγερει και *παραστησει* συν ὑμιν.
	11 2	ἡρμοσαμην γαρ ὑμας ἑνι ἀνδρι παρθενον ἁγνην *παραστησαι* τω χριστω·
Eph	5 27	ἱνα *παραστηση* αὐτος ἑαυτω ἐνδοξον την ἐκκλησιαν,
Col	1 22	*παραστησαι* ὑμας ἁγιους και ἀμωμους και ἀνεγκλητους κατενωπιον αὐτου,
	28	ὁν ἡμεις καταγγελλομεν νουθετουντες παντα ἀνθρωπον και διδασκοντες παντα ἀνθρωπον ἐν παση σοφια, ἱνα *παραστησωμεν* παντα ἀνθρωπον τελειον ἐν χριστω·
2Tm	2 15	σπουδασον σεαυτον δοκιμον *παραστησαι* τω θεω, ἐργατην ἀνεπαισχυντον,
	4 17	ὁ δε κυριος μοι *παρεστη* και ἐνεδυναμωσεν με,

παρμενας [1]

Ac	6 5	και φιλιππον και προχορον και νικανορα και τιμωνα και *παρμεναν* και νικολαον προσηλυτον ἀντιοχεα,

παροδος [1]

1Co	16 7	οὐ θελω γαρ ὑμας ἀρτι ἐν *παροδω* ἰδειν·

παροικεω [2]

Lc	24 18	συ μονος *παροικεις* ἱερουσαλημ και οὐκ ἐγνως τα γενομενα ἐν αὐτη ἐν ταις ἡμεραις ταυταις;
Heb	11 9	πιστει *παρωκησεν* εἰς γην της ἐπαγγελιας ὡς ἀλλοτριαν, ἐν σκηναις κατοικησας,

παροικια [2]

Ac	13 17	ὁ θεος του λαου τουτου ἰσραηλ ἐξελεξατο τους πατερας ἡμων, και τον λαον ὑψωσεν ἐν τη *παροικια* ἐν γη αἰγυπτου,
1Pt	1 17	ἐν φοβω τον της *παροικιας* ὑμων χρονον ἀναστραφητε,

παροικος [4]

Ac	7 6	ἐλαλησεν δε οὑτως ὁ θεος, ὁτι ἐσται το σπερμα αὐτου *παροικον* ἐν γη ἀλλοτρια,
	29	ἐφυγεν δε μωυσης ἐν τω λογω τουτω, και ἐγενετο *παροικος* ἐν γη μαδιαμ,
Eph	2 19	ἀρα οὖν οὐκετι ἐστε ξενοι και *παροικοι*,
1Pt	2 11	ἀγαπητοι, παρακαλω ὡς *παροικους* και παρεπιδημους ἀπεχεσθαι των σαρκικων ἐπιθυμιων,

παροιμια [5]

Jh	10 6	ταυτην την *παροιμιαν* εἰπεν αὐτοις ὁ ἰησους·
	16 25	ταυτα ἐν *παροιμιαις* λελαληκα ὑμιν·
	25	ἐρχεται ὡρα ὁτε οὐκετι ἐν *παροιμιαις* λαλησω ὑμιν,
	29	ἰδε νυν ἐν παρρησια λαλεις, και *παροιμιαν* οὐδεμιαν λεγεις.
2Pt	2 22	συμβεβηκεν αὐτοις το της ἀληθους *παροιμιας*·

παροινος [2]

1Tm	3 3	μη *παροινον*, μη πληκτην, ἀλλα ἐπιεικη, ἀμαχον, ἀφιλαργυρον,
Tit	1 7	μη αὐθαδη, μη ὀργιλον, μη *παροινον*, μη πληκτην, μη αἰσχροκερδη, ἀλλα φιλοξενον,

παροιχομαι [1]

Ac	14 16	ὁς ἐν ταις *παρωχημεναις* γενεαις εἰασεν παντα τα ἐθνη πορευεσθαι ταις ὁδοις αὐτων·

παρομοιαζω [1]

Mt	23 27	οὐαι ὑμιν, γραμματεις και φαρισαιοι ὑποκριται, ὁτι *παρομοιαζετε* ταφοις κεκονιαμενοις,

παρομοιος [1]

Mc	7 13	και *παρομοια* τοιαυτα πολλα ποιειτε.

παροξυνομαι [2]

Ac	17 16	ἐν δε ταις ἀθηναις ἐκδεχομενου αὐτους του παυλου, *παρωξυνετο* το πνευμα αὐτου ἐν αὐτω θεωρουντος κατειδωλον οὐσαν την πολιν.
1Co	13 5	οὐ ζηλοι, [ἡ ἀγαπη] οὐ περπερευεται, οὐκ ἀσχημονει, οὐ ζητει τα ἑαυτης, οὐ *παροξυνεται*, οὐ λογιζεται το κακον, οὐ χαιρει ἐπι τη ἀδικια, συγχαιρει δε τη ἀληθεια·

παροξυσμος [2]

Ac	15 39	ἐγενετο δε *παροξυσμος*, ὡστε ἀποχωρισθηναι αὐτους ἀπ ἀλληλων,
Heb	10 24	και κατανοωμεν ἀλληλους εἰς *παροξυσμον* ἀγαπης και καλων ἐργων,

παροργιζω [2]

Rm	10 19	ἐγω παραζηλωσω ὑμας ἐπ οὐκ ἐθνει, ἐπ ἐθνει ἀσυνετω *παροργιω* ὑμας.
Eph	6 4	και οἱ πατερες, μη *παροργιζετε* τα τεκνα ὑμων,

παροργισμος [1]

Eph 4 26 ὁ ἡλιος μη ἐπιδυετω ἐπι [τω] *παροργισμω* ὑμων,

παροτρυνω [1]

Ac 13 50 οἱ δε ἰουδαιοι *παρωτρυναν* τας σεβομενας γυναικας τας εὐσχημονας και τους πρωτους της πολεως,

παρουσια [24]

Mt 24 3 εἰπε ἡμιν, ποτε ταυτα ἐσται, και τί το σημειον της σης *παρουσιας* και συντελειας του αἰωνος;

27 ὡσπερ γαρ ἡ ἀστραπη ἐξερχεται ἀπο ἀνατολων και φαινεται ἑως δυσμων, οὑτως ἐσται ἡ *παρουσια* του υἱου του ἀνθρωπου·

37 ὡσπερ γαρ αἱ ἡμεραι του νωε, οὑτως ἐσται ἡ *παρουσια* του υἱου του ἀνθρωπου.

39 οὑτως ἐσται [και] ἡ *παρουσια* του υἱου του ἀνθρωπου.

1Co 15 23 ἀπαρχη χριστος, ἐπειτα οἱ του χριστου ἐν τη *παρουσια* αὐτου,

16 17 χαιρω δε ἐπι τη *παρουσια* στεφανα και φορτουνατου και ἀχαικου,

2Co 7 6 ἀλλ ὁ παρακαλων τους ταπεινους παρεκαλεσεν ἡμας ὁ θεος ἐν τη *παρουσια* τιτου·

7 οὐ μονον δε ἐν τη *παρουσια* αὐτου, ἀλλα και ἐν τη παρακλησει ἡ παρεκληθη ἐφ ὑμιν,

10 10 ἡ δε *παρουσια* του σωματος ἀσθενης και ὁ λογος ἐξουθενημενος.

Php 1 26 ἱνα το καυχημα ὑμων περισσευη ἐν χριστω ἰησου ἐν ἐμοι δια της ἐμης *παρουσιας* παλιν προς ὑμας.

2 12 καθως παντοτε ὑπηκουσατε, μη ὡς ἐν τη *παρουσια* μου μονον ἀλλα νυν πολλω μαλλον ἐν τη ἀπουσια μου,

1Th 2 19 ἡ οὐχι και ὑμεις ἐμπροσθεν του κυριου ἡμων ἰησου ἐν τη αὐτου *παρουσια*;

3 13 ἐμπροσθεν του θεου και πατρος ἡμων ἐν τη *παρουσια* του κυριου ἡμων ἰησου μετα παντων των ἁγιων αὐτου.

4 15 τουτο γαρ ὑμιν λεγομεν ἐν λογω κυριου, ὁτι ἡμεις οἱ ζωντες οἱ περιλειπομενοι εἰς την *παρουσιαν* του κυριου οὐ μη φθασωμεν τους κοιμηθεντας·

5 23 και ὁλοκληρον ὑμων το πνευμα και ἡ ψυχη και το σωμα ἀμεμπτως ἐν τη *παρουσια* του κυριου ἡμων ἰησου χριστου τηρηθειη.

2Th 2 1 ἐρωτωμεν δε ὑμας, ἀδελφοι, ὑπερ της *παρουσιας* του κυριου ἡμων ἰησου χριστου και ἡμων ἐπισυναγωγης ἐπ αὐτον, εἰς το μη ταχεως σαλευθηναι ὑμας ἀπο του νοος.

8 ὁν ὁ κυριος [ἰησους] ἀνελει τω πνευματι του στοματος αὐτου και καταργησει τη ἐπιφανεια της *παρουσιας* αὐτου,

9 και καταργησει τη ἐπιφανεια της *παρουσιας* αὐτου, οὑ ἐστιν ἡ *παρουσια* κατ ἐνεργειαν του σατανα

Ja 5 7 μακροθυμησατε οὐν, ἀδελφοι, ἑως της *παρουσιας* του κυριου.

8 στηριξατε τας καρδιας ὑμων, ὁτι ἡ *παρουσια* του κυριου ἠγγικεν.

2Pt 1 16 οὐ γαρ σεσοφισμενοις μυθοις ἐξακολουθησαντες ἐγνωρισαμεν ὑμιν την του κυριου ἡμων ἰησου χριστου δυναμιν και *παρουσιαν*,

3 4 που ἐστιν ἡ ἐπαγγελια της *παρουσιας* αὐτου;

12 προσδοκωντας και σπευδοντας την *παρουσιαν* της του θεου ἡμερας,

1Jh 2 28 και νυν, τεκνια, μενετε ἐν αὐτω, ἱνα ἐαν φανερωθη σχωμεν παρρησιαν και μη αἰσχυνθωμεν ἀπ αὐτου ἐν τη *παρουσια* αὐτου.

παροψις [1]

Mt 23 25 οὐαι ὑμιν, γραμματεις και φαρισαιοι ὑποκριται, ὁτι καθαριζετε το ἐξωθεν του ποτηριου και της *παροψιδος*, ἐσωθεν δε γεμουσιν ἐξ ἁρπαγης και ἀκρασιας.

παρρησια [31]

Mc 8 32 και *παρρησια* τον λογον ἐλαλει.

Jh 7 4 οὐδεις γαρ τι ἐν κρυπτω ποιει και ζητει αὐτος ἐν *παρρησια* εἰναι.

13 οὐδεις μεντοι *παρρησια* ἐλαλει περι αὐτου δια τον φοβον των ἰουδαιων.

26 και ἰδε *παρρησια* λαλει, και οὐδεν αὐτω λεγουσιν.

10 24 εἰ συ εἰ ὁ χριστος, εἰπε ἡμιν *παρρησια*.

11 14 τοτε οὐν εἰπεν αὐτοις ὁ ἰησους *παρρησια*· λαζαρος ἀπεθανεν, και χαιρω δι ὑμας,

54 ὁ οὐν ἰησους οὐκετι *παρρησια* περιεπατει ἐν τοις ἰουδαιοις,

16 25 ἐρχεται ὡρα ὁτε οὐκετι ἐν παροιμιαις λαλησω ὑμιν, ἀλλα *παρρησια* περι του πατρος ἀπαγγελω ὑμιν.

παρρησια [31]

Jh 16 29 ἰδε νυν ἐν *παρρησια* λαλεις, και παροιμιαν οὐδεμιαν λεγεις.

18 20 ἐγω *παρρησια* λελαληκα τω κοσμω·

Ac 2 29 ἀνδρες ἀδελφοι, ἐξον εἰπειν μετα *παρρησιας* προς ὑμας περι του πατριαρχου δαυιδ,

4 13 θεωρουντες δε την του πετρου *παρρησιαν* και ἰωαννου,

29 και δος τοις δουλοις σου μετα *παρρησιας* πασης λαλειν τον λογον σου,

31 και ἐπλησθησαν ἁπαντες του ἁγιου πνευματος, και ἐλαλουν τον λογον του θεου μετα *παρρησιας*.

28 31 και ἀπεδεχετο παντας τους εἰσπορευομενους προς αὐτον, κηρυσσων την βασιλειαν του θεου και διδασκων τα περι του κυριου ἰησου χριστου μετα πασης *παρρησιας* ἀκωλυτως.

2Co 3 12 ἐχοντες οὐν τοιαυτην ἐλπιδα πολλη *παρρησια* χρωμεθα,

7 4 πολλη μοι *παρρησια* προς ὑμας, πολλη μοι καυχησις ὑπερ ὑμων·

Eph 3 12 ἐν ᾡ ἐχομεν την *παρρησιαν* και προσαγωγην ἐν πεποιθησει δια της πιστεως αὐτου.

6 19 ἱνα μοι δοθη λογος ἐν ἀνοιξει του στοματος μου, ἐν *παρρησια* γνωρισαι το μυστηριον του εὐαγγελιου,

Php 1 20 ἀλλ ἐν παση *παρρησια* ὡς παντοτε και νυν μεγαλυνθησεται χριστος ἐν τω σωματι μου,

Col 2 15 ἀπεκδυσαμενος τας ἀρχας και τας ἐξουσιας ἐδειγματισεν ἐν *παρρησια*, θριαμβευσας αὐτους ἐν αὐτω.

1Tm 3 13 οἱ γαρ καλως διακονησαντες βαθμον ἑαυτοις καλον περιποιουνται και πολλην *παρρησιαν* ἐν πιστει τη ἐν χριστω ἰησου.

Phm 8 διο, πολλην ἐν χριστω *παρρησιαν* ἐχων ἐπιτασσειν σοι το ἀνηκον, δια την ἀγαπην μαλλον παρακαλω·

Heb 3 6 οὐ οἰκος ἐσμεν ἡμεις, ἐαν[περ] την *παρρησιαν* και το καυχημα της ἐλπιδος κατασχωμεν.

4 16 προσερχωμεθα οὐν μετα *παρρησιας* τω θρονω της χαριτος,

10 19 ἐχοντες οὐν, ἀδελφοι, *παρρησιαν* εἰς την εἰσοδον των ἁγιων ἐν τω αἱματι ἰησου,

35 μη ἀποβαλητε οὐν την *παρρησιαν* ὑμων, ἡτις ἐχει μεγαλην μισθαποδοσιαν.

1Jh 2 28 και νυν, τεκνια, μενετε ἐν αὐτω, ἱνα ἐαν φανερωθη σχωμεν *παρρησιαν* και μη αἰσχυνθωμεν ἀπ αὐτου ἐν τη παρουσια αὐτου.

3 21 ἀγαπητοι, ἐαν ἡ καρδια [ἡμων] μη καταγινωσκη, *παρρησιαν* ἐχομεν προς τον θεον,

4 17 ἐν τουτω τετελειωται ἡ ἀγαπη μεθ ἡμων, ἱνα *παρρησιαν* ἐχωμεν ἐν τη ἡμερα της κρισεως,

5 14 και αὑτη ἐστιν ἡ *παρρησια* ἡν ἐχομεν προς αὐτον, ὁτι ἐαν τι αἰτωμεθα κατα το θελημα αὐτου ἀκουει ἡμων.

παρρησιαζομαι [9]

Ac 9 27 και ὁτι ἐλαλησεν αὐτω, και πως ἐν δαμασκω *ἐπαρρησιασατο* ἐν τω ὀνοματι του ἰησου.

28 και ἠν μετ αὐτων εἰσπορευομενος και ἐκπορευομενος εἰς ἰερουσαλημ, *παρρησιαζομενος* ἐν τω ὀνοματι του κυριου,

13 46 *παρρησιασαμενοι* τε ὁ παυλος και ὁ βαρναβας εἰπαν·

14 3 ἰκανον μεν οὐν χρονον διετριψαν *παρρησιαζομενοι* ἐπι τω κυριω τω μαρτυρουντι ἐπι τω λογω της χαριτος αὐτου,

18 26 οὑτος τε ἠρξατο *παρρησιαζεσθαι* ἐν τη συναγωγη.

19 8 εἰσελθων δε εἰς την συναγωγην *ἐπαρρησιαζετο* ἐπι μηνας τρεις διαλεγομενος και πειθων [τα] περι της βασιλειας του θεου.

26 26 ἐπισταται γαρ περι τουτων ὁ βασιλευς, προς ὁν και *παρρησιαζομενος* λαλω·

Eph 6 20 ἐν παρρησια γνωρισαι το μυστηριον του εὐαγγελιου, ὑπερ οὑ πρεσβευω ἐν ἁλυσει, ἱνα ἐν αὐτω *παρρησιασωμαι* ὡς δει με λαλησαι.

1Th 2 2 ἀλλα προπαθοντες και ὑβρισθεντες καθως οἰδατε ἐν φιλιπποις *ἐπαρρησιασαμεθα* ἐν τω θεω ἡμων λαλησαι προς ὑμας το εὐαγγελιον του θεου ἐν πολλω ἀγωνι.

πας [1244]

cf append.

πασχα [29]

Mt 26 2 οἰδατε ὁτι μετα δυο ἡμερας το *πασχα* γινεται, και ὁ υἱος του ἀνθρωπου παραδιδοται εἰς το σταυρωθηναι.

17 που θελεις ἑτοιμασωμεν σοι φαγειν το *πασχα*;

18 προς σε ποιω το *πασχα* μετα των μαθητων μου.

19 και ἐποιησαν οἱ μαθηται ὡς συνεταξεν αὐτοις ὁ ἰησους, και ἡτοιμασαν το *πασχα*.

πασχα [29]

Mc	14 1	ἦν δε το *πασχα* και τα άζυμα μετα δυο ήμερας.
	12	και τη πρωτη ήμερα των άζυμων, ότε το *πασχα* έθυον, λεγουσιν αύτω οί μαθηται αύτου·
	12	πού θελεις άπελθοντες έτοιμασωμεν ίνα φαγης το *πασχα;*
	14	πού έστιν το καταλυμα μου, όπου το *πασχα* μετα των μαθητων μου φαγω;
	16	και έξηλθον οί μαθηται και ήλθον είς την πολι και εύρον καθως είπεν αύτοις, και ήτοιμασαν το *πασχα.*
Lc	2 41	και έπορευοντο οί γονεις αύτου κατ έτος είς ιερουσαλημ τη έορτη του *πασχα.*
	22 1	ήγγιζεν δε ή έορτη των άζυμων ή λεγομενη *πασχα.*
	7	ήλθεν δε ή ήμερα των άζυμων, [έν] ή έδει θυεσθαι το *πασχα·*
	8	πορευθεντες έτοιμασατε ήμιν το *πασχα,* ίνα φαγωμεν.
	11	λεγει σοι ό διδασκαλος· πού έστιν το καταλυμα όπου το *πασχα* μετα των μαθητων μου φαγω;
	13	άπελθοντες δε εύρον καθως είρηκει αύτοις, και ήτοιμασαν το *πασχα.*
	15	έπιθυμια έπεθυμησα τουτο το *πασχα* φαγειν μεθ ύμων προ του με παθειν·
Jh	2 13	και έγγυς ήν το *πασχα* των ιουδαιων, και άνεβη είς ιεροσολυμα ό ίησους.
	23	ώς δε ήν έν τοις ιεροσολυμοις έν τω *πασχα* έν τη έορτη, πολλοι έπιστευσαν είς το όνομα αύτου,
	6 4	ήν δε έγγυς το *πασχα,* ή έορτη των ιουδαιων.
	11 55	ήν δε έγγυς το *πασχα* των ιουδαιων,
	55	και άνεβησαν πολλοι είς ιεροσολυμα έκ της χωρας προ του *πασχα,* ίνα άγνισωσιν έαυτους.
	12 1	ό ούν ίησους προ έξ ήμερων του *πασχα* ήλθεν είς βηθανιαν,
	13 1	προ δε της έορτης του *πασχα* ειδως ό ίησους ότι ήλθεν αύτου ή ώρα ίνα μεταβη έκ του κοσμου τουτου προς τον πατερα,
	18 28	και αύτοι ούκ είσηλθον είς το πραιτωριον, ίνα μη μιανθωσιν άλλα φαγωσιν το *πασχα.*
	39	έστιν δε συνηθεια ύμιν ίνα ένα άπολυσω ύμιν έν τω *πασχα·*
	19 14	ήν δε παρασκευη του *πασχα,* ώρα ήν ώς έκτη·
Ac	12 4	παραδους τεσσαρσιν τετραδιοις στρατιωτων φυλασσειν αύτον, βουλομενος μετα το *πασχα* άναγαγειν αύτον τω λαω.
1Co	5 7	και γαρ το *πασχα* ήμων έτυθη χριστος.
Heb	11 28	πιστει πεποιηκεν το *πασχα* και την προσχυσιν του αίματος,

πασχω [42]

Mt	16 21	άπο τοτε ήρξατο ό ίησους δεικνυειν τοις μαθηταις αύτου ότι δει αύτον είς ιεροσολυμα άπελθειν και πολλα *παθειν* άπο των πρεσβυτερων και άρχιερεων και γραμματεων και άποκτανθηναι και τη τριτη ήμερα έγερθηναι.
	17 12	ούτως και ό υίος του άνθρωπου μελλει *πασχειν* ύπ αύτων.
	15	κυριε, έλεησον μου τον υίον, ότι σεληνιαζεται και κακως *πασχει·*
	27 19	μηδεν σοί και τω δικαιω έκεινω· πολλα γαρ *έπαθον* σημερον κατ όναρ δι αύτον.
Mc	5 26	και γυνη ούσα έν ρυσει αίματος δωδεκα έτη, και πολλα *παθουσα* ύπο πολλων ίατρων και δαπανησασα τα παρ αύτης παντα,
	8 31	και ήρξατο διδασκειν αύτους ότι δει τον υίον του άνθρωπου πολλα *παθειν,*
	9 12	και πώς γεγραπται έπι τον υίον του άνθρωπου, ίνα πολλα *παθη* και έξουδενηθη;
Lc	9 22	είπων ότι δει τον υίον του άνθρωπου πολλα *παθειν* και άποδοκιμασθηναι άπο των πρεσβυτερων και άρχιερεων και γραμματεων και άποκτανθηναι και τη τριτη ήμερα έγερθηναι.
	13 2	δοκειτε ότι οί γαλιλαιοι ούτοι άμαρτωλοι παρα παντας τους γαλιλαιους έγενοντο, ότι ταυτα *πεπονθασιν;*
	17 25	πρωτον δε δει αύτον πολλα *παθειν* και άποδοκιμασθηναι άπο της γενεας ταυτης.
	22 15	έπιθυμια έπεθυμησα τουτο το πασχα φαγειν μεθ ύμων προ του με *παθειν·*
	24 26	ούχι ταυτα έδει *παθειν* τον χριστον και είσελθειν είς την δοξαν αύτου;
	46	και είπεν αύτοις ότι ούτως γεγραπται *παθειν* τον χριστον και άναστηναι έκ νεκρων τη τριτη ήμερα,
Ac	1 3	οίς και παρεστησεν έαυτον ζωντα μετα το *παθειν* αύτον έν πολλοις τεκμηριοις,
	3 18	ό δε θεος ά προκατηγγειλεν δια στοματος παντων των προφητων, *παθειν* τον χριστον αύτου, έπληρωσεν ούτως.
	9 16	έγω γαρ ύποδειξω αύτω όσα δει αύτον ύπερ του όνοματος μου *παθειν.*
Ac	17 3	και έπι σαββατα τρια διελεξατο αύτοις άπο των γραφων, διανοιγων και παρατιθεμενος ότι τον χριστον έδει *παθειν* και άναστηναι έκ νεκρων,
	28 5	ό μεν ούν άποτιναξας το θηριον είς το πυρ *έπαθεν* ούδεν κακον·
1Co	12 26	και είτε *πασχει* έν μελος, συμπασχει παντα τα μελη·
2Co	1 6	είτε παρακαλουμεθα, ύπερ της ύμων παρακλησεως της ένεργουμενης έν ύπομονη των αύτων παθηματων ών και ήμεις *πασχομεν,*
Ga	3 4	τοσαυτα *έπαθετε* είκη; εί γε και είκη.
Php	1 29	ότι ύμιν έχαρισθη το ύπερ χριστου, ού μονον το είς αύτον πιστευειν άλλα και το ύπερ αύτου *πασχειν,*
1Th	2 14	ότι τα αύτα *έπαθετε* και ύμεις ύπο των ίδιων συμφυλετων,
2Th	1 5	είς το καταξιωθηναι ύμας της βασιλειας του θεου, ύπερ ής και *πασχετε,*
2Tm	1 12	δι ήν αίτιαν και ταυτα *πασχω,* άλλ ούκ έπαισχυνομαι,
Heb	2 18	έν ώ γαρ *πεπονθεν* αύτος πειρασθεις, δυναται τοις πειραζομενοις βοηθησαι.
	5 8	καιπερ ών υίος, έμαθεν άφ ών *έπαθεν* την ύπακοην,
	9 26	έπει έδει αύτον πολλακις *παθειν* άπο καταβολης κοσμου·
	13 12	διο και ίησους, ίνα άγιαση δια του ίδιου αίματος τον λαον, έξω της πυλης *έπαθεν.*
1Pt	2 19	τουτο γαρ χαρις εί δια συνειδησιν θεου ύποφερει τις λυπας *πασχων* άδικως.
	20	άλλ εί άγαθοποιουντες και *πασχοντες* ύπομενειτε, τουτο χαρις παρα θεω.
	21	είς τουτο γαρ έκληθητε, ότι και χριστος *έπαθεν* ύπερ ύμων,
	23	ός λοιδορουμενος ούκ άντελοιδορει, *πασχων* ούκ ήπειλει,
	3 14	άλλ εί και *πασχοιτε* δια δικαιοσυνην, μακαριοι.
	17	κρειττον γαρ άγαθοποιουντας, εί θελοι το θελημα του θεου, *πασχειν* ή κακοποιουντας.
	18	ότι και χριστος άπαξ περι άμαρτιων *έπαθεν,* δικαιος ύπερ άδικων,
	4 1	χριστου ούν *παθοντος* σαρκι και ύμεις την αύτην έννοιαν όπλισασθε,
	1	ότι ό *παθων* σαρκι πεπαυται άμαρτιας,
	15	μη γαρ τις ύμων *πασχετω* ώς φονευς ή κλεπτης ή κακοποιος ή ώς άλλοτριεπισκοπος·
	19	ώστε και οί *πασχοντες* κατα το θελημα του θεου πιστω κτιστη παρατιθεσθωσαν τας ψυχας αύτων έν άγαθοποιια.
	5 10	ό δε θεος πασης χαριτος, ό καλεσας ύμας είς την αίωνιον αύτου δοξαν έν χριστω [ίησου], όλιγον *παθοντας* αύτος καταρτισει,
Apc	2 10	μηδεν φοβου ά μελλεις *πασχειν.*

παταρα [1]

Ac	21 1	εύθυδρομησαντες ήλθομεν είς την κω, τη δε έξης είς την ρυδον κακειθεν είς *παταρα·*

πατασσω [10]

Mt	26 31	*παταξω* τον ποιμενα, και διασκορπισθησονται τα προβατα της ποιμνης·
	51	και ίδου είς των μετα ίησου έκτεινας την χειρα άπεσπασεν την μαχαιραν αύτου, και *παταξας* τον δουλον του άρχιερεως άφειλεν αύτου το ώτιον.
Mc	14 27	*παταξω* τον ποιμενα, και τα προβατα διασκορπισθησονται.
Lc	22 49	κυριε, εί *παταξομεν* έν μαχαιρη;
	50	και *έπαταξεν* είς τις έξ αύτων του άρχιερεως τον δουλον και άφειλεν το ούς αύτου το δεξιον.
Ac	7 24	και ίδων τινα άδικουμενον ήμυνατο, και έποιησεν έκδικησιν τω καταπονουμενω *παταξας* τον αίγυπτιον.
	12 7	*παταξας* δε την πλευραν του πετρου ήγειρεν αύτον λεγων·
	23	παραχρημα δε *έπαταξεν* αύτον άγγελος κυριου άνθ ών ούκ έδωκεν την δοξαν τω θεω,
Apc	11 6	και έξουσιαν έχουσιν έπι των ύδατων στρεφειν αύτα είς αίμα και *παταξαι* την γην έν παση πληγη όσακις έαν θελησωσιν.
	19 15	και έκ του στοματος αύτου έκπορευεται ρομφαια όξεια, ίνα έν αύτη *παταξη* τα έθνη·

πατεω [5]

Lc	10 19	ίδου δεδωκα ύμιν την έξουσιαν του *πατειν* έπανω όφεων και σκορπιων,
	21 24	και ιερουσαλημ έσται *πατουμενη* ύπο έθνων, άχρι ού πληρωθωσιν καιροι έθνων.
Apc	11 2	και την πολιν την άγιαν *πατησουσιν* μηνας τεσσερακοντα[και]δυο.

πατεω [5]

Apc 14 20   και ἐπατηθη ἡ ληνος ἐξωθεν της πολεως,

19 15   και αυτος πατει την ληνον του οινου του θυμου της οργης του θεου του παντοκρατορος.

πατηρ [414]

Mt 2 22   ἀκουσας δε ὁτι ἀρχελαος βασιλευει της ιουδαιας ἀντι του πατρος αυτου ἡρωδου ἐφοβηθη ἐκει ἀπελθειν·

3 9   και μη δοξητε λεγειν ἐν ἑαυτοις· πατερα ἐχομεν τον ἀβρααμ·

4 21   ἐν τῳ πλοιῳ μετα ζεβεδαιου του πατρος αυτων καταρτιζοντας τα δικτυα αυτων·

22   οἱ δε εὐθεως ἀφεντες το πλοιον και τον πατερα αυτων ἠκολουθησαν αυτῳ.

5 16   ὁπως ἰδωσιν ὑμων τα καλα ἐργα και δοξασωσιν τον πατερα ὑμων τον ἐν τοις ουρανοις.

45   ἀγαπατε τους ἐχθρους ὑμων και προσευχεσθε ὑπερ των διωκοντων ὑμας· ὁπως γενησθε υἱοι του πατρος ὑμων του ἐν ουρανοις,

48   ἐσεσθε οὖν ὑμεις τελειοι ὡς ὁ πατηρ ὑμων ὁ ουρανιος τελειος ἐστιν.

6 1   εἰ δε μηγε, μισθον οὐκ ἐχετε παρα τῳ πατρι ὑμων τῳ ἐν τοις ουρανοις.

4   και ὁ πατηρ σου ὁ βλεπων ἐν τῳ κρυπτῳ ἀποδωσει σοι.

6   εἰσελθε εἰς το ταμειον σου και κλεισας την θυραν σου προσευξαι τῳ πατρι σου τῳ ἐν τῳ κρυπτῳ·

6   και ὁ πατηρ σου ὁ βλεπων ἐν τῳ κρυπτῳ ἀποδωσει σοι.

8   οἰδεν γαρ ὁ πατηρ ὑμων ὡν χρειαν ἐχετε προ του ὑμας αἰτησαι αυτον.

9   πατερ ἡμων ὁ ἐν τοις ουρανοις·

14   ἀφησει και ὑμιν ὁ πατηρ ὑμων ὁ ουρανιος·

15   ἐαν δε μη ἀφητε τοις ἀνθρωποις, οὐδε ὁ πατηρ ὑμων ἀφησει τα παραπτωματα ὑμων.

18   ὁπως μη φανῃς τοις ἀνθρωποις νηστευων ἀλλα τῳ πατρι σου τῳ ἐν τῳ κρυφαιῳ·

18   και ὁ πατηρ σου ὁ βλεπων ἐν τῳ κρυφαιῳ ἀποδωσει σοι.

26   και ὁ πατηρ ὑμων ὁ ουρανιος τρεφει αυτα·

32   οἰδεν γαρ ὁ πατηρ ὑμων ὁ ουρανιος ὁτι χρῃζετε τουτων ἁπαντων.

7 11   ποσῳ μαλλον ὁ πατηρ ὑμων ὁ ἐν τοις ουρανοις δωσει ἀγαθα τοις αἰτουσιν αυτον.

21   ἀλλ ὁ ποιων το θελημα του πατρος μου του ἐν τοις ουρανοις.

8 21   ἐπιτρεψον μοι πρωτον ἀπελθειν και θαψαι τον πατερα μου.

10 20   οὐ γαρ ὑμεις ἐστε οἱ λαλουντες, ἀλλα το πνευμα του πατρος ὑμων το λαλουν ἐν ὑμιν.

21   παραδωσει δε ἀδελφος ἀδελφον εἰς θανατον και πατηρ τεκνον,

29   οὐχι δυο στρουθια ἀσσαριου πωλειται; και ἑν ἐξ αυτων οὐ πεσειται ἐπι την γην ἀνευ του πατρος ὑμων.

32   πας οὖν ὁστις ὁμολογησει ἐν ἐμοι ἐμπροσθεν των ἀνθρωπων, ὁμολογησω καγω ἐν αυτῳ ἐμπροσθεν του πατρος μου του ἐν [τοις] ουρανοις·

33   ὁστις δ ἀν ἀρνησηται με ἐμπροσθεν των ἀνθρωπων, ἀρνησομαι καγω αυτον ἐμπροσθεν του πατρος μου του ἐν [τοις] ουρανοις.

35   ἠλθον γαρ διχασαι ἀνθρωπον κατα του πατρος αυτου και θυγατερα κατα της μητρος αυτης και νυμφην κατα της πενθερας αυτης,

37   ὁ φιλων πατερα ἠ μητερα ὑπερ ἐμε οὐκ ἐστιν μου ἀξιος·

11 25   ἐξομολογουμαι σοι πατερ κυριε του ουρανου και της γης, ὁτι ἐκρυψας ταυτα ἀπο σοφων και συνετων,

26   ναι ὁ πατηρ, ὁτι οὑτως εὐδοκια ἐγενετο ἐμπροσθεν σου.

27   παντα μοι παρεδοθη ὑπο του πατρος μου,

27   και οὐδεις ἐπιγινωσκει τον υἱον εἰ μη ὁ πατηρ,

27   οὐδε τον πατερα τις ἐπιγινωσκει εἰ μη ὁ υἱος και ῳ ἐαν βουληται ὁ υἱος ἀποκαλυψαι.

12 50   ὁστις γαρ ἀν ποιηςῃ το θελημα του πατρος μου του ἐν ουρανοις αυτος μου ἀδελφος και ἀδελφη και μητηρ ἐστιν.

13 43   τοτε οἱ δικαιοι ἐκλαμψουσιν ὡς ὁ ἡλιος ἐν τῃ βασιλειᾳ του πατρος αυτων.

15 4   ὁ γαρ θεος εἰπεν· τιμα τον πατερα και την μητερα, και· ὁ κακολογων πατερα ἠ μητερα θανατῳ τελευτατω.

4   ὁ κακολογων πατερα ἠ μητερα θανατῳ τελευτατω.

5   ὁς ἀν εἰπῃ τῳ πατρι ἠ τῃ μητρι· δωρον ὁ ἐαν ἐξ ἐμου ὠφεληθῃς, οὐ μη τιμησει τον πατερα αυτου·

6   ὁς ἀν εἰπῃ τῳ πατρι ἠ τῃ μητρι· δωρον ὁ ἐαν ἐξ ἐμου ὠφεληθῃς, οὐ μη τιμησει τον πατερα αυτου·

13   πασα φυτεια ἡν οὐκ ἐφυτευσεν ὁ πατηρ μου ὁ ουρανιος ἐκριζωθησεται.

πατηρ [414]

Mt 16 17   μακαριος εἰ, σιμων βαριωνα, ὁτι σαρξ και αἱμα οὐκ ἀπεκαλυψεν σοι ἀλλ ὁ πατηρ μου ὁ ἐν τοις ουρανοις.

27   μελλει γαρ ὁ υἱος του ἀνθρωπου ἐρχεσθαι ἐν τῃ δοξῃ του πατρος αυτου μετα των ἀγγελων αυτου.

18 10   λεγω γαρ ὑμιν ὁτι οἱ ἀγγελοι αυτων ἐν ουρανοις δια παντος βλεπουσι το προσωπον του πατρος μου του ἐν ουρανοις.

14   οὑτως οὐκ ἐστιν θελημα ἐμπροσθεν του πατρος ὑμων του ἐν ουρανοις ἱνα ἀποληται ἐν των μικρων τουτων.

19   παλιν [ἀμην] λεγω ὑμιν ὁτι ἐαν δυο συμφωνησωσιν ἐξ ὑμων ἐπι της γης περι παντος πραγματος οὑ ἐαν αἰτησωνται, γενησεται αυτοις παρα του πατρος μου του ἐν ουρανοις.

35   οὑτως και ὁ πατηρ μου ὁ ουρανιος ποιησει ὑμιν, ἐαν μη ἀφητε ἑκαστος τῳ ἀδελφῳ αυτου ἀπο των καρδιων ὑμων.

19 5   ἑνεκα τουτου καταλειψει ἀνθρωπος τον πατερα και την μητερα και κολληθησεται τῃ γυναικι αυτου, και ἐσονται οἱ δυο εἰς σαρκα μιαν.

19   το οὐ φονευσεις, οὐ μοιχευσεις, οὐ κλεψεις, οὐ ψευδομαρτυρησεις, τιμα τον πατερα και την μητερα, και ἀγαπησεις τον πλησιον σου ὡς σεαυτον.

29   και πας ὁστις ἀφηκεν οἰκιας ἠ ἀδελφους ἠ ἀδελφας ἠ πατερα ἠ μητερα ἠ τεκνα ἠ ἀγρους ἑνεκεν του ὀνοματος μου, ἑκατονταπλασιονα λημψεται και ζωην αἰωνιον κληρονομησει.

20 23   το δε καθισαι ἐκ δεξιων μου και ἐξ εὐωνυμων οὐκ ἐστιν ἐμον [τουτο] δουναι, ἀλλ οἱς ἡτοιμασται ὑπο του πατρος μου.

21 31   τις ἐκ των δυο ἐποιησεν το θελημα του πατρος;

23 9   και πατερα μη καλεσητε ὑμων ἐπι της γης· εἱς γαρ ἐστιν ὑμων ὁ πατηρ ὁ ουρανιος.

9   και πατερα μη καλεσητε ὑμων ἐπι της γης· εἱς γαρ ἐστιν ὑμων ὁ πατηρ ὁ ουρανιος.

30   εἰ ἡμεθα ἐν ταις ἡμεραις των πατερων ἡμων, οὐκ ἀν ἡμεθα αυτων κοινωνοι ἐν τῳ αἱματι των προφητων.

32   και ὑμεις πληρωσατε το μετρον των πατερων ὑμων.

24 36   περι δε της ἡμερας ἐκεινης και ὡρας οὐδεις οἰδεν, οὐδε οἱ ἀγγελοι των ουρανων οὐδε ὁ υἱος, εἰ μη ὁ πατηρ μονος.

25 34   δευτε οἱ εὐλογημενοι του πατρος μου, κληρονομησατε την ἡτοιμασμενην ὑμιν βασιλειαν ἀπο καταβολης κοσμου.

26 29   οὐ μη πιω ἀπ ἀρτι ἐκ τουτου του γενηματος της ἀμπελου ἑως της ἡμερας ἐκεινης ὁταν αυτο πινω μεθ ὑμων καινον ἐν τῃ βασιλειᾳ του πατρος μου.

39   πατερ μου, εἰ δυνατον ἐστιν, παρελθατω ἀπ ἐμου το ποτηριον τουτο·

42   πατερ μου, εἰ οὐ δυναται τουτο παρελθειν ἐαν μη αυτο πιω, γενηθητω το θελημα σου.

53   ἠ δοκεις ὁτι οὐ δυναμαι παρακαλεσαι τον πατερα μου, και παραστησει μοι ἀρτι πλειω δωδεκα λεγιωνας ἀγγελων;

28 19   πορευθεντες οὖν μαθητευσατε παντα τα ἐθνη, βαπτιζοντες αυτους εἰς το ὀνομα του πατρος και του υἱου και του ἁγιου πνευματος, διδασκοντες αυτους τηρειν παντα ὁσα ἐνετειλαμην ὑμιν.

Mc 1 20   και ἀφεντες τον πατερα αυτων ζεβεδαιον ἐν τῳ πλοιῳ μετα των μισθωτων ἀπηλθον ὀπισω αυτου.

5 40   αυτος δε ἐκβαλων παντας παραλαμβανει τον πατερα του παιδιου και την μητερα και τους μετ αυτου,

7 10   τιμα τον πατερα σου και την μητερα σου, και· ὁ κακολογων πατερα ἠ μητερα θανατῳ τελευτατω.

10   τιμα τον πατερα σου και την μητερα σου, και· ὁ κακολογων πατερα ἠ μητερα θανατῳ τελευτατω.

11   ἐαν εἰπῃ ἀνθρωπος τῳ πατρι ἠ τῃ μητρι· κορβαν, ὁ ἐστιν δωρον, ὁ ἐαν ἐξ ἐμου ὠφεληθῃς,

12   οὐκετι ἀφιετε αυτον οὐδεν ποιησαι τῳ πατρι ἠ τῃ μητρι, ἀκυρουντες τον λογον του θεου τῃ παραδοσει ὑμων ἡ παρεδωκατε·

8 38   και ὁ υἱος του ἀνθρωπου ἐπαισχυνθησεται αυτον, ὁταν ἐλθῃ ἐν τῃ δοξῃ του πατρος αυτου μετα των ἀγγελων των ἁγιων.

9 21   και ἐπηρωτησεν τον πατερα αυτου· ποσος χρονος ἐστιν ὡς τουτο γεγονεν αυτῳ;

24   εὐθυς κραξας ὁ πατηρ του παιδιου ἐλεγεν· πιστευω· βοηθει μου τῃ ἀπιστιᾳ.

10 7   ἑνεκεν τουτου καταλειψει ἀνθρωπος τον πατερα αυτου και την μητερα [και προσκολληθησεται προς την γυναικα αυτου,] και ἐσονται οἱ δυο εἰς σαρκα μιαν·

19   μη φονευσῃς, μη μοιχευσῃς, μη κλεψῃς, μη ψευδομαρτυρησῃς, μη ἀποστερησῃς, τιμα τον πατερα σου και την μητερα.

29   ἀμην λεγω ὑμιν, οὐδεις ἐστιν ὁς ἀφηκεν οἰκιαν ἠ ἀδελφους ἠ ἀδελφας ἠ μητερα ἠ πατερα ἠ τεκνα ἠ ἀγρους ἑνεκεν ἐμου και ἑνεκεν του εὐαγγελιου,

11 10   εὐλογημενη ἡ ἐρχομενη βασιλεια του πατρος ἡμων δαυιδ· ὡσαννα ἐν τοις ὑψιστοις.

πατηρ [414]

Mc	11 25	ἀφιετε εἰ τι ἐχετε κατα τινος, ἱνα και ὁ *πατηρ* ὑμων ὁ ἐν τοις οὐρανοις ἀφη ὑμιν τα παραπτωματα ὑμων.
	26 *	οὐδε ὁ *πατηρ* ὑμων ὁ ἐν τοις οὐρανοις ἀφησει τα παραπτωματα ὑμων.
	13 12	και παραδωσει ἀδελφος ἀδελφον εἰς θανατον και *πατηρ* τεκνον,
	32	περι δε της ἡμερας ἐκεινης ἡ της ὡρας οὐδεις οἰδεν, οὐδε οἱ ἀγγελοι ἐν οὐρανω οὐδε ὁ υἱος, εἰ μη ὁ *πατηρ*.
	14 36	ἀββα ὁ *πατηρ*, παντα δυνατα σοι·
	15 21	και ἀγγαρευουσιν παραγοντα τινα σιμωνα κυρηναιον ἐρχομενον ἀπ ἀγρου, τον *πατερα* ἀλεξανδρου και ρουφου, ἱνα ἀρη τον σταυρον αὐτου.
Lc	1 17	και αὐτος προελευσεται ἐνωπιον αὐτου ἐν πνευματι και δυναμει ἡλιου, ἐπιστρεψαι καρδιας *πατερων* ἐπι τεκνα και ἀπειθεις ἐν φρονησει δικαιων, ἑτοιμασαι κυριω λαον κατεσκευασμενον.
	32	και δωσει αὐτω κυριος ὁ θεος τον θρονον δαυιδ του *πατρος* αὐτου,
	55	ἀντελαβετο ἰσραηλ παιδος αὐτου, μνησθηναι ἐλεους, καθως ἐλαλησεν προς τους *πατερας* ἡμων,
	59	και ἐγενετο ἐν τη ἡμερα τη ὀγδοη ἡλθον περιτεμειν το παιδιον, και ἐκαλουν αὐτο ἐπι τω ὀνοματι του *πατρος* αὐτου ζαχαριαν.
	62	ἐνενευον δε τω *πατρι* αὐτου το τί ἀν θελοι καλεισθαι αὐτο.
	67	και ζαχαριας ὁ *πατηρ* αὐτου ἐπλησθη πνευματος ἁγιου και ἐπροφητευσεν λεγων·
	72	ποιησαι ἐλεος μετα των *πατερων* ἡμων και μνησθηναι διαθηκης ἁγιας αὐτου,
	73	ποιησαι ἐλεος μετα των *πατερων* ἡμων και μνησθηναι διαθηκης ἁγιας αὐτου, ὁρκον ὁν ὠμοσεν προς ἀβρααμ τον *πατερα* ἡμων,
	2 33	και ἡν ὁ *πατηρ* αὐτου και ἡ μητηρ θαυμαζοντες ἐπι τοις λαλουμενοις περι αὐτου.
	48	τεκνον, τί ἐποιησας ἡμιν οὑτως; ἰδου ὁ *πατηρ* σου καγω ὀδυνωμενοι ἐζητουμεν σε.
	49	τί ὁτι ἐζητειτε με; οὐκ ἠδειτε ὁτι ἐν τοις του *πατρος* μου δει εἰναι με;
	3 8	ποιησατε οὐν καρπους ἀξιους της μετανοιας· και μη ἀρξησθε λεγειν ἐν ἑαυτοις· *πατερα* ἐχομεν τον ἀβρααμ·
	6 23	κατα τα αὐτα γαρ ἐποιουν τοις προφηταις οἱ *πατερες* αὐτων.
	26	οὐαι ὁταν καλως εἰπωσιν ὑμας παντες οἱ ἀνθρωποι· κατα τα αὐτα γαρ ἐποιουν τοις ψευδοπροφηταις οἱ *πατερες* αὐτων.
	36	γινεσθε οἰκτιρμονες, καθως [και] ὁ *πατηρ* ὑμων οἰκτιρμων ἐστιν.
	8 51	ἐλθων δε εἰς την οἰκιαν οὐκ ἀφηκεν εἰσελθειν τινα συν αὐτω εἰ μη πετρον και ἰωαννην και ἰακωβον και τον *πατερα* της παιδος και την μητερα.
	9 26	ὁς γαρ ἀν ἐπαισχυνθη με και τους ἐμους λογους, τουτον ὁ υἱος του ἀνθρωπου ἐπαισχυνθησεται, ὁταν ἐλθη ἐν τη δοξη αὐτου και του *πατρος* και των ἁγιων ἀγγελων.
	42	και ἰασατο τον παιδα και ἀπεδωκεν αὐτον τω *πατρι* αὐτου.
	59	[κυριε] ἐπιτρεψον μοι ἀπελθοντι πρωτον θαψαι τον *πατερα* μου.
	10 21	ἐξομολογουμαι σοι, *πατερ*, κυριε του οὐρανου και της γης, ὁτι ἀπεκρυψας ταυτα ἀπο σοφων και συνετων, και ἀπεκαλυψας αὐτα νηπιοις·
	21	ναι, ὁ *πατηρ*, ὁτι οὑτως εὐδοκια ἐγενετο ἐμπροσθεν σου.
	22	παντα μοι παρεδοθη ὑπο του *πατρος* μου,
	22	και οὐδεις γινωσκει τίς ἐστιν ὁ υἱος εἰ μη ὁ *πατηρ*,
	22	και οὐδεις γινωσκει τίς ἐστιν ὁ υἱος εἰ μη ὁ πατηρ, και τίς ἐστιν ὁ *πατηρ* εἰ μη ὁ υἱος και ὡ ἐαν βουληται ὁ υἱος ἀποκαλυψαι.
	11 2	ὁταν προσευχησθε, λεγετε· *πατερ*, ἁγιασθητω το ὀνομα σου·
	11	τίνα δε ἐξ ὑμων τον *πατερα* αἰτησει ὁ υἱος ἰχθυν, και ἀντι ἰχθυος ὀφιν αὐτω ἐπιδωσει;
	13	εἰ οὐν ὑμεις πονηροι ὑπαρχοντες οἰδατε δοματα ἀγαθα διδοναι τοις τεκνοις ὑμων, ποσω μαλλον ὁ *πατηρ* [ὁ] ἐξ οὐρανου δωσει πνευμα ἁγιον τοις αἰτουσιν αὐτον.
	47	οὐαι ὑμιν, ὁτι οἰκοδομειτε τα μνημεια των προφητων, οἱ δε *πατερες* ὑμων ἀπεκτειναν αὐτους.
	48	ἀρα μαρτυρες ἐστε και συνευδοκειτε τοις ἐργοις των *πατερων* ὑμων,
	12 30	ὑμων δε ὁ *πατηρ* οἰδεν ὁτι χρηζετε τουτων·
	32	μη φοβου, το μικρον ποιμνιον· ὁτι εὐδοκησεν ὁ *πατηρ* ὑμων δουναι ὑμιν την βασιλειαν.
	53	*πατηρ* ἐπι υἱω και υἱος ἐπι πατρι,
	53	πατηρ ἐπι υἱω και υἱος ἐπι *πατρι*,
	14 26	εἰ τις ἐρχεται προς με και οὐ μισει τον *πατερα* ἑαυτου

πατηρ [414]

Lc	15 12	και εἰπεν ὁ νεωτερος αὐτων τω *πατρι·* πατερ, δος μοι το ἐπιβαλλον μερος της οὐσιας.
	12	*πατερ*, δος μοι το ἐπιβαλλον μερος της οὐσιας.
	17	ποσοι μισθιοι του *πατρος* μου περισσευονται ἀρτων, ἐγω δε λιμω ὡδε ἀπολλυμαι.
	18	ἀναστας πορευσομαι προς τον *πατερα* μου και ἐρω αὐτω·
	18	*πατερ*, ἡμαρτον εἰς τον οὐρανον και ἐνωπιον σου, οὐκετι εἰμι ἀξιος κληθηναι υἱος σου.
	20	και ἀναστας ἡλθεν προς τον *πατερα* ἑαυτου.
	20	ἐτι δε αὐτου μακραν ἀπεχοντος εἰδεν αὐτον ὁ *πατηρ* αὐτου και ἐσπλαγχνισθη,
	21	*πατερ*, ἡμαρτον εἰς τον οὐρανον και ἐνωπιον σου, οὐκετι εἰμι ἀξιος κληθηναι υἱος σου.
	22	εἰπεν δε ὁ *πατηρ* προς τους δουλους αὐτου· ταχυ ἐξενεγκατε στολην την πρωτην και ἐνδυσατε αὐτον,
	27	ὁ δε εἰπεν αὐτω ὁτι ὁ ἀδελφος σου ἡκει, και ἐθυσεν ὁ *πατηρ* σου τον μοσχον τον σιτευτον, ὁτι ὑγιαινοντα αὐτον ἀπελαβεν.
	28	ὁ δε *πατηρ* αὐτου ἐξελθων παρεκαλει αὐτον.
	29	ὁ δε ἀποκριθεις εἰπεν τω *πατρι* αὐτου· ἰδου τοσαυτα ἐτη δουλευω σοι και οὐδεποτε ἐντολην σου παρηλθον,
	16 24	*πατερ* ἀβρααμ, ἐλεησον με και πεμψον λαζαρον ἱνα βαψη το ἀκρον του δακτυλου αὐτου ὑδατος και καταψυξη την γλωσσαν μου,
	27	ἐρωτω σε οὐν, *πατερ*, ἱνα πεμψης αὐτον εἰς τον οἰκον του πατρος μου·
	27	ἐρωτω σε οὐν, πατερ, ἱνα πεμψης αὐτον εἰς τον οἰκον του *πατρος* μου·
	30	οὐχι, *πατερ* ἀβρααμ, ἀλλ ἐαν τις ἀπο νεκρων πορευθη προς αὐτους, μετανοησουσιν.
	18 20	μη μοιχευσης, μη φονευσης, μη κλεψης, μη ψευδομαρτυρησης, τιμα τον *πατερα* σου και την μητερα.
	22 29	καγω διατιθεμαι ὑμιν καθως διεθετο μοι ὁ *πατηρ* μου βασιλειαν,
	42	*πατερ*, εἰ βουλει παρενεγκε τουτο το ποτηριον ἀπ ἐμου·
	23 34	[*πατερ*, ἀφες αὐτοις· οὐ γαρ οἰδασιν τί ποιουσιν].
	46	*πατερ*, εἰς χειρας σου παρατιθεμαι το πνευμα μου.
	24 49	και [ἰδου] ἐγω ἀποστελλω την ἐπαγγελιαν του *πατρος* μου ἐφ ὑμας·
Jh	1 14	δοξαν ὡς μονογενους παρα *πατρος*, πληρης χαριτος και ἀληθειας.
	18	μονογενης θεος ὁ ὠν εἰς τον κολπον του *πατρος*, ἐκεινος ἐξηγησατο.
	2 16	μη ποιειτε τον οἰκον του *πατρος* μου οἰκον ἐμποριου.
	3 35	ὁ *πατηρ* ἀγαπα τον υἱον,
	4 12	μη συ μειζων εἰ του *πατρος* ἡμων ἰακωβ,
	20	οἱ *πατερες* ἡμων ἐν τω ὀρει τουτω προσεκυνησαν·
	21	πιστευε μοι, γυναι, ὁτι ἐρχεται ὡρα ὁτε οὐτε ἐν τω ὀρει τουτω οὐτε ἐν ἱεροσολυμοις προσκυνησετε τω *πατρι*.
	23	ἀλλα ἐρχεται ὡρα και νυν ἐστιν, ὁτε οἱ ἀληθινοι προσκυνηται προσκυνησουσιν τω *πατρι* ἐν πνευματι και ἀληθεια·
	23	και γαρ ὁ *πατηρ* τοιουτους ζητει τους προσκυνουντας αὐτον·
	53	ἐγνω οὐν ὁ *πατηρ* ὁτι [ἐν] ἐκεινη τη ὡρα ἐν ἡ εἰπεν αὐτω ὁ ἰησους·
	5 17	ὁ *πατηρ* μου ἑως ἀρτι ἐργαζεται, καγω ἐργαζομαι·
	18	δια τουτο οὐν μαλλον ἐζητουν αὐτον οἱ ἰουδαιοι ἀποκτειναι, ὁτι οὐ μονον ἐλυεν το σαββατον, ἀλλα και *πατερα* ἰδιον ἐλεγεν τον θεον,
	19	ἐαν μη τι βλεπη τον *πατερα* ποιουντα·
	20	ὁ γαρ *πατηρ* φιλει τον υἱον και παντα δεικνυσιν αὐτω ἁ αὐτος ποιει,
	21	ὡσπερ γαρ ὁ *πατηρ* ἐγειρει τους νεκρους και ζωοποιει, οὑτως και ὁ υἱος οὑς θελει ζωοποιει.
	22	οὐδε γαρ ὁ *πατηρ* κρινει οὐδενα, ἀλλα την κρισιν πασαν δεδωκεν τω υἱω,
	23	ἀλλα την κρισιν πασαν δεδωκεν τω υἱω, ἱνα παντες τιμωσι τον υἱον καθως τιμωσι τον *πατερα*.
	23	ὁ μη τιμων τον υἱον οὐ τιμα τον *πατερα* τον πεμψαντα αὐτον.
	26	ὡσπερ γαρ ὁ *πατηρ* ἐχει ζωην ἐν ἑαυτω, οὑτως και τω υἱω ἐδωκεν ζωην ἐχειν ἐν ἑαυτω.
	36	τα γαρ ἐργα ἁ δεδωκεν μοι ὁ *πατηρ* ἱνα τελειωσω αὐτα, αὐτα τα ἐργα ἁ ποιω μαρτυρει περι ἐμου ὁτι ὁ *πατηρ* με ἀπεσταλκεν.
	36	τα γαρ ἐργα ἁ δεδωκεν μοι ὁ πατηρ ἱνα τελειωσω αὐτα, αὐτα τα ἐργα ἁ ποιω μαρτυρει περι ἐμου ὁτι ὁ *πατηρ* με ἀπεσταλκεν.
	37	και ὁ πεμψας με *πατηρ*, ἐκεινος μεμαρτυρηκεν περι ἐμου.
	43	ἐγω ἐληλυθα ἐν τω ὀνοματι του *πατρος* μου,

πατηρ [414]

Jh 5 45 μη δοκειτε ότι έγω κατηγορησω ύμων προς τον *πατερα·*

6 27 τουτον γαρ ό *πατηρ* έσφραγισεν ό θεος.

31 οἱ *πατερες* ἡμων το μαννα έφαγον έν τη έρημω,

32 άμην άμην λεγω ύμιν, ού μωυσης δεδωκεν ύμιν τον άρτον έκ του ουρανου, άλλ ό *πατηρ* μου διδωσιν ύμιν τον άρτον έκ του ουρανου τον άληθινον·

37 παν ό διδωσιν μοι ό *πατηρ* προς έμε ήξει,

40 τουτο γαρ έστιν το θελημα του *πατρος* μου, ίνα πας ό θεωρων τον υἱον και πιστευων εἰς αὐτον έχη ζωην αἰωνιον,

42 ούχ ούτος έστιν ίησους ό υἱος ίωσηφ, ού ἡμεις οίδαμεν τον *πατερα* και την μητερα;

44 ούδεις δυναται έλθειν προς με έαν μη ό *πατηρ* ό πεμψας με έλκυση αὐτον,

45 πας ό άκουσας παρα του *πατρος* και μαθων έρχεται προς έμε.

46 ούχ ότι τον *πατερα* έωρακεν τις, εἰ μη ό ών παρα του θεου, ούτος έωρακεν τον πατερα.

46 ούχ ότι τον πατερα έωρακεν τις, εἰ μη ό ών παρα του θεου, ούτος έωρακεν τον *πατερα.*

49 οἱ *πατερες* ύμων έφαγον έν τη έρημω το μαννα και άπεθανον·

57 καθως άπεστειλεν με ό ζων *πατηρ* καγω ζω δια τον πατερα,

57 καθως άπεστειλεν με ό ζων πατηρ καγω ζω δια τον *πατερα,*

58 ούτος έστιν ό άρτος ό έξ ουρανου καταβας, ού καθως έφαγον οἱ *πατερες* και άπεθανον·

65 δια τουτο είρηκα ύμιν ότι ούδεις δυναται έλθειν προς με έαν μη ή δεδομενον αὐτω έκ του *πατρος.*

7 22 δια τουτο μωυσης δεδωκεν ύμιν την περιτομην, ούχ ότι έκ του μωυσεως έστιν άλλ έκ των *πατερων,* και έν σαββατω περιτεμνετε άνθρωπον.

8 16 και έαν κρινω δε έγω, ή κρισις ή έμη άληθινη έστιν, ότι μονος ούκ είμι, άλλ έγω και ό πεμψας με *πατηρ.*

18 και μαρτυρει περι έμου ό πεμψας με *πατηρ.*

19 που έστιν ό *πατηρ* σου;

19 ούτε έμε οίδατε ούτε τον *πατερα* μου·

19 εἰ έμε ήδειτε, και τον *πατερα* μου άν ήδειτε.

27 ούκ έγνωσαν ότι τον *πατερα* αὐτοις έλεγεν.

28 και άπ έμαυτου ποιω ούδεν, άλλα καθως έδιδαξεν με ό *πατηρ,* ταυτα λαλω.

38 ά έγω έωρακα παρα τω *πατρι* λαλω·

38 και ύμεις ούν ά ήκουσατε παρα του *πατρος* ποιειτε.

39 ό *πατηρ* ἡμων άβρααμ έστιν.

41 ύμεις ποιειτε τα έργα του *πατρος* ύμων.

41 ἡμεις έκ πορνειας ού γεγεννημεθα, ένα *πατερα* έχομεν τον θεον.

42 εἰ ό θεος *πατηρ* ύμων ήν, ήγαπατε άν έμε·

44 ύμεις έκ του *πατρος* του διαβολου έστε και τας έπιθυμιας του πατρος ύμων θελετε ποιειν.

44 ύμεις έκ του πατρος του διαβολου έστε και τας έπιθυμιας του *πατρος* ύμων θελετε ποιειν.

44 όταν λαλη το ψευδος, έκ των ίδιων λαλει, ότι ψευστης έστιν και ό *πατηρ* αὐτου.

49 έγω δαιμονιον ούκ έχω, άλλα τιμω τον *πατερα* μου, και ύμεις άτιμαζετε με.

53 μη συ μειζων εἰ του *πατρος* ἡμων άβρααμ, όστις άπεθανεν;

54 έστιν ό *πατηρ* μου ό δοξαζων με, όν ύμεις λεγετε ότι θεος ἡμων έστιν,

56 άβρααμ ό *πατηρ* ύμων ήγαλλιασατο ίνα ίδη την ἡμεραν την έμην, και είδεν και έχαρη.

10 15 και γινωσκω τα έμα και γινωσκουσι με τα έμα, καθως γινωσκει με ό *πατηρ* καγω γινωσκω τον πατερα,

15 και γινωσκω τα έμα και γινωσκουσι με τα έμα, καθως γινωσκει με ό πατηρ καγω γινωσκω τον *πατερα,*

17 δια τουτο με ό *πατηρ* άγαπα ότι έγω τιθημι την ψυχην μου, ίνα παλιν λαβω αὐτην.

18 ταυτην την έντολην έλαβον παρα του *πατρος* μου.

25 τα έργα ά έγω ποιω έν τω όνοματι του *πατρος* μου, ταυτα μαρτυρει περι έμου·

29 ό *πατηρ* μου ό δεδωκεν μοι παντων μειζον έστιν,

29 και ούδεις δυναται άρπαζειν έκ της χειρος του *πατρος.*

30 έγω και ό *πατηρ* έν έσμεν.

32 πολλα έργα καλα έδειξα ύμιν έκ του *πατρος·*

36 όν ό *πατηρ* ήγιασεν και άπεστειλεν εἰς τον κοσμον ύμεις λεγετε ότι βλασφημεις,

37 εἰ ού ποιω τα έργα του *πατρος* μου, μη πιστευετε μοι·

38 τοις έργοις πιστευετε, ίνα γνωτε και γινωσκητε ότι έν έμοι ό *πατηρ* καγω έν τω πατρι.

38 τοις έργοις πιστευετε, ίνα γνωτε και γινωσκητε ότι έν έμοι ό *πατηρ* καγω έν τω πατρι.

11 41 *πατερ,* εύχαριστω σοι ότι ήκουσας μου.

12 26 έαν τις έμοι διακονη, τιμησει αὐτον ό *πατηρ.*

Jh 12 27 *πατερ,* σωσον με έκ της ώρας ταυτης.

28 *πατερ,* δοξασον σου το όνομα.

49 ότι έγω έξ έμαυτου ούκ έλαλησα, άλλ ό πεμψας με *πατηρ* αὐτος μοι έντολην δεδωκεν τί είπω και τί λαλησω.

50 ά ούν έγω λαλω, καθως είρηκεν μοι ό *πατηρ,* ούτως λαλω.

13 1 προ δε της έορτης του πασχα είδως ό ίησους ότι ήλθεν αὐτου ή ώρα ίνα μεταβη έκ του κοσμου τουτου προς τον *πατερα,*

3 είδως ότι παντα έδωκεν αὐτω ό *πατηρ* εἰς τας χειρας, και ότι άπο θεου έξηλθεν και προς τον θεον ύπαγει, έγειρεται έκ του δειπνου και τιθησιν τα ίματια,

14 2 έν τη οίκια του *πατρος* μου μοναι πολλαι είσιν·

6 ούδεις έρχεται προς τον *πατερα* εἰ μη δι έμου.

7 εἰ έγνωκατε με, και τον *πατερα* μου γνωσεσθε.

8 κυριε, δειξον ἡμιν τον *πατερα,* και άρκει ἡμιν.

9 ό έωρακως έμε έωρακεν τον *πατερα·*

9 πως συ λεγεις· δειξον ἡμιν τον *πατερα;*

10 ού πιστευεις ότι έγω έν τω *πατρι* και ό πατηρ έν έμοι έστιν;

10 ού πιστευεις ότι έγω έν τω πατρι και ό *πατηρ* έν έμοι έστιν;

10 ό δε *πατηρ* έν έμοι μενων ποιει τα έργα αὐτου.

11 πιστευετε μοι ότι έγω έν τω *πατρι* και ό πατηρ έν έμοι·

11 πιστευετε μοι ότι έγω έν τω πατρι και ό *πατηρ* έν έμοι·

12 και μειζονα τουτων ποιησει, ότι έγω προς τον *πατερα* πορευομαι·

13 και ότι άν αίτησητε έν τω όνοματι μου, τουτο ποιησω, ίνα δοξασθη ό *πατηρ* έν τω υἱω.

16 καγω έρωτησω τον *πατερα* και άλλον παρακλητον δωσει ύμιν, ίνα μεθ ύμων εἰς τον αἰωνα ή, το πνευμα της άληθειας,

20 έν έκεινη τη ἡμερα γνωσεσθε ύμεις ότι έγω έν τω *πατρι* μου και ύμεις έν έμοι καγω έν ύμιν.

21 ό δε άγαπων με άγαπηθησεται ύπο του *πατρος* μου,

23 έαν τις άγαπα με, τον λογον μου τηρησει, και ό *πατηρ* μου άγαπησει αὐτον,

24 και ό λογος όν άκουετε ούκ έστιν έμος άλλα του πεμψαντος με *πατρος.*

26 ό δε παρακλητος, το πνευμα το άγιον ό πεμψει ό *πατηρ* έν τω όνοματι μου, έκεινος ύμας διδαξει παντα και ύπομνησει ύμας παντα ά είπον ύμιν [έγω].

28 εἰ ήγαπατε με, έχαρητε άν ότι πορευομαι προς τον *πατερα,* ότι ό πατηρ μειζων μου έστιν.

28 εἰ ήγαπατε με, έχαρητε άν ότι πορευομαι προς τον πατερα, ότι ό *πατηρ* μειζων μου έστιν.

31 και έν έμοι ούκ έχει ούδεν, άλλ ίνα γνω ό κοσμος ότι άγαπω τον *πατερα,*

31 και καθως ένετειλατο μοι ό *πατηρ,* ούτως ποιω.

15 1 έγω είμι ή άμπελος ή άληθινη, και ό *πατηρ* μου ό γεωργος έστιν.

8 έν τουτω έδοξασθη ό *πατηρ* μου, ίνα καρπον πολυν φερητε και γενησθε έμοι μαθηται.

9 καθως ήγαπησεν με ό *πατηρ,* καγω ύμας ήγαπησα·

10 μενειτε έν τη άγαπη μου, καθως έγω τας έντολας του *πατρος* μου τετηρηκα και μενω αὐτου έν τη άγαπη.

15 ύμας δε είρηκα φιλους, ότι παντα ά ήκουσα παρα του *πατρος* μου έγνωρισα ύμιν.

16 και έθηκα ύμας ίνα ύμεις ύπαγητε και καρπον φερητε και ό καρπος ύμων μενη, ίνα ότι άν αίτησητε τον *πατερα* έν τω όνοματι μου δω ύμιν.

23 ό έμε μισων και τον *πατερα* μου μισει.

24 νυν δε και έωρακασιν και μεμισηκασιν και έμε και τον *πατερα* μου.

26 όταν έλθη ό παρακλητος όν έγω πεμψω ύμιν παρα του *πατρος,* το πνευμα της άληθειας ό παρα του πατρος έκπορευεται, έκεινος μαρτυρησει περι έμου·

26 όταν έλθη ό παρακλητος όν έγω πεμψω ύμιν παρα του πατρος, το πνευμα της άληθειας ό παρα του *πατρος* έκπορευεται, έκεινος μαρτυρησει περι έμου·

16 3 και ταυτα ποιησουσιν ότι ούκ έγνωσαν τον *πατερα* ούδε έμε.

10 περι δικαιοσυνης δε, ότι προς τον *πατερα* ύπαγω και ούκετι θεωρειτε με,

15 παντα όσα έχει ό *πατηρ* έμα έστιν·

17 τί έστιν τουτο ό λεγει ἡμιν· μικρον και ού θεωρειτε με, και παλιν μικρον και όψεσθε με; και· ότι ύπαγω προς τον *πατερα;*

23 άν τι αίτησητε τον *πατερα* έν τω όνοματι μου δωσει ύμιν.

25 έρχεται ώρα ότε ούκετι έν παροιμιαις λαλησω ύμιν, άλλα παρρησια περι του *πατρος* άπαγγελω ύμιν.

26 και ού λεγω ύμιν ότι έγω έρωτησω τον *πατερα* περι ύμων·

27 αὐτος γαρ ό *πατηρ* φιλει ύμας,

28 έξηλθον παρα του *πατρος* και έληλυθα εἰς τον κοσμον·

28 παλιν άφιημι τον κοσμον και πορευομαι προς τον *πατερα.*

πατηρ [414]

Jh	16 32	και ουκ ειμι μονος, οτι ό *πατηρ* μετ εμου εστιν.
	17 1	*πατερ*, εληλυθεν ή ωρα·
	5	και νυν δοξασον με συ, *πατερ*, παρα σεαυτω τη δοξη ή ειχον προ του τον κοσμον είναι παρα σοί.
	11	*πατερ* άγιε, τηρησον αύτους έν τω όνοματι σου ώ δεδωκας μοι, ίνα ώσιν έν καθως ήμεις.
	21	άλλα και περι των πιστευοντων δια του λογου αύτων είς έμε, ίνα παντες έν ώσιν, καθως συ, *πατερ*, έν έμοι καγω έν σοί,
	24	*πατερ*, ό δεδωκας μοι, θελω ίνα όπου είμι έγω κακεινοι ώσιν μετ έμου,
	25	*πατερ* δικαιε, και ό κοσμος σε ούκ έγνω,
	18 11	το ποτηριον ό δεδωκεν μοι ό *πατηρ*, ού μη πιω αύτο;
	20 17	μη μου άπτου, ούπω γαρ άναβεβηκα προς τον *πατερα*·
	17	άναβαινω προς τον *πατερα* μου και πατερα ύμων και θεον μου και θεον ύμων.
	17	άναβαινω προς τον πατερα μου και *πατερα* ύμων και θεον μου και θεον ύμων.
	21	καθως άπεσταλκεν με ό *πατηρ*, καγω πεμπω ύμας.
Ac	1 4	και συναλιζομενος παρηγγειλεν αύτοις άπο ίεροσολυμων μη χωριζεσθαι, άλλα περιμενειν την έπαγγελιαν του *πατρος* ήν ήκουσατε μου·
	7	ούχ ύμων έστιν γνωναι χρονους ή καιρους ούς ό *πατηρ* έθετο έν τη ίδια έξουσια,
	2 33	τη δεξια ούν του θεου ύψωθεις την τε έπαγγελιαν του πνευματος του άγιου λαβων παρα του *πατρος* έξεχεεν τουτο ό ύμεις [και] βλεπετε και άκουετε.
	3 13	ό θεος των *πατερων* ήμων, έδοξασεν τον παιδα αύτου ίησουν,
	25	ύμεις έστε οί υίοι των προφητων και της διαθηκης ής διεθετο ό θεος προς τους *πατερας* ύμων,
	4 25	ό του *πατρος* ήμων δια πνευματος άγιου στοματος δαυιδ παιδος σου είπων·
	5 30	ό θεος των *πατερων* ήμων ήγειρεν ίησουν, όν ύμεις διεχειρισασθε κρεμασαντες έπι ξυλου·
	7 2	άνδρες άδελφοι και *πατερες*, άκουσατε.
	2	ό θεος της δοξης ώφθη τω *πατρι* ήμων άβρααμ όντι έν τη μεσοποταμια πριν ή κατοικησαι αύτον έν χαρραν,
	4	κακειθεν μετα το άποθανειν τον *πατερα* αύτου μετωκισεν αύτον είς την γην ταυτην είς ήν ύμεις νυν κατοικειτε,
	11	και ούχ ηύρισκον χορτασματα οί *πατερες* ήμων.
	12	άκουσας δε ίακωβ όντα σιτια είς αίγυπτον έξαπεστειλεν τους *πατερας* ήμων πρωτον·
	14	άποστειλας δε ίωσηφ μετεκαλεσατο ίακωβ τον *πατερα* αύτου και πασαν την συγγενειαν έν ψυχαις έβδομηκονταπεντε.
	15	και έτελευτησεν αύτος και οί *πατερες* ήμων,
	19	ούτος κατασοφισαμενος το γενος ήμων έκακωσεν τους *πατερας* [ήμων] του ποιειν τα βρεφη έκθετα αύτων είς το μη ζωογονεισθαι.
	20	ός άνετραφη μηνας τρεις έν τω οίκω του *πατρος*·
	32	έγω ό θεος των *πατερων* σου, ό θεος άβρααμ και ίσαακ και ίακωβ.
	38	του λαλουντος αύτω έν τω όρει σινα και των *πατερων* ήμων,
	39	ώ ούκ ήθελησαν ύπηκοοι γενεσθαι οί *πατερες* ήμων,
	44	ή σκηνη του μαρτυριου ήν τοις *πατρασιν* ήμων έν τη έρημω,
	45	ήν και είσηγαγον διαδεξαμενοι οί *πατερες* ήμων μετα ίησου έν τη κατασχεσει των έθνων,
	45	ήν και είσηγαγον διαδεξαμενοι οί *πατερες* ήμων μετα ίησου έν τη κατασχεσει των έθνων, ών έξωσεν ό θεος άπο προσωπου των *πατερων* ήμων,
	51	σκληροτραχηλοι και άπεριτμητοι καρδιαις και τοις ώσιν, ύμεις άει τω πνευματι τω άγιω άντιπιπτετε, ώς οί *πατερες* ύμων και ύμεις.
	52	τινα των προφητων ούκ έδιωξαν οί *πατερες* ύμων;
	13 17	ό θεος του λαου τουτου ίσραηλ έξελεξατο τους *πατερας* ήμων,
	32	και ήμεις ύμας εύαγγελιζομεθα την προς τους *πατερας* έπαγγελιαν γενομενην,
	36	δαυιδ μεν γαρ ίδια γενεα ύπηρετησας τη του θεου βουλη έκοιμηθη και προσετεθη προς τους *πατερας* αύτου και είδεν διαφθοραν·
	15 10	νυν ούν τί πειραζετε τον θεον, έπιθειναι ζυγον έπι τον τραχηλον των μαθητων, όν ούτε οί *πατερες* ήμων ούτε ήμεις ίσχυσαμεν βαστασαι;
	16 1	τιμοθεος, υίος γυναικος ίουδαιας πιστης *πατρος* δε έλληνος, ός έμαρτυρειτο ύπο των έν λυστροις και ίκονιω άδελφων.
	3	ήδεισαν γαρ άπαντες ότι έλλην ό *πατηρ* αύτου ύπηρχεν.
	22 1	άνδρες άδελφοι και *πατερες*, άκουσατε μου της προς ύμας νυνι άπολογιας.
	14	ό θεος των *πατερων* ήμων προεχειρισατο σε γνωναι το θελημα αύτου

πατηρ [414]

Ac	26 6	και νυν έπ έλπιδι της είς τους *πατερας* ήμων έπαγγελιας γενομενης ύπο του θεου έστηκα κρινομενος,
	28 8	έγενετο δε τον *πατερα* του ποπλιου πυρετοις και δυσεντεριω συνεχομενον κατακεισθαι,
	25	είποντος του παυλου ρημα έν, ότι καλως το πνευμα το άγιον έλαλησεν δια ήσαιου του προφητου προς τους *πατερας* ύμων λεγων·
Rm	1 7	χαρις ύμιν και είρηνη άπο θεου *πατρος* ήμων και κυριου ίησου χριστου.
	4 11	είς το είναι αύτον *πατερα* παντων των πιστευοντων δι άκροβυστιας,
	12	και *πατερα* περιτομης τοις ούκ έκ περιτομης μονον άλλα και τοις στοιχουσιν τοις ίχνεσιν της έν άκροβυστια πιστεως του πατρος ήμων άβρααμ.
	12	και πατερα περιτομης τοις ούκ έκ περιτομης μονον άλλα και τοις στοιχουσιν τοις ίχνεσιν της έν άκροβυστια πιστεως του *πατρος* ήμων άβρααμ.
	16	ού τω έκ του νομου μονον άλλα και τω έκ πιστεως άβρααμ, ός έστιν *πατηρ* παντων ήμων,
	17	καθως γεγραπται ότι *πατερα* πολλων έθνων τεθεικα σε,
	18	ός παρ έλπιδα έπ έλπιδι έπιστευσεν, είς το γενεσθαι αύτον *πατερα* πολλων έθνων κατα το είρημενον·
	6 4	ίνα ώσπερ ήγερθη χριστος έκ νεκρων δια της δοξης του *πατρος*, ούτως και ήμεις έν καινοτητι ζωης περιπατησωμεν.
	8 15	άλλα έλαβετε πνευμα υίοθεσιας, έν ώ κραζομεν· άββα ό *πατηρ*.
	9 5	ών οί *πατερες*, και έξ ών ό χριστος το κατα σαρκα·
	10	ού μονον δε, άλλα και ρεβεκκα έξ ένος κοιτην έχουσα, ίσαακ του *πατρος* ήμων·
	11 28	κατα μεν το εύαγγελιον έχθροι δι ύμας, κατα δε την έκλογην άγαπητοι δια τους *πατερας*·
	15 6	ό δε θεος της ύπομονης και της παρακλησεως δωη ύμιν το αύτο φρονειν έν άλληλοις κατα χριστον ίησουν, ίνα όμοθυμαδον έν ένι στοματι δοξαζητε τον θεον και *πατερα* του κυριου ήμων ίησου χριστου.
	8	λεγω γαρ χριστον διακονον γεγενησθαι περιτομης ύπερ άληθειας θεου, είς το βεβαιωσαι τας έπαγγελιας των *πατερων*,
1Co	1 3	χαρις ύμιν και είρηνη άπο θεου *πατρος* ήμων και κυριου ίησου χριστου.
	4 15	έαν γαρ μυριους παιδαγωγους έχητε έν χριστω, άλλ ού πολλους *πατερας*·
	5 1	και τοιαυτη πορνεια ήτις ούδε έν τοις έθνεσιν, ώστε γυναικα τινα του *πατρος* έχειν.
	8 6	και γαρ είπερ είσιν λεγομενοι θεοι είτε έν ούρανω είτε έπι γης, ώσπερ είσιν θεοι πολλοι και κυριοι πολλοι, άλλ ήμιν είς θεος ό *πατηρ*,
	10 1	ού θελω γαρ ύμας άγνοειν, άδελφοι, ότι οί *πατερες* ήμων παντες ύπο την νεφελην ήσαν
	15 24	είτα το τελος, όταν παραδιδω την βασιλειαν τω θεω και *πατρι*,
2Co	1 2	χαρις ύμιν και είρηνη άπο θεου *πατρος* ήμων και κυριου ίησου χριστου.
	3	εύλογητος ό θεος και *πατηρ* του κυριου ήμων ίησου χριστου,
	3	εύλογητος ό θεος και πατηρ του κυριου ήμων ίησου χριστου, ό *πατηρ* των οίκτιρμων και θεος πασης παρακλησεως·
	6 18	και έσομαι ύμιν είς *πατερα*, και ύμεις έσεσθε μοι είς υίους και θυγατερας,
	11 31	ό θεος και *πατηρ* του κυριου ίησου οίδεν,
Ga	1 1	παυλος άποστολος, ούκ άπ άνθρωπων ούδε δι άνθρωπου άλλα δια ίησου χριστου και θεου *πατρος* του έγειραντος αύτον έκ νεκρων,
	3	χαρις ύμιν και είρηνη άπο θεου *πατρος* ήμων και κυριου ίησου χριστου,
	4	όπως έξεληται ήμας έκ του αίωνος του ένεστωτος πονηρου κατα το θελημα του θεου και *πατρος* ήμων,
	4 2	ούδεν διαφερει δουλου κυριος παντων ών, άλλα ύπο έπιτροπους έστιν και οίκονομους άχρι της προθεσμιας του *πατρος*.
	6	έξαπεστειλεν ό θεος το πνευμα του υίου αύτου είς τας καρδιας ήμων, κραζον· άββα ό *πατηρ*.
Eph	1 2	χαρις ύμιν και είρηνη άπο θεου *πατρος* ήμων και κυριου ίησου χριστου.
	3	εύλογητος ό θεος και *πατηρ* του κυριου ήμων ίησου χριστου,
	17	ίνα ό θεος του κυριου ήμων ίησου χριστου, ό *πατηρ* της δοξης, δωη ύμιν πνευμα σοφιας και άποκαλυψεως έν έπιγνωσει αύτου,
	2 18	ότι δι αύτου έχομεν την προσαγωγην οί άμφοτεροι έν ένι πνευματι προς τον *πατερα*.
	3 14	τουτου χαριν καμπτω τα γονατα μου προς τον *πατερα*,

πατηρ [414]

Eph	4 6	εἰς θεος και *πατηρ* παντων,
	5 20	εὐχαριστουντες παντοτε ὑπερ παντων ἐν ὀνοματι του κυριου ἡμων ἰησου χριστου τω θεω και *πατρι*,
	31	ἀντι τουτου καταλειψει ἀνθρωπος [τον] *πατερα* και [την] μητερα και προσκολληθησεται προς την γυναικα αὐτου,
	6 2	τιμα τον *πατερα* σου και την μητερα,
	4	και οἱ *πατερες*, μη παροργιζετε τα τεκνα ὑμων,
	23	εἰρηνη τοις ἀδελφοις και ἀγαπη μετα πιστεως ἀπο θεου *πατρος* και κυριου ἰησου χριστου.
Php	1 2	χαρις ὑμιν και εἰρηνη ἀπο θεου *πατρος* ἡμων και κυριου ἰησου χριστου.
	2 11	και πασα γλωσσα ἐξομολογησηται ὅτι κυριος ἰησους χριστος εἰς δοξαν θεου *πατρος*.
	22	την δε δοκιμην αὐτου γινωσκετε, ὅτι ὡς *πατρι* τεκνον συν ἐμοι ἐδουλευσεν εἰς το εὐαγγελιον.
	4 20	τω δε θεω και *πατρι* ἡμων ἡ δοξα εἰς τους αἰωνας των αἰωνων· ἀμην.
Col	1 2	χαρις ὑμιν και εἰρηνη ἀπο θεου *πατρος* ἡμων.
	3	εὐχαριστουμεν τω θεω *πατρι* του κυριου ἡμων ἰησου χριστου παντοτε περι ὑμων προσευχομενοι,
	12	μετα χαρας εὐχαριστουντες τω *πατρι* τω ἱκανωσαντι ὑμας εἰς την μεριδα του κληρου των ἁγιων ἐν τω φωτι·
	3 17	εὐχαριστουντες τω θεω *πατρι* δι αὐτου.
	21	οἱ *πατερες*, μη ἐρεθιζετε τα τεκνα ὑμων,
1Th	1 1	παυλος και σιλουανος και τιμοθεος τη ἐκκλησια θεσσαλονικεων ἐν θεω *πατρι* και κυριω ἰησου χριστω·
	3	ἐμπροσθεν του θεου και *πατρος* ἡμων,
	2 11	καθαπερ οἰδατε ὡς ἑνα ἑκαστον ὑμων ὡς *πατηρ* τεκνα ἑαυτου παρακαλουντες ὑμας
	3 11	αὐτος δε ὁ θεος και *πατηρ* ἡμων και ὁ κυριος ἡμων ἰησους κατευθυναι την ὁδον ἡμων προς ὑμας·
	13	ἐμπροσθεν του θεου και *πατρος* ἡμων ἐν τη παρουσια του κυριου ἡμων ἰησου μετα παντων των ἁγιων αὐτου.
2Th	1 1	παυλος και σιλουανος και τιμοθεος τη ἐκκλησια θεσσαλονικεων ἐν θεω *πατρι* ἡμων και κυριω ἰησου χριστω·
	2	χαρις ὑμιν και εἰρηνη ἀπο θεου *πατρος* [ἡμων] και κυριου ἰησου χριστου.
	2 16	αὐτος δε ὁ κυριος ἡμων ἰησους χριστος και [ὁ] θεος ὁ *πατηρ* ἡμων,
1Tm	1 2	χαρις, ἐλεος, εἰρηνη ἀπο θεου *πατρος* και χριστου ἰησου του κυριου ἡμων.
	5 1	πρεσβυτερω μη ἐπιπληξης, ἀλλα παρακαλει ὡς *πατερα*,
2Tm	1 2	χαρις, ἐλεος, εἰρηνη ἀπο θεου *πατρος* και χριστου ἰησου του κυριου ἡμων.
Tit	1 4	χαρις και εἰρηνη ἀπο θεου *πατρος* και χριστου ἰησου του σωτηρος ἡμων.
Phm	3	χαρις ὑμιν και εἰρηνη ἀπο θεου *πατρος* ἡμων και κυριου ἰησου χριστου.
Heb	1 1	πολυμερως και πολυτροπως παλαι ὁ θεος λαλησας τοις *πατρασιν* ἐν τοις προφηταις ἐπ ἐσχατου των ἡμερων τουτων ἐλαλησεν ἡμιν ἐν υἱω,
	5	ἐγω ἐσομαι αὐτω εἰς *πατερα*, και αὐτος ἐσται μοι εἰς υἱον;
	3 9	μη σκληρυνητε τας καρδιας ὑμων ὡς ἐν τω παραπικρασμω κατα την ἡμεραν του πειρασμου ἐν τη ἐρημω, οὐ ἐπειρασαν οἱ *πατερες* ὑμων ἐν δοκιμασια
	7 10	ἐτι γαρ ἐν τη ὀσφυι του *πατρος* ἡν ὁτε συνηντησεν αὐτω μελχισεδεκ.
	8 9	οὐ κατα την διαθηκην ἡν ἐποιησα τοις *πατρασιν* αὐτων ἐν ἡμερα ἐπιλαβομενου μου της χειρος αὐτων ἐξαγαγειν αὐτους ἐκ γης αἰγυπτου,
	11 23	πιστει μωυσης γεννηθεις ἐκρυβη τριμηνον ὑπο των *πατερων* αὐτου,
	12 7	τις γαρ υἱος ὁν οὐ παιδευει *πατηρ*;
	9	εἰτα τους μεν της σαρκος ἡμων *πατερας* εἰχομεν παιδευτας και ἐνετρεπομεθα·
	9	οὐ πολυ [δε] μαλλον ὑποταγησομεθα τω *πατρι* των πνευματων και ζησομεν;
Ja	1 17	πασα δοσις ἀγαθη και παν δωρημα τελειον ἀνωθεν ἐστιν καταβαινον ἀπο του *πατρος* των φωτων,
	27	θρησκεια καθαρα και ἀμιαντος παρα τω θεω και *πατρι* αὐτη ἐστιν,
	2 21	ἀβρααμ ὁ *πατηρ* ἡμων οὐκ ἐξ ἐργων ἐδικαιωθη, ἀνενεγκας ἰσαακ τον υἱον αὐτου ἐπι το θυσιαστηριον;
	3 9	ἐν αὐτη εὐλογουμεν τον κυριον και *πατερα*,
1Pt	1 2	κατα προγνωσιν θεου *πατρος*, ἐν ἁγιασμω πνευματος,
	3	εὐλογητος ὁ θεος και *πατηρ* του κυριου ἡμων. ἰησου χριστου,
	17	και εἰ *πατερα* ἐπικαλεισθε τον ἀπροσωπολημπτως κρινοντα κατα το ἑκαστου ἐργον, ἐν φοβω τον της παροικιας ὑμων χρονον ἀναστραφητε,

πατηρ [414]

2Pt	1 17	λαβων γαρ παρα θεου *πατρος* τιμην και δοξαν φωνης ἐνεχθεισης αὐτω τοιασδε ὑπο της μεγαλοπρεπους δοξης·
	3 4	ἀφ ἡς γαρ οἱ *πατερες* ἐκοιμηθησαν, παντα οὑτως διαμενει ἀπ ἀρχης κτισεως.
1Jh	1 2	και ἀπαγγελλομεν ὑμιν την ζωην την αἰωνιον, ἡτις ἡν προς τον *πατερα* και ἐφανερωθη ἡμιν,
	3	και ἡ κοινωνια δε ἡ ἡμετερα μετα του *πατρος* και μετα του υἱου αὐτου ἰησου χριστου.
	2 1	και ἐαν τις ἁμαρτη, παρακλητον ἐχομεν προς τον *πατερα*,
	13	γραφω ὑμιν, *πατερες*, ὁτι ἐγνωκατε τον ἀπ ἀρχης.
	14	ἐγραψα ὑμιν, παιδια, ὁτι ἐγνωκατε τον *πατερα*.
	14	ἐγραψα ὑμιν, *πατερες*, ὁτι ἐγνωκατε τον ἀπ ἀρχης.
	15	ἐαν τις ἀγαπα τον κοσμον, οὐκ ἐστιν ἡ ἀγαπη του *πατρος* ἐν αὐτω·
	16	ὁτι παν το ἐν τω κοσμω, ἡ ἐπιθυμια της σαρκος και ἡ ἐπιθυμια των ὀφθαλμων και ἡ ἀλαζονεια του βιου, οὐκ ἐστιν ἐκ του *πατρος*,
	22	οὑτος ἐστιν ὁ ἀντιχριστος, ὁ ἀρνουμενος τον *πατερα* και τον υἱον.
	23	πας ὁ ἀρνουμενος τον υἱον οὐδε τον *πατερα* ἐχει·
	23	ὁ ὁμολογων τον υἱον και τον *πατερα* ἐχει.
	24	ἐαν ἐν ὑμιν μεινη ὁ ἀπ ἀρχης ἡκουσατε, και ὑμεις ἐν τω υἱω και ἐν τω *πατρι* μενειτε.
	3 1	ἰδετε ποταπην ἀγαπην δεδωκεν ἡμιν ὁ *πατηρ* ἱνα τεκνα θεου κληθωμεν, και ἐσμεν.
	4 14	και ἡμεις τεθεαμεθα και μαρτυρουμεν ὁτι ὁ *πατηρ* ἀπεσταλκεν τον υἱον σωτηρα του κοσμου.
2Jh	3	ἐσται μεθ ἡμων χαρις ἐλεος εἰρηνη παρα θεου *πατρος*,
	3	ἐσται μεθ ἡμων χαρις ἐλεος εἰρηνη παρα θεου πατρος, και παρα ἰησου χριστου του υἱου του *πατρος*,
	4	ἐχαρην λιαν ὁτι εὑρηκα ἐκ των τεκνων σου περιπατουντας ἐν ἀληθεια, καθως ἐντολην ἐλαβομεν παρα του *πατρος*.
	9	ὁ μενων ἐν τη διδαχη, οὑτος και τον *πατερα* και τον υἱον ἐχει.
Ju	1	τοις ἐν θεω *πατρι* ἠγαπημενοις και ἰησου χριστω τετηρημενοις κλητοις,
Apc	1 6	και ἐποιησεν ἡμας βασιλειαν, ἱερεις τω θεω και *πατρι* αὐτου,
	2 28	ὡς καγω εἰληφα παρα του *πατρος* μου,
	3 5	και ὁμολογησω το ὀνομα αὐτου ἐνωπιον του *πατρος* μου και ἐνωπιον των ἀγγελων αὐτου.
	21	ὁ νικων, δωσω αὐτω καθισαι μετ ἐμου ἐν τω θρονω μου, ὡς καγω ἐνικησα και ἐκαθισα μετα του *πατρος* μου ἐν τω θρονω αὐτου.
	14 1	και μετ αὐτου ἑκατοντεσσερακοντατεσσαρες χιλιαδες ἐχουσαι το ὀνομα αὐτου και το ὀνομα του *πατρος* αὐτου γεγραμμενον ἐπι των μετωπων αὐτων.

πατμος [1]

Apc	1 9	ἐγενομην ἐν τη νησω τη καλουμενη *πατμω* δια τον λογον του θεου και την μαρτυριαν ἰησου.

πατρια [3]

Lc	2 4	ἀνεβη δε και ἰωσηφ ἀπο της γαλιλαιας ἐκ πολεως ναζαρεθ εἰς την ἰουδαιαν εἰς πολιν δαυιδ ἡτις καλειται βηθλεεμ, δια το εἰναι αὐτον ἐξ οἰκου και *πατριας* δαυιδ,
Ac	3 25	και ἐν τω σπερματι σου [ἐν]ευλογηθησονται πασαι αἱ *πατριαι* της γης.
Eph	3 15	τουτου χαριν καμπτω τα γονατα μου προς τον πατερα, ἐξ οὑ πασα *πατρια* ἐν οὐρανοις και ἐπι γης ὀνομαζεται,

πατριαρχης [4]

Ac	2 29	ἀνδρες ἀδελφοι, ἐξον εἰπειν μετα παρρησιας προς ὑμας περι του *πατριαρχου* δαυιδ,
	7 8	και οὑτως ἐγεννησεν τον ἰσαακ και περιετεμεν αὐτον τη ἡμερα τη ὀγδοη, και ἰσαακ τον ἰακωβ, και ἰακωβ τους δωδεκα *πατριαρχας*.
	9	και οἱ *πατριαρχαι* ζηλωσαντες τον ἰωσηφ ἀπεδοντο εἰς αἰγυπτον·
Heb	7 4	θεωρειτε δε πηλικος οὑτος, ὡ [και] δεκατην ἀβρααμ ἐδωκεν ἐκ των ἀκροθινιων ὁ *πατριαρχης*.

πατρικος [1]

Ga	1 14	περισσοτερως ζηλωτης ὑπαρχων των *πατρικων* μου παραδοσεων.

πατρις [8]

Mt 13 54 και ελθων εις την *πατριδα* αυτου εδιδασκεν αυτους εν τη
           συναγωγη αυτων,
       57 ουκ εστιν προφητης ατιμος ει μη εν τη *πατριδι* και εν τη
           οικια αυτου.
Mc   6 1 και εξηλθεν εκειθεν, και ερχεται εις την *πατριδα* αυτου,
        4 και ελεγεν αυτοις ο ιησους οτι ουκ εστιν προφητης ατιμος ει
           μη εν τη *πατριδι* αυτου και εν τοις συγγενευσιν αυτου και εν
           τη οικια αυτου.
Lc   4 23 οσα ηκουσαμεν γενομενα εις την καφαρναουμ, ποιησον και
           ωδε εν τη *πατριδι* σου.
       24 αμην λεγω υμιν οτι ουδεις προφητης δεκτος εστιν εν τη
           πατριδι αυτου.
Jh   4 44 αυτος γαρ ιησους εμαρτυρησεν οτι προφητης εν τη ιδια
           πατριδι τιμην ουκ εχει.
Heb 11 14 οι γαρ τοιαυτα λεγοντες εμφανιζουσιν οτι *πατριδα*
           επιζητουσιν.

πατροβας [1]

Rm 16 14 ασπασασθε ασυγκριτον, φλεγοντα, ερμην, *πατροβαν*, ερμαν,
           και τους συν αυτοις αδελφους.

πατρολωας [1]

1Tm 1 9 *πατρολωαις* και μητρολωαις, ανδροφονοις,

πατροπαραδοτος [1]

1Pt 1 18 ειδοτες οτι ου φθαρτοις, αργυριω η χρυσιω, ελυτρωθητε εκ
           της ματαιας υμων αναστροφης *πατροπαραδοτου*, αλλα τιμιω
           αιματι ως αμνου αμωμου και ασπιλου χριστου,

πατρωος [3]

Ac 22 3 ανατεθραμμενος δε εν τη πολει ταυτη, παρα τους ποδας
           γαμαλιηλ πεπαιδευμενος κατα ακριβειαν του *πατρωου* νομου,
    24 14 ομολογω δε τουτο σοι, οτι κατα την οδον ην λεγουσιν
           αιρεσιν ουτως λατρευω τω *πατρωω* θεω,
    28 17 εγω, ανδρες αδελφοι, ουδεν εναντιον ποιησας τω λαω η τοις
           εθεσι τοις *πατρωοις*,

παυλος [158]

Ac 13 7 ω ονομα βαριησου, ος ην συν τω ανθυπατω σεργιω *παυλω*,
        9 σαυλος δε, ο και *παυλος*, πλησθεις πνευματος αγιου ατενισας
           εις αυτον ειπεν·
       13 αναχθεντες δε απο της παφου οι περι *παυλον* ηλθον εις
           περγην της παμφυλιας·
       16 αναστας δε *παυλος* και κατασεισας τη χειρι ειπεν·
       43 λυθεισης δε της συναγωγης ηκολουθησαν πολλοι των
           ιουδαιων και των σεβομενων προσηλυτων τω *παυλω* και τω
           βαρναβα,
       45 ιδοντες δε οι ιουδαιοι τους οχλους επλησθησαν ζηλου, και
           αντελεγον τοις υπο *παυλου* λαλουμενοις βλασφημουντες.
       46 παρρησιασαμενοι τε ο *παυλος* και ο βαρναβας ειπαν·
       50 οι δε ιουδαιοι παρωτρυναν τας σεβομενας γυναικας τας
           ευσχημονας και τους πρωτους της πολεως, και επηγειραν
           διωγμον επι τον *παυλον* και βαρναβαν,
    14 9 ουτος ηκουσεν του *παυλου* λαλουντος·
       11 οι τε οχλοι ιδοντες ο εποιησεν *παυλος* επηραν την φωνην
           αυτων λυκαονιστι λεγοντες·
       12 εκαλουν τε τον βαρναβαν δια, τον δε *παυλον* ερμην,
       14 ακουσαντες δε οι αποστολοι βαρναβας και *παυλος*,
           διαρρηξαντες τα ιματια αυτων εξεπηδησαν εις τον οχλον,
           κραζοντες και λεγοντες·
       19 επηλθαν δε απο αντιοχειας και ικονιου ιουδαιοι, και
           πεισαντες τους οχλους και λιθασαντες τον *παυλον* εσυρον
           εξω της πολεως,
    15 2 γενομενης δε στασεως και ζητησεως ουκ ολιγης τω *παυλω*
           και τω βαρναβα προς αυτους, εταξαν αναβαινειν *παυλον* και
           βαρναβαν
        2 γενομενης δε στασεως και ζητησεως ουκ ολιγης τω *παυλω*
           και τω βαρναβα προς αυτους, εταξαν αναβαινειν *παυλον* και
           βαρναβαν
       12 εσιγησεν δε παν το πληθος, και ηκουον βαρναβα και *παυλου*
           εξηγουμενων οσα εποιησεν ο θεος σημεια και τερατα εν τοις
           εθνεσιν δι αυτων.

παυλος [158]

Ac 15 22 τοτε εδοξε τοις αποστολοις και τοις πρεσβυτεροις συν ολη τη
           εκκλησια εκλεξαμενοις ανδρας εξ αυτων πεμψαι εις
           αντιοχειαν συν τω *παυλω* και βαρναβα,
       25 εδοξεν ημιν γενομενοις ομοθυμαδον, εκλεξαμενοις ανδρας
           πεμψαι προς υμας συν τοις αγαπητοις ημων βαρναβα και
           παυλω,
       35 *παυλος* δε και βαρναβας διετριβον εν αντιοχεια,
       36 μετα δε τινας ημερας ειπεν προς βαρναβαν *παυλος*·
           επιστρεψαντες δη επισκεψωμεθα τους αδελφους κατα πολιν
           πασαν
       38 *παυλος* δε ηξιου, τον αποσταντα απ αυτων απο παμφυλιας
           και μη συνελθοντα αυτοις εις το εργον, μη
           συμπαραλαμβανειν τουτον.
       40 *παυλος* δε επιλεξαμενος σιλαν εξηλθεν, παραδοθεις τη χαριτι
           του κυριου υπο των αδελφων·
    16 3 τουτον ηθελησεν ο *παυλος* συν αυτω εξελθειν,
        9 και οραμα δια [της] νυκτος τω *παυλω* ωφθη,
       14 ης ο κυριος διηνοιξεν την καρδιαν προσεχειν τοις
           λαλουμενοις υπο του *παυλου*.
       17 αυτη κατακολουθουσα τω *παυλω* και ημιν εκραζεν λεγουσα·
       18 διαπονηθεις δε *παυλος* και επιστρεψας τω πνευματι ειπεν·
       19 ιδοντες δε οι κυριοι αυτης οτι εξηλθεν η ελπις της εργασιας
           αυτων, επιλαβομενοι τον *παυλον* και τον σιλαν ειλκυσαν εις
           την αγοραν επι τους αρχοντας,
       25 κατα δε το μεσονυκτιον *παυλος* και σιλας προσευχομενοι
           υμνουν τον θεον, επηκροωντο δε αυτων οι δεσμιοι·
       28 εφωνησεν δε μεγαλη φωνη [ο] *παυλος* λεγων·
       29 αιτησας δε φωτα εισεπηδησεν, και εντρομος γενομενος
           προσεπεσεν τω *παυλω* και [τω] σιλα,
       36 απηγγειλεν δε ο δεσμοφυλαξ τους λογους [τουτους] προς τον
           παυλον,
       37 ο δε *παυλος* εφη προς αυτους·
    17 2 κατα δε το ειωθος τω *παυλω* εισηλθεν προς αυτους,
        4 και τινες εξ αυτων επεισθησαν και προσεκληρωθησαν τω
           παυλω και τω σιλα,
       10 οι δε αδελφοι ευθεως δια νυκτος εξεπεμψαν τον τε *παυλον*
           και τον σιλαν εις βεροιαν,
       13 ως δε εγνωσαν οι απο της θεσσαλονικης ιουδαιοι οτι και εν
           τη βεροια κατηγγελη υπο του *παυλου* ο λογος του θεου,
           ηλθον κακει σαλευοντες και ταρασσοντες τους οχλους.
       14 ευθεως δε τοτε τον *παυλον* εξαπεστειλαν οι αδελφοι
           πορευεσθαι εως επι την θαλασσαν·
       15 οι δε καθιστανοντες τον *παυλον* ηγαγον εως αθηνων,
       16 εν δε ταις αθηναις εκδεχομενου αυτους του *παυλου*,
           παρωξυνετο το πνευμα αυτου εν αυτω θεωρουντος
           κατειδωλον ουσαν την πολιν.
       22 σταθεις δε [ο] *παυλος* εν μεσω του αρειουπαγου εφη·
       33 ουτως ο *παυλος* εξηλθεν εκ μεσου αυτων.
    18 5 ως δε κατηλθον απο της μακεδονιας ο τε σιλας και ο
           τιμοθεος, συνειχετο τω λογω ο *παυλος*,
        9 ειπεν δε ο κυριος εν νυκτι δι οραματος τω *παυλω*· μη φοβου,
           αλλα λαλει και μη σιωπησης,
       12 γαλλιωνος δε ανθυπατου οντος της αχαιας κατεπεστησαν
           ομοθυμαδον οι ιουδαιοι τω *παυλω*
       14 μελλοντος δε του *παυλου* ανοιγειν το στομα ειπεν ο γαλλιων
           προς τους ιουδαιους·
       18 ο δε *παυλος* ετι προσμεινας ημερας ικανας, τοις αδελφοις
           αποταξαμενος εξεπλει εις την συριαν,
    19 1 εγενετο δε εν τω τον απολλω ειναι εν κορινθω *παυλον*
           διελθοντα τα ανωτερικα μερη [κατ]ελθειν εις εφεσον και
           ευρειν τινας μαθητας,
        4 ειπεν δε *παυλος*· ιωαννης εβαπτισεν βαπτισμα μετανοιας,
        6 και επιθεντος αυτοις του *παυλου* [τας] χειρας ηλθε το πνευμα
           το αγιον επ αυτους,
       11 δυναμεις τε ου τας τυχουσας ο θεος εποιει δια των χειρων
           παυλου,
       13 ορκιζω υμας τον ιησουν ον *παυλος* κηρυσσει.
       15 τον [μεν] ιησουν γινωσκω και τον *παυλον* επισταμαι· υμεις δε
           τινες εστε;
       21 ως δε επληρωθη ταυτα, εθετο ο *παυλος* εν τω πνευματι
           διελθων την μακεδονιαν και αχαιαν πορευεσθαι εις
           ιεροσολυμα,
       26 και θεωρειτε και ακουετε οτι ου μονον εφεσου αλλα σχεδον
           πασης της ασιας ο *παυλος* ουτος πεισας μετεστησεν ικανον
           οχλον,
       29 ωρμησαν τε ομοθυμαδον εις το θεατρον, συναρπασαντες
           γαιον και αρισταρχον μακεδονας, συνεκδημους *παυλου*.
       30 *παυλου* δε βουλομενου εισελθειν εις τον δημον ουκ ειων
           αυτον οι μαθηται·

παυλος [158]

Ac 20 1 μετα δε το παυσασθαι τον θορυβον μεταπεμψαμενος ὁ *παυλος* τους μαθητας και παρακαλεσας, ἀσπασαμενος ἐξηλθεν πορευεσθαι εἰς μακεδονιαν.

7 ἐν δε τῇ μιᾳ των σαββατων συνηγμενων ἡμων κλασαι ἀρτον ὁ *παυλος* διελεγετο αὐτοις,

9 καθεζομενος δε τις νεανιας ὀνοματι εὐτυχος ἐπι της θυριδος, καταφερομενος ὑπνῳ βαθει, διαλεγομενου του *παυλου* ἐπι πλειον,

10 καταβας δε ὁ *παυλος* ἐπεπεσεν αὐτῳ και συμπεριλαβων εἰπεν·

13 ἡμεις δε προελθοντες ἐπι το πλοιον ἀνηχθημεν ἐπι την ἀσσον, ἐκειθεν μελλοντες ἀναλαμβανειν τον *παυλον*·

16 κεκρικει γαρ ὁ *παυλος* παραπλευσαι την ἐφεσον, ὁπως μη γενηται αὐτῳ χρονοτριβησαι ἐν τῃ ἀσιᾳ·

37 ἱκανος δε κλαυθμος ἐγενετο παντων, και ἐπιπεσοντες ἐπι τον τραχηλον του *παυλου* κατεφιλουν αὐτον,

21 4 οἱτινες τῳ *παυλῳ* ἐλεγον δια του πνευματος μη ἐπιβαινειν εἰς ἱεροσολυμα.

11 και ἐλθων προς ἡμας και ἀρας την ζωνην του *παυλου*, δησας ἐαυτου τους ποδας και τας χειρας εἰπεν·

13 τοτε ἀπεκριθη ὁ *παυλος*· τί ποιειτε κλαιοντες και συνθρυπτοντες μου την καρδιαν;

18 τῃ δε ἐπιουσῃ εἰσῃει ὁ *παυλος* συν ἡμιν προς ἰακωβον,

26 τοτε ὁ *παυλος* παραλαβων τους ἀνδρας τῃ ἐχομενῃ ἡμερᾳ συν αὐτοις ἀγνισθεις εἰσῃει εἰς το ἱερον,

29 ἦσαν γαρ προεωρακοτες τροφιμον τον ἐφεσιον ἐν τῃ πολει συν αὐτῳ, ὁν ἐνομιζον ὁτι εἰς το ἱερον εἰσηγαγεν ὁ *παυλος*.

30 και ἐπιλαβομενοι του *παυλου* εἱλκον αὐτον ἐξω του ἱερου,

32 οἱ δε ἰδοντες τον χιλιαρχον και τους στρατιωτας ἐπαυσαντο τυπτοντες τον *παυλον*.

37 μελλων τε εἰσαγεσθαι εἰς την παρεμβολην ὁ *παυλος* λεγει τῳ χιλιαρχῳ·

39 εἰπεν δε ὁ *παυλος*· ἐγω ἀνθρωπος μεν εἰμι ἰουδαιος,

40 ἐπιτρεψαντος δε αὐτου ὁ *παυλος* ἐστως ἐπι των ἀναβαθμων κατεσεισεν τῃ χειρι τῳ λαῳ·

22 25 ὡς δε προετειναν αὐτον τοις ἱμασιν, εἰπεν προς τον ἐστωτα ἑκατονταρχον ὁ *παυλος*· εἰ ἀνθρωπον ρωμαιον και ἀκατακριτον ἐξεστιν ὑμιν μαστιζειν;

28 ὁ δε *παυλος* ἐφη· ἐγω δε και γεγεννημαι.

30 και καταγαγων τον *παυλον* ἐστησεν εἰς αὐτους.

23 1 ἀτενισας δε ὁ *παυλος* τῳ συνεδριῳ εἰπεν·

3 τοτε ὁ *παυλος* προς αὐτον εἰπεν·

5 ἐφη τε ὁ *παυλος*· οὐκ ᾐδειν, ἀδελφοι, ὁτι ἐστιν ἀρχιερευς·

6 γνους δε ὁ *παυλος* ὁτι το ἐν μερος ἐστιν σαδδουκαιων το δε ἑτερον φαρισαιων ἐκραζεν ἐν τῳ συνεδριῳ·

10 πολλης δε γινομενης στασεως φοβηθεις ὁ χιλιαρχος μη διασπασθῃ ὁ *παυλος* ὑπ᾽ αὐτων,

12 γενομενης δε ἡμερας ποιησαντες συστροφην οἱ ἰουδαιοι ἀνεθεματισαν ἑαυτους, λεγοντες μητε φαγειν μητε πιειν ἑως οὗ ἀποκτεινωσιν τον *παυλον*.

14 ἀναθεματι ἀνεθεματισαμεν ἑαυτους μηδενος γευσασθαι ἑως οὗ ἀποκτεινωμεν τον *παυλον*.

16 ἀκουσας δε ὁ υἱος της ἀδελφης *παυλου* την ἐνεδραν, παραγενομενος και εἰσελθων εἰς την παρεμβολην ἀπηγγειλεν τῳ *παυλῳ*.

16 ἀκουσας δε ὁ υἱος της ἀδελφης *παυλου* την ἐνεδραν, παραγενομενος και εἰσελθων εἰς την παρεμβολην ἀπηγγειλεν τῳ *παυλῳ*.

17 προσκαλεσαμενος δε ὁ *παυλος* ἑνα των ἑκατονταρχων ἐφη·

18 ὁ δεσμιος *παυλος* προσκαλεσαμενος με ἠρωτησεν τουτον τον νεανισκον ἀγαγειν προς σε,

20 εἰπεν δε ὁτι οἱ ἰουδαιοι συνεθεντο του ἐρωτησαι σε ὁπως αὐριον τον *παυλον* καταγαγῃς εἰς το συνεδριον ὡς μελλον τι ἀκριβεστερον πυνθανεσθαι περι αὐτου.

24 κτηνη τε παραστησαι, ἱνα ἐπιβιβασαντες τον *παυλον* διασωσωσι προς φηλικα τον ἡγεμονα,

31 οἱ μεν οὖν στρατιωται κατα το διατεταγμενον αὐτοις ἀναλαβοντες τον *παυλον* ἠγαγον δια νυκτος εἰς την ἀντιπατριδα·

33 οἱτινες εἰσελθοντες εἰς την καισαρειαν και ἀναδοντες την ἐπιστολην τῳ ἡγεμονι, παρεστησαν και τον *παυλον* αὐτῳ.

24 1 μετα δε πεντε ἡμερας κατεβη ὁ ἀρχιερευς ἀνανιας μετα πρεσβυτερων τινων και ρητορος τερτυλλου τινος, οἱτινες ἐνεφανισαν τῳ ἡγεμονι κατα του *παυλου*.

10 ἀπεκριθη τε ὁ *παυλος*, νευσαντος αὐτῳ του ἡγεμονος λεγειν· ἐκ πολλων ἐτων ὀντα σε κριτην

24 μετα δε ἡμερας τινας παραγενομενος ὁ φηλιξ συν δρουσιλλῃ τῃ ἰδιᾳ γυναικι οὐσῃ ἰουδαιᾳ μετεπεμψατο τον *παυλον*,

26 ἁμα και ἐλπιζων ὁτι χρηματα δοθησεται αὐτῳ ὑπο του *παυλου*·

παυλος [158]

Ac 24 27 θελων τε χαριτα καταθεσθαι τοις ἰουδαιοις ὁ φηλιξ κατελιπε τον *παυλον* δεδεμενον.

25 2 ἐνεφανισαν τε αὐτῳ οἱ ἀρχιερεις και οἱ πρωτοι των ἰουδαιων κατα του *παυλου*,

4 ὁ μεν οὖν φηστος ἀπεκριθη τηρεισθαι τον *παυλον* εἰς καισαρειαν,

6 τῃ ἐπαυριον καθισας ἐπι του βηματος ἐκελευσεν τον *παυλον* ἀχθηναι.

8 του *παυλου* ἀπολογουμενου ὁτι οὐτε εἰς τον νομον των ἰουδαιων οὐτε εἰς το ἱερον οὐτε εἰς καισαρα τι ἡμαρτον.

9 ὁ φηστος δε θελων τοις ἰουδαιοις χαριν καταθεσθαι, ἀποκριθεις τῳ *παυλῳ* εἰπεν· θελεις εἰς ἱεροσολυμα ἀναβας ἐκει περι τουτων κριθηναι ἐπ᾽ ἐμου;

10 εἰπεν δε ὁ *παυλος*· ἐπι του βηματος καισαρος ἐστως εἰμι, οὗ με δει κρινεσθαι.

14 ὡς δε πλειους ἡμερας διετριβον ἐκει, ὁ φηστος τῳ βασιλει ἀνεθετο τα κατα τον *παυλον* λεγων·

19 ζητηματα δε τινα περι της ἰδιας δεισιδαιμονιας εἰχον προς αὐτον και περι τινος ἰησου τεθνηκοτος, ὁν ἐφασκεν ὁ *παυλος* ζην.

21 του δε *παυλου* ἐπικαλεσαμενου τηρηθηναι αὐτον εἰς την του σεβαστου διαγνωσιν, ἐκελευσα τηρεισθαι αὐτον ἑως οὗ ἀναπεμψω αὐτον προς καισαρα.

23 και κελευσαντος του φηστου ἠχθη ὁ *παυλος*.

26 1 ἀγριππας δε προς τον *παυλον* ἐφη·

1 τοτε ὁ *παυλος* ἐκτεινας την χειρα ἀπελογειτο·

24 μαινη, *παυλε*· τα πολλα σε γραμματα εἰς μανιαν περιτρεπει.

25 ὁ δε *παυλος*· οὐ μαινομαι, φησιν, κρατιστε φηστε,

28 ὁ δε ἀγριππας προς τον *παυλον*· ἐν ὀλιγῳ με πειθεις χριστιανον ποιησαι.

29 ὁ δε *παυλος*· εὐξαιμην ἀν τῳ θεῳ και ἐν ὀλιγῳ και ἐν μεγαλῳ οὐ μονον σε ἀλλα και παντας τους ἀκουοντας μου σημερον γενεσθαι τοιουτους ὁποιος και ἐγω εἰμι,

27 1 ὡς δε ἐκριθη του ἀποπλειν ἡμας εἰς την ἰταλιαν, παρεδιδουν τον τε *παυλον* και τινας ἑτερους δεσμωτας ἑκατονταρχῃ ὀνοματι ἰουλιῳ σπειρης σεβαστης.

3 φιλανθρωπως τε ὁ ἰουλιος τῳ *παυλῳ* χρησαμενος ἐπετρεψεν προς τους φιλους πορευθεντι ἐπιμελειας τυχειν.

9 παρῃνει ὁ *παυλος* λεγων αὐτοις· ἀνδρες, θεωρω ὁτι μετα ὑβρεως και πολλης ζημιας οὐ μονον του φορτιου και του πλοιου ἀλλα και των ψυχων ἡμων μελλειν ἐσεσθαι τον πλουν.

11 ὁ δε ἑκατονταρχης τῳ κυβερνητῃ και τῳ ναυκληρῳ μαλλον ἐπειθετο ἠ τοις ὑπο *παυλου* λεγομενοις.

21 πολλης τε ἀσιτιας ὑπαρχουσης τοτε σταθεις ὁ *παυλος* ἐν μεσῳ αὐτων εἰπεν·

24 μη φοβου, *παυλε*· καισαρι σε δει παραστηναι,

31 εἰπεν ὁ *παυλος* τῳ ἑκατονταρχῃ και τοις στρατιωταις· ἐαν μη οὑτοι μεινωσιν ἐν τῳ πλοιῳ, ὑμεις σωθηναι οὐ δυνασθε.

33 ἀχρι δε οὗ ἡμερα ἡμελλεν γινεσθαι, παρεκαλει ὁ *παυλος* ἁπαντας μεταλαβειν τροφης λεγων·

43 ὁ δε ἑκατονταρχης βουλομενος διασωσαι τον *παυλον* ἐκωλυσεν αὐτους του βουληματος,

28 3 συστρεψαντος δε του *παυλου* φρυγανων τι πληθος και ἐπιθεντος ἐπι την πυραν, ἐχιδνα ἀπο της θερμης ἐξελθουσα καθηψεν της χειρος αὐτου.

8 προς ὁν ὁ *παυλος* εἰσελθων και προσευξαμενος, ἐπιθεις τας χειρας αὐτῳ ἰασατο αὐτον.

15 οὑς ἰδων ὁ *παυλος* εὐχαριστησας τῳ θεῳ ἐλαβε θαρσος.

16 ὁτε δε εἰσηλθομεν εἰς ρωμην, ἐπετραπη τῳ *παυλῳ* μενειν καθ᾽ ἑαυτον συν τῳ φυλασσοντι αὐτον στρατιωτῃ.

25 ἀσυμφωνοι δε ὀντες προς ἀλληλους ἀπελυοντο, εἰποντος του *παυλου* ρημα ἑν,

Rm 1 1 *παυλος* δουλος χριστου ἰησου, κλητος ἀποστολος ἀφωρισμενος εἰς εὐαγγελιον θεου,

1Co 1 1 *παυλος* κλητος ἀποστολος χριστου ἰησου δια θεληματος θεου και σωσθενης ὁ ἀδελφος

12 ἐγω μεν εἰμι *παυλου*, ἐγω δε ἀπολλω, ἐγω δε κηφα, ἐγω δε χριστου.

13 μη *παυλος* ἐσταυρωθη ὑπερ ὑμων, ἠ εἰς το ὀνομα *παυλου* ἐβαπτισθητε;

13 μη *παυλος* ἐσταυρωθη ὑπερ ὑμων, ἠ εἰς το ὀνομα *παυλου* ἐβαπτισθητε;

3 4 ὁταν γαρ λεγῃ τις· ἐγω μεν εἰμι *παυλου*, ἑτερος δε· ἐγω ἀπολλω, οὐκ ἀνθρωποι ἐστε;

5 τί οὖν ἐστιν ἀπολλως; τί δε ἐστιν *παυλος*;

22 παντα γαρ ὑμων ἐστιν, εἰτε *παυλος* εἰτε ἀπολλως εἰτε κηφας, εἰτε κοσμος εἰτε ζωη εἰτε θανατος,

16 21 ὁ ἀσπασμος τῃ ἐμῃ χειρι *παυλου*.

παυλος [158]

2Co	1 1	*παυλος* ἀποστολος χριστου ἰησου δια ϑεληματος ϑεου και τιμοϑεος ὁ ἀδελφος τη ἐκκλησια του ϑεου τη οὐση ἐν κορινϑω συν τοις ἁγιοις πασιν τοις οὐσιν ἐν ὁλη τη ἀχαια·
	10 1	αὐτος δε ἐγω *παυλος* παρακαλω ὑμας δια της πραυτητος και ἐπιεικειας του χριστου,
Ga	1 1	*παυλος* ἀποστολος, οὐκ ἀπ ἀνϑρωπων οὐδε δι ἀνϑρωπου ἀλλα δια ἰησου χριστου και ϑεου πατρος του ἐγειραντος αὐτον ἐκ νεκρων,
	5 2	ἰδε ἐγω *παυλος* λεγω ὑμιν ὁτι ἐαν περιτεμνησϑε χριστος ὑμας οὐδεν ὠφελησει.
Eph	1 1	*παυλος* ἀποστολος χριστου ἰησου δια ϑεληματος ϑεου τοις ἁγιοις τοις οὐσιν [ἐν ἐφεσω] και πιστοις ἐν χριστω ἰησου·
	3 1	τουτου χαριν ἐγω *παυλος* ὁ δεσμιος του χριστου [ἰησου] ὑπερ ὑμων των ἐθνων εἰ γε ἠκουσατε την οἰκονομιαν της χαριτος του ϑεου της δοϑεισης μοι εἰς ὑμας,
Php	1 1	*παυλος* και τιμοϑεος δουλοι χριστου ἰησου πασιν τοις ἁγιοις ἐν χριστω ἰησου τοις οὐσιν ἐν φιλιπποις συν ἐπισκοποις και διακονοις·
Col	1 1	*παυλος* ἀποστολος χριστου ἰησου δια ϑελημ003ατος ϑεου και τιμοϑεος ὁ ἀδελφος
	23	του κηρυχϑεντος ἐν παση κτισει τη ὑπο τον οὐρανον, οὑ ἐγενομην ἐγω *παυλος* διακονος.
	4 18	ὁ ἀσπασμος τη ἐμη χειρι *παυλου*.
1Th	1 1	*παυλος* και σιλουανος και τιμοϑεος τη ἐκκλησια ϑεσσαλονικεων ἐν ϑεω πατρι και κυριω ἰησου χριστω·
	2 18	διοτι ἠϑελησαμεν ἐλϑειν προς ὑμας, ἐγω μεν *παυλος* και ἁπαξ και δις,
2Th	1 1	*παυλος* και σιλουανος και τιμοϑεος τη ἐκκλησια ϑεσσαλονικεων ἐν ϑεω πατρι ἡμων και κυριω ἰησου χριστω·
	3 17	ὁ ἀσπασμος τη ἐμη χειρι *παυλου*, ὁ ἐστιν σημειον ἐν παση ἐπιστολη·
1Tm	1 1	*παυλος* ἀποστολος χριστου ἰησου κατ ἐπιταγην ϑεου σωτρος ἡμων και χριστου ἰησου της ἐλπιδος ἡμων
2Tm	1 1	*παυλος* ἀποστολος χριστου ἰησου δια ϑεληματος ϑεου κατ ἐπαγγελιαν ζωης της ἐν χριστω ἰησου
Tit	1 1	*παυλος* δουλος ϑεου, ἀποστολος δε ἰησου χριστου κατα πιστιν ἐκλεκτων ϑεου και ἐπιγνωσιν ἀληϑειας της κατ εὐσεβειαν
Phm	1	*παυλος* δεσμιος χριστου ἰησου και τιμοϑεος ὁ ἀδελφος φιλημονι τω ἀγαπητω και συνεργω ἡμων
	9	τοιουτος ὠν ὡς *παυλος* πρεσβυτης, νυνι δε και δεσμιος χριστου ἰησου,
	19	ἐγω *παυλος* ἐγραψα τη ἐμη χειρι, ἐγω ἀποτισω·
2Pt	3 15	καϑως και ὁ ἀγαπητος ἡμων ἀδελφος *παυλος* κατα την δοϑεισαν αὐτω σοφιαν ἐγραψεν ὑμιν,

παυω [15]

Lc	5 4	ὡς δε *ἐπαυσατο* λαλων, εἰπεν προς τον σιμωνα·
	8 24	και *ἐπαυσαντο*, και ἐγενετο γαληνη.
	11 1	και ἐγενετο ἐν τω εἰναι αὐτον ἐν τοπω τινι προσευχομενον, ὡς *ἐπαυσατο*, εἰπεν τις των μαϑητων αὐτου προς αὐτον·
Ac	5 42	πασαν τε ἡμεραν ἐν τω ἰερω και κατ οἰκον οὐκ *ἐπαυοντο* διδασκοντες και εὐαγγελιζομενοι τον χριστον ἰησουν.
	6 13	ὁ ἀνϑρωπος οὑτος οὐ *παυεται* λαλων ῥηματα κατα του τοπου του ἀγιου [τουτου] και του νομου·
	13 10	ἐχϑρε πασης δικαιοσυνης, οὐ *παυση* διαστρεφων τας ὁδους [του] κυριου τας εὐϑειας;
	20 1	μετα δε το *παυσασϑαι* τον ϑορυβον μεταπεμψαμενος ὁ παυλος τους μαϑητας και παρακαλεσας, ἀσπασαμενος ἐξηλϑεν πορευεσϑαι εἰς μακεδονιαν.
	31	διο γρηγορειτε, μνημονευοντες ὁτι τριετιαν νυκτα και ἡμεραν οὐκ *ἐπαυσαμην* μετα δακρυων νουϑετων ἑνα ἑκαστον.
	21 32	οἱ δε ἰδοντες τον χιλιαρχον και τους στρατιωτας *ἐπαυσαντο* τυπτοντες τον παυλον.
1Co	13 8	εἰτε δε προφητειαι, καταργηϑησονται· εἰτε γλωσσαι, *παυσονται*·
Eph	1 16	οὐ *παυομαι* εὐχαριστων ὑπερ ὑμων μνειαν ποιουμενος ἐπι των προσευχων μου,
Col	1 9	δια τουτο και ἡμεις, ἀφ ἡς ἡμερας ἠκουσαμεν, οὐ *παυομεϑα* ὑπερ ὑμων προσευχομενοι και αἰτουμενοι
Heb	10 2	ἐπει οὐκ ἀν *ἐπαυσαντο* προσφερομεναι, δια το μηδεμιαν ἐχειν ἐτι συνειδησιν ἀμαρτιων τους λατρευοντας ἀπαξ κεκαϑαρισμενους;
1Pt	3 10	ὁ γαρ ϑελων ζωην ἀγαπαν και ἰδειν ἡμερας ἀγαϑας *παυσατω* την γλωσσαν ἀπο κακου
	4 1	ὁτι ὁ παϑων σαρκι *πεπαυται* ἀμαρτιας.

παφος [2]

Ac	13 6	διελϑοντες δε ὁλην την νησον ἀχρι *παφου* εὑρον ἀνδρα τινα μαγον ψευδοπροφητην ἰουδαιον,
	13	ἀναχϑεντες δε ἀπο της *παφου* οἱ περι παυλον ἠλϑον εἰς περγην της παμφυλιας·

παχυνομαι [2]

Mt	13 15	*ἐπαχυνϑη* γαρ ἡ καρδια του λαου τουτου,
Ac	28 27	*ἐπαχυνϑη* γαρ ἡ καρδια του λαου τουτου,

πεδη [3]

Mc	5 4	και οὐδε ἀλυσει οὐκετι οὐδεις ἐδυνατο αὐτον δησαι, δια το αὐτον πολλακις *πεδαις* και ἀλυσεσιν δεδεσϑαι, και διεσπασϑαι ὑπ αὐτου τας ἀλυσεις και τας *πεδας* συντετριφϑαι,
	4	και οὐδε ἀλυσει οὐκετι οὐδεις ἐδυνατο αὐτον δησαι, δια το αὐτον πολλακις *πεδαις* και ἀλυσεσιν δεδεσϑαι, και διεσπασϑαι ὑπ αὐτου τας ἀλυσεις και τας *πεδας* συντετριφϑαι,
Lc	8 29	πολλοις γαρ χρονοις συνηρπακει αὐτον, και ἐδεσμευετο ἀλυσεσιν και *πεδαις* φυλασσομενος,

πεδινος [1]

Lc	6 17	και καταβας μετ αὐτων ἐστη ἐπι τοπου *πεδινου*,

πεζευω [1]

Ac	20 13	οὑτως γαρ διατεταγμενος ἠν, μελλων αὐτος *πεζευειν*.

πεζη [2]

Mt	14 13	και ἀκουσαντες οἱ ὀχλοι ἠκολουϑησαν αὐτω *πεζη* ἀπο των πολεων.
Mc	6 33	και *πεζη* ἀπο πασων των πολεων συνεδραμον ἐκει και προηλϑον αὐτους.

πειϑαρχεω [4]

Ac	5 29	*πειϑαρχειν* δει ϑεω μαλλον ἠ ἀνϑρωποις.
	32	και ἡμεις ἐσμεν μαρτυρες των ῥηματων τουτων, και το πνευμα το ἀγιον ὁ ἐδωκεν ὁ ϑεος τοις *πειϑαρχουσιν* αὐτω.
	27 21	ἐδει μεν, ὠ ἀνδρες, *πειϑαρχησαντας* μοι μη ἀναγεσϑαι ἀπο της κρητης
Tit	3 1	ὑπομιμνησκε αὐτους ἀρχαις ἐξουσιαις ὑποτασσεσϑαι, *πειϑαρχειν*, προς παν ἐργον ἀγαϑον ἑτοιμους εἰναι,

πειϑος [1]

1Co	2 4	και ὁ λογος μου και το κηρυγμα μου οὐκ ἐν *πειϑοι[ς]* σοφιας [λογοις],

πειϑω [52]

Mt	27 20	οἱ δε ἀρχιερεις και οἱ πρεσβυτεροι *ἐπεισαν* τους ὀχλους ἱνα αἰτησωνται τον βαραββαν, τον δε ἰησουν ἀπολεσωσιν.
	43	*πεποιϑεν* ἐπι τον ϑεον, ῥυσασϑω νυν εἰ ϑελει αὐτον·
	28 14	και ἐαν ἀκουσϑη τουτο ἐπι του ἡγεμονος, ἡμεις *πεισομεν* [αὐτον] και ὑμας ἀμεριμνους ποιησομεν.
Lc	11 22	ἐπαν δε ἰσχυροτερος αὐτου ἐπελϑων νικηση αὐτον, την πανοπλιαν αὐτου αἰρει, ἐφ ἡ *ἐπεποιϑει*, και τα σκυλα αὐτου διαδιδωσιν.
	16 31	εἰ μωυσεως και των προφητων οὐκ ἀκουουσιν, οὐδ ἐαν τις ἐκ νεκρων ἀναστη *πεισϑησονται*.
	18 9	εἰπεν δε και προς τινας τους *πεποιϑοτας* ἐφ ἑαυτοις ὁτι εἰσιν δικαιοι και ἐξουϑενουντας τους λοιπους την παραβολην ταυτην.
	20 6	*πεπεισμενος* γαρ ἐστιν ἰωαννην προφητην εἰναι.
Ac	5 36	ὁς ἀνηρεϑη, και παντες ὁσοι *ἐπειϑοντο* αὐτω διελυϑησαν και ἐγενοντο εἰς οὐδεν.
	37	κακεινος ἀπωλετο, και παντες ὁσοι *ἐπειϑοντο* αὐτω διεσκορπισϑησαν.
	39	*ἐπεισϑησαν* δε αὐτω, και προσκαλεσαμενοι τους ἀποστολους δειραντες παρηγγειλαν μη λαλειν ἐπι τω ὀνοματι του ἰησου και ἀπελυσαν.
	12 20	ὁμοϑυμαδον δε παρησαν πρυς αὐτον, και *πεισαντες* βλαστον τον ἐπι του κοιτωνος του βασιλεως ἠτουντο εἰρηνην,

πειϑω [52]

Ac 13 43 οἵτινες προσλαλουντες αὐτοις *ἐπειϑον* αὐτους προσμενειν τῃ χαριτι του ϑεου.

14 19 ἐπηλϑαν δε ἀπο ἀντιοχειας και ἰκονιου ἰουδαιοι, και *πεισαντες* τους ὀχλους και λιϑασαντες τον παυλον ἐσυρον ἐξω της πολεως,

17 4 και τινες ἐξ αὐτων *ἐπεισϑησαν* και προσεκληρωϑησαν τῳ παυλῳ και τῳ σιλᾳ,

18 4 διελεγετο δε ἐν τῃ συναγωγῃ κατα παν σαββατον, *ἐπειϑεν* τε ἰουδαιους και ἑλληνας.

19 8 εἰσελϑων δε εἰς την συναγωγην ἐπαρρησιαζετο ἐπι μηνας τρεις διαλεγομενος και *πειϑων* [τα] περι της βασιλειας του ϑεου.

26 και ϑεωρειτε και ἀκουετε ὀτι οὐ μονον ἐφεσου ἀλλα σχεδον πασης της ἀσιας ὁ παυλος οὑτος *πεισας* μετεστησεν ἱκανον ὀχλον,

21 14 μη *πειϑομενου* δε αὐτου ἡσυχασαμεν εἰποντες· του κυριου το ϑελημα γινεσϑω.

23 21 συ οὐν μη *πεισϑῃς* αὐτοις·

26 26 λανϑανειν γαρ αὐτον [τι] τουτων οὐ *πειϑομαι* οὐϑεν·

28 ἐν ὀλιγῳ με *πειϑεις* χριστιανον ποιησαι.

27 11 ὁ δε ἑκατονταρχης τῳ κυβερνητῃ και τῳ ναυκληρῳ μαλλον *ἐπειϑετο* ἠ τοις ὑπο παυλου λεγομενοις.

28 23 *πειϑων* τε αὐτους περι του ἰησου ἀπο τε του νομου μωυσεως και των προφητων,

24 και οἱ μεν *ἐπειϑοντο* τοις λεγομενοις, οἱ δε ἡπιστουν·

Rm 2 8 τοις δε ἐξ ἐριϑειας και ἀπειϑουσι τῃ ἀληϑειᾳ *πειϑομενοις* δε τῃ ἀδικιᾳ, ὀργη και ϑυμος.

19 *πεποιϑας* τε σεαυτον ὁδηγον εἰναι τυφλων, φως των ἐν σκοτει, παιδευτην ἀφρονων, διδασκαλον νηπιων,

8 38 *πεπεισμαι* γαρ ὀτι οὐτε ϑανατος οὐτε ζωη οὐτε ἀγγελοι οὐτε ἀρχαι οὐτε ἐνεστωτα οὐτε μελλοντα οὐτε δυναμεις οὐτε ὑψωμα οὐτε βαϑος οὐτε τις κτισις ἑτερα δυνησεται ἡμας χωρισαι ἀπο της ἀγαπης του ϑεου της ἐν χριστῳ ἰησου τῳ κυριῳ ἡμων.

14 14 οἰδα και *πεπεισμαι* ἐν κυριῳ ἰησου ὀτι οὐδεν κοινον δι ἑαυτου·

15 14 *πεπεισμαι* δε, ἀδελφοι μου, και αὐτος ἐγω περι ὑμων, ὀτι και αὐτοι μεστοι ἐστε ἀγαϑωσυνης,

2Co 1 9 ἀλλα αὐτοι ἐν ἑαυτοις το ἀποκριμα του ϑανατου ἐσχηκαμεν, ἱνα μη *πεποιϑοτες* ὠμεν ἐφ ἑαυτοις

2 3 *πεποιϑως* ἐπι παντας ὑμας ὀτι ἡ ἐμη χαρα παντων ὑμων ἐστιν.

5 11 εἰδοτες οὐν τον φοβον του κυριου ἀνϑρωπους *πειϑομεν*, ϑεῳ δε πεφανερωμεϑα·

10 7 εἰ τις *πεποιϑεν* ἑαυτῳ χριστου εἰναι, τουτο λογιζεσϑω παλιν ἐφ ἑαυτου,

Ga 1 10 ἀρτι γαρ ἀνϑρωπους *πειϑω* ἠ τον ϑεον;

5 7 τίς ὑμας ἐνεκοψεν [τῃ] ἀληϑειᾳ μη *πειϑεσϑαι*;

10 ἐγω *πεποιϑα* εἰς ὑμας ἐν κυριῳ ὀτι οὐδεν ἀλλο φρονησετε·

Php 1 6 *πεποιϑως* αὐτο τουτο, ὀτι ὁ ἐναρξαμενος ἐν ὑμιν ἐργον ἀγαϑον ἐπιτελεσει ἀχρι ἡμερας χριστου ἰησου·

14 και τους πλειονας των ἀδελφων ἐν κυριῳ *πεποιϑοτας* τοις δεσμοις μου περισσοτερως τολμαν ἀφοβως τον λογον λαλειν.

25 και τουτο *πεποιϑως* οἰδα,

2 24 *πεποιϑα* δε ἐν κυριῳ ὀτι και αὐτος ταχεως ἐλευσομαι.

3 3 και καυχωμενοι ἐν χριστῳ ἰησου και οὐκ ἐν σαρκι *πεποιϑοτες*,

4 εἰ τις δοκει ἀλλος *πεποιϑεναι* ἐν σαρκι, ἐγω μαλλον·

2Th 3 4 *πεποιϑαμεν* δε ἐν κυριῳ ἐφ ὑμας, ὀτι ἁ παραγγελλομεν [και] ποιειτε και ποιησετε.

2Tm 1 5 *πεπεισμαι* δε ὀτι και ἐν σοι.

12 οἰδα γαρ ᾡ *πεπιστευκα*, και *πεπεισμαι* ὀτι δυνατος ἐστιν την παραϑηκην μου φυλαξαι εἰς ἐκεινην την ἡμεραν.

Phm 21 *πεποιϑως* τῃ ὑπακοῃ σου ἐγραψα σοι,

Heb 2 13 ἐγω ἐσομαι *πεποιϑως* ἐπ αὐτῳ.

6 9 *πεπεισμεϑα* δε περι ὑμων, ἀγαπητοι, τα κρεισσονα και ἐχομενα σωτηριας, εἰ και οὑτως λαλουμεν.

13 17 *πειϑεσϑε* τοις ἡγουμενοις ὑμων και ὑπεικετε·

18 *πειϑομεϑα* γαρ ὀτι καλην συνειδησιν ἐχομεν, ἐν πασιν καλως ϑελοντες ἀναστρεφεσϑαι.

Ja 3 3 εἰ δε των ἱππων τους χαλινους εἰς τα στοματα βαλλομεν εἰς το *πειϑεσϑαι* αὐτους ἡμιν, και ὀλον το σωμα αὐτων μεταγομεν.

1Jh 3 19 και ἐμπροσϑεν αὐτου *πεισομεν* την καρδιαν ἡμων

πειϑώ [1]

1Co 2 4 και ὁ λογος μου και το κηρυγμα μου οὐκ ἐν *πειϑοι[ς]* σοφιας [λογοις],

πειναω [23]

Mt 4 2 και νηστευσας ἡμερας τεσσερακοντα και νυκτας τεσσερακοντα ὑστερον *ἐπεινασεν*.

5 6 μακαριοι οἱ *πεινωντες* και διψωντες την δικαιοσυνην, ὀτι αὐτοι χορτασϑησονται.

12 1 οἱ δε μαϑηται αὐτου *ἐπεινασαν*,

3 οὐκ ἀνεγνωτε τί ἐποιησεν δαυιδ, ὀτε *ἐπεινασεν* και οἱ μετ αὐτου;

21 18 πρωι δε ἐπαναγων εἰς την πολιν *ἐπεινασεν*.

25 35 *ἐπεινασα* γαρ και ἐδωκατε μοι φαγειν, ἐδιψησα και ἐποτισατε με,

37 κυριε, ποτε σε εἰδομεν *πεινωντα* και ἐϑρεψαμεν, ἠ διψωντα και ἐποτισαμεν;

42 *ἐπεινασα* γαρ και οὐκ ἐδωκατε μοι φαγειν, ἐδιψησα και οὐκ ἐποτισατε με,

44 κυριε, ποτε σε εἰδομεν *πεινωντα* ἠ διψωντα ἠ ξενον ἠ γυμνον ἠ ἀσϑενη ἠ ἐν φυλακῃ και οὐ διηκονησαμεν σοι;

Mc 2 25 οὐδεποτε ἀνεγνωτε τί ἐποιησεν δαυιδ, ὀτε χρειαν ἐσχεν και *ἐπεινασεν* αὐτος και οἱ μετ αὐτου;

11 12 και τῃ ἐπαυριον ἐξελϑοντων αὐτων ἀπο βηϑανιας *ἐπεινασεν*.

Lc 1 53 *πεινωντας* ἐνεπλησεν ἀγαϑων και πλουτουντας ἐξαπεστειλεν κενους.

4 2 και οὐκ ἐφαγεν οὐδεν ἐν ταις ἡμεραις ἐκειναις, και συντελεσϑεισων αὐτων *ἐπεινασεν*.

6 3 οὐδε τουτο ἀνεγνωτε ὁ ἐποιησεν δαυιδ, ὀτε *ἐπεινασεν* αὐτος και οἱ μετ αὐτου [ὀντες];

21 μακαριοι οἱ *πεινωντες* νυν, ὀτι χορτασϑησεσϑε.

25 οὐαι ὑμιν, οἱ ἐμπεπλησμενοι νυν, ὀτι *πεινασετε*.

Jh 6 35 ὁ ἐρχομενος προς ἐμε οὐ μη *πειναςῃ*, και ὁ πιστευων εἰς ἐμε οὐ μη διψησει πωποτε.

Rm 12 20 ἀλλα ἐαν *πεινᾳ* ὁ ἐχϑρος σου, ψωμιζε αὐτον· ἐαν διψᾳ, ποτιζε αὐτον·

1Co 4 11 ἀχρι της ἀρτι ὡρας και *πεινωμεν* και διψωμεν και γυμνιτευομεν

11 21 και ὁς μεν *πεινᾳ*, ὁς δε μεϑυει.

34 εἰ τις *πεινᾳ*, ἐν οἰκῳ ἐσϑιετω, ἱνα μη εἰς κριμα συνερχησϑε.

Php 4 12 ἐν παντι και ἐν πασιν μεμυημαι, και χορταζεσϑαι και *πειναν*,

Apc 7 16 οὐ *πεινασουσιν* ἐτι οὐδε διψησουσιν ἐτι,

πειρα [2]

Heb 11 29 πιστει διεβησαν την ἐρυϑραν ϑαλασσαν ὡς δια ξηρας γης, ἡς *πειραν* λαβοντες οἱ αἰγυπτιοι κατεποϑησαν.

36 ἑτεροι δε ἐμπαιγμων και μαστιγων *πειραν* ἐλαβον,

πειραζω [38]

Mt 4 1 τοτε ὁ ἰησους ἀνηχϑη εἰς την ἐρημον ὑπο του πνευματος *πειρασϑηναι* ὑπο του διαβολου.

3 και προσελϑων ὁ *πειραζων* εἰπεν αὐτῳ·

16 1 και προσελϑοντες οἱ φαρισαιοι και σαδδουκαιοι *πειραζοντες* ἐπηρωτησαν αὐτον σημειον ἐκ του οὐρανου ἐπιδειξαι αὐτοις.

19 3 και προσηλϑον αὐτῳ φαρισαιοι *πειραζοντες* αὐτον και λεγοντες· εἰ ἐξεστιν ἀνϑρωπῳ ἀπολυσαι την γυναικα αὐτου κατα πασαν αἰτιαν;

22 18 τί με *πειραζετε*, ὑποκριται;

35 και ἐπηρωτησεν εἰς ἐξ αὐτων [νομικος] *πειραζων* αὐτον· διδασκαλε, ποια ἐντολη μεγαλη ἐν τῳ νομῳ;

Mc 1 13 και ἡν ἐν τῃ ἐρημῳ τεσσερακοντα ἡμερας *πειραζομενος* ὑπο του σατανα,

8 11 ζητουντες παρ αὐτου σημειον ἀπο του οὐρανου, *πειραζοντες* αὐτον.

10 2 και προσελϑοντες φαρισαιοι ἐπηρωτων αὐτον εἰ ἐξεστιν ἀνδρι γυναικα ἀπολυσαι, *πειραζοντες* αὐτον.

12 15 ὁ δε εἰδως αὐτων την ὑποκρισιν εἰπεν αὐτοις· τί με *πειραζετε*; φερετε μοι δηναριον ἱνα ἰδω.

Lc 4 2 ἰησους δε πληρης πνευματος ἀγιου ὑπεστρεψεν ἀπο του ἰορδανου, και ἡγετο ἐν τῳ πνευματι ἐν τῃ ἐρημῳ ἡμερας τεσσερακοντα *πειραζομενος* ὑπο του διαβολου.

11 16 ἑτεροι δε *πειραζοντες* σημειον ἐξ οὐρανου ἐζητουν παρ αὐτου.

Jh 6 6 τουτο δε ἐλεγεν *πειραζων* αὐτον· αὐτος γαρ ἡδει τί ἐμελλεν ποιειν.

8 6 * τουτο δε ἐλεγον *πειραζοντες* αὐτον, ἱνα ἐχωσιν κατηγορειν αὐτου.

Ac 5 9 τί ὀτι συνεφωνηϑη ὑμιν *πειρασαι* το πνευμα κυριου;

9 26 παραγενομενος δε εἰς ἰερουσαλημ *ἐπειραζεν* κολλασϑαι τοις μαϑηταις·

15 10 νυν οὐν τί *πειραζετε* τον ϑεον, ἐπιϑειναι ζυγον ἐπι τον τραχηλον των μαϑητων, ὁν οὐτε οἱ πατερες ἡμων οὐτε ἡμεις ἰσχυσαμεν βαστασαι;

πειραζω [38]

Ac	16 7	ἐλθοντες δε κατα την μυσιαν *ἐπειραζον* εἰς την βιθυνιαν πορευθηναι,
	24 6	ὃς και το ἱερον *ἐπειρασεν* βεβηλωσαι,
1Co	7 5	ἱνα σχολασητε τη προσευχη και παλιν ἐπι το αὐτο ἠτε, ἱνα μη *πειραζη* ὑμας ὁ σατανας δια την ἀκρασιαν ὑμων.
	10 9	μηδε ἐκπειραζωμεν τον χριστον, καθως τινες αὐτων *ἐπειρασαν* και ὑπο των ὀφεων ἀπωλλυντο.
	13	πιστος δε ὁ θεος, ὃς οὐκ ἐασει ὑμας *πειρασθηναι* ὑπερ ὃ δυνασθε,
2Co	13 5	ἑαυτους *πειραζετε* εἰ ἐστε ἐν τη πιστει,
Ga	6 1	ὑμεις οἱ πνευματικοι καταρτιζετε τον τοιουτον ἐν πνευματι πραυτητος, σκοπων σεαυτον, μη και συ *πειρασθης.*
1Th	3 5	μη πως *ἐπειρασεν* ὑμας ὁ πειραζων
	5	μη πως ἐπειρασεν ὑμας ὁ *πειραζων*
Heb	2 18	ἐν ᾧ γαρ πεπονθεν αὐτος *πειρασθεις,* δυναται τοις πειραζομενοις βοηθησαι.
	18	ἐν ᾧ γαρ πεπονθεν αὐτος πειρασθεις, δυναται τοις *πειραζομενοις* βοηθησαι.
	3 9	μη σκληρυνητε τας καρδιας ὑμων ὡς ἐν τω παραπικρασμω κατα την ἡμεραν του πειρασμου ἐν τη ἐρημω, οὑ *ἐπειρασαν* οἱ πατερες ὑμων ἐν δοκιμασια
	4 15	οὐ γαρ ἐχομεν ἀρχιερεα μη δυναμενον συμπαθησαι ταις ἀσθενειαις ἡμων, *πεπειρασμενον* δε κατα παντα καθ ὁμοιοτητα χωρις ἁμαρτιας.
	11 17	πιστει προσενηνοχεν ἀβρααμ τον ἰσαακ *πειραζομενος,*
Ja	1 13	μηδεις *πειραζομενος* λεγετω ὁτι ἀπο θεου πειραζομαι·
	13	μηδεις πειραζομενος λεγετω ὁτι ἀπο θεου *πειραζομαι·*
	13	ὁ γαρ θεος ἀπειραστος ἐστιν κακων, *πειραζει* δε αὐτος οὐδενα.
	14	ἑκαστος δε *πειραζεται* ὑπο της ἰδιας ἐπιθυμιας ἐξελκομενος και δελεαζομενος·
Apc	2 2	και *ἐπειρασας* τους λεγοντας ἑαυτους ἀποστολους και οὐκ εἰσιν,
	10	ἰδου μελλει βαλλειν ὁ διαβολος ἐξ ὑμων εἰς φυλακην ἱνα *πειρασθητε,*
	3 10	της μελλουσης ἐρχεσθαι ἐπι της οἰκουμενης ὁλης, *πειρασαι* τους κατοικουντας ἐπι της γης.

πειραομαι [1]

Ac	26 21	ἑνεκα τουτων με ἰουδαιοι συλλαβομενοι [ὀντα] ἐν τω ἱερω *ἐπειρωντο* διαχειρισασθαι.

πειρασμος [21]

Mt	6 13	και μη εἰσενεγκης ἡμας εἰς *πειρασμον,* ἀλλα ῥυσαι ἡμας ἀπο του πονηρου.
	26 41	γρηγορειτε και προσευχεσθε, ἱνα μη εἰσελθητε εἰς *πειρασμον·*
Mc	14 38	γρηγορειτε και προσευχεσθε, ἱνα μη ἐλθητε εἰς *πειρασμον·*
Lc	4 13	και συντελεσας παντα *πειρασμον* ὁ διαβολος ἀπεστη ἀπ αὐτου ἀχρι καιρου.
	8 13	και οὑτοι ῥιζαν οὐκ ἐχουσιν, οἱ προς καιρον πιστευουσιν και ἐν καιρω *πειρασμου* ἀφιστανται.
	11 4	και μη εἰσενεγκης ἡμας εἰς *πειρασμον.*
	22 28	ὑμεις δε ἐστε οἱ διαμεμενηκοτες μετ ἐμου ἐν τοις *πειρασμοις* μου·
	40	προσευχεσθε μη εἰσελθειν εἰς *πειρασμον.*
	46	τι καθευδετε; ἀνασταντες προσευχεσθε, ἱνα μη εἰσελθητε εἰς *πειρασμον.*
Ac	20 19	δουλευων τω κυριω μετα πασης ταπεινοφροσυνης και δακρυων και *πειρασμων* των συμβαντων μοι ἐν ταις ἐπιβουλαις των ἰουδαιων,
1Co	10 13	*πειρασμος* ὑμας οὐκ εἰληφεν εἰ μη ἀνθρωπινος·
	13	πιστος δε ὁ θεος, ὃς οὐκ ἐασει ὑμας πειρασθηναι ὑπερ ὃ δυνασθε, ἀλλα ποιησει συν τω *πειρασμω* και την ἐκβασιν του δυνασθαι ὑπενεγκειν.
Ga	4 14	και τον *πειρασμον* ὑμων ἐν τη σαρκι μου οὐκ ἐξουθενησατε οὐδε ἐξεπτυσατε,
1Tm	6 9	οἱ δε βουλομενοι πλουτειν ἐμπιπτουσιν εἰς *πειρασμον* και παγιδα και ἐπιθυμιας πολλας ἀνοητους και βλαβερας,
Heb	3 8	σημερον ἐαν της φωνης αὐτου ἀκουσητε, μη σκληρυνητε τας καρδιας ὑμων ὡς ἐν τω παραπικρασμω κατα την ἡμεραν του *πειρασμου* ἐν τη ἐρημω,
Ja	1 2	πασαν χαραν ἡγησασθε, ἀδελφοι μου, ὁταν *πειρασμοις* περιπεσητε ποικιλοις,
	12	μακαριος ἀνηρ ὃς ὑπομενει *πειρασμον,*
1Pt	1 6	ἐν ᾧ ἀγαλλιασθε, ὀλιγον ἀρτι εἰ δεον [ἐστιν] λυπηθεντες ἐν ποικιλοις *πειρασμοις,*

πειρασμος [21]

1Pt	4 12	ἀγαπητοι, μη ξενιζεσθε τη ἐν ὑμιν πυρωσει προς *πειρασμον* ὑμιν γινομενη,
2Pt	2 9	οἰδεν κυριος εὐσεβεις ἐκ *πειρασμου* ῥυεσθαι,
Apc	3 10	ὁτι ἐτηρησας τον λογον της ὑπομονης μου, καγω σε τηρησω ἐκ της ὡρας του *πειρασμου*

πεισμονη [1]

Ga	5 8	ἡ *πεισμονη* οὐκ ἐκ του καλουντος ὑμας.

πελαγος [2]

Mt	18 6	ὃς δ ἀν σκανδαλιση ἑνα των μικρων τουτων των πιστευοντων εἰς ἐμε, συμφερει αὐτω ἱνα κρεμασθη μυλος ὀνικος περι τον τραχηλον αὐτου και καταποντισθη ἐν τω *πελαγει* της θαλασσης.
Ac	27 5	το τε *πελαγος* το κατα την κιλικιαν και παμφυλιαν διαπλευσαντες κατηλθομεν εἰς μυρα της λυκιας.

πελεκιζομαι [1]

Apc	20 4	και τας ψυχας των *πεπελεκισμενων* δια την μαρτυριαν ἰησου και δια τον λογον του θεου,

πεμπτος [4]

Apc	6 9	και ὁτε ἠνοιξεν την *πεμπτην* σφραγιδα, εἰδον ὑποκατω του θυσιαστηριου τας ψυχας των ἐσφαγμενων
	9 1	και ὁ *πεμπτος* ἀγγελος ἐσαλπισεν· και εἰδον ἀστερα ἐκ του οὐρανου πεπτωκοτα εἰς την γην,
	16 10	και ὁ *πεμπτος* ἐξεχεεν την φιαλην αὐτου ἐπι τον θρονον του θηριου·
	21 20	ὁ *πεμπτος* σαρδονυξ, ὁ ἑκτος σαρδιον,

πεμπω [79]

Mt	2 8	και *πεμψας* αὐτους εἰς βηθλεεμ εἰπεν·
	11 2	ὁ δε ἰωαννης ἀκουσας ἐν τω δεσμωτηριω τα ἐργα του χριστου, *πεμψας* δια των μαθητων αὐτου εἰπεν·
	14 10	και *πεμψας* ἀπεκεφαλισεν [τον] ἰωαννην ἐν τη φυλακη.
	22 7	ὁ δε βασιλευς ὠργισθη, και *πεμψας* τα στρατευματα αὐτου ἀπωλεσεν τους φονεις ἐκεινους και την πολιν αὐτων ἐνεπρησεν.
Mc	5 12	*πεμψον* ἡμας εἰς τους χοιρους, ἱνα εἰς αὐτους εἰσελθωμεν.
Lc	4 26	ὡς ἐγενετο λιμος μεγας ἐπι πασαν την γην, και προς οὐδεμιαν αὐτων *ἐπεμφθη* ἡλιας εἰ μη εἰς σαρεπτα της σιδωνιας προς γυναικα χηραν.
	7 6	ἠδη δε αὐτου οὐ μακραν ἀπεχοντος ἀπο της οἰκιας, *ἐπεμψεν* φιλους ὁ ἑκατονταρχης λεγων αὐτω·
	10	και ὑποστρεψαντες εἰς τον οἰκον οἱ *πεμφθεντες* εὑρον τον δουλον ὑγιαινοντα.
	19	και προσκαλεσαμενος δυο τινας των μαθητων αὐτου ὁ ἰωαννης *ἐπεμψεν* προς τον κυριον λεγων·
	15 15	και *ἐπεμψεν* αὐτον εἰς τους ἀγρους αὐτου βοσκειν χοιρους·
	16 24	πατερ ἀβρααμ, ἐλεησον με και *πεμψον* λαζαρον ἱνα βαψη το ἀκρον του δακτυλου αὐτου ὑδατος και καταψυξη την γλωσσαν μου,
	27	ἐρωτω σε οὐν, πατερ, ἱνα *πεμψης* αὐτον εἰς τον οἰκον του πατρος μου·
	20 11	και προσεθετο ἑτερον *πεμψαι* δουλον·
	12	και προσεθετο τριτον *πεμψαι·*
	13	*πεμψω* τον υἱον μου τον ἀγαπητον· ἰσως τουτον ἐντραπησονται.
Jh	1 22	ἱνα ἀποκρισιν δωμεν τοις *πεμψασιν* ἡμας·
	33	ἀλλ ὁ *πεμψας* με βαπτιζειν ἐν ὑδατι, ἐκεινος μοι εἰπεν·
	4 34	ἐμον βρωμα ἐστιν ἱνα ποιησω το θελημα του *πεμψαντος* με και τελειωσω αὐτου το ἐργον.
	5 23	ὁ μη τιμων τον υἱον οὐ τιμα τον πατερα τον *πεμψαντα* αὐτον.
	24	ἀμην ἀμην λεγω ὑμιν ὁτι ὁ τον λογον μου ἀκουων και πιστευων τω *πεμψαντι* με ἐχει ζωην αἰωνιον,
	30	και ἡ κρισις ἡ ἐμη δικαια ἐστιν, ὁτι οὐ ζητω το θελημα το ἐμον ἀλλα το θελημα του *πεμψαντος* με.
	37	και ὁ *πεμψας* με πατηρ, ἐκεινος μεμαρτυρηκεν περι ἐμου.
	6 38	ὁτι καταβεβηκα ἀπο του οὐρανου οὐχ ἱνα ποιω το θελημα το ἐμον ἀλλα το θελημα του *πεμψαντος* με.
	39	τουτο δε ἐστιν το θελημα του *πεμψαντος* με, ἱνα παν ὁ δεδωκεν μοι μη ἀπολεσω ἐξ αὐτου,
	44	οὐδεις δυναται ἐλθειν προς με ἐαν μη ὁ πατηρ ὁ *πεμψας* με ἑλκυση αὐτον,

πεμπω [79]

Jh	7 16	ἡ ἐμη διδαχη οὐκ ἐστιν ἐμη ἀλλα του *πεμψαντος* με·
	18	ὁ δε ζητων την δοξαν του *πεμψαντος* αὐτον, οὑτος ἀληθης ἐστιν και ἀδικια ἐν αὐτω οὐκ ἐστιν.
	28	και ἀπ ἐμαυτου οὐκ ἐληλυθα, ἀλλ ἐστιν ἀληθινος ὁ *πεμψας* με, ὁν ὑμεις οὐκ οἰδατε·
	33	ἐτι χρονον μικρον μεθ ὑμων εἰμι και ὑπαγω προς τον *πεμψαντα* με.
	8 16	και ἐαν κρινω δε ἐγω, ἡ κρισις ἡ ἐμη ἀληθινη ἐστιν, ὁτι μονος οὐκ εἰμι, ἀλλ ἐγω και ὁ *πεμψας* με πατηρ.
	18	και μαρτυρει περι ἐμου ὁ *πεμψας* με πατηρ.
	26	ἀλλ ὁ *πεμψας* με ἀληθης ἐστιν,
	29	ὁ *πεμψας* με μετ ἐμου ἐστιν·
	9 4	ἡμας δει ἐργαζεσθαι τα ἐργα του *πεμψαντος* με ἑως ἡμερα ἐστιν·
	12 44	ὁ πιστευων εἰς ἐμε οὐ πιστευει εἰς ἐμε ἀλλα εἰς τον *πεμψαντα* με,
	45	και ὁ θεωρων ἐμε θεωρει τον *πεμψαντα* με.
	49	ὁτι ἐγω ἐξ ἐμαυτου οὐκ ἐλαλησα, ἀλλ ὁ *πεμψας* με πατηρ αὐτος μοι ἐντολην δεδωκεν τι εἰπω και τι λαλησω.
	13 16	οὐκ ἐστιν δουλος μειζων του κυριου αὐτου, οὐδε ἀποστολος μειζων του *πεμψαντος* αὐτον.
	20	ὁ λαμβανων ἀν τινα *πεμψω* ἐμε λαμβανει,
	20	ὁ δε ἐμε λαμβανων λαμβανει τον *πεμψαντα* με.
	14 24	και ὁ λογος ὁν ἀκουετε οὐκ ἐστιν ἐμος ἀλλα του *πεμψαντος* με πατρος.
	26	ὁ δε παρακλητος, το πνευμα το ἀγιον ὁ *πεμψει* ὁ πατηρ ἐν τω ὀνοματι μου, ἐκεινος ὑμας διδαξει παντα και ὑπομνησει ὑμας παντα ἁ εἰπον ὑμιν [ἐγω].
	15 21	ἀλλα ταυτα παντα ποιησουσιν εἰς ὑμας δια το ὀνομα μου, ὁτι οὐκ οἰδασιν τον *πεμψαντα* με.
	26	ὁταν ἐλθη ὁ παρακλητος ὁν ἐγω *πεμψω* ὑμιν παρα του πατρος, το πνευμα της ἀληθειας ὁ παρα του πατρος ἐκπορευεται, ἐκεινος μαρτυρησει περι ἐμου·
	16 5	νυν δε ὑπαγω προς τον *πεμψαντα* με,
	7	ἐαν δε πορευθω, *πεμψω* αὐτον προς ὑμας.
	20 21	καθως ἀπεσταλκεν με ὁ πατηρ, καγω *πεμπω* ὑμας.
Ac	10 5	και νυν *πεμψον* ἀνδρας εἰς ἰοππην και μεταπεμψαι σιμωνα τινα ὁς ἐπικαλειται πετρος·
	32	*πεμψον* οὐν εἰς ἰοππην και μετακαλεσαι σιμωνα ὁς ἐπικαλειται πετρος·
	33	ἐξαυτης οὐν *ἐπεμψα* προς σε, συ τε καλως ἐποιησας παραγενομενος.
	11 29	των δε μαθητων καθως εὐπορειτο τις, ὡρισαν ἑκαστος αὐτων εἰς διακονιαν *πεμψαι* τοις κατοικουσιν ἐν τη ἰουδαια ἀδελφοις·
	15 22	τοτε ἐδοξε τοις ἀποστολοις και τοις πρεσβυτεροις συν ὁλη τη ἐκκλησια ἐκλεξαμενους ἀνδρας ἐξ αὐτων *πεμψαι* εἰς ἀντιοχειαν συν τω παυλω και βαρναβα,
	25	ἐδοξεν ἡμιν γενομενοις ὁμοθυμαδον, ἐκλεξαμενοις ἀνδρας *πεμψαι* προς ὑμας συν τοις ἀγαπητοις ἡμων βαρναβα και παυλω,
	19 31	τινες δε και των ἀσιαρχων, ὀντες αὐτω φιλοι, *πεμψαντες* προς αὐτον παρεκαλουν μη δουναι ἑαυτον εἰς το θεατρον.
	20 17	ἀπο δε της μιλητου *πεμψας* εἰς ἐφεσον μετεκαλεσατο τους πρεσβυτερους της ἐκκλησιας.
	23 30	μηνυθεισης δε μοι ἐπιβουλης εἰς τον ἀνδρα ἐσεσθαι, ἐξαυτης *ἐπεμψα* προς σε,
	25 25	ἐγω δε κατελαβομην μηδεν ἀξιον αὐτον θανατου πεπραχεναι, αὐτου δε τουτου ἐπικαλεσαμενου τον σεβαστον ἐκρινα *πεμπειν.*
	27	ἀλογον γαρ μοι δοκει *πεμποντα* δεσμιον μη και τας κατ αὐτου αἰτιας σημαναι.
Rm	8 3	το γαρ ἀδυνατον του νομου, ἐν ᾡ ἠσθενει δια της σαρκος, ὁ θεος τον ἑαυτου υἱον *πεμψας* ἐν ὁμοιωματι σαρκος ἀμαρτιας και περι ἀμαρτιας κατεκρινεν την ἀμαρτιαν ἐν τη σαρκι,
1Co	4 17	δια τουτο *ἐπεμψα* ὑμιν τιμοθεον, ὁς ἐστιν μου τεκνον ἀγαπητον και πιστον ἐν κυριω,
	16 3	ὁταν δε παραγενωμαι, οὑς ἐαν δοκιμασητε, δι ἐπιστολων τουτους *πεμψω* ἀπενεγκειν την χαριν ὑμων εἰς ἰερουσαλημ·
2Co	9 3	*ἐπεμψα* δε τους ἀδελφους, ἱνα μη το καυχημα ἡμων το ὑπερ ὑμων κενωθη ἐν τω μερει τουτω,
Eph	6 22	ἱνα δε εἰδητε και ὑμεις τα κατ ἐμε, τι πρασσω, παντα γνωρισει ὑμιν τυχικος ὁ ἀγαπητος ἀδελφος και πιστος διακονος ἐν κυριω, ὁν *ἐπεμψα* προς ὑμας εἰς αὐτο τουτο,
Php	2 19	ἐλπιζω δε ἐν κυριω ἰησου τιμοθεον ταχεως *πεμψαι* ὑμιν,
	23	τουτον μεν οὐν ἐλπιζω *πεμψαι* ὡς ἀν ἀφιδω τα περι ἐμε ἐξαυτης·

πεμπω [79]

Php	2 25	ἀναγκαιον δε ἡγησαμην ἐπαφροδιτον τον ἀδελφον και συνεργον και συστρατιωτην μου, ὑμων δε ἀποστολον και λειτουργον της χρειας μου, *πεμψαι* προς ὑμας,
	28	σπουδαιοτερως οὐν *ἐπεμψα* αὐτον, ἱνα ἰδοντες αὐτον παλιν χαρητε καγω ἀλυποτερος ᾡ.
	4 16	ὁτι και ἐν θεσσαλονικη και ἁπαξ και δις εἰς την χρειαν μοι *ἐπεμψατε.*
Col	4 8	ὁν *ἐπεμψα* προς ὑμας εἰς αὐτο τουτο, ἱνα γνωτε τα περι ἡμων και παρακαλεση τας καρδιας ὑμων,
1Th	3 2	και *ἐπεμψαμεν* τιμοθεον, τον ἀδελφον ἡμων και συνεργον του θεου ἐν τω εὐαγγελιω του χριστου,
	5	δια τουτο καγω μηκετι στεγων *ἐπεμψα* εἰς το γνωναι την πιστιν ὑμων,
2Th	2 11	και δια τουτο *πεμπει* αὐτοις ὁ θεος ἐνεργειαν πλανης εἰς το πιστευσαι αὐτους τω ψευδει,
Tit	3 12	ὁταν *πεμψω* ἀρτεμαν προς σε ἡ τυχικον, σπουδασον ἐλθειν προς με εἰς νικοπολιν·
1Pt	2 14	ὑποταγητε παση ἀνθρωπινη κτισει δια τον κυριον· εἰτε βασιλει ὡς ὑπερεχοντι, εἰτε ἡγεμοσιν ὡς δι αὐτου *πεμπομενοις*
Apc	1 11	ὁ βλεπεις γραψον εἰς βιβλιον και *πεμψον* ταις ἑπτα ἐκκλησιαις,
	11 10	και οἱ κατοικουντες ἐπι της γης χαιρουσιν ἐπ αὐτοις και εὐφραινονται, και δωρα *πεμψουσιν* ἀλληλοις,
	14 15	*πεμψον* το δρεπανον σου και θερισον, ὁτι ἠλθεν ἡ ὡρα θερισαι, ὁτι ἐξηρανθη ὁ θερισμος της γης.
	18	*πεμψον* σου το δρεπανον το ὀξυ και τρυγησον τους βοτρυας της ἀμπελου της γης,
	22 16	ἐγω ἰησους *ἐπεμψα* τον ἀγγελον μου μαρτυρησαι ὑμιν ταυτα ἐπι ταις ἐκκλησιαις.

πενης [1]

2Co	9 9	ἐσκορπισεν, ἐδωκεν τοις *πενησιν,* ἡ δικαιοσυνη αὐτου μενει εἰς τον αἰωνα.

πενθερα [6]

Mt	8 14	και ἐλθων ὁ ἰησους εἰς την οἰκιαν πετρου εἰδεν την *πενθεραν* αὐτου βεβλημενην και πυρεσσουσαν·
	10 35	ἠλθον γαρ διχασαι ἀνθρωπον κατα του πατρος αὐτου και θυγατερα κατα της μητρος αὐτης και νυμφην κατα της *πενθερας* αὐτης,
Mc	1 30	ἡ δε *πενθερα* σιμωνος κατεκειτο πυρεσσουσα,
Lc	4 38	*πενθερα* δε του σιμωνος ἠν συνεχομενη πυρετω μεγαλω,
	12 53	*πενθερα* ἐπι την νυμφην αὐτης και νυμφη ἐπι την πενθεραν.
	53	πενθερα ἐπι την νυμφην αὐτης και νυμφη ἐπι την *πενθεραν.*

πενθερος [1]

Jh	18 13	και ἠγαγον προς ἀνναν πρωτον· ἠν γαρ *πενθερος* του καιαφα,

πενθεω [10]

Mt	5 4	μακαριοι οἱ *πενθουντες,* ὁτι αὐτοι παρακληθησονται.
	9 15	μη δυνανται οἱ υἱοι του νυμφωνος *πενθειν,*
Mc	16 10	ἐκεινη πορευθεισα ἀπηγγειλεν τοις μετ αὐτου γενομενοις *πενθουσι* και κλαιουσιν·
Lc	6 25	οὐαι, οἱ γελωντες νυν, ὁτι *πενθησετε* και κλαυσετε.
1Co	5 2	και οὐχι μαλλον *ἐπενθησατε,* ἱνα ἀρθη ἐκ μεσου ὑμων ὁ το ἐργον τουτο πραξας;
2Co	12 21	και *πενθησω* πολλους των προημαρτηκοτων και μη μετανοησαντων ἐπι τη ἀκαθαρσια και πορνεια και ἀσελγεια ἡ ἐπραξαν.
Ja	4 9	ταλαιπωρησατε και *πενθησατε* και κλαυσατε·
Apc	18 11	και οἱ ἐμποροι της γης κλαιουσιν και *πενθουσιν* ἐπ αὐτην,
	15	ἀπο μακροθεν στησονται δια τον φοβον του βασανισμου αὐτης κλαιοντες και *πενθουντες* λεγοντες·
	19	και ἐβαλον χουν ἐπι τας κεφαλας αὐτων και ἐκραζον κλαιοντες και *πενθουντες,* λεγοντες·

πενθος [5]

Ja	4 9	ὁ γελως ὑμων εἰς *πενθος* μετατραπητω και ἡ χαρα εἰς κατηφειαν.
Apc	18 7	ὁσα ἐδοξασεν αὐτην και ἐστρηνιασεν, τοσουτον δοτε αὐτη βασανισμον και *πενθος.*
	7	ὁτι ἐν τη καρδια αὐτης λεγει ὁτι καθημαι βασιλισσα και χηρα οὐκ εἰμι και *πενθος* οὐ μη ἰδω·

πενθος [5]

Apc	18 8	δια τουτο ἐν μια ἡμερα ἡξουσιν αἱ πληγαι αὐτης, θανατος και πενθος και λιμος,
	21 4	οὔτε πενθος οὔτε κραυγη οὔτε πονος οὐκ ἔσται ἔτι·

πενιχρος [1]

Lc	21 2	εἶδεν δε τινα χηραν πενιχραν βαλλουσαν ἐκει λεπτα δυο,

πεντακις [1]

2Co	11 24	ὑπο ἰουδαιων πεντακις τεσσερακοντα παρα μιαν ἐλαβον,

πεντακισχιλιοι [6]

Mt	14 21	οἱ δε ἐσθιοντες ἠσαν ἀνδρες ὡσει πεντακισχιλιοι χωρις γυναικων και παιδιων.
	16 9	οὔπω νοειτε, οὐδε μνημονευετε τους πεντε ἀρτους των πεντακισχιλιων και ποσους κοφινους ἐλαβετε;
Mc	6 44	και ἠσαν οἱ φαγοντες [τους ἀρτους] πεντακισχιλιοι ἀνδρες.
	8 19	και οὐ μνημονευετε, ὁτε τους πεντε ἀρτους ἐκλασα εἰς τους πεντακισχιλιους, ποσους κοφινους κλασματων πληρεις ἠρατε;
Lc	9 14	ἠσαν γαρ ὡσει ἀνδρες πεντακισχιλιοι.
Jh	6 10	ἀνεπεσαν οὐν οἱ ἀνδρες τον ἀριθμον ὡς πεντακισχιλιοι.

πεντακοσιοι [2]

Lc	7 41	ὁ εἰς ὠφειλεν δηναρια πεντακοσια, ὁ δε ἑτερος πεντηκοντα.
1Co	15 6	ἐπειτα ὠφθη ἐπανω πεντακοσιοις ἀδελφοις ἐφαπαξ,

πεντε [36]

Mt	14 17	οὐκ ἐχομεν ὡδε εἰ μη πεντε ἀρτους και δυο ἰχθυας.
	19	λαβων τους πεντε ἀρτους και τους δυο ἰχθυας, ἀναβλεψας εἰς τον οὐρανον εὐλογησεν, και κλασας ἐδωκεν τοις μαθηταις τους ἀρτους,
	16 9	οὔπω νοειτε, οὐδε μνημονευετε τους πεντε ἀρτους των πεντακισχιλιων και ποσους κοφινους ἐλαβετε;
	25 2	πεντε δε ἐξ αὐτων ἠσαν μωραι και πεντε φρονιμοι.
	2	πεντε δε ἐξ αὐτων ἠσαν μωραι και πεντε φρονιμοι.
	15	και ᾡ μεν ἐδωκεν πεντε ταλαντα, ᾡ δε δυο, ᾡ δε ἑν, ἑκαστω κατα την ἰδιαν δυναμιν,
	16	εὐθεως πορευθεις ὁ τα πεντε ταλαντα λαβων ἠργασατο ἐν αὐτοις και ἐκερδησεν ἀλλα πεντε·
	16	εὐθεως πορευθεις ὁ τα πεντε ταλαντα λαβων ἠργασατο ἐν αὐτοις και ἐκερδησεν ἀλλα πεντε·
	20	και προσελθων ὁ τα πεντε ταλαντα λαβων προσηνεγκεν ἀλλα πεντε ταλαντα λεγων·
	20	και προσελθων ὁ τα πεντε ταλαντα λαβων προσηνεγκεν ἀλλα πεντε ταλαντα λεγων·
	20	κυριε, πεντε ταλαντα μοι παρεδωκας· ἰδε ἀλλα πεντε ταλαντα ἐκερδησα.
	20	κυριε, πεντε ταλαντα μοι παρεδωκας· ἰδε ἀλλα πεντε ταλαντα ἐκερδησα.
Mc	6 38	και γνοντες λεγουσιν· πεντε, και δυο ἰχθυας.
	41	και λαβων τους πεντε ἀρτους και τους δυο ἰχθυας, ἀναβλεψας εἰς τον οὐρανον εὐλογησεν και κατεκλασεν τους ἀρτους και ἐδιδου τοις μαθηταις [αὐτου] ἱνα παρατιθωσιν αὐτοις,
	8 19	και οὐ μνημονευετε, ὁτε τους πεντε ἀρτους ἐκλασα εἰς τους πεντακισχιλιους, ποσους κοφινους κλασματων πληρεις ἠρατε;
Lc	1 24	μετα δε ταυτας τας ἡμερας συνελαβεν ἐλισαβετ ἡ γυνη αὐτου, και περιεκρυβεν ἑαυτην μηνας πεντε,
	9 13	οὐκ εἰσιν ἡμιν πλειον ἠ ἀρτοι πεντε και ἰχθυες δυο,
	16	λαβων δε τους πεντε ἀρτους και τους δυο ἰχθυας, ἀναβλεψας εἰς τον οὐρανον εὐλογησεν αὐτους και κατεκλασεν, και ἐδιδου τοις μαθηταις παραθειναι τω ὀχλω.
	12 6	οὐχι πεντε στρουθια πωλουνται ἀσσαριων δυο;
	52	ἐσονται γαρ ἀπο του νυν πεντε ἐν ἑνι οἰκω διαμεμερισμενοι, τρεις ἐπι δυσιν και δυο ἐπι τρισιν διαμερισθησονται,
	14 19	και ἑτερος εἰπεν· ζευγη βοων ἠγορασα πεντε, και πορευομαι δοκιμασαι αὐτα·
	16 28	ἐχω γαρ πεντε ἀδελφους·
	19 18	ἡ μνα σου, κυριε, ἐποιησεν πεντε μνας.
	19	και συ ἐπανω γινου πεντε πολεων.
Jh	4 18	καλως εἰπας ὁτι ἀνδρα οὐκ ἐχω· πεντε γαρ ἀνδρας ἐσχες,
	5 2	ἐστιν δε ἐν τοις ἱεροσολυμοις ἐπι τη προβατικη κολυμβηθρα, ἡ ἐπιλεγομενη ἑβραϊστι βηθζαθα, πεντε στοας ἐχουσα.
	6 9	ἐστιν παιδαριον ὡδε ὁς ἐχει πεντε ἀρτους κριθινους και δυο ὀψαρια·

πεντε [36]

Jh	6 13	συνηγαγον οὐν, και ἐγεμισαν δωδεκα κοφινους κλασματων ἐκ των πεντε ἀρτων των κριθινων ἁ ἐπερισσευσαν τοις βεβρωκοσιν.
Ac	4 4	πολλοι δε των ἀκουσαντων τον λογον ἐπιστευσαν, και ἐγενηθη [ὁ] ἀριθμος των ἀνδρων [ὡς] χιλιαδες πεντε.
	19 19	και συνεψηφισαν τας τιμας αὐτων και εὑρον ἀργυριου μυριαδας πεντε.
	20 6	και ἠλθομεν προς αὐτους εἰς την τρωαδα ἀχρι ἡμερων πεντε,
	24 1	μετα δε πεντε ἡμερας κατεβη ὁ ἀρχιερευς ἀνανιας μετα πρεσβυτερων τινων και ῥητορος τερτυλλου τινος,
1Co	14 19	ἀλλα ἐν ἐκκλησια θελω πεντε λογους τω νοϊ μου λαλησαι, ἱνα και ἀλλους κατηχησω, ἠ μυριους λογους ἐν γλωσση.
Apc	9 5	και ἐδοθη αὐτοις ἱνα μη ἀποκτεινωσιν αὐτους, ἀλλ ἱνα βασανισθησονται μηνας πεντε·
	10	και ἐν ταις οὐραις αὐτων ἡ ἐξουσια αὐτων ἀδικησαι τους ἀνθρωπους μηνας πεντε.
	17 10	οἱ πεντε ἐπεσαν, ὁ εἱς ἐστιν,

πεντεκαιδεκατος [1]

Lc	3 1	ἐν ἐτει δε πεντεκαιδεκατω της ἡγεμονιας τιβεριου καισαρος, ἡγεμονευοντος ποντιου πιλατου της ἰουδαιας,

πεντηκοντα [5]

Mc	6 40	και ἀνεπεσαν πρασιαι πρασιαι κατα ἑκατον και κατα πεντηκοντα.
Lc	7 41	ὁ εἰς ὠφειλεν δηναρια πεντακοσια, ὁ δε ἑτερος πεντηκοντα.
	9 14	κατακλινατε αὐτους κλισιας [ὡσει] ἀνα πεντηκοντα.
	16 6	δεξαι σου τα γραμματα και καθισας ταχεως γραψον πεντηκοντα.
Jh	8 57	πεντηκοντα ἐτη οὐπω ἐχεις και ἀβρααμ ἑωρακας;

πεντηκοστη [3]

Ac	2 1	και ἐν τω συμπληρουσθαι την ἡμεραν της πεντηκοστης ἠσαν παντες ὁμου ἐπι το αὐτο·
	20 16	ἐσπευδεν γαρ, εἰ δυνατον εἰη αὐτω, την ἡμεραν της πεντηκοστης γενεσθαι εἰς ἱεροσολυμα.
1Co	16 8	ἐπιμενω δε ἐν ἐφεσω ἑως της πεντηκοστης·

πεποιθησις [6]

2Co	1 15	και ταυτη τη πεποιθησει ἐβουλομην προτερον προς ὑμας ἐλθειν ἱνα δευτεραν χαριν σχητε,
	3 4	πεποιθησιν δε τοιαυτην ἐχομεν δια του χριστου προς τον θεον.
	8 22	ὁν ἐδοκιμασαμεν ἐν πολλοις πολλακις σπουδαιον ὀντα, νυνι δε πολυ σπουδαιοτερον πεποιθησει πολλη τη εἰς ὑμας.
	10 2	δεομαι δε το μη παρων θαρρησαι τη πεποιθησει ᾑ λογιζομαι τολμησαι ἐπι τινας τους λογιζομενους ἡμας ὡς κατα σαρκα περιπατουντας.
Eph	3 12	ἐν ᾡ ἐχομεν την παρρησιαν και προσαγωγην ἐν πεποιθησει δια της πιστεως αὐτου.
Php	3 4	καιπερ ἐγω ἐχων πεποιθησιν και ἐν σαρκι.

περαιτερω [1]

Ac	19 39	εἰ δε τι περαιτερω ἐπιζητειτε, ἐν τη ἐννομω ἐκκλησια ἐπιλυθησεται.

περαν [23]

Mt	4 15	ὁδον θαλασσης, περαν του ἰορδανου, γαλιλαια των ἐθνων,
	25	και ἠκολουθησαν αὐτω ὀχλοι πολλοι ἀπο της γαλιλαιας και δεκαπολεως και ἱεροσολυμων και ἰουδαιας και περαν του ἰορδανου.
	8 18	ἰδων δε ὁ ἰησους ὀχλον περι αὐτον ἐκελευσεν ἀπελθειν εἰς το περαν.
	28	και ἐλθοντος αὐτου εἰς το περαν εἰς την χωραν των γαδαρηνων ὑπηντησαν αὐτω δυο δαιμονιζομενοι ἐκ των μνημειων ἐξερχομενοι,
	14 22	και εὐθεως ἠναγκασεν τους μαθητας ἐμβηναι εἰς το πλοιον και προαγειν αὐτον εἰς το περαν,
	16 5	και ἐλθοντες οἱ μαθηται εἰς το περαν ἐπελαθοντο ἀρτους λαβειν.
	19 1	και ἐγενετο ὁτε ἐτελεσεν ὁ ἰησους τους λογους τουτους, μετηρεν ἀπο της γαλιλαιας και ἠλθεν εἰς τα ὁρια της ἰουδαιας περαν του ἰορδανου.

περαν [23]

Mc	3 8	και πολυ πληθος απο της γαλιλαιας [ήκολουθησεν]· και απο της ιουδαιας και απο ιεροσολυμων και απο της ιδουμαιας και περαν του ιορδανου και περι τυρον και σιδωνα,
	4 35	και λεγει αυτοις εν εκεινη τη ημερα όψιας γενομενης· διελθωμεν εις το περαν.
	5 1	και ήλθον εις το περαν της θαλασσης εις την χωραν των γερασηνων.
	21	και διαπερασαντος του ιησου [εν τω πλοιω] παλιν εις το περαν συνηχθη οχλος πολυς έπ αυτον,
	6 45	και ευθυς ήναγκασεν τους μαθητας αυτου εμβηναι εις το πλοιον και προαγειν εις το περαν προς βηθσαιδαν,
	8 13	και άφεις αυτους παλιν εμβας απηλθεν εις το περαν.
	10 1	και εκειθεν αναστας ερχεται εις τα ορια της ιουδαιας [και] περαν του ιορδανου,
Lc	8 22	και είπεν προς αυτους· διελθωμεν εις το περαν της λιμνης·
Jh	1 28	ταυτα εν βηθανια εγενετο περαν του ιορδανου,
	3 26	ραββι, ὃς ἦν μετα σοῦ περαν του ιορδανου,
	6 1	μετα ταυτα απηλθεν ὁ ιησους περαν της θαλασσης της γαλιλαιας της τιβεριαδος.
	17	κατεβησαν οἱ μαθηται αυτου επι την θαλασσαν, και εμβαντες εις πλοιον ήρχοντο περαν της θαλασσης εις καφαρναουμ.
	22	τη επαυριον ὁ οχλος ὁ εστηκως περαν της θαλασσης είδον ὁτι πλοιαριον άλλο ουκ ἦν εκει ει μη ἑν,
	25	και εύροντες αυτον περαν της θαλασσης είπον αυτω·
	10 40	και απηλθεν παλιν περαν του ιορδανου εις τον τοπον όπου ἦν ιωαννης το πρωτον βαπτιζων,
	18 1	ταυτα είπων ιησους εξηλθεν συν τοις μαθηταις αυτου περαν του χειμαρρου του κεδρων,

περας [4]

Mt	12 42	βασιλισσα νοτου εγερθησεται εν τη κρισει μετα της γενεας ταυτης και κατακρινεῖ αυτην· ὁτι ήλθεν εκ των περατων της γης ακουσαι την σοφιαν σολομωνος,
Lc	11 31	ὁτι ήλθεν εκ των περατων της γης ακουσαι την σοφιαν σολομωνος, και ιδου πλειον σολομωνος ώδε.
Rm	10 18	εις πασαν την γην εξηλθεν ὁ φθογγος αυτων, και εις τα περατα της οικουμενης τα ρηματα αυτων.
Heb	6 16	και πασης αυτοις αντιλογιας περας εις βεβαιωσιν ὁ όρκος·

περγαμος [2]

Apc	1 11	εις εφεσον και εις σμυρναν και εις περγαμον και εις θυατειρα και εις σαρδεις και εις φιλαδελφειαν και εις λαοδικειαν.
	2 12	και τω αγγελω της εν περγαμω εκκλησιας γραψον·

περγη [3]

Ac	13 13	αναχθεντες δε απο της παφου οἱ περι παυλον ήλθον εις περγην της παμφυλιας·
	14	αυτοι δε διελθοντες απο της περγης παρεγενοντο εις αντιοχειαν την πισιδιαν,
	14 25	και λαλησαντες εν περγη τον λογον κατεβησαν εις ατταλειαν,

περι [333]

Mt	2 8	πορευθεντες εξετασατε ακριβως περι του παιδιου·
	3 4	αυτος δε ὁ ιωαννης είχεν το ενδυμα αυτου απο τριχων καμηλου και ζωνην δερματινην περι την οσφυν αυτου·
	4 6	βαλε σεαυτον κατω· γεγραπται γαρ ὁτι τοις αγγελοις αυτου εντελειται περι σου και επι χειρων αρουσιν σε,
	6 28	και περι ενδυματος τι μεριμνατε;
	8 18	ιδων δε ὁ ιησους οχλον περι αυτον εκελευσεν απελθειν εις το περαν.
	9 36	ιδων δε τους οχλους εσπλαγχνισθη περι αυτων,
	11 7	τουτων δε πορευομενων ήρξατο ὁ ιησους λεγειν τοις οχλοις περι ιωαννου·
	10	ουτος εστιν περι οὗ γεγραπται·
	12 36	λεγω δε υμιν ὁτι παν ρημα αργον ὃ λαλησουσιν οἱ ανθρωποι, αποδωσουσιν περι αυτου λογον εν ημερα κρισεως·
	15 7	υποκριται, καλως επροφητευσεν περι υμων ήσαιας λεγων· ὁ λαος ουτος τοις χειλεσιν με τιμα,
	16 11	πως ου νοειτε ὁτι ου περι αρτων είπον υμιν; προσεχετε δε απο της ζυμης των φαρισαιων και σαδδουκαιων.
	17 13	τοτε συνηκαν οἱ μαθηται ὁτι περι ιωαννου του βαπτιστου είπεν αυτοις.

περι [333]

Mt	18 6	ὃς δ άν σκανδαλιση ἑνα των μικρων τουτων των πιστευοντων εις εμε, συμφερει αυτω ἱνα κρεμασθη μυλος ονικος περι τον τραχηλον αυτου και καταποντισθη εν τω πελαγει της θαλασσης.
	19	παλιν [αμην] λεγω υμιν ὁτι εαν δυο συμφωνησωσιν εξ υμων επι της γης περι παντος πραγματος οὗ εαν αιτησωνται, γενησεται αυτοις παρα του πατρος μου του εν ουρανοις.
	19 17	τι με ερωτας περι του αγαθου; εἷς εστιν ὁ αγαθος·
	20 3	και εξελθων περι τριτην ώραν είδεν άλλους εστωτας εν τη αγορα αργους,
	5	παλιν [δε] εξελθων περι εκτην και ενατην ώραν εποιησεν ώσαυτως.
	6	περι δε την ενδεκατην εξελθων εύρεν άλλους εστωτας,
	9	και ελθοντες οἱ περι την ενδεκατην ώραν ελαβον ανα δηναριον.
	24	και ακουσαντες οἱ δεκα ήγανακτησαν περι των δυο αδελφων.
	21 45	και ακουσαντες οἱ αρχιερεις και οἱ φαρισαιοι τας παραβολας αυτου εγνωσαν ὁτι περι αυτων λεγει·
	22 16	και ου μελει σοι περι ουδενος, ου γαρ βλεπεις εις προσωπον ανθρωπων·
	31	περι δε της αναστασεως των νεκρων ουκ ανεγνωτε το ρηθεν υμιν υπο του θεου λεγοντος·
	42	τι υμιν δοκει περι του χριστου; τινος υἱος εστιν;
	24 36	περι δε της ημερας εκεινης και ώρας ουδεις οίδεν, ουδε οἱ αγγελοι των ουρανων ουδε ὁ υἱος, ει μη ὁ πατηρ μονος·
	26 24	ὁ μεν υἱος του ανθρωπου υπαγει καθως γεγραπται περι αυτου,
	28	πιετε εξ αυτου παντες· τουτο γαρ εστιν το αἱμα μου της διαθηκης το περι πολλων εκχυννομενον εις αφεσιν αμαρτιων.
	27 46	περι δε την ενατην ώραν ανεβοησεν ὁ ιησους φωνη μεγαλη λεγων·
Mc	1 6	και ἦν ὁ ιωαννης ενδεδυμενος τριχας καμηλου και ζωνην δερματινην περι την οσφυν αυτου,
	30	και ευθυς λεγουσιν αυτω περι αυτης.
	44	ὁρα μηδενι μηδεν είπης, αλλα υπαγε σεαυτον δειξον τω ιερει και προσενεγκε περι του καθαρισμου σου ἃ προσεταξεν μωυσης,
	3 8	και πολυ πληθος απο της γαλιλαιας [ήκολουθησεν]· και απο της ιουδαιας και απο ιεροσολυμων και απο της ιδουμαιας και περαν του ιορδανου και περι τυρον και σιδωνα,
	32	και εκαθητο περι αυτον οχλος,
	34	και περιβλεψαμενος τους περι αυτον κυκλω καθημενους λεγει·
	4 10	και ὁτε εγενετο κατα μονας, ήρωτων αυτον οἱ περι αυτον συν τοις δωδεκα τας παραβολας.
	19	ουτοι εισιν οἱ τον λογον ακουσαντες, και αἱ μεριμναι του αιωνος και ἡ απατη του πλουτου και αἱ περι τα λοιπα επιθυμιαι εισπορευομεναι συμπνιγουσιν τον λογον, και ακαρπος γινεται.
	5 16	και διηγησαντο αυτοις οἱ ιδοντες πως εγενετο τω δαιμονιζομενω και περι των χοιρων.
	27	ακουσασα περι του ιησου, ελθουσα εν τω οχλω οπισθεν ήψατο του ιματιου αυτου·
	6 48	και ιδων αυτους βασανιζομενους εν τω ελαυνειν, ἦν γαρ ὁ ανεμος εναντιος αυτοις, περι τεταρτην φυλακην της νυκτος ερχεται προς αυτους περιπατων επι της θαλασσης·
	7 6	καλως επροφητευσεν ήσαιας περι υμων των υποκριτων, ὡς γεγραπται [ὁτι] ουτος ὁ λαος τοις χειλεσιν με τιμα, ἡ δε καρδια αυτων πορρω απεχει απ εμου·
	25	αλλ ευθυς ακουσασα γυνη περι αυτου, ἧς είχεν το θυγατριον αυτης πνευμα ακαθαρτον, ελθουσα προσεπεσεν προς τους ποδας αυτου·
	8 30	και επετιμησεν αυτοις ἱνα μηδενι λεγωσιν περι αυτου.
	9 14	και ελθοντες προς τους μαθητας είδον οχλον πολυν περι αυτους και γραμματεις συζητουντας προς αυτους.
	42	και ὃς άν σκανδαλιση ἑνα των μικρων τουτων των πιστευοντων [εις εμε,] καλον εστιν αυτω μαλλον ει περικειται μυλος ονικος περι τον τραχηλον αυτου και βεβληται εις την θαλασσαν.
	10 10	και εις την οικιαν παλιν οἱ μαθηται περι τουτου επηρωτων αυτον.
	41	και ακουσαντες οἱ δεκα ήρξαντο αγανακτειν περι ιακωβου και ιωαννου.
	12 14	διδασκαλε, οιδαμεν ὁτι αληθης εί και ου μελει σοι περι ουδενος·
	26	περι δε των νεκρων ὁτι εγειρονται, ουκ ανεγνωτε εν τη βιβλω μωυσεως επι του βατου πως είπεν αυτω ὁ θεος λεγων·
	13 32	περι δε της ημερας εκεινης ἢ της ώρας ουδεις οίδεν, ουδε οἱ αγγελοι εν ουρανω ουδε ὁ υἱος, ει μη ὁ πατηρ.

περι [333]

Mc 14 21 ὁτι ὁ μεν υἱος του ἀνθρωπου ὑπαγει καθως γεγραπται *περι* αὐτου·

16 8* παντα δε τα παρηγγελμενα τοις *περι* τον πετρον συντομως ἐξηγγειλαν.

Lc 1 1 ἐπειδηπερ πολλοι ἐπεχειρησαν ἀναταξασθαι διηγησιν *περι* των πεπληροφορημενων ἐν ἡμιν πραγματων, καθως παρεδοσαν ἡμιν οἱ ἀπ ἀρχης αὐτοπται και ὑπηρεται γενομενοι του λογου,

4 ἐδοξε καμοι παρηκολουθηκοτι ἀνωθεν πασιν ἀκριβως καθεξης σοι γραψαι, κρατιστε θεοφιλε, ἱνα ἐπιγνως *περι* ὡν κατηχηθης λογων την ἀσφαλειαν.

2 17 ἰδοντες δε ἐγνωρισαν *περι* του ῥηματος του λαληθεντος αὐτοις *περι* του παιδιου τουτου.

17 ἰδοντες δε ἐγνωρισαν περι του ῥηματος του λαληθεντος αὐτοις *περι* του παιδιου τουτου.

18 και παντες οἱ ἀκουσαντες ἐθαυμασαν *περι* των λαληθεντων ὑπο των ποιμενων προς αὐτους·

27 και ἐν τω εἰσαγαγειν τους γονεις το παιδιον ἰησουν του ποιησαι αὐτους κατα το εἰθισμενον του νομου *περι* αὐτου, και αὐτος ἐδεξατο αὐτο εἰς τας ἀγκαλας και εὐλογησεν τον θεον και εἰπεν·

33 και ἡν ὁ πατηρ αὐτου και ἡ μητηρ θαυμαζοντες ἐπι τοις λαλουμενοις *περι* αὐτου.

38 και αὐτη τη ὡρα ἐπιστασα ἀνθωμολογειτο τω θεω και ἐλαλει *περι* αὐτου πασιν τοις προσδεχομενοις λυτρωσιν ἱερουσαλημ.

3 15 προσδοκωντος δε του λαου και διαλογιζομενων παντων ἐν ταις καρδιαις αὐτων *περι* του ἰωαννου, μηποτε αὐτος εἰη ὁ χριστος,

19 ὁ δε ἡρωδης ὁ τετρααρχης, ἐλεγχομενος ὑπ αὐτου *περι* ἡρωδιαδος της γυναικος του ἀδελφου αὐτου και περι παντων ὡν ἐποιησεν πονηρων ὁ ἡρωδης,

19 ὁ δε ἡρωδης ὁ τετρααρχης, ἐλεγχομενος ὑπ αὐτου περι ἡρωδιαδος της γυναικος του ἀδελφου αὐτου και *περι* παντων ὡν ἐποιησεν πονηρων ὁ ἡρωδης,

4 10 γεγραπται γαρ ὁτι τοις ἀγγελοις αὐτου ἐντελειται *περι* σου του διαφυλαξαι σε,

14 και φημη ἐξηλθεν καθ ὁλης της περιχωρου *περι* αὐτου.

37 και ἐξεπορευετο ἠχος *περι* αὐτου εἰς παντα τοπον της περιχωρου.

38 πενθερα δε του σιμωνος ἡν συνεχομενη πυρετω μεγαλω, και ἠρωτησαν αὐτον *περι* αὐτης.

5 14 και προσενεγκε *περι* του καθαρισμου σου καθως προσεταξεν μωυσης, εἰς μαρτυριον αὐτοις.

15 διηρχετο δε μαλλον ὁ λογος *περι* αὐτου,

6 28 εὐλογειτε τους καταρωμενους ὑμας, προσευχεσθε *περι* των ἐπηρεαζοντων ὑμας.

7 3 ἀκουσας δε *περι* του ἰησου ἀπεστειλεν προς αὐτον πρεσβυτερους των ἰουδαιων, ἐρωτων αὐτον ὁπως ἐλθων διασωση τον δουλον αὐτου.

17 και ἐξηλθεν ὁ λογος οὑτος ἐν ὁλη τη ἰουδαια *περι* αὐτου και παση τη περιχωρω.

18 και ἀπηγγειλαν ἰωαννη οἱ μαθηται αὐτου *περι* παντων τουτων.

24 ἀπελθοντων δε των ἀγγελων ἰωαννου ἡρξατο λεγειν προς τους ὀχλους *περι* ἰωαννου· τι ἐξηλθατε εἰς την ἐρημον θεασασθαι;

27 οὑτος ἐστιν *περι* οὑ γεγραπται·

9 9 ἰωαννην ἐγω ἀπεκεφαλισα· τις δε ἐστιν οὑτος *περι* οὑ ἀκουω τοιαυτα;

11 και ἀποδεξαμενος αὐτους ἐλαλει αὐτοις *περι* της βασιλειας του θεου,

45 και ἐφοβουντο ἐρωτησαι αὐτον *περι* του ῥηματος τουτου.

10 40 ἡ δε μαρθα περιεσπατο *περι* πολλην διακονιαν·

41 μαρθα μαρθα, μεριμνας και θορυβαζη *περι* πολλα, ἑνος ὀλιγων δε ἐστιν χρεια·

11 53 κακειθεν ἐξελθοντος αὐτου ἡρξαντο οἱ γραμματεις και οἱ φαρισαιοι δεινως ἐνεχειν και ἀποστοματιζειν αὐτον *περι* πλειονων,

12 26 εἰ οὑν οὐδε ἐλαχιστον δυνασθε, τι *περι* των λοιπων μεριμνατε;

13 1 παρησαν δε τινες ἐν αὐτω τω καιρω ἀπαγγελλοντες αὐτω *περι* των γαλιλαιων ὡν το αἱμα πιλατος ἐμιξεν μετα των θυσιων αὐτων.

8 κυριε, ἀφες αὐτην και τουτο το ἐτος, ἑως ὁτου σκαψω *περι* αὐτην και βαλω κοπρια,

16 2 τι ἀκουω *περι* σου;

17 2 λυσιτελει αὐτω εἰ λιθος μυλικος περικειται *περι* τον τραχηλον αὐτου και ἐρριπται εἰς την θαλασσαν, ἡ ἱνα σκανδαλιση των μικρων τουτων ἑνα.

περι [333]

Lc 19 37 ἐγγιζοντος δε αὐτου ἡδη προς τη καταβασει του ὀρους των ἐλαιων ἡρξαντο ἀπαν το πληθος των μαθητων χαιροντες αἰνειν τον θεον φωνη μεγαλη *περι* πασων ὡν εἰδον δυναμεων,

21 5 και τινων λεγοντων *περι* του ἱερου, ὁτι λιθοις καλοις και ἀναθημασιν κεκοσμηται,

22 32 ἐγω δε ἐδεηθην *περι* σου ἱνα μη ἐκλιπη ἡ πιστις σου·

37 και γαρ το *περι* ἐμου τελος ἐχει.

49 ἰδοντες δε οἱ *περι* αὐτον το ἐσομενον εἰπαν·

23 8 ἡν γαρ ἐξ ἱκανων χρονων θελων ἰδειν αὐτον δια το ἀκουειν *περι* αὐτου,

24 4 και ἐγενετο ἐν τω ἀπορεισθαι αὐτας *περι* τουτου και ἰδου ἀνδρες δυο ἐπεστησαν αὐταις ἐν ἐσθητι ἀστραπτουση·

14 και αὐτοι ὡμιλουν προς ἀλληλους *περι* παντων των συμβεβηκοτων τουτων.

19 τα *περι* ἰησου του ναζαρηνου, ὁς ἐγενετο ἀνηρ προφητης δυνατος ἐν ἐργω και λογω ἐναντιον του θεου και παντος του λαου,

27 και ἀρξαμενος ἀπο μωυσεως και ἀπο παντων των προφητων διερμηνευσεν αὐτοις ἐν πασαις ταις γραφαις τα *περι* ἑαυτου.

44 οὑτοι οἱ λογοι μου οὑς ἐλαλησα προς ὑμας ἐτι ὡν συν ὑμιν, ὁτι δει πληρωθηναι παντα τα γεγραμμενα ἐν τω νομω μωυσεως και τοις προφηταις και ψαλμοις *περι* ἐμου.

Jh 1 7 οὑτος ἡλθεν εἰς μαρτυριαν, ἱνα μαρτυρηση *περι* του φωτος,

8 οὐκ ἡν ἐκεινος το φως, ἀλλ ἱνα μαρτυρηση *περι* του φωτος.

15 ἰωαννης μαρτυρει *περι* αὐτου και κεκραγεν λεγων·

22 τι λεγεις *περι* σεαυτου;

47 εἰδεν ὁ ἰησους τον ναθαναηλ ἐρχομενον προς αὐτον και λεγει *περι* αὐτου· ἰδε ἀληθως ἰσραηλιτης,

2 21 ἐκεινος δε ἐλεγεν *περι* του ναου του σωματος αὐτου.

25 και ὁτι οὐ χρειαν εἰχεν ἱνα τις μαρτυρηση *περι* του ἀνθρωπου·

3 25 ἐγενετο οὑν ζητησις ἐκ των μαθητων ἰωαννου μετα ἰουδαιου *περι* καθαρισμου.

5 31 ἐαν ἐγω μαρτυρω *περι* ἐμαυτου, ἡ μαρτυρια μου οὐκ ἐστιν ἀληθης·

32 ἀλλος ἐστιν ὁ μαρτυρων *περι* ἐμου,

32 και οἰδα ὁτι ἀληθης ἐστιν ἡ μαρτυρια ἡν μαρτυρει *περι* ἐμου.

36 τα γαρ ἐργα ἁ δεδωκεν μοι ὁ πατηρ ἱνα τελειωσω αὐτα, αὐτα τα ἐργα ἁ ποιω μαρτυρει *περι* ἐμου ὁτι ὁ πατηρ με ἀπεσταλκεν.

37 και ὁ πεμψας με πατηρ, ἐκεινος μεμαρτυρηκεν *περι* ἐμου.

39 και ἐκειναι εἰσιν αἱ μαρτυρουσαι *περι* ἐμου·

46 *περι* γαρ ἐμου ἐκεινος ἐγραψεν.

6 41 ἐγογγυζον οὑν οἱ ἰουδαιοι *περι* αὐτου ὁτι εἰπεν·

61 εἰδως δε ὁ ἰησους ἐν ἑαυτω ὁτι γογγυζουσιν *περι* τουτου οἱ μαθηται αὐτου, εἰπεν αὐτοις·

7 7 οὐ δυναται ὁ κοσμος μισειν ὑμας, ἐμε δε μισει, ὁτι ἐγω μαρτυρω *περι* αὐτου ὁτι τα ἐργα αὐτου πονηρα ἐστιν.

12 και γογγυσμος *περι* αὐτου ἡν πολυς ἐν τοις ὀχλοις·

13 οὐδεις μεντοι παρρησια ἐλαλει *περι* αὐτου δια τον φοβον των ἰουδαιων.

17 ἐαν τις θελη το θελημα αὐτου ποιειν, γνωσεται *περι* της διδαχης, ποτερον ἐκ του θεου ἐστιν ἡ ἐγω ἀπ ἐμαυτου λαλω.

32 ἠκουσαν οἱ φαρισαιοι του ὀχλου γογγυζοντος *περι* αὐτου ταυτα, και ἀπεστειλαν οἱ ἀρχιερεις και οἱ φαρισαιοι ὑπηρετας ἱνα πιασωσιν αὐτον.

39 τουτο δε εἰπεν *περι* του πνευματος ὁ ἐμελλον λαμβανειν οἱ πιστευσαντες εἰς αὐτον·

8 13 συ *περι* σεαυτου μαρτυρεις· ἡ μαρτυρια σου οὐκ ἐστιν ἀληθης.

14 καν ἐγω μαρτυρω *περι* ἐμαυτου, ἀληθης ἐστιν ἡ μαρτυρια μου,

18 ἐγω εἰμι ὁ μαρτυρων *περι* ἐμαυτου,

18 και μαρτυρει *περι* ἐμου ὁ πεμψας με πατηρ.

26 πολλα ἐχω *περι* ὑμων λαλειν και κρινειν·

46 τις ἐξ ὑμων ἐλεγχει με *περι* ἁμαρτιας;

9 17 τι συ λεγεις *περι* αὐτου, ὁτι ἡνεωξεν σου τους ὀφθαλμους;

18 οὐκ ἐπιστευσαν οὑν οἱ ἰουδαιοι *περι* αὐτου ὁτι ἡν τυφλος και ἀνεβλεψεν,

21 αὐτον ἐρωτησατε, ἡλικιαν ἐχει, αὐτος *περι* ἑαυτου λαλησει.

10 13 ὁτι μισθωτος ἐστιν και οὐ μελει αὐτω *περι* των προβατων.

25 τα ἐργα ἁ ἐγω ποιω ἐν τω ὀνοματι του πατρος μου, ταυτα μαρτυρει *περι* ἐμου·

33 *περι* καλου ἐργου οὐ λιθαζομεν σε ἀλλα *περι* βλασφημιας,

33 *περι* καλου ἐργου οὐ λιθαζομεν σε ἀλλα *περι* βλασφημιας,

41 παντα δε ὁσα εἰπεν ἰωαννης *περι* τουτου ἀληθη ἡν.

11 13 εἰρηκει δε ὁ ἰησους *περι* του θανατου αὐτου·

13 ἐκεινοι δε ἐδοξαν ὁτι *περι* της κοιμησεως του ὑπνου λεγει.

περι [333]

Jh 11 19 πολλοι δε εκ των ιουδαιων εληλυθεισαν προς την μαρθαν και μαριαμ, ινα παραμυθησωνται αυτας *περι* του αδελφου.

12 6 ειπεν δε τουτο ουχ οτι *περι* των πτωχων εμελεν αυτω, αλλ οτι κλεπτης ην και το γλωσσοκομον εχων τα βαλλομενα εβασταζεν.

41 ταυτα ειπεν ησαιας οτι ειδεν την δοξαν αυτου, και ελαλησεν *περι* αυτου.

13 18 ου *περι* παντων υμων λεγω· εγω οιδα τινας εξελεξαμην·

22 εβλεπον εις αλληλους οι μαθηται απορουμενοι *περι* τινος λεγει.

24 νευει ουν τουτω σιμων πετρος πυθεσθαι τις αν ειη *περι* ου λεγει.

15 22 νυν δε προφασιν ουκ εχουσιν *περι* της αμαρτιας αυτων.

26 οταν ελθη ο παρακλητος ον εγω πεμψω υμιν παρα του πατρος, το πνευμα της αληθειας ο παρα του πατρος εκπορευεται, εκεινος μαρτυρησει *περι* εμου·

16 8 και ελθων εκεινος ελεγξει τον κοσμον *περι* αμαρτιας και περι δικαιοσυνης και περι κρισεως·

8 και ελθων εκεινος ελεγξει τον κοσμον περι αμαρτιας και *περι* δικαιοσυνης και περι κρισεως·

8 και ελθων εκεινος ελεγξει τον κοσμον περι αμαρτιας και περι δικαιοσυνης και *περι* κρισεως·

9 *περι* αμαρτιας μεν, οτι ου πιστευουσιν εις εμε·

10 *περι* δικαιοσυνης δε, οτι προς τον πατερα υπαγω και ουκετι θεωρειτε με·

11 *περι* δε κρισεως, οτι ο αρχων του κοσμου τουτου κεκριται.

19 *περι* τουτου ζητειτε μετ αλληλων οτι ειπον·

25 ερχεται ωρα οτε ουκετι εν παροιμιαις λαλησω υμιν, αλλα παρρησια *περι* του πατρος απαγγελω υμιν.

26 ου λεγω υμιν οτι εγω ερωτησω τον πατερα *περι* υμων·

17 9 εγω *περι* αυτων ερωτω·

9 ου *περι* του κοσμου ερωτω, αλλα περι ων δεδωκας μοι, οτι σοι εισιν,

9 ου περι του κοσμου ερωτω, αλλα *περι* ων δεδωκας μοι, οτι σοι εισιν,

20 ου *περι* τουτων δε ερωτω μονον, αλλα και περι των πιστευοντων δια του λογου αυτων εις εμε,

20 ου περι τουτων δε ερωτω μονον, αλλα και *περι* των πιστευοντων δια του λογου αυτων εις εμε,

18 19 ο ουν αρχιερευς ηρωτησεν τον ιησουν *περι* των μαθητων αυτου και περι της διδαχης αυτου.

19 ο ουν αρχιερευς ηρωτησεν τον ιησουν περι των μαθητων αυτου και *περι* της διδαχης αυτου.

23 ει κακως ελαλησα, μαρτυρησον *περι* του κακου·

34 απο σεαυτου συ τουτο λεγεις, η αλλοι ειπον σοι *περι* εμου;

19 24 μη σχισωμεν αυτον, αλλα λαχωμεν *περι* αυτου τινος εσται·

21 24 ουτος εστιν ο μαθητης ο μαρτυρων *περι* τουτων και ο γραψας ταυτα,

Ac 1 1 τον μεν πρωτον λογον εποιησαμην *περι* παντων, ω θεοφιλε, ων ηρξατο ο ιησους ποιειν τε και διδασκειν,

3 δι ημερων τεσσερακοντα οπτανομενος αυτοις και λεγων τα *περι* της βασιλειας του θεου·

16 ανδρες αδελφοι, εδει πληρωθηναι την γραφην ην προειπεν το πνευμα το αγιον δια στοματος δαυιδ *περι* ιουδα του γενομενου οδηγου τοις συλλαβουσιν ιησουν,

2 29 ανδρες αδελφοι, εξον ειπειν μετα παρρησιας προς υμας *περι* του πατριαρχου δαυιδ,

31 προιδων ελαλησεν *περι* της αναστασεως του χριστου, οτι ουτε εγκατελειφθη εις αδην ουτε η σαρξ αυτου ειδεν διαφθοραν.

5 24 ως δε ηκουσαν τους λογους τουτους ο τε στρατηγος του ιερου και οι αρχιερεις, διηπορουν *περι* αυτων τι αν γενοιτο τουτο.

7 52 και απεκτειναν τους προκαταγγειλαντας *περι* της ελευσεως του δικαιου,

8 12 οτε δε επιστευσαν τω φιλιππω ευαγγελιζομενω *περι* της βασιλειας του θεου και του ονοματος ιησου χριστου, εβαπτιζοντο ανδρες τε και γυναικες.

15 απεστειλαν προς αυτους πετρον και ιωαννην, οιτινες καταβαντες προσηυξαντο *περι* αυτων οπως λαβωσιν πνευμα αγιον·

34 δεομαι σου, *περι* τινος ο προφητης λεγει τουτο;

34 δεομαι σου, περι τινος ο προφητης λεγει τουτο; *περι* εαυτου η περι ετερου τινος;

34 δεομαι σου, περι τινος ο προφητης λεγει τουτο; περι εαυτου η *περι* ετερου τινος;

9 13 κυριε, ηκουσα απο πολλων *περι* του ανδρος τουτου, οσα κακα τοις αγιοις σου εποιησεν εν ιερουσαλημ·

10 3 ειδεν εν οραματι φανερως, ωσει *περι* ωραν ενατην της ημερας, αγγελον του θεου εισελθοντα προς αυτον και ειποντα αυτω· κορνηλιε.

περι [333]

Ac 10 9 τη δε επαυριον οδοιπορουντων εκεινων και τη πολει εγγιζοντων ανεβη πετρος επι το δωμα προσευξασθαι *περι* ωραν εκτην.

19 του δε πετρου διενθυμουμενου *περι* του οραματος ειπεν [αυτω] το πνευμα·

11 22 ηκουσθη δε ο λογος εις τα ωτα της εκκλησιας της ουσης εν ιερουσαλημ *περι* αυτων,

12 5 προσευχη δε ην εκτενως γινομενη υπο της εκκλησιας προς τον θεον *περι* αυτου.

13 13 αναχθεντες δε απο της παφου οι *περι* παυλον ηλθον εις περγην της παμφυλιας·

29 ως δε ετελεσαν παντα τα *περι* αυτου γεγραμμενα, καθελοντες απο του ξυλου εθηκαν εις μνημειον.

15 2 εταξαν αναβαινειν παυλον και βαρναβαν και τινας αλλους εξ αυτων προς τους αποστολους και πρεσβυτερους εις ιερουσαλημ *περι* του ζητηματος τουτου.

6 συνηχθησαν τε οι αποστολοι και οι πρεσβυτεροι ιδειν *περι* του λογου τουτου.

17 32 ακουσομεθα σου *περι* τουτου και παλιν.

18 15 ει δε ζητηματα εστιν *περι* λογου και ονοματων και νομου του καθ υμας, οψεσθε αυτοι·

25 και ζεων τω πνευματι ελαλει και εδιδασκεν ακριβως τα *περι* του ιησου,

19 8 εισελθων δε εις την συναγωγην επαρρησιαζετο επι μηνας τρεις διαλεγομενος και πειθων [τα] *περι* της βασιλειας του θεου.

23 εγενετο δε κατα τον καιρον εκεινον ταραχος ουκ ολιγος *περι* της οδου.

25 ους συναθροισας και τους *περι* τα τοιαυτα εργατας ειπεν·

40 και γαρ κινδυνευομεν εγκαλεισθαι στασεως *περι* της σημερον,

40 μηδενος αιτιου υπαρχοντος, *περι* ου [ου] δυνησομεθα αποδουναι λογον περι της συστροφης ταυτης.

40 μηδενος αιτιου υπαρχοντος, περι ου [ου] δυνησομεθα αποδουναι λογον *περι* της συστροφης ταυτης.

21 21 κατηχηθησαν δε *περι* σου οτι αποστασιαν διδασκεις απο μωυσεως τους κατα τα εθνη παντας ιουδαιους,

24 και δαπανησον επ αυτοις ινα ξυρησονται την κεφαλην, και γνωσονται παντες οτι ων κατηχηνται *περι* σου ουδεν εστιν,

25 *περι* δε των πεπιστευκοτων εθνων ημεις επεστειλαμεν κριναντες φυλασσεσθαι αυτους το τε ειδωλοθυτον και αιμα και πνικτον και πορνειαν.

22 6 εγενετο δε μοι πορευομενω και εγγιζοντι τη δαμασκω *περι* μεσημβριαν εξαιφνης εκ του ουρανου περιαστραψαι φως ικανον περι εμε,

6 εγενετο δε μοι πορευομενω και εγγιζοντι τη δαμασκω περι μεσημβριαν εξαιφνης εκ του ουρανου περιαστραψαι φως ικανον *περι* εμε,

10 αναστας πορευου εις δαμασκον, κακει σοι λαληθησεται *περι* παντων ων τετακται σοι ποιησαι.

18 σπευσον και εξελθε εν ταχει εξ ιερουσαλημ, διοτι ου παραδεξονται σου μαρτυριαν *περι* εμου.

23 6 *περι* ελπιδος και αναστασεως νεκρων [εγω] κρινομαι.

11 ως γαρ διεμαρτυρω τα *περι* εμου εις ιερουσαλημ, ουτω σε δει και εις ρωμην μαρτυρησαι.

15 νυν ουν υμεις εμφανισατε τω χιλιαρχω συν τω συνεδριω οπως καταγαγη αυτον εις υμας ως μελλοντας διαγινωσκειν ακριβεστερον τα *περι* αυτου·

20 ειπεν δε οτι οι ιουδαιοι συνεθεντο του ερωτησαι σε οπως αυριον τον παυλον καταγαγης εις το συνεδριον ως μελλον τι ακριβεστερον πυνθανεσθαι *περι* αυτου.

29 ον ευρον εγκαλουμενον *περι* ζητηματων του νομου αυτων,

24 8 παρ ου δυνηση αυτος ανακρινας *περι* παντων τουτων επιγνωναι ων ημεις κατηγορουμεν αυτου.

10 εκ πολλων ετων οντα σε κριτην τω εθνει τουτω επισταμενος ευθυμως τα *περι* εμαυτου απολογουμαι,

13 ουδε παραστησαι δυνανται σοι *περι* ων νυνι κατηγορουσιν μου.

21 η αυτοι ουτοι ειπατωσαν τι ευρον αδικημα σταντος μου επι του συνεδριου, η *περι* μιας ταυτης φωνης ης εκεκραξα εν αυτοις εστως

21 η περι μιας ταυτης φωνης ης εκεκραξα εν αυτοις εστως οτι *περι* αναστασεως νεκρων εγω κρινομαι σημερον εφ υμων.

22 ανεβαλετο δε αυτους ο φηλιξ, ακριβεστερον ειδως τα *περι* της οδου, ειπας·

24 και ηκουσεν αυτου *περι* της εις χριστον ιησουν πιστεως.

25 διαλεγομενου δε αυτου *περι* δικαιοσυνης και εγκρατειας και του κριματος του μελλοντος εμφοβος γενομενος ο φηλιξ απεκριθη·

περι [333]

Ac 25 9 θελεις εἰς ἱεροσολυμα ἀναβας ἐκει *περι* τουτων κριθηναι ἐπ ἐμου;

15 ἀνηρ τις ἐστιν καταλελειμμενος ὑπο φηλικος δεσμιος, *περι* οὗ γενομενου μου εἰς ἱεροσολυμα ἐνεφανισαν οἱ ἀρχιερεις και οἱ πρεσβυτεροι των ἰουδαιων,

16 προς οὓς ἀπεκριθην ὅτι οὐκ ἐστιν ἐθος ρωμαιοις χαριζεσθαι τινα ἀνθρωπον πριν ἢ ὁ κατηγορουμενος κατα προσωπον ἐχοι τους κατηγορους τοπον τε ἀπολογιας λαβοι *περι* του ἐγκληματος.

18 *περι* οὗ σταθεντες οἱ κατηγοροι οὐδεμιαν αἰτιαν ἐφερον ὧν ἐγω ὑπενοουν πονηρων,

19 ζητηματα δε τινα *περι* της ἰδιας δεισιδαιμονιας εἰχον προς αὐτον και *περι* τινος ἰησου τεθνηκοτος,

19 ζητηματα δε τινα περι της ἰδιας δεισιδαιμονιας εἰχον προς αὐτον και *περι* τινος ἰησου τεθνηκοτος,

20 ἀπορουμενος δε ἐγω την *περι* τουτων ζητησιν ἐλεγον εἰ βουλοιτο πορευεσθαι εἰς ἱεροσολυμα κἀκει κρινεσθαι περι τουτων.

20 ἀπορουμενος δε ἐγω την περι τουτων ζητησιν ἐλεγον εἰ βουλοιτο πορευεσθαι εἰς ἱεροσολυμα κἀκει κρινεσθαι *περι* τουτων.

24 θεωρειτε τουτον *περι* οὗ ἁπαν το πληθος των ἰουδαιων ἐνετυχον μοι ἐν τε ἱεροσολυμοις και ἐνθαδε,

26 *περι* οὗ ἀσφαλες τι γραψαι τω κυριω οὐκ ἐχω·

26 1 ἐπιτρεπεται σοι *περι* σεαυτου λεγειν.

2 *περι* παντων ὡν ἐγκαλουμαι ὑπο ἰουδαιων, βασιλευ ἀγριππα, ἡγημαι ἐμαυτον μακαριον ἐπι σοῦ μελλων σημερον ἀπολογεισθαι,

7 *περι* ἡς ἐλπιδος ἐγκαλουμαι ὑπο ἰουδαιων, βασιλευ.

26 ἐπισταται γαρ *περι* τουτων ὁ βασιλευς, προς ὃν και παρρησιαζομενος λαλω·

28 7 ἐν δε τοις *περι* τον τοπον ἐκεινον ὑπηρχεν χωρια τω πρωτω της νησου ὀνοματι ποπλιω,

15 κἀκειθεν οἱ ἀδελφοι ἀκουσαντες τα *περι* ἡμων ἠλθαν εἰς ἀπαντησιν ἡμιν ἀχρι ἀππιουφορου και τριωνταβερνων,

21 ἡμεις οὐτε γραμματα *περι* σοῦ ἐδεξαμεθα ἀπο της ἰουδαιας, οὐτε παραγενομενος τις των ἀδελφων ἀπηγγειλεν ἢ ἐλαλησεν τι περι σοῦ πονηρον.

21 ἡμεις οὐτε γραμματα περι σοῦ ἐδεξαμεθα ἀπο της ἰουδαιας, οὐτε παραγενομενος τις των ἀδελφων ἀπηγγειλεν ἢ ἐλαλησεν τι *περι* σοῦ πονηρον.

22 *περι* μεν γαρ της αἱρεσεως ταυτης γνωστον ἡμιν ἐστιν ὅτι πανταχου ἀντιλεγεται.

23 πειθων τε αὐτους *περι* του ἰησου ἀπο τε του νομου μωυσεως και των προφητων,

31 και ἀπεδεχετο παντας τους εἰσπορευομενους προς αὐτον, κηρυσσων την βασιλειαν του θεου και διδασκων τα *περι* του κυριου ἰησου χριστου μετα πασης παρρησιας ἀκωλυτως.

Rm 1 3 ὁ προεπηγγειλατο δια των προφητων αὐτου ἐν γραφαις ἁγιαις *περι* του υἱου αὐτου του γενομενου ἐκ σπερματος δαυιδ κατα σαρκα,

8 πρωτον μεν εὐχαριστω τω θεω μου δια ἰησου χριστου *περι* παντων ὑμων, ὅτι ἡ πιστις ὑμων καταγγελλεται ἐν ὁλω τω κοσμω.

8 3 το γαρ ἀδυνατον του νομου, ἐν ᾡ ἠσθενει δια της σαρκος, ὁ θεος τον ἑαυτου υἱον πεμψας ἐν ὁμοιωματι σαρκος ἁμαρτιας και *περι* ἁμαρτιας κατεκρινεν την ἁμαρτιαν ἐν τη σαρκι,

14 12 ἀρα [οὖν] ἑκαστος ἡμων *περι* ἑαυτου λογον δωσει [τω θεω].

15 14 πεπεισμαι δε, ἀδελφοι μου, και αὐτος ἐγω *περι* ὑμων, ὅτι και αὐτοι μεστοι ἐστε ἀγαθωσυνης,

21 οἱς οὐκ ἀνηγγελη *περι* αὐτου ὀψονται, και οἱ οὐκ ἀκηκοασιν συνησουσιν.

1Co 1 4 εὐχαριστω τω θεω μου παντοτε *περι* ὑμων ἐπι τη χαριτι του θεου τη δοθειση ὑμιν ἐν χριστω ἰησου,

11 ἐδηλωθη γαρ μοι *περι* ὑμων, ἀδελφοι μου, ὑπο των χλοης, ὅτι ἐριδες ἐν ὑμιν εἰσιν.

7 1 *περι* δε ὡν ἐγραψατε, καλον ἀνθρωπω γυναικος μη ἁπτεσθαι·

25 *περι* δε των παρθενων ἐπιταγην κυριου οὐκ ἐχω,

37 ὃς δε ἑστηκεν ἐν τη καρδια αὐτου ἑδραιος, μη ἐχων ἀναγκην, ἐξουσιαν δε ἐχει *περι* του ἰδιου θεληματος,

8 1 *περι* δε των εἰδωλοθυτων, οἰδαμεν ὅτι παντες γνωσιν ἐχομεν.

4 *περι* της βρωσεως οὖν των εἰδωλοθυτων οἰδαμεν ὅτι οὐδεν εἰδωλον ἐν κοσμω,

12 1 *περι* δε των πνευματικων, ἀδελφοι, οὐ θελω ὑμας ἀγνοειν.

16 1 *περι* δε της λογειας της εἰς τους ἁγιους, ὡσπερ διεταξα ταις ἐκκλησιαις της γαλατιας, οὑτως και ὑμεις ποιησατε.

12 *περι* δε ἀπολλω του ἀδελφου, πολλα παρεκαλεσα αὐτον ἱνα ἐλθη προς ὑμας μετα των ἀδελφων·

περι [333]

2Co 9 1 *περι* μεν γαρ της διακονιας της εἰς τους ἁγιους περισσον μοι ἐστιν το γραφειν ὑμιν·

10 8 ἐαν [τε] γαρ περισσοτερον τι καυχησωμαι *περι* της ἐξουσιας ἡμων, ἡς ἐδωκεν ὁ κυριος εἰς οἰκοδομην και οὐκ εἰς καθαιρεσιν ὑμων, οὐκ αἰσχυνθησομαι,

Eph 6 18 και εἰς αὐτο ἀγρυπνουντες ἐν παση προσκαρτερησει και δεησει *περι* παντων των ἁγιων,

22 ὃν ἐπεμψα προς ὑμας εἰς αὐτο τουτο, ἱνα γνωτε τα *περι* ἡμων και παρακαλεση τας καρδιας ὑμων.

Php 1 27 μονον ἀξιως του εὐαγγελιου του χριστου πολιτευεσθε, ἱνα εἰτε ἐλθων και ἰδων ὑμας εἰτε ἀπων ἀκουω τα *περι* ὑμων, ὅτι στηκετε ἐν ἑνι πνευματι,

2 19 ἐλπιζω δε ἐν κυριω ἰησου τιμοθεον ταχεως πεμψαι ὑμιν, ἱνα καγω εὐψυχω γνους τα *περι* ὑμων.

20 οὐδενα γαρ ἐχω ἰσοψυχον, ὁστις γνησιως τα *περι* ὑμων μεριμνησει·

23 τουτον μεν οὖν ἐλπιζω πεμψαι ὡς ἀν ἀφιδω τα *περι* ἐμε ἐξαυτης·

Col 1 3 εὐχαριστουμεν τω θεω πατρι του κυριου ἡμων ἰησου χριστου παντοτε *περι* ὑμων προσευχομενοι,

4 3 προσευχομενοι ἁμα και *περι* ἡμων, ἱνα ὁ θεος ἀνοιξη ἡμιν θυραν του λογου,

8 ὃν ἐπεμψα προς ὑμας εἰς αὐτο τουτο, ἱνα γνωτε τα *περι* ἡμων και παρακαλεση τας καρδιας ὑμων.

10 και μαρκος ὁ ἀνεψιος βαρναβα, *περι* οὗ ἐλαβετε ἐντολας,

1Th 1 2 εὐχαριστουμεν τω θεω παντοτε *περι* παντων ὑμων,

9 αὐτοι γαρ *περι* ἡμων ἀπαγγελλουσιν ὁποιαν εἰσοδον ἐσχομεν προς ὑμας,

3 9 τινα γαρ εὐχαριστιαν δυναμεθα τω θεω ἀνταποδουναι *περι* ὑμων ἐπι παση τη χαρα ἡ χαιρομεν δι ὑμας ἐμπροσθεν του θεου ἡμων,

4 6 το μη ὑπερβαινειν και πλεονεκτειν ἐν τω πραγματι τον ἀδελφον αὐτου, διοτι ἐκδικος κυριος *περι* παντων τουτων,

9 *περι* δε της φιλαδελφιας οὐ χρειαν ἐχετε γραφειν ὑμιν·

13 οὐ θελομεν δε ὑμας ἀγνοειν, ἀδελφοι, *περι* των κοιμωμενων,

5 1 *περι* δε των χρονων και των καιρων, ἀδελφοι, οὐ χρειαν ἐχετε ὑμιν γραφεσθαι·

25 ἀδελφοι, προσευχεσθε [και] *περι* ἡμων.

2Th 1 3 εὐχαριστειν ὀφειλομεν τω θεω παντοτε *περι* ὑμων, ἀδελφοι, καθως ἀξιον ἐστιν,

11 εἰς ὃ και προσευχομεθα παντοτε *περι* ὑμων,

2 13 ἡμεις δε ὀφειλομεν εὐχαριστειν τω θεω παντοτε *περι* ὑμων,

3 1 το λοιπον προσευχεσθε, ἀδελφοι, *περι* ἡμων, ἱνα ὁ λογος του κυριου τρεχη και δοξαζηται καθως και προς ὑμας,

1Tm 1 7 θελοντες εἰναι νομοδιδασκαλοι, μη νοουντες μητε ἁ λεγουσιν μητε *περι* τινων διαβεβαιουνται.

19 ἐχων πιστιν και ἀγαθην συνειδησιν, ἡν τινες ἀπωσαμενοι *περι* την πιστιν ἐναυαγησαν·

6 4 τετυφωται, μηδεν ἐπισταμενος, ἀλλα νοσων *περι* ζητησεις και λογομαχιας,

21 ἐκτρεπομενος τας βεβηλους κενοφωνιας και ἀντιθεσεις της ψευδωνυμου γνωσεως, ἡν τινες ἐπαγγελλομενοι *περι* την πιστιν ἠστοχησαν.

2Tm 1 3 χαριν ἐχω τω θεω, ᾡ λατρευω ἀπο προγονων ἐν καθαρα συνειδησει, ὡς ἀδιαλειπτον ἐχω την *περι* σοῦ μνειαν ἐν ταις δεησεσιν μου νυκτος και ἡμερας,

2 18 ὡν ἐστιν ὑμεναιος και φιλητος, οἱτινες *περι* την ἀληθειαν ἠστοχησαν,

3 8 ἀνθρωποι κατεφθαρμενοι τον νουν, ἀδοκιμοι *περι* την πιστιν.

Tit 2 7 τους νεωτερους ὡσαυτως παρακαλει σωφρονειν *περι* παντα,

8 ἱνα ὁ ἐξ ἐναντιας ἐντραπη μηδεν ἐχων λεγειν *περι* ἡμων φαυλον.

3 8 και *περι* τουτων βουλομαι σε διαβεβαιουσθαι, ἱνα φροντιζωσιν καλων ἐργων προιστασθαι οἱ πεπιστευκοτες θεω.

Phm 10 παρακαλω σε *περι* του ἐμου τεκνου,

Heb 2 5 οὐ γαρ ἀγγελοις ὑπεταξεν την οἰκουμενην την μελλουσαν, *περι* ἡς λαλουμεν.

4 4 εἰρηκεν γαρ που *περι* της ἑβδομης οὑτως· και κατεπαυσεν ὁ θεος ἐν τη ἡμερα τη ἑβδομη ἀπο παντων των ἐργων αὐτου.

8 εἰ γαρ αὐτους ἰησους κατεπαυσεν, οὐκ ἀν *περι* ἀλλης ἐλαλει μετα ταυτα ἡμερας.

5 3 και δι αὐτην ὀφειλει, καθως *περι* του λαου, οὑτως και περι ἑαυτου προσφερειν περι ἁμαρτιων.

3 και δι αὐτην ὀφειλει, καθως περι του λαου, οὑτως και *περι* ἑαυτου προσφερειν περι ἁμαρτιων.

3 και δι αὐτην ὀφειλει, καθως περι του λαου, οὑτως και περι ἑαυτου προσφερειν *περι* ἁμαρτιων.

περι [333]

Heb	5 11	περι ού πολυς ήμιν ό λογος και δυσερμηνευτος λεγειν, έπει νωθροι γεγονατε ταις άκοαις.
	6 9	πεπεισμεθα δε περι ύμων, άγαπητοι, τα κρεισσονα και έχομενα σωτηριας, εί και ούτως λαλουμεν.
	7 14	προδηλον γαρ ότι έξ ιουδα άνατεταλκεν ό κυριος ήμων, είς ήν φυλην περι ιερεων ούδεν μωυσης έλαλησεν.
	9 5	περι ών ούκ έστιν νυν λεγειν κατα μερος.
	10 6	όλοκαυτωματα και περι άμαρτιας ούκ εύδοκησας.
	7	ίδου ήκω, έν κεφαλιδι βιβλιου γεγραπται περι έμου, του ποιησαι ό θεος το θελημα σου.
	8	άνωτερον λεγων ότι θυσιας και προσφορας και όλοκαυτωματα και περι άμαρτιας ούκ ήθελησας ούδε εύδοκησας,
	18	όπου δε άφεσις τουτων, ούκετι προσφορα περι άμαρτιας.
	26	έκουσιως γαρ άμαρτανοντων ήμων μετα το λαβειν την έπιγνωσιν της άληθειας, ούκετι περι άμαρτιων άπολειπεται θυσια,
	11 7	πιστει χρηματισθεις νωε περι των μηδεπω βλεπομενων,
	20	πιστει και περι μελλοντων εύλογησεν ισαακ τον ιακωβ και τον ήσαυ.
	22	πιστει ιωσηφ τελευτων περι της έξοδου των υιων ισραηλ έμνημονευσεν
	22	πιστει ιωσηφ τελευτων περι της έξοδου των υιων ισραηλ έμνημονευσεν και περι των όστεων αύτου ένετειλατο.
	32	έπιλειψει με γαρ διηγουμενον ό χρονος περι γεδεων, βαρακ, σαμψων, ίεφθαε, δαυιδ τε και σαμουηλ και των προφητων,
	40	του θεου περι ήμων κρειττον τι προβλεψαμενου, ίνα μη χωρις ήμων τελειωθωσιν.
	13 11	ών γαρ είσφερεται ζωων το αίμα περι άμαρτιας είς τα άγια δια του άρχιερεως, τουτων τα σωματα κατακαιεται έξω της παρεμβολης.
	18	προσευχεσθε περι ήμων· πειθομεθα γαρ ότι καλην συνειδησιν έχομεν,
1Pt	1 10	περι ής σωτηριας έξεζητησαν και έξηραυνησαν προφηται οί περι της είς ύμας χαριτος προφητευσαντες,
	10	περι ής σωτηριας έξεζητησαν και έξηραυνησαν προφηται οί περι της είς ύμας χαριτος προφητευσαντες,
	3 15	έτοιμοι άει προς άπολογιαν παντι τω αίτουντι ύμας λογον περι της έν ύμιν έλπιδος,
	18	ότι και χριστος άπαξ περι άμαρτιων έπαθεν, δικαιος ύπερ άδικων,
	5 7	πασαν την μεριμναν ύμων έπιριψαντες έπ αύτον, ότι αύτω μελει περι ύμων.
2Pt	1 12	διο μελλησω άει ύμας ύπομιμνησκειν περι τουτων,
	3 16	ώς και έν πασαις έπιστολαις λαλων έν αύταις περι τουτων,
1Jh	1 1	ό έθεασαμεθα και αί χειρες ήμων έψηλαφησαν, περι του λογου της ζωης,
	2 2	και αύτος ίλασμος έστιν περι των άμαρτιων ήμων,
	2	και αύτος ίλασμος έστιν περι των άμαρτιων ήμων, ού περι των ήμετερων δε μονον άλλα και περι όλου του κοσμου.
	2	και αύτος ίλασμος έστιν περι των άμαρτιων ήμων, ού περι των ήμετερων δε μονον άλλα και περι όλου του κοσμου.
	26	ταυτα έγραψα ύμιν περι των πλανωντων ύμας.
	27	άλλ ώς το αύτου χρισμα διδασκει ύμας περι παντων, και άληθες έστιν και ούκ έστιν ψευδος,
	4 10	και άπεστειλεν τον υίον αύτου ίλασμον περι των άμαρτιων ήμων.
	5 9	ότι αύτη έστιν ή μαρτυρια του θεου, ότι μεμαρτυρηκεν περι του υίου αύτου.
	10	ό μη πιστευων τω θεω ψευστην πεποιηκεν αύτον, ότι ού πεπιστευκεν είς την μαρτυριαν ήν μεμαρτυρηκεν ό θεος περι του υίου αύτου.
	16	έστιν άμαρτια προς θανατον· ού περι έκεινης λεγω ίνα έρωτηση.
3Jh	2	άγαπητε, περι παντων εύχομαι σε εύοδουσθαι και ύγιαινειν,
Ju	3	άγαπητοι, πασαν σπουδην ποιουμενος γραφειν ύμιν περι της κοινης ήμων σωτηριας, άναγκην έσχον γραψαι ύμιν παρακαλων
		ώς σοδομα και γομορρα και αί περι αύτας πολεις,
	9	ό δε μιχαηλ ό άρχαγγελος, ότε τω διαβολω διακρινομενος διελεγετο περι του μωυσεως σωματος, ούκ έτολμησεν κρισιν έπενεγκειν βλασφημιας,
	15	ποιησαι κρισιν κατα παντων και έλεγξαι πασαν ψυχην περι παντων των έργων άσεβειας αύτων ών ήσεβησαν
	15	και περι παντων των σκληρων ών έλαλησαν κατ αύτου άμαρτωλοι άσεβεις.
Apc	15 6	ένδεδυμενοι λινον καθαρον λαμπρον και περιεζωσμενοι περι τα στηθη ζωνας χρυσας.

περιαγω [6]

Mt	4 23	και περιηγεν έν όλη τη γαλιλαια,
	9 35	και περιηγεν ό ίησους τας πολεις πασας και τας κωμας,
	23 15	ούαι ύμιν, γραμματεις και φαρισαιοι ύποκριται, ότι περιαγετε την θαλασσαν και την ξηραν ποιησαι ένα προσηλυτον,
Mc	6 6	και περιηγεν τας κωμας κυκλω διδασκων.
Ac	13 11	παραχρημα τε έπεσεν έπ αύτον άχλυς και σκοτος, και περιαγων έζητει χειραγωγους.
1Co	9 5	μη ούκ έχομεν έξουσιαν άδελφην γυναικα περιαγειν, ώς και οί λοιποι άποστολοι και οί άδελφοι του κυριου και κηφας;

περιαιρεω [4]

Ac	27 20	λοιπον περιηρειτο έλπις πασα του σωζεσθαι ήμας.
	40	και τας άγκυρας περιελοντες είων είς την θαλασσαν,
2Co	3 16	ήνικα δε έαν έπιστρεψη προς κυριον, περιαιρειται το καλυμμα.
Heb	10 11	και πας μεν ίερευς έστηκεν καθ ήμεραν λειτουργων και τας αύτας πολλακις προσφερων θυσιας, αίτινες ούδεποτε δυνανται περιελειν άμαρτιας·

περιαπτω [1]

Lc	22 55	περιαψαντων δε πυρ έν μεσω της αύλης και συγκαθισαντων έκαθητο ό πετρος μεσος αύτων.

περιαστραπτω [2]

Ac	9 3	έν δε τω πορευεσθαι έγενετο αύτον έγγιζειν τη δαμασκω, έξαιφνης τε αύτον περιηστραψεν φως έκ του ούρανου,
	22 6	έγενετο δε μοι πορευομενω και έγγιζοντι τη δαμασκω περι μεσημβριαν έξαιφνης έκ του ούρανου περιαστραψαι φως ίκανον περι έμε,

περιβαλλω [23]

Mt	6 29	λεγω δε ύμιν ότι ούδε σολομων έν παση τη δοξη αύτου περιεβαλετο ώς έν τουτων. εί δε τον χορτον του άγρου σημερον όντα και αύριον είς κλιβανον βαλλομενον ό θεος ούτως άμφιεννυσιν,
	31	τί περιβαλωμεθα; παντα γαρ ταυτα τα έθνη έπιζητουσιν·
	25 36	ξενος ήμην και συνηγαγετε με, γυμνος και περιεβαλετε με,
	38	ποτε δε σε είδομεν ξενον και συνηγαγομεν, ή γυμνον και περιεβαλομεν;
	43	ξενος ήμην και ού συνηγαγετε με, γυμνος και ού περιεβαλετε με, άσθενης και έν φυλακη και ούκ έπεσκεψασθε με.
Mc	14 51	και νεανισκος τις συνηκολουθει αύτω περιβεβλημενος σινδονα έπι γυμνου,
	16 5	και είσελθουσαι είς το μνημειον είδον νεανισκον καθημενον έν τοις δεξιοις περιβεβλημενον στολην λευκην,
Lc	12 27	ούδε σολομων έν παση τη δοξη αύτου περιεβαλετο ώς έν τουτων.
	23 11	έξουθενησας δε αύτον [και] ό ήρωδης συν τοις στρατευμασιν αύτου και έμπαιξας, περιβαλων έσθητα λαμπραν άνεπεμψεν αύτον τω πιλατω.
Jh	19 2	και ίματιον πορφυρουν περιεβαλον αύτον,
Ac	12 8	περιβαλου το ίματιον σου και άκολουθει μοι.
Apc	3 5	ό νικων ούτως περιβαλειται έν ίματιοις λευκοις,
	18	συμβουλευω σοι άγορασαι παρ έμου χρυσιον πεπυρωμενον έκ πυρος ίνα πλουτησης, και ίματια λευκα ίνα περιβαλη και μη φανερωθη ή αίσχυνη της γυμνοτητος σου,
	4 4	και έπι τους θρονους είκοσιτεσσαρας πρεσβυτερους καθημενους περιβεβλημενους έν ίματιοις λευκοις,
	7 9	έστωτες ένωπιον του θρονου και ένωπιον του άρνιου, περιβεβλημενους στολας λευκας,
	13	ούτοι οί περιβεβλημενοι τας στολας τας λευκας τινες είσιν και ποθεν ήλθον;
	10 1	και είδον άλλον άγγελον ίσχυρον καταβαινοντα έκ του ούρανου, περιβεβλημενον νεφελην,
	11 3	και προφητευσουσιν ήμερας χιλιασδιακοσιασεξηκοντα περιβεβλημενοι σακκους.
	12 1	γυνη περιβεβλημενη τον ήλιον, και ή σεληνη ύποκατω των ποδων αύτης,
	17 4	και ή γυνη ήν περιβεβλημενη πορφυρουν και κοκκινον,
	18 16	ούαι ούαι, ή πολις ή μεγαλη, ή περιβεβλημενη βυσσινον και πορφυρουν και κοκκινον,
	19 8	και έδοθη αύτη ίνα περιβαληται βυσσινον λαμπρον καθαρον
	13	και περιβεβλημενος ίματιον βεβαμμενον αίματι.

περιβλεπομαι [7]

Mc	3 5	και περιβλεψαμενος αυτους μετ οργης,
	34	και περιβλεψαμενος τους περι αυτον κυκλω καθημενους λεγει·
	5 32	και περιεβλεπετο ιδειν την τουτο ποιησασαν.
	9 8	και εξαπινα περιβλεψαμενοι ουκετι ουδενα ειδον αλλα τον ιησουν μονον μεθ εαυτων.
	10 23	και περιβλεψαμενος ο ιησους λεγει τοις μαθηταις αυτου·
	11 11	και περιβλεψαμενος παντα, οψιας ηδη ουσης της ωρας, εξηλθεν εις βηθανιαν μετα των δωδεκα.
Lc	6 10	και περιβλεψαμενος παντας αυτους ειπεν αυτω·

περιβολαιον [2]

| 1Co | 11 15 | οτι η κομη αντι περιβολαιου δεδοται [αυτη]. |
| Heb | 1 12 | και ωσει περιβολαιον ελιξεις αυτους, |

περιδεω [1]

| Jh | 11 44 | εξηλθεν ο τεθνηκως δεδεμενος τους ποδας και τας χειρας κειριαις, και η οψις αυτου σουδαριω περιεδεδετο. |

περιεργαζομαι [1]

| 2Th | 3 11 | ακουομεν γαρ τινας περιπατουντας εν υμιν ατακτως, μηδεν εργαζομενους αλλα περιεργαζομενους· |

περιεργος [2]

| Ac | 19 19 | ικανοι δε των τα περιεργα πραξαντων συνενεγκαντες τας βιβλους κατεκαιον ενωπιον παντων· |
| 1Tm | 5 13 | ου μονον δε αργαι αλλα και φλυαροι και περιεργοι, |

περιερχομαι [4]

Ac	19 13	επεχειρησαν δε τινες και των περιερχομενων ιουδαιων εξορκιστων ονομαζειν επι τους εχοντας τα πνευματα τα πονηρα το ονομα του κυριου ιησου λεγοντες·
	28 13	και καταχθεντες εις συρακουσας επεμειναμεν ημερας τρεις, οθεν περιελθοντες κατηντησαμεν εις ρηγιον.
1Tm	5 13	αμα δε και αργαι μανθανουσιν περιερχομεναι τας οικιας,
Heb	11 37	περιηλθον εν μηλωταις, εν αιγειοις δερμασιν, υστερουμενοι, θλιβομενοι, κακουχουμενοι,

περιεχω [2]

| Lc | 5 9 | θαμβος γαρ περιεσχεν αυτον και παντας τους συν αυτω επι τη αγρα των ιχθυων ων συνελαβον, |
| 1Pt | 2 6 | διοτι περιεχει εν γραφη· ιδου τιθημι εν σιων λιθον ακρογωνιαιον εκλεκτον εντιμον, |

περιζωννυμαι [6]

Lc	12 35	εστωσαν υμων αι οσφυες περιεζωσμεναι και οι λυχνοι καιομενοι·
	37	αμην λεγω υμιν οτι περιζωσεται και ανακλινει αυτους και παρελθων διακονησει αυτοις.
	17 8	αλλ ουχι ερει αυτω· ετοιμασον τι δειπνησω, και περιζωσαμενος διακονει μοι εως φαγω και πιω, και μετα ταυτα φαγεσαι και πιεσαι συ;
Eph	6 14	στητε ουν περιζωσαμενοι την οσφυν υμων εν αληθεια,
Apc	1 13	και εν μεσω των λυχνιων ομοιον υιον ανθρωπου, ενδεδυμενον ποδηρη και περιεζωσμενον προς τοις μαστοις ζωνην χρυσαν·
	15 6	ενδεδυμενοι λινον καθαρον λαμπρον και περιεζωσμενοι περι τα στηθη ζωνας χρυσας.

περιθεσις [1]

| 1Pt | 3 3 | ων εστω ουχ ο εξωθεν εμπλοκης τριχων και περιθεσεως χρυσιων η ενδυσεως ιματιων κοσμος, |

περιιστημι [4]

Jh	11 42	αλλα δια τον οχλον τον περιεστωτα ειπον, ινα πιστευσωσιν οτι συ με απεστειλας.
Ac	25 7	παραγενομενου δε αυτου περιεστησαν αυτον οι απο ιεροσολυμων καταβεβηκοτες ιουδαιοι,
2Tm	2 16	τας δε βεβηλους κενοφωνιας περιιστασο·

περιιστημι [4]

| Tit | 3 9 | μωρας δε ζητησεις και γενεαλογιας και ερεις και μαχας νομικας περιιστασο· |

περικαθαρμα [1]

| 1Co | 4 13 | ως περικαθαρματα του κοσμου εγενηθημεν, παντων περιψημα εως αρτι. |

περικαλυπτω [3]

Mc	14 65	και ηρξαντο τινες εμπτυειν αυτω και περικαλυπτειν αυτου το προσωπον και κολαφιζειν αυτον και λεγειν αυτω·
Lc	22 64	και περικαλυψαντες αυτον επηρωτων λεγοντες·
Heb	9 4	χρυσουν εχουσα θυμιατηριον και την κιβωτον της διαθηκης περικεκαλυμμενην παντοθεν χρυσιω,

περικειμαι [5]

Mc	9 42	και ος αν σκανδαλιση ενα των μικρων τουτων των πιστευοντων [εις εμε,] καλον εστιν αυτω μαλλον ει περικειται μυλος ονικος περι τον τραχηλον αυτου και βεβληται εις την θαλασσαν.
Lc	17 2	λυσιτελει αυτω ει λιθος μυλικος περικειται περι τον τραχηλον αυτου και ερριπται εις την θαλασσαν, η ινα σκανδαλιση των μικρων τουτων ενα.
Ac	28 20	εινεκεν γαρ της ελπιδος του ισραηλ την αλυσιν ταυτην περικειμαι.
Heb	5 2	μετριοπαθειν δυναμενος τοις αγνοουσιν και πλανωμενοις, επει και αυτος περικειται ασθενειαν,
	12 1	τοιγαρουν και ημεις, τοσουτον εχοντες περικειμενον ημιν νεφος μαρτυρων, ογκον αποθεμενοι παντα και την ευπεριστατον αμαρτιαν,

περικεφαλαια [2]

| Eph | 6 17 | και την περικεφαλαιαν του σωτηριου δεξασθε, |
| 1Th | 5 8 | ενδυσαμενοι θωρακα πιστεως και αγαπης και περικεφαλαιαν ελπιδα σωτηριας· |

περικρατης [1]

| Ac | 27 16 | νησιον δε τι υποδραμοντες καλουμενον καυδα ισχυσαμεν μολις περικρατεις γενεσθαι της σκαφης, |

περικρυβω [1]

| Lc | 1 24 | μετα δε ταυτας τας ημερας συνελαβεν ελισαβετ η γυνη αυτου, και περιεκρυβεν εαυτην μηνας πεντε, |

περικυκλοω [1]

| Lc | 19 43 | οτι ηξουσιν ημεραι επι σε και παρεμβαλουσιν οι εχθροι σου χαρακα σοι και περικυκλωσουσιν σε και συνεξουσιν σε παντοθεν, |

περιλαμπω [2]

| Lc | 2 9 | και αγγελος κυριου επεστη αυτοις και δοξα κυριου περιελαμψεν αυτους, |
| Ac | 26 13 | ημερας μεσης κατα την οδον ειδον, βασιλευ, ουρανοθεν υπερ την λαμπροτητα του ηλιου περιλαμψαν με φως και τους συν εμοι πορευομενους· |

περιλειπομαι [2]

| 1Th | 4 15 | τουτο γαρ υμιν λεγομεν εν λογω κυριου, οτι ημεις οι ζωντες οι περιλειπομενοι εις την παρουσιαν του κυριου ου μη φθασωμεν τους κοιμηθεντας· |
| | 17 | επειτα ημεις οι ζωντες οι περιλειπομενοι αμα συν αυτοις αρπαγησομεθα εν νεφελαις εις απαντησιν του κυριου εις αερα· |

περιλυπος [5]

| Mt | 26 38 | περιλυπος εστιν η ψυχη μου εως θανατου· |
| Mc | 6 26 | και περιλυπος γενομενος ο βασιλευς δια τους ορκους και τους ανακειμενους ουκ ηθελησεν αθετησαι αυτην. |

περιλυπος [5]

Mc   14 34   περιλυπος εστιν η ψυχη μου εως θανατου· μεινατε ωδε και γρηγορειτε.

Lc   18 23   ο δε ακουσας ταυτα περιλυπος εγενηθη, ην γαρ πλουσιος σφοδρα.

     24   ιδων δε αυτον ο ιησους [περιλυπον γενομενον] ειπεν·

περιμενω [1]

Ac   1 4   και συναλιζομενος παρηγγειλεν αυτοις απο ιεροσολυμων μη χωριζεσθαι, αλλα περιμενειν την επαγγελιαν του πατρος ην ηκουσατε μου·

περιξ [1]

Ac   5 16   συνηρχετο δε και το πληθος των περιξ πολεων ιερουσαλημ,

περιοικεω [1]

Lc   1 65   και εγενετο επι παντας φοβος τους περιοικουντας αυτους,

περιοικος [1]

Lc   1 58   και ηκουσαν οι περιοικοι και οι συγγενεις αυτης οτι εμεγαλυνεν κυριος το ελεος αυτου μετ αυτης, και συνεχαιρον αυτη.

περιουσιος [1]

Tit   2 14   ος εδωκεν εαυτον υπερ ημων ινα λυτρωσηται ημας απο πασης ανομιας και καθαριση εαυτω λαον περιουσιον,

περιοχη [1]

Ac   8 32   η δε περιοχη της γραφης ην ανεγινωσκεν ην αυτη· ως προβατον επι σφαγην ηχθη,

περιπατεω [95]

Mt   4 18   περιπατων δε παρα την θαλασσαν της γαλιλαιας ειδεν δυο αδελφους,

   9 5   εγειρε και περιπατει;

  11 5   τυφλοι αναβλεπουσιν και χωλοι περιπατουσιν,

  14 25   τεταρτη δε φυλακη της νυκτος ηλθεν προς αυτους περιπατων επι την θαλασσαν.

     26   οι δε μαθηται ιδοντες αυτον επι της θαλασσης περιπατουντα εταραχθησαν λεγοντες οτι φαντασμα εστιν,

     29   και καταβας απο του πλοιου [ο] πετρος περιεπατησεν επι τα υδατα και ηλθεν προς τον ιησουν.

  15 31   ωστε τον οχλον θαυμασαι βλεποντας κωφους λαλουντας, κυλλους υγιεις και χωλους περιπατουντας και τυφλους βλεποντας·

Mc   2 9   αφιενται σου αι αμαρτιαι, η ειπειν· εγειρε και αρον τον κραβαττον σου και περιπατει;

   5 42   και ευθυς ανεστη το κορασιον και περιεπατει·

   6 48   και ιδων αυτους βασανιζομενους εν τω ελαυνειν, ην γαρ ο ανεμος εναντιος αυτοις, περι τεταρτην φυλακην της νυκτος ερχεται προς αυτους περιπατων επι της θαλασσης·

     49   οι δε ιδοντες αυτον επι της θαλασσης περιπατουντα εδοξαν οτι φαντασμα εστιν, και ανεκραξαν·

   7 5   δια τι ου περιπατουσιν οι μαθηται σου κατα την παραδοσιν των πρεσβυτερων, αλλα κοιναις χερσιν εσθιουσιν τον αρτον;

   8 24   βλεπω τους ανθρωπους, οτι ως δενδρα ορω περιπατουντας.

  11 27   και εν τω ιερω περιπατουντος αυτου ερχονται προς αυτον οι αρχιερεις και οι γραμματεις και οι πρεσβυτεροι,

  12 38   βλεπετε απο των γραμματεων των θελοντων εν στολαις περιπατειν και ασπασμους εν ταις αγοραις και πρωτοκαθεδριας εν ταις συναγωγαις και πρωτοκλισιας εν τοις δειπνοις·

  16 12   μετα δε ταυτα δυσιν εξ αυτων περιπατουσιν εφανερωθη εν ετερα μορφη πορευομενοις εις αγρον·

Lc   5 23   τι εστιν ευκοπωτερον, ειπειν· αφεωνται σοι αι αμαρτιαι σου, η ειπειν· εγειρε και περιπατει;

   7 22   τυφλοι αναβλεπουσιν, χωλοι περιπατουσιν, λεπροι καθαριζονται,

  11 44   ουαι υμιν, οτι εστε ως τα μνημεια τα αδηλα, και οι ανθρωποι [οι] περιπατουντες επανω ουκ οιδασιν.

  20 46   προσεχετε απο των γραμματεων των θελοντων περιπατειν εν στολαις

περιπατεω [95]

Lc   24 17   τινες οι λογοι ουτοι ους αντιβαλλετε προς αλληλους περιπατουντες; και εσταθησαν σκυθρωποι.

Jh   1 36   και εμβλεψας τω ιησου περιπατουντι λεγει·

   5 8   εγειρε αρον τον κραβαττον σου και περιπατει.

     9   και ευθεως εγενετο υγιης ο ανθρωπος, και ηρεν τον κραβαττον αυτου και περιεπατει.

    11   αρον τον κραβαττον σου και περιπατει.

    12   τις εστιν ο ανθρωπος ο ειπων σοι· αρον και περιπατει;

   6 19   εληλακοτες ουν ως σταδιους εικοσιπεντε η τριακοντα θεωρουσιν τον ιησουν περιπατουντα επι της θαλασσης και εγγυς του πλοιου γινομενον,

    66   εκ τουτου πολλοι [εκ] των μαθητων αυτου απηλθον εις τα οπισω και ουκετι μετ αυτου περιεπατουν.

   7 1   και μετα ταυτα περιεπατει ο ιησους εν τη γαλιλαια·

     1   ου γαρ ηθελεν εν τη ιουδαια περιπατειν, οτι εζητουν αυτον οι ιουδαιοι αποκτειναι.

   8 12   ο ακολουθων εμοι ου μη περιπατηση εν τη σκοτια, αλλ εξει το φως της ζωης.

  10 23   και περιεπατει ο ιησους εν τω ιερω εν τη στοα του σολομωνος.

  11 9   εαν τις περιπατη εν τη ημερα, ου προσκοπτει, οτι το φως του κοσμου τουτου βλεπει·

    10   εαν δε τις περιπατη εν τη νυκτι, προσκοπτει, οτι το φως ουκ εστιν εν αυτω.

    54   ο ουν ιησους ουκετι παρρησια περιεπατει εν τοις ιουδαιοις,

  12 35   περιπατειτε ως το φως εχετε, ινα μη σκοτια υμας καταλαβη·

    35   και ο περιπατων εν τη σκοτια ουκ οιδεν που υπαγει.

  21 18   οτε ης νεωτερος, εζωννυες σεαυτον και περιεπατεις οπου ηθελες·

Ac   3 6   εν τω ονοματι ιησου χριστου του ναζωραιου [εγειρε και] περιπατει.

     8   και εξαλλομενος εστη, και περιεπατει, και εισηλθεν συν αυτοις εις το ιερον περιπατων και αλλομενος και αινων τον θεον.

     8   και εξαλλομενος εστη, και περιεπατει, και εισηλθεν συν αυτοις εις το ιερον περιπατων και αλλομενος και αινων τον θεον.

     9   και ειδεν πας ο λαος αυτον περιπατουντα και αινουντα τον θεον·

    12   ανδρες ισραηλιται, τι θαυμαζετε επι τουτο, η ημιν τι ατενιζετε ως ιδια δυναμει η ευσεβεια πεποιηκοσιν του περιπατειν αυτον;

  14 8   και τις ανηρ αδυνατος εν λυστροις τοις ποσιν εκαθητο, χωλος εκ κοιλιας μητρος αυτου ος ουδεποτε περιεπατησεν.

    10   και ηλατο και περιεπατει.

  21 21   λεγων μη περιτεμνειν αυτους τα τεκνα μηδε τοις εθεσιν περιπατειν.

Rm   6 4   ινα ωσπερ ηγερθη χριστος εκ νεκρων δια της δοξης του πατρος, ουτως και ημεις εν καινοτητι ζωης περιπατησωμεν.

   8 4   ινα το δικαιωμα του νομου πληρωθη εν ημιν τοις μη κατα σαρκα περιπατουσιν αλλα κατα πνευμα.

  13 13   ως εν ημερα ευσχημονως περιπατησωμεν,

  14 15   ει γαρ δια βρωμα ο αδελφος σου λυπειται, ουκετι κατα αγαπην περιπατεις.

1Co   3 3   οπου γαρ εν υμιν ζηλος και ερις, ουχι σαρκικοι εστε και κατα ανθρωπον περιπατειτε;

   7 17   ει μη εκαστω ως εμερισεν ο κυριος, εκαστον ως κεκληκεν ο θεος, ουτως περιπατειτω.

2Co   4 2   αλλα απειπαμεθα τα κρυπτα της αισχυνης, μη περιπατουντες εν πανουργια μηδε δολουντες τον λογον του θεου,

   5 7   δια πιστεως γαρ περιπατουμεν, ου δια ειδους·

  10 2   δεομαι δε το μη παρων θαρρησαι τη πεποιθησει η λογιζομαι τολμησαι επι τινας τους λογιζομενους ημας ως κατα σαρκα περιπατουντας.

     3   εν σαρκι γαρ περιπατουντες ου κατα σαρκα στρατευομεθα,

  12 18   ου τω αυτω πνευματι περιεπατησαμεν;

Ga   5 16   πνευματι περιπατειτε και επιθυμιαν σαρκος ου μη τελεσητε.

Eph   2 2   και υμας οντας νεκρους τοις παραπτωμασιν και ταις αμαρτιαις υμων, εν αις ποτε περιεπατησατε

    10   κτισθεντες εν χριστω ιησου επι εργοις αγαθοις, οις προητοιμασεν ο θεος ινα εν αυτοις περιπατησωμεν.

   4 1   παρακαλω ουν υμας εγω ο δεσμιος εν κυριω αξιως περιπατησαι της κλησεως ης εκληθητε,

    17   μηκετι υμας περιπατειν καθως και τα εθνη περιπατει εν ματαιοτητι του νοος αυτων,

    17   μηκετι υμας περιπατειν καθως και τα εθνη περιπατει εν ματαιοτητι του νοος αυτων,

   5 2   γινεσθε ουν μιμηται του θεου, ως τεκνα αγαπητα, και περιπατειτε εν αγαπη,

περιπατεω [95]

Eph	5 8	ὡς τεκνα φωτος *περιπατειτε*,
	15	βλεπετε ουν ἀκριβως πως *περιπατειτε*,
Php	3 17	και σκοπειτε τους οὑτω *περιπατουντας* καθως ἐχετε τυπον ἡμας.
	18	πολλοι γαρ *περιπατουσιν* οὑς πολλακις ἐλεγον ὑμιν,
Col	1 10	*περιπατησαι* ἀξιως του κυριου εἰς πασαν ἀρεσκειαν,
	2 6	ὡς οὑν παρελαβετε τον χριστον ἰησουν τον κυριον, ἐν αὑτω *περιπατειτε*,
	3 7	ἐν οἱς και ὑμεις *περιεπατησατε* ποτε, ὁτε ἐζητε ἐν τουτοις·
	4 5	ἐν σοφια *περιπατειτε* προς τους ἐξω,
1Th	2 12	εἰς το *περιπατειν* ὑμας ἀξιως του θεου του καλουντος ὑμας εἰς την ἑαυτου βασιλειαν και δοξαν.
	4 1	λοιπον ουν, ἀδελφοι, ἐρωτωμεν ὑμας και παρακαλουμεν ἐν κυριω ἰησου, ἱνα καθως παρελαβετε παρ ἡμων το πως δει ὑμας *περιπατειν* και ἀρεσκειν θεω, καθως και *περιπατειτε*,
	1	ἱνα καθως παρελαβετε παρ ἡμων το πως δει ὑμας *περιπατειν* και ἀρεσκειν θεω, καθως και *περιπατειτε*,
	12	ἱνα *περιπατητε* εὐσχημονως προς τους ἐξω και μηδενος χρειαν ἐχητε.
2Th	3 6	στελλεσθαι ὑμας ἀπο παντος ἀδελφου ἀτακτως *περιπατουντος* και μη κατα την παραδοσιν ἡν παρελαβοσαν παρ ἡμων.
	11	ἀκουομεν γαρ τινας *περιπατουντας* ἐν ὑμιν ἀτακτως, μηδεν ἐργαζομενους ἀλλα περιεργαζομενους·
Heb	13 9	καλον γαρ χαριτι βεβαιουσθαι την καρδιαν, οὐ βρωμασιν, ἐν οἱς οὐκ ὠφεληθησαν οἱ *περιπατουντες*.
1Pt	5 8	ὁ ἀντιδικος ὑμων διαβολος ὡς λεων ὠρυομενος *περιπατει* ζητων [τινα] καταπιειν·
1Jh	1 6	ἐαν εἰπωμεν ὁτι κοινωνιαν ἐχομεν μετ αὐτου και ἐν τω σκοτει *περιπατωμεν*, ψευδομεθα και οὐ ποιουμεν την ἀληθειαν·
	7	ἐαν δε ἐν τω φωτι *περιπατωμεν* ὡς αὐτος ἐστιν ἐν τω φωτι, κοινωνιαν ἐχομεν μετ ἀλληλων
	2 6	ὁ λεγων ἐν αὐτω μενειν ὀφειλει καθως ἐκεινος *περιεπατησεν* και αὐτος [οὑτως] *περιπατειν*.
	6	ὁ λεγων ἐν αὐτω μενειν ὀφειλει καθως ἐκεινος *περιεπατησεν* και αὐτος [οὑτως] *περιπατειν*.
	11	ὁ δε μισων τον ἀδελφον αὐτου ἐν τη σκοτια ἐστιν και ἐν τη σκοτια *περιπατει*,
2Jh	4	ἐχαρην λιαν ὁτι εὑρηκα ἐκ των τεκνων σου *περιπατουντας* ἐν ἀληθεια,
	6	και αὑτη ἐστιν ἡ ἀγαπη, ἱνα *περιπατωμεν* κατα τας ἐντολας αὐτου·
	6	αὑτη ἡ ἐντολη ἐστιν, καθως ἠκουσατε ἀπ ἀρχης, ἱνα ἐν αὐτη *περιπατητε*.
3Jh	3	ἐχαρην γαρ λιαν ἐρχομενων ἀδελφων και μαρτυρουντων σου τη ἀληθεια, καθως συ ἐν ἀληθεια *περιπατεις*.
	4	μειζοτεραν τουτων οὐκ ἐχω χαραν, ἱνα ἀκουω τα ἐμα τεκνα ἐν τη ἀληθεια *περιπατουντα*.
Apc	2 1	ὁ *περιπατων* ἐν μεσω των ἑπτα λυχνιων των χρυσων·
	3 4	και *περιπατησουσιν* μετ ἐμου ἐν λευκοις, ὁτι ἀξιοι εἰσιν.
	9 20	και τα εἰδωλα τα χρυσα και τα ἀργυρα και τα χαλκα και τα λιθινα και τα ξυλινα, ἁ οὐτε βλεπειν δυνανται οὐτε ἀκουειν οὐτε *περιπατειν*,
	16 15	μακαριος ὁ γρηγορων και τηρων τα ἱματια αὐτου, ἱνα μη γυμνος *περιπατη* και βλεπωσιν την ἀσχημοσυνην αὐτου.
	21 24	και *περιπατησουσιν* τα ἐθνη δια του φωτος αὐτης,

περιπειρω [1]

1Tm	6 10	φιλαργυρια, ἡς τινες ὀρεγομενοι ἀπεπλανηθησαν ἀπο της πιστεως και ἑαυτους *περιεπειραν* ὀδυναις πολλαις.

περιπιπτω [3]

Lc	10 30	ἀνθρωπος τις κατεβαινεν ἀπο ἰερουσαλημ εἰς ἰεριχω, και λησταις *περιεπεσεν*,
Ac	27 41	*περιπεσοντες* δε εἰς τοπον διθαλασσον ἐπεκειλαν την ναυν.
Ja	1 2	πασαν χαραν ἡγησασθε, ἀδελφοι μου, ὁταν πειρασμοις *περιπεσητε* ποικιλοις,

περιποιεομαι [3]

Lc	17 33	ὁς ἐαν ζητηση την ψυχην αὐτου *περιποιησασθαι*, ἀπολεσει αὐτην, ὁς δ ἀν ἀπολεση, ζωογονησει αὐτην.
Ac	20 28	ποιμαινειν την ἐκκλησιαν του θεου, ἡν *περιεποιησατο* δια του αἱματος του ἰδιου.

περιποιεομαι [3]

1Tm	3 13	οἱ γαρ καλως διακονησαντες βαθμον ἑαυτοις καλον *περιποιουνται* και πολλην παρρησιαν ἐν πιστει τη ἐν χριστω· ἰησου.

περιποιησις [5]

Eph	1 14	ὁ ἐστιν ἀρραβων της κληρονομιας ἡμων, εἰς ἀπολυτρωσιν της *περιποιησεως*,
1Th	5 9	ὁτι οὐκ ἐθετο ἡμας ὁ θεος εἰς ὀργην ἀλλα εἰς *περιποιησιν* σωτηριας δια του κυριου ἡμων ἰησου χριστου,
2Th	2 14	εἰς ὁ [και] ἐκαλεσεν ὑμας δια του εὐαγγελιου ἡμων, εἰς *περιποιησιν* δοξης του κυριου ἡμων ἰησου χριστου.
Heb	10 39	ἡμεις δε οὐκ ἐσμεν ὑποστολης εἰς ἀπωλειαν, ἀλλα πιστεως εἰς *περιποιησιν* ψυχης.
1Pt	2 9	ὑμεις δε γενος ἐκλεκτον, βασιλειον ἱερατευμα, ἐθνος ἁγιον, λαος εἰς *περιποιησιν*,

περιρηγνυμι [1]

Ac	16 22	και συνεπεστη ὁ ὀχλος κατ αὐτων, και οἱ στρατηγοι *περιρηξαντες* αὐτων τα ἱματια ἐκελευον ραβδιζειν,

περισπαομαι [1]

Lc	10 40	ἡ δε μαρθα *περιεσπατο* περι πολλην διακονιαν·

περισσεια [4]

Rm	5 17	πολλω μαλλον οἱ την *περισσειαν* της χαριτος και της δωρεας της δικαιοσυνης λαμβανοντες ἐν ζωη βασιλευσουσιν δια του ἑνος ἰησου χριστου.
2Co	8 2	ὁτι ἐν πολλη δοκιμη θλιψεως ἡ *περισσεια* της χαρας αὐτων και ἡ κατα βαθους πτωχεια αὐτων ἐπερισσευσεν εἰς το πλουτος της ἁπλοτητος αὐτων·
	10 15	ἐλπιδα δε ἐχοντες αὐξανομενης της πιστεως ὑμων ἐν ὑμιν μεγαλυνθηναι κατα τον κανονα ἡμων εἰς *περισσειαν*,
Ja	1 21	διο ἀποθεμενοι πασαν ρυπαριαν και *περισσειαν* κακιας ἐν πραυτητι

περισσευμα [5]

Mt	12 34	ἐκ γαρ του *περισσευματος* της καρδιας το στομα λαλει.
Mc	8 8	και ἐφαγον και ἐχορτασθησαν, και ἡραν *περισσευματα* κλασματων, ἑπτα σπυριδας.
Lc	6 45	ἐκ γαρ *περισσευματος* καρδιας λαλει το στομα αὐτου.
2Co	8 14	ἐν τω νυν καιρω το ὑμων *περισσευμα* εἰς το ἐκεινων ὑστερημα,
	14	ἐν τω νυν καιρω το ὑμων περισσευμα εἰς το ἐκεινων ὑστερημα, ἱνα και το ἐκεινων *περισσευμα* γενηται εἰς το ὑμων ὑστερημα,

περισσευω [39]

Mt	5 20	λεγω γαρ ὑμιν ὁτι ἐαν μη *περισσευση* ὑμων ἡ δικαιοσυνη πλειον των γραμματεων και φαρισαιων, οὐ μη εἰσελθητε εἰς την βασιλειαν των οὐρανων.
	13 12	ὁστις γαρ ἐχει, δοθησεται αὐτω και *περισσευθησεται*·
	14 20	και ἡραν το *περισσευον* των κλασματων, δωδεκα κοφινους πληρεις.
	15 37	και το *περισσευον* των κλασματων ἡραν, ἑπτα σπυριδας πληρεις.
	25 29	τω γαρ ἐχοντι παντι δοθησεται και *περισσευθησεται*· του δε μη ἐχοντος και ὁ ἐχει ἀρθησεται ἀπ αὐτου.
Mc	12 44	παντες γαρ ἐκ του *περισσευοντος* αὐτοις ἐβαλον, αὑτη δε ἐκ της ὑστερησεως αὐτης παντα ὁσα εἰχεν ἐβαλεν, ὁλον τον βιον αὐτης.
Lc	9 17	και ἠρθη το *περισσευσαν* αὐτοις κλασματων κοφινοι δωδεκα.
	12 15	ὁρατε και φυλασσεσθε ἀπο πασης πλεονεξιας, ὁτι οὐκ ἐν τω *περισσευειν* τινι ἡ ζωη αὐτου ἐστιν ἐκ των ὑπαρχοντων αὐτω.
	15 17	ποσοι μισθιοι του πατρος μου *περισσευονται* ἀρτων, ἐγω δε λιμω ὡδε ἀπολλυμαι.
	21 4	παντες γαρ οὑτοι ἐκ του *περισσευοντος* αὐτοις ἐβαλον εἰς τα δωρα,
Jh	6 12	συναγαγετε τα *περισσευσαντα* κλασματα, ἱνα μη τι ἀποληται.
	13	συνηγαγον ουν, και ἐγεμισαν δωδεκα κοφινους κλασματων ἐκ των πεντε ἀρτων των κριθινων ἁ *ἐπερισσευσαν* τοις βεβρωκοσιν.
Ac	16 5	αἱ μεν ουν ἐκκλησιαι ἐστερεουντο τη πιστει και *ἐπερισσευον* τω ἀριθμω καθ ἡμεραν.

περισσευω [39]

Rm	3 7	εἰ δε ἡ ἀληθεια του θεου ἐν τω ἐμω ψευσματι *ἐπερισσευσεν* εἰς την δοξαν αὐτου, τί ἔτι καγω ὡς ἁμαρτωλος κρινομαι;
	5 15	εἰ γαρ τω του ἑνος παραπτωματι οἱ πολλοι ἀπεθανον, πολλω μαλλον ἡ χαρις του θεου και ἡ δωρεα ἐν χαριτι τη του ἑνος ἀνθρωπου ἰησου χριστου εἰς τους πολλους *ἐπερισσευσεν.*
	15 13	ὁ δε θεος της ἐλπιδος πληρωσαι ὑμας πασης χαρας και εἰρηνης ἐν τω πιστευειν, εἰς το *περισσευειν* ὑμας ἐν τη ἐλπιδι ἐν δυναμει πνευματος ἁγιου.
1Co	8 8	οὔτε ἐαν μη φαγωμεν ὑστερουμεθα, οὔτε ἐαν φαγωμεν *περισσευομεν.*
	14 12	οὕτως και ὑμεις, ἐπει ζηλωται ἐστε πνευματων, προς την οἰκοδομην της ἐκκλησιας ζητειτε ἱνα *περισσευητε.*
	15 58	ὥστε, ἀδελφοι μου ἀγαπητοι, ἑδραιοι γινεσθε, ἀμετακινητοι, *περισσευοντες* ἐν τω ἐργω του κυριου παντοτε, εἰδοτες ὁτι ὁ κοπος ὑμων οὐκ ἐστιν κενος ἐν κυριω.
2Co	1 5	ὁτι καθως *περισσευει* τα παθηματα του χριστου εἰς ἡμας, οὑτως δια του χριστου περισσευει και ἡ παρακλησις ἡμων.
	5	ὁτι καθως περισσευει τα παθηματα του χριστου εἰς ἡμας, οὑτως δια του χριστου *περισσευει* και ἡ παρακλησις ἡμων.
	3 9	εἰ γαρ τη διακονια της κατακρισεως δοξα, πολλω μαλλον *περισσευει* ἡ διακονια της δικαιοσυνης δοξη.
	4 15	τα γαρ παντα δι ὑμας, ἱνα ἡ χαρις πλεονασασα δια των πλειονων την εὐχαριστιαν *περισσευση* εἰς την δοξαν του θεου.
	8 2	ὁτι ἐν πολλη δοκιμη θλιψεως ἡ περισσεια της χαρας αὐτων και ἡ κατα βαθους πτωχεια αὐτων *ἐπερισσευσεν* εἰς το πλουτος της ἁπλοτητος αὐτων·
	7	ἀλλ ὡσπερ ἐν παντι *περισσευετε,* πιστει και λογω και γνωσει και παση σπουδη και τη ἐξ ἡμων ἐν ὑμιν ἀγαπη, ἱνα και ἐν ταυτη τη χαριτι περισσευητε.
	7	ἀλλ ὡσπερ ἐν παντι περισσευετε, πιστει και λογω και γνωσει και παση σπουδη και τη ἐξ ἡμων ἐν ὑμιν ἀγαπη, ἱνα και ἐν ταυτη τη χαριτι *περισσευητε.*
	9 8	δυνατει δε ὁ θεος πασαν χαριν *περισσευσαι* εἰς ὑμας,
	8	δυνατει δε ὁ θεος πασαν χαριν περισσευσαι εἰς ὑμας, ἱνα ἐν παντι παντοτε πασαν αὐταρκειαν ἐχοντες *περισσευητε* εἰς παν ἐργον ἀγαθον,
	12	ὁτι ἡ διακονια της λειτουργιας ταυτης οὐ μονον ἐστιν προσαναπληρουσα τα ὑστερηματα των ἁγιων, ἀλλα και *περισσευουσα* δια πολλων εὐχαριστιων τω θεω·
Eph	1 8	κατα το πλουτος της χαριτος αὐτου, ἡς *ἐπερισσευσεν* εἰς ἡμας ἐν παση σοφια και φρονησει
Php	1 9	και τουτο προσευχομαι, ἱνα ἡ ἀγαπη ὑμων ἐτι μαλλον και μαλλον *περισσευη* ἐν ἐπιγνωσει και παση αἰσθησει,
	26	ἱνα το καυχημα ὑμων *περισσευη* ἐν χριστω ἰησου ἐν ἐμοι δια της ἐμης παρουσιας παλιν προς ὑμας.
	4 12	οἰδα και ταπεινουσθαι, οἰδα και *περισσευειν·*
	12	και χορταζεσθαι και πειναν, και *περισσευειν* και ὑστερεισθαι.
	18	ἀπεχω δε παντα και *περισσευω·*
Col	2 7	ἐρριζωμενοι και ἐποικοδομουμενοι ἐν αὐτω και βεβαιουμενοι τη πιστει καθως ἐδιδαχθητε, *περισσευοντες* ἐν εὐχαριστια.
1Th	3 12	ὑμας δε ὁ κυριος πλεονασαι και *περισσευσαι* τη ἀγαπη εἰς ἀλληλους και εἰς παντας,
	4 1	καθως και περιπατειτε, ἱνα *περισσευητε* μαλλον.
	10	παρακαλουμεν δε ὑμας, ἀδελφοι, *περισσευειν* μαλλον,

περισσος [6]

Mt	5 37	ἐστω δε ὁ λογος ὑμων ναι ναι, οὐ οὐ· το δε *περισσον* τουτων ἐκ του πονηρου ἐστιν.
	47	και ἐαν ἀσπασησθε τους ἀδελφους ὑμων μονον, τί *περισσον* ποιειτε;
Mc	6 51	και λιαν [ἐκ *περισσου*] ἐν ἑαυτοις ἐξισταντο·
Jh	10 10	ἐγω ἠλθον ἱνα ζωην ἐχωσιν και *περισσον* ἐχωσιν.
Rm	3 1	τί οὖν το *περισσον* του ἰουδαιου, ἠ τίς ἡ ὠφελεια της περιτομης;
2Co	9 1	περι μεν γαρ της διακονιας της εἰς τους ἁγιους *περισσον* μοι ἐστιν το γραφειν ὑμιν·

περισσοτερος [17]

Mt	11 9	ναι λεγω ὑμιν, και *περισσοτερον* προφητου.
	23 14*	δια τουτο λημψεσθε *περισσοτερον* κριμα.
Mc	7 36	ὁσον δε αὐτοις διεστελλετο, αὐτοι μαλλον *περισσοτερον* ἐκηρυσσον·
	12 33	και το ἀγαπαν τον πλησιον ὡς ἑαυτον *περισσοτερον* ἐστιν παντων των ὁλοκαυτωματων και θυσιων.
	40	οὑτοι λημψονται *περισσοτερον* κριμα.
Lc	7 26	ναι λεγω ὑμιν, και *περισσοτερον* προφητου.

περισσοτερος [17]

Lc	12 4	μη φοβηθητε ἀπο των ἀποκτεινοντων το σωμα και μετα ταυτα μη ἐχοντων *περισσοτερον* τι ποιησαι.
	48	παντι δε ᾡ ἐδοθη πολυ, πολυ ζητηθησεται παρ αὐτου, και ᾡ παρεθεντο πολυ, *περισσοτερον* αἰτησουσιν αὐτον.
	20 47	οὑτοι λημψονται *περισσοτερον* κριμα.
1Co	12 23	και ἁ δοκουμεν ἀτιμοτερα εἰναι του σωματος, τουτοις τιμην *περισσοτεραν* περιτιθεμεν.
	23	και τα ἀσχημονα ἡμων εὐσχημοσυνην *περισσοτεραν* ἐχει,
	24	ἀλλα ὁ θεος συνεκερασεν το σωμα, τω ὑστερουμενω *περισσοτεραν* δους τιμην, ἱνα μη ἡ σχισμα ἐν τω σωματι,
	15 10	και ἡ χαρις αὐτου ἡ εἰς ἐμε οὐ κενη ἐγενηθη, ἀλλα *περισσοτερον* αὐτων παντων ἐκοπιασα,
2Co	2 7	ὡστε τουναντιον μαλλον ὑμας χαρισασθαι και παρακαλεσαι, μη πως τη *περισσοτερα* λυπη καταποθη ὁ τοιουτος.
	10 8	ἐαν [τε] γαρ *περισσοτερον* τι καυχησωμαι περι της ἐξουσιας ἡμων, ἡς ἐδωκεν ὁ κυριος εἰς οἰκοδομην και οὐκ εἰς καθαιρεσιν ὑμων, οὐκ αἰσχυνθησομαι,
Heb	6 17	ἐν ᾡ *περισσοτερον* βουλομενος ὁ θεος ἐπιδειξαι τοις κληρονομοις της ἐπαγγελιας το ἀμεταθετον της βουλης αὐτου ἐμεσιτευσεν ὁρκω,
	7 15	και *περισσοτερον* ἐτι καταδηλον ἐστιν, εἰ κατα την ὁμοιοτητα μελχισεδεκ ἀνισταται ἱερευς ἑτερος,

περισσοτερως [12]

2Co	1 12	ὁτι ἐν ἁπλοτητι και εἰλικρινεια του θεου, [και] οὐκ ἐν σοφια σαρκικη ἀλλ ἐν χαριτι θεου, ἀνεστραφημεν ἐν τω κοσμω, *περισσοτερως* δε προς ὑμας.
	2 4	οὐχ ἱνα λυπηθητε, ἀλλα την ἀγαπην ἱνα γνωτε ἡν ἐχω *περισσοτερως* εἰς ὑμας.
	7 13	ἐπι δε τη παρακλησει ἡμων *περισσοτερως* μαλλον ἐχαρημεν ἐπι τη χαρα τιτου.
	15	και τα σπλαγχνα αὐτου *περισσοτερως* εἰς ὑμας ἐστιν ἀναμιμνησκομενου την παντων ὑμων ὑπακοην,
	11 23	ἐν κοποις *περισσοτερως,* ἐν φυλακαις περισσοτερως, ἐν πληγαις ὑπερβαλλοντως, ἐν θανατοις πολλακις.
	23	ἐν κοποις περισσοτερως, ἐν φυλακαις *περισσοτερως,* ἐν πληγαις ὑπερβαλλοντως, ἐν θανατοις πολλακις.
	12 15	εἰ *περισσοτερως* ὑμας ἀγαπω[ν], ἡσσον ἀγαπωμαι;
Ga	1 14	*περισσοτερως* ζηλωτης ὑπαρχων των πατρικων μου παραδοσεων.
Php	1 14	και τους πλειονας των ἀδελφων ἐν κυριω πεποιθοτας τοις δεσμοις μου *περισσοτερως* τολμαν ἀφοβως τον λογον λαλειν.
1Th	2 17	*περισσοτερως* ἐσπουδασαμεν το προσωπον ὑμων ἰδειν ἐν πολλη ἐπιθυμια.
Heb	2 1	δια τουτο δει *περισσοτερως* προσεχειν ἡμας τοις ἀκουσθεισιν, μηποτε παραρυωμεν.
	13 19	*περισσοτερως* δε παρακαλω τουτο ποιησαι, ἱνα ταχιον ἀποκατασταθω ὑμιν.

περισσως [4]

Mt	27 23	οἱ δε *περισσως* ἐκραζον λεγοντες·
Mc	10 26	οἱ δε *περισσως* ἐξεπλησσοντο λεγοντες προς ἑαυτους·
	15 14	οἱ δε *περισσως* ἐκραξαν· σταυρωσον αὐτον.
Ac	26 11	*περισσως* τε ἐμμαινομενος αὐτοις ἐδιωκον ἑως και εἰς τας ἐξω πολεις.

περιστερα [10]

Mt	3 16	και εἰδεν [το] πνευμα [του] θεου καταβαινον ὡσει *περιστεραν,*
	10 16	γινεσθε οὖν φρονιμοι ὡς οἱ ὀφεις και ἀκεραιοι ὡς αἱ *περιστεραι.*
	21 12	και τας τραπεζας των κολλυβιστων κατεστρεψεν και τας καθεδρας των πωλουντων τας *περιστερας,*
Mc	1 10	και εὐθυς ἀναβαινων ἐκ του ὑδατος εἰδεν σχιζομενους τους οὐρανους και το πνευμα ὡς *περιστεραν* καταβαινον εἰς αὐτον·
	11 15	και τας τραπεζας των κολλυβιστων και τας καθεδρας των πωλουντων τας *περιστερας* κατεστρεψεν,
Lc	2 24	και του δουναι θυσιαν κατα το εἰρημενον ἐν τω νομω κυριου, ζευγος τρυγονων ἠ δυο νοσσους *περιστερων.*
	3 22	ἐγενετο δε ἐν τω βαπτισθηναι ἁπαντα τον λαον και ἰησου βαπτισθεντος και προσευχομενου ἀνεωχθηναι τον οὐρανον και καταβηναι το πνευμα το ἁγιον σωματικω εἰδει ὡς *περιστεραν* ἐπ αὐτον,
Jh	1 32	και ἐμαρτυρησεν ἰωαννης λεγων ὁτι τεθεαμαι το πνευμα καταβαινον ὡς *περιστεραν* ἐξ οὐρανου,

περιστερα [10]

Jh	2 14	και εὑρεν ἐν τω ἱερω τους πωλουντας βοας και προβατα και *περιστερας* και τους κερματιστας καθημενους,
	16	και τοις τας *περιστερας* πωλουσιν εἰπεν·

περιτεμνω [17]

Lc	1 59	και ἐγενετο ἐν τη ἡμερᾳ τη ὀγδοη ἠλθον *περιτεμειν* το παιδιον,
	2 21	και ὁτε ἐπλησθησαν ἡμεραι ὀκτω του *περιτεμειν* αὐτον, και ἐκληθη το ὀνομα αὐτου ἰησους,
Jh	7 22	δια τουτο μωυσης δεδωκεν ὑμιν την περιτομην, οὐχ ὁτι ἐκ του μωυσεως ἐστιν ἀλλ ἐκ των πατερων, και ἐν σαββατω *περιτεμνετε* ἀνθρωπον.
Ac	7 8	και οὑτως ἐγεννησεν τον ἰσαακ και *περιετεμεν* αὐτον τη ἡμερᾳ τη ὀγδοη,
	15 1	και τινες κατελθοντες ἀπο της ἰουδαιας ἐδιδασκον τους ἀδελφους ὁτι ἐαν μη *περιτμηθητε* τω ἐθει τω μωυσεως, οὐ δυνασθε σωθηναι.
	5	ἐξανεστησαν δε τινες των ἀπο της αἱρεσεως των φαρισαιων πεπιστευκοτες, λεγοντες ὁτι δει *περιτεμνειν* αὐτους παραγγελλειν τε τηρειν τον νομον μωυσεως.
	16 3	και λαβων *περιετεμεν* αὐτον δια τους ἰουδαιους τους ὀντας ἐν τοις τοποις ἐκεινοις·
	21 21	λεγων μη *περιτεμνειν* αὐτους τα τεκνα μηδε τοις ἐθεσιν περιπατειν.
1Co	7 18	*περιτετμημενος* τις ἐκληθη; μη ἐπισπασθω·
	18	ἐν ἀκροβυστιᾳ κεκληται τις; μη *περιτεμνεσθω.*
Ga	2 3	ἀλλ οὐδε τιτος ὁ συν ἐμοι, ἑλλην ὠν, ἠναγκασθη *περιτμηθηναι·*
	5 2	ἱδε ἐγω παυλος λεγω ὑμιν ὁτι ἐαν *περιτεμνησθε* χριστος ὑμας οὐδεν ὠφελησει.
	3	μαρτυρομαι δε παλιν παντι ἀνθρωπω *περιτεμνομενω* ὁτι ὀφειλετης ἐστιν ὁλον τον νομον ποιησαι.
	6 12	ὁσοι θελουσιν εὐπροσωπησαι ἐν σαρκι, οὑτοι ἀναγκαζουσιν ὑμας *περιτεμνεσθαι,*
	13	οὐδε γαρ οἱ *περιτεμνομενοι* αὐτοι νομον φυλασσουσιν,
	13	οὐδε γαρ οἱ *περιτεμνομενοι* αὐτοι νομον φυλασσουσιν, ἀλλα θελουσιν ὑμας *περιτεμνεσθαι* ἱνα ἐν τη ὑμετερα σαρκι καυχησωνται.
Col	2 11	ἐν ᾡ και *περιετμηθητε* περιτομη ἀχειροποιητω ἐν τη ἀπεκδυσει του σωματος της σαρκος,

περιτιθημι [8]

Mt	21 33	και φραγμον αὐτω *περιεθηκεν* και ὠρυξεν ἐν αὐτω ληνον και ὠκοδομησεν πυργον,
	27 28	και ἐκδυσαντες αὐτον χλαμυδα κοκκινην *περιεθηκαν* αὐτω,
	48	και εὐθεως δραμων εἱς ἐξ αὐτων και λαβων σπογγον πλησας τε ὀξους και *περιθεις* καλαμω ἐποτιζεν αὐτον.
Mc	12 1	και *περιεθηκεν* φραγμον και ὠρυξεν ὑποληνιον και ὠκοδομησεν πυργον,
	15 17	και ἐνδιδυσκουσιν αὐτον πορφυραν και *περιτιθεασιν* αὐτω πλεξαντες ἀκανθινον στεφανον·
	36	δραμων δε τις [και] γεμισας σπογγον ὀξους *περιθεις* καλαμω ἐποτιζεν αὐτον,
Jh	19 29	σπογγον οὐν μεστον του ὀξους ὑσσωπω *περιθεντες* προσηνεγκαν αὐτου τω στοματι.
1Co	12 23	και ἁ δοκουμεν ἀτιμοτερα εἰναι του σωματος, τουτοις τιμην περισσοτεραν *περιτιθεμεν,*

περιτομη [36]

Jh	7 22	δια τουτο μωυσης δεδωκεν ὑμιν την *περιτομην,* οὐχ ὁτι ἐκ του μωυσεως ἐστιν ἀλλ ἐκ των πατερων, και ἐν σαββατω περιτεμνετε ἀνθρωπον.
	23	εἰ *περιτομην* λαμβανει ὁ ἀνθρωπος ἐν σαββατω ἱνα μη λυθη ὁ νομος μωυσεως, ἐμοι χολατε ὁτι ὁλον ἀνθρωπον ὑγιη ἐποιησα ἐν σαββατω;
Ac	7 8	και ἐδωκεν αὐτω διαθηκην *περιτομης·*
	10 45	και ἐξεστησαν οἱ ἐκ *περιτομης* πιστοι ὁσοι συνηλθαν τω πετρω,
	11 2	ὁτε δε ἀνεβη πετρος εἰς ἱερουσαλημ, διεκρινοντο προς αὐτον οἱ ἐκ *περιτομης* λεγοντες ὁτι εἰσηλθες προς ἀνδρας ἀκροβυστιαν ἐχοντας και συνεφαγες αὐτοις.
Rm	2 25	*περιτομη* μεν γαρ ὠφελει ἐαν νομον πρασσης·
	25	ἐαν δε παραβατης νομου ἠς, ἡ *περιτομη* σου ἀκροβυστια γεγονεν.
	26	ἐαν οὐν ἡ ἀκροβυστια τα δικαιωματα του νομου φυλασση, οὐχ ἡ ἀκροβυστια αὐτου εἰς *περιτομην* λογισθησεται;

περιτομη [36]

Rm	2 27	και κρινει ἡ ἐκ φυσεως ἀκροβυστια τον νομον τελουσα σε τον δια γραμματος και *περιτομης* παραβατην νομου.
	28	οὐ γαρ ὁ ἐν τω φανερω ἰουδαιος ἐστιν, οὐδε ἡ ἐν τω φανερω ἐν σαρκι *περιτομη·*
	29	ἀλλ ὁ ἐν τω κρυπτω ἰουδαιος, και *περιτομη* καρδιας ἐν πνευματι οὐ γραμματι, οὐ ὁ ἐπαινος οὐκ ἐξ ἀνθρωπων ἀλλ ἐκ του θεου.
	3 1	τι οὐν το περισσον του ἰουδαιου, ἡ τις ἡ ὠφελεια της *περιτομης;*
	30	εἰπερ εἱς ὁ θεος ὁς δικαιωσει *περιτομην* ἐκ πιστεως και ἀκροβυστιαν δια της πιστεως.
	4 9	ὁ μακαρισμος οὐν οὑτος ἐπι την *περιτομην* ἡ και ἐπι την ἀκροβυστιαν;
	10	ἐν *περιτομη* ὀντι ἡ ἐν ἀκροβυστιᾳ, οὐκ ἐν περιτομη ἀλλ ἐν ἀκροβυστιᾳ·
	10	ἐν περιτομη ὀντι ἡ ἐν ἀκροβυστιᾳ, οὐκ ἐν *περιτομη* ἀλλ ἐν ἀκροβυστιᾳ·
	11	και σημειον ἐλαβεν *περιτομης* σφραγιδα της δικαιοσυνης της πιστεως της ἐν τη ἀκροβυστιᾳ,
	12	και πατερα *περιτομης* τοις οὐκ ἐκ περιτομης μονον ἀλλα και τοις στοιχουσιν τοις ἱχνεσιν της ἐν ἀκροβυστιᾳ πιστεως του πατρος ἡμων ἀβρααμ.
	12	και πατερα περιτομης τοις οὐκ ἐκ *περιτομης* μονον ἀλλα και τοις στοιχουσιν τοις ἱχνεσιν της ἐν ἀκροβυστιᾳ πιστεως του πατρος ἡμων ἀβρααμ.
	15 8	λεγω γαρ χριστον διακονον γεγενησθαι *περιτομης* ὑπερ ἀληθειας θεου,
1Co	7 19	ἡ *περιτομη* οὐδεν ἐστιν, και ἡ ἀκροβυστια οὐδεν ἐστιν,
Ga	2 7	ἀλλα τουναντιον ἰδοντες ὁτι πεπιστευμαι το εὐαγγελιον της ἀκροβυστιας καθως πετρος της *περιτομης,*
	8	ὁ γαρ ἐνεργησας πετρω εἰς ἀποστολην της *περιτομης* ἐνηργησεν και ἐμοι εἰς τα ἐθνη,
	9	ἱνα ἡμεις εἰς τα ἐθνη, αὐτοι δε εἰς την *περιτομην·*
	12	ὁτε δε ἠλθον, ὑπεστελλεν και ἀφωριζεν ἑαυτον, φοβουμενος τους ἐκ *περιτομης·*
	5 6	ἐν γαρ χριστω ἰησου οὐτε *περιτομη* τι ἰσχυει οὐτε ἀκροβυστια,
	11	ἐγω δε, ἀδελφοι, εἰ *περιτομην* ἐτι κηρυσσω, τι ἐτι διωκομαι;
	6 15	οὐτε γαρ *περιτομη* τι ἐστιν οὐτε ἀκροβυστια, ἀλλα καινη κτισις.
Eph	2 11	διο μνημονευετε ὁτι ποτε ὑμεις τα ἐθνη ἐν σαρκι, οἱ λεγομενοι ἀκροβυστια ὑπο της λεγομενης *περιτομης* ἐν σαρκι χειροποιητου,
Php	3 3	ἡμεις γαρ ἐσμεν ἡ *περιτομη,*
	5	*περιτομη* ὀκταημερος, ἐκ γενους ἰσραηλ, φυλης βενιαμιν, ἑβραιος ἐξ ἑβραιων,
Col	2 11	ἐν ᾡ και περιετμηθητε *περιτομη* ἀχειροποιητω ἐν τη ἀπεκδυσει του σωματος της σαρκος,
	11	ἐν ᾡ και περιετμηθητε περιτομη ἀχειροποιητω ἐν τη ἀπεκδυσει του σωματος της σαρκος, ἐν τη *περιτομη* του χριστου,
	3 11	ὁπου οὐκ ἐνι ἑλλην και ἰουδαιος, *περιτομη* και ἀκροβυστια, βαρβαρος, σκυθης, δουλος, ἐλευθερος, ἀλλα [τα] παντα και ἐν πασιν χριστος.
	4 11	και ἰησους ὁ λεγομενος ἰουστος, οἱ ὀντες ἐκ *περιτομης*
Tit	1 10	εἰσιν γαρ πολλοι [και] ἀνυποτακτοι, ματαιολογοι και φρεναπαται, μαλιστα οἱ ἐκ της *περιτομης,*

περιτρεπω [1]

Ac	26 24	τα πολλα σε γραμματα εἰς μανιαν *περιτρεπει.*

περιτρεχω [1]

Mc	6 55	και ἐξελθοντων αὐτων ἐκ του πλοιου εὐθυς ἐπιγνοντες αὐτον *περιεδραμον* ὁλην την χωραν ἐκεινην και ἠρξαντο ἐπι τοις κραβαττοις τους κακως ἐχοντας περιφερειν,

περιφερω [3]

Mc	6 55	και ἐξελθοντων αὐτων ἐκ του πλοιου εὐθυς ἐπιγνοντες αὐτον περιεδραμον ὁλην την χωραν ἐκεινην και ἠρξαντο ἐπι τοις κραβαττοις τους κακως ἐχοντας *περιφερειν,*
2Co	4 10	παντοτε την νεκρωσιν του ἰησου ἐν τω σωματι *περιφεροντες·*
Eph	4 14	ἱνα μηκετι ὠμεν νηπιοι, κλυδωνιζομενοι και *περιφερομενοι* παντι ἀνεμω της διδασκαλιας ἐν τη κυβεια των ἀνθρωπων,

περιφρονεω [1]

Tit   2 15   ταυτα λάλει και παρακάλει και ἔλεγχε μετα πασης ἐπιταγης· μηδεις σου *περιφρονειτω.*

περιχωρος [9]

Mt   3 5   τοτε ἐξεπορευετο προς αὐτον ἱεροσολυμα και πασα ἡ ιουδαια και πασα ἡ *περιχωρος* του ιορδανου,

14 35   και ἐπιγνοντες αὐτον οἱ ἄνδρες του τοπου ἐκεινου ἀπεστειλαν εἰς ὅλην την *περιχωρον* ἐκεινην,

Mc   1 28   και ἐξηλθεν ἡ ἀκοη αὐτου εὐθυς πανταχου εἰς ὅλην την *περιχωρον* της γαλιλαιας.

Lc   3 3   και ἦλθεν εἰς πασαν την *περιχωρον* του ιορδανου κηρυσσων βαπτισμα μετανοιας εἰς ἀφεσιν ἁμαρτιων,

4 14   και φημη ἐξηλθεν καθ ὅλης της *περιχωρου* περι αὐτου.

37   και ἐξεπορευετο ἠχος περι αὐτου εἰς παντα τοπον της *περιχωρου.*

7 17   και ἐξηλθεν ὁ λογος οὑτος ἐν ὅλη τη ιουδαια περι αὐτου και παση τη *περιχωρω.*

8 37   και ἠρωτησεν αὐτον ἁπαν το πληθος της *περιχωρου* των γερασηνων ἀπελθειν ἀπ αὐτων, ὁτι φοβω μεγαλω συνειχοντο·

Ac   14 6   συνιδοντες κατεφυγον εἰς τας πολεις της λυκαονιας λυστραν και δερβην και την *περιχωρον·*

περιψημα [1]

1Co   4 13   ὡς περικαθαρματα του κοσμου ἐγενηθημεν, παντων *περιψημα* ἑως ἀρτι.

περπερευομαι [1]

1Co   13 4   οὐ ζηλοι, [ἡ ἀγαπη] οὐ *περπερευεται,* οὐ φυσιουται, οὐκ ἀσχημονει, οὐ ζητει τα ἑαυτης, οὐ παροξυνεται, οὐ λογιζεται το κακον, οὐ χαιρει ἐπι τη ἀδικια, συγχαιρει δε τη ἀληθεια·

περσις [1]

Rm   16 12   ἀσπασασθε *περσιδα* την ἀγαπητην, ἡτις πολλα ἐκοπιασεν ἐν κυριω.

περυσι [2]

2Co   8 10   τουτο γαρ ὑμιν συμφερει, οἱτινες οὐ μονον το ποιησαι ἀλλα και το θελειν προενηρξασθε ἀπο *περυσι·*

9 2   οἱδα γαρ την προθυμιαν ὑμων ἡν ὑπερ ὑμων καυχωμαι μακεδοσιν ὁτι ἀχαια παρεσκευασται ἀπο *περυσι,*

πετεινον [14]

Mt   6 26   ἐμβλεψατε εἰς τα *πετεινα* του οὐρανου,

8 20   αἱ ἀλωπεκες φωλεους ἐχουσιν και τα *πετεινα* του οὐρανου κατασκηνωσεις,

13 4   και ἐλθοντα τα *πετεινα* κατεφαγεν αὐτα.

32   μειζον των λαχανων ἐστιν και γινεται δενδρον, ὡστε ἐλθειν τα *πετεινα* του οὐρανου και κατασκηνουν ἐν τοις κλαδοις αὐτου.

Mc   4 4   και ἠλθεν τα *πετεινα* και κατεφαγεν αὐτο.

32   και ποιει κλαδους μεγαλους, ὡστε δυνασθαι ὑπο την σκιαν αὐτου τα *πετεινα* του οὐρανου κατασκηνουν.

Lc   8 5   και τα *πετεινα* του οὐρανου κατεφαγεν αὐτο.

9 58   αἱ ἀλωπεκες φωλεους ἐχουσιν και τα *πετεινα* του οὐρανου κατασκηνωσεις, ὁ δε υἱος του ἀνθρωπου οὐκ ἐχει ποῦ την κεφαλην κλινη.

12 24   ποσω μαλλον ὑμεις διαφερετε των *πετεινων.*

13 19   και ηὐξησεν και ἐγενετο εἰς δενδρον, και τα *πετεινα* του οὐρανου κατεσκηνωσεν ἐν τοις κλαδοις αὐτου.

Ac   10 12   ἐν ᾧ ὑπηρχεν παντα τα τετραποδα και ἑρπετα της γης και *πετεινα* του οὐρανου.

11 6   εἰς ἡν ἀτενισας κατενοουν, και εἰδον τα τετραποδα της γης και τα θηρια και τα ἑρπετα και τα *πετεινα* του οὐρανου.

Rm   1 23   φασκοντες εἰναι σοφοι ἐμωρανθησαν, και ἠλλαξαν την δοξαν του ἀφθαρτου θεου ἐν ὁμοιωματι εἰκονος φθαρτου ἀνθρωπου και *πετεινων* και τετραποδων και ἑρπετων·

Ja   3 7   πασα γαρ φυσις θηριων τε και *πετεινων,* ἑρπετων τε και ἐναλιων δαμαζεται και δεδαμασται τη φυσει τη ἀνθρωπινη,

πετομαι [5]

Apc   4 7   και το τεταρτον ζωον ὁμοιον ἀετω *πετομενω.*

πετομαι [5]

Apc   8 13   και εἰδον, και ἠκουσα ἑνος ἀετου *πετομενου* ἐν μεσουρανηματι λεγοντος φωνη μεγαλη·

12 14   και ἐδοθησαν τη γυναικι αἱ δυο πτερυγες του ἀετου του μεγαλου, ἱνα *πετηται* εἰς την ἐρημον εἰς τον τοπον αὐτης,

14 6   και εἰδον ἀλλον ἀγγελον *πετομενον* ἐν μεσουρανηματι,

19 17   και ἐκραξεν [ἐν] φωνη μεγαλη λεγων πασιν τοις ὀρνεοις τοις *πετομενοις* ἐν μεσουρανηματι· δευτε συναχθητε εἰς το δειπνον το μεγα του θεου,

πετρα [15]

Mt   7 24   ὁμοιωθησεται ἀνδρι φρονιμω, ὁστις ᾠκοδομησεν αὐτου την οἰκιαν ἐπι την *πετραν.*

25   τεθεμελιωτο γαρ ἐπι την *πετραν.*

16 18   καγω δε σοι λεγω ὁτι συ εἰ πετρος, και ἐπι ταυτη τη *πετρα* οἰκοδομησω μου την ἐκκλησιαν,

27 51   και ἡ γη ἐσεισθη, και αἱ *πετραι* ἐσχισθησαν,

60   και ἐθηκεν αὐτο ἐν τω καινω αὐτου μνημειω ὁ ἐλατομησεν ἐν τη *πετρα,*

Mc   15 46   και ἀγορασας σινδονα καθελων αὐτον ἐνειλησεν τη σινδονι και ἐθηκεν αὐτον ἐν μνημειω ὁ ἡν λελατομημενον ἐκ *πετρας,*

Lc   6 48   ὁμοιος ἐστιν ἀνθρωπω οἰκοδομουντι οἰκιαν, ὁς ἐσκαψεν και ἐβαθυνεν και ἐθηκεν θεμελιον ἐπι την *πετραν·*

8 6   και ἑτερον κατεπεσεν ἐπι την *πετραν,* και φυεν ἐξηρανθη δια το μη ἐχειν ἱκμαδα.

13   οἱ δε ἐπι της *πετρας* οἱ ὁταν ἀκουσωσιν μετα χαρας δεχονται τον λογον·

Rm   9 33   ἱδου τιθημι ἐν σιων λιθον προσκομματος και *πετραν* σκανδαλου,

1Co   10 4   ἐπινον γαρ ἐκ πνευματικης ἀκολουθουσης *πετρας,*

4   ἐπινον γαρ ἐκ πνευματικης ἀκολουθουσης πετρας, ἡ *πετρα* δε ἡν ὁ χριστος.

1Pt   2 8   οὑτος ἐγενηθη εἰς κεφαλην γωνιας και λιθος προσκομματος και *πετρα* σκανδαλου·

Apc   6 15   και πας δουλος και ἐλευθερος ἐκρυψαν ἑαυτους εἰς τα σπηλαια και εἰς τας *πετρας* των ὀρεων,

16   και λεγουσιν τοις ὀρεσιν και ταις *πετραις·* πεσετε ἐφ ἡμας

πετρος [156]

Mt   4 18   περιπατων δε παρα την θαλασσαν της γαλιλαιας εἰδεν δυο ἀδελφους, σιμωνα τον λεγομενον *πετρον* και ἀνδρεαν τον ἀδελφον αὐτου,

8 14   και ἐλθων ὁ ιησους εἰς την οἰκιαν *πετρου* εἰδεν την πενθεραν αὐτου βεβλημενην και πυρεσσουσαν·

10 2   πρωτος σιμων ὁ λεγομενος *πετρος* και ἀνδρεας ὁ ἀδελφος αὐτου,

14 28   ἀποκριθεις δε αὐτω ὁ *πετρος* εἰπεν· κυριε, εἰ συ εἰ, κελευσον με ἐλθειν προς σε ἐπι τα ὑδατα.

29   και καταβας ἀπο του πλοιου [ὁ] *πετρος* περιεπατησεν ἐπι τα ὑδατα και ἦλθεν προς τον ιησουν.

15 15   ἀποκριθεις δε ὁ *πετρος* εἰπεν αὐτω· φρασον ἡμιν την παραβολην [ταυτην].

16 16   ἀποκριθεις δε σιμων *πετρος* εἰπεν· συ εἰ ὁ χριστος ὁ υἱος του θεου του ζωντος.

18   καγω δε σοι λεγω ὁτι συ εἰ *πετρος,*

22   και προσλαβομενος αὐτον ὁ *πετρος* ἡρξατο ἐπιτιμαν αὐτω λεγων·

23   ὁ δε στραφεις εἰπεν τω *πετρω·* ὑπαγε ὀπισω μου, σατανα·

17 1   και μεθ ἡμερας ἑξ παραλαμβανει ὁ ιησους τον *πετρον* και ιακωβον και ιωαννην τον ἀδελφον αὐτου,

4   ἀποκριθεις δε ὁ *πετρος* εἰπεν τω ιησου· κυριε, καλον ἐστιν ἡμας ὡδε εἰναι·

24   ἐλθοντων δε αὐτων εἰς καφαρναουμ προσηλθον οἱ τα διδραχμα λαμβανοντες τω *πετρω* και εἰπαν·

18 21   τοτε προσελθων ὁ *πετρος* εἰπεν αὐτω· κυριε, ποσακις ἁμαρτησει εἰς ἐμε ὁ ἀδελφος μου και ἀφησω αὐτω;

19 27   τοτε ἀποκριθεις ὁ *πετρος* εἰπεν αὐτω· ἰδου ἡμεις ἀφηκαμεν παντα και ἡκολουθησαμεν σοι· τι ἀρα ἐσται ἡμιν;

26 33   ἀποκριθεις δε ὁ *πετρος* εἰπεν αὐτω· εἰ παντες σκανδαλισθησονται ἐν σοι, ἐγω οὐδεποτε σκανδαλισθησομαι.

35   λεγει αὐτω ὁ *πετρος·* καν δεη με συν σοι ἀποθανειν, οὐ μη σε ἀπαρνησομαι.

37   και παραλαβων τον *πετρον* και τους δυο υἱους ζεβεδαιου ἡρξατο λυπεισθαι και ἀδημονειν.

40   και λεγει τω *πετρω·* οὑτως οὐκ ἰσχυσατε μιαν ὡραν γρηγορησαι μετ ἐμου;

58   ὁ δε *πετρος* ἡκολουθει αὐτω ἀπο μακροθεν ἑως της αὐλης του ἀρχιερεως,

πετρος [156]

Mt	26 69	ὁ δε πετρος ἐκαθητο ἐξω ἐν τη αυλη·
	73	μετα μικρον δε προσελθοντες οἱ ἑστωτες εἰπον τω πετρω· ἀληθως και συ ἐξ αὐτων εἰ, και γαρ ἡ λαλια σου δηλον σε ποιει.
	75	και ἐμνησθη ὁ πετρος του ῥηματος ἰησου εἰρηκοτος ὁτι πριν ἀλεκτορα φωνησαι τρις ἀπαρνηση με·
Mc	3 16	και ἐπεθηκεν ὀνομα τω σιμωνι πετρον·
	5 37	ὁ δε ἰησους παρακουσας τον λογον λαλουμενον λεγει τω ἀρχισυναγωγω· μη φοβου, μονον πιστευε και οὐκ ἀφηκεν οὐδενα μετ αὐτου συνακολουθησαι εἰ μη τον πετρον και ἰακωβον και ἰωαννην τον ἀδελφον ἰακωβου.
	8 29	ἀποκριθεις ὁ πετρος λεγει αὐτω· συ εἰ ὁ χριστος.
	32	και προσλαβομενος ὁ πετρος αὐτον ἠρξατο ἐπιτιμαν αὐτω.
	33	ὁ δε ἐπιστραφεις και ἰδων τους μαθητας αὐτου ἐπετιμησεν πετρω και λεγει· ὑπαγε ὀπισω μου, σατανα, ὁτι οὐ φρονεις τα του θεου ἀλλα τα των ἀνθρωπων.
	9 2	και μετα ἡμερας ἑξ παραλαμβανει ὁ ἰησους τον πετρον και τον ἰακωβον και τον ἰωαννην, και ἀναφερει αὐτους εἰς ὀρος ὑψηλον κατ ἰδιαν μονους.
	5	και ἀποκριθεις ὁ πετρος λεγει τω ἰησου· ῥαββι, καλον ἐστιν ἡμας ὡδε εἰναι, και ποιησωμεν τρεις σκηνας, σοι μιαν και μωυσει μιαν και ἠλια μιαν.
	10 28	ἠρξατο λεγειν ὁ πετρος αὐτω· ἰδου ἡμεις ἀφηκαμεν παντα και ἠκολουθηκαμεν σοι.
	11 21	και ἀναμνησθεις ὁ πετρος λεγει αὐτω· ῥαββι, ἰδε ἡ συκη ἡν κατηρασω ἐξηρανται.
	13 3	και καθημενου αὐτου εἰς το ὀρος των ἐλαιων κατεναντι του ἱερου, ἐπηρωτα αὐτον κατ ἰδιαν πετρος και ἰακωβος και ἰωαννης και ἀνδρεας· εἰπον ἡμιν, ποτε ταυτα ἐσται,
	14 29	ὁ δε πετρος ἐφη αὐτω·
	33	και παραλαμβανει τον πετρον και [τον] ἰακωβον και [τον] ἰωαννην μετ αὐτου,
	37	και λεγει τω πετρω· σιμων, καθευδεις;
	54	και ὁ πετρος ἀπο μακροθεν ἠκολουθησεν αὐτω ἑως ἐσω εἰς την αὐλην του ἀρχιερεως,
	66	και ὀντος του πετρου κατω ἐν τη αὐλη ἐρχεται μια των παιδισκων του ἀρχιερεως,
	67	και ἰδουσα τον πετρον θερμαινομενον ἐμβλεψασα αὐτω λεγει·
	70	και μετα μικρον παλιν οἱ παρεστωτες ἐλεγον τω πετρω· ἀληθως ἐξ αὐτων εἰ· και γαρ γαλιλαιος εἰ.
	72	και ἀνεμνησθη ὁ πετρος το ῥημα ὡς εἰπεν αὐτω ὁ ἰησους ὁτι πριν ἀλεκτορα φωνησαι δις τρις με ἀπαρνηση·
	16 7	ἀλλα ὑπαγετε εἰπατε τοις μαθηταις αὐτου και τω πετρω ὁτι προαγει ὑμας εἰς την γαλιλαιαν·
	8*	παντα δε τα παρηγγελμενα τοις περι τον πετρον συντομως ἐξηγγειλαν.
Lc	5 8	ἰδων δε σιμων πετρος προσεπεσεν τοις γονασιν ἰησου λεγων·
	6 14	σιμωνα, ὁν και ὠνομασεν πετρον, και ἀνδρεαν τον ἀδελφον αὐτου,
	8 45	ἀρνουμενων δε παντων εἰπεν ὁ πετρος· ἐπιστατα, οἱ ὀχλοι συνεχουσιν σε και ἀποθλιβουσιν.
	51	ἐλθων δε εἰς την οἰκιαν οὐκ ἀφηκεν εἰσελθειν τινα συν αὐτω εἰ μη πετρον και ἰωαννην και ἰακωβον και τον πατερα της παιδος και την μητερα.
	9 20	πετρος δε ἀποκριθεις εἰπεν·
	28	ἐγενετο δε μετα τους λογους τουτους ὡσει ἡμεραι ὀκτω, [και] παραλαβων πετρον και ἰωαννην και ἰακωβον ἀνεβη εἰς το ὀρος προσευξασθαι.
	32	ὁ δε πετρος και οἱ συν αὐτω ἠσαν βεβαρημενοι ὑπνω·
	33	και ἐγενετο ἐν τω διαχωριζεσθαι αὐτους ἀπ αὐτου εἰπεν ὁ πετρος προς τον ἰησουν· ἐπιστατα, καλον ἐστιν ἡμας ὡδε εἰναι,
	12 41	εἰπεν δε ὁ πετρος· κυριε, προς ἡμας την παραβολην ταυτην λεγεις ἡ και προς παντας;
	18 28	εἰπεν δε ὁ πετρος· ἰδου ἡμεις ἀφεντες τα ἰδια ἠκολουθησαμεν σοι.
	22 8	και ἀπεστειλεν πετρον και ἰωαννην εἰπων·
	34	λεγω σοι, πετρε, οὐ φωνησει σημερον ἀλεκτωρ ἑως τρις με ἀπαρνηση εἰδεναι.
	54	ὁ δε πετρος ἠκολουθει μακροθεν.
	55	περιαψαντων δε πυρ ἐν μεσω της αὐλης και συγκαθισαντων ἐκαθητο ὁ πετρος μεσος αὐτων.
	58	ὁ δε πετρος ἐφη·
	60	εἰπεν δε ὁ πετρος· ἀνθρωπε, οὐκ οἰδα ὁ λεγεις.
	61	και στραφεις ὁ κυριος ἐνεβλεψεν τω πετρω,
	61	και ὑπεμνησθη ὁ πετρος του ῥηματος του κυριου, ὡς εἰπεν αὐτω ὁτι πριν ἀλεκτορα φωνησαι σημερον ἀπαρνηση με τρις.
	24 12	ὁ δε πετρος ἀναστας ἐδραμεν ἐπι το μνημειον·

πετρος [156]

Jh	1 40	ἠν ἀνδρεας ὁ ἀδελφος σιμωνος πετρου εἰς ἐκ των δυο των ἀκουσαντων παρα ἰωαννου και ἀκολουθησαντων αὐτω·
	42	συ εἰ σιμων ὁ υἱος ἰωαννου, συ κληθηση κηφας ὁ ἑρμηνευεται πετρος.
	44	ἠν δε ὁ φιλιππος ἀπο βηθσαιδα, ἐκ της πολεως ἀνδρεου και πετρου.
	6 8	λεγει αὐτω εἰς ἐκ των μαθητων αὐτου, ἀνδρεας ὁ ἀδελφος σιμωνος πετρου· ἐστιν παιδαριον ὡδε ὁς ἐχει πεντε ἀρτους κριθινους και δυο ὀψαρια·
	68	ἀπεκριθη αὐτω σιμων πετρος· κυριε, προς τινα ἀπελευσομεθα;
	13 6	ἐρχεται οὐν προς σιμωνα πετρον·
	8	λεγει αὐτω πετρος· οὐ μη νιψης μου τους ποδας εἰς τον αἰωνα.
	9	λεγει αὐτω σιμων πετρος· κυριε, μη τους ποδας μου μονον ἀλλα και τας χειρας και την κεφαλην.
	24	νευει οὐν τουτω σιμων πετρος πυθεσθαι τις ἀν εἰη περι οὑ λεγει.
	36	λεγει αὐτω σιμων πετρος· κυριε, που ὑπαγεις;
	37	λεγει αὐτω ὁ πετρος· κυριε, δια τι οὐ δυναμαι σοι ἀκολουθησαι ἀρτι;
	18 10	σιμων οὐν πετρος ἐχων μαχαιραν εἰλκυσεν αὐτην και ἐπαισεν τον του ἀρχιερεως δουλον και ἀπεκοψεν αὐτου το ὠταριον το δεξιον·
	11	εἰπεν οὐν ὁ ἰησους τω πετρω· βαλε την μαχαιραν εἰς την θηκην·
	15	ἠκολουθει δε τω ἰησου σιμων πετρος και ἀλλος μαθητης.
	16	ὁ δε πετρος εἱστηκει προς τη θυρα ἐξω.
	16	ἐξηλθεν οὐν ὁ μαθητης ὁ ἀλλος ὁ γνωστος του ἀρχιερεως και εἰπεν τη θυρωρω, και εἰσηγαγεν τον πετρον.
	17	λεγει οὐν τω πετρω ἡ παιδισκη ἡ θυρωρος· μη και συ ἐκ των μαθητων εἰ του ἀνθρωπου τουτου;
	18	ἠν δε και ὁ πετρος μετ αὐτων ἑστως και θερμαινομενος.
	25	ἠν δε σιμων πετρος ἑστως και θερμαινομενος.
	26	λεγει εἰς ἐκ των δουλων του ἀρχιερεως, συγγενης ὡν οὑ ἀπεκοψεν πετρος το ὠτιον· οὐκ ἐγω σε εἰδον ἐν τω κηπω μετ αὐτου;
	27	παλιν οὐν ἠρνησατο πετρος, και εὐθεως ἀλεκτωρ ἐφωνησεν.
	20 2	τρεχει οὐν και ἐρχεται προς σιμωνα πετρον και προς τον ἀλλον μαθητην ὁν ἐφιλει ὁ ἰησους,
	3	ἐξηλθεν οὐν ὁ πετρος και ὁ ἀλλος μαθητης,
	4	και ὁ ἀλλος μαθητης προεδραμεν ταχιον του πετρου και ἠλθεν πρωτος εἰς το μνημειον,
	6	ἐρχεται οὐν και σιμων πετρος ἀκολουθων αὐτω,
	21 2	ἠσαν ὁμου σιμων πετρος και θωμας ὁ λεγομενος διδυμος και ναθαναηλ ὁ ἀπο κανα της γαλιλαιας και οἱ του ζεβεδαιου και ἀλλοι ἐκ των μαθητων αὐτου δυο.
	3	λεγει αὐτοις σιμων πετρος· ὑπαγω ἁλιευειν.
	7	λεγει οὐν ὁ μαθητης ἐκεινος ὁν ἠγαπα ὁ ἰησους τω πετρω· ὁ κυριος ἐστιν.
	7	σιμων οὐν πετρος,
	11	ἀνεβη οὐν σιμων πετρος και εἱλκυσεν το δικτυον εἰς την γην μεστον ἰχθυων μεγαλων ἑκατονπεντηκοντατριων·
	15	ὁτε οὐν ἠριστησαν, λεγει τω σιμωνι πετρω ὁ ἰησους· σιμων ἰωαννου, ἀγαπας με πλεον τουτων;
	17	ἐλυπηθη ὁ πετρος ὁτι εἰπεν αὐτω το τριτον·
	20	ἐπιστραφεις ὁ πετρος βλεπει τον μαθητην ὁν ἠγαπα ὁ ἰησους ἀκολουθουντα,
	21	τουτον οὐν ἰδων ὁ πετρος λεγει τω ἰησου·
Ac	1 13	ὁ τε πετρος και ἰωαννης και ἰακωβος και ἀνδρεας,
	15	και ἐν ταις ἡμεραις ταυταις ἀναστας πετρος ἐν μεσω των ἀδελφων εἰπεν· ἠν τε ὀχλος ὀνοματων ἐπι το αὐτο ὡσει ἑκατονεικοσι·
	2 14	σταθεις δε ὁ πετρος συν τοις ἑνδεκα ἐπηρεν την φωνην αὐτου και ἀπεφθεγξατο αὐτοις·
	37	εἰπον τε προς τον πετρον και τους λοιπους ἀποστολους· τι ποιησωμεν, ἀνδρες ἀδελφοι;
	38	πετρος δε προς αὐτους· μετανοησατε, [φησιν,] και βαπτισθητω ἑκαστος ὑμων ἐπι τω ὀνοματι ἰησου χριστου εἰς ἀφεσιν των ἁμαρτιων ὑμων,
	3 1	πετρος δε και ἰωαννης ἀνεβαινον εἰς το ἱερον ἐπι την ὡραν της προσευχης την ἐνατην.
	3	ὁς ἰδων πετρον και ἰωαννην μελλοντας εἰσιεναι εἰς το ἱερον ἠρωτα ἐλεημοσυνην λαβειν.
	4	ἀτενισας δε πετρος εἰς αὐτον συν τω ἰωαννη εἰπεν·
	6	εἰπεν δε πετρος· ἀργυριον και χρυσιον οὐχ ὑπαρχει μοι· ὁ δε ἐχω, τουτο σοι διδωμι·
	11	κρατουντος δε αὐτου τον πετρον και τον ἰωαννην συνεδραμεν πας ὁ λαος προς αὐτους ἐπι τη στοα τη καλουμενη σολομωντος ἐκθαμβοι.
	12	ἰδων δε ὁ πετρος ἀπεκρινατο προς τον λαον·

πετρος [156]

Ac	4 8	τοτε *πετρος* πλησθεις πνευματος ἁγιου εἶπεν προς αὐτους·
	13	θεωρουντες δε την του *πετρου* παρρησιαν και ἰωαννου,
	19	ὁ δε *πετρος* και ἰωαννης ἀποκριθεντες εἶπον προς αὐτους·
	5 3	εἶπεν δε ὁ *πετρος·* ἀνανια, δια τί ἐπληρωσεν ὁ σατανας την καρδιαν σου, ψευσασθαι σε το πνευμα το ἁγιον και νοσφισασθαι ἀπο της τιμης του χωριου;
	8	ἀπεκριθη δε προς αὐτην *πετρος·* εἰπε μοι, εἰ τοσουτου το χωριον ἀπεδοσθε;
	9	ὁ δε *πετρος* προς αὐτην·
	15	ὡστε και εἰς τας πλατειας ἐκφερειν τους ἀσθενεις και τιθεναι ἐπι κλιναριων και κραβαττων, ἱνα ἐρχομενου *πετρου* κᾶν ἡ σκια ἐπισκιαση τινι αὐτων.
	29	ἀποκριθεις δε *πετρος* και οἱ ἀποστολοι εἶπαν· πειθαρχειν δει θεω μαλλον ἠ ἀνθρωποις.
	8 14	ἀκουσαντες δε οἱ ἐν ἱεροσολυμοις ἀποστολοι ὁτι δεδεκται ἡ σαμαρεια τον λογον του θεου, ἀπεστειλαν προς αὐτους *πετρον* και ἰωαννην,
	20	*πετρος* δε εἶπεν προς αὐτον·
	9 32	ἐγενετο δε *πετρον* διερχομενον δια παντων κατελθειν και προς τους ἁγιους τους κατοικουντας λυδδα.
	34	και εἶπεν αὐτω ὁ *πετρος·* αἰνεα, ἰαται σε ἰησους χριστος·
	38	ἐγγυς δε οὑσης λυδδας τη ἰοππη οἱ μαθηται ἀκουσαντες ὁτι *πετρος* ἐστιν ἐν αὐτη ἀπεστειλαν δυο ἀνδρας προς αὐτον παρακαλουντες·
	39	ἀναστας δε *πετρος* συνηλθεν αὐτοις·
	40	ἐκβαλων δε ἐξω παντας ὁ *πετρος* και θεις τα γονατα προσηυξατο,
	40	ἡ δε ἡνοιξεν τους ὀφθαλμους αὐτης, και ἰδουσα τον *πετρον* ἀνεκαθισεν.
	10 5	και νυν πεμψον ἀνδρας εἰς ἰοππην και μεταπεμψαι σιμωνα τινα ὁς ἐπικαλειται *πετρος·*
	9	τη δε ἐπαυριον ὁδοιπορουντων ἐκεινων και τη πολει ἐγγιζοντων ἀνεβη *πετρος* ἐπι το δωμα προσευξασθαι περι ὡραν ἑκτην.
	13	ἀναστας, *πετρε,* θυσον και φαγε.
	14	ὁ δε *πετρος* εἶπεν· μηδαμως, κυριε, ὁτι οὐδεποτε ἐφαγον παν κοινον και ἀκαθαρτον.
	17	ὡς δε ἐν ἑαυτω διηπορει ὁ *πετρος* τί ἀν εἱη το ὁραμα ὁ εἶδεν, ἰδου οἱ ἀνδρες οἱ ἀπεσταλμενοι ὑπο του κορνηλιου διερωτησαντες την οἰκιαν του σιμωνος ἐπεστησαν ἐπι τον πυλωνα,
	18	και φωνησαντες ἐπυνθανοντο εἰ σιμων ὁ ἐπικαλουμενος *πετρος* ἐνθαδε ξενιζεται.
	19	του δε *πετρου* διενθυμουμενου περι του ὁραματος εἶπεν [αὐτω] το πνευμα·
	21	καταβας δε *πετρος* προς τους ἀνδρας εἶπεν·
	25	ὡς δε ἐγενετο του εἰσελθειν τον *πετρον,* συναντησας αὐτω ὁ κορνηλιος πεσων ἐπι τους ποδας προσεκυνησεν.
	26	ὁ δε *πετρος* ἠγειρεν αὐτον λεγων·
	32	πεμψον οὐν εἰς ἰοππην και μετακαλεσαι σιμωνα ὁς ἐπικαλειται *πετρος·*
	34	ἀνοιξας δε *πετρος* το στομα εἶπεν·
	44	ἐτι λαλουντος του *πετρου* τα ρηματα ταυτα ἐπεπεσεν το πνευμα το ἁγιον ἐπι παντας τους ἀκουοντας τον λογον.
	45	και ἐξεστησαν οἱ ἐκ περιτομης πιστοι ὁσοι συνηλθαν τω *πετρω,*
	46	τοτε ἀπεκριθη *πετρος·* μητι το ὑδωρ δυναται κωλυσαι τις του μη βαπτισθηναι τουτους,
	11 2	ὁτε δε ἀνεβη *πετρος* εἰς ἱερουσαλημ, διεκρινοντο προς αὐτον οἱ ἐκ περιτομης λεγοντες ὁτι εἰσηλθες προς ἀνδρας ἀκροβυστιαν ἐχοντας και συνεφαγες αὐτοις.
	4	ἀρξαμενος δε *πετρος* ἐξετιθετο αὐτοις καθεξης λεγων·
	7	ἀναστας, *πετρε,* θυσον και φαγε.
	13	ἀποστειλον εἰς ἰοππην και μεταπεμψαι σιμωνα τον ἐπικαλουμενον *πετρον,*
	12 3	ἰδων δε ὁτι ἀρεστον ἐστιν τοις ἰουδαιοις προσεθετο συλλαβειν και *πετρον,*
	5	ὁ μεν οὐν *πετρος* ἐτηρειτο ἐν τη φυλακη·
	6	τη νυκτι ἐκεινη ἠν ὁ *πετρος* κοιμωμενος μεταξυ δυο στρατιωτων δεδεμενος ἁλυσεσιν δυσιν,
	7	παταξας δε την πλευραν του *πετρου* ἠγειρεν αὐτον λεγων·
	11	και ὁ *πετρος* ἐν ἑαυτω γενομενος εἶπεν·
	14	και ἐπιγνουσα την φωνην του *πετρου* ἀπο της χαρας οὐκ ἠνοιξεν τον πυλωνα,
	14	εἰσδραμουσα δε ἀπηγγειλεν ἑσταναι τον *πετρον* προ του πυλωνος.
	16	ὁ δε *πετρος* ἐπεμενεν κρουων·
	18	γενομενης δε ἡμερας ἠν ταραχος οὐκ ὀλιγος ἐν τοις στρατιωταις, τί ἀρα ὁ *πετρος* ἐγενετο.

πετρος [156]

Ac	15 7	πολλης δε ζητησεως γενομενης ἀναστας *πετρος* εἶπεν προς αὐτους·
Ga	2 7	ἀλλα τουναντιον ἰδοντες ὁτι πεπιστευμαι το εὐαγγελιον της ἀκροβυστιας καθως *πετρος* της περιτομης,
	8	ὁ γαρ ἐνεργησας *πετρω* εἰς ἀποστολην της περιτομης ἐνηργησεν και ἐμοι εἰς τα ἐθνη,
1Pt	1 1	*πετρος* ἀποστολος ἰησου χριστου ἐκλεκτοις παρεπιδημοις διασπορας ποντου, γαλατιας, καππαδοκιας, ἀσιας και βιθυνιας,
2Pt	1 1	συμεων *πετρος* δουλος και ἀποστολος ἰησου χριστου τοις ἰσοτιμον ἡμιν λαχουσιν πιστιν ἐν δικαιοσυνη του θεου ἡμων και σωτηρος ἰησου χριστου·

πετρωδης [4]

Mt	13 5	ἀλλα δε ἐπεσεν ἐπι τα *πετρωδη* ὁπου οὐκ εἶχεν γην πολλην,
	20	ὁ δε ἐπι τα *πετρωδη* σπαρεις, οὑτος ἐστιν ὁ τον λογον ἀκουων και εὐθυς μετα χαρας λαμβανων αὐτον·
Mc	4 5	και ἀλλο ἐπεσεν ἐπι το *πετρωδες* ὁπου οὐκ εἶχεν γην πολλην,
	16	και οὑτοι εἰσιν οἱ ἐπι τα *πετρωδη* σπειρομενοι, οἱ ὁταν ἀκουσωσιν τον λογον εὐθυς μετα χαρας λαμβανουσιν αὐτον,

πηγανον [1]

Lc	11 42	ἀλλα οὐαι ὑμιν τοις φαρισαιοις, ὁτι ἀποδεκατουτε το ἡδυοσμον και το *πηγανον* και παν λαχανον,

πηγη [11]

Mc	5 29	και εὐθυς ἐξηρανθη ἡ *πηγη* του αἱματος αὐτης,
Jh	4 6	ἠν δε ἐκει *πηγη* του ἰακωβ.
	6	ὁ οὐν ἰησους κεκοπιακως ἐκ της ὁδοιποριας ἐκαθεζετο οὑτως ἐπι τη *πηγη·*
	14	οὑ μη διψησει εἰς τον αἰωνα, ἀλλα το ὑδωρ ὁ δωσω αὐτω γενησεται ἐν αὐτω *πηγη* ὑδατος ἁλλομενου εἰς ζωην αἰωνιον.
Ja	3 11	μητι ἡ *πηγη* ἐκ της αὐτης ὀπης βρυει το γλυκυ και το πικρον;
2Pt	2 17	οὑτοι εἰσιν *πηγαι* ἀνυδροι και ὀμιχλαι ὑπο λαιλαπος ἐλαυνομεναι,
Apc	7 17	ὁτι το ἀρνιον το ἀνα μεσον του θρονου ποιμανει αὐτους και ὁδηγησει αὐτους ἐπι ζωης *πηγας* ὑδατων.
	8 10	και ἐπεσεν ἐπι το τριτον των ποταμων και ἐπι τας *πηγας* των ὑδατων.
	14 7	και προσκυνησατε τω ποιησαντι τον οὐρανον και την γην και θαλασσαν και *πηγας* ὑδατων.
	16 4	και ὁ τριτος ἐξεχεεν την φιαλην αὐτου εἰς τους ποταμους και τας *πηγας* των ὑδατων.
	21 6	ἐγω τω διψωντι δωσω ἐκ της *πηγης* του ὑδατος της ζωης δωρεαν.

πηγνυμι [1]

Heb	8 2	των ἁγιων λειτουργος και της σκηνης της ἀληθινης, ἡν *ἐπηξεν* ὁ κυριος,

πηδαλιον [2]

Ac	27 40	ἁμα ἀνεντες τας ζευκτηριας των *πηδαλιων,* και ἐπαραντες τον ἀρτεμωνα τη πνεουση κατειχον εἰς τον αἰγιαλον.
Ja	3 4	μεταγεται ὑπο ἐλαχιστου *πηδαλιου* ὁπου ἡ ὁρμη του εὐθυνοντος βουλεται·

πηλικος [2]

Ga	6 11	ἰδετε *πηλικοις* ὑμιν γραμμασιν ἐγραψα τη ἐμη χειρι.
Heb	7 4	θεωρειτε δε *πηλικος* οὑτος, ᾡ [και] δεκατην ἀβρααμ ἐδωκεν ἐκ των ἀκροθινιων ὁ πατριαρχης.

πηλος [6]

Jh	9 6	ταυτα εἰπων ἐπτυσεν χαμαι και ἐποιησεν *πηλον* ἐκ του πτυσματος,
	6	ταυτα εἰπων ἐπτυσεν χαμαι και ἐποιησεν πηλον ἐκ του πτυσματος, και ἐπεχρισεν αὐτου τον *πηλον* ἐπι τους ὀφθαλμους,
	11	ὁ ἀνθρωπος ὁ λεγομενος ἰησους *πηλον* ἐποιησεν και ἐπεχρισεν μου τους ὀφθαλμους και εἶπεν μοι ὁτι ὑπαγε εἰς τον σιλωαμ και νιψαι·
	14	ἠν δε σαββατον ἐν ᾡ ἡμερα τον *πηλον* ἐποιησεν ὁ ἰησους και ἀνεωξεν αὐτου τους ὀφθαλμους.

πηλος [6]

Jh 9 15 πηλον ἐπεθηκεν μου ἐπι τους ὀφθαλμους, και ἐνιψαμην, και βλεπω.

Rm 9 21 ἡ οὐκ ἐχει ἐξουσιαν ὁ κεραμευς του πηλου ἐκ του αὐτου φυραματος ποιησαι ὁ μεν εἰς τιμην σκευος, ὁ δε εἰς ἀτιμιαν;

πηρα [6]

Mt 10 10 μη κτησησθε χρυσον μηδε ἀργυρον μηδε χαλκον εἰς τας ζωνας ὑμων, μη πηραν εἰς ὁδον μηδε δυο χιτωνας μηδε ὑποδηματα μηδε ῥαβδον·

Mc 6 8 και παρηγγειλεν αὐτοις ἱνα μηδεν αἱρωσιν εἰς ὁδον εἰ μη ῥαβδον μονον, μη ἀρτον, μη πηραν, μη εἰς την ζωνην χαλκον·

Lc 9 3 μηδεν αἱρετε εἰς την ὁδον, μητε ῥαβδον μητε πηραν μητε ἀρτον μητε ἀργυριον μητε [ἀνα] δυο χιτωνας ἐχειν.

10 4 μη βασταζετε βαλλαντιον, μη πηραν, μη ὑποδηματα· και μηδενα κατα την ὁδον ἀσπασησθε.

22 35 ὁτε ἀπεστειλα ὑμας ἀτερ βαλλαντιου και πηρας και ὑποδηματων, μη τινος ὑστερησατε;

36 ἀλλα νυν ὁ ἐχων βαλλαντιον ἀρατω, ὁμοιως και πηραν, και ὁ μη ἐχων πωλησατω το ἱματιον αὐτου και ἀγορασατω μαχαιραν.

πηχυς [4]

Mt 6 27 τις δε ἐξ ὑμων μεριμνων δυναται προσθειναι ἐπι την ἡλικιαν αὐτου πηχυν ἑνα;

Lc 12 25 τις δε ἐξ ὑμων μεριμνων δυναται ἐπι την ἡλικιαν αὐτου προσθειναι πηχυν;

Jh 21 8 οἱ δε ἀλλοι μαθηται τω πλοιαριω ἠλθον, οὐ γαρ ἠσαν μακραν ἀπο της γης ἀλλα ὡς ἀπο πηχων διακοσιων, συροντες το δικτυον των ἰχθυων.

Apc 21 17 και ἐμετρησεν το τειχος αὐτης ἑκατοντεσσερακοντατεσσαρων πηχων,

πιαζω [12]

Jh 7 30 ἐζητουν οὐν αὐτον πιασαι, και οὐδεις ἐπεβαλεν ἐπ αὐτον την χειρα,

32 ἡκουσαν οἱ φαρισαιοι του ὀχλου γογγυζοντος περι αὐτου ταυτα, και ἀπεστειλαν οἱ ἀρχιερεις και οἱ φαρισαιοι ὑπηρετας ἱνα πιασωσιν αὐτον.

44 τινες δε ἠθελον ἐξ αὐτων πιασαι αὐτον, ἀλλ οὐδεις ἐπεβαλεν ἐπ αὐτον τας χειρας.

8 20 και οὐδεις ἐπιασεν αὐτον, ὁτι οὐπω ἐληλυθει ἡ ὡρα αὐτου.

10 39 ἐζητουν [οὐν] αὐτον παλιν πιασαι·

11 57 δεδωκεισαν δε οἱ ἀρχιερεις και οἱ φαρισαιοι ἐντολας ἱνα ἐαν τις γνω που ἐστιν μηνυση, ὁπως πιασωσιν αὐτον.

21 3 και ἐν ἐκεινη τη νυκτι ἐπιασεν οὐδεν.

10 ἐνεγκατε ἀπο των ὀψαριων ὡν ἐπιασατε νυν.

Ac 3 7 και πιασας αὐτον της δεξιας χειρος ἠγειρεν αὐτον·

12 4 ὁν και πιασας ἐθετο εἰς φυλακην, παραδους τεσσαρσιν τετραδιοις στρατιωτων φυλασσειν αὐτον,

2Co 11 32 ἐν δαμασκω ὁ ἐθναρχης ἀρετα του βασιλεως ἐφρουρει την πολιν δαμασκηνων πιασαι με,

Apc 19 20 και ἐπιασθη το θηριον και μετ αὐτου ὁ ψευδοπροφητης ὁ ποιησας τα σημεια ἐνωπιον αὐτου,

πιεζω [1]

Lc 6 38 μετρον καλον πεπιεσμενον σεσαλευμενον ὑπερεκχυννομενον δωσουσιν εἰς τον κολπον ὑμων·

πιθανολογια [1]

Col 2 4 τουτο λεγω ἱνα μηδεις ὑμας παραλογιζηται ἐν πιθανολογια.

πικραινω [4]

Col 3 19 οἱ ἀνδρες, ἀγαπατε τας γυναικας και μη πικραινεσθε προς αὐτας.

Apc 8 11 και πολλοι των ἀνθρωπων ἀπεθανον ἐκ των ὑδατων ὁτι ἐπικρανθησαν.

10 9 και πικρανει σου την κοιλιαν, ἀλλ ἐν τω στοματι σου ἐσται γλυκυ ὡς μελι.

10 και ὁτε ἐφαγον αὐτο, ἐπικρανθη ἡ κοιλια μου.

πικρια [4]

Ac 8 23 εἰς γαρ χολην πικριας και συνδεσμον ἀδικιας ὁρω σε ὀντα.

πικρια [4]

Rm 3 14 ἰος ἀσπιδων ὑπο τα χειλη αὐτων· ὡν το στομα ἀρας και πικριας γεμει·

Eph 4 31 πασα πικρια και θυμος και ὀργη και κραυγη και βλασφημια ἀρθητω ἀφ ὑμων συν παση κακια.

Heb 12 15 μη τις ῥιζα πικριας ἀνω φυουσα ἐνοχλη και δια ταυτης μιανθωσιν οἱ πολλοι,

πικρος [2]

Ja 3 11 μητι ἡ πηγη ἐκ της αὐτης ὀπης βρυει το γλυκυ και το πικρον;

14 εἰ δε ζηλον πικρον ἐχετε και ἐριθειαν ἐν τη καρδια ὑμων, μη κατακαυχασθε και ψευδεσθε κατα της ἀληθειας.

πικρως [2]

Mt 26 75 και ἐξελθων ἐξω ἐκλαυσεν πικρως.

Lc 22 62 και ἐξελθων ἐξω ἐκλαυσεν πικρως.

πιλατος [55]

Mt 27 2 και δησαντες αὐτον ἀπηγαγον και παρεδωκαν πιλατω τω ἡγεμονι.

13 τοτε λεγει αὐτω ὁ πιλατος· οὐκ ἀκουεις ποσα σου καταμαρτυρουσιν;

17 συνηγμενων οὐν αὐτων εἰπεν αὐτοις ὁ πιλατος· τινα θελετε ἀπολυσω ὑμιν, [ἰησουν τον] βαραββαν ἠ ἰησουν τον λεγομενον χριστον;

22 λεγει αὐτοις ὁ πιλατος· τι οὐν ποιησω ἰησουν τον λεγομενον χριστον;

24 ἰδων δε ὁ πιλατος ὁτι οὐδεν ὠφελει ἀλλα μαλλον θορυβος γινεται, λαβων ὑδωρ ἀπενιψατο τας χειρας ἀπεναντι του ὀχλου λεγων·

58 οὑτος προσελθων τω πιλατω ἡτησατο το σωμα του ἰησου.

58 τοτε ὁ πιλατος ἐκελευσεν ἀποδοθηναι.

62 τη δε ἐπαυριον, ἡτις ἐστιν μετα την παρασκευην, συνηχθησαν οἱ ἀρχιερεις και οἱ φαρισαιοι προς πιλατον

65 ἐφη αὐτοις ὁ πιλατος· ἐχετε κουστωδιαν· ὑπαγετε ἀσφαλισασθε ὡς οἰδατε.

Mc 15 1 δησαντες τον ἰησουν ἀπηνεγκαν και παρεδωκαν πιλατω.

2 και ἐπηρωτησεν αὐτον ὁ πιλατος· συ εἰ ὁ βασιλευς των ἰουδαιων;

4 ὁ δε πιλατος παλιν ἐπηρωτα αὐτον λεγων·

5 ὁ δε ἰησους οὐκετι οὐδεν ἀπεκριθη, ὡστε θαυμαζειν τον πιλατον.

9 ὁ δε πιλατος ἀπεκριθη αὐτοις λεγων·

12 ὁ δε πιλατος παλιν ἀποκριθεις ἐλεγεν αὐτοις·

14 ὁ δε πιλατος ἐλεγεν αὐτοις·

15 ὁ δε πιλατος βουλομενος τω ὀχλω το ἱκανον ποιησαι ἀπελυσεν αὐτοις τον βαραββαν,

43 τολμησας εἰσηλθεν προς τον πιλατον και ἡτησατο το σωμα του ἰησου.

44 ὁ δε πιλατος ἐθαυμασεν εἰ ἠδη τεθνηκεν,

Lc 3 1 ἐν ἐτει δε πεντεκαιδεκατω της ἡγεμονιας τιβεριου καισαρος, ἡγεμονευοντος ποντιου πιλατου της ἰουδαιας,

13 1 παρησαν δε τινες ἐν αὐτω τω καιρω ἀπαγγελλοντες αὐτω περι των γαλιλαιων ὡν το αἱμα πιλατος ἐμιξεν μετα των θυσιων αὐτων.

23 1 και ἀνασταν ἀπαν το πληθος αὐτων ἠγαγον αὐτον ἐπι τον πιλατον.

3 ὁ δε πιλατος ἠρωτησεν αὐτον λεγων·

4 ὁ δε πιλατος εἰπεν προς τους ἀρχιερεις και τους ὀχλους·

6 πιλατος δε ἀκουσας ἐπηρωτησεν εἰ ὁ ἀνθρωπος γαλιλαιος ἐστιν,

11 ἐξουθενησας δε αὐτον [και] ὁ ἡρωδης συν τοις στρατευμασιν αὐτου και ἐμπαιξας, περιβαλων ἐσθητα λαμπραν ἀνεπεμψεν αὐτον τω πιλατω·

12 ἐγενοντο δε φιλοι ὁ τε ἡρωδης και ὁ πιλατος ἐν αὐτη τη ἡμερα μετ ἀλληλων·

13 πιλατος δε συγκαλεσαμενος τους ἀρχιερεις και τους ἀρχοντας και τον λαον

20 παλιν δε ὁ πιλατος προσεφωνησεν αὐτοις, θελων ἀπολυσαι τον ἰησουν.

24 και πιλατος ἐπεκρινεν γενεσθαι το αἰτημα αὐτων·

52 οὑτος προσελθων τω πιλατω ἡτησατο το σωμα του ἰησου.

Jh 18 29 ἐξηλθεν οὐν ὁ πιλατος ἐξω προς αὐτους και φησιν·

31 εἰπεν οὐν αὐτοις ὁ πιλατος· λαβετε αὐτον ὑμεις, και κατα τον νομον ὑμων κρινατε αὐτον.

33 εἰσηλθεν οὐν παλιν εἰς το πραιτωριον ὁ πιλατος και ἐφωνησεν τον ἰησουν και εἰπεν αὐτω·

πιλατος [55]

Jh	18 35	ἀπεκριθη ὁ πιλατος· μητι ἐγω ιουδαιος ειμι;
	37	ειπεν ουν αυτῳ ὁ πιλατος· ουκουν βασιλευς ει συ;
	38	λεγει αυτῳ ὁ πιλατος· τί ἐστιν ἀληθεια;
	19 1	τοτε ουν ἐλαβεν ὁ πιλατος τον ιησουν και ἐμαστιγωσεν.
	4	και ἐξηλθεν παλιν ἐξω ὁ πιλατος και λεγει αυτοις·
	6	λεγει αυτοις ὁ πιλατος· λαβετε αυτον ὑμεις και σταυρωσατε·
	8	ὁτε ουν ἠκουσεν ὁ πιλατος τουτον τον λογον, μαλλον ἐφοβηθη,
	10	λεγει ουν αυτῳ ὁ πιλατος· ἐμοι οὐ λαλεις;
	12	ἐκ τουτου ὁ πιλατος ἐζητει ἀπολυσαι αυτον·
	13	ὁ οὖν πιλατος ἀκουσας των λογων τουτων ἠγαγεν ἐξω τον ιησουν,
	15	λεγει αυτοις ὁ πιλατος· τον βασιλεα ὑμων σταυρωσω;
	19	ἐγραψεν δε και τιτλον ὁ πιλατος και ἐθηκεν ἐπι του σταυρου·
	21	ἐλεγον ουν τῳ πιλατῳ οἱ ἀρχιερεις των ιουδαιων· μη γραφε· ὁ βασιλευς των ιουδαιων, ἀλλ ὁτι ἐκεινος ειπεν· βασιλευς ειμι των ιουδαιων.
	22	ἀπεκριθη ὁ πιλατος· ὁ γεγραφα, γεγραφα.
	31	ἠρωτησαν τον πιλατον ινα κατεαγωσιν αυτων τα σκελη και ἀρθωσιν.
	38	μετα δε ταυτα ἠρωτησεν τον πιλατον ιωσηφ [ὁ] ἀπο ἁριμαθαιας, ὢν μαθητης του ἰησου κεκρυμμενος δε δια τον φοβον των ιουδαιων, ινα ἀρη το σωμα του ἰησου·
	38	και ἐπετρεψεν ὁ πιλατος.
Ac	3 13	ὁ θεος των πατερων ἡμων, ἐδοξασεν τον παιδα αυτου ιησουν, ὁν ὑμεις μεν παρεδωκατε και ἠρνησασθε κατα προσωπον πιλατου, κριναντος ἐκεινου ἀπολυειν·
	4 27	ἡρωδης τε και ποντιος πιλατος συν ἐθνεσιν και λαοις ισραηλ, ποιησαι ὁσα ἡ χειρ σου και ἡ βουλη [σου] προωρισεν γενεσθαι.
	13 28	και μηδεμιαν αἰτιαν θανατου εὑροντες ἠτησαντο πιλατον ἀναιρεθηναι αυτον·
1Tm	6 13	παραγγελλω [σοι] ἐνωπιον του θεου του ζωογονουντος τα παντα και χριστου ιησου του μαρτυρησαντος ἐπι ποντιου πιλατου την καλην ὁμολογιαν,

πιμπλημι [24]

Mt	22 10	και ἐπλησθη ὁ γαμος ἀνακειμενων.
	27 48	και εὐθεως δραμων εἱς ἐξ αυτων και λαβων σπογγον πλησας τε ὀξους και περιθεις καλαμῳ ἐποτιζεν αυτον.
Lc	1 15	και πνευματος ἁγιου πλησθησεται ἐτι ἐκ κοιλιας μητρος αυτου,
	23	και ἐγενετο ὡς ἐπλησθησαν αἱ ἡμεραι της λειτουργιας αυτου, ἀπηλθεν εἰς τον οικον αυτου.
	41	και ἐπλησθη πνευματος ἁγιου ἡ ἐλισαβετ, και ἀνεφωνησεν κραυγῃ μεγαλῃ και ειπεν·
	57	τῃ δε ἐλισαβετ ἐπλησθη ὁ χρονος του τεκειν αυτην, και ἐγεννησεν υἱον.
	67	και ζαχαριας ὁ πατηρ αυτου ἐπλησθη πνευματος ἁγιου και ἐπροφητευσεν λεγων·
	2 6	ἐγενετο δε ἐν τῳ ειναι αυτους ἐκει ἐπλησθησαν αἱ ἡμεραι του τεκειν αυτην,
	21	και ὁτε ἐπλησθησαν ἡμεραι ὀκτω του περιτεμειν αυτον, και ἐκληθη το ὀνομα αυτου ιησους,
	22	και ὁτε ἐπλησθησαν αἱ ἡμεραι του καθαρισμου αυτων κατα τον νομον μωυσεως, ἀνηγαγον αυτον εἰς ιεροσολυμα παραστησαι τῳ κυριῳ,
	4 28	και ἐπλησθησαν παντες θυμου ἐν τῃ συναγωγῃ ἀκουοντες ταυτα,
	5 7	και ἠλθον, και ἐπλησαν ἀμφοτερα τα πλοια ὡστε βυθιζεσθαι αυτα.
	26	και ἐπλησθησαν φοβου λεγοντες ὁτι ειδομεν παραδοξα σημερον.
	6 11	αυτοι δε ἐπλησθησαν ἀνοιας, και διελαλουν προς ἀλληλους τί ἀν ποιησαιεν τῳ ἰησου.
	21 22	και οἱ ἐν ταις χωραις μη εἰσερχεσθωσαν εἰς αυτην, ὁτι ἡμεραι ἐκδικησεως αὑται εἰσιν του πλησθηναι παντα τα γεγραμμενα.
Ac	2 4	και ἐκαθισεν ἐφ ἑνα ἑκαστον αυτων, και ἐπλησθησαν παντες πνευματος ἁγιου,
	3 10	και ἐπλησθησαν θαμβους και ἐκστασεως ἐπι τῳ συμβεβηκοτι αυτῳ.
	4 8	τοτε πετρος πλησθεις πνευματος ἁγιου ειπεν προς αυτους·
	31	και ἐπλησθησαν ἁπαντες του ἁγιου πνευματος, και ἐλαλουν τον λογον του θεου μετα παρρησιας.
	5 17	ἐπλησθησαν ζηλου και ἐπεβαλον τας χειρας ἐπι τους ἀποστολους και ἐθεντο αυτους ἐν τηρησει δημοσιᾳ.

πιμπλημι [24]

Ac	9 17	σαουλ ἀδελφε, ὁ κυριος ἀπεσταλκεν με, ιησους ὁ ὀφθεις σοι ἐν τῃ ὁδῳ ἡ ἠρχου, ὁπως ἀναβλεψῃς και πλησθῃς πνευματος ἁγιου.
	13 9	σαυλος δε, ὁ και παυλος, πλησθεις πνευματος ἁγιου ἀτενισας εἰς αυτον ειπεν·
	45	ἰδοντες δε οἱ ιουδαιοι τους ὀχλους ἐπλησθησαν ζηλου, και ἀντελεγον τοις ὑπο παυλου λαλουμενοις βλασφημουντες.
	19 29	και ἐπλησθη ἡ πολις της συγχυσεως, ὡρμησαν τε ὁμοθυμαδον εἰς το θεατρον,

πιμπρημι [1]

Ac	28 6	οἱ δε προσεδοκων αυτον μελλειν πιμπρασθαι ἡ καταπιπτειν ἀφνω νεκρον.

πινακιδιον [1]

Lc	1 63	και αἰτησας πινακιδιον ἐγραψεν λεγων·

πιναξ [5]

Mt	14 8	δος μοι, φησιν, ὡδε ἐπι πινακι την κεφαλην ιωαννου του βαπτιστου.
	11	και ἠνεχθη ἡ κεφαλη αυτου ἐπι πινακι και ἐδοθη τῳ κορασιῳ,
Mc	6 25	θελω ινα ἐξαυτης δως μοι ἐπι πινακι την κεφαλην ιωαννου του βαπτιστου.
	28	και ἠνεγκεν την κεφαλην αυτου ἐπι πινακι και ἐδωκεν αυτην τῳ κορασιῳ,
Lc	11 39	νυν ὑμεις οἱ φαρισαιοι το ἐξωθεν του ποτηριου και του πινακος καθαριζετε, το δε ἐσωθεν ὑμων γεμει ἀρπαγης και πονηριας.

πινω [73]

Mt	6 25	μη μεριμνατε τῃ ψυχῃ ὑμων τί φαγητε [ἡ τί πιητε],
	31	τί πιωμεν;
	11 18	ἠλθεν γαρ ιωαννης μητε ἐσθιων μητε πινων,
	19	ἠλθεν ὁ υἱος του ἀνθρωπου ἐσθιων και πινων,
	20 22	ουκ οἰδατε τί αἰτεισθε. δυνασθε πιειν το ποτηριον ὁ ἐγω μελλω πινειν;
	22	ουκ οἰδατε τί αἰτεισθε. δυνασθε πιειν το ποτηριον ὁ ἐγω μελλω πινειν;
	23	το μεν ποτηριον μου πιεσθε, το δε καθισαι ἐκ δεξιων μου και ἐξ εὐωνυμων οὐκ ἐστιν ἐμον [τουτο] δουναι,
	24 38	ὡς γαρ ἠσαν ἐν ταις ἡμεραις [ἐκειναις] ταις προ του κατακλυσμου τρωγοντες και πινοντες,
	49	ἐσθιη δε και πινη μετα των μεθυοντων,
	26 27	πιετε ἐξ αυτου παντες· τουτο γαρ ἐστιν το αἱμα μου της διαθηκης το περι πολλων ἐκχυννομενον εἰς ἀφεσιν ἁμαρτιων.
	29	οὐ μη πιω ἀπ ἀρτι ἐκ τουτου του γενηματος της ἀμπελου ἑως της ἡμερας ἐκεινης ὁταν αυτο πινω μεθ ὑμων καινον ἐν τῃ βασιλειᾳ του πατρος μου.
	29	οὐ μη πιω ἀπ ἀρτι ἐκ τουτου του γενηματος της ἀμπελου ἑως της ἡμερας ἐκεινης ὁταν αυτο πινω μεθ ὑμων καινον ἐν τῃ βασιλειᾳ του πατρος μου.
	42	πατερ μου, εἰ οὐ δυναται τουτο παρελθειν ἐαν μη αυτο πιω, γενηθητω το θελημα σου.
	27 34	και ἐλθοντες εἰς τοπον λεγομενον γολγοθα, ὁ ἐστιν κρανιου τοπος λεγομενος, ἐδωκαν αυτῳ πιειν οἰνον μετα χολης μεμιγμενον·
	34	και γευσαμενος ουκ ἠθελησεν πιειν.
Mc	10 38	δυνασθε πιειν το ποτηριον ὁ ἐγω πινω, ἡ το βαπτισμα ὁ ἐγω βαπτιζομαι βαπτισθηναι;
	38	δυνασθε πιειν το ποτηριον ὁ ἐγω πινω, ἡ το βαπτισμα ὁ ἐγω βαπτιζομαι βαπτισθηναι;
	39	το ποτηριον ὁ ἐγω πινω πιεσθε, και το βαπτισμα ὁ ἐγω βαπτιζομαι βαπτισθησεσθε·
	39	το ποτηριον ὁ ἐγω πινω πιεσθε, και το βαπτισμα ὁ ἐγω βαπτιζομαι βαπτισθησεσθε·
	14 23	και λαβων ποτηριον εὐχαριστησας ἐδωκεν αυτοις, και ἐπιον ἐξ αυτου παντες.
	25	ἀμην λεγω ὑμιν ὁτι ουκετι οὐ μη πιω ἐκ του γενηματος της ἀμπελου ἑως της ἡμερας ἐκεινης ὁταν αυτο πινω καινον ἐν τῃ βασιλειᾳ του θεου.
	25	ἀμην λεγω ὑμιν ὁτι ουκετι οὐ μη πιω ἐκ του γενηματος της ἀμπελου ἑως της ἡμερας ἐκεινης ὁταν αυτο πινω καινον ἐν τῃ βασιλειᾳ του θεου.

πινω [73]

Mc	16 18	[και ἐν ταις χερσιν] ὀφεις ἀρουσιν καν θανασιμον τι πιωσιν οὐ μη αὐτους βλαψη,
Lc	1 15	και οἰνον και σικερα οὐ μη πιη,
	5 30	δια τί μετα των τελωνων και ἁμαρτωλων ἐσθιετε και πινετε;
	33	οἱ μαθηται ιωαννου νηστευουσιν πυκνα και δεησεις ποιουνται, ὁμοιως και οἱ των φαρισαιων, οἱ δε σοι ἐσθιουσιν και πινουσιν.
	39	[και] οὐδεις πιων παλαιον θελει νεον· λεγει γαρ· ὁ παλαιος χρηστος ἐστιν.
	7 33	ἐληλυθεν γαρ ιωαννης ὁ βαπτιστης μη ἐσθιων ἀρτον μητε πινων οἰνον, και λεγετε·
	34	ἐληλυθεν ὁ υἱος του ἀνθρωπου ἐσθιων και πινων, και λεγετε·
	10 7	ἐν αὐτη δε τη οἰκια μενετε, ἐσθιοντες και πινοντες τα παρ αὐτων·
	12 19	ψυχη, ἐχεις πολλα ἀγαθα κειμενα εἰς ἐτη πολλα· ἀναπαυου, φαγε, πιε, εὐφραινου.
	29	και ὑμεις μη ζητειτε τί φαγητε και τί πιητε, και μη μετεωριζεσθε·
	45	και ἀρξηται τυπτειν τους παιδας και τας παιδισκας, ἐσθιειν τε και πινειν και μεθυσκεσθαι,
	13 26	ἐφαγομεν ἐνωπιον σου και ἐπιομεν, και ἐν ταις πλατειαις ἡμων ἐδιδαξας·
	17 8	ἀλλ οὐχι ἐρει αὐτω· ἐτοιμασον τί δειπνησω, και περιζωσαμενος διακονει μοι ἐως φαγω και πιω, και μετα ταυτα φαγεσαι και πιεσαι συ;
	8	ἀλλ οὐχι ἐρει αὐτω· ἐτοιμασον τί δειπνησω, και περιζωσαμενος διακονει μοι ἐως φαγω και πιω, και μετα ταυτα φαγεσαι και πιεσαι συ;
	27	ἠσθιον, ἐπινον, ἐγαμουν, ἐγαμιζοντο, ἀχρι ἡς ἡμερας εἰσηλθεν νωε εἰς την κιβωτον,
	28	ἠσθιον, ἐπινον, ἠγοραζον, ἐπωλουν, ἐφυτευον, ᾠκοδομουν·
	22 18	λεγω γαρ ὑμιν, [ὁτι] οὐ μη πιω ἀπο του νυν ἀπο του γενηματος της ἀμπελου ἐως οὑ ἡ βασιλεια του θεου ἐλθη.
	30	καγω διατιθεμαι ὑμιν καθως διεθετο μοι ὁ πατηρ μου βασιλειαν, ἱνα ἐσθητε και πινητε ἐπι της τραπεζης μου ἐν τη βασιλεια μου,
Jh	4 7	λεγει αὐτη ὁ ιησους· δος μοι πειν.
	9	πῶς συ ιουδαιος ὠν παρ ἐμου πειν αἰτεις γυναικος σαμαριτιδος οὐσης;
	10	και τίς ἐστιν ὁ λεγων σοι· δος μοι πειν,
	12	και αὐτος ἐξ αὐτου ἐπιεν και οἱ υἱοι αὐτου και τα θρεμματα αὐτου;
	13	πας ὁ πινων ἐκ του ὑδατος τουτου διψησει παλιν·
	14	ὁς δ ἀν πιη ἐκ του ὑδατος οὑ ἐγω δωσω αὐτω, οὐ μη διψησει εἰς τον αἰωνα,
	6 53	ἐαν μη φαγητε την σαρκα του υἱου του ἀνθρωπου και πιητε αὐτου το αἰμα, οὐκ ἐχετε ζωην ἐν ἑαυτοις·
	54	ὁ τρωγων μου την σαρκα και πινων μου το αἰμα ἐχει ζωην αἰωνιον,
	56	ὁ τρωγων μου την σαρκα και πινων μου το αἰμα ἐν ἐμοι μενει καγω ἐν αὐτω.
	7 37	ἐαν τις διψα, ἐρχεσθω προς με και πινετω.
	18 11	το ποτηριον ὁ δεδωκεν μοι ὁ πατηρ, οὐ μη πιω αὐτο;
Ac	9 9	και ἡν ἡμερας τρεις μη βλεπων, και οὐκ ἐφαγεν οὐδε ἐπιεν.
	23 12	γενομενης δε ἡμερας ποιησαντες συστροφην οἱ ιουδαιοι ἀνεθεματισαν ἑαυτους, λεγοντες μητε φαγειν μητε πιειν ἑως οὑ ἀποκτεινωσιν τον παυλον.
	21	ἐνεδρευουσιν γαρ αὐτον ἐξ αὐτων ἀνδρες πλειους τεσσερακοντα, οἱτινες ἀνεθεματισαν ἑαυτους μητε φαγειν μητε πιειν ἑως οὑ ἀνελωσιν αὐτον,
Rm	14 21	καλον το μη φαγειν κρεα μηδε πιειν οἰνον μηδε ἐν ᾡ ὁ ἀδελφος σου προσκοπτει.
1Co	9 4	μη οὐκ ἐχομεν ἐξουσιαν φαγειν και πειν;
	10 4	και παντες το αὐτο πνευματικον ἐπιον πομα·
	4	ἐπινον γαρ ἐκ πνευματικης ἀκολουθουσης πετρας,
	7	ἐκαθισεν ὁ λαος φαγειν και πειν, και ἀνεστησαν παιζειν.
	21	οὐ δυνασθε ποτηριον κυριου πινειν και ποτηριον δαιμονιων·
	31	εἰτε οὐν ἐσθιετε εἰτε πινετε εἰτε τι ποιειτε, παντα εἰς δοξαν θεου ποιειτε.
	11 22	μη γαρ οἰκιας οὐκ ἐχετε εἰς το ἐσθιειν και πινειν;
	25	τουτο ποιειτε, ὁσακις ἐαν πινητε, εἰς την ἐμην ἀναμνησιν.
	26	ὁσακις γαρ ἐαν ἐσθιητε τον ἀρτον τουτον και το ποτηριον πινητε, τον θανατον του κυριου καταγγελλετε, ἀχρι οὑ ἐλθη.
	27	ὡστε ὁς ἀν ἐσθιη τον ἀρτον ἠ πινη το ποτηριον του κυριου ἀναξιως, ἐνοχος ἐσται του σωματος και του αἰματος του κυριου.
	28	και οὑτως ἐκ του ἀρτου ἐσθιετω και ἐκ του ποτηριου πινετω·
	29	ὁ γαρ ἐσθιων και πινων κριμα ἑαυτω ἐσθιει και πινει μη διακρινων το σωμα.

πινω [73]

1Co	11 29	ὁ γαρ ἐσθιων και πινων κριμα ἑαυτω ἐσθιει και πινει μη διακρινων το σωμα.
	15 32	εἰ νεκροι οὐκ ἐγειρονται, φαγωμεν και πιωμεν, αὐριον γαρ ἀποθνησκομεν.
Heb	6 7	γη γαρ ἡ πιουσα τον ἐπ αὐτης ἐρχομενον πολλακις ὑετον και τικτουσα βοτανην εὐθετον ἐκεινοις δι οὑς και γεωργειται, μεταλαμβανει εὐλογιας ἀπο του θεου·
Apc	14 10	και αὐτος πιεται ἐκ του οἰνου του θυμου του θεου του κεκερασμενου ἀκρατου ἐν τω ποτηριω της ὀργης αὐτου,
	16 6	και αἱμα αὐτοις [δ]εδωκας πιειν·
	18 3	ὁτι ἐκ του οἰνου του θυμου της πορνειας αὐτης πεπωκαν παντα τα ἐθνη,

πιοτης [1]

Rm	11 17	εἰ δε τινες των κλαδων ἐξεκλασθησαν, συ δε ἀγριελαιος ὠν ἐνεκεντρισθης ἐν αὐτοις και συγκοινωνος της ῥιζης της πιοτητος της ἐλαιας ἐγενου, μη κατακαυχω των κλαδων·

πιπρασκω [9]

Mt	13 46	εὑρων δε ἑνα πολυτιμον μαργαριτην ἀπελθων πεπρακεν παντα ὁσα εἰχεν και ἠγορασεν αὐτον.
	18 25	μη ἐχοντος δε αὐτου ἀποδουναι, ἐκελευσεν αὐτον ὁ κυριος πραθηναι και την γυναικα και τα τεκνα και παντα ὁσα ἐχει, και ἀποδοθηναι.
	26 9	εἰς τί ἡ ἀπωλεια αὑτη; ἐδυνατο γαρ τουτο πραθηναι πολλου και δοθηναι πτωχοις.
Mc	14 5	ἠδυνατο γαρ τουτο το μυρον πραθηναι ἐπανω δηναριων τριακοσιων και δοθηναι τοις πτωχοις·
Jh	12 5	δια τί τουτο το μυρον οὐκ ἐπραθη τριακοσιων δηναριων και ἐδοθη πτωχοις;
Ac	2 45	και τα κτηματα και τας ὑπαρξεις ἐπιπρασκον και διεμεριζον αὐτα πασιν, καθοτι ἀν τις χρειαν εἰχεν.
	4 34	ὁσοι γαρ κτητορες χωριων ἠ οἰκιων ὑπηρχον, πωλουντες ἐφερον τας τιμας των πιπρασκομενων και ἐτιθουν παρα τους ποδας των ἀποστολων·
	5 4	οὐχι μενον σοί ἐμενεν και πραθεν ἐν τη ση ἐξουσια ὑπηρχεν;
Rm	7 14	ἐγω δε σαρκινος εἰμι, πεπραμενος ὑπο την ἁμαρτιαν.

πιπτω [90]

Mt	2 11	και πεσοντες προσεκυνησαν αὐτω,
	4 9	ταυτα σοι παντα δωσω, ἐαν πεσων προσκυνησης μοι.
	7 25	και κατεβη ἡ βροχη και ἠλθον οἱ ποταμοι και ἐπνευσαν οἱ ἀνεμοι και προσεπεσαν τη οἰκια ἐκεινη, και οὐκ ἐπεσεν·
	27	και κατεβη ἡ βροχη και ἠλθον οἱ ποταμοι και ἐπνευσαν οἱ ἀνεμοι και προσεκοψαν τη οἰκια ἐκεινη, και ἐπεσεν,
	10 29	οὐχι δυο στρουθια ἀσσαριου πωλειται; και ἑν ἐξ αὐτων οὐ πεσειται ἐπι την γην ἀνευ του πατρος ὑμων.
	13 4	και ἐν τω σπειρειν αὐτον ἁ μεν ἐπεσεν παρα την ὁδον,
	5	ἀλλα δε ἐπεσεν ἐπι τα πετρωδη ὁπου οὐκ εἰχεν γην πολλην,
	7	ἀλλα δε ἐπεσεν ἐπι τας ἀκανθας,
	8	ἀλλα δε ἐπεσεν ἐπι την γην την καλην και ἐδιδου καρπον
	15 14	τυφλος δε τυφλον ἐαν ὁδηγη, ἀμφοτεροι εἰς βοθυνον πεσουνται.
	27	και γαρ τα κυναρια ἐσθιει ἀπο των ψιχιων των πιπτοντων ἀπο της τραπεζης των κυριων αὐτων.
	17 6	και ἀκουσαντες οἱ μαθηται ἐπεσαν ἐπι προσωπον αὐτων και ἐφοβηθησαν σφοδρα.
	15	κυριε, ἐλεησον μου τον υἱον, ὁτι σεληνιαζεται και κακως πασχει· πολλακις γαρ πιπτει εἰς το πυρ και πολλακις εἰς το ὑδωρ.
	18 26	πεσων οὐν ὁ δουλος προσεκυνει αὐτω λεγων·
	29	πεσων οὐν ὁ συνδουλος αὐτου παρεκαλει αὐτον λεγων·
	21 44	[και ὁ πεσων ἐπι τον λιθον τουτον συνθλασθησεται]· [ἐφ ὁν δ ἀν πεση, λικμησει αὐτον].
	44	[και ὁ πεσων ἐπι τον λιθον τουτον συνθλασθησεται]· [ἐφ ὁν δ ἀν πεση, λικμησει αὐτον].
	24 29	και οἱ ἀστερες πεσουνται ἀπο του οὐρανου,
	26 39	και προελθων μικρον ἐπεσεν ἐπι προσωπον αὐτου προσευχομενος και λεγων·
Mc	4 4	και ἐγενετο ἐν τω σπειρειν ὁ μεν ἐπεσεν παρα την ὁδον,
	5	και ἀλλο ἐπεσεν ἐπι το πετρωδες ὁπου οὐκ εἰχεν γην πολλην,
	7	και ἀλλο ἐπεσεν εἰς τας ἀκανθας,
	8	και ἀλλα ἐπεσεν εἰς την γην την καλην και ἐδιδου καρπον ἀναβαινοντα και αὐξανομενα και ἐφερεν ἐν τριακοντα και ἐν ἑξηκοντα και ἐν ἑκατον.

πιπτω [90]

Mc	5 22	και ἐρχεται εἰς των ἀρχισυναγωγων, ὀνοματι ἰαιρος, και ἰδων αὐτον πιπτει προς τους ποδας αὐτου,
	9 20	και ἰδων αὐτον το πνευμα εὐθυς συνεσπαραξεν αὐτον, και πεσων ἐπι της γης ἐκυλιετο ἀφριζων.
	13 25	και οἱ ἀστερες ἐσονται ἐκ του οὐρανου πιπτοντες,
	14 35	και προελθων μικρον ἐπιπτεν ἐπι της γης,
Lc	5 12	ἰδων δε τον ἰησουν, πεσων ἐπι προσωπον ἐδεηθη αὐτου λεγων·
	8 5	και ἐν τω σπειρειν αὐτον ὁ μεν ἐπεσεν παρα την ὁδον και κατεπατηθη,
	7	και ἑτερον ἐπεσεν ἐν μεσω των ἀκανθων, και συμφυεισαι αἱ ἀκανθαι ἀπεπνιξαν αὐτο.
	8	και ἑτερον ἐπεσεν εἰς την γην την ἀγαθην και φυεν ἐποιησεν καρπον ἑκατονταπλασιονα.
	14	το δε εἰς τας ἀκανθας πεσον, οὑτοι εἰσιν οἱ ἀκουσαντες,
	41	και πεσων παρα τους ποδας [του] ἰησου παρεκαλει αὐτον εἰσελθειν εἰς τον οἰκον αὐτου,
	10 18	ἐθεωρουν τον σαταναν ὡς ἀστραπην ἐκ του οὐρανου πεσοντα.
	11 17	πασα βασιλεια ἐφ ἑαυτην διαμερισθεισα ἐρημουται, και οἰκος ἐπι οἰκον πιπτει.
	13 4	ἠ ἐκεινοι οἱ δεκαοκτω ἐφ οὑς ἐπεσεν ὁ πυργος ἐν τω σιλωαμ και ἀπεκτεινεν αὐτους, δοκειτε ὁτι αὐτοι ὀφειλεται ἐγενοντο παρα παντας τους ἀνθρωπους τους κατοικουντας ἰερουσαλημ;
	14 5	τινος ὑμων υἱος ἠ βους εἰς φρεαρ πεσειται, και οὐκ εὐθεως ἀνασπασει αὐτον ἐν ἡμερα του σαββατου;
	16 17	εὐκοπωτερον δε ἐστιν τον οὐρανον και την γην παρελθειν ἠ του νομου μιαν κεραιαν πεσειν.
	21	πτωχος δε τις ὀνοματι λαζαρος ἐβεβλητο προς τον πυλωνα αὐτου εἱλκωμενος και ἐπιθυμων χορτασθηναι ἀπο των πιπτοντων ἀπο της τραπεζης του πλουσιου·
	17 16	και ἐπεσεν ἐπι προσωπον παρα τους ποδας αὐτου εὐχαριστων αὐτω·
	20 18	πας ὁ πεσων ἐπ ἐκεινον τον λιθον συνθλασθησεται·
	18	ἐφ ὁν δ ἀν πεση, λικμησει αὐτον.
	21 24	και πεσουνται στοματι μαχαιρης και αἰχμαλωτισθησονται εἰς τα ἐθνη παντα,
	23 30	πεσετε ἐφ ἡμας, και τοις βουνοις· καλυψατε ἡμας.
Jh	11 32	ἡ οὐν μαριαμ ὡς ἠλθεν ὁπου ἠν ἰησους, ἰδουσα αὐτον ἐπεσεν αὐτου προς τους ποδας,
	12 24	ἐαν μη ὁ κοκκος του σιτου πεσων εἰς την γην ἀποθανη, αὐτος μονος μενει·
	18 6	ὡς οὐν εἰπεν αὐτοις· ἐγω εἰμι, ἀπηλθον εἰς τα ὀπισω και ἐπεσαν χαμαι.
Ac	1 26	και ἐπεσεν ὁ κληρος ἐπι μαθθιαν,
	5 5	ἀκουων δε ὁ ἀνανιας τους λογους τουτους πεσων ἐξεψυξεν·
	10	ἐπεσεν δε παραχρημα προς τους ποδας αὐτου και ἐξεψυξεν·
	9 4	και πεσων ἐπι την γην ἠκουσεν φωνην λεγουσαν αὐτω·
	10 25	ὡς δε ἐγενετο του εἰσελθειν τον πετρον, συναντησας αὐτω ὁ κορνηλιος πεσων ἐπι τους ποδας προσεκυνησεν.
	13 11	παραχρημα τε ἐπεσεν ἐπ αὐτον ἀχλυς και σκοτος,
	15 16	μετα ταυτα ἀναστρεψω και ἀνοικοδομησω την σκηνην δαυιδ την πεπτωκυιαν,
	20 9	κατενεχθεις ἀπο του ὑπνου ἐπεσεν ἀπο του τριστεγου κατω και ἠρθη νεκρος.
	22 7	ἐπεσα τε εἰς το ἐδαφος και ἠκουσα φωνης λεγουσης μοι·
Rm	11 11	λεγω οὐν, μη ἐπταισαν ἰνα πεσωσιν;
	22	ἐπι μεν τους πεσοντας ἀποτομια, ἐπι δε σε χρηστοτης θεου,
	14 4	συ τις εἰ ὁ κρινων ἀλλοτριον οἰκετην; τω ἰδιω κυριω στηκει ἠ πιπτει·
1Co	10 8	μηδε πορνευωμεν, καθως τινες αὐτων ἐπορνευσαν και ἐπεσαν μια ἡμερα εἰκοσιτρεις χιλιαδες,
	12	ὡστε ὁ δοκων ἑσταναι βλεπετω μη πεση.
	13 8	ἡ ἀγαπη οὐδεποτε πιπτει·
	14 25	τα κρυπτα της καρδιας αὐτου φανερα γινεται, και οὑτως πεσων ἐπι προσωπον προσκυνησει τω θεω,
Heb	3 17	οὐχι τοις ἁμαρτησασιν, ὡν τα κωλα ἐπεσεν ἐν τη ἐρημω;
	4 11	σπουδασωμεν οὐν εἰσελθειν εἰς ἐκεινην την καταπαυσιν, ἰνα μη ἐν τω αὐτω τις ὑποδειγματι πεση της ἀπειθειας.
	11 30	πιστει τα τειχη ἰεριχω ἐπεσαν κυκλωθεντα ἐπι ἑπτα ἡμερας.
Ja	5 12	ἠτω δε ὑμων το ναι ναι, και το οὐ οὐ, ἰνα μη ὑπο κρισιν πεσητε.
Apc	1 17	και ὁτε εἰδον αὐτον, ἐπεσα προς τους ποδας αὐτου ὡς νεκρος·
	2 5	μνημονευε οὐν ποθεν πεπτωκας, και μετανοησον και τα πρωτα ἐργα ποιησον·
	4 10	και ὁταν δωσουσιν τα ζωα δοξαν και τιμην και εὐχαριστιαν τω καθημενω ἐπι τω θρονω τω ζωντι εἰς τους αἰωνας των αἰωνων, πεσουνται οἱ εἰκοσιτεσσαρες πρεσβυτεροι

πιπτω [90]

Apc	5 8	και ὁτε ἐλαβεν το βιβλιον, τα τεσσαρα ζωα και οἱ εἰκοσιτεσσαρες πρεσβυτεροι ἐπεσαν ἐνωπιον του ἀρνιου,
	14	και οἱ πρεσβυτεροι ἐπεσαν και προσεκυνησαν.
	6 13	και οἱ ἀστερες του οὐρανου ἐπεσαν εἰς την γην,
	16	πεσετε ἐφ ἡμας και κρυψατε ἡμας ἀπο προσωπου του καθημενου ἐπι του θρονου
	7 11	και ἐπεσαν ἐνωπιον του θρονου ἐπι τα προσωπα αὐτων και προσεκυνησαν τω θεω, λεγοντες·
	16	οὐδε μη πεση ἐπ αὐτους ὁ ἡλιος οὐδε παν καυμα,
	8 10	και ἐπεσεν ἐκ του οὐρανου ἀστηρ μεγας καιομενος ὡς λαμπας,
	10	και ἐπεσεν ἐπι το τριτον των ποταμων και ἐπι τας πηγας των ὑδατων.
	9 1	και εἰδον ἀστερα ἐκ του οὐρανου πεπτωκοτα εἰς την γην,
	11 13	και ἐν ἐκεινη τη ὡρα ἐγενετο σεισμος μεγας, και το δεκατον της πολεως ἐπεσεν,
	16	ἐπεσαν ἐπι τα προσωπα αὐτων και προσεκυνησαν τω θεω, λεγοντες·
	14 8	ἐπεσεν ἐπεσεν βαβυλων ἡ μεγαλη,
	8	ἐπεσεν ἐπεσεν βαβυλων ἡ μεγαλη,
	16 19	και αἱ πολεις των ἐθνων ἐπεσαν.
	17 10	οἱ πεντε ἐπεσαν, ὁ εἱς ἐστιν,
	18 2	ἐπεσεν ἐπεσεν βαβυλων ἡ μεγαλη,
	2	ἐπεσεν ἐπεσεν βαβυλων ἡ μεγαλη,
	19 4	και ἐπεσαν οἱ πρεσβυτεροι οἱ εἰκοσιτεσσαρες και τα τεσσαρα ζωα,
	10	και ἐπεσα ἐμπροσθεν των ποδων αὐτου προσκυνησαι αὐτω.
	22 8	και ὁτε ἠκουσα και ἐβλεψα, ἐπεσα προσκυνησαι ἐμπροσθεν των ποδων του ἀγγελου του δεικνυοντος μοι ταυτα.

πισιδια [2]

Ac	13 14	αὐτοι δε διελθοντες ἀπο της περγης παρεγενοντο εἰς ἀντιοχειαν την πισιδιαν,
	14 24	και διελθοντες την πισιδιαν ἠλθον εἰς την παμφυλιαν,

πιστευω [243]

Mt	8 13	ὡς ἐπιστευσας γενηθητω σοι.
	9 28	πιστευετε ὁτι δυναμαι τουτο ποιησαι;
	18 6	ὁς δ ἀν σκανδαλιση ἑνα των μικρων τουτων των πιστευοντων εἰς ἐμε, συμφερει αὐτω ἰνα κρεμασθη μυλος ὀνικος περι τον τραχηλον αὐτου και καταποντισθη ἐν τω πελαγει της θαλασσης.
	21 22	και παντα ὁσα ἀν αἰτησητε ἐν τη προσευχη πιστευοντες λημψεσθε.
	25	ἐαν εἰπωμεν· ἐξ οὐρανου, ἐρει ἡμιν· δια τι οὐν οὐκ ἐπιστευσατε αὐτω;
	32	ἠλθεν γαρ ἰωαννης προς ὑμας ἐν ὁδω δικαιοσυνης, και οὐκ ἐπιστευσατε αὐτω·
	32	οἱ δε τελωναι και αἱ πορναι ἐπιστευσαν αὐτω·
	32	ὑμεις δε ἰδοντες οὐδε μετεμεληθητε ὑστερον του πιστευσαι αὐτω.
	24 23	τοτε ἐαν τις ὑμιν εἰπη· ἰδου ὡδε ὁ χριστος, ἠ· ὡδε, μη πιστευσητε·
	26	ἐαν οὐν εἰπωσιν ὑμιν· ἰδου ἐν τη ἐρημω ἐστιν, μη ἐξελθητε· ἰδου ἐν τοις ταμειοις, μη πιστευσητε·
	27 42	βασιλευς ἰσραηλ ἐστιν, καταβατω νυν ἀπο του σταυρου και πιστευσομεν ἐπ αὐτον.
Mc	1 15	μετανοειτε και πιστευετε ἐν τω εὐαγγελιω.
	5 36	ὁ δε ἰησους παρακουσας τον λογον λαλουμενον λεγει τω ἀρχισυναγωγω· μη φοβου, μονον πιστευε και οὐκ ἀφηκεν οὐδενα μετ αὐτου συνακολουθησαι εἰ μη τον πετρον και ἰακωβον και ἰωαννην τον ἀδελφον ἰακωβου.
	9 23	ὁ δε ἰησους εἰπεν αὐτω· το εἰ δυνη, παντα δυνατα τω πιστευοντι.
	24	πιστευω· βοηθει μου τη ἀπιστια.
	42	και ὁς ἀν σκανδαλιση ἑνα των μικρων τουτων των πιστευοντων [εἰς ἐμε,] καλον ἐστιν αὐτω μαλλον εἰ περικειται μυλος ὀνικος περι τον τραχηλον αὐτου και βεβληται εἰς την θαλασσαν.
	11 23	ἀμην λεγω ὑμιν ὁτι ὁς ἀν εἰπη τω ὀρει τουτω· ἀρθητι και βληθητι εἰς την θαλασσαν, και μη διακριθη ἐν τη καρδια αὐτου ἀλλα πιστευη ὁτι ὁ λαλει γινεται, ἐσται αὐτω.
	24	δια τουτο λεγω ὑμιν, παντα ὁσα προσευχεσθε και αἰτεισθε, πιστευετε ὁτι ἐλαβετε, και ἐσται ὑμιν.
	31	ἐαν εἰπωμεν· ἐξ οὐρανου, ἐρει· δια τι [οὐν] οὐκ ἐπιστευσατε αὐτω;
	13 21	ἰδε ὡδε ὁ χριστος, ἰδε ἐκει, μη πιστευετε·

πιστευω [243]

Mc 15 32 ὁ χριστος ὁ βασιλευς ισραηλ καταβατω νυν ἀπο του σταυρου, ἱνα ἰδωμεν και πιστευσωμεν.
16 13 κακεινοι ἀπελθοντες ἀπηγγειλαν τοις λοιποις· οὐδε ἐκεινοις ἐπιστευσαν.
14 και ὠνειδισεν την ἀπιστιαν αὐτων και σκληροκαρδιαν ὁτι τοις θεασαμενοις αὐτον ἐγηγερμενον οὐκ ἐπιστευσαν.
16 ὁ πιστευσας και βαπτισθεις σωθησεται, ὁ δε ἀπιστησας κατακριθησεται.
17 σημεια δε τοις πιστευσασιν ταυτα παρακολουθησει· ἐν τω ὀνοματι μου δαιμονια ἐκβαλουσιν, γλωσσαις λαλησουσιν καιναις,

Lc 1 20 και ἰδου ἐση σιωπων και μη δυναμενος λαλησαι ἀχρι ἡς ἡμερας γενηται ταυτα, ἀνθ ὡν οὐκ ἐπιστευσας τοις λογοις μου, οἰτινες πληρωθησονται εἰς τον καιρον αὐτων.
45 και μακαρια ἡ πιστευσασα ὁτι ἐσται τελειωσις τοις λελαλημενοις αὐτη παρα κυριου.
8 12 εἰτα ἐρχεται ὁ διαβολος και αἰρει τον λογον ἀπο της καρδιας αὐτων, ἱνα μη πιστευσαντες σωθωσιν.
13 και οὑτοι ῥιζαν οὐκ ἐχουσιν, οἱ προς καιρον πιστευουσιν και ἐν καιρω πειρασμου ἀφισταναι.
50 μη φοβου· μονον πιστευσον, και σωθησεται.
16 11 εἰ οὐν ἐν τω ἀδικω μαμωνα πιστοι οὐκ ἐγενεσθε, το ἀληθινον τίς ὑμιν πιστευσει;
20 5 ἐξ οὐρανου, ἐρει· δια τί οὐκ ἐπιστευσατε αὐτω;
22 67 ἐαν ὑμιν εἰπω, οὐ μη πιστευσητε·
24 25 ὠ ἀνοητοι και βραδεις τη καρδια του πιστευειν ἐπι πασιν οἱς ἐλαλησαν οἱ προφηται·

Jh 1 7 ἱνα παντες πιστευσωσιν δι αὐτου.
12 ἐδωκεν αὐτοις ἐξουσιαν τεκνα θεου γενεσθαι, τοις πιστευουσιν εἰς το ὀνομα αὐτου,
50 ἀπεκριθη ιησους και εἰπεν αὐτω· ὁτι εἰπον σοι ὁτι εἰδον σε ὑποκατω της συκης, πιστευεις; μειζω τουτων ὀψη.
2 11 και ἐπιστευσαν εἰς αὐτον οἱ μαθηται αὐτου.
22 ἐμνησθησαν οἱ μαθηται αὐτου ὁτι τουτο ἐλεγεν, και ἐπιστευσαν τη γραφη και τω λογω ὁν εἰπεν ὁ ιησους.
23 ὡς δε ἡν ἐν τοις ιεροσολυμοις ἐν τω πασχα ἐν τη ἐορτη, πολλοι ἐπιστευσαν εἰς το ὀνομα αὐτου,
24 αὐτος δε ιησους οὐκ ἐπιστευεν αὐτον αὐτοις δια το αὐτον γινωσκειν παντας,
3 12 εἰ τα ἐπιγεια εἰπον ὑμιν και οὐ πιστευετε, πως ἐαν εἰπω ὑμιν τα ἐπουρανια πιστευσετε;
12 εἰ τα ἐπιγεια εἰπον ὑμιν και οὐ πιστευετε, πως ἐαν εἰπω ὑμιν τα ἐπουρανια πιστευσετε;
15 οὑτως ὑψωθηναι δει τον υἱον του ἀνθρωπου, ἱνα πας ὁ πιστευων ἐν αὐτω ἐχη ζωην αἰωνιον.
16 ὡστε τον υἱον τον μονογενη ἐδωκεν, ἱνα πας ὁ πιστευων εἰς αὐτον μη ἀποληται ἀλλ ἐχη ζωην αἰωνιον.
18 ὁ πιστευων εἰς αὐτον οὐ κρινεται·
18 ὁ δε μη πιστευων ἠδη κεκριται,
18 ὁ δε μη πιστευων ἠδη κεκριται, ὁτι μη πεπιστευκεν εἰς το ὀνομα του μονογενους υἱου του θεου.
36 ὁ πιστευων εἰς τον υἱον ἐχει ζωην αἰωνιον·
4 21 πιστευε μοι, γυναι, ὁτι ἐρχεται ὡρα ὁτε οὐτε ἐν τω ὀρει τουτω οὐτε ἐν ιεροσολυμοις προσκυνησετε τω πατρι.
39 ἐκ δε της πολεως ἐκεινης πολλοι ἐπιστευσαν εἰς αὐτον των σαμαριτων δια τον λογον της γυναικος μαρτυρουσης ὁτι εἰπεν μοι παντα ἁ ἐποιησα.
41 και πολλω πλειους ἐπιστευσαν δια τον λογον αὐτου,
42 τη τε γυναικι ἐλεγον ὁτι οὐκετι δια την σην λαλιαν πιστευομεν·
48 ἐαν μη σημεια και τερατα ἰδητε, οὐ μη πιστευσητε.
50 ἐπιστευσεν ὁ ἀνθρωπος τω λογω ὁν εἰπεν αὐτω ὁ ιησους,
53 και ἐπιστευσεν αὐτος και ἡ οἰκια αὐτου ὁλη.
5 24 ἀμην ἀμην λεγω ὑμιν ὁτι ὁ τον λογον μου ἀκουων και πιστευων τω πεμψαντι με ἐχει ζωην αἰωνιον,
38 ὁτι ὁν ἀπεστειλεν ἐκεινος, τουτω ὑμεις οὐ πιστευετε.
44 πως δυνασθε ὑμεις πιστευσαι, δοξαν παρα ἀλληλων λαμβανοντες,
46 εἰ γαρ ἐπιστευετε μωυσει, ἐπιστευετε ἀν ἐμοι
46 εἰ γαρ ἐπιστευετε μωυσει, ἐπιστευετε ἀν ἐμοι·
47 εἰ δε τοις ἐκεινου γραμμασιν οὐ πιστευετε, πως τοις ἐμοις ῥημασιν πιστευσετε;
47 εἰ δε τοις ἐκεινου γραμμασιν οὐ πιστευετε, πως τοις ἐμοις ῥημασιν πιστευσετε;
6 29 τουτο ἐστιν το ἐργον του θεου, ἱνα πιστευητε εἰς ὁν ἀπεστειλεν ἐκεινος.
30 τί οὐν ποιεις συ σημειον, ἱνα ἰδωμεν και πιστευσωμεν σοι;
35 ὁ ἐρχομενος προς ἐμε οὐ μη πειναση, και ὁ πιστευων εἰς ἐμε οὐ μη διψηση πωποτε.

πιστευω [243]

Jh 6 36 ἀλλ εἰπον ὑμιν ὁτι και ἐωρακατε [με] και οὐ πιστευετε.
40 τουτο γαρ ἐστιν το θελημα του πατρος μου, ἱνα πας ὁ θεωρων τον υἱον και πιστευων εἰς αὐτον ἐχη ζωην αἰωνιον,
47 ὁ πιστευων ἐχει ζωην αἰωνιον.
64 ἀλλ εἰσιν ἐξ ὑμων τινες οἱ οὐ πιστευουσιν.
64 ἠδει γαρ ἐξ ἀρχης ὁ ιησους τίνες εἰσιν οἱ μη πιστευοντες και τίς ἐστιν ὁ παραδωσων αὐτον.
69 ῥηματα ζωης ἐχεις· και ἡμεις πεπιστευκαμεν και ἐγνωκαμεν ὁτι συ εἰ ὁ ἁγιος του θεου.
7 5 οὐδε γαρ οἱ ἀδελφοι αὐτου ἐπιστευον εἰς αὐτον.
31 ἐκ του ὀχλου δε πολλοι ἐπιστευσαν εἰς αὐτον, και ἐλεγον·
38 ὁ πιστευων εἰς ἐμε, καθως εἰπεν ἡ γραφη, ποταμοι ἐκ της κοιλιας αὐτου ῥευσουσιν ὑδατος ζωντος.
39 τουτο δε εἰπεν περι του πνευματος ὁ ἐμελλον λαμβανειν οἱ πιστευσαντες εἰς αὐτον·
48 μη τις ἐκ των ἀρχοντων ἐπιστευσεν εἰς αὐτον ἡ ἐκ των φαρισαιων;
8 24 ἐαν γαρ μη πιστευσητε ὁτι ἐγω εἰμι, ἀποθανεισθε ἐν ταις ἁμαρτιαις ὑμων.
30 ταυτα αὐτου λαλουντος πολλοι ἐπιστευσαν εἰς αὐτον.
31 ἐλεγεν οὐν ὁ ιησους προς τους πεπιστευκοτας αὐτω ιουδαιους· ἐαν ὑμεις μεινητε ἐν τω λογω τω ἐμω, ἀληθως μαθηται μου ἐστε.
45 ἐγω δε ὁτι την ἀληθειαν λεγω, οὐ πιστευετε μοι.
46 εἰ ἀληθειαν λεγω, δια τί ὑμεις οὐ πιστευετε μοι;
9 18 οὐκ ἐπιστευσαν οὐν οἱ ιουδαιοι περι αὐτου ὁτι ἡν τυφλος και ἀνεβλεψεν,
35 συ πιστευεις εἰς τον υἱον του ἀνθρωπου;
36 και τίς ἐστιν, κυριε, ἱνα πιστευσω εἰς αὐτον;
38 ὁ δε ἐφη· πιστευω, κυριε· και προσεκυνησεν αὐτω.
10 25 εἰπον ὑμιν, και οὐ πιστευετε·
26 ἀλλα ὑμεις οὐ πιστευετε, ὁτι οὐκ ἐστε ἐκ των προβατων των ἐμων.
37 εἰ οὐ ποιω τα ἐργα του πατρος μου, μη πιστευετε μοι·
38 εἰ δε ποιω, καν ἐμοι μη πιστευητε, τοις ἐργοις πιστευετε,
38 εἰ δε ποιω, καν ἐμοι μη πιστευητε, τοις ἐργοις πιστευετε,
42 και πολλοι ἐπιστευσαν εἰς αὐτον ἐκει.
11 15 ἱνα πιστευσητε, ὁτι οὐκ ἠμην ἐκει·
25 ὁ πιστευων εἰς ἐμε καν ἀποθανη ζησεται,
26 και πας ὁ ζων και πιστευων εἰς ἐμε οὐ μη ἀποθανη εἰς τον αἰωνα·
26 και πας ὁ ζων και πιστευων εἰς ἐμε οὐ μη ἀποθανη εἰς τον αἰωνα· πιστευεις τουτο;
27 ἐγω πεπιστευκα ὁτι συ εἰ ὁ χριστος ὁ υἱος του θεου ὁ εἰς τον κοσμον ἐρχομενος.
40 οὐκ εἰπον σοι ὁτι ἐαν πιστευσης ὀψη την δοξαν του θεου;
42 ἀλλα δια τον ὀχλον τον περιεστωτα εἰπον, ἱνα πιστευσωσιν ὁτι συ με ἀπεστειλας.
45 πολλοι οὐν ἐκ των ιουδαιων, οἱ ἐλθοντες προς την μαριαμ και θεασαμενοι ἁ ἐποιησεν, ἐπιστευσαν εἰς αὐτον·
48 ἐαν ἀφωμεν αὐτον οὑτως, παντες πιστευσουσιν εἰς αὐτον,
12 11 ἐβουλευσαντο δε οἱ ἀρχιερεις ἱνα και τον λαζαρον ἀποκτεινωσιν, ὁτι πολλοι δι αὐτον ὑπηγον των ιουδαιων και ἐπιστευον εἰς τον ιησουν.
36 ὡς το φως ἐχετε, πιστευετε εἰς το φως, ἱνα υἱοι φωτος γενησθε.
37 τοσαυτα δε αὐτου σημεια πεποιηκοτος ἐμπροσθεν αὐτων οὐκ ἐπιστευον εἰς αὐτον,
38 κυριε, τίς ἐπιστευσεν τη ἀκοη ἡμων; και ὁ βραχιων κυριου τίνι ἀπεκαλυφθη;
39 δια τουτο οὐκ ἠδυναντο πιστευειν, ὁτι παλιν εἰπεν ησαιας·
42 ὁμως μεντοι και ἐκ των ἀρχοντων πολλοι ἐπιστευσαν εἰς αὐτον,
44 ὁ πιστευων εἰς ἐμε οὐ πιστευει εἰς ἐμε ἀλλα εἰς τον πεμψαντα με,
44 ὁ πιστευων εἰς ἐμε οὐ πιστευει εἰς ἐμε ἀλλα εἰς τον πεμψαντα με,
46 ἐγω φως εἰς τον κοσμον ἐληλυθα, ἱνα πας ὁ πιστευων εἰς ἐμε ἐν τη σκοτια μη μεινη.
13 19 ἀπ ἀρτι λεγω ὑμιν προ του γενεσθαι, ἱνα πιστευσητε ὁταν γενηται ὁτι ἐγω εἰμι.
14 1 πιστευετε εἰς τον θεον, και εἰς ἐμε πιστευετε.
1 πιστευετε εἰς τον θεον, και εἰς ἐμε πιστευετε.
10 οὐ πιστευεις ὁτι ἐγω ἐν τω πατρι και ὁ πατηρ ἐν ἐμοι ἐστιν;
11 πιστευετε μοι ὁτι ἐγω ἐν τω πατρι και ὁ πατηρ ἐν ἐμοι·
11 εἰ δε μη, δια τα ἐργα αὐτα πιστευετε.
12 ὁ πιστευων εἰς ἐμε τα ἐργα ἁ ἐγω ποιω κακεινος ποιησει,
29 και νυν εἰρηκα ὑμιν πριν γενεσθαι, ἱνα ὁταν γενηται πιστευσητε.

πιστευω [243]

Jh	16 9	περι ἁμαρτιας μεν, ὁτι οὐ *πιστευουσιν* εἰς ἐμε·
	27	αὐτος γαρ ὁ πατηρ φιλει ὑμας, ὁτι ὑμεις ἐμε πεφιληκατε και *πεπιστευκατε* ὁτι ἐγω παρα [του] θεου ἐξηλθον.
	30	ἐν τουτῳ *πιστευομεν* ὁτι ἀπο θεου ἐξηλθες.
	31	ἀπεκριθη αὐτοις ἰησους· ἀρτι *πιστευετε;*
17	8	και ἐγνωσαν ἀληθως ὁτι παρα σοῦ ἐξηλθον, και *ἐπιστευσαν* ὁτι συ με ἀπεστειλας.
	20	οὐ περι τουτων δε ἐρωτω μονον, ἀλλα και περι των *πιστευοντων* δια του λογου αὐτων εἰς ἐμε,
	21	ἱνα και αὐτοι ἐν ἡμιν ὠσιν, ἱνα ὁ κοσμος *πιστευῃ* ὁτι συ με ἀπεστειλας.
19	35	και ἐκεινος οἰδεν ὁτι ἀληθη λεγει, ἱνα και ὑμεις *πιστευ[σ]ητε.*
20	8	τοτε οὐν εἰσηλθεν και ὁ ἀλλος μαθητης ὁ ἐλθων πρωτος εἰς το μνημειον, και εἰδεν και *ἐπιστευσεν·*
	25	ἐαν μη ἰδω ἐν ταις χερσιν αὐτου τον τυπον των ἡλων και βαλω τον δακτυλον μου εἰς τον τυπον των ἡλων και βαλω μου την χειρα εἰς την πλευραν αὐτου, οὐ μη *πιστευσω.*
	29	ὁτι ἑωρακας με, *πεπιστευκας;* μακαριοι οἱ μη ἰδοντες και *πιστευσαντες.*
	29	ὁτι ἑωρακας με, *πεπιστευκας;* μακαριοι οἱ μη ἰδοντες και *πιστευσαντες.*
	31	ταυτα δε γεγραπται ἱνα *πιστευ[σ]ητε* ὁτι ἰησους ἐστιν ὁ χριστος ὁ υἱος του θεου,
	31	ταυτα δε γεγραπται ἱνα *πιστευ[σ]ητε* ὁτι ἰησους ἐστιν ὁ χριστος ὁ υἱος του θεου, και ἱνα *πιστευοντες* ζωην ἐχητε ἐν τῳ ὀνοματι αὐτου.
Ac	2 44	παντες δε οἱ *πιστευοντες* ἠσαν ἐπι το αὐτο και εἰχον ἁπαντα κοινα,
	4 4	πολλοι δε των ἀκουσαντων τον λογον *ἐπιστευσαν,*
	32	του δε πληθους των *πιστευσαντων* ἠν καρδια και ψυχη μια,
	5 14	μαλλον δε προσετιθεντο *πιστευοντες* τῳ κυριῳ, πληθη ἀνδρων τε και γυναικων·
	8 12	ὁτε δε *ἐπιστευσαν* τῳ φιλιππῳ εὐαγγελιζομενῳ περι της βασιλειας του θεου και του ὀνοματος ἰησου χριστου, ἐβαπτιζοντο ἀνδρες τε και γυναικες.
	13	ὁ δε σιμων και αὐτος *ἐπιστευσεν,* και βαπτισθεις ἠν προσκαρτερων τῳ φιλιππῳ,
	37*	εἰ *πιστευεις* ἐξ ὁλης της καρδιας, ἐξεστιν.
	37*	*πιστευω* τον υἱον του θεου εἰναι τον ἰησουν χριστον.
	9 26	και παντες ἐφοβουντο αὐτον, μη *πιστευοντες* ὁτι ἐστιν μαθητης.
	42	γνωστον δε ἐγενετο καθ ὁλης της ἰοππης, και *ἐπιστευσαν* πολλοι ἐπι τον κυριον.
	10 43	τουτῳ παντες οἱ προφηται μαρτυρουσιν, ἀφεσιν ἁμαρτιων λαβειν δια του ὀνοματος αὐτου παντα τον *πιστευοντα* εἰς αὐτον.
	11 17	εἰ οὐν την ἰσην δωρεαν ἐδωκεν αὐτοις ὁ θεος ὡς και ἡμιν, *πιστευσασιν* ἐπι τον κυριον ἰησουν χριστον, ἐγω τις ἠμην δυνατος κωλυσαι τον θεον;
	21	πολυς τε ἀριθμος ὁ *πιστευσας* ἐπεστρεψεν ἐπι τον κυριον.
	13 12	τοτε ἰδων ὁ ἀνθυπατος το γεγονος *ἐπιστευσεν,* ἐκπλησσομενος ἐπι τῃ διδαχῃ του κυριου.
	39	ἐν τουτῳ πας ὁ *πιστευων* δικαιουται.
	41	ὁτι ἐργον ἐργαζομαι ἐγω ἐν ταις ἡμεραις ὑμων, ἐργον ὁ οὐ μη *πιστευσητε* ἐαν τις ἐκδιηγηται ὑμιν.
	48	ἀκουοντα δε τα ἐθνη ἐχαιρον και ἐδοξαζον τον λογον του κυριου, και *ἐπιστευσαν* ὁσοι ἠσαν τεταγμενοι εἰς ζωην αἰωνιον·
	14 1	ἐγενετο δε ἐν ἰκονιῳ κατα το αὐτο εἰσελθειν αὐτους εἰς την συναγωγην των ἰουδαιων και λαλησαι οὑτως ὡστε *πιστευσαι* ἰουδαιων τε και ἑλληνων πολυ πληθος.
	23	χειροτονησαντες δε αὐτοις κατ ἐκκλησιαν πρεσβυτερους, προσευξαμενοι μετα νηστειων παρεθεντο αὐτους τῳ κυριῳ εἰς ὁν *πεπιστευκεισαν.*
	15 5	ἐξανεστησαν δε τινες των ἀπο της αἱρεσεως των φαρισαιων *πεπιστευκοτες,*
	7	ἀνδρες ἀδελφοι, ὑμεις ἐπιστασθε ὁτι ἀφ ἡμερων ἀρχαιων ἐν ὑμιν ἐξελεξατο ὁ θεος δια του στοματος μου ἀκουσαι τα ἐθνη τον λογον του εὐαγγελιου και *πιστευσαι.*
	11	ἀλλα δια της χαριτος του κυριου ἰησου *πιστευομεν* σωθηναι καθ ὁν τροπον κακεινοι.
	16 31	*πιστευσον* ἐπι τον κυριον ἰησουν, και σωθηση συ και ὁ οἰκος σου.
	34	ἀναγαγων τε αὐτους εἰς τον οἰκον παρεθηκεν τραπεζαν, και ἠγαλλιασατο πανοικει *πεπιστευκως* τῳ θεῳ.
	17 12	πολλοι μεν οὐν ἐξ αὐτων *ἐπιστευσαν,*
	34	τινες δε ἀνδρες κολληθεντες αὐτῳ *ἐπιστευσαν,*
	18 8	κρισπος δε ὁ ἀρχισυναγωγος *ἐπιστευσεν* τῳ κυριῳ συν ὁλῳ τῳ οἰκῳ αὐτου,

Ac	18 8	και πολλοι των κορινθιων ἀκουοντες *ἐπιστευον* και ἐβαπτιζοντο.
	27	ὁς παραγενομενος συνεβαλετο πολυ τοις *πεπιστευκοσιν* δια της χαριτος·
	19 2	εἰπεν τε προς αὐτους· εἰ πνευμα ἁγιον ἐλαβετε *πιστευσαντες;*
	4	ἰωαννης ἐβαπτισεν βαπτισμα μετανοιας, τῳ λαῳ λεγων εἰς τον ἐρχομενον μετ αὐτον ἱνα *πιστευσωσιν,* τουτ ἐστιν εἰς τον ἰησουν.
	18	πολλοι τε των *πεπιστευκοτων* ἠρχοντο ἐξομολογουμενοι και ἀναγγελλοντες τας πραξεις αὐτων.
	21 20	θεωρεις, ἀδελφε, ποσαι μυριαδες εἰσιν ἐν τοις ἰουδαιοις των *πεπιστευκοτων,*
	25	περι δε των *πεπιστευκοτων* ἐθνων ἡμεις ἐπεστειλαμεν κριναντες φυλασσεσθαι αὐτους το τε εἰδωλοθυτον και αἱμα και πνικτον και πορνειαν.
	22 19	καγω εἰπον· κυριε, αὐτοι ἐπιστανται ὁτι ἐγω ἠμην φυλακιζων και δερων κατα τας συναγωγας τους *πιστευοντας* ἐπι σέ·
	24 14	ὁτι κατα την ὁδον ἡν λεγουσιν αἱρεσιν οὑτως λατρευω τῳ πατρῳῳ θεῳ, *πιστευων* πασι τοις κατα τον νομον και τοις ἐν τοις προφηταις γεγραμμενοις,
	26 27	*πιστευεις,* βασιλευ ἀγριππα, τοις προφηταις;
	27	*πιστευεις,* βασιλευ ἀγριππα, τοις προφηταις, οἰδα ὁτι *πιστευεις.*
	27 25	*πιστευω* γαρ τῳ θεῳ ὁτι οὑτως ἐσται καθ ὁν τροπον λελαληται μοι.
Rm	1 16	δυναμις γαρ θεου ἐστιν εἰς σωτηριαν παντι τῳ *πιστευοντι,*
	3 2	πρωτον μεν [γαρ] ὁτι *ἐπιστευθησαν* τα λογια του θεου.
	22	δικαιοσυνη δε θεου δια πιστεως ἰησου χριστου, εἰς παντας τους *πιστευοντας·*
	4 3	*ἐπιστευσεν* δε ἀβρααμ τῳ θεῳ, και ἐλογισθη αὐτῳ εἰς δικαιοσυνην.
	5	τῳ δε μη ἐργαζομενῳ, *πιστευοντι* δε ἐπι τον δικαιουντα τον ἀσεβη, λογιζεται ἡ πιστις αὐτου εἰς δικαιοσυνην,
	11	εἰς το εἰναι αὐτον πατερα παντων των *πιστευοντων* δι ἀκροβυστιας,
	17	κατεναντι οὐ *ἐπιστευσεν* θεου του ζωοποιουντος τους νεκρους και καλουντος τα μη ὀντα ὡς ὀντα·
	18	ὁς παρ ἐλπιδα ἐπ ἐλπιδι *ἐπιστευσεν,*
	24	ἀλλα και δι ἡμας, οἱς μελλει λογιζεσθαι, τοις *πιστευουσιν* ἐπι τον ἐγειραντα ἰησουν τον κυριον ἡμων ἐκ νεκρων,
	6 8	εἰ δε ἀπεθανομεν συν χριστῳ, *πιστευομεν* ὁτι και συζησομεν αὐτῳ,
	9 33	ἰδου τιθημι ἐν σιων λιθον προσκομματος και πετραν σκανδαλου, και ὁ *πιστευων* ἐπ αὐτῳ οὐ καταισχυνθησεται.
	10 4	τελος γαρ νομου χριστος εἰς δικαιοσυνην παντι τῳ *πιστευοντι.*
	9	ὁτι ἐαν ὁμολογησῃς ἐν τῳ στοματι σου κυριον ἰησουν, και *πιστευσῃς* ἐν τῃ καρδιᾳ σου ὁτι ὁ θεος αὐτον ἠγειρεν ἐκ νεκρων, σωθηση·
	10	καρδιᾳ γαρ *πιστευεται* εἰς δικαιοσυνην, στοματι δε ὁμολογειται εἰς σωτηριαν.
	11	πας ὁ *πιστευων* ἐπ αὐτῳ οὐ καταισχυνθησεται.
	14	πως οὐν ἐπικαλεσωνται εἰς ὁν οὐκ *ἐπιστευσαν;*
	14	πως οὐν ἐπικαλεσωνται εἰς ὁν οὐκ *ἐπιστευσαν;* πως δε *πιστευσωσιν* οὐ οὐκ ἠκουσαν;
	16	κυριε, τις *ἐπιστευσεν* τῃ ἀκοῃ ἡμων;
	13 11	νυν γαρ ἐγγυτερον ἡμων ἡ σωτηρια ἡ ὁτε *ἐπιστευσαμεν.*
	14 2	ὁς μεν *πιστευει* φαγειν παντα, ὁ δε ἀσθενων λαχανα ἐσθιει.
	15 13	ὁ δε θεος της ἐλπιδος πληρωσαι ὑμας πασης χαρας και εἰρηνης ἐν τῳ *πιστευειν,*
1Co	1 21	ἐπειδη γαρ ἐν τῃ σοφιᾳ του θεου οὐκ ἐγνω ὁ κοσμος δια της σοφιας τον θεον, εὐδοκησεν ὁ θεος δια της μωριας του κηρυγματος σωσαι τους *πιστευοντας.*
	3 5	διακονοι δι ὡν *ἐπιστευσατε,* και ἑκαστῳ ὡς ὁ κυριος ἐδωκεν.
	9 17	εἰ γαρ ἑκων τουτο πρασσω, μισθον ἐχω· εἰ δε ἀκων, οἰκονομιαν *πεπιστευμαι.*
	11 18	πρωτον μεν γαρ συνερχομενων ὑμων ἐν ἐκκλησιᾳ ἀκουω σχισματα ἐν ὑμιν ὑπαρχειν, και μερος τι *πιστευω.*
	13 7	παντα στεγει, παντα *πιστευει,* παντα ἐλπιζει, παντα ὑπομενει.
	14 22	ὡστε αἱ γλωσσαι εἰς σημειον εἰσιν οὐ τοις *πιστευουσιν* ἀλλα τοις ἀπιστοις,
	22	ὡστε αἱ γλωσσαι εἰς σημειον εἰσιν οὐ τοις *πιστευουσιν* ἀλλα τοις ἀπιστοις, ἡ δε προφητεια οὐ τοις ἀπιστοις ἀλλα τοις *πιστευουσιν.*
	15 2	τινι λογῳ εὐηγγελισαμην ὑμιν εἰ κατεχετε, ἐκτος εἰ μη εἰκη *ἐπιστευσατε.*
	11	εἰτε οὐν ἐγω εἰτε ἐκεινοι, οὑτως κηρυσσομεν και οὑτως *ἐπιστευσατε.*

πιστευω [243]

2Co 4 13 ἐχοντες δε το αὐτο πνευμα της πιστεως, κατα το γεγραμμενον· ἐπιστευσα, διο ἐλαλησα, και ἡμεις πιστευομεν,

13 ἐχοντες δε το αὐτο πνευμα της πιστεως, κατα το γεγραμμενον· ἐπιστευσα, διο ἐλαλησα, και ἡμεις πιστευομεν,

Ga 2 7 ἀλλα τουναντιον ἰδοντες ὁτι πεπιστευμαι το εὐαγγελιον της ἀκροβυστιας καθως πετρος της περιτομης,

16 εἰδοτες [δε] ὁτι οὐ δικαιουται ἀνθρωπος ἐξ ἐργων νομου ἐαν μη δια πιστεως ἰησου χριστου, και ἡμεις εἰς χριστον ἰησουν ἐπιστευσαμεν,

3 6 καθως ἀβρααμ ἐπιστευσεν τω θεω, και ἐλογισθη αὐτω εἰς δικαιοσυνην.

22 ἀλλα συνεκλεισεν ἡ γραφη τα παντα ὑπο ἁμαρτιαν ἱνα ἡ ἐπαγγελια ἐκ πιστεως ἰησου χριστου δοθη τοις πιστευουσιν.

Eph 1 13 ἐν ᾡ και πιστευσαντες ἐσφραγισθητε τω πνευματι της ἐπαγγελιας τω ἁγιω,

19 και τι το ὑπερβαλλον μεγεθος της δυναμεως αὐτου εἰς ἡμας τους πιστευοντας κατα την ἐνεργειαν του κρατους της ἰσχυος αὐτου,

Php 1 29 ὁτι ὑμιν ἐχαρισθη το ὑπερ χριστου, οὐ μονον το εἰς αὐτον πιστευειν ἀλλα και το ὑπερ αὐτου πασχειν,

1Th 1 7 ὡστε γενεσθαι ὑμας τυπον πασιν τοις πιστευουσιν ἐν τη μακεδονια και ἐν τη ἀχαια.

2 4 ἀλλα καθως δεδοκιμασμεθα ὑπο του θεου πιστευθηναι το εὐαγγελιον οὑτως λαλουμεν,

10 ὑμεις μαρτυρες και ὁ θεος, ὡς ὁσιως και δικαιως και ἀμεμπτως ὑμιν τοις πιστευουσιν ἐγενηθημεν,

13 ἀλλα καθως ἐστιν ἀληθως λογον θεου, ὁς και ἐνεργειται ἐν ὑμιν τοις πιστευουσιν.

4 14 εἰ γαρ πιστευομεν ὁτι ἰησους ἀπεθανεν και ἀνεστη, οὑτως και ὁ θεος τους κοιμηθεντας δια του ἰησου ἀξει συν αὐτω.

2Th 1 10 ὁταν ἐλθη ἐνδοξασθηναι ἐν τοις ἁγιοις αὐτου και θαυμασθηναι ἐν πασιν τοις πιστευσασιν,

10 ὁτι ἐπιστευθη το μαρτυριον ἡμων ἐφ ὑμας, ἐν τη ἡμερα ἐκεινη.

2 11 και δια τουτο πεμπει αὐτοις ὁ θεος ἐνεργειαν πλανης εἰς το πιστευσαι αὐτους τω ψευδει,

12 ἱνα κριθωσιν παντες οἱ μη πιστευσαντες τη ἀληθεια ἀλλα εὐδοκησαντες τη ἀδικια.

1Tm 1 11 κατα το εὐαγγελιον της δοξης του μακαριου θεου, ὁ ἐπιστευθην ἐγω.

16 προς ὑποτυπωσιν των μελλοντων πιστευειν ἐπ αὐτω εἰς ζωην αἰωνιον.

3 16 ἐκηρυχθη ἐν ἐθνεσιν, ἐπιστευθη ἐν κοσμω, ἀνελημφθη ἐν δοξη.

2Tm 1 12 οἰδα γαρ ᾡ πεπιστευκα, και πεπεισμαι ὁτι δυνατος ἐστιν την παραθηκην μου φυλαξαι εἰς ἐκεινην την ἡμεραν.

Tit 1 3 ἐφανερωσεν δε καιροις ἰδιοις τον λογον αὐτου ἐν κηρυγματι ὁ ἐπιστευθην ἐγω κατ ἐπιταγην του σωτηρος ἡμων θεου,

3 8 και περι τουτων βουλομαι σε διαβεβαιουσθαι, ἱνα φροντιζωσιν καλων ἐργων προιστασθαι οἱ πεπιστευκοτες θεω.

Heb 4 3 εἰσερχομεθα γαρ εἰς [την] καταπαυσιν οἱ πιστευσαντες,

11 6 πιστευσαι γαρ δει τον προσερχομενον τω θεω, ὁτι ἐστιν και τοις ἐκζητουσιν αὐτον μισθαποδοτης γινεται.

Ja 2 19 συ πιστευεις ὁτι εἱς ἐστιν ὁ θεος;

19 και τα δαιμονια πιστευουσιν και φρισσουσιν.

23 ἐπιστευσεν δε ἀβρααμ τω θεω, και ἐλογισθη αὐτω εἰς δικαιοσυνην,

1Pt 1 8 εἰς ὁν ἀρτι μη ὁρωντες πιστευοντες δε ἀγαλλιασθε χαρα ἀνεκλαλητω και δεδοξασμενη,

2 6 και ὁ πιστευων ἐπ αὐτω οὐ μη καταισχυνθη.

7 ὑμιν οὑν ἡ τιμη τοις πιστευουσιν·

1Jh 3 23 και αὑτη ἐστιν ἡ ἐντολη αὐτου, ἱνα πιστευσωμεν τω ὀνοματι του υἱου αὐτου ἰησου χριστου

4 1 ἀγαπητοι, μη παντι πνευματι πιστευετε,

16 και ἡμεις ἐγνωκαμεν και πεπιστευκαμεν την ἀγαπην ἡν ἐχει ὁ θεος ἐν ἡμιν.

5 1 πας ὁ πιστευων ὁτι ἰησους ἐστιν ὁ χριστος ἐκ του θεου γεγεννηται,

5 τίς [δε] ἐστιν ὁ νικων τον κοσμον εἰ μη ὁ πιστευων ὁτι ἰησους ἐστιν ὁ υἱος του θεου;

10 ὁ πιστευων εἰς τον υἱον του θεου ἐχει την μαρτυριαν ἐν ἑαυτω.

10 ὁ μη πιστευων τω θεω ψευστην πεποιηκεν αὐτον,

10 ὁ μη πιστευων τω θεω ψευστην πεποιηκεν αὐτον, ὁτι οὐ πεπιστευκεν εἰς την μαρτυριαν ἡν μεμαρτυρηκεν ὁ θεος περι του υἱου αὐτου.

13 ταυτα ἐγραψα ὑμιν ἱνα εἰδητε ὁτι ζωην ἐχετε αἰωνιον, τοις πιστευουσιν εἰς το ὀνομα του υἱου του θεου.

πιστευω [243]

Ju 5 ὑπομνησαι δε ὑμας βουλομαι, εἰδοτας [ὑμας] παντα, ὁτι [ὁ] κυριος ἁπαξ λαον ἐκ γης αἰγυπτου σωσας το δευτερον τους μη πιστευσαντας ἀπωλεσεν,

πιστικος [2]

Mc 14 3 και ὀντος αὐτου ἐν βηθανια ἐν τη οἰκια σιμωνος του λεπρου, κατακειμενου αὐτου ἠλθεν γυνη ἐχουσα ἀλαβαστρον μυρου ναρδου πιστικης πολυτελους·

Jh 12 3 ἡ οὑν μαριαμ λαβουσα λιτραν μυρου ναρδου πιστικης πολυτιμου ἡλειψεν τους ποδας του ἰησου και ἐξεμαξεν ταις θριξιν αὐτης τους ποδας αὐτου·

πιστις [243]

Mt 8 10 παρ οὐδενι τοσαυτην πιστιν ἐν τω ἰσραηλ εὑρον.

9 2 και ἰδων ὁ ἰησους την πιστιν αὐτων εἰπεν τω παραλυτικω·

22 ἡ πιστις σου σεσωκεν σε.

29 κατα την πιστιν ὑμων γενηθητω ὑμιν.

15 28 ὠ γυναι, μεγαλη σου ἡ πιστις· γενηθητω σοι ὡς θελεις.

17 20 ἐαν ἐχητε πιστιν ὡς κοκκον σιναπεως, ἐρειτε τω ὀρει τουτω· μεταβα ἐνθεν ἐκει, και μεταβησεται, και οὐδεν ἀδυνατησει ὑμιν.

21 21 ἐαν ἐχητε πιστιν και μη διακριθητε, οὐ μονον το της συκης ποιησετε,

23 23 και ἀφηκατε τα βαρυτερα του νομου, την κρισιν και το ἐλεος και την πιστιν·

Mc 2 5 και ἰδων ὁ ἰησους την πιστιν αὐτων λεγει τω παραλυτικω·

4 40 τί δειλοι ἐστε; οὐπω ἐχετε πιστιν;

5 34 ὁ δε εἰπεν αὐτη· θυγατηρ, ἡ πιστις σου σεσωκεν σε·

10 52 ὑπαγε, ἡ πιστις σου σεσωκεν σε.

11 22 και ἀποκριθεις ὁ ἰησους λεγει αὐτοις· ἐχετε πιστιν θεου.

Lc 5 20 και ἰδων την πιστιν αὐτων εἰπεν·

7 9 λεγω ὑμιν, οὐδε ἐν τω ἰσραηλ τοσαυτην πιστιν εὑρον.

50 ἡ πιστις σου σεσωκεν σε· πορευου εἰς εἰρηνην.

8 25 εἰπεν δε αὐτοις· που ἡ πιστις ὑμων;

48 θυγατηρ, ἡ πιστις σου σεσωκεν σε· πορευου εἰς εἰρηνην.

17 5 και εἰπαν οἱ ἀποστολοι τω κυριω· προσθες ἡμιν πιστιν.

6 εἰ ἐχετε πιστιν ὡς κοκκον σιναπεως, ἐλεγετε ἀν τη συκαμινω [ταυτη]·

19 ἀναστας πορευου· ἡ πιστις σου σεσωκεν σε.

18 8 πλην ὁ υἱος του ἀνθρωπου ἐλθων ἀρα εὑρησει την πιστιν ἐπι της γης;

42 ἀναβλεψον· ἡ πιστις σου σεσωκεν σε.

22 32 ἐγω δε ἐδεηθην περι σου ἱνα μη ἐκλιπη ἡ πιστις σου·

Ac 3 16 και ἐπι τη πιστει του ὀνοματος αὐτου τουτον, ὁν θεωρειτε και οἰδατε, ἐστερεωσεν το ὀνομα αὐτου,

16 και ἡ πιστις ἡ δι αὐτου ἐδωκεν αὐτω την ὁλοκληριαν ταυτην ἀπεναντι παντων ὑμων.

6 5 και ἐξελεξαντο στεφανον, ἀνδρα πληρη πιστεως και πνευματος ἁγιου,

7 πολυς τε ὀχλος των ἱερεων ὑπηκουον τη πιστει.

11 24 και παρεκαλει παντας τη προθεσει της καρδιας προσμενειν τω κυριω, ὁτι ἠν ἀνηρ ἀγαθος και πληρης πνευματος ἁγιου και πιστεως.

13 8 ἀνθιστατο δε αὐτοις ἐλυμας ὁ μαγος, οὑτως γαρ μεθερμηνευεται το ὀνομα αὐτου, ζητων διαστρεψαι τον ἀνθυπατον ἀπο της πιστεως.

14 9 ὁς ἀτενισας αὐτω και ἰδων ὁτι ἐχει πιστιν του σωθηναι,

22 ἐπιστηριζοντες τας ψυχας των μαθητων, παρακαλουντες ἐμμενειν τη πιστει,

27 ἀνηγγελλον ὁσα ἐποιησεν ὁ θεος μετ αὐτων, και ὁτι ἠνοιξεν τοις ἐθνεσιν θυραν πιστεως.

15 9 και οὐθεν διεκρινεν μεταξυ ἡμων τε και αὐτων, τη πιστει καθαρισας τας καρδιας αὐτων.

16 5 αἱ μεν οὑν ἐκκλησιαι ἐστερεουντο τη πιστει και ἐπερισσευον τω ἀριθμω καθ ἡμεραν.

17 31 πιστιν παρασχων πασιν ἀναστησας αὐτον ἐκ νεκρων.

20 21 διαμαρτυρομενος ἰουδαιοις τε και ἑλλησιν την εἰς θεον μετανοιαν και πιστιν εἰς τον κυριον ἡμων ἰησουν.

24 24 και ἡκουσεν αὐτου περι της εἰς χριστον ἰησουν πιστεως.

26 18 του λαβειν αὐτους ἀφεσιν ἁμαρτιων και κληρον ἐν τοις ἡγιασμενοις πιστει τη εἰς ἐμε.

Rm 1 5 ἰησου χριστου του κυριου ἡμων, δι οὑ ἐλαβομεν χαριν και ἀποστολην εἰς ὑπακοην πιστεως ἐν πασιν τοις ἐθνεσιν ὑπερ του ὀνοματος αὐτου,

8 πρωτον μεν εὐχαριστω τω θεω μου δια ἰησου χριστου περι παντων ὑμων, ὁτι ἡ πιστις ὑμων καταγγελλεται ἐν ὁλω τω κοσμω.

πιστις [243]

Rm 1 12 τουτο δε εστιν συμπαρακληθηναι εν υμιν δια της εν αλληλοις πιστεως υμων τε και εμου.

17 δικαιοσυνη γαρ θεου εν αυτω αποκαλυπτεται εκ *πιστεως* εις πιστιν·

17 δικαιοσυνη γαρ θεου εν αυτω αποκαλυπτεται εκ πιστεως εις *πιστιν·*

17 ὁ δε δικαιος εκ *πιστεως* ζησεται.

3 3 ει ηπιστησαν τινες, μη ἡ απιστια αυτων την *πιστιν* του θεου καταργησει;

22 δικαιοσυνη δε θεου δια *πιστεως* ιησου χριστου, εις παντας τους πιστευοντας·

25 ὁν προεθετο ὁ θεος ἱλαστηριον δια [της] *πιστεως* εν τω αυτου αιματι,

26 προς την ενδειξιν της δικαιοσυνης αυτου εν τω νυν καιρω, εις το ειναι αυτον δικαιον και δικαιουντα τον εκ *πιστεως* ιησου.

27 των εργων; ουχι, αλλα δια νομου *πιστεως.*

28 λογιζομεθα γαρ δικαιουσθαι *πιστει* ανθρωπον χωρις εργων νομου.

30 ειπερ εἱς ὁ θεος ὁς δικαιωσει περιτομην εκ *πιστεως* και ακροβυστιαν δια της πιστεως.

30 ειπερ εἱς ὁ θεος ὁς δικαιωσει περιτομην εκ πιστεως και ακροβυστιαν δια της *πιστεως.*

31 νομον ουν καταργουμεν δια της *πιστεως;*

4 5 τω δε μη εργαζομενω, πιστευοντι δε επι τον δικαιουντα τον ασεβη, λογιζεται ἡ *πιστις* αυτου εις δικαιοσυνην,

9 ελογισθη τω αβρααμ ἡ *πιστις* εις δικαιοσυνην.

11 και σημειον ελαβεν περιτομης σφραγιδα της δικαιοσυνης της *πιστεως* της εν τη ακροβυστια,

12 και πατερα περιτομης τοις ουκ εκ περιτομης μονον αλλα και τοις στοιχουσιν τοις ιχνεσιν της εν ακροβυστια *πιστεως* του πατρος ημων αβρααμ.

13 ου γαρ δια νομου ἡ επαγγελια τω αβρααμ ἡ τω σπερματι αυτου, το κληρονομον αυτον ειναι κοσμου, αλλα δια δικαιοσυνης *πιστεως.*

14 ει γαρ οι εκ νομου κληρονομοι, κεκενωται ἡ *πιστις* και κατηργηται ἡ επαγγελια·

16 δια τουτο εκ *πιστεως,* ινα κατα χαριν, εις το ειναι βεβαιαν την επαγγελιαν παντι τω σπερματι,

16 δια τουτο εκ *πιστεως,* ινα κατα χαριν, εις το ειναι βεβαιαν την επαγγελιαν παντι τω σπερματι, ου τω εκ του νομου μονον αλλα και τω εκ *πιστεως* αβρααμ,

19 και μη ασθενησας τη *πιστει* κατενοησεν το εαυτου σωμα [ηδη] νενεκρωμενον, εκατονταετης που υπαρχων,

20 εις δε την επαγγελιαν του θεου ου διεκριθη τη απιστια, αλλ ενεδυναμωθη τη *πιστει,*

5 1 δικαιωθεντες ουν εκ *πιστεως* ειρηνην εχομεν προς τον θεον δια του κυριου ημων ιησου χριστου,

2 δια του κυριου ημων ιησου χριστου, δι ου και την προσαγωγην εσχηκαμεν [τη *πιστει*] εις την χαριν ταυτην εν ἡ εστηκαμεν,

9 30 ὁτι εθνη τα μη διωκοντα δικαιοσυνην κατελαβεν δικαιοσυνην, δικαιοσυνην δε την εκ *πιστεως·*

32 δια τι; ὁτι ουκ εκ *πιστεως* αλλ ως εξ εργων·

10 6 ἡ δε εκ *πιστεως* δικαιοσυνη ουτως λεγει·

8 εγγυς σου το ρημα εστιν, εν τω στοματι σου και εν τη καρδια σου· τουτ εστιν το ρημα της *πιστεως* ὁ κηρυσσομεν.

17 αρα ἡ *πιστις* εξ ακοης, ἡ δε ακοη δια ρηματος χριστου.

11 20 τη απιστια εξεκλασθησαν, συ δε τη *πιστει* εστηκας.

12 3 αλλα φρονειν εις το σωφρονειν, ἑκαστω ὡς ὁ θεος εμερισεν μετρον *πιστεως.*

6 ειτε προφητειαν, κατα την αναλογιαν της *πιστεως·*

14 1 τον δε ασθενουντα τη *πιστει* προσλαμβανεσθε, μη εις διακρισεις διαλογισμων·

22 συ *πιστιν* [ην] εχεις κατα σεαυτον εχε ενωπιον του θεου.

23 ὁ δε διακρινομενος εαν φαγη κατακεκριται, ὁτι ουκ εκ *πιστεως·*

23 παν δε ὁ ουκ εκ *πιστεως* ἁμαρτια εστιν.

16 26 [κατα αποκαλυψιν μυστηριου χρονοις αιωνιοις σεσιγημενου], [φανερωθεντος δε νυν δια τε γραφων προφητικων κατ επιταγην του αιωνιου θεου εις ὑπακοην *πιστεως* εις παντα τα εθνη γνωρισθεντος],

1Co 2 5 αλλ εν αποδειξει πνευματος και δυναμεως, ινα ἡ *πιστις* υμων μη ἡ εν σοφια ανθρωπων αλλ εν δυναμει θεου.

12 9 αλλω δε λογος γνωσεως κατα το αυτο πνευμα, ἑτερω *πιστις* εν τω αυτω πνευματι,

13 2 και εαν εχω προφητειαν και ειδω τα μυστηρια παντα και πασαν την γνωσιν, και εαν εχω πασαν την *πιστιν* ὡστε ορη μεθισταναι, αγαπην δε μη εχω, ουθεν ειμι.

13 νυνι δε μενει *πιστις,* ελπις, αγαπη, τα τρια ταυτα·

πιστις [243]

1Co 15 14 κενον αρα [και] το κηρυγμα ημων, κενη και ἡ *πιστις* υμων·

17 ει δε χριστος ουκ εγηγερται, ματαια ἡ *πιστις* υμων,

16 13 γρηγορειτε, στηκετε εν τη *πιστει,* ανδριζεσθε, κραταιουσθε.

2Co 1 24 ουχ ὁτι κυριευομεν υμων της *πιστεως,* αλλα συνεργοι εσμεν της χαρας υμων·

24 ουχ ὁτι κυριευομεν υμων της πιστεως, αλλα συνεργοι εσμεν της χαρας υμων· τη γαρ *πιστει* εστηκατε.

4 13 εχοντες δε το αυτο πνευμα της *πιστεως,* κατα το γεγραμμενον· επιστευσα, διο ελαλησα, και ημεις πιστευομεν,

5 7 δια *πιστεως* γαρ περιπατουμεν, ου δια ειδους·

8 7 αλλ ὡσπερ εν παντι περισσευετε, *πιστει* και λογω και γνωσει και παση σπουδη και τη εξ ημων εν υμιν αγαπη, ινα και εν ταυτη τη χαριτι περισσευητε.

10 15 ελπιδα δε εχοντες αυξανομενης της *πιστεως* υμων εν υμιν μεγαλυνθηναι κατα τον κανονα ημων εις περισσειαν,

13 5 ἑαυτους πειραζετε ει εστε εν τη *πιστει,*

Ga 1 23 μονον δε ακουοντες ησαν ὁτι ὁ διωκων ημας ποτε νυν ευαγγελιζεται την *πιστιν* ην ποτε επορθει·

2 16 ειδοτες [δε] ὁτι ου δικαιουται ανθρωπος εξ εργων νομου εαν μη δια *πιστεως* ιησου χριστου, και ημεις εις χριστον ιησουν επιστευσαμεν,

16 και ημεις εις χριστον ιησουν επιστευσαμεν, ινα δικαιωθωμεν εκ *πιστεως* χριστου και ουκ εξ εργων νομου,

20 ὁ δε νυν ζω εν σαρκι, εν *πιστει* ζω τη του υιου του θεου του αγαπησαντος με και παραδοντος εαυτον υπερ εμου.

3 2 εξ εργων νομου το πνευμα ελαβετε ἡ εξ ακοης *πιστεως;*

5 ὁ ουν επιχορηγων υμιν το πνευμα και ενεργων δυναμεις εν υμιν εξ εργων νομου ἡ εξ ακοης *πιστεως;*

7 γινωσκετε αρα ὁτι οι εκ *πιστεως,* ουτοι υιοι εισιν αβρααμ.

8 προιδουσα δε ἡ γραφη ὁτι εκ *πιστεως* δικαιοι τα εθνη ὁ θεος,

9 ὡστε οι εκ *πιστεως* ευλογουνται συν τω πιστω αβρααμ.

11 ὁτι δε εν νομω ουδεις δικαιουται παρα τω θεω δηλον, ὁτι ὁ δικαιος εκ *πιστεως* ζησεται·

12 ὁ δε νομος ουκ εστιν εκ *πιστεως,*

14 ινα την επαγγελιαν του πνευματος λαβωμεν δια της *πιστεως.*

22 αλλα συνεκλεισεν ἡ γραφη τα παντα υπο ἁμαρτιαν ινα ἡ επαγγελια εκ *πιστεως* ιησου χριστου δοθη τοις πιστευουσιν.

23 προ του δε ελθειν την *πιστιν* υπο νομον εφρουρουμεθα συγκλειομενοι εις την μελλουσαν πιστιν αποκαλυφθηναι.

23 προ του δε ελθειν την πιστιν υπο νομον εφρουρουμεθα συγκλειομενοι εις την μελλουσαν *πιστιν* αποκαλυφθηναι.

24 ὡστε ὁ νομος παιδαγωγος ημων γεγονεν εις χριστον, ινα εκ *πιστεως* δικαιωθωμεν·

25 ελθουσης δε της *πιστεως* ουκετι υπο παιδαγωγον εσμεν.

26 παντες γαρ υιοι θεου εστε δια της *πιστεως* εν χριστω ιησου·

5 5 ημεις γαρ πνευματι εκ *πιστεως* ελπιδα δικαιοσυνης απεκδεχομεθα.

6 εν γαρ χριστω ιησου ουτε περιτομη τι ισχυει ουτε ακροβυστια, αλλα *πιστις* δι αγαπης ενεργουμενη.

22 ὁ δε καρπος του πνευματος εστιν αγαπη, χαρα, ειρηνη, μακροθυμια, χρηστοτης, αγαθωσυνη, *πιστις,* πραυτης, εγκρατεια·

6 10 εργαζωμεθα το αγαθον προς παντας, μαλιστα δε προς τους οικειους της *πιστεως.*

Eph 1 15 δια τουτο καγω, ακουσας την καθ υμας *πιστιν* εν τω κυριω ιησου και την αγαπην την εις παντας τους ἁγιους, ου παυομαι ευχαριστων

2 8 τη γαρ χαριτι εστε σεσωσμενοι δια *πιστεως·*

3 12 εν ᾡ εχομεν την παρρησιαν και προσαγωγην εν πεποιθησει δια της *πιστεως* αυτου.

17 κατοικησαι τον χριστον δια της *πιστεως* εν ταις καρδιαις υμων,

4 5 εἱς κυριος, μια *πιστις,* ἑν βαπτισμα·

13 μεχρι καταντησωμεν οι παντες εις την ενοτητα της *πιστεως* και της επιγνωσεως του υιου του θεου,

6 16 εν πασιν αναλαβοντες τον θυρεον της *πιστεως,*

23 ειρηνη τοις αδελφοις και αγαπη μετα *πιστεως* απο θεου πατρος και κυριου ιησου χριστου.

Php 1 25 ὁτι μενω και παραμενω πασιν υμιν εις την υμων προκοπην και χαραν της *πιστεως,*

27 ὁτι στηκετε εν ἑνι πνευματι, μια ψυχη συναθλουντες τη *πιστει* του ευαγγελιου,

2 17 αλλα ει και σπενδομαι επι τη θυσια και λειτουργια της *πιστεως* υμων, χαιρω και συγχαιρω πασιν υμιν·

3 9 μη εχων εμην δικαιοσυνην την εκ νομου, αλλα την δια *πιστεως* χριστου,

9 αλλα την δια *πιστεως* χριστου, την εκ θεου δικαιοσυνην επι τη *πιστει,*

πιστις [243]

Col	1 4	ἀκουσαντες την *πιστιν* ὑμων ἐν χριστῳ ἰησου και την ἀγαπην ἣν ἐχετε εἰς παντας τους ἁγιους
	23	εἰ γε ἐπιμενετε τῃ *πιστει* τεθεμελιωμενοι και ἑδραιοι
	2 5	ἀλλα τῳ πνευματι συν ὑμιν εἰμι, χαιρων και βλεπων ὑμων την ταξιν και το στερεωμα της εἰς χριστον *πιστεως* ὑμων.
	7	ἐν αὐτῳ περιπατειτε, ἐρριζωμενοι και ἐποικοδομουμενοι ἐν αὐτῳ και βεβαιουμενοι τῃ *πιστει* καθως ἐδιδαχθητε,
	12	ἐν ᾧ και συνηγερθητε δια της *πιστεως* της ἐνεργειας του θεου του ἐγειραντος αὐτον ἐκ νεκρων·
1Th	1 3	ἀδιαλειπτως μνημονευοντες ὑμων του ἐργου της *πιστεως* και του κοπου της ἀγαπης
	8	ἀφ ὑμων γαρ ἐξηχηται ὁ λογος του κυριου οὐ μονον ἐν τῃ μακεδονια και [ἐν τῃ] ἀχαια, ἀλλ ἐν παντι τοπῳ ἡ *πιστις* ὑμων ἡ προς τον θεον ἐξεληλυθεν,
	3 2	εἰς το στηριξαι ὑμας και παρακαλεσαι ὑπερ της *πιστεως* ὑμων το μηδενα σαινεσθαι ἐν ταις θλιψεσιν ταυταις.
	5	δια τουτο καγω μηκετι στεγων ἐπεμψα εἰς το γνωναι την *πιστιν* ὑμων,
	6	ἀρτι δε ἐλθοντος τιμοθεου προς ὑμας ἀφ ὑμων και εὐαγγελισαμενου ἡμιν την *πιστιν* και την ἀγαπην ὑμων,
	7	δια τουτο παρεκληθημεν, ἀδελφοι, ἐφ ὑμιν ἐπι παση τῃ ἀναγκῃ και θλιψει ἡμων δια της ὑμων *πιστεως*,
	10	νυκτος και ἡμερας ὑπερεκπερισσου δεομενοι εἰς το ἰδειν ὑμων το προσωπον και καταρτισαι τα ὑστερηματα της *πιστεως* ὑμων;
	5 8	ἡμεις δε ἡμερας ὀντες νηφωμεν, ἐνδυσαμενοι θωρακα *πιστεως*
2Th	1 3	εὐχαριστειν ὀφειλομεν τῳ θεῳ παντοτε περι ὑμων, ἀδελφοι, καθως ἀξιον ἐστιν, ὁτι ὑπεραυξανει ἡ *πιστις* ὑμων
	4	ὡστε αὐτους ἡμας ἐν ὑμιν ἐγκαυχασθαι ἐν ταις ἐκκλησιαις του θεου ὑπερ της ὑπομονης ὑμων και *πιστεως*
	11	ἱνα ὑμας ἀξιωσῃ της κλησεως ὁ θεος ἡμων και πληρωσῃ πασαν εὐδοκιαν ἀγαθωσυνης και ἐργον *πιστεως* ἐν δυναμει,
	2 13	ὁτι εἱλατο ὑμας ὁ θεος ἀπαρχην εἰς σωτηριαν ἐν ἁγιασμῳ πνευματος και *πιστει* ἀληθειας,
	3 2	οὐ γαρ παντων ἡ *πιστις*.
1Tm	1 2	τιμοθεῳ γνησιῳ τεκνῳ ἐν *πιστει*· χαρις, ἐλεος, εἰρηνη ἀπο θεου πατρος και χριστου ἰησου του κυριου ἡμων.
	4	μηδε προσεχειν μυθοις και γενεαλογιαις ἀπεραντοις, αἱτινες ἐκζητησεις παρεχουσιν μαλλον ἠ οἰκονομιαν θεου την ἐν *πιστει*·
	5	το δε τελος της παραγγελιας ἐστιν ἀγαπη ἐκ καθαρας καρδιας και συνειδησεως ἀγαθης και *πιστεως* ἀνυποκριτου,
	14	ὑπερεπλεονασεν δε ἡ χαρις του κυριου ἡμων μετα *πιστεως* και ἀγαπης της ἐν χριστῳ ἰησου.
	19	ἱνα στρατευῃ ἐν αὐταις την καλην στρατειαν, ἐχων *πιστιν* και ἀγαθην συνειδησιν,
	19	ἐχων *πιστιν* και ἀγαθην συνειδησιν, ἡν τινες ἀπωσαμενοι περι την *πιστιν* ἐναυαγησαν·
	2 7	εἰς ὁ ἐτεθην ἐγω κηρυξ και ἀποστολος, ἀληθειαν λεγω, οὐ ψευδομαι, διδασκαλος ἐθνων ἐν *πιστει* και ἀληθεια.
	15	σωθησεται δε δια της τεκνογονιας, ἐαν μεινωσιν ἐν *πιστει* και ἀγαπῃ και ἁγιασμῳ μετα σωφροσυνης.
	3 9	ἐχοντας το μυστηριον της *πιστεως* ἐν καθαρα συνειδησει.
	13	οἱ γαρ καλως διακονησαντες βαθμον ἑαυτοις καλον περιποιουνται και πολλην παρρησιαν ἐν *πιστει* τῃ ἐν χριστῳ ἰησου.
	4 1	το δε πνευμα ῥητως λεγει ὁτι ἐν ὑστεροις καιροις ἀποστησονται τινες της *πιστεως*,
	6	ἐσῃ διακονος χριστου ἰησου, ἐντρεφομενος τοις λογοις της *πιστεως* και της καλης διδασκαλιας ᾑ παρηκολουθηκας·
	12	ἀλλα τυπος γινου των πιστων ἐν λογῳ, ἐν ἀναστροφῃ, ἐν ἀγαπῃ, ἐν *πιστει*, ἐν ἁγνεια.
	5 8	εἰ δε τις των ἰδιων και μαλιστα οἰκειων οὐ προνοει, την *πιστιν* ἠρνηται και ἐστιν ἀπιστου χειρων.
	12	γαμειν θελουσιν, ἐχουσαι κριμα ὁτι την πρωτην *πιστιν* ἠθετησαν·
	6 10	φιλαργυρια, ἡς τινες ὀρεγομενοι ἀπεπλανηθησαν ἀπο της *πιστεως* και ἑαυτους περιεπειραν ὀδυναις πολλαις.
	11	διωκε δε δικαιοσυνην, εὐσεβειαν, *πιστιν*, ἀγαπην, ὑπομονην, πραυπαθιαν.
	12	ἀγωνιζου τον καλον ἀγωνα της *πιστεως*,
	21	ἐκτρεπομενος τας βεβηλους κενοφωνιας και ἀντιθεσεις της ψευδωνυμου γνωσεως, ἡν τινες ἐπαγγελλομενοι περι την *πιστιν* ἠστοχησαν·
2Tm	1 5	ὑπομνησιν λαβων της ἐν σοι ἀνυποκριτου *πιστεως*,
	13	ὑποτυπωσιν ἐχε ὑγιαινοντων λογων ὡν παρ ἐμου ἠκουσας ἐν *πιστει* και ἀγαπῃ τῃ ἐν χριστῳ ἰησου·
	2 18	λεγοντες [την] ἀναστασιν ἠδη γεγονεναι, και ἀνατρεπουσιν την τινων *πιστιν*.

2Tm	2 22	διωκε δε δικαιοσυνην, *πιστιν*, ἀγαπην, εἰρηνην μετα των ἐπικαλουμενων τον κυριον ἐκ καθαρας καρδιας.
	3 8	ἀνθρωποι κατεφθαρμενοι τον νουν, ἀδοκιμοι περι την *πιστιν*.
	10	συ δε παρηκολουθησας μου τῃ διδασκαλια, τῃ ἀγωγῃ, τῃ προθεσει, τῃ *πιστει*, τῃ μακροθυμια, τῃ ἀγαπῃ, τῃ ὑπομονῃ,
	15	και ὁτι ἀπο βρεφους [τα] ἱερα γραμματα οἰδας, τα δυναμενα σε σοφισαι εἰς σωτηριαν δια *πιστεως* της ἐν χριστῳ ἰησου.
	4 7	τον καλον ἀγωνα ἠγωνισμαι, τον δρομον τετελεκα, την *πιστιν* τετηρηκα·
Tit	1 1	παυλος δουλος θεου, ἀποστολος δε ἰησου χριστου κατα *πιστιν* ἐκλεκτων θεου και ἐπιγνωσιν ἀληθειας της κατ εὐσεβειαν
	4	τιτῳ γνησιῳ τεκνῳ κατα κοινην *πιστιν*· χαρις και εἰρηνη ἀπο θεου πατρος και χριστου ἰησου του σωτηρος ἡμων.
	13	δι ἡν αἰτιαν ἐλεγχε αὐτους ἀποτομως, ἱνα ὑγιαινωσιν ἐν τῃ *πιστει*,
	2 2	πρεσβυτας νηφαλιους εἰναι, σεμνους, σωφρονας, ὑγιαινοντας τῃ *πιστει*, τῃ ἀγαπῃ, τῃ ὑπομονῃ·
	10	εὐαρεστους εἰναι, μη ἀντιλεγοντας, μη νοσφιζομενους, ἀλλα πασαν *πιστιν* ἐνδεικνυμενους ἀγαθην,
	3 15	ἀσπασαι τους φιλουντας ἡμας ἐν *πιστει*.
Phm	5	ἀκουων σου την ἀγαπην και την *πιστιν* ἡν ἐχεις προς τον κυριον ἰησουν και εἰς παντας τους ἁγιους,
	6	ὁπως ἡ κοινωνια της *πιστεως* σου ἐνεργης γενηται ἐν ἐπιγνωσει παντος ἀγαθου του ἐν ἡμιν εἰς χριστον.
Heb	4 2	ἀλλ οὐκ ὠφελησεν ὁ λογος της ἀκοης ἐκεινους μη συγκεκερασμενους τῃ *πιστει* τοις ἀκουσασιν.
	6 1	μη παλιν θεμελιον καταβαλλομενοι μετανοιας ἀπο νεκρων ἐργων, και *πιστεως* ἐπι θεον, βαπτισμων διδαχης, ἐπιθεσεως τε χειρων, ἀναστασεως τε νεκρων,
	12	ἱνα μη νωθροι γενησθε, μιμηται δε των δια *πιστεως* και μακροθυμιας κληρονομουντων τας ἐπαγγελιας.
	10 22	προσερχωμεθα μετα ἀληθινης καρδιας ἐν πληροφορια *πιστεως*,
	38	ὁ δε δικαιος μου ἐκ *πιστεως* ζησεται,
	39	ἡμεις δε οὐκ ἐσμεν ὑποστολης εἰς ἀπωλειαν, ἀλλα *πιστεως* εἰς περιποιησιν ψυχης.
	11 1	ἐστιν δε *πιστις* ἐλπιζομενων ὑποστασις, πραγματων ἐλεγχος οὐ βλεπομενων·
	3	*πιστει* νοουμεν κατηρτισθαι τους αἰωνας ῥηματι θεου,
	4	*πιστει* πλειονα θυσιαν ἀβελ παρα καιν προσηνεγκεν τῳ θεῳ,
	5	*πιστει* ἐνωχ μετετεθη του μη ἰδειν θανατον,
	6	χωρις δε *πιστεως* ἀδυνατον εὐαρεστησαι·
	7	*πιστει* χρηματισθεις νωε περι των μηδεπω βλεπομενων,
	7	και της κατα *πιστιν* δικαιοσυνης ἐγενετο κληρονομος.
	8	τῃ καλουμενῳ ἀβρααμ ὑπηκουσεν ἐξελθειν εἰς τοπον ὁν ἠμελλεν λαμβανειν εἰς κληρονομιαν,
	9	*πιστει* παρωκησεν εἰς γην της ἐπαγγελιας ὡς ἀλλοτριαν, ἐν σκηναις κατοικησας,
	11	*πιστει* και αὐτη σαρρα στειρα δυναμιν εἰς καταβολην σπερματος ἐλαβεν και παρα καιρον ἡλικιας,
	13	κατα *πιστιν* ἀπεθανον οὑτοι παντες,
	17	*πιστει* προσενηνοχεν ἀβρααμ τον ἰσαακ πειραζομενος,
	20	*πιστει* και περι μελλοντων εὐλογησεν ἰσαακ τον ἰακωβ και τον ἠσαυ.
	21	*πιστει* ἰακωβ ἀποθνησκων ἑκαστον των υἱων ἰωσηφ εὐλογησεν,
	22	*πιστει* ἰωσηφ τελευτων περι της ἐξοδου των υἱων ἰσραηλ ἐμνημονευσεν
	23	*πιστει* μωυσης γεννηθεις ἐκρυβη τριμηνον ὑπο των πατερων αὐτου,
	24	*πιστει* μωυσης μεγας γενομενος ἠρνησατο λεγεσθαι υἱος θυγατρος φαραω,
	27	*πιστει* κατελιπεν αἰγυπτον, μη φοβηθεις τον θυμον του βασιλεως·
	28	*πιστει* πεποιηκεν το πασχα και την προσχυσιν του αἱματος,
	29	*πιστει* διεβησαν την ἐρυθραν θαλασσαν ὡς δια ξηρας γης,
	30	*πιστει* τα τειχη ἱεριχω ἐπεσαν κυκλωθεντα ἐπι ἑπτα ἡμερας.
	31	*πιστει* ῥααβ ἡ πορνη οὐ συναπωλετο τοις ἀπειθησασιν,
	33	περι γεδεων, βαρακ, σαμψων, ἰεφθαε, δαυιδ τε και σαμουηλ και των προφητων, οἱ δια *πιστεως* κατηγωνισαντο βασιλειας, ἠργασαντο δικαιοσυνην,
	39	και οὑτοι παντες μαρτυρηθεντες δια της *πιστεως* οὐκ ἐκομισαντο την ἐπαγγελιαν,
	12 2	δι ὑπομονης τρεχωμεν τον προκειμενον ἡμιν ἀγωνα, ἀφορωντες εἰς τον της *πιστεως* ἀρχηγον και τελειωτην ἰησουν,
	13 7	ὡν ἀναθεωρουντες την ἐκβασιν της ἀναστροφης μιμεισθε την *πιστιν*.

πιστις [243]

Ja	1 3	γινωσκοντες ὅτι τὸ δοκιμιον ὑμων της *πιστεως* κατεργαζεται ὑπομονην.
	6	αἰτειτω δε ἐν *πιστει*, μηδεν διακρινομενος·
	2 1	ἀδελφοι μου, μη ἐν προσωπολημψιαις ἐχετε την *πιστιν* του κυριου ἡμων ἰησου χριστου της δοξης.
	5	οὐχ ὁ θεος ἐξελεξατο τους πτωχους τῳ κοσμῳ πλουσιους ἐν *πιστει* και κληρονομους της βασιλειας ἡς ἐπηγγειλατο τοις ἀγαπωσιν αὐτον;
	14	τι το ὀφελος, ἀδελφοι μου, ἐαν *πιστιν* λεγη τις ἐχειν ἐργα δε μη ἐχη;
	14	μη δυναται ἡ *πιστις* σωσαι αὐτον;
	17	οὑτως και ἡ *πιστις*, ἐαν μη ἐχη ἐργα, νεκρα ἐστιν καθ ἑαυτην.
	18	συ *πιστιν* ἐχεις, καγω ἐργα ἐχω·
	18	δειξον μοι την *πιστιν* σου χωρις των ἐργων,
	18	καγω σοι δειξω ἐκ των ἐργων μου την *πιστιν*.
	20	θελεις δε γνωναι, ὡ ἀνθρωπε κενε, ὅτι ἡ *πιστις* χωρις των ἐργων ἀργη ἐστιν;
	22	βλεπεις ὅτι ἡ *πιστις* συνηργει τοις ἐργοις αὐτου,
	22	και ἐκ των ἐργων ἡ *πιστις* ἐτελειωθη,
	24	ὁρατε ὅτι ἐξ ἐργων δικαιουται ἀνθρωπος και οὐκ ἐκ *πιστεως* μονον.
	26	ὡσπερ γαρ το σωμα χωρις πνευματος νεκρον ἐστιν, οὑτως και ἡ *πιστις* χωρις ἐργων νεκρα ἐστιν.
	5 15	και ἡ εὐχη της *πιστεως* σωσει τον καμνοντα,
1Pt	1 5	τετηρημενην ἐν οὐρανοις εἰς ὑμας τους ἐν δυναμει θεου φρουρουμενους δια *πιστεως* εἰς σωτηριαν ἑτοιμην ἀποκαλυφθηναι ἐν καιρῳ ἐσχατῳ.
	7	ἱνα το δοκιμιον ὑμων της *πιστεως* πολυτιμοτερον χρυσιου του ἀπολλυμενου,
	9	κομιζομενοι το τελος της *πιστεως* [ὑμων] σωτηριαν ψυχων.
	21	ὡστε την *πιστιν* ὑμων και ἐλπιδα εἰναι εἰς θεον.
	5 9	ᾡ ἀντιστητε στερεοι τῃ *πιστει*, εἰδοτες τα αὐτα των παθηματων τῃ ἐν [τῳ] κοσμῳ ὑμων ἀδελφοτητι ἐπιτελεισθαι.
2Pt	1 1	συμεων πετρος δουλος και ἀποστολος ἰησου χριστου τοις ἰσοτιμον ἡμιν λαχουσιν *πιστιν* ἐν δικαιοσυνῃ του θεου ἡμων και σωτηρος ἰησου χριστου·
	5	και αὐτο τουτο δε σπουδην πασαν παρεισενεγκαντες ἐπιχορηγησατε ἐν τῃ *πιστει* ὑμων την ἀρετην,
1Jh	5 4	και αὑτη ἐστιν ἡ νικη ἡ νικησασα τον κοσμον, ἡ *πιστις* ἡμων.
Ju	3	ἀναγκην ἐσχον γραψαι ὑμιν παρακαλων ἐπαγωνιζεσθαι τῃ ἁπαξ παραδοθεισῃ τοις ἁγιοις *πιστει*.
	20	ὑμεις δε, ἀγαπητοι, ἐποικοδομουντες ἑαυτους τῃ ἁγιωτατῃ ὑμων *πιστει*,
Apc	2 13	και οὐκ ἠρνησω την *πιστιν* μου και ἐν ταις ἡμεραις ἀντιπας ὁ μαρτυς μου ὁ πιστος μου,
	19	οἰδα σου τα ἐργα και την ἀγαπην και την *πιστιν* και την διακονιαν και την ὑπομονην σου,
	13 10	ὡδε ἐστιν ἡ ὑπομονη και ἡ *πιστις* των ἁγιων.
	14 12	ὡδε ἡ ὑπομονη των ἁγιων ἐστιν, οἱ τηρουντες τας ἐντολας του θεου και την *πιστιν* ἰησου.

πιστος [67]

Mt	24 45	τις ἀρα ἐστιν ὁ *πιστος* δουλος και φρονιμος ὁν κατεστησεν ὁ κυριος ἐπι της οἰκετειας αὐτου του δουναι αὐτοις την τροφην ἐν καιρῳ;
	25 21	εὐ, δουλε ἀγαθε και *πιστε*, ἐπι ὀλιγα ἡς *πιστος*, ἐπι πολλων σε καταστησω·
	21	εὐ, δουλε ἀγαθε και *πιστε*, ἐπι ὀλιγα ἡς *πιστος*, ἐπι πολλων σε καταστησω·
	23	εὐ, δουλε ἀγαθε και *πιστε*, ἐπι ὀλιγα ἡς *πιστος*, ἐπι πολλων σε καταστησω·
	23	εὐ, δουλε ἀγαθε και *πιστε*, ἐπι ὀλιγα ἡς *πιστος*, ἐπι πολλων σε καταστησω·
Lc	12 42	τις ἀρα ἐστιν ὁ *πιστος* οἰκονομος ὁ φρονιμος, ὁν καταστησει ὁ κυριος ἐπι της θεραπειας αὐτου του διδοναι ἐν καιρῳ [το] σιτομετριον;
	16 10	ὁ *πιστος* ἐν ἐλαχιστῳ και ἐν πολλῳ πιστος ἐστιν,
	10	ὁ *πιστος* ἐν ἐλαχιστῳ και ἐν πολλῳ πιστος ἐστιν,
	11	εἰ οὐν ἐν τῳ ἀδικῳ μαμωνᾳ *πιστοι* οὐκ ἐγενεσθε, το ἀληθινον τις ὑμιν πιστευσει;
	12	και εἰ ἐν τῳ ἀλλοτριῳ *πιστοι* οὐκ ἐγενεσθε, το ὑμετερον τις ὑμιν δωσει;
	19 17	εὐ γε, ἀγαθε δουλε, ὅτι ἐν ἐλαχιστῳ *πιστος* ἐγενου, ἰσθι ἐξουσιαν ἐχων ἐπανω δεκα πολεων.
Jh	20 27	και μη γινου ἀπιστος ἀλλα *πιστος*.
Ac	10 45	και ἐξεστησαν οἱ ἐκ περιτομης *πιστοι* ὁσοι συνηλθαν τῳ πετρῳ,

πιστος [67]

Ac	13 34	ὅτι δε ἀνεστησεν αὐτον ἐκ νεκρων μηκετι μελλοντα ὑποστρεφειν εἰς διαφθοραν, οὑτως εἰρηκεν ὅτι δωσω ὑμιν τα ὁσια δαυιδ τα *πιστα*.
	16 1	τιμοθεος, υἱος γυναικος ἰουδαιας *πιστης* πατρος δε ἑλληνος, ὁς ἐμαρτυρειτο ὑπο των ἐν λυστροις και ἰκονιῳ ἀδελφων·
	15	εἰ κεκρικατε με *πιστην* τῳ κυριῳ εἰναι, εἰσελθοντες εἰς τον οἰκον μου μενετε·
1Co	1 9	*πιστος* ὁ θεος, δι οὑ ἐκληθητε εἰς κοινωνιαν του υἱου αὐτου ἰησου χριστου του κυριου ἡμων.
	4 2	ὡδε λοιπον ζητειται ἐν τοις οἰκονομοις ἱνα *πιστος* τις εὑρεθη.
	17	δια τουτο ἐπεμψα ὑμιν τιμοθεον, ὁς ἐστιν μου τεκνον ἀγαπητον και *πιστον* ἐν κυριῳ,
	7 25	γνωμην δε διδωμι ὡς ἠλεημενος ὑπο κυριου *πιστος* εἰναι.
	10 13	*πιστος* δε ὁ θεος, ὁς οὐκ ἐασει ὑμας πειρασθηναι ὑπερ ὁ δυνασθε,
2Co	1 18	*πιστος* δε ὁ θεος ὅτι ὁ λογος ἡμων ὁ προς ὑμας οὐκ ἐστιν ναι και οὐ.
	6 15	τις δε συμφωνησις χριστου προς βελιαρ, ἡ τις μερις *πιστῳ* μετα ἀπιστου;
Ga	3 9	ὡστε οἱ ἐκ πιστεως εὐλογουνται συν τῳ *πιστῳ* ἀβρααμ.
Eph	1 1	παυλος ἀποστολος χριστου ἰησου δια θεληματος θεου τοις ἁγιοις τοις οὐσιν [ἐν ἐφεσῳ] και *πιστοις* ἐν χριστῳ ἰησου·
	6 21	ἱνα δε εἰδητε και ὑμεις τα κατ ἐμε, τι πρασσω, παντα γνωρισει ὑμιν τυχικος ὁ ἀγαπητος ἀδελφος και *πιστος* διακονος ἐν κυριῳ,
Col	1 2	τοις ἐν κολοσσαις ἁγιοις και *πιστοις* ἀδελφοις ἐν χριστῳ· χαρις ὑμιν και εἰρηνη ἀπο θεου πατρος ἡμων.
	7	καθως ἐμαθετε ἀπο ἐπαφρα του ἀγαπητου συνδουλου ἡμων, ὁς ἐστιν *πιστος* ὑπερ ὑμων διακονος του χριστου,
	4 7	τα κατ ἐμε παντα γνωρισει ὑμιν τυχικος ὁ ἀγαπητος ἀδελφος και *πιστος* διακονος και συνδουλος ἐν κυριῳ,
	9	συν ὀνησιμῳ τῳ *πιστῳ* και ἀγαπητῳ ἀδελφῳ, ὁς ἐστιν ἐξ ὑμων·
1Th	5 24	*πιστος* ὁ καλων ὑμας, ὁς και ποιησει.
2Th	3 3	*πιστος* δε ἐστιν ὁ κυριος, ὁς στηριξει ὑμας και φυλαξει ἀπο του πονηρου.
1Tm	1 12	χαριν ἐχω τῳ ἐνδυναμωσαντι με χριστῳ ἰησου τῳ κυριῳ ἡμων, ὅτι *πιστον* με ἡγησατο θεμενος εἰς διακονιαν,
	15	*πιστος* ὁ λογος και πασης ἀποδοχης ἀξιος,
	3 1	*πιστος* ὁ λογος· εἰ τις ἐπισκοπης ὀρεγεται, καλου ἐργου ἐπιθυμει.
	11	γυναικας ὡσαυτως σεμνας, μη διαβολους, νηφαλιους, *πιστας* ἐν πασιν.
	4 3	κωλυοντων γαμειν, ἀπεχεσθαι βρωματων, ἁ ὁ θεος ἐκτισεν εἰς μεταλημψιν μετα εὐχαριστιας τοις *πιστοις* και ἐπεγνωκοσι την ἀληθειαν.
	9	*πιστος* ὁ λογος και πασης ἀποδοχης ἀξιος·
	10	ὁς ἐστιν σωτηρ παντων ἀνθρωπων, μαλιστα *πιστων*.
	12	μηδεις σου της νεοτητος καταφρονειτω, ἀλλα τυπος γινου των *πιστων* ἐν λογῳ,
	5 16	εἰ τις *πιστη* ἐχει χηρας, ἐπαρκειτω αὐταις,
	6 2	οἱ δε *πιστους* ἐχοντες δεσποτας μη καταφρονειτωσαν,
	2	ἀλλα μαλλον δουλευετωσαν, ὅτι *πιστοι* εἰσιν και ἀγαπητοι οἱ της εὐεργεσιας ἀντιλαμβανομενοι.
2Tm	2 2	και ἁ ἠκουσας παρ ἐμου δια πολλων μαρτυρων, ταυτα παραθου *πιστοις* ἀνθρωποις,
	11	*πιστος* ὁ λογος· εἰ γαρ συναπεθανομεν, και συζησομεν·
	13	εἰ ἀπιστουμεν, ἐκεινος *πιστος* μενει,
Tit	1 6	εἰ τις ἐστιν ἀνεγκλητος, μιας γυναικος ἀνηρ, τεκνα ἐχων *πιστα*, μη ἐν κατηγοριᾳ ἀσωτιας ἡ ἀνυποτακτα.
	9	μη αἰσχροκερδη, ἀλλα φιλοξενον, φιλαγαθον, σωφρονα, δικαιον, ὁσιον, ἐγκρατη, ἀντεχομενον του κατα την διδαχην *πιστου* λογου,
	3 8	*πιστος* ὁ λογος, και περι τουτων βουλομαι σε διαβεβαιουσθαι, ἱνα φροντιζωσιν καλων ἐργων προιστασθαι οἱ πεπιστευκοτες θεῳ.
Heb	2 17	ὁθεν ὠφειλεν κατα παντα τοις ἀδελφοις ὁμοιωθηναι, ἱνα ἐλεημων γενηται και *πιστος* ἀρχιερευς τα προς τον θεον,
	3 2	κατανοησατε τον ἀποστολον και ἀρχιερεα της ὁμολογιας ἡμων ἰησουν, *πιστον* ὀντα τῳ ποιησαντι αὐτον,
	5	και μωυσης μεν *πιστος* ἐν ὁλῳ τῳ οἰκῳ αὐτου ὡς θεραπων εἰς μαρτυριον των λαληθησομενων,
	10 23	κατεχωμεν την ὁμολογιαν της ἐλπιδος ἀκλινη, *πιστος* γαρ ὁ ἐπαγγειλαμενος,
	11 11	*πιστει* και αὐτη σαρρα στειρα δυναμιν εἰς καταβολην σπερματος ἐλαβεν και παρα καιρον ἡλικιας, ἐπει *πιστον* ἡγησατο τον ἐπαγγειλαμενον.
1Pt	1 21	τους δι αὐτου *πιστους* εἰς θεον τον ἐγειραντα αὐτον ἐκ νεκρων και δοξαν αὐτῳ δοντα,

πιστος [67]

1Pt 4 19 ὡστε και οἱ πασχοντες κατα το θελημα του θεου πιστω κτιστη παρατιθεσθωσαν τας ψυχας αὑτων ἐν ἀγαθοποιιᾳ.

5 12 δια σιλουανου ὑμιν του πιστου ἀδελφου,

1Jh 1 9 ἐαν ὁμολογωμεν τας ἁμαρτιας ἡμων, πιστος ἐστιν και δικαιος,

3Jh 5 πιστον ποιεις ὁ ἐαν ἐργαση εἰς τους ἀδελφους και τουτο ξενους,

Apc 1 5 και ἀπο ἰησου χριστου, ὁ μαρτυς ὁ πιστος,

2 10 γινου πιστος ἀχρι θανατου, και δωσω σοι τον στεφανον της ζωης.

13 και οὐκ ἠρνησω την πιστιν μου και ἐν ταις ἡμεραις ἀντιπας ὁ μαρτυς μου ὁ πιστος μου,

3 14 ταδε λεγει ὁ ἀμην, ὁ μαρτυς ὁ πιστος και ἀληθινος, ἡ ἀρχη της κτισεως του θεου· οἰδα σου τα ἐργα,

17 14 και οἱ μετ αὐτου κλητοι και ἐκλεκτοι και πιστοι.

19 11 και ἰδου ἱππος λευκος, και ὁ καθημενος ἐπ αὐτον [καλουμενος] πιστος και ἀληθινος,

21 5 και λεγει· γραψον, ὁτι οὑτοι οἱ λογοι πιστοι και ἀληθινοι εἰσιν.

22 6 οὑτοι οἱ λογοι πιστοι και ἀληθινοι,

πιστοω [1]

2Tm 3 14 συ δε μενε ἐν οἱς ἐμαθες και ἐπιστωθης,

πλαναω [39]

Mt 18 12 ἐαν γενηται τινι ἀνθρωπω ἑκατον προβατα και πλανηθη ἑν ἐξ αὐτων, οὐχι ἀφησει τα ἐνενηκονταεννεα ἐπι τα ὀρη και πορευθεις ζητει το πλανωμενον;

12 ἐαν γενηται τινι ἀνθρωπω ἑκατον προβατα και πλανηθη ἑν ἐξ αὐτων, οὐχι ἀφησει τα ἐνενηκονταεννεα ἐπι τα ὀρη και πορευθεις ζητει το πλανωμενον;

13 και ἐαν γενηται εὑρειν αὐτο, ἀμην λεγω ὑμιν ὁτι χαιρει ἐπ αὐτω μαλλον ἠ ἐπι τοις ἐνενηκονταεννεα τοις μη πεπλανημενοις.

22 29 πλανασθε μη εἰδοτες τας γραφας μηδε την δυναμιν του θεου.

24 4 βλεπετε μη τις ὑμας πλανηση.

5 πολλοι γαρ ἐλευσονται ἐπι τω ὀνοματι μου λεγοντες· ἐγω εἰμι ὁ χριστος, και πολλους πλανησουσιν.

11 και πολλοι ψευδοπροφηται ἐγερθησονται και πλανησουσιν πολλους·

24 και δωσουσιν σημεια μεγαλα και τερατα, ὡστε πλανησαι, εἰ δυνατον, και τους ἐκλεκτους.

Mc 12 24 οὐ δια τουτο πλανασθε μη εἰδοτες τας γραφας μηδε την δυναμιν του θεου;

27 οὐκ ἐστιν θεος νεκρων ἀλλα ζωντων. πολυ πλανασθε.

13 5 βλεπετε μη τις ὑμας πλανηση.

6 πολλοι ἐλευσονται ἐπι τω ὀνοματι μου λεγοντες ὁτι ἐγω εἰμι, και πλανησουσιν.

Lc 21 8 ὁ δε εἰπεν· βλεπετε μη πλανηθητε·

Jh 7 12 οἱ μεν ἐλεγον ὁτι ἀγαθος ἐστιν· ἀλλοι [δε] ἐλεγον· οὐ, ἀλλα πλανα τον ὀχλον.

47 μη και ὑμεις πεπλανησθε; μη τις ἐκ των ἀρχοντων ἐπιστευσεν εἰς αὐτον ἠ ἐκ των φαρισαιων;

1Co 6 9 ἠ οὐκ οἰδατε ὁτι ἀδικοι θεου βασιλειαν οὐ κληρονομησουσιν; μη πλανασθε·

15 33 μη πλανασθε· φθειρουσιν ἠθη χρηστα ὁμιλιαι κακαι.

Ga 6 7 μη πλανασθε, θεος οὐ μυκτηριζεται.

2Tm 3 13 πονηροι δε ἀνθρωποι και γοητες προκοψουσιν ἐπι το χειρον, πλανωντες και πλανωμενοι.

13 πονηροι δε ἀνθρωποι και γοητες προκοψουσιν ἐπι το χειρον, πλανωντες και πλανωμενοι.

Tit 3 3 ἠμεν γαρ ποτε και ἡμεις ἀνοητοι, ἀπειθεις, πλανωμενοι, δουλευοντες ἐπιθυμιαις και ἡδοναις ποικιλαις,

Heb 3 10 ἀει πλανωνται τη καρδιᾳ·

5 2 μετριοπαθειν δυναμενος τοις ἀγνοουσιν και πλανωμενοις,

11 38 ἐπι ἐρημιαις πλανωμενοι και ὀρεσιν και σπηλαιοις και ταις ὀπαις της γης.

Ja 1 16 μη πλανασθε, ἀδελφοι μου ἀγαπητοι.

5 19 ἀδελφοι μου, ἐαν τις ἐν ὑμιν πλανηθη ἀπο της ἀληθειας και ἐπιστρεψη τις αὐτον, γινωσκετω

1Pt 2 25 ἠτε γαρ ὡς προβατα πλανωμενοι,

2Pt 2 15 καταλειποντες εὐθειαν ὁδον ἐπλανηθησαν,

1Jh 1 8 ἐαν εἰπωμεν ὁτι ἁμαρτιαν οὐκ ἐχομεν, ἑαυτους πλανωμεν και ἡ ἀληθεια οὐκ ἐστιν ἐν ἡμιν.

2 26 ταυτα ἐγραψα ὑμιν περι των πλανωντων ὑμας.

3 7 τεκνια, μηδεις πλανατω ὑμας·

πλαναω [39]

Apc 2 20 και διδασκει και πλανα τους ἐμους δουλους πορνευσαι και φαγειν εἰδωλοθυτα·

12 9 και ἐβληθη ὁ δρακων ὁ μεγας, ὁ ὀφις ὁ ἀρχαιος, ὁ καλουμενος διαβολος και ὁ σατανας, ὁ πλανων την οἰκουμενην ὁλην,

13 14 και πλανα τους κατοικουντας ἐπι της γης δια τα σημεια ἁ ἐδοθη αὐτω ποιησαι ἐνωπιον του θηριου,

18 23 ὁτι ἐν τη φαρμακεια σου ἐπλανηθησαν παντα τα ἐθνη,

19 20 ἐν οἱς ἐπλανησεν τους λαβοντας το χαραγμα του θηριου και τους προσκυνουντας τη εἰκονι αὐτου·

20 3 και ἐκλεισεν και ἐσφραγισεν ἐπανω αὐτου, ἱνα μη πλανηση ἐτι τα ἐθνη,

8 και ἐξελευσεται πλανησαι τα ἐθνη τα ἐν ταις τεσσαρσιν γωνιαις της γης,

10 και ὁ διαβολος ὁ πλανων αὐτους ἐβληθη εἰς την λιμνην του πυρος και θειου,

πλανη [10]

Mt 27 64 και ἐσται ἡ ἐσχατη πλανη χειρων της πρωτης.

Rm 1 27 ἀρσενες ἐν ἀρσεσιν την ἀσχημοσυνην κατεργαζομενοι και την ἀντιμισθιαν ἡν ἐδει της πλανης αὐτων ἐν ἑαυτοις ἀπολαμβανοντες.

Eph 4 14 ἐν πανουργιᾳ προς την μεθοδειαν της πλανης,

1Th 2 3 ἡ γαρ παρακλησις ἡμων οὐκ ἐκ πλανης οὐδε ἐξ ἀκαθαρσιας οὐδε ἐν δολω,

2Th 2 11 και δια τουτο πεμπει αὐτοις ὁ θεος ἐνεργειαν πλανης εἰς το πιστευσαι αὐτους τω ψευδει,

Ja 5 20 γινωσκετω ὁτι ὁ ἐπιστρεψας ἁμαρτωλον ἐκ πλανης ὁδου αὐτου σωσει ψυχην αὐτου ἐκ θανατου και καλυψει πληθος ἁμαρτιων.

2Pt 2 18 ὑπερογκα γαρ ματαιοτητος φθεγγομενοι δελεαζουσιν ἐν ἐπιθυμιαις σαρκος ἀσελγειαις τους ὀλιγως ἀποφευγοντας τους ἐν πλανη ἀναστρεφομενους,

3 17 ὑμεις οὐν, ἀγαπητοι, προγινωσκοντες φυλασσεσθε ἱνα μη τη των ἀθεσμων πλανη συναπαχθεντες ἐκπεσητε του ἰδιου στηριγμου,

1Jh 4 6 ἐκ τουτου γινωσκομεν το πνευμα της ἀληθειας και το πνευμα της πλανης.

Ju 11 και τη πλανη του βαλααμ μισθου ἐξεχυθησαν,

πλανητης [1]

Ju 13 ἀστερες πλανηται, οἱς ὁ ζοφος του σκοτους εἰς αἰωνα τετηρηται.

πλανος [5]

Mt 27 63 κυριε, ἐμνησθημεν ὁτι ἐκεινος ὁ πλανος εἰπεν ἐτι ζων· μετα τρεις ἡμερας ἐγειρομαι.

2Co 6 8 ὡς πλανοι και ἀληθεις, ὡς ἀγνοουμενοι και ἐπιγινωσκομενοι,

1Tm 4 1 το δε πνευμα ῥητως λεγει ὁτι ἐν ὑστεροις καιροις ἀποστησονται τινες της πιστεως, προσεχοντες πνευμασιν πλανοις και διδασκαλιαις δαιμονιων,

2Jh 7 ὁτι πολλοι πλανοι ἐξηλθον εἰς τον κοσμον,

7 οὑτος ἐστιν ὁ πλανος και ὁ ἀντιχριστος.

πλαξ [3]

2Co 3 3 ἐγγεγραμμενη οὐ μελανι ἀλλα πνευματι θεου ζωντος, οὐκ ἐν πλαξιν λιθιναις ἀλλ ἐν πλαξιν καρδιαις σαρκιναις.

3 ἐγγεγραμμενη οὐ μελανι ἀλλα πνευματι θεου ζωντος, οὐκ ἐν πλαξιν λιθιναις ἀλλ ἐν πλαξιν καρδιαις σαρκιναις.

Heb 9 4 ἐν ἡ σταμνος χρυση ἐχουσα το μαννα και ἡ ῥαβδος ἀαρων ἡ βλαστησασα και αἱ πλακες της διαθηκης,

πλασμα [1]

Rm 9 20 μη ἐρει το πλασμα τω πλασαντι· τι με ἐποιησας οὑτως;

πλασσω [2]

Rm 9 20 μη ἐρει το πλασμα τω πλασαντι· τι με ἐποιησας οὑτως;

1Tm 2 13 ἀδαμ γαρ πρωτος ἐπλασθη, εἰτα εὑα.

πλαστος [1]

2Pt 2 3 και ἐν πλεονεξιᾳ πλαστοις λογοις ὑμας ἐμπορευσονται·

πλατεια [9]

Mt	6 5	οὐκ ἔσεσθε ὡς οἱ ὑποκριται· ὅτι φιλουσιν ἐν ταις συναγωγαις και ἐν ταις γωνιαις των πλατειων ἑστωτες προσευχεσθαι,
	12 19	οὐδε ἀκουσει τις ἐν ταις πλατειαις την φωνην αὐτου.
Lc	10 10	εἰς ἡν δ ἀν πολιν εἰσελθητε και μη δεχωνται ὑμας, ἐξελθοντες εἰς τας πλατειας αὐτης εἰπατε·
	13 26	ἐφαγομεν ἐνωπιον σου και ἐπιομεν, και ἐν ταις πλατειαις ἡμων ἐδιδαξας·
	14 21	ἐξελθε ταχεως εἰς τας πλατειας και ῥυμας της πολεως,
Ac	5 15	ὡστε και εἰς τας πλατειας ἐκφερειν τους ἀσθενεις και τιθεναι ἐπι κλιναριων και κραβαττων, ἱνα ἐρχομενου πετρου καν ἡ σκια ἐπισκιαση τινι αὐτων.
Apc	11 8	και το πτωμα αὐτων ἐπι της πλατειας της πολεως της μεγαλης,
	21 21	και ἡ πλατεια της πολεως χρυσιον καθαρον ὡς ὑαλος διαυγης.
	22 2	ἐν μεσω της πλατειας αὐτης και του ποταμου ἐντευθεν και ἐκειθεν ξυλον ζωης

πλατος [4]

Eph	3 18	ἱνα ἐξισχυσητε καταλαβεσθαι συν πασιν τοις ἁγιοις τί το πλατος και μηκος και ὑψος και βαθος,
Apc	20 9	και ἀνεβησαν ἐπι το πλατος της γης,
	21 16	και ἡ πολις τετραγωνος κειται, και το μηκος αὐτης ὁσον [και] το πλατος.
	16	το μηκος και το πλατος και το ὑψος αὐτης ἰσα ἐστιν.

πλατυνω [3]

Mt	23 5	πλατυνουσιν γαρ τα φυλακτηρια αὐτων και μεγαλυνουσιν τα κρασπεδα,
2Co	6 11	το στομα ἡμων ἀνεωγεν προς ὑμας, κορινθιοι, ἡ καρδια ἡμων πεπλατυνται·
	13	την δε αὐτην ἀντιμισθιαν, ὡς τεκνοις λεγω, πλατυνθητε και ὑμεις.

πλατυς [1]

Mt	7 13	ὁτι πλατεια ἡ πυλη και εὐρυχωρος ἡ ὁδος ἡ ἀπαγουσα εἰς την ἀπωλειαν,

πλεγμα [1]

1Tm	2 9	μετα αἰδους και σωφροσυνης κοσμειν ἑαυτας, μη ἐν πλεγμασιν και χρυσιω ἡ μαργαριταις ἡ ἱματισμω πολυτελει,

πλεκω [3]

Mt	27 29	και πλεξαντες στεφανον ἐξ ἀκανθων ἐπεθηκαν ἐπι της κεφαλης αὐτου και καλαμον ἐν τη δεξια αὐτου,
Mc	15 17	και ἐνδιδυσκουσιν αὐτον πορφυραν και περιτιθεασιν αὐτω πλεξαντες ἀκανθινον στεφανον·
Jh	19 2	και οἱ στρατιωται πλεξαντες στεφανον ἐξ ἀκανθων ἐπεθηκαν αὐτου τη κεφαλη,

πλεοναζω [9]

Rm	5 20	νομος δε παρεισηλθεν ἱνα πλεοναση το παραπτωμα·
	20	οὐ δε ἐπλεονασεν ἡ ἁμαρτια, ὑπερεπερισσευσεν ἡ χαρις,
	6 1	ἐπιμενωμεν τη ἁμαρτια, ἱνα ἡ χαρις πλεοναση;
2Co	4 15	τα γαρ παντα δι ὑμας, ἱνα ἡ χαρις πλεονασασα δια των πλειονων την εὐχαριστιαν περισσευση εἰς την δοξαν του θεου.
	8 15	ὁ το πολυ οὐκ ἐπλεονασεν, και ὁ το ὀλιγον οὐκ ἠλαττονησεν.
Php	4 17	οὐχ ὁτι ἐπιζητω το δομα, ἀλλα ἐπιζητω τον καρπον τον πλεοναζοντα εἰς λογον ὑμων.
1Th	3 12	ὑμας δε ὁ κυριος πλεονασαι και περισσευσαι τη ἀγαπη εἰς ἀλληλους και εἰς παντας,
2Th	1 3	ὁτι ὑπεραυξανει ἡ πιστις ὑμων και πλεοναζει ἡ ἀγαπη ἑνος ἑκαστου παντων ὑμων εἰς ἀλληλους,
2Pt	1 8	ταυτα γαρ ὑμιν ὑπαρχοντα και πλεοναζοντα οὐκ ἀργους οὐδε ἀκαρπους καθιστησιν εἰς την του κυριου ἡμων ἰησου χριστου ἐπιγνωσιν·

πλεονεκτεω [5]

2Co	2 11	ἱνα μη πλεονεκτηθωμεν ὑπο του σατανα·
	7 2	οὐδενα ἠδικησαμεν, οὐδενα ἐφθειραμεν, οὐδενα ἐπλεονεκτησαμεν.

πλεονεκτεω [5]

2Co	12 17	μη τινα ὡν ἀπεσταλκα προς ὑμας, δι αὐτου ἐπλεονεκτησα ὑμας;
	18	μητι ἐπλεονεκτησεν ὑμας τιτος;
1Th	4 6	το μη ὑπερβαινειν και πλεονεκτειν ἐν τω πραγματι τον ἀδελφον αὐτου,

πλεονεκτης [4]

1Co	5 10	οὐ παντως τοις πορνοις του κοσμου τουτου ἡ τοις πλεονεκταις και ἁρπαξιν ἡ εἰδωλολατραις,
	11	νυν δε ἐγραψα ὑμιν μη συναναμιγνυσθαι ἐαν τις ἀδελφος ὀνομαζομενος ἡ πορνος ἡ πλεονεκτης ἡ εἰδωλολατρης ἡ λοιδορος ἡ μεθυσος ἡ ἁρπαξ,
	6 10	οὐτε πορνοι οὐτε εἰδωλολατραι οὐτε μοιχοι οὐτε μαλακοι οὐτε ἀρσενοκοιται οὐτε κλεπται οὐτε πλεονεκται, οὐ μεθυσοι, οὐ λοιδοροι, οὐχ ἁρπαγες βασιλειαν θεου κληρονομησουσιν.
Eph	5 5	ὁτι πας πορνος ἡ ἀκαθαρτος ἡ πλεονεκτης ὁ ἐστιν εἰδωλολατρης, οὐκ ἐχει κληρονομιαν ἐν τη βασιλεια του χριστου και θεου.

πλεονεξια [10]

Mc	7 22	ἐσωθεν γαρ ἐκ της καρδιας των ἀνθρωπων οἱ διαλογισμοι οἱ κακοι ἐκπορευονται, πορνειαι, κλοπαι, φονοι, μοιχειαι, πλεονεξιαι, πονηριαι, δολος, ἀσελγεια, ὀφθαλμος πονηρος, βλασφημια, ὑπερηφανια, ἀφροσυνη·
Lc	12 15	ὁρατε και φυλασσεσθε ἀπο πασης πλεονεξιας, ὁτι οὐκ ἐν τω περισσευειν τινι ἡ ζωη αὐτου ἐστιν ἐκ των ὑπαρχοντων αὐτω.
Rm	1 29	πεπληρωμενους παση ἀδικια πονηρια πλεονεξια κακια,
2Co	9 5	και προκαταρτισωσιν την προεπηγγελμενην εὐλογιαν ὑμων, ταυτην ἑτοιμην εἰναι οὑτως ὡς εὐλογιαν και μη ὡς πλεονεξιαν.
Eph	4 19	οἱτινες ἀπηλγηκοτες ἑαυτους παρεδωκαν τη ἀσελγεια εἰς ἐργασιαν ἀκαθαρσιας πασης ἐν πλεονεξια.
	5 3	πορνεια δε και ἀκαθαρσια πασα ἡ πλεονεξια μηδε ὀνομαζεσθω ἐν ὑμιν,
Col	3 5	και την πλεονεξιαν ἡτις ἐστιν εἰδωλολατρια,
1Th	2 5	οὐτε γαρ ποτε ἐν λογω κολακειας ἐγενηθημεν, καθως οἰδατε, οὐτε ἐν προφασει πλεονεξιας,
2Pt	2 3	και ἐν πλεονεξια πλαστοις λογοις ὑμας ἐμπορευσονται·
	14	δελεαζοντες ψυχας ἀστηρικτους, καρδιαν γεγυμνασμενην πλεονεξιας ἐχοντες,

πλευρα [5]

Jh	19 34	οὐ κατεαξαν αὐτου τα σκελη, ἀλλ εἰς των στρατιωτων λογχη αὐτου την πλευραν ἐνυξεν,
	20 20	και τουτο εἰπων ἐδειξεν τας χειρας και την πλευραν αὐτοις.
	25	ἐαν μη ἰδω ἐν ταις χερσιν αὐτου τον τυπον των ἡλων και βαλω τον δακτυλον μου εἰς τον τυπον των ἡλων και βαλω μου την χειρα εἰς την πλευραν αὐτου, οὐ μη πιστευσω.
	27	και φερε την χειρα σου και βαλε εἰς την πλευραν μου,
Ac	12 7	παταξας δε την πλευραν του πετρου ἡγειρεν αὐτον λεγων·

πλεω [6]

Lc	8 23	πλεοντων δε αὐτων ἀφυπνωσεν.
Ac	21 3	ἀναφανεντες δε την κυπρον και καταλιποντες αὐτην εὐωνυμον ἐπλεομεν εἰς συριαν,
	27 2	ἐπιβαντες δε πλοιω ἀδραμυττηνω μελλοντι πλειν εἰς τους κατα την ἀσιαν τοπους ἀνηχθημεν,
	6	κακει εὑρων ὁ ἑκατονταρχης πλοιον ἀλεξανδρινον πλεον εἰς την ἰταλιαν ἐνεβιβασεν ἡμας εἰς αὐτο.
	24	καισαρι σε δει παραστηναι, και ἰδου κεχαρισται σοι ὁ θεος παντας τους πλεοντας μετα σοῦ.
Apc	18 17	και πας κυβερνητης και πας ὁ ἐπι τοπον πλεων και ναυται και ὁσοι την θαλασσαν ἐργαζονται, ἀπο μακροθεν ἐστησαν

πληγη [22]

Lc	10 30	και λησταις περιεπεσεν, οἱ και ἐκδυσαντες αὐτον και πληγας ἐπιθεντες ἀπηλθον ἀφεντες ἡμιθανη.
	12 48	ὁ δε μη γνους, ποιησας δε ἀξια πληγων, δαρησεται ὀλιγας.
Ac	16 23	πολλας τε ἐπιθεντες αὐτοις πληγας ἐβαλον εἰς φυλακην,
	33	και παραλαβων αὐτους ἐν ἐκεινη τη ὡρα της νυκτος ἐλουσεν ἀπο των πληγων,
2Co	6 5	ἐν στενοχωριαις, ἐν πληγαις, ἐν φυλακαις,
	11 23	ἐν κοποις περισσοτερως, ἐν φυλακαις περισσοτερως, ἐν πληγαις ὑπερβαλλοντως, ἐν θανατοις πολλακις.

πληγη [22]

Apc	9 18	ἀπο των τριων *πληγων* τουτων ἀπεκτανθησαν το τριτον των ἀνθρωπων,
	20	και οἱ λοιποι των ἀνθρωπων, οἱ οὐκ ἀπεκτανθησαν ἐν ταις *πληγαις* ταυταις,
	11 6	και ἐξουσιαν ἐχουσιν ἐπι των ὑδατων στρεφειν αὐτα εἰς αἱμα και παταξαι την γην ἐν παση *πληγη* ὁσακις ἐαν θελησωσιν.
	13 3	και ἡ *πληγη* του θανατου αὐτου ἐθεραπευθη·
	12	και ποιει την γην και τους ἐν αὐτη κατοικουντας ἱνα προσκυνησουσιν το θηριον το πρωτον, οὑ ἐθεραπευθη ἡ *πληγη* του θανατου αὐτου.
	14	λεγων τοις κατοικουσιν ἐπι της γης ποιησαι εἰκονα τω θηριω, ὁς ἐχει την *πληγην* της μαχαιρης και ἐζησεν.
	15 1	και εἰδον ἀλλο σημειον ἐν τω οὐρανω μεγα και θαυμαστον, ἀγγελους ἑπτα ἐχοντας *πληγας* ἑπτα τας ἐσχατας,
	6	και ἐξηλθον οἱ ἑπτα ἀγγελοι [οἱ] ἐχοντες τας ἑπτα *πληγας* ἐκ του ναου,
	8	και οὐδεις ἐδυνατο εἰσελθειν εἰς τον ναον ἀχρι τελεσθωσιν αἱ ἑπτα *πληγαι* των ἑπτα ἀγγελων.
	16 9	και ἐβλασφημησαν το ὀνομα του θεου του ἐχοντος την ἐξουσιαν ἐπι τας *πληγας* ταυτας,
	21	και ἐβλασφημησαν οἱ ἀνθρωποι τον θεον ἐκ της *πληγης* της χαλαζης,
	21	και ἐβλασφημησαν οἱ ἀνθρωποι τον θεον ἐκ της *πληγης* της χαλαζης, ὁτι μεγαλη ἐστιν ἡ *πληγη* αὐτης σφοδρα.
	18 4	ἱνα μη συγκοινωνησητε ταις ἁμαρτιαις αὐτης, και ἐκ των *πληγων* αὐτης ἱνα μη λαβητε·
	8	δια τουτο ἐν μια ἡμερα ἡξουσιν αἱ *πληγαι* αὐτης,
	21 9	και ἠλθεν εἱς ἐκ των ἑπτα ἀγγελων των ἐχοντων τας ἑπτα φιαλας, των γεμοντων των ἑπτα *πληγων* των ἐσχατων,
	22 18	ἐαν τις ἐπιθη ἐπ αὐτα, ἐπιθησει ὁ θεος ἐπ αὐτον τας *πληγας* τας γεγραμμενας ἐν τω βιβλιω τουτω·

πληθος [31]

Mc	3 7	και πολυ *πληθος* ἀπο της γαλιλαιας [ἠκολουθησεν]·
	8	*πληθος* πολυ, ἀκουοντες ὁσα ἐποιει, ἠλθον προς αὐτον.
Lc	1 10	και παν το *πληθος* ἠν του λαου προσευχομενον ἐξω τη ὡρα του θυμιαματος.
	2 13	και ἐξαιφνης ἐγενετο συν τω ἀγγελω *πληθος* στρατιας οὐρανιου αἰνουντων τον θεον και λεγοντων·
	5 6	και τουτο ποιησαντες συνεκλεισαν *πληθος* ἰχθυων πολυ·
	6 17	και *πληθος* πολυ του λαου ἀπο πασης της ἰουδαιας και ἰερουσαλημ και της παραλιου τυρου και σιδωνος,
	8 37	και ἠρωτησεν αὐτον ἁπαν το *πληθος* της περιχωρου των γερασηνων ἀπελθειν ἀπ αὐτων, ὁτι φοβω μεγαλω συνειχοντο·
	19 37	ἐγγιζοντος δε αὐτου ἠδη προς τη καταβασει του ὁρους των ἐλαιων ἡρξαντο ἁπαν το *πληθος* των μαθητων χαιροντες αἰνειν τον θεον φωνη μεγαλη περι πασων ὡν εἰδον δυναμεων,
	23 1	και ἀνασταν ἁπαν το *πληθος* αὐτων ἠγαγον αὐτον ἐπι τον πιλατον.
	27	ἠκολουθει δε αὐτω πολυ *πληθος* του λαου και γυναικων αἱ ἐκοπτοντο και ἐθρηνουν αὐτον.
Jh	5 3	ἐν ταυταις κατεκειτο *πληθος* των ἀσθενουντων, τυφλων, χωλων, ξηρων.
	21 6	ἐβαλον οὐν, και οὐκετι αὐτο ἑλκυσαι ἰσχυον ἀπο του *πληθους* των ἰχθυων.
Ac	2 6	γενομενης δε της φωνης ταυτης συνηλθεν το *πληθος* και συνεχυθη,
	4 32	του δε *πληθους* των πιστευσαντων ἠν καρδια και ψυχη μια,
	5 14	μαλλον δε προσετιθεντο πιστευοντες τω κυριω, *πληθη* ἀνδρων τε και γυναικων·
	16	συνηρχετο δε και το *πληθος* των περιξ πολεων ἰερουσαλημ,
	6 2	προσκαλεσαμενοι δε οἱ δωδεκα το *πληθος* των μαθητων εἰπαν·
	5	και ἠρεσεν ὁ λογος ἐνωπιον παντος του *πληθους*,
	14 1	ἐγενετο δε ἐν ἰκονιω κατα το αὐτο εἰσελθειν αὐτους εἰς την συναγωγην των ἰουδαιων και λαλησαι οὑτως ὡστε πιστευσαι ἰουδαιων τε και ἑλληνων πολυ *πληθος*.
	4	ἐσχισθη δε το *πληθος* της πολεως,
	15 12	ἐσιγησεν δε παν το *πληθος*, και ἠκουον βαρναβα και παυλου ἐξηγουμενων ὁσα ἐποιησεν ὁ θεος σημεια και τερατα ἐν τοις ἐθνεσιν δι αὐτων.
	30	οἱ μεν οὐν ἀπολυθεντες κατηλθον εἰς ἀντιοχειαν, και συναγαγοντες το *πληθος* ἐπεδωκαν την ἐπιστολην.
	17 4	και τινες ἐξ αὐτων ἐπεισθησαν και προσεκληρωθησαν τω παυλω και τω σιλα, των τε σεβομενων ἑλληνων *πληθος* πολυ,
	19 9	ὡς δε τινες ἐσκληρυνοντο και ἠπειθουν κακολογουντες την ὁδον ἐνωπιον του *πληθους*, ἀποστας ἀπ αὐτων ἀφωρισεν τους μαθητας,

πληθος [31]

Ac	21 36	ἠκολουθει γαρ το *πληθος* του λαου κραζοντες·
	23 7	τουτο δε αὐτου εἰποντος ἐγενετο στασις των φαρισαιων και σαδδουκαιων, και ἐσχισθη το *πληθος*.
	25 24	θεωρειτε τουτον περι οὑ ἁπαν το *πληθος* των ἰουδαιων ἐνετυχον μοι ἐν τε ἱεροσολυμοις και ἐνθαδε,
	28 3	συστρεψαντος δε του παυλου φρυγανων τι *πληθος* και ἐπιθεντος ἐπι την πυραν, ἐχιδνα ἀπο της θερμης ἐξελθουσα καθηψεν της χειρος αὐτου.
Heb	11 12	καθως τα ἀστρα του οὐρανου τω *πληθει* και ὡς ἡ ἀμμος ἡ παρα το χειλος της θαλασσης ἡ ἀναριθμητος.
Ja	5 20	γινωσκετω ὁτι ὁ ἐπιστρεψας ἁμαρτωλον ἐκ πλανης ὁδου αὐτου σωσει ψυχην αὐτου ἐκ θανατου και καλυψει *πληθος* ἁμαρτιων.
1Pt	4 8	προ παντων την εἰς ἑαυτους ἀγαπην ἐκτενη ἐχοντες, ὁτι ἀγαπη καλυπτει *πληθος* ἁμαρτιων·

πληθυνω [12]

Mt	24 12	και δια το *πληθυνθηναι* την ἀνομιαν ψυγησεται ἡ ἀγαπη των πολλων.
Ac	6 1	ἐν δε ταις ἡμεραις ταυταις *πληθυνοντων* των μαθητων ἐγενετο γογγυσμος των ἑλληνιστων προς τους ἑβραιους,
	7	και *ἐπληθυνετο* ὁ ἀριθμος των μαθητων ἐν ἰερουσαλημ σφοδρα,
	7 17	καθως δε ἡγγιζεν ὁ χρονος της ἐπαγγελιας ἡς ὡμολογησεν ὁ θεος τω ἀβρααμ, ηὑξησεν ὁ λαος και *ἐπληθυνθη* ἐν αἰγυπτω,
	9 31	και τη παρακλησει του ἁγιου πνευματος *ἐπληθυνετο*.
	12 24	ὁ δε λογος του θεου ηὑξανεν και *ἐπληθυνετο*.
2Co	9 10	και *πληθυνει* τον σπορον ὑμων και αὐξησει τα γενηματα της δικαιοσυνης ὑμων·
Heb	6 14	εἰ μην εὐλογων εὐλογησω σε και *πληθυνων πληθυνω* σε·
	14	εἰ μην εὐλογων εὐλογησω σε και *πληθυνων πληθυνω* σε·
1Pt	1 2	χαρις ὑμιν και εἰρηνη *πληθυνθειη*.
2Pt	1 2	χαρις ὑμιν και εἰρηνη *πληθυνθειη* ἐν ἐπιγνωσει του θεου και ἰησου του κυριου ἡμων.
Ju	2	ἐλεος ὑμιν και εἰρηνη και ἀγαπη *πληθυνθειη*.

πληκτης [2]

1Tm	3 3	μη παροινον, μη *πληκτην*, ἀλλα ἐπιεικη, ἀμαχον, ἀφιλαργυρον,
Tit	1 7	μη αὐθαδη, μη ὀργιλον, μη παροινον, μη *πληκτην*, μη αἰσχροκερδη, ἀλλα φιλοξενον,

πλημμυρα [1]

Lc	6 48	*πλημμυρης* δε γενομενης προσερηξεν ὁ ποταμος τη οἰκια ἐκεινη,

πλην [31]

Mt	11 22	*πλην* λεγω ὑμιν, τυρω και σιδωνι ἀνεκτοτερον ἐσται ἐν ἡμερα κρισεως ἡ ὑμιν.
	24	*πλην* λεγω ὑμιν ὁτι γη σοδομων ἀνεκτοτερον ἐσται ἐν ἡμερα κρισεως ἡ σοι.
	18 7	ἀναγκη γαρ ἐλθειν τα σκανδαλα, *πλην* οὐαι τω ἀνθρωπω δι οὑ το σκανδαλον ἐρχεται.
	26 39	*πλην* οὐχ ὡς ἐγω θελω ἀλλ ὡς συ.
	64	*πλην* λεγω ὑμιν, ἀπ ἀρτι ὀψεσθε τον υἱον του ἀνθρωπου καθημενον ἐκ δεξιων της δυναμεως και ἐρχομενον ἐπι των νεφελων του οὐρανου.
Mc	12 32	καλως, διδασκαλε, ἐπ ἀληθειας εἰπες ὁτι εἱς ἐστιν και οὐκ ἐστιν ἀλλος *πλην* αὐτου·
Lc	6 24	*πλην* οὐαι ὑμιν τοις πλουσιοις, ὁτι ἀπεχετε την παρακλησιν ὑμων.
	35	*πλην* ἀγαπατε τους ἐχθρους ὑμων και ἀγαθοποιειτε και δανιζετε μηδεν ἀπελπιζοντες·
	10 11	*πλην* τουτο γινωσκετε, ὁτι ἡγγικεν ἡ βασιλεια του θεου.
	14	*πλην* τυρω και σιδωνι ἀνεκτοτερον ἐσται ἐν τη κρισει ἡ ὑμιν.
	20	*πλην* ἐν τουτω μη χαιρετε ὁτι τα πνευματα ὑμιν ὑποτασσεται,
	11 41	*πλην* τα ἐνοντα δοτε ἐλεημοσυνην, και ἰδου παντα καθαρα ὑμιν ἐστιν.
	12 31	*πλην* ζητειτε την βασιλειαν αὐτου, και ταυτα προστεθησεται ὑμιν.
	13 33	*πλην* δει με σημερον και αὐριον και τη ἐχομενη πορευεσθαι, ὁτι οὐκ ἐνδεχεται προφητην ἀπολεσθαι ἐξω ἰερουσαλημ.
	17 1	ἀνενδεκτον ἐστιν του τα σκανδαλα μη ἐλθειν, *πλην* οὐαι δι οὑ ἐρχεται·

πλην [31]

Lc 18 8 πλην ὁ υίος του ἀνθρωπου ἐλθων ἀρα εὑρησει την πιστιν ἐπι της γης;

19 27 πλην τους ἐχθρους μου τουτους τους μη θελησαντας με βασιλευσαι ἐπ αὐτους ἀγαγετε ὡδε και κατασφαξατε αὐτους ἐμπροσθεν μου.

22 21 πλην ἰδου ἡ χειρ του παραδιδοντος με μετ ἐμου ἐπι της τραπεζης.

22 πλην οὐαι τω ἀνθρωπω ἐκεινω δι οὑ παραδιδοται.

42 πλην μη το θελημα μου ἀλλα το σον γινεσθω.

23 28 πλην ἐφ ἑαυτας κλαιετε και ἐπι τα τεκνα ὑμων, ὁτι ἰδου ἐρχονται ἡμεραι ἐν αἱς ἐρουσιν·

Ac 8 1 παντες δε διεσπαρησαν κατα τας χωρας της ἰουδαιας και σαμαρειας πλην των ἀποστολων.

15 28 ἐδοξεν γαρ τω πνευματι τω ἁγιω και ἡμιν μηδεν πλεον ἐπιτιθεσθαι ὑμιν βαρος πλην τουτων των ἐπαναγκες,

20 23 τα ἐν αὐτη συναντησοντα μοι μη εἰδως, πλην ὁτι το πνευμα το ἁγιον κατα πολιν διαμαρτυρεται μοι λεγον ὁτι δεσμα και θλιψεις με μενουσιν.

27 22 ἀποβολη γαρ ψυχης οὐδεμια ἐσται ἐξ ὑμων πλην του πλοιου.

1Co 11 11 πλην οὐτε γυνη χωρις ἀνδρος οὐτε ἀνηρ χωρις γυναικος ἐν κυριω·

Eph 5 33 πλην και ὑμεις οἱ καθ ἑνα ἑκαστος την ἑαυτου γυναικα οὑτως ἀγαπατω ὡς ἑαυτον,

Php 1 18 πλην ὁτι παντι τροπω, εἰτε προφασει εἰτε ἀληθεια, χριστος καταγγελλεται, και ἐν τουτω χαιρω·

3 16 πλην εἰς ὁ ἐφθασαμεν, τω αὐτω στοιχειν.

4 14 πλην καλως ἐποιησατε συγκοινωνησαντες μου τη θλιψει.

Apc 2 25 πλην ὁ ἐχετε κρατησατε ἀχρι[ς] οὑ ἀν ἡξω.

πληρης [16]

Mt 14 20 και ἡραν το περισσευον των κλασματων, δωδεκα κοφινους πληρεις.

15 37 και το περισσευον των κλασματων ἡραν, ἑπτα σπυριδας πληρεις.

Mc 4 28 αὐτοματη ἡ γη καρποφορει, πρωτον χορτον, εἰτα σταχυν, εἰτα πληρη[ς] σιτον ἐν τω σταχυι.

8 19 και οὐ μνημονευετε, ὁτε τους πεντε ἀρτους ἐκλασα εἰς τους πεντακισχιλιους, ποσους κοφινους κλασματων πληρεις ἡρατε;

Lc 4 1 ἰησους δε πληρης πνευματος ἁγιου ὑπεστρεψεν ἀπο του ἰορδανου,

5 12 και ἐγενετο ἐν τω εἰναι αὐτον ἐν μια των πολεων και ἰδου ἀνηρ πληρης λεπρας·

Jh 1 14 δοξαν ὡς μονογενους παρα πατρος, πληρης χαριτος και ἀληθειας.

Ac 6 3 ἐπισκεψασθε δε, ἀδελφοι, ἀνδρας ἐξ ὑμων μαρτυρουμενους ἑπτα πληρεις πνευματος και σοφιας,

5 και ἐξελεξαντο στεφανον, ἀνδρα πληρη πιστεως και πνευματος ἁγιου,

8 στεφανος δε πληρης χαριτος και δυναμεως ἐποιει τερατα και σημεια μεγαλα ἐν τω λαω.

7 55 ὑπαρχων δε πληρης πνευματος ἁγιου ἀτενισας εἰς τον οὐρανον εἰδεν δοξαν θεου και ἰησουν ἑστωτα ἐκ δεξιων του θεου,

9 36 αὐτη ἡν πληρης ἐργων ἀγαθων και ἐλεημοσυνων ὡν ἐποιει.

11 24 και παρεκαλει παντας τη προθεσει της καρδιας προσμενειν τω κυριω, ὁτι ἡν ἀνηρ ἀγαθος και πληρης πνευματος ἁγιου και πιστεως.

13 10 ὡ πληρης παντος δολου και πασης ῥαδιουργιας, υἱε διαβολου, ἐχθρε πασης δικαιοσυνης,

19 28 ἀκουσαντες δε και γενομενοι πληρεις θυμου ἐκραζον λεγοντες·

2Jh 8 βλεπετε ἑαυτους, ἰνα μη ἀπολεσητε ἁ εἰργασαμεθα, ἀλλα μισθον πληρη ἀπολαβητε.

πληροφορεω [6]

Lc 1 1 ἐπειδηπερ πολλοι ἐπεχειρησαν ἀναταξασθαι διηγησιν περι των πεπληροφορημενων ἐν ἡμιν πραγματων, καθως παρεδοσαν ἡμιν οἱ ἀπ ἀρχης αὐτοπται και ὑπηρεται γενομενοι του λογου,

Rm 4 21 δους δοξαν τω θεω και πληροφορηθεις ὁτι ὁ ἐπηγγελται δυνατος ἐστιν και ποιησαι.

14 5 ἑκαστος ἐν τω ἰδιω νοι πληροφορεισθω.

Col 4 12 παντοτε ἀγωνιζομενος ὑπερ ὑμων ἐν ταις προσευχαις, ἰνα σταθητε τελειοι και πεπληροφορημενοι ἐν παντι θελήματι του θεου.

2Tm 4 5 συ δε νηφε ἐν πασιν, κακοπαθησον, ἐργον ποιησον εὐαγγελιστου, την διακονιαν σου πληροφορησον.

πληροφορεω [6]

2Tm 4 17 ὁ δε κυριος μοι παρεστη και ἐνεδυναμωσεν με, ἰνα δι ἐμου το κηρυγμα πληροφορηθη και ἀκουσωσιν παντα τα ἐθνη,

πληροφορια [4]

Col 2 2 ἰνα παρακληθωσιν αἱ καρδιαι αὐτων, συμβιβασθεντες ἐν ἀγαπη και εἰς παν πλουτος της πληροφοριας της συνεσεως,

1Th 1 5 ὁτι το εὐαγγελιον ἡμων οὐκ ἐγενηθη εἰς ὑμας ἐν λογω μονον, ἀλλα και ἐν δυναμει και ἐν πνευματι ἁγιω και [ἐν] πληροφορια πολλη,

Heb 6 11 ἐπιθυμουμεν δε ἑκαστον ὑμων την αὐτην ἐνδεικνυσθαι σπουδην προς την πληροφοριαν της ἐλπιδος ἀχρι τελους,

10 22 προσερχωμεθα μετα ἀληθινης καρδιας ἐν πληροφορια πιστεως,

πληροω [87]

Mt 1 22 τουτο δε ὁλον γεγονεν ἰνα πληρωθη το ῥηθεν ὑπο κυριου δια του προφητου λεγοντος·

2 15 ἰνα πληρωθη το ῥηθεν ὑπο κυριου δια του προφητου λεγοντος·

17 τοτε ἐπληρωθη το ῥηθεν δια ἰερεμιου του προφητου λεγοντος·

23 και ἐλθων κατωκησεν εἰς πολιν λεγομενην ναζαρετ· ὁπως πληρωθη το ῥηθεν δια των προφητων ὁτι ναζωραιος κληθησεται.

3 15 οὑτως γαρ πρεπον ἐστιν ἡμιν πληρωσαι πασαν δικαιοσυνην.

4 14 ἰνα πληρωθη το ῥηθεν δια ἠσαιου του προφητου λεγοντος·

5 17 οὐκ ἡλθον καταλυσαι ἀλλα πληρωσαι.

8 17 και παντας τους κακως ἐχοντας ἐθεραπευσεν· ὁπως πληρωθη το ῥηθεν δια ἠσαιου του προφητου λεγοντος·

12 17 ἰνα πληρωθη το ῥηθεν δια ἠσαιου του προφητου λεγοντος·

13 35 ὁπως πληρωθη το ῥηθεν δια του προφητου λεγοντος·

48 ἡν ὁτε ἐπληρωθη ἀναβιβασαντες ἐπι τον αἰγιαλον και καθισαντες συνελεξαν τα καλα εἰς ἀγγη,

21 4 τουτο δε γεγονεν ἰνα πληρωθη το ῥηθεν δια του προφητου λεγοντος·

23 32 και ὑμεις πληρωσατε το μετρον των πατερων ὑμων.

26 54 πως οὐν πληρωθωσιν αἱ γραφαι ὁτι οὑτως δει γενεσθαι;

56 τουτο δε ὁλον γεγονεν ἰνα πληρωθωσιν αἱ γραφαι των προφητων.

27 9 τοτε ἐπληρωθη το ῥηθεν δια ἰερεμιου του προφητου λεγοντος·

Mc 1 15 μετα δε το παραδοθηναι τον ἰωαννην ἡλθεν ὁ ἰησους εἰς την γαλιλαιαν κηρυσσων το εὐαγγελιον του θεου και λεγων, ὁτι πεπληρωται ὁ καιρος και ἡγγικεν ἡ βασιλεια του θεου·

14 49 καθ ἡμεραν ἡμην προς ὑμας ἐν τω ἱερω διδασκων, και οὐκ ἐκρατησατε με· ἀλλ ἰνα πληρωθωσιν αἱ γραφαι.

15 28 * και ἐπληρωθη ἡ γραφη ἡ λεγουσα· και μετα ἀνομων ἐλογισθη.

Lc 1 20 και ἰδου ἐση σιωπων και μη δυναμενος λαλησαι ἀχρι ἡς ἡμερας γενηται ταυτα, ἀνθ ὡν οὐκ ἐπιστευσας τοις λογοις μου, οἱτινες πληρωθησονται εἰς τον καιρον αὐτων.

2 40 το δε παιδιον ηὐξανεν και ἐκραταιουτο πληρουμενον σοφια,

3 5 πασα φαραγξ πληρωθησεται και παν ὁρος και βουνος ταπεινωθησεται,

4 21 ἡρξατο δε λεγειν προς αὐτους ὁτι σημερον πεπληρωται ἡ γραφη αὑτη ἐν τοις ὠσιν ὑμων.

7 1 ἐπειδη ἐπληρωσεν παντα τα ῥηματα αὐτου εἰς τας ἀκοας του λαου, εἰσηλθεν εἰς καφαρναουμ.

9 31 οἱ ὀφθεντες ἐν δοξη ἐλεγον την ἐξοδον αὐτου, ἡν ἡμελλεν πληρουν ἐν ἰερουσαλημ.

21 24 και ἰερουσαλημ ἐσται πατουμενη ὑπο ἐθνων, ἀχρι οὑ πληρωθωσιν καιροι ἐθνων.

22 16 λεγω γαρ ὑμιν ὁτι οὐ μη φαγω αὐτο ἑως ὁτου πληρωθη ἐν τη βασιλεια του θεου.

24 44 οὑτοι οἱ λογοι μου οὑς ἐλαλησα προς ὑμας ἐτι ὠν συν ὑμιν, ὁτι δει πληρωθηναι παντα τα γεγραμμενα ἐν τω νομω μωυσεως και τοις προφηταις και ψαλμοις περι ἐμου.

Jh 3 29 αὑτη οὐν ἡ χαρα ἡ ἐμη πεπληρωται.

7 8 ἐγω οὐκ ἀναβαινω εἰς την ἑορτην ταυτην, ὁτι ὁ ἐμος καιρος οὐπω πεπληρωται.

12 3 ἡ δε οἰκια ἐπληρωθη ἐκ της ὀσμης του μυρου.

38 τοσαυτα δε αὐτου σημεια πεποιηκοτος ἐμπροσθεν αὐτων οὐκ ἐπιστευον εἰς αὐτον, ἰνα ὁ λογος ἠσαιου του προφητου πληρωθη ὁν εἰπεν·

13 18 οὐ περι παντων ὑμων λεγω· ἐγω οἰδα τινας ἐξελεξαμην· ἀλλ ἰνα ἡ γραφη πληρωθη· ὁ τρωγων μου τον ἀρτον ἐπηρεν ἐπ ἐμε την πτερναν αὐτου.

πληροω [87]

Jh	15 11	ταυτα λελαληκα υμιν ινα ή χαρα ή έμη έν υμιν ή και ή χαρα υμων *πληρωθη*.
	25	άλλ ινα *πληρωθη* ό λογος ό έν τω νομω αυτων γεγραμμενος ότι έμισησαν με δωρεαν.
	16 6	άλλ ότι ταυτα λελαληκα υμιν, ή λυπη *πεπληρωκεν* υμων την καρδιαν.
	24	αίτειτε, και λημψεσθε, ινα ή χαρα υμων ή *πεπληρωμενη*.
	17 12	και έφυλαξα, και ουδεις έξ αυτων άπωλετο εί μη ό υίος της άπωλειας, ινα ή γραφη *πληρωθη*.
	13	και ταυτα λαλω έν τω κοσμω ινα έχωσιν την χαραν την έμην *πεπληρωμενην* έν έαυτοις.
	18 9	ινα *πληρωθη* ό λογος όν είπεν, ότι ους δεδωκας μοι, ουκ άπωλεσα έξ αυτων ουδενα.
	32	ινα ό λογος του ίησου *πληρωθη* όν είπεν σημαινων ποιω θανατω ήμελλεν άποθνησκειν.
	19 24	ινα ή γραφη *πληρωθη* [ή λεγουσα]· διεμερισαντο τα ιματια μου έαυτοις και έπι τον ίματισμον μου έβαλον κληρον.
	36	έγενετο γαρ ταυτα ινα ή γραφη *πληρωθη*· όστουν ου συντριβησεται αυτου.
Ac	1 16	άνδρες άδελφοι, έδει *πληρωθηναι* την γραφην
	2 2	και έγενετο άφνω έκ του ουρανου ήχος ώσπερ φερομενης πνοης βιαιας και *έπληρωσεν* όλον τον οίκον ου ήσαν καθημενοι,
	28	έγνωρισας μοι όδους ζωης, *πληρωσεις* με εύφροσυνης μετα του προσωπου σου.
	3 18	ό δε θεος ά προκατηγγειλεν δια στοματος παντων των προφητων, παθειν τον χριστον αυτου, *έπληρωσεν* ουτως.
	5 3	άνανια, δια τί *έπληρωσεν* ό σατανας την καρδιαν σου, ψευσασθαι σε το πνευμα το άγιον και νοσφισασθαι άπο της τιμης του χωριου;
	28	και ίδου *πεπληρωκατε* την ίερουσαλημ της διδαχης υμων, και βουλεσθε έπαγαγειν έφ ήμας το αίμα του άνθρωπου τουτου.
	7 23	ώς δε *έπληρουτο* αυτω τεσσερακονταετης χρονος, άνεβη έπι την καρδιαν αυτου έπισκεψασθαι τους άδελφους αυτου τους υίους ίσραηλ.
	30	και *πληρωθεντων* έτων τεσσερακοντα ώφθη αυτω έν τη έρημω του όρους σινα άγγελος έν φλογι πυρος βατου.
	9 23	ώς δε *έπληρουντο* ήμεραι ίκαναι, συνεβουλευσαντο οί ίουδαιοι άνελειν αυτον·
	12 25	βαρναβας δε και σαυλος υπεστρεψαν είς ίερουσαλημ, *πληρωσαντες* την διακονιαν,
	13 25	ώς δε *έπληρου* ίωαννης τον δρομον, έλεγεν·
	27	οί γαρ κατοικουντες έν ίερουσαλημ και οί άρχοντες αυτων τουτον άγνοησαντες και τας φωνας των προφητων τας κατα παν σαββατον άναγινωσκομενας κριναντες *έπληρωσαν*,
	52	οί τε μαθηται *έπληρουντο* χαρας και πνευματος άγιου.
	14 26	κάκειθεν άπεπλευσαν είς άντιοχειαν, όθεν ήσαν παραδεδομενοι τη χαριτι του θεου είς το έργον ό *έπληρωσαν*.
	19 21	ώς δε *έπληρωθη* ταυτα, έθετο ό παυλος έν τω πνευματι διελθων την μακεδονιαν και άχαιαν πορευεσθαι είς ίεροσολυμα,
	24 27	διετιας δε *πληρωθεισης* έλαβεν διαδοχον ό φηλιξ πορκιον φηστον·
Rm	1 29	*πεπληρωμενους* παση άδικια πονηρια πλεονεξια κακια,
	8 4	το γαρ άδυνατον του νομου, έν ώ ήσθενει δια της σαρκος, ό θεος τον έαυτου υίον πεμψας έν όμοιωματι σαρκος άμαρτιας και περι άμαρτιας κατεκρινεν την άμαρτιαν έν τη σαρκι, ινα το δικαιωμα του νομου *πληρωθη* έν ήμιν
	13 8	ό γαρ άγαπων τον έτερον νομον *πεπληρωκεν*.
	15 13	ό δε θεος της έλπιδος *πληρωσαι* υμας πασης χαρας και είρηνης έν τω πιστευειν,
	14	ότι και αυτοι μεστοι έστε άγαθωσυνης, *πεπληρωμενοι* πασης [της] γνωσεως,
	19	ώστε με άπο ίερουσαλημ και κυκλω μεχρι του ίλλυρικου *πεπληρωκεναι* το εύαγγελιον του χριστου.
2Co	7 4	*πεπληρωμαι* τη παρακλησει, υπερπερισσευομαι τη χαρα έπι παση τη θλιψει ήμων.
	10 6	και έν έτοιμω έχοντες έκδικησαι πασαν παρακοην, όταν *πληρωθη* υμων ή υπακοη.
Ga	5 14	ό γαρ πας νομος έν ένι λογω *πεπληρωται*,
Eph	1 23	ήτις έστιν το σωμα αυτου, το πληρωμα του τα παντα έν πασιν *πληρουμενου*.
	3 19	γνωναι τε την υπερβαλλουσαν της γνωσεως άγαπην του χριστου, ινα *πληρωθητε* είς παν το πληρωμα του θεου.
	4 10	ό καταβας αυτος έστιν και ό άναβας υπερανω παντων των ουρανων, ινα *πληρωση* τα παντα.
	5 18	και μη μεθυσκεσθε οίνω, έν ώ έστιν άσωτια, άλλα *πληρουσθε* έν πνευματι,

πληροω [87]

Php	1 11	ινα ήτε είλικρινεις και άπροσκοποι είς ήμεραν χριστου, *πεπληρωμενοι* καρπον δικαιοσυνης τον δια ίησου χριστου,
	2 2	εί τις σπλαγχνα και οίκτιρμοι, *πληρωσατε* μου την χαραν ινα το αυτο φρονητε,
	4 18	*πεπληρωμαι* δεξαμενος παρα έπαφροδιτου τα παρ υμων,
	19	ό δε θεος μου *πληρωσει* πασαν χρειαν υμων κατα το πλουτος αυτου έν δοξη έν χριστω ίησου.
Col	1 9	ου παυομεθα υπερ υμων προσευχομενοι και αίτουμενοι ινα *πληρωθητε* την έπιγνωσιν του θεληματος αυτου έν παση σοφια και συνεσει πνευματικη,
	25	ής έγενομην έγω διακονος κατα την οίκονομιαν του θεου την δοθεισαν μοι είς υμας *πληρωσαι* τον λογον του θεου,
	2 10	και έστε έν αυτω *πεπληρωμενοι*,
	4 17	βλεπε την διακονιαν ήν παρελαβες έν κυριω, ινα αυτην *πληροις*.
2Th	1 11	ινα υμας άξιωση της κλησεως ό θεος ήμων και *πληρωση* πασαν εύδοκιαν άγαθωσυνης και έργον πιστεως έν δυναμει,
2Tm	1 4	έπιποθων σε ίδειν, μεμνημενος σου των δακρυων, ινα χαρας *πληρωθω*,
Ja	2 23	και *έπληρωθη* ή γραφη ή λεγουσα·
1Jh	1 4	και ταυτα γραφομεν ήμεις ινα ή χαρα ήμων ή *πεπληρωμενη*.
2Jh	12	άλλα έλπιζω γενεσθαι προς υμας και στομα προς στομα λαλησαι, ινα ή χαρα ήμων *πεπληρωμενη* ή.
Apc	3 2	ου γαρ εύρηκα σου τα έργα *πεπληρωμενα* ένωπιον του θεου μου·
	6 11	και έρρεθη αυτοις ινα άναπαυσονται έτι χρονον μικρον, έως *πληρωθωσιν* και οί συνδουλοι αυτων

πληρωμα [17]

Mt	9 16	αίρει γαρ το *πληρωμα* αυτου άπο του ίματιου,
Mc	2 21	εί δε μη, αίρει το *πληρωμα* άπ αυτου το καινον του παλαιου,
	6 43	και ήραν κλασματα δωδεκα κοφινων *πληρωματα* και άπο των ίχθυων.
	8 20	ότε τους έπτα είς τους τετρακισχιλιους, ποσων σπυριδων *πληρωματα* κλασματων ήρατε;
Jh	1 16	ότι έκ του *πληρωματος* αυτου ήμεις παντες έλαβομεν,
Rm	11 12	εί δε το παραπτωμα αυτων πλουτος κοσμου και το ήττημα αυτων πλουτος έθνων, ποσω μαλλον το *πληρωμα* αυτων.
	25	ινα μη ήτε [παρ] έαυτοις φρονιμοι, ότι πωρωσις άπο μερους τω ίσραηλ γεγονεν άχρι ου το *πληρωμα* των έθνων είσελθη,
	13 10	ή άγαπη τω πλησιον κακον ουκ έργαζεται· *πληρωμα* ουν νομου ή άγαπη.
	15 29	οίδα δε ότι έρχομενος προς υμας έν *πληρωματι* εύλογιας χριστου έλευσομαι.
1Co	10 26	του κυριου γαρ ή γη και το *πληρωμα* αυτης.
Ga	4 4	ότε δε ήλθεν το *πληρωμα* του χρονου, έξαπεστειλεν ό θεος τον υίον αυτου,
Eph	1 10	κατα την εύδοκιαν αυτου, ήν προεθετο έν αυτω είς οίκονομιαν του *πληρωματος* των καιρων,
	23	ήτις έστιν το σωμα αυτου, το *πληρωμα* του τα παντα έν πασιν πληρουμενου.
	3 19	γνωναι τε την υπερβαλλουσαν της γνωσεως άγαπην του χριστου, ινα πληρωθητε είς παν το *πληρωμα* του θεου.
	4 13	είς άνδρα τελειον, είς μετρον ήλικιας του *πληρωματος* του χριστου,
Col	1 19	ότι έν αυτω εύδοκησεν παν το *πληρωμα* κατοικησαι και δι αυτου άποκαταλλαξαι τα παντα είς αυτον,
	2 9	ότι έν αυτω κατοικει παν το *πληρωμα* της θεοτητος σωματικως,

πλησιον [17]

Mt	5 43	άγαπησεις τον *πλησιον* σου και μισησεις τον έχθρον σου.
	19 19	το ου φονευσεις, ου μοιχευσεις, ου κλεψεις, ου ψευδομαρτυρησεις, τιμα τον πατερα και την μητερα, και άγαπησεις τον *πλησιον* σου ώς σεαυτον.
	22 39	άγαπησεις τον *πλησιον* σου ώς σεαυτον.
Mc	12 31	άγαπησεις τον *πλησιον* σου ώς σεαυτον.
	33	και το άγαπαν τον *πλησιον* ώς έαυτον περισσοτερον έστιν παντων των όλοκαυτωματων και θυσιων.
Lc	10 27	άγαπησεις κυριον τον θεον σου έξ όλης [της] καρδιας σου και έν όλη τη ψυχη σου και έν όλη τη ίσχυι σου και έν όλη τη διανοια σου, και τον *πλησιον* σου ώς σεαυτον.
	29	και τίς έστιν μου *πλησιον*;
	36	τίς τουτων των τριων *πλησιον* δοκει σοι γεγονεναι του έμπεσοντος είς τους ληστας;

πλησιον [17]

Jh	4 5	ἔρχεται οὖν εἰς πολιν της σαμαρειας λεγομενην συχαρ, *πλησιον* του χωριου ὃ ἐδωκεν ιακωβ [τῳ] ιωσηφ τῳ υἱῳ αὐτου·
Ac	7 27	ὁ δε ἀδικων τον *πλησιον* ἀπωσατο αὐτον εἰπων·
Rm	13 9	ἀγαπησεις τον *πλησιον* σου ὡς σεαυτον.
	10	ἡ ἀγαπη τῳ *πλησιον* κακον οὐκ ἐργαζεται· πληρωμα οὖν νομου ἡ ἀγαπη.
	15 2	ἑκαστος ἡμων τῳ *πλησιον* ἀρεσκετω εἰς το ἀγαθον προς οἰκοδομην·
Ga	5 14	ἀγαπησεις τον *πλησιον* σου ὡς σεαυτον.
Eph	4 25	διο ἀποθεμενοι το ψευδος λαλειτε ἀληθειαν ἑκαστος μετα του *πλησιον* αὐτου,
Ja	2 8	εἰ μεντοι νομον τελειτε βασιλικον κατα την γραφην· ἀγαπησεις τον *πλησιον* σου ὡς σεαυτον, καλως ποιειτε·
	4 12	συ δε τίς εἶ, ὁ κρινων τον *πλησιον*;

πλησμονη [1]

Col	2 23	ἀτινα ἐστιν λογον μεν ἐχοντα σοφιας ἐν ἐθελοθρησκια και ταπεινοφροσυνη [και] ἀφειδια σωματος, οὐκ ἐν τιμη τινι προς *πλησμονην* της σαρκος.

πλησσω [1]

Apc	8 12	και *ἐπληγη* το τριτον του ἡλιου και το τριτον της σεληνης και το τριτον των ἀστερων,

πλοιαριον [5]

Mc	3 9	και εἰπεν τοις μαθηταις αὐτου ἱνα *πλοιαριον* προσκαρτερη αὐτῳ δια τον ὀχλον,
Jh	6 22	τῃ ἐπαυριον ὁ ὀχλος ὁ ἑστηκως περαν της θαλασσης εἰδον ὁτι *πλοιαριον* ἀλλο οὐκ ἦν ἐκει εἰ μη ἑν,
	23	ἀλλα ἦλθεν *πλοια[ρια]* ἐκ τιβεριαδος ἐγγυς του τοπου ὁπου ἐφαγον τον ἀρτον εὐχαριστησαντος του κυριου.
	24	ὁτε οὖν εἰδεν ὁ ὀχλος ὁτι ιησους οὐκ ἐστιν ἐκει οὐδε οἱ μαθηται αὐτου, ἐνεβησαν αὐτοι εἰς τα *πλοιαρια* και ἦλθον εἰς καφαρναουμ ζητουντες τον ιησουν.
	21 8	οἱ δε ἀλλοι μαθηται τῳ *πλοιαριῳ* ἦλθον, οὐ γαρ ἦσαν μακραν ἀπο της γης ἀλλα ὡς ἀπο πηχων διακοσιων, συροντες το δικτυον των ἰχθυων.

πλοιον [68]

Mt	4 21	ἐν τῳ *πλοιῳ* μετα ζεβεδαιου του πατρος αὐτων καταρτιζοντας τα δικτυα αὐτων·
	22	οἱ δε εὐθεως ἀφεντες το *πλοιον* και τον πατερα αὐτων ἠκολουθησαν αὐτῳ.
	8 23	και ἐμβαντι αὐτῳ εἰς το *πλοιον*,
	24	και ἰδου σεισμος μεγας ἐγενετο ἐν τῃ θαλασσῃ, ὡστε το *πλοιον* καλυπτεσθαι ὑπο των κυματων·
	9 1	και ἐμβας εἰς *πλοιον* διεπερασεν,
	13 2	και συνηχθησαν προς αὐτον ὀχλοι πολλοι, ὡστε αὐτον εἰς *πλοιον* ἐμβαντα καθησθαι,
	14 13	ἀκουσας δε ὁ ιησους ἀνεχωρησεν ἐκειθεν ἐν *πλοιῳ* εἰς ἐρημον τοπον κατ ἰδιαν·
	22	και εὐθεως ἠναγκασεν τους μαθητας ἐμβηναι εἰς το *πλοιον* και προαγειν αὐτον εἰς το περαν,
	24	το δε *πλοιον* ἠδη σταδιους πολλους ἀπο της γης ἀπειχεν,
	29	και καταβας ἀπο του *πλοιου* [ὁ] πετρος περιεπατησεν ἐπι τα ὑδατα και ἦλθεν προς τον ιησουν.
	32	και ἀναβαντων αὐτων εἰς το *πλοιον* ἐκοπασεν ὁ ἀνεμος.
	33	οἱ δε ἐν τῳ *πλοιῳ* προσεκυνησαν αὐτῳ λεγοντες·
	15 39	και ἀπολυσας τους ὀχλους ἐνεβη εἰς το *πλοιον*,
Mc	1 19	και προβας ὀλιγον εἰδεν ιακωβον τον του ζεβεδαιου και ιωαννην τον ἀδελφον αὐτου και αὐτους ἐν τῳ *πλοιῳ* καταρτιζοντας τα δικτυα.
	20	και ἀφεντες τον πατερα αὐτων ζεβεδαιον ἐν τῳ *πλοιῳ* μετα των μισθωτων ἀπηλθον ὀπισω αὐτου.
	4 1	και συναγεται προς αὐτον ὀχλος πλειστος, ὡστε αὐτον εἰς *πλοιον* ἐμβαντα καθησθαι ἐν τῃ θαλασσῃ,
	36	και ἀφεντες τον ὀχλον παραλαμβανουσιν αὐτον ὡς ἦν ἐν τῳ *πλοιῳ*,
	36	και ἀλλα *πλοια* ἦν μετ αὐτου.
	37	και τα κυματα ἐπεβαλλεν εἰς το *πλοιον*,
	37	και τα κυματα ἐπεβαλλεν εἰς το *πλοιον*, ὡστε ἠδη γεμιζεσθαι το *πλοιον*.
	5 2	και ἐξελθοντος αὐτου ἐκ του *πλοιου*, εὐθυς ὑπηντησεν αὐτῳ ἐκ των μνημειων ἀνθρωπος ἐν πνευματι ἀκαθαρτῳ,

πλοιον [68]

Mc	5 18	και ἐμβαινοντος αὐτου εἰς το *πλοιον* παρεκαλει αὐτον ὁ δαιμονισθεις ἱνα μετ αὐτου ἦ.
	21	και διαπερασαντος του ιησου [ἐν τῳ *πλοιῳ*] παλιν εἰς το περαν συνηχθη ὀχλος πολυς ἐπ αὐτον,
	6 32	και ἀπηλθον ἐν τῳ *πλοιῳ* εἰς ἐρημον τοπον κατ ἰδιαν.
	45	και εὐθυς ἠναγκασεν τους μαθητας αὐτου ἐμβηναι εἰς το *πλοιον* και προαγειν εἰς το περαν προς βηθσαιδαν,
	47	και ὀψιας γενομενης ἦν το *πλοιον* ἐν μεσῳ της θαλασσης,
	51	και ἀνεβη προς αὐτους εἰς το *πλοιον*,
	54	και ἐξελθοντων αὐτων ἐκ του *πλοιου* εὐθυς ἐπιγνοντες αὐτον περιεδραμον ὁλην την χωραν ἐκεινην και ἠρξαντο ἐπι τοις κραβαττοις τους κακως ἐχοντας περιφερειν,
	8 10	και εὐθυς ἐμβας εἰς το *πλοιον* μετα των μαθητων αὐτου ἦλθεν εἰς τα μερη δαλμανουθα.
	14	και ἐπελαθοντο λαβειν ἀρτους, και εἰ μη ἑνα ἀρτον οὐκ εἰχον μεθ ἑαυτων ἐν τῳ *πλοιῳ*.
Lc	5 2	και εἰδεν δυο *πλοια* ἑστωτα παρα την λιμνην·
	3	ἐμβας δε εἰς ἑν των *πλοιων*, ὁ ἦν σιμωνος, ἠρωτησεν αὐτον ἀπο της γης ἐπαναγαγειν ὀλιγον·
	3	καθισας δε ἐκ του *πλοιου* ἐδιδασκεν τους ὀχλους.
	7	και κατενευσαν τοις μετοχοις ἐν τῳ ἑτερῳ *πλοιῳ* του ἐλθοντας συλλαβεσθαι αὐτοις·
	7	και ἦλθον, και ἐπλησαν ἀμφοτερα τα *πλοια* ὡστε βυθιζεσθαι αὐτα.
	11	και καταγαγοντες τα *πλοια* ἐπι την γην, ἀφεντες παντα ἠκολουθησαν αὐτῳ.
	8 22	ἐγενετο δε ἐν μια των ἡμερων και αὐτος ἐνεβη εἰς *πλοιον* και οἱ μαθηται αὐτου,
	37	αὐτος δε ἐμβας εἰς *πλοιον* ὑπεστρεψεν.
Jh	6 17	κατεβησαν οἱ μαθηται αὐτου ἐπι την θαλασσαν, και ἐμβαντες εἰς *πλοιον* ἠρχοντο περαν της θαλασσης εἰς καφαρναουμ.
	19	ἐληλακοτες οὖν ὡς σταδιους εἰκοσιπεντε ἢ τριακοντα θεωρουσιν τον ιησουν περιπατουντα ἐπι της θαλασσης και ἐγγυς του *πλοιου* γινομενον,
	21	ἠθελον οὖν λαβειν αὐτον εἰς το *πλοιον*,
	21	και εὐθεως ἐγενετο το *πλοιον* ἐπι της γης εἰς ἡν ὑπηγον.
	22	και ὁτι οὐ συνεισηλθεν τοις μαθηταις αὐτου ὁ ιησους εἰς το *πλοιον* ἀλλα μονοι οἱ μαθηται αὐτου ἀπηλθον·
	23	ἀλλα ἦλθεν *πλοια[ρια]* ἐκ τιβεριαδος ἐγγυς του τοπου ὁπου ἐφαγον τον ἀρτον εὐχαριστησαντος του κυριου.
	21 3	ἐξηλθον και ἐνεβησαν εἰς το *πλοιον*,
	6	βαλετε εἰς τα δεξια μερη του *πλοιου* το δικτυον, και εὑρησετε.
Ac	20 13	ἡμεις δε προελθοντες ἐπι το *πλοιον* ἀνηχθημεν ἐπι την ἀσσον,
	38	προεπεμπον δε αὐτον εἰς το *πλοιον*.
	21 2	και εὑροντες *πλοιον* διαπερων εἰς φοινικην, ἐπιβαντες ἀνηχθημεν.
	3	και κατηλθομεν εἰς τυρον· ἐκεισε γαρ το *πλοιον* ἦν ἀποφορτιζομενον τον γομον.
	6	και ἀνεβημεν εἰς το *πλοιον*, ἐκεινοι δε ὑπεστρεψαν εἰς τα ἰδια.
	27 2	ἐπιβαντες δε *πλοιῳ* ἀδραμυττηνῳ μελλοντι πλειν εἰς τους κατα την ἀσιαν τοπους ἀνηχθημεν,
	6	κακει εὑρων ὁ ἑκατονταρχης *πλοιον* ἀλεξανδρινον πλεον εἰς την ιταλιαν ἐνεβιβασεν ἡμας εἰς αὐτο.
	10	ἀνδρες, θεωρω ὁτι μετα ὑβρεως και πολλης ζημιας οὐ μονον του φορτιου και του *πλοιου* ἀλλα και των ψυχων ἡμων μελλειν ἐσεσθαι τον πλουν.
	15	συναρπασθεντος δε του *πλοιου* και μη δυναμενου ἀντοφθαλμειν τῳ ἀνεμῳ ἐπιδοντες ἐφερομεθα.
	17	ἡν ἀραντες βοηθειαις ἐχρωντο, ὑποζωννυντες το *πλοιον*·
	19	και τῃ τριτῃ αὐτοχειρες την σκευην του *πλοιου* ἐρριψαν.
	22	ἀποβολη γαρ ψυχης οὐδεμια ἐσται ἐξ ὑμων πλην του *πλοιου*.
	30	των δε ναυτων ζητουντων φυγειν ἐκ του *πλοιου*
	31	ἐαν μη οὑτοι μεινωσιν ἐν τῳ *πλοιῳ*, ὑμεις σωθηναι οὐ δυνασθε.
	37	ἠμεθα δε αἱ πασαι ψυχαι ἐν τῳ *πλοιῳ* διακοσιαιεβδομηκονταεξ.
	38	κορεσθεντες δε τροφης ἐκουφιζον το *πλοιον* ἐκβαλλομενοι τον σιτον εἰς την θαλασσαν.
	39	κολπον δε τινα κατενοουν ἐχοντα αἰγιαλον, εἰς ὃν ἐβουλευοντο εἰ δυναιντο ἐξωσαι το *πλοιον*.
	44	και τους λοιπους οὓς μεν ἐπι σανισιν, οὓς δε ἐπι τινων των ἀπο του *πλοιου*.
	28 11	μετα δε τρεις μηνας ἀνηχθημεν ἐν *πλοιῳ* παρακεχειμακοτι ἐν τῃ νησῳ, ἀλεξανδρινῳ, παρασημῳ διοσκουροις.
Ja	3 4	ἰδου και τα *πλοια*, τηλικαυτα ὀντα και ὑπο ἀνεμων σκληρων ἐλαυνομενα,
Apc	8 9	και το τριτον των *πλοιων* διεφθαρησαν.

πλοιον [68]

Apc	18 19	οὐαι οὐαι, ἡ πολις ἡ μεγαλη, ἐν ᾗ ἐπλουτησαν παντες οἱ ἐχοντες τα πλοια ἐν τῇ θαλασσῃ ἐκ τῆς τιμιοτητος αὐτης,

πλους [3]

Ac	21 7	ἡμεις δε τον πλουν διανυσαντες ἀπο τυρου κατηντησαμεν εἰς πτολεμαιδα,
	27 9	ἱκανου δε χρονου διαγενομενου και ὀντος ἠδη ἐπισφαλους του πλοος δια το και την νηστειαν ἠδη παρεληλυθεναι, παρηνει ὁ παυλος λεγων αὐτοις·
	10	ἀνδρες, θεωρω ὁτι μετα ὑβρεως και πολλης ζημιας οὐ μονον του φορτιου και του πλοιου ἀλλα και των ψυχων ἡμων μελλειν ἐσεσθαι τον πλουν.

πλουσιος [28]

Mt	19 23	ἀμην λεγω ὑμιν ὁτι πλουσιος δυσκολως εἰσελευσεται εἰς την βασιλειαν των οὐρανων.
	24	εὐκοπωτερον ἐστιν καμηλον δια τρυπηματος ῥαφιδος διελθειν ἢ πλουσιον εἰσελθειν εἰς την βασιλειαν του θεου.
	27 57	ὀψιας δε γενομενης ἠλθεν ἀνθρωπος πλουσιος ἀπο ἀριμαθαιας, τουνομα ἰωσηφ, ὁς και αὐτος ἐμαθητευθη τῳ ἰησου·
Mc	10 25	εὐκοπωτερον ἐστιν καμηλον δια [της] τρυμαλιας [της] ῥαφιδος διελθειν ἢ πλουσιον εἰς την βασιλειαν του θεου εἰσελθειν.
	12 41	και πολλοι πλουσιοι ἐβαλλον πολλα·
Lc	6 24	πλην οὐαι ὑμιν τοις πλουσιοις, ὁτι ἀπεχετε την παρακλησιν ὑμων.
	12 16	ἀνθρωπου τινος πλουσιου εὐφορησεν ἡ χωρα.
	14 12	μη φωνει τους φιλους σου μηδε τους ἀδελφους σου μηδε τους συγγενεις σου μηδε γειτονας πλουσιους,
	16 1	ἀνθρωπος τις ἠν πλουσιος ὁς εἰχεν οἰκονομον, και οὑτος διεβληθη αὐτῳ ὡς διασκορπιζων τα ὑπαρχοντα αὐτου.
	19	ἀνθρωπος δε τις ἠν πλουσιος, και ἐνεδιδυσκετο πορφυραν και βυσσον εὐφραινομενος καθ ἡμεραν λαμπρως.
	21	πτωχος δε τις ὀνοματι λαζαρος ἐβεβλητο προς τον πυλωνα αὐτου εἱλκωμενος και ἐπιθυμων χορτασθηναι ἀπο των πιπτοντων ἀπο της τραπεζης του πλουσιου·
	22	ἀπεθανεν δε και ὁ πλουσιος και ἐταφη.
	18 23	ὁ δε ἀκουσας ταυτα περιλυπος ἐγενηθη, ἠν γαρ πλουσιος σφοδρα.
	25	εὐκοπωτερον γαρ ἐστιν καμηλον δια τρηματος βελονης εἰσελθειν ἢ πλουσιον εἰς την βασιλειαν του θεου εἰσελθειν.
	19 2	και ἰδου ἀνηρ ἀρχιτελωνης, και αὐτος πλουσιος·
	21 1	ἀναβλεψας δε εἰδεν τους βαλλοντας εἰς το γαζοφυλακιον τα δωρα αὐτων πλουσιους.
2Co	8 9	γινωσκετε γαρ την χαριν του κυριου ἡμων ἰησου χριστου, ὁτι δι ὑμας ἐπτωχευσεν πλουσιος ὠν,
Eph	2 4	ὁ δε θεος πλουσιος ὠν ἐν ἐλεει,
1Tm	6 17	τοις πλουσιοις ἐν τῳ νυν αἰωνι παραγγελλε μη ὑψηλοφρονειν,
Ja	1 10	καυχασθω δε ὁ ἀδελφος ὁ ταπεινος ἐν τῳ ὑψει αὐτου, ὁ δε πλουσιος ἐν τῃ ταπεινωσει αὐτου,
	11	οὑτως και ὁ πλουσιος ἐν ταις πορειαις αὐτου μαρανθησεται.
	2 5	οὐχ ὁ θεος ἐξελεξατο τους πτωχους τῳ κοσμῳ πλουσιους ἐν πιστει και κληρονομους της βασιλειας ἡς ἐπηγγειλατο τοις ἀγαπωσιν αὐτον;
	6	οὐχ οἱ πλουσιοι καταδυναστευουσιν ὑμων, και αὐτοι ἑλκουσιν ὑμας εἰς κριτηρια;
	5 1	ἀγε νυν οἱ πλουσιοι, κλαυσατε ὀλολυζοντες ἐπι ταις ταλαιπωριαις ὑμων ταις ἐπερχομεναις.
Apc	2 9	οἰδα σου την θλιψιν και την πτωχειαν, ἀλλα πλουσιος εἰ,
	3 17	ὁτι λεγεις ὁτι πλουσιος εἰμι και πεπλουτηκα και οὐδεν χρειαν ἐχω,
	6 15	και οἱ βασιλεις της γης και οἱ μεγιστανες και οἱ χιλιαρχοι και οἱ πλουσιοι και οἱ ἰσχυροι και πας δουλος και ἐλευθερος ἐκρυψαν ἑαυτους
	13 16	τους μικρους και τους μεγαλους, και τους πλουσιους και τους πτωχους,

πλουσιως [4]

Col	3 16	ὁ λογος του χριστου ἐνοικειτω ἐν ὑμιν πλουσιως,
1Tm	6 17	μηδε ἠλπικεναι ἐπι πλουτου ἀδηλοτητι, ἀλλ ἐπι θεῳ τῳ παρεχοντι ἡμιν παντα πλουσιως εἰς ἀπολαυσιν,
Tit	3 6	ἀλλα κατα το αὐτου ἐλεος ἐσωσεν ἡμας δια λουτρου παλιγγενεσιας και ἀνακαινωσεως πνευματος ἁγιου, οὑ ἐξεχεεν ἐφ ἡμας πλουσιως δια ἰησου χριστου του σωτηρος ἡμων,

πλουσιως [4]

2Pt	1 11	οὑτως γαρ πλουσιως ἐπιχορηγηθησεται ὑμιν ἡ εἰσοδος εἰς την αἰωνιον βασιλειαν του κυριου ἡμων και σωτηρος ἰησου χριστου.

πλουτεω [12]

Lc	1 53	πεινωντας ἐνεπλησεν ἀγαθων και πλουτουντας ἐξαπεστειλεν κενους.
	12 21	οὑτως ὁ θησαυριζων ἑαυτῳ και μη εἰς θεον πλουτων.
Rm	10 12	ὁ γαρ αὐτος κυριος παντων, πλουτων εἰς παντας τους ἐπικαλουμενους αὐτον·
1Co	4 8	ἠδη κεκορεσμενοι ἐστε· ἠδη ἐπλουτησατε· χωρις ἡμων ἐβασιλευσατε·
2Co	8 9	ὁτι δι ὑμας ἐπτωχευσεν πλουσιος ὠν, ἱνα ὑμεις τῃ ἐκεινου πτωχεια πλουτησητε.
1Tm	6 9	οἱ δε βουλομενοι πλουτειν ἐμπιπτουσιν εἰς πειρασμον και παγιδα και ἐπιθυμιας πολλας ἀνοητους και βλαβερας,
	18	ἀγαθοεργειν, πλουτειν ἐν ἐργοις καλοις, εὐμεταδοτους εἰναι, κοινωνικους,
Apc	3 17	ὁτι λεγεις ὁτι πλουσιος εἰμι και πεπλουτηκα και οὐδεν χρειαν ἐχω,
	18	συμβουλευω σοι ἀγορασαι παρ ἐμου χρυσιον πεπυρωμενον ἐκ πυρος ἱνα πλουτησῃς,
	18 3	και οἱ ἐμποροι της γης ἐκ της δυναμεως του στρηνους αὐτης ἐπλουτησαν.
	15	οἱ ἐμποροι τουτων, οἱ πλουτησαντες ἀπ αὐτης, ἀπο μακροθεν στησονται
	19	οὐαι οὐαι, ἡ πολις ἡ μεγαλη, ἐν ᾗ ἐπλουτησαν παντες οἱ ἐχοντες τα πλοια ἐν τῃ θαλασσῃ ἐκ της τιμιοτητος αὐτης,

πλουτιζω [3]

1Co	1 5	εὐχαριστω τῳ θεῳ μου παντοτε περι ὑμων ἐπι τῃ χαριτι του θεου τῃ δοθεισῃ ὑμιν ἐν χριστῳ ἰησου, ὁτι ἐν παντι ἐπλουτισθητε ἐν αὐτῳ,
2Co	6 10	ὡς λυπουμενοι ἀει δε χαιροντες, ὡς πτωχοι πολλους δε πλουτιζοντες,
	9 11	ἐν παντι πλουτιζομενοι εἰς πασαν ἁπλοτητα,

πλουτος [22]

Mt	13 22	και ἡ μεριμνα του αἰωνος και ἡ ἀπατη του πλουτου συμπνιγει τον λογον,
Mc	4 19	οὑτοι εἰσιν οἱ τον λογον ἀκουσαντες, και αἱ μεριμναι του αἰωνος και ἡ ἀπατη του πλουτου και αἱ περι τα λοιπα ἐπιθυμιαι εἰσπορευομεναι συμπνιγουσιν τον λογον, και ἀκαρπος γινεται.
Lc	8 14	και ὑπο μεριμνων και πλουτου και ἡδονων του βιου πορευομενοι συμπνιγονται και οὐ τελεσφορουσιν.
Rm	2 4	ἠ του πλουτου της χρηστοτητος αὐτου και της ἀνοχης και της μακροθυμιας καταφρονεις, ἀγνοων ὁτι το χρηστον του θεου εἰς μετανοιαν σε ἀγει;
	9 23	και ἱνα γνωρισῃ τον πλουτον της δοξης αὐτου ἐπι σκευη ἐλεους,
	11 12	εἰ δε το παραπτωμα αὐτων πλουτος κοσμου και το ἡττημα αὐτων πλουτος ἐθνων, ποσῳ μαλλον το πληρωμα αὐτων.
	12	εἰ δε το παραπτωμα αὐτων πλουτος κοσμου και το ἡττημα αὐτων πλουτος ἐθνων, ποσῳ μαλλον το πληρωμα αὐτων.
	33	ὠ βαθος πλουτου και σοφιας και γνωσεως θεου·
2Co	8 2	ὁτι ἐν πολλῃ δοκιμῃ θλιψεως ἡ περισσεια της χαρας αὐτων και ἡ κατα βαθους πτωχεια αὐτων ἐπερισσευσεν εἰς το πλουτος της ἁπλοτητος αὐτων·
Eph	1 7	την ἀφεσιν των παραπτωματων, κατα το πλουτος της χαριτος αὐτου,
	18	τις ὁ πλουτος της δοξης της κληρονομιας αὐτου ἐν τοις ἁγιοις,
	2 7	ἱνα ἐνδειξηται ἐν τοις αἰωσιν τοις ἐπερχομενοις το ὑπερβαλλον πλουτος της χαριτος αὐτου ἐν χρηστοτητι ἐφ ἡμας ἐν χριστῳ ἰησου.
	3 8	ἐμοι τῳ ἐλαχιστοτερῳ παντων ἁγιων ἐδοθη ἡ χαρις αὐτη, τοις ἐθνεσιν εὐαγγελισασθαι το ἀνεξιχνιαστον πλουτος του χριστου,
	16	ἱνα δῳ ὑμιν κατα το πλουτος της δοξης αὐτου δυναμει κραταιωθηναι δια του πνευματος αὐτου εἰς τον ἐσω ἀνθρωπον,
Php	4 19	ὁ δε θεος μου πληρωσει πασαν χρειαν ὑμων κατα το πλουτος αὐτου ἐν δοξῃ ἐν χριστῳ ἰησου.

πλουτος [22]

Col 1 27 νυν δε εφανερωθη τοις αγιοις αυτου, οις ηθελησεν ο θεος γνωρισαι τι το πλουτος της δοξης του μυστηριου τουτου εν τοις εθνεσιν,

2 2 ινα παρακληθωσιν αι καρδιαι αυτων, συμβιβασθεντες εν αγαπη και εις παν πλουτος της πληροφοριας της συνεσεως,

1Tm 6 17 τοις πλουσιοις εν τω νυν αιωνι παραγγελλε μη υψηλοφρονειν, μηδε ηλπικεναι επι πλουτου αδηλοτητι,

Heb 11 26 μειζονα πλουτον ηγησαμενος των αιγυπτου θησαυρων τον ονειδισμον του χριστου·

Ja 5 2 ο πλουτος υμων σεσηπεν, και τα ιματια υμων σητοβρωτα γεγονεν,

Apc 5 12 αξιον εστιν το αρνιον το εσφαγμενον λαβειν την δυναμιν και πλουτον και σοφιαν και ισχυν και τιμην και δοξαν και ευλογιαν.

18 17 οτι μια ωρα ηρημωθη ο τοσουτος πλουτος.

πλυνω [3]

Lc 5 2 οι δε αλιεις απ αυτων αποβαντες επλυνον τα δικτυα.

Apc 7 14 και επλυναν τας στολας αυτων και ελευκαναν αυτας εν τω αιματι του αρνιου.

22 14 μακαριοι οι πλυνοντες τας στολας αυτων,

πνευμα [379]

Mt 1 18 πριν η συνελθειν αυτους ευρεθη εν γαστρι εχουσα εκ πνευματος αγιου.

20 το γαρ εν αυτη γεννηθεν εκ πνευματος εστιν αγιον.

3 11 αυτος υμας βαπτισει εν πνευματι αγιω και πυρι·

16 και ειδεν [το] πνευμα [του] θεου καταβαινον ωσει περιστεραν,

4 1 τοτε ο ιησους ανηχθη εις την ερημον υπο του πνευματος πειρασθηναι υπο του διαβολου.

5 3 μακαριοι οι πτωχοι τω πνευματι, οτι αυτων εστιν η βασιλεια των ουρανων.

8 16 και εξεβαλεν τα πνευματα λογω,

10 1 και προσκαλεσαμενος τους δωδεκα μαθητας αυτου εδωκεν αυτοις εξουσιαν πνευματων ακαθαρτων ωστε εκβαλλειν αυτα,

20 ου γαρ υμεις εστε οι λαλουντες, αλλα το πνευμα του πατρος υμων το λαλουν εν υμιν.

12 18 θησω το πνευμα μου επ αυτον,

28 ει δε εν πνευματι θεου εγω εκβαλλω τα δαιμονια, αρα εφθασεν εφ υμας η βασιλεια του θεου.

31 η δε του πνευματος βλασφημια ουκ αφεθησεται.

32 ος δ αν ειπη κατα του πνευματος του αγιου, ουκ αφεθησεται αυτω ουτε εν τουτω τω αιωνι ουτε εν τω μελλοντι.

43 οταν δε το ακαθαρτον πνευμα εξελθη απο του ανθρωπου, διερχεται δι ανυδρων τοπων ζητουν αναπαυσιν,

45 τοτε πορευεται και παραλαμβανει μεθ εαυτου επτα ετερα πνευματα πονηροτερα εαυτου,

22 43 πως ουν δαυιδ εν πνευματι καλει αυτον κυριον λεγων·

26 41 το μεν πνευμα προθυμον, η δε σαρξ ασθενης.

27 50 ο δε ιησους παλιν κραξας φωνη μεγαλη αφηκεν το πνευμα.

28 19 πορευθεντες ουν μαθητευσατε παντα τα εθνη, βαπτιζοντες αυτους εις το ονομα του πατρος και του υιου και του αγιου πνευματος, διδασκοντες αυτους τηρειν παντα οσα ενετειλαμην υμιν·

Mc 1 8 εγω εβαπτισα υμας υδατι, αυτος δε βαπτισει υμας εν πνευματι αγιω.

10 και ευθυς αναβαινων εκ του υδατος ειδεν σχιζομενους τους ουρανους και το πνευμα ως περιστεραν καταβαινον εις αυτον·

12 και ευθυς το πνευμα αυτον εκβαλλει εις την ερημον.

23 και ευθυς ην εν τη συναγωγη αυτων ανθρωπος εν πνευματι ακαθαρτω,

26 και σπαραξαν αυτον το πνευμα το ακαθαρτον και φωνησαν φωνη μεγαλη εξηλθεν εξ αυτου.

27 και τοις πνευμασι τοις ακαθαρτοις επιτασσει,

2 8 και ευθυς επιγνους ο ιησους τω πνευματι αυτου οτι ουτως διαλογιζονται εν εαυτοις,

3 11 και τα πνευματα τα ακαθαρτα, οταν αυτον εθεωρουν, προσεπιπτον αυτω και εκραζον λεγοντες οτι συ ει ο υιος του θεου.

29 ος δ αν βλασφημηση εις το πνευμα το αγιον, ουκ εχει αφεσιν εις τον αιωνα,

30 οτι ελεγον· πνευμα ακαθαρτον εχει.

5 2 και εξελθοντος αυτου εκ του πλοιου, ευθυς υπηντησεν αυτω εκ των μνημειων ανθρωπος εν πνευματι ακαθαρτω,

8 ελεγεν γαρ αυτω· εξελθε το πνευμα το ακαθαρτον εκ του ανθρωπου.

πνευμα [379]

Mc 5 13 και εξελθοντα τα πνευματα τα ακαθαρτα εισηλθον εις τους χοιρους,

6 7 και ηρξατο αυτους αποστελλειν δυο δυο, και εδιδου αυτοις εξουσιαν των πνευματων των ακαθαρτων,

7 25 αλλ ευθυς ακουσασα γυνη περι αυτου, ης ειχεν το θυγατριον αυτης πνευμα ακαθαρτον, ελθουσα προσεπεσεν προς τους ποδας αυτου·

8 12 και αναστεναξας τω πνευματι αυτου λεγει· τι η γενεα αυτη ζητει σημειον;

9 17 διδασκαλε, ηνεγκα τον υιον μου προς σε, εχοντα πνευμα αλαλον·

20 και ιδων αυτον το πνευμα ευθυς συνεσπαραξεν αυτον,

25 ιδων δε ο ιησους οτι επισυντρεχει οχλος, επετιμησεν τω πνευματι τω ακαθαρτω λεγων αυτω·

25 το αλαλον και κωφον πνευμα, εγω επιτασσω σοι, εξελθε εξ αυτου και μηκετι εισελθης εις αυτον.

12 36 αυτος δαυιδ ειπεν εν τω πνευματι τω αγιω· ειπεν κυριος τω κυριω μου· καθου εκ δεξιων μου εως αν θω τους εχθρους σου υποκατω των ποδων σου.

13 11 ου γαρ εστε υμεις οι λαλουντες αλλα το πνευμα το αγιον.

14 38 το μεν πνευμα προθυμον, η δε σαρξ ασθενης.

Lc 1 15 και πνευματος αγιου πλησθησεται ετι εκ κοιλιας μητρος αυτου,

17 και αυτος προελευσεται ενωπιον αυτου εν πνευματι και δυναμει ηλιου,

35 πνευμα αγιον επελευσεται επι σε, και δυναμις υψιστου επισκιασει σοι·

41 και επλησθη πνευματος αγιου η ελισαβετ, και ανεφωνησεν κραυγη μεγαλη και ειπεν·

47 και ηγαλλιασεν το πνευμα μου επι τω θεω τω σωτηρι μου·

67 και ζαχαριας ο πατηρ αυτου επλησθη πνευματος αγιου και επροφητευσεν λεγων·

80 το δε παιδιον ηυξανεν και εκραταιουτο πνευματι,

2 25 και ο ανθρωπος ουτος δικαιος και ευλαβης, προσδεχομενος παρακλησιν του ισραηλ, και πνευμα ην αγιον επ αυτον·

26 και ην αυτω κεχρηματισμενον υπο του πνευματος του αγιου μη ιδειν θανατον πριν [η] αν ιδη τον χριστον κυριου.

27 και ηλθεν εν τω πνευματι εις το ιερον·

3 16 αυτος υμας βαπτισει εν πνευματι αγιω και πυρι·

22 εγενετο δε εν τω βαπτισθηναι απαντα τον λαον και ιησου βαπτισθεντος και προσευχομενου ανεωχθηναι τον ουρανον και καταβηναι το πνευμα το αγιον σωματικω ειδει ως περιστεραν επ αυτον,

4 1 ιησους δε πληρης πνευματος αγιου υπεστρεψεν απο του ιορδανου,

1 ιησους δε πληρης πνευματος αγιου υπεστρεψεν απο του ιορδανου, και ηγετο εν τω πνευματι εν τη ερημω ημερας τεσσερακοντα πειραζομενος υπο του διαβολου.

14 και υπεστρεψεν ο ιησους εν τη δυναμει του πνευματος εις την γαλιλαιαν·

18 πνευμα κυριου επ εμε,

33 και εν τη συναγωγη ην ανθρωπος εχων πνευμα δαιμονιου ακαθαρτου,

36 τις ο λογος ουτος, οτι εν εξουσια και δυναμει επιτασσει τοις ακαθαρτοις πνευμασιν και εξερχονται;

6 18 και οι ενοχλουμενοι απο πνευματων ακαθαρτων εθεραπευοντο·

7 21 εν εκεινη τη ωρα εθεραπευσεν πολλους απο νοσων και μαστιγων και πνευματων πονηρων,

8 2 και γυναικες τινες αι ησαν τεθεραπευμεναι απο πνευματων πονηρων και ασθενειων,

29 παρηγγειλεν γαρ τω πνευματι τω ακαθαρτω εξελθειν απο του ανθρωπου.

55 και επεστρεψεν το πνευμα αυτης, και ανεστη παραχρημα,

9 39 και ιδου πνευμα λαμβανει αυτον, και εξαιφνης κραζει και σπαρασσει αυτον μετα αφρου,

42 επετιμησεν δε ο ιησους τω πνευματι τω ακαθαρτω,

10 20 πλην εν τουτω μη χαιρετε οτι τα πνευματα υμιν υποτασσεται,

21 εν αυτη τη ωρα ηγαλλιασατο [εν] τω πνευματι τω αγιω και ειπεν·

11 13 ει ουν υμεις πονηροι υπαρχοντες οιδατε δοματα αγαθα διδοναι τοις τεκνοις υμων, ποσω μαλλον ο πατηρ [ο] εξ ουρανου δωσει πνευμα αγιον τοις αιτουσιν αυτον.

24 οταν το ακαθαρτον πνευμα εξελθη απο του ανθρωπου, διερχεται δι ανυδρων τοπων ζητουν αναπαυσιν, και μη ευρισκον [τοτε] λεγει·

26 τοτε πορευεται και παραλαμβανει ετερα πνευματα πονηροτερα εαυτου επτα,

12 10 τω δε εις το αγιον πνευμα βλασφημησαντι ουκ αφεθησεται.

πνευμα [379]

Lc 12 12 το γαρ άγιον *πνευμα* διδαξει ύμας έν αύτη τη ώρα ά δει
είπειν.

13 11 και ίδου γυνη *πνευμα* έχουσα άσθενειας έτη δεκαοκτω,

23 46 πατερ, είς χειρας σου παρατιθεμαι το *πνευμα* μου.

24 37 πτοηθεντες δε και έμφοβοι γενομενοι έδοκουν *πνευμα*
θεωρειν.

39 ψηλαφησατε με και ίδετε, ότι *πνευμα* σαρκα και όστεα ούκ
έχει καθως έμε θεωρειτε έχοντα.

Jh 1 32 και έμαρτυρησεν ιωαννης λεγων ότι τεθεαμαι το *πνευμα*
καταβαινον ώς περιστεραν έξ ούρανου,

33 έφ όν άν ίδης το *πνευμα* καταβαινον και μενον έπ αύτον,
ούτος έστιν ό βαπτιζων έν πνευματι άγιω.

33 έφ όν άν ίδης το πνευμα καταβαινον και μενον έπ αύτον,
ούτος έστιν ό βαπτιζων έν *πνευματι* άγιω.

3 5 άμην άμην λεγω σοι, έαν μη τις γεννηθη έξ ύδατος και
πνευματος, ού δυναται είσελθειν είς την βασιλειαν του θεου.

6 το γεγεννημενον έκ της σαρκος σαρξ έστιν, και το
γεγεννημενον έκ του *πνευματος* πνευμα έστιν.

6 το γεγεννημενον έκ της σαρκος σαρξ έστιν, και το
γεγεννημενον έκ του πνευματος *πνευμα* έστιν.

8 το *πνευμα* όπου θελει πνει, και την φωνην αύτου άκουεις,

8 ούτως έστιν πας ό γεγεννημενος έκ του *πνευματος*.

34 ού γαρ έκ μετρου διδωσιν το *πνευμα*.

4 23 άλλα έρχεται ώρα και νυν έστιν, ότε οί άληθινοι
προσκυνηται προσκυνησουσιν τω πατρι έν *πνευματι* και
άληθεια·

24 *πνευμα* ό θεος, και τους προσκυνουντας αύτον έν πνευματι
και άληθεια δει προσκυνειν.

24 πνευμα ό θεος, και τους προσκυνουντας αύτον έν *πνευματι*
και άληθεια δει προσκυνειν.

6 63 το *πνευμα* έστιν το ζωοποιουν, ή σαρξ ούκ ώφελει ούδεν·

63 τα ρηματα ά έγω λελαληκα ύμιν *πνευμα* έστιν και ζωη έστιν.

7 39 τουτο δε είπεν περι του *πνευματος* ό έμελλον λαμβανειν οί
πιστευσαντες είς αύτον·

39 ούπω γαρ ήν *πνευμα*, ότι ίησους ούδεπω έδοξασθη.

11 33 ίησους ούν ώς είδεν αύτην κλαιουσαν και τους συνελθοντας
αύτη ιουδαιους κλαιοντας, ένεβριμησατο τω *πνευματι* και
έταραξεν έαυτον,

13 21 ταυτα είπων [ό] ίησους έταραχθη τω *πνευματι* και
έμαρτυρησεν και είπεν·

14 17 καγω έρωτησω τον πατερα και άλλον παρακλητον δωσει
ύμιν, ίνα μεθ ύμων είς τον αίωνα ή, το *πνευμα* της άληθειας,

26 ό δε παρακλητος, το *πνευμα* το άγιον ό πεμψει ό πατηρ έν τω
όνοματι μου, έκεινος ύμας διδαξει παντα και ύπομνησει ύμας
παντα ά είπον ύμιν [έγω].

15 26 όταν έλθη ό παρακλητος όν έγω πεμψω ύμιν παρα του
πατρος, το *πνευμα* της άληθειας ό παρα του πατρος
έκπορευεται, έκεινος μαρτυρησει περι έμου·

16 13 όταν δε έλθη έκεινος, το *πνευμα* της άληθειας, όδηγησει ύμας
έν τη άληθεια παση·

19 30 ότε ούν έλαβεν το όξος [ό] ίησους είπεν· τετελεσται, και
κλινας την κεφαλην παρεδωκεν το *πνευμα*.

20 22 και τουτο είπων ένεφυσησεν και λεγει αύτοις· λαβετε *πνευμα*
άγιον.

Ac 1 2 άχρι ής ήμερας έντειλαμενος τοις άποστολοις δια *πνευματος*
άγιου ούς έξελεξατο άνελημφθη·

5 ότι ιωαννης μεν έβαπτισεν ύδατι, ύμεις δε έν *πνευματι*
βαπτισθησεσθε άγιω ού μετα πολλας ταυτας ήμερας.

8 άλλα λημψεσθε δυναμιν έπελθοντος του άγιου *πνευματος* έφ
ύμας,

16 άνδρες άδελφοι, έδει πληρωθηναι την γραφην ήν προειπεν το
πνευμα το άγιον δια στοματος δαυιδ περι ιουδα του
γενομενου όδηγου τοις συλλαβουσιν ίησουν,

2 4 και έκαθισεν έφ ένα έκαστον αύτων, και έπλησθησαν παντες
πνευματος άγιου,

4 και ήρξαντο λαλειν έτεραις γλωσσαις καθως το *πνευμα*
έδιδου άποφθεγγεσθαι αύτοις.

17 και έσται έν ταις έσχαταις ήμεραις, λεγει ό θεος, έκχεω άπο
του *πνευματος* μου έπι πασαν σαρκα,

18 και γε έπι τους δουλους μου και έπι τας δουλας μου έν ταις
ήμεραις έκειναις έκχεω άπο του *πνευματος* μου,

33 τη δεξια ούν του θεου ύψωθεις την τε έπαγγελιαν του
πνευματος του άγιου λαβων παρα του πατρος έξεχεεν τουτο ό
ύμεις [και] βλεπετε και άκουετε.

38 και λημψεσθε την δωρεαν του άγιου *πνευματος*.

4 8 τοτε πετρος πλησθεις *πνευματος* άγιου είπεν προς αύτους·

25 ό του πατρος ήμων δια *πνευματος* άγιου στοματος δαυιδ
παιδος σου είπων·

Ac 4 31 και έπλησθησαν άπαντες του άγιου *πνευματος*, και έλαλουν
τον λογον του θεου μετα παρρησιας.

5 3 άνανια, δια τί έπληρωσεν ό σατανας την καρδιαν σου,
ψευσασθαι σε το *πνευμα* το άγιον και νοσφισασθαι άπο της
τιμης του χωριου;

9 τί ότι συνεφωνηθη ύμιν πειρασαι το *πνευμα* κυριου;

16 συνηρχετο δε και το πληθος των περιξ πολεων ιερουσαλημ,
φεροντες άσθενεις και όχλουμενους ύπο *πνευματων*
άκαθαρτων.

32 και ήμεις έσμεν μαρτυρες των ρηματων τουτων, και το
πνευμα το άγιον ό έδωκεν ό θεος τοις πειθαρχουσιν αύτω.

6 3 έπισκεψασθε δε, άδελφοι, άνδρας έξ ύμων μαρτυρουμενους
έπτα πληρεις *πνευματος* και σοφιας,

5 και έξελεξαντο στεφανον, άνδρα πληρη πιστεως και
πνευματος άγιου,

10 και ούκ ίσχυον άντιστηναι τη σοφια και τω *πνευματι* ώ
έλαλει.

7 51 σκληροτραχηλοι και άπεριτμητοι καρδιαις και τοις ώσιν,
ύμεις άει τω *πνευματι* τω άγιω άντιπιπτετε, ώς οί πατερες
ύμων και ύμεις.

55 ύπαρχων δε πληρης *πνευματος* άγιου άτενισας είς τον
ούρανον είδεν δοξαν θεου και ίησουν έστωτα έκ δεξιων του
θεου,

59 κυριε ίησου, δεξαι το *πνευμα* μου.

8 7 πολλοι γαρ των έχοντων *πνευματα* άκαθαρτα βοωντα φωνη
μεγαλη έξηρχοντο·

15 άπεστειλαν προς αύτους πετρον και ιωαννην, οίτινες
καταβαντες προσηυξαντο περι αύτων όπως λαβωσιν *πνευμα*
άγιον·

17 τοτε έπετιθεσαν τας χειρας έπ αύτους, και έλαμβανον *πνευμα*
άγιον.

18 ίδων δε ό σιμων ότι δια της έπιθεσεως των χειρων των
άποστολων διδοται το *πνευμα*, προσηνεγκεν αύτοις χρηματα
λεγων·

19 δοτε καμοι την έξουσιαν ταυτην ίνα ώ έαν έπιθω τας χειρας
λαμβανη *πνευμα* άγιον.

29 είπεν δε το *πνευμα* τω φιλιππω· προσελθε και κολληθητι τω
άρματι τουτω.

39 ότε δε άνεβησαν έκ του ύδατος, *πνευμα* κυριου ήρπασεν τον
φιλιππον,

9 17 σαουλ άδελφε, ό κυριος άπεσταλκεν με, ίησους ό όφθεις σοι
έν τη όδω ή ήρχου, όπως άναβλεψης και πλησθης *πνευματος*
άγιου.

31 και τη παρακλησει του άγιου *πνευματος* έπληθυνετο.

10 19 του δε πετρου διενθυμουμενου περι του όραματος είπεν
[αύτω] το *πνευμα*· ίδου άνδρες τρεις ζητουντες σε·

38 ίησουν τον άπο ναζαρεθ, ώς έχρισεν αύτον ό θεος *πνευματι*
άγιω και δυναμει,

44 έτι λαλουντος του πετρου τα ρηματα ταυτα έπεπεσεν το
πνευμα το άγιον έπι παντας τους άκουοντας τον λογον.

45 και έξεστησαν οί έκ περιτομης πιστοι όσοι συνηλθαν τω
πετρω, ότι και έπι τα έθνη ή δωρεα του άγιου *πνευματος*
έκκεχυται·

47 μητι το ύδωρ δυναται κωλυσαι τις του μη βαπτισθηναι
τουτους, οίτινες το *πνευμα* το άγιον έλαβον ώς και ήμεις;

11 12 είπεν δε το *πνευμα* μοι συνελθειν αύτοις μηδεν διακριναντα.

15 έν δε τω άρξασθαι με λαλειν έπεπεσεν το *πνευμα* το άγιον έπ
αύτους ώσπερ και έφ ήμας έν άρχη.

16 ιωαννης μεν έβαπτισεν ύδατι, ύμεις δε βαπτισθησεσθε έν
πνευματι άγιω.

24 και παρεκαλει παντας τη προθεσει της καρδιας προσμενειν
τω κυριω, ότι ήν άνηρ άγαθος και πληρης *πνευματος* άγιου
και πιστεως.

28 άναστας δε είς έξ αύτων όνοματι άγαβος έσημανεν δια του
πνευματος λιμον μεγαλην μελλειν έσεσθαι έφ όλην την
οίκουμενην·

13 2 λειτουργουντων δε αύτων τω κυριω και νηστευοντων είπεν το
πνευμα το άγιον· άφορισατε δη μοι τον βαρναβαν και σαυλον
είς το έργον ό προσκεκλημαι αύτους.

4 αύτοι μεν ούν έκπεμφθεντες ύπο του άγιου *πνευματος*
κατηλθον είς σελευκειαν,

9 σαυλος δε, ό και παυλος, πλησθεις *πνευματος* άγιου άτενισας
είς αύτον είπεν·

52 οί τε μαθηται έπληρουντο χαρας και *πνευματος* άγιου.

15 8 και ό καρδιογνωστης θεος έμαρτυρησεν αύτοις δους το
πνευμα το άγιον καθως και ήμιν,

28 έδοξεν γαρ τω *πνευματι* τω άγιω και ήμιν μηδεν πλεον
έπιτιθεσθαι ύμιν βαρος πλην τουτων των έπαναγκες,

πνευμα [379]

Ac	16 6	διηλθον δε την φρυγιαν και γαλατικην χωραν, κωλυθεντες υπο του ἁγιου πνευματος λαλησαι τον λογον ἐν τη ἁσια·
	7	ἐλθοντες δε κατα την μυσιαν ἐπειραζον εἰς την βιθυνιαν πορευθηναι, και οὐκ εἰασεν αὐτους το πνευμα ἰησου·
	16	ἐγενετο δε πορευομενων ἡμων εἰς την προσευχην, παιδισκην τινα ἐχουσαν πνευμα πυθωνα ὑπαντησαι ἡμιν,
	18	διαπονηθεις δε παυλος και ἐπιστρεψας τω πνευματι εἰπεν·
17	16	ἐν δε ταις ἀθηναις ἐκδεχομενου αὐτους του παυλου, παρωξυνετο το πνευμα αὐτου ἐν αὐτω θεωρουντος κατειδωλον οὐσαν την πολιν·
18	25	και ζεων τω πνευματι ἐλαλει και ἐδιδασκεν ἀκριβως τα περι του ἰησου,
19	2	εἰπεν τε προς αὐτους· εἰ πνευμα ἁγιον ἐλαβετε πιστευσαντες;
	2	ἀλλ οὐδ εἰ πνευμα ἁγιον ἐστιν ἠκουσαμεν.
	6	και ἐπιθεντος αὐτοις του παυλου [τας] χειρας ἠλθε το πνευμα το ἁγιον ἐπ αὐτους,
	12	ὡστε και ἐπι τους ἀσθενουντας ἀποφερεσθαι ἀπο του χρωτος αὐτου σουδαρια ἠ σιμικινθια και ἀπαλλασσεσθαι ἀπ αὐτων τας νοσους, τα τε πνευματα τα πονηρα ἐκπορευεσθαι.
	13	ἐπεχειρησαν δε τινες και των περιερχομενων ἰουδαιων ἐξορκιστων ὀνομαζειν ἐπι τους ἐχοντας τα πνευματα τα πονηρα το ὀνομα του κυριου ἰησου λεγοντες·
	15	ἀποκριθεν δε το πνευμα το πονηρον εἰπεν αὐτοις· τον [μεν] ἰησουν γινωσκω και τον παυλον ἐπισταμαι·
	16	και ἐφαλομενος ὁ ἀνθρωπος ἐπ αὐτους, ἐν ᾡ ἠν το πνευμα το πονηρον,
	21	ὡς δε ἐπληρωθη ταυτα, ἐθετο ὁ παυλος ἐν τω πνευματι διελθων την μακεδονιαν και ἀχαιαν πορευεσθαι εἰς ἱεροσολυμα,
20	22	και νυν ἰδου δεδεμενος ἐγω τω πνευματι πορευομαι εἰς ἱερουσαλημ,
	23	τα ἐν αὐτη συναντησοντα μοι μη εἰδως, πλην ὁτι το πνευμα το ἁγιον κατα πολιν διαμαρτυρεται μοι λεγον ὁτι δεσμα και θλιψεις με μενουσιν.
	28	προσεχετε ἑαυτοις και παντι τω ποιμνιω, ἐν ᾡ ὑμας το πνευμα το ἁγιον ἐθετο ἐπισκοπους,
21	4	οἱτινες τω παυλω ἐλεγον δια του πνευματος μη ἐπιβαινειν εἰς ἱεροσολυμα.
	11	ταδε λεγει το πνευμα το ἁγιον·
23	8	σαδδουκαιοι μεν γαρ λεγουσιν μη εἰναι ἀναστασιν μητε ἀγγελον μητε πνευμα, φαρισαιοι δε ὁμολογουσιν τα ἀμφοτερα.
	9	οὐδεν κακον εὑρισκομεν ἐν τω ἀνθρωπω τουτω· εἰ δε πνευμα ἐλαλησεν αὐτω ἠ ἀγγελος.
28	25	εἰποντος του παυλου ῥημα ἐν, ὁτι καλως το πνευμα το ἁγιον ἐλαλησεν δια ἠσαιου του προφητου προς τους πατερας ὑμων λεγων·
Rm	1 4	του ὁρισθεντος υἱου θεου ἐν δυναμει κατα πνευμα ἁγιωσυνης ἐξ ἀναστασεως νεκρων,
	9	μαρτυς γαρ μου ἐστιν ὁ θεος, ᾡ λατρευω ἐν τω πνευματι μου ἐν τω εὐαγγελιω του υἱου αὐτου,
2	29	ἀλλ ὁ ἐν τω κρυπτω ἰουδαιος, και περιτομη καρδιας ἐν πνευματι οὐ γραμματι, οὐ ὁ ἐπαινος οὐκ ἐξ ἀνθρωπων ἀλλ ἐκ του θεου.
5	5	ἡ δε ἐλπις οὐ καταισχυνει, ὁτι ἡ ἀγαπη του θεου ἐκκεχυται ἐν ταις καρδιαις ἡμων δια πνευματος ἁγιου του δοθεντος ἡμιν·
7	6	ἀποθανοντος ἐν ᾡ κατειχομεθα, ὡστε δουλευειν ἡμας ἐν καινοτητι πνευματος και οὐ παλαιοτητι γραμματος.
8	2	ὁ γαρ νομος του πνευματος της ζωης ἐν χριστω ἰησου ἠλευθερωσεν σε ἀπο του νομου της ἁμαρτιας και του θανατου.
	4	ἰνα το δικαιωμα του νομου πληρωθη ἐν ἡμιν τοις μη κατα σαρκα περιπατουσιν ἀλλα κατα πνευμα.
	5	οἱ γαρ κατα σαρκα ὀντες τα της σαρκος φρονουσιν, οἱ δε κατα πνευμα τα του πνευματος.
	5	οἱ γαρ κατα σαρκα ὀντες τα της σαρκος φρονουσιν, οἱ δε κατα πνευμα τα του πνευματος.
	6	το γαρ φρονημα της σαρκος θανατος, το δε φρονημα του πνευματος ζωη και εἰρηνη.
	9	ὑμεις δε οὐκ ἐστε ἐν σαρκι ἀλλα ἐν πνευματι,
	9	ὑμεις δε οὐκ ἐστε ἐν σαρκι ἀλλα ἐν πνευματι, εἰπερ πνευμα θεου οἰκει ἐν ὑμιν.
	9	εἰ δε τις πνευμα χριστου οὐκ ἐχει, οὑτος οὐκ ἐστιν αὐτου.
	10	εἰ δε χριστος ἐν ὑμιν, το μεν σωμα νεκρον δια ἁμαρτιαν, το δε πνευμα ζωη δια δικαιοσυνην.
	11	εἰ δε το πνευμα του ἐγειραντος τον ἰησουν ἐκ νεκρων οἰκει ἐν ὑμιν, ὁ ἐγειρας χριστον ἐκ νεκρων ζωοποιησει
	11	ὁ ἐγειρας χριστον ἐκ νεκρων ζωοποιησει και τα θνητα σωματα ὑμων δια του ἐνοικουντος αὐτου πνευματος ἐν ὑμιν.

πνευμα [379]

Rm	8 13	εἰ δε πνευματι τας πραξεις του σωματος θανατουτε, ζησεσθε.
	14	ὁσοι γαρ πνευματι θεου ἀγονται, οὑτοι υἱοι θεου εἰσιν.
	15	οὐ γαρ ἐλαβετε πνευμα δουλειας παλιν εἰς φοβον, ἀλλα ἐλαβετε πνευμα υἱοθεσιας,
	15	οὐ γαρ ἐλαβετε πνευμα δουλειας παλιν εἰς φοβον, ἀλλα ἐλαβετε πνευμα υἱοθεσιας,
	16	αὐτο το πνευμα συμμαρτυρει τω πνευματι ἡμων ὁτι ἐσμεν τεκνα θεου.
	16	αὐτο το πνευμα συμμαρτυρει τω πνευματι ἡμων ὁτι ἐσμεν τεκνα θεου.
	23	οὐ μονον δε, ἀλλα και αὐτοι την ἀπαρχην του πνευματος ἐχοντες ἡμεις και αὐτοι ἐν ἑαυτοις στεναζομεν υἱοθεσιαν ἀπεκδεχομενοι,
	26	ὡσαυτως δε και το πνευμα συναντιλαμβανεται τη ἀσθενεια ἡμων·
	26	το γαρ τι προσευξωμεθα καθο δει οὐκ οἰδαμεν, ἀλλα αὐτο το πνευμα ὑπερεντυγχανει στεναγμοις ἀλαλητοις·
	27	ὁ δε ἐραυνων τας καρδιας οἰδεν τι το φρονημα του πνευματος, ὁτι κατα θεον ἐντυγχανει ὑπερ ἁγιων.
9	1	οὐ ψευδομαι, συμμαρτυρουσης μοι της συνειδησεως μου ἐν πνευματι ἁγιω,
11	8	ἐδωκεν αὐτοις ὁ θεος πνευμα κατανυξεως,
12	11	τη σπουδη μη ὀκνηροι, τω πνευματι ζεοντες,
14	17	οὐ γαρ ἐστιν ἡ βασιλεια του θεου βρωσις και ποσις, ἀλλα δικαιοσυνη και εἰρηνη και χαρα ἐν πνευματι ἁγιω·
15	13	ὁ δε θεος της ἐλπιδος πληρωσαι ὑμας πασης χαρας και εἰρηνης ἐν τω πιστευειν, εἰς το περισσευειν ὑμας ἐν τη ἐλπιδι ἐν δυναμει πνευματος ἁγιου.
	16	ἰνα γενηται ἡ προσφορα των ἐθνων εὐπροσδεκτος, ἡγιασμενη ἐν πνευματι ἁγιω.
	19	ἐν δυναμει σημειων και τερατων, ἐν δυναμει πνευματος [θεου]·
	30	παρακαλω δε ὑμας, [ἀδελφοι,] δια του κυριου ἡμων ἰησου χριστου και δια της ἀγαπης του πνευματος, συναγωνισασθαι μοι ἐν ταις προσευχαις ὑπερ ἐμου προς τον θεον,
1Co	2 4	και ὁ λογος μου και το κηρυγμα μου οὐκ ἐν πειθοι[ς] σοφιας [λογοις], ἀλλ ἐν ἀποδειξει πνευματος και δυναμεως,
	10	ἡμιν δε ἀπεκαλυψεν ὁ θεος δια του πνευματος·
	10	το γαρ πνευμα παντα ἐραυνα, και τα βαθη του θεου.
	11	τις γαρ οἰδεν ἀνθρωπων τα του ἀνθρωπου εἰ μη το πνευμα του ἀνθρωπου το ἐν αὐτω;
	11	οὑτως και τα του θεου οὐδεις ἐγνωκεν εἰ μη το πνευμα του θεου.
	12	ἡμεις δε οὐ το πνευμα του κοσμου ἐλαβομεν ἀλλα το πνευμα το ἐκ του θεου,
	12	ἡμεις δε οὐ το πνευμα του κοσμου ἐλαβομεν ἀλλα το πνευμα το ἐκ του θεου,
	13	ἁ και λαλουμεν οὐκ ἐν διδακτοις ἀνθρωπινης σοφιας λογοις, ἀλλ ἐν διδακτοις πνευματος,
	14	ψυχικος δε ἀνθρωπος οὐ δεχεται τα του πνευματος του θεου·
3	16	οὐκ οἰδατε ὁτι ναος θεου ἐστε και το πνευμα του θεου οἰκει ἐν ὑμιν;
4	21	τι θελετε; ἐν ῥαβδω ἐλθω προς ὑμας, ἠ ἐν ἀγαπη πνευματι τε πραυτητος;
5	3	ἐγω μεν γαρ, ἀπων τω σωματι, παρων δε τω πνευματι, ἠδη κεκρικα ὡς παρων τον οὑτως τουτο κατεργασαμενον
	4	ἐν τω ὀνοματι του κυριου [ἡμων] ἰησου συναχθεντων ὑμων και του ἐμου πνευματος συν τη δυναμει του κυριου ἡμων ἰησου
	5	παραδουναι τον τοιουτον τω σατανα εἰς ὀλεθρον της σαρκος, ἰνα το πνευμα σωθη ἐν τη ἡμερα του κυριου.
6	11	ἀλλα ἀπελουσασθε, ἀλλα ἡγιασθητε, ἀλλα ἐδικαιωθητε ἐν τω ὀνοματι του κυριου ἰησου χριστου και ἐν τω πνευματι του θεου ἡμων.
	17	ὁ δε κολλωμενος τω κυριω ἐν πνευμα ἐστιν.
	19	ἠ οὐκ οἰδατε ὁτι το σωμα ὑμων ναος του ἐν ὑμιν ἁγιου πνευματος ἐστιν, οὑ ἐχετε ἀπο θεου, και οὐκ ἐστε ἑαυτων;
7	34	και ἡ γυνη ἡ ἀγαμος και ἡ παρθενος μεριμνα τα του κυριου, ἰνα ἡ ἁγια και τω σωματι και τω πνευματι·
	40	δοκω δε καγω πνευμα θεου ἐχειν.
12	3	διο γνωριζω ὑμιν ὁτι οὐδεις ἐν πνευματι θεου λαλων λεγει·
	3	και οὐδεις δυναται εἰπειν· κυριος ἰησους, εἰ μη ἐν πνευματι ἁγιω.
	4	διαιρεσεις δε χαρισματων εἰσιν, το δε αὐτο πνευμα·
	7	ἑκαστω δε διδοται ἡ φανερωσις του πνευματος προς το συμφερον.
	8	ᾡ μεν γαρ δια του πνευματος διδοται λογος σοφιας,
	8	ᾡ μεν γαρ δια του πνευματος διδοται λογος σοφιας, ἀλλω δε λογος γνωσεως κατα το αὐτο πνευμα,

πνευμα [379]

1Co	12 9	ἄλλῳ δε λογος γνωσεως κατα το αυτο πνευμα, ἑτερῳ πιστις ἐν τῳ αὐτῳ *πνευματι*,
	9	ἑτερῳ πιστις ἐν τῳ αὐτῳ πνευματι, ἄλλῳ δε χαρισματα ἰαματων ἐν τῳ ἑνι *πνευματι*,
	10	ἄλλῳ [δε] προφητεια, ἄλλῳ [δε] διακρισεις *πνευματων*,
	11	παντα δε ταυτα ἐνεργει το ἑν και το αὐτο *πνευμα*,
	13	και γαρ ἐν ἑνι *πνευματι* ἡμεις παντες εἰς ἑν σωμα ἐβαπτισθημεν,
	13	και παντες ἑν *πνευμα* ἐποτισθημεν.
	14 2	οὐδεις γαρ ἀκουει, *πνευματι* δε λαλει μυστηρια·
	12	οὑτως και ὑμεις, ἐπει ζηλωται ἐστε *πνευματων*, προς την οἰκοδομην της ἐκκλησιας ζητειτε ἱνα περισσευητε.
	14	ἐαν [γαρ] προσευχωμαι γλωσσῃ, το *πνευμα* μου προσευχεται,
	15	προσευξομαι τῳ *πνευματι*, προσευξομαι δε και τῳ νοι·
	15	ψαλω τῳ *πνευματι*, ψαλω δε και τῳ νοι.
	16	ἐπει ἐαν εὐλογῃς [ἐν] *πνευματι*, ὁ ἀναπληρων τον τοπον του ἰδιωτου πως ἐρει το ἀμην ἐπι τῃ σῃ εὐχαριστιᾳ;
	32	και *πνευματα* προφητων προφηταις ὑποτασσεται·
	15 45	ἐγενετο ὁ πρωτος ἀνθρωπος ἀδαμ εἰς ψυχην ζωσαν· ὁ ἐσχατος ἀδαμ εἰς *πνευμα* ζωοποιουν.
	16 18	ἀνεπαυσαν γαρ το ἐμον *πνευμα* και το ὑμων.
2Co	1 22	ὁ και σφραγισαμενος ἡμας και δους τον ἀρραβωνα του *πνευματος* ἐν ταις καρδιαις ἡμων.
	2 13	ἐλθων δε εἰς την τρωαδα εἰς το εὐαγγελιον του χριστου, και θυρας μοι ἀνεῳγμενης ἐν κυριῳ, οὐκ ἐσχηκα ἀνεσιν τῳ *πνευματι* μου
	3 3	ἐγγεγραμμενη οὐ μελανι ἀλλα *πνευματι* θεου ζωντος, οὐκ ἐν πλαξιν λιθιναις ἀλλ ἐν πλαξιν καρδιαις σαρκιναις.
	6	ὁς και ἱκανωσεν ἡμας διακονους καινης διαθηκης, οὐ γραμματος ἀλλα *πνευματος*·
	6	το γαρ γραμμα ἀποκτεννει, το δε *πνευμα* ζωοποιει.
	8	πως οὐχι μαλλον ἡ διακονια του *πνευματος* ἐσται ἐν δοξῃ;
	17	ὁ δε κυριος το *πνευμα* ἐστιν·
	17	οὐ δε το *πνευμα* κυριου, ἐλευθερια.
	18	ἡμεις δε παντες ἀνακεκαλυμμενῳ προσωπῳ την δοξαν κυριου κατοπτριζομενοι την αὐτην εἰκονα μεταμορφουμεθα ἀπο δοξης εἰς δοξαν, καθαπερ ἀπο κυριου *πνευματος*.
	4 13	ἐχοντες δε το αὐτο *πνευμα* της πιστεως, κατα το γεγραμμενον· ἐπιστευσα, διο ἐλαλησα, και ἡμεις πιστευομεν,
	5 5	ὁ δε κατεργασαμενος ἡμας εἰς αὐτο τουτο θεος, ὁ δους ἡμιν τον ἀρραβωνα του *πνευματος*.
	6 6	ἐν μακροθυμιᾳ, ἐν χρηστοτητι, ἐν *πνευματι* ἁγιῳ,
	7 1	ταυτας οὐν ἐχοντες τας ἐπαγγελιας, ἀγαπητοι, καθαρισωμεν ἑαυτους ἀπο παντος μολυσμου σαρκος και *πνευματος*,
	13	ἐπι δε τῃ παρακλησει ἡμων περισσοτερως μαλλον ἐχαρημεν ἐπι τῃ χαρᾳ τιτου, ὁτι ἀναπεπαυται το *πνευμα* αὐτου ἀπο παντων ὑμων.
	11 4	εἰ μεν γαρ ὁ ἐρχομενος ἀλλον ἰησουν κηρυσσει ὁν οὐκ ἐκηρυξαμεν, ἡ *πνευμα* ἑτερον λαμβανετε ὁ οὐκ ἐλαβετε, ἡ εὐαγγελιον ἑτερον ὁ οὐκ ἐδεξασθε, καλως ἀνεχεσθε.
	12 18	οὐ τῳ αὐτῳ *πνευματι* περιεπατησαμεν;
	13 13	ἡ χαρις του κυριου ἰησου χριστου και ἡ ἀγαπη του θεου και ἡ κοινωνια του ἁγιου *πνευματος* μετα παντων ὑμων.
Ga	3 2	ἐξ ἐργων νομου το *πνευμα* ἐλαβετε ἡ ἐξ ἀκοης πιστεως;
	3	ἐναρξαμενοι *πνευματι* νυν σαρκι ἐπιτελεισθε;
	5	ὁ οὐν ἐπιχορηγων ὑμιν το *πνευμα* και ἐνεργων δυναμεις ἐν ὑμιν ἐξ ἐργων νομου ἡ ἐξ ἀκοης πιστεως;
	14	ἱνα την ἐπαγγελιαν του *πνευματος* λαβωμεν δια της πιστεως.
	4 6	ὁτι δε ἐστε υἱοι, ἐξαπεστειλεν ὁ θεος το *πνευμα* του υἱου αὐτου εἰς τας καρδιας ἡμων,
	29	ἀλλ ὡσπερ τοτε ὁ κατα σαρκα γεννηθεις ἐδιωκεν τον κατα *πνευμα*, οὑτως και νυν.
	5 5	ἡμεις γαρ *πνευματι* ἐκ πιστεως ἐλπιδα δικαιοσυνης ἀπεκδεχομεθα.
	16	*πνευματι* περιπατειτε και ἐπιθυμιαν σαρκος οὐ μη τελεσητε.
	17	ἡ γαρ σαρξ ἐπιθυμει κατα του *πνευματος*, το δε πνευμα κατα της σαρκος,
	17	ἡ γαρ σαρξ ἐπιθυμει κατα του *πνευματος*, το δε πνευμα κατα της σαρκος,
	18	εἰ δε *πνευματι* ἀγεσθε, οὐκ ἐστε ὑπο νομον.
	22	ὁ δε καρπος του *πνευματος* ἐστιν ἀγαπη, χαρα, εἰρηνη, μακροθυμια, χρηστοτης, ἀγαθωσυνη, πιστις, πραυτης, ἐγκρατεια·
	25	εἰ ζωμεν *πνευματι*, πνευματι και στοιχωμεν.
	25	εἰ ζωμεν πνευματι, *πνευματι* και στοιχωμεν.
	6 1	ἀδελφοι, ἐαν και προλημφθῃ ἀνθρωπος ἐν τινι παραπτωματι, ὑμεις οἱ πνευματικοι καταρτιζετε τον τοιουτον ἐν *πνευματι* πραυτητος,

πνευμα [379]

Ga	6 8	ὁ δε σπειρων εἰς το *πνευμα* ἐκ του πνευματος θερισει ζωην αἰωνιον.
	8	ὁ δε σπειρων εἰς το πνευμα ἐκ του *πνευματος* θερισει ζωην αἰωνιον.
	18	ἡ χαρις του κυριου ἡμων ἰησου χριστου μετα του *πνευματος* ὑμων, ἀδελφοι· ἀμην.
Eph	1 13	ἐν ᾡ και πιστευσαντες ἐσφραγισθητε τῳ *πνευματι* της ἐπαγγελιας τῳ ἁγιῳ,
	17	ἱνα ὁ θεος του κυριου ἡμων ἰησου χριστου, ὁ πατηρ της δοξης, δῳη ὑμιν *πνευμα* σοφιας και ἀποκαλυψεως ἐν ἐπιγνωσει αὐτου,
	2 2	κατα τον ἀρχοντα της ἐξουσιας του ἀερος, του *πνευματος* του νυν ἐνεργουντος ἐν τοις υἱοις της ἀπειθειας·
	18	ὁτι δι αὐτου ἐχομεν την προσαγωγην οἱ ἀμφοτεροι ἐν ἑνι *πνευματι* προς τον πατερα.
	22	ἐν ᾡ και ὑμεις συνοικοδομεισθε εἰς κατοικητηριον του θεου ἐν *πνευματι*.
	3 5	ὁ ἑτεραις γενεαις οὐκ ἐγνωρισθη τοις υἱοις των ἀνθρωπων ὡς νυν ἀπεκαλυφθη τοις ἁγιοις ἀποστολοις αὐτου και προφηταις ἐν *πνευματι*,
	16	ἱνα δῳ ὑμιν κατα το πλουτος της δοξης αὐτου δυναμει κραταιωθηναι δια του *πνευματος* αὐτου εἰς τον ἐσω ἀνθρωπον,
	4 3	σπουδαζοντες τηρειν την ἑνοτητα του *πνευματος* ἐν τῳ συνδεσμῳ της εἰρηνης·
	4	ἑν σωμα και ἑν *πνευμα*, καθως και ἐκληθητε ἐν μιᾳ ἐλπιδι της κλησεως ὑμων·
	23	ἀνανεουσθαι δε τῳ *πνευματι* του νοος ὑμων
	30	και μη λυπειτε το *πνευμα* το ἁγιον του θεου,
	5 18	και μη μεθυσκεσθε οἰνῳ, ἐν ᾡ ἐστιν ἀσωτια, ἀλλα πληρουσθε ἐν *πνευματι*,
	6 17	και την περικεφαλαιαν του σωτηριου δεξασθε, και την μαχαιραν του *πνευματος*,
	18	δια πασης προσευχης και δεησεως, προσευχομενοι ἐν παντι καιρῳ ἐν *πνευματι*,
Php	1 19	οἰδα γαρ ὁτι τουτο μοι ἀποβησεται εἰς σωτηριαν δια της ὑμων δεησεως και ἐπιχορηγιας του *πνευματος* ἰησου χριστου,
	27	ἱνα εἰτε ἐλθων και ἰδων ὑμας εἰτε ἀπων ἀκουω τα περι ὑμων, ὁτι στηκετε ἐν ἑνι *πνευματι*,
	2 1	εἰ τις κοινωνια *πνευματος*, εἰ τις σπλαγχνα και οἰκτιρμοι,
	3 3	ἡμεις γαρ ἐσμεν ἡ περιτομη, οἱ *πνευματι* θεου λατρευοντες
	4 23	ἡ χαρις του κυριου ἰησου χριστου μετα του *πνευματος* ὑμων.
Col	1 8	ὁ και δηλωσας ἡμιν την ὑμων ἀγαπην ἐν *πνευματι*.
	2 5	εἰ γαρ και τῃ σαρκι ἀπειμι, ἀλλα τῳ *πνευματι* συν ὑμιν εἰμι,
1Th	1 5	ὁτι το εὐαγγελιον ἡμων οὐκ ἐγενηθη εἰς ὑμας ἐν λογῳ μονον, ἀλλα και ἐν δυναμει και ἐν *πνευματι* ἁγιῳ και [ἐν] πληροφοριᾳ πολλῃ,
	6	και ὑμεις μιμηται ἡμων ἐγενηθητε και του κυριου, δεξαμενοι τον λογον ἐν θλιψει πολλῃ μετα χαρας *πνευματος* ἁγιου,
	4 8	τοιγαρουν ὁ ἀθετων οὐκ ἀνθρωπον ἀθετει ἀλλα τον θεον τον [και] διδοντα το *πνευμα* αὐτου το ἁγιον εἰς ὑμας.
	5 19	το *πνευμα* μη σβεννυτε, προφητειας μη ἐξουθενειτε·
	23	και ὁλοκληρον ὑμων το *πνευμα* και ἡ ψυχη και το σωμα ἀμεμπτως ἐν τῃ παρουσιᾳ του κυριου ἡμων ἰησου χριστου τηρηθειη.
2Th	2 2	μηδε θροεισθαι, μητε δια *πνευματος* μητε δια λογου μητε δι ἐπιστολης ὡς δι ἡμων,
	8	και τοτε ἀποκαλυφθησεται ὁ ἀνομος, ὁν ὁ κυριος [ἰησους] ἀνελει τῳ *πνευματι* του στοματος αὐτου
	13	ὁτι εἱλατο ὑμας ὁ θεος ἀπαρχην εἰς σωτηριαν ἐν ἁγιασμῳ *πνευματος* και πιστει ἀληθειας,
1Tm	3 16	ὁς ἐφανερωθη ἐν σαρκι, ἐδικαιωθη ἐν *πνευματι*, ὠφθη ἀγγελοις,
	4 1	το δε *πνευμα* ῥητως λεγει ὁτι ἐν ὑστεροις καιροις ἀποστησονται τινες της πιστεως,
	1	το δε πνευμα ῥητως λεγει ὁτι ἐν ὑστεροις καιροις ἀποστησονται τινες της πιστεως, προσεχοντες *πνευμασιν* πλανοις και διδασκαλιαις δαιμονιων,
2Tm	1 7	οὐ γαρ ἐδωκεν ἡμιν ὁ θεος *πνευμα* δειλιας, ἀλλα δυναμεως και ἀγαπης και σωφρονισμου.
	14	την καλην παραθηκην φυλαξον δια *πνευματος* ἁγιου του ἐνοικουντος ἐν ἡμιν.
	4 22	ὁ κυριος μετα του *πνευματος* σου.
Tit	3 5	οὐκ ἐξ ἐργων των ἐν δικαιοσυνῃ ἀ ἐποιησαμεν ἡμεις, ἀλλα κατα το αὐτου ἐλεος ἐσωσεν ἡμας δια λουτρου παλιγγενεσιας και ἀνακαινωσεως *πνευματος* ἁγιου,
Phm	25	ἡ χαρις του κυριου ἰησου χριστου μετα του *πνευματος* ὑμων.
Heb	1 7	ὁ ποιων τους ἀγγελους αὐτου *πνευματα*, και τους λειτουργους αὐτου πυρος φλογα·

πνευμα [379]

Heb	1 14	ουχι παντες εισιν λειτουργικα *πνευματα* εις διακονιαν αποστελλομενα δια τους μελλοντας κληρονομειν σωτηριαν;
	2 4	συνεπιμαρτυρουντος του θεου σημειοις τε και τερασιν και ποικιλαις δυναμεσιν και *πνευματος* αγιου μερισμοις κατα την αυτου θελησιν.
	3 7	διο, καθως λεγει το *πνευμα* το αγιον· σημερον εαν της φωνης αυτου ακουσητε,
	4 12	ζων γαρ ο λογος του θεου και ενεργης και τομωτερος υπερ πασαν μαχαιραν διστομον και δικνουμενος αχρι μερισμου ψυχης και *πνευματος*,
	6 4	και μετοχους γενηθεντας *πνευματος* αγιου
	9 8	τουτο δηλουντος του *πνευματος* του αγιου, μηπω πεφανερωσθαι την των αγιων οδον ετι της πρωτης σκηνης εχουσης στασιν,
	14	ποσω μαλλον το αιμα του χριστου, ος δια *πνευματος* αιωνιου εαυτον προσηνεγκεν αμωμον τω θεω, καθαριει την συνειδησιν ημων απο νεκρων εργων εις το λατρευειν θεω ζωντι.
	10 15	μαρτυρει δε ημιν και το *πνευμα* το αγιον·
	29	και το αιμα της διαθηκης κοινον ηγησαμενος, εν ω ηγιασθη, και το *πνευμα* της χαριτος ενυβρισας.
	12 9	ου πολυ [δε] μαλλον υποταγησομεθα τω πατρι των *πνευματων* και ζησομεν;
	23	και κριτη θεω παντων, και *πνευμασι* δικαιων τετελειωμενων,
Ja	2 26	ωσπερ γαρ το σωμα χωρις *πνευματος* νεκρον εστιν, ουτως και η πιστις χωρις εργων νεκρα εστιν.
	4 5	η δοκειτε οτι κενως η γραφη λεγει· προς φθονον επιποθει το *πνευμα* ο κατωκισεν εν ημιν;
1Pt	1 2	κατα προγνωσιν θεου πατρος, εν αγιασμω *πνευματος*,
	11	εραυνωντες εις τινα η ποιον καιρον εδηλου το εν αυτοις *πνευμα* χριστου
	12	οις απεκαλυφθη οτι ουχ εαυτοις υμιν δε διηκονουν αυτα, α νυν ανηγγελη υμιν δια των ευαγγελισαμενων υμας [εν] *πνευματι* αγιω
	3 4	αλλ ο κρυπτος της καρδιας ανθρωπος εν τω αφθαρτω του πραεως και ησυχιου *πνευματος*,
	18	θανατωθεις μεν σαρκι ζωοποιηθεις δε *πνευματι*·
	19	εν ω και τοις εν φυλακη *πνευμασιν* πορευθεις εκηρυξεν,
	4 6	ινα κριθωσι μεν κατα ανθρωπους σαρκι, ζωσι δε κατα θεον *πνευματι*.
	14	ει ονειδιζεσθε εν ονοματι χριστου, μακαριοι, οτι το της δοξης και το του θεου *πνευμα* εφ υμας αναπαυεται.
2Pt	1 21	αλλα υπο *πνευματος* αγιου φερομενοι ελαλησαν απο θεου ανθρωποι.
1Jh	3 24	και εν τουτω γινωσκομεν οτι μενει εν ημιν, εκ του *πνευματος* ου ημιν εδωκεν.
	4 1	αγαπητοι, μη παντι *πνευματι* πιστευετε,
	1	αγαπητοι, μη παντι *πνευματι* πιστευετε, αλλα δοκιμαζετε τα *πνευματα* ει εκ του θεου εστιν,
	2	εν τουτω γινωσκετε το *πνευμα* του θεου·
	2	παν *πνευμα* ο ομολογει ιησουν χριστον εν σαρκι εληλυθοτα εκ του θεου εστιν,
	3	και παν *πνευμα* ο μη ομολογει τον ιησουν εκ του θεου ουκ εστιν·
	6	εκ τουτου γινωσκομεν το *πνευμα* της αληθειας και το πνευμα της πλανης.
	6	εκ τουτου γινωσκομεν το πνευμα της αληθειας και το *πνευμα* της πλανης.
	13	εν τουτω γινωσκομεν οτι εν αυτω μενομεν και αυτος εν ημιν, οτι εκ του *πνευματος* αυτου δεδωκεν ημιν.
	5 6	και το *πνευμα* εστιν το μαρτυρουν,
	6	και το πνευμα εστιν το μαρτυρουν, οτι το *πνευμα* εστιν η αληθεια.
	8	οτι τρεις εισιν οι μαρτυρουντες, το *πνευμα* και το υδωρ και το αιμα,
Ju	19	ουτοι εισιν οι αποδιοριζοντες, ψυχικοι, *πνευμα* μη εχοντες.
	20	υμεις δε, αγαπητοι, εποικοδομουντες εαυτους τη αγιωτατη υμων πιστει, εν *πνευματι* αγιω προσευχομενοι,
Apc	1 4	και απο των επτα *πνευματων* α ενωπιον του θρονου αυτου,
	10	εγενομην εν *πνευματι* εν τη κυριακη ημερα,
	2 7	ο εχων ους ακουσατω τι το *πνευμα* λεγει ταις εκκλησιαις.
	11	ο εχων ους ακουσατω τι το *πνευμα* λεγει ταις εκκλησιαις.
	17	ο εχων ους ακουσατω τι το *πνευμα* λεγει ταις εκκλησιαις.
	29	ο εχων ους ακουσατω τι το *πνευμα* λεγει ταις εκκλησιαις.
	3 1	ταδε λεγει ο εχων τα επτα *πνευματα* του θεου και τους επτα αστερας· οιδα σου τα εργα,
	6	ο εχων ους ακουσατω τι το *πνευμα* λεγει ταις εκκλησιαις.
	13	ο εχων ους ακουσατω τι το *πνευμα* λεγει ταις εκκλησιαις.
	22	ο εχων ους ακουσατω τι το *πνευμα* λεγει ταις εκκλησιαις.

πνευμα [379]

Apc	4 2	ευθεως εγενομην εν *πνευματι*·
	5	και επτα λαμπαδες πυρος καιομεναι ενωπιον του θρονου, α εισιν τα επτα *πνευματα* του θεου·
	5 6	εχων κερατα επτα και οφθαλμους επτα, οι εισιν τα [επτα] *πνευματα* του θεου απεσταλμενοι εις πασαν την γην.
	11 11	και μετα τας τρεις ημερας και ημισυ *πνευμα* ζωης εκ του θεου εισηλθεν εν αυτοις,
	13 15	και εδοθη αυτω δουναι *πνευμα* τη εικονι του θηριου,
	14 13	ναι, λεγει το *πνευμα*, ινα αναπαησονται εκ των κοπων αυτων·
	16 13	και ειδον εκ του στοματος του δρακοντος και εκ του στοματος του θηριου και εκ του στοματος του ψευδοπροφητου *πνευματα* τρια ακαθαρτα ως βατραχοι·
	14	εισιν γαρ *πνευματα* δαιμονιων ποιουντα σημεια,
	17 3	και απηνεγκεν με εις ερημον εν *πνευματι*.
	18 2	και εγενετο κατοικητηριον δαιμονιων και φυλακη παντος *πνευματος* ακαθαρτου
	19 10	η γαρ μαρτυρια ιησου εστιν το *πνευμα* της προφητειας.
	21 10	και απηνεγκεν με εν *πνευματι* επι ορος μεγα και υψηλον,
	22 6	και ο κυριος ο θεος των *πνευματων* των προφητων απεστειλεν τον αγγελον αυτου δειξαι τοις δουλοις αυτου α δει γενεσθαι εν ταχει.
	17	και το *πνευμα* και η νυμφη λεγουσιν·

πνευματικος [26]

Rm	1 11	επιποθω γαρ ιδειν υμας, ινα τι μεταδω χαρισμα υμιν *πνευματικον* εις το στηριχθηναι υμας,
	7 14	οιδαμεν γαρ οτι ο νομος *πνευματικος* εστιν·
	15 27	ει γαρ τοις *πνευματικοις* αυτων εκοινωνησαν τα εθνη, οφειλουσιν και εν τοις σαρκικοις λειτουργησαι αυτοις.
1Co	2 13	αλλ εν διδακτοις πνευματος, *πνευματικοις* πνευματικα συγκρινοντες.
	13	αλλ εν διδακτοις πνευματος, πνευματικοις *πνευματικα* συγκρινοντες.
	15	ο δε *πνευματικος* ανακρινει [τα] παντα, αυτος δε υπ ουδενος ανακρινεται.
	3 1	καγω, αδελφοι, ουκ ηδυνηθην λαλησαι υμιν ως *πνευματικοις* αλλ ως σαρκινοις, ως νηπιοις εν χριστω.
	9 11	ει ημεις υμιν τα *πνευματικα* εσπειραμεν, μεγα ει ημεις υμων τα σαρκικα θερισομεν;
	10 3	και παντες το αυτο *πνευματικον* βρωμα εφαγον,
	4	και παντες το αυτο *πνευματικον* επιον πομα·
	4	επινον γαρ εκ *πνευματικης* ακολουθουσης πετρας,
	12 1	περι δε των *πνευματικων*, αδελφοι, ου θελω υμας αγνοειν.
	14 1	διωκετε την αγαπην, ζηλουτε δε τα *πνευματικα*,
	37	ει τις δοκει προφητης ειναι η *πνευματικος*, επιγινωσκετω α γραφω υμιν οτι κυριου εστιν εντολη·
	15 44	σπειρεται σωμα ψυχικον, εγειρεται σωμα *πνευματικον*.
	44	ει εστιν σωμα ψυχικον, εστιν και *πνευματικον*.
	46	αλλ ου πρωτον το *πνευματικον* αλλα το ψυχικον, επειτα το πνευματικον.
	46	αλλ ου πρωτον το πνευματικον αλλα το ψυχικον, επειτα το *πνευματικον*.
Ga	6 1	αδελφοι, εαν και προλημφθη ανθρωπος εν τινι παραπτωματι, υμεις οι *πνευματικοι* καταρτιζετε τον τοιουτον εν πνευματι πραυτητος,
Eph	1 3	ευλογητος ο θεος και πατηρ του κυριου ημων ιησου χριστου, ο ευλογησας ημας εν παση ευλογια *πνευματικη* εν τοις επουρανιοις εν χριστω,
	5 19	λαλουντες εαυτοις [εν] ψαλμοις και υμνοις και ωδαις *πνευματικαις*,
	6 12	αλλα προς τας αρχας, προς τας εξουσιας, προς τους κοσμοκρατορας του σκοτους τουτου, προς τα *πνευματικα* της πονηριας εν τοις επουρανιοις.
Col	1 9	ου παυομεθα υπερ υμων προσευχομενοι και αιτουμενοι ινα πληρωθητε την επιγνωσιν του θεληματος αυτου εν παση σοφια και συνεσει *πνευματικη*,
	3 16	ψαλμοις υμνοις ωδαις *πνευματικαις* εν [τη] χαριτι αδοντες εν ταις καρδιαις υμων τω θεω·
1Pt	2 5	και αυτοι ως λιθοι ζωντες οικοδομεισθε οικος *πνευματικος* εις ιερατευμα αγιον,
	5	και αυτοι ως λιθοι ζωντες οικοδομεισθε οικος πνευματικος εις ιερατευμα αγιον, ανενεγκαι *πνευματικας* θυσιας ευπροσδεκτους [τω] θεω δια ιησου χριστου·

πνευματικως [2]

1Co	2 14	μωρια γαρ αυτω εστιν, και ου δυναται γνωναι, οτι *πνευματικως* ανακρινεται.

πνευματικως [2]

Apc   11 8   και το πτωμα αυτων επι της πλατειας της πολεως της μεγαλης, ἡτις καλειται *πνευματικως* σοδομα και αιγυπτος,

πνεω [7]

Mt   7 25   και κατεβη ἡ βροχη και ἠλθον οἱ ποταμοι και *επνευσαν* οἱ ανεμοι και προσεπεσαν τη οικια εκεινη,

    27   και κατεβη ἡ βροχη και ἠλθον οἱ ποταμοι και *επνευσαν* οἱ ανεμοι και προσεκοψαν τη οικια εκεινη,

Lc   12 55   και ὁταν νοτον *πνεοντα*, λεγετε ὁτι καυσων εσται, και γινεται.

Jh   3 8   το πνευμα ὁπου θελει *πνει*, και την φωνην αυτου ακουεις,

   6 18   ἡ τε θαλασσα ανεμου μεγαλου *πνεοντος* διεγειρετο.

Ac   27 40   ἁμα ανεντες τας ζευκτηριας των πηδαλιων, και επαραντες τον αρτεμωνα τη *πνεουση* κατειχον εις τον αιγιαλον.

Apc   7 1   κρατουντας τους τεσσαρας ανεμους της γης, ἱνα μη *πνεη* ανεμος επι της γης μητε επι της θαλασσης μητε επι παν δενδρον.

πνιγω [3]

Mt   13 7   και ανεβησαν αἱ ακανθαι και *επνιξαν* αυτα.

   18 28   και κρατησας αυτον *επνιγεν* λεγων· αποδος εἰ τι οφειλεις.

Mc   5 13   και ὡρμησεν ἡ αγελη κατα του κρημνου εις την θαλασσαν, ὡς δισχιλιοι, και *επνιγοντο* εν τη θαλασση.

πνικτος [3]

Ac   15 20   αλλα επιστειλαι αυτοις του απεχεσθαι των αλισγηματων των ειδωλων και της πορνειας και του *πνικτου* και του αἱματος,

    29   εδοξεν γαρ τω πνευματι τω αγιω και ἡμιν μηδεν πλεον επιτιθεσθαι ὑμιν βαρος πλην τουτων των επαναγκες, απεχεσθαι ειδωλοθυτων και αἱματος και *πνικτων* και πορνειας·

   21 25   περι δε των πεπιστευκοτων εθνων ἡμεις επεστειλαμεν κριναντες φυλασσεσθαι αυτους το τε ειδωλοθυτον και αἱμα και *πνικτον* και πορνειαν.

πνοη [2]

Ac   2 2   και εγενετο αφνω εκ του ουρανου ηχος ὡσπερ φερομενης *πνοης* βιαιας και επληρωσεν ὁλον τον οικον οὑ ἠσαν καθημενοι,

   17 25   ουδε ὑπο χειρων ανθρωπινων θεραπευεται προσδεομενος τινος, αυτος διδους πασι ζωην και *πνοην* και τα παντα·

ποδηρης [1]

Apc   1 13   και εν μεσω των λυχνιων ὁμοιον υἱον ανθρωπου, ενδεδυμενον *ποδηρη* και περιεζωσμενον προς τοις μαστοις ζωνην χρυσαν·

ποθεν [29]

Mt   13 27   *ποθεν* οὑν εχει ζιζανια;

    54   *ποθεν* τουτω ἡ σοφια αὑτη και αἱ δυναμεις;

    56   *ποθεν* οὑν τουτω ταυτα παντα;

   15 33   *ποθεν* ἡμιν εν ερημια αρτοι τοσουτοι ὡστε χορτασαι οχλον τοσουτον;

   21 25   το βαπτισμα το ιωαννου *ποθεν* ἠν; εξ ουρανου ἠ εξ ανθρωπων;

Mc   6 2   *ποθεν* τουτω ταυτα, και τίς ἡ σοφια ἡ δοθεισα τουτω,

   8 4   και απεκριθησαν αυτω οἱ μαθηται αυτου ὁτι *ποθεν* τουτους δυνησεται τις ὡδε χορτασαι αρτων επ ερημιας;

   12 37   αυτος δαυιδ λεγει αυτον κυριον, και *ποθεν* αυτου εστιν υἱος;

Lc   1 43   και *ποθεν* μοι τουτο ἱνα ελθη ἡ μητηρ του κυριου μου προς εμε;

   13 25   ουκ οιδα ὑμας *ποθεν* εστε.

    27   ουκ οιδα [ὑμας] *ποθεν* εστε· αποστητε απ εμου παντες εργαται αδικιας.

   20 7   και απεκριθησαν μη ειδεναι *ποθεν*.

Jh   1 48   λεγει αυτω ναθαναηλ· *ποθεν* με γινωσκεις;

   2 9   ὡς δε εγευσατο ὁ αρχιτρικλινος το ὑδωρ οινον γεγενημενον, και ουκ ἡδει *ποθεν* εστιν,

   3 8   και την φωνην αυτου ακουεις, αλλ ουκ οιδας *ποθεν* ερχεται και που ὑπαγει·

   4 11   *ποθεν* οὑν εχεις το ὑδωρ το ζων;

   6 5   *ποθεν* αγορασωμεν αρτους ἱνα φαγωσιν οὑτοι;

   7 27   αλλα τουτον οιδαμεν *ποθεν* εστιν·

ποθεν [29]

Jh   7 27   ὁ δε χριστος ὁταν ερχηται, ουδεις γινωσκει *ποθεν* εστιν.

    28   καμε οιδατε και οιδατε *ποθεν* ειμι·

   8 14   καν εγω μαρτυρω περι εμαυτου, αληθης εστιν ἡ μαρτυρια μου, ὁτι οιδα *ποθεν* ἠλθον και που ὑπαγω·

    14   ὑμεις δε ουκ οιδατε *ποθεν* ερχομαι ἠ που ὑπαγω.

   9 29   ἡμεις οιδαμεν ὁτι μωυσει λελαληκεν ὁ θεος, τουτον δε ουκ οιδαμεν *ποθεν* εστιν.

    30   εν τουτω γαρ το θαυμαστον εστιν, ὁτι ὑμεις ουκ οιδατε *ποθεν* εστιν, και ηνοιξεν μου τους οφθαλμους.

   19 9   και εισηλθεν εις το πραιτωριον παλιν και λεγει τω ιησου· *ποθεν* εἰ συ;

Ja   4 1   *ποθεν* πολεμοι και *ποθεν* μαχαι εν ὑμιν;

    1   *ποθεν* πολεμοι και *ποθεν* μαχαι εν ὑμιν;

Apc   2 5   μνημονευε οὑν *ποθεν* πεπτωκας, και μετανοησον και τα πρωτα εργα ποιησον·

   7 13   οὑτοι οἱ περιβεβλημενοι τας στολας τας λευκας τινες εισιν και *ποθεν* ἠλθον;

ποιεω [568]

Mt   1 24   εγερθεις δε ὁ ιωσηφ απο του ὑπνου *εποιησεν* ὡς προσεταξεν αυτω ὁ αγγελος κυριου,

   3 3   ετοιμασατε την οδον κυριου, ευθειας *ποιειτε* τας τριβους αυτου.

    8   *ποιησατε* οὑν καρπον αξιον της μετανοιας·

    10   παν οὑν δενδρον μη *ποιουν* καρπον καλον εκκοπτεται και εις πυρ βαλλεται.

   4 19   δευτε οπισω μου, και *ποιησω* ὑμας ἁλιεις ανθρωπων.

   5 19   ὁς δ αν *ποιηση* και διδαξη, οὑτος μεγας κληθησεται εν τη βασιλεια των ουρανων.

    32   εγω δε λεγω ὑμιν ὁτι πας ὁ απολυων την γυναικα αυτου παρεκτος λογου πορνειας *ποιει* αυτην μοιχευθηναι,

    36   μητε εν τη κεφαλη σου ομοσης, ὁτι ου δυνασαι μιαν τριχα λευκην *ποιησαι* ἠ μελαιναν.

    46   ουχι και οἱ τελωναι το αυτο *ποιουσιν*;

    47   και εαν ασπασησθε τους αδελφους ὑμων μονον, τί περισσον *ποιειτε*;

    47   ουχι και οἱ εθνικοι το αυτο *ποιουσιν*;

   6 1   προσεχετε [δε] την δικαιοσυνην ὑμων μη *ποιειν* εμπροσθεν των ανθρωπων προς το θεαθηναι αυτοις·

    2   ὁταν οὑν *ποιης* ελεημοσυνην, μη σαλπισης εμπροσθεν σου,

    2   μη σαλπισης εμπροσθεν σου, ὡσπερ οἱ ὑποκριται *ποιουσιν* εν ταις συναγωγαις και εν ταις ρυμαις,

    3   σου δε *ποιουντος* ελεημοσυνην μη γνωτω ἡ αριστερα σου τί ποιει ἡ δεξια σου,

    3   σου δε *ποιουντος* ελεημοσυνην μη γνωτω ἡ αριστερα σου τί *ποιει* ἡ δεξια σου,

   7 12   παντα οὑν ὁσα εαν θελητε ἱνα *ποιωσιν* ὑμιν οἱ ανθρωποι,

    12   οὑτως και ὑμεις *ποιειτε* αυτοις·

    17   οὑτως παν δενδρον αγαθον καρπους καλους *ποιει*,

    17   το δε σαπρον δενδρον καρπους πονηρους *ποιει*.

    18   ου δυναται δενδρον αγαθον καρπους πονηρους *ποιειν*,

    18   ουδε δενδρον σαπρον καρπους καλους *ποιειν*.

    19   παν δενδρον μη *ποιουν* καρπον καλον εκκοπτεται και εις πυρ βαλλεται.

    21   αλλ ὁ *ποιων* το θελημα του πατρος μου του εν τοις ουρανοις.

    22   και τω σω ονοματι δυναμεις πολλας *εποιησαμεν*;

    24   πας οὑν ὁστις ακουει μου τους λογους τουτους και *ποιει* αυτους,

    26   και πας ὁ ακουων μου τους λογους τουτους και μη *ποιων* αυτους ομοιωθησεται ανδρι μωρω,

   8 9   και λεγω τουτω· πορευθητι, και πορευεται, και αλλω· ερχου, και ερχεται, και τω δουλω μου· *ποιησον* τουτο, και ποιει.

    9   και λεγω τουτω· πορευθητι, και πορευεται, και αλλω· ερχου, και ερχεται, και τω δουλω μου· ποιησον τουτο, και *ποιει*.

   9 28   πιστευετε ὁτι δυναμαι τουτο *ποιησαι*;

   12 2   ιδου οἱ μαθηται σου *ποιουσιν* ὁ ουκ εξεστιν ποιειν εν σαββατω.

    2   ιδου οἱ μαθηται σου ποιουσιν ὁ ουκ εξεστιν *ποιειν* εν σαββατω.

    3   ουκ ανεγνωτε τί *εποιησεν* δαυιδ,

    12   ὡστε εξεστιν τοις σαββασιν καλως *ποιειν*.

    16   και επετιμησεν αυτοις ἱνα μη φανερον αυτον *ποιησωσιν*·

    33   ἠ *ποιησατε* το δενδρον καλον και τον καρπον αυτου καλον,

    33   ἠ *ποιησατε* το δενδρον σαπρον και τον καρπον αυτου σαπρον·

    50   ὁστις γαρ αν *ποιηση* το θελημα του πατρος μου του εν ουρανοις, αυτος μου αδελφος και αδελφη και μητηρ εστιν.

   13 23   ὁς δη καρποφορει και *ποιει* ὁ μεν ἑκατον,

ποιεω [568]

Mt 13 26 ὅτε δε ἐβλαστησεν ὁ χορτος και καρπον *ἐποιησεν*, τοτε ἐφανη και τα ζιζανια.

28 ἐχθρος ἀνθρωπος τουτο *ἐποιησεν*.

41 και συλλεξουσιν ἐκ της βασιλειας αὐτου παντα τα σκανδαλα και τους *ποιουντας* την ἀνομιαν,

58 και οὐκ *ἐποιησεν* ἐκει δυναμεις πολλας δια την ἀπιστιαν αὐτων.

17 4 εἰ θελεις, *ποιησω* ὡδε τρεις σκηνας, σοι μιαν και μωυσει μιαν και ἠλιᾳ μιαν.

12 λεγω δε ὑμιν ὁτι ἠλιας ἠδη ἠλθεν, και οὐκ ἐπεγνωσαν αὐτον, ἀλλα *ἐποιησαν* ἐν αὐτῳ ὁσα ἠθελησαν·

18 35 οὑτως και ὁ πατηρ μου ὁ οὐρανιος *ποιησει* ὑμιν, ἐαν μη ἀφητε ἑκαστος τῳ ἀδελφῳ αὐτου ἀπο των καρδιων ὑμων.

19 4 οὐκ ἀνεγνωτε ὁτι ὁ κτισας ἀπ ἀρχης ἀρσεν και θηλυ *ἐποιησεν* αὐτους;

16 διδασκαλε, τί ἀγαθον *ποιησω* ἱνα σχω ζωην αἰωνιον;

20 5 παλιν [δε] ἐξελθων περι ἑκτην και ἐνατην ὡραν *ἐποιησεν* ὡσαυτως.

12 οὑτοι οἱ ἐσχατοι μιαν ὡραν *ἐποιησαν*, και ἰσους ἡμιν αὐτους *ἐποιησας* τοις βαστασασι το βαρος της ἡμερας και τον καυσωνα.

12 οὑτοι οἱ ἐσχατοι μιαν ὡραν *ἐποιησαν*, και ἰσους ἡμιν αὐτους *ἐποιησας* τοις βαστασασι το βαρος της ἡμερας και τον καυσωνα.

15 θελω δε τουτῳ τῳ ἐσχατῳ δουναι ὡς και σοί· [ἡ] οὐκ ἐξεστιν μοι ὁ θελω *ποιησαι* ἐν τοις ἐμοις;

32 τί θελετε *ποιησω* ὑμιν;

21 6 πορευθεντες δε οἱ μαθηται και *ποιησαντες* καθως συνεταξεν αὐτοις ὁ ἰησους ἠγαγον την ὁνον και τον πωλον,

13 γεγραπται· ὁ οἰκος μου οἰκος προσευχης κληθησεται, ὑμεις δε αὐτον *ποιειτε* σπηλαιον ληστων.

15 ἰδοντες δε οἱ ἀρχιερεις και οἱ γραμματεις τα θαυμασια ἁ *ἐποιησεν* και τους παιδας τους κραζοντας ἐν τῳ ἱερῳ και λεγοντας· ὡσαννα τῳ υἱῳ δαυιδ, ἠγανακτησαν,

21 ἐαν ἐχητε πιστιν και μη διακριθητε, οὐ μονον το της συκης *ποιησετε*,

23 ἐν ποιᾳ ἐξουσιᾳ ταυτα *ποιεις*; και τίς σοι ἐδωκεν την ἐξουσιαν ταυτην;

24 ἐρωτησω ὑμας καγω λογον ἑνα, ὁν ἐαν εἰπητε μοι, καγω ὑμιν ἐρω ἐν ποιᾳ ἐξουσιᾳ ταυτα *ποιω*·

27 οὐδε ἐγω λεγω ὑμιν ἐν ποιᾳ ἐξουσιᾳ ταυτα *ποιω*.

31 τίς ἐκ των δυο *ἐποιησεν* το θελημα του πατρος;

36 παλιν ἀπεστειλεν ἀλλους δουλους πλειονας των πρωτων, και *ἐποιησαν* αὐτοις ὡσαυτως.

40 ὁταν οὐν ἐλθη ὁ κυριος του ἀμπελωνος, τί *ποιησει* τοις γεωργοις ἐκεινοις;

43 δια τουτο λεγω ὑμιν ὁτι ἀρθησεται ἀφ ὑμων ἡ βασιλεια του θεου και δοθησεται ἐθνει *ποιουντι* τους καρπους αὐτης.

22 2 ὡμοιωθη ἡ βασιλεια των οὐρανων ἀνθρωπῳ βασιλει, ὁστις *ἐποιησεν* γαμους τῳ υἱῳ αὐτου.

23 3 παντα οὐν ὁσα ἐαν εἰπωσιν ὑμιν *ποιησατε* και τηρειτε, κατα δε τα ἐργα αὐτων μη *ποιειτε*·

3 παντα οὐν ὁσα ἐαν εἰπωσιν ὑμιν *ποιησατε* και τηρειτε, κατα δε τα ἐργα αὐτων μη *ποιειτε*·

3 κατα δε τα ἐργα αὐτων μη *ποιειτε*· λεγουσιν γαρ και οὐ *ποιουσιν*.

5 παντα δε τα ἐργα αὐτων *ποιουσιν* προς το θεαθηναι τοις ἀνθρωποις·

15 οὐαι ὑμιν, γραμματεις και φαρισαιοι ὑποκριται, ὁτι περιαγετε την θαλασσαν και την ξηραν *ποιησαι* ἑνα προσηλυτον,

15 και ὁταν γενηται, *ποιειτε* αὐτον υἱον γεεννης διπλοτερον ὑμων.

23 ταυτα [δε] ἐδει *ποιησαι* κακεινα μη ἀφιεναι.

24 46 μακαριος ὁ δουλος ἐκεινος ὁν ἐλθων ὁ κυριος αὐτου εὑρησει οὑτως *ποιουντα*·

25 40 ἀμην λεγω ὑμιν, ἐφ ὁσον *ἐποιησατε* ἑνι τουτων των ἀδελφων μου των ἐλαχιστων, ἐμοι *ἐποιησατε*.

40 ἀμην λεγω ὑμιν, ἐφ ὁσον *ἐποιησατε* ἑνι τουτων των ἀδελφων μου των ἐλαχιστων, ἐμοι *ἐποιησατε*.

45 ἀμην λεγω ὑμιν, ἐφ ὁσον οὐκ *ἐποιησατε* ἑνι τουτων των ἐλαχιστων, οὐδε ἐμοι *ἐποιησατε*.

45 ἀμην λεγω ὑμιν, ἐφ ὁσον οὐκ *ἐποιησατε* ἑνι τουτων των ἐλαχιστων, οὐδε ἐμοι *ἐποιησατε*.

26 12 βαλουσα γαρ αὑτη το μυρον τουτο ἐπι του σωματος μου προς το ἐνταφιασαι με *ἐποιησεν*.

13 ὁπου ἐαν κηρυχθη το εὐαγγελιον τουτο ἐν ὁλῳ τῳ κοσμῳ, λαληθησεται και ὁ *ἐποιησεν* αὑτη εἰς μνημοσυνον αὐτης.

18 προς σε *ποιω* το πασχα μετα των μαθητων μου.

ποιεω [568]

Mt 26 19 και *ἐποιησαν* οἱ μαθηται ὡς συνεταξεν αὐτοις ὁ ἰησους, και ἡτοιμασαν το πασχα.

73 ἀληθως και συ ἐξ αὐτων εἰ, και γαρ ἡ λαλια σου δηλον σε *ποιει*.

27 22 τί οὐν *ποιησω* ἰησουν τον λεγομενον χριστον;

23 τί γαρ κακον *ἐποιησεν*;

28 14 και ἐαν ἀκουσθη τουτο ἐπι του ἡγεμονος, ἡμεις πεισομεν [αὐτον] και ὑμας ἀμεριμνους *ποιησομεν*.

15 οἱ δε λαβοντες τα ἀργυρια *ἐποιησαν* ὡς ἐδιδαχθησαν.

Mc 1 3 εὐθειας *ποιειτε* τας τριβους αὐτου,

17 δευτε ὀπισω μου, και *ποιησω* ὑμας γενεσθαι ἁλιεις ἀνθρωπων.

2 23 και οἱ μαθηται αὐτου ἠρξαντο ὁδον *ποιειν* τιλλοντες τους σταχυας.

24 ἰδε τί *ποιουσιν* τοις σαββασιν ὁ οὐκ ἐξεστιν;

25 οὐδεποτε ἀνεγνωτε τί *ἐποιησεν* δαυιδ, ὁτε χρειαν ἐσχεν και ἐπεινασεν αὐτος και οἱ μετ αὐτου;

3 4 ἐξεστιν τοις σαββασιν ἀγαθον *ποιησαι* ἡ κακοποιησαι,

8 πληθος πολυ, ἀκουοντες ὁσα *ἐποιει*, ἠλθον προς αὐτον.

12 και πολλα ἐπετιμα αὐτοις ἱνα μη αὐτον φανερον *ποιησωσιν*.

14 και *ἐποιησεν* δωδεκα [οὑς και ἀποστολους ὠνομασεν],

16 [και *ἐποιησεν* τους δωδεκα],

35 ὁς [γαρ] ἀν *ποιηση* το θελημα του θεου, οὑτος ἀδελφος μου και ἀδελφη και μητηρ ἐστιν.

4 32 και *ποιει* κλαδους μεγαλους,

5 19 ὑπαγε εἰς τον οἰκον σου προς τους σους, και ἀπαγγειλον αὐτοις ὁσα ὁ κυριος σοι *πεποιηκεν* και ἠλεησεν σε.

20 και ἀπηλθεν και ἠρξατο κηρυσσειν ἐν τη δεκαπολει ὁσα *ἐποιησεν* αὐτῳ ὁ ἰησους,

32 και περιεβλεπετο ἰδειν την τουτο *ποιησασαν*.

6 5 και οὐκ ἐδυνατο ἐκει *ποιησαι* οὐδεμιαν δυναμιν,

21 και γενομενης ἡμερας εὐκαιρου ὁτε ἡρωδης τοις γενεσιοις αὐτου δειπνον *ἐποιησεν* τοις μεγιστασιν αὐτου και τοις χιλιαρχοις και τοις πρωτοις της γαλιλαιας,

30 και συναγονται οἱ ἀποστολοι προς τον ἰησουν, και ἀπηγγειλαν αὐτῳ παντα ὁσα *ἐποιησαν* και ὁσα ἐδιδαξαν.

7 12 οὐκετι ἀφιετε αὐτον οὐδεν *ποιησαι* τῳ πατρι ἡ τη μητρι, ἀκυρουντες τον λογον του θεου τη παραδοσει ὑμων ἡ παρεδωκατε·

13 και παρομοια τοιαυτα πολλα *ποιειτε*.

37 καλως παντα *πεποιηκεν*, και τους κωφους *ποιει* ἀκουειν και [τους] ἀλαλους λαλειν.

37 καλως παντα πεποιηκεν, και τους κωφους *ποιει* ἀκουειν και [τους] ἀλαλους λαλειν.

9 5 ῥαββι, καλον ἐστιν ἡμας ὡδε εἰναι, και *ποιησωμεν* τρεις σκηνας, σοι μιαν και μωυσει μιαν και ἠλιᾳ μιαν.

13 ἀλλα λεγω ὑμιν ὁτι και ἠλιας ἐληλυθεν, και *ἐποιησαν* αὐτῳ ὁσα ἠθελον, καθως γεγραπται ἐπ αὐτον.

39 μη κωλυετε αὐτον· οὐδεις γαρ ἐστιν ὁς *ποιησει* δυναμιν ἐπι τῳ ὀνοματι μου και δυνησεται ταχυ κακολογησαι με·

10 6 ἀπο δε ἀρχης κτισεως ἀρσεν και θηλυ *ἐποιησεν* αὐτους·

17 διδασκαλε ἀγαθε, τί *ποιησω* ἱνα ζωην αἰωνιον κληρονομησω;

35 διδασκαλε, θελομεν ἱνα ὁ ἐαν αἰτησωμεν σε *ποιησης* ἡμιν.

36 τί θελετε [με] *ποιησω* ὑμιν;

51 τί σοι θελεις *ποιησω*;

11 3 και ἐαν τις ὑμιν εἰπη· τί *ποιειτε* τουτο; εἰπατε· ὁ κυριος αὐτου χρειαν ἐχει, και εὐθυς αὐτον ἀποστελλει παλιν ὡδε.

5 τί *ποιειτε* λυοντες τον πωλον;

17 οὐ γεγραπται ὁτι ὁ οἰκος μου οἰκος προσευχης κληθησεται πασιν τοις ἐθνεσιν; ὑμεις δε *πεποιηκατε* αὐτον σπηλαιον ληστων.

28 και ἐλεγον αὐτῳ· ἐν ποιᾳ ἐξουσιᾳ ταυτα *ποιεις*; ἡ τίς σοι ἐδωκεν την ἐξουσιαν ταυτην ἱνα ταυτα *ποιης*;

28 και ἐλεγον αὐτῳ· ἐν ποιᾳ ἐξουσιᾳ ταυτα *ποιεις*; ἡ τίς σοι ἐδωκεν την ἐξουσιαν ταυτην ἱνα ταυτα *ποιης*;

29 ἐπερωτησω ὑμας ἑνα λογον, και ἀποκριθητε μοι, και ἐρω ὑμιν ἐν ποιᾳ ἐξουσιᾳ ταυτα *ποιω*.

33 οὐδε ἐγω λεγω ὑμιν ἐν ποιᾳ ἐξουσιᾳ ταυτα *ποιω*.

12 9 τί [οὐν] *ποιησει* ὁ κυριος του ἀμπελωνος; ἐλευσεται και ἀπολεσει τους γεωργους, και δωσει τον ἀμπελωνα ἀλλοις.

14 7 παντοτε γαρ τους πτωχους ἐχετε μεθ ἑαυτων, και ὁταν θελητε δυνασθε αὐτοις εὐ *ποιησαι*,

8 ὁ ἐσχεν *ἐποιησεν*· προελαβεν μυρισαι το σωμα μου εἰς τον ἐνταφιασμον.

9 ὁπου ἐαν κηρυχθη το εὐαγγελιον εἰς ὁλον τον κοσμον, και ὁ *ἐποιησεν* αὑτη λαληθησεται εἰς μνημοσυνον αὐτης.

15 1 και εὐθυς πρωι συμβουλιον *ποιησαντες* οἱ ἀρχιερεις μετα των πρεσβυτερων και γραμματεων και ὁλον το συνεδριον,

ποιεω [568]

Mc	15 7	ἦν δε ὁ λεγομενος βαραββας μετα των στασιαστων δεδεμενος, οἴτινες ἐν τῃ στασει φονον *πεποιηκεισαν.*
	8	και ἀναβας ὁ ὀχλος ἠρξατο αἰτεισθαι καθως *ἐποιει* αὐτοις.
	12	τί οὖν [θελετε] *ποιησω* [ὃν λεγετε] τον βασιλεα των ἰουδαιων;
	14	τί γαρ *ἐποιησεν* κακον;
	15	ὁ δε πιλατος βουλομενος τῳ ὀχλῳ το ἱκανον *ποιησαι* ἀπελυσεν αὐτοις τον βαραββαν.
Lc	1 25	λεγουσα ὀτι οὑτως μοι *πεποιηκεν* κυριος ἐν ἡμεραις αἱς ἐπειδεν ἀφελειν ὀνειδος μου ἐν ἀνθρωποις.
	49	ἰδου γαρ ἀπο του νυν μακαριουσιν με πασαι αἱ γενεαι· ὀτι *ἐποιησεν* μοι μεγαλα ὁ δυνατος.
	51	και ἀγιον το ὀνομα αὐτου, και το ἐλεος αὐτου εἰς γενεας και γενεας τοις φοβουμενοις αὐτον *ἐποιησεν* κρατος ἐν βραχιονι αὐτου, διεσκορπισεν ὑπερηφανους διανοιᾳ καρδιας αὐτων·
	68	εὐλογητος κυριος ὁ θεος του ἰσραηλ, ὀτι ἐπεσκεψατο και *ἐποιησεν* λυτρωσιν τῳ λαῳ αὐτου,
	72	*ποιησαι* ἐλεος μετα των πατερων ἡμων και μνησθηναι διαθηκης ἀγιας αὐτου,
	2 27	και ἐν τῳ εἰσαγαγειν τους γονεις το παιδιον ἰησουν του *ποιησαι* αὐτους κατα το εἰθισμενον του νομου περι αὐτου, και αὐτος ἐδεξατο αὐτο εἰς τας ἀγκαλας και εὐλογησεν τον θεον και εἰπεν·
	48	τεκνον, τί *ἐποιησας* ἡμιν οὑτως; ἰδου ὁ πατηρ σου καγω ὀδυνωμενοι ἐζητουμεν σε.
	3 4	ἑτοιμασατε την ὁδον κυριου, εὐθειας *ποιειτε* τας τριβους αὐτου·
	8	*ποιησατε* οὖν καρπους ἀξιους της μετανοιας· και μη ἀρξησθε λεγειν ἐν ἑαυτοις· πατερα ἐχομεν τον ἀβρααμ·
	9	παν οὖν δενδρον μη *ποιουν* καρπον καλον ἐκκοπτεται και εἰς πυρ βαλλεται.
	10	τί οὖν *ποιησωμεν;*
	11	ὁ ἐχων δυο χιτωνας μεταδοτω τῳ μη ἐχοντι, και ὁ ἐχων βρωματα ὁμοιως *ποιειτω.*
	12	διδασκαλε, τί *ποιησωμεν;*
	14	τί *ποιησωμεν* και ἡμεις;
	19	ὁ δε ἡρωδης ὁ τετρααρχης, ἐλεγχομενος ὑπ αὐτου περι ἡρωδιαδος της γυναικος του ἀδελφου αὐτου και περι παντων ὡν *ἐποιησεν* πονηρων ὁ ἡρωδης,
	4 23	ὀσα ἠκουσαμεν γενομενα εἰς την καφαρναουμ, *ποιησον* και ὡδε ἐν τῃ πατριδι σου.
	5 6	και τουτο *ποιησαντες* συνεκλεισαν πληθος ἰχθυων πολυ·
	29	και *ἐποιησεν* δοχην μεγαλην λευις αὐτῳ ἐν τῃ οἰκιᾳ αὐτου·
	33	οἱ μαθηται ἰωαννου νηστευουσιν πυκνα και δεησεις *ποιουνται,* ὁμοιως και οἱ των φαρισαιων,
	34	μη δυνασθε τους υἱους του νυμφωνος, ἐν ᾡ ὁ νυμφιος μετ αὐτων ἐστιν, *ποιησαι* νηστευσαι;
	6 2	τί *ποιειτε* ὃ οὐκ ἐξεστιν τοις σαββασιν;
	3	οὐδε τουτο ἀνεγνωτε ὁ *ἐποιησεν* δαυιδ, ὀτε ἐπεινασεν αὐτος και οἱ μετ αὐτου [ὀντες];
	10	ὁ δε *ἐποιησεν,* και ἀπεκατεσταθη ἡ χειρ αὐτου.
	11	αὐτοι δε ἐπλησθησαν ἀνοιας, και διελαλουν προς ἀλληλους τί ἀν *ποιησαιεν* τῳ ἰησου.
	23	κατα τα αὐτα γαρ *ἐποιουν* τοις προφηταις οἱ πατερες αὐτων.
	26	οὐαι ὀταν καλως εἰπωσιν ὑμας παντες οἱ ἀνθρωποι· κατα τα αὐτα γαρ *ἐποιουν* τοις ψευδοπροφηταις οἱ πατερες αὐτων.
	27	ἀγαπατε τους ἐχθρους ὑμων, καλως *ποιειτε* τοις μισουσιν ὑμας,
	31	και καθως θελετε ἰνα *ποιωσιν* ὑμιν οἱ ἀνθρωποι, ποιειτε αὐτοις ὁμοιως.
	31	και καθως θελετε ἰνα ποιωσιν ὑμιν οἱ ἀνθρωποι, *ποιειτε* αὐτοις ὁμοιως.
	33	και οἱ ἀμαρτωλοι το αὐτο *ποιουσιν.*
	43	οὐ γαρ ἐστιν δενδρον καλον *ποιουν* καρπον σαπρον, οὐδε παλιν δενδρον σαπρον ποιουν καρπον καλον.
	43	οὐ γαρ ἐστιν δενδρον καλον ποιουν καρπον σαπρον, οὐδε παλιν δενδρον σαπρον *ποιουν* καρπον καλον.
	46	κυριε κυριε, και οὐ *ποιειτε* ἀ λεγω;
	47	πας ὁ ἐρχομενος προς με και ἀκουων μου των λογων και *ποιων* αὐτους, ὑποδειξω ὑμιν τινι ἐστιν ὁμοιος.
	49	ὁ δε ἀκουσας και μη *ποιησας* ὁμοιος ἐστιν ἀνθρωπῳ οἰκοδομησαντι οἰκιαν ἐπι την γην χωρις θεμελιου,
	7 8	και λεγω τουτῳ· πορευθητι, και πορευεται, και ἀλλῳ· ἐρχου, και ἐρχεται, και τῳ δουλῳ μου· ποιησον τουτο, και ποιει.
	8	και λεγω τουτῳ· πορευθητι, και πορευεται, και ἀλλῳ· ἐρχου, και ἐρχεται, και τῳ δουλῳ μου· *ποιησον* τουτο, και ποιει.
	8 8	και ἑτερον ἐπεσεν εἰς την γην την ἀγαθην και φυεν *ἐποιησεν* καρπον ἑκατονταπλασιονα.
	21	μητηρ μου και ἀδελφοι μου οὑτοι εἰσιν οἱ τον λογον του θεου ἀκουοντες και *ποιουντες.*

ποιεω [568]

Lc	8 39	ὑποστρεφε εἰς τον οἰκον σου, και διηγου ὀσα σοι *ἐποιησεν* ὁ θεος.
	39	και ἀπηλθεν καθ ὀλην την πολιν κηρυσσων ὀσα *ἐποιησεν* αὐτῳ ὁ ἰησους.
	9 10	και ὑποστρεψαντες οἱ ἀποστολοι διηγησαντο αὐτῳ ὀσα *ἐποιησαν.*
	15	και *ἐποιησαν* οὑτως και κατεκλιναν ἀπαντας.
	33	και *ποιησωμεν* σκηνας τρεις, μιαν σοι και μιαν μωυσει και μιαν ἠλιᾳ, μη εἰδως ὁ λεγει.
	43	παντων δε θαυμαζοντων ἐπι πασιν οἱς *ἐποιει* εἰπεν προς τους μαθητας αὐτου·
	10 25	διδασκαλε, τί *ποιησας* ζωην αἰωνιον κληρονομησω;
	28	ὀρθως ἀπεκριθης· τουτο *ποιει* και ζηση.
	37	ὁ *ποιησας* το ἐλεος μετ αὐτου.
	37	πορευου και συ *ποιει* ὁμοιως.
	11 40	ἀφρονες, οὐχ ὁ *ποιησας* το ἐξωθεν και το ἐσωθεν ἐποιησεν;
	40	ἀφρονες, οὐχ ὁ ποιησας το ἐξωθεν και το ἐσωθεν *ἐποιησεν;*
	42	ταυτα δε ἐδει *ποιησαι* κακεινα μη παρειναι.
	12 4	μη φοβηθητε ἀπο των ἀποκτεινοντων το σωμα και μετα ταυτα μη ἐχοντων περισσοτερον τι *ποιησαι.*
	17	τί *ποιησω,* ὀτι οὐκ ἐχω που συναξω τους καρπους μου;
	18	και εἰπεν· τουτο *ποιησω·*
	33	*ποιησατε* ἑαυτοις βαλλαντια μη παλαιουμενα, θησαυρον ἀνεκλειπτον ἐν τοις οὐρανοις, ὀπου κλεπτης οὐκ ἐγγιζει οὐδε σης διαφθειρει·
	43	μακαριος ὁ δουλος ἐκεινος, ὁν ἐλθων ὁ κυριος αὐτου εὑρησει *ποιουντα* οὑτως.
	47	ἐκεινος δε ὁ δουλος ὁ γνους το θελημα του κυριου αὐτου και μη ἑτοιμασας ἠ *ποιησας* προς το θελημα αὐτου δαρησεται πολλας·
	48	ὁ δε μη γνους, *ποιησας* δε ἀξια πληγων, δαρησεται ὀλιγας.
	13 9	ἑως ὀτου σκαψω περι αὐτην και βαλω κοπρια, καν μεν *ποιηση* καρπον εἰς το μελλον·
	22	και διεπορευετο κατα πολεις και κωμας διδασκων και πορειαν *ποιουμενος* εἰς ἰεροσολυμα.
	14 12	ἐλεγεν δε και τῳ κεκληκοτι αὐτον· ὀταν *ποιης* ἀριστον ἠ δειπνον, μη φωνει τους φιλους σου
	13	ἀλλ ὀταν δοχην *ποιης,* καλει πτωχους, ἀναπειρους, χωλους, τυφλους·
	16	ἀνθρωπος τις *ἐποιει* δειπνον μεγα, και ἐκαλεσεν πολλους,
	15 19	οὐκετι εἰμι ἀξιος κληθηναι υἱος σου· *ποιησον* με ὡς ἑνα των μισθιων σου.
	16 3	τί *ποιησω,* ὀτι ὁ κυριος μου ἀφαιρειται την οἰκονομιαν ἀπ ἐμου;
	4	ἐγνων τί *ποιησω,* ἰνα ὀταν μετασταθω ἐκ της οἰκονομιας δεξωνται με εἰς τους οἰκους αὐτων.
	8	και ἐπηνεσεν ὁ κυριος τον οἰκονομον της ἀδικιας ὀτι φρονιμως *ἐποιησεν·*
	9	ἑαυτοις *ποιησατε* φιλους ἐκ του μαμωνα της ἀδικιας, ἰνα ὀταν ἐκλιπη δεξωνται ὑμας εἰς τας αἰωνιους σκηνας.
	17 9	μη ἐχει χαριν τῳ δουλῳ ὀτι *ἐποιησεν* τα διαταχθεντα;
	10	οὑτως και ὑμεις, ὀταν *ποιησητε* παντα τα διαταχθεντα ὑμιν, λεγετε ὀτι δουλοι ἀχρειοι ἐσμεν, ὁ ὠφειλομεν ποιησαι πεποιηκαμεν.
	10	οὑτως και ὑμεις, ὀταν ποιησητε παντα τα διαταχθεντα ὑμιν, λεγετε ὀτι δουλοι ἀχρειοι ἐσμεν, ὁ ὠφειλομεν *ποιησαι* πεποιηκαμεν.
	10	οὑτως και ὑμεις, ὀταν ποιησητε παντα τα διαταχθεντα ὑμιν, λεγετε ὀτι δουλοι ἀχρειοι ἐσμεν, ὁ ὠφειλομεν ποιησαι *πεποιηκαμεν.*
	18 7	ὁ δε θεος οὐ μη *ποιηση* την ἐκδικησιν των ἐκλεκτων αὐτου των βοωντων αὐτῳ ἡμερας και νυκτος, και μακροθυμει ἐπ αὐτοις;
	8	λεγω ὑμιν ὀτι *ποιησει* την ἐκδικησιν αὐτων ἐν ταχει.
	18	διδασκαλε ἀγαθε, τί *ποιησας* ζωην αἰωνιον κληρονομησω;
	41	τί σοι θελεις *ποιησω;*
	19 18	ἡ μνα σου, κυριε, *ἐποιησεν* πεντε μνας.
	46	ὑμεις δε αὐτον *ἐποιησατε* σπηλαιον λῃστων.
	48	οἱ δε ἀρχιερεις και οἱ γραμματεις ἐζητουν αὐτον ἀπολεσαι και οἱ πρωτοι του λαου, και οὐχ εὑρισκον το τί *ποιησωσιν·*
	20 2	εἰπον ἡμιν ἐν ποιᾳ ἐξουσιᾳ ταυτα *ποιεις,* ἠ τίς ἐστιν ὁ δους σοι την ἐξουσιαν ταυτην;
	8	οὐδε ἐγω λεγω ὑμιν ἐν ποιᾳ ἐξουσιᾳ ταυτα *ποιω.*
	13	εἰπεν δε ὁ κυριος του ἀμπελωνος· τί *ποιησω;*
	15	τί οὖν *ποιησει* αὐτοις ὁ κυριος του ἀμπελωνος;
	22 19	τουτο *ποιειτε* εἰς την ἐμην ἀναμνησιν.
	23 22	τί γαρ κακον *ἐποιησεν* οὑτος;
	31	ὀτι εἰ ἐν τῳ ὑγρῳ ξυλῳ ταυτα *ποιουσιν,* ἐν τῳ ξηρῳ τί γενηται;

ποιεω [568]

Lc	23 34	[πατερ, ἀφες αὐτοις· οὐ γαρ οἰδασιν τί *ποιουσιν*].
Jh	2 5	ὅτι ἂν λεγη ὑμιν, *ποιησατε*.
	11	ταυτην *ἐποιησεν* ἀρχην των σημειων ὁ ἰησους ἐν κανα της γαλιλαιας και ἐφανερωσεν την δοξαν αὐτου,
	15	και *ποιησας* φραγελλιον ἐκ σχοινιων παντας ἐξεβαλεν ἐκ του ἱερου,
	16	μη *ποιειτε* τον οἰκον του πατρος μου οἰκον ἐμποριου.
	18	τί σημειον δεικνυεις ἡμιν, ὁτι ταυτα *ποιεις*;
	23	πολλοι ἐπιστευσαν εἰς το ὀνομα αὐτου, θεωρουντες αὐτου τα σημεια ἃ *ἐποιει·*
	3 2	οὐδεις γαρ δυναται ταυτα τα σημεια *ποιειν* ἃ συ ποιεις,
	2	οὐδεις γαρ δυναται ταυτα τα σημεια ποιειν ἃ συ *ποιεις*,
	21	ὁ δε *ποιων* την ἀληθειαν ἐρχεται προς το φως,
	4 1	ὡς οὖν ἐγνω ὁ ἰησους ὁτι ἠκουσαν οἱ φαρισαιοι ὁτι ἰησους πλειονας μαθητας *ποιει* και βαπτιζει ἢ ἰωαννης
	29	δευτε ἰδετε ἀνθρωπον ὃς εἰπεν μοι παντα ὁσα *ἐποιησα·*
	34	ἐμον βρωμα ἐστιν ἱνα *ποιησω* το θελημα του πεμψαντος με και τελειωσω αὐτου το ἐργον.
	39	ἐκ δε της πολεως ἐκεινης πολλοι ἐπιστευσαν εἰς αὐτον των σαμαριτων δια τον λογον της γυναικος μαρτυρουσης ὁτι εἰπεν μοι παντα ἃ *ἐποιησα*.
	45	ἐδεξαντο αὐτον οἱ γαλιλαιοι, παντα ἑωρακοτες ὁσα *ἐποιησεν* ἐν ἱεροσολυμοις ἐν τη ἑορτη·
	46	ἡλθεν οὖν παλιν εἰς την κανα της γαλιλαιας, ὁπου *ἐποιησεν* το ὑδωρ οἰνον.
	54	τουτο [δε] παλιν δευτερον σημειον *ἐποιησεν* ὁ ἰησους ἐλθων ἐκ της ἰουδαιας εἰς την γαλιλαιαν.
	5 11	ὁ *ποιησας* με ὑγιη, ἐκεινος μοι εἰπεν·
	15	ἀπηλθεν ὁ ἀνθρωπος και ἀνηγγειλεν τοις ἰουδαιοις ὁτι ἰησους ἐστιν ὁ *ποιησας* αὐτον ὑγιη.
	16	και δια τουτο ἐδιωκον οἱ ἰουδαιοι τον ἰησουν, ὁτι ταυτα *ἐποιει* ἐν σαββατω.
	18	ὁτι οὐ μονον ἐλυεν το σαββατον, ἀλλα και πατερα ἰδιον ἐλεγεν τον θεον, ἰσον ἑαυτον *ποιων* τω θεω.
	19	ἀμην ἀμην λεγω ὑμιν, οὐ δυναται ὁ υἱος *ποιειν* ἀφ ἑαυτου οὐδεν,
	19	ἐαν μη τι βλεπη τον πατερα *ποιουντα·*
	19	ἃ γαρ ἂν ἐκεινος *ποιη*, ταυτα και ὁ υἱος ὁμοιως ποιει.
	19	ἃ γαρ ἂν ἐκεινος ποιη, ταυτα και ὁ υἱος ὁμοιως *ποιει*.
	20	ὁ γαρ πατηρ φιλει τον υἱον και παντα δεικνυσιν αὐτω ἃ αὐτος *ποιει*,
	27	και ἐξουσιαν ἐδωκεν αὐτω κρισιν *ποιειν*,
	29	μη θαυμαζετε τουτο, ὁτι ἐρχεται ὡρα ἐν ἡ παντες οἱ ἐν τοις μνημειοις ἀκουσουσιν της φωνης αὐτου και ἐκπορευσονται οἱ τα ἀγαθα *ποιησαντες* εἰς ἀναστασιν ζωης,
	30	οὐ δυναμαι ἐγω *ποιειν* ἀπ ἐμαυτου οὐδεν·
	36	τα γαρ ἐργα ἃ δεδωκεν μοι ὁ πατηρ ἱνα τελειωσω αὐτα, αὐτα τα ἐργα ἃ *ποιω* μαρτυρει περι ἐμου ὁτι ὁ πατηρ με ἀπεσταλκεν.
	6 2	ἠκολουθει δε αὐτω ὀχλος πολυς, ὁτι ἐθεωρουν τα σημεια ἃ *ἐποιει* ἐπι των ἀσθενουντων.
	6	αὐτος γαρ ἡδει τί ἐμελλεν *ποιειν*.
	10	*ποιησατε* τους ἀνθρωπους ἀναπεσειν.
	14	οἱ οὖν ἀνθρωποι ἰδοντες ὃ *ἐποιησεν* σημειον ἐλεγον ὁτι οὗτος ἐστιν ἀληθως ὁ προφητης ὁ ἐρχομενος εἰς τον κοσμον.
	15	ἰησους οὖν γνους ὁτι μελλουσιν ἐρχεσθαι και ἁρπαζειν αὐτον ἱνα *ποιησωσιν* βασιλεα, ἀνεχωρησεν παλιν εἰς το ὀρος αὐτος μονος.
	28	τί *ποιωμεν* ἱνα ἐργαζωμεθα τα ἐργα του θεου;
	30	τί οὖν *ποιεις* συ σημειον, ἱνα ἰδωμεν και πιστευσωμεν σοι;
	38	ὁτι καταβεβηκα ἀπο του οὐρανου οὐχ ἱνα *ποιω* το θελημα το ἐμον ἀλλα το θελημα του πεμψαντος με.
	7 3	μεταβηθι ἐντευθεν και ὑπαγε εἰς την ἰουδαιαν, ἱνα και οἱ μαθηται σου θεωρησουσιν σου τα ἐργα ἃ *ποιεις·*
	4	οὐδεις γαρ τι ἐν κρυπτω *ποιει* και ζητει αὐτος ἐν παρρησια εἰναι.
	4	εἰ ταυτα *ποιεις*, φανερωσον σεαυτον τω κοσμω.
	17	ἐαν τις θελη το θελημα αὐτου *ποιειν*, γνωσεται περι της διδαχης, ποτερον ἐκ του θεου ἐστιν ἢ ἐγω ἀπ ἐμαυτου λαλω.
	19	και οὐδεις ἐξ ὑμων *ποιει* τον νομον.
	21	ἓν ἐργον *ἐποιησα* και παντες θαυμαζετε.
	23	εἰ περιτομην λαμβανει ὁ ἀνθρωπος ἐν σαββατω ἱνα μη λυθη ὁ νομος μωυσεως, ἐμοι χολατε ὁτι ὁλον ἀνθρωπον ὑγιη *ἐποιησα* ἐν σαββατω;
	31	ὁ χριστος ὁταν ἐλθη, μη πλειονα σημεια *ποιησει* ὡν οὗτος *ἐποιησεν*;
	31	ὁ χριστος ὁταν ἐλθη, μη πλειονα σημεια ποιησει ὡν οὗτος *ἐποιησεν*;

ποιεω [568]

Jh	7 51	μη ὁ νομος ἡμων κρινει τον ἀνθρωπον ἐαν μη ἀκουση πρωτον παρ αὐτου και γνω τί *ποιει*;
	8 28	και ἀπ ἐμαυτου *ποιω* οὐδεν, ἀλλα καθως ἐδιδαξεν με ὁ πατηρ, ταυτα λαλω.
	29	οὐκ ἀφηκεν με μονον, ὁτι ἐγω τα ἀρεστα αὐτω *ποιω* παντοτε.
	34	ἀμην ἀμην λεγω ὑμιν ὁτι πας ὁ *ποιων* την ἁμαρτιαν δουλος ἐστιν της ἁμαρτιας.
	38	και ὑμεις οὖν ἃ ἠκουσατε παρα του πατρος *ποιειτε*.
	39	εἰ τεκνα του ἀβρααμ ἐστε, τα ἐργα του ἀβρααμ *ἐποιειτε·*
	40	τουτο ἀβρααμ οὐκ *ἐποιησεν*.
	41	ὑμεις *ποιειτε* τα ἐργα του πατρος ὑμων.
	44	ὑμεις ἐκ του πατρος του διαβολου ἐστε και τας ἐπιθυμιας του πατρος ὑμων θελετε *ποιειν*.
	53	και οἱ προφηται ἀπεθανον· τίνα σεαυτον *ποιεις*;
	9 6	ταυτα εἰπων ἐπτυσεν χαμαι και *ἐποιησεν* πηλον ἐκ του πτυσματος,
	11	ὁ ἀνθρωπος ὁ λεγομενος ἰησους πηλον *ἐποιησεν* και ἐπεχρισεν μου τους ὀφθαλμους και εἰπεν μοι ὁτι ὑπαγε εἰς τον σιλωαμ και νιψαι·
	14	ἠν δε σαββατον ἐν ἡ ἡμερα τον πηλον *ἐποιησεν* ὁ ἰησους και ἀνεωξεν αὐτου τους ὀφθαλμους.
	16	πως δυναται ἀνθρωπος ἁμαρτωλος τοιαυτα σημεια *ποιειν*;
	26	τί *ἐποιησεν* σοι; πως ἠνοιξεν σου τους ὀφθαλμους;
	31	ἀλλ ἐαν τις θεοσεβης ἠ και το θελημα αὐτου *ποιη*, τουτου ἀκουει.
	33	εἰ μη ἠν οὗτος παρα θεου, οὐκ ἠδυνατο *ποιειν* οὐδεν.
	10 25	τα ἐργα ἃ ἐγω *ποιω* ἐν τω ὀνοματι του πατρος μου, ταυτα μαρτυρει περι ἐμου·
	33	περι καλου ἐργου οὐ λιθαζομεν σε ἀλλα περι βλασφημιας, και ὁτι συ ἀνθρωπος ὢν *ποιεις* σεαυτον θεον.
	37	εἰ οὐ *ποιω* τα ἐργα του πατρος μου, μη πιστευετε μοι·
	38	εἰ δε *ποιω*, καν ἐμοι μη πιστευητε, τοις ἐργοις πιστευετε,
	41	και πολλοι ἠλθον προς αὐτον και ἐλεγον ὁτι ἰωαννης μεν σημειον *ἐποιησεν* οὐδεν,
	11 37	οὐκ ἐδυνατο οὗτος ὁ ἀνοιξας τους ὀφθαλμους του τυφλου *ποιησαι* ἱνα και οὗτος μη ἀποθανη;
	45	πολλοι οὖν ἐκ των ἰουδαιων, οἱ ἐλθοντες προς την μαριαμ και θεασαμενοι ἃ *ἐποιησεν*, ἐπιστευσαν εἰς αὐτον·
	46	τινες δε ἐξ αὐτων ἀπηλθον προς τους φαρισαιους και εἰπαν αὐτοις ἃ *ἐποιησεν* ἰησους.
	47	τί *ποιουμεν*, ὁτι οὗτος ὁ ἀνθρωπος πολλα ποιει σημεια;
	47	τί ποιουμεν, ὁτι οὗτος ὁ ἀνθρωπος πολλα *ποιει* σημεια;
	12 2	*ἐποιησαν* οὖν αὐτω δειπνον ἐκει,
	16	ἀλλ ὁτε ἐδοξασθη ἰησους, τοτε ἐμνησθησαν ὁτι ταυτα ἠν ἐπ αὐτω γεγραμμενα και ταυτα *ἐποιησαν* αὐτω.
	18	δια τουτο [και] ὑπηντησεν αὐτω ὁ ὀχλος, ὁτι ἠκουσαν τουτο αὐτον *πεποιηκεναι* το σημειον.
	37	τοσαυτα δε αὐτου σημεια *πεποιηκοτος* ἐμπροσθεν αὐτων οὐκ ἐπιστευον εἰς αὐτον,
	13 7	ὁ ἐγω *ποιω* συ οὐκ οἰδας ἀρτι, γνωση δε μετα ταυτα.
	12	γινωσκετε τί *πεποιηκα* ὑμιν;
	15	ὑποδειγμα γαρ ἐδωκα ὑμιν ἱνα καθως ἐγω *ἐποιησα* ὑμιν και ὑμεις ποιητε.
	15	ὑποδειγμα γαρ ἐδωκα ὑμιν ἱνα καθως ἐγω ἐποιησα ὑμιν και ὑμεις *ποιητε*.
	17	εἰ ταυτα οἰδατε, μακαριοι ἐστε ἐαν *ποιητε* αὐτα.
	27	ὁ *ποιεις* ποιησον ταχιον.
	27	ὁ ποιεις *ποιησον* ταχιον.
	14 10	ὁ δε πατηρ ἐν ἐμοι μενων *ποιει* τα ἐργα αὐτου.
	12	ὁ πιστευων εἰς ἐμε τα ἐργα ἃ ἐγω *ποιω* κακεινος ποιησει,
	12	ὁ πιστευων εἰς ἐμε τα ἐργα ἃ ἐγω ποιω κακεινος *ποιησει*,
	12	και μειζονα τουτων *ποιησει*, ὁτι ἐγω προς τον πατερα πορευομαι·
	13	και ὁτι ἂν αἰτησητε ἐν τω ὀνοματι μου, τουτο *ποιησω*, ἱνα δοξασθη ὁ πατηρ ἐν τω υἱω.
	14	ἐαν τι αἰτησητε με ἐν τω ὀνοματι μου, ἐγω *ποιησω*.
	23	και ὁ πατηρ μου ἀγαπησει αὐτον, και προς αὐτον ἐλευσομεθα και μονην παρ αὐτω *ποιησομεθα*.
	31	και καθως ἐνετειλατο μοι ὁ πατηρ, οὑτως *ποιω*.
	15 5	ὁ μενων ἐν ἐμοι καγω ἐν αὐτω, οὗτος φερει καρπον πολυν, ὁτι χωρις ἐμου οὐ δυνασθε *ποιειν* οὐδεν.
	14	ὑμεις φιλοι μου ἐστε, ἐαν *ποιητε* ἃ ἐγω ἐντελλομαι ὑμιν.
	15	οὐκετι λεγω ὑμας δουλους, ὁτι ὁ δουλος οὐκ οἰδεν τί *ποιει* αὐτου ὁ κυριος·
	21	ἀλλα ταυτα παντα *ποιησουσιν* εἰς ὑμας δια το ὀνομα μου, ὁτι οὐκ οἰδασιν τον πεμψαντα με.
	24	εἰ τα ἐργα μη *ἐποιησα* ἐν αὐτοις ἃ οὐδεις ἀλλος *ἐποιησεν*, ἁμαρτιαν οὐκ εἰχοσαν·

ποιεω [568]

Jh	15 24	εἰ τα ἐργα μη ἐποιησα ἐν αὐτοις ἁ οὐδεις ἀλλος *ἐποιησεν*, ἁμαρτιαν οὐκ εἰχοσαν·
	16 2	ἀποσυναγωγους *ποιησουσιν* ὑμας·
	3	και ταυτα *ποιησουσιν* ὁτι οὐκ ἐγνωσαν τον πατερα οὐδε ἐμε.
	17 4	ἐγω σε ἐδοξασα ἐπι της γης, το ἐργον τελειωσας ὁ δεδωκας μοι ἱνα *ποιησω·*
	18 18	εἰστηκεισαν δε οἱ δουλοι και οἱ ὑπηρεται ἀνθρακιαν *πεποιηκοτες*, ὁτι ψυχος ἠν,
	30	εἰ μη ἠν οὑτος κακον *ποιων*, οὐκ ἀν σοι παρεδωκαμεν αὐτον.
	35	το ἐθνος το σον και οἱ ἀρχιερεις παρεδωκαν σε ἐμοι· τί *ἐποιησας;*
	19 7	και κατα τον νομον ὀφειλει ἀποθανειν, ὁτι υἱον θεου ἑαυτον *ἐποιησεν.*
	12	πας ὁ βασιλεα ἑαυτον *ποιων* ἀντιλεγει τω καισαρι.
	23	οἱ οὐν στρατιωται, ὁτε ἐσταυρωσαν τον ἰησουν, ἐλαβον τα ἱματια αὐτου και *ἐποιησαν* τεσσαρα μερη,
	24	οἱ μεν οὐν στρατιωται ταυτα *ἐποιησαν.*
	20 30	πολλα μεν οὐν και ἀλλα σημεια *ἐποιησεν* ὁ ἰησους ἐνωπιον των μαθητων [αὐτου],
	21 25	ἐστιν δε και ἀλλα πολλα ἁ *ἐποιησεν* ὁ ἰησους,
Ac	1 1	τον μεν πρωτον λογον *ἐποιησαμην* περι παντων, ὠ θεοφιλε, ὡν ἠρξατο ὁ ἰησους *ποιειν* τε και διδασκειν,
	1	τον μεν πρωτον λογον *ἐποιησαμην* περι παντων, ὠ θεοφιλε, ὡν ἠρξατο ὁ ἰησους *ποιειν* τε και διδασκειν,
	2 22	οἱς *ἐποιησεν* δι αὐτου ὁ θεος ἐν μεσω ὑμων, καθως αὐτοι οἰδατε,
	36	ἀσφαλως οὐν γινωσκετω πας οἰκος ἰσραηλ ὁτι και κυριον αὐτον και χριστον *ἐποιησεν* ὁ θεος,
	37	τί *ποιησωμεν*, ἀνδρες ἀδελφοι;
	3 12	ἀνδρες ἰσραηλιται, τί θαυμαζετε ἐπι τουτο, ἠ ἡμιν τί ἀτενιζετε ὡς ἰδια δυναμει ἠ εὐσεβεια *πεποιηκοσιν* του περιπατειν αὐτον;
	4 7	ἐν ποια δυναμει ἠ ἐν ποιω ὀνοματι *ἐποιησατε* τουτο ὑμεις;
	16	τί *ποιησωμεν* τοις ἀνθρωποις τουτοις;
	24	δεσποτα, συ ὁ *ποιησας* τον οὐρανον και την γην και την θαλασσαν και παντα τα ἐν αὐτοις,
	28	ἡρωδης τε και ποντιος πιλατος συν ἐθνεσιν και λαοις ἰσραηλ, *ποιησαι* ὁσα ἡ χειρ σου και ἡ βουλη [σου] προωρισεν γενεσθαι.
	5 34	ἐκελευσεν ἐξω βραχυ τους ἀνθρωπους *ποιησαι*, εἰπεν τε προς αὐτους·
	6 8	στεφανος δε πληρης χαριτος και δυναμεως *ἐποιει* τερατα και σημεια μεγαλα ἐν τω λαω.
	7 19	οὑτος κατασοφισαμενος το γενος ἡμων ἐκακωσεν τους πατερας [ἡμων] του *ποιειν* τα βρεφη ἐκθετα αὐτων εἰς το μη ζωογονεισθαι.
	24	και ἰδων τινα ἀδικουμενον ἡμυνατο, και *ἐποιησεν* ἐκδικησιν τω καταπονουμενω παταξας τον αἰγυπτιον.
	36	οὑτος ἐξηγαγεν αὐτους *ποιησας* τερατα και σημεια ἐν γη αἰγυπτω και ἐν ἐρυθρα θαλασση και ἐν τη ἐρημω ἐτη τεσσερακοντα.
	40	*ποιησον* ἡμιν θεους οἱ προπορευσονται ἡμων·
	43	και ἀνελαβετε την σκηνην του μολοχ και το ἀστρον του θεου [ὑμων] ῥαιφαν, τους τυπους οὑς *ἐποιησατε* προσκυνειν αὐτοις·
	44	ἡ σκηνη του μαρτυριου ἠν τοις πατρασιν ἡμων ἐν τη ἐρημω, καθως διεταξατο ὁ λαλων τω μωυση *ποιησαι* αὐτην κατα τον τυπον ὀν ἑωρακει·
	50	οὐχι ἡ χειρ μου *ἐποιησεν* ταυτα παντα;
	8 2	συνεκομισαν δε τον στεφανον ἀνδρες εὐλαβεις και *ἐποιησαν* κοπετον μεγαν ἐπ αὐτω.
	6	προσειχον δε οἱ ὀχλοι τοις λεγομενοις ὑπο του φιλιππου ὁμοθυμαδον ἐν τω ἀκουειν αὐτους και βλεπειν τα σημεια ἁ *ἐποιει.*
	9 6	ἀλλα ἀναστηθι και εἰσελθε εἰς την πολιν, και λαληθησεται σοι ὁτι σε δει *ποιειν.*
	13	κυριε, ἠκουσα ἀπο πολλων περι του ἀνδρος τουτου, ὁσα κακα τοις ἁγιοις σου *ἐποιησεν* ἐν ἰερουσαλημ·
	36	αὑτη ἠν πληρης ἐργων ἀγαθων και ἐλεημοσυνων ὡν *ἐποιει.*
	39	και ἐπιδεικνυμεναι χιτωνας και ἱματια, ὁσα *ἐποιει* μετ αὐτων οὐσα ἡ δορκας.
	10 2	*ποιων* ἐλεημοσυνας πολλας τω λαω και δεομενος του θεου δια παντος,
	33	ἐξαυτης οὐν ἐπεμψα προς σέ, συ τε καλως *ἐποιησας* παραγενομενος.
	39	και ἡμεις μαρτυρες παντων ὡν *ἐποιησεν* ἐν τε τη χωρα των ἰουδαιων και [ἐν] ἱερουσαλημ·
	11 30	ὁ και *ἐποιησαν* ἀποστειλαντες προς τους πρεσβυτερους δια χειρος βαρναβα και σαυλου.
	12 8	*ἐποιησεν* δε οὑτως.

ποιεω [568]

Ac	13 22	εὑρον δαυιδ τον του ἰεσσαι, ἀνδρα κατα την καρδιαν μου, ὁς *ποιησει* παντα τα θεληματα μου.
	14 11	οἱ τε ὀχλοι ἰδοντες ὁ *ἐποιησεν* παυλος ἐπηραν την φωνην αὐτων λυκαονιστι λεγοντες·
	15	ἀνδρες, τί ταυτα *ποιειτε;*
	15	εὐαγγελιζομενοι ὑμας ἀπο τουτων των ματαιων ἐπιστρεφειν ἐπι θεον ζωντα, ὁς *ἐποιησεν* τον οὐρανον και την γην και την θαλασσαν και παντα τα ἐν αὐτοις·
	27	παραγενομενοι δε και συναγαγοντες την ἐκκλησιαν, ἀνηγγελλον ὁσα *ἐποιησεν* ὁ θεος μετ αὐτων,
	15 3	και *ἐποιουν* χαραν μεγαλην πασιν τοις ἀδελφοις.
	4	ἀνηγγειλαν τε ὁσα ὁ θεος *ἐποιησεν* μετ αὐτων.
	12	ἐσιγησεν δε παν το πληθος, και ἠκουον βαρναβα και παυλου ἐξηγουμενων ὁσα *ἐποιησεν* ὁ θεος σημεια και τερατα ἐν τοις ἐθνεσιν δι αὐτων.
	17	λεγει κυριος *ποιων* ταυτα γνωστα ἀπ αἰωνος.
	33	*ποιησαντες* δε χρονον ἀπελυθησαν μετ εἰρηνης ἀπο των ἀδελφων προς τους ἀποστειλαντας αὐτους.
	16 18	τουτο δε *ἐποιει* ἐπι πολλας ἡμερας.
	21	και καταγγελλουσιν ἐθη ἁ οὐκ ἐξεστιν ἡμιν παραδεχεσθαι οὐδε *ποιειν* ῥωμαιοις οὐσιν.
	30	κυριοι, τί με δει *ποιειν* ἱνα σωθω;
	17 24	ὁ θεος ὁ *ποιησας* τον κοσμον και παντα τα ἐν αὐτω, οὑτος οὐρανου και γης ὑπαρχων κυριος οὐκ ἐν χειροποιητοις ναοις κατοικει,
	26	*ἐποιησεν* τε ἐξ ἑνος παν ἐθνος ἀνθρωπων κατοικειν ἐπι παντος προσωπου της γης,
	18 23	και *ποιησας* χρονον τινα ἐξηλθεν, διερχομενος καθεξης την γαλατικην χωραν και φρυγιαν,
	19 11	δυναμεις τε οὐ τας τυχουσας ὁ θεος *ἐποιει* δια των χειρων παυλου,
	14	ἠσαν δε τινος σκευα ἰουδαιου ἀρχιερεως ἑπτα υἱοι τουτο *ποιουντες.*
	24	δημητριος γαρ τις ὀνοματι, ἀργυροκοπος, *ποιων* ναους ἀργυρους ἀρτεμιδος παρειχετο τοις τεχνιταις οὐκ ὀλιγην ἐργασιαν,
	20 3	διελθων δε τα μερη ἐκεινα και παρακαλεσας αὐτους λογω πολλω ἠλθεν εἰς την ἑλλαδα, *ποιησας* τε μηνας τρεις,
	24	ἀλλ οὐδενος λογου *ποιουμαι* την ψυχην τιμιαν ἐμαυτω ὡς τελειωσαι τον δρομον μου και την διακονιαν ἡν ἐλαβον παρα του κυριου ἰησου,
	21 13	τί *ποιειτε* κλαιοντες και συνθρυπτοντες μου την καρδιαν;
	19	και ἀσπασαμενος αὐτους ἐξηγειτο καθ ἑν ἑκαστον ὡν *ἐποιησεν* ὁ θεος ἐν τοις ἐθνεσιν δια της διακονιας αὐτου.
	23	τουτο οὐν *ποιησον* ὁ σοι λεγομεν·
	33	και ἐπυνθανετο τίς εἰη και τί ἐστιν *πεποιηκως.*
	22 10	εἰπον δε· τί *ποιησω*, κυριε;
	10	ἀναστας πορευου εἰς δαμασκον, κἀκει σοι λαληθησεται περι παντων ὡν τετακται σοι *ποιησαι.*
	26	τί μελλεις *ποιειν;* ὁ γαρ ἀνθρωπος οὑτος ῥωμαιος ἐστιν.
	23 12	γενομενης δε ἡμερας *ποιησαντες* συστροφην οἱ ἰουδαιοι ἀνεθεματισαν ἑαυτους, λεγοντες μητε φαγειν μητε πιειν ἑως οὑ ἀποκτεινωσιν τον παυλον.
	13	ἠσαν δε πλειους τεσσερακοντα οἱ ταυτην την συνωμοσιαν *ποιησαμενοι.*
	24 12	και οὐτε ἐν τω ἱερω εὑρον με προς τινα διαλεγομενον ἠ ἐπιστασιν *ποιουντα* ὀχλου,
	17	δι ἐτων δε πλειονων ἐλεημοσυνας *ποιησων* εἰς το ἐθνος μου παρεγενομην και προσφορας,
	25 3	ὁπως μεταπεμψηται αὐτον εἰς ἱερουσαλημ, ἐνεδραν *ποιουντες* ἀνελειν αὐτον κατα την ὁδον.
	17	συνελθοντων οὐν [αὐτων] ἐνθαδε ἀναβολην μηδεμιαν *ποιησαμενος* τη ἑξης καθισας ἐπι του βηματος ἐκελευσα ἀχθηναι τον ἀνδρα.
	26 10	ὁ και *ἐποιησα* ἐν ἱεροσολυμοις, και πολλους τε των ἁγιων ἐγω ἐν φυλακαις κατεκλεισα την παρα των ἀρχιερεων ἐξουσιαν λαβων,
	28	ἐν ὀλιγω με πειθεις χριστιανον *ποιησαι.*
	27 18	σφοδρως δε χειμαζομενων ἡμων τη ἑξης ἐκβολην *ἐποιουντο,*
	28 17	ἐγω, ἀνδρες ἀδελφοι, οὐδεν ἐναντιον *ποιησας* τω λαω ἠ τοις ἐθεσι τοις πατρωοις,
Rm	1 9	ὡς ἀδιαλειπτως μνειαν ὑμων *ποιουμαι* παντοτε ἐπι των προσευχων μου,
	28	παρεδωκεν αὐτους ὁ θεος εἰς ἀδοκιμον νουν, *ποιειν* τα μη καθηκοντα,
	32	οὐ μονον αὐτα *ποιουσιν,* ἀλλα και συνευδοκουσιν τοις πρασσουσιν.

ποιεω [568]

Rm 2 3 λογιζη δε τουτο, ὦ ἀνθρωπε ὁ κρινων τους τα τοιαυτα
πρασσοντας και *ποιων* αὐτα, ὁτι συ ἐκφευξη το κριμα του
θεου;

14 ὁταν γαρ ἐθνη τα μη νομον ἐχοντα φυσει τα του νομου
ποιωσιν, οὑτοι νομον μη ἐχοντες ἑαυτοις εἰσιν νομος·

3 8 και μη καθως βλασφημουμεθα και καθως φασιν τινες ἡμας
λεγειν ὁτι *ποιησωμεν* τα κακα ἱνα ἐλθη τα ἀγαθα;

12 οὐκ ἐστιν ὁ *ποιων* χρηστοτητα, [οὐκ ἐστιν] ἑως ἑνος.

4 21 δους δοξαν τω θεω και πληροφορηθεις ὁτι ὁ ἐπηγγελται
δυνατος ἐστιν και *ποιησαι*.

7 15 οὐ γαρ ὁ θελω τουτο πρασσω, ἀλλ ὁ μισω τουτο *ποιω*.

16 εἰ δε ὁ οὐ θελω τουτο *ποιω*, συμφημι τω νομω ὁτι καλος.

19 οὐ γαρ ὁ θελω *ποιω* ἀγαθον, ἀλλα ὁ οὐ θελω κακον τουτο
πρασσω.

20 εἰ δε ὁ οὐ θελω [ἐγω] τουτο *ποιω*, οὐκετι ἐγω κατεργαζομαι
αὐτο ἀλλα ἡ οἰκουσα ἐν ἐμοι ἁμαρτια.

21 εὑρισκω ἀρα τον νομον τω θελοντι ἐμοι *ποιειν* το καλον,

9 20 μη ἐρει το πλασμα τω πλασαντι· τι με *ἐποιησας* οὑτως;

21 ἡ οὐκ ἐχει ἐξουσιαν ὁ κεραμευς του πηλου ἐκ του αὐτου
φυραματος *ποιησαι* ὁ μεν εἰς τιμην σκευος, ὁ δε εἰς ἀτιμιαν;

28 λογον γαρ συντελων και συντεμνων *ποιησει* κυριος ἐπι της
γης.

10 5 μωυσης γαρ γραφει την δικαιοσυνην την ἐκ [του] νομου ὁτι ὁ
ποιησας αὐτα ἀνθρωπος ζησεται ἐν αὐτοις.

12 20 τουτο γαρ *ποιων* ἀνθρακας πυρος σωρευσεις ἐπι την κεφαλην
αὐτου.

13 3 το ἀγαθον *ποιει*, και ἑξεις ἐπαινον ἐξ αὐτης·

4 ἐαν δε το κακον *ποιης*, φοβου·

14 ἀλλα ἐνδυσασθε τον κυριον ἰησουν χριστον, και της σαρκος
προνοιαν μη *ποιεισθε* εἰς ἐπιθυμιας.

15 26 εὐδοκησαν γαρ μακεδονια και ἀχαια κοινωνιαν τινα
ποιησασθαι εἰς τους πτωχους των ἁγιων των ἐν ἱερουσαλημ.

16 17 παρακαλω δε ὑμας, ἀδελφοι, σκοπειν τους τας διχοστασιας
και τα σκανδαλα παρα την διδαχην ἡν ὑμεις ἐμαθετε
ποιουντας, και ἐκκλινετε ἀπ αὐτων·

1Co 6 15 ἀρας οὐν τα μελη του χριστου *ποιησω* πορνης μελη;

18 παν ἁμαρτημα ὁ ἐαν *ποιηση* ἀνθρωπος ἐκτος του σωματος
ἐστιν·

7 36 εἰ δε τις ἀσχημονειν ἐπι την παρθενον αὐτου νομιζει, ἐαν ἡ
ὑπερακμος, και οὑτως ὀφειλει γινεσθαι, ὁ θελει *ποιειτω*·

37 ὁς δε ἑστηκεν ἐν τη ἰδια καρδια, τηρειν την ἑαυτου
παρθενον, καλως *ποιησει*.

38 ὡστε και ὁ γαμιζων την ἑαυτου παρθενον καλως *ποιει*,

38 ὡστε και ὁ γαμιζων την ἑαυτου παρθενον καλως *ποιει*, και ὁ
μη γαμιζων κρεισσον *ποιησει*.

9 23 παντα δε *ποιω* δια το εὐαγγελιον,

10 13 πιστος δε ὁ θεος, ὁς οὐκ ἐασει ὑμας πειρασθηναι ὑπερ ὁ
δυνασθε, ἀλλα *ποιησει* συν τω πειρασμω και την ἐκβασιν του
δυνασθαι ὑπενεγκειν.

31 εἰτε οὐν ἐσθιετε εἰτε πινετε εἰτε τι *ποιειτε*, παντα εἰς δοξαν
θεου *ποιειτε*.

31 εἰτε οὐν ἐσθιετε εἰτε πινετε εἰτε τι *ποιειτε*, παντα εἰς δοξαν
θεου *ποιειτε*.

11 24 τουτο *ποιειτε* εἰς την ἐμην ἀναμνησιν.

25 τουτο *ποιειτε*, ὁσακις ἐαν πινητε, εἰς την ἐμην ἀναμνησιν.

15 29 ἐπει τι *ποιησουσιν* οἱ βαπτιζομενοι ὑπερ των νεκρων;

16 1 περι δε της λογειας της εἰς τους ἁγιους, ὡσπερ διεταξα ταις
ἐκκλησιαις της γαλατιας, οὑτως και ὑμεις *ποιησατε*.

2Co 5 21 τον μη γνοντα ἁμαρτιαν ὑπερ ἡμων ἁμαρτιαν *ἐποιησεν*,

8 10 τουτο γαρ ὑμιν συμφερει, οἱτινες οὐ μονον το *ποιησαι* ἀλλα
και το θελειν προενηρξασθε ἀπο περυσι·

11 νυνι δε και το *ποιησαι* ἐπιτελεσατε,

11 7 ἡ ἁμαρτιαν *ἐποιησα* ἐμαυτον ταπεινων ἱνα ὑμεις ὑψωθητε,
ὁτι δωρεαν το του θεου εὐαγγελιον εὐηγγελισαμην ὑμιν;

12 ὁ δε *ποιω*, και *ποιησω*, ἱνα ἐκκοψω την ἀφορμην των
θελοντων ἀφορμην,

12 ὁ δε *ποιω*, και *ποιησω*, ἱνα ἐκκοψω την ἀφορμην των
θελοντων ἀφορμην,

25 τρις ἐρραβδισθην, ἁπαξ ἐλιθασθην, τρις ἐναυαγησα,
νυχθημερον ἐν τω βυθω *πεποιηκα*·

13 7 εὐχομεθα δε προς τον θεον μη *ποιησαι* ὑμας κακον μηδεν,

7 οὐχ ἱνα ἡμεις δοκιμοι φανωμεν, ἀλλ ἱνα ὑμεις το καλον
ποιητε,

Ga 2 10 μονον των πτωχων ἱνα μνημονευωμεν, ὁ και ἐσπουδασα αὐτο
τουτο *ποιησαι*.

3 10 γεγραπται γαρ ὁτι ἐπικαταρατος πας ὁς οὐκ ἐμμενει πασιν
τοις γεγραμμενοις ἐν τω βιβλιω του νομου του *ποιησαι* αὐτα.

12 ὁ δε νομος οὐκ ἐστιν ἐκ πιστεως, ἀλλ ὁ *ποιησας* αὐτα ζησεται
ἐν αὐτοις.

ποιεω [568]

Ga 5 3 μαρτυρομαι δε παλιν παντι ἀνθρωπω περιτεμνομενω ὁτι
ὀφειλετης ἐστιν ὁλον τον νομον *ποιησαι*.

17 ταυτα γαρ ἀλληλοις ἀντικειται, ἱνα μη ἁ ἐαν θελητε ταυτα
ποιητε.

6 9 το δε καλον *ποιουντες* μη ἐγκακωμεν·

Eph 1 16 οὐ παυομαι εὐχαριστων ὑπερ ὑμων μνειαν *ποιουμενος* ἐπι
των προσευχων μου,

2 3 ἐν οἱς και ἡμεις παντες ἀνεστραφημεν ποτε ἐν ταις ἐπιθυμιαις
της σαρκος ἡμων, *ποιουντες* τα θεληματα της σαρκος και των
διανοιων,

14 αὐτος γαρ ἐστιν ἡ εἰρηνη ἡμων, ὁ *ποιησας* τα ἀμφοτερα ἑν
και το μεσοτοιχον του φραγμου λυσας,

15 ἱνα τους δυο κτιση ἐν αὐτω εἰς ἑνα καινον ἀνθρωπον *ποιων*
εἰρηνην,

3 11 κατα προθεσιν των αἰωνων ἡν *ἐποιησεν* ἐν τω χριστω ἰησου
τω κυριω ἡμων,

20 τω δε δυναμενω ὑπερ παντα *ποιησαι* ὑπερεκπερισσου ὡν
αἰτουμεθα ἡ νοουμεν κατα την δυναμιν την ἐνεργουμενην ἐν
ὑμιν,

4 16 κατ ἐνεργειαν ἐν μετρω ἑνος ἑκαστου μερους την αὐξησιν του
σωματος *ποιειται* εἰς οἰκοδομην ἑαυτου ἐν ἀγαπη.

6 6 μη κατ ὀφθαλμοδουλιαν ὡς ἀνθρωπαρεσκοι, ἀλλ ὡς δουλοι
χριστου *ποιουντες* το θελημα του θεου ἐκ ψυχης,

8 εἰδοτες ὁτι ἑκαστος ἐαν τι *ποιηση* ἀγαθον, τουτο κομισεται
παρα κυριου,

9 και οἱ κυριοι, τα αὐτα *ποιειτε* προς αὐτους,

Php 1 4 παντοτε ἐν παση δεησει μου ὑπερ παντων ὑμων μετα χαρας
την δεησιν *ποιουμενος*,

2 14 παντα *ποιειτε* χωρις γογγυσμων και διαλογισμων,

4 14 πλην καλως *ἐποιησατε* συγκοινωνησαντες μου τη θλιψει.

Col 3 17 και παν ὁτι ἐαν *ποιητε* ἐν λογω ἡ ἐν ἐργω, παντα ἐν ὀνοματι
κυριου ἰησου,

23 ὁ ἐαν *ποιητε*, ἐκ ψυχης ἐργαζεσθε ὡς τω κυριω και οὐκ
ἀνθρωποις,

4 16 και ὁταν ἀναγνωσθη παρ ὑμιν ἡ ἐπιστολη, *ποιησατε* ἱνα και
ἐν τη λαοδικεων ἐκκλησια ἀναγνωσθη.

1Th 1 2 μνειαν *ποιουμενοι* ἐπι των προσευχων ἡμων,

4 10 και γαρ *ποιειτε* αὐτο εἰς παντας τους ἀδελφους [τους] ἐν ὁλη
τη μακεδονια.

5 11 διο παρακαλειτε ἀλληλους και οἰκοδομειτε εἰς τον ἑνα,
καθως και *ποιειτε*.

24 πιστος ὁ καλων ὑμας, ὁς και *ποιησει*.

2Th 3 4 πεποιθαμεν δε ἐν κυριω ἐφ ὑμας, ὁτι ἁ παραγγελλομεν [και]
ποιειτε και *ποιησετε*.

4 πεποιθαμεν δε ἐν κυριω ἐφ ὑμας, ὁτι ἁ παραγγελλομεν [και]
ποιειτε και *ποιησετε*.

1Tm 1 13 ἀλλα ἠλεηθην, ὁτι ἀγνοων *ἐποιησα* ἐν ἀπιστια,

2 1 παρακαλω οὐν πρωτον παντων *ποιεισθαι* δεησεις, προσευχας,
ἐντευξεις, εὐχαριστιας, ὑπερ παντων ἀνθρωπων,

4 16 τουτο γαρ *ποιων* και σεαυτον σωσεις και τους ἀκουοντας
σου.

5 21 διαμαρτυρομαι ἐνωπιον του θεου και χριστου ἰησου και των
ἐκλεκτων ἀγγελων ἱνα ταυτα φυλαξης χωρις προκριματος,
μηδεν *ποιων* κατα προσκλισιν.

2Tm 4 5 συ δε νηφε ἐν πασιν, κακοπαθησον, ἐργον *ποιησον*
εὐαγγελιστου,

Tit 3 5 οὐκ ἐξ ἐργων των ἐν δικαιοσυνη ἁ *ἐποιησαμεν* ἡμεις, ἀλλα
κατα το αὐτου ἐλεος ἐσωσεν ἡμας δια λουτρου παλιγγενεσιας
και ἀνακαινωσεως πνευματος ἁγιου,

Phm 4 εὐχαριστω τω θεω μου παντοτε μνειαν σου *ποιουμενος* ἐπι
των προσευχων μου,

14 χωρις δε της σης γνωμης οὐδεν ἠθελησα *ποιησαι*,

21 πεποιθως τη ὑπακοη σου ἐγραψα σοι, εἰδως ὁτι και ὑπερ ἁ
λεγω *ποιησεις*.

Heb 1 2 ὁν ἐθηκεν κληρονομον παντων, δι οὑ και *ἐποιησεν* τους
αἰωνας·

3 καθαρισμον των ἁμαρτιων *ποιησαμενος* ἐκαθισεν ἐν δεξια
της μεγαλωσυνης ἐν ὑψηλοις,

7 ὁ *ποιων* τους ἀγγελους αὐτου πνευματα, και τους λειτουργους
αὐτου πυρος φλογα·

3 2 κατανοησατε τον ἀποστολον και ἀρχιερεα της ὁμολογιας
ἡμων ἰησουν, πιστον ὀντα τω *ποιησαντι* αὐτον,

6 3 τουτο *ποιησομεν*, ἐανπερ ἐπιτρεπη ὁ θεος.

7 27 τουτο γαρ *ἐποιησεν* ἐφαπαξ ἑαυτον ἀνενεγκας.

8 5 *ποιησεις* παντα κατα τον τυπον τον δειχθεντα σοι ἐν τω ὀρει·

9 οὐ κατα την διαθηκην ἡν *ἐποιησα* τοις πατρασιν αὐτων ἐν
ἡμερα ἐπιλαβομενου μου της χειρος αὐτων ἐξαγαγειν αὐτους
ἐκ γης αἰγυπτου,

ποιεω [568]

Heb	10 7	ἰδου ἡκω, ἐν κεφαλιδι βιβλιου γεγραπται περι ἐμου, του *ποιησαι* ὁ θεος το θελημα σου.
	9	ἰδου ἡκω του *ποιησαι* το θελημα σου.
	36	ὑπομονης γαρ ἐχετε χρειαν ἱνα το θελημα του θεου *ποιησαντες* κομισησθε την ἐπαγγελιαν.
	11 28	πιστει *πεποιηκεν* το πασχα και την προσχυσιν του αἱματος,
	12 13	και τροχιας ὀρθας *ποιειτε* τοις ποσιν ὑμων,
	27	το δε ἐτι ἁπαξ δηλοι [την] των σαλευομενων μεταθεσιν ὡς *πεποιημενων*,
	13 6	κυριος ἐμοι βοηθος, [και] οὐ φοβηθησομαι· τί *ποιησει* μοι ἀνθρωπος;
	17	ἱνα μετα χαρας τουτο *ποιωσιν* και μη στεναζοντες·
	19	περισσοτερως δε παρακαλω τουτο *ποιησαι*, ἱνα ταχιον ἀποκατασταθω ὑμιν.
	21	καταρτισαι ὑμας ἐν παντι ἀγαθω εἰς το *ποιησαι* το θελημα αὐτου,
	21	*ποιων* ἐν ἡμιν το εὐαρεστον ἐνωπιον αὐτου δια ἰησου χριστου,
Ja	2 8	εἰ μεντοι νομον τελειτε βασιλικον κατα την γραφην· ἀγαπησεις τον πλησιον σου ὡς σεαυτον, καλως *ποιειτε*·
	12	οὑτως λαλειτε και οὑτως *ποιειτε* ὡς δια νομου ἐλευθεριας μελλοντες κρινεσθαι.
	13	ἡ γαρ κρισις ἀνελεος τω μη *ποιησαντι* ἐλεος·
	19	συ πιστευεις ὀτι εἱς ἐστιν ὁ θεος; καλως *ποιεις*·
	3 12	μη δυναται, ἀδελφοι μου, συκη ἐλαιας *ποιησαι* ἡ ἀμπελος συκα;
	12	οὐτε ἀλυκον γλυκυ *ποιησαι* ὑδωρ.
	18	καρπος δε δικαιοσυνης ἐν εἰρηνη σπειρεται τοις *ποιουσιν* εἰρηνην.
	4 13	σημερον ἡ αὐριον πορευσομεθα εἰς τηνδε την πολιν και *ποιησομεν* ἐκει ἐνιαυτον και ἐμπορευσομεθα και κερδησομεν·
	15	ἐαν ὁ κυριος θεληση, και ζησομεν και *ποιησομεν* τουτο ἡ ἐκεινο.
	17	εἰδοτι οὐν καλον *ποιειν* και μη ποιουντι, ἀμαρτια αὐτω ἐστιν.
	17	εἰδοτι οὐν καλον ποιειν και μη *ποιουντι*, ἀμαρτια αὐτω ἐστιν.
	5 15	κἀν ἀμαρτιας ἡ *πεποιηκως*, ἀφεθησεται αὐτω.
1Pt	2 22	ὁς ἀμαρτιαν οὐκ *ἐποιησεν* οὐδε εὑρεθη δολος ἐν τω στοματι αὐτου·
	3 11	ἐκκλινατω δε ἀπο κακου και *ποιησατω* ἀγαθον,
	12	προσωπον δε κυριου ἐπι *ποιουντας* κακα.
2Pt	1 10	διο μαλλον, ἀδελφοι, σπουδασατε βεβαιαν ὑμων την κλησιν και ἐκλογην *ποιεισθαι*·
	10	ταυτα γαρ *ποιουντες* οὐ μη πταισητε ποτε.
	15	σπουδασω δε και ἐκαστοτε ἐχειν ὑμας μετα την ἐμην ἐξοδον την τουτων μνημην *ποιεισθαι*.
	19	ᾡ καλως *ποιειτε* προσεχοντες ὡς λυχνω φαινοντι ἐν αὐχμηρω τοπω,
1Jh	1 6	ἐαν εἰπωμεν ὀτι κοινωνιαν ἐχομεν μετ αὐτου και ἐν τω σκοτει περιπατωμεν, ψευδομεθα και οὐ *ποιουμεν* την ἀληθειαν·
	10	ἐαν εἰπωμεν ὀτι οὐχ ἡμαρτηκαμεν, ψευστην *ποιουμεν* αὐτον και ὁ λογος αὐτου οὐκ ἐστιν ἐν ἡμιν.
	2 17	ὁ δε *ποιων* το θελημα του θεου μενει εἰς τον αἰωνα.
	29	ἐαν εἰδητε ὀτι δικαιος ἐστιν, γινωσκετε ὀτι και πας ὁ *ποιων* την δικαιοσυνην ἐξ αὐτου γεγεννηται.
	3 4	πας ὁ *ποιων* την ἀμαρτιαν και την ἀνομιαν ποιει,
	4	πας ὁ ποιων την ἀμαρτιαν και την ἀνομιαν *ποιει*,
	7	ὁ *ποιων* την δικαιοσυνην δικαιος ἐστιν, καθως ἐκεινος δικαιος ἐστιν·
	8	ὁ *ποιων* την ἀμαρτιαν ἐκ του διαβολου ἐστιν,
	9	πας ὁ γεγεννημενος ἐκ του θεου ἀμαρτιαν οὐ *ποιει*,
	10	πας ὁ μη *ποιων* δικαιοσυνην οὐκ ἐστιν ἐκ του θεου,
	22	ὀτι τας ἐντολας αὐτου τηρουμεν και τα ἀρεστα ἐνωπιον αὐτου *ποιουμεν*.
	5 2	ὀταν τον θεον ἀγαπωμεν και τας ἐντολας αὐτου *ποιωμεν*.
	10	ὁ μη πιστευων τω θεω ψευστην *πεποιηκεν* αὐτον,
3Jh	5	πιστον *ποιεις* ὁ ἐαν ἐργαση εἰς τους ἀδελφους και τουτο ξενους,
	6	οὑς καλως *ποιησεις* προπεμψας ἀξιως του θεου·
	10	δια τουτο, ἐαν ἐλθω, ὑπομνησω αὐτου τα ἐργα ἁ *ποιει*
Ju	3	ἀγαπητοι, πασαν σπουδην *ποιουμενος* γραφειν ὑμιν περι της κοινης ἡμων σωτηριας, ἀναγκην ἐσχον γραψαι ὑμιν παρακαλων
	15	ἰδου ἡλθεν κυριος ἐν ἁγιαις μυριασιν αὐτου, *ποιησαι* κρισιν κατα παντων
Apc	1 6	και *ἐποιησεν* ἡμας βασιλειαν, ἱερεις τω θεω και πατρι αὐτου,
	2 5	μνημονευε οὐν ποθεν πεπτωκας, και μετανοησον και τα πρωτα ἐργα *ποιησον*·

ποιεω [568]

Apc	3 9	ἰδου *ποιησω* αὐτους ἱνα ἡξουσιν και προσκυνησουσιν ἐνωπιον των ποδων σου,
	12	ὁ νικων, *ποιησω* αὐτον στυλον ἐν τω ναω του θεου μου,
	5 10	και *ἐποιησας* αὐτους τω θεω ἡμων βασιλειαν και ἱερεις,
	11 7	το θηριον το ἀναβαινον ἐκ της ἀβυσσου *ποιησει* μετ αὐτων πολεμον
	12 15	και ἐβαλεν ὁ ὀφις ἐκ του στοματος αὐτου ὀπισω της γυναικος ὑδωρ ὡς ποταμον, ἱνα αὐτην ποταμοφορητον *ποιηση*.
	17	και ἀπηλθεν *ποιησαι* πολεμον μετα των λοιπων του σπερματος αὐτης,
	13 5	και ἐδοθη αὐτω ἐξουσια *ποιησαι* μηνας τεσσερακοντα[και]δυο.
	7	και ἐδοθη αὐτω *ποιησαι* πολεμον μετα των ἀγιων και νικησαι αὐτους,
	12	και την ἐξουσιαν του πρωτου θηριου πασαν *ποιει* ἐνωπιον αὐτου.
	12	και *ποιει* την γην και τους ἐν αὐτη κατοικουντας ἱνα προσκυνησουσιν το θηριον το πρωτον,
	13	και *ποιει* σημεια μεγαλα, ἱνα και πυρ ποιη ἐκ του οὐρανου καταβαινειν εἰς την γην ἐνωπιον των ἀνθρωπων.
	13	και ποιει σημεια μεγαλα, ἱνα και πυρ *ποιη* ἐκ του οὐρανου καταβαινειν εἰς την γην ἐνωπιον των ἀνθρωπων.
	14	και πλανα τους κατοικουντας ἐπι της γης δια τα σημεια ἁ ἐδοθη αὐτω *ποιησαι* ἐνωπιον του θηριου,
	14	λεγων τοις κατοικουσιν ἐπι της γης *ποιησαι* εἰκονα τω θηριω,
	15	ἱνα και λαληση ἡ εἰκων του θηριου, και *ποιηση* [ἱνα] ὀσοι ἐαν μη προσκυνησωσιν τη εἰκονι του θηριου ἀποκτανθωσιν.
	16	και *ποιει* παντας, τους μικρους και τους μεγαλους,
	14 7	και προσκυνησατε τω *ποιησαντι* τον οὐρανον και την γην και θαλασσαν και πηγας ὑδατων.
	16 14	εἰσιν γαρ πνευματα δαιμονιων *ποιουντα* σημεια,
	17 16	οὑτοι μισησουσιν την πορνην, και ἡρημωμενην *ποιησουσιν* αὐτην και γυμνην,
	17	ὁ γαρ θεος ἐδωκεν εἰς τας καρδιας αὐτων *ποιησαι* την γνωμην αὐτου,
	17	ὁ γαρ θεος ἐδωκεν εἰς τας καρδιας αὐτων ποιησαι την γνωμην αὐτου, και *ποιησαι* μιαν γνωμην και δουναι την βασιλειαν αὐτων τω θηριω,
	19 19	και εἰδον το θηριον και τους βασιλεις της γης και τα στρατευματα αὐτων συνηγμενα *ποιησαι* τον πολεμον μετα του καθημενου ἐπι του ἱππου και μετα του στρατευματος αὐτου.
	20	και ἐπιασθη το θηριον και μετ αὐτου ὁ ψευδοπροφητης ὁ *ποιησας* τα σημεια ἐνωπιον αὐτου,
	21 5	και εἰπεν ὁ καθημενος ἐπι τω θρονω· ἰδου καινα *ποιω* παντα.
	27	και οὐ μη εἰσελθη εἰς αὐτην παν κοινον και [ὁ] *ποιων* βδελυγμα και ψευδος,
	22 2	ἐν μεσω της πλατειας αὐτης και του ποταμου ἐντευθεν και ἐκειθεν ξυλον ζωης *ποιουν* καρπους δωδεκα,
	11	και ὁ δικαιος δικαιοσυνην *ποιησατω* ἐτι, και ὁ ἀγιος ἀγιασθητω ἐτι.
	15	ἐξω οἱ κυνες και οἱ φαρμακοι και οἱ πορνοι και οἱ φονεις και οἱ εἰδωλολατραι και πας φιλων και *ποιων* ψευδος.

ποιημα [2]

Rm	1 20	τα γαρ ἀορατα αὐτου ἀπο κτισεως κοσμου τοις *ποιημασιν* νοουμενα καθοραται, ἡ τε ἀιδιος αὐτου δυναμις και θειοτης, εἰς το εἰναι αὐτους ἀναπολογητους,
Eph	2 10	αὐτου γαρ ἐσμεν *ποιημα*, κτισθεντες ἐν χριστω ἰησου ἐπι ἐργοις ἀγαθοις,

ποιησις [1]

Ja	1 25	οὑτος μακαριος ἐν τη *ποιησει* αὐτου ἐσται.

ποιητης [6]

Ac	17 28	ἐν αὐτω γαρ ζωμεν και κινουμεθα και ἐσμεν, ὡς και τινες των καθ ὑμας *ποιητων* εἰρηκασιν·
Rm	2 13	οὐ γαρ οἱ ἀκροαται νομου δικαιοι παρα [τω] θεω, ἀλλ οἱ *ποιηται* νομου δικαιωθησονται.
Ja	1 22	γινεσθε δε *ποιηται* λογου, και μη μονον ἀκροαται παραλογιζομενοι ἑαυτους.
	23	ὀτι εἰ τις ἀκροατης λογου ἐστιν και οὐ *ποιητης*, οὑτος ἐοικεν ἀνδρι κατανοουντι το προσωπον της γενεσεως αὐτου ἐν ἐσοπτρω·

ποιητης [6]

Ja	1 25	ὁ δε παρακυψας εις νομον τελειον τον της ελευθεριας και παραμεινας, ουκ ακροατης επιλησμονης γενομενος αλλα *ποιητης* εργου,
	4 11	ει δε νομον κρινεις, ουκ ει *ποιητης* νομου αλλα κριτης.

ποικιλος [10]

Mt	4 24	και προσηνεγκαν αυτω παντας τους κακως εχοντας *ποικιλαις* νοσοις και βασανοις συνεχομενους,
Mc	1 34	και εθεραπευσεν πολλους κακως εχοντας *ποικιλαις* νοσοις,
Lc	4 40	δυνοντος δε του ηλιου απαντες οσοι ειχον ασθενουντας νοσοις *ποικιλαις* ηγαγον αυτους προς αυτον·
2Tm	3 6	και αιχμαλωτιζοντες γυναικαρια σεσωρευμενα αμαρτιαις, αγομενα επιθυμιαις *ποικιλαις*,
Tit	3 3	ημεν γαρ ποτε και ημεις ανοητοι, απειθεις, πλανωμενοι, δουλευοντες επιθυμιαις και ηδοναις *ποικιλαις*,
Heb	2 4	συνεπιμαρτυρουντος του θεου σημειοις τε και τερασιν και *ποικιλαις* δυναμεσιν και πνευματος αγιου μερισμοις κατα την αυτου θελησιν.
	13 9	διδαχαις *ποικιλαις* και ξεναις μη παραφερεσθε·
Ja	1 2	πασαν χαραν ηγησασθε, αδελφοι μου, οταν πειρασμοις περιπεσητε *ποικιλοις*,
1Pt	1 6	εν ᾧ αγαλλιασθε, ολιγον αρτι ει δεον [εστιν] λυπηθεντες εν *ποικιλοις* πειρασμοις,
	4 10	εκαστος καθως ελαβεν χαρισμα, εις εαυτους αυτο διακονουντες ως καλοι οικονομοι *ποικιλης* χαριτος θεου·

ποιμαινω [11]

Mt	2 6	εκ σου γαρ εξελευσεται ηγουμενος, οστις *ποιμανει* τον λαον μου τον ισραηλ.
Lc	17 7	τις δε εξ υμων δουλον εχων αροτριωντα η *ποιμαινοντα*, ος εισελθοντι εκ του αγρου ερει αυτω· ευθεως παρελθων αναπεσε,
Jh	21 16	*ποιμαινε* τα προβατα μου.
Ac	20 28	προσεχετε εαυτοις και παντι τω ποιμνιω, εν ᾧ υμας το πνευμα το αγιον εθετο επισκοπους, *ποιμαινειν* την εκκλησιαν του θεου,
1Co	9 7	η τις *ποιμαινει* ποιμνην και εκ του γαλακτος της ποιμνης ουκ εσθιει;
1Pt	5 2	*ποιμανατε* το εν υμιν ποιμνιον του θεου,
Ju	12	ουτοι εισιν οι εν ταις αγαπαις υμων σπιλαδες συνευωχουμενοι αφοβως, εαυτους *ποιμαινοντες*,
Apc	2 27	και *ποιμανει* αυτους εν ραβδω σιδηρα, ως τα σκευη τα κεραμικα συντριβεται,
	7 17	οτι το αρνιον το ανα μεσον του θρονου *ποιμανει* αυτους και οδηγησει αυτους επι ζωης πηγας υδατων·
	12 5	και ετεκεν υιον αρσεν, ος μελλει *ποιμαινειν* παντα τα εθνη εν ραβδω σιδηρα·
	19 15	και αυτος *ποιμανει* αυτους εν ραβδω σιδηρα·

ποιμην [18]

Mt	9 36	ιδων δε τους οχλους εσπλαγχνισθη περι αυτων, οτι ησαν εσκυλμενοι και ερριμμενοι ωσει προβατα μη εχοντα *ποιμενα*.
	25 32	και αφορισει αυτους απ αλληλων, ωσπερ ὁ *ποιμην* αφοριζει τα προβατα απο των εριφων,
	26 31	παταξω τον *ποιμενα*, και διασκορπισθησονται τα προβατα της ποιμνης·
Mc	6 34	και εξελθων ειδεν πολυν οχλον, και εσπλαγχνισθη επ αυτους οτι ησαν ως προβατα μη εχοντα *ποιμενα*, και ηρξατο διδασκειν αυτους πολλα.
	14 27	παταξω τον *ποιμενα*, και τα προβατα διασκορπισθησονται.
Lc	2 8	και *ποιμενες* ησαν εν τη χωρα τη αυτη αγραυλουντες και φυλασσοντες φυλακας της νυκτος επι την ποιμνην αυτων.
	15	οι *ποιμενες* ελαλουν προς αλληλους·
	18	και παντες οι ακουσαντες εθαυμασαν περι των λαληθεντων υπο των *ποιμενων* προς αυτους·
	20	και υπεστρεψαν οι *ποιμενες* δοξαζοντες και αινουντες τον θεον επι πασιν οις ηκουσαν και ειδον καθως ελαληθη προς αυτους.
Jh	10 2	ὁ δε εισερχομενος δια της θυρας *ποιμην* εστιν των προβατων.
	11	εγω ειμι ὁ *ποιμην* ὁ καλος.
	11	ὁ *ποιμην* ὁ καλος την ψυχην αυτου τιθησιν υπερ των προβατων·
		ὁ μισθωτος και ουκ ων *ποιμην*, οὗ ουκ εστιν τα προβατα ιδια, θεωρει τον λυκον ερχομενον και αφιησιν τα προβατα και φευγει,
	14	εγω ειμι ὁ *ποιμην* ὁ καλος,

ποιμην [18]

Jh	10 16	και γενησονται μια ποιμνη, εις *ποιμην*.
Eph	4 11	και αυτος εδωκεν τους μεν αποστολους, τους δε προφητας, τους δε ευαγγελιστας, τους δε *ποιμενας* και διδασκαλους,
Heb	13 20	ὁ δε θεος της ειρηνης, ὁ αναγαγων εκ νεκρων τον *ποιμενα* των προβατων τον μεγαν εν αιματι διαθηκης αιωνιου, τον κυριον ημων ιησουν, καταρτισαι υμας εν παντι αγαθω
1Pt	2 25	αλλα επεστραφητε νυν επι τον *ποιμενα* και επισκοπον των ψυχων υμων.

ποιμνη [5]

Mt	26 31	παταξω τον ποιμενα, και διασκορπισθησονται τα προβατα της *ποιμνης*·
Lc	2 8	και ποιμενες ησαν εν τη χωρα τη αυτη αγραυλουντες και φυλασσοντες φυλακας της νυκτος επι την *ποιμνην* αυτων.
Jh	10 16	και γενησονται μια *ποιμνη*, εις ποιμην.
1Co	9 7	η τις ποιμαινει *ποιμνην* και εκ του γαλακτος της ποιμνης ουκ εσθιει;
	7	η τις ποιμαινει ποιμνην και εκ του γαλακτος της *ποιμνης* ουκ εσθιει;

ποιμνιον [5]

Lc	12 32	μη φοβου, το μικρον *ποιμνιον*· οτι ευδοκησεν ὁ πατηρ υμων δουναι υμιν την βασιλειαν.
Ac	20 28	προσεχετε εαυτοις και παντι τω *ποιμνιω*, εν ᾧ υμας το πνευμα το αγιον εθετο επισκοπους,
	29	εγω οιδα οτι εισελευσονται μετα την αφιξιν μου λυκοι βαρεις εις υμας μη φειδομενοι του *ποιμνιου*,
1Pt	5 2	ποιμανατε το εν υμιν *ποιμνιον* του θεου,
	3	μηδ ως κατακυριευοντες των κληρων αλλα τυποι γινομενοι του *ποιμνιου*·

ποιος [33]

Mt	19 18	λεγει αυτω· *ποιας*;
	21 23	εν *ποια* εξουσια ταυτα ποιεις; και τις σοι εδωκεν την εξουσιαν ταυτην;
	24	ερωτησω υμας καγω λογον ενα, ον εαν ειπητε μοι, καγω υμιν ερω εν *ποια* εξουσια ταυτα ποιω·
	27	ουδε εγω λεγω υμιν εν *ποια* εξουσια ταυτα ποιω.
	22 36	διδασκαλε, *ποια* εντολη μεγαλη εν τω νομω;
	24 42	γρηγορειτε ουν, οτι ουκ οιδατε *ποια* ημερα ὁ κυριος υμων ερχεται.
	43	εκεινο δε γινωσκετε οτι ει ηδει ὁ οικοδεσποτης *ποια* φυλακη ὁ κλεπτης ερχεται, εγρηγορησεν αν και ουκ αν ειασεν διορυχθηναι την οικιαν αυτου.
Mc	11 28	και ελεγον αυτω· εν *ποια* εξουσια ταυτα ποιεις; η τις σοι εδωκεν την εξουσιαν ταυτην ινα ταυτα ποιης;
	29	επερωτησω υμας ενα λογον, και αποκριθητε μοι, και ερω υμιν εν *ποια* εξουσια ταυτα ποιω.
	33	ουδε εγω λεγω υμιν εν *ποια* εξουσια ταυτα ποιω.
	12 28	*ποια* εστιν εντολη πρωτη παντων;
Lc	5 19	και μη ευροντες *ποιας* εισενεγκωσιν αυτον δια τον οχλον, αναβαντες επι το δωμα δια των κεραμων καθηκαν αυτον συν τω κλινιδιω εις το μεσον εμπροσθεν του ιησου.
	6 32	και ει αγαπατε τους αγαπωντας υμας, *ποια* υμιν χαρις εστιν;
	33	και [γαρ] εαν αγαθοποιητε τους αγαθοποιουντας υμας, *ποια* υμιν χαρις εστιν;
	34	και εαν δανισητε παρ ων ελπιζετε λαβειν, *ποια* υμιν χαρις [εστιν];
	12 39	τουτο δε γινωσκετε, οτι ει ηδει ὁ οικοδεσποτης *ποια* ωρα ὁ κλεπτης ερχεται, ουκ αν αφηκεν διορυχθηναι τον οικον αυτου.
	20 2	ειπον ημιν εν *ποια* εξουσια ταυτα ποιεις, η τις εστιν ὁ δους σοι την εξουσιαν ταυτην;
	8	ουδε εγω λεγω υμιν εν *ποια* εξουσια ταυτα ποιω.
	24 19	και ειπεν αυτοις· *ποια*;
Jh	10 32	δια *ποιον* αυτων εργον εμε λιθαζετε;
	12 33	τουτο δε ελεγεν σημαινων *ποιω* θανατω ημελλεν αποθνησκειν.
	18 32	ινα ὁ λογος του ιησου πληρωθη ον ειπεν σημαινων *ποιω* θανατω ημελλεν αποθνησκειν.
	21 19	τουτο δε ειπεν σημαινων *ποιω* θανατω δοξασει τον θεον.
Ac	4 7	εν *ποια* δυναμει η εν *ποιω* ονοματι εποιησατε τουτο υμεις;
	7	εν ποια δυναμει η εν *ποιω* ονοματι εποιησατε τουτο υμεις;
	7 49	*ποιον* οικον οικοδομησετε μοι, λεγει κυριος, η τις τοπος της καταπαυσεως μου;
	23 34	αναγνους δε και επερωτησας εκ *ποιας* επαρχειας εστιν,

ποιος [33]

Rm	3 27	δια ποιου νομου; των έργων;
1Co	15 35	άλλα έρει τις· πως έγειρονται οί νεκροι; *ποιω* δε σωματι έρχονται;
Ja	4 14	οίτινες ούκ έπιστασθε το της αύριον *ποια* ή ζωη ύμων.
1Pt	1 11	έραυνωντες είς τίνα ή *ποιον* καιρον έδηλου το έν αύτοις πνευμα χριστου
	2 20	*ποιον* γαρ κλεος εί άμαρτανοντες και κολαφιζομενοι ύπομενειτε;
Apc	3 3	και ού μη γνως *ποιαν* ώραν ήξω έπι σέ.

πολεμεω [7]

Ja	4 2	μαχεσθε και *πολεμειτε.* ούκ έχετε δια το μη αίτεισθαι ύμας·
Apc	2 16	μετανοησον ούν· εί δε μη, έρχομαι σοι ταχυ και *πολεμησω* μετ αύτων έν τη ρομφαια του στοματος μου.
	12 7	ό μιχαηλ και οί άγγελοι αύτου του *πολεμησαι* μετα του δρακοντος.
	7	και ό δρακων *έπολεμησεν* και οί άγγελοι αύτου,
	13 4	τίς όμοιος τω θηριω, και τίς δυναται *πολεμησαι* μετ αύτου;
	17 14	ούτοι μετα του άρνιου *πολεμησουσιν* και το άρνιον νικησει αύτους,
	19 11	και έν δικαιοσυνη κρινει και *πολεμει.*

πολεμος [18]

Mt	24 6	μελλησετε δε άκουειν *πολεμους* και άκοας *πολεμων·*
	6	μελλησετε δε άκουειν *πολεμους* και άκοας *πολεμων·*
Mc	13 7	όταν δε άκουσητε *πολεμους* και άκοας *πολεμων,* μη θροεισθε·
	7	όταν δε άκουσητε *πολεμους* και άκοας *πολεμων,* μη θροεισθε·
Lc	14 31	ή τίς βασιλευς πορευομενος έτερω βασιλει συμβαλειν είς *πολεμον* ούχι καθισας πρωτον βουλευσεται εί δυνατος έστιν έν δεκα χιλιασιν ύπαντησαι τω μετα είκοσι χιλιαδων έρχομενω έπ αύτον;
	21 9	όταν δε άκουσητε *πολεμους* και άκαταστασιας, μη πτοηθητε·
1Co	14 8	και γαρ έαν άδηλον σαλπιγξ φωνην δω, τίς παρασκευασεται είς *πολεμον;*
Heb	11 34	έδυναμωθησαν άπο άσθενειας, έγενηθησαν ίσχυροι έν *πολεμω,* παρεμβολας έκλιναν άλλοτριων.
Ja	4 1	ποθεν *πολεμοι* και ποθεν μαχαι έν ύμιν;
Apc	9 7	και τα όμοιωματα των άκριδων όμοια ίπποις ήτοιμασμενοις είς *πολεμον,*
	9	και ή φωνη των πτερυγων αύτων ώς φωνη άρματων ίππων πολλων τρεχοντων είς *πολεμον.*
	11 7	το θηριον το άναβαινον έκ της άβυσσου ποιησει μετ αύτων *πολεμον*
	12 7	και έγενετο *πολεμος* έν τω ούρανω,
	17	και άπηλθεν ποιησαι *πολεμον* μετα των λοιπων του σπερματος αύτης,
	13 7	και έδοθη αύτω ποιησαι *πολεμον* μετα των άγιων και νικησαι αύτους.
	16 14	ά έκπορευεται έπι τους βασιλεις της οίκουμενης όλης, συναγαγειν αύτους είς τον *πολεμον* της ήμερας της μεγαλης του θεου του παντοκρατορος.
	19 19	και είδον το θηριον και τους βασιλεις της γης και τα στρατευματα αύτων συνηγμενα ποιησαι τον *πολεμον* μετα του καθημενου έπι του ίππου και μετα του στρατευματος αύτου.
	20 8	συναγαγειν αύτους είς τον *πολεμον,* ών ό άριθμος αύτων ώς ή άμμος της θαλασσης.

πολις [164]

Mt	2 23	και έλθων κατωκησεν είς *πολιν* λεγομενην ναζαρετ·
	4 5	τοτε παραλαμβανει αύτον ό διαβολος είς την άγιαν *πολιν,*
	5 14	ύμεις έστε το φως του κοσμου. ού δυναται *πολις* κρυβηναι έπανω όρους κειμενη·
	35	μητε είς ίεροσολυμα, ότι *πολις* έστιν του μεγαλου βασιλεως·
	8 33	και άπελθοντες είς την *πολιν* άπηγγειλαν παντα και τα των δαιμονιζομενων.
	34	και ίδου πασα ή *πολις* έξηλθεν είς ύπαντησιν τω ίησου,
	9 1	και ήλθεν είς την ίδιαν *πολιν.*
	35	και περιηγεν ό ίησους τας *πολεις* πασας και τας κωμας,
	10 5	και είς *πολιν* σαμαριτων μη είσελθητε·
	11	είς ήν δ άν *πολιν* ή κωμην είσελθητε, έξετασατε τίς έν αύτη άξιος έστιν·
	14	έξερχομενοι έξω της οίκιας ή της *πολεως* έκεινης έκτιναξατε τον κονιορτον των ποδων ύμων.
	15	άνεκτοτερον έσται γη σοδομων και γομορρων έν ήμερα κρισεως ή τη *πολει* έκεινη.

πολις [164]

Mt	10 23	όταν δε διωκωσιν ύμας έν τη *πολει* ταυτη, φευγετε είς την έτεραν·
	23	ού μη τελεσητε τας *πολεις* του ίσραηλ έως άν έλθη ό υίος του άνθρωπου.
	11 1	και έγενετο ότε έτελεσεν ό ίησους διατασσων τοις δωδεκα μαθηταις αύτου, μετεβη έκειθεν του διδασκειν και κηρυσσειν έν ταις *πολεσιν* αύτων.
	20	τοτε ήρξατο όνειδιζειν τας *πολεις* έν αίς έγενοντο αί πλεισται δυναμεις αύτου,
	12 25	και πασα *πολις* ή οίκια μερισθεισα καθ έαυτης ού σταθησεται.
	14 13	και άκουσαντες οί όχλοι ήκολουθησαν αύτω πεζη άπο των *πολεων.*
	21 10	και είσελθοντος αύτου είς ίεροσολυμα έσεισθη πασα ή *πολις* λεγουσα·
	17	και καταλιπων αύτους έξηλθεν έξω της *πολεως* είς βηθανιαν, και ηύλισθη έκει.
	18	πρωι δε έπαναγων είς την *πολιν* έπεινασεν.
	22 7	ό δε βασιλευς ώργισθη, και πεμψας τα στρατευματα αύτου άπωλεσεν τους φονεις έκεινους και την *πολιν* αύτων ένεπρησεν.
	23 34	έξ αύτων άποκτενειτε και σταυρωσετε, και έξ αύτων μαστιγωσετε έν ταις συναγωγαις ύμων και διωξετε άπο *πολεως* είς *πολιν·*
	34	έξ αύτων άποκτενειτε και σταυρωσετε, και έξ αύτων μαστιγωσετε έν ταις συναγωγαις ύμων και διωξετε άπο *πολεως* είς *πολιν·*
	26 18	ύπαγετε είς την *πολιν* προς τον δεινα και είπατε αύτω·
	27 53	και έξελθοντες έκ των μνημειων μετα την έγερσιν αύτου είσηλθον είς την άγιαν *πολιν* και ένεφανισθησαν πολλοις.
	28 11	πορευομενων δε αύτων ίδου τινες της κουστωδιας έλθοντες είς την *πολιν* άπηγγειλαν τοις άρχιερευσιν άπαντα τα γενομενα.
Mc	1 33	και ήν όλη ή *πολις* έπισυνηγμενη προς την θυραν.
	45	ό δε έξελθων ήρξατο κηρυσσειν πολλα και διαφημιζειν τον λογον, ώστε μηκετι αύτον δυνασθαι φανερως είς *πολιν* είσελθειν·
	5 14	και οί βοσκοντες αύτους έφυγον και άπηγγειλαν είς την *πολιν* και είς τους άγρους·
	6 33	και πεζη άπο πασων των *πολεων* συνεδραμον έκει και προηλθον αύτους.
	56	και όπου άν είσεπορευετο είς κωμας ή είς *πολεις* ή είς άγρους, έν ταις άγοραις έτιθεσαν τους άσθενουντας,
	11 19	και όταν όψε έγενετο, έξεπορευοντο έξω της *πολεως.*
	14 13	ύπαγετε είς την *πολιν,* και άπαντησει ύμιν άνθρωπος κεραμιον ύδατος βασταζων·
	16	και έξηλθον οί μαθηται και ήλθον είς την *πολιν* και εύρον καθως είπεν αύτοις,
Lc	1 26	έν δε τω μηνι τω έκτω άπεσταλη ό άγγελος γαβριηλ άπο του θεου είς *πολιν* της γαλιλαιας ή όνομα ναζαρεθ,
	39	άναστασα δε μαριαμ έν ταις ήμεραις ταυταις έπορευθη είς την όρεινην μετα σπουδης είς *πολιν* ίουδα,
	2 3	και έπορευοντο παντες άπογραφεσθαι, έκαστος είς την έαυτου *πολιν.*
	4	άνεβη δε και ίωσηφ άπο της γαλιλαιας έκ *πολεως* ναζαρεθ είς την ίουδαιαν είς *πολιν* δαυιδ ήτις καλειται βηθλεεμ,
	4	άνεβη δε και ίωσηφ άπο της γαλιλαιας έκ *πολεως* ναζαρεθ είς την ίουδαιαν είς *πολιν* δαυιδ ήτις καλειται βηθλεεμ,
	11	ότι έτεχθη ύμιν σημερον σωτηρ, ός έστιν χριστος κυριος, έν *πολει* δαυιδ.
	39	και ώς έτελεσαν παντα τα κατα τον νομον κυριου, έπεστρεψαν είς την γαλιλαιαν είς *πολιν* έαυτων ναζαρεθ.
	4 29	και άνασταντες έξεβαλον αύτον έξω της *πολεως,*
	29	και ήγαγον αύτον έως όφρυος του όρους έφ ού ή *πολις* ώκοδομητο αύτων, ώστε κατακρημνισαι αύτον·
	31	και κατηλθεν είς καφαρναουμ *πολιν* της γαλιλαιας.
	43	ό δε είπεν προς αύτους ότι και ταις έτεραις *πολεσιν* εύαγγελισασθαι με δει την βασιλειαν του θεου, ότι έπι τουτο άπεσταλην.
	5 12	και έγενετο έν τω είναι αύτον έν μια των *πολεων* και ίδου άνηρ πληρης λεπρας·
	7 11	και έγενετο έν τω έξης έπορευθη είς *πολιν* καλουμενην ναιν,
	12	ώς δε ήγγισεν τη πυλη της *πολεως,* και ίδου έξεκομιζετο τεθνηκως μονογενης υίος τη μητρι αύτου,
	12	και αύτη ήν χηρα, και όχλος της *πολεως* ίκανος ήν συν αύτη.
	37	και ίδου γυνη ήτις ήν έν τη *πολει* άμαρτωλος, και έπιγνουσα ότι κατακειται έν τη οίκια του φαρισαιου, κομισασα άλαβαστρον μυρου

πολις [164]

Lc 8 1 και εγενετο εν τω καθεξης και αυτος διωδευεν κατα *πολιν* και κωμην κηρυσσων και ευαγγελιζομενος την βασιλειαν του θεου,

4 συνιοντος δε οχλου πολλου και των κατα *πολιν* επιπορευομενων προς αυτον ειπεν δια παραβολης·

27 εξελθοντι δε αυτω επι την γην υπηντησεν ανηρ τις εκ της *πολεως* εχων δαιμονια.

34 ιδοντες δε οι βοσκοντες το γεγονος εφυγον και απηγγειλαν εις την *πολιν* και εις τους αγρους.

39 και απηλθεν καθ ολην την *πολιν* κηρυσσων οσα εποιησεν αυτω ο ιησους.

9 5 και οσοι αν μη δεχωνται υμας, εξερχομενοι απο της *πολεως* εκεινης τον κονιορτον απο των ποδων υμων αποτινασσετε εις μαρτυριον επ αυτους.

10 και παραλαβων αυτους υπεχωρησεν κατ ιδιαν εις *πολιν* καλουμενην βηθσαιδα.

10 1 και απεστειλεν αυτους ανα δυο [δυο] προ προσωπου αυτου εις πασαν *πολιν* και τοπον ου ημελλεν αυτος ερχεσθαι.

8 και εις ην αν *πολιν* εισερχησθε και δεχωνται υμας, εσθιετε τα παρατιθεμενα υμιν,

10 εις ην δ αν *πολιν* εισελθητε και μη δεχωνται υμας, εξελθοντες εις τας πλατειας αυτης ειπατε·

11 και τον κονιορτον τον κολληθεντα ημιν εκ της *πολεως* υμων εις τους ποδας απομασσομεθα υμιν·

12 λεγω υμιν οτι σοδομοις εν τη ημερα εκεινη ανεκτοτερον εσται η τη *πολει* εκεινη.

13 22 και διεπορευετο κατα *πολεις* και κωμας διδασκων και πορειαν ποιουμενος εις ιεροσολυμα.

14 2: εξελθε ταχεως εις τας πλατειας και ρυμας της *πολεως*,

18 2 κριτης τις ην εν τινι *πολει* τον θεον μη φοβουμενος και ανθρωπον μη εντρεπομενος.

3 χηρα δε ην εν τη *πολει* εκεινη,

19 17 ευ γε, αγαθε δουλε, οτι εν ελαχιστω πιστος εγενου, ισθι εξουσιαν εχων επανω δεκα *πολεων*.

19 και συ επανω γινου πεντε *πολεων*.

41 και ως ηγγισεν, ιδων την *πολιν* εκλαυσεν επ αυτην,

22 10 ιδου εισελθοντων υμων εις την *πολιν* συναντησει υμιν ανθρωπος κεραμιον υδατος βασταζων·

23 19 οστις ην δια στασιν τινα γενομενην εν τη *πολει* και φονον βληθεις εν τη φυλακη.

51 απο αριμαθαιας *πολεως* των ιουδαιων, ος προσεδεχετο την βασιλειαν του θεου,

24 49 υμεις δε καθισατε εν τη *πολει* εως ου ενδυσησθε εξ υψους δυναμιν.

Jh 1 44 ην δε ο φιλιππος απο βηθσαιδα, εκ της *πολεως* ανδρεου και πετρου.

4 5 ερχεται ουν εις *πολιν* της σαμαρειας λεγομενην συχαρ,

8 οι γαρ μαθηται αυτου απεληλυθεισαν εις την *πολιν*,

28 αφηκεν ουν την υδριαν αυτης η γυνη και απηλθεν εις την *πολιν*,

30 εξηλθον εκ της *πολεως* και ηρχοντο προς αυτον.

39 εκ δε της *πολεως* εκεινης πολλοι επιστευσαν εις αυτον των σαμαριτων δια τον λογον της γυναικος μαρτυρουσης οτι ειπεν μοι παντα α εποιησα.

11 54 αλλα απηλθεν εκειθεν εις την χωραν εγγυς της ερημου, εις εφραιμ λεγομενην *πολιν*, κακει εμεινεν μετα των μαθητων.

19 20 τουτον ουν τον τιτλον πολλοι ανεγνωσαν των ιουδαιων, οτι εγγυς ην ο τοπος της *πολεως* οπου εσταυρωθη ο ιησους·

Ac 4 27 συνηχθησαν γαρ επ αληθειας εν τη *πολει* ταυτη επι τον αγιον παιδα σου ιησουν,

5 16 συνηρχετο δε και το πληθος των περιξ *πολεων* ιερουσαλημ,

7 58 και εκβαλοντες εξω της *πολεως* ελιθοβολουν.

8 5 φιλιππος δε κατελθων εις [την] *πολιν* της σαμαρειας εκηρυσσεν αυτοις τον χριστον.

8 εγενετο δε πολλη χαρα εν τη *πολει* εκεινη.

9 ανηρ δε τις ονοματι σιμων προυπηρχεν εν τη *πολει* μαγευων και εξιστανων το εθνος της σαμαρειας, λεγων ειναι τινα εαυτον μεγαν,

40 φιλιππος δε ευρεθη εις αζωτον, και διερχομενος ευηγγελιζετο τας *πολεις* πασας εως του ελθειν αυτον εις καισαρειαν.

9 6 αλλα αναστηθι και εισελθε εις την *πολιν*, και λαληθησεται σοι οτι σε δει ποιειν.

10 9 τη δε επαυριον οδοιπορουντων εκεινων και τη *πολει* εγγιζοντων ανεβη πετρος επι το δωμα προσευξασθαι περι ωραν εκτην.

11 5 εγω ημην εν *πολει* ιοππη προσευχομενος, και ειδον εν εκστασει οραμα,

12 10 διελθοντες δε πρωτην φυλακην και δευτεραν ηλθαν επι την πυλην την σιδηραν την φερουσαν εις την *πολιν*,

πολις [164]

Ac 13 44 τω δε ερχομενω σαββατω σχεδον πασα η *πολις* συνηχθη ακουσαι τον λογον του κυριου.

50 οι δε ιουδαιοι παρωτρυναν τας σεβομενας γυναικας τας ευσχημονας και τους πρωτους της *πολεως*,

14 4 εσχισθη δε το πληθος της *πολεως*,

6 συνιδοντες κατεφυγον εις τας *πολεις* της λυκαονιας λυστραν και δερβην και την περιχωρον·

13 ο τε ιερευς του διος του οντος προ της *πολεως*, ταυρους και στεμματα επι τους πυλωνας ενεγκας,

19 επηλθαν δε απο αντιοχειας και ικονιου ιουδαιοι, και πεισαντες τους οχλους και λιθασαντες τον παυλον εσυρον εξω της *πολεως*,

20 κυκλωσαντων δε των μαθητων αυτον αναστας εισηλθεν εις την *πολιν*.

21 ευαγγελισαμενοι τε την *πολιν* εκεινην και μαθητευσαντες ικανους υπεστρεψαν εις την λυστραν και εις ικονιον και [εις] αντιοχειαν,

15 21 μωυσης γαρ εκ γενεων αρχαιων κατα *πολιν* τους κηρυσσοντας αυτον εχει εν ταις συναγωγαις κατα παν σαββατον αναγινωσκομενος.

36 επιστρεψαντες δη επισκεψωμεθα τους αδελφους κατα *πολιν* πασαν εν αις κατηγγειλαμεν τον λογον του κυριου, πως εχουσιν.

16 4 ως δε διεπορευοντο τας *πολεις*, παρεδιδοσαν αυτοις φυλασσειν τα δογματα τα κεκριμενα υπο των αποστολων και πρεσβυτερων των εν ιεροσολυμοις.

11 αναχθεντες δε απο τρωαδος ευθυδρομησαμεν εις σαμοθρακην, τη δε επιουση εις νεαν *πολιν*,

κακειθεν εις φιλιππους, ητις εστιν πρωτη[ς] μεριδος της μακεδονιας *πολις*, κολωνια.

12 ημεν δε εν ταυτη τη *πολει* διατριβοντες ημερας τινας.

14 και τις γυνη ονοματι λυδια, πορφυροπωλις *πολεως* θυατειρων, σεβομενη τον θεον, ηκουεν,

20 ουτοι οι ανθρωποι εκταρασσουσιν ημων την *πολιν*,

39 και ελθοντες παρεκαλεσαν αυτους, και εξαγαγοντες ηρωτων απελθειν απο της *πολεως*.

17 5 ζηλωσαντες δε οι ιουδαιοι και προσλαβομενοι των αγοραιων ανδρας τινας πονηρους και οχλοποιησαντες εθορυβουν την *πολιν*,

16 εν δε ταις αθηναις εκδεχομενου αυτους του παυλου, παρωξυνετο το πνευμα αυτου εν αυτω θεωρουντος κατειδωλον ουσαν την *πολιν*.

18 10 διοτι εγω ειμι μετα σου και ουδεις επιθησεται σοι του κακωσαι σε, διοτι λαος εστι μοι πολυς εν τη *πολει* ταυτη.

19 29 και επλησθη η *πολις* της συγχυσεως, ωρμησαν τε ομοθυμαδον εις το θεατρον,

35 ανδρες εφεσιοι, τις γαρ εστιν ανθρωπων ος ου γινωσκει την εφεσιων *πολιν* νεωκορον ουσαν της μεγαλης αρτεμιδος και του διοπετους;

20 23 τα εν αυτη συναντησοντα μοι μη ειδως, πλην οτι το πνευμα το αγιον κατα *πολιν* διαμαρτυρεται μοι λεγον οτι δεσμα και θλιψεις με μενουσιν.

21 5 οτε δε εγενετο ημας εξαρτισαι τας ημερας, εξελθοντες επορευομεθα προπεμποντων ημας παντων συν γυναιξι και τεκνοις εως εξω της *πολεως*,

29 ησαν γαρ προεωρακοτες τροφιμον τον εφεσιον εν τη *πολει* συν αυτω,

30 εκινηθη τε η *πολις* ολη και εγενετο συνδρομη του λαου,

39 εγω ανθρωπος μεν ειμι ιουδαιος, ταρσευς, της κιλικιας ουκ ασημου *πολεως* πολιτης,

22 3 εγω ειμι ανηρ ιουδαιος, γεγεννημενος εν ταρσω της κιλικιας, ανατεθραμμενος δε εν τη *πολει* ταυτη,

24 12 και ουτε εν τω ιερω ευρον με προς τινα διαλεγομενον η επιστασιν ποιουντα οχλου, ουτε εν ταις συναγωγαις ουτε κατα την *πολιν*,

25 23 και εισελθοντων εις το ακροατηριον συν τε χιλιαρχοις και ανδρασιν τοις κατ εξοχην της *πολεως*,

26 11 περισσως τε εμμαινομενος αυτοις εδιωκον εως και εις τας εξω *πολεις*.

27 8 μολις τε παραλεγομενοι αυτην ηλθομεν εις τοπον τινα καλουμενον καλους λιμενας, ω εγγυς *πολις* ην λασαια.

Rm 16 23 ασπαζεται υμας εραστος ο οικονομος της *πολεως* και κουαρτος ο αδελφος.

2Co 11 26 κινδυνοις εκ γενους, κινδυνοις εξ εθνων, κινδυνοις εν *πολει*,

32 εν δαμασκω ο εθναρχης αρετα του βασιλεως εφρουρει την *πολιν* δαμασκηνων πιασαι με,

Col 4 13 μαρτυρω γαρ αυτω οτι εχει πολυν πονον υπερ υμων και των εν λαοδικεια και των εν *ιεραπολει*.

πολις [164]

Tit	1 5	ἱνα τα λειποντα ἐπιδιορθωσῃ, και καταστησῃς κατα πολιν πρεσβυτερους,
Heb	11 10	ἐξεδεχετο γαρ την τους θεμελιους ἐχουσαν πολιν,
	16	διο οὐκ ἐπαισχυνεται αὐτους ὁ θεος θεος ἐπικαλεισθαι αὐτων· ἡτοιμασεν γαρ αὐτοις πολιν.
	12 22	ἀλλα προσεληλυθατε σιων ὀρει και πολει θεου ζωντος,
	13 14	οὐ γαρ ἐχομεν ὡδε μενουσαν πολιν, ἀλλα την μελλουσαν ἐπιζητουμεν.
Ja	4 13	σημερον ἠ αὐριον πορευσομεθα εἰς τηνδε την πολιν και ποιησομεν ἐκει ἐνιαυτον και ἐμπορευσομεθα και κερδησομεν·
2Pt	2 6	και πολεις σοδομων και γομορρας τεφρωσας [καταστροφῃ] κατεκρινεν,
Ju	7	ὡς σοδομα και γομορρα και αἱ περι αὐτας πολεις,
Apc	3 12	και γραψω ἐπ αὐτον το ὀνομα του θεου μου και το ὀνομα της πολεως του θεου μου,
	11 2	και την πολιν την ἁγιαν πατησουσιν μηνας τεσσερακοντα[και]δυο.
	8	και το πτωμα αὐτων ἐπι της πλατειας της πολεως της μεγαλης,
	13	και ἐν ἐκεινῃ τῃ ὡρᾳ ἐγενετο σεισμος μεγας, και το δεκατον της πολεως ἐπεσεν,
	14 20	και ἐπατηθη ἡ ληνος ἐξωθεν της πολεως,
	16 19	και ἐγενετο ἡ πολις ἡ μεγαλη εἰς τρια μερη,
	19	και αἱ πολεις των ἐθνων ἐπεσαν.
	17 18	και ἡ γυνη ἡν εἰδες ἐστιν ἡ πολις ἡ μεγαλη ἡ ἐχουσα βασιλειαν ἐπι των βασιλεων της γης.
	18 10	οὐαι οὐαι, ἡ πολις ἡ μεγαλη, βαβυλων ἡ πολις ἡ ἰσχυρα,
	10	οὐαι οὐαι, ἡ πολις ἡ μεγαλη, βαβυλων ἡ πολις ἡ ἰσχυρα,
	16	οὐαι οὐαι, ἡ πολις ἡ μεγαλη, ἡ περιβεβλημενη βυσσινον και πορφυρουν και κοκκινον,
	18	τίς ὁμοια τῃ πολει τῃ μεγαλῃ;
	19	οὐαι οὐαι, ἡ πολις ἡ μεγαλη, ἐν ῃ ἐπλουτησαν παντες οἱ ἐχοντες τα πλοια ἐν τῃ θαλασσῃ ἐκ τιης τιμιοτητος αὐτης,
	21	οὑτως ὁρμηματι βληθησεται βαβυλων ἡ μεγαλη πολις,
	20 9	και ἐκυκλευσαν την παρεμβολην των ἁγιων και την πολιν την ἠγαπημενην·
	21 2	και την πολιν την ἁγιαν ἰερουσαλημ καινην εἰδον καταβαινουσαν ἐκ του οὐρανου ἀπο του θεου,
	10	και ἐδειξεν μοι την πολιν την ἁγιαν ἰερουσαλημ καταβαινουσαν ἐκ του οὐρανου ἀπο του θεου,
	14	και το τειχος της πολεως ἐχων θεμελιους δωδεκα,
	15	και ὁ λαλων μετ ἐμου εἰχεν μετρον καλαμον χρυσουν, ἱνα μετρηση την πολιν και τους πυλωνας αὐτης και το τειχος αὐτης.
	16	και ἡ πολις τετραγωνος κειται, και το μηκος αὐτης ὁσον [και] το πλατος.
	16	και ἐμετρησεν την πολιν τῳ καλαμῳ ἐπι σταδιων δωδεκα χιλιαδων·
	18	και ἡ πολις χρυσιον καθαρον ὁμοιον ὑαλῳ καθαρῳ.
	19	οἱ θεμελιοι του τειχους της πολεως παντι λιθῳ τιμιῳ κεκοσμημενοι·
	21	και ἡ πλατεια της πολεως χρυσιον καθαρον ὡς ὑαλος διαυγης.
	23	και ἡ πολις οὐ χρειαν ἐχει του ἡλιου οὐδε της σεληνης,
	22 14	ἱνα ἐσται ἡ ἐξουσια αὐτων ἐπι το ξυλον της ζωης και τοις πυλωσιν εἰσελθωσιν εἰς την πολιν.
	19	ἀφελει ὁ θεος το μερος αὐτου ἀπο του ξυλου της ζωης και ἐκ της πολεως της ἁγιας, των γεγραμμενων ἐν τῳ βιβλιῳ τουτῳ.

πολιταρχης [2]

Ac	17 6	μη εὑροντες δε αὐτους ἐσυρον ἰασονα και τινας ἀδελφους ἐπι τους πολιταρχας,
	8	ἐταραξαν δε τον ὀχλον και τους πολιταρχας ἀκουοντας ταυτα,

πολιτεια [2]

Ac	22 28	ἐγω πολλου κεφαλαιου την πολιτειαν ταυτην ἐκτησαμην.
Eph	2 12	ὁτι ῃτε τῳ καιρῳ ἐκεινῳ χωρις χριστου, ἀπηλλοτριωμενοι της πολιτειας του ἰσραηλ και ξενοι των διαθηκων της ἐπαγγελιας,

πολιτευμα [1]

Php	3 20	ἡμων γαρ το πολιτευμα ἐν οὐρανοις ὑπαρχει,

πολιτευομαι [2]

Ac	23 1	ἀνδρες ἀδελφοι, ἐγω πασῃ συνειδησει ἀγαθῃ πεπολιτευμαι τῳ θεῳ ἀχρι ταυτης της ἡμερας.
Php	1 27	μονον ἀξιως του εὐαγγελιου του χριστου πολιτευεσθε,

πολιτης [4]

Lc	15 15	και πορευθεις ἐκολληθη ἑνι των πολιτων της χωρας ἐκεινης,
	19 14	οἱ δε πολιται αὐτου ἐμισουν αὐτον, και ἀπεστειλαν πρεσβειαν ὀπισω αὐτου λεγοντες·
Ac	21 39	ἐγω ἀνθρωπος μεν εἰμι ἰουδαιος, ταρσευς, της κιλικιας οὐκ ἀσημου πολεως πολιτης·
Heb	8 11	και οὐ μη διδαξωσιν ἑκαστος τον πολιτην αὐτου και ἑκαστος τον ἀδελφον αὐτου, λεγων·

πολλακις [18]

Mt	17 15	κυριε, ἐλεησον μου τον υἱον, ὁτι σεληνιαζεται και κακως πασχει· πολλακις γαρ πιπτει εἰς το πυρ και πολλακις εἰς το ὑδωρ.
	15	κυριε, ἐλεησον μου τον υἱον, ὁτι σεληνιαζεται και κακως πασχει· πολλακις γαρ πιπτει εἰς το πυρ και πολλακις εἰς το ὑδωρ.
Mc	5 4	και οὐδε ἁλυσει οὐκετι οὐδεις ἐδυνατο αὐτον δησαι, δια το αὐτον πολλακις πεδαις και ἁλυσεσιν δεδεσθαι, και διεσπασθαι ὑπ αὐτου τας ἁλυσεις και τας πεδας συντετριφθαι,
	9 22	και πολλακις και εἰς πυρ αὐτον ἐβαλεν και εἰς ὑδατα ἱνα ἀπολεση αὐτον·
Jh	18 2	ᾐδει δε και ἰουδας ὁ παραδιδους αὐτον τον τοπον, ὁτι πολλακις συνηχθη ἰησους ἐκει μετα των μαθητων αὐτου.
Ac	26 11	και κατα πασας τας συναγωγας πολλακις τιμωρων αὐτους ἠναγκαζον βλασφημειν,
Rm	1 13	οὐ θελω δε ὑμας ἀγνοειν, ἀδελφοι, ὁτι πολλακις προεθεμην ἐλθειν προς ὑμας,
2Co	8 22	συνεπεμψαμεν δε αὐτοις τον ἀδελφον ἡμων, ὁν ἐδοκιμασαμεν ἐν πολλοις πολλακις σπουδαιον ὀντα,
	11 23	ἐν κοποις περισσοτερως, ἐν φυλακαις περισσοτερως, ἐν πληγαις ὑπερβαλλοντως, ἐν θανατοις πολλακις.
	26	ὁδοιποριαις πολλακις, κινδυνοις ποταμων, κινδυνοις λῃστων,
	27	κοπῳ και μοχθῳ, ἐν ἀγρυπνιαις πολλακις, ἐν λιμῳ και διψει,
	27	ἐν νηστειαις πολλακις, ἐν ψυχει και γυμνοτητι·
Php	3 18	πολλοι γαρ περιπατουσιν οὑς πολλακις ἐλεγον ὑμιν,
2Tm	1 16	δωῃ ἐλεος ὁ κυριος τῳ ὀνησιφορου οἰκῳ, ὁτι πολλακις με ἀνεψυξεν και την ἁλυσιν μου οὐκ ἐπαισχυνθη,
Heb	6 7	γη γαρ ἡ πιουσα τον ἐπ αὐτης ἐρχομενον πολλακις ὑετον και τικτουσα βοτανην εὐθετον ἐκεινοις δι οὑς και γεωργειται, μεταλαμβανει εὐλογιας ἀπο του θεου·
	9 25	οὐδ ἱνα πολλακις προσφερῃ ἑαυτον, ὡσπερ ὁ ἀρχιερευς εἰσερχεται εἰς τα ἁγια κατ ἐνιαυτον ἐν αἱματι ἀλλοτριῳ,
	26	ἐπει ἐδει αὐτον πολλακις παθειν ἀπο καταβολης κοσμου·
	10 11	και πας μεν ἱερευς ἑστηκεν καθ ἡμεραν λειτουργων και τας αὐτας πολλακις προσφερων θυσιας,

πολλαπλασιων [1]

Lc	18 30	ὁς οὐχι μη [ἀπο]λαβῃ πολλαπλασιονα ἐν τῳ καιρῳ τουτῳ και ἐν τῳ αἰωνι τῳ ἐρχομενῳ ζωην αἰωνιον.

πολυλογια [1]

Mt	6 7	δοκουσιν γαρ ὁτι ἐν τῃ πολυλογιᾳ αὐτων εἰσακουσθησονται.

πολυμερως [1]

Heb	1 1	πολυμερως και πολυτροπως παλαι ὁ θεος λαλησας τοις πατρασιν ἐν τοις προφηταις ἐπ ἐσχατου των ἡμερων τουτων ἐλαλησεν ἡμιν ἐν υἱῳ,

πολυποικιλος [1]

Eph	3 10	ἱνα γνωρισθη νυν ταις ἀρχαις και ταις ἐξουσιαις ἐν τοις ἐπουρανιοις δια της ἐκκλησιας ἡ πολυποικιλος σοφια του θεου,

πολυς [418]

Mt	2 18	φωνη ἐν ραμα ἠκουσθη, κλαυθμος και ὀδυρμος πολυς·
	3 7	ἰδων δε πολλους των φαρισαιων και σαδδουκαιων ἐρχομενους ἐπι το βαπτισμα αὐτου εἰπεν αὐτοις·

πολυς [418]

Mt	4 25	και ήκολουθησαν αυτω όχλοι *πολλοι* άπο της γαλιλαιας και δεκαπολεως και ιεροσολυμων και ιουδαιας και περαν του ιορδανου.
	5 12	χαιρετε και άγαλλιασθε, ότι ό μισθος ύμων *πολυς* έν τοις ουρανοις·
	20	λεγω γαρ ύμιν ότι έαν μη περισσευση ύμων ή δικαιοσυνη *πλειον* των γραμματεων και φαρισαιων, ού μη είσελθητε είς την βασιλειαν των ουρανων.
	6 25	ούχι ή ψυχη *πλειον* έστιν της τροφης και το σωμα του ένδυματος;
	30	ού *πολλω* μαλλον ύμας, όλιγοπιστοι;
	7 13	και *πολλοι* είσιν οί είσερχομενοι δι αύτης·
	22	*πολλοι* έρουσιν μοι έν έκεινη τη ήμερα·
	22	και τω σω όνοματι δυναμεις *πολλας* έποιησαμεν;
	8 1	καταβαντος δε αύτου άπο του όρους ήκολουθησαν αύτω όχλοι *πολλοι*.
	11	λεγω δε ύμιν ότι *πολλοι* άπο άνατολων και δυσμων ήξουσιν και άνακλιθησονται μετα άβρααμ και ίσαακ και ίακωβ έν τη βασιλεια των ουρανων·
	16	όψιας δε γενομενης προσηνεγκαν αύτω δαιμονιζομενους *πολλους·*
	30	ήν δε μακραν άπ αύτων άγελη χοιρων *πολλων* βοσκομενη.
	9 10	και ίδου *πολλοι* τελωναι και άμαρτωλοι έλθοντες συνανεκειντο τω ίησου και τοις μαθηταις αύτου.
	14	δια τί ήμεις και οί φαρισαιοι νηστευομεν [*πολλα*],
	37	ό μεν θερισμος *πολυς*, οί δε έργαται όλιγοι·
	10 31	*πολλων* στρουθιων διαφερετε ύμεις.
	11 20	τοτε ήρξατο όνειδιζειν τας πολεις έν αίς έγενοντο αί *πλεισται* δυναμεις αύτου,
	12 15	και ήκολουθησαν αύτω όχλοι *πολλοι*,
	41	και ίδου *πλειον* ιωνα ώδε.
	42	και ίδου *πλειον* σολομωνος ώδε.
	13 2	και συνηχθησαν προς αύτον όχλοι *πολλοι*,
	3	και έλαλησεν αύτοις *πολλα* έν παραβολαις λεγων·
	5	άλλα δε έπεσεν έπι τα πετρωδη όπου ούκ είχεν γην *πολλην*,
	17	άμην γαρ λεγω ύμιν ότι *πολλοι* προφηται και δικαιοι έπεθυμησαν ίδειν ά βλεπετε και ούκ είδαν,
	58	και ούκ έποιησεν έκει δυναμεις *πολλας* δια την άπιστιαν αύτων.
	14 14	και έξελθων είδεν *πολυν* όχλον,
	24	το δε πλοιον ήδη σταδιους *πολλους* άπο της γης άπειχεν,
	15 30	και προσηλθον αύτω όχλοι *πολλοι* έχοντες μεθ έαυτων χωλους, τυφλους, κυλλους, κωφους, και έτερους *πολλους*, και έρριψαν αύτους παρα τους ποδας αύτου·
	30	και προσηλθον αύτω όχλοι πολλοι έχοντες μεθ έαυτων χωλους, τυφλους, κυλλους, κωφους, και έτερους *πολλους*, και έρριψαν αύτους παρα τους ποδας αύτου·
	16 21	άπο τοτε ήρξατο ό ίησους δεικνυειν τοις μαθηταις αύτου ότι δει αύτον είς ιεροσολυμα άπελθειν και *πολλα* παθειν άπο των πρεσβυτερων και άρχιερεων και γραμματεων και άποκτανθηναι και τη τριτη ήμερα έγερθηναι.
	19 2	και ήκολουθησαν αύτω όχλοι *πολλοι*, και έθεραπευσεν αύτους έκει.
	22	άκουσας δε ό νεανισκος τον λογον άπηλθεν λυπουμενος· ήν γαρ έχων κτηματα *πολλα*.
	30	*πολλοι* δε έσονται πρωτοι έσχατοι και έσχατοι πρωτοι.
	20 10	και έλθοντες οί πρωτοι ένομισαν ότι *πλειον* λημψονται·
	28	ώσπερ ό υίος του άνθρωπου ούκ ήλθεν διακονηθηναι, άλλα διακονησαι και δουναι την ψυχην αύτου λυτρον άντι *πολλων*.
	29	και έκπορευομενων αύτων άπο ιεριχω ήκολουθησεν αύτω όχλος *πολυς*.
	21 8	ό δε *πλειστος* όχλος έστρωσαν έαυτων τα ίματια έν τη όδω,
	36	παλιν άπεστειλεν άλλους δουλους *πλειονας* των πρωτων,
	22 14	*πολλοι* γαρ είσιν κλητοι, όλιγοι δε έκλεκτοι.
	24 5	*πολλοι* γαρ έλευσονται έπι τω όνοματι μου λεγοντες·
	5	*πολλοι* γαρ έλευσονται έπι τω όνοματι μου λεγοντες· έγω είμι ό χριστος, και *πολλους* πλανησουσιν.
	10	και τοτε σκανδαλισθησονται *πολλοι* και άλληλους παραδωσουσιν και μισησουσιν άλληλους·
	11	και *πολλοι* ψευδοπροφηται έγερθησονται και πλανησουσιν *πολλους·*
	11	και πολλοι ψευδοπροφηται έγερθησονται και πλανησουσιν *πολλους·*
	12	και δια το πληθυνθηναι την άνομιαν ψυγησεται ή άγαπη των *πολλων*.
	30	και τοτε κοψονται πασαι αί φυλαι της γης και όψονται τον υίον του άνθρωπου έρχομενον έπι των νεφελων του ούρανου μετα δυναμεως και δοξης *πολλης·*

πολυς [418]

Mt	25 19	μετα δε *πολυν* χρονον έρχεται ό κυριος των δουλων έκεινων και συναιρει λογον μετ αύτων.
	21	εύ, δουλε άγαθε και πιστε, έπι όλιγα ής πιστος, έπι *πολλων* σε καταστησω·
	23	εύ, δουλε άγαθε και πιστε, έπι όλιγα ής πιστος, έπι *πολλων* σε καταστησω·
	26 9	είς τί ή άπωλεια αύτη; έδυνατο γαρ τουτο πραθηναι *πολλου* και δοθηναι πτωχοις.
	28	πιετε έξ αύτου παντες· τουτο γαρ έστιν το αίμα μου της διαθηκης το περι *πολλων* έκχυννομενον είς άφεσιν άμαρτιων.
	47	ίδου ιουδας είς των δωδεκα ήλθεν, και μετ αύτου όχλος *πολυς* μετα μαχαιρων και ξυλων άπο των άρχιερεων και πρεσβυτερων του λαου.
	53	ή δοκεις ότι ού δυναμαι παρακαλεσαι τον πατερα μου, και παραστησει μοι άρτι *πλειω* δωδεκα λεγιωνας άγγελων;
	60	οί δε άρχιερεις και το συνεδριον όλον έζητουν ψευδομαρτυριαν κατα του ίησου όπως αύτον θανατωσωσιν, και ούχ εύρον *πολλων* προσελθοντων ψευδομαρτυρων.
	27 19	μηδεν σοί και τω δικαιω έκεινω· *πολλα* γαρ έπαθον σημερον κατ όναρ δι αύτον.
	52	και τα μνημεια άνεωχθησαν και *πολλα* σωματα των κεκοιμημενων άγιων ήγερθησαν·
	53	και έξελθοντες έκ των μνημειων μετα την έγερσιν αύτου είσηλθον είς την άγιαν πολιν και ένεφανισθησαν *πολλοις*.
	55	ήσαν δε έκει γυναικες *πολλαι* άπο μακροθεν θεωρουσαι,
Mc	1 34	και έθεραπευσεν *πολλους* κακως έχοντας ποικιλαις νοσοις,
	34	και δαιμονια *πολλα* έξεβαλεν,
	45	ό δε έξελθων ήρξατο κηρυσσειν *πολλα* και διαφημιζειν τον λογον,
	2 2	και συνηχθησαν *πολλοι*, ώστε μηκετι χωρειν μηδε τα προς την θυραν,
	15	και *πολλοι* τελωναι και άμαρτωλοι συνανεκειντο τω ίησου και τοις μαθηταις αύτου·
	15	ήσαν γαρ *πολλοι*, και ήκολουθουν αύτω.
	3 7	και *πολυ* πληθος άπο της γαλιλαιας [ήκολουθησεν]·
	8	πληθος *πολυ*, άκουοντες όσα έποιει, ήλθον προς αύτον.
	10	*πολλους* γαρ έθεραπευσεν, ώστε έπιπιπτειν αύτω ίνα αύτου άψωνται όσοι είχον μαστιγας.
	12	και *πολλα* έπετιμα αύτοις ίνα μη αύτον φανερον ποιησωσιν.
	4 1	και συναγεται προς αύτον όχλος *πλειστος*,
	2	και έδιδασκεν αύτους έν παραβολαις *πολλα*,
	5	και άλλο έπεσεν έπι το πετρωδες όπου ούκ είχεν γην *πολλην*,
	33	και τοιαυταις παραβολαις *πολλαις* έλαλει αύτοις τον λογον,
	5 9	λεγιων όνομα μοι, ότι *πολλοι* έσμεν.
	10	και παρεκαλει αύτον *πολλα* ίνα μη αύτα άποστειλη έξω της χωρας.
	21	και διαπερασαντος του ίησου [έν τω πλοιω] παλιν είς το περαν συνηχθη όχλος *πολυς* έπ αύτον,
	23	και παρακαλει αύτον *πολλα* λεγων ότι το θυγατριον μου έσχατως έχει,
	24	και ήκολουθει αύτω όχλος *πολυς*, και συνεθλιβον αύτον.
	26	και γυνη ούσα έν ρυσει αίματος δωδεκα έτη, και *πολλα* παθουσα ύπο πολλων ιατρων και δαπανησασα τα παρ αύτης παντα,
	26	και γυνη ούσα έν ρυσει αίματος δωδεκα έτη, και πολλα παθουσα ύπο *πολλων* ιατρων και δαπανησασα τα παρ αύτης παντα,
	38	και έρχονται είς τον οίκον του άρχισυναγωγου, και θεωρει θορυβον, και κλαιοντας και άλαλαζοντας *πολλα*,
	43	και διεστειλατο αύτοις *πολλα* ίνα μηδεις γνοι τουτο,
	6 2	και *πολλοι* άκουοντες έξεπλησσοντο λεγοντες·
	13	και δαιμονια *πολλα* έξεβαλλον,
	13	και ήλειφον έλαιω *πολλους* άρρωστους και έθεραπευον.
	20	ό γαρ ηρωδης έφοβειτο τον ιωαννην, είδως αύτον άνδρα δικαιον και άγιον, και συνετηρει αύτον, και άκουσας αύτου *πολλα* ηπορει, και ήδεως αύτου ήκουεν.
	23	και ώμοσεν αύτη [*πολλα*] ότι έαν με αίτησης δωσω σοι έως ήμισους της βασιλειας μου.
	31	ήσαν γαρ οί έρχομενοι και οί ύπαγοντες *πολλοι*,
	33	και είδον αύτους ύπαγοντας και έπεγνωσαν *πολλοι*,
	34	και έξελθων είδεν *πολυν* όχλον,
	34	και έξελθων είδεν πολυν όχλον, και έσπλαγχνισθη έπ αύτους ότι ήσαν ώς προβατα μη έχοντα ποιμενα. και ήρξατο διδασκειν αύτους *πολλα*.
	35	και ήδη ώρας *πολλης* γενομενης προσελθοντες αύτω οί μαθηται αύτου έλεγον ότι έρημος έστιν ό τοπος και ήδη ώρα *πολλη·*

πολυς [418]

Mc	6 35	και ἠδη ὡρας πολλης γενομενης προσελθοντες αὑτω οἱ μαθηται αὑτου ελεγον ὁτι ερημος εστιν ὁ τοπος και ἠδη ὡρα πολλη·
	7 4	και ἀλλα πολλα εστιν ἁ παρελαβον κρατειν, βαπτισμους ποτηριων και ξεστων και χαλκιων [και κλινων],
	13	και παρομοια τοιαυτα πολλα ποιειτε.
	8 1	εν εκειναις ταις ἡμεραις παλιν πολλου ὀχλου ὀντος και μη εχοντων τί φαγωσιν,
	31	και ἠρξατο διδασκειν αὑτους ὁτι δει τον υἱον του ἀνθρωπου πολλα παθειν,
	9 12	και πως γεγραπται επι τον υἱον του ἀνθρωπου, ἱνα πολλα παθη και εξουδενηθη;
	14	και ελθοντες προς τους μαθητας ειδον ὀχλον πολυν περι αὑτους και γραμματεις συζητουντας προς αὑτους.
	26	και κραξας και πολλα σπαραξας εξηλθεν·
	26	και εγενετο ὡσει νεκρος, ὡστε τους πολλους λεγειν ὁτι ἀπεθανεν.
	10 22	ὁ δε στυγνασας επι τω λογω ἀπηλθεν λυπουμενος, ἠν γαρ εχων κτηματα πολλα.
	31	πολλοι δε εσονται πρωτοι εσχατοι και [οἱ] εσχατοι πρωτοι.
	45	και γαρ ὁ υἱος του ἀνθρωπου ουκ ἠλθεν διακονηθηναι ἀλλα διακονησαι και δουναι την ψυχην αὑτου λυτρον ἀντι πολλων.
	48	και επετιμων αὑτω πολλοι ἱνα σιωπηση·
	48	ὁ δε πολλω μαλλον εκραζεν· υἱε δαυιδ, ελεησον με.
	11 8	και πολλοι τα ἱματια αὑτων εστρωσαν εις την ὁδον, ἀλλοι δε στιβαδας, κοψαντες εκ των ἀγρων.
	12 5	και ἀλλον ἀπεστειλαν· κἀκεινον ἀπεκτειναν, και πολλους ἀλλους, οὑς μεν δεροντες, οὑς δε ἀποκτεννοντες.
	27	ουκ εστιν θεος νεκρων ἀλλα ζωντων. πολυ πλανασθε.
	37	και [ὁ] πολυς ὀχλος ἠκουεν αὑτου ἡδεως.
	41	και πολλοι πλουσιοι εβαλλον πολλα·
	41	και πολλοι πλουσιοι εβαλλον πολλα·
	43	ἀμην λεγω ὑμιν ὁτι ἡ χηρα αὑτη ἡ πτωχη πλειον παντων εβαλεν των βαλλοντων εις το γαζοφυλακιον·
	13 6	πολλοι ελευσονται επι τω ὀνοματι μου λεγοντες ὁτι εγω ειμι, και πολλους πλανησουσιν.
	6	πολλοι ελευσονται επι τω ὀνοματι μου λεγοντες ὁτι εγω ειμι, και πολλους πλανησουσιν.
	26	και τοτε ὀψονται τον υἱον του ἀνθρωπου ερχομενον εν νεφελαις μετα δυναμεως πολλης και δοξης.
	14 24	τουτο εστιν το αἱμα μου της διαθηκης το εκχυννομενον ὑπερ πολλων.
	56	πολλοι γαρ εψευδομαρτυρουν κατ᾽ αὑτου, και ἰσαι αἱ μαρτυριαι ουκ ἠσαν.
	15 3	και κατηγορουν αὑτου οἱ ἀρχιερεις πολλα.
	41	και ἀλλαι πολλαι αἱ συναναβασαι αὑτω εις ἱεροσολυμα.
Lc	1 1	επειδηπερ πολλοι επεχειρησαν ἀναταξασθαι διηγησιν περι των πεπληροφορημενων εν ἡμιν πραγματων, καθως παρεδοσαν ἡμιν οἱ ἀπ᾽ ἀρχης αυτοπται και ὑπηρεται γενομενοι του λογου,
	14	και εσται χαρα σοι και ἀγαλλιασις, και πολλοι επι τη γενεσει αὑτου χαρησονται.
	16	και πολλους των υἱων ἰσραηλ επιστρεψει επι κυριον τον θεον αὑτων·
	2 34	ἰδου οὑτος κειται εις πτωσιν και ἀναστασιν πολλων εν τω ἰσραηλ και εις σημειον ἀντιλεγομενον και σοῦ [δε] αὑτης την ψυχην διελευσεται ῥομφαια,
	35	ἰδου οὑτος κειται εις πτωσιν και ἀναστασιν πολλων εν τω ἰσραηλ και εις σημειον ἀντιλεγομενον και σοῦ [δε] αὑτης την ψυχην διελευσεται ῥομφαια, ὁπως ἀν ἀποκαλυφθωσιν εκ πολλων καρδιων διαλογισμοι.
	36	και ἠν ἀννα προφητις, θυγατηρ φανουηλ, εκ φυλης ἀσηρ· αὑτη προβεβηκυια εν ἡμεραις πολλαις,
	3 13	μηδεν πλεον παρα το διατεταγμενον ὑμιν πρασσετε.
	18	πολλα μεν ουν και ἑτερα παρακαλων ευηγγελιζετο τον λαον·
	4 25	πολλαι χηραι ησαν εν ταις ἡμεραις ἡλιου εν τω ἰσραηλ,
	27	και πολλοι λεπροι ησαν εν τω ἰσραηλ επι ελισαιου του προφητου.
	41	εξηρχετο δε και δαιμονια ἀπο πολλων, κρ[αυγ]αζοντα και λεγοντα ὁτι συ ει ὁ υἱος του θεου.
	5 6	και τουτο ποιησαντες συνεκλεισαν πληθος ἰχθυων πολυ·
	15	και συνηρχοντο ὀχλοι πολλοι ἀκουειν και θεραπευεσθαι ἀπο των ἀσθενειων αὑτων·
	29	και ἠν ὀχλος πολυς τελωνων και ἀλλων οἱ ησαν μετ᾽ αὑτων κατακειμενοι.
	6 17	και ὀχλος πολυς μαθητων αὑτου,
	17	και πληθος πολυ του λαου ἀπο πασης της ἰουδαιας και ἱερουσαλημ και της παραλιου τυρου και σιδωνος,
	23	ἰδου γαρ ὁ μισθος ὑμων πολυς εν τω ουρανω·

πολυς [418]

Lc	6 35	και εσται ὁ μισθος ὑμων πολυς, και εσεσθε υἱοι ὑψιστου, ὁτι αὑτος χρηστος εστιν επι τους ἀχαριστους και πονηρους.
	7 11	και εγενετο εν τω ἑξης επορευθη εις πολιν καλουμενην ναιν, και συνεπορευοντο αὑτω οἱ μαθηται αὑτου και ὀχλος πολυς.
	21	εν εκεινη τη ὡρα εθεραπευσεν πολλους ἀπο νοσων και μαστιγων και πνευματων πονηρων,
	21	και τυφλοις πολλοις εχαρισατο βλεπειν.
	42	τίς ουν αὑτων πλειον ἀγαπησει αὑτον;
	43	ὑπολαμβανω ὁτι ὡ το πλειον εχαρισατο.
	47	οὑ χαριν λεγω σοι, ἀφεωνται αἱ ἁμαρτιαι αὑτης αἱ πολλαι, ὁτι ηγαπησεν πολυ·
	47	οὑ χαριν λεγω σοι, ἀφεωνται αἱ ἁμαρτιαι αὑτης αἱ πολλαι, ὁτι ηγαπησεν πολυ·
	8 3	και ἰωαννα γυνη χουζα επιτροπου ἡρωδου και σουσαννα και ἑτεραι πολλαι,
	4	συνιοντος δε ὀχλου πολλου και των κατα πολιν επιπορευομενων προς αὑτον ειπεν δια παραβολης·
	29	πολλοις γαρ χρονοις συνηρπακει αὑτον,
	30	λεγιων, ὁτι εισηλθεν δαιμονια πολλα εις αὑτον.
	9 13	ουκ εισιν ἡμιν πλειον ἠ ἀρτοι πεντε και ἰχθυες δυο,
	22	ειπων ὁτι δει τον υἱον του ἀνθρωπου πολλα παθειν και ἀποδοκιμασθηναι ἀπο των πρεσβυτερων και ἀρχιερεων και γραμματεων και ἀποκτανθηναι και τη τριτη ἡμερα εγερθηναι.
	37	εγενετο δε τη ἑξης ἡμερα κατελθοντων αὑτων ἀπο του ὀρους συνηντησεν αὑτω ὀχλος πολυς.
	10 2	ὁ μεν θερισμος πολυς, οἱ δε εργαται ὀλιγοι·
	24	λεγω γαρ ὑμιν ὁτι πολλοι προφηται και βασιλεις ηθελησαν ιδειν ἁ ὑμεις βλεπετε και ουκ ειδαν, και ἀκουσαι ἁ ἀκουετε και ουκ ηκουσαν.
	40	ἡ δε μαρθα περιεσπατο περι πολλην διακονιαν·
	41	μαρθα μαρθα, μεριμνας και θορυβαζη περι πολλα, ἑνος δε ολιγων ή ἑνος εστιν χρεια·
	11 31	ὁτι ηλθεν εκ των περατων της γης ἀκουσαι την σοφιαν σολομωνος, και ἰδου πλειον σολομωνος ωδε.
	32	ὁτι μετενοησαν εις το κηρυγμα ιωνα, και ιδου πλειον ιωνα ωδε.
	53	κακειθεν εξελθοντος αὑτου ηρξαντο οἱ γραμματεις και οἱ φαρισαιοι δεινως ενεχειν και ἀποστοματιζειν αὑτον περι πλειονων,
	12 7	μη φοβεισθε· πολλων στρουθιων διαφερετε.
	19	ψυχη, εχεις πολλα ἀγαθα κειμενα εις ετη πολλα· ἀναπαυου, φαγε, πιε, ευφραινου.
	19	ψυχη, εχεις πολλα ἀγαθα κειμενα εις ετη πολλα· ἀναπαυου, φαγε, πιε, ευφραινου.
	23	ἡ γαρ ψυχη πλειον εστιν της τροφης και το σωμα του ενδυματος.
	47	εκεινος δε ὁ δουλος ὁ γνους το θελημα του κυριου αὑτου και μη ετοιμασας ἠ ποιησας προς το θελημα αὑτου δαρησεται πολλας·
	48	παντι δε ὡ εδοθη πολυ, πολυ ζητηθησεται παρ᾽ αὑτου, και ὡ παρεθεντο πολυ, περισσοτερον αιτησουσιν αὑτον.
	48	παντι δε ὡ εδοθη πολυ, πολυ ζητηθησεται παρ᾽ αὑτου, και ὡ παρεθεντο πολυ, περισσοτερον αιτησουσιν αὑτον.
	48	παντι δε ὡ εδοθη πολυ, πολυ ζητηθησεται παρ᾽ αὑτου, και ὡ παρεθεντο πολυ, περισσοτερον αιτησουσιν αὑτον.
	13 24	ἀγωνιζεσθε εισελθειν δια της στενης θυρας, ὁτι πολλοι, λεγω ὑμιν, ζητησουσιν εισελθειν και ουκ ισχυσουσιν. ἀφ᾽ οὑ ἀν εγερθη ὁ οικοδεσποτης και ἀποκλειση την θυραν,
	14 16	ἀνθρωπος τις εποιει δειπνον μεγα, και εκαλεσεν πολλους,
	25	συνεπορευοντο δε αὑτω ὀχλοι πολλοι,
	15 13	και μετ᾽ ου πολλας ἡμερας συναγαγων ἁπαντα ὁ νεωτερος υἱος ἀπεδημησεν εις χωραν μακραν,
	16 10	ὁ πιστος εν ελαχιστω και εν πολλω πιστος εστιν,
	10	και ὁ εν ελαχιστω ἀδικος και εν πολλω ἀδικος εστιν.
	17 25	πρωτον δε αὑτον πολλα παθειν και ἀποδοκιμασθηναι ἀπο της γενεας ταυτης.
	18 39	αὑτος δε πολλω μαλλον εκραζεν·
	21 3	ἀληθως λεγω ὑμιν ὁτι ἡ χηρα αὑτη ἡ πτωχη πλειον παντων εβαλεν·
	8	πολλοι γαρ ελευσονται επι τω ὀνοματι μου λεγοντες·
	27	και τοτε ὀψονται τον υἱον του ἀνθρωπου ερχομενον εν νεφελη μετα δυναμεως και δοξης πολλης.
	22 65	και ἑτερα πολλα βλασφημουντες ελεγον εις αὑτον.
	23 27	ηκολουθει δε αὑτω πολυ πληθος του λαου και γυναικων αἱ εκοπτοντο και εθρηνουν αὑτον.
Jh	2 12	μετα τουτο κατεβη εις καφαρναουμ αὑτος και ἡ μητηρ αὑτου και οἱ ἀδελφοι αὑτου και οἱ μαθηται αὑτου, και εκει εμειναν ου πολλας ἡμερας.

πολυς [418]

Jh   2 23   ὡς δε ἦν ἐν τοις ἱεροσολυμοις ἐν τω πασχα ἐν τη ἑορτη, *πολλοι* ἐπιστευσαν εἰς το ὀνομα αὐτου,

  3 23   ἦν δε και ὁ ἰωαννης βαπτιζων ἐν αἰνων ἐγγυς του σαλειμ, ὁτι ὑδατα *πολλα* ἦν ἐκει,

  4 1   ὡς οὐν ἐγνω ὁ ἰησους ὁτι ἠκουσαν οἱ φαρισαιοι ὁτι ἰησους *πλειονας* μαθητας ποιει και βαπτιζει ἢ ἰωαννης,

  39   ἐκ δε της πολεως ἐκεινης *πολλοι* ἐπιστευσαν εἰς αὐτον των σαμαριτων δια τον λογον της γυναικος μαρτυρουσης ὁτι εἰπεν μοι παντα ἁ ἐποιησα.

  41   και *πολλω* πλειους ἐπιστευσαν δια τον λογον αὐτου,

  41   και *πολλω* πλειους ἐπιστευσαν δια τον λογον αὐτου,

  5 6   τουτον ἰδων ὁ ἰησους κατακειμενον, και γνους ὁτι *πολυν* ἠδη χρονον ἐχει,

  6 2   ἠκολουθει δε αὐτω ὀχλος *πολυς*,

  5   και θεασαμενος ὁτι *πολυς* ὀχλος ἐρχεται προς αὐτον, λεγει προς φιλιππον·

  10   ἦν δε χορτος *πολυς* ἐν τω τοπω.

  60   *πολλοι* οὐν ἀκουσαντες ἐκ των μαθητων αὐτου εἰπαν·

  66   ἐκ τουτου *πολλοι* [ἐκ] των μαθητων αὐτου ἀπηλθον εἰς τα ὀπισω και οὐκετι μετ αὐτου περιεπατουν.

  7 12   και γογγυσμος περι αὐτου ἦν *πολυς* ἐν τοις ὀχλοις·

  31   ἐκ του ὀχλου δε *πολλοι* ἐπιστευσαν εἰς αὐτον, και ἐλεγον·

  31   ὁ χριστος ὁταν ἐλθη, μη *πλειονα* σημεια ποιησει ὡν οὑτος ἐποιησεν;

  8 26   *πολλα* ἐχω περι ὑμων λαλειν και κρινειν·

  30   ταυτα αὐτου λαλουντος *πολλοι* ἐπιστευσαν εἰς αὐτον.

  10 20   ἐλεγον δε *πολλοι* ἐξ αὐτων· δαιμονιον ἐχει και μαινεται· τι αὐτου ἀκουετε;

  32   *πολλα* ἐργα καλα ἐδειξα ὑμιν ἐκ του πατρος·

  41   και *πολλοι* ἠλθον προς αὐτον και ἐλεγον ὁτι ἰωαννης μεν σημειον ἐποιησεν οὐδεν,

  42   και *πολλοι* ἐπιστευσαν εἰς αὐτον ἐκει.

  11 19   *πολλοι* δε ἐκ των ἰουδαιων ἐληλυθεισαν προς την μαρθαν και μαριαμ,

  45   *πολλοι* οὐν ἐκ των ἰουδαιων, οἱ ἐλθοντες προς την μαριαμ και θεασαμενοι ἁ ἐποιησεν, ἐπιστευσαν εἰς αὐτον·

  47   τι ποιουμεν, ὁτι οὑτος ὁ ἀνθρωπος *πολλα* ποιει σημεια;

  55   και ἀνεβησαν *πολλοι* εἰς ἱεροσολυμα ἐκ της χωρας προ του πασχα, ἱνα ἁγνισωσιν ἑαυτους.

  12 9   ἐγνω οὐν [ὁ] ὀχλος *πολυς* ἐκ των ἰουδαιων ὁτι ἐκει ἐστιν,

  11   ἐβουλευσαντο δε οἱ ἀρχιερεις ἱνα και τον λαζαρον ἀποκτεινωσιν, ὁτι *πολλοι* δι αὐτον ὑπηγον των ἰουδαιων και ἐπιστευον εἰς τον ἰησουν.

  12   τη ἐπαυριον ὁ ὀχλος *πολυς* ὁ ἐλθων εἰς την ἑορτην, ἀκουσαντες ὁτι ἐρχεται [ὁ] ἰησους εἰς ἱεροσολυμα, ἐλαβον τα βαια των φοινικων

  24   ἐαν δε ἀποθανη, *πολυν* καρπον φερει.

  42   ὁμως μεντοι και ἐκ των ἀρχοντων *πολλοι* ἐπιστευσαν εἰς αὐτον,

  14 2   ἐν τη οἰκια του πατρος μου μοναι *πολλαι* εἰσιν·

  30   οὐκετι *πολλα* λαλησω μεθ ὑμων, ἐρχεται γαρ ὁ του κοσμου ἀρχων·

  15 2   και παν το καρπον φερον, καθαιρει αὐτο ἱνα καρπον *πλειονα* φερη.

  5   ὁ μενων ἐν ἐμοι καγω ἐν αὐτω, οὑτος φερει καρπον *πολυν*, ὁτι χωρις ἐμου οὐ δυνασθε ποιειν οὐδεν.

  8   ἐν τουτω ἐδοξασθη ὁ πατηρ μου, ἱνα καρπον *πολυν* φερητε και γενησθε ἐμοι μαθηται.

  16 12   ἐτι *πολλα* ἐχω ὑμιν λεγειν, ἀλλ οὐ δυνασθε βασταζειν ἀρτι·

  19 20   τουτον οὐν τον τιτλον *πολλοι* ἀνεγνωσαν των ἰουδαιων,

  20 30   *πολλα* μεν οὐν και ἀλλα σημεια ἐποιησεν ὁ ἰησους ἐνωπιον των μαθητων [αὐτου],

  21 15   σιμων ἰωαννου, ἀγαπας με *πλεον* τουτων;

  25   ἐστιν δε και ἀλλα *πολλα* ἁ ἐποιησεν ὁ ἰησους,

Ac   1 3   οἱς και παρεστησεν ἑαυτον ζωντα μετα το παθειν αὐτον ἐν *πολλοις* τεκμηριοις,

  5   ὁτι ἰωαννης μεν ἐβαπτισεν ὑδατι, ὑμεις δε ἐν πνευματι βαπτισθησεσθε ἁγιω οὐ μετα *πολλας* ταυτας ἡμερας.

  2 40   ἑτεροις τε λογοις *πλειοσιν* διεμαρτυρατο,

  43   ἐγινετο δε παση ψυχη φοβος· *πολλα* τε τερατα και σημεια δια των ἀποστολων ἐγινετο.

  4 4   *πολλοι* δε των ἀκουσαντων τον λογον ἐπιστευσαν,

  17   ἀλλ ἱνα μη ἐπι *πλειον* διανεμηθη εἰς τον λαον, ἀπειλησωμεθα αὐτοις μηκετι λαλειν ἐπι τω ὀνοματι τουτω μηδενι ἀνθρωπων.

  22   ἐτων γαρ ἦν *πλειονων* τεσσερακοντα ὁ ἀνθρωπος ἐφ ὁν γεγονει το σημειον τουτο της ἰασεως.

  5 12   δια δε των χειρων των ἀποστολων ἐγινετο σημεια και τερατα *πολλα* ἐν τω λαω·

  6 7   *πολυς* τε ὀχλος των ἱερεων ὑπηκουον τη πιστει.

πολυς [418]

Ac   8 7   *πολλοι* γαρ των ἐχοντων πνευματα ἀκαθαρτα βοωντα φωνη μεγαλη ἐξηρχοντο·

  7   *πολλοι* δε παραλελυμενοι και χωλοι ἐθεραπευθησαν·

  8   ἐγενετο δε *πολλη* χαρα ἐν τη πολει ἐκεινη.

  25   οἱ μεν οὐν διαμαρτυραμενοι και λαλησαντες τον λογον του κυριου ὑπεστρεφον εἰς ἱεροσολυμα, *πολλας* τε κωμας των σαμαριτων εὐηγγελιζοντο.

  9 13   κυριε, ἠκουσα ἀπο *πολλων* περι του ἀνδρος τουτου, ὁσα κακα τοις ἁγιοις σου ἐποιησεν ἐν ἱερουσαλημ·

  42   γνωστον δε ἐγενετο καθ ὁλης της ἰοππης, και ἐπιστευσαν *πολλοι* ἐπι τον κυριον.

  10 2   ποιων ἐλεημοσυνας *πολλας* τω λαω και δεομενος του θεου δια παντος·

  27   και συνομιλων αὐτω εἰσηλθεν, και εὑρισκει συνεληλυθοτας *πολλους*,

  11 21   *πολυς* τε ἀριθμος ὁ πιστευσας ἐπεστρεψεν ἐπι τον κυριον.

  13 31   ὁς ὠφθη ἐπι ἡμερας *πλειους* τοις συναναβασιν αὐτω ἀπο της γαλιλαιας εἰς ἱερουσαλημ,

  43   λυθεισης δε της συναγωγης ἠκολουθησαν *πολλοι* των ἰουδαιων και των σεβομενων προσηλυτων τω παυλω και τω βαρναβα,

  14 1   ἐγενετο δε ἐν ἰκονιω κατα το αὐτο εἰσελθειν αὐτους εἰς την συναγωγην των ἰουδαιων και λαλησαι οὑτως ὡστε πιστευσαι ἰουδαιων τε και ἑλληνων *πολυ* πληθος.

  22   παρακαλουντες ἐμμενειν τη πιστει, και ὁτι δια *πολλων* θλιψεων δει ἡμας εἰσελθειν εἰς την βασιλειαν του θεου.

  15 7   *πολλης* δε ζητησεως γενομενης ἀναστας πετρος εἰπεν προς αὐτους·

  28   ἐδοξεν γαρ τω πνευματι τω ἁγιω και ἡμιν μηδεν *πλεον* ἐπιτιθεσθαι ὑμιν βαρος πλην τουτων των ἐπαναγκες,

  32   ἰουδας τε και σιλας, και αὐτοι προφηται ὀντες, δια λογου *πολλου* παρεκαλεσαν τους ἀδελφους και ἐπεστηριξαν·

  35   παυλος δε και βαρναβας διετριβον ἐν ἀντιοχεια, διδασκοντες και εὐαγγελιζομενοι μετα και ἑτερων *πολλων* τον λογον του κυριου.

  16 16   παιδισκην τινα ἐχουσαν πνευμα πυθωνα ὑπαντησαι ἡμιν, ἡτις ἐργασιαν *πολλην* παρειχεν τοις κυριοις αὐτης μαντευομενη·

  18   τουτο δε ἐποιει ἐπι *πολλας* ἡμερας.

  23   *πολλας* τε ἐπιθεντες αὐτοις πληγας ἐβαλον εἰς φυλακην,

  17 4   και τινες ἐξ αὐτων ἐπεισθησαν και προσεκληρωθησαν τω παυλω και τω σιλα, των τε σεβομενων ἑλληνων πληθος *πολυ*,

  12   *πολλοι* μεν οὐν ἐξ αὐτων ἐπιστευσαν,

  18 8   και *πολλοι* των κορινθιων ἀκουοντες ἐπιστευον και ἐβαπτιζοντο.

  10   διοτι ἐγω εἰμι μετα σου και οὐδεις ἐπιθησεται σοι του κακωσαι σε, διοτι λαος ἐστι μοι *πολυς* ἐν τη πολει ταυτη.

  20   ἐρωτωντων δε αὐτων ἐπι *πλειονα* χρονον μειναι οὐκ ἐπενευσεν,

  27   ὁς παραγενομενος συνεβαλετο *πολυ* τοις πεπιστευκοσιν δια της χαριτος·

  19 18   *πολλοι* τε των πεπιστευκοτων ἠρχοντο ἐξομολογουμενοι και ἀναγγελλοντες τας πραξεις αὐτων.

  32   ἦν γαρ ἡ ἐκκλησια συγκεχυμενη, και οἱ *πλειους* οὐκ ἠδεισαν τινος ἑνεκα συνεληλυθεισαν.

  20 2   διελθων δε τα μερη ἐκεινα και παρακαλεσας αὐτους λογω *πολλω* ἠλθεν εἰς την ἑλλαδα,

  9   καθεζομενος δε τις νεανιας ὀνοματι εὐτυχος ἐπι της θυριδος, καταφερομενος ὑπνω βαθει, διαλεγομενου του παυλου ἐπι *πλειον*,

  21 10   ἐπιμενοντων δε ἡμερας *πλειους* κατηλθεν τις ἀπο της ἰουδαιας προφητης ὀνοματι ἀγαβος,

  40   *πολλης* δε σιγης γενομενης προσεφωνησεν τη ἑβραιδι διαλεκτω λεγων·

  22 28   ἐγω *πολλου* κεφαλαιου την πολιτειαν ταυτην ἐκτησαμην.

  23 10   *πολλης* δε γινομενης στασεως φοβηθεις ὁ χιλιαρχος μη διασπασθη ὁ παυλος ὑπ αὐτων,

  13   ἠσαν δε *πλειους* τεσσερακοντα οἱ ταυτην την συνωμοσιαν ποιησαμενοι·

  21   ἐνεδρευουσιν γαρ αὐτον ἐξ αὐτων ἀνδρες *πλειους* τεσσερακοντα,

  24 2   *πολλης* εἰρηνης τυγχανοντες δια σου και διορθωματων γινομενων τω ἐθνει τουτω δια της σης προνοιας, παντη τε και πανταχου ἀποδεχομεθα,

  4   ἱνα δε μη ἐπι *πλειον* σε ἐγκοπτω, παρακαλω ἀκουσαι σε ἡμων συντομως τη ση ἐπιεικεια.

  7 *   παρελθων δε λυσιας ὁ χιλιαρχος μετα *πολλης* βιας ἐκ των χειρων ἡμων ἀπηγαγεν,

  10   ἐκ *πολλων* ἐτων ὀντα σε κριτην τω ἐθνει τουτω ἐπισταμενος εὐθυμως τα περι ἐμαυτου ἀπολογουμαι,

πολυς [418]

Ac	24 11	δυναμενου σου ἐπιγνωαι ὅτι οὐ *πλειους* εἰσιν μοι ἡμεραι δωδεκα ἀφ ἧς ἀνεβην προσκυνησων εἰς ἰερουσαλημ.
	17	δι ἐτων δε *πλειονων* ἐλεημοσυνας ποιησων εἰς το ἐθνος μου παρεγενομην και προσφορας,
25	6	διατριψας δε ἐν αὐτοις ἡμερας οὐ *πλειους* ὀκτω ἡ δεκα, καταβας εἰς καισαρειαν,
	7	παραγενομενου δε αὐτου περιεστησαν αὐτον οἱ ἀπο ἰεροσολυμων καταβεβηκοτες ἰουδαιοι, *πολλα* και βαρεα αἰτιωματα καταφεροντες,
	14	ὡς δε *πλειους* ἡμερας διετριβον ἐκει, ὁ φηστος τω βασιλει ἀνεθετο τα κατα τον παυλον λεγων·
	23	τη οὖν ἐπαυριον ἐλθοντος του ἀγριππα και της βερνικης μετα *πολλης* φαντασιας
26	9	ἐγω μεν οὖν ἐδοξα ἐμαυτω προς το ὀνομα ἰησου του ναζωραιου δειν *πολλα* ἐναντια πραξαι·
	10	ὁ και ἐποιησα ἐν ἰεροσολυμοις, και *πολλους* τε των ἀγιων ἐγω ἐν φυλακαις κατεκλεισα την παρα των ἀρχιερεων ἐξουσιαν λαβων,
	24	τα *πολλα* σε γραμματα εἰς μανιαν περιτρεπει.
27	10	ἀνδρες, θεωρω ὅτι μετα ὑβρεως και *πολλης* ζημιας οὐ μονον του φορτιου και του πλοιου ἀλλα και των ψυχων ἡμων μελλειν ἐσεσθαι τον πλουν.
	12	ἀνευθετου δε του λιμενος ὑπαρχοντος προς παραχειμασιαν οἱ *πλειονες* ἐθεντο βουλην ἀναχθηναι ἐκειθεν,
	14	μετ οὐ *πολυ* δε ἐβαλεν κατ αὐτης ἀνεμος τυφωνικος ὁ καλουμενος εὐρακυλων·
	20	μητε δε ἡλιου μητε ἀστρων ἐπιφαινοντων ἐπι *πλειονας* ἡμερας,
	21	*πολλης* τε ἀσιτιας ὑπαρχουσης τοτε σταθεις ὁ παυλος ἐν μεσω αὐτων εἰπεν·
28	6	ἐπι *πολυ* δε αὐτων προσδοκωντων και θεωρουντων μηδεν ἀτοπον εἰς αὐτον γινομενον, μεταβαλομενοι ἐλεγον αὐτον εἰναι θεον.
	10	οἱ και *πολλαις* τιμαις ἐτιμησαν ἡμας και ἀναγομενοις ἐπεθεντο τα προς τας χρειας.
	23	ταξαμενοι δε αὐτω ἡμεραν ἡλθον προς αὐτον εἰς την ξενιαν *πλειονες*,
	29 *	και ταυτα αὐτου εἰποντος ἀπηλθον οἱ ἰουδαιοι *πολλην* ἐχοντες ἐν ἑαυτοις συζητησιν.
Rm	3 2	τί οὖν το περισσον του ἰουδαιου, ἡ τίς ἡ ὠφελεια της περιτομης; *πολυ* κατα παντα τροπον.
4	17	καθως γεγραπται ὅτι πατερα *πολλων* ἐθνων τεθεικα σε,
	18	ὃς παρ ἐλπιδα ἐπ ἐλπιδι ἐπιστευσεν, εἰς το γενεσθαι αὐτον πατερα *πολλων* ἐθνων κατα το εἰρημενον·
5	9	*πολλω* οὖν μαλλον δικαιωθεντες νυν ἐν τω αἱματι αὐτου σωθησομεθα δι αὐτου ἀπο της ὀργης.
	10	εἰ γαρ ἐχθροι ὀντες κατηλλαγημεν τω θεω δια του θανατου του υἱου αὐτου, *πολλω* μαλλον καταλλαγεντες σωθησομεθα ἐν τη ζωη αὐτου·
	15	εἰ γαρ τω του ἑνος παραπτωματι οἱ *πολλοι* ἀπεθανον, πολλω μαλλον ἡ χαρις του θεου και ἡ δωρεα ἐν χαριτι τη του ἑνος ἀνθρωπου ἰησου χριστου εἰς τους *πολλους* ἐπερισσευσεν.
	15	εἰ γαρ τω του ἑνος παραπτωματι οἱ *πολλοι* ἀπεθανον, *πολλω* μαλλον ἡ χαρις του θεου και ἡ δωρεα ἐν χαριτι τη του ἑνος ἀνθρωπου ἰησου χριστου εἰς τους *πολλους* ἐπερισσευσεν.
	15	εἰ γαρ τω του ἑνος παραπτωματι οἱ *πολλοι* ἀπεθανον, πολλω μαλλον ἡ χαρις του θεου και ἡ δωρεα ἐν χαριτι τη του ἑνος ἀνθρωπου ἰησου χριστου εἰς τους *πολλους* ἐπερισσευσεν.
	16	το μεν γαρ κριμα ἐξ ἑνος εἰς κατακριμα, το δε χαρισμα ἐκ *πολλων* παραπτωματων εἰς δικαιωμα.
	17	*πολλω* μαλλον οἱ την περισσειαν της χαριτος και της δωρεας της δικαιοσυνης λαμβανοντες ἐν ζωη βασιλευσουσιν δια του ἑνος ἰησου χριστου.
	19	ὡσπερ γαρ δια της παρακοης του ἑνος ἀνθρωπου ἀμαρτωλοι κατεσταθησαν οἱ *πολλοι*, οὑτως και δια της ὑπακοης του ἑνος δικαιοι κατασταθησονται οἱ πολλοι.
	19	ὡσπερ γαρ δια της παρακοης του ἑνος ἀνθρωπου ἀμαρτωλοι κατεσταθησαν οἱ πολλοι, οὑτως και δια της ὑπακοης του ἑνος δικαιοι κατασταθησονται οἱ *πολλοι*.
8	29	ὅτι οὓς προεγνω, και προωρισεν συμμορφους της εἰκονος του υἱου αὐτου, εἰς το εἰναι αὐτον πρωτοτοκον ἐν *πολλοις* ἀδελφοις·
9	22	εἰ δε θελων ὁ θεος ἐνδειξασθαι την ὀργην και γνωρισαι το δυνατον αὐτου ἠνεγκεν ἐν *πολλη* μακροθυμια σκευη ὀργης κατηρτισμενα εἰς ἀπωλειαν,
12	4	καθαπερ γαρ ἐν ἑνι σωματι *πολλα* μελη ἐχομεν, τα δε μελη παντα οὐ την αὐτην ἐχει πραξιν, οὑτως οἱ πολλοι ἐν σωμα ἐσμεν ἐν χριστω,

πολυς [418]

Rm	12 5	καθαπερ γαρ ἐν ἑνι σωματι πολλα μελη ἐχομεν, τα δε μελη παντα οὐ την αὐτην ἐχει πραξιν, οὑτως οἱ *πολλοι* ἐν σωμα ἐσμεν ἐν χριστω,
15	22	διο και ἐνεκοπτομην τα *πολλα* του ἐλθειν προς ὑμας·
	23	νυνι δε μηκετι τοπον ἐχων ἐν τοις κλιμασι τουτοις, ἐπιποθιαν δε ἐχων του ἐλθειν προς ὑμας ἀπο *πολλων* ἐτων, ὡς ἀν πορευωμαι εἰς την σπανιαν·
16	2	και γαρ αὐτη προστατις *πολλων* ἐγενηθη και ἐμου αὐτου.
	6	ἀσπασασθε μαριαν, ἡτις *πολλα* ἐκοπιασεν εἰς ὑμας.
	12	ἀσπασασθε περσιδα την ἀγαπητην, ἡτις *πολλα* ἐκοπιασεν ἐν κυριω.
1Co	1 26	βλεπετε γαρ την κλησιν ὑμων, ἀδελφοι, ὅτι οὐ *πολλοι* σοφοι κατα σαρκα
	26	βλεπετε γαρ την κλησιν ὑμων, ἀδελφοι, ὅτι οὐ *πολλοι* σοφοι κατα σαρκα, οὐ πολλοι δυνατοι, οὐ πολλοι εὐγενεις·
	26	βλεπετε γαρ την κλησιν ὑμων, ἀδελφοι, ὅτι οὐ πολλοι σοφοι κατα σαρκα, οὐ *πολλοι* δυνατοι, οὐ πολλοι εὐγενεις·
2	3	καγω ἐν ἀσθενεια και ἐν φοβω και ἐν τρομω *πολλω* ἐγενομην προς ὑμας,
4	15	ἐαν γαρ μυριους παιδαγωγους ἐχητε ἐν χριστω, ἀλλ οὐ *πολλους* πατερας·
8	5	και γαρ εἰπερ εἰσιν λεγομενοι θεοι εἰτε ἐν οὐρανω εἰτε ἐπι γης, ὡσπερ εἰσιν θεοι *πολλοι* και κυριοι πολλοι, ἀλλ ἡμιν εἰς θεος ὁ πατηρ,
	5	και γαρ εἰπερ εἰσιν λεγομενοι θεοι εἰτε ἐν οὐρανω εἰτε ἐπι γης, ὡσπερ εἰσιν θεοι πολλοι και κυριοι *πολλοι*, ἀλλ ἡμιν εἰς θεος ὁ πατηρ,
9	19	ἐλευθερος γαρ ὠν ἐκ παντων πασιν ἐμαυτον ἐδουλωσα, ἱνα τους *πλειονας* κερδησω·
10	5	ἀλλ οὐκ ἐν τοις *πλειοσιν* αὐτων εὐδοκησεν ὁ θεος·
	17	ὅτι εἰς ἀρτος, ἐν σωμα οἱ *πολλοι* ἐσμεν·
	33	καθως καγω παντα πασιν ἀρεσκω, μη ζητων το ἐμαυτου συμφορον ἀλλα το των *πολλων*, ἱνα σωθωσιν.
11	30	δια τουτο ἐν ὑμιν *πολλοι* ἀσθενεις και ἀρρωστοι και κοιμωνται ἱκανοι.
12	12	καθαπερ γαρ το σωμα ἐν ἐστιν και μελη *πολλα* ἐχει, παντα δε τα μελη του σωματος πολλα ὀντα ἐν ἐστιν σωμα, οὑτως και ὁ χριστος,
	12	καθαπερ γαρ το σωμα ἐν ἐστιν και μελη πολλα ἐχει, παντα δε τα μελη του σωματος *πολλα* ὀντα ἐν ἐστιν σωμα, οὑτως και ὁ χριστος·
	14	και γαρ το σωμα οὐκ ἐστιν ἐν μελος ἀλλα *πολλα*.
	20	νυν δε *πολλα* μεν μελη, ἐν δε σωμα.
	22	ἀλλα *πολλω* μαλλον τα δοκουντα μελη του σωματος ἀσθενεστερα ὑπαρχειν ἀναγκαια ἐστιν,
14	27	εἰτε γλωσση τις λαλει, κατα δυο ἡ το *πλειστον* τρεις, και ἀνα μερος,
15	6	ἐπειτα ὠφθη ἐπανω πεντακοσιοις ἀδελφοις ἐφαπαξ, ἐξ ὠν οἱ *πλειονες* μενουσιν ἑως ἀρτι,
16	9	θυρα γαρ μοι ἀνεωγεν μεγαλη και ἐνεργης, και ἀντικειμενοι *πολλοι*.
	12	περι δε ἀπολλω του ἀδελφου, *πολλα* παρεκαλεσα αὐτον ἱνα ἐλθη προς ὑμας μετα των ἀδελφων·
	19	ἀσπαζεται ὑμας ἐν κυριω *πολλα* ἀκυλας και πρισκα συν τη κατ οἰκον αὐτων ἐκκλησια.
2Co	1 11	συνυπουργουντων και ὑμων ὑπερ ἡμων τη δεησει, ἱνα ἐκ *πολλων* προσωπων το εἰς ἡμας χαρισμα δια πολλων εὐχαριστηθη ὑπερ ἡμων.
	11	συνυπουργουντων και ὑμων ὑπερ ἡμων τη δεησει, ἱνα ἐκ πολλων προσωπων το εἰς ἡμας χαρισμα δια *πολλων* εὐχαριστηθη ὑπερ ἡμων.
2	4	ἐκ γαρ *πολλης* θλιψεως και συνοχης καρδιας ἐγραψα ὑμιν δια πολλων δακρυων,
	4	ἐκ γαρ πολλης θλιψεως και συνοχης καρδιας ἐγραψα ὑμιν δια *πολλων* δακρυων,
	6	ἱκανον τω τοιουτω ἡ ἐπιτιμια αὑτη ἡ ὑπο των *πλειονων*,
	17	οὐ γαρ ἐσμεν ὡς οἱ *πολλοι* καπηλευοντες τον λογον του θεου,
3	9	εἰ γαρ τη διακονια της κατακρισεως δοξα, *πολλω* μαλλον περισσευει ἡ διακονια της δικαιοσυνης δοξη.
	11	εἰ γαρ το καταργουμενον δια δοξης, *πολλω* μαλλον το μενον ἐν δοξη.
	12	ἐχοντες οὖν τοιαυτην ἐλπιδα *πολλη* παρρησια χρωμεθα,
4	15	τα γαρ παντα δι ὑμας, ἱνα ἡ χαρις πλεονασασα δια των *πλειονων* την εὐχαριστιαν περισσευση εἰς την δοξαν του θεου.
6	4	ἐν ὑπομονη *πολλη*, ἐν θλιψεσιν, ἐν ἀναγκαις,
	10	ὡς λυπουμενοι ἀει δε χαιροντες, ὡς πτωχοι *πολλους* δε πλουτιζοντες,

πολυς [418]

2Co	7 4	πολλη μοι παρρησια προς ὑμας, πολλη μοι καυχησις ὑπερ ὑμων·
	4	πολλη μοι παρρησια προς ὑμας, πολλη μοι καυχησις ὑπερ ὑμων·
	8 2	ὁτι ἐν πολλῃ δοκιμῃ θλιψεως ἡ περισσεια της χαρας αὐτων και ἡ κατα βαθους πτωχεια αὐτων ἐπερισσευσεν εἰς το πλουτος της ἁπλοτητος αὐτων·
	4	αὐθαιρετοι μετα πολλης παρακλησεως δεομενοι ἡμων την χαριν και την κοινωνιαν της διακονιας της εἰς τους ἁγιους,
	15	ὁ το πολυ οὐκ ἐπλεονασεν, και ὁ το ὀλιγον οὐκ ἠλαττονησεν.
	22	συνεπεμψαμεν δε αὐτοις τον ἀδελφον ἡμων, ὁν ἐδοκιμασαμεν ἐν πολλοις πολλακις σπουδαιον ὀντα,
	22	ὁν ἐδοκιμασαμεν ἐν πολλοις πολλακις σπουδαιον ὀντα, νυνι δε πολυ σπουδαιοτερον πεποιθησει πολλῃ τῃ εἰς ὑμας.
	22	ὁν ἐδοκιμασαμεν ἐν πολλοις πολλακις σπουδαιον ὀντα, νυνι δε πολυ σπουδαιοτερον πεποιθησει πολλῃ τῃ εἰς ὑμας.
	9 2	και το ὑμων ζηλος ἠρεθισεν τους πλειονας.
	12	ὁτι ἡ διακονια της λειτουργιας ταυτης οὐ μονον ἐστιν προσαναπληρουσα τα ὑστερηματα των ἁγιων, ἀλλα και περισσευουσα δια πολλων εὐχαριστιων τω θεω·
	11 18	ἐπει πολλοι καυχωνται κατα σαρκα, καγω καυχησομαι.
	12 21	και πενθησω πολλους των προημαρτηκοτων και μη μετανοησαντων ἐπι τῃ ἀκαθαρσιᾳ και πορνειᾳ και ἀσελγειᾳ ῃ ἐπραξαν.
Ga	1 14	και προεκοπτον ἐν τω ἰουδαισμω ὑπερ πολλους συνηλικιωτας ἐν τω γενει μου,
	3 16	οὐ λεγει· και τοις σπερμασιν, ὡς ἐπι πολλων, ἀλλ᾽ ὡς ἐφ᾽ ἑνος· και τω σπερματι σου, ὁς ἐστιν χριστος.
	4 27	ὁτι πολλα τα τεκνα της ἐρημου μαλλον ἠ της ἐχουσης τον ἀνδρα.
Eph	2 4	ὁ δε θεος πλουσιος ὠν ἐν ἐλεει, δια την πολλην ἀγαπην αὐτου ἡν ἠγαπησεν ἡμας,
Php	1 14	και τους πλειονας των ἀδελφων ἐν κυριω πεποιθοτας τοις δεσμοις μου περισσοτερως τολμαν ἀφοβως τον λογον λαλειν.
	23	την ἐπιθυμιαν ἐχων εἰς το ἀναλυσαι και συν χριστω εἰναι, πολλω [γαρ] μαλλον κρεισσον·
	2 12	καθως παντοτε ὑπηκουσατε, μη ὡς ἐν τῃ παρουσιᾳ μου μονον ἀλλα νυν πολλω μαλλον ἐν τῃ ἀπουσιᾳ μου,
	3 18	πολλοι γαρ περιπατουσιν οὑς πολλακις ἐλεγον ὑμιν,
Col	4 13	μαρτυρω γαρ αὐτω ὁτι ἐχει πολυν πονον ὑπερ ὑμων και των ἐν λαοδικειᾳ και των ἐν ἱεραπολει.
1Th	1 5	ὁτι το εὐαγγελιον ἡμων οὐκ ἐγενηθη εἰς ὑμας ἐν λογω μονον, ἀλλα και ἐν δυναμει και ἐν πνευματι ἁγιω και [ἐν] πληροφοριᾳ πολλῃ,
	6	και ὑμεις μιμηται ἡμων ἐγενηθητε και του κυριου, δεξαμενοι τον λογον ἐν θλιψει πολλῃ μετα χαρας πνευματος ἁγιου,
	2 2	ἀλλα προπαθοντες και ὑβρισθεντες καθως οἰδατε ἐν φιλιπποις ἐπαρρησιασαμεθα ἐν τω θεω ἡμων λαλησαι προς ὑμας το εὐαγγελιον του θεου ἐν πολλω ἀγωνι.
	17	περισσοτερως ἐσπουδασαμεν το προσωπον ὑμων ἰδειν ἐν πολλῃ ἐπιθυμιᾳ.
1Tm	3 8	διακονους ὡσαυτως σεμνους, μη διλογους, μη οἰνω πολλω προσεχοντας, μη αἰσχροκερδεις,
	13	οἱ γαρ καλως διακονησαντες βαθμον ἑαυτοις καλον περιποιουνται και πολλην παρρησιαν ἐν πιστει τῃ ἐν χριστω ἰησου.
	6 9	οἱ δε βουλομενοι πλουτειν ἐμπιπτουσιν εἰς πειρασμον και παγιδα και ἐπιθυμιας πολλας ἀνοητους και βλαβερας,
	10	φιλαργυρια, ἡς τινες ὀρεγομενοι ἀπεπλανηθησαν ἀπο της πιστεως και ἑαυτους περιεπειραν ὀδυναις πολλαις.
	12	ἐπιλαβου της αἰωνιου ζωης, εἰς ἡν ἐκληθης και ὡμολογησας την καλην ὁμολογιαν ἐνωπιον πολλων μαρτυρων.
2Tm	2 2	και ἁ ἠκουσας παρ᾽ ἐμου δια πολλων μαρτυρων, ταυτα παραθου πιστοις ἀνθρωποις,
	16	ἐπι πλειον γαρ προκοψουσιν ἀσεβειας,
	3 9	ἀλλ᾽ οὐ προκοψουσιν ἐπι πλειον·
	4 14	ἀλεξανδρος ὁ χαλκευς πολλα μοι κακα ἐνεδειξατο·
Tit	1 10	εἰσιν γαρ πολλοι [και] ἀνυποτακτοι, ματαιολογοι και φρεναπαται, μαλιστα οἱ ἐκ της περιτομης,
	2 3	πρεσβυτιδας ὡσαυτως ἐν καταστηματι ἱεροπρεπεις, μη διαβολους, μη οἰνω πολλω δεδουλωμενας, καλοδιδασκαλους,
Phm	7	χαραν γαρ πολλην ἐσχον και παρακλησιν ἐπι τῃ ἀγαπῃ σου,
	8	διο, πολλην ἐν χριστω παρρησιαν ἐχων ἐπιτασσειν σοι το ἀνηκον, δια την ἀγαπην μαλλον παρακαλω·
Heb	2 10	ἐπρεπεν γαρ αὐτω, δι᾽ ὁν τα παντα και δι᾽ οὑ τα παντα, πολλους υἱους εἰς δοξαν ἀγαγοντα τον ἀρχηγον της σωτηριας αὐτων δια παθηματων τελειωσαι.
	3 3	πλειονος γαρ οὑτος δοξης παρα μωυσην ἠξιωται καθ᾽ ὁσον πλειονα τιμην ἐχει του οἰκου ὁ κατασκευασας αὐτον.

πολυς [418]

Heb	3 3	πλειονος γαρ οὑτος δοξης παρα μωυσην ἠξιωται καθ᾽ ὁσον πλειονα τιμην ἐχει του οἰκου ὁ κατασκευασας αὐτον.
	5 11	περι οὑ πολυς ἡμιν ὁ λογος και δυσερμηνευτος λεγειν, ἐπει νωθροι γεγονατε ταις ἀκοαις.
	7 23	και οἱ μεν πλειονες εἰσιν γεγονοτες ἱερεις δια το θανατω κωλυεσθαι παραμενειν·
	9 28	και καθ᾽ ὁσον ἀποκειται τοις ἀνθρωποις ἁπαξ ἀποθανειν, μετα δε τουτο κρισις, οὑτως και ὁ χριστος, ἁπαξ προσενεχθεις εἰς το πολλων ἀνενεγκειν ἁμαρτιας,
	10 32	ἀναμιμνησκεσθε δε τας προτερον ἡμερας, ἐν αἱς φωτισθεντες πολλην ἀθλησιν ὑπεμεινατε παθηματων,
	11 4	πιστει πλειονα θυσιαν ἀβελ παρα καιν προσηνεγκεν τω θεω,
	12 9	οὐ πολυ [δε] μαλλον ὑποταγησομεθα τω πατρι των πνευματων και ζησομεν;
	15	μη τις ῥιζα πικριας ἀνω φυουσα ἐνοχλῃ και δια ταυτης μιανθωσιν οἱ πολλοι,
	25	εἰ γαρ ἐκεινοι οὐκ ἐξεφυγον ἐπι γης παραιτησαμενοι τον χρηματιζοντα, πολυ μαλλον ἡμεις οἱ τον ἀπ᾽ οὐρανων ἀποστρεφομενοι·
Ja	3 1	μη πολλοι διδασκαλοι γινεσθε, ἀδελφοι μου, εἰδοτες ὁτι μειζον κριμα λημψομεθα·
	2	πολλα γαρ πταιομεν ἁπαντες·
	5 16	πολυ ἰσχυει δεησις δικαιου ἐνεργουμενη.
1Pt	1 3	ὁ κατα το πολυ αὐτου ἐλεος ἀναγεννησας ἡμας εἰς ἐλπιδα ζωσαν δι᾽ ἀναστασεως ἰησου χριστου ἐκ νεκρων,
2Pt	2 2	και πολλοι ἐξακολουθησουσιν αὐτων ταις ἀσελγειαις,
1Jh	2 18	και καθως ἠκουσατε ὁτι ἀντιχριστος ἐρχεται, και νυν ἀντιχριστοι πολλοι γεγονασιν·
	4 1	ὁτι πολλοι ψευδοπροφηται ἐξεληλυθασιν εἰς τον κοσμον.
2Jh	7	ὁτι πολλοι πλανοι ἐξηλθον εἰς τον κοσμον,
	12	πολλα ἐχων ὑμιν γραφειν οὐκ ἐβουληθην δια χαρτου και μελανος,
3Jh	13	πολλα εἰχον γραψαι σοι, ἀλλ᾽ οὐ θελω δια μελανος και καλαμου σοι γραφειν·
Apc	1 15	και ἡ φωνη αὐτου ὡς φωνη ὑδατων πολλων,
	2 19	και τα ἐργα σου τα ἐσχατα πλειονα των πρωτων.
	5 4	και ἐκλαιον πολυ, ὁτι οὐδεις ἀξιος εὑρεθη ἀνοιξαι το βιβλιον οὐτε βλεπειν αὐτο.
	11	και εἰδον, και ἠκουσα φωνην ἀγγελων πολλων κυκλω του θρονου και των ζωων και των πρεσβυτερων,
	7 9	μετα ταυτα εἰδον, και ἰδου ὀχλος πολυς,
	8 3	και ἐδοθη αὐτω θυμιαματα πολλα,
	11	και πολλοι των ἀνθρωπων ἀπεθανον ἐκ των ὑδατων ὁτι ἐπικρανθησαν.
	9 9	και ἡ φωνη των πτερυγων αὐτων ὡς φωνη ἁρματων ἱππων πολλων τρεχοντων εἰς πολεμον.
	10 11	δει σε παλιν προφητευσαι ἐπι λαοις και ἐθνεσιν και γλωσσαις και βασιλευσιν πολλοις.
	14 2	και ἠκουσα φωνην ἐκ του οὐρανου ὡς φωνην ὑδατων πολλων και ὡς φωνην βροντης μεγαλης,
	17 1	δευρο, δειξω σοι το κριμα της πορνης της μεγαλης της καθημενης ἐπι ὑδατων πολλων,
	19 1	μετα ταυτα ἠκουσα ὡς φωνην μεγαλην ὀχλου πολλου ἐν τω οὐρανω λεγοντων·
	6	· και ἠκουσα ὡς φωνην ὀχλου πολλου και ὡς φωνην ὑδατων πολλων και ὡς φωνην βροντων ἰσχυρων, λεγοντων·
	6	και ἠκουσα ὡς φωνην ὀχλου πολλου και ὡς φωνην ὑδατων πολλων και ὡς φωνην βροντων ἰσχυρων, λεγοντων·
	12	και ἐπι την κεφαλην αὐτου διαδηματα πολλα,

πολυσπλαγχνος [1]

Ja	5 11	και το τελος κυριου εἰδετε, ὁτι πολυσπλαγχνος ἐστιν ὁ κυριος και οἰκτιρμων.

πολυτελης [3]

Mc	14 3	και ὀντος αὐτου ἐν βηθανιᾳ ἐν τῃ οἰκιᾳ σιμωνος του λεπρου, κατακειμενου αὐτου ἠλθεν γυνη ἐχουσα ἀλαβαστρον μυρου ναρδου πιστικης πολυτελους·
1Tm	2 9	μετα αἰδους και σωφροσυνης κοσμειν ἑαυτας, μη ἐν πλεγμασιν και χρυσιω ἠ μαργαριταις ἠ ἱματισμω πολυτελει,
1Pt	3 4	ὁ ἐστιν ἐνωπιον του θεου πολυτελες.

πολυτιμος [3]

Mt	13 46	εὑρων δε ἑνα πολυτιμον μαργαριτην ἀπελθων πεπρακεν παντα ὁσα εἰχεν και ἠγορασεν αὐτον.

πολυτιμος [3]

Jh 12 3 ἡ οὖν μαριαμ λαβουσα λιτραν μυρου ναρδου πιστικης πολυτιμου ἠλειψεν τους ποδας του ἰησου και ἐξεμαξεν ταις θριξιν αὐτης τους ποδας αὐτου·

1Pt 1 7 ἱνα το δοκιμιον ὑμων της πιστεως πολυτιμοτερον χρυσιου του ἀπολλυμενου,

πολυτροπως [1]

Heb 1 1 πολυμερως και πολυτροπως παλαι ὁ θεος λαλησας τοις πατρασιν ἐν τοις προφηταις ἐπ ἐσχατου των ἡμερων τουτων ἐλαλησεν ἡμιν ἐν υἱῳ,

πομα [2]

1Co 10 4 και παντες το αὐτο πνευματικον ἐπιον πομα·

Heb 9 10 μη δυναμεναι κατα συνειδησιν τελειωσαι τον λατρευοντα, μονον ἐπι βρωμασιν και πομασιν και διαφοροις βαπτισμοις,

πονηρια [7]

Mt 22 18 γνους δε ὁ ἰησους την πονηριαν αὐτων εἰπεν·

Mc 7 22 ἐσωθεν γαρ ἐκ της καρδιας των ἀνθρωπων οἱ διαλογισμοι οἱ κακοι ἐκπορευονται, πορνειαι, κλοπαι, φονοι, μοιχειαι, πλεονεξιαι, πονηριαι, δολος, ἀσελγεια, ὀφθαλμος πονηρος, βλασφημια, ὑπερηφανια, ἀφροσυνη·

Lc 11 39 νυν ὑμεις οἱ φαρισαιοι το ἐξωθεν του ποτηριου και του πινακος καθαριζετε, το δε ἐσωθεν ὑμων γεμει ἀρπαγης και πονηριας.

Ac 3 26 ὑμιν πρωτον ἀναστησας ὁ θεος τον παιδα αὐτου ἀπεστειλεν αὐτον εὐλογουντα ὑμας ἐν τῳ ἀποστρεφειν ἑκαστον ἀπο των πονηριων ὑμων.

Rm 1 29 πεπληρωμενους παση ἀδικια πονηρια πλεονεξια κακια,

1Co 5 8 ὡστε ἑορταζωμεν μη ἐν ζυμη παλαια μηδε ἐν ζυμη κακιας και πονηριας, ἀλλ ἐν ἀζυμοις εἰλικρινειας και ἀληθειας.

Eph 6 12 ἀλλα προς τας ἀρχας, προς τας ἐξουσιας, προς τους κοσμοκρατορας του σκοτους τουτου, προς τα πνευματικα της πονηριας ἐν τοις ἐπουρανιοις.

πονηρος [78]

Mt 5 11 μακαριοι ἐστε ὁταν ὀνειδισωσιν ὑμας και διωξωσιν και εἰπωσιν παν πονηρον καθ ὑμων [ψευδομενοι] ἑνεκεν ἐμου.

37 ἐστω δε ὁ λογος ὑμων ναι ναι, οὐ οὐ· το δε περισσον τουτων ἐκ του πονηρου ἐστιν.

39 ἐγω δε λεγω ὑμιν μη ἀντιστηναι τῳ πονηρῳ·

45 ὁπως γενησθε υἱοι του πατρος ὑμων του ἐν οὐρανοις, ὁτι τον ἡλιον αὐτου ἀνατελλει ἐπι πονηρους και ἀγαθους και βρεχει ἐπι δικαιους και ἀδικους.

6 13 και μη εἰσενεγκης ἡμας εἰς πειρασμον, ἀλλα ῥυσαι ἡμας ἀπο του πονηρου.

23 ἐαν δε ὁ ὀφθαλμος σου πονηρος ἠ, ὁλον το σωμα σου σκοτεινον ἐσται.

7 11 εἰ οὖν ὑμεις πονηροι ὀντες οἰδατε δοματα ἀγαθα διδοναι τοις τεκνοις ὑμων,

17 το δε σαπρον δενδρον καρπους πονηρους ποιει.

18 οὐ δυναται δενδρον ἀγαθον καρπους πονηρους ποιειν,

9 4 ἱνατι ἐνθυμεισθε πονηρα ἐν ταις καρδιαις ὑμων;

12 34 πῶς δυνασθε ἀγαθα λαλειν πονηροι ὀντες;

35 και ὁ πονηρος ἀνθρωπος ἐκ του πονηρου θησαυρου ἐκβαλλει πονηρα.

35 και ὁ πονηρος ἀνθρωπος ἐκ του πονηρου θησαυρου ἐκβαλλει πονηρα.

35 και ὁ πονηρος ἀνθρωπος ἐκ του πονηρου θησαυρου ἐκβαλλει πονηρα.

39 γενεα πονηρα και μοιχαλις σημειον ἐπιζητει,

45 τοτε πορευεται και παραλαμβανει μεθ ἑαυτου ἑπτα ἑτερα πνευματα πονηροτερα ἑαυτου,

45 οὑτως ἐσται και τη γενεα ταυτη τη πονηρα.

13 19 παντος ἀκουοντος τον λογον της βασιλειας και μη συνιεντος ἐρχεται ὁ πονηρος και ἁρπαζει το ἐσπαρμενον ἐν τη καρδια αὐτου·

38 τα δε ζιζανια εἰσιν οἱ υἱοι του πονηρου,

49 ἐξελευσονται οἱ ἀγγελοι και ἀφοριουσιν τους πονηρους ἐκ μεσου των δικαιων,

15 19 ἐκ γαρ της καρδιας ἐξερχονται διαλογισμοι πονηροι, φονοι, μοιχειαι, πορνειαι, κλοπαι, ψευδομαρτυριαι, βλασφημιαι.

16 4 γενεα πονηρα και μοιχαλις σημειον ἐπιζητει,

18 32 δουλε πονηρε, πασαν την ὀφειλην ἐκεινην ἀφηκα σοι, ἐπει παρεκαλεσας με·

πονηρος [78]

Mt 20 15 [ἡ] οὐκ ἐξεστιν μοι ὁ θελω ποιησαι ἐν τοις ἐμοις; ἡ ὁ ὀφθαλμος σου πονηρος ἐστιν ὁτι ἐγω ἀγαθος εἰμι;

22 10 και ἐξελθοντες οἱ δουλοι ἐκεινοι εἰς τας ὁδους συνηγαγον παντας οὑς εὑρον, πονηρους τε και ἀγαθους·

25 26 πονηρε δουλε και ὀκνηρε, ἠδεις ὁτι θεριζω ὁπου οὐκ ἐσπειρα, και συναγω ὁθεν οὐ διεσκορπισα;

Mc 7 22 ἐσωθεν γαρ ἐκ της καρδιας των ἀνθρωπων οἱ διαλογισμοι οἱ κακοι ἐκπορευονται, πορνειαι, κλοπαι, φονοι, μοιχειαι, πλεονεξιαι, πονηριαι, δολος, ἀσελγεια, ὀφθαλμος πονηρος, βλασφημια, ὑπερηφανια, ἀφροσυνη·

23 παντα ταυτα τα πονηρα ἐσωθεν ἐκπορευεται και κοινοι τον ἀνθρωπον.

Lc 3 19 ὁ δε ἡρωδης ὁ τετρααρχης, ἐλεγχομενος ὑπ αὐτου περι ἡρωδιαδος της γυναικος του ἀδελφου αὐτου και περι παντων ὡν ἐποιησεν πονηρων ὁ ἡρωδης,

6 22 μακαριοι ἐστε ὁταν μισησωσιν ὑμας οἱ ἀνθρωποι, και ὁταν ἀφορισωσιν ὑμας και ὀνειδισωσιν και ἐκβαλωσιν το ὀνομα ὑμων ὡς πονηρον ἑνεκα του υἱου του ἀνθρωπου.

35 και ἐσται ὁ μισθος ὑμων πολυς, και ἐσεσθε υἱοι ὑψιστου, ὁτι αὐτος χρηστος ἐστιν ἐπι τους ἀχαριστους και πονηρους.

45 ὁ ἀγαθος ἀνθρωπος ἐκ του ἀγαθου θησαυρου της καρδιας προφερει το ἀγαθον, και ὁ πονηρος ἐκ του πονηρου προφερει το πονηρον·

45 ὁ ἀγαθος ἀνθρωπος ἐκ του ἀγαθου θησαυρου της καρδιας προφερει το ἀγαθον, και ὁ πονηρος ἐκ του πονηρου προφερει το πονηρον·

45 ὁ ἀγαθος ἀνθρωπος ἐκ του ἀγαθου θησαυρου της καρδιας προφερει το ἀγαθον, και ὁ πονηρος ἐκ του πονηρου προφερει το πονηρον·

7 21 ἐν ἐκεινη τη ὡρα ἐθεραπευσεν πολλους ἀπο νοσων και μαστιγων και πνευματων πονηρων,

8 2 και γυναικες τινες αἱ ἠσαν τεθεραπευμεναι ἀπο πνευματων πονηρων και ἀσθενειων,

11 13 εἰ οὖν ὑμεις πονηροι ὑπαρχοντες οἰδατε δοματα ἀγαθα διδοναι τοις τεκνοις ὑμων, ποσῳ μαλλον ὁ πατηρ [ὁ] ἐξ οὐρανου δωσει πνευμα ἁγιον τοις αἰτουσιν αὐτον.

26 τοτε πορευεται και παραλαμβανει ἑτερα πνευματα πονηροτερα ἑαυτου ἑπτα,

29 ἡ γενεα αὑτη γενεα πονηρα ἐστιν·

34 ἐπαν δε πονηρος ἠ, και το σωμα σου σκοτεινον.

19 22 ἐκ του στοματος σου κρινω σε, πονηρε δουλε.

Jh 3 19 ἠν γαρ αὐτων πονηρα τα ἐργα.

7 7 οὐ δυναται ὁ κοσμος μισειν ὑμας, ἐμε δε μισει, ὁτι ἐγω μαρτυρω περι αὐτου ὁτι τα ἐργα αὐτου πονηρα ἐστιν.

17 15 οὐκ ἐρωτω ἱνα ἀρης αὐτους ἐκ του κοσμου, ἀλλ ἱνα τηρησης αὐτους ἐκ του πονηρου.

Ac 17 5 ζηλωσαντες δε οἱ ἰουδαιοι και προσλαβομενοι των ἀγοραιων ἀνδρας τινας πονηρους και ὀχλοποιησαντες ἐθορυβουν την πολιν,

18 14 εἰ μεν ἠν ἀδικημα τι ἡ ῥαδιουργημα πονηρον, ὠ ἰουδαιοι, κατα λογον ἀν ἀνεσχομην ὑμων·

19 12 ὡστε και ἐπι τους ἀσθενουντας ἀποφερεσθαι ἀπο του χρωτος αὐτου σουδαρια ἡ σιμικινθια και ἀπαλλασσεσθαι ἀπ αὐτων τας νοσους, τα τε πνευματα τα πονηρα ἐκπορευεσθαι.

13 ἐπεχειρησαν δε τινες και των περιερχομενων ἰουδαιων ἐξορκιστων ὀνομαζειν ἐπι τους ἐχοντας τα πνευματα τα πονηρα το ὀνομα του κυριου ἰησου λεγοντες·

15 ἀποκριθεν δε το πνευμα το πονηρον εἰπεν αὐτοις· τον [μεν] ἰησουν γινωσκω και τον παυλον ἐπισταμαι·

16 και ἐφαλομενος ὁ ἀνθρωπος ἐπ αὐτους, ἐν ᾡ ἠν το πνευμα το πονηρον,

25 18 περι οὑ σταθεντες οἱ κατηγοροι οὐδεμιαν αἰτιαν ἐφερον ὡν ἐγω ὑπενοουν πονηρων,

28 21 ἡμεις οὐτε γραμματα περι σου ἐδεξαμεθα ἀπο της ἰουδαιας, οὐτε παραγενομενος τις των ἀδελφων ἀπηγγειλεν ἡ ἐλαλησεν τι περι σου πονηρον.

Rm 12 9 ἀποστυγουντες το πονηρον, κολλωμενοι τῳ ἀγαθῳ·

1Co 5 13 ἐξαρατε τον πονηρον ἐξ ὑμων αὐτων.

Ga 1 4 του δοντος ἑαυτον ὑπερ των ἁμαρτιων ἡμων, ὁπως ἐξεληται ἡμας ἐκ του αἰωνος του ἐνεστωτος πονηρου κατα το θελημα του θεου

Eph 5 16 ἐξαγοραζομενοι τον καιρον, ὁτι αἱ ἡμεραι πονηραι εἰσιν.

6 13 δια τουτο ἀναλαβετε την πανοπλιαν του θεου, ἱνα δυνηθητε ἀντιστηναι ἐν τη ἡμερα τη πονηρα και ἁπαντα κατεργασαμενοι στηναι.

16 ἐν πασιν ἀναλαβοντες τον θυρεον της πιστεως, ἐν ᾡ δυνησεσθε παντα τα βελη του πονηρου [τα] πεπυρωμενα σβεσαι·

πονηρος [78]

Col	1 21	και υμας ποτε οντας απηλλοτριωμενους και εχθρους τη διανοια εν τοις εργοις τοις *πονηροις*, νυνι δε αποκατηλλαξεν
1Th	5 22	απο παντος ειδους *πονηρου* απεχεσθε.
2Th	3 2	ινα ο λογος του κυριου τρεχη και δοξαζηται καθως και προς υμας, και ινα ρυσθωμεν απο των ατοπων και *πονηρων* ανθρωπων·
	3	πιστος δε εστιν ο κυριος, ος στηριξει υμας και φυλαξει απο του *πονηρου*.
1Tm	6 4	αλλα νοσων περι ζητησεις και λογομαχιας, εξ ων γινεται φθονος, ερις, βλασφημιαι, υπονοιαι *πονηραι*,
2Tm	3 13	*πονηροι* δε ανθρωποι και γοητες προκοψουσιν επι το χειρον,
	4 18	ρυσεται με ο κυριος απο παντος εργου *πονηρου* και σωσει εις την βασιλειαν αυτου την επουρανιον·
Heb	3 12	βλεπετε, αδελφοι, μηποτε εσται εν τινι υμων καρδια *πονηρα* απιστιας εν τω αποστηναι απο θεου ζωντος,
	10 22	ρεραντισμενοι τας καρδιας απο συνειδησεως *πονηρας* και λελουσμενοι το σωμα υδατι καθαρω·
Ja	2 4	ου διεκριθητε εν εαυτοις και εγενεσθε κριται διαλογισμων *πονηρων*;
	4 16	πασα καυχησις τοιαυτη *πονηρα* εστιν.
1Jh	2 13	γραφω υμιν, νεανισκοι, οτι νενικηκατε τον *πονηρον*.
	14	εγραψα υμιν, νεανισκοι, οτι ισχυροι εστε και ο λογος του θεου εν υμιν μενει και νενικηκατε τον *πονηρον*.
	3 12	ου καθως καιν εκ του *πονηρου* ην και εσφαξεν τον αδελφον αυτου·
	12	και χαριν τινος εσφαξεν αυτον; οτι τα εργα αυτου *πονηρα* ην,
	5 18	αλλ ο γεννηθεις εκ του θεου τηρει αυτον, και ο *πονηρος* ουχ απτεται αυτου.
	19	οιδαμεν οτι εκ του θεου εσμεν, και ο κοσμος ολος εν τω *πονηρω* κειται.
2Jh	11	ο λεγων γαρ αυτω χαιρειν κοινωνει τοις εργοις αυτου τοις *πονηροις*.
3Jh	10	λογοις *πονηροις* φλυαρων ημας, και μη αρκουμενος επι τουτοις
Apc	16 2	και εγενετο ελκος κακον και *πονηρον* επι τους ανθρωπους τους εχοντας το χαραγμα του θηριου και τους προσκυνουντας τη εικονι αυτου.

πονος [4]

Col	4 13	μαρτυρω γαρ αυτω οτι εχει πολυν *πονον* υπερ υμων και των εν λαοδικεια και των εν ιεραπολει.
Apc	16 10	και εμασωντο τας γλωσσας αυτων εκ του *πονου*,
	11	και εβλασφημησαν τον θεον του ουρανου εκ των *πονων* αυτων και εκ των ελκων αυτων,
	21 4	ουτε πενθος ουτε κραυγη ουτε *πονος* ουκ εσται ετι·

ποντικος [1]

Ac	18 2	και ευρων τινα ιουδαιον ονοματι ακυλαν, *ποντικον* τω γενει, προσφατως εληλυθοτα απο της ιταλιας,

ποντιος [3]

Lc	3 1	εν ετει δε πεντεκαιδεκατω της ηγεμονιας τιβεριου καισαρος, ηγεμονευοντος *ποντιου* πιλατου της ιουδαιας,
Ac	4 27	ηρωδης τε και *ποντιος* πιλατος συν εθνεσιν και λαοις ισραηλ, ποιησαι οσα η χειρ σου και η βουλη [σου] προωρισεν γενεσθαι.
1Tm	6 13	παραγγελλω [σοι] ενωπιον του θεου του ζωογονουντος τα παντα και χριστου ιησου του μαρτυρησαντος επι *ποντιου* πιλατου την καλην ομολογιαν,

ποντος [2]

Ac	2 9	*ποντον* και την ασιαν, φρυγιαν τε και παμφυλιαν,
1Pt	1 1	πετρος αποστολος ιησου χριστου εκλεκτοις παρεπιδημοις διασπορας *ποντου*, γαλατιας, καππαδοκιας, ασιας και βιθυνιας,

ποπλιος [2]

Ac	28 7	εν δε τοις περι τον τοπον εκεινον υπηρχεν χωρια τω πρωτω της νησου ονοματι *ποπλιω*,
	8	εγενετο δε τον πατερα του *ποπλιου* πυρετοις και δυσεντεριω συνεχομενον κατακεισθαι,

πορεια [2]

Lc	13 22	και διεπορευετο κατα πολεις και κωμας διδασκων και *πορειαν* ποιουμενος εις ιεροσολυμα.
Ja	1 11	ουτως και ο πλουσιος εν ταις *πορειαις* αυτου μαρανθησεται.

πορευομαι [154]

Mt	2 8	*πορευθεντες* εξετασατε ακριβως περι του παιδιου·
	9	οι δε ακουσαντες του βασιλεως *επορευθησαν*·
	20	εγερθεις παραλαβε το παιδιον και την μητερα αυτου, και *πορευου* εις γην ισραηλ·
	8 9	και λεγω τουτω· *πορευθητι*, και *πορευεται*, και αλλω· ερχου, και ερχεται, και τω δουλω μου· ποιησον τουτο, και ποιει.
	9	και λεγω τουτω· *πορευθητι*, και *πορευεται*, και αλλω· ερχου, και ερχεται, και τω δουλω μου· ποιησον τουτο, και ποιει.
	9 13	*πορευθεντες* δε μαθετε τι εστιν· ελεος θελω και ου θυσιαν·
	10 6	*πορευεσθε* δε μαλλον προς τα προβατα τα απολωλοτα οικου ισραηλ.
	7	*πορευομενοι* δε κηρυσσετε λεγοντες οτι ηγγικεν η βασιλεια των ουρανων.
	11 4	*πορευθεντες* απαγγειλατε ιωαννη α ακουετε και βλεπετε·
	7	τουτων δε *πορευομενων* ηρξατο ο ιησους λεγειν τοις οχλοις περι ιωαννου·
	12 1	εν εκεινω τω καιρω *επορευθη* ο ιησους τοις σαββασιν δια των σποριμων·
	45	τοτε *πορευεται* και παραλαμβανει μεθ εαυτου επτα ετερα πνευματα πονηροτερα εαυτου,
	17 27	ινα δε μη σκανδαλισωμεν αυτους, *πορευθεις* εις θαλασσαν βαλε αγκιστρον και τον αναβαντα πρωτον ιχθυν αρον, και ανοιξας το στομα αυτου ευρησεις στατηρα·
	18 12	εαν γενηται τινι ανθρωπω εκατον προβατα και πλανηθη εν εξ αυτων, ουχι αφησει τα ενενηκονταεννεα επι τα ορη και *πορευθεις* ζητει το πλανωμενον;
	19 15	και επιθεις τας χειρας αυτοις *επορευθη* εκειθεν.
	21 2	*πορευεσθε* εις την κωμην την κατεναντι υμων,
	6	*πορευθεντες* δε οι μαθηται και ποιησαντες καθως συνεταξεν αυτοις ο ιησους ηγαγον την ονον και τον πωλον,
	22 9	*πορευεσθε* ουν επι τας διεξοδους των οδων, και οσους εαν ευρητε καλεσατε εις τους γαμους.
	15	τοτε *πορευθεντες* οι φαρισαιοι συμβουλιον ελαβον οπως αυτον παγιδευσωσιν εν λογω.
	24 1	και εξελθων ο ιησους απο του ιερου *επορευετο*,
	25 9	μηποτε ου μη αρκεση ημιν και υμιν· *πορευεσθε* μαλλον προς τους πωλουντας και αγορασατε εαυταις.
	16	ευθεως *πορευθεις* ο τα πεντε ταλαντα λαβων ηργασατο εν αυτοις και εκερδησεν αλλα πεντε·
	41	*πορευεσθε* απ εμου [οι] κατηραμενοι εις το πυρ το αιωνιον το ητοιμασμενον τω διαβολω και τοις αγγελοις αυτου.
	26 14	τοτε *πορευθεις* εις των δωδεκα, ο λεγομενος ιουδας ισκαριωτης, προς τους αρχιερεις ειπεν·
	27 66	οι δε *πορευθεντες* ησφαλισαντο τον ταφον σφραγισαντες τον λιθον μετα της κουστωδιας.
	28 7	και ταχυ *πορευθεισαι* ειπατε τοις μαθηταις αυτου οτι ηγερθη απο των νεκρων,
	11	*πορευομενων* δε αυτων ιδου τινες της κουστωδιας ελθοντες εις την πολιν απηγγειλαν τοις αρχιερευσιν απαντα τα γενομενα.
	16	οι δε ενδεκα μαθηται *επορευθησαν* εις την γαλιλαιαν,
	19	*πορευθεντες* ουν μαθητευσατε παντα τα εθνη, βαπτιζοντες αυτους εις το ονομα του πατρος και του υιου και του αγιου πνευματος, διδασκοντες αυτους τηρειν παντα οσα ενετειλαμην υμιν·
Mc	16 10	εκεινη *πορευθεισα* απηγγειλεν τοις μετ αυτου γενομενοις πενθουσι και κλαιουσιν·
	12	μετα δε ταυτα δυσιν εξ αυτων περιπατουσιν εφανερωθη εν ετερα μορφη *πορευομενοις* εις αγρον·
	15	*πορευθεντες* εις τον κοσμον απαντα κηρυξατε το ευαγγελιον παση τη κτισει.
Lc	1 6	ησαν δε δικαιοι αμφοτεροι εναντιον του θεου, *πορευομενοι* εν πασαις ταις εντολαις και δικαιωμασιν του κυριου αμεμπτοι.
	39	ανασταση δε μαριαμ εν ταις ημεραις ταυταις *επορευθη* εις την ορεινην μετα σπουδης εις πολιν ιουδα,
	2 3	και *επορευοντο* παντες απογραφεσθαι, εκαστος εις την εαυτου πολιν.
	41	και *επορευοντο* οι γονεις αυτου κατ ετος εις ιερουσαλημ τη εορτη του πασχα.
	4 30	αυτος δε διελθων δια μεσου αυτων *επορευετο*.
	42	γενομενης δε ημερας εξελθων *επορευθη* εις ερημον τοπον·

πορευομαι [154]

Lc	4 42	και ήλθον έως αυτου, και κατειχον αυτον του μη *πορευεσθαι* απ αυτων.
	5 24	σοί λεγω, έγειρε και άρας το κλινιδιον σου *πορευου* εις τον οίκον σου.
	7 6	ό δε ίησους *έπορευετο* συν αυτοις.
	8	και λεγω τουτω· *πορευθητι*, και *πορευεται*, και άλλω· έρχου, και έρχεται, και τω δουλω μου· ποιησον τουτο, και ποιει.
	8	και λεγω τουτω· *πορευθητι*, και *πορευεται*, και άλλω· έρχου, και έρχεται, και τω δουλω μου· ποιησον τουτο, και ποιει.
	11	και έγενετο έν τω έξης *έπορευθη* εις πολι καλουμενην ναιν,
	22	*πορευθεντες* άπαγγειλατε ιωαννη ά είδετε και ήκουσατε·
	50	ή πιστις σου σεσωκεν σε· *πορευου* εις ειρηνην.
	8 14	και ύπο μεριμνων και πλουτου και ήδονων του βιου *πορευομενοι* συμπνιγονται και ού τελεσφορουσιν.
	48	θυγατηρ, ή πιστις σου σεσωκεν σε· *πορευου* εις ειρηνην.
	9 12	άπολυσον τον όχλον, ίνα *πορευθεντες* εις τας κυκλω κωμας και άγρους καταλυσωσιν και εύρωσιν έπισιτισμον, ότι ώδε έν έρημω τοπω έσμεν.
	13	ούκ είσιν ήμιν πλειον ή άρτοι πεντε και ίχθυες δυο, εί μητι *πορευθεντες* ήμεις άγορασωμεν εις παντα τον λαον τουτου βρωματα.
	51	έγενετο δε έν τω συμπληρουσθαι τας ήμερας της άναλημψεως αυτου και αυτος το προσωπον έστηρισεν του *πορευεσθαι* εις ιερουσαλημ,
	52	και *πορευθεντες* είσηλθον εις κωμην σαμαριτων, ώς έτοιμασαι αυτω·
	53	και ούκ έδεξαντο αυτον, ότι το προσωπον αυτου ήν *πορευομενον* εις ιερουσαλημ.
	56	και *έπορευθησαν* εις έτεραν κωμην.
	57	και *πορευομενων* αυτων έν τη όδω είπεν τις προς αυτον·
	10 37	*πορευου* και συ ποίει όμοιως.
	38	έν δε τω *πορευεσθαι* αυτους αυτος είσηλθεν εις κωμην τινα·
	11 5	τίς έξ ύμων έξει φιλον, και *πορευσεται* προς αυτον μεσονυκτιου και είπη αυτω·
	26	τοτε *πορευεται* και παραλαμβανει έτερα πνευματα πονηροτερα έαυτου έπτα,
	13 31	έξελθε και *πορευου* έντευθεν, ότι ήρωδης θελει σε άποκτειναι.
	32	*πορευθεντες* είπατε τη άλωπεκι ταυτη·
	33	πλην δει με σημερον και αύριον και τη έχομενη *πορευεσθαι*, ότι ούκ ένδεχεται προφητην άπολεσθαι έξω ιερουσαλημ.
	14 10	άλλ όταν κληθης, *πορευθεις* άναπεσε εις τον έσχατον τοπον, ίνα όταν έλθη ό κεκληκως σε έρει σοι· φιλε, προσαναβηθι άνωτερον·
	19	και έτερος είπεν· ζευγη βοων ήγορασα πεντε, και *πορευομαι* δοκιμασαι αυτα·
	31	ή τίς βασιλευς *πορευομενος* έτερω βασιλει συμβαλειν εις πολεμον ούχι καθισας πρωτον βουλευσεται εί δυνατος έστιν έν δεκα χιλιασιν ύπαντησαι τω μετα είκοσι χιλιαδων έρχομενω έπ αυτον;
	15 4	τίς άνθρωπος έξ ύμων έχων έκατον προβατα και άπολεσας έξ αυτων έν ού καταλειπει τα ένενηκονταεννεα έν τη έρημω και *πορευεται* έπι το άπολωλος έως εύρη αυτο;
	15	και *πορευθεις* έκολληθη ένι των πολιτων της χωρας έκεινης,
	18	άναστας *πορευσομαι* προς τον πατερα μου και έρω αυτω·
	16 30	ούχι, πατερ άβρααμ, άλλ έαν τις άπο νεκρων *πορευθη* προς αυτους, μετανοησουσιν.
	17 11	και έγενετο έν τω *πορευεσθαι* εις ιερουσαλημ, και αυτος διηρχετο δια μεσον σαμαρειας και γαλιλαιας.
	14	*πορευθεντες* έπιδειξατε έαυτους τοις ιερευσιν.
	19	άναστας *πορευου*· ή πιστις σου σεσωκεν σε.
	19 12	άνθρωπος τις εύγενης *έπορευθη* εις χωραν μακραν λαβειν έαυτω βασιλειαν και ύποστρεψαι.
	28	και είπων ταυτα *έπορευετο* έμπροσθεν άναβαινων εις ιεροσολυμα.
	36	*πορευομενου* δε αυτου ύπεστρωννυον τα ίματια αυτων έν τη όδω.
	21 8	μη *πορευθητε* όπισω αυτων.
	22 8	*πορευθεντες* έτοιμασατε ήμιν το πασχα, ίνα φαγωμεν.
	22	ότι ό υίος μεν του άνθρωπου κατα το ώρισμενον *πορευεται*,
	33	κυριε, μετα σου έτοιμος είμι και εις φυλακην και εις θανατον *πορευεσθαι*.
	39	και έξελθων *έπορευθη* κατα το έθος εις το όρος των έλαιων·
	24 13	και ίδου δυο έκ αυτων έν αύτη τη ήμερα ήσαν *πορευομενοι* εις κωμην άπεχουσαν σταδιους έξηκοντα άπο ιερουσαλημ, ή όνομα έμμαους,
	28	και ήγγισαν εις την κωμην ού *έπορευοντο*,
	28	και αυτος προσεποιησατο πορρωτερον *πορευεσθαι*.
Jh	4 50	*πορευου*, ό υίος συυ ζη.

πορευομαι [154]

Jh	4 50	έπιστευσεν ό άνθρωπος τω λογω όν είπεν αυτω ό ίησους, και *έπορευετο*.
	7 35	πού ούτος μελλει *πορευεσθαι*, ότι ήμεις ούχ εύρησομεν αυτον;
	35	μη εις την διασποραν των έλληνων μελλει *πορευεσθαι* και διδασκειν τους έλληνας;
	53 *	και *έπορευθησαν* έκαστος εις τον οίκον αύτου,
	8 1 *	ίησους δε *έπορευθη* εις το όρος των έλαιων.
	11 *	*πορευου*, [και] άπο του νυν μηκετι άμαρτανε.
	10 4	όταν τα παντα έκβαλη, έμπροσθεν αυτων *πορευεται*, και τα προβατα αυτω άκολουθει,
	11 11	λαζαρος ό φιλος ήμων κεκοιμηται· άλλα *πορευομαι* ίνα έξυπνισω αυτον.
	14 2	εί δε μη, είπον άν ύμιν· ότι *πορευομαι* έτοιμασαι τοπον ύμιν·
	3	και έαν *πορευθω* και έτοιμασω τοπον ύμιν, παλιν έρχομαι και παραλημψομαι ύμας προς έμαυτον,
	12	και μειζονα τουτων ποιησει, ότι έγω προς τον πατερα *πορευομαι*·
	28	εί ήγαπατε με, έχαρητε άν ότι *πορευομαι* προς τον πατερα, ότι ό πατηρ μειζων μου έστιν.
	16 7	έαν δε *πορευθω*, πεμψω αυτον προς ύμας.
	28	παλιν άφιημι τον κοσμον και *πορευομαι* προς τον πατερα.
	20 17	*πορευου* δε προς τους άδελφους μου και είπε αυτοις·
Ac	1 10	και ώς άτενιζοντες ήσαν εις τον ούρανον *πορευομενου* αυτου, και ίδου άνδρες δυο παρειστηκεισαν αυτοις έν έσθησεσι λευκαις,
	11	ούτος ό ίησους ό άναλημφθεις άφ ύμων εις τον ούρανον ούτως έλευσεται όν τροπον έθεασασθε αυτον *πορευομενον* εις τον ούρανον.
	25	ένα λαβειν τον τοπον της διακονιας ταυτης και άποστολης, άφ ής παρεβη ιουδας *πορευθηναι* εις τον τοπον τον ίδιον.
	5 20	*πορευεσθε* και σταθεντες λαλειτε έν τω ίερω τω λαω παντα τα ρηματα της ζωης ταυτης.
	41	οί μεν ούν *έπορευοντο* χαιροντες άπο προσωπου του συνεδριου, ότι κατηξιωθησαν ύπερ του όνοματος άτιμασθηναι.
	8 26	άναστηθι και *πορευου* κατα μεσημβριαν έπι την όδον την καταβαινουσαν άπο ιερουσαλημ εις γαζαν·
	27	και άναστας *έπορευθη*.
	36	ώς δε *έπορευοντο* κατα την όδον, ήλθον έπι τι ύδωρ,
	39	και ούκ είδεν αυτον ούκετι ό εύνουχος, *έπορευετο* γαρ την όδον αυτου χαιρων.
	9 3	έν δε τω *πορευεσθαι* έγενετο αυτον έγγιζειν τη δαμασκω, έξαιφνης τε αυτον περιηστραψεν φως έκ του ούρανου,
	11	άναστας *πορευθητι* έπι την ρυμην την καλουμενην εύθειαν και ζητησον έν οικια ιουδα σαυλον όνοματι ταρσεα·
	15	*πορευου*, ότι σκευος έκλογης έστιν μοι ούτος του βαστασαι το όνομα μου ένωπιον έθνων τε και βασιλεων υίων τε ισραηλ·
	31	και *πορευομενη* τω φοβω του κυριου, και τη παρακλησει του άγιου πνευματος έπληθυνετο.
	10 20	άλλα άναστας καταβηθι, και *πορευου* συν αυτοις μηδεν διακρινομενος,
	12 17	και έξελθων *έπορευθη* εις έτερον τοπον.
	14 16	ός έν ταις παρωχημεναις γενεαις είασεν παντα τα έθνη *πορευεσθαι* ταις όδοις αύτων·
	15 34 *	έδοξεν δε τω σιλα έπιμειναι αυτους, μονος δε ιουδας *έπορευθη*.
	16 7	έλθοντες δε κατα την μυσιαν έπειραζον εις την βιθυνιαν *πορευθηναι*,
	16	έγενετο δε *πορευομενων* ήμων εις την προσευχην, παιδισκην τινα έχουσαν πνευμα πυθωνα ύπαντησαι ήμιν,
	36	νυν ούν έξελθοντες *πορευεσθε* έν ειρηνη.
	17 14	εύθεως δε τοτε τον παυλον έξαπεστειλαν οί άδελφοι *πορευεσθαι* έως έπι την θαλασσαν·
	18 6	το αίμα ύμων έπι την κεφαλην ύμων· καθαρος έγω άπο του νυν εις τα έθνη *πορευσομαι*.
	19 21	ώς δε έπληρωθη ταυτα, έθετο ό παυλος έν τω πνευματι διελθων την μακεδονιαν και άχαιαν *πορευεσθαι* εις ιεροσολυμα,
	20 1	μετα δε το παυσασθαι τον θορυβον μεταπεμψαμενος ό παυλος τους μαθητας και παρακαλεσας, άσπασαμενος *έξηλθεν πορευεσθαι* εις μακεδονιαν.
	22	και νυν ίδου δεδεμενος έγω τω πνευματι *πορευομαι* εις ιερουσαλημ,
	21 5	ότε δε έγενετο ήμας έξαρτισαι τας ήμερας, έξελθοντες *έπορευομεθα* προπεμποντων ήμας παντων συν γυναιξι και τεκνοις έως έξω της πολεως,

πορευομαι [154]

Ac 22 5 ὡς και ὁ ἀρχιερευς μαρτυρει μοι και παν το πρεσβυτεριον· παρ ὡν και ἐπιστολας δεξαμενος προς τους ἀδελφους εἰς δαμασκον *ἐπορευομην*,

6 ἐγενετο δε μοι *πορευομενῳ* και ἐγγιζοντι τῃ δαμασκῳ περι μεσημβριαν ἐξαιφνης ἐκ του οὐρανου περιαστραψαι φως ἱκανον περι ἐμε,

10 ἀναστας *πορευου* εἰς δαμασκον, κακει σοι λαληθησεται περι παντων ὡν τετακται σοι ποιησαι.

21 *πορευου*, ὁτι ἐγω εἰς ἐθνη μακραν ἐξαποστελω σε.

23 23 ἑτοιμασατε στρατιωτας διακοσιους ὁπως *πορευθωσιν* ἑως καισαρειας,

24 25 το νυν ἐχον *πορευου*, καιρον δε μεταλαβων μετακαλεσομαι σε·

25 12 καισαρα ἐπικεκλησαι, ἐπι καισαρα *πορευσῃ*.

20 ἀπορουμενος δε ἐγω την περι τουτων ζητησιν ἐλεγον εἰ βουλοιτο *πορευεσθαι* εἰς ἱεροσολυμα κακει κρινεσθαι περι τουτων.

26 12 ἐν οἱς *πορευομενος* εἰς την δαμασκον μετ ἐξουσιας και ἐπιτροπης της των ἀρχιερεων,

13 ἡμερας μεσης κατα την ὁδον εἰδον, βασιλευ, οὐρανοθεν ὑπερ την λαμπροτητα του ἡλιου περιλαμψαν με φως και τους συν ἐμοι *πορευομενους*·

27 3 φιλανθρωπως τε ὁ ἰουλιος τῳ παυλῳ χρησαμενος ἐπετρεψεν προς τους φιλους *πορευθεντι* ἐπιμελειας τυχειν.

28 26 *πορευθητι* προς τον λαον τουτον και εἰπον· ἀκοῃ ἀκουσετε και οὐ μη συνητε,

Rm 15 24 νυνι δε μηκετι τοπον ἐχων ἐν τοις κλιμασι τουτοις, ἐπιποθιαν δε ἐχων του ἐλθειν προς ὑμας ἀπο πολλων ἐτων, ὡς ἀν *πορευωμαι* εἰς την σπανιαν·

25 νυνι δε *πορευομαι* εἰς ἱερουσαλημ διακονων τοις ἁγιοις.

1Co 10 27 εἰ τις καλει ὑμας των ἀπιστων και θελετε *πορευεσθαι*, παν το παρατιθεμενον ὑμιν ἐσθιετε μηδεν ἀνακρινοντες δια την συνειδησιν.

16 4 ἐαν δε ἀξιον ᾐ του καμε *πορευεσθαι*, συν ἐμοι πορευσονται.

4 ἐαν δε ἀξιον ᾐ του καμε *πορευεσθαι*, συν ἐμοι *πορευσονται*.

6 προς ὑμας δε τυχον παραμενω ᾐ και παραχειμασω, ἱνα ὑμεις με προπεμψητε οὑ ἐαν *πορευωμαι*.

1Tm 1 3 καθως παρεκαλεσα σε προσμειναι ἐν ἐφεσῳ, *πορευομενος* εἰς μακεδονιαν,

2Tm 4 10 δημας γαρ με ἐγκατελιπεν ἀγαπησας τον νυν αἰωνα, και *ἐπορευθη* εἰς θεσσαλονικην,

Ja 4 13 σημερον ᾐ αὐριον *πορευσομεθα* εἰς τηνδε την πολιν και ποιησομεν ἐκει ἐνιαυτον και ἐμπορευσομεθα και κερδησομεν·

1Pt 3 19 ἐν ᾠ και τοις ἐν φυλακῃ πνευμασιν *πορευθεις* ἐκηρυξεν,

22 ὁς ἐστιν ἐν δεξιᾳ [του] θεου, *πορευθεις* εἰς οὐρανον, ὑποταγεντων αὐτῳ ἀγγελων και ἐξουσιων και δυναμεων.

4 3 ἀρκετος γαρ ὁ παρεληλυθως χρονος το βουλημα των ἐθνων κατειργασθαι, *πεπορευμενους* ἐν ἀσελγειαις,

2Pt 2 10 ἀδικους δε εἰς ἡμεραν κρισεως κολαζομενους τηρειν, μαλιστα δε τους ὀπισω σαρκος ἐν ἐπιθυμιᾳ μιασμου *πορευομενους* και κυριοτητος καταφρονουντας

3 3 τουτο πρωτον γινωσκοντες, ὁτι ἐλευσονται ἐπ ἐσχατων των ἡμερων [ἐν] ἐμπαιγμονῃ ἐμπαικται κατα τας ἰδιας ἐπιθυμιας αὐτων *πορευομενοι*

Ju 11 οὐαι αὐτοις, ὁτι τῃ ὁδῳ του καιν *ἐπορευθησαν*,

16 οὑτοι εἰσιν γογγυσται μεμψιμοιροι, κατα τας ἐπιθυμιας ἑαυτων *πορευομενοι*,

18 [ὁτι] ἐπ ἐσχατου [του] χρονου ἐσονται ἐμπαικται κατα τας ἑαυτων ἐπιθυμιας *πορευομενοι* των ἀσεβειων.

πορθεω [3]

Ac 9 21 οὐχ οὑτος ἐστιν ὁ *πορθησας* εἰς ἱερουσαλημ τους ἐπικαλουμενους το ὀνομα τουτο, και ὡδε εἰς τουτο ἐληλυθει, ἱνα δεδεμενους αὐτους ἀγαγῃ ἐπι τους ἀρχιερεις;

Ga 1 13 ἠκουσατε γαρ την ἐμην ἀναστροφην ποτε ἐν τῳ ἰουδαισμῳ, ὁτι καθ ὑπερβολην ἐδιωκον την ἐκκλησιαν του θεου και *ἐπορθουν* αὐτην,

23 μονον δε ἀκουοντες ἠσαν ὁτι ὁ διωκων ἡμας ποτε νυν εὐαγγελιζεται την πιστιν ἡν ποτε *ἐπορθει*,

πορισμος [2]

1Tm 6 5 διαπαρατριβαι διεφθαρμενων ἀνθρωπων τον νουν και ἀπεστερημενων της ἀληθειας, νομιζοντων *πορισμον* εἰναι την εὐσεβειαν.

6 ἐστιν δε *πορισμος* μεγας ἡ εὐσεβεια μετα αὐταρκειας·

πορκιος [1]

Ac 24 27 διετιας δε πληρωθεισης ἐλαβεν διαδοχον ὁ φηλιξ *πορκιον* φηστον·

πορνεια [25]

Mt 5 32 ἐγω δε λεγω ὑμιν ὁτι πας ὁ ἀπολυων την γυναικα αὐτου παρεκτος λογου *πορνειας* ποιει αὐτην μοιχευθηναι,

15 19 ἐκ γαρ της καρδιας ἐξερχονται διαλογισμοι πονηροι, φονοι, μοιχειαι, *πορνειαι*, κλοπαι, ψευδομαρτυριαι, βλασφημιαι.

19 9 λεγω δε ὑμιν ὁτι ὁς ἀν ἀπολυσῃ την γυναικα αὐτου μη ἐπι *πορνειᾳ* και γαμησῃ ἀλλην, μοιχαται.

Mc 7 21 ἐσωθεν γαρ ἐκ της καρδιας των ἀνθρωπων οἱ διαλογισμοι οἱ κακοι ἐκπορευονται, *πορνειαι*, κλοπαι, φονοι, μοιχειαι, πλεονεξιαι, πονηριαι, δολος, ἀσελγεια, ὀφθαλμος πονηρος, βλασφημια, ὑπερηφανια, ἀφροσυνη·

Jh 8 41 ἡμεις ἐκ *πορνειας* οὐ γεγεννημεθα, ἑνα πατερα ἐχομεν τον θεον.

Ac 15 20 ἀλλα ἐπιστειλαι αὐτοις του ἀπεχεσθαι των ἀλισγηματων των εἰδωλων και της *πορνειας* και του πνικτου και του αἱματος.

29 ἐδοξεν γαρ τῳ πνευματι τῳ ἁγιῳ και ἡμιν μηδεν πλεον ἐπιτιθεσθαι ὑμιν βαρος πλην τουτων των ἐπαναγκες, ἀπεχεσθαι εἰδωλοθυτων και αἱματος και πνικτων και *πορνειας*·

21 25 περι δε των πεπιστευκοτων ἐθνων ἡμεις ἐπεστειλαμεν κριναντες φυλασσεσθαι αὐτους το τε εἰδωλοθυτον και αἱμα και πνικτον και *πορνειαν*.

1Co 5 1 ὁλως ἀκουεται ἐν ὑμιν *πορνεια*,

1 ὁλως ἀκουεται ἐν ὑμιν πορνεια, και τοιαυτη *πορνεια* ἡτις οὐδε ἐν τοις ἐθνεσιν,

6 13 το δε σωμα οὐ τῃ *πορνειᾳ* ἀλλα τῳ κυριῳ, και ὁ κυριος τῳ σωματι·

18 φευγετε την *πορνειαν*.

7 2 δια δε τας *πορνειας* ἑκαστος την ἑαυτου γυναικα ἐχετω,

2Co 12 21 και πενθησω πολλους των προημαρτηκοτων και μη μετανοησαντων ἐπι τῃ ἀκαθαρσιᾳ και *πορνειᾳ* και ἀσελγειᾳ ᾐ ἐπραξαν.

Ga 5 19 ἁτινα ἐστιν *πορνεια*, ἀκαθαρσια, ἀσελγεια, εἰδωλολατρια,

Eph 5 3 *πορνεια* δε και ἀκαθαρσια πασα ᾐ πλεονεξια μηδε ὀνομαζεσθω ἐν ὑμιν,

Col 3 5 νεκρωσατε οὐν τα μελη τα ἐπι της γης, *πορνειαν*, ἀκαθαρσιαν, παθος, ἐπιθυμιαν κακην,

1Th 4 3 τουτο γαρ ἐστιν θελημα του θεου, ὁ ἁγιασμος ὑμων, ἀπεχεσθαι ὑμας ἀπο της *πορνειας*,

Apc 2 21 και οὐ θελει μετανοησαι ἐκ της *πορνειας* αὐτης.

9 21 και οὐ μετενοησαν ἐκ των φονων αὐτων οὐτε ἐκ των φαρμακων αὐτων οὐτε ἐκ της *πορνειας* αὐτων οὐτε ἐκ των κλεμματων αὐτων.

14 8 ἐπεσεν ἐπεσεν βαβυλων ᾐ μεγαλη, ᾐ ἐκ του οἰνου του θυμου της *πορνειας* αὐτης πεποτικεν παντα τα ἐθνη.

17 2 και ἐμεθυσθησαν οἱ κατοικουντες την γην ἐκ του οἰνου της *πορνειας* αὐτης.

4 ἐχουσα ποτηριον χρυσουν ἐν τῃ χειρι αὐτης γεμον βδελυγματων και τα ἀκαθαρτα της *πορνειας* αὐτης,

18 3 ὁτι ἐκ του οἰνου του θυμου της *πορνειας* αὐτης πεπωκαν παντα τα ἐθνη,

19 2 ὁτι ἐκρινεν την πορνην την μεγαλην ἡτις ἐφθειρεν την γην ἐν τῃ *πορνειᾳ* αὐτης,

πορνευω [8]

1Co 6 18 ὁ δε *πορνευων* εἰς το ἰδιον σωμα ἁμαρτανει.

10 8 μηδε *πορνευωμεν*, καθως τινες αὐτων ἐπορνευσαν και ἐπεσαν μιᾳ ἡμερᾳ εἰκοσιτρεις χιλιαδες.

8 μηδε πορνευωμεν, καθως τινες αὐτων *ἐπορνευσαν* και ἐπεσαν μιᾳ ἡμερᾳ εἰκοσιτρεις χιλιαδες.

Apc 2 14 ὁς ἐδιδασκεν τῳ βαλακ βαλειν σκανδαλον ἐνωπιον των υἱων ἰσραηλ, φαγειν εἰδωλοθυτα και *πορνευσαι*.

20 και διδασκει και πλανᾳ τους ἐμους δουλους *πορνευσαι* και φαγειν εἰδωλοθυτα·

17 2 δευρο, δειξω σοι το κριμα της πορνης της μεγαλης της καθημενης ἐπι ὑδατων πολλων, μεθ ᾑς *ἐπορνευσαν* οἱ βασιλεις της γης,

18 3 και οἱ βασιλεις της γης μετ αὐτης *ἐπορνευσαν*,

9 και κλαυσουσιν και κοψονται ἐπ αὐτην οἱ βασιλεις της γης οἱ μετ αὐτης *πορνευσαντες* και στρηνιασαντες,

πορνη [12]

Mt	21 31	ἀμην λεγω ὑμιν ὁτι οἱ τελωναι και αἱ *πορναι* προαγουσιν ὑμας εἰς την βασιλειαν του θεου.
	32	οἱ δε τελωναι και αἱ *πορναι* ἐπιστευσαν αὐτω·
Lc	15 30	ὁτε δε ὁ υἱος σου οὑτος ὁ καταφαγων σου τον βιον μετα *πορνων* ἠλθεν, ἐθυσας αὐτω τον σιτευτον μοσχον.
1Co	6 15	ἀρας οὑν τα μελη του χριστου ποιησω *πορνης* μελη;
	16	[ἡ] οὐκ οἰδατε ὁτι ὁ κολλωμενος τη *πορνη* ἑν σωμα ἐστιν;
Heb	11 31	πιστει ῥααβ ἡ *πορνη* οὐ συναπωλετο τοις ἀπειθησασιν,
Ja	2 25	ὁμοιως δε και ῥααβ ἡ *πορνη* οὐκ ἐξ ἐργων ἐδικαιωθη, ὑποδεξαμενη τους ἀγγελους και ἑτερα ὁδω ἐκβαλουσα;
Apc	17 1	δευρο, δειξω σοι το κριμα της *πορνης* της μεγαλης της καθημενης ἐπι ὑδατων πολλων,
	5	βαβυλων ἡ μεγαλη, ἡ μητηρ των *πορνων* και των βδελυγματων της γης.
	15	τα ὑδατα ἁ εἰδες, οὑ ἡ *πορνη* καθηται, λαοι και ὀχλοι εἰσιν και ἐθνη και γλωσσαι.
	16	και τα δεκα κερατα ἁ εἰδες και το θηριον, οὑτοι μισησουσιν την *πορνην*,
19 2		ὁτι ἐκρινεν την *πορνην* την μεγαλην ἡτις ἐφθειρεν την γην ἐν τη πορνεια αὐτης,

πορνος [10]

1Co	5 9	ἐγραψα ὑμιν ἐν τη ἐπιστολη μη συναναμιγνυσθαι *πορνοις*,
	10	οὐ παντως τοις *πορνοις* του κοσμου τουτου ἡ τοις πλεονεκταις και ἁρπαξιν ἡ εἰδωλολατραις,
	11	νυν δε ἐγραψα ὑμιν μη συναναμιγνυσθαι ἐαν τις ἀδελφος ὀνομαζομενος ἡ *πορνος* ἡ πλεονεκτης ἡ εἰδωλολατρης ἡ λοιδορος ἡ μεθυσος ἡ ἁρπαξ,
6 9		οὐτε *πορνοι* οὐτε εἰδωλολατραι οὐτε μοιχοι οὐτε μαλακοι οὐτε ἀρσενοκοιται οὐτε κλεπται οὐτε πλεονεκται, οὐ μεθυσοι, οὐ λοιδοροι, οὐχ ἁρπαγες βασιλειαν θεου κληρονομησουσιν.
Eph	5 5	ὁτι πας *πορνος* ἡ ἀκαθαρτος ἡ πλεονεκτης, ὁ ἐστιν εἰδωλολατρης, οὐκ ἐχει κληρονομιαν ἐν τη βασιλεια του χριστου και θεου.
1Tm	1 10	*πορνοις*, ἀρσενοκοιταις, ἀνδραποδισταις, ψευσταις, ἐπιορκοις,
Heb	12 16	μη τις *πορνος* ἡ βεβηλος ὡς ἠσαυ,
	13 4	*πορνους* γαρ και μοιχους κρινεῖ ὁ θεος.
Apc	21 8	τοις δε δειλοις και ἀπιστοις και ἐβδελυγμενοις και φονευσιν και *πορνοις* και φαρμακοις και εἰδωλολατραις και πασιν τοις ψευδεσιν το μερος αὐτων ἐν τη λιμνη
	22 15	ἐξω οἱ κυνες και οἱ φαρμακοι και οἱ *πορνοι* και οἱ φονεις και οἱ εἰδωλολατραι και πας φιλων και ποιων ψευδος.

πορρω [4]

Mt	15 8	ὁ λαος οὑτος τοις χειλεσιν με τιμα, ἡ δε καρδια αὐτων *πορρω* ἀπεχει ἀπ ἐμου.
Mc	7 6	ὡς γεγραπται [ὁτι] οὑτος ὁ λαος τοις χειλεσιν με τιμα, ἡ δε καρδια αὐτων *πορρω* ἀπεχει ἀπ ἐμου·
Lc	14 32	εἰ δε μηγε, ἐτι αὐτου *πορρω* ὀντος πρεσβειαν ἀποστειλας ἐρωτα τα προς εἰρηνην.
	24 28	και αὐτος προσεποιησατο *πορρωτερον* πορευεσθαι.

πορρωθεν [2]

Lc	17 12	και εἰσερχομενου αὐτου εἰς τινα κωμην ἀπηντησαν [αὐτω] δεκα λεπροι ἀνδρες, οἱ ἐστησαν *πορρωθεν*,
Heb	11 13	μη λαβοντες τας ἐπαγγελιας, ἀλλα *πορρωθεν* αὐτας ἰδοντες και ἀσπασαμενοι,

πορφυρα [4]

Mc	15 17	και ἐνδιδυσκουσιν αὐτον *πορφυραν* και περιτιθεασιν αὐτω πλεξαντες ἀκανθινον στεφανον·
	20	και ὁτε ἐνεπαιξαν αὐτω, ἐξεδυσαν αὐτον την *πορφυραν* και ἐνεδυσαν αὐτον τα ἱματια αὐτου.
Lc	16 19	ἀνθρωπος δε τις ἠν πλουσιος, και ἐνεδιδυσκετο *πορφυραν* και βυσσον εὐφραινομενος καθ ἡμεραν λαμπρως.
Apc	18 12	και *πορφυρας* και σιρικου και κοκκινου,

πορφυροπωλις [1]

Ac	16 14	και τις γυνη ὀνοματι λυδια, *πορφυροπωλις* πολεως θυατειρων, σεβομενη τον θεον, ἠκουεν,

πορφυρους [4]

Jh	19 2	και ἱματιον *πορφυρουν* περιεβαλον αὐτον,

πορφυρους [4]

Jh	19 5	ἐξηλθεν οὑν ὁ ἰησους ἐξω, φορων τον ἀκανθινον στεφανον και το *πορφυρουν* ἱματιον.
Apc	17 4	και ἡ γυνη ἠν περιβεβλημενη *πορφυρουν* και κοκκινον,
	18 16	οὐαι οὐαι, ἡ πολις ἡ μεγαλη, ἡ περιβεβλημενη βυσσινον και *πορφυρουν* και κοκκινον,

ποσακις [3]

Mt	18 21	κυριε, *ποσακις* ἁμαρτησει εἰς ἐμε ὁ ἀδελφος μου και ἀφησω αὐτω; ἑως ἑπτακις;
	23 37	*ποσακις* ἠθελησα ἐπισυναγαγειν τα τεκνα σου, ὁν τροπον ὀρνις ἐπισυναγει τα νοσσια αὐτης ὑπο τας πτερυγας, και οὐκ ἠθελησατε.
Lc	13 34	*ποσακις* ἠθελησα ἐπισυναξαι τα τεκνα σου ὁν τροπον ὀρνις την ἑαυτης νοσσιαν ὑπο τας πτερυγας,

ποσις [3]

Jh	6 55	και το αἱμα μου ἀληθης ἐστιν *ποσις*.
Rm	14 17	οὐ γαρ ἐστιν ἡ βασιλεια του θεου βρωσις και *ποσις*,
Col	2 16	μη οὑν τις ὑμας κρινετω ἐν βρωσει και ἐν *ποσει* ἡ ἐν μερει ἑορτης ἡ νεομηνιας ἡ σαββατων,

ποσος [27]

Mt	6 23	εἰ οὑν το φως το ἐν σοι σκοτος ἐστιν, το σκοτος *ποσον*.
	7 11	*ποσω* μαλλον ὁ πατηρ ὑμων ὁ ἐν τοις οὐρανοις δωσει ἀγαθα τοις αἰτουσιν αὐτον.
	10 25	εἰ τον οἰκοδεσποτην βεελζεβουλ ἐπεκαλεσαν, *ποσω* μαλλον τους οἰκιακους αὐτου.
	12 12	*ποσω* οὑν διαφερει ἀνθρωπος προβατου.
	15 34	και λεγει αὐτοις ὁ ἰησους· *ποσους* ἀρτους ἐχετε;
	16 9	οὐπω νοειτε, οὐδε μνημονευετε τους πεντε ἀρτους των πεντακισχιλιων και *ποσους* κοφινους ἐλαβετε;
	10	οὐπω νοειτε, οὐδε μνημονευετε τους πεντε ἀρτους των πεντακισχιλιων και *ποσους* κοφινους ἐλαβετε; οὐδε τους ἑπτα ἀρτους των τετρακισχιλιων και *ποσας* σπυριδας ἐλαβετε;
	27 13	οὐκ ἀκουεις *ποσα* σου καταμαρτυρουσιν;
Mc	6 38	ὁ δε λεγει αὐτοις· *ποσους* ἀρτους ἐχετε;
	8 5	και ἡρωτα αὐτους· *ποσους* ἐχετε ἀρτους;
	19	και οὐ μνημονευετε, ὁτε τους πεντε ἀρτους ἐκλασα εἰς τους πεντακισχιλιους, *ποσους* κοφινους κλασματων πληρεις ἠρατε;
	20	ὁτε τους ἑπτα εἰς τους τετρακισχιλιους, *ποσων* σπυριδων πληρωματα κλασματων ἠρατε;
	9 21	*ποσος* χρονος ἐστιν ὡς τουτο γεγονεν αὐτω;
	15 4	οὐκ ἀποκρινη οὐδεν; ἰδε *ποσα* σου κατηγορουσιν.
Lc	11 13	εἰ οὑν ὑμεις πονηροι ὑπαρχοντες οἰδατε δοματα ἀγαθα διδοναι τοις τεκνοις ὑμων, *ποσω* μαλλον ὁ πατηρ [ὁ] ἐξ οὐρανου δωσει πνευμα ἁγιον τοις αἰτουσιν αὐτον.
	12 24	*ποσω* μαλλον ὑμεις διαφερετε των πετεινων.
	28	εἰ δε ἐν ἀγρω τον χορτον ὀντα σημερον και αὐριον εἰς κλιβανον βαλλομενον ὁ θεος οὑτως ἀμφιεζει, *ποσω* μαλλον ὑμας, ὀλιγοπιστοι.
	15 17	*ποσοι* μισθιοι του πατρος μου περισσευονται ἀρτων, ἐγω δε λιμω ὡδε ἀπολλυμαι.
	16 5	*ποσον* ὀφειλεις τω κυριω μου;
	7	συ δε *ποσον* ὀφειλεις;
Ac	21 20	θεωρεις, ἀδελφε, *ποσαι* μυριαδες εἰσιν ἐν τοις ἰουδαιοις των πεπιστευκοτων,
Rm	11 12	εἰ δε το παραπτωμα αὐτων πλουτος κοσμου και το ἡττημα αὐτων πλουτος ἐθνων, *ποσω* μαλλον το πληρωμα αὐτων.
	24	εἰ γαρ συ ἐκ της κατα φυσιν ἐξεκοπης ἀγριελαιου και παρα φυσιν ἐνεκεντρισθης εἰς καλλιελαιον, *ποσω* μαλλον οὑτοι οἱ κατα φυσιν ἐγκεντρισθησονται τη ἰδια ἐλαια.
2Co	7 11	ἰδου γαρ αὐτο τουτο το κατα θεον λυπηθηναι *ποσην* κατειργασατο ὑμιν σπουδην,
Phm	16	ἱνα αἰωνιον αὐτον ἀπεχης, οὐκετι ὡς δουλον ἀλλ ὑπερ δουλον, ἀδελφον ἀγαπητον, μαλιστα ἐμοι, *ποσω* δε μαλλον σοι και ἐν σαρκι και ἐν κυριω.
Heb	9 14	εἰ γαρ το αἱμα τραγων και ταυρων και σποδος δαμαλεως ῥαντιζουσα τους κεκοινωμενους ἁγιαζει προς την της σαρκος καθαροτητα, *ποσω* μαλλον το αἱμα του χριστου,
	10 29	*ποσω* δοκειτε χειρονος ἀξιωθησεται τιμωριας ὁ τον υἱον του θεου καταπατησας

ποταμος [17]

Mt	3 6	και ἐβαπτιζοντο ἐν τω ἰορδανη *ποταμω* ὑπ αὐτου ἐξομολογουμενοι τας ἁμαρτιας αὐτων.

ποταμος [17]

Mt	7 25	και κατεβη ἡ βροχη και ἡλθον οἱ *ποταμοι* και ἐπνευσαν οἱ ἀνεμοι και προσεπεσαν τη οικια ἐκεινη,
	27	και κατεβη ἡ βροχη και ἡλθον οἱ *ποταμοι* και ἐπνευσαν οἱ ἀνεμοι και προσεκοψαν τη οικια ἐκεινη,
Mc	1 5	και ἐβαπτιζοντο ὑπ αὐτου ἐν τω ἰορδανη *ποταμω* ἐξομολογουμενοι τας ἁμαρτιας αὐτων.
Lc	6 48	πλημμυρης δε γενομενης προσερηξεν ὁ *ποταμος* τη οικια ἐκεινη,
	49	ὁ δε ἀκουσας και μη ποιησας ὁμοιος ἐστιν ἀνθρωπω οἰκοδομησαντι οἰκιαν ἐπι την γην χωρις θεμελιου, ἡ προσερηξεν ὁ *ποταμος*,
Jh	7 38	ὁ πιστευων εἰς ἐμε, καθως εἰπεν ἡ γραφη, *ποταμοι* ἐκ της κοιλιας αὐτου ῥευσουσιν ὑδατος ζωντος.
Ac	16 13	τη τε ἡμερα των σαββατων ἐξηλθομεν ἐξω της πυλης παρα *ποταμον* οὑ ἐνομιζομεν προσευχην εἰναι,
2Co	11 26	ὁδοιποριαις πολλακις, κινδυνοις *ποταμων*, κινδυνοις ληστων,
Apc	8 10	και ἐπεσεν ἐπι το τριτον των *ποταμων* και ἐπι τας πηγας των ὑδατων.
	9 14	λυσον τους τεσσαρας ἀγγελους τους δεδεμενους ἐπι τω *ποταμω* τω μεγαλω εὐφρατη.
	12 15	και ἐβαλεν ὁ ὀφις ἐκ του στοματος αὐτου ὀπισω της γυναικος ὑδωρ ὡς *ποταμον*,
	16	και ἠνοιξεν ἡ γη το στομα αὐτης και κατεπιεν τον *ποταμον* ὁν ἐβαλεν ὁ δρακων ἐκ του στοματος αὐτου.
	16 4	και ὁ τριτος ἐξεχεεν την φιαλην αὐτου εἰς τους *ποταμους* και τας πηγας των ὑδατων·
	12	και ὁ ἑκτος ἐξεχεεν την φιαλην αὐτου ἐπι τον *ποταμον* τον μεγαν τον εὐφρατην·
	22 1	και ἐδειξεν μοι *ποταμον* ὑδατος ζωης λαμπρον ὡς κρυσταλλον,
	2	ἐν μεσω της πλατειας αὐτης και του *ποταμου* ἐντευθεν και ἐκειθεν ξυλον ζωης

ποταμοφορητος [1]

Apc	12 15	και ἐβαλεν ὁ ὀφις ἐκ του στοματος αὐτου ὀπισω της γυναικος ὑδωρ ὡς ποταμον, ἱνα αὐτην *ποταμοφορητον* ποιηση.

ποταπος [7]

Mt	8 27	*ποταπος* ἐστιν οὑτος, ὁτι και οἱ ἀνεμοι και ἡ θαλασσα αὐτω ὑπακουουσιν;
Mc	13 1	διδασκαλε, ἰδε *ποταποι* λιθοι και ποταπαι οἰκοδομαι.
	1	διδασκαλε, ἰδε ποταποι λιθοι και *ποταπαι* οἰκοδομαι.
Lc	1 29	ἡ δε ἐπι τω λογω διεταραχθη, και διελογιζετο *ποταπος* εἰη ὁ ἀσπασμος οὑτος.
	7 39	οὑτος εἰ ἡν προφητης, ἐγινωσκεν ἀν τις και *ποταπη* ἡ γυνη ἡτις ἁπτεται αὐτου, ὁτι ἁμαρτωλος ἐστιν.
2Pt	3 11	τουτων οὑτως παντων λυομενων *ποταπους* δει ὑπαρχειν [ὑμας] ἐν ἁγιαις ἀναστροφαις και εὐσεβειαις,
1Jh	3 1	ἰδετε *ποταπην* ἀγαπην δεδωκεν ἡμιν ὁ πατηρ ἱνα τεκνα θεου κληθωμεν, και ἐσμεν.

ποτε [29]

Lc	22 32	και συ *ποτε* ἐπιστρεψας στηρισον τους ἀδελφους σου.
Jh	9 13	ἀγουσιν αὐτον προς τους φαρισαιους, τον *ποτε* τυφλον.
Rm	1 10	ὡς ἀδιαλειπτως μνειαν ὑμων ποιουμαι παντοτε ἐπι των προσευχων μου, δεομενος εἰ πως ἠδη *ποτε* εὐοδωθησομαι ἐν τω θεληματι του θεου ἐλθειν προς ὑμας.
	7 9	ἐγω δε ἐζων χωρις νομου *ποτε*·
	11 30	ὡσπερ γαρ ὑμεις *ποτε* ἠπειθησατε τω θεω, νυν δε ἠλεηθητε τη τουτων ἀπειθεια, οὑτως και οὑτοι νυν ἠπειθησαν τω ὑμετερω ἐλεει ἱνα και αὐτοι [νυν] ἐλεηθωσιν.
1Co	9 7	τις στρατευεται ἰδιοις ὀψωνιοις *ποτε*;
Ga	1 13	ἠκουσατε γαρ την ἐμην ἀναστροφην *ποτε* ἐν τω ἰουδαισμω,
	23	μονον δε ἀκουοντες ἠσαν ὁτι ὁ διωκων ἡμας *ποτε* νυν εὐαγγελιζεται την πιστιν ἡν *ποτε* ἐπορθει,
	23	μονον δε ἀκουοντες ἠσαν ὁτι ὁ διωκων ἡμας ποτε νυν εὐαγγελιζεται την πιστιν ἡν *ποτε* ἐπορθει,
	2 6	ἀπο δε των δοκουντων εἰναι τι, ὁποιοι *ποτε* ἠσαν οὐδεν μοι διαφερει·
Eph	2 2	και ὑμας ὀντας νεκρους τοις παραπτωμασιν και ταις ἁμαρτιαις ὑμων, ἐν αἱς *ποτε* περιεπατησατε
	3	ἐν οἱς και ἡμεις παντες ἀνεστραφημεν *ποτε* ἐν ταις ἐπιθυμιαις της σαρκος ἡμων,
	11	διο μνημονευετε ὁτι *ποτε* ὑμεις τα ἐθνη ἐν σαρκι,
	13	νυνι δε ἐν χριστω ἰησου ὑμεις οἱ *ποτε* ὀντες μακραν ἐγενηθητε ἐγγυς ἐν τω αἱματι του χριστου.

ποτε [29]

Eph	5 8	ἠτε γαρ *ποτε* σκοτος, νυν δε φως ἐν κυριω·
	29	οὐδεις γαρ *ποτε* την ἑαυτου σαρκα ἐμισησεν,
Php	4 10	ἐχαρην δε ἐν κυριω μεγαλως ὁτι ἠδη *ποτε* ἀνεθαλετε το ὑπερ ἐμου φρονειν·
Col	1 21	και ὑμας *ποτε* ὀντας ἀπηλλοτριωμενους και ἐχθρους τη διανοια ἐν τοις ἐργοις τοις πονηροις, νυνι δε ἀποκατηλλαξεν
	3 7	ἐν οἱς και ὑμεις περιεπατησατε *ποτε*, ὁτε ἐζητε ἐν τουτοις·
1Th	2 5	οὐτε γαρ *ποτε* ἐν λογω κολακειας ἐγενηθημεν, καθως οἰδατε, οὐτε ἐν προφασει πλεονεξιας,
Tit	3 3	ἡμεν γαρ *ποτε* και ἡμεις ἀνοητοι,
Phm	11	ὀνησιμον, τον *ποτε* σοι ἀχρηστον νυνι δε [και] σοι και ἐμοι εὐχρηστον,
Heb	1 5	τινι γαρ εἰπεν *ποτε* των ἀγγελων· υἱος μου εἰ συ, ἐγω σημερον γεγεννηκα σε;
	13	προς τινα δε των ἀγγελων εἰρηκεν *ποτε*· καθου ἐκ δεξιων μου ἑως ἀν θω τους ἐχθρους σου ὑποποδιον των ποδων σου;
1Pt	2 10	οἱ *ποτε* οὐ λαος, νυν δε λαος θεου,
	3 5	οὑτως γαρ *ποτε* και αἱ ἁγιαι γυναικες αἱ ἐλπιζουσαι εἰς θεον ἐκοσμουν ἑαυτας,
	20	ἐν ᾡ και τοις ἐν φυλακη πνευμασιν πορευθεις ἐκηρυξεν, ἀπειθησασιν *ποτε* ὁτε ἀπεξεδεχετο ἡ του θεου μακροθυμια ἐν ἡμεραις νωε
2Pt	1 10	ταυτα γαρ ποιουντες οὐ μη πταισητε *ποτε*.
	21	οὐ γαρ θεληματι ἀνθρωπου ἠνεχθη προφητεια *ποτε*,

πότε [19]

Mt	17 17	ὡ γενεα ἀπιστος και διεστραμμενη, ἑως *πότε* μεθ ὑμων ἐσομαι;
	17	ὡ γενεα ἀπιστος και διεστραμμενη, ἑως πότε μεθ ὑμων ἐσομαι; ἑως *πότε* ἀνεξομαι ὑμων;
	24 3	εἰπε ἡμιν, *πότε* ταυτα ἐσται, και τι το σημειον της σης παρουσιας και συντελειας του αἰωνος;
	25 37	κυριε, *πότε* σε εἰδομεν πεινωντα και ἐθρεψαμεν, ἡ διψωντα και ἐποτισαμεν;
	38	*πότε* δε σε εἰδομεν ξενον και συνηγαγομεν, ἡ γυμνον και περιεβαλομεν;
	39	*πότε* δε σε εἰδομεν ἀσθενουντα ἡ ἐν φυλακη και ἠλθομεν προς σε;
	44	κυριε, *πότε* σε εἰδομεν πεινωντα ἡ διψωντα ἡ ξενον ἡ γυμνον ἡ ἀσθενη ἡ ἐν φυλακη και οὐ διηκονησαμεν σοι;
Mc	9 19	ὡ γενεα ἀπιστος, ἑως *πότε* προς ὑμας ἐσομαι; ἑως *πότε* ἀνεξομαι ὑμων;
	19	ὡ γενεα ἀπιστος, ἑως πότε προς ὑμας ἐσομαι; ἑως *πότε* ἀνεξομαι ὑμων;
	13 4	εἰπον ἡμιν, *πότε* ταυτα ἐσται,
	33	βλεπετε, ἀγρυπνειτε· οὐκ οἰδατε γαρ *πότε* ὁ καιρος ἐστιν.
	35	οὐκ οἰδατε γαρ *πότε* ὁ κυριος της οικιας ἐρχεται,
Lc	9 41	ὡ γενεα ἀπιστος και διεστραμμενη, ἑως *πότε* ἐσομαι προς ὑμας και ἀνεξομαι ὑμων;
	12 36	και ὑμεις ὁμοιοι ἀνθρωποις προσδεχομενοις τον κυριον ἑαυτων, *πότε* ἀναλυση ἐκ των γαμων, ἱνα ἐλθοντος και κρουσαντος εὐθεως ἀνοιξωσιν αὐτω.
	17 20	ἐπερωτηθεις δε ὑπο των φαρισαιων *πότε* ἐρχεται ἡ βασιλεια του θεου, ἀπεκριθη αὐτοις και εἰπεν·
	21 7	διδασκαλε, *πότε* οὐν ταυτα ἐσται; και τι το σημειον ὁταν μελλη ταυτα γινεσθαι;
Jh	6 25	ῥαββι, *πότε* ὡδε γεγονας;
	10 24	ἑως *πότε* την ψυχην ἡμων αἰρεις;
Apc	6 10	ἑως *πότε*, ὁ δεσποτης ὁ ἁγιος και ἀληθινος, οὐ κρινεις και ἐκδικεις το αἱμα ἡμων ἐκ των κατοικουντων ἐπι της γης;

ποτερον [1]

Jh	7 17	ἐαν τις θελη το θελημα αὐτου ποιειν, γνωσεται περι της διδαχης, *ποτερον* ἐκ του θεου ἐστιν ἡ ἐγω ἀπ ἐμαυτου λαλω.

ποτηριον [31]

Mt	10 42	και ὁς ἀν ποτιση ἑνα των μικρων τουτων *ποτηριον* ψυχρου μονον εἰς ὀνομα μαθητου,
	20 22	οὐκ οἰδατε τι αἰτεισθε. δυνασθε πιειν το *ποτηριον* ὁ ἐγω μελλω πινειν;
	23	το μεν *ποτηριον* μου πιεσθε, το δε καθισαι ἐκ δεξιων μου και ἐξ εὐωνυμων οὐκ ἐστιν ἐμον [τουτο] δουναι,
	23 25	οὐαι ὑμιν, γραμματεις και φαρισαιοι ὑποκριται, ὁτι καθαριζετε το ἐξωθεν του *ποτηριου* και της παροψιδος, ἐσωθεν δε γεμουσιν ἐξ ἁρπαγης και ἀκρασιας.

ποτηριον [31]

Mt 23 26 φαρισαιε τυφλε, καθαρισον πρωτον το ἐντος του *ποτηριου* ἱνα γενηται και το ἐκτος αὐτου καθαρον.

·26 27 και λαβων *ποτηριον* και εὐχαριστησας ἐδωκεν αὐτοις λεγων·

39 πατερ μου, εἰ δυνατον ἐστιν, παρελθατω ἀπ ἐμου το *ποτηριον* τουτο·

Mc 7 4 και ἀλλα πολλα ἐστιν ἁ παρελαβον κρατειν, βαπτισμους *ποτηριων* και ξεστων και χαλκιων [και κλινων],

9 41 ὁς γαρ ἀν ποτιση ὑμας *ποτηριον* ὑδατος ἐν ὀνοματι, ὁτι χριστου ἐστε, ἀμην λεγω ὑμιν ὁτι οὐ μη ἀπολεση τον μισθον αὐτου.

10 38 δυνασθε πιειν το *ποτηριον* ὁ ἐγω πινω, ἠ το βαπτισμα ὁ ἐγω βαπτιζομαι βαπτισθηναι;

39 το *ποτηριον* ὁ ἐγω πινω πιεσθε, και το βαπτισμα ὁ ἐγω βαπτιζομαι βαπτισθησεσθε·

14 23 και λαβων *ποτηριον* εὐχαριστησας ἐδωκεν αὐτοις, και ἐπιον ἐξ αὐτου παντες.

36 παρενεγκε το *ποτηριον* τουτο ἀπ ἐμου· ἀλλ οὐ τί ἐγω θελω ἀλλα τί συ.

Lc 11 39 νυν ὑμεις οἱ φαρισαιοι το ἐξωθεν του *ποτηριου* και του πινακος καθαριζετε, το δε ἐσωθεν ὑμων γεμει ἀρπαγης και πονηριας.

22 17 και δεξαμενος *ποτηριον* εὐχαριστησας εἰπεν·

20 και το *ποτηριον* ὡσαυτως μετα το δειπνησαι,

20 τουτο το *ποτηριον* ἡ καινη διαθηκη ἐν τω αἱματι μου, το ὑπερ ὑμων ἐκχυννομενον.

42 πατερ, εἰ βουλει παρενεγκε τουτο το *ποτηριον* ἀπ ἐμου·

Jh 18 11 το *ποτηριον* ὁ δεδωκεν μοι ὁ πατηρ, οὐ μη πιω αὐτο;

1Co 10 16 το *ποτηριον* της εὐλογιας ὁ εὐλογουμεν, οὐχι κοινωνια ἐστιν του αἱματος του χριστου;

21 οὐ δυνασθε *ποτηριον* κυριου πινειν και ποτηριον δαιμονιων·

21 οὐ δυνασθε ποτηριον κυριου πινειν και *ποτηριον* δαιμονιων·

11 25 ὡσαυτως και το *ποτηριον* μετα το δειπνησαι, λεγων·

25 τουτο το *ποτηριον* ἡ καινη διαθηκη ἐστιν ἐν τω ἐμω αἱματι·

26 ὁσακις γαρ ἐαν ἐσθιητε τον ἀρτον τουτον και το *ποτηριον* πινητε, τον θανατον του κυριου καταγγελλετε, ἀχρι οὑ ἐλθη.

27 ὡστε ὁς ἀν ἐσθιη τον ἀρτον ἠ πινη το *ποτηριον* του κυριου ἀναξιως, ἐνοχος ἐσται του σωματος και του αἱματος του κυριου.

28 και οὑτως ἐκ του ἀρτου ἐσθιετω και ἐκ του *ποτηριου* πινετω·

Apc 14 10 και αὐτος πιεται ἐκ του οἰνου του θυμου του θεου του κεκερασμενου ἀκρατου ἐν τω *ποτηριω* της ὀργης αὐτου,

16 19 και βαβυλων ἡ μεγαλη ἐμνησθη ἐνωπιον του θεου δουναι αὐτη το *ποτηριον* του οἰνου του θυμου της ὀργης αὐτου.

17 4 ἐχουσα *ποτηριον* χρυσουν ἐν τη χειρι αὐτης γεμον βδελυγματων και τα ἀκαθαρτα της πορνειας αὐτης,

18 6 ἐν τω *ποτηριω* ᾡ ἐκερασεν κερασατε αὐτη διπλουν·

ποτιζω [15]

Mt 10 42 και ὁς ἀν ποτιση ἑνα των μικρων τουτων ποτηριον ψυχρου μονον εἰς ὀνομα μαθητου,

25 35 ἐπεινασα γαρ και ἐδωκατε μοι φαγειν, ἐδιψησα και *ἐποτισατε* με,

37 κυριε, ποτε σε εἰδομεν πεινωντα και ἐθρεψαμεν, ἠ διψωντα και *ἐποτισαμεν*;

42 ἐπεινασα γαρ και οὐκ ἐδωκατε μοι φαγειν, ἐδιψησα και οὐκ *ἐποτισατε* με,

27 48 και εὐθεως δραμων εἰς ἐξ αὐτων και λαβων σπογγον πλησας τε ὀξους και περιθεις καλαμω *ἐποτιζεν* αὐτον.

Mc 9 41 ὁς γαρ ἀν ποτιση ὑμας ποτηριον ὑδατος ἐν ὀνοματι, ὁτι χριστου ἐστε, ἀμην λεγω ὑμιν ὁτι οὐ μη ἀπολεση τον μισθον αὐτου.

15 36 δραμων δε τις [και] γεμισας σπογγον ὀξους περιθεις καλαμω *ἐποτιζεν* αὐτον,

Lc 13 15 ὑποκριται, ἑκαστος ὑμων τω σαββατω οὐ λυει τον βουν αὐτου ἠ τον ὀνον ἀπο της φατνης και ἀπαγαγων *ποτιζει*;

Rm 12 20 ἀλλα ἐαν πεινα ὁ ἐχθρος σου, ψωμιζε αὐτον· ἐαν διψα, *ποτιζε* αὐτον·

1Co 3 2 γαλα ὑμας *ἐποτισα*, οὐ βρωμα· οὐπω γαρ ἐδυνασθε.

6 ἐγω ἐφυτευσα, ἀπολλως *ἐποτισεν*, ἀλλα ὁ θεος ηὐξανεν·

7 ὡστε οὐτε ὁ φυτευων ἐστιν τι οὐτε ὁ *ποτιζων*, ἀλλ ὁ αὐξανων θεος.

8 ὁ φυτευων δε και ὁ *ποτιζων* ἑν εἰσιν, ἑκαστος δε τον ἰδιον μισθον λημψεται κατα τον ἰδιον κοπον.

12 13 και παντες ἑν πνευμα *ἐποτισθημεν*.

Apc 14 8 ἐπεσεν ἐπεσεν βαβυλων ἡ μεγαλη, ἡ ἐκ του οἰνου του θυμου της πορνειας αὐτης πεποτικεν παντα τα ἐθνη.

ποτιολοι [1]

Ac 28 13 και μετα μιαν ἡμεραν ἐπιγενομενου νοτου δευτεραιοι ἠλθομεν εἰς *ποτιολους*,

ποτος [1]

1Pt 4 3 πεπορευμενους ἐν ἀσελγειαις, ἐπιθυμιαις, οἰνοφλυγιαις, κωμοις, *ποτοις* και ἀθεμιτοις εἰδωλολατριαις.

που [4]

Ac 27 29 φοβουμενοι τε μη *που* κατα τραχεις τοπους ἐκπεσωμεν, ἐκ πρυμνης ῥιψαντες ἀγκυρας τεσσαρας ηὐχοντο ἡμεραν γενεσθαι.

Rm 4 19 και μη ἀσθενησας τη πιστει κατενοησεν το ἑαυτου σωμα [ἠδη] νενεκρωμενον, ἑκατονταετης *που* ὑπαρχων,

Heb 2 6 διεμαρτυρατο δε *που* τις λεγων·

4 4 εἰρηκεν γαρ *που* περι της ἑβδομης οὑτως· και κατεπαυσεν ὁ θεος ἐν τη ἡμερα τη ἑβδομη ἀπο παντων των ἐργων αὐτου·

ποῦ [48]

Mt 2 2 *ποῦ* ἐστιν ὁ τεχθεις βασιλευς των ἰουδαιων;

4 και συναγαγων παντας τους ἀρχιερεις και γραμματεις του λαου ἐπυνθανετο παρ αὐτων *ποῦ* ὁ χριστος γενναται.

8 20 ὁ δε υἱος του ἀνθρωπου οὐκ ἐχει *ποῦ* την κεφαλην κλινη.

26 17 *ποῦ* θελεις ἑτοιμασωμεν σοι φαγειν το πασχα;

Mc 14 12 *ποῦ* θελεις ἀπελθοντες ἑτοιμασωμεν ἱνα φαγης το πασχα;

14 *ποῦ* ἐστιν το καταλυμα μου, ὁπου το πασχα μετα των μαθητων μου φαγω;

15 47 ἡ δε μαρια ἡ μαγδαληνη και μαρια ἡ ἰωσητος ἐθεωρουν *ποῦ* τεθειται.

Lc 8 25 εἰπεν δε αὐτοις· *ποῦ* ἡ πιστις ὑμων;

9 58 αἱ ἀλωπεκες φωλεους ἐχουσιν και τα πετεινα του οὐρανου κατασκηνωσεις, ὁ δε υἱος του ἀνθρωπου οὐκ ἐχει *ποῦ* την κεφαλην κλινη.

12 17 τί ποιησω, ὁτι οὐκ ἐχω *ποῦ* συναξω τους καρπους μου;

17 17 οὐχ οἱ δεκα ἐκαθαρισθησαν; οἱ δε ἐννεα *ποῦ*;

37 και ἀποκριθεντες λεγουσιν αὐτω· *ποῦ*, κυριε;

22 9 οἱ δε εἰπαν αὐτω· *ποῦ* θελεις ἑτοιμασωμεν;

11 λεγει σοι ὁ διδασκαλος· *ποῦ* ἐστιν το καταλυμα ὁπου το πασχα μετα των μαθητων μου φαγω;

Jh 1 38 ῥαββι ὁ λεγεται μεθερμηνευομενον διδασκαλε, *ποῦ* μενεις;

39 ἠλθαν οὐν και εἰδαν *ποῦ* μενει,

3 8 και την φωνην αὐτου ἀκουεις, ἀλλ οὐκ οἰδας ποθεν ἐρχεται και *ποῦ* ὑπαγει·

7 11 οἱ οὐν ἰουδαιοι ἐζητουν αὐτον ἐν τη ἑορτη και ἐλεγον· *ποῦ* ἐστιν ἐκεινος;

35 *ποῦ* οὑτος μελλει πορευεσθαι, ὁτι ἡμεις οὐχ εὑρησομεν αὐτον;

8 10* ἀνακυψας δε ὁ ἰησους εἰπεν αὐτη· γυναι, *ποῦ* εἰσιν;

14 καν ἐγω μαρτυρω περι ἐμαυτου, ἀληθης ἐστιν ἡ μαρτυρια μου, ὁτι οἰδα ποθεν ἠλθον και *ποῦ* ὑπαγω·

14 ὑμεις δε οὐκ οἰδατε ποθεν ἐρχομαι ἠ *ποῦ* ὑπαγω.

19 *ποῦ* ἐστιν ὁ πατηρ σου;

9 12 και εἰπαν αὐτω· *ποῦ* ἐστιν ἐκεινος;

11 34 και εἰπεν· *ποῦ* τεθεικατε αὐτον;

57 δεδωκεισαν δε οἱ ἀρχιερεις και οἱ φαρισαιοι ἐντολας ἱνα ἐαν τις γνω *ποῦ* ἐστιν μηνυση, ὁπως πιασωσιν αὐτον.

12 35 και ὁ περιπατων ἐν τη σκοτια οὐκ οἰδεν *ποῦ* ὑπαγει.

13 36 λεγει αὐτω σιμων πετρος· κυριε, *ποῦ* ὑπαγεις;

14 5 κυριε, οὐκ οἰδαμεν *ποῦ* ὑπαγεις·

16 5 και οὐδεις ἐξ ὑμων ἐρωτα με· *ποῦ* ὑπαγεις;

20 2 ἠραν τον κυριον ἐκ του μνημειου, και οὐκ οἰδαμεν *ποῦ* ἐθηκαν αὐτον.

13 λεγει αὐτοις ὁτι ἠραν τον κυριον μου, και οὐκ οἰδα *ποῦ* ἐθηκαν αὐτον.

15 κυριε, εἰ συ ἐβαστασας αὐτον, εἰπε μοι *ποῦ* ἐθηκας αὐτον, καγω αὐτον ἀρω.

Rm 3 27 *ποῦ* οὐν ἡ καυχησις; ἐξεκλεισθη.

1Co 1 20 *ποῦ* σοφος; *ποῦ* γραμματευς;

20 *ποῦ* γραμματευς; *ποῦ* συζητητης του αἰωνος τουτου;

12 17 εἰ ὁλον το σωμα ὀφθαλμος, *ποῦ* ἡ ἀκοη;

17 εἰ ὁλον ἀκοη, *ποῦ* ἡ ὀσφρησις;

19 εἰ δε ἠν τα παντα ἑν μελος, *ποῦ* το σωμα;

15 55 *ποῦ* σου, θανατε, το νικος; *ποῦ* σου, θανατε, το κεντρον;

55 *ποῦ* σου, θανατε, το νικος; *ποῦ* σου, θανατε, το κεντρον;

Ga 4 15 *ποῦ* οὐν ὁ μακαρισμος ὑμων;

Heb 11 8 και ἐξηλθεν μη ἐπισταμενος *ποῦ* ἐρχεται.

ποῦ [48]

1Pt	4 18	καὶ εἰ ὁ δικαιος μολις σωζεται, ὁ ἀσεβης καὶ ἁμαρτωλος ποῦ φανειται;
2Pt	3 4	ποῦ ἐστιν ἡ ἐπαγγελια της παρουσιας αὐτου;
1Jh	2 11	ὁ δε μισων τον ἀδελφον αὐτου ἐν τῃ σκοτιᾳ ἐστιν καὶ ἐν τῃ σκοτιᾳ περιπατει, καὶ οὐκ οἰδεν ποῦ ὑπαγει,
Apc	2 13	ταδε λεγει ὁ ἐχων την ρομφαιαν την διστομον την ὀξειαν· οἰδα ποῦ κατοικεις·

πουδης [1]

2Tm	4 21	ἀσπαζεται σε εὐβουλος καὶ πουδης καὶ λινος καὶ κλαυδια καὶ οἱ ἀδελφοι παντες.

πους [93]

Mt	4 6	μηποτε προσκοψῃς προς λιθον τον ποδα σου.
	5 35	μητε ἐν τῃ γῃ, ὁτι ὑποποδιον ἐστιν των ποδων αὐτου·
	7 6	μηποτε καταπατησουσιν αὐτους ἐν τοις ποσιν αὐτων καὶ στραφεντες ρηξωσιν ὑμας.
	10 14	ἐξερχομενοι ἐξω της οἰκιας ἠ της πολεως ἐκεινης ἐκτιναξατε τον κονιορτον των ποδων ὑμων.
	15 30	καὶ προσηλθον αὐτῳ ὀχλοι πολλοι ἐχοντες μεθ ἑαυτων χωλους, τυφλους, κυλλους, κωφους, καὶ ἑτερους πολλους, καὶ ἐρριψαν αὐτους παρα τους ποδας αὐτου·
	18 8	εἰ δε ἡ χειρ σου ἠ ὁ πους σου σκανδαλιζει σε, ἐκκοψον αὐτον καὶ βαλε ἀπο σοῦ·
	8	καλον σοι ἐστιν εἰσελθειν εἰς την ζωην κυλλον ἠ χωλον, ἠ δυο χειρας ἠ δυο ποδας ἐχοντα βληθηναι εἰς το πυρ το αἰωνιον.
	22 13	δησαντες αὐτου ποδας καὶ χειρας ἐκβαλετε αὐτον εἰς το σκοτος το ἐξωτερον·
	44	πως οὐν δαυιδ ἐν πνευματι καλει αὐτον κυριον λεγων· εἰπεν κυριος τῳ κυριῳ μου· καθου ἐκ δεξιων μου ἑως ἀν θω τους ἐχθρους σου ὑποκατω των ποδων σου;
	28 9	αἱ δε προσελθουσαι ἐκρατησαν αὐτου τους ποδας καὶ προσεκυνησαν αὐτῳ.
Mc	5 22	καὶ ἐρχεται εἰς των ἀρχισυναγωγων, ὀνοματι ἰαιρος, καὶ ἰδων αὐτον πιπτει προς τους ποδας αὐτου,
	6 11	καὶ ὁς ἀν τοπος μη δεξηται ὑμας μηδε ἀκουσωσιν ὑμων, ἐκπορευομενοι ἐκειθεν ἐκτιναξατε τον χουν τον ὑποκατω των ποδων ὑμων εἰς μαρτυριον αὐτοις.
	7 25	ἀλλ εὐθυς ἀκουσασα γυνη περι αὐτου, ἡς εἰχεν το θυγατριον αὐτης πνευμα ἀκαθαρτον, ἐλθουσα προσεπεσεν προς τους ποδας αὐτου·
	9 45	καὶ ἐαν ὁ πους σου σκανδαλιζῃ σε, ἀποκοψον αὐτον·
	45	καλον ἐστιν σε εἰσελθειν εἰς την ζωην χωλον, ἠ τους δυο ποδας ἐχοντα βληθηναι εἰς την γεενναν.
	12 36	εἰπεν κυριος τῳ κυριῳ μου· καθου ἐκ δεξιων μου ἑως ἀν θω τους ἐχθρους σου ὑποκατω των ποδων σου.
Lc	1 79	ἐπιφαναι τοις ἐν σκοτει καὶ σκιᾳ θανατου καθημενοις, του κατευθυναι τους ποδας ἡμων εἰς ὁδον εἰρηνης.
	4 11	γεγραπται γαρ ὁτι τοις ἀγγελοις αὐτου ἐντελειται περι σοῦ του διαφυλαξαι σε, καὶ ὁτι ἐπι χειρων ἀρουσιν σε, μηποτε προσκοψῃς προς λιθον τον ποδα σου.
	7 38	καὶ στασα ὀπισω παρα τους ποδας αὐτου κλαιουσα, τοις δακρυσιν ἠρξατο βρεχειν τους ποδας αὐτου,
	38	καὶ στασα ὀπισω παρα τους ποδας αὐτου κλαιουσα, τοις δακρυσιν ἠρξατο βρεχειν τους ποδας αὐτου,
	38	καὶ ταις θριξιν της κεφαλης αὐτης ἐξεμασσεν, καὶ κατεφιλει τους ποδας αὐτου καὶ ἠλειφεν τῳ μυρῳ.
	44	εἰσηλθον σου εἰς την οἰκιαν, ὑδωρ μοι ἐπι ποδας οὐκ ἐδωκας· αὑτη δε τοις δακρυσιν ἐβρεξεν μου τους ποδας καὶ ταις θριξιν αὑτης ἐξεμαξεν.
	44	
	45	αὑτη δε ἀφ ἡς εἰσηλθον οὐ διελιπεν καταφιλουσα μου τους ποδας.
	46	αὑτη δε μυρῳ ἠλειψεν τους ποδας μου.
	8 35	καὶ εὑρον καθημενον τον ἀνθρωπον ἀφ οὑ τα δαιμονια ἐξηλθεν ἱματισμενον καὶ σωφρονουντα παρα τους ποδας του ἰησου, καὶ ἐφοβηθησαν.
	41	καὶ πεσων παρα τους ποδας [του] ἰησου παρεκαλει αὐτον εἰσελθειν εἰς τον οἰκον αὐτου,
	9 5	καὶ ὁσοι ἀν μη δεχωνται ὑμας, ἐξερχομενοι ἀπο της πολεως ἐκεινης τον κονιορτον ἀπο των ποδων ὑμων ἀποτινασσετε εἰς μαρτυριον ἐπ αὐτους.
	10 11	καὶ τον κονιορτον τον κολληθεντα ἡμιν ἐκ της πολεως ὑμων εἰς τους ποδας ἀπομασσομεθα ὑμιν·
	39	καὶ τῃδε ἠν ἀδελφη καλουμενη μαριαμ, [ἡ] καὶ παρακαθεσθεισα προς τους ποδας του κυριου ἠκουεν τον λογον αὐτου.

πους [93]

Lc	15 22	καὶ δοτε δακτυλιον εἰς την χειρα αὐτου καὶ ὑποδηματα εἰς τους ποδας,
	17 16	καὶ ἐπεσεν ἐπι προσωπον παρα τους ποδας αὐτου εὐχαριστων αὐτῳ·
	20 43	καθου ἐκ δεξιων μου ἑως ἀν θω τους ἐχθρους σου ὑποποδιον των ποδων σου.
	24 39	ἰδετε τας χειρας μου καὶ τους ποδας μου, ὁτι ἐγω εἰμι αὐτος·
	40	καὶ τουτο εἰπων ἐδειξεν αὐτοις τας χειρας καὶ τους ποδας.
Jh	11 2	ἠν δε μαριαμ ἡ ἀλειψασα τον κυριον μυρῳ καὶ ἐκμαξασα τους ποδας αὐτου ταις θριξιν αὑτης,
	32	ἡ οὐν μαριαμ ὡς ἠλθεν ὁπου ἠν ἰησους, ἰδουσα αὐτον ἐπεσεν αὐτου προς τους ποδας,
	44	ἐξηλθεν ὁ τεθνηκως δεδεμενος τους ποδας καὶ τας χειρας κειριαις,
	12 3	ἡ οὐν μαριαμ λαβουσα λιτραν μυρου ναρδου πιστικης πολυτιμου ἠλειψεν τους ποδας του ἰησου καὶ ἐξεμαξεν ταις θριξιν αὑτης τους ποδας αὐτου·
	3	ἡ οὐν μαριαμ λαβουσα λιτραν μυρου ναρδου πιστικης πολυτιμου ἠλειψεν τους ποδας του ἰησου καὶ ἐξεμαξεν ταις θριξιν αὑτης τους ποδας αὐτου·
	13 5	εἰτα βαλλει ὑδωρ εἰς τον νιπτηρα, καὶ ἠρξατο νιπτειν τους ποδας των μαθητων καὶ ἐκμασσειν τῳ λεντιῳ ᾡ ἠν διεζωσμενος.
	6	κυριε, συ μου νιπτεις τους ποδας;
	8	οὐ μη νιψῃς μου τους ποδας εἰς τον αἰωνα.
	9	κυριε, μη τους ποδας μου μονον ἀλλα καὶ τας χειρας καὶ την κεφαλην.
	10	ὁ λελουμενος οὐκ ἐχει χρειαν εἰ μη τους ποδας νιψασθαι, ἀλλ ἐστιν καθαρος ὁλος·
	12	ὁτε οὐν ἐνιψεν τους ποδας αὐτων [καὶ] ἐλαβεν τα ἱματια αὐτου καὶ ἀνεπεσεν παλιν, εἰπεν αὐτοις·
	14	εἰ οὐν ἐγω ἐνιψα ὑμων τους ποδας ὁ κυριος καὶ ὁ διδασκαλος, καὶ ὑμεις ὀφειλετε ἀλληλων νιπτειν τους ποδας·
	14	εἰ οὐν ἐγω ἐνιψα ὑμων τους ποδας ὁ κυριος καὶ ὁ διδασκαλος, καὶ ὑμεις ὀφειλετε ἀλληλων νιπτειν τους ποδας·
	20 12	καὶ θεωρει δυο ἀγγελους ἐν λευκοις καθεζομενους, ἑνα προς τῃ κεφαλῃ καὶ ἑνα προς τοις ποσιν, ὁπου ἐκειτο το σωμα του ἰησου.
Ac	2 35	εἰπεν [ὁ] κυριος τῳ κυριῳ μου· καθου ἐκ δεξιων μου, ἑως ἀν θω τους ἐχθρους σου ὑποποδιον των ποδων σου.
	4 35	ὁσοι γαρ κτητορες χωριων ἠ οἰκιων ὑπηρχον, πωλουντες ἐφερον τας τιμας των πιπρασκομενων καὶ ἐτιθουν παρα τους ποδας των ἀποστολων·
	37	ὑπαρχοντος αὐτῳ ἀγρου, πωλησας ἠνεγκεν το χρημα καὶ ἐθηκεν προς τους ποδας των ἀποστολων.
	5 2	καὶ ἐνεγκας μερος τι παρα τους ποδας των ἀποστολων ἐθηκεν.
	9	ἰδου οἱ ποδες των θαψαντων τον ἀνδρα σου ἐπι τῃ θυρᾳ καὶ ἐξοισουσιν σε.
	10	ἐπεσεν δε παραχρημα προς τους ποδας αὐτου καὶ ἐξεψυξεν·
	7 5	καὶ οὐκ ἐδωκεν αὐτῳ κληρονομιαν ἐν αὐτῃ οὐδε βημα ποδος·
	33	λυσον το ὑποδημα των ποδων σου· ὁ γαρ τοπος ἐφ ᾡ ἐστηκας γη ἁγια ἐστιν.
	49	ὁ οὐρανος μοι θρονος, ἡ δε γη ὑποποδιον των ποδων μου·
	58	καὶ οἱ μαρτυρες ἀπεθεντο τα ἱματια αὐτων παρα τους ποδας νεανιου καλουμενου σαυλου.
	10 25	ὡς δε ἐγενετο του εἰσελθειν τον πετρον, συναντησας αὐτῳ ὁ κορνηλιος πεσων ἐπι τους ποδας προσεκυνησεν.
	13 25	ἀλλ ἰδου ἐρχεται μετ ἐμε οὑ οὐκ εἰμι ἀξιος το ὑποδημα των ποδων λυσαι.
	51	οἱ δε ἐκτιναξαμενοι τον κονιορτον των ποδων ἐπ αὐτους ἠλθον εἰς ἰκονιον,
	14 8	καὶ τις ἀνηρ ἀδυνατος ἐν λυστροις τοις ποσιν ἐκαθητο,
	10	ἀναστηθι ἐπι τους ποδας σου ὀρθος.
	16 24	ὁς παραγγελιαν τοιαυτην λαβων ἐβαλεν αὐτους εἰς την ἐσωτεραν φυλακην καὶ τους ποδας ἠσφαλισατο αὐτων εἰς το ξυλον.
	21 11	καὶ ἐλθων προς ἡμας καὶ ἀρας την ζωνην του παυλου, δησας ἑαυτου τους ποδας καὶ τας χειρας εἰπεν·
	22 3	ἀνατεθραμμενος δε ἐν τῃ πολει ταυτῃ, παρα τους ποδας γαμαλιηλ πεπαιδευμενος κατα ἀκριβειαν του πατρωου νομου,
	26 16	ἀλλα ἀναστηθι καὶ στηθι ἐπι τους ποδας σου·
Rm	3 15	ὀξεις οἱ ποδες αὐτων ἐκχεαι αἱμα,
	10 15	ὡς ὡραιοι οἱ ποδες των εὐαγγελιζομενων [τα] ἀγαθα.
	16 20	ὁ δε θεος της εἰρηνης συντριψει τον σαταναν ὑπο τους ποδας ὑμων ἐν ταχει.
1Co	12 15	ἐαν εἰπῃ ὁ πους· ὁτι οὐκ εἰμι χειρ, οὐκ εἰμι ἐκ του σωματος, οὐ παρα τουτο οὐκ ἐστιν ἐκ του σωματος.

πους [93]

1Co	12 21	ού δυναται δε ό όφθαλμος είπειν τη χειρι· χρειαν σου ούκ έχω, ή παλιν ή κεφαλη τοις *ποσιν*· χρειαν ύμων ούκ έχω·
	15 25	δει γαρ αύτον βασιλευειν άχρι ού θη παντας τους έχθρους ύπο τους *ποδας* αύτου.
	27	παντα γαρ ύπεταξεν ύπο τους *ποδας* αύτου.
Eph	1 22	και παντα ύπεταξεν ύπο τους *ποδας* αύτου,
	6 15	και ύποδησαμενοι τους *ποδας* έν έτοιμασια του εύαγγελιου της είρηνης,
1Tm	5 10	εί έτεκνοτροφησεν, εί έξενοδοχησεν, εί άγιων *ποδας* ένιψεν,
Heb	1 13	καθου έκ δεξιων μου έως άν θω τους έχθρους σου ύποποδιον των *ποδων* σου;
	2 8	παντα ύπεταξας ύποκατω των *ποδων* αύτου.
	10 13	το λοιπον έκδεχομενος έως τεθωσιν οί έχθροι αύτου ύποποδιον των *ποδων* αύτου.
	12 13	και τροχιας όρθας ποιειτε τοις *ποσιν* ύμων,
Apc	1 15	και οί *ποδες* αύτου όμοιοι χαλκολιβανω ώς έν καμινω πεπυρωμενης,
	17	και ότε είδον αύτον, έπεσα προς τους *ποδας* αύτου ώς νεκρος·
	2 18	ό έχων τους όφθαλμους αύτου ώς φλογα πυρος, και οί *ποδες* αύτου όμοιοι χαλκολιβανω·
	3 9	ίδου ποιησω αύτους ίνα ήξουσιν και προσκυνησουσιν ένωπιον των *ποδων* σου,
	10 1	και οί *ποδες* αύτου ώς στυλοι πυρος,
	2	και έθηκεν τον *ποδα* αύτου τον δεξιον έπι της θαλασσης,
	11 11	και έστησαν έπι τους *ποδας* αύτων,
	12 1	γυνη περιβεβλημενη τον ήλιον, και ή σεληνη ύποκατω των *ποδων* αύτης,
	13 2	και το θηριον ό είδον ήν όμοιον παρδαλει, και οί *ποδες* αύτου ώς άρκου,
	19 10	και έπεσα έμπροσθεν των *ποδων* αύτου προσκυνησαι αύτω.
	22 8	και ότε ήκουσα και έβλεψα, έπεσα προσκυνησαι έμπροσθεν των *ποδων* του άγγελου του δεικνυοντος μοι ταυτα.

πραγμα [11]

Mt	18 19	παλιν [άμην] λεγω ύμιν ότι έαν δυο συμφωνησωσιν έξ ύμων έπι της γης περι παντος *πραγματος* ού έαν αίτησωνται, γενησται αύτοις παρα του πατρος μου του έν ούρανοις.
Lc	1 1	έπειδηπερ πολλοι έπεχειρησαν άναταξασθαι διηγησιν περι των πεπληροφορημενων έν ήμιν *πραγματων*, καθως παρεδοσαν ήμιν οί άπ άρχης αύτοπται και ύπηρεται γενομενοι του λογου,
Ac	5 4	τί ότι έθου έν τη καρδια σου το *πραγμα* τουτο;
Rm	16 2	ίνα αύτην προσδεξησθε έν κυριω άξιως των άγιων, και παραστητε αύτη έν ώ άν ύμων χρηζη *πραγματι*·
1Co	6 1	τολμα τις ύμων *πραγμα* έχων προς τον έτερον κρινεσθαι έπι των άδικων, και ούχι έπι των άγιων;
2Co	7 11	έν παντι συνεστησατε έαυτους άγνους είναι τω *πραγματι*.
1Th	4 6	το μη ύπερβαινειν και πλεονεκτειν έν τω *πραγματι* τον άδελφον αύτου,
Heb	6 18	ίνα δια δυο *πραγματων* άμεταθετων, έν οίς άδυνατον ψευσασθαι [τον] θεον, ίσχυραν παρακλησιν έχωμεν οί καταφυγοντες
	10 1	σκιαν γαρ έχων ό νομος των μελλοντων άγαθων, ούκ αύτην την είκονα των *πραγματων*,
	11 1	έστιν δε πιστις έλπιζομενων ύποστασις, *πραγματων* έλεγχος ού βλεπομενων·
Ja	3 16	όπου γαρ ζηλος και έριθεια, έκει άκαταστασια και παν φαυλον *πραγμα*.

πραγματεια [1]

2Tm	2 4	ούδεις στρατευομενος έμπλεκεται ταις του βιου *πραγματειαις*,

πραγματευομαι [1]

Lc	19 13	*πραγματευσασθε* έν ώ έρχομαι.

πραιτωριον [8]

Mt	27 27	τοτε οί στρατιωται του ήγεμονος παραλαβοντες τον ίησουν είς το *πραιτωριον* συνηγαγον έπ αύτον όλην την σπειραν.
Mc	15 16	οί δε στρατιωται άπηγαγον αύτον έσω της αύλης, ό έστιν *πραιτωριον*, και συγκαλουσιν όλην την σπειραν.
Jh	18 28	άγουσιν ούν τον ίησουν άπο του καιαφα είς το *πραιτωριον*·
	28	και αύτοι ούκ είσηλθον είς το *πραιτωριον*, ίνα μη μιανθωσιν άλλα φαγωσιν το πασχα.
	33	είσηλθεν ούν παλιν είς το *πραιτωριον* ό πιλατος και έφωνησεν τον ίησουν και είπεν αύτω·
Jh	19 9	και είσηλθεν είς το *πραιτωριον* παλιν και λεγει τω ίησου·
Ac	23 35	κελευσας έν τω *πραιτωριω* του ήρωδου φυλασσεσθαι αύτον.
Php	1 13	ώστε τους δεσμους μου φανερους έν χριστω γενεσθαι έν όλω τω *πραιτωριω* και τοις λοιποις πασιν,

πρακτωρ [2]

Lc	12 58	μηποτε κατασυρη σε προς τον κριτην, και ό κριτης σε παραδωσει τω *πρακτορι*,
	58	και ό κριτης σε παραδωσει τω *πρακτορι*, και ό *πρακτωρ* σε βαλει είς φυλακην.

πραξις [6]

Mt	16 27	μελλει γαρ ό υίος του άνθρωπου έρχεσθαι έν τη δοξη του πατρος αύτου μετα των άγγελων αύτου, και τοτε άποδωσει έκαστω κατα την *πραξιν* αύτου.
Lc	23 51	ούτος ούκ ήν συγκατατεθειμενος τη βουλη και τη *πραξει* αύτων,
Ac	19 18	πολλοι τε των πεπιστευκοτων ήρχοντο έξομολογουμενοι και άναγγελλοντες τας *πραξεις* αύτων.
Rm	8 13	εί δε πνευματι τας *πραξεις* του σωματος θανατουτε, ζησεσθε.
	12 4	καθαπερ γαρ έν ένι σωματι πολλα μελη έχομεν, τα δε μελη παντα ού την αύτην έχει *πραξιν*, ούτως οί πολλοι έν σωμα έσμεν έν χριστω,
Col	3 9	άπεκδυσαμενοι τον παλαιον άνθρωπον συν ταις *πραξεσιν* αύτου,

πρασια [2]

Mc	6 40	και άνεπεσαν *πρασιαι* πρασιαι κατα έκατον και κατα πεντηκοντα.
	40	και άνεπεσαν πρασιαι *πρασιαι* κατα έκατον και κατα πεντηκοντα.

πρασσω [39]

Lc	3 13	μηδεν πλεον παρα το διατεταγμενον ύμιν *πρασσετε*.
	19 23	καγω έλθων συν τοκω άν αύτο *έπραξα*.
	22 23	και αύτοι ήρξαντο συζητειν προς έαυτους το τίς άρα είη έξ αύτων ό τουτο μελλων *πρασσειν*.
	23 15	και ίδου ούδεν άξιον θανατου έστιν *πεπραγμενον* αύτω·
	41	και ήμεις μεν δικαιως, άξια γαρ ών *έπραξαμεν* άπολαμβανομεν·
	41	ούτος δε ούδεν άτοπον *έπραξεν*.
Jh	3 20	πας γαρ ό φαυλα *πρασσων* μισει το φως και ούκ έρχεται προς το φως,
	5 29	ότι έρχεται ώρα έν ή παντες οί έν τοις μνημειοις άκουσουσιν της φωνης αύτου και έκπορευσονται οί τα άγαθα ποιησαντες είς άναστασιν ζωης, οί δε τα φαυλα *πραξαντες* είς άναστασιν κρισεως.
Ac	3 17	και νυν, άδελφοι, οίδα ότι κατα άγνοιαν *έπραξατε*, ώσπερ και οί άρχοντες ύμων·
	5 35	άνδρες ίσραηλιται, προσεχετε έαυτοις έπι τοις άνθρωποις τουτοις τί μελλετε *πρασσειν*.
	15 29	έξ ών διατηρουντες έαυτους εύ *πραξετε*. έρρωσθε.
	16 28	μηδεν *πραξης* σεαυτω κακον, άπαντες γαρ έσμεν ένθαδε.
	17 7	και ούτοι παντες άπεναντι των δογματων καισαρος *πρασσουσιν*, βασιλεα έτερον λεγοντες είναι ίησουν.
	19 19	ίκανοι δε των τα περιεργα *πραξαντων* συνενεγκαντες τας βιβλους κατεκαιον ένωπιον παντων·
	36	άναντιρρητων ούν όντων τουτων δεον έστιν ύμας κατεσταλμενους ύπαρχειν και μηδεν προπετες *πρασσειν*.
	25 11	εί μεν ούν άδικω και άξιον θανατου *πεπραχα* τι, ού παραιτουμαι το άποθανειν·
	25	έγω δε κατελαβομην μηδεν άξιον αύτον θανατου *πεπραχεναι*, αύτου δε τουτου έπικαλεσαμενου τον σεβαστον έκρινα πεμπειν.
	26 9	έγω μεν ούν έδοξα έμαυτω προς το όνομα ίησου του ναζωραιου δειν πολλα έναντια *πραξαι*·
	20	και τοις έθνεσιν άπηγγελλον μετανοειν και έπιστρεφειν έπι τον θεον, άξια της μετανοιας έργα *πρασσοντας*.
	26	ού γαρ έστιν έν γωνια *πεπραγμενον* τουτο.
	31	και άναχωρησαντες έλαλουν προς άλληλους λεγοντες ότι ούδεν θανατου ή δεσμων άξιον [τι] *πρασσει* ό άνθρωπος ούτος.
Rm	1 32	οίτινες το δικαιωμα του θεου έπιγνοντες, ότι οί τα τοιαυτα *πρασσοντες* άξιοι θανατου είσιν,

πρασσω [39]

Rm	1 32	οὐ μονον αὐτα ποιουσιν, ἀλλα και συνευδοκουσιν τοις *πρασσουσιν.*
	2 1	τα γαρ αὐτα *πρασσεις* ὁ κρινων.
	2	οἰδαμεν δε ὁτι το κριμα του θεου ἐστιν κατα ἀληθειαν ἐπι τους τα τοιαυτα *πρασσοντας.*
	3	λογιζῃ δε τουτο, ὠ ἀνθρωπε ὁ κρινων τους τα τοιαυτα *πρασσοντας* και ποιων αὐτα, ὁτι συ ἐκφευξῃ το κριμα του θεου;
	25	περιτομη μεν γαρ ὠφελει ἐαν νομον *πρασσῃς·*
	7 15	οὐ γαρ ὁ θελω τουτο *πρασσω,* ἀλλ ὁ μισω τουτο ποιω.
	19	οὐ γαρ ὁ θελω ποιω ἀγαθον, ἀλλα ὁ οὐ θελω κακον τουτο *πρασσω.*
	9 11	μηπω γαρ γεννηθεντων μηδε *πραξαντων* τι ἀγαθον ἠ φαυλον,
	13 4	θεου γαρ διακονος ἐστιν ἐκδικος εἰς ὀργην τω το κακον *πρασσοντι.*
1Co	5 2	και οὐχι μαλλον ἐπενθησατε, ἱνα ἀρθη ἐκ μεσου ὑμων ὁ το ἐργον τουτο *πραξας;*
	9 17	εἰ γαρ ἑκων τουτο *πρασσω,* μισθον ἐχω·
2Co	5 10	τους γαρ παντας ἡμας φανερωθηναι δει ἐμπροσθεν του βηματος του χριστου, ἱνα κομισηται ἑκαστος τα δια του σωματος προς ἁ *ἐπραξεν,*
	12 21	και πενθησω πολλους των προημαρτηκοτων και μη μετανοησαντων ἐπι τη ἀκαθαρσιᾳ και πορνειᾳ και ἀσελγειᾳ ἡ *ἐπραξαν.*
Ga	5 21	ὁτι οἱ τα τοιαυτα *πρασσοντες* βασιλειαν θεου οὐ κληρονομησουσιν.
Eph	6 21	ἱνα δε εἰδητε και ὑμεις τα κατ ἐμε, τί *πρασσω,* παντα γνωρισει ὑμιν τυχικος ὁ ἀγαπητος ἀδελφος και πιστος διακονος ἐν κυριω,
Php	4 9	ἁ και ἐμαθετε και παρελαβετε και ἠκουσατε και εἰδετε ἐν ἐμοι, ταυτα *πρασσετε·*
1Th	4 11	και φιλοτιμεισθαι ἡσυχαζειν και *πρασσειν* τα ἰδια και ἐργαζεσθαι ταις [ἰδιαις] χερσιν ὑμων,

πραυπαθια [1]

1Tm	6 11	διωκε δε δικαιοσυνην, εὐσεβειαν, πιστιν, ἀγαπην, ὑπομονην, *πραυπαθιαν.*

πραυς [4]

Mt	5 5	μακαριοι οἱ *πραεις,* ὁτι αὐτοι κληρονομησουσιν την γην.
	11 29	ἀρατε τον ζυγον μου ἐφ ὑμας και μαθετε ἀπ ἐμου, ὁτι *πραυς* εἰμι και ταπεινος τη καρδιᾳ,
	21 5	εἰπατε τη θυγατρι σιων· ἰδου ὁ βασιλευς σου ἐρχεται σοι *πραυς* και ἐπιβεβηκως ἐπι ὀνον και ἐπι πωλον υἱον ὑποζυγιου.
1Pt	3 4	ἀλλ ὁ κρυπτος της καρδιας ἀνθρωπος ἐν τω ἀφθαρτω του *πραεως* και ἡσυχιου πνευματος,

πραυτης [11]

1Co	4 21	τί θελετε; ἐν ῥαβδω ἐλθω προς ὑμας, ἡ ἐν ἀγαπη πνευματι τε *πραυτητος;*
2Co	10 1	αὐτος δε ἐγω παυλος παρακαλω ὑμας δια της *πραυτητος* και ἐπιεικειας του χριστου,
Ga	5 23	ὁ δε καρπος του πνευματος ἐστιν ἀγαπη, χαρα, εἰρηνη, μακροθυμια, χρηστοτης, ἀγαθωσυνη, πιστις, *πραυτης,* ἐγκρατεια·
	6 1	ἀδελφοι, ἐαν και προλημφθη ἀνθρωπος ἐν τινι παραπτωματι, ὑμεις οἱ πνευματικοι καταρτιζετε τον τοιουτον ἐν πνευματι *πραυτητος,*
Eph	4 2	μετα πασης ταπεινοφροσυνης και *πραυτητος,* μετα μακροθυμιας,
Col	3 12	ἐνδυσασθε οὐν, ὡς ἐκλεκτοι του θεου ἁγιοι και ἡγαπημενοι, σπλαγχνα οἰκτιρμου, χρηστοτητα, ταπεινοφροσυνην, *πραυτητα,* μακροθυμιαν,
2Tm	2 25	ἀλλα ἡπιον εἰναι προς παντας, διδακτικον, ἀνεξικακον, ἐν *πραυτητι* παιδευοντα τους ἀντιδιατιθεμενους,
Tit	3 2	μηδενα βλασφημειν, ἀμαχους εἰναι, ἐπιεικεις, πασαν ἐνδεικνυμενους *πραυτητα* προς παντας ἀνθρωπους.
Ja	1 21	διο ἀποθεμενοι πασαν ῥυπαριαν και περισσειαν κακιας ἐν *πραυτητι*
	3 13	δειξατω ἐκ της καλης ἀναστροφης τα ἐργα αὐτου ἐν *πραυτητι* σοφιας.
1Pt	3 16	ἑτοιμοι ἀει προς ἀπολογιαν παντι τω αἰτουντι ὑμας λογον περι της ἐν ὑμιν ἐλπιδος, ἀλλα μετα *πραυτητος* και φοβου,

πρεπω [7]

Mt	3 15	οὑτως γαρ *πρεπον* ἐστιν ἡμιν πληρωσαι πασαν δικαιοσυνην.
1Co	11 13	*πρεπον* ἐστιν γυναικα ἀκατακαλυπτον τω θεω προσευχεσθαι;
Eph	5 3	πορνεια δε και ἀκαθαρσια πασα ἡ πλεονεξια μηδε ὀνομαζεσθω ἐν ὑμιν, καθως *πρεπει* ἁγιοις,
1Tm	2 10	μη ἐν πλεγμασιν και χρυσιω ἡ μαργαριταις ἡ ἱματισμω πολυτελει, ἀλλ ὁ *πρεπει* γυναιξιν ἐπαγγελλομεναις θεοσεβειαν, δι ἐργων ἀγαθων.
Tit	2 1	συ δε λαλει ἁ *πρεπει* τη ὑγιαινουση διδασκαλιᾳ.
Heb	2 10	*ἐπρεπεν* γαρ αὐτω, δι ὁν τα παντα και δι οὑ τα παντα, πολλους υἱους εἰς δοξαν ἀγαγοντα τον ἀρχηγον της σωτηριας αὐτων δια παθηματων τελειωσαι.
	7 26	τοιουτος γαρ ἡμιν και *ἐπρεπεν* ἀρχιερευς, ὁσιος, ἀκακος, ἀμιαντος, κεχωρισμενος ἀπο των ἁμαρτωλων, και ὑψηλοτερος των οὐρανων γενομενος·

πρεσβεια [2]

Lc	14 32	εἰ δε μηγε, ἐτι αὐτου πορρω ὀντος *πρεσβειαν* ἀποστειλας ἐρωτα τα προς εἰρηνην.
	19 14	οἱ δε πολιται αὐτου ἐμισουν αὐτον, και ἀπεστειλαν *πρεσβειαν* ὀπισω αὐτου λεγοντες·

πρεσβευω [2]

2Co	5 20	ὑπερ χριστου οὐν *πρεσβευομεν* ὡς του θεου παρακαλουντος δι ἡμων·
Eph	6 20	ἐν παρρησιᾳ γνωρισαι το μυστηριον του εὐαγγελιου, ὑπερ οὑ *πρεσβευω* ἐν ἁλυσει, ἱνα ἐν αὐτω παρρησιασωμαι ὡς δει με λαλησαι.

πρεσβυτεριον [3]

Lc	22 66	και ὡς ἐγενετο ἡμερα, συνηχθη το *πρεσβυτεριον* του λαου,
Ac	22 5	δεσμευων και παραδιδους εἰς φυλακας ἀνδρας τε και γυναικας, ὡς και ὁ ἀρχιερευς μαρτυρει μοι και παν το *πρεσβυτεριον·*
1Tm	4 14	μη ἀμελει του ἐν σοι χαρισματος, ὁ ἐδοθη σοι δια προφητειας μετα ἐπιθεσεως των χειρων του *πρεσβυτεριου.*

πρεσβυτερος [66]

Mt	15 2	δια τί οἱ μαθηται σου παραβαινουσιν την παραδοσιν των *πρεσβυτερων;*
	16 21	ἀπο τοτε ἠρξατο ὁ ἰησους δεικνυειν τοις μαθηταις αὐτου ὁτι δει αὐτον εἰς ἱεροσολυμα ἀπελθειν και πολλα παθειν ἀπο των *πρεσβυτερων* και ἀρχιερεων και γραμματεων και ἀποκτανθηναι και τη τριτη ἡμερα ἐγερθηναι.
	21 23	και ἐλθοντος αὐτου εἰς το ἱερον προσηλθον αὐτω διδασκοντι οἱ ἀρχιερεις και οἱ *πρεσβυτεροι* του λαου λεγοντες·
	26 3	τοτε συνηχθησαν οἱ ἀρχιερεις και οἱ *πρεσβυτεροι* του λαου εἰς την αὐλην του ἀρχιερεως του λεγομενου καιαφα,
	47	ἰδου ἰουδας εἱς των δωδεκα ἠλθεν, και μετ αὐτου ὀχλος πολυς μετα μαχαιρων και ξυλων ἀπο των ἀρχιερεων και *πρεσβυτερων* του λαου.
	57	οἱ δε κρατησαντες τον ἰησουν ἀπηγαγον προς καιαφαν τον ἀρχιερεα, ὁπου οἱ γραμματεις και οἱ *πρεσβυτεροι* συνηχθησαν.
	27 1	πρωιας δε γενομενης συμβουλιον ἐλαβον παντες οἱ ἀρχιερεις και οἱ *πρεσβυτεροι* του λαου κατα του ἰησου ὡστε θανατωσαι αὐτον·
	3	τοτε ἰδων ἰουδας ὁ παραδιδους αὐτον ὁτι κατεκριθη, μεταμεληθεις ἐστρεψεν τα τριακοντα ἀργυρια τοις ἀρχιερευσιν και *πρεσβυτεροις* λεγων·
	12	και ἐν τω κατηγορεισθαι αὐτον ὑπο των ἀρχιερεων και *πρεσβυτερων* οὐδεν ἀπεκρινατο.
	20	οἱ δε ἀρχιερεις και οἱ *πρεσβυτεροι* ἐπεισαν τους ὀχλους ἱνα αἰτησωνται τον βαραββαν, τον δε ἰησουν ἀπολεσωσιν.
	41	ὁμοιως και οἱ ἀρχιερεις ἐμπαιζοντες μετα των γραμματεων και *πρεσβυτερων* ἐλεγον· ἀλλους ἐσωσεν, ἑαυτον οὐ δυναται σωσαι·
	28 12	και συναχθεντες μετα των *πρεσβυτερων* συμβουλιον τε λαβοντες ἀργυρια ἱκανα ἐδωκαν τοις στρατιωταις,
Mc	7 3	οἱ γαρ φαρισαιοι και παντες οἱ ἰουδαιοι ἐαν μη πυγμη νιψωνται τας χειρας οὐκ ἐσθιουσιν, κρατουντες την παραδοσιν των *πρεσβυτερων·*
	5	δια τί οὐ περιπατουσιν οἱ μαθηται σου κατα την παραδοσιν των *πρεσβυτερων,* ἀλλα κοιναις χερσιν ἐσθιουσιν τον ἀρτον;

πρεσβυτερος [66]

Mc   8 31   και ἡρξατο διδασκειν αὐτους ὁτι δει τον υἱον του ἀνθρωπου πολλα παθειν, και ἀποδοκιμασθηναι ὑπο των *πρεσβυτερων* και των ἀρχιερεων και των γραμματεων και ἀποκτανθηναι και μετα τρεις ἡμερας ἀναστηναι·

  11 27   και ἐν τῳ ἱερῳ περιπατουντος αὐτου ἐρχονται προς αὐτον οἱ ἀρχιερεις και οἱ γραμματεις και οἱ *πρεσβυτεροι*,

  14 43   και μετ αὐτου ὀχλος μετα μαχαιρων και ξυλων παρα των ἀρχιερεων και των γραμματεων και των *πρεσβυτερων*.

  53   και συνερχονται παντες οἱ ἀρχιερεις και οἱ *πρεσβυτεροι* και οἱ γραμματεις.

  15 1   και εὐθυς πρωι συμβουλιον ποιησαντες οἱ ἀρχιερεις μετα των *πρεσβυτερων* και γραμματεων και ὁλον το συνεδριον,

Lc   7 3   ἀκουσας δε περι του ἰησου ἀπεστειλεν προς αὐτον *πρεσβυτερους* των ἰουδαιων, ἐρωτων αὐτον ὁπως ἐλθων διασωση τον δουλον αὐτου.

  9 22   εἰπων ὁτι δει τον υἱον του ἀνθρωπου πολλα παθειν και ἀποδοκιμασθηναι ἀπο των *πρεσβυτερων* και ἀρχιερεων και γραμματεων και ἀποκτανθηναι και τῃ τριτῃ ἡμερᾳ ἐγερθηναι.

  15 25   ἠν δε ὁ υἱος αὐτου ὁ *πρεσβυτερος* ἐν ἀγρῳ·

  20 1   και ἐγενετο ἐν μιᾳ των ἡμερων διδασκοντος αὐτου τον λαον ἐν τῳ ἱερῳ και εὐαγγελιζομενου ἐπεστησαν οἱ ἀρχιερεις και οἱ γραμματεις συν τοις *πρεσβυτεροις*,

  22 52   εἰπεν δε ἰησους προς τους παραγενομενους ἐπ αὐτον ἀρχιερεις και στρατηγους του ἱερου και *πρεσβυτερους*· ὡς ἐπι λῃστην ἐξηλθατε μετα μαχαιρων και ξυλων;

Jh   8 9*   οἱ δε ἀκουσαντες ἐξηρχοντο εἱς καθ εἱς ἀρξαμενοι ἀπο των *πρεσβυτερων*,

Ac   2 17   και οἱ *πρεσβυτεροι* ὑμων ἐνυπνιοις ἐνυπνιασθησονται·

  4 5   ἐγενετο δε ἐπι την αὐριον συναχθηναι αὐτων τους ἀρχοντας και τους *πρεσβυτερους* και τους γραμματεις ἐν ἱερουσαλημ,

  8   ἀρχοντες του λαου και *πρεσβυτεροι*, εἰ ἡμεις σημερον ἀνακρινομεθα ἐπι εὐεργεσιᾳ ἀνθρωπου ἀσθενους, ἐν τινι οὑτος σεσωται,

  23   ἀπολυθεντες δε ἠλθον προς τους ἰδιους και ἀπηγγειλαν ὁσα προς αὐτους οἱ ἀρχιερεις και οἱ *πρεσβυτεροι* εἰπαν.

  6 12   συνεκινησαν τε τον λαον και τους *πρεσβυτερους* και τους γραμματεις,

  11 30   ὁ και ἐποιησαν ἀποστειλαντες προς τους *πρεσβυτερους* δια χειρος βαρναβα και σαυλου.

  14 23   χειροτονησαντες δε αὐτοις κατ ἐκκλησιαν *πρεσβυτερους*, προσευξαμενοι μετα νηστειων παρεθεντο αὐτους τῳ κυριῳ εἰς ὁν πεπιστευκεισαν.

  15 2   ἐταξαν ἀναβαινειν παυλον και βαρναβαν και τινας ἀλλους ἐξ αὐτων προς τους ἀποστολους και *πρεσβυτερους* εἰς ἱερουσαλημ περι του ζητηματος τουτου.

  4   παραγενομενοι δε εἰς ἱερουσαλημ παρεδεχθησαν ἀπο της ἐκκλησιας και των ἀποστολων και των *πρεσβυτερων*,

  6   συνηχθησαν τε οἱ ἀποστολοι και οἱ *πρεσβυτεροι* ἰδειν περι του λογου τουτου.

  22   τοτε ἐδοξε τοις ἀποστολοις και τοις *πρεσβυτεροις* συν ὁλῃ τῃ ἐκκλησιᾳ ἐκλεξαμενους ἀνδρας ἐξ αὐτων πεμψαι εἰς ἀντιοχειαν συν τῳ παυλῳ και βαρναβᾳ,

  23   οἱ ἀποστολοι και οἱ *πρεσβυτεροι* ἀδελφοι τοις κατα την ἀντιοχειαν και συριαν και κιλικιαν ἀδελφοις τοις ἐξ ἐθνων χαιρειν.

  16 4   ὡς δε διεπορευοντο τας πολεις, παρεδιδοσαν αὐτοις φυλασσειν τα δογματα τα κεκριμενα ὑπο των ἀποστολων και *πρεσβυτερων* των ἐν ἱεροσολυμοις.

  20 17   ἀπο δε της μιλητου πεμψας εἰς ἐφεσον μετεκαλεσατο τους *πρεσβυτερους* της ἐκκλησιας.

  21 18   τῃ δε ἐπιουσῃ εἰσῃει ὁ παυλος συν ἡμιν προς ἰακωβον, παντες τε παρεγενοντο οἱ *πρεσβυτεροι*.

  23 14   οἱτινες προσελθοντες τοις ἀρχιερευσιν και τοις *πρεσβυτεροις* εἰπαν·

  24 1   μετα δε πεντε ἡμερας κατεβη ὁ ἀρχιερευς ἀνανιας μετα *πρεσβυτερων* τινων και ῥητορος τερτυλλου τινος,

  25 15   ἀνηρ τις ἐστιν καταλελειμμενος ὑπο φηλικος δεσμιος, περι οὑ γενομενου μου εἰς ἱεροσολυμα ἐνεφανισαν οἱ ἀρχιερεις και οἱ *πρεσβυτεροι* των ἰουδαιων,

1Tm   5 1   *πρεσβυτερῳ* μη ἐπιπληξῃς, ἀλλα παρακαλει ὡς πατερα,

  2   *πρεσβυτερῳ* μη ἐπιπληξῃς, ἀλλα παρακαλει ὡς πατερα, νεωτερους ὡς ἀδελφους, *πρεσβυτερας* ὡς μητερας, νεωτερας ὡς ἀδελφας ἐν πασῃ ἁγνειᾳ.

  17   οἱ καλως προεστωτες *πρεσβυτεροι* διπλης τιμης ἀξιουσθωσαν,

  19   κατα *πρεσβυτερου* κατηγοριαν μη παραδεχου,

Tit   1 5   ἱνα τα λειποντα ἐπιδιορθωσῃ, και καταστησῃς κατα πολιν *πρεσβυτερους*,

Heb   11 2   ἐν ταυτῃ γαρ ἐμαρτυρηθησαν οἱ *πρεσβυτεροι*.

πρεσβυτερος [66]

Ja   5 14   ἀσθενει τις ἐν ὑμιν; προσκαλεσασθω τους *πρεσβυτερους* της ἐκκλησιας,

1Pt   5 1   *πρεσβυτερους* οὐν ἐν ὑμιν παρακαλω ὁ συμπρεσβυτερος και μαρτυς των του χριστου παθηματων,

  5   ὁμοιως, νεωτεροι, ὑποταγητε *πρεσβυτεροις*·

2Jh   1   ὁ *πρεσβυτερος* ἐκλεκτῃ κυριᾳ και τοις τεκνοις αὐτης,

3Jh   1   ὁ *πρεσβυτερος* γαιῳ τῳ ἀγαπητῳ, ὁν ἐγω ἀγαπω ἐν ἀληθειᾳ.

Apc   4 4   και ἐπι τους θρονους εἰκοσιτεσσαρας *πρεσβυτερους* καθημενους περιβεβλημενους ἐν ἱματιοις λευκοις,

  10   και ὁταν δωσουσιν τα ζωα δοξαν και τιμην και εὐχαριστιαν τῳ καθημενῳ ἐπι τῳ θρονῳ τῳ ζωντι εἰς τους αἰωνας των αἰωνων, πεσουνται οἱ εἰκοσιτεσσαρες *πρεσβυτεροι*

  5 5   και εἱς ἐκ των *πρεσβυτερων* λεγει μοι·

  6   και εἰδον ἐν μεσῳ του θρονου και των τεσσαρων ζωων και ἐν μεσῳ των *πρεσβυτερων* ἀρνιον ἑστηκος ὡς ἐσφαγμενον,

  8   και ὁτε ἐλαβεν το βιβλιον, τα τεσσαρα ζωα και οἱ εἰκοσιτεσσαρες *πρεσβυτεροι* ἐπεσαν ἐνωπιον του ἀρνιου,

  11   και εἰδον, και ἠκουσα φωνην ἀγγελων πολλων κυκλῳ του θρονου και των ζωων και των *πρεσβυτερων*,

  14   και οἱ *πρεσβυτεροι* ἐπεσαν και προσεκυνησαν.

  7 11   και παντες οἱ ἀγγελοι εἱστηκεισαν κυκλῳ του θρονου και των *πρεσβυτερων* και των τεσσαρων ζωων,

  13   και ἀπεκριθη εἱς ἐκ των *πρεσβυτερων* λεγων μοι·

  11 16   και οἱ εἰκοσιτεσσαρες *πρεσβυτεροι*, [οἱ] ἐνωπιον του θεου καθημενοι ἐπι τους θρονους αὐτων, ἐπεσαν ἐπι τα προσωπα αὐτων

  14 3   και ᾁδουσιν [ὡς] ᾡδην καινην ἐνωπιον του θρονου και ἐνωπιον των τεσσαρων ζωων και των *πρεσβυτερων*·

  19 4   και ἐπεσαν οἱ *πρεσβυτεροι* οἱ εἰκοσιτεσσαρες και τα τεσσαρα ζωα,

πρεσβυτης [3]

Lc   1 18   κατα τι γνωσομαι τουτο; ἐγω γαρ εἰμι *πρεσβυτης* και ἡ γυνη μου προβεβηκυια ἐν ταις ἡμεραις αὐτης.

Tit   2 2   *πρεσβυτας* νηφαλιους εἰναι, σεμνους, σωφρονας, ὑγιαινοντας τῃ πιστει, τῃ ἀγαπῃ, τῃ ὑπομονῃ·

Phm   9   τοιουτος ὡν ὡς παυλος *πρεσβυτης*, νυνι δε και δεσμιος χριστου ἰησου,

πρεσβυτις [1]

Tit   2 3   *πρεσβυτιδας* ὡσαυτως ἐν καταστηματι ἱεροπρεπεις, μη διαβολους, μη οἰνῳ πολλῳ δεδουλωμενας, καλοδιδασκαλους,

πρηνης [1]

Ac   1 18   και *πρηνης* γενομενος ἐλακησεν μεσος, και ἐξεχυθη παντα τα σπλαγχνα αὐτου·

πριζω [1]

Heb   11 37   ἐλιθασθησαν, *ἐπρισθησαν*, ἐν φονῳ μαχαιρης ἀπεθανον,

πριν [13]

Mt   1 18   *πριν* ἠ συνελθειν αὐτους εὑρεθη ἐν γαστρι ἐχουσα ἐκ πνευματος ἁγιου.

  26 34   ἀμην λεγω σοι ὁτι ἐν ταυτῃ τῃ νυκτι *πριν* ἀλεκτορα φωνησαι τρις ἀπαρνησῃ με.

  75·   και ἐμνησθη ὁ πετρος του ῥηματος ἰησου εἰρηκοτος ὁτι *πριν* ἀλεκτορα φωνησαι τρις ἀπαρνησῃ με·

Mc   14 30   ἀμην λεγω σοι ὁτι συ σημερον ταυτῃ τῃ νυκτι *πριν* ἠ δις ἀλεκτορα φωνησαι τρις με ἀπαρνησῃ.

  72   και ἀνεμνησθη ὁ πετρος το ῥημα ὡς εἰπεν αὐτῳ ὁ ἰησους ὁτι *πριν* ἀλεκτορα φωνησαι δις τρις με ἀπαρνησῃ·

Lc   2 26   και ἠν αὐτῳ κεχρηματισμενον ὑπο του πνευματος του ἁγιου μη ἰδειν θανατον *πριν* [ἠ] ἀν ἰδῃ τον χριστον κυριου.

  22 61   και ὑπεμνησθη ὁ πετρος του ῥηματος του κυριου, ὡς εἰπεν αὐτῳ ὁτι *πριν* ἀλεκτορα φωνησαι σημερον ἀπαρνησῃ με τρις.

Jh   4 49   κυριε, καταβηθι *πριν* ἀποθανειν το παιδιον μου.

  8 58   ἀμην ἀμην λεγω ὑμιν, *πριν* ἀβρααμ γενεσθαι ἐγω εἰμι.

  14 29   και νυν εἰρηκα ὑμιν *πριν* γενεσθαι, ἱνα ὁταν γενηται πιστευσητε.

Ac   2 20   ὁ ἡλιος μεταστραφησεται εἰς σκοτος και ἡ σεληνη εἰς αἱμα, *πριν* ἐλθειν ἡμεραν κυριου την μεγαλην και ἐπιφανη.

  7 2   ὁ θεος της δοξης ὠφθη τῳ πατρι ἡμων ἀβρααμ ὀντι ἐν τῃ μεσοποταμιᾳ *πριν* ἠ κατοικησαι αὐτον ἐν χαρραν,

πριν [13]

Ac 25 16   προς οὑς ἀπεκριθην ὁτι ουκ ἐστιν ἐθος ῥωμαιοις χαριζεσθαι τινα ἀνθρωπον *πριν* ἡ ὁ κατηγορουμενος κατα προσωπον ἐχοι τους κατηγορους τοπον τε ἀπολογιας λαβοι περι του ἐγκληματος.

πρισκα [3]

Rm 16 3   ἀσπασασθε *πρισκαν* και ἀκυλαν τους συνεργους μου ἐν χριστω ἰησρυ,

1Co 16 19   ἀσπαζεται ὑμας ἐν κυριω πολλα ἀκυλας και *πρισκα* συν τη κατ οἰκον αὐτων ἐκκλησια.

2Tm 4 19   ἀσπασαι *πρισκαν* και ἀκυλαν και τον ὀνησιφορου οἰκον.

πρισκιλλα [3]

Ac 18 2   και εὑρων τινα ἰουδαιον ὀνοματι ἀκυλαν, ποντικον τω γενει, προσφατως ἐληλυθοτα ἀπο της ἰταλιας, και *πρισκιλλαν* γυναικα αὐτου,

18   τοις ἀδελφοις ἀποταξαμενος ἐξεπλει εἰς την συριαν, και συν αὐτω *πρισκιλλα* και ἀκυλας,

26   ἀκουσαντες δε αὐτου *πρισκιλλα* και ἀκυλας προσελαβοντο αὐτον και ἀκριβεστερον αὐτω ἐξεθεντο την ὁδον [του θεου].

προ [47]

Mt 5 12   οὑτως γαρ ἐδιωξαν τους προφητας τους *προ* ὑμων.

6 8   οἰδεν γαρ ὁ πατηρ ὑμων ὡν χρειαν ἐχετε *προ* του ὑμας αἰτησαι αὐτον.

8 29   ἡλθες ὡδε *προ* καιρου βασανισαι ἡμας;

11 10   ἰδου ἐγω ἀποστελλω τον ἀγγελον μου *προ* προσωπου σου,

24 38   ὡς γαρ ἠσαν ἐν ταις ἡμεραις [ἐκειναις] ταις *προ* του κατακλυσμου τρωγοντες και πινοντες,

Mc 1 2   ἰδου ἀποστελλω τον ἀγγελον μου *προ* προσωπου σου,

Lc 2 21   και ἐκληθη το ὀνομα αὐτου ἰησους, το κληθεν ὑπο του ἀγγελου *προ* του συλλημφθηναι αὐτον ἐν τη κοιλια.

7 27   ἰδου ἀποστελλω τον ἀγγελον μου *προ* προσωπου σου,

9 52   και ἀπεστειλεν ἀγγελους *προ* προσωπου αὐτου.

10 1   και ἀπεστειλεν αὐτους ἀνα δυο [δυο] *προ* προσωπου αὐτου εἰς πασαν πολιν και τοπον οὑ ἠμελλεν αὐτος ἐρχεσθαι.

11 38   ὁ δε φαρισαιος ἰδων ἐθαυμασεν ὁτι ου πρωτον ἐβαπτισθη *προ* του ἀριστου.

21 12   *προ* δε τουτων παντων ἐπιβαλουσιν ἐφ ὑμας τας χειρας αὐτων και διωξουσιν,

22 15   ἐπιθυμια ἐπεθυμησα τουτο το πασχα φαγειν μεθ ὑμων *προ* του με παθειν·

Jh 1 48   *προ* του σε φιλιππον φωνησαι ὀντα ὑπο την συκην εἰδον σε.

5 7   ἐν ῳ δε ἐρχομαι ἐγω, ἀλλος *προ* ἐμου καταβαινει.

10 8   παντες ὁσοι ἡλθον [*προ* ἐμου] κλεπται εἰσιν και λησται·

11 55   και ἀνεβησαν πολλοι εἰς ἱεροσολυμα ἐκ της χωρας *προ* του πασχα, ἱνα ἁγνισωσιν ἑαυτους.

12 1   ὁ οὑν ἰησους *προ* ἑξ ἡμερων του πασχα ἡλθεν εἰς βηθανιαν,

13 1   *προ* δε της ἑορτης του πασχα εἰδως ὁ ἰησους ὁτι ἡλθεν αὐτου ἡ ὡρα ἱνα μεταβη ἐκ του κοσμου τουτου προς τον πατερα,

19   ἀπ ἀρτι λεγω ὑμιν *προ* του γενεσθαι, ἱνα πιστευσητε ὁταν γενηται ὁτι ἐγω εἰμι.

17 5   και νυν δοξασον με συ, πατερ, παρα σεαυτω τη δοξη ῃ εἰχον *προ* του τον κοσμον εἰναι παρα σοι.

24   ἱνα θεωρωσιν την δοξαν την ἐμην, ἡν δεδωκας μοι ὁτι ἠγαπησας με *προ* καταβολης κοσμου.

Ac 5 36   *προ* γαρ τουτων των ἡμερων ἀνεστη θευδας, λεγων εἰναι τινα ἑαυτον, ῳ προσεκλιθη ἀνδρων ἀριθμος ὡς τετρακοσιων·

12 6   τη νυκτι ἐκεινη ἡν ὁ πετρος κοιμωμενος μεταξυ δυο στρατιωτων δεδεμενος ἁλυσεσιν δυσιν, φυλακες τε *προ* της θυρας ἐτηρουν την φυλακην.

14   εἰσδραμουσα δε ἀπηγγειλεν ἑσταναι τον πετρον *προ* του πυλωνος.

13 24   προκηρυξαντος ἰωαννου *προ* προσωπου της εἰσοδου αὐτου βαπτισμα μετανοιας παντι τω λαω ἰσραηλ.

14 13   ὁ τε ἱερευς του διος του ὀντος *προ* της πολεως, ταυρους και στεμματα ἐπι τους πυλωνας ἐνεγκας,

21 38   ουκ ἀρα συ εἰ ὁ αἰγυπτιος ὁ *προ* τουτων των ἡμερων ἀναστατωσας και ἐξαγαγων εἰς την ἐρημον τους τετρακισχιλιους ἀνδρας των σικαριων;

23 15   ἡμεις δε *προ* του ἐγγισαι αὐτον ἑτοιμοι ἐσμεν του ἀνελειν αὐτον.

Rm 16 7   οἱτινες εἰσιν ἐπισημοι ἐν τοις ἀποστολοις, οἱ και *προ* ἐμου γεγοναν ἐν χριστω.

προ [47]

1Co 2 7   ἀλλα λαλουμεν θεου σοφιαν ἐν μυστηριω, την ἀποκεκρυμμενην, ἡν προωρισεν ὁ θεος *προ* των αἰωνων εἰς δοξαν ἡμων·

4 5   ὡστε μη *προ* καιρου τι κρινετε, ἑως ἀν ἐλθη ὁ κυριος,

2Co 12 2   οἰδα ἀνθρωπον ἐν χριστω *προ* ἐτων δεκατεσσαρων,

Ga 1 17   ουδε ἀνηλθον εἰς ἱεροσολυμα προς τους *προ* ἐμου ἀποστολους,

2 12   *προ* του γαρ ἐλθειν τινας ἀπο ἰακωβου μετα των ἐθνων συνησθιεν·

3 23   *προ* του δε ἐλθειν την πιστιν ὑπο νομον ἐφρουρουμεθα συγκλειομενοι εἰς την μελλουσαν πιστιν ἀποκαλυφθηναι.

Eph 1 4   καθως ἐξελεξατο ἡμας ἐν αὐτω *προ* καταβολης κοσμου,

Col 1 17   και αὐτος ἐστιν *προ* παντων και τα παντα ἐν αὐτω συνεστηκεν,

2Tm 1 9   ου κατα τα ἐργα ἡμων ἀλλα κατα ἰδιαν προθεσιν και χαριν, την δοθεισαν ἡμιν ἐν χριστω ἰησου *προ* χρονων αἰωνιων,

4 21   σπουδασον *προ* χειμωνος ἐλθειν.

Tit 1 2   ἐπ ἐλπιδι ζωης αἰωνιου, ἡν ἐπηγγειλατο ὁ ἀψευδης θεος *προ* χρονων αἰωνιων,

Heb 11 5   *προ* γαρ της μεταθεσεως μεμαρτυρηται εὐαρεστηκεναι τω θεω·

Ja 5 9   ἰδου ὁ κριτης *προ* των θυρων ἑστηκεν.

12   *προ* παντων δε, ἀδελφοι μου, μη ὀμνυετε,

1Pt 1 20   προεγνωσμενου μεν *προ* καταβολης κοσμου, φανερωθεντος δε ἐπ ἐσχατου των χρονων δι ὑμας

4 8   *προ* παντων την εἰς ἑαυτους ἀγαπην ἐκτενη ἐχοντες,

Ju 25   μονω θεω σωτηρι ἡμων δια ἰησου χριστου του κυριου ἡμων δοξα μεγαλωσυνη κρατος και ἐξουσια *προ* παντος του αἰωνος και νυν και εἰς παντας τους αἰωνας·

προαγω [20]

Mt 2 9   *προηγεν* αὐτους ἑως ἐλθων ἐσταθη ἐπανω οὑ ἠν το παιδιον.

14 22   και εὐθεως ἠναγκασεν τους μαθητας ἐμβηναι εἰς το πλοιον και *προαγειν* αὐτον εἰς το περαν,

21 9   οἱ δε ὀχλοι οἱ *προαγοντες* αὐτον και οἱ ἀκολουθουντες ἐκραζον λεγοντες·

31   ἀμην λεγω ὑμιν ὁτι οἱ τελωναι και αἱ πορναι *προαγουσιν* ὑμας εἰς την βασιλειαν του θεου.

26 32   μετα δε το ἐγερθηναι με *προαξω* ὑμας εἰς την γαλιλαιαν.

28 7   και ἰδου *προαγει* ὑμας εἰς την γαλιλαιαν, ἐκει αὐτον ὀψεσθε.

Mc 6 45   και εὐθυς ἠναγκασεν τους μαθητας αὐτου ἐμβηναι εἰς το πλοιον και *προαγειν* εἰς το περαν προς βηθσαιδαν,

10 32   ἠσαν δε ἐν τη ὁδω ἀναβαινοντες εἰς ἱεροσολυμα, και ἠν *προαγων* αὐτους ὁ ἰησους,

11 9   και οἱ *προαγοντες* και οἱ ἀκολουθουντες ἐκραζον·

14 28   ἀλλα μετα το ἐγερθηναι με *προαξω* ὑμας εἰς την γαλιλαιαν.

16 7   ἀλλα ὑπαγετε εἰπατε τοις μαθηταις αὐτου και τω πετρω ὁτι *προαγει* ὑμας εἰς την γαλιλαιαν·

Lc 18 39   και οἱ *προαγοντες* ἐπετιμων αὐτω ἱνα σιγηση·

Ac 12 6   ὁτε δε ἠμελλεν *προαγαγειν* αὐτον ὁ ἡρωδης, τη νυκτι ἐκεινη ἠν ὁ πετρος κοιμωμενος μεταξυ δυο στρατιωτων δεδεμενος ἁλυσεσιν δυσιν,

16 30   και *προαγαγων* αὐτους ἐξω ἐφη·

17 5   και ἐπισταντες τη οἰκια ἰασονος ἐζητουν αὐτους *προαγαγειν* εἰς τον δημον·

25 26   διο *προηγαγον* αὐτον ἐφ ὑμων και μαλιστα ἐπι σου, βασιλευ ἀγριππα, ὁπως της ἀνακρισεως γενομενης σχω τι γραψω·

1Tm 1 18   ταυτην την παραγγελιαν παρατιθεμαι σοι, τεκνον τιμοθεε, κατα τας *προαγουσας* ἐπι σε προφητειας, ἱνα στρατευη ἐν αὐταις την καλην στρατειαν,

5 24   τινων ἀνθρωπων αἱ ἁμαρτιαι προδηλοι εἰσιν *προαγουσαι* εἰς κρισιν, τισιν δε και ἐπακολουθουσιν·

Heb 7 18   ἀθετησις μεν γαρ γινεται *προαγουσης* ἐντολης δια το αὐτης ἀσθενες και ἀνωφελες,

2Jh 9   πας ὁ *προαγων* και μη μενων ἐν τη διδαχη του χριστου θεον ουκ ἐχει·

προαιρεω [1]

2Co 9 7   ἑκαστος καθως *προηρηται* τη καρδια, μη ἐκ λυπης ἡ ἐξ ἀναγκης·

προαιτιαομαι [1]

Rm 3 9   *προητιασαμεθα* γαρ ἰουδαιους τε και ἑλληνας παντας ὑφ ἁμαρτιαν εἰναι, καθως γεγραπται ὁτι ουκ ἐστιν δικαιος ουδε εἰς,

προακουω [1]

Col   1 5   δια την ἐλπιδα την ἀποκειμενην ὑμιν ἐν τοις οὐρανοις, ἥν *προηκουσατε* ἐν τῳ λογῳ της ἀληθειας

προαμαρτανω [2]

2Co   12 21   και πενθησω πολλους των *προημαρτηκοτων* και μη μετανοησαντων ἐπι τη ἀκαθαρσια και πορνεια και ἀσελγεια ᾗ ἐπραξαν.

      13 2   προειρηκα και προλεγω, ὡς παρων το δευτερον και ἀπων νυν, τοις *προημαρτηκοσιν* και τοις λοιποις πασιν,

προαυλιον [1]

Mc   14 68   και ἐξηλθεν ἐξω εἰς το *προαυλιον* [και ἀλεκτωρ ἐφωνησεν]·

προβαινω [5]

Mt   4 21   και *προβας* ἐκειθεν εἰδεν ἀλλους δυο ἀδελφους,
Mc   1 19   και *προβας* ὀλιγον εἰδεν ἰακωβον τον του ζεβεδαιου και ἰωαννην τον ἀδελφον αὐτου και αὐτους ἐν τῳ πλοιῳ καταρτιζοντας τα δικτυα.
Lc   1 7   και ἀμφοτεροι *προβεβηκοτες* ἐν ταις ἡμεραις αὐτων ἠσαν.
      18   κατα τί γνωσομαι τουτο; ἐγω γαρ εἰμι πρεσβυτης και ἡ γυνη μου *προβεβηκυια* ἐν ταις ἡμεραις αὐτης.
      2 36   και ἠν ἀννα προφητις, θυγατηρ φανουηλ, ἐκ φυλης ἀσηρ· αὐτη *προβεβηκυια* ἐν ἡμεραις πολλαις,

προβαλλω [2]

Lc   21 30   ὁταν *προβαλωσιν* ἠδη, βλεποντες ἀφ ἐαυτων γινωσκετε ὁτι ἠδη ἐγγυς το θερος ἐστιν·
Ac   19 33   ἐκ δε του ὀχλου συνεβιβασαν ἀλεξανδρον, *προβαλοντων* αὐτον των ἰουδαιων·

προβατικος [1]

Jh   5 2   ἐστιν δε ἐν τοις ἰεροσολυμοις ἐπι τη *προβατικη* κολυμβηθρα,

προβατον [39]

Mt   7 15   οἰτινες ἐρχονται προς ὑμας ἐν ἐνδυμασι *προβατων*,
      9 36   ἰδων δε τους ὀχλους ἐσπλαγχνισθη περι αὐτων, ὁτι ἠσαν ἐσκυλμενοι και ἐρριμμενοι ὡσει *προβατα* μη ἐχοντα ποιμενα.
      10 6   πορευεσθε δε μαλλον προς τα *προβατα* τα ἀπολωλοτα οἰκου ἰσραηλ.
      16   ἰδου ἐγω ἀποστελλω ὑμας ὡς *προβατα* ἐν μεσῳ λυκων·
      12 11   τίς ἐσται ἐξ ὑμων ἀνθρωπος ὁς ἐξει *προβατον* ἐν, και ἐαν ἐμπεση τουτο τοις σαββασιν εἰς βοθυνον,
      12   ποσῳ οὐν διαφερει ἀνθρωπος *προβατου*.
      15 24   οὐκ ἀπεσταλην εἰ μη εἰς τα *προβατα* τα ἀπολωλοτα οἰκου ἰσραηλ.
      18 12   ἐαν γενηται τινι ἀνθρωπῳ ἐκατον *προβατα* και πλανηθη ἐν ἐξ αὐτων, οὐχι ἀφησει τα ἐνενηκονταεννεα ἐπι τα ὀρη και πορευθεις ζητει το πλανωμενον;
      25 32   και ἀφορισει αὐτους ἀπ ἀλληλων, ὡσπερ ὁ ποιμην ἀφοριζει τα *προβατα* ἀπο των ἐριφων,
      33   και στησει τα μεν *προβατα* ἐκ δεξιων αὐτου, τα δε ἐριφια ἐξ εὐωνυμων.
      26 31   παταξω τον ποιμενα, και διασκορπισθησονται τα *προβατα* της ποιμνης·
Mc   6 34   και ἐξελθων εἰδεν πολυν ὀχλον, και ἐσπλαγχνισθη ἐπ αὐτους ὁτι ἠσαν ὡς *προβατα* μη ἐχοντα ποιμενα, και ἠρξατο διδασκειν αὐτους πολλα.
      14 27   παταξω τον ποιμενα, και τα *προβατα* διασκορπισθησονται.
Lc   15 4   τίς ἀνθρωπος ἐξ ὑμων ἐχων ἐκατον *προβατα* και ἀπολεσας ἐξ αὐτων ἐν οὐ καταλειπει τα ἐνενηκονταεννεα ἐν τη ἐρημῳ και πορευεται ἐπι το ἀπολωλος ἐως εὑρη αὐτο;
      6   συγχαρητε μοι, ὁτι εὑρον το *προβατον* μου το ἀπολωλος.
Jh   2 14   και εὑρεν ἐν τῳ ἰερῳ τους πωλουντας βοας και *προβατα* και περιστερας και τους κερματιστας καθημενους,
      15   και ποιησας φραγελλιον ἐκ σχοινιων παντας ἐξεβαλεν ἐκ του ἰερου, τα τε *προβατα* και τους βοας,
      10 1   ὁ μη εἰσερχομενος δια της θυρας εἰς την αὐλην των *προβατων* ἀλλα ἀναβαινων ἀλλαχοθεν, ἐκεινος κλεπτης ἐστιν και ληστης·
      2   ὁ δε εἰσερχομενος δια της θυρας ποιμην ἐστιν των *προβατων*.
      3   τουτῳ ὁ θυρωρος ἀνοιγει, και τα *προβατα* της φωνης αὐτου ἀκουει,

προβατον [39]

Jh   10 3   και τα *προβατα* της φωνης αὐτου ἀκουει, και τα ἰδια *προβατα* φωνει κατ ὀνομα και ἐξαγει αὐτα.
      4   ὁταν τα ἰδια παντα ἐκβαλη, ἐμπροσθεν αὐτων πορευεται, και τα *προβατα* αὐτῳ ἀκολουθει,
      7   ἀμην ἀμην λεγω ὑμιν ὁτι ἐγω εἰμι ἡ θυρα των *προβατων*.
      8   ἀλλ οὐκ ἠκουσαν αὐτων τα *προβατα*.
      11   ὁ ποιμην ὁ καλος την ψυχην αὐτου τιθησιν ὑπερ των *προβατων*·
      12   ὁ μισθωτος και οὐκ ὠν ποιμην, οὐ οὐκ ἐστιν τα *προβατα* ἰδια, θεωρει τον λυκον ἐρχομενον και ἀφιησιν τα προβατα και φευγει,
      12   ὁ μισθωτος και οὐκ ὠν ποιμην, οὐ οὐκ ἐστιν τα *προβατα* ἰδια, θεωρει τον λυκον ἐρχομενον και ἀφιησιν τα προβατα και φευγει,
      13   ὁτι μισθωτος ἐστιν και οὐ μελει αὐτῳ περι των *προβατων*.
      15   και την ψυχην μου τιθημι ὑπερ των *προβατων*.
      16   και ἀλλα *προβατα* ἐχω ἀ οὐκ ἐστιν ἐκ της αὐλης ταυτης·
      26   ἀλλα ὑμεις οὐ πιστευετε, ὁτι οὐκ ἐστε ἐκ των *προβατων* των ἐμων.
      27   τα *προβατα* τα ἐμα της φωνης μου ἀκουουσιν, καγω γινωσκω αὐτα, και ἀκολουθουσιν μοι,
      21 16   ποιμαινε τα *προβατα* μου.
      17   βοσκε τα *προβατα* μου.
Ac   8 32   ὡς *προβατον* ἐπι σφαγην ἠχθη, και ὡς ἀμνος ἐναντιον του κειραντος αὐτον ἀφωνος,
Rm   8 36   καθως γεγραπται ὁτι ἐνεκεν σου θανατουμεθα ὁλην την ἡμεραν, ἐλογισθημεν ὡς *προβατα* σφαγης.
Heb   13 20   ὁ δε θεος της εἰρηνης, ὁ ἀναγαγων ἐκ νεκρων τον ποιμενα των *προβατων* τον μεγαν ἐν αἰματι διαθηκης αἰωνιου, τον κυριον ἡμων ἰησουν, καταρτισαι ὑμας ἐν παντι ἀγαθῳ
1Pt   2 25   ἠτε γαρ ὡς *προβατα* πλανωμενοι,
Apc   18 13   και σιτον και κτηνη και *προβατα*, και ἰππων και ῥεδων και σωματων,

προβιβαζω [1]

Mt   14 8   ἡ δε *προβιβασθεισα* ὑπο της μητρος αὐτης·

προβλεπομαι [1]

Heb   11 40   του θεου περι ἡμων κρειττον τι *προβλεψαμενου*, ἰνα μη χωρις ἡμων τελειωθωσιν.

προγινομαι [1]

Rm   3 25   εἰς ἐνδειξιν της δικαιοσυνης αὐτου δια την παρεσιν των *προγεγονοτων* ἀμαρτηματων ἐν τη ἀνοχη του θεου,

προγινωσκω [5]

Ac   26 5   ἰσασι παντες [οἰ] ἰουδαιοι, *προγινωσκοντες* με ἀνωθεν, ἐαν θελωσι μαρτυρειν,
Rm   8 29   ὁτι οὑς *προεγνω*, και προωρισεν συμμορφους της εἰκονος του υἰου αὐτου, εἰς το εἰναι αὐτον πρωτοτοκον ἐν πολλοις ἀδελφοις·
      11 2   οὐκ ἀπωσατο ὁ θεος τον λαον αὐτου ὁν *προεγνω*.
1Pt   1 20   *προεγνωσμενου* μεν προ καταβολης κοσμου, φανερωθεντος δε ἐπ ἐσχατου των χρονων δι ὑμας
2Pt   3 17   ὑμεις οὐν, ἀγαπητοι, *προγινωσκοντες* φυλασσεσθε ἰνα μη τη των ἀθεσμων πλανη συναπαχθεντες ἐκπεσητε του ἰδιου στηριγμου,

προγνωσις [2]

Ac   2 23   τουτον τη ὡρισμενη βουλη και *προγνωσει* του θεου ἐκδοτον δια χειρος ἀνομων προσπηξαντες ἀνειλατε,
1Pt   1 2   κατα *προγνωσιν* θεου πατρος, ἐν ἀγιασμῳ πνευματος,

προγονος [2]

1Tm   5 4   εἰ δε τις χηρα τεκνα ἠ ἐκγονα ἐχει, μανθανετωσαν πρωτον τον ἰδιον οἰκον εὐσεβειν και ἀμοιβας ἀποδιδοναι τοις *προγονοις*·
2Tm   1 3   χαριν ἐχω τῳ θεῳ, ᾡ λατρευω ἀπο *προγονων* ἐν καθαρα συνειδησει, ὡς ἀδιαλειπτον ἐχω την περι σου μνειαν ἐν ταις δεησεσιν μου νυκτος και ἡμερας,

προγραφω [4]

Rm	15 4	ὀσα γαρ προεγραφη, εἰς την ἡμετεραν διδασκαλιαν ἐγραφη,
Ga	3 1	τίς ὑμας ἐβασκανεν, οἱς κατ ὀφθαλμους ἰησους χριστος προεγραφη ἐσταυρωμενος;
Eph	3 3	[ὀτι] κατα ἀποκαλυψιν ἐγνωρισθη μοι το μυστηριον, καθως προεγραψα ἐν ὀλιγω,
Ju	4	παρεισεδυσαν γαρ τινες ἀνθρωποι, οἱ παλαι προγεγραμμενοι εἰς τουτο το κριμα,

προδηλος [3]

1Tm	5 24	τινων ἀνθρωπων αἱ ἁμαρτιαι προδηλοι εἰσιν προαγουσαι εἰς κρισιν, τισιν δε και ἐπακολουθουσιν·
	25	ὡσαυτως και τα ἐργα τα καλα προδηλα,
Heb	7 14	προδηλον γαρ ὀτι ἐξ ἰουδα ἀνατεταλκεν ὀ κυριος ἡμων,

προδιδωμι [1]

Rm	11 35	ἠ τίς προεδωκεν αὐτω, και ἀνταποδοθησεται αὐτω;

προδοτης [3]

Lc	6 16	και ἰουδαν ἰακωβου, και ἰουδαν ἰσκαριωθ, ὁς ἐγενετο προδοτης,
Ac	7 52	και ἀπεκτειναν τους προκαταγγειλαντας περι της ἐλευσεως του δικαιου, οὑ νυν ὑμεις προδοται και φονεις ἐγενεσθε,
2Tm	3 4	προδοται, προπετεις, τετυφωμενοι, φιληδονοι μαλλον ἠ φιλοθεοι,

προδρομος [1]

Heb	6 20	και εἰσερχομενην εἰς το ἐσωτερον του καταπετασματος, ὀπου προδρομος ὑπερ ἡμων εἰσηλθεν ἰησους,

προελπιζω [1]

Eph	1 12	εἰς το εἰναι ἡμας εἰς ἐπαινον δοξης αὐτου τους προηλπικοτας ἐν τω χριστω·

προεναρχομαι [2]

2Co	8 6	εἰς το παρακαλεσαι ἡμας τιτον, ἰνα καθως προενηρξατο οὑτως και ἐπιτελεση εἰς ὑμας και την χαριν ταυτην.
	10	τουτο γαρ ὑμιν συμφερει, οἱτινες οὑ μονον το ποιησαι ἀλλα και το θελειν προενηρξασθε ἀπο περυσι·

προεπαγγελλομαι [2]

Rm	1 2	κλητος ἀποστολος ἀφωρισμενος εἰς εὐαγγελιον θεου, ὁ προεπηγγειλατο δια των προφητων αὐτου ἐν γραφαις ἀγιαις
2Co	9 5	ἰνα προελθωσιν εἰς ὑμας και προκαταρτισωσιν την προεπηγγελμενην εὐλογιαν ὑμων,

προερχομαι [9]

Mt	26 39	και προελθων μικρον ἐπεσεν ἐπι προσωπον αὐτου προσευχομενος και λεγων·
Mc	6 33	και πεζη ἀπο πασων των πολεων συνεδραμον ἐκει και προηλθον αὐτους.
	14 35	και προελθων μικρον ἐπιπτεν ἐπι της γης,
Lc	1 17	και αὐτος προελευσεται ἐνωπιον αὐτου ἐν πνευματι και δυναμει ἠλιου,
	22 47	ἐτι αὐτου λαλουντος ἰδου ὀχλος, και ὁ λεγομενος ἰουδας εἱς των δωδεκα προηρχετο αὐτους, και ἠγγισεν τω ἰησου φιλησαι αὐτον.
Ac	12 10	και ἐξελθοντες προηλθον ῥυμην μιαν, και εὐθεως ἀπεστη ὁ ἀγγελος ἀπ αὐτου.
	20 5	οὑτοι δε προελθοντες ἐμενον ἡμας ἐν τρωαδι·
	13	ἡμεις δε προελθοντες ἐπι το πλοιον ἀνηχθημεν ἐπι την ἀσσον,
2Co	9 5	ἀναγκαιον οὐν ἡγησαμην παρακαλεσαι τους ἀδελφους ἰνα προελθωσιν εἰς ὑμα

προετοιμαζω [2]

Rm	9 23	και ἰνα γνωριση τον πλουτον της δοξης αὐτου ἐπι σκευη ἐλεους, ἁ προητοιμασεν εἰς δοξαν,
Eph	2 10	κτισθεντες ἐν χριστω ἰησου ἐπι ἐργοις ἀγαθοις, οἱς προητοιμασεν ὁ θεος ἰνα ἐν αὐτοις περιπατησωμεν.

προευαγγελιζομαι [1]

Ga	3 8	προευηγγελισατο τω ἀβρααμ ὀτι ἐνευλογηθησονται ἐν σοι παντα τα ἐθνη.

προεχω [1]

Rm	3 9	τί οὐν; προεχομεθα; οὐ παντως·

προηγεομαι [1]

Rm	12 10	τη φιλαδελφια εἰς ἀλληλους φιλοστοργοι, τη τιμη ἀλληλους προηγουμενοι,

προθεσις [12]

Mt	12 4	πως εἰσηλθεν εἰς τον οἰκον του θεου και τους ἀρτους της προθεσεως ἐφαγον,
Mc	2 26	πως εἰσηλθεν εἰς τον οἰκον του θεου ἐπι ἀβιαθαρ ἀρχιερεως και τους ἀρτους της προθεσεως ἐφαγεν,
Lc	6 4	[ὡς] εἰσηλθεν εἰς τον οἰκον του θεου και τους ἀρτους της προθεσεως λαβων ἐφαγεν και ἐδωκεν τοις μετ αὐτου,
Ac	11 23	και παρεκαλει παντας τη προθεσει της καρδιας προσμενειν τω κυριω,
	27 13	ὑποπνευσαντος δε νοτου δοξαντες της προθεσεως κεκρατηκεναι, ἀραντες ἀσσον παρελεγοντο την κρητην.
Rm	8 28	οἰδαμεν δε ὀτι τοις ἀγαπωσιν τον θεον παντα συνεργει εἰς ἀγαθον, τοις κατα προθεσιν κλητοις οὐσιν.
	9 11	μηπω γαρ γεννηθεντων μηδε πραξαντων τι ἀγαθον ἠ φαυλον, ἰνα ἠ κατ ἐκλογην προθεσις του θεου μενη,
Eph	1 11	ἐν αὐτω, ἐν ᾡ και ἐκληρωθημεν προορισθεντες κατα προθεσιν του τα παντα ἐνεργουντος κατα την βουλην του θεληματος αὐτου,
	3 11	ἰνα γνωρισθη νυν ταις ἀρχαις και ταις ἐξουσιαις ἐν τοις ἐπουρανιοις δια της ἐκκλησιας ἠ πολυποικιλος σοφια του θεου, κατα προθεσιν των αἰωνων
2Tm	1 9	του σωσαντος ἡμας και καλεσαντος κλησει ἀγια, οὐ κατα τα ἐργα ἡμων ἀλλα κατα ἰδιαν προθεσιν και χαριν,
	3 10	συ δε παρηκολουθησας μου τη διδασκαλια, τη ἀγωγη, τη προθεσει, τη πιστει, τη μακροθυμια, τη ἀγαπη, τη ὑπομονη,
Heb	9 2	σκηνη γαρ κατεσκευασθη ἠ πρωτη, ἐν ᾑ ἠ τε λυχνια και ἠ τραπεζα και ἠ προθεσις των ἀρτων,

προθεσμια [1]

Ga	4 2	οὐδεν διαφερει δουλου κυριος παντων ὠν, ἀλλα ὑπο ἐπιτροπους ἐστιν και οἰκονομους ἀχρι της προθεσμιας του πατρος.

προθυμια [5]

Ac	17 11	οὑτοι δε ἠσαν εὐγενεστεροι των ἐν θεσσαλονικη, οἱτινες ἐδεξαντο τον λογον μετα πασης προθυμιας,
2Co	8 11	ὀπως καθαπερ ἠ προθυμια του θελειν, οὑτως και το ἐπιτελεσαι ἐκ του ἐχειν.
	12	εἰ γαρ ἠ προθυμια προκειται, καθο ἐαν ἐχη εὐπροσδεκτος, οὐ καθο οὐκ ἐχει.
	19	οὐ μονον δε ἀλλα και χειροτονηθεις ὑπο των ἐκκλησιων συνεκδημος ἡμων συν τη χαριτι ταυτη τη διακονουμενη ὑφ ἡμων προς την [αὐτου] του κυριου δοξαν και προθυμιαν ἡμων,
	9 2	οἰδα γαρ την προθυμιαν ὑμων ἡν ὑπερ ὑμων καυχωμαι μακεδοσιν ὀτι ἀχαια παρεσκευασται ἀπο περυσι,

προθυμος [3]

Mt	26 41	το μεν πνευμα προθυμον, ἠ δε σαρξ ἀσθενης.
Mc	14 38	το μεν πνευμα προθυμον, ἠ δε σαρξ ἀσθενης.
Rm	1 15	οὑτως το κατ ἐμε προθυμον και ὑμιν τοις ἐν ῥωμη εὐαγγελισασθαι.

προθυμως [1]

1Pt	5 2	[ἐπισκοπουντες] μη ἀναγκαστως ἀλλα ἑκουσιως κατα θεον, μηδε αἰσχροκερδως ἀλλα προθυμως

προιμος [1]

Ja	5 7	ἰδου ὁ γεωργος ἐκδεχεται τον τιμιον καρπον της γης, μακροθυμων ἐπ αὐτω ἑως λαβη προιμον και ὀψιμον.

προιστημι [8]

Rm	12 8	ὁ μεταδιδους ἐν ἁπλοτητι, ὁ *προισταμενος* ἐν σπουδῃ, ὁ ἐλεων ἐν ἱλαροτητι.
1Th	5 12	ἐρωτωμεν δε ὑμας, ἀδελφοι, εἰδεναι τους κοπιωντας ἐν ὑμιν και *προισταμενους* ὑμων ἐν κυριῳ και νουθετουντας ὑμας,
1Tm	3 4	του ἰδιου οἰκου καλως *προισταμενον*, τεκνα ἐχοντα ἐν ὑποταγῃ μετα πασης σεμνοτητος,
	5	εἰ δε τις του ἰδιου οἰκου *προστηναι* οὐκ οἰδεν, πως ἐκκλησιας θεου ἐπιμελησεται;
	12	διακονοι ἐστωσαν μιας γυναικος ἀνδρες, τεκνων καλως *προισταμενοι* και των ἰδιων οἰκων.
	5 17	οἱ καλως *προεστωτες* πρεσβυτεροι διπλης τιμης ἀξιουσθωσαν,
Tit	3 8	και περι τουτων βουλομαι σε διαβεβαιουσθαι, ἱνα φροντιζωσιν καλων ἐργων *προιστασθαι* οἱ πεπιστευκοτες θεῳ.
	14	μανθανετωσαν δε και οἱ ἡμετεροι καλων ἐργων *προιστασθαι* εἰς τας ἀναγκαιας χρειας,

προκαλεω [1]

Ga	5 26	μη γινωμεθα κενοδοξοι, ἀλληλους *προκαλουμενοι*, ἀλληλοις φθονουντες.

προκαταγγελλω [2]

Ac	3 18	ὁ δε θεος ἁ *προκατηγγειλεν* δια στοματος παντων των προφητων, παθειν τον χριστον αὐτου, ἐπληρωσεν οὑτως.
	7 52	και ἀπεκτειναν τους *προκαταγγειλαντας* περι της ἐλευσεως του δικαιου,

προκαταρτιζω [1]

2Co	9 5	ἱνα προελθωσιν εἰς ὑμας και *προκαταρτισωσιν* την προεπηγγελμενην εὐλογιαν ὑμων,

προκειμαι [5]

2Co	8 12	εἰ γαρ ἡ προθυμια *προκειται*, καθο ἐαν ἐχῃ εὐπροσδεκτος, οὐ καθο οὐκ ἐχει.
Heb	6 18	ἱνα δια δυο πραγματων ἀμεταθετων, ἐν οἱς ἀδυνατον ψευσασθαι [τον] θεον, ἰσχυραν παρακλησιν ἐχωμεν οἱ καταφυγοντες κρατησαι της *προκειμενης* ἐλπιδος·
	12 1	δι ὑπομονης τρεχωμεν τον *προκειμενον* ἡμιν ἀγωνα,
	2	ἀφορωντες εἰς τον της πιστεως ἀρχηγον και τελειωτην ἰησουν, ὁς ἀντι της *προκειμενης* αὐτῳ χαρας ὑπεμεινεν σταυρον αἰσχυνης καταφρονησας,
Ju	7	τον ὁμοιον τροπον τουτοις ἐκπορνευσασαι και ἀπελθουσαι ὀπισω σαρκος ἑτερας, *προκεινται* δειγμα πυρος αἰωνιου δικην ὑπεχουσαι.

προκηρυσσω [1]

Ac	13 24	*προκηρυξαντος* ἰωαννου προ προσωπου της εἰσοδου αὐτου βαπτισμα μετανοιας παντι τῳ λαῳ ἰσραηλ.

προκοπη [3]

Php	1 12	γινωσκειν δε ὑμας βουλομαι, ἀδελφοι, ὁτι τα κατ ἐμε μαλλον εἰς *προκοπην* του εὐαγγελιου ἐληλυθεν,
	25	ὁτι μενω και παραμενω πασιν ὑμιν εἰς την ὑμων *προκοπην* και χαραν της πιστεως,
1Tm	4 15	ταυτα μελετα, ἐν τουτοις ἰσθι, ἱνα σου ἡ *προκοπη* φανερα ῃ πασιν.

προκοπτω [6]

Lc	2 52	και ἰησους *προεκοπτεν* [ἐν τῃ] σοφιᾳ και ἡλικιᾳ και χαριτι παρα θεῳ και ἀνθρωποις.
Rm	13 12	ἡ νυξ *προεκοψεν*, ἡ δε ἡμερα ἠγγικεν.
Ga	1 14	και *προεκοπτον* ἐν τῳ ἰουδαισμῳ ὑπερ πολλους συνηλικιωτας ἐν τῳ γενει μου,
2Tm	2 16	ἐπι πλειον γαρ *προκοψουσιν* ἀσεβειας,
	3 9	ἀλλ οὐ *προκοψουσιν* ἐπι πλειον·
	13	πονηροι δε ἀνθρωποι και γοητες *προκοψουσιν* ἐπι το χειρον,

προκριμα [1]

1Tm	5 21	διαμαρτυρομαι ἐνωπιον του θεου και χριστου ἰησου και των ἐκλεκτων ἀγγελων ἱνα ταυτα φυλαξῃς χωρις *προκριματος*,

προκυροω [1]

Ga	3 17	διαθηκην *προκεκυρωμενην* ὑπο του θεου ὁ μετα τετρακοσιακαιτριακοντα ἐτη γεγονως νομος οὐκ ἀκυροι, εἰς το καταργησαι την ἐπαγγελιαν.

προλαμβανω [3]

Mc	14 8	ὁ ἐσχεν ἐποιησεν· *προελαβεν* μυρισαι το σωμα μου εἰς τον ἐνταφιασμον.
1Co	11 21	ἑκαστος γαρ το ἰδιον δειπνον *προλαμβανει* ἐν τῳ φαγειν,
Ga	6 1	ἀδελφοι, ἐαν και *προλημφθῃ* ἀνθρωπος ἐν τινι παραπτωματι, ὑμεις οἱ πνευματικοι καταρτιζετε τον τοιουτον ἐν πνευματι πραυτητος,

προλεγω [15]

Mt	24 25	ἰδου *προειρηκα* ὑμιν.
Mc	13 23	*προειρηκα* ὑμιν παντα.
Ac	1 16	ἀνδρες ἀδελφοι, ἐδει πληρωθηναι την γραφην ἡν *προειπεν* το πνευμα το ἁγιον δια στοματος δαυιδ περι ἰουδα του γενομενου ὁδηγου τοις συλλαβουσιν ἰησουν,
Rm	9 29	και καθως *προειρηκεν* ἡσαιας· εἰ μη κυριος σαβαωθ ἐγκατελιπεν ἡμιν σπερμα, ὡς σοδομα ἀν ἐγενηθημεν και ὡς γομορρα ἀν ὡμοιωθημεν.
2Co	7 3	*προειρηκα* γαρ ὁτι ἐν ταις καρδιαις ἡμων ἐστε εἰς το συναποθανειν και συζην.
	13 2	*προειρηκα* και προλεγω, ὡς παρων το δευτερον και ἀπων νυν, τοις προημαρτηκοσιν και τοις λοιποις πασιν,
	2	*προειρηκα* και *προλεγω*, ὡς παρων το δευτερον και ἀπων νυν, τοις προημαρτηκοσιν και τοις λοιποις πασιν,
Ga	1 9	ὡς *προειρηκαμεν*, και ἀρτι παλιν λεγω,
	5 21	διχοστασιαι, αἱρεσεις, φθονοι, μεθαι, κωμοι, και τα ὁμοια τουτοις, ἁ *προλεγω* ὑμιν καθως προειπον,
	21	διχοστασιαι, αἱρεσεις, φθονοι, μεθαι, κωμοι, και τα ὁμοια τουτοις, ἁ *προλεγω* ὑμιν καθως προειπον,
1Th	3 4	και γαρ ὁτε προς ὑμας ἡμεν, *προελεγομεν* ὑμιν ὁτι μελλομεν θλιβεσθαι,
	4 6	καθως και *προειπαμεν* ὑμιν και διεμαρτυραμεθα.
Heb	4 7	καθως *προειρηται*· σημερον ἐαν της φωνης αὐτου ἀκουσητε, μη σκληρυνητε τας καρδιας ὑμων.
2Pt	3 2	μνησθηναι των *προειρημενων* ρηματων ὑπο των ἁγιων προφητων
Ju	17	ὑμεις δε, ἀγαπητοι, μνησθητε των ρηματων των *προειρημενων* ὑπο των ἀποστολων του κυριου ἡμων ἰησου χριστου,

προμαρτυρομαι [1]

1Pt	1 11	το ἐν αὐτοις πνευμα χριστου *προμαρτυρομενον* τα εἰς χριστον παθηματα και τας μετα ταυτα δοξας.

προμελεταω [1]

Lc	21 14	θετε οὐν ἐν ταις καρδιαις ὑμων μη *προμελεταν* ἀπολογηθηναι·

προμεριμναω [1]

Mc	13 11	και ὁταν ἀγωσιν ὑμας παραδιδοντες, μη *προμεριμνατε* τι λαλησητε,

προνοεω [3]

Rm	12 17	*προνοουμενοι* καλα ἐνωπιον παντων ἀνθρωπων·
2Co	8 21	*προνοουμεν* γαρ καλα οὐ μονον ἐνωπιον κυριου ἀλλα και ἐνωπιον ἀνθρωπων.
1Tm	5 8	εἰ δε τις των ἰδιων και μαλιστα οἰκειων οὐ *προνοει*, την πιστιν ἠρνηται και ἐστιν ἀπιστου χειρων.

προνοια [2]

Ac	24 2	πολλης εἰρηνης τυγχανοντες δια σου και διορθωματων γινομενων τῳ ἐθνει τουτῳ δια της σης *προνοιας*, παντῃ τε και πανταχου ἀποδεχομεθα,
Rm	13 14	ἀλλα ἐνδυσασθε τον κυριον ἰησουν χριστον, και της σαρκος *προνοιαν* μη ποιεισθε εἰς ἐπιθυμιας.

προοραω [4]

Ac	2 25	*προορωμην* τον κυριον ἐνωπιον μου δια παντος,

προοραω [4]

Ac 2 31 προιδων έλαλησεν περι της άναστασεως του χριστου, ότι ούτε έγκατελειφθη είς άδην ούτε ή σαρξ αύτου είδεν διαφθοραν.

21 29 ήσαν γαρ προεωρακοτες τροφιμον τον έφεσιον έν τη πολει συν αύτω,

Ga 3 8 προιδουσα δε ή γραφη ότι έκ πιστεως δικαιοι τα έθνη ό θεος,

προοριζω [6]

Ac 4 28 ήρωδης τε και ποντιος πιλατος συν έθνεσιν και λαοις ισραηλ, ποιησαι όσα ή χειρ σου και ή βουλη [σου] προωρισεν γενεσθαι.

Rm 8 29 ότι ούς προεγνω, και προωρισεν συμμορφους της είκονος του υίου αύτου, είς το είναι αύτον πρωτοτοκον έν πολλοις άδελφοις·

30 ούς δε προωρισεν, τουτους και έκαλεσεν·

1Co 2 7 άλλα λαλουμεν θεου σοφιαν έν μυστηριω, την άποκεκρυμμενην, ήν προωρισεν ό θεος προ των αίωνων είς δοξαν ήμων·

Eph 1 5 προορισας ήμας είς υίοθεσιαν δια ίησου χριστου είς αύτον,

11 έν αύτω, έν ώ και έκληρωθημεν προορισθεντες κατα προθεσιν του τα παντα ένεργουντος κατα την βουλην του θελήματος αύτου,

προπασχω [1]

1Th 2 2 άλλα προπαθοντες και ύβρισθεντες καθως οίδατε έν φιλιπποις έπαρρησιασαμεθα έν τω θεω ήμων λαλησαι προς ύμας το εύαγγελιον του θεου έν πολλω άγωνι.

προπατωρ [1]

Rm 4 1 τι ούν έρουμεν εύρηκεναι άβρααμ τον προπατορα ήμων κατα σαρκα;

προπεμπω [9]

Ac 15 3 οί μεν ούν προπεμφθεντες ύπο της έκκλησιας διηρχοντο την τε φοινικην και σαμαρειαν έκδιηγουμενοι την έπιστροφην των έθνων,

20 38 προεπεμπον δε αύτον είς το πλοιον.

21 5 ότε δε έγενετο ήμας έξαρτισαι τας ήμερας, έξελθοντες έπορευομεθα προπεμποντων ήμας παντων συν γυναιξι και τεκνοις έως έξω της πολεως,

Rm 15 24 έλπιζω γαρ διαπορευομενος θεασασθαι ύμας και ύφ ύμων προπεμφθηναι έκει,

1Co 16 6 προς ύμας δε τυχον παραμενω ή και παραχειμασω, ίνα ύμεις με προπεμψητε ού έαν πορευωμαι.

11 προπεμψατε δε αύτον έν είρηνη, ίνα έλθη προς με·

2Co 1 16 και δι ύμων διελθειν είς μακεδονιαν, και παλιν άπο μακεδονιας έλθειν προς ύμας και ύφ ύμων προπεμφθηναι είς την ίουδαιαν.

Tit 3 13 ζηναν τον νομικον και άπολλων σπουδαιως προπεμψον, ίνα μηδεν αύτοις λειπη.

3Jh 6 ούς καλως ποιησεις προπεμψας άξιως του θεου·

προπετης [2]

Ac 19 36 άναντιρρητων ούν όντων τουτων δεον έστιν ύμας κατεσταλμενους ύπαρχειν και μηδεν προπετες πρασσειν.

2Tm 3 4 προδοται, προπετεις, τετυφωμενοι, φιληδονοι μαλλον ή φιλοθεοι,

προπορευομαι [2]

Lc 1 76 και συ δε, παιδιον, προφητης ύψιστου κληθηση· προπορευση γαρ ένωπιον κυριου έτοιμασαι όδους αύτου,

Ac 7 40 ποιησον ήμιν θεους οί προπορευσονται ήμων·

προς [699]

cf append.

προσαββατον [1]

Mc 15 42 και ήδη όψιας γενομενης, έπει ήν παρασκευη, ό έστιν προσαββατον, έλθων ίωσηφ [ό] άπο άριμαθαιας,

προσαγορευω [1]

Heb 5 10 προσαγορευθεις ύπο του θεου άρχιερευς κατα την ταξιν μελχισεδεκ.

προσαγω [4]

Lc 9 41 προσαγαγε ώδε τον υίον σου.

Ac 16 20 και προσαγαγοντες αύτους τοις στρατηγοις είπαν·

27 27 ώς δε τεσσαρεσκαιδεκατη νυξ έγενετο διαφερομενων ήμων έν τω άδρια, κατα μεσον της νυκτος ύπενοουν οί ναυται προσαγειν τινα αύτοις χωραν.

1Pt 3 18 ότι και χριστος άπαξ περι άμαρτιων έπαθεν, δικαιος ύπερ άδικων, ίνα ύμας προσαγαγη τω θεω,

προσαγωγη [3]

Rm 5 2 δια του κυριου ήμων ίησου χριστου, δι ού και την προσαγωγην έσχηκαμεν [τη πιστει] είς την χαριν ταυτην έν ή έστηκαμεν,

Eph 2 18 ότι δι αύτου έχομεν την προσαγωγην οί άμφοτεροι έν ένι πνευματι προς τον πατερα.

3 12 έν ώ έχομεν την παρρησιαν και προσαγωγην έν πεποιθησει δια της πιστεως αύτου.

προσαιτεω [1]

Jh 9 8 ούχ ούτος έστιν ό καθημενος και προσαιτων;

προσαιτης [2]

Mc 10 46 και έκπορευομενου αύτου άπο ίεριχω και των μαθητων αύτου και όχλου ίκανου ό υίος τιμαιου βαρτιμαιος, τυφλος προσαιτης, έκαθητο παρα την όδον.

Jh 9 8 οί ούν γειτονες και οί θεωρουντες αύτον το προτερον, ότι προσαιτης ήν, έλεγον·

προσαναβαινω [1]

Lc 14 10 φιλε, προσαναβηθι άνωτερον·

προσαναλοω [1]

Lc 8 43 και γυνη ούσα έν ρυσει αίματος άπο έτων δωδεκα, ήτις [ίατροις προσαναλωσασα όλον τον βιον] ούκ ίσχυσεν άπ ούδενος θεραπευθηναι,

προσαναπληροω [2]

2Co 9 12 ότι ή διακονια της λειτουργιας ταυτης ού μονον έστιν προσαναπληρουσα τα ύστερηματα των άγιων, άλλα και περισσευουσα δια πολλων εύχαριστιων τω θεω·

11 9 το γαρ ύστερημα μου προσανεπληρωσαν οί άδελφοι έλθοντες άπο μακεδονιας·

προσανατιθεμαι [2]

Ga 1 16 εύθεως ού προσανεθεμην σαρκι και αίματι,

2 6 έμοι γαρ οί δοκουντες ούδεν προσανεθεντο,

προσαπειλεομαι [1]

Ac 4 21 οί δε προσαπειλησαμενοι άπελυσαν αύτους, μηδεν εύρισκοντες το πως κολασωνται αύτους, δια τον λαον, ότι παντες έδοξαζον τον θεον έπι τω γεγονοτι·

προσδαπαναω [1]

Lc 10 35 έπιμεληθητι αύτου, και ότι άν προσδαπανησης έγω έν τω έπανερχεσθαι με άποδωσω σοι.

προσδεομαι [1]

Ac 17 25 ούδε ύπο χειρων άνθρωπινων θεραπευεται προσδεομενος τινος, αύτος διδους πασι ζωην και πνοην και τα παντα·

προσδεχομαι [14]

Mc 15 43 έλθων ίωσηφ [ό] άπο άριμαθαιας, εύσχημων βουλευτης, ός και αύτος ήν προσδεχομενος την βασιλειαν του θεου,

προσδεχομαι [14]

Lc	2 25	και ὁ ἀνθρωπος ουτος δικαιος και εὐλαβης, *προσδεχομενος* παρακλησιν του ἰσραηλ, και πνευμα ἡν ἁγιον ἐπ αὐτον·
	38	και αὐτη τη ὡρα ἐπιστασα ἀνθωμολογειτο τω θεω και ἐλαλει περι αὐτου πασιν τοις *προσδεχομενοις* λυτρωσιν ἱερουσαλημ.
	12 36	και ὑμεις ὁμοιοι ἀνθρωποις *προσδεχομενοις* τον κυριον ἑαυτων, ποτε ἀναλυση ἐκ των γαμων, ἱνα ἐλθοντος και κρουσαντος εὐθεως ἀνοιξωσιν αὐτω.
	15 2	και διεγογγυζον οἱ τε φαρισαιοι και οἱ γραμματεις λεγοντες ὁτι οὑτος ἁμαρτωλους *προσδεχεται* και συνεσθιει αὐτοις.
	23 51	ἀπο ἁριμαθαιας πολεως των ἰουδαιων, ὁς *προσεδεχετο* την βασιλειαν του θεου,
Ac	23 21	και νυν εἰσιν ἑτοιμοι *προσδεχομενοι* την ἀπο σου ἐπαγγελιαν.
	24 15	ἐλπιδα ἐχων εἰς τον θεον, ἡν και αὐτοι οὑτοι *προσδεχονται*, ἀναστασιν μελλειν ἐσεσθαι δικαιων τε και ἀδικων.
Rm	16 2	συνιστημι δε ὑμιν φοιβην την ἀδελφην ἡμων, οὑσαν [και] διακονον της ἐκκλησιας της ἐν κεγχρεαις, ἱνα αὐτην *προσδεξησθε* ἐν κυριω ἀξιως των ἁγιων,
Php	2 29	*προσδεχεσθε* οὐν αὐτον ἐν κυριω μετα πασης χαρας,
Tit	2 13	*προσδεχομενοι* την μακαριαν ἐλπιδα και ἐπιφανειαν της δοξης του μεγαλου θεου
Heb	10 34	και την ἁρπαγην των ὑπαρχοντων ὑμων μετα χαρας *προσεδεξασθε*,
	11 35	ἀλλοι δε ἐτυμπανισθησαν, οὐ *προσδεξαμενοι* την ἀπολυτρωσιν,
Ju	21	ἑαυτους ἐν ἀγαπη θεου τηρησατε, *προσδεχομενοι* το ἐλεος του κυριου ἡμων ἰησου χριστου εἰς ζωην αἰωνιον.

προσδοκαω [16]

Mt	11 3	συ εἰ ὁ ἐρχομενος, ἡ ἑτερον *προσδοκωμεν*;
	24 50	ἡξει ὁ κυριος του δουλου ἐκεινου ἐν ἡμερᾳ ἡ οὐ *προσδοκα* και ἐν ὡρᾳ ἡ οὐ γινωσκει,
Lc	1 21	και ἡν ὁ λαος *προσδοκων* τον ζαχαριαν,
	3 15	*προσδοκωντος* δε του λαου και διαλογιζομενων παντων ἐν ταις καρδιαις αὐτων περι του ἰωαννου, μηποτε αὐτος εἰη ὁ χριστος,
	7 19	συ εἰ ὁ ἐρχομενος, ἡ ἀλλον *προσδοκωμεν*;
	20	συ εἰ ὁ ἐρχομενος, ἡ ἀλλον *προσδοκωμεν*;
	8 40	ἡσαν γαρ παντες *προσδοκωντες* αὐτον.
	12 46	ἡξει ὁ κυριος του δουλου ἐκεινου ἐν ἡμερᾳ ἡ οὐ *προσδοκα* και ἐν ὡρᾳ ἡ οὐ γινωσκει, και διχοτομησει αὐτον,
Ac	3 5	ὁ δε ἐπειχεν αὐτοις *προσδοκων* τι παρ αὐτων λαβειν.
	10 24	ὁ δε κορνηλιος ἡν *προσδοκων* αὐτους, συγκαλεσαμενος τους συγγενεις αὐτου και τους ἀναγκαιους φιλους.
	27 33	τεσσαρεσκαιδεκατην σημερον ἡμεραν *προσδοκωντες* ἀσιτοι διατελειτε,
	28 6	οἱ δε *προσεδοκων* αὐτον μελλειν πιμπρασθαι ἡ καταπιπτειν ἀφνω νεκρον.
	6	ἐπι πολυ δε αὐτων *προσδοκωντων* και θεωρουντων μηδεν ἀτοπον εἰς αὐτον γινομενον, μεταβαλομενοι ἐλεγον αὐτον εἰναι θεον.
2Pt	3 12	*προσδοκωντας* και σπευδοντας την παρουσιαν της του θεου ἡμερας,
	13	καινους δε οὐρανους και γην καινην κατα το ἐπαγγελμα αὐτου *προσδοκωμεν*,
	14	διο, ἀγαπητοι, ταυτα *προσδοκωντες* σπουδασατε ἀσπιλοι και ἀμωμητοι αὐτω εὑρεθηναι ἐν εἰρηνη,

προσδοκια [2]

Lc	21 26	και ἐπι της γης συνοχη ἐθνων ἐν ἀπορια ἡχους θαλασσης και σαλου, ἀποψυχοντων ἀνθρωπων ἀπο φοβου και *προσδοκιας* των ἐπερχομενων τη οἰκουμενη·
Ac	12 11	νυν οἰδα ἀληθως ὁτι ἐξαπεστειλεν [ὁ] κυριος τον ἀγγελον αὐτου και ἐξειλατο με ἐκ χειρος ἡρωδου και πασης της *προσδοκιας* του λαου των ἰουδαιων.

προσεαω [1]

Ac	27 7	ἐν ἱκαναις δε ἡμεραις βραδυπλοουντες και μολις γενομενοι κατα την κνιδον, μη *προσεωντος* ἡμας του ἀνεμου, ὑπεπλευσαμεν την κρητην κατα σαλμωνην,

προσεργαζομαι [1]

Lc	19 16	κυριε, ἡ μνα σου δεκα *προσηργασατο* μνας.

προσερχομαι [86]

Mt	4 3	και *προσελθων* ὁ πειραζων εἰπεν αὐτω·
	11	και ἰδου ἀγγελοι *προσηλθον* και διηκονουν αὐτω.
	5 1	και καθισαντος αὐτου *προσηλθαν* αὐτω οἱ μαθηται αὐτου·
	8 2	και ἰδου λεπρος *προσελθων* προσεκυνει αὐτω λεγων·
	5	εἰσελθοντος δε αὐτου εἰς καφαρναουμ *προσηλθεν* αὐτω ἑκατονταρχος παρακαλων αὐτον και λεγων·
	19	και *προσελθων* εἰς γραμματευς εἰπεν αὐτω·
	25	και *προσελθοντες* ἡγειραν αὐτον λεγοντες·
	9 14	τοτε *προσερχονται* αὐτω οἱ μαθηται ἰωαννου λεγοντες·
	20	και ἰδου γυνη αἱμορροουσα δωδεκα ἐτη *προσελθουσα* ὀπισθεν ἡψατο του κρασπεδου του ἱματιου αὐτου·
	28	ἐλθοντι δε εἰς την οἰκιαν *προσηλθον* αὐτω οἱ τυφλοι,
	13 10	και *προσελθοντες* οἱ μαθηται εἰπαν αὐτω·
	27	*προσελθοντες* δε οἱ δουλοι του οἰκοδεσποτου εἰπον αὐτω·
	36	και *προσελθων* αὐτω οἱ μαθηται αὐτου λεγοντες·
	14 12	και *προσελθοντες* οἱ μαθηται αὐτου ἡραν το πτωμα και ἐθαψαν αὐτο[ν],
	15	ὀψιας δε γενομενης *προσηλθον* αὐτω οἱ μαθηται λεγοντες·
	15 1	τοτε *προσερχονται* τω ἰησου ἀπο ἱεροσολυμων φαρισαιοι και γραμματεις λεγοντες·
	12	τοτε *προσελθοντες* οἱ μαθηται λεγουσιν αὐτω·
	23	και *προσελθων* αὐτω οἱ μαθηται αὐτου ἡρωτουν αὐτον λεγοντες·
	30	και *προσηλθον* αὐτω ὀχλοι πολλοι ἐχοντες μεθ ἑαυτων χωλους, τυφλους, κυλλους, κωφους, και ἑτερους πολλους, και ἑρριψαν αὐτους παρα τους ποδας αὐτου·
	16 1	και *προσελθοντες* οἱ φαρισαιοι και σαδδουκαιοι πειραζοντες ἐπηρωτησαν αὐτον σημειον ἐκ του οὐρανου ἐπιδειξαι αὐτοις.
	17 7	και *προσηλθεν* ὁ ἰησους και ἁψαμενος αὐτων εἰπεν·
	14	και ἐλθοντων προς τον ὀχλον *προσηλθεν* αὐτω ἀνθρωπος γονυπετων αὐτον και λεγων·
	19	τοτε *προσελθοντες* οἱ μαθηται τω ἰησου κατ ἰδιαν εἰπον·
	24	ἐλθοντων δε αὐτων εἰς καφαρναουμ *προσηλθον* οἱ τα διδραχμα λαμβανοντες τω πετρω και εἰπαν·
	18 1	ἐν ἐκεινη τη ὡρα *προσηλθον* οἱ μαθηται τω ἰησου λεγοντες·
	21	τοτε *προσελθων* ὁ πετρος εἰπεν αὐτω· κυριε, ποσακις ἁμαρτησει εἰς ἐμε ὁ ἀδελφος μου και ἀφησω αὐτω;
	19 3	και *προσηλθον* αὐτω φαρισαιοι πειραζοντες αὐτον και λεγοντες·
	16	και ἰδου εἱς *προσελθων* αὐτω εἰπεν·
	20 20	τοτε *προσηλθεν* αὐτω ἡ μητηρ των υἱων ζεβεδαιου μετα των υἱων αὐτης προσκυνουσα και αἰτουσα τι ἀπ αὐτου.
	21 14	και *προσηλθον* αὐτω τυφλοι και χωλοι ἐν τω ἱερω, και ἐθεραπευσεν αὐτους.
	23	και ἐλθοντος αὐτου εἰς το ἱερον *προσηλθον* αὐτω διδασκοντι οἱ ἀρχιερεις και οἱ πρεσβυτεροι του λαου λεγοντες·
	28	και *προσελθων* τω πρωτω εἰπεν· τεκνον, ὑπαγε σημερον ἐργαζου ἐν τω ἀμπελωνι.
	30	*προσελθων* δε τω ἑτερω εἰπεν ὡσαυτως.
	22 23	ἐν ἐκεινη τη ἡμερα *προσηλθον* αὐτω σαδδουκαιοι,
	24 1	και *προσηλθον* οἱ μαθηται αὐτου ἐπιδειξαι αὐτω τας οἰκοδομας του ἱερου.
	3	καθημενου δε αὐτου ἐπι του ὀρους των ἐλαιων *προσηλθον* αὐτω οἱ μαθηται κατ ἰδιαν λεγοντες·
	25 20	και *προσελθων* ὁ τα πεντε ταλαντα λαβων προσηνεγκεν ἀλλα πεντε ταλαντα λεγων·
	22	*προσελθων* [δε] και ὁ τα δυο ταλαντα εἰπεν·
	24	*προσελθων* δε και ὁ το ἑν ταλαντον εἰληφως εἰπεν·
	26 7	του δε ἰησου γενομενου ἐν βηθανια ἐν οἰκια σιμωνος του λεπρου, *προσηλθεν* αὐτω γυνη ἐχουσα ἀλαβαστρον μυρου βαρυτιμου και κατεχεεν ἐπι της κεφαλης αὐτου ἀνακειμενου.
	17	τη δε πρωτη των ἀζυμων *προσηλθον* οἱ μαθηται τω ἰησου λεγοντες·
	49	και εὐθεως *προσελθων* τω ἰησου εἰπεν·
	50	τοτε *προσελθοντες* ἐπεβαλον τας χειρας ἐπι τον ἰησουν και ἐκρατησαν αὐτον.
	60	οἱ δε ἀρχιερεις και το συνεδριον ὁλον ἐζητουν ψευδομαρτυριαν κατα του ἰησου ὁπως αὐτον θανατωσωσιν, και οὐχ εὑρον πολλων *προσελθοντων* ψευδομαρτυρων.
	60	ὑστερον δε *προσελθοντες* δυο εἰπαν·
	69	και *προσηλθεν* αὐτω μια παιδισκη λεγουσα·
	73	μετα μικρον δε *προσελθοντες* οἱ ἑστωτες εἰπον τω πετρω·
	27 58	οὑτος *προσελθων* τω πιλατω ἡτησατο το σωμα του ἰησου.
	28 2	ἀγγελος γαρ κυριου καταβας ἐξ οὐρανου και *προσελθων* ἀπεκυλισεν τον λιθον και ἐκαθητο ἐπανω αὐτου.
	9	αἱ δε *προσελθουσαι* ἐκρατησαν αὐτου τους ποδας και προσεκυνησαν αὐτω.
	18	και *προσελθων* ὁ ἰησους ἐλαλησεν αὐτοις λεγων·
Mc	1 31	και *προσελθων* ἡγειρεν αὐτην κρατησας της χειρος·

προσερχομαι [86]

Mc	6 35	και ἤδη ὥρας πολλης γενομενης *προσελθοντες* αὐτω οἱ μαθηται αὐτου ἐλεγον ὁτι ἐρημος ἐστιν ὁ τοπος και ἤδη ὥρα πολλη·
	10 2	και *προσελθοντες* φαρισαιοι ἐπηρωτων αὐτον εἰ ἐξεστιν ἀνδρι γυναικα ἀπολυσαι,
	12 28	και *προσελθων* εἰς των γραμματεων, ἀκουσας αὐτων συζητουντων, ἰδων ὁτι καλως ἀπεκριθη αὐτοις,
	14 45	και ἐλθων εὐθυς *προσελθων* αὐτω λεγει· ῥαββι,
Lc	7 14	και *προσελθων* ἡψατο της σορου,
	8 24	*προσελθοντες* δε διηγειραν αὐτον λεγοντες·
	44	ἡτις [ἰατροις προσαναλωσασα ὁλον τον βιον] οὐκ ἰσχυσεν ἀπ οὐδενος θεραπευθηναι, *προσελθουσα* ὀπισθεν ἡψατο του κρασπεδου του ἱματιου αὐτου,
	9 12	*προσελθοντες* δε οἱ δωδεκα εἰπαν αὐτω·
	42	ἐτι δε *προσερχομενου* αὐτου ἐρρηξεν αὐτον το δαιμονιον και συνεσπαραξεν·
	10 34	και *προσελθων* κατεδησεν τα τραυματα αὐτου ἐπιχεων ἐλαιον και οἰνον,
	13 31	ἐν αὐτη τη ὡρα *προσηλθαν* τινες φαρισαιοι λεγοντες αὐτω·
	20 27	*προσελθοντες* δε τινες των σαδδουκαιων, οἱ [ἀντι]λεγοντες ἀναστασιν μη εἰναι,
	23 36	ἐνεπαιξαν δε αὐτω και οἱ στρατιωται *προσερχομενοι*,
	52	οὑτος *προσελθων* τω πιλατω ἡτησατο το σωμα του ἰησου,
Jh	12 21	οὑτοι οὐν *προσηλθον* φιλιππω τω ἀπο βηθσαιδα της γαλιλαιας,
Ac	7 31	*προσερχομενου* δε αὐτου κατανοησαι ἐγενετο φωνη κυριου·
	8 29	*προσελθε* και κολληθητι τω ἁρματι τουτω.
	9 1	ὁ δε σαυλος ἐτι ἐμπνεων ἀπειλης και φονου εἰς τους μαθητας του κυριου, *προσελθων* τω ἀρχιερει ἡτησατο παρ αὐτου ἐπιστολας εἰς δαμασκον προς τας συναγωγας,
	10 28	ὑμεις ἐπιστασθε ὡς ἀθεμιτον ἐστιν ἀνδρι ἰουδαιω κολλασθαι ἡ *προσερχεσθαι* ἀλλοφυλω·
	12 13	κρουσαντος δε αὐτου την θυραν του πυλωνος *προσηλθεν* παιδισκη ὑπακουσαι ὀνοματι ῥοδη,
	18 2	*προσηλθεν* αὐτοις, και δια το ὁμοτεχνον εἰναι ἐμενεν παρ αὐτοις,
	22 26	ἀκουσας δε ὁ ἑκατονταρχης *προσελθων* τω χιλιαρχω ἀπηγγειλεν λεγων·
	27	*προσελθων* δε ὁ χιλιαρχος εἰπεν αὐτω·
	23 14	οἱτινες *προσελθοντες* τοις ἀρχιερευσιν και τοις πρεσβυτεροις εἰπαν·
	28 9	τουτου δε γενομενου και οἱ λοιποι οἱ ἐν τη νησω ἐχοντες ἀσθενειας *προσηρχοντο* και ἐθεραπευοντο,
1Tm	6 3	εἰ τις ἑτεροδιδασκαλει και μη *προσερχεται* ὑγιαινουσιν λογοις τοις του κυριου ἡμων ἰησου χριστου, και τη κατ εὐσεβειαν διδασκαλια, τετυφωται, μηδεν ἐπισταμενος,
Heb	4 16	*προσερχωμεθα* οὐν μετα παρρησιας τω θρονω της χαριτος,
	7 25	ὁθεν και σωζειν εἰς το παντελες δυναται τους *προσερχομενους* δι αὐτου τω θεω,
	10 1	κατ ἐνιαυτον ταις αὐταις θυσιαις ἁς προσφερουσιν εἰς το διηνεκες οὐδεποτε δυναται τους *προσερχομενους* τελειωσαι·
	22	*προσερχωμεθα* μετα ἀληθινης καρδιας ἐν πληροφορια πιστεως,
	11 6	πιστευσαι γαρ δει τον *προσερχομενον* τω θεω, ὁτι ἐστιν και τοις ἐκζητουσιν αὐτον μισθαποδοτης γινεται.
	12 18	οὐ γαρ *προσεληλυθατε* ψηλαφωμενω και κεκαυμενω πυρι και γνοφω και ζοφω και θυελλη και σαλπιγγος ἠχω
	22	ἀλλα *προσεληλυθατε* σιων ὀρει και πολει θεου ζωντος,
1Pt	2 4	προς ὁν *προσερχομενοι*, λιθον ζωντα, ὑπο ἀνθρωπων μεν ἀποδεδοκιμασμενον παρα δε θεω ἐκλεκτον ἐντιμον,

προσευχη [37]

Mt	17 21 *	τουτο δε το γενος οὐκ ἐκπορευεται, εἰ μη ἐν *προσευχη* και νηστεια.
	21 13	γεγραπται· ὁ οἰκος μου οἰκος *προσευχης* κληθησεται, ὑμεις δε αὐτον ποιειτε σπηλαιον ληστων.
	22	και παντα ὁσα ἀν αἰτησητε ἐν τη *προσευχη* πιστευοντες λημψεσθε.
Mc	9 29	τουτο το γενος ἐν οὐδενι δυναται ἐξελθειν εἰ μη ἐν *προσευχη*.
	11 17	οὐ γεγραπται ὁτι ὁ οἰκος μου οἰκος *προσευχης* κληθησεται πασιν τοις ἐθνεσιν;
Lc	6 12	και ἠν διανυκτερευων ἐν τη *προσευχη* του θεου.
	19 46	γεγραπται· και ἐσται ὁ οἰκος μου οἰκος *προσευχης*·
	22 45	και ἀναστας ἀπο της *προσευχης*, ἐλθων προς τους μαθητας εὑρεν κοιμωμενους αὐτους ἀπο της λυπης,
Ac	1 14	οὑτοι παντες ἠσαν προσκαρτερουντες ὁμοθυμαδον τη *προσευχη* συν γυναιξιν και μαριαμ τη μητρι του ἰησου και τοις ἀδελφοις αὐτου.

προσευχη [37]

Ac	2 42	ἠσαν δε προσκαρτερουντες τη διδαχη των ἀποστολων και τη κοινωνια, τη κλασει του ἀρτου και ταις *προσευχαις*.
	3 1	πετρος δε και ἰωαννης ἀνεβαινον εἰς το ἱερον ἐπι την ὡραν της *προσευχης* την ἐνατην.
	6 4	ἡμεις δε τη *προσευχη* και τη διακονια του λογου προσκαρτερησομεν.
	10 4	αἱ *προσευχαι* σου και αἱ ἐλεημοσυναι σου ἀνεβησαν εἰς μνημοσυνον ἐμπροσθεν του θεου.
	31	κορνηλιε, εἰσηκουσθη σου ἡ *προσευχη* και αἱ ἐλεημοσυναι σου ἐμνησθησαν ἐνωπιον του θεου.
	12 5	*προσευχη* δε ἠν ἐκτενως γινομενη ὑπο της ἐκκλησιας προς τον θεον περι αὐτου.
	16 13	τη τε ἡμερα των σαββατων ἐξηλθομεν ἐξω της πυλης παρα ποταμον οὑ ἐνομιζομεν *προσευχην* εἰναι,
	16	ἐγενετο δε πορευομενων ἡμων εἰς την *προσευχην*, παιδισκην τινα ἐχουσαν πνευμα πυθωνα ὑπαντησαι ἡμιν,
Rm	1 10	ὡς ἀδιαλειπτως μνειαν ὑμων ποιουμαι παντοτε ἐπι των *προσευχων* μου,
	12 12	τη θλιψει ὑπομενοντες, τη *προσευχη* προσκαρτερουντες,
	15 30	παρακαλω δε ὑμας, [ἀδελφοι,] δια του κυριου ἡμων ἰησου χριστου και δια της ἀγαπης του πνευματος, συναγωνισασθαι μοι ἐν ταις *προσευχαις* ὑπερ ἐμου προς τον θεον,
1Co	7 5	εἰ μητι ἀν ἐκ συμφωνου προς καιρον ἱνα σχολασητε τη *προσευχη* και παλιν ἐπι το αὐτο ἠτε,
Eph	1 16	οὐ παυομαι εὐχαριστων ὑπερ ὑμων μνειαν ποιουμενος ἐπι των *προσευχων* μου,
	6 18	δια πασης *προσευχης* και δεησεως, προσευχομενοι ἐν παντι καιρω ἐν πνευματι,
Php	4 6	μηδεν μεριμνατε, ἀλλ ἐν παντι τη *προσευχη* και τη δεησει μετα εὐχαριστιας τα αἰτηματα ὑμων γνωριζεσθω προς τον θεον.
Col	4 2	τη *προσευχη* προσκαρτερειτε, γρηγορουντες ἐν αὐτη ἐν εὐχαριστια,
	12	δουλος χριστου [ἰησου], παντοτε ἀγωνιζομενος ὑπερ ὑμων ἐν ταις *προσευχαις*,
1Th	1 2	μνειαν ποιουμενοι ἐπι των *προσευχων* ἡμων,
1Tm	2 1	παρακαλω οὐν πρωτον παντων ποιεισθαι δεησεις, *προσευχας*, ἐντευξεις, εὐχαριστιας, ὑπερ παντων ἀνθρωπων,
	5 5	ἡ δε ὀντως χηρα και μεμονωμενη ἠλπικεν ἐπι θεον και προσμενει ταις δεησεσιν και ταις *προσευχαις* νυκτος και ἡμερας·
Phm	4	εὐχαριστω τω θεω μου παντοτε μνειαν σου ποιουμενος ἐπι των *προσευχων* μου,
	22	ἐλπιζω γαρ ὁτι δια των *προσευχων* ὑμων χαρισθησομαι ὑμιν.
Ja	5 17	ἡλιας ἀνθρωπος ἠν ὁμοιοπαθης ἡμιν, και *προσευχη* προσηυξατο του μη βρεξαι,
1Pt	3 7	ἀπονεμοντες τιμην ὡς και συγκληρονομοις χαριτος ζωης, εἰς το μη ἐγκοπτεσθαι τας *προσευχας* ὑμων.
	4 7	σωφρονησατε οὐν και νηψατε εἰς *προσευχας*·
Apc	5 8	ἐχοντες ἑκαστος κιθαραν και φιαλας χρυσας γεμουσας θυμιαματων, αἱ εἰσιν αἱ *προσευχαι* των ἁγιων.
	8 3	και ἐδοθη αὐτω θυμιαματα πολλα, ἱνα δωσει ταις *προσευχαις* των ἁγιων παντων ἐπι το θυσιαστηριον το χρυσουν το ἐνωπιον του θρονου.
	4	και ἀνεβη ὁ καπνος των θυμιαματων ταις *προσευχαις* των ἁγιων ἐκ χειρος του ἀγγελου ἐνωπιον του θεου.

προσευχομαι [86]

Mt	5 44	ἀγαπατε τους ἐχθρους ὑμων και *προσευχεσθε* ὑπερ των διωκοντων ὑμας·
	6 5	και ὀταν *προσευχησθε*, οὐκ ἐσεσθε ὡς οἱ ὑποκριται·
	5	οὐκ ἐσεσθε ὡς οἱ ὑποκριται· ὁτι φιλουσιν ἐν ταις συναγωγαις και ἐν ταις γωνιαις των πλατειων ἑστωτες *προσευχεσθαι*,
	6	συ δε ὀταν *προσευχη*, εἰσελθε εἰς το ταμειον σου και κλεισας την θυραν σου προσευξαι τω πατρι σου τω ἐν τω κρυπτω·
	6	εἰσελθε εἰς το ταμειον σου και κλεισας την θυραν σου *προσευξαι* τω πατρι σου τω ἐν τω κρυπτω·
	7	*προσευχομενοι* δε μη βατταλογησητε ὡσπερ οἱ ἐθνικοι·
	9	οὑτως οὐν *προσευχεσθε* ὑμεις· πατερ ἡμων ὁ ἐν τοις οὐρανοις·
	14 23	και ἀπολυσας τους ὀχλους ἀνεβη εἰς το ὀρος κατ ἰδιαν *προσευξασθαι*.
	19 13	τοτε προσηνεχθησαν αὐτω παιδια, ἱνα τας χειρας ἐπιθη αὐτοις και *προσευξηται*·
	23 14 *	οὐαι ὑμιν, γραμματεις και φαρισαιοι, ὑποκριται, ὁτι κατεσθιετε τας οἰκιας των χηρων, και προφασει μακρα *προσευχομενοι*·

προσευχομαι [86]

Mt 24 20 προσευχεσθε δε ινα μη γενηται ή φυγη ύμων χειμωνος μηδε σαββατω·

26 36 καθισατε αύτου έως [ού] άπελθων έκει προσευξωμαι.

39 και προελθων μικρον έπεσεν έπι προσωπον αύτου προσευχομενος και λεγων· πατερ μου, εί δυνατον έστιν, παρελθατω άπ έμου το ποτηριον τουτο·

41 γρηγορειτε και προσευχεσθε, ίνα μη είσελθητε είς πειρασμον·

42 παλιν έκ δευτερου άπελθων προσηυξατο λεγων· πατερ μου, εί ού δυναται τουτο παρελθειν έαν μη αύτο πιω, γενηθητω το θελημα σου.

44 και άφεις αύτους παλιν άπελθων προσηυξατο έκ τριτου, τον αύτον λογον είπων παλιν.

Mc 1 35 και πρωι έννυχα λιαν άναστας έξηλθεν και άπηλθεν είς έρημον τοπον, κάκει προσηυχετο.

6 46 και άποταξαμενος αύτοις άπηλθεν είς το όρος προσευξασθαι.

11 24 δια τουτο λεγω ύμιν, παντα όσα προσευχεσθε και αίτεισθε, πιστευετε ότι έλαβετε, και έσται ύμιν.

25 και όταν στηκετε προσευχομενοι, άφιετε εί τι έχετε κατα τινος,

12 40 οί κατεσθιοντες τας οίκιας των χηρων και προφασει μακρα προσευχομενοι,

13 18 προσευχεσθε δε ίνα μη γενηται χειμωνος·

14 32 καθισατε ώδε έως προσευξωμαι.

35 και προσηυχετο ίνα εί δυνατον έστιν παρελθη άπ αύτου ή ώρα,

38 γρηγορειτε και προσευχεσθε, ίνα μη έλθητε είς πειρασμον·

39 και παλιν άπελθων προσηυξατο τον αύτον λογον είπων.

Lc 1 10 και παν το πληθος ήν του λαου προσευχομενον έξω τη ώρα του θυμιαματος.

3 21 έγενετο δε έν τω βαπτισθηναι άπαντα τον λαον και ίησου βαπτισθεντος και προσευχομενου άνεωχθηναι τον ούρανον και καταβηναι το πνευμα το άγιον σωματικω είδει ώς περιστεραν έπ αύτον,

5 16 αύτος δε ήν ύποχωρων έν ταις έρημοις και προσευχομενος.

6 12 έγενετο δε έν ταις ήμεραις ταυταις έξελθειν αύτον είς το όρος προσευξασθαι,

28 εύλογειτε τους καταρωμενους ύμας, προσευχεσθε περι των έπηρεαζοντων ύμας.

9 18 και έγενετο έν τω είναι αύτον προσευχομενον κατα μονας συνησαν αύτω οί μαθηται,

28 έγενετο δε μετα τους λογους τουτους ώσει ήμεραι όκτω, [και] παραλαβων πετρον και ίωαννην και ίακωβον άνεβη είς το όρος προσευξασθαι.

29 και έγενετο έν τω προσευχεσθαι αύτον το είδος του προσωπου αύτου έτερον και ό ίματισμος αύτου λευκος έξαστραπτων.

11 1 και έγενετο έν τω είναι αύτον έν τοπω τινι προσευχομενον, ώς έπαυσατο, είπεν τις των μαθητων αύτου προς αύτον·

1 κυριε, διδαξον ήμας προσευχεσθαι, καθως και ίωαννης έδιδαξεν τους μαθητας αύτου.

2 όταν προσευχησθε, λεγετε· πατερ, άγιασθητω το όνομα σου·

18 1 έλεγεν δε παραβολην αύτοις προς το δειν παντοτε προσευχεσθαι αύτους και μη έγκακειν, λεγων· κριτης τις ήν έν τινι πολει τον θεον μη φοβουμενος και άνθρωπον μη έντρεπομενος.

10 άνθρωποι δυο άνεβησαν είς το ίερον προσευξασθαι, ό είς φαρισαιος και ό έτερος τελωνης.

11 ό φαρισαιος σταθεις προς έαυτον ταυτα προσηυχετο· ό θεος, εύχαριστω σοι ότι ούκ είμι ώσπερ οί λοιποι των άνθρωπων,

20 47 οί κατεσθιουσιν τας οίκιας των χηρων και προφασει μακρα προσευχονται·

22 40 προσευχεσθε μη είσελθειν είς πειρασμον.

41 και θεις τα γονατα προσηυχετο λεγων·

44 [και γενομενος έν άγωνια έκτενεστερον προσηυχετο]·

46 τί καθευδετε; άνασταντες προσευχεσθε, ίνα μη είσελθητε είς πειρασμον.

Ac 1 24 και προσευξαμενοι είπαν· συ κυριε καρδιογνωστα παντων,

6 6 και προσευξαμενοι έπεθηκαν αύτοις τας χειρας.

8 15 άπεστειλαν προς αύτους πετρον και ίωαννην, οίτινες καταβαντες προσηυξαντο περι αύτων όπως λαβωσιν πνευμα άγιον·

9 11 ίδου γαρ προσευχεται, και είδεν άνδρα [έν όραματι] άνανιαν όνοματι είσελθοντα και έπιθεντα αύτω [τας] χειρας, όπως άναβλεψη.

40 έκβαλων δε έξω παντας ό πετρος και θεις τα γονατα προσηυξατο,

10 9 τη δε έπαυριον όδοιπορουντων έκεινων και τη πολει έγγιζοντων άνεβη πετρος έπι το δωμα προσευξασθαι περι ώραν έκτην.

προσευχομαι [86]

Ac 10 30 άπο τεταρτης ήμερας μεχρι ταυτης της ώρας ήμην την ένατην προσευχομενος έν τω οίκω μου,

11 5 έγω ήμην έν πολει ίοππη προσευχομενος, και είδον έν έκστασει όραμα,

12 12 συνιδων τε ήλθεν έπι την οίκιαν της μαριας της μητρος ίωαννου του έπικαλουμενου μαρκου, ού ήσαν ίκανοι συνηθροισμενοι και προσευχομενοι·

13 3 τοτε νηστευσαντες και προσευξαμενοι και έπιθεντες τας χειρας αύτοις άπελυσαν.

14 23 χειροτονησαντες δε αύτοις κατ έκκλησιαν πρεσβυτερους, προσευξαμενοι μετα νηστειων παρεθεντο αύτους τω κυριω είς όν πεπιστευκεισαν.

16 25 κατα δε το μεσονυκτιον παυλος και σιλας προσευχομενοι ύμνουν τον θεον, έπηκροωντο δε αύτων οί δεσμιοι·

20 36 και ταυτα είπων, θεις τα γονατα αύτου συν πασιν αύτοις προσηυξατο.

21 5 και θεντες τα γονατα έπι τον αίγιαλον προσευξαμενοι άπησπασαμεθα άλληλους,

22 17 έγενετο δε μοι ύποστρεψαντι είς ίερουσαλημ και προσευχομενου μου έν τω ίερω γενεσθαι με έν έκστασει,

28 8 προς όν ό παυλος είσελθων και προσευξαμενος, έπιθεις τας χειρας αύτω ίασατο αύτον.

Rm 8 26 το γαρ τί προσευξωμεθα καθο δει ούκ οίδαμεν, άλλα αύτο το πνευμα ύπερεντυγχανει στεναγμοις άλαλητοις·

1Co 11 4 πας άνηρ προσευχομενος ή προφητευων κατα κεφαλης έχων καταισχυνει την κεφαλην αύτου.

5 πασα δε γυνη προσευχομενη ή προφητευουσα άκατακαλυπτω τη κεφαλη καταισχυνει την κεφαλην αύτης·

13 πρεπον έστιν γυναικα άκατακαλυπτον τω θεω προσευχεσθαι;

14 13 διο ό λαλων γλωσση προσευχεσθω ίνα διερμηνευη.

14 έαν [γαρ] προσευχωμαι γλωσση, το πνευμα μου προσευχεται,

14 έαν [γαρ] προσευχωμαι γλωσση, το πνευμα μου προσευχεται,

15 προσευξομαι τω πνευματι, προσευξομαι δε και τω νοι·

15 προσευξομαι τω πνευματι, προσευξομαι δε και τω νοι·

Eph 6 18 δια πασης προσευχης και δεησεως, προσευχομενοι έν παντι καιρω έν πνευματι,

Php 1 9 και τουτο προσευχομαι, ίνα ή άγαπη ύμων έτι μαλλον και μαλλον περισσευη έν έπιγνωσει και παση αίσθησει,

Col 1 3 εύχαριστουμεν τω θεω πατρι του κυριου ήμων ίησου χριστου παντοτε περι ύμων προσευχομενοι,

9 δια τουτο και ήμεις, άφ ής ήμερας ήκουσαμεν, ού παυομεθα ύπερ ύμων προσευχομενοι και αίτουμενοι

4 3 προσευχομενοι άμα και περι ήμων, ίνα ό θεος άνοιξη ήμιν θυραν του λογου,

1Th 5 17 παντοτε χαιρετε, άδιαλειπτως προσευχεσθε,

25 άδελφοι, προσευχεσθε [και] περι ήμων.

2Th 1 11 είς ό και προσευχομεθα παντοτε περι ύμων,

3 1 το λοιπον προσευχεσθε, άδελφοι, περι ήμων, ίνα ό λογος του κυριου τρεχη και δοξαζηται καθως και προς ύμας,

1Tm 2 8 βουλομαι ούν προσευχεσθαι τους άνδρας έν παντι τοπω έπαιροντας όσιους χειρας χωρις όργης και διαλογισμου.

Heb 13 18 προσευχεσθε περι ήμων· πειθομεθα γαρ ότι καλην συνειδησιν έχομεν,

Ja 5 13 κακοπαθει τις έν ύμιν; προσευχεσθω·

14 και προσευξασθωσαν έπ αύτον άλειψαντες [αύτον] έλαιω έν τω όνοματι του κυριου·

17 ήλιας άνθρωπος ήν όμοιοπαθης ήμιν, και προσευχη προσηυξατο του μη βρεξαι,

18 και παλιν προσηυξατο, και ό ούρανος ύετον έδωκεν και ή γη έβλαστησεν τον καρπον αύτης.

Ju 20 ύμεις δε, άγαπητοι, έποικοδομουντες έαυτους τη άγιωτατη ύμων πιστει, έν πνευματι άγιω προσευχομενοι,

προσεχω [24]

Mt 6 1 προσεχετε [δε] την δικαιοσυνην ύμων μη ποιειν έμπροσθεν των άνθρωπων προς το θεαθηναι αύτοις·

7 15 προσεχετε άπο των ψευδοπροφητων,

10 17 προσεχετε δε άπο των άνθρωπων· παραδωσουσιν γαρ ύμας είς συνεδρια,

16 6 όρατε και προσεχετε άπο της ζυμης των φαρισαιων και σαδδουκαιων.

11 πως ού νοειτε ότι ού περι άρτων είπον ύμιν; προσεχετε δε άπο της ζυμης των φαρισαιων και σαδδουκαιων.

12 τοτε συνηκαν ότι ούκ είπεν προσεχειν άπο της ζυμης των άρτων, άλλα άπο της διδαχης των φαρισαιων και σαδδουκαιων.

Lc 12 1 προσεχετε έαυτοις άπο της ζυμης, ήτις έστιν ύποκρισις, των φαρισαιων.

προσεχω [24]

Lc 17 3   προσεχετε ἑαυτοις. ἑαν ἁμαρτη ὁ ἀδελφος σου, ἑπιτιμησον αὐτω, και ἑαν μετανοηση, ἀφες αὐτω.

20 46   προσεχετε ἀπο των γραμματεων των θελοντων περιπατειν ἑν στολαις

21 34   προσεχετε δε ἑαυτοις μηποτε βαρηθωσιν ὑμων αἱ καρδιαι ἑν κραιπαλη και μεθη και μεριμναις βιωτικαις,

Ac 5 35   ἀνδρες ισραηλιται, προσεχετε ἑαυτοις ἑπι τοις ἀνθρωποις τουτοις τί μελλετε πρασσειν.

8 6   προσειχον δε οἱ ὀχλοι τοις λεγομενοις ὑπο του φιλιππου ὁμοθυμαδον ἑν τω ἀκουειν αὐτους και βλεπειν τα σημεια ἁ ἑποιει.

10   ᾡ προσειχον παντες ἀπο μικρου ἑως μεγαλου λεγοντες·

11   προσειχον δε αὐτω δια το ἱκανω χρονω ταις μαγειαις ἑξεστακεναι αὐτους.

16 14   ἡς ὁ κυριος διηνοιξεν την καρδιαν προσεχειν τοις λαλουμενοις ὑπο του παυλου.

20 28   προσεχετε ἑαυτοις και παντι τω ποιμνιω, ἑν ᾡ ὑμας το πνευμα το ἁγιον ἑθετο ἑπισκοπους,

1Tm 1 4   ἱνα παραγγειλης τισιν μη ἑτεροδιδασκαλειν μηδε προσεχειν μυθοις και γενεαλογιαις ἀπεραντοις,

3 8   διακονους ὡσαυτως σεμνους, μη διλογους, μη οἰνω πολλω προσεχοντας, μη αἰσχροκερδεις,

4 1   το δε πνευμα ῥητως λεγει ὁτι ἑν ὑστεροις καιροις ἀποστησονται τινες της πιστεως, προσεχοντες πνευμασιν πλανοις και διδασκαλιαις δαιμονιων,

13   ἑως ἑρχομαι προσεχε τη ἀναγνωσει, τη παρακλησει, τη διδασκαλια.

Tit 1 14   ἱνα ὑγιαινωσιν ἑν τη πιστει, μη προσεχοντες ιουδαικοις μυθοις και ἑντολαις ἀνθρωπων ἀποστρεφομενων την ἀληθειαν.

Heb 2 1   δια τουτο δει περισσοτερως προσεχειν ἡμας τοις ἀκουσθεισιν, μηποτε παραρυωμεν.

7 13   φυλης ἑτερας μετεσχηκεν, ἀφ᾽ ἡς οὐδεις προσεσχηκεν τω θυσιαστηριω·

2Pt 1 19   ᾡ καλως ποιειτε προσεχοντες ὡς λυχνω φαινοντι ἑν αὐχμηρω τοπω,

προσηλοω [1]

Col 2 14   και αὐτο ἡρκεν ἑκ του μεσου, προσηλωσας αὐτο τω σταυρω·

προσηλυτος [4]

Mt 23 15   οὐαι ὑμιν, γραμματεις και φαρισαιοι ὑποκριται, ὁτι περιαγετε την θαλασσαν και την ξηραν ποιησαι ἑνα προσηλυτον,

Ac 2 11   και οἱ ἑπιδημουντες ρωμαιοι, ιουδαιοι τε και προσηλυτοι, κρητες και ἀραβες,

6 5   και φιλιππον και προχορον και νικανορα και τιμωνα και παρμεναν και νικολαον προσηλυτον ἀντιοχεα,

13 43   λυθεισης δε της συναγωγης ἡκολουθησαν πολλοι των ιουδαιων και των σεβομενων προσηλυτων τω παυλω και τω βαρναβᾳ,

προσκαιρος [4]

Mt 13 21   οὐκ ἑχει δε ριζαν ἑν ἑαυτω ἀλλα προσκαιρος ἑστιν,

Mc 4 17   και οὐκ ἑχουσιν ριζαν ἑν ἑαυτοις ἀλλα προσκαιροι εἰσιν,

2Co 4 18   τα γαρ βλεπομενα προσκαιρα, τα δε μη βλεπομενα αἰωνια.

Heb 11 25   μαλλον ἑλομενος συγκακουχεισθαι τω λαω του θεου ἡ προσκαιρον ἑχειν ἁμαρτιας ἀπολαυσιν,

προσκαλεομαι [29]

Mt 10 1   και προσκαλεσαμενος τους δωδεκα μαθητας αὐτου ἑδωκεν αὐτοις ἑξουσιαν πνευματων ἀκαθαρτων ὡστε ἑκβαλλειν αὐτα,

15 10   και προσκαλεσαμενος τον ὀχλον εἰπεν αὐτοις· ἀκουετε και συνιετε·

32   ὁ δε ιησους προσκαλεσαμενος τους μαθητας αὐτου εἰπεν· σπλαγχνιζομαι ἑπι τον ὀχλον,

18 2   και προσκαλεσαμενος παιδιον ἑστησεν αὐτο ἑν μεσω αὐτων και εἰπεν·

32   τοτε προσκαλεσαμενος αὐτον ὁ κυριος αὐτου λεγει αὐτω· δουλε πονηρε, πασαν την ὀφειλην ἑκεινην ἀφηκα σοι, ἑπει παρεκαλεσας με·

20 25   ὁ δε ιησους προσκαλεσαμενος αὐτους εἰπεν· οἰδατε ὁτι οἱ ἀρχοντες των ἑθνων κατακυριευουσιν αὐτων και οἱ μεγαλοι κατεξουσιαζουσιν αὐτων.

Mc 3 13   και προσκαλειται οὑς ἡθελεν αὐτος, και ἀπηλθον προς αὐτον.

23   και προσκαλεσαμενος αὐτους ἑν παραβολαις ἑλεγεν αὐτοις·

προσκαλεομαι [29]

Mc 6 7   και προσκαλειται τους δωδεκα,

7 14   και προσκαλεσαμενος παλιν τον ὀχλον ἑλεγεν αὐτοις· ἀκουσατε μου παντες και συνετε.

8 1   προσκαλεσαμενος τους μαθητας λεγει αὐτοις· σπλαγχνιζομαι ἑπι τον ὀχλον, ὁτι ἡδη ἡμεραι τρεις προσμενουσιν μοι και οὐκ ἑχουσιν τί φαγωσιν·

34   και προσκαλεσαμενος τον ὀχλον συν τοις μαθηταις αὐτου εἰπεν αὐτοις· εἰ τις θελει ὀπισω μου ἀκολουθειν, ἀπαρνησασθω ἑαυτον και ἀρατω τον σταυρον αὐτου, και ἀκολουθειτω μοι.

10 42   και προσκαλεσαμενος αὐτους ὁ ιησους λεγει αὐτοις· οἰδατε ὁτι οἱ δοκουντες ἀρχειν των ἑθνων κατακυριευουσιν αὐτων και οἱ μεγαλοι αὐτων κατεξουσιαζουσιν αὐτων.

12 43   και προσκαλεσαμενος τους μαθητας αὐτου εἰπεν αὐτοις·

15 44   και προσκαλεσαμενος τον κεντυριωνα ἑπηρωτησεν αὐτον εἰ παλαι ἀπεθανεν·

Lc 7 18   και προσκαλεσαμενος δυο τινας των μαθητων αὐτου ὁ ιωαννης ἑπεμψεν προς τον κυριον λεγων·

15 26   και προσκαλεσαμενος ἑνα των παιδων ἑπυνθανετο τί ἀν εἰη ταυτα.

16 5   και προσκαλεσαμενος ἑνα ἑκαστον των χρεοφειλετων του κυριου ἑαυτου ἑλεγεν τω πρωτω·

18 16   ὁ δε ιησους προσεκαλεσατο αὐτα λεγων·

Ac 2 39   ὑμιν γαρ ἑστιν ἡ ἑπαγγελια και τοις τεκνοις ὑμων και πασιν τοις εἰς μακραν, ὁσους ἀν προσκαλεσηται κυριος ὁ θεος ἡμων.

5 40   ἑπεισθησαν δε αὐτω, και προσκαλεσαμενοι τους ἀποστολους δειραντες παρηγγειλαν μη λαλειν ἑπι τω ὀνοματι του ιησου και ἀπελυσαν.

6 2   προσκαλεσαμενοι δε οἱ δωδεκα το πληθος των μαθητων εἰπαν·

13 2   ἀφορισατε δη μοι τον βαρναβαν και σαυλον εἰς το ἑργον ὁ προσκεκλημαι αὐτους·

7   οὑτος προσκαλεσαμενος βαρναβαν και σαυλον ἑπεζητησεν ἀκουσαι τον λογον του θεου·

16 10   ὡς δε το ὁραμα εἰδεν, εὐθεως ἑζητησαμεν ἑξελθειν εἰς μακεδονιαν, συμβιβαζοντες ὁτι προσκεκληται ἡμας ὁ θεος εὐαγγελισασθαι αὐτους.

23 17   προσκαλεσαμενος δε ὁ παυλος ἑνα των ἑκατονταρχων ἑφη·

18   ὁ δεσμιος παυλος προσκαλεσαμενος με ἡρωτησεν τουτον τον νεανισκον ἀγαγειν προς σε,

23   και προσκαλεσαμενος δυο [τινας] των ἑκατονταρχων εἰπεν·

Ja 5 14   ἀσθενει τις ἑν ὑμιν; προσκαλεσασθω τους πρεσβυτερους της ἑκκλησιας,

προσκαρτερεω [10]

Mc 3 9   και εἰπεν τοις μαθηταις αὐτου ἱνα πλοιαριον προσκαρτερη αὐτω δια τον ὀχλον,

Ac 1 14   οὑτοι παντες ἡσαν προσκαρτερουντες ὁμοθυμαδον τη προσευχη συν γυναιξιν και μαριαμ τη μητρι του ιησου και τοις ἀδελφοις αὐτου.

2 42   ἡσαν δε προσκαρτερουντες τη διδαχη των ἀποστολων και τη κοινωνια, τη κλασει του ἀρτου και ταις προσευχαις.

46   καθ᾽ ἡμεραν τε προσκαρτερουντες ὁμοθυμαδον ἑν τω ἱερω,

6 4   ἡμεις δε τη προσευχη και τη διακονια του λογου προσκαρτερησομεν.

8 13   ὁ δε σιμων και αὐτος ἑπιστευσεν, και βαπτισθεις ἡν προσκαρτερων τω φιλιππω,

10 7   ὡς δε ἀπηλθεν ὁ ἀγγελος ὁ λαλων αὐτω, φωνησας δυο των οἰκετων και στρατιωτην εὐσεβη των προσκαρτερουντων αὐτω,

Rm 12 12   τη θλιψει ὑπομενοντες, τη προσευχη προσκαρτερουντες,

13 6   λειτουργοι γαρ θεου εἰσιν εἰς αὐτο τουτο προσκαρτερουντες.

Col 4 2   τη προσευχη προσκαρτερειτε, γρηγορουντες ἑν αὐτη ἑν εὐχαριστια,

προσκαρτερησις [1]

Eph 6 18   και εἰς αὐτο ἀγρυπνουντες ἑν παση προσκαρτερησει και δεησει περι παντων των ἁγιων,

προσκεφαλαιον [1]

Mc 4 38   και αὐτος ἡν ἑν τη πρυμνη ἑπι το προσκεφαλαιον καθευδων.

προσκληροομαι [1]

Ac 17 4 και τινες εξ αυτων επεισθησαν και *προσεκληρωθησαν* τω παυλω και τω σιλα,

προσκλινομαι [1]

Ac 5 36 προ γαρ τουτων των ημερων ανεστη θευδας, λεγων ειναι τινα εαυτον, ω *προσεκλιθη* ανδρων αριθμος ως τετρακοσιων·

προσκλισις [1]

1Tm 5 21 διαμαρτυρομαι ενωπιον του θεου και χριστου ιησου και των εκλεκτων αγγελων ινα ταυτα φυλαξης χωρις προκριματος, μηδεν ποιων κατα *προσκλισιν*.

προσκολλαομαι [2]

Mc 10 7 ενεκεν τουτου καταλειψει ανθρωπος τον πατερα αυτου και την μητερα [και *προσκολληθησεται* προς την γυναικα αυτου,] και εσονται οι δυο εις σαρκα μιαν·

Eph 5 31 αντι τουτου καταλειψει ανθρωπος [τον] πατερα και [την] μητερα και *προσκολληθησεται* προς την γυναικα αυτου,

προσκομμα [6]

Rm 9 32 προσεκοψαν τω λιθω του *προσκομματος*, καθως γεγραπται·
33 ιδου τιθημι εν σιων λιθον *προσκομματος* και πετραν σκανδαλου,
14 13 αλλα τουτο κρινατε μαλλον, το μη τιθεναι *προσκομμα* τω αδελφω η σκανδαλον.
20 παντα μεν καθαρα, αλλα κακον τω ανθρωπω τω δια *προσκομματος* εσθιοντι.

1Co 8 9 βλεπετε δε μη πως η εξουσια υμων αυτη *προσκομμα* γενηται τοις ασθενεσιν.

1Pt 2 8 ουτος εγενηθη εις κεφαλην γωνιας και λιθος *προσκομματος* και πετρα σκανδαλου·

προσκοπη [1]

2Co 6 3 μηδεμιαν εν μηδενι διδοντες *προσκοπην*, ινα μη μωμηθη η διακονια,

προσκοπτω [8]

Mt 4 6 μηποτε *προσκοψης* προς λιθον τον ποδα σου.
7 27 και κατεβη η βροχη και ηλθον οι ποταμοι και επνευσαν οι ανεμοι και *προσεκοψαν* τη οικια εκεινη,

Lc 4 11 γεγραπται γαρ οτι τοις αγγελοις αυτου εντελειται περι σου του διαφυλαξαι σε, και οτι επι χειρων αρουσιν σε, μηποτε *προσκοψης* προς λιθον τον ποδα σου.

Jh 11 9 εαν τις περιπατη εν τη ημερα, ου *προσκοπτει*, οτι το φως του κοσμου τουτου βλεπει·
10 εαν δε τις περιπατη εν τη νυκτι, *προσκοπτει*, οτι το φως ουκ εστιν εν αυτω.

Rm 9 32 *προσεκοψαν* τω λιθω του προσκομματος, καθως γεγραπται·
14 21 καλον το μη φαγειν κρεα μηδε πιειν οινον μηδε εν ω ο αδελφος σου *προσκοπτει*.

1Pt 2 8 οι *προσκοπτουσιν* τω λογω απειθουντες, εις ο και ετεθησαν·

προσκυλιω [2]

Mt 27 60 και *προσκυλισας* λιθον μεγαν τη θυρα του μνημειου απηλθεν.

Mc 15 46 και *προσεκυλισεν* λιθον επι την θυραν του μνημειου.

προσκυνεω [60]

Mt 2 2 και ηλθομεν *προσκυνησαι* αυτω.
8 απαγγειλατε μοι, οπως καγω ελθων *προσκυνησω* αυτω.
11 και πεσοντες *προσεκυνησαν* αυτω,
4 9 ταυτα σοι παντα δωσω, εαν πεσων *προσκυνησης* μοι.
10 κυριον τον θεον σου *προσκυνησεις* και αυτω μονω λατρευσεις.
8 2 και ιδου λεπρος προσελθων *προσεκυνει* αυτω λεγων·
9 18 ιδου αρχων εις ελθων *προσεκυνει* αυτω λεγων οτι η θυγατηρ μου αρτι ετελευτησεν·
14 33 οι δε εν τω πλοιω *προσεκυνησαν* αυτω λεγοντες·
15 25 η δε ελθουσα *προσεκυνει* αυτω λεγουσα· κυριε, βοηθει μοι.
18 26 πεσων ουν ο δουλος *προσεκυνει* αυτω λεγων·
20 20 τοτε προσηλθεν αυτω η μητηρ των υιων ζεβεδαιου μετα των υιων αυτης *προσκυνουσα* και αιτουσα τι απ αυτου.

προσκυνεω [60]

Mt 28 9 αι δε προσελθουσαι εκρατησαν αυτου τους ποδας και *προσεκυνησαν* αυτω.
17 και ιδοντες αυτον *προσεκυνησαν*, οι δε εδιστασαν.

Mc 5 6 και ιδων τον ιησουν απο μακροθεν εδραμεν και *προσεκυνησεν* αυτω,
15 19 και τιθεντες τα γονατα *προσεκυνουν* αυτω.

Lc 4 7 συ ουν εαν *προσκυνησης* ενωπιον εμου, εσται σου πασα.
8 γεγραπται· κυριον τον θεον σου *προσκυνησεις* και αυτω μονω λατρευσεις.
24 52 και αυτοι *προσκυνησαντες* αυτον υπεστρεψαν εις ιερουσαλημ μετα χαρας μεγαλης,

Jh 4 20 οι πατερες ημων εν τω ορει τουτω *προσεκυνησαν*·
20 και υμεις λεγετε οτι εν ιεροσολυμοις εστιν ο τοπος οπου *προσκυνειν* δει.
21 πιστευε μοι, γυναι, οτι ερχεται ωρα οτε ουτε εν τω ορει τουτω ουτε εν ιεροσολυμοις *προσκυνησετε* τω πατρι.
22 υμεις *προσκυνειτε* ο ουκ οιδατε, ημεις προσκυνουμεν ο οιδαμεν,
22 υμεις προσκυνειτε ο ουκ οιδατε, ημεις *προσκυνουμεν* ο οιδαμεν,
23 αλλα ερχεται ωρα και νυν εστιν, οτε οι αληθινοι προσκυνηται *προσκυνησουσιν* τω πατρι εν πνευματι και αληθεια·
23 και γαρ ο πατηρ τοιουτους ζητει τους *προσκυνουντας* αυτον·
24 πνευμα ο θεος, και τους *προσκυνουντας* αυτον εν πνευματι και αληθεια δει προσκυνειν.
24 πνευμα ο θεος, και τους προσκυνουντας αυτον εν πνευματι και αληθεια δει *προσκυνειν*.
9 38 ο δε εφη· πιστευω, κυριε· και *προσεκυνησεν* αυτω.
12 20 ησαν δε ελληνες τινες εκ των αναβαινοντων ινα *προσκυνησωσιν* εν τη εορτη·

Ac 7 43 και ανελαβετε την σκηνην του μολοχ και το αστρον του θεου [υμων] ραιφαν, τους τυπους ους εποιησατε *προσκυνειν* αυτοις·
8 27 ος ην επι πασης της γαζης αυτης, ος εληλυθει *προσκυνησων* εις ιερουσαλημ,
10 25 ως δε εγενετο του εισελθειν τον πετρον, συναντησας αυτω ο κορνηλιος πεσων επι τους ποδας *προσεκυνησεν*.
24 11 δυναμενου σου επιγνωναι οτι ου πλειους εισιν μοι ημεραι δωδεκα αφ ης ανεβην *προσκυνησων* εις ιερουσαλημ.

1Co 14 25 τα κρυπτα της καρδιας αυτου φανερα γινεται, και ουτως πεσων επι προσωπον *προσκυνησει* τω θεω,

Heb 1 6 και *προσκυνησατωσαν* αυτω παντες αγγελοι θεου.
11 21 πιστει ιακωβ αποθνησκων εκαστον των υιων ιωσηφ ευλογησεν, και *προσεκυνησεν* επι το ακρον της ραβδου αυτου.

Apc 3 9 ιδου ποιησω αυτους ινα ηξουσιν και *προσκυνησουσιν* ενωπιον των ποδων σου,
4 10 και *προσκυνησουσιν* τω ζωντι εις τους αιωνας των αιωνων,
5 14 και οι πρεσβυτεροι επεσαν και *προσεκυνησαν*.
7 11 και επεσαν ενωπιον του θρονου επι τα προσωπα αυτων και *προσεκυνησαν* τω θεω, λεγοντες·
9 20 ουδε μετενοησαν εκ των εργων των χειρων αυτων, ινα μη *προσκυνησουσιν* τα δαιμονια
11 1 εγειρε και μετρησον τον ναον του θεου και το θυσιαστηριον και τους *προσκυνουντας* εν αυτω.
16 επεσαν επι τα προσωπα αυτων και *προσεκυνησαν* τω θεω, λεγοντες·
13 4 και *προσεκυνησαν* τω δρακοντι, οτι εδωκεν την εξουσιαν τω θηριω,
4 και *προσεκυνησαν* τω θηριω λεγοντες·
8 και *προσκυνησουσιν* αυτον παντες οι κατοικουντες επι της γης,
12 και ποιει την γην και τους εν αυτη κατοικουντας ινα *προσκυνησουσιν* το θηριον το πρωτον,
15 ινα και λαληση η εικων του θηριου, και ποιηση [ινα] οσοι εαν μη *προσκυνησωσιν* τη εικονι του θηριου αποκτανθωσιν.
14 7 και *προσκυνησατε* τω ποιησαντι τον ουρανον και την γην και θαλασσαν και πηγας υδατων.
9 ει τις *προσκυνει* το θηριον και την εικονα αυτου, και λαμβανει χαραγμα επι του μετωπου αυτου η επι την χειρα αυτου, και αυτος πιεται
11 και ουκ εχουσιν αναπαυσιν ημερας και νυκτος οι *προσκυνουντες* το θηριον και την εικονα αυτου,
15 4 οτι παντα τα εθνη ηξουσιν και *προσκυνησουσιν* ενωπιον σου,
16 2 και εγενετο ελκος κακον και πονηρον επι τους ανθρωπους τους εχοντας το χαραγμα του θηριου και τους *προσκυνουντας* τη εικονι αυτου.
19 4 και *προσεκυνησαν* τω θεω τω καθημενω επι τω θρονω λεγοντες·

προσκυνεω [60]

Apc   19 10   και επεσα εμπροσθεν των ποδων αυτου προσκυνησαι αυτω.
      10   συνδουλος σου ειμι και των αδελφων σου των εχοντων την μαρτυριαν ιησου· τω θεω προσκυνησον.
      20   εν οις επλανησεν τους λαβοντας το χαραγμα του θηριου και τους προσκυνουντας τη εικονι αυτου·
      20 4   και οιτινες ου προσεκυνησαν το θηριον ουδε την εικονα αυτου και ουκ ελαβον το χαραγμα επι το μετωπον και επι την χειρα αυτων·
      22 8   και οτε ηκουσα και εβλεψα, επεσα προσκυνησαι εμπροσθεν των ποδων του αγγελου του δεικνυοντος μοι ταυτα.
      9   συνδουλος σου ειμι και των αδελφων σου των προφητων και των τηρουντων τους λογους του βιβλιου τουτου· τω θεω προσκυνησον.

προσκυνητης [1]

Jh   4 23   αλλα ερχεται ωρα και νυν εστιν, οτε οι αληθινοι προσκυνηται προσκυνησουσιν τω πατρι εν πνευματι και αληθεια·

προσλαλεω [2]

Ac   13 43   οιτινες προσλαλουντες αυτοις επειθον αυτους προσμενειν τη χαριτι του θεου.
      28 20   δια ταυτην ουν την αιτιαν παρεκαλεσα υμας ιδειν και προσλαλησαι·

προσλαμβανομαι [12]

Mt   16 22   και προσλαβομενος αυτον ο πετρος ηρξατο επιτιμαν αυτω λεγων·
Mc   8 32   και προσλαβομενος ο πετρος αυτον ηρξατο επιτιμαν αυτω.
Ac   17 5   ζηλωσαντες δε οι ιουδαιοι και προσλαβομενοι των αγοραιων ανδρας τινας πονηρους και οχλοποιησαντες εθορυβουν την πολιν,
      18 26   ακουσαντες δε αυτου πρισκιλλα και ακυλας προσελαβοντο αυτον και ακριβεστερον αυτω εξεθεντο την οδον [του θεου].
      27 33   τεσσαρεσκαιδεκατην σημερον ημεραν προσδοκωντες ασιτοι διατελειτε, μηθεν προσλαβομενοι.
      36   ευθυμοι δε γενομενοι παντες και αυτοι προσελαβοντο τροφης.
      28 2   αψαντες γαρ πυραν προσελαβοντο παντας ημας δια τον υετον τον εφεστωτα και δια το ψυχος.
Rm   14 1   τον δε ασθενουντα τη πιστει προσλαμβανεσθε, μη εις διακρισεις διαλογισμων.
      3   ο δε μη εσθιων τον εσθιοντα μη κρινετω, ο θεος γαρ αυτον προσελαβετο.
      15 7   διο προσλαμβανεσθε αλληλους, καθως και ο χριστος προσελαβετο υμας εις δοξαν του θεου.
      7   διο προσλαμβανεσθε αλληλους, καθως και ο χριστος προσελαβετο υμας εις δοξαν του θεου.
Phm   17   ει ουν με εχεις κοινωνον, προσλαβου αυτον ως εμε.

προσλημψις [1]

Rm   11 15   ει γαρ η αποβολη αυτων καταλλαγη κοσμου, τις η προσλημψις ει μη ζωη εκ νεκρων;

προσμενω [7]

Mt   15 32   σπλαγχνιζομαι επι τον οχλον, οτι ηδη ημεραι τρεις προσμενουσιν μοι και ουκ εχουσιν τι φαγωσιν·
Mc   8 2   σπλαγχνιζομαι επι τον οχλον, οτι ηδη ημεραι τρεις προσμενουσιν μοι και ουκ εχουσιν τι φαγωσιν·
Ac   11 23   και παρεκαλει παντας τη προθεσει της καρδιας προσμενειν τω κυριω,
      13 43   οιτινες προσλαλουντες αυτοις επειθον αυτους προσμενειν τη χαριτι του θεου.
      18 18   ο δε παυλος ετι προσμεινας ημερας ικανας, τοις αδελφοις αποταξαμενος εξεπλει εις την συριαν,
1Tm   1 3   καθως παρεκαλεσα σε προσμειναι εν εφεσω, πορευομενος εις μακεδονιαν,
      5 5   η δε οντως χηρα και μεμονωμενη ηλπικεν επι θεον και προσμενει ταις δεησεσιν και ταις προσευχαις νυκτος και ημερας·

προσορμιζομαι [1]

Mc   6 53   και διαπερασαντες επι την γην ηλθον εις γεννησαρετ και προσωρμισθησαν.

προσοφειλω [1]

Phm   19   ινα μη λεγω σοι οτι και σεαυτον μοι προσοφειλεις.

προσοχθιζω [2]

Heb   3 10   διο προσωχθισα τη γενεα ταυτη και ειπον·
      17   τισιν δε προσωχθισεν τεσσερακοντα ετη;

προσπεινος [1]

Ac   10 10   εγενετο δε προσπεινος και ηθελεν γευσασθαι·

προσπηγνυμι [1]

Ac   2 23   τουτον τη ωρισμενη βουλη και προγνωσει του θεου εκδοτον δια χειρος ανομων προσπηξαντες ανειλατε,

προσπιπτω [8]

Mt   7 25   και κατεβη η βροχη και ηλθον οι ποταμοι και επνευσαν οι ανεμοι και προσεπεσαν τη οικια εκεινη,
Mc   3 11   και τα πνευματα τα ακαθαρτα, οταν αυτον εθεωρουν, προσεπιπτον αυτω και εκραζον λεγοντες οτι συ ει ο υιος του θεου.
      5 33   η δε γυνη φοβηθεισα και τρεμουσα, ειδυια ο γεγονεν αυτη, ηλθεν και προσεπεσεν αυτω και ειπεν αυτω πασαν την αληθειαν.
      7 25   αλλ ευθυς ακουσασα γυνη περι αυτου, ης ειχεν το θυγατριον αυτης πνευμα ακαθαρτον, ελθουσα προσεπεσεν προς τους ποδας αυτου·
Lc   5 8   ιδων δε σιμων πετρος προσεπεσεν τοις γονασιν ιησου λεγων·
      8 28   ιδων δε τον ιησουν ανακραξας προσεπεσεν αυτω και φωνη μεγαλη ειπεν·
      47   ιδουσα δε η γυνη οτι ουκ ελαθεν, τρεμουσα ηλθεν και προσπεσουσα αυτω δι ην αιτιαν ηψατο αυτου απηγγειλεν ενωπιον παντος του λαου, και ως ιαθη παραχρημα.
Ac   16 29   αιτησας δε φωτα εισεπηδησεν, και εντρομος γενομενος προσεπεσεν τω παυλω και [τω] σιλα,

προσποιεομαι [1]

Lc   24 28   και αυτος προσεποιησατο πορρωτερον πορευεσθαι.

προσπορευομαι [1]

Mc   10 35   και προσπορευονται αυτω ιακωβος και ιωαννης οι υιοι ζεβεδαιου λεγοντες αυτω·

προσρηγνυμι [2]

Lc   6 48   πλημμυρης δε γενομενης προσερηξεν ο ποταμος τη οικια εκεινη,
      49   ο δε ακουσας και μη ποιησας ομοιος εστιν ανθρωπω οικοδομησαντι οικιαν επι την γην χωρις θεμελιου, η προσερηξεν ο ποταμος,

προστασσω [7]

Mt   1 24   εγερθεις δε ο ιωσηφ απο του υπνου εποιησεν ως προσεταξεν αυτω ο αγγελος κυριου,
      8 4   αλλα υπαγε σεαυτον δειξον τω ιερει και προσενεγκον το δωρον ο προσεταξεν μωυσης,
Mc   1 44   ορα μηδενι μηδεν ειπης, αλλα υπαγε σεαυτον δειξον τω ιερει και προσενεγκε περι του καθαρισμου σου α προσεταξεν μωυσης,
Lc   5 14   και προσενεγκε περι του καθαρισμου σου καθως προσεταξεν μωυσης, εις μαρτυριον αυτοις.
Ac   10 33   νυν ουν παντες ημεις ενωπιον του θεου παρεσμεν ακουσαι παντα τα προστεταγμενα σοι υπο του κυριου.
      48   προσεταξεν δε αυτους εν τω ονοματι ιησου χριστου βαπτισθηναι.
      17 26   εποιησεν τε εξ ενος παν εθνος ανθρωπων κατοικειν επι παντος προσωπου της γης, ορισας προστεταγμενους καιρους και τας οροθεσιας της κατοικιας αυτων,

προστατις [1]

Rm   16 2   και γαρ αυτη προστατις πολλων εγενηθη και εμου αυτου.

προστιθημι [18]

Mt 6 27 τίς δε ἐξ ὑμων μεριμνων δυναται *προσθειναι* ἐπι την ἡλικιαν αὐτου πηχυν ἑνα;

33 και ταυτα παντα *προστεθησεται* ὑμιν.

Mc 4 24 ἐν ᾧ μετρῳ μετρειτε μετρηθησεται ὑμιν, και *προστεθησεται* ὑμιν.

Lc 3 20 *προσεθηκεν* και τουτο ἐπι πασιν, [και] κατεκλεισεν τον ἰωαννην ἐν φυλακῃ.

12 25 τίς δε ἐξ ὑμων μεριμνων δυναται ἐπι την ἡλικιαν αὐτου *προσθειναι* πηχυν;

31 πλην ζητειτε την βασιλειαν αὐτου, και ταυτα *προστεθησεται* ὑμιν.

17 5 και εἰπαν οἱ ἀποστολοι τῳ κυριῳ· *προσθες* ἡμιν πιστιν.

19 11 ἀκουοντων δε αὐτων ταυτα *προσθεις* εἰπεν παραβολην,

20 11 και *προσεθετο* ἑτερον πεμψαι δουλον·

12 και *προσεθετο* τριτον πεμψαι.

Ac 2 41 και *προσετεθησαν* ἐν τῃ ἡμερᾳ ἐκεινῃ ψυχαι ὡσει τρισχιλιαι·

47 ὁ δε κυριος *προσετιθει* τους σωζομενους καθ ἡμεραν ἐπι το αὐτο.

5 14 μαλλον δε *προσετιθεντο* πιστευοντες τῳ κυριῳ, πληθη ἀνδρων τε και γυναικων·

11 24 και *προσετεθη* ὀχλος ἱκανος τῳ κυριῳ.

12 3 ἰδων δε ὀτι ἀρεστον ἐστιν τοις ἰουδαιοις *προσεθετο* συλλαβειν και πετρον,

13 36 δαυιδ μεν γαρ ἰδιᾳ γενεᾳ ὑπηρετησας τῃ του θεου βουλῃ ἐκοιμηθη και *προσετεθη* προς τους πατερας αὐτου και εἰδεν διαφθοραν·

Ga 3 19 τί οὐν ὁ νομος; των παραβασεων χαριν *προσετεθη*,

Heb 12 19 και φωνῃ ῥηματων, ἡς οἱ ἀκουσαντες παρητησαντο μη *προστεθηναι* αὐτοις λογον·

προστρεχω [3]

Mc 9 15 και εὐθυς πας ὁ ὀχλος ἰδοντες αὐτον ἐξεθαμβηθησαν, και *προστρεχοντες* ἠσπαζοντο αὐτον.

10 17 και ἐκπορευομενου αὐτου εἰς ὁδον *προσδραμων* εἰς και γονυπετησας αὐτον ἐπηρωτα αὐτον·

Ac 8 30 *προσδραμων* δε ὁ φιλιππος ἠκουσεν αὐτου ἀναγινωσκοντος ἠσαιαν τον προφητην, και εἰπεν·

προσφαγιον [1]

Jh 21 5 παιδια, μη τι *προσφαγιον* ἐχετε;

προσφατος [1]

Heb 10 20 ἐχοντες οὐν, ἀδελφοι, παρρησιαν εἰς την εἰσοδον των ἁγιων ἐν τῳ αἱματι ἰησου, ἡν ἐνεκαινισεν ἡμιν ὁδον *προσφατον* και ζωσαν

προσφατως [1]

Ac 18 2 και εὑρων τινα ἰουδαιον ὀνοματι ἀκυλαν, ποντικον τῳ γενει, *προσφατως* ἐληλυθοτα ἀπο της ἰταλιας,

προσφερω [47]

Mt 2 11 και ἀνοιξαντες τους θησαυρους αὐτων *προσηνεγκαν* αὐτῳ δωρα,

4 24 και *προσηνεγκαν* αὐτῳ παντας τους κακως ἐχοντας ποικιλαις νοσοις και βασανοις συνεχομενους,

5 23 ἐαν οὐν *προσφερῃς* το δωρον σου ἐπι το θυσιαστηριον κακει μνησθῃς ὀτι ὁ ἀδελφος σου ἐχει τι κατα σου, ἀφες ἐκει το δωρον σου ἐμπροσθεν του θυσιαστηριου,

24 και ὑπαγε πρωτον διαλλαγηθι τῳ ἀδελφῳ σου, και τοτε ἐλθων *προσφερε* το δωρον σου.

8 4 ἀλλα ὑπαγε σεαυτον δειξον τῳ ἱερει και *προσενεγκον* το δωρον ὁ προσεταξεν μωυσης,

16 ὀψιας δε γενομενης *προσηνεγκαν* αὐτῳ δαιμονιζομενους πολλους·

9 2 και ἰδου *προσεφερον* αὐτῳ παραλυτικον ἐπι κλινης βεβλημενον.

32 αὐτων δε ἐξερχομενων, ἰδου *προσηνεγκαν* αὐτῳ ἀνθρωπον κωφον δαιμονιζομενον.

12 22 τοτε *προσηνεχθη* αὐτῳ δαιμονιζομενος τυφλος και κωφος·

14 35 και *προσηνεγκαν* αὐτῳ παντας τους κακως ἐχοντας,

17 16 και *προσηνεγκα* αὐτον τοις μαθηταις σου, και οὐκ ἠδυνηθησαν αὐτον θεραπευσαι.

18 24 ἀρξαμενου δε αὐτου συναιρειν, *προσηνεχθη* αὐτῳ εἰς ὀφειλετης μυριων ταλαντων.

προσφερω [47]

Mt 19 13 τοτε *προσηνεχθησαν* αὐτῳ παιδια, ἱνα τας χειρας ἐπιθῃ αὐτοις και προσευξηται·

22 19 οἱ δε *προσηνεγκαν* αὐτῳ δηναριον.

25 20 και προσελθων ὁ τα πεντε ταλαντα λαβων *προσηνεγκεν* ἀλλα πεντε ταλαντα λεγων·

Mc 1 44 ὁρα μηδενι μηδεν εἰπῃς, ἀλλα ὑπαγε σεαυτον δειξον τῳ ἱερει και *προσενεγκε* περι του καθαρισμου σου ἁ προσεταξεν μωυσης,

2 4 και μη δυναμενοι *προσενεγκαι* αὐτῳ δια τον ὀχλον ἀπεστεγασαν την στεγην ὁπου ἠν,

10 13 και *προσεφερον* αὐτῳ παιδια ἱνα αὐτων ἁψηται·

Lc 5 14 και *προσενεγκε* περι του καθαρισμου σου καθως προσεταξεν μωυσης, εἰς μαρτυριον αὐτοις.

18 15 *προσεφερον* δε αὐτῳ και τα βρεφη ἱνα αὐτων ἁπτηται·

23 14 *προσηνεγκατε* μοι τον ἀνθρωπον τουτον ὡς ἀποστρεφοντα τον λαον,

36 ὀξος *προσφεροντες* αὐτῳ και λεγοντες·

Jh 16 2 ἀλλ ἐρχεται ὡρα ἱνα πας ὁ ἀποκτεινας ὑμας δοξῃ λατρειαν *προσφερειν* τῳ θεῳ.

19 29 σπογγον οὐν μεστον του ὀξους ὑσσωπῳ περιθεντες *προσηνεγκαν* αὐτου τῳ στοματι.

Ac 7 42 μη σφαγια και θυσιας *προσηνεγκατε* μοι ἐτη τεσσερακοντα ἐν τῃ ἐρημῳ,

8 18 ἰδων δε ὁ σιμων ὀτι δια της ἐπιθεσεως των χειρων των ἀποστολων διδοται το πνευμα, *προσηνεγκεν* αὐτοις χρηματα λεγων·

21 26 διαγγελλων την ἐκπληρωσιν των ἡμερων του ἁγνισμου, ἑως οὑ *προσηνεχθη* ὑπερ ἑνος ἑκαστου αὐτων ἡ προσφορα.

Heb 5 1 πας γαρ ἀρχιερευς ἐξ ἀνθρωπων λαμβανομενος ὑπερ ἀνθρωπων καθισταται τα προς τον θεον, ἱνα *προσφερῃ* δωρα τε και θυσιας ὑπερ ἁμαρτιων,

3 και δι αὐτην ὀφειλει, καθως περι του λαου, οὑτως και περι ἑαυτου *προσφερειν* περι ἁμαρτιων.

7 *προσενεγκας* και εἰσακουσθεις ἀπο της εὐλαβειας,

8 3 πας γαρ ἀρχιερευς εἰς το *προσφερειν* δωρα τε και θυσιας καθισταται·

3 ὀθεν ἀναγκαιον ἐχειν τι και τουτον ὁ *προσενεγκῃ*.

4 ὀντων των *προσφεροντων* κατα νομον τα δωρα.

9 7 εἰς δε την δευτεραν ἁπαξ του ἐνιαυτου μονος ὁ ἀρχιερευς, οὑ χωρις αἱματος ὁ *προσφερει* ὑπερ ἑαυτου και των του λαου ἀγνοηματων,

9 ἡτις παραβολη εἰς τον καιρον τον ἐνεστηκοτα, καθ ἡν δωρα τε και θυσιαι *προσφερονται*

14 ποσῳ μαλλον το αἱμα του χριστου, ὁς δια πνευματος αἰωνιου ἑαυτον *προσηνεγκεν* ἀμωμον τῳ θεῳ, καθαριει την συνειδησιν ἡμων ἀπο νεκρων ἐργων εἰς το λατρευειν θεῳ ζωντι.

25 οὐδ ἱνα πολλακις *προσφερῃ* ἑαυτον, ὡσπερ ὁ ἀρχιερευς εἰσερχεται εἰς τα ἁγια κατ ἐνιαυτον ἐν αἱματι ἀλλοτριῳ,

28 και καθ ὀσον ἀποκειται τοις ἀνθρωποις ἁπαξ ἀποθανειν, μετα δε τουτο κρισις, οὑτως και ὁ χριστος, ἁπαξ *προσενεχθεις* εἰς το πολλων ἀνενεγκειν ἁμαρτιας,

10 1 κατ ἐνιαυτον ταις αὐταις θυσιαις ἁς *προσφερουσιν* εἰς το διηνεκες οὐδεποτε δυναται τους προσερχομενους τελειωσαι·

2 ἐπει οὐκ ἀν ἐπαυσαντο *προσφερομεναι*, δια το μηδεμιαν ἐχειν ἐτι συνειδησιν ἁμαρτιων τους λατρευοντας ἁπαξ κεκαθαρισμενους;

8 ἀνωτερον λεγων ὀτι θυσιας και προσφορας και ὁλοκαυτωματα και περι ἁμαρτιας οὐκ ἠθελησας οὐδε εὐδοκησας, αἱτινες κατα νομον *προσφερονται*,

11 και πας μεν ἱερευς ἑστηκεν καθ ἡμεραν λειτουργων και τας αὐτας πολλακις *προσφερων* θυσιας,

12 οὑτος δε μιαν ὑπερ ἁμαρτιων *προσενεγκας* θυσιαν εἰς το διηνεκες ἐκαθισεν ἐν δεξιᾳ του θεου,

11 4 πιστει πλειονα θυσιαν ἀβελ παρα καιν *προσηνεγκεν* τῳ θεῳ,

17 πιστει *προσενηνοχεν* ἀβρααμ τον ἰσαακ πειραζομενος,

17 και τον μονογενη *προσεφερεν* ὁ τας ἐπαγγελιας ἀναδεξαμενος,

12 7 ὡς υἱοις ὑμιν *προσφερεται* ὁ θεος·

προσφιλης [1]

Php 4 8 ὀσα ἁγνα, ὀσα *προσφιλη*, ὀσα εὐφημα,

προσφορα [9]

Ac 21 26 διαγγελλων την ἐκπληρωσιν των ἡμερων του ἁγνισμου, ἑως οὑ προσηνεχθη ὑπερ ἑνος ἑκαστου αὐτων ἡ *προσφορα*.

προσφορα [9]

Ac 24 17 δι ετων δε πλειονων ελεημοσυνας ποιησων εις το εθνος μου παρεγενομην και *προσφορας*,

Rm 15 16 ιερουργουντα το ευαγγελιον του θεου, ινα γενηται η *προσφορα* των εθνων ευπροσδεκτος,

Eph 5 2 καθως και ο χριστος ηγαπησεν ημας και παρεδωκεν εαυτον υπερ ημων *προσφοραν* και θυσιαν τω θεω εις οσμην ευωδιας.

Heb 10 5 θυσιαν και *προσφοραν* ουκ ηθελησας, σωμα δε κατηρτισω μοι·

8 ανωτερον λεγων οτι θυσιας και *προσφορας* και ολοκαυτωματα και περι αμαρτιας ουκ ηθελησας ουδε ευδοκησας,

10 εν ω θεληματι ηγιασμενοι εσμεν δια της *προσφορας* του σωματος ιησου χριστου εφαπαξ.

14 μια γαρ *προσφορα* τετελειωκεν εις το διηνεκες τους αγιαζομενους·

18 οπου δε αφεσις τουτων, ουκετι *προσφορα* περι αμαρτιας.

προσφωνεω [7]

Mt 11 16 ομοια εστιν παιδιοις καθημενοις εν ταις αγοραις α *προσφωνουντα* τοις ετεροις λεγουσιν·

Lc 6 13 και οτε εγενετο ημερα, *προσεφωνησεν* τους μαθητας αυτου,

7 32 ομοιοι εισιν παιδιοις τοις εν αγορα καθημενοις και *προσφωνουσιν* αλληλοις α λεγει·

13 12 ιδων δε αυτην ο ιησους *προσεφωνησεν* και ειπεν αυτη·

23 20 παλιν δε ο πιλατος *προσεφωνησεν* αυτοις, θελων απολυσαι τον ιησουν.

Ac 21 40 πολλης δε σιγης γενομενης *προσεφωνησεν* τη εβραιδι διαλεκτω λεγων·

22 2 ακουσαντες δε οτι τη εβραιδι διαλεκτω *προσεφωνει* αυτοις μαλλον παρεσχον ησυχιαν.

προσχυσις [1]

Heb 11 28 πιστει πεποιηκεν το πασχα και την *προσχυσιν* του αιματος,

προσψαυω [1]

Lc 11 46 και υμιν τοις νομικοις ουαι, οτι φορτιζετε τους ανθρωπους φορτια δυσβαστακτα, και αυτοι ενι των δακτυλων υμων ου *προσψαυετε* τοις φορτιοις.

προσωπολημπτεω [1]

Ja 2 9 ει δε *προσωπολημπτειτε*, αμαρτιαν εργαζεσθε, ελεγχομενοι υπο του νομου ως παραβαται.

προσωπολημπτης [1]

Ac 10 34 επ αληθειας καταλαμβανομαι οτι ουκ εστιν *προσωπολημπτης* ο θεος,

προσωπολημψια [4]

Rm 2 11 ου γαρ εστιν *προσωπολημψια* παρα τω θεω.

Eph 6 9 ειδοτες οτι και αυτων και υμων ο κυριος εστιν εν ουρανοις, και *προσωπολημψια* ουκ εστιν παρ αυτω.

Col 3 25 ο γαρ αδικων κομισεται ο ηδικησεν, και ουκ εστιν *προσωπολημψια*.

Ja 2 1 αδελφοι μου, μη εν *προσωπολημψιαις* εχετε την πιστιν του κυριου ημων ιησου χριστου της δοξης.

προσωπον [76]

Mt 6 16 αφανιζουσιν γαρ τα *προσωπα* αυτων οπως φανωσιν τοις ανθρωποις νηστευοντες·

17 συ δε νηστευων αλειψαι σου την κεφαλην και το *προσωπον* σου νιψαι,

11 10 ιδου εγω αποστελλω τον αγγελον μου προ *προσωπου* σου,

16 3 [το μεν *προσωπον* του ουρανου γινωσκετε διακρινειν], [τα δε σημεια των καιρων ου δυνασθε];

17 2 και μετεμορφωθη εμπροσθεν αυτων, και ελαμψεν το *προσωπον* αυτου ως ο ηλιος,

6 και ακουσαντες οι μαθηται επεσαν επι *προσωπον* αυτων και εφοβηθησαν σφοδρα.

18 10 λεγω γαρ υμιν οτι οι αγγελοι αυτων εν ουρανοις δια παντος βλεπουσι το *προσωπον* του πατρος μου του εν ουρανοις.

22 16 και ου μελει σοι περι ουδενος, ου γαρ βλεπεις εις *προσωπον* ανθρωπων·

προσωπον [76]

Mt 26 39 και προελθων μικρον επεσεν επι *προσωπον* αυτου προσευχομενος και λεγων·

67 τοτε ενεπτυσαν εις το *προσωπον* αυτου και εκολαφισαν αυτον,

Mc 1 2 ιδου αποστελλω τον αγγελον μου προ *προσωπου* σου,

12 14 ου γαρ βλεπεις εις *προσωπον* ανθρωπων, αλλ επ αληθειας την οδον του θεου διδασκεις·

14 65 και ηρξαντο τινες εμπτυειν αυτω και περικαλυπτειν αυτου το *προσωπον* και κολαφιζειν αυτον και λεγειν αυτω·

Lc 2 31 οτι ειδον οι οφθαλμοι μου το σωτηριον σου, ο ητοιμασας κατα *προσωπον* παντων των λαων,

5 12 ιδων δε τον ιησουν, πεσων επι *προσωπον* εδεηθη αυτου λεγων·

7 27 ιδου αποστελλω τον αγγελον μου προ *προσωπου* σου,

9 29 και εγενετο εν τω προσευχεσθαι αυτον το ειδος του *προσωπου* αυτου ετερον και ο ιματισμος αυτου λευκος εξαστραπτων.

51 εγενετο δε εν τω συμπληρουσθαι τας ημερας της αναλημψεως αυτου και αυτος το *προσωπον* εστηρισεν του πορευεσθαι εις ιερουσαλημ,

52 και απεστειλεν αγγελους προ *προσωπου* αυτου.

53 και ουκ εδεξαντο αυτον, οτι το *προσωπον* αυτου ην πορευομενον εις ιερουσαλημ.

10 1 και απεστειλεν αυτους ανα δυο [δυο] προ *προσωπου* αυτου εις πασαν πολιν και τοπον ου ημελλεν αυτος ερχεσθαι.

12 56 υποκριται, το *προσωπον* της γης και του ουρανου οιδατε δοκιμαζειν, τον καιρον δε τουτον πως ουκ οιδατε δοκιμαζειν;

17 16 και επεσεν επι *προσωπον* παρα τους ποδας αυτου ευχαριστων αυτω·

20 21 διδασκαλε, οιδαμεν οτι ορθως λεγεις και διδασκεις και ου λαμβανεις *προσωπον*,

21 35 επεισελευσεται γαρ επι παντας τους καθημενους επι *προσωπον* πασης της γης.

24 5 εμφοβων δε γενομενων αυτων και κλινουσων τα *προσωπα* εις την γην,

Ac 2 28 εγνωρισας μοι οδους ζωης, πληρωσεις με ευφροσυνης μετα του *προσωπου* σου.

3 13 ο θεος των πατερων ημων, εδοξασεν τον παιδα αυτου ιησουν, ον υμεις μεν παρεδωκατε και ηρνησασθε κατα *προσωπον* πιλατου, κριναντος εκεινου απολυειν·

20 οπως αν ελθωσιν καιροι αναψυξεως απο *προσωπου* του κυριου και αποστειλη τον προκεχειρισμενον υμιν χριστον ιησουν,

5 41 οι μεν ουν επορευοντο χαιροντες απο *προσωπου* του συνεδριου, οτι κατηξιωθησαν υπερ του ονοματος ατιμασθηναι·

6 15 και ατενισαντες εις αυτον παντες οι καθεζομενοι εν τω συνεδριω ειδον το *προσωπον* αυτου ωσει προσωπον αγγελου.

15 και ατενισαντες εις αυτον παντες οι καθεζομενοι εν τω συνεδριω ειδον το προσωπον αυτου ωσει *προσωπον* αγγελου.

7 45 ην και εισηγαγον διαδεξαμενοι οι πατερες ημων μετα ιησου εν τη κατασχεσει των εθνων, ων εξωσεν ο θεος απο *προσωπου* των πατερων ημων,

13 24 προκηρυξαντος ιωαννου προ *προσωπου* της εισοδου αυτου βαπτισμα μετανοιας παντι τω λαω ισραηλ.

17 26 εποιησεν τε εξ ενος παν εθνος ανθρωπων κατοικειν επι παντος *προσωπου* της γης,

20 25 ·και νυν ιδου εγω οιδα οτι ουκετι οψεσθε το *προσωπον* μου υμεις παντες εν οις διηλθον κηρυσσων την βασιλειαν.

38 και επιπεσοντες επι τον τραχηλον του παυλου κατεφιλουν αυτον, οδυνωμενοι μαλιστα επι τω λογω ω ειρηκει, οτι ουκετι μελλουσιν το *προσωπον* αυτου θεωρειν.

25 16 προς ους απεκριθην οτι ουκ εστιν εθος ρωμαιοις χαριζεσθαι τινα ανθρωπον πριν η ο κατηγορουμενος κατα *προσωπον* εχοι τους κατηγορους τοπον τε απολογιας λαβοι περι του εγκληματος.

1Co 13 12 βλεπομεν γαρ αρτι δι εσοπτρου εν αινιγματι, τοτε δε *προσωπον* προς προσωπον·

12 βλεπομεν γαρ αρτι δι εσοπτρου εν αινιγματι, τοτε δε προσωπον προς *προσωπον*·

14 25 τα κρυπτα της καρδιας αυτου φανερα γινεται, και ουτως πεσων επι *προσωπον* προσκυνησει τω θεω,

2Co 1 11 συνυπουργουντων και υμων υπερ ημων τη δεησει, ινα εκ πολλων *προσωπων* το εις ημας χαρισμα δια πολλων ευχαριστηθη υπερ ημων.

2 10 και γαρ εγω ο κεχαρισμαι, ει τι κεχαρισμαι, δι υμας εν *προσωπω* χριστου,

προσωπον [76]

2Co 3 7 εἰ δε ἡ διακονια του θανατου ἐν γραμμασιν ἐντετυπωμενη λιθοις ἐγενηθη ἐν δοξῃ, ὡστε μη δυνασθαι ἀτενισαι τους υἱους ἰσραηλ εἰς το *προσωπον* μωυσεως

   7 ὡστε μη δυνασθαι ἀτενισαι τους υἱους ἰσραηλ εἰς το προσωπον μωυσεως δια την δοξαν του *προσωπου* αὐτου την καταργουμενην,

   13 ἐχοντες οὐν τοιαυτην ἐλπιδα πολλῃ παρρησιᾳ χρωμεθα, και οὐ καθαπερ μωυσης ἐτιθει καλυμμα ἐπι το *προσωπον* αὐτου,

   18 ἡμεις δε παντες ἀνακεκαλυμμενῳ *προσωπῳ* την δοξαν κυριου κατοπτριζομενοι την αὐτην εἰκονα μεταμορφουμεθα ἀπο δοξης εἰς δοξαν,

   4 6 ὁτι ὁ θεος ὁ εἰπων· ἐκ σκοτους φως λαμψει, ὁς ἐλαμψεν ἐν ταις καρδιαις ἡμων προς φωτισμον της γνωσεως της δοξης του θεου ἐν *προσωπῳ* [ἰησου] χριστου·

   5 12 ἀλλα ἀφορμην διδοντες ὑμιν καυχηματος ὑπερ ἡμων, ἱνα ἐχητε προς τους ἐν *προσωπῳ* καυχωμενους και μη ἐν καρδιᾳ.

   8 24 την οὐν ἐνδειξιν της ἀγαπης ὑμων και ἡμων καυχησεως ὑπερ ὑμων εἰς αὐτους ἐνδεικνυμενοι εἰς *προσωπον* των ἐκκλησιων.

   10 1 ὁς κατα *προσωπον* μεν ταπεινος ἐν ὑμιν, ἀπων δε θαρρω εἰς ὑμας·

   7 τα κατα *προσωπον* βλεπετε.

   11 20 ἀνεχεσθε γαρ εἰ τις ὑμας καταδουλοι, εἰ τις κατεσθιει, εἰ τις λαμβανει, εἰ τις ἐπαιρεται, εἰ τις εἰς *προσωπον* ὑμας δερει.

Ga 1 22 ἡμην δε ἀγνοουμενος τῳ *προσωπῳ* ταις ἐκκλησιαις της ἰουδαιας ταις ἐν χριστῳ.

   2 6 *προσωπον* [ὁ] θεος ἀνθρωπου οὐ λαμβανει

   11 ὁτε δε ἠλθεν κηφας εἰς ἀντιοχειαν, κατα *προσωπον* αὐτῳ ἀντεστην,

Col 2 1 θελω γαρ ὑμας εἰδεναι ἡλικον ἀγωνα ἐχω ὑπερ ὑμων και των ἐν λαοδικειᾳ και ὁσοι οὐχ ἑορακαν το *προσωπον* μου ἐν σαρκι,

1Th 2 17 ἡμεις δε, ἀδελφοι, ἀπορφανισθεντες ἀφ ὑμων προς καιρον ὡρας *προσωπῳ* οὐ καρδιᾳ,

   17 περισσοτερως ἐσπουδασαμεν το *προσωπον* ὑμων ἰδειν ἐν πολλῃ ἐπιθυμιᾳ.

   3 10 νυκτος και ἡμερας ὑπερεκπερισσου δεομενοι εἰς το ἰδειν ὑμων το *προσωπον* και καταρτισαι τα ὑστερηματα της πιστεως ὑμων·

2Th 1 9 οἱτινες δικην τισουσιν ὀλεθρον αἰωνιον ἀπο *προσωπου* του κυριου και ἀπο της δοξης της ἰσχυος αὐτου,

Heb 9 24 νυν ἐμφανισθηναι τῳ *προσωπῳ* του θεου ὑπερ ἡμων·

Ja 1 11 και το ἀνθος αὐτου ἐξεπεσεν και ἡ εὐπρεπεια του *προσωπου* αὐτου ἀπωλετο·

   23 ὁτι εἰ τις ἀκροατης λογου ἐστιν και οὐ ποιητης, οὑτος ἐοικεν ἀνδρι κατανοουντι το *προσωπον* της γενεσεως αὐτου ἐν ἐσοπτρῳ·

1Pt 3 12 *προσωπον* δε κυριου ἐπι ποιουντας κακα.

Ju 16 και το στομα αὐτων λαλει ὑπερογκα, θαυμαζοντες *προσωπα* ὠφελειας χαριν.

Apc 4 7 και το τριτον ζωον ἐχων το *προσωπον* ὡς ἀνθρωπου,

   6 16 πεσετε ἐφ ἡμας και κρυψατε ἡμας ἀπο *προσωπου* του καθημενου ἐπι του θρονου

   7 11 και ἐπεσαν ἐνωπιον του θρονου ἐπι τα *προσωπα* αὐτων και προσεκυνησαν τῳ θεῳ, λεγοντες·

   9 7 και τα *προσωπα* αὐτων ὡς προσωπα ἀνθρωπων,

   7 και τα προσωπα αὐτων ὡς *προσωπα* ἀνθρωπων,

   10 1 και το *προσωπον* αὐτου ὡς ὁ ἡλιος,

   11 16 ἐπεσαν ἐπι τα *προσωπα* αὐτων και προσεκυνησαν τῳ θεῳ, λεγοντες·

   12 14 ἱνα πετηται εἰς την ἐρημον εἰς τον τοπον αὐτης, ὁπου τρεφεται ἐκει καιρον και καιρους και ἡμισυ καιρου ἀπο *προσωπου* του ὀφεως.

   20 11 και εἰδον θρονον μεγαν λευκον και τον καθημενον ἐπ αὐτον οὑ ἀπο του *προσωπου* ἐφυγεν ἡ γη και ὁ οὐρανος,

   22 4 και ὀψονται το *προσωπον* αὐτου,

προτεινω [1]

Ac 22 25 ὡς δε προετειναν αὐτον τοις ἱμασιν, εἰπεν προς τον ἑστωτα ἑκατονταρχον ὁ παυλος·

προτερος [11]

Jh 6 62 τουτο ὑμας σκανδαλιζει; ἐαν οὐν θεωρητε τον υἱον του ἀνθρωπου ἀναβαινοντα ὁπου ἠν το *προτερον*;

   7 50 λεγει νικοδημος προς αὐτους, ὁ ἐλθων προς αὐτον [το] *προτερον*, εἰς ὠν ἐξ αὐτων· μη ὁ νομος ἡμων κρινει τον ἀνθρωπον

προτερος [11]

Jh 9 8 οἱ οὐν γειτονες και οἱ θεωρουντες αὐτον το *προτερον*, ὁτι προσαιτης ἠν, ἐλεγον·

2Co 1 15 και ταυτῃ τῃ πεποιθησει ἐβουλομην *προτερον* προς ὑμας ἐλθειν ἱνα δευτεραν χαριν σχητε,

Ga 4 13 οἰδατε δε ὁτι δι ἀσθενειαν της σαρκος εὐηγγελισαμην ὑμιν το *προτερον*,

Eph 4 22 ἀποθεσθαι ὑμας κατα την *προτεραν* ἀναστροφην τον παλαιον ἀνθρωπον τον φθειρομενον κατα τας ἐπιθυμιας της ἀπατης,

1Tm 1 13 ὁτι πιστον με ἡγησατο θεμενος εἰς διακονιαν, το *προτερον* ὀντα βλασφημον και διωκτην και ὑβριστην·

Heb 4 6 ἐπει οὐν ἀπολειπεται τινας εἰσελθειν εἰς αὐτην, και οἱ *προτερον* εὐαγγελισθεντες οὐκ εἰσηλθον δι ἀπειθειαν, παλιν τινα ὁριζει ἡμεραν,

   7 27 ὁς οὐκ ἐχει καθ ἡμεραν ἀναγκην, ὡσπερ οἱ ἀρχιερεις, *προτερον* ὑπερ των ἰδιων ἁμαρτιων θυσιας ἀναφερειν, ἐπειτα των του λαου·

   10 32 ἀναμιμνησκεσθε δε τας *προτερον* ἡμερας,

1Pt 1 14 ὡς τεκνα ὑπακοης, μη συσχηματιζομενοι ταις *προτερον* ἐν τῃ ἀγνοιᾳ ὑμων ἐπιθυμιαις,

προτιθεμαι [3]

Rm 1 13 οὐ θελω δε ὑμας ἀγνοειν, ἀδελφοι, ὁτι πολλακις *προεθεμην* ἐλθειν προς ὑμας,

   3 25 ὁν *προεθετο* ὁ θεος ἱλαστηριον δια [της] πιστεως ἐν τῳ αὐτου αἱματι,

Eph 1 9 κατα την εὐδοκιαν αὐτου, ἡν *προεθετο* ἐν αὐτῳ εἰς οἰκονομιαν του πληρωματος των καιρων,

προτρεπομαι [1]

Ac 18 27 βουλομενου δε αὐτου διελθειν εἰς την ἀχαιαν, *προτρεψαμενοι* οἱ ἀδελφοι ἐγραψαν τοις μαθηταις ἀποδεξασθαι αὐτον·

προτρεχω [2]

Lc 19 4 και *προδραμων* εἰς το ἐμπροσθεν ἀνεβη ἐπι συκομορεαν,

Jh 20 4 και ὁ ἀλλος μαθητης *προεδραμεν* ταχιον του πετρου και ἠλθεν πρωτος εἰς το μνημειον,

προυπαρχω [2]

Lc 23 12 *προυπηρχον* γαρ ἐν ἐχθρᾳ ὀντες προς αὐτους.

Ac 8 9 ἀνηρ δε τις ὀνοματι σιμων *προυπηρχεν* ἐν τῃ πολει μαγευων και ἐξιστανων το ἐθνος της σαμαρειας, λεγων εἰναι τινα ἑαυτον μεγαν,

προφασις [7]

Mt 23 14* οὐαι ὑμιν, γραμματεις και φαρισαιοι, ὑποκριται, ὁτι κατεσθιετε τας οἰκιας των χηρων, και *προφασει* μακρα προσευχομενοι·

Mc 12 40 οἱ κατεσθιοντες τας οἰκιας των χηρων και *προφασει* μακρα προσευχομενοι,

Lc 20 47 οἱ κατεσθιουσιν τας οἰκιας των χηρων και *προφασει* μακρα προσευχονται·

Jh 15 22 νυν δε *προφασιν* οὐκ ἐχουσιν περι της ἁμαρτιας αὐτων.

Ac 27 30 και χαλασαντων την σκαφην εἰς την θαλασσαν *προφασει* ὡς ἐκ πρωρης ἀγκυρας μελλοντων ἐκτεινειν,

Php 1 18 πλην ὁτι παντι τροπῳ, εἰτε *προφασει* εἰτε ἀληθειᾳ, χριστος καταγγελλεται, και ἐν τουτῳ χαιρω·

1Th 2 5 οὐτε γαρ ποτε ἐν λογῳ κολακειας ἐγενηθημεν, καθως οἰδατε, οὐτε ἐν *προφασει* πλεονεξιας,

προφερω [2]

Lc 6 45 ὁ ἀγαθος ἀνθρωπος ἐκ του ἀγαθου θησαυρου της καρδιας *προφερει* το ἀγαθον,

   45 ὁ ἀγαθος ἀνθρωπος ἐκ του ἀγαθου θησαυρου της καρδιας προφερει το ἀγαθον, και ὁ πονηρος ἐκ του πονηρου *προφερει* το πονηρον·

προφητεια [19]

Mt 13 14 και ἀναπληρουται αὐτοις ἡ *προφητεια* ἡσαιου ἡ λεγουσα·

Rm 12 6 εἰτε *προφητειαν*, κατα την ἀναλογιαν της πιστεως·

1Co 12 10 ἀλλῳ δε ἐνεργηματα δυναμεων, ἀλλῳ [δε] *προφητεια*,

προφητεια [19]

1Co 13 2 και εαν εχω προφητειαν και ειδω τα μυστηρια παντα και πασαν την γνωσιν, και εαν εχω πασαν την πιστιν ωστε ορη μεθισταναι, αγαπην δε μη εχω, ουθεν ειμι.

8 η αγαπη ουδεποτε πιπτει· ειτε δε προφητειαι, καταργηθησονται·

14 6 τι υμας ωφελησω, εαν μη υμιν λαλησω η εν αποκαλυψει η εν γνωσει η εν προφητεια η [εν] διδαχη;

22 ωστε αι γλωσσαι εις σημειον εισιν ου τοις πιστευουσιν αλλα τοις απιστοις, η δε προφητεια ου τοις απιστοις αλλα τοις πιστευουσιν.

1Th 5 20 το πνευμα μη σβεννυτε, προφητειας μη εξουθενειτε·

1Tm 1 18 ταυτην την παραγγελιαν παρατιθεμαι σοι, τεκνον τιμοθεε, κατα τας προαγουσας επι σε προφητειας, ινα στρατευη εν αυταις την καλην στρατειαν,

4 14 μη αμελει του εν σοι χαρισματος, ο εδοθη σοι δια προφητειας μετα επιθεσεως των χειρων του πρεσβυτεριου.

2Pt 1 20 τουτο πρωτον γινωσκοντες, οτι πασα προφητεια γραφης ιδιας επιλυσεως ου γινεται·

21 ου γαρ θεληματι ανθρωπου ηνεχθη προφητεια ποτε,

Apc 1 3 μακαριος ο αναγινωσκων και οι ακουοντες τους λογους της προφητειας και τηρουντες τα εν αυτη γεγραμμενα·

11 6 ουτοι εχουσιν την εξουσιαν κλεισαι τον ουρανον, ινα μη υετος βρεχη τας ημερας της προφητειας αυτων,

19 10 η γαρ μαρτυρια ιησου εστιν το πνευμα της προφητειας.

22 7 μακαριος ο τηρων τους λογους της προφητειας του βιβλιου τουτου.

10 μη σφραγισης τους λογους της προφητειας του βιβλιου τουτου·

18 μαρτυρω εγω παντι τω ακουοντι τους λογους της προφητειας του βιβλιου τουτου·

19 και εαν τις αφελη απο των λογων του βιβλιου της προφητειας ταυτης, αφελει ο θεος το μερος αυτου απο του ξυλου της ζωης

προφητευω [28]

Mt 7 22 ου τω σω ονοματι επροφητευσαμεν,

11 13 παντες γαρ οι προφηται και ο νομος εως ιωαννου επροφητευσαν·

15 7 υποκριται, καλως επροφητευσεν περι υμων ησαιας λεγων· ο λαος ουτος τοις χειλεσιν με τιμα,

26 68 προφητευσον ημιν, χριστε, τις εστιν ο παισας σε;

Mc 7 6 καλως επροφητευσεν ησαιας περι υμων των υποκριτων, ως γεγραπται [οτι] ουτος ο λαος τοις χειλεσιν με τιμα, η δε καρδια αυτων πορρω απεχει απ εμου·

14 65 και ηρξαντο τινες εμπτυειν αυτω και περικαλυπτειν αυτου το προσωπον και κολαφιζειν αυτον και λεγειν αυτω· προφητευσον,

Lc 1 67 και ζαχαριας ο πατηρ αυτου επλησθη πνευματος αγιου και επροφητευσεν λεγων· ευλογητος κυριος ο θεος του ισραηλ,

22 64 προφητευσον, τις εστιν ο παισας σε;

Jh 11 51 τουτο δε αφ εαυτου ουκ ειπεν, αλλα αρχιερευς ων του ενιαυτου εκεινου επροφητευσεν οτι εμελλεν ιησους αποθνησκειν υπερ του εθνους,

Ac 2 17 και προφητευσουσιν οι υιοι υμων και αι θυγατερες υμων,

18 και γε επι τους δουλους μου και επι τας δουλας μου εν ταις ημεραις εκειναις εκχεω απο του πνευματος μου, και προφητευσουσιν.

19 6 και επιθεντος αυτοις του παυλου [τας] χειρας ηλθε το πνευμα το αγιον επ αυτους, ελαλουν τε γλωσσαις και επροφητευον.

21 9 τουτω δε ησαν θυγατερες τεσσαρες παρθενοι προφητευουσαι.

1Co 11 4 πας ανηρ προσευχομενος η προφητευων κατα κεφαλης εχων καταισχυνει την κεφαλην αυτου.

5 πασα δε γυνη προσευχομενη η προφητευουσα ακατακαλυπτω τη κεφαλη καταισχυνει την κεφαλην αυτης·

13 9 εκ μερους γαρ γινωσκομεν και εκ μερους προφητευομεν·

14 1 ζηλουτε δε τα πνευματικα, μαλλον δε ινα προφητευητε.

3 ο δε προφητευων ανθρωποις λαλει οικοδομην και παρακλησιν και παραμυθιαν.

4 ο δε προφητευων εκκλησιαν οικοδομει.

5 θελω δε παντας υμας λαλειν γλωσσαις, μαλλον δε ινα προφητευητε·

5 μειζων δε ο προφητευων η ο λαλων γλωσσαις,

24 εαν δε παντες προφητευωσιν, εισελθη δε τις απιστος η ιδιωτης, ελεγχεται υπο παντων, ανακρινεται υπο παντων,

31 δυνασθε γαρ καθ ενα παντες προφητευειν,

39 ωστε, αδελφοι [μου,] ζηλουτε το προφητευειν,

1Pt 1 10 περι ης σωτηριας εξεζητησαν και εξηραυνησαν προφηται οι περι της εις υμας χαριτος προφητευσαντες,

Ju 14 προεφητευσεν δε και τουτοις εβδομος απο αδαμ ενωχ λεγων·

προφητευω [28]

Apc 10 11 δει σε παλιν προφητευσαι επι λαοις και εθνεσιν και γλωσσαις και βασιλευσιν πολλοις.

11 3 και προφητευσουσιν ημερας χιλιασδιακοσιασεξηκοντα περιβεβλημενοι σακκους.

προφητης [144]

Mt 1 22 τουτο δε ολον γεγονεν ινα πληρωθη το ρηθεν υπο κυριου δια του προφητου λεγοντος·

2 5 ουτως γαρ γεγραπται δια του προφητου·

15 ινα πληρωθη το ρηθεν υπο κυριου δια του προφητου λεγοντος·

17 τοτε επληρωθη το ρηθεν δια ιερεμιου του προφητου λεγοντος·

23 και ελθων κατωκησεν εις πολιν λεγομενην ναζαρετ· οπως πληρωθη το ρηθεν δια των προφητων οτι ναζωραιος κληθησεται.

3 3 ουτος γαρ εστιν ο ρηθεις δια ησαιου του προφητου λεγοντος·

4 14 ινα πληρωθη το ρηθεν δια ησαιου του προφητου λεγοντος·

5 12 ουτως γαρ εδιωξαν τους προφητας τους προ υμων.

17 μη νομισητε οτι ηλθον καταλυσαι τον νομον η τους προφητας·

7 12 ουτος γαρ εστιν ο νομος και οι προφηται.

8 17 και παντας τους κακως εχοντας εθεραπευσεν· οπως πληρωθη το ρηθεν δια ησαιου του προφητου λεγοντος· αυτος τας ασθενειας ημων ελαβεν και τας νοσους εβαστασεν.

10 41 ο δεχομενος προφητην εις ονομα προφητου μισθον προφητου λημψεται,

41 ο δεχομενος προφητην εις ονομα προφητου μισθον προφητου λημψεται,

41 ο δεχομενος προφητην εις ονομα προφητου μισθον προφητου λημψεται,

11 9 αλλα τι εξηλθατε ιδειν; προφητην;

9 ναι λεγω υμιν, και περισσοτερον προφητου.

13 παντες γαρ οι προφηται και ο νομος εως ιωαννου επροφητευσαν·

12 17 ινα πληρωθη το ρηθεν δια ησαιου του προφητου λεγοντος·

39 και σημειον ου δοθησεται αυτη ει μη το σημειον ιωνα του προφητου.

13 17 αμην γαρ λεγω υμιν οτι πολλοι προφηται και δικαιοι επεθυμησαν ιδειν α βλεπετε και ουκ ειδαν,

35 οπως πληρωθη το ρηθεν δια του προφητου λεγοντος· ανοιξω εν παραβολαις το στομα μου,

57 ουκ εστιν προφητης ατιμος ει μη εν τη πατριδι και εν τη οικια αυτου.

14 5 και θελων αυτον αποκτειναι εφοβηθη τον οχλον, οτι ως προφητην αυτον ειχον.

16 14 οι δε ειπαν· οι μεν ιωαννην τον βαπτιστην, αλλοι δε ηλιαν, ετεροι δε ιερεμιαν η ενα των προφητων.

21 4 τουτο δε γεγονεν ινα πληρωθη το ρηθεν δια του προφητου λεγοντος·

11 ουτος εστιν ο προφητης ιησους ο απο ναζαρεθ της γαλιλαιας.

26 εαν δε ειπωμεν· εξ ανθρωπων, φοβουμεθα τον οχλον· παντες γαρ ως προφητην εχουσιν τον ιωαννην.

46 και ζητουντες αυτον κρατησαι εφοβηθησαν τους οχλους, επει εις προφητην αυτον ειχον.

22 40 εν ταυταις ταις δυσιν εντολαις ολος ο νομος κρεμαται και οι προφηται.

23 29 ουαι υμιν, γραμματεις και φαρισαιοι υποκριται, οτι οικοδομειτε τους ταφους των προφητων και κοσμειτε τα μνημεια των δικαιων,

30 ει ημεθα εν ταις ημεραις των πατερων ημων, ουκ αν ημεθα αυτων κοινωνοι εν τω αιματι των προφητων.

31 ωστε μαρτυρειτε εαυτοις οτι υιοι εστε των φονευσαντων τους προφητας.

34 δια τουτο ιδου εγω αποστελλω προς υμας προφητας και σοφους και γραμματεις·

37 ιερουσαλημ ιερουσαλημ, η αποκτεινουσα τους προφητας και λιθοβολουσα τους απεσταλμενους προς αυτην,

24 15 οταν ουν ιδητε το βδελυγμα της ερημωσεως το ρηθεν δια δανιηλ του προφητου εστος εν τοπω αγιω, ο αναγινωσκων νοειτω, τοτε οι εν τη ιουδαια φευγετωσαν εις τα ορη,

26 56 τουτο δε ολον γεγονεν ινα πληρωθωσιν αι γραφαι των προφητων.

27 9 τοτε επληρωθη το ρηθεν δια ιερεμιου του προφητου λεγοντος· και ελαβον τα τριακοντα αργυρια, την τιμην του τετιμημενου ον ετιμησαντο απο υιων ισραηλ,

Mc 1 2 καθως γεγραπται εν τω ησαια τω προφητη· ιδου αποστελλω τον αγγελον μου προ προσωπου σου,

προφητης [144]

Mc 6 4 και έλεγεν αυτοις ό ίησους ότι ουκ έστιν *προφητης* άτιμος ει
μη έν τη πατριδι αυτου και έν τοις συγγενευσιν αυτου και έν
τη οικια αυτου.

15 άλλοι δε έλεγον ότι *προφητης* ώς εις των προφητων.

15 άλλοι δε έλεγον ότι προφητης ώς εις των *προφητων*.

8 28 οι δε είπαν αυτω λεγοντες [ότι] ιωαννην τον βαπτιστην, και
άλλοι ήλιαν, άλλοι δε ότι εις των *προφητων*.

11 32 άλλα είπωμεν· έξ άνθρωπων; έφοβουντο τον όχλον· άπαντες
γαρ είχον τον ιωαννην όντως ότι *προφητης* ήν.

Lc 1 70 και ήγειρεν κερας σωτηριας ήμιν έν οικω δαυιδ παιδος αυτου,
καθως έλαλησεν δια στοματος των άγιων άπ αίωνος
προφητων αυτου,

76 και συ δε, παιδιον, *προφητης* ύψιστου κληθηση·

3 4 ώς γεγραπται έν βιβλω λογων ήσαιου του *προφητου*· φωνη
βοωντος έν τη έρημω·

4 17 και έπεδοθη αυτω βιβλιον του *προφητου* ήσαιου,

24 άμην λεγω ύμιν ότι ουδεις *προφητης* δεκτος έστιν έν τη
πατριδι αυτου.

27 και πολλοι λεπροι ήσαν έν τω ίσραηλ έπι έλισαιου του
προφητου,

6 23 κατα τα αυτα γαρ έποιουν τοις *προφηταις* οι πατερες αυτων.

7 16 έλαβεν δε φοβος παντας, και έδοξαζον τον θεον λεγοντες ότι
προφητης μεγας ήγερθη έν ήμιν,

26 άλλα τί έξηλθατε ίδειν; *προφητην*;

26 ναι λεγω ύμιν, και περισσοτερον *προφητου*.

39 ουτος εί ήν *προφητης*, έγινωσκεν άν τίς και ποταπη ή γυνη
ήτις άπτεται αυτου, ότι άμαρτωλος έστιν.

9 8 και διηπορει δια το λεγεσθαι ύπο τινων ότι ιωαννης ήγερθη
έκ νεκρων, ύπο τινων δε ότι ήλιας έφανη, άλλων δε ότι
προφητης τις των άρχαιων άνεστη.

19 ιωαννην τον βαπτιστην, άλλοι δε ήλιαν, άλλοι δε ότι
προφητης τις των άρχαιων άνεστη.

10 24 λεγω γαρ ύμιν ότι πολλοι *προφηται* και βασιλεις ήθελησαν
ίδειν ά ύμεις βλεπετε και ουκ είδαν, και άκουσαι ά άκουετε
και ουκ ήκουσαν.

11 47 ουαι ύμιν, ότι οικοδομειτε τα μνημεια των *προφητων*, οι δε
πατερες ύμων άπεκτειναν αυτους.

49 άποστελω είς αυτους *προφητας* και άποστολους,

50 και έξ αυτων άποκτενουσιν και διωξουσιν, ίνα έκζητηθη το
αίμα παντων των *προφητων* το έκκεχυμενον άπο καταβολης
κοσμου άπο της γενεας ταυτης,

13 28 έκει έσται ό κλαυθμος και ό βρυγμος των όδοντων, όταν
όψησθε άβρααμ και ίσαακ και ίακωβ και παντας τους
προφητας έν τη βασιλεια του θεου, ύμας δε έκβαλλομενους
έξω.

33 πλην δει με σημερον και αυριον και τη έχομενη πορευεσθαι,
ότι ουκ ένδεχεται *προφητην* άπολεσθαι έξω ιερουσαλημ.

34 ιερουσαλημ ιερουσαλημ, ή άποκτεινουσα τους *προφητας* και
λιθοβολουσα τους άπεσταλμενους προς αύτην,

16 16 ό νομος και οι *προφηται* μεχρι ιωαννου·

29 έχουσι μωυσεα και τους *προφητας*· άκουσατωσαν αυτων.

31 εί μωυσεως και των *προφητων* ουκ άκουουσιν, ούδ έαν τις έκ
νεκρων άναστη πεισθησονται.

18 31 ίδου άναβαινομεν είς ιερουσαλημ, και τελεσθησεται παντα τα
γεγραμμενα δια των *προφητων* τω υίω του άνθρωπου·

20 6 πεπεισμενος γαρ έστιν ιωαννην *προφητην* είναι.

24 19 τα περι ίησου του ναζαρηνου, ός έγενετο άνηρ *προφητης*
δυνατος έν έργω και λογω έναντιον του θεου και παντος του
λαου,

25 ώ άνοητοι και βραδεις τη καρδια του πιστευειν έπι πασιν οίς
έλαλησαν οι *προφηται*·

27 και άρξαμενος άπο μωυσεως και άπο παντων των *προφητων*
διερμηνευσεν αυτοις έν πασαις ταις γραφαις τα περι έαυτου.

44 ουτοι οι λογοι μου ούς έλαλησα προς ύμας έτι ών συν ύμιν,
ότι δει πληρωθηναι παντα τα γεγραμμενα έν τω νομω
μωυσεως και τοις *προφηταις* και ψαλμοις περι έμου.

Jh 1 21 ό *προφητης* εί συ;

23 εύθυνατε την όδον κυριου, καθως είπεν ήσαιας ό *προφητης*.

25 τί ούν βαπτιζεις εί συ ουκ εί ό χριστος ουδε ήλιας ουδε ό
προφητης;

45 όν έγραψεν μωυσης έν τω νομω και οι *προφηται* εύρηκαμεν,

4 19 κυριε, θεωρω ότι *προφητης* εί συ.

44 αυτος γαρ ίησους έμαρτυρησεν ότι *προφητης* έν τη ίδια
πατριδι τιμην ουκ έχει.

6 14 οι ούν άνθρωποι ίδοντες ό έποιησεν σημειον έλεγον ότι
ουτος έστιν άληθως ό *προφητης* ό έρχομενος είς τον κοσμον.

45 έστιν γεγραμμενον έν τοις *προφηταις*· και έσονται παντες
διδακτοι θεου·

7 40 ουτος έστιν άληθως ό *προφητης*·

προφητης [144]

Jh 7 52 έραυνησον και ίδε ότι έκ της γαλιλαιας *προφητης* ουκ
έγειρεται.

8 52 άβρααμ άπεθανεν και οι *προφηται*, και συ λεγεις·

53 και οι *προφηται* άπεθανον· τίνα σεαυτον ποιεις;

9 17 ό δε είπεν ότι *προφητης* έστιν.

12 38 τοσαυτα δε αυτου σημεια πεποιηκοτος έμπροσθεν αυτων ουκ
έπιστευον είς αυτον, ίνα ό λογος ήσαιου του *προφητου*
πληρωθη όν είπεν·

Ac 2 16 ού γαρ ώς ύμεις ύπολαμβανετε ουτοι μεθυουσιν, έστιν γαρ
ώρα τριτη της ήμερας, άλλα τουτο έστιν το είρημενον δια του
προφητου ιωηλ· και έσται έν ταις έσχαταις ήμεραις, λεγει ό
θεος,

30 *προφητης* ούν ύπαρχων και είδως ότι όρκω ώμοσεν αυτω ό
θεος έκ καρπου της όσφυος αυτου καθισαι έπι τον θρονον
αυτου,

3 18 ό δε θεος ά προκατηγγειλεν δια στοματος παντων των
προφητων, παθειν τον χριστον αυτου, έπληρωσεν ούτως·

21 όν έλαλησεν ό θεος δια στοματος των άγιων άπ αίωνος
αυτου *προφητων*.

22 μωυσης μεν είπεν ότι *προφητην* ύμιν άναστησει κυριος ό θεος
ύμων έκ των άδελφων ύμων ώς έμε·

23 έσται δε πασα ψυχη ήτις έαν μη άκουση του *προφητου*
έκεινου έξολεθρευθησεται έκ του λαου.

24 και παντες δε οι *προφηται* άπο σαμουηλ και των καθεξης
όσοι έλαλησαν και κατηγγειλαν τας ήμερας ταυτας.

25 ύμεις έστε οι υίοι των *προφητων* και της διαθηκης ής διεθετο
ό θεος προς τους πατερας ύμων,

7 37 *προφητην* ύμιν άναστησει ό θεος έκ των άδελφων ύμων ώς
έμε.

42 έστρεψεν δε ό θεος και παρεδωκεν αυτους λατρευειν τη
στρατια του ουρανου, καθως γεγραπται έν βιβλω των
προφητων· μη σφαγια και θυσιας προσηνεγκατε μοι

48 άλλ ουχ ό ύψιστος έν χειροποιητοις κατοικει· καθως ό
προφητης λεγει·

52 τίνα των *προφητων* ουκ έδιωξαν οι πατερες ύμων;

8 28 ός έληλυθει προσκυνησων είς ιερουσαλημ, ήν τε ύποστρεφων
και καθημενος έπι του άρματος αυτου και άνεγινωσκεν τον
προφητην ήσαιαν.

30 προσδραμων δε ό φιλιππος ήκουσεν αυτου άναγινωσκοντος
ήσαιαν τον *προφητην*, και είπεν·

34 δεομαι σου, περι τίνος ό *προφητης* λεγει τουτο;

10 43 τουτω παντες οι *προφηται* μαρτυρουσιν, άφεσιν άμαρτιων
λαβειν δια του όνοματος αυτου παντα τον πιστευοντα είς
αυτον.

11 27 έν ταυταις δε ταις ήμεραις κατηλθον άπο ιεροσολυμων
προφηται είς άντιοχειαν·

13 1 ήσαν δε έν άντιοχεια κατα την ούσαν έκκλησιαν *προφηται*
και διδασκαλοι ό τε βαρναβας και συμεων ό καλουμενος
νιγερ,

15 μετα δε την άναγνωσιν του νομου και των *προφητων*
άπεστειλαν οι άρχισυναγωγοι προς αυτους λεγοντες·

20 και μετα ταυτα έδωκεν κριτας έως σαμουηλ [του] *προφητου*.

27 οι γαρ κατοικουντες έν ιερουσαλημ και οι άρχοντες αυτων
τουτον άγνοησαντες και τας φωνας των *προφητων* τας κατα
παν σαββατον άναγινωσκομενας κριναντες έπληρωσαν,

40 βλεπετε ούν μη έπελθη το είρημενον έν τοις *προφηταις*· ίδετε,
οι καταφρονηται, και θαυμασατε και άφανισθητε,

15 15 και τουτω συμφωνουσιν οι λογοι των *προφητων*, καθως
γεγραπται·

32 ιουδας τε και σιλας, και αυτοι *προφηται* όντες, δια λογου
πολλου παρεκαλεσαν τους άδελφους και έπεστηριξαν·

21 10 έπιμενοντων δε ήμερας πλειους κατηλθεν τις άπο της
ιουδαιας *προφητης* όνοματι άγαβος,

24 14 ότι κατα την όδον ήν λεγουσιν αίρεσιν ούτως λατρευω τω
πατρωω θεω, πιστευων πασι τοις κατα τον νομον και τοις έν
τοις *προφηταις* γεγραμμενοις,

26 22 ουδεν έκτος λεγων ών τε οι *προφηται* έλαλησαν μελλοντων
γινεσθαι και μωυσης,

27 πιστευεις, βασιλευ άγριππα, τοις *προφηταις*;

28 23 πειθων τε αυτους περι του ίησου άπο τε του νομου μωυσεως
και των *προφητων*,

25 είποντος του παυλου ρημα έν, ότι καλως το πνευμα το άγιον
έλαλησεν δια ήσαιου του *προφητου* προς τους πατερας ύμων
λεγων·

Rm 1 2 κλητος άποστολος άφωρισμενος είς ευαγγελιον θεου, ό
προεπηγγειλατο δια των *προφητων* αυτου έν γραφαις άγιαις

3 21 νυνι δε χωρις νομου δικαιοσυνη θεου πεφανερωται,
μαρτυρουμενη ύπο του νομου και των *προφητων*,

11 3 κυριε, τους *προφητας* σου άπεκτειναν,

προφητης [144]

1Co 12 28 και ους μεν εθετο ο θεος εν τη εκκλησια πρωτον αποστολους, δευτερον προφητας, τριτον διδασκαλους,
29 μη παντες αποστολοι; μη παντες προφηται;
14 29 προφηται δε δυο η τρεις λαλειτωσαν,
32 και πνευματα προφητων προφηταις υποτασσεται·
32 και πνευματα προφητων προφηταις υποτασσεται·
37 ει τις δοκει προφητης ειναι η πνευματικος, επιγινωσκετω ἁ γραφω υμιν οτι κυριου εστιν εντολη·

Eph 2 20 αλλα εστε συμπολιται των αγιων και οικειοι του θεου, εποικοδομηθεντες επι τω θεμελιω των αποστολων και προφητων,
3 5 ὁ ετεραις γενεαις ουκ εγνωρισθη τοις υιοις των ανθρωπων ὡς νυν απεκαλυφθη τοις αγιοις αποστολοις αυτου και προφηταις εν πνευματι,
4 11 και αυτος εδωκεν τους μεν αποστολους, τους δε προφητας, τους δε ευαγγελιστας, τους δε ποιμενας και διδασκαλους,

1Th 2 15 των και τον κυριον αποκτειναντων ιησουν και τους προφητας,

Tit 1 12 ειπεν τις εξ αυτων ιδιος αυτων προφητης· κρητες αει ψευσται,

Heb 1 1 πολυμερως και πολυτροπως παλαι ο θεος λαλησας τοις πατρασιν εν τοις προφηταις επ εσχατου των ημερων τουτων ελαλησεν ημιν εν υιω,
11 32 επιλειψει με γαρ διηγουμενον ο χρονος περι γεδεων, βαρακ, σαμψων, ιεφθαε, δαυιδ τε και σαμουηλ και των προφητων,

Ja 5 10 υποδειγμα λαβετε, αδελφοι, της κακοπαθιας και της μακροθυμιας τους προφητας,

1Pt 1 10 περι ης σωτηριας εξεζητησαν και εξηραυνησαν προφηται οι περι της εις υμας χαριτος προφητευσαντες,

2Pt 2 16 υποζυγιον αφωνον εν ανθρωπου φωνη φθεγξαμενον εκωλυσεν την του προφητου παραφρονιαν.
3 2 εν αις διεγειρω υμων εν υπομνησει την ειλικρινη διανοιαν, μνησθηναι των προειρημενων ρηματων υπο των αγιων προφητων

Apc 10 7 και ετελεσθη το μυστηριον του θεου, ως ευηγγελισεν τους εαυτου δουλους τους προφητας.
11 10 οτι ουτοι οι δυο προφηται εβασανισαν τους κατοικουντας επι της γης.
18 και ηλθεν η οργη σου και ο καιρος των νεκρων κριθηναι και δουναι τον μισθον τοις δουλοις σου τοις προφηταις
16 6 οτι αιμα αγιων και προφητων εξεχεαν,
18 20 ευφραινου επ αυτη, ουρανε και οι αγιοι και οι αποστολοι και οι προφηται,
24 και εν αυτη αιμα προφητων και αγιων ευρεθη και παντων των εσφαγμενων επι της γης.
22 6 και ο κυριος ο θεος των πνευματων των προφητων απεστειλεν τον αγγελον αυτου δειξαι τοις δουλοις αυτου ἁ δει γενεσθαι εν ταχει.
9 συνδουλος σου ειμι και των αδελφων σου των προφητων και των τηρουντων τους λογους του βιβλιου τουτου·

προφητικος [2]

Rm 16 26 [κατα αποκαλυψιν μυστηριου χρονοις αιωνιοις σεσιγημενου], [φανερωθεντος δε νυν δια τε γραφων προφητικων κατ επιταγην του αιωνιου θεου εις υπακοην πιστεως εις παντα τα εθνη γνωρισθεντος],
2Pt 1 19 και εχομεν βεβαιοτερον τον προφητικον λογον,

προφητις [2]

Lc 2 36 και ην αννα προφητις, θυγατηρ φανουηλ, εκ φυλης ασηρ·
Apc 2 20 αλλα εχω κατα σου οτι αφεις την γυναικα ιεζαβελ, η λεγουσα εαυτην προφητιν,

προφθανω [1]

Mt 17 25 και ελθοντα εις την οικιαν προεφθασεν αυτον ο ιησους λεγων· τι σοι δοκει, σιμων;

προχειριζομαι [3]

Ac 3 20 οπως αν ελθωσιν καιροι αναψυξεως απο προσωπου του κυριου και αποστειλη τον προκεχειρισμενον υμιν χριστον ιησουν,
22 14 ο θεος των πατερων ημων προεχειρισατο σε γνωναι το θελημα αυτου
26 16 εις τουτο γαρ ωφθην σοι, προχειρισασθαι σε υπηρετην και μαρτυρα ων τε ειδες [με] ων τε οφθησομαι σοι,

προχειροτονεω [1]

Ac 10 41 ου παντι τω λαω, αλλα μαρτυσιν τοις προκεχειροτονημενοις υπο του θεου,

προχορος [1]

Ac 6 5 και φιλιππον και προχορον και νικανορα και τιμωνα και παρμεναν και νικολαον προσηλυτον αντιοχεα,

πρυμνα [3]

Mc 4 38 και αυτος ην εν τη πρυμνη επι το προσκεφαλαιον καθευδων.
Ac 27 29 φοβουμενοι τε μη που κατα τραχεις τοπους εκπεσωμεν, εκ πρυμνης ριψαντες αγκυρας τεσσαρας ηυχοντο ημεραν γενεσθαι.
41 και η μεν πρωρα ερεισασα εμεινεν ασαλευτος, η δε πρυμνα ελυετο υπο της βιας [των κυματων].

πρωι [12]

Mt 16 3 [οψιας γενομενης λεγετε· ευδια, πυρραζει γαρ ο ουρανος· και πρωι· σημερον χειμων, πυρραζει γαρ στυγναζων ο ουρανος].
20 1 ομοια γαρ εστιν η βασιλεια των ουρανων ανθρωπω οικοδεσποτη, οστις εξηλθεν αμα πρωι μισθωσασθαι εργατας εις τον αμπελωνα αυτου.
21 18 πρωι δε επαναγων εις την πολιν επεινασεν.
Mc 1 35 και πρωι εννυχα λιαν αναστας εξηλθεν και απηλθεν εις ερημον τοπον,
11 20 και παραπορευομενοι πρωι ειδον την συκην εξηραμμενην εκ ριζων.
13 35 ουκ οιδατε γαρ ποτε ο κυριος της οικιας ερχεται, η οψε η μεσονυκτιον η αλεκτοροφωνιας η πρωι
15 1 και ευθυς πρωι συμβουλιον ποιησαντες οι αρχιερεις μετα των πρεσβυτερων και γραμματεων και ολον το συνεδριον,
16 2 και λιαν πρωι τη μια των σαββατων ερχονται επι το μνημειον, ανατειλαντος του ηλιου.
9 αναστας δε πρωι πρωτη σαββατου εφανη πρωτον μαρια τη μαγδαληνη,
Jh 18 28 αγουσιν ουν τον ιησουν απο του καιαφα εις το πραιτωριον· ην δε πρωι·
20 1 τη δε μια των σαββατων μαρια η μαγδαληνη ερχεται πρωι σκοτιας ετι ουσης εις το μνημειον,
Ac 28 23 πειθων τε αυτους περι του ιησου απο τε του νομου μωυσεως και των προφητων, απο πρωι εως εσπερας.

πρωια [2]

Mt 27 1 πρωιας δε γενομενης συμβουλιον ελαβον παντες οι αρχιερεις και οι πρεσβυτεροι του λαου κατα του ιησου ωστε θανατωσαι αυτον·
Jh 21 4 πρωιας δε ηδη γενομενης εστη ιησους εις τον αιγιαλον·

πρωινος [2]

Apc 2 28 και δωσω αυτω τον αστερα τον πρωινον.
22 16 εγω ειμι η ριζα και το γενος δαυιδ, ο αστηρ ο λαμπρος ο πρωινος.

πρωρα [2]

Ac 27 30 και χαλασαντων την σκαφην εις την θαλασσαν προφασει ως εκ πρωρης αγκυρας μελλοντων εκτεινειν,
41 και η μεν πρωρα ερεισασα εμεινεν ασαλευτος, η δε πρυμνα ελυετο υπο της βιας [των κυματων].

πρωτευω [1]

Col 1 18 ος εστιν αρχη, πρωτοτοκος εκ των νεκρων, ινα γενηται εν πασιν αυτος πρωτευων,

πρωτοκαθεδρια [4]

Mt 23 6 φιλουσιν δε την πρωτοκλισιαν εν τοις δειπνοις και τας πρωτοκαθεδριας εν ταις συναγωγαις και τους ασπασμους εν ταις αγοραις και καλεισθαι υπο των ανθρωπων ραββι.
Mc 12 39 βλεπετε απο των γραμματεων των θελοντων εν στολαις περιπατειν και ασπασμους εν ταις αγοραις και πρωτοκαθεδριας εν ταις συναγωγαις και πρωτοκλισιας εν τοις δειπνοις·

πρωτοκαθεδρια [4]

Lc 11 43   οὐαι ὑμιν τοις φαρισαιοις, ὁτι ἀγαπατε την *πρωτοκαθεδριαν* ἐν ταις συναγωγαις και τους ἀσπασμους ἐν ταις ἀγοραις.

20 46   και φιλουντων ἀσπασμους ἐν ταις ἀγοραις και *πρωτοκαθεδριας* ἐν ταις συναγωγαις και πρωτοκλισιας ἐν τοις δειπνοις,

πρωτοκλισια [5]

Mt 23 6   φιλουσιν δε την *πρωτοκλισιαν* ἐν τοις δειπνοις και τας πρωτοκαθεδριας ἐν ταις συναγωγαις και τους ἀσπασμους ἐν ταις ἀγοραις και καλεισθαι ὑπο των ἀνθρωπων ῥαββι.

Mc 12 39   βλεπετε ἀπο των γραμματεων των θελοντων ἐν στολαις περιπατειν και ἀσπασμους ἐν ταις ἀγοραις και πρωτοκαθεδριας ἐν ταις συναγωγαις και *πρωτοκλισιας* ἐν τοις δειπνοις·

Lc 14 7   ἐλεγεν δε προς τους κεκλημενους παραβολην, ἐπεχων πῶς τας *πρωτοκλισιας* ἐξελεγοντο,

8   ὁταν κληθης ὑπο τινος εἰς γαμους, μη κατακλιθης εἰς την *πρωτοκλισιαν*,

20 46   και φιλουντων ἀσπασμους ἐν ταις ἀγοραις και πρωτοκαθεδριας ἐν ταις συναγωγαις και *πρωτοκλισιας* ἐν τοις δειπνοις,

πρωτος [156]

Mt 5 24   ἀφες ἐκει το δωρον σου ἐμπροσθεν του θυσιαστηριου, και ὑπαγε *πρωτον* διαλλαγηθι τῳ ἀδελφῳ σου,

6 33   ζητειτε δε *πρωτον* την βασιλειαν [του θεου] και την δικαιοσυνην αὐτου,

7 5   ὑποκριτα, ἐκβαλε *πρωτον* ἐκ του ὀφθαλμου σοῦ την δοκον, και τοτε διαβλεψεις ἐκβαλειν το καρφος ἐκ του ὀφθαλμου του ἀδελφου σου.

8 21   ἐπιτρεψον μοι *πρωτον* ἀπελθειν και θαψαι τον πατερα μου.

10 2   *πρωτος* σιμων ὁ λεγομενος πετρος και ἀνδρεας ὁ ἀδελφος αὐτου,

12 29   ἡ πῶς δυναται τις εἰσελθειν εἰς την οἰκιαν του ἰσχυρου και τα σκευη αὐτου ἀρπασαι, ἐαν μη *πρωτον* δηση τον ἰσχυρον;

45   και γινεται τα ἐσχατα του ἀνθρωπου ἐκεινου χειρονα των *πρωτων*.

13 30   συλλεξατε *πρωτον* τα ζιζανια και δησατε αὐτα εἰς δεσμας προς το κατακαυσαι αὐτα,

17 10   τί οὐν οἱ γραμματεις λεγουσιν ὁτι ἠλιαν δει ἐλθειν *πρωτον*;

27   ἱνα δε μη σκανδαλισωμεν αὐτους, πορευθεις εἰς θαλασσαν βαλε ἀγκιστρον και τον ἀναβαντα *πρωτον* ἰχθυν ἀρον, και ἀνοιξας το στομα αὐτου εὑρησεις στατηρα·

19 30   πολλοι δε ἐσονται *πρωτοι* ἐσχατοι και ἐσχατοι πρωτοι.

30   πολλοι δε ἐσονται πρωτοι ἐσχατοι και ἐσχατοι *πρωτοι*.

20 8   καλεσον τους ἐργατας και ἀποδος αὐτοις τον μισθον, ἀρξαμενος ἀπο των ἐσχατων ἑως των *πρωτων*.

10   και ἐλθοντες οἱ *πρωτοι* ἐνομισαν ὁτι πλειον λημψονται·

16   οὑτως ἐσονται οἱ ἐσχατοι *πρωτοι* και οἱ πρωτοι ἐσχατοι.

16   οὑτως ἐσονται οἱ ἐσχατοι πρωτοι και οἱ *πρωτοι* ἐσχατοι.

27   και ὁς ἀν θελη ἐν ὑμιν εἰναι *πρωτος*, ἐσται ὑμων δουλος·

21 28   και προσελθων τῳ *πρωτῳ* εἰπεν· τεκνον, ὑπαγε σημερον ἐργαζου ἐν τῳ ἀμπελωνι.

31   τίς ἐκ των δυο ἐποιησεν το θελημα του πατρος; λεγουσιν· ὁ *πρωτος*.

36   παλιν ἀπεστειλεν ἀλλους δουλους πλειονας των *πρωτων*,

22 25   και ὁ *πρωτος* γημας ἐτελευτησεν, και μη ἐχων σπερμα ἀφηκεν την γυναικα αὐτου τῳ ἀδελφῳ αὐτου·

38   αὑτη ἐστιν ἡ μεγαλη και *πρωτη* ἐντολη.

23 26   φαρισαιε τυφλε, καθαρισον *πρωτον* το ἐντος του ποτηριου ἱνα γενηται και το ἐκτος αὐτου καθαρον·

26 17   τη δε *πρωτη* των ἀζυμων προσηλθον οἱ μαθηται τῳ ἰησου λεγοντες·

27 64   και ἐσται ἡ ἐσχατη πλανη χειρων της *πρωτης*.

Mc 3 27   ἀλλ᾿ οὐ δυναται οὐδεις εἰς την οἰκιαν του ἰσχυρου εἰσελθων τα σκευη αὐτου διαρπασαι, ἐαν μη *πρωτον* τον ἰσχυρον δηση,

4 28   αὐτοματη ἡ γη καρποφορει, *πρωτον* χορτον, εἰτα σταχυν, εἰτα πληρη[ς] σιτον ἐν τῳ σταχυι.

6 21   και γενομενης ἡμερας εὐκαιρου ὁτε ἡρωδης τοις γενεσιοις αὐτου δειπνον ἐποιησεν τοις μεγιστασιν αὐτου και τοις χιλιαρχοις και τοις *πρωτοις* της γαλιλαιας,

7 27   και ἐλεγεν αὐτη· ἀφες *πρωτον* χορτασθηναι τα τεκνα·

9 11   και ἐπηρωτων αὐτον λεγοντες· ὁτι λεγουσιν οἱ γραμματεις ὁτι ἠλιαν δει ἐλθειν *πρωτον*;

12   ἡλιας μεν ἐλθων *πρωτον* ἀποκαθιστανει παντα·

35   εἰ τις θελει *πρωτος* εἰναι, ἐσται παντων ἐσχατος και παντων διακονος.

Mc 10 31   πολλοι δε ἐσονται *πρωτοι* ἐσχατοι και [οἱ] ἐσχατοι πρωτοι.

31   πολλοι δε ἐσονται πρωτοι ἐσχατοι και [οἱ] ἐσχατοι *πρωτοι*.

44   και ὁς ἀν θελη ἐν ὑμιν εἰναι *πρωτος*, ἐσται παντων δουλος·

12 20   ἐπτα ἀδελφοι ἠσαν· και ὁ *πρωτος* ἐλαβεν γυναικα,

28   ποια ἐστιν ἐντολη *πρωτη* παντων;

29   ἀπεκριθη ὁ ἰησους ὁτι *πρωτη* ἐστιν· ἀκουε, ἰσραηλ, κυριος ὁ θεος ἡμων κυριος εἰς ἐστιν,

13 10   και εἰς παντα τα ἐθνη *πρωτον* δει κηρυχθηναι το εὐαγγελιον.

14 12   και τη *πρωτη* ἡμερα των ἀζυμων, ὁτε το πασχα ἐθυον, λεγουσιν αὐτῳ οἱ μαθηται αὐτου·

16 9   ἀναστας δε πρωι *πρωτη* σαββατου ἐφανη πρωτον μαριᾳ τη μαγδαληνῃ,

9   ἀναστας δε πρωι πρωτη σαββατου ἐφανη *πρωτον* μαριᾳ τη μαγδαληνῃ,

Lc 2 2   αὑτη ἀπογραφη *πρωτη* ἐγενετο ἡγεμονευοντος της συριας κυρηνιου.

6 42   ὑποκριτα, ἐκβαλε *πρωτον* την δοκον ἐκ του ὀφθαλμου σου, και τοτε διαβλεψεις το καρφος το ἐν τῳ ὀφθαλμῳ του ἀδελφου σου ἐκβαλειν.

9 59   [κυριε] ἐπιτρεψον μοι ἀπελθοντι *πρωτον* θαψαι τον πατερα μου.

61   ἀκολουθησω σοι, κυριε· *πρωτον* δε ἐπιτρεψον μοι ἀποταξασθαι τοις εἰς τον οἰκον μου.

10 5   εἰς ἡν δ᾿ ἀν εἰσελθητε οἰκιαν, *πρωτον* λεγετε·

11 26   και γινεται τα ἐσχατα του ἀνθρωπου ἐκεινου χειρονα των *πρωτων*.

38   ὁ δε φαρισαιος ἰδων ἐθαυμασεν ὁτι οὐ *πρωτον* ἐβαπτισθη προ του ἀριστου.

12 1   ἡρξατο λεγειν προς τους μαθητας αὐτου *πρωτον*· προσεχετε ἑαυτοις ἀπο της ζυμης, ἡτις ἐστιν ὑποκρισις, των φαρισαιων.

13 30   και ἰδου εἰσιν ἐσχατοι οἱ ἐσονται *πρωτοι*, και εἰσιν πρωτοι οἱ ἐσονται ἐσχατοι.

30   και ἰδου εἰσιν ἐσχατοι οἱ ἐσονται πρωτοι, και εἰσιν *πρωτοι* οἱ ἐσονται ἐσχατοι.

14 18   ὁ *πρωτος* εἰπεν αὐτῳ·

28   τίς γαρ ἐξ ὑμων θελων πυργον οἰκοδομησαι οὐχι *πρωτον* καθισας ψηφιζει την δαπανην,

31   ἡ τίς βασιλευς πορευομενος ἑτερῳ βασιλει συμβαλειν εἰς πολεμον οὐχι καθισας *πρωτον* βουλευσεται εἰ δυνατος ἐστιν ἐν δεκα χιλιασιν ὑπαντησαι τῳ μετα εἰκοσι χιλιαδων ἐρχομενῳ ἐπ᾿ αὐτον;

15 22   ταχυ ἐξενεγκατε στολην την *πρωτην* και ἐνδυσατε αὐτον,

16 5   και προσκαλεσαμενος ἑνα ἑκαστον των χρεοφειλετων του κυριου ἑαυτου ἐλεγεν τῳ *πρωτῳ*· ποσον ὀφειλεις τῳ κυριῳ μου;

17 25   *πρωτον* δε δει αὐτον πολλα παθειν και ἀποδοκιμασθηναι ἀπο της γενεας ταυτης.

19 16   παρεγενετο δε ὁ *πρωτος* λεγων·

47   οἱ δε ἀρχιερεις και οἱ γραμματεις ἐζητουν αὐτον ἀπολεσαι και οἱ *πρωτοι* του λαου,

20 29   και ὁ *πρωτος* λαβων γυναικα ἀπεθανεν ἀτεκνος·

21 9   δει γαρ ταυτα γενεσθαι *πρωτον*, ἀλλ᾿ οὐκ εὐθεως το τελος.

Jh 1 15   ὁ ὀπισω μου ἐρχομενος ἐμπροσθεν μου γεγονεν, ὁτι *πρωτος* μου ἠν.

30   ὀπισω μου ἐρχεται ἀνηρ ὁς ἐμπροσθεν μου γεγονεν, ὁτι *πρωτος* μου ἠν.

41   εὑρισκει οὑτος *πρωτον* τον ἀδελφον τον ἰδιον σιμωνα και λεγει αὐτῳ·

2 10   πας ἀνθρωπος *πρωτον* τον καλον οἰνον τιθησιν,

5 4 * ὁ οὐν *πρωτος* ἐμβας μετα την ταραχην του ὑδατος ὑγιης ἐγινετο οἰῳδηποτουν κατειχετο νοσηματι.

7 51   μη ὁ νομος ἡμων κρινει τον ἀνθρωπον ἐαν μη ἀκουση *πρωτον* παρ᾿ αὐτου και γνω τί ποιει;

8 7 * ὁ ἀναμαρτητος ὑμων *πρωτος* ἐπ᾿ αὐτην βαλετω λιθον.

10 40   και ἀπηλθεν παλιν περαν του ἰορδανου εἰς τον τοπον ὁπου ἠν ἰωαννης το *πρωτον* βαπτιζων,

12 16   ταυτα οὐκ ἐγνωσαν αὐτου οἱ μαθηται το *πρωτον*,

15 18   εἰ ὁ κοσμος ὑμας μισει, γινωσκετε ὁτι ἐμε *πρωτον* ὑμων μεμισηκεν.

18 13   ἡ οὐν σπειρα και ὁ χιλιαρχος και οἱ ὑπηρεται των ἰουδαιων συνελαβον τον ἰησουν και ἐδησαν αὐτον, και ἠγαγον προς ἀνναν *πρωτον*·

19 32   και του μεν *πρωτου* κατεαξαν τα σκελη και του ἀλλου του συσταυρωθεντος αὐτῳ·

39   ἠλθεν δε και νικοδημος, ὁ ἐλθων προς αὐτον νυκτος το *πρωτον*, φερων μιγμα σμυρνης και ἀλοης ὡς λιτρας ἑκατον.

20 4   και ὁ ἀλλος μαθητης προεδραμεν ταχιον του πετρου και ἠλθεν *πρωτος* εἰς το μνημειον,

πρωτος [156]

Jh	20 8	τοτε ουν εισηλθεν και ο αλλος μαθητης ο ελθων *πρωτος* εις το μνημειον,
Ac	1 1	τον μεν *πρωτον* λογον εποιησαμην περι παντων, ω θεοφιλε, ων ηρξατο ο ιησους ποιειν τε και διδασκειν,
	3 26	υμιν *πρωτον* αναστησας ο θεος τον παιδα αυτου απεστειλεν αυτον ευλογουντα υμας εν τω αποστρεφειν εκαστον απο των πονηριων υμων.
	7 12	ακουσας δε ιακωβ οντα σιτια εις αιγυπτον εξαπεστειλεν τους πατερας ημων *πρωτον*·
	12 10	διελθοντες δε *πρωτην* φυλακην και δευτεραν ηλθαν επι την πυλην την σιδηραν την φερουσαν εις την πολιν,
	13 46	υμιν ην αναγκαιον *πρωτον* λαληθηναι τον λογον του θεου·
	50	οι δε ιουδαιοι παρωτρυναν τας σεβομενας γυναικας τας ευσχημονας και τους *πρωτους* της πολεως,
	15 14	συμεων εξηγησατο καθως *πρωτον* ο θεος επεσκεψατο λαβειν εξ εθνων λαον τω ονοματι αυτου.
	16 12	κακειθεν εις φιλιππους, ητις εστιν *πρωτη[ς]* μεριδος της μακεδονιας πολις, κολωνια.
	17 4	των τε σεβομενων ελληνων πληθος πολυ, γυναικων τε των *πρωτων* ουκ ολιγαι.
	20 18	υμεις επιστασθε, απο *πρωτης* ημερας αφ ης επεβην εις την ασιαν, πως μεθ υμων τον παντα χρονον εγενομην,
	25 2	ενεφανισαν τε αυτω οι αρχιερεις και οι *πρωτοι* των ιουδαιων κατα του παυλου,
	26 20	αλλα εν δαμασκω *πρωτον* τε και ιεροσολυμοις, πασαν τε την χωραν της ιουδαιας και τοις εθνεσιν απηγγελλον μετανοειν και επιστρεφειν επι τον θεον,
	23	ει παθητος ο χριστος, ει *πρωτος* εξ αναστασεως νεκρων φως μελλει καταγγελλειν τω τε λαω και τοις εθνεσιν.
	27 43	εκελευσεν τε τους δυναμενους κολυμβαν απορριψαντας *πρωτους* επι την γην εξιεναι,
	28 7	εν δε τοις περι τον τοπον εκεινον υπηρχεν χωρια τω *πρωτω* της νησου ονοματι ποπλιω,
	17	εγενετο δε μετα ημερας τρεις συγκαλεσασθαι αυτον τους οντας των ιουδαιων *πρωτους*·
Rm	1 8	*πρωτον* μεν ευχαριστω τω θεω μου δια ιησου χριστου περι παντων υμων, οτι η πιστις υμων καταγγελλεται εν ολω τω κοσμω.
	16	δυναμις γαρ θεου εστιν εις σωτηριαν παντι τω πιστευοντι, ιουδαιω τε *πρωτον* και ελληνι.
	2 9	θλιψις και στενοχωρια επι πασαν ψυχην ανθρωπου του κατεργαζομενου το κακον, ιουδαιου τε *πρωτον* και ελληνος·
	10	δοξα δε και τιμη και ειρηνη παντι τω εργαζομενω το αγαθον, ιουδαιω τε *πρωτον* και ελληνι.
	3 2	*πρωτον* μεν [γαρ] οτι επιστευθησαν τα λογια του θεου.
	10 19	*πρωτος* μωυσης λεγει εγω παραζηλωσω υμας επ ουκ εθνει, επ εθνει ασυνετω παροργιω υμας.
	15 24	ελπιζω γαρ διαπορευομενος θεασασθαι υμας και υφ υμων προπεμφθηναι εκει, εαν υμων *πρωτον* απο μερους εμπλησθω,
1Co	11 18	*πρωτον* μεν γαρ συνερχομενων υμων εν εκκλησια ακουω σχισματα εν υμιν υπαρχειν,
	12 28	και ους μεν εθετο ο θεος εν τη εκκλησια *πρωτον* αποστολους, δευτερον προφητας, τριτον διδασκαλους,
	14 30	εαν δε αλλω αποκαλυφθη καθημενω, ο *πρωτος* σιγατω.
	15 3	παρεδωκα γαρ υμιν εν *πρωτοις*, ο και παρελαβον,
	45	εγενετο ο *πρωτος* ανθρωπος αδαμ εις ψυχην ζωσαν·
	46	αλλ ου *πρωτον* το πνευματικον αλλα το ψυχικον, επειτα το πνευματικον.
	47	ο *πρωτος* ανθρωπος εκ γης χοικος,
2Co	8 5	και ου καθως ηλπισαμεν, αλλα εαυτους εδωκαν *πρωτον* τω κυριω και ημιν δια θεληματος θεου,
Eph	6 2	τιμα τον πατερα σου και την μητερα, ητις εστιν εντολη *πρωτη* εν επαγγελια,
Php	1 5	επι τη κοινωνια υμων εις το ευαγγελιον απο της *πρωτης* ημερας αχρι του νυν,
1Th	4 16	και οι νεκροι εν χριστω αναστησονται *πρωτον*,
2Th	2 3	οτι εαν μη ελθη η αποστασια *πρωτον* και αποκαλυφθη ο ανθρωπος της ανομιας,
1Tm	1 15	οτι χριστος ιησους ηλθεν εις τον κοσμον αμαρτωλους σωσαι· ων *πρωτος* ειμι εγω·
	16	αλλα δια τουτο ηλεηθην, ινα εν εμοι *πρωτω* ενδειξηται χριστος ιησους την απασαν μακροθυμιαν,
	2 1	παρακαλω ουν *πρωτον* παντων ποιεισθαι δεησεις, προσευχας, εντευξεις, ευχαριστιας, υπερ παντων ανθρωπων,
	13	αδαμ γαρ *πρωτος* επλασθη, ειτα ευα.
	3 10	και ουτοι δε δοκιμαζεσθωσαν *πρωτον*,
	5 4	ει δε τις χηρα τεκνα η εκγονα εχει, μανθανετωσαν *πρωτον* τον ιδιον οικον ευσεβειν και αμοιβας αποδιδοναι τοις προγονοις·

πρωτος [156]

1Tm	5 12	γαμειν θελουσιν, εχουσαι κριμα οτι την *πρωτην* πιστιν ηθετησαν·
2Tm	1 5	υπομνησιν λαβων της εν σοι ανυποκριτου πιστεως, ητις ενωκησεν *πρωτον* εν τη μαμμη σου λωιδι και τη μητρι σου ευνικη,
	2 6	τον κοπιωντα γεωργον δει *πρωτον* των καρπων μεταλαμβανειν.
	4 16	εν τη *πρωτη* μου απολογια ουδεις μοι παρεγενετο,
Heb	7 2	*πρωτον* μεν ερμηνευομενος βασιλευς δικαιοσυνης,
	8 7	ει γαρ η *πρωτη* εκεινη ην αμεμπτος, ουκ αν δευτερας εζητειτο τοπος.
	13	εν τω λεγειν καινην πεπαλαιωκεν την *πρωτην*·
	9 1	ειχε μεν ουν [και] η *πρωτη* δικαιωματα λατρειας το τε αγιον κοσμικον.
	2	σκηνη γαρ κατεσκευασθη η *πρωτη*,
	6	τουτων δε ουτως κατεσκευασμενων εις μεν την *πρωτην* σκηνην δια παντος εισιασιν οι ιερεις τας λατρειας επιτελουντες,
	8	τουτο δηλουντος του πνευματος του αγιου, μηπω πεφανερωσθαι την των αγιων οδον ετι της *πρωτης* σκηνης εχουσης στασιν,
	15	και δια τουτο διαθηκης καινης μεσιτης εστιν, οπως θανατου γενομενου εις απολυτρωσιν των επι τη *πρωτη* διαθηκη παραβασεων την επαγγελιαν λαβωσιν οι κεκλημενοι της αιωνιου κληρονομιας.
	18	οθεν ουδε η *πρωτη* χωρις αιματος εγκεκαινισται.
	10 9	αναιρει το *πρωτον* ινα το δευτερον στηση·
Ja	3 17	η δε ανωθεν σοφια *πρωτον* μεν αγνη εστιν,
1Pt	4 17	ει δε *πρωτον* αφ ημων, τι το τελος των απειθουντων τω του θεου ευαγγελιω;
2Pt	1 20	τουτο *πρωτον* γινωσκοντες, οτι πασα προφητεια γραφης ιδιας επιλυσεως ου γινεται·
	2 20	ει γαρ αποφυγοντες τα μιασματα του κοσμου εν επιγνωσει του κυριου [ημων] και σωτηρος ιησου χριστου, τουτοις δε παλιν εμπλακεντες ηττωνται, γεγονεν αυτοις τα εσχατα χειρονα των *πρωτων*.
	3 3	τουτο *πρωτον* γινωσκοντες, οτι ελευσονται επ εσχατων των ημερων [εν] εμπαιγμονη εμπαικται κατα τας ιδιας επιθυμιας αυτων πορευομενοι
1Jh	4 19	ημεις αγαπωμεν, οτι αυτος *πρωτος* ηγαπησεν ημας.
Apc	1 17	εγω ειμι ο *πρωτος* και ο εσχατος και ο ζων,
	2 4	αλλα εχω κατα σου οτι την αγαπην σου την *πρωτην* αφηκες.
	5	μνημονευε ουν ποθεν πεπτωκας, και μετανοησον και τα *πρωτα* εργα ποιησον·
	8	ταδε λεγει ο *πρωτος* και ο εσχατος, ος εγενετο νεκρος και εζησεν·
	19	και τα εργα σου τα εσχατα πλειονα των *πρωτων*.
	4 1	και η φωνη η *πρωτη* ην ηκουσα ως σαλπιγγος λαλουσης μετ εμου, λεγων·
	7	και το ζωον το *πρωτον* ομοιον λεοντι,
	8 7	και ο *πρωτος* εσαλπισεν· και εγενετο χαλαζα και πυρ μεμιγμενα εν αιματι
	13 12	και την εξουσιαν του *πρωτου* θηριου πασαν ποιει ενωπιον αυτου.
	12	και ποιει την γην και τους εν αυτη κατοικουντας ινα προσκυνησουσιν το θηριον το *πρωτον*,
	16 2	και απηλθεν ο *πρωτος* και εξεχεεν την φιαλην αυτου εις την γην·
	20 5	αυτη η αναστασις η *πρωτη*.
	6	μακαριος και αγιος ο εχων μερος εν τη αναστασει τη *πρωτη*·
	21 1	ο γαρ *πρωτος* ουρανος και η *πρωτη* γη απηλθαν,
	1	ο γαρ *πρωτος* ουρανος και η *πρωτη* γη απηλθαν,
	4	ουτε πενθος ουτε κραυγη ουτε πονος ουκ εσται ετι· [οτι] τα *πρωτα* απηλθαν.
	19	ο θεμελιος ο *πρωτος* ιασπις, ο δευτερος σαπφιρος,
	22 13	εγω το αλφα και το ω, ο *πρωτος* και ο εσχατος,

πρωτοστατης [1]

Ac	24 5	ευροντες γαρ τον ανδρα τουτον λοιμον και κινουντα στασεις πασιν τοις ιουδαιοις τοις κατα την οικουμενην *πρωτοστατην* τε της των ναζωραιων αιρεσεως,

πρωτοτοκια [1]

Heb	12 16	μη τις πορνος η βεβηλος ως ησαυ, ος αντι βρωσεως μιας απεδετο τα *πρωτοτοκια* εαυτου.

πρωτοτοκος [8]

Lc 2 7 και ετεκεν τον υιον αυτης τον *πρωτοτοκον*, και εσπαργανωσεν αυτον και ανεκλινεν αυτον εν φατνη,

Rm 8 29 οτι ους προεγνω, και προωρισεν συμμορφους της εικονος του υιου αυτου, εις το ειναι αυτον *πρωτοτοκον* εν πολλοις αδελφοις·

Col 1 15 ος εστιν εικων του θεου του αορατου, *πρωτοτοκος* πασης κτισεως,

18 ος εστιν αρχη, *πρωτοτοκος* εκ των νεκρων, ινα γενηται εν πασιν αυτος πρωτευων,

Heb 1 6 οταν δε παλιν εισαγαγη τον *πρωτοτοκον* εις την οικουμενην, λεγει·

11 28 πιστει πεποιηκεν το πασχα και την προσχυσιν του αιματος, ινα μη ο ολοθρευων τα *πρωτοτοκα* θιγη αυτων.

12 23 και εκκλησια *πρωτοτοκων* απογεγραμμενων εν ουρανοις,

Apc 1 5 ο *πρωτοτοκος* των νεκρων και ο αρχων των βασιλεων της γης.

πρωτως [1]

Ac 11 26 εγενετο δε αυτοις και ενιαυτον ολον συναχθηναι εν τη εκκλησια και διδαξαι οχλον ικανον, χρηματισαι τε *πρωτως* εν αντιοχεια τους μαθητας χριστιανους.

πταιω [5]

Rm 11 11 λεγω ουν, μη *επταισαν* ινα πεσωσιν;

Ja 2 10 οστις γαρ ολον τον νομον τηρηση, *πταιση* δε εν ενι, γεγονεν παντων ενοχος.

3 2 πολλα γαρ *πταιομεν* απαντες·

2 ει τις εν λογω ου *πταιει*, ουτος τελειος ανηρ,

2Pt 1 10 ταυτα γαρ ποιουντες ου μη *πταισητε* ποτε.

πτερνα [1]

Jh 13 18 ο τρωγων μου τον αρτον επηρεν επ εμε την *πτερναν* αυτου.

πτερυγιον [2]

Mt 4 5 και εστησεν αυτον επι το *πτερυγιον* του ιερου,

Lc 4 9 ηγαγεν δε αυτον εις ιερουσαλημ και εστησεν επι το *πτερυγιον* του ιερου,

πτερυξ [5]

Mt 23 37 ποσακις ηθελησα επισυναγαγειν τα τεκνα σου, ον τροπον ορνις επισυναγει τα νοσσια αυτης υπο τας *πτερυγας*, και ουκ ηθελησατε.

Lc 13 34 ποσακις ηθελησα επισυναξαι τα τεκνα σου ον τροπον ορνις την εαυτης νοσσιαν υπο τας *πτερυγας*,

Apc 4 8 και τα τεσσαρα ζωα, εν καθ εν αυτων εχων ανα *πτερυγας* εξ, κυκλοθεν και εσωθεν γεμουσιν οφθαλμων·

9 9 και η φωνη των *πτερυγων* αυτων ως φωνη αρματων ιππων πολλων τρεχοντων εις πολεμον·

12 14 και εδοθησαν τη γυναικι αι δυο *πτερυγες* του αετου του μεγαλου,

πτηνος [1]

1Co 15 39 αλλη δε σαρξ κτηνων, αλλη δε σαρξ *πτηνων*,

πτοεομαι [2]

Lc 21 9 οταν δε ακουσητε πολεμους και ακαταστασιας, μη *πτοηθητε·*

24 37 *πτοηθεντες* δε και εμφοβοι γενομενοι εδοκουν πνευμα θεωρειν.

πτοησις [1]

1Pt 3 6 ης εγενηθητε τεκνα αγαθοποιουσαι και μη φοβουμεναι μηδεμιαν *πτοησιν*.

πτολεμαις [1]

Ac 21 7 ημεις δε τον πλουν διανυσαντες απο τυρου κατηντησαμεν εις *πτολεμαιδα*,

πτυον [2]

Mt 3 12 ου το *πτυον* εν τη χειρι αυτου,

Lc 3 17 ου το *πτυον* εν τη χειρι αυτου διακαθαραι την αλωνα αυτου και συναγαγειν τον σιτον εις την αποθηκην αυτου,

πτυρομαι [1]

Php 1 28 μια ψυχη συναθλουντες τη πιστει του ευαγγελιου, και μη *πτυρομενοι* εν μηδενι υπο των αντικειμενων,

πτυσμα [1]

Jh 9 6 ταυτα ειπων επτυσεν χαμαι και εποιησεν πηλον εκ του *πτυσματος*,

πτυσσω [1]

Lc 4 20 και *πτυξας* το βιβλιον αποδους τω υπηρετη εκαθισεν·

πτυω [3]

Mc 7 33 και απολαβομενος αυτον απο του οχλου κατ ιδιαν εβαλεν τους δακτυλους αυτου εις τα ωτα αυτου και *πτυσας* ηψατο της γλωσσης αυτου,

8 23 και *πτυσας* εις τα ομματα αυτου, επιθεις τας χειρας αυτω, επηρωτα αυτον· ει τι βλεπεις;

Jh 9 6 ταυτα ειπων *επτυσεν* χαμαι και εποιησεν πηλον εκ του πτυσματος,

πτωμα [7]

Mt 14 12 και προσελθοντες οι μαθηται αυτου ηραν το *πτωμα* και εθαψαν αυτο[ν],

24 28 οπου εαν η το *πτωμα*, εκει συναχθησονται οι αετοι.

Mc 6 29 και ακουσαντες οι μαθηται αυτου ηλθον και ηραν το *πτωμα* αυτου και εθηκαν αυτο εν μνημειω.

15 45 και γνους απο του κεντυριωνος εδωρησατο το *πτωμα* τω ιωσηφ.

Apc 11 8 και το *πτωμα* αυτων επι της πλατειας της πολεως της μεγαλης,

9 και βλεπουσιν εκ των λαων και φυλων και γλωσσων και εθνων το *πτωμα* αυτων ημερας τρεις και ημισυ,

9 και τα *πτωματα* αυτων ουκ αφιουσιν τεθηναι εις μνημα.

πτωσις [2]

Mt 7 27 και ην η *πτωσις* αυτης μεγαλη.

Lc 2 34 ιδου ουτος κειται εις *πτωσιν* και αναστασιν πολλων εν τω ισραηλ και εις σημειον αντιλεγομενον και σου [δε] αυτης την ψυχην διελευσεται ρομφαια,

πτωχεια [3]

2Co 8 2 οτι εν πολλη δοκιμη θλιψεως η περισσεια της χαρας αυτων και η κατα βαθους *πτωχεια* αυτων επερισσευσεν εις το πλουτος της απλοτητος αυτων·

9 οτι δι υμας επτωχευσεν πλουσιος ων, ινα υμεις τη εκεινου *πτωχεια* πλουτησητε.

Apc 2 9 οιδα σου την θλιψιν και την *πτωχειαν*, αλλα πλουσιος ει,

πτωχευω [1]

2Co 8 9 γινωσκετε γαρ την χαριν του κυριου ημων ιησου χριστου, οτι δι υμας *επτωχευσεν* πλουσιος ων,

πτωχος [34]

Mt 5 3 μακαριοι οι *πτωχοι* τω πνευματι, οτι αυτων εστιν η βασιλεια των ουρανων.

11 5 και νεκροι εγειρονται και *πτωχοι* ευαγγελιζονται·

19 21 ει θελεις τελειος ειναι, υπαγε πωλησον σου τα υπαρχοντα και δος τοις *πτωχοις*,

26 9 εις τι η απωλεια αυτη; εδυνατο γαρ τουτο πραθηναι πολλου και δοθηναι *πτωχοις*.

11 παντοτε γαρ τους *πτωχους* εχετε μεθ εαυτων, εμε δε ου παντοτε εχετε·

Mc 10 21 εν σε υστερει· υπαγε, οσα εχεις πωλησον και δος [τοις] *πτωχοις*,

πτωχος [34]

Mc	12 42	και ελθουσα μια χηρα *πτωχη* εβαλεν λεπτα δυο, ὁ εστιν κοδραντης.
	43	αμην λεγω ὑμιν ὁτι ἡ χηρα αυτη ἡ *πτωχη* πλειον παντων εβαλεν των βαλλοντων εις το γαζοφυλακιον·
	14 5	ηδυνατο γαρ τουτο το μυρον πραθηναι επανω δηναριων τριακοσιων και δοθηναι τοις *πτωχοις*·
	7	παντοτε γαρ τους *πτωχους* εχετε μεθ εαυτων, και οταν θελητε δυνασθε αυτοις ευ ποιησαι,
Lc	4 18	ευαγγελισασθαι *πτωχοις*, απεσταλκεν με, κηρυξαι αιχμαλωτοις αφεσιν και τυφλοις αναβλεψιν, αποστειλαι τεθραυσμενους εν αφεσει, κηρυξαι ενιαυτον κυριου δεκτον.
	6 20	μακαριοι οι *πτωχοι*, ὁτι ὑμετερα εστιν ἡ βασιλεια του θεου.
	7 22	και κωφοι ακουουσιν, νεκροι εγειρονται, *πτωχοι* ευαγγελιζονται·
	14 13	αλλ οταν δοχην ποιης, καλει *πτωχους*, αναπειρους, χωλους, τυφλους·
	21	και τους *πτωχους* και αναπειρους και τυφλους και χωλους εισαγαγε ὡδε.
	16 20	*πτωχος* δε τις ονοματι λαζαρος εβεβλητο προς τον πυλωνα αυτου ειλκωμενος και επιθυμων χορτασθηναι απο των πιπτοντων απο της τραπεζης του πλουσιου·
	22	εγενετο δε αποθανειν τον *πτωχον* και απενεχθηναι αυτον υπο των αγγελων εις τον κολπον αβρααμ·
	18 22	παντα οσα εχεις πωλησον και διαδος *πτωχοις*, και εξεις θησαυρον εν [τοις] ουρανοις,
	19 8	ιδου τα ημισια μου των υπαρχοντων, κυριε, τοις *πτωχοις* διδωμι,
	21 3	αληθως λεγω υμιν ὁτι ἡ χηρα αυτη ἡ *πτωχη* πλειον παντων εβαλεν·
Jh	12 5	δια τι τουτο το μυρον ουκ επραθη τριακοσιων δηναριων και εδοθη *πτωχοις*;
	6	ειπεν δε τουτο ουχ ὁτι περι των *πτωχων* εμελεν αυτω, αλλ ὁτι κλεπτης ην και το γλωσσοκομον εχων τα βαλλομενα εβασταζεν.
	8	τους *πτωχους* γαρ παντοτε εχετε μεθ εαυτων, εμε δε ου παντοτε εχετε.
	13 29	αγορασον ὡν χρειαν εχομεν εις την εορτην, ἡ τοις *πτωχοις* ινα τι δω.
Rm	15 26	ευδοκησαν γαρ μακεδονια και αχαια κοινωνιαν τινα ποιησασθαι εις τους *πτωχους* των αγιων των εν ιερουσαλημ.
2Co	6 10	ὡς λυπουμενοι αει δε χαιροντες, ὡς *πτωχοι* πολλους δε πλουτιζοντες,
Ga	2 10	μονον των *πτωχων* ινα μνημονευωμεν,
	4 9	μαλλον δε γνωσθεντες υπο θεου, πως επιστρεφετε παλιν επι τα ασθενη και *πτωχα* στοιχεια,
Ja	2 2	εισελθη δε και *πτωχος* εν ρυπαρα εσθητι,
	3	και τω *πτωχω* ειπητε· συ στηθι εκει ἡ καθου υπο το υποποδιον μου,
	5	ουχ ὁ θεος εξελεξατο τους *πτωχους* τω κοσμω πλουσιους εν πιστει και κληρονομους της βασιλειας ἡς επηγγειλατο τοις αγαπωσιν αυτον;
	6	ὑμεις δε ητιμασατε τον *πτωχον*.
Apc	3 17	και ουκ οιδας ὁτι συ ει ὁ ταλαιπωρος και ελεεινος και *πτωχος* και τυφλος και γυμνος,
	13 16	τους μικρους και τους μεγαλους, και τους πλουσιους και τους *πτωχους*,

πυγμη [1]

Mc	7 3	οι γαρ φαρισαιοι και παντες οι ιουδαιοι εαν μη *πυγμη* νιψωνται τας χειρας ουκ εσθιουσιν,

πυθων [1]

Ac	16 16	εγενετο δε πορευομενων ημων εις την προσευχην, παιδισκην τινα εχουσαν πνευμα *πυθωνα* υπαντησαι ημιν,

πυκνος [3]

Lc	5 33	οι μαθηται ιωαννου νηστευουσιν *πυκνα* και δεησεις ποιουνται, ομοιως και οι των φαρισαιων,
Ac	24 26	διο και *πυκνοτερον* αυτον μεταπεμπομενος ωμιλει αυτω.
1Tm	5 23	μηκετι υδροποτει, αλλα οινω ολιγω χρω δια τον στομαχον και τας *πυκνας* σου ασθενειας.

πυκτευω [1]

1Co	9 26	εγω τοινυν ουτως τρεχω ὡς ουκ αδηλως, ουτως *πυκτευω* ὡς ουκ αερα δερων·

πυλη [10]

Mt	7 13	εισελθατε δια της στενης *πυλης*·
	13	ὁτι πλατεια ἡ *πυλη* και ευρυχωρος ἡ οδος ἡ απαγουσα εις την απωλειαν,
	14	τι στενη ἡ *πυλη* και τεθλιμμενη ἡ οδος ἡ απαγουσα εις την ζωην,
	16 18	και επι ταυτη τη πετρα οικοδομησω μου την εκκλησιαν, και *πυλαι* ᾁδου ου κατισχυσουσιν αυτης.
Lc	7 12	ὡς δε ηγγισεν τη *πυλη* της πολεως, και ιδου εξεκομιζετο τεθνηκως μονογενης υιος τη μητρι αυτου,
Ac	3 10	επεγινωσκον δε αυτον, ὁτι αυτος ην ὁ προς την ελεημοσυνην καθημενος επι τη ωραια *πυλη* του ιερου,
	9 24	παρετηρουντο δε και τας *πυλας* ημερας τε και νυκτος ὁπως αυτον ανελωσιν·
	12 10	διελθοντες δε πρωτην φυλακην και δευτεραν ηλθαν επι την *πυλην* την σιδηραν την φερουσαν εις την πολιν,
	16 13	τη τε ημερα των σαββατων εξηλθομεν εξω της *πυλης* παρα ποταμον ου ενομιζομεν προσευχην ειναι,
Heb	13 12	διο και ιησους, ινα αγιαση δια του ιδιου αιματος τον λαον, εξω της *πυλης* επαθεν.

πυλων [18]

Mt	26 71	εξελθοντα δε εις τον *πυλωνα* ειδεν αυτον αλλη και λεγει τοις εκει·
Lc	16 20	*πτωχος* δε τις ονοματι λαζαρος εβεβλητο προς τον *πυλωνα* αυτου ειλκωμενος και επιθυμων χορτασθηναι απο των πιπτοντων απο της τραπεζης του πλουσιου·
Ac	10 17	ὡς δε εν εαυτω διηπορει ὁ πετρος τι αν ειη το οραμα ὁ ειδεν, ιδου οι ανδρες οι απεσταλμενοι υπο του κορνηλιου διερωτησαντες την οικιαν του σιμωνος επεστησαν επι τον *πυλωνα*,
	12 13	κρουσαντος δε αυτου την θυραν του *πυλωνος* προσηλθεν παιδισκη υπακουσαι ονοματι ροδη,
	14	και επιγνουσα την φωνην του πετρου απο της χαρας ουκ ηνοιξεν τον *πυλωνα*,
	14	εισδραμουσα δε απηγγειλεν ἑσταναι τον πετρον προ του *πυλωνος*.
	14 13	ὁ τε ιερευς του διος του οντος προ της πολεως, ταυρους και στεμματα επι τους *πυλωνας* ενεγκας,
Apc	21 12	εχουσα τειχος μεγα και υψηλον, εχουσα *πυλωνας* δωδεκα,
	12	εχουσα *πυλωνας* δωδεκα, και επι τοις *πυλωσιν* αγγελους δωδεκα,
	13	απο ανατολης *πυλωνες* τρεις, και απο βορρα *πυλωνες* τρεις,
	13	απο ανατολης *πυλωνες* τρεις, και απο βορρα *πυλωνες* τρεις,
	13	και απο βορρα *πυλωνες* τρεις, και απο νοτου *πυλωνες* τρεις,
	13	και απο νοτου *πυλωνες* τρεις, και απο δυσμων *πυλωνες* τρεις.
	15	και ὁ λαλων μετ εμου ειχεν μετρον καλαμον χρυσουν, ινα μετρηση την πολιν και τους *πυλωνας* αυτης και το τειχος αυτης.
	21	και οι δωδεκα *πυλωνες* δωδεκα μαργαριται·
	21	ανα εις ἑκαστος των *πυλωνων* ην εξ ενος μαργαριτου.
	25	και οι *πυλωνες* αυτης ου μη κλεισθωσιν ημερας,
	22 14	ινα εσται ἡ εξουσια αυτων επι το ξυλον της ζωης και τοις *πυλωσιν* εισελθωσιν εις την πολιν.

πυνθανομαι [12]

Mt	2 4	και συναγαγων παντας τους αρχιερεις και γραμματεις του λαου *επυνθανετο* παρ αυτων που ὁ χριστος γενναται.
Lc	15 26	και προσκαλεσαμενος ἑνα των παιδων *επυνθανετο* τι αν ειη ταυτα.
	18 36	ακουσας δε οχλου διαπορευομενου *επυνθανετο* τι ειη τουτο.
Jh	4 52	*επυθετο* ουν την ωραν παρ αυτων εν ἡ κομψοτερον εσχεν·
	13 24	νευει ουν τουτω σιμων πετρος *πυθεσθαι* τις αν ειη περι ου λεγει.
Ac	4 7	και στησαντες αυτους εν τω μεσω *επυνθανοντο*· εν ποια δυναμει ἡ εν ποιω ονοματι εποιησατε τουτο ὑμεις;
	10 18	και φωνησαντες *επυνθανοντο* ει σιμων ὁ επικαλουμενος πετρος ενθαδε ξενιζεται.
	29	*πυνθανομαι* ουν, τινι λογω μετεπεμψασθε με;
	21 33	και *επυνθανετο* τις ειη και τι εστιν πεποιηκως.
	23 19	επιλαβομενος δε της χειρος αυτου ὁ χιλιαρχος και αναχωρησας κατ ιδιαν *επυνθανετο*· τι εστιν ὁ εχεις απαγγειλαι μοι;
	20	ειπεν δε ὁτι οι ιουδαιοι συνεθεντο του ερωτησαι σε ὁπως αυριον τον παυλον καταγαγης εις το συνεδριον ὡς μελλον τι ακριβεστερον *πυνθανεσθαι* περι αυτου.
	34	και *πυθομενος* ὁτι απο κιλικιας, διακουσομαι σου, εφη, ὁταν και οι κατηγοροι σου παραγενωνται·

πυρ [73]

Mt	3 10	παν ουν δενδρον μη ποιουν καρπον καλον εκκοπτεται και εις πυρ βαλλεται.
	11	αυτος υμας βαπτισει εν πνευματι αγιω και *πυρι·*
	12	το δε αχυρον κατακαυσει πυρι ασβεστω.
	5 22	ος δ αν ειπη μωρε, ενοχος εσται εις την γεενναν του *πυρος.*
	7 19	παν δενδρον μη ποιουν καρπον καλον εκκοπτεται και εις πυρ βαλλεται.
	13 40	ωσπερ ουν συλλεγεται τα ζιζανια και *πυρι* [κατα]καιεται, ουτως εσται εν τη συντελεια του αιωνος.
	42	και βαλουσιν αυτους εις την καμινον του *πυρος·*
	50	και βαλουσιν αυτους εις την καμινον του *πυρος·*
	17 15	κυριε, ελεησον μου τον υιον, οτι σεληνιαζεται και κακως πασχει· πολλακις γαρ πιπτει εις το πυρ και πολλακις εις το υδωρ.
	18 8	καλον σοι εστιν εισελθειν εις την ζωην κυλλον η χωλον, η δυο χειρας η δυο ποδας εχοντα βληθηναι εις το πυρ το αιωνιον.
	9	καλον σοι εστιν μονοφθαλμον εις την ζωην εισελθειν, η δυο οφθαλμους εχοντα βληθηναι εις την γεενναν του *πυρος.*
	25 41	πορευεσθε απ εμου [οι] κατηραμενοι εις το πυρ το αιωνιον το ητοιμασμενον τω διαβολω και τοις αγγελοις αυτου.
Mc	9 22	και πολλακις και εις πυρ αυτον εβαλεν και εις υδατα ινα απολεση αυτον·
	43	καλον εστιν σε κυλλον εισελθειν εις την ζωην, η τας δυο χειρας εχοντα απελθειν εις την γεενναν, εις το πυρ το ασβεστον.
	44*	οπου ο σκωληξ αυτων ου τελευτα και το πυρ ου σβεννυται.
	46*	οπου ο σκωληξ αυτων ου τελευτα και το πυρ ου σβεννυται.
	48	η δυο οφθαλμους εχοντα βληθηναι εις την γεενναν, οπου ο σκωληξ αυτων ου τελευτα και το πυρ ου σβεννυται.
	49	πας γαρ *πυρι* αλισθησεται.
Lc	3 9	παν ουν δενδρον μη ποιουν καρπον καλον εκκοπτεται και εις πυρ βαλλεται.
	16	αυτος υμας βαπτισει εν πνευματι αγιω και *πυρι·*
	17	το δε αχυρον κατακαυσει πυρι ασβεστω.
	9 54	κυριε, θελεις ειπωμεν *πυρ* καταβηναι απο του ουρανου και αναλωσαι αυτους;
	12 49	*πυρ* ηλθον βαλειν επι την γην, και τι θελω ει ηδη ανηφθη.
	17 29	η δε ημερα εξηλθεν λωτ απο σοδομων, εβρεξεν πυρ και θειον απ ουρανου και απωλεσεν παντας.
	22 55	περιαψαντων δε πυρ εν μεσω της αυλης και συγκαθισαντων εκαθητο ο πετρος μεσος αυτων.
Jh	15 6	και συναγουσιν αυτα και εις το πυρ βαλλουσιν, και καιεται.
Ac	2 3	και ωφθησαν αυτοις διαμεριζομεναι γλωσσαι ωσει *πυρος,*
	19	και δωσω τερατα εν τω ουρανω ανω και σημεια επι της γης κατω, αιμα και πυρ και ατμιδα καπνου.
	7 30	και πληρωθεντων ετων τεσσερακοντα ωφθη αυτω εν τη ερημω του ορους σινα αγγελος εν φλογι *πυρος* βατου.
	28 5	ο μεν ουν αποτιναξας το θηριον εις το πυρ επαθεν ουδεν κακον·
Rm	12 20	τουτο γαρ ποιων ανθρακας *πυρος* σωρευσεις επι την κεφαλην αυτου.
1Co	3 13	η γαρ ημερα δηλωσει, οτι εν *πυρι* αποκαλυπτεται,
	13	η γαρ ημερα δηλωσει, οτι εν *πυρι* αποκαλυπτεται, και εκαστου το εργον οποιον εστιν το πυρ [αυτο] δοκιμασει.
	15	ει τινος το εργον κατακαησεται, ζημιωθησεται, αυτος δε σωθησεται, ουτως δε ως δια *πυρος.*
2Th	1 8	εν τη αποκαλυψει του κυριου ιησου απ ουρανου μετ αγγελων δυναμεως αυτου εν πυρι φλογος,
Heb	1 7	ο ποιων τους αγγελους αυτου πνευματα, και τους λειτουργους αυτου *πυρος* φλογα·
	10 27	ουκετι περι αμαρτιων απολειπεται θυσια, φοβερα δε τις εκδοχη κρισεως και *πυρος* ζηλος εσθιειν μελλοντος τους υπεναντιους.
	11 34	επετυχον επαγγελιων, εφραξαν στοματα λεοντων, εσβεσαν δυναμιν *πυρος,* εφυγον στοματα μαχαιρης,
	12 18	ου γαρ προσεληλυθατε ψηλαφωμενω και κεκαυμενω *πυρι* και γνοφω και ζοφω και θυελλη και σαλπιγγος ηχω
	29	και γαρ ο θεος ημων πυρ καταναλισκον.
Ja	3 5	ιδου ηλικον πυρ ηλικην υλην αναπτει·
	6	και η γλωσσα πυρ, ο κοσμος της αδικιας,
	5 3	και ο ιος αυτων εις μαρτυριον υμιν εσται και φαγεται τας σαρκας υμων ως πυρ.
1Pt	1 7	ινα το δοκιμιον υμων της πιστεως πολυτιμοτερον χρυσιου του απολλυμενου, δια *πυρος* δε δοκιμαζομενου,
2Pt	3 7	οι δε νυν ουρανοι και η γη τω αυτω λογω τεθησαυρισμενοι εισιν *πυρι* τημρυμενοι εις ημερας κρισεως και απωλειας των ασεβων ανθρωπων.

πυρ [73]

Ju	7	τον ομοιον τροπον τουτοις εκπορνευσασαι και απελθουσαι οπισω σαρκος ετερας, προκεινται δειγμα *πυρος* αιωνιου δικην υπεχουσαι.
	23	και ους μεν ελεατε διακρινομενους ους δε σωζετε εκ *πυρος* αρπαζοντες, ους δε ελεατε εν φοβω,
Apc	1 14	και οι οφθαλμοι αυτου ως φλοξ *πυρος,*
	2 18	ταδε λεγει ο υιος του θεου, ο εχων τους οφθαλμους αυτου ως φλογα *πυρος,*
	3 18	συμβουλευω σοι αγορασαι παρ εμου χρυσιον πεπυρωμενον εκ *πυρος* ινα πλουτησης,
	4 5	και επτα λαμπαδες *πυρος* καιομεναι ενωπιον του θρονου,
	8 5	και ειληφεν ο αγγελος τον λιβανωτον, και εγεμισεν αυτον εκ του *πυρος* του θυσιαστηριου
	7	και εγενετο χαλαζα και πυρ μεμιγμενα εν αιματι
	8	και ως ορος μεγα πυρι καιομενον εβληθη εις την θαλασσαν·
	9 17	και εκ των στοματων αυτων εκπορευεται πυρ και καπνος και θειον.
	18	απο των τριων πληγων τουτων απεκτανθησαν το τριτον των ανθρωπων, εκ του *πυρος* και του καπνου και του θειου του εκπορευομενου εκ των στοματων αυτων.
	10 1	και οι ποδες αυτου ως στυλοι *πυρος,*
	11 5	και ει τις αυτους θελει αδικησαι, *πυρ* εκπορευεται εκ του στοματος αυτων και κατεσθιει τους εχθρους αυτων·
	13 13	και ποιει σημεια μεγαλα, ινα και *πυρ* ποιη εκ του ουρανου καταβαινειν εις την γην ενωπιον των ανθρωπων.
	14 10	και βασανισθησεται εν πυρι και θειω ενωπιον αγγελων αγιων και ενωπιον του αρνιου.
	18	και αλλος αγγελος [εξηλθεν] εκ του θυσιαστηριου, [ο] εχων εξουσιαν επι του *πυρος,*
	15 2	και ειδον ως θαλασσαν υαλινην μεμιγμενην *πυρι,*
	16 8	και εδοθη αυτω καυματισαι τους ανθρωπους εν *πυρι.*
	17 16	και τας σαρκας αυτης φαγονται, και αυτην κατακαυσουσιν εν *πυρι·*
	18 8	και εν *πυρι* κατακαυθησεται·
	19 12	οι δε οφθαλμοι αυτου [ως] φλοξ *πυρος,*
	20	ζωντες εβληθησαν οι δυο εις την λιμνην του *πυρος* της καιομενης εν θειω.
	20 9	και κατεβη πυρ εκ του ουρανου και κατεφαγεν αυτους·
	10	και ο διαβολος ο πλανων αυτους εβληθη εις την λιμνην του *πυρος* και θειου,
	14	και ο θανατος και ο αδης εβληθησαν εις την λιμνην του *πυρος.*
	14	ουτος ο θανατος ο δευτερος εστιν, η λιμνη του *πυρος.*
	15	και ει τις ουχ ευρεθη εν τη βιβλω της ζωης γεγραμμενος, εβληθη εις την λιμνην του *πυρος.*
	21 8	και πασιν τοις ψευδεσιν το μερος αυτων εν τη λιμνη τη καιομενη *πυρι* και θειω,

πυρα [2]

Ac	28 2	αψαντες γαρ *πυραν* προσελαβοντο παντας ημας δια τον υετον τον εφεστωτα και δια το ψυχος.
	3	συστρεψαντος δε του παυλου φρυγανων τι πληθος και επιθεντος επι την *πυραν,* εχιδνα απο της θερμης εξελθουσα καθηψεν της χειρος αυτου.

πυργος [4]

Mt	21 33	και φραγμον αυτω περιεθηκεν και ωρυξεν εν αυτω ληνον και ωκοδομησεν *πυργον,*
Mc	12 1	και περιεθηκεν φραγμον και ωρυξεν υποληνιον και ωκοδομησεν *πυργον,*
Lc	13 4	η εκεινοι οι δεκαοκτω εφ ους επεσεν ο *πυργος* εν τω σιλωαμ και απεκτεινεν αυτους, δοκειτε οτι αυτοι οφειλεται εγενοντο παρα παντας τους ανθρωπους τους κατοικουντας ιερουσαλημ;
	14 28	τις γαρ εξ υμων θελων *πυργον* οικοδομησαι ουχι πρωτον καθισας ψηφιζει την δαπανην,

πυρεσσω [2]

Mt	8 14	και ελθων ο ιησους εις την οικιαν πετρου ειδεν την πενθεραν αυτου βεβλημενην και *πυρεσσουσαν·*
Mc	1 30	η δε πενθερα σιμωνος κατεκειτο *πυρεσσουσα,*

πυρετος [6]

Mt	8 15	και αφηκεν αυτην ο *πυρετος·*
Mc	1 31	και αφηκεν αυτην ο *πυρετος,* και διηκονει αυτοις.
Lc	4 38	πενθερα δε του σιμωνος ην συνεχομενη *πυρετω* μεγαλω,

πυρετος [6]

Lc	4 39	και επιστας επανω αυτης επετιμησεν τω πυρετω, και αφηκεν αυτην·
Jh	4 52	ειπαν ουν αυτω οτι εχθες ωραν εβδομην αφηκεν αυτον ο πυρετος.
Ac	28 8	εγενετο δε τον πατερα του ποπλιου πυρετοις και δυσεντεριω συνεχομενον κατακεισθαι,

πυρινος [1]

Apc	9 17	και ουτως ειδον τους ιππους εν τη ορασει και τους καθημενους επ αυτων, εχοντας θωρακας πυρινους και υακινθινους και θειωδεις·

πυροομαι [6]

1Co	7 9	κρειττον γαρ εστιν γαμησαι η πυρουσθαι.
2Co	11 29	τις σκανδαλιζεται, και ουκ εγω πυρουμαι;
Eph	6 16	εν πασιν αναλαβοντες τον θυρεον της πιστεως, εν ω δυνησεσθε παντα τα βελη του πονηρου [τα] πεπυρωμενα σβεσαι·
2Pt	3 12	προσδοκωντας και σπευδοντας την παρουσιαν της του θεου ημερας, δι ην ουρανοι πυρουμενοι λυθησονται και στοιχεια καυσουμενα τηκεται.
Apc	1 15	και οι ποδες αυτου ομοιοι χαλκολιβανω ως εν καμινω πεπυρωμενης,
	3 18	συμβουλευω σοι αγορασαι παρ εμου χρυσιον πεπυρωμενον εκ πυρος ινα πλουτησης,

πυρραζω [2]

Mt	16 2	[οψιας γενομενης λεγετε· ευδια, πυρραζει γαρ ο ουρανος· και πρωι· σημερον χειμων, πυρραζει γαρ στυγναζων ο ουρανος].
	3	[οψιας γενομενης λεγετε· ευδια, πυρραζει γαρ ο ουρανος· και πρωι· σημερον χειμων, πυρραζει γαρ στυγναζων ο ουρανος].

πύρρος [1]

Ac	20 4	συνειπετο δε αυτω σωπατρος πυρρου βεροιαιος, θεσσαλονικεων δε αρισταρχος και σεκουνδος, και γαιος δερβαιος και τιμοθεος, ασιανοι δε τυχικος και τροφιμος.

πυρρός [2]

Apc	6 4	και εξηλθεν αλλος ιππος πυρρος,
	12 3	και ιδου δρακων μεγας πυρρος, εχων κεφαλας επτα και κερατα δεκα και επι τας κεφαλας αυτου επτα διαδηματα,

πυρωσις [3]

1Pt	4 12	αγαπητοι, μη ξενιζεσθε τη εν υμιν πυρωσει προς πειρασμον υμιν γινομενη,
Apc	18 9	και κλαυσουσιν και κοψονται επ αυτην οι βασιλεις της γης οι μετ αυτης πορνευσαντες και στρηνιασαντες, οταν βλεπωσιν τον καπνον της πυρωσεως αυτης,
	18	και εκραζον βλεποντες τον καπνον της πυρωσεως αυτης λεγοντες·

πωλεω [22]

Mt	10 29	ουχι δυο στρουθια ασσαριου πωλειται;
	13 44	και απο της χαρας αυτου υπαγει και πωλει παντα οσα εχει και αγοραζει τον αγρον εκεινον.
	19 21	ει θελεις τελειος ειναι, υπαγε πωλησον σου τα υπαρχοντα και δος τοις πτωχοις,
	21 12	και εισηλθεν ιησους εις το ιερον και εξεβαλεν παντας τους πωλουντας και αγοραζοντας εν τω ιερω,
	12	και τας τραπεζας των κολλυβιστων κατεστρεψεν και τας καθεδρας των πωλουντων τας περιστερας,
	25 9	μηποτε ου μη αρκεση ημιν και υμιν· πορευεσθε μαλλον προς τους πωλουντας και αγορασατε εαυταις.
Mc	10 21	εν σε υστερει· υπαγε, οσα εχεις πωλησον και δος [τοις] πτωχοις,
	11 15	και εισελθων εις το ιερον ηρξατο εκβαλλειν τους πωλουντας και τους αγοραζοντας εν τω ιερω,
	15	και τας τραπεζας των κολλυβιστων και τας καθεδρας των πωλουντων τας περιστερας κατεστρεψεν,
Lc	12 6	ουχι πεντε στρουθια πωλουνται ασσαριων δυο;
	33	πωλησατε τα υπαρχοντα υμων και δοτε ελεημοσυνην·
	17 28	ησθιον, επινον, ηγοραζον, επωλουν, εφυτευον, ωκοδομουν·

πωλεω [22]

Lc	18 22	παντα οσα εχεις πωλησον και διαδος πτωχοις, και εξεις θησαυρον εν [τοις] ουρανοις,
	19 45	και εισελθων εις το ιερον ηρξατο εκβαλλειν τους πωλουντας, λεγων αυτοις·
	22 36	αλλα νυν ο εχων βαλλαντιον αρατω, ομοιως και πηραν, και ο μη εχων πωλησατω το ιματιον αυτου και αγορασατω μαχαιραν.
Jh	2 14	και ευρεν εν τω ιερω τους πωλουντας βοας και προβατα και περιστερας και τους κερματιστας καθημενους,
	16	και τοις τας περιστερας πωλουσιν ειπεν·
Ac	4 34	οσοι γαρ κτητορες χωριων η οικιων υπηρχον, πωλουντες εφερον τας τιμας των πιπρασκομενων και ετιθουν παρα τους ποδας των αποστολων·
	37	υπαρχοντος αυτω αγρου, πωλησας ηνεγκεν το χρημα και εθηκεν προς τους ποδας των αποστολων.
	5 1	ανηρ δε τις ανανιας ονοματι συν σαπφιρη τη γυναικι αυτου επωλησεν κτημα
1Co	10 25	παν το εν μακελλω πωλουμενον εσθιετε μηδεν ανακρινοντες δια την συνειδησιν·
Apc	13 17	και ινα μη τις δυνηται αγορασαι η πωλησαι ει μη ο εχων το χαραγμα το ονομα του θηριου η τον αριθμον του ονοματος αυτου.

πωλος [12]

Mt	21 2	πορευεσθε εις την κωμην την κατεναντι υμων, και ευθεως ευρησετε ονον δεδεμενην και πωλον μετ αυτης· λυσαντες αγαγετε μοι.
	5	ειπατε τη θυγατρι σιων· ιδου ο βασιλευς σου ερχεται σοι πραυς και επιβεβηκως επι ονον και επι πωλον υιον υποζυγιου.
	7	πορευθεντες δε οι μαθηται και ποιησαντες καθως συνεταξεν αυτοις ο ιησους ηγαγον την ονον και τον πωλον,
Mc	11 2	υπαγετε εις την κωμην την κατεναντι υμων, και ευθυς εισπορευομενοι εις αυτην ευρησετε πωλον δεδεμενον εφ ον ουδεις ουπω ανθρωπων εκαθισεν·
	4	και απηλθον και ευρον πωλον δεδεμενον προς θυραν εξω επι του αμφοδου, και λυουσιν αυτον.
	5	τι ποιειτε λυοντες τον πωλον;
	7	και φερουσιν τον πωλον προς τον ιησουν,
Lc	19 30	υπαγετε εις την κατεναντι κωμην, εν η εισπορευομενοι ευρησετε πωλον δεδεμενον,
	33	λυοντων δε αυτων τον πωλον ειπαν οι κυριοι αυτου προς αυτους·
	33	τι λυετε τον πωλον;
	35	και ηγαγον αυτον προς τον ιησουν, και επιριψαντες αυτων τα ιματια επι τον πωλον επεβιβασαν τον ιησουν.
Jh	12 15	ιδου ο βασιλευς σου ερχεται, καθημενος επι πωλον ονου.

πωποτε [6]

Lc	19 30	εν η εισπορευομενοι ευρησετε πωλον δεδεμενον, εφ ον ουδεις πωποτε ανθρωπων εκαθισεν,
Jh	1 18	θεον ουδεις εωρακεν πωποτε·
	5 37	ουτε φωνην αυτου πωποτε ακηκοατε ουτε ειδος αυτου εωρακατε,
	6 35	ο ερχομενος προς εμε ου μη πειναση, και ο πιστευων εις εμε ου μη διψησει πωποτε.
	8 33	σπερμα αβρααμ εσμεν, και ουδενι δεδουλευκαμεν πωποτε·
1Jh	4 12	θεον ουδεις πωποτε τεθεαται·

πωρoω [5]

Mc	6 52	ου γαρ συνηκαν επι τοις αρτοις, αλλ ην αυτων η καρδια πεπωρωμενη.
	8 17	ουπω νοειτε ουδε συνιετε; πεπωρωμενην εχετε την καρδιαν υμων;
Jh	12 40	τετυφλωκεν αυτων τους οφθαλμους και επωρωσεν αυτων την καρδιαν, ινα μη ιδωσιν τοις οφθαλμοις και νοησωσιν τη καρδια και στραφωσιν, και ιασομαι αυτους.
Rm	11 7	οι δε λοιποι επωρωθησαν, καθως γεγραπται·
2Co	3 14	αλλα επωρωθη τα νοηματα αυτων.

πωρωσις [3]

Mc	3 5	συλλυπουμενος επι τη πωρωσει της καρδιας αυτων, λεγει τω ανθρωπω·
Rm	11 25	ινα μη ητε [παρ] εαυτοις φρονιμοι, οτι πωρωσις απο μερους τω ισραηλ γεγονεν αχρι ου το πληρωμα των εθνων εισελθη,

πωρωσις [3]

Eph 4 18 δια την άγνοιαν την ουσαν εν αυτοις, δια την πωρωσιν της καρδιας αυτων,

πως [15]

Ac 27 12 οι πλειονες εθεντο βουλην αναχθηναι εκειθεν, ει πως δυναιντο καταντησαντες εις φοινικα παραχειμασαι,
Rm 1 10 ως αδιαλειπτως μνειαν υμων ποιουμαι παντοτε επι των προσευχων μου, δεομενος ει πως ηδη ποτε ευοδωθησομαι εν τω θεληματι του θεου ελθειν προς υμας.
  11 14 εφ οσον μεν ουν ειμι εγω εθνων αποστολος, την διακονιαν μου δοξαζω, ει πως παραζηλωσω μου την σαρκα και σωσω τινας εξ αυτων.
  21 ει γαρ ο θεος των κατα φυσιν κλαδων ουκ εφεισατο, [μη πως] ουδε σου φεισεται.
1Co 8 9 βλεπετε δε μη πως η εξουσια υμων αυτη προσκομμα γενηται τοις ασθενεσιν.
  9 27 αλλα υπωπιαζω μου το σωμα και δουλαγωγω, μη πως αλλοις κηρυξας αυτος αδοκιμος γενωμαι.
2Co 2 7 ωστε τουναντιον μαλλον υμας χαρισασθαι και παρακαλεσαι, μη πως τη περισσοτερα λυπη καταποθη ο τοιουτος.
  9 4 μη πως εαν ελθωσιν συν εμοι μακεδονες και ευρωσιν υμας απαρασκευαστους καταισχυνθωμεν ημεις, ινα μη λεγω υμεις, εν τη υποστασει ταυτη.
  11 3 φοβουμαι δε μη πως, ως ο οφις εξηπατησεν ευαν εν τη πανουργια αυτου, φθαρη τα νοηματα υμων απο της απλοτητος [και της αγνοτητος] της εις τον χριστον.
  12 20 φοβουμαι γαρ μη πως ελθων ουχ οιους θελω ευρω υμας,
  20 μη πως ερις, ζηλος, θυμοι, εριθειαι, καταλαλιαι, ψιθυρισμοι, φυσιωσεις, ακαταστασιαι·
Ga 2 2 και ανεθεμην αυτοις το ευαγγελιον ο κηρυσσω εν τοις εθνεσιν, κατ ιδιαν δε τοις δοκουσιν, μη πως εις κενον τρεχω η εδραμον.
  4 11 φοβουμαι υμας μη πως εικη κεκοπιακα εις υμας.
Php 3 11 συμμορφιζομενος τω θανατω αυτου, ει πως καταντησω εις την εξαναστασιν την εκ νεκρων.
1Th 3 5 μη πως επειρασεν υμας ο πειραζων

πῶς [103]

Mt 6 28 καταμαθετε τα κρινα του αγρου, πῶς αυξανουσιν· ου κοπιωσιν ουδε νηθουσιν·
  7 4 η πῶς ερεις τω αδελφω σου·
  10 19 μη μεριμνησητε πῶς η τι λαλησητε·
  12 4 πῶς εισηλθεν εις τον οικον του θεου και τους αρτους της προθεσεως εφαγον,
  26 πῶς ουν σταθησεται η βασιλεια αυτου;
  29 η πῶς δυναται τις εισελθειν εις την οικιαν του ισχυρου και τα σκευη αυτου αρπασαι,
  34 πῶς δυνασθε αγαθα λαλειν πονηροι οντες;
  16 11 πῶς ου νοειτε οτι ου περι αρτων ειπον υμιν; προσεχετε δε απο της ζυμης των φαρισαιων και σαδδουκαιων.
  21 20 πῶς παραχρημα εξηρανθη η συκη;
  22 12 εταιρε, πῶς εισηλθες ωδε μη εχων ενδυμα γαμου;
  43 πῶς ουν δαυιδ εν πνευματι καλει αυτον κυριον λεγων·
  45 ει ουν δαυιδ καλει αυτον κυριον, πῶς υιος αυτου εστιν;
  23 33 οφεις, γεννηματα εχιδνων, πῶς φυγητε απο της κρισεως της γεεννης;
  26 54 πῶς ουν πληρωθωσιν αι γραφαι οτι ουτως δει γενεσθαι;
Mc 2 26 πῶς εισηλθεν εις τον οικον του θεου επι αβιαθαρ αρχιερεως και τους αρτους της προθεσεως εφαγεν,
  3 23 και προσκαλεσαμενος αυτους εν παραβολαις ελεγεν αυτοις· πῶς δυναται σατανας σαταναν εκβαλλειν;
  4 13 ουκ οιδατε την παραβολην ταυτην, και πῶς πασας τας παραβολας γνωσεσθε;
  30 και ελεγεν· πῶς ομοιωσωμεν την βασιλειαν του θεου, η εν τινι αυτην παραβολη θωμεν;
  5 16 και διηγησαντο αυτοις οι ιδοντες πῶς εγενετο τω δαιμονιζομενω και περι των χοιρων.
  9 12 και πῶς γεγραπται επι τον υιον του ανθρωπου, ινα πολλα παθη και εξουδενηθη;
  10 23 πῶς δυσκολως οι τα χρηματα εχοντες εις την βασιλειαν του θεου εισελευσονται.
  24 τεκνα, πῶς δυσκολον εστιν εις την βασιλειαν του θεου εισελθειν·
  11 18 και ηκουσαν οι αρχιερεις και οι γραμματεις, και εζητουν πῶς αυτον απολεσωσιν·
  12 26 περι δε των νεκρων οτι εγειρονται, ουκ ανεγνωτε εν τη βιβλω μωυσεως επι του βατου πῶς ειπεν αυτω ο θεος λεγων·

Mc 12 35 πῶς λεγουσιν οι γραμματεις οτι ο χριστος υιος δαυιδ εστιν;
  41 και καθισας κατεναντι του γαζοφυλακιου εθεωρει πῶς ο οχλος βαλλει χαλκον εις το γαζοφυλακιον·
  14 1 και εζητουν οι αρχιερεις και οι γραμματεις πῶς αυτον εν δολω κρατησαντες αποκτεινωσιν.
  11 και εζητει πῶς αυτον ευκαιρως παραδοι.
Lc 1 34 πῶς εσται τουτο, επει ανδρα ου γινωσκω;
  6 42 πῶς δυνασαι λεγειν τω αδελφω σου·
  8 18 βλεπετε ουν πῶς ακουετε·
  36 απηγγειλαν δε αυτοις οι ιδοντες πῶς εσωθη ο δαιμονισθεις.
  10 26 εν τω νομω τι γεγραπται; πῶς αναγινωσκεις;
  11 18 ει δε και ο σατανας εφ εαυτον διεμερισθη, πῶς σταθησεται η βασιλεια αυτου;
  12 11 οταν δε εισφερωσιν υμας επι τας συναγωγας και τας αρχας και τας εξουσιας, μη μεριμνησητε πῶς η τι απολογησησθε η τι ειπητε·
  27 κατανοησατε τα κρινα, πῶς αυξανει·
  50 βαπτισμα δε εχω βαπτισθηναι, και πῶς συνεχομαι εως οτου τελεσθη.
  56 υποκριται, το προσωπον της γης και του ουρανου οιδατε δοκιμαζειν, τον καιρον δε τουτον πῶς ουκ οιδατε δοκιμαζειν;
  14 7 ελεγεν δε προς τους κεκλημενους παραβολην, επεχων πῶς τας πρωτοκλισιας εξελεγοντο,
  18 24 πῶς δυσκολως οι τα χρηματα εχοντες εις την βασιλειαν του θεου εισπορευονται·
  20 41 πῶς λεγουσιν τον χριστον ειναι δαυιδ υιον;
  44 δαυιδ ουν κυριον αυτον καλει, και πῶς αυτου υιος εστιν;
  22 2 και εζητουν οι αρχιερεις και οι γραμματεις το πῶς ανελωσιν αυτον·
  4 και απελθων συνελαλησεν τοις αρχιερευσιν και στρατηγοις το πῶς αυτοις παραδω αυτον.
Jh 3 4 πῶς δυναται ανθρωπος γεννηθηναι γερων ων;
  9 απεκριθη νικοδημος και ειπεν αυτω· πῶς δυναται ταυτα γενεσθαι;
  12 ει τα επιγεια ειπον υμιν και ου πιστευετε, πῶς εαν ειπω υμιν τα επουρανια πιστευσετε;
  4 9 πῶς συ ιουδαιος ων παρ εμου πειν αιτεις γυναικος σαμαριτιδος ουσης;
  5 44 πῶς δυνασθε υμεις πιστευσαι, δοξαν παρα αλληλων λαμβανοντες,
  47 ει δε τοις εκεινου γραμμασιν ου πιστευετε, πῶς τοις εμοις ρημασιν πιστευσετε;
  6 42 πῶς νυν λεγει οτι εκ του ουρανου καταβεβηκα;
  52 πῶς δυναται ουτος ημιν δουναι την σαρκα [αυτου] φαγειν;
  7 15 πῶς ουτος γραμματα οιδεν μη μεμαθηκως;
  8 33 πῶς συ λεγεις οτι ελευθεροι γενησεσθε;
  9 10 πῶς [ουν] ηνεωχθησαν σου οι οφθαλμοι;
  15 παλιν ουν ηρωτων αυτον και οι φαρισαιοι πῶς ανεβλεψεν.
  16 πῶς δυναται ανθρωπος αμαρτωλος τοιαυτα σημεια ποιειν;
  19 ουτος εστιν ο υιος υμων, ον υμεις λεγετε οτι τυφλος εγεννηθη; πῶς ουν βλεπει αρτι;
  21 πῶς δε νυν βλεπει ουκ οιδαμεν, η τις ηνοιξεν αυτου τους οφθαλμους ημεις ουκ οιδαμεν·
  26 πῶς ηνοιξεν σου τους οφθαλμους;
  11 36 ιδε πῶς εφιλει αυτον.
  12 34 ημεις ηκουσαμεν εκ του νομου οτι ο χριστος μενει εις τον αιωνα, και πῶς λεγεις συ οτι δει υψωθηναι τον υιον του ανθρωπου;
  14 5 πῶς δυναμεθα την οδον ειδεναι;
  9 πῶς συ λεγεις· δειξον ημιν τον πατερα;
Ac 2 8 και πῶς ημεις ακουομεν εκαστος τη ιδια διαλεκτω ημων εν η εγεννηθημεν,
  4 21 οι δε προσαπειλησαμενοι απελυσαν αυτους, μηδεν ευρισκοντες το πῶς κολασωνται αυτους, δια τον λαον, οτι παντες εδοξαζον τον θεον επι τω γεγονοτι·
  8 31 πῶς γαρ αν δυναιμην εαν μη τις οδηγησει με;
  9 27 βαρναβας δε επιλαβομενος αυτον ηγαγεν προς τους αποστολους, και διηγησατο αυτοις πῶς εν τη οδω ειδεν τον κυριον
  27 και οτι ελαλησεν αυτω, και πῶς εν δαμασκω επαρρησιασατο εν τω ονοματι του ιησου.
  11 13 απηγγειλεν δε ημιν πῶς ειδεν [τον] αγγελον εν τω οικω αυτου σταθεντα και ειποντα·
  12 17 κατασεισας δε αυτοις τη χειρι σιγαν διηγησατο [αυτοις] πῶς ο κυριος αυτον εξηγαγεν εκ της φυλακης,
  15 36 επιστρεψαντες δη επισκεψωμεθα τους αδελφους κατα πολιν πασαν εν αις κατηγγειλαμεν τον λογον του κυριου, πῶς εχουσιν.

πῶς [103]

Ac	20 18	ὑμεις ἐπιστασθε, ἀπο πρωτης ἡμερας ἀφ ἡς ἐπεβην εἰς την ἀσιαν, *πῶς* μεθ ὑμων τον παντα χρονον ἐγενομην,
Rm	3 6	ἐπει *πῶς* κρινεῖ ὁ θεος τον κοσμον;
	4 10	*πῶς* οὖν ἐλογισθη; ἐν περιτομη ὀντι ἠ ἐν ἀκροβυστια,
	6 2	οἰτινες ἀπεθανομεν τη ἁμαρτια, *πῶς* ἐτι ζησομεν ἐν αὐτη;
	8 32	ὁς γε του ἰδιου υἱου οὐκ ἐφεισατο, ἀλλα ὑπερ ἡμων παντων παρεδωκεν αὐτον, *πῶς* οὐχι και συν αὐτω τα παντα ἡμιν χαρισεται;
	10 14	*πῶς* οὖν ἐπικαλεσωνται εἰς ὁν οὐκ ἐπιστευσαν;
	14	*πῶς* οὖν ἐπικαλεσωνται εἰς ὁν οὐκ ἐπιστευσαν; *πῶς* δε πιστευσωσιν οὑ οὐκ ἠκουσαν;
	14	*πῶς* δε πιστευσωσιν οὑ οὐκ ἠκουσαν; *πῶς* δε ἀκουσωσιν χωρις κηρυσσοντος;
	15	*πῶς* δε ἀκουσωσιν χωρις κηρυσσοντος; *πῶς* δε κηρυξωσιν ἐαν μη ἀποσταλωσιν;
1Co	3 10	ἐκαστος δε βλεπετω *πῶς* ἐποικοδομει.
	7 32	ὁ ἀγαμος μεριμνα τα του κυριου, *πῶς* ἀρεση τω κυριω·
	33	ὁ δε γαμησας μεριμνα τα του κοσμου, *πῶς* ἀρεση τη γυναικι,
	34	*πῶς* ἀρεση τω ἀνδρι.
	14 7	ἐαν διαστολην τοις φθογγοις μη δω, *πῶς* γνωσθησεται το αὐλουμενον ἠ το κιθαριζομενον;
	9	οὑτως και ὑμεις δια της γλωσσης ἐαν μη εὐσημον λογον δωτε, *πῶς* γνωσθησεται το λαλουμενον;
	16	ἐπει ἐαν εὐλογης [ἐν] πνευματι, ὁ ἀναπληρων τον τοπον του ἰδιωτου *πῶς* ἐρει το ἀμην ἐπι τη ση εὐχαριστια;
	15 12	εἰ δε χριστος κηρυσσεται ὁτι ἐκ νεκρων ἐγηγερται, *πῶς* λεγουσιν ἐν ὑμιν τινες ὁτι ἀναστασις νεκρων οὐκ ἐστιν;
	35	ἀλλα ἐρει τις· *πῶς* ἐγειρονται οἱ νεκροι;
2Co	3 8	*πῶς* οὐχι μαλλον ἡ διακονια του πνευματος ἐσται ἐν δοξη;
Ga	2 14	εἰ συ ἰουδαιος ὑπαρχων ἐθνικως και οὐχι ἰουδαικως ζης, *πῶς* τα ἐθνη ἀναγκαζεις ἰουδαιζειν;
	4 9	μαλλον δε γνωσθεντες ὑπο θεου, *πῶς* ἐπιστρεφετε παλιν ἐπι τα ἀσθενη και πτωχα στοιχεια,
Eph	5 15	βλεπετε οὖν ἀκριβως *πῶς* περιπατειτε,
Col	4 6	ὁ λογος ὑμων παντοτε ἐν χαριτι, ἁλατι ἠρτυμενος, εἰδεναι *πῶς* δει ὑμας ἑνι ἑκαστω ἀποκρινεσθαι.
1Th	1 9	και *πῶς* ἐπεστρεψατε προς τον θεον ἀπο των εἰδωλων δουλευειν θεω ζωντι και ἀληθινω,
	4 1	λοιπον οὖν, ἀδελφοι, ἐρωτωμεν ὑμας και παρακαλουμεν ἐν κυριω ἰησου, ἱνα καθως παρελαβετε παρ ἡμων το *πῶς* δει ὑμας περιπατειν και ἀρεσκειν θεω, καθως και περιπατειτε,
2Th	3 7	αὐτοι γαρ οἰδατε *πῶς* δει μιμεισθαι ἡμας,
1Tm	3 5	εἰ δε τις του ἰδιου οἰκου προστηναι οὐκ οἰδεν, *πῶς* ἐκκλησιας θεου ἐπιμελησεται;
	15	ἐαν δε βραδυνω, ἱνα εἰδης *πῶς* δει ἐν οἰκω θεου ἀναστρεφεσθαι,
Heb	2 3	*πῶς* ἡμεις ἐκφευξομεθα τηλικαυτης ἀμελησαντες σωτηριας;
1Jh	3 17	ὁς δ ἀν ἐχη τον βιον του κοσμου και θεωρη τον ἀδελφον αὐτου χρειαν ἐχοντα και κλειση τα σπλαγχνα αὐτου ἀπ αὐτου, *πῶς* ἡ ἀγαπη του θεου μενει ἐν αὐτω;
Apc	3 3	μνημονευε οὖν *πῶς* εἰληφας και ἠκουσας,

Ρ

ῥααβ [2]

Heb	11 31	πιστει *ῥααβ* ἡ πορνη οὐ συναπωλετο τοις ἀπειθησασιν,
Ja	2 25	ὁμοιως δε και *ῥααβ* ἡ πορνη οὐκ ἐξ ἐργων ἐδικαιωθη, ὑποδεξαμενη τους ἀγγελους και ἑτερα ὁδω ἐκβαλουσα;

ῥαββι [15]

Mt	23 7	φιλουσιν δε την πρωτοκλισιαν ἐν τοις δειπνοις και τας πρωτοκαθεδριας ἐν ταις συναγωγαις και τους ἀσπασμους ἐν ταις ἀγοραις και καλεισθαι ὑπο των ἀνθρωπων *ῥαββι*.
	8	ὑμεις δε μη κληθητε *ῥαββι*· εἰς γαρ ἐστιν ὑμων ὁ διδασκαλος, παντες δε ὑμεις ἀδελφοι ἐστε.
	26 25	μητι ἐγω εἰμι, *ῥαββι*;
	49	χαιρε, *ῥαββι*, και κατεφιλησεν αὐτον.
Mc	9 5	*ῥαββι*, καλον ἐστιν ἡμας ὡδε εἰναι, και ποιησωμεν τρεις σκηνας, σοι μιαν και μωυσει μιαν και ἡλια μιαν.
	11 21	*ῥαββι*, ἰδε ἡ συκη ἡν κατηρασω ἐξηρανται.
	14 45	και ἐλθων εὐθυς προσελθων αὐτω λεγει· *ῥαββι*,

ῥαββι [15]

Jh	1 38	οἱ δε εἰπαν αὐτω· *ῥαββι* ὁ λεγεται μεθερμηνευομενον διδασκαλε, που μενεις;
	49	ἀπεκριθη αὐτω ναθαναηλ· *ῥαββι*, συ εἰ ὁ υἱος του θεου,
	3 2	*ῥαββι*, οἰδαμεν ὁτι ἀπο θεου ἐληλυθας διδασκαλος·
	26	και ἠλθον προς τον ἰωαννην και εἰπαν αὐτω· *ῥαββι*, ὁς ἠν μετα σου περαν του ἰορδανου,
	4 31	ἐν τω μεταξυ ἠρωτων αὐτον οἱ μαθηται λεγοντες· *ῥαββι*, φαγε.
	6 25	*ῥαββι*, ποτε ὡδε γεγονας;
	9 2	*ῥαββι*, τις ἡμαρτεν, οὑτος ἠ οἱ γονεις αὐτου, ἱνα τυφλος γεννηθη;
	11 8	*ῥαββι*, νυν ἐζητουν σε λιθασαι οἱ ἰουδαιοι, και παλιν ὑπαγεις ἐκει;

ῥαββουνι [2]

Mc	10 51	ὁ δε τυφλος εἰπεν αὐτω· *ῥαββουνι*, ἱνα ἀναβλεψω.
Jh	20 16	στραφεισα ἐκεινη λεγει αὐτω ἑβραιστι· *ῥαββουνι* ὁ λεγεται διδασκαλε.

ῥαβδιζω [2]

Ac	16 22	και συνεπεστη ὁ ὀχλος κατ αὐτων, και οἱ στρατηγοι περιρηξαντες αὐτων τα ἱματια ἐκελευον *ῥαβδιζειν*,
2Co	11 25	τρις *ἐρραβδισθην*, ἁπαξ ἐλιθασθην, τρις ἐναυαγησα, νυχθημερον ἐν τω βυθω πεποιηκα·

ῥαβδος [12]

Mt	10 10	μη κτησησθε χρυσον μηδε ἀργυρον μηδε χαλκον εἰς τας ζωνας ὑμων, μη πηραν εἰς ὁδον μηδε δυο χιτωνας μηδε ὑποδηματα μηδε *ῥαβδον*·
Mc	6 8	και παρηγγειλεν αὐτοις ἱνα μηδεν αἰρωσιν εἰς ὁδον εἰ μη *ῥαβδον* μονον, μη ἀρτον, μη πηραν, μη εἰς την ζωνην χαλκον·
Lc	9 3	μηδεν αἰρετε εἰς την ὁδον, μητε *ῥαβδον* μητε πηραν μητε ἀρτον μητε ἀργυριον μητε [ἀνα] δυο χιτωνας ἐχειν.
1Co	4 21	τι θελετε; ἐν *ῥαβδω* ἐλθω προς ὑμας, ἠ ἐν ἀγαπη πνευματι τε πραυτητος;
Heb	1 8	και ἡ *ῥαβδος* της εὐθυτητος ῥαβδος της βασιλειας σου.
	8	και ἡ ῥαβδος της εὐθυτητος *ῥαβδος* της βασιλειας σου.
	9 4	ἐν ἡ σταμνος χρυση ἐχουσα το μαννα και ἡ *ῥαβδος* ἀαρων ἡ βλαστησασα και αἱ πλακες της διαθηκης,
	11 21	πιστει ἰακωβ ἀποθνησκων ἑκαστον των υἱων ἰωσηφ εὐλογησεν, και προσεκυνησεν ἐπι το ἀκρον της *ῥαβδου* αὐτου.
Apc	2 27	και ποιμανει αὐτους ἐν *ῥαβδω* σιδηρα, ὡς τα σκευη τα κεραμικα συντριβεται,
	11 1	και ἐδοθη μοι καλαμος ὁμοιος *ῥαβδω*, λεγων·
	12 5	και ἐτεκεν υἱον ἀρσεν, ὁς μελλει ποιμαινειν παντα τα ἐθνη ἐν *ῥαβδω* σιδηρα·
	19 15	και αὐτος ποιμανει αὐτους ἐν *ῥαβδω* σιδηρα·

ῥαβδουχος [2]

Ac	16 35	ἡμερας δε γενομενης ἀπεστειλαν οἱ στρατηγοι τους *ῥαβδουχους* λεγοντες·
	38	ἀπηγγειλαν δε τοις στρατηγοις οἱ *ῥαβδουχοι* τα ῥηματα ταυτα.

ῥαγαυ [1]

Lc	3 35	του σερουχ του *ῥαγαυ* του φαλεκ του ἑβερ του σαλα

ῥαδιουργημα [1]

Ac	18 14	εἰ μεν ἠν ἀδικημα τι ἠ *ῥαδιουργημα* πονηρον, ὡ ἰουδαιοι, κατα λογον ἀν ἀνεσχομην ὑμων·

ῥαδιουργια [1]

Ac	13 10	ὡ πληρης παντος δολου και πασης *ῥαδιουργιας*, υἱε διαβολου, ἐχθρε πασης δικαιοσυνης,

ῥαιφαν [1]

Ac	7 43	και ἀνελαβετε την σκηνην του μολοχ και το ἀστρον του θεου [ὑμων] *ῥαιφαν*, τους τυπους οὑς ἐποιησατε προσκυνειν αὐτοις·

ῥακα [1]

Mt 5 22 ὃς δ ἂν εἴπη τῳ ἀδελφῳ αὐτου *ῥακα*, ἐνοχος ἐσται τῳ συνεδριῳ·

ῥακος [2]

Mt 9 16 οὐδεις δε ἐπιβαλλει ἐπιβλημα *ῥακους* ἀγναφου ἐπι ἱματιῳ παλαιῳ·

Mc 2 21 οὐδεις ἐπιβλημα *ῥακους* ἀγναφου ἐπιραπτει ἐπι ἱματιον παλαιον·

ῥαμα [1]

Mt 2 18 φωνη ἐν *ῥαμα* ἠκουσθη,

ῥαντιζω [4]

Heb 9 13 εἰ γαρ το αἱμα τραγων και ταυρων και σποδος δαμαλεως *ῥαντιζουσα* τους κεκοινωμενους ἁγιαζει προς την της σαρκος καθαροτητα, ποσῳ μαλλον το αἱμα του χριστου,

19 αὐτο τε το βιβλιον και παντα τον λαον *ἐρραντισεν*, λεγων·

21 και την σκηνην δε και παντα τα σκευη της λειτουργιας τῳ αἱματι ὁμοιως *ἐρραντισεν*.

10 22 *ῥεραντισμενοι* τας καρδιας ἀπο συνειδησεως πονηρας και λελουσμενοι το σωμα ὑδατι καθαρῳ·

ῥαντισμος [2]

Heb 12 24 και διαθηκης νεας μεσιτη ἰησους, και αἱματι *ῥαντισμου* κρειττον λαλουντι παρα τον ἀβελ.

1Pt 1 2 εἰς ὑπακοην και *ῥαντισμον* αἱματος ἰησου χριστου·

ῥαπιζω [2]

Mt 5 39 ἐγω δε λεγω ὑμιν μη ἀντιστηναι τῳ πονηρῳ· ἀλλ ὁστις σε *ῥαπιζει* εἰς την δεξιαν σιαγονα [σου],

26 67 οἱ δε *ἐραπισαν* λεγοντες·

ῥαπισμα [3]

Mc 14 65 και οἱ ὑπηρεται *ῥαπισμασιν* αὐτον ἐλαβον.

Jh 18 22 ταυτα δε αὐτου εἰποντος εἱς παρεστηκως των ὑπηρετων ἐδωκεν *ῥαπισμα* τῳ ἰησου εἰπων·

19 3 και ἐδιδοσαν αὐτῳ *ῥαπισματα*.

ῥαφις [2]

Mt 19 24 εὐκοπωτερον ἐστιν καμηλον δια τρυπηματος *ῥαφιδος* διελθειν ἢ πλουσιον εἰσελθειν εἰς την βασιλειαν του θεου.

Mc 10 25 εὐκοπωτερον ἐστιν καμηλον δια [της] τρυμαλιας [της] *ῥαφιδος* διελθειν ἢ πλουσιον εἰς την βασιλειαν του θεου εἰσελθειν.

ῥαχαβ [1]

Mt 1 5 σαλμων δε ἐγεννησεν τον βοες ἐκ της *ῥαχαβ*,

ῥαχηλ [1]

Mt 2 18 *ῥαχηλ* κλαιουσα τα τεκνα αὐτης,

ῥεβεκκα [1]

Rm 9 10 οὐ μονον δε, ἀλλα και *ῥεβεκκα* ἐξ ἑνος κοιτην ἐχουσα, ἰσαακ του πατρος ἡμων·

ῥεδη [1]

Apc 18 13 και σιτον και κτηνη και προβατα, και ἱππων και *ῥεδων* και σωματων,

ῥεω [1]

Jh 7 38 ὁ πιστευων εἰς ἐμε, καθως εἰπεν ἡ γραφη, ποταμοι ἐκ της κοιλιας αὐτου *ῥευσουσιν* ὑδατος ζωντος.

ῥηγιον [1]

Ac 28 13 και καταχθεντες εἰς συρακουσας ἐπεμειναμεν ἡμερας τρεις, ὁθεν περιελθοντες κατηντησαμεν εἰς *ῥηγιον*.

ῥηγμα [1]

Lc 6 49 και εὐθυς συνεπεσεν, και ἐγενετο το *ῥηγμα* της οἰκιας ἐκεινης μεγα.

ῥηγνυμι [7]

Mt 7 6 μηποτε καταπατησουσιν αὐτους ἐν τοις ποσιν αὐτων και στραφεντες *ῥηξωσιν* ὑμας.

9 17 εἰ δε μηγε, *ῥηγνυνται* οἱ ἀσκοι, και ὁ οἰνος ἐκχειται και οἱ ἀσκοι ἀπολλυνται.

Mc 2 22 εἰ δε μη, *ῥηξει* ὁ οἰνος τους ἀσκους,

9 18 και ὁπου ἐαν αὐτον καταλαβη, *ῥησσει* αὐτον, και ἀφριζει και τριζει τους ὀδοντας και ξηραινεται·

Lc 5 37 εἰ δε μηγε *ῥηξει* ὁ οἰνος ὁ νεος τους ἀσκους, και αὐτος ἐκχυθησεται και οἱ ἀσκοι ἀπολουνται.

9 42 ἐτι δε προσερχομενου αὐτου *ἐρρηξεν* αὐτον το δαιμονιον και συνεσπαραξεν·

Ga 4 27 εὐφρανθητι, στειρα ἡ οὐ τικτουσα, *ῥηξον* και βοησον, ἡ οὐκ ὠδινουσα·

ῥημα [68]

Mt 4 4 οὐκ ἐπ ἀρτῳ μονῳ ζησεται ὁ ἀνθρωπος, ἀλλ ἐπι παντι *ῥηματι* ἐκπορευομενῳ δια στοματος θεου.

12 36 λεγω δε ὑμιν ὁτι παν *ῥημα* ἀργον ὁ λαλησουσιν οἱ ἀνθρωποι, ἀποδωσουσιν περι αὐτου λογον ἐν ἡμερα κρισεως.

18 16 ἐαν δε μη ἀκουση, παραλαβε μετα σου ἐτι ἑνα ἢ δυο, ἱνα ἐπι στοματος δυο μαρτυρων ἢ τριων σταθη παν *ῥημα*·

26 75 και ἐμνησθη ὁ πετρος του *ῥηματος* ἰησου εἰρηκοτος ὁτι πριν ἀλεκτορα φωνησαι τρις ἀπαρνηση με·

27 14 και οὐκ ἀπεκριθη αὐτῳ προς οὐδε ἑν *ῥημα*, ὡστε θαυμαζειν τον ἡγεμονα λιαν.

Mc 9 32 οἱ δε ἠγνοουν το *ῥημα*, και ἐφοβουντο αὐτον ἐπερωτησαι.

14 72 και ἀνεμνησθη ὁ πετρος το *ῥημα* ὡς εἰπεν αὐτῳ ὁ ἰησους ὁτι πριν ἀλεκτορα φωνησαι δις τρις με ἀπαρνηση·

Lc 1 37 ὁτι οὐκ ἀδυνατησει παρα του θεου παν *ῥημα*.

38 ἰδου ἡ δουλη κυριου· γενοιτο μοι κατα το *ῥημα* σου.

65 και ἐν ὁλη τη ὀρεινη της ἰουδαιας διελαλειτο παντα τα *ῥηματα* ταυτα,

2 15 διελθωμεν δη ἑως βηθλεεμ και ἰδωμεν το *ῥημα* τουτο το γεγονος ὁ ὁ κυριος ἐγνωρισεν ἡμιν.

17 ἰδοντες δε ἐγνωρισαν περι του *ῥηματος* του λαληθεντος αὐτοις περι του παιδιου τουτου.

19 ἡ δε μαριαμ παντα συνετηρει τα *ῥηματα* ταυτα συμβαλλουσα ἐν τη καρδια αὐτης.

29 νυν ἀπολυεις τον δουλον σου, δεσποτα, κατα το *ῥημα* σου ἐν εἰρηνη·

50 και αὐτοι οὐ συνηκαν το *ῥημα* ὁ ἐλαλησεν αὐτοις.

51 και ἡ μητηρ αὐτου διετηρει παντα τα *ῥηματα* ἐν τη καρδια αὐτης.

3 2 ἐπι ἀρχιερεως ἀννα και καιαφα, ἐγενετο *ῥημα* θεου ἐπι ἰωαννην τον ζαχαριου υἱον ἐν τη ἐρημῳ.

5 5 ἐπιστατα, δι ὁλης νυκτος κοπιασαντες οὐδεν ἐλαβομεν· ἐπι δε τῳ *ῥηματι* σου χαλασω τα δικτυα.

7 1 ἐπειδη ἐπληρωσεν παντα τα *ῥηματα* αὐτου εἰς τας ἀκοας του λαου, εἰσηλθεν εἰς καφαρναουμ.

9 45 οἱ δε ἠγνοουν το *ῥημα* τουτο, και ἠν παρακεκαλυμμενον ἀπ αὐτων ἱνα μη αἰσθωνται αὐτο,

45 και ἐφοβουντο ἐρωτησαι αὐτον περι του *ῥηματος* τουτου.

18 34 και αὐτοι οὐδεν τουτων συνηκαν, και ἠν το *ῥημα* τουτο κεκρυμμενον ἀπ αὐτων,

20 26 και οὐκ ἰσχυσαν ἐπιλαβεσθαι αὐτου *ῥηματος* ἐναντιον του λαου,

22 61 και ὑπεμνησθη ὁ πετρος του *ῥηματος* του κυριου, ὡς εἰπεν αὐτῳ ὁτι πριν ἀλεκτορα φωνησαι σημερον ἀπαρνηση με τρις.

24 8 και ἐμνησθησαν των *ῥηματων* αὐτου,

11 και ἐφανησαν ἐνωπιον αὐτων ὡσει ληρος τα *ῥηματα* ταυτα, και ἠπιστουν αὐταις.

Jh 3 34 ὁν γαρ ἀπεστειλεν ὁ θεος τα *ῥηματα* του θεου λαλει·

5 47 εἰ δε τοις ἐκεινου γραμμασιν οὐ πιστευετε, πως τοις ἐμοις *ῥημασιν* πιστευσετε;

6 63 τα *ῥηματα* ἁ ἐγω λελαληκα ὑμιν πνευμα ἐστιν και ζωη ἐστιν.

68 *ῥηματα* ζωης αἰωνιου ἐχεις· και ἡμεις πεπιστευκαμεν και ἐγνωκαμεν ὁτι συ εἰ ὁ ἁγιος του θεου.

ῥῆμα [68]

Jh	8 20	ταυτα τα *ῥηματα* ἐλαλησεν ἐν τω γαζοφυλακιω διδασκων ἐν τω ἱερω·
	47	ὁ ὢν ἐκ του θεου τα *ῥηματα* του θεου ἀκουει·
	10 21	ταυτα τα *ῥηματα* οὐκ ἐστιν δαιμονιζομενου· μη δαιμονιον δυναται τυφλων ὀφθαλμους ἀνοιξαι;
	12 47	και ἐαν τις μου ἀκουση των *ῥηματων* και μη φυλαξη, ἐγω οὐ κρινω αὐτον·
	48	ὁ ἀθετων ἐμε και μη λαμβανων τα *ῥηματα* μου ἐχει τον κρινοντα αὐτον·
	14 10	τα *ῥηματα* ἃ ἐγω λεγω ὑμιν ἀπ ἐμαυτου οὐ λαλω·
	15 7	ἐαν μεινητε ἐν ἐμοι και τα *ῥηματα* μου ἐν ὑμιν μεινη, ὃ ἐαν θελητε αἰτησασθε, και γενησεται ὑμιν.
	17 8	ὁτι τα *ῥηματα* ἃ ἐδωκας μοι δεδωκα αὐτοις, και αὐτοι ἐλαβον,
Ac	2 14	τουτο ὑμιν γνωστον ἐστω, και ἐνωτισασθε τα *ῥηματα* μου.
	5 20	πορευεσθε και σταθεντες λαλειτε ἐν τω ἱερω τω λαω παντα τα *ῥηματα* της ζωης ταυτης.
	32	και ἡμεις ἐσμεν μαρτυρες των *ῥηματων* τουτων, και το πνευμα το ἁγιον ὃ ἐδωκεν ὁ θεος τοις πειθαρχουσιν αὐτω.
	6 11	τοτε ὑπεβαλον ἀνδρας λεγοντας ὁτι ἀκηκοαμεν αὐτου λαλουντος *ῥηματα* βλασφημα εἰς μωυσην και τον θεον·
	13	ὁ ἀνθρωπος οὑτος οὐ παυεται λαλων *ῥηματα* κατα του τοπου του ἁγιου [τουτου] και του νομου·
	10 22	μαρτυρουμενος τε ὑπο ὁλου του ἐθνους των ἰουδαιων, ἐχρηματισθη ὑπο ἀγγελου ἁγιου μεταπεμψασθαι σε εἰς τον οἰκον αὐτου και ἀκουσαι *ῥηματα* παρα σοῦ.
	37	ὑμεις οἰδατε το γενομενον *ῥημα* καθ ὁλης της ἰουδαιας,
	44	ἐτι λαλουντος του πετρου τα *ῥηματα* ταυτα ἐπεπεσεν το πνευμα το ἁγιον ἐπι παντας τους ἀκουοντας τον λογον.
	11 14	ἀποστειλον εἰς ἰοππην και μεταπεμψαι σιμωνα τον ἐπικαλουμενον πετρον, ὃς λαλησει *ῥηματα* προς σέ ἐν οἱς σωθηση συ και πας ὁ οἰκος σου.
	16	ἐμνησθην δε του *ῥηματος* του κυριου, ὡς ἐλεγεν·
	13 42	ἐξιοντων δε αὐτων παρεκαλουν εἰς το μεταξυ σαββατον λαληθηναι αὐτοις τα *ῥηματα* ταυτα.
	16 38	ἀπηγγειλαν δε τοις στρατηγοις οἱ ῥαβδουχοι τα *ῥηματα* ταυτα.
	26 25	οὐ μαινομαι, φησιν, κρατιστε φηστε, ἀλλα ἀληθειας και σωφροσυνης *ῥηματα* ἀποφθεγγομαι.
	28 25	ἀσυμφωνοι δε ὀντες προς ἀλληλους ἀπελυοντο, εἰποντος του παυλου *ῥημα* ἑν,
Rm	10 8	ἐγγυς σου το *ῥημα* ἐστιν, ἐν τω στοματι σου και ἐν τη καρδια σου·
	8	ἐγγυς σου το *ῥημα* ἐστιν, ἐν τω στοματι σου και ἐν τη καρδια σου· τουτ ἐστιν το *ῥημα* της πιστεως ὃ κηρυσσομεν.
	17	ἀρα ἡ πιστις ἐξ ἀκοης, ἡ δε ἀκοη δια *ῥηματος* χριστου.
	18	εἰς πασαν την γην ἐξηλθεν ὁ φθογγος αὐτων, και εἰς τα περατα της οἰκουμενης τα *ῥηματα* αὐτων.
2Co	12 4	και ἠκουσεν ἀρρητα *ῥηματα*,
	13 1	ἐπι στοματος δυο μαρτυρων και τριων σταθησεται παν *ῥημα*.
Eph	5 26	ἱνα αὐτην ἁγιαση καθαρισας τω λουτρω του ὑδατος ἐν *ῥηματι*,
	6 17	και την μαχαιραν του πνευματος, ὁ ἐστιν *ῥημα* θεου,
Heb	1 3	ὃς ὢν ἀπαυγασμα της δοξης και χαρακτηρ της ὑποστασεως αὐτου, φερων τε τα παντα τω *ῥηματι* της δυναμεως αὐτου,
	6 5	και καλον γευσαμενους θεου *ῥημα* δυναμεις τε μελλοντος αἰωνος,
	11 3	πιστει νοουμεν κατηρτισθαι τους αἰωνας *ῥηματι* θεου,
	12 19	οὐ γαρ προσεληλυθατε ψηλαφωμενω και κεκαυμενω πυρι και γνοφω και ζοφω και θυελλη και σαλπιγγος ἠχω και φωνη *ῥηματων*,
1Pt	1 25	το δε *ῥημα* κυριου μενει εἰς τον αἰωνα.
	25	τουτο δε ἐστιν το *ῥημα* το εὐαγγελισθεν εἰς ὑμας.
2Pt	3 2	ἐν αἱς διεγειρω ὑμων ἐν ὑπομνησει την εἰλικρινη διανοιαν, μνησθηναι των προειρημενων *ῥηματων* ὑπο των ἁγιων προφητων
Ju	17	ὑμεις δε, ἀγαπητοι, μνησθητε των *ῥηματων* των προειρημενων ὑπο των ἀποστολων του κυριου ἡμων ἰησου χριστου,

ῥησα [1]

Lc	3 27	του ἰωαναν του *ῥησα* του ζοροβαβελ του σαλαθιηλ του νηρι

ῥητωρ [1]

Ac	24 1	μετα δε πεντε ἡμερας κατεβη ὁ ἀρχιερευς ἁνανιας μετα πρεσβυτερων τινων και *ῥητορος* τερτυλλου τινος,

ῥητως [1]

1Tm	4 1	το δε πνευμα *ῥητως* λεγει ὁτι ἐν ὑστεροις καιροις ἀποστησονται τινες της πιστεως,

ῥιζα [17]

Mt	3 10	ἠδη δε ἡ ἀξινη προς την *ῥιζαν* των δενδρων κειται·
	13 6	ἡλιου δε ἀνατειλαντος ἐκαυματισθη, και δια το μη ἐχειν *ῥιζαν* ἐξηρανθη.
	21	οὐκ ἐχει δε *ῥιζαν* ἐν ἐαυτω ἀλλα προσκαιρος ἐστιν,
Mc	4 6	και δια το μη ἐχειν *ῥιζαν* ἐξηρανθη.
	17	και οὐκ ἐχουσιν *ῥιζαν* ἐν ἐαυτοις ἀλλα προσκαιροι εἰσιν,
	11 20	και παραπορευομενοι πρωι εἰδον την συκην ἐξηραμμενην ἐκ *ῥιζων*.
Lc	3 9	ἠδη δε και ἡ ἀξινη προς την *ῥιζαν* των δενδρων κειται·
	8 13	και οὑτοι *ῥιζαν* οὐκ ἐχουσιν, οἱ προς καιρον πιστευουσιν και ἐν καιρω πειρασμου ἀφιστανται.
Rm	11 16	και εἰ ἡ *ῥιζα* ἁγια, και οἱ κλαδοι.
	17	εἰ δε τινες των κλαδων ἐξεκλασθησαν, συ δε ἀγριελαιος ὢν ἐνεκεντρισθης ἐν αὐτοις και συγκοινωνος της *ῥιζης* της πιοτητος της ἐλαιας ἐγενου, μη κατακαυχω των κλαδων·
	18	εἰ δε κατακαυχασαι, οὐ συ την *ῥιζαν* βασταζεις ἀλλα ἡ *ῥιζα* σέ.
	18	εἰ δε κατακαυχασαι, οὐ συ την *ῥιζαν* βασταζεις ἀλλα ἡ *ῥιζα* σέ.
	15 12	ἐσται ἡ *ῥιζα* του ἰεσσαι, και ὁ ἀνισταμενος ἀρχειν ἐθνων· ἐπ αὐτω ἐθνη ἐλπιουσιν.
1Tm	6 10	*ῥιζα* γαρ παντων των κακων ἐστιν ἡ φιλαργυρια,
Heb	12 15	μη τις *ῥιζα* πικριας ἀνω φυουσα ἐνοχλη και δια ταυτης μιανθωσιν οἱ πολλοι,
Apc	5 5	ἰδου ἐνικησεν ὁ λεων ὁ ἐκ της φυλης ἰουδα, ἡ *ῥιζα* δαυιδ, ἀνοιξαι το βιβλιον και τας ἑπτα σφραγιδας αὐτου.
	22 16	ἐγω εἰμι ἡ *ῥιζα* και το γενος δαυιδ,

ῥιζοω [2]

Eph	3 17	κατοικησαι τον χριστον δια της πιστεως ἐν ταις καρδιαις ὑμων, ἐν ἀγαπη *ἐρριζωμενοι* και τεθεμελιωμενοι,
Col	2 7	ἐν αὐτω περιπατειτε, *ἐρριζωμενοι* και ἐποικοδομουμενοι ἐν αὐτω και βεβαιουμενοι τη πιστει καθως ἐδιδαχθητε,

ῥιπη [1]

1Co	15 52	παντες οὐ κοιμηθησομεθα, παντες δε ἀλλαγησομεθα, ἐν ἀτομω, ἐν *ῥιπη* ὀφθαλμου, ἐν τη ἐσχατη σαλπιγγι·

ῥιπιζω [1]

Ja	1 6	ὁ γαρ διακρινομενος ἐοικεν κλυδωνι θαλασσης ἀνεμιζομενω και *ῥιπιζομενω*.

ῥιπτεω [1]

Ac	22 23	κραυγαζοντων τε αὐτων και *ῥιπτουντων* τα ἱματια και κονιορτον βαλλοντων εἰς τον ἀερα, ἐκελευσεν ὁ χιλιαρχος εἰσαγεσθαι αὐτον εἰς την παρεμβολην,

ῥιπτω [7]

Mt	9 36	ἰδων δε τους ὀχλους ἐσπλαγχνισθη περι αὐτων, ὁτι ἠσαν ἐσκυλμενοι και *ἐρριμμενοι* ὡσει προβατα μη ἐχοντα ποιμενα.
	15 30	και προσηλθον αὐτω ὀχλοι πολλοι ἐχοντες μεθ ἑαυτων χωλους, τυφλους, κυλλους, κωφους, και ἑτερους πολλους, και *ἐρριψαν* αὐτους παρα τους ποδας αὐτου·
	27 5	και *ῥιψας* τα ἀργυρια εἰς τον ναον ἀνεχωρησεν, και ἀπελθων ἀπηγξατο.
Lc	4 35	και *ῥιψαν* αὐτον το δαιμονιον εἰς το μεσον ἐξηλθεν ἀπ αὐτου μηδεν βλαψαν αὐτον.
	17 2	λυσιτελει αὐτω εἰ λιθος μυλικος περικειται περι τον τραχηλον αὐτου και *ἐρριπται* εἰς την θαλασσαν, ἠ ἱνα σκανδαλιση των μικρων τουτων ἑνα.
Ac	27 19	και τη τριτη αὐτοχειρες την σκευην του πλοιου *ἐρριψαν*.
	29	φοβουμενοι τε μη που κατα τραχεις τοπους ἐκπεσωμεν, ἐκ πρυμνης *ῥιψαντες* ἀγκυρας τεσσαρας ηὐχοντο ἡμεραν γενεσθαι.

ῥοβοαμ [2]

Mt	1 7	σολομων δε ἐγεννησεν τον *ῥοβοαμ*,
	7	*ῥοβοαμ* δε ἐγεννησεν τον ἀβια,

ῥοδη [1]

Ac   12 13   κρουσαντος δε αὐτου την θυραν του πυλωνος προσηλθεν παιδισκη ὑπακουσαι ὀνοματι ῥοδη,

ῥοδος [1]

Ac   21 1   εὐθυδρομησαντες ἡλθομεν εἰς την κω, τη δε ἑξης εἰς την ῥοδον κακειθεν εἰς παταρα·

ῥοιζηδον [1]

2Pt   3 10   ἡξει δε ἡμερα κυριου ὡς κλεπτης, ἐν ἡ οἱ οὐρανοι ῥοιζηδον παρελευσονται,

ῥομφαια [7]

Lc   2 35   ἰδου οὑτος κειται εἰς πτωσιν και ἀναστασιν πολλων ἐν τω ἰσραηλ και εἰς σημειον ἀντιλεγομενον και σου [δε] αὐτης την ψυχην διελευσεται ῥομφαια,

Apc   1 16   και ἐκ του στοματος αὐτου ῥομφαια διστομος ὀξεια ἐκπορευομενη,

    2 12   ταδε λεγει ὁ ἐχων την ῥομφαιαν την διστομον την ὀξειαν· οἰδα που κατοικεις·

    16   μετανοησον οὐν· εἰ δε μη, ἐρχομαι σοι ταχυ και πολεμησω μετ αὐτων ἐν τη ῥομφαια του στοματος μου.

    6 8   και ἐδοθη αὐτοις ἐξουσια ἐπι το τεταρτον της γης, ἀποκτειναι ἐν ῥομφαια και ἐν λιμω και ἐν θανατω και ὑπο των θηριων της γης.

    19 15   και ἐκ του στοματος αὐτου ἐκπορευεται ῥομφαια ὀξεια,

    21   και οἱ λοιποι ἀπεκτανθησαν ἐν τη ῥομφαια του καθημενου ἐπι του ἱππου τη ἐξελθουση ἐκ του στοματος αὐτου,

ῥουβην [1]

Apc   7 5   ἐκ φυλης ῥουβην δωδεκα χιλιαδες,

ῥουθ [1]

Mt   1 5   βοες δε ἐγεννησεν τον ἰωβηδ ἐκ της ῥουθ,

ῥουφος [2]

Mc   15 21   και ἀγγαρευουσιν παραγοντα τινα σιμωνα κυρηναιον ἐρχομενον ἀπ ἀγρου, τον πατερα ἀλεξανδρου και ῥουφου, ἱνα ἀρη τον σταυρον αὐτου.

Rm   16 13   ἀσπασασθε ῥουφον τον ἐκλεκτον ἐν κυριω και την μητερα αὐτου και ἐμου.

ῥυμη [4]

Mt   6 2   μη σαλπισης ἐμπροσθεν σου, ὡσπερ οἱ ὑποκριται ποιουσιν ἐν ταις συναγωγαις και ἐν ταις ῥυμαις,

Lc   14 21   ἐξελθε ταχεως εἰς τας πλατειας και ῥυμας της πολεως,

Ac   9 11   ἀναστας πορευθητι ἐπι την ῥυμην την καλουμενην εὐθειαν και ζητησον ἐν οἰκια ἰουδα σαυλον ὀνοματι ταρσεα·

    12 10   και ἐξελθοντες προηλθον ῥυμην μιαν, και εὐθεως ἀπεστη ὁ ἀγγελος ἀπ αὐτου.

ῥυομαι [17]

Mt   6 13   και μη εἰσενεγκης ἡμας εἰς πειρασμον, ἀλλα ῥυσαι ἡμας ἀπο του πονηρου.

    27 43   πεποιθεν ἐπι τον θεον, ῥυσασθω νυν εἰ θελει αὐτον·

Lc   1 74   ὁρκον ὁν ὡμοσεν προς ἀβρααμ τον πατερα ἡμων, του δουναι ἡμιν ἀφοβως ἐκ χειρος ἐχθρων ῥυσθεντας λατρευειν αὐτω ἐν ὁσιοτητι και δικαιοσυνη ἐνωπιον αὐτου πασαις ταις ἡμεραις ἡμων.

Rm   7 24   τις με ῥυσεται ἐκ του σωματος του θανατου τουτου;

    11 26   ἡξει ἐκ σιων ὁ ῥυομενος, ἀποστρεψει ἀσεβειας ἀπο ἰακωβ.

    15 31   ἱνα ῥυσθω ἀπο των ἀπειθουντων ἐν τη ἰουδαια

2Co   1 10   ὁς ἐκ τηλικουτου θανατου ἐρρυσατο ἡμας και ῥυσεται,

    10   ὁς ἐκ τηλικουτου θανατου ἐρρυσατο ἡμας και ῥυσεται,

    10   ὁς ἐκ τηλικουτου θανατου ἐρρυσατο ἡμας και ῥυσεται, εἰς ὁν ἡλπικαμεν [ὁτι] και ἐτι ῥυσεται,

Col   1 13   ὁς ἐρρυσατο ἡμας ἐκ της ἐξουσιας του σκοτους και μετεστησεν εἰς την βασιλειαν του υἱου της ἀγαπης αὐτου,

1Th   1 10   ὁν ἡγειρεν ἐκ [των] νεκρων, ἰησουν τον ῥυομενον ἡμας ἐκ της ὀργης της ἐρχομενης.

ῥυομαι [17]

2Th   3 2   ἱνα ὁ λογος του κυριου τρεχη και δοξαζηται καθως και προς ὑμας, και ἱνα ῥυσθωμεν ἀπο των ἀτοπων και πονηρων ἀνθρωπων·

2Tm   3 11   οἱους διωγμους ὑπηνεγκα, και ἐκ παντων με ἐρρυσατο ὁ κυριος.

    4 17   και ἐρρυσθην ἐκ στοματος λεοντος.

    18   ῥυσεται με ὁ κυριος ἀπο παντος ἐργου πονηρου και σωσει εἰς την βασιλειαν αὐτου την ἐπουρανιον·

2Pt   2 7   και δικαιον λωτ καταπονουμενον ὑπο της των ἀθεσμων ἐν ἀσελγεια ἀναστροφης ἐρρυσατο·

    9   οἰδεν κυριος εὐσεβεις ἐκ πειρασμου ῥυεσθαι,

ῥυπαινομαι [1]

Apc   22 11   ὁ ἀδικων ἀδικησατω ἐτι, και ὁ ῥυπαρος ῥυπανθητω ἐτι,

ῥυπαρια [1]

Ja   1 21   διο ἀποθεμενοι πασαν ῥυπαριαν και περισσειαν κακιας ἐν πραυτητι

ῥυπαρος [2]

Ja   2 2   εἰσελθη δε και πτωχος ἐν ῥυπαρα ἐσθητι,

Apc   22 11   ὁ ἀδικων ἀδικησατω ἐτι, και ὁ ῥυπαρος ῥυπανθητω ἐτι,

ῥυπος [1]

1Pt   3 21   ὁ και ὑμας ἀντιτυπον νυν σωζει βαπτισμα, οὐ σαρκος ἀποθεσις ῥυπου ἀλλα συνειδησεως ἀγαθης ἐπερωτημα εἰς θεον,

ῥυσις [3]

Mc   5 25   και γυνη οὐσα ἐν ῥυσει αἱματος δωδεκα ἐτη,

Lc   8 43   και γυνη οὐσα ἐν ῥυσει αἱματος ἀπο ἐτων δωδεκα, ἡτις [ἰατροις προσαναλωσασα ὁλον τον βιον] οὐκ ἰσχυσεν ἀπ οὐδενος θεραπευθηναι,

    44   και παραχρημα ἐστη ἡ ῥυσις του αἱματος αὐτης.

ῥυτις [1]

Eph   5 27   ἱνα παραστηση αὐτος ἑαυτω ἐνδοξον την ἐκκλησιαν, μη ἐχουσαν σπιλον ἡ ῥυτιδα ἡ τι των τοιουτων,

ῥωμαιος [12]

Jh   11 48   και ἐλευσονται οἱ ῥωμαιοι και ἀρουσιν ἡμων και τον τοπον και το ἐθνος.

Ac   2 10   και οἱ ἐπιδημουντες ῥωμαιοι, ἰουδαιοι τε και προσηλυτοι, κρητες και ἀραβες,

    16 21   και καταγγελλουσιν ἐθη ἁ οὐκ ἐξεστιν ἡμιν παραδεχεσθαι οὐδε ποιειν ῥωμαιοις οὐσιν.

    37   ἀνθρωπους ῥωμαιους ὑπαρχοντας, ἐβαλαν εἰς φυλακην·

    38   ἐφοβηθησαν δε ἀκουσαντες ὁτι ῥωμαιοι εἰσιν,

    22 25   ὡς δε προετειναν αὐτον τοις ἱμασιν, εἰπεν προς τον ἑστωτα ἑκατονταρχον ὁ παυλος· εἰ ἀνθρωπον ῥωμαιον και ἀκατακριτον ἐξεστιν ὑμιν μαστιζειν;

    26   τι μελλεις ποιειν; ὁ γαρ ἀνθρωπος οὑτος ῥωμαιος ἐστιν.

    27   προσελθων δε ὁ χιλιαρχος εἰπεν αὐτω· λεγε μοι, συ ῥωμαιος εἰ;

    29   και ὁ χιλιαρχος δε ἐφοβηθη ἐπιγνους ὁτι ῥωμαιος ἐστιν και ὁτι αὐτον ἡν δεδεκως.

    23 27   τον ἀνδρα τουτον συλλημφθεντα ὑπο των ἰουδαιων και μελλοντα ἀναιρεισθαι ὑπ αὐτων ἐπιστας συν τω στρατευματι ἐξειλαμην, μαθων ὁτι ῥωμαιος ἐστιν·

    25 16   προς οὑς ἀπεκριθην ὁτι οὐκ ἐστιν ἐθος ῥωμαιοις χαριζεσθαι τινα ἀνθρωπον πριν ἡ ὁ κατηγορουμενος κατα προσωπον ἐχοι τους κατηγορους τοπον τε ἀπολογιας λαβοι περι του ἐγκληματος.

    28 17   δεσμιος ἐξ ἱεροσολυμων παρεδοθην εἰς τας χειρας των ῥωμαιων,

ῥωμαιστι [1]

Jh   19 20   και ἡν γεγραμμενον ἑβραιστι, ῥωμαιστι, ἑλληνιστι.

ῥωμη [8]

Ac 18 2 δια το διατεταχεναι κλαυδιον χωριζεσθαι παντας τους ιουδαιους ἀπο της ῥωμης,

19 21 εἰπων ὅτι μετα το γενεσθαι με ἐκει δει με και ῥωμην ἰδειν.

23 11 ὡς γαρ διεμαρτυρω τα περι ἐμου εἰς ἱερουσαλημ, οὑτω σε δει και εἰς ῥωμην μαρτυρησαι.

28 14 και οὑτως εἰς την ῥωμην ἡλθαμεν.

16 ὁτε δε εἰσηλθομεν εἰς ῥωμην, ἐπετραπη τω παυλω μενειν καθ ἑαυτον συν τω φυλασσοντι αὐτον στρατιωτη.

Rm 1 7 πασιν τοις οὑσιν ἐν ῥωμη ἀγαπητοις θεου, κλητοις ἁγιοις· χαρις ὑμιν και εἰρηνη ἀπο θεου πατρος ἡμων και κυριου ἰησου χριστου.

15 οὑτως το κατ ἐμε προθυμον και ὑμιν τοις ἐν ῥωμη εὐαγγελισασθαι.

2Tm 1 17 ὁτι πολλακις με ἀνεψυξεν και την ἁλυσιν μου οὐκ ἐπαισχυνθη, ἀλλα γενομενος ἐν ῥωμη σπουδαιως ἐζητησεν με και εὑρεν·

ῥωννυμαι [1]

Ac 15 29 ἐξ ὡν διατηρουντες ἑαυτους εὐ πραξετε. ἐρρωσθε.

Σ

σαβαχθανι [2]

Mt 27 46 ἠλι ἠλι λεμα σαβαχθανι;
Mc 15 34 ἐλωι ἐλωι λαμα σαβαχθανι;

σαβαωθ [2]

Rm 9 29 εἰ μη κυριος σαβαωθ ἐγκατελιπεν ἡμιν σπερμα, ὡς σοδομα ἀν ἐγενηθημεν και ὡς γομορρα ἀν ὡμοιωθημεν.

Ja 5 4 και αἱ βοαι των θερισαντων εἰς τα ὠτα κυριου σαβαωθ εἰσεληλυθασιν.

σαββατισμος [1]

Heb 4 9 ἀρα ἀπολειπεται σαββατισμος τω λαω του θεου.

σαββατον [68]

Mt 12 1 ἐν ἐκεινω τω καιρω ἐπορευθη ὁ ἰησους τοις σαββασιν δια των σποριμων·

2 ἰδου οἱ μαθηται σου ποιουσιν ὁ οὐκ ἐξεστιν ποιειν ἐν σαββατω.

5 ἠ οὐκ ἀνεγνωτε ἐν τω νομω ὁτι τοις σαββασιν οἱ ἱερεις ἐν τω ἱερω το σαββατον βεβηλουσιν και ἀναιτιοι εἰσιν;

5 ἠ οὐκ ἀνεγνωτε ἐν τω νομω ὁτι τοις σαββασιν οἱ ἱερεις ἐν τω ἱερω το σαββατον βεβηλουσιν και ἀναιτιοι εἰσιν;

8 κυριος γαρ ἐστιν του σαββατου ὁ υἱος του ἀνθρωπου.

10 και ἐπηρωτησαν αὐτον λεγοντες· εἰ ἐξεστιν τοις σαββασιν θεραπευσαι;

11 τις ἐσται ἐξ ὑμων ἀνθρωπος ὁς ἐξει προβατον ἑν, και ἐαν ἐμπεση τουτο τοις σαββασιν εἰς βοθυνον,

12 ὡστε ἐξεστιν τοις σαββασιν καλως ποιειν.

24 20 προσευχεσθε δε ἰνα μη γενηται ἡ φυγη ὑμων χειμωνος μηδε σαββατω·

28 1 ὀψε δε σαββατων, τη ἐπιφωσκουση εἰς μιαν σαββατων, ἡλθεν μαριαμ ἡ μαγδαληνη και ἡ ἀλλη μαρια θεωρησαι τον ταφον.

1 ὀψε δε σαββατων, τη ἐπιφωσκουση εἰς μιαν σαββατων, ἡλθεν μαριαμ ἡ μαγδαληνη και ἡ ἀλλη μαρια θεωρησαι τον ταφον.

Mc 1 21 και εὐθυς τοις σαββασιν εἰσελθων εἰς την συναγωγην ἐδιδασκεν.

2 23 και ἐγενετο αὐτον ἐν τοις σαββασιν παραπορευεσθαι δια των σποριμων,

24 ἰδε τι ποιουσιν τοις σαββασιν ὁ οὐκ ἐξεστιν;

27 το σαββατον δια τον ἀνθρωπον ἐγενετο,

27 το σαββατον δια τον ἀνθρωπον ἐγενετο, και οὐχ ὁ ἀνθρωπος δια το σαββατον·

28 ὡστε κυριος ἐστιν ὁ υἱος του ἀνθρωπου και του σαββατου.

3 2 και παρετηρουν αὐτον εἰ τοις σαββασιν θεραπευσει αὐτον,

4 ἐξεστιν τοις σαββασιν ἀγαθον ποιησαι ἠ κακοποιησαι,

6 2 και γενομενου σαββατου ἠρξατο διδασκειν ἐν τη συναγωγη

σαββατον [68]

Mc 16 1 και διαγενομενου του σαββατου μαρια ἡ μαγδαληνη και μαρια ἡ [του] ἰακωβου και σαλωμη ἠγορασαν ἀρωματα ἰνα ἐλθουσαι ἀλειψωσιν αὐτον.

2 και λιαν πρωι τη μια των σαββατων ἐρχονται ἐπι το μνημειον, ἀνατειλαντος του ἡλιου.

9 ἀναστας δε πρωι πρωτη σαββατου ἐφανη πρωτον μαρια τη μαγδαληνη,

Lc 4 16 και εἰσηλθεν κατα το εἰωθος αὐτω ἐν τη ἡμερα των σαββατων εἰς την συναγωγην,

31 και ἡν διδασκων αὐτους ἐν τοις σαββασιν·

6 1 ἐγενετο δε ἐν σαββατω διαπορευεσθαι αὐτον δια σποριμων,

2 τι ποιειτε ὁ οὐκ ἐξεστιν τοις σαββασιν;

5 κυριος ἐστιν του σαββατου ὁ υἱος του ἀνθρωπου.

6 ἐγενετο δε ἐν ἑτερω σαββατω εἰσελθειν αὐτον εἰς την συναγωγην και διδασκειν·

7 παρετηρουντο δε αὐτον οἱ γραμματεις και οἱ φαρισαιοι εἰ ἐν τω σαββατω θεραπευει, ἰνα εὑρωσιν κατηγορειν αὐτου.

9 ἐπερωτω ὑμας εἰ ἐξεστιν τω σαββατω ἀγαθοποιησαι ἠ κακοποιησαι, ψυχην σωσαι ἠ ἀπολεσαι;

13 10 ἡν δε διδασκων ἐν μια των συναγωγων ἐν τοις σαββασιν.

14 ἀποκριθεις δε ὁ ἀρχισυναγωγος, ἀγανακτων ὁτι τω σαββατω ἐθεραπευσεν ὁ ἰησους,

14 ἐν αὐταις οὐν ἐρχομενοι θεραπευεσθε και μη τη ἡμερα του σαββατου.

15 ὑποκριται, ἑκαστος ὑμων τω σαββατω οὐ λυει τον βουν αὐτου ἠ τον ὀνον ἀπο της φατνης και ἀπαγαγων ποτιζει;

16 ταυτην δε θυγατερα ἀβρααμ οὐσαν, ἡν ἐδησεν ὁ σατανας ἰδου δεκακαιοκτω ἐτη, οὐκ ἐδει λυθηναι ἀπο του δεσμου τουτου τη ἡμερα του σαββατου;

14 1 και ἐγενετο ἐν τω ἐλθειν αὐτον εἰς οἰκον τινος των ἀρχοντων [των] φαρισαιων σαββατω φαγειν ἀρτον,

3 ἐξεστιν τω σαββατω θεραπευσαι ἠ οὐ;

5 τινος ὑμων υἱος ἠ βους εἰς φρεαρ πεσειται, και οὐκ εὐθεως ἀνασπασει αὐτον ἐν ἡμερα του σαββατου;

18 12 νηστευω δις του σαββατου, ἀποδεκατω παντα ὁσα κτωμαι.

23 54 και ἡμερα ἡν παρασκευης, και σαββατον ἐπεφωσκεν.

56 και το μεν σαββατον ἡσυχασαν κατα την ἐντολην,

24 1 τη δε μια των σαββατων ὀρθρου βαθεως ἐπι το μνημα ἡλθον φερουσαι ἀ ἡτοιμασαν ἀρωματα.

Jh 5 9 ἡν δε σαββατον ἐν ἐκεινη τη ἡμερα.

10 σαββατον ἐστιν, και οὐκ ἐξεστιν σοι ἀραι τον κραβαττον σου.

16 και δια τουτο ἐδιωκον οἱ ἰουδαιοι τον ἰησουν, ὁτι ταυτα ἐποιει ἐν σαββατω.

18 δια τουτο οὐν μαλλον ἐζητουν αὐτον οἱ ἰουδαιοι ἀποκτειναι, ὁτι οὐ μονον ἐλυεν το σαββατον, ἀλλα και πατερα ἰδιον ἐλεγεν τον θεον,

7 22 δια τουτο μωυσης δεδωκεν ὑμιν την περιτομην, οὐχ ὁτι ἐκ του μωυσεως ἐστιν ἀλλ ἐκ των πατερων, και ἐν σαββατω περιτεμνετε ἀνθρωπον.

23 εἰ περιτομην λαμβανει ὁ ἀνθρωπος ἐν σαββατω ἰνα μη λυθη ὁ νομος μωυσεως, ἐμοι χολατε ὁτι ὁλον ἀνθρωπον ὑγιη ἐποιησα ἐν σαββατω;

23 εἰ περιτομην λαμβανει ὁ ἀνθρωπος ἐν σαββατω ἰνα μη λυθη ὁ νομος μωυσεως, ἐμοι χολατε ὁτι ὁλον ἀνθρωπον ὑγιη ἐποιησα ἐν σαββατω;

9 14 ἡν δε σαββατον ἐν ἡ ἡμερα τον πηλον ἐποιησεν ὁ ἰησους και ἀνεωξεν αὐτου τους ὀφθαλμους.

16 οὐκ ἐστιν οὑτος παρα θεου ὁ ἀνθρωπος, ὁτι το σαββατον οὐ τηρει.

19 31 οἱ οὐν ἰουδαιοι, ἐπει παρασκευη ἡν, ἰνα μη μεινη ἐπι του σταυρου τα σωματα ἐν τω σαββατω, ἡν γαρ μεγαλη ἡ ἡμερα ἐκεινου του σαββατου, ἠρωτησαν τον πιλατον

31 οἱ οὐν ἰουδαιοι, ἐπει παρασκευη ἡν, ἰνα μη μεινη ἐπι του σταυρου τα σωματα ἐν τω σαββατω, ἡν γαρ μεγαλη ἡ ἡμερα ἐκεινου του σαββατου, ἠρωτησαν τον πιλατον

20 1 τη δε μια των σαββατων μαρια ἡ μαγδαληνη ἐρχεται πρωι σκοτιας ἐτι οὐσης εἰς το μνημειον,

19 οὐσης οὐν ὀψιας τη ἡμερα ἐκεινη τη μια σαββατων,

Ac 1 12 τοτε ὑπεστρεψαν εἰς ἱερουσαλημ ἀπο ὀρους του καλουμενου ἐλαιωνος, ὁ ἐστιν ἐγγυς ἱερουσαλημ σαββατου ἐχον ὁδον.

13 14 και [εἰσ]ελθοντες εἰς την συναγωγην τη ἡμερα των σαββατων ἐκαθισαν.

27 οἱ γαρ κατοικουντες ἐν ἱερουσαλημ και οἱ ἀρχοντες αὐτων τουτον ἀγνοησαντες και τας φωνας των προφητων τας κατα παν σαββατον ἀναγινωσκομενας κριναντες ἐπληρωσαν,

42 ἐξιοντων δε αὐτων παρεκαλουν εἰς το μεταξυ σαββατον λαληθηναι αὐτοις τα ῥηματα ταυτα.

44 τω δε ἐρχομενω σαββατω σχεδον πασα ἡ πολις συνηχθη ἀκουσαι τον λογον του κυριου.

σαββατον [68]

Ac 15 21 μωυσης γαρ ἐκ γενεων ἀρχαιων κατα πολιν τους
κηρυσσοντας αὐτον ἐχει ἐν ταις συναγωγαις κατα παν
σαββατον ἀναγινωσκομενος.

16 13 τῃ τε ἡμερᾳ των σαββατων ἐξηλθομεν ἐξω της πυλης παρα
ποταμον οὗ ἐνομιζομεν προσευχην εἰναι,

17 2 κατα δε το εἰωθος τῳ παυλῳ εἰσηλθεν προς αὐτους, και ἐπι
σαββατα τρια διελεξατο αὐτοις ἀπο των γραφων,

18 4 διελεγετο δε ἐν τῃ συναγωγῃ κατα παν σαββατον, ἐπειθεν τε
ἰουδαιους και ἑλληνας.

20 7 ἐν δε τῃ μιᾳ των σαββατων συνηγμενων ἡμων κλασαι ἀρτον
ὁ παυλος διελεγετο αὐτοις,

1Co 16 2 κατα μιαν σαββατου ἑκαστος ὑμων παρ ἑαυτῳ τιθετω
θησαυριζων ὁτι ἐαν εὐοδωται,

Col 2 16 μη οὐν τις ὑμας κρινετω ἐν βρωσει και ἐν ποσει ἠ ἐν μερει
ἑορτης ἠ νεομηνιας ἠ σαββατων,

σαγηνη [1]

Mt 13 47 παλιν ὁμοια ἐστιν ἡ βασιλεια των οὐρανων σαγηνῃ βληθεισῃ
εἰς την θαλασσαν και ἐκ παντος γενους συναγαγουσῃ·

σαδδουκαιος [14]

Mt 3 7 ἰδων δε πολλους των φαρισαιων και σαδδουκαιων
ἐρχομενους ἐπι το βαπτισμα αὐτου εἰπεν αὐτοις·

16 1 και προσελθοντες οἱ φαρισαιοι και σαδδουκαιοι πειραζοντες
ἐπηρωτησαν αὐτον σημειον ἐκ του οὐρανου ἐπιδειξαι αὐτοις.

6 ὁρατε και προσεχετε ἀπο της ζυμης των φαρισαιων και
σαδδουκαιων.

11 πως οὐ νοειτε ὁτι οὐ περι ἀρτων εἰπον ὑμιν; προσεχετε δε
ἀπο της ζυμης των φαρισαιων και σαδδουκαιων.

12 τοτε συνηκαν ὁτι οὐκ εἰπεν προσεχειν ἀπο της ζυμης των
ἀρτων, ἀλλα ἀπο της διδαχης των φαρισαιων και
σαδδουκαιων.

22 23 ἐν ἐκεινῃ τῃ ἡμερᾳ προσηλθον αὐτῳ σαδδουκαιοι,

34 οἱ δε φαρισαιοι ἀκουσαντες ὁτι ἐφιμωσεν τους
σαδδουκαιους, συνηχθησαν ἐπι το αὐτο,

Mc 12 18 και ἐρχονται σαδδουκαιοι προς αὐτον,

Lc 20 27 προσελθοντες δε τινες των σαδδουκαιων, οἱ [ἀντι]λεγοντες
ἀναστασιν μη εἰναι,

Ac 4 1 λαλουντων δε αὐτων προς τον λαον, ἐπεστησαν αὐτοις οἱ
ἱερεις και ὁ στρατηγος του ἱερου και οἱ σαδδουκαιοι,

5 17 ἀναστας δε ὁ ἀρχιερευς και παντες οἱ συν αὐτῳ, ἡ οὐσα
αἱρεσις των σαδδουκαιων,

23 6 γνους δε ὁ παυλος ὁτι το ἑν μερος ἐστιν σαδδουκαιων το δε
ἑτερον φαρισαιων ἐκραζεν ἐν τῳ συνεδριῳ·

7 τουτο δε αὐτου εἰποντος ἐγενετο στασις των φαρισαιων και
σαδδουκαιων,

8 σαδδουκαιοι μεν γαρ λεγουσιν μη εἰναι ἀναστασιν μητε
ἀγγελον μητε πνευμα, φαρισαιοι δε ὁμολογουσιν τα
ἀμφοτερα.

σαδωκ [2]

Mt 1 14 ἀζωρ δε ἐγεννησεν τον σαδωκ,

14 σαδωκ δε ἐγεννησεν τον ἀχιμ,

σαινω [1]

1Th 3 3 εἰς το στηριξαι ὑμας και παρακαλεσαι ὑπερ της πιστεως ὑμων
το μηδενα σαινεσθαι ἐν ταις θλιψεσιν ταυταις.

σακκος [4]

Mt 11 21 ὁτι εἰ ἐν τυρῳ και σιδωνι ἐγενοντο αἱ δυναμεις αἱ γενομεναι
ἐν ὑμιν, παλαι ἀν ἐν σακκῳ και σποδῳ μετενοησαν.

Lc 10 13 ὁτι εἰ ἐν τυρῳ και σιδωνι ἐγενηθησαν αἱ δυναμεις αἱ
γενομεναι ἐν ὑμιν, παλαι ἀν ἐν σακκῳ και σποδῳ καθημενοι
μετενοησαν.

Apc 6 12 και ὁ ἡλιος ἐγενετο μελας ὡς σακκος τριχινος,

11 3 και προφητευσουσιν ἡμερας χιλιασδιακοσιασεξηκοντα
περιβεβλημενοι σακκους.

σαλα [2]

Lc 3 32 του ἰεσσαι του ἰωβηδ του βοος του σαλα του ναασσων

35 του σερουχ του ραγαυ του φαλεκ του ἐβερ του σαλα

σαλαθιηλ [3]

Mt 1 12 μετα δε την μετοικεσιαν βαβυλωνος ἰεχονιας ἐγεννησεν τον
σαλαθιηλ,

12 σαλαθιηλ δε ἐγεννησεν τον ζοροβαβελ,

Lc 3 27 του ἰωαναν του ρησα του ζοροβαβελ του σαλαθιηλ του νηρι

σαλαμις [1]

Ac 13 5 και γενομενοι ἐν σαλαμινι κατηγγελλον τον λογον του θεου
ἐν ταις συναγωγαις των ἰουδαιων·

σαλειμ [1]

Jh 3 23 ἠν δε και ὁ ἰωαννης βαπτιζων ἐν αἰνων ἐγγυς του σαλειμ,

σαλευω [15]

Mt 11 7 τι ἐξηλθατε εἰς την ἐρημον θεασασθαι; καλαμον ὑπο ἀνεμου
σαλευομενον;

24 29 και αἱ δυναμεις των οὐρανων σαλευθησονται.

Mc 13 25 και αἱ δυναμεις αἱ ἐν τοις οὐρανοις σαλευθησονται.

Lc 6 38 μετρον καλον πεπιεσμενον σεσαλευμενον ὑπερεκχυννομενον
δωσουσιν εἰς τον κολπον ὑμων·

48 πλημμυρης δε γενομενης προσερηξεν ὁ ποταμος τῃ οἰκιᾳ
ἐκεινῃ, και οὐκ ἰσχυσεν σαλευσαι αὐτην δια το καλως
οἰκοδομησθαι αὐτην.

7 24 τι ἐξηλθατε εἰς την ἐρημον θεασασθαι; καλαμον ὑπο ἀνεμου
σαλευομενον;

21 26 αἱ γαρ δυναμεις των οὐρανων σαλευθησονται.

Ac 2 25 προορωμην τον κυριον ἐνωπιον μου δια παντος, ὁτι ἐκ δεξιων
μου ἐστιν, ἱνα μη σαλευθω.

4 31 και δεηθεντων αὐτων ἐσαλευθη ὁ τοπος ἐν ᾡ ἠσαν
συνηγμενοι,

16 26 ἀφνω δε σεισμος ἐγενετο μεγας, ὡστε σαλευθηναι τα θεμελια
του δεσμωτηριου·

17 13 ὡς δε ἐγνωσαν οἱ ἀπο της θεσσαλονικης ἰουδαιοι ὁτι και ἐν
τῃ βεροιᾳ κατηγγελη ὑπο του παυλου ὁ λογος του θεου,
ἠλθον κακει σαλευοντες και ταρασσοντες τους ὀχλους.

2Th 2 2 ἐρωτωμεν δε ὑμας, ἀδελφοι, ὑπερ της παρουσιας του κυριου
ἡμων ἰησου χριστου και ἡμων ἐπισυναγωγης ἐπ αὐτον, εἰς το
μη ταχεως σαλευθηναι ὑμας ἀπο του νοος

Heb 12 26 οὗ ἡ φωνη την γην ἐσαλευσεν τοτε, νυν δε ἐπηγγελται λεγων·

27 το δε ἐτι ἀπαξ δηλοι [την] των σαλευομενων μεταθεσιν ὡς
πεποιημενων,

27 το δε ἐτι ἀπαξ δηλοι [την] των σαλευομενων μεταθεσιν ὡς
πεποιημενων, ἱνα μεινῃ τα μη σαλευομενα.

σαλημ [2]

Heb 7 1 οὑτος γαρ ὁ μελχισεδεκ, βασιλευς σαλημ, ἱερευς του θεου του
ὑψιστου,

2 πρωτον μεν ἑρμηνευομενος βασιλευς δικαιοσυνης, ἐπειτα δε
και βασιλευς σαλημ,

σαλμων [2]

Mt 1 4 ναασσων δε ἐγεννησεν τον σαλμων,

5 σαλμων δε ἐγεννησεν τον βοες ἐκ της ραχαβ,

σαλμωνη [1]

Ac 27 7 ἐν ἱκαναις δε ἡμεραις βραδυπλοουντες και μολις γενομενοι
κατα την κνιδον, μη προσεωντος ἡμας του ἀνεμου,
ὑπεπλευσαμεν την κρητην κατα σαλμωνην,

σαλος [1]

Lc 21 25 και ἐπι της γης συνοχη ἐθνων ἐν ἀποριᾳ ἠχους θαλασσης και
σαλου, ἀποψυχοντων ἀνθρωπων ἀπο φοβου και προσδοκιας
των ἐπερχομενων τῃ οἰκουμενῃ·

σαλπιγξ [11]

Mt 24 31 και ἀποστελει τους ἀγγελους αὐτου μετα σαλπιγγος μεγαλης,

1Co 14 8 και γαρ ἐαν ἀδηλον σαλπιγξ φωνην δῳ, τις παρασκευασεται
εἰς πολεμον;

15 52 παντες οὐ κοιμηθησομεθα, παντες δε ἀλλαγησομεθα, ἐν
ἀτομῳ, ἐν ριπῃ ὀφθαλμου, ἐν τῃ ἐσχατῃ σαλπιγγι·

1Th 4 16 ὁτι αὐτος ὁ κυριος ἐν κελευσματι, ἐν φωνῃ ἀρχαγγελου και
ἐν σαλπιγγι θεου, καταβησεται ἀπ οὐρανου,

σαλπιγξ [11]

Heb 12 19 οὗ γὰρ προσεληλύθατε ψηλαφωμένῳ καὶ κεκαυμένῳ πυρὶ καὶ γνόφῳ καὶ ζόφῳ καὶ θυέλλῃ καὶ σάλπιγγος ἤχῳ

Apc 1 10 καὶ ἤκουσα ὀπίσω μου φωνὴν μεγάλην ὡς σάλπιγγος λεγούσης·

4 1 καὶ ἡ φωνὴ ἡ πρώτη ἣν ἤκουσα ὡς σάλπιγγος λαλούσης μετ ἐμοῦ, λεγων·

8 2 καὶ ἐδόθησαν αὐτοῖς ἑπτὰ σάλπιγγες.

6 καὶ οἱ ἑπτὰ ἄγγελοι οἱ ἔχοντες τὰς ἑπτὰ σάλπιγγας ἡτοίμασαν αὐτοὺς ἵνα σαλπίσωσιν.

13 οὐαὶ οὐαὶ οὐαὶ τοὺς κατοικοῦντας ἐπὶ τῆς γῆς ἐκ τῶν λοιπῶν φωνῶν τῆς σάλπιγγος τῶν τριῶν ἀγγέλων τῶν μελλόντων σαλπίζειν.

9 14 καὶ ἤκουσα φωνὴν μίαν ἐκ τῶν [τεσσαρων] κεράτων τοῦ θυσιαστηρίου τοῦ χρυσοῦ τοῦ ἐνώπιον τοῦ θεοῦ, λεγοντα τῷ ἕκτῳ ἀγγέλῳ, ὁ ἔχων τὴν σάλπιγγα· λῦσον τοὺς τέσσαρας ἀγγέλους

σαλπιζω [12]

Mt 6 2 ὅταν οὖν ποιῇς ἐλεημοσύνην, μὴ σαλπίσῃς ἔμπροσθέν σου,

1Co 15 52 σαλπίσει γάρ, καὶ οἱ νεκροὶ ἐγερθήσονται ἄφθαρτοι,

Apc 8 6 καὶ οἱ ἑπτὰ ἄγγελοι οἱ ἔχοντες τὰς ἑπτὰ σάλπιγγας ἡτοίμασαν αὐτοὺς ἵνα σαλπίσωσιν.

7 καὶ ὁ πρῶτος ἐσάλπισεν· καὶ ἐγένετο χάλαζα καὶ πῦρ μεμιγμένα ἐν αἵματι

8 καὶ ὁ δεύτερος ἄγγελος ἐσάλπισεν· καὶ ὡς ὄρος μέγα πυρὶ καιόμενον ἐβλήθη εἰς τὴν θάλασσαν·

10 καὶ ὁ τρίτος ἄγγελος ἐσάλπισεν· καὶ ἔπεσεν ἐκ τοῦ οὐρανοῦ ἀστὴρ μέγας καιόμενος ὡς λαμπάς,

12 καὶ ὁ τέταρτος ἄγγελος ἐσάλπισεν· καὶ ἐπλήγη τὸ τρίτον τοῦ ἡλίου

13 οὐαὶ οὐαὶ οὐαὶ τοὺς κατοικοῦντας ἐπὶ τῆς γῆς ἐκ τῶν λοιπῶν φωνῶν τῆς σάλπιγγος τῶν τριῶν ἀγγέλων τῶν μελλόντων σαλπίζειν.

9 1 καὶ ὁ πέμπτος ἄγγελος ἐσάλπισεν· καὶ εἶδον ἀστέρα ἐκ τοῦ οὐρανοῦ πεπτωκότα εἰς τὴν γῆν,

13 καὶ ὁ ἕκτος ἄγγελος ἐσάλπισεν· καὶ ἤκουσα φωνὴν μίαν ἐκ τῶν [τεσσαρων] κεράτων τοῦ θυσιαστηρίου τοῦ χρυσοῦ τοῦ ἐνώπιον τοῦ θεοῦ,

10 7 ἀλλ ἐν ταῖς ἡμέραις τῆς φωνῆς τοῦ ἑβδόμου ἀγγέλου, ὅταν μέλλῃ σαλπίζειν, καὶ ἐτελέσθη τὸ μυστήριον τοῦ θεοῦ,

11 15 καὶ ὁ ἕβδομος ἄγγελος ἐσάλπισεν· καὶ ἐγένοντο φωναὶ μεγάλαι ἐν τῷ οὐρανῷ,

σαλπιστης [1]

Apc 18 22 καὶ φωνὴ κιθαρῳδῶν καὶ μουσικῶν καὶ αὐλητῶν καὶ σαλπιστῶν οὐ μὴ ἀκουσθῇ ἐν σοὶ ἔτι,

σαλωμη [2]

Mc 15 40 ἦσαν δὲ καὶ γυναῖκες ἀπὸ μακρόθεν θεωροῦσαι, ἐν αἷς καὶ μαρία ἡ μαγδαληνὴ καὶ μαρία ἡ ἰακώβου τοῦ μικροῦ καὶ ἰωσῆτος μήτηρ καὶ σαλώμη,

16 1 καὶ διαγενομένου τοῦ σαββάτου μαρία ἡ μαγδαληνὴ καὶ μαρία ἡ [τοῦ] ἰακώβου καὶ σαλώμη ἠγόρασαν ἀρώματα ἵνα ἐλθοῦσαι ἀλείψωσιν αὐτόν.

σαμαρεια [11]

Lc 17 11 καὶ ἐγένετο ἐν τῷ πορεύεσθαι εἰς ἱερουσαλημ, καὶ αὐτὸς διήρχετο διὰ μέσον σαμαρείας καὶ γαλιλαίας.

Jh 4 4 ἔδει δὲ αὐτὸν διέρχεσθαι διὰ τῆς σαμαρείας.

5 ἔρχεται οὖν εἰς πόλιν τῆς σαμαρείας λεγομένην συχαρ,

7 ἔρχεται γυνὴ ἐκ τῆς σαμαρείας ἀντλῆσαι ὕδωρ.

Ac 1 8 καὶ ἔσεσθέ μου μάρτυρες ἔν τε ἱερουσαλημ καὶ [ἐν] πάσῃ τῇ ἰουδαίᾳ καὶ σαμαρείᾳ καὶ ἕως ἐσχάτου τῆς γῆς.

8 1 πάντες δὲ διεσπάρησαν κατὰ τὰς χώρας τῆς ἰουδαίας καὶ σαμαρείας πλὴν τῶν ἀποστόλων.

5 φίλιππος δὲ κατελθὼν εἰς [τὴν] πόλιν τῆς σαμαρείας ἐκήρυσσεν αὐτοῖς τὸν χριστον.

9 ἀνὴρ δέ τις ὀνόματι σίμων προϋπῆρχεν ἐν τῇ πόλει μαγεύων καὶ ἐξιστάνων τὸ ἔθνος τῆς σαμαρείας, λεγων εἶναί τινα ἑαυτὸν μέγαν,

14 ἀκούσαντες δὲ οἱ ἐν ἱεροσολύμοις ἀπόστολοι ὅτι δέδεκται ἡ σαμαρεία τὸν λόγον τοῦ θεοῦ, ἀπέστειλαν πρὸς αὐτοὺς πέτρον καὶ ἰωάννην,

9 31 ἡ μὲν οὖν ἐκκλησία καθ ὅλης τῆς ἰουδαίας καὶ γαλιλαίας καὶ σαμαρείας εἶχεν εἰρήνην οἰκοδομουμένη

σαμαρεια [11]

Ac 15 3 οἱ μὲν οὖν προπεμφθέντες ὑπὸ τῆς ἐκκλησίας διήρχοντο τήν τε φοινίκην καὶ σαμαρείαν ἐκδιηγούμενοι τὴν ἐπιστροφὴν τῶν ἐθνῶν,

σαμαριτης [9]

Mt 10 5 καὶ εἰς πόλιν σαμαριτῶν μὴ εἰσέλθητε·

Lc 9 52 καὶ πορευθέντες εἰσῆλθον εἰς κώμην σαμαριτῶν, ὡς ἑτοιμάσαι αὐτῷ·

10 33 σαμαρίτης δέ τις ὁδεύων ἦλθεν κατ αὐτὸν καὶ ἰδὼν ἐσπλαγχνίσθη,

17 16 καὶ αὐτὸς ἦν σαμαρίτης.

Jh 4 9 οὐ γὰρ συγχρῶνται ἰουδαῖοι σαμαρίταις.

39 ἐκ δὲ τῆς πόλεως ἐκείνης πολλοὶ ἐπίστευσαν εἰς αὐτὸν τῶν σαμαριτῶν διὰ τὸν λόγον τῆς γυναικὸς μαρτυρούσης ὅτι εἶπέν μοι πάντα ἃ ἐποίησα.

40 ὡς οὖν ἦλθον πρὸς αὐτὸν οἱ σαμαρῖται, ἠρώτων αὐτὸν μεῖναι παρ αὐτοῖς·

8 48 οὐ καλῶς λέγομεν ἡμεῖς ὅτι σαμαρίτης εἶ σὺ καὶ δαιμόνιον ἔχεις;

Ac 8 25 οἱ μὲν οὖν διαμαρτυράμενοι καὶ λαλήσαντες τὸν λόγον τοῦ κυρίου ὑπέστρεφον εἰς ἱεροσόλυμα, πολλάς τε κώμας τῶν σαμαριτῶν εὐηγγελίζοντο.

σαμαριτις [2]

Jh 4 9 λέγει οὖν αὐτῷ ἡ γυνὴ ἡ σαμαρῖτις· πῶς σὺ ἰουδαῖος ὢν παρ ἐμοῦ πεῖν αἰτεῖς γυναικὸς σαμαρίτιδος οὔσης;

9 πῶς σὺ ἰουδαῖος ὢν παρ ἐμοῦ πεῖν αἰτεῖς γυναικὸς σαμαρίτιδος οὔσης;

σαμοθρακη [1]

Ac 16 11 ἀναχθέντες δὲ ἀπὸ τρωάδος εὐθυδρομήσαμεν εἰς σαμοθρακην,

σαμος [1]

Ac 20 15 κἀκεῖθεν ἀποπλεύσαντες τῇ ἐπιούσῃ κατηντήσαμεν ἄντικρυς χίου, τῇ δὲ ἑτέρᾳ παρεβάλομεν εἰς σαμον,

σαμουηλ [3]

Ac 3 24 καὶ πάντες δὲ οἱ προφῆται ἀπὸ σαμουηλ καὶ τῶν καθεξῆς ὅσοι ἐλάλησαν καὶ κατήγγειλαν τὰς ἡμέρας ταύτας.

13 20 καὶ μετὰ ταῦτα ἔδωκεν κριτὰς ἕως σαμουηλ [τοῦ] προφήτου.

Heb 11 32 ἐπιλείψει με γὰρ διηγούμενον ὁ χρόνος περὶ γεδεων, βαρακ, σαμψων, ἰεφθαε, δαυιδ τε καὶ σαμουηλ καὶ τῶν προφητῶν,

σαμψων [1]

Heb 11 32 ἐπιλείψει με γὰρ διηγούμενον ὁ χρόνος περὶ γεδεων, βαρακ, σαμψων, ἰεφθαε, δαυιδ τε καὶ σαμουηλ καὶ τῶν προφητῶν,

σανδαλιον [2]

Mc 6 9 καὶ παρήγγειλεν αὐτοῖς ἵνα μηδὲν αἴρωσιν εἰς ὁδὸν εἰ μὴ ῥάβδον μόνον, μὴ ἄρτον, μὴ πήραν, μὴ εἰς τὴν ζώνην χαλκόν, ἀλλὰ ὑποδεδεμένους σανδάλια, καὶ μὴ ἐνδύσησθε δύο χιτῶνας.

Ac 12 8 ζῶσαι καὶ ὑπόδησαι τὰ σανδάλιά σου.

σανις [1]

Ac 27 44 καὶ τοὺς λοιποὺς οὓς μὲν ἐπὶ σανισιν, οὓς δὲ ἐπὶ τινων τῶν ἀπὸ τοῦ πλοίου.

σαουλ [9]

Ac 9 4 σαουλ σαουλ, τί με διώκεις;

4 σαουλ σαουλ, τί με διώκεις;

17 σαουλ ἀδελφέ, ὁ κύριος ἀπέσταλκέν με, ἰησοῦς ὁ ὀφθείς σοι ἐν τῇ ὁδῷ ᾗ ἤρχου, ὅπως ἀναβλέψῃς καὶ πλησθῇς πνεύματος ἁγίου.

13 21 κἀκεῖθεν ᾐτήσαντο βασιλέα, καὶ ἔδωκεν αὐτοῖς ὁ θεὸς τὸν σαουλ υἱὸν κις,

22 7 σαουλ σαουλ, τί με διώκεις;

7 σαουλ σαουλ, τί με διώκεις;

σαουλ [9]

Ac	22 13	και έπιστας είπεν μοι· σαουλ άδελφε, άναβλεψον.
	26 14	σαουλ σαουλ, τί με διωκεις;
	14	σαουλ σαουλ, τί με διωκεις;

σαπρος [8]

Mt	7 17	το δε σαπρον δενδρον καρπους πονηρους ποιει.
	18	ουδε δενδρον σαπρον καρπους καλους ποιειν.
	12 33	ή ποιησατε το δενδρον σαπρον και τον καρπον αυτου σαπρον·
	33	ή ποιησατε το δενδρον σαπρον και τον καρπον αυτου σαπρον·
	13 48	τα δε σαπρα έξω έβαλον.
Lc	6 43	ού γαρ έστιν δενδρον καλον ποιουν καρπον σαπρον, ουδε παλιν δενδρον σαπρον ποιουν καρπον καλον.
	43	ού γαρ έστιν δενδρον καλον ποιουν καρπον σαπρον, ουδε παλιν δενδρον σαπρον ποιουν καρπον καλον.
Eph	4 29	πας λογος σαπρος έκ του στοματος ύμων μη έκπορευεσθω,

σαπφιρα [1]

Ac	5 1	άνηρ δε τις άνανιας όνοματι συν σαπφιρη τη γυναικι αύτου έπωλησεν κτημα,

σαπφιρος [1]

Apc	21 19	ό θεμελιος ό πρωτος ίασπις, ό δευτερος σαπφιρος,

σαργανη [1]

2Co	11 33	και δια θυριδος έν σαργανη έχαλασθην δια του τειχους και έξεφυγον τας χειρας αύτου.

σαρδεις [3]

Apc	1 11	είς έφεσον και είς σμυρναν και είς περγαμον και είς θυατειρα και είς σαρδεις και είς φιλαδελφειαν και είς λαοδικειαν.
	3 1	και τω άγγελω της έν σαρδεσιν έκκλησιας γραφον·
	4	άλλα έχεις όλιγα όνοματα έν σαρδεσιν ά ούκ έμολυναν τα ίματια αύτων,

σαρδιον [2]

Apc	4 3	και ό καθημενος όμοιος όρασει λιθω ίασπιδι και σαρδιω,
	21 20	ό πεμπτος σαρδονυξ, ό έκτος σαρδιον,

σαρδονυξ [1]

Apc	21 20	ό πεμπτος σαρδονυξ, ό έκτος σαρδιον,

σαρεπτα [1]

Lc	4 26	ώς έγενετο λιμος μεγας έπι πασαν την γην, και προς ούδεμιαν αύτων έπεμφθη ήλιας εί μη είς σαρεπτα της σιδωνιας προς γυναικα χηραν.

σαρκικος [7]

Rm	15 27	εί γαρ τοις πνευματικοις αύτων έκοινωνησαν τα έθνη, όφειλουσιν και έν τοις σαρκικοις λειτουργησαι αύτοις.
1Co	3 3	άλλ ουδε έτι νυν δυνασθε, έτι γαρ σαρκικοι έστε.
	3	όπου γαρ έν ύμιν ζηλος και έρις, ούχι σαρκικοι έστε και κατα άνθρωπον περιπατειτε;
	9 11	εί ήμεις ύμιν τα πνευματικα έσπειραμεν, μεγα εί ήμεις ύμων τα σαρκικα θερισομεν;
2Co	1 12	το μαρτυριον της συνειδησεως ήμων, ότι έν άπλοτητι και είλικρινεια του θεου, [και] ούκ έν σοφια σαρκικη άλλ έν χαριτι θεου, άνεστραφημεν έν τω κοσμω,
	10 4	τα γαρ όπλα της στρατειας ήμων ού σαρκικα άλλα δυνατα τω θεω προς καθαιρεσιν όχυρωματων,
1Pt	2 11	άγαπητοι, παρακαλω ώς παροικους και παρεπιδημους άπεχεσθαι των σαρκικων έπιθυμιων,

σαρκινος [4]

Rm	7 14	έγω δε σαρκινος είμι, πεπραμενος ύπο την άμαρτιαν.
1Co	3 1	καγω, άδελφοι, ούκ ήδυνηθην λαλησαι ύμιν ώς πνευματικοις άλλ ώς σαρκινοις, ώς νηπιοις έν χριστω.

σαρκινος [4]

2Co	3 3	έγγεγραμμενη ού μελανι άλλα πνευματι θεου ζωντος, ούκ έν πλαξιν λιθιναις άλλ έν πλαξιν καρδιαις σαρκιναις.
Heb	7 16	εί κατα την όμοιοτητα μελχισεδεκ άνισταται ίερευς έτερος, ός ού κατα νομον έντολης σαρκινης γεγονεν άλλα κατα δυναμιν ζωης άκαταλυτου.

σαρξ [147]

Mt	16 17	μακαριος εί, σιμων βαριωνα, ότι σαρξ και αίμα ούκ άπεκαλυψεν σοι άλλ ό πατηρ μου ό έν τοις ούρανοις.
	19 5	ένεκα τουτου καταλειψει άνθρωπος τον πατερα και την μητερα και κολληθησεται τη γυναικι αύτου, και έσονται οί δυο είς σαρκα μιαν.
	6	ένεκα τουτου καταλειψει άνθρωπος τον πατερα και την μητερα και κολληθησεται τη γυναικι αύτου, και έσονται οί δυο είς σαρκα μιαν. ώστε ούκετι είσιν δυο άλλα σαρξ μια.
	24 22	και εί μη έκολοβωθησαν αί ήμεραι έκειναι, ούκ άν έσωθη πασα σαρξ·
	26 41	το μεν πνευμα προθυμον, ή δε σαρξ άσθενης.
Mc	10 8	ένεκεν τουτου καταλειψει άνθρωπος τον πατερα αύτου και την μητερα [και προσκολληθησεται προς την γυναικα αύτου,] και έσονται οί δυο είς σαρκα μιαν·
	8	ένεκεν τουτου καταλειψει άνθρωπος τον πατερα αύτου και την μητερα [και προσκολληθησεται προς την γυναικα αύτου,] και έσονται οί δυο είς σαρκα μιαν· ώστε ούκετι είσιν δυο άλλα μια σαρξ.
	13 20	και εί μη έκολοβωσεν κυριος τας ήμερας, ούκ άν έσωθη πασα σαρξ·
	14 38	το μεν πνευμα προθυμον, ή δε σαρξ άσθενης.
Lc	3 6	και όψεται πασα σαρξ το σωτηριον του θεου.
	24 39	ψηλαφησατε με και ίδετε, ότι πνευμα σαρκα και όστεα ούκ έχει καθως έμε θεωρειτε έχοντα.
Jh	1 13	οί ούκ έξ αίματων ούδε έκ θεληματος σαρκος ούδε έκ θεληματος άνδρος άλλ έκ θεου έγεννηθησαν.
	14	και ό λογος σαρξ έγενετο και έσκηνωσεν έν ήμιν,
	3 6	το γεγεννημενον έκ της σαρκος σαρξ έστιν,
	6	το γεγεννημενον έκ της σαρκος σαρξ έστιν,
	6 51	και ό άρτος δε όν έγω δωσω ή σαρξ μου έστιν ύπερ της του κοσμου ζωης.
	52	πως δυναται ούτος ήμιν δουναι την σαρκα [αύτου] φαγειν;
	53	έαν μη φαγητε την σαρκα του υίου του άνθρωπου και πιητε αύτου το αίμα, ούκ έχετε ζωην έν έαυτοις.
	54	ό τρωγων μου την σαρκα και πινων μου το αίμα έχει ζωην αίωνιον,
	55	ή γαρ σαρξ μου άληθης έστιν βρωσις,
	56	ό τρωγων μου την σαρκα και πινων μου το αίμα έν έμοι μενει καγω έν αύτω.
	63	το πνευμα έστιν το ζωοποιουν, ή σαρξ ούκ ώφελει ούδεν·
	8 15	ύμεις κατα την σαρκα κρινετε, έγω ού κρινω ούδενα.
	17 2	καθως έδωκας αύτω έξουσιαν πασης σαρκος, ίνα παν ό δεδωκας αύτω δωση αύτοις ζωην αίωνιον.
Ac	2 17	και έσται έν ταις έσχαταις ήμεραις, λεγει ό θεος, έκχεω άπο του πνευματος μου έπι πασαν σαρκα,
	26	έτι δε και ή σαρξ μου κατασκηνωσει έπ έλπιδι,
	31	προιδων έλαλησεν περι της άναστασεως του χριστου, ότι ούτε έγκατελειφθη είς άδην ούτε ή σαρξ αύτου είδεν διαφθοραν.
Rm	1 3	ό προεπηγγειλατο δια των προφητων αύτου έν γραφαις άγιαις περι του υίου αύτου του γενομενου έκ σπερματος δαυιδ κατα σαρκα,
	2 28	ού γαρ ό έν τω φανερω ίουδαιος έστιν, ούδε ή έν τω φανερω έν σαρκι περιτομη·
	3 20	διοτι έξ έργων νομου ού δικαιωθησεται πασα σαρξ ένωπιον αύτου·
	4 1	τί ούν έρουμεν εύρηκεναι άβρααμ τον προπατορα ήμων κατα σαρκα;
	6 19	άνθρωπινον λεγω δια την άσθενειαν της σαρκος ύμων.
	7 5	ότε γαρ ήμεν έν τη σαρκι, τα παθηματα των άμαρτιων τα δια του νομου ένηργειτο έν τοις μελεσιν ήμων είς το καρποφορησαι τω θανατω·
	18	οίδα γαρ ότι ούκ οίκει έν έμοι, τουτ έστιν έν τη σαρκι μου, άγαθον·
	25	άρα ούν αύτος έγω τω μεν νοι δουλευω νομω θεου, τη δε σαρκι νομω άμαρτιας.
	8 3	το γαρ άδυνατον του νομου, έν ώ ήσθενει δια της σαρκος, ό θεος τον έαυτου υίον πεμψας έν όμοιωματι σαρκος άμαρτιας και περι άμαρτιας κατεκρινεν την άμαρτιαν έν τη σαρκι,
	3	το γαρ άδυνατον του νομου, έν ώ ήσθενει δια της σαρκος, ό θεος τον έαυτου υίον πεμψας έν όμοιωματι σαρκος άμαρτιας και περι άμαρτιας κατεκρινεν την άμαρτιαν έν τη σαρκι,

σαρξ [147]

Rm 8 3 το γαρ αδυνατον του νομου, εν ᾧ ησθενει δια της σαρκος, ὁ θεος τον ἑαυτου υἱον πεμψας εν ὁμοιωματι σαρκος ἁμαρτιας και περι ἁμαρτιας κατεκρινεν την ἁμαρτιαν εν τῃ σαρκι,

   4 ἱνα το δικαιωμα του νομου πληρωθῃ εν ἡμιν τοις μη κατα σαρκα περιπατουσιν αλλα κατα πνευμα.

   5 οἱ γαρ κατα σαρκα οντες τα της σαρκος φρονουσιν,

   5 οἱ γαρ κατα σαρκα οντες τα της σαρκος φρονουσιν,

   6 το γαρ φρονημα της σαρκος θανατος, το δε φρονημα του πνευματος ζωη και ειρηνη.

   7 διοτι το φρονημα της σαρκος εχθρα εις θεον·

   8 οἱ δε εν σαρκι οντες θεῳ αρεσαι ου δυνανται.

   9 ὑμεις δε ουκ εστε εν σαρκι αλλα εν πνευματι,

   12 αρα ουν αδελφοι, οφειλεται εσμεν, ου τῃ σαρκι του κατα σαρκα ζην.

   12 αρα ουν αδελφοι, οφειλεται εσμεν, ου τῃ σαρκι του κατα σαρκα ζην.

   13 ει γαρ κατα σαρκα ζητε, μελλετε αποθνησκειν·

  9 3 ηυχομην γαρ αναθεμα ειναι αυτος εγω απο του χριστου υπερ των αδελφων μου των συγγενων μου κατα σαρκα,

   5 ὡν οἱ πατερες, και εξ ὡν ὁ χριστος το κατα σαρκα·

   8 τουτ εστιν, ου τα τεκνα της σαρκος ταυτα τεκνα του θεου, αλλα τα τεκνα της επαγγελιας λογιζεται εις σπερμα.

  11 14 εφ ὁσον μεν ουν ειμι εγω εθνων αποστολος, την διακονιαν μου δοξαζω, ει πως παραζηλωσω μου την σαρκα και σωσω τινας εξ αυτων.

  13 14 αλλα ενδυσασθε τον κυριον ιησουν χριστον, και της σαρκος προνοιαν μη ποιεισθε εις επιθυμιας.

1Co 1 26 βλεπετε γαρ την κλησιν ὑμων, αδελφοι, ὁτι ου πολλοι σοφοι κατα σαρκα,

   29 και τα αγενη του κοσμου και τα εξουθενημενα εξελεξατο ὁ θεος, τα μη οντα, ἱνα τα οντα καταργηση, ὁπως μη καυχησηται πασα σαρξ ενωπιον του θεου.

  5 5 παραδουναι τον τοιουτον τῳ σατανᾳ εις ολεθρον της σαρκος,

  6 16 εσονται γαρ, φησιν, οἱ δυο εις σαρκα μιαν.

  7 28 θλιψιν δε τῃ σαρκι εξουσιν οἱ τοιουτοι, εγω δε ὑμων φειδομαι.

  10 18 βλεπετε τον ισραηλ κατα σαρκα·

  15 39 ου πασα σαρξ ἡ αυτη σαρξ,

   39 ου πασα σαρξ ἡ αυτη σαρξ,

   39 αλλα αλλη μεν ανθρωπων, αλλη δε σαρξ κτηνων,

   39 αλλη δε σαρξ κτηνων, αλλη δε σαρξ πτηνων,

   50 τουτο δε φημι, αδελφοι, ὁτι σαρξ και αἱμα βασιλειαν θεου κληρονομησαι ου δυναται,

2Co 1 17 ἡ ἁ βουλευομαι κατα σαρκα βουλευομαι, ἱνα ᾖ παρ εμοι το ναι ναι και το ου ου;

  4 11 αει γαρ ἡμεις οἱ ζωντες εις θανατον παραδιδομεθα δια ιησουν, ἱνα και ἡ ζωη του ιησου φανερωθῃ εν τῃ θνητῃ σαρκι ἡμων.

  5 16 ὡστε ἡμεις απο του νυν ουδενα οιδαμεν κατα σαρκα·

   16 ει και εγνωκαμεν κατα σαρκα χριστον, αλλα νυν ουκετι γινωσκομεν.

  7 1 ταυτας ουν εχοντες τας επαγγελιας, αγαπητοι, καθαρισωμεν ἑαυτους απο παντος μολυσμου σαρκος και πνευματος,

   5 και γαρ ελθοντων ἡμων εις μακεδονιαν ουδεμιαν εσχηκεν ανεσιν ἡ σαρξ ἡμων,

  10 2 δεομαι δε το μη παρων θαρρησαι τῃ πεποιθησει ᾑ λογιζομαι τολμησαι επι τινας τους λογιζομενους ἡμας ὡς κατα σαρκα περιπατουντας.

   3 εν σαρκι γαρ περιπατουντες ου κατα σαρκα στρατευομεθα,

   3 εν σαρκι γαρ περιπατουντες ου κατα σαρκα στρατευομεθα,

  11 18 επει πολλοι καυχωνται κατα σαρκα, καγω καυχησομαι.

  12 7 διο ἱνα μη ὑπεραιρωμαι, εδοθη μοι σκολοψ τῃ σαρκι, αγγελος σατανα, ἱνα με κολαφιζη, ἱνα μη ὑπεραιρωμαι.

Ga 1 16 ευθεως ου προσανεθεμην σαρκι και αἱματι,

  2 16 ἱνα δικαιωθωμεν εκ πιστεως χριστου και ουκ εξ εργων νομου, ὁτι εξ εργων νομου ου δικαιωθησεται πασα σαρξ.

   20 ὁ δε νυν ζω εν σαρκι, εν πιστει ζω τῃ του υἱου του θεου του αγαπησαντος με και παραδοντος ἑαυτον ὑπερ εμου.

  3 3 εναρξαμενοι πνευματι νυν σαρκι επιτελεισθε;

  4 13 οιδατε δε ὁτι δι ασθενειαν της σαρκος ευηγγελισαμην ὑμιν το προτερον,

   14 και τον πειρασμον ὑμων εν τῃ σαρκι μου ουκ εξουθενησατε ουδε εξεπτυσατε,

   23 αλλ ὁ μεν εκ της παιδισκης κατα σαρκα γεγεννηται,

   29 αλλ ὡσπερ τοτε ὁ κατα σαρκα γεννηθεις εδιωκεν τον κατα πνευμα, ουτως και νυν.

  5 13 μονον μη την ελευθεριαν εις αφορμην τῃ σαρκι, αλλα δια της αγαπης δουλευετε αλληλοις.

   16 πνευματι περιπατειτε και επιθυμιαν σαρκος ου μη τελεσητε.

σαρξ [147]

Ga 5 17 ἡ γαρ σαρξ επιθυμει κατα του πνευματος, το δε πνευμα κατα της σαρκος,

   17 ἡ γαρ σαρξ επιθυμει κατα του πνευματος, το δε πνευμα κατα της σαρκος,

   19 φανερα δε εστιν τα εργα της σαρκος,

   24 οἱ δε του χριστου [ιησου] την σαρκα εσταυρωσαν συν τοις παθημασιν και ταις επιθυμιαις.

  6 8 ὁτι ὁ σπειρων εις την σαρκα ἑαυτου εκ της σαρκος θερισει φθοραν,

   8 ὁτι ὁ σπειρων εις την σαρκα ἑαυτου εκ της σαρκος θερισει φθοραν,

   12 ὁσοι θελουσιν ευπροσωπησαι εν σαρκι, ουτοι αναγκαζουσιν ὑμας περιτεμνεσθαι,

   13 ουδε γαρ οἱ περιτεμνομενοι αυτοι νομον φυλασσουσιν, αλλα θελουσιν ὑμας περιτεμνεσθαι ἱνα εν τῃ ὑμετερᾳ σαρκι καυχησωνται.

Eph 2 3 εν οἱς και ἡμεις παντες ανεστραφημεν ποτε εν ταις επιθυμιαις της σαρκος ἡμων,

   3 εν οἱς και ἡμεις παντες ανεστραφημεν ποτε εν ταις επιθυμιαις της σαρκος ἡμων, ποιουντες τα θεληματα της σαρκος και των διανοιων,

   11 διο μνημονευετε ὁτι ποτε ὑμεις τα εθνη εν σαρκι,

   11 διο μνημονευετε ὁτι ποτε ὑμεις τα εθνη εν σαρκι, οἱ λεγομενοι ακροβυστια ὑπο της λεγομενης περιτομης εν σαρκι χειροποιητου,

   14 ὁ ποιησας τα αμφοτερα ἑν και το μεσοτοιχον του φραγμου λυσας, την εχθραν, εν τῃ σαρκι αυτου τον νομον των εντολων εν δογμασιν καταργησας,

  5 29 ουδεις γαρ ποτε την ἑαυτου σαρκα εμισησεν,

   31 και εσονται οἱ δυο εις σαρκα μιαν.

  6 5 οἱ δουλοι, ὑπακουετε τοις κατα σαρκα κυριοις μετα φοβου και τρομου εν ἁπλοτητι της καρδιας ὑμων ὡς τῳ χριστῳ,

   12 ὁτι ουκ εστιν ἡμιν ἡ παλη προς αἱμα και σαρκα,

Php 1 22 ει δε το ζην εν σαρκι, τουτο μοι καρπος εργου, και τι αἱρησομαι ου γνωριζω.

   24 το δε επιμενειν [εν] τῃ σαρκι αναγκαιοτερον δι ὑμας.

  3 3 και καυχωμενοι εν χριστῳ ιησου και ουκ εν σαρκι πεποιθοτες,

   4 καιπερ εγω εχων πεποιθησιν και εν σαρκι.

   4 ει τις δοκει αλλος πεποιθεναι εν σαρκι, εγω μαλλον·

Col 1 22 νυνι δε αποκατηλλαξεν εν τῳ σωματι της σαρκος αυτου δια του θανατου,

   24 και ανταναπληρω τα ὑστερηματα των θλιψεων του χριστου εν τῃ σαρκι μου ὑπερ του σωματος αυτου,

  2 1 θελω γαρ ὑμας ειδεναι ἡλικον αγωνα εχω ὑπερ ὑμων και των εν λαοδικειᾳ και ὁσοι ουχ ἑορακαν το προσωπον μου εν σαρκι,

   5 ει γαρ και τῃ σαρκι απειμι, αλλα τῳ πνευματι συν ὑμιν ειμι,

   11 εν ᾧ και περιετμηθητε περιτομῃ αχειροποιητῳ εν τῃ απεκδυσει του σωματος της σαρκος,

   13 και ὑμας νεκρους οντας [εν] τοις παραπτωμασιν και τῃ ακροβυστιᾳ της σαρκος ὑμων, συνεζωοποιησεν ὑμας συν αυτῳ,

   18 εικῃ φυσιουμενος ὑπο του νοος της σαρκος αυτου,

   23 ἁτινα εστιν λογον μεν εχοντα σοφιας εν εθελοθρησκιᾳ και ταπεινοφροσυνῃ [και] αφειδιᾳ σωματος, ουκ εν τιμῃ τινι προς πλησμονην της σαρκος.

  3 22 οἱ δουλοι, ὑπακουετε κατα παντα τοις κατα σαρκα κυριοις,

1Tm 3 16 και ὁμολογουμενως μεγα εστιν το της ευσεβειας μυστηριον· ὁς εφανερωθη εν σαρκι,

Phm 16 ἱνα αιωνιον αυτον απεχῃς, ουκετι ὡς δουλον αλλ ὑπερ δουλον, αδελφον αγαπητον, μαλιστα εμοι, ποσῳ δε μαλλον σοι και εν σαρκι και εν κυριῳ.

Heb 2 14 επει ουν τα παιδια κεκοινωνηκεν αἱματος και σαρκος, και αυτος παραπλησιως μετεσχεν των αυτων,

  5 7 ὁς εν ταις ἡμεραις της σαρκος αυτου δεησεις τε και ἱκετηριας προς τον δυναμενον σωζειν αυτον εκ θανατου μετα κραυγης ισχυρας και δακρυων

  9 10 μονον επι βρωμασιν και πομασιν και διαφοροις βαπτισμοις, δικαιωματα σαρκος μεχρι καιρου διορθωσεως επικειμενα.

   13 ει γαρ το αἱμα τραγων και ταυρων και σποδος δαμαλεως ραντιζουσα τους κεκοινωμενους ἁγιαζει προς την της σαρκος καθαροτητα, ποσῳ μαλλον το αἱμα του χριστου,

  10 20 δια του καταπετασματος, τουτ εστιν της σαρκος αυτου,

  12 9 ειτα τους μεν της σαρκος ἡμων πατερας ειχομεν παιδευτας και ενετρεπομεθα

Ja 5 3 και ὁ ιος αυτων εις μαρτυριον ὑμιν εσται και φαγεται τας σαρκας ὑμων ὡς πυρ.

1Pt 1 24 διοτι πασα σαρξ ὡς χορτος,

σαρξ [147]

1Pt	3 18	θανατωθεις μεν σαρκι ζωοποιηθεις δε πνευματι·
	21	ὁ και ὑμας ἀντιτυπον νυν σωζει βαπτισμα, οὐ σαρκος ἀποθεσις ῥυπου ἀλλα συνειδησεως ἀγαθης ἐπερωτημα εἰς θεον,
	4 1	χριστου οὐν παθοντος σαρκι και ὑμεις την αὐτην ἐννοιαν ὁπλισασθε,
	1	ὁτι ὁ παθων σαρκι πεπαυται ἁμαρτιας,
	2	εἰς το μηκετι ἀνθρωπων ἐπιθυμιαις ἀλλα θεληματι θεου τον ἐπιλοιπον ἐν σαρκι βιωσαι χρονον.
	6	εἰς τουτο γαρ και νεκροις εὐηγγελισθη, ἱνα κριθωσι μεν κατα ἀνθρωπους σαρκι,
2Pt	2 10	ἀδικους δε εἰς ἡμεραν κρισεως κολαζομενους τηρειν, μαλιστα δε τους ὀπισω σαρκος ἐν ἐπιθυμια μιασμου πορευομενους και κυριοτητος καταφρονουντας,
	18	ὑπερογκα γαρ ματαιοτητος φθεγγομενοι δελεαζουσιν ἐν ἐπιθυμιαις σαρκος ἀσελγειαις τους ὀλιγως ἀποφευγοντας τους ἐν πλανη ἀναστρεφομενους,
1Jh	2 16	ὁτι παν το ἐν τω κοσμω, ἡ ἐπιθυμια της σαρκος και ἡ ἐπιθυμια των ὀφθαλμων και ἡ ἀλαζονεια του βιου, οὐκ ἐστιν ἐκ του πατρος,
	4 2	παν πνευμα ὁ ὁμολογει ἰησουν χριστον ἐν σαρκι ἐληλυθοτα ἐκ του θεου ἐστιν,
2Jh	7	ὁτι πολλοι πλανοι ἐξηλθον εἰς τον κοσμον, οἱ μη ὁμολογουντες ἰησουν χριστον ἐρχομενον ἐν σαρκι·
Ju	7	τον ὁμοιον τροπον τουτοις ἐκπορνευσασαι και ἀπελθουσαι ὀπισω σαρκος ἑτερας, προκεινται δειγμα πυρος αἰωνιου δικην ὑπεχουσαι.
	8	ὁμοιως μεντοι και οὑτοι ἐνυπνιαζομενοι σαρκα μεν μιαινουσιν, κυριοτητα δε ἀθετουσιν, δοξας δε βλασφημουσιν.
	23	μισουντες και τον ἀπο της σαρκος ἐσπιλωμενον χιτωνα.
Apc	17 16	και ἡρημωμενην ποιησουσιν αὐτην και γυμνην, και τας σαρκας αὐτης φαγονται,
	19 18	δευτε συναχθητε εἰς το δειπνον το μεγα του θεου, ἱνα φαγητε σαρκας βασιλεων
	18	ἱνα φαγητε σαρκας βασιλεων και σαρκας χιλιαρχων και σαρκας ἰσχυρων και σαρκας ἱππων και των καθημενων ἐπ αὐτων,
	18	ἱνα φαγητε σαρκας βασιλεων και σαρκας χιλιαρχων και σαρκας ἰσχυρων και σαρκας ἱππων και των καθημενων ἐπ αὐτων,
	18	ἱνα φαγητε σαρκας βασιλεων και σαρκας χιλιαρχων και σαρκας ἰσχυρων και σαρκας ἱππων και των καθημενων ἐπ αὐτων,
	18	και σαρκας παντων ἐλευθερων τε και δουλων και μικρων και μεγαλων.
	21	και παντα τα ὀρνεα ἐχορτασθησαν ἐκ των σαρκων αὐτων.

σαροω [3]

Mt	12 44	και ἐλθον εὑρισκει σχολαζοντα σεσαρωμενον και κεκοσμημενον.
Lc	11 25	και ἐλθον εὑρισκει σεσαρωμενον και κεκοσμημενον.
	15 8	ἡ τις γυνη δραχμας ἐχουσα δεκα, ἐαν ἀπολεση δραχμην μιαν, οὐχι ἁπτει λυχνον και σαροι την οἰκιαν και ζητει ἐπιμελως ἑως οὑ εὑρη;

σαρρα [4]

Rm	4 19	και μη ἀσθενησας τη πιστει κατενοησεν το ἑαυτου σωμα [ἠδη] νενεκρωμενον, ἑκατονταετης που ὑπαρχων, και την νεκρωσιν της μητρας σαρρας·
	9 9	κατα τον καιρον τουτον ἐλευσομαι και ἐσται τη σαρρα υἱος.
Heb	11 11	πιστει και αὐτη σαρρα στειρα δυναμιν εἰς καταβολην σπερματος ἐλαβεν και παρα καιρον ἡλικιας,
1Pt	3 6	ὡς σαρρα ὑπηκουσεν τω ἀβρααμ, κυριον αὐτον καλουσα·

σαρων [1]

Ac	9 35	και εἰδαν αὐτον παντες οἱ κατοικουντες λυδδα και τον σαρωνα, οἱτινες ἐπεστρεψαν ἐπι τον κυριον.

σατανας [36]

Mt	4 10	ὑπαγε, σατανα· γεγραπται γαρ·
	12 26	και εἰ ὁ σατανας τον σαταναν ἐκβαλλει, ἐφ ἑαυτον ἐμερισθη·
	26	και εἰ ὁ σατανας τον σαταναν ἐκβαλλει, ἐφ ἑαυτον ἐμερισθη·
	16 23	ὑπαγε ὀπισω μου, σατανα·
Mc	1 13	και ἠν ἐν τη ἐρημω τεσσερακοντα ἡμερας πειραζομενος ὑπο του σατανα,

σατανας [36]

Mc	3 23	και προσκαλεσαμενος αὐτους ἐν παραβολαις ἐλεγεν αὐτοις· πως δυναται σατανας σαταναν ἐκβαλλειν;
	23	και προσκαλεσαμενος αὐτους ἐν παραβολαις ἐλεγεν αὐτοις· πως δυναται σατανας σαταναν ἐκβαλλειν;
	26	και εἰ ὁ σατανας ἀνεστη ἐφ ἑαυτον και ἐμερισθη, οὐ δυναται στηναι ἀλλα τελος ἐχει.
	4 15	και ὁταν ἀκουσωσιν, εὐθυς ἐρχεται ὁ σατανας και αἰρει τον λογον τον ἐσπαρμενον εἰς αὐτους.
	8 33	ὑπαγε ὀπισω μου, σατανα, ὁτι οὐ φρονεις τα του θεου ἀλλα τα των ἀνθρωπων.
Lc	10 18	ἐθεωρουν τον σαταναν ὡς ἀστραπην ἐκ του οὐρανου πεσοντα.
	11 18	εἰ δε και ὁ σατανας ἐφ ἑαυτον διεμερισθη, πως σταθησεται ἡ βασιλεια αὐτου;
	13 16	ταυτην δε θυγατερα ἀβρααμ οὑσαν, ἡν ἐδησεν ὁ σατανας ἰδου δεκακαιοκτω ἐτη, οὐκ ἐδει λυθηναι ἀπο του δεσμου τουτου τη ἡμερα του σαββατου;
	22 3	εἰσηλθεν δε σατανας εἰς ἰουδαν τον καλουμενον ἰσκαριωτην,
	31	σιμων σιμων, ἰδου ὁ σατανας ἐξητησατο ὑμας του σινιασαι ὡς τον σιτον·
Jh	13 27	και μετα το ψωμιον τοτε εἰσηλθεν εἰς ἐκεινον ὁ σατανας.
Ac	5 3	ἀνανια, δια τι ἐπληρωσεν ὁ σατανας την καρδιαν σου, ψευσασθαι σε το πνευμα το ἁγιον και νοσφισασθαι ἀπο της τιμης του χωριου;
	26 18	ἀνοιξαι ὀφθαλμους αὐτων, του ἐπιστρεψαι ἀπο σκοτους εἰς φως και της ἐξουσιας του σατανα ἐπι τον θεον,
Rm	16 20	ὁ δε θεος της εἰρηνης συντριψει τον σαταναν ὑπο τους ποδας ὑμων ἐν ταχει.
1Co	5 5	παραδουναι τον τοιουτον τω σατανα εἰς ὀλεθρον της σαρκος,
	7 5	ἱνα σχολασητε τη προσευχη και παλιν ἐπι το αὐτο ἠτε, ἱνα μη πειραζη ὑμας ὁ σατανας δια την ἀκρασιαν ὑμων.
2Co	2 11	ἱνα μη πλεονεκτηθωμεν ὑπο του σατανα·
	11 14	αὐτος γαρ ὁ σατανας μετασχηματιζεται εἰς ἀγγελον φωτος.
	12 7	διο ἱνα μη ὑπεραιρωμαι, ἐδοθη μοι σκολοψ τη σαρκι, ἀγγελος σατανα, ἱνα με κολαφιζη, ἱνα μη ὑπεραιρωμαι.
1Th	2 18	και ἐνεκοψεν ἡμας ὁ σατανας.
2Th	2 9	και καταργησει τη ἐπιφανεια της παρουσιας αὐτου, οὑ ἐστιν ἡ παρουσια κατ ἐνεργειαν του σατανα
1Tm	1 20	ὡν ἐστιν ὑμεναιος και ἀλεξανδρος, οὑς παρεδωκα τω σατανα, ἱνα παιδευθωσιν μη βλασφημειν.
	5 15	ἡδη γαρ τινες ἐξετραπησαν ὀπισω του σατανα.
Apc	2 9	οἰδα σου την θλιψιν και την πτωχειαν, ἀλλα πλουσιος εἰ, και την βλασφημιαν ἐκ των λεγοντων ἰουδαιους εἰναι ἑαυτους, και οὐκ εἰσιν ἀλλα συναγωγη του σατανα.
	13	οἰδα που κατοικεις· ὁπου ὁ θρονος του σατανα·
	13	και οὐκ ἠρνησω την πιστιν μου και ἐν ταις ἡμεραις ἀντιπας ὁ μαρτυς μου ὁ πιστος μου, ὁς ἀπεκτανθη παρ ὑμιν, ὁπου ὁ σατανας κατοικει.
	24	ὁσοι οὐκ ἐχουσιν την διδαχην ταυτην, οἱτινες οὐκ ἐγνωσαν τα βαθεα του σατανα, ὡς λεγουσιν·
	3 9	ἰδου διδω ἐκ της συναγωγης του σατανα,
	12 9	και ἐβληθη ὁ δρακων ὁ μεγας, ὁ ὀφις ὁ ἀρχαιος, ὁ καλουμενος διαβολος και ὁ σατανας, ὁ πλανων την οἰκουμενην ὁλην,
	20 2	ὁ ὀφις ὁ ἀρχαιος, ὁς ἐστιν διαβολος και ὁ σατανας,
	7	και ὁταν τελεσθη τα χιλια ἐτη, λυθησεται ὁ σατανας ἐκ της φυλακης αὐτου,

σατον [2]

Mt	13 33	ὁμοια ἐστιν ἡ βασιλεια των οὐρανων ζυμη, ἡν λαβουσα γυνη ἐνεκρυψεν εἰς ἀλευρου σατα τρια,
Lc	13 21	ὁμοια ἐστιν ζυμη, ἡν λαβουσα γυνη [ἐν]εκρυψεν εἰς ἀλευρου σατα τρια, ἑως οὑ ἐζυμωθη ὁλον.

σαυλος [15]

Ac	7 58	και οἱ μαρτυρες ἀπεθεντο τα ἱματια αὐτων παρα τους ποδας νεανιου καλουμενου σαυλου.
	8 1	σαυλος δε ἠν συνευδοκων τη ἀναιρεσει αὐτου.
	3	σαυλος δε ἐλυμαινετο την ἐκκλησιαν κατα τους οἰκους εἰσπορευομενος, συρων τε ἀνδρας και γυναικας παρεδιδου εἰς φυλακην·
	9 1	ὁ δε σαυλος ἐτι ἐμπνεων ἀπειλης και φονου εἰς τους μαθητας του κυριου, προσελθων τω ἀρχιερει ἠτησατο παρ αὐτου ἐπιστολας εἰς δαμασκον προς τας συναγωγας,
	8	ἠγερθη δε σαυλος ἀπο της γης, ἀνεωγμενων δε των ὀφθαλμων αὐτου οὐδεν ἐβλεπεν·

σαυλος [15]

Ac	9 11	ἀναστας πορευθητι ἐπι την ῥυμην την καλουμενην εὐθειαν και ζητησον ἐν οἰκιᾳ ἰουδα σαυλον ὀνοματι ταρσεα·
	22	σαυλος δε μαλλον ἐνεδυναμουτο και συνεχυννεν [τους] ἰουδαιους τους κατοικουντας ἐν δαμασκω, συμβιβαζων ὁτι οὑτος ἐστιν ὁ χριστος.
	24	ἐγνωσθη δε τω σαυλω ἡ ἐπιβουλη αὐτων.
	11 25	ἐξηλθεν δε εἰς ταρσον ἀναζητησαι σαυλον,
	30	ὁ και ἐποιησαν ἀποστειλαντες προς τους πρεσβυτερους δια χειρος βαρναβα και σαυλου.
	12 25	βαρναβας δε και σαυλος ὑπεστρεψαν εἰς ἰερουσαλημ,
	13 1	και λουκιος ὁ κυρηναιος, μαναην τε ἡρωδου του τετρααρχου συντροφος και σαυλος.
	2	ἀφορισατε δη μοι τον βαρναβαν και σαυλον εἰς το ἐργον ὁ προσκεκλημαι αὐτους·
	7	οὑτος προσκαλεσαμενος βαρναβαν και σαυλον ἐπεζητησεν ἀκουσαι τον λογον του θεου·
	9	σαυλος δε, ὁ και παυλος, πλησθεις πνευματος ἁγιου ἀτενισας εἰς αὐτον εἰπεν·

σβεννυμι [8]

Mt	12 20	καλαμον συντετριμμενον οὐ κατεαξει και λινον τυφομενον οὐ σβεσει,
	25 8	δοτε ἡμιν ἐκ του ἐλαιου ὑμων, ὁτι αἱ λαμπαδες ἡμων σβεννυνται.
Mc	9 44 *	ὁπου ὁ σκωληξ αὐτων οὐ τελευτα και το πυρ οὐ σβεννυται.
	46 *	ὁπου ὁ σκωληξ αὐτων οὐ τελευτα και το πυρ οὐ σβεννυται.
	48	ἡ δυο ὀφθαλμους ἐχοντα βληθηναι εἰς την γεενναν, ὁπου ὁ σκωληξ αὐτων οὐ τελευτα και το πυρ οὐ σβεννυται.
Eph	6 16	ἐν πασιν ἀναλαβοντες τον θυρεον της πιστεως, ἐν ᾡ δυνησεσθε παντα τα βελη του πονηρου [τα] πεπυρωμενα σβεσαι·
1Th	5 19	το πνευμα μη σβεννυτε, προφητειας μη ἐξουθενειτε·
Heb	11 34	ἐπετυχον ἐπαγγελιων, ἐφραξαν στοματα λεοντων, ἐσβεσαν δυναμιν πυρος, ἐφυγον στοματα μαχαιρης,

σεαυτου [43]

Mt	4 6	εἰ υἱος εἰ του θεου, βαλε σεαυτον κατω·
	8 4	ἀλλα ὑπαγε σεαυτον δειξον τω ἱερει και προσενεγκον το δωρον ὁ προσεταξεν μωυσης·
	19 19	το οὐ φονευσεις, οὐ μοιχευσεις, οὐ κλεψεις, οὐ ψευδομαρτυρησεις, τιμα τον πατερα και την μητερα, και ἀγαπησεις τον πλησιον σου ὡς σεαυτον.
	22 39	ἀγαπησεις τον πλησιον σου ὡς σεαυτον.
	27 40	ὁ καταλυων τον ναον και ἐν τρισιν ἡμεραις οἰκοδομων, σωσον σεαυτον,
Mc	1 44	ὁρα μηδενι μηδεν εἰπης, ἀλλα ὑπαγε σεαυτον δειξον τω ἱερει και προσενεγκε περι του καθαρισμου σου ἁ προσεταξεν μωυσης,
	12 31	ἀγαπησεις τον πλησιον σου ὡς σεαυτον.
	15 30	σωσον σεαυτον καταβας ἀπο του σταυρου.
Lc	4 9	εἰ υἱος εἰ του θεου, βαλε σεαυτον ἐντευθεν κατω·
	23	ἰατρε, θεραπευσον σεαυτον·
	5 14	και αὐτος παρηγγειλεν αὐτω μηδενι εἰπειν, ἀλλα ἀπελθων δειξον σεαυτον τω ἱερει,
	10 27	ἀγαπησεις κυριον τον θεον σου ἐξ ὁλης [της] καρδιας σου και ἐν ὁλῃ τῃ ψυχῃ σου και ἐν ὁλῃ τῃ ἰσχυι σου και ἐν ὁλῃ τῃ διανοιᾳ σου, και τον πλησιον σου ὡς σεαυτον.
	23 37	εἰ συ εἰ ὁ βασιλευς των ἰουδαιων, σωσον σεαυτον.
	39	οὐχι συ εἰ ὁ χριστος; σωσον σεαυτον και ἡμας.
Jh	1 22	τι λεγεις περι σεαυτου;
	7 4	εἰ ταυτα ποιεις, φανερωσον σεαυτον τω κοσμω.
	8 13	συ περι σεαυτου μαρτυρεις· ἡ μαρτυρια σου οὐκ ἐστιν ἀληθης.
	53	και οἱ προφηται ἀπεθανον· τινα σεαυτον ποιεις;
	10 33	περι καλου ἐργου οὐ λιθαζομεν σε ἀλλα περι βλασφημιας, και ὁτι συ ἀνθρωπος ὡν ποιεις σεαυτον θεον.
	14 22	κυριε, [και] τι γεγονεν ὁτι ἡμιν μελλεις ἐμφανιζειν σεαυτον και οὐχι τω κοσμω;
	17 5	και νυν δοξασον με συ, πατερ, παρα σεαυτω τῃ δοξῃ ᾑ εἰχον προ του τον κοσμον εἰναι παρα σοι.
	18 34	ἀπο σεαυτου συ τουτο λεγεις, ἡ ἀλλοι εἰπον σοι περι ἐμου;
	21 18	ὁτε ἠς νεωτερος, ἐζωννυες σεαυτον και περιεπατεις ὁπου ἠθελες·
Ac	9 34	αἰνεα, ἰαται σε ἰησους χριστος· ἀναστηθι και στρωσον σεαυτω.
	16 28	μηδεν πραξῃς σεαυτω κακον, ἁπαντες γαρ ἐσμεν ἐνθαδε.

σεαυτου [43]

Ac	26 1	ἐπιτρεπεται σοι περι σεαυτου λεγειν.
Rm	2 1	ἐν ᾡ γαρ κρινεις τον ἑτερον, σεαυτον κατακρινεις·
	5	κατα δε την σκληροτητα σου και ἀμετανοητον καρδιαν θησαυριζεις σεαυτω ὀργην ἐν ἡμερᾳ ὀργης και ἀποκαλυψεως δικαιοκρισιας του θεου,
	19	πεποιθας τε σεαυτον ὁδηγον εἰναι τυφλων, φως των ἐν σκοτει, παιδευτην ἀφρονων, διδασκαλον νηπιων,
	21	ὁ οὐν διδασκων ἑτερον σεαυτον οὐ διδασκεις; ὁ κηρυσσων μη κλεπτειν κλεπτεις;
	13 9	ἀγαπησεις τον πλησιον σου ὡς σεαυτον.
	14 22	συ πιστιν [ἡν] ἐχεις κατα σεαυτον ἐχε ἐνωπιον του θεου.
Ga	5 14	ἀγαπησεις τον πλησιον σου ὡς σεαυτον.
	6 1	ὑμεις οἱ πνευματικοι καταρτιζετε τον τοιουτον ἐν πνευματι πραυτητος, σκοπων σεαυτον, μη και συ πειρασθης.
1Tm	4 7	γυμναζε δε σεαυτον προς εὐσεβειαν.
	16	ἐπεχε σεαυτω και τῃ διδασκαλιᾳ, ἐπιμενε αὐτοις·
	16	τουτο γαρ ποιων και σεαυτον σωσεις και τους ἀκουοντας σου.
	5 22	μηδε κοινωνει ἁμαρτιαις ἀλλοτριαις· σεαυτον ἁγνον τηρει.
2Tm	2 15	σπουδασον σεαυτον δοκιμον παραστησαι τω θεω, ἐργατην ἀνεπαισχυντον,
	4 11	μαρκον ἀναλαβων ἀγε μετα σεαυτου·
Tit	2 7	σεαυτον παρεχομενος τυπον καλων ἐργων,
Phm	19	ἱνα μη λεγω σοι ὁτι και σεαυτον μοι προσοφειλεις·
Ja	2 8	εἰ μεντοι νομον τελειτε βασιλικον κατα την γραφην· ἀγαπησεις τον πλησιον σου ὡς σεαυτον, καλως ποιειτε·

σεβαζομαι [1]

Rm	1 25	οἱτινες μετηλλαξαν την ἀληθειαν του θεου ἐν τω ψευδει, και ἐσεβασθησαν και ἐλατρευσαν τῃ κτισει παρα τον κτισαντα,

σεβασμα [2]

Ac	17 23	διερχομενος γαρ και ἀναθεωρων τα σεβασματα ὑμων εὑρον και βωμον ἐν ᾡ ἐπεγεγραπτο·
2Th	2 4	ὁ υἱος της ἀπωλειας, ὁ ἀντικειμενος και ὑπεραιρομενος ἐπι παντα λεγομενον θεον ἡ σεβασμα,

σεβαστος [3]

Ac	25 21	του δε παυλου ἐπικαλεσαμενου τηρηθηναι αὐτον εἰς την του σεβαστου διαγνωσιν, ἐκελευσα τηρεισθαι αὐτον ἑως οὑ ἀναπεμψω αὐτον προς καισαρα.
	25	ἐγω δε κατελαβομην μηδεν ἀξιον αὐτον θανατου πεπραχεναι, αὐτου δε τουτου ἐπικαλεσαμενου τον σεβαστον ἐκρινα πεμπειν.
	27 1	ὡς δε ἐκριθη του ἀποπλειν ἡμας εἰς την ἰταλιαν, παρεδιδουν τον τε παυλον και τινας ἑτερους δεσμωτας ἑκατονταρχῃ ὀνοματι ἰουλιω σπειρης σεβαστης.

σεβομαι [10]

Mt	15 9	ματην δε σεβονται με, διδασκοντες διδασκαλιας ἐνταλματα ἀνθρωπων.
Mc	7 7	ματην δε σεβονται με, διδασκοντες διδασκαλιας ἐνταλματα ἀνθρωπων.
Ac	13 43	λυθεισης δε της συναγωγης ἠκολουθησαν πολλοι των ἰουδαιων και των σεβομενων προσηλυτων τω παυλω και τω βαρναβα,
	50	οἱ δε ἰουδαιοι παρωτρυναν τας σεβομενας γυναικας τας εὐσχημονας και τους πρωτους της πολεως,
	16 14	και τις γυνη ὀνοματι λυδια, πορφυροπωλις πολεως θυατειρων, σεβομενη τον θεον, ἠκουεν,
	17 4	και τινες ἐξ αὐτων ἐπεισθησαν και προσεκληρωθησαν τω παυλω και τω σιλα, των τε σεβομενων ἑλληνων πληθος πολυ,
	17	διελεγετο μεν οὐν ἐν τῃ συναγωγῃ τοις ἰουδαιοις και τοις σεβομενοις και ἐν τῃ ἀγορᾳ κατα πασαν ἡμεραν προς τους παρατυγχανοντας.
	18 7	και μεταβας ἐκειθεν εἰσηλθεν εἰς οἰκιαν τινος ὀνοματι τιτιου ἰουστου σεβομενου τον θεον,
	13	και ἠγαγον αὐτον ἐπι το βημα, λεγοντες ὁτι παρα τον νομον ἀναπειθει οὑτος τους ἀνθρωπους σεβεσθαι τον θεον.
	19 27	μελλειν τε και καθαιρεισθαι της μεγαλειοτητος αὐτης, ἡν ὁλη ἡ ἀσια και ἡ οἰκουμενη σεβεται.

σειρα [1]

2Pt   2 4   εἰ γαρ ὁ θεος ἀγγελων ἁμαρτησαντων οὐκ ἐφεισατο, ἀλλα σειραις ζοφου ταρταρωσας παρεδωκεν εἰς κρισιν τηρουμενους,

σεισμος [14]

Mt   8 24   και ἰδου σεισμος μεγας ἐγενετο ἐν τη θαλασση,
     24 7   και ἐσονται λιμοι και σεισμοι κατα τοπους·
     27 54   ὁ δε ἑκατονταρχος και οἱ μετ αὐτου τηρουντες τον ἰησουν ἰδοντες τον σεισμον και τα γινομενα ἐφοβηθησαν σφοδρα, λεγοντες·
     28 2   και ἰδου σεισμος ἐγενετο μεγας·
Mc   13 8   ἐσονται σεισμοι κατα τοπους, ἐσονται λιμοι· ἀρχη ὠδινων ταυτα.
Lc   21 11   σεισμοι τε μεγαλοι και κατα τοπους λιμοι και λοιμοι ἐσονται,
Ac   16 26   ἀφνω δε σεισμος ἐγενετο μεγας, ὡστε σαλευθηναι τα θεμελια του δεσμωτηριου·
Apc   6 12   και σεισμος μεγας ἐγενετο, και ὁ ἡλιος ἐγενετο μελας ὡς σακκος τριχινος,
     8 5   και ἐγενοντο βρονται και φωναι και ἀστραπαι και σεισμος.
     11 13   και ἐν ἐκεινη τη ὡρα ἐγενετο σεισμος μεγας,
     13   και ἀπεκτανθησαν ἐν τω σεισμω ὀνοματα ἀνθρωπων χιλιαδες ἑπτα,
     19   και ἐγενοντο ἀστραπαι και φωναι και βρονται και σεισμος και χαλαζα μεγαλη.
     16 18   και σεισμος ἐγενετο μεγας, οἱος οὐκ ἐγενετο ἀφ οὑ ἀνθρωπος ἐγενετο ἐπι της γης,
     18   οἱος οὐκ ἐγενετο ἀφ οὑ ἀνθρωπος ἐγενετο ἐπι της γης, τηλικουτος σεισμος οὑτω μεγας.

σειω [5]

Mt   21 10   και εἰσελθοντος αὐτου εἰς ἱεροσολυμα ἐσεισθη πασα ἡ πολις λεγουσα·
     27 51   και ἡ γη ἐσεισθη, και αἱ πετραι ἐσχισθησαν,
     28 4   ἀπο δε του φοβου αὐτου ἐσεισθησαν οἱ τηρουντες και ἐγενηθησαν ὡς νεκροι.
Heb   12 26   ἐτι ἁπαξ ἐγω σεισω οὐ μονον την γην ἀλλα και τον οὐρανον.
Apc   6 13   ὡς συκη βαλλει τους ὀλυνθους αὐτης ὑπο ἀνεμου μεγαλου σειομενη,

σεκουνδος [1]

Ac   20 4   συνειπετο δε αὐτω σωπατρος πυρρου βεροιαιος, θεσσαλονικεων δε ἀρισταρχος και σεκουνδος, και γαιος δερβαιος και τιμοθεος, ἀσιανοι δε τυχικος και τροφιμος.

σελευκεια [1]

Ac   13 4   αὐτοι μεν οὐν ἐκπεμφθεντες ὑπο του ἁγιου πνευματος κατηλθον εἰς σελευκειαν,

σεληνη [9]

Mt   24 29   και ἡ σεληνη οὐ δωσει το φεγγος αὐτης,
Mc   13 24   και ἡ σεληνη οὐ δωσει το φεγγος αὐτης,
Lc   21 25   και ἐσονται σημεια ἐν ἡλιω και σεληνη και ἀστροις,
Ac   2 20   ὁ ἡλιος μεταστραφησεται εἰς σκοτος και ἡ σεληνη εἰς αἱμα,
1Co   15 41   ἀλλη δοξα ἡλιου, και ἀλλη δοξα σεληνης,
Apc   6 12   και ἡ σεληνη ὁλη ἐγενετο ὡς αἱμα,
     8 12   και ἐπληγη το τριτον του ἡλιου και το τριτον της σεληνης και το τριτον των ἀστερων,
     12 1   γυνη περιβεβλημενη τον ἡλιον, και ἡ σεληνη ὑποκατω των ποδων αὐτης,
     21 23   και ἡ πολις οὐ χρειαν ἐχει του ἡλιου οὐδε της σεληνης,

σεληνιαζομαι [2]

Mt   4 24   και προσηνεγκαν αὐτω παντας τους κακως ἐχοντας ποικιλαις νοσοις και βασανοις συνεχομενους, [και] δαιμονιζομενους και σεληνιαζομενους και παραλυτικους,
     17 15   κυριε, ἐλεησον μου τον υἱον, ὁτι σεληνιαζεται και κακως πασχει·

σεμειν [1]

Lc   3 26   του μααθ του ματταθιου του σεμειν του ἰωσηχ του ἰωδα

σεμιδαλις [1]

Apc   18 13   και λιβανον και οἰνον και ἐλαιον και σεμιδαλιν

σεμνος [4]

Php   4 8   ὁσα ἐστιν ἀληθη, ὁσα σεμνα, ὁσα δικαια,
1Tm   3 8   διακονους ὡσαυτως σεμνους, μη διλογους, μη οἰνω πολλω προσεχοντας, μη αἰσχροκερδεις,
     11   γυναικας ὡσαυτως σεμνας, μη διαβολους, νηφαλιους, πιστας ἐν πασιν.
Tit   2 2   πρεσβυτας νηφαλιους εἰναι, σεμνους, σωφρονας, ὑγιαινοντας τη πιστει, τη ἀγαπη, τη ὑπομονη·

σεμνοτης [3]

1Tm   2 2   ἱνα ἠρεμον και ἡσυχιον βιον διαγωμεν ἐν παση εὐσεβεια και σεμνοτητι.
     3 4   του ἰδιου οἰκου καλως προισταμενον, τεκνα ἐχοντα ἐν ὑποταγη μετα πασης σεμνοτητος,
Tit   2 7   σεαυτον παρεχομενος τυπον καλων ἐργων, ἐν τη διδασκαλια ἀφθοριαν, σεμνοτητα, λογον ὑγιη ἀκαταγνωστον,

σεργιος [1]

Ac   13 7   ᾡ ὀνομα βαριησου, ὁς ἠν συν τω ἀνθυπατω σεργιω παυλω,

σερουχ [1]

Lc   3 35   του σερουχ του ῥαγαυ του φαλεκ του ἐβερ του σαλα

σηθ [1]

Lc   3 38   του ἐνως του σηθ του ἀδαμ του θεου.

σημ [1]

Lc   3 36   του καιναμ του ἀρφαξαδ του σημ του νωε του λαμεχ

σημαινω [6]

Jh   12 33   τουτο δε ἐλεγεν σημαινων ποιω θανατω ἠμελλεν ἀποθνησκειν.
     18 32   ἱνα ὁ λογος του ἰησου πληρωθη ὁν εἰπεν σημαινων ποιω θανατω ἠμελλεν ἀποθνησκειν.
     21 19   τουτο δε εἰπεν σημαινων ποιω θανατω δοξασει τον θεον.
Ac   11 28   ἀναστας δε εἱς ἐξ αὐτων ὀνοματι ἀγαβος ἐσημανεν δια του πνευματος λιμον μεγαλην μελλειν ἐσεσθαι ἐφ ὁλην την οἰκουμενην·
     25 27   ἀλογον γαρ μοι δοκει πεμποντα δεσμιον μη και τας κατ αὐτου αἰτιας σημαναι.
Apc   1 1   και ἐσημανεν ἀποστειλας δια του ἀγγελου αὐτου τω δουλω αὐτου ἰωαννη,

σημειον [77]

Mt   12 38   διδασκαλε, θελομεν ἀπο σου σημειον ἰδειν.
     39   γενεα πονηρα και μοιχαλις σημειον ἐπιζητει,
     39   και σημειον οὐ δοθησεται αὐτη εἰ μη το σημειον ἰωνα του προφητου.
     39   και σημειον οὐ δοθησεται αὐτη εἰ μη το σημειον ἰωνα του προφητου.
     16 1   και προσελθοντες οἱ φαρισαιοι και σαδδουκαιοι πειραζοντες ἐπηρωτησαν αὐτον σημειον ἐκ του οὐρανου ἐπιδειξαι αὐτοις.
     3   [το μεν προσωπον του οὐρανου γινωσκετε διακρινειν], [τα δε σημεια των καιρων οὐ δυνασθε];
     4   γενεα πονηρα και μοιχαλις σημειον ἐπιζητει,
     4   γενεα πονηρα και μοιχαλις σημειον ἐπιζητει, και σημειον οὐ δοθησεται αὐτη εἰ μη το σημειον ἰωνα.
     4   γενεα πονηρα και μοιχαλις σημειον ἐπιζητει, και σημειον οὐ δοθησεται αὐτη εἰ μη το σημειον ἰωνα.
     24 3   εἰπε ἡμιν, ποτε ταυτα ἐσται, και τι το σημειον της σης παρουσιας και συντελειας του αἰωνος;
     24   ἐγερθησονται γαρ ψευδοχριστοι και ψευδοπροφηται, και δωσουσιν σημεια μεγαλα και τερατα,
     30   και τοτε φανησεται το σημειον του υἱου του ἀνθρωπου ἐν οὐρανω,
     26 48   ὁ δε παραδιδους αὐτον ἐδωκεν αὐτοις σημειον λεγων·
Mc   8 11   ζητουντες παρ αὐτου σημειον ἀπο του οὐρανου, πειραζοντες αὐτον.
     12   τι ἡ γενεα αὐτη ζητει σημειον;

σημειον [77]

Mc 8 12 εἰ δοθησεται τῇ γενεα ταυτῃ σημειον.

13 4 εἰπον ἡμιν, ποτε ταυτα ἐσται, και τι το σημειον ὁταν μελλῃ ταυτα συντελεισθαι παντα;

22 ἐγερθησονται γαρ ψευδοχριστοι και ψευδοπροφηται και δωσουσιν σημεια και τερατα προς το ἀποπλαναν, εἰ δυνατον, τους ἐκλεκτους.

16 17 σημεια δε τοις πιστευσασιν ταυτα παρακολουθησει· ἐν τῳ ὀνοματι μου δαιμονια ἐκβαλουσιν, γλωσσαις λαλησουσιν καιναις,

20 ἐκεινοι δε ἐξελθοντες ἐκηρυξαν πανταχου, του κυριου συνεργουντος και τον λογον βεβαιουντος δια των ἐπακολουθουντων σημειων.

Lc 2 12 και τουτο ὑμιν το σημειον, εὑρησετε βρεφος ἐσπαργανωμενον και κειμενον ἐν φατνῃ.

34 ἰδου οὑτος κειται εἰς πτωσιν και ἀναστασιν πολλων ἐν τῳ ἰσραηλ και εἰς σημειον ἀντιλεγομενον και σου [δε] αὐτης την ψυχην διελευσεται ρομφαια,

11 16 ἑτεροι δε πειραζοντες σημειον ἐξ οὐρανου ἐζητουν παρ αὐτου.

29 σημειον ζητει, και σημειον οὐ δοθησεται αὐτῃ εἰ μη το σημειον ἰωνα.

29 σημειον ζητει, και σημειον οὐ δοθησεται αὐτῃ εἰ μη το σημειον ἰωνα.

29 σημειον ζητει, και σημειον οὐ δοθησεται αὐτῃ εἰ μη το σημειον ἰωνα.

30 καθως γαρ ἐγενετο ἰωνας τοις νινευιταις σημειον, οὑτως ἐσται και ὁ υἱος του ἀνθρωπου τῃ γενεα ταυτῃ.

21 7 διδασκαλε, ποτε οὑν ταυτα ἐσται; και τι το σημειον ὁταν μελλῃ ταυτα γινεσθαι.

11 φοβητρα τε και ἀπ οὐρανου σημεια μεγαλα ἐσται.

25 και ἐσονται σημεια ἐν ἡλιῳ και σεληνῃ και ἀστροις,

23 8 και ἠλπιζεν τι σημειον ἰδειν ὑπ αὐτου γινομενον.

Jh 2 11 ταυτην ἐποιησεν ἀρχην των σημειων ὁ ἰησους ἐν κανα της γαλιλαιας και ἐφανερωσεν την δοξαν αὐτου,

18 τι σημειον δεικνυεις ἡμιν, ὁτι ταυτα ποιεις;

23 πολλοι ἐπιστευσαν εἰς το ὀνομα αὐτου, θεωρουντες αὐτου τα σημεια ἁ ἐποιει·

3 2 οὐδεις γαρ δυναται ταυτα τα σημεια ποιειν ἁ συ ποιεις,

4 48 ἐαν μη σημεια και τερατα ἰδητε, οὐ μη πιστευσητε.

54 τουτο [δε] παλιν δευτερον σημειον ἐποιησεν ὁ ἰησους ἐλθων ἐκ της ἰουδαιας εἰς την γαλιλαιαν.

6 2 ἠκολουθει δε αὐτῳ ὀχλος πολυς, ὁτι ἐθεωρουν τα σημεια ἁ ἐποιει ἐπι των ἀσθενουντων.

14 οἱ οὑν ἀνθρωποι ἰδοντες ὁ ἐποιησεν σημειον ἐλεγον ὁτι οὑτος ἐστιν ἀληθως ὁ προφητης ὁ ἐρχομενος εἰς τον κοσμον.

26 ἀμην ἀμην λεγω ὑμιν, ζητειτε με οὐχ ὁτι εἰδετε σημεια, ἀλλ ὁτι ἐφαγετε ἐκ των ἀρτων και ἐχορτασθητε.

30 τι οὑν ποιεις συ σημειον, ἱνα ἰδωμεν και πιστευσωμεν σοι;

7 31 ὁ χριστος ὁταν ἐλθῃ, μη πλειονα σημεια ποιησει ὡν οὑτος ἐποιησεν;

9 16 πως δυναται ἀνθρωπος ἁμαρτωλος τοιαυτα σημεια ποιειν;

10 41 και πολλοι ἠλθον προς αὐτον και ἐλεγον ὁτι ἰωαννης μεν σημειον ἐποιησεν οὐδεν,

11 47 τι ποιουμεν, ὁτι οὑτος ὁ ἀνθρωπος πολλα ποιει σημεια;

12 18 δια τουτο [και] ὑπηντησεν αὐτῳ ὁ ὀχλος, ὁτι ἠκουσαν τουτο αὐτον πεποιηκεναι το σημειον.

37 τοσαυτα δε αὐτου σημεια πεποιηκοτος ἐμπροσθεν αὐτων οὐκ ἐπιστευον εἰς αὐτον,

20 30 πολλα μεν οὑν και ἀλλα σημεια ἐποιησεν ὁ ἰησους ἐνωπιον των μαθητων [αὐτου],

Ac 2 19 και δωσω τερατα ἐν τῳ οὐρανῳ ἀνω και σημεια ἐπι της γης κατω,

22 ἰησουν τον ναζωραιον, ἀνδρα ἀποδεδειγμενον ἀπο του θεου εἰς ὑμας δυναμεσι και τερασι και σημειοις,

43 ἐγινετο δε πασῃ ψυχῃ φοβος· πολλα τε τερατα και σημεια δια των ἀποστολων ἐγινετο.

4 16 ὁτι μεν γαρ γνωστον σημειον γεγονεν δι αὐτων, πασιν τοις κατοικουσιν ἰερουσαλημ φανερον,

22 ἐτων γαρ ἠν πλειονων τεσσερακοντα ὁ ἀνθρωπος ἐφ ὁν γεγονει το σημειον τουτο της ἰασεως.

30 ἐν τῳ την χειρα [σου] ἐκτεινειν σε εἰς ἰασιν και σημεια και τερατα γινεσθαι δια του ὀνοματος του ἁγιου παιδος σου ἰησου.

5 12 δια δε των χειρων των ἀποστολων ἐγινετο σημεια και τερατα πολλα ἐν τῳ λαῳ·

6 8 στεφανος δε πληρης χαριτος και δυναμεως ἐποιει τερατα και σημεια μεγαλα ἐν τῳ λαῳ.

7 36 οὑτος ἐξηγαγεν αὐτους ποιησας τερατα και σημεια ἐν γῃ αἰγυπτῳ και ἐν ἐρυθρα θαλασσῃ και ἐν τῃ ἐρημῳ ἐτη τεσσερακοντα.

σημειον [77]

Ac 8 6 προσειχον δε οἱ ὀχλοι τοις λεγομενοις ὑπο του φιλιππου ὁμοθυμαδον ἐν τῳ ἀκουειν αὐτους και βλεπειν τα σημεια ἁ ἐποιει.

13 θεωρων τε σημεια και δυναμεις μεγαλας γινομενας ἐξιστατο.

14 3 ἱκανον μεν οὑν χρονον διετριψαν παρρησιαζομενοι ἐπι τῳ κυριῳ τῳ μαρτυρουντι ἐπι τῳ λογῳ της χαριτος αὐτου, διδοντι σημεια και τερατα γινεσθαι δια των χειρων αὐτων.

15 12 ἐσιγησεν δε παν το πληθος, και ἠκουον βαρναβα και παυλου ἐξηγουμενων ὁσα ἐποιησεν ὁ θεος σημεια και τερατα ἐν τοις ἐθνεσιν δι αὐτων.

Rm 4 11 και σημειον ἐλαβεν περιτομης σφραγιδα της δικαιοσυνης της πιστεως της ἐν τῃ ἀκροβυστια,

15 19 ἐν δυναμει σημειων και τερατων, ἐν δυναμει πνευματος [θεου]·

1Co 1 22 ἐπειδη και ἰουδαιοι σημεια αἰτουσιν και ἑλληνες σοφιαν ζητουσιν, ἡμεις δε κηρυσσομεν χριστον ἐσταυρωμενον,

14 22 ὡστε αἱ γλωσσαι εἰς σημειον εἰσιν οὐ τοις πιστευουσιν ἀλλα τοις ἀπιστοις,

2Co 12 12 τα μεν σημεια του ἀποστολου κατειργασθη ἐν ὑμιν ἐν πασῃ ὑπομονῃ,

12 τα μεν σημεια του ἀποστολου κατειργασθη ἐν ὑμιν ἐν πασῃ ὑπομονῃ, σημειοις τε και τερασιν και δυναμεσιν.

2Th 2 9 οὑ ἐστιν ἡ παρουσια κατ ἐνεργειαν του σατανα ἐν πασῃ δυναμει και σημειοις και τερασιν ψευδους

3 17 ὁ ἀσπασμος τῃ ἐμῃ χειρι παυλου, ὁ ἐστιν σημειον ἐν πασῃ ἐπιστολῃ·

Heb 2 4 συνεπιμαρτυρουντος του θεου σημειοις τε και τερασιν και ποικιλαις δυναμεσιν και πνευματος ἁγιου μερισμοις κατα την αὐτου θελησιν.

Apc 12 1 και σημειον μεγα ὡφθη ἐν τῳ οὐρανῳ, γυνη περιβεβλημενη τον ἡλιον,

3 και ὡφθη ἀλλο σημειον ἐν τῳ οὐρανῳ, και ἰδου δρακων μεγας πυρρος,

13 13 και ποιει σημεια μεγαλα, ἱνα και πυρ ποιῃ ἐκ του οὐρανου καταβαινειν εἰς την γην ἐνωπιον των ἀνθρωπων.

14 και πλανα τους κατοικουντας ἐπι της γης δια τα σημεια ἁ ἐδοθη αὐτῳ ποιησαι ἐνωπιον του θηριου,

15 1 και εἰδον ἀλλο σημειον ἐν τῳ οὐρανῳ μεγα και θαυμαστον, ἀγγελους ἑπτα ἐχοντας πληγας ἑπτα τας ἐσχατας,

16 14 εἰσιν γαρ πνευματα δαιμονιων ποιουντα σημεια,

19 20 και ἐπιασθη το θηριον και μετ αὐτου ὁ ψευδοπροφητης ὁ ποιησας τα σημεια ἐνωπιον αὐτου,

σημειοομαι [1]

2Th 3 14 εἰ δε τις οὐχ ὑπακουει τῳ λογῳ ἡμων δια της ἐπιστολης, τουτον σημειουσθε,

σημερον [41]

Mt 6 11 τον ἀρτον ἡμων τον ἐπιουσιον δος ἡμιν σημερον·

30 εἰ δε τον χορτον του ἀγρου σημερον ὀντα και αὐριον εἰς κλιβανον βαλλομενον ὁ θεος οὑτως ἀμφιεννυσιν,

11 23 ὁτι εἰ ἐν σοδομοις ἐγενηθησαν αἱ δυναμεις αἱ γενομεναι ἐν σοι, ἐμειναν ἀν μεχρι της σημερον.

16 3 [ὀψιας γενομενης λεγετε· εὐδια, πυρραζει γαρ ὁ οὐρανος· και πρωι· σημερον χειμων, πυρραζει γαρ στυγναζων ὁ οὐρανος].

21 28 τεκνον, ὑπαγε σημερον ἐργαζου ἐν τῳ ἀμπελωνι.

27 8 διο ἐκληθη ὁ ἀγρος ἐκεινος ἀγρος αἱματος ἑως της σημερον.

19 μηδεν σοι και τῳ δικαιῳ ἐκεινῳ· πολλα γαρ ἐπαθον σημερον κατ ὀναρ δι αὐτον.

28 15 και διεφημισθη ὁ λογος οὑτος παρα ἰουδαιοις μεχρι της σημερον [ἡμερας].

Mc 14 30 ἀμην λεγω σοι ὁτι συ σημερον ταυτῃ τῃ νυκτι πριν ἡ δις ἀλεκτορα φωνησαι τρις με ἀπαρνησῃ.

Lc 2 11 ἰδου γαρ εὐαγγελιζομαι ὑμιν χαραν μεγαλην, ἡτις ἐσται παντι τῳ λαῳ, ὁτι ἐτεχθη ὑμιν σημερον σωτηρ,

4 21 ἠρξατο δε λεγειν προς αὐτους ὁτι σημερον πεπληρωται ἡ γραφη αὑτη ἐν τοις ὠσιν ὑμων.

5 26 και ἐπλησθησαν φοβου λεγοντες ὁτι εἰδομεν παραδοξα σημερον.

12 28 εἰ δε ἐν ἀγρῳ τον χορτον ὀντα σημερον και αὐριον εἰς κλιβανον βαλλομενον ὁ θεος οὑτως ἀμφιεζει, ποσῳ μαλλον ὑμας, ὀλιγοπιστοι.

13 32 ἰδου ἐκβαλλω δαιμονια και ἰασεις ἀποτελω σημερον και αὐριον, και τῃ τριτῃ τελειουμαι.

33 πλην δει με σημερον και αὐριον και τῃ ἐχομενῃ πορευεσθαι, ὁτι οὐκ ἐνδεχεται προφητην ἀπολεσθαι ἐξω ἰερουσαλημ.

σημερον [41]

Lc 19 5 ζακχαιε, σπευσας καταβηθι· σημερον γαρ εν τω οικω σου δει με μειναι.

9 ειπεν δε προς αυτον ο ιησους οτι σημερον σωτηρια τω οικω τουτω εγενετο,

22 34 λεγω σοι, πετρε, ου φωνησει σημερον αλεκτωρ εως τρις με απαρνηση ειδεναι.

61 και υπεμνησθη ο πετρος του ρηματος του κυριου, ως ειπεν αυτω οτι πριν αλεκτορα φωνησαι σημερον απαρνηση με τρις.

23 43 αμην σοι λεγω, σημερον μετ εμου εση εν τω παραδεισω.

Ac 4 9 ει ημεις σημερον ανακρινομεθα επι ευεργεσια ανθρωπου ασθενους, εν τινι ουτος σεσωται,

13 33 υιος μου ει συ, εγω σημερον γεγεννηκα σε.

19 40 και γαρ κινδυνευομεν εγκαλεισθαι στασεως περι της σημερον,

20 26 διοτι μαρτυρομαι υμιν εν τη σημερον ημερα οτι καθαρος ειμι απο του αιματος παντων·

22 3 ζηλωτης υπαρχων του θεου καθως παντες υμεις εστε σημερον·

24 21 η περι μιας ταυτης φωνης ης εκεκραξα εν αυτοις εστως οτι περι αναστασεως νεκρων εγω κρινομαι σημερον εφ υμων.

26 2 περι παντων ων εγκαλουμαι υπο ιουδαιων, βασιλευ αγριππα, ηγημαι εμαυτον μακαριον επι σου μελλων σημερον απολογεισθαι,

29 ευξαιμην αν τω θεω και εν ολιγω και εν μεγαλω ου μονον σε αλλα και παντας τους ακουοντας μου σημερον γενεσθαι τοιουτους οποιος και εγω ειμι,

27 33 τεσσαρεσκαιδεκατην σημερον ημεραν προσδοκωντες ασιτοι διατελειτε,

Rm 11 8 εδωκεν αυτοις ο θεος πνευμα κατανυξεως, οφθαλμους του μη βλεπειν και ωτα του μη ακουειν, εως της σημερον ημερας.

2Co 3 14 αχρι γαρ της σημερον ημερας το αυτο καλυμμα επι τη αναγνωσει της παλαιας διαθηκης μενει,

15 αλλ εως σημερον ηνικα αν αναγινωσκηται μωυσης καλυμμα επι την καρδιαν αυτων κειται·

Heb 1 5 υιος μου ει συ, εγω σημερον γεγεννηκα σε;

3 7 σημερον εαν της φωνης αυτου ακουσητε, μη σκληρυνητε τας καρδιας υμων ως εν τω παραπικρασμω κατα την ημεραν του πειρασμου εν τη ερημω,

13 αλλα παρακαλειτε εαυτους καθ εκαστην ημεραν, αχρις ου το σημερον καλειται, ινα μη σκληρυνθη τις εξ υμων απατη της αμαρτιας·

15 σημερον εαν της φωνης αυτου ακουσητε, μη σκληρυνητε τας καρδιας υμων ως εν τω παραπικρασμω.

4 7 παλιν τινα οριζει ημεραν, σημερον, εν δαυιδ λεγων μετα τοσουτον χρονον,

7 σημερον εαν της φωνης αυτου ακουσητε, μη σκληρυνητε τας καρδιας υμων.

5 5 εγω σημερον γεγεννηκα σε·

13 8 ιησους χριστος εχθες και σημερον ο αυτος και εις τους αιωνας.

Ja 4 13 σημερον η αυριον πορευσομεθα εις τηνδε την πολιν και ποιησομεν εκει ενιαυτον και εμπορευσομεθα και κερδησομεν·

σηπω [1]

Ja 5 2 ο πλουτος υμων σεσηπεν, και τα ιματια υμων σητοβρωτα γεγονεν,

σης [3]

Mt 6 19 μη θησαυριζετε υμιν θησαυρους επι της γης, οπου σης και βρωσις αφανιζει,

20 θησαυριζετε δε υμιν θησαυρους εν ουρανω, οπου ουτε σης ουτε βρωσις αφανιζει,

Lc 12 33 ποιησατε εαυτοις βαλλαντια μη παλαιουμενα, θησαυρον ανεκλειπτον εν τοις ουρανοις, οπου κλεπτης ουκ εγγιζει ουδε σης διαφθειρει·

σητοβρωτος [1]

Ja 5 2 ο πλουτος υμων σεσηπεν, και τα ιματια υμων σητοβρωτα γεγονεν,

σθενοω [1]

1Pt 5 10 ολιγον παθοντας αυτος καταρτισει, στηριξει, σθενωσει, θεμελιωσει.

σιαγων [2]

Mt 5 39 εγω δε λεγω υμιν μη αντιστηναι τω πονηρω· αλλ οστις σε ραπιζει εις την δεξιαν σιαγονα [σου],

Lc 6 29 τω τυπτοντι σε επι την σιαγονα παρεχε και την αλλην,

σιγαω [10]

Lc 9 36 και αυτοι εσιγησαν και ουδενι απηγγειλαν εν εκειναις ταις ημεραις ουδεν ων εωρακαν.

18 39 και οι προαγοντες επετιμων αυτω ινα σιγηση·

20 26 και θαυμασαντες επι τη αποκρισει αυτου εσιγησαν.

Ac 12 17 κατασεισας δε αυτοις τη χειρι σιγαν διηγησατο [αυτοις] πως ο κυριος αυτον εξηγαγεν εκ της φυλακης,

15 12 εσιγησεν δε παν το πληθος, και ηκουον βαρναβα και παυλου εξηγουμενων οσα εποιησεν ο θεος σημεια και τερατα εν τοις εθνεσιν δι αυτων.

13 μετα δε το σιγησαι αυτους απεκριθη ιακωβος λεγων·

Rm 16 25 [τω δε δυναμενω υμας στηριξαι κατα το ευαγγελιον μου και το κηρυγμα ιησου χριστου], [κατα αποκαλυψιν μυστηριου χρονοις αιωνιοις σεσιγημενου],

1Co 14 28 εαν δε μη η διερμηνευτης, σιγατω εν εκκλησια,

30 εαν δε αλλω αποκαλυφθη καθημενω, ο πρωτος σιγατω.

34 ως εν πασαις ταις εκκλησιαις των αγιων, αι γυναικες εν ταις εκκλησιαις σιγατωσαν·

σιγη [2]

Ac 21 40 πολλης δε σιγης γενομενης προσεφωνησεν τη εβραιδι διαλεκτω λεγων·

Apc 8 1 και οταν ηνοιξεν την σφραγιδα την εβδομην, εγενετο σιγη εν τω ουρανω ως ημιωριον.

σιδηρος [1]

Apc 18 12 και παν σκευος εκ ξυλου τιμιωτατου και χαλκου και σιδηρου και μαρμαρου,

σιδηρους [5]

Ac 12 10 διελθοντες δε πρωτην φυλακην και δευτεραν ηλθαν επι την πυλην την σιδηραν την φερουσαν εις την πολιν,

Apc 2 27 και ποιμανει αυτους εν ραβδω σιδηρα, ως τα σκευη τα κεραμικα συντριβεται,

9 9 και ειχον θωρακας ως θωρακας σιδηρους,

12 5 και ετεκεν υιον αρσεν, ος μελλει ποιμαινειν παντα τα εθνη εν ραβδω σιδηρα·

19 15 και αυτος ποιμανει αυτους εν ραβδω σιδηρα·

σιδων [9]

Mt 11 21 οτι ει εν τυρω και σιδωνι εγενοντο αι δυναμεις αι γενομεναι εν υμιν, παλαι αν εν σακκω και σποδω μετενοησαν.

22 τυρω και σιδωνι ανεκτοτερον εσται εν ημερα κρισεως η υμιν.

15 21 και εξελθων εκειθεν ο ιησους ανεχωρησεν εις τα μερη τυρου και σιδωνος.

Mc 3 8 και πολυ πληθος απο της γαλιλαιας [ηκολουθησεν]· και απο της ιουδαιας και απο ιεροσολυμων και απο της ιδουμαιας και περαν του ιορδανου και περι τυρον και σιδωνα,

7 31 και παλιν εξελθων εκ των οριων τυρου ηλθεν δια σιδωνος εις την θαλασσαν της γαλιλαιας ανα μεσον των οριων δεκαπολεως.

Lc 6 17 και πληθος πολυ του λαου απο πασης της ιουδαιας και ιερουσαλημ και της παραλιου τυρου και σιδωνος,

10 13 οτι ει εν τυρω και σιδωνι εγενηθησαν αι δυναμεις αι γενομεναι εν υμιν, παλαι αν εν σακκω και σποδω καθημενοι μετενοησαν.

14 πλην τυρω και σιδωνι ανεκτοτερον εσται εν τη κρισει η υμιν.

Ac 27 3 τη τε ετερα κατηχθημεν εις σιδωνα,

σιδωνιος [2]

Lc 4 26 ως εγενετο λιμος μεγας επι πασαν την γην, και προς ουδεμιαν αυτων επεμφθη ηλιας ει μη εις σαρεπτα της σιδωνιας προς γυναικα χηραν.

Ac 12 20 ην δε θυμομαχων τυριοις και σιδωνιοις·

σικαριος [1]

Ac   21 38   ούκ άρα συ εί ό αίγυπτιος ό προ τουτων των ήμερων
            άναστατωσας και έξαγαγων είς την έρημον τους
            τετρακισχιλιους άνδρας των σικαριων;

σικερα [1]

Lc   1 15   και οίνον και σικερα ού μη πιη,

σιλας [13]

Ac   15 22   ίουδαν τον καλουμενον βαρσαββαν και σιλαν, άνδρας
            ήγουμενους έν τοις άδελφοις,
      27   άπεσταλκαμεν ούν ίουδαν και σιλαν, και αύτους δια λογου
            άπαγγελλοντας τα αύτα.
      32   ίουδας τε και σιλας, και αύτοι προφηται όντες, δια λογου
            πολλου παρεκαλεσαν τους άδελφους και έπεστηριξαν·
      34 *   έδοξεν δε τω σιλα έπιμειναι αύτους, μονος δε ίουδας
            έπορευθη.
      40   παυλος δε έπιλεξαμενος σιλαν έξηλθεν, παραδοθεις τη χαριτι
            του κυριου ύπο των άδελφων·
    16 19   ίδοντες δε οί κυριοι αύτης ότι έξηλθεν ή έλπις της έργασιας
            αύτων, έπιλαβομενοι τον παυλον και τον σιλαν είλκυσαν είς
            την άγοραν έπι τους άρχοντας,
      25   κατα δε το μεσονυκτιον παυλος και σιλας προσευχομενοι
            ύμνουν τον θεον, έπηκροωντο δε αύτων οί δεσμιοι·
      29   αίτησας δε φωτα είσεπηδησεν, και έντρομος γενομενος
            προσεπεσεν τω παυλω και [τω] σιλα,
    17 4   και τινες έξ αύτων έπεισθησαν και προσεκληρωθησαν τω
            παυλω και τω σιλα,
      10   οί δε άδελφοι εύθεως δια νυκτος έξεπεμψαν τον τε παυλον
            και τον σιλαν είς βεροιαν,
      14   ύπεμειναν τε ό τε σιλας και ό τιμοθεος έκει.
      15   και λαβοντες έντολην προς τον σιλαν και τον τιμοθεον ίνα
            ώς ταχιστα έλθωσιν προς αύτον έξηεσαν.
    18 5   ώς δε κατηλθον άπο της μακεδονιας ό τε σιλας και ό
            τιμοθεος, συνειχετο τω λογω ό παυλος,

σιλουανος [4]

2Co   1 19   ό του θεου γαρ υίος ίησους χριστος ό έν ύμιν δι ήμων
            κηρυχθεις, δι έμου και σιλουανου και τιμοθεου, ούκ έγενετο
            ναι και ού,
1Th   1 1   παυλος και σιλουανος και τιμοθεος τη έκκλησια
            θεσσαλονικεων έν θεω πατρι και κυριω ίησου χριστω·
2Th   1 1   παυλος και σιλουανος και τιμοθεος τη έκκλησια
            θεσσαλονικεων έν θεω πατρι ήμων και κυριω ίησου χριστω·
1Pt   5 12   δια σιλουανου ύμιν του πιστου άδελφου,

σιλωαμ [3]

Lc   13 4   ή έκεινοι οί δεκαοκτω έφ ούς έπεσεν ό πυργος έν τω σιλωαμ
            και άπεκτεινεν αύτους, δοκειτε ότι αύτοι όφειλεται έγενοντο
            παρα παντας τους άνθρωπους τους κατοικουντας ίερουσαλημ;
Jh   9 7   ύπαγε νιψαι είς την κολυμβηθραν του σιλωαμ ό έρμηνευεται
            άπεσταλμενος.
      11   ό άνθρωπος ό λεγομενος ίησους πηλον έποιησεν και
            έπεχρισεν μου τους όφθαλμους και είπεν μοι ότι ύπαγε είς
            τον σιλωαμ και νιψαι·

σιμικινθιον [1]

Ac   19 12   ώστε και έπι τους άσθενουντας άποφερεσθαι άπο του χρωτος
            αύτου σουδαρια ή σιμικινθια και άπαλλασσεσθαι άπ αύτων
            τας νοσους,

σιμων [75]

Mt   4 18   περιπατων δε παρα την θαλασσαν της γαλιλαιας είδεν δυο
            άδελφους, σιμωνα τον λεγομενον πετρον και άνδρεαν τον
            άδελφον αύτου,
      10 2   πρωτος σιμων ό λεγομενος πετρος και άνδρεας ό άδελφος
            αύτου,
      4   σιμων ό καναναιος και ίουδας ό ίσκαριωτης ό και παραδους
            αύτον.
    13 55   ούχ ή μητηρ αύτου λεγεται μαριαμ και οί άδελφοι αύτου
            ίακωβος και ίωσηφ και σιμων και ίουδας;
    16 16   άποκριθεις δε σιμων πετρος είπεν· συ εί ό χριστος ό υίος του
            θεου του ζωντος.

σιμων [75]

Mt   16 17   μακαριος εί, σιμων βαριωνα, ότι σαρξ και αίμα ούκ
            άπεκαλυψεν σοι άλλ ό πατηρ μου ό έν τοις ούρανοις.
    17 25   και έλθοντα είς την οίκιαν προεφθασεν αύτον ό ίησους
            λεγων· τί σοι δοκει, σιμων;
    26 6   του δε ίησου γενομενου έν βηθανια έν οίκια σιμωνος του
            λεπρου, προσηλθεν αύτω γυνη έχουσα άλαβαστρον μυρου
            βαρυτιμου και κατεχεεν έπι της κεφαλης αύτου άνακειμενου.
    27 32   έξερχομενοι δε εύρον άνθρωπον κυρηναιον, όνοματι σιμωνα·
Mc   1 16   και παραγων παρα την θαλασσαν της γαλιλαιας είδεν
            σιμωνα και άνδρεαν τον άδελφον σιμωνος άμφιβαλλοντας έν
            τη θαλασση
      16   και παραγων παρα την θαλασσαν της γαλιλαιας είδεν
            , σιμωνα και άνδρεαν τον άδελφον σιμωνος άμφιβαλλοντας έν
            τη θαλασση·
      29   και εύθυς έκ της συναγωγης έξελθοντες ήλθον είς την οίκιαν
            σιμωνος και άνδρεου μετα ίακωβου και ίωαννου.
      30   ή δε πενθερα σιμωνος κατεκειτο πυρεσσουσα,
      36   και κατεδιωξεν αύτον σιμων και οί μετ αύτου,
    3 16   και έπεθηκεν όνομα τω σιμωνι πετρον·
      18   και άνδρεαν και φιλιππον και βαρθολομαιον και μαθθαιον
            και θωμαν και ίακωβον τον του άλφαιου και θαδδαιον και
            σιμωνα τον καναναιον και ίουδαν ίσκαριωθ,
    6 3   ούχ ούτος έστιν ό τεκτων, ό υίος της μαριας και άδελφος
            ίακωβου και ίωσητος και ίουδα και σιμωνος;
    14 3   και όντος αύτου έν βηθανια έν τη οίκια σιμωνος του λεπρου,
            κατακειμενου αύτου ήλθεν γυνη έχουσα άλαβαστρον μυρου
            ναρδου πιστικης πολυτελους·
      37   και λεγει τω πετρω· σιμων, καθευδεις;
    15 21   και άγγαρευουσιν παραγοντα τινα σιμωνα κυρηναιον
            έρχομενον άπ άγρου, τον πατερα άλεξανδρου και ρουφου, ίνα
            άρη τον σταυρον αύτου.
Lc   4 38   άναστας δε άπο της συναγωγης είσηλθεν είς την οίκιαν
            σιμωνος.
      38   πενθερα δε του σιμωνος ήν συνεχομενη πυρετω μεγαλω,
    5 3   έμβας δε είς έν των πλοιων, ό ήν σιμωνος, ήρωτησεν αύτον
            άπο της γης έπαναγαγειν όλιγον·
      4   ώς δε έπαυσατο λαλων, είπεν προς τον σιμωνα· έπαναγαγε είς
            το βαθος, και χαλασατε τα δικτυα ύμων είς άγραν.
      5   και άποκριθεις σιμων είπεν· έπιστατα, δι όλης νυκτος
            κοπιασαντες ούδεν έλαβομεν·
      8   ίδων δε σιμων πετρος προσεπεσεν τοις γονασιν ίησου λεγων·
      10   όμοιως δε και ίακωβον και ίωαννην υίους ζεβεδαιου, οί ήσαν
            κοινωνοι τω σιμωνι.
      10   και είπεν προς τον σιμωνα ό ίησους· μη φοβου· άπο του νυν
            άνθρωπους έση ζωγρων.
    6 14   σιμωνα, όν και ώνομασεν πετρον, και άνδρεαν τον άδελφον
            αύτου,
      15   και μαθθαιον και θωμαν, και ίακωβον άλφαιου και σιμωνα
            τον καλουμενον ζηλωτην,
    7 40   σιμων, έχω σοι τι είπειν.
      43   άποκριθεις σιμων είπεν· ύπολαμβανω ότι ώ το πλειον
            έχαρισατο.
      44   και στραφεις προς την γυναικα τω σιμωνι έφη·
    22 31   σιμων σιμων, ίδου ό σατανας έξητησατο ύμας του σινιασαι
            ώς τον σιτον·
      31   σιμων σιμων, ίδου ό σατανας έξητησατο ύμας του σινιασαι
            ώς τον σιτον·
    23 26   και ώς άπηγαγον αύτον, έπιλαβομενοι σιμωνα τινα
            κυρηναιον έρχομενον άπ άγρου έπεθηκαν αύτω τον σταυρον
            φερειν όπισθεν του ίησου.
    24 34   και εύρον ήθροισμενους τους ένδεκα και τους συν αύτοις,
            λεγοντας ότι όντως ήγερθη ό κυριος και ώφθη σιμωνι.
Jh   1 40   ήν άνδρεας ό άδελφος σιμωνος πετρου είς έκ των δυο των
            άκουσαντων παρα ίωαννου και άκολουθησαντων αύτω·
      41   εύρισκει ούτος πρωτον τον άδελφον τον ίδιον σιμωνα και
            λεγει αύτω·
      42   έμβλεψας αύτω ό ίησους είπεν· συ εί σιμων ό υίος ίωαννου,
            συ κληθηση κηφας ό έρμηνευεται πετρος.
    6 8   λεγει αύτω είς έκ των μαθητων αύτου, άνδρεας ό άδελφος
            σιμωνος πετρου· έστιν παιδαριον ώδε ός έχει πεντε άρτους
            κριθινους και δυο όψαρια·
      68   άπεκριθη αύτω σιμων πετρος· κυριε, προς τινα άπελευσομεθα·
      71   έλεγεν δε τον ίουδαν σιμωνος ίσκαριωτου·
    13 2   και δειπνου γινομενου, του διαβολου ήδη βεβληκοτος είς την
            καρδιαν ίνα παραδοι αύτον ίουδας σιμωνος ίσκαριωτου,
      6   έρχεται ούν προς σιμωνα πετρον·
      9   λεγει αύτω σιμων πετρος· κυριε, μη τους ποδας μου μονον
            άλλα και τας χειρας και την κεφαλην.

σιμων [75]

Jh	13 24	νευει οὖν τουτω σιμων πετρος πυθεσθαι τίς ἄν εἴη περι οὗ λεγει.
	26	βαψας οὖν το ψωμιον [λαμβανει και] διδωσιν ιουδα σιμωνος ισκαριωτου.
	36	λεγει αὐτω σιμων πετρος· κυριε, ποῦ ὑπαγεις;
	18 10	σιμων οὖν πετρος ἐχων μαχαιραν εἵλκυσεν αὐτην και ἐπαισεν τον του ἀρχιερεως δουλον και ἀπεκοψεν αὐτου το ὠταριον το δεξιον·
	15	ἠκολουθει δε τω ἰησου σιμων πετρος και ἀλλος μαθητης.
	25	ἠν δε σιμων πετρος ἑστως και θερμαινομενος.
	20 2	τρεχει οὖν και ἐρχεται προς σιμωνα πετρον και προς τον ἀλλον μαθητην ὃν ἐφιλει ὁ ἰησους,
	6	ἐρχεται οὖν και σιμων πετρος ἀκολουθων αὐτω,
	21 2	ἦσαν ὁμου σιμων πετρος και θωμας ὁ λεγομενος διδυμος και ναθαναηλ ὁ ἀπο κανα της γαλιλαιας και οἱ του ζεβεδαιου και ἀλλοι ἐκ των μαθητων αὐτου δυο.
	3	λεγει αὐτοις σιμων πετρος· ὑπαγω ἁλιευειν.
	7	σιμων οὖν πετρος,
	11	ἀνεβη οὖν σιμων πετρος και εἵλκυσεν το δικτυον εἰς την γην μεστον ἰχθυων μεγαλων ἑκατονπεντηκοντατριων·
	15	ὁτε οὖν ἠριστησαν, λεγει τω σιμωνι πετρω ὁ ἰησους· σιμων ἰωαννου, ἀγαπας με πλεον τουτων;
	15	σιμων ἰωαννου, ἀγαπας με πλεον τουτων;
	16	σιμων ἰωαννου, ἀγαπας με;
	17	σιμων ἰωαννου, φιλεις με;
Ac	1 13	ἰακωβος ἀλφαιου και σιμων ὁ ζηλωτης και ιουδας ἰακωβου.
	8 9	ἀνηρ δε τις ὀνοματι σιμων προυπηρχεν ἐν τῃ πολει μαγευων και ἐξιστανων το ἐθνος της σαμαρειας, λεγων εἰναι τινα ἑαυτον μεγαν,
	13	ὁ δε σιμων και αὐτος ἐπιστευσεν, και βαπτισθεις ἦν προσκαρτερων τω φιλιππω·
	18	ἰδων δε ὁ σιμων ὁτι δια της ἐπιθεσεως των χειρων των ἀποστολων διδοται το πνευμα, προσηνεγκεν αὐτοις χρηματα λεγων·
	24	ἀποκριθεις δε ὁ σιμων εἰπεν· δεηθητε ὑμεις ὑπερ ἐμου προς τον κυριον, ὁπως μηδεν ἐπελθη ἐπ ἐμε ὧν εἰρηκατε.
	9 43	ἐγενετο δε ἡμερας ἱκανας μειναι ἐν ιοππη παρα τινι σιμωνι βυρσει.
	10 5	και νυν πεμψον ἀνδρας εἰς ιοππην και μεταπεμψαι σιμωνα τινα ὁς ἐπικαλειται πετρος·
	6	οὗτος ξενιζεται παρα τινι σιμωνι βυρσει, ᾧ ἐστιν οἰκια παρα θαλασσαν.
	17	ὡς δε ἐν ἑαυτω διηπορει ὁ πετρος τί ἄν εἴη το ὁραμα ὁ εἰδεν, ἰδου οἱ ἀνδρες οἱ ἀπεσταλμενοι ὑπο του κορνηλιου διερωτησαντες την οἰκιαν του σιμωνος ἐπεστησαν ἐπι τον πυλωνα,
	18	και φωνησαντες ἐπυνθανοντο εἰ σιμων ὁ ἐπικαλουμενος πετρος ἐνθαδε ξενιζεται.
	32	πεμψον οὖν εἰς ιοππην και μετακαλεσαι σιμωνα ὁς ἐπικαλειται πετρος·
	32	οὗτος ξενιζεται ἐν οἰκια σιμωνος βυρσεως παρα θαλασσαν.
	11 13	ἀποστειλον εἰς ιοππην και μεταπεμψαι σιμωνα τον ἐπικαλουμενον πετρον,

σινα [4]

Ac	7 30	και πληρωθεντων ἐτων τεσσερακοντα ὠφθη αὐτω ἐν τη ἐρημω του ὁρους σινα ἀγγελος ἐν φλογι πυρος βατου.
	38	του λαλουντος αὐτω ἐν τω ὁρει σινα και των πατερων ἡμων,
Ga	4 24	αὗται γαρ εἰσιν δυο διαθηκαι, μια μεν ἀπο ὁρους σινα, εἰς δουλειαν γεννωσα, ἡτις ἐστιν ἁγαρ.
	25	το δε ἁγαρ σινα ὁρος ἐστιν ἐν τη ἀραβια·

σιναπι [5]

Mt	13 31	ὁμοια ἐστιν ἡ βασιλεια των οὐρανων κοκκω σιναπεως,
	17 20	ἐαν ἐχητε πιστιν ὡς κοκκον σιναπεως, ἐρειτε τω ὁρει τουτω· μεταβα ἐνθεν ἐκει, και μεταβησεται, και οὐδεν ἀδυνατησει ὑμιν.
Mc	4 31	πως ὁμοιωσωμεν την βασιλειαν του θεου, ἠ ἐν τινι αὐτην παραβολη θωμεν; ὡς κοκκω σιναπεως,
Lc	13 19	ὁμοια ἐστιν κοκκω σιναπεως, ὁν λαβων ἀνθρωπος ἐβαλεν εἰς κηπον ἑαυτου,
	17 6	εἰ ἐχετε πιστιν ὡς κοκκον σιναπεως, ἐλεγετε ἄν τη συκαμινω [ταυτη]·

σινδων [6]

Mt	27 59	και λαβων το σωμα ὁ ἰωσηφ ἐνετυλιξεν αὐτο [ἐν] σινδονι καθαρα,
Mc	14 51	και νεανισκος τις συνηκολουθει αὐτω περιβεβλημενος σινδονα ἐπι γυμνου,
	52	ὁ δε καταλιπων την σινδονα γυμνος ἐφυγεν.
	15 46	και ἀγορασας σινδονα καθελων αὐτον ἐνειλησεν τη σινδονι και ἐθηκεν αὐτον ἐν μνημειω ὁ ἠν λελατομημενον ἐκ πετρας,
	46	και ἀγορασας σινδονα καθελων αὐτον ἐνειλησεν τη σινδονι και ἐθηκεν αὐτον ἐν μνημειω ὁ ἠν λελατομημενον ἐκ πετρας,
Lc	23 53	και καθελων ἐνετυλιξεν αὐτο σινδονι,

σινιαζω [1]

Lc	22 31	σιμων σιμων, ἰδου ὁ σατανας ἐξητησατο ὑμας του σινιασαι ὡς τον σιτον·

σιρικος [1]

Apc	18 12	και πορφυρας και σιρικου και κοκκινου,

σιτευτος [3]

Lc	15 23	και φερετε τον μοσχον τον σιτευτον, θυσατε, και φαγοντες εὐφρανθωμεν,
	27	ὁ δε εἰπεν αὐτω ὁτι ὁ ἀδελφος σου ἡκει, και ἐθυσεν ὁ πατηρ σου τον μοσχον τον σιτευτον, ὁτι ὑγιαινοντα αὐτον ἀπελαβεν.
	30	ὁτε δε ὁ υἱος σου οὗτος ὁ καταφαγων σου τον βιον μετα πορνων ἠλθεν, ἐθυσας αὐτω τον σιτευτον μοσχον.

σιτιον [1]

Ac	7 12	ἀκουσας δε ἰακωβ ὀντα σιτια εἰς αἰγυπτον ἐξαπεστειλεν τους πατερας ἡμων πρωτον·

σιτιστος [1]

Mt	22 4	οἱ ταυροι μου και τα σιτιστα τεθυμενα, και παντα ἑτοιμα·

σιτομετριον [1]

Lc	12 42	τίς ἀρα ἐστιν ὁ πιστος οἰκονομος ὁ φρονιμος, ὁν καταστησει ὁ κυριος ἐπι της θεραπειας αὐτου του διδοναι ἐν καιρω [το] σιτομετριον;

σιτος [14]

Mt	3 12	και συναξει τον σιτον αὐτου εἰς την ἀποθηκην,
	13 25	ἐν δε τω καθευδειν τους ἀνθρωπους ἠλθεν αὐτου ὁ ἐχθρος και ἐπεσπειρεν ζιζανια ἀνα μεσον του σιτου και ἀπηλθεν.
	29	ὁ δε φησιν· οὐ, μηποτε συλλεγοντες τα ζιζανια ἐκριζωσητε ἁμα αὐτοις τον σιτον.
	30	τον δε σιτον συναγαγετε εἰς την ἀποθηκην μου.
Mc	4 28	αὐτοματη ἡ γη καρποφορει, πρωτον χορτον, εἰτα σταχυν, εἰτα πληρη[ς] σιτον ἐν τω σταχυι.
Lc	3 17	οὗ το πτυον ἐν τη χειρι αὐτου διακαθαραι την ἁλωνα αὐτου και συναγαγειν τον σιτον εἰς την ἀποθηκην αὐτου,
	12 18	και συναξω ἐκει παντα τον σιτον και τα ἀγαθα μου,
	16 7	ὁ δε εἰπεν· ἑκατον κορους σιτου.
	22 31	σιμων σιμων, ἰδου ὁ σατανας ἐξητησατο ὑμας του σινιασαι ὡς τον σιτον·
Jh	12 24	ἐαν μη ὁ κοκκος του σιτου πεσων εἰς την γην ἀποθανη, αὐτος μονος μενει·
Ac	27 38	κορεσθεντες δε τροφης ἐκουφιζον το πλοιον ἐκβαλλομενοι τον σιτον εἰς την θαλασσαν.
1Co	15 37	και ὁ σπειρεις, οὐ το σωμα το γενησομενον σπειρεις, ἀλλα γυμνον κοκκον εἰ τυχοι σιτου ἠ τινος των λοιπων·
Apc	6 6	χοινιξ σιτου δηναριου, και τρεις χοινικες κριθων δηναριου·
	18 13	και σιτον και κτηνη και προβατα, και ἱππων και ῥεδων και σωματων,

σιων [7]

Mt	21 5	εἰπατε τη θυγατρι σιων· ἰδου ὁ βασιλευς σου ἐρχεται σοι πραυς και ἐπιβεβηκως ἐπι ὀνον και ἐπι πωλον υἱον ὑποζυγιου.
Jh	12 15	μη φοβου, θυγατηρ σιων· ἰδου ὁ βασιλευς σου ἐρχεται, καθημενος ἐπι πωλον ὀνου.
Rm	9 33	ἰδου τιθημι ἐν σιων λιθον προσκομματος και πετραν σκανδαλου,

σιων [7]

Rm 11 26 ἥξει ἐκ σιων ὁ ῥυομενος, ἀποστρεψει ἀσεβειας ἀπο ιακωβ.
Heb 12 22 ἀλλα προσεληλυθατε σιων ὁρει και πολει θεου ζωντος,
1Pt 2 6 ἰδου τιθημι ἐν σιων λιθον ἀκρογωνιαιον ἐκλεκτον ἐντιμον,
Apc 14 1 και εἰδον, και ἰδου το ἀρνιον ἑστος ἐπι το ὀρος σιων,

σιωπαω [10]

Mt 20 31 ὁ δε ὀχλος ἐπετιμησεν αὐτοις ἱνα σιωπησωσιν·
26 63 ὁ δε ἰησους ἐσιωπα.
Mc 3 4 οἱ δε ἐσιωπων.
4 39 και διεγερθεις ἐπετιμησεν τω ἀνεμω και εἰπεν τη θαλασση· σιωπα, πεφιμωσο.
9 34 οἱ δε ἐσιωπων· προς ἀλληλους γαρ διελεχθησαν ἐν τη ὁδω τίς μειζων.
10 48 και ἐπετιμων αὐτω πολλοι ἱνα σιωπηση·
14 61 ὁ δε ἐσιωπα και οὐκ ἀπεκρινατο οὐδεν.
Lc 1 20 και ἰδου ἐση σιωπων και μη δυναμενος λαλησαι ἀχρι ἡς ἡμερας γενηται ταυτα,
19 40 λεγω ὑμιν, ἐαν οὑτοι σιωπησουσιν, οἱ λιθοι κραξουσιν.
Ac 18 9 μη φοβου, ἀλλα λαλει και μη σιωπησης,

σκανδαλιζω [29]

Mt 5 29 εἰ δε ὁ ὀφθαλμος σου ὁ δεξιος σκανδαλιζει σε, ἐξελε αὐτον και βαλε ἀπο σοῦ·
30 και εἰ ἡ δεξια σου χειρ σκανδαλιζει σε, ἐκκοψον αὐτην και βαλε ἀπο σοῦ·
11 6 και μακαριος ἐστιν ὁς ἐαν μη σκανδαλισθη ἐν ἐμοι.
13 21 γενομενης δε θλιψεως ἡ διωγμου δια τον λογον εὐθυς σκανδαλιζεται.
57 και ἐσκανδαλιζοντο ἐν αὐτω.
15 12 οἱδας ὁτι οἱ φαρισαιοι ἀκουσαντες τον λογον ἐσκανδαλισθησαν;
17 27 ἱνα δε μη σκανδαλισωμεν αὐτους, πορευθεις εἰς θαλασσαν βαλε ἀγκιστρον και τον ἀναβαντα πρωτον ἰχθυν ἀρον, και ἀνοιξας το στομα αὐτου εὑρησεις στατηρα·
18 6 ὁς δ ἀν σκανδαλιση ἑνα των μικρων τουτων των πιστευοντων εἰς ἐμε, συμφερει αὐτω ἱνα κρεμασθη μυλος ὀνικος περι τον τραχηλον αὐτου και καταποντισθη ἐν τω πελαγει της θαλασσης.
8 εἰ δε ἡ χειρ σου ἡ ὁ πους σου σκανδαλιζει σε, ἐκκοψον αὐτον και βαλε ἀπο σοῦ·
9 και εἰ ὁ ὀφθαλμος σου σκανδαλιζει σε, ἐξελε αὐτον και βαλε ἀπο σοῦ·
24 10 και τοτε σκανδαλισθησονται πολλοι και ἀλληλους παραδωσουσιν και μισησουσιν ἀλληλους·
26 31 παντες ὑμεις σκανδαλισθησεσθε ἐν ἐμοι ἐν τη νυκτι ταυτη·
33 εἰ παντες σκανδαλισθησονται ἐν σοί, ἐγω οὐδεποτε σκανδαλισθησομαι.
33 εἰ παντες σκανδαλισθησονται ἐν σοί, ἐγω οὐδεποτε σκανδαλισθησομαι.
Mc 4 17 εἰτα γενομενης θλιψεως ἡ διωγμου δια τον λογον εὐθυς σκανδαλιζονται.
6 3 και ἐσκανδαλιζοντο ἐν αὐτω.
9 42 και ὁς ἀν σκανδαλιση ἑνα των μικρων τουτων των πιστευοντων [εἰς ἐμε,] καλον ἐστιν αὐτω μαλλον εἰ περικειται μυλος ὀνικος περι τον τραχηλον αὐτου και βεβληται εἰς την θαλασσαν.
43 και ἐαν σκανδαλιζη σε ἡ χειρ σου, ἀποκοψον αὐτην·
45 και ἐαν ὁ πους σου σκανδαλιζη σε, ἀποκοψον αὐτον·
47 και ἐαν ὁ ὀφθαλμος σου σκανδαλιζη σε, ἐκβαλε αὐτον·
14 27 και λεγει αὐτοις ὁ ἰησους ὁτι παντες σκανδαλισθησεσθε,
29 εἰ και παντες σκανδαλισθησονται, ἀλλ οὐκ ἐγω.
Lc 7 23 και μακαριος ἐστιν ὁς ἐαν μη σκανδαλισθη ἐν ἐμοι.
17 2 λυσιτελει αὐτω εἰ λιθος μυλικος περικειται περι τον τραχηλον αὐτου και ἐρριπται εἰς την θαλασσαν, ἡ ἱνα σκανδαλιση των μικρων τουτων ἑνα.
Jh 6 61 τουτο ὑμας σκανδαλιζει; ἐαν οὐν θεωρητε τον υἱον του ἀνθρωπου ἀναβαινοντα ὁπου ἡν το προτερον;
16 1 ταυτα λελαληκα ὑμιν ἱνα μη σκανδαλισθητε.
1Co 8 13 διοπερ εἰ βρωμα σκανδαλιζει τον ἀδελφον μου, οὐ μη φαγω κρεα εἰς τον αἰωνα,
13 διοπερ εἰ βρωμα σκανδαλιζει τον ἀδελφον μου, οὐ μη φαγω κρεα εἰς τον αἰωνα, ἱνα μη τον ἀδελφον μου σκανδαλισω.
2Co 11 29 τίς σκανδαλιζεται, και οὐκ ἐγω πυρουμαι;

σκανδαλον [15]

Mt 13 41 και συλλεξουσιν ἐκ της βασιλειας αὐτου παντα τα σκανδαλα και τους ποιουντας την ἀνομιαν,
16 23 σκανδαλον εἰ ἐμου, ὁτι οὐ φρονεις τα του θεου ἀλλα τα των ἀνθρωπων.
18 7 οὐαι τω κοσμω ἀπο των σκανδαλων·
7 ἀναγκη γαρ ἐλθειν τα σκανδαλα, πλην οὐαι τω ἀνθρωπω δι οὑ το σκανδαλον ἐρχεται.
7 ἀναγκη γαρ ἐλθειν τα σκανδαλα, πλην οὐαι τω ἀνθρωπω δι οὑ το σκανδαλον ἐρχεται.
Lc 17 1 ἀνενδεκτον ἐστιν του τα σκανδαλα μη ἐλθειν, πλην οὐαι δι οὑ ἐρχεται·
Rm 9 33 ἰδου τιθημι ἐν σιων λιθον προσκομματος και πετραν σκανδαλου,
11 9 γενηθητω ἡ τραπεζα αὐτων εἰς παγιδα και εἰς θηραν και εἰς σκανδαλον και εἰς ἀνταποδομα αὐτοις,
14 13 ἀλλα τουτο κρινατε μαλλον, το μη τιθεναι προσκομμα τω ἀδελφω ἡ σκανδαλον.
16 17 παρακαλω δε ὑμας, ἀδελφοι, σκοπειν τους τας διχοστασιας και τα σκανδαλα παρα την διδαχην ἡν ὑμεις ἐμαθετε ποιουντας, και ἐκκλινετε ἀπ αὐτων·
1Co 1 23 ἡμεις δε κηρυσσομεν χριστον ἐσταυρωμενον, ἰουδαιοις μεν σκανδαλον, ἐθνεσιν δε μωριαν,
Ga 5 11 ἀρα κατηργηται το σκανδαλον του σταυρου.
1Pt 2 8 οὑτος ἐγενηθη εἰς κεφαλην γωνιας και λιθος προσκομματος και πετρα σκανδαλου·
1Jh 2 10 ὁ ἀγαπων τον ἀδελφον αὐτου ἐν τω φωτι μενει, και σκανδαλον ἐν αὐτω οὐκ ἐστιν·
Apc 2 14 ὁτι ἐχεις ἐκει κρατουντας την διδαχην βαλααμ, ὁς ἐδιδασκεν τω βαλακ βαλειν σκανδαλον ἐνωπιον των υἱων ἰσραηλ,

σκαπτω [3]

Lc 6 48 ὁμοιος ἐστιν ἀνθρωπω οἰκοδομουντι οἰκιαν, ὁς ἐσκαψεν και ἐβαθυνεν και ἐθηκεν θεμελιον ἐπι την πετραν·
13 8 κυριε, ἀφες αὐτην και τουτο το ἐτος, ἑως ὁτου σκαψω περι αὐτην και βαλω κοπρια,
16 3 σκαπτειν οὐκ ἰσχυω, ἐπαιτειν αἰσχυνομαι.

σκαφη [3]

Ac 27 16 νησιον δε τι ὑποδραμοντες καλουμενον καυδα ἰσχυσαμεν μολις περικρατεις γενεσθαι της σκαφης,
30 των δε ναυτων ζητουντων φυγειν ἐκ του πλοιου και χαλασαντων την σκαφην εἰς την θαλασσαν
32 τοτε ἀπεκοψαν οἱ στρατιωται τα σχοινια της σκαφης και εἰασαν αὐτην ἐκπεσειν.

σκελος [3]

Jh 19 31 ἡρωτησαν τον πιλατον ἱνα κατεαγωσιν αὐτων τα σκελη και ἀρθωσιν.
32 και του μεν πρωτου κατεαξαν τα σκελη και του ἀλλου του συσταυρωθεντος αὐτω·
33 ἐπι δε τον ἰησουν ἐλθοντες, ὡς εἰδον ἡδη αὐτον τεθνηκοτα, οὐ κατεαξαν αὐτου τα σκελη,

σκεπασμα [1]

1Tm 6 8 ἐχοντες δε διατροφας και σκεπασματα, τουτοις ἀρκεσθησομεθα.

σκευας [1]

Ac 19 14 ἡσαν δε τινος σκευα ἰουδαιου ἀρχιερεως ἑπτα υἱοι τουτο ποιουντες.

σκευη [1]

Ac 27 19 και τη τριτη αὐτοχειρες την σκευην του πλοιου ἐρριψαν.

σκευος [23]

Mt 12 29 ἡ πως δυναται τις εἰσελθειν εἰς την οἰκιαν του ἰσχυρου και τα σκευη αὐτου ἁρπασαι;
Mc 3 27 ἀλλ οὐ δυναται οὐδεις εἰς την οἰκιαν του ἰσχυρου εἰσελθων τα σκευη αὐτου διαρπασαι,
11 16 και οὐκ ἡφιεν ἱνα τις διενεγκη σκευος δια του ἱερου,
Lc 8 16 οὐδεις δε λυχνον ἁψας καλυπτει αὐτον σκευει ἡ ὑποκατω κλινης τιθησιν,

σκευος [23]

Lc	17 31	ἐν ἐκεινη τη ἡμερᾳ ὃς ἐσται ἐπι του δωματος και τα σκευη αυτου ἐν τη οἰκιᾳ, μη καταβατω ἀραι αὐτα,
Jh	19 29	σκευος ἐκειτο ὀξους μεστον·
Ac	9 15	πορευου, ὁτι σκευος ἐκλογης ἐστιν μοι οὑτος του βαστασαι το ὀνομα μου ἐνωπιον ἐθνων τε και βασιλεων υἱων τε ἰσραηλ·
	10 11	και θεωρει τον οὐρανον ἀνεῳγμενον και καταβαινον σκευος τι ὡς ὀθονην μεγαλην,
	16	τουτο δε ἐγενετο ἐπι τρις, και εὐθυς ἀνελημφθη το σκευος εἰς τον οὐρανον.
	11 5	και εἰδον ἐν ἐκστασει ὁραμα, καταβαινον σκευος τι ὡς ὀθονην μεγαλην τεσσαρσιν ἀρχαις καθιεμενην ἐκ του οὐρανου,
	27 17	φοβουμενοι τε μη εἰς την συρτιν ἐκπεσωσιν, χαλασαντες το σκευος, οὑτως ἐφεροντο.
Rm	9 21	ἠ οὐκ ἐχει ἐξουσιαν ὁ κεραμευς του πηλου ἐκ του αὐτου φυραματος ποιησαι ὁ μεν εἰς τιμην σκευος, ὁ δε εἰς ἀτιμιαν;
	22	εἰ δε θελων ὁ θεος ἐνδειξασθαι την ὀργην και γνωρισαι το δυνατον αὐτου ἠνεγκεν ἐν πολλῃ μακροθυμιᾳ σκευη ὀργης κατηρτισμενα εἰς ἀπωλειαν,
	23	και ἱνα γνωρισῃ τον πλουτον της δοξης αὐτου ἐπι σκευη ἐλεους,
2Co	4 7	ἐχομεν δε τον θησαυρον τουτον ἐν ὀστρακινοις σκευεσιν,
1Th	4 4	εἰδεναι ἑκαστον ὑμων το ἑαυτου σκευος κτασθαι ἐν ἁγιασμῳ και τιμῃ,
2Tm	2 20	ἐν μεγαλῃ δε οἰκιᾳ οὐκ ἐστιν μονον σκευη χρυσα και ἀργυρα, ἀλλα και ξυλινα και ὀστρακινα,
	21	ἐαν οὐν τις ἐκκαθαρῃ ἑαυτον ἀπο τουτων, ἐσται σκευος εἰς τιμην,
Heb	9 21	και την σκηνην δε και παντα τα σκευη της λειτουργιας τῳ αἱματι ὁμοιως ἐρραντισεν.
1Pt	3 7	οἱ ἀνδρες ὁμοιως, συνοικουντες κατα γνωσιν ὡς ἀσθενεστερῳ σκευει τῳ γυναικειῳ,
Apc	2 27	και ποιμανει αὐτους ἐν ῥαβδῳ σιδηρᾳ, ὡς τα σκευη τα κεραμικα συντριβεται,
	18 12	και παν ξυλον θυινον και παν σκευος ἐλεφαντινον
	12	και παν σκευος ἐκ ξυλου τιμιωτατου και χαλκου και σιδηρου και μαρμαρου,

σκηνη [20]

Mt	17 4	εἰ θελεις, ποιησω ὡδε τρεις σκηνας, σοι μιαν και μωυσει μιαν και ἡλιᾳ μιαν.
Mc	9 5	ῥαββι, καλον ἐστιν ἡμας ὡδε εἰναι, και ποιησωμεν τρεις σκηνας, σοι μιαν και μωυσει μιαν και ἡλιᾳ μιαν.
Lc	9 33	και ποιησωμεν σκηνας τρεις, μιαν σοι και μιαν μωυσει και μιαν ἡλιᾳ, μη εἰδως ὁ λεγει.
	16 9	ἑαυτοις ποιησατε φιλους ἐκ του μαμωνα της ἀδικιας, ἱνα ὁταν ἐκλιπῃ δεξωνται ὑμας εἰς τας αἰωνιους σκηνας.
Ac	7 43	και ἀνελαβετε την σκηνην του μολοχ και το ἀστρον του θεου [ὑμων] ῥαιφαν, τους τυπους οὑς ἐποιησατε προσκυνειν αὐτοις·
	44	ἡ σκηνη του μαρτυριου ἠν τοις πατρασιν ἡμων ἐν τῃ ἐρημῳ,
	15 16	μετα ταυτα ἀναστρεψω και ἀνοικοδομησω την σκηνην δαυιδ την πεπτωκυιαν,
Heb	8 2	ὁς ἐκαθισεν ἐν δεξιᾳ του θρονου της μεγαλωσυνης ἐν τοις οὐρανοις, των ἁγιων λειτουργος και της σκηνης της ἀληθινης,
	5	καθως κεχρηματισται μωυσης μελλων ἐπιτελειν την σκηνην· ὁρα γαρ φησιν,
	9 2	σκηνη γαρ κατεσκευασθη ἡ πρωτη,
	3	μετα δε το δευτερον καταπετασμα σκηνη ἡ λεγομενη ἁγια ἁγιων,
	6	τουτων δε οὑτως κατεσκευασμενων εἰς μεν την πρωτην σκηνην δια παντος εἰσιασιν οἱ ἱερεις τας λατρειας ἐπιτελουντες,
	8	τουτο δηλουντος του πνευματος του ἁγιου, μηπω πεφανερωσθαι την των ἁγιων ὁδον ἐτι της πρωτης σκηνης ἐχουσης στασιν,
	11	δια της μειζονος και τελειοτερας σκηνης οὐ χειροποιητου,
	21	και την σκηνην δε και παντα τα σκευη της λειτουργιας τῳ αἱματι ὁμοιως ἐρραντισεν.
	11 9	πιστει παρῳκησεν εἰς γην της ἐπαγγελιας ὡς ἀλλοτριαν, ἐν σκηναις κατοικησας,
	13 10	ἐχομεν θυσιαστηριον ἐξ οὑ φαγειν οὐκ ἐχουσιν ἐξουσιαν οἱ τῃ σκηνῃ λατρευοντες.
Apc	13 6	και ἠνοιξεν το στομα αὐτου εἰς βλασφημιας προς τον θεον, βλασφημησαι το ὀνομα αὐτου και την σκηνην αὐτου,
	15 5	και ἠνοιγη ὁ ναος της σκηνης του μαρτυριου ἐν τῳ οὐρανῳ,
	21 3	ἰδου ἡ σκηνη του θεου μετα των ἀνθρωπων,

σκηνοπηγια [1]

Jh	7 2	ἠν δε ἐγγυς ἡ ἑορτη των ἰουδαιων ἡ σκηνοπηγια.

σκηνοποιος [1]

Ac	18 3	ἠσαν γαρ σκηνοποιοι τῃ τεχνῃ.

σκηνος [2]

2Co	5 1	οἰδαμεν γαρ ὁτι ἐαν ἡ ἐπιγειος ἡμων οἰκια του σκηνους καταλυθῃ, οἰκοδομην ἐκ θεου ἐχομεν,
	4	και γαρ οἱ ὀντες ἐν τῳ σκηνει στεναζομεν βαρουμενοι,

σκηνοω [5]

Jh	1 14	και ὁ λογος σαρξ ἐγενετο και ἐσκηνωσεν ἐν ἡμιν,
Apc	7 15	και ὁ καθημενος ἐπι του θρονου σκηνωσει ἐπ αὐτους.
	12 12	δια τουτο εὐφραινεσθε, [οἱ] οὐρανοι και οἱ ἐν αὐτοις σκηνουντες·
	13 6	βλασφημησαι το ὀνομα αὐτου και την σκηνην αὐτου, τους ἐν τῳ οὐρανῳ σκηνουντας.
	21 3	και σκηνωσει μετ αὐτων, και αὐτοι λαοι αὐτου ἐσονται,

σκηνωμα [3]

Ac	7 46	ὁς εὑρεν χαριν ἐνωπιον του θεου και ἠτησατο εὑρειν σκηνωμα τῳ οἰκῳ ἰακωβ.
2Pt	1 13	δικαιον δε ἡγουμαι, ἐφ ὁσον εἰμι ἐν τουτῳ τῳ σκηνωματι, διεγειρειν ὑμας ἐν ὑπομνησει,
	14	εἰδως ὁτι ταχινη ἐστιν ἡ ἀποθεσις του σκηνωματος μου,

σκια [7]

Mt	4 16	και τοις καθημενοις ἐν χωρᾳ και σκιᾳ θανατου, φως ἀνετειλεν αὐτοις.
Mc	4 32	και ποιει κλαδους μεγαλους, ὡστε δυνασθαι ὑπο την σκιαν αὐτου τα πετεινα του οὐρανου κατασκηνουν.
Lc	1 79	ἐπιφαναι τοις ἐν σκοτει και σκιᾳ θανατου καθημενοις, του κατευθυναι τους ποδας ἡμων εἰς ὁδον εἰρηνης.
Ac	5 15	ὡστε και εἰς τας πλατειας ἐκφερειν τους ἀσθενεις και τιθεναι ἐπι κλιναριων και κραβαττων, ἱνα ἐρχομενου πετρου καν ἡ σκια ἐπισκιασῃ τινι αὐτων.
Col	2 17	μη οὐν τις ὑμας κρινετω ἐν βρωσει και ἐν ποσει ἡ ἐν μερει ἑορτης ἡ νεομηνιας ἡ σαββατων, ἁ ἐστιν σκια των μελλοντων,
Heb	8 5	οἱτινες ὑποδειγματι και σκιᾳ λατρευουσιν των ἐπουρανιων,
	10 1	σκιαν γαρ ἐχων ὁ νομος των μελλοντων ἀγαθων,

σκιρταω [3]

Lc	1 41	και ἐγενετο ὡς ἠκουσεν τον ἀσπασμον της μαριας ἡ ἐλισαβετ, ἐσκιρτησεν το βρεφος ἐν τῃ κοιλιᾳ αὐτης,
	44	ἰδου γαρ ὡς ἐγενετο ἡ φωνη του ἀσπασμου σου εἰς τα ὠτα μου, ἐσκιρτησεν ἐν ἀγαλλιασει το βρεφος ἐν τῃ κοιλιᾳ μου.
	6 23	χαρητε ἐν ἐκεινῃ τῃ ἡμερᾳ και σκιρτησατε·

σκληροκαρδια [3]

Mt	19 8	λεγει αὐτοις· ὁτι μωυσης προς την σκληροκαρδιαν ὑμων ἐπετρεψεν ὑμιν ἀπολυσαι τας γυναικας ὑμων· ἀπ ἀρχης δε οὐ γεγονεν οὑτως.
Mc	10 5	προς την σκληροκαρδιαν ὑμων ἐγραψεν ὑμιν την ἐντολην ταυτην.
	16 14	και ὠνειδισεν την ἀπιστιαν αὐτων και σκληροκαρδιαν ὁτι τοις θεασαμενοις αὐτον ἐγηγερμενον οὐκ ἐπιστευσαν.

σκληρος [5]

Mt	25 24	κυριε, ἐγνων σε ὁτι σκληρος εἰ ἀνθρωπος, θεριζων ὁπου οὐκ ἐσπειρας, και συναγων ὁθεν οὐ διεσκορπισας·
Jh	6 60	σκληρος ἐστιν ὁ λογος οὑτος· τις δυναται αὐτου ἀκουειν;
Ac	26 14	σαουλ σαουλ, τι με διωκεις; σκληρον σοι προς κεντρα λακτιζειν.
Ja	3 4	ἰδου και τα πλοια, τηλικαυτα ὀντα και ὑπο ἀνεμων σκληρων ἐλαυνομενα,
Ju	15	και περι παντων των σκληρων ὡν ἐλαλησαν κατ αὐτου ἁμαρτωλοι ἀσεβεις.

σκληροτης [1]

Rm 2 5 κατα δε την σκληροτητα σου και ἀμετανοητον καρδιαν
θησαυριζεις σεαυτω ὀργην ἐν ἡμερα ὀργης και ἀποκαλυψεως
δικαιοκρισιας του θεου,

σκληροτραχηλος [1]

Ac 7 51 σκληροτραχηλοι και ἀπεριτμητοι καρδιαις και τοις ὠσιν,
ὑμεις ἀει τω πνευματι τω ἁγιω ἀντιπιπτετε, ὡς οἱ πατερες
ὑμων και ὑμεις.

σκληρυνω [6]

Ac 19 9 ὡς δε τινες ἐσκληρυνοντο και ἠπειθουν κακολογουντες την
ὁδον ἐνωπιον του πληθους, ἀποστας ἀπ αὐτων ἀφωρισεν τους
μαθητας,

Rm 9 18 ἀρα οὐν ὁν θελει ἐλεει, ὁν δε θελει σκληρυνει.

Heb 3 8 σημερον ἐαν της φωνης αὐτου ἀκουσητε, μη σκληρυνητε τας
καρδιας ὑμων ὡς ἐν τω παραπικρασμω κατα την ἡμεραν του
πειρασμου ἐν τη ἐρημω,

13 ἀλλα παρακαλειτε ἑαυτους καθ ἑκαστην ἡμεραν, ἀχρις οὑ το
σημερον καλειται, ἱνα μη σκληρυνθη τις ἐξ ὑμων ἀπατη της
ἁμαρτιας·

15 σημερον ἐαν της φωνης αὐτου ἀκουσητε, μη σκληρυνητε τας
καρδιας ὑμων ὡς ἐν τω παραπικρασμω.

4 7 σημερον ἐαν της φωνης αὐτου ἀκουσητε, μη σκληρυνητε τας
καρδιας ὑμων.

σκολιος [4]

Lc 3 5 και ἐσται τα σκολια εἰς εὐθειαν και αἱ τραχειαι εἰς ὁδους
λειας·

Ac 2 40 σωθητε ἀπο της γενεας της σκολιας ταυτης.

Php 2 15 ἱνα γενησθε ἀμεμπτοι και ἀκεραιοι, τεκνα θεου ἀμωμα μεσον
γενεας σκολιας και διεστραμμενης.

1Pt 2 18 οἱ οἰκεται, ὑποτασσομενοι ἐν παντι φοβω τοις δεσποταις, οὐ
μονον τοις ἀγαθοις και ἐπιεικεσιν ἀλλα και τοις σκολιοις.

σκολοψ [1]

2Co 12 7 διο ἱνα μη ὑπεραιρωμαι, ἐδοθη μοι σκολοψ τη σαρκι, ἀγγελος
σατανα, ἱνα με κολαφιζη, ἱνα μη ὑπεραιρωμαι.

σκοπεω [6]

Lc 11 35 σκοπει οὐν μη το φως το ἐν σοι σκοτος ἐστιν.

Rm 16 17 παρακαλω δε ὑμας, ἀδελφοι, σκοπειν τους τας διχοστασιας
και τα σκανδαλα παρα την διδαχην ἡν ὑμεις ἐμαθετε
ποιουντας, και ἐκκλινετε ἀπ αὐτων·

2Co 4 18 μη σκοπουντων ἡμων τα βλεπομενα ἀλλα τα μη βλεπομενα·

Ga 6 1 ὑμεις οἱ πνευματικοι καταρτιζετε τον τοιουτον ἐν πνευματι
πραυτητος, σκοπων σεαυτον, μη και συ πειρασθης.

Php 2 4 μη τα ἑαυτων ἑκαστος σκοπουντες, ἀλλα [και] τα ἑτερων
ἑκαστοι.

3 17 και σκοπειτε τους οὑτω περιπατουντας καθως ἐχετε τυπον
ἡμας.

σκοπος [1]

Php 3 14 κατα σκοπον διωκω εἰς το βραβειον της ἀνω κλησεως του
θεου ἐν χριστω ἰησου.

σκορπιζω [5]

Mt 12 30 και ὁ μη συναγων μετ ἐμου σκορπιζει.

Lc 11 23 ὁ μη ὡν μετ ἐμου κατ ἐμου ἐστιν, και ὁ μη συναγων μετ ἐμου
σκορπιζει.

Jh 10 12 και ὁ λυκος ἁρπαζει αὐτα και σκορπιζει·

16 32 ἰδου ἐρχεται ὡρα και ἐληλυθεν ἱνα σκορπισθητε ἑκαστος εἰς
τα ἰδια καμε μονον ἀφητε·

2Co 9 9 ἐσκορπισεν, ἐδωκεν τοις πενησιν, ἡ δικαιοσυνη αὐτου μενει
εἰς τον αἰωνα.

σκορπιος [5]

Lc 10 19 ἰδου δεδωκα ὑμιν την ἐξουσιαν του πατειν ἐπανω ὀφεων και
σκορπιων,

11 12 ἡ και αἰτησει ὠον, ἐπιδωσει αὐτω σκορπιον;

Apc 9 3 και ἐδοθη αὐταις ἐξουσια ὡς ἐχουσιν ἐξουσιαν οἱ σκορπιοι
της γης.

σκορπιος [5]

Apc 9 5 και ὁ βασανισμος αὐτων ὡς βασανισμος σκορπιου,

10 και ἐχουσιν οὐρας ὁμοιας σκορπιοις και κεντρα,

σκοτεινος [3]

Mt 6 23 ὁλον το σωμα σου σκοτεινον ἐσται.

Lc 11 34 ἐπαν δε πονηρος ἡ, και το σωμα σου σκοτεινον.

36 εἰ οὐν το σωμα σου ὁλον φωτεινον, μη ἐχον μερος τι
σκοτεινον, ἐσται φωτεινον ὁλον ὡς ὁταν ὁ λυχνος τη
ἀστραπη φωτιζη σε.

σκοτια [16]

Mt 10 27 ὁ λεγω ὑμιν ἐν τη σκοτια, εἰπατε ἐν τω φωτι·

Lc 12 3 ἀνθ ὡν ὁσα ἐν τη σκοτια εἰπατε ἐν τω φωτι ἀκουσθησεται,

Jh 1 5 και το φως ἐν τη σκοτια φαινει,

5 και ἡ σκοτια αὐτο οὐ κατελαβεν.

6 17 και σκοτια ἠδη ἐγεγονει και οὐπω ἐληλυθει προς αὐτους ὁ
ἰησους,

8 12 ὁ ἀκολουθων ἐμοι οὐ μη περιπατηση ἐν τη σκοτια, ἀλλ ἑξει
το φως της ζωης.

12 35 περιπατειτε ὡς το φως ἐχετε, ἱνα μη σκοτια ὑμας καταλαβη·

35 και ὁ περιπατων ἐν τη σκοτια οὐκ οἰδεν που ὑπαγει.

46 ἐγω φως εἰς τον κοσμον ἐληλυθα, ἱνα πας ὁ πιστευων εἰς ἐμε
ἐν τη σκοτια μη μεινη.

20 1 τη δε μια των σαββατων μαρια ἡ μαγδαληνη ἐρχεται πρωι
σκοτιας ἐτι οὐσης εἰς το μνημειον,

1Jh 1 5 ὁτι ὁ θεος φως ἐστιν και σκοτια ἐν αὐτω οὐκ ἐστιν οὐδεμια·

2 8 ὁτι ἡ σκοτια παραγεται και το φως το ἀληθινον ἠδη φαινει.

9 ὁ λεγων ἐν τω φωτι εἰναι και τον ἀδελφον αὐτου μισων ἐν τη
σκοτια ἐστιν ἑως ἀρτι.

11 ὁ δε μισων τον ἀδελφον αὐτου ἐν τη σκοτια ἐστιν και ἐν τη
σκοτια περιπατει,

11 ὁ δε μισων τον ἀδελφον αὐτου ἐν τη σκοτια ἐστιν και ἐν τη
σκοτια περιπατει,

11 και οὐκ οἰδεν που ὑπαγει, ὁτι ἡ σκοτια ἐτυφλωσεν τους
ὀφθαλμους αὐτου.

σκοτιζομαι [5]

Mt 24 29 εὐθεως δε μετα την θλιψιν των ἡμερων ἐκεινων ὁ ἡλιος
σκοτισθησεται,

Mc 13 24 ἀλλα ἐν ἐκειναις ταις ἡμεραις μετα την θλιψιν ἐκεινην ὁ
ἡλιος σκοτισθησεται,

Rm 1 21 ἀλλ ἐματαιωθησαν ἐν τοις διαλογισμοις αὐτων, και
ἐσκοτισθη ἡ ἀσυνετος αὐτων καρδια.

11 10 σκοτισθητωσαν οἱ ὀφθαλμοι αὐτων του μη βλεπειν,

Apc 8 12 ἱνα σκοτισθη το τριτον αὐτων και ἡ ἡμερα μη φανη το
τριτον αὐτης,

σκοτοομαι [3]

Eph 4 18 ἐσκοτωμενοι τη διανοια ὀντες, ἀπηλλοτριωμενοι της ζωης του
θεου,

Apc 9 2 και ἐσκοτωθη ὁ ἡλιος και ὁ ἀηρ ἐκ του καπνου του φρεατος.

16 10 και ἐγενετο ἡ βασιλεια αὐτου ἐσκοτωμενη,

σκοτος [31]

Mt 4 16 ὁ λαος ὁ καθημενος ἐν σκοτει φως εἰδεν μεγα,

6 23 εἰ οὐν το φως το ἐν σοι σκοτος ἐστιν, το σκοτος ποσον.

23 εἰ οὐν το φως το ἐν σοι σκοτος ἐστιν, το σκοτος ποσον.

8 12 οἱ δε υἱοι της βασιλειας ἐκβληθησονται εἰς το σκοτος το
ἐξωτερον·

22 13 δησαντες αὐτου ποδας και χειρας ἐκβαλετε αὐτον εἰς το
σκοτος το ἐξωτερον·

25 30 και τον ἀχρειον δουλον ἐκβαλετε εἰς το σκοτος το ἐξωτερον·

27 45 ἀπο δε ἑκτης ὡρας σκοτος ἐγενετο ἐπι πασαν την γην ἑως
ὡρας ἐνατης.

Mc 15 33 και γενομενης ὡρας ἑκτης σκοτος ἐγενετο ἐφ ὁλην την γην
ἑως ὡρας ἐνατης.

Lc 1 79 ἐπιφαναι τοις ἐν σκοτει και σκια θανατου καθημενοις, του
κατευθυναι τους ποδας ἡμων εἰς ὁδον εἰρηνης.

11 35 σκοπει οὐν μη το φως το ἐν σοι σκοτος ἐστιν.

22 53 καθ ἡμεραν ὀντος μου μεθ ὑμων ἐν τω ἱερω οὐκ ἐξετεινατε
τας χειρας ἐπ ἐμε· ἀλλ αὑτη ἐστιν ὑμων ἡ ὡρα και ἡ ἐξουσια
του σκοτους.

23 44 και ἠν ἠδη ὡσει ὡρα ἑκτη και σκοτος ἐγενετο ἐφ ὁλην την
γην ἑως ὡρας ἐνατης του ἡλιου ἐκλιποντος·

σκοτος [31]

Jh	3 19	αυτη δε εστιν η κρισις, οτι το φως εληλυθεν εις τον κοσμον και ηγαπησαν οι ανθρωποι μαλλον το σκοτος η το φως·
Ac	2 20	ο ηλιος μεταστραφησεται εις σκοτος και η σεληνη εις αιμα,
	13 11	παραχρημα τε επεσεν επ αυτον αχλυς και σκοτος,
	26 18	ανοιξαι οφθαλμους αυτων, του επιστρεψαι απο σκοτους εις φως και της εξουσιας του σατανα επι τον θεον,
Rm	2 19	πεποιθας τε σεαυτον οδηγον ειναι τυφλων, φως των εν σκοτει, παιδευτην αφρονων, διδασκαλον νηπιων,
	13 12	αποθωμεθα ουν τα εργα του σκοτους, ενδυσωμεθα [δε] τα οπλα του φωτος.
1Co	4 5	εως αν ελθη ο κυριος, ος και φωτισει τα κρυπτα του σκοτους και φανερωσει τας βουλας των καρδιων·
2Co	4 6	οτι ο θεος ο ειπων· εκ σκοτους φως λαμψει, ος ελαμψεν εν ταις καρδιαις ημων προς φωτισμον της γνωσεως της δοξης του θεου εν προσωπω [ιησου] χριστου.
	6 14	τις γαρ μετοχη δικαιοσυνη και ανομια, η τις κοινωνια φωτι προς σκοτος;
Eph	5 8	ητε γαρ ποτε σκοτος, νυν δε φως εν κυριω·
	11	και μη συγκοινωνειτε τοις εργοις τοις ακαρποις του σκοτους,
	6 12	αλλα προς τας αρχας, προς τας εξουσιας, προς τους κοσμοκρατορας του σκοτους τουτου, προς τα πνευματικα της πονηριας εν τοις επουρανιοις.
Col	1 13	ος ερρυσατο ημας εκ της εξουσιας του σκοτους και μετεστησεν εις την βασιλειαν του υιου της αγαπης αυτου,
1Th	5 4	υμεις δε, αδελφοι, ουκ εστε εν σκοτει,
	5	ουκ εσμεν νυκτος ουδε σκοτους·
1Pt	2 9	οπως τας αρετας εξαγγειλητε του εκ σκοτους υμας καλεσαντος εις το θαυμαστον αυτου φως·
2Pt	2 17	και ομιχλαι υπο λαιλαπος ελαυνομεναι, οις ο ζοφος του σκοτους τετηρηται.
1Jh	1 6	εαν ειπωμεν οτι κοινωνιαν εχομεν μετ αυτου και εν τω σκοτει περιπατωμεν, ψευδομεθα και ου ποιουμεν την αληθειαν·
Ju	13	αστερες πλανηται, οις ο ζοφος του σκοτους εις αιωνα τετηρηται.

σκυβαλον [1]

Php	3 8	και ηγουμαι σκυβαλα ινα χριστον κερδησω και ευρεθω εν αυτω,

σκυθης [1]

Col	3 11	οπου ουκ ενι ελλην και ιουδαιος, περιτομη και ακροβυστια, βαρβαρος, σκυθης, δουλος, ελευθερος, αλλα [τα] παντα και εν πασιν χριστος.

σκυθρωπος [2]

Mt	6 16	οταν δε νηστευητε, μη γινεσθε ως οι υποκριται σκυθρωποι·
Lc	24 17	τινες οι λογοι ουτοι ους αντιβαλλετε προς αλληλους περιπατουντες; και εσταθησαν σκυθρωποι.

σκυλλω [4]

Mt	9 36	ιδων δε τους οχλους εσπλαγχνισθη περι αυτων, οτι ησαν εσκυλμενοι και ερριμμενοι ωσει προβατα μη εχοντα ποιμενα.
Mc	5 35	τι ετι σκυλλεις τον διδασκαλον;
Lc	7 6	κυριε, μη σκυλλου· ου γαρ ικανος ειμι ινα υπο την στεγην μου εισελθης·
	8 49	ετι αυτου λαλουντος ερχεται τις παρα του αρχισυναγωγου λεγων οτι τεθνηκεν η θυγατηρ σου· μηκετι σκυλλε τον διδασκαλον.

σκυλον [1]

Lc	11 22	επαν δε ισχυροτερος αυτου επελθων νικηση αυτον, την πανοπλιαν αυτου αιρει, εφ η επεποιθει, και τα σκυλα αυτου διαδιδωσιν.

σκωληκοβρωτος [1]

Ac	12 23	παραχρημα δε επαταξεν αυτον αγγελος κυριου ανθ ων ουκ εδωκεν την δοξαν τω θεω, και γενομενος σκωληκοβρωτος εξεψυξεν.

σκωληξ [3]

Mc	9 44 *	οπου ο σκωληξ αυτων ου τελευτα και το πυρ ου σβεννυται.

σκωληξ [3]

Mc	9 46 *	οπου ο σκωληξ αυτων ου τελευτα και το πυρ ου σβεννυται.
	48	η δυο οφθαλμους εχοντα βληθηναι εις την γεενναν, οπου ο σκωληξ αυτων ου τελευτα και το πυρ ου σβεννυται.

σμαραγδινος [1]

Apc	4 3	και ιρις κυκλοθεν του θρονου ομοιος ορασει σμαραγδινω.

σμαραγδος [1]

Apc	21 19	ο τριτος χαλκηδων, ο τεταρτος σμαραγδος,

σμυρνα [2]

Mt	2 11	και ανοιξαντες τους θησαυρους αυτων προσηνεγκαν αυτω δωρα, χρυσον και λιβανον και σμυρναν.
Jh	19 39	ηλθεν δε και νικοδημος, ο ελθων προς αυτον νυκτος το πρωτον, φερων μιγμα σμυρνης και αλοης ως λιτρας εκατον.

σμυρνα [2]

Apc	1 11	εις εφεσον και εις σμυρναν και εις περγαμον και εις θυατειρα και εις σαρδεις και εις φιλαδελφειαν και εις λαοδικειαν.
	2 8	και τω αγγελω της εν σμυρνη εκκλησιας γραψον·

σμυρνιζω [1]

Mc	15 23	και εδιδουν αυτω εσμυρνισμενον οινον·

σοδομα [9]

Mt	10 15	ανεκτοτερον εσται γη σοδομων και γομορρων εν ημερα κρισεως η τη πολει εκεινη.
	11 23	οτι ει εν σοδομοις εγενηθησαν αι δυναμεις αι γενομεναι εν σοι, εμεινεν αν μεχρι της σημερον.
	24	πλην λεγω υμιν οτι γη σοδομων ανεκτοτερον εσται εν ημερα κρισεως η σοι.
Lc	10 12	λεγω υμιν οτι σοδομοις εν τη ημερα εκεινη ανεκτοτερον εσται η τη πολει εκεινη.
	17 29	η δε ημερα εξηλθεν λωτ απο σοδομων, εβρεξεν πυρ και θειον απ ουρανου και απωλεσεν παντας.
Rm	9 29	ει μη κυριος σαβαωθ εγκατελιπεν ημιν σπερμα, ως σοδομα αν εγενηθημεν και ως γομορρα αν ωμοιωθημεν.
2Pt	2 6	και πολεις σοδομων και γομορρας τεφρωσας [καταστροφη] κατεκρινεν,
Ju	7	ως σοδομα και γομορρα και αι περι αυτας πολεις,
Apc	11 8	και το πτωμα αυτων επι της πλατειας της πολεως της μεγαλης, ητις καλειται πνευματικως σοδομα και αιγυπτος,

σολομων [12]

Mt	1 6	δαυιδ δε εγεννησεν τον σολομωνα εκ της του ουριου,
	7	σολομων δε εγεννησεν τον ροβοαμ,
	6 29	λεγω δε υμιν οτι ουδε σολομων εν παση τη δοξη αυτου περιεβαλετο ως εν τουτων. ει δε τον χορτον του αγρου σημερον οντα και αυριον εις κλιβανον βαλλομενον ο θεος ουτως αμφιεννυσιν,
	12 42	βασιλισσα νοτου εγερθησεται εν τη κρισει μετα της γενεας ταυτης και κατακρινει αυτην· οτι ηλθεν εκ των περατων της γης ακουσαι την σοφιαν σολομωνος,
	42	και ιδου πλειον σολομωνος ωδε.
Lc	11 31	οτι ηλθεν εκ των περατων της γης ακουσαι την σοφιαν σολομωνος, και ιδου πλειον σολομωνος ωδε.
	31	οτι ηλθεν εκ των περατων της γης ακουσαι την σοφιαν σολομωνος, και ιδου πλειον σολομωνος ωδε.
	12 27	ουδε σολομων εν παση τη δοξη αυτου περιεβαλετο ως εν τουτων.
Jh	10 23	και περιεπατει ο ιησους εν τω ιερω εν τη στοα του σολομωνος.
Ac	3 11	κρατουντος δε αυτου τον πετρον και τον ιωαννην συνεδραμεν πας ο λαος προς αυτους επι τη στοα τη καλουμενη σολομωντος εκθαμβοι.
	5 12	και ησαν ομοθυμαδον παντες εν τη στοα σολομωντος·
	7 47	σολομων δε οικοδομησεν αυτω οικον.

σορος [1]

Lc	7 14	και προσελθων ηψατο της σορου,

σος [27]

Mt	7 3	την δε έν τω σω όφθαλμω δοκον ού κατανοεις;
	22	ού τω σω όνοματι έπροφητευσαμεν,
	22	και τω σω όνοματι δαιμονια έξεβαλομεν,
	22	και τω σω όνοματι δυναμεις πολλας έποιησαμεν;
	13 27	κυριε, ούχι καλον σπερμα έσπειρας έν τω σω άγρω;
	20 14	άρον το σον και ύπαγε· θελω δε τουτω τω έσχατω δουναι ώς και σοί·
	24 3	είπε ήμιν, ποτε ταυτα έσται, και τί το σημειον της σης παρουσιας και συντελειας του αιωνος;
	25 25	και φοβηθεις άπελθων έκρυψα το ταλαντον σου έν τη γη· ίδε έχεις το σον.
Mc	2 18	δια τί οί μαθηται ίωαννου και οί μαθηται των φαρισαιων νηστευουσιν, οί δε σοί μαθηται ού νηστευουσιν;
	5 19	ύπαγε είς τον οίκον σου προς τους σους, και άπαγγειλον αύτοις όσα ό κυριος σοι πεποιηκεν και ήλεησεν σε.
Lc	5 33	οί μαθηται ίωαννου νηστευουσιν πυκνα και δεησεις ποιουνται, όμοιως και οί των φαρισαιων, οί δε σοί έσθιουσιν και πινουσιν.
	6 30	παντι αίτουντι σε διδου, και άπο του αίροντος τα σα μη άπαίτει.
	15 31	τεκνον, συ παντοτε μετ έμου εί, και παντα τα έμα σα έστιν·
	22 42	πλην μη το θελημα μου άλλα το σον γινεσθω.
Jh	4 42	τη τε γυναικι έλεγον ότι ούκετι δια την σην λαλιαν πιστευομεν·
	17 6	σοι ήσαν καμοι αύτους έδωκας, και τον λογον σου τετηρηκαν.
	9	ού περι του κοσμου έρωτω, άλλα περι ών δεδωκας μοι, ότι σοι είσιν,
	10	και τα έμα παντα σα έστιν και τα σα έμα,
	10	και τα έμα παντα σα έστιν και τα σα έμα,
	17	ό λογος ό σος άληθεια έστιν.
	18 35	το έθνος το σον και οί άρχιερεις παρεδωκαν σε έμοι· τί έποιησας;
Ac	5 4	ούχι μενον σοί έμενεν και πραθεν έν τη ση έξουσια ύπηρχεν;
	24 2	πολλης είρηνης τυγχανοντες δια σου και διορθωματων γινομενων τω έθνει τουτω δια της σης προνοιας, παντη τε και πανταχου άποδεχομεθα,
	4	ίνα δε μη έπι πλειον σε έγκοπτω, παρακαλω άκουσαι σε ήμων συντομως τη ση έπιεικεια.
1Co	8 11	άπολλυται γαρ ό άσθενων έν τη ση γνωσει, ό άδελφος δι όν χριστος άπεθανεν.
	14 16	έπει έαν εύλογης [έν] πνευματι, ό άναπληρων τον τοπον του ίδιωτου πῶς έρει το άμην έπι τη ση εύχαριστια;
Phm	14	χωρις δε της σης γνωμης ούδεν ήθελησα ποιησαι,

σουδαριον [4]

Lc	19 20	κυριε, ίδου ή μνα σου, ήν είχον άποκειμενην έν σουδαριω·
Jh	11 44	έξηλθεν ό τεθνηκως δεδεμενος τους ποδας και τας χειρας κειριαις, και ή όψις αύτου σουδαριω περιεδεδετο.
	20 7	και θεωρει τα όθονια κειμενα, και το σουδαριον, ό ήν έπι της κεφαλης αύτου, ού μετα των όθονιων κειμενον άλλα χωρις έντετυλιγμενον είς ένα τοπον.
Ac	19 12	ώστε και έπι τους άσθενουντας άποφερεσθαι άπο του χρωτος αύτου σουδαρια ή σιμικινθια και άπαλλασσεσθαι άπ αύτων τας νοσους,

σουσαννα [1]

Lc	8 3	και ίωαννα γυνη χουζα έπιτροπου ήρωδου και σουσαννα και έτεραι πολλαι,

σοφια [51]

Mt	11 19	και έδικαιωθη ή σοφια άπο των έργων αύτης.
	12 42	βασιλισσα νοτου έγερθησεται έν τη κρισει μετα της γενεας ταυτης και κατακρινεῖ αύτην· ότι ήλθεν έκ των περατων της γης άκουσαι την σοφιαν σολομωνος,
	13 54	ποθεν τουτω ή σοφια αύτη και αί δυναμεις;
Mc	6 2	ποθεν τουτω ταυτα, και τίς ή σοφια ή δοθεισα τουτω,
Lc	2 40	το δε παιδιον ηύξανεν και έκραταιουτο πληρουμενον σοφια,
	52	και ίησους προεκοπτεν [έν τη] σοφια και ήλικια και χαριτι παρα θεω και άνθρωποις.
	7 35	και έδικαιωθη ή σοφια άπο παντων των τεκνων αύτης.
	11 31	ότι ήλθεν έκ των περατων της γης άκουσαι την σοφιαν σολομωνος, και ίδου πλειον σολομωνος ώδε.
	49	δια τουτο και ή σοφια του θεου είπεν·
	21 15	έγω γαρ δωσω ύμιν στομα και σοφιαν,

σοφια [51]

Ac	6 3	έπισκεψασθε δε, άδελφοι, άνδρας έξ ύμων μαρτυρουμενους έπτα πληρεις πνευματος και σοφιας,
	10	και ούκ ίσχυον άντιστηναι τη σοφια και τω πνευματι ώ έλαλει.
	7 10	και έδωκεν αύτω χαριν και σοφιαν έναντιον φαραω βασιλεως αίγυπτου,
	22	και έπαιδευθη μωυσης [έν] παση σοφια αίγυπτιων,
Rm	11 33	ώ βαθος πλουτου και σοφιας και γνωσεως θεου·
1Co	1 17	ού γαρ άπεστειλεν με χριστος βαπτιζειν άλλα εύαγγελιζεσθαι, ούκ έν σοφια λογου, ίνα μη κενωθη ό σταυρος του χριστου.
	19	άπολω την σοφιαν των σοφων, και την συνεσιν των συνετων άθετησω.
	20	ούχι έμωρανεν ό θεος την σοφιαν του κοσμου;
	21	έπειδη γαρ έν τη σοφια του θεου ούκ έγνω ό κοσμος δια της σοφιας τον θεον, εύδοκησεν ό θεος δια της μωριας του κηρυγματος σωσαι τους πιστευοντας.
	21	έπειδη γαρ έν τη σοφια του θεου ούκ έγνω ό κοσμος δια της σοφιας τον θεον, εύδοκησεν ό θεος δια της μωριας του κηρυγματος σωσαι τους πιστευοντας.
	22	έπειδη και ίουδαιοι σημεια αίτουσιν και έλληνες σοφιαν ζητουσιν, ήμεις δε κηρυσσομεν χριστον έσταυρωμενον,
	24	αύτοις δε τοις κλητοις, ίουδαιοις τε και έλλησιν, χριστον θεου δυναμιν και θεου σοφιαν.
	30	έξ αύτου δε ύμεις έστε έν χριστω ίησου, ός έγενηθη σοφια ήμιν άπο θεου,
	2 1	καγω έλθων προς ύμας, άδελφοι, ήλθον ού καθ ύπεροχην λογου ή σοφιας καταγγελλων ύμιν το μυστηριον του θεου.
	4	και ό λογος μου και το κηρυγμα μου ούκ έν πειθοι[ς] σοφιας [λογοις],
	5	άλλ έν άποδειξει πνευματος και δυναμεως, ίνα ή πιστις ύμων μη ή έν σοφια άνθρωπων άλλ έν δυναμει θεου.
	6	σοφιαν δε λαλουμεν έν τοις τελειοις,
	6	σοφιαν δε λαλουμεν έν τοις τελειοις, σοφιαν δε ού του αίωνος τουτου ούδε των άρχοντων του αίωνος τουτου των καταργουμενων·
	7	άλλα λαλουμεν θεου σοφιαν έν μυστηριω, την άποκεκρυμμενην, ήν προωρισεν ό θεος προ των αίωνων είς δοξαν ήμων·
	13	ά και λαλουμεν ούκ έν διδακτοις άνθρωπινης σοφιας λογοις,
	3 19	ή γαρ σοφια του κοσμου τουτου μωρια παρα τω θεω έστιν.
	12 8	ώ μεν γαρ δια του πνευματος διδοται λογος σοφιας,
2Co	1 12	το μαρτυριον της συνειδησεως ήμων, ότι έν άπλοτητι και είλικρινεια του θεου, [και] ούκ έν σοφια σαρκικη άλλ έν χαριτι θεου, άνεστραφημεν έν τω κοσμω,
Eph	1 8	κατα το πλουτος της χαριτος αύτου, ής έπερισσευσεν είς ήμας έν παση σοφια και φρονησει
	17	ίνα ό θεος του κυριου ήμων ίησου χριστου, ό πατηρ της δοξης, δωη ύμιν πνευμα σοφιας και άποκαλυψεως έν έπιγνωσει αύτου,
	3 10	ίνα γνωρισθη νυν ταις άρχαις και ταις έξουσιαις έν τοις έπουρανιοις δια της έκκλησιας ή πολυποικιλος σοφια του θεου,
Col	1 9	ού παυομεθα ύπερ ύμων προσευχομενοι και αίτουμενοι ίνα πληρωθητε την έπιγνωσιν του θεληματος αύτου έν παση σοφια και συνεσει πνευματικη,
	28	όν ήμεις καταγγελλομεν νουθετουντες παντα άνθρωπον και διδασκοντες παντα άνθρωπον έν παση σοφια,
	2 3	είς έπιγνωσιν του μυστηριου του θεου, χριστου, έν ώ είσιν παντες οί θησαυροι της σοφιας και γνωσεως άποκρυφοι.
	23	άτινα έστιν λογον μεν έχοντα σοφιας έν έθελοθρησκια και ταπεινοφροσυνη [και] άφειδια σωματος,
	3 16	έν παση σοφια διδασκοντες και νουθετουντες έαυτους,
	4 5	έν σοφια περιπατειτε προς τους έξω,
Ja	1 5	εί δε τις ύμων λειπεται σοφιας, αίτειτω παρα του διδοντος θεου πασιν άπλως και μη όνειδιζοντος,
	3 13	δειξατω έκ της καλης άναστροφης τα έργα αύτου έν πραυτητι σοφιας.
	15	ούκ έστιν αύτη ή σοφια άνωθεν κατερχομενη,
	17	ή δε άνωθεν σοφια πρωτον μεν άγνη έστιν,
2Pt	3 15	καθως και ό άγαπητος ήμων άδελφος παυλος κατα την δοθεισαν αύτω σοφιαν έγραψεν ύμιν,
Apc	5 12	άξιον έστιν το άρνιον το έσφαγμενον λαβειν την δυναμιν και πλουτον και σοφιαν και ίσχυν και τιμην και δοξαν και εύλογιαν.
	7 12	ή εύλογια και ή δοξα και ή σοφια και ή εύχαριστια και ή τιμη και ή δυναμις και ή ίσχυς τω θεω ήμων είς τους αίωνας των αίωνων·
	13 18	ώδε ή σοφια έστιν.
	17 9	ώδε ό νους ό έχων σοφιαν.

σοφιζω [2]

2Tm	3 15	και ότι απο βρεφους [τα] ιερα γραμματα οιδας, τα δυναμενα σε σοφισαι εις σωτηριαν δια πιστεως της εν χριστω ιησου.
2Pt	1 16	ου γαρ σεσοφισμενοις μυθοις εξακολουθησαντες εγνωρισαμεν υμιν την του κυριου ημων ιησου χριστου δυναμιν και παρουσιαν,

σοφος [20]

Mt	11 25	εξομολογουμαι σοι πατερ κυριε του ουρανου και της γης, ότι εκρυψας ταυτα απο σοφων και συνετων,
	23 34	δια τουτο ιδου εγω αποστελλω προς υμας προφητας και σοφους και γραμματεις·
Lc	10 21	εξομολογουμαι σοι, πατερ, κυριε του ουρανου και της γης, ότι απεκρυψας ταυτα απο σοφων και συνετων, και απεκαλυψας αυτα νηπιοις·
Rm	1 14	ελλησιν τε και βαρβαροις, σοφοις τε και ανοητοις οφειλετης ειμι·
	22	φασκοντες ειναι σοφοι εμωρανθησαν,
	16 19	εφ υμιν ουν χαιρω, θελω δε υμας σοφους ειναι εις το αγαθον, ακεραιους δε εις το κακον.
	27	[μονω σοφω θεω, δια ιησου χριστου, ω η δοξα εις τους αιωνας· αμην].
1Co	1 19	απολω την σοφιαν των σοφων, και την συνεσιν των συνετων αθετησω.
	20	που σοφος; που γραμματευς;
	25	ότι το μωρον του θεου σοφωτερον των ανθρωπων εστιν,
	26	βλεπετε γαρ την κλησιν υμων, αδελφοι, ότι ου πολλοι σοφοι κατα σαρκα,
	27	αλλα τα μωρα του κοσμου εξελεξατο ο θεος ινα καταισχυνη τους σοφους,
	3 10	κατα την χαριν του θεου την δοθεισαν μοι ως σοφος αρχιτεκτων θεμελιον εθηκα, αλλος δε εποικοδομει.
	18	ει τις δοκει σοφος ειναι εν υμιν εν τω αιωνι τουτω, μωρος γενεσθω, ινα γενηται σοφος.
	18	ει τις δοκει σοφος ειναι εν υμιν εν τω αιωνι τουτω, μωρος γενεσθω, ινα γενηται σοφος.
	19	ο δρασσομενος τους σοφους εν τη πανουργια αυτων·
	20	κυριος γινωσκει τους διαλογισμους των σοφων, ότι εισιν ματαιοι.
	6 5	ουτως ουκ ενι εν υμιν ουδεις σοφος, ός δυνησεται διακριναι ανα μεσον του αδελφου αυτου;
Eph	5 15	βλεπετε ουν ακριβως πως περιπατειτε, μη ως ασοφοι αλλ ως σοφοι,
Ja	3 13	τις σοφος και επιστημων εν υμιν;

σπανια [2]

Rm	15 24	νυνι δε μηκετι τοπον εχων εν τοις κλιμασι τουτοις, επιποθιαν δε εχων του ελθειν προς υμας απο πολλων ετων, ως αν πορευωμαι εις την σπανιαν·
	28	τουτο ουν επιτελεσας, και σφραγισαμενος αυτοις τον καρπον τουτον, απελευσομαι δι υμων εις σπανιαν·

σπαομαι [2]

Mc	14 47	εις δε [τις] των παρεστηκοτων σπασαμενος την μαχαιραν επαισεν τον δουλον του αρχιερεως και αφειλεν αυτου το ωταριον.
Ac	16 27	εξυπνος δε γενομενος ο δεσμοφυλαξ και ιδων ανεωγμενας τας θυρας της φυλακης, σπασαμενος [την] μαχαιραν ημελλεν εαυτον αναιρειν,

σπαρασσω [3]

Mc	1 26	και σπαραξαν αυτον το πνευμα το ακαθαρτον και φωνησαν φωνη μεγαλη εξηλθεν εξ αυτου.
	9 26	και κραξας και πολλα σπαραξας εξηλθεν·
Lc	9 39	και πνευμα λαμβανει αυτον και εξαιφνης κραζει και σπαρασσει αυτον μετα αφρου,

σπαργανοω [2]

Lc	2 7	και ετεκεν τον υιον αυτης τον πρωτοτοκον, και εσπαργανωσεν αυτον και ανεκλινεν αυτον εν φατνη,
	12	και τουτο υμιν το σημειον, ευρησετε βρεφος εσπαργανωμενον και κειμενον εν φατνη.

σπαταλαω [2]

1Tm	5 6	η δε σπαταλωσα ζωσα τεθνηκεν.
Ja	5 5	ετρυφησατε επι της γης και εσπαταλησατε,

σπειρα [7]

Mt	27 27	τοτε οι στρατιωται του ηγεμονος παραλαβοντες τον ιησουν εις το πραιτωριον συνηγαγον επ αυτον όλην την σπειραν.
Mc	15 16	οι δε στρατιωται απηγαγον αυτον εσω της αυλης, ό εστιν πραιτωριον, και συγκαλουσιν όλην την σπειραν.
Jh	18 3	ο ουν ιουδας λαβων την σπειραν και εκ των αρχιερεων και εκ των φαρισαιων υπηρετας ερχεται εκει μετα φανων και λαμπαδων και όπλων.
	12	η ουν σπειρα και ο χιλιαρχος και οι υπηρεται των ιουδαιων συνελαβον τον ιησουν και εδησαν αυτον,
Ac	10 1	ανηρ δε τις εν καισαρεια ονοματι κορνηλιος, εκατονταρχης εκ σπειρης της καλουμενης ιταλικης,
	21 31	ζητουντων τε αυτον αποκτειναι ανεβη φασις τω χιλιαρχω της σπειρης ότι όλη συγχυννεται ιερουσαλημ·
	27 1	ως δε εκριθη του αποπλειν ημας εις την ιταλιαν, παρεδιδουν τον τε παυλον και τινας ετερους δεσμωτας εκατονταρχη ονοματι ιουλιω σπειρης σεβαστης.

σπειρω [52]

Mt	6 26	εμβλεψατε εις τα πετεινα του ουρανου, ότι ου σπειρουσιν ουδε θεριζουσιν ουδε συναγουσιν εις αποθηκας,
	13 3	ιδου εξηλθεν ο σπειρων του σπειρειν.
	3	ιδου εξηλθεν ο σπειρων του σπειρειν.
	4	και εν τω σπειρειν αυτον ά μεν επεσεν παρα την όδον,
	18	υμεις ουν ακουσατε την παραβολην του σπειραντος.
	19	παντος ακουοντος τον λογον της βασιλειας και μη συνιεντος ερχεται ο πονηρος και αρπαζει το εσπαρμενον εν τη καρδια αυτου·
	19	παντος ακουοντος τον λογον της βασιλειας και μη συνιεντος ερχεται ο πονηρος και αρπαζει το εσπαρμενον εν τη καρδια αυτου· ουτος εστιν ο παρα την οδον σπαρεις.
	20	ο δε επι τα πετρωδη σπαρεις, ουτος εστιν ο τον λογον ακουων και ευθυς μετα χαρας λαμβανων αυτον·
	22	ο δε εις τας ακανθας σπαρεις, ουτος εστιν ο τον λογον ακουων,
	23	ο δε επι την καλην γην σπαρεις, ουτος εστιν ο τον λογον ακουων και συνιεις,
	24	ωμοιωθη η βασιλεια των ουρανων ανθρωπω σπειραντι καλον σπερμα εν τω αγρω αυτου.
	27	κυριε, ουχι καλον σπερμα εσπειρας εν τω σω αγρω;
	31	ομοια εστιν η βασιλεια των ουρανων κοκκω σιναπεως, όν λαβων ανθρωπος εσπειρεν εν τω αγρω αυτου·
	37	ο σπειρων το καλον σπερμα εστιν ο υιος του ανθρωπου·
	39	ο δε εχθρος ο σπειρας αυτα εστιν ο διαβολος·
	25 24	κυριε, εγνων σε ότι σκληρος ει ανθρωπος, θεριζων όπου ουκ εσπειρας, και συναγων όθεν ου διεσκορπισας·
	26	πονηρε δουλε και οκνηρε, ήδεις ότι θεριζω όπου ουκ εσπειρα, και συναγω όθεν ου διεσκορπισα;
Mc	4 3	ιδου εξηλθεν ο σπειρων σπειραι.
	3	ιδου εξηλθεν ο σπειρων σπειραι.
	4	και εγενετο εν τω σπειρειν ο μεν επεσεν παρα την όδον,
	14	ο σπειρων τον λογον σπειρει.
	14	ο σπειρων τον λογον σπειρει.
	15	ουτοι δε εισιν οι παρα την όδον, όπου σπειρεται ο λογος,
	15	και όταν ακουσωσιν, ευθυς ερχεται ο σατανας και αιρει τον λογον τον εσπαρμενον εις αυτους.
	16	και ουτοι εισιν οι επι τα πετρωδη σπειρομενοι, οι όταν ακουσωσιν τον λογον ευθυς μετα χαρας λαμβανουσιν αυτον,
	18	και άλλοι εισιν οι εις τας ακανθας σπειρομενοι·
	20	και εκεινοι εισιν οι επι την γην την καλην σπαρεντες, οίτινες ακουουσιν τον λογον και παραδεχονται και καρποφορουσιν εν τριακοντα και εν εξηκοντα και εν εκατον.
	31	ως κοκκω σιναπεως, ός όταν σπαρη επι της γης, μικροτερον όν παντων των σπερματων των επι της γης,
	32	και όταν σπαρη, αναβαινει και γινεται μειζον παντων των λαχανων,
Lc	8 5	εξηλθεν ο σπειρων του σπειραι τον σπορον αυτου.
	5	εξηλθεν ο σπειρων του σπειραι τον σπορον αυτου.
	5	και εν τω σπειρειν αυτον ο μεν επεσεν παρα την όδον και κατεπατηθη,
	12 24	κατανοησατε τους κορακας, ότι ου σπειρουσιν ουδε θεριζουσιν, οις ουκ εστιν ταμειον ουδε αποθηκη, και ο θεος τρεφει αυτους·

σπειρω [52]

Lc 19 21 ἐφοβουμην γαρ σε, ὁτι ἀνθρωπος αὐστηρος εἰ, αἰρεις ὁ οὐκ ἐθηκας, και θεριζεις ὁ οὐκ ἐσπειρας.

22 ἡδεις ὁτι ἐγω ἀνθρωπος αὐστηρος εἰμι, αἰρων ὁ οὐκ ἐθηκα, και θεριζων ὁ οὐκ ἐσπειρα;

Jh 4 36 ἡδη ὁ θεριζων μισθον λαμβανει και συναγει καρπον εἰς ζωην αἰωνιον, ἱνα ὁ σπειρων ὁμου χαιρη και ὁ θεριζων.

37 ἐν γαρ τουτῳ ὁ λογος ἐστιν ἀληθινος ὁτι ἀλλος ἐστιν ὁ σπειρων και ἀλλος ὁ θεριζων.

1Co 9 11 εἰ ἡμεις ὑμιν τα πνευματικα ἐσπειραμεν, μεγα εἰ ἡμεις ὑμων τα σαρκικα θερισομεν;

15 36 ἀφρων, συ ὁ σπειρεις, οὐ ζωοποιειται ἐαν μη ἀποθανη·

37 και ὁ σπειρεις, οὐ το σωμα το γενησομενον σπειρεις, ἀλλα γυμνον κοκκον εἰ τυχοι σιτου ἠ τινος των λοιπων·

37 και ὁ σπειρεις, οὐ το σωμα το γενησομενον σπειρεις, ἀλλα γυμνον κοκκον εἰ τυχοι σιτου ἠ τινος των λοιπων·

42 σπειρεται ἐν φθορᾳ, ἐγειρεται ἐν ἀφθαρσιᾳ·

43 σπειρεται ἐν ἀτιμιᾳ, ἐγειρεται ἐν δοξη·

43 σπειρεται ἐν ἀσθενειᾳ, ἐγειρεται ἐν δυναμει·

44 σπειρεται σωμα ψυχικον, ἐγειρεται σωμα πνευματικον.

2Co 9 6 ὁ σπειρων φειδομενως φειδομενως και θερισει,

6 και ὁ σπειρων ἐπ εὐλογιαις ἐπ εὐλογιαις και θερισει.

10 ὁ δε ἐπιχορηγων σπορον τῳ σπειροντι και ἀρτον εἰς βρωσιν χορηγησει

Ga 6 7 ὁ γαρ ἐαν σπειρη ἀνθρωπος, τουτο και θερισει·

8 ὁτι ὁ σπειρων εἰς την σαρκα ἑαυτου ἐκ της σαρκος θερισει φθοραν,

8 ὁ δε σπειρων εἰς το πνευμα ἐκ του πνευματος θερισει ζωην αἰωνιον.

Ja 3 18 καρπος δε δικαιοσυνης ἐν εἰρηνη σπειρεται τοις ποιουσιν εἰρηνην.

σπεκουλατωρ [1]

Mc 6 27 και εὐθυς ἀποστειλας ὁ βασιλευς σπεκουλατορα ἐπεταξεν ἐνεγκαι την κεφαλην αὐτου.

σπενδομαι [2]

Php 2 17 ἀλλα εἰ και σπενδομαι ἐπι τη θυσιᾳ και λειτουργιᾳ της πιστεως ὑμων, χαιρω και συγχαιρω πασιν ὑμιν·

2Tm 4 6 ἐγω γαρ ἡδη σπενδομαι, και ὁ καιρος της ἀναλυσεως μου ἐφεστηκεν.

σπερμα [43]

Mt 13 24 ὡμοιωθη ἡ βασιλεια των οὐρανων ἀνθρωπῳ σπειραντι καλον σπερμα ἐν τῳ ἀγρῳ αὐτου.

27 κυριε, οὐχι καλον σπερμα ἐσπειρας ἐν τῳ σῳ ἀγρῳ;

32 ὁ μικροτερον μεν ἐστιν παντων των σπερματων,

37 ὁ σπειρων το καλον σπερμα ἐστιν ὁ υἱος του ἀνθρωπου·

38 το δε καλον σπερμα, οὑτοι εἰσιν οἱ υἱοι της βασιλειας·

22 24 διδασκαλε, μωυσης εἰπεν· ἐαν τις ἀποθανη μη ἐχων τεκνα, ἐπιγαμβρευσει ὁ ἀδελφος αὐτου την γυναικα αὐτου και ἀναστησει σπερμα τῳ ἀδελφῳ αὐτου.

25 και ὁ πρωτος γημας ἐτελευτησεν, και μη ἐχων σπερμα ἀφηκεν την γυναικα αὐτου τῳ ἀδελφῳ αὐτου·

Mc 4 31 ὡς κοκκῳ σιναπεως, ὁς ὁταν σπαρη ἐπι της γης, μικροτερον ὁν παντων των σπερματων των ἐπι της γης,

12 19 διδασκαλε, μωυσης ἐγραψεν ἡμιν ὁτι ἐαν τινος ἀδελφος ἀποθανη και καταλιπη γυναικα και μη ἀφη τεκνον, ἱνα λαβη ὁ ἀδελφος αὐτου την γυναικα και ἐξαναστηση σπερμα τῳ ἀδελφῳ αὐτου.

20 και ὁ πρωτος ἐλαβεν γυναικα, και ἀποθνησκων οὐκ ἀφηκεν σπερμα·

21 και ὁ δευτερος ἐλαβεν αὐτην, και ἀπεθανεν μη καταλιπων σπερμα·

22 και οἱ ἑπτα οὐκ ἀφηκαν σπερμα.

Lc 1 55 καθως ἐλαλησεν προς τους πατερας ἡμων, τῳ ἀβρααμ και τῳ σπερματι αὐτου εἰς τον αἰωνα.

20 28 ἐαν τινος ἀδελφος ἀποθανη ἐχων γυναικα, και οὑτος ἀτεκνος ἠ, ἱνα λαβη ὁ ἀδελφος αὐτου την γυναικα και ἐξαναστηση σπερμα τῳ ἀδελφῳ αὐτου.

Jh 7 42 οὐχ ἡ γραφη εἰπεν ὁτι ἐκ του σπερματος δαυιδ, και ἀπο βηθλεεμ της κωμης ὁπου ἠν δαυιδ, ἐρχεται ὁ χριστος;

8 33 σπερμα ἀβρααμ ἐσμεν, και οὐδενι δεδουλευκαμεν πωποτε·

37 οἰδα ὁτι σπερμα ἀβρααμ ἐστε· ἀλλα ζητειτε με ἀποκτειναι, ὁτι ὁ λογος ὁ ἐμος οὐ χωρει ἐν ὑμιν.

Ac 3 25 και ἐν τῳ σπερματι σου [ἐν]ευλογηθησονται πασαι αἱ πατριαι της γης.

σπερμα [43]

Ac 7 5 και ἐπηγγειλατο δουναι αὐτῳ εἰς κατασχεσιν αὐτην και τῳ σπερματι αὐτου μετ αὐτου,

6 ἐλαλησεν δε οὑτως ὁ θεος, ὁτι ἐσται το σπερμα αὐτου παροικον ἐν γη ἀλλοτριᾳ,

13 23 τουτου ὁ θεος ἀπο του σπερματος κατ ἐπαγγελιαν ἡγαγεν τῳ ἰσραηλ σωτηρα ἰησουν,

Rm 1 3 ὁ προεπηγγειλατο δια των προφητων αὐτου ἐν γραφαις ἁγιαις περι του υἱου αὐτου του γενομενου ἐκ σπερματος δαυιδ κατα σαρκα,

4 13 οὐ γαρ δια νομου ἡ ἐπαγγελια τῳ ἀβρααμ ἡ τῳ σπερματι αὐτου, το κληρονομον αὐτον εἰναι κοσμου, ἀλλα δια δικαιοσυνης πιστεως.

16 δια τουτο ἐκ πιστεως, ἱνα κατα χαριν, εἰς το εἰναι βεβαιαν την ἐπαγγελιαν παντι τῳ σπερματι,

18 οὑτως ἐσται το σπερμα σου·

9 7 οὐδ ὁτι εἰσιν σπερμα ἀβρααμ, παντες τεκνα,

7 ἐν ἰσαακ κληθησεται σοι σπερμα.

8 τουτ ἐστιν, οὐ τα τεκνα της σαρκος ταυτα τεκνα του θεου, ἀλλα τα τεκνα της ἐπαγγελιας λογιζεται εἰς σπερμα.

29 εἰ μη κυριος σαβαωθ ἐγκατελιπεν ἡμιν σπερμα, ὡς σοδομα ἀν ἐγενηθημεν και ὡς γομορρα ἀν ὡμοιωθημεν.

11 1 και γαρ ἐγω ἰσραηλιτης εἰμι, ἐκ σπερματος ἀβρααμ, φυλης βενιαμιν.

1Co 15 38 ὁ δε θεος διδωσιν αὐτῳ σωμα καθως ἠθελησεν, και ἑκαστῳ των σπερματων ἰδιον σωμα.

2Co 11 22 σπερμα ἀβρααμ εἰσιν; καγω.

Ga 3 16 τῳ δε ἀβρααμ ἐρρεθησαν αἱ ἐπαγγελιαι και τῳ σπερματι αὐτου.

16 οὐ λεγει· και τοις σπερμασιν, ὡς ἐπι πολλων, ἀλλ ὡς ἐφ ἑνος· και τῳ σπερματι σου, ὁς ἐστιν χριστος.

16 οὐ λεγει· και τοις σπερμασιν, ὡς ἐπι πολλων, ἀλλ ὡς ἐφ ἑνος· και τῳ σπερματι σου, ὁς ἐστιν χριστος.

19 των παραβασεων χαριν προσετεθη, ἀχρις οὑ ἀν ἐλθη το σπερμα ᾡ ἐπηγγελται,

29 εἰ δε ὑμεις χριστου, ἀρα του ἀβρααμ σπερμα ἐστε, κατ ἐπαγγελιαν κληρονομοι.

2Tm 2 8 ἐκ σπερματος δαυιδ,

Heb 2 16 οὐ γαρ δηπου ἀγγελων ἐπιλαμβανεται, ἀλλα σπερματος ἀβρααμ ἐπιλαμβανεται.

11 11 πιστει και αὐτη σαρρα στειρα δυναμιν εἰς καταβολην σπερματος ἐλαβεν και παρα καιρον ἡλικιας,

18 προς ὁν ἐλαληθη ὁτι ἐν ἰσαακ κληθησεται σοι σπερμα,

1Jh 3 9 πας ὁ γεγεννημενος ἐκ του θεου ἁμαρτιαν οὐ ποιει, ὁτι σπερμα αὐτου ἐν αὐτῳ μενει·

Apc 12 17 και ἀπηλθεν ποιησαι πολεμον μετα των λοιπων του σπερματος αὐτης,

σπερμολογος [1]

Ac 17 18 τι ἀν θελοι ὁ σπερμολογος οὑτος λεγειν;

σπευδω [6]

Lc 2 16 και ἠλθαν σπευσαντες, και ἀνευραν την τε μαριαμ και τον ἰωσηφ και το βρεφος κειμενον ἐν τη φατνη·

19 5 ζακχαιε, σπευσας καταβηθι· σημερον γαρ ἐν τῳ οἰκῳ σου δει με μειναι.

6 και σπευσας κατεβη, και ὑπεδεξατο αὐτον χαιρων.

Ac 20 16 ἐσπευδεν γαρ, εἰ δυνατον εἰη αὐτῳ, την ἡμεραν της πεντηκοστης γενεσθαι εἰς ἱεροσολυμα.

22 18 σπευσον και ἐξελθε ἐν ταχει ἐξ ἱερουσαλημ, διοτι οὐ παραδεξονται σου μαρτυριαν περι ἐμου.

2Pt 3 12 προσδοκωντας και σπευδοντας την παρουσιαν της του θεου ἡμερας,

σπηλαιον [6]

Mt 21 13 γεγραπται· ὁ οἰκος μου οἰκος προσευχης κληθησεται, ὑμεις δε αὐτον ποιειτε σπηλαιον ληστων.

Mc 11 17 οὐ γεγραπται ὁτι ὁ οἰκος μου οἰκος προσευχης κληθησεται πασιν τοις ἐθνεσιν; ὑμεις δε πεποιηκατε αὐτον σπηλαιον ληστων.

Lc 19 46 ὑμεις δε αὐτον ἐποιησατε σπηλαιον ληστων.

Jh 11 38 ἠν δε σπηλαιον, και λιθος ἐπεκειτο ἐπ αὐτῳ.

Heb 11 38 ἐπι ἐρημιαις πλανωμενοι και ὀρεσιν και σπηλαιοις και ταις ὀπαις της γης.

Apc 6 15 και πας δουλος και ἐλευθερος ἐκρυψαν ἑαυτους εἰς τα σπηλαια και εἰς τας πετρας των ὀρεων,

σπιλας [1]

Ju   12   ουτοι εισιν οι εν ταις αγαπαις υμων *σπιλαδες* συνευωχουμενοι αφοβως,

σπιλος [2]

Eph   5 27   ινα παραστηση αυτος εαυτω ενδοξον την εκκλησιαν, μη εχουσαν *σπιλον* η ρυτιδα η τι των τοιουτων,

2Pt   2 13   *σπιλοι* και μωμοι εντρυφωντες εν ταις απαταις αυτων συνευωχουμενοι υμιν,

σπιλοω [2]

Ja   3 6   η *σπιλουσα* ολον το σωμα και φλογιζουσα τον τροχον της γενεσεως και φλογιζομενη υπο της γεεννης.

Ju   23   μισουντες και τον απο της σαρκος *εσπιλωμενον* χιτωνα.

σπλαγχνιζομαι [12]

Mt   9 36   ιδων δε τους οχλους *εσπλαγχνισθη* περι αυτων,

    14 14   και εξελθων ειδεν πολυν οχλον, και *εσπλαγχνισθη* επ αυτοις και εθεραπευσεν τους αρρωστους αυτων.

    15 32   *σπλαγχνιζομαι* επι τον οχλον, οτι ηδη ημεραι τρεις προσμενουσιν μοι και ουκ εχουσιν τι φαγωσιν·

    18 27   *σπλαγχνισθεις* δε ο κυριος του δουλου εκεινου απελυσεν αυτον, και το δανειον αφηκεν αυτω.

    20 34   *σπλαγχνισθεις* δε ο ιησους ηψατο των ομματων αυτων, και ευθεως ανεβλεψαν και ηκολουθησαν αυτω.

Mc   1 41   και *σπλαγχνισθεις* εκτεινας την χειρα αυτου ηψατο και λεγει αυτω·

    6 34   και εξελθων ειδεν πολυν οχλον, και *εσπλαγχνισθη* επ αυτους οτι ησαν ως προβατα μη εχοντα ποιμενα, και ηρξατο διδασκειν αυτους πολλα.

    8 2   *σπλαγχνιζομαι* επι τον οχλον, οτι ηδη ημεραι τρεις προσμενουσιν μοι και ουκ εχουσιν τι φαγωσιν·

    9 22   αλλ ει τι δυνη, βοηθησον ημιν *σπλαγχνισθεις* εφ ημας.

Lc   7 13   και ιδων αυτην ο κυριος *εσπλαγχνισθη* επ αυτη και ειπεν αυτη·

    10 33   σαμαριτης δε τις οδευων ηλθεν κατ αυτον και ιδων *εσπλαγχνισθη*,

    15 20   ετι δε αυτου μακραν απεχοντος ειδεν αυτον ο πατηρ αυτου και *εσπλαγχνισθη*,

σπλαγχνον [11]

Lc   1 78   του δουναι γνωσιν σωτηριας τω λαω αυτου εν αφεσει αμαρτιων αυτων, δια *σπλαγχνα* ελεους θεου ημων, εν οις επισκεψεται ημας ανατολη εξ υψους,

Ac   1 18   και πρηνης γενομενος ελακησεν μεσος, και εξεχυθη παντα τα *σπλαγχνα* αυτου·

2Co   6 12   ου στενοχωρεισθε εν ημιν, στενοχωρεισθε δε εν τοις *σπλαγχνοις* υμων·

    7 15   και τα *σπλαγχνα* αυτου περισσοτερως εις υμας εστιν αναμιμνησκομενου την παντων υμων υπακοην,

Php   1 8   μαρτυς γαρ μου ο θεος, ως επιποθω παντας υμας εν *σπλαγχνοις* χριστου ιησου.

    2 1   ει τις κοινωνια πνευματος, ει τις *σπλαγχνα* και οικτιρμοι,

Col   3 12   ενδυσασθε ουν, ως εκλεκτοι του θεου αγιοι και ηγαπημενοι, *σπλαγχνα* οικτιρμου, χρηστοτητα, ταπεινοφροσυνην, πραυτητα, μακροθυμιαν,

Phm   7   χαραν γαρ πολλην εσχον και παρακλησιν επι τη αγαπη σου, οτι τα *σπλαγχνα* των αγιων αναπεπαυται δια σου, αδελφε.

    12   ον ανεπεμψα σοι, αυτον, τουτ εστιν τα εμα *σπλαγχνα*·

    20   αναπαυσον μου τα *σπλαγχνα* εν χριστω.

1Jh   3 17   ος δ αν εχη τον βιον του κοσμου και θεωρη τον αδελφον αυτου χρειαν εχοντα και κλειση τα *σπλαγχνα* αυτου απ αυτου, πως η αγαπη του θεου μενει εν αυτω;

σπογγος [3]

Mt   27 48   και ευθεως δραμων εις εξ αυτων και λαβων *σπογγον* πλησας τε οξους και περιθεις καλαμω εποτιζεν αυτον.

Mc   15 36   δραμων δε τις [και] γεμισας *σπογγον* οξους περιθεις καλαμω εποτιζεν αυτον,

Jh   19 29   *σπογγον* ουν μεστον του οξους υσσωπω περιθεντες προσηνεγκαν αυτου τω στοματι.

σποδος [3]

Mt   11 21   οτι ει εν τυρω και σιδωνι εγενοντο αι δυναμεις αι γενομεναι εν υμιν, παλαι αν εν σακκω και *σποδω* μετενοησαν.

Lc   10 13   οτι ει εν τυρω και σιδωνι εγενηθησαν αι δυναμεις αι γενομεναι εν υμιν, παλαι αν εν σακκω και *σποδω* καθημενοι μετενοησαν.

Heb   9 13   ει γαρ το αιμα τραγων και ταυρων και *σποδος* δαμαλεως ραντιζουσα τους κεκοινωμενους αγιαζει προς την της σαρκος καθαροτητα, ποσω μαλλον το αιμα του χριστου,

σπορα [1]

1Pt   1 23   αναγεγεννημενοι ουκ εκ *σπορας* φθαρτης αλλα αφθαρτου δια λογου ζωντος θεου και μενοντος.

σποριμος [3]

Mt   12 1   εν εκεινω τω καιρω επορευθη ο ιησους τοις σαββασιν δια των *σποριμων*·

Mc   2 23   και εγενετο αυτον εν τοις σαββασιν παραπορευεσθαι δια των *σποριμων*,

Lc   6 1   εγενετο δε εν σαββατω διαπορευεσθαι αυτον δια *σποριμων*,

σπορος [6]

Mc   4 26   ουτως εστιν η βασιλεια του θεου, ως ανθρωπος βαλη τον *σπορον* επι της γης,

    27   και ο *σπορος* βλαστα και μηκυνηται ως ουκ οιδεν αυτος.

Lc   8 5   εξηλθεν ο σπειρων του σπειραι τον *σπορον* αυτου.

    11   ο *σπορος* εστιν ο λογος του θεου.

2Co   9 10   ο δε επιχορηγων *σπορον* τω σπειροντι και αρτον εις βρωσιν χορηγησει

    10   και πληθυνει τον *σπορον* υμων και αυξησει τα γενηματα της δικαιοσυνης υμων·

σπουδαζω [11]

Ga   2 10   μονον των πτωχων ινα μνημονευωμεν, ο και *εσπουδασα* αυτο τουτο ποιησαι.

Eph   4 3   *σπουδαζοντες* τηρειν την ενοτητα του πνευματος εν τω συνδεσμω της ειρηνης·

1Th   2 17   περισσοτερως *εσπουδασαμεν* το προσωπον υμων ιδειν εν πολλη επιθυμια.

2Tm   2 15   *σπουδασον* σεαυτον δοκιμον παραστησαι τω θεω, εργατην ανεπαισχυντον,

    4 9   *σπουδασον* ελθειν προς με ταχεως·

    21   *σπουδασον* προ χειμωνος ελθειν.

Tit   3 12   οταν πεμψω αρτεμαν προς σε η τυχικον, *σπουδασον* ελθειν προς με εις νικοπολιν·

Heb   4 11   *σπουδασωμεν* ουν εισελθειν εις εκεινην την καταπαυσιν,

2Pt   1 10   διο μαλλον, αδελφοι, *σπουδασατε* βεβαιαν υμων την κλησιν και εκλογην ποιεισθαι·

    15   *σπουδασω* δε και εκαστοτε εχειν υμας μετα την εμην εξοδον την τουτων μνημην ποιεισθαι.

    3 14   διο, αγαπητοι, ταυτα προσδοκωντες *σπουδασατε* ασπιλοι και αμωμητοι αυτω ευρεθηναι εν ειρηνη,

σπουδαιος [3]

2Co   8 17   οτι την μεν παρακλησιν εδεξατο, *σπουδαιοτερος* δε υπαρχων αυθαιρετος εξηλθεν προς υμας.

    22   συνεπεμψαμεν δε αυτοις τον αδελφον ημων, ον εδοκιμασαμεν εν πολλοις πολλακις *σπουδαιον* οντα,

    22   ον εδοκιμασαμεν εν πολλοις πολλακις *σπουδαιον* οντα, νυνι δε πολυ *σπουδαιοτερον* πεποιθησει πολλη τη εις υμας.

σπουδαιως [4]

Lc   7 4   οι δε παραγενομενοι προς τον ιησουν παρεκαλουν αυτον *σπουδαιως*, λεγοντες οτι αξιος εστιν ω παρεξη τουτο·

Php   2 28   *σπουδαιοτερως* ουν επεμψα αυτον, ινα ιδοντες αυτον παλιν χαρητε καγω αλυποτερος ω.

2Tm   1 17   οτι πολλακις με ανεψυξεν και την αλυσιν μου ουκ επαισχυνθη, αλλα γενομενος εν ρωμη *σπουδαιως* εζητησεν με και ευρεν·

Tit   3 13   ζηναν τον νομικον και απολλων *σπουδαιως* προπεμψον, ινα μηδεν αυτοις λειπη.

σπουδη [12]

Mc 6 25   και εισελθουσα ευθυς μετα *σπουδης* προς τον βασιλεα ητησατο λεγουσα·

Lc 1 39   αναστασα δε μαριαμ εν ταις ημεραις ταυταις επορευθη εις την ορεινην μετα *σπουδης* εις πολιν ιουδα,

Rm 12 8   ο μεταδιδους εν απλοτητι, ο προισταμενος εν *σπουδη*, ο ελεων εν ιλαροτητι.

     11   τη τιμη αλληλους προηγουμενοι, τη *σπουδη* μη οκνηροι,

2Co 7 11   ιδου γαρ αυτο τουτο το κατα θεον λυπηθηναι ποσην κατειργασατο υμιν *σπουδην*,

     12   ουχ ενεκεν του αδικησαντος ουδε ενεκεν του αδικηθεντος, αλλ ενεκεν του φανερωθηναι την *σπουδην* υμων την υπερ ημων προς υμας ενωπιον του θεου.

   8 7   αλλ ωσπερ εν παντι περισσευετε, πιστει και λογω και γνωσει και παση *σπουδη* και τη εξ ημων εν υμιν αγαπη, ινα και εν ταυτη τη χαριτι περισσευητε.

     8   ου κατ επιταγην λεγω, αλλα δια της ετερων *σπουδης* και το της υμετερας αγαπης γνησιον δοκιμαζων·

     16   χαρις δε τω θεω τω δοντι την αυτην *σπουδην* υπερ υμων εν τη καρδια τιτου,

Heb 6 11   επιθυμουμεν δε εκαστον υμων την αυτην ενδεικνυσθαι *σπουδην* προς την πληροφοριαν της ελπιδος αχρι τελους,

2Pt 1 5   και αυτο τουτο δε *σπουδην* πασαν παρεισενεγκαντες επιχορηγησατε εν τη πιστει υμων την αρετην,

Ju 3   αγαπητοι, πασαν *σπουδην* ποιουμενος γραφειν υμιν περι της κοινης ημων σωτηριας, αναγκην εσχον γραψαι υμιν παρακαλων

σπυρις [5]

Mt 15 37   και το περισσευον των κλασματων ηραν, επτα *σπυριδας* πληρεις.

  16 10   ουπω νοειτε, ουδε μνημονευετε τους πεντε αρτους των πεντακισχιλιων και ποσους κοφινους ελαβετε; ουδε τους επτα αρτους των τετρακισχιλιων και ποσας *σπυριδας* ελαβετε;

Mc 8 8   και εφαγον και εχορτασθησαν, και ηραν περισσευματα κλασματων, επτα *σπυριδας*.

     20   οτε τους επτα εις τους τετρακισχιλιους, ποσων *σπυριδων* πληρωματα κλασματων ηρατε;

Ac 9 25   λαβοντες δε οι μαθηται αυτου νυκτος δια του τειχους καθηκαν αυτον χαλασαντες εν *σπυριδι*.

σταδιον [7]

Mt 14 24   το δε πλοιον ηδη *σταδιους* πολλους απο της γης απειχεν,

Lc 24 13   και ιδου δυο εξ αυτων εν αυτη τη ημερα ησαν πορευομενοι εις κωμην απεχουσαν *σταδιους* εξηκοντα απο ιερουσαλημ, η ονομα εμμαους,

Jh 6 19   εληλακοτες ουν ως *σταδιους* εικοσιπεντε η τριακοντα θεωρουσιν τον ιησουν περιπατουντα επι της θαλασσης και εγγυς του πλοιου γινομενον,

  11 18   ην δε η βηθανια εγγυς των ιεροσολυμων ως απο *σταδιων* δεκαπεντε.

1Co 9 24   ουκ οιδατε οτι οι εν *σταδιω* τρεχοντες παντες μεν τρεχουσιν, εις δε λαμβανει το βραβειον;

Apc 14 20   και εξηλθεν αιμα εκ της ληνου αχρι των χαλινων των ιππων, απο *σταδιων* χιλιωνεξακοσιων.

  21 16   και εμετρησεν την πολιν τω καλαμω επι *σταδιων* δωδεκα χιλιαδων·

σταμνος [1]

Heb 9 4   εν η *σταμνος* χρυση εχουσα το μαννα και η ραβδος ααρων η βλαστησασα και αι πλακες της διαθηκης,

στασιαστης [1]

Mc 15 7   ην δε ο λεγομενος βαραββας μετα των *στασιαστων* δεδεμενος, οιτινες εν τη στασει φονον πεποιηκεισαν.

στασις [9]

Mc 15 7   ην δε ο λεγομενος βαραββας μετα των στασιαστων δεδεμενος, οιτινες εν τη *στασει* φονον πεποιηκεισαν.

Lc 23 19   οστις ην δια *στασιν* τινα γενομενην εν τη πολει και φονον βληθεις εν τη φυλακη.

     25   απελυσεν δε τον δια *στασιν* και φονον βεβλημενον εις φυλακην, ον ητουντο, τον δε ιησουν παρεδωκεν τω θεληματι αυτων.

στασις [9]

Ac 15 2   γενομενης δε *στασεως* και ζητησεως ουκ ολιγης τω παυλω και τω βαρναβα προς αυτους, εταξαν αναβαινειν παυλον και βαρναβαν

  19 40   και γαρ κινδυνευομεν εγκαλεισθαι *στασεως* περι της σημερον,

  23 7   τουτο δε αυτου ειποντος εγενετο *στασις* των φαρισαιων και σαδδουκαιων,

     10   πολλης δε γινομενης *στασεως* φοβηθεις ο χιλιαρχος μη διασπασθη ο παυλος υπ αυτων,

  24 5   ευροντες γαρ τον ανδρα τουτον λοιμον και κινουντα *στασεις* πασιν τοις ιουδαιοις τοις κατα την οικουμενην πρωτοστατην τε της των ναζωραιων αιρεσεως,

Heb 9 8   τουτο δηλουντος του πνευματος του αγιου, μηπω πεφανερωσθαι την των αγιων οδον ετι της πρωτης σκηνης εχουσης *στασιν*,

στατηρ [1]

Mt 17 27   και ανοιξας το στομα αυτου ευρησεις *στατηρα*·

σταυρος [27]

Mt 10 38   και ος ου λαμβανει τον *σταυρον* αυτου και ακολουθει οπισω μου, ουκ εστιν μου αξιος.

  16 24   ει τις θελει οπισω μου ελθειν, απαρνησασθω εαυτον και αρατω τον *σταυρον* αυτου, και ακολουθειτω μοι.

  27 32   τουτον ηγγαρευσαν ινα αρη τον *σταυρον* αυτου.

     40   ο καταλυων τον ναον και εν τρισιν ημεραις οικοδομων, σωσον σεαυτον, ει υιος ει του θεου, [και] καταβηθι απο του *σταυρου*.

     42   βασιλευς ισραηλ εστιν, καταβατω νυν απο του *σταυρου* και πιστευσομεν επ αυτον.

Mc 8 34   ει τις θελει οπισω μου ακολουθειν, απαρνησασθω εαυτον και αρατω τον *σταυρον* αυτου, και ακολουθειτω μοι.

  15 21   και αγγαρευουσιν παραγοντα τινα σιμωνα κυρηναιον ερχομενον απ αγρου, τον πατερα αλεξανδρου και ρουφου, ινα αρη τον *σταυρον* αυτου.

     30   ουα ο καταλυων τον ναον και οικοδομων εν τρισιν ημεραις, σωσον σεαυτον καταβας απο του *σταυρου*.

     32   ο χριστος ο βασιλευς ισραηλ καταβατω νυν απο του *σταυρου*, ινα ιδωμεν και πιστευσωμεν.

Lc 9 23   ει τις θελει οπισω μου ερχεσθαι, αρνησασθω εαυτον και αρατω τον *σταυρον* αυτου καθ ημεραν, και ακολουθειτω μοι.

  14 27   οστις ου βασταζει τον *σταυρον* εαυτου και ερχεται οπισω μου, ου δυναται ειναι μου μαθητης.

  23 26   και ως απηγαγον αυτον, επιλαβομενοι σιμωνα τινα κυρηναιον ερχομενον απ αγρου επεθηκαν αυτω τον *σταυρον* φερειν οπισθεν του ιησου.

Jh 19 17   και βασταζων εαυτω τον *σταυρον* εξηλθεν εις τον λεγομενον κρανιου τοπον, ο λεγεται εβραιστι γολγοθα, οπου αυτον εσταυρωσαν,

     19   εγραψεν δε και τιτλον ο πιλατος και εθηκεν επι του *σταυρου*.

     25   ειστηκεισαν δε παρα τω *σταυρω* του ιησου η μητηρ αυτου και η αδελφη της μητρος αυτου, μαρια η του κλωπα και μαρια η μαγδαληνη.

     31   οι ουν ιουδαιοι, επει παρασκευη ην, ινα μη μεινη επι του *σταυρου* τα σωματα εν τω σαββατω, ην γαρ μεγαλη η ημερα εκεινου του σαββατου, ηρωτησαν τον πιλατον

1Co 1 17   ου γαρ απεστειλεν με χριστος βαπτιζειν αλλα ευαγγελιζεσθαι, ουκ εν σοφια λογου, ινα μη κενωθη ο *σταυρος* του χριστου.

     18   ο λογος γαρ ο του *σταυρου* τοις μεν απολλυμενοις μωρια εστιν, τοις δε σωζομενοις ημιν δυναμις θεου εστιν.

Ga 5 11   αρα κατηργηται το σκανδαλον του *σταυρου*.

  6 12   ουτοι αναγκαζουσιν υμας περιτεμνεσθαι, μονον ινα τω *σταυρω* του χριστου μη διωκωνται.

     14   εμοι δε μη γενοιτο καυχασθαι ει μη εν τω *σταυρω* του κυριου ημων ιησου χριστου,

Eph 2 16   και αποκαταλλαξη τους αμφοτερους εν ενι σωματι τω θεω δια του *σταυρου*,

Php 2 8   και σχηματι ευρεθεις ως ανθρωπος εταπεινωσεν εαυτον γενομενος υπηκοος μεχρι θανατου, θανατου δε *σταυρου*.

  3 18   νυν δε και κλαιων λεγω, τους εχθρους του *σταυρου* του χριστου,

Col 1 20   ειρηνοποιησας δια του αιματος του *σταυρου* αυτου,

  2 14   και αυτο ηρκεν εκ του μεσου, προσηλωσας αυτο τω *σταυρω*·

Heb 12 2   αφορωντες εις τον της πιστεως αρχηγον και τελειωτην ιησουν, ος αντι της προκειμενης αυτω χαρας υπεμεινεν *σταυρον* αισχυνης καταφρονησας,

σταυροω [46]

Mt 20 19 και κατακρινουσιν αυτον θανατω, και παραδωσουσιν αυτον
          τοις εθνεσιν εις το εμπαιξαι και μαστιγωσαι και *σταυρωσαι*,
    23 34 δια τουτο ιδου εγω αποστελλω προς υμας προφητας και
          σοφους και γραμματεις· εξ αυτων αποκτενειτε και
          σταυρωσετε,
    26 2   οιδατε οτι μετα δυο ημερας το πασχα γινεται, και ο υιος του
          ανθρωπου παραδιδοται εις το *σταυρωθηναι*.
    27 22 λεγουσιν παντες· *σταυρωθητω*.
       23 οι δε περισσως εκραζον λεγοντες· *σταυρωθητω*.
       26 τον δε ιησουν φραγελλωσας παρεδωκεν ινα *σταυρωθη*.
       31 και απηγαγον αυτον εις το *σταυρωσαι*.
       35 *σταυρωσαντες* δε αυτον διεμερισαντο τα ιματια αυτου
          βαλλοντες κληρον,
       38 τοτε *σταυρουνται* συν αυτω δυο λησται,
    28 5   μη φοβεισθε υμεις· οιδα γαρ οτι ιησουν τον *εσταυρωμενον*
          ζητειτε·
Mc 15 13 οι δε παλιν εκραξαν· *σταυρωσον* αυτον.
       14 οι δε περισσως εκραξαν· *σταυρωσον* αυτον.
       15 και παρεδωκεν τον ιησουν φραγελλωσας ινα *σταυρωθη*.
       20 και εξαγουσιν αυτον ινα *σταυρωσωσιν* αυτον.
       24 και *σταυρουσιν* αυτον, και διαμεριζονται τα ιματια αυτου,
       25 ην δε ωρα τριτη και *εσταυρωσαν* αυτον.
       27 και συν αυτω *σταυρουσιν* δυο ληστας,
    16 6   ιησουν ζητειτε τον ναζαρηνον τον *εσταυρωμενον*·
Lc 23 21 οι δε επεφωνουν λεγοντες· *σταυρου σταυρου* αυτον.
       21 οι δε επεφωνουν λεγοντες· *σταυρου σταυρου* αυτον.
       23 οι δε επεκειντο φωναις μεγαλαις αιτουμενοι αυτον
          σταυρωθηναι,
       33 και οτε ηλθον επι τον τοπον τον καλουμενον κρανιον, εκει
          εσταυρωσαν αυτον και τους κακουργους,
    24 7   λεγων τον υιον του ανθρωπου οτι δει παραδοθηναι εις χειρας
          ανθρωπων αμαρτωλων και *σταυρωθηναι* και τη τριτη ημερα
          αναστηναι.
       20 οπως τε παρεδωκαν αυτον οι αρχιερεις και οι αρχοντες ημων
          εις κριμα θανατου και *εσταυρωσαν* αυτον.
Jh 19 6   οτε ουν ειδον αυτον οι αρχιερεις και οι υπηρεται,
          εκραυγασαν λεγοντες· *σταυρωσον σταυρωσον*.
       6   οτε ουν ειδον αυτον οι αρχιερεις και οι υπηρεται,
          εκραυγασαν λεγοντες· *σταυρωσον σταυρωσον*.
       6   λαβετε αυτον υμεις και *σταυρωσατε*·
       10 ουκ οιδας οτι εξουσιαν εχω απολυσαι σε και εξουσιαν εχω
          σταυρωσαι σε;
       15 αρον αρον, *σταυρωσον* αυτον.
       15 τον βασιλεα υμων *σταυρωσω*;
       16 τοτε ουν παρεδωκεν αυτον αυτοις ινα *σταυρωθη*.
       18 και βασταζων εαυτω τον σταυρον εξηλθεν εις τον λεγομενον
          κρανιου τοπον, ο λεγεται εβραιστι γολγοθα, οπου αυτον
          εσταυρωσαν,
       20 τουτον ουν τον τιτλον πολλοι ανεγνωσαν των ιουδαιων, οτι
          εγγυς ην ο τοπος της πολεως οπου *εσταυρωθη* ο ιησους·
       23 οι ουν στρατιωται, οτε *εσταυρωσαν* τον ιησουν, ελαβον τα
          ιματια αυτου και εποιησαν τεσσαρα μερη,
       41 ην δε εν τω τοπω οπου *εσταυρωθη* κηπος,
Ac 2 36   τουτον τον ιησουν ον υμεις *εσταυρωσατε*.
    4 10   γνωστον εστω πασιν υμιν και παντι τω λαω ισραηλ, οτι εν τω
          ονοματι ιησου χριστου του ναζωραιου, ον υμεις
          εσταυρωσατε, ον ο θεος ηγειρεν εκ νεκρων, εν τουτω ουτος
          παρεστηκεν ενωπιον υμων υγιης.
1Co 1 13   μη παυλος *εσταυρωθη* υπερ υμων, η εις το ονομα παυλου
          εβαπτισθητε;
       23 επειδη και ιουδαιοι σημεια αιτουσιν και ελληνες σοφιαν
          ζητουσιν, ημεις δε κηρυσσομεν χριστον *εσταυρωμενον*,
    2 2   ου γαρ εκρινα τι ειδεναι εν υμιν ει μη ιησουν χριστον και
          τουτον *εσταυρωμενον*.
       8   ει γαρ εγνωσαν, ουκ αν τον κυριον της δοξης *εσταυρωσαν*·
2Co 13 4   και γαρ *εσταυρωθη* εξ ασθενειας, αλλα ζη εκ δυναμεως θεου.
Ga 3 1   τις υμας εβασκανεν, οις κατ οφθαλμους ιησους χριστος
          προεγραφη *εσταυρωμενος*;
    5 24   οι δε του χριστου [ιησου] την σαρκα *εσταυρωσαν* συν τοις
          παθημασιν και ταις επιθυμιαις.
    6 14   ει μη εν τω σταυρω του κυριου ημων ιησου χριστου, δι ου
          εμοι κοσμος *εσταυρωται* καγω κοσμω.
Apc 11 8   ητις καλειται πνευματικως σοδομα και αιγυπτος, οπου και ο
          κυριος αυτων *εσταυρωθη*.

σταφυλη [3]

Mt 7 16   μητι συλλεγουσιν απο ακανθων *σταφυλας* η απο τριβολων
          συκα;

σταφυλη [3]

Lc 6 44   ου γαρ εξ ακανθων συλλεγουσιν συκα, ουδε εκ βατου
          σταφυλην τρυγωσιν.
Apc 14 18 και τρυγησον τους βοτρυας της αμπελου της γης, οτι ηκμασαν
          αι *σταφυλαι* αυτης.

σταχυς [5]

Mt 12 1   και ηρξαντο τιλλειν *σταχυας* και εσθιειν.
Mc 2 23   και οι μαθηται αυτου ηρξαντο οδον ποιειν τιλλοντες τους
          σταχυας.
    4 28   αυτοματη η γη καρποφορει, πρωτον χορτον, ειτα *σταχυν*, ειτα
          πληρη[ς] σιτον εν τω *σταχυι*.
       28 αυτοματη η γη καρποφορει, πρωτον χορτον, ειτα *σταχυν*, ειτα
          πληρη[ς] σιτον εν τω *σταχυι*.
Lc 6 1   και ετιλλον οι μαθηται αυτου και ησθιον τους *σταχυας*
          ψωχοντες ταις χερσιν.

σταχυς [1]

Rm 16 9   ασπασασθε ουρβανον τον συνεργον ημων εν χριστω και
          σταχυν τον αγαπητον μου.

στεγη [3]

Mt 8 8   ουκ ειμι ικανος ινα μου υπο την *στεγην* εισελθης·
Mc 2 4   και μη δυναμενοι προσενεγκαι αυτω δια τον οχλον
          απεστεγασαν την *στεγην* οπου ην,
Lc 7 6   κυριε, μη σκυλλου· ου γαρ ικανος ειμι ινα υπο την *στεγην*
          μου εισελθης·

στεγω [4]

1Co 9 12   αλλ ουκ εχρησαμεθα τη εξουσια ταυτη, αλλα παντα *στεγομεν*
          ινα μη τινα εγκοπην δωμεν τω ευαγγελιω του χριστου.
    13 7   παντα *στεγει*, παντα πιστευει, παντα ελπιζει, παντα υπομενει.
1Th 3 1   διο μηκετι *στεγοντες* ευδοκησαμεν καταλειφθηναι εν αθηναις
          μονοι,
       5   δια τουτο καγω μηκετι *στεγων* επεμψα εις το γνωναι την
          πιστιν υμων,

στειρα [5]

Lc 1 7   και ουκ ην αυτοις τεκνον, καθοτι ην η ελισαβετ *στειρα*,
       36 και ουτος μην εκτος εστιν αυτη τη καλουμενη *στειρα*·
    23 29 μακαριαι αι *στειραι*, και αι κοιλιαι αι ουκ εγεννησαν,
Ga 4 27   ευφρανθητι, *στειρα* η ου τικτουσα, ρηξον και βοησον, η ουκ
          ωδινουσα·
Heb 11 11 πιστει και αυτη σαρρα *στειρα* δυναμιν εις καταβολην
          σπερματος ελαβεν και παρα καιρον ηλικιας,

στελλομαι [2]

2Co 8 20   *στελλομενοι* τουτο, μη τις ημας μωμησηται εν τη αδροτητι
          ταυτη τη διακονουμενη υφ ημων·
2Th 3 6   παραγγελλομεν δε υμιν, αδελφοι, εν ονοματι του κυριου
          [ημων] ιησου χριστου, *στελλεσθαι* υμας απο παντος αδελφου

στεμμα [1]

Ac 14 13 ο τε ιερευς του διος του οντος προ της πολεως, ταυρους και
          στεμματα επι τους πυλωνας ενεγκας,

στεναγμος [2]

Ac 7 34   ιδων ειδον την κακωσιν του λαου μου του εν αιγυπτω, και
          του *στεναγμου* αυτων ηκουσα·
Rm 8 26   το γαρ τι προσευξωμεθα καθο δει ουκ οιδαμεν, αλλα αυτο το
          πνευμα υπερεντυγχανει *στεναγμοις* αλαλητοις·

στεναζω [6]

Mc 7 34   και αναβλεψας εις τον ουρανον *εστεναξεν*, και λεγει αυτω·
Rm 8 23   ου μονον δε, αλλα και αυτοι την απαρχην του πνευματος
          εχοντες ημεις και αυτοι εν εαυτοις *στεναζομεν* υιοθεσιαν
          απεκδεχομενοι,
2Co 5 2   και γαρ εν τουτω *στεναζομεν*, το οικητηριον ημων το εξ
          ουρανου επενδυσασθαι επιποθουντες,
    4   και γαρ οι οντες εν τω σκηνει *στεναζομεν* βαρουμενοι,

στεναζω [6]

Heb	13 17	ἱνα μετα χαρας τουτο ποιωσιν και μη *στεναζοντες*·
Ja	5 9	μη *στεναζετε*, ἀδελφοι, κατ ἀλληλων ἱνα μη κριθητε·

στενος [3]

Mt	7 13	εἰσελθατε δια της *στενης* πυλης·
	14	τί *στενη* ἡ πυλη και τεθλιμμενη ἡ ὁδος ἡ ἀπαγουσα εἰς την ζωην,
Lc	13 24	ἀγωνιζεσθε εἰσελθειν δια της *στενης* θυρας, ὁτι πολλοι, λεγω ὑμιν, ζητησουσιν εἰσελθειν και οὐκ ἰσχυσουσιν. ἀφ οὐ ἀν ἐγερθη ὁ οἰκοδεσποτης και ἀποκλειση την θυραν,

στενοχωρεω [3]

2Co	4 8	ἐν παντι θλιβομενοι ἀλλ οὐ *στενοχωρουμενοι*,
	6 12	οὐ *στενοχωρεισθε* ἐν ἡμιν, στενοχωρεισθε δε ἐν τοις σπλαγχνοις ὑμων·
	12	οὐ *στενοχωρεισθε* ἐν ἡμιν, στενοχωρεισθε δε ἐν τοις σπλαγχνοις ὑμων·

στενοχωρια [4]

Rm	2 9	θλιψις και *στενοχωρια* ἐπι πασαν ψυχην ἀνθρωπου του κατεργαζομενου το κακον,
	8 35	τίς ἡμας χωρισει ἀπο της ἀγαπης του χριστου; θλιψις ἡ *στενοχωρια* ἡ διωγμος ἡ λιμος ἡ γυμνοτης ἡ κινδυνος ἡ μαχαιρα;
2Co	6 4	ἐν *στενοχωριαις*, ἐν πληγαις, ἐν φυλακαις,
	12 10	διο εὐδοκω ἐν ἀσθενειαις, ἐν ὑβρεσιν, ἐν ἀναγκαις, ἐν διωγμοις και *στενοχωριαις*, ὑπερ χριστου·

στερεος [4]

2Tm	2 19	ὁ μεντοι *στερεος* θεμελιος του θεου ἑστηκεν, ἐχων την σφραγιδα ταυτην·
Heb	5 12	και γεγονατε χρειαν ἐχοντες γαλακτος, [και] οὐ *στερεας* τροφης.
	14	τελειων δε ἐστιν ἡ *στερεα* τροφη,
1Pt	5 9	ᾡ ἀντιστητε *στερεοι* τη πιστει, εἰδοτες τα αὐτα των παθηματων τη ἐν [τῳ] κοσμῳ ὑμων ἀδελφοτητι ἐπιτελεισθαι.

στερεοω [3]

Ac	3 7	παραχρημα δε *ἐστερεωθησαν* αἱ βασεις αὐτου και τα σφυδρα,
	16	και ἐπι τη πιστει του ὀνοματος αὐτου τουτον, ὁν θεωρειτε και οἰδατε, *ἐστερεωσεν* το ὀνομα αὐτου,
	16 5	αἱ μεν οὐν ἐκκλησιαι *ἐστερεουντο* τη πιστει και ἐπερισσευον τῳ ἀριθμῳ καθ ἡμεραν.

στερεωμα [1]

Col	2 5	ἀλλα τῳ πνευματι συν ὑμιν εἰμι, χαιρων και βλεπων ὑμων την ταξιν και το *στερεωμα* της εἰς χριστον πιστεως ὑμων.

στεφανας [3]

1Co	1 16	ἐβαπτισα δε και τον *στεφανα* οἰκον·
	16 15	οἰδατε την οἰκιαν *στεφανα*, ὁτι ἐστιν ἀπαρχη της ἀχαιας και εἰς διακονιαν τοις ἁγιοις ἐταξαν ἑαυτους·
	17	χαιρω δε ἐπι τη παρουσια *στεφανα* και φορτουνατου και ἀχαικου,

στεφανος [18]

Mt	27 29	και πλεξαντες *στεφανον* ἐξ ἀκανθων ἐπεθηκαν ἐπι της κεφαλης αὐτου και καλαμον ἐν τη δεξια αὐτου,
Mc	15 17	και ἐνδιδυσκουσιν αὐτον πορφυραν και περιτιθεασιν αὐτῳ πλεξαντες ἀκανθινον *στεφανον*·
Jh	19 2	και οἱ στρατιωται πλεξαντες *στεφανον* ἐξ ἀκανθων ἐπεθηκαν αὐτου τη κεφαλη,
	5	ἐξηλθεν οὐν ὁ ἰησους ἐξω, φορων τον ἀκανθινον *στεφανον* και το πορφυρουν ἱματιον.
1Co	9 25	πας δε ὁ ἀγωνιζομενος παντα ἐγκρατευεται, ἐκεινοι μεν οὐν ἱνα φθαρτον *στεφανον* λαβωσιν, ἡμεις δε ἀφθαρτον.
Php	4 1	ὡστε, ἀδελφοι μου ἀγαπητοι και ἐπιποθητοι, χαρα και *στεφανος* μου, οὑτως στηκετε ἐν κυριῳ, ἀγαπητοι.
1Th	2 19	τίς γαρ ἡμων ἐλπις ἡ χαρα ἡ *στεφανος* καυχησεως
2Tm	4 8	λοιπον ἀποκειται μοι ὁ της δικαιοσυνης *στεφανος*,

στεφανος [18]

Ja	1 12	μακαριος ἀνηρ ὁς ὑπομενει πειρασμον, ὁτι δοκιμος γενομενος λημψεται τον *στεφανον* της ζωης,
1Pt	5 4	και φανερωθεντος του ἀρχιποιμενος κομιεισθε τον ἀμαραντινον της δοξης *στεφανον*.
Apc	2 10	γινου πιστος ἀχρι θανατου, και δωσω σοι τον *στεφανον* της ζωης.
	3 11	ἐρχομαι ταχυ· κρατει ὁ ἐχεις, ἱνα μηδεις λαβη τον *στεφανον* σου.
	4 4	και ἐπι τας κεφαλας αὐτων *στεφανους* χρυσους.
	10	και βαλουσιν τους *στεφανους* αὐτων ἐνωπιον του θρονου, λεγοντες·
	6 2	και ὁ καθημενος ἐπ αὐτον ἐχων τοξον, και ἐδοθη αὐτῳ *στεφανος*,
	9 7	και ἐπι τας κεφαλας αὐτων ὡς *στεφανοι* ὁμοιοι χρυσῳ,
	12 1	και ἡ σεληνη ὑποκατω των ποδων αὐτης, και ἐπι της κεφαλης αὐτης *στεφανος* ἀστερων δωδεκα,
	14 14	και ἐπι την νεφελην καθημενον ὁμοιον υἱον ἀνθρωπου, ἐχων ἐπι της κεφαλης αὐτου *στεφανον* χρυσουν και ἐν τη χειρι αὐτου δρεπανον ὀξυ.

στεφανος [7]

Ac	6 5	και ἐξελεξαντο *στεφανον*, ἀνδρα πληρη πιστεως και πνευματος ἁγιου,
	8	*στεφανος* δε πληρης χαριτος και δυναμεως ἐποιει τερατα και σημεια μεγαλα ἐν τῳ λαῳ.
	9	ἀνεστησαν δε τινες των ἐκ της συναγωγης της λεγομενης λιβερτινων και κυρηναιων και ἀλεξανδρεων και των ἀπο κιλικιας και ἀσιας συζητουντες τῳ *στεφανῳ*,
	7 59	και ἐλιθοβολουν τον *στεφανον*, ἐπικαλουμενον και λεγοντα·
	8 2	συνεκομισαν δε τον *στεφανον* ἀνδρες εὐλαβεις και ἐποιησαν κοπετον μεγαν ἐπ αὐτῳ.
	11 19	οἱ μεν οὐν διασπαρεντες ἀπο της θλιψεως της γενομενης ἐπι *στεφανῳ* διηλθον ἑως φοινικης και κυπρου και ἀντιοχειας,
	22 20	και ὁτε ἐξεχυννετο το αἱμα *στεφανου* του μαρτυρος σου, και αὐτος ἡμην ἐφεστως και συνευδοκων και φυλασσων τα ἱματια των ἀναιρουντων αὐτον.

στεφανοω [3]

2Tm	2 5	ἐαν δε και ἀθλη τις, οὐ *στεφανουται* ἐαν μη νομιμως ἀθληση.
Heb	2 7	δοξη και τιμη *ἐστεφανωσας* αὐτον,
	9	τον δε βραχυ τι παρ ἀγγελους ἠλαττωμενον βλεπομεν ἰησουν δια το παθημα του θανατου δοξη και τιμη *ἐστεφανωμενον*,

στηθος [5]

Lc	18 13	ὁ δε τελωνης μακροθεν ἑστως οὐκ ἠθελεν οὐδε τους ὀφθαλμους ἐπαραι εἰς τον οὐρανον, ἀλλ ἐτυπτεν το *στηθος* αὐτου λεγων·
	23 48	και παντες οἱ συμπαραγενομενοι ὀχλοι ἐπι την θεωριαν ταυτην, θεωρησαντες τα γενομενα, τυπτοντες τα *στηθη* ὑπεστρεφον.
Jh	13 25	ἀναπεσων οὐν ἐκεινος οὑτως ἐπι το *στηθος* του ἰησου λεγει αὐτῳ·
	21 20	ἐπιστραφεις ὁ πετρος βλεπει τον μαθητην ὁν ἠγαπα ὁ ἰησους ἀκολουθουντα, ὁς και ἀνεπεσεν ἐν τῳ δειπνῳ ἐπι το *στηθος* αὐτου
Apc	15 6	ἐνδεδυμενοι λινον καθαρον λαμπρον και περιεζωσμενοι περι τα *στηθη* ζωνας χρυσας.

στηκω [10]

Mc	3 31	και ἐρχεται ἡ μητηρ αὐτου και οἱ ἀδελφοι αὐτου και ἐξω *στηκοντες* ἀπεστειλαν προς αὐτον καλουντες αὐτον.
	11 25	και ὁταν *στηκετε* προσευχομενοι, ἀφιετε εἰ τι ἐχετε κατα τινος,
Jh	8 44	ἐκεινος ἀνθρωποκτονος ἠν ἀπ ἀρχης, και ἐν τη ἀληθεια οὐκ *ἐστηκεν*,
Rm	14 4	συ τίς εἰ ὁ κρινων ἀλλοτριον οἰκετην; τῳ ἰδιῳ κυριῳ *στηκει* ἡ πιπτει·
1Co	16 13	γρηγορειτε, *στηκετε* ἐν τη πιστει, ἀνδριζεσθε, κραταιουσθε.
Ga	5 1	*στηκετε* οὐν και μη παλιν ζυγῳ δουλειας ἐνεχεσθε.
Php	1 27	ἱνα εἰτε ἐλθων και ἰδων ὑμας εἰτε ἀπων ἀκουω τα περι ὑμων, ὁτι *στηκετε* ἐν ἑνι πνευματι,
	4 1	ὡστε, ἀδελφοι μου ἀγαπητοι και ἐπιποθητοι, χαρα και *στεφανος* μου, οὑτως *στηκετε* ἐν κυριῳ, ἀγαπητοι.
1Th	3 8	ὁτι νυν ζωμεν ἐαν ὑμεις *στηκετε* ἐν κυριῳ.
2Th	2 15	ἀρα οὐν, ἀδελφοι, *στηκετε*, και κρατειτε τας παραδοσεις

στηριγμος [1]

2Pt	3 17	ὑμεις οὖν, ἀγαπητοι, προγινωσκοντες φυλασσεσθε ἱνα μη τῃ των ἀθεσμων πλανῃ συναπαχθεντες ἐκπεσητε του ἰδιου *στηριγμου*,

στηριζω [13]

Lc	9 51	ἐγενετο δε ἐν τῳ συμπληρουσθαι τας ἡμερας της ἀναλημψεως αὐτου και αὐτος το προσωπον *ἐστηρισεν* του πορευεσθαι εἰς ἱερουσαλημ,
	16 26	και ἐν πασι τουτοις μεταξυ ἡμων και ὑμων χασμα μεγα *ἐστηρικται*,
	22 32	και συ ποτε ἐπιστρεψας *στηρισον* τους ἀδελφους σου.
Rm	1 11	ἐπιποθω γαρ ἰδειν ὑμας, ἱνα τι μεταδω χαρισμα ὑμιν πνευματικον εἰς το *στηριχθηναι* ὑμας,
	16 25	[τῳ δε δυναμενῳ ὑμας *στηριξαι* κατα το εὐαγγελιον μου και το κηρυγμα ἰησου χριστου],
1Th	3 2	εἰς το *στηριξαι* ὑμας και παρακαλεσαι ὑπερ της πιστεως ὑμων το μηδενα σαινεσθαι ἐν ταις θλιψεσιν ταυταις.
	13	εἰς το *στηριξαι* ὑμων τας καρδιας ἀμεμπτους ἐν ἁγιωσυνῃ
2Th	2 17	παρακαλεσαι ὑμων τας καρδιας και *στηριξαι* ἐν παντι ἐργῳ και λογῳ ἀγαθῳ.
	3 3	πιστος δε ἐστιν ὁ κυριος, ὁς *στηριξει* ὑμας και φυλαξει ἀπο του πονηρου.
Ja	5 8	*στηριξατε* τας καρδιας ὑμων, ὁτι ἡ παρουσια του κυριου ἠγγικεν.
1Pt	5 10	ὀλιγον παθοντας αὐτος καταρτισει, *στηριξει*, σθενωσει, θεμελιωσει.
2Pt	1 12	καιπερ εἰδοτας και *ἐστηριγμενους* ἐν τῃ παρουσῃ ἀληθειᾳ.
Apc	3 2	και *στηρισον* τα λοιπα ἁ ἐμελλον ἀποθανειν·

στιβας [1]

Mc	11 8	και πολλοι τα ἱματια αὐτων ἐστρωσαν εἰς την ὁδον, ἀλλοι δε *στιβαδας*, κοψαντες ἐκ των ἀγρων.

στιγμα [1]

Ga	6 17	ἐγω γαρ τα *στιγματα* του ἰησου ἐν τῳ σωματι μου βασταζω.

στιγμη [1]

Lc	4 5	και ἀναγαγων αὐτον ἐδειξεν αὐτῳ πασας τας βασιλειας της οἰκουμενης ἐν *στιγμῃ* χρονου.

στιλβω [1]

Mc	9 3	και τα ἱματια αὐτου ἐγενετο *στιλβοντα* λευκα λιαν, οἱα γναφευς ἐπι της γης οὐ δυναται οὑτως λευκαναι.

στοα [4]

Jh	5 2	ἐστιν δε ἐν τοις ἱεροσολυμοις ἐπι τῃ προβατικῃ κολυμβηθρα, ἡ ἐπιλεγομενη ἑβραιστι βηθζαθα, πεντε *στοας* ἐχουσα.
	10 23	και περιεπατει ὁ ἰησους ἐν τῳ ἱερῳ ἐν τῃ *στοᾳ* του σολομωνος.
Ac	3 11	κρατουντος δε αὐτου τον πετρον και τον ἰωαννην συνεδραμεν πας ὁ λαος προς αὐτους ἐπι τῃ *στοᾳ* τῃ καλουμενῃ σολομωντος ἐκθαμβοι.
	5 12	και ἠσαν ὁμοθυμαδον παντες ἐν τῃ *στοᾳ* σολομωντος·

στοιχειον [7]

Ga	4 3	οὑτως και ἡμεις, ὁτε ἠμεν νηπιοι, ὑπο τα *στοιχεια* του κοσμου ἠμεθα δεδουλωμενοι·
	9	μαλλον δε γνωσθεντες ὑπο θεου, πως ἐπιστρεφετε παλιν ἐπι τα ἀσθενη και πτωχα *στοιχεια*,
Col	2 8	κατα τα *στοιχεια* του κοσμου και οὐ κατα χριστον·
	20	εἰ ἀπεθανετε συν χριστῳ ἀπο των *στοιχειων* του κοσμου, τι ὡς ζωντες ἐν κοσμῳ δογματιζεσθε·
Heb	5 12	και γαρ ὀφειλοντες εἰναι διδασκαλοι δια τον χρονον, παλιν χρειαν ἐχετε του διδασκειν ὑμας τινα τα *στοιχεια* της ἀρχης των λογιων του θεου,
2Pt	3 10	*στοιχεια* δε καυσουμενα λυθησεται, και γη και τα ἐν αὐτῃ ἐργα εὑρεθησεται.
	12	προσδοκωντας και σπευδοντας την παρουσιαν της του θεου ἡμερας, δι᾽ ἡν οὐρανοι πυρουμενοι λυθησονται και *στοιχεια* καυσουμενα τηκεται.

στοιχεω [5]

Ac	21 24	και γνωσονται παντες ὁτι ὡν κατηχηνται περι σου οὐδεν ἐστιν, ἀλλα *στοιχεις* και αὐτος φυλασσων τον νομον.
Rm	4 12	και πατερα περιτομης τοις οὐκ ἐκ περιτομης μονον ἀλλα και τοις *στοιχουσιν* τοις ἰχνεσιν της ἐν ἀκροβυστιᾳ πιστεως του πατρος ἡμων ἀβρααμ.
Ga	5 25	εἰ ζωμεν πνευματι, πνευματι και *στοιχωμεν*.
	6 16	και ὁσοι τῳ κανονι τουτῳ *στοιχησουσιν*, εἰρηνη ἐπ᾽ αὐτους και ἐλεος.
Php	3 16	πλην εἰς ὁ ἐφθασαμεν, τῳ αὐτῳ *στοιχειν*.

στολη [9]

Mc	12 38	βλεπετε ἀπο των γραμματεων των θελοντων ἐν *στολαις* περιπατειν και ἀσπασμους ἐν ταις ἀγοραις και πρωτοκαθεδριας ἐν ταις συναγωγαις και πρωτοκλισιας ἐν τοις δειπνοις·
	16 5	και εἰσελθουσαι εἰς το μνημειον εἰδον νεανισκον καθημενον ἐν τοις δεξιοις περιβεβλημενον *στολην* λευκην,
Lc	15 22	ταχυ ἐξενεγκατε *στολην* την πρωτην και ἐνδυσατε αὐτον,
	20 46	προσεχετε ἀπο των γραμματεων των θελοντων περιπατειν ἐν *στολαις*
Apc	6 11	και ἐδοθη αὐτοις ἑκαστῳ *στολη* λευκη,
	7 9	ἑστωτες ἐνωπιον του θρονου και ἐνωπιον του ἀρνιου, περιβεβλημενους *στολας* λευκας,
	13	οὑτοι οἱ περιβεβλημενοι τας *στολας* τας λευκας τινες εἰσιν και ποθεν ἠλθον;
	14	και ἐπλυναν τας *στολας* αὐτων και ἐλευκαναν αὐτας ἐν τῳ αἱματι του ἀρνιου.
	22 14	μακαριοι οἱ πλυνοντες τας *στολας* αὐτων,

στομα [78]

Mt	4 4	οὐκ ἐπ᾽ ἀρτῳ μονῳ ζησεται ὁ ἀνθρωπος, ἀλλ᾽ ἐπι παντι ῥηματι ἐκπορευομενῳ δια *στοματος* θεου.
	5 2	και ἀνοιξας το *στομα* αὐτου ἐδιδασκεν αὐτους λεγων·
	12 34	ἐκ γαρ του περισσευματος της καρδιας το *στομα* λαλει.
	13 35	ἀνοιξω ἐν παραβολαις το *στομα* μου, ἐρευξομαι κεκρυμμενα ἀπο καταβολης [κοσμου],
	15 11	οὐ το εἰσερχομενον εἰς το *στομα* κοινοι τον ἀνθρωπον,
	11	οὐ το εἰσερχομενον εἰς το *στομα* κοινοι τον ἀνθρωπον, ἀλλα το ἐκπορευομενον ἐκ του *στοματος*,
	17	οὐ νοειτε ὁτι παν το εἰσπορευομενον εἰς το *στομα* εἰς την κοιλιαν χωρει και εἰς ἀφεδρωνα ἐκβαλλεται;
	18	τα δε ἐκπορευομενα ἐκ του *στοματος* ἐκ της καρδιας ἐξερχεται,
	17 27	και ἀνοιξας το *στομα* αὐτου εὑρησεις στατηρα·
	18 16	ἐαν δε μη ἀκουσῃ, παραλαβε μετα σου ἐτι ἑνα ἡ δυο, ἱνα ἐπι *στοματος* δυο μαρτυρων ἡ τριων σταθῃ παν ῥημα·
	21 16	ναι· οὐδεποτε ἀνεγνωτε ὁτι ἐκ *στοματος* νηπιων και θηλαζοντων κατηρτισω αἰνον;
Lc	1 64	ἀνεωχθη δε το *στομα* αὐτου παραχρημα και ἡ γλωσσα αὐτου,
	70	και ἠγειρεν κερας σωτηριας ἡμιν ἐν οἰκῳ δαυιδ παιδος αὐτου, καθως ἐλαλησεν δια *στοματος* των ἁγιων ἀπ᾽ αἰωνος προφητων αὐτου,
	4 22	και παντες ἐμαρτυρουν αὐτῳ και ἐθαυμαζον ἐπι τοις λογοις της χαριτος τοις ἐκπορευομενοις ἐκ του *στοματος* αὐτου,
	6 45	ἐκ γαρ περισσευματος καρδιας λαλει το *στομα* αὐτου.
	11 54	ἐνεδρευοντες αὐτον θηρευσαι τι ἐκ του *στοματος* αὐτου.
	19 22	ἐκ του *στοματος* σου κρινω σε, πονηρε δουλε.
	21 15	ἐγω γαρ δωσω ὑμιν στομα και σοφιαν,
	24	και πεσουνται *στοματι* μαχαιρης και αἰχμαλωτισθησονται εἰς τα ἐθνη παντα.
	22 71	αὐτοι γαρ ἠκουσαμεν ἀπο του *στοματος* αὐτου.
Jh	19 29	σπογγον οὖν μεστον του ὀξους ὑσσωπῳ περιθεντες προσηνεγκαν αὐτου τῳ *στοματι*.
Ac	1 16	ἀνδρες ἀδελφοι, ἐδει πληρωθηναι την γραφην ἡν προειπεν το πνευμα το ἁγιον δια *στοματος* δαυιδ περι ἰουδα του γενομενου ὁδηγου τοις συλλαβουσιν ἰησουν,
	3 18	ὁ δε θεος ἁ προκατηγγειλεν δια *στοματος* παντων των προφητων, παθειν τον χριστον αὐτου, ἐπληρωσεν οὑτως.
	21	ὡν ἐλαλησεν ὁ θεος δια *στοματος* των ἁγιων ἀπ᾽ αἰωνος αὐτου προφητων.
	4 25	ὁ του πατρος ἡμων δια πνευματος ἁγιου *στοματος* δαυιδ παιδος σου εἰπων·
	8 32	οὑτως οὐκ ἀνοιγει το *στομα* αὐτου.
	35	ἀνοιξας δε ὁ φιλιππος το *στομα* αὐτου και ἀρξαμενος ἀπο της γραφης ταυτης εὐηγγελισατο αὐτῳ τον ἰησουν.
	10 34	ἀνοιξας δε πετρος το *στομα* εἰπεν·

στομα [78]

Ac	11 8	μηδαμως, κυριε, ὁτι κοινον ἡ ἀκαθαρτον οὐδεποτε εἰσηλθεν εἰς το *στομα* μου.
	15 7	ἀνδρες ἀδελφοι, ὑμεις ἐπιστασθε ὁτι ἀφ ἡμερων ἀρχαιων ἐν ὑμιν ἐξελεξατο ὁ θεος δια του *στοματος* μου ἀκουσαι τα ἐθνη τον λογον του εὐαγγελιου και πιστευσαι.
	18 14	μελλοντος δε του παυλου ἀνοιγειν το *στομα* εἰπεν ὁ γαλλιων προς τους ἰουδαιους·
	22 14	ὁ θεος των πατερων ἡμων προεχειρισατο σε γνωναι το θελημα αὐτου και ἰδειν τον δικαιον και ἀκουσαι φωνην ἐκ του *στοματος* αὐτου,
	23 2	ὁ δε ἀρχιερευς ἀνανιας ἐπεταξεν τοις παρεστωσιν αὐτω τυπτειν αὐτου το *στομα.*
Rm	3 14	ἰος ἀσπιδων ὑπο τα χειλη αὐτων· ὡν το *στομα* ἀρας και πικριας γεμει·
	19	οἰδαμεν δε ὁτι ὁσα ὁ νομος λεγει τοις ἐν τω νομω λαλει, ἰνα παν *στομα* φραγη και ὑποδικος γενηται πας ὁ κοσμος τω θεω·
	10 8	ἐγγυς σου το ῥημα ἐστιν, ἐν τω *στοματι* σου και ἐν τη καρδια σου·
	9	ὁτι ἐαν ὁμολογησης ἐν τω *στοματι* σου κυριον ἰησουν, και πιστευσης ἐν τη καρδια σου ὁτι ὁ θεος αὐτον ἠγειρεν ἐκ νεκρων, σωθηση·
	10	καρδια γαρ πιστευεται εἰς δικαιοσυνην, *στοματι* δε ὁμολογειται εἰς σωτηριαν.
	15 6	ὁ δε θεος της ὑπομονης και της παρακλησεως δωη ὑμιν το αὐτο φρονειν ἐν ἀλληλοις κατα χριστον ἰησουν, ἰνα ὁμοθυμαδον ἐν ἑνι *στοματι* δοξαζητε τον θεον και πατερα του κυριου ἡμων ἰησου χριστου.
2Co	6 11	το *στομα* ἡμων ἀνεωγεν προς ὑμας, κορινθιοι, ἡ καρδια ἡμων πεπλατυνται·
	13 1	ἐπι *στοματος* δυο μαρτυρων και τριων σταθησεται παν ῥημα.
Eph	4 29	πας λογος σαπρος ἐκ του *στοματος* ὑμων μη ἐκπορευεσθω,
	6 19	και ὑπερ ἐμου, ἰνα μοι δοθη λογος ἐν ἀνοιξει του *στοματος* μου,
Col	3 8	νυνι δε ἀποθεσθε και ὑμεις τα παντα, ὀργην, θυμον, κακιαν, βλασφημιαν, αἰσχρολογιαν ἐκ του *στοματος* ὑμων·
2Th	2 8	και τοτε ἀποκαλυφθησεται ὁ ἀνομος, ὁν ὁ κυριος [ἰησους] ἀνελει τω πνευματι του *στοματος* αὐτου
2Tm	4 17	και ἐρρυσθην ἐκ *στοματος* λεοντος.
Heb	11 33	ἐπετυχον ἐπαγγελιων, ἐφραξαν *στοματα* λεοντων, ἐσβεσαν δυναμιν πυρος, ἐφυγον *στοματα* μαχαιρης,
	34	ἐπετυχον ἐπαγγελιων, ἐφραξαν *στοματα* λεοντων, ἐσβεσαν δυναμιν πυρος, ἐφυγον *στοματα* μαχαιρης,
Ja	3 3	εἰ δε των ἱππων τους χαλινους εἰς τα *στοματα* βαλλομεν εἰς το πειθεσθαι αὐτους ἡμιν, και ὁλον το σωμα αὐτων μεταγομεν.
	10	ἐκ του αὐτου *στοματος* ἐξερχεται εὐλογια και καταρα.
1Pt	2 22	ὁς ἁμαρτιαν οὐκ ἐποιησεν οὐδε εὑρεθη δολος ἐν τω *στοματι* αὐτου·
2Jh	12	ἀλλα ἐλπιζω γενεσθαι προς ὑμας και *στομα* προς *στομα* λαλησαι,
	12	ἀλλα ἐλπιζω γενεσθαι προς ὑμας και στομα προς στομα λαλησαι,
3Jh	14	ἐλπιζω δε εὐθεως σε ἰδειν, και *στομα* προς *στομα* λαλησομεν.
	14	ἐλπιζω δε εὐθεως σε ἰδειν, και στομα προς στομα λαλησομεν.
Ju	16	και το *στομα* αὐτων λαλει ὑπερογκα, θαυμαζοντες προσωπα ὠφελειας χαριν.
Apc	1 16	και ἐκ του *στοματος* αὐτου ῥομφαια διστομος ὀξεια ἐκπορευομενη·
	2 16	μετανοησον οὐν· εἰ δε μη, ἐρχομαι σοι ταχυ και πολεμησω μετ αὐτων ἐν τη ῥομφαια του *στοματος* μου.
	3 16	οὑτως ὁτι χλιαρος εἰ, και οὐτε ζεστος οὐτε ψυχρος, μελλω σε ἐμεσαι ἐκ του *στοματος* μου.
	9 17	και ἐκ των *στοματων* αὐτων ἐκπορευεται πυρ και καπνος και θειον.
	18	ἀπο των τριων πληγων τουτων ἀπεκτανθησαν το τριτον των ἀνθρωπων, ἐκ του πυρος και του καπνου και του θειου του ἐκπορευομενου ἐκ των *στοματων* αὐτων.
	19	ἡ γαρ ἐξουσια των ἱππων ἐν τω *στοματι* αὐτων ἐστιν και ἐν ταις οὐραις αὐτων·
	10 9	και πικρανει σου την κοιλιαν, ἀλλ ἐν τω *στοματι* σου ἐσται γλυκυ ὡς μελι.
	10	και ἡν ἐν τω *στοματι* μου ὡς μελι γλυκυ·
	11 5	και εἰ τις αὐτους θελει ἀδικησαι, πυρ ἐκπορευεται ἐκ του *στοματος* αὐτων και κατεσθιει τους ἐχθρους αὐτων·
	12 15	και ἐβαλεν ὁ ὀφις ἐκ του *στοματος* αὐτου ὀπισω της γυναικος ὑδωρ ὡς ποταμον,
	16	και ἠνοιξεν ἡ γη το *στομα* αὐτης και κατεπιεν τον ποταμον ὁν ἐβαλεν ὁ δρακων ἐκ του *στοματος* αὐτου.

στομα [78]

Apc	12 16	και ἠνοιξεν ἡ γη το *στομα* αὐτης και κατεπιεν τον ποταμον ὁν ἐβαλεν ὁ δρακων ἐκ του *στοματος* αὐτου.
	13 2	και οἱ ποδες αὐτου ὡς ἀρκου, και το *στομα* αὐτου ὡς στομα λεοντος.
	2	και οἱ ποδες αὐτου ὡς ἀρκου, και το στομα αὐτου ὡς στομα λεοντος.
	5	και ἐδοθη αὐτω στομα λαλουν μεγαλα και βλασφημιας,
	6	και ἠνοιξεν το *στομα* αὐτου εἰς βλασφημιας προς τον θεον,
	14 5	και ἐν τω *στοματι* αὐτων οὐχ εὑρεθη ψευδος·
	16 13	και εἰδον ἐκ του *στοματος* του δρακοντος και ἐκ του *στοματος* του θηριου και ἐκ του *στοματος* του ψευδοπροφητου πνευματα τρια ἀκαθαρτα ὡς βατραχοι·
	13	και εἰδον ἐκ του στοματος του δρακοντος και ἐκ του *στοματος* του θηριου και ἐκ του *στοματος* του ψευδοπροφητου πνευματα τρια ἀκαθαρτα ὡς βατραχοι·
	13	και εἰδον ἐκ του *στοματος* του δρακοντος και ἐκ του στοματος του θηριου και ἐκ του *στοματος* του ψευδοπροφητου πνευματα τρια ἀκαθαρτα ὡς βατραχοι·
	19 15	και ἐκ του *στοματος* αὐτου ἐκπορευεται ῥομφαια ὀξεια,
	21	και οἱ λοιποι ἀπεκτανθησαν ἐν τη ῥομφαια του καθημενου ἐπι του ἱππου τη ἐξελθουση ἐκ του *στοματος* αὐτου,

στομαχος [1]

1Tm	5 23	μηκετι ὑδροποτει, ἀλλα οἰνω ὀλιγω χρω δια τον *στομαχον* και τας πυκνας σου ἀσθενειας.

στρατεια [2]

2Co	10 4	τα γαρ ὁπλα της *στρατειας* ἡμων οὐ σαρκικα ἀλλα δυνατα τω θεω προς καθαιρεσιν ὀχυρωματων,
1Tm	1 18	ταυτην την παραγγελιαν παρατιθεμαι σοι, τεκνον τιμοθεε, κατα τας προαγουσας ἐπι σε προφητειας, ἰνα στρατευη ἐν αὐταις την καλην *στρατειαν,*

στρατευμα [8]

Mt	22 7	ὁ δε βασιλευς ὠργισθη, και πεμψας τα *στρατευματα* αὐτου ἀπωλεσεν τους φονεις ἐκεινους και την πολιν αὐτων ἐνεπρησεν.
Lc	23 11	ἐξουθενησας δε αὐτον [και] ὁ ἡρωδης συν τοις *στρατευμασιν* αὐτου και ἐμπαιξας,
Ac	23 10	ἐκελευσεν το *στρατευμα* καταβαν ἁρπασαι αὐτον ἐκ μεσου αὐτων ἀγειν τε εἰς την παρεμβολην.
	27	τον ἀνδρα τουτον συλλημφθεντα ὑπο των ἰουδαιων και μελλοντα ἀναιρεισθαι ὑπ αὐτων ἐπιστας συν τω *στρατευματι* ἐξειλαμην,
Apc	9 16	και ὁ ἀριθμος των *στρατευματων* του ἱππικου δισμυριαδες μυριαδων·
	19 14	και τα *στρατευματα* [τα] ἐν τω οὐρανω ἠκολουθει αὐτω ἐφ ἱπποις λευκοις,
	19	και εἰδον το θηριον και τους βασιλεις της γης και τα *στρατευματα* αὐτων συνηγμενα ποιησαι τον πολεμον μετα του καθημενου ἐπι του ἱππου και μετα του *στρατευματος* αὐτου.
	19	και εἰδον το θηριον και τους βασιλεις της γης και τα στρατευματα αὐτων συνηγμενα ποιησαι τον πολεμον μετα του καθημενου ἐπι του ἱππου και μετα του *στρατευματος* αὐτου.

στρατευομαι [7]

Lc	3 14	ἐπηρωτων δε αὐτον και *στρατευομενοι* λεγοντες· τι ποιησωμεν και ἡμεις;
1Co	9 7	τις *στρατευεται* ἰδιοις ὀψωνιοις ποτε;
2Co	10 3	ἐν σαρκι γαρ περιπατουντες οὐ κατα σαρκα *στρατευομεθα,*
1Tm	1 18	ταυτην την παραγγελιαν παρατιθεμαι σοι, τεκνον τιμοθεε, κατα τας προαγουσας ἐπι σε προφητειας, ἰνα στρατευη ἐν αὐταις την καλην στρατειαν,
2Tm	2 4	οὐδεις *στρατευομενος* ἐμπλεκεται ταις του βιου πραγματειαις,
Ja	4 1	οὐκ ἐντευθεν, ἐκ των ἡδονων ὑμων των *στρατευομενων* ἐν τοις μελεσιν ὑμων;
1Pt	2 11	ἀγαπητοι, παρακαλω ὡς παροικους και παρεπιδημους ἀπεχεσθαι των σαρκικων ἐπιθυμιων, αἱτινες *στρατευονται* κατα της ψυχης·

στρατηγος [10]

Lc 22 4 και ἀπελθων συνελαλησεν τοις ἀρχιερευσιν και *στρατηγοις* το πως αὐτοις παραδω αὐτον.

52 εἰπεν δε ἰησους προς τους παραγενομενους ἐπ αὐτον ἀρχιερεις και *στρατηγους* του ἱερου και πρεσβυτερους· ὡς ἐπι ληστην ἐξηλθατε μετα μαχαιρων και ξυλων;

Ac 4 1 λαλουντων δε αὐτων προς τον λαον, ἐπεστησαν αὐτοις οἱ ἱερεις και ὁ *στρατηγος* του ἱερου και οἱ σαδδουκαιοι.

5 24 ὡς δε ἠκουσαν τους λογους τουτους ὁ τε *στρατηγος* του ἱερου και οἱ ἀρχιερεις, διηπορουν περι αὐτων τί ἀν γενοιτο τουτο.

26 τοτε ἀπελθων ὁ *στρατηγος* συν τοις ὑπηρεταις ἠγεν αὐτους, οὐ μετα βιας,

16 20 και προσαγαγοντες αὐτους τοις *στρατηγοις* εἰπαν·

22 και συνεπεστη ὁ ὀχλος κατ αὐτων, και οἱ *στρατηγοι* περιρηξαντες αὐτων τα ἱματια ἐκελευον ῥαβδιζειν,

35 ἡμερας δε γενομενης ἀπεστειλαν οἱ *στρατηγοι* τους ῥαβδουχους λεγοντες·

36 ἀπηγγειλεν δε ὁ δεσμοφυλαξ τους λογους [τουτους] προς τον παυλον, ὀτι ἀπεσταλκαν οἱ *στρατηγοι* ἱνα ἀπολυθητε.

38 ἀπηγγειλαν δε τοις *στρατηγοις* οἱ ῥαβδουχοι τα ῥηματα ταυτα.

στρατια [2]

Lc 2 13 και ἐξαιφνης ἐγενετο συν τῳ ἀγγελῳ πληθος *στρατιας* οὐρανιου αἰνουντων τον θεον και λεγοντων·

Ac 7 42 ἐστρεψεν δε ὁ θεος και παρεδωκεν αὐτους λατρευειν τῃ *στρατιᾳ* του οὐρανου,

στρατιωτης [26]

Mt 8 9 και γαρ ἐγω ἀνθρωπος εἰμι ὑπο ἐξουσιαν, ἐχων ὑπ ἐμαυτον *στρατιωτας*,

27 27 τοτε οἱ *στρατιωται* του ἡγεμονος παραλαβοντες τον ἰησουν εἰς το πραιτωριον συνηγαγον ἐπ αὐτον ὀλην την σπειραν.

28 12 και συναχθεντες μετα των πρεσβυτερων συμβουλιον τε λαβοντες ἀργυρια ἱκανα ἐδωκαν τοις *στρατιωταις*,

Mc 15 16 οἱ δε *στρατιωται* ἀπηγαγον αὐτον ἐσω της αὐλης, ὁ ἐστιν πραιτωριον, και συγκαλουσιν ὀλην την σπειραν.

Lc 7 8 και γαρ ἐγω ἀνθρωπος εἰμι ὑπο ἐξουσιαν τασσομενος, ἐχων ὑπ ἐμαυτον *στρατιωτας*,

23 36 ἐνεπαιξαν δε αὐτῳ και οἱ *στρατιωται* προσερχομενοι,

Jh 19 2 και οἱ *στρατιωται* πλεξαντες στεφανον ἐξ ἀκανθων ἐπεθηκαν αὐτου τῃ κεφαλῃ,

23 οἱ οὖν *στρατιωται*, ὀτε ἐσταυρωσαν τον ἰησουν, ἐλαβον τα ἱματια αὐτου και ἐποιησαν τεσσαρα μερη,

23 ἐλαβον τα ἱματια αὐτου και ἐποιησαν τεσσαρα μερη, ἑκαστῳ *στρατιωτῃ* μερος, και τον χιτωνα.

24 οἱ μεν οὖν *στρατιωται* ταυτα ἐποιησαν.

32 ἠλθον οὖν οἱ *στρατιωται*,

34 οὐ κατεαξαν αὐτου τα σκελη, ἀλλ εἱς των *στρατιωτων* λογχῃ αὐτου την πλευραν ἐνυξεν,

Ac 10 7 ὡς δε ἀπηλθεν ὁ ἀγγελος ὁ λαλων αὐτῳ, φωνησας δυο των οἰκετων και *στρατιωτην* εὐσεβη των προσκαρτερουντων αὐτῳ,

12 4 ὁν και πιασας ἐθετο εἰς φυλακην, παραδους τεσσαρσιν τετραδιοις *στρατιωτων* φυλασσειν αὐτον,

6 τῃ νυκτι ἐκεινῃ ἠν ὁ πετρος κοιμωμενος μεταξυ δυο *στρατιωτων* δεδεμενος ἀλυσεσιν δυσιν,

18 γενομενης δε ἡμερας ἠν ταραχος οὐκ ὀλιγος ἐν τοις *στρατιωταις*, τί ἀρα ὁ πετρος ἐγενετο.

21 32 ὁς ἐξαυτης παραλαβων *στρατιωτας* και ἑκατονταρχας κατεδραμεν ἐπ αὐτους·

32 οἱ δε ἰδοντες τον χιλιαρχον και τους *στρατιωτας* ἐπαυσαντο τυπτοντες τον παυλον.

35 ὀτε δε ἐγενετο ἐπι τους ἀναβαθμους, συνεβη βασταζεσθαι αὐτον ὑπο των *στρατιωτων* δια την βιαν του ὀχλου·

23 23 ἑτοιμασατε *στρατιωτας* διακοσιους ὀπως πορευθωσιν ἑως καισαρειας,

31 οἱ μεν οὖν *στρατιωται* κατα το διατεταγμενον αὐτοις ἀναλαβοντες τον παυλον ἠγαγον δια νυκτος εἰς την ἀντιπατριδα·

27 31 εἰπεν ὁ παυλος τῳ ἑκατονταρχῃ και τοις *στρατιωταις*· ἐαν μη οὑτοι μεινωσιν ἐν τῳ πλοιῳ, ὑμεις σωθηναι οὐ δυνασθε.

32 τοτε ἀπεκοψαν οἱ *στρατιωται* τα σχοινια της σκαφης και εἰασαν αὐτην ἐκπεσειν.

42 των δε *στρατιωτων* βουλη ἐγενετο ἱνα τους δεσμωτας ἀποκτεινωσιν, μη τις ἐκκολυμβησας διαφυγη·

28 16 ὀτε δε εἰσηλθομεν εἰς ῥωμην, ἐπετραπη τῳ παυλῳ μενειν καθ ἑαυτον συν τῳ φυλασσοντι αὐτον *στρατιωτῃ*.

στρατιωτης [26]

2Tm 2 3 συγκακοπαθησον ὡς καλος *στρατιωτης* χριστου ἰησου.

στρατολογεω [1]

2Tm 2 4 οὐδεις στρατευομενος ἐμπλεκεται ταις του βιου πραγματειαις, ἱνα τῳ *στρατολογησαντι* ἀρεση.

στρατοπεδον [1]

Lc 21 20 ὀταν δε ἰδητε κυκλουμενην ὑπο *στρατοπεδων* ἱερουσαλημ, τοτε γνωτε ὀτι ἠγγικεν ἡ ἐρημωσις αὐτης.

στρεβλοω [1]

2Pt 3 16 ἐν αἱς ἐστιν δυσνοητα τινα, ἀ οἱ ἀμαθεις και ἀστηρικτοι *στρεβλουσιν* ὡς και τας λοιπας γραφας προς την ἰδιαν αὐτων ἀπωλειαν.

στρεφω [21]

Mt 5 39 ἀλλ ὁστις σε ῥαπιζει εἰς την δεξιαν σιαγονα [σου], *στρεψον* αὐτῳ και την ἀλλην·

7 6 μηποτε καταπατησουσιν αὐτους ἐν τοις ποσιν αὐτων και *στραφεντες* ῥηξωσιν ὑμας.

9 22 ὁ δε ἰησους *στραφεις* και ἰδων αὐτην εἰπεν·

16 23 ὁ δε *στραφεις* εἰπεν τῳ πετρῳ· ὑπαγε ὀπισω μου, σατανα·

18 3 ἀμην λεγω ὑμιν, ἐαν μη *στραφητε* και γενησθε ὡς τα παιδια, οὐ μη εἰσελθητε εἰς την βασιλειαν των οὐρανων.

27 3 τοτε ἰδων ἰουδας ὁ παραδιδους αὐτον ὀτι κατεκριθη, μεταμεληθεις *ἐστρεψεν* τα τριακοντα ἀργυρια τοις ἀρχιερευσιν και πρεσβυτεροις λεγων·

Lc 7 9 ἀκουσας δε ταυτα ὁ ἰησους ἐθαυμασεν αὐτον, και *στραφεις* τῳ ἀκολουθουντι αὐτῳ ὀχλῳ εἰπεν·

44 και *στραφεις* προς την γυναικα τῳ σιμωνι ἐφη·

9 55 *στραφεις* δε ἐπετιμησεν αὐτοις.

10 23 και *στραφεις* προς τους μαθητας κατ ἰδιαν εἰπεν·

14 25 και *στραφεις* εἰπεν προς αὐτους·

22 61 και *στραφεις* ὁ κυριος ἐνεβλεψεν τῳ πετρῳ,

23 28 *στραφεις* δε προς αὐτας [ὁ] ἰησους εἰπεν·

Jh 1 38 *στραφεις* δε ὁ ἰησους και θεασαμενος αὐτους ἀκολουθουντας λεγει αὐτοις·

12 40 τετυφλωκεν αὐτων τους ὀφθαλμους και ἐπωρωσεν αὐτων την καρδιαν, ἱνα μη ἰδωσιν τοις ὀφθαλμοις και νοησωσιν τῃ καρδιᾳ και *στραφωσιν*, και ἰασομαι αὐτους.

20 14 ταυτα εἰπουσα *ἐστραφη* εἰς τα ὀπισω, και θεωρει τον ἰησουν ἑστωτα,

16 *στραφεισα* ἐκεινη λεγει αὐτῳ ἑβραιστι·

Ac 7 39 ἀλλα ἀπωσαντο και *ἐστραφησαν* ἐν ταις καρδιαις αὐτων εἰς αἰγυπτον, εἰποντες τῳ ἀαρων·

42 *ἐστρεψεν* δε ὁ θεος και παρεδωκεν αὐτους λατρευειν τῃ στρατιᾳ του οὐρανου,

13 46 ἐπειδη ἀπωθεισθε αὐτον και οὐκ ἀξιους κρινετε ἑαυτους της αἰωνιου ζωης, ἰδου *στρεφομεθα* εἰς τα ἐθνη.

Apc 11 6 και ἐξουσιαν ἐχουσιν ἐπι των ὑδατων *στρεφειν* αὐτα εἰς αἱμα και παταξαι την γην ἐν παση πληγη ὀσακις ἐαν θελησωσιν.

στρηνιαω [2]

Apc 18 7 ὀσα ἐδοξασεν αὐτην και *ἐστρηνιασεν*, τοσουτον δοτε αὐτη βασανισμον και πενθος·

9 και κλαυσουσιν και κοψονται ἐπ αὐτην οἱ βασιλεις της γης οἱ μετ αὐτης πορνευσαντες και *στρηνιασαντες*,

στρηνος [1]

Apc 18 3 και οἱ ἐμποροι της γης ἐκ της δυναμεως του *στρηνους* αὐτης ἐπλουτησαν.

στρουθιον [4]

Mt 10 29 οὐχι δυο *στρουθια* ἀσσαριου πωλειται;

31 πολλων *στρουθιων* διαφερετε ὑμεις.

Lc 12 6 οὐχι πεντε *στρουθια* πωλουνται ἀσσαριων δυο;

7 μη φοβεισθε· πολλων *στρουθιων* διαφερετε.

στρωννυω [6]

Mt 21 8 ὁ δε πλειστος ὀχλος *ἐστρωσαν* ἑαυτων τα ἱματια ἐν τῃ ὁδῳ,

στρωννυω [6]

Mt	21 8	ἀλλοι δε ἐκοπτον κλαδους ἀπο των δενδρων και ἐστρωννυον ἐν τη ὁδω.
Mc	11 8	και πολλοι τα ἱματια αὑτων ἐστρωσαν εἰς την ὁδον, ἀλλοι δε στιβαδας, κοψαντες ἐκ των ἀγρων.
	14 15	και αὑτος ὑμιν δειξει ἀναγαιον μεγα ἐστρωμενον ἑτοιμον·
Lc	22 12	κακεινος ὑμιν δειξει ἀναγαιον μεγα ἐστρωμενον·
Ac	9 34	αἰνεα, ἰαται σε ἰησους χριστος· ἀναστηθι και στρωσον σεαυτω.

στυγητος [1]

Tit	3 3	ἐν κακια και φθονω διαγοντες, στυγητοι, μισουντες ἀλληλους.

στυγναζω [2]

Mt	16 3	[ὀψιας γενομενης λεγετε· εὐδια, πυρραζει γαρ ὁ οὐρανος· και πρωι· σημερον χειμων, πυρραζει γαρ στυγναζων ὁ οὐρανος].
Mc	10 22	ὁ δε στυγνασας ἐπι τω λογω ἀπηλθεν λυπουμενος, ἠν γαρ ἐχων κτηματα πολλα.

στυλος [4]

Ga	2 9	ἰακωβος και κηφας και ἰωαννης, οἱ δοκουντες στυλοι εἰναι, δεξιας ἐδωκαν ἐμοι και βαρναβα κοινωνιας,
1Tm	3 15	ἠτις ἐστιν ἐκκλησια θεου ζωντος, στυλος και ἑδραιωμα της ἀληθειας.
Apc	3 12	ὁ νικων, ποιησω αὑτον στυλον ἐν τω ναω του θεου μου,
	10 1	και οἱ ποδες αὑτου ὡς στυλοι πυρος,

στωικος [1]

Ac	17 18	τινες δε και των ἐπικουρειων και στωικων φιλοσοφων συνεβαλλον αὑτω,

συ [1066]

cf append.

συγγενεια [3]

Lc	1 61	και εἰπαν προς αὑτην ὁτι οὐδεις ἐστιν ἐκ της συγγενειας σου ὁς καλειται τω ὀνοματι τουτω.
Ac	7 3	ἐξελθε ἐκ της γης σου και [ἐκ] της συγγενειας σου, και δευρο εἰς την γην ἡν ἀν σοι δειξω.
	14	ἀποστειλας δε ἰωσηφ μετεκαλεσατο ἰακωβ τον πατερα αὑτου και πασαν την συγγενειαν ἐν ψυχαις ἑβδομηκονταπεντε.

συγγενευς [2]

Mc	6 4	και ἐλεγεν αὑτοις ὁ ἰησους ὁτι οὐκ ἐστιν προφητης ἀτιμος εἰ μη ἐν τη πατριδι αὑτου και ἐν τοις συγγενευσιν αὑτου και ἐν τη οἰκια αὑτου.
Lc	2 44	νομισαντες δε αὑτον εἰναι ἐν τη συνοδια ἠλθον ἡμερας ὁδον και ἀνεζητουν αὑτον ἐν τοις συγγενευσιν και τοις γνωστοις,

συγγενης [9]

Lc	1 58	και ἠκουσαν οἱ περιοικοι και οἱ συγγενεις αὑτης ὁτι ἐμεγαλυνεν κυριος το ἐλεος αὑτου μετ αὑτης, και συνεχαιρον αὑτη.
	14 12	μη φωνει τους φιλους σου μηδε τους ἀδελφους σου μηδε τους συγγενεις σου μηδε γειτονας πλουσιους,
	21 16	παραδοθησεσθε δε και ὑπο γονεων και ἀδελφων και συγγενων και φιλων,
Jh	18 26	λεγει εἱς ἐκ των δουλων του ἀρχιερεως, συγγενης ὠν οὑ ἀπεκοψεν πετρος το ὠτιον· οὐκ ἐγω σε εἰδον ἐν τω κηπω μετ αὑτου;
Ac	10 24	ὁ δε κορνηλιος ἠν προσδοκων αὑτους, συγκαλεσαμενος τους συγγενεις αὑτου και τους ἀναγκαιους φιλους.
Rm	9 3	ηὐχομην γαρ ἀναθεμα εἰναι αὑτος ἐγω ἀπο του χριστου ὑπερ των ἀδελφων μου των συγγενων μου κατα σαρκα,
	16 7	ἀσπασασθε ἀνδρονικον και ἰουνιαν τους συγγενεις μου και συναιχμαλωτους μου,
	11	ἀσπασασθε ἡρωδιωνα τον συγγενη μου.
	21	ἀσπαζεται ὑμας τιμοθεος ὁ συνεργος μου, και λουκιος και ἰασων και σωσιπατρος οἱ συγγενεις μου.

συγγενις [1]

Lc	1 36	και ἰδου ἑλισαβετ ἡ συγγενις σου και αὑτη συνειληφεν υἱον ἐν γηρει αὑτης,

συγγνωμη [1]

1Co	7 6	τουτο δε λεγω κατα συγγνωμην, οὑ κατ ἐπιταγην.

συγκαθημαι [2]

Mc	14 54	και ἠν συγκαθημενος μετα των ὑπηρετων και θερμαινομενος προς το φως.
Ac	26 30	ἀνεστη τε ὁ βασιλευς και ὁ ἡγεμων ἡ τε βερνικη και οἱ συγκαθημενοι αὑτοις,

συγκαθιζω [2]

Lc	22 55	περιαψαντων δε πυρ ἐν μεσω της αὐλης και συγκαθισαντων ἐκαθητο ὁ πετρος μεσος αὑτων.
Eph	2 6	και συνηγειρεν και συνεκαθισεν ἐν τοις ἐπουρανιοις ἐν χριστω ἰησου,

συγκακοπαθεω [2]

2Tm	1 8	μη οὐν ἐπαισχυνθης το μαρτυριον του κυριου ἡμων μηδε ἐμε τον δεσμιον αὑτου, ἀλλα συγκακοπαθησον τω εὐαγγελιω κατα δυναμιν θεου,
	2 3	συγκακοπαθησον ὡς καλος στρατιωτης χριστου ἰησου.

συγκακουχεομαι [1]

Heb	11 25	μαλλον ἑλομενος συγκακουχεισθαι τω λαω του θεου ἡ προσκαιρον ἐχειν ἁμαρτιας ἀπολαυσιν,

συγκαλεω [8]

Mc	15 16	οἱ δε στρατιωται ἀπηγαγον αὑτον ἐσω της αὐλης, ὁ ἐστιν πραιτωριον, και συγκαλουσιν ὁλην την σπειραν.
Lc	9 1	συγκαλεσαμενος δε τους δωδεκα ἐδωκεν αὑτοις δυναμιν και ἐξουσιαν ἐπι παντα τα δαιμονια και νοσους θεραπευειν·
	15 6	και ἐλθων εἰς τον οἰκον συγκαλει τους φιλους και τους γειτονας, λεγων αὑτοις·
	9	και εὑρουσα συγκαλει τας φιλας και γειτονας λεγουσα·
	23 13	πιλατος δε συγκαλεσαμενος τους ἀρχιερεις και τους ἀρχοντας και τον λαον
Ac	5 21	παραγενομενος δε ὁ ἀρχιερευς και οἱ συν αὑτω συνεκαλεσαν το συνεδριον και πασαν την γερουσιαν των υἱων ἰσραηλ,
	10 24	ὁ δε κορνηλιος ἠν προσδοκων αὑτους, συγκαλεσαμενος τους συγγενεις αὑτου και τους ἀναγκαιους φιλους.
	28 17	ἐγενετο δε μετα ἡμερας τρεις συγκαλεσασθαι αὑτον τους ὀντας των ἰουδαιων πρωτους·

συγκαλυπτω [1]

Lc	12 2	οὐδεν δε συγκεκαλυμμενον ἐστιν ὁ οὐκ ἀποκαλυφθησεται, και κρυπτον ὁ οὐ γνωσθησεται.

συγκαμπτω [1]

Rm	11 10	σκοτισθητωσαν οἱ ὀφθαλμοι αὑτων του μη βλεπειν, και τον νωτον αὑτων δια παντος συγκαμψον.

συγκαταβαινω [1]

Ac	25 5	οἱ οὐν ἐν ὑμιν, φησιν, δυνατοι συγκαταβαντες, εἰ τι ἐστιν ἐν τω ἀνδρι ἀτοπον, κατηγορειτωσαν αὑτου.

συγκαταθεσις [1]

2Co	6 16	τις δε συγκαταθεσις ναω θεου μετα εἰδωλων;

συγκατατιθεμαι [1]

Lc	23 51	οὑτος οὐκ ἠν συγκατατεθειμενος τη βουλη και τη πραξει αὑτων,

συγκαταψηφιζομαι [1]

Ac	1 26	και συγκατεψηφισθη μετα των ἑνδεκα ἀποστολων.

συγκεραννυμι [2]

1Co	12 24	ἀλλα ὁ θεος συνεκερασεν το σωμα, τω ὑστερουμενω περισσοτεραν δους τιμην, ἱνα μη ἡ σχισμα ἐν τω σωματι,
Heb	4 2	ἀλλ οὐκ ὠφελησεν ὁ λογος της ἀκοης ἐκεινους μη συγκεκερασμενους τη πιστει τοις ἀκουσασιν.

συγκινεω [1]

Ac	6 12	συνεκινησαν τε τον λαον και τους πρεσβυτερους και τους γραμματεις,

συγκλειω [4]

Lc	5 6	και τουτο ποιησαντες συνεκλεισαν πληθος ἰχθυων πολυ·
Rm	11 32	συνεκλεισεν γαρ ὁ θεος τους παντας εἰς ἀπειθειαν ἱνα τους παντας ἐλεηση.
Ga	3 22	ἀλλα συνεκλεισεν ἡ γραφη τα παντα ὑπο ἀμαρτιαν ἱνα ἡ ἐπαγγελια ἐκ πιστεως ἰησου χριστου δοθη τοις πιστευουσιν.
	23	προ του δε ἐλθειν την πιστιν ὑπο νομον ἐφρουρουμεθα συγκλειομενοι εἰς την μελλουσαν πιστιν ἀποκαλυφθηναι.

συγκληρονομος [4]

Rm	8 17	κληρονομοι μεν θεου, συγκληρονομοι δε χριστου, εἰπερ συμπασχομεν ἱνα και συνδοξασθωμεν.
Eph	3 6	εἰναι τα ἐθνη συγκληρονομα και συσσωμα και συμμετοχα της ἐπαγγελιας ἐν χριστω ἰησου
Heb	11 9	πιστει παρωκησεν εἰς γην της ἐπαγγελιας ὡς ἀλλοτριαν, ἐν σκηναις κατοικησας, μετα ἰσαακ και ἰακωβ των συγκληρονομων της ἐπαγγελιας της αὐτης·
1Pt	3 7	ἀπονεμοντες τιμην ὡς και συγκληρονομοις χαριτος ζωης,

συγκοινωνεω [3]

Eph	5 11	και μη συγκοινωνειτε τοις ἐργοις τοις ἀκαρποις του σκοτους,
Php	4 14	πλην καλως ἐποιησατε συγκοινωνησαντες μου τη θλιψει.
Apc	18 4	ἐξελθατε ὁ λαος μου ἐξ αὐτης, ἱνα μη συγκοινωνησητε ταις ἀμαρτιαις αὐτης,

συγκοινωνος [4]

Rm	11 17	εἰ δε τινες των κλαδων ἐξεκλασθησαν, συ δε ἀγριελαιος ὢν ἐνεκεντρισθης ἐν αὐτοις και συγκοινωνος της ῥιζης της πιοτητος της ἐλαιας ἐγενου, μη κατακαυχω των κλαδων·
1Co	9 23	παντα δε ποιω δια το εὐαγγελιον, ἱνα συγκοινωνος αὐτου γενωμαι.
Php	1 7	ἐν τε τοις δεσμοις μου και ἐν τη ἀπολογια και βεβαιωσει του εὐαγγελιου συγκοινωνους μου της χαριτος παντας ὑμας ὀντας.
Apc	1 9	ἐγω ἰωαννης, ὁ ἀδελφος ὑμων και συγκοινωνος ἐν τη θλιψει και βασιλεια και ὑπομονη ἐν ἰησου,

συγκομιζω [1]

Ac	8 2	συνεκομισαν δε τον στεφανον ἀνδρες εὐλαβεις και ἐποιησαν κοπετον μεγαν ἐπ αὐτω.

συγκρινω [3]

1Co	2 13	ἀλλ ἐν διδακτοις πνευματος, πνευματικοις πνευματικα συγκρινοντες.
2Co	10 12	οὐ γαρ τολμωμεν ἐγκριναι ἡ συγκριναι ἑαυτους τισιν των ἑαυτους συνιστανοντων·
	12	ἀλλα αὐτοι ἐν ἑαυτοις ἑαυτους μετρουντες και συγκρινοντες ἑαυτους ἑαυτοις οὐ συνιασιν.

συγκυπτω [1]

Lc	13 11	και ἠν συγκυπτουσα και μη δυναμενη ἀνακυψαι εἰς το παντελες.

συγκυρια [1]

Lc	10 31	κατα συγκυριαν δε ἱερευς τις κατεβαινεν ἐν τη ὁδω ἐκεινη,

συγχαιρω [7]

Lc	1 58	και ἠκουσαν οἱ περιοικοι και οἱ συγγενεις αὐτης ὀτι ἐμεγαλυνεν κυριος το ἐλεος αὐτου μετ αὐτης, και συνεχαιρον αὐτη.
	15 6	συγχαρητε μοι, ὀτι εὑρον το προβατον μου το ἀπολωλος.
	9	συγχαρητε μοι, ὀτι εὑρον την δραχμην ἡν ἀπωλεσα.
1Co	12 26	εἰτε δοξαζεται [ἐν] μελος, συγχαιρει παντα τα μελη.
	13 6	οὐ ζηλοι, [ἡ ἀγαπη] οὐ περπερευεται, οὐ φυσιουται, οὐκ ἀσχημονει, οὐ ζητει τα ἑαυτης, οὐ παροξυνεται, οὐ λογιζεται το κακον, οὐ χαιρει ἐπι τη ἀδικια, συγχαιρει δε τη ἀληθεια·
Php	2 17	ἀλλα εἰ και σπενδομαι ἐπι τη θυσια και λειτουργια της πιστεως ὑμων, χαιρω και συγχαιρω πασιν ὑμιν·
	18	το δε αὐτο και ὑμεις χαιρετε και συγχαιρετε μοι.

συγχεω [1]

Ac	21 27	ὡς δε ἐμελλον αἱ ἑπτα ἡμεραι συντελεισθαι, οἱ ἀπο της ἀσιας ἰουδαιοι θεασαμενοι αὐτον ἐν τω ἱερω συνεχεον παντα τον ὀχλον,

συγχραομαι [1]

Jh	4 9	οὐ γαρ συγχρωνται ἰουδαιοι σαμαριταις.

συγχυννω [4]

Ac	2 6	γενομενης δε της φωνης ταυτης συνηλθεν το πληθος και συνεχυθη,
	9 22	σαυλος δε μαλλον ἐνεδυναμουτο και συνεχυννεν [τους] ἰουδαιους τους κατοικουντας ἐν δαμασκω, συμβιβαζων ὀτι οὑτος ἐστιν ὁ χριστος.
	19 32	ἡν γαρ ἡ ἐκκλησια συγκεχυμενη, και οἱ πλειους οὐκ ἠδεισαν τινος ἐνεκα συνεληλυθεισαν.
	21 31	ζητουντων τε αὐτον ἀποκτειναι ἀνεβη φασις τω χιλιαρχω της σπειρης ὀτι ὀλη συγχυννεται ἰερουσαλημ·

συγχυσις [1]

Ac	19 29	και ἐπλησθη ἡ πολις της συγχυσεως, ὡρμησαν τε ὁμοθυμαδον εἰς το θεατρον,

συζαω [3]

Rm	6 8	εἰ δε ἀπεθανομεν συν χριστω, πιστευομεν ὀτι και συζησομεν αὐτω,
2Co	7 3	προειρηκα γαρ ὀτι ἐν ταις καρδιαις ἡμων ἐστε εἰς το συναποθανειν και συζην.
2Tm	2 11	εἰ γαρ συναπεθανομεν, και συζησομεν·

συζευγνυμι [2]

Mt	19 6	ὁ οὐν ὁ θεος συνεζευξεν, ἀνθρωπος μη χωριζετω.
Mc	10 9	ὁ οὐν ὁ θεος συνεζευξεν, ἀνθρωπος μη χωριζετω.

συζητεω [10]

Mc	1 27	και ἐθαμβηθησαν ἀπαντες, ὡστε συζητειν προς ἑαυτους λεγοντας·
	8 11	και ἐξηλθον οἱ φαρισαιοι και ἠρξαντο συζητειν αὐτω,
	9 10	και τον λογον ἐκρατησαν προς ἑαυτους συζητουντες τι ἐστιν το ἐκ νεκρων ἀναστηναι.
	14	και ἐλθοντες προς τους μαθητας εἰδον ὀχλον πολυν περι αὐτους και γραμματεις συζητουντας προς αὐτους.
	16	και ἐπηρωτησεν αὐτους· τι συζητειτε προς αὐτους;
	12 28	και προσελθων εἱς των γραμματεων, ἀκουσας αὐτων συζητουντων, ἰδων ὀτι καλως ἀπεκριθη αὐτοις,
Lc	22 23	και αὐτοι ἠρξαντο συζητειν προς ἑαυτους το τις ἀρα εἰη ἐξ αὐτων ὁ τουτο μελλων πρασσειν.
	24 15	και ἐγενετο ἐν τω ὁμιλειν αὐτους και συζητειν, και αὐτος ἰησους ἐγγισας συνεπορευετο αὐτοις·
Ac	6 9	ἀνεστησαν δε τινες των ἐκ της συναγωγης της λεγομενης λιβερτινων και κυρηναιων και ἀλεξανδρεων και των ἀπο κιλικιας και ἀσιας συζητουντες τω στεφανω,
	9 29	ἐλαλει τε και συνεζητει προς τους ἑλληνιστας·

συζητησις [1]

Ac	28 29 *	και ταυτα αὐτου εἰποντος ἀπηλθον οἱ ἰουδαιοι πολλην ἐχοντες ἐν ἑαυτοις συζητησιν.

συζητητης [1]

1Co   1 20   πού γραμματευς; πού *συζητητης* του αἰωνος τουτου;

συζυγος [1]

Php   4 3   ναι ἐρωτω και σέ, γνησιε *συζυγε*, συλλαμβανου αὐταις,

συζωοποιεω [2]

Eph   2 5   και ὀντας ἡμας νεκρους τοις παραπτωμασιν *συνεζωοποιησεν* τῷ χριστῷ,

Col   2 13   και ὑμας νεκρους ὀντας [ἐν] τοις παραπτωμασιν και τῇ ἀκροβυστιᾳ της σαρκος ὑμων, *συνεζωοποιησεν* ὑμας συν αὐτῷ,

συκαμινος [1]

Lc   17 6   εἰ ἐχετε πιστιν ὡς κοκκον σιναπεως, ἐλεγετε ἀν τῇ *συκαμινῳ* [ταυτῃ]· ἐκριζωθητι και φυτευθητι ἐν τῇ θαλασσῃ·

συκη [16]

Mt   21 19   και ἰδων *συκην* μιαν ἐπι της ὁδου ἠλθεν ἐπ αὐτην,

     19   και ἐξηρανθη παραχρημα ἡ *συκη*.

     20   πῶς παραχρημα ἐξηρανθη ἡ *συκη*;

     21   ἐαν ἐχητε πιστιν και μη διακριθητε, οὐ μονον το της *συκης* ποιησετε,

    24 32   ἀπο δε της *συκης* μαθετε την παραβολην·

Mc   11 13   και ἰδων *συκην* ἀπο μακροθεν ἐχουσαν φυλλα ἠλθεν εἰ ἀρα τι εὑρησει ἐν αὐτῃ,

     20   και παραπορευομενοι πρωι εἰδον την *συκην* ἐξηραμμενην ἐκ ῥιζων.

     21   ῥαββι, ἰδε ἡ *συκη* ἡν κατηρασω ἐξηρανται.

    13 28   ἀπο δε της *συκης* μαθετε την παραβολην·

Lc   13 6   *συκην* εἰχεν τις πεφυτευμενην ἐν τῷ ἀμπελωνι αὐτου,

     7   ἰδου τρια ἐτη ἀφ οὑ ἐρχομαι ζητων καρπον ἐν τῇ *συκῃ* ταυτῃ και οὐχ εὑρισκω·

    21 29   ἰδετε την *συκην* και παντα τα δενδρα·

Jh   1 48   προ του σε φιλιππον φωνησαι ὀντα ὑπο την *συκην* εἰδον σε.

     50   ἀπεκριθη ἰησους και εἰπεν αὐτῷ· ὀτι εἰπον σοι ὀτι εἰδον σε ὑποκατω της *συκης*, πιστευεις; μειζω τουτων ὀψη.

Ja   3 12   μη δυναται, ἀδελφοι μου, *συκη* ἐλαιας ποιησαι ἡ ἀμπελος συκα;

Apc   6 13   ὡς *συκη* βαλλει τους ὀλυνθους αὐτης ὑπο ἀνεμου μεγαλου σειομενη,

συκομορεα [1]

Lc   19 4   και προδραμων εἰς το ἐμπροσθεν ἀνεβη ἐπι *συκομορεαν*,

συκον [4]

Mt   7 16   μητι συλλεγουσιν ἀπο ἀκανθων σταφυλας ἡ ἀπο τριβολων *συκα*;

Mc   11 13   και ἐλθων ἐπ αὐτην οὐδεν εὑρεν εἰ μη φυλλα· ὁ γαρ καιρος οὐκ ἠν *συκων*.

Lc   6 44   οὐ γαρ ἐξ ἀκανθων συλλεγουσιν *συκα*, οὐδε ἐκ βατου σταφυλην τρυγωσιν.

Ja   3 12   μη δυναται, ἀδελφοι μου, συκη ἐλαιας ποιησαι ἡ ἀμπελος *συκα*;

συκοφαντεω [2]

Lc   3 14   μηδενα διασεισητε μηδε *συκοφαντησητε*, και ἀρκεισθε τοις ὀψωνιοις ὑμων.

    19 8   και εἰ τινος τι *ἐσυκοφαντησα*, ἀποδιδωμι τετραπλουν.

συλαγωγεω [1]

Col   2 8   βλεπετε μη τις ὑμας ἐσται ὁ *συλαγωγων* δια της φιλοσοφιας και κενης ἀπατης κατα την παραδοσιν των ἀνθρωπων,

συλαω [1]

2Co   11 8   ἀλλας ἐκκλησιας *ἐσυλησα* λαβων ὀψωνιον προς την ὑμων διακονιαν,

συλλαλεω [6]

Mt   17 3   και ἰδου ὠφθη αὐτοις μωυσης και ἡλιας *συλλαλουντες* μετ αὐτου.

Mc   9 4   και ὠφθη αὐτοις ἡλιας συν μωυσει, και ἠσαν *συλλαλουντες* τῷ ἰησου.

Lc   4 36   και *συνελαλουν* προς ἀλληλους λεγοντες· τίς ὁ λογος οὑτος, ὀτι ἐν ἐξουσιᾳ και δυναμει ἐπιτασσει τοις ἀκαθαρτοις πνευμασιν και ἐξερχονται;

    9 30   και ἰδου ἀνδρες δυο *συνελαλουν* αὐτῷ,

    22 4   και ἀπελθων *συνελαλησεν* τοις ἀρχιερευσιν και στρατηγοις το πῶς αὐτοις παραδῷ αὐτον.

Ac   25 12   τοτε ὁ φηστος *συλλαλησας* μετα του συμβουλιου ἀπεκριθη·

συλλαμβανω [16]

Mt   26 55   ὡς ἐπι λῃστην ἐξηλθατε μετα μαχαιρων και ξυλων *συλλαβειν* με;

Mc   14 48   ὡς ἐπι λῃστην ἐξηλθατε μετα μαχαιρων και ξυλων *συλλαβειν* με;

Lc   1 24   μετα δε ταυτας τας ἡμερας *συνελαβεν* ἐλισαβετ ἡ γυνη αὐτου,

     31   και ἰδου *συλλημψη* ἐν γαστρι και τεξη υἱον, και καλεσεις το ὀνομα αὐτου ἰησουν.

     36   και ἰδου ἐλισαβετ ἡ συγγενις σου και αὐτη *συνειληφεν* υἱον ἐν γηρει αὐτης,

    2 21   και ἐκληθη το ὀνομα αὐτου ἰησους, το κληθεν ὑπο του ἀγγελου προ του *συλλημφθηναι* αὐτον ἐν τῇ κοιλιᾳ.

    5 7   και κατενευσαν τοις μετοχοις ἐν τῷ ἑτερῳ πλοιῳ του ἐλθοντας *συλλαβεσθαι* αὐτοις·

     9   θαμβος γαρ περιεσχεν αὐτον και παντας τους συν αὐτῷ ἐπι τῇ ἀγρᾳ των ἰχθυων ὡν *συνελαβον*,

    22 54   *συλλαβοντες* δε αὐτον ἠγαγον και εἰσηγαγον εἰς την οἰκιαν του ἀρχιερεως·

Jh   18 12   ἡ οὐν σπειρα και ὁ χιλιαρχος και οἱ ὑπηρεται των ἰουδαιων *συνελαβον* τον ἰησουν και ἐδησαν αὐτον,

Ac   1 16   ἀνδρες ἀδελφοι, ἐδει πληρωθηναι την γραφην ἡν προειπεν το πνευμα το ἀγιον δια στοματος δαυιδ περι ἰουδα του γενομενου ὁδηγου τοις *συλλαβουσιν* ἰησουν,

    12 3   ἰδων δε ὀτι ἀρεστον ἐστιν τοις ἰουδαιοις προσεθετο *συλλαβειν* και πετρον,

    23 27   τον ἀνδρα τουτον *συλλημφθεντα* ὑπο των ἰουδαιων και μελλοντα ἀναιρεισθαι ὑπ αὐτων ἐπιστας συν τῷ στρατευματι ἐξειλαμην,

    26 21   ἑνεκα τουτων με ἰουδαιοι *συλλαβομενοι* [ὀντα] ἐν τῷ ἱερῷ ἐπειρωντο διαχειρισασθαι.

Php   4 3   ναι ἐρωτω και σέ, γνησιε συζυγε, *συλλαμβανου* αὐταις,

Ja   1 15   εἰτα ἡ ἐπιθυμια *συλλαβουσα* τικτει ἁμαρτιαν,

συλλεγω [8]

Mt   7 16   μητι *συλλεγουσιν* ἀπο ἀκανθων σταφυλας ἡ ἀπο τριβολων συκα;

    13 28   θελεις οὐν ἀπελθοντες *συλλεξωμεν* αὐτα;

     29   ὁ δε φησιν· οὐ, μηποτε *συλλεγοντες* τα ζιζανια ἐκριζωσητε ἀμα αὐτοις τον σιτον.

     30   *συλλεξατε* πρωτον τα ζιζανια και δησατε αὐτα εἰς δεσμας προς το κατακαυσαι αὐτα,

     40   ὡσπερ οὐν *συλλεγεται* τα ζιζανια και πυρι [κατα]καιεται, οὑτως ἐσται ἐν τῇ συντελειᾳ του αἰωνος.

     41   και *συλλεξουσιν* ἐκ της βασιλειας αὐτου παντα τα σκανδαλα και τους ποιουντας την ἀνομιαν,

     48   ἡν ὀτε ἐπληρωθη ἀναβιβασαντες ἐπι τον αἰγιαλον και καθισαντες *συνελεξαν* τα καλα εἰς ἀγγη,

Lc   6 44   οὐ γαρ ἐξ ἀκανθων *συλλεγουσιν* συκα, οὐδε ἐκ βατου σταφυλην τρυγωσιν.

συλλογιζομαι [1]

Lc   20 5   οἱ δε *συνελογισαντο* προς ἑαυτους λεγοντες ὀτι ἐαν εἰπωμεν·

συλλυπεομαι [1]

Mc   3 5   *συλλυπουμενος* ἐπι τῇ πωρωσει της καρδιας αὐτων, λεγει τῷ ἀνθρωπῳ·

συμβαινω [8]

Mc   10 32   και παραλαβων παλιν τους δωδεκα ἠρξατο αὐτοις λεγειν τα μελλοντα αὐτῷ *συμβαινειν*,

Lc   24 14   και αὐτοι ὡμιλουν προς ἀλληλους περι παντων των *συμβεβηκοτων* τουτων.

συμβαινω [8]

Ac 3 10 και επλησθησαν θαμβους και εκστασεως επι τω συμβεβηκοτι αυτω.

20 19 δουλευων τω κυριω μετα πασης ταπεινοφροσυνης και δακρυων και πειρασμων των συμβαντων μοι εν ταις επιβουλαις των ιουδαιων,

21 35 οτε δε εγενετο επι τους αναβαθμους, συνεβη βασταζεσθαι αυτον υπο των στρατιωτων δια την βιαν του οχλου·

1Co 10 11 ταυτα δε τυπικως συνεβαινεν εκεινοις,

1Pt 4 12 αγαπητοι, μη ξενιζεσθε τη εν υμιν πυρωσει προς πειρασμον υμιν γινομενη, ως ξενου υμιν συμβαινοντος,

2Pt 2 22 συμβεβηκεν αυτοις το της αληθους παροιμιας·

συμβαλλω [6]

Lc 2 19 η δε μαριαμ παντα συνετηρει τα ρηματα ταυτα συμβαλλουσα εν τη καρδια αυτης.

14 31 η τις βασιλευς πορευομενος ετερω βασιλει συμβαλειν εις πολεμον ουχι καθισας πρωτον βουλευσεται ει δυνατος εστιν εν δεκα χιλιασιν υπαντησαι τω μετα εικοσι χιλιαδων ερχομενω επ αυτον;

Ac 4 15 κελευσαντες δε αυτους εξω του συνεδριου απελθειν, συνεβαλλον προς αλληλους λεγοντες·

17 18 τινες δε και των επικουρειων και στωικων φιλοσοφων συνεβαλλον αυτω,

18 27 ος παραγενομενος συνεβαλετο πολυ τοις πεπιστευκοσιν δια της χαριτος·

20 14 ως δε συνεβαλλεν ημιν εις την ασσον, αναλαβοντες αυτον ηλθομεν εις μιτυληνην·

συμβασιλευω [2]

1Co 4 8 και οφελον γε εβασιλευσατε, ινα και ημεις υμιν συμβασιλευσωμεν.

2Tm 2 12 ει γαρ συναπεθανομεν, και συζησομεν· ει υπομενομεν, και συμβασιλευσομεν·

συμβιβαζω [7]

Ac 9 22 σαυλος δε μαλλον ενεδυναμουτο και συνεχυννεν [τους] ιουδαιους τους κατοικουντας εν δαμασκω, συμβιβαζων οτι ουτος εστιν ο χριστος.

16 10 ως δε το οραμα ειδεν, ευθεως εζητησαμεν εξελθειν εις μακεδονιαν, συμβιβαζοντες οτι προσκεκληται ημας ο θεος ευαγγελισασθαι αυτους.

19 33 εκ δε του οχλου συνεβιβασαν αλεξανδρον, προβαλοντων αυτον των ιουδαιων·

1Co 2 16 τις γαρ εγνω νουν κυριου, ος συμβιβασει αυτον;

Eph 4 16 εξ ου παν το σωμα συναρμολογουμενον και συμβιβαζομενον δια πασης αφης της επιχορηγιας

Col 2 2 ινα παρακληθωσιν αι καρδιαι αυτων, συμβιβασθεντες εν αγαπη και εις παν πλουτος της πληροφοριας της συνεσεως,

19 και ου κρατων την κεφαλην, εξ ου παν το σωμα δια των αφων και συνδεσμων επιχορηγουμενον και συμβιβαζομενον αυξει την αυξησιν του θεου.

συμβουλευω [4]

Mt 26 4 τοτε συνηχθησαν οι αρχιερεις και οι πρεσβυτεροι του λαου εις την αυλην του αρχιερεως του λεγομενου καιαφα, και συνεβουλευσαντο ινα τον ιησουν δολω κρατησωσιν και αποκτεινωσιν·

Jh 18 14 ην δε καιαφας ο συμβουλευσας τοις ιουδαιοις οτι συμφερει ενα ανθρωπον αποθανειν υπερ του λαου.

Ac 9 23 ως δε επληρουντο ημεραι ικαναι, συνεβουλευσαντο οι ιουδαιοι ανελειν αυτον·

Apc 3 18 συμβουλευω σοι αγορασαι παρ εμου χρυσιον πεπυρωμενον εκ πυρος ινα πλουτησης,

συμβουλιον [8]

Mt 12 14 εξελθοντες δε οι φαρισαιοι συμβουλιον ελαβον κατ αυτου, οπως αυτον απολεσωσιν.

22 15 τοτε πορευθεντες οι φαρισαιοι συμβουλιον ελαβον οπως αυτον παγιδευσωσιν εν λογω.

27 1 πρωιας δε γενομενης συμβουλιον ελαβον παντες οι αρχιερεις και οι πρεσβυτεροι του λαου κατα του ιησου ωστε θανατωσαι αυτον·

7 συμβουλιον δε λαβοντες ηγορασαν εξ αυτων τον αγρον του κεραμεως εις ταφην τοις ξενοις.

συμβουλιον [8]

Mt 28 12 και συναχθεντες μετα των πρεσβυτερων συμβουλιον τε λαβοντες αργυρια ικανα εδωκαν τοις στρατιωταις,

Mc 3 6 και εξελθοντες οι φαρισαιοι ευθυς μετα των ηρωδιανων συμβουλιον εδιδουν κατ αυτου,

15 1 και ευθυς πρωι συμβουλιον ποιησαντες οι αρχιερεις μετα των πρεσβυτερων και γραμματεων και ολον το συνεδριον,

Ac 25 12 τοτε ο φηστος συλλαλησας μετα του συμβουλιου απεκριθη·

συμβουλος [1]

Rm 11 34 τις γαρ εγνω νουν κυριου; η τις συμβουλος αυτου εγενετο;

συμεων [7]

Lc 2 25 και ιδου ανθρωπος ην εν ιερουσαλημ ω ονομα συμεων,

34 και ευλογησεν αυτους συμεων και ειπεν προς μαριαμ την μητερα αυτου· ιδου ουτος κειται εις πτωσιν και αναστασιν πολλων εν τω ισραηλ και εις σημειον αντιλεγομενον και σου [δε] αυτης την ψυχην διελευσεται ρομφαια,

3 30 του συμεων του ιουδα του ιωσηφ του ιωναμ του ελιακιμ

Ac 13 1 ησαν δε εν αντιοχεια κατα την ουσαν εκκλησιαν προφηται και διδασκαλοι ο τε βαρναβας και συμεων ο καλουμενος νιγερ,

15 14 συμεων εξηγησατο καθως πρωτον ο θεος επεσκεψατο λαβειν εξ εθνων λαον τω ονοματι αυτου.

2Pt 1 1 συμεων πετρος δουλος και αποστολος ιησου χριστου τοις ισοτιμον ημιν λαχουσιν πιστιν εν δικαιοσυνη του θεου ημων και σωτηρος ιησου χριστου·

Apc 7 7 εκ φυλης συμεων δωδεκα χιλιαδες,

συμμαθητης [1]

Jh 11 16 ειπεν ουν θωμας ο λεγομενος διδυμος τοις συμμαθηταις· αγωμεν και ημεις ινα αποθανωμεν μετ αυτου.

συμμαρτυρεω [3]

Rm 2 15 συμμαρτυρουσης αυτων της συνειδησεως και μεταξυ αλληλων των λογισμων κατηγορουντων η και απολογουμενων,

8 16 αυτο το πνευμα συμμαρτυρει τω πνευματι ημων οτι εσμεν τεκνα θεου.

9 1 ου ψευδομαι, συμμαρτυρουσης μοι της συνειδησεως μου εν πνευματι αγιω,

συμμεριζομαι [1]

1Co 9 13 ουκ οιδατε οτι οι τα ιερα εργαζομενοι [τα] εκ του ιερου εσθιουσιν, οι τω θυσιαστηριω παρεδρευοντες τω θυσιαστηριω συμμεριζονται;

συμμετοχος [2]

Eph 3 6 ειναι τα εθνη συγκληρονομα και συσσωμα και συμμετοχα της επαγγελιας εν χριστω ιησου

5 7 μη ουν γινεσθε συμμετοχοι αυτων·

συμμιμητης [1]

Php 3 17 συμμιμηται μου γινεσθε, αδελφοι,

συμμορφιζομαι [1]

Php 3 10 συμμορφιζομενος τω θανατω αυτου, ει πως καταντησω εις την εξαναστασιν την εκ νεκρων.

συμμορφος [2]

Rm 8 29 οτι ους προεγνω, και προωρισεν συμμορφους της εικονος του υιου αυτου, εις το ειναι αυτον πρωτοτοκον εν πολλοις αδελφοις·

Php 3 21 εξ ου και σωτηρα απεκδεχομεθα κυριον ιησουν χριστον, ος μετασχηματισει το σωμα της ταπεινωσεως ημων συμμορφον τω σωματι της δοξης αυτου,

συμπαθεω [2]

Heb 4 15 ου γαρ εχομεν αρχιερεα μη δυναμενον συμπαθησαι ταις ασθενειαις ημων,

συμπαθεω [2]

Heb 10 34   και γαρ τοις δεσμιοις *συνεπαθησατε,*

συμπαθης [1]

1Pt 3 8   το δε τελος παντες ομοφρονες, *συμπαθεις,* φιλαδελφοι, ευσπλαγχνοι, ταπεινοφρονες,

συμπαραγινομαι [1]

Lc 23 48   και παντες οι *συμπαραγενομενοι* οχλοι επι την θεωριαν ταυτην, θεωρησαντες τα γενομενα, τυπτοντες τα στηθη υπεστρεφον.

συμπαρακαλεομαι [1]

Rm 1 12   τουτο δε εστιν *συμπαρακληθηναι* εν υμιν δια της εν αλληλοις πιστεως υμων τε και εμου.

συμπαραλαμβανω [4]

Ac 12 25   πληρωσαντες την διακονιαν, *συμπαραλαβοντες* ιωαννην τον επικληθεντα μαρκον.

15 37   βαρναβας δε εβουλετο *συμπαραλαβειν* και τον ιωαννην τον καλουμενον μαρκον·

38   παυλος δε ηξιου, τον αποσταντα απ αυτων απο παμφυλιας και μη συνελθοντα αυτοις εις το εργον, μη *συμπαραλαμβανειν* τουτον.

Ga 2 1   επειτα δια δεκατεσσαρων ετων παλιν ανεβην εις ιεροσολυμα μετα βαρναβα, *συμπαραλαβων* και τιτον·

συμπαρειμι [1]

Ac 25 24   αγριππα βασιλευ και παντες οι *συμπαροντες* ημιν ανδρες,

συμπασχω [2]

Rm 8 17   κληρονομοι μεν θεου, συγκληρονομοι δε χριστου, ειπερ *συμπασχομεν* ινα και συνδοξασθωμεν.

1Co 12 26   και ειτε πασχει εν μελος, *συμπασχει* παντα τα μελη·

συμπεμπω [2]

2Co 8 18   *συνεπεμψαμεν* δε μετ αυτου τον αδελφον ου ο επαινος εν τω ευαγγελιω δια πασων των εκκλησιων,

22   *συνεπεμψαμεν* δε αυτοις τον αδελφον ημων,

συμπεριλαμβανω [1]

Ac 20 10   καταβας δε ο παυλος επεπεσεν αυτω και *συμπεριλαβων* ειπεν·

συμπινω [1]

Ac 10 41   αλλα μαρτυσιν τοις προκεχειροτονημενοις υπο του θεου, ημιν, οιτινες συνεφαγομεν και *συνεπιομεν* αυτω μετα το αναστηναι αυτον εκ νεκρων·

συμπιπτω [1]

Lc 6 49   και ευθυς *συνεπεσεν,* και εγενετο το ρηγμα της οικιας εκεινης μεγα.

συμπληροω [3]

Lc 8 23   και κατεβη λαιλαψ ανεμου εις την λιμνην, και *συνεπληρουντο* και εκινδυνευον.

9 51   εγενετο δε εν τω *συμπληρουσθαι* τας ημερας της αναλημψεως αυτου και αυτος το προσωπον εστηρισεν του πορευεσθαι εις ιερουσαλημ,

Ac 2 1   και εν τω *συμπληρουσθαι* την ημεραν της πεντηκοστης ησαν παντες ομου επι το αυτο·

συμπνιγω [5]

Mt 13 22   και η μεριμνα του αιωνος και η απατη του πλουτου *συμπνιγει* τον λογον,

Mc 4 7   και ανεβησαν αι ακανθαι και *συνεπνιξαν* αυτο,

συμπνιγω [5]

Mc 4 19   ουτοι εισιν οι τον λογον ακουσαντες, και αι μεριμναι του αιωνος και η απατη του πλουτου και αι περι τα λοιπα επιθυμιαι εισπορευομεναι *συμπνιγουσιν* τον λογον, και ακαρπος γινεται.

Lc 8 14   και υπο μεριμνων και πλουτου και ηδονων του βιου πορευομενοι *συμπνιγονται* και ου τελεσφορουσιν.

42   εν δε τω υπαγειν αυτον οι οχλοι *συνεπνιγον* αυτον.

συμπολιτης [1]

Eph 2 19   αρα ουν ουκετι εστε ξενοι και παροικοι, αλλα εστε *συμπολιται* των αγιων και οικειοι του θεου,

συμπορευομαι [4]

Mc 10 1   και *συμπορευονται* παλιν οχλοι προς αυτον, και ως ειωθει παλιν εδιδασκεν αυτους.

Lc 7 11   και εγενετο εν τω εξης επορευθη εις πολιν καλουμενην ναιν, και *συνεπορευοντο* αυτω οι μαθηται αυτου και οχλος πολυς.

14 25   *συνεπορευοντο* δε αυτω οχλοι πολλοι,

24 15   και εγενετο εν τω ομιλειν αυτους και συζητειν, και αυτος ιησους εγγισας *συνεπορευετο* αυτοις·

συμποσιον [2]

Mc 6 39   και επεταξεν αυτοις ανακλιναι παντας *συμποσια συμποσια* επι τω χλωρω χορτω.

39   και επεταξεν αυτοις ανακλιναι παντας *συμποσια συμποσια* επι τω χλωρω χορτω.

συμπρεσβυτερος [1]

1Pt 5 1   πρεσβυτερους ουν εν υμιν παρακαλω ο *συμπρεσβυτερος* και μαρτυς των του χριστου παθηματων,

συμφερω [15]

Mt 5 29   *συμφερει* γαρ σοι ινα αποληται εν των μελων σου και μη ολον το σωμα σου βληθη εις γεενναν.

30   *συμφερει* γαρ σοι ινα αποληται εν των μελων σου και μη ολον το σωμα σου εις γεενναν απελθη.

18 6   ος δ αν σκανδαλιση ενα των μικρων τουτων των πιστευοντων εις εμε, *συμφερει* αυτω ινα κρεμασθη μυλος ονικος περι τον τραχηλον αυτου και καταποντισθη εν τω πελαγει της θαλασσης.

19 10   ει ουτως εστιν η αιτια του ανθρωπου μετα της γυναικος, ου *συμφερει* γαμησαι.

Jh 11 50   υμεις ουκ οιδατε ουδεν, ουδε λογιζεσθε οτι *συμφερει* υμιν ινα εις ανθρωπος αποθανη υπερ του λαου και μη ολον το εθνος αποληται.

16 7   αλλ εγω την αληθειαν λεγω υμιν, *συμφερει* υμιν ινα εγω απελθω.

18 14   ην δε καιαφας ο συμβουλευσας τοις ιουδαιοις οτι *συμφερει* ενα ανθρωπον αποθανειν υπερ του λαου.

Ac 19 19   ικανοι δε των τα περιεργα πραξαντων *συνενεγκαντες* τας βιβλους κατεκαιον ενωπιον παντων·

20 20   ως ουδεν υπεστειλαμην των *συμφεροντων* του μη αναγγειλαι υμιν και διδαξαι υμας δημοσια και κατ οικους,

1Co 6 12   παντα μοι εξεστιν, αλλ ου παντα *συμφερει.*

10 23   παντα εξεστιν, αλλ ου παντα *συμφερει.*

12 7   εκαστω δε διδοται η φανερωσις του πνευματος προς το *συμφερον.*

2Co 8 10   τουτο γαρ υμιν *συμφερει,* οιτινες ου μονον το ποιησαι αλλα και το θελειν προενηρξασθε απο περυσι·

12 1   καυχασθαι δει, ου *συμφερον* μεν,

Heb 12 10   οι μεν γαρ προς ολιγας ημερας κατα το δοκουν αυτοις επαιδευον, ο δε επι το *συμφερον* εις το μεταλαβειν της αγιοτητος αυτου.

συμφημι [1]

Rm 7 16   ει δε ο ου θελω τουτο ποιω, *συμφημι* τω νομω οτι καλος.

συμφορος [2]

1Co 7 35   τουτο δε προς το υμων αυτων *συμφορον* λεγω,

10 33   καθως καγω παντα πασιν αρεσκω, μη ζητων το εμαυτου *συμφορον* αλλα το των πολλων, ινα σωθωσιν.

συμφυλετης [1]

1Th 2 14 ὅτι τα αὐτα ἐπαθετε και ὑμεις ὑπο των ἰδιων συμφυλετων,

συμφυτος [1]

Rm 6 5 εἰ γαρ συμφυτοι γεγοναμεν τῳ ὁμοιωματι του θανατου αὐτου, ἀλλα και της ἀναστασεως ἐσομεθα·

συμφυω [1]

Lc 8 7 και ἑτερον ἐπεσεν ἐν μεσῳ των ἀκανθων, και συμφυεισαι αἱ ἀκανθαι ἀπεπνιξαν αὐτο.

συμφωνεω [6]

Mt 18 19 παλιν [ἀμην] λεγω ὑμιν ὅτι ἐαν δυο συμφωνησωσιν ἐξ ὑμων ἐπι της γης περι παντος πραγματος οὑ ἐαν αἰτησωνται, γενησεται αὐτοις παρα του πατρος μου του ἐν οὐρανοις.

20 2 συμφωνησας δε μετα των ἐργατων ἐκ δηναριου την ἡμεραν ἀπεστειλεν αὐτους εἰς τον ἀμπελωνα αὐτου.

13 ἑταιρε, οὐκ ἀδικω σε· οὐχι δηναριου συνεφωνησας μοι;

Lc 5 36 εἰ δε μηγε, και το καινον σχισει και τῳ παλαιῳ οὐ συμφωνησει το ἐπιβλημα το ἀπο του καινου.

Ac 5 9 τί ὅτι συνεφωνηθη ὑμιν πειρασαι το πνευμα κυριου;

15 15 και τουτῳ συμφωνουσιν οἱ λογοι των προφητων, καθως γεγραπται·

συμφωνησις [1]

2Co 6 15 τίς δε συμφωνησις χριστου προς βελιαρ, ἡ τίς μερις πιστῳ μετα ἀπιστου;

συμφωνια [1]

Lc 15 25 και ὡς ἐρχομενος ἠγγισεν τῃ οἰκιᾳ, ἠκουσεν συμφωνιας και χορων,

συμφωνος [1]

1Co 7 5 εἰ μητι ἀν ἐκ συμφωνου προς καιρον

συμψηφιζω [1]

Ac 19 19 και συνεψηφισαν τας τιμας αὐτων και εὑρον ἀργυριου μυριαδας πεντε.

συμψυχος [1]

Php 2 2 πληρωσατε μου την χαραν ἱνα το αὐτο φρονητε, την αὐτην ἀγαπην ἐχοντες, συμψυχοι,

συν [128]

cf append.

συναγω [59]

Mt 2 4 και συναγαγων παντας τους ἀρχιερεις και γραμματεις του λαου ἐπυνθανετο παρ αὐτων που ὁ χριστος γενναται.

3 12 και συναξει τον σιτον αὐτου εἰς την ἀποθηκην,

6 26 ἐμβλεψατε εἰς τα πετεινα του οὐρανου, ὅτι οὐ σπειρουσιν οὐδε θεριζουσιν οὐδε συναγουσιν εἰς ἀποθηκας,

12 30 και ὁ μη συναγων μετ ἐμου σκορπιζει.

13 2 και συνηχθησαν προς αὐτον ὀχλοι πολλοι,

30 τον δε σιτον συναγαγετε εἰς την ἀποθηκην μου.

47 παλιν ὁμοια ἐστιν ἡ βασιλεια των οὐρανων σαγηνῃ βληθεισῃ εἰς την θαλασσαν και ἐκ παντος γενους συναγαγουσῃ·

18 20 οὑ γαρ εἰσιν δυο ἠ τρεις συνηγμενοι εἰς το ἐμον ὀνομα, ἐκει εἰμι ἐν μεσῳ αὐτων.

22 10 και ἐξελθοντες οἱ δουλοι ἐκεινοι εἰς τας ὁδους συνηγαγον παντας οὑς εὑρον, πονηρους τε και ἀγαθους·

34 οἱ δε φαρισαιοι ἀκουσαντες ὅτι ἐφιμωσεν τους σαδδουκαιους, συνηχθησαν ἐπι το αὐτο,

41 συνηγμενων δε των φαρισαιων ἐπηρωτησεν αὐτους ὁ ἰησους λεγων·

24 28 ὁπου ἐαν ἡ το πτωμα, ἐκει συναχθησονται οἱ ἀετοι.

25 24 κυριε, ἐγνων σε ὅτι σκληρος εἰ ἀνθρωπος, θεριζων ὁπου οὐκ ἐσπειρας, και συναγων ὁθεν οὐ διεσκορπισας·

συναγω [59]

Mt 25 26 πονηρε δουλε και ὀκνηρε, ἠδεις ὅτι θεριζω ὁπου οὐκ ἐσπειρα, και συναγω ὁθεν οὐ διεσκορπισα;

32 και συναχθησονται ἐμπροσθεν αὐτου παντα τα ἐθνη,

35 ξενος ἠμην και συνηγαγετε με, γυμνος και περιεβαλετε με,

38 ποτε δε σε εἰδομεν ξενον και συνηγαγομεν, ἡ γυμνον και περιεβαλομεν;

43 ξενος ἠμην και οὐ συνηγαγετε με, γυμνος και οὐ περιεβαλετε με, ἀσθενης και ἐν φυλακῃ και οὐκ ἐπεσκεψασθε με.

26 3 τοτε συνηχθησαν οἱ ἀρχιερεις και οἱ πρεσβυτεροι του λαου εἰς την αὐλην του ἀρχιερεως του λεγομενου καιαφα,

57 οἱ δε κρατησαντες τον ἰησουν ἀπηγαγον προς καιαφαν τον ἀρχιερεα, ὁπου οἱ γραμματεις και οἱ πρεσβυτεροι συνηχθησαν.

27 17 συνηγμενων οὐν αὐτων εἰπεν αὐτοις ὁ πιλατος·

27 τοτε οἱ στρατιωται του ἡγεμονος παραλαβοντες τον ἰησουν εἰς το πραιτωριον συνηγαγον ἐπ αὐτον ὁλην την σπειραν.

62 τῃ δε ἐπαυριον, ἡτις ἐστιν μετα την παρασκευην, συνηχθησαν οἱ ἀρχιερεις και οἱ φαρισαιοι προς πιλατον

28 12 και συναχθεντες μετα των πρεσβυτερων συμβουλιον τε λαβοντες ἀργυρια ἱκανα ἐδωκαν τοις στρατιωταις,

Mc 2 2 και συνηχθησαν πολλοι, ὡστε μηκετι χωρειν μηδε τα προς την θυραν,

4 1 και συναγεται προς αὐτον ὀχλος πλειστος,

5 21 και διαπερασαντος του ἰησου [ἐν τῳ πλοιῳ] παλιν εἰς το περαν συνηχθη ὀχλος πολυς ἐπ αὐτον,

6 30 και συναγονται οἱ ἀποστολοι προς τον ἰησουν,

7 1 και συναγονται προς αὐτον οἱ φαρισαιοι και τινες των γραμματεων ἐλθοντες ἀπο ἱεροσολυμων.

Lc 3 17 οὑ το πτυον ἐν τῃ χειρι αὐτου διακαθαραι την ἁλωνα αὐτου και συναγαγειν τον σιτον εἰς την ἀποθηκην αὐτου,

11 23 ὁ μη ὡν μετ ἐμου κατ ἐμου ἐστιν, και ὁ μη συναγων μετ ἐμου σκορπιζει.

12 17 τί ποιησω, ὅτι οὐκ ἐχω που συναξω τους καρπους μου;

18 και συναξω ἐκει παντα τον σιτον και τα ἀγαθα μου,

15 13 και μετ οὐ πολλας ἡμερας συναγαγων ἁπαντα ὁ νεωτερος υἱος ἀπεδημησεν εἰς χωραν μακραν,

22 66 και ὡς ἐγενετο ἡμερα, συνηχθη το πρεσβυτεριον του λαου,

Jh 4 36 ἠδη ὁ θεριζων μισθον λαμβανει και συναγει καρπον εἰς ζωην αἰωνιον,

6 12 συναγαγετε τα περισσευσαντα κλασματα, ἱνα μη τι ἀποληται·

13 συνηγαγον οὐν, και ἐγεμισαν δωδεκα κοφινους κλασματων ἐκ των πεντε ἀρτων των κριθινων ἁ ἐπερισσευσαν τοις βεβρωκοσιν.

11 47 συνηγαγον οὐν οἱ ἀρχιερεις και οἱ φαρισαιοι συνεδριον,

52 ὅτι ἐμελλεν ἰησους ἀποθνησκειν ὑπερ του ἐθνους, και οὐχ ὑπερ του ἐθνους μονον, ἀλλ ἱνα και τα τεκνα του θεου τα διεσκορπισμενα συναγαγῃ εἰς ἑν.

15 6 και συναγουσιν αὐτα και εἰς το πυρ βαλλουσιν, και καιεται.

18 2 ἠδει δε και ἰουδας ὁ παραδιδους αὐτον τον τοπον, ὅτι πολλακις συνηχθη ἰησους ἐκει μετα των μαθητων αὐτου.

Ac 4 5 ἐγενετο δε ἐπι την αὐριον συναχθηναι αὐτων τους ἀρχοντας και τους πρεσβυτερους και τους γραμματεις ἐν ἱερουσαλημ,

26 παρεστησαν οἱ βασιλεις της γης και οἱ ἀρχοντες συνηχθησαν ἐπι το αὐτο κατα του κυριου και κατα του χριστου αὐτου.

27 συνηχθησαν γαρ ἐπ ἀληθειας ἐν τῃ πολει ταυτῃ ἐπι τον ἁγιον παιδα σου ἰησουν,

31 και δεηθεντων αὐτων ἐσαλευθη ὁ τοπος ἐν ᾡ ἠσαν συνηγμενοι,

11 26 ἐγενετο δε αὐτοις και ἐνιαυτον ὁλον συναχθηναι ἐν τῃ ἐκκλησιᾳ και διδαξαι ὀχλον ἱκανον,

13 44 τῳ δε ἐρχομενῳ σαββατῳ σχεδον πασα ἡ πολις συνηχθη ἀκουσαι τον λογον του κυριου.

14 27 παραγενομενοι δε και συναγαγοντες την ἐκκλησιαν, ἀνηγγελλον ὁσα ἐποιησεν ὁ θεος μετ αὐτων,

15 6 συνηχθησαν τε οἱ ἀποστολοι και οἱ πρεσβυτεροι ἰδειν περι του λογου τουτου.

30 οἱ μεν οὐν ἀπολυθεντες κατηλθον εἰς ἀντιοχειαν, και συναγαγοντες το πληθος ἐπεδωκαν την ἐπιστολην.

20 7 ἐν δε τῃ μιᾳ των σαββατων συνηγμενων ἡμων κλασαι ἀρτον ὁ παυλος διελεγετο αὐτοις,

8 ἠσαν δε λαμπαδες ἱκαναι ἐν τῳ ὑπερῳῳ οὑ ἠμεν συνηγμενοι.

1Co 5 4 ἐν τῳ ὀνοματι του κυριου [ἡμων] ἰησου συναχθεντων ὑμων και του ἐμου πνευματος συν τῃ δυναμει του κυριου ἡμων ἰησου

Apc 16 14 ἁ ἐκπορευεται ἐπι τους βασιλεις της οἰκουμενης ὁλης, συναγαγειν αὐτους εἰς τον πολεμον της ἡμερας της μεγαλης του θεου του παντοκρατορος.

16 και συνηγαγεν αὐτους εἰς τον τοπον τον καλουμενον ἑβραιστι ἁρμαγεδων.

συναγω [59]

Apc 19 17 δευτε συναχθητε εἰς το δειπνον το μεγα του θεου,

19 και εἰδον το θηριον και τους βασιλεις της γης και τα στρατευματα αὐτων συνηγμενα ποιησαι τον πολεμον μετα του καθημενου ἐπι του ἱππου και μετα του στρατευματος αὐτου.

20 8 συναγαγειν αὐτους εἰς τον πολεμον, ὧν ὁ ἀριθμος αὐτων ὡς ἡ ἀμμος της θαλασσης.

συναγωγη [56]

Mt 4 23 διδασκων ἐν ταις συναγωγαις αὐτων και κηρυσσων το εὐαγγελιον της βασιλειας και θεραπευων πασαν νοσον και πασαν μαλακιαν ἐν τω λαω.

6 2 μη σαλπισης ἐμπροσθεν σου, ὡσπερ οἱ ὑποκριται ποιουσιν ἐν ταις συναγωγαις και ἐν ταις ῥυμαις,

5 οὐκ ἐσεσθε ὡς οἱ ὑποκριται· ὁτι φιλουσιν ἐν ταις συναγωγαις και ἐν ταις γωνιαις των πλατειων ἑστωτες προσευχεσθαι,

9 35 και περιηγεν ὁ ἰησους τας πολεις πασας και τας κωμας, διδασκων ἐν ταις συναγωγαις αὐτων και κηρυσσων το εὐαγγελιον της βασιλειας και θεραπευων πασαν νοσον και πασαν μαλακιαν.

10 17 και ἐν ταις συναγωγαις αὐτων μαστιγωσουσιν ὑμας·

12 9 και μεταβας ἐκειθεν ἠλθεν εἰς την συναγωγην αὐτων.

13 54 και ἐλθων εἰς την πατριδα αὐτου ἐδιδασκεν αὐτους ἐν τη συναγωγη αὐτων,

23 6 φιλουσιν δε την πρωτοκλισιαν ἐν τοις δειπνοις και τας πρωτοκαθεδριας ἐν ταις συναγωγαις και τους ἀσπασμους ἐν ταις ἀγοραις και καλεισθαι ὑπο των ἀνθρωπων ῥαββι.

34 ἐξ αὐτων ἀποκτενειτε και σταυρωσετε, και ἐξ αὐτων μαστιγωσετε ἐν ταις συναγωγαις ὑμων και διωξετε ἀπο πολεως εἰς πολιν·

Mc 1 21 και εὐθυς τοις σαββασιν εἰσελθων εἰς την συναγωγην ἐδιδασκεν.

23 και εὐθυς ἠν ἐν τη συναγωγη αὐτων ἀνθρωπος ἐν πνευματι ἀκαθαρτω,

29 και εὐθυς ἐκ της συναγωγης ἐξελθοντες ἠλθον εἰς την οἰκιαν σιμωνος και ἀνδρεου μετα ἰακωβου και ἰωαννου.

39 και ἠλθεν κηρυσσων εἰς τας συναγωγας αὐτων εἰς ὁλην την γαλιλαιαν και τα δαιμονια ἐκβαλλων.

3 1 και εἰσηλθεν παλιν εἰς συναγωγην.

6 2 και γενομενου σαββατου ἠρξατο διδασκειν ἐν τη συναγωγη·

12 39 βλεπετε ἀπο των γραμματεων των θελοντων ἐν στολαις περιπατειν και ἀσπασμους ἐν ταις ἀγοραις και πρωτοκαθεδριας ἐν ταις συναγωγαις και πρωτοκλισιας ἐν τοις δειπνοις·

13 9 παραδωσουσιν ὑμας εἰς συνεδρια και εἰς συναγωγας δαρησεσθε και ἐπι ἡγεμονων και βασιλεων σταθησεσθε ἑνεκεν ἐμου, εἰς μαρτυριον αὐτοις.

Lc 4 15 και αὐτος ἐδιδασκεν ἐν ταις συναγωγαις αὐτων, δοξαζομενος ὑπο παντων.

16 και εἰσηλθεν κατα το εἰωθος αὐτω ἐν τη ἡμερα των σαββατων εἰς την συναγωγην,

20 και παντων οἱ ὀφθαλμοι ἐν τη συναγωγη ἠσαν ἀτενιζοντες αὐτω.

28 και ἐπλησθησαν παντες θυμου ἐν τη συναγωγη ἀκουοντες ταυτα,

33 και ἐν τη συναγωγη ἠν ἀνθρωπος ἐχων πνευμα δαιμονιου ἀκαθαρτου,

38 ἀναστας δε ἀπο της συναγωγης εἰσηλθεν εἰς την οἰκιαν σιμωνος.

44 και ἠν κηρυσσων εἰς τας συναγωγας της ἰουδαιας.

6 6 ἐγενετο δε ἐν ἑτερω σαββατω εἰσελθειν αὐτον εἰς την συναγωγην και διδασκειν·

7 5 ἀγαπα γαρ το ἐθνος ἡμων και την συναγωγην αὐτος ὠκοδομησεν ἡμιν.

8 41 και ἰδου ἠλθεν ἀνηρ ᾡ ὀνομα ἰαιρος, και οὑτος ἀρχων της συναγωγης ὑπηρχεν·

11 43 οὐαι ὑμιν τοις φαρισαιοις, ὁτι ἀγαπατε την πρωτοκαθεδριαν ἐν ταις συναγωγαις και τους ἀσπασμους ἐν ταις ἀγοραις.

12 11 ὁταν δε εἰσφερωσιν ὑμας ἐπι τας συναγωγας και τας ἀρχας και τας ἐξουσιας, μη μεριμνησητε πως ἠ τι ἀπολογησησθε ἠ τι εἰπητε·

13 10 ἠν δε διδασκων ἐν μια των συναγωγων ἐν τοις σαββασιν.

20 46 και φιλουντων ἀσπασμους ἐν ταις ἀγοραις και πρωτοκαθεδριας ἐν ταις συναγωγαις και πρωτοκλισιας ἐν τοις δειπνοις,

21 12 προ δε τουτων παντων ἐπιβαλουσιν ἐφ ὑμας τας χειρας αὐτων και διωξουσιν, παραδιδοντες εἰς τας συναγωγας και φυλακας,

Jh 6 59 ταυτα εἰπεν ἐν συναγωγη διδασκων ἐν καφαρναουμ.

συναγωγη [56]

Jh 18 20 ἐγω παντοτε ἐδιδαξα ἐν συναγωγη και ἐν τω ἱερω,

Ac 6 9 ἀνεστησαν δε τινες των ἐκ της συναγωγης της λεγομενης λιβερτινων και κυρηναιων και ἀλεξανδρεων και των ἀπο κιλικιας και ἀσιας συζητουντες τω στεφανω,

9 2 ὁ δε σαυλος ἐτι ἐμπνεων ἀπειλης και φονου εἰς τους μαθητας του κυριου, προσελθων τω ἀρχιερει ἡτησατο παρ αὐτου ἐπιστολας εἰς δαμασκον προς τας συναγωγας,

20 και εὐθεως ἐν ταις συναγωγαις ἐκηρυσσεν τον ἰησουν, ὁτι οὑτος ἐστιν ὁ υἱος του θεου.

13 5 και γενομενοι ἐν σαλαμινι κατηγγελλον τον λογον του θεου ἐν ταις συναγωγαις των ἰουδαιων·

14 και [εἰσ]ελθοντες εἰς την συναγωγην τη ἡμερα των σαββατων ἐκαθισαν.

43 λυθεισης δε της συναγωγης ἠκολουθησαν πολλοι των ἰουδαιων και των σεβομενων προσηλυτων τω παυλω και τω βαρναβα,

14 1 ἐγενετο δε ἐν ἰκονιω κατα το αὐτο εἰσελθειν αὐτους εἰς την συναγωγην των ἰουδαιων και λαλησαι οὑτως ὡστε πιστευσαι ἰουδαιων τε και ἑλληνων πολυ πληθος.

15 21 μωυσης γαρ ἐκ γενεων ἀρχαιων κατα πολιν τους κηρυσσοντας αὐτον ἐχει ἐν ταις συναγωγαις κατα παν σαββατον ἀναγινωσκομενος.

17 1 διοδευσαντες δε την ἀμφιπολιν και την ἀπολλωνιαν ἠλθον εἰς θεσσαλονικην, ὁπου ἠν συναγωγη των ἰουδαιων.

10 οἱ δε ἀδελφοι εὐθεως δια νυκτος ἐξεπεμψαν τον τε παυλον και τον σιλαν εἰς βεροιαν, οἱτινες παραγενομενοι εἰς την συναγωγην των ἰουδαιων ἀπηεσαν·

17 διελεγετο μεν οὐν ἐν τη συναγωγη τοις ἰουδαιοις και τοις σεβομενοις και ἐν τη ἀγορα κατα πασαν ἡμεραν προς τους παρατυγχανοντας.

18 4 διελεγετο δε ἐν τη συναγωγη κατα παν σαββατον, ἐπειθεν τε ἰουδαιους και ἑλληνας.

7 και μεταβας ἐκειθεν εἰσηλθεν εἰς οἰκιαν τινος ὀνοματι τιτιου ἰουστου σεβομενου τον θεον, οὑ ἡ οἰκια ἠν συνομορουσα τη συναγωγη.

19 αὐτος δε εἰσελθων εἰς την συναγωγην διελεξατο τοις ἰουδαιοις.

26 οὑτος τε ἡρξατο παρρησιαζεσθαι ἐν τη συναγωγη.

19 8 εἰσελθων δε εἰς την συναγωγην ἐπαρρησιαζετο ἐπι μηνας τρεις διαλεγομενος και πειθων [τα] περι της βασιλειας του θεου.

22 19 καγω εἰπον· κυριε, αὐτοι ἐπιστανται ὁτι ἐγω ἠμην φυλακιζων και δερων κατα τας συναγωγας τους πιστευοντας ἐπι σε·

24 12 και οὐτε ἐν τω ἱερω εὑρον με προς τινα διαλεγομενον ἠ ἐπιστασιν ποιουντα ὀχλου, οὐτε ἐν ταις συναγωγαις οὐτε κατα την πολιν,

26 11 και κατα πασας τας συναγωγας πολλακις τιμωρων αὐτους ἡναγκαζον βλασφημειν,

Ja 2 2 ἐαν γαρ εἰσελθη εἰς συναγωγην ὑμων ἀνηρ χρυσοδακτυλιος ἐν ἐσθητι λαμπρα,

Apc 2 9 οἰδα σου την θλιψιν και την πτωχειαν, ἀλλα πλουσιος εἰ, και την βλασφημιαν ἐκ των λεγοντων ἰουδαιους εἰναι ἑαυτους, και οὐκ εἰσιν ἀλλα συναγωγη του σατανα.

3 9 ἰδου διδω ἐκ της συναγωγης του σατανα,

συναγωνιζομαι [1]

Rm 15 30 παρακαλω δε ὑμας, [ἀδελφοι,] δια του κυριου ἡμων ἰησου χριστου και δια της ἀγαπης του πνευματος, συναγωνισασθαι μοι ἐν ταις προσευχαις ὑπερ ἐμου προς τον θεον,

συναθλεω [2]

Php 1 27 ὁτι στηκετε ἐν ἑνι πνευματι, μια ψυχη συναθλουντες τη πιστει του εὐαγγελιου,

4 3 συλλαμβανου αὐταις, αἱτινες ἐν τω εὐαγγελιω συνηθλησαν μοι μετα και κλημεντος και των λοιπων συνεργων μου,

συναθροιζω [2]

Ac 12 12 συνιδων τε ἠλθεν ἐπι την οἰκιαν της μαριας της μητρος ἰωαννου του ἐπικαλουμενου μαρκου, οὑ ἠσαν ἱκανοι συνηθροισμενοι και προσευχομενοι.

19 25 οὑς συναθροισας και τους περι τα τοιαυτα ἐργατας εἰπεν·

συναιρω [3]

Mt 18 23 δια τουτο ὡμοιωθη ἡ βασιλεια των οὐρανων ἀνθρωπω βασιλει, ὁς ἠθελησεν συναραι λογον μετα των δουλων αὐτου.

συναιρω [3]

Mt 18 24 ἀρξαμενου δε αὐτου *συναιρειν,* προσηνεχθη αὐτω εἰς
ὀφειλετης μυριων ταλαντων.

25 19 μετα δε πολυν χρονον ἐρχεται ὁ κυριος των δουλων ἐκεινων
και *συναιρει* λογον μετ αὐτων.

συναιχμαλωτος [3]

Rm 16 7 ἀσπασασθε ἀνδρονικον και ἰουνιαν τους συγγενεις μου και
συναιχμαλωτους μου,

Col 4 10 ἀσπαζεται ὑμας ἀρισταρχος ὁ *συναιχμαλωτος* μου,

Phm 23 ἀσπαζεται σε ἐπαφρας ὁ *συναιχμαλωτος* μου ἐν χριστω
ἰησου, μαρκος, ἀρισταρχος, δημας, λουκας, οἱ συνεργοι μου.

συνακολουθεω [3]

Mc 5 37 ὁ δε ἰησους παρακουσας τον λογον λαλουμενον λεγει τω
ἀρχισυναγωγω· μη φοβου, μονον πιστευε και οὐκ ἀφηκεν
οὐδενα μετ αὐτου *συνακολουθησαι* εἰ μη τον πετρον και
ἰακωβον και ἰωαννην τον ἀδελφον ἰακωβου.

14 51 και νεανισκος τις *συνηκολουθει* αὐτω περιβεβλημενος
σινδονα ἐπι γυμνου,

Lc 23 49 εἰστηκεισαν δε παντες οἱ γνωστοι αὐτω ἀπο μακροθεν, και
γυναικες αἱ *συνακολουθουσαι* αὐτω ἀπο της γαλιλαιας,
ὁρωσαι ταυτα.

συναλιζομαι [1]

Ac 1 4 και *συναλιζομενος* παρηγγειλεν αὐτοις ἀπο ἱεροσολυμων μη
χωριζεσθαι,

συναλλασσω [1]

Ac 7 26 και *συνηλλασσεν* αὐτους εἰς εἰρηνην εἰπων·

συναναβαινω [2]

Mc 15 41 και ἀλλαι πολλαι αἱ *συναναβασαι* αὐτω εἰς ἱεροσολυμα.

Ac 13 31 ὁς ὠφθη ἐπι ἡμερας πλειους τοις *συναναβασιν* αὐτω ἀπο της
γαλιλαιας εἰς ἱερουσαλημ,

συνανακειμαι [7]

Mt 9 10 και ἰδου πολλοι τελωναι και ἁμαρτωλοι ἐλθοντες
συνανεκειντο τω ἰησου και τοις μαθηταις αὐτου.

14 9 και λυπηθεις ὁ βασιλευς δια τους ὁρκους και τους
συνανακειμενους ἐκελευσεν δοθηναι,

Mc 2 15 και πολλοι τελωναι και ἁμαρτωλοι *συνανεκειντο* τω ἰησου
και τοις μαθηταις αὐτου·

6 22 και εἰσελθουσης της θυγατρος αὐτου ἡρωδιαδος και
ὀρχησαμενης, ἡρεσεν τω ἡρωδη και τοις *συνανακειμενοις.*

Lc 7 49 και ἡρξαντο οἱ *συνανακειμενοι* λεγειν ἐν ἑαυτοις·

14 10 τοτε ἐσται σοι δοξα ἐνωπιον παντων των *συνανακειμενων*
σοι.

15 ἀκουσας δε τις των *συνανακειμενων* ταυτα εἰπεν αὐτω·

συναναμιγνυμαι [3]

1Co 5 9 ἐγραψα ὑμιν ἐν τη ἐπιστολη μη *συναναμιγνυσθαι* πορνοις,

11 νυν δε ἐγραψα ὑμιν μη *συναναμιγνυσθαι* ἐαν τις ἀδελφος
ὀνομαζομενος ἠ πορνος ἠ πλεονεκτης ἠ εἰδωλολατρης ἠ
λοιδορος ἠ μεθυσος ἠ ἀρπαξ,

2Th 3 14 τουτον σημειουσθε, μη *συναναμιγνυσθαι* αὐτω, ἱνα ἐντραπη·

συναναπαυομαι [1]

Rm 15 32 και ἡ διακονια μου ἡ εἰς ἱερουσαλημ εὐπροσδεκτος τοις
ἀγιοις γενηται, ἱνα ἐν χαρα ἐλθων προς ὑμας δια θεληματος
θεου *συναναπαυσωμαι* ὑμιν.

συνανταω [6]

Lc 9 37 ἐγενετο δε τη ἐξης ἡμερα κατελθοντων αὐτων ἀπο του ὀρους
συνηντησεν αὐτω ὀχλος πολυς.

22 10 ἰδου εἰσελθοντων ὑμων εἰς την πολιν *συναντησει* ὑμιν
ἀνθρωπος κεραμιον ὑδατος βασταζων·

Ac 10 25 ὡς δε ἐγενετο του εἰσελθειν τον πετρον, *συναντησας* αὐτω ὁ
κορνηλιος πεσων ἐπι τους ποδας προσεκυνησεν.

συνανταω [6]

Ac 20 22 και νυν ἰδου δεδεμενος ἐγω τω πνευματι πορευομαι εἰς
ἱερουσαλημ, τα ἐν αὐτη *συναντησοντα* μοι μη εἰδως,

Heb 7 1 οὑτος γαρ ὁ μελχισεδεκ, βασιλευς σαλημ, ἱερευς του θεου του
ὑψιστου, ὁ *συναντησας* ἀβρααμ ὑποστρεφοντι ἀπο της κοπης
των βασιλεων και εὐλογησας αὐτον,

10 ἐτι γαρ ἐν τη ὀσφυι του πατρος ἠν ὁτε *συνηντησεν* αὐτω
μελχισεδεκ.

συναντιλαμβανομαι [2]

Lc 10 40 εἰπε οὐν αὐτη ἱνα μοι *συναντιλαβηται.*

Rm 8 26 ὡσαυτως δε και το πνευμα *συναντιλαμβανεται* τη ἀσθενεια
ἡμων·

συναπαγομαι [3]

Rm 12 16 μη τα ὑψηλα φρονουντες ἀλλα τοις ταπεινοις *συναπαγομενοι.*

Ga 2 13 και συνυπεκριθησαν αὐτω [και] οἱ λοιποι ἰουδαιοι, ὡστε και
βαρναβας *συναπηχθη* αὐτων τη ὑποκρισει.

2Pt 3 17 ὑμεις οὐν, ἀγαπητοι, προγινωσκοντες φυλασσεσθε ἱνα μη τη
των ἀθεσμων πλανη *συναπαχθεντες* ἐκπεσητε του ἰδιου
στηριγμου,

συναποθνησκω [3]

Mc 14 31 ἐαν δεη με *συναποθανειν* σοι, οὐ μη σε ἀπαρνησομαι.

2Co 7 3 προειρηκα γαρ ὁτι ἐν ταις καρδιαις ἡμων ἐστε εἰς το
συναποθανειν και συζην.

2Tm 2 11 εἰ γαρ *συναπεθανομεν,* και συζησομεν·

συναπολλυμαι [1]

Heb 11 31 πιστει ῥααβ ἡ πορνη οὐ *συναπωλετο* τοις ἀπειθησασιν,

συναποστελλω [1]

2Co 12 18 παρεκαλεσα τιτον και *συναπεστειλα* τον ἀδελφον·

συναρμολογεω [2]

Eph 2 21 ἐν ὡ πασα οἰκοδομη *συναρμολογουμενη* αὐξει εἰς ναον ἀγιον
ἐν κυριω,

4 16 ὁς ἐστιν ἡ κεφαλη, χριστος, ἐξ οὑ παν το σωμα
συναρμολογουμενον

συναρπαζω [4]

Lc 8 29 πολλοις γαρ χρονοις *συνηρπακει* αὐτον,

Ac 6 12 και ἐπισταντες *συνηρπασαν* αὐτον και ἠγαγον εἰς το
συνεδριον,

19 29 ὡρμησαν τε ὁμοθυμαδον εἰς το θεατρον, *συναρπασαντες*
γαιον και ἀρισταρχον μακεδονας, συνεκδημους παυλου.

27 15 *συναρπασθεντος* δε του πλοιου και μη δυναμενου
ἀντοφθαλμειν τω ἀνεμω ἐπιδοντες ἐφερομεθα.

συναυξανομαι [1]

Mt 13 30 ἀφετε *συναυξανεσθαι* ἀμφοτερα ἑως του θερισμου·

συνδεσμος [4]

Ac 8 23 εἰς γαρ χολην πικριας και *συνδεσμον* ἀδικιας ὁρω σε ὀντα.

Eph 4 3 σπουδαζοντες τηρειν την ἑνοτητα του πνευματος ἐν τω
συνδεσμω της εἰρηνης·

Col 2 19 και οὐ κρατων την κεφαλην, ἐξ οὑ παν το σωμα δια των
ἀφων και *συνδεσμων* ἐπιχορηγουμενον και συμβιβαζομενον
αὐξει την αὐξησιν του θεου.

3 14 ἐπι πασιν δε τουτοις την ἀγαπην, ὁ ἐστιν *συνδεσμος* της
τελειοτητος.

συνδεω [1]

Heb 13 3 μιμνησκεσθε των δεσμιων ὡς *συνδεδεμενοι,* των
κακουχουμενων ὡς και αὐτοι ὀντες ἐν σωματι.

συνδοξαζω [1]

Rm 8 17 κληρονομοι μεν θεου, συγκληρονομοι δε χριστου, ειπερ συμπασχομεν ινα και *συνδοξασθωμεν*.

συνδουλος [10]

Mt 18 28 εξελθων δε ο δουλος εκεινος ευρεν ενα των *συνδουλων* αυτου, ος ωφειλεν αυτω εκατον δηναρια,

29 πεσων ουν ο *συνδουλος* αυτου παρεκαλει αυτον λεγων·

31 ιδοντες ουν οι *συνδουλοι* αυτου τα γενομενα ελυπηθησαν σφοδρα,

33 ουκ εδει και σε ελεησαι τον *συνδουλον* σου, ως καγω σε ηλεησα;

24 49 και αρξηται τυπτειν τους *συνδουλους* αυτου,

Col 1 7 καθως εμαθετε απο επαφρα του αγαπητου *συνδουλου* ημων,

4 7 τα κατ εμε παντα γνωρισει υμιν τυχικος ο αγαπητος αδελφος και πιστος διακονος και *συνδουλος* εν κυριω,

Apc 6 11 και ερρεθη αυτοις ινα αναπαυσονται ετι χρονον μικρον, εως πληρωθωσιν και οι *συνδουλοι* αυτων

19 10 *συνδουλος* σου ειμι και των αδελφων σου των εχοντων την μαρτυριαν ιησου·

22 9 *συνδουλος* σου ειμι και των αδελφων σου των προφητων και των τηρουντων τους λογους του βιβλιου τουτου·

συνδρομη [1]

Ac 21 30 εκινηθη τε η πολις ολη και εγενετο *συνδρομη* του λαου,

συνεγειρω [3]

Eph 2 6 και *συνηγειρεν* και συνεκαθισεν εν τοις επουρανιοις εν χριστω ιησου,

Col 2 12 εν ω και *συνηγερθητε* δια της πιστεως της ενεργειας του θεου του εγειραντος αυτον εκ νεκρων·

3 1 ει ουν *συνηγερθητε* τω χριστω, τα ανω ζητειτε,

συνεδριον [22]

Mt 5 22 ος δ αν ειπη τω αδελφω αυτου ρακα, ενοχος εσται τω *συνεδριω*·

10 17 προσεχετε δε απο των ανθρωπων· παραδωσουσιν γαρ υμας εις *συνεδρια*,

26 59 οι δε αρχιερεις και το *συνεδριον* ολον εζητουν ψευδομαρτυριαν κατα του ιησου οπως αυτον θανατωσωσιν,

Mc 13 9 παραδωσουσιν υμας εις *συνεδρια* και εις συναγωγας δαρησεσθε και επι ηγεμονων και βασιλεων σταθησεσθε ενεκεν εμου, εις μαρτυριον αυτοις.

14 55 οι δε αρχιερεις και ολον το *συνεδριον* εζητουν κατα του ιησου μαρτυριαν εις το θανατωσαι αυτον, και ουχ ηυρισκον·

15 1 και ευθυς πρωι συμβουλιον ποιησαντες οι αρχιερεις μετα των πρεσβυτερων και γραμματεων και ολον το *συνεδριον*,

Lc 22 66 και απηγαγον αυτον εις το *συνεδριον* αυτων, λεγοντες·

Jh 11 47 συνηγαγον ουν οι αρχιερεις και οι φαρισαιοι *συνεδριον*,

Ac 4 15 κελευσαντες δε αυτους εξω του *συνεδριου* απελθειν, συνεβαλλον προς αλληλους λεγοντες·

5 21 παραγενομενος δε ο αρχιερευς και οι συν αυτω συνεκαλεσαν το *συνεδριον* και πασαν την γερουσιαν των υιων ισραηλ,

27 αγαγοντες δε αυτους εστησαν εν τω *συνεδριω*.

34 αναστας δε τις εν τω *συνεδριω* φαρισαιος ονοματι γαμαλιηλ,

41 οι μεν ουν επορευοντο χαιροντες απο προσωπου του *συνεδριου*, οτι κατηξιωθησαν υπερ του ονοματος ατιμασθηναι·

6 12 και επισταντες συνηρπασαν αυτον και ηγαγον εις το *συνεδριον*,

15 και ατενισαντες εις αυτον παντες οι καθεζομενοι εν τω *συνεδριω* ειδον το προσωπον αυτου ωσει προσωπον αγγελου.

22 30 ελυσεν αυτον, και εκελευσεν συνελθειν τους αρχιερεις και παν το *συνεδριον*,

23 1 ατενισας δε ο παυλος τω *συνεδριω* ειπεν·

6 γνους δε ο παυλος οτι το εν μερος εστιν σαδδουκαιων το δε ετερον φαρισαιων εκραζεν εν τω *συνεδριω*· ανδρες αδελφοι, εγω φαρισαιος ειμι,

15 νυν ουν υμεις εμφανισατε τω χιλιαρχω συν τω *συνεδριω* οπως καταγαγη αυτον εις υμας ως μελλοντας διαγινωσκειν ακριβεστερον τα περι αυτου·

20 ειπεν δε οτι οι ιουδαιοι συνεθεντο του ερωτησαι σε οπως αυριον τον παυλον καταγαγης εις το *συνεδριον* ως μελλον τι ακριβεστερον πυνθανεσθαι περι αυτου.

28 βουλομενος τε επιγνωναι την αιτιαν δι ην ενεκαλουν αυτω, κατηγαγον εις το *συνεδριον* αυτων·

συνεδριον [22]

Ac 24 20 η αυτοι ουτοι ειπατωσαν τι ευρον αδικημα σταντος μου επι του *συνεδριου*,

συνειδησις [30]

Ac 23 1 ανδρες αδελφοι, εγω παση *συνειδησει* αγαθη πεπολιτευμαι τω θεω αχρι ταυτης της ημερας.

24 16 εν τουτω και αυτος ασκω απροσκοπον *συνειδησιν* εχειν προς τον θεον και τους ανθρωπους δια παντος.

Rm 2 15 συμμαρτυρουσης αυτων της *συνειδησεως* και μεταξυ αλληλων των λογισμων κατηγορουντων η και απολογουμενων,

9 1 ου ψευδομαι, συμμαρτυρουσης μοι της *συνειδησεως* μου εν πνευματι αγιω,

13 5 διο αναγκη υποτασσεσθαι, ου μονον δια την οργην αλλα και δια την *συνειδησιν*.

1Co 8 7 και η *συνειδησις* αυτων ασθενης ουσα μολυνεται.

10 εαν γαρ τις ιδη σε τον εχοντα γνωσιν εν ειδωλειω κατακειμενον, ουχι η *συνειδησις* αυτου ασθενους οντος οικοδομηθησεται εις το τα ειδωλοθυτα εσθιειν;

12 ουτως δε αμαρτανοντες εις τους αδελφους και τυπτοντες αυτων την *συνειδησιν* ασθενουσαν εις χριστον αμαρτανετε.

10 25 παν το εν μακελλω πωλουμενον εσθιετε μηδεν ανακρινοντες δια την *συνειδησιν*·

27 ει τις καλει υμας των απιστων και θελετε πορευεσθαι, παν το παρατιθεμενον υμιν εσθιετε μηδεν ανακρινοντες δια την *συνειδησιν*.

28 εαν δε τις υμιν ειπη· τουτο ιεροθυτον εστιν, μη εσθιετε δι εκεινον τον μηνυσαντα και την *συνειδησιν*·

29 *συνειδησιν* δε λεγω ουχι την εαυτου αλλα την του ετερου.

29 ινατι γαρ η ελευθερια μου κρινεται υπο αλλης *συνειδησεως*;

2Co 1 12 η γαρ καυχησις ημων αυτη εστιν, το μαρτυριον της *συνειδησεως* ημων,

4 2 αλλα τη φανερωσει της αληθειας συνιστανοντες εαυτους προς πασαν *συνειδησιν* ανθρωπων ενωπιον του θεου.

5 11 ελπιζω δε και εν ταις *συνειδησεσιν* υμων πεφανερωσθαι.

1Tm 1 5 το δε τελος της παραγγελιας εστιν αγαπη εκ καθαρας καρδιας και *συνειδησεως* αγαθης και πιστεως ανυποκριτου,

19 ινα στρατευη εν αυταις την καλην στρατειαν, εχων πιστιν και αγαθην *συνειδησιν*,

3 9 εχοντας το μυστηριον της πιστεως εν καθαρα *συνειδησει*.

4 2 εν υποκρισει ψευδολογων, κεκαυστηριασμενων την ιδιαν *συνειδησιν*,

2Tm 1 3 χαριν εχω τω θεω, ω λατρευω απο προγονων εν καθαρα *συνειδησει*, ως αδιαλειπτον εχω την περι σου μνειαν εν ταις δεησεσιν μου νυκτος και ημερας,

Tit 1 15 τοις δε μεμιαμμενοις και απιστοις ουδεν καθαρον, αλλα μεμιανται αυτων και ο νους και η *συνειδησις*.

Heb 9 9 καθ ην δωρα τε και θυσιαι προσφερονται μη δυναμεναι κατα *συνειδησιν* τελειωσαι τον λατρευοντα,

14 ποσω μαλλον το αιμα του χριστου, ος δια πνευματος αιωνιου εαυτον προσηνεγκεν αμωμον τω θεω, καθαριει την *συνειδησιν* ημων απο νεκρων εργων εις το λατρευειν θεω ζωντι.

10 2 επει ουκ αν επαυσαντο προσφερομεναι, δια το μηδεμιαν εχειν ετι *συνειδησιν* αμαρτιων τους λατρευοντας απαξ κεκαθαρισμενους;

22 ρεραντισμενοι τας καρδιας απο *συνειδησεως* πονηρας και λελουσμενοι το σωμα υδατι καθαρω·

13 18 πειθομεθα γαρ οτι καλην *συνειδησιν* εχομεν, εν πασιν καλως θελοντες αναστρεφεσθαι.

1Pt 2 19 τουτο γαρ χαρις ει δια *συνειδησιν* θεου υποφερει τις λυπας πασχων αδικως.

3 16 *συνειδησιν* εχοντες αγαθην, ινα εν ω καταλαλεισθε καταισχυνθωσιν οι επηρεαζοντες υμων την αγαθην εν χριστω αναστροφην.

21 ο και υμας αντιτυπον νυν σωζει βαπτισμα, ου σαρκος αποθεσις ρυπου αλλα *συνειδησεως* αγαθης επερωτημα εις θεον,

συνειμι [2]

Lc 9 18 και εγενετο εν τω ειναι αυτον προσευχομενον κατα μονας *συνησαν* αυτω οι μαθηται,

Ac 22 11 ως δε ουκ ενεβλεπον απο της δοξης του φωτος εκεινου, χειραγωγουμενος υπο των *συνοντων* μοι ηλθον εις δαμασκον.

συνειμι [1]

Lc	8 4	συνιοντος δε όχλου πολλου και των κατα πολιν έπιπορευομενων προς αύτον είπεν δια παραβολης·

συνεισερχομαι [2]

Jh	6 22	και ότι ού συνεισηλθεν τοις μαθηταις αύτου ό ίησους είς το πλοιον άλλα μονοι οί μαθηται αύτου άπηλθον·
	18 15	ό δε μαθητης έκεινος ήν γνωστος τω άρχιερει, και συνεισηλθεν τω ίησου είς την αύλην του άρχιερεως,

συνεκδημος [2]

Ac	19 29	ώρμησαν τε όμοθυμαδον είς το θεατρον, συναρπασαντες γαιον και άρισταρχον μακεδονας, συνεκδημους παυλου.
2Co	8 19	ού μονον δε άλλα και χειροτονηθεις ύπο των έκκλησιων συνεκδημος ήμων

συνεκλεκτος [1]

1Pt	5 13	άσπαζεται ύμας ή έν βαβυλωνι συνεκλεκτη και μαρκος ό υίος μου.

συνεπιμαρτυρεω [1]

Heb	2 4	συνεπιμαρτυρουντος του θεου σημειοις τε και τερασιν και ποικιλαις δυναμεσιν και πνευματος άγιου μερισμοις κατα την αύτου θελησιν.

συνεπιτιθεμαι [1]

Ac	24 9	συνεπεθεντο δε και οί ίουδαιοι φασκοντες ταυτα ούτως έχειν.

συνεπομαι [1]

Ac	20 4	συνειπετο δε αύτω σωπατρος πυρρου βεροιαιος, θεσσαλονικεων δε άρισταρχος και σεκουνδος, και γαιος δερβαιος και τιμοθεος, άσιανοι δε τυχικος και τροφιμος.

συνεργεω [5]

Mc	16 20	έκεινοι δε έξελθοντες έκηρυξαν πανταχου, του κυριου συνεργουντος και τον λογον βεβαιουντος δια των έπακολουθουντων σημειων.
Rm	8 28	οίδαμεν δε ότι τοις άγαπωσιν τον θεον παντα συνεργει είς άγαθον, τοις κατα προθεσιν κλητοις ούσιν.
1Co	16 16	ίνα και ύμεις ύποτασσησθε τοις τοιουτοις και παντι τω συνεργουντι και κοπιωντι.
2Co	6 1	συνεργουντες δε και παρακαλουμεν μη είς κενον την χαριν του θεου δεξασθαι ύμας·
Ja	2 22	βλεπεις ότι ή πιστις συνηργει τοις έργοις αύτου,

συνεργος [13]

Rm	16 3	άσπασασθε πρισκαν και άκυλαν τους συνεργους μου έν χριστω ίησου,
	9	άσπασασθε ούρβανον τον συνεργον ήμων έν χριστω και σταχυν τον άγαπητον μου.
	21	άσπαζεται ύμας τιμοθεος ό συνεργος μου, και λουκιος και ίασων και σωσιπατρος οί συγγενεις μου.
1Co	3 9	θεου γαρ έσμεν συνεργοι· θεου γεωργιον, θεου οίκοδομη έστε.
2Co	1 24	ούχ ότι κυριευομεν ύμων της πιστεως, άλλα συνεργοι έσμεν της χαρας ύμων·
	8 23	είτε ύπερ τιτου, κοινωνος έμος και είς ύμας συνεργος·
Php	2 25	άναγκαιον δε ήγησαμην έπαφροδιτον τον άδελφον και συνεργον και συστρατιωτην μου, ύμων δε άποστολον και λειτουργον της χρειας μου, πεμψαι προς ύμας,
	4 3	συλλαμβανου αύταις, αίτινες έν τω εύαγγελιω συνηθλησαν μοι μετα και κλημεντος και των λοιπων συνεργων μου,
Col	4 11	ούτοι μονοι συνεργοι είς την βασιλειαν του θεου,
1Th	3 2	και έπεμψαμεν τιμοθεον, τον άδελφον ήμων και συνεργον του θεου έν τω εύαγγελιω του χριστου,
Phm	1	παυλος δεσμιος χριστου ίησου και τιμοθεος ό άδελφος φιλημονι τω άγαπητω και συνεργω ήμων
	24	άσπαζεται σε έπαφρας ό συναιχμαλωτος μου έν χριστω ίησου, μαρκος, άρισταρχος, δημας, λουκας, οί συνεργοι μου.
3Jh	8	ήμεις ούν όφειλομεν ύπολαμβανειν τους τοιουτους, ίνα συνεργοι γινωμεθα τη άληθεια.

συνερχομαι [30]

Mt	1 18	πριν ή συνελθειν αύτους εύρεθη έν γαστρι έχουσα έκ πνευματος άγιου.
Mc	3 20	και συνερχεται παλιν [ό] όχλος,
	14 53	και συνερχονται παντες οί άρχιερεις και οί πρεσβυτεροι και οί γραμματεις.
Lc	5 15	και συνηρχοντο όχλοι πολλοι άκουειν και θεραπευεσθαι άπο των άσθενειων αύτων·
	23 55	κατακολουθησασαι δε αί γυναικες, αίτινες ήσαν συνεληλυθυιαι έκ της γαλιλαιας αύτω,
Jh	11 33	ίησους ούν ώς είδεν αύτην κλαιουσαν και τους συνελθοντας αύτη ίουδαιους κλαιοντας, ένεβριμησατο τω πνευματι και έταραξεν έαυτον,
	18 20	έγω παντοτε έδιδαξα έν συναγωγη και έν τω ίερω, όπου παντες οί ίουδαιοι συνερχονται,
Ac	1 6	οί μεν ούν συνελθοντες ήρωτων αύτον λεγοντες·
	21	δει ούν των συνελθοντων ήμιν άνδρων έν παντι χρονω ώ είσηλθεν και έξηλθεν έφ ήμας ό κυριος ίησους,
	2 6	γενομενης δε της φωνης ταυτης συνηλθεν το πληθος και συνεχυθη,
	5 16	συνηρχετο δε και το πληθος των περιξ πολεων ίερουσαλημ,
	9 39	άναστας δε πετρος συνηλθεν αύτοις·
	10 23	τη δε έπαυριον άναστας έξηλθεν συν αύτοις, και τινες των άδελφων των άπο ίοππης συνηλθον αύτω.
	27	και συνομιλων αύτω είσηλθεν, και εύρισκει συνεληλυθοτας πολλους,
	45	και έξεστησαν οί έκ περιτομης πιστοι όσοι συνηλθαν τω πετρω,
	11 12	είπεν δε το πνευμα μοι συνελθειν αύτοις μηδεν διακριναντα.
	15 38	παυλος δε ήξιου, τον άποσταντα άπ αύτων άπο παμφυλιας και μη συνελθοντα αύτοις είς το έργον, μη συμπαραλαμβανειν τουτον.
	16 13	και καθισαντες έλαλουμεν ταις συνελθουσαις γυναιξιν.
	19 32	ήν γαρ ή έκκλησια συγκεχυμενη, και οί πλειους ούκ ήδεισαν τίνος ένεκα συνεληλυθεισαν.
	21 16	συνηλθον δε και των μαθητων άπο καισαρειας συν ήμιν,
	22 30	έλυσεν αύτον, και έκελευσεν συνελθειν τους άρχιερεις και παν το συνεδριον,
	25 17	συνελθοντων ούν [αύτων] ένθαδε άναβολην μηδεμιαν ποιησαμενος τη έξης καθισας έπι του βηματος έκελευσα άχθηναι τον άνδρα·
	28 17	συνελθοντων δε αύτων έλεγεν προς αύτους·
1Co	11 17	τουτο δε παραγγελλων ούκ έπαινω ότι ούκ είς το κρεισσον άλλα είς το ήσσον συνερχεσθε.
	18	πρωτον μεν γαρ συνερχομενων ύμων έν έκκλησια άκουω σχισματα έν ύμιν ύπαρχειν,
	20	συνερχομενων ούν ύμων έπι το αύτο ούκ έστιν κυριακον δειπνον φαγειν·
	33	ώστε, άδελφοι μου, συνερχομενοι είς το φαγειν άλληλους έκδεχεσθε.
	34	εί τις πεινα, έν οίκω έσθιετω, ίνα μη είς κριμα συνερχησθε.
	14 23	έαν ούν συνελθη ή έκκλησια όλη έπι το αύτο και παντες λαλωσιν γλωσσαις, είσελθωσιν δε ίδιωται ή άπιστοι, ούκ έρουσιν ότι μαινεσθε;
	26	όταν συνερχησθε, έκαστος ψαλμον έχει,

συνεσθιω [5]

Lc	15 2	και διεγογγυζον οί τε φαρισαιοι και οί γραμματεις λεγοντες ότι ούτος άμαρτωλους προσδεχεται και συνεσθιει αύτοις.
Ac	10 41	άλλα μαρτυσιν τοις προκεχειροτονημενοις ύπο του θεου, ήμιν, οίτινες συνεφαγομεν και συνεπιομεν αύτω μετα το άναστηναι αύτον έκ νεκρων·
	11 3	ότε δε άνεβη πετρος είς ίερουσαλημ, διεκρινοντο προς αύτον οί έκ περιτομης λεγοντες ότι είσηλθες προς άνδρας άκροβυστιαν έχοντας και συνεφαγες αύτοις.
1Co	5 11	τω τοιουτω μηδε συνεσθιειν.
Ga	2 12	προ του γαρ έλθειν τινας άπο ίακωβου μετα των έθνων συνησθιεν·

συνεσις [7]

Mc	12 33	και το άγαπαν αύτον έξ όλης της καρδιας και έξ όλης της συνεσεως και έξ όλης της ίσχυος,
Lc	2 47	έξισταντο δε παντες οί άκουοντες αύτου έπι τη συνεσει και ταις άποκρισεσιν αύτου.
1Co	1 19	άπολω την σοφιαν των σοφων, και την συνεσιν των συνετων άθετησω.
Eph	3 4	προς ό δυνασθε άναγινωσκοντες νοησαι την συνεσιν μου έν τω μυστηριω του χριστου,

συνεσις [7]

Col   1 9   οὐ παυομεθα ὑπερ ὑμων προσευχομενοι και αἰτουμενοι ἱνα πληρωθητε την ἐπιγνωσιν του θεληματος αὐτου ἐν παση σοφιᾳ και συνεσει πνευματικη,

     2 2   ἱνα παρακληθωσιν αἱ καρδιαι αὐτων, συμβιβασθεντες ἐν ἀγαπη και εἰς παν πλουτος της πληροφοριας της συνεσεως,

2Tm   2 7   δωσει γαρ σοι ὁ κυριος συνεσιν ἐν πασιν.

συνετος [4]

Mt   11 25   ἐξομολογουμαι σοι πατερ κυριε του οὐρανου και της γης, ὁτι ἐκρυψας ταυτα ἀπο σοφων και συνετων,

Lc   10 21   ἐξομολογουμαι σοι, πατερ, κυριε του οὐρανου και της γης, ὁτι ἀπεκρυψας ταυτα ἀπο σοφων και συνετων, και ἀπεκαλυψας αὐτα νηπιοις·

Ac   13 7   ὁς ἠν συν τω ἀνθυπατω σεργιω παυλω, ἀνδρι συνετω.

1Co   1 19   ἀπολω την σοφιαν των σοφων, και την συνεσιν των συνετων ἀθετησω.

συνευδοκεω [6]

Lc   11 48   ἀρα μαρτυρες ἐστε και συνευδοκειτε τοις ἐργοις των πατερων ὑμων,

Ac   8 1   σαυλος δε ἠν συνευδοκων τη ἀναιρεσει αὐτου.

     22 20   και ὁτε ἐξεχυννετο το αἱμα στεφανου του μαρτυρος σου, και αὐτος ἠμην ἐφεστως και συνευδοκων και φυλασσων τα ἱματια των ἀναιρουντων αὐτον.

Rm   1 32   οὐ μονον αὐτα ποιουσιν, ἀλλα και συνευδοκουσιν τοις πρασσουσιν.

1Co   7 12   εἰ τις ἀδελφος γυναικα ἐχει ἀπιστον, και αὑτη συνευδοκει οἰκειν μετ αὐτου, μη ἀφιετω αὐτην·

     13   και γυνη εἰ τις ἐχει ἀνδρα ἀπιστον, και οὑτος συνευδοκει οἰκειν μετ αὐτης, μη ἀφιετω τον ἀνδρα.

συνευωχεομαι [2]

2Pt   2 13   σπιλοι και μωμοι ἐντρυφωντες ἐν ταις ἀπαταις αὐτων συνευωχουμενοι ὑμιν,

Ju   12   οὑτοι εἰσιν οἱ ἐν ταις ἀγαπαις ὑμων σπιλαδες συνευωχουμενοι ἀφοβως,

συνεφιστημι [1]

Ac   16 22   και συνεπεστη ὁ ὀχλος κατ αὐτων, και οἱ στρατηγοι περιρηξαντες αὐτων τα ἱματια ἐκελευον ραβδιζειν,

συνεχω [12]

Mt   4 24   και προσηνεγκαν αὐτω παντας τους κακως ἐχοντας ποικιλαις νοσοις και βασανοις συνεχομενους,

Lc   4 38   πενθερα δε του σιμωνος ἠν συνεχομενη πυρετω μεγαλω,

     8 37   και ἡρωτησεν αὐτον ἀπαν το πληθος της περιχωρου των γερασηνων ἀπελθειν ἀπ αὐτων, ὁτι φοβω μεγαλω συνειχοντο·

     45   ἐπιστατα, οἱ ὀχλοι συνεχουσιν σε και ἀποθλιβουσιν.

     12 50   βαπτισμα δε ἐχω βαπτισθηναι, και πως συνεχομαι ἑως ὁτου τελεσθη.

     19 43   ὁτι ἡξουσιν ἡμεραι ἐπι σε και παρεμβαλουσιν οἱ ἐχθροι σου χαρακα σοι και περικυκλωσουσιν σε και συνεξουσιν σε παντοθεν,

     22 63   και οἱ ἀνδρες οἱ συνεχοντες αὐτον ἐνεπαιζον αὐτω δεροντες,

Ac   7 57   κραξαντες δε φωνη μεγαλη συνεσχον τα ὠτα αὐτων, και ὡρμησαν ὁμοθυμαδον ἐπ αὐτον,

     18 5   ὡς δε κατηλθον ἀπο της μακεδονιας ὁ τε σιλας και ὁ τιμοθεος, συνειχετο τω λογω ὁ παυλος,

     28 8   ἐγενετο δε τον πατερα του ποπλιου πυρετοις και δυσεντεριω συνεχομενον κατακεισθαι,

2Co   5 14   ἡ γαρ ἀγαπη του χριστου συνεχει ἡμας,

Php   1 23   συνεχομαι δε ἐκ των δυο, την ἐπιθυμιαν ἐχων εἰς το ἀναλυσαι και συν χριστω εἰναι,

συνηδομαι [1]

Rm   7 22   συνηδομαι γαρ τω νομω του θεου κατα τον ἐσω ἀνθρωπον,

συνηθεια [3]

Jh   18 39   ἐστιν δε συνηθεια ὑμιν ἱνα ἑνα ἀπολυσω ὑμιν ἐν τω πασχα·

1Co   8 7   τινες δε τη συνηθειᾳ ἑως ἀρτι του εἰδωλου ὡς εἰδωλοθυτον ἐσθιουσιν,

συνηθεια [3]

1Co   11 16   εἰ δε τις δοκει φιλονεικος εἰναι, ἡμεις τοιαυτην συνηθειαν οὐκ ἐχομεν, οὐδε αἱ ἐκκλησιαι του θεου.

συνηλικιωτης [1]

Ga   1 14   και προεκοπτον ἐν τω ἰουδαισμω ὑπερ πολλους συνηλικιωτας ἐν τω γενει μου,

συνθαπτω [2]

Rm   6 4   συνεταφημεν οὐν αὐτω δια του βαπτισματος εἰς τον θανατον,

Col   2 12   συνταφεντες αὐτω ἐν τω βαπτισμω,

συνθλαω [2]

Mt   21 44   [και ὁ πεσων ἐπι τον λιθον τουτον συνθλασθησεται· [ἐφ ὁν δ ἀν πεση, λικμησει αὐτον].

Lc   20 18   πας ὁ πεσων ἐπ ἐκεινον τον λιθον συνθλασθησεται·

συνθλιβω [2]

Mc   5 24   και ἠκολουθει αὐτω ὀχλος πολυς, και συνεθλιβον αὐτον.

     31   βλεπεις τον ὀχλον συνθλιβοντα σε, και λεγεις· τις μου ἡψατο;

συνθρυπτω [1]

Ac   21 13   τι ποιειτε κλαιοντες και συνθρυπτοντες μου την καρδιαν;

συνιημι [26]

Mt   13 13   δια τουτο ἐν παραβολαις αὐτοις λαλω, ὁτι βλεποντες οὐ βλεπουσιν και ἀκουοντες οὐκ ἀκουουσιν οὐδε συνιουσιν.

     14   ἀκοη ἀκουσετε και οὐ μη συνητε, και βλεποντες βλεψετε και οὐ μη ἰδητε.

     15   μηποτε ἰδωσιν τοις ὀφθαλμοις και τοις ὠσιν ἀκουσωσιν και τη καρδιᾳ συνωσιν και ἐπιστρεψωσιν,

     19   παντος ἀκουοντος τον λογον της βασιλειας και μη συνιεντος ἐρχεται ὁ πονηρος και ἁρπαζει το ἐσπαρμενον ἐν τη καρδιᾳ αὐτου·

     23   ὁ δε ἐπι την καλην γην σπαρεις, οὑτος ἐστιν ὁ τον λογον ἀκουων και συνιεις,

     51   συνηκατε ταυτα παντα;

     15 10   ἀκουετε και συνιετε· οὐ το εἰσερχομενον εἰς το στομα κοινοι τον ἀνθρωπον,

     16 12   τοτε συνηκαν ὁτι οὐκ εἰπεν προσεχειν ἀπο της ζυμης των ἀρτων, ἀλλα ἀπο της διδαχης των φαρισαιων και σαδδουκαιων.

     17 13   τοτε συνηκαν οἱ μαθηται ὁτι περι ἰωαννου του βαπτιστου εἰπεν αὐτοις.

Mc   4 12   ἱνα βλεποντες βλεπωσιν και μη ἰδωσιν, και ἀκουοντες ἀκουωσιν και μη συνιωσιν,

     6 52   οὐ γαρ συνηκαν ἐπι τοις ἀρτοις, ἀλλ ἠν αὐτων ἡ καρδια πεπωρωμενη.

     7 14   ἀκουσατε μου παντες και συνετε.

     8 17   τι διαλογιζεσθε ὁτι ἀρτους οὐκ ἐχετε; οὑπω νοειτε οὐδε συνιετε;

     21   και ἐλεγεν αὐτοις· οὑπω συνιετε;

Lc   2 50   και αὐτοι οὐ συνηκαν το ρημα ὁ ἐλαλησεν αὐτοις.

     8 10   τοις δε λοιποις ἐν παραβολαις, ἱνα βλεποντες μη βλεπωσιν και ἀκουοντες μη συνιωσιν.

     18 34   και αὐτοι οὐδεν τουτων συνηκαν, και ἠν το ρημα τουτο κεκρυμμενον ἀπ αὐτων,

     24 45   τοτε διηνοιξεν αὐτων τον νουν του συνιεναι τας γραφας·

Ac   7 25   ἐνομιζεν δε συνιεναι τους ἀδελφους [αὐτου] ὁτι ὁ θεος δια χειρος αὐτου διδωσιν σωτηριαν αὐτοις·

     25   ἐνομιζεν δε συνιεναι τους ἀδελφους [αὐτου] ὁτι ὁ θεος δια χειρος αὐτου διδωσιν σωτηριαν αὐτοις· οἱ δε οὐ συνηκαν.

     28 26   ἀκοη ἀκουσετε και οὐ μη συνητε, και βλεποντες βλεψετε και οὐ μη ἰδητε·

     27   μηποτε ἰδωσιν τοις ὀφθαλμοις και τοις ὠσιν ἀκουσωσιν και τη καρδιᾳ συνωσιν και ἐπιστρεψωσιν,

Rm   3 11   προητιασαμεθα γαρ ἰουδαιους τε και ἑλληνας παντας ὑφ ἁμαρτιαν εἰναι, καθως γεγραπται ὁτι οὐκ ἐστιν δικαιος οὐδε εἱς, οὐκ ἐστιν ὁ συνιων,

     15 21   οἱς οὐκ ἀνηγγελη περι αὐτου ὁψονται, και οἱ οὐκ ἀκηκοασιν συνησουσιν.

2Co   10 12   ἀλλα αὐτοι ἐν ἑαυτοις ἑαυτους μετρουντες και συγκρινοντες ἑαυτους ἑαυτοις οὐ συνιασιν.

συνιημι [26]

Eph 5 17   δια τουτο μη γινεσθε ἀφρονες, ἀλλα συνιετε τί το θελημα του κυριου.

συνιστημι [16]

Lc 9 32   διαγρηγορησαντες δε εἰδον την δοξαν αὐτου και τους δυο ἀνδρας τους συνεστωτας αὐτῳ.

Rm 3 5   εἰ δε ἡ ἀδικια ἡμων θεου δικαιοσυνην συνιστησιν, τί ἐρουμεν;

5 8   συνιστησιν δε την ἑαυτου ἀγαπην εἰς ἡμας ὁ θεος ὁτι ἐτι ἁμαρτωλων ὀντων ἡμων χριστος ὑπερ ἡμων ἀπεθανεν.

16 1   συνιστημι δε ὑμιν φοιβην την ἀδελφην ἡμων, οὐσαν [και] διακονον της ἐκκλησιας της ἐν κεγχρεαις,

2Co 3 1   ἀρχομεθα παλιν ἑαυτους συνιστανειν;

4 2   ἀλλα τη φανερωσει της ἀληθειας συνιστανοντες ἑαυτους προς πασαν συνειδησιν ἀνθρωπων ἐνωπιον του θεου.

5 12   οὐ παλιν ἑαυτους συνιστανομεν ὑμιν,

6 4   ἀλλ ἐν παντι συνισταντες ἑαυτους ὡς θεου διακονοι,

7 11   ἐν παντι συνεστησατε ἑαυτους ἁγνους εἰναι τω πραγματι.

10 12   οὐ γαρ τολμωμεν ἐγκριναι ἢ συγκριναι ἑαυτους τισιν των ἑαυτους συνιστανοντων·

18   οὐ γαρ ὁ ἑαυτον συνιστανων, ἐκεινος ἐστιν δοκιμος, ἀλλα ὃν ὁ κυριος συνιστησιν.

18   οὐ γαρ ὁ ἑαυτον συνιστανων, ἐκεινος ἐστιν δοκιμος, ἀλλα ὃν ὁ κυριος συνιστησιν.

12 11   ἐγω γαρ ὠφειλον ὑφ ὑμων συνιστασθαι.

Ga 2 18   εἰ γαρ ἃ κατελυσα ταυτα παλιν οἰκοδομω, παραβατην ἐμαυτον συνιστανω.

Col 1 17   και αὐτος ἐστιν προ παντων και τα παντα ἐν αὐτῳ συνεστηκεν,

2Pt 3 5   ὁτι οὐρανοι ἠσαν ἐκπαλαι και γη ἐξ ὑδατος και δι ὑδατος συνεστωσα τω του θεου λογῳ,

συνοδευω [1]

Ac 9 7   οἱ δε ἀνδρες οἱ συνοδευοντες αὐτω εἱστηκεισαν ἐνεοι, ἀκουοντες μεν της φωνης, μηδενα δε θεωρουντες.

συνοδια [1]

Lc 2 44   νομισαντες δε αὐτον εἰναι ἐν τη συνοδιᾳ ἠλθον ἡμερας ὁδον και ἀνεζητουν αὐτον ἐν τοις συγγενευσιν και τοις γνωστοις,

συνοιδα [2]

Ac 5 2   και ἐνοσφισατο ἀπο της τιμης, συνειδυιης και της γυναικος,

1Co 4 4   οὐδεν γαρ ἐμαυτω συνοιδα, ἀλλ οὐκ ἐν τουτω δεδικαιωμαι·

συνοικεω [1]

1Pt 3 7   οἱ ἀνδρες ὁμοιως, συνοικουντες κατα γνωσιν ὡς ἀσθενεστερω σκευει τω γυναικειω,

συνοικοδομεω [1]

Eph 2 22   ἐν ᾧ και ὑμεις συνοικοδομεισθε εἰς κατοικητηριον του θεου ἐν πνευματι.

συνομιλεω [1]

Ac 10 27   και συνομιλων αὐτω εἰσηλθεν, και εὑρισκει συνεληλυθοτας πολλους,

συνομορεω [1]

Ac 18 7   και μεταβας ἐκειθεν εἰσηλθεν εἰς οἰκιαν τινος ὀνοματι τιτιου ἰουστου σεβομενου τον θεον, οὗ ἡ οἰκια ἠν συνομορουσα τη συναγωγη.

συνοραω [2]

Ac 12 12   συνιδων τε ἠλθεν ἐπι την οἰκιαν της μαριας της μητρος ἰωαννου του ἐπικαλουμενου μαρκου,

14 6   συνιδοντες κατεφυγον εἰς τας πολεις της λυκαονιας λυστραν και δερβην και την περιχωρον·

συνοχη [2]

Lc 21 25   και ἐπι της γης συνοχη ἐθνων ἐν ἀπορια ἠχους θαλασσης και σαλου, ἀποψυχοντων ἀνθρωπων ἀπο φοβου και προσδοκιας των ἐπερχομενων τη οἰκουμενη·

2Co 2 4   ἐκ γαρ πολλης θλιψεως και συνοχης καρδιας ἐγραψα ὑμιν δια πολλων δακρυων,

συντασσω [3]

Mt 21 6   πορευθεντες δε οἱ μαθηται και ποιησαντες καθως συνεταξεν αὐτοις ὁ ἰησους ἠγαγον την ὀνον και τον πωλον,

26 19   και ἐποιησαν οἱ μαθηται ὡς συνεταξεν αὐτοις ὁ ἰησους, και ἡτοιμασαν το πασχα.

27 10   και ἐδωκαν αὐτα εἰς τον ἀγρον του κεραμεως, καθα συνεταξεν μοι κυριος.

συντελεια [6]

Mt 13 39   ὁ δε θερισμος συντελεια αἰωνος ἐστιν,

40   ὡσπερ οὐν συλλεγεται τα ζιζανια και πυρι [κατα]καιεται, οὑτως ἐσται ἐν τη συντελειᾳ του αἰωνος.

49   οὑτως ἐσται ἐν τη συντελειᾳ του αἰωνος· ἐξελευσονται οἱ ἀγγελοι και ἀφοριουσιν τους πονηρους ἐκ μεσου των δικαιων,

24 3   εἰπε ἡμιν, ποτε ταυτα ἐσται, και τί το σημειον της σης παρουσιας και συντελειας του αἰωνος;

28 20   και ἰδου ἐγω μεθ ὑμων εἰμι πασας τας ἡμερας ἑως της συντελειας του αἰωνος.

Heb 9 26   νυνι δε ἁπαξ ἐπι συντελειᾳ των αἰωνων εἰς ἀθετησιν [της] ἁμαρτιας δια της θυσιας αὐτου πεφανερωται.

συντελεω [6]

Mc 13 4   εἰπον ἡμιν, ποτε ταυτα ἐσται, και τί το σημειον ὁταν μελλη ταυτα συντελεισθαι παντα;

Lc 4 2   και οὐκ ἐφαγεν οὐδεν ἐν ταις ἡμεραις ἐκειναις, και συντελεσθεισων αὐτων ἐπεινασεν.

13   και συντελεσας παντα πειρασμον ὁ διαβολος ἀπεστη ἀπ αὐτου ἀχρι καιρου.

Ac 21 27   ὡς δε ἐμελλον αἱ ἑπτα ἡμεραι συντελεισθαι, οἱ ἀπο της ἀσιας ἰουδαιοι θεασαμενοι αὐτον ἐν τω ἱερω συνεχεον παντα τον ὀχλον,

Rm 9 28   λογον γαρ συντελων και συντεμνων ποιησει κυριος ἐπι της γης.

Heb 8 8   και συντελεσω ἐπι τον οἰκον ἰσραηλ και ἐπι τον οἰκον ἰουδα διαθηκην καινην,

συντεμνω [1]

Rm 9 28   λογον γαρ συντελων και συντεμνων ποιησει κυριος ἐπι της γης.

συντηρεω [3]

Mt 9 17   ἀλλα βαλλουσιν οἰνον νεον εἰς ἀσκους καινους, και ἀμφοτεροι συντηρουνται.

Mc 6 20   ὁ γαρ ἡρωδης ἐφοβειτο τον ἰωαννην, εἰδως αὐτον ἀνδρα δικαιον και ἁγιον, και συνετηρει αὐτον, και ἀκουσας αὐτου πολλα ἠπορει, και ἡδεως αὐτου ἠκουεν.

Lc 2 19   ἡ δε μαριαμ παντα συνετηρει τα ῥηματα ταυτα συμβαλλουσα ἐν τη καρδιᾳ αὐτης.

συντιθεμαι [3]

Lc 22 5   και ἐχαρησαν, και συνεθεντο αὐτω ἀργυριον δουναι.

Jh 9 22   ἠδη γαρ συνετεθειντο οἱ ἰουδαιοι ἱνα ἐαν τις αὐτον ὁμολογηση χριστον, ἀποσυναγωγος γενηται.

Ac 23 20   εἰπεν δε ὁτι οἱ ἰουδαιοι συνεθεντο του ἐρωτησαι σε ὁπως αὐριον τον παυλον καταγαγης εἰς το συνεδριον ὡς μελλον τι ἀκριβεστερον πυνθανεσθαι περι αὐτου.

συντομως [2]

Mc 16 8*   παντα δε τα παρηγγελμενα τοις περι τον πετρον συντομως ἐξηγγειλαν.

Ac 24 4   ἱνα δε μη ἐπι πλειον σε ἐγκοπτω, παρακαλω ἀκουσαι σε ἡμων συντομως τη ση ἐπιεικειᾳ.

συντρεχω [3]

Mc 6 33 και πεζη απο πασων των πολεων *συνεδραμον* εκει και προηλθον αυτους.

Ac 3 11 κρατουντος δε αυτου τον πετρον και τον ιωαννην *συνεδραμεν* πας ο λαος προς αυτους επι τη στοα τη καλουμενη σολομωντος εκθαμβοι.

1Pt 4 4 εν ω ξενιζονται μη *συντρεχοντων* υμων εις την αυτην της ασωτιας αναχυσιν, βλασφημουντες·

συντριβω [7]

Mt 12 20 καλαμον *συντετριμμενον* ου κατεαξει και λινον τυφομενον ου σβεσει,

Mc 5 4 και ουδε αλυσει ουκετι ουδεις εδυνατο αυτον δησαι, δια το αυτον πολλακις πεδαις και αλυσεσιν δεδεσθαι, και διεσπασθαι υπ αυτου τας αλυσεις και τας πεδας *συντετριφθαι*,

14 3 *συντριψασα* την αλαβαστρον κατεχεεν αυτου της κεφαλης.

Lc 9 39 και εξαιφνης κραζει και σπαρασσει αυτον μετα αφρου, και μογις αποχωρει απ αυτου *συντριβον* αυτον·

Jh 19 36 οστουν ου *συντριβησεται* αυτου.

Rm 16 20 ο δε θεος της ειρηνης *συντριψει* τον σαταναν υπο τους ποδας υμων εν ταχει.

Apc 2 27 και ποιμανει αυτους εν ραβδω σιδηρα, ως τα σκευη τα κεραμικα *συντριβεται*,

συντριμμα [1]

Rm 3 16 *συντριμμα* και ταλαιπωρια εν ταις οδοις αυτων,

συντροφος [1]

Ac 13 1 και λουκιος ο κυρηναιος, μαναην τε ηρωδου του τετρααρχου *συντροφος* και σαυλος.

συντυγχανω [1]

Lc 8 19 και ουκ ηδυναντο *συντυχειν* αυτω δια τον οχλον.

συντυχη [1]

Php 4 2 ευοδιαν παρακαλω και *συντυχην* παρακαλω το αυτο φρονειν εν κυριω.

συνυποκρινομαι [1]

Ga 2 13 και *συνυπεκριθησαν* αυτω [και] οι λοιποι ιουδαιοι,

συνυπουργεω [1]

2Co 1 11 εις ον ηλπικαμεν [οτι] και ετι ρυσεται, *συνυπουργουντων* και υμων υπερ ημων τη δεησει,

συνωδινω [1]

Rm 8 22 οιδαμεν γαρ οτι πασα η κτισις συστεναζει και *συνωδινει* αχρι του νυν·

συνωμοσια [1]

Ac 23 13 ησαν δε πλειους τεσσερακοντα οι ταυτην την *συνωμοσιαν* ποιησαμενοι·

συρακουσαι [1]

Ac 28 12 και καταχθεντες εις *συρακουσας* επεμειναμεν ημερας τρεις,

συρια [8]

Mt 4 24 και απηλθεν η ακοη αυτου εις ολην την *συριαν*·

Lc 2 2 αυτη απογραφη πρωτη εγενετο ηγεμονευοντος της *συριας* κυρηνιου.

Ac 15 23 οι αποστολοι και οι πρεσβυτεροι αδελφοι τοις κατα την αντιοχειαν και *συριαν* και κιλικιαν αδελφοις τοις εξ εθνων χαιρειν.

41 διηρχετο δε την *συριαν* και [την] κιλικιαν επιστηριζων τας εκκλησιας.

18 18 ο δε παυλος ετι προσμεινας ημερας ικανας, τοις αδελφοις αποταξαμενος εξεπλει εις την *συριαν*,

συρια [8]

Ac 20 3 γενομενης επιβουλης αυτω υπο των ιουδαιων μελλοντι αναγεσθαι εις την *συριαν*, εγενετο γνωμης του υποστρεφειν δια μακεδονιας.

21 3 αναφαναντες δε την κυπρον και καταλιποντες αυτην ευωνυμον επλεομεν εις *συριαν*,

Ga 1 21 επειτα ηλθον εις τα κλιματα της *συριας* και της κιλικιας.

συρος [1]

Lc 4 27 και πολλοι λεπροι ησαν εν τω ισραηλ επι ελισαιου του προφητου, και ουδεις αυτων εκαθαρισθη ει μη ναιμαν ο *συρος*.

συροφοινικισσα [1]

Mc 7 26 η δε γυνη ην ελληνις, *συροφοινικισσα* τω γενει·

συρτις [1]

Ac 27 17 φοβουμενοι τε μη εις την *συρτιν* εκπεσωσιν, χαλασαντες το σκευος, ουτως εφεροντο.

συρω [5]

Jh 21 8 οι δε αλλοι μαθηται τω πλοιαριω ηλθον, ου γαρ ησαν μακραν απο της γης αλλα ως απο πηχων διακοσιων, *συροντες* το δικτυον των ιχθυων.

Ac 8 3 σαυλος δε ελυμαινετο την εκκλησιαν κατα τους οικους εισπορευομενος, *συρων* τε ανδρας και γυναικας παρεδιδου εις φυλακην.

14 19 επηλθαν δε απο αντιοχειας και ικονιου ιουδαιοι, και πεισαντες τους οχλους και λιθασαντες τον παυλον *εσυρον* εξω της πολεως,

17 6 μη ευροντες δε αυτους *εσυρον* ιασονα και τινας αδελφους επι τους πολιταρχας,

Apc 12 4 και η ουρα αυτου *συρει* το τριτον των αστερων του ουρανου,

συσπαρασσω [2]

Mc 9 20 και ιδων αυτον το πνευμα ευθυς *συνεσπαραξεν* αυτον,

Lc 9 42 ετι δε προσερχομενου αυτου ερρηξεν αυτον το δαιμονιον και *συνεσπαραξεν*·

συσσημον [1]

Mc 14 44 δεδωκει δε ο παραδιδους αυτον *συσσημον* αυτοις λεγων·

συσσωμος [1]

Eph 3 6 ειναι τα εθνη συγκληρονομα και *συσσωμα* και συμμετοχα της επαγγελιας εν χριστω ιησου

συστατικος [1]

2Co 3 1 η μη χρηζομεν ως τινες *συστατικων* επιστολων προς υμας η εξ υμων;

συσταυροω [5]

Mt 27 44 το δ αυτο και οι λησται οι *συσταυρωθεντες* συν αυτω ωνειδιζον αυτω.

Mc 15 32 και οι *συνεσταυρωμενοι* συν αυτω ωνειδιζον αυτον.

Jh 19 32 και του μεν πρωτου κατεαξαν τα σκελη και του αλλου του *συσταυρωθεντος* αυτω·

Rm 6 6 τουτο γινωσκοντες, οτι ο παλαιος ημων ανθρωπος *συνεσταυρωθη*, ινα καταργηθη το σωμα της αμαρτιας, του μηκετι δουλευειν ημας τη αμαρτια·

Ga 2 19 εγω γαρ δια νομου νομω απεθανον ινα θεω ζησω. χριστω *συνεσταυρωμαι*·

συστελλω [2]

Ac 5 6 ανασταντες δε οι νεωτεροι *συνεστειλαν* αυτον και εξενεγκαντες εθαψαν.

1Co 7 29 τουτο δε φημι, αδελφοι, ο καιρος *συνεσταλμενος* εστιν·

συστεναζω [1]

Rm 8 22 οιδαμεν γαρ ὁτι πασα ἡ κτισις συστεναζει και συνωδινει ἀχρι του νυν·

συστοιχεω [1]

Ga 4 25 συστοιχει δε τη νυν ἱερουσαλημ, δουλευει γαρ μετα των τεκνων αὑτης.

συστρατιωτης [2]

Php 2 25 ἀναγκαιον δε ἡγησαμην ἐπαφροδιτον τον ἀδελφον και συνεργον και συστρατιωτην μου, ὑμων δε ἀποστολον και λειτουργον της χρειας μου, πεμψαι προς ὑμας,

Phm 2 και ἀπφια τη ἀδελφη και ἀρχιππω τω συστρατιωτη ἡμων και τη κατ οἰκον σου ἐκκλησια·

συστρεφω [2]

Mt 17 22 συστρεφομενων δε αὑτων ἐν τη γαλιλαια εἰπεν αὑτοις ὁ ἰησους· μελλει ὁ υἱος του ἀνθρωπου παραδιδοσθαι εἰς χειρας ἀνθρωπων, και ἀποκτενουσιν αὑτον, και τη τριτη ἡμερα ἐγερθησεται.

Ac 28 3 συστρεψαντος δε του παυλου φρυγανων τι πληθος και ἐπιθεντος ἐπι την πυραν, ἐχιδνα ἀπο της θερμης ἐξελθουσα καθηψεν της χειρος αὑτου.

συστροφη [2]

Ac 19 40 μηδενος αἰτιου ὑπαρχοντος, περι οὑ [οὑ] δυνησομεθα ἀποδουναι λογον περι της συστροφης ταυτης.

23 12 γενομενης δε ἡμερας ποιησαντες συστροφην οἱ ἰουδαιοι ἀνεθεματισαν ἑαυτους, λεγοντες μητε φαγειν μητε πιειν ἑως οὑ ἀποκτεινωσιν τον παυλον.

συσχηματιζομαι [2]

Rm 12 2 και μη συσχηματιζεσθε τω αἰωνι τουτω, ἀλλα μεταμορφουσθε τη ἀνακαινωσει του νοος,

1Pt 1 14 ὡς τεκνα ὑπακοης, μη συσχηματιζομενοι ταις προτερον ἐν τη ἀγνοια ὑμων ἐπιθυμιαις,

συχαρ [1]

Jh 4 5 ἐρχεται οὑν εἰς πολιν της σαμαρειας λεγομενην συχαρ,

συχεμ [2]

Ac 7 16 και μετετεθησαν εἰς συχεμ και ἐτεθησαν ἐν τω μνηματι ῳ ὠνησατο ἀβρααμ τιμης ἀργυριου παρα των υἱων ἑμμωρ ἐν συχεμ.

16 και μετετεθησαν εἰς συχεμ και ἐτεθησαν ἐν τω μνηματι ῳ ὠνησατο ἀβρααμ τιμης ἀργυριου παρα των υἱων ἑμμωρ ἐν συχεμ.

σφαγη [3]

Ac 8 32 ὡς προβατον ἐπι σφαγην ἡχθη, και ὡς ἀμνος ἐναντιον του κειραντος αὑτον ἀφωνος,

Rm 8 36 καθως γεγραπται ὁτι ἑνεκεν σοῦ θανατουμεθα ὁλην την ἡμεραν, ἐλογισθημεν ὡς προβατα σφαγης.

Ja 5 5 ἐθρεψατε τας καρδιας ὑμων ἐν ἡμερα σφαγης.

σφαγιον [1]

Ac 7 42 μη σφαγια και θυσιας προσηνεγκατε μοι ἐτη τεσσερακοντα ἐν τη ἐρημῳ,

σφαζω [10]

1Jh 3 12 οὑ καθως καιν ἐκ του πονηρου ἡν και ἐσφαξεν τον ἀδελφον αὑτου·

12 και χαριν τινος ἐσφαξεν αὑτον;

Apc 5 6 και εἰδον ἐν μεσω του θρονου και των τεσσαρων ζωων και ἐν μεσω των πρεσβυτερων ἀρνιον ἑστηκος ὡς ἐσφαγμενον,

9 ἀξιος εἰ λαβειν το βιβλιον και ἀνοιξαι τας σφραγιδας αὑτου, ὁτι ἐσφαγης και ἠγορασας τω θεω

σφαζω [10]

Apc 5 12 ἀξιον ἐστιν το ἀρνιον το ἐσφαγμενον λαβειν την δυναμιν και πλουτον και σοφιαν και ἰσχυν και τιμην και δοξαν και εὑλογιαν.

6 4 και τω καθημενω ἐπ αὑτον ἐδοθη αὑτω λαβειν την εἰρηνην ἐκ της γης και ἱνα ἀλληλους σφαξουσιν,

9 και ὁτε ἡνοιξεν την πεμπτην σφραγιδα, εἰδον ὑποκατω του θυσιαστηριου τας ψυχας των ἐσφαγμενων

13 3 και μιαν ἐκ των κεφαλων αὑτου ὡς ἐσφαγμενην εἰς θανατον,

8 οὑ οὑ γεγραπται το ὀνομα αὑτου ἐν τω βιβλιω της ζωης του ἀρνιου του ἐσφαγμενου ἀπο καταβολης κοσμου.

18 24 και ἐν αὑτη αἱμα προφητων και ἁγιων εὑρεθη και παντων των ἐσφαγμενων ἐπι της γης.

σφοδρα [11]

Mt 2 10 ἰδοντες δε τον ἀστερα ἐχαρησαν χαραν μεγαλην σφοδρα.

17 6 και ἀκουσαντες οἱ μαθηται ἐπεσαν ἐπι προσωπον αὑτων και ἐφοβηθησαν σφοδρα.

23 και ἐλυπηθησαν σφοδρα.

18 31 ἰδοντες οὑν οἱ συνδουλοι αὑτου τα γενομενα ἐλυπηθησαν σφοδρα.

19 25 ἀκουσαντες δε οἱ μαθηται ἐξεπλησσοντο σφοδρα λεγοντες·

26 22 και λυπουμενοι σφοδρα ἡρξαντο λεγειν αὑτω εἰς ἑκαστος·

27 54 ὁ δε ἑκατονταρχος και οἱ μετ αὑτου τηρουντες τον ἰησουν ἰδοντες τον σεισμον και τα γινομενα ἐφοβηθησαν σφοδρα, λεγοντες·

Mc 16 4 και ἀναβλεψασαι θεωρουσιν ὁτι ἀποκεκυλισται ὁ λιθος· ἡν γαρ μεγας σφοδρα.

Lc 18 23 ὁ δε ἀκουσας ταυτα περιλυπος ἐγενηθη, ἡν γαρ πλουσιος σφοδρα.

Ac 6 7 και ἐπληθυνετο ὁ ἀριθμος των μαθητων ἐν ἱερουσαλημ σφοδρα,

Apc 16 21 και ἐβλασφημησαν οἱ ἀνθρωποι τον θεον ἐκ της πληγης της χαλαζης, ὁτι μεγαλη ἐστιν ἡ πληγη αὑτης σφοδρα.

σφοδρως [1]

Ac 27 18 σφοδρως δε χειμαζομενων ἡμων τη ἑξης ἐκβολην ἐποιουντο,

σφραγιζω [15]

Mt 27 66 οἱ δε πορευθεντες ἡσφαλισαντο τον ταφον σφραγισαντες τον λιθον μετα της κουστωδιας.

Jh 3 33 ὁ λαβων αὑτου την μαρτυριαν ἐσφραγισεν ὁτι ὁ θεος ἀληθης ἐστιν.

6 27 τουτον γαρ ὁ πατηρ ἐσφραγισεν ὁ θεος.

Rm 15 28 τουτο οὑν ἐπιτελεσας, και σφραγισαμενος αὑτοις τον καρπον τουτον, ἀπελευσομαι δι ὑμων εἰς σπανιαν·

2Co 1 22 ὁ και σφραγισαμενος ἡμας και δους τον ἀρραβωνα του πνευματος ἐν ταις καρδιαις ἡμων.

Eph 1 13 ἐν ῳ και πιστευσαντες ἐσφραγισθητε τω πνευματι της ἐπαγγελιας τω ἁγιω,

4 30 και μη λυπειτε το πνευμα το ἁγιον του θεου, ἐν ῳ ἐσφραγισθητε εἰς ἡμεραν ἀπολυτρωσεως.

Apc 7 3 ἀχρι σφραγισωμεν τους δουλους του θεου ἡμων ἐπι των μετωπων αὑτων.

4 και ἡκουσα τον ἀριθμον των ἐσφραγισμενων,

4 ἑκατονテσσερακοντατεσσαρες χιλιαδες ἐσφραγισμενοι ἐκ πασης φυλης υἱων ἰσραηλ·

5 ἐκ φυλης ἰουδα δωδεκα χιλιαδες ἐσφραγισμενοι,

8 ἐκ φυλης βενιαμιν δωδεκα χιλιαδες ἐσφραγισμενοι.

10 4 σφραγισον ἁ ἐλαλησαν αἱ ἑπτα βρονται,

20 3 και ἐκλεισεν και ἐσφραγισεν ἐπανω αὑτου,

22 10 μη σφραγισης τους λογους της προφητειας του βιβλιου τουτου·

σφραγις [16]

Rm 4 11 και σημειον ἐλαβεν περιτομης σφραγιδα της δικαιοσυνης της πιστεως της ἐν τη ἀκροβυστια,

1Co 9 2 ἡ γαρ σφραγις μου της ἀποστολης ὑμεις ἐστε ἐν κυριω.

2Tm 2 19 ὁ μεντοι στερεος θεμελιος του θεου ἑστηκεν, ἐχων την σφραγιδα ταυτην· ἐγνω κυριος τους ὀντας αὑτου,

Apc 5 1 και εἰδον ἐπι την δεξιαν του καθημενου ἐπι του θρονου βιβλιον γεγραμμενον ἐσωθεν και ὀπισθεν, κατεσφραγισμενον σφραγισιν ἑπτα.

2 τις ἀξιος ἀνοιξαι το βιβλιον και λυσαι τας σφραγιδας αὑτου;

5 ἰδου ἐνικησεν ὁ λεων ὁ ἐκ της φυλης ἰουδα, ἡ ριζα δαυιδ, ἀνοιξαι το βιβλιον και τας ἑπτα σφραγιδας αὑτου.

σφραγις [16]

Apc | 5 9 | ἀξιος εἰ λαβειν το βιβλιον και ἀνοιξαι τας σφραγιδας αὐτου,
| 6 1 | και εἰδον ὁτε ἡνοιξεν το ἀρνιον μιαν ἐκ των ἑπτα σφραγιδων,
| 3 | και ὁτε ἡνοιξεν την σφραγιδα την δευτεραν, ἠκουσα του δευτερου ζωου λεγοντος·
| 5 | και ὁτε ἡνοιξεν την σφραγιδα την τριτην, ἠκουσα του τριτου ζωου λεγοντος·
| 7 | και ὁτε ἡνοιξεν την σφραγιδα την τεταρτην, ἠκουσα φωνην του τεταρτου ζωου λεγοντος·
| 9 | και ὁτε ἡνοιξεν την πεμπτην σφραγιδα, εἰδον ὑποκατω του θυσιαστηριου τας ψυχας των ἐσφαγμενων
| 12 | και εἰδον ὁτε ἡνοιξεν την σφραγιδα την ἑκτην,
| 7 2 | και εἰδον ἀλλον ἀγγελον ἀναβαινοντα ἀπο ἀνατολης ἡλιου, ἐχοντα σφραγιδα θεου ζωντος,
| 8 1 | και ὁταν ἡνοιξεν την σφραγιδα την ἑβδομην, ἐγενετο σιγη ἐν τω οὐρανω ὡς ἡμιωριον.
| 9 4 | εἰ μη τους ἀνθρωπους οἱτινες οὐκ ἐχουσιν την σφραγιδα του θεου ἐπι των μετωπων.

σφυδρον [1]

Ac | 3 7 | παραχρημα δε ἐστερεωθησαν αἱ βασεις αὐτου και τα σφυδρα,

σχεδον [3]

Ac | 13 44 | τω δε ἐρχομενω σαββατω σχεδον πασα ἡ πολις συνηχθη ἀκουσαι τον λογον του κυριου.
| 19 26 | και θεωρειτε και ἀκουετε ὁτι οὐ μονον ἐφεσου ἀλλα σχεδον πασης της ἀσιας ὁ παυλος οὑτος πεισας μετεστησεν ἱκανον ὀχλον,
Heb | 9 22 | και σχεδον ἐν αἱματι παντα καθαριζεται κατα τον νομον,

σχημα [2]

1Co | 7 31 | παραγει γαρ το σχημα του κοσμου τουτου.
Php | 2 7 | και σχηματι εὑρεθεις ὡς ἀνθρωπος ἐταπεινωσεν ἑαυτον γενομενος ὑπηκοος μεχρι θανατου,

σχιζω [11]

Mt | 27 51 | και ἰδου το καταπετασμα του ναου ἐσχισθη ἀπ ἀνωθεν ἑως κατω εἰς δυο,
| 51 | και ἡ γη ἐσεισθη, και αἱ πετραι ἐσχισθησαν,
Mc | 1 10 | και εὐθυς ἀναβαινων ἐκ του ὑδατος εἰδεν σχιζομενους τους οὐρανους και το πνευμα ὡς περιστεραν καταβαινον εἰς αὐτον·
| 15 38 | και το καταπετασμα του ναου ἐσχισθη εἰς δυο ἀπ ἀνωθεν ἑως κατω.
Lc | 5 36 | ἐλεγεν δε και παραβολην προς αὐτους ὁτι οὐδεις ἐπιβλημα ἀπο ἱματιου καινου σχισας ἐπιβαλλει ἐπι ἱματιον παλαιον·
| 36 | εἰ δε μηγε, και το καινον σχισει και τω παλαιω οὐ συμφωνησει το ἐπιβλημα το ἀπο του καινου.
| 23 45 | ἐσχισθη δε το καταπετασμα του ναου μεσον.
Jh | 19 24 | μη σχισωμεν αὐτον, ἀλλα λαχωμεν περι αὐτου τινος ἐσται·
| 21 11 | και τοσουτων ὀντων οὐκ ἐσχισθη το δικτυον.
Ac | 14 4 | ἐσχισθη δε το πληθος της πολεως,
| 23 7 | τουτο δε αὐτου εἰποντος ἐγενετο στασις των φαρισαιων και σαδδουκαιων, και ἐσχισθη το πληθος.

σχισμα [8]

Mt | 9 16 | αἰρει γαρ το πληρωμα αὐτου ἀπο του ἱματιου, και χειρον σχισμα γινεται.
Mc | 2 21 | και χειρον σχισμα γινεται.
Jh | 7 43 | σχισμα οὐν ἐγενετο ἐν τω ὀχλω δι αὐτον·
| 9 16 | και σχισμα ἠν ἐν αὐτοις.
| 10 19 | σχισμα παλιν ἐγενετο ἐν τοις ἰουδαιοις δια τους λογους τουτους.
1Co | 1 10 | ἱνα το αὐτο λεγητε παντες, και μη ἠ ἐν ὑμιν σχισματα,
| 11 18 | πρωτον μεν γαρ συνερχομενων ὑμων ἐν ἐκκλησια ἀκουω σχισματα ἐν ὑμιν ὑπαρχειν,
| 12 25 | ἀλλα ὁ θεος συνεκερασεν το σωμα, τω ὑστερουμενω περισσοτεραν δους τιμην, ἱνα μη ἠ σχισμα ἐν τω σωματι,

σχοινιον [2]

Jh | 2 15 | και ποιησας φραγελλιον ἐκ σχοινιων παντας ἐξεβαλεν ἐκ του ἱερου,
Ac | 27 32 | τοτε ἀπεκοψαν οἱ στρατιωται τα σχοινια της σκαφης και εἰασαν αὐτην ἐκπεσειν.

σχολαζω [2]

Mt | 12 44 | και ἐλθον εὑρισκει σχολαζοντα σεσαρωμενον και κεκοσμημενον.
1Co | 7 5 | εἰ μητι ἀν ἐκ συμφωνου προς καιρον ἱνα σχολασητε τη προσευχη και παλιν ἐπι το αὐτο ἠτε,

σχολη [1]

Ac | 19 9 | ἀποστας ἀπ αὐτων ἀφωρισεν τους μαθητας, καθ ἡμεραν διαλεγομενος ἐν τη σχολη τυραννου.

σωζω [107]

Mt | 1 21 | αὐτος γαρ σωσει τον λαον αὐτου ἀπο των ἁμαρτιων αὐτων.
| 8 25 | κυριε, σωσον, ἀπολλυμεθα.
| 9 21 | ἐαν μονον ἁψωμαι του ἱματιου αὐτου, σωθησομαι.
| 22 | ἡ πιστις σου σεσωκεν σε.
| 22 | και ἐσωθη ἡ γυνη ἀπο της ὡρας ἐκεινης.
| 10 22 | ὁ δε ὑπομεινας εἰς τελος, οὑτος σωθησεται.
| 14 30 | και ἀρξαμενος καταποντιζεσθαι ἐκραξεν λεγων· κυριε, σωσον με.
| 16 25 | ὁς γαρ ἐαν θελη την ψυχην αὐτου σωσαι, ἀπολεσει αὐτην·
| 18 11 * | ἠλθεν γαρ ὁ υἱος του ἀνθρωπου σωσαι το ἀπολωλος.
| 19 25 | τις ἀρα δυναται σωθηναι;
| 24 13 | ὁ δε ὑπομεινας εἰς τελος, οὑτος σωθησεται.
| 22 | και εἰ μη ἐκολοβωθησαν αἱ ἡμεραι ἐκειναι, οὐκ ἀν ἐσωθη πασα σαρξ·
| 27 40 | ὁ καταλυων τον ναον και ἐν τρισιν ἡμεραις οἰκοδομων, σωσον σεαυτον,
| 42 | ἀλλους ἐσωσεν, ἑαυτον οὐ δυναται σωσαι·
| 42 | ἀλλους ἐσωσεν, ἑαυτον οὐ δυναται σωσαι·
| 49 | ἀφες ἰδωμεν εἰ ἐρχεται ἡλιας σωσων αὐτον.
Mc | 3 4 | ἐξεστιν τοις σαββασιν ἀγαθον ποιησαι ἡ κακοποιησαι, ψυχην σωσαι ἡ ἀποκτειναι;
| 5 23 | ἱνα ἐλθων ἐπιθης τας χειρας αὐτη, ἱνα σωθη και ζηση.
| 28 | ἐλεγεν γαρ ὁτι ἐαν ἁψωμαι καν των ἱματιων αὐτου, σωθησομαι.
| 34 | ὁ δε εἰπεν αὐτη· θυγατηρ, ἡ πιστις σου σεσωκεν σε·
| 6 56 | και ὁσοι ἀν ἡψαντο αὐτου ἐσωζοντο.
| 8 35 | ὁς γαρ ἐαν θελη την ψυχην αὐτου σωσαι, ἀπολεσει αὐτην·
| 35 | ὁς δ ἀν ἀπολεσει την ψυχην αὐτου ἑνεκεν ἐμου και του εὐαγγελιου, σωσει αὐτην.
| 10 26 | και τις δυναται σωθηναι;
| 52 | ὑπαγε, ἡ πιστις σου σεσωκεν σε.
| 13 13 | ὁ δε ὑπομεινας εἰς τελος, οὑτος σωθησεται.
| 20 | και εἰ μη ἐκολοβωσεν κυριος τας ἡμερας, οὐκ ἀν ἐσωθη πασα σαρξ·
| 15 30 | οὐα ὁ καταλυων τον ναον και οἰκοδομων ἐν τρισιν ἡμεραις, σωσον σεαυτον καταβας ἀπο του σταυρου.
| 31 | ἀλλους ἐσωσεν, ἑαυτον οὐ δυναται σωσαι·
| 31 | ἀλλους ἐσωσεν, ἑαυτον οὐ δυναται σωσαι·
| 16 16 | ὁ πιστευσας και βαπτισθεις σωθησεται, ὁ δε ἀπιστησας κατακριθησεται.
Lc | 6 9 | ἐπερωτω ὑμας εἰ ἐξεστιν τω σαββατω ἀγαθοποιησαι ἡ κακοποιησαι, ψυχην σωσαι ἡ ἀπολεσαι;
| 7 50 | ἡ πιστις σου σεσωκεν σε· πορευου εἰς εἰρηνην.
| 8 12 | εἰτα ἐρχεται ὁ διαβολος και αἰρει τον λογον ἀπο της καρδιας αὐτων, ἱνα μη πιστευσαντες σωθωσιν.
| 36 | ἀπηγγειλαν δε αὐτοις οἱ ἰδοντες πως ἐσωθη ὁ δαιμονισθεις.
| 48 | θυγατηρ, ἡ πιστις σου σεσωκεν σε· πορευου εἰς εἰρηνην.
| 50 | μη φοβου· μονον πιστευσον, και σωθησεται.
| 9 24 | ὁς γαρ ἀν θελη την ψυχην αὐτου σωσαι, ἀπολεσει αὐτην·
| 24 | ὁς δ ἀν ἀπολεσει την ψυχην αὐτου ἑνεκεν ἐμου, οὑτος σωσει αὐτην.
| 13 23 | κυριε, εἰ ὀλιγοι οἱ σωζομενοι;
| 17 19 | ἀναστας πορευου· ἡ πιστις σου σεσωκεν σε.
| 18 26 | εἰπαν δε οἱ ἀκουσαντες· και τις δυναται σωθηναι;
| 42 | ἀναβλεψον· ἡ πιστις σου σεσωκεν σε.
| 19 10 | ἠλθεν γαρ ὁ υἱος του ἀνθρωπου ζητησαι και σωσαι το ἀπολωλος.
| 23 35 | ἀλλους ἐσωσεν, σωσατω ἑαυτον, εἰ οὑτος ἐστιν ὁ χριστος του θεου ὁ ἐκλεκτος.
| 35 | ἀλλους ἐσωσεν, σωσατω ἑαυτον, εἰ οὑτος ἐστιν ὁ χριστος του θεου ὁ ἐκλεκτος.
| 37 | εἰ συ εἰ ὁ βασιλευς των ἰουδαιων, σωσον σεαυτον.
| 39 | οὐχι συ εἰ ὁ χριστος; σωσον σεαυτον και ἡμας.
Jh | 3 17 | οὐ γαρ ἀπεστειλεν ὁ θεος τον υἱον εἰς τον κοσμον ἱνα κρινη τον κοσμον, ἀλλ ἱνα σωθη ὁ κοσμος δι αὐτου.
| 5 34 | ἐγω δε οὐ παρα ἀνθρωπου την μαρτυριαν λαμβανω, ἀλλα ταυτα λεγω ἱνα ὑμεις σωθητε.

σωζω [107]

Jh	10 9	δι ἐμου ἐαν τις εἰσελθη, σωθησεται, και εἰσελευσεται και ἐξελευσεται και νομην εὑρησει.
	11 12	κυριε, εἰ κεκοιμηται, σωθησεται.
	12 27	πατερ, σωσον με ἐκ της ὡρας ταυτης.
	47	οὐ γαρ ἠλθον ἱνα κρινω τον κοσμον, ἀλλ ἱνα σωσω τον κοσμον.
Ac	2 21	και ἐσται πας ὁς ἀν ἐπικαλεσηται το ὀνομα κυριου σωθησεται.
	40	σωθητε ἀπο της γενεας της σκολιας ταυτης.
	47	ὁ δε κυριος προσετιθει τους σωζομενους καθ ἡμεραν ἐπι το αὐτο.
	4 9	εἰ ἡμεις σημερον ἀνακρινομεθα ἐπι εὐεργεσια ἀνθρωπου ἀσθενους, ἐν τινι οὑτος σεσωται,
	12	οὐδε γαρ ὀνομα ἐστιν ἑτερον ὑπο τον οὐρανον το δεδομενον ἐν ἀνθρωποις ἐν ὡ δει σωθηναι ἡμας.
	11 14	ἀποστειλον εἰς ἰοππην και μεταπεμψαι σιμωνα τον ἐπικαλουμενον πετρον, ὁς λαλησει ῥηματα προς σε ἐν οἱς σωθηση συ και πας ὁ οἰκος σου.
	14 9	ὁς ἀτενισας αὐτω και ἰδων ὁτι ἐχει πιστιν του σωθηναι,
	15 1	και τινες κατελθοντες ἀπο της ἰουδαιας ἐδιδασκον τους ἀδελφους ὁτι ἐαν μη περιτμηθητε τω ἐθει τω μωυσεως, οὐ δυνασθε σωθηναι.
	11	ἀλλα δια της χαριτος του κυριου ἰησου πιστευομεν σωθηναι καθ ὁν τροπον κακεινοι.
	16 30	κυριοι, τι με δει ποιειν ἱνα σωθω;
	31	πιστευσον ἐπι τον κυριον ἰησουν, και σωθηση συ και ὁ οἰκος σου.
	27 20	λοιπον περιηρειτο ἐλπις πασα του σωζεσθαι ἡμας.
	31	ἐαν μη οὑτοι μεινωσιν ἐν τω πλοιω, ὑμεις σωθηναι οὐ δυνασθε.
Rm	5 9	πολλω οὐν μαλλον δικαιωθεντες νυν ἐν τω αἱματι αὐτου σωθησομεθα δι αὐτου ἀπο της ὀργης.
	10	εἰ γαρ ἐχθροι ὀντες κατηλλαγημεν τω θεω δια του θανατου του υἱου αὐτου, πολλω μαλλον καταλλαγεντες σωθησομεθα ἐν τη ζωη αὐτου·
	8 24	τη γαρ ἐλπιδι ἐσωθημεν· ἐλπις δε βλεπομενη οὐκ ἐστιν ἐλπις·
	9 27	ἐαν ἠ ὁ ἀριθμος των υἱων ἰσραηλ ὡς ἡ ἀμμος της θαλασσης, το ὑπολειμμα σωθησεται.
	10 9	ὁτι ἐαν ὁμολογησης ἐν τω στοματι σου κυριον ἰησουν, και πιστευσης ἐν τη καρδια σου ὁτι ὁ θεος αὐτον ἠγειρεν ἐκ νεκρων, σωθηση·
	13	πας γαρ ὁς ἀν ἐπικαλεσηται το ὀνομα κυριου σωθησεται.
	11 14	ἐφ ὁσον μεν οὐν εἰμι ἐγω ἐθνων ἀποστολος, την διακονιαν μου δοξαζω, εἰ πως παραζηλωσω μου την σαρκα και σωσω τινας ἐξ αὐτων.
	26	και οὑτως πας ἰσραηλ σωθησεται, καθως γεγραπται·
1Co	1 18	ὁ λογος γαρ ὁ του σταυρου τοις μεν ἀπολλυμενοις μωρια ἐστιν, τοις δε σωζομενοις ἡμιν δυναμις θεου ἐστιν.
	21	ἐπειδη γαρ ἐν τη σοφια του θεου οὐκ ἐγνω ὁ κοσμος δια της σοφιας τον θεον, εὐδοκησεν ὁ θεος δια της μωριας του κηρυγματος σωσαι τους πιστευοντας.
	3 15	εἰ τινος το ἐργον κατακαησεται, ζημιωθησεται, αὐτος δε σωθησεται, οὑτως δε ὡς δια πυρος.
	5 5	παραδουναι τον τοιουτον τω σατανα εἰς ὀλεθρον της σαρκος, ἱνα το πνευμα σωθη ἐν τη ἡμερα του κυριου.
	7 16	τι γαρ οἰδας, γυναι, εἰ τον ἀνδρα σωσεις;
	16	ἠ τι οἰδας, ἀνερ, εἰ την γυναικα σωσεις;
	9 22	τοις πασιν γεγονα παντα, ἱνα παντως τινας σωσω.
	10 33	καθως καγω παντα πασιν ἀρεσκω, μη ζητων το ἐμαυτου συμφορον ἀλλα το των πολλων, ἱνα σωθωσιν.
	15 2	ἐν ὡ και ἐστηκατε, δι οὑ και σωζεσθε,
2Co	2 15	ὁτι χριστου εὐωδια ἐσμεν τω θεω ἐν τοις σωζομενοις και ἐν τοις ἀπολλυμενοις,
Eph	2 5	και ὀντας ἡμας νεκρους τοις παραπτωμασιν συνεζωοποιησεν τω χριστω, χαριτι ἐστε σεσωσμενοι,
	8	τη γαρ χαριτι ἐστε σεσωσμενοι δια πιστεως·
1Th	2 16	κωλυοντων ἡμας τοις ἐθνεσιν λαλησαι ἱνα σωθωσιν,
2Th	2 10	και ἐν παση ἀπατη ἀδικιας τοις ἀπολλυμενοις, ἀνθ ὡν την ἀγαπην της ἀληθειας οὐκ ἐδεξαντο εἰς το σωθηναι αὐτους.
1Tm	1 15	πιστος ὁ λογος και πασης ἀποδοχης ἀξιος, ὁτι χριστος ἰησους ἠλθεν εἰς τον κοσμον ἁμαρτωλους σωσαι·
	2 4	τουτο καλον και ἀποδεκτον ἐνωπιον του σωτηρος ἡμων θεου, ὁς παντας ἀνθρωπους θελει σωθηναι και εἰς ἐπιγνωσιν ἀληθειας ἐλθειν.
	15	σωθησεται δε δια της τεκνογονιας,
	4 16	τουτο γαρ ποιων και σεαυτον σωσεις και τους ἀκουοντας σου.
2Tm	1 9	ἀλλα συγκακοπαθησον τω εὐαγγελιω κατα δυναμιν θεου, του σωσαντος ἡμας και καλεσαντος κλησει ἁγια,

σωζω [107]

2Tm	4 18	ῥυσεται με ὁ κυριος ἀπο παντος ἐργου πονηρου και σωσει εἰς την βασιλειαν αὐτου την ἐπουρανιον·
Tit	3 5	οὐκ ἐξ ἐργων των ἐν δικαιοσυνη ἁ ἐποιησαμεν ἡμεις, ἀλλα κατα το αὐτου ἐλεος ἐσωσεν ἡμας δια λουτρου παλιγγενεσιας και ἀνακαινωσεως πνευματος ἁγιου,
Heb	5 7	ὁς ἐν ταις ἡμεραις της σαρκος αὐτου δεησεις τε και ἱκετηριας προς τον δυναμενον σωζειν αὐτον ἐκ θανατου μετα κραυγης ἰσχυρας και δακρυων
	7 25	ὁθεν και σωζειν εἰς το παντελες δυναται τους προσερχομενους δι αὐτου τω θεω,
Ja	1 21	δεξασθε τον ἐμφυτον λογον τον δυναμενον σωσαι τας ψυχας ὑμων.
	2 14	μη δυναται ἡ πιστις σωσαι αὐτον;
	4 12	εἱς ἐστιν [ὁ] νομοθετης και κριτης, ὁ δυναμενος σωσαι και ἀπολεσαι·
	5 15	και ἡ εὐχη της πιστεως σωσει τον καμνοντα,
	20	γινωσκετω ὁτι ὁ ἐπιστρεψας ἁμαρτωλον ἐκ πλανης ὁδου αὐτου σωσει ψυχην αὐτου ἐκ θανατου και καλυψει πληθος ἁμαρτιων.
1Pt	3 21	ὁ και ὑμας ἀντιτυπον νυν σωζει βαπτισμα,
	4 18	και εἰ ὁ δικαιος μολις σωζεται, ὁ ἀσεβης και ἁμαρτωλος που φανειται;
Ju	5	ὑπομνησαι δε ὑμας βουλομαι, εἰδοτας [ὑμας] παντα, ὁτι [ὁ] κυριος ἁπαξ λαον ἐκ γης αἰγυπτου σωσας το δευτερον τους μη πιστευσαντας ἀπωλεσεν,
	23	και οὑς μεν ἐλεατε διακρινομενους οὑς δε σωζετε ἐκ πυρος ἁρπαζοντες, οὑς δε ἐλεατε ἐν φοβω,

σωμα [142]

Mt	5 29	συμφερει γαρ σοι ἱνα ἀποληται ἑν των μελων σου και μη ὁλον το σωμα σου βληθη εἰς γεενναν.
	30	συμφερει γαρ σοι ἱνα ἀποληται ἑν των μελων σου και μη ὁλον το σωμα σου εἰς γεενναν ἀπελθη.
	6 22	ὁ λυχνος του σωματος ἐστιν ὁ ὀφθαλμος.
	22	ὁλον το σωμα σου φωτεινον ἐσται·
	23	ὁλον το σωμα σου σκοτεινον ἐσται.
	25	μη μεριμνατε τη ψυχη ὑμων τι φαγητε [ἠ τι πιητε], μηδε τω σωματι ὑμων τι ἐνδυσησθε.
	25	οὐχι ἡ ψυχη πλειον ἐστιν της τροφης και το σωμα του ἐνδυματος;
	10 28	και μη φοβεισθε ἀπο των ἀποκτεννοντων το σωμα,
	28	φοβεισθε δε μαλλον τον δυναμενον και ψυχην και σωμα ἀπολεσαι ἐν γεεννη.
	26 12	βαλουσα γαρ αὑτη το μυρον τουτο ἐπι του σωματος μου προς το ἐνταφιασαι με ἐποιησεν.
	26	λαβετε φαγετε· τουτο ἐστιν το σωμα μου.
	27 52	και τα μνημεια ἀνεωχθησαν και πολλα σωματα των κεκοιμημενων ἁγιων ἠγερθησαν·
	58	οὑτος προσελθων τω πιλατω ἠτησατο το σωμα του ἰησου.
	59	και λαβων το σωμα ὁ ἰωσηφ ἐνετυλιξεν αὐτο [ἐν] σινδονι καθαρα,
Mc	5 29	και ἐγνω τω σωματι ὁτι ἰαται ἀπο της μαστιγος.
	14 8	ὁ ἐσχεν ἐποιησεν· προελαβεν μυρισαι το σωμα μου εἰς τον ἐνταφιασμον.
	22	λαβετε· τουτο ἐστιν το σωμα μου.
	15 43	τολμησας εἰσηλθεν προς τον πιλατον και ἠτησατο το σωμα του ἰησου.
Lc	11 34	ὁ λυχνος του σωματος ἐστιν ὁ ὀφθαλμος σου.
	34	ὁταν ὁ ὀφθαλμος σου ἁπλους ἠ, και ὁλον το σωμα σου φωτεινον ἐστιν·
	34	ἐπαν δε πονηρος ἠ, και το σωμα σου σκοτεινον.
	36	εἰ οὐν το σωμα σου ὁλον φωτεινον, μη ἐχον μερος τι σκοτεινον, ἐσται φωτεινον ὁλον ὡς ὁταν ὁ λυχνος τη ἀστραπη φωτιζη σε.
	12 4	μη φοβηθητε ἀπο των ἀποκτεινοντων το σωμα και μετα ταυτα μη ἐχοντων περισσοτερον τι ποιησαι.
	22	εἰπεν δε προς τους μαθητας [αὐτου·] δια τουτο λεγω ὑμιν· μη μεριμνατε τη ψυχη τι φαγητε, μηδε τω σωματι τι ἐνδυσησθε. ἡ γαρ ψυχη πλειον ἐστιν της τροφης και το σωμα του ἐνδυματος.
	23	ἡ γαρ ψυχη πλειον ἐστιν της τροφης και το σωμα του ἐνδυματος.
	17 37	ὁπου το σωμα, ἐκει και οἱ ἀετοι ἐπισυναχθησονται.
	22 19	τουτο ἐστιν το σωμα μου το ὑπερ ὑμων διδομενον·
	23 52	οὑτος προσελθων τω πιλατω ἠτησατο το σωμα του ἰησου,
	55	αἱτινες ἠσαν συνεληλυθυιαι ἐκ της γαλιλαιας αὐτω, ἐθεασαντο το μνημειον και ὡς ἐτεθη το σωμα αὐτου,
	24 3	εἰσελθουσαι δε οὐχ εὑρον το σωμα του κυριου ἰησου.

σωμα [142]

Lc	24 23	και μη ευρουσαι το *σωμα* αυτου ηλθον λεγουσαι και οπτασιαν αγγελων εωρακεναι, οι λεγουσιν αυτον ζην.
Jh	2 21	εκεινος δε ελεγεν περι του ναου του *σωματος* αυτου.
	19 31	οι ουν ιουδαιοι, επει παρασκευη ην, ινα μη μεινη επι του σταυρου τα *σωματα* εν τω σαββατω, ην γαρ μεγαλη η ημερα εκεινου του σαββατου, ηρωτησαν τον πιλατον
	38	μετα δε ταυτα ηρωτησεν τον πιλατον ιωσηφ [ο] απο αριμαθαιας, ων μαθητης του ιησου κεκρυμμενος δε δια τον φοβον των ιουδαιων, ινα αρη το *σωμα* του ιησου·
	38	ηλθεν ουν και ηρεν το *σωμα* αυτου.
	40	ελαβον ουν το *σωμα* του ιησου και εδησαν αυτο οθονιοις μετα των αρωματων,
	20 12	και θεωρει δυο αγγελους εν λευκοις καθεζομενους, ενα προς τη κεφαλη και ενα προς τοις ποσιν, οπου εκειτο το *σωμα* του ιησου.
Ac	9 40	και επιστρεψας προς το *σωμα* ειπεν·
Rm	1 24	διο παρεδωκεν αυτους ο θεος εν ταις επιθυμιαις των καρδιων αυτων εις ακαθαρσιαν του ατιμαζεσθαι τα *σωματα* αυτων εν αυτοις.
	4 19	και μη ασθενησας τη πιστει κατενοησεν το εαυτου *σωμα* [ηδη] νενεκρωμενον, εκατονταετης που υπαρχων,
	6 6	τουτο γινωσκοντες, οτι ο παλαιος ημων ανθρωπος συνεσταυρωθη, ινα καταργηθη το *σωμα* της αμαρτιας, του μηκετι δουλευειν ημας τη αμαρτια·
	12	μη ουν βασιλευετω η αμαρτια εν τω θνητω υμων *σωματι* εις το υπακουειν ταις επιθυμιαις αυτου.
	7 4	ωστε, αδελφοι μου, και υμεις εθανατωθητε τω νομω δια του *σωματος* του χριστου,
	24	τις με ρυσεται εκ του *σωματος* του θανατου τουτου;
	8 10	ει δε χριστος εν υμιν, το μεν *σωμα* νεκρον δια αμαρτιαν,
	11	ο εγειρας χριστον εκ νεκρων ζωοποιησει και τα θνητα *σωματα* υμων δια του ενοικουντος αυτου πνευματος εν υμιν.
	13	ει δε πνευματι τας πραξεις του *σωματος* θανατουτε, ζησεσθε.
	23	αλλα και αυτοι την απαρχην του πνευματος εχοντες ημεις και αυτοι εν εαυτοις στεναζομεν υιοθεσιαν απεκδεχομενοι, την απολυτρωσιν του *σωματος* ημων.
	12 1	παρακαλω ουν υμας, αδελφοι, δια των οικτιρμων του θεου, παραστησαι τα *σωματα* υμων θυσιαν ζωσαν αγιαν ευαρεστον τω θεω,
	4	καθαπερ γαρ εν ενι *σωματι* πολλα μελη εχομεν, τα δε μελη παντα ου την αυτην εχει πραξιν, ουτως οι πολλοι εν *σωμα* εσμεν εν χριστω,
	5	καθαπερ γαρ εν ενι *σωματι* πολλα μελη εχομεν, τα δε μελη παντα ου την αυτην εχει πραξιν, ουτως οι πολλοι εν *σωμα* εσμεν εν χριστω,
1Co	5 3	εγω μεν γαρ, απων τω *σωματι*, παρων δε τω πνευματι, ηδη κεκρικα ως παρων τον ουτως τουτο κατεργασαμενον
	6 13	το δε *σωμα* ου τη πορνεια αλλα τω κυριω, και ο κυριος τω *σωματι·*
	13	το δε *σωμα* ου τη πορνεια αλλα τω κυριω, και ο κυριος τω *σωματι·*
	15	ουκ οιδατε οτι τα *σωματα* υμων μελη χριστου εστιν;
	16	[η] ουκ οιδατε οτι ο κολλωμενος τη πορνη εν *σωμα* εστιν;
	18	παν αμαρτημα ο εαν ποιηση ανθρωπος εκτος του *σωματος* εστιν·
	18	ο δε πορνευων εις το ιδιον *σωμα* αμαρτανει.
	19	η ουκ οιδατε οτι το *σωμα* υμων ναος του εν υμιν αγιου πνευματος εστιν, ου εχετε απο θεου, και ουκ εστε εαυτων;
	20	δοξασατε δη τον θεον εν τω *σωματι* υμων.
	7 4	η γυνη του ιδιου *σωματος* ουκ εξουσιαζει αλλα ο ανηρ·
	4	ομοιως δε και ο ανηρ του ιδιου *σωματος* ουκ εξουσιαζει αλλα η γυνη.
	34	και η γυνη η αγαμος και η παρθενος μεριμνα τα του κυριου, ινα η αγια και τω *σωματι* και τω πνευματι·
	9 27	αλλα υπωπιαζω μου το *σωμα* και δουλαγωγω, μη πως αλλοις κηρυξας αυτος αδοκιμος γενωμαι.
	10 16	τον αρτον ον κλωμεν, ουχι κοινωνια του *σωματος* του χριστου εστιν;
	17	οτι εις αρτος, εν *σωμα* οι πολλοι εσμεν·
	11 24	τουτο μου εστιν το *σωμα* το υπερ υμων·
	27	ωστε ος αν εσθιη τον αρτον η πινη το ποτηριον του κυριου αναξιως, ενοχος εσται του *σωματος* και του αιματος του κυριου.
	29	ο γαρ εσθιων και πινων κριμα εαυτω εσθιει και πινει μη διακρινων το *σωμα*.
	12 12	καθαπερ γαρ το *σωμα* εν εστιν και μελη πολλα εχει, παντα δε τα μελη του *σωματος* πολλα οντα εν εστιν *σωμα*, ουτως και ο χριστος·

σωμα [142]

1Co	12 12	καθαπερ γαρ το *σωμα* εν εστιν και μελη πολλα εχει, παντα δε τα μελη του *σωματος* πολλα οντα εν εστιν *σωμα*, ουτως και ο χριστος·
	12	καθαπερ γαρ το *σωμα* εν εστιν και μελη πολλα εχει, παντα δε τα μελη του *σωματος* πολλα οντα εν εστιν *σωμα*, ουτως και ο χριστος·
	13	και γαρ εν ενι πνευματι ημεις παντες εις εν *σωμα* εβαπτισθημεν,
	14	και γαρ το *σωμα* ουκ εστιν εν μελος αλλα πολλα.
	15	εαν ειπη ο πους· οτι ουκ ειμι χειρ, ουκ ειμι εκ του *σωματος*, ου παρα τουτο ουκ εστιν εκ του *σωματος*.
	15	εαν ειπη ο πους· οτι ουκ ειμι χειρ, ουκ ειμι εκ του *σωματος*, ου παρα τουτο ουκ εστιν εκ του *σωματος*.
	16	και εαν ειπη το ους· οτι ουκ ειμι οφθαλμος, ουκ ειμι εκ του *σωματος*, ου παρα τουτο ουκ εστιν εκ του *σωματος*.
	16	και εαν ειπη το ους· οτι ουκ ειμι οφθαλμος, ουκ ειμι εκ του *σωματος*, ου παρα τουτο ουκ εστιν εκ του *σωματος*.
	17	ει ολον το *σωμα* οφθαλμος, που η ακοη;
	18	νυνι δε ο θεος εθετο τα μελη, εν εκαστον αυτων εν τω *σωματι* καθως ηθελησεν.
	19	ει δε ην τα παντα εν μελος, που το *σωμα*;
	20	νυν δε πολλα μεν μελη, εν δε *σωμα*.
	22	αλλα πολλω μαλλον τα δοκουντα μελη του *σωματος* ασθενεστερα υπαρχειν αναγκαια εστιν,
	23	και α δοκουμεν ατιμοτερα ειναι του *σωματος*, τουτοις τιμην περισσοτεραν περιτιθεμεν,
	24	αλλα ο θεος συνεκερασεν το *σωμα*, τω υστερουμενω περισσοτεραν δους τιμην, ινα μη η σχισμα εν τω *σωματι*,
	25	αλλα ο θεος συνεκερασεν το *σωμα*, τω υστερουμενω περισσοτεραν δους τιμην, ινα μη η σχισμα εν τω *σωματι*,
	27	υμεις δε εστε *σωμα* χριστου και μελη εκ μερους.
	13 3	καν ψωμισω παντα τα υπαρχοντα μου, και εαν παραδω το *σωμα* μου ινα καυχησωμαι, αγαπην δε μη εχω, ουδεν ωφελουμαι.
	15 35	αλλα ερει τις· πως εγειρονται οι νεκροι; ποιω δε *σωματι* ερχονται;
	37	και ο σπειρεις, ου το *σωμα* το γενησομενον σπειρεις, αλλα γυμνον κοκκον ει τυχοι σιτου η τινος των λοιπων·
	38	ο δε θεος διδωσιν αυτω *σωμα* καθως ηθελησεν,
	38	ο δε θεος διδωσιν αυτω *σωμα* καθως ηθελησεν, και εκαστω των σπερματων ιδιον *σωμα*.
	40	και *σωματα* επουρανια, και *σωματα* επιγεια·
	40	και *σωματα* επουρανια, και *σωματα* επιγεια·
	44	σπειρεται *σωμα* ψυχικον, εγειρεται *σωμα* πνευματικον.
	44	σπειρεται *σωμα* ψυχικον, εγειρεται *σωμα* πνευματικον.
	44	ει εστιν *σωμα* ψυχικον, εστιν και πνευματικον.
2Co	4 10	παντοτε την νεκρωσιν του ιησου εν τω *σωματι* περιφεροντες,
	10	παντοτε την νεκρωσιν του ιησου εν τω *σωματι* περιφεροντες, ινα και η ζωη του ιησου εν τω *σωματι* ημων φανερωθη.
	5 6	θαρρουντες ουν παντοτε και ειδοτες οτι ενδημουντες εν τω *σωματι* εκδημουμεν απο του κυριου·
	8	θαρρουμεν δε και ευδοκουμεν μαλλον εκδημησαι εκ του *σωματος* και ενδημησαι προς τον κυριον.
	10	τους γαρ παντας ημας φανερωθηναι δει εμπροσθεν του βηματος του χριστου, ινα κομισηται εκαστος τα δια του *σωματος* προς α επραξεν,
	10 10	η δε παρουσια του *σωματος* ασθενης και ο λογος εξουθενημενος.
	12 2	ειτε εν *σωματι* ουκ οιδα, ειτε εκτος του *σωματος* ουκ οιδα, ο θεος οιδεν, αρπαγεντα τον τοιουτον εως τριτου ουρανου.
	2	ειτε εν *σωματι* ουκ οιδα, ειτε εκτος του *σωματος* ουκ οιδα, ο θεος οιδεν, αρπαγεντα τον τοιουτον εως τριτου ουρανου.
	3	και οιδα τον τοιουτον ανθρωπον ειτε εν *σωματι* ειτε χωρις του *σωματος* ουκ οιδα, ο θεος οιδεν, οτι ηρπαγη εις τον παραδεισον
	3	και οιδα τον τοιουτον ανθρωπον ειτε εν *σωματι* ειτε χωρις του *σωματος* ουκ οιδα, ο θεος οιδεν, οτι ηρπαγη εις τον παραδεισον
Ga	6 17	εγω γαρ τα στιγματα του ιησου εν τω *σωματι* μου βασταζω.
Eph	1 23	και αυτον εδωκεν κεφαλην υπερ παντα τη εκκλησια, ητις εστιν το *σωμα* αυτου,
	2 16	και αποκαταλλαξη τους αμφοτερους εν ενι *σωματι* τω θεω δια του σταυρου,
	4 4	εν *σωμα* και εν πνευμα, καθως και εκληθητε εν μια ελπιδι της κλησεως υμων·
	12	προς τον καταρτισμον των αγιων εις εργον διακονιας, εις οικοδομην του *σωματος* του χριστου,
	16	ος εστιν η κεφαλη, χριστος, εξ ου παν το *σωμα* συναρμολογουμενον

σωμα [142]

Eph	4 16	κατ ενεργειαν εν μετρω ενος εκαστου μερους την αυξησιν του *σωματος* ποιειται εις οικοδομην εαυτου εν αγαπη.
	5 23	οτι ανηρ εστιν κεφαλη της γυναικος ως και ο χριστος κεφαλη της εκκλησιας, αυτος σωτηρ του *σωματος*.
	28	ουτως οφειλουσιν [και] οι ανδρες αγαπαν τας εαυτων γυναικας ως τα εαυτων *σωματα*.
	30	καθως και ο χριστος την εκκλησιαν, οτι μελη εσμεν του *σωματος* αυτου.
Php	1 20	αλλ εν παση παρρησια ως παντοτε και νυν μεγαλυνθησεται χριστος εν τω *σωματι* μου,
	3 21	εξ ου και σωτηρα απεκδεχομεθα κυριον ιησουν χριστον, ος μετασχηματισει το *σωμα* της ταπεινωσεως ημων συμμορφον τω *σωματι* της δοξης αυτου,
	21	εξ ου και σωτηρα απεκδεχομεθα κυριον ιησουν χριστον, ος μετασχηματισει το *σωμα* της ταπεινωσεως ημων συμμορφον τω *σωματι* της δοξης αυτου,
Col	1 18	και αυτος εστιν η κεφαλη του *σωματος*, της εκκλησιας·
	22	νυνι δε αποκατηλλαξεν εν τω *σωματι* της σαρκος αυτου δια του θανατου,
	24	και ανταναπληρω τα υστερηματα των θλιψεων του χριστου εν τη σαρκι μου υπερ του *σωματος* αυτου,
	2 11	εν ω και περιετμηθητε περιτομη αχειροποιητω εν τη απεκδυσει του *σωματος* της σαρκος,
	17	α εστιν σκια των μελλοντων, το δε *σωμα* του χριστου.
	19	και ου κρατων την κεφαλην, εξ ου παν το *σωμα* δια των αφων και συνδεσμων επιχορηγουμενον και συμβιβαζομενον αυξει την αυξησιν του θεου.
	23	ατινα εστιν λογον μεν εχοντα σοφιας εν εθελοθρησκια και ταπεινοφροσυνη [και] αφειδια *σωματος*,
	3 15	και η ειρηνη του χριστου βραβευετω εν ταις καρδιαις υμων, εις ην και εκληθητε εν ενι *σωματι*·
1Th	5 23	και ολοκληρον υμων το πνευμα και η ψυχη και το *σωμα* αμεμπτως εν τη παρουσια του κυριου ημων ιησου χριστου τηρηθειη.
Heb	10 5	θυσιαν και προσφοραν ουκ ηθελησας, *σωμα* δε κατηρτισω μοι·
	10	εν ω θεληματι ηγιασμενοι εσμεν δια της προσφορας του *σωματος* ιησου χριστου εφαπαξ.
	22	ρεραντισμενοι τας καρδιας απο συνειδησεως πονηρας και λελουσμενοι το *σωμα* υδατι καθαρω·
	13 3	μιμνησκεσθε των δεσμιων ως συνδεδεμενοι, των κακουχουμενων ως και αυτοι οντες εν *σωματι*.
	11	ων γαρ εισφερεται ζωων το αιμα περι αμαρτιας εις τα αγια δια του αρχιερεως, τουτων τα *σωματα* κατακαιεται εξω της παρεμβολης.
Ja	2 16	μη δωτε δε αυτοις τα επιτηδεια του *σωματος*, τι το οφελος;
	26	ωσπερ γαρ το *σωμα* χωρις πνευματος νεκρον εστιν, ουτως και η πιστις χωρις εργων νεκρα εστιν.
	3 2	ουτος τελειος ανηρ, δυνατος χαλιναγωγησαι και ολον το *σωμα*.
	3	ει δε των ιππων τους χαλινους εις τα στοματα βαλλομεν εις το πειθεσθαι αυτους ημιν, και ολον το *σωμα* αυτων μεταγομεν.
	6	η σπιλουσα ολον το *σωμα* και φλογιζουσα τον τροχον της γενεσεως και φλογιζομενη υπο της γεεννης.
1Pt	2 24	ος τας αμαρτιας ημων αυτος ανηνεγκεν εν τω *σωματι* αυτου επι το ξυλον,
Ju	9	ο δε μιχαηλ ο αρχαγγελος, οτε τω διαβολω διακρινομενος διελεγετο περι του μωυσεως *σωματος*, ουκ ετολμησεν κρισιν επενεγκειν βλασφημιας.
Apc	18 13	και σιτον και κτηνη και προβατα, και ιππων και ρεδων και *σωματων*,

σωματικος [2]

Lc	3 22	εγενετο δε εν τω βαπτισθηναι απαντα τον λαον και ιησου βαπτισθεντος και προσευχομενου ανεωχθηναι τον ουρανον και καταβηναι το πνευμα το αγιον *σωματικω* ειδει ως περιστεραν επ αυτον,
1Tm	4 8	η γαρ *σωματικη* γυμνασια προς ολιγον εστιν ωφελιμος·

σωματικως [1]

Col	2 9	οτι εν αυτω κατοικει παν το πληρωμα της θεοτητος *σωματικως*,

σωπατρος [1]

Ac	20 4	συνειπετο δε αυτω *σωπατρος* πυρρου βεροιαιος, θεσσαλονικεων δε αρισταρχος και σεκουνδος, και γαιος δερβαιος και τιμοθεος, ασιανοι δε τυχικος και τροφιμος.

σωρευω [2]

Rm	12 20	τουτο γαρ ποιων ανθρακας πυρος *σωρευσεις* επι την κεφαλην αυτου.
2Tm	3 6	εκ τουτων γαρ εισιν οι ενδυνοντες εις τας οικιας και αιχμαλωτιζοντες γυναικαρια *σεσωρευμενα* αμαρτιαις,

σωσθενης [2]

Ac	18 17	επιλαβομενοι δε παντες *σωσθενην* τον αρχισυναγωγον ετυπτον εμπροσθεν του βηματος·
1Co	1 1	παυλος κλητος αποστολος χριστου ιησου δια θεληματος θεου και *σωσθενης* ο αδελφος

σωσιπατρος [1]

Rm	16 21	ασπαζεται υμας τιμοθεος ο συνεργος μου, και λουκιος και ιασων και *σωσιπατρος* οι συγγενεις μου.

σωτηρ [24]

Lc	1 47	και ηγαλλιασεν το πνευμα μου επι τω θεω τω *σωτηρι* μου·
	2 11	ιδου γαρ ευαγγελιζομαι υμιν χαραν μεγαλην, ητις εσται παντι τω λαω, οτι ετεχθη υμιν σημερον *σωτηρ*,
Jh	4 42	αυτοι γαρ ακηκοαμεν, και οιδαμεν οτι ουτος εστιν αληθως ο *σωτηρ* του κοσμου.
Ac	5 31	τουτον ο θεος αρχηγον και *σωτηρα* υψωσεν τη δεξια αυτου [του] δουναι μετανοιαν τω ισραηλ και αφεσιν αμαρτιων.
	13 23	τουτου ο θεος απο του σπερματος κατ επαγγελιαν ηγαγεν τω ισραηλ *σωτηρα* ιησουν,
Eph	5 23	οτι ανηρ εστιν κεφαλη της γυναικος ως και ο χριστος κεφαλη της εκκλησιας, αυτος *σωτηρ* του σωματος.
Php	3 20	ημων γαρ το πολιτευμα εν ουρανοις υπαρχει, εξ ου και *σωτηρα* απεκδεχομεθα κυριον ιησουν χριστον,
1Tm	1 1	παυλος αποστολος χριστου ιησου κατ επιταγην θεου *σωτηρος* ημων και χριστου ιησου της ελπιδος ημων
	2 3	τουτο καλον και αποδεκτον ενωπιον του *σωτηρος* ημων θεου,
	4 10	οτι ηλπικαμεν επι θεω ζωντι, ος εστιν *σωτηρ* παντων ανθρωπων,
2Tm	1 10	φανερωθεισαν δε νυν δια της επιφανειας του *σωτηρος* ημων χριστου ιησου,
Tit	1 3	εφανερωσεν δε καιροις ιδιοις τον λογον αυτου εν κηρυγματι ο επιστευθην εγω κατ επιταγην του *σωτηρος* ημων θεου,
	4	χαρις και ειρηνη απο θεου πατρος και χριστου ιησου του *σωτηρος* ημων.
	2 10	αλλα πασαν πιστιν ενδεικνυμενους αγαθην, ινα την διδασκαλιαν την του *σωτηρος* ημων θεου κοσμωσιν εν πασιν.
	13	προσδεχομενοι την μακαριαν ελπιδα και επιφανειαν της δοξης του μεγαλου θεου και *σωτηρος* ημων ιησου χριστου,
	3 4	οτε δε η χρηστοτης και η φιλανθρωπια επεφανη του *σωτηρος* ημων θεου,
	6	αλλα κατα το αυτου ελεος εσωσεν ημας δια λουτρου παλιγγενεσιας και ανακαινωσεως πνευματος αγιου, ου εξεχεεν εφ ημας πλουσιως δια ιησου χριστου του *σωτηρος* ημων,
2Pt	1 1	συμεων πετρος δουλος και αποστολος ιησου χριστου τοις ισοτιμον ημιν λαχουσιν πιστιν εν δικαιοσυνη του θεου ημων και *σωτηρος* ιησου χριστου·
	11	ουτως γαρ πλουσιως επιχορηγηθησεται υμιν η εισοδος εις την αιωνιον βασιλειαν του κυριου ημων και *σωτηρος* ιησου χριστου.
	2 20	ει γαρ αποφυγοντες τα μιασματα του κοσμου εν επιγνωσει του κυριου [ημων] και *σωτηρος* ιησου χριστου, τουτοις δε παλιν εμπλακεντες ηττωνται, γεγονεν αυτοις τα εσχατα χειρονα των πρωτων.
	3 2	μνησθηναι των προειρημενων ρηματων υπο των αγιων προφητων και της των αποστολων υμων εντολης του κυριου και *σωτηρος*,
	18	αυξανετε δε εν χαριτι και γνωσει του κυριου ημων και *σωτηρος* ιησου χριστου.
1Jh	4 14	και ημεις τεθεαμεθα και μαρτυρουμεν οτι ο πατηρ απεσταλκεν τον υιον *σωτηρα* του κοσμου.
Ju	25	μονω θεω *σωτηρι* ημων δια ιησου χριστου του κυριου ημων δοξα μεγαλωσυνη κρατος και εξουσια προ παντος του αιωνος και νυν και εις παντας τους αιωνας·

σωτηρια [46]

Mc   16 8*   μετα δε ταυτα και αυτος ὁ ἰησους ἀπο ἀνατολης και ἀχρι δυσεως ἐξαπεστειλεν δι αὐτων το ἱερον και ἀφθαρτον κηρυγμα της αἰωνιου *σωτηριας* ἀμην.

Lc   1 69   και ἡγειρεν κερας *σωτηριας* ἡμιν ἐν οἰκῳ δαυιδ παιδος αὐτου,

  71   *σωτηριαν* ἐξ ἐχθρων ἡμων και ἐκ χειρος παντων των μισουντων ἡμας,

  77   προπορευση γαρ ἐνωπιον κυριου ἐτοιμασαι ὁδους αὐτου, του δουναι γνωσιν *σωτηριας* τω λαω αὐτου ἐν ἀφεσει ἁμαρτιων αὐτων,

  19 9   εἰπεν δε προς αὐτον ὁ ἰησους ὁτι σημερον *σωτηρια* τω οἰκω τουτω ἐγενετο,

Jh   4 22   ἡμεις προσκυνουμεν ὁ οἰδαμεν, ὁτι ἡ *σωτηρια* ἐκ των ἰουδαιων ἐστιν·

Ac   4 12   και οὐκ ἐστιν ἐν ἀλλω οὐδενι ἡ *σωτηρια*·

  7 25   ἐνομιζεν δε συνιεναι τους ἀδελφους [αὐτου] ὁτι ὁ θεος δια χειρος αὐτου διδωσιν *σωτηριαν* αὐτοις·

  13 26   ἀνδρες ἀδελφοι, υἱοι γενους ἀβρααμ και οἱ ἐν ὑμιν φοβουμενοι τον θεον, ἡμιν ὁ λογος της *σωτηριας* ταυτης ἐξαπεσταλη.

  47   τεθεικα σε εἰς φως ἐθνων του εἰναι σε εἰς *σωτηριαν* ἑως ἐσχατου της γης.

  16 17   οὑτοι οἱ ἀνθρωποι δουλοι του θεου του ὑψιστου εἰσιν, οἱτινες καταγγελλουσιν ὑμιν ὁδον *σωτηριας*.

  27 34   τουτο γαρ προς της ὑμετερας *σωτηριας* ὑπαρχει·

Rm   1 16   δυναμις γαρ θεου ἐστιν εἰς *σωτηριαν* παντι τω πιστευοντι,

  10 1   ἀδελφοι, ἡ μεν εὐδοκια της ἐμης καρδιας και ἡ δεησις προς τον θεον ὑπερ αὐτων εἰς *σωτηριαν*.

  10   καρδια γαρ πιστευεται εἰς δικαιοσυνην, στοματι δε ὁμολογειται εἰς *σωτηριαν*.

  11 11   ἀλλα τω αὐτων παραπτωματι ἡ *σωτηρια* τοις ἐθνεσιν, εἰς το παραζηλωσαι αὐτους.

  13 11   νυν γαρ ἐγγυτερον ἡμων ἡ *σωτηρια* ἠ ὁτε ἐπιστευσαμεν.

2Co   1 6   εἰτε δε θλιβομεθα, ὑπερ της ὑμων παρακλησεως και *σωτηριας*·

  6 2   καιρω δεκτω ἐπηκουσα σου και ἐν ἡμερα *σωτηριας* ἐβοηθησα σοι·

  2   ἰδου νυν καιρος εὐπροσδεκτος, ἰδου νυν ἡμερα *σωτηριας*·

  7 10   ἡ γαρ κατα θεον λυπη μετανοιαν εἰς *σωτηριαν* ἀμεταμελητον ἐργαζεται·

Eph   1 13   ἐν ᾡ και ὑμεις, ἀκουσαντες τον λογον της ἀληθειας, το εὐαγγελιον της *σωτηριας* ὑμων,

Php   1 19   οἰδα γαρ ὁτι τουτο μοι ἀποβησεται εἰς *σωτηριαν* δια της ὑμων δεησεως και ἐπιχορηγιας του πνευματος ἰησου χριστου,

  28   ἡτις ἐστιν αὐτοις ἐνδειξις ἀπωλειας, ὑμων δε *σωτηριας*, και τουτο ἀπο θεου·

  2 12   μετα φοβου και τρομου την ἑαυτων *σωτηριαν* κατεργαζεσθε·

1Th   5 8   ἐνδυσαμενοι θωρακα πιστεως και ἀγαπης και περικεφαλαιαν ἐλπιδα *σωτηριας*·

  9   ὁτι οὐκ ἐθετο ἡμας ὁ θεος εἰς ὀργην ἀλλα εἰς περιποιησιν *σωτηριας* δια του κυριου ἡμων ἰησου χριστου,

2Th   2 13   ὁτι εἰλατο ὑμας ὁ θεος ἀπαρχην εἰς *σωτηριαν* ἐν ἁγιασμω πνευματος και πιστει ἀληθειας,

2Tm   2 10   δια τουτο παντα ὑπομενω δια τους ἐκλεκτους, ἱνα και αὐτοι *σωτηριας* τυχωσιν της ἐν χριστω ἰησου μετα δοξης αἰωνιου.

  3 15   και ὁτι ἀπο βρεφους [τα] ἱερα γραμματα οἰδας, τα δυναμενα σε σοφισαι εἰς *σωτηριαν* δια πιστεως της ἐν χριστω ἰησου.

Heb   1 14   οὐχι παντες εἰσιν λειτουργικα πνευματα εἰς διακονιαν ἀποστελλομενα δια τους μελλοντας κληρονομειν *σωτηριαν*;

  2 3   πως ἡμεις ἐκφευξομεθα τηλικαυτης ἀμελησαντες *σωτηριας*;

  10   ἐπρεπεν γαρ αὐτω, δι ὁν τα παντα και δι οὑ τα παντα, πολλους υἱους εἰς δοξαν ἀγαγοντα τον ἀρχηγον της *σωτηριας* αὐτων δια παθηματων τελειωσαι.

  5 9   και τελειωθεις ἐγενετο πασιν τοις ὑπακουουσιν αὐτω αἰτιος *σωτηριας* αἰωνιου,

  6 9   πεπεισμεθα δε περι ὑμων, ἀγαπητοι, τα κρεισσονα και ἐχομενα *σωτηριας*, εἰ και οὑτως λαλουμεν.

  9 28   ἐκ δευτερου χωρις ἁμαρτιας ὀφθησεται τοις αὐτον ἀπεκδεχομενοις εἰς *σωτηριαν*.

  11 7   πιστει χρηματισθεις νωε περι των μηδεπω βλεπομενων, εὐλαβηθεις κατεσκευασεν κιβωτον εἰς *σωτηριαν* του οἰκου αὐτου,

1Pt   1 5   τετηρημενην ἐν οὐρανοις εἰς ὑμας τους ἐν δυναμει θεου φρουρουμενους δια πιστεως εἰς *σωτηριαν* ἑτοιμην ἀποκαλυφθηναι ἐν καιρω ἐσχατω·

  9   κομιζομενοι το τελος της πιστεως [ὑμων] *σωτηριαν* ψυχων.

  10   περι ἡς *σωτηριας* ἐξεζητησαν και ἐξηραυνησαν προφηται οἱ περι της εἰς ὑμας χαριτος προφητευσαντες,

  2 2   ὡς ἀρτιγεννητα βρεφη το λογικον ἀδολον γαλα ἐπιποθησατε, ἱνα ἐν αὐτω αὐξηθητε εἰς *σωτηριαν*,

2Pt   3 15   και την του κυριου ἡμων μακροθυμιαν *σωτηριαν* ἡγεισθε,

---

σωτηρια [46]

Ju   3   ἀγαπητοι, πασαν σπουδην ποιουμενος γραφειν ὑμιν περι της κοινης ἡμων *σωτηριας*, ἀναγκην ἐσχον γραψαι ὑμιν παρακαλων

Apc   7 10   ἡ *σωτηρια* τω θεω ἡμων τω καθημενω ἐπι τω θρονω και τω ἀρνιω.

  12 10   ἀρτι ἐγενετο ἡ *σωτηρια* και ἡ δυναμις και ἡ βασιλεια του θεου ἡμων

  19 1   ἡ *σωτηρια* και ἡ δοξα και ἡ δυναμις του θεου ἡμων,

σωτηριον [4]

Lc   2 30   νυν ἀπολυεις τον δουλον σου, δεσποτα, κατα το ρημα σου ἐν εἰρηνη· ὁτι εἰδον οἱ ὀφθαλμοι μου το *σωτηριον* σου,

  3 6   και ὀψεται πασα σαρξ το *σωτηριον* του θεου.

Ac   28 28   γνωστον οὐν ἐστω ὑμιν ὁτι τοις ἐθνεσιν ἀπεσταλη τουτο το *σωτηριον* του θεου·

Eph   6 17   και την περικεφαλαιαν του *σωτηριου* δεξασθε,

σωτηριος [1]

Tit   2 11   ἐπεφανη γαρ ἡ χαρις του θεου *σωτηριος* πασιν ἀνθρωποις,

σωφρονεω [6]

Mc   5 15   και ἐρχονται προς τον ἰησουν, και θεωρουσιν τον δαιμονιζομενον καθημενον ἱματισμενον και *σωφρονουντα*, τον ἐσχηκοτα τον λεγιωνα, και ἐφοβηθησαν.

Lc   8 35   και εὑρον καθημενον τον ἀνθρωπον ἀφ οὑ τα δαιμονια ἐξηλθεν ἱματισμενον και *σωφρονουντα* παρα τους ποδας του ἰησου, και ἐφοβηθησαν.

Rm   12 3   μη ὑπερφρονειν παρ ὁ δει φρονειν, ἀλλα φρονειν εἰς το *σωφρονειν*,

2Co   5 13   εἰτε γαρ ἐξεστημεν, θεω· εἰτε *σωφρονουμεν*, ὑμιν.

Tit   2 6   τους νεωτερους ὡσαυτως παρακαλει *σωφρονειν* περι παντα,

1Pt   4 7   *σωφρονησατε* οὐν και νηψατε εἰς προσευχας·

σωφρονιζω [1]

Tit   2 4   ἱνα *σωφρονιζωσιν* τας νεας φιλανδρους εἰναι,

σωφρονισμος [1]

2Tm   1 7   οὐ γαρ ἐδωκεν ἡμιν ὁ θεος πνευμα δειλιας, ἀλλα δυναμεως και ἀγαπης και *σωφρονισμου*.

σωφρονως [1]

Tit   2 12   παιδευουσα ἡμας, ἱνα ἀρνησαμενοι την ἀσεβειαν και τας κοσμικας ἐπιθυμιας *σωφρονως* και δικαιως και εὐσεβως ζησωμεν ἐν τω νυν αἰωνι,

σωφροσυνη [3]

Ac   26 25   οὐ μαινομαι, φησιν, κρατιστε φηστε, ἀλλα ἀληθειας και *σωφροσυνης* ρηματα ἀποφθεγγομαι.

1Tm   2 9   ὡσαυτως [και] γυναικας ἐν καταστολη κοσμιω, μετα αἰδους και *σωφροσυνης* κοσμειν ἑαυτας,

  15   σωθησεται δε δια της τεκνογονιας, ἐαν μεινωσιν ἐν πιστει και ἀγαπη και ἁγιασμω μετα *σωφροσυνης*.

σωφρων [4]

1Tm   3 2   δει οὐν τον ἐπισκοπον ἀνεπιλημπτον εἰναι, μιας γυναικος ἀνδρα, νηφαλιον, *σωφρονα*, κοσμιον, φιλοξενον, διδακτικον,

Tit   1 8   μη αἰσχροκερδη, ἀλλα φιλοξενον, φιλαγαθον, *σωφρονα*, δικαιον, ὁσιον, ἐγκρατη, ἀντεχομενον του κατα την διδαχην πιστου λογου,

  2 2   πρεσβυτας νηφαλιους εἰναι, σεμνους, *σωφρονας*, ὑγιαινοντας τη πιστει, τη ἀγαπη, τη ὑπομονη·

  5   ἱνα σωφρονιζωσιν τας νεας φιλανδρους εἰναι, φιλοτεκνους, *σωφρονας*, ἁγνας, οἰκουργους, ἀγαθας, ὑποτασσομενας τοις ἰδιοις ἀνδρασιν,

T

ταβερνη [1]

Ac 28 15 κακειθεν οἱ άδελφοι άκουσαντες τα περι ήμων ήλθαν είς άπαντησιν ήμιν άχρι άππιουφορου και *τριωνταβερνων,*

ταβιθα [2]

Ac 9 36 ἐν ἰοππῃ δε τις ἠν μαθητρια όνοματι *ταβιθα,*
40 και ἐπιστρεψας προς το σωμα είπεν· *ταβιθα,* άναστηθι.

ταγμα [1]

1Co 15 23 ἐκαστος δε ἐν τῳ ἰδιῳ *ταγματι·*

τακτος [1]

Ac 12 21 *τακτῃ* δε ήμερᾳ ὁ ήρωδης ἐνδυσαμενος ἐσθητα βασιλικην [και] καθισας ἐπι του βηματος ἐδημηγορει προς αὐτους·

ταλαιπωρεω [1]

Ja 4 9 *ταλαιπωρησατε* και πενθησατε και κλαυσατε·

ταλαιπωρια [2]

Rm 3 16 συντριμμα και *ταλαιπωρια* ἐν ταις ὁδοις αὐτων,
Ja 5 1 άγε νυν οἱ πλουσιοι, κλαυσατε ὁλολυζοντες ἐπι ταις *ταλαιπωριαις* ὑμων ταις ἐπερχομεναις.

ταλαιπωρος [2]

Rm 7 24 *ταλαιπωρος* ἐγω άνθρωπος· τίς με ρυσεται ἐκ του σωματος του θανατου τουτου;
Apc 3 17 και οὐκ οἰδας ὁτι συ εἰ ὁ *ταλαιπωρος* και ἐλεεινος και πτωχος και τυφλος και γυμνος,

ταλαντιαιος [1]

Apc 16 21 και χαλαζα μεγαλη ὡς *ταλαντιαια* καταβαινει ἐκ του οὐρανου ἐπι τους άνθρωπους·

ταλαντον [14]

Mt 18 24 άρξαμενου δε αὐτου συναιρειν, προσηνεχθη αὐτῳ εἱς ὁφειλετης μυριων *ταλαντων.*
25 15 και ᾡ μεν ἐδωκεν πεντε *ταλαντα,* ᾡ δε δυο, ᾡ δε ἐν, ἐκαστῳ κατα την ἰδιαν δυναμιν,
16 εὐθεως πορευθεις ὁ τα πεντε *ταλαντα* λαβων ήργασατο ἐν αὐτοις και ἐκερδησεν άλλα πεντε·
20 και προσελθων ὁ τα πεντε *ταλαντα* λαβων προσηνεγκεν άλλα πεντε *ταλαντα* λεγων·
20 και προσελθων ὁ τα πεντε *ταλαντα* λαβων προσηνεγκεν άλλα πεντε *ταλαντα* λεγων·
20 κυριε, πεντε *ταλαντα* μοι παρεδωκας· ἰδε άλλα πεντε *ταλαντα* ἐκερδησα.
20 κυριε, πεντε *ταλαντα* μοι παρεδωκας· ἰδε άλλα πεντε *ταλαντα* ἐκερδησα.
22 προσελθων [δε] και ὁ τα δυο *ταλαντα* είπεν·
22 κυριε, δυο *ταλαντα* μοι παρεδωκας· ἰδε άλλα δυο *ταλαντα* ἐκερδησα.
22 κυριε, δυο *ταλαντα* μοι παρεδωκας· ἰδε άλλα δυο *ταλαντα* ἐκερδησα.
24 προσελθων δε και ὁ το ἐν *ταλαντον* εἰληφως είπεν·
25 και φοβηθεις άπελθων ἐκρυψα το *ταλαντον* σου ἐν τῃ γῃ· ἰδε ἐχεις το σον.
28 άρατε οὐν άπ αὐτου το *ταλαντον* και δοτε τῳ ἐχοντι τα δεκα *ταλαντα·*
28 άρατε οὐν άπ αὐτου το *ταλαντον* και δοτε τῳ ἐχοντι τα δεκα *ταλαντα·*

ταλιθα [1]

Mc 5 41 και κρατησας της χειρος του παιδιου λεγει αὐτῃ· *ταλιθα* κουμ,

ταμειον [4]

Mt 6 6 είσελθε είς το *ταμειον* σου και κλεισας την θυραν σου πρόσευξαι τῳ πατρι σου τῳ ἐν τῳ κρυπτῳ·
24 26 ἐαν οὐν είπωσιν ὑμιν· ἰδου ἐν τῃ ἐρημῳ ἐστιν, μη ἐξελθητε· ἰδου ἐν τοις *ταμειοις,* μη πιστευσητε·
Lc 12 3 και ὁ προς το οὐς ἐλαλησατε ἐν τοις *ταμειοις* κηρυχθησεται ἐπι των δωματων.
24 κατανοησατε τους κορακας, ὁτι οὐ σπειρουσιν οὐδε θεριζουσιν, οἱς οὐκ ἐστιν *ταμειον* οὐδε άποθηκη, και ὁ θεος τρεφει αὐτους·

ταξις [9]

Lc 1 8 ἐγενετο δε ἐν τῳ ἰερατευειν αὐτον ἐν τῃ *ταξει* της ἐφημεριας αὐτου ἐναντι του θεου,
1Co 14 40 παντα δε εὐσχημονως και κατα *ταξιν* γινεσθω.
Col 2 5 άλλα τῳ πνευματι συν ὑμιν εἰμι, χαιρων και βλεπων ὑμων την *ταξιν* και το στερεωμα της είς χριστον πιστεως ὑμων.
Heb 5 6 συ ἱερευς είς τον αἰωνα κατα την *ταξιν* μελχισεδεκ.
10 προσαγορευθεις ὑπο του θεου άρχιερευς κατα την *ταξιν* μελχισεδεκ.
6 20 ὁπου προδρομος ὑπερ ήμων είσηλθεν ἰησους, κατα την *ταξιν* μελχισεδεκ άρχιερευς γενομενος είς τον αἰωνα.
7 11 τίς ἐτι χρεια κατα την *ταξιν* μελχισεδεκ ἑτερον άνιστασθαι ἱερεα και οὐ κατα την ταξιν ἀαρων λεγεσθαι;
11 τίς ἐτι χρεια κατα την *ταξιν* μελχισεδεκ ἑτερον άνιστασθαι ἱερεα και οὐ κατα την ταξιν ἀαρων λεγεσθαι;
17 μαρτυρειται γαρ ὁτι συ ἱερευς είς τον αἰωνα κατα την *ταξιν* μελχισεδεκ.

ταπεινος [8]

Mt 11 29 άρατε τον ζυγον μου ἐφ ὑμας και μαθετε άπ ἐμου, ὁτι πραυς είμι και *ταπεινος* τῃ καρδιᾳ,
Lc 1 52 καθειλεν δυναστας άπο θρονων και ὑψωσεν *ταπεινους,*
Rm 12 16 μη τα ὑψηλα φρονουντες άλλα τοις *ταπεινοις* συναπαγομενοι.
2Co 7 6 άλλ ὁ παρακαλων τους *ταπεινους* παρεκαλεσεν ήμας ὁ θεος ἐν τῃ παρουσιᾳ τιτου·
10 1 ὁς κατα προσωπον μεν *ταπεινος* ἐν ὑμιν, άπων δε θαρρω είς ὑμας·
Ja 1 9 καυχασθω δε ὁ άδελφος ὁ *ταπεινος* ἐν τῳ ὑψει αὐτου,
4 6 ὁ θεος ὑπερηφανοις άντιτασσεται, *ταπεινοις* δε διδωσιν χαριν.
1Pt 5 5 ὁτι [ὁ] θεος ὑπερηφανοις άντιτασσεται, *ταπεινοις* δε διδωσιν χαριν.

ταπεινοφροσυνη [7]

Ac 20 19 πῶς μεθ ὑμων τον παντα χρονον ἐγενομην, δουλευων τῳ κυριῳ μετα πασης *ταπεινοφροσυνης*
Eph 4 2 μετα πασης *ταπεινοφροσυνης* και πραυτητος, μετα μακροθυμιας,
Php 2 3 μηδεν κατ ἐριθειαν μηδε κατα κενοδοξιαν, άλλα τῃ *ταπεινοφροσυνῃ* άλληλους ήγουμενοι ὑπερεχοντας ἑαυτων,
Col 2 18 μηδεις ὑμας καταβραβευετω θελων ἐν *ταπεινοφροσυνῃ* και θρησκειᾳ των άγγελων,
23 ἁτινα ἐστιν λογον μεν ἐχοντα σοφιας ἐν ἐθελοθρησκιᾳ και *ταπεινοφροσυνῃ* [και] άφειδιᾳ σωματος,
3 12 ἐνδυσασθε οὐν, ὡς ἐκλεκτοι του θεου άγιοι και ήγαπημενοι, σπλαγχνα οἰκτιρμου, χρηστοτητα, *ταπεινοφροσυνην,* πραυτητα, μακροθυμιαν,
1Pt 5 5 παντες δε άλληλοις την *ταπεινοφροσυνην* ἐγκομβωσασθε,

ταπεινοφρων [1]

1Pt 3 8 το δε τελος παντες ὁμοφρονες, συμπαθεις, φιλαδελφοι, εὐσπλαγχνοι, *ταπεινοφρονες,*

ταπεινοω [14]

Mt 18 4 ὁστις οὐν *ταπεινωσει* ἑαυτον ὡς το παιδιον τουτο, οὑτος ἐστιν ὁ μειζων ἐν τῃ βασιλειᾳ των οὐρανων.
23 12 ὁστις δε ὑψωσει ἑαυτον *ταπεινωθησεται,* και ὁστις *ταπεινωσει* ἑαυτον ὑψωθησεται.
12 ὁστις δε ὑψωσει ἑαυτον *ταπεινωθησεται,* και ὁστις *ταπεινωσει* ἑαυτον ὑψωθησεται.
Lc 3 5 πασα φαραγξ πληρωθησεται και παν ὁρος και βουνος *ταπεινωθησεται,*
14 11 ὁτι πας ὁ ὑψων ἑαυτον *ταπεινωθησεται,* και ὁ *ταπεινων* ἑαυτον ὑψωθησεται.

ταπεινοω [14]

Lc 14 11 ὅτι πας ὁ ὑψων ἑαυτον ταπεινωθησεται, και ὁ ταπεινων ἑαυτον ὑψωθησεται.

18 14 ὅτι πας ὁ ὑψων ἑαυτον ταπεινωθησεται, ὁ δε ταπεινων ἑαυτον ὑψωθησεται.

14 ὅτι πας ὁ ὑψων ἑαυτον ταπεινωθησεται, ὁ δε ταπεινων ἑαυτον ὑψωθησεται.

2Co 11 7 ἡ ἁμαρτιαν ἐποιησα ἐμαυτον ταπεινων ἱνα ὑμεις ὑψωθητε, ὅτι δωρεαν το του θεου εὐαγγελιον εὐηγγελισαμην ὑμιν;

12 21 μη παλιν ἐλθοντος μου ταπεινωση με ὁ θεος μου προς ὑμας,

Php 2 8 και σχηματι εὑρεθεις ὡς ἀνθρωπος ἐταπεινωσεν ἑαυτον γενομενος ὑπηκοος μεχρι θανατου,

4 12 οἰδα και ταπεινουσθαι, οἰδα και περισσευειν·

Ja 4 10 ταπεινωθητε ἐνωπιον κυριου, και ὑψωσει ὑμας.

1Pt 5 6 ταπεινωθητε οὐν ὑπο την κραταιαν χειρα του θεου,

ταπεινωσις [4]

Lc 1 48 και ἠγαλλιασεν το πνευμα μου ἐπι τω θεω τω σωτηρι μου· ὅτι ἐπεβλεψεν ἐπι την ταπεινωσιν της δουλης αὐτου.

Ac 8 33 ἐν τη ταπεινωσει [αὐτου] ἡ κρισις αὐτου ἠρθη·

Php 3 21 ἐξ οὑ και σωτηρα ἀπεκδεχομεθα κυριον ἰησουν χριστον, ὁς μετασχηματισει το σωμα της ταπεινωσεως ἡμων συμμορφον τω σωματι της δοξης αὐτου,

Ja 1 10 καυχασθω δε ὁ ἀδελφος ὁ ταπεινος ἐν τω ὑψει αὐτου, ὁ δε πλουσιος ἐν τη ταπεινωσει αὐτου,

ταρασσω [18]

Mt 2 3 ἀκουσας δε ὁ βασιλευς ἡρωδης ἐταραχθη,

14 26 οἱ δε μαθηται ἰδοντες αὐτον ἐπι της θαλασσης περιπατουντα ἐταραχθησαν λεγοντες ὅτι φαντασμα ἐστιν,

Mc 6 50 παντες γαρ αὐτον εἰδον και ἐταραχθησαν.

Lc 1 12 και ἐταραχθη ζαχαριας ἰδων, και φοβος ἐπεπεσεν ἐπ αὐτον.

24 38 τι τεταραγμενοι ἐστε, και δια τι διαλογισμοι ἀναβαινουσιν ἐν τη καρδια ὑμων;

Jh 5 4 * ἀγγελος δε κυριου κατα καιρον κατεβαινεν ἐν τη κολυμβηθρα και ἐταρασσετο το ὑδωρ·

7 κυριε, ἀνθρωπον οὐκ ἐχω, ἱνα ὁταν ταραχθη το ὑδωρ βαλη με εἰς την κολυμβηθραν·

11 33 ἰησους οὐν ὡς εἰδεν αὐτην κλαιουσαν και τους συνελθοντας αὐτη ἰουδαιους κλαιοντας, ἐνεβριμησατο τω πνευματι και ἐταραξεν ἑαυτον,

12 27 νυν ἡ ψυχη μου τεταρακται, και τι εἰπω·

13 21 ταυτα εἰπων [ὁ] ἰησους ἐταραχθη τω πνευματι και ἐμαρτυρησεν και εἰπεν·

14 1 μη ταρασσεσθω ὑμων ἡ καρδια·

27 μη ταρασσεσθω ὑμων ἡ καρδια μηδε δειλιατω.

Ac 15 24 ἐπειδη ἠκουσαμεν ὅτι τινες ἐξ ἡμων [ἐξελθοντες] ἐταραξαν ὑμας λογοις ἀνασκευαζοντες τας ψυχας ὑμων, οἱς οὐ διεστειλαμεθα, ἐδοξεν ἡμιν γενομενοις ὁμοθυμαδον,

17 8 ἐταραξαν δε τον ὀχλον και τους πολιταρχας ἀκουοντας ταυτα,

13 ὡς δε ἐγνωσαν οἱ ἀπο της θεσσαλονικης ἰουδαιοι ὅτι και ἐν τη βεροια κατηγγελη ὑπο του παυλου ὁ λογος του θεου, ἠλθον κακει σαλευοντες και ταρασσοντες τους ὀχλους.

Ga 1 7 εἰ μη τινες εἰσιν οἱ ταρασσοντες ὑμας και θελοντες μεταστρεψαι το εὐαγγελιον του χριστου.

5 10 ὁ δε ταρασσων ὑμας βαστασει το κριμα, ὁστις ἐαν ἠ.

1Pt 3 14 τον δε φοβον αὐτων μη φοβηθητε μηδε ταραχθητε,

ταραχη [1]

Jh 5 4 * ὁ οὐν πρωτος ἐμβας μετα την ταραχην του ὑδατος ὑγιης ἐγινετο οἰωδηποτουν κατειχετο νοσηματι.

ταραχος [2]

Ac 12 18 γενομενης δε ἡμερας ἠν ταραχος οὐκ ὀλιγος ἐν τοις στρατιωταις, τι ἀρα ὁ πετρος ἐγενετο.

19 23 ἐγενετο δε κατα τον καιρον ἐκεινον ταραχος οὐκ ὀλιγος περι της ὁδου.

ταρσευς [2]

Ac 9 11 ἀναστας πορευθητι ἐπι την ρυμην την καλουμενην εὐθειαν και ζητησον ἐν οἰκια ἰουδα σαυλον ὀνοματι ταρσεα·

21 39 ἐγω ἀνθρωπος μεν εἰμι ἰουδαιος, ταρσευς, της κιλικιας οὐκ ἀσημου πολεως πολιτης·

ταρσος [3]

Ac 9 30 ἐπιγνοντες δε οἱ ἀδελφοι κατηγαγον αὐτον εἰς καισαρειαν και ἐξαπεστειλαν αὐτον εἰς ταρσον.

11 25 ἐξηλθεν δε εἰς ταρσον ἀναζητησαι σαυλον,

22 3 ἐγω εἰμι ἀνηρ ἰουδαιος, γεγεννημενος ἐν ταρσω της κιλικιας,

ταρταροω [1]

2Pt 2 4 εἰ γαρ ὁ θεος ἀγγελων ἁμαρτησαντων οὐκ ἐφεισατο, ἀλλα σειραις ζοφου ταρταρωσας παρεδωκεν εἰς κρισιν τηρουμενους,

τασσω [8]

Mt 28 16 οἱ δε ἐνδεκα μαθηται ἐπορευθησαν εἰς την γαλιλαιαν, εἰς το ὀρος οὑ ἐταξατο αὐτοις ὁ ἰησους,

Lc 7 8 και γαρ ἐγω ἀνθρωπος εἰμι ὑπο ἐξουσιαν τασσομενος

Ac 13 48 ἀκουοντα δε τα ἐθνη ἐχαιρον και ἐδοξαζον τον λογον του κυριου, και ἐπιστευσαν ὁσοι ἠσαν τεταγμενοι εἰς ζωην αἰωνιον·

15 2 γενομενης δε στασεως και ζητησεως οὐκ ὀλιγης τω παυλω και τω βαρναβα προς αὐτους, ἐταξαν ἀναβαινειν παυλον και βαρναβαν

22 10 ἀναστας πορευου εἰς δαμασκον, κακει σοι λαληθησεται περι παντων ὡν τετακται σοι ποιησαι.

28 23 ταξαμενοι δε αὐτω ἡμεραν ἠλθον προς αὐτον εἰς την ξενιαν πλειονες,

Rm 13 1 οὐ γαρ ἐστιν ἐξουσια εἰ μη ὑπο θεου, αἱ δε οὐσαι ὑπο θεου τεταγμεναι εἰσιν.

1Co 16 15 οἰδατε την οἰκιαν στεφανα, ὅτι ἐστιν ἀπαρχη της ἀχαιας και εἰς διακονιαν τοις ἁγιοις ἐταξαν ἑαυτους·

ταυρος [4]

Mt 22 4 οἱ ταυροι μου και τα σιτιστα τεθυμενα, και παντα ἑτοιμα·

Ac 14 13 ὁ τε ἱερευς του διος του ὀντος προ της πολεως, ταυρους και στεμματα ἐπι τους πυλωνας ἐνεγκας,

Heb 9 13 εἰ γαρ το αἱμα τραγων και ταυρων και σποδος δαμαλεως ραντιζουσα τους κεκοινωμενους ἁγιαζει προς την της σαρκος καθαροτητα, ποσω μαλλον το αἱμα του χριστου,

10 4 ἀδυνατον γαρ αἱμα ταυρων και τραγων ἀφαιρειν ἁμαρτιας.

ταφη [1]

Mt 27 7 συμβουλιον δε λαβοντες ἠγορασαν ἐξ αὐτων τον ἀγρον του κεραμεως εἰς ταφην τοις ξενοις.

ταφος [7]

Mt 23 27 οὐαι ὑμιν, γραμματεις και φαρισαιοι ὑποκριται, ὅτι παρομοιαζετε ταφοις κεκονιαμενοις,

29 οὐαι ὑμιν, γραμματεις και φαρισαιοι ὑποκριται, ὅτι οἰκοδομειτε τους ταφους των προφητων και κοσμειτε τα μνημεια των δικαιων,

27 61 ἠν δε ἐκει μαριαμ ἡ μαγδαληνη και ἡ ἀλλη μαρια, καθημεναι ἀπεναντι του ταφου.

64 κελευσον οὐν ἀσφαλισθηναι τον ταφον ἑως της τριτης ἡμερας,

66 οἱ δε πορευθεντες ἠσφαλισαντο τον ταφον σφραγισαντες τον λιθον μετα της κουστωδιας.

28 1 ὀψε δε σαββατων, τη ἐπιφωσκουση εἰς μιαν σαββατων, ἠλθεν μαριαμ ἡ μαγδαληνη και ἡ ἀλλη μαρια θεωρησαι τον ταφον.

Rm 3 13 ταφος ἀνεωγμενος ὁ λαρυγξ αὐτων, ταις γλωσσαις αὐτων ἐδολιουσαν,

ταχα [2]

Rm 5 7 ὑπερ γαρ του ἀγαθου ταχα τις και τολμα ἀποθανειν·

Phm 15 ταχα γαρ δια τουτο ἐχωρισθη προς ὡραν, ἱνα αἰωνιον αὐτον ἀπεχης,

ταχεως [15]

Lc 14 21 ἐξελθε ταχεως εἰς τας πλατειας και ρυμας της πολεως,

16 6 δεξαι σου τα γραμματα και καθισας ταχεως γραψον πεντηκοντα.

Jh 11 31 οἱ οὐν ἰουδαιοι οἱ ὀντες μετ αὐτης ἐν τη οἰκια και παραμυθουμενοι αὐτην, ἰδοντες την μαριαμ ὅτι ταχεως ἀνεστη και ἐξηλθεν, ἠκολουθησαν αὐτη,

13 27 ὁ ποιεις ποιησον ταχιον.

ταχεως [15]

Jh	20 4	και ὁ άλλος μαθητης προεδραμεν *ταχιον* του πετρου και ήλθεν πρωτος εἰς το μνημειον,
Ac	17 15	και λαβοντες ἐντολην προς τον σιλαν και τον τιμοθεον ἱνα ὡς *ταχιστα* ἐλθωσιν προς αὐτον ἐξῃεσαν.
1Co	4 19	ἐλευσομαι δε *ταχεως* προς ὑμας, ἐαν ὁ κυριος θεληση,
Ga	1 6	θαυμαζω ὁτι ούτως *ταχεως* μετατιθεσθε ἀπο του καλεσαντος ὑμας ἐν χαριτι [χριστου] εἰς ἑτερον εὐαγγελιον,
Php	2 19	ἐλπιζω δε ἐν κυριω ἱησου τιμοθεον *ταχεως* πεμψαι ὑμιν,
	24	πεποιθα δε ἐν κυριω ὁτι και αὐτος *ταχεως* ἐλευσομαι.
2Th	2 2	ἐρωτωμεν δε ὑμας, ἀδελφοι, ὑπερ της παρουσιας του κυριου ἡμων ἱησου χριστου και ἡμων ἐπισυναγωγης ἐπ αὐτον, εἰς το μη *ταχεως* σαλευθηναι ὑμας ἀπο του νοος
1Tm	5 22	χειρας *ταχεως* μηδενι ἐπιτιθει,
2Tm	4 9	σπουδασον ἐλθειν προς με *ταχεως·*
Heb	13 19	περισσοτερως δε παρακαλω τουτο ποιησαι, ἱνα *ταχιον* ἀποκατασταθω ὑμιν.
	23	γινωσκετε τον ἀδελφον ἡμων τιμοθεον ἀπολελυμενον, μεθ οὑ ἐαν *ταχιον* ἐρχηται ὀψομαι ὑμας.

ταχινος [2]

2Pt	1 14	εἰδως ὁτι *ταχινη* ἐστιν ἡ ἀποθεσις του σκηνωματος μου,
	2 1	και τον ἀγορασαντα αὐτους δεσποτην ἀρνουμενοι, ἐπαγοντες ἑαυτοις *ταχινην* ἀπωλειαν·

ταχος [8]

Lc	18 8	λεγω ὑμιν ὁτι ποιησει την ἐκδικησιν αὐτων ἐν *ταχει.*
Ac	12 7	παταξας δε την πλευραν του πετρου ήγειρεν αὐτον λεγων· ἀναστα ἐν *ταχει.*
	22 18	σπευσον και ἐξελθε ἐν *ταχει* ἐξ ἱερουσαλημ, διοτι οὐ παραδεξονται σου μαρτυριαν περι ἐμου.
	25 4	ὁ μεν οὐν φηστος ἀπεκριθη τηρεισθαι τον παυλον εἰς καισαρειαν, ἑαυτον δε μελλειν ἐν *ταχει* ἐκπορευεσθαι·
Rm	16 20	ὁ δε θεος της εἰρηνης συντριψει τον σαταναν ὑπο τους ποδας ὑμων ἐν *ταχει.*
1Tm	3 14	ταυτα σοι γραφω ἐλπιζων ἐλθειν προς σε ἐν *ταχει·*
Apc	1 1	δειξαι τοις δουλοις αὐτου ἁ δει γενεσθαι ἐν *ταχει,*
	22 6	και ὁ κυριος ὁ θεος των πνευματων των προφητων ἀπεστειλεν τον ἀγγελον αὐτου δειξαι τοις δουλοις αὐτου ἁ δει γενεσθαι ἐν *ταχει.*

ταχυς [13]

Mt	5 25	ἰσθι εὐνοων τω ἀντιδικω σου *ταχυ* ἑως ὁτου εἰ μετ αὐτου ἐν τη ὁδω·
	28 7	και *ταχυ* πορευθεισαι εἰπατε τοις μαθηταις αὐτου ὁτι ἠγερθη ἀπο των νεκρων,
	8	και ἀπελθουσαι *ταχυ* ἀπο του μνημειου μετα φοβου και χαρας μεγαλης ἐδραμον ἀπαγγειλαι τοις μαθηταις αὐτου.
Mc	9 39	μη κωλυετε αὐτον· οὐδεις γαρ ἐστιν ὁς ποιησει δυναμιν ἐπι τω ὀνοματι μου και δυνησεται *ταχυ* κακολογησαι με·
Lc	15 22	*ταχυ* ἐξενεγκατε στολην την πρωτην και ἐνδυσατε αὐτον,
Jh	11 29	ἐκεινη δε ὡς ήκουσεν, ἠγερθη *ταχυ* και ήρχετο προς αὐτον·
Ja	1 19	ἐστω δε πας ἀνθρωπος *ταχυς* εἰς το ἀκουσαι,
Apc	2 16	μετανοησον οὐν· εἰ δε μη, ἐρχομαι σοι *ταχυ* και πολεμησω μετ αὐτων ἐν τη ρομφαια του στοματος μου.
	3 11	ἐρχομαι *ταχυ·* κρατει ὁ ἐχεις, ἱνα μηδεις λαβη τον στεφανον σου.
	11 14	ἰδου ἡ οὐαι ἡ τριτη ἐρχεται *ταχυ.*
	22 7	και ἰδου ἐρχομαι *ταχυ.*
	12	ἰδου ἐρχομαι *ταχυ,* και ὁ μισθος μου μετ ἐμου,
	20	λεγει ὁ μαρτυρων ταυτα· ναι, ἐρχομαι *ταχυ.*

τε [215]

cf append.

τειχος [9]

Ac	9 25	λαβοντες δε οἱ μαθηται αὐτου νυκτος δια του *τειχους* καθηκαν αὐτον χαλασαντες ἐν σπυριδι.
2Co	11 33	και δια θυριδος ἐν σαργανη ἐχαλασθην δια του *τειχους* και ἐξεφυγον τας χειρας αὐτου.
Heb	11 30	πιστει τα *τειχη* ἱεριχω ἐπεσαν κυκλωθεντα ἐπι ἑπτα ἡμερας.
Apc	21 12	ἐχουσα *τειχος* μεγα και ὑψηλον,
	14	και το *τειχος* της πολεως ἐχων θεμελιους δωδεκα,

τειχος [9]

Apc	21 15	και ὁ λαλων μετ ἐμου εἰχεν μετρον καλαμον χρυσουν, ἱνα μετρηση την πολιν και τους πυλωνας αὐτης και το *τειχος* αὐτης.
	17	και ἐμετρησεν το *τειχος* αὐτης ἑκατοντεσσερακοντατεσσαρων πηχων,
	18	και ἡ ἐνδωμησις του *τειχους* αὐτης ἱασπις,
	19	οἱ θεμελιοι του *τειχους* της πολεως παντι λιθω τιμιω κεκοσμημενοι·

τεκμηριον [1]

Ac	1 3	οἱς και παρεστησεν ἑαυτον ζωντα μετα το παθειν αὐτον ἐν πολλοις *τεκμηριοις,*

τεκνιον [8]

Jh	13 33	*τεκνια,* ἐτι μικρον μεθ ὑμων εἰμι·
1Jh	2 1	*τεκνια* μου, ταυτα γραφω ὑμιν ἱνα μη ἁμαρτητε.
	12	γραφω ὑμιν, *τεκνια,* ὁτι ἀφεωνται ὑμιν αἱ ἁμαρτιαι δια το ὀνομα αὐτου.
	28	και νυν, *τεκνια,* μενετε ἐν αὐτω,
	3 7	*τεκνια,* μηδεις πλανατω ὑμας·
	18	*τεκνια,* μη ἀγαπωμεν λογω μηδε τη γλωσση,
	4 4	ὑμεις ἐκ του θεου ἐστε, *τεκνια,*
	5 21	*τεκνια,* φυλαξατε ἑαυτα ἀπο των εἰδωλων.

τεκνογονεω [1]

1Tm	5 14	βουλομαι οὐν νεωτερας γαμειν, *τεκνογονειν,* οἰκοδεσποτειν, μηδεμιαν ἀφορμην διδοναι τω ἀντικειμενω λοιδοριας χαριν·

τεκνογονια [1]

1Tm	2 15	σωθησεται δε δια της *τεκνογονιας,*

τεκνον [99]

Mt	2 18	ραχηλ κλαιουσα τα *τεκνα* αὐτης,
	3 9	λεγω γαρ ὑμιν ὁτι δυναται ὁ θεος ἐκ των λιθων τουτων ἐγειραι *τεκνα* τω ἀβρααμ.
	7 11	εἰ οὐν ὑμεις πονηροι ὁντες οἰδατε δοματα ἀγαθα διδοναι τοις *τεκνοις* ὑμων,
	9 2	θαρσει, *τεκνον,*
	10 21	παραδωσει δε ἀδελφος ἀδελφον εἰς θανατον και πατηρ *τεκνον,*
	21	και ἐπαναστησονται *τεκνα* ἐπι γονεις και θανατωσουσιν αὐτους.
	15 26	οὐκ ἐστιν καλον λαβειν τον ἀρτον των *τεκνων* και βαλειν τοις κυναριοις.
	18 25	μη ἐχοντος δε αὐτου ἀποδουναι, ἐκελευσεν αὐτον ὁ κυριος πραθηναι και την γυναικα και τα *τεκνα* και παντα ὁσα ἐχει, και ἀποδοθηναι.
	19 29	και πας ὁστις ἀφηκεν οἰκιας ἠ ἀδελφους ἠ ἀδελφας ἠ πατερα ἠ μητερα ἠ *τεκνα* ἠ ἀγρους ἑνεκεν του ὀνοματος μου, ἑκατονταπλασιονα λημψεται και ζωην αἰωνιον κληρονομησει.
	21 28	ἀνθρωπος εἰχεν *τεκνα* δυο·
	28	*τεκνον,* ὑπαγε σημερον ἐργαζου ἐν τω ἀμπελωνι.
	22 24	διδασκαλε, μωυσης εἰπεν· ἐαν τις ἀποθανη μη ἐχων *τεκνα,* ἐπιγαμβρευσει ὁ ἀδελφος αὐτου την γυναικα αὐτου και ἀναστησει σπερμα τω ἀδελφω αὐτου.
	23 37	ποσακις ἠθελησα ἐπισυναγαγειν τα *τεκνα* σου, ὁν τροπον ὀρνις ἐπισυναγει τα νοσσια αὐτης ὑπο τας πτερυγας, και οὐκ ἠθελησατε.
	27 25	το αἱμα αὐτου ἐφ ἡμας και ἐπι τα *τεκνα* ἡμων.
Mc	2 5	και ἰδων ὁ ἱησους την πιστιν αὐτων λεγει τω παραλυτικω· *τεκνον,* ἀφιενται σου αἱ ἁμαρτιαι.
	7 27	και ἐλεγεν αὐτη· ἀφες πρωτον χορτασθηναι τα *τεκνα·*
	27	οὐ γαρ ἐστιν καλον λαβειν τον ἀρτον των *τεκνων* και τοις κυναριοις βαλειν.
	10 24	*τεκνα,* πως δυσκολον ἐστιν εἰς την βασιλειαν του θεου εἰσελθειν·
	29	ἀμην λεγω ὑμιν, οὐδεις ἐστιν ὁς ἀφηκεν οἰκιαν ἠ ἀδελφους ἠ ἀδελφας ἠ μητερα ἠ πατερα ἠ *τεκνα* ἠ ἀγρους ἑνεκεν ἐμου και ἑνεκεν του εὐαγγελιου,
	30	ἐαν μη λαβη ἑκατονταπλασιονα νυν ἐν τω καιρω τουτω οἰκιας και ἀδελφους και ἀδελφας και μητερας και *τεκνα* και ἀγρους μετα διωγμων, και ἐν τω αἰωνι τω ἐρχομενω ζωην αἰωνιον.

τεκνον [99]

Mc	12 19	διδασκαλε, μωυσης εγραψεν ημιν οτι εαν τινος αδελφος αποθανη και καταλιπη γυναικα και μη αφη *τεκνον*, ινα λαβη ο αδελφος αυτου την γυναικα και εξαναστηση σπερμα τω αδελφω αυτου.
	13 12	και παραδωσει αδελφος αδελφον εις θανατον και πατηρ *τεκνον*,
	12	και επαναστησονται *τεκνα* επι γονεις και θανατωσουσιν αυτους·
Lc	1 7	και ουκ ην αυτοις *τεκνον*, καθοτι ην η ελισαβετ στειρα,
	17	και αυτος προελευσεται ενωπιον αυτου εν πνευματι και δυναμει ηλιου, επιστρεψαι καρδιας πατερων επι *τεκνα* και απειθεις εν φρονησει δικαιων, ετοιμασαι κυριω λαον κατεσκευασμενον.
	2 48	*τεκνον*, τι εποιησας ημιν ουτως; ιδου ο πατηρ σου καγω οδυνωμενοι εζητουμεν σε.
	3 8	λεγω γαρ υμιν οτι δυναται ο θεος εκ των λιθων τουτων εγειραι *τεκνα* τω αβρααμ.
	7 35	και εδικαιωθη η σοφια απο παντων των *τεκνων* αυτης.
	11 13	ει ουν υμεις πονηροι υπαρχοντες οιδατε δοματα αγαθα διδοναι τοις *τεκνοις* υμων, ποσω μαλλον ο πατηρ [ο] εξ ουρανου δωσει πνευμα αγιον τοις αιτουσιν αυτον.
	13 34	ποσακις ηθελησα επισυναξαι τα *τεκνα* σου ον τροπον ορνις την εαυτης νοσσιαν υπο τας πτερυγας,
	14 26	ει τις ερχεται προς με και ου μισει τον πατερα εαυτου και την μητερα και την γυναικα και τα *τεκνα* και τους αδελφους και τας αδελφας,
	15 31	*τεκνον*, συ παντοτε μετ εμου ει, και παντα τα εμα σα εστιν·
	16 25	*τεκνον*, μνησθητι οτι απελαβες τα αγαθα σου εν τη ζωη σου, και λαζαρος ομοιως τα κακα·
	18 29	αμην λεγω υμιν οτι ουδεις εστιν ος αφηκεν οικιαν η γυναικα η αδελφους η γονεις η *τεκνα* ενεκεν της βασιλειας του θεου,
	19 44	και εδαφιουσιν σε και τα *τεκνα* σου εν σοι,
	20 31	και ο δευτερος και ο τριτος ελαβεν αυτην, ωσαυτως δε και οι επτα ου κατελιπον τεκνα και απεθανον.
	23 28	πλην εφ εαυτας κλαιετε και επι τα *τεκνα* υμων, οτι ιδου ερχονται ημεραι εν αις ερουσιν·
Jh	1 12	οσοι δε ελαβον αυτον, εδωκεν αυτοις εξουσιαν *τεκνα* θεου γενεσθαι,
	8 39	ει *τεκνα* του αβρααμ εστε, τα εργα του αβρααμ εποιειτε·
	11 52	οτι εμελλεν ιησους αποθνησκειν υπερ του εθνους, και ουχ υπερ του εθνους μονον, αλλ ινα και τα *τεκνα* του θεου τα διεσκορπισμενα συναγαγη εις εν.
Ac	2 39	υμιν γαρ εστιν η επαγγελια και τοις *τεκνοις* υμων και πασιν τοις εις μακραν,
	7 5	και επηγγειλατο δουναι αυτω εις κατασχεσιν αυτην και τω σπερματι αυτου μετ αυτον, ουκ οντος αυτω *τεκνου*.
	13 33	και ημεις υμας ευαγγελιζομεθα την προς τους πατερας επαγγελιαν γενομενην, οτι ταυτην ο θεος εκπεπληρωκεν τοις *τεκνοις* [αυτων] ημιν αναστησας ιησουν,
	21 5	οτε δε εγενετο ημας εξαρτισαι τας ημερας, εξελθοντες επορευομεθα προπεμποντων ημας παντων συν γυναιξι και *τεκνοις* εως εξω της πολεως,
	21	λεγων μη περιτεμνειν αυτους τα *τεκνα* μηδε τοις εθεσιν περιπατειν.
Rm	8 16	αυτο το πνευμα συμμαρτυρει τω πνευματι ημων οτι εσμεν *τεκνα* θεου.
	17	ει δε *τεκνα*, και κληρονομοι· κληρονομοι μεν θεου,
	21	οτι και αυτη η κτισις ελευθερωθησεται απο της δουλειας της φθορας εις την ελευθεριαν της δοξης των *τεκνων* του θεου.
	9 7	ουδ οτι εισιν σπερμα αβρααμ, παντες *τεκνα*,
	8	τουτ εστιν, ου τα *τεκνα* της σαρκος ταυτα *τεκνα* του θεου, αλλα τα τεκνα της επαγγελιας λογιζεται εις σπερμα.
	8	τουτ εστιν, ου τα *τεκνα* της σαρκος ταυτα *τεκνα* του θεου, αλλα τα τεκνα της επαγγελιας λογιζεται εις σπερμα.
	8	τουτ εστιν, ου τα *τεκνα* της σαρκος ταυτα τεκνα του θεου, αλλα τα *τεκνα* της επαγγελιας λογιζεται εις σπερμα.
1Co	4 14	ουκ εντρεπων υμας γραφω ταυτα, αλλ ως *τεκνα* μου αγαπητα νουθετω[ν].
	17	δια τουτο επεμψα υμιν τιμοθεον, ος εστιν μου *τεκνον* αγαπητον και πιστον εν κυριω,
	7 14	επει αρα τα *τεκνα* υμων ακαθαρτα εστιν, νυν δε αγια εστιν.
2Co	6 13	την δε αυτην αντιμισθιαν, ως *τεκνοις* λεγω, πλατυνθητε και υμεις.
	12 14	ου γαρ οφειλει τα *τεκνα* τοις γονευσιν θησαυριζειν, αλλα οι γονεις τοις τεκνοις.
	14	ου γαρ οφειλει τα τεκνα τοις γονευσιν θησαυριζειν, αλλα οι γονεις τοις *τεκνοις*.
Ga	4 19	*τεκνα* μου, ους παλιν ωδινω μεχρι ου μορφωθη χριστος εν υμιν·

τεκνον [99]

Ga	4 25	συστοιχει δε τη νυν ιερουσαλημ, δουλευει γαρ μετα των *τεκνων* αυτης.
	27	οτι πολλα τα *τεκνα* της ερημου μαλλον η της εχουσης τον ανδρα.
	28	υμεις δε, αδελφοι, κατα ισαακ επαγγελιας *τεκνα* εστε.
	31	διο, αδελφοι, ουκ εσμεν παιδισκης *τεκνα* αλλα της ελευθερας.
Eph	2 3	και ημεθα *τεκνα* φυσει οργης ως και οι λοιποι·
	5 1	γινεσθε ουν μιμηται του θεου, ως *τεκνα* αγαπητα,
	8	ως *τεκνα* φωτος περιπατειτε,
	6 1	τα *τεκνα*, υπακουετε τοις γονευσιν υμων [εν κυριω]·
	4	και οι πατερες, μη παροργιζετε τα *τεκνα* υμων,
Php	2 15	ινα γενησθε αμεμπτοι και ακεραιοι, *τεκνα* θεου αμωμα μεσον γενεας σκολιας και διεστραμμενης,
	22	την δε δοκιμην αυτου γινωσκετε, οτι ως πατρι *τεκνον* συν εμοι εδουλευσεν εις το ευαγγελιον.
Col	3 20	τα *τεκνα*, υπακουετε τοις γονευσιν κατα παντα,
	21	οι πατερες, μη ερεθιζετε τα *τεκνα* υμων,
1Th	2 7	αλλα εγενηθημεν νηπιοι εν μεσω υμων· ως εαν τροφος θαλπη τα εαυτης *τεκνα*,
	11	καθαπερ οιδατε ως ενα εκαστον υμων ως πατηρ *τεκνα* εαυτου παρακαλουντες υμας
1Tm	1 2	τιμοθεω γνησιω *τεκνω* εν πιστει· χαρις, ελεος, ειρηνη απο θεου πατρος και χριστου ιησου του κυριου ημων.
	18	ταυτην την παραγγελιαν παρατιθεμαι σοι, *τεκνον* τιμοθεε, κατα τας προαγουσας επι σε προφητειας, ινα στρατευη εν αυταις την καλην στρατειαν,
	3 4	του ιδιου οικου καλως προισταμενον, *τεκνα* εχοντα εν υποταγη μετα πασης σεμνοτητος·
	12	διακονοι εστωσαν μιας γυναικος ανδρες, *τεκνων* καλως προισταμενοι και των ιδιων οικων.
	5 4	ει δε τις χηρα *τεκνα* η εκγονα εχει, μανθανετωσαν πρωτον τον ιδιον οικον ευσεβειν και αμοιβας αποδιδοναι τοις προγονοις·
2Tm	1 2	τιμοθεω αγαπητω *τεκνω*· χαρις, ελεος, ειρηνη απο θεου πατρος και χριστου ιησου του κυριου ημων.
	2 1	συ ουν, *τεκνον* μου, ενδυναμου εν τη χαριτι τη εν χριστω ιησου,
Tit	1 4	τιτω γνησιω *τεκνω* κατα κοινην πιστιν· χαρις και ειρηνη απο θεου πατρος και χριστου ιησου του σωτηρος ημων.
	6	ει τις εστιν ανεγκλητος, μιας γυναικος ανηρ, *τεκνα* εχων πιστα, μη εν κατηγορια ασωτιας η ανυποτακτα.
Phm	10	παρακαλω σε περι του εμου *τεκνου*,
1Pt	1 14	ως *τεκνα* υπακοης, μη συσχηματιζομενοι ταις προτερον εν τη αγνοια υμων επιθυμιαις,
	3 6	ης εγενηθητε *τεκνα* αγαθοποιουσαι και μη φοβουμεναι μηδεμιαν πτοησιν.
2Pt	2 14	δελεαζοντες ψυχας αστηρικτους, καρδιαν γεγυμνασμενην πλεονεξιας εχοντες, καταρας *τεκνα*·
1Jh	3 1	ιδετε ποταπην αγαπην δεδωκεν ημιν ο πατηρ ινα *τεκνα* θεου κληθωμεν, και εσμεν.
	2	αγαπητοι, νυν *τεκνα* θεου εσμεν, και ουπω εφανερωθη τι εσομεθα.
	10	εν τουτω φανερα εστιν τα *τεκνα* του θεου και τα τεκνα του διαβολου·
	10	εν τουτω φανερα εστιν τα τεκνα του θεου και τα *τεκνα* του διαβολου·
	5 2	εν τουτω γινωσκομεν οτι αγαπωμεν τα *τεκνα* του θεου, οταν τον θεον αγαπωμεν
2Jh	1	ο πρεσβυτερος εκλεκτη κυρια και τοις *τεκνοις* αυτης,
	4	εχαρην λιαν οτι ευρηκα εκ των *τεκνων* σου περιπατουντας εν αληθεια,
	13	ασπαζεται σε τα *τεκνα* της αδελφης σου της εκλεκτης.
3Jh	4	μειζοτεραν τουτων ουκ εχω χαραν, ινα ακουω τα εμα *τεκνα* εν τη αληθεια περιπατουντα.
Apc	2 23	και τα *τεκνα* αυτης αποκτενω εν θανατω·
	12 4	και ο δρακων εστηκεν ενωπιον της γυναικος της μελλουσης τεκειν, ινα οταν τεκη το *τεκνον* αυτης καταφαγη.
	5	και ηρπασθη το *τεκνον* αυτης προς τον θεον και προς τον θρονον αυτου.

τεκνοτροφεω [1]

1Tm	5 10	ει *ετεκνοτροφησεν*, ει εξενοδοχησεν, ει αγιων ποδας ενιψεν,

τεκτων [2]

Mt	13 55	ουχ ουτος εστιν ο του *τεκτονος* υιος;
Mc	6 3	ουχ ουτος εστιν ο *τεκτων*, ο υιος της μαριας και αδελφος ιακωβου και ιωσητος και ιουδα και σιμωνος;

τελειος [19]

Mt	5 48	ἐσεσθε οὖν ὑμεις τελειοι ὡς ὁ πατηρ ὑμων ὁ οὐρανιος τελειος ἐστιν.
	48	ἐσεσθε οὖν ὑμεις τελειοι ὡς ὁ πατηρ ὑμων ὁ οὐρανιος τελειος ἐστιν.
	19 21	εἰ θελεις τελειος εἰναι, ὑπαγε πωλησον σου τα ὑπαρχοντα και δος τοις πτωχοις,
Rm	12 2	εἰς το δοκιμαζειν ὑμας τί το θελημα του θεου, το ἀγαθον και εὐαρεστον και τελειον.
1Co	2 6	σοφιαν δε λαλουμεν ἐν τοις τελειοις,
	13 10	ὁταν δε ἐλθη το τελειον, το ἐκ μερους καταργηθησεται.
	14 20	ἀλλα τη κακια νηπιαζετε, ταις δε φρεσιν τελειοι γινεσθε.
Eph	4 13	εἰς ἀνδρα τελειον, εἰς μετρον ἡλικιας του πληρωματος του χριστου,
Php	3 15	ὁσοι οὐν τελειοι, τουτο φρονωμεν·
Col	1 28	ὁν ἡμεις καταγγελλομεν νουθετουντες παντα ἀνθρωπον και διδασκοντες παντα ἀνθρωπον ἐν παση σοφια, ἱνα παραστησωμεν παντα ἀνθρωπον τελειον ἐν χριστω·
	4 12	παντοτε ἀγωνιζομενος ὑπερ ὑμων ἐν ταις προσευχαις, ἱνα σταθητε τελειοι και πεπληροφορημενοι ἐν παντι θεληματι του θεου.
Heb	5 14	τελειων δε ἐστιν ἡ στερεα τροφη,
	9 11	δια της μειζονος και τελειοτερας σκηνης οὐ χειροποιητου,
Ja	1 4	ἡ δε ὑπομονη ἐργον τελειον ἐχετω,
	4	ἡ δε ὑπομονη ἐργον τελειον ἐχετω, ἱνα ἠτε τελειοι και ὁλοκληροι,
	17	πασα δοσις ἀγαθη και παν δωρημα τελειον ἀνωθεν ἐστιν
	25	ὁ δε παρακυψας εἰς νομον τελειον τον της ἐλευθεριας και παραμεινας, οὐκ ἀκροατης ἐπιλησμονης γενομενος ἀλλα ποιητης ἐργου,
	3 2	εἰ τις ἐν λογω οὐ πταιει, οὑτος τελειος ἀνηρ,
1Jh	4 18	φοβος οὐκ ἐστιν ἐν τη ἀγαπη, ἀλλ ἡ τελεια ἀγαπη ἐξω βαλλει τον φοβον,

τελειοτης [2]

Col	3 14	ἐπι πασιν δε τουτοις την ἀγαπην, ὁ ἐστιν συνδεσμος της τελειοτητος.
Heb	6 1	διο ἀφεντες τον της ἀρχης του χριστου λογον ἐπι την τελειοτητα φερωμεθα,

τελειοω [23]

Lc	2 43	και τελειωσαντων τας ἡμερας, ἐν τω ὑποστρεφειν αὐτους ὑπεμεινεν ἰησους ὁ παις ἐν ἰερουσαλημ, και οὐκ ἐγνωσαν οἱ γονεις αὐτου.
	13 32	ἰδου ἐκβαλλω δαιμονια και ἰασεις ἀποτελω σημερον και αὐριον, και τη τριτη τελειουμαι.
Jh	4 34	ἐμον βρωμα ἐστιν ἱνα ποιησω το θελημα του πεμψαντος με και τελειωσω αὐτου το ἐργον.
	5 36	τα γαρ ἐργα ἁ δεδωκεν μοι ὁ πατηρ ἱνα τελειωσω αὐτα, αὐτα τα ἐργα ἁ ποιω μαρτυρει περι ἐμου ὁτι ὁ πατηρ με ἀπεσταλκεν.
	17 4	ἐγω σε ἐδοξασα ἐπι της γης, το ἐργον τελειωσας ὁ δεδωκας μοι ἱνα ποιησω·
	23	ἐγω ἐν αὐτοις και συ ἐν ἐμοι, ἱνα ὡσιν τετελειωμενοι εἰς ἑν,
	19 28	μετα τουτο εἰδως ὁ ἰησους ὁτι ἠδη παντα τετελεσται, ἱνα τελειωθη ἡ γραφη, λεγει· διψω.
Ac	20 24	ἀλλ οὐδενος λογου ποιουμαι την ψυχην τιμιαν ἐμαυτω ὡς τελειωσαι τον δρομον μου και την διακονιαν ἡν ἐλαβον παρα του κυριου ἰησου,
Php	3 12	οὐχ ὁτι ἠδη ἐλαβον ἡ ἠδη τετελειωμαι,
Heb	2 10	ἐπρεπεν γαρ αὐτω, δι ὁν τα παντα και δι οὑ τα παντα, πολλους υἱους εἰς δοξαν ἀγαγοντα τον ἀρχηγον της σωτηριας αὐτων δια παθηματων τελειωσαι.
	5 9	και τελειωθεις ἐγενετο πασιν τοις ὑπακουουσιν αὐτω αἰτιος σωτηριας αἰωνιου,
	7 19	οὐδεν γαρ ἐτελειωσεν ὁ νομος, ἐπεισαγωγη δε κρειττονος ἐλπιδος, δι ἡς ἐγγιζομεν τω θεω.
	28	ὁ λογος δε της ὁρκωμοσιας της μετα τον νομον υἱον εἰς τον αἰωνα τετελειωμενον.
	9 9	καθ ἡν δωρα τε και θυσιαι προσφερονται μη δυναμεναι κατα συνειδησιν τελειωσαι τον λατρευοντα,
	10 1	κατ ἐνιαυτον ταις αὐταις θυσιαις ἁς προσφερουσιν εἰς το διηνεκες οὐδεποτε δυναται τους προσερχομενους τελειωσαι·
	14	μια γαρ προσφορα τετελειωκεν εἰς το διηνεκες τους ἀγιαζομενους.
	11 40	του θεου περι ἡμων κρειττον τι προβλεψαμενου, ἱνα μη χωρις ἡμων τελειωθωσιν.
	12 23	και κριτη θεω παντων, και πνευμασι δικαιων τετελειωμενων,

τελειοω [23]

Ja	2 22	και ἐκ των ἐργων ἡ πιστις ἐτελειωθη,
1Jh	2 5	ὁς δ ἀν τηρη αὐτου τον λογον, ἀληθως ἐν τουτω ἡ ἀγαπη του θεου τετελειωται.
	4 12	ὁ θεος ἐν ἡμιν μενει και ἡ ἀγαπη αὐτου ἐν ἡμιν τετελειωμενη ἐστιν.
	17	ἐν τουτω τετελειωται ἡ ἀγαπη μεθ ἡμων, ἱνα παρρησιαν ἐχωμεν ἐν τη ἡμερα της κρισεως,
	18	ὁ δε φοβουμενος οὐ τετελειωται ἐν τη ἀγαπη.

τελειως [1]

1Pt	1 13	τελειως ἐλπισατε ἐπι την φερομενην ὑμιν χαριν ἐν ἀποκαλυψει ἰησου χριστου.

τελειωσις [2]

Lc	1 45	και μακαρια ἡ πιστευσασα ὁτι ἐσται τελειωσις τοις λελαλημενοις αὐτη παρα κυριου.
Heb	7 11	εἰ μεν οὐν τελειωσις δια της λευιτικης ἱερωσυνης ἠν, ὁ λαος γαρ ἐπ αὐτης νενομοθετηται, τίς ἐτι χρεια

τελειωτης [1]

Heb	12 2	δι ὑπομονης τρεχωμεν τον προκειμενον ἡμιν ἀγωνα, ἀφορωντες εἰς τον της πιστεως ἀρχηγον και τελειωτην ἰησουν,

τελεσφορεω [1]

Lc	8 14	και ὑπο μεριμνων και πλουτου και ἡδονων του βιου πορευομενοι συμπνιγονται και οὐ τελεσφορουσιν.

τελευταω [13]

Mt	2 19	τελευτησαντος δε του ἡρωδου,
	9 18	ἰδου ἀρχων εἰς ἐλθων προσεκυνει αὐτω λεγων ὁτι ἡ θυγατηρ μου ἀρτι ἐτελευτησεν·
	15 4	ὁ κακολογων πατερα ἡ μητερα θανατω τελευτατω.
	22 25	και ὁ πρωτος γημας ἐτελευτησεν, και μη ἐχων σπερμα ἀφηκεν την γυναικα αὐτου τω ἀδελφω αὐτου·
Mc	7 10	τιμα τον πατερα σου και την μητερα σου, και· ὁ κακολογων πατερα ἡ μητερα θανατω τελευτατω.
	9 44 *	ὁπου ὁ σκωληξ αὐτων οὐ τελευτα και το πυρ οὐ σβεννυται.
	46 *	ὁπου ὁ σκωληξ αὐτων οὐ τελευτα και το πυρ οὐ σβεννυται.
	48	ἡ δυο ὀφθαλμους ἐχοντα βληθηναι εἰς την γεενναν, ὁπου ὁ σκωληξ αὐτων οὐ τελευτα και το πυρ οὐ σβεννυται.
Lc	7 2	ἑκατονταρχου δε τινος δουλος κακως ἐχων ἡμελλεν τελευταν, ὁς ἠν αὐτω ἐντιμος.
Jh	11 39	λεγει αὐτω ἡ ἀδελφη του τετελευτηκοτος μαρθα· κυριε, ἠδη ὀζει· τεταρταιος γαρ ἐστιν.
Ac	2 29	ἀνδρες ἀδελφοι, ἐξον εἰπειν μετα παρρησιας προς ὑμας περι του πατριαρχου δαυιδ, ὁτι και ἐτελευτησεν και ἐταφη,
	7 15	και ἐτελευτησεν αὐτος και οἱ πατερες ἡμων,
Heb	11 22	πιστει ἰωσηφ τελευτων περι της ἐξοδου των υἱων ἰσραηλ ἐμνημονευσεν

τελευτη [1]

Mt	2 15	και ἠν ἐκει ἑως της τελευτης ἡρωδου·

τελεω [28]

Mt	7 28	και ἐγενετο ὁτε ἐτελεσεν ὁ ἰησους τους λογους τουτους,
	10 23	οὐ μη τελεσητε τας πολεις του ἰσραηλ ἑως ἀν ἐλθη ὁ υἱος του ἀνθρωπου.
	11 1	και ἐγενετο ὁτε ἐτελεσεν ὁ ἰησους διατασσων τοις δωδεκα μαθηταις αὐτου, μετεβη ἐκειθεν του διδασκειν και κηρυσσειν ἐν ταις πολεσιν αὐτων.
	13 53	και ἐγενετο ὁτε ἐτελεσεν ὁ ἰησους τας παραβολας ταυτας, μετηρεν ἐκειθεν.
	17 24	ὁ διδασκαλος ὑμων οὐ τελει τα διδραχμα;
	19 1	και ἐγενετο ὁτε ἐτελεσεν ὁ ἰησους τους λογους τουτους, μετηρεν ἀπο της γαλιλαιας και ἠλθεν εἰς τα ὁρια της ἰουδαιας περαν του ἰορδανου.
	26 1	και ἐγενετο ὁτε ἐτελεσεν ὁ ἰησους παντας τους λογους τουτους, εἰπεν τοις μαθηταις αὐτου·
Lc	2 39	και ὡς ἐτελεσαν παντα τα κατα τον νομον κυριου, ἐπεστρεψαν εἰς την γαλιλαιαν εἰς πολιν ἑαυτων ναζαρεθ.

τελεω [28]

Lc	12 50	βαπτισμα δε έχω βαπτισθηναι, και πως συνεχομαι έως ότου τελεσθη.
	18 31	ίδου άναβαινομεν εις ιερουσαλημ, και τελεσθησεται παντα τα γεγραμμενα δια των προφητων τω υίω του άνθρωπου·
	22 37	λεγω γαρ ύμιν ότι τουτο το γεγραμμενον δει τελεσθηναι έν έμοι, το· και μετα άνομων έλογισθη
Jh	19 28	μετα τουτο είδως ό ιησους ότι ήδη παντα τετελεσται, ίνα τελειωθη ή γραφη, λεγει· διψω.
	30	ότε ούν έλαβεν το όξος [ό] ιησους είπεν· τετελεσται, και κλινας την κεφαλην παρεδωκεν το πνευμα.
Ac	13 29	ώς δε έτελεσαν παντα τα περι αύτου γεγραμμενα, καθελοντες άπο του ξυλου έθηκαν εις μνημειον.
Rm	2 27	και κρινεί ή έκ φυσεως άκροβυστια τον νομον τελουσα σέ τον δια γραμματος και περιτομης παραβατην νομου.
	13 6	δια τουτο γαρ και φορους τελειτε·
2Co	12 9	άρκει σοι ή χαρις μου· ή γαρ δυναμις έν άσθενεια τελειται.
Ga	5 16	πνευματι περιπατειτε και έπιθυμιαν σαρκος ού μη τελεσητε.
2Tm	4 7	τον καλον άγωνα ήγωνισμαι, τον δρομον τετελεκα,
Ja	2 8	εί μεντοι νομον τελειτε βασιλικον κατα την γραφην· άγαπησεις τον πλησιον σου ώς σεαυτον, καλως ποιειτε·
Apc	10 7	και έτελεσθη το μυστηριον του θεου, ώς εύηγγελισεν τους έαυτου δουλους τους προφητας.
	11 7	και όταν τελεσωσιν την μαρτυριαν αύτων, το θηριον το άναβαινον έκ της άβυσσου ποιησει μετ αύτων πολεμον
	15 1	άγγελους έπτα έχοντας πληγας έπτα τας έσχατας, ότι έν αύταις έτελεσθη ό θυμος του θεου.
	8	και ούδεις έδυνατο εισελθειν εις τον ναον άχρι τελεσθωσιν αί έπτα πληγαι των έπτα άγγελων.
	17 17	και ποιησαι μιαν γνωμην και δουναι την βασιλειαν αύτων τω θηριω, άχρι τελεσθησονται οί λογοι του θεου.
	20 3	ίνα μη πλανηση έτι τα έθνη, άχρι τελεσθη τα χιλια έτη·
	5	οί λοιποι των νεκρων ούκ έζησαν άχρι τελεσθη τα χιλια έτη.
	7	και όταν τελεσθη τα χιλια έτη, λυθησεται ό σατανας έκ της φυλακης αύτου,

τελος [40]

Mt	10 22	ό δε ύπομεινας εις τελος, ούτος σωθησεται.
	17 25	οί βασιλεις της γης άπο τινων λαμβανουσιν τελη ή κηνσον; άπο των υίων αύτων ή άπο των άλλοτριων;
	24 6	δει γαρ γενεσθαι, άλλ ούπω έστιν το τελος.
	13	ό δε ύπομεινας εις τελος, ούτος σωθησεται.
	14	και κηρυχθησεται τουτο το εύαγγελιον της βασιλειας έν όλη τη οίκουμενη εις μαρτυριον πασιν τοις έθνεσιν, και τοτε ήξει το τελος.
	26 58	και εισελθων έσω έκαθητο μετα των ύπηρετων ίδειν το τελος.
Mc	3 26	και εί ό σατανας άνεστη έφ έαυτον και έμερισθη, ού δυναται στηναι άλλα τελος έχει.
	13 7	δει γενεσθαι, άλλ ούπω το τελος.
	13	ό δε ύπομεινας εις τελος, ούτος σωθησεται.
Lc	1 33	και βασιλευσει έπι τον οίκον ιακωβ εις τους αίωνας, και της βασιλειας αύτου ούκ έσται τελος.
	18 5	εί και τον θεον ού φοβουμαι ούδε άνθρωπον έντρεπομαι, δια γε το παρεχειν μοι κοπον την χηραν ταυτην έκδικησω αύτην, ίνα μη εις τελος έρχομενη ύπωπιαζη με.
	21 9	δει γαρ ταυτα γενεσθαι πρωτον, άλλ ούκ εύθεως το τελος.
	22 37	και γαρ το περι έμου τελος έχει.
Jh	13 1	άγαπησας τους ίδιους τους έν τω κοσμω, εις τελος ήγαπησεν αύτους.
Rm	6 21	το γαρ τελος έκεινων θανατος.
	22	έχετε τον καρπον ύμων εις άγιασμον, το δε τελος ζωην αίωνιον.
	10 4	τελος γαρ νομου χριστος εις δικαιοσυνην παντι τω πιστευοντι.
	13 7	τω τον φορον τον φορον, τω το τελος το τελος,
	7	τω τον φορον τον φορον, τω το τελος το τελος,
1Co	1 8	ός και βεβαιωσει ύμας έως τελους άνεγκλητους έν τη ήμερα του κυριου ήμων ιησου [χριστου].
	10 11	έγραφη δε προς νουθεσιαν ήμων, εις ούς τα τελη των αίωνων κατηντηκεν.
	15 24	είτα το τελος, όταν παραδιδω την βασιλειαν τω θεω και πατρι,
2Co	1 13	έλπιζω δε ότι έως τελους έπιγνωσεσθε,
	3 13	και ού καθαπερ μωυσης έτιθει καλυμμα έπι το προσωπον αύτου, προς το μη άτενισαι τους υίους ισραηλ εις το τελος του καταργουμενου.
	11 15	ών το τελος έσται κατα τα έργα αύτων.
Php	3 19	τους έχθρους του σταυρου του χριστου, ών το τελος άπωλεια,
1Th	2 16	έφθασεν δε έπ αύτους ή όργη εις τελος.

τελος [40]

1Tm	1 5	το δε τελος της παραγγελιας έστιν άγαπη έκ καθαρας καρδιας και συνειδησεως άγαθης και πιστεως άνυποκριτου,
Heb	3 14	μετοχοι γαρ του χριστου γεγοναμεν, έανπερ την άρχην της ύποστασεως μεχρι τελους βεβαιαν κατασχωμεν.
	6 8	έκφερουσα δε άκανθας και τριβολους άδοκιμος και καταρας έγγυς, ής το τελος εις καυσιν.
	11	έπιθυμουμεν δε έκαστον ύμων την αύτην ένδεικνυσθαι σπουδην προς την πληροφοριαν της έλπιδος άχρι τελους,
	7 3	μητε άρχην ήμερων μητε ζωης τελος έχων,
Ja	5 11	την ύπομονην ιωβ ήκουσατε, και το τελος κυριου είδετε,
1Pt	1 9	κομιζομενοι το τελος της πιστεως [ύμων] σωτηριαν ψυχων.
	3 8	το δε τελος παντες όμοφρονες, συμπαθεις, φιλαδελφοι, εύσπλαγχνοι, ταπεινοφρονες,
	4 7	παντων δε το τελος ήγγικεν.
	17	εί δε πρωτον άφ ήμων, τί το τελος των άπειθουντων τω του θεου εύαγγελιω;
Apc	2 26	και ό νικων και ό τηρων άχρι τελους τα έργα μου, δωσω αύτω έξουσιαν έπι των έθνων,
	21 6	έγω [είμι] το άλφα και το ώ, ή άρχη και το τελος.
	22 13	ό πρωτος και ό έσχατος, ή άρχη και το τελος.

τελωνης [21]

Mt	5 46	ούχι και οί τελωναι το αύτο ποιουσιν;
	9 10	και ίδου πολλοι τελωναι και άμαρτωλοι έλθοντες συνανεκειντο τω ιησου και τοις μαθηταις αύτου.
	11	δια τί μετα των τελωνων και άμαρτωλων έσθιει ό διδασκαλος ύμων;
	10 3	θωμας και μαθθαιος ό τελωνης,
	11 19	ίδου άνθρωπος φαγος και οίνοποτης, τελωνων φιλος και άμαρτωλων.
	18 17	έαν δε και της έκκλησιας παρακουση, έστω σοι ώσπερ ό έθνικος και ό τελωνης.
	21 31	άμην λεγω ύμιν ότι οί τελωναι και αί πορναι προαγουσιν ύμας εις την βασιλειαν του θεου.
	32	οί δε τελωναι και αί πορναι έπιστευσαν αύτω·
Mc	2 15	και πολλοι τελωναι και άμαρτωλοι συνανεκειντο τω ιησου και τοις μαθηταις αύτου·
	16	και οί γραμματεις των φαρισαιων ίδοντες ότι έσθιει μετα των άμαρτωλων και τελωνων έλεγον τοις μαθηταις αύτου·
	16	και οί γραμματεις των φαρισαιων ίδοντες ότι έσθιει μετα των άμαρτωλων και τελωνων έλεγον τοις μαθηταις αύτου· ότι μετα των τελωνων και άμαρτωλων έσθιει;
Lc	3 12	ήλθον δε και τελωναι βαπτισθηναι και είπαν προς αύτον·
	5 27	και μετα ταυτα έξηλθεν, και έθεασατο τελωνην όνοματι λευιν καθημενον έπι το τελωνιον,
	29	και ήν όχλος πολυς τελωνων και άλλων οί ήσαν μετ αύτων κατακειμενοι.
	30	δια τί μετα των τελωνων και άμαρτωλων έσθιετε και πινετε;
	7 29	και πας ό λαος άκουσας και οί τελωναι έδικαιωσαν τον θεον,
	34	ίδου άνθρωπος φαγος και οίνοποτης, φιλος τελωνων και άμαρτωλων.
	15 1	ήσαν δε αύτω έγγιζοντες παντες οί τελωναι και οί άμαρτωλοι άκουειν αύτου.
	18 10	άνθρωποι δυο άνεβησαν εις το ιερον προσευξασθαι, ό είς φαρισαιος και ό έτερος τελωνης.
	11	άρπαγες, άδικοι, μοιχοι, ή και ώς ούτος ό τελωνης·
	13	ό δε τελωνης μακροθεν έστως ούκ ήθελεν ούδε τους όφθαλμους έπαραι εις τον ούρανον,

τελωνιον [3]

Mt	9 9	και παραγων ό ιησους έκειθεν είδεν άνθρωπον καθημενον έπι το τελωνιον,
Mc	2 14	και παραγων είδεν λευιν τον του άλφαιου καθημενον έπι το τελωνιον,
Lc	5 27	και μετα ταυτα έξηλθεν, και έθεασατο τελωνην όνοματι λευιν καθημενον έπι το τελωνιον,

τερας [16]

Mt	24 24	έγερθησονται γαρ ψευδοχριστοι και ψευδοπροφηται, και δωσουσιν σημεια μεγαλα και τερατα,
Mc	13 22	έγερθησονται γαρ ψευδοχριστοι και ψευδοπροφηται και δωσουσιν σημεια και τερατα προς το άποπλαναν, εί δυνατον, τους έκλεκτους.
Jh	4 48	έαν μη σημεια και τερατα ίδητε, ού μη πιστευσητε.
Ac	2 19	και δωσω τερατα έν τω ούρανω άνω και σημεια έπι της γης κατω,

τερας [16]

Ac 2 22 ἰησουν τον ναζωραιον, ἀνδρα ἀποδεδειγμενον ἀπο του θεου εἰς ὑμας δυναμεσι και τερασι και σημειοις,

43 ἐγινετο δε παση ψυχη φοβος· πολλα τε τερατα και σημεια δια των ἀποστολων ἐγινετο.

4 30 ἐν τω την χειρα [σου] ἐκτεινειν σε εἰς ἰασιν και σημεια και τερατα γινεσθαι δια του ὀνοματος του ἁγιου παιδος σου ἰησου.

5 12 δια δε των χειρων των ἀποστολων ἐγινετο σημεια και τερατα πολλα ἐν τω λαω·

6 8 στεφανος δε πληρης χαριτος και δυναμεως ἐποιει τερατα και σημεια μεγαλα ἐν τω λαω.

7 36 οὗτος ἐξηγαγεν αὐτους ποιησας τερατα και σημεια ἐν γη αἰγυπτω και ἐν ἐρυθρα θαλασση και ἐν τη ἐρημω ἐτη τεσσερακοντα.

14 3 ἱκανον μεν οὖν χρονον διετριψαν παρρησιαζομενοι ἐπι τω κυριω τω μαρτυρουντι ἐπι τω λογω της χαριτος αὐτου, διδοντι σημεια και τερατα γινεσθαι δια των χειρων αὐτων.

15 12 ἐσιγησεν δε παν το πληθος, και ἠκουον βαρναβα και παυλου ἐξηγουμενων ὁσα ἐποιησεν ὁ θεος σημεια και τερατα ἐν τοις ἐθνεσιν δι αὐτων.

Rm 15 19 ἐν δυναμει σημειων και τερατων, ἐν δυναμει πνευματος [θεου]·

2Co 12 12 τα μεν σημεια του ἀποστολου κατειργασθη ἐν ὑμιν ἐν παση ὑπομονη, σημειοις τε και τερασιν και δυναμεσιν.

2Th 2 9 οὗ ἐστιν ἡ παρουσια κατ ἐνεργειαν του σατανα ἐν παση δυναμει και σημειοις και τερασιν ψευδους

Heb 2 4 συνεπιμαρτυρουντος του θεου σημειοις τε και τερασιν και ποικιλαις δυναμεσιν και πνευματος ἁγιου μερισμοις κατα την αὐτου θελησιν.

τερτιος [1]

Rm 16 22 ἀσπαζομαι ὑμας ἐγω τερτιος ὁ γραψας την ἐπιστολην ἐν κυριω.

τερτυλλος [2]

Ac 24 1 μετα δε πεντε ἡμερας κατεβη ὁ ἀρχιερευς ἁνανιας μετα πρεσβυτερων τινων και ῥητορος τερτυλλου τινος,

2 κληθεντος δε αὐτου ἠρξατο κατηγορειν ὁ τερτυλλος λεγων·

τεσσαρες [30]

Mt 24 31 και ἐπισυναξουσιν τους ἐκλεκτους αὐτου ἐκ των τεσσαρων ἀνεμων ἀπ ἀκρων οὐρανων ἐως [των] ἀκρων αὐτων.

Mc 2 3 και ἐρχονται φεροντες προς αὐτον παραλυτικον αἰρομενον ὑπο τεσσαρων.

13 27 και τοτε ἀποστελει τους ἀγγελους και ἐπισυναξει τους ἐκλεκτους [αὐτου] ἐκ των τεσσαρων ἀνεμων ἀπ ἀκρου γης ἐως ἀκρου οὐρανου.

Jh 11 17 ἐλθων οὖν ὁ ἰησους εὑρεν αὐτον τεσσαρας ἠδη ἡμερας ἐχοντα ἐν τω μνημειω.

19 23 οἱ οὖν στρατιωται, ὁτε ἐσταυρωσαν τον ἰησουν, ἐλαβον τα ἱματια αὐτου και ἐποιησαν τεσσαρα μερη,

Ac 10 11 και θεωρει τον οὐρανον ἀνεωγμενον και καταβαινον σκευος τι ὡς ὀθονην μεγαλην, τεσσαρσιν ἀρχαις καθιεμενον ἐπι της γης,

11 5 και εἰδον ἐν ἐκστασει ὁραμα, καταβαινον σκευος τι ὡς ὀθονην μεγαλην τεσσαρσιν ἀρχαις καθιεμενην ἐκ του οὐρανου,

12 4 ὀν και πιασας ἐθετο εἰς φυλακην, παραδους τεσσαρσιν τετραδιοις στρατιωτων φυλασσειν αὐτον,

21 9 τουτω δε ἠσαν θυγατερες τεσσαρες παρθενοι προφητευουσαι.

23 εἰσιν ἡμιν ἀνδρες τεσσαρες εὐχην ἐχοντες ἐφ ἑαυτων·

27 29 φοβουμενοι τε μη που κατα τραχεις τοπους ἐκπεσωμεν, ἐκ πρυμνης ῥιψαντες ἀγκυρας τεσσαρας ηὐχοντο ἡμεραν γενεσθαι.

Apc 4 6 και ἐν μεσω του θρονου και κυκλω του θρονου τεσσαρα ζωα γεμοντα ὀφθαλμων ἐμπροσθεν και ὀπισθεν.

8 και τα τεσσαρα ζωα, ἐν καθ ἑν αὐτων ἐχων ἀνα πτερυγας ἑξ, κυκλοθεν και ἐσωθεν γεμουσιν ὀφθαλμων·

5 6 και εἰδον ἐν μεσω του θρονου και των τεσσαρων ζωων και ἐν μεσω των πρεσβυτερων ἀρνιον ἑστηκος ὡς ἐσφαγμενον,

8 και ὁτε ἐλαβεν το βιβλιον, τα τεσσαρα ζωα και οἱ εἰκοσιτεσσαρες πρεσβυτεροι ἐπεσαν ἐνωπιον του ἀρνιου,

14 και τα τεσσαρα ζωα ἐλεγον·

6 1 και ἠκουσα ἑνος ἐκ των τεσσαρων ζωων λεγοντος ὡς φωνη βροντης·

τεσσαρες [30]

Apc 6 6 και ἠκουσα ὡς φωνην ἐν μεσω των τεσσαρων ζωων λεγουσαν·

7 1 μετα τουτο εἰδον τεσσαρας ἀγγελους ἑστωτας ἐπι τας τεσσαρας γωνιας της γης,

1 μετα τουτο εἰδον τεσσαρας ἀγγελους ἑστωτας ἐπι τας τεσσαρας γωνιας της γης,

1 μετα τουτο εἰδον τεσσαρας ἀγγελους ἑστωτας ἐπι τας τεσσαρας γωνιας της γης, κρατουντας τους τεσσαρας ἀνεμους της γης,

2 και ἐκραξεν φωνη μεγαλη τοις τεσσαρσιν ἀγγελοις οἱς ἐδοθη αὐτοις ἀδικησαι την γην και την θαλασσαν, λεγων·

11 και παντες οἱ ἀγγελοι εἱστηκεισαν κυκλω του θρονου και των πρεσβυτερων και των τεσσαρων ζωων,

9 13 και ἠκουσα φωνην μιαν ἐκ των [τεσσαρων] κερατων του θυσιαστηριου του χρυσου του ἐνωπιον του θεου,

14 λυσον τους τεσσαρας ἀγγελους τους δεδεμενους ἐπι τω ποταμω τω μεγαλω εὐφρατη.

15 και ἐλυθησαν οἱ τεσσαρες ἀγγελοι οἱ ἡτοιμασμενοι εἰς την ὡραν και ἡμεραν και μηνα και ἐνιαυτον,

14 3 και ἀδουσιν [ὡς] ὡδην καινην ἐνωπιον του θρονου και ἐνωπιον των τεσσαρων ζωων και των πρεσβυτερων·

15 7 και ἑν ἐκ των τεσσαρων ζωων ἐδωκεν τοις ἑπτα ἀγγελοις ἑπτα φιαλας χρυσας γεμουσας του θυμου του θεου του ζωντος εἰς τους αἰωνας των αἰωνων.

19 4 και ἐπεσαν οἱ πρεσβυτεροι οἱ εἰκοσιτεσσαρες και τα τεσσαρα ζωα,

20 8 και ἐξελευσεται πλανησαι τα ἐθνη τα ἐν ταις τεσσαρσιν γωνιαις της γης,

τεσσαρεσκαιδεκατος [2]

Ac 27 27 ὡς δε τεσσαρεσκαιδεκατη νυξ ἐγενετο διαφερομενων ἡμων ἐν τω ἀδρια, κατα μεσον της νυκτος ὑπενοουν οἱ ναυται προσαγειν τινα αὐτοις χωραν.

33 τεσσαρεσκαιδεκατην σημερον ἡμεραν προσδοκωντες ἀσιτοι διατελειτε,

τεσσερακοντα [15]

Mt 4 2 και νηστευσας ἡμερας τεσσερακοντα και νυκτας τεσσερακοντα ὑστερον ἐπεινασεν.

2 και νηστευσας ἡμερας τεσσερακοντα και νυκτας τεσσερακοντα ὑστερον ἐπεινασεν.

Mc 1 13 και ἠν ἐν τη ἐρημω τεσσερακοντα ἡμερας πειραζομενος ὑπο του σατανα,

Lc 4 2 ἰησους δε πληρης πνευματος ἁγιου ὑπεστρεψεν ἀπο του ἰορδανου, και ἠγετο ἐν τω πνευματι ἐν τη ἐρημω ἡμερας τεσσερακοντα πειραζομενος ὑπο του διαβολου.

Ac 1 3 δι ἡμερων τεσσερακοντα ὀπτανομενος αὐτοις και λεγων τα περι της βασιλειας του θεου·

4 22 ἐτων γαρ ἠν πλειωνων τεσσερακοντα ὁ ἀνθρωπος ἐφ ὀν γεγονει το σημειον τουτο της ἰασεως.

7 30 και πληρωθεντων ἐτων τεσσερακοντα ὡφθη αὐτω ἐν τη ἐρημω του ὀρους σινα ἀγγελος ἐν φλογι πυρος βατου.

36 οὗτος ἐξηγαγεν αὐτους ποιησας τερατα και σημεια ἐν γη αἰγυπτω και ἐν ἐρυθρα θαλασση και ἐν τη ἐρημω ἐτη τεσσερακοντα.

42 μη σφαγια και θυσιας προσηνεγκατε μοι ἐτη τεσσερακοντα ἐν τη ἐρημω,

13 21 και ἐδωκεν αὐτοις ὁ θεος τον σαουλ υἱον κις, ἀνδρα ἐκ φυλης βενιαμιν, ἐτη τεσσερακοντα·

23 13 ἠσαν δε πλειους τεσσερακοντα οἱ ταυτην την συνωμοσιαν ποιησαμενοι·

21 ἐνεδρευουσιν γαρ αὐτον ἐξ αὐτων ἀνδρες πλειους τεσσερακοντα,

2Co 11 24 ὑπο ἰουδαιων πεντακις τεσσερακοντα παρα μιαν ἐλαβον,

Heb 3 10 οὐ ἐπειρασαν οἱ πατερες ὑμων ἐν δοκιμασια και εἰδον τα ἐργα μου τεσσερακοντα ἐτη·

17 τισιν δε προσωχθισεν τεσσερακοντα ἐτη;

τεσσερακονταδυο [2]

Apc 11 2 και την πολιν την ἁγιαν πατησουσιν μηνας τεσσερακοντα[και]δυο.

13 5 και ἐδοθη αὐτω ἐξουσια ποιησαι μηνας τεσσερακοντα[και]δυο.

τεσσερακονταετης [2]

Ac 7 23 ὡς δε ἐπληρουτο αὐτῳ *τεσσερακονταετης* χρονος, ἀνεβη ἐπι την καρδιαν αὐτου ἐπισκεψασθαι τους ἀδελφους αὐτου τους υἱους ἰσραηλ.

13 18 και μετα βραχιονος ὑψηλου ἐξηγαγεν αὐτους ἐξ αὐτης, και ὡς *τεσσερακονταετη* χρονον ἐτροποφορησεν αὐτους ἐν τη ἐρημῳ,

τεσσερακοντακαιδυο [2]

Apc 11 2 και την πολιν την ἁγιαν πατησουσιν μηνας *τεσσερακοντα[και]δυο.*

13 5 και ἐδοθη αὐτῳ ἐξουσια ποιησαι μηνας *τεσσερακοντα[και]δυο.*

τεσσερακοντακαιεξ [1]

Jh 2 20 *τεσσερακοντακαιεξ* ἐτεσιν οἰκοδομηθη ὁ ναος οὑτος,

τεταρταιος [1]

Jh 11 39 κυριε, ἠδη ὀζει· *τεταρταιος* γαρ ἐστιν.

τεταρτος [10]

Mt 14 25 *τεταρτη* δε φυλακη της νυκτος ἠλθεν προς αὐτους περιπατων ἐπι την θαλασσαν.

Mc 6 48 και ἰδων αὐτους βασανιζομενους ἐν τω ἐλαυνειν, ἠν γαρ ὁ ἀνεμος ἐναντιος αὐτοις, περι *τεταρτην* φυλακην της νυκτος ἐρχεται προς αὐτους περιπατων ἐπι της θαλασσης·

Ac 10 30 ἀπο *τεταρτης* ἡμερας μεχρι ταυτης της ὡρας ἠμην την ἐνατην προσευχομενος ἐν τω οἰκω μου,

Apc 4 7 και το *τεταρτον* ζωον ὁμοιον ἀετω πετομενω.

6 7 και ὁτε ἠνοιξεν την σφραγιδα την *τεταρτην,* ἠκουσα φωνην του *τεταρτου* ζωου λεγοντος·

7 και ὁτε ἠνοιξεν την σφραγιδα την *τεταρτην,* ἠκουσα φωνην του *τεταρτου* ζωου λεγοντος·

8 και ἐδοθη αὐτοις ἐξουσια ἐπι το *τεταρτον* της γης,

8 12 και ὁ *τεταρτος* ἀγγελος ἐσαλπισεν· και ἐπληγη το τριτον του ἡλιου

16 8 και ὁ *τεταρτος* ἐξεχεεν την φιαλην αὐτου ἐπι τον ἡλιον·

21 19 ὁ τριτος χαλκηδων, ὁ *τεταρτος* σμαραγδος,

τετρααρχεω [3]

Lc 3 1 ἡγεμονευοντος ποντιου πιλατου της ἰουδαιας, και *τετρααρχουντος* της γαλιλαιας ἡρωδου,

1 και τετρααρχουντος της γαλιλαιας ἡρωδου, φιλιππου δε του ἀδελφου αὐτου *τετρααρχουντος* της ἰτουραιας και τραχωνιτιδος χωρας,

1 φιλιππου δε του ἀδελφου αὐτου τετρααρχουντος της ἰτουραιας και τραχωνιτιδος χωρας, και λυσανιου της ἀβιληνης *τετρααρχουντος,*

τετρααρχης [4]

Mt 14 1 ἐν ἐκεινω τω καιρω ἠκουσεν ἡρωδης ὁ *τετρααρχης* την ἀκοην ἰησου,

Lc 3 19 ὁ δε ἡρωδης ὁ *τετρααρχης,* ἐλεγχομενος ὑπ αὐτου περι ἡρωδιαδος της γυναικος του ἀδελφου αὐτου και περι παντων ὡν ἐποιησεν πονηρων ὁ ἡρωδης,

9 7 ἠκουσεν δε ἡρωδης ὁ *τετρααρχης* τα γινομενα παντα,

Ac 13 1 και λουκιος ὁ κυρηναιος, μαναην τε ἡρωδου του *τετρααρχου* συντροφος και σαυλος.

τετραγωνος [1]

Apc 21 16 και ἡ πολις *τετραγωνος* κειται, και το μηκος αὐτης ὁσον [και] το πλατος.

τετραδιον [1]

Ac 12 4 ὁν και πιασας ἐθετο εἰς φυλακην, παραδους τεσσαρσιν *τετραδιοις* στρατιωτων φυλασσειν αὐτον,

τετρακισχιλιοι [5]

Mt 15 38 οἱ δε ἐσθιοντες ἠσαν *τετρακισχιλιοι* ἀνδρες χωρις γυναικων και παιδιων.

τετρακισχιλιοι [5]

Mt 16 10 οὐπω νοειτε, οὐδε μνημονευετε τους πεντε ἀρτους των πεντακισχιλιων και ποσους κοφινους ἐλαβετε; οὐδε τους ἑπτα ἀρτους των *τετρακισχιλιων* και ποσας σπυριδας ἐλαβετε;

Mc 8 9 ἠσαν δε ὡς *τετρακισχιλιοι.*

20 ὁτε τους ἑπτα εἰς τους *τετρακισχιλιους,* ποσων σπυριδων πληρωματα κλασματων ἠρατε;

Ac 21 38 οὐκ ἀρα συ εἰ ὁ αἰγυπτιος ὁ προ τουτων των ἡμερων ἀναστατωσας και ἐξαγαγων εἰς την ἐρημον τους *τετρακισχιλιους* ἀνδρας των σικαριων;

τετρακοσιοι [2]

Ac 5 36 προ γαρ τουτων των ἡμερων ἀνεστη θευδας, λεγων εἰναι τινα ἑαυτον, ᾡ προσεκλιθη ἀνδρων ἀριθμος ὡς *τετρακοσιων·*

7 6 και δουλωσουσιν αὐτο και κακωσουσιν ἐτη *τετρακοσια·*

τετρακοσιοικαιπεντηκοντα [1]

Ac 13 20 και καθελων ἐθνη ἑπτα ἐν γη χανααν κατεκληρονομησεν την γην αὐτων ὡς ἐτεσιν *τετρακοσιοισκαιπεντηκοντα.*

τετρακοσιοικαιτριακοντα [1]

Ga 3 17 διαθηκην προκεκυρωμενην ὑπο του θεου ὁ μετα *τετρακοσιακαιτριακοντα* ἐτη γεγονως νομος οὐκ ἀκυροι, εἰς το καταργησαι την ἐπαγγελιαν.

τετραμηνος [1]

Jh 4 35 οὐχ ὑμεις λεγετε ὁτι ἐτι *τετραμηνος* ἐστιν και ὁ θερισμος ἐρχεται;

τετραπλους [1]

Lc 19 8 και εἰ τινος τι ἐσυκοφαντησα, ἀποδιδωμι *τετραπλουν.*

τετραπους [3]

Ac 10 12 ἐν ᾡ ὑπηρχεν παντα τα *τετραποδα* και ἑρπετα της γης και πετεινα του οὐρανου.

11 6 εἰς ἡν ἀτενισας κατενοουν, και εἰδον τα *τετραποδα* της γης και τα θηρια και τα ἑρπετα και τα πετεινα του οὐρανου.

Rm 1 23 φασκοντες εἰναι σοφοι ἐμωρανθησαν, και ἡλλαξαν την δοξαν του ἀφθαρτου θεου ἐν ὁμοιωματι εἰκονος φθαρτου ἀνθρωπου και πετεινων και *τετραποδων* και ἑρπετων·

τεφροω [1]

2Pt 2 6 και πολεις σοδομων και γομορρας *τεφρωσας* [καταστροφη] κατεκρινεν,

τεχνη [3]

Ac 17 29 γενος οὐν ὑπαρχοντες του θεου οὐκ ὀφειλομεν νομιζειν, χρυσω ἡ ἀργυρω ἡ λιθω, χαραγματι *τεχνης* και ἐνθυμησεως ἀνθρωπου, το θειον εἰναι ὁμοιον.

18 3 ἠσαν γαρ σκηνοποιοι τη *τεχνη.*

Apc 18 22 και πας τεχνιτης πασης *τεχνης* οὐ μη εὑρεθη ἐν σοι ἐτι,

τεχνιτης [4]

Ac 19 24 δημητριος γαρ τις ὀνοματι, ἀργυροκοπος, ποιων ναους ἀργυρους ἀρτεμιδος παρειχετο τοις *τεχνιταις* οὐκ ὀλιγην ἐργασιαν,

38 εἰ μεν οὐν δημητριος και οἱ συν αὐτω *τεχνιται* ἐχουσι προς τινα λογον, ἀγοραιοι ἀγονται και ἀνθυπατοι εἰσιν, ἐγκαλειτωσαν ἀλληλοις.

Heb 11 10 ἐξεδεχετο γαρ την τους θεμελιους ἐχουσαν πολιν, ἡς *τεχνιτης* και δημιουργος ὁ θεος.

Apc 18 22 και πας *τεχνιτης* πασης τεχνης οὐ μη εὑρεθη ἐν σοι ἐτι,

τηκομαι [1]

2Pt 3 12 προσδοκωντας και σπευδοντας την παρουσιαν της του θεου ἡμερας, δι ἡν οὐρανοι πυρουμενοι λυθησονται και στοιχεια καυσουμενα *τηκεται.*

τηλαυγως [1]

Mc   8 25   εἶτα παλιν ἐπεθηκεν τας χειρας ἐπι τους ὀφθαλμους αὐτου, και διεβλεψεν και ἀπεκατεστη, και ἐνεβλεπεν *τηλαυγως* ἁπαντα.

τηλικουτος [4]

2Co   1 10   ὃς ἐκ *τηλικουτου* θανατου ἐρρυσατο ἡμας και ῥυσεται,
Heb   2 3   πῶς ἡμεις ἐκφευξομεθα *τηλικαυτης* ἀμελησαντες σωτηριας;
Ja   3 4   ἰδου και τα πλοια, *τηλικαυτα* ὀντα και ὑπο ἀνεμων σκληρων ἐλαυνομενα,
Apc   16 18   οἷος οὐκ ἐγενετο ἀφ οὗ ἀνθρωπος ἐγενετο ἐπι της γης, *τηλικουτος* σεισμος οὑτω μεγας.

τηρεω [70]

Mt   19 17   εἰ δε θελεις εἰς την ζωην εἰσελθειν, *τηρησον* τας ἐντολας.
    23 3   παντα οὖν ὁσα ἐαν εἰπωσιν ὑμιν ποιησατε και *τηρειτε*, κατα δε τα ἐργα αὐτων μη ποιειτε·
    27 36   και καθημενοι *ἐτηρουν* αὐτον ἐκει.
      54   ὁ δε ἑκατονταρχος και οἱ μετ αὐτου *τηρουντες* τον ἰησουν ἰδοντες τον σεισμον και τα γινομενα ἐφοβηθησαν σφοδρα, λεγοντες·
    28 4   ἀπο δε του φοβου αὐτου ἐσεισθησαν οἱ *τηρουντες* και ἐγενηθησαν ὡς νεκροι.
      20   πορευθεντες οὖν μαθητευσατε παντα τα ἐθνη, βαπτιζοντες αὐτους εἰς το ὀνομα του πατρος και του υἱου και του ἁγιου πνευματος, διδασκοντες αὐτους *τηρειν* παντα ὁσα ἐνετειλαμην ὑμιν·
Jh   2 10   συ *τετηρηκας* τον καλον οἰνον ἑως ἀρτι.
    8 51   ἐαν τις τον ἐμον λογον *τηρηση*, θανατον οὐ μη θεωρηση εἰς τον αἰωνα.
      52   ἐαν τις τον λογον μου *τηρηση*, οὐ μη γευσηται θανατου εἰς τον αἰωνα.
      55   ἀλλα οἰδα αὐτον και τον λογον αὐτου *τηρω*.
    9 16   οὐκ ἐστιν οὑτος παρα θεου ὁ ἀνθρωπος, ὁτι το σαββατον οὐ *τηρει*.
    12 7   ἀφες αὐτην, ἱνα εἰς την ἡμεραν του ἐνταφιασμου μου *τηρηση* αὐτο·
    14 15   ἐαν ἀγαπατε με, τας ἐντολας τας ἐμας *τηρησετε*.
      21   ὁ ἐχων τας ἐντολας μου και *τηρων* αὐτας, ἐκεινος ἐστιν ὁ ἀγαπων με·
      23   ἐαν τις ἀγαπα με, τον λογον μου *τηρησει*,
      24   ὁ μη ἀγαπων με τους λογους μου οὐ *τηρει*·
    15 10   ἐαν τας ἐντολας μου *τηρησητε*, μενειτε ἐν τη ἀγαπη μου,
      10   μενειτε ἐν τη ἀγαπη μου, καθως ἐγω τας ἐντολας του πατρος μου *τετηρηκα* και μενω αὐτου ἐν τη ἀγαπη.
      20   εἰ τον λογον μου *ἐτηρησαν*, και τον ὑμετερον τηρησουσιν.
      20   εἰ τον λογον μου ἐτηρησαν, και τον ὑμετερον *τηρησουσιν*.
    17 6   σοι ἠσαν καμοι αὐτους ἐδωκας, και τον λογον σου *τετηρηκαν*.
      11   πατερ ἁγιε, *τηρησον* αὐτους ἐν τω ὀνοματι σου ᾧ δεδωκας μοι, ἱνα ὡσιν ἑν καθως ἡμεις.
      12   ὁτε ἠμην μετ αὐτων, ἐγω *ἐτηρουν* αὐτους ἐν τω ὀνοματι σου ᾧ δεδωκας μοι,
      15   οὐκ ἐρωτω ἱνα ἀρης αὐτους ἐκ του κοσμου, ἀλλ ἱνα *τηρησης* αὐτους ἐκ του πονηρου.
Ac   12 5   ὁ μεν οὖν πετρος *ἐτηρειτο* ἐν τη φυλακη·
      6   τη νυκτι ἐκεινη ἠν ὁ πετρος κοιμωμενος μεταξυ δυο στρατιωτων δεδεμενος ἁλυσεσιν δυσιν, φυλακες τε προ της θυρας *ἐτηρουν* την φυλακην.
    15 5   ἐξανεστησαν δε τινες των ἀπο της αἱρεσεως των φαρισαιων πεπιστευκοτες, λεγοντες ὁτι δει περιτεμνειν αὐτους παραγγελλειν τε *τηρειν* τον νομον μωυσεως.
    16 23   πολλας τε ἐπιθεντες αὐτοις πληγας ἐβαλον εἰς φυλακην, παραγγειλαντες τω δεσμοφυλακι ἀσφαλως *τηρειν* αὐτους·
    24 23   διαταξαμενος τω ἑκατονταρχη *τηρεισθαι* αὐτον ἐχειν τε ἀνεσιν και μηδενα κωλυειν των ἰδιων αὐτου ὑπηρετειν αὐτω.
    25 4   ὁ μεν οὖν φηστος ἀπεκριθη *τηρεισθαι* τον παυλον εἰς καισαρειαν,
      21   του δε παυλου ἐπικαλεσαμενου *τηρηθηναι* αὐτον εἰς την του σεβαστου διαγνωσιν, ἐκελευσα τηρεισθαι αὐτον ἑως οὗ ἀναπεμψω αὐτον προς καισαρα.
      21   του δε παυλου ἐπικαλεσαμενου τηρηθηναι αὐτον εἰς την του σεβαστου διαγνωσιν, ἐκελευσα *τηρεισθαι* αὐτον ἑως οὗ ἀναπεμψω αὐτον προς καισαρα.
1Co   7 37   και τουτο κεκρικεν ἐν τη ἰδια καρδια, *τηρειν* την ἑαυτου παρθενον, καλως ποιησει.
2Co   11 9   και ἐν παντι ἀβαρη ἐμαυτον ὑμιν *ἐτηρησα* και τηρησω.
      9   και ἐν παντι ἀβαρη ἐμαυτον ὑμιν ἐτηρησα και *τηρησω*.

τηρεω [70]

Eph   4 3   σπουδαζοντες *τηρειν* την ἑνοτητα του πνευματος ἐν τω συνδεσμω της εἰρηνης·
1Th   5 23   και ὁλοκληρον ὑμων το πνευμα και ἡ ψυχη και το σωμα ἀμεμπτως ἐν τη παρουσια του κυριου ἡμων ἰησου χριστου *τηρηθειη*.
1Tm   5 22   μηδε κοινωνει ἁμαρτιαις ἀλλοτριαις· σεαυτον ἁγνον *τηρει*.
    6 14   *τηρησαι* σε την ἐντολην ἀσπιλον ἀνεπιλημπτον μεχρι της ἐπιφανειας του κυριου ἡμων ἰησου χριστου,
2Tm   4 7   τον καλον ἀγωνα ἠγωνισμαι, τον δρομον τετελεκα, την πιστιν *τετηρηκα*·
Ja   1 27   ἀσπιλον ἑαυτον *τηρειν* ἀπο του κοσμου.
    2 10   ὁστις γαρ ὁλον τον νομον *τηρηση*, πταιση δε ἐν ἑνι, γεγονεν παντων ἐνοχος.
1Pt   1 4   εἰς κληρονομιαν ἀφθαρτον και ἀμιαντον και ἀμαραντον, *τετηρημενην* ἐν οὐρανοις εἰς ὑμας
2Pt   2 4   εἰ γαρ ὁ θεος ἀγγελων ἁμαρτησαντων οὐκ ἐφεισατο, ἀλλα σειραις ζοφου ταρταρωσας παρεδωκεν εἰς κρισιν *τηρουμενους*,
      9   οἰδεν κυριος εὐσεβεις ἐκ πειρασμου ῥυεσθαι, ἀδικους δε εἰς ἡμεραν κρισεως κολαζομενους *τηρειν*,
      17   και ὁμιχλαι ὑπο λαιλαπος ἐλαυνομεναι, οἷς ὁ ζοφος του σκοτους *τετηρηται*.
    3 7   οἱ δε νυν οὐρανοι και ἡ γη τω αὐτω λογω τεθησαυρισμενοι εἰσιν πυρι *τηρουμενοι* εἰς ἡμεραν κρισεως και ἀπωλειας των ἀσεβων ἀνθρωπων.
1Jh   2 3   και ἐν τουτω γινωσκομεν ὁτι ἐγνωκαμεν αὐτον, ἐαν τας ἐντολας αὐτου *τηρωμεν*.
      4   ὁ λεγων ὁτι ἐγνωκα αὐτον, και τας ἐντολας αὐτου μη *τηρων*, ψευστης ἐστιν,
      5   ὃς δ ἀν *τηρη* αὐτου τον λογον, ἀληθως ἐν τουτω ἡ ἀγαπη του θεου τετελειωται.
    3 22   ὁτι τας ἐντολας αὐτου *τηρουμεν* και τα ἀρεστα ἐνωπιον αὐτου ποιουμεν.
      24   και ὁ *τηρων* τας ἐντολας αὐτου ἐν αὐτω μενει και αὐτος ἐν αὐτω·
    5 3   αὑτη γαρ ἐστιν ἡ ἀγαπη του θεου, ἱνα τας ἐντολας αὐτου *τηρωμεν*·
      18   οἰδαμεν ὁτι πας ὁ γεγεννημενος ἐκ του θεου οὐχ ἁμαρτανει, ἀλλ ὁ γεννηθεις ἐκ του θεου *τηρει* αὐτον,
Ju   1   τοις ἐν θεω πατρι ἠγαπημενοις και ἰησου χριστω *τετηρημενοις* κλητοις.
      6   ἀγγελους τε τους μη *τηρησαντας* την ἑαυτων ἀρχην ἀλλα ἀπολιποντας το ἰδιον οἰκητηριον εἰς κρισιν μεγαλης ἡμερας δεσμοις ἀιδιοις ὑπο ζοφον τετηρηκεν·
      6   ἀγγελους τε τους μη τηρησαντας την ἑαυτων ἀρχην ἀλλα ἀπολιποντας το ἰδιον οἰκητηριον εἰς κρισιν μεγαλης ἡμερας δεσμοις ἀιδιοις ὑπο ζοφον *τετηρηκεν*·
      13   ἀστερες πλανηται, οἷς ὁ ζοφος του σκοτους εἰς αἰωνα *τετηρηται*.
      21   ἑαυτους ἐν ἀγαπη θεου *τηρησατε*,
Apc   1 3   μακαριος ὁ ἀναγινωσκων και οἱ ἀκουοντες τους λογους της προφητειας και *τηρουντες* τα ἐν αὐτη γεγραμμενα·
    2 26   και ὁ νικων και ὁ *τηρων* ἀχρι τελους τα ἐργα μου, δωσω αὐτω ἐξουσιαν ἐπι των ἐθνων,
    3 3   μνημονευε οὖν πῶς εἰληφας και ἠκουσας, και *τηρει* και μετανοησον.
      8   και *ἐτηρησας* μου τον λογον και οὐκ ἠρνησω το ὀνομα μου.
      10   ὁτι *ἐτηρησας* τον λογον της ὑπομονης μου, καγω σε τηρησω ἐκ της ὡρας του πειρασμου
      10   ὁτι ἐτηρησας τον λογον της ὑπομονης μου, καγω σε *τηρησω* ἐκ της ὡρας του πειρασμου
    12 17   και ἀπηλθεν ποιησαι πολεμον μετα των λοιπων του σπερματος αὐτης, των *τηρουντων* τας ἐντολας του θεου και ἐχοντων την μαρτυριαν ἰησου·
    14 12   ὡδε ἡ ὑπομονη των ἁγιων ἐστιν, οἱ *τηρουντες* τας ἐντολας του θεου και την πιστιν ἰησου.
    16 15   μακαριος ὁ γρηγορων και *τηρων* τα ἱματια αὐτου,
    22 7   μακαριος ὁ *τηρων* τους λογους της προφητειας του βιβλιου τουτου.
      9   συνδουλος σου εἰμι και των ἀδελφων σου των προφητων και των *τηρουντων* τους λογους του βιβλιου τουτου·

τηρησις [3]

Ac   4 3   και ἐπεβαλον αὐτοις τας χειρας και ἐθεντο εἰς *τηρησιν* εἰς την αὐριον·
    5 18   ἐπλησθησαν ζηλου και ἐπεβαλον τας χειρας ἐπι τους ἀποστολους και ἐθεντο αὐτους ἐν *τηρησει* δημοσια.
1Co   7 19   και ἡ ἀκροβυστια οὐδεν ἐστιν, ἀλλα *τηρησις* ἐντολων θεου.

τιβεριας [3]

Jh	6 1	μετα ταυτα ἀπηλϑεν ὁ ἰησους περαν της ϑαλασσης της γαλιλαιας της *τιβεριαδος.*
	23	ἀλλα ἠλϑεν πλοια[ρια] ἐκ *τιβεριαδος* ἐγγυς του τοπου ὁπου ἐφαγον τον ἀρτον εὐχαριστησαντος του κυριου.
	21 1	μετα ταυτα ἐφανερωσεν ἑαυτον παλιν ὁ ἰησους τοις μαϑηταις ἐπι της ϑαλασσης της *τιβεριαδος·*

τιβεριος [1]

Lc	3 1	ἐν ἐτει δε πεντεκαιδεκατω της ἡγεμονιας *τιβεριου* καισαρος, ἡγεμονευοντος ποντιου πιλατου της ἰουδαιας,

τιϑημι [100]

Mt	5 15	οὐδε καιουσιν λυχνον και *τιϑεασιν* αὐτον ὑπο τον μοδιον, ἀλλ ἐπι την λυχνιαν,
	12 18	*ϑησω* το πνευμα μου ἐπ αὐτον,
	22 44	πῶς οὖν δαυιδ ἐν πνευματι καλει αὐτον κυριον λεγων· εἰπεν κυριος τω κυριω μου· καϑου ἐκ δεξιων μου ἑως ἀν *ϑω* τους ἐχϑρους σου ὑποκατω των ποδων σου;
	24 51	και διχοτομησει αὐτον, και το μερος αὐτου μετα των ὑποκριτων *ϑησει·*
	27 60	και *ἐϑηκεν* αὐτο ἐν τω καινω αὐτου μνημειω ὁ ἐλατομησεν ἐν τη πετρα,
Mc	4 21	και ἐλεγεν αὐτοις μητι ἐρχεται ὁ λυχνος ἱνα ὑπο τον μοδιον *τεϑη* ἠ ὑπο την κλινην;
	21	και ἐλεγεν αὐτοις μητι ἐρχεται ὁ λυχνος ἱνα ὑπο τον μοδιον *τεϑη* ἠ ὑπο την κλινην; οὐχ ἱνα ἐπι την λυχνιαν *τεϑη*;
	30	και ἐλεγεν· πῶς ὁμοιωσωμεν την βασιλειαν του ϑεου, ἠ ἐν τινι αὐτην παραβολη *ϑωμεν*;
	6 29	και ἀκουσαντες οἱ μαϑηται αὐτου ἠλϑον και ἠραν το πτωμα αὐτου και *ἐϑηκαν* αὐτο ἐν μνημειω.
	56	και ὁπου ἀν εἰσεπορευετο εἰς κωμας ἠ εἰς πολεις ἠ εἰς ἀγρους, ἐν ταις ἀγοραις *ἐτιϑεσαν* τους ἀσϑενουντας,
	10 16	και ἐναγκαλισαμενος αὐτα κατευλογει *τιϑεις* τας χειρας ἐπ αὐτα.
	12 36	εἰπεν κυριος τω κυριω μου· καϑου ἐκ δεξιων μου ἑως ἀν *ϑω* τους ἐχϑρους σου ὑποκατω των ποδων σου.
	15 19	και *τιϑεντες* τα γονατα προσεκυνουν αὐτω.
	46	και ἀγορασας σινδονα καϑελων αὐτον ἐνειλησεν τη σινδονι και *ἐϑηκεν* αὐτον ἐν μνημειω ὁ ἠν λελατομημενον ἐκ πετρας,
	47	ἡ δε μαρια ἡ μαγδαληνη και μαρια ἡ ἰωσητος ἐϑεωρουν ποῦ *τεϑειται.*
	16 6	ἰδε ὁ τοπος ὁπου *ἐϑηκαν* αὐτον.
Lc	1 66	και *ἐϑεντο* παντες οἱ ἀκουσαντες ἐν τη καρδια αὐτων, λεγοντες·
	5 18	και ἰδου ἀνδρες φεροντες ἐπι κλινης ἀνϑρωπον ὁς ἠν παραλελυμενος, και ἐζητουν αὐτον εἰσενεγκειν και *ϑειναι* [αὐτον] ἐνωπιον αὐτου.
	6 48	ὁμοιος ἐστιν ἀνϑρωπω οἰκοδομουντι οἰκιαν, ὁς ἐσκαψεν και ἐβαϑυνεν και *ἐϑηκεν* ϑεμελιον ἐπι την πετραν·
	8 16	οὐδεις δε λυχνον ἀψας καλυπτει αὐτον σκευει ἠ ὑποκατω κλινης *τιϑησιν,*
	16	οὐδεις δε λυχνον ἀψας καλυπτει αὐτον σκευει ἠ ὑποκατω κλινης *τιϑησιν,* ἀλλ ἐπι λυχνιας *τιϑησιν,*
	9 44	*ϑεσϑε* ὑμεις εἰς τα ὠτα ὑμων τους λογους τουτους·
	11 33	οὐδεις λυχνον ἀψας εἰς κρυπτην *τιϑησιν* [οὐδε ὑπο τον μοδιον,] ἀλλ ἐπι την λυχνιαν, ἱνα οἱ εἰσπορευομενοι το φως βλεπωσιν.
	12 46	και το μερος αὐτου μετα των ἀπιστων *ϑησει.*
	14 29	ἱνα μηποτε *ϑεντος* αὐτου ϑεμελιον και μη ἰσχυοντος ἐκτελεσαι παντες οἱ ϑεωρουντες ἀρξωνται αὐτω ἐμπαιζειν λεγοντες
	19 21	ἐφοβουμην γαρ σε, ὁτι ἀνϑρωπος αὐστηρος εἰ, αἰρεις ὁ οὐκ *ἐϑηκας* και ϑεριζεις ὁ οὐκ ἐσπειρας.
	22	ᾐδεις ὁτι ἐγω ἀνϑρωπος αὐστηρος εἰμι, αἰρων ὁ οὐκ *ἐϑηκα,* και ϑεριζων ὁ οὐκ ἐσπειρα.
	20 43	καϑου ἐκ δεξιων μου ἑως ἀν *ϑω* τους ἐχϑρους σου ὑποποδιον των ποδων σου.
	21 14	*ϑετε* οὖν ἐν ταις καρδιαις ὑμων μη προμελεταν ἀπολογηϑηναι·
	22 41	και ϑεις τα γονατα προσηυχετο λεγων·
	23 53	και *ἐϑηκεν* αὐτον ἐν μνηματι λαξευτω,
	55	αἱτινες ἠσαν συνεληλυϑυιαι ἐκ της γαλιλαιας αὐτω, ἐϑεασαντο το μνημειον και ὡς *ἐτεϑη* το σωμα αὐτου.
Jh	2 10	πας ἀνϑρωπος πρωτον τον καλον οἰνον *τιϑησιν,*
	10 11	ὁ ποιμην ὁ καλος την ψυχην αὐτου *τιϑησιν* ὑπερ των προβατων·
	15	και την ψυχην μου *τιϑημι* ὑπερ των προβατων.

τιϑημι [100]

Jh	10 17	δια τουτο με ὁ πατηρ ἀγαπα ὁτι ἐγω *τιϑημι* την ψυχην μου, ἱνα παλιν λαβω αὐτην.
	18	οὐδεις αἰρει αὐτην ἀπ ἐμου, ἀλλ ἐγω *τιϑημι* αὐτην ἀπ ἐμαυτου.
	18	ἐξουσιαν ἐχω *ϑειναι* αὐτην, και ἐξουσιαν ἐχω παλιν λαβειν αὐτην·
	11 34	και εἰπεν· ποῦ *τεϑεικατε* αὐτον;
	13 4	εἰδως ὁτι παντα ἐδωκεν αὐτω ὁ πατηρ εἰς τας χειρας, και ὁτι ἀπο ϑεου ἐξηλϑεν και προς τον ϑεον ὑπαγει, ἐγειρεται ἐκ του δειπνου και *τιϑησιν* τα ἱματια,
	37	την ψυχην μου ὑπερ σου *ϑησω.*
	38	την ψυχην σου ὑπερ ἐμου *ϑησεις*;
	15 13	μειζονα ταυτης ἀγαπην οὐδεις ἐχει, ἱνα τις την ψυχην αὐτου *ϑη* ὑπερ των φιλων αὐτου.
	16	και *ἐϑηκα* ὑμας ἱνα ὑμεις ὑπαγητε και καρπον φερητε και ὁ καρπος ὑμων μενη,
	19 19	ἐγραψεν δε και τιτλον ὁ πιλατος και *ἐϑηκεν* ἐπι του σταυρου·
	41	και ἐν τω κηπω μνημειον καινον, ἐν ᾡ οὐδεπω οὐδεις ἠν *τεϑειμενος·*
	42	ἐκει οὖν δια την παρασκευην των ἰουδαιων, ὁτι ἐγγυς ἠν το μνημειον, *ἐϑηκαν* τον ἰησουν.
	20 2	ἠραν τον κυριον ἐκ του μνημειου, και οὐκ οἰδαμεν ποῦ *ἐϑηκαν* αὐτον.
	13	λεγει αὐτοις ὁτι ἠραν τον κυριον μου, και οὐκ οἰδα ποῦ *ἐϑηκαν* αὐτον.
	15	κυριε, εἰ συ ἐβαστασας αὐτον, εἰπε μοι ποῦ *ἐϑηκας* αὐτον, καγω αὐτον ἀρω.
Ac	1 7	οὐχ ὑμων ἐστι γνωναι χρονους ἠ καιρους οὑς ὁ πατηρ *ἐϑετο* ἐν τη ἰδια ἐξουσια,
	2 35	εἰπεν [ὁ] κυριος τω κυριω μου· καϑου ἐκ δεξιων μου, ἑως ἀν *ϑω* τους ἐχϑρους σου ὑποποδιον των ποδων σου.
	3 2	και τις ἀνηρ χωλος ἐκ κοιλιας μητρος αὐτου ὑπαρχων ἐβασταζετο, ὁν *ἐτιϑουν* καϑ ἡμεραν προς την ϑυραν του ἱερου την λεγομενην ὡραιαν
	4 3	και ἐπεβαλον αὐτοις τας χειρας και *ἐϑεντο* εἰς τηρησιν εἰς την αὐριον·
	35	ὁσοι γαρ κτητορες χωριων ἠ οἰκιων ὑπηρχον, πωλουντες ἐφερον τας τιμας των πιπρασκομενων και *ἐτιϑουν* παρα τους ποδας των ἀποστολων·
	37	ὑπαρχοντος αὐτω ἀγρου, πωλησας ἠνεγκεν το χρημα και *ἐϑηκεν* προς τους ποδας των ἀποστολων.
	5 2	και ἐνεγκας μερος τι παρα τους ποδας των ἀποστολων *ἐϑηκεν.*
	4	τι ὁτι *ἐϑου* ἐν τη καρδια σου το πραγμα τουτο;
	15	ὡστε και εἰς τας πλατειας ἐκφερειν τους ἀσϑενεις και *τιϑεναι* ἐπι κλιναριων και κραβαττων, ἱνα ἐρχομενου πετρου καν ἡ σκια ἐπισκιαση τινι αὐτων.
	18	ἐπλησϑησαν ζηλου και ἐπεβαλον τας χειρας ἐπι τους ἀποστολους και *ἐϑεντο* αὐτους ἐν τηρησει δημοσια.
	25	παραγενομενος δε τις ἀπηγγειλεν αὐτοις ὁτι ἰδου οἱ ἀνδρες, οὑς *ἐϑεσϑε* ἐν τη φυλακη, εἰσιν ἐν τω ἱερω ἑστωτες και διδασκοντες τον λαον.
	7 16	και μετετεϑησαν εἰς συχεμ και *ἐτεϑησαν* ἐν τω μνηματι ᾡ ὠνησατο ἀβρααμ τιμης ἀργυριου παρα των υἱων ἐμμωρ ἐν συχεμ.
	60	*ϑεις* δε τα γονατα ἐκραξεν φωνη μεγαλη·
	9 37	λουσαντες δε *ἐϑηκαν* [αὐτην] ἐν ὑπερωω.
	40	ἐκβαλων δε ἐξω παντας ὁ πετρος και *ϑεις* τα γονατα προσηυξατο,
	12 4	ὁν και πιασας *ἐϑετο* εἰς φυλακην, παραδους τεσσαρσιν τετραδιοις στρατιωτων φυλασσειν αὐτον,
	13 29	ὡς δε ἐτελεσαν παντα τα περι αὐτου γεγραμμενα, καϑελοντες ἀπο του ξυλου *ἐϑηκαν* εἰς μνημειον.
	47	*τεϑεικα* σε εἰς φως ἐϑνων του εἰναι σε εἰς σωτηριαν ἑως ἐσχατου της γης.
	19 21	ὡς δε ἐπληρωϑη ταυτα, *ἐϑετο* ὁ παυλος ἐν τω πνευματι διελϑων την μακεδονιαν και ἀχαιαν πορευεσϑαι εἰς ἱεροσολυμα,
	20 28	προσεχετε ἑαυτοις και παντι τω ποιμνιω, ἐν ᾡ ὑμας το πνευμα το ἀγιον *ἐϑετο* ἐπισκοπους,
	36	και ταυτα εἰπων, *ϑεις* τα γονατα αὐτου συν πασιν αὐτοις προσηυξατο.
	21 5	και *ϑεντες* τα γονατα ἐπι τον αἰγιαλον προσευξαμενοι ἀπησπασαμεϑα ἀλληλους,
	27 12	ἀνευϑετου δε του λιμενος ὑπαρχοντος προς παραχειμασιαν οἱ πλειονες *ἐϑεντο* βουλην ἀναχϑηναι ἐκειϑεν,
Rm	4 17	καϑως γεγραπται ὁτι πατερα πολλων ἐϑνων *τεϑεικα* σε,
	9 33	ἰδου *τιϑημι* ἐν σιων λιϑον προσκομματος και πετραν σκανδαλου,

τιϑημι [100]

Rm	14 13	ἀλλα τουτο κρινατε μαλλον, το μη τιϑεναι προσκομμα τω ἀδελφω ἠ σκανδαλον.
1Co	3 10	κατα την χαριν του ϑεου την δοϑεισαν μοι ὡς σοφος ἀρχιτεκτων ϑεμελιον ἐϑηκα, ἀλλος δε ἐποικοδομει.
	11	ϑεμελιον γαρ ἀλλον οὐδεις δυναται ϑειναι παρα τον κειμενον, ὁς ἐστιν ἰησους χριστος.
	9 18	τις οὐν μου ἐστιν ὁ μισϑος; ἱνα εὐαγγελιζομενος ἀδαπανον ϑησω το εὐαγγελιον,
	12 18	νυνι δε ὁ ϑεος ἐϑετο τα μελη,
	28	και οὑς μεν ἐϑετο ὁ ϑεος ἐν τη ἐκκλησια πρωτον ἀποστολους, δευτερον προφητας, τριτον διδασκαλους,
	15 25	δει γαρ αὐτον βασιλευειν ἀχρι οὑ ϑη παντας τους ἐχϑρους ὑπο τους ποδας αὐτου.
	16 2	κατα μιαν σαββατου ἑκαστος ὑμων παρ ἑαυτω τιϑετω ϑησαυριζων ὁτι ἐαν εὐοδωται,
2Co	3 13	ἐχοντες οὐν τοιαυτην ἐλπιδα πολλη παρρησια χρωμεϑα, και οὐ καϑαπερ μωυσης ἐτιϑει καλυμμα ἐπι το προσωπον αὐτου,
	5 19	μη λογιζομενος αὐτοις τα παραπτωματα αὐτων, και ϑεμενος ἐν ἡμιν τον λογον της καταλλαγης.
1Th	5 9	ὁτι οὐκ ἐϑετο ἡμας ὁ ϑεος εἰς ὀργην ἀλλα εἰς περιποιησιν σωτηριας δια του κυριου ἡμων ἰησου χριστου,
1Tm	1 12	χαριν ἐχω τω ἐνδυναμωσαντι με χριστω ἰησου τω κυριω ἡμων, ὁτι πιστον με ἡγησατο ϑεμενος εἰς διακονιαν,
	2 7	εἰς ὁ ἐτεϑην ἐγω κηρυξ και ἀποστολος, ἀληϑειαν λεγω, οὐ ψευδομαι, διδασκαλος ἐϑνων ἐν πιστει και ἀληϑεια.
2Tm	1 11	δια του εὐαγγελιου, εἰς ὁ ἐτεϑην ἐγω κηρυξ και ἀποστολος και διδασκαλος·
Heb	1 2	ἐπ ἐσχατου των ἡμερων τουτων ἐλαλησεν ἡμιν ἐν υἱω, ὁν ἐϑηκεν κληρονομον παντων,
	13	καϑου ἐκ δεξιων μου ἑως ἀν ϑω τους ἐχϑρους σου ὑποποδιον των ποδων σου;
	10 13	το λοιπον ἐκδεχομενος ἑως τεϑωσιν οἱ ἐχϑροι αὐτου ὑποποδιον των ποδων αὐτου.
1Pt	2 6	ἰδου τιϑημι ἐν σιων λιϑον ἀκρογωνιαιον ἐκλεκτον ἐντιμον,
	8	οἱ προσκοπτουσιν τω λογω ἀπειϑουντες, εἰς ὁ και ἐτεϑησαν·
2Pt	2 6	και πολεις σοδομων και γομορρας τεφρωσας [καταστροφη] κατεκρινεν, ὑποδειγμα μελλοντων ἀσεβε[σ]ιν τεϑεικως,
1Jh	3 16	ἐν τουτω ἐγνωκαμεν την ἀγαπην, ὁτι ἐκεινος ὑπερ ἡμων την ψυχην αὐτου ἐϑηκεν·
	16	και ἡμεις ὀφειλομεν ὑπερ των ἀδελφων τας ψυχας ϑειναι.
Apc	1 17	και ἐϑηκεν την δεξιαν αὐτου ἐπ ἐμε λεγων·
	10 2	και ἐϑηκεν τον ποδα αὐτου τον δεξιον ἐπι της ϑαλασσης,
	11 9	και τα πτωματα αὐτων οὐκ ἀφιουσιν τεϑηναι εἰς μνημα.

τικτω [18]

Mt	1 21	τεξεται δε υἱον, και καλεσεις το ὀνομα αὐτου ἰησουν·
	23	ἰδου ἡ παρϑενος ἐν γαστρι ἑξει και τεξεται υἱον,
	25	και οὐκ ἐγινωσκεν αὐτην ἑως οὑ ἐτεκεν υἱον·
	2 2	που ἐστιν ὁ τεχϑεις βασιλευς των ἰουδαιων;
Lc	1 31	και ἰδου συλλημψη ἐν γαστρι και τεξη υἱον, και καλεσεις το ὀνομα αὐτου ἰησουν.
	57	τη δε ἐλισαβετ ἐπλησϑη ὁ χρονος του τεκειν αὐτην, και ἐγεννησεν υἱον.
	2 6	ἐγενετο δε ἐν τω εἰναι αὐτους ἐκει ἐπλησϑησαν αἱ ἡμεραι του τεκειν αὐτην,
	7	και ἐτεκεν τον υἱον αὐτης τον πρωτοτοκον, και ἐσπαργανωσεν αὐτον και ἀνεκλινεν αὐτον ἐν φατνη,
	11	ἰδου γαρ εὐαγγελιζομαι ὑμιν χαραν μεγαλην, ἡτις ἐσται παντι τω λαω, ὁτι ἐτεχϑη ὑμιν σημερον σωτηρ,
Jh	16 21	ἡ γυνη ὁταν τικτη λυπην ἐχει, ὁτι ἠλϑεν ἡ ὡρα αὐτης·
Ga	4 27	εὐφρανϑητι, στειρα ἡ οὐ τικτουσα, ῥηξον και βοησον, ἡ οὐκ ὠδινουσα·
Heb	6 7	γη γαρ ἡ πιουσα τον ἐπ αὐτης ἐρχομενον πολλακις ὑετον και τικτουσα βοτανην εὐϑετον ἐκεινοις δι οὑς και γεωργειται, μεταλαμβανει εὐλογιας ἀπο του ϑεου·
Ja	1 15	εἰτα ἡ ἐπιϑυμια συλλαβουσα τικτει ἁμαρτιαν,
Apc	12 2	και κραζει ὠδινουσα και βασανιζομενη τεκειν.
	4	και ὁ δρακων ἑστηκεν ἐνωπιον της γυναικος της μελλουσης τεκειν,
	4	και ὁ δρακων ἑστηκεν ἐνωπιον της γυναικος της μελλουσης τεκειν, ἱνα ὁταν τεκη το τεκνον αὐτης καταφαγη.
	5	και ἐτεκεν υἱον ἀρσεν, ὁς μελλει ποιμαινειν παντα τα ἐϑνη ἐν ῥαβδω σιδηρα·
	13	και ὁτε εἰδεν ὁ δρακων ὁτι ἐβληϑη εἰς την γην, ἐδιωξεν την γυναικα ἡτις ἐτεκεν τον ἀρσενα.

τιλλω [3]

Mt	12 1	και ἠρξαντο τιλλειν σταχυας και ἐσϑιειν.
Mc	2 23	και οἱ μαϑηται αὐτου ἠρξαντο ὁδον ποιειν τιλλοντες τους σταχυας.
Lc	6 1	και ἐτιλλον οἱ μαϑηται αὐτου και ἠσϑιον τους σταχυας ψωχοντες ταις χερσιν.

τιμαιος [1]

Mc	10 46	και ἐκπορευομενου αὐτου ἀπο ἰεριχω και των μαϑητων αὐτου και ὀχλου ἱκανου ὁ υἱος τιμαιου βαρτιμαιος, τυφλος προσαιτης, ἐκαϑητο παρα την ὁδον.

τιμαω [21]

Mt	15 4	ὁ γαρ ϑεος εἰπεν· τιμα τον πατερα και την μητερα, και· ὁ κακολογων πατερα ἡ μητερα ϑανατω τελευτατω.
	6	ὁς ἀν εἰπη τω πατρι ἡ τη μητρι· δωρον ὁ ἐαν ἐξ ἐμου ὠφεληϑης, οὐ μη τιμησει τον πατερα αὐτου·
	8	ὁ λαος οὑτος τοις χειλεσιν με τιμα, ἡ δε καρδια αὐτων πορρω ἀπεχει ἀπ ἐμου·
	19 19	το οὐ φονευσεις, οὐ μοιχευσεις, οὐ κλεψεις, οὐ ψευδομαρτυρησεις, τιμα τον πατερα και την μητερα, και ἀγαπησεις τον πλησιον σου ὡς σεαυτον.
	27 9	και ἐλαβον τα τριακοντα ἀργυρια, την τιμην του τετιμημενου ὁν ἐτιμησαντο ἀπο υἱων ἰσραηλ,
	9	και ἐλαβον τα τριακοντα ἀργυρια, την τιμην του τετιμημενου ὁν ἐτιμησαντο ἀπο υἱων ἰσραηλ,
Mc	7 6	ὡς γεγραπται [ὁτι] οὑτος ὁ λαος τοις χειλεσιν με τιμα, ἡ δε καρδια αὐτων πορρω ἀπεχει ἀπ ἐμου·
	10	τιμα τον πατερα σου και την μητερα σου, και· ὁ κακολογων πατερα ἡ μητερα ϑανατω τελευτατω.
	10 19	μη φονευσης, μη μοιχευσης, μη κλεψης, μη ψευδομαρτυρησης, μη ἀποστερησης, τιμα τον πατερα σου και την μητερα.
Lc	18 20	μη μοιχευσης, μη φονευσης, μη κλεψης, μη ψευδομαρτυρησης, τιμα τον πατερα σου και την μητερα.
Jh	5 23	ἀλλα την κρισιν πασαν δεδωκεν τω υἱω, ἱνα παντες τιμωσι τον υἱον καϑως τιμωσι τον πατερα.
	23	ἀλλα την κρισιν πασαν δεδωκεν τω υἱω, ἱνα παντες τιμωσι τον υἱον καϑως τιμωσι τον πατερα.
	23	ὁ μη τιμων τον υἱον οὐ τιμα τον πατερα τον πεμψαντα αὐτον.
	23	ὁ μη τιμων τον υἱον οὐ τιμα τον πατερα τον πεμψαντα αὐτον.
	8 49	ἐγω δαιμονιον οὐκ ἐχω, ἀλλα τιμω τον πατερα μου, και ὑμεις ἀτιμαζετε με.
	12 26	ἐαν τις ἐμοι διακονη, τιμησει αὐτον ὁ πατηρ.
Ac	28 10	οἱ και πολλαις τιμαις ἐτιμησαν ἡμας και ἀναγομενοις ἐπεϑεντο τα προς τας χρειας.
Eph	6 2	τιμα τον πατερα σου και την μητερα,
1Tm	5 3	χηρας τιμα τας ὀντως χηρας.
1Pt	2 17	παντας τιμησατε, την ἀδελφοτητα ἀγαπατε,
	17	τον ϑεον φοβεισϑε, τον βασιλεα τιματε.

τιμη [41]

Mt	27 6	οὐκ ἐξεστιν βαλειν αὐτα εἰς τον κορβαναν, ἐπει τιμη αἱματος ἐστιν.
	9	και ἐλαβον τα τριακοντα ἀργυρια, την τιμην του τετιμημενου ὁν ἐτιμησαντο ἀπο υἱων ἰσραηλ,
Jh	4 44	αὐτος γαρ ἰησους ἐμαρτυρησεν ὁτι προφητης ἐν τη ἰδια πατριδι τιμην οὐκ ἐχει.
Ac	4 34	ὁσοι γαρ κτητορες χωριων ἡ οἰκιων ὑπηρχον, πωλουντες ἐφερον τας τιμας των πιπρασκομενων και ἐτιϑουν παρα τους ποδας των ἀποστολων·
	5 2	και ἐνοσφισατο ἀπο της τιμης, συνειδυιης και της γυναικος,
	3	ανανια, δια τι ἐπληρωσεν ὁ σατανας την καρδιαν σου, ψευσασϑαι σε το πνευμα το ἁγιον και νοσφισασϑαι ἀπο της τιμης του χωριου;
	7 16	και μετετεϑησαν εἰς συχεμ και ἐτεϑησαν ἐν τω μνηματι ὡ ὠνησατο ἀβρααμ τιμης ἀργυριου παρα των υἱων ἑμμωρ ἐν συχεμ.
	19 19	και συνεψηφισαν τας τιμας αὐτων και εὑρον ἀργυριου μυριαδας πεντε.
	28 10	οἱ και πολλαις τιμαις ἐτιμησαν ἡμας και ἀναγομενοις ἐπεϑεντο τα προς τας χρειας.
Rm	2 7	τοις μεν καϑ ὑπομονην ἐργου ἀγαϑου δοξαν και τιμην και ἀφϑαρσιαν ζητουσιν ζωην αἰωνιον·
	10	δοξα δε και τιμη και εἰρηνη παντι τω ἐργαζομενω το ἀγαϑον,
	9 21	ἡ οὐκ ἐχει ἐξουσιαν ὁ κεραμευς του πηλου ἐκ του αὐτου φυραματος ποιησαι ὁ μεν εἰς τιμην σκευος, ὁ δε εἰς ἀτιμιαν;

τιμη [41]

Rm	12 10	τη φιλαδελφια εις αλληλους φιλοστοργοι, τη *τιμη* αλληλους προηγουμενοι,
	13 7	τω τον φοβον τον φοβον, τω την *τιμην* την τιμην.
	7	τω τον φοβον τον φοβον, τω την τιμην την *τιμην*.
1Co	6 20	ηγορασθητε γαρ *τιμης*· δοξασατε δη τον θεον εν τω σωματι υμων.
	7 23	*τιμης* ηγορασθητε· μη γινεσθε δουλοι ανθρωπων.
	12 23	και α δοκουμεν ατιμοτερα ειναι του σωματος, τουτοις *τιμην* περισσοτεραν περιτιθεμεν,
	24	αλλα ο θεος συνεκερασεν το σωμα, τω υστερουμενω περισσοτεραν δους *τιμην*, ινα μη η σχισμα εν τω σωματι,
Col	2 23	ατινα εστιν λογον μεν εχοντα σοφιας εν εθελοθρησκια και ταπεινοφροσυνη [και] αφειδια σωματος, ουκ εν *τιμη* τινι προς πλησμονην της σαρκος.
1Th	4 4	ειδεναι εκαστον υμων το εαυτου σκευος κτασθαι εν αγιασμω και *τιμη*,
1Tm	1 17	τω δε βασιλει των αιωνων, αφθαρτω αορατω μονω θεω, *τιμη* και δοξα εις τους αιωνας των αιωνων·
	5 17	οι καλως προεστωτες πρεσβυτεροι διπλης *τιμης* αξιουσθωσαν,
	6 1	οσοι εισιν υπο ζυγον δουλοι, τους ιδιους δεσποτας πασης *τιμης* αξιους ηγεισθωσαν,
	16	ω *τιμη* και κρατος αιωνιον· αμην.
2Tm	2 20	και α μεν εις *τιμην* α δε εις ατιμιαν·
	21	εαν ουν τις εκκαθαρη εαυτον απο τουτων, εσται σκευος εις *τιμην*,
Heb	2 7	δοξη και *τιμη* εστεφανωσας αυτον,
	9	τον δε βραχυ τι παρ αγγελους ηλαττωμενον βλεπομεν ιησουν δια το παθημα του θανατου δοξη και *τιμη* εστεφανωμενον,
	3 3	πλειονος γαρ ουτος δοξης παρα μωυσην ηξιωται καθ οσον πλειονα *τιμην* εχει του οικου ο κατασκευασας αυτον.
	5 4	και ουχ εαυτω τις λαμβανει την *τιμην*,
1Pt	1 7	ευρεθη εις επαινον και δοξαν και *τιμην* εν αποκαλυψει ιησου χριστου·
	2 7	υμιν ουν η *τιμη* τοις πιστευουσιν·
	3 7	απονεμοντες *τιμην* ως και συγκληρονομοις χαριτος ζωης,
2Pt	1 17	λαβων γαρ παρα θεου πατρος *τιμην* και δοξαν φωνης ενεχθεισης αυτω τοιασδε υπο της μεγαλοπρεπους δοξης·
Apc	4 9	και οταν δωσουσιν τα ζωα δοξαν και *τιμην* και ευχαριστιαν τω καθημενω επι τω θρονω τω ζωντι εις τους αιωνας των αιωνων, πεσουνται οι εικοσιτεσσαρες πρεσβυτεροι
	11	αξιος ει, ο κυριος και ο θεος ημων, λαβειν την δοξαν και την *τιμην* και την δυναμιν,
	5 12	αξιον εστιν το αρνιον το εσφαγμενον λαβειν την δυναμιν και πλουτον και σοφιαν και ισχυν και *τιμην* και δοξαν και ευλογιαν.
	13	τω καθημενω επι τω θρονω και τω αρνιω η ευλογια και η *τιμη* και η δοξα και το κρατος εις τους αιωνας των αιωνων.
	7 12	η ευλογια και η δοξα και η σοφια και η ευχαριστια και η *τιμη* και η δυναμις και η ισχυς τω θεω ημων εις τους αιωνας των αιωνων·
	21 26	και οισουσιν την δοξαν και την *τιμην* των εθνων εις αυτην.

τιμιος [13]

Ac	5 34	αναστας δε τις εν τω συνεδριω φαρισαιος ονοματι γαμαλιηλ, νομοδιδασκαλος *τιμιος* παντι τω λαω,
	20 24	αλλ ουδενος λογου ποιουμαι την ψυχην *τιμιαν* εμαυτω ως τελειωσαι τον δρομον μου και την διακονιαν ην ελαβον παρα του κυριου ιησου,
1Co	3 12	ει δε τις εποικοδομει επι τον θεμελιον χρυσον, αργυρον, λιθους *τιμιους*, ξυλα, χορτον, καλαμην, εκαστου το εργον φανερον γενησεται·
Heb	13 4	*τιμιος* ο γαμος εν πασιν και η κοιτη αμιαντος·
Ja	5 7	ιδου ο γεωργος εκδεχεται τον *τιμιον* καρπον της γης,
1Pt	1 19	ειδοτες οτι ου φθαρτοις, αργυριω η χρυσιω, ελυτρωθητε εκ της ματαιας υμων αναστροφης πατροπαραδοτου, αλλα *τιμιω* αιματι ως αμνου αμωμου και ασπιλου χριστου,
2Pt	1 4	του καλεσαντος ημας ιδια δοξη και αρετη, δι ων τα *τιμια* και μεγιστα ημιν επαγγελματα δεδωρηται,
Apc	17 4	και κεχρυσωμενη χρυσιω και λιθω *τιμιω* και μαργαριταις,
	18 12	και λιθου *τιμιου* και μαργαριτων και βυσσινου
	12	και παν σκευος εκ ξυλου *τιμιωτατου* και χαλκου και σιδηρου και μαρμαρου,
	16	και κεχρυσωμενη [εν] χρυσιω και λιθω *τιμιω* και μαργαριτη,
	21 11	ο φωστηρ αυτης ομοιος λιθω *τιμιωτατω*,
	19	οι θεμελιοι του τειχους της πολεως παντι λιθω *τιμιω* κεκοσμημενοι·

τιμιοτης [1]

Apc	18 19	ουαι ουαι, η πολις η μεγαλη, εν η επλουτησαν παντες οι εχοντες τα πλοια εν τη θαλασση εκ της *τιμιοτητος* αυτης,

τιμοθεος [24]

Ac	16 1	και ιδου μαθητης τις ην εκει ονοματι *τιμοθεος*,
	17 14	υπεμειναν τε ο τε σιλας και ο *τιμοθεος* εκει.
	15	και λαβοντες εντολην προς τον σιλαν και τον *τιμοθεον* ινα ως ταχιστα ελθωσιν προς αυτον εξηεσαν.
	18 5	ως δε κατηλθον απο της μακεδονιας ο τε σιλας και ο *τιμοθεος*, συνειχετο τω λογω ο παυλος,
	19 22	αποστειλας δε εις την μακεδονιαν δυο των διακονουντων αυτω, *τιμοθεον* και εραστον,
	20 4	συνειπετο δε αυτω σωπατρος πυρρου βεροιαιος, θεσσαλονικεων δε αρισταρχος και σεκουνδος, και γαιος δερβαιος και *τιμοθεος*, ασιανοι δε τυχικος και τροφιμος.
Rm	16 21	ασπαζεται υμας *τιμοθεος* ο συνεργος μου, και λουκιος και ιασων και σωσιπατρος οι συγγενεις μου.
1Co	4 17	δια τουτο επεμψα υμιν *τιμοθεον*, ος εστιν μου τεκνον αγαπητον και πιστον εν κυριω,
	16 10	εαν δε ελθη *τιμοθεος*, βλεπετε ινα αφοβως γενηται προς υμας·
2Co	1 1	παυλος αποστολος χριστου ιησου δια θεληματος θεου και *τιμοθεος* ο αδελφος τη εκκλησια του θεου τη ουση εν κορινθω συν τοις αγιοις πασιν τοις ουσιν εν ολη τη αχαια·
	19	ο του θεου γαρ υιος ιησους χριστος ο εν υμιν δι ημων κηρυχθεις, δι εμου και σιλουανου και *τιμοθεου*, ουκ εγενετο ναι και ου,
Php	1 1	παυλος και *τιμοθεος* δουλοι χριστου ιησου πασιν τοις αγιοις εν χριστω ιησου τοις ουσιν εν φιλιπποις συν επισκοποις και διακονοις·
	2 19	ελπιζω δε εν κυριω ιησου *τιμοθεον* ταχεως πεμψαι υμιν,
Col	1 1	παυλος αποστολος χριστου ιησου δια θεληματος θεου και *τιμοθεος* ο αδελφος
1Th	1 1	παυλος και σιλουανος και *τιμοθεος* τη εκκλησια θεσσαλονικεων εν θεω πατρι και κυριω ιησου χριστω·
	3 2	και επεμψαμεν *τιμοθεον*, τον αδελφον ημων και συνεργον του θεου εν τω ευαγγελιω του χριστου,
	6	αρτι δε ελθοντος *τιμοθεου* προς υμας αφ υμων
2Th	1 1	παυλος και σιλουανος και *τιμοθεος* τη εκκλησια θεσσαλονικεων εν θεω πατρι ημων και κυριω ιησου χριστω·
1Tm	1 2	*τιμοθεω* γνησιω τεκνω εν πιστει· χαρις, ελεος, ειρηνη απο θεου πατρος και χριστου ιησου του κυριου ημων.
	18	ταυτην την παραγγελιαν παρατιθεμαι σοι, τεκνον *τιμοθεε*, κατα τας προαγουσας επι σε προφητειας, ινα στρατευη εν αυταις την καλην στρατειαν,
	6 20	ω *τιμοθεε*, την παραθηκην φυλαξον,
2Tm	1 2	*τιμοθεω* αγαπητω τεκνω· χαρις, ελεος, ειρηνη απο θεου πατρος και χριστου ιησου του κυριου ημων.
Phm	1	παυλος δεσμιος χριστου ιησου και *τιμοθεος* ο αδελφος φιλημονι τω αγαπητω και συνεργω ημων
Heb	13 23	γινωσκετε τον αδελφον ημων *τιμοθεον* απολελυμενον,

τιμων [1]

Ac	6 5	και φιλιππον και προχορον και νικανορα και *τιμωνα* και παρμεναν και νικολαον προσηλυτον αντιοχεα,

τιμωρεω [2]

Ac	22 5	παρ ων και επιστολας δεξαμενος προς τους αδελφους εις δαμασκον επορευομην, αξων και τους εκεισε οντας δεδεμενους εις ιερουσαλημ ινα *τιμωρηθωσιν*.
	26 11	και κατα πασας τας συναγωγας πολλακις *τιμωρων* αυτους ηναγκαζον βλασφημειν,

τιμωρια [1]

Heb	10 29	ποσω δοκειτε χειρονος αξιωθησεται *τιμωριας* ο τον υιον του θεου καταπατησας

τινω [1]

2Th	1 9	οιτινες δικην *τισουσιν* ολεθρον αιωνιον απο προσωπου του κυριου και απο της δοξης της ισχυος αυτου,

τις [526]

cf append.

τίς [555]

cf append.

τιτιος [1]

Ac 18 7   και μεταβας εκειθεν εισηλθεν εις οικιαν τινος ονοματι τιτιου ιουστου σεβομενου τον θεον,

τιτλος [2]

Jh 19 19   εγραψεν δε και τιτλον ὁ πιλατος και εθηκεν επι του σταυρου·
    20   τουτον ουν τον τιτλον πολλοι ανεγνωσαν των ιουδαιων,

τιτος [13]

2Co 2 13   ουκ εσχηκα ανεσιν τω πνευματι μου τω μη ευρειν με τιτον τον αδελφον μου,
    7 6   αλλ ὁ παρακαλων τους ταπεινους παρεκαλεσεν ημας ὁ θεος εν τη παρουσια τιτου·
    13   επι δε τη παρακλησει ημων περισσοτερως μαλλον εχαρημεν επι τη χαρα τιτου,
    14   αλλ ὡς παντα εν αληθεια ελαλησαμεν υμιν, ουτως και ἡ καυχησις ημων ἡ επι τιτου αληθεια εγενηθη.
    8 6   αλλα εαυτους εδωκαν πρωτον τω κυριω και ημιν δια θεληματος θεου, εις το παρακαλεσαι ημας τιτον,
    16   χαρις δε τω θεω τω δοντι την αυτην σπουδην υπερ υμων εν τη καρδια τιτου,
    23   ειτε υπερ τιτου, κοινωνος εμος και εις υμας συνεργος·
    12 18   παρεκαλεσα τιτον και συναπεστειλα τον αδελφον·
    18   μητι επλεονεκτησεν υμας τιτος;
Ga 2 1   επειτα δια δεκατεσσαρων ετων παλιν ανεβην εις ιεροσολυμα μετα βαρναβα, συμπαραλαβων και τιτον·
    3   αλλ ουδε τιτος ὁ συν εμοι, ελλην ων, ηναγκασθη περιτμηθηναι·
2Tm 4 10   και επορευθη εις θεσσαλονικην, κρησκης εις γαλατιαν, τιτος εις δαλματιαν·
Tit 1 4   τιτω γνησιω τεκνω κατα κοινην πιστιν· χαρις και ειρηνη απο θεου πατρος και χριστου ιησου του σωτηρος ημων.

τοιγαρουν [2]

1Th 4 8   τοιγαρουν ὁ αθετων ουκ ανθρωπον αθετει αλλα τον θεον τον [και] διδοντα το πνευμα αυτου το αγιον εις υμας.
Heb 12 1   τοιγαρουν και ημεις, τοσουτον εχοντες περικειμενον ημιν νεφος μαρτυρων, ογκον αποθεμενοι παντα και την ευπεριστατον αμαρτιαν,

τοινυν [3]

Lc 20 25   τοινυν αποδοτε τα καισαρος καισαρι και τα του θεου τω θεω.
1Co 9 26   εγω τοινυν ουτως τρεχω ὡς ουκ αδηλως, ουτως πυκτευω ὡς ουκ αερα δερων·
Heb 13 13   τοινυν εξερχωμεθα προς αυτον εξω της παρεμβολης τον ονειδισμον αυτου φεροντες·

τοιοσδε [1]

2Pt 1 17   λαβων γαρ παρα θεου πατρος τιμην και δοξαν φωνης ενεχθεισης αυτω τοιασδε υπο της μεγαλοπρεπους δοξης·

τοιουτος [57]

Mt 9 8   ιδοντες δε οἱ οχλοι εφοβηθησαν και εδοξασαν τον θεον τον δοντα εξουσιαν τοιαυτην τοις ανθρωποις.
    18 5   και ὁς εαν δεξηται ἑν παιδιον τοιουτο επι τω ονοματι μου, εμε δεχεται·
    19 14   αφετε τα παιδια και μη κωλυετε αυτα ελθειν προς με· των γαρ τοιουτων εστιν ἡ βασιλεια των ουρανων.
Mc 4 33   και τοιαυταις παραβολαις πολλαις ελαλει αυτοις τον λογον,
    6 2   ποθεν τουτω ταυτα, και τίς ἡ σοφια ἡ δοθεισα τουτω, και αἱ δυναμεις τοιαυται δια των χειρων αυτου γινομεναι;
    7 13   και παρομοια τοιαυτα πολλα ποιειτε.
    9 37   ὁς ἀν ἑν των τοιουτων παιδιων δεξηται επι τω ονοματι μου, εμε δεχεται·
    10 14   αφετε τα παιδια ερχεσθαι προς με, μη κωλυετε αυτα· των γαρ τοιουτων εστιν ἡ βασιλεια του θεου.
    13 19   εσονται γαρ αἱ ἡμεραι εκειναι θλιψις, οια ου γεγονεν τοιαυτη απ αρχης κτισεως ἡν εκτισεν ὁ θεος εως του νυν και ου μη γενηται.

τοιουτος [57]

Lc 9 9   ιωαννην εγω απεκεφαλισα· τίς δε εστιν ουτος περι ου ακουω τοιαυτα;
    18 16   των γαρ τοιουτων εστιν ἡ βασιλεια του θεου.
Jh 4 23   και γαρ ὁ πατηρ τοιουτους ζητει τους προσκυνουντας αυτον·
    8 5*   εν δε τω νομω ημιν μωυσης ενετειλατο τας τοιαυτας λιθαζειν· συ ουν τί λεγεις;
    9 16   πως δυναται ανθρωπος αμαρτωλος τοιαυτα σημεια ποιειν;
Ac 16 24   ὁς παραγγελιαν τοιαυτην λαβων εβαλεν αυτους εις την εσωτεραν φυλακην και τους ποδας ησφαλισατο αυτων εις το ξυλον.
    19 25   ους συναθροισας και τους περι τα τοιαυτα εργατας ειπεν·
    22 22   αιρε απο της γης τον τοιουτον· ου γαρ καθηκεν αυτον ζην.
    26 29   ευξαιμην ἀν τω θεω και εν ολιγω και εν μεγαλω ου μονον σε αλλα και παντας τους ακουοντας μου σημερον γενεσθαι τοιουτους ὁποιος και εγω ειμι.
Rm 1 32   οιτινες το δικαιωμα του θεου επιγνοντες, οτι οἱ τα τοιαυτα πρασσοντες αξιοι θανατου εισιν,
    2 2   οιδαμεν δε οτι το κριμα του θεου εστιν κατα αληθειαν επι τους τα τοιαυτα πρασσοντας.
    3   λογιζη δε τουτο, ὠ ανθρωπε ὁ κρινων τους τα τοιαυτα πρασσοντας και ποιων αυτα, οτι συ εκφευξη το κριμα του θεου;
    16 18   οἱ γαρ τοιουτοι τω κυριω ημων χριστω ου δουλευουσιν αλλα τη εαυτων κοιλια,
1Co 5 1   ὁλως ακουεται εν υμιν πορνεια, και τοιαυτη πορνεια ἡτις ουδε εν τοις εθνεσιν,
    5   παραδουναι τον τοιουτον τω σατανα εις ολεθρον της σαρκος,
    11   τω τοιουτω μηδε συνεσθιειν.
    7 15   ου δεδουλωται ὁ αδελφος ἡ ἡ αδελφη εν τοις τοιουτοις·
    28   θλιψιν δε τη σαρκι εξουσιν οἱ τοιουτοι, εγω δε υμων φειδομαι.
    11 16   ει δε τις δοκει φιλονεικος ειναι, ημεις τοιαυτην συνηθειαν ουκ εχομεν, ουδε αἱ εκκλησιαι του θεου.
    15 48   οιος ὁ χοικος, τοιουτοι και οἱ χοικοι,
    48   και οιος ὁ επουρανιος, τοιουτοι και οἱ επουρανιοι·
    16 16   ινα και υμεις υποτασσησθε τοις τοιουτοις και παντι τω συνεργουντι και κοπιωντι.
    18   επιγινωσκετε ουν τους τοιουτους.
2Co 2 6   ικανον τω τοιουτω ἡ επιτιμια αυτη ἡ υπο των πλειονων,
    7   ωστε τουναντιον μαλλον υμας χαρισασθαι και παρακαλεσαι, μη πως τη περισσοτερα λυπη καταποθη ὁ τοιουτος.
    3 4   πεποιθησιν δε τοιαυτην εχομεν δια του χριστου προς τον θεον.
    12   εχοντες ουν τοιαυτην ελπιδα πολλη παρρησια χρωμεθα,
    10 11   τουτο λογιζεσθω ὁ τοιουτος, οτι οιοι εσμεν τω λογω δι επιστολων αποντες, τοιουτοι και παροντες τω εργω.
    11   τουτο λογιζεσθω ὁ τοιουτος, οτι οιοι εσμεν τω λογω δι επιστολων αποντες, τοιουτοι και παροντες τω εργω.
    11 13   οἱ γαρ τοιουτοι ψευδαποστολοι, εργαται δολιοι, μετασχηματιζομενοι εις αποστολους χριστου.
    12 2   ειτε εν σωματι ουκ οιδα, ειτε εκτος του σωματος ουκ οιδα, ὁ θεος οιδεν, αρπαγεντα τον τοιουτον εως τριτου ουρανου.
    3   και οιδα τον τοιουτον ανθρωπον ειτε εν σωματι ειτε χωρις του σωματος ουκ οιδα, ὁ θεος οιδεν, οτι ἡρπαγη εις τον παραδεισον
    5   υπερ του τοιουτου καυχησομαι, υπερ δε εμαυτου ου καυχησομαι ει μη εν ταις ασθενειαις.
Ga 5 21   οτι οἱ τα τοιαυτα πρασσοντες βασιλειαν θεου ου κληρονομησουσιν.
    23   κατα των τοιουτων ουκ εστιν νομος.
    6 1   αδελφοι, εαν και προλημφθη ανθρωπος εν τινι παραπτωματι, υμεις οἱ πνευματικοι καταρτιζετε τον τοιουτον εν πνευματι πραυτητος,
Eph 5 27   ινα παραστηση αυτος εαυτω ενδοξον την εκκλησιαν, μη εχουσαν σπιλον ἡ ρυτιδα ἡ τι των τοιουτων,
Php 2 29   προσδεχεσθε ουν αυτον εν κυριω μετα πασης χαρας, και τους τοιουτους εντιμους εχετε·
2Th 3 12   τοις δε τοιουτοις παραγγελλομεν και παρακαλουμεν εν κυριω ιησου χριστω ινα μετα ησυχιας εργαζομενοι τον εαυτων αρτον εσθιωσιν.
Tit 3 11   αιρετικον ανθρωπον μετα μιαν και δευτεραν νουθεσιαν παραιτου, ειδως οτι εξεστραπται ὁ τοιουτος και αμαρτανει ων αυτοκατακριτος.
Phm 9   τοιουτος ων ὡς παυλος πρεσβυτης, νυνι δε και δεσμιος χριστου ιησου,
Heb 7 26   τοιουτος γαρ ημιν και επρεπεν αρχιερευς, ὁσιος, ακακος, αμιαντος, κεχωρισμενος απο των αμαρτωλων, και υψηλοτερος των ουρανων γενομενος·

τοιουτος [57]

Heb	8 1	τοιουτον εχομεν αρχιερεα, ος εκαθισεν εν δεξια του θρονου της μεγαλωσυνης εν τοις ουρανοις,
	11 14	οι γαρ τοιαυτα λεγοντες εμφανιζουσιν οτι πατριδα επιζητουσιν.
	12 3	αναλογισασθε γαρ τον τοιαυτην υπομεμενηκοτα υπο των αμαρτωλων εις εαυτον αντιλογιαν,
	13 16	τοιαυταις γαρ θυσιαις ευαρεστειται ο θεος.
Ja	4 16	πασα καυχησις τοιαυτη πονηρα εστιν.
3Jh	8	ημεις ουν οφειλομεν υπολαμβανειν τους τοιουτους,

τοιχος [1]

Ac	23 3	τυπτειν σε μελλει ο θεος, τοιχε κεκονιαμενε·

τοκος [2]

Mt	25 27	και ελθων εγω εκομισαμην αν το εμον συν τοκω.
Lc	19 23	καγω ελθων συν τοκω αν αυτο επραξα.

τολμαω [16]

Mt	22 46	και ουδεις εδυνατο αποκριθηναι αυτω λογον ουδε ετολμησεν τις απ εκεινης της ημερας επερωτησαι αυτον ουκετι.
Mc	12 34	και ουδεις ουκετι ετολμα αυτον επερωτησαι.
	15 43	τολμησας εισηλθεν προς τον πιλατον και ητησατο το σωμα του ιησου.
Lc	20 40	ουκετι γαρ ετολμων επερωταν αυτον ουδεν.
Jh	21 12	ουδεις δε ετολμα των μαθητων εξετασαι αυτον·
Ac	5 13	των δε λοιπων ουδεις ετολμα κολλασθαι αυτοις, αλλ εμεγαλυνεν αυτους ο λαος.
	7 32	εντρομος δε γενομενος μωυσης ουκ ετολμα κατανοησαι.
Rm	5 7	υπερ γαρ του αγαθου ταχα τις και τολμα αποθανειν·
	15 18	ου γαρ τολμησω τι λαλειν ων ου κατειργασατο χριστος δι εμου εις υπακοην εθνων,
1Co	6 1	τολμα τις υμων πραγμα εχων προς τον ετερον κρινεσθαι επι των αδικων, και ουχι επι των αγιων;
2Co	10 2	δεομαι δε το μη παρων θαρρησαι τη πεποιθησει η λογιζομαι τολμησαι επι τινας τους λογιζομενους ημας ως κατα σαρκα περιπατουντας.
	12	ου γαρ τολμωμεν εγκριναι η συγκριναι εαυτους τισιν των εαυτους συνιστανοντων·
	11 21	εν ω δ αν τις τολμα, εν αφροσυνη λεγω, τολμω καγω.
	21	εν ω δ αν τις τολμα, εν αφροσυνη λεγω, τολμω καγω.
Php	1 14	και τους πλειονας των αδελφων εν κυριω πεποιθοτας τοις δεσμοις μου περισσοτερως τολμαν αφοβως τον λογον λαλειν.
Ju	9	ο δε μιχαηλ ο αρχαγγελος, οτε τω διαβολω διακρινομενος διελεγετο περι του μωυσεως σωματος, ουκ ετολμησεν κρισιν επενεγκειν βλασφημιας,

τολμηρος [1]

Rm	15 15	τολμηροτερον δε εγραψα υμιν απο μερους, ως επαναμιμνησκων υμας δια την χαριν την δοθεισαν μοι υπο του θεου

τολμητης [1]

2Pt	2 10	τολμηται αυθαδεις, δοξας ου τρεμουσιν βλασφημουντες,

τομος [1]

Heb	4 12	ζων γαρ ο λογος του θεου και ενεργης και τομωτερος υπερ πασαν μαχαιραν διστομον

τοξον [1]

Apc	6 2	και ιδου ιππος λευκος, και ο καθημενος επ αυτον εχων τοξον,

τοπαζιον [1]

Apc	21 20	ο ενατος τοπαζιον, ο δεκατος χρυσοπρασος,

τοπος [94]

Mt	12 43	οταν δε το ακαθαρτον πνευμα εξελθη απο του ανθρωπου, διερχεται δι ανυδρων τοπων ζητουν αναπαυσιν,
	14 13	ακουσας δε ο ιησους ανεχωρησεν εκειθεν εν πλοιω εις ερημον τοπον κατ ιδιαν·

τοπος [94]

Mt	14 15	ερημος εστιν ο τοπος και η ωρα ηδη παρηλθεν·
	35	και επιγνοντες αυτον οι ανδρες του τοπου εκεινου απεστειλαν εις ολην την περιχωρον εκεινην,
	24 7	και εσονται λιμοι και σεισμοι κατα τοπους·
	15	οταν ουν ιδητε το βδελυγμα της ερημωσεως το ρηθεν δια δανιηλ του προφητου εστος εν τοπω αγιω, ο αναγινωσκων νοειτω, τοτε οι εν τη ιουδαια φευγετωσαν εις τα ορη,
	26 52	αποστρεψον την μαχαιραν σου εις τον τοπον αυτης·
	27 33	και ελθοντες εις τοπον λεγομενον γολγοθα, ο εστιν κρανιου τοπος λεγομενος, εδωκαν αυτω πιειν οινον μετα χολης μεμιγμενον·
	33	και ελθοντες εις τοπον λεγομενον γολγοθα, ο εστιν κρανιου τοπος λεγομενος, εδωκαν αυτω πιειν οινον μετα χολης μεμιγμενον·
	28 6	δευτε ιδετε τον τοπον οπου εκειτο.
Mc	1 35	και πρωι εννυχα λιαν αναστας εξηλθεν και απηλθεν εις ερημον τοπον,
	45	ωστε μηκετι αυτον δυνασθαι φανερως εις πολιν εισελθειν, αλλ εξω επ ερημοις τοποις ην·
	6 11	και ος αν τοπος μη δεξηται υμας μηδε ακουσωσιν υμων, εκπορευομενοι εκειθεν εκτιναξατε τον χουν τον υποκατω των ποδων υμων εις μαρτυριον αυτοις.
	31	δευτε υμεις αυτοι κατ ιδιαν εις ερημον τοπον και αναπαυσασθε ολιγον.
	32	και απηλθον εν τω πλοιω εις ερημον τοπον κατ ιδιαν.
	35	και ηδη ωρας πολλης γενομενης προσελθοντες αυτω οι μαθηται αυτου ελεγον οτι ερημος εστιν ο τοπος και ηδη ωρα πολλη·
	13 8	εσονται σεισμοι κατα τοπους, εσονται λιμοι· αρχη ωδινων ταυτα.
	15 22	και φερουσιν αυτον επι τον γολγοθαν τοπον,
	22	και φερουσιν αυτον επι τον γολγοθαν τοπον, ο εστιν μεθερμηνευομενον κρανιου τοπος.
	16 6	ιδε ο τοπος οπου εθηκαν αυτον.
Lc	2 7	και εσπαργανωσεν αυτον και ανεκλινεν αυτον εν φατνη, διοτι ουκ ην αυτοις τοπος εν τω καταλυματι.
	4 17	και αναπτυξας το βιβλιον ευρεν τον τοπον ου ην γεγραμμενον· πνευμα κυριου επ εμε,
	37	και εξεπορευετο ηχος περι αυτου εις παντα τοπον της περιχωρου.
	42	γενομενης δε ημερας εξελθων επορευθη εις ερημον τοπον·
	6 17	και καταβας μετ αυτων εστη επι τοπου πεδινου,
	9 12	απολυσον τον οχλον, ινα πορευθεντες εις τας κυκλω κωμας και αγρους καταλυσωσιν και ευρωσιν επισιτισμον, οτι ωδε εν ερημω τοπω εσμεν.
	10 1	και απεστειλεν αυτους ανα δυο [δυο] προ προσωπου αυτου εις πασαν πολιν και τοπον ου ημελλεν αυτος ερχεσθαι.
	32	ομοιως δε και λευιτης [γενομενος] κατα τον τοπον ελθων και ιδων αντιπαρηλθεν.
	11 1	και εγενετο εν τω ειναι αυτον εν τοπω τινι προσευχομενον, ως επαυσατο, ειπεν τις των μαθητων αυτου προς αυτον·
	24	οταν το ακαθαρτον πνευμα εξελθη απο του ανθρωπου, διερχεται δι ανυδρων τοπων ζητουν αναπαυσιν, και μη ευρισκον [τοτε] λεγει·
	14 9	και ελθων ο σε και αυτον καλεσας ερει σοι· δος τουτω τοπον,
	9	και τοτε αρξη μετα αισχυνης τον εσχατον τοπον κατεχειν.
	10	αλλ οταν κληθης, πορευθεις αναπεσε εις τον εσχατον τοπον, ινα οταν ελθη ο κεκληκως σε ερει σοι· φιλε, προσαναβηθι ανωτερον·
	22	κυριε, γεγονεν ο επεταξας, και ετι τοπος εστιν.
	16 28	οπως διαμαρτυρηται αυτοις, ινα μη και αυτοι ελθωσιν εις τον τοπον τουτον της βασανου.
	19 5	και ως ηλθεν επι τον τοπον, αναβλεψας ο ιησους ειπεν προς αυτον·
	21 11	σεισμοι τε μεγαλοι και κατα τοπους λιμοι και λοιμοι εσονται,
	22 40	γενομενος δε επι του τοπου ειπεν αυτοις·
	23 33	και οτε ηλθον επι τον τοπον τον καλουμενον κρανιον, εκει εσταυρωσαν αυτον και τους κακουργους,
Jh	4 20	και υμεις λεγετε οτι εν ιεροσολυμοις εστιν ο τοπος οπου προσκυνειν δει.
	5 13	ο γαρ ιησους εξενευσεν οχλου οντος εν τω τοπω.
	6 10	ην δε χορτος πολυς εν τω τοπω.
	23	αλλα ηλθεν πλοια[ρια] εκ τιβεριαδος εγγυς του τοπου οπου εφαγον τον αρτον ευχαριστησαντος του κυριου.
	10 40	και απηλθεν παλιν περαν του ιορδανου εις τον τοπον οπου ην ιωαννης το πρωτον βαπτιζων,
	11 6	ως ουν ηκουσεν οτι ασθενει, τοτε μεν εμεινεν εν ω ην τοπω δυο ημερας·

τοπος [94]

Jh	11 30	ουπω δε εληλυθει ὁ ἰησους εἰς την κωμην, ἀλλ ἠν ἐτι ἐν τω τοπω ὁπου ὑπηντησεν αὐτω ἡ μαρθα.
	48	και ἐλευσονται οἱ ῥωμαιοι και ἀρουσιν ἡμων και τον τοπον και το ἐθνος.
	14 2	εἰ δε μη, εἰπον ἀν ὑμιν· ὁτι πορευομαι ἐτοιμασαι τοπον ὑμιν·
	3	και ἐαν πορευθω και ἐτοιμασω τοπον ὑμιν, παλιν ἐρχομαι και παραλημψομαι ὑμας προς ἐμαυτον,
	18 2	ἠδει δε και ἰουδας ὁ παραδιδους αὐτον τον τοπον,
	19 13	και ἐκαθισεν ἐπι βηματος εἰς τοπον λεγομενον λιθοστρωτον, ἑβραιστι δε γαββαθα.
	17	και βασταζων ἑαυτω τον σταυρον ἐξηλθεν εἰς τον λεγομενον κρανιου τοπον, ὁ λεγεται ἑβραιστι γολγοθα, ὁπου αὐτον ἐσταυρωσαν,
	20	τουτον οὑν τον τιτλον πολλοι ἀνεγνωσαν των ἰουδαιων, ὁτι ἐγγυς ἠν ὁ τοπος της πολεως ὁπου ἐσταυρωθη ὁ ἰησους·
	41	ἠν δε ἐν τω τοπω ὁπου ἐσταυρωθη κηπος.
	20 7	και θεωρει τα ὀθονια κειμενα, και το σουδαριον, ὁ ἠν ἐπι της κεφαλης αὐτου, οὑ μετα των ὀθονιων κειμενον ἀλλα χωρις ἐντετυλιγμενον εἰς ἑνα τοπον.
Ac	1 25	ἀναδειξον ὁν ἐξελεξω ἐκ τουτων των δυο ἑνα λαβειν τον τοπον της διακονιας ταυτης και ἀποστολης,
	25	ἑνα λαβειν τον τοπον της διακονιας ταυτης και ἀποστολης, ἀφ ἡς παρεβη ἰουδας πορευθηναι εἰς τον τοπον τον ἰδιον.
	4 31	και δεηθεντων αὐτων ἐσαλευθη ὁ τοπος ἐν ᾡ ἠσαν συνηγμενοι,
	6 13	ὁ ἀνθρωπος οὑτος οὐ παυεται λαλων ῥηματα κατα του τοπου του ἁγιου [τουτου] και του νομου·
	14	ἀκηκοαμεν γαρ αὐτου λεγοντος ὁτι ἰησους ὁ ναζωραιος οὑτος καταλυσει τον τοπον τουτον και ἀλλαξει τα ἐθη ἁ παρεδωκεν ἡμιν μωυσης.
	7 7	και το ἐθνος ᾡ ἐαν δουλευσουσιν κρινω ἐγω, ὁ θεος εἰπεν, και μετα ταυτα ἐξελευσονται και λατρευσουσιν μοι ἐν τω τοπω τουτω.
	33	λυσον το ὑποδημα των ποδων σου· ὁ γαρ τοπος ἐφ ᾡ ἑστηκας γη ἁγια ἐστιν.
	49	ποιον οἰκον οἰκοδομησετε μοι, λεγει κυριος, ἠ τις τοπος της καταπαυσεως μου;
	12 17	και ἐξελθων ἐπορευθη εἰς ἑτερον τοπον.
	16 3	και λαβων περιετεμεν αὐτον δια τους ἰουδαιους τους ὀντας ἐν τοις τοποις ἐκεινοις·
	21 28	οὑτος ἐστιν ὁ ἀνθρωπος ὁ κατα του λαου και του νομου και του τοπου τουτου παντας πανταχη διδασκων,
	28	ἐτι τε και ἑλληνας εἰσηγαγεν εἰς το ἱερον και κεκοινωκεν τον ἁγιον τοπον τουτον.
	25 16	προς οὑς ἀπεκριθη ὁτι οὐκ ἐστιν ἐθος ῥωμαιοις χαριζεσθαι τινα ἀνθρωπον πριν ἠ ὁ κατηγορουμενος κατα προσωπον ἐχοι τους κατηγορους τοπον τε ἀπολογιας λαβοι περι του ἐγκληματος.
	27 2	ἐπιβαντες δε πλοιω ἀδραμυττηνω μελλοντι πλειν εἰς τους κατα την ἀσιαν τοπους ἀνηχθημεν,
	8	μολις τε παραλεγομενοι αὐτην ἠλθομεν εἰς τοπον τινα καλουμενον καλους λιμενας,
	29	φοβουμενοι τε μη που κατα τραχεις τοπους ἐκπεσωμεν, ἐκ πρυμνης ῥιψαντες ἀγκυρας τεσσαρας ηὐχοντο ἡμεραν γενεσθαι.
	41	περιπεσοντες δε εἰς τοπον διθαλασσον ἐπεκειλαν την ναυν,
	28 7	ἐν δε τοις περι τον τοπον ἐκεινον ὑπηρχεν χωρια τω πρωτω της νησου ὀνοματι ποπλιω,
Rm	9 26	και ἐσται ἐν τω τοπω οὑ ἐρρεθη αὐτοις· οὐ λαος μου ὑμεις, ἐκει κληθησονται υἱοι θεου ζωντος.
	12 19	μη ἑαυτους ἐκδικουντες, ἀγαπητοι, ἀλλα δοτε τοπον τη ὀργη·
	15 23	νυνι δε μηκετι τοπον ἐχων ἐν τοις κλιμασι τουτοις, ἐπιποθιαν δε ἐχων του ἐλθειν προς ὑμας ἀπο πολλων ἐτων, ὡς ἀν πορευωμαι εἰς την σπανιαν·
1Co	1 2	συν πασιν τοις ἐπικαλουμενοις το ὀνομα του κυριου ἡμων ἰησου χριστου ἐν παντι τοπω, αὐτων και ἡμων·
	14 16	ἐπει ἐαν εὐλογης [ἐν] πνευματι, ὁ ἀναπληρων τον τοπον του ἰδιωτου πως ἐρει το ἀμην ἐπι τη ση εὐχαριστια;
2Co	2 14	τω δε θεω χαρις τω παντοτε θριαμβευοντι ἡμας ἐν τω χριστω και την ὀσμην της γνωσεως αὐτου φανερουντι δι ἡμων ἐν παντι τοπω·
Eph	4 27	ὁ ἡλιος μη ἐπιδυετω ἐπι [τω] παροργισμω ὑμων, μηδε διδοτε τοπον τω διαβολω.
1Th	1 8	ἀφ ὑμων γαρ ἐξηχηται ὁ λογος του κυριου οὐ μονον ἐν τη μακεδονια και [ἐν τη] ἀχαια, ἀλλ ἐν παντι τοπω ἡ πιστις ὑμων ἡ προς τον θεον ἐξεληλυθεν,
1Tm	2 8	βουλομαι οὑν προσευχεσθαι τους ἀνδρας ἐν παντι τοπω ἐπαιροντας ὁσιους χειρας χωρις ὀργης και διαλογισμου.

τοπος [94]

Heb	8 7	εἰ γαρ ἡ πρωτη ἐκεινη ἠν ἀμεμπτος, οὐκ ἀν δευτερας ἐζητειτο τοπος.
	11 8	πιστει καλουμενος ἀβρααμ ὑπηκουσεν ἐξελθειν εἰς τοπον ὁν ἠμελλεν λαμβανειν εἰς κληρονομιαν,
	12 17	μετανοιας γαρ τοπον οὐχ εὑρεν, καιπερ μετα δακρυων ἐκζητησας αὐτην.
2Pt	1 19	ᾡ καλως ποιειτε προσεχοντες ὡς λυχνω φαινοντι ἐν αὐχμηρω τοπω,
Apc	2 5	εἰ δε μη, ἐρχομαι σοι και κινησω την λυχνιαν σου ἐκ του τοπου αὐτης,
	6 14	και παν ὀρος και νησος ἐκ των τοπων αὐτων ἐκινηθησαν.
	12 6	και ἡ γυνη ἐφυγεν εἰς την ἐρημον, ὁπου ἐχει ἐκει τοπον ἡτοιμασμενον ἀπο του θεου,
	8	οὐδε τοπος εὑρεθη αὐτων ἐτι ἐν τω οὐρανω.
	14	και ἐδοθησαν τη γυναικι αἱ δυο πτερυγες του ἀετου του μεγαλου, ἱνα πετηται εἰς την ἐρημον εἰς τον τοπον αὐτης,
	16 16	και συνηγαγεν αὐτους εἰς τον τοπον τον καλουμενον ἑβραιστι ἁρμαγεδων.
	18 17	και πας κυβερνητης και πας ὁ ἐπι τοπον πλεων και ναυται και ὁσοι την θαλασσαν ἐργαζονται, ἀπο μακροθεν ἐστησαν
	20 11	και τοπος οὐχ εὑρεθη αὐτοις.

τοσουτος [20]

Mt	8 10	παρ οὐδενι τοσαυτην πιστιν ἐν τω ἰσραηλ εὑρον.
	15 33	ποθεν ἡμιν ἐν ἐρημια ἀρτοι τοσουτοι ὡστε χορτασαι ὀχλον τοσουτον;
	33	ποθεν ἡμιν ἐν ἐρημια ἀρτοι τοσουτοι ὡστε χορτασαι ὀχλον τοσουτον;
Lc	7 9	λεγω ὑμιν, οὐδε ἐν τω ἰσραηλ τοσαυτην πιστιν εὑρον.
	15 29	ἰδου τοσαυτα ἐτη δουλευω σοι και οὐδεποτε ἐντολην σου παρηλθον,
Jh	6 9	ἐστιν παιδαριον ὡδε ὁς ἐχει πεντε ἀρτους κριθινους και δυο ὀψαρια· ἀλλα ταυτα τι ἐστιν εἰς τοσουτους;
	12 37	τοσαυτα δε αὐτου σημεια πεποιηκοτος ἐμπροσθεν αὐτων οὐκ ἐπιστευον εἰς αὐτον,
	14 9	τοσουτω χρονω μεθ ὑμων εἰμι και οὐκ ἐγνωκας με, φιλιππε;
	21 11	και τοσουτων ὀντων οὐκ ἐσχισθη το δικτυον.
Ac	5 8	εἰπε μοι, εἰ τοσουτου το χωριον ἀπεδοσθε;
	8	ἡ δε εἰπεν· ναι, τοσουτου.
1Co	14 10	τοσαυτα εἰ τυχοι γενη φωνων εἰσιν ἐν κοσμω, και οὐδεν ἀφωνον·
Ga	3 4	τοσαυτα ἐπαθετε εἰκη; εἰ γε και εἰκη.
Heb	1 4	τοσουτω κρειττων γενομενος των ἀγγελων ὁσω διαφορωτερον παρ αὐτους κεκληρονομηκεν ὀνομα.
	4 7	παλιν τινα ὁριζει ἡμεραν, σημερον, ἐν δαυιδ λεγων μετα τοσουτον χρονον,
	7 22	κατα τοσουτο [και] κρειττονος διαθηκης γεγονεν ἐγγυος ἰησους.
	10 25	και τοσουτω μαλλον ὁσω βλεπετε ἐγγιζουσαν την ἡμεραν.
	12 1	τοιγαρουν και ἡμεις, τοσουτον ἐχοντες περικειμενον ἡμιν νεφος μαρτυρων, ὀγκον ἀποθεμενοι παντα και την εὐπεριστατον ἁμαρτιαν,
Apc	18 7	ὁσα ἐδοξασεν αὐτην και ἐστρηνιασεν, τοσουτον δοτε αὐτη βασανισμον και πενθος.
	17	ὁτι μια ὡρα ἠρημωθη ὁ τοσουτος πλουτος.

τοτε [160]

Mt	2 7	τοτε ἡρωδης λαθρα καλεσας τους μαγους ἠκριβωσεν παρ αὐτων τον χρονον του φαινομενου ἀστερος,
	16	τοτε ἡρωδης ἰδων ὁτι ἐνεπαιχθη ὑπο των μαγων ἐθυμωθη λιαν,
	17	τοτε ἐπληρωθη το ῥηθεν δια ἰερεμιου του προφητου λεγοντος·
	3 5	τοτε ἐξεπορευετο προς αὐτον ἱεροσολυμα και πασα ἡ ἰουδαια και πασα ἡ περιχωρος του ἰορδανου,
	13	τοτε παραγινεται ὁ ἰησους ἀπο της γαλιλαιας ἐπι τον ἰορδανην προς τον ἰωαννην του βαπτισθηναι ὑπ αὐτου.
	15	τοτε ἀφιησιν αὐτον.
	4 1	τοτε ὁ ἰησους ἀνηχθη εἰς την ἐρημον ὑπο του πνευματος πειρασθηναι ὑπο του διαβολου.
	5	τοτε παραλαμβανει αὐτον ὁ διαβολος εἰς την ἁγιαν πολιν,
	10	τοτε λεγει αὐτω ὁ ἰησους·
	11	τοτε ἀφιησιν αὐτον ὁ διαβολος,
	17	ἀπο τοτε ἠρξατο ὁ ἰησους κηρυσσειν και λεγειν·
	5 24	και ὑπαγε πρωτον διαλλαγηθι τω ἀδελφω σου, και τοτε ἐλθων προσφερε το δωρον σου.

τοτε [160]

Mt 7 5 ἐκβαλε πρωτον ἐκ του ὀφθαλμου σου την δοκον, και *τοτε* διαβλεψεις ἐκβαλειν το καρφος ἐκ του ὀφθαλμου του ἀδελφου σου.
23 και *τοτε* ὁμολογησω αὐτοις ὁτι οὐδεποτε ἐγνων ὑμας·
8 26 *τοτε* ἐγερθεις ἐπετιμησεν τοις ἀνεμοις και τη θαλασση,
9 6 ἱνα δε εἰδητε ὁτι ἐξουσιαν ἐχει ὁ υἱος του ἀνθρωπου ἐπι της γης ἀφιεναι ἁμαρτιας *τοτε* λεγει τω παραλυτικω· ἐγερθεις ἀρον σου την κλινην και ὑπαγε εἰς τον οἰκον σου.
14 *τοτε* προσερχονται αὐτω οἱ μαθηται ἰωαννου λεγοντες·
15 ἐλευσονται δε ἡμεραι ὁταν ἀπαρθη ἀπ αὐτων ὁ νυμφιος, και *τοτε* νηστευσουσιν.
29 *τοτε* ἡψατο των ὀφθαλμων αὐτων λεγων·
37 *τοτε* λεγει τοις μαθηταις αὐτου·
11 20 *τοτε* ἡρξατο ὀνειδιζειν τας πολεις ἐν αἱς ἐγενοντο αἱ πλεισται δυναμεις αὐτου,
12 13 *τοτε* λεγει τω ἀνθρωπω· ἐκτεινον σου την χειρα.
22 *τοτε* προσηνεχθη αὐτω δαιμονιζομενος τυφλος και κωφος·
29 ἐαν μη πρωτον δηση τον ἰσχυρον; και *τοτε* την οἰκιαν αὐτου διαρπασει.
38 *τοτε* ἀπεκριθησαν αὐτω τινες των γραμματεων και φαρισαιων λεγοντες·
44 *τοτε* λεγει· εἰς τον οἰκον μου ἐπιστρεψω ὁθεν ἐξηλθον·
45 *τοτε* πορευεται και παραλαμβανει μεθ ἑαυτου ἑπτα ἑτερα πνευματα πονηροτερα ἑαυτου,
13 26 ὁτε δε ἐβλαστησεν ὁ χορτος και καρπον ἐποιησεν, *τοτε* ἐφανη και τα ζιζανια.
36 *τοτε* ἀφεις τους ὀχλους ἡλθεν εἰς την οἰκιαν.
43 *τοτε* οἱ δικαιοι ἐκλαμψουσιν ὡς ὁ ἡλιος ἐν τη βασιλεια του πατρος αὐτων.
15 1 *τοτε* προσερχονται τω ἰησου ἀπο ἱεροσολυμων φαρισαιοι και γραμματεις λεγοντες·
12 *τοτε* προσελθοντες οἱ μαθηται λεγουσιν αὐτω·
28 *τοτε* ἀποκριθεις ὁ ἰησους εἰπεν αὐτη·
16 12 *τοτε* συνηκαν ὁτι οὐκ εἰπεν προσεχειν ἀπο της ζυμης των ἀρτων, ἀλλα ἀπο της διδαχης των φαρισαιων και σαδδουκαιων.
20 *τοτε* διεστειλατο τοις μαθηταις ἱνα μηδενι εἰπωσιν ὁτι αὐτος ἐστιν ὁ χριστος.
21 ἀπο *τοτε* ἡρξατο ὁ ἰησους δεικνυειν τοις μαθηταις αὐτου ὁτι δει αὐτον εἰς ἱεροσολυμα ἀπελθειν και πολλα παθειν ἀπο των πρεσβυτερων και ἀρχιερεων και γραμματεων και ἀποκτανθηναι και τη τριτη ἡμερα ἐγερθηναι.
24 *τοτε* ὁ ἰησους εἰπεν τοις μαθηταις αὐτου·
27 μελλει γαρ ὁ υἱος του ἀνθρωπου ἐρχεσθαι ἐν τη δοξη του πατρος αὐτου μετα των ἀγγελων αὐτου, και *τοτε* ἀποδωσει ἑκαστω κατα την πραξιν αὐτου.
17 13 *τοτε* συνηκαν οἱ μαθηται ὁτι περι ἰωαννου του βαπτιστου εἰπεν αὐτοις.
19 *τοτε* προσελθοντες οἱ μαθηται τω ἰησου κατ ἰδιαν εἰπον·
18 21 *τοτε* προσελθων ὁ πετρος εἰπεν αὐτω· κυριε, ποσακις ἁμαρτησει εἰς ἐμε ὁ ἀδελφος μου και ἀφησω αὐτω;
32 *τοτε* προσκαλεσαμενος αὐτον ὁ κυριος αὐτου λεγει αὐτω· δουλε πονηρε, πασαν την ὀφειλην ἐκεινην ἀφηκα σοι, ἐπει παρεκαλεσας με·
19 13 *τοτε* προσηνεχθησαν αὐτω παιδια,
27 *τοτε* ἀποκριθεις ὁ πετρος εἰπεν αὐτω·
20 20 *τοτε* προσηλθεν αὐτω ἡ μητηρ των υἱων ζεβεδαιου μετα των υἱων αὐτης προσκυνουσα και αἰτουσα τι ἀπ αὐτου.
21 1 και ὁτε ἠγγισαν εἰς ἱεροσολυμα και ἡλθον εἰς βηθφαγη εἰς το ὀρος των ἐλαιων, *τοτε* ἰησους ἀπεστειλεν δυο μαθητας λεγων αὐτοις·
22 8 *τοτε* λεγει τοις δουλοις αὐτου·
13 *τοτε* ὁ βασιλευς εἰπεν τοις διακονοις·
15 *τοτε* πορευθεντες οἱ φαρισαιοι συμβουλιον ἐλαβον ὁπως αὐτον παγιδευσωσιν ἐν λογω.
21 *τοτε* λεγει αὐτοις·
23 1 *τοτε* ὁ ἰησους ἐλαλησεν τοις ὀχλοις και τοις μαθηταις αὐτου λεγων·
24 9 *τοτε* παραδωσουσιν ὑμας εἰς θλιψιν και ἀποκτενουσιν ὑμας,
10 και *τοτε* σκανδαλισθησονται πολλοι και ἀλληλους παραδωσουσιν και μισησουσιν ἀλληλους·
14 και κηρυχθησεται τουτο το εὐαγγελιον της βασιλειας ἐν ὁλη τη οἰκουμενη εἰς μαρτυριον πασιν τοις ἐθνεσιν, και *τοτε* ἡξει το τελος.
16 ὁταν οὐν ἰδητε το βδελυγμα της ἐρημωσεως το ρηθεν δια δανιηλ του προφητου ἑστος ἐν τοπω ἁγιω, ὁ ἀναγινωσκων νοειτω, *τοτε* οἱ ἐν τη ἰουδαια φευγετωσαν εἰς τα ὀρη,
21 ἐσται γαρ *τοτε* θλιψις μεγαλη, οἱα οὐ γεγονεν ἀπ ἀρχης κοσμου ἑως του νυν οὐδ οὐ μη γενηται.

τοτε [160]

Mt 24 23 *τοτε* ἐαν τις ὑμιν εἰπη· ἰδου ὡδε ὁ χριστος, ἡ· ὡδε, μη πιστευσητε·
30 και *τοτε* φανησεται το σημειον του υἱου του ἀνθρωπου ἐν οὐρανω,
30 και *τοτε* κοψονται πασαι αἱ φυλαι της γης και ὀψονται τον υἱον του ἀνθρωπου ἐρχομενον ἐπι των νεφελων του οὐρανου μετα δυναμεως και δοξης πολλης·
40 *τοτε* δυο ἐσονται ἐν τω ἀγρω, εἱς παραλαμβανεται και εἱς ἀφιεται·
25 1 *τοτε* ὁμοιωθησεται ἡ βασιλεια των οὐρανων δεκα παρθενοις,
7 *τοτε* ἡγερθησαν πασαι αἱ παρθενοι ἐκειναι και ἐκοσμησαν τας λαμπαδας ἑαυτων.
31 ὁταν δε ἐλθη ὁ υἱος του ἀνθρωπου ἐν τη δοξη αὐτου και παντες οἱ ἀγγελοι μετ αὐτου, *τοτε* καθισει ἐπι θρονου δοξης αὐτου·
34 *τοτε* ἐρει ὁ βασιλευς τοις ἐκ δεξιων αὐτου·
37 *τοτε* ἀποκριθησονται αὐτω οἱ δικαιοι λεγοντες·
41 *τοτε* ἐρει και τοις ἐξ εὐωνυμων·
44 *τοτε* ἀποκριθησονται και αὐτοι λεγοντες·
45 *τοτε* ἀποκριθησεται αὐτοις λεγων·
26 3 *τοτε* συνηχθησαν οἱ ἀρχιερεις και οἱ πρεσβυτεροι του λαου εἰς την αὐλην του ἀρχιερεως του λεγομενου καιαφα,
14 *τοτε* πορευθεις εἱς των δωδεκα, ὁ λεγομενος ἰουδας ἰσκαριωτης, προς τους ἀρχιερεις εἰπεν·
16 και ἀπο *τοτε* ἐζητει εὐκαιριαν ἱνα αὐτον παραδω.
31 *τοτε* λεγει αὐτοις ὁ ἰησους·
36 *τοτε* ἐρχεται μετ αὐτων ὁ ἰησους εἰς χωριον λεγομενον γεθσημανι,
38 *τοτε* λεγει αὐτοις·
45 *τοτε* ἐρχεται προς τους μαθητας και λεγει αὐτοις·
50 *τοτε* προσελθοντες ἐπεβαλον τας χειρας ἐπι τον ἰησουν και ἐκρατησαν αὐτον.
52 *τοτε* λεγει αὐτω ὁ ἰησους·
56 *τοτε* οἱ μαθηται παντες ἀφεντες αὐτον ἐφυγον.
65 *τοτε* ὁ ἀρχιερευς διερρηξεν τα ἱματια αὐτου λεγων·
67 *τοτε* ἐνεπτυσαν εἰς το προσωπον αὐτου και ἐκολαφισαν αὐτον,
74 *τοτε* ἡρξατο καταθεματιζειν και ὀμνυειν ὁτι οὐκ οἰδα τον ἀνθρωπον.
27 3 *τοτε* ἰδων ἰουδας ὁ παραδιδους αὐτον ὁτι κατεκριθη, μεταμεληθεις ἐστρεψεν τα τριακοντα ἀργυρια τοις ἀρχιερευσιν και πρεσβυτεροις λεγων·
9 *τοτε* ἐπληρωθη το ρηθεν δια ἱερεμιου του προφητου λεγοντος·
13 *τοτε* λεγει αὐτω ὁ πιλατος·
16 εἰχον δε *τοτε* δεσμιον ἐπισημον λεγομενον [ἰησουν] βαραββαν.
26 *τοτε* ἀπελυσεν αὐτοις τον βαραββαν,
27 *τοτε* οἱ στρατιωται του ἡγεμονος παραλαβοντες τον ἰησουν εἰς το πραιτωριον συνηγαγον ἐπ αὐτον ὁλην την σπειραν.
38 *τοτε* σταυρουνται συν αὐτω δυο λησται,
58 *τοτε* ὁ πιλατος ἐκελευσεν ἀποδοθηναι.
28 10 *τοτε* λεγει αὐταις ὁ ἰησους·
Mc 2 20 ἐλευσονται δε ἡμεραι ὁταν ἀπαρθη ἀπ αὐτων ὁ νυμφιος, και *τοτε* νηστευσουσιν ἐν ἐκεινη τη ἡμερα.
3 27 ἐαν μη πρωτον τον ἰσχυρον δηση, και *τοτε* την οἰκιαν αὐτου διαρπασει.
13 14 *τοτε* οἱ ἐν τη ἰουδαια φευγετωσαν εἰς τα ὀρη,
21 και *τοτε* ἐαν τις ὑμιν εἰπη·
26 και *τοτε* ὀψονται τον υἱον του ἀνθρωπου ἐρχομενον ἐν νεφελαις μετα δυναμεως πολλης και δοξης.
27 και *τοτε* ἀποστελει τους ἀγγελους και ἐπισυναξει τους ἐκλεκτους [αὐτου] ἐκ των τεσσαρων ἀνεμων ἀπ ἀκρου γης ἑως ἀκρου οὐρανου.
Lc 5 35 ἐλευσονται δε ἡμεραι, και ὁταν ἀπαρθη ἀπ αὐτων ὁ νυμφιος, *τοτε* νηστευσουσιν ἐν ἐκειναις ταις ἡμεραις.
6 42 ὑποκριτα, ἐκβαλε πρωτον την δοκον ἐκ του ὀφθαλμου σου, και *τοτε* διαβλεψεις το καρφος το ἐν τω ὀφθαλμω του ἀδελφου σου ἐκβαλειν.
11 24 ὁταν το ἀκαθαρτον πνευμα ἐξελθη ἀπο του ἀνθρωπου, διερχεται δι ἀνυδρων τοπων ζητουν ἀναπαυσιν, και μη εὑρισκον [*τοτε*] λεγει·
26 *τοτε* πορευεται και παραλαμβανει ἑτερα πνευματα πονηροτερα ἑαυτου ἑπτα,
13 26 *τοτε* ἀρξεσθε λεγειν·
14 9 και *τοτε* ἀρξη μετα αἰσχυνης τον ἐσχατον τοπον κατεχειν·
10 *τοτε* ἐσται σοι δοξα ἐνωπιον παντων των συνανακειμενων σοι.
21 *τοτε* ὀργισθεις ὁ οἰκοδεσποτης εἰπεν τω δουλω αὐτου·

τοτε [160]

Lc   16 16   ἀπο *τοτε* ἡ βασιλεια του θεου εὐαγγελιζεται και πας εἰς αὐτην βιαζεται.

   21 10   *τοτε* ἐλεγεν αὐτοις·

     20   ὁταν δε ἰδητε κυκλουμενην ὑπο στρατοπεδων ἰερουσαλημ, *τοτε* γνωτε ὁτι ἠγγικεν ἡ ἐρημωσις αὐτης.

     21   *τοτε* οἱ ἐν τη ἰουδαια φευγετωσαν εἰς τα ὀρη,

     27   και *τοτε* ὀψονται τον υἱον του ἀνθρωπου ἐρχομενον ἐν νεφελη μετα δυναμεως και δοξης πολλης.

   23 30   *τοτε* ἀρξονται λεγειν τοις ὀρεσιν·

   24 45   *τοτε* διηνοιξεν αὐτων τον νουν του συνιεναι τας γραφας·

Jh   7 10   ὡς δε ἀνεβησαν οἱ ἀδελφοι αὐτου εἰς την ἑορτην, *τοτε* και αὐτος ἀνεβη,

   8 28   ὁταν ὑψωσητε τον υἱον του ἀνθρωπου, *τοτε* γνωσεσθε ὁτι ἐγω εἰμι,

   10 22   ἐγενετο *τοτε* τα ἐγκαινια ἐν τοις ἱεροσολυμοις· χειμων ἠν·

   11 6   ὡς οὐν ἠκουσεν ὁτι ἀσθενει, *τοτε* μεν ἐμεινεν ἐν ᾧ ἠν τοπω δυο ἡμερας·

     14   *τοτε* οὐν εἰπεν αὐτοις ὁ ἰησους παρρησια·

   12 16   ἀλλ ὁτε ἐδοξασθη ἰησους, *τοτε* ἐμνησθησαν ὁτι ταυτα ἠν ἐπ αὐτω γεγραμμενα και ταυτα ἐποιησαν αὐτω.

   13 27   και μετα το ψωμιον *τοτε* εἰσηλθεν εἰς ἐκεινον ὁ σατανας.

   19 1   *τοτε* οὐν ἐλαβεν ὁ πιλατος τον ἰησουν και ἐμαστιγωσεν.

     16   *τοτε* οὐν παρεδωκεν αὐτον αὐτοις ἱνα σταυρωθη.

   20 8   *τοτε* οὐν εἰσηλθεν και ὁ ἀλλος μαθητης ὁ ἐλθων πρωτος εἰς το μνημειον,

Ac   1 12   *τοτε* ὑπεστρεψαν εἰς ἰερουσαλημ ἀπο ὀρους του καλουμενου ἐλαιωνος, ὁ ἐστιν ἐγγυς ἰερουσαλημ σαββατου ἐχον ὁδον.

   4 8   *τοτε* πετρος πλησθεις πνευματος ἁγιου εἰπεν προς αὐτους·

   5 26   *τοτε* ἀπελθων ὁ στρατηγος συν τοις ὑπηρεταις ἠγεν αὐτους, οὐ μετα βιας,

   6 11   *τοτε* ὑπεβαλον ἀνδρας λεγοντας ὁτι ἀκηκοαμεν αὐτου λαλουντος ῥηματα βλασφημα εἰς μωυσην και τον θεον·

   7 4   *τοτε* ἐξελθων ἐκ γης χαλδαιων κατωκησεν ἐν χαρραν.

   8 17   *τοτε* ἐπετιθεσαν τας χειρας ἐπ αὐτους, και ἐλαμβανον πνευμα ἁγιον.

   10 46   *τοτε* ἀπεκριθη πετρος·

     48   *τοτε* ἠρωτησαν αὐτον ἐπιμειναι ἡμερας τινας.

   13 3   *τοτε* νηστευσαντες και προσευξαμενοι και ἐπιθεντες τας χειρας αὐτοις ἀπελυσαν.

     12   *τοτε* ἰδων ὁ ἀνθυπατος το γεγονος ἐπιστευσεν, ἐκπλησσομενος ἐπι τη διδαχη του κυριου.

   15 22   *τοτε* ἐδοξε τοις ἀποστολοις και τοις πρεσβυτεροις συν ὁλη τη ἐκκλησια ἐκλεξαμενους ἀνδρας ἐξ αὐτων πεμψαι εἰς ἀντιοχειαν συν τω παυλω και βαρναβα,

   17 14   εὐθεως δε *τοτε* τον παυλον ἐξαπεστειλαν οἱ ἀδελφοι πορευεσθαι ἑως ἐπι την θαλασσαν·

   21 13   *τοτε* ἀπεκριθη ὁ παυλος·

     26   *τοτε* ὁ παυλος παραλαβων τους ἀνδρας τη ἐχομενη ἡμερα συν αὐτοις ἁγνισθεις εἰσηει εἰς το ἱερον,

     33   *τοτε* ἐγγισας ὁ χιλιαρχος ἐπελαβετο αὐτου και ἐκελευσεν δεθηναι ἁλυσεσι δυσι,

   23 3   *τοτε* ὁ παυλος προς αὐτον εἰπεν·

   25 12   *τοτε* ὁ φηστος συλλαλησας μετα του συμβουλιου ἀπεκριθη·

   26 1   *τοτε* ὁ παυλος ἐκτεινας την χειρα ἀπελογειτο·

   27 21   πολλης τε ἀσιτιας ὑπαρχουσης *τοτε* σταθεις ὁ παυλος ἐν μεσω αὐτων εἰπεν·

     32   *τοτε* ἀπεκοψαν οἱ στρατιωται τα σχοινια της σκαφης και εἰασαν αὐτην ἐκπεσειν.

   28 1   και διασωθεντες *τοτε* ἐπεγνωμεν ὁτι μελιτη ἡ νησος καλειται.

Rm   6 21   τινα οὐν καρπον εἰχετε *τοτε*; ἐφ οἱς νυν ἐπαισχυνεσθε·

1Co   4 5   και *τοτε* ὁ ἐπαινος γενησεται ἑκαστω ἀπο του θεου.

   13 12   βλεπομεν γαρ ἀρτι δι ἐσοπτρου ἐν αἰνιγματι, *τοτε* δε προσωπον προς προσωπον·

     12   ἀρτι γινωσκω ἐκ μερους, *τοτε* δε ἐπιγνωσομαι καθως και ἐπεγνωσθην.

   15 28   ὁταν δε ὑποταγη αὐτω τα παντα, *τοτε* [και] αὐτος ὁ υἱος ὑποταγησεται τω ὑποταξαντι αὐτω τα παντα,

     54   ὁταν δε το φθαρτον τουτο ἐνδυσηται ἀφθαρσιαν και το θνητον τουτο ἐνδυσηται ἀθανασιαν, *τοτε* γενησεται ὁ λογος ὁ γεγραμμενος·

   16 2   κατα μιαν σαββατου ἑκαστος ὑμων παρ ἑαυτω τιθετω θησαυριζων ὁτι ἐαν εὐοδωται, ἱνα μη ὁταν ἐλθω *τοτε* λογειαι γινωνται.

2Co   12 10   ὁταν γαρ ἀσθενω, *τοτε* δυνατος εἰμι.

Ga   4 8   ἀλλα *τοτε* μεν οὐκ εἰδοτες θεον ἐδουλευσατε τοις φυσει μη οὐσιν θεοις·

     29   ἀλλ ὡσπερ *τοτε* ὁ κατα σαρκα γεννηθεις ἐδιωκεν τον κατα πνευμα, οὑτως και νυν.

τοτε [160]

Ga   6 4   και *τοτε* εἰς ἑαυτον μονον το καυχημα ἑξει και οὐκ εἰς τον ἑτερον·

Col   3 4   ὁταν ὁ χριστος φανερωθη, ἡ ζωη ὑμων, *τοτε* και ὑμεις συν αὐτω φανερωθησεσθε ἐν δοξη.

1Th   5 3   ὁταν λεγωσιν· εἰρηνη και ἀσφαλεια, *τοτε* αἰφνιδιος αὐτοις ἐφισταται ὀλεθρος ὡσπερ ἡ ὠδιν τη ἐν γαστρι ἐχουση,

2Th   2 8   και *τοτε* ἀποκαλυφθησεται ὁ ἀνομος,

Heb   10 7   *τοτε* εἰπον· ἰδου ἡκω, ἐν κεφαλιδι βιβλιου γεγραπται περι ἐμου, του ποιησαι ὁ θεος το θελημα σου.

     9   *τοτε* εἰρηκεν· ἰδου ἡκω του ποιησαι το θελημα σου.

   12 26   οὐ ἡ φωνη την γην ἐσαλευσεν *τοτε*, νυν δε ἐπηγγελται λεγων·

2Pt   3 6   δι ὡν ὁ *τοτε* κοσμος ὑδατι κατακλυσθεις ἀπωλετο·

τουναντιον [3]

2Co   2 7   ὡστε *τουναντιον* μαλλον ὑμας χαρισασθαι και παρακαλεσαι, μη πως τη περισσοτερα λυπη καταποθη ὁ τοιουτος.

Ga   2 7   ἀλλα *τουναντιον* ἰδοντες ὁτι πεπιστευμαι το εὐαγγελιον της ἀκροβυστιας καθως πετρος της περιτομης,

1Pt   3 9   *τουναντιον* δε εὐλογουντες, ὁτι εἰς τουτο ἐκληθητε ἱνα εὐλογιαν κληρονομησητε.

τουνομα [1]

Mt   27 57   ὀψιας δε γενομενης ἠλθεν ἀνθρωπος πλουσιος ἀπο ἀριμαθαιας, *τουνομα* ἰωσηφ, ὁς και αὐτος ἐμαθητευθη τω ἰησου·

τραγος [4]

Heb   9 12   οὐδε δι αἱματος *τραγων* και μοσχων, δια δε του ἰδιου αἱματος εἰσηλθεν ἐφαπαξ εἰς τα ἁγια,

     13   εἰ γαρ το αἱμα *τραγων* και ταυρων και σποδος δαμαλεως ῥαντιζουσα τους κεκοινωμενους ἁγιαζει προς την της σαρκος καθαροτητα, ποσω μαλλον το αἱμα του χριστου,

     19   λαβων το αἱμα των μοσχων [και των *τραγων*] μετα ὑδατος και ἐριου κοκκινου και ὑσσωπου,

   10 4   ἀδυνατον γαρ αἱμα ταυρων και *τραγων* ἀφαιρειν ἁμαρτιας.

τραπεζα [15]

Mt   15 27   και γαρ τα κυναρια ἐσθιει ἀπο των ψιχιων των πιπτοντων ἀπο της *τραπεζης* των κυριων αὐτων.

   21 12   και τας *τραπεζας* των κολλυβιστων κατεστρεψεν και τας καθεδρας των πωλουντων τας περιστερας,

Mc   7 28   κυριε· και τα κυναρια ὑποκατω της *τραπεζης* ἐσθιουσιν ἀπο των ψιχιων των παιδιων.

   11 15   και τας *τραπεζας* των κολλυβιστων και τας καθεδρας των πωλουντων τας περιστερας κατεστρεψεν,

Lc   16 21   πτωχος δε τις ὀνοματι λαζαρος ἐβεβλητο προς τον πυλωνα αὐτου εἰλκωμενος και ἐπιθυμων χορτασθηναι ἀπο των πιπτοντων ἀπο της *τραπεζης* του πλουσιου·

   19 23   και δια τί οὐκ ἐδωκας μου το ἀργυριον ἐπι *τραπεζαν*;

   22 21   πλην ἰδου ἡ χειρ του παραδιδοντος με μετ ἐμου ἐπι της *τραπεζης*.

     30   καγω διατιθεμαι ὑμιν καθως διεθετο μοι ὁ πατηρ μου βασιλειαν, ἱνα ἐσθητε και πινητε ἐπι της *τραπεζης* μου ἐν τη βασιλεια μου,

Jh   2 15   και των κολλυβιστων ἐξεχεεν το κερμα και τας *τραπεζας* ἀνετρεψεν,

Ac   6 2   οὐκ ἀρεστον ἐστιν ἡμας καταλειψαντας τον λογον του θεου διακονειν *τραπεζαις*.

   16 34   ἀναγαγων τε αὐτους εἰς τον οἰκον παρεθηκεν *τραπεζαν*,

Rm   11 9   γενηθητω ἡ *τραπεζα* αὐτων εἰς παγιδα και εἰς θηραν και εἰς σκανδαλον και εἰς ἀνταποδομα αὐτοις,

1Co   10 21   οὐ δυνασθε *τραπεζης* κυριου μετεχειν και τραπεζης δαιμονιων.

     21   οὐ δυνασθε τραπεζης κυριου μετεχειν και *τραπεζης* δαιμονιων.

Heb   9 2   σκηνη γαρ κατεσκευασθη ἡ πρωτη, ἐν ἡ ἡ τε λυχνια και ἡ *τραπεζα* και ἡ προθεσις των ἀρτων,

τραπεζιτης [1]

Mt   25 27   ἐδει σε οὐν βαλειν τα ἀργυρια μου τοις *τραπεζιταις*,

τραυμα [1]

Lc 10 34   και προσελθων κατεδησεν τα τραυματα αυτου επιχεων ελαιον και οινον,

τραυματιζω [2]

Lc 20 12   οι δε και τουτον τραυματισαντες εξεβαλον.

Ac 19 16   κατακυριευσας αμφοτερων ισχυσεν κατ αυτων, ωστε γυμνους και τετραυματισμενους εκφυγειν εκ του οικου εκεινου.

τραχηλιζομαι [1]

Heb 4 13   παντα δε γυμνα και τετραχηλισμενα τοις οφθαλμοις αυτου,

τραχηλος [7]

Mt 18 6   ος δ αν σκανδαλιση ενα των μικρων τουτων των πιστευοντων εις εμε, συμφερει αυτω ινα κρεμασθη μυλος ονικος περι τον τραχηλον αυτου και καταποντισθη εν τω πελαγει της θαλασσης.

Mc 9 42   και ος αν σκανδαλιση ενα των μικρων τουτων των πιστευοντων [εις εμε,] καλον εστιν αυτω μαλλον ει περικειται μυλος ονικος περι τον τραχηλον αυτου και βεβληται εις την θαλασσαν.

Lc 15 20   και δραμων επεπεσεν επι τον τραχηλον αυτου και κατεφιλησεν αυτον.

17 2   λυσιτελει αυτω ει λιθος μυλικος περικειται περι τον τραχηλον αυτου και ερριπται εις την θαλασσαν, η ινα σκανδαλιση των μικρων τουτων ενα.

Ac 15 10   νυν ουν τι πειραζετε τον θεον, επιθειναι ζυγον επι τον τραχηλον των μαθητων, ον ουτε οι πατερες ημων ουτε ημεις ισχυσαμεν βαστασαι;

20 37   ικανος δε κλαυθμος εγενετο παντων, και επιπεσοντες επι τον τραχηλον του παυλου κατεφιλουν αυτον,

Rm 16 4   ασπασασθε πρισκαν και ακυλαν τους συνεργους μου εν χριστω ιησου, οιτινες υπερ της ψυχης μου τον εαυτων τραχηλον υπεθηκαν,

τραχυς [2]

Lc 3 5   και εσται τα σκολια εις ευθειαν και αι τραχειαι εις οδους λειας·

Ac 27 29   φοβουμενοι τε μη που κατα τραχεις τοπους εκπεσωμεν, εκ πρυμης ριψαντες αγκυρας τεσσαρας ηυχοντο ημεραν γενεσθαι.

τραχωνιτις [1]

Lc 3 1   και τετρααρχουντος της γαλιλαιας ηρωδου, φιλιππου δε του αδελφου αυτου τετρααρχουντος της ιτουραιας και τραχωνιτιδος χωρας,

τρεις [67]

Mt 12 40   ωσπερ γαρ ην ιωνας εν τη κοιλια του κητους τρεις ημερας και τρεις νυκτας,

40   ωσπερ γαρ ην ιωνας εν τη κοιλια του κητους τρεις ημερας και τρεις νυκτας,

40   ουτως εσται ο υιος του ανθρωπου εν τη καρδια της γης τρεις ημερας και τρεις νυκτας.

40   ουτως εσται ο υιος του ανθρωπου εν τη καρδια της γης τρεις ημερας και τρεις νυκτας.

13 33   ομοια εστιν η βασιλεια των ουρανων ζυμη, ην λαβουσα γυνη ενεκρυψεν εις αλευρου σατα τρια,

15 32   σπλαγχνιζομαι επι τον οχλον, οτι ηδη ημεραι τρεις προσμενουσιν μοι και ουκ εχουσιν τι φαγωσιν·

17 4   ει θελεις, ποιησω ωδε τρεις σκηνας, σοι μιαν και μωυσει μιαν και ηλια μιαν.

18 16   εαν δε μη ακουση, παραλαβε μετα σου ετι ενα η δυο, ινα επι στοματος δυο μαρτυρων η τριων σταθη παν ρημα·

20   ου γαρ εισιν δυο η τρεις συνηγμενοι εις το εμον ονομα, εκει ειμι εν μεσω αυτων.

26 61   ουτος εφη· δυναμαι καταλυσαι τον ναον του θεου και δια τριων ημερων οικοδομησαι.

27 40   ο καταλυων τον ναον και εν τρισιν ημεραις οικοδομων σωσον σεαυτον

63   κυριε, εμνησθημεν οτι εκεινος ο πλανος ειπεν ετι ζων· μετα τρεις ημερας εγειρομαι.

Mc 8 2   σπλαγχνιζομαι επι τον οχλον, οτι ηδη ημεραι τρεις προσμενουσιν μοι και ουκ εχουσιν τι φαγωσιν·

τρεις [67]

Mc 8 31   και ηρξατο διδασκειν αυτους οτι δει τον υιον του ανθρωπου πολλα παθειν, και αποδοκιμασθηναι υπο των πρεσβυτερων και των αρχιερεων και των γραμματεων και αποκτανθηναι και μετα τρεις ημερας αναστηναι·

9 5   ραββι, καλον εστιν ημας ωδε ειναι, και ποιησωμεν τρεις σκηνας, σοι μιαν και μωυσει μιαν και ηλια μιαν.

31   και ελεγεν αυτοις οτι ο υιος του ανθρωπου παραδιδοται εις χειρας ανθρωπων, και αποκτενουσιν αυτον, και αποκτανθεις μετα τρεις ημερας αναστησεται.

10 34   και μετα τρεις ημερας αναστησεται.

14 58   και τινες ανασταντες εψευδομαρτυρουν κατ αυτου λεγοντες οτι ημεις ηκουσαμεν αυτου λεγοντος οτι εγω καταλυσω τον ναον τουτον τον χειροποιητον και δια τριων ημερων αλλον αχειροποιητον οικοδομησω.

15 29   ουα ο καταλυων τον ναον και οικοδομων εν τρισιν ημεραις, σωσον σεαυτον καταβας απο του σταυρου.

Lc 1 56   εμεινεν δε μαριαμ συν αυτη ως μηνας τρεις, και υπεστρεψεν εις τον οικον αυτης.

2 46   και εγενετο μετα ημερας τρεις ευρον αυτον εν τω ιερω καθεζομενον εν μεσω των διδασκαλων και ακουοντα αυτων και επερωτωντα αυτους·

4 25   πολλαι χηραι ησαν εν ταις ημεραις ηλιου εν τω ισραηλ, οτε εκλεισθη ο ουρανος επι ετη τρια και μηνας εξ,

9 33   και ποιησωμεν σκηνας τρεις, μιαν σοι και μιαν μωυσει και μιαν ηλια, μη ειδως ο λεγει.

10 36   τις τουτων των τριων πλησιον δοκει σοι γεγονεναι του εμπεσοντος εις τους ληστας;

11 5   φιλε, χρησον μοι τρεις αρτους, επειδη φιλος μου παρεγενετο εξ οδου προς με και ουκ εχω ο παραθησω αυτω·

12 52   εσονται γαρ απο του νυν πεντε εν ενι οικω διαμεμερισμενοι, τρεις επι δυσιν και δυο επι τρισιν διαμερισθησονται,

52   εσονται γαρ απο του νυν πεντε εν ενι οικω διαμεμερισμενοι, τρεις επι δυσιν και δυο επι τρισιν διαμερισθησονται,

13 7   ιδου τρια ετη αφ ου ερχομαι ζητων καρπον εν τη συκη ταυτη και ουχ ευρισκω·

21   ομοια εστιν ζυμη, ην λαβουσα γυνη [εν]εκρυψεν εις αλευρου σατα τρια, εως ου εζυμωθη ολον.

Jh 2 6   ησαν δε εκει λιθιναι υδριαι εξ κατα τον καθαρισμον των ιουδαιων κειμεναι, χωρουσαι ανα μετρητας δυο η τρεις.

19   λυσατε τον ναον τουτον, και εν τρισιν ημεραις εγερω αυτον.

20   τεσσερακοντακαιεξ ετεσιν οικοδομηθη ο ναος ουτος, και συ εν τρισιν ημεραις εγερεις αυτον;

Ac 5 7   εγενετο δε ως ωρων τριων διαστημα και η γυνη αυτου μη ειδυια το γεγονος εισηλθεν.

7 20   ος ανετραφη μηνας τρεις εν τω οικω του πατρος·

9 9   και ην ημερας τρεις μη βλεπων, και ουκ εφαγεν ουδε επιεν.

10 19   ιδου ανδρες τρεις ζητουντες σε·

11 11   και ιδου εξαυτης τρεις ανδρες επεστησαν επι την οικιαν εν η ημεν,

17 2   κατα δε το ειωθος τω παυλω εισηλθεν προς αυτους, και επι σαββατα τρια διελεξατο αυτοις απο των γραφων,

19 8   εισελθων δε εις την συναγωγην επαρρησιαζετο επι μηνας τρεις διαλεγομενος και πειθων [τα] περι της βασιλειας του θεου.

20 3   διελθων δε τα μερη εκεινα και παρακαλεσας αυτους λογω πολλω ηλθεν εις την ελλαδα, ποιησας τε μηνας τρεις,

25 1   φηστος ουν επιβας τη επαρχεια μετα τρεις ημερας ανεβη εις ιεροσολυμα απο καισαρειας,

28 7   εν δε τοις περι τον τοπον εκεινον υπηρχεν χωρια τω πρωτω της νησου ονοματι ποπλιω, ος αναδεξαμενος ημας ημερας τρεις φιλοφρονως εξενισεν.

11   μετα δε τρεις μηνας ανηχθημεν εν πλοιω παρακεχειμακοτι εν τη νησω, αλεξανδρινω, παρασημω διοσκουροις.

12   και καταχθεντες εις συρακουσας επεμειναμεν ημερας τρεις,

15   κακειθεν οι αδελφοι ακουσαντες τα περι ημων ηλθαν εις απαντησιν ημιν αχρι αππιουφορου και τριωνταβερνων,

17   εγενετο δε μετα ημερας τρεις συγκαλεσασθαι αυτον τους οντας των ιουδαιων πρωτους·

1Co 13 13   νυνι δε μενει πιστις, ελπις, αγαπη, τα τρια ταυτα·

14 27   ειτε γλωσση τις λαλει, κατα δυο η το πλειστον τρεις, και ανα μερος,

29   προφηται δε δυο η τρεις λαλειτωσαν,

2Co 13 1   επι στοματος δυο μαρτυρων και τριων σταθησεται παν ρημα.

Ga 1 18   επειτα μετα ετη τρια ανηλθον εις ιεροσολυμα ιστορησαι κηφαν,

1Tm 5 19   κατα πρεσβυτερου κατηγοριαν μη παραδεχου, εκτος ει μη επι δυο η τριων μαρτυρων.

Heb 10 28   αθετησας τις νομον μωυσεως χωρις οικτιρμων επι δυσιν η τρισιν μαρτυσιν αποθνησκει·

τρεις [67]

Ja	5 17	και ουκ εβρεξεν επι της γης ενιαυτους *τρεις* και μηνας εξ·
1Jh	5 7	οτι *τρεις* εισιν οι μαρτυρουντες, το πνευμα και το υδωρ και το αιμα,
	8	το πνευμα και το υδωρ και το αιμα, και οι *τρεις* εις το εν εισιν.
Apc	6 6	χοινιξ σιτου δηναριου, και *τρεις* χοινικες κριθων δηναριου·
	8 13	ουαι ουαι ουαι τους κατοικουντας επι της γης εκ των λοιπων φωνων της σαλπιγγος των *τριων* αγγελων των μελλοντων σαλπιζειν.
	9 18	απο των *τριων* πληγων τουτων απεκτανθησαν το τριτον των ανθρωπων,
	11 9	και βλεπουσιν εκ των λαων και φυλων και γλωσσων και εθνων το πτωμα αυτων ημερας *τρεις* και ημισυ,
	11	και μετα τας *τρεις* ημερας και ημισυ πνευμα ζωης εκ του θεου εισηλθεν εν αυτοις,
	16 13	και ειδον εκ του στοματος του δρακοντος και εκ του στοματος του θηριου και εκ του στοματος του ψευδοπροφητου πνευματα *τρια* ακαθαρτα ως βατραχοι·
	19	και εγενετο η πολις η μεγαλη εις *τρια* μερη,
	21 13	απο ανατολης πυλωνες *τρεις*, και απο βορρα πυλωνες τρεις,
	13	απο ανατολης πυλωνες τρεις, και απο βορρα πυλωνες τρεις,
	13	και απο βορρα πυλωνες τρεις, και απο νοτου πυλωνες *τρεις*,
	13	και απο νοτου πυλωνες τρεις, και απο δυσμων πυλωνες *τρεις*.

τρεισταβερναι [1]

Ac	28 15	κακειθεν οι αδελφοι ακουσαντες τα περι ημων ηλθαν εις απαντησιν ημιν αχρι αππιουφορου και *τριωνταβερνων*,

τρεμω [3]

Mc	5 33	η δε γυνη φοβηθεισα και *τρεμουσα*, ειδυια ο γεγονεν αυτη, ηλθεν και προσεπεσεν αυτω και ειπεν αυτω πασαν την αληθειαν.
Lc	8 47	ιδουσα δε η γυνη οτι ουκ ελαθεν, *τρεμουσα* ηλθεν και προσπεσουσα αυτω δι ην αιτιαν ηψατο αυτου απηγγειλεν ενωπιον παντος του λαου, και ως ιαθη παραχρημα.
2Pt	2 10	τολμηται αυθαδεις, δοξας ου *τρεμουσιν* βλασφημουντες,

τρεφω [9]

Mt	6 26	και ο πατηρ υμων ο ουρανιος *τρεφει* αυτα·
	25 37	κυριε, ποτε σε ειδομεν πεινωντα και *εθρεψαμεν*, η διψωντα και εποτισαμεν;
Lc	4 16	και ηλθεν εις ναζαρα, ου ην *τεθραμμενος*,
	12 24	κατανοησατε τους κορακας, οτι ου σπειρουσιν ουδε θεριζουσιν, οις ουκ εστιν ταμειον ουδε αποθηκη, και ο θεος *τρεφει* αυτους·
	23 29	και αι κοιλιαι αι ουκ εγεννησαν, και μαστοι οι ουκ *εθρεψαν*.
Ac	12 20	και πεισαντες βλαστον τον επι του κοιτωνος του βασιλεως ητουντο ειρηνην, δια το *τρεφεσθαι* αυτων την χωραν απο της βασιλικης.
Ja	5 5	*εθρεψατε* τας καρδιας υμων εν ημερα σφαγης.
Apc	12 6	οπου εχει εκει τοπον ητοιμασμενον απο του θεου, ινα εκει *τρεφωσιν* αυτην ημερας χιλιασδιακοσιασεξηκοντα.
	14	ινα πετηται εις την ερημον εις τον τοπον αυτης, οπου *τρεφεται* εκει καιρον και καιρους και ημισυ καιρου απο προσωπου του οφεως.

τρεχω [20]

Mt	27 48	και ευθεως *δραμων* εις εξ αυτων και λαβων σπογγον πλησας τε οξους και περιθεις καλαμω εποτιζεν αυτον.
	28 8	και απελθουσαι ταχυ απο του μνημειου μετα φοβου και χαρας μεγαλης *εδραμον* απαγγειλαι τοις μαθηταις αυτου.
Mc	5 6	και ιδων τον ιησουν απο μακροθεν *εδραμεν* και προσεκυνησεν αυτω,
	15 36	*δραμων* δε τις [και] γεμισας σπογγον οξους περιθεις καλαμω εποτιζεν αυτον,
Lc	15 20	και *δραμων* επεπεσεν επι τον τραχηλον αυτου και κατεφιλησεν αυτον.
	24 12	ο δε πετρος αναστας *εδραμεν* επι το μνημειον·
Jh	20 2	*τρεχει* ουν και ερχεται προς σιμωνα πετρον και προς τον αλλον μαθητην ον εφιλει ο ιησους,
	4	*ετρεχον* δε οι δυο ομου·
Rm	9 16	αρα ουν ου του θελοντος ουδε του *τρεχοντος*, αλλα του ελεωντος θεου.
1Co	9 24	ουκ οιδατε οτι οι εν σταδιω *τρεχοντες* παντες μεν τρεχουσιν, εις δε λαμβανει το βραβειον;

τρεχω [20]

1Co	9 24	ουκ οιδατε οτι οι εν σταδιω τρεχοντες παντες μεν *τρεχουσιν*, εις δε λαμβανει το βραβειον;
	24	ουτως *τρεχετε* ινα καταλαβητε.
	26	εγω τοινυν ουτως *τρεχω* ως ουκ αδηλως, ουτως πυκτευω ως ουκ αερα δερων·
Ga	2 2	και ανεθεμην αυτοις το ευαγγελιον ο κηρυσσω εν τοις εθνεσιν, κατ ιδιαν δε τοις δοκουσιν, μη πως εις κενον *τρεχω* η εδραμον.
	2	και ανεθεμην αυτοις το ευαγγελιον ο κηρυσσω εν τοις εθνεσιν, κατ ιδιαν δε τοις δοκουσιν, μη πως εις κενον τρεχω η *εδραμον*.
	5 7	*ετρεχετε* καλως· τις υμας ενεκοψεν [τη] αληθεια μη πειθεσθαι;
Php	2 16	οτι ουκ εις κενον *εδραμον* ουδε εις κενον εκοπιασα.
2Th	3 1	το λοιπον προσευχεσθε, αδελφοι, περι ημων, ινα ο λογος του κυριου *τρεχη* και δοξαζηται καθως και προς υμας,
Heb	12 1	δι υπομονης *τρεχωμεν* τον προκειμενον ημιν αγωνα,
Apc	9 9	και η φωνη των πτερυγων αυτων ως φωνη αρματων ιππων πολλων *τρεχοντων* εις πολεμον.

τρημα [1]

Lc	18 25	ευκοπωτερον γαρ εστιν καμηλον δια *τρηματος* βελονης εισελθειν η πλουσιον εις την βασιλειαν του θεου εισελθειν.

τριακοντα [9]

Mt	13 8	ο δε εξηκοντα, ο δε *τριακοντα*.
	23	ο δε εξηκοντα, ο δε *τριακοντα*.
	26 15	οι δε εστησαν αυτω *τριακοντα* αργυρια.
	27 3	τοτε ιδων ιουδας ο παραδιδους αυτον οτι κατεκριθη, μεταμεληθεις εστρεψεν τα *τριακοντα* αργυρια τοις αρχιερευσιν και πρεσβυτεροις λεγων·
	9	και ελαβον τα *τριακοντα* αργυρια, την τιμην του τετιμημενου ον ετιμησαντο απο υιων ισραηλ,
Mc	4 8	και αλλα επεσεν εις την γην την καλην και εδιδου καρπον αναβαινοντα και αυξανομενα και εφερεν εν *τριακοντα* και εν εξηκοντα και εν εκατον.
	20	και εκεινοι εισιν οι επι την γην την καλην σπαρεντες, οιτινες ακουουσιν τον λογον και παραδεχονται και καρποφορουσιν εν *τριακοντα* και εν εξηκοντα και εν εκατον.
Lc	3 23	και αυτος ην ιησους αρχομενος ωσει ετων *τριακοντα*,
Jh	6 19	εληλακοτες ουν ως σταδιους εικοσιπεντε η *τριακοντα* θεωρουσιν τον ιησουν περιπατουντα επι της θαλασσης και εγγυς του πλοιου γινομενον,

τριακοντακαιοκτω [1]

Jh	5 5	ην δε τις ανθρωπος εκει *τριακοντακαιοκτω* ετη εχων εν τη ασθενεια αυτου·

τριακοσιοι [2]

Mc	14 5	ηδυνατο γαρ τουτο το μυρον πραθηναι επανω δηναριων *τριακοσιων* και δοθηναι τοις πτωχοις·
Jh	12 5	δια τι τουτο το μυρον ουκ επραθη *τριακοσιων* δηναριων και εδοθη πτωχοις;

τριβολος [2]

Mt	7 16	μητι συλλεγουσιν απο ακανθων σταφυλας η απο *τριβολων* συκα;
Heb	6 8	εκφερουσα δε ακανθας και *τριβολους* αδοκιμος και καταρας εγγυς, ης το τελος εις καυσιν.

τριβος [3]

Mt	3 3	ετοιμασατε την οδον κυριου, ευθειας ποιειτε τας *τριβους* αυτου.
Mc	1 3	ευθειας ποιειτε τας *τριβους* αυτου,
Lc	3 4	ετοιμασατε την οδον κυριου, ευθειας ποιειτε τας *τριβους* αυτου·

τριετια [1]

Ac	20 31	διο γρηγορειτε, μνημονευοντες οτι *τριετιαν* νυκτα και ημεραν ουκ επαυσαμην μετα δακρυων νουθετων ενα εκαστον.

τριζω [1]

Mc 9 18 και όπου εάν αυτον καταλαβη, ρησσει αυτον, και άφριζει και τριζει τους όδοντας και ξηραινεται·

τριμηνος [1]

Heb 11 23 πιστει μωυσης γεννηθεις έκρυβη τριμηνον ύπο των πατερων αύτου,

τρις [12]

Mt 26 34 άμην λεγω σοι ότι έν ταυτη τη νυκτι πριν άλεκτορα φωνησαι τρις άπαρνηση με.
75 και έμνησθη ό πετρος του ρηματος ίησου είρηκοτος ότι πριν άλεκτορα φωνησαι τρις άπαρνηση με·
Mc 14 30 άμην λεγω σοι ότι συ σημερον ταυτη τη νυκτι πριν ή δις άλεκτορα φωνησαι τρις με άπαρνηση.
72 και άνεμνησθη ό πετρος το ρημα ώς είπεν αυτω ό ίησους ότι πριν άλεκτορα φωνησαι δις τρις με άπαρνηση·
Lc 22 34 λεγω σοι, πετρε, ού φωνησει σημερον άλεκτωρ έως τρις με άπαρνηση είδεναι.
61 και ύπεμνησθη ό πετρος του ρηματος του κυριου, ώς είπεν αυτω ότι πριν άλεκτορα φωνησαι σημερον άπαρνηση με τρις.
Jh 13 38 ού μη άλεκτωρ φωνηση έως ού άρνηση με τρις.
Ac 10 16 τουτο δε έγενετο έπι τρις, και εύθυς άνελημφθη το σκευος είς τον ούρανον.
11 10 τουτο δε έγενετο έπι τρις,
2Co 11 25 τρις έρραβδισθην, άπαξ έλιθασθην, τρις έναυαγησα, νυχθημερον έν τω βυθω πεποιηκα·
25 τρις έρραβδισθην, άπαξ έλιθασθην, τρις έναυαγησα, νυχθημερον έν τω βυθω πεποιηκα·
12 8 ύπερ τουτου τρις τον κυριον παρεκαλεσα, ίνα άποστη άπ έμου.

τριστεγον [1]

Ac 20 9 κατενεχθεις άπο του ύπνου έπεσεν άπο του τριστεγου κατω και ήρθη νεκρος.

τρισχιλιοι [1]

Ac 2 41 και προσετεθησαν έν τη ήμερα έκεινη ψυχαι ώσει τρισχιλιαι·

τριτος [56]

Mt 16 21 άπο τοτε ήρξατο ό ίησους δεικνυειν τοις μαθηταις αύτου ότι δει αύτον είς ίεροσολυμα άπελθειν και πολλα παθειν άπο των πρεσβυτερων και άρχιερεων και γραμματεων και άποκτανθηναι και τη τριτη ήμερα έγερθηναι.
17 23 μελλει ό υίος του άνθρωπου παραδιδοσθαι είς χειρας άνθρωπων, και άποκτενουσιν αυτον, και τη τριτη ήμερα έγερθησεται.
20 3 και έξελθων περι τριτην ώραν είδεν άλλους έστωτας έν τη άγορα άργους,
19 και τη τριτη ήμερα έγερθησεται.
22 26 και μη έχων σπερμα άφηκεν την γυναικα αύτου τω άδελφω αύτου· όμοιως και ό δευτερος και ό τριτος, έως των έπτα.
26 44 και άφεις αύτους παλιν άπελθων προσηυξατο έκ τριτου, τον αύτον λογον είπων παλιν.
27 64 κελευσον ούν άσφαλισθηναι τον ταφον έως της τριτης ήμερας,
Mc 12 21 και άπεθανεν μη καταλιπων σπερμα· και ό τριτος ώσαυτως·
14 41 και έρχεται το τριτον και λεγει αύτοις·
15 25 ήν δε ώρα τριτη και έσταυρωσαν αυτον.
Lc 9 22 είπων ότι δει τον υίον του άνθρωπου πολλα παθειν και άποδοκιμασθηναι άπο των πρεσβυτερων και άρχιερεων και γραμματεων και άποκτανθηναι και τη τριτη ήμερα έγερθηναι.
12 38 καν έν τη δευτερα καν έν τη τριτη φυλακη έλθη και εύρη ούτως, μακαριοι είσιν έκεινοι.
13 32 ίδου έκβαλλω δαιμονια και ίασεις άποτελω σημερον και αύριον, και τη τριτη τελειουμαι.
18 33 και μαστιγωσαντες άποκτενουσιν αυτον, και τη ήμερα τη τριτη άναστησεται.
20 12 και προσεθετο τριτον πεμψαι·
31 και ό δευτερος και ό τριτος έλαβεν αύτην, ώσαυτως δε και οί έπτα ού κατελιπον τεκνα και άπεθανον.
23 22 ό δε τριτον είπεν προς αύτους·

τριτος [56]

Lc 24 7 λεγων τον υίον του άνθρωπου ότι δει παραδοθηναι είς χειρας άνθρωπων άμαρτωλων και σταυρωθηναι και τη τριτη ήμερα άναστηναι.
21 άλλα γε και συν πασιν τουτοις τριτην ταυτην ήμεραν άγει άφ ού ταυτα έγενετο.
46 και είπεν αύτοις ότι ούτως γεγραπται παθειν τον χριστον και άναστηναι έκ νεκρων τη τριτη ήμερα,
Jh 2 1 και τη ήμερα τη τριτη γαμος έγενετο έν κανα της γαλιλαιας,
21 14 τουτο ήδη τριτον έφανερωθη ίησους τοις μαθηταις έγερθεις έκ νεκρων.
17 λεγει αυτω το τριτον· σιμων ίωαννου, φιλεις με;
17 έλυπηθη ό πετρος ότι είπεν αυτω το τριτον· φιλεις με;
Ac 2 15 ού γαρ ώς ύμεις ύπολαμβανετε ούτοι μεθυουσιν, έστιν γαρ ώρα τριτη της ήμερας, άλλα τουτο έστιν το είρημενον δια του προφητου ίωηλ·
10 40 τουτον ό θεος ήγειρεν [έν] τη τριτη ήμερα και έδωκεν αύτον έμφανη γενεσθαι,
23 23 έτοιμασατε στρατιωτας διακοσιους όπως πορευθωσιν έως καισαρειας, και ίππεις έβδομηκοντα και δεξιολαβους διακοσιους, άπο τριτης ώρας της νυκτος,
27 19 και τη τριτη αύτοχειρες την σκευην του πλοιου έρριψαν.
1Co 12 28 και ούς μεν έθετο ό θεος έν τη έκκλησια πρωτον άποστολους, δευτερον προφητας, τριτον διδασκαλους,
15 4 και ότι έταφη, και ότι έγηγερται τη ήμερα τη τριτη κατα τας γραφας,
2Co 12 2 είτε έν σωματι ούκ οίδα, είτε έκτος του σωματος ούκ οίδα, ό θεος οίδεν, άρπαγεντα τον τοιουτον έως τριτου ούρανου.
14 ίδου τριτον τουτο έτοιμως έχω έλθειν προς ύμας,
13 1 τριτον τουτο έρχομαι προς ύμας·
Apc 4 7 και το τριτον ζωον έχων το προσωπον ώς άνθρωπου,
6 5 και ότε ήνοιξεν την σφραγιδα την τριτην, ήκουσα του τριτου ζωου λεγοντος·
5 και ότε ήνοιξεν την σφραγιδα την τριτην, ήκουσα του τριτου ζωου λεγοντος·
8 7 και το τριτον της γης κατεκαη,
7 και το τριτον των δενδρων κατεκαη,
8 και έγενετο το τριτον της θαλασσης αίμα,
9 και άπεθανεν το τριτον των κτισματων των έν τη θαλασση,
9 και το τριτον των πλοιων διεφθαρησαν.
10 και ό τριτος άγγελος έσαλπισεν· και έπεσεν έκ του ούρανου άστηρ μεγας καιομενος ώς λαμπας,
10 και έπεσεν έπι το τριτον των ποταμων και έπι τας πηγας των ύδατων·
11 και έγενετο το τριτον των ύδατων είς άψινθον,
12 και έπληγη το τριτον του ήλιου και το τριτον της σεληνης και το τριτον των άστερων,
12 και έπληγη το τριτον του ήλιου και το τριτον της σεληνης και το τριτον των άστερων,
12 και έπληγη το τριτον του ήλιου και το τριτον της σεληνης και το τριτον των άστερων,
12 ίνα σκοτισθη το τριτον αύτων και ή ήμερα μη φανη το τριτον αύτης,
12 ίνα σκοτισθη το τριτον αύτων και ή ήμερα μη φανη το τριτον αύτης,
9 15 και έλυθησαν οί τεσσαρες άγγελοι οί ήτοιμασμενοι είς την ώραν και ήμεραν και μηνα και ένιαυτον, ίνα άποκτεινωσιν το τριτον των άνθρωπων.
18 άπο των τριων πληγων τουτων άπεκτανθησαν το τριτον των άνθρωπων,
11 14 ίδου ή ούαι ή τριτη έρχεται ταχυ.
12 4 και ή ούρα αύτου συρει το τριτον των άστερων του ούρανου,
14 9 και άλλος άγγελος τριτος ήκολουθησεν αύτοις λεγων έν φωνη μεγαλη·
16 4 και ό τριτος έξεχεεν την φιαλην αύτου είς τους ποταμους και τας πηγας των ύδατων·
21 19 ό τριτος χαλκηδων, ό τεταρτος σμαραγδος,

τριχινος [1]

Apc 6 12 και ό ήλιος έγενετο μελας ώς σακκος τριχινος,

τρομος [5]

Mc 16 8 και έξελθουσαι έφυγον άπο του μνημειου, είχεν γαρ αύτας τρομος και έκστασις·
1Co 2 3 καγω έν άσθενεια και έν φοβω και έν τρομω πολλω έγενομην προς ύμας,

τρομος [5]

2Co   7 15   και τα σπλαγχνα αυτου περισσοτερως εις υμας εστιν αναμιμνησκομενου την παντων υμων υπακοην, ως μετα φοβου και *τρομου* εδεξασθε αυτον.

Eph   6 5   οι δουλοι, υπακουετε τοις κατα σαρκα κυριοις μετα φοβου και *τρομου* εν απλοτητι της καρδιας υμων ως τω χριστω,

Php   2 12   μετα φοβου και *τρομου* την εαυτων σωτηριαν κατεργαζεσθε·

τροπη [1]

Ja   1 17   καταβαινον απο του πατρος των φωτων, παρ ω ουκ ενι παραλλαγη η *τροπης* αποσκιασμα.

τροπος [13]

Mt   23 37   ποσακις ηθελησα επισυναγαγειν τα τεκνα σου, ον *τροπον* ορνις επισυναγει τα νοσσια αυτης υπο τας πτερυγας, και ουκ ηθελησατε.

Lc   13 34   ποσακις ηθελησα επισυναξαι τα τεκνα σου ον *τροπον* ορνις την εαυτης νοσσιαν υπο τας πτερυγας,

Ac   1 11   ουτος ο ιησους ο αναλημφθεις αφ υμων εις τον ουρανον ουτως ελευσεται ον *τροπον* εθεασασθε αυτον πορευομενον εις τον ουρανον.

    7 28   μη ανελειν με συ θελεις ον *τροπον* ανειλες εχθες τον αιγυπτιον·

    15 11   αλλα δια της χαριτος του κυριου ιησου πιστευομεν σωθηναι καθ ον *τροπον* κακεινοι.

    27 25   πιστευω γαρ τω θεω οτι ουτως εσται καθ ον *τροπον* λελαληται μοι.

Rm   3 2   τι ουν το περισσον του ιουδαιου, η τις η ωφελεια της περιτομης; πολυ κατα παντα *τροπον*.

Php   1 18   πλην οτι παντι *τροπω*, ειτε προφασει ειτε αληθεια, χριστος καταγγελλεται, και εν τουτω χαιρω·

2Th   2 3   μη τις υμας εξαπατηση κατα μηδενα *τροπον*·

    3 16   αυτος δε ο κυριος της ειρηνης δωη υμιν την ειρηνην δια παντος εν παντι *τροπω*.

2Tm   3 8   ον *τροπον* δε ιαννης και ιαμβρης αντεστησαν μωυσει, ουτως και ουτοι ανθιστανται τη αληθεια,

Heb   13 5   αφιλαργυρος ο *τροπος*, αρκουμενοι τοις παρουσιν·

Ju   7   τον ομοιον *τροπον* τουτοις εκπορνευσασαι και απελθουσαι οπισω σαρκος ετερας, προκεινται δειγμα πυρος αιωνιου δικην υπεχουσαι.

τροποφορεω [1]

Ac   13 18   και μετα βραχιονος υψηλου εξηγαγεν αυτους εξ αυτης, και ως τεσσερακονταετη χρονον *ετροποφορησεν* αυτους εν τη ερημω,

τροφη [16]

Mt   3 4   η δε *τροφη* ην αυτου ακριδες και μελι αγριον.

    6 25   ουχι η ψυχη πλειον εστιν της *τροφης* και το σωμα του ενδυματος;

    10 10   αξιος γαρ ο εργατης της *τροφης* αυτου.

    24 45   τις αρα εστιν ο πιστος δουλος και φρονιμος ον κατεστησεν ο κυριος επι της οικετειας αυτου του δουναι αυτοις την *τροφην* εν καιρω;

Lc   12 23   η γαρ ψυχη πλειον εστιν της *τροφης* και το σωμα του ενδυματος.

Jh   4 8   οι γαρ μαθηται αυτου απεληλυθεισαν εις την πολιν, ινα *τροφας* αγορασωσιν.

Ac   2 46   κλωντες τε κατ οικον αρτον, μετελαμβανον *τροφης* εν αγαλλιασει και αφελοτητι καρδιας,

    9 19   και αναστας εβαπτισθη, και λαβων *τροφην* ενισχυσεν.

    14 17   ουρανοθεν υμιν υετους διδους και καιρους καρποφορους, εμπιπλων *τροφης* και ευφροσυνης τας καρδιας υμων.

    27 33   αχρι δε ου ημερα ημελλεν γινεσθαι, παρεκαλει ο παυλος απαντας μεταλαβειν *τροφης* λεγων·

    34   διο παρακαλω υμας μεταλαβειν *τροφης*·

    36   ευθυμοι δε γενομενοι παντες και αυτοι προσελαβοντο *τροφης*.

    38   κορεσθεντες δε *τροφης* εκουφιζον το πλοιον εκβαλλομενοι τον σιτον εις την θαλασσαν.

Heb   5 12   και γεγονατε χρειαν εχοντες γαλακτος, [και] ου στερεας *τροφης*.

    14   τελειων δε εστιν η στερεα *τροφη*,

Ja   2 15   εαν αδελφος η αδελφη γυμνοι υπαρχωσιν και λειπομενοι της εφημερου *τροφης*, ειπη δε τις αυτοις εξ υμων·

τροφιμος [3]

Ac   20 4   συνειπετο δε αυτω σωπατρος πυρρου βεροιαιος, θεσσαλονικεων δε αρισταρχος και σεκουνδος, και γαιος δερβαιος και τιμοθεος, ασιανοι δε τυχικος και *τροφιμος*.

    21 29   ησαν γαρ προεωρακοτες *τροφιμον* τον εφεσιον εν τη πολει συν αυτω,

2Tm   4 20   εραστος εμεινεν εν κορινθω, *τροφιμον* δε απελιπον εν μιλητω ασθενουντα.

τροφος [1]

1Th   2 7   αλλα εγενηθημεν νηπιοι εν μεσω υμων· ως εαν *τροφος* θαλπη τα εαυτης τεκνα,

τροχια [1]

Heb   12 13   και *τροχιας* ορθας ποιειτε τοις ποσιν υμων,

τροχος [1]

Ja   3 6   η σπιλουσα ολον το σωμα και φλογιζουσα τον *τροχον* της γενεσεως και φλογιζομενη υπο της γεεννης.

τρυβλιον [2]

Mt   26 23   ο εμβαψας μετ εμου την χειρα εν τω *τρυβλιω*, ουτος με παραδωσει.

Mc   14 20   εις των δωδεκα, ο εμβαπτομενος μετ εμου εις το *τρυβλιον*.

τρυγαω [3]

Lc   6 44   ου γαρ εξ ακανθων συλλεγουσιν συκα, ουδε εκ βατου σταφυλην *τρυγωσιν*.

Apc   14 18   πεμψον σου το δρεπανον το οξυ και *τρυγησον* τους βοτρυας της αμπελου της γης,

    19   και *ετρυγησεν* την αμπελον της γης

τρυγων [1]

Lc   2 24   και του δουναι θυσιαν κατα το ειρημενον εν τω νομω κυριου, ζευγος *τρυγονων* η δυο νοσσους περιστερων.

τρυμαλια [1]

Mc   10 25   ευκοπωτερον εστιν καμηλον δια [της] *τρυμαλιας* [της] ραφιδος διελθειν η πλουσιον εις την βασιλειαν του θεου εισελθειν.

τρυπημα [1]

Mt   19 24   ευκοπωτερον εστιν καμηλον δια *τρυπηματος* ραφιδος διελθειν η πλουσιον εισελθειν εις την βασιλειαν του θεου.

τρυφαινα [1]

Rm   16 12   ασπασασθε *τρυφαιναν* και τρυφωσαν τας κοπιωσας εν κυριω.

τρυφαω [1]

Ja   5 5   *ετρυφησατε* επι της γης και εσπαταλησατε,

τρυφη [2]

Lc   7 25   ιδου οι εν ιματισμω ενδοξω και *τρυφη* υπαρχοντες εν τοις βασιλειοις εισιν.

2Pt   2 13   ηδονην ηγουμενοι την εν ημερα *τρυφην*,

τρυφωσα [1]

Rm   16 12   ασπασασθε τρυφαιναν και *τρυφωσαν* τας κοπιωσας εν κυριω.

τρωας [6]

Ac   16 8   παρελθοντες δε την μυσιαν κατεβησαν εις *τρωαδα*.

    11   αναχθεντες δε απο *τρωαδος* ευθυδρομησαμεν εις σαμοθρακην,

    20 5   ουτοι δε προελθοντες εμενον ημας εν *τρωαδι*·

    6   και ηλθομεν προς αυτους εις την *τρωαδα* αχρι ημερων πεντε,

τρωας [6]

2Co	2 12	ἐλθων δε εις την τρωαδα εις το ευαγγελιον του χριστου, και θυρας μοι ανεωγμενης εν κυριω, ουκ εσχηκα ανεσιν τω πνευματι μου
2Tm	4 13	τον φαιλονην, ον απελιπον εν τρωαδι παρα καρπω, ερχομενος φερε, και τα βιβλια, μαλιστα τας μεμβρανας.

τρωγω [6]

Mt	24 38	ως γαρ ησαν εν ταις ημεραις [εκειναις] ταις προ του κατακλυσμου τρωγοντες και πινοντες,
Jh	6 54	ὁ τρωγων μου την σαρκα και πινων μου το αιμα εχει ζωην αιωνιον,
	56	ὁ τρωγων μου την σαρκα και πινων μου το αιμα εν εμοι μενει καγω εν αυτω.
	57	και ὁ τρωγων με κακεινος ζησει δι εμε.
	58	ὁ τρωγων τουτον τον αρτον ζησει εις τον αιωνα.
	13 18	ὁ τρωγων μου τον αρτον επηρεν επ εμε την πτερναν αυτου.

τυγχανω [12]

Lc	20 35	οι δε καταξιωθεντες του αιωνος εκεινου τυχειν και της αναστασεως της εκ νεκρων ουτε γαμουσιν ουτε γαμιζονται·
Ac	19 11	δυναμεις τε ου τας τυχουσας ὁ θεος εποιει δια των χειρων παυλου,
	24 2	πολλης ειρηνης τυγχανοντες δια σου και διορθωματων γινομενων τω εθνει τουτω δια της σης προνοιας, παντη τε και πανταχου αποδεχομεθα,
	26 22	επικουριας ουν τυχων της απο του θεου αχρι της ημερας ταυτης εστηκα μαρτυρομενος μικρω τε και μεγαλω,
	27 3	φιλανθρωπως τε ὁ ιουλιος τω παυλω χρησαμενος επετρεψεν προς τους φιλους πορευθεντι επιμελειας τυχειν.
	28 2	οι τε βαρβαροι παρειχον ου την τυχουσαν φιλανθρωπιαν ημιν·
1Co	14 10	τοσαυτα ει τυχοι γενη φωνων εισιν εν κοσμω, και ουδεν αφωνον·
	15 37	και ὁ σπειρεις, ου το σωμα το γενησομενον σπειρεις, αλλα γυμνον κοκκον ει τυχοι σιτου η τινος των λοιπων·
	16 6	μακεδονιαν γαρ διερχομαι, προς υμας δε τυχον παραμενω η και παραχειμασω,
2Tm	2 10	δια τουτο παντα υπομενω δια τους εκλεκτους, ινα και αυτοι σωτηριας τυχωσιν της εν χριστω ιησου μετα δοξης αιωνιου.
Heb	8 6	νυν[ι] δε διαφορωτερας τετυχεν λειτουργιας, οσω και κρειττονος εστιν διαθηκης μεσιτης,
	11 35	ου προσδεξαμενοι την απολυτρωσιν, ινα κρειττονος αναστασεως τυχωσιν·

τυμπανιζω [1]

Heb	11 35	αλλοι δε ετυμπανισθησαν,

τυπικως [1]

1Co	10 11	ταυτα δε τυπικως συνεβαινεν εκεινοις,

τυπος [15]

Jh	20 25	εαν μη ιδω εν ταις χερσιν αυτου τον τυπον των ηλων και βαλω τον δακτυλον μου εις τον τυπον των ηλων και βαλω μου την χειρα εις την πλευραν αυτου, ου μη πιστευσω.
	25	εαν μη ιδω εν ταις χερσιν αυτου τον τυπον των ηλων και βαλω τον δακτυλον μου εις τον τυπον των ηλων και βαλω μου την χειρα εις την πλευραν αυτου, ου μη πιστευσω.
Ac	7 43	και ανελαβετε την σκηνην του μολοχ και το αστρον του θεου [υμων] ραιφαν, τους τυπους ους εποιησατε προσκυνειν αυτοις·
	44	η σκηνη του μαρτυριου ην τοις πατρασιν ημων εν τη ερημω, καθως διεταξατο ὁ λαλων τω μωυση ποιησαι αυτην κατα τον τυπον ον εωρακει·
	23 25	γραψας επιστολην εχουσαν τον τυπον τουτον· κλαυδιος λυσιας τω κρατιστω ηγεμονι φηλικι χαιρειν.
Rm	5 14	και επι τους μη αμαρτησαντας επι τω ομοιωματι της παραβασεως αδαμ, ος εστιν τυπος του μελλοντος.
	6 17	χαρις δε τω θεω οτι ητε δουλοι της αμαρτιας, υπηκουσατε δε εκ καρδιας εις ον παρεδοθητε τυπον διδαχης,
1Co	10 6	ταυτα δε τυποι ημων εγενηθησαν, εις το μη ειναι ημας επιθυμητας κακων,
Php	3 17	και σκοπειτε τους ουτω περιπατουντας καθως εχετε τυπον ημας.
1Th	1 7	ωστε γενεσθαι υμας τυπον πασιν τοις πιστευουσιν εν τη μακεδονια και εν τη αχαια.

τυπος [15]

2Th	3 9	ουχ οτι ουκ εχομεν εξουσιαν, αλλ ινα εαυτους τυπον δωμεν υμιν εις το μιμεισθαι ημας.
1Tm	4 12	μηδεις σου της νεοτητος καταφρονειτω, αλλα τυπος γινου των πιστων εν λογω,
Tit	2 7	σεαυτον παρεχομενος τυπον καλων εργων,
Heb	8 5	ποιησεις παντα κατα τον τυπον τον δειχθεντα σοι εν τω ορει·
1Pt	5 3	μηδ ως κατακυριευοντες των κληρων αλλα τυποι γινομενοι του ποιμνιου·

τυπτω [13]

Mt	24 49	και αρξηται τυπτειν τους συνδουλους αυτου,
	27 30	και εμπτυσαντες εις αυτον ελαβον τον καλαμον και ετυπτον εις την κεφαλην αυτου.
Mc	15 19	και ετυπτον αυτου την κεφαλην καλαμω και ενεπτυον αυτω,
Lc	6 29	τω τυπτοντι σε επι την σιαγονα παρεχε και την αλλην,
	12 45	και αρξηται τυπτειν τους παιδας και τας παιδισκας, εσθιειν τε και πινειν και μεθυσκεσθαι,
	18 13	ὁ δε τελωνης μακροθεν εστως ουκ ηθελεν ουδε τους οφθαλμους επαραι εις τον ουρανον, αλλ ετυπτεν το στηθος αυτου λεγων·
	23 48	και παντες οι συμπαραγενομενοι οχλοι επι την θεωριαν ταυτην, θεωρησαντες τα γενομενα, τυπτοντες τα στηθη υπεστρεφον.
Ac	18 17	επιλαβομενοι δε παντες σωσθενην τον αρχισυναγωγον ετυπτον εμπροσθεν του βηματος·
	21 32	οι δε ιδοντες τον χιλιαρχον και τους στρατιωτας επαυσαντο τυπτοντες τον παυλον.
	23 2	ὁ δε αρχιερευς ανανιας επεταξεν τοις παρεστωσιν αυτω τυπτειν αυτου το στομα.
	3	τυπτειν σε μελλει ὁ θεος, τοιχε κεκονιαμενε·
	3	και συ καθη κρινων με κατα τον νομον, και παρανομων κελευεις με τυπτεσθαι;
1Co	8 12	ουτως δε αμαρτανοντες εις τους αδελφους και τυπτοντες αυτων την συνειδησιν ασθενουσαν εις χριστον αμαρτανετε.

τυραννος [1]

Ac	19 9	αποστας απ αυτων αφωρισεν τους μαθητας, καθ ημεραν διαλεγομενος εν τη σχολη τυραννου.

τυριος [1]

Ac	12 20	ην δε θυμομαχων τυριοις και σιδωνιοις·

τυρος [11]

Mt	11 21	οτι ει εν τυρω και σιδωνι εγενοντο αι δυναμεις αι γενομεναι εν υμιν, παλαι αν εν σακκω και σποδω μετενοησαν.
	22	τυρω και σιδωνι ανεκτοτερον εσται εν ημερα κρισεως η υμιν.
	15 21	και εξελθων εκειθεν ὁ ιησους ανεχωρησεν εις τα μερη τυρου και σιδωνος.
Mc	3 8	και πολυ πληθος απο της γαλιλαιας [ηκολουθησεν]· και απο της ιουδαιας και απο ιεροσολυμων και απο της ιδουμαιας και περαν του ιορδανου και περι τυρον και σιδωνα,
	7 24	εκειθεν δε αναστας απηλθεν εις τα ορια τυρου.
	31	και παλιν εξελθων εκ των οριων τυρου ηλθεν δια σιδωνος εις την θαλασσαν της γαλιλαιας ανα μεσον των οριων δεκαπολεως.
Lc	6 17	και πληθος πολυ του λαου απο πασης της ιουδαιας και ιερουσαλημ και της παραλιου τυρου και σιδωνος,
	10 13	οτι ει εν τυρω και σιδωνι εγενηθησαν αι δυναμεις αι γενομεναι εν υμιν, παλαι αν εν σακκω και σποδω καθημενοι μετενοησαν.
	14	πλην τυρω και σιδωνι ανεκτοτερον εσται εν τη κρισει η υμιν.
Ac	21 3	αναφανεντες δε την κυπρον και καταλιποντες αυτην ευωνυμον επλεομεν εις συριαν, και κατηλθομεν εις τυρον·
	7	ημεις δε τον πλουν διανυσαντες απο τυρου κατηντησαμεν εις πτολεμαιδα,

τυφλος [50]

Mt	9 27	και παραγοντι εκειθεν τω ιησου ηκολουθησαν [αυτω] δυο τυφλοι κραζοντες και λεγοντες·
	28	ελθοντι δε εις την οικιαν προσηλθον αυτω οι τυφλοι,
	11 5	τυφλοι αναβλεπουσιν και χωλοι περιπατουσιν,
	12 22	τοτε προσηνεχθη αυτω δαιμονιζομενος τυφλος και κωφος
	15 14	αφετε αυτους· τυφλοι εισιν οδηγοι [τυφλων]·
	14	αφετε αυτους· τυφλοι εισιν οδηγοι [τυφλων]·

τυφλος [50]

Mt	15 14	τυφλος δε τυφλον ἐαν ὁδηγη, ἀμφοτεροι εἰς βοθυνον πεσουνται.
	14	τυφλος δε τυφλον ἐαν ὁδηγη, ἀμφοτεροι εἰς βοθυνον πεσουνται.
	30	και προσηλθον αὐτω ὀχλοι πολλοι ἐχοντες μεθ ἑαυτων χωλους, τυφλους, κυλλους, κωφους, και ἑτερους πολλους, και ἐρριψαν αὐτους παρα τους ποδας αὐτου·
	31	ὡστε τον ὀχλον θαυμασαι βλεποντας κωφους λαλουντας, κυλλους ὑγιεις και χωλους περιπατουντας και τυφλους βλεποντας·
	20 30	και ἰδου δυο τυφλοι καθημενοι παρα την ὁδον, ἀκουσαντες ὁτι ἰησους παραγει, ἐκραξαν λεγοντες· ἐλεησον ἡμας, [κυριε,] υἱος δαυιδ.
	21 14	και προσηλθον αὐτω τυφλοι και χωλοι ἐν τω ἱερω, και ἐθεραπευσεν αὐτους.
	23 16	οὐαι ὑμιν, ὁδηγοι τυφλοι οἱ λεγοντες· ὁς ἀν ὀμοση ἐν τω ναω, οὐδεν ἐστιν·
	17	μωροι και τυφλοι, τις γαρ μειζων ἐστιν, ὁ χρυσος ἠ ὁ ναος ὁ ἁγιασας τον χρυσον;
	19	τυφλοι, τι γαρ μειζον, το δωρον ἠ το θυσιαστηριον το ἁγιαζον το δωρον;
	24	ὁδηγοι τυφλοι, οἱ διυλιζοντες τον κωνωπα, την δε καμηλον καταπινοντες.
	26	φαρισαιε τυφλε, καθαρισον πρωτον το ἐντος του ποτηριου ἱνα γενηται και το ἐκτος αὐτου καθαρον.
Mc	8 22	και φερουσιν αὐτω τυφλον, και παρακαλουσιν αὐτον ἱνα αὐτου ἁψηται.
	23	και ἐπιλαβομενος της χειρος του τυφλου ἐξηνεγκεν αὐτον ἐξω της κωμης,
	10 46	και ἐκπορευομενου αὐτου ἀπο ἱεριχω και των μαθητων αὐτου και ὀχλου ἱκανου ὁ υἱος τιμαιου βαρτιμαιος, τυφλος προσαιτης, ἐκαθητο παρα την ὁδον.
	49	και φωνουσιν τον τυφλον λεγοντες αὐτω·
	51	ὁ δε τυφλος εἰπεν αὐτω·
Lc	4 18	εὐαγγελισασθαι πτωχοις, ἀπεσταλκεν με, κηρυξαι αἰχμαλωτοις ἀφεσιν και τυφλοις ἀναβλεψιν, ἀποστειλαι τεθραυσμενους ἐν ἀφεσει, κηρυξαι ἐνιαυτον κυριου δεκτον.
	6 39	μητι δυναται τυφλος τυφλον ὁδηγειν;
	39	μητι δυναται τυφλος τυφλον ὁδηγειν;
	7 21	και τυφλοις πολλοις ἐχαρισατο βλεπειν.
	22	τυφλοι ἀναβλεπουσιν, χωλοι περιπατουσιν, λεπροι καθαριζονται,
	14 13	ἀλλ ὁταν δοχην ποιης, καλει πτωχους, ἀναπειρους, χωλους, τυφλους·
	21	και τους πτωχους και ἀναπειρους και τυφλους και χωλους εἰσαγαγε ὡδε.
	18 35	ἐγενετο δε ἐν τω ἐγγιζειν αὐτον εἰς ἱεριχω τυφλος τις ἐκαθητο παρα την ὁδον ἐπαιτων.
Jh	5 3	ἐν ταυταις κατεκειτο πληθος των ἀσθενουντων, τυφλων, χωλων, ξηρων.
	9 1	και παραγων εἰδεν ἀνθρωπον τυφλον ἐκ γενετης.
	2	ῥαββι, τις ἡμαρτεν, οὑτος ἠ οἱ γονεις αὐτου, ἱνα τυφλος γεννηθη;
	13	ἀγουσιν αὐτον προς τους φαρισαιους, τον ποτε τυφλον.
	17	λεγουσιν οὐν τω τυφλω παλιν· τι συ λεγεις περι αὐτου, ὁτι ἠνεωξεν σου τους ὀφθαλμους;
	18	οὐκ ἐπιστευσαν οὐν οἱ ἰουδαιοι περι αὐτου ὁτι ἠν τυφλος και ἀνεβλεψεν,
	19	οὑτος ἐστιν ὁ υἱος ὑμων, ὁν ὑμεις λεγετε ὁτι τυφλος ἐγεννηθη; πως οὐν βλεπει ἀρτι;
	20	οἰδαμεν ὁτι οὑτος ἐστιν ὁ υἱος ἡμων και ὁτι τυφλος ἐγεννηθη·
	24	ἐφωνησαν οὐν τον ἀνθρωπον ἐκ δευτερου ὁς ἠν τυφλος,
	25	εἰ ἁμαρτωλος ἐστιν οὐκ οἰδα· ἑν οἰδα, ὁτι τυφλος ὡν ἀρτι βλεπω.
	32	ἐκ του αἰωνος οὐκ ἠκουσθη ὁτι ἠνεωξεν τις ὀφθαλμους τυφλου γεγεννημενου·
	39	εἰς κριμα ἐγω εἰς τον κοσμον τουτον ἠλθον, ἱνα οἱ μη βλεποντες βλεπωσιν και οἱ βλεποντες τυφλοι γενωνται.
	40	μη και ἡμεις τυφλοι ἐσμεν;
	41	εἰ τυφλοι ἠτε, οὐκ ἀν εἰχετε ἁμαρτιαν·
	10 21	ταυτα τα ῥηματα οὐκ ἐστιν δαιμονιζομενου· μη δαιμονιον δυναται τυφλων ὀφθαλμους ἀνοιξαι;
	11 37	οὐκ ἐδυνατο οὑτος ὁ ἀνοιξας τους ὀφθαλμους του τυφλου ποιησαι ἱνα και οὑτος μη ἀποθανη;
Ac	13 11	και νυν ἰδου χειρ κυριου ἐπι σε, και ἐση τυφλος μη βλεπων τον ἡλιον ἀχρι καιρου.
Rm	2 19	πεποιθας τε σεαυτον ὁδηγον εἰναι τυφλων, φως των ἐν σκοτει, παιδευτην ἀφρονων, διδασκαλον νηπιων,

τυφλος [50]

2Pt	1 9	ὡ γαρ μη παρεστιν ταυτα, τυφλος ἐστιν μυωπαζων,
Apc	3 17	και οὐκ οἰδας ὁτι συ εἰ ὁ ταλαιπωρος και ἐλεεινος και πτωχος και τυφλος και γυμνος,

τυφλοω [3]

Jh	12 40	τετυφλωκεν αὐτων τους ὀφθαλμους και ἐπωρωσεν αὐτων την καρδιαν, ἱνα μη ἰδωσιν τοις ὀφθαλμοις και νοησωσιν τη καρδια και στραφωσιν, και ἰασομαι αὐτους.
2Co	4 4	ἐν οἱς ὁ θεος του αἰωνος τουτου ἐτυφλωσεν τα νοηματα των ἀπιστων εἰς το μη αὐγασαι τον φωτισμον του εὐαγγελιου της δοξης του χριστου,
1Jh	2 11	και οὐκ οἰδεν που ὑπαγει, ὁτι ἡ σκοτια ἐτυφλωσεν τους ὀφθαλμους αὐτου.

τυφομαι [1]

Mt	12 20	καλαμον συντετριμμενον οὐ κατεαξει και λινον τυφομενον οὐ σβεσει,

τυφοομαι [3]

1Tm	3 6	μη νεοφυτον, ἱνα μη τυφωθεις εἰς κριμα ἐμπεση του διαβολου.
	6 4	εἰ τις ἑτεροδιδασκαλει και μη προσερχεται ὑγιαινουσιν λογοις τοις του κυριου ἡμων ἰησου χριστου, και τη κατ εὐσεβειαν διδασκαλια, τετυφωται, μηδεν ἐπισταμενος,
2Tm	3 4	προδοται, προπετεις, τετυφωμενοι, φιληδονοι μαλλον ἠ φιλοθεοι,

τυφωνικος [1]

Ac	27 14	μετ οὐ πολυ δε ἐβαλεν κατ αὐτης ἀνεμος τυφωνικος ὁ καλουμενος εὐρακυλων·

τυχικος [5]

Ac	20 4	συνειπετο δε αὐτω σωπατρος πυρρου βεροιαιος, θεσσαλονικεων δε ἀρισταρχος και σεκουνδος, και γαιος δερβαιος και τιμοθεος, ἀσιανοι δε τυχικος και τροφιμος.
Eph	6 21	ἱνα δε εἰδητε και ὑμεις τα κατ ἐμε, τι πρασσω, παντα γνωρισει ὑμιν τυχικος ὁ ἀγαπητος ἀδελφος και πιστος διακονος ἐν κυριω,
Col	4 7	τα κατ ἐμε παντα γνωρισει ὑμιν τυχικος ὁ ἀγαπητος ἀδελφος και πιστος διακονος και συνδουλος ἐν κυριω,
2Tm	4 12	τυχικον δε ἀπεστειλα εἰς ἐφεσον.
Tit	3 12	ὁταν πεμψω ἀρτεμαν προς σε ἠ τυχικον, σπουδασον ἐλθειν προς με εἰς νικοπολιν·

Y

ὑακινθινος [1]

Apc	9 17	και οὑτως εἰδον τους ἱππους ἐν τη ὁρασει και τους καθημενους ἐπ αὐτων, ἐχοντας θωρακας πυρινους και ὑακινθινους και θειωδεις·

ὑακινθος [1]

Apc	21 20	ὁ ἐνδεκατος ὑακινθος, ὁ δωδεκατος ἀμεθυστος.

ὑαλινος [3]

Apc	4 6	και ἐνωπιον του θρονου ὡς θαλασσα ὑαλινη ὁμοια κρυσταλλω·
	15 2	και εἰδον ὡς θαλασσαν ὑαλινην μεμιγμενην πυρι,
	2	και τους νικωντας ἐκ του θηριου και ἐκ της εἰκονος αὐτου και ἐκ του ἀριθμου του ὀνοματος αὐτου ἑστωτας ἐπι την θαλασσαν την ὑαλινην,

ὑαλος [2]

Apc	21 18	και ἡ πολις χρυσιον καθαρον ὁμοιον ὑαλω καθαρω.

ὕαλος [2]

Apc 21 21 καὶ ἡ πλατεια της πολεως χρυσιον καθαρον ὡς ὕαλος διαυγης.

ὑβριζω [5]

Mt 22 6 οἱ δε λοιποι κρατησαντες τους δουλους αυτου ὕβρισαν και ἀπεκτειναν.

Lc 11 45 διδασκαλε, ταυτα λεγων και ἡμας ὑβριζεις.

18 32 παραδοθησεται γαρ τοις ἐθνεσιν και ἐμπαιχθησεται και ὑβρισθησεται και ἐμπτυσθησεται,

Ac 14 5 ὡς δε ἐγενετο ὁρμη των ἐθνων τε και ιουδαιων συν τοις ἀρχουσιν αυτων ὑβρισαι και λιθοβολησαι αυτους,

1Th 2 2 ἀλλα προπαθοντες και ὑβρισθεντες καθως οἰδατε ἐν φιλιπποις ἐπαρρησιασαμεθα ἐν τω θεω ἡμων λαλησαι προς ὑμας το εὐαγγελιον του θεου ἐν πολλω ἀγωνι.

ὕβρις [3]

Ac 27 10 ἀνδρες, θεωρω ὁτι μετα ὕβρεως και πολλης ζημιας οὐ μονον του φορτιου και του πλοιου ἀλλα και των ψυχων ἡμων μελλειν ἐσεσθαι τον πλουν.

21 ἐδει μεν, ὡ ἀνδρες, πειθαρχησαντας μοι μη ἀναγεσθαι ἀπο της κρητης κερδησαι τε την ὕβριν ταυτην και την ζημιαν.

2Co 12 10 διο εὐδοκω ἐν ἀσθενειαις, ἐν ὕβρεσιν, ἐν ἀναγκαις, ἐν διωγμοις και στενοχωριαις, ὑπερ χριστου·

ὑβριστης [2]

Rm 1 30 μεστους φθονου φονου ἐριδος δολου κακοηθειας, ψιθυριστας, καταλαλους, θεοστυγεις, ὑβριστας, ὑπερηφανους, ἀλαζονας, ἐφευρετας κακων, γονευσιν ἀπειθεις, ἀσυνετους, ἀσυνθετους, ἀστοργους, ἀνελεημονας·

1Tm 1 13 ὁτι πιστον με ἡγησατο θεμενος εἰς διακονιαν, το προτερον ὀντα βλασφημον και διωκτην και ὑβριστην·

ὑγιαινω [12]

Lc 5 31 οὐ χρειαν ἐχουσιν οἱ ὑγιαινοντες ἰατρου ἀλλα οἱ κακως ἐχοντες·

7 10 και ὑποστρεψαντες εἰς τον οἰκον οἱ πεμφθεντες εὑρον τον δουλον ὑγιαινοντα.

15 27 ὁ δε εἰπεν αὐτω ὁτι ὁ ἀδελφος σου ἡκει, και ἐθυσεν ὁ πατηρ σου τον μοσχον τον σιτευτον, ὁτι ὑγιαινοντα αὐτον ἀπελαβεν.

1Tm 1 10 και εἰ τι ἐτερον τη ὑγιαινουση διδασκαλια ἀντικειται,

6 3 εἰ τις ἑτεροδιδασκαλει και μη προσερχεται ὑγιαινουσιν λογοις τοις του κυριου ἡμων ἰησου χριστου, και τη κατ εὐσεβειαν διδασκαλια, τετυφωται, μηδεν ἐπισταμενος,

2Tm 1 13 ὑποτυπωσιν ἐχε ὑγιαινοντων λογων ὡν παρ ἐμου ἡκουσας ἐν πιστει και ἀγαπη τη ἐν χριστω ἰησου·

4 3 ἐσται γαρ καιρος ὁτε της ὑγιαινουσης διδασκαλιας οὐκ ἀνεξονται,

Tit 1 9 φιλαγαθον, σωφρονα, δικαιον, ὁσιον, ἐγκρατη, ἀντεχομενον του κατα την διδαχην πιστου λογου, ἱνα δυνατος ἠ και παρακαλειν ἐν τη διδασκαλια τη ὑγιαινουση και τους ἀντιλεγοντας ἐλεγχειν.

13 δι ἡν αἰτιαν ἐλεγχε αὐτους ἀποτομως, ἱνα ὑγιαινωσιν ἐν τη πιστει,

2 1 συ δε λαλει ἁ πρεπει τη ὑγιαινουση διδασκαλια.

2 πρεσβυτας νηφαλιους εἰναι, σεμνους, σωφρονας, ὑγιαινοντας τη πιστει, τη ἀγαπη, τη ὑπομονη·

3Jh 2 ἀγαπητε, περι παντων εὐχομαι σε εὐοδουσθαι και ὑγιαινειν.

ὑγιης [12]

Mt 12 13 και ἐξετεινεν, και ἀπεκατεσταθη ὑγιης ὡς ἡ ἀλλη.

15 31 ὡστε τον ὀχλον θαυμασαι βλεποντας κωφους λαλουντας, κυλλους ὑγιεις και χωλους περιπατουντας και τυφλους βλεποντας·

Mc 5 34 ὑπαγε εἰς εἰρηνην, και ἰσθι ὑγιης ἀπο της μαστιγος σου.

Jh 5 4* ὁ οὐν πρωτος ἐμβας μετα την ταραχην του ὑδατος ὑγιης ἐγινετο οἱωδηποτουν κατειχετο νοσηματι.

6 λεγει αὐτω· θελεις ὑγιης γενεσθαι;

9 και εὐθεως ἐγενετο ὑγιης ὁ ἀνθρωπος,

11 ὁ ποιησας με ὑγιη, ἐκεινος μοι εἰπεν·

14 μετα ταυτα εὑρισκει αὐτον ὁ ἰησους ἐν τω ἱερω και εἰπεν αὐτω· ἰδε ὑγιης γεγονας·

15 ἀπηλθεν ὁ ἀνθρωπος και ἀνηγγειλεν τοις ιουδαιοις ὁτι ἰησους ἐστιν ὁ ποιησας αὐτον ὑγιη.

ὑγιης [12]

Jh 7 23 εἰ περιτομην λαμβανει ὁ ἀνθρωπος ἐν σαββατω ἱνα μη λυθη ὁ νομος μωυσεως, ἐμοι χολατε ὁτι ὁλον ἀνθρωπον ὑγιη ἐποιησα ἐν σαββατω;

Ac 4 10 γνωστον ἐστω πασιν ὑμιν και παντι τω λαω ἰσραηλ, ὁτι ἐν τω ὀνοματι ἰησου χριστου του ναζωραιου, ὁν ὑμεις ἐσταυρωσατε, ὁν ὁ θεος ἠγειρεν ἐκ νεκρων, ἐν τουτω οὑτος παρεστηκεν ἐνωπιον ὑμων ὑγιης.

Tit 2 8 σεαυτον παρεχομενος τυπον καλων ἐργων, ἐν τη διδασκαλια ἀφθοριαν, σεμνοτητα, λογον ὑγιη ἀκαταγνωστον,

ὑγρος [1]

Lc 23 31 ὁτι εἰ ἐν τω ὑγρω ξυλω ταυτα ποιουσιν, ἐν τω ξηρω τι γενηται;

ὑδρια [3]

Jh 2 6 ἠσαν δε ἐκει λιθιναι ὑδριαι ἑξ κατα τον καθαρισμον των ιουδαιων κειμεναι,

7 λεγει αὐτοις ὁ ἰησους· γεμισατε τας ὑδριας ὑδατος.

4 28 ἀφηκεν οὐν την ὑδριαν αὐτης ἡ γυνη και ἀπηλθεν εἰς την πολιν,

ὑδροποτεω [1]

1Tm 5 23 μηκετι ὑδροποτει, ἀλλα οἰνω ὀλιγω χρω δια τον στομαχον και τας πυκνας σου ἀσθενειας.

ὑδρωπικος [1]

Lc 14 2 και ἰδου ἀνθρωπος τις ἠν ὑδρωπικος ἐμπροσθεν αὐτου.

ὕδωρ [78]

Mt 3 11 ἐγω μεν ὑμας βαπτιζω ἐν ὑδατι εἰς μετανοιαν· ὁ δε ὀπισω μου ἐρχομενος ἰσχυροτερος μου ἐστιν,

16 βαπτισθεις δε ὁ ἰησους εὐθυς ἀνεβη ἀπο του ὑδατος·

8 32 και ἰδου ὡρμησεν πασα ἡ ἀγελη κατα του κρημνου εἰς την θαλασσαν, και ἀπεθανον ἐν τοις ὑδασιν.

14 28 κυριε, εἰ συ εἰ, κελευσον με ἐλθειν προς σε ἐπι τα ὑδατα.

29 και καταβας ἀπο του πλοιου [ὁ] πετρος περιεπατησεν ἐπι τα ὑδατα και ἠλθεν προς τον ἰησουν.

17 15 κυριε, ἐλεησον μου τον υἱον, ὁτι σεληνιαζεται και κακως πασχει· πολλακις γαρ πιπτει εἰς το πυρ και πολλακις εἰς το ὑδωρ.

27 24 ἰδων δε ὁ πιλατος ὁτι οὐδεν ὠφελει ἀλλα μαλλον θορυβος γινεται, λαβων ὑδωρ ἀπενιψατο τας χειρας ἀπεναντι του ὀχλου λεγων·

Mc 1 8 ἐγω ἐβαπτισα ὑμας ὑδατι, αὐτος δε βαπτισει ὑμας ἐν πνευματι ἁγιω.

10 και εὐθυς ἀναβαινων ἐκ του ὑδατος εἰδεν σχιζομενους τους οὐρανους και το πνευμα ὡς περιστεραν καταβαινον εἰς αὐτον·

9 22 και πολλακις και εἰς πυρ αὐτον ἐβαλεν και εἰς ὑδατα ἱνα ἀπολεση αὐτον·

41 ὁς γαρ ἀν ποτιση ὑμας ποτηριον ὑδατος ἐν ὀνοματι, ὁτι χριστου ἐστε, ἀμην λεγω ὑμιν ὁτι οὐ μη ἀπολεση τον μισθον αὐτου.

14 13 ὑπαγετε εἰς την πολιν, και ἀπαντησει ὑμιν ἀνθρωπος κεραμιον ὑδατος βασταζων·

Lc 3 16 ἐγω μεν ὑδατι βαπτιζω ὑμας· ἐρχεται δε ὁ ἰσχυροτερος μου, οὐ οὐκ εἰμι ἰκανος λυσαι τον ἰμαντα των ὑποδηματων αὐτου·

7 44 εἰσηλθον σου εἰς την οἰκιαν, ὑδωρ μοι ἐπι ποδας οὐκ ἐδωκας·

8 24 ὁ δε διεγερθεις ἐπετιμησεν τω ἀνεμω και τω κλυδωνι του ὑδατος·

25 τις ἀρα οὑτος ἐστιν, ὁτι και τοις ἀνεμοις ἐπιτασσει και τω ὑδατι, και ὑπακουουσιν αὐτω;

16 24 πατερ ἀβρααμ, ἐλεησον με και πεμψον λαζαρον ἱνα βαψη το ἀκρον του δακτυλου αὐτου ὑδατος και καταψυξη την γλωσσαν μου,

22 10 ἰδου εἰσελθοντων ὑμων εἰς την πολιν συναντησει ὑμιν ἀνθρωπος κεραμιον ὑδατος βασταζων·

Jh 1 26 ἀπεκριθη αὐτοις ὁ ιωαννης λεγων· ἐγω βαπτιζω ἐν ὑδατι·

31 ἀλλ ἱνα φανερωθη τω ἰσραηλ, δια τουτο ἠλθον ἐγω ἐν ὑδατι βαπτιζων.

33 ἀλλ ὁ πεμψας με βαπτιζειν ἐν ὑδατι, ἐκεινος μοι εἰπεν·

2 7 λεγει αὐτοις ὁ ἰησους· γεμισατε τας ὑδριας ὑδατος.

9 ὡς δε ἐγευσατο ὁ ἀρχιτρικλινος το ὑδωρ οἰνον γεγενημενον,

9 και οὐκ ἠδει ποθεν ἐστιν, οἱ δε διακονοι ἠδεισαν οἱ ἠντληκοτες το ὑδωρ,

ὕδωρ [78]

Jh	3 5	ἀμὴν ἀμὴν λεγω σοι, ἐαν μη τις γεννηθη ἐξ ὕδατος και πνευματος, οὐ δυναται εἰσελθειν εἰς την βασιλειαν του θεου.
	23	ἦν δε και ὁ ιωαννης βαπτιζων ἐν αἰνων ἐγγυς του σαλειμ, ὁτι ὑδατα πολλα ἦν ἐκει,
	4 7	ἐρχεται γυνη ἐκ της σαμαρειας ἀντλησαι ὕδωρ.
	10	συ ἀν ἡτησας αὐτον και ἐδωκεν ἀν σοι ὕδωρ ζων.
	11	ποθεν οὖν ἐχεις το ὕδωρ το ζων;
	13	πας ὁ πινων ἐκ του ὕδατος τουτου διψησει παλιν·
	14	ὁς δ ἀν πιη ἐκ του ὕδατος οὗ ἐγω δωσω αὐτω, οὐ μη διψησει εἰς τον αἰωνα,
	14	οὐ μη διψησει εἰς τον αἰωνα, ἀλλα το ὕδωρ ὁ δωσω αὐτω γενησεται ἐν αὐτω πηγη ὑδατος ἀλλομενου εἰς ζωην αἰωνιον.
	14	οὐ μη διψησει εἰς τον αἰωνα, ἀλλα το ὕδωρ ὁ δωσω αὐτω γενησεται ἐν αὐτω πηγη ὑδατος ἀλλομενου εἰς ζωην αἰωνιον.
	15	κυριε, δος μοι τουτο το ὕδωρ,
	46	ἦλθεν οὖν παλιν εἰς την κανα της γαλιλαιας, ὁπου ἐποιησεν το ὕδωρ οἰνον.
	5 4*	ἀγγελος δε κυριου κατα καιρον κατεβαινεν ἐν τη κολυμβηθρα και ἐταρασσετο το ὕδωρ·
	4*	ὁ οὖν πρωτος ἐμβας μετα την ταραχην του ὑδατος ὑγιης ἐγινετο οἰωδηποτουν κατειχετο νοσηματι.
	7	κυριε, ἀνθρωπον οὐκ ἐχω, ἰνα ὁταν ταραχθη το ὕδωρ βαλη με εἰς την κολυμβηθραν·
	7 38	ὁ πιστευων εἰς ἐμε, καθως εἰπεν ἡ γραφη, ποταμοι ἐκ της κοιλιας αὐτου ρευσουσιν ὑδατος ζωντος.
	13 5	εἰτα βαλλει ὕδωρ εἰς τον νιπτηρα, και ἡρξατο νιπτειν τους ποδας των μαθητων και ἐκμασσειν τω λεντιω ὡ ἦν διεζωσμενος.
	19 34	ἀλλ εἰς των στρατιωτων λογχη αὐτου την πλευραν ἐνυξεν, και ἐξηλθεν εὐθυς αἰμα και ὕδωρ.
Ac	1 5	ὁτι ιωαννης μεν ἐβαπτισεν ὑδατι, ὑμεις δε ἐν πνευματι βαπτισθησεσθε ἀγιω οὐ μετα πολλας ταυτας ἡμερας.
	8 36	ὡς δε ἐπορευοντο κατα την ὁδον, ἦλθον ἐπι τι ὕδωρ,
	36	ἰδου ὑδωρ· τι κωλυει με βαπτισθηναι;
	38	και κατεβησαν ἀμφοτεροι εἰς το ὕδωρ, ὁ τε φιλιππος και ὁ εὐνουχος, και ἐβαπτισεν αὐτον.
	39	ὁτε δε ἀνεβησαν ἐκ του ὑδατος, πνευμα κυριου ἡρπασεν τον φιλιππον,
	10 47	μητι το ὕδωρ δυναται κωλυσαι τις του μη βαπτισθηναι τουτους, οἰτινες το πνευμα το ἀγιον ἐλαβον ὡς και ἡμεις;
	11 16	ιωαννης μεν ἐβαπτισεν ὑδατι, ὑμεις δε βαπτισθησεσθε ἐν πνευματι ἀγιω.
Eph	5 26	ἰνα αὐτην ἀγιαση καθαρισας τω λουτρω του ὑδατος ἐν ρηματι,
Heb	9 19	λαβων το αἰμα των μοσχων [και των τραγων] μετα ὑδατος και ἐριου κοκκινου και ὑσσωπου,
	10 22	ρεραντισμενοι τας καρδιας ἀπο συνειδησεως πονηρας και λελουσμενοι το σωμα ὑδατι καθαρω·
Ja	3 12	οὐτε ἀλυκον γλυκυ ποιησαι ὕδωρ.
1Pt	3 20	κατασκευαζομενης κιβωτου, εἰς ἡν ὀλιγοι, τουτ ἐστιν ὀκτω ψυχαι, διεσωθησαν δι ὑδατος.
2Pt	3 5	ὁτι οὐρανοι ἦσαν ἐκπαλαι και γη ἐξ ὑδατος και δι ὑδατος συνεστωσα τω του θεου λογω,
	5	ὁτι οὐρανοι ἦσαν ἐκπαλαι και γη ἐξ ὑδατος και δι ὑδατος συνεστωσα τω του θεου λογω;
	6	δι ὡν ὁ τοτε κοσμος ὑδατι κατακλυσθεις ἀπωλετο·
1Jh	5 6	οὑτος ἐστιν ὁ ἐλθων δι ὑδατος και αἰματος, ἰησους χριστος·
	6	οὐκ ἐν τω ὑδατι μονον, ἀλλ ἐν τω ὑδατι και ἐν τω αἰματι·
	6	οὐκ ἐν τω ὑδατι μονον, ἀλλ ἐν τω ὑδατι και ἐν τω αἰματι·
	8	ὁτι τρεις εἰσιν οἱ μαρτυρουντες, το πνευμα και το ὕδωρ και το αἰμα,
Apc	1 15	και ἡ φωνη αὐτου ὡς φωνη ὑδατων πολλων,
	7 17	ὁτι το ἀρνιον το ἀνα μεσον του θρονου ποιμανει αὐτους και ὁδηγησει αὐτους ἐπι ζωης πηγας ὑδατων·
	8 10	και ἐπεσεν ἐπι το τριτον των ποταμων και ἐπι τας πηγας των ὑδατων.
	11	και ἐγενετο το τριτον των ὑδατων εἰς ἀψινθον,
	11	και πολλοι των ἀνθρωπων ἀπεθανον ἐκ των ὑδατων ὁτι ἐπικρανθησαν.
	11 6	και ἐξουσιαν ἐχουσιν ἐπι των ὑδατων στρεφειν αὐτα εἰς αἰμα και παταξαι την γην ἐν παση πληγη ὁσακις ἐαν θελησωσιν.
	12 15	και ἐβαλεν ὁ ὀφις ἐκ του στοματος αὐτου ὀπισω της γυναικος ὑδωρ ὡς ποταμον.
	14 2	και ἡκουσα φωνην ἐκ του οὐρανου ὡς φωνην ὑδατων πολλων και ὡς φωνην βροντης μεγαλης,
	7	και προσκυνησατε τω ποιησαντι τον οὐρανον και την γην και θαλασσαν και πηγας ὑδατων.
	16 4	και ὁ τριτος ἐξεχεεν την φιαλην αὐτου εἰς τους ποταμους και τας πηγας των ὑδατων·

ὕδωρ [78]

Apc	16 5	και ἡκουσα του ἀγγελου των ὑδατων λεγοντος·
	12	και ἐξηρανθη το ὕδωρ αὐτου,
	17 1	δευρο, δειξω σοι το κριμα της πορνης της μεγαλης της καθημενης ἐπι ὑδατων πολλων,
	15	τα ὑδατα ἀ εἰδες, οὗ ἡ πορνη καθηται, λαοι και ὀχλοι εἰσιν και ἐθνη και γλωσσαι.
	19 6	και ἡκουσα ὡς φωνην ὀχλου πολλου και ὡς φωνην ὑδατων πολλων και ὡς φωνην βροντων ἰσχυρων, λεγοντων·
	21 6	ἐγω τω διψωντι δωσω ἐκ της πηγης του ὑδατος της ζωης δωρεαν.
	22 1	και ἐδειξεν μοι ποταμον ὑδατος ζωης λαμπρον ὡς κρυσταλλον,
	17	και ὁ διψων ἐρχεσθω, ὁ θελων λαβετω ὕδωρ ζωης δωρεαν.

ὑετος [5]

Ac	14 17	καιτοι οὐκ ἀμαρτυρον αὐτον ἀφηκεν ἀγαθουργων, οὐρανοθεν ὑμιν ὑετους διδους και καιρους καρποφορους,
	28 2	ἀψαντες γαρ πυραν προσελαβοντο παντας ἡμας δια τον ὑετον τον ἐφεστωτα και δια το ψυχος.
Heb	6 7	γη γαρ ἡ πιουσα τον ἐπ αὐτης ἐρχομενον πολλακις ὑετον και τικτουσα βοτανην εὐθετον ἐκεινοις δι οὑς και γεωργειται, μεταλαμβανει εὐλογιας ἀπο του θεου·
Ja	5 18	και ὁ οὐρανος ὑετον ἐδωκεν και ἡ γη ἐβλαστησεν τον καρπον αὐτης.
Apc	11 6	οὑτοι ἐχουσιν την ἐξουσιαν κλεισαι τον οὐρανον, ἰνα μη ὑετος βρεχη τας ἡμερας της προφητειας αὐτων,

υἱοθεσια [5]

Rm	8 15	οὐ γαρ ἐλαβετε πνευμα δουλειας παλιν εἰς φοβον, ἀλλα ἐλαβετε πνευμα υἱοθεσιας,
	23	οὐ μονον δε, ἀλλα και αὐτοι την ἀπαρχην του πνευματος ἐχοντες ἡμεις και αὐτοι ἐν ἑαυτοις στεναζομεν υἱοθεσιαν ἀπεκδεχομενοι,
	9 4	οἰτινες εἰσιν ἰσραηλιται, ὡν ἡ υἱοθεσια και ἡ δοξα και αἱ διαθηκαι και ἡ νομοθεσια και ἡ λατρεια και αἱ ἐπαγγελιαι,
Ga	4 5	ἰνα τους ὑπο νομον ἐξαγοραση, ἰνα την υἱοθεσιαν ἀπολαβωμεν.
Eph	1 5	προορισας ἡμας εἰς υἱοθεσιαν δια ἰησου χριστου εἰς αὐτον,

υἱος [379]

Mt	1 1	βιβλος γενεσεως ἰησου χριστου υἱου δαυιδ υἱου ἀβρααμ.
	1	βιβλος γενεσεως ἰησου χριστου υἱου δαυιδ υἱου ἀβρααμ.
	20	ιωσηφ υἱος δαυιδ, μη φοβηθης παραλαβειν μαριαν την γυναικα σου·
	21	τεξεται δε υἱον, και καλεσεις το ὀνομα αὐτου ἰησουν·
	23	ἰδου ἡ παρθενος ἐν γαστρι ἑξει και τεξεται υἱον,
	25	και οὐκ ἐγινωσκεν αὐτην ἑως οὗ ἐτεκεν υἱον·
	2 15	ἐξ αἰγυπτου ἐκαλεσα τον υἱον μου.
	3 17	οὑτος ἐστιν ὁ υἱος μου ὁ ἀγαπητος, ἐν ὡ εὐδοκησα.
	4 3	εἰ υἱος εἰ του θεου, εἰπε ἰνα οἱ λιθοι οὑτοι ἀρτοι γενωνται.
	6	εἰ υἱος εἰ του θεου, βαλε σεαυτον κατω·
	5 9	μακαριοι οἱ εἰρηνοποιοι, ὁτι αὐτοι υἱοι θεου κληθησονται.
	45	ἀγαπατε τους ἐχθρους ὑμων και προσευχεσθε ὑπερ των διωκοντων ὑμας· ὁπως γενησθε υἱοι του πατρος ὑμων του ἐν οὐρανοις,
	7 9	ὁν αἰτησει ὁ υἱος αὐτου ἀρτον,
	8 12	οἱ δε υἱοι της βασιλειας ἐκβληθησονται εἰς το σκοτος το ἐξωτερον·
	20	ὁ δε υἱος του ἀνθρωπου οὐκ ἐχει που την κεφαλην κλινη·
	29	τι ἡμιν και σοι, υἱε του θεου;
	9 6	ἰνα δε εἰδητε ὁτι ἐξουσιαν ἐχει ὁ υἱος του ἀνθρωπου ἐπι της γης ἀφιεναι ἁμαρτιας τοτε λεγει τω παραλυτικω·
	15	μη δυνανται οἱ υἱοι του νυμφωνος πενθειν,
	27	ἐλεησον ἡμας, υἱος δαυιδ.
	10 23	οὐ μη τελεσητε τας πολεις του ἰσραηλ ἑως ἀν ἐλθη ὁ υἱος του ἀνθρωπου.
	37	και ὁ φιλων υἱον ἡ θυγατερα ὑπερ ἐμε οὐκ ἐστιν μου ἀξιος·
	11 19	ἡλθεν ὁ υἱος του ἀνθρωπου ἐσθιων και πινων,
	27	και οὐδεις ἐπιγινωσκει τον υἱον εἰ μη ὁ πατηρ,
	27	οὐδε τον πατερα τις ἐπιγινωσκει εἰ μη ὁ υἱος και ὡ ἐαν βουληται ὁ υἱος ἀποκαλυψαι.
	27	οὐδε τον πατερα τις ἐπιγινωσκει εἰ μη ὁ υἱος και ὡ ἐαν βουληται ὁ υἱος ἀποκαλυψαι.
	12 8	κυριος γαρ ἐστιν του σαββατου ὁ υἱος του ἀνθρωπου.
	23	μητι οὑτος ἐστιν ὁ υἱος δαυιδ;

υἱός [379]

Mt	12 27	καὶ εἰ ἐγὼ ἐν βεελζεβουλ ἐκβαλλω τα δαιμονια, οἱ *υἱοι* ὑμων ἐν τίνι ἐκβαλλουσιν;
	32	καὶ ὃς ἐαν εἰπῃ λογον κατα του *υἱου* του ἀνθρωπου, ἀφεθησεται αὐτῳ·
	40	οὑτως ἐσται ὁ *υἱος* του ἀνθρωπου ἐν τῃ καρδιᾳ της γης τρεις ἡμερας και τρεις νυκτας.
	13 37	ὁ σπειρων το καλον σπερμα ἐστιν ὁ *υἱος* του ἀνθρωπου·
	38	το δε καλον σπερμα, οὑτοι εἰσιν οἱ *υἱοι* της βασιλειας·
	38	τα δε ζιζανια εἰσιν οἱ *υἱοι* του πονηρου,
	41	ἀποστελει ὁ *υἱος* του ἀνθρωπου τους ἀγγελους αὐτου,
	55	οὑχ οὑτος ἐστιν ὁ του τεκτονος *υἱος*;
	14 33	οἱ δε ἐν τῳ πλοιῳ προσεκυνησαν αὐτῳ λεγοντες· ἀληθως θεου *υἱος* εἰ.
	15 22	ἐλεησον με, κυριε *υἱος* δαυιδ· ἡ θυγατηρ μου κακως δαιμονιζεται.
	16 13	τινα λεγουσιν οἱ ἀνθρωποι εἰναι τον *υἱον* του ἀνθρωπου;
	16	συ εἰ ὁ χριστος ὁ *υἱος* του θεου του ζωντος.
	27	μελλει γαρ ὁ *υἱος* του ἀνθρωπου ἐρχεσθαι ἐν τῃ δοξῃ του πατρος αὐτου μετα των ἀγγελων αὐτου,
	28	ἀμην λεγω ὑμιν ὁτι εἰσιν τινες των ὡδε ἑστωτων οἱτινες οὐ μη γευσωνται θανατου ἑως ἀν ἰδωσιν τον *υἱον* του ἀνθρωπου ἐρχομενον ἐν τῃ βασιλειᾳ αὐτου.
	17 5	οὑτος ἐστιν ὁ *υἱος* μου ὁ ἀγαπητος, ἐν ᾧ εὐδοκησα· ἀκουετε αὐτου.
	9	μηδενι εἰπητε το ὁραμα ἑως οὑ ὁ *υἱος* του ἀνθρωπου ἐκ νεκρων ἐγερθῃ.
	12	οὑτως και ὁ *υἱος* του ἀνθρωπου μελλει πασχειν ὑπ αὐτων.
	15	κυριε, ἐλεησον μου τον *υἱον*, ὁτι σεληνιαζεται και κακως πασχει·
	22	μελλει ὁ *υἱος* του ἀνθρωπου παραδιδοσθαι εἰς χειρας ἀνθρωπων, και ἀποκτενουσιν αὐτον, και τῃ τριτῃ ἡμερᾳ ἐγερθησεται.
	25	οἱ βασιλεις της γης ἀπο τινων λαμβανουσιν τελη ἠ κηνσον; ἀπο των *υἱων* αὐτων ἠ ἀπο των ἀλλοτριων;
	26	εἰποντος δε· ἀπο των ἀλλοτριων, ἐφη αὐτῳ ὁ ἰησους· ἀρα γε ἐλευθεροι εἰσιν οἱ *υἱοι*.
	18 11*	ἠλθεν γαρ ὁ *υἱος* του ἀνθρωπου σωσαι το ἀπολωλος.
	19 28	ἐν τῃ παλιγγενεσιᾳ, ὁταν καθισῃ ὁ *υἱος* του ἀνθρωπου ἐπι θρονου δοξης αὐτου, καθησεσθε και ὑμεις ἐπι δωδεκα θρονους κρινοντες τας δωδεκα φυλας του ἰσραηλ.
	20 18	και ὁ *υἱος* του ἀνθρωπου παραδοθησεται τοις ἀρχιερευσιν και γραμματευσιν,
	20	τοτε προσηλθεν αὐτῳ ἡ μητηρ των *υἱων* ζεβεδαιου μετα των υἱων αὐτης προσκυνουσα και αἰτουσα τι ἀπ αὐτου.
	20	τοτε προσηλθεν αὐτῳ ἡ μητηρ των *υἱων* ζεβεδαιου μετα των υἱων αὐτης προσκυνουσα και αἰτουσα τι ἀπ αὐτου.
	21	εἰπε ἱνα καθισωσιν οὑτοι οἱ δυο *υἱοι* μου εἱς ἐκ δεξιων σου και εἱς ἐξ εὐωνυμων σου ἐν τῃ βασιλειᾳ σου.
	28	ὡσπερ ὁ *υἱος* του ἀνθρωπου οὐκ ἠλθεν διακονηθηναι, ἀλλα διακονησαι και δουναι την ψυχην αὐτου λυτρον ἀντι πολλων.
	30	και ἰδου δυο τυφλοι καθημενοι παρα την ὁδον, ἀκουσαντες ὁτι ἰησους παραγει, ἐκραξαν λεγοντες· ἐλεησον ἡμας, [κυριε,] *υἱος* δαυιδ.
	31	ἐλεησον ἡμας, κυριε, *υἱος* δαυιδ.
	21 5	εἰπατε τῃ θυγατρι σιων· ἰδου ὁ βασιλευς σου ἐρχεται σοι πραυς και ἐπιβεβηκως ἐπι ὀνον και ἐπι πωλον *υἱον* ὑποζυγιου.
	9	ὡσαννα τῳ *υἱῳ* δαυιδ· εὐλογημενος ὁ ἐρχομενος ἐν ὀνοματι κυριου· ὡσαννα ἐν τοις ὑψιστοις.
	15	ἰδοντες δε οἱ ἀρχιερεις και οἱ γραμματεις τα θαυμασια ἁ ἐποιησεν και τους παιδας τους κραζοντας ἐν τῳ ἱερῳ και λεγοντας· ὡσαννα τῳ *υἱῳ* δαυιδ, ἠγανακτησαν,
	37	ὑστερον δε ἀπεστειλεν προς αὐτους τον *υἱον* αὐτου λεγων· ἐντραπησονται τον *υἱον* μου.
	37	ἐντραπησονται τον *υἱον* μου.
	38	οἱ δε γεωργοι ἰδοντες τον *υἱον* εἰπον ἐν ἑαυτοις·
	22 2	ὡμοιωθη ἡ βασιλεια των οὐρανων ἀνθρωπῳ βασιλει, ὁστις ἐποιησεν γαμους τῳ *υἱῳ* αὐτου.
	42	τι ὑμιν δοκει περι του χριστου; τινος *υἱος* ἐστιν;
	45	εἰ οὑν δαυιδ καλει αὐτον κυριον, πως *υἱος* αὐτου ἐστιν;
	23 15	και ὁταν γενηται, ποιειτε αὐτον *υἱον* γεεννης διπλοτερον ὑμων.
	31	ὡστε μαρτυρειτε ἑαυτοις ὁτι *υἱοι* ἐστε των φονευσαντων τους προφητας.
	35	ὁπως ἐλθῃ ἐφ ὑμας παν αἱμα δικαιον ἐκχυννομενον ἐπι της γης ἀπο του αἱματος ἀβελ του δικαιου ἑως του αἱματος ζαχαριου *υἱου* βαραχιου, ὁν ἐφονευσατε μεταξυ του ναου και του θυσιαστηριου.
	24 27	ὡσπερ γαρ ἡ ἀστραπη ἐξερχεται ἀπο ἀνατολων και φαινεται ἑως δυσμων, οὑτως ἐσται ἡ παρουσια του *υἱου* του ἀνθρωπου·

υἱός [379]

Mt	24 30	και τοτε φανησεται το σημειον του *υἱου* του ἀνθρωπου ἐν οὐρανῳ,
	30	και τοτε κοψονται πασαι αἱ φυλαι της γης και ὀψονται τον *υἱον* του ἀνθρωπου ἐρχομενον ἐπι των νεφελων του οὐρανου μετα δυναμεως και δοξης πολλης·
	36	περι δε της ἡμερας ἐκεινης και ὡρας οὐδεις οἰδεν, οὐδε οἱ ἀγγελοι των οὐρανων οὐδε ὁ *υἱος*, εἰ μη ὁ πατηρ μονος.
	37	ὡσπερ γαρ αἱ ἡμεραι του νωε, οὑτως ἐσται ἡ παρουσια του *υἱου* του ἀνθρωπου.
	39	οὑτως ἐσται [και] ἡ παρουσια του *υἱου* του ἀνθρωπου.
	44	δια τουτο και ὑμεις γινεσθε ἑτοιμοι, ὁτι ἡ οὐ δοκειτε ὡρα ὁ *υἱος* του ἀνθρωπου ἐρχεται.
	25 31	ὁταν δε ἐλθῃ ὁ *υἱος* του ἀνθρωπου ἐν τῃ δοξῃ αὐτου και παντες οἱ ἀγγελοι μετ αὐτου, τοτε καθισει ἐπι θρονου δοξης αὐτου·
	26 2	οἰδατε ὁτι μετα δυο ἡμερας το πασχα γινεται, και ὁ *υἱος* του ἀνθρωπου παραδιδοται εἰς το σταυρωθηναι.
	24	ὁ μεν *υἱος* του ἀνθρωπου ὑπαγει καθως γεγραπται περι αὐτου,
	24	οὐαι δε τῳ ἀνθρωπῳ ἐκεινῳ δι οὑ ὁ *υἱος* του ἀνθρωπου παραδιδοται·
	37	και παραλαβων τον πετρον και τους δυο *υἱους* ζεβεδαιου ἠρξατο λυπεισθαι και ἀδημονειν.
	45	ἰδου ἠγγικεν ἡ ὡρα και ὁ *υἱος* του ἀνθρωπου παραδιδοται εἰς χειρας ἁμαρτωλων.
	63	ἐξορκιζω σε κατα του θεου του ζωντος ἱνα ἡμιν εἰπῃς εἰ συ εἰ ὁ χριστος ὁ *υἱος* του θεου.
	64	ἀπ ἀρτι ὀψεσθε τον *υἱον* του ἀνθρωπου καθημενον ἐκ δεξιων της δυναμεως και ἐρχομενον ἐπι των νεφελων του οὐρανου.
	27 9	και ἐλαβον τα τριακοντα ἀργυρια, την τιμην του τετιμημενου ὁν ἐτιμησαντο ἀπο *υἱων* ἰσραηλ,
	40	ὁ καταλυων τον ναον και ἐν τρισιν ἡμεραις οἰκοδομων, σωσον σεαυτον, εἰ *υἱος* εἰ του θεου, [και] καταβηθι ἀπο του σταυρου.
	43	εἰπεν γαρ ὁτι θεου εἰμι *υἱος*.
	54	ἀληθως θεου *υἱος* ἠν οὑτος.
	56	ἐν αἱς ἠν μαρια ἡ μαγδαληνη, και μαρια ἡ του ἰακωβου και ἰωσηφ μητηρ, και ἡ μητηρ των *υἱων* ζεβεδαιου.
	28 19	πορευθεντες οὑν μαθητευσατε παντα τα ἐθνη, βαπτιζοντες αὐτους εἰς το ὀνομα του πατρος και του *υἱου* και του ἁγιου πνευματος, διδασκοντες αὐτους τηρειν παντα ὁσα ἐνετειλαμην ὑμιν·
Mc	1 1	ἀρχη του εὐαγγελιου ἰησου χριστου [*υἱου* θεου].
	11	συ εἰ ὁ *υἱος* μου ὁ ἀγαπητος, ἐν σοι εὐδοκησα.
	2 10	ἱνα δε εἰδητε ὁτι ἐξουσιαν ἐχει ὁ *υἱος* του ἀνθρωπου ἀφιεναι ἁμαρτιας ἐπι της γης, λεγει τῳ παραλυτικῳ·
	19	μη δυνανται οἱ *υἱοι* του νυμφωνος, ἐν ᾧ ὁ νυμφιος μετ αὐτων ἐστιν, νηστευειν;
	28	ὡστε κυριος ἐστιν ὁ *υἱος* του ἀνθρωπου και του σαββατου.
	3 11	και τα πνευματα τα ἀκαθαρτα, ὁταν αὐτον ἐθεωρουν, προσεπιπτον αὐτῳ και ἐκραζον λεγοντες ὁτι συ εἰ ὁ *υἱος* του θεου.
	17	και ἰακωβον τον του ζεβεδαιου και ἰωαννην τον ἀδελφον του ἰακωβου, και ἐπεθηκεν αὐτοις ὀνομα[τα] βοανηργες, ὁ ἐστιν *υἱοι* βροντης·
	28	ἀμην λεγω ὑμιν ὁτι παντα ἀφεθησεται τοις *υἱοις* των ἀνθρωπων τα ἁμαρτηματα και αἱ βλασφημιαι,
	5 7	και κραξας φωνῃ μεγαλῃ λεγει· τι ἐμοι και σοι, ἰησου *υἱε* του θεου του ὑψιστου;
	6 3	οὑχ οὑτος ἐστιν ὁ τεκτων, ὁ *υἱος* της μαριας και ἀδελφος ἰακωβου και ἰωσητος και ἰουδα και σιμωνος;
	8 31	και ἠρξατο διδασκειν αὐτους ὁτι δει τον *υἱον* του ἀνθρωπου πολλα παθειν,
	38	ὁς γαρ ἐαν ἐπαισχυνθῃ με και τους ἐμους λογους ἐν τῃ γενεᾳ ταυτῃ τῃ μοιχαλιδι και ἁμαρτωλῳ, και ὁ *υἱος* του ἀνθρωπου ἐπαισχυνθησεται αὐτον,
	9 7	οὑτος ἐστιν ὁ *υἱος* μου ὁ ἀγαπητος, ἀκουετε αὐτου.
	9	και καταβαινοντων αὐτων ἐκ του ὀρους διεστειλατο αὐτοις ἱνα μηδενι ἁ εἰδον διηγησωνται, εἰ μη ὁταν ὁ *υἱος* του ἀνθρωπου ἐκ νεκρων ἀναστῃ.
	12	και πως γεγραπται ἐπι τον *υἱον* του ἀνθρωπου, ἱνα πολλα παθῃ και ἐξουδενηθῃ;
	17	διδασκαλε, ἠνεγκα τον *υἱον* μου προς σε, ἐχοντα πνευμα ἀλαλον·
	31	και ἐλεγεν αὐτοις ὁτι ὁ *υἱος* του ἀνθρωπου παραδιδοται εἰς χειρας ἀνθρωπων, και ἀποκτενουσιν αὐτον, και ἀποκτανθεις μετα τρεις ἡμερας ἀναστησεται.
	10 33	και ὁ *υἱος* του ἀνθρωπου παραδοθησεται τοις ἀρχιερευσιν και τοις γραμματευσιν,

υἱός [379]

Mc	10 35	καὶ προσπορευονται αὐτῷ ἰακωβος καὶ ἰωαννης οἱ *υἱοι* ζεβεδαιου λεγοντες αὐτῷ·
	45	καὶ γὰρ ὁ *υἱος* του ἀνθρωπου οὐκ ἠλθεν διακονηθηναι ἀλλα διακονησαι καὶ δουναι την ψυχην αὐτου λυτρον ἀντι πολλων.
	46	καὶ ἐκπορευομενου αὐτου ἀπο ἰεριχω καὶ των μαθητων αὐτου καὶ ὀχλου ἱκανου ὁ *υἱος* τιμαιου βαρτιμαιος, τυφλος προσαιτης, ἐκαθητο παρα την ὁδον.
	47	*υἱε* δαυιδ ἰησου, ἐλεησον με.
	48	*υἱε* δαυιδ, ἐλεησον με.
	12 6	ἐτι ἑνα εἰχεν, *υἱον* ἀγαπητον·
	6	ἀπεστειλεν αὐτον ἐσχατον προς αὐτους λεγων ὁτι ἐντραπησονται τον *υἱον* μου.
	35	πως λεγουσιν οἱ γραμματεις ὁτι ὁ χριστος *υἱος* δαυιδ ἐστιν;
	37	αὐτος δαυιδ λεγει αὐτον κυριον, καὶ ποθεν αὐτου ἐστιν *υἱος*;
	13 26	καὶ τοτε ὀψονται τον *υἱον* του ἀνθρωπου ἐρχομενον ἐν νεφελαις μετα δυναμεως πολλης καὶ δοξης.
	32	περι δε της ἡμερας ἐκεινης ἠ της ὡρας οὐδεις οἰδεν, οὐδε οἱ ἀγγελοι ἐν οὐρανῳ οὐδε ὁ *υἱος*, εἰ μη ὁ πατηρ.
	14 21	ὁτι ὁ μεν *υἱος* του ἀνθρωπου ὑπαγει καθως γεγραπται περι αὐτου·
	21	οὐαι δε τῳ ἀνθρωπῳ ἐκεινῳ δι οὑ ὁ *υἱος* του ἀνθρωπου παραδιδοται·
	41	ἠλθεν ἡ ὡρα, ἰδου παραδιδοται ὁ *υἱος* του ἀνθρωπου εἰς τας χειρας των ἁμαρτωλων.
	61	συ εἰ ὁ χριστος ὁ *υἱος* του εὐλογητου;
	62	καὶ ὀψεσθε τον *υἱον* του ἀνθρωπου ἐκ δεξιων καθημενον της δυναμεως καὶ ἐρχομενον μετα των νεφελων του οὐρανου.
	15 39	ἀληθως οὑτος ὁ ἀνθρωπος *υἱος* θεου ἠν.
Lc	1 13	καὶ ἡ γυνη σου ἐλισαβετ γεννησει *υἱον* σοι, καὶ καλεσεις το ὀνομα αὐτου ἰωαννην·
	16	καὶ πολλους των *υἱων* ἰσραηλ ἐπιστρεψει ἐπι κυριον τον θεον αὐτων·
	31	καὶ ἰδου συλλημψη ἐν γαστρι καὶ τεξη *υἱον*, καὶ καλεσεις το ὀνομα αὐτου ἰησουν.
	32	οὑτος ἐσται μεγας καὶ *υἱος* ὑψιστου κληθησεται,
	35	διο καὶ το γεννωμενον ἁγιον κληθησεται *υἱος* θεου.
	36	καὶ ἰδου ἐλισαβετ ἡ συγγενις σου καὶ αὐτη συνειληφεν *υἱον* ἐν γηρει αὐτης,
	57	τη δε ἐλισαβετ ἐπλησθη ὁ χρονος του τεκειν αὐτην, καὶ ἐγεννησεν *υἱον*.
	2 7	καὶ ἐτεκεν τον *υἱον* αὐτης τον πρωτοτοκον, καὶ ἐσπαργανωσεν αὐτον καὶ ἀνεκλινεν αὐτον ἐν φατνῃ,
	3 2	ἐπι ἀρχιερεως ἁννα καὶ καιαφα, ἐγενετο ρημα θεου ἐπι ἰωαννην τον ζαχαριου *υἱον* ἐν τη ἐρημῳ.
	22	συ εἰ ὁ *υἱος* μου ὁ ἀγαπητος, ἐν σοι εὐδοκησα.
	23	καὶ αὐτος ἠν ἰησους ἀρχομενος ὡσει ἐτων τριακοντα, ὠν *υἱος*, ὡς ἐνομιζετο, ἰωσηφ,
	4 3	εἰ *υἱος* εἰ του θεου, εἰπε τῳ λιθῳ τουτῳ ἰνα γενηται ἀρτος.
	9	εἰ *υἱος* εἰ του θεου, βαλε σεαυτον ἐντευθεν κατω·
	22	οὐχι *υἱος* ἐστιν ἰωσηφ οὑτος;
	41	ἐξηρχετο δε καὶ δαιμονια ἀπο πολλων, κρ[αυγ]αζοντα καὶ λεγοντα ὁτι συ εἰ ὁ *υἱος* του θεου.
	5 10	ὁμοιως δε καὶ ἰακωβον καὶ ἰωαννην *υἱους* ζεβεδαιου, οἱ ἠσαν κοινωνοι τῳ σιμωνι.
	24	ἰνα δε εἰδητε ὁτι ὁ *υἱος* του ἀνθρωπου ἐξουσιαν ἐχει ἐπι της γης ἀφιεναι ἁμαρτιας, εἰπεν τῳ παραλελυμενῳ·
	34	μη δυνασθε τους *υἱους* του νυμφωνος, ἐν ᾡ ὁ νυμφιος μετ αὐτων ἐστιν, ποιησαι νηστευσαι;
	6 5	κυριος ἐστιν του σαββατου ὁ *υἱος* του ἀνθρωπου.
	22	μακαριοι ἐστε ὁταν μισησωσιν ὑμας οἱ ἀνθρωποι, καὶ ὁταν ἀφορισωσιν ὑμας καὶ ὀνειδισωσιν καὶ ἐκβαλωσιν το ὀνομα ὑμων ὡς πονηρον ἑνεκα του *υἱου* του ἀνθρωπου.
	35	καὶ ἐσται ὁ μισθος ὑμων πολυς, καὶ ἐσεσθε *υἱοι* ὑψιστου, ὁτι αὐτος χρηστος ἐστιν ἐπι τους ἀχαριστους καὶ πονηρους.
	7 12	ὡς δε ἠγγισεν τη πυλη της πολεως, καὶ ἰδου ἐξεκομιζετο τεθνηκως μονογενης *υἱος* τη μητρι αὐτου,
	34	ἐληλυθεν ὁ *υἱος* του ἀνθρωπου ἐσθιων καὶ πινων, καὶ λεγετε·
	8 28	τι ἐμοι καὶ σοι, ἰησου *υἱε* του θεου του ὑψιστου;
	9 22	εἰπων ὁτι δει τον *υἱον* του ἀνθρωπου πολλα παθειν καὶ ἀποδοκιμασθηναι ἀπο των πρεσβυτερων καὶ ἀρχιερεων καὶ γραμματεων καὶ ἀποκτανθηναι καὶ τη τριτη ἡμερα ἐγερθηναι.
	26	ὁς γαρ ἀν ἐπαισχυνθη με καὶ τους ἐμους λογους, τουτον ὁ *υἱος* του ἀνθρωπου ἐπαισχυνθησεται, ὁταν ἐλθη ἐν τη δοξη αὐτου καὶ του πατρος καὶ των ἁγιων ἀγγελων.
	35	οὑτος ἐστιν ὁ *υἱος* μου ὁ ἐκλελεγμενος, αὐτου ἀκουετε,
	38	διδασκαλε, δεομαι σου ἐπιβλεψαι ἐπι τον *υἱον* μου,
	41	προσαγαγε ὡδε τον *υἱον* σου.

υἱός [379]

Lc	9 44	ὁ γαρ *υἱος* του ἀνθρωπου μελλει παραδιδοσθαι εἰς χειρας ἀνθρωπων.
	58	αἱ ἀλωπεκες φωλεους ἐχουσιν καὶ τα πετεινα του οὐρανου κατασκηνωσεις, ὁ δε *υἱος* του ἀνθρωπου οὐκ ἐχει που την κεφαλην κλινη.
	10 6	καὶ ἐαν ἐκει ἠ *υἱος* εἰρηνης, ἐπαναπαησεται ἐπ αὐτον ἡ εἰρηνη ὑμων·
	22	καὶ οὐδεις γινωσκει τις ἐστιν ὁ *υἱος* εἰ μη ὁ πατηρ,
	22	καὶ οὐδεις γινωσκει τις ἐστιν ὁ *υἱος* εἰ μη ὁ πατηρ, καὶ τις ἐστιν ὁ πατηρ εἰ μη ὁ *υἱος* καὶ ᾡ ἐαν βουληται ὁ *υἱος* ἀποκαλυψαι.
	22	καὶ οὐδεις γινωσκει τις ἐστιν ὁ *υἱος* εἰ μη ὁ πατηρ, καὶ τις ἐστιν ὁ πατηρ εἰ μη ὁ *υἱος* καὶ ᾡ ἐαν βουληται ὁ *υἱος* ἀποκαλυψαι.
	11 11	τινα δε ἐξ ὑμων τον πατερα αἰτησει ὁ *υἱος* ἰχθυν, καὶ ἀντι ἰχθυος ὀφιν αὐτῳ ἐπιδωσει;
	19	εἰ δε ἐγω ἐν βεελζεβουλ ἐκβαλλω τα δαιμονια, οἱ *υἱοι* ὑμων ἐν τινι ἐκβαλλουσιν;
	30	καθως γαρ ἐγενετο ἰωνας τοις νινευιταις σημειον, οὑτως ἐσται καὶ ὁ *υἱος* του ἀνθρωπου τη γενεα ταυτη.
	12 8	πας ὁς ἀν ὁμολογηση ἐν ἐμοι ἐμπροσθεν των ἀνθρωπων, καὶ ὁ *υἱος* του ἀνθρωπου ὁμολογησει ἐν αὐτῳ ἐμπροσθεν των ἀγγελων του θεου·
	10	καὶ πας ὁς ἐρει λογον εἰς τον *υἱον* του ἀνθρωπου, ἀφεθησεται αὐτῳ·
	40	καὶ ὑμεις γινεσθε ἑτοιμοι, ὁτι ἡ ὡρα οὐ δοκειτε ὁ *υἱος* του ἀνθρωπου ἐρχεται.
	53	πατηρ ἐπι *υἱῳ* καὶ *υἱος* ἐπι πατρι,
	53	πατηρ ἐπι *υἱῳ* καὶ *υἱος* ἐπι πατρι,
	14 5	τινος ὑμων *υἱος* ἠ βους εἰς φρεαρ πεσειται, καὶ οὐκ εὐθεως ἀνασπασει αὐτον ἐν ἡμερα του σαββατου;
	15 11	ἀνθρωπος τις εἰχεν δυο *υἱους*.
	13	καὶ μετ οὐ πολλας ἡμερας συναγαγων ἁπαντα ὁ νεωτερος *υἱος* ἀπεδημησεν εἰς χωραν μακραν,
	19	πατερ, ἡμαρτον εἰς τον οὐρανον καὶ ἐνωπιον σου, οὐκετι εἰμι ἀξιος κληθηναι *υἱος* σου·
	21	εἰπεν δε ὁ *υἱος* αὐτῳ· πατερ, ἡμαρτον εἰς τον οὐρανον καὶ ἐνωπιον σου,
	21	πατερ, ἡμαρτον εἰς τον οὐρανον καὶ ἐνωπιον σου, οὐκετι εἰμι ἀξιος κληθηναι *υἱος* σου.
	24	καὶ φερετε τον μοσχον τον σιτευτον, θυσατε, καὶ φαγοντες εὐφρανθωμεν, ὁτι οὑτος ὁ *υἱος* μου νεκρος ἠν καὶ ἀνεζησεν,
	25	ἠν δε ὁ *υἱος* αὐτου ὁ πρεσβυτερος ἐν ἀγρῳ·
	30	ὁτε δε ὁ *υἱος* σου οὑτος ὁ καταφαγων σου τον βιον μετα πορνων ἠλθεν, ἐθυσας αὐτῳ τον σιτευτον μοσχον.
	16 8	ὁτι οἱ *υἱοι* του αἰωνος τουτου φρονιμωτεροι ὑπερ τους υἱους του φωτος εἰς την γενεαν την ἑαυτων εἰσιν.
	8	ὁτι οἱ υἱοι του αἰωνος τουτου φρονιμωτεροι ὑπερ τους *υἱους* του φωτος εἰς την γενεαν την ἑαυτων εἰσιν.
	17 22	ἐλευσονται ἡμεραι ὁτε ἐπιθυμησετε μιαν των ἡμερων του *υἱου* του ἀνθρωπου ἰδειν καὶ οὐκ ὀψεσθε.
	24	ὡσπερ γαρ ἡ ἀστραπη ἀστραπτουσα ἐκ της ὑπο τον οὐρανον εἰς την ὑπ οὐρανον λαμπει, οὑτως ἐσται ὁ *υἱος* του ἀνθρωπου [ἐν τη ἡμερα αὐτου].
	26	καὶ καθως ἐγενετο ἐν ταις ἡμεραις νωε, οὑτως ἐσται καὶ ἐν ταις ἡμεραις του *υἱου* του ἀνθρωπου·
	30	κατα τα αὐτα ἐσται ἡ ἡμερα ὁ *υἱος* του ἀνθρωπου ἀποκαλυπτεται.
	18 8	πλην ὁ *υἱος* του ἀνθρωπου ἐλθων ἀρα εὑρησει την πιστιν ἐπι της γης;
	31	ἰδου ἀναβαινομεν εἰς ἰερουσαλημ, καὶ τελεσθησεται παντα τα γεγραμμενα δια των προφητων τῳ *υἱῳ* του ἀνθρωπου·
	38	ἰησου *υἱε* δαυιδ, ἐλεησον με.
	39	*υἱε* δαυιδ, ἐλεησον με.
	19 9	εἰπεν δε προς αὐτον ὁ ἰησους ὁτι σημερον σωτηρια τῳ οἰκῳ τουτῳ ἐγενετο, καθοτι καὶ αὐτος *υἱος* ἀβρααμ ἐστιν·
	10	ἠλθεν γαρ ὁ *υἱος* του ἀνθρωπου ζητησαι καὶ σωσαι το ἀπολωλος.
	20 13	πεμψω τον *υἱον* μου τον ἀγαπητον· ἰσως τουτον ἐντραπησονται.
	34	οἱ *υἱοι* του αἰωνος τουτου γαμουσιν καὶ γαμισκονται,
	36	καὶ *υἱοι* εἰσιν θεου της ἀναστασεως υἱοι ὀντες.
	36	καὶ υἱοι εἰσιν θεου της ἀναστασεως *υἱοι* ὀντες.
	41	πως λεγουσιν τον χριστον εἰναι δαυιδ *υἱον*;
	44	δαυιδ οὐν κυριον αὐτον καλει, καὶ πως αὐτου *υἱος* ἐστιν;
	21 27	καὶ τοτε ὀψονται τον *υἱον* του ἀνθρωπου ἐρχομενον ἐν νεφελη μετα δυναμεως καὶ δοξης πολλης.

υἱός [379]

Lc 21 36 ἀγρυπνεῖτε δὲ ἐν παντὶ καιρῷ δεόμενοι ἵνα κατισχύσητε ἐκφυγεῖν ταῦτα πάντα τὰ μέλλοντα γίνεσθαι, καὶ σταθῆναι ἔμπροσθεν τοῦ *υἱοῦ* τοῦ ἀνθρώπου.

22 22 ὅτι ὁ *υἱὸς* μὲν τοῦ ἀνθρώπου κατὰ τὸ ὡρισμένον πορεύεται,

48 ἰούδα, φιλήματι τὸν *υἱὸν* τοῦ ἀνθρώπου παραδίδως;

69 ἀπὸ τοῦ νῦν δὲ ἔσται ὁ *υἱὸς* τοῦ ἀνθρώπου καθήμενος ἐκ δεξιῶν τῆς δυνάμεως τοῦ θεοῦ.

70 σὺ οὖν εἶ ὁ *υἱὸς* τοῦ θεοῦ;

24 7 λέγων τὸν *υἱὸν* τοῦ ἀνθρώπου ὅτι δεῖ παραδοθῆναι εἰς χεῖρας ἀνθρώπων ἁμαρτωλῶν καὶ σταυρωθῆναι καὶ τῇ τρίτῃ ἡμέρᾳ ἀναστῆναι.

Jh 1 34 κἀγὼ ἑώρακα, καὶ μεμαρτύρηκα ὅτι οὗτός ἐστιν ὁ *υἱὸς* τοῦ θεοῦ.

42 ἐμβλέψας αὐτῷ ὁ ἰησοῦς εἶπεν· σὺ εἶ σίμων ὁ *υἱὸς* ἰωάννου, σὺ κληθήσῃ κηφᾶς ὃ ἑρμηνεύεται πέτρος.

45 ὃν ἔγραψεν μωϋσῆς ἐν τῷ νόμῳ καὶ οἱ προφῆται εὑρήκαμεν, ἰησοῦν *υἱὸν* τοῦ ἰωσὴφ τὸν ἀπὸ ναζαρέτ.

49 ῥαββί, σὺ εἶ ὁ *υἱὸς* τοῦ θεοῦ, σὺ βασιλεὺς εἶ τοῦ ἰσραήλ.

51 ὄψεσθε τὸν οὐρανὸν ἀνεῳγότα καὶ τοὺς ἀγγέλους τοῦ θεοῦ ἀναβαίνοντας καὶ καταβαίνοντας ἐπὶ τὸν *υἱὸν* τοῦ ἀνθρώπου.

3 13 καὶ οὐδεὶς ἀναβέβηκεν εἰς τὸν οὐρανὸν εἰ μὴ ὁ ἐκ τοῦ οὐρανοῦ καταβάς, ὁ *υἱὸς* τοῦ ἀνθρώπου.

14 καὶ καθὼς μωϋσῆς ὕψωσεν τὸν ὄφιν ἐν τῇ ἐρήμῳ, οὕτως ὑψωθῆναι δεῖ τὸν *υἱὸν* τοῦ ἀνθρώπου,

16 οὕτως γὰρ ἠγάπησεν ὁ θεὸς τὸν κόσμον, ὥστε τὸν *υἱὸν* τὸν μονογενῆ ἔδωκεν,

17 οὐ γὰρ ἀπέστειλεν ὁ θεὸς τὸν *υἱὸν* εἰς τὸν κόσμον ἵνα κρίνῃ τὸν κόσμον,

18 ὁ δὲ μὴ πιστεύων ἤδη κέκριται, ὅτι μὴ πεπίστευκεν εἰς τὸ ὄνομα τοῦ μονογενοῦς *υἱοῦ* τοῦ θεοῦ.

35 ὁ πατὴρ ἀγαπᾷ τὸν *υἱόν*,

36 ὁ πιστεύων εἰς τὸν *υἱὸν* ἔχει ζωὴν αἰώνιον·

36 ὁ δὲ ἀπειθῶν τῷ *υἱῷ* οὐκ ὄψεται ζωήν.

4 5 ἔρχεται οὖν εἰς πόλιν τῆς σαμαρείας λεγομένην συχάρ, πλησίον τοῦ χωρίου ὃ ἔδωκεν ἰακὼβ [τῷ] ἰωσὴφ τῷ *υἱῷ* αὐτοῦ·

12 καὶ αὐτὸς ἐξ αὐτοῦ ἔπιεν καὶ οἱ *υἱοὶ* αὐτοῦ καὶ τὰ θρέμματα αὐτοῦ;

46 καὶ ἦν τις βασιλικὸς οὗ ὁ *υἱὸς* ἠσθένει ἐν καφαρναούμ·

47 οὗτος ἀκούσας ὅτι ἰησοῦς ἥκει ἐκ τῆς ἰουδαίας εἰς τὴν γαλιλαίαν, ἀπῆλθεν πρὸς αὐτὸν καὶ ἠρώτα ἵνα καταβῇ καὶ ἰάσηται αὐτοῦ τὸν *υἱόν·*

50 πορεύου, ὁ *υἱός* σου ζῇ.

53 ἔγνω οὖν ὁ πατὴρ ὅτι [ἐν] ἐκείνῃ τῇ ὥρᾳ ἐν ᾗ εἶπεν αὐτῷ ὁ ἰησοῦς· ὁ *υἱός* σου ζῇ·

5 19 ἀμὴν ἀμὴν λέγω ὑμῖν, οὐ δύναται ὁ *υἱὸς* ποιεῖν ἀφ᾽ ἑαυτοῦ οὐδέν,

19 ἃ γὰρ ἂν ἐκεῖνος ποιῇ, ταῦτα καὶ ὁ *υἱὸς* ὁμοίως ποιεῖ.

20 ὁ γὰρ πατὴρ φιλεῖ τὸν *υἱὸν* καὶ πάντα δείκνυσιν αὐτῷ ἃ αὐτὸς ποιεῖ,

21 ὥσπερ γὰρ ὁ πατὴρ ἐγείρει τοὺς νεκροὺς καὶ ζῳοποιεῖ, οὕτως καὶ ὁ *υἱὸς* οὓς θέλει ζῳοποιεῖ.

22 οὐδὲ γὰρ ὁ πατὴρ κρίνει οὐδένα, ἀλλὰ τὴν κρίσιν πᾶσαν δέδωκεν τῷ *υἱῷ*,

23 ἀλλὰ τὴν κρίσιν πᾶσαν δέδωκεν τῷ *υἱῷ*, ἵνα πάντες τιμῶσι τὸν *υἱὸν* καθὼς τιμῶσι τὸν πατέρα.

23 ὁ μὴ τιμῶν τὸν *υἱὸν* οὐ τιμᾷ τὸν πατέρα τὸν πέμψαντα αὐτόν.

25 ἀμὴν ἀμὴν λέγω ὑμῖν ὅτι ἔρχεται ὥρα καὶ νῦν ἐστιν ὅτε οἱ νεκροὶ ἀκούσουσιν τῆς φωνῆς τοῦ *υἱοῦ* τοῦ θεοῦ καὶ οἱ ἀκούσαντες ζήσουσιν.

26 ὥσπερ γὰρ ὁ πατὴρ ἔχει ζωὴν ἐν ἑαυτῷ, οὕτως καὶ τῷ *υἱῷ* ἔδωκεν ζωὴν ἔχειν ἐν ἑαυτῷ.

27 καὶ ἐξουσίαν ἔδωκεν αὐτῷ κρίσιν ποιεῖν, ὅτι *υἱὸς* ἀνθρώπου ἐστίν.

6 27 ἐργάζεσθε μὴ τὴν βρῶσιν τὴν ἀπολλυμένην, ἀλλὰ τὴν βρῶσιν τὴν μένουσαν εἰς ζωὴν αἰώνιον, ἣν ὁ *υἱὸς* τοῦ ἀνθρώπου ὑμῖν δώσει·

40 τοῦτο γάρ ἐστιν τὸ θέλημα τοῦ πατρός μου, ἵνα πᾶς ὁ θεωρῶν τὸν *υἱὸν* καὶ πιστεύων εἰς αὐτὸν ἔχῃ ζωὴν αἰώνιον,

42 οὐχ οὗτός ἐστιν ἰησοῦς ὁ *υἱὸς* ἰωσήφ, οὗ ἡμεῖς οἴδαμεν τὸν πατέρα καὶ τὴν μητέρα;

53 ἐὰν μὴ φάγητε τὴν σάρκα τοῦ *υἱοῦ* τοῦ ἀνθρώπου καὶ πίητε αὐτοῦ τὸ αἷμα, οὐκ ἔχετε ζωὴν ἐν ἑαυτοῖς.

62 τοῦτο ὑμᾶς σκανδαλίζει; ἐὰν οὖν θεωρῆτε τὸν *υἱὸν* τοῦ ἀνθρώπου ἀναβαίνοντα ὅπου ἦν τὸ πρότερον;

8 28 ὅταν ὑψώσητε τὸν *υἱὸν* τοῦ ἀνθρώπου, τότε γνώσεσθε ὅτι ἐγώ εἰμι,

35 ὁ *υἱὸς* μένει εἰς τὸν αἰῶνα.

36 ἐὰν οὖν ὁ *υἱὸς* ὑμᾶς ἐλευθερώσῃ, ὄντως ἐλεύθεροι ἔσεσθε.

υἱός [379]

Jh 9 19 οὗτός ἐστιν ὁ *υἱὸς* ὑμῶν, ὃν ὑμεῖς λέγετε ὅτι τυφλὸς ἐγεννήθη; πῶς οὖν βλέπει ἄρτι;

20 οἴδαμεν ὅτι οὗτός ἐστιν ὁ *υἱὸς* ἡμῶν καὶ ὅτι τυφλὸς ἐγεννήθη·

35 σὺ πιστεύεις εἰς τὸν *υἱὸν* τοῦ ἀνθρώπου;

10 36 ὃν ὁ πατὴρ ἡγίασεν καὶ ἀπέστειλεν εἰς τὸν κόσμον ὑμεῖς λέγετε ὅτι βλασφημεῖς, ὅτι εἶπον· *υἱὸς* τοῦ θεοῦ εἰμι;

11 4 αὕτη ἡ ἀσθένεια οὐκ ἔστιν πρὸς θάνατον ἀλλ᾽ ὑπὲρ τῆς δόξης τοῦ θεοῦ, ἵνα δοξασθῇ ὁ *υἱὸς* τοῦ θεοῦ δι᾽ αὐτῆς.

27 ἐγὼ πεπίστευκα ὅτι σὺ εἶ ὁ χριστὸς ὁ *υἱὸς* τοῦ θεοῦ ὁ εἰς τὸν κόσμον ἐρχόμενος.

12 23 ἐλήλυθεν ἡ ὥρα ἵνα δοξασθῇ ὁ *υἱὸς* τοῦ ἀνθρώπου.

34 ἡμεῖς ἠκούσαμεν ἐκ τοῦ νόμου ὅτι ὁ χριστὸς μένει εἰς τὸν αἰῶνα, καὶ πῶς λέγεις σὺ ὅτι δεῖ ὑψωθῆναι τὸν *υἱὸν* τοῦ ἀνθρώπου;

34 τίς ἐστιν οὗτος ὁ *υἱὸς* τοῦ ἀνθρώπου;

36 ὡς τὸ φῶς ἔχετε, πιστεύετε εἰς τὸ φῶς, ἵνα *υἱοὶ* φωτὸς γένησθε.

13 31 νῦν ἐδοξάσθη ὁ *υἱὸς* τοῦ ἀνθρώπου, καὶ ὁ θεὸς ἐδοξάσθη ἐν αὐτῷ·

14 13 καὶ ὅ τι ἂν αἰτήσητε ἐν τῷ ὀνόματί μου, τοῦτο ποιήσω, ἵνα δοξασθῇ ὁ πατὴρ ἐν τῷ *υἱῷ*.

17 1 δόξασόν σου τὸν *υἱόν*, ἵνα ὁ *υἱὸς* δοξάσῃ σέ,

1 δόξασόν σου τὸν *υἱόν*, ἵνα ὁ *υἱὸς* δοξάσῃ σέ,

12 καὶ ἐφύλαξα, καὶ οὐδεὶς ἐξ αὐτῶν ἀπώλετο εἰ μὴ ὁ *υἱὸς* τῆς ἀπωλείας,

19 7 καὶ κατὰ τὸν νόμον ὀφείλει ἀποθανεῖν, ὅτι *υἱὸν* θεοῦ ἑαυτὸν ἐποίησεν.

26 γύναι, ἴδε ὁ *υἱός* σου.

20 31 ταῦτα δὲ γέγραπται ἵνα πιστεύ[σ]ητε ὅτι ἰησοῦς ἐστιν ὁ χριστὸς ὁ *υἱὸς* τοῦ θεοῦ,

Ac 2 17 καὶ προφητεύσουσιν οἱ *υἱοὶ* ὑμῶν καὶ αἱ θυγατέρες ὑμῶν,

3 25 ὑμεῖς ἐστε οἱ *υἱοὶ* τῶν προφητῶν καὶ τῆς διαθήκης ἧς διέθετο ὁ θεὸς πρὸς τοὺς πατέρας ὑμῶν,

4 36 ἰωσὴφ δὲ ὁ ἐπικληθεὶς βαρναβᾶς ἀπὸ τῶν ἀποστόλων, ὅ ἐστιν μεθερμηνευόμενον *υἱὸς* παρακλήσεως, λευίτης, κύπριος τῷ γένει,

5 21 παραγενόμενος δὲ ὁ ἀρχιερεὺς καὶ οἱ σὺν αὐτῷ συνεκάλεσαν τὸ συνέδριον καὶ πᾶσαν τὴν γερουσίαν τῶν *υἱῶν* ἰσραήλ,

7 16 καὶ μετετέθησαν εἰς συχὲμ καὶ ἐτέθησαν ἐν τῷ μνήματι ᾧ ὠνήσατο ἀβραὰμ τιμῆς ἀργυρίου παρὰ τῶν *υἱῶν* ἐμμὼρ ἐν συχέμ.

21 ἐκτεθέντος δὲ αὐτοῦ ἀνείλατο αὐτὸν ἡ θυγάτηρ φαραὼ καὶ ἀνεθρέψατο αὐτὸν ἑαυτῇ εἰς *υἱόν*.

23 ὡς δὲ ἐπληροῦτο αὐτῷ τεσσερακονταετὴς χρόνος, ἀνέβη ἐπὶ τὴν καρδίαν αὐτοῦ ἐπισκέψασθαι τοὺς ἀδελφοὺς αὐτοῦ τοὺς *υἱοὺς* ἰσραήλ.

29 καὶ ἐγένετο πάροικος ἐν γῇ μαδιάμ, οὗ ἐγέννησεν *υἱοὺς* δύο.

37 οὗτός ἐστιν ὁ μωϋσῆς ὁ εἴπας τοῖς *υἱοῖς* ἰσραήλ· προφήτην ὑμῖν ἀναστήσει ὁ θεὸς ἐκ τῶν ἀδελφῶν ὑμῶν ὡς ἐμέ.

56 ἰδοὺ θεωρῶ τοὺς οὐρανοὺς διηνοιγμένους καὶ τὸν *υἱὸν* τοῦ ἀνθρώπου ἐκ δεξιῶν ἑστῶτα τοῦ θεοῦ.

8 37 * πιστεύω τὸν *υἱὸν* τοῦ θεοῦ εἶναι τὸν ἰησοῦν χριστόν.

9 15 πορεύου, ὅτι σκεῦος ἐκλογῆς ἐστίν μοι οὗτος τοῦ βαστάσαι τὸ ὄνομά μου ἐνώπιον ἐθνῶν τε καὶ βασιλέων *υἱῶν* τε ἰσραήλ·

20 καὶ εὐθέως ἐν ταῖς συναγωγαῖς ἐκήρυσσεν τὸν ἰησοῦν, ὅτι οὗτός ἐστιν ὁ *υἱὸς* τοῦ θεοῦ.

10 36 τὸν λόγον [ὃν] ἀπέστειλεν τοῖς *υἱοῖς* ἰσραὴλ εὐαγγελιζόμενος εἰρήνην διὰ ἰησοῦ χριστοῦ·

13 10 ὦ πλήρης παντὸς δόλου καὶ πάσης ῥᾳδιουργίας, *υἱὲ* διαβόλου, ἐχθρὲ πάσης δικαιοσύνης,

21 κἀκεῖθεν ᾐτήσαντο βασιλέα, καὶ ἔδωκεν αὐτοῖς ὁ θεὸς τὸν σαοὺλ *υἱὸν* κίς,

26 ἄνδρες ἀδελφοί, *υἱοὶ* γένους ἀβραὰμ καὶ οἱ ἐν ὑμῖν φοβούμενοι τὸν θεόν, ἡμῖν ὁ λόγος τῆς σωτηρίας ταύτης ἐξαπεστάλη.

33 *υἱός* μου εἶ σύ, ἐγὼ σήμερον γεγέννηκά σε.

16 1 τιμόθεος, *υἱὸς* γυναικὸς ἰουδαίας πιστῆς πατρὸς δὲ ἕλληνος, ὃς ἐμαρτυρεῖτο ὑπὸ τῶν ἐν λύστροις καὶ ἰκονίῳ ἀδελφῶν.

19 14 ἦσαν δέ τινος σκευᾶ ἰουδαίου ἀρχιερέως ἑπτὰ *υἱοὶ* τοῦτο ποιοῦντες.

23 6 ἄνδρες ἀδελφοί, ἐγὼ φαρισαῖός εἰμι, *υἱὸς* φαρισαίων·

16 ἀκούσας δὲ ὁ *υἱὸς* τῆς ἀδελφῆς παύλου τὴν ἐνέδραν, παραγενόμενος καὶ εἰσελθὼν εἰς τὴν παρεμβολὴν ἀπήγγειλεν τῷ παύλῳ.

Rm 1 3 ὃ προεπηγγείλατο διὰ τῶν προφητῶν αὐτοῦ ἐν γραφαῖς ἁγίαις περὶ τοῦ *υἱοῦ* αὐτοῦ τοῦ γενομένου ἐκ σπέρματος δαυὶδ κατὰ σάρκα,

υἱος [379]

Rm	1 4	του ὁρισθεντος υἱου θεου ἐν δυναμει κατα πνευμα ἁγιωσυνης ἐξ ἀναστασεως νεκρων,
	9	μαρτυς γαρ μου ἐστιν ὁ θεος, ᾧ λατρευω ἐν τω πνευματι μου ἐν τω εὐαγγελιω του υἱου αὐτου,
	5 10	εἰ γαρ ἐχθροι ὀντες κατηλλαγημεν τω θεω δια του θανατου του υἱου αὐτου, πολλω μαλλον καταλλαγεντες σωθησομεθα ἐν τη ζωη αὐτου·
	8 3	το γαρ ἀδυνατον του νομου, ἐν ᾧ ἠσθενει δια της σαρκος, ὁ θεος τον ἑαυτου υἱον πεμψας ἐν ὁμοιωματι σαρκος ἁμαρτιας και περι ἁμαρτιας κατεκρινεν την ἁμαρτιαν ἐν τη σαρκι,
	14	ὁσοι γαρ πνευματι θεου ἀγονται, οὑτοι υἱοι θεου εἰσιν.
	19	ἡ γαρ ἀποκαραδοκια της κτισεως την ἀποκαλυψιν των υἱων του θεου ἀπεκδεχεται.
	29	ὁτι οὑς προεγνω, και προωρισεν συμμορφους της εἰκονος του υἱου αὐτου, εἰς το εἰναι αὐτον πρωτοτοκον ἐν πολλοις ἀδελφοις·
	32	ὁς γε του ἰδιου υἱου οὐκ ἐφεισατο, ἀλλα ὑπερ ἡμων παντων παρεδωκεν αὐτον, πως οὐχι και συν αὐτω τα παντα ἡμιν χαρισεται;
	9 9	κατα τον καιρον τουτον ἐλευσομαι και ἐσται τη σαρρᾳ υἱος.
	26	και ἐσται ἐν τω τοπω οὑ ἐρρεθη αὐτοις· οὐ λαος μου ὑμεις, ἐκει κληθησονται υἱοι θεου ζωντος.
	27	ἐαν ᾖ ὁ ἀριθμος των υἱων ἰσραηλ ὡς ἡ ἁμμος της θαλασσης, το ὑπολειμμα σωθησεται·
1Co	1 9	πιστος ὁ θεος, δι οὑ ἐκληθητε εἰς κοινωνιαν του υἱου αὐτου ἰησου χριστου του κυριου ἡμων.
	15 28	ὁταν δε ὑποταγῃ αὐτω τα παντα, τοτε [και] αὐτος ὁ υἱος ὑποταγησεται τω ὑποταξαντι αὐτω τα παντα,
2Co	1 19	ὁ του θεου γαρ υἱος ἰησους χριστος ὁ ἐν ὑμιν δι ἡμων κηρυχθεις, δι ἐμου και σιλουανου και τιμοθεου, οὐκ ἐγενετο ναι και οὐ,
	3 7	εἰ δε ἡ διακονια του θανατου ἐν γραμμασιν ἐντετυπωμενη λιθοις ἐγενηθη ἐν δοξῃ, ὡστε μη δυνασθαι ἀτενισαι τους υἱους ἰσραηλ εἰς το προσωπον μωυσεως
	13	και οὐ καθαπερ μωυσης ἐτιθει καλυμμα ἐπι το προσωπον αὐτου, προς το μη ἀτενισαι τους υἱους ἰσραηλ εἰς το τελος του καταργουμενου.
	6 18	και ὑμεις ἐσεσθε μοι εἰς υἱους και θυγατερας,
Ga	1 16	ἀποκαλυψαι τον υἱον αὐτου ἐν ἐμοι, ἰνα εὐαγγελιζωμαι αὐτον ἐν τοις ἐθνεσιν,
	2 20	ὁ δε νυν ζω ἐν σαρκι, ἐν πιστει ζω τη του υἱου του θεου του ἀγαπησαντος με και παραδοντος ἑαυτον ὑπερ ἐμου.
	3 7	γινωσκετε ἀρα ὁτι οἱ ἐκ πιστεως, οὑτοι υἱοι εἰσιν ἀβρααμ.
	26	παντες γαρ υἱοι θεου ἐστε δια της πιστεως ἐν χριστω ἰησου·
	4 4	ὁτε δε ἠλθεν το πληρωμα του χρονου, ἐξαπεστειλεν ὁ θεος τον υἱον αὐτου,
	6	ὁτι δε ἐστε υἱοι, ἐξαπεστειλεν ὁ θεος το πνευμα του υἱου αὐτου εἰς τας καρδιας ἡμων,
	6	ὁτι δε ἐστε υἱοι, ἐξαπεστειλεν ὁ θεος το πνευμα του υἱου αὐτου εἰς τας καρδιας ἡμων,
	7	ὡστε οὐκετι εἰ δουλος ἀλλα υἱος·
	7	εἰ δε υἱος, και κληρονομος δια θεου.
	22	γεγραπται γαρ ὁτι ἀβρααμ δυο υἱους ἐσχεν,
	30	ἐκβαλε την παιδισκην και τον υἱον αὐτης·
	30	οὐ γαρ μη κληρονομησει ὁ υἱος της παιδισκης μετα του υἱου της ἐλευθερας.
	30	οὐ γαρ μη κληρονομησει ὁ υἱος της παιδισκης μετα του υἱου της ἐλευθερας.
Eph	2 2	κατα τον ἀρχοντα της ἐξουσιας του ἀερος, του πνευματος του νυν ἐνεργουντος ἐν τοις υἱοις της ἀπειθειας·
	3 5	ὁ ἑτεραις γενεαις οὐκ ἐγνωρισθη τοις υἱοις των ἀνθρωπων ὡς νυν ἀπεκαλυφθη τοις ἁγιοις ἀποστολοις αὐτου και προφηταις ἐν πνευματι,
	4 13	μεχρι καταντησωμεν οἱ παντες εἰς την ἑνοτητα της πιστεως και της ἐπιγνωσεως του υἱου του θεου,
	5 6	δια ταυτα γαρ ἐρχεται ἡ ὀργη του θεου ἐπι τους υἱους της ἀπειθειας.
Col	1 13	ὁς ἐρρυσατο ἡμας ἐκ της ἐξουσιας του σκοτους και μετεστησεν εἰς την βασιλειαν του υἱου της ἀγαπης αὐτου,
	3 6	και την πλεονεξιαν ἡτις ἐστιν εἰδωλολατρια, δι ἁ ἐρχεται ἡ ὀργη του θεου [ἐπι τους υἱους της ἀπειθειας]·
1Th	1 10	και ἀναμενειν τον υἱον αὐτου ἐκ των οὐρανων,
	5 5	παντες γαρ ὑμεις υἱοι φωτος ἐστε και υἱοι ἡμερας.
	5 5	παντες γαρ ὑμεις υἱοι φωτος ἐστε και υἱοι ἡμερας.
2Th	2 3	ὁτι ἐαν μη ἐλθῃ ἡ ἀποστασια πρωτον και ἀποκαλυφθῃ ὁ ἀνθρωπος της ἀνομιας, ὁ υἱος της ἀπωλειας,
Heb	1 2	ἐπ ἐσχατου των ἡμερων τουτων ἐλαλησεν ἡμιν ἐν υἱω,
	5	υἱος μου εἰ συ, ἐγω σημερον γεγεννηκα σε;
	5	ἐγω ἐσομαι αὐτω εἰς πατερα, και αὐτος ἐσται μοι εἰς υἱον;

υἱος [379]

Heb	1 8	προς δε τον υἱον· ὁ θρονος σου ὁ θεος εἰς τον αἰωνα του αἰωνος,
	2 6	τι ἐστιν ἀνθρωπος ὁτι μιμνησκῃ αὐτου; ἠ υἱος ἀνθρωπου ὁτι ἐπισκεπτῃ αὐτον;
	10	ἐπρεπεν γαρ αὐτω, δι ὁν τα παντα και δι οὑ τα παντα, πολλους υἱους εἰς δοξαν ἀγαγοντα τον ἀρχηγον της σωτηριας αὐτων δια παθηματων τελειωσαι.
	3 6	και μωυσης μεν πιστος ἐν ὁλω τω οἰκω αὐτου ὡς θεραπων εἰς μαρτυριον των λαληθησομενων, χριστος δε ὡς υἱος ἐπι τον οἰκον αὐτου·
	4 14	ἐχοντες οὑν ἀρχιερεα μεγαν διεληλυθοτα τους οὐρανους, ἰησουν τον υἱον του θεου, κρατωμεν της ὁμολογιας.
	5 5	υἱος μου εἰ συ, ἐγω σημερον γεγεννηκα σε·
	8	καιπερ ὡν υἱος, ἐμαθεν ἀφ ὡν ἐπαθεν την ὑπακοην,
	6 6	ἀνασταυρουντας ἑαυτοις τον υἱον του θεου και παραδειγματιζοντας.
	7 3	ἀφωμοιωμενος δε τω υἱω του θεου, μενει ἱερευς εἰς το διηνεκες.
	5	και οἱ μεν ἐκ των υἱων λευι την ἱερατειαν λαμβανοντες ἐντολην ἐχουσιν ἀποδεκατουν τον λαον κατα τον νομον,
	28	ὁ λογος δε της ὁρκωμοσιας της μετα τον νομον υἱον εἰς τον αἰωνα τετελειωμενον.
	10 29	ποσω δοκειτε χειρονος ἀξιωθησεται τιμωριας ὁ τον υἱον του θεου καταπατησας
	11 21	πιστει ἰακωβ ἀποθνησκων ἐκαστον των υἱων ἰωσηφ εὐλογησεν,
	22	πιστει ἰωσηφ τελευτων περι της ἐξοδου των υἱων ἰσραηλ ἐμνημονευσεν
	24	πιστει μωυσης μεγας γενομενος ἠρνησατο λεγεσθαι υἱος θυγατρος φαραω,
	12 5	και ἐκλελησθε της παρακλησεως, ἡτις ὑμιν ὡς υἱοις διαλεγεται·
	5	υἱε μου, μη ὀλιγωρει παιδειας κυριου,
	6	μαστιγοι δε παντα υἱον ὁν παραδεχεται.
	7	ὡς υἱοις ὑμιν προσφερεται ὁ θεος·
	7	τις γαρ υἱος ὁν οὐ παιδευει πατηρ;
	8	εἰ δε χωρις ἐστε παιδειας, ἡς μετοχοι γεγονασιν παντες, ἀρα νοθοι και οὐχ υἱοι ἐστε.
Ja	2 21	ἀβρααμ ὁ πατηρ ἡμων οὐκ ἐξ ἐργων ἐδικαιωθη, ἀνενεγκας ἰσαακ τον υἱον αὐτου ἐπι το θυσιαστηριον;
1Pt	5 13	ἀσπαζεται ὑμας ἡ ἐν βαβυλωνι συνεκλεκτη και μαρκος ὁ υἱος μου.
2Pt	1 17	ὁ υἱος μου ὁ ἀγαπητος μου οὑτος ἐστιν,
1Jh	1 3	και ἡ κοινωνια δε ἡ ἡμετερα μετα του πατρος και μετα του υἱου αὐτου ἰησου χριστου.
	7	και το αἱμα ἰησου του υἱου αὐτου καθαριζει ἡμας ἀπο πασης ἁμαρτιας.
	2 22	οὑτος ἐστιν ὁ ἀντιχριστος, ὁ ἀρνουμενος τον πατερα και τον υἱον.
	23	πας ὁ ἀρνουμενος τον υἱον οὐδε τον πατερα ἐχει·
	23	ὁ ὁμολογων τον υἱον και τον πατερα ἐχει.
	24	ἐαν ἐν ὑμιν μεινῃ ὁ ἀπ ἀρχης ἠκουσατε, και ὑμεις ἐν τω υἱω και ἐν τω πατρι μενειτε.
	3 8	εἰς τουτο ἐφανερωθη ὁ υἱος του θεου, ἰνα λυσῃ τα ἐργα του διαβολου.
	23	και αὑτη ἐστιν ἡ ἐντολη αὐτου, ἰνα πιστευσωμεν τω ὀνοματι του υἱου αὐτου ἰησου χριστου
	4 9	ἐν τουτω ἐφανερωθη ἡ ἀγαπη του θεου ἐν ἡμιν, ὁτι τον υἱον αὐτου τον μονογενη ἀπεσταλκεν ὁ θεος εἰς τον κοσμον ἰνα ζησωμεν δι αὐτου.
	10	και ἀπεστειλεν τον υἱον αὐτου ἱλασμον περι των ἁμαρτιων ἡμων.
	14	και ἡμεις τεθεαμεθα και μαρτυρουμεν ὁτι ὁ πατηρ ἀπεσταλκεν τον υἱον σωτηρα του κοσμου.
	15	ὁς ἐαν ὁμολογησῃ ὁτι ἰησους ἐστιν ὁ υἱος του θεου, ὁ θεος ἐν αὐτω μενει και αὐτος ἐν τω θεω.
	5 5	τις [δε] ἐστιν ὁ νικων τον κοσμον εἰ μη ὁ πιστευων ὁτι ἰησους ἐστιν ὁ υἱος του θεου;
	9	ὁτι αὑτη ἐστιν ἡ μαρτυρια του θεου, ὁτι μεμαρτυρηκεν περι του υἱου αὐτου.
	10	ὁ πιστευων εἰς τον υἱον του θεου ἐχει την μαρτυριαν ἐν ἑαυτω.
	10	ὁ μη πιστευων τω θεω ψευστην πεποιηκεν αὐτον, ὁτι οὐ πεπιστευκεν εἰς την μαρτυριαν ἡν μεμαρτυρηκεν ὁ θεος περι του υἱου αὐτου.
	11	και αὑτη ἡ ζωη ἐν τω υἱω αὐτου ἐστιν.
	12	ὁ ἐχων τον υἱον ἐχει την ζωην·
	12	ὁ μη ἐχων τον υἱον του θεου την ζωην οὐκ ἐχει.

υἱός [379]

1Jh	5 13	ταυτα έγραψα ύμιν ίνα είδητε ότι ζωην έχετε αίωνιον, τοις πιστευουσιν είς το όνομα του *υίου* του θεου.
	20	οίδαμεν δε ότι ο *υίος* του θεου ήκει,
	20	και έσμεν έν τω άληθινω, έν τω *υίω* αύτου ιησου χριστω.
2Jh	3	έσται μεθ ήμων χαρις έλεος ειρηνη παρα θεου πατρος, και παρα ιησου χριστου του *υίου* του πατρος,
	9	ό μενων έν τη διδαχη, ούτος και τον πατερα και τον *υίον* έχει.
Apc	1 13	και έπιστρεψας είδον έπτα λυχνιας χρυσας, και έν μεσω των λυχνιων όμοιον *υίον* άνθρωπου,
	2 14	ότι έχεις έκει κρατουντας την διδαχην βαλααμ, ός έδιδασκεν τω βαλακ βαλειν σκανδαλον ένωπιον των *υίων* ισραηλ,
	18	ό *υίος* του θεου, ό έχων τους όφθαλμους αύτου ως φλογα πυρος,
	7 4	έκατοντεσσερακοντατεσσαρες χιλιαδες έσφραγισμενοι έκ πασης φυλης *υίων* ισραηλ·
	12 5	και έτεκεν *υίον* άρσεν, ός μελλει ποιμαινειν παντα τα έθνη έν ράβδω σιδηρα·
	14 14	και ίδι έπι την νεφελην καθημενον όμοιον *υίον* άνθρωπου,
	21 7	και έσομαι αύτω θεος και αύτος έσται μοι *υίος*.
	12	και όνοματα έπιγεγραμμενα, ά έστιν [τα όνοματα] των δωδεκα φυλων *υίων* ισραηλ.

ὕλη [1]

Ja	3 5	ίδου ήλικον πυρ ήλικην *ύλην* άναπτει·

ὑμεῖς [1847]

cf append.

ὑμέναιος [2]

1Tm	1 20	ών έστιν *υμεναιος* και άλεξανδρος, ούς παρεδωκα τω σατανα, ίνα παιδευθωσιν μη βλασφημειν.
2Tm	2 17	ών έστιν *υμεναιος* και φιλητος,

ὑμέτερος [11]

Lc	6 20	μακαριοι οί πτωχοι, ότι *υμετερα* έστιν ή βασιλεια του θεου.
	16 12	και εί έν τω άλλοτριω πιστοι ούκ έγενεσθε, το *υμετερον* τίς ύμιν δωσει;
Jh	7 6	ό καιρος ό έμος ούπω παρεστιν, ό δε καιρος ό *υμετερος* παντοτε έστιν έτοιμος.
	8 17	και έν τω νομω δε τω *υμετερω* γεγραπται ότι δυο άνθρωπων ή μαρτυρια άληθης έστιν.
	15 20	εί τον λογον μου έτηρησαν, και τον *υμετερον* τηρησουσιν.
Ac	27 34	τουτο γαρ προς της *υμετερας* σωτηριας ύπαρχει·
Rm	11 31	ώσπερ γαρ ύμεις ποτε ήπειθησατε τω θεω, νυν δε ήλεηθητε τη τουτων άπειθεια, ούτως και ούτοι νυν ήπειθησαν τω *υμετερω* έλεει ίνα και αύτοι [νυν] έλεηθωσιν.
1Co	15 31	καθ ήμεραν άποθνησκω, νη την *υμετεραν* καυχησιν, [άδελφοι],
	16 17	χαιρω δε έπι τη παρουσια στεφανα και φορτουνατου και άχαικου, ότι το *υμετερον* ύστερημα ούτοι άνεπληρωσαν·
2Co	8 8	ού κατ έπιταγην λεγω, άλλα δια της έτερων σπουδης και το της *υμετερας* άγαπης γνησιον δοκιμαζων·
Ga	6 13	ούδε γαρ οί περιτεμνομενοι αύτοι νομον φυλασσουσιν, άλλα θελουσιν ύμας περιτεμνεσθαι ίνα έν τη *υμετερα* σαρκι καυχησωνται.

ὑμνέω [4]

Mt	26 30	και *υμνησαντες* έξηλθον είς το όρος των έλαιων.
Mc	14 26	και *υμνησαντες* έξηλθον είς το όρος των έλαιων.
Ac	16 25	κατα δε το μεσονυκτιον παυλος και σιλας προσευχομενοι *υμνουν* τον θεον, έπηκροωντο δε αύτων οί δεσμιοι·
Heb	2 12	έν μεσω έκκλησιας *υμνησω* σε·

ὕμνος [2]

Eph	5 19	λαλουντες έαυτοις [έν] ψαλμοις και *υμνοις* και ώδαις πνευματικαις,
Col	3 16	ψαλμοις *υμνοις* ώδαις πνευματικαις έν [τη] χαριτι άδοντες έν ταις καρδιαις ύμων τω θεω·

ὑπάγω [79]

Mt	4 10	τοτε λεγει αύτω ό ιησους· *υπαγε*, σατανα·

ὑπάγω [79]

Mt	5 24	άφες έκει το δωρον σου έμπροσθεν του θυσιαστηριου, και *υπαγε* πρωτον διαλλαγηθι τω άδελφω σου,
	41	και όστις σε άγγαρευσει μιλιον έν, *υπαγε* μετ αύτου δυο.
	8 4	άλλα *υπαγε* σεαυτον δειξον τω ιερει και προσενεγκον το δωρον ό προσεταξεν μωυσης,
	13	και είπεν ό ιησους τω έκατονταρχη· *υπαγε*,
	32	και είπεν αύτοις· *υπαγετε*.
	9 6	έγερθεις άρον σου την κλινην και *υπαγε* είς τον οίκον σου.
	13 44	και άπο της χαρας αύτου *υπαγει* και πωλει παντα όσα έχει και άγοραζει τον άγρον έκεινον.
	16 23	*υπαγε* όπισω μου, σατανα·
	18 15	έαν δε άμαρτηση [είς σέ] ό άδελφος σου, *υπαγε* έλεγξον αύτον μεταξυ σού και αύτου μονου.
	19 21	εί θελεις τελειος είναι, *υπαγε* πωλησον σου τα υπαρχοντα και δος τοις πτωχοις,
	20 4	*υπαγετε* και ύμεις είς τον άμπελωνα, και ό έαν ή δικαιον δωσω ύμιν.
	7	*υπαγετε* και ύμεις είς τον άμπελωνα.
	14	άρον το σον και *υπαγε*· θελω δε τουτω τω έσχατω δουναι ως και σοί·
	21 28	τεκνον, *υπαγε* σημερον έργαζου έν τω άμπελωνι.
	26 18	*υπαγετε* είς την πολιν προς τον δεινα και είπατε αύτω·
	24	ό μεν *υίος* του άνθρωπου *υπαγει* καθως γεγραπται περι αύτου,
	27 65	έχετε κουστωδιαν· *υπαγετε* άσφαλισασθε ως οίδατε.
	28 10	μη φοβεισθε· *υπαγετε* άπαγγειλατε τοις άδελφοις μου ίνα άπελθωσιν είς την γαλιλαιαν, κακει με όψονται.
Mc	1 44	όρα μηδενι μηδεν είπης, άλλα *υπαγε* σεαυτον δειξον τω ιερει και προσενεγκε περι του καθαρισμου σου ά προσεταξεν μωυσης,
	2 11	σοί λεγω, έγειρε άρον τον κραβαττον σου και *υπαγε* είς τον οίκον σου.
	5 19	*υπαγε* είς τον οίκον σου προς τους σους, και άπαγγειλον αύτοις όσα ό κυριος σοι πεποιηκεν και ήλεησεν σε.
	34	*υπαγε* είς ειρηνην, και ίσθι υγιης άπο της μαστιγος σου.
	6 31	ήσαν γαρ οί έρχομενοι και οί *υπαγοντες* πολλοι,
	33	και είδον αύτους *υπαγοντας* και έπεγνωσαν πολλοι,
	38	ποσους άρτους έχετε; *υπαγετε* ίδετε.
	7 29	δια τουτον τον λογον *υπαγε*, έξεληλυθεν έκ της θυγατρος σου το δαιμονιον.
	8 33	*υπαγε* όπισω μου, σατανα, ότι ού φρονεις τα του θεου άλλα τα των άνθρωπων.
	10 21	έν σε υστερει· *υπαγε*, όσα έχεις πωλησον και δος [τοις] πτωχοις,
	52	*υπαγε*, ή πιστις σου σεσωκεν σε.
	11 2	*υπαγετε* είς την κωμην την κατεναντι ύμων, και εύθυς είσπορευομενοι είς αύτην εύρησετε πωλον δεδεμενον έφ όν ούδεις ούπω άνθρωπων έκαθισεν·
	14 13	*υπαγετε* είς την πολιν, και άπαντησει ύμιν άνθρωπος κεραμιον ύδατος βασταζων·
	21	ότι ό μεν *υίος* του άνθρωπου *υπαγει* καθως γεγραπται περι αύτου·
	16 7	άλλα *υπαγετε* είπατε τοις μαθηταις αύτου και τω πετρω ότι προαγει ύμας είς την γαλιλαιαν·
Lc	8 42	έν δε τω *υπαγειν* αύτον οί όχλοι συνεπνιγον αύτον.
	10 3	*υπαγετε*· ίδου άποστελλω ύμας ως άρνας έν μεσω λυκων.
	12 58	ως γαρ *υπαγεις* μετα του άντιδικου σου έπ άρχοντα, έν τη όδω δος έργασιαν άπηλλαχθαι άπ αύτου,
	17 14	και έγενετο έν τω *υπαγειν* αύτους έκαθαρισθησαν.
	19 30	*υπαγετε* είς την κατεναντι κωμην, έν ή είσπορευομενοι εύρησετε πωλον δεδεμενον,
Jh	3 8	και την φωνην αύτου άκουεις, άλλ ούκ οίδας ποθεν έρχεται και πού *υπαγει*·
	4 16	*υπαγε* φωνησον τον άνδρα σου και έλθε ένθαδε.
	6 21	και εύθεως έγενετο το πλοιον έπι της γης είς ήν *υπηγον*.
	67	μη και ύμεις θελετε *υπαγειν*;
	7 3	μεταβηθι έντευθεν και *υπαγε* είς την ιουδαιαν,
	33	έτι χρονον μικρον μεθ ύμων είμι και *υπαγω* προς τον πεμψαντα με.
	8 14	καν έγω μαρτυρω περι έμαυτου, άληθης έστιν ή μαρτυρια μου, ότι οίδα ποθεν ήλθον και πού *υπαγω*·
	14	ύμεις δε ούκ οίδατε ποθεν έρχομαι ή πού *υπαγω*.
	21	έγω *υπαγω* και ζητησετε με, και έν τη άμαρτια ύμων άποθανεισθε·
	21	όπου έγω *υπαγω* ύμεις ού δυνασθε έλθειν.
	22	μητι άποκτενει έαυτον, ότι λεγει· όπου έγω *υπαγω* ύμεις ού δυνασθε έλθειν;
	9 7	*υπαγε* νιψαι είς την κολυμβηθραν του σιλωαμ ό έρμηνευεται άπεσταλμενος.

ὑπαγω [79]

Jh	9 11	ὁ ἀνθρωπος ὁ λεγομενος ἰησους πηλον ἐποιησεν και ἐπεχρισεν μου τους ὀφθαλμους και εἰπεν μοι ὁτι ὑπαγε εἰς τον σιλωαμ και νιψαι·
	11 8	ῥαββι, νυν ἐζητουν σε λιθασαι οἱ ἰουδαιοι, και παλιν ὑπαγεις ἐκει;
	31	ἠκολουθησαν αὐτῃ, δοξαντες ὁτι ὑπαγει εἰς το μνημειον ἱνα κλαυσῃ ἐκει.
	44	λυσατε αὐτον και ἀφετε αὐτον ὑπαγειν.
	12 11	ἐβουλευσαντο δε οἱ ἀρχιερεις ἱνα και τον λαζαρον ἀποκτεινωσιν, ὁτι πολλοι δι αὐτον ὑπηγον των ἰουδαιων και ἐπιστευον εἰς τον ἰησουν.
	35	και ὁ περιπατων ἐν τῃ σκοτιᾳ οὐκ οἰδεν που ὑπαγει.
	13 3	εἰδως ὁτι παντα ἐδωκεν αὐτῳ ὁ πατηρ εἰς τας χειρας, και ὁτι ἀπο θεου ἐξηλθεν και προς τον θεον ὑπαγει, ἐγειρεται ἐκ του δειπνου και τιθησιν τα ἱματια,
	33	ζητησετε με, και καθως εἰπον τοις ἰουδαιοις ὁτι ὁπου ἐγω ὑπαγω ὑμεις οὐ δυνασθε ἐλθειν, και ὑμιν λεγω ἀρτι.
	36	λεγει αὐτῳ σιμων πετρος· κυριε, που ὑπαγεις;
	36	ὁπου ὑπαγω οὐ δυνασαι μοι νυν ἀκολουθησαι, ἀκολουθησεις δε ὑστερον.
	14 4	και ὁπου [ἐγω] ὑπαγω οἰδατε την ὁδον.
	5	κυριε, οὐκ οἰδαμεν που ὑπαγεις·
	28	ὑπαγω και ἐρχομαι προς ὑμας.
	15 16	και ἐθηκα ὑμας ἱνα ὑμεις ὑπαγητε και καρπον φερητε και ὁ καρπος ὑμων μενῃ,
	16 5	νυν δε ὑπαγω προς τον πεμψαντα με,
	5	και οὐδεις ἐξ ὑμων ἐρωτα με· που ὑπαγεις;
	10	περι δικαιοσυνης δε, ὁτι προς τον πατερα ὑπαγω και οὐκετι θεωρειτε με·
	17	τι ἐστιν τουτο ὁ λεγει ἡμιν· μικρον και οὐ θεωρειτε με, και παλιν μικρον και ὀψεσθε με; και· ὁτι ὑπαγω προς τον πατερα;
	18 8	εἰ οὐν ἐμε ζητειτε, ἀφετε τουτους ὑπαγειν·
	21 3	λεγει αὐτοις σιμων πετρος· ὑπαγω ἀλιευειν.
Ja	2 16	ὑπαγετε ἐν εἰρηνῃ, θερμαινεσθε και χορταζεσθε,
1Jh	2 11	ὁ δε μισων τον ἀδελφον αὐτου ἐν τῃ σκοτιᾳ ἐστιν και ἐν τῃ σκοτιᾳ περιπατει, και οὐκ οἰδεν που ὑπαγει,
Apc	10 8	ὑπαγε λαβε το βιβλιον το ἠνεῳγμενον ἐν τῃ χειρι του ἀγγελου του ἑστωτος ἐπι της θαλασσης και ἐπι της γης.
	13 10	εἰ τις εἰς αἰχμαλωσιαν, εἰς αἰχμαλωσιαν ὑπαγει·
	14 4	οὑτοι οἱ ἀκολουθουντες τῳ ἀρνιῳ ὁπου ἀν ὑπαγῃ.
	16 1	ὑπαγετε και ἐκχεετε τας ἑπτα φιαλας του θυμου του θεου εἰς την γην.
	17 8	το θηριον ὁ εἰδες ἡν και οὐκ ἐστιν, και μελλει ἀναβαινειν ἐκ της ἀβυσσου και εἰς ἀπωλειαν ὑπαγει·
	11	και ἐκ των ἑπτα ἐστιν, και εἰς ἀπωλειαν ὑπαγει.

ὑπακοη [15]

Rm	1 5	ἰησου χριστου του κυριου ἡμων, δι οὑ ἐλαβομεν χαριν και ἀποστολην εἰς ὑπακοην πιστεως ἐν πασιν τοις ἐθνεσιν ὑπερ του ὀνοματος αὐτου,
	5 19	ὡσπερ γαρ δια της παρακοης του ἑνος ἀνθρωπου ἁμαρτωλοι κατεσταθησαν οἱ πολλοι, οὑτως και δια της ὑπακοης του ἑνος δικαιοι κατασταθησονται οἱ πολλοι.
	6 16	οὐκ οἰδατε ὁτι ᾡ παριστανετε ἑαυτους δουλους εἰς ὑπακοην,
	16	δουλοι ἐστε ᾡ ὑπακουετε, ἠτοι ἁμαρτιας εἰς θανατον ἡ ὑπακοης εἰς δικαιοσυνην;
	15 18	οὐ γαρ τολμησω τι λαλειν ὡν οὐ κατειργασατο χριστος δι ἐμου εἰς ὑπακοην ἐθνων,
	16 19	ἡ γαρ ὑμων ὑπακοη εἰς παντας ἀφικετο·
	26	[κατα ἀποκαλυψιν μυστηριου χρονοις αἰωνιοις σεσιγημενου], [φανερωθεντος δε νυν δια τε γραφων προφητικων κατ ἐπιταγην του αἰωνιου θεου εἰς ὑπακοην πιστεως εἰς παντα τα ἐθνη γνωρισθεντος],
2Co	7 15	και τα σπλαγχνα αὐτου περισσοτερως εἰς ὑμας ἐστιν ἀναμιμνῃσκομενου την παντων ὑμων ὑπακοην,
	10 5	και αἰχμαλωτιζοντες παν νοημα εἰς την ὑπακοην του χριστου,
	6	και ἐν ἑτοιμῳ ἐχοντες ἐκδικησαι πασαν παρακοην, ὁταν πληρωθῃ ὑμων ἡ ὑπακοη.
Phm	21	πεποιθως τῃ ὑπακοῃ σου ἐγραψα σοι,
Heb	5 8	καιπερ ὡν υἱος, ἐμαθεν ἀφ ὡν ἐπαθεν την ὑπακοην,
1Pt	1 2	εἰς ὑπακοην και ῥαντισμον αἱματος ἰησου χριστου·
	14	ὡς τεκνα ὑπακοης, μη συσχηματιζομενοι ταις προτερον ἐν τῃ ἀγνοιᾳ ὑμων ἐπιθυμιαις,
	22	τας ψυχας ὑμων ἡγνικοτες ἐν τῃ ὑπακοῃ της ἀληθειας εἰς φιλαδελφιαν ἀνυποκριτον,

ὑπακουω [21]

Mt	8 27	ποταπος ἐστιν οὑτος, ὁτι και οἱ ἀνεμοι και ἡ θαλασσα αὐτῳ ὑπακουουσιν;
Mc	1 27	και τοις πνευμασι τοις ἀκαθαρτοις ἐπιτασσει, και ὑπακουουσιν αὐτῳ.
	4 41	τις ἀρα οὑτος ἐστιν, ὁτι και ὁ ἀνεμος και ἡ θαλασσα ὑπακουει αὐτῳ;
Lc	8 25	τις ἀρα οὑτος ἐστιν, ὁτι και τοις ἀνεμοις ἐπιτασσει και τῳ ὑδατι, και ὑπακουουσιν αὐτῳ;
	17 6	και ὑπηκουσεν ἀν ὑμιν.
Ac	6 7	πολυς τε ὀχλος των ἱερεων ὑπηκουον τῃ πιστει.
	12 13	κρουσαντος δε αὐτου την θυραν του πυλωνος προσηλθεν παιδισκη ὑπακουσαι ὀνοματι ῥοδη,
Rm	6 12	μη οὐν βασιλευετω ἡ ἁμαρτια ἐν τῳ θνητῳ ὑμων σωματι εἰς το ὑπακουειν ταις ἐπιθυμιαις αὐτου,
	16	δουλοι ἐστε ᾡ ὑπακουετε, ἠτοι ἁμαρτιας εἰς θανατον ἡ ὑπακοης εἰς δικαιοσυνην;
	17	χαρις δε τῳ θεῳ ὁτι ἡτε δουλοι της ἁμαρτιας, ὑπηκουσατε δε ἐκ καρδιας εἰς ὁν παρεδοθητε τυπον διδαχης,
	10 16	ἀλλ οὐ παντες ὑπηκουσαν τῳ εὐαγγελιῳ.
Eph	6 1	τα τεκνα, ὑπακουετε τοις γονευσιν ὑμων [ἐν κυριῳ]·
	5	οἱ δουλοι, ὑπακουετε τοις κατα σαρκα κυριοις μετα φοβου και τρομου ἐν ἁπλοτητι της καρδιας ὑμων ὡς τῳ χριστῳ,
Php	2 12	ὡστε, ἀγαπητοι μου, καθως παντοτε ὑπηκουσατε,
Col	3 20	τα τεκνα, ὑπακουετε τοις γονευσιν κατα παντα,
	22	οἱ δουλοι, ὑπακουετε κατα παντα τοις κατα σαρκα κυριοις,
2Th	1 8	διδοντος ἐκδικησιν τοις μη εἰδοσιν θεον και τοις μη ὑπακουουσιν τῳ εὐαγγελιῳ του κυριου ἡμων ἰησου,
	3 14	εἰ δε τις οὐχ ὑπακουει τῳ λογῳ ἡμων δια της ἐπιστολης, τουτον σημειουσθε,
Heb	5 9	και τελειωθεις ἐγενετο πασιν τοις ὑπακουουσιν αὐτῳ αἰτιος σωτηριας αἰωνιου,
	11 8	πιστει καλουμενος ἀβρααμ ὑπηκουσεν ἐξελθειν εἰς τοπον ὁν ἠμελλεν λαμβανειν εἰς κληρονομιαν,
1Pt	3 6	ὡς σαρρα ὑπηκουσεν τῳ ἀβρααμ, κυριον αὐτον καλουσα·

ὑπανδρος [1]

Rm	7 2	ἡ γαρ ὑπανδρος γυνη τῳ ζωντι ἀνδρι δεδεται νομῳ·

ὑπανταω [10]

Mt	8 28	και ἐλθοντος αὐτου εἰς το περαν εἰς την χωραν των γαδαρηνων ὑπηντησαν αὐτῳ δυο δαιμονιζομενοι ἐκ των μνημειων ἐξερχομενοι,
	28 9	και ἰδου ἰησους ὑπηντησεν αὐταις λεγων·
Mc	5 2	και ἐξελθοντος αὐτου ἐκ του πλοιου, εὐθυς ὑπηντησεν αὐτῳ ἐκ των μνημειων ἀνθρωπος ἐν πνευματι ἀκαθαρτῳ,
Lc	8 27	ἐξελθοντι δε αὐτῳ ἐπι την γην ὑπηντησεν ἀνηρ τις ἐκ της πολεως ἐχων δαιμονια,
	14 31	ἡ τις βασιλευς πορευομενος ἑτερῳ βασιλει συμβαλειν εἰς πολεμον οὐχι καθισας πρωτον βουλευσεται εἰ δυνατος ἐστιν ἐν δεκα χιλιασιν ὑπαντησαι τῳ μετα εἰκοσι χιλιαδων ἐρχομενῳ ἐπ αὐτον;
Jh	4 51	ἠδη δε αὐτου καταβαινοντος οἱ δουλοι αὐτου ὑπηντησαν αὐτῳ λεγοντες ὁτι ὁ παις αὐτου ζῃ.
	11 20	ἡ οὐν μαρθα ὡς ἠκουσεν ὁτι ἰησους ἐρχεται, ὑπηντησεν αὐτῳ·
	30	οὑπω δε ἐληλυθει ὁ ἰησους εἰς την κωμην, ἀλλ ἡν ἐτι ἐν τῳ τοπῳ ὁπου ὑπηντησεν αὐτῳ ἡ μαρθα.
	12 18	δια τουτο [και] ὑπηντησεν αὐτῳ ὁ ὀχλος, ὁτι ἠκουσαν τουτο αὐτον πεποιηκεναι το σημειον.
Ac	16 16	ἐγενετο δε πορευομενων ἡμων εἰς την προσευχην, παιδισκην τινα ἐχουσαν πνευμα πυθωνα ὑπαντησαι ἡμιν,

ὑπαντησις [3]

Mt	8 34	και ἰδου πασα ἡ πολις ἐξηλθεν εἰς ὑπαντησιν τῳ ἰησου,
	25 1	τοτε ὁμοιωθησεται ἡ βασιλεια των οὐρανων δεκα παρθενοις, αἱτινες λαβουσαι τας λαμπαδας ἑαυτων ἐξηλθον εἰς ὑπαντησιν του νυμφιου.
Jh	12 13	ἐλαβον τα βαια των φοινικων και ἐξηλθον εἰς ὑπαντησιν αὐτῳ,

ὑπαρξις [2]

Ac	2 45	και τα κτηματα και τας ὑπαρξεις ἐπιπρασκον και διεμεριζον αὐτα πασιν, καθοτι ἀν τις χρειαν εἰχεν.
Heb	10 34	και την ἁρπαγην των ὑπαρχοντων ὑμων μετα χαρας προσεδεξασθε, γινωσκοντες ἐχειν ἑαυτους κρειττονα ὑπαρξιν και μενουσαν.

ὑπάρχω [60]

Mt	19 21	εἰ θελεις τελειος εἰναι, ὑπαγε πωλησον σου τα ὑπαρχοντα και δος τοις πτωχοις,
	24 47	ἀμην λεγω ὑμιν ὁτι ἐπι πασιν τοις ὑπαρχουσιν αὐτου καταστησει αὐτον.
	25 14	ὡσπερ γαρ ἀνθρωπος ἀποδημων ἐκαλεσεν τους ἰδιους δουλους και παρεδωκεν αὐτοις τα ὑπαρχοντα αὐτου,
Lc	7 25	ἰδου οἱ ἐν ἱματισμω ἐνδοξω και τρυφη ὑπαρχοντες ἐν τοις βασιλειοις εἰσιν.
	8 3	και ἰωαννα γυνη χουζα ἐπιτροπου ἡρωδου και σουσαννα και ἑτεραι πολλαι, αἰτινες διηκονουν αὐτοις ἐκ των ὑπαρχοντων αὐταις.
	41	και ἰδου ἠλθεν ἀνηρ ᾡ ὀνομα ἰαιρος, και οὑτος ἀρχων της συναγωγης ὑπηρχεν·
	9 48	ὁ γαρ μικροτερος ἐν πασιν ὑμιν ὑπαρχων, οὑτος ἐστιν μεγας.
	11 13	εἰ οὐν ὑμεις πονηροι ὑπαρχοντες οἰδατε δοματα ἀγαθα διδοναι τοις τεκνοις ὑμων, ποσω μαλλον ὁ πατηρ [ὁ] ἐξ οὐρανου δωσει πνευμα ἁγιον τοις αἰτουσιν αὐτον.
	21	ὁταν ὁ ἰσχυρος καθωπλισμενος φυλασση την ἑαυτου αὐλην, ἐν εἰρηνη ἐστιν τα ὑπαρχοντα αὐτου·
	12 15	ὁρατε και φυλασσεσθε ἀπο πασης πλεονεξιας, ὁτι οὐκ ἐν τω περισσευειν τινι ἡ ζωη αὐτου ἐστιν ἐκ των ὑπαρχοντων αὐτω.
	33	πωλησατε τα ὑπαρχοντα ὑμων και δοτε ἐλεημοσυνην·
	44	ἀληθως λεγω ὑμιν ὁτι ἐπι πασιν τοις ὑπαρχουσιν αὐτου καταστησει αὐτον.
	14 33	οὑτως οὐν πας ἐξ ὑμων ὁς οὐκ ἀποτασσεται πασιν τοις ἑαυτου ὑπαρχουσιν οὐ δυναται εἰναι μου μαθητης.
	16 1	ἀνθρωπος τις ἠν πλουσιος ὁς εἰχεν οἰκονομον, και οὑτος διεβληθη αὐτω ὡς διασκορπιζων τα ὑπαρχοντα αὐτου.
	14	ἠκουον δε ταυτα παντα οἱ φαρισαιοι φιλαργυροι ὑπαρχοντες, και ἐξεμυκτηριζον αὐτον.
	23	και ἐν τω ᾁδη ἐπαρας τους ὀφθαλμους αὐτου, ὑπαρχων ἐν βασανοις, ὁρα ἀβρααμ ἀπο μακροθεν και λαζαρον ἐν τοις κολποις αὐτου.
	19 8	ἰδου τα ἡμισια μου των ὑπαρχοντων, κυριε, τοις πτωχοις διδωμι,
	23 50	και ἰδου ἀνηρ ὀνοματι ἰωσηφ βουλευτης ὑπαρχων, [και] ἀνηρ ἀγαθος και δικαιος,
Ac	2 30	προφητης οὐν ὑπαρχων και εἰδως ὁτι ὁρκω ὡμοσεν αὐτω ὁ θεος ἐκ καρπου της ὀσφυος αὐτου καθισαι ἐπι τον θρονον αὐτου,
	3 2	και τις ἀνηρ χωλος ἐκ κοιλιας μητρος αὐτου ὑπαρχων ἐβασταζετο,
	6	ἀργυριον και χρυσιον οὐχ ὑπαρχει μοι· ὁ δε ἐχω, τουτο σοι διδωμι·
	4 32	και οὐδε εἱς τι των ὑπαρχοντων αὐτω ἐλεγεν ἰδιον εἰναι,
	34	ὁσοι γαρ κτητορες χωριων ἠ οἰκιων ὑπηρχον, πωλουντες ἐφερον τας τιμας των πιπρασκομενων και ἐτιθουν παρα τους ποδας των ἀποστολων·
	37	ὑπαρχοντος αὐτω ἀγρου, πωλησας ἠνεγκεν το χρημα και ἐθηκεν προς τους ποδας των ἀποστολων.
	5 4	οὐχι μενον σοι ἐμενεν και πραθεν ἐν τη ση ἐξουσια ὑπηρχεν;
	7 55	ὑπαρχων δε πληρης πνευματος ἁγιου ἀτενισας εἰς τον οὐρανον εἰδεν δοξαν θεου και ἰησουν ἑστωτα ἐκ δεξιων του θεου,
	8 16	οὐδεπω γαρ ἠν ἐπ᾽ οὐδενι αὐτων ἐπιπεπτωκος, μονον δε βεβαπτισμενοι ὑπηρχον εἰς το ὀνομα του κυριου ἰησου.
	10 12	ἐν ᾡ ὑπηρχεν παντα τα τετραποδα και ἑρπετα της γης και πετεινα του οὐρανου.
	16 3	ᾐδεισαν γαρ ἁπαντες ὁτι ἑλλην ὁ πατηρ αὐτου ὑπηρχεν.
	20	οὑτοι οἱ ἀνθρωποι ἐκταρασσουσιν ἡμων την πολιν, ἰουδαιοι ὑπαρχοντες,
	37	ἀνθρωπους ῥωμαιους ὑπαρχοντας, ἐβαλαν εἰς φυλακην·
	17 24	ὁ θεος ὁ ποιησας τον κοσμον και παντα τα ἐν αὐτω, οὑτος οὐρανου και γης ὑπαρχων κυριος οὐκ ἐν χειροποιητοις ναοις κατοικει,
	27	και γε οὐ μακραν ἀπο ἑνος ἑκαστου ἡμων ὑπαρχοντα.
	29	γενος οὐν ὑπαρχοντες του θεου οὐκ ὀφειλομεν νομιζειν, χρυσω ἠ ἀργυρω ἠ λιθω, χαραγματι τεχνης και ἐνθυμησεως ἀνθρωπου, το θειον εἰναι ὁμοιον.
	19 36	ἀναντιρρητων οὐν ὀντων τουτων δεον ἐστιν ὑμας κατεσταλμενους ὑπαρχειν και μηδεν προπετες πρασσειν.
	40	μηδενος αἰτιου ὑπαρχοντος, περι οὑ [οὐ] δυνησομεθα ἀποδουναι λογον περι της συστροφης ταυτης.
	21 20	θεωρεις, ἀδελφε, ποσαι μυριαδες εἰσιν ἐν τοις ἰουδαιοις των πεπιστευκοτων, και παντες ζηλωται του νομου ὑπαρχουσιν·
	22 3	ζηλωτης ὑπαρχων του θεου καθως παντες ὑμεις ἐστε σημερον·
	27 12	ἀνευθετου δε του λιμενος ὑπαρχοντος προς παραχειμασιαν οἱ πλειονες ἐθεντο βουλην ἀναχθηναι ἐκειθεν,

ὑπάρχω [60]

Ac	27 21	πολλης τε ἀσιτιας ὑπαρχουσης τοτε σταθεις ὁ παυλος ἐν μεσω αὐτων εἰπεν·
	34	τουτο γαρ προς της ὑμετερας σωτηριας ὑπαρχει·
	28 7	ἐν δε τοις περι τον τοπον ἐκεινον ὑπηρχεν χωρια τω πρωτω της νησου ὀνοματι ποπλιω,
	18	οἱτινες ἀνακριναντες με ἐβουλοντο ἀπολυσαι δια το μηδεμιαν αἰτιαν θανατου ὑπαρχειν ἐν ἐμοι.
Rm	4 19	και μη ἀσθενησας τη πιστει κατενοησεν το ἑαυτου σωμα [ἠδη] νενεκρωμενον, ἑκατονταετης που ὑπαρχων,
1Co	7 26	νομιζω οὐν τουτο καλον ὑπαρχειν δια την ἐνεστωσαν ἀναγκην, ὁτι καλον ἀνθρωπω το οὑτως εἰναι.
	11 7	ἀνηρ μεν γαρ οὐκ ὀφειλει κατακαλυπτεσθαι την κεφαλην, εἰκων και δοξα θεου ὑπαρχων·
	18	πρωτον μεν γαρ συνερχομενων ὑμων ἐν ἐκκλησια ἀκουω σχισματα ἐν ὑμιν ὑπαρχειν,
	12 22	ἀλλα πολλω μαλλον τα δοκουντα μελη του σωματος ἀσθενεστερα ὑπαρχειν ἀναγκαια ἐστιν,
	13 3	καν ψωμισω παντα τα ὑπαρχοντα μου, και ἐαν παραδω το σωμα μου ἱνα καυχησωμαι, ἀγαπην δε μη ἐχω, οὐδεν ὠφελουμαι.
2Co	8 17	ὁτι την μεν παρακλησιν ἐδεξατο, σπουδαιοτερος δε ὑπαρχων αὐθαιρετος ἐξηλθεν προς ὑμας.
	12 16	ἀλλα ὑπαρχων πανουργος δολω ὑμας ἐλαβον.
Ga	1 14	περισσοτερως ζηλωτης ὑπαρχων των πατρικων μου παραδοσεων.
	2 14	εἰ συ ἰουδαιος ὑπαρχων ἐθνικως και οὐχι ἰουδαικως ζης, πως τα ἐθνη ἀναγκαζεις ἰουδαιζειν;
Php	2 6	τουτο φρονειτε ἐν ὑμιν ὁ και ἐν χριστω ἰησου, ὁς ἐν μορφη θεου ὑπαρχων οὐχ ἁρπαγμον ἡγησατο το εἰναι ἰσα θεω,
	3 20	ἡμων γαρ το πολιτευμα ἐν οὐρανοις ὑπαρχει,
Heb	10 34	και την ἁρπαγην των ὑπαρχοντων ὑμων μετα χαρας προσεδεξασθε,
Ja	2 15	ἐαν ἀδελφος ἠ ἀδελφη γυμνοι ὑπαρχωσιν και λειπομενοι της ἐφημερου τροφης, εἰπη δε τις αὐτοις ἐξ ὑμων·
2Pt	1 8	ταυτα γαρ ὑμιν ὑπαρχοντα και πλεοναζοντα οὐκ ἀργους οὐδε ἀκαρπους καθιστησιν εἰς την του κυριου ἡμων ἰησου χριστου ἐπιγνωσιν·
	2 19	ἐλευθεριαν αὐτοις ἐπαγγελλομενοι, αὐτοι δουλοι ὑπαρχοντες της φθορας·
	3 11	τουτων οὑτως παντων λυομενων ποταπους δει ὑπαρχειν [ὑμας] ἐν ἁγιαις ἀναστροφαις και εὐσεβειαις,

ὑπεικω [1]

Heb	13 17	πειθεσθε τοις ἡγουμενοις ὑμων και ὑπεικετε·

ὑπεναντιος [2]

Col	2 14	ἐξαλειψας το καθ᾽ ἡμων χειρογραφον τοις δογμασιν ὁ ἠν ὑπεναντιον ἡμιν,
Heb	10 27	οὐκετι περι ἁμαρτιων ἀπολειπεται θυσια, φοβερα δε τις ἐκδοχη κρισεως και πυρος ζηλος ἐσθιειν μελλοντος τους ὑπεναντιους.

ὑπερ [150]

Mt	5 44	ἀγαπατε τους ἐχθρους ὑμων και προσευχεσθε ὑπερ των διωκοντων ὑμας·
	10 24	οὐκ ἐστιν μαθητης ὑπερ τον διδασκαλον οὐδε δουλος ὑπερ τον κυριον αὐτου.
	24	οὐκ ἐστιν μαθητης ὑπερ τον διδασκαλον οὐδε δουλος ὑπερ τον κυριον αὐτου.
	37	ὁ φιλων πατερα ἠ μητερα ὑπερ ἐμε οὐκ ἐστιν μου ἀξιος·
	37	και ὁ φιλων υἱον ἠ θυγατερα ὑπερ ἐμε οὐκ ἐστιν μου ἀξιος·
Mc	9 40	ὁς γαρ οὐκ ἐστιν καθ᾽ ἡμων, ὑπερ ἡμων ἐστιν.
	14 24	τουτο ἐστιν το αἱμα μου της διαθηκης το ἐκχυννομενον ὑπερ πολλων.
Lc	6 40	οὐκ ἐστιν μαθητης ὑπερ τον διδασκαλον·
	9 50	μη κωλυετε· ὁς γαρ οὐκ ἐστιν καθ᾽ ὑμων, ὑπερ ὑμων ἐστιν.
	16 8	ὁτι οἱ υἱοι του αἰωνος τουτου φρονιμωτεροι ὑπερ τους υἱους του φωτος εἰς την γενεαν την ἑαυτων εἰσιν.
	22 19	τουτο ἐστιν το σωμα μου το ὑπερ ὑμων διδομενον·
	20	τουτο το ποτηριον ἡ καινη διαθηκη ἐν τω αἱματι μου, το ὑπερ ὑμων ἐκχυννομενον.
Jh	1 30	οὑτος ἐστιν ὑπερ οὑ ἐγω εἰπον·
	6 51	και ὁ ἀρτος δε ὁν ἐγω δωσω ἡ σαρξ μου ἐστιν ὑπερ της του κοσμου ζωης.
	10 11	ὁ ποιμην ὁ καλος την ψυχην αὐτου τιθησιν ὑπερ των προβατων·

ὑπερ [150]

Jh	10 15	και την ψυχην μου τιθημι *ὑπερ* των προβατων.
	11 4	αὐτη ἡ ἀσθενεια οὐκ ἐστιν προς θανατον ἀλλ *ὑπερ* της δοξης του θεου,
	50	ὑμεις οὐκ οἰδατε οὐδεν, οὐδε λογιζεσθε ὁτι συμφερει ὑμιν ἰνα εἰς ἀνθρωπος ἀποθανη *ὑπερ* του λαου και μη ὁλον το ἐθνος ἀποληται.
	51	ἀλλα ἀρχιερευς ὠν του ἐνιαυτου ἐκεινου ἐπροφητευσεν ὁτι ἐμελλεν ἰησους ἀποθνησκειν *ὑπερ* του ἐθνους,
	52	ὁτι ἐμελλεν ἰησους ἀποθνησκειν *ὑπερ* του ἐθνους, και οὐχ *ὑπερ* του ἐθνους μονον, ἀλλ ἰνα και τα τεκνα του θεου τα διεσκορπισμενα συναγαγη εἰς ἑν.
	13 37	την ψυχην μου *ὑπερ* σου θησω.
	38	την ψυχην σου *ὑπερ* ἐμου θησεις;
	15 13	μειζονα ταυτης ἀγαπην οὐδεις ἐχει, ἰνα τις την ψυχην αὐτου θη *ὑπερ* των φιλων αὐτου.
	17 19	και *ὑπερ* αὐτων ἐγω ἀγιαζω ἐμαυτον, ἰνα ὠσιν και αὐτοι ἡγιασμενοι ἐν ἀληθεια.
	18 14	ἡν δε καιαφας ὁ συμβουλευσας τοις ἰουδαιοις ὁτι συμφερει ἑνα ἀνθρωπον ἀποθανειν *ὑπερ* του λαου.
Ac	5 41	οἱ μεν οὐν ἐπορευοντο χαιροντες ἀπο προσωπου του συνεδριου, ὁτι κατηξιωθησαν *ὑπερ* του ὀνοματος ἀτιμασθηναι·
	8 24	δεηθητε ὑμεις *ὑπερ* ἐμου προς τον κυριον, ὁπως μηδεν ἐπελθη ἐπ ἐμε ὠν εἰρηκατε.
	9 16	ἐγω γαρ ὑποδειξω αὐτω ὁσα δει αὐτον *ὑπερ* του ὀνοματος μου παθειν.
	15 26	ἐκλεξαμενοις ἀνδρας πεμψαι προς ὑμας συν τοις ἀγαπητοις ἡμων βαρναβα και παυλω, ἀνθρωποις παραδεδωκοσι τας ψυχας αὐτων *ὑπερ* του ὀνοματος του κυριου ἡμων ἰησου χριστου.
	21 13	ἐγω γαρ οὐ μονον δεθηναι ἀλλα και ἀποθανειν εἰς ἱερουσαλημ ἑτοιμως ἐχω *ὑπερ* του ὀνοματος του κυριου ἰησου.
	26	διαγγελλων την ἐκπληρωσιν των ἡμερων του ἀγνισμου, ἑως οὑ προσηνεχθη *ὑπερ* ἑνος ἑκαστου αὐτων ἡ προσφορα.
	26 13	ἡμερας μεσης κατα την ὁδον εἰδον, βασιλευ, οὐρανοθεν *ὑπερ* την λαμπροτητα του ἡλιου περιλαμψαν με φως και τους συν ἐμοι πορευομενους·
Rm	1 5	ἰησου χριστου του κυριου ἡμων, δι οὑ ἐλαβομεν χαριν και ἀποστολην εἰς ὑπακοην πιστεως ἐν πασιν τοις ἐθνεσιν *ὑπερ* του ὀνοματος αὐτου,
	5 6	ἐτι γαρ χριστος ὀντων ἡμων ἀσθενων ἐτι κατα καιρον *ὑπερ* ἀσεβων ἀπεθανεν.
	7	μολις γαρ *ὑπερ* δικαιου τις ἀποθανειται·
	7	*ὑπερ* γαρ του ἀγαθου ταχα τις και τολμα ἀποθανειν·
	8	συνιστησιν δε την ἑαυτου ἀγαπην εἰς ἡμας ὁ θεος ὁτι ἐτι ἀμαρτωλων ὀντων ἡμων χριστος *ὑπερ* ἡμων ἀπεθανεν.
	8 27	ὁ δε ἐραυνων τας καρδιας οἰδεν τι το φρονημα του πνευματος, ὁτι κατα θεον ἐντυγχανει *ὑπερ* ἁγιων.
	31	εἰ ὁ θεος *ὑπερ* ἡμων, τις καθ ἡμων;
	32	ὁς γε του ἰδιου υἱου οὐκ ἐφεισατο, ἀλλα *ὑπερ* ἡμων παντων παρεδωκεν αὐτον, πως οὐχι και συν αὐτω τα παντα ἡμιν χαρισεται;
	34	ὁς και ἐστιν ἐν δεξια του θεου, ὁς και ἐντυγχανει *ὑπερ* ἡμων.
	9 3	ηὐχομην γαρ ἀναθεμα εἰναι αὐτος ἐγω ἀπο του χριστου *ὑπερ* των ἀδελφων μου των συγγενων μου κατα σαρκα,
	27	ἠσαιας δε κραζει *ὑπερ* του ἰσραηλ· ἐαν ἡ ὁ ἀριθμος των υἱων ἰσραηλ ὡς ἡ ἀμμος της θαλασσης, το ὑπολειμμα σωθησεται·
	10 1	ἀδελφοι, ἡ μεν εὐδοκια της ἐμης καρδιας και ἡ δεησις προς τον θεον *ὑπερ* αὐτων εἰς σωτηριαν.
	14 15	μη τω βρωματι σου ἐκεινον ἀπολλυε, *ὑπερ* οὑ χριστος ἀπεθανεν.
	15 8	λεγω γαρ χριστον διακονον γεγενησθαι περιτομης *ὑπερ* ἀληθειας θεου,
	9	τα δε ἐθνη *ὑπερ* ἐλεους δοξασαι τον θεον, καθως γεγραπται·
	30	παρακαλω δε ὑμας, [ἀδελφοι,] δια του κυριου ἡμων ἰησου χριστου και δια της ἀγαπης του πνευματος, συναγωνισασθαι μοι ἐν ταις προσευχαις *ὑπερ* ἐμου προς τον θεον,
	16 4	ἀσπασασθε πρισκαν και ἀκυλαν τους συνεργους μου ἐν χριστω ἰησου, οἰτινες *ὑπερ* της ψυχης μου τον ἑαυτων τραχηλον ὑπεθηκαν,
1Co	1 13	μη παυλος ἐσταυρωθη *ὑπερ* ὑμων, ἡ εἰς το ὀνομα παυλου ἐβαπτισθητε;
	4 6	ταυτα δε, ἀδελφοι, μετεσχηματισα εἰς ἐμαυτον και ἀπολλων δι ὑμας, ἰνα ἐν ἡμιν μαθητε το μη *ὑπερ* ἁ γεγραπται,
	6	ἰνα ἐν ἡμιν μαθητε το μη *ὑπερ* ἁ γεγραπται, ἰνα μη εἰς *ὑπερ* του ἑνος φυσιουσθε κατα του ἑτερου.
	10 13	πιστος δε ὁ θεος, ὁς οὐκ ἐασει ὑμας πειρασθηναι *ὑπερ* ὁ δυνασθε,

ὑπερ [150]

1Co	10 30	εἰ ἐγω χαριτι μετεχω, τι βλασφημουμαι *ὑπερ* οὑ ἐγω εὐχαριστω;
	11 24	τουτο μου ἐστιν το σωμα το *ὑπερ* ὑμων·
	12 25	ἰνα μη ἡ σχισμα ἐν τω σωματι, ἀλλα το αὐτο *ὑπερ* ἀλληλων μεριμνωσιν τα μελη.
	15 3	παρεδωκα γαρ ὑμιν ἐν πρωτοις, ὁ και παρελαβον, ὁτι χριστος ἀπεθανεν *ὑπερ* των ἀμαρτιων ἡμων κατα τας γραφας,
	29	ἐπει τι ποιησουσιν οἱ βαπτιζομενοι *ὑπερ* των νεκρων;
	29	εἰ ὁλως νεκροι οὐκ ἐγειρονται, τι και βαπτιζονται *ὑπερ* αὐτων;
2Co	1 6	εἰτε δε θλιβομεθα, *ὑπερ* της ὑμων παρακλησεως και σωτηριας·
	6	εἰτε παρακαλουμεθα, *ὑπερ* της ὑμων παρακλησεως της ἐνεργουμενης ἐν ὑπομονη των αὐτων παθηματων ὡν και ἡμεις πασχομεν,
	7	και ἡ ἐλπις ἡμων βεβαια *ὑπερ* ὑμων
	8	οὐ γαρ θελομεν ὑμας ἀγνοειν, ἀδελφοι, *ὑπερ* της θλιψεως ἡμων της γενομενης ἐν τη ἀσια,
	8	οὐ γαρ θελομεν ὑμας ἀγνοειν, ἀδελφοι, *ὑπερ* της θλιψεως ἡμων της γενομενης ἐν τη ἀσια, ὁτι καθ ὑπερβολην *ὑπερ* δυναμιν ἐβαρηθημεν,
	11	εἰς ὁν ἠλπικαμεν [ὁτι] και ἐτι ρυσεται, συνυπουργουντων και ὑμων *ὑπερ* ἡμων τη δεησει,
	11	συνυπουργουντων και ὑμων *ὑπερ* ἡμων τη δεησει, ἰνα ἐκ πολλων προσωπων το εἰς ἡμας χαρισμα δια πολλων εὐχαριστηθη *ὑπερ* ἡμων.
	5 12	οὐ παλιν ἑαυτους συνιστανομεν ὑμιν, ἀλλα ἀφορμην διδοντες ὑμιν καυχηματος *ὑπερ* ἡμων,
	14	κριναντας τουτο, ὁτι εἰς *ὑπερ* παντων ἀπεθανεν·
	15	και *ὑπερ* παντων ἀπεθανεν ἰνα οἱ ζωντες μηκετι ἑαυτοις ζωσιν ἀλλα τω *ὑπερ* αὐτων ἀποθανοντι και ἐγερθεντι.
	15	και *ὑπερ* παντων ἀπεθανεν ἰνα οἱ ζωντες μηκετι ἑαυτοις ζωσιν ἀλλα τω *ὑπερ* αὐτων ἀποθανοντι και ἐγερθεντι.
	20	*ὑπερ* χριστου οὐν πρεσβευομεν ὡς του θεου παρακαλουντος δι ἡμων·
	20	δεομεθα *ὑπερ* χριστου, καταλλαγητε τω θεω.
	21	τον μη γνοντα ἀμαρτιαν *ὑπερ* ἡμων ἀμαρτιαν ἐποιησεν,
	7 4	πολλη μοι παρρησια προς ὑμας, πολλη μοι καυχησις *ὑπερ* ὑμων·
	7	ἀναγγελλων ἡμιν την ὑμων ἐπιποθησιν, τον ὑμων ὀδυρμον, τον ὑμων ζηλον *ὑπερ* ἐμου,
	12	οὐχ ἐνεκεν του ἀδικησαντος οὐδε ἐνεκεν του ἀδικηθεντος, ἀλλ ἐνεκεν του φανερωθηναι την σπουδην ὑμων την *ὑπερ* ἡμων προς ὑμας ἐνωπιον του θεου.
	14	ὁτι εἰ τι αὐτω *ὑπερ* ὑμων κεκαυχημαι, οὐ κατησχυνθην,
	8 16	χαρις δε τω θεω τω δοντι την αὐτην σπουδην *ὑπερ* ὑμων ἐν τη καρδια τιτου,
	23	εἰτε *ὑπερ* τιτου, κοινωνος ἐμος και εἰς ὑμας συνεργος·
	24	την οὐν ἐνδειξιν της ἀγαπης ὑμων και ἡμων καυχησεως *ὑπερ* ὑμων εἰς αὐτους ἐνδεικνυμενοι εἰς προσωπον των ἐκκλησιων.
	9 2	οἰδα γαρ την προθυμιαν ὑμων ἡν *ὑπερ* ὑμων καυχωμαι μακεδοσιν ὁτι ἀχαια παρεσκευασται ἀπο περυσι,
	3	ἐπεμψα δε τους ἀδελφους, ἰνα μη το καυχημα ἡμων το *ὑπερ* ὑμων κενωθη ἐν τω μερει τουτω,
	14	και αὐτων δεησει *ὑπερ* ὑμων ἐπιποθουντων ὑμας δια την ὑπερβαλλουσαν χαριν του θεου ἐφ ὑμιν.
	11 23	διακονοι χριστου εἰσιν; παραφρονων λαλω, *ὑπερ* ἐγω·
	12 5	*ὑπερ* του τοιουτου καυχησομαι, *ὑπερ* δε ἐμαυτου οὐ καυχησομαι εἰ μη ἐν ταις ἀσθενειαις.
	5	*ὑπερ* του τοιουτου καυχησομαι, *ὑπερ* δε ἐμαυτου οὐ καυχησομαι εἰ μη ἐν ταις ἀσθενειαις.
	6	φειδομαι δε, μη τις εἰς ἐμε λογισηται *ὑπερ* ὁ βλεπει με ἡ ἀκουει [τι] ἐξ ἐμου
	8	*ὑπερ* τουτου τρις τον κυριον παρεκαλεσα, ἰνα ἀποστη ἀπ ἐμου.
	10	διο εὐδοκω ἐν ἀσθενειαις, ἐν ὑβρεσιν, ἐν ἀναγκαις, ἐν διωγμοις και στενοχωριαις, *ὑπερ* χριστου·
	13	τι γαρ ἐστιν ὁ ἡσσωθητε *ὑπερ* τας λοιπας ἐκκλησιας, εἰ μη ὁτι αὐτος ἐγω οὐ κατεναρκησα ὑμων;
	15	ἐγω δε ἡδιστα δαπανησω και ἐκδαπανηθησομαι *ὑπερ* των ψυχων ὑμων.
	19	τα δε παντα, ἀγαπητοι, *ὑπερ* της ὑμων οἰκοδομης.
	13 8	οὐ γαρ δυναμεθα τι κατα της ἀληθειας, ἀλλα *ὑπερ* της ἀληθειας.
Ga	1 4	ἀπο θεου πατρος ἡμων και κυριου ἰησου χριστου, του δοντος ἑαυτον *ὑπερ* των ἀμαρτιων ἡμων,
	14	και προεκοπτον ἐν τω ἰουδαισμω *ὑπερ* πολλους συνηλικιωτας ἐν τω γενει μου,
	2 20	ὁ δε νυν ζω ἐν σαρκι, ἐν πιστει ζω τη του υἱου του θεου του ἀγαπησαντος με και παραδοντος ἑαυτον *ὑπερ* ἐμου.

ὑπερ [150]

Ga	3 13	χριστος ἡμας ἐξηγορασεν ἐκ της καταρας του νομου γενομενος ὑπερ ἡμων καταρα,
Eph	1 16	οὐ παυομαι εὐχαριστων ὑπερ ὑμων μνειαν ποιουμενος ἐπι των προσευχων μου,
	22	και αὐτον ἐδωκεν κεφαλην ὑπερ παντα τη ἐκκλησια,
	3 1	τουτου χαριν ἐγω παυλος ὁ δεσμιος του χριστου [ἰησου] ὑπερ ὑμων των ἐθνων εἰ γε ἠκουσατε την οἰκονομιαν της χαριτος του θεου της δοθεισης μοι εἰς ὑμας,
	13	διο αἰτουμαι μη ἐγκακειν ἐν ταις θλιψεσιν μου ὑπερ ὑμων,
	20	τω δε δυναμενω ὑπερ παντα ποιησαι ὑπερεκπερισσου ὧν αἰτουμεθα ἠ νοουμεν κατα την δυναμιν την ἐνεργουμενην ἐν ὑμιν,
	5 2	καθως και ὁ χριστος ἠγαπησεν ἡμας και παρεδωκεν ἑαυτον ὑπερ ἡμων προσφοραν και θυσιαν τω θεω εἰς ὀσμην εὐωδιας.
	20	εὐχαριστουντες παντοτε ὑπερ παντων ἐν ὀνοματι του κυριου ἡμων ἰησου χριστου τω θεω και πατρι,
	25	οἱ ἀνδρες, ἀγαπατε τας γυναικας, καθως και ὁ χριστος ἠγαπησεν την ἐκκλησιαν και ἑαυτον παρεδωκεν ὑπερ αὐτης,
	6 19	και εἰς αὐτο ἀγρυπνουντες ἐν παση προσκαρτερησει και δεησει περι παντων των ἁγιων, και ὑπερ ἐμου,
	20	ἐν παρρησια γνωρισαι το μυστηριον του εὐαγγελιου, ὑπερ οὗ πρεσβευω ἐν ἁλυσει, ἱνα ἐν αὐτω παρρησιασωμαι ὡς δει με λαλησαι.
Php	1 4	παντοτε ἐν παση δεησει μου ὑπερ παντων ὑμων μετα χαρας την δεησιν ποιουμενος,
	7	καθως ἐστιν δικαιον ἐμοι τουτο φρονειν ὑπερ παντων ὑμων,
	29	ὁτι ὑμιν ἐχαρισθη το ὑπερ χριστου, οὐ μονον το εἰς αὐτον πιστευειν ἀλλα και το ὑπερ αὐτου πασχειν,
	29	ὁτι ὑμιν ἐχαρισθη το ὑπερ χριστου, οὐ μονον το εἰς αὐτον πιστευειν ἀλλα και το ὑπερ αὐτου πασχειν,
	2 9	διο και ὁ θεος αὐτον ὑπερυψωσεν και ἐχαρισατο αὐτω το ὀνομα το ὑπερ παν ὀνομα,
	13	θεος γαρ ἐστιν ὁ ἐνεργων ἐν ὑμιν και το θελειν και το ἐνεργειν ὑπερ της εὐδοκιας.
	4 10	ἐχαρην δε ἐν κυριω μεγαλως ὁτι ἠδη ποτε ἀνεθαλετε το ὑπερ ἐμου φρονειν·
Col	1 7	καθως ἐμαθετε ἀπο ἐπαφρα του ἀγαπητου συνδουλου ἡμων, ὁς ἐστιν πιστος ὑπερ ὑμων διακονος του χριστου,
	9	δια τουτο και ἡμεις, ἀφ ἡς ἡμερας ἠκουσαμεν, οὐ παυομεθα ὑπερ ὑμων προσευχομενοι και αἰτουμενοι
	24	νυν χαιρω ἐν τοις παθημασιν ὑπερ ὑμων,
	24	και ἀνταναπληρω τα ὑστερηματα των θλιψεων του χριστου ἐν τη σαρκι μου ὑπερ του σωματος αὐτου,
	2 1	θελω γαρ ὑμας εἰδεναι ἡλικον ἀγωνα ἐχω ὑπερ ὑμων και των ἐν λαοδικεια και ὁσοι οὐχ ἑορακαν το προσωπον μου ἐν σαρκι,
	4 12	δουλος χριστου [ἰησου], παντοτε ἀγωνιζομενος ὑπερ ὑμων ἐν ταις προσευχαις,
	13	μαρτυρω γαρ αὐτω ὁτι ἐχει πολυν πονον ὑπερ ὑμων και των ἐν λαοδικεια και των ἐν ἱεραπολει.
1Th	3 2	εἰς το στηριξαι ὑμας και παρακαλεσαι ὑπερ της πιστεως ὑμων το μηδενα σαινεσθαι ἐν ταις θλιψεσιν ταυταις.
	5 10	δια του κυριου ἡμων ἰησου χριστου, του ἀποθανοντος ὑπερ ἡμων,
2Th	1 4	ὡστε αὐτους ἡμας ἐν ὑμιν ἐγκαυχασθαι ἐν ταις ἐκκλησιαις του θεου ὑπερ της ὑπομονης ὑμων και πιστεως
	5	εἰς το καταξιωθηναι ὑμας της βασιλειας του θεου, ὑπερ ἡς και πασχετε,
	2 1	ἐρωτωμεν δε ὑμας, ἀδελφοι, ὑπερ της παρουσιας του κυριου ἡμων ἰησου χριστου και ἡμων ἐπισυναγωγης ἐπ αὐτον, εἰς το μη ταχεως σαλευθηναι ὑμας ἀπο του νοος,
1Tm	2 1	παρακαλω οὐν πρωτον παντων ποιεισθαι δεησεις, προσευχας, ἐντευξεις, εὐχαριστιας, ὑπερ παντων ἀνθρωπων,
	2	ὑπερ βασιλεων και παντων των ἐν ὑπεροχη ὀντων,
	6	ἀνθρωπος χριστος ἰησους, ὁ δους ἑαυτον ἀντιλυτρον ὑπερ παντων,
Tit	2 14	και σωτηρος ἡμων ἰησου χριστου, ὁς ἐδωκεν ἑαυτον ὑπερ ἡμων
Phm	13	ὁν ἐγω ἐβουλομην προς ἐμαυτον κατεχειν, ἱνα ὑπερ σοῦ μοι διακονη ἐν τοις δεσμοις του εὐαγγελιου,
	16	ἱνα αἰωνιον αὐτον ἀπεχης, οὐκετι ὡς δουλον ἀλλ ὑπερ δουλον, ἀδελφον ἀγαπητον, μαλιστα ἐμοι, ποσω δε μαλλον σοι και ἐν σαρκι και ἐν κυριω.
	21	πεποιθως τη ὑπακοη σου ἐγραψα σοι, εἰδως ὁτι και ὑπερ ἁ λεγω ποιησεις.
Heb	2 9	ὁπως χαριτι θεου ὑπερ παντος γευσηται θανατου.
	4 12	ζων γαρ ὁ λογος του θεου και ἐνεργης και τομωτερος ὑπερ πασαν μαχαιραν διστομον

ὑπερ [150]

Heb	5 1	πας γαρ ἀρχιερευς ἐξ ἀνθρωπων λαμβανομενος ὑπερ ἀνθρωπων καθισταται τα προς τον θεον,
	1	πας γαρ ἀρχιερευς ἐξ ἀνθρωπων λαμβανομενος ὑπερ ἀνθρωπων καθισταται τα προς τον θεον, ἱνα προσφερη δωρα τε και θυσιας ὑπερ ἁμαρτιων,
	6 20	και εἰσερχομενην εἰς το ἐσωτερον του καταπετασματος, ὁπου προδρομος ὑπερ ἡμων εἰσηλθεν ἰησους,
	7 25	ὁθεν και σωζειν εἰς το παντελες δυναται τους προσερχομενους δι αὐτου τω θεω, παντοτε ζων εἰς το ἐντυγχανειν ὑπερ αὐτων.
	27	ὁς οὐκ ἐχει καθ ἡμεραν ἀναγκην, ὡσπερ οἱ ἀρχιερεις, προτερον ὑπερ των ἰδιων ἁμαρτιων θυσιας ἀναφερειν, ἐπειτα των του λαου·
	9 7	εἰς δε την δευτεραν ἀπαξ του ἐνιαυτου μονος ὁ ἀρχιερευς, οὐ χωρις αἱματος ὁ προσφερει ὑπερ ἑαυτου και των του λαου ἀγνοηματων,
	24	νυν ἐμφανισθηναι τω προσωπω του θεου ὑπερ ἡμων·
	10 12	οὑτος δε μιαν ὑπερ ἁμαρτιων προσενεγκας θυσιαν εἰς το διηνεκες ἐκαθισεν ἐν δεξια του θεου,
	13 17	αὐτοι γαρ ἀγρυπνουσιν ὑπερ των ψυχων ὑμων ὡς λογον ἀποδωσοντες·
Ja	5 16	ἐξομολογεισθε οὐν ἀλληλοις τας ἁμαρτιας, και εὐχεσθε ὑπερ ἀλληλων, ὁπως ἰαθητε.
1Pt	2 21	εἰς τουτο γαρ ἐκληθητε, ὁτι και χριστος ἐπαθεν ὑπερ ὑμων,
	3 18	ὁτι και χριστος ἀπαξ περι ἁμαρτιων ἐπαθεν, δικαιος ὑπερ ἀδικων,
1Jh	3 16	ἐν τουτω ἐγνωκαμεν την ἀγαπην, ὁτι ἐκεινος ὑπερ ἡμων την ψυχην αὐτου ἐθηκεν·
	16	και ἡμεις ὀφειλομεν ὑπερ των ἀδελφων τας ψυχας θειναι.
3Jh	7	ὑπερ γαρ του ὀνοματος ἐξηλθον μηδεν λαμβανοντες ἀπο των ἐθνικων.

ὑπεραιρομαι [3]

2Co	12 7	διο ἱνα μη ὑπεραιρωμαι, ἐδοθη μοι σκολοψ τη σαρκι, ἀγγελος σατανα, ἱνα με κολαφιζη, ἱνα μη ὑπεραιρωμαι.
	7	διο ἱνα μη ὑπεραιρωμαι, ἐδοθη μοι σκολοψ τη σαρκι, ἀγγελος σατανα, ἱνα με κολαφιζη, ἱνα μη ὑπεραιρωμαι.
2Th	2 4	ὁ υἱος της ἀπωλειας, ὁ ἀντικειμενος και ὑπεραιρομενος ἐπι παντα λεγομενον θεον ἠ σεβασμα,

ὑπερακμος [1]

1Co	7 36	εἰ δε τις ἀσχημονειν ἐπι την παρθενον αὐτου νομιζει, ἐαν ἡ ὑπερακμος, και οὑτως ὀφειλει γινεσθαι, ὁ θελει ποιειτω·

ὑπερανω [3]

Eph	1 21	και καθισας ἐν δεξια αὐτου ἐν τοις ἐπουρανιοις ὑπερανω πασης ἀρχης και ἐξουσιας
	4 10	ὁ καταβας αὐτος ἐστιν και ὁ ἀναβας ὑπερανω παντων των οὐρανων,
Heb	9 5	ὑπερανω δε αὐτης χερουβιμ δοξης κατασκιαζοντα το ἱλαστηριον·

ὑπεραυξανω [1]

2Th	1 3	εὐχαριστειν ὀφειλομεν τω θεω παντοτε περι ὑμων, ἀδελφοι, καθως ἀξιον ἐστιν, ὁτι ὑπεραυξανει ἡ πιστις ὑμων

ὑπερβαινω [1]

1Th	4 6	το μη ὑπερβαινειν και πλεονεκτειν ἐν τω πραγματι τον ἀδελφον αὐτου,

ὑπερβαλλοντως [1]

2Co	11 23	ἐν κοποις περισσοτερως, ἐν φυλακαις περισσοτερως, ἐν πληγαις ὑπερβαλλοντως, ἐν θανατοις πολλακις.

ὑπερβαλλω [5]

2Co	3 10	και γαρ οὐ δεδοξασται το δεδοξασμενον ἐν τουτω τω μερει εἱνεκεν της ὑπερβαλλουσης δοξης.
	9 14	και αὐτων δεησει ὑπερ ὑμων ἐπιποθουντων ὑμας δια την ὑπερβαλλουσαν χαριν του θεου ἐφ ὑμιν.
Eph	1 19	και τι το ὑπερβαλλον μεγεθος της δυναμεως αὐτου εἰς ἡμας τους πιστευοντας κατα την ἐνεργειαν του κρατους της ἰσχυος αὐτου,

ὑπερβαλλω [5]

Eph 2 7 ἱνα ἐνδειξηται ἐν τοις αἰωσιν τοις ἐπερχομενοις το *ὑπερβαλλον* πλουτος της χαριτος αὐτου ἐν χρηστοτητι ἐφ ἡμας ἐν χριστῳ ἱησου.

3 19 γνωναι τε την *ὑπερβαλλουσαν* της γνωσεως ἀγαπην του χριστου,

ὑπερβολη [8]

Rm 7 13 ἀλλα ἡ ἁμαρτια, ἱνα φανη ἁμαρτια, δια του ἀγαθου μοι κατεργαζομενη θανατον, ἱνα γενηται καθ *ὑπερβολην* ἁμαρτωλος ἡ ἁμαρτια δια της ἐντολης.

1Co 12 31 και ἐτι καθ *ὑπερβολην* ὁδον ὑμιν δεικνυμι.

2Co 1 8 οὐ γαρ θελομεν ὑμας ἀγνοειν, ἀδελφοι, ὑπερ της θλιψεως ἡμων της γενομενης ἐν τη ἀσια, ὁτι καθ *ὑπερβολην* ὑπερ δυναμιν ἐβαρηθημεν,

4 7 ἐχομεν δε τον θησαυρον τουτον ἐν ὀστρακινοις σκευεσιν, ἱνα ἡ *ὑπερβολη* της δυναμεως ἠ του θεου και μη ἐξ ἡμων·

17 το γαρ παραυτικα ἐλαφρον της θλιψεως ἡμων καθ *ὑπερβολην* εἰς ὑπερβολην αἰωνιον βαρος δοξης κατεργαζεται ἡμιν,

17 το γαρ παραυτικα ἐλαφρον της θλιψεως ἡμων καθ ὑπερβολην εἰς *ὑπερβολην* αἰωνιον βαρος δοξης κατεργαζεται ἡμιν,

12 7 φειδομαι δε, μη τις εἰς ἐμε λογισηται ὑπερ ὁ βλεπει με ἠ ἀκουει [τι] ἐξ ἐμου και τη *ὑπερβολη* των ἀποκαλυψεων.

Ga 1 13 ἠκουσατε γαρ την ἐμην ἀναστροφην ποτε ἐν τῳ ἰουδαισμῳ, ὁτι καθ *ὑπερβολην* ἐδιωκον την ἐκκλησιαν του θεου και ἐπορθουν αὐτην,

ὑπερεκεινα [1]

2Co 10 16 εἰς τα *ὑπερεκεινα* ὑμων εὐαγγελισασθαι, οὐκ ἐν ἀλλοτριῳ κανονι εἰς τα ἑτοιμα καυχησασθαι.

ὑπερεκπερισσου [3]

Eph 3 20 τῳ δε δυναμενῳ ὑπερ παντα ποιησαι *ὑπερεκπερισσου* ὡν αἰτουμεθα ἠ νοουμεν κατα την δυναμιν την ἐνεργουμενην ἐν ὑμιν,

1Th 3 10 νυκτος και ἡμερας *ὑπερεκπερισσου* δεομενοι εἰς το ἰδειν ὑμων το προσωπον και καταρτισαι τα ὑστερηματα της πιστεως ὑμων;

5 13 και ἡγεισθαι αὐτους *ὑπερεκπερισσου* ἐν ἀγαπη δια το ἐργον αὐτων.

ὑπερεκτεινω [1]

2Co 10 14 οὐ γαρ ὡς μη ἐφικνουμενοι εἰς ὑμας *ὑπερεκτεινομεν* ἑαυτους,

ὑπερεκχυννομαι [1]

Lc 6 38 μετρον καλον πεπιεσμενον σεσαλευμενον *ὑπερεκχυννομενον* δωσουσιν εἰς τον κολπον ὑμων·

ὑπερεντυγχανω [1]

Rm 8 26 το γαρ τι προσευξωμεθα καθο δει οὐκ οἰδαμεν, ἀλλα αὐτο το πνευμα *ὑπερεντυγχανει* στεναγμοις ἀλαλητοις·

ὑπερεχω [5]

Rm 13 1 πασα ψυχη ἐξουσιαις *ὑπερεχουσαις* ὑποτασσεσθω.

Php 2 3 μηδεν κατ ἐριθειαν μηδε κατα κενοδοξιαν, ἀλλα τη ταπεινοφροσυνη ἀλληλους ἡγουμενοι *ὑπερεχοντας* ἑαυτων,

3 8 ἀλλα μενουνγε και ἡγουμαι παντα ζημιαν εἰναι δια το *ὑπερεχον* της γνωσεως χριστου ἰησου του κυριου μου,

4 7 και ἡ εἰρηνη του θεου ἡ *ὑπερεχουσα* παντα νουν φρουρησει τας καρδιας ὑμων

1Pt 2 13 ὑποταγητε παση ἀνθρωπινη κτισει δια τον κυριον· εἰτε βασιλει ὡς *ὑπερεχοντι*, εἰτε ἡγεμοσιν ὡς δι αὐτου πεμπομενοις

ὑπερηφανια [1]

Mc 7 22 ἐσωθεν γαρ ἐκ της καρδιας των ἀνθρωπων οἱ διαλογισμοι οἱ κακοι ἐκπορευονται, πορνειαι, κλοπαι, φονοι, μοιχειαι, πλεονεξιαι, πονηριαι, δολος, ἀσελγεια, ὀφθαλμος πονηρος, βλασφημια, *ὑπερηφανια*, ἀφροσυνη·

ὑπερηφανος [5]

Lc 1 51 και ἁγιον το ὀνομα αὐτου, και το ἐλεος αὐτου εἰς γενεας και γενεας τοις φοβουμενοις αὐτον ἐποιησεν κρατος ἐν βραχιονι αὐτου, διεσκορπισεν *ὑπερηφανους* διανοια καρδιας αὐτων·

Rm 1 30 μεστους φθονου φονου ἐριδος δολου κακοηθειας, ψιθυριστας, καταλαλους, θεοστυγεις, ὑβριστας, *ὑπερηφανους*, ἀλαζονας, ἐφευρετας κακων, γονευσιν ἀπειθεις, ἀσυνετους, ἀσυνθετους, ἀστοργους, ἀνελεημονας·

2Tm 3 2 ἐσονται γαρ οἱ ἀνθρωποι φιλαυτοι, φιλαργυροι, ἀλαζονες, *ὑπερηφανοι*, βλασφημοι,

Ja 4 6 ὁ θεος *ὑπερηφανοις* ἀντιτασσεται, ταπεινοις δε διδωσιν χαριν.

1Pt 5 5 παντες δε ἀλληλοις την ταπεινοφροσυνην ἐγκομβωσασθε, ὁτι [ὁ] θεος *ὑπερηφανοις* ἀντιτασσεται,

ὑπερλιαν [2]

2Co 11 5 λογιζομαι γαρ μηδεν ὑστερηκεναι των *ὑπερλιαν* ἀποστολων.

12 11 οὐδεν γαρ ὑστερησα των *ὑπερλιαν* ἀποστολων, εἰ και οὐδεν εἰμι.

ὑπερνικαω [1]

Rm 8 37 ἀλλ ἐν τουτοις πασιν *ὑπερνικωμεν* δια του ἀγαπησαντος ἡμας.

ὑπερογκος [2]

2Pt 2 18 *ὑπερογκα* γαρ ματαιοτητος φθεγγομενοι δελεαζουσιν ἐν ἐπιθυμιαις σαρκος ἀσελγειαις τους ὀλιγως ἀποφευγοντας τους ἐν πλανη ἀναστρεφομενους,

Ju 16 και το στομα αὐτων λαλει *ὑπερογκα*, θαυμαζοντες προσωπα ὠφελειας χαριν.

ὑπεροραω [1]

Ac 17 30 τους μεν οὐν χρονους της ἀγνοιας *ὑπεριδων* ὁ θεος τα νυν παραγγελλει τοις ἀνθρωποις παντας πανταχου μετανοειν,

ὑπεροχη [2]

1Co 2 1 καγω ἐλθων προς ὑμας, ἀδελφοι, ἠλθον οὐ καθ *ὑπεροχην* λογου ἠ σοφιας καταγγελλων ὑμιν το μυστηριον του θεου.

1Tm 2 2 ὑπερ βασιλεων και παντων των ἐν *ὑπεροχη* ὀντων,

ὑπερπερισσευω [2]

Rm 5 20 οὐ δε ἐπλεονασεν ἡ ἁμαρτια, *ὑπερεπερισσευσεν* ἡ χαρις,

2Co 7 4 πεπληρωμαι τη παρακλησει, *ὑπερπερισσευομαι* τη χαρᾳ ἐπι παση τη θλιψει ἡμων.

ὑπερπερισσως [1]

Mc 7 37 και *ὑπερπερισσως* ἐξεπλησσοντο λεγοντες· καλως παντα πεποιηκεν, και τους κωφους ποιει ἀκουειν και [τους] ἀλαλους λαλειν.

ὑπερπλεοναζω [1]

1Tm 1 14 *ὑπερεπλεονασεν* δε ἡ χαρις του κυριου ἡμων μετα πιστεως και ἀγαπης της ἐν χριστῳ ἰησου.

ὑπερυψοω [1]

Php 2 9 διο και ὁ θεος αὐτον *ὑπερυψωσεν*

ὑπερφρονεω [1]

Rm 12 3 λεγω γαρ δια της χαριτος της δοθεισης μοι παντι τῳ ὀντι ἐν ὑμιν, μη *ὑπερφρονειν* παρ ὁ δει φρονειν,

ὑπερωον [4]

Ac 1 13 και ὁτε εἰσηλθον, εἰς το *ὑπερωον* ἀνεβησαν οὐ ἠσαν καταμενοντες, ὁ τε πετρος και ἰωαννης και ἰακωβος και ἀνδρεας,

9 37 λουσαντες δε ἐθηκαν [αὐτην] ἐν *ὑπερωῳ*.

39 ὁν παραγενομενον ἀνηγαγον εἰς το *ὑπερωον*,

20 8 ἠσαν δε λαμπαδες ἱκαναι ἐν τῳ *ὑπερωῳ* οὐ ἠμεν συνηγμενοι.

ὑπεχω [1]

Ju   7   τον ὁμοιον τροπον τουτοις ἐκπορνευσασαι και ἀπελθουσαι ὀπισω σαρκος ἑτερας, προκεινται δειγμα πυρος αἰωνιου δικην ὑπεχουσαι.

ὑπηκοος [3]

Ac   7 39   ᾧ οὐκ ἠθελησαν ὑπηκοοι γενεσθαι οἱ πατερες ἡμων,
2Co   2 9   εἰς τουτο γαρ και ἐγραψα, ἱνα γνω την δοκιμην ὑμων, εἰ εἰς παντα ὑπηκοοι ἐστε.
Php   2 8   και σχηματι εὑρεθεις ὡς ἀνθρωπος ἐταπεινωσεν ἑαυτον γενομενος ὑπηκοος μεχρι θανατου,

ὑπηρετεω [3]

Ac   13 36   δαυιδ μεν γαρ ἰδια γενεα ὑπηρετησας τῃ του θεου βουλῃ ἐκοιμηθη και προσετεθη προς τους πατερας αὐτου και εἰδεν διαφθοραν·
  20 34   αὐτοι γινωσκετε ὁτι ταις χρειαις μου και τοις οὐσιν μετ ἐμου ὑπηρετησαν αἱ χειρες αὑται.
  24 23   διαταξαμενος τῳ ἑκατονταρχῃ τηρεισθαι αὐτον ἐχειν τε ἀνεσιν και μηδενα κωλυειν των ἰδιων αὐτου ὑπηρετειν αὐτῳ.

ὑπηρετης [20]

Mt   5 25   μηποτε σε παραδῳ ὁ ἀντιδικος τῳ κριτῃ και ὁ κριτης τῳ ὑπηρετῃ,
  26 58   και εἰσελθων ἐσω ἐκαθητο μετα των ὑπηρετων ἰδειν το τελος.
Mc   14 54   και ἠν συγκαθημενος μετα των ὑπηρετων και θερμαινομενος προς το φως.
  65   και οἱ ὑπηρεται ῥαπισμασιν αὐτον ἐλαβον.
Lc   1 2   ἐπειδηπερ πολλοι ἐπεχειρησαν ἀναταξασθαι διηγησιν περι των πεπληροφορημενων ἐν ἡμιν πραγματων, καθως παρεδοσαν ἡμιν οἱ ἀπ ἀρχης αὐτοπται και ὑπηρεται γενομενοι του λογου,
  4 20   και πτυξας το βιβλιον ἀποδους τῳ ὑπηρετῃ ἐκαθισεν·
Jh   7 32   ἠκουσαν οἱ φαρισαιοι του ὀχλου γογγυζοντος περι αὐτου ταυτα, και ἀπεστειλαν οἱ ἀρχιερεις και οἱ φαρισαιοι ὑπηρετας ἱνα πιασωσιν αὐτον.
  45   ἠλθον οὐν οἱ ὑπηρεται προς τους ἀρχιερεις και φαρισαιους,
  46   ἀπεκριθησαν οἱ ὑπηρεται· οὐδεποτε ἐλαλησεν οὑτως ἀνθρωπος.
  18 3   ὁ οὐν ἰουδας λαβων την σπειραν και ἐκ των ἀρχιερεων και ἐκ των φαρισαιων ὑπηρετας ἐρχεται ἐκει μετα φανων και λαμπαδων και ὁπλων.
  12   ἡ οὐν σπειρα και ὁ χιλιαρχος και οἱ ὑπηρεται των ἰουδαιων συνελαβον τον ἰησουν και ἐδησαν αὐτον,
  18   εἱστηκεισαν δε οἱ δουλοι και οἱ ὑπηρεται ἀνθρακιαν πεποιηκοτες, ὁτι ψυχος ἠν,
  22   ταυτα δε αὐτου εἰποντος εἱς παρεστηκως των ὑπηρετων ἐδωκεν ῥαπισμα τῳ ἰησου εἰπων·
  36   εἰ ἐκ του κοσμου τουτου ἠν ἡ βασιλεια ἡ ἐμη, οἱ ὑπηρεται οἱ ἐμοι ἠγωνιζοντο [ἀν],
  19 6   ὁτε οὐν εἰδον αὐτον οἱ ἀρχιερεις και οἱ ὑπηρεται, ἐκραυγασαν λεγοντες·
Ac   5 22   οἱ δε παραγενομενοι ὑπηρεται οὐχ εὑρον αὐτους ἐν τῃ φυλακῃ·
  26   τοτε ἀπελθων ὁ στρατηγος συν τοις ὑπηρεταις ἠγεν αὐτους, οὐ μετα βιας,
  13 5   εἰχον δε και ἰωαννην ὑπηρετην.
  26 16   εἰς τουτο γαρ ὠφθην σοι, προχειρισασθαι σε ὑπηρετην και μαρτυρα ὡν τε εἰδες [με] ὡν τε ὀφθησομαι σοι,
1Co   4 1   οὑτως ἡμας λογιζεσθω ἀνθρωπος ὡς ὑπηρετας χριστου και οἰκονομους μυστηριων θεου.

ὑπνος [6]

Mt   1 24   ἐγερθεις δε ὁ ἰωσηφ ἀπο του ὑπνου ἐποιησεν ὡς προσεταξεν αὐτῳ ὁ ἀγγελος κυριου,
Lc   9 32   ὁ δε πετρος και οἱ συν αὐτῳ ἠσαν βεβαρημενοι ὑπνῳ·
Jh   11 13   ἐκεινοι δε ἐδοξαν ὁτι περι της κοιμησεως του ὑπνου λεγει.
Ac   20 9   καθεζομενος δε τις νεανιας ὀνοματι εὐτυχος ἐπι της θυριδος, καταφερομενος ὑπνῳ βαθει, διαλεγομενου του παυλου ἐπι πλειον,
  9   κατενεχθεις ἀπο του ὑπνου ἐπεσεν ἀπο του τριστεγου κατω και ἠρθη νεκρος.
Rm   13 11   και τουτο εἰδοτες τον καιρον, ὁτι ὡρα ἠδη ὑμας ἐξ ὑπνου ἐγερθηναι·

ὑπο [220]

Mt   1 22   τουτο δε ὁλον γεγονεν ἱνα πληρωθῃ το ῥηθεν ὑπο κυριου δια του προφητου λεγοντος·
  2 15   ἱνα πληρωθῃ το ῥηθεν ὑπο κυριου δια του προφητου λεγοντος·
  16   τοτε ἡρωδης ἰδων ὁτι ἐνεπαιχθη ὑπο των μαγων ἐθυμωθη λιαν,
  3 6   και ἐβαπτιζοντο ἐν τῳ ἰορδανῃ ποταμῳ ὑπ αὐτου ἐξομολογουμενοι τας ἁμαρτιας αὐτων.
  13   τοτε παραγινεται ὁ ἰησους ἀπο της γαλιλαιας ἐπι τον ἰορδανην προς τον ἰωαννην του βαπτισθηναι ὑπ αὐτου.
  14   ἐγω χρειαν ἐχω ὑπο σου βαπτισθηναι,
  4 1   τοτε ὁ ἰησους ἀνηχθη εἰς την ἐρημον ὑπο του πνευματος πειρασθηναι ὑπο του διαβολου.
  1   τοτε ὁ ἰησους ἀνηχθη εἰς την ἐρημον ὑπο του πνευματος πειρασθηναι ὑπο του διαβολου.
  5 13   εἰς οὐδεν ἰσχυει ἐτι εἰ μη βληθεν ἐξω καταπατεισθαι ὑπο των ἀνθρωπων.
  15   οὐδε καιουσιν λυχνον και τιθεασιν αὐτον ὑπο τον μοδιον, ἀλλ ἐπι την λυχνιαν,
  6 2   ὡσπερ οἱ ὑποκριται ποιουσιν ἐν ταις συναγωγαις και ἐν ταις ῥυμαις, ὁπως δοξασθωσιν ὑπο των ἀνθρωπων·
  8 8   οὐκ εἰμι ἱκανος ἱνα μου ὑπο την στεγην εἰσελθῃς·
  9   και γαρ ἐγω ἀνθρωπος εἰμι ὑπο ἐξουσιαν,
  9   και γαρ ἐγω ἀνθρωπος εἰμι ὑπο ἐξουσιαν, ἐχων ὑπ ἐμαυτον στρατιωτας,
  24   και ἰδου σεισμος μεγας ἐγενετο ἐν τῃ θαλασσῃ, ὡστε το πλοιον καλυπτεσθαι ὑπο των κυματων·
  10 22   και ἐσεσθε μισουμενοι ὑπο παντων δια το ὀνομα μου·
  11 7   τι ἐξηλθατε εἰς την ἐρημον θεασασθαι; καλαμον ὑπο ἀνεμου σαλευομενον;
  27   παντα μοι παρεδοθη ὑπο του πατρος μου,
  14 8   ἡ δε προβιβασθεισα ὑπο της μητρος αὐτης·
  24   το δε πλοιον ἠδη σταδιους πολλους ἀπο της γης ἀπειχεν, βασανιζομενον ὑπο των κυματων, ἠν γαρ ἐναντιος ὁ ἀνεμος.
  17 12   οὑτως και ὁ υἱος του ἀνθρωπου μελλει πασχειν ὑπ αὐτων.
  19 12   και εἰσιν εὐνουχοι οἱτινες εὐνουχισθησαν ὑπο των ἀνθρωπων,
  20 23   το δε καθισαι ἐκ δεξιων μου και ἐξ εὐωνυμων οὐκ ἐστιν ἐμον [τουτο] δουναι, ἀλλ οἱς ἡτοιμασται ὑπο του πατρος μου.
  22 31   περι δε της ἀναστασεως των νεκρων οὐκ ἀνεγνωτε το ῥηθεν ὑμιν ὑπο του θεου λεγοντος· ἐγω εἰμι ὁ θεος ἀβρααμ και ὁ θεος ἰσαακ και ὁ θεος ἰακωβ;
  23 7   φιλουσιν δε την πρωτοκλισιαν ἐν τοις δειπνοις και τας πρωτοκαθεδριας ἐν ταις συναγωγαις και τους ἀσπασμους ἐν ταις ἀγοραις και καλεισθαι ὑπο των ἀνθρωπων ῥαββι.
  37   ποσακις ἠθελησα ἐπισυναγαγειν τα τεκνα σου, ὁν τροπον ὀρνις ἐπισυναγει τα νοσσια αὐτης ὑπο τας πτερυγας, και οὐκ ἠθελησατε.
  24 9   και ἐσεσθε μισουμενοι ὑπο παντων των ἐθνων δια το ὀνομα μου.
  27 12   και ἐν τῳ κατηγορεισθαι αὐτον ὑπο των ἀρχιερεων και πρεσβυτερων οὐδεν ἀπεκρινατο.
Mc   1 5   και ἐβαπτιζοντο ὑπ αὐτου ἐν τῳ ἰορδανῃ ποταμῳ ἐξομολογουμενοι τας ἁμαρτιας αὐτων.
  9   και ἐγενετο ἐν ἐκειναις ταις ἡμεραις ἠλθεν ἰησους ἀπο ναζαρετ της γαλιλαιας και ἐβαπτισθη εἰς τον ἰορδανην ὑπο ἰωαννου.
  13   και ἠν ἐν τῃ ἐρημῳ τεσσερακοντα ἡμερας πειραζομενος ὑπο του σατανα,
  2 3   και ἐρχονται φεροντες προς αὐτον παραλυτικον αἰρομενον ὑπο τεσσαρων.
  4 21   και ἐλεγεν αὐτοις μητι ἐρχεται ὁ λυχνος ἱνα ὑπο τον μοδιον τεθῃ ἡ ὑπο την κλινην;
  21   και ἐλεγεν αὐτοις μητι ἐρχεται ὁ λυχνος ἱνα ὑπο τον μοδιον τεθῃ ἡ ὑπο την κλινην;
  32   και ποιει κλαδους μεγαλους, ὡστε δυνασθαι ὑπο την σκιαν αὐτου τα πετεινα του οὐρανου κατασκηνουν.
  5 4   και οὐδε ἁλυσει οὐκετι οὐδεις ἐδυνατο αὐτον δησαι, δια το αὐτον πολλακις πεδαις και ἁλυσεσιν δεδεσθαι, και διεσπασθαι ὑπ αὐτου τας ἁλυσεις και τας πεδας συντετριφθαι,
  26   και γυνη οὐσα ἐν ῥυσει αἱματος δωδεκα ἐτη, και πολλα παθουσα ὑπο πολλων ἰατρων και δαπανησασα τα παρ αὐτης παντα,
  8 31   και ἠρξατο διδασκειν αὐτους ὁτι δει τον υἱον του ἀνθρωπου πολλα παθειν, και ἀποδοκιμασθηναι ὑπο των πρεσβυτερων και των ἀρχιερεων και των γραμματεων και ἀποκτανθηναι και μετα τρεις ἡμερας ἀναστηναι·
  13 13   και ἐσεσθε μισουμενοι ὑπο παντων δια το ὀνομα μου·

ὑπο [220]

Mc	16 11	κακεινοι ἀκουσαντες ὁτι ζη και ἐθεαθη ὑπ αὐτης ἠπιστησαν.
Lc	2 18	και παντες οἱ ἀκουσαντες ἐθαυμασαν περι των λαληθεντων ὑπο των ποιμενων προς αὐτους·
	21	και ἐκληθη το ὀνομα αὐτου ἰησους, το κληθεν ὑπο του ἀγγελου προ του συλλημφθηναι αὐτον ἐν τη κοιλια.
	26	και ἠν αὐτω κεχρηματισμενον ὑπο του πνευματος του ἁγιου μη ἰδειν θανατον πριν [ἠ] ἀν ἰδη τον χριστον κυριου.
3	7	ἐλεγεν οὐν τοις ἐκπορευομενοις ὀχλοις βαπτισθηναι ὑπ αὐτου· γεννηματα ἐχιδνων, τις ὑπεδειξεν ὑμιν φυγειν ἀπο της μελλουσης ὀργης;
	19	ὁ δε ἡρωδης ὁ τετρααρχης, ἐλεγχομενος ὑπ αὐτου περι ἡρωδιαδος της γυναικος του ἀδελφου αὐτου και περι παντων ὡν ἐποιησεν πονηρων ὁ ἡρωδης,
4	2	ἰησους δε πληρης πνευματος ἁγιου ὑπεστρεψεν ἀπο του ἰορδανου, και ἠγετο ἐν τω πνευματι ἐν τη ἐρημω ἡμερας τεσσερακοντα πειραζομενος ὑπο του διαβολου.
	15	και αὐτος ἐδιδασκεν ἐν ταις συναγωγαις αὐτων, δοξαζομενος ὑπο παντων.
7	6	κυριε, μη σκυλλου· οὐ γαρ ἱκανος εἰμι ἱνα ὑπο την στεγην μου εἰσελθης·
	8	και γαρ ἐγω ἀνθρωπος εἰμι ὑπο ἐξουσιαν τασσομενος,
	8	και γαρ ἐγω ἀνθρωπος εἰμι ὑπο ἐξουσιαν τασσομενος, ἐχων ὑπ ἐμαυτον στρατιωτας,
	24	τι ἐξηλθατε εἰς την ἐρημον θεασασθαι; καλαμον ὑπο ἀνεμου σαλευομενον;
	30	οἱ δε φαρισαιοι και οἱ νομικοι την βουλην του θεου ἠθετησαν εἰς ἑαυτους, μη βαπτισθεντες ὑπ αὐτου.
8	14	και ὑπο μεριμνων και πλουτου και ἡδονων του βιου πορευομενοι συμπνιγονται και οὐ τελεσφορουσιν.
	29	και διαρρησσων τα δεσμα ἠλαυνετο ὑπο του δαιμονιου εἰς τας ἐρημους.
9	7	και διηπορει δια το λεγεσθαι ὑπο τινων ὁτι ἰωαννης ἠγερθη ἐκ νεκρων,
	8	και διηπορει δια το λεγεσθαι ὑπο τινων ὁτι ἰωαννης ἠγερθη ἐκ νεκρων, ὑπο τινων δε ὁτι ἡλιας ἐφανη, ἀλλων δε ὁτι προφητης τις των ἀρχαιων ἀνεστη.
10	22	παντα μοι παρεδοθη ὑπο του πατρος μου,
11	33	οὐδεις λυχνον ἁψας εἰς κρυπτην τιθησιν [οὐδε ὑπο τον μοδιον,] ἀλλ ἐπι την λυχνιαν, ἱνα οἱ εἰσπορευομενοι το φως βλεπωσιν.
13	17	και ταυτα λεγοντος αὐτου κατησχυνοντο παντες οἱ ἀντικειμενοι αὐτω και πας ὁ ὀχλος ἐχαιρεν ἐπι πασιν τοις ἐνδοξοις τοις γινομενοις ὑπ αὐτου.
	34	ποσακις ἠθελησα ἐπισυναξαι τα τεκνα σου ὁν τροπον ὀρνις την ἑαυτης νοσσιαν ὑπο τας πτερυγας,
14	8	ὁταν κληθης ὑπο τινος εἰς γαμους, μη κατακλιθης εἰς την πρωτοκλισιαν,
	8	ὁταν κληθης ὑπο τινος εἰς γαμους, μη κατακλιθης εἰς την πρωτοκλισιαν, μηποτε ἐντιμοτερος σου ἠ κεκλημενος ὑπ αὐτου,
16	22	ἐγενετο δε ἀποθανειν τον πτωχον και ἀπενεχθηναι αὐτον ὑπο των ἀγγελων εἰς τον κολπον ἀβρααμ·
17	20	ἐπερωτηθεις δε ὑπο των φαρισαιων ποτε ἐρχεται ἡ βασιλεια του θεου, ἀπεκριθη αὐτοις και εἰπεν·
	24	ὡσπερ γαρ ἡ ἀστραπη ἀστραπτουσα ἐκ της ὑπο τον οὐρανον εἰς την ὑπ οὐρανον λαμπει, οὑτως ἐσται ὁ υἱος του ἀνθρωπου [ἐν τη ἡμερα αὐτου].
	24	ὡσπερ γαρ ἡ ἀστραπη ἀστραπτουσα ἐκ της ὑπο τον οὐρανον εἰς την ὑπ οὐρανον λαμπει, οὑτως ἐσται ὁ υἱος του ἀνθρωπου [ἐν τη ἡμερα αὐτου].
21	16	παραδοθησεσθε δε και ὑπο γονεων και ἀδελφων και συγγενων και φιλων,
	17	και ἐσεσθε μισουμενοι ὑπο παντων δια το ὀνομα μου.
	20	ὁταν δε ἰδητε κυκλουμενην ὑπο στρατοπεδων ἰερουσαλημ, τοτε γνωτε ὁτι ἠγγικεν ἡ ἐρημωσις αὐτης.
	24	και ἰερουσαλημ ἐσται πατουμενη ὑπο ἐθνων, ἀχρι οὑ πληρωθωσιν καιροι ἐθνων.
23	8	και ἠλπιζεν τι σημειον ἰδειν ὑπ αὐτου γινομενον.
Jh	1 48	προ του σε φιλιππον φωνησαι ὀντα ὑπο την συκην εἰδον σε.
	14 21	ὁ δε ἀγαπων με ἀγαπηθησεται ὑπο του πατρος μου,
Ac	2 5	ἠσαν δε εἰς ἰερουσαλημ κατοικουντες ἰουδαιοι, ἀνδρες εὐλαβεις ἀπο παντος ἐθνους των ὑπο τον οὐρανον·
	24	ὁν ὁ θεος ἀνεστησεν λυσας τας ὠδινας του θανατου, καθοτι οὐκ ἠν δυνατον κρατεισθαι αὐτον ὑπ αὐτου.
4	11	οὑτος ἐστιν ὁ λιθος ὁ ἐξουθενηθεις ὑφ ὑμων των οἰκοδομων, ὁ γενομενος εἰς κεφαλην γωνιας.
	12	οὐδε γαρ ὀνομα ἐστιν ἑτερον ὑπο τον οὐρανον το δεδομενον ἐν ἀνθρωποις ἐν ὡ δει σωθηναι ἡμας.

ὑπο [220]

Ac	5 16	συνηρχετο δε και το πληθος των περιξ πολεων ἰερουσαλημ, φεροντες ἀσθενεις και ὀχλουμενους ὑπο πνευματων ἀκαθαρτων,
	21	ἀκουσαντες δε εἰσηλθον ὑπο τον ὀρθρον εἰς το ἱερον και ἐδιδασκον.
8	6	προσειχον δε οἱ ὀχλοι τοις λεγομενοις ὑπο του φιλιππου ὁμοθυμαδον ἐν τω ἀκουειν αὐτους και βλεπειν τα σημεια ἁ ἐποιει.
10	17	ὡς δε ἐν ἑαυτω διηπορει ὁ πετρος τι ἀν εἰη το ὁραμα ὁ εἰδεν, ἰδου οἱ ἀνδρες οἱ ἀπεσταλμενοι ὑπο του κορνηλιου διερωτησαντες την οἰκιαν του σιμωνος ἐπεστησαν ἐπι τον πυλωνα,
	22	κορνηλιος ἑκατονταρχης, ἀνηρ δικαιος και φοβουμενος τον θεον, μαρτυρουμενος τε ὑπο ὁλου του ἐθνους των ἰουδαιων,
	22	μαρτυρουμενος τε ὑπο ὁλου του ἐθνους των ἰουδαιων, ἐχρηματισθη ὑπο ἀγγελου ἁγιου μεταπεμψασθαι σε εἰς τον οἰκον αὐτου και ἀκουσαι ρηματα παρα σου.
	33	νυν οὐν παντες ἡμεις ἐνωπιον του θεου παρεσμεν ἀκουσαι παντα τα προστεταγμενα σοι ὑπο του κυριου.
	38	ὡς ἐχρισεν αὐτον ὁ θεος πνευματι ἁγιω και δυναμει, ὁς διηλθεν εὐεργετων και ἰωμενος παντας τους καταδυναστευομενους ὑπο του διαβολου,
	41	οὐ παντι τω λαω, ἀλλα μαρτυσιν τοις προκεχειροτονημενοις ὑπο του θεου,
	42	και παρηγγειλεν ἡμιν κηρυξαι τω λαω και διαμαρτυρασθαι ὁτι οὑτος ἐστιν ὁ ὡρισμενος ὑπο του θεου κριτης ζωντων και νεκρων.
12	5	προσευχη δε ἠν ἐκτενως γινομενη ὑπο της ἐκκλησιας προς τον θεον περι αὐτου.
13	4	αὐτοι μεν οὐν ἐκπεμφθεντες ὑπο του ἁγιου πνευματος κατηλθον εἰς σελευκειαν,
	45	ἰδοντες δε οἱ ἰουδαιοι τους ὀχλους ἐπλησθησαν ζηλου, και ἀντελεγον τοις ὑπο του παυλου λαλουμενοις βλασφημουντες.
15	3	οἱ μεν οὐν προπεμφθεντες ὑπο της ἐκκλησιας διηρχοντο την τε φοινικην και σαμαρειαν ἐκδιηγουμενοι την ἐπιστροφην των ἐθνων,
	40	παυλος δε ἐπιλεξαμενος σιλαν ἐξηλθεν, παραδοθεις τη χαριτι του κυριου ὑπο των ἀδελφων·
16	2	τιμοθεος, υἱος γυναικος ἰουδαιας πιστης πατρος δε ἑλληνος, ὁς ἐμαρτυρειτο ὑπο των ἐν λυστροις και ἰκονιω ἀδελφων.
	4	ὡς δε διεπορευοντο τας πολεις, παρεδιδοσαν αὐτοις φυλασσειν τα δογματα τα κεκριμενα ὑπο των ἀποστολων και πρεσβυτερων των ἐν ἱεροσολυμοις.
	6	διηλθον δε την φρυγιαν και γαλατικην χωραν, κωλυθεντες ὑπο του ἁγιου πνευματος λαλησαι τον λογον ἐν τη ἀσια·
	14	ἡς ὁ κυριος διηνοιξεν την καρδιαν προσεχειν τοις λαλουμενοις ὑπο του παυλου.
17	13	ὡς δε ἐγνωσαν οἱ ἀπο της θεσσαλονικης ἰουδαιοι ὁτι και ἐν τη βεροια κατηγγελη ὑπο του παυλου ὁ λογος του θεου, ἠλθον κακει σαλευοντες και ταρασσοντες τους ὀχλους.
	19	δυναμεθα γνωναι τις ἡ καινη αὑτη ἡ ὑπο σου λαλουμενη διδαχη;
	25	οὐδε ὑπο χειρων ἀνθρωπινων θεραπευεται προσδεομενος τινος, αὐτος διδους πασι ζωην και πνοην και τα παντα·
20	3	γενομενης ἐπιβουλης αὐτω ὑπο των ἰουδαιων μελλοντι ἀναγεσθαι εἰς την συριαν, ἐγενετο γνωμης του ὑποστρεφειν δια μακεδονιας.
21	35	ὁτε δε ἐγενετο ἐπι τους ἀναβαθμους, συνεβη βασταζεσθαι αὐτον ὑπο των στρατιωτων δια την βιαν του ὀχλου·
22	11	ὡς δε οὐκ ἐνεβλεπον ἀπο της δοξης του φωτος ἐκεινου, χειραγωγουμενος ὑπο των συνοντων μοι ἠλθον εἰς δαμασκον.
	12	ἀνανιας δε τις, ἀνηρ εὐλαβης κατα τον νομον, μαρτυρουμενος ὑπο παντων των κατοικουντων ἰουδαιων, ἐλθων προς με και ἐπιστας εἰπεν μοι·
	30	τη δε ἐπαυριον βουλομενος γνωναι το ἀσφαλες, το τι κατηγορειται ὑπο των ἰουδαιων,
23	10	πολλης δε γινομενης στασεως φοβηθεις ὁ χιλιαρχος μη διασπασθη ὁ παυλος ὑπ αὐτων,
	27	τον ἀνδρα τουτον συλλημφθεντα ὑπο των ἰουδαιων και μελλοντα ἀναιρεισθαι ὑπ αὐτων ἐπιστας συν τω στρατευματι ἐξειλαμην,
	27	τον ἀνδρα τουτον συλλημφθεντα ὑπο των ἰουδαιων και μελλοντα ἀναιρεισθαι ὑπ αὐτων ἐπιστας συν τω στρατευματι ἐξειλαμην,
24	26	ἁμα και ἐλπιζων ὁτι χρηματα δοθησεται αὐτω ὑπο του παυλου·
25	14	ἀνηρ τις ἐστιν καταλελειμμενος ὑπο φηλικος δεσμιος, περι οὑ γενομενου μου εἰς ἱεροσολυμα ἐνεφανισαν οἱ ἀρχιερεις και οἱ πρεσβυτεροι των ἰουδαιων,

ὑπο [220]

Ac	26 2	περι παντων ὡν ἐγκαλουμαι ὑπο ἰουδαιων, βασιλευ ἀγριππα, ἡγημαι ἐμαυτον μακαριον ἐπι σου μελλων σημερον ἀπολογεισθαι,
	6	και νυν ἐπ ἐλπιδι της εἰς τους πατερας ἡμων ἐπαγγελιας γενομενης ὑπο του θεου ἐστηκα κρινομενος,
	7	περι ἡς ἐλπιδος ἐγκαλουμαι ὑπο ἰουδαιων, βασιλευ.
	27 11	ὁ δε ἑκατονταρχης τω κυβερνητη και τω ναυκληρω μαλλον ἐπειθετο ἠ τοις ὑπο παυλου λεγομενοις.
	41	και ἡ μεν πρωρα ἐρεισασα ἐμεινεν ἀσαλευτος, ἡ δε πρυμνα ἐλυετο ὑπο της βιας [των κυματων].
Rm	3 9	προητιασαμεθα γαρ ἰουδαιους τε και ἑλληνας παντας ὑφ ἁμαρτιαν εἰναι, καθως γεγραπται ὁτι οὐκ ἐστιν δικαιος οὐδε εἱς,
	13	ἰος ἀσπιδων ὑπο τα χειλη αὐτων· ὡν το στομα ἀρας και πικριας γεμει·
	21	νυνι δε χωρις νομου δικαιοσυνη θεου πεφανερωται, μαρτυρουμενη ὑπο του νομου και των προφητων,
	6 14	οὐ γαρ ἐστε ὑπο νομον ἀλλα ὑπο χαριν.
	14	οὐ γαρ ἐστε ὑπο νομον ἀλλα ὑπο χαριν.
	15	ἁμαρτησωμεν, ὁτι οὐκ ἐσμεν ὑπο νομον ἀλλα ὑπο χαριν;
	15	ἁμαρτησωμεν, ὁτι οὐκ ἐσμεν ὑπο νομον ἀλλα ὑπο χαριν;
	7 14	ἐγω δε σαρκινος εἰμι, πεπραμενος ὑπο την ἁμαρτιαν.
	12 21	μη νικω ὑπο του κακου, ἀλλα νικα ἐν τω ἀγαθω το κακον.
	13 1	οὐ γαρ ἐστιν ἐξουσια εἰ μη ὑπο θεου, αἱ δε οὐσαι ὑπο θεου τεταγμεναι εἰσιν.
	1	αἱ δε οὐσαι ὑπο θεου τεταγμεναι εἰσιν.
	15 15	τολμηροτερον δε ἐγραψα ὑμιν ἀπο μερους, ὡς ἐπαναμιμνησκων ὑμας δια την χαριν την δοθεισαν μοι ὑπο του θεου
	24	ἐλπιζω γαρ διαπορευομενος θεασασθαι ὑμας και ὑφ ὑμων προπεμφθηναι ἐκει,
	16 20	ὁ δε θεος της εἰρηνης συντριψει τον σαταναν ὑπο τους ποδας ὑμων ἐν ταχει.
1Co	1 11	ἐδηλωθη γαρ μοι περι ὑμων, ἀδελφοι μου, ὑπο των χλοης, ὁτι ἐριδες ἐν ὑμιν εἰσιν.
	2 12	ἡμεις δε οὐ το πνευμα του κοσμου ἐλαβομεν ἀλλα το πνευμα το ἐκ του θεου, ἱνα εἰδωμεν τα ὑπο του θεου χαρισθεντα ἡμιν·
	15	ὁ δε πνευματικος ἀνακρινει [τα] παντα, αὐτος δε ὑπ οὐδενος ἀνακρινεται.
	4 3	ἐμοι δε εἰς ἐλαχιστον ἐστιν ἱνα ὑφ ὑμων ἀνακριθω ἠ ὑπο ἀνθρωπινης ἡμερας·
	3	ἐμοι δε εἰς ἐλαχιστον ἐστιν ἱνα ὑφ ὑμων ἀνακριθω ἠ ὑπο ἀνθρωπινης ἡμερας·
	6 12	παντα μοι ἐξεστιν, ἀλλ οὐκ ἐγω ἐξουσιασθησομαι ὑπο τινος.
	7 25	γνωμην δε διδωμι ὡς ἠλεημενος ὑπο κυριου πιστος εἰναι.
	8 3	εἰ δε τις ἀγαπα τον θεον, οὑτος ἐγνωσται ὑπ αὐτου.
	9 20	τοις ὑπο νομον ὡς ὑπο νομον, μη ὡν αὐτος ὑπο νομον,
	20	τοις ὑπο νομον ὡς ὑπο νομον, μη ὡν αὐτος ὑπο νομον,
	20	τοις ὑπο νομον ὡς ὑπο νομον, μη ὡν αὐτος ὑπο νομον,
	20	τοις ὑπο νομον ὡς ὑπο νομον, μη ὡν αὐτος ὑπο νομον, ἱνα τους ὑπο νομον κερδησω·
	10 1	οὐ θελω γαρ ὑμας ἀγνοειν, ἀδελφοι, ὁτι οἱ πατερες ἡμων παντες ὑπο την νεφελην ἠσαν
	9	μηδε ἐκπειραζωμεν τον χριστον, καθως τινες αὐτων ἐπειρασαν και ὑπο των ὀφεων ἀπωλλυντο.
	10	μηδε γογγυζετε, καθαπερ τινες αὐτων ἐγογγυσαν, και ἀπωλοντο ὑπο του ὀλοθρευτου.
	29	ἱνατι γαρ ἡ ἐλευθερια μου κρινεται ὑπο ἀλλης συνειδησεως;
	11 32	κρινομενοι δε ὑπο [του] κυριου παιδευομεθα, ἱνα μη συν τω κοσμω κατακριθωμεν.
	14 24	ἐαν δε παντες προφητευωσιν, εἰσελθη δε τις ἀπιστος ἠ ἰδιωτης, ἐλεγχεται ὑπο παντων, ἀνακρινεται ὑπο παντων,
	24	ἐαν δε παντες προφητευωσιν, εἰσελθη δε τις ἀπιστος ἠ ἰδιωτης, ἐλεγχεται ὑπο παντων, ἀνακρινεται ὑπο παντων,
	15 25	δει γαρ αὐτον βασιλευειν ἀχρι οὑ θη παντας τους ἐχθρους ὑπο τους ποδας αὐτου.
	27	παντα γαρ ὑπεταξεν ὑπο τους ποδας αὐτου.
2Co	1 4	ὁ παρακαλων ἡμας ἐπι παση τη θλιψει ἡμων, εἰς το δυνασθαι ἡμας παρακαλειν τους ἐν παση θλιψει δια της παρακλησεως ἡς παρακαλουμεθα αὐτοι ὑπο του θεου.
	16	και δι ὑμων διελθειν εἰς μακεδονιαν, και παλιν ἀπο μακεδονιας ἐλθειν προς ὑμας και ὑφ ὑμων προπεμφθηναι εἰς την ἰουδαιαν.
	2 6	ἱκανον τω τοιουτω ἡ ἐπιτιμια αὑτη ἡ ὑπο των πλειονων,
	11	ἱνα μη πλεονεκτηθωμεν ὑπο του σατανα·
	3 2	ἡ ἐπιστολη ἡμων ὑμεις ἐστε, ἐγγεγραμμενη ἐν ταις καρδιαις ἡμων, γινωσκομενη και ἀναγινωσκομενη ὑπο παντων ἀνθρωπων,

ὑπο [220]

2Co	3 3	φανερουμενοι ὁτι ἐστε ἐπιστολη χριστου διακονηθεισα ὑφ ἡμων,
	5 4	ἐφ ᾡ οὐ θελομεν ἐκδυσασθαι ἀλλ ἐπενδυσασθαι, ἱνα καταποθη το θνητον ὑπο της ζωης.
	8 19	οὐ μονον δε ἀλλα και χειροτονηθεις ὑπο των ἐκκλησιων συνεκδημος ἡμων
	19	οὐ μονον δε ἀλλα και χειροτονηθεις ὑπο των ἐκκλησιων συνεκδημος ἡμων συν τη χαριτι ταυτη τη διακονουμενη ὑφ ἡμων προς την [αὐτου] του κυριου δοξαν και προθυμιαν ἡμων,
	20	στελλομενοι τουτο, μη τις ἡμας μωμησηται ἐν τη ἁδροτητι ταυτη τη διακονουμενη ὑφ ἡμων·
	11 24	ὑπο ἰουδαιων πεντακις τεσσερακοντα παρα μιαν ἐλαβον,
	12 11	ἐγω γαρ ὠφειλον ὑφ ὑμων συνιστασθαι.
Ga	1 11	γνωριζω γαρ ὑμιν, ἀδελφοι, το εὐαγγελιον το εὐαγγελισθεν ὑπ ἐμου ὁτι οὐκ ἐστιν κατα ἀνθρωπον·
	3 10	ὁσοι γαρ ἐξ ἐργων νομου εἰσιν, ὑπο καταραν εἰσιν·
	17	διαθηκην προκεκυρωμενην ὑπο του θεου ὁ μετα τετρακοσιακαιτριακοντα ἐτη γεγονως νομος οὐκ ἀκυροι, εἰς το καταργησαι την ἐπαγγελιαν.
	22	ἀλλα συνεκλεισεν ἡ γραφη τα παντα ὑπο ἁμαρτιαν ἱνα ἡ ἐπαγγελια ἐκ πιστεως ἰησου χριστου δοθη τοις πιστευουσιν.
	23	προ του δε ἐλθειν την πιστιν ὑπο νομον ἐφρουρουμεθα συγκλειομενοι εἰς την μελλουσαν πιστιν ἀποκαλυφθηναι.
	25	ἐλθουσης δε της πιστεως οὐκετι ὑπο παιδαγωγον ἐσμεν.
	4 2	οὐδεν διαφερει δουλου κυριος παντων ὡν, ἀλλα ὑπο ἐπιτροπους ἐστιν και οἰκονομους ἀχρι της προθεσμιας του πατρος.
	3	οὑτως και ἡμεις, ὁτε ἠμεν νηπιοι, ὑπο τα στοιχεια του κοσμου ἠμεθα δεδουλωμενοι·
	4	ἐξαπεστειλεν ὁ θεος τον υἱον αὐτου, γενομενον ἐκ γυναικος, γενομενον ὑπο νομον,
	5	γενομενον ἐκ γυναικος, γενομενον ὑπο νομον, ἱνα τους ὑπο νομον ἐξαγοραση,
	9	μαλλον δε γνωσθεντες ὑπο θεου,
	21	λεγετε μοι, οἱ ὑπο νομον θελοντες εἰναι, τον νομον οὐκ ἀκουετε;
	5 15	εἰ δε ἀλληλους δακνετε και κατεσθιετε, βλεπετε μη ὑπ ἀλληλων ἀναλωθητε.
	18	εἰ δε πνευματι ἀγεσθε, οὐκ ἐστε ὑπο νομον.
Eph	1 22	και παντα ὑπεταξεν ὑπο τους ποδας αὐτου,
	2 11	διο μνημονευετε ὁτι ποτε ὑμεις τα ἐθνη ἐν σαρκι, οἱ λεγομενοι ἀκροβυστια ὑπο της λεγομενης περιτομης ἐν σαρκι χειροποιητου,
	5 12	τα γαρ κρυφη γινομενα ὑπ αὐτων αἰσχρον ἐστιν και λεγειν·
	13	τα δε παντα ἐλεγχομενα ὑπο του φωτος φανερουται·
Php	1 28	μια ψυχη συναθλουντες τη πιστει του εὐαγγελιου, και μη πτυρομενοι ἐν μηδενι ὑπο των ἀντικειμενων,
	3 12	διωκω δε εἰ και καταλαβω, ἐφ ᡇ και κατελημφθην ὑπο χριστου [ἰησου].
Col	1 23	και μη μετακινουμενοι ἀπο της ἐλπιδος του εὐαγγελιου οὑ ἠκουσατε, του κηρυχθεντος ἐν παση κτισει τη ὑπο τον οὐρανον,
	2 18	εἰκη φυσιουμενος ὑπο του νοος της σαρκος αὐτου,
1Th	1 4	εἰδοτες, ἀδελφοι ἠγαπημενοι ὑπο [του] θεου, την ἐκλογην ὑμων,
	2 4	ἀλλα καθως δεδοκιμασμεθα ὑπο του θεου πιστευθηναι το εὐαγγελιον οὑτως λαλουμεν,
	14	ὁτι τα αὐτα ἐπαθετε και ὑμεις ὑπο των ἰδιων συμφυλετων,
	14	ὁτι τα αὐτα ἐπαθετε και ὑμεις ὑπο των ἰδιων συμφυλετων, καθως και αὐτοι ὑπο των ἰουδαιων,
2Th	2 13	ἡμεις δε ὀφειλομεν εὐχαριστειν τω θεω παντοτε περι ὑμων, ἀδελφοι ἠγαπημενοι ὑπο κυριου,
1Tm	6 1	ὁσοι εἰσιν ὑπο ζυγον δουλοι, τους ἰδιους δεσποτας πασης τιμης ἀξιους ἡγεισθωσαν,
2Tm	2 26	και ἀνανηψωσιν ἐκ της του διαβολου παγιδος, ἐζωγρημενοι ὑπ αὐτου εἰς το ἐκεινου θελημα.
Heb	2 3	ἡτις ἀρχην λαβουσα λαλεισθαι δια του κυριου, ὑπο των ἀκουσαντων εἰς ἡμας ἐβεβαιωθη,
	3 4	πας γαρ οἰκος κατασκευαζεται ὑπο τινος,
	5 4	και οὐχ ἑαυτω τις λαμβανει την τιμην, ἀλλα καλουμενος ὑπο του θεου,
	10	προσαγορευθεις ὑπο του θεου ἀρχιερευς κατα την ταξιν μελχισεδεκ.
	7 7	χωρις δε πασης ἀντιλογιας το ἐλαττον ὑπο του κρειττονος εὐλογειται.
	9 19	λαληθεισης γαρ πασης ἐντολης κατα τον νομον ὑπο μωυσεως παντι τω λαω, λαβων το αἱμα των μοσχων

ὑπο [220]

Heb 11 23 πιστει μωυσης γεννηθεις ἐκρυβη τριμηνον ὑπο των πατερων αὐτου,
12 3 ἀναλογισασθε γαρ τον τοιαυτην ὑπομεμενηκοτα ὑπο των ἁμαρτωλων εἰς ἑαυτον ἀντιλογιαν,
5 υἱε μου, μη ὀλιγωρει παιδειας κυριου, μηδε ἐκλυου ὑπ αὐτου ἐλεγχομενος·

Ja 1 14 ἑκαστος δε πειραζεται ὑπο της ἰδιας ἐπιθυμιας ἐξελκομενος και δελεαζομενος·
2 3 και τω πτωχω εἰπητε· συ στηθι ἐκει ἢ καθου ὑπο το ὑποποδιον μου,
9 εἰ δε προσωπολημπτειτε, ἁμαρτιαν ἐργαζεσθε, ἐλεγχομενοι ὑπο του νομου ὡς παραβαται.
3 4 ἰδου και τα πλοια, τηλικαυτα ὀντα και ὑπο ἀνεμων σκληρων ἐλαυνομενα,
4 μεταγεται ὑπο ἐλαχιστου πηδαλιου ὁπου ἡ ὁρμη του εὐθυνοντος βουλεται·
6 ἡ σπιλουσα ὁλον το σωμα και φλογιζουσα τον τροχον της γενεσεως και φλογιζομενη ὑπο της γεεννης.
5 12 ἠτω δε ὑμων το ναι ναι, και το οὐ οὐ, ἰνα μη ὑπο κρισιν πεσητε.

1Pt 2 4 προς ὁν προσερχομενοι, λιθον ζωντα, ὑπο ἀνθρωπων μεν ἀποδεδοκιμασμενον παρα δε θεω ἐκλεκτον ἐντιμον,
5 6 ταπεινωθητε οὐν ὑπο την κραταιαν χειρα του θεου,

2Pt 1 17 λαβων γαρ παρα θεου πατρος τιμην και δοξαν φωνης ἐνεχθεισης αὐτω τοιασδε ὑπο της μεγαλοπρεπους δοξης·
21 ἀλλα ὑπο πνευματος ἁγιου φερομενοι ἐλαλησαν ἀπο θεου ἀνθρωποι.
2 7 και δικαιον λωτ καταπονουμενον ὑπο της των ἀθεσμων ἐν ἀσελγεια ἀναστροφης ἐρρυσατο·
17 οὐτοι εἰσιν πηγαι ἀνυδροι και ὁμιχλαι ὑπο λαιλαπος ἐλαυνομεναι,
3 2 ἐν αἰς διεγειρω ὑμων ἐν ὑπομνησει την εἰλικρινη διανοιαν, μνησθηναι των προειρημενων ῥηματων ὑπο των ἁγιων προφητων

3Jh 12 δημητριω μεμαρτυρηται ὑπο παντων και ὑπο αὐτης της ἀληθειας·
12 δημητριω μεμαρτυρηται ὑπο παντων και ὑπο αὐτης της ἀληθειας·

Ju 6 ἀγγελους τε τους μη τηρησαντας την ἑαυτων ἀρχην ἀλλα ἀπολιποντας το ἰδιον οἰκητηριον εἰς κρισιν μεγαλης ἡμερας δεσμοις ἀιδιοις ὑπο ζοφον τετηρηκεν·
12 νεφελαι ἀνυδροι ὑπο ἀνεμων παραφερομεναι,
17 ὑμεις δε, ἀγαπητοι, μνησθητε των ῥηματων των προειρημενων ὑπο των ἀποστολων του κυριου ἡμων ἰησου χριστου,

Apc 6 8 και ἐδοθη αὐτοις ἐξουσια ἐπι το τεταρτον της γης, ἀποκτειναι ἐν ῥομφαια και ἐν λιμω και ἐν θανατω και ὑπο των θηριων της γης.
13 ὡς συκη βαλλει τους ὀλυνθους αὐτης ὑπο ἀνεμου μεγαλου σειομενη,

ὑποβαλλω [1]

Ac 6 11 τοτε ὑπεβαλον ἀνδρας λεγοντας ὁτι ἀκηκοαμεν αὐτου λαλουντος ῥηματα βλασφημα εἰς μωυσην και τον θεον·

ὑπογραμμος [1]

1Pt 2 21 ὁτι και χριστος ἐπαθεν ὑπερ ὑμων, ὑμιν ὑπολιμπανων ὑπογραμμον ἰνα ἐπακολουθησητε τοις ἰχνεσιν αὐτου·

ὑποδειγμα [6]

Jh 13 15 ὑποδειγμα γαρ ἐδωκα ὑμιν ἰνα καθως ἐγω ἐποιησα ὑμιν και ὑμεις ποιητε.
Heb 4 11 σπουδασωμεν οὐν εἰσελθειν εἰς ἐκεινην την καταπαυσιν, ἰνα μη ἐν τω αὐτω τις ὑποδειγματι πεση της ἀπειθειας.
8 5 οἰτινες ὑποδειγματι και σκια λατρευουσιν των ἐπουρανιων,
9 23 ἀναγκη οὐν τα μεν ὑποδειγματα των ἐν τοις οὐρανοις τουτοις καθαριζεσθαι,
Ja 5 10 ὑποδειγμα λαβετε, ἀδελφοι, της κακοπαθιας και της μακροθυμιας τους προφητας,
2Pt 2 6 και πολεις σοδομων και γομορρας τεφρωσας [καταστροφη] κατεκρινεν, ὑποδειγμα μελλοντων ἀσεβε[σ]ιν τεθεικως,

ὑποδεικνυμι [6]

Mt 3 7 τις ὑπεδειξεν ὑμιν φυγειν ἀπο της μελλουσης ὀργης;
Lc 3 7 γεννηματα ἐχιδνων, τις ὑπεδειξεν ὑμιν φυγειν ἀπο της μελλουσης ὀργης;

ὑποδεικνυμι [6]

Lc 6 47 πας ὁ ἐρχομενος προς με και ἀκουων μου των λογων και ποιων αὐτους, ὑποδειξω ὑμιν τινι ἐστιν ὁμοιος.
12 5 ὑποδειξω δε ὑμιν τινα φοβηθητε·
Ac 9 16 ἐγω γαρ ὑποδειξω αὐτω ὁσα δει αὐτον ὑπερ του ὀνοματος μου παθειν.
20 35 παντα ὑπεδειξα ὑμιν, ὁτι οὐτως κοπιωντας δει ἀντιλαμβανεσθαι των ἀσθενουντων,

ὑποδεομαι [3]

Mc 6 9 και παρηγγειλεν αὐτοις ἰνα μηδεν αἰρωσιν εἰς ὁδον εἰ μη ῥαβδον μονον, μη ἀρτον, μη πηραν, μη εἰς την ζωνην χαλκον, ἀλλα ὑποδεδεμενους σανδαλια, και μη ἐνδυσησθε δυο χιτωνας.
Ac 12 8 ζωσαι και ὑποδησαι τα σανδαλια σου.
Eph 6 15 και ὑποδησαμενοι τους ποδας ἐν ἑτοιμασια του εὐαγγελιου της εἰρηνης,

ὑποδεχομαι [4]

Lc 10 38 γυνη δε τις ὀνοματι μαρθα ὑπεδεξατο αὐτον.
19 6 και σπευσας κατεβη, και ὑπεδεξατο αὐτον χαιρων.
Ac 17 7 βοωντες ὁτι οἱ την οἰκουμενην ἀναστατωσαντες οὐτοι και ἐνθαδε παρεισιν, οὐς ὑποδεδεκται ἰασων·
Ja 2 25 ὁμοιως δε και ῥααβ ἡ πορνη οὐκ ἐξ ἐργων ἐδικαιωθη, ὑποδεξαμενη τους ἀγγελους και ἐτερα ὁδω ἐκβαλουσα;

ὑποδημα [10]

Mt 3 11 οὐ οὐκ εἰμι ἱκανος τα ὑποδηματα βαστασαι·
10 10 μη κτησησθε χρυσον μηδε ἀργυρον μηδε χαλκον εἰς τας ζωνας ὑμων, μη πηραν εἰς ὁδον μηδε δυο χιτωνας μηδε ὑποδηματα μηδε ῥαβδον·
Mc 1 7 ἐρχεται ὁ ἰσχυροτερος μου ὀπισω μου, οὐ οὐκ εἰμι ἱκανος κυψας λυσαι τον ἱμαντα των ὑποδηματων αὐτου.
Lc 3 16 ἐγω μεν ὑδατι βαπτιζω ὑμας· ἐρχεται δε ὁ ἰσχυροτερος μου, οὐ οὐκ εἰμι ἱκανος λυσαι τον ἱμαντα των ὑποδηματων αὐτου·
10 4 μη βασταζετε βαλλαντιον, μη πηραν, μη ὑποδηματα· και μηδενα κατα την ὁδον ἀσπασησθε.
15 22 και δοτε δακτυλιον εἰς την χειρα αὐτου και ὑποδηματα εἰς τους ποδας,
22 35 ὁτε ἀπεστειλα ὑμας ἀτερ βαλλαντιου και πηρας και ὑποδηματων, μη τινος ὑστερησατε;
Jh 1 27 ὁ ὀπισω μου ἐρχομενος, οὐ οὐκ εἰμι [ἐγω] ἀξιος ἰνα λυσω αὐτου τον ἱμαντα του ὑποδηματος.
Ac 7 33 λυσον το ὑποδημα των ποδων σου· ὁ γαρ τοπος ἐφ ᾡ ἑστηκας γη ἀγια ἐστιν.
13 25 ἀλλ ἰδου ἐρχεται μετ ἐμε οὐ οὐκ εἰμι ἀξιος το ὑποδημα των ποδων λυσαι.

ὑποδικος [1]

Rm 3 19 οἰδαμεν δε ὁτι ὁσα ὁ νομος λεγει τοις ἐν τω νομω λαλει, ἰνα παν στομα φραγη και ὑποδικος γενηται πας ὁ κοσμος τω θεω·

ὑποζυγιον [2]

Mt 21 5 εἰπατε τη θυγατρι σιων· ἰδου ὁ βασιλευς σου ἐρχεται σοι πραυς και ἐπιβεβηκως ἐπι ὀνον και ἐπι πωλον υἱον ὑποζυγιου.
2Pt 2 16 ὑποζυγιον ἀφωνον ἐν ἀνθρωπου φωνη φθεγξαμενον ἐκωλυσεν την του προφητου παραφρονιαν.

ὑποζωννυμι [1]

Ac 27 17 ἡν ἀραντες βοηθειαις ἐχρωντο, ὑποζωννυντες το πλοιον·

ὑποκατω [11]

Mt 22 44 πως οὐν δαυιδ ἐν πνευματι καλει αὐτον κυριον λεγων· εἰπεν κυριος τω κυριω μου· καθου ἐκ δεξιων μου ἑως ἀν θω τους ἐχθρους σου ὑποκατω των ποδων σου;
Mc 6 11 και ὁς ἀν τοπος μη δεξηται ὑμας μηδε ἀκουσωσιν ὑμων, ἐκπορευομενοι ἐκειθεν ἐκτιναξατε τον χουν τον ὑποκατω των ποδων ὑμων εἰς μαρτυριον αὐτοις.
7 28 κυριε· και τα κυναρια ὑποκατω της τραπεζης ἐσθιουσιν ἀπο των ψιχιων των παιδιων.
12 36 εἰπεν κυριος τω κυριω μου· καθου ἐκ δεξιων μου ἑως ἀν θω τους ἐχθρους σου ὑποκατω των ποδων σου.

ὑποκατω [11]

Lc	8 16	οὐδεις δε λυχνον ἁψας καλυπτει αὐτον σκευει ἠ *ὑποκατω* κλινης τιθησιν,
Jh	1 50	ἀπεκριθη ἰησους και εἰπεν αὐτῳ· ὁτι εἰπον σοι ὁτι εἰδον σε *ὑποκατω* της συκης, πιστευεις; μειζω τουτων ὀψη.
Heb	2 8	παντα ὑπεταξας *ὑποκατω* των ποδων αὐτου.
Apc	5 3	και οὐδεις ἐδυνατο ἐν τῳ οὐρανῳ οὐδε ἐπι της γης οὐδε *ὑποκατω* της γης ἀνοιξαι το βιβλιον οὐτε βλεπειν αὐτο.
	13	και παν κτισμα ὁ ἐν τῳ οὐρανῳ και ἐπι της γης και *ὑποκατω* της γης και ἐπι της θαλασσης,
	6 9	και ὁτε ἡνοιξεν την πεμπτην σφραγιδα, εἰδον *ὑποκατω* του θυσιαστηριου τας ψυχας των ἐσφαγμενων
	12 1	γυνη περιβεβλημενη τον ἡλιον, και ἡ σεληνη *ὑποκατω* των ποδων αὐτης,

ὑποκρινομαι [1]

Lc	20 20	και παρατηρησαντες ἀπεστειλαν ἐγκαθετους *ὑποκρινομενους* ἑαυτους δικαιους εἰναι,

ὑποκρισις [6]

Mt	23 28	οὑτως και ὑμεις ἐξωθεν μεν φαινεσθε τοις ἀνθρωποις δικαιοι, ἐσωθεν δε ἐστε μεστοι *ὑποκρισεως* και ἀνομιας.
Mc	12 15	ὁ δε εἰδως αὐτων την *ὑποκρισιν* εἰπεν αὐτοις· τι με πειραζετε;
Lc	12 1	προσεχετε ἑαυτοις ἀπο της ζυμης, ἡτις ἐστιν *ὑποκρισις*, των φαρισαιων.
Ga	2 13	και συνυπεκριθησαν αὐτῳ [και] οἱ λοιποι ἰουδαιοι, ὡστε και βαρναβας συναπηχθη αὐτων τῃ *ὑποκρισει*.
1Tm	4 2	ἐν *ὑποκρισει* ψευδολογων, κεκαυστηριασμενων την ἰδιαν συνειδησιν,
1Pt	2 1	ἀποθεμενοι οὐν πασαν κακιαν και παντα δολον και *ὑποκρισεις* και φθονους και πασας καταλαλιας,

ὑποκριτης [18]

Mt	6 2	μη σαλπισης ἐμπροσθεν σου, ὡσπερ οἱ *ὑποκριται* ποιουσιν ἐν ταις συναγωγαις και ἐν ταις ῥυμαις,
	5	και ὁταν προσευχησθε, οὐκ ἐσεσθε ὡς οἱ *ὑποκριται*·
	16	ὁταν δε νηστευητε, μη γινεσθε ὡς οἱ *ὑποκριται* σκυθρωποι·
	7 5	*ὑποκριτα*, ἐκβαλε πρωτον ἐκ του ὀφθαλμου σοῦ την δοκον,
	15 7	*ὑποκριται*, καλως ἐπροφητευσεν περι ὑμων ἡσαιας λεγων·
	22 18	τι με πειραζετε, *ὑποκριται*;
	23 13	οὐαι δε ὑμιν, γραμματεις και φαρισαιοι *ὑποκριται*, ὁτι κλειετε την βασιλειαν των οὐρανων ἐμπροσθεν των ἀνθρωπων·
	14 *	οὐαι ὑμιν, γραμματεις και φαρισαιοι, *ὑποκριται*, ὁτι κατεσθιετε τας οἰκιας των χηρων, και προφασει μακρα προσευχομενοι·
	15	οὐαι ὑμιν, γραμματεις και φαρισαιοι *ὑποκριται*, ὁτι περιαγετε την θαλασσαν και την ξηραν ποιησαι ἑνα προσηλυτον,
	23	οὐαι ὑμιν, γραμματεις και φαρισαιοι *ὑποκριται*, ὁτι ἀποδεκατουτε το ἡδυοσμον και το ἀνηθον και το κυμινον,
	25	οὐαι ὑμιν, γραμματεις και φαρισαιοι *ὑποκριται*, ὁτι καθαριζετε το ἐξωθεν του ποτηριου και της παροψιδος, ἐσωθεν δε γεμουσιν ἐξ ἁρπαγης και ἀκρασιας.
	27	οὐαι ὑμιν, γραμματεις και φαρισαιοι *ὑποκριται*, ὁτι παρομοιαζετε ταφοις κεκονιαμενοις,
	29	οὐαι ὑμιν, γραμματεις και φαρισαιοι *ὑποκριται*, ὁτι οἰκοδομειτε τους ταφους των προφητων και κοσμειτε τα μνημεια των δικαιων,
	24 51	και διχοτομησει αὐτον, και το μερος αὐτου μετα των *ὑποκριτων* θησει·
Mc	7 6	καλως ἐπροφητευσεν ἡσαιας περι ὑμων των *ὑποκριτων*, ὡς γεγραπται [ὁτι] οὑτος ὁ λαος τοις χειλεσιν με τιμα, ἡ δε καρδια αὐτων πορρω ἀπεχει ἀπ᾽ ἐμου·
Lc	6 42	*ὑποκριτα*, ἐκβαλε πρωτον την δοκον ἐκ του ὀφθαλμου σου, και τοτε διαβλεψεις το καρφος το ἐν τῳ ὀφθαλμῳ του ἀδελφου σου ἐκβαλειν.
	12 56	*ὑποκριται*, το προσωπον της γης και του οὐρανου οἰδατε δοκιμαζειν, τον καιρον δε τουτον πως οὐκ οἰδατε δοκιμαζειν;
	13 15	*ὑποκριται*, ἑκαστος ὑμων τῳ σαββατῳ οὐ λυει τον βουν αὐτου ἠ τον ὀνον ἀπο της φατνης και ἀπαγαγων ποτιζει;

ὑπολαμβανω [5]

Lc	7 43	*ὑπολαμβανω* ὁτι ᾡ το πλειον ἐχαρισατο.
	10 30	*ὑπολαβων* ὁ ἰησους εἰπεν· ἀνθρωπος τις κατεβαινεν ἀπο ἱερουσαλημ εἰς ἰεριχω,
Ac	1 9	και νεφελη *ὑπελαβεν* αὐτον ἀπο των ὀφθαλμων αὐτων.

ὑπολαμβανω [5]

Ac	2 15	οὐ γαρ ὡς ὑμεις *ὑπολαμβανετε* οὑτοι μεθυουσιν, ἐστιν γαρ ὡρα τριτη της ἡμερας, ἀλλα τουτο ἐστιν το εἰρημενον δια του προφητου ἰωηλ·
3Jh	8	ἡμεις οὐν ὀφειλομεν *ὑπολαμβανειν* τους τοιουτους,

ὑπολειμμα [1]

Rm	9 27	ἐαν ἡ ὁ ἀριθμος των υἱων ἰσραηλ ὡς ἡ ἀμμος της θαλασσης, το *ὑπολειμμα* σωθησεται·

ὑπολειπομαι [1]

Rm	11 3	καγω *ὑπελειφθην* μονος και ζητουσιν την ψυχην μου.

ὑποληνιον [1]

Mc	12 1	και περιεθηκεν φραγμον και ὠρυξεν *ὑποληνιον* και ᾠκοδομησεν πυργον,

ὑπολιμπανω [1]

1Pt	2 21	ὁτι και χριστος ἐπαθεν ὑπερ ὑμων, ὑμιν *ὑπολιμπανων* ὑπογραμμον ἱνα ἐπακολουθησητε τοις ἰχνεσιν αὐτου·

ὑπομενω [17]

Mt	10 22	ὁ δε *ὑπομεινας* εἰς τελος, οὑτος σωθησεται.
	24 13	ὁ δε *ὑπομεινας* εἰς τελος, οὑτος σωθησεται.
Mc	13 13	ὁ δε *ὑπομεινας* εἰς τελος, οὑτος σωθησεται.
Lc	2 43	και τελειωσαντων τας ἡμερας, ἐν τῳ ὑποστρεφειν αὐτους *ὑπεμεινεν* ἰησους ὁ παις ἐν ἰερουσαλημ, και οὐκ ἐγνωσαν οἱ γονεις αὐτου.
Ac	17 14	*ὑπεμειναν* τε ὁ τε σιλας και ὁ τιμοθεος ἐκει.
Rm	12 12	τῃ ἐλπιδι χαιροντες, τῃ θλιψει *ὑπομενοντες*,
1Co	13 7	παντα στεγει, παντα πιστευει, παντα ἐλπιζει, παντα *ὑπομενει*.
2Tm	2 10	δια τουτο παντα *ὑπομενω* δια τους ἐκλεκτους,
	12	εἰ γαρ συναπεθανομεν, και συζησομεν· εἰ *ὑπομενομεν*, και συμβασιλευσομεν·
Heb	10 32	ἀναμιμνησκεσθε δε τας προτερον ἡμερας, ἐν αἱς φωτισθεντες πολλην ἀθλησιν *ὑπεμεινατε* παθηματων,
	12 2	ἀφορωντες εἰς τον της πιστεως ἀρχηγον και τελειωτην ἰησουν, ὁς ἀντι της προκειμενης αὐτῳ χαρας *ὑπεμεινεν* σταυρον αἰσχυνης καταφρονησας,
	3	ἀναλογισασθε γαρ τον τοιαυτην *ὑπομεμενηκοτα* ὑπο των ἁμαρτωλων εἰς ἑαυτον ἀντιλογιαν,
	7	εἰς παιδειαν *ὑπομενετε*· ὡς υἱοις ὑμιν προσφερεται ὁ θεος·
Ja	1 12	μακαριος ἀνηρ ὁς *ὑπομενει* πειρασμον,
	5 11	ἰδου μακαριζομεν τους *ὑπομειναντας*·
1Pt	2 20	ποιον γαρ κλεος εἰ ἁμαρτανοντες και κολαφιζομενοι *ὑπομενειτε*;
	20	ἀλλ᾽ εἰ ἀγαθοποιουντες και πασχοντες *ὑπομενειτε*, τουτο χαρις παρα θεῳ.

ὑπομιμνησκω [7]

Lc	22 61	και *ὑπεμνησθη* ὁ πετρος του ῥηματος του κυριου, ὡς εἰπεν αὐτῳ ὁτι πριν ἀλεκτορα φωνησαι σημερον ἀπαρνηση με τρις.
Jh	14 26	ὁ δε παρακλητος, το πνευμα το ἁγιον ὁ πεμψει ὁ πατηρ ἐν τῳ ὀνοματι μου, ἐκεινος ὑμας διδαξει παντα και *ὑπομνησει* ὑμας παντα ἁ εἰπον ὑμιν [ἐγω].
2Tm	2 14	ταυτα *ὑπομιμνησκε*, διαμαρτυρομενος ἐνωπιον του θεου μη λογομαχειν,
Tit	3 1	*ὑπομιμνησκε* αὐτους ἀρχαις ἐξουσιαις ὑποτασσεσθαι,
2Pt	1 12	διο μελλησω ἀει ὑμας *ὑπομιμνησκειν* περι τουτων,
3Jh	10	δια τουτο, ἐαν ἐλθω, *ὑπομνησω* αὐτου τα ἐργα ἁ ποιει
Ju	5	*ὑπομνησαι* δε ὑμας βουλομαι, εἰδοτας [ὑμας] παντα, ὁτι [ὁ] κυριος ἁπαξ λαον ἐκ γης αἰγυπτου σωσας το δευτερον τους μη πιστευσαντας ἀπωλεσεν,

ὑπομνησις [3]

2Tm	1 5	*ὑπομνησιν* λαβων της ἐν σοι ἀνυποκριτου πιστεως,
2Pt	1 13	δικαιον δε ἡγουμαι, ἐφ᾽ ὁσον εἰμι ἐν τουτῳ τῳ σκηνωματι, διεγειρειν ὑμας ἐν *ὑπομνησει*,
	3 1	ταυτην ἡδη, ἀγαπητοι, δευτεραν ὑμιν γραφω ἐπιστολην, ἐν αἱς διεγειρω ὑμων ἐν *ὑπομνησει* την εἰλικρινη διανοιαν,

ὑπομονη [32]

Lc	8 15	το δε ἐν τη καλη γη, οὗτοι εἰσιν οἵτινες ἐν καρδιᾳ καλη και ἀγαθη ἀκουσαντες τον λογον κατεχουσιν και καρποφορουσιν ἐν ὑπομονη.
	21 19	ἐν τη ὑπομονη ὑμων κτησασθε τας ψυχας ὑμων.
Rm	2 7	τοις μεν καθ ὑπομονην ἐργου ἀγαθου δοξαν και τιμην και ἀφθαρσιαν ζητουσιν ζωην αἰωνιον·
	5 3	οὐ μονον δε, ἀλλα και καυχωμεθα ἐν ταις θλιψεσιν, εἰδοτες ὁτι ἡ θλιψις ὑπομονην κατεργαζεται,
	4	εἰδοτες ὁτι ἡ θλιψις ὑπομονην κατεργαζεται, ἡ δε ὑπομονη δοκιμην, ἡ δε δοκιμη ἐλπιδα·
	8 25	εἰ δε ὁ οὐ βλεπομεν ἐλπιζομεν, δι ὑπομονης ἀπεκδεχομεθα.
	15 4	εἰς την ἡμετεραν διδασκαλιαν ἐγραφη, ἱνα δια της ὑπομονης και δια της παρακλησεως των γραφων την ἐλπιδα ἐχωμεν.
	5	ὁ δε θεος της ὑπομονης και της παρακλησεως δωη ὑμιν το αὐτο φρονειν ἐν ἀλληλοις κατα χριστον ἰησουν,
2Co	1 6	εἰτε παρακαλουμεθα, ὑπερ της ὑμων παρακλησεως της ἐνεργουμενης ἐν ὑπομονη των αὐτων παθηματων ὡν και ἡμεις πασχομεν,
	6 4	ἐν ὑπομονη πολλη, ἐν θλιψεσιν, ἐν ἀναγκαις,
	12 12	τα μεν σημεια του ἀποστολου κατειργασθη ἐν ὑμιν ἐν παση ὑπομονη,
Col	1 11	ἐν παση δυναμει δυναμουμενοι κατα το κρατος της δοξης αὐτου εἰς πασαν ὑπομονην και μακροθυμιαν,
1Th	1 3	ἀδιαλειπτως μνημονευοντες ὑμων του ἐργου της πιστεως και του κοπου της ἀγαπης και της ὑπομονης της ἐλπιδος του κυριου ἡμων ἰησου χριστου
2Th	1 4	ὡστε αὐτους ἡμας ἐν ὑμιν ἐγκαυχασθαι ἐν ταις ἐκκλησιαις του θεου ὑπερ της ὑπομονης ὑμων και πιστεως
	3 5	ὁ δε κυριος κατευθυναι ὑμων τας καρδιας εἰς την ἀγαπην του θεου και εἰς την ὑπομονην του χριστου.
1Tm	6 11	διωκε δε δικαιοσυνην, εὐσεβειαν, πιστιν, ἀγαπην, ὑπομονην, πραυπαθιαν.
2Tm	3 10	συ δε παρηκολουθησας μου τη διδασκαλια, τη ἀγωγη, τη προθεσει, τη πιστει, τη μακροθυμια, τη ἀγαπη, τη ὑπομονη,
Tit	2 2	πρεσβυτας νηφαλιους εἰναι, σεμνους, σωφρονας, ὑγιαινοντας τη πιστει, τη ἀγαπη, τη ὑπομονη·
Heb	10 36	ὑπομονης γαρ ἐχετε χρειαν ἱνα το θελημα του θεου ποιησαντες κομισησθε την ἐπαγγελιαν.
	12 1	δι ὑπομονης τρεχωμεν τον προκειμενον ἡμιν ἀγωνα,
Ja	1 3	γινωσκοντες ὁτι το δοκιμιον ὑμων της πιστεως κατεργαζεται ὑπομονην.
	4	ἡ δε ὑπομονη ἐργον τελειον ἐχετω,
	5 11	την ὑπομονην ἰωβ ἠκουσατε, και το τελος κυριου εἰδετε,
2Pt	1 6	ἐν δε τη ἐγκρατεια την ὑπομονην, ἐν δε τη ὑπομονη την εὐσεβειαν,
	6	ἐν δε τη ἐγκρατεια την ὑπομονην, ἐν δε τη ὑπομονη την εὐσεβειαν,
Apc	1 9	ἐγω ἰωαννης, ὁ ἀδελφος ὑμων και συγκοινωνος ἐν τη θλιψει και βασιλεια και ὑπομονη ἐν ἰησου,
	2 2	οἰδα τα ἐργα σου και τον κοπον και την ὑπομονην σου,
	3	και ὑπομονην ἐχεις, και ἐβαστασας δια το ὀνομα μου,
	19	οἰδα σου τα ἐργα και την ἀγαπην και την πιστιν και την διακονιαν και την ὑπομονην σου,
	3 10	ὁτι ἐτηρησας τον λογον της ὑπομονης μου, καγω σε τηρησω ἐκ της ὡρας του πειρασμου
	13 10	ὡδε ἐστιν ἡ ὑπομονη και ἡ πιστις των ἁγιων.
	14 12	ὡδε ἡ ὑπομονη των ἁγιων ἐστιν,

ὑπονοεω [3]

Ac	13 25	τί ἐμε ὑπονοειτε εἰναι, οὐκ εἰμι ἐγω·
	25 18	περι οὑ σταθεντες οἱ κατηγοροι οὐδεμιαν αἰτιαν ἐφερον ὡν ἐγω ὑπενοουν πονηρων,
	27 27	ὡς δε τεσσαρεσκαιδεκατη νυξ ἐγενετο διαφερομενων ἡμων ἐν τω ἀδρια, κατα μεσον της νυκτος ὑπενοουν οἱ ναυται προσαγειν τινα αὐτοις χωραν.

ὑπονοια [1]

1Tm	6 4	ἀλλα νοσων περι ζητησεις και λογομαχιας, ἐξ ὡν γινεται φθονος, ἐρις, βλασφημιαι, ὑπονοιαι πονηραι,

ὑποπλεω [2]

Ac	27 4	κακειθεν ἀναχθεντες ὑπεπλευσαμεν την κυπρον δια το τους ἀνεμους εἰναι ἐναντιους,
	7	ἐν ἱκαναις δε ἡμεραις βραδυπλοουντες και μολις γενομενοι κατα την κνιδον, μη προσεωντος ἡμας του ἀνεμου, ὑπεπλευσαμεν την κρητην κατα σαλμωνην,

ὑποπνεω [1]

Ac	27 13	ὑποπνευσαντος δε νοτου δοξαντες της προθεσεως κεκρατηκεναι, ἀραντες ἀσσον παρελεγοντο την κρητην.

ὑποποδιον [7]

Mt	5 35	μητε ἐν τη γη, ὁτι ὑποποδιον ἐστιν των ποδων αὐτου·
Lc	20 43	καθου ἐκ δεξιων μου ἑως ἀν θω τους ἐχθρους σου ὑποποδιον των ποδων σου.
Ac	2 35	εἰπεν [ὁ] κυριος τω κυριω μου· καθου ἐκ δεξιων μου, ἑως ἀν θω τους ἐχθρους σου ὑποποδιον των ποδων σου.
	7 49	ὁ οὐρανος μοι θρονος, ἡ δε γη ὑποποδιον των ποδων μου·
Heb	1 13	καθου ἐκ δεξιων μου ἑως ἀν θω τους ἐχθρους σου ὑποποδιον των ποδων σου;
	10 13	το λοιπον ἐκδεχομενος ἑως τεθωσιν οἱ ἐχθροι αὐτου ὑποποδιον των ποδων αὐτου.
Ja	2 3	και τω πτωχω εἰπητε· συ στηθι ἐκει ἡ καθου ὑπο το ὑποποδιον μου,

ὑποστασις [5]

2Co	9 4	μη πως ἐαν ἐλθωσιν συν ἐμοι μακεδονες και εὑρωσιν ὑμας ἀπαρασκευαστους καταισχυνθωμεν ἡμεις, ἱνα μη λεγω ὑμεις, ἐν τη ὑποστασει ταυτη.
	11 17	οὐ κατα κυριον λαλω, ἀλλ ὡς ἐν ἀφροσυνη, ἐν ταυτη τη ὑποστασει της καυχησεως.
Heb	1 3	ὁς ὡν ἀπαυγασμα της δοξης και χαρακτηρ της ὑποστασεως αὐτου,
	3 14	μετοχοι γαρ του χριστου γεγοναμεν, ἐανπερ την ἀρχην της ὑποστασεως μεχρι τελους βεβαιαν κατασχωμεν.
	11 1	ἐστιν δε πιστις ἐλπιζομενων ὑποστασις, πραγματων ἐλεγχος οὐ βλεπομενων.

ὑποστελλω [4]

Ac	20 20	ὡς οὐδεν ὑπεστειλαμην των συμφεροντων του μη ἀναγγειλαι ὑμιν και διδαξαι ὑμας δημοσια και κατ οἰκους,
	27	οὐ γαρ ὑπεστειλαμην του μη ἀναγγειλαι πασαν την βουλην του θεου ὑμιν.
Ga	2 12	ὁτε δε ἠλθον, ὑπεστελλεν και ἀφωριζεν ἑαυτον, φοβουμενος τους ἐκ περιτομης·
Heb	10 38	και ἐαν ὑποστειληται, οὐκ εὐδοκει ἡ ψυχη μου ἐν αὐτω.

ὑποστολη [1]

Heb	10 39	ἡμεις δε οὐκ ἐσμεν ὑποστολης εἰς ἀπωλειαν, ἀλλα πιστεως εἰς περιποιησιν ψυχης.

ὑποστρεφω [35]

Lc	1 56	ἐμεινεν δε μαριαμ συν αὐτη ὡς μηνας τρεις, και ὑπεστρεψεν εἰς τον οἰκον αὐτης.
	2 20	και ὑπεστρεψαν οἱ ποιμενες δοξαζοντες και αἰνουντες τον θεον ἐπι πασιν οἱς ἠκουσαν και εἰδον καθως ἐλαληθη προς αὐτους.
	43	και τελειωσαντων τας ἡμερας, ἐν τω ὑποστρεφειν αὐτους ὑπεμεινεν ἰησους ὁ παις ἐν ἰερουσαλημ, και οὐκ ἐγνωσαν οἱ γονεις αὐτου.
	45	και μη εὑροντες ὑπεστρεψαν εἰς ἰερουσαλημ ἀναζητουντες αὐτον.
	4 1	ἰησους δε πληρης πνευματος ἁγιου ὑπεστρεψεν ἀπο του ἰορδανου,
	14	και ὑπεστρεψεν ὁ ἰησους ἐν τη δυναμει του πνευματος εἰς την γαλιλαιαν·
	7 10	και ὑποστρεψαντες εἰς τον οἰκον οἱ πεμφθεντες εὑρον τον δουλον ὑγιαινοντα.
	8 37	αὐτος δε ἐμβας εἰς πλοιον ὑπεστρεψεν.
	39	ὑποστρεφε εἰς τον οἰκον σου, και διηγου ὁσα σοι ἐποιησεν ὁ θεος.
	40	ἐν δε τω ὑποστρεφειν τον ἰησουν ἀπεδεξατο αὐτον ὁ ὀχλος.
	9 10	και ὑποστρεψαντες οἱ ἀποστολοι διηγησαντο αὐτω ὁσα ἐποιησαν.
	10 17	ὑπεστρεψαν δε οἱ ἐβδομηκοντα[δυο] μετα χαρας λεγοντες·
	11 24	ὑποστρεψω εἰς τον οἰκον μου ὁθεν ἐξηλθον·
	17 15	εἱς δε ἐξ αὐτων, ἰδων ὁτι ἰαθη, ὑπεστρεψεν μετα φωνης μεγαλης δοξαζων τον θεον,
	18	οὐχ εὑρεθησαν ὑποστρεψαντες δουναι δοξαν τω θεω εἰ μη ὁ ἀλλογενης οὑτος;
	19 12	ἀνθρωπος τις εὐγενης ἐπορευθη εἰς χωραν μακραν λαβειν ἑαυτω βασιλειαν και ὑποστρεψαι.

ὑποστρεφω [35]

Lc 23 48 και παντες οι συμπαραγενομενοι οχλοι επι την θεωριαν ταυτην, θεωρησαντες τα γενομενα, τυπτοντες τα στηθη ὑπεστρεφον.

    56 ὑποστρεψασαι δε ητοιμασαν ἀρωματα και μυρα.

24 9 και ὑποστρεψασαι ἀπο του μνημειου ἀπηγγειλαν ταυτα παντα τοις ἑνδεκα και πασιν τοις λοιποις.

    33 και ἀνασταντες αὐτῃ τῃ ὡρᾳ ὑπεστρεψαν εἰς ιερουσαλημ,

    52 και αὐτοι προσκυνησαντες αὐτον ὑπεστρεψαν εἰς ιερουσαλημ μετα χαρας μεγαλης,

Ac 1 12 τοτε ὑπεστρεψαν εἰς ιερουσαλημ ἀπο ὀρους του καλουμενου ἐλαιωνος, ὁ ἐστιν ἐγγυς ιερουσαλημ σαββατου ἐχον ὁδον.

8 25 οἱ μεν οὐν διαμαρτυραμενοι και λαλησαντες τον λογον του κυριου ὑπεστρεφον εἰς ιεροσολυμα, πολλας τε κωμας των σαμαριτων εὐηγγελιζοντο.

    28 ὁς ἐληλυθει προσκυνησων εἰς ιερουσαλημ, ἠν τε ὑποστρεφων και καθημενος ἐπι του ἁρματος αὐτου και ἀνεγινωσκεν τον προφητην ησαιαν.

12 25 βαρναβας δε και σαυλος ὑπεστρεψαν εἰς ιερουσαλημ,

13 13 ιωαννης δε ἀποχωρησας ἀπ αὐτων ὑπεστρεψεν εἰς ιεροσολυμα.

    34 ὁτι δε ἀνεστησεν αὐτον ἐκ νεκρων μηκετι μελλοντα ὑποστρεφειν εἰς διαφθοραν, οὑτως εἰρηκεν ὁτι δωσω ὑμιν τα ὁσια δαυιδ τα πιστα.

14 21 εὐαγγελισαμενοι τε την πολιν ἐκεινην και μαθητευσαντες ἱκανους ὑπεστρεψαν εἰς την λυστραν και εἰς ικονιον και [εἰς] ἀντιοχειαν,

20 3 γενομενης ἐπιβουλης αὐτῳ ὑπο των ιουδαιων μελλοντι ἀναγεσθαι εἰς την συριαν, ἐγενετο γνωμης του ὑποστρεφειν δια μακεδονιας.

21 6 και ἀνεβημεν εἰς το πλοιον, ἐκεινοι δε ὑπεστρεψαν εἰς τα ἰδια.

22 17 ἐγενετο δε μοι ὑποστρεψαντι εἰς ιερουσαλημ και προσευχομενου μου ἐν τῳ ιερῳ γενεσθαι με ἐν ἐκστασει,

23 32 τῃ δε ἐπαυριον ἐασαντες τους ἱππεις ἀπερχεσθαι συν αὐτῳ, ὑπεστρεψαν εἰς την παρεμβολην·

Ga 1 17 ἀλλα ἀπηλθον εἰς ἀραβιαν, και παλιν ὑπεστρεψα εἰς δαμασκον.

Heb 7 1 οὑτος γαρ ὁ μελχισεδεκ, βασιλευς σαλημ, ἱερευς του θεου του ὑψιστου, ὁ συναντησας ἀβρααμ ὑποστρεφοντι ἀπο της κοπης των βασιλεων και εὐλογησας αὐτον,

2Pt 2 21 κρειττον γαρ ἠν αὐτοις μη ἐπεγνωκεναι την ὁδον της δικαιοσυνης, ἠ ἐπιγνουσιν ὑποστρεψαι ἐκ της παραδοθεισης αὐτοις ἁγιας ἐντολης.

ὑποστρωννυω [1]

Lc 19 36 πορευομενου δε αὐτου ὑπεστρωννυον τα ἱματια αὐτων ἐν τῃ ὁδῳ.

ὑποταγη [4]

2Co 9 13 δια της δοκιμης της διακονιας ταυτης δοξαζοντες τον θεον ἐπι τῃ ὑποταγῃ της ὁμολογιας ὑμων εἰς το εὐαγγελιον του χριστου και ἁπλοτητι της κοινωνιας εἰς αὐτους και εἰς παντας,

Ga 2 5 οἱς οὐδε προς ὡραν εἰξαμεν τῃ ὑποταγῃ,

1Tm 2 11 γυνη ἐν ἡσυχιᾳ μανθανετω ἐν παση ὑποταγῃ·

3 4 του ἰδιου οἰκου καλως προισταμενον, τεκνα ἐχοντα ἐν ὑποταγῃ μετα πασης σεμνοτητος,

ὑποτασσω [38]

Lc 2 51 και κατεβη μετ αὐτων και ἠλθεν εἰς ναζαρεθ, και ἠν ὑποτασσομενος αὐτοις.

10 17 κυριε, και τα δαιμονια ὑποτασσεται ἡμιν ἐν τῳ ὀνοματι σου.

    20 πλην ἐν τουτῳ μη χαιρετε ὁτι τα πνευματα ὑμιν ὑποτασσεται,

Rm 8 7 τῳ γαρ νομῳ του θεου οὐχ ὑποτασσεται, οὐδε γαρ δυναται·

    20 τῃ γαρ ματαιοτητι ἡ κτισις ὑπεταγη, οὐχ ἑκουσα, ἀλλα δια τον ὑποταξαντα, ἐφ ἐλπιδι

    20 τῃ γαρ ματαιοτητι ἡ κτισις ὑπεταγη, οὐχ ἑκουσα, ἀλλα δια τον ὑποταξαντα, ἐφ ἐλπιδι

10 3 ἀγνοουντες γαρ την του θεου δικαιοσυνην, και την ἰδιαν [δικαιοσυνην] ζητουντες στησαι, τῃ δικαιοσυνῃ του θεου οὐχ ὑπεταγησαν.

13 1 πασα ψυχη ἐξουσιαις ὑπερεχουσαις ὑποτασσεσθω.

    5 διο ἀναγκη ὑποτασσεσθαι, οὐ μονον δια την ὀργην ἀλλα και δια την συνειδησιν.

1Co 14 32 και πνευματα προφητων προφηταις ὑποτασσεται·

    34 οὐ γαρ ἐπιτρεπεται αὐταις λαλειν, ἀλλα ὑποτασσεσθωσαν,

ὑποτασσω [38]

1Co 15 27 παντα γαρ ὑπεταξεν ὑπο τους ποδας αὐτου.

    27 ὁταν δε εἰπῃ ὁτι παντα ὑποτετακται, δηλον ὁτι ἐκτος του ὑποταξαντος αὐτῳ τα παντα.

    27 ὁταν δε εἰπῃ ὁτι παντα ὑποτετακται, δηλον ὁτι ἐκτος του ὑποταξαντος αὐτῳ τα παντα.

    28 ὁταν δε ὑποταγῃ αὐτῳ τα παντα, τοτε [και] αὐτος ὁ υἱος ὑποταγησεται τῳ ὑποταξαντι αὐτῳ τα παντα,

    28 ὁταν δε ὑποταγῃ αὐτῳ τα παντα, τοτε [και] αὐτος ὁ υἱος ὑποταγησεται τῳ ὑποταξαντι αὐτῳ τα παντα,

    28 ὁταν δε ὑποταγῃ αὐτῳ τα παντα, τοτε [και] αὐτος ὁ υἱος ὑποταγησεται τῳ ὑποταξαντι αὐτῳ τα παντα,

16 16 ἱνα και ὑμεις ὑποτασσησθε τοις τοιουτοις και παντι τῳ συνεργουντι και κοπιωντι.

Eph 1 22 και παντα ὑπεταξεν ὑπο τους ποδας αὐτου,

5 21 ὑποτασσομενοι ἀλληλοις ἐν φοβῳ χριστου.

    24 ἀλλα ὡς ἡ ἐκκλησια ὑποτασσεται τῳ χριστῳ, οὑτως και αἱ γυναικες τοις ἀνδρασιν ἐν παντι.

Php 3 21 κατα την ἐνεργειαν του δυνασθαι αὐτον και ὑποταξαι αὐτῳ τα παντα.

Col 3 18 αἱ γυναικες, ὑποτασσεσθε τοις ἀνδρασιν, ὡς ἀνηκεν ἐν κυριῳ.

Tit 2 5 ἱνα σωφρονιζωσιν τας νεας φιλανδρους εἰναι, φιλοτεκνους, σωφρονας, ἁγνας, οἰκουργους, ἀγαθας, ὑποτασσομενας τοις ἰδιοις ἀνδρασιν,

    9 δουλους ἰδιοις δεσποταις ὑποτασσεσθαι ἐν πασιν,

3 1 ὑπομιμνησκε αὐτους ἀρχαις ἐξουσιαις ὑποτασσεσθαι,

Heb 2 5 οὐ γαρ ἀγγελοις ὑπεταξεν την οἰκουμενην την μελλουσαν,

    8 παντα ὑπεταξας ὑποκατω των ποδων αὐτου.

    8 ἐν τῳ γαρ ὑποταξαι [αὐτῳ] τα παντα οὐδεν ἀφηκεν αὐτῳ ἀνυποτακτον.

    8 νυν δε οὐπω ὁρωμεν αὐτῳ τα παντα ὑποτεταγμενα·

12 9 οὐ πολυ [δε] μαλλον ὑποταγησομεθα τῳ πατρι των πνευματων και ζησομεν;

Ja 4 7 ὑποταγητε οὐν τῳ θεῳ· ἀντιστητε δε τῳ διαβολῳ,

1Pt 2 13 ὑποταγητε παση ἀνθρωπινη κτισει δια τον κυριον·

    18 οἱ οἰκεται, ὑποτασσομενοι ἐν παντι φοβῳ τοις δεσποταις,

3 1 ὁμοιως [αἱ] γυναικες, ὑποτασσομεναι τοις ἰδιοις ἀνδρασιν,

    5 οὑτως γαρ ποτε και αἱ ἁγιαι γυναικες αἱ ἐλπιζουσαι εἰς θεον ἐκοσμουν ἑαυτας, ὑποτασσομεναι τοις ἰδιοις ἀνδρασιν,

    22 ὁς ἐστιν ἐν δεξιᾳ [του] θεου, πορευθεις εἰς οὐρανον, ὑποταγεντων αὐτῳ ἀγγελων και ἐξουσιων και δυναμεων.

5 5 ὁμοιως, νεωτεροι, ὑποταγητε πρεσβυτεροις·

ὑποτιθημι [2]

Rm 16 4 ἀσπασασθε πρισκαν και ἀκυλαν τους συνεργους μου ἐν χριστῳ ιησου, οἱτινες ὑπερ της ψυχης μου τον ἑαυτων τραχηλον ὑπεθηκαν,

1Tm 4 6 ταυτα ὑποτιθεμενος τοις ἀδελφοις καλος ἐση διακονος χριστου ιησου,

ὑποτρεχω [1]

Ac 27 16 νησιον δε τι ὑποδραμοντες καλουμενον καυδα ἰσχυσαμεν μολις περικρατεις γενεσθαι της σκαφης,

ὑποτυπωσις [2]

1Tm 1 16 προς ὑποτυπωσιν των μελλοντων πιστευειν ἐπ αὐτῳ εἰς ζωην αἰωνιον.

2Tm 1 13 ὑποτυπωσιν ἐχε ὑγιαινοντων λογων ὡν παρ ἐμου ἠκουσας ἐν πιστει και ἀγαπῃ τῃ ἐν χριστῳ ιησου·

ὑποφερω [3]

1Co 10 13 πιστος δε ὁ θεος, ὁς οὐκ ἐασει ὑμας πειρασθηναι ὑπερ ὁ δυνασθε, ἀλλα ποιησει συν τῳ πειρασμῳ και την ἐκβασιν του δυνασθαι ὑπενεγκειν.

2Tm 3 11 οἱους διωγμους ὑπηνεγκα, και ἐκ παντων με ἐρρυσατο ὁ κυριος.

1Pt 2 19 τουτο γαρ χαρις εἰ δια συνειδησιν θεου ὑποφερει τις λυπας πασχων ἀδικως.

ὑποχωρεω [2]

Lc 5 16 αὐτος δε ἠν ὑποχωρων ἐν ταις ἐρημοις και προσευχομενος.

9 10 και παραλαβων αὐτους ὑπεχωρησεν κατ ἰδιαν εἰς πολιν καλουμενην βηθσαιδα.

ὑπωπιαζω [2]

Lc	18 5	εἰ καὶ τὸν θεον οὐ φοβουμαι οὐδε ἀνθρωπον ἐντρεπομαι, δια γε τὸ παρεχειν μοι κοπον τὴν χηραν ταυτην ἐκδικησω αὐτην, ἱνα μη εἰς τελος ἐρχομενη ὑπωπιαζη με.
1Co	9 27	ἀλλα ὑπωπιαζω μου τὸ σωμα καὶ δουλαγωγω, μη πως ἀλλοις κηρυξας αὐτος ἀδοκιμος γενωμαι.

ὑς [1]

2Pt	2 22	ὑς λουσαμενη εἰς κυλισμον βορβορου.

ὑσσωπος [2]

Jh	19 29	σπογγον οὐν μεστον του ὀξους ὑσσωπω περιθεντες προσηνεγκαν αὐτου τω στοματι.
Heb	9 19	λαβων το αἱμα των μοσχων [καὶ των τραγων] μετα ὑδατος καὶ ἐριου κοκκινου καὶ ὑσσωπου,

ὑστερεω [16]

Mt	19 20	παντα ταυτα ἐφυλαξα· τί ἐτι ὑστερω;
Mc	10 21	ἑν σε ὑστερει· ὑπαγε, ὁσα ἐχεις πωλησον καὶ δος [τοις] πτωχοις,
Lc	15 14	δαπανησαντος δε αὐτου παντα ἐγενετο λιμος ἰσχυρα κατα την χωραν ἐκεινην, καὶ αὐτος ἡρξατο ὑστερεισθαι.
	22 35	ὁτε ἀπεστειλα ὑμας ἀτερ βαλλαντιου καὶ πηρας καὶ ὑποδηματων, μη τινος ὑστερησατε;
Jh	2 3	καὶ ὑστερησαντος οἰνου λεγει ἡ μητηρ του ἰησου προς αὐτον·
Rm	3 23	παντες γαρ ἡμαρτον καὶ ὑστερουνται της δοξης του θεου,
1Co	1 7	καθως το μαρτυριον του χριστου ἐβεβαιωθη ἐν ὑμιν, ὡστε ὑμας μη ὑστερεισθαι ἐν μηδενι χαρισματι,
	8 8	οὐτε ἐαν μη φαγωμεν ὑστερουμεθα, οὐτε ἐαν φαγωμεν περισσευομεν.
	12 24	ἀλλα ὁ θεος συνεκερασεν το σωμα, τω ὑστερουμενω περισσοτεραν δους τιμην, ἱνα μη ἡ σχισμα ἐν τω σωματι,
2Co	11 5	λογιζομαι γαρ μηδεν ὑστερηκεναι των ὑπερλιαν ἀποστολων.
	9	καὶ παρων προς ὑμας καὶ ὑστερηθεις οὐ κατεναρκησα οὐθενος·
	12 11	οὐδεν γαρ ὑστερησα των ὑπερλιαν ἀποστολων, εἰ καὶ οὐδεν εἰμι.
Php	4 12	καὶ χορταζεσθαι καὶ πειναν, καὶ περισσευειν καὶ ὑστερεισθαι.
Heb	4 1	φοβηθωμεν οὐν μηποτε καταλειπομενης ἐπαγγελιας εἰσελθειν εἰς την καταπαυσιν αὐτου δοκη τις ἐξ ὑμων ὑστερηκεναι.
	11 37	περιηλθον ἐν μηλωταις, ἐν αἰγειοις δερμασιν, ὑστερουμενοι, θλιβομενοι, κακουχουμενοι,
	12 15	ἐπισκοπουντες μη τις ὑστερων ἀπο της χαριτος του θεου,

ὑστερημα [9]

Lc	21 4	αὑτη δε ἐκ του ὑστερηματος αὐτης παντα τον βιον ὁν εἰχεν ἐβαλεν.
1Co	16 17	χαιρω δε ἐπι τη παρουσια στεφανα καὶ φορτουνατου καὶ ἀχαικου, ὁτι το ὑμετερον ὑστερημα οὑτοι ἀνεπληρωσαν·
2Co	8 14	ἐν τω νυν καιρω το ὑμων περισσευμα εἰς το ἐκεινων ὑστερημα,
	14	ἐν τω νυν καιρω το ὑμων περισσευμα εἰς το ἐκεινων ὑστερημα, ἱνα καὶ το ἐκεινων περισσευμα γενηται εἰς το ὑμων ὑστερημα,
	9 12	ὁτι ἡ διακονια της λειτουργιας ταυτης οὐ μονον ἐστιν προσαναπληρουσα τα ὑστερηματα των ἁγιων, ἀλλα καὶ περισσευουσα δια πολλων εὐχαριστιων τω θεω·
	11 9	το γαρ ὑστερημα μου προσανεπληρωσαν οἱ ἀδελφοι ἐλθοντες ἀπο μακεδονιας·
Php	2 30	ὁτι δια το ἐργον χριστου μεχρι θανατου ἡγγισεν παραβολευσαμενος τη ψυχη, ἱνα ἀναπληρωση το ὑμων ὑστερημα της προς με λειτουργιας.
Col	1 24	καὶ ἀνταναπληρω τα ὑστερηματα των θλιψεων του χριστου ἐν τη σαρκι μου ὑπερ του σωματος αὐτου,
1Th	3 10	νυκτος καὶ ἡμερας ὑπερεκπερισσου δεομενοι εἰς το ἰδειν ὑμων το προσωπον καὶ καταρτισαι τα ὑστερηματα της πιστεως ὑμων;

ὑστερησις [2]

Mc	12 44	παντες γαρ ἐκ του περισσευοντος αὐτοις ἐβαλον, αὑτη δε ἐκ της ὑστερησεως αὐτης παντα ὁσα εἰχεν ἐβαλεν, ὁλον τον βιον αὐτης.
Php	4 11	οὐχ ὁτι καθ ὑστερησιν λεγω·

ὑστερος [12]

Mt	4 2	καὶ νηστευσας ἡμερας τεσσερακοντα καὶ νυκτας τεσσερακοντα ὑστερον ἐπεινασεν.
	21 29	οὐ θελω, ὑστερον δε μεταμεληθεις ἀπηλθεν.
	32	ὑμεις δε ἰδοντες οὐδε μετεμεληθητε ὑστερον του πιστευσαι αὐτω.
	37	ὑστερον δε ἀπεστειλεν προς αὐτους τον υἱον αὐτου λεγων·
	22 27	ὑστερον δε παντων ἀπεθανεν ἡ γυνη.
	25 11	ὑστερον δε ἐρχονται καὶ αἱ λοιπαι παρθενοι λεγουσαι·
	26 60	ὑστερον δε προσελθοντες δυο εἰπαν·
Mc	16 14	ὑστερον [δε] ἀνακειμενοις αὐτοις τοις ἐνδεκα ἐφανερωθη,
Lc	20 32	ὑστερον καὶ ἡ γυνη ἀπεθανεν.
Jh	13 36	ὁπου ὑπαγω οὐ δυνασαι μοι νυν ἀκολουθησαι, ἀκολουθησεις δε ὑστερον.
1Tm	4 1	το δε πνευμα ῥητως λεγει ὁτι ἐν ὑστεροις καιροις ἀποστησονται τινες της πιστεως,
Heb	12 11	ὑστερον δε καρπον εἰρηνικον τοις δι αὐτης γεγυμνασμενοις ἀποδιδωσιν δικαιοσυνης.

ὑφαντος [1]

Jh	19 23	ἡν δε ὁ χιτων ἀραφος, ἐκ των ἀνωθεν ὑφαντος δι ὁλου.

ὑψηλος [11]

Mt	4 8	παλιν παραλαμβανει αὐτον ὁ διαβολος εἰς ὁρος ὑψηλον λιαν,
	17 1	καὶ μεθ ἡμερας ἑξ παραλαμβανει ὁ ἰησους τον πετρον καὶ ἰακωβον καὶ ἰωαννην τον ἀδελφον αὐτου, καὶ ἀναφερει αὐτους εἰς ὁρος ὑψηλον κατ ἰδιαν.
Mc	9 2	καὶ μετα ἡμερας ἑξ παραλαμβανει ὁ ἰησους τον πετρον καὶ τον ἰακωβον καὶ τον ἰωαννην, καὶ ἀναφερει αὐτους εἰς ὁρος ὑψηλον κατ ἰδιαν μονους.
Lc	16 15	ὁ δε θεος γινωσκει τας καρδιας ὑμων· ὁτι το ἐν ἀνθρωποις ὑψηλον βδελυγμα ἐνωπιον του θεου.
Ac	13 17	καὶ τον λαον ὑψωσεν ἐν τη παροικια ἐν γη αἰγυπτου, καὶ μετα βραχιονος ὑψηλου ἐξηγαγεν αὐτους ἐξ αὐτης,
Rm	11 20	μη ὑψηλα φρονει, ἀλλα φοβου·
	12 16	μη τα ὑψηλα φρονουντες ἀλλα τοις ταπεινοις συναπαγομενοι.
Heb	1 3	καθαρισμον των ἁμαρτιων ποιησαμενος ἐκαθισεν ἐν δεξια της μεγαλωσυνης ἐν ὑψηλοις,
	7 26	τοιουτος γαρ ἡμιν καὶ ἐπρεπεν ἀρχιερευς, ὁσιος, ἀκακος, ἀμιαντος, κεχωρισμενος ἀπο των ἁμαρτωλων, καὶ ὑψηλοτερος των οὐρανων γενομενος·
Apc	21 10	καὶ ἀπηνεγκεν με ἐν πνευματι ἐπι ὁρος μεγα καὶ ὑψηλον,
	12	ἐχουσα τειχος μεγα καὶ ὑψηλον,

ὑψηλοφρονεω [1]

1Tm	6 17	τοις πλουσιοις ἐν τω νυν αἰωνι παραγγελλε μη ὑψηλοφρονειν,

ὑψιστος [13]

Mt	21 9	ὡσαννα τω υἱω δαυιδ· εὐλογημενος ὁ ἐρχομενος ἐν ὀνοματι κυριου· ὡσαννα ἐν τοις ὑψιστοις.
Mc	5 7	καὶ κραξας φωνη μεγαλη λεγει· τί ἐμοι καὶ σοι, ἰησου υἱε του θεου του ὑψιστου;
	11 10	εὐλογημενη ἡ ἐρχομενη βασιλεια του πατρος ἡμων δαυιδ· ὡσαννα ἐν τοις ὑψιστοις.
Lc	1 32	οὑτος ἐσται μεγας καὶ υἱος ὑψιστου κληθησεται,
	35	πνευμα ἁγιον ἐπελευσεται ἐπι σε, καὶ δυναμις ὑψιστου ἐπισκιασει σοι·
	76	καὶ συ δε, παιδιον, προφητης ὑψιστου κληθηση·
	2 14	δοξα ἐν ὑψιστοις θεω καὶ ἐπι γης εἰρηνη ἐν ἀνθρωποις εὐδοκιας.
	6 35	καὶ ἐσται ὁ μισθος ὑμων πολυς, καὶ ἐσεσθε υἱοι ὑψιστου, ὁτι αὐτος χρηστος ἐστιν ἐπι τους ἀχαριστους καὶ πονηρους.
	8 28	τί ἐμοι καὶ σοι, ἰησου υἱε του θεου του ὑψιστου;
	19 38	εὐλογημενος ὁ βασιλευς ἐν ὀνοματι κυριου· ἐν οὐρανω εἰρηνη καὶ δοξα ἐν ὑψιστοις.
Ac	7 48	ἀλλ οὐχ ὁ ὑψιστος ἐν χειροποιητοις κατοικει·
	16 17	οὑτοι οἱ ἀνθρωποι δουλοι του θεου του ὑψιστου εἰσιν, οἱτινες καταγγελλουσιν ὑμιν ὁδον σωτηριας.
Heb	7 1	οὑτος γαρ ὁ μελχισεδεκ, βασιλευς σαλημ, ἱερευς του θεου του ὑψιστου,

ὑψος [6]

Lc	1 78	του δουναι γνωσιν σωτηριας τω λαω αὐτου ἐν ἀφεσει ἁμαρτιων αὐτων, δια σπλαγχνα ἐλεους θεου ἡμων, ἐν οἱς ἐπισκεψεται ἡμας ἀνατολη ἐξ ὑψους,

ὕψος [6]

Lc	24 49	ὑμεις δε καθισατε ἐν τη πολει ἑως οὗ ἐνδυσησθε ἐξ ὕψους δυναμιν.
Eph	3 18	ἱνα ἐξισχυσητε καταλαβεσθαι συν πασιν τοις ἁγιοις τί το πλατος και μηκος και ὕψος και βαθος,
	4 8	ἀναβας εἰς ὕψος ἠχμαλωτευσεν αἰχμαλωσιαν.
Ja	1 9	καυχασθω δε ὁ ἀδελφος ὁ ταπεινος ἐν τῳ ὕψει αὑτου,
Apc	21 16	το μηκος και το πλατος και το ὕψος αὑτης ἰσα ἐστιν.

ὑψοω [20]

Mt	11 23	καφαρναουμ, μη ἑως οὑρανου ὑψωθηση; ἑως ᾁδου καταβηση·
	23 12	ὁστις δε ὑψωσει ἑαυτον ταπεινωθησεται, και ὁστις ταπεινωσει ἑαυτον ὑψωθησεται.
	12	ὁστις δε ὑψωσει ἑαυτον ταπεινωθησεται, και ὁστις ταπεινωσει ἑαυτον ὑψωθησεται.
Lc	1 52	καθειλεν δυναστας ἀπο θρονων και ὑψωσεν ταπεινους,
	10 15	και συ, καφαρναουμ, μη ἑως οὑρανου ὑψωθηση; ἑως του ᾁδου καταβηση.
	14 11	ὁτι πας ὁ ὑψων ἑαυτον ταπεινωθησεται, και ὁ ταπεινων ἑαυτον ὑψωθησεται.
	11	ὁτι πας ὁ ὑψων ἑαυτον ταπεινωθησεται, και ὁ ταπεινων ἑαυτον ὑψωθησεται.
	18 14	ὁτι πας ὁ ὑψων ἑαυτον ταπεινωθησεται, ὁ δε ταπεινων ἑαυτον ὑψωθησεται.
	14	ὁτι πας ὁ ὑψων ἑαυτον ταπεινωθησεται, ὁ δε ταπεινων ἑαυτον ὑψωθησεται.
Jh	3 14	και καθως μωυσης ὑψωσεν τον ὀφιν ἐν τη ἐρημῳ, οὑτως ὑψωθηναι δει τον υἱον του ἀνθρωπου,
	14	και καθως μωυσης ὑψωσεν τον ὀφιν ἐν τη ἐρημῳ, οὑτως ὑψωθηναι δει τον υἱον του ἀνθρωπου,
	8 28	ὁταν ὑψωσητε τον υἱον του ἀνθρωπου, τοτε γνωσεσθε ὁτι ἐγω εἰμι,
	12 32	καγω ἐαν ὑψωθω ἐκ της γης, παντας ἑλκυσω προς ἐμαυτον.
	34	ἡμεις ἠκουσαμεν ἐκ του νομου ὁτι ὁ χριστος μενει εἰς τον αἰωνα, και πως λεγεις συ ὁτι δει ὑψωθηναι τον υἱον του ἀνθρωπου;
Ac	2 33	τη δεξια οὖν του θεου ὑψωθεις την τε ἐπαγγελιαν του πνευματος του ἁγιου λαβων παρα του πατρος ἐξεχεεν τουτο ὁ ὑμεις [και] βλεπετε και ἀκουετε.
	5 31	τουτον ὁ θεος ἀρχηγον και σωτηρα ὑψωσεν τη δεξια αὑτου [του] δουναι μετανοιαν τῳ ἰσραηλ και ἀφεσιν ἁμαρτιων.
	13 17	ὁ θεος του λαου τουτου ἰσραηλ ἐξελεξατο τους πατερας ἡμων, και τον λαον ὑψωσεν ἐν τη παροικιᾳ ἐν γη αἰγυπτου,
2Co	11 7	ἠ ἁμαρτιαν ἐποιησα ἐμαυτον ταπεινων ἱνα ὑμεις ὑψωθητε, ὁτι δωρεαν το του θεου εὑαγγελιον εὑηγγελισαμην ὑμιν;
Ja	4 10	ταπεινωθητε ἐνωπιον κυριου, και ὑψωσει ὑμας.
1Pt	5 6	ταπεινωθητε οὖν ὑπο την κραταιαν χειρα του θεου, ἱνα ὑμας ὑψωση ἐν καιρῳ,

ὑψωμα [2]

Rm	8 39	πεπεισμαι γαρ ὁτι οὑτε θανατος οὑτε ζωη οὑτε ἀγγελοι οὑτε ἀρχαι οὑτε ἐνεστωτα οὑτε μελλοντα οὑτε δυναμεις οὑτε ὑψωμα οὑτε βαθος οὑτε τις κτισις ἑτερα δυνησεται ἡμας χωρισαι ἀπο της ἀγαπης του θεου της ἐν χριστῳ ἰησου τῳ κυριῳ ἡμων.
2Co	10 5	λογισμους καθαιρουντες και παν ὑψωμα ἐπαιρομενον κατα της γνωσεως του θεου,

Φ

φαγος [2]

Mt	11 19	ἰδου ἀνθρωπος φαγος και οἰνοποτης, τελωνων φιλος και ἁμαρτωλων.
Lc	7 34	ἰδου ἀνθρωπος φαγος και οἰνοποτης, φιλος τελωνων και ἁμαρτωλων.

φαιλονης [1]

2Tm	4 13	τον φαιλονην, ὁν ἀπελιπον ἐν τρωαδι παρα καρπῳ, ἐρχομενος φερε, και τα βιβλια, μαλιστα τας μεμβρανας.

φαινω [31]

Mt	1 20	ἰδου ἀγγελος κυριου κατ ὀναρ ἐφανη αὑτῳ λεγων·
	2 7	τοτε ἡρωδης λαθρα καλεσας τους μαγους ἠκριβωσεν παρ αὑτων τον χρονον του φαινομενου ἀστερος,
	13	ἰδου ἀγγελος κυριου φαινεται κατ ὀναρ τῳ ἰωσηφ λεγων·
	19	ἰδου ἀγγελος κυριου φαινεται κατ ὀναρ τῳ ἰωσηφ ἐν αἰγυπτῳ λεγων·
	6 5	ὁτι φιλουσιν ἐν ταις συναγωγαις και ἐν ταις γωνιαις των πλατειων ἑστωτες προσευχεσθαι, ὁπως φανωσιν τοις ἀνθρωποις·
	16	ἀφανιζουσιν γαρ τα προσωπα αὑτων ὁπως φανωσιν τοις ἀνθρωποις νηστευοντες·
	18	ὁπως μη φανης τοις ἀνθρωποις νηστευων ἀλλα τῳ πατρι σου τῳ ἐν τῳ κρυφαιῳ·
	9 33	οὑδεποτε ἐφανη οὑτως ἐν τῳ ἰσραηλ.
	13 26	ὁτε δε ἐβλαστησεν ὁ χορτος και καρπον ἐποιησεν, τοτε ἐφανη και τα ζιζανια.
	23 27	ὁτι παρομοιαζετε ταφοις κεκονιαμενοις, οἱτινες ἐξωθεν μεν φαινονται ὡραιοι, ἐσωθεν δε γεμουσιν ὀστεων νεκρων και πασης ἀκαθαρσιας.
	28	οὑτως και ὑμεις ἐξωθεν μεν φαινεσθε τοις ἀνθρωποις δικαιοι, ἐσωθεν δε ἐστε μεστοι ὑποκρισεως και ἀνομιας.
	24 27	ὡσπερ γαρ ἡ ἀστραπη ἐξερχεται ἀπο ἀνατολων και φαινεται ἑως δυσμων, οὑτως ἐσται ἡ παρουσια του υἱου του ἀνθρωπου·
	30	και τοτε φανησεται το σημειον του υἱου του ἀνθρωπου ἐν οὑρανῳ,
Mc	14 64	ἠκουσατε της βλασφημιας· τί ὑμιν φαινεται;
	16 9	ἀναστας δε πρωι πρωτῃ σαββατου ἐφανη πρωτον μαριᾳ τη μαγδαληνῃ,
Lc	9 8	και διηπορει δια το λεγεσθαι ὑπο τινων ὁτι ἰωαννης ἠγερθη ἐκ νεκρων, ὑπο τινων δε ὁτι ἡλιας ἐφανη, ἀλλων δε ὁτι προφητης τις των ἀρχαιων ἀνεστη.
	24 11	και ἐφανησαν ἐνωπιον αὑτων ὡσει ληρος τα ῥηματα ταυτα, και ἠπιστουν αὑταις.
Jh	1 5	και το φως ἐν τη σκοτιᾳ φαινει,
	5 35	ἐκεινος ἦν ὁ λυχνος ὁ καιομενος και φαινων,
Rm	7 13	ἀλλα ἡ ἁμαρτια, ἱνα φανη ἁμαρτια, δια του ἀγαθου μοι κατεργαζομενη θανατον,
2Co	13 7	οὑχ ἱνα ἡμεις δοκιμοι φανωμεν, ἀλλ ἱνα ὑμεις το καλον ποιητε,
Php	2 15	τεκνα θεου ἀμωμα μεσον γενεας σκολιας και διεστραμμενης, ἐν οἱς φαινεσθε ὡς φωστηρες ἐν κοσμῳ,
Heb	11 3	πιστει νοουμεν κατηρτισθαι τους αἰωνας ῥηματι θεου, εἰς το μη ἐκ φαινομενων το βλεπομενον γεγονεναι.
Ja	4 14	ἀτμις γαρ ἐστε ἡ προς ὀλιγον φαινομενη, ἐπειτα και ἀφανιζομενη·
1Pt	4 18	και εἰ ὁ δικαιος μολις σωζεται, ὁ ἀσεβης και ἁμαρτωλος που φανειται;
2Pt	1 19	ᾡ καλως ποιειτε προσεχοντες ὡς λυχνῳ φαινοντι ἐν αὑχμηρῳ τοπῳ,
1Jh	2 8	ὁτι ἡ σκοτια παραγεται και το φως το ἀληθινον ἠδη φαινει.
Apc	1 16	και ἡ ὀψις αὑτου ὡς ὁ ἡλιος φαινει ἐν τη δυναμει αὑτου.
	8 12	ἱνα σκοτισθη το τριτον αὑτων και ἡ ἡμερα μη φανη το τριτον αὑτης,
	18 23	και φως λυχνου οὑ μη φανη ἐν σοι ἐτι,
	21 23	και ἡ πολις οὑ χρειαν ἐχει του ἡλιου οὑδε της σεληνης, ἱνα φαινωσιν αὑτη·

φαλεκ [1]

Lc	3 35	του σερουχ του ῥαγαυ του φαλεκ του ἐβερ του σαλα

φανερος [18]

Mt	12 16	και ἐπετιμησεν αὑτοις ἱνα μη φανερον αὑτον ποιησωσιν·
Mc	3 12	και πολλα ἐπετιμα αὑτοις ἱνα μη αὑτον φανερον ποιησωσιν.
	4 22	οὑδε ἐγενετο ἀποκρυφον, ἀλλ ἱνα ἐλθη εἰς φανερον.
	6 14	και ἠκουσεν ὁ βασιλευς ἡρωδης, φανερον γαρ ἐγενετο το ὀνομα αὑτου, και ἐλεγον ὁτι ἰωαννης ὁ βαπτιζων ἐγηγερται ἐκ νεκρων,
Lc	8 17	οὑ γαρ ἐστιν κρυπτον ὁ οὑ φανερον γενησεται,
	17	οὑ γαρ ἐστιν κρυπτον ὁ οὑ φανερον γενησεται, οὑδε ἀποκρυφον ὁ οὑ μη γνωσθη και εἰς φανερον ἐλθη.
Ac	4 16	ὁτι μεν γαρ γνωστον σημειον γεγονεν δι αὑτων, πασιν τοις κατοικουσιν ἰερουσαλημ φανερον,
	7 13	και φανερον ἐγενετο τῳ φαραω το γενος ἰωσηφ.
Rm	1 19	διοτι το γνωστον του θεου φανερον ἐστιν ἐν αὑτοις·
	2 28	οὑ γαρ ὁ ἐν τῳ φανερῳ ἰουδαιος ἐστιν,
	28	οὑ γαρ ὁ ἐν τῳ φανερῳ ἰουδαιος ἐστιν, οὑδε ἡ ἐν τῳ φανερῳ ἐν σαρκι περιτομη·

φανερος [18]

1Co	3 13	εἰ δε τις ἐποικοδομει ἐπι τον θεμελιον χρυσον, ἀργυρον, λιθους τιμιους, ξυλα, χορτον, καλαμην, ἑκαστου το ἐργον *φανερον* γενησεται·
	11 19	δει γαρ και αἱρεσεις ἐν ὑμιν ειναι, ἱνα [και] οἱ δοκιμοι *φανεροι* γενωνται ἐν ὑμιν.
	14 25	τα κρυπτα της καρδιας αὐτου *φανερα* γινεται,
Ga	5 19	*φανερα* δε ἐστιν τα ἐργα της σαρκος,
Php	1 13	ὡστε τους δεσμους μου *φανερους* ἐν χριστω γενεσθαι ἐν ὁλω τω πραιτωριω και τοις λοιποις πασιν,
1Tm	4 15	ταυτα μελετα, ἐν τουτοις ἰσθι, ἱνα σου ἡ προκοπη *φανερα* ἠ πασιν.
1Jh	3 10	ἐν τουτω *φανερα* ἐστιν τα τεκνα του θεου και τα τεκνα του διαβολου·

φανεροω [49]

Mc	4 22	οὐ γαρ ἐστιν κρυπτον, ἐαν μη ἱνα *φανερωθη·*
	16 12	μετα δε ταυτα δυσιν ἐξ αὐτων περιπατουσιν *ἐφανερωθη* ἐν ἑτερα μορφη πορευομενοις εἰς ἀγρον·
	14	ὑστερον [δε] ἀνακειμενοις αὐτοις τοις ἑνδεκα *ἐφανερωθη,*
Jh	1 31	ἀλλ ἱνα *φανερωθη* τω ἰσραηλ, δια τουτο ἠλθον ἐγω ἐν ὑδατι βαπτιζων.
	2 11	ταυτην ἐποιησεν ἀρχην των σημειων ὁ ἰησους ἐν κανα της γαλιλαιας και *ἐφανερωσεν* την δοξαν αὐτου,
	3 21	ὁ δε ποιων την ἀληθειαν ἐρχεται προς το φως, ἱνα *φανερωθη* αὐτου τα ἐργα ὁτι ἐν θεω ἐστιν εἰργασμενα.
	7 4	εἰ ταυτα ποιεις, *φανερωσον* σεαυτον τω κοσμω.
	9 3	οὐτε οὑτος ἡμαρτεν οὐτε οἱ γονεις αὐτου, ἀλλ ἱνα *φανερωθη* τα ἐργα του θεου ἐν αὐτω.
	17 6	*ἐφανερωσα* σου το ὀνομα τοις ἀνθρωποις οὑς ἐδωκας μοι ἐκ του κοσμου.
	21 1	μετα ταυτα *ἐφανερωσεν* ἑαυτον παλιν ὁ ἰησους τοις μαθηταις ἐπι της θαλασσης της τιβεριαδος·
	1	*ἐφανερωσεν* δε οὑτως.
	14	τουτο ἠδη τριτον *ἐφανερωθη* ἰησους τοις μαθηταις ἐγερθεις ἐκ νεκρων.
Rm	1 19	ὁ θεος γαρ αὐτοις *ἐφανερωσεν.*
	3 21	νυνι δε χωρις νομου δικαιοσυνη θεου *πεφανερωται,* μαρτυρουμενη ὑπο του νομου και των προφητων,
	16 26	[κατα ἀποκαλυψιν μυστηριου χρονοις αἰωνιοις σεσιγημενου], [*φανερωθεντος* δε νυν δια τε γραφων προφητικων κατ ἐπιταγην του αἰωνιου θεου εἰς ὑπακοην πιστεως εἰς παντα τα ἐθνη γνωρισθεντος],
1Co	4 5	ἑως ἀν ἐλθη ὁ κυριος, ὁς και φωτισει τα κρυπτα του σκοτους και *φανερωσει* τας βουλας των καρδιων·
2Co	2 14	τω δε θεω χαρις τω παντοτε θριαμβευοντι ἡμας ἐν τω χριστω και την ὀσμην της γνωσεως αὐτου *φανερουντι* δι ἡμων ἐν παντι τοπω·
	3 3	*φανερουμενοι* ὁτι ἐστε ἐπιστολη χριστου διακονηθεισα ὑφ ἡμων,
	4 10	παντοτε την νεκρωσιν του ἰησου ἐν τω σωματι περιφεροντες, ἱνα και ἡ ζωη του ἰησου ἐν τω σωματι ἡμων *φανερωθη.*
	11	ἀει γαρ ἡμεις οἱ ζωντες εἰς θανατον παραδιδομεθα δια ἰησουν, ἱνα και ἡ ζωη του ἰησου *φανερωθη* ἐν τη θνητη σαρκι ἡμων.
	5 10	τους γαρ παντας ἡμας *φανερωθηναι* δει ἐμπροσθεν του βηματος του χριστου,
	11	εἰδοτες οὐν τον φοβον του κυριου ἀνθρωπους πειθομεν, θεω δε *πεφανερωμεθα·*
	11	ἐλπιζω δε και ἐν ταις συνειδησεσιν ὑμων *πεφανερωσθαι.*
	7 12	οὐχ ἑνεκεν του ἀδικησαντος οὐδε ἑνεκεν του ἀδικηθεντος, ἀλλ ἑνεκεν του *φανερωθηναι* την σπουδην ὑμων την ὑπερ ἡμων προς ὑμας ἐνωπιον του θεου.
	11 6	ἀλλ ἐν παντι *φανερωσαντες* ἐν πασιν εἰς ὑμας.
Eph	5 13	τα δε παντα ἐλεγχομενα ὑπο του φωτος *φανερουται·*
	14	παν γαρ το *φανερουμενον* φως ἐστιν.
Col	1 26	νυν δε *ἐφανερωθη* τοις ἁγιοις αὐτου,
	3 4	ὁταν ὁ χριστος *φανερωθη,* ἡ ζωη ὑμων, τοτε και ὑμεις συν αὐτω *φανερωθησεσθε* ἐν δοξη.
	4	ὁταν ὁ χριστος *φανερωθη,* ἡ ζωη ὑμων, τοτε και ὑμεις συν αὐτω *φανερωθησεσθε* ἐν δοξη.
	4 4	δι ὁ και δεδεμαι, ἱνα *φανερωσω* αὐτο ὡς δει με λαλησαι.
1Tm	3 16	και ὁμολογουμενως μεγα ἐστιν το της εὐσεβειας μυστηριον· ὁς *ἐφανερωθη* ἐν σαρκι,
2Tm	1 10	*φανερωθεισαν* δε νυν δια της ἐπιφανειας του σωτηρος ἡμων χριστου ἰησου,
Tit	1 3	*ἐφανερωσεν* δε καιροις ἰδιοις τον λογον αὐτου ἐν κηρυγματι ὁ ἐπιστευθην ἐγω κατ ἐπιταγην του σωτηρος ἡμων θεου,

φανεροω [49]

Heb	9 8	τουτο δηλουντος του πνευματος του ἁγιου, μηπω *πεφανερωσθαι* την των ἁγιων ὁδον ἐτι της πρωτης σκηνης ἐχουσης στασιν,
	26	νυνι δε ἁπαξ ἐπι συντελεια των αἰωνων εἰς ἀθετησιν [της] ἁμαρτιας δια της θυσιας αὐτου *πεφανερωται.*
1Pt	1 20	προεγνωσμενου μεν προ καταβολης κοσμου, *φανερωθεντος* δε ἐπ ἐσχατου των χρονων δι ὑμας
	5 4	και *φανερωθεντος* του ἀρχιποιμενος κομιεισθε τον ἀμαραντινον της δοξης στεφανον.
1Jh	1 2	ὁ ἐθεασαμεθα και αἱ χειρες ἡμων ἐψηλαφησαν, περι του λογου της ζωης, και ἡ ζωη *ἐφανερωθη,*
	2	και ἀπαγγελλομεν ὑμιν την ζωην την αἰωνιον, ἡτις ἠν προς τον πατερα και *ἐφανερωθη* ἡμιν,
	2 19	ἀλλ ἱνα *φανερωθωσιν* ὁτι οὐκ εἰσιν παντες ἐξ ἡμων.
	28	και νυν, τεκνια, μενετε ἐν αὐτω, ἱνα ἐαν *φανερωθη* σχωμεν παρρησιαν και μη αἰσχυνθωμεν ἀπ αὐτου ἐν τη παρουσια αὐτου.
	3 2	ἀγαπητοι, νυν τεκνα θεου ἐσμεν, και οὐπω *ἐφανερωθη* τι ἐσομεθα.
	2	οἰδαμεν ὁτι ἐαν *φανερωθη* ὁμοιοι αὐτω ἐσομεθα,
	5	και οἰδατε ὁτι ἐκεινος *ἐφανερωθη* ἱνα τας ἁμαρτιας ἀρη,
	8	εἰς τουτο *ἐφανερωθη* ὁ υἱος του θεου, ἱνα λυση τα ἐργα του διαβολου.
	4 9	ἐν τουτω *ἐφανερωθη* ἡ ἀγαπη του θεου ἐν ἡμιν, ὁτι τον υἱον αὐτου τον μονογενη ἀπεσταλκεν ὁ θεος εἰς τον κοσμον ἱνα ζησωμεν δι αὐτου.
Apc	3 18	συμβουλευω σοι ἀγορασαι παρ ἐμου χρυσιον πεπυρωμενον ἐκ πυρος ἱνα πλουτησης, και ἱματια λευκα ἱνα περιβαλη και μη *φανερωθη* ἡ αἰσχυνη της γυμνοτητος σου.
	15 4	ὁτι παντα τα ἐθνη ἡξουσιν και προσκυνησουσιν ἐνωπιον σου, ὁτι τα δικαιωματα σου *ἐφανερωθησαν.*

φανερως [3]

Mc	1 45	ὁ δε ἐξελθων ἡρξατο κηρυσσειν πολλα και διαφημιζειν τον λογον, ὡστε μηκετι αὐτον δυνασθαι *φανερως* εἰς πολιν εἰσελθειν,
Jh	7 10	τοτε και αὐτος ἀνεβη, οὐ *φανερως* ἀλλα [ὡς] ἐν κρυπτω.
Ac	10 3	εἰδεν ἐν ὁραματι *φανερως,* ὡσει περι ὡραν ἐνατην της ἡμερας, ἀγγελον του θεου εἰσελθοντα προς αὐτον και εἰποντα αὐτω· κορνηλιε.

φανερωσις [2]

1Co	12 7	ἑκαστω δε διδοται ἡ *φανερωσις* του πνευματος προς το συμφερον.
2Co	4 2	ἀλλα τη *φανερωσει* της ἀληθειας συνιστανοντες ἑαυτους προς πασαν συνειδησιν ἀνθρωπων ἐνωπιον του θεου.

φανος [1]

Jh	18 3	ὁ οὐν ἰουδας λαβων την σπειραν και ἐκ των ἀρχιερεων και ἐκ των φαρισαιων ὑπηρετας ἐρχεται ἐκει μετα *φανων* και λαμπαδων και ὁπλων.

φανουηλ [1]

Lc	2 36	και ἠν ἁννα προφητις, θυγατηρ *φανουηλ,* ἐκ φυλης ἀσηρ·

φανταζομαι [1]

Heb	12 21	και, οὑτω φοβερον ἠν το *φανταζομενον,* μωυσης εἰπεν·

φαντασια [1]

Ac	25 23	τη οὐν ἐπαυριον ἐλθοντος του ἀγριππα και της βερνικης μετα πολλης *φαντασιας*

φαντασμα [2]

Mt	14 26	οἱ δε μαθηται ἰδοντες αὐτον ἐπι της θαλασσης περιπατουντα ἐταραχθησαν λεγοντες ὁτι *φαντασμα* ἐστιν,
Mc	6 49	οἱ δε ἰδοντες αὐτον ἐπι της θαλασσης περιπατουντα ἐδοξαν ὁτι *φαντασμα* ἐστιν, και ἀνεκραξαν·

φαραγξ [1]

Lc	3 5	πασα *φαραγξ* πληρωθησεται και παν ὀρος και βουνος ταπεινωθησεται,

φαραω [5]

Ac	7 10	και εδωκεν αυτω χαριν και σοφιαν εναντιον *φαραω* βασιλεως αιγυπτου,
	13	και φανερον εγενετο τω *φαραω* το γενος ιωσηφ.
	21	εκτεθεντος δε αυτου ανειλατο αυτον ή θυγατηρ *φαραω* και ανεθρεψατο αυτον εαυτη εις υίον.
Rm	9 17	λεγει γαρ ή γραφη τω *φαραω* ότι εις αυτο τουτο εξηγειρα σε,
Heb	11 24	πιστει μωυσης μεγας γενομενος ήρνησατο λεγεσθαι υίος θυγατρος *φαραω*,

φαρες [3]

Mt	1 3	ιουδας δε εγεννησεν τον *φαρες* και τον ζαρα εκ της θαμαρ,
	3	*φαρες* δε εγεννησεν τον εσρωμ,
Lc	3 33	του άμιναδαβ του άδμιν του άρνι του εσρωμ του *φαρες* του ιουδα

φαρισαιος [99]

Mt	3 7	ιδων δε πολλους των *φαρισαιων* και σαδδουκαιων ερχομενους επι το βαπτισμα αυτου ειπεν αυτοις·
	5 20	λεγω γαρ ύμιν ότι εαν μη περισσευση ύμων ή δικαιοσυνη πλειον των γραμματεων και *φαρισαιων*, ού μη εισελθητε εις την βασιλειαν των ουρανων.
	9 11	και ιδοντες οι *φαρισαιοι* ελεγον τοις μαθηταις αυτου·
	14	δια τι ήμεις και οι *φαρισαιοι* νηστευομεν [πολλα],
	34	οι δε *φαρισαιοι* ελεγον·
	12 2	οι δε *φαρισαιοι* ιδοντες ειπαν αυτω·
	14	εξελθοντες δε οι *φαρισαιοι* συμβουλιον ελαβον κατ αυτου,
	24	οι δε *φαρισαιοι* άκουσαντες ειπον·
	38	τοτε άπεκριθησαν αυτω τινες των γραμματεων και *φαρισαιων* λεγοντες·
	15 1	τοτε προσερχονται τω ίησου άπο ίεροσολυμων *φαρισαιοι* και γραμματεις λεγοντες·
	12	οιδας ότι οι *φαρισαιοι* άκουσαντες τον λογον έσκανδαλισθησαν;
	16 1	και προσελθοντες οι *φαρισαιοι* και σαδδουκαιοι πειραζοντες επηρωτησαν αυτον σημειον εκ του ουρανου έπιδειξαι αυτοις.
	6	όρατε και προσεχετε άπο της ζυμης των *φαρισαιων* και σαδδουκαιων.
	11	πως ού νοειτε ότι ού περι άρτων ειπον ύμιν; προσεχετε δε άπο της ζυμης των *φαρισαιων* και σαδδουκαιων.
	12	τοτε συνηκαν ότι ούκ ειπεν προσεχειν άπο της ζυμης των άρτων, άλλα άπο της διδαχης των *φαρισαιων* και σαδδουκαιων.
	19 3	και προσηλθον αυτω *φαρισαιοι* πειραζοντες αυτον και λεγοντες·
	21 45	και άκουσαντες οι άρχιερεις και οι *φαρισαιοι* τας παραβολας αυτου έγνωσαν ότι περι αυτων λεγει·
	22 15	τοτε πορευθεντες οι *φαρισαιοι* συμβουλιον ελαβον όπως αυτον παγιδευσωσιν έν λογω.
	34	οι δε *φαρισαιοι* άκουσαντες ότι έφιμωσεν τους σαδδουκαιους, συνηχθησαν έπι το αυτο,
	41	συνηγμενων δε των *φαρισαιων* επηρωτησεν αυτους ό ίησους λεγων·
	23 2	έπι της μωυσεως καθεδρας έκαθισαν οι γραμματεις και οι *φαρισαιοι*.
	13	ουαι δε ύμιν, γραμματεις και *φαρισαιοι* ύποκριται, ότι κλειετε την βασιλειαν των ουρανων έμπροσθεν των άνθρωπων·
	14 *	ουαι ύμιν, γραμματεις και *φαρισαιοι*, ύποκριται, ότι κατεσθιετε τας οικιας των χηρων, και προφασει μακρα προσευχομενοι·
	15	ουαι ύμιν, γραμματεις και *φαρισαιοι* ύποκριται, ότι περιαγετε την θαλασσαν και την ξηραν ποιησαι ένα προσηλυτον,
	23	ουαι ύμιν, γραμματεις και *φαρισαιοι* ύποκριται, ότι άποδεκατουτε το ήδυοσμον και το άνηθον και το κυμινον,
	25	ουαι ύμιν, γραμματεις και *φαρισαιοι* ύποκριται, ότι καθαριζετε το έξωθεν του ποτηριου και της παροψιδος, έσωθεν δε γεμουσιν έξ άρπαγης και άκρασιας.
	26	*φαρισαιε* τυφλε, καθαρισον πρωτον το έντος του ποτηριου ίνα γενηται και το έκτος αυτου καθαρον.
	27	ουαι ύμιν, γραμματεις και *φαρισαιοι* ύποκριται, ότι παρομοιαζετε ταφοις κεκονιαμενοις,
	29	ουαι ύμιν, γραμματεις και *φαρισαιοι* ύποκριται, ότι οικοδομειτε τους ταφους των προφητων και κοσμειτε τα μνημεια των δικαιων,
	27 62	τη δε έπαυριον, ήτις έστιν μετα την παρασκευην, συνηχθησαν οι άρχιερεις και οι *φαρισαιοι* προς πιλατον
Mc	2 16	και οι γραμματεις των *φαρισαιων* ιδοντες ότι έσθιει μετα των άμαρτωλων και τελωνων ελεγον τοις μαθηταις αυτου·

φαρισαιος [99]

Mc	2 18	και ήσαν οι μαθηται ιωαννου και οι *φαρισαιοι* νηστευοντες.
	18	δια τι οι μαθηται ιωαννου και οι μαθηται των *φαρισαιων* νηστευουσιν, οι δε σοι μαθηται ού νηστευουσιν;
	24	και οι *φαρισαιοι* ελεγον αυτω·
	3 6	και έξελθοντες οι *φαρισαιοι* ευθυς μετα των ήρωδιανων συμβουλιον έδιδουν κατ αυτου,
	7 1	και συναγονται προς αυτον οι *φαρισαιοι* και τινες των γραμματεων έλθοντες άπο ίεροσολυμων.
	3	οι γαρ *φαρισαιοι* και παντες οι ιουδαιοι εαν μη πυγμη νιψωνται τας χειρας ούκ έσθιουσιν,
	5	και έπερωτωσιν αυτον οι *φαρισαιοι* και οι γραμματεις· δια τι ού περιπατουσιν οι μαθηται σου κατα την παραδοσιν των πρεσβυτερων,
	8 11	και έξηλθον οι *φαρισαιοι* και ήρξαντο συζητειν αυτω,
	15	όρατε, βλεπετε άπο της ζυμης των *φαρισαιων* και της ζυμης ήρωδου.
	10 2	και προσελθοντες *φαρισαιοι* έπηρωτων αυτον ει έξεστιν άνδρι γυναικα άπολυσαι,
	12 13	και άποστελλουσιν προς αυτον τινας των *φαρισαιων* και των ήρωδιανων ίνα αυτον άγρευσωσιν λογω.
Lc	5 17	και ήσαν καθημενοι *φαρισαιοι* και νομοδιδασκαλοι οι ήσαν έληλυθοτες εκ πασης κωμης της γαλιλαιας και ιουδαιας και ίερουσαλημ·
	21	και ήρξαντο διαλογιζεσθαι οι γραμματεις και οι *φαρισαιοι* λεγοντες·
	30	και έγογγυζον οι *φαρισαιοι* και οι γραμματεις αυτων προς τους μαθητας αυτου λεγοντες· δια τι μετα των τελωνων και άμαρτωλων έσθιετε και πινετε;
	33	οι μαθηται ιωαννου νηστευουσιν πυκνα και δεησεις ποιουνται, όμοιως και οι των *φαρισαιων*,
	6 2	τινες δε των *φαρισαιων* ειπαν·
	7	παρετηρουντο δε αυτον οι γραμματεις και οι *φαρισαιοι* ει έν τω σαββατω θεραπευει, ίνα εύρωσιν κατηγορειν αυτου.
	7 30	οι δε *φαρισαιοι* και οι νομικοι την βουλην του θεου ήθετησαν εις έαυτους.
	36	ήρωτα δε τις αυτον των *φαρισαιων* ίνα φαγη μετ αυτου·
	36	και εισελθων εις τον οικον του *φαρισαιου* κατεκλιθη.
	37	και ιδου γυνη ήτις ήν έν τη πολει άμαρτωλος, και έπιγνουσα ότι κατακειται έν τη οικια του *φαρισαιου*, κομισασα άλαβαστρον μυρου
	39	ιδων δε ό *φαρισαιος* ό καλεσας αυτον ειπεν έν έαυτω λεγων·
	11 37	έν δε τω λαλησαι έρωτα αυτον *φαρισαιος* όπως άριστηση παρ αυτω·
	38	ό δε *φαρισαιος* ιδων έθαυμασεν ότι ού πρωτον έβαπτισθη προ του άριστου.
	39	νυν ύμεις οι *φαρισαιοι* το έξωθεν του ποτηριου και του πινακος καθαριζετε, το δε έσωθεν ύμων γεμει άρπαγης και πονηριας.
	42	άλλα ουαι ύμιν τοις *φαρισαιοις*, ότι άποδεκατουτε το ήδυοσμον και το πηγανον και παν λαχανον,
	43	ουαι ύμιν τοις *φαρισαιοις*, ότι άγαπατε την πρωτοκαθεδριαν έν ταις συναγωγαις και τους άσπασμους έν ταις άγοραις.
	53	κακειθεν έξελθοντος αυτου ήρξαντο οι γραμματεις και οι *φαρισαιοι* δεινως ένεχειν και άποστοματιζειν αυτον περι πλειονων,
	12 1	προσεχετε έαυτοις άπο της ζυμης, ήτις έστιν ύποκρισις, των *φαρισαιων*.
	13 31	έν αύτη τη ώρα προσηλθαν τινες *φαρισαιοι* λεγοντες αυτω·
	14 1	και έγενετο έν τω έλθειν αυτον εις οικον τινος των άρχοντων [των] *φαρισαιων* σαββατω φαγειν άρτον,
	3	και άποκριθεις ό ίησους ειπεν προς τους νομικους και *φαρισαιους* λεγων· έξεστιν τω σαββατω θεραπευσαι ή ού;
	15 2	και διεγογγυζον οι τε *φαρισαιοι* και οι γραμματεις λεγοντες ότι ουτος άμαρτωλους προσδεχεται και συνεσθιει αυτοις.
	16 14	ήκουον δε ταυτα παντα οι *φαρισαιοι* φιλαργυροι ύπαρχοντες, και έξεμυκτηριζον αυτον.
	17 20	έπερωτηθεις δε ύπο των *φαρισαιων* ποτε έρχεται ή βασιλεια του θεου, άπεκριθη αυτοις και ειπεν·
	18 10	άνθρωποι δυο άνεβησαν εις το ίερον προσευξασθαι, ό εις *φαρισαιος* και ό έτερος τελωνης.
	11	ό *φαρισαιος* σταθεις προς έαυτον ταυτα προσηυχετο·
	19 39	και τινες των *φαρισαιων* άπο του όχλου ειπαν προς αυτον·
Jh	1 24	και άπεσταλμενοι ήσαν έκ των *φαρισαιων*.
	3 1	ήν δε άνθρωπος έκ των *φαρισαιων*, νικοδημος όνομα αυτω,
	4 1	ώς ουν έγνω ό ίησους ότι ήκουσαν οι *φαρισαιοι* ότι ίησους πλειονας μαθητας ποιει και βαπτιζει ή ιωαννης,
	7 32	ήκουσαν οι *φαρισαιοι* του όχλου γογγυζοντος περι αυτου ταυτα, και άπεστειλαν οι άρχιερεις και οι *φαρισαιοι* ύπηρετας ίνα πιασωσιν αυτον.

φαρισαιος [99]

Jh	7 32	ήκουσαν οἱ φαρισαιοι του όχλου γογγυζοντος περι αὐτου ταυτα, και ἀπεστειλαν οἱ ἀρχιερεις και οἱ *φαρισαιοι* ὑπηρετας ἱνα πιασωσιν αὐτον.
	45	ήλθον οὖν οἱ ὑπηρεται προς τους ἀρχιερεις και *φαρισαιους,*
	47	ἀπεκριθησαν οὖν αὐτοις οἱ *φαρισαιοι·* μη και ὑμεις πεπλανησθε;
	48	μη τις ἐκ των ἀρχοντων ἐπιστευσεν εἰς αὐτον ἢ ἐκ των *φαρισαιων;*
	8 3*	ἀγουσιν δε οἱ γραμματεις και οἱ *φαρισαιοι* γυναικα ἐπι μοιχεια κατειλημμενην, και στησαντες αὐτην ἐν μεσῳ λεγουσιν αὐτῳ·
	13	εἰπον οὖν αὐτῳ οἱ *φαρισαιοι·* συ περι σεαυτου μαρτυρεις· ἡ μαρτυρια σου οὐκ ἐστιν ἀληθης.
	9 13	ἀγουσιν αὐτον προς τους *φαρισαιους,* τον ποτε τυφλον.
	15	παλιν οὖν ήρωτων αὐτον και οἱ *φαρισαιοι* πως ἀνεβλεψεν.
	16	ἐλεγον οὖν ἐκ των *φαρισαιων* τινες· οὐκ ἐστιν οὑτος παρα θεου ὁ ἀνθρωπος, ὁτι το σαββατον οὐ τηρει.
	40	ήκουσαν ἐκ των *φαρισαιων* ταυτα οἱ μετ αὐτου ὀντες,
	11 46	τινες δε ἐξ αὐτων ἀπηλθον προς τους *φαρισαιους* και εἰπαν αὐτοις ἁ ἐποιησεν ἰησους.
	47	συνηγαγον οὖν οἱ ἀρχιερεις και οἱ *φαρισαιοι* συνεδριον,
	57	δεδωκεισαν δε οἱ ἀρχιερεις και οἱ *φαρισαιοι* ἐντολας ἱνα ἐαν τις γνω που ἐστιν μηνυση, ὁπως πιασωσιν αὐτον.
	12 19	οἱ οὖν *φαρισαιοι* εἰπαν προς ἑαυτους·
	42	ἀλλα δια τους *φαρισαιους* οὐχ ὡμολογουν, ἱνα μη ἀποσυναγωγοι γενωνται·
	18 3	ὁ οὖν ιουδας λαβων την σπειραν και ἐκ των ἀρχιερεων και ἐκ των *φαρισαιων* ὑπηρετας ἐρχεται ἐκει μετα φανων και λαμπαδων και ὁπλων.
Ac	5 34	ἀναστας δε τις ἐν τω συνεδριω *φαρισαιος* ὀνοματι γαμαλιηλ,
	15 5	ἐξανεστησαν δε τινες των ἀπο της αἱρεσεως των *φαρισαιων* πεπιστευκοτες,
	23 6	γνους δε ὁ παυλος ὁτι το ἑν μερος ἐστιν σαδδουκαιων το δε ἑτερον *φαρισαιων* ἐκραζεν ἐν τω συνεδριω·
	6	ἀνδρες ἀδελφοι, ἐγω *φαρισαιος* εἰμι, υἱος φαρισαιων·
	6	ἀνδρες ἀδελφοι, ἐγω φαρισαιος εἰμι, υἱος *φαρισαιων·*
	7	τουτο δε αὐτου εἰποντος ἐγενετο στασις των *φαρισαιων* και σαδδουκαιων,
	8	σαδδουκαιοι μεν γαρ λεγουσιν μη εἰναι ἀναστασιν μητε ἀγγελον μητε πνευμα, *φαρισαιοι* δε ὁμολογουσιν τα ἀμφοτερα.
	9	ἐγενετο δε κραυγη μεγαλη, και ἀνασταντες τινες των γραμματεων του μερους των *φαρισαιων* διεμαχοντο λεγοντες·
	26 5	ἐαν θελωσι μαρτυρειν, ὁτι κατα την ἀκριβεστατην αἱρεσιν της ἡμετερας θρησκειας ἐζησα *φαρισαιος.*
Php	3 5	κατα νομον *φαρισαιος,* κατα ζηλος διωκων την ἐκκλησιαν,

φαρμακεια [2]

Ga	5 20	*φαρμακεια,* ἐχθραι, ἐρις, ζηλος, θυμοι, ἐριθειαι,
Apc	18 23	ὁτι ἐν τη *φαρμακεια* σου ἐπλανηθησαν παντα τα ἐθνη,

φαρμακον [1]

Apc	9 21	και οὐ μετενοησαν ἐκ των φονων αὐτων οὐτε ἐκ των *φαρμακων* αὐτων οὐτε ἐκ της πορνειας αὐτων οὐτε ἐκ των κλεμματων αὐτων.

φάρμακος [2]

Apc	21 8	τοις δε δειλοις και ἀπιστοις και ἐβδελυγμενοις και φονευσιν και πορνοις και *φαρμακοις* και εἰδωλολατραις και πασιν τοις ψευδεσιν το μερος αὐτων ἐν τη λιμνη
	22 15	ἐξω οἱ κυνες και οἱ *φαρμακοι* και οἱ πορνοι και οἱ φονεις και οἱ εἰδωλολατραι και πας φιλων και ποιων ψευδος.

φασις [1]

Ac	21 31	ζητουντων τε αὐτον ἀποκτειναι ἀνεβη *φασις* τω χιλιαρχω της σπειρης ὁτι ὁλη συγχυννεται ιερουσαλημ·

φασκω [3]

Ac	24 9	συνεπεθεντο δε και οἱ ιουδαιοι *φασκοντες* ταυτα οὑτως ἐχειν.
	25 19	ζητηματα δε τινα περι της ιδιας δεισιδαιμονιας εἰχον προς αὐτον και περι τινος ιησου τεθνηκοτος, ὁν *ἐφασκεν* ὁ παυλος ζην.
Rm	1 22	*φασκοντες* εἰναι σοφοι ἐμωρανθησαν,

φατνη [4]

Lc	2 7	και ἐτεκεν τον υἱον αὐτης τον πρωτοτοκον, και ἐσπαργανωσεν αὐτον και ἀνεκλινεν αὐτον ἐν *φατνη,*
	12	και τουτο ὑμιν το σημειον, εὑρησετε βρεφος ἐσπαργανωμενον και κειμενον ἐν *φατνη.*
	16	και ήλθαν σπευσαντες, και ἀνευραν την τε μαριαμ και τον ιωσηφ και το βρεφος κειμενον ἐν τη *φατνη·*
	13 15	ὑποκριται, ἑκαστος ὑμων τω σαββατω οὐ λυει τον βουν αὐτου ἢ τον ὀνον ἀπο της *φατνης* και ἀπαγαγων ποτιζει;

φαυλος [6]

Jh	3 20	πας γαρ ὁ *φαυλα* πρασσων μισει το φως και οὐκ ἐρχεται προς το φως,
	5 29	ὁτι ἐρχεται ὡρα ἐν ἡ παντες οἱ ἐν τοις μνημειοις ἀκουσουσιν της φωνης αὐτου και ἐκπορευσονται οἱ τα ἀγαθα ποιησαντες εἰς ἀναστασιν ζωης, οἱ δε τα *φαυλα* πραξαντες εἰς ἀναστασιν κρισεως.
Rm	9 11	μηπω γαρ γεννηθεντων μηδε πραξαντων τι ἀγαθον ἢ *φαυλον,*
2Co	5 10	ἱνα κομισηται ἑκαστος τα δια του σωματος προς ἁ ἐπραξεν, εἰτε ἀγαθον εἰτε *φαυλον.*
Tit	2 8	ἱνα ὁ ἐξ ἐναντιας ἐντραπη μηδεν ἐχων λεγειν περι ἡμων *φαυλον.*
Ja	3 16	ὁπου γαρ ζηλος και ἐριθεια, ἐκει ἀκαταστασια και παν *φαυλον* πραγμα.

φεγγος [2]

Mt	24 29	και ἡ σεληνη οὐ δωσει το *φεγγος* αὐτης,
Mc	13 24	και ἡ σεληνη οὐ δωσει το *φεγγος* αὐτης,

φειδομαι [10]

Ac	20 29	ἐγω οἰδα ὁτι εἰσελευσονται μετα την ἀφιξιν μου λυκοι βαρεις εἰς ὑμας μη *φειδομενοι* του ποιμνιου,
Rm	8 32	ὁς γε του ιδιου υἱου οὐκ *ἐφεισατο,* ἀλλα ὑπερ ἡμων παντων παρεδωκεν αὐτον, πως οὐχι και συν αὐτω τα παντα ἡμιν χαρισεται;
	11 21	εἰ γαρ ὁ θεος των κατα φυσιν κλαδων οὐκ *ἐφεισατο,* [μη πως] οὐδε σου φεισεται.
	21	εἰ γαρ ὁ θεος των κατα φυσιν κλαδων οὐκ ἐφεισατο, [μη πως] οὐδε σου *φεισεται.*
1Co	7 28	θλιψιν δε τη σαρκι ἐξουσιν οἱ τοιουτοι, ἐγω δε ὑμων *φειδομαι.*
2Co	1 23	ἐγω δε μαρτυρα τον θεον ἐπικαλουμαι ἐπι την ἐμην ψυχην, ὁτι *φειδομενος* ὑμων οὐκετι ήλθον εἰς κορινθον.
	12 6	*φειδομαι* δε, μη τις εἰς ἐμε λογισηται ὑπερ ὁ βλεπει με ἢ ἀκουει [τι] ἐξ ἐμου
	13 2	προειρηκα και προλεγω, ὡς παρων το δευτερον και ἀπων νυν, τοις προημαρτηκοσιν και τοις λοιποις πασιν, ὁτι ἐαν ἐλθω εἰς το παλιν οὐ *φεισομαι,*
2Pt	2 4	εἰ γαρ ὁ θεος ἀγγελων ἁμαρτησαντων οὐκ *ἐφεισατο,*
	5	και ἀρχαιου κοσμου οὐκ *ἐφεισατο,* ἀλλα ὀγδοον νωε δικαιοσυνης κηρυκα ἐφυλαξεν,

φειδομενως [2]

2Co	9 6	ὁ σπειρων *φειδομενως* φειδομενως και θερισει,
	6	ὁ σπειρων φειδομενως *φειδομενως* και θερισει,

φερω [66]

Mt	14 11	και *ήνεχθη* ἡ κεφαλη αὐτου ἐπι πινακι και ἐδοθη τω κορασιω,
	11	και ήνεχθη ἡ κεφαλη αὐτου ἐπι πινακι και ἐδοθη τω κορασιω, και *ήνεγκεν* τη μητρι αὐτης.
	18	ὁ δε εἰπεν· *φερετε* μοι ὡδε αὐτους.
	17 17	*φερετε* μοι αὐτον ὡδε.
Mc	1 32	ὀψιας δε γενομενης, ὁτε ἐδυ ὁ ήλιος, *ἐφερον* προς αὐτον παντας τους κακως ἐχοντας και τους δαιμονιζομενους·
	2 3	και ἐρχονται *φεροντες* προς αὐτον παραλυτικον αἰρομενον ὑπο τεσσαρων.
	4 8	και ἀλλα ἐπεσεν εἰς την γην την καλην και ἐδιδου καρπον ἀναβαινοντα και αὐξανομενα και *ἐφερεν* ἐν τριακοντα και ἐν ἑξηκοντα και ἐν ἑκατον.
	6 27	και εὐθυς ἀποστειλας ὁ βασιλευς σπεκουλατορα ἐπεταξεν *ἐνεγκαι* την κεφαλην αὐτου.
	28	και *ήνεγκεν* την κεφαλην αὐτου ἐπι πινακι και ἐδωκεν αὐτην τω κορασιω,
	7 32	και *φερουσιν* αὐτω κωφον και μογιλαλον,

φερω [66]

Mc	8 22	και *φερουσιν* αυτω τυφλον, και παρακαλουσιν αυτον ινα αυτου ἁψηται.
	9 17	διδασκαλε, *ἠνεγκα* τον υἱον μου προς σέ, ἐχοντα πνευμα ἀλαλον·
	19	*φερετε* αυτον προς με.
	20	και *ἠνεγκαν* αυτον προς αυτον.
	11 2	και εὐθυς εἰσπορευομενοι εἰς αὐτην εὑρησετε πωλον δεδεμενον ἐφ ὃν οὐδεις οὐπω ἀνθρωπων ἐκαθισεν· λυσατε αὐτον και *φερετε*.
	7	και *φερουσιν* τον πωλον προς τον ἰησουν,
	12 15	*φερετε* μοι δηναριον ἱνα ἰδω.
	16	*φερετε* μοι δηναριον ἱνα ἰδω. οἱ δε *ἠνεγκαν*.
	15 22	και *φερουσιν* αυτον ἐπι τον γολγοθαν τοπον,
Lc	5 18	και ἰδου ἀνδρες *φεροντες* ἐπι κλινης ἀνθρωπον ὃς ἡν παραλελυμενος,
	15 23	και *φερετε* τον μοσχον τον σιτευτον, θυσατε, και φαγοντες εὐφρανθωμεν,
	23 26	και ὡς ἀπηγαγον αὐτον, ἐπιλαβομενοι σιμωνα τινα κυρηναιον ἐρχομενον ἀπ ἀγρου ἐπεθηκαν αὐτω τον σταυρον *φερειν* ὀπισθεν του ἰησου.
	24 1	τη δε μια των σαββατων ὀρθρου βαθεως ἐπι το μνημα ἠλθον *φερουσαι* ἃ ἡτοιμασαν ἀρωματα.
Jh	2 8	και λεγει αὐτοις· ἀντλησατε νυν και *φερετε* τω ἀρχιτρικλινω.
	8	ἀντλησατε νυν και φερετε τω ἀρχιτρικλινω. οἱ δε *ἠνεγκαν*.
	4 33	ἐλεγον οὐν οἱ μαθηται προς ἀλληλους· μη τις *ἠνεγκεν* αὐτω φαγειν;
	12 24	ἐαν δε ἀποθανη, πολυν καρπον *φερει*.
	15 2	παν κλημα ἐν ἐμοι μη *φερον* καρπον, αἰρει αὐτο,
	2	και παν το καρπον *φερον*, καθαιρει αὐτο ἱνα καρπον πλειονα φερη.
	2	και παν το καρπον φερον, καθαιρει αὐτο ἱνα καρπον πλειονα *φερη*.
	4	καθως το κλημα οὐ δυναται καρπον *φερειν* ἀφ ἑαυτου ἐαν μη μενη ἐν τη ἀμπελω, οὑτως οὐδε ὑμεις ἐαν μη ἐν ἐμοι μενητε.
	5	ὁ μενων ἐν ἐμοι καγω ἐν αὐτω, οὑτος *φερει* καρπον πολυν, ὁτι χωρις ἐμου οὐ δυνασθε ποιειν οὐδεν.
	8	ἐν τουτω ἐδοξασθη ὁ πατηρ μου, ἱνα καρπον πολυν *φερητε* και γενησησθε ἐμοι μαθηται.
	16	και ἐθηκα ὑμας ἱνα ὑμεις ὑπαγητε και καρπον *φερητε* και ὁ καρπος ὑμων μενη,
	18 29	τινα κατηγοριαν *φερετε* [κατα] του ἀνθρωπου τουτου;
	19 39	ἠλθεν δε και νικοδημος, ὁ ἐλθων προς αὐτον νυκτος το πρωτον, *φερων* μιγμα σμυρνης και ἀλοης ὡς λιτρας ἑκατον.
	20 27	*φερε* τον δακτυλον σου ὡδε και ἰδε τας χειρας μου,
	27	και *φερε* την χειρα σου και βαλε εἰς την πλευραν μου,
	21 10	*ἐνεγκατε* ἀπο των ὀψαριων ὡν ἐπιασατε νυν.
	18	ὁταν δε γηρασης, ἐκτενεις τας χειρας σου, και ἀλλος σε ζωσει και *οἰσει* ὁπου οὐ θελεις.
Ac	2 2	και ἐγενετο ἀφνω ἐκ του οὐρανου ἠχος ὡσπερ *φερομενης* πνοης βιαιας και ἐπληρωσεν ὁλον τον οἰκον οὑ ἠσαν καθημενοι,
	4 34	ὁσοι γαρ κτητορες χωριων ἡ οἰκιων ὑπηρχον, πωλουντες *ἐφερον* τας τιμας των πιπρασκομενων και ἐτιθουν παρα τους ποδας των ἀποστολων·
	37	ὑπαρχοντος αὐτω ἀγρου, πωλησας *ἠνεγκεν* το χρημα και ἐθηκεν προς τους ποδας των ἀποστολων.
	5 2	και *ἐνεγκας* μερος τι παρα τους ποδας των ἀποστολων ἐθηκεν.
	16	συνηρχετο δε και το πληθος των περιξ πολεων ἰερουσαλημ, *φεροντες* ἀσθενεις και ὀχλουμενους ὑπο πνευματων ἀκαθαρτων,
	12 10	διελθοντες δε πρωτην φυλακην και δευτεραν ἠλθαν ἐπι την πυλην την σιδηραν την *φερουσαν* εἰς την πολιν,
	14 13	ὁ τε ἱερευς του διος του ὀντος προ της πολεως, ταυρους και στεμματα ἐπι τους πυλωνας *ἐνεγκας*,
	25 18	περι οὑ σταθεντες οἱ κατηγοροι οὐδεμιαν αἰτιαν *ἐφερον* ὡν ἐγω ὑπενοουν πονηρων,
	27 15	συναρπασθεντος δε του πλοιου και μη δυναμενου ἀντοφθαλμειν τω ἀνεμω ἐπιδοντες *ἐφερομεθα*.
	17	φοβουμενοι τε μη εἰς την συρτιν ἐκπεσωσιν, χαλασαντες το σκευος, οὑτως *ἐφεροντο*.
Rm	9 22	εἰ δε θελων ὁ θεος ἐνδειξασθαι την ὀργην και γνωρισαι το δυνατον αὐτου *ἠνεγκεν* ἐν πολλη μακροθυμια σκευη ὀργης κατηρτισμενα εἰς ἀπωλειαν,
2Tm	4 13	τον φαιλονην, ὃν ἀπελιπον ἐν τρωαδι παρα καρπω, ἐρχομενος *φερε*, και τα βιβλια, μαλιστα τας μεμβρανας.
Heb	1 3	ὃς ὡν ἀπαυγασμα της δοξης και χαρακτηρ της ὑποστασεως αὐτου, *φερων* τε τα παντα τω ρηματι της δυναμεως αὐτου,

φερω [66]

Heb	6 1	διο ἀφεντες τον της ἀρχης του χριστου λογον ἐπι την τελειοτητα *φερωμεθα*,
	9 16	ὁπου γαρ διαθηκη, θανατον ἀναγκη *φερεσθαι* του διαθεμενου·
	12 20	οὐκ *ἐφερον* γαρ το διαστελλομενον·
	13 13	τοινυν ἐξερχωμεθα προς αὐτον ἐξω της παρεμβολης τον ὀνειδισμον αὐτου *φεροντες*·
1Pt	1 13	τελειως ἐλπισατε ἐπι την *φερομενην* ὑμιν χαριν ἐν ἀποκαλυψει ἰησου χριστου.
2Pt	1 17	λαβων γαρ παρα θεου πατρος τιμην και δοξαν φωνης *ἐνεχθεισης* αὐτω τοιασδε ὑπο της μεγαλοπρεπους δοξης·
	18	και ταυτην την φωνην ἡμεις ἠκουσαμεν ἐξ οὐρανου *ἐνεχθεισαν* συν αὐτω ὀντες ἐν τω ἀγιω ὀρει.
	21	οὐ γαρ θεληματι ἀνθρωπου *ἠνεχθη* προφητεια ποτε,
	21	ἀλλα ὑπο πνευματος ἀγιου *φερομενοι* ἐλαλησαν ἀπο θεου ἀνθρωποι.
	2 11	ὁπου ἀγγελοι ἰσχυι και δυναμει μειζονες ὀντες οὐ *φερουσιν* κατ αὐτων παρα κυριου βλασφημον κρισιν.
2Jh	10	εἰ τις ἐρχεται προς ὑμας και ταυτην την διδαχην οὐ *φερει*, μη λαμβανετε αὐτον εἰς οἰκιαν,
Apc	21 24	και οἱ βασιλεις της γης *φερουσιν* την δοξαν αὐτων εἰς αὐτην·
	26	και *οἰσουσιν* την δοξαν και την τιμην των ἐθνων εἰς αὐτην.

φευγω [29]

Mt	2 13	και *φευγε* εἰς αἰγυπτον,
	3 7	τις ὑπεδειξεν ὑμιν *φυγειν* ἀπο της μελλουσης ὀργης;
	8 33	οἱ δε βοσκοντες *ἐφυγον*,
	10 23	ὁταν δε διωκωσιν ὑμας ἐν τη πολει ταυτη, *φευγετε* εἰς την ἑτεραν·
	23 33	ὀφεις, γεννηματα ἐχιδνων, πως *φυγητε* ἀπο της κρισεως της γεεννης;
	24 16	ὁταν οὐν ἰδητε το βδελυγμα της ἐρημωσεως το ρηθεν δια δανιηλ του προφητου ἑστος ἐν τοπω ἀγιω, ὁ ἀναγινωσκων νοειτω, τοτε οἱ ἐν τη ἰουδαια *φευγετωσαν* εἰς τα ὀρη,
	26 56	τοτε οἱ μαθηται παντες ἀφεντες αὐτον *ἐφυγον*.
Mc	5 14	και οἱ βοσκοντες αὐτους *ἐφυγον* και ἀπηγγειλαν εἰς την πολιν και εἰς τους ἀγρους·
	13 14	τοτε οἱ ἐν τη ἰουδαια *φευγετωσαν* εἰς τα ὀρη,
	14 50	και ἀφεντες αὐτον *ἐφυγον* παντες.
	52	ὁ δε καταλιπων την σινδονα γυμνος *ἐφυγεν*.
	16 8	και ἐξελθουσαι *ἐφυγον* ἀπο του μνημειου,
Lc	3 7	γεννηματα ἐχιδνων, τις ὑπεδειξεν ὑμιν *φυγειν* ἀπο της μελλουσης ὀργης;
	8 34	ἰδοντες δε οἱ βοσκοντες το γεγονος *ἐφυγον* και ἀπηγγειλαν εἰς την πολιν και εἰς τους ἀγρους.
	21 21	τοτε οἱ ἐν τη ἰουδαια *φευγετωσαν* εἰς τα ὀρη,
Jh	10 5	ἀλλοτριω δε οὐ μη ἀκολουθησουσιν, ἀλλα *φευξονται* ἀπ αὐτου,
	12	ὁ μισθωτος και οὐκ ὡν ποιμην, οὑ οὐκ ἐστιν τα προβατα ἰδια, θεωρει τον λυκον ἐρχομενον και ἀφιησιν τα προβατα και *φευγει*,
Ac	7 29	*ἐφυγεν* δε μωυσης ἐν τω λογω τουτω, και ἐγενετο παροικος ἐν γη μαδιαμ,
	27 30	των δε ναυτων ζητουντων *φυγειν* ἐκ του πλοιου
1Co	6 18	*φευγετε* την πορνειαν.
	10 14	διοπερ, ἀγαπητοι μου, *φευγετε* ἀπο της εἰδωλολατριας.
1Tm	6 11	συ δε, ὡ ἀνθρωπε θεου, ταυτα *φευγε*·
2Tm	2 22	τας δε νεωτερικας ἐπιθυμιας *φευγε*, διωκε δε δικαιοσυνην,
Heb	11 34	ἐπετυχον ἐπαγγελιων, ἐφραξαν στοματα λεοντων, ἐσβεσαν δυναμιν πυρος, *ἐφυγον* στοματα μαχαιρης,
Ja	4 7	ἀντιστητε δε τω διαβολω, και *φευξεται* ἀφ ὑμων·
Apc	9 6	και ἐπιθυμησουσιν ἀποθανειν και *φευγει* ὁ θανατος ἀπ αὐτων.
	12 6	και ἡ γυνη *ἐφυγεν* εἰς την ἐρημον,
	16 20	και πασα νησος *ἐφυγεν*, και ὀρη οὐχ εὑρεθησαν.
	20 11	και εἰδον θρονον μεγαν λευκον και τον καθημενον ἐπ αὐτου οὑ ἀπο του προσωπου *ἐφυγεν* ἡ γη και ὁ οὐρανος,

φηλιξ [9]

Ac	23 24	κτηνη τε παραστησαι, ἱνα ἐπιβιβασαντες τον παυλον διασωσωσι προς *φηλικα* τον ἡγεμονα,
	26	κλαυδιος λυσιας τω κρατιστω ἡγεμονι *φηλικι* χαιρειν.
	24 3	και διορθωματων γινομενων τω ἐθνει τουτω δια της σης προνοιας, παντη τε και πανταχου ἀποδεχομεθα, κρατιστε *φηλιξ* μετα πασης εὐχαριστιας.
	22	ἀνεβαλετο δε αὐτους ὁ *φηλιξ*, ἀκριβεστερον εἰδως τα περι της ὁδου, εἰπας·

φηλιξ [9]

Ac 24 24 μετα δε ημερας τινας παραγενομενος ὁ *φηλιξ* συν δρουσιλλη τη ιδια γυναικι ουση ιουδαια μετεπεμψατο τον παυλον,
    25 διαλεγομενου δε αυτου περι δικαιοσυνης και εγκρατειας και του κριματος του μελλοντος εμφοβος γενομενος ὁ *φηλιξ* απεκριθη·
    27 διετιας δε πληρωθεισης ελαβεν διαδοχον ὁ *φηλιξ* πορκιον φηστον·
    27 θελων τε χαριτα καταθεσθαι τοις ιουδαιοις ὁ *φηλιξ* κατελιπε τον παυλον δεδεμενον.
   25 14 ανηρ τις εστιν καταλελειμμενος υπο *φηλικος* δεσμιος, περι ου γενομενου μου εις ιεροσολυμα ενεφανισαν οι αρχιερεις και οι πρεσβυτεροι των ιουδαιων,

φημη [2]

Mt 9 26 και εξηλθεν ἡ *φημη* αυτη εις ολην την γην εκεινην.
Lc 4 14 και *φημη* εξηλθεν καθ ολης της περιχωρου περι αυτου.

φημι [66]

Mt 4 7 *εφη* αυτω ὁ ιησους· παλιν γεγραπται·
   8 8 και αποκριθεις ὁ εκατονταρχος *εφη·* κυριε,
  13 28 ὁ δε *εφη* αυτοις· εχθρος ανθρωπος τουτο εποιησεν.
   29 ὁ δε *φησιν·* ου, μηποτε συλλεγοντες τα ζιζανια εκριζωσητε αμα αυτοις τον σιτον.
  14 8 δος μοι, *φησιν,* ωδε επι πινακι την κεφαλην ιωαννου του βαπτιστου.
  17 26 ειποντος δε· απο των αλλοτριων, *εφη* αυτω ὁ ιησους· αρα γε ελευθεροι εισιν οι υιοι.
  19 21 *εφη* αυτω ὁ ιησους· ει θελεις τελειος ειναι, υπαγε πωλησον σου τα υπαρχοντα και δος τοις πτωχοις,
  21 27 *εφη* αυτοις και αυτος· ουδε εγω λεγω υμιν εν ποια εξουσια ταυτα ποιω.
  22 37 ὁ δε *εφη* αυτω· αγαπησεις κυριον τον θεον σου εν ολη τη καρδια σου και εν ολη τη ψυχη σου και εν ολη τη διανοια σου.
  25 21 *εφη* αυτω ὁ κυριος αυτου· ευ, δουλε αγαθε και πιστε, επι ολιγα ης πιστος, επι πολλων σε καταστησω·
   23 *εφη* αυτω ὁ κυριος αυτου· ευ, δουλε αγαθε και πιστε, επι ολιγα ης πιστος, επι πολλων σε καταστησω·
  26 34 *εφη* αυτω ὁ ιησους· αμην λεγω σοι οτι εν ταυτη τη νυκτι πριν αλεκτορα φωνησαι τρις απαρνηση με.
   61 ουτος *εφη·* δυναμαι καταλυσαι τον ναον του θεου και δια τριων ημερων οικοδομησαι.
  27 11 ὁ δε ιησους *εφη·* συ λεγεις.
   23 ὁ δε *εφη·* τι γαρ κακον εποιησεν;
   65 *εφη* αυτοις ὁ πιλατος· εχετε κουστωδιαν· υπαγετε ασφαλισασθε ως οιδατε.
Mc 9 12 ὁ δε *εφη* αυτοις· ηλιας μεν ελθων πρωτον αποκαθιστανει παντα·
   38 *εφη* αυτω ὁ ιωαννης· διδασκαλε, ειδομεν τινα εν τω ονοματι σου εκβαλλοντα δαιμονια,
  10 20 ὁ δε *εφη* αυτω· διδασκαλε, ταυτα παντα εφυλαξαμην εκ νεοτητος μου.
   29 *εφη* ὁ ιησους· αμην λεγω υμιν, ουδεις εστιν ος αφηκεν οικιαν η αδελφους η αδελφας η μητερα η πατερα η τεκνα η αγρους ενεκεν εμου και ενεκεν του ευαγγελιου,
  12 24 *εφη* αυτοις ὁ ιησους· ου δια τουτο πλανασθε μη ειδοτες τας γραφας μηδε την δυναμιν του θεου;
  14 29 ὁ δε πετρος *εφη* αυτω· ει και παντες σκανδαλισθησονται, αλλ ουκ εγω.
Lc 7 40 ὁ δε· διδασκαλε, ειπε, *φησιν.*
   44 και στραφεις προς την γυναικα τω σιμωνι *εφη·* βλεπεις ταυτην την γυναικα;
  15 17 εις εαυτον δε ελθων *εφη·* ποσοι μισθιοι του πατρος μου περισσευονται αρτων,
  22 58 και μετα βραχυ ετερος ιδων αυτον *εφη·* και συ εξ αυτων ει.
   58 ὁ δε πετρος *εφη·* ανθρωπε, ουκ ειμι.
   70 ὁ δε προς αυτους *εφη·* υμεις λεγετε οτι εγω ειμι.
  23 3 ὁ δε αποκριθεις αυτω *εφη·* συ λεγεις.
   40 αποκριθεις δε ὁ ετερος επιτιμων αυτω *εφη·* ουδε φοβη συ τον θεον, οτι εν τω αυτω κριματι ει;
Jh 1 23 *εφη·* εγω φωνη βοωντος εν τη ερημω·
  9 38 ὁ δε *εφη·* πιστευω, κυριε· και προσεκυνησεν αυτω.
  18 29 εξηλθεν ουν ὁ πιλατος εξω προς αυτους και *φησιν·* τινα κατηγοριαν φερετε [κατα] του ανθρωπου τουτου;
Ac 2 38 μετανοησατε, [*φησιν,*] και βαπτισθητω εκαστος υμων επι τω ονοματι ιησου χριστου εις αφεσιν των αμαρτιων υμων,
  7 2 ὁ δε *εφη·* ανδρες αδελφοι και πατερες, ακουσατε.

φημι [66]

Ac 8 36 και *φησιν* ὁ ευνουχος· ιδου υδωρ· τι κωλυει με βαπτισθηναι;
  10 28 *εφη* τε προς αυτους· υμεις επιστασθε ως αθεμιτον εστιν ανδρι ιουδαιω κολλασθαι η προσερχεσθαι αλλοφυλω·
   30 και ὁ κορνηλιος *εφη·* απο τεταρτης ημερας μεχρι ταυτης της ωρας ημην την ενατην προσευχομενος εν τω οικω μου,
   31 και ιδου ανηρ εστη ενωπιον μου εν εσθητι λαμπρα, και *φησιν·* κορνηλιε, εισηκουσθη σου ἡ προσευχη και αι ελεημοσυναι σου εμνησθησαν ενωπιον του θεου.
  16 30 και προαγαγων αυτους εξω *εφη·* κυριοι, τι με δει ποιειν ινα σωθω;
   37 ὁ δε παυλος *εφη* προς αυτους· δειραντες ημας δημοσια ακατακριτους,
  17 22 σταθεις δε [ὁ] παυλος εν μεσω του αρειουπαγου *εφη·* ανδρες αθηναιοι, κατα παντα ως δεισιδαιμονεστερους υμας θεωρω.
  19 35 καταστειλας δε ὁ γραμματευς τον οχλον *φησιν·* ανδρες εφεσιοι, τις γαρ εστιν ανθρωπων ος ου γινωσκει την εφεσιων πολιν νεωκορον ουσαν της μεγαλης αρτεμιδος και του διοπετους;
  21 37 ὁ δε *εφη·* ελληνιστι γινωσκεις;
  22 2 και *φησιν·* εγω ειμι ανηρ ιουδαιος, γεγεννημενος εν ταρσω της κιλικιας,
   27 λεγε μοι, συ ρωμαιος ει; ὁ δε *εφη·* ναι.
   28 ὁ δε παυλος *εφη·* εγω δε και γεγεννημαι.
  23 5 *εφη* τε ὁ παυλος· ουκ ηδειν, αδελφοι, οτι εστιν αρχιερευς·
   17 προσκαλεσαμενος δε ὁ παυλος ενα των εκατονταρχων *εφη·* τον νεανιαν τουτον απαγαγε προς τον χιλιαρχον,
   18 ὁ μεν ουν παραλαβων αυτον ηγαγεν προς τον χιλιαρχον και *φησιν·* ὁ δεσμιος παυλος προσκαλεσαμενος με ηρωτησεν τουτον τον νεανισκον αγαγειν προς σε,
   35 και πυθομενος οτι απο κιλικιας, διακουσομαι σου, *εφη,* οταν και οι κατηγοροι σου παραγενωνται·
  25 5 οι ουν εν υμιν, *φησιν,* δυνατοι συγκαταβαντες, ει τι εστιν εν τω ανδρι ατοπον, κατηγορειτωσαν αυτου.
   22 αυριον, *φησιν,* ακουση αυτου.
   24 και *φησιν* ὁ φηστος· αγριππα βασιλευ και παντες οι συμπαροντες ημιν ανδρες,
  26 1 αγριππας δε προς τον παυλον *εφη·* επιτρεπεται σοι περι σεαυτου λεγειν.
   24 ταυτα δε αυτου απολογουμενου ὁ φηστος μεγαλη τη φωνη *φησιν·* μαινη, παυλε·
   25 ου μαινομαι, *φησιν,* κρατιστε φηστε,
   32 αγριππας δε τω φηστω *εφη·* απολελυσθαι εδυνατο ὁ ανθρωπος ουτος ει μη επεκεκλητο καισαρα.
Rm 3 8 και μη καθως βλασφημουμεθα και καθως *φασιν* τινες ημας λεγειν οτι ποιησωμεν τα κακα ινα ελθη τα αγαθα;
1Co 6 16 εσονται γαρ, *φησιν,* οι δυο εις σαρκα μιαν.
  7 29 τουτο δε *φημι,* αδελφοι, ὁ καιρος συνεσταλμενος εστιν·
  10 15 ως φρονιμοις λεγω· υμεις ὁ *φημι.*
   19 τι ουν *φημι;* οτι ειδωλοθυτον τι εστιν;
  15 50 τουτο δε *φημι,* αδελφοι, οτι σαρξ και αιμα βασιλειαν θεου κληρονομησαι ου δυνανται,
2Co 10 10 οτι αι επιστολαι μεν, *φησιν,* βαρειαι και ισχυραι,
Heb 8 5 ορα γαρ *φησιν,* ποιησεις παντα κατα τον τυπον τον δειχθεντα σοι εν τω ορει·

φηστος [13]

Ac 24 27 διετιας δε πληρωθεισης ελαβεν διαδοχον ὁ φηλιξ πορκιον *φηστον·*
  25 1 *φηστος* ουν επιβας τη επαρχεια μετα τρεις ημερας ανεβη εις ιεροσολυμα απο καισαρειας,
   4 ὁ μεν ουν *φηστος* απεκριθη τηρεισθαι τον παυλον εις καισαρειαν,
   9 ὁ *φηστος* δε θελων τοις ιουδαιοις χαριν καταθεσθαι, αποκριθεις τω παυλω ειπεν·
   12 τοτε ὁ *φηστος* συλλαλησας μετα του συμβουλιου απεκριθη·
   13 ημερων δε διαγενομενων τινων αγριππας ὁ βασιλευς και βερνικη κατηντησαν εις καισαρειαν ασπασαμενοι τον *φηστον.*
   14 ως δε πλειους ημερας διετριβον εκει, ὁ *φηστος* τω βασιλει ανεθετο τα κατα τον παυλον λεγων·
   22 αγριππας δε προς τον *φηστον·* εβουλομην και αυτος του ανθρωπου ακουσαι.
   23 και κελευσαντος του *φηστου* ηχθη ὁ παυλος.
   24 και *φησιν* ὁ *φηστος·* αγριππα βασιλευ και παντες οι συμπαροντες ημιν ανδρες,
  26 24 ταυτα δε αυτου απολογουμενου ὁ *φηστος* μεγαλη τη φωνη *φησιν·*
   25 ου μαινομαι, φησιν, κρατιστε *φηστε,*

φηστος [13]

Ac	26 32	αγριππας δε τω *φηστω* εφη·

φθανω [7]

Mt	12 28	ει δε εν πνευματι θεου εγω εκβαλλω τα δαιμονια, αρα *εφθασεν* εφ υμας η βασιλεια του θεου.
Lc	11 20	ει δε εν δακτυλω θεου [εγω] εκβαλλω τα δαιμονια, αρα *εφθασεν* εφ υμας η βασιλεια του θεου.
Rm	9 31	ισραηλ δε διωκων νομον δικαιοσυνης εις νομον ουκ *εφθασεν.*
2Co	10 14	αχρι γαρ και υμων *εφθασαμεν* εν τω ευαγγελιω του χριστου,
Php	3 16	πλην εις ο *εφθασαμεν,* τω αυτω στοιχειν.
1Th	2 16	*εφθασεν* δε επ αυτους η οργη εις τελος.
	4 15	τουτο γαρ υμιν λεγομεν εν λογω κυριου, οτι ημεις οι ζωντες οι περιλειπομενοι εις την παρουσιαν του κυριου ου μη *φθασωμεν* τους κοιμηθεντας·

φθαρτος [6]

Rm	1 23	φασκοντες ειναι σοφοι εμωρανθησαν, και ηλλαξαν την δοξαν του αφθαρτου θεου εν ομοιωματι εικονος *φθαρτου* ανθρωπου και πετεινων και τετραποδων και ερπετων·
1Co	9 25	πας δε ο αγωνιζομενος παντα εγκρατευεται, εκεινοι μεν ουν ινα *φθαρτον* στεφανον λαβωσιν, ημεις δε αφθαρτον.
	15 53	δει γαρ το *φθαρτον* τουτο ενδυσασθαι αφθαρσιαν και το θνητον τουτο ενδυσασθαι αθανασιαν.
	54	οταν δε το *φθαρτον* τουτο ενδυσηται αφθαρσιαν και το θνητον τουτο ενδυσηται αθανασιαν, τοτε γενησεται ο λογος ο γεγραμμενος·
1Pt	1 18	ειδοτες οτι ου *φθαρτοις,* αργυριω η χρυσιω, ελυτρωθητε εκ της ματαιας υμων αναστροφης πατροπαραδοτου, αλλα τιμιω αιματι ως αμνου αμωμου και ασπιλου χριστου,
	23	αναγεγεννημενοι ουκ εκ σπορας *φθαρτης* αλλα αφθαρτου δια λογου ζωντος θεου και μενοντος.

φθεγγομαι [3]

Ac	4 18	και καλεσαντες αυτους παρηγγειλαν το καθολου μη *φθεγγεσθαι* μηδε διδασκειν επι τω ονοματι του ιησου.
2Pt	2 16	υποζυγιον αφωνον εν ανθρωπου φωνη *φθεγξαμενον* εκωλυσεν την του προφητου παραφρονιαν·
	18	υπερογκα γαρ ματαιοτητος *φθεγγομενοι* δελεαζουσιν εν επιθυμιαις σαρκος ασελγειαις τους ολιγως αποφευγοντας τους εν πλανη αναστρεφομενους,

φθειρω [9]

1Co	3 17	ει τις τον ναον του θεου *φθειρει,* φθειρει τουτον ο θεος·
	17	ει τις τον ναον του θεου φθειρει, *φθειρει* τουτον ο θεος·
	15 33	*φθειρουσιν* ηθη χρηστα ομιλιαι κακαι.
2Co	7 2	ουδενα ηδικησαμεν, ουδενα *εφθειραμεν,* ουδενα επλεονεκτησαμεν.
	11 3	φοβουμαι δε μη πως, ως ο οφις εξηπατησεν ευαν εν τη πανουργια αυτου, *φθαρη* τα νοηματα υμων απο της απλοτητος [και της αγνοτητος] της εις τον χριστον.
Eph	4 22	αποθεσθαι υμας κατα την προτεραν αναστροφην τον παλαιον ανθρωπον τον *φθειρομενον* κατα τας επιθυμιας της απατης,
2Pt	2 12	εν τη φθορα αυτων και *φθαρησονται,* αδικουμενοι μισθον αδικιας·
Ju	10	οσα δε φυσικως ως τα αλογα ζωα επιστανται, εν τουτοις *φθειρονται.*
Apc	19 2	οτι εκρινεν την πορνην την μεγαλην ητις *εφθειρεν* την γην εν τη πορνεια αυτης,

φθινοπωρινος [1]

Ju	12	δενδρα *φθινοπωρινα* ακαρπα δις αποθανοντα εκριζωθεντα,

φθογγος [2]

Rm	10 18	εις πασαν την γην εξηλθεν ο *φθογγος* αυτων,
1Co	14 7	εαν διαστολην τοις *φθογγοις* μη δω, πως γνωσθησεται το αυλουμενον η το κιθαριζομενον;

φθονεω [1]

Ga	5 26	μη γινωμεθα κενοδοξοι, αλληλους προκαλουμενοι, αλληλοις *φθονουντες.*

φθονος [9]

Mt	27 18	ηδει γαρ οτι δια *φθονον* παρεδωκαν αυτον.
Mc	15 10	εγινωσκεν γαρ οτι δια *φθονον* παραδεδωκεισαν αυτον οι αρχιερεις.
Rm	1 29	μεστους *φθονου* φονου εριδος δολου κακοηθειας, ψιθυριστας, καταλαλους, θεοστυγεις, υβριστας, υπερηφανους, αλαζονας, εφευρετας κακων, γονευσιν απειθεις, ασυνετους, ασυνθετους, αστοργους, ανελεημονας·
Ga	5 21	διχοστασιαι, αιρεσεις, *φθονοι,* μεθαι, κωμοι, και τα ομοια τουτοις,
Php	1 15	τινες μεν και δια *φθονον* και εριν, τινες δε και δι ευδοκιαν τον χριστον κηρυσσουσιν·
1Tm	6 4	αλλα νοσων περι ζητησεις και λογομαχιας, εξ ων γινεται *φθονος,* ερις, βλασφημιαι, υπονοιαι πονηραι,
Tit	3 3	εν κακια και *φθονω* διαγοντες, στυγητοι, μισουντες αλληλους.
Ja	4 5	η δοκειτε οτι κενως η γραφη λεγει· προς *φθονον* επιποθει το πνευμα ο κατωκισεν εν ημιν;
1Pt	2 1	αποθεμενοι ουν πασαν κακιαν και παντα δολον και υποκρισεις και *φθονους* και πασας καταλαλιας,

φθορα [9]

Rm	8 21	οτι και αυτη η κτισις ελευθερωθησεται απο της δουλειας της *φθορας* εις την ελευθεριαν της δοξης των τεκνων του θεου.
1Co	15 42	σπειρεται εν *φθορα,* εγειρεται εν αφθαρσια·
	50	τουτο δε φημι, αδελφοι, οτι σαρξ και αιμα βασιλειαν θεου κληρονομησαι ου δυνανται, ουδε η *φθορα* την αφθαρσιαν κληρονομει.
Ga	6 8	οτι ο σπειρων εις την σαρκα εαυτου εκ της σαρκος θερισει *φθοραν,*
Col	2 22	μη αψη μηδε γευση μηδε θιγης, α εστιν παντα εις *φθοραν* τη αποχρησει,
2Pt	1 4	ινα δια τουτων γενησθε θειας κοινωνοι φυσεως, αποφυγοντες της εν τω κοσμω εν επιθυμια *φθορας.*
	2 12	ουτοι δε, ως αλογα ζωα γεγεννημενα φυσικα εις αλωσιν και *φθοραν,* εν οις αγνοουσιν βλασφημουντες,
	12	εν τη *φθορα* αυτων και φθαρησονται, αδικουμενοι μισθον αδικιας·
	19	ελευθεριαν αυτοις επαγγελλομενοι, αυτοι δουλοι υπαρχοντες της *φθορας.*

φιαλη [12]

Apc	5 8	τα τεσσαρα ζωα και οι εικοσιτεσσαρες πρεσβυτεροι επεσαν ενωπιον του αρνιου, εχοντες εκαστος κιθαραν και *φιαλας* χρυσας γεμουσας θυμιαματων,
	15 7	και εν εκ των τεσσαρων ζωων εδωκεν τοις επτα αγγελοις επτα *φιαλας* χρυσας γεμουσας του θυμου του θεου του ζωντος εις τους αιωνας των αιωνων.
	16 1	υπαγετε και εκχεετε τας επτα *φιαλας* του θυμου του θεου εις την γην.
	2	και απηλθεν ο πρωτος και εξεχεεν την *φιαλην* αυτου εις την γην·
	3	και ο δευτερος εξεχεεν την *φιαλην* αυτου εις την θαλασσαν·
	4	και ο τριτος εξεχεεν την *φιαλην* αυτου εις τους ποταμους και τας πηγας των υδατων·
	8	και ο τεταρτος εξεχεεν την *φιαλην* αυτου επι τον ηλιον·
	10	και ο πεμπτος εξεχεεν την *φιαλην* αυτου επι τον θρονον του θηριου·
	12	και ο εκτος εξεχεεν την *φιαλην* αυτου επι τον ποταμον τον μεγαν τον ευφρατην·
	17	και ο εβδομος εξεχεεν την *φιαλην* αυτου επι τον αερα·
	17 1	και ηλθεν εις εκ των επτα αγγελων των εχοντων τας επτα *φιαλας,*
	21 9	και ηλθεν εις εκ των επτα αγγελων των εχοντων τας επτα *φιαλας,*

φιλαγαθος [1]

Tit	1 8	μη αισχροκερδη, αλλα φιλοξενον, *φιλαγαθον,* σωφρονα, δικαιον, οσιον, εγκρατη, αντεχομενον του κατα την διδαχην πιστου λογου,

φιλαδελφεια [2]

Apc	1 11	εις εφεσον και εις σμυρναν και εις περγαμον και εις θυατειρα και εις σαρδεις και εις *φιλαδελφειαν* και εις λαοδικειαν.
	3 7	και τω αγγελω της εν *φιλαδελφεια* εκκλησιας γραψον·

φιλαδελφια [6]

Rm	12 10	τη φιλαδελφια εἰς ἀλλήλους φιλόστοργοι, τη τιμη ἀλλήλους προηγουμενοι,
1Th	4 9	περι δε της φιλαδελφιας οὐ χρειαν ἐχετε γραφειν ὑμιν·
Heb	13 1	ἡ φιλαδελφια μενετω. της φιλοξενιας μη ἐπιλανθανεσθε·
1Pt	1 22	τας ψυχας ὑμων ἡγνικοτες ἐν τη ὑπακοη της ἀληθειας εἰς φιλαδελφιαν ἀνυποκριτον,
2Pt	1 7	ἐν δε τη εὐσεβεια την φιλαδελφιαν, ἐν δε τη φιλαδελφια την ἀγαπην.
	7	ἐν δε τη εὐσεβεια την φιλαδελφιαν, ἐν δε τη φιλαδελφια την ἀγαπην.

φιλαδελφος [1]

1Pt	3 8	το δε τελος παντες ὁμοφρονες, συμπαθεις, φιλαδελφοι, εὐσπλαγχνοι, ταπεινοφρονες,

φιλανδρος [1]

Tit	2 4	ἱνα σωφρονιζωσιν τας νεας φιλανδρους εἰναι,

φιλανθρωπια [2]

Ac	28 2	οἱ τε βαρβαροι παρειχον οὐ την τυχουσαν φιλανθρωπιαν ἡμιν·
Tit	3 4	ὁτε δε ἡ χρηστοτης και ἡ φιλανθρωπια ἐπεφανη του σωτηρος ἡμων θεου,

φιλανθρωπως [1]

Ac	27 3	φιλανθρωπως τε ὁ ἰουλιος τω παυλω χρησαμενος ἐπετρεψεν προς τους φιλους πορευθεντι ἐπιμελειας τυχειν.

φιλαργυρια [1]

1Tm	6 10	ῥιζα γαρ παντων των κακων ἐστιν ἡ φιλαργυρια,

φιλαργυρος [2]

Lc	16 14	ἠκουον δε ταυτα παντα οἱ φαρισαιοι φιλαργυροι ὑπαρχοντες, και ἐξεμυκτηριζον αὐτον.
2Tm	3 2	ἐσονται γαρ οἱ ἀνθρωποι φιλαυτοι, φιλαργυροι, ἀλαζονες, ὑπερηφανοι, βλασφημοι,

φιλαυτος [1]

2Tm	3 2	ἐσονται γαρ οἱ ἀνθρωποι φιλαυτοι,

φιλεω [25]

Mt	6 5	οὐκ ἐσεσθε ὡς οἱ ὑποκριται· ὁτι φιλουσιν ἐν ταις συναγωγαις και ἐν ταις γωνιαις των πλατειων ἐστωτες προσευχεσθαι,
	10 37	ὁ φιλων πατερα ἠ μητερα ὑπερ ἐμε οὐκ ἐστιν μου ἀξιος·
	37	και ὁ φιλων υἱον ἠ θυγατερα ὑπερ ἐμε οὐκ ἐστιν μου ἀξιος·
	23 6	φιλουσιν δε την πρωτοκλισιαν ἐν τοις δειπνοις και τας πρωτοκαθεδριας ἐν ταις συναγωγαις και ἀσπασμους ἐν ταις ἀγοραις και καλεισθαι ὑπο των ἀνθρωων ῥαββι.
	26 48	ὁν ἀν φιλησω αὐτος ἐστιν· κρατησατε αὐτον.
Mc	14 44	ὁν ἀν φιλησω αὐτος ἐστιν· κρατησατε αὐτον και ἀπαγετε ἀσφαλως.
Lc	20 46	προσεχετε ἀπο των γραμματεων των θελοντων περιπατειν ἐν στολαις και φιλουντων ἀσπασμους ἐν ταις ἀγοραις
	22 47	ἐτι αὐτου λαλουντος ἰδου ὀχλος, και ὁ λεγομενος ἰουδας εἱς των δωδεκα προηρχετο αὐτους, και ἠγγισεν τω ἰησου φιλησαι αὐτον.
Jh	5 20	ὁ γαρ πατηρ φιλει τον υἱον και παντα δεικνυσιν αὐτω ἁ αὐτος ποιει,
	11 3	κυριε, ἰδε ὁν φιλεις ἀσθενει.
	36	ἰδε πως ἐφιλει αὐτον.
	12 25	ὁ φιλων την ψυχην αὐτου ἀπολλυει αὐτην,
	15 19	εἰ ἐκ του κοσμου ἠτε, ὁ κοσμος ἀν το ἰδιον ἐφιλει·
	16 27	αὐτος γαρ ὁ πατηρ φιλει ὑμας,
	27	αὐτος γαρ ὁ πατηρ φιλει ὑμας, ὁτι ὑμεις ἐμε πεφιληκατε και πεπιστευκατε ὁτι ἐγω παρα [του] θεου ἐξηλθον.
	20 2	τρεχει οὐν και ἐρχεται προς σιμωνα πετρον και προς τον ἀλλον μαθητην ὁν ἐφιλει ὁ ἰησους,
	21 15	ναι, κυριε, συ οἰδας ὁτι φιλω σε.
	16	ναι, κυριε, συ οἰδας ὁτι φιλω σε.
	17	σιμων ἰωαννου, φιλεις με;
	17	ἐλυπηθη ὁ πετρος ὁτι εἰπεν αὐτω το τριτον· φιλεις με;

φιλεω [25]

Jh	21 17	κυριε, παντα συ οἰδας, συ γινωσκεις ὁτι φιλω σε·
1Co	16 22	εἰ τις οὐ φιλει τον κυριον, ἠτω ἀναθεμα.
Tit	3 15	ἀσπασαι τους φιλουντας ἡμας ἐν πιστει.
Apc	3 19	ἐγω ὁσους ἐαν φιλω ἐλεγχω και παιδευω·
	22 15	ἐξω οἱ κυνες και οἱ φαρμακοι και οἱ πορνοι και οἱ φονεις και οἱ εἰδωλολατραι και πας φιλων και ποιων ψευδος.

φιληδονος [1]

2Tm	3 4	προδοται, προπετεις, τετυφωμενοι, φιληδονοι μαλλον ἠ φιλοθεοι,

φιλημα [7]

Lc	7 45	φιλημα μοι οὐκ ἐδωκας·
	22 48	ἰουδα, φιληματι τον υἱον του ἀνθρωπου παραδιδως;
Rm	16 16	ἀσπασασθε ἀλληλους ἐν φιληματι ἁγιω.
1Co	16 20	ἀσπασασθε ἀλληλους ἐν φιληματι ἁγιω.
2Co	13 12	ἀσπασασθε ἀλληλους ἐν ἁγιω φιληματι.
1Th	5 26	ἀσπασασθε τους ἀδελφους παντας ἐν φιληματι ἁγιω.
1Pt	5 14	ἀσπασασθε ἀλληλους ἐν φιληματι ἀγαπης.

φιλημων [1]

Phm	1	παυλος δεσμιος χριστου ἰησου και τιμοθεος ὁ ἀδελφος φιλημονι τω ἀγαπητω και συνεργω ἡμων

φιλητος [1]

2Tm	2 17	ὡν ἐστιν ὑμεναιος και φιλητος,

φιλια [1]

Ja	4 4	μοιχαλιδες, οὐκ οἰδατε ὁτι ἡ φιλια του κοσμου ἐχθρα του θεου ἐστιν;

φιλιππησιος [1]

Php	4 15	οἰδατε δε και ὑμεις, φιλιππησιοι, ὁτι ἐν ἀρχη του εὐαγγελιου, ὁτε ἐξηλθον ἀπο μακεδονιας, οὐδεμια μοι ἐκκλησια ἐκοινωνησεν

φιλιπποι [4]

Ac	16 12	κἀκειθεν εἰς φιλιππους, ἡτις ἐστιν πρωτη[ς] μεριδος της μακεδονιας πολις, κολωνια.
	20 6	ἡμεις δε ἐξεπλευσαμεν μετα τας ἡμερας των ἀζυμων ἀπο φιλιππων,
Php	1 1	παυλος και τιμοθεος δουλοι χριστου ἰησου πασιν τοις ἁγιοις ἐν χριστω ἰησου τοις οὐσιν ἐν φιλιπποις συν ἐπισκοποις και διακονοις·
1Th	2 2	ἀλλα προπαθοντες και ὑβρισθεντες καθως οἰδατε ἐν φιλιπποις ἐπαρρησιασαμεθα ἐν τω θεω ἡμων λαλησαι προς ὑμας το εὐαγγελιον του θεου ἐν πολλω ἀγωνι.

φιλιππος [36]

Mt	10 3	φιλιππος και βαρθολομαιος,
	14 3	ὁ γαρ ἡρωδης κρατησας τον ἰωαννην ἐδησεν [αὐτον] και ἐν φυλακη ἀπεθετο δια ἡρωδιαδα την γυναικα φιλιππου του ἀδελφου αὐτου·
	16 13	ἐλθων δε ὁ ἰησους εἰς τα μερη καισαρειας της φιλιππου ἡρωτα τους μαθητας αὐτου λεγων·
Mc	3 18	και ἀνδρεαν και φιλιππον και βαρθολομαιον και μαθθαιον και θωμαν και ἰακωβον τον του ἀλφαιου και θαδδαιον και σιμωνα τον καναναιον και ἰουδαν ἰσκαριωθ,
	6 17	αὐτος γαρ ὁ ἡρωδης ἀποστειλας ἐκρατησεν τον ἰωαννην και ἐδησεν αὐτον ἐν φυλακη δια ἡρωδιαδα την γυναικα φιλιππου του ἀδελφου αὐτου,
	8 27	και ἐξηλθεν ὁ ἰησους και οἱ μαθηται αὐτου εἰς τας κωμας καισαρειας της φιλιππου·
Lc	3 1	και τετρααρχουντος της γαλιλαιας ἡρωδου, φιλιππου δε του ἀδελφου αὐτου τετρααρχουντος της ἰτουραιας και τραχωνιτιδος χωρας,
	6 14	και ἰακωβον και ἰωαννην, και φιλιππον και βαρθολομαιον,
Jh	1 43	τη ἐπαυριον ἠθελησεν ἐξελθειν εἰς την γαλιλαιαν, και εὑρισκει φιλιππον.
	44	ἠν δε ὁ φιλιππος ἀπο βηθσαιδα,
	45	εὑρισκει φιλιππος τον ναθαναηλ και λεγει αὐτω·

φιλιππος [36]

Jh	1 46	λεγει αὐτῳ [ὁ] φιλιππος· ἐρχου και ἰδε.
	48	προ του σε φιλιππον φωνησαι ὀντα ὑπο την συκην εἰδον σε.
	6 5	και θεασαμενος ὁτι πολυς ὀχλος ἐρχεται προς αὐτον, λεγει προς φιλιππον· ποθεν ἀγορασωμεν ἀρτους ἱνα φαγωσιν οὑτοι;
	7	ἀπεκριθη αὐτῳ [ὁ] φιλιππος· διακοσιων δηναριων ἀρτοι οὐκ ἀρκουσιν αὐτοις, ἱνα ἑκαστος βραχυ [τι] λαβη.
	12 21	οὑτοι οὐν προσηλθον φιλιππῳ τῳ ἀπο βηθσαιδα της γαλιλαιας,
	22	ἐρχεται ὁ φιλιππος και λεγει τῳ ἀνδρεᾳ·
	22	ἐρχεται ἀνδρεας και φιλιππος και λεγουσιν τῳ ἰησου.
	14 8	λεγει αὐτῳ φιλιππος· κυριε, δειξον ἡμιν τον πατερα, και ἀρκει ἡμιν.
	9	τοσουτῳ χρονῳ μεθ ὑμων εἰμι και οὐκ ἐγνωκας με, φιλιππε;
Ac	1 13	φιλιππος και θωμας, βαρθολομαιος και μαθθαιος,
	6 5	και φιλιππον και προχορον και νικανορα και τιμωνα και παρμεναν και νικολαον προσηλυτον ἀντιοχεα,
	8 5	φιλιππος δε κατελθων εἰς [την] πολιν της σαμαρειας ἐκηρυσσεν αὐτοις τον χριστον.
	6	προσειχον δε οἱ ὀχλοι τοις λεγομενοις ὑπο του φιλιππου ὁμοθυμαδον ἐν τῳ ἀκουειν αὐτους και βλεπειν τα σημεια ἁ ἐποιει.
	12	ὁτε δε ἐπιστευσαν τῳ φιλιππῳ εὐαγγελιζομενῳ περι της βασιλειας του θεου και του ὀνοματος ἰησου χριστου, ἐβαπτιζοντο ἀνδρες τε και γυναικες.
	13	ὁ δε σιμων και αὐτος ἐπιστευσεν, και βαπτισθεις ἠν προσκαρτερων τῳ φιλιππῳ,
	26	ἀγγελος δε κυριου ἐλαλησεν προς φιλιππον λεγων· ἀναστηθι και πορευου κατα μεσημβριαν ἐπι την ὁδον
	29	εἰπεν δε το πνευμα τῳ φιλιππῳ· προσελθε και κολληθητι τῳ ἁρματι τουτῳ.
	30	προσδραμων δε ὁ φιλιππος ἡκουσεν αὐτου ἀναγινωσκοντος ἠσαιαν τον προφητην, και εἰπεν·
	31	παρεκαλεσεν τε τον φιλιππον ἀναβαντα καθισαι συν αὐτῳ.
	34	ἀποκριθεις δε ὁ εὐνουχος τῳ φιλιππῳ εἰπεν· δεομαι σου, περι τινος ὁ προφητης λεγει τουτο;
	35	ἀνοιξας δε ὁ φιλιππος το στομα αὐτου και ἀρξαμενος ἀπο της γραφης ταυτης εὐηγγελισατο αὐτῳ τον ἰησουν.
	38	και κατεβησαν ἀμφοτεροι εἰς το ὑδωρ, ὁ τε φιλιππος και ὁ εὐνουχος, και ἐβαπτισεν αὐτον.
	39	ὁτε δε ἀνεβησαν ἐκ του ὑδατος, πνευμα κυριου ἡρπασεν τον φιλιππον,
	40	φιλιππος δε εὑρεθη εἰς ἀζωτον,
	21 8	και εἰσελθοντες εἰς τον οἰκον φιλιππου του εὐαγγελιστου ὀντος ἐκ των ἑπτα, ἐμειναμεν παρ αὐτῳ.

φιλοθεος [1]

2Tm	3 4	προδοται, προπετεις, τετυφωμενοι, φιληδονοι μαλλον ἠ φιλοθεοι,

φιλολογος [1]

Rm	16 15	ἀσπασασθε φιλολογον και ἰουλιαν, νηρεα και την ἀδελφην αὐτου, και ὀλυμπαν, και τους συν αὐτοις παντας ἁγιους.

φιλονεικια [1]

Lc	22 24	ἐγενετο δε και φιλονεικια ἐν αὐτοις, το τις αὐτων δοκει εἰναι μειζων.

φιλονεικος [1]

1Co	11 16	εἰ δε τις δοκει φιλονεικος εἰναι, ἡμεις τοιαυτην συνηθειαν οὐκ ἐχομεν, οὐδε αἱ ἐκκλησιαι του θεου.

φιλοξενια [2]

Rm	12 13	ταις χρειαις των ἁγιων κοινωνουντες, την φιλοξενιαν διωκοντες.
Heb	13 2	ἡ φιλαδελφια μενετω. της φιλοξενιας μη ἐπιλανθανεσθε·

φιλοξενος [3]

1Tm	3 2	δει οὐν τον ἐπισκοπον ἀνεπιλημπτον εἰναι, μιας γυναικος ἀνδρα, νηφαλιον, σωφρονα, κοσμιον, φιλοξενον, διδακτικον,
Tit	1 8	μη αἰσχροκερδη, ἀλλα φιλοξενον, φιλαγαθον, σωφρονα, δικαιον, ὁσιον, ἐγκρατη, ἀντεχομενον του κατα την διδαχην πιστου λογου,

φιλοξενος [3]

1Pt	4 9	φιλοξενοι εἰς ἀλληλους ἀνευ γογγυσμου·

φιλοπρωτευω [1]

3Jh	9	ἀλλ ὁ φιλοπρωτευων αὐτων διοτρεφης οὐκ ἐπιδεχεται ἡμας.

φιλος [29]

Mt	11 19	ἰδου ἀνθρωπος φαγος και οἰνοποτης, τελωνων φιλος και ἁμαρτωλων.
Lc	7 6	ἡδη δε αὐτου οὐ μακραν ἀπεχοντος ἀπο της οἰκιας, ἐπεμψεν φιλους ὁ ἑκατονταρχης λεγων αὐτῳ·
	34	ἰδου ἀνθρωπος φαγος και οἰνοποτης, φιλος τελωνων και ἁμαρτωλων.
	11 5	τις ἐξ ὑμων ἐξει φιλον, και πορευσεται προς αὐτον μεσονυκτιου και εἰπη αὐτῳ·
	5	φιλε, χρησον μοι τρεις ἀρτους, ἐπειδη φιλος μου παρεγενετο ἐξ ὁδου προς με και οὐκ ἐχω ὁ παραθησω αὐτῳ·
	6	φιλε, χρησον μοι τρεις ἀρτους, ἐπειδη φιλος μου παρεγενετο ἐξ ὁδου προς με και οὐκ ἐχω ὁ παραθησω αὐτῳ·
	8	εἰ και οὐ δωσει αὐτῳ ἀναστας δια το εἰναι φιλον αὐτου, δια γε την ἀναιδειαν αὐτου ἐγερθεις δωσει αὐτῳ ὁσων χρηζει.
	12 4	λεγω δε ὑμιν τοις φιλοις μου, μη φοβηθητε ἀπο των ἀποκτεινοντων το σωμα και μετα ταυτα μη ἐχοντων περισσοτερον τι ποιησαι.
	14 10	φιλε, προσαναβηθι ἀνωτερον·
	12	μη φωνει τους φιλους σου
	15 6	και ἐλθων εἰς τον οἰκον συγκαλει τους φιλους και τους γειτονας, λεγων αὐτοις·
	9	και εὑρουσα συγκαλει τας φιλας και γειτονας λεγουσα·
	29	και ἐμοι οὐδεποτε ἐδωκας ἐριφον ἱνα μετα των φιλων μου εὐφρανθω·
	16 9	ἑαυτοις ποιησατε φιλους ἐκ του μαμωνα της ἀδικιας, ἱνα ὁταν ἐκλιπη δεξωνται ὑμας εἰς τας αἰωνιους σκηνας.
	21 16	παραδοθησεσθε δε και ὑπο γονεων και ἀδελφων και συγγενων και φιλων,
	23 12	ἐγενοντο δε φιλοι ὁ τε ἡρωδης και ὁ πιλατος ἐν αὐτη τη ἡμερᾳ μετ ἀλληλων·
Jh	3 29	ὁ δε φιλος του νυμφιου, ὁ ἑστηκως και ἀκουων αὐτου,
	11 11	λαζαρος ὁ φιλος ἡμων κεκοιμηται· ἀλλα πορευομαι ἱνα ἐξυπνισω αὐτον.
	15 13	μειζονα ταυτης ἀγαπην οὐδεις ἐχει, ἱνα τις την ψυχην αὐτου θη ὑπερ των φιλων αὐτου.
	14	ὑμεις φιλοι μου ἐστε, ἐαν ποιητε ἁ ἐγω ἐντελλομαι ὑμιν.
	15	ὑμας δε εἰρηκα φιλους, ὁτι παντα ἁ ἡκουσα παρα του πατρος μου ἐγνωρισα ὑμιν.
	19 12	ἐαν τουτον ἀπολυσης, οὐκ εἰ φιλος του καισαρος·
Ac	10 24	ὁ δε κορνηλιος ἠν προσδοκων αὐτους, συγκαλεσαμενος τους συγγενεις αὐτου και τους ἀναγκαιους φιλους.
	19 31	τινες δε και των ἀσιαρχων, ὀντες αὐτῳ φιλοι, πεμψαντες προς αὐτον παρεκαλουν μη δουναι ἑαυτον εἰς το θεατρον.
	27 3	φιλανθρωπως τε ὁ ἰουλιος τῳ παυλῳ χρησαμενος ἐπετρεψεν προς τους φιλους πορευθεντι ἐπιμελειας τυχειν.
Ja	2 23	και ἐλογισθη αὐτῳ εἰς δικαιοσυνην, και φιλος θεου ἐκληθη.
	4 4	ὁς ἐαν οὐν βουληθη φιλος εἰναι του κοσμου, ἐχθρος του θεου καθισταται.
3Jh	15	ἀσπαζονται σε οἱ φιλοι. ἀσπαζου τους φιλους κατ ὀνομα.
	15	ἀσπαζονται σε οἱ φιλοι. ἀσπαζου τους φιλους κατ ὀνομα.

φιλοσοφια [1]

Col	2 8	βλεπετε μη τις ὑμας ἐσται ὁ συλαγωγων δια της φιλοσοφιας και κενης ἀπατης κατα την παραδοσιν των ἀνθρωπων,

φιλοσοφος [1]

Ac	17 18	τινες δε και των ἐπικουρειων και στωικων φιλοσοφων συνεβαλλον αὐτῳ,

φιλοστοργος [1]

Rm	12 10	τη φιλαδελφιᾳ εἰς ἀλληλους φιλοστοργοι, τη τιμη ἀλληλους προηγουμενοι,

φιλοτεκνος [1]

Tit	2 4	ἱνα σωφρονιζωσιν τας νεας φιλανδρους εἰναι, φιλοτεκνους σωφρονας, ἁγνας, οἰκουργους, ἀγαθας, ὑποτασσομενας τοις ἰδιοις ἀνδρασιν,

φιλοτιμεομαι [3]

Rm 15 20 οὕτως δε φιλοτιμουμενον εὐαγγελιζεσθαι οὐχ ὅπου ὠνομασθη χριστος,

2Co 5 9 διο και φιλοτιμουμεθα, εἴτε ἐνδημουντες εἴτε ἐκδημουντες, εὐαρεστοι αὐτω εἶναι.

1Th 4 11 και φιλοτιμεισθαι ἡσυχαζειν και πρασσειν τα ἰδια και ἐργαζεσθαι ταις [ἰδιαις] χερσιν ὑμων,

φιλοφρονως [1]

Ac 28 7 ἐν δε τοις περι τον τοπον ἐκεινον ὑπηρχεν χωρια τω πρωτω της νησου ὀνοματι ποπλιω, ὃς ἀναδεξαμενος ἡμας ἡμερας τρεις φιλοφρονως ἐξενισεν.

φιμοω [7]

Mt 22 12 ὁ δε ἐφιμωθη.
34 οἱ δε φαρισαιοι ἀκουσαντες ὅτι ἐφιμωσεν τους σαδδουκαιους, συνηχθησαν ἐπι το αὐτο,

Mc 1 25 και ἐπετιμησεν αὐτω ὁ ἰησους λεγων· φιμωθητι και ἐξελθε ἐξ αὐτου.
4 39 και διεγερθεις ἐπετιμησεν τω ἀνεμω και εἶπεν τη θαλασση· σιωπα, πεφιμωσο.

Lc 4 35 φιμωθητι και ἐξελθε ἀπ αὐτου.

1Tm 5 18 λεγει γαρ ἡ γραφη· βουν ἀλοωντα οὐ φιμωσεις, και· ἀξιος ὁ ἐργατης του μισθου αὐτου.

1Pt 2 15 ὅτι οὕτως ἐστιν το θελημα του θεου, ἀγαθοποιουντας φιμουν την των ἀφρονων ἀνθρωπων ἀγνωσιαν·

φλεγων [1]

Rm 16 14 ἀσπασασθε ἀσυγκριτον, φλεγοντα, ἑρμην, πατροβαν, ἑρμαν, και τους συν αὐτοις ἀδελφους.

φλογιζω [2]

Ja 3 6 ἡ σπιλουσα ὁλον το σωμα και φλογιζουσα τον τροχον της γενεσεως και φλογιζομενη ὑπο της γεεννης.
6 ἡ σπιλουσα ὁλον το σωμα και φλογιζουσα τον τροχον της γενεσεως και φλογιζομενη ὑπο της γεεννης.

φλοξ [7]

Lc 16 24 ἱνα βαψη το ἀκρον του δακτυλου αὐτου ὑδατος και καταψυξη την γλωσσαν μου, ὅτι ὀδυνωμαι ἐν τη φλογι ταυτη.

Ac 7 30 και πληρωθεντων ἐτων τεσσερακοντα ὠφθη αὐτω ἐν τη ἐρημω του ὀρους σινα ἀγγελος ἐν φλογι πυρος βατου.

2Th 1 8 ἐν πυρι φλογος διδοντος ἐκδικησιν τοις μη εἰδοσιν θεον και τοις μη ὑπακουουσιν τω εὐαγγελιω του κυριου ἡμων ἰησου,

2Th 1 8 ἐν τη ἀποκαλυψει του κυριου ἰησου ἀπ οὐρανου μετ ἀγγελων δυναμεως αὐτου ἐν πυρι φλογος,

Heb 1 7 ὁ ποιων τους ἀγγελους αὐτου πνευματα, και τους λειτουργους αὐτου πυρος φλογα·

Apc 1 14 και οἱ ὀφθαλμοι αὐτου ὡς φλοξ πυρος,
2 18 ταδε λεγει ὁ υἱος του θεου, ὁ ἐχων τους ὀφθαλμους αὐτου ὡς φλογα πυρος,
19 12 οἱ δε ὀφθαλμοι αὐτου [ὡς] φλοξ πυρος,

φλυαρεω [1]

3Jh 10 λογοις πονηροις φλυαρων ἡμας, και μη ἀρκουμενος ἐπι τουτοις

φλυαρος [1]

1Tm 5 13 οὐ μονον δε ἀργαι ἀλλα και φλυαροι και περιεργοι,

φοβεομαι [95]

Mt 1 20 μη φοβηθης παραλαβειν μαριαν την γυναικα σου·
2 22 ἀκουσας δε ὅτι ἀρχελαος βασιλευει της ἰουδαιας ἀντι του πατρος αὐτου ἡρωδου ἐφοβηθη ἐκει ἀπελθειν·
9 8 ἰδοντες δε οἱ ὀχλοι ἐφοβηθησαν και ἐδοξασαν τον θεον τον δοντα ἐξουσιαν τοιαυτην τοις ἀνθρωποις.
10 26 μη οὖν φοβηθητε αὐτους· οὐδεν γαρ ἐστιν κεκαλυμμενον ὃ οὐκ ἀποκαλυφθησεται,
28 και μη φοβεισθε ἀπο των ἀποκτεννοντων το σωμα,
28 φοβεισθε δε μαλλον τον δυναμενον και ψυχην και σωμα ἀπολεσαι ἐν γεεννη.
31 μη οὖν φοβεισθε· πολλων στρουθιων διαφερετε ὑμεις.
14 5 και θελων αὐτον ἀποκτειναι ἐφοβηθη τον ὀχλον, ὁτι ὡς προφητην αὐτον εἶχον.

φοβεομαι [95]

Mt 14 27 θαρσειτε, ἐγω εἰμι· μη φοβεισθε.
30 βλεπων δε τον ἀνεμον [ἰσχυρον] ἐφοβηθη,
17 6 και ἀκουσαντες οἱ μαθηται ἐπεσαν ἐπι προσωπον αὐτων και ἐφοβηθησαν σφοδρα.
7 και προσηλθεν ὁ ἰησους και ἁψαμενος αὐτων εἶπεν· ἐγερθητε και μη φοβεισθε.
21 26 ἐαν δε εἰπωμεν· ἐξ ἀνθρωπων, φοβουμεθα τον ὀχλον· παντες γαρ ὡς προφητην ἐχουσιν τον ἰωαννην.
46 και ζητουντες αὐτον κρατησαι ἐφοβηθησαν τους ὀχλους, ἐπει εἰς προφητην αὐτον εἶχον.
25 25 και φοβηθεις ἀπελθων ἐκρυψα το ταλαντον σου ἐν τη γη· ἰδε ἐχεις το σον.
27 54 ὁ δε ἑκατονταρχος και οἱ μετ αὐτου τηρουντες τον ἰησουν ἰδοντες τον σεισμον και τα γινομενα ἐφοβηθησαν σφοδρα, λεγοντες·
28 5 μη φοβεισθε ὑμεις· οἰδα γαρ ὅτι ἰησουν τον ἐσταυρωμενον ζητειτε·
10 μη φοβεισθε· ὑπαγετε ἀπαγγειλατε τοις ἀδελφοις μου ἱνα ἀπελθωσιν εἰς την γαλιλαιαν, κακει με ὀψονται.

Mc 4 41 και ἐφοβηθησαν φοβον μεγαν, και ἐλεγον προς ἀλληλους·
5 15 και ἐρχονται προς τον ἰησουν, και θεωρουσιν τον δαιμονιζομενον καθημενον ἱματισμενον και σωφρονουντα, τον ἐσχηκοτα τον λεγιωνα, και ἐφοβηθησαν.
33 ἡ δε γυνη φοβηθεισα και τρεμουσα, εἰδυια ὃ γεγονεν αὐτη, ἠλθεν και προσεπεσεν αὐτω και εἶπεν αὐτω πασαν την ἀληθειαν.
36 ὁ δε ἰησους παρακουσας τον λογον λαλουμενον λεγει τω ἀρχισυναγωγω· μη φοβου, μονον πιστευε και οὐκ ἀφηκεν οὐδενα μετ αὐτου συνακολουθησαι εἰ μη τον πετρον και ἰακωβον και ἰωαννην τον ἀδελφον ἰακωβου.
6 20 ὁ γαρ ἡρωδης ἐφοβειτο τον ἰωαννην,
50 θαρσειτε, ἐγω εἰμι· μη φοβεισθε.
9 32 οἱ δε ἠγνοουν το ῥημα, και ἐφοβουντο αὐτον ἐπερωτησαι.
10 32 και ἐθαμβουντο, οἱ δε ἀκολουθουντες ἐφοβουντο.
11 18 ἐφοβουντο γαρ αὐτον, πας γαρ ὁ ὀχλος ἐξεπλησσετο ἐπι τη διδαχη αὐτου.
32 ἀλλα εἰπωμεν· ἐξ ἀνθρωπων; ἐφοβουντο τον ὀχλον· ἁπαντες γαρ εἰχον τον ἰωαννην ὀντως ὅτι προφητης ἠν.
12 12 και ἐζητουν αὐτον κρατησαι, και ἐφοβηθησαν τον ὀχλον·
16 8 και οὐδενι οὐδεν εἰπαν· ἐφοβουντο γαρ.

Lc 1 13 μη φοβου, ζαχαρια, διοτι εἰσηκουσθη ἡ δεησις σου,
30 μη φοβου, μαριαμ· εὑρες γαρ χαριν παρα τω θεω.
50 και ἁγιον το ὀνομα αὐτου, και το ἐλεος αὐτου εἰς γενεας και γενεας τοις φοβουμενοις αὐτον ἐποιησεν κρατος ἐν βραχιονι αὐτου, διεσκορπισεν ὑπερηφανους διανοια καρδιας αὐτων·
2 9 και ἀγγελος κυριου ἐπεστη αὐτοις και δοξα κυριου περιελαμψεν αὐτους, και ἐφοβηθησαν φοβον μεγαν.
10 μη φοβεισθε· ἰδου γαρ εὐαγγελιζομαι ὑμιν χαραν μεγαλην, ἡτις ἐσται παντι τω λαω,
5 10 μη φοβου· ἀπο του νυν ἀνθρωπους ἐση ζωγρων.
8 25 φοβηθεντες δε ἐθαυμασαν, λεγοντες προς ἀλληλους·
35 και εὑρον καθημενον τον ἀνθρωπον ἀφ οὑ τα δαιμονια ἐξηλθεν ἱματισμενον και σωφρονουντα παρα τους ποδας του ἰησου, και ἐφοβηθησαν.
50 μη φοβου· μονον πιστευσον, και σωθησεται.
9 34 ἐφοβηθησαν δε ἐν τω εἰσελθειν αὐτους εἰς την νεφελην.
45 και ἐφοβουντο ἐρωτησαι αὐτον περι του ῥηματος τουτου.
12 4 μη φοβηθητε ἀπο των ἀποκτεινοντων το σωμα και μετα ταυτα μη ἐχοντων περισσοτερον τι ποιησαι.
5 ὑποδειξω δε ὑμιν τινα φοβηθητε·
5 φοβηθητε τον μετα το ἀποκτειναι ἐχοντα ἐξουσιαν ἐμβαλειν εἰς την γεενναν.
5 ναι λεγω ὑμιν, τουτον φοβηθητε.
7 μη φοβεισθε· πολλων στρουθιων διαφερετε.
32 μη φοβου, το μικρον ποιμνιον· ὁτι εὐδοκησεν ὁ πατηρ ὑμων δουναι ὑμιν την βασιλειαν.
18 2 κριτης τις ἠν ἐν τινι πολει τον θεον μη φοβουμενος και ἀνθρωπον μη ἐντρεπομενος·
4 εἰ και τον θεον οὐ φοβουμαι οὐδε ἀνθρωπον ἐντρεπομαι, δια γε το παρεχειν μοι κοπον την χηραν ταυτην ἐκδικησω αὐτην,
19 21 ἐφοβουμην γαρ σε, ὁτι ἀνθρωπος αὐστηρος εἶ, αἰρεις ὃ οὐκ ἐθηκας, και θεριζεις ὃ οὐκ ἐσπειρας.
20 19 και ἐφοβηθησαν τον λαον· ἐγνωσαν γαρ ὅτι προς αὐτους εἰπεν την παραβολην ταυτην.
22 2 και ἐζητουν οἱ ἀρχιερεις και οἱ γραμματεις το πως ἀνελωσιν αὐτον· ἐφοβουντο γαρ τον λαον.
23 40 οὐδε φοβη συ τον θεον, ὅτι ἐν τω αὐτω κριματι εἶ;

φοβεομαι [95]

Jh 6 19 ἐληλακοτες οὖν ὡς σταδιους εἰκοσιπεντε ἤ τριακοντα θεωρουσιν τον ἰησουν περιπατουντα ἐπι της θαλασσης και ἐγγυς του πλοιου γινομενον, και *ἐφοβηθησαν*.

    20 ἐγω εἰμι· μη *φοβεισθε*.

9 22 ταυτα εἰπαν οἱ γονεις αὐτου ὁτι *ἐφοβουντο* τους ἰουδαιους·

12 15 μη *φοβου*, θυγατηρ σιων· ἰδου ὁ βασιλευς σου ἐρχεται, καθημενος ἐπι πωλον ὀνου.

19 8 ὁτε οὖν ἠκουσεν ὁ πιλατος τουτον τον λογον, μαλλον *ἐφοβηθη*,

Ac 5 26 *ἐφοβουντο* γαρ τον λαον, μη λιθασθωσιν·

9 26 και παντες *ἐφοβουντο* αὐτον, μη πιστευοντες ὁτι ἐστιν μαθητης.

10 2 ἑκατονταρχης ἐκ σπειρης της καλουμενης ἰταλικης, εὐσεβης και *φοβουμενος* τον θεον συν παντι τω οἰκω αὐτου,

22 κορνηλιος ἑκατονταρχης, ἀνηρ δικαιος και *φοβουμενος* τον θεον,

35 ἀλλ ἐν παντι ἐθνει ὁ *φοβουμενος* αὐτον και ἐργαζομενος δικαιοσυνην δεκτος αὐτω ἐστιν·

13 16 ἀνδρες ἰσραηλιται και οἱ *φοβουμενοι* τον θεον, ἀκουσατε.

26 ἀνδρες ἀδελφοι, υἱοι γενους ἀβρααμ και οἱ ἐν ὑμιν *φοβουμενοι* τον θεον, ἡμιν ὁ λογος της σωτηριας ταυτης ἐξαπεσταλη.

16 38 *ἐφοβηθησαν* δε ἀκουσαντες ὁτι ρωμαιοι εἰσιν,

18 9 μη *φοβου*, ἀλλα λαλει και μη σιωπησης,

22 29 και ὁ χιλιαρχος δε *ἐφοβηθη* ἐπιγνους ὁτι ρωμαιος ἐστιν και ὁτι αὐτον ἠν δεδεκως.

23 10 πολλης δε γινομενης στασεως *φοβηθεις* ὁ χιλιαρχος μη διασπασθη ὁ παυλος ὑπ αὐτων,

27 17 *φοβουμενοι* τε μη εἰς την συρτιν ἐκπεσωσιν, χαλασαντες το σκευος, οὑτως ἐφεροντο.

24 μη *φοβου*, παυλε· καισαρι σε δει παραστηναι,

29 *φοβουμενοι* τε μη που κατα τραχεις τοπους ἐκπεσωμεν, ἐκ πρυμνης ριψαντες ἀγκυρας τεσσαρας ηὐχοντο ἡμεραν γενεσθαι.

Rm 11 20 μη ὑψηλα φρονει, ἀλλα *φοβου*·

13 3 θελεις δε μη *φοβεισθαι* την ἐξουσιαν;

4 ἐαν δε το κακον ποιης, *φοβου*·

2Co 11 3 *φοβουμαι* δε μη πως, ὡς ὁ ὀφις ἐξηπατησεν εὑαν ἐν τη πανουργια αὐτου, φθαρη τα νοηματα ὑμων ἀπο της ἁπλοτητος [και της ἁγνοτητος] της εἰς τον χριστον.

12 20 *φοβουμαι* γαρ μη πως ἐλθων οὐχ οἱους θελω εὑρω ὑμας,

Ga 2 12 ὁτε δε ἠλθον, ὑπεστελλεν και ἀφωριζεν ἑαυτον, *φοβουμενος* τους ἐκ περιτομης.

4 11 *φοβουμαι* ὑμας μη πως εἰκη κεκοπιακα εἰς ὑμας.

Eph 5 33 ἡ δε γυνη ἰνα *φοβηται* τον ἀνδρα.

Col 3 22 μη ἐν ὀφθαλμοδουλια ὡς ἀνθρωπαρεσκοι, ἀλλ ἐν ἁπλοτητι καρδιας *φοβουμενοι* τον κυριον.

Heb 4 1 *φοβηθωμεν* οὖν μηποτε καταλειπομενης ἐπαγγελιας εἰσελθειν εἰς την καταπαυσιν αὐτου δοκη τις ἐξ ὑμων ὑστερηκεναι.

11 23 και οὐκ *ἐφοβηθησαν* το διαταγμα του βασιλεως.

27 πιστει κατελιπεν αἰγυπτον, μη *φοβηθεις* τον θυμον του βασιλεως·

13 6 κυριος ἐμοι βοηθος, [και] οὐ *φοβηθησομαι*·

1Pt 2 17 τον θεον *φοβεισθε*, τον βασιλεα τιματε.

3 6 ἡς ἐγενηθητε τεκνα ἀγαθοποιουσαι και μη *φοβουμεναι* μηδεμιαν πτοησιν.

14 τον δε φοβον αὐτων μη *φοβηθητε* μηδε ταραχθητε,

1Jh 4 18 ὁ δε *φοβουμενος* οὐ τετελειωται ἐν τη ἀγαπη.

Apc 1 17 μη *φοβου*· ἐγω εἰμι ὁ πρωτος και ὁ ἐσχατος και ὁ ζων,

2 10 μηδεν *φοβου* ἁ μελλεις πασχειν.

11 18 και δουναι τον μισθον τοις δουλοις σου τοις προφηταις και τοις ἁγιοις και τοις *φοβουμενοις* το ὀνομα σου,

14 7 *φοβηθητε* τον θεον και δοτε αὐτω δοξαν,

15 4 τις οὐ μη *φοβηθη*, κυριε, και δοξασει το ὀνομα σου·

19 5 αἰνειτε τω θεω ἡμων, παντες οἱ δουλοι αὐτου, [και] οἱ *φοβουμενοι* αὐτον, οἱ μικροι και οἱ μεγαλοι.

φοβερος [3]

Heb 10 27 οὐκετι περι ἁμαρτιων ἀπολειπεται θυσια, *φοβερα* δε τις ἐκδοχη κρισεως και πυρος ζηλος ἐσθιειν μελλοντος τους ὑπεναντιους.

31 *φοβερον* το ἐμπεσειν εἰς χειρας θεου ζωντος.

12 21 και, οὑτω *φοβερον* ἠν το φανταζομενον, μωυσης εἰπεν·

φοβητρον [1]

Lc 21 11 *φοβητρα* τε και ἀπ οὐρανου σημεια μεγαλα ἐσται.

φοβος [47]

Mt 14 26 οἱ δε μαθηται ἰδοντες αὐτον ἐπι της θαλασσης περιπατουντα ἐταραχθησαν λεγοντες ὁτι φαντασμα ἐστιν, και ἀπο του *φοβου* ἐκραξαν.

28 4 ἀπο δε του *φοβου* αὐτου ἐσεισθησαν οἱ τηρουντες και ἐγενηθησαν ὡς νεκροι.

8 και ἀπελθουσαι ταχυ ἀπο του μνημειου μετα *φοβου* και χαρας μεγαλης ἐδραμον ἀπαγγειλαι τοις μαθηταις αὐτου.

Mc 4 41 και *ἐφοβηθησαν* φοβον μεγαν, και ἐλεγον προς ἀλληλους·

Lc 1 12 και ἐταραχθη ζαχαριας ἰδων, και *φοβος* ἐπεπεσεν ἐπ αὐτον.

65 και ἐγενετο ἐπι παντας *φοβος* τους περιοικουντας αὐτους,

2 9 και ἀγγελος κυριου ἐπεστη αὐτοις και δοξα κυριου περιελαμψεν αὐτους, και ἐφοβηθησαν *φοβον* μεγαν.

5 26 και ἐπλησθησαν *φοβου* λεγοντες ὁτι εἰδομεν παραδοξα σημερον.

7 16 ἐλαβεν δε *φοβος* παντας, και ἐδοξαζον τον θεον λεγοντες ὁτι προφητης μεγας ἠγερθη ἐν ἡμιν,

8 37 και ἠρωτησεν αὐτον ἁπαν το πληθος της περιχωρου των γερασηνων ἀπελθειν ἀπ αὐτων, ὁτι *φοβω* μεγαλω συνειχοντο·

21 26 και ἐπι της γης συνοχη ἐθνων ἐν ἀπορια ἠχους θαλασσης και σαλου, ἀποψυχοντων ἀνθρωπων ἀπο *φοβου* και προσδοκιας των ἐπερχομενων τη οἰκουμενη·

Jh 7 13 οὐδεις μεντοι παρρησια ἐλαλει περι αὐτου δια τον *φοβον* των ἰουδαιων.

19 38 μετα δε ταυτα ἠρωτησεν τον πιλατον ἰωσηφ [ὁ] ἀπο ἀριμαθαιας, ὡν μαθητης του ἰησου κεκρυμμενος δε δια τον *φοβον* των ἰουδαιων, ἰνα ἀρη το σωμα του ἰησου·

20 19 και των θυρων κεκλεισμενων ὁπου ἠσαν οἱ μαθηται δια τον *φοβον* των ἰουδαιων,

Ac 2 43 ἐγινετο δε παση ψυχη *φοβος*· πολλα τε τερατα και σημεια δια των ἀποστολων ἐγινετο.

5 5 και ἐγενετο *φοβος* μεγας ἐπι παντας τους ἀκουοντας.

11 και ἐγενετο *φοβος* μεγας ἐφ ὁλην την ἐκκλησιαν και ἐπι παντας τους ἀκουοντας ταυτα.

9 31 και πορευομενη τω *φοβω* του κυριου, και τη παρακλησει του ἁγιου πνευματος ἐπληθυνετο.

19 17 τουτο δε ἐγενετο γνωστον πασιν ἰουδαιοις τε και ἑλλησιν τοις κατοικουσιν την ἐφεσον, και ἐπεπεσεν *φοβος* ἐπι παντας αὐτους,

Rm 3 18 οὐκ ἐστιν *φοβος* θεου ἀπεναντι των ὀφθαλμων αὐτων.

8 15 οὐ γαρ ἐλαβετε πνευμα δουλειας παλιν εἰς *φοβον*, ἀλλα ἐλαβετε πνευμα υἱοθεσιας,

13 3 οἱ γαρ ἀρχοντες οὐκ εἰσιν *φοβος* τω ἀγαθω ἐργω ἀλλα τω κακω.

7 τω το τελος το τελος, τω τον *φοβον* τον φοβον,

7 τω το τελος το τελος, τω τον φοβον τον *φοβον*,

1Co 2 3 καγω ἐν ἀσθενεια και ἐν *φοβω* και ἐν τρομω πολλω ἐγενομην προς ὑμας,

2Co 5 11 εἰδοτες οὖν τον *φοβον* του κυριου ἀνθρωπους πειθομεν, θεω δε πεφανερωμεθα·

7 1 καθαρισωμεν ἑαυτους ἀπο παντος μολυσμου σαρκος και πνευματος, ἐπιτελουντες ἁγιωσυνην ἐν *φοβω* θεου.

5 ἀλλ ἐν παντι θλιβομενοι· ἐξωθεν μαχαι, ἐσωθεν *φοβοι*.

11 ἰδου γαρ αὐτο τουτο το κατα θεον λυπηθηναι ποσην κατειργασατο ὑμιν σπουδην, ἀλλα ἀπολογιαν, ἀλλα ἀγανακτησιν, ἀλλα *φοβον*, ἀλλα ἐπιποθησιν, ἀλλα ζηλον, ἀλλα ἐκδικησιν.

15 και τα σπλαγχνα αὐτου περισσοτερως εἰς ὑμας ἐστιν ἀναμιμνησκομενου την παντων ὑμων ὑπακοην, ὡς μετα *φοβου* και τρομου ἐδεξασθε αὐτον.

Eph 5 21 ὑποτασσομενοι ἀλληλοις ἐν *φοβω* χριστου.

6 5 οἱ δουλοι, ὑπακουετε τοις κατα σαρκα κυριοις μετα *φοβου* και τρομου ἐν ἁπλοτητι της καρδιας ὑμων ὡς τω χριστω,

Php 2 12 μετα *φοβου* και τρομου την ἑαυτων σωτηριαν κατεργαζεσθε·

1Tm 5 20 τους ἁμαρτανοντας ἐνωπιον παντων ἐλεγχε, ἰνα και οἱ λοιποι *φοβον* ἐχωσιν.

Heb 2 15 και ἀπαλλαξη τουτους, ὁσοι *φοβω* θανατου δια παντος του ζην ἐνοχοι ἠσαν δουλειας.

1Pt 1 17 ἐν *φοβω* τον της παροικιας ὑμων χρονον ἀναστραφητε,

2 18 οἱ οἰκεται, ὑποτασσομενοι ἐν παντι *φοβω* τοις δεσποταις,

3 2 ἐποπτευσαντες την ἐν *φοβω* ἁγνην ἀναστροφην ὑμων.

14 τον δε *φοβον* αὐτων μη φοβηθητε μηδε ταραχθητε,

16 ἐτοιμοι ἀει προς ἀπολογιαν παντι τω αἰτουντι ὑμας λογον περι της ἐν ὑμιν ἐλπιδος, ἀλλα μετα πραυτητος και *φοβου*,

1Jh 4 18 *φοβος* οὐκ ἐστιν ἐν τη ἀγαπη,

18 *φοβος* οὐκ ἐστιν ἐν τη ἀγαπη, ἀλλ ἡ τελεια ἀγαπη ἐξω βαλλει τον *φοβον*,

18 ἀλλ ἡ τελεια ἀγαπη ἐξω βαλλει τον *φοβον*, ὁτι ὁ *φοβος* κολασιν ἐχει,

φοβος [47]

Ju	23	και ους μεν ελεατε διακρινομενους ους δε σωζετε εκ πυρος αρπαζοντες, ους δε ελεατε εν φοβω,
Apc	11 11	και φοβος μεγας επεπεσεν επι τους θεωρουντας αυτους.
	18 10	απο μακροθεν εστηκοτες δια τον φοβον του βασανισμου αυτης, λεγοντες·
	15	απο μακροθεν στησονται δια τον φοβον του βασανισμου αυτης κλαιοντες και πενθουντες, λεγοντες·

φοιβη [1]

Rm	16 1	συνιστημι δε υμιν φοιβην την αδελφην ημων, ουσαν [και] διακονον της εκκλησιας της εν κεγχρεαις,

φοινικη [3]

Ac	11 19	οι μεν ουν διασπαρεντες απο της θλιψεως της γενομενης επι στεφανω διηλθον εως φοινικης και κυπρου και αντιοχειας,
	15 3	οι μεν ουν προπεμφθεντες υπο της εκκλησιας διηρχοντο την τε φοινικην και σαμαρειαν εκδιηγουμενοι την επιστροφην των εθνων,
	21 2	και ευροντες πλοιον διαπερων εις φοινικην, επιβαντες ανηχθημεν.

φοινιξ [2]

Jh	12 13	τη επαυριον ο οχλος πολυς ο ελθων εις την εορτην, ακουσαντες οτι ερχεται [ο] ιησους εις ιεροσολυμα, ελαβον τα βαια των φοινικων
Apc	7 9	περιβεβλημενους στολας λευκας, και φοινικες εν ταις χερσιν αυτων·

φοινιξ [1]

Ac	27 12	οι πλειονες εθεντο βουλην αναχθηναι εκειθεν, ει πως δυναιντο καταντησαντες εις φοινικα παραχειμασαι,

φονευς [7]

Mt	22 7	ο δε βασιλευς ωργισθη, και πεμψας τα στρατευματα αυτου απωλεσεν τους φονεις εκεινους και την πολιν αυτων ενεπρησεν.
Ac	3 14	υμεις δε τον αγιον και δικαιον ηρνησασθε, και ητησασθε ανδρα φονεα χαρισθηναι υμιν,
	7 52	και απεκτειναν τους προκαταγγειλαντας περι της ελευσεως του δικαιου, ου νυν υμεις προδοται και φονεις εγενεσθε,
	28 4	παντως φονευς εστιν ο ανθρωπος ουτος, ον διασωθεντα εκ της θαλασσης η δικη ζην ουκ ειασεν.
1Pt	4 15	μη γαρ τις υμων πασχετω ως φονευς η κλεπτης η κακοποιος η ως αλλοτριεπισκοπος·
Apc	21 8	τοις δε δειλοις και απιστοις και εβδελυγμενοις και φονευσιν και πορνοις και φαρμακοις και ειδωλολατραις και πασιν τοις ψευδεσιν το μερος αυτων εν τη λιμνη
	22 15	εξω οι κυνες και οι φαρμακοι και οι πορνοι και οι φονεις και οι ειδωλολατραι και πας φιλων και ποιων ψευδος.

φονευω [12]

Mt	5 21	ηκουσατε οτι ερρεθη τοις αρχαιοις· ου φονευσεις·
	21	ος δ αν φονευση, ενοχος εσται τη κρισει.
	19 18	το ου φονευσεις, ου μοιχευσεις, ου κλεψεις, ου ψευδομαρτυρησεις, τιμα τον πατερα και την μητερα, και αγαπησεις τον πλησιον σου ως σεαυτον.
	23 31	ωστε μαρτυρειτε εαυτοις οτι υιοι εστε των φονευσαντων τους προφητας.
	35	οπως ελθη εφ υμας παν αιμα δικαιον εκχυννομενον επι της γης απο του αιματος αβελ του δικαιου εως του αιματος ζαχαριου υιου βαραχιου, ον εφονευσατε μεταξυ του ναου και του θυσιαστηριου.
Mc	10 19	μη φονευσης, μη μοιχευσης, μη κλεψης, μη ψευδομαρτυρησης, μη αποστερησης, τιμα τον πατερα σου και την μητερα.
Lc	18 20	μη μοιχευσης, μη φονευσης, μη κλεψης, μη ψευδομαρτυρησης, τιμα τον πατερα σου και την μητερα.
Rm	13 9	το γαρ ου μοιχευσεις, ου φονευσεις, ου κλεψεις, ουκ επιθυμησεις, και ει τις ετερα εντολη, εν τω λογω τουτω ανακεφαλαιουται, [εν τω]·
Ja	2 11	ο γαρ ειπων· μη μοιχευσης, ειπεν και· μη φονευσης·
	11	ει δε ου μοιχευεις, φονευεις δε, γεγονας παραβατης νομου.
	4 2	φονευετε και ζηλουτε, και ου δυνασθε επιτυχειν·
	5 6	κατεδικασατε, εφονευσατε τον δικαιον·

φονος [9]

Mt	15 19	εκ γαρ της καρδιας εξερχονται διαλογισμοι πονηροι, φονοι, μοιχειαι, πορνειαι, κλοπαι, ψευδομαρτυριαι, βλασφημιαι.
Mc	7 21	εσωθεν γαρ εκ της καρδιας των ανθρωπων οι διαλογισμοι οι κακοι εκπορευονται, πορνειαι, κλοπαι, φονοι, μοιχειαι, πλεονεξιαι, πονηριαι, δολος, ασελγεια, οφθαλμος πονηρος, βλασφημια, υπερηφανια, αφροσυνη·
	15 7	ην δε ο λεγομενος βαραββας μετα των στασιαστων δεδεμενος, οιτινες εν τη στασει φονον πεποιηκεισαν.
Lc	23 19	οστις ην δια στασιν τινα γενομενην εν τη πολει και φονον βληθεις εν τη φυλακη.
	25	απελυσεν δε τον δια στασιν και φονον βεβλημενον εις φυλακην, ον ητουντο, τον δε ιησουν παρεδωκεν τω θεληματι αυτων.
Ac	9 1	ο δε σαυλος ετι εμπνεων απειλης και φονου εις τους μαθητας του κυριου, προσελθων τω αρχιερει ητησατο παρ αυτου επιστολας εις δαμασκον προς τας συναγωγας,
Rm	1 29	μεστους φθονου φονου εριδος δολου κακοηθειας, ψιθυριστας, καταλαλους, θεοστυγεις, υβριστας, υπερηφανους, αλαζονας, εφευρετας κακων, γονευσιν απειθεις, ασυνετους, ασυνθετους, αστοργους, ανελεημονας·
Heb	11 37	ελιθασθησαν, επρισθησαν, εν φονω μαχαιρης απεθανον,
Apc	9 21	και ου μετενοησαν εκ των φονων αυτων ουτε εκ των φαρμακων αυτων ουτε εκ της πορνειας αυτων ουτε εκ των κλεμματων αυτων.

φορεω [6]

Mt	11 8	ιδου οι τα μαλακα φορουντες εν τοις οικοις των βασιλεων εισιν.
Jh	19 5	εξηλθεν ουν ο ιησους εξω, φορων τον ακανθινον στεφανον και το πορφυρουν ιματιον.
Rm	13 4	ου γαρ εικη την μαχαιραν φορει·
1Co	15 49	και καθως εφορεσαμεν την εικονα του χοικου, ψυρεσομεν και την εικονα του επουρανιου.
	49	και καθως εφορεσαμεν την εικονα του χοικου, φορεσομεν και την εικονα του επουρανιου.
Ja	2 3	επιβλεψητε δε επι τον φορουντα την εσθητα την λαμπραν και ειπητε·

φορον [1]

Ac	28 15	κακειθεν οι αδελφοι ακουσαντες τα περι ημων ηλθαν εις απαντησιν ημιν αχρι αππιουφορου και τριωνταβερνων,

φορος [5]

Lc	20 22	εξεστιν ημας καισαρι φορον δουναι η ου;
	23 2	τουτον ευραμεν διαστρεφοντα το εθνος ημων και κωλυοντα φορους καισαρι διδοναι,
Rm	13 6	δια τουτο γαρ και φορους τελειτε·
	7	τω τον φορον τον φορον, τω το τελος το τελος,
	7	τω τον φορον τον φορον, τω το τελος το τελος,

φορτιζω [2]

Mt	11 28	δευτε προς με παντες οι κοπιωντες και πεφορτισμενοι, καγω αναπαυσω υμας.
Lc	11 46	και υμιν τοις νομικοις ουαι, οτι φορτιζετε τους ανθρωπους φορτια δυσβαστακτα, και αυτοι ενι των δακτυλων υμων ου προσψαυετε τοις φορτιοις.

φορτιον [6]

Mt	11 30	ο γαρ ζυγος μου χρηστος και το φορτιον μου ελαφρον εστιν.
	23 4	δεσμευουσιν δε φορτια βαρεα [και δυσβαστακτα] και επιτιθεασιν επι τους ωμους των ανθρωπων,
Lc	11 46	και υμιν τοις νομικοις ουαι, οτι φορτιζετε τους ανθρωπους φορτια δυσβαστακτα, και αυτοι ενι των δακτυλων υμων ου προσψαυετε τοις φορτιοις.
	46	και υμιν τοις νομικοις ουαι, οτι φορτιζετε τους ανθρωπους φορτια δυσβαστακτα, και αυτοι ενι των δακτυλων υμων ου προσψαυετε τοις φορτιοις.
Ac	27 10	ανδρες, θεωρω οτι μετα υβρεως και πολλης ζημιας ου μονον του φορτιου και του πλοιου αλλα και των ψυχων ημων μελλειν εσεσθαι τον πλουν.
Ga	6 5	εκαστος γαρ το ιδιον φορτιον βαστασει.

φορτουνατος [1]

1Co	16 17	χαιρω δε επι τη παρουσια στεφανα και *φορτουνατου* και ἀχαικου,

φραγελλιον [1]

Jh	2 15	και ποιησας *φραγελλιον* εκ σχοινιων παντας εξεβαλεν εκ του ιερου,

φραγελλοω [2]

Mt	27 26	τον δε ιησουν *φραγελλωσας* παρεδωκεν ινα σταυρωθη.
Mc	15 15	και παρεδωκεν τον ιησουν *φραγελλωσας* ινα σταυρωθη.

φραγμος [4]

Mt	21 33	και *φραγμον* αυτω περιεθηκεν και ωρυξεν εν αυτω ληνον και ωκοδομησεν πυργον,
Mc	12 1	και περιεθηκεν *φραγμον* και ωρυξεν υποληνιον και ωκοδομησεν πυργον,
Lc	14 23	εξελθε εις τας οδους και *φραγμους* και αναγκασον εισελθειν, ινα γεμισθη μου ὁ οικος·
Eph	2 14	αυτος γαρ εστιν ἡ ειρηνη ἡμων, ὁ ποιησας τα αμφοτερα εν και το μεσοτοιχον του *φραγμου* λυσας,

φραζω [1]

Mt	15 15	*φρασον* ἡμιν την παραβολην [ταυτην].

φρασσω [3]

Rm	3 19	οιδαμεν δε ὁτι ὁσα ὁ νομος λεγει τοις εν τω νομω λαλει, ινα παν στομα *φραγη* και ὑποδικος γενηται πας ὁ κοσμος τω θεω·
2Co	11 10	εστιν αληθεια χριστου εν εμοι, ὁτι ἡ καυχησις αυτη ου *φραγησεται* εις εμε εν τοις κλιμασιν της ἀχαιας.
Heb	11 33	επετυχον επαγγελιων, *εφραξαν* στοματα λεοντων, εσβεσαν δυναμιν πυρος, εφυγον στοματα μαχαιρης,

φρεαρ [7]

Lc	14 5	τινος ὑμων υἱος ἠ βους εις *φρεαρ* πεσειται, και ουκ ευθεως ἀνασπασει αυτον εν ἡμερα του σαββατου;
Jh	4 11	κυριε, ουτε ἀντλημα εχεις και το *φρεαρ* εστιν βαθυ·
	12	μη συ μειζων εἰ του πατρος ἡμων ἰακωβ, ὁς εδωκεν ἡμιν το *φρεαρ*,
Apc	9 1	και εδοθη αυτω ἡ κλεις του *φρεατος* της ἀβυσσου.
	2	και ηνοιξεν το *φρεαρ* της ἀβυσσου·
	2	και ανεβη καπνος εκ του *φρεατος* ὡς καπνος καμινου μεγαλης,
	2	και εσκοτωθη ὁ ἡλιος και ὁ αηρ εκ του καπνου του *φρεατος*.

φρεναπαταω [1]

Ga	6 3	ει γαρ δοκει τις ειναι τι μηδεν ων, *φρεναπατα* ἑαυτον.

φρεναπατης [1]

Tit	1 10	εισιν γαρ πολλοι [και] ἀνυποτακτοι, ματαιολογοι και *φρεναπαται*, μαλιστα οἱ εκ της περιτομης,

φρην [2]

1Co	14 20	ἀδελφοι, μη παιδια γινεσθε ταις *φρεσιν*,
	20	αλλα τη κακια νηπιαζετε, ταις δε *φρεσιν* τελειοι γινεσθε.

φρισσω [1]

Ja	2 19	και τα δαιμονια πιστευουσιν και *φρισσουσιν*.

φρονεω [26]

Mt	16 23	σκανδαλον εἰ εμου, ὁτι ου *φρονεις* τα του θεου αλλα τα των ανθρωπων.
Mc	8 33	ὑπαγε οπισω μου, σατανα, ὁτι ου *φρονεις* τα του θεου αλλα τα των ανθρωπων.
Ac	28 22	ἀξιουμεν δε παρα σου ἀκουσαι ἁ *φρονεις*·
Rm	8 5	οἱ γαρ κατα σαρκα οντες τα της σαρκος *φρονουσιν*,
	11 20	μη ὑψηλα *φρονει*, αλλα φοβου·

φρονεω [26]

Rm	12 3	λεγω γαρ δια της χαριτος της δοθεισης μοι παντι τω οντι εν ὑμιν, μη ὑπερφρονειν παρ ὁ δει *φρονειν*,
	3	μη ὑπερφρονειν παρ ὁ δει φρονειν, αλλα *φρονειν* εις το σωφρονειν,
	16	το αυτο εις ἀλληλους *φρονουντες*·
	16	μη τα ὑψηλα *φρονουντες* αλλα τοις ταπεινοις συναπαγομενοι.
	14 6	ὁ *φρονων* την ἡμεραν κυριω φρονει.
	6	ὁ φρονων την ἡμεραν κυριω *φρονει*.
	15 5	ὁ δε θεος της ὑπομονης και της παρακλησεως δωη ὑμιν το αυτο *φρονειν* εν ἀλληλοις κατα χριστον ιησουν,
1Co	13 11	ὁτε ημην νηπιος, ελαλουν ὡς νηπιος, *εφρονουν* ὡς νηπιος, ελογιζομην ὡς νηπιος·
2Co	13 11	λοιπον, ἀδελφοι, χαιρετε, καταρτιζεσθε, παρακαλεισθε, το αυτο *φρονειτε*, ειρηνευετε,
Ga	5 10	εγω πεποιθα εις ὑμας εν κυριω ὁτι ουδεν αλλο *φρονησετε*·
Php	1 7	καθως εστιν δικαιον εμοι τουτο *φρονειν* ὑπερ παντων ὑμων,
	2 2	ει τις σπλαγχνα και οικτιρμοι, πληρωσατε μου την χαραν ινα το αυτο *φρονητε*,
	2	την αυτην ἀγαπην εχοντες, συμψυχοι, το ἑν *φρονουντες*,
	5	τουτο *φρονειτε* εν ὑμιν ὁ και εν χριστω ιησου,
	3 15	ὁσοι ουν τελειοι, τουτο *φρονωμεν*·
	15	και ει τι ἑτερως *φρονειτε*, και τουτο ὁ θεος ὑμιν ἀποκαλυψει·
	19	ὡν ὁ θεος ἡ κοιλια και ἡ δοξα εν τη αισχυνη αυτων, οἱ τα επιγεια *φρονουντες*.
	4 2	ευοδιαν παρακαλω και συντυχην παρακαλω το αυτο *φρονειν* εν κυριω.
	10	εχαρην δε εν κυριω μεγαλως ὁτι ηδη ποτε ἀνεθαλετε το ὑπερ εμου *φρονειν*·
	10	εφ ᾡ και *εφρονειτε*, ηκαιρεισθε δε.
Col	3 2	τα ἀνω *φρονειτε*, μη τα επι της γης.

φρονημα [4]

Rm	8 6	το γαρ *φρονημα* της σαρκος θανατος, το δε *φρονημα* του πνευματος ζωη και ειρηνη.
	6	το γαρ φρονημα της σαρκος θανατος, το δε *φρονημα* του πνευματος ζωη και ειρηνη.
	7	διοτι το *φρονημα* της σαρκος εχθρα εις θεον·
	27	ὁ δε εραυνων τας καρδιας οιδεν τι το *φρονημα* του πνευματος, ὁτι κατα θεον εντυγχανει ὑπερ ἁγιων.

φρονησις [2]

Lc	1 17	και αυτος προελευσεται ενωπιον αυτου εν πνευματι και δυναμει ἡλιου, επιστρεψαι καρδιας πατερων επι τεκνα και ἀπειθεις εν *φρονησει* δικαιων, ἑτοιμασαι κυριω λαον κατεσκευασμενον.
Eph	1 8	κατα το πλουτος της χαριτος αυτου, ἡς επερισσευσεν εις ἡμας εν παση σοφια και *φρονησει*

φρονιμος [14]

Mt	7 24	πας ουν ὁστις ἀκουει μου τους λογους τουτους και ποιει αυτους, ὁμοιωθησεται ἀνδρι *φρονιμω*,
	10 16	γινεσθε ουν *φρονιμοι* ὡς οἱ οφεις και ἀκεραιοι ὡς αἱ περιστεραι.
	24 45	τις ἀρα εστιν ὁ πιστος δουλος και *φρονιμος* ὁν κατεστησεν ὁ κυριος επι της οικετειας αυτου του δουναι αυτοις την τροφην εν καιρω;
	25 2	πεντε δε εξ αυτων ησαν μωραι και πεντε *φρονιμοι*.
	4	αἱ δε *φρονιμοι* ελαβον ελαιον εν τοις ἀγγειοις μετα των λαμπαδων ἑαυτων.
	8	αἱ δε μωραι ταις *φρονιμοις* ειπαν·
	9	ἀπεκριθησαν δε αἱ *φρονιμοι* λεγουσαι· μηποτε ου μη ἀρκεση ἡμιν και ὑμιν· πορευεσθε μαλλον προς τους πωλουντας και ἀγορασατε ἑαυταις.
Lc	12 42	τις ἀρα εστιν ὁ πιστος οικονομος ὁ *φρονιμος*, ὁν καταστησει ὁ κυριος επι της θεραπειας αυτου του διδοναι εν καιρω [το] σιτομετριον;
	16 8	ὁτι οἱ υἱοι του αιωνος τουτου *φρονιμωτεροι* ὑπερ τους υἱους του φωτος εις την γενεαν την ἑαυτων εισιν.
Rm	11 25	ου γαρ θελω ὑμας ἀγνοειν, ἀδελφοι, το μυστηριον τουτο, ινα μη ητε [παρ] ἑαυτοις *φρονιμοι*,
	12 16	μη γινεσθε *φρονιμοι* παρ ἑαυτοις.
1Co	4 10	ἡμεις μωροι δια χριστον, ὑμεις δε *φρονιμοι* εν χριστω·
	10 15	ὡς *φρονιμοις* λεγω· κρινατε ὑμεις ὁ φημι.
2Co	11 19	ἡδεως γαρ ἀνεχεσθε των ἀφρονων *φρονιμοι* οντες·

φρονιμως [1]

Lc   16 8   και επηνεσεν ο κυριος τον οικονομον της αδικιας οτι φρονιμως εποιησεν·

φροντιζω [1]

Tit   3 8   και περι τουτων βουλομαι σε διαβεβαιουσθαι, ινα φροντιζωσιν καλων εργων προιστασθαι οι πεπιστευκοτες θεω.

φρουρεω [4]

2Co   11 32   εν δαμασκω ο εθναρχης αρετα του βασιλεως εφρουρει την πολιν δαμασκηνων πιασαι με,
Ga   3 23   προ του δε ελθειν την πιστιν υπο νομον εφρουρουμεθα συγκλειομενοι εις την μελλουσαν πιστιν αποκαλυφθηναι.
Php   4 7   και η ειρηνη του θεου η υπερεχουσα παντα νουν φρουρησει τας καρδιας υμων
1Pt   1 5   τετηρημενην εν ουρανοις εις υμας τους εν δυναμει θεου φρουρουμενους δια πιστεως εις σωτηριαν ετοιμην αποκαλυφθηναι εν καιρω εσχατω.

φρυασσω [1]

Ac   4 25   ινατι εφρυαξαν εθνη και λαοι εμελετησαν κενα;

φρυγανον [1]

Ac   28 3   συστρεψαντος δε του παυλου φρυγανων τι πληθος και επιθεντος επι την πυραν, εχιδνα απο της θερμης εξελθουσα καθηψεν της χειρος αυτου.

φρυγια [3]

Ac   2 10   ποντον και την ασιαν, φρυγιαν τε και παμφυλιαν,
    16 6   διηλθον δε την φρυγιαν και γαλατικην χωραν,
    18 23   και ποιησας χρονον τινα εξηλθεν, διερχομενος καθεξης την γαλατικην χωραν και φρυγιαν,

φυγελος [1]

2Tm   1 15   οτι απεστραφησαν με παντες οι εν τη ασια, ων εστιν φυγελος και ερμογενης.

φυγη [1]

Mt   24 20   προσευχεσθε δε ινα μη γενηται η φυγη υμων χειμωνος μηδε σαββατω·

φυλακη [47]

Mt   5 25   και εις φυλακην βληθηση·
    14 3   ο γαρ ηρωδης κρατησας τον ιωαννην εδησεν [αυτον] και εν φυλακη απεθετο δια ηρωδιαδα την γυναικα φιλιππου του αδελφου αυτου·
    10   και πεμψας απεκεφαλισεν [τον] ιωαννην εν τη φυλακη.
    25   τεταρτη δε φυλακη της νυκτος ηλθεν προς αυτους περιπατων επι την θαλασσαν.
    18 30   ο δε ουκ ηθελεν, αλλα απελθων εβαλεν αυτον εις φυλακην εως αποδω το οφειλομενον.
    24 43   εκεινο δε γινωσκετε οτι ει ηδει ο οικοδεσποτης ποια φυλακη ο κλεπτης ερχεται, εγρηγορησεν αν και ουκ αν ειασεν διορυχθηναι την οικιαν αυτου.
    25 36   ησθενησα και επεσκεψασθε με, εν φυλακη ημην και ηλθατε προς με.
    39   ποτε δε σε ειδομεν ασθενουντα η εν φυλακη και ηλθομεν προς σε;
    43   ξενος ημην και ου συνηγαγετε με, γυμνος και ου περιεβαλετε με, ασθενης και εν φυλακη και ουκ επεσκεψασθε με.
    44   κυριε, ποτε σε ειδομεν πεινωντα η διψωντα η ξενον η γυμνον η ασθενη η εν φυλακη και ου διηκονησαμεν σοι;
Mc   6 17   αυτος γαρ ο ηρωδης αποστειλας εκρατησεν τον ιωαννην και εδησεν αυτον εν φυλακη δια ηρωδιαδα την γυναικα φιλιππου του αδελφου αυτου,
    27   και απελθων απεκεφαλισεν αυτον εν τη φυλακη,
    48   και ιδων αυτους βασανιζομενους εν τω ελαυνειν, ην γαρ ο ανεμος εναντιος αυτοις, περι τεταρτην φυλακην της νυκτος ερχεται προς αυτους περιπατων επι της θαλασσης·
Lc   2 8   και ποιμενες ησαν εν τη χωρα τη αυτη αγραυλουντες και φυλασσοντες φυλακας της νυκτος επι την ποιμνην αυτων.

φυλακη [47]

Lc   3 20   προσεθηκεν και τουτο επι πασιν, [και] κατεκλεισεν τον ιωαννην εν φυλακη.
    12 38   καν εν τη δευτερα καν εν τη τριτη φυλακη ελθη και ευρη ουτως, μακαριοι εισιν εκεινοι.
    58   και ο κριτης σε παραδωσει τω πρακτορι, και ο πρακτωρ σε βαλει εις φυλακην.
    21 12   προ δε τουτων παντων επιβαλουσιν εφ υμας τας χειρας αυτων και διωξουσιν, παραδιδοντες εις τας συναγωγας και φυλακας,
    22 33   κυριε, μετα σου ετοιμος ειμι και εις φυλακην και εις θανατον πορευεσθαι.
    23 19   οστις ην δια στασιν τινα γενομενην εν τη πολει και φονον βληθεις εν τη φυλακη.
    25   απελυσεν δε τον δια στασιν και φονον βεβλημενον εις φυλακην, ον ητουντο, τον δε ιησουν παρεδωκεν τω θεληματι αυτων.
Jh   3 24   ουπω γαρ ην βεβλημενος εις την φυλακην ο ιωαννης.
Ac   5 19   αγγελος δε κυριου δια νυκτος ανοιξας τας θυρας της φυλακης εξαγαγων τε αυτους ειπεν·
    22   οι δε παραγενομενοι υπηρεται ουχ ευρον αυτους εν τη φυλακη·
    25   παραγενομενος δε τις απηγγειλεν αυτοις οτι ιδου οι ανδρες, ους εθεσθε εν τη φυλακη, εισιν εν τω ιερω εστωτες και διδασκοντες τον λαον.
    8 3   σαυλος δε ελυμαινετο την εκκλησιαν κατα τους οικους εισπορευομενος, συρων τε ανδρας και γυναικας παρεδιδου εις φυλακην.
    12 4   ον και πιασας εθετο εις φυλακην, παραδους τεσσαρσιν τετραδιοις στρατιωτων φυλασσειν αυτον,
    5   ο μεν ουν πετρος ετηρειτο εν τη φυλακη·
    6   τη νυκτι εκεινη ην ο πετρος κοιμωμενος μεταξυ δυο στρατιωτων δεδεμενος αλυσεσιν δυσιν, φυλακες τε προ της θυρας ετηρουν την φυλακην.
    10   διελθοντες δε πρωτην φυλακην και δευτεραν ηλθαν επι την πυλην την σιδηραν την φερουσαν εις την πολιν,
    17   κατασεισας δε αυτοις τη χειρι σιγαν διηγησατο [αυτοις] πως ο κυριος αυτον εξηγαγεν εκ της φυλακης,
    16 23   πολλας τε επιθεντες αυτοις πληγας εβαλον εις φυλακην,
    24   ος παραγγελιαν τοιαυτην λαβων εβαλεν αυτους εις την εσωτεραν φυλακην και τους ποδας ησφαλισατο αυτων εις το ξυλον.
    27   εξυπνος δε γενομενος ο δεσμοφυλαξ και ιδων ανεωγμενας τας θυρας της φυλακης, σπασαμενος [την] μαχαιραν ημελλεν εαυτον αναιρειν,
    37   ανθρωπους ρωμαιους υπαρχοντας, εβαλαν εις φυλακην·
    40   εξελθοντες δε απο της φυλακης εισηλθον προς την λυδιαν,
    22 4   ος ταυτην την οδον εδιωξα αχρι θανατου, δεσμευων και παραδιδους εις φυλακας ανδρας τε και γυναικας,
    26 10   ο και εποιησα εν ιεροσολυμοις, και πολλους τε των αγιων εγω εν φυλακαις κατεκλεισα την παρα των αρχιερεων εξουσιαν λαβων,
2Co   6 5   εν στενοχωριαις, εν πληγαις, εν φυλακαις,
    11 23   εν κοποις περισσοτερως, εν φυλακαις περισσοτερως, εν πληγαις υπερβαλλοντως, εν θανατοις πολλακις.
Heb   11 36   ετεροι δε εμπαιγμων και μαστιγων πειραν ελαβον, ετι δε δεσμων και φυλακης·
1Pt   3 19   εν ω και τοις εν φυλακη πνευμασιν πορευθεις εκηρυξεν,
Apc   2 10   ιδου μελλει βαλλειν ο διαβολος εξ υμων εις φυλακην ινα πειρασθητε,
    18 2   και εγενετο κατοικητηριον δαιμονιων και φυλακη παντος πνευματος ακαθαρτου
    2   και φυλακη παντος πνευματος ακαθαρτου και φυλακη παντος ορνεου ακαθαρτου
    2   και φυλακη παντος ορνεου ακαθαρτου [και φυλακη παντος θηριου ακαθαρτου]
    20 7   και οταν τελεσθη τα χιλια ετη, λυθησεται ο σατανας εκ της φυλακης αυτου,

φυλακιζω [1]

Ac   22 19   καγω ειπον· κυριε, αυτοι επιστανται οτι εγω ημην φυλακιζων και δερων κατα τας συναγωγας τους πιστευοντας επι σε·

φυλακτηριον [1]

Mt   23 5   πλατυνουσιν γαρ τα φυλακτηρια αυτων και μεγαλυνουσιν τα κρασπεδα,

φυλαξ [3]

Ac 5 23 ἀναστρεψαντες δε ἀπηγγειλαν λεγοντες ὁτι το δεσμωτηριον εὑρομεν κεκλεισμενον ἐν παση ἀσφαλεια και τους *φυλακας* ἑστωτας ἐπι των θυρων, ἀνοιξαντες δε ἐσω οὐδενα εὑρομεν.

     12 6 τη νυκτι ἐκεινη ἡν ὁ πετρος κοιμωμενος μεταξυ δυο στρατιωτων δεδεμενος ἁλυσεσιν δυσιν, *φυλακες* τε προ της θυρας ἑτηρουν την φυλακην.

     19 ἡρωδης δε ἐπιζητησας αὐτον και μη εὑρων, ἀνακρινας τους *φυλακας* ἐκελευσεν ἀπαχθηναι,

φυλασσω [31]

Mt 19 20 παντα ταυτα *ἐφυλαξα*· τι ἐτι ὑστερω;
Mc 10 20 διδασκαλε, ταυτα παντα *ἐφυλαξαμην* ἐκ νεοτητος μου.
Lc 2 8 και ποιμενες ἠσαν ἐν τη χωρα τη αὐτη ἀγραυλουντες και *φυλασσοντες* φυλακας της νυκτος ἐπι την ποιμνην αὐτων.

     8 29 πολλοις γαρ χρονοις συνηρπακει αὐτον, και ἐδεσμευετο ἁλυσεσιν και πεδαις *φυλασσομενος*,

     11 21 ὁταν ὁ ἰσχυρος καθωπλισμενος *φυλασση* την ἑαυτου αὐλην, ἐν εἰρηνη ἐστιν τα ὑπαρχοντα αὐτου·

     28 μενουν μακαριοι οἱ ἀκουοντες τον λογον του θεου και *φυλασσοντες*.

     12 15 ὁρατε και *φυλασσεσθε* ἀπο πασης πλεονεξιας, ὁτι οὐκ ἐν τω περισσευειν τινι ἡ ζωη αὐτου ἐστιν ἐκ των ὑπαρχοντων αὐτω.

     18 21 ταυτα παντα *ἐφυλαξα* ἐκ νεοτητος.
Jh 12 25 και ὁ μισων την ψυχην αὐτου ἐν τω κοσμω τουτω εἰς ζωην αἰωνιον *φυλαξει* αὐτην.

     47 και ἐαν τις μου ἀκουση των ῥηματων και μη *φυλαξη*, ἐγω οὐ κρινω αὐτον·

     17 12 και *ἐφυλαξα*, και οὐδεις ἐξ αὐτων ἀπωλετο εἰ μη ὁ υἱος της ἀπωλειας,

Ac 7 53 οἱτινες ἐλαβετε τον νομον εἰς διαταγας ἀγγελων, και οὐκ *ἐφυλαξατε*.

     12 4 ὁν και πιασας ἐθετο εἰς φυλακην, παραδους τεσσαρσιν τετραδιοις στρατιωτων *φυλασσειν* αὐτον,

     16 4 ὡς δε διεπορευοντο τας πολεις, παρεδιδοσαν αὐτοις *φυλασσειν* τα δογματα τα κεκριμενα ὑπο των ἀποστολων και πρεσβυτερων των ἐν ἱεροσολυμοις.

     21 24 και γνωσονται παντες ὁτι ὡν κατηχηνται περι σου οὐδεν ἐστιν, ἀλλα στοιχεις και αὐτος *φυλασσων* τον νομον.

     25 περι δε των πεπιστευκοτων ἐθνων ἡμεις *κρινας* ἐπεστειλαμεν κριναντες *φυλασσεσθαι* αὐτους το τε εἰδωλοθυτον και αἱμα και πνικτον και πορνειαν.

     22 20 και ὁτε ἐξεχυννετο το αἱμα στεφανου του μαρτυρος σου, και αὐτος ἡμην ἐφεστως και συνευδοκων και *φυλασσων* τα ἱματια των ἀναιρουντων αὐτον.

     23 35 κελευσας ἐν τω πραιτωριω του ἡρωδου *φυλασσεσθαι* αὐτον.
     28 16 ὁτε δε εἰσηλθομεν εἰς ῥωμην, ἐπετραπη τω παυλω μενειν καθ ἑαυτον συν τω *φυλασσοντι* αὐτον στρατιωτη.

Rm 2 26 ἐαν οὐν ἡ ἀκροβυστια τα δικαιωματα του νομου *φυλασση*, οὐχ ἡ ἀκροβυστια αὐτου εἰς περιτομην λογισθησεται;
Ga 6 13 οὐδε γαρ οἱ περιτεμνομενοι αὐτοι νομον *φυλασσουσιν*,
2Th 3 3 πιστος δε ἐστιν ὁ κυριος, ὁς στηριξει ὑμας και *φυλαξει* ἀπο του πονηρου.
1Tm 5 21 διαμαρτυρομαι ἐνωπιον του θεου και χριστου ἰησου και των ἐκλεκτων ἀγγελων ἱνα ταυτα *φυλαξης* χωρις προκριματος,
     6 20 ὡ τιμοθεε, την παραθηκην *φυλαξον*,
2Tm 1 12 οἰδα γαρ ὡ πεπιστευκα, και πεπεισμαι ὁτι δυνατος ἐστιν την παραθηκην μου *φυλαξαι* εἰς ἐκεινην την ἡμεραν.
     14 την καλην παραθηκην *φυλαξον* δια πνευματος ἁγιου του ἐνοικουντος ἐν ἡμιν.
     4 15 ὁν και συ *φυλασσου*· λιαν γαρ ἀντεστη τοις ἡμετεροις λογοις.
2Pt 2 5 και ἀρχαιου κοσμου οὐκ ἐφεισατο, ἀλλα ὀγδοον νωε δικαιοσυνης κηρυκα *ἐφυλαξεν*,
     3 17 ὑμεις οὐν, ἀγαπητοι, προγινωσκοντες *φυλασσεσθε* ἱνα μη τη των ἀθεσμων πλανη συναπαχθεντες ἐκπεσητε του ἰδιου στηριγμου,
1Jh 5 21 τεκνια, *φυλαξατε* ἑαυτα ἀπο των εἰδωλων.
Ju 24 τω δε δυναμενω *φυλαξαι* ὑμας ἀπταιστους και στησαι κατενωπιον της δοξης αὐτου ἀμωμους ἐν ἀγαλλιασει,

φυλη [31]

Mt 19 28 ἐν τη παλιγγενεσια, ὁταν καθιση ὁ υἱος του ἀνθρωπου ἐπι θρονου δοξης αὐτου, καθησεσθε και ὑμεις ἐπι δωδεκα θρονους κρινοντες τας δωδεκα *φυλας* του ἰσραηλ.

     24 30 και τοτε κοψονται πασαι αἱ *φυλαι* της γης και ὀψονται τον υἱον του ἀνθρωπου ἐρχομενον ἐπι των νεφελων του οὐρανου μετα δυναμεως και δοξης πολλης·

Lc 2 36 και ἡν ἀννα προφητις, θυγατηρ φανουηλ, ἐκ *φυλης* ἀσηρ·

φυλη [31]

Lc 22 30 και καθησεσθε ἐπι θρονων τας δωδεκα *φυλας* κρινοντες του ἰσραηλ.
Ac 13 21 και ἐδωκεν αὐτοις ὁ θεος τον σαουλ υἱον κις, ἀνδρα ἐκ *φυλης* βενιαμιν, ἐτη τεσσερακοντα·
Rm 11 1 και γαρ ἐγω ἰσραηλιτης εἰμι, ἐκ σπερματος ἀβρααμ, *φυλης* βενιαμιν.
Php 3 5 περιτομη ὀκταημερος, ἐκ γενους ἰσραηλ, *φυλης* βενιαμιν, ἑβραιος ἐξ ἑβραιων,
Heb 7 13 ἐφ ὁν γαρ λεγεται ταυτα, *φυλης* ἑτερας μετεσχηκεν,
     14 προδηλον γαρ ὁτι ἐξ ἰουδα ἀνατεταλκεν ὁ κυριος ἡμων, εἰς ἡν *φυλην* περι ἱερεων οὐδεν μωυσης ἐλαλησεν.
Ja 1 1 ἰακωβος θεου και κυριου ἰησου χριστου δουλος ταις δωδεκα *φυλαις* ταις ἐν τη διασπορα χαιρειν.
Apc 1 7 και κοψονται ἐπ αὐτον πασαι αἱ *φυλαι* της γης.
     5 5 ἰδου ἐνικησεν ὁ λεων ὁ ἐκ της *φυλης* ἰουδα, ἡ ῥιζα δαυιδ, ἀνοιξαι το βιβλιον και τας ἑπτα σφραγιδας αὐτου.
     9 ὁτι ἐσφαγης και ἠγορασας τω θεω ἐν τω αἱματι σου ἐκ πασης *φυλης* και γλωσσης και λαου και ἐθνους,
     7 4 ἑκατον τεσσερακοντα τεσσαρες χιλιαδες ἐσφραγισμενοι ἐκ πασης *φυλης* υἱων ἰσραηλ·
     5 ἐκ *φυλης* ἰουδα δωδεκα χιλιαδες ἐσφραγισμενοι,
     5 ἐκ *φυλης* ῥουβην δωδεκα χιλιαδες,
     5 ἐκ *φυλης* γαδ δωδεκα χιλιαδες,
     6 ἐκ *φυλης* ἀσηρ δωδεκα χιλιαδες,
     6 ἐκ *φυλης* νεφθαλιμ δωδεκα χιλιαδες,
     6 ἐκ *φυλης* μανασση δωδεκα χιλιαδες,
     7 ἐκ *φυλης* συμεων δωδεκα χιλιαδες,
     7 ἐκ *φυλης* λευι δωδεκα χιλιαδες,
     7 ἐκ *φυλης* ἰσσαχαρ δωδεκα χιλιαδες,
     8 ἐκ *φυλης* ζαβουλων δωδεκα χιλιαδες,
     8 ἐκ *φυλης* ἰωσηφ δωδεκα χιλιαδες,
     8 ἐκ *φυλης* βενιαμιν δωδεκα χιλιαδες ἐσφραγισμενοι.
     9 ὁν ἀριθμησαι αὐτον οὐδεις ἐδυνατο, ἐκ παντος ἐθνους και *φυλων* και λαων και γλωσσων,
     11 9 και βλεπουσιν ἐκ των λαων και *φυλων* και γλωσσων και ἐθνων το πτωμα αὐτων ἡμερας τρεις και ἡμισυ,
     13 7 και ἐδοθη αὐτω ἐξουσια ἐπι πασαν *φυλην* και λαον και γλωσσαν και ἐθνος.
     14 6 ἐχοντα εὐαγγελιον αἰωνιον εὐαγγελισαι ἐπι τους καθημενους ἐπι της γης και ἐπι παν ἐθνος και *φυλην* και γλωσσαν και λαον,
     21 12 και ὀνοματα ἐπιγεγραμμενα, ἁ ἐστιν [τα ὀνοματα] των δωδεκα *φυλων* υἱων ἰσραηλ.

φυλλον [6]

Mt 21 19 και ἰδων συκην μιαν ἐπι της ὁδου ἠλθεν ἐπ αὐτην, και οὐδεν εὑρεν ἐν αὐτη εἰ μη *φυλλα* μονον,
     24 32 ὁταν ἠδη ὁ κλαδος αὐτης γενηται ἀπαλος και τα *φυλλα* ἐκφυη, γινωσκετε ὁτι ἐγγυς το θερος·
Mc 11 13 και ἰδων συκην ἀπο μακροθεν ἐχουσαν *φυλλα* ἠλθεν εἰ ἀρα τι εὑρησει ἐν αὐτη,
     13 και ἐλθων ἐπ αὐτην οὐδεν εὑρεν εἰ μη *φυλλα*·
     13 28 ἀπο δε της συκης μαθετε την παραβολην· ὁταν ἠδη ὁ κλαδος αὐτης ἀπαλος γενηται και ἐκφυη τα *φυλλα*, γινωσκετε ὁτι ἐγγυς το θερος ἐστιν·
Apc 22 2 και τα *φυλλα* του ξυλου εἰς θεραπειαν των ἐθνων.

φυραμα [5]

Rm 9 21 ἡ οὐκ ἐχει ἐξουσιαν ὁ κεραμευς του πηλου ἐκ του αὐτου *φυραματος* ποιησαι ὁ μεν εἰς τιμην σκευος, ὁ δε εἰς ἀτιμιαν;
     11 16 εἰ δε ἡ ἀπαρχη ἁγια, και το *φυραμα*·
1Co 5 6 οὐκ οἰδατε ὁτι μικρα ζυμη ὁλον το *φυραμα* ζυμοι;
     7 ἐκκαθαρατε την παλαιαν ζυμην, ἱνα ἠτε νεον *φυραμα*,
Ga 5 9 μικρα ζυμη ὁλον το *φυραμα* ζυμοι.

φυσικος [3]

Rm 1 26 αἱ τε γαρ θηλειαι αὐτων μετηλλαξαν την *φυσικην* χρησιν εἰς την παρα φυσιν,
     27 ὁμοιως τε και οἱ ἀρσενες ἀφεντες την *φυσικην* χρησιν της θηλειας ἐξεκαυθησαν ἐν τη ὀρεξει αὐτων εἰς ἀλληλους,
2Pt 2 12 οὑτοι δε, ὡς ἀλογα ζωα γεγεννημενα *φυσικα* εἰς ἁλωσιν και φθοραν, ἐν οἱς ἀγνοουσιν βλασφημουντες,

φυσικως [1]

Ju 10 ὅσα δε φυσικως ὡς τα αλογα ζωα επιστανται, εν τουτοις
φθειρονται.

φυσιοω [7]

1Co 4 6 ἰνα εν ἡμιν μαθητε το μη ὑπερ ἁ γεγραπται, ἰνα μη εἱς ὑπερ
του ἑνος φυσιουσθε κατα του ἑτερου.
18 ὡς μη ἐρχομενου δε μου προς ὑμας ἐφυσιωθησαν τινες·
19 και γνωσομαι οὐ τον λογον των πεφυσιωμενων ἀλλα την
δυναμιν·
5 2 και ὑμεις πεφυσιωμενοι ἐστε,
8 1 ἡ γνωσις φυσιοι, ἡ δε ἀγαπη οἰκοδομει·
13 4 οὐ ζηλοι, [ἡ ἀγαπη] οὐ περπερευεται, οὐ φυσιουται, οὐκ
ἀσχημονει, οὐ ζητει τα ἑαυτης, οὐ παροξυνεται, οὐ λογιζεται
το κακον, οὐ χαιρει ἐπι τη ἀδικια, συγχαιρει δε τη ἀληθεια·

Col 2 18 εἰκη φυσιουμενος ὑπο του νοος της σαρκος αὐτου,

φυσις [14]

Rm 1 26 αἱ τε γαρ θηλειαι αὐτων μετηλλαξαν την φυσικην χρησιν εἱς
την παρα φυσιν,
2 14 ὁταν γαρ ἐθνη τα μη νομον ἐχοντα φυσει τα του νομου
ποιωσιν, οὑτοι νομον μη ἐχοντες ἑαυτοις εἱσιν νομος·
27 και κρινει ἡ ἐκ φυσεως ἀκροβυστια τον νομον τελουσα σε
τον δια γραμματος και περιτομης παραβατην νομου.
11 21 εἱ γαρ ὁ θεος των κατα φυσιν κλαδων οὐκ ἐφεισατο, [μη πως]
οὐδε σου φεισεται.
24 εἱ γαρ συ ἐκ της κατα φυσιν ἐξεκοπης ἀγριελαιου και παρα
φυσιν ἐνεκεντρισθης εἱς καλλιελαιον, ποσω μαλλον οὑτοι οἱ
κατα φυσιν ἐγκεντρισθησονται τη ἰδια ἐλαια.
24 εἱ γαρ συ ἐκ της κατα φυσιν ἐξεκοπης ἀγριελαιου και παρα
φυσιν ἐνεκεντρισθης εἱς καλλιελαιον, ποσω μαλλον οὑτοι οἱ
κατα φυσιν ἐγκεντρισθησονται τη ἰδια ἐλαια.
24 εἱ γαρ συ ἐκ της κατα φυσιν ἐξεκοπης ἀγριελαιου και παρα
φυσιν ἐνεκεντρισθης εἱς καλλιελαιον, ποσω μαλλον οὑτοι οἱ
κατα φυσιν ἐγκεντρισθησονται τη ἰδια ἐλαια.
1Co 11 14 οὐδε ἡ φυσις αὐτη διδασκει ὑμας ὁτι ἀνηρ μεν ἐαν κομα,
ἀτιμια αὐτω ἐστιν, γυνη δε ἐαν κομα, δοξα αὐτη ἐστιν;
Ga 2 15 ἡμεις φυσει ἰουδαιοι και οὐκ ἐξ ἐθνων ἁμαρτωλοι,
4 8 ἀλλα τοτε μεν οὐκ εἰδοτες θεον ἐδουλευσατε τοις φυσει μη
οὑσιν θεοις·
Eph 2 3 και ἡμεθα τεκνα φυσει ὀργης ὡς και οἱ λοιποι·
Ja 3 7 πασα γαρ φυσις θηριων τε και πετεινων, ἑρπετων τε και
ἐναλιων δαμαζεται και δεδαμασται τη φυσει τη ἀνθρωπινη,
7 πασα γαρ φυσις θηριων τε και πετεινων, ἑρπετων τε και
ἐναλιων δαμαζεται και δεδαμασται τη φυσει τη ἀνθρωπινη,
2Pt 1 4 δι᾽ ὡν τα τιμια και μεγιστα ἡμιν ἐπαγγελματα δεδωρηται, ἰνα
δια τουτων γενησθε θειας κοινωνοι φυσεως,

φυσιωσις [1]

2Co 12 20 μη πως ἐρις, ζηλος, θυμοι, ἐριθειαι, καταλαλιαι, ψιθυρισμοι,
φυσιωσεις, ἀκαταστασιαι·

φυτεια [1]

Mt 15 13 πασα φυτεια ἡν οὐκ ἐφυτευσεν ὁ πατηρ μου ὁ οὐρανιος
ἐκριζωθησεται.

φυτευω [11]

Mt 15 13 πασα φυτεια ἡν οὐκ ἐφυτευσεν ὁ πατηρ μου ὁ οὐρανιος
ἐκριζωθησεται.
21 33 ἀνθρωπος ἡν οἰκοδεσποτης ὁστις ἐφυτευσεν ἀμπελωνα,
Mc 12 1 ἀμπελωνα ἀνθρωπος ἐφυτευσεν,
Lc 13 6 συκην εἰχεν τις πεφυτευμενην ἐν τω ἀμπελωνι αὐτου,
17 6 ἐκριζωθητι και φυτευθητι ἐν τη θαλασση·
28 ἠσθιον, ἐπινον, ἠγοραζον, ἐπωλουν, ἐφυτευον, ὠκοδομουν·
20 9 ἀνθρωπος [τις] ἐφυτευσεν ἀμπελωνα,
1Co 3 6 ἐγω ἐφυτευσα, ἀπολλως ἐποτισεν, ἀλλα ὁ θεος ηὐξανεν·
7 ὡστε οὐτε ὁ φυτευων ἐστιν τι οὐτε ὁ ποτιζων, ἀλλ᾽ ὁ αὐξανων
θεος.
8 ὁ φυτευων δε και ὁ ποτιζων ἐν εἱσιν, ἑκαστος δε τον ἰδιον
μισθον λημψεται κατα τον ἰδιον κοπον.
9 7 τις φυτευει ἀμπελωνα και τον καρπον αὐτου οὐκ ἐσθιει;

φυω [3]

Lc 8 6 και ἑτερον κατεπεσεν ἐπι την πετραν, και φυεν ἐξηρανθη δια
το μη ἐχειν ἰκμαδα.
8 και ἑτερον ἐπεσεν εἱς την γην την ἀγαθην και φυεν ἐποιησεν
καρπον ἑκατονταπλασιονα.
Heb 12 15 μη τις ῥιζα πικριας ἀνω φυουσα ἐνοχλη και δια ταυτης
μιανθωσιν οἱ πολλοι,

φωλεος [2]

Mt 8 20 αἱ ἀλωπεκες φωλεους ἐχουσιν και τα πετεινα του οὐρανου
κατασκηνωσεις,
Lc 9 58 αἱ ἀλωπεκες φωλεους ἐχουσιν και τα πετεινα του οὐρανου
κατασκηνωσεις, ὁ δε υἱος του ἀνθρωπου οὐκ ἐχει που την
κεφαλην κλινη.

φωνεω [43]

Mt 20 32 και στας ὁ ἰησους ἐφωνησεν αὐτους και εἰπεν·
26 34 ἀμην λεγω σοι ὁτι ἐν ταυτη τη νυκτι πριν ἀλεκτορα φωνησαι
τρις ἀπαρνηση με.
74 και εὐθεως ἀλεκτωρ ἐφωνησεν.
75 και ἐμνησθη ὁ πετρος του ῥηματος ἰησου εἰρηκοτος ὁτι πριν
ἀλεκτορα φωνησαι τρις ἀπαρνηση με·
27 47 τινες δε των ἐκει ἑστηκοτων ἀκουσαντες ἐλεγον ὁτι ἡλιαν
φωνει οὑτος.
Mc 1 26 και σπαραξαν αὐτον το πνευμα το ἀκαθαρτον και φωνησαν
φωνη μεγαλη ἐξηλθεν ἐξ αὐτου.
9 35 και καθισας ἐφωνησεν τους δωδεκα και λεγει αὐτοις·
10 49 και στας ὁ ἰησους εἰπεν· φωνησατε αὐτον.
49 και φωνουσιν τον τυφλον λεγοντες αὐτω·
49 και φωνουσιν τον τυφλον λεγοντες αὐτω· θαρσει, ἐγειρε,
φωνει σε.
14 30 ἀμην λεγω σοι ὁτι συ σημερον ταυτη τη νυκτι πριν ἡ δις
ἀλεκτορα φωνησαι τρις με ἀπαρνηση.
68 και ἐξηλθεν ἐξω εἱς το προαυλιον [και ἀλεκτωρ ἐφωνησεν].
72 και εὐθυς ἐκ δευτερου ἀλεκτωρ ἐφωνησεν.
72 και ἀνεμνησθη ὁ πετρος το ῥημα ὡς εἰπεν αὐτω ὁ ἰησους ὁτι
πριν ἀλεκτορα φωνησαι δις τρις με ἀπαρνηση·
15 35 και τινες των παρεστηκοτων ἀκουσαντες ἐλεγον· ἰδε ἡλιαν
φωνει.
Lc 8 8 ταυτα λεγων ἐφωνει· ὁ ἐχων ὠτα ἀκουειν ἀκουετω.
54 αὐτος δε κρατησας της χειρος αὐτης ἐφωνησεν λεγων· ἡ παις,
ἐγειρε.
14 12 μη φωνει τους φιλους σου
16 2 και φωνησας αὐτον εἰπεν αὐτω·
24 και αὐτος φωνησας εἰπεν· πατερ ἀβρααμ, ἐλεησον με και
πεμψον λαζαρον
19 15 και εἰπεν φωνηθηναι αὐτω τους δουλους τουτους
22 34 λεγω σοι, πετρε, οὐ φωνησει σημερον ἀλεκτωρ ἑως τρις με
ἀπαρνηση εἰδεναι.
60 και παραχρημα ἐτι λαλουντος αὐτου ἐφωνησεν ἀλεκτωρ.
61 και ὑπεμνησθη ὁ πετρος του ῥηματος του κυριου, ὡς εἰπεν
αὐτω ὁτι πριν ἀλεκτορα φωνησαι σημερον ἀπαρνηση με τρις.
23 46 και φωνησας φωνη μεγαλη ὁ ἰησους εἰπεν·
Jh 1 48 προ του σε φιλιππον φωνησαι ὀντα ὑπο την συκην εἰδον σε.
2 9 φωνει τον νυμφιον ὁ ἀρχιτρικλινος και λεγει αὐτω·
4 16 ὑπαγε φωνησον τον ἀνδρα σου και ἐλθε ἐνθαδε.
9 18 οὐκ ἐπιστευσαν οὑν οἱ ἰουδαιοι περι αὐτου ὁτι ἡν τυφλος και
ἀνεβλεψεν, ἑως ὁτου ἐφωνησαν τους γονεις αὐτου του
ἀναβλεψαντος
24 ἐφωνησαν οὑν τον ἀνθρωπον ἐκ δευτερου ὁς ἡν τυφλος,
10 3 και τα προβατα της φωνης αὐτου ἀκουει, και τα ἰδια προβατα
φωνει κατ ὀνομα και ἐξαγει αὐτα.
11 28 και τουτο εἰπουσα ἀπηλθεν και ἐφωνησεν μαριαμ την
ἀδελφην αὐτης λαθρα εἰπουσα·
28 ὁ διδασκαλος παρεστιν και φωνει σε.
12 17 ἐμαρτυρει οὑν ὁ ὀχλος ὁ ὡν μετ αὐτου ὁτε τον λαζαρον
ἐφωνησεν ἐκ του μνημειου και ἠγειρεν αὐτον ἐκ νεκρων.
13 13 ὑμεις φωνειτε με· ὁ διδασκαλος και ὁ κυριος, και καλως
λεγετε· εἰμι γαρ.
38 οὐ μη ἀλεκτωρ φωνηση ἑως οὑ ἀρνηση με τρις.
18 27 παλιν οὑν ἠρνησατο πετρος, και εὐθεως ἀλεκτωρ ἐφωνησεν.
33 εἰσηλθεν οὑν παλιν εἱς το πραιτωριον ὁ πιλατος και
ἐφωνησεν τον ἰησουν και εἰπεν αὐτω·
Ac 9 41 φωνησας δε τους ἀγιους και τας χηρας παρεστησεν αὐτην
ζωσαν.
10 7 ὡς δε ἀπηλθεν ὁ ἀγγελος ὁ λαλων αὐτω, φωνησας δυο των
οἰκετων και στρατιωτην εὐσεβη των προσκαρτερουντων
αὐτω,

φωνεω [43]

Ac	10 18	και *φωνησαντες* επυνθανοντο εἰ σιμων ὁ ἐπικαλουμενος πετρος ἐνθαδε ξενιζεται.
	16 28	*ἐφωνησεν* δε μεγαλη φωνη [ὁ] παυλος λεγων·
Apc	14 18	και *ἐφωνησεν* φωνη μεγαλη τω ἐχοντι το δρεπανον το ὀξυ λεγων·

φωνη [139]

Mt	2 18	*φωνη* ἐν ραμα ἠκουσθη,
	3 3	*φωνη* βοωντος ἐν τη ἐρημω· ἐτοιμασατε την ὁδον κυριου,
	17	και ἰδου *φωνη* ἐκ των οὐρανων λεγουσα·
	12 19	οὐδε ἀκουσει τις ἐν ταις πλατειαις την *φωνην* αὐτου.
	17 5	και ἰδου *φωνη* ἐκ της νεφελης λεγουσα· οὑτος ἐστιν ὁ υἱος μου ὁ ἀγαπητος, ἐν ᾡ εὐδοκησα· ἀκουετε αὐτου.
	27 46	περι δε την ἐνατην ὡραν ἀνεβοησεν ὁ ἰησους *φωνη* μεγαλη λεγων· ἠλι ἠλι λεμα σαβαχθανι;
	50	ὁ δε ἰησους παλιν κραξας *φωνη* μεγαλη ἀφηκεν το πνευμα.
Mc	1 3	*φωνη* βοωντος ἐν τη ἐρημω· ἐτοιμασατε την ὁδον κυριου,
	11	και *φωνη* ἐγενετο ἐκ των οὐρανων· συ εἱ ὁ υἱος μου ὁ ἀγαπητος,
	26	και σπαραξαν αὐτο το πνευμα το ἀκαθαρτον και φωνησαν *φωνη* μεγαλη ἐξηλθεν ἐξ αὐτου.
	5 7	και κραξας *φωνη* μεγαλη λεγει· τι ἐμοι και σοι, ἰησου υἱε του θεου του ὑψιστου;
	9 7	και ἐγενετο *φωνη* ἐκ της νεφελης· οὑτος ἐστιν ὁ υἱος μου ὁ ἀγαπητος, ἀκουετε αὐτου.
	15 34	και τη ἐνατη ὡρα ἐβοησεν ὁ ἰησους *φωνη* μεγαλη· ἐλωι ἐλωι λαμα σαβαχθανι;
	37	ὁ δε ἰησους ἀφεις *φωνην* μεγαλην ἐξεπνευσεν.
Lc	1 44	ἰδου γαρ ὡς ἐγενετο ἡ *φωνη* του ἀσπασμου σου εἰς τα ὡτα μου, ἐσκιρτησεν ἐν ἀγαλλιασει το βρεφος ἐν τη κοιλια μου.
	3 4	*φωνη* βοωντος ἐν τη ἐρημω· ἐτοιμασατε την ὁδον κυριου,
	22	και *φωνην* ἐξ οὐρανου γενεσθαι· συ εἱ ὁ υἱος μου ὁ ἀγαπητος, ἐν σοι εὐδοκησα.
	4 33	και ἀνεκραξεν *φωνη* μεγαλη· ἑα, τι ἡμιν και σοι, ἰησου ναζαρηνε;
	8 28	ἰδων δε τον ἰησουν ἀνακραξας προσεπεσεν αὐτω και *φωνη* μεγαλη εἰπεν·
	9 35	και *φωνη* ἐγενετο ἐκ της νεφελης λεγουσα·
	36	και ἐν τω γενεσθαι την *φωνην* εὑρεθη ἰησους μονος.
	11 27	ἐγενετο δε ἐν τω λεγειν αὐτον ταυτα ἐπαρασα τις *φωνην* γυνη ἐκ του ὀχλου εἰπεν αὐτω·
	17 13	και αὐτοι ἠραν *φωνην* λεγοντες·
	15	εἱς δε ἐξ αὐτων, ἰδων ὀτι ἰαθη, ὑπεστρεψεν μετα *φωνης* μεγαλης δοξαζων τον θεον,
	19 37	ἐγγιζοντος δε αὐτου ἠδη προς τη καταβασει του ὀρους των ἐλαιων ἠρξαντο ἀπαν το πληθος των μαθητων χαιροντες αἰνειν τον θεον *φωνη* μεγαλη περι πασων ὡν εἰδον δυναμεων,
	23 23	οἱ δε ἐπεκειντο *φωναις* μεγαλαις αἰτουμενοι αὐτον σταυρωθηναι,
	23	οἱ δε ἐπεκειντο *φωναις* μεγαλαις αἰτουμενοι αὐτον σταυρωθηναι, και κατισχυον αἱ *φωναι* αὐτων.
	46	και φωνησας *φωνη* μεγαλη ὁ ἰησους εἰπεν·
Jh	1 23	ἐγω *φωνη* βοωντος ἐν τη ἐρημω· εὐθυνατε την ὁδον κυριου,
	3 8	το πνευμα ὀπου θελει πνει, και την *φωνην* αὐτου ἀκουεις,
	29	ὁ ἐστηκως και ἀκουων αὐτου, χαρα χαιρει δια την *φωνην* του νυμφιου.
	5 25	ἀμην ἀμην λεγω ὑμιν ὀτι ἐρχεται ὡρα και νυν ἐστιν ὀτε οἱ νεκροι ἀκουσουσιν της *φωνης* του υἱου του θεου και οἱ ἀκουσαντες ζησουσιν.
	28	μη θαυμαζετε τουτο, ὀτι ἐρχεται ὡρα ἐν ᾑ παντες οἱ ἐν τοις μνημειοις ἀκουσουσιν της *φωνης* αὐτου και ἐκπορευσονται οἱ τα ἀγαθα ποιησαντες εἰς ἀναστασιν ζωης,
	37	οὐτε *φωνην* αὐτου πωποτε ἀκηκοατε οὐτε εἰδος αὐτου ἑωρακατε,
	10 3	τουτω ὁ θυρωρος ἀνοιγει, και τα προβατα της *φωνης* αὐτου ἀκουει,
	4	και τα προβατα αὐτω ἀκολουθει, ὀτι οἰδασιν την *φωνην* αὐτου·
	5	ἀλλοτριω δε οὐ μη ἀκολουθησουσιν, ἀλλα φευξονται ἀπ αὐτου, ὀτι οὐκ οἰδασιν των ἀλλοτριων την *φωνην*.
	16	κακεινα δει με ἀγαγειν, και της *φωνης* μου ἀκουσουσιν,
	27	τα προβατα τα ἐμα της *φωνης* μου ἀκουουσιν, καγω γινωσκω αὐτα, και ἀκολουθουσιν μοι,
	11 43	και ταυτα εἰπων *φωνη* μεγαλη ἐκραυγασεν·
	12 28	ἠλθεν οὐν *φωνη* ἐκ του οὐρανου· και ἐδοξασα και παλιν δοξασω.
	30	οὐ δι ἐμε ἡ *φωνη* αὐτη γεγονεν ἀλλα δι ὑμας.
	18 37	πας ὁ ὢν ἐκ της ἀληθειας ἀκουει μου της *φωνης*.

φωνη [139]

Ac	2 6	γενομενης δε της *φωνης* ταυτης συνηλθεν το πληθος και συνεχυθη,
	14	σταθεις δε ὁ πετρος συν τοις ἐνδεκα ἐπηρεν την *φωνην* αὐτου και ἀπεφθεγξατο αὐτοις·
	4 24	οἱ δε ἀκουσαντες ὁμοθυμαδον ἠραν *φωνην* προς τον θεον και εἰπαν·
	7 31	προσερχομενου δε αὐτου κατανοησαι ἐγενετο *φωνη* κυριου· ἐγω ὁ θεος των πατερων σου, ὁ θεος ἀβρααμ και ἰσαακ και ἰακωβ.
	57	κραξαντες δε *φωνη* μεγαλη συνεσχον τα ὡτα αὐτων, και ὡρμησαν ὁμοθυμαδον ἐπ αὐτον,
	60	θεις δε τα γονατα ἐκραξεν *φωνη* μεγαλη· κυριε, μη στησης αὐτοις ταυτην την ἁμαρτιαν.
	8 7	πολλοι γαρ των ἐχοντων πνευματα ἀκαθαρτα βοωντα *φωνη* μεγαλη ἐξηρχοντο·
	9 4	και πεσων ἐπι την γην ἠκουσεν *φωνην* λεγουσαν αὐτω·
	7	οἱ δε ἀνδρες οἱ συνοδευοντες αὐτω εἰστηκεισαν ἐνεοι, ἀκουοντες μεν της *φωνης*, μηδενα δε θεωρουντες.
	10 13	και ἐγενετο *φωνη* προς αὐτον· ἀναστας, πετρε, θυσον και φαγε.
	15	και *φωνη* παλιν ἐκ δευτερου προς αὐτον· ἀ ὁ θεος ἐκαθαρισεν συ μη κοινου.
	11 7	ἠκουσα δε και *φωνης* λεγουσης μοι·
	9	ἀπεκριθη δε *φωνη* ἐκ δευτερου ἐκ του οὐρανου· ἀ ὁ θεος ἐκαθαρισεν συ μη κοινου.
	12 14	και ἐπιγνουσα την *φωνην* του πετρου ἀπο της χαρας οὐκ ἠνοιξεν τον πυλωνα,
	22	θεου *φωνη* και οὐκ ἀνθρωπου.
	13 27	οἱ γαρ κατοικουντες ἐν ἰερουσαλημ και οἱ ἀρχοντες αὐτων τουτον ἀγνοησαντες και τας *φωνας* των προφητων τας κατα παν σαββατον ἀναγινωσκομενας κριναντες ἐπληρωσαν,
	14 10	εἰπεν μεγαλη *φωνη*· ἀναστηθι ἐπι τους ποδας σου ὀρθος.
	11	οἱ τε ὀχλοι ἰδοντες ὁ ἐποιησεν παυλος ἐπηραν την *φωνην* αὐτων λυκαονιστι λεγοντες·
	16 28	ἐφωνησεν δε μεγαλη *φωνη* [ὁ] παυλος λεγων·
	19 34	ἐπιγνοντες δε ὀτι ἰουδαιος ἐστιν, *φωνη* ἐγενετο μια ἐκ παντων, ὡς ἐπι ὡρας δυο κραζοντων·
	22 7	ἐπεσα τε εἰς το ἐδαφος και ἠκουσα *φωνης* λεγουσης μοι·
	9	οἱ δε συν ἐμοι ὀντες το μεν φως ἐθεασαντο, την δε *φωνην* οὐκ ἠκουσαν του λαλουντος μοι.
	14	ὁ θεος των πατερων ἡμων προεχειρισατο σε γνωναι το θελημα αὐτου και ἰδειν τον δικαιον και ἀκουσαι *φωνην* ἐκ του στοματος αὐτου,
	22	ἠκουον δε αὐτου ἀχρι τουτου του λογου, και ἐπηραν την *φωνην* αὐτων λεγοντες·
	24 21	ἠ περι μιας ταυτης *φωνης* ἡς ἐκεκραξα ἐν αὐτοις ἐστως
	26 14	παντων τε καταπεσοντων ἡμων εἰς την γην ἠκουσα *φωνην* λεγουσαν προς με τη ἑβραιδι διαλεκτω·
	24	ταυτα δε αὐτου ἀπολογουμενου ὁ φηστος μεγαλη τη *φωνη* φησιν·
1Co	14 7	ὀμως τα ἀψυχα *φωνην* διδοντα, εἰτε αὐλος εἰτε κιθαρα,
	8	και γαρ ἐαν ἀδηλον σαλπιγξ *φωνην* δω, τις παρασκευασεται εἰς πολεμον;
	10	τοσαυτα εἰ τυχοι γενη *φωνων* εἰσιν ἐν κοσμω, και οὐδεν ἀφωνον·
	11	ἐαν οὐν μη εἰδω την δυναμιν της *φωνης*, ἐσομαι τω λαλουντι βαρβαρος και ὁ λαλων ἐν ἐμοι βαρβαρος.
Ga	4 20	ἠθελον δε παρειναι προς ὑμας ἀρτι και ἀλλαξαι την *φωνην* μου,
1Th	4 16	ὀτι αὐτος ὁ κυριος ἐν κελευσματι, ἐν *φωνη* ἀρχαγγελου και ἐν σαλπιγγι θεου, καταβησεται ἀπ οὐρανου,
Heb	3 7	σημερον ἐαν της *φωνης* αὐτου ἀκουσητε, μη σκληρυνητε τας καρδιας ὑμων ὡς ἐν τω παραπικρασμω κατα την ἡμεραν του πειρασμου ἐν τη ἐρημω,
	15	σημερον ἐαν της *φωνης* αὐτου ἀκουσητε, μη σκληρυνητε τας καρδιας ὑμων ὡς ἐν τω παραπικρασμω.
	4 7	σημερον ἐαν της *φωνης* αὐτου ἀκουσητε, μη σκληρυνητε τας καρδιας ὑμων.
	12 19	οὐ γαρ προσεληλυθατε ψηλαφωμενω και κεκαυμενω πυρι και γνοφω και ζοφω και θυελλη και σαλπιγγος ἠχω και *φωνη* ρηματων,
	26	οὑ ἡ *φωνη* την γην ἐσαλευσεν τοτε, νυν δε ἐπηγγελται λεγων·
2Pt	1 17	λαβων γαρ παρα θεου πατρος τιμην και δοξαν *φωνης* ἐνεχθεισης αὐτω τοιασδε ὑπο της μεγαλοπρεπους δοξης·
	18	και ταυτην την *φωνην* ἡμεις ἠκουσαμεν ἐξ οὐρανου ἐνεχθεισαν συν αὐτω ὀντες ἐν τω ἁγιω ὀρει.

φωνη [139]

2Pt	2 16	ὑποζυγιον ἀφωνον ἐν ἀνθρωπου *φωνη* φθεγξαμενον ἐκωλυσεν την του προφητου παραφρονιαν.
Apc	1 10	και ἡκουσα ὀπισω μου *φωνην* μεγαλην ὡς σαλπιγγος λεγουσης·
	12	και ἐπεστρεψα βλεπειν την *φωνην* ἡτις ἐλαλει μετ ἐμου·
	15	και ἡ *φωνη* αὐτου ὡς φωνη ὑδατων πολλων,
	15	και ἡ *φωνη* αὐτου ὡς φωνη ὑδατων πολλων,
	3 20	ἐαν τις ἀκουση της *φωνης* μου και ἀνοιξη την θυραν, [και] εἰσελευσομαι προς αὐτον
	4 1	και ἡ *φωνη* ἡ πρωτη ἡν ἡκουσα ὡς σαλπιγγος λαλουσης μετ ἐμου, λεγων·
	5	και ἐκ του θρονου ἐκπορευονται ἀστραπαι και *φωναι* και βρονται·
	5 2	και εἰδον ἀγγελον ἰσχυρον κηρυσσοντα ἐν *φωνη* μεγαλη· τίς ἀξιος ἀνοιξαι το βιβλιον και λυσαι τας σφραγιδας αὐτου;
	11	και εἰδον, και ἡκουσα *φωνην* ἀγγελων πολλων κυκλω του θρονου και των ζωων και των πρεσβυτερων,
	12	και ἡν ὁ ἀριθμος αὐτων μυριαδες μυριαδων και χιλιαδες χιλιαδων, λεγοντες *φωνη* μεγαλη· ἀξιον ἐστιν το ἀρνιον το ἐσφαγμενον λαβειν
	6 1	και ἡκουσα ἑνος ἐκ των τεσσαρων ζωων λεγοντος ὡς *φωνη* βροντης· ἐρχου.
	6	και ἡκουσα ὡς *φωνην* ἐν μεσω των τεσσαρων ζωων λεγουσαν·
	7	και ὁτε ἡνοιξεν την σφραγιδα την τεταρτην, ἡκουσα *φωνην* του τεταρτου ζωου λεγοντος·
	10	και ἐκραξαν *φωνη* μεγαλη λεγοντες·
	7 2	και ἐκραξεν *φωνη* μεγαλη τοις τεσσαρσιν ἀγγελοις οἱς ἐδοθη αὐτοις ἀδικησαι την γην και την θαλασσαν, λεγων·
	10	και κραζουσιν *φωνη* μεγαλη λεγοντες·
	8 5	και ἐγενοντο βρονται και *φωναι* και ἀστραπαι και σεισμος.
	13	και εἰδον, και ἡκουσα ἑνος ἀετου πετομενου ἐν μεσουρανηματι λεγοντος *φωνη* μεγαλη· οὐαι οὐαι οὐαι τους κατοικουντας ἐπι της γης
	13	οὐαι οὐαι οὐαι τους κατοικουντας ἐπι της γης ἐκ των λοιπων *φωνων* της σαλπιγγος των τριων ἀγγελων των μελλοντων σαλπιζειν.
	9 9	και ἡ *φωνη* των πτερυγων αὐτων ὡς φωνη ἁρματων ἱππων πολλων τρεχοντων εἰς πολεμον.
	9	και ἡ *φωνη* των πτερυγων αὐτων ὡς φωνη ἁρματων ἱππων πολλων τρεχοντων εἰς πολεμον.
	13	και ἡκουσα *φωνην* μιαν ἐκ των [τεσσαρων] κερατων του θυσιαστηριου του χρυσου του ἐνωπιον του θεου,
	10 3	και ἐκραξεν *φωνη* μεγαλη ὡσπερ λεων μυκαται.
	3	και ὁτε ἐκραξεν, ἐλαλησαν αἱ ἑπτα βρονται τας ἑαυτων *φωνας.*
	4	και ἡκουσα *φωνην* ἐκ του οὐρανου λεγουσαν·
	7	ἀλλ ἐν ταις ἡμεραις της *φωνης* του ἑβδομου ἀγγελου, ὁταν μελλη σαλπιζειν, και ἐτελεσθη το μυστηριον του θεου,
	8	και ἡ *φωνη* ἡν ἡκουσα ἐκ του οὐρανου, παλιν λαλουσαν μετ ἐμου και λεγουσαν·
	11 12	και ἡκουσαν *φωνης* μεγαλης ἐκ του οὐρανου λεγουσης αὐτοις·
	15	και ἐγενοντο *φωναι* μεγαλαι ἐν τω οὐρανω, λεγοντες·
	19	και ἐγενοντο ἀστραπαι και *φωναι* και βρονται και σεισμος και χαλαζα μεγαλη.
	12 10	και ἡκουσα *φωνην* μεγαλην ἐν τω οὐρανω λεγουσαν·
	14 2	και ἡκουσα *φωνην* ἐκ του οὐρανου ὡς φωνην ὑδατων πολλων και ὡς φωνην βροντης μεγαλης,
	2	και ἡκουσα *φωνην* ἐκ του οὐρανου ὡς φωνην ὑδατων πολλων και ὡς φωνην βροντης μεγαλης,
	2	και ἡκουσα *φωνην* ἐκ του οὐρανου ὡς φωνην ὑδατων πολλων και ὡς φωνην βροντης μεγαλης,
	2	και ἡ *φωνη* ἡν ἡκουσα ὡς κιθαρωδων κιθαριζοντων ἐν ταις κιθαραις αὐτων·
	7	λεγων ἐν *φωνη* μεγαλη· φοβηθητε τον θεον και δοτε αὐτω δοξαν,
	9	και ἀλλος ἀγγελος τριτος ἡκολουθησεν αὐτοις λεγων ἐν *φωνη* μεγαλη· εἰ τις προσκυνει το θηριον και την εἰκονα αὐτου, και λαμβανει χαραγμα ἐπι του μετωπου αὐτου ἠ ἐπι την χειρα αὐτου,
	13	και ἡκουσα *φωνης* ἐκ του οὐρανου λεγουσης·
	15	και ἀλλος ἀγγελος ἐξηλθεν ἐκ του ναου, κραζων ἐν *φωνη* μεγαλη τω καθημενω ἐπι της νεφελης· πεμψον το δρεπανον σου και θερισον,
	18	και ἐφωνησεν *φωνη* μεγαλη τω ἐχοντι το δρεπανον το ὀξυ λεγων·
	16 1	και ἡκουσα μεγαλης *φωνης* ἐκ του ναου λεγουσης τοις ἑπτα ἀγγελοις·

φωνη [139]

Apc	16 17	και ἐξηλθεν *φωνη* μεγαλη ἐκ του ναου ἀπο του θρονου λεγουσα·
	18	και ἐγενοντο ἀστραπαι και *φωναι* και βρονται,
	18 2	και ἐκραξεν ἐν ἰσχυρα *φωνη* λεγων·
	4	και ἡκουσα ἀλλην *φωνην* ἐκ του οὐρανου λεγουσαν·
	22	και *φωνη* κιθαρωδων και μουσικων και αὐλητων και σαλπιστων οὐ μη ἀκουσθη ἐν σοι ἐτι,
	22	και *φωνη* μυλου οὐ μη ἀκουσθη ἐν σοι ἐτι,
	23	και *φωνη* νυμφιου και νυμφης οὐ μη ἀκουσθη ἐν σοι ἐτι·
	19 1	μετα ταυτα ἡκουσα ὡς *φωνην* μεγαλην ὀχλου πολλου ἐν τω οὐρανω λεγοντων·
	5	και *φωνη* ἀπο του θρονου ἐξηλθεν λεγουσα·
	6	και ἡκουσα ὡς *φωνην* ὀχλου πολλου και ὡς φωνην ὑδατων πολλων και ὡς *φωνην* βροντων ἰσχυρων, λεγοντων·
	6	και ἡκουσα ὡς *φωνην* ὀχλου πολλου και ὡς φωνην ὑδατων πολλων και ὡς *φωνην* βροντων ἰσχυρων, λεγοντων·
	6	και ἡκουσα ὡς *φωνην* ὀχλου πολλου και ὡς φωνην ὑδατων πολλων και ὡς *φωνην* βροντων ἰσχυρων, λεγοντων·
	17	και ἐκραξεν [ἐν] *φωνη* μεγαλη λεγων πασιν τοις ὀρνεοις τοις πετομενοις ἐν μεσουρανηματι·
	21 3	και ἡκουσα *φωνης* μεγαλης ἐκ του θρονου λεγουσης·

φως [73]

Mt	4 16	ὁ λαος ὁ καθημενος ἐν σκοτει *φως* εἰδεν μεγα,
	16	και τοις καθημενοις ἐν χωρα και σκια θανατου, *φως* ἀνετειλεν αὐτοις.
	5 14	ὑμεις ἐστε το *φως* του κοσμου.
	16	οὑτω λαμψατω το *φως* ὑμων ἐμπροσθεν των ἀνθρωπων,
	6 23	εἰ οὐν το *φως* το ἐν σοι σκοτος ἐστιν, το σκοτος ποσον.
	10 27	ὁ λεγω ὑμιν ἐν τη σκοτια, εἰπατε ἐν τω *φωτι·*
	17 2	και ἐλαμψεν το προσωπον αὐτου ὡς ὁ ἡλιος, τα δε ἱματια αὐτου ἐγενετο λευκα ὡς το *φως.*
Mc	14 54	και ἡν συγκαθημενος μετα των ὑπηρετων και θερμαινυμενος προς το *φως.*
Lc	2 32	ὁ ἡτοιμασας κατα προσωπον παντων των λαων, *φως* εἰς ἀποκαλυψιν ἐθνων και δοξαν λαου σου ἰσραηλ.
	8 16	ἀλλ ἐπι λυχνιας τιθησιν, ἱνα οἱ εἰσπορευομενοι βλεπωσιν το *φως.*
	11 33	οὐδεις λυχνον ἀψας εἰς κρυπτην τιθησιν [οὐδε ὑπο τον μοδιον,] ἀλλ ἐπι την λυχνιαν, ἱνα οἱ εἰσπορευομενοι το *φως* βλεπωσιν.
	35	σκοπει οὐν μη το *φως* το ἐν σοι σκοτος ἐστιν.
	12 3	ἀνθ ὡν ὁσα ἐν τη σκοτια εἰπατε ἐν τω *φωτι* ἀκουσθησεται.
	16 8	ὁτι οἱ υἱοι του αἰωνος τουτου φρονιμωτεροι ὑπερ τους υἱους του *φωτος* εἰς την γενεαν την ἑαυτων εἰσιν.
	22 56	ἰδουσα δε αὐτον παιδισκη τις καθημενον προς το *φως* και ἀτενισασα αὐτω εἰπεν·
Jh	1 4	και ἡ ζωη ἡν το *φως* των ἀνθρωπων·
	5	και το *φως* ἐν τη σκοτια φαινει,
	7	οὑτος ἡλθεν εἰς μαρτυριαν, ἱνα μαρτυρηση περι του *φωτος,*
	8	οὐκ ἡν ἐκεινος το *φως,* ἀλλ ἱνα μαρτυρηση περι του *φωτος.*
	8	οὐκ ἡν ἐκεινος το *φως,* ἀλλ ἱνα μαρτυρηση περι του *φωτος.*
	9	ἡν το *φως* το ἀληθινον, ὁ φωτιζει παντα ἀνθρωπον,
	3 19	αὑτη δε ἐστιν ἡ κρισις, ὁτι το *φως* ἐληλυθεν εἰς τον κοσμον και ἡγαπησαν οἱ ἀνθρωποι μαλλον το σκοτος ἠ το *φως·*
	19	αὑτη δε ἐστιν ἡ κρισις, ὁτι το *φως* ἐληλυθεν εἰς τον κοσμον και ἡγαπησαν οἱ ἀνθρωποι μαλλον το σκοτος ἠ το *φως·*
	20	πας γαρ ὁ φαυλα πρασσων μισει το *φως* και οὐκ ἐρχεται προς το *φως,*
	20	πας γαρ ὁ φαυλα πρασσων μισει το *φως* και οὐκ ἐρχεται προς το *φως,*
	21	ὁ δε ποιων την ἀληθειαν ἐρχεται προς το *φως,*
	5 35	ὑμεις δε ἠθελησατε ἀγαλλιαθηναι προς ὡραν ἐν τω *φωτι* αὐτου.
	8 12	ἐγω εἰμι το *φως* του κοσμου·
	12	ὁ ἀκολουθων ἐμοι οὐ μη περιπατηση ἐν τη σκοτια, ἀλλ ἑξει το *φως* της ζωης.
	9 5	ὁταν ἐν τω κοσμω ὡ, *φως* εἰμι του κοσμου.
	11 9	ἐαν τις περιπατη ἐν τη ἡμερα, οὐ προσκοπτει, ὁτι το *φως* του κοσμου τουτου βλεπει·
	10	ἐαν δε τις περιπατη ἐν τη νυκτι, προσκοπτει, ὁτι το *φως* οὐκ ἐστιν ἐν αὐτω.
	12 35	ἐτι μικρον χρονον το *φως* ἐν ὑμιν ἐστιν.
	35	περιπατειτε ὡς το *φως* ἐχετε, ἱνα μη σκοτια ὑμας καταλαβη·
	36	ὡς το *φως* ἐχετε, πιστευετε εἰς το φως, ἱνα υἱοι φωτος γενησθε.
	36	ὡς το *φως* ἐχετε, πιστευετε εἰς το φως, ἱνα υἱοι φωτος γενησθε.

φως [73]

Jh	12 36	ὡς τὸ φως ἔχετε, πιστευετε εἰς τὸ φως, ἱνα υἱοι φωτος γενησθε.
	46	ἐγω φως εἰς τον κοσμον ἐληλυθα, ἱνα πας ὁ πιστευων εἰς ἐμε ἐν τη σκοτιᾳ μη μεινη.
Ac	9 3	ἐν δε τω πορευεσθαι ἐγενετο αὐτον ἐγγιζειν τη δαμασκω, ἐξαιφνης τε αὐτον περιηστραψεν φως ἐκ του οὐρανου,
	12 7	και ἰδου ἀγγελος κυριου ἐπεστη, και φως ἐλαμψεν ἐν τω οἰκηματι·
	13 47	τεθεικα σε εἰς φως ἐθνων του εἰναι σε εἰς σωτηριαν ἑως ἐσχατου της γης.
	16 29	αἰτησας δε φωτα εἰσεπηδησεν, και ἐντρομος γενομενος προσεπεσεν τω παυλω και [τω] σιλα,
	22 6	ἐγενετο δε μοι πορευομενω και ἐγγιζοντι τη δαμασκω περι μεσημβριαν ἐξαιφνης ἐκ του οὐρανου περιαστραψαι φως ἱκανον περι ἐμε,
	9	οἱ δε συν ἐμοι ὀντες το μεν φως ἐθεασαντο, την δε φωνην οὐκ ἡκουσαν του λαλουντος μοι.
	11	ὡς δε οὐκ ἐνεβλεπον ἀπο της δοξης του φωτος ἐκεινου, χειραγωγουμενος ὑπο των συνοντων μοι ἡλθον εἰς δαμασκον.
	26 13	ἡμερας μεσης κατα την ὁδον εἰδον, βασιλευ, οὐρανοθεν ὑπερ την λαμπροτητα του ἡλιου περιλαμψαν με φως και τους συν ἐμοι πορευομενους·
	18	ἀνοιξαι ὀφθαλμους αὐτων, του ἐπιστρεψαι ἀπο σκοτους εἰς φως και της ἐξουσιας του σατανα ἐπι τον θεον,
	23	εἰ παθητος ὁ χριστος, εἰ πρωτος ἐξ ἀναστασεως νεκρων φως μελλει καταγγελλειν τω τε λαω και τοις ἐθνεσιν.
Rm	2 19	πεποιθας τε σεαυτον ὁδηγον εἰναι τυφλων, φως των ἐν σκοτει, παιδευτην ἀφρονων, διδασκαλον νηπιων,
	13 12	ἀποθωμεθα οὐν τα ἐργα του σκοτους, ἐνδυσωμεθα [δε] τα ὁπλα του φωτος.
2Co	4 6	ὁτι ὁ θεος ὁ εἰπων· ἐκ σκοτους φως λαμψει, ὁς ἐλαμψεν ἐν ταις καρδιαις ἡμων προς φωτισμον της γνωσεως της δοξης του θεου ἐν προσωπω [ἰησου] χριστου.
	6 14	τις γαρ μετοχη δικαιοσυνη και ἀνομια, ἠ τις κοινωνια φωτι προς σκοτος;
	11 14	αὐτος γαρ ὁ σατανας μετασχηματιζεται εἰς ἀγγελον φωτος.
Eph	5 8	ἠτε γαρ ποτε σκοτος, νυν δε φως ἐν κυριω·
	8	ὡς τεκνα φωτος περιπατειτε,
	9	ὁ γαρ καρπος του φωτος ἐν παση ἀγαθωσυνη και δικαιοσυνη και ἀληθεια,
	13	τα δε παντα ἐλεγχομενα ὑπο του φωτος φανερουται·
	14	παν γαρ το φανερουμενον φως ἐστιν.
Col	1 12	μετα χαρας εὐχαριστουντες τω πατρι τω ἱκανωσαντι ὑμας εἰς την μεριδα του κληρου των ἁγιων ἐν τω φωτι·
1Th	5 5	παντες γαρ ὑμεις υἱοι φωτος ἐστε και υἱοι ἡμερας.
1Tm	6 16	ὁ μονος ἐχων ἀθανασιαν, φως οἰκων ἀπροσιτον,
Ja	1 17	πασα δοσις ἀγαθη και παν δωρημα τελειον ἀνωθεν ἐστιν καταβαινον ἀπο του πατρος των φωτων,
1Pt	2 9	ὁπως τας ἀρετας ἐξαγγειλητε του ἐκ σκοτους ὑμας καλεσαντος εἰς το θαυμαστον αὐτου φως·
1Jh	1 5	και ἐστιν αὑτη ἡ ἀγγελια ἡν ἀκηκοαμεν ἀπ αὐτου και ἀναγγελλομεν ὑμιν, ὁτι ὁ θεος φως ἐστιν
	7	ἐαν δε ἐν τω φωτι περιπατωμεν ὡς αὐτος ἐστιν ἐν τω φωτι, κοινωνιαν ἐχομεν μετ ἀλληλων
	7	ἐαν δε ἐν τω φωτι περιπατωμεν ὡς αὐτος ἐστιν ἐν τω φωτι, κοινωνιαν ἐχομεν μετ ἀλληλων
	2 8	ὁτι ἡ σκοτια παραγεται και το φως το ἀληθινον ἡδη φαινει.
	9	ὁ λεγων ἐν τω φωτι εἰναι και τον ἀδελφον αὐτου μισων ἐν τη σκοτιᾳ ἐστιν ἑως ἀρτι.
	10	ὁ ἀγαπων τον ἀδελφον αὐτου ἐν τω φωτι μενει,
Apc	18 23	και φως λυχνου οὐ μη φανη ἐν σοι ἐτι,
	21 24	και περιπατησουσιν τα ἐθνη δια του φωτος αὐτης,
	22 5	και οὐκ ἐχουσιν χρειαν φωτος λυχνου και φωτος ἡλιου,
	5	και οὐκ ἐχουσιν χρειαν φωτος λυχνου και φωτος ἡλιου,

φωστηρ [2]

Php	2 15	τεκνα θεου ἀμωμα μεσον γενεας σκολιας και διεστραμμενης, ἐν οἱς φαινεσθε ὡς φωστηρες ἐν κοσμω,
Apc	21 11	ὁ φωστηρ αὐτης ὁμοιος λιθω τιμιωτατω,

φωσφορος [1]

2Pt	1 19	ᾡ καλως ποιειτε προσεχοντες ὡς λυχνω φαινοντι ἐν αὐχμηρω τοπω, ἑως οὑ ἡμερα διαυγαση και φωσφορος ἀνατειλη ἐν ταις καρδιαις ὑμων·

φωτεινος [5]

Mt	6 22	ὁλον το σωμα σου φωτεινον ἐσται·
	17 5	ἐτι αὐτου λαλουντος, ἰδου νεφελη φωτεινη ἐπεσκιασεν αὐτους,
Lc	11 34	ὁταν ὁ ὀφθαλμος σου ἁπλους ἡ, και ὁλον το σωμα σου φωτεινον ἐστιν·
	36	εἰ οὐν το σωμα σου ὁλον φωτεινον, μη ἐχον μερος τι σκοτεινον, ἐσται φωτεινον ὁλον ὡς ὁταν ὁ λυχνος τη ἀστραπη φωτιζη σε.
	36	εἰ οὐν το σωμα σου ὁλον φωτεινον, μη ἐχον μερος τι σκοτεινον, ἐσται φωτεινον ὁλον ὡς ὁταν ὁ λυχνος τη ἀστραπη φωτιζη σε.

φωτιζω [11]

Lc	11 36	εἰ οὐν το σωμα σου ὁλον φωτεινον, μη ἐχον μερος τι σκοτεινον, ἐσται φωτεινον ὁλον ὡς ὁταν ὁ λυχνος τη ἀστραπη φωτιζη σε.
Jh	1 9	ἡν το φως το ἀληθινον, ὁ φωτιζει παντα ἀνθρωπον,
1Co	4 5	ἑως ἀν ἐλθη ὁ κυριος, ὁς και φωτισει τα κρυπτα του σκοτους και φανερωσει τας βουλας των καρδιων·
Eph	1 18	δωη ὑμιν πνευμα σοφιας και ἀποκαλυψεως ἐν ἐπιγνωσει αὐτου, πεφωτισμενους τους ὀφθαλμους της καρδιας [ὑμων],
	3 9	και φωτισαι [παντας] τις ἡ οἰκονομια του μυστηριου του ἀποκεκρυμμενου ἀπο των αἰωνων ἐν τω θεω τω τα παντα κτισαντι,
2Tm	1 10	του σωτηρος ἡμων χριστου ἰησου, καταργησαντος μεν τον θανατον φωτισαντος δε ζωην και ἀφθαρσιαν
Heb	6 4	ἀδυνατον γαρ τους ἁπαξ φωτισθεντας γευσαμενους τε της δωρεας της ἐπουρανιου
	10 32	ἀναμιμνησκεσθε δε τας προτερον ἡμερας, ἐν αἱς φωτισθεντες πολλην ἀθλησιν ὑπεμεινατε παθηματων,
Apc	18 1	και ἡ γη ἐφωτισθη ἐκ της δοξης αὐτου.
	21 23	ἡ γαρ δοξα του θεου ἐφωτισεν αὐτην,
	22 5	και οὐκ ἐχουσιν χρειαν φωτος λυχνου και φωτος ἡλιου, ὁτι κυριος ὁ θεος φωτισει ἐπ αὐτους,

φωτισμος [2]

2Co	4 4	ἐν οἱς ὁ θεος του αἰωνος τουτου ἐτυφλωσεν τα νοηματα των ἀπιστων εἰς το μη αὐγασαι τον φωτισμον του εὐαγγελιου της δοξης του χριστου,
	6	ὁτι ὁ θεος ὁ εἰπων· ἐκ σκοτους φως λαμψει, ὁς ἐλαμψεν ἐν ταις καρδιαις ἡμων προς φωτισμον της γνωσεως της δοξης του θεου ἐν προσωπω [ἰησου] χριστου.

X

χαιρω [74]

Mt	2 10	ἰδοντες δε τον ἀστερα ἐχαρησαν χαραν μεγαλην σφοδρα.
	5 12	χαιρετε και ἀγαλλιασθε, ὁτι ὁ μισθος ὑμων πολυς ἐν τοις οὐρανοις·
	18 13	και ἐαν γενηται εὑρειν αὐτο, ἀμην λεγω ὑμιν ὁτι χαιρει ἐπ αὐτω μαλλον ἠ ἐπι τοις ἐνενηκονταεννεα τοις μη πεπλανημενοις.
	26 49	χαιρε, ῥαββι, και κατεφιλησεν αὐτον.
	27 29	χαιρε, βασιλευ των ἰουδαιων,
	28 9	και ἰδου ἰησους ὑπηντησεν αὐταις λεγων· χαιρετε.
Mc	14 11	οἱ δε ἀκουσαντες ἐχαρησαν και ἐπηγγειλαντο αὐτω ἀργυριον δουναι.
	15 18	χαιρε, βασιλευ των ἰουδαιων·
Lc	1 14	και ἐσται χαρα σοι και ἀγαλλιασις, και πολλοι ἐπι τη γενεσει αὐτου χαρησονται.
	28	χαιρε, κεχαριτωμενη, ὁ κυριος μετα σου.
	6 23	χαρητε ἐν ἐκεινη τη ἡμερᾳ και σκιρτησατε·
	10 20	πλην ἐν τουτω μη χαιρετε ὁτι τα πνευματα ὑμιν ὑποτασσεται,
	20	χαιρετε δε ὁτι τα ὀνοματα ὑμων ἐγγεγραπται ἐν τοις οὐρανοις.
	13 17	και ταυτα λεγοντος αὐτου κατησχυνοντο παντες οἱ ἀντικειμενοι αὐτω· και πας ὁ ὀχλος ἐχαιρεν ἐπι πασιν τοις ἐνδοξοις τοις γινομενοις ὑπ αὐτου.
	15 5	και εὑρων ἐπιτιθησιν ἐπι τους ὠμους αὐτου χαιρων,

χαιρω [74]

Lc	15 32	εὐφρανθηναι δε και *χαρηναι* ἐδει, ὃτι ὁ ἀδελφος σου οὑτος νεκρος ἠν και ἐζησεν, και ἀπολωλως και εὑρεθη.
	19 6	και σπευσας κατεβη, και ὑπεδεξατο αὐτον *χαιρων*.
	37	ἐγγιζοντος δε αὐτου ἠδη προς τη καταβασει του ὀρους των ἐλαιων ἠρξαντο ἁπαν το πληθος των μαθητων *χαιροντες* αἰνειν τον θεον φωνη μεγαλη περι πασων ὡν εἰδον δυναμεων,
	22 5	και *ἐχαρησαν*, και συνεθεντο αὐτω ἀργυριον δουναι.
	23 8	ὁ δε ἡρωδης ἰδων τον ἰησουν *ἐχαρη* λιαν·
Jh	3 29	ὁ ἑστηκως και ἀκουων αὐτου, χαρα *χαιρει* δια την φωνην του νυμφιου.
	4 36	ἠδη ὁ θεριζων μισθον λαμβανει και συναγει καρπον εἰς ζωην αἰωνιον, ἱνα ὁ σπειρων ὁμου *χαιρη* και ὁ θεριζων.
	8 56	ἀβρααμ ὁ πατηρ ὑμων ἠγαλλιασατο ἱνα ἰδη την ἡμεραν την ἐμην, και εἰδεν και *ἐχαρη*.
	11 15	λαζαρος ἀπεθανεν, και *χαιρω* δι ὑμας,
	14 28	εἰ ἠγαπατε με, *ἐχαρητε* ἀν ὁτι πορευομαι προς τον πατερα, ὁτι ὁ πατηρ μειζων μου ἐστιν.
	16 20	ἀμην ἀμην λεγω ὑμιν ὁτι κλαυσετε και θρηνησετε ὑμεις, ὁ δε κοσμος *χαρησεται*·
	22	παλιν δε ὀψομαι ὑμας, και *χαρησεται* ὑμων ἡ καρδια,
	19 3	*χαιρε* ὁ βασιλευς των ἰουδαιων·
	20 20	*ἐχαρησαν* οὐν οἱ μαθηται ἰδοντες τον κυριον.
Ac	5 41	οἱ μεν οὐν ἐπορευοντο *χαιροντες* ἀπο προσωπου του συνεδριου, ὁτι κατηξιωθησαν ὑπερ του ὀνοματος ἀτιμασθηναι·
	8 39	και οὐκ εἰδεν αὐτον οὐκετι ὁ εὐνουχος, ἐπορευετο γαρ την ὁδον αὐτου *χαιρων*.
	11 23	ὁς παραγενομενος και ἰδων την χαριν [την] του θεου *ἐχαρη*,
	13 48	ἀκουοντα δε τα ἐθνη *ἐχαιρον* και ἐδοξαζον τον λογον του κυριου,
	15 23	οἱ ἀποστολοι και οἱ πρεσβυτεροι ἀδελφοι τοις κατα την ἀντιοχειαν και συριαν και κιλικιαν ἀδελφοις τοις ἐξ ἐθνων *χαιρειν*.
	31	ἀναγνοντες δε *ἐχαρησαν* ἐπι τη παρακλησει.
	23 26	κλαυδιος λυσιας τω κρατιστω ἡγεμονι φηλικι *χαιρειν*.
Rm	12 12	τω κυριω δουλευοντες, τη ἐλπιδι *χαιροντες*,
	15	*χαιρειν* μετα χαιροντων, κλαιειν μετα κλαιοντων.
	15	*χαιρειν* μετα χαιροντων, κλαιειν μετα κλαιοντων.
	16 19	ἐφ ὑμιν οὐν *χαιρω*, θελω δε ὑμας σοφους εἰναι εἰς το ἀγαθον, ἀκεραιους δε εἰς το κακον.
1Co	7 30	και οἱ κλαιοντες ὡς μη κλαιοντες, και οἱ *χαιροντες* ὡς μη χαιροντες,
	30	και οἱ κλαιοντες ὡς μη κλαιοντες, και οἱ *χαιροντες* ὡς μη χαιροντες,
	13 6	οὐ ζηλοι, [ἡ ἀγαπη] οὐ περπερευεται, οὐ φυσιουται, οὐκ ἀσχημονει, οὐ ζητει τα ἑαυτης, οὐ παροξυνεται, οὐ λογιζεται το κακον, οὐ *χαιρει* ἐπι τη ἀδικια, συγχαιρει δε τη ἀληθεια·
	16 17	*χαιρω* δε ἐπι τη παρουσια στεφανα και φορτουνατου και ἀχαικου,
2Co	2 3	και ἐγραψα τουτο αὐτο ἱνα μη ἐλθων λυπην σχω ἀφ ὡν ἐδει με *χαιρειν*,
	6 10	ὡς λυπουμενοι ἀει δε *χαιροντες*, ὡς πτωχοι πολλους δε πλουτιζοντες,
	7 7	ἀναγγελλων ἡμιν την ὑμων ἐπιποθησιν, τον ὑμων ὀδυρμον, τον ὑμων ζηλον ὑπερ ἐμου, ὡστε με μαλλον *χαρηναι*.
	9	νυν *χαιρω*, οὐχ ὁτι ἐλυπηθητε, ἀλλ ὁτι ἐλυπηθητε εἰς μετανοιαν·
	13	ἐπι δε τη παρακλησει ἡμων περισσοτερως μαλλον *ἐχαρημεν* ἐπι τη χαρα τιτου,
	16	*χαιρω* ὁτι ἐν παντι θαρρω ἐν ὑμιν.
	13 9	*χαιρομεν* γαρ ὁταν ἡμεις ἀσθενωμεν, ὑμεις δε δυνατοι ἠτε· τουτο και εὐχομεθα, την ὑμων καταρτισιν.
	11	λοιπον, ἀδελφοι, *χαιρετε*, καταρτιζεσθε, παρακαλεισθε, το αὐτο φρονειτε, εἰρηνευετε,
Php	1 18	πλην ὁτι παντι τροπω, εἰτε προφασει εἰτε ἀληθεια, χριστος καταγγελλεται, και ἐν τουτω *χαιρω*·
	18	ἀλλ ἐν τουτω *χαιρω*· ἀλλα και *χαρησομαι*·
	2 17	ἀλλα εἰ και σπενδομαι ἐπι τη θυσια και λειτουργια της πιστεως ὑμων, *χαιρω* και συγχαιρω πασιν ὑμιν·
	18	το δε αὐτο και ὑμεις *χαιρετε* και συγχαιρετε μοι.
	28	σπουδαιοτερως οὐν ἐπεμψα αὐτον, ἱνα ἰδοντες αὐτον παλιν *χαρητε* καγω ἀλυποτερος ὡ.
	3 1	το λοιπον, ἀδελφοι μου, *χαιρετε* ἐν κυριω.
	4 4	*χαιρετε* ἐν κυριω παντοτε· παλιν ἐρω, *χαιρετε*.
	4	*χαιρετε* ἐν κυριω παντοτε· παλιν ἐρω, *χαιρετε*.
	10	*ἐχαρην* δε ἐν κυριω μεγαλως ὁτι ἠδη ποτε ἀνεθαλετε το ὑπερ ἐμου φρονειν·
Col	1 24	νυν *χαιρω* ἐν τοις παθημασιν ὑπερ ὑμων,

χαιρω [74]

Col	2 5	ἀλλα τω πνευματι συν ὑμιν εἰμι, *χαιρων* και βλεπων ὑμων την ταξιν και το στερεωμα της εἰς χριστον πιστεως ὑμων.
1Th	3 9	τινα γαρ εὐχαριστιαν δυναμεθα τω θεω ἀνταποδουναι περι ὑμων ἐπι παση τη χαρα ἡ *χαιρομεν* δι ὑμας ἐμπροσθεν του θεου ἡμων,
	5 16	παντοτε *χαιρετε*, ἀδιαλειπτως προσευχεσθε,
Ja	1 1	ἰακωβος θεου και κυριου ἰησου χριστου δουλος ταις δωδεκα φυλαις ταις ἐν τη διασπορα *χαιρειν*.
1Pt	4 13	ἀλλα καθο κοινωνειτε τοις του χριστου παθημασιν *χαιρετε*,
	13	ἀλλα καθο κοινωνειτε τοις του χριστου παθημασιν χαιρετε, ἱνα και ἐν τη ἀποκαλυψει της δοξης αὐτου *χαρητε* ἀγαλλιωμενοι.
2Jh	4	*ἐχαρην* λιαν ὁτι εὑρηκα ἐκ των τεκνων σου περιπατουντας ἐν ἀληθεια,
	10	μη λαμβανετε αὐτον εἰς οἰκιαν, και *χαιρειν* αὐτω μη λεγετε·
	11	ὁ λεγων γαρ αὐτω *χαιρειν* κοινωνει τοις ἐργοις αὐτου τοις πονηροις.
3Jh	3	*ἐχαρην* γαρ λιαν ἐρχομενων ἀδελφων και μαρτυρουντων σου τη ἀληθεια,
Apc	11 10	και οἱ κατοικουντες ἐπι της γης *χαιρουσιν* ἐπ αὐτοις και εὐφραινονται,
	19 7	*χαιρωμεν* και ἀγαλλιωμεν, και δωσωμεν την δοξαν αὐτω,

χαλαζα [4]

Apc	8 7	και ἐγενετο *χαλαζα* και πυρ μεμιγμενα ἐν αἱματι
	11 19	και ἐγενοντο ἀστραπαι και φωναι και βρονται και σεισμος και *χαλαζα* μεγαλη.
	16 21	και *χαλαζα* μεγαλη ὡς ταλαντιαια καταβαινει ἐκ του οὐρανου ἐπι τους ἀνθρωπους·
	21	και ἐβλασφημησαν οἱ ἀνθρωποι τον θεον ἐκ της πληγης της *χαλαζης*,

χαλαω [7]

Mc	2 4	και ἐξορυξαντες *χαλωσι* τον κραβαττον ὁπου ὁ παραλυτικος κατεκειτο.
Lc	5 4	ἐπαναγαγε εἰς το βαθος, και *χαλασατε* τα δικτυα ὑμων εἰς ἀγραν.
	5	ἐπιστατα, δι ὁλης νυκτος κοπιασαντες οὐδεν ἐλαβομεν· ἐπι δε τω ρηματι σου *χαλασω* τα δικτυα.
Ac	9 25	λαβοντες δε οἱ μαθηται αὐτου νυκτος δια του τειχους καθηκαν αὐτον *χαλασαντες* ἐν σπυριδι.
	27 17	φοβουμενοι τε μη εἰς την συρτιν ἐκπεσωσιν, *χαλασαντες* το σκευος, οὑτως ἐφεροντο.
	30	των δε ναυτων ζητουντων φυγειν ἐκ του πλοιου και *χαλασαντων* την σκαφην εἰς την θαλασσαν
2Co	11 33	και δια θυριδος ἐν σαργανη *ἐχαλασθην* δια του τειχους και ἐξεφυγον τας χειρας αὐτου.

χαλδαιος [1]

Ac	7 4	τοτε ἐξελθων ἐκ γης *χαλδαιων* κατωκησεν ἐν χαρραν.

χαλεπος [2]

Mt	8 28	και ἐλθοντος αὐτου εἰς το περαν εἰς την χωραν των γαδαρηνων ὑπηντησαν αὐτω δυο δαιμονιζομενοι ἐκ των μνημειων ἐξερχομενοι, *χαλεποι* λιαν,
2Tm	3 1	τουτο δε γινωσκε, ὁτι ἐν ἐσχαταις ἡμεραις ἐνστησονται καιροι *χαλεποι*·

χαλιναγωγεω [2]

Ja	1 26	εἰ τις δοκει θρησκος εἰναι, μη *χαλιναγωγων* γλωσσαν αὐτου ἀλλα ἀπατων καρδιαν αὐτου, τουτου ματαιος ἡ θρησκεια.
	3 2	οὑτος τελειος ἀνηρ, δυνατος *χαλιναγωγησαι* και ὁλον το σωμα.

χαλινος [2]

Ja	3 3	εἰ δε των ἱππων τους *χαλινους* εἰς τα στοματα βαλλομεν εἰς το πειθεσθαι αὐτους ἡμιν, και ὁλον το σωμα αὐτων μεταγομεν.
Apc	14 20	και ἐξηλθεν αἱμα ἐκ της ληνου ἀχρι των *χαλινων* των ἱππων

χαλκευς [1]

2Tm	4 14	ἀλεξανδρος ὁ *χαλκευς* πολλα μοι κακα ἐνεδειξατο·

χαλκηδων [1]

Apc 21 19 ὁ τριτος χαλκηδων, ὁ τεταρτος σμαραγδος,

χαλκιον [1]

Mc 7 4 και αλλα πολλα εστιν ἁ παρελαβον κρατειν, βαπτισμους ποτηριων και ξεστων και χαλκιων [και κλινων],

χαλκολιβανον [2]

Apc 1 15 και οἱ ποδες αυτου ὁμοιοι χαλκολιβανῳ ὡς ἐν καμινῳ πεπυρωμενης,

     2 18 ὁ ἐχων τους οφθαλμους αυτου ὡς φλογα πυρος, και οἱ ποδες αυτου ὁμοιοι χαλκολιβανῳ·

χαλκος [5]

Mt 10 9 μη κτησησθε χρυσον μηδε αργυρον μηδε χαλκον εις τας ζωνας ὑμων,

Mc 6 8 και παρηγγειλεν αυτοις ἱνα μηδεν αἱρωσιν εις ὁδον εἰ μη ῥαβδον μονον, μη αρτον, μη πηραν, μη εις την ζωνην χαλκον,

    12 41 και καθισας κατεναντι του γαζοφυλακιου ἐθεωρει πως ὁ οχλος βαλλει χαλκον εις το γαζοφυλακιον·

1Co 13 1 ἐαν ταις γλωσσαις των ανθρωπων λαλω και των αγγελων, αγαπην δε μη ἐχω, γεγονα χαλκος ἠχων ἠ κυμβαλον αλαλαζον.

Apc 18 12 και παν σκευος ἐκ ξυλου τιμιωτατου και χαλκου και σιδηρου και μαρμαρου,

χαλκους [1]

Apc 9 20 ἱνα μη προσκυνησουσιν τα δαιμονια και τα ειδωλα τα χρυσα και τα αργυρα και τα χαλκα και τα λιθινα και τα ξυλινα,

χαμαι [2]

Jh 9 6 ταυτα εἰπων ἐπτυσεν χαμαι και ἐποιησεν πηλον ἐκ του πτυσματος,

    18 6 ὡς οὐν εἰπεν αυτοις· ἐγω εἰμι, απηλθον εις τα ὀπισω και ἐπεσαν χαμαι.

χανααν [2]

Ac 7 11 ἠλθεν δε λιμος ἐφ ὁλην την αιγυπτον και χανααν και θλιψις μεγαλη,

    13 19 και καθελων ἐθνη ἑπτα ἐν γῃ χανααν κατεκληρονομησεν την γην αυτων ὡς ἐτεσιν τετρακοσιοισκαιπεντηκοντα.

χαναναιος [1]

Mt 15 22 και ιδου γυνη χαναναια απο των ὁριων ἐκεινων ἐξελθουσα ἐκραζεν λεγουσα·

χαρα [59]

Mt 2 10 ιδοντες δε τον αστερα ἐχαρησαν χαραν μεγαλην σφοδρα.

    13 20 ὁ δε ἐπι τα πετρωδη σπαρεις, οὑτος ἐστιν ὁ τον λογον ακουων και εὐθυς μετα χαρας λαμβανων αυτον·

     44 και απο της χαρας αυτου ὑπαγει και πωλει παντα ὁσα ἐχει και αγοραζει τον αγρον ἐκεινον.

    25 21 εἰσελθε εις την χαραν του κυριου σου.

     23 εἰσελθε εις την χαραν του κυριου σου.

    28 8 και απελθουσαι ταχυ απο του μνημειου μετα φοβου και χαρας μεγαλης ἐδραμον απαγγειλαι τοις μαθηταις αυτου.

Mc 4 16 και οὑτοι εἰσιν οἱ ἐπι τα πετρωδη σπειρομενοι, οἱ ὁταν ακουσωσιν τον λογον εὐθυς μετα χαρας λαμβανουσιν αυτον,

Lc 1 14 και ἐσται χαρα σοι και αγαλλιασις, και πολλοι ἐπι τη γενεσει αυτου χαρησονται.

    2 10 ιδου γαρ εὐαγγελιζομαι ὑμιν χαραν μεγαλην, ἡτις ἐσται παντι τω λαω,

    8 13 οἱ δε ἐπι της πετρας οἱ ὁταν ακουσωσιν μετα χαρας δεχονται τον λογον·

    10 17 ὑπεστρεψαν δε οἱ ἑβδομηκοντα[δυο] μετα χαρας λεγοντες·

    15 7 λεγω ὑμιν ὁτι οὑτως χαρα ἐν τω ουρανω ἐσται ἐπι ἑνι ἁμαρτωλω μετανοουντι ἠ ἐπι ἐνενηκονταεννεα δικαιοις οἱτινες οὐ χρειαν ἐχουσιν μετανοιας.

     10 οὑτως, λεγω ὑμιν, γινεται χαρα ἐνωπιον των αγγελων του θεου ἐπι ἑνι ἁμαρτωλω μετανοουντι.

    24 41 ἐτι δε απιστουντων αυτων απο της χαρας και θαυμαζοντων, εἰπεν αυτοις·

χαρα [59]

Lc 24 52 και αυτοι προσκυνησαντες αυτον ὑπεστρεψαν εις ιερουσαλημ μετα χαρας μεγαλης,

Jh 3 29 ὁ ἑστηκως και ακουων αυτου, χαρα χαιρει δια την φωνην του νυμφιου.

     29 αὑτη οὐν ἡ χαρα ἡ ἐμη πεπληρωται.

    15 11 ταυτα λελαληκα ὑμιν ἱνα ἡ χαρα ἡ ἐμη ἐν ὑμιν ᾐ και ἡ χαρα ὑμων πληρωθη.

     11 ταυτα λελαληκα ὑμιν ἱνα ἡ χαρα ἡ ἐμη ἐν ὑμιν ᾐ και ἡ χαρα ὑμων πληρωθη.

    16 20 ὑμεις λυπηθησεσθε, αλλ ἡ λυπη ὑμων εις χαραν γενησεται.

     21 ὁταν δε γεννηση το παιδιον, ουκετι μνημονευει της θλιψεως δια την χαραν ὁτι ἐγεννηθη ανθρωπος εις τον κοσμον.

     22 και χαρησεται ὑμων ἡ καρδια, και την χαραν ὑμων ουδεις αιρει αφ ὑμων.

     24 αιτειτε, και λημψεσθε, ἱνα ἡ χαρα ὑμων ᾐ πεπληρωμενη.

    17 13 και ταυτα λαλω ἐν τω κοσμω ἱνα ἐχωσιν την χαραν την ἐμην πεπληρωμενην ἐν ἑαυτοις.

Ac 8 8 ἐγενετο δε πολλη χαρα ἐν τη πολει ἐκεινη.

    12 14 και ἐπιγνουσα την φωνην του πετρου απο της χαρας ουκ ηνοιξεν τον πυλωνα,

    13 52 οἱ τε μαθηται ἐπληρουντο χαρας και πνευματος ἁγιου.

    15 3 και ἐποιουν χαραν μεγαλην πασιν τοις αδελφοις.

Rm 14 17 οὐ γαρ ἐστιν ἡ βασιλεια του θεου βρωσις και ποσις, αλλα δικαιοσυνη και εἰρηνη και χαρα ἐν πνευματι ἁγιω·

    15 13 ὁ δε θεος της ἐλπιδος πληρωσαι ὑμας πασης χαρας και εἰρηνης ἐν τω πιστευειν,

     32 και ἡ διακονια μου ἡ εις ιερουσαλημ εὐπροσδεκτος τοις ἁγιοις γενηται, ἱνα ἐν χαρα ἐλθων προς ὑμας δια θεληματος θεου συναναπαυσωμαι ὑμιν.

2Co 1 24 ουχ ὁτι κυριευομεν ὑμων της πιστεως, αλλα συνεργοι ἐσμεν της χαρας ὑμων·

    2 3 πεποιθως ἐπι παντας ὑμας ὁτι ἡ ἐμη χαρα παντων ὑμων ἐστιν.

    7 4 πεπληρωμαι τη παρακλησει, ὑπερπερισσευομαι τη χαρα ἐπι παση τη θλιψει ἡμων.

     13 ἐπι δε τη παρακλησει ἡμων περισσοτερως μαλλον ἐχαρημεν ἐπι τη χαρα τιτου,

    8 2 ὁτι ἐν πολλη δοκιμη θλιψεως ἡ περισσεια της χαρας αυτων και ἡ κατα βαθους πτωχεια αυτων ἐπερισσευσεν εις το πλουτος της ἁπλοτητος αυτων·

Ga 5 22 ὁ δε καρπος του πνευματος ἐστιν αγαπη, χαρα, εἰρηνη, μακροθυμια, χρηστοτης, αγαθωσυνη, πιστις, πραυτης, ἐγκρατεια·

Php 1 4 παντοτε ἐν παση δεησει μου ὑπερ παντων ὑμων μετα χαρας την δεησιν ποιουμενος,

     25 ὁτι μενω και παραμενω πασιν ὑμιν εις την ὑμων προκοπην και χαραν της πιστεως,

    2 2 εἰ τις σπλαγχνα και οικτιρμοι, πληρωσατε μου την χαραν ἱνα το αυτο φρονητε,

     29 προσδεχεσθε οὐν αυτον ἐν κυριω μετα πασης χαρας,

    4 1 ὡστε, αδελφοι μου αγαπητοι και ἐπιποθητοι, χαρα και στεφανος μου, οὑτως στηκετε ἐν κυριω, αγαπητοι.

Col 1 11 μετα χαρας εὐχαριστουντες τω πατρι τω ἱκανωσαντι ὑμας εις την μεριδα του κληρου των ἁγιων ἐν τω φωτι·

1Th 1 6 και ὑμεις μιμηται ἡμων ἐγενηθητε και του κυριου, δεξαμενοι τον λογον ἐν θλιψει πολλη μετα χαρας πνευματος ἁγιου,

    2 19 τις γαρ ἡμων ἐλπις ἠ χαρα ἠ στεφανος καυχησεως

     20 ὑμεις γαρ ἐστε ἡ δοξα ἡμων και ἡ χαρα.

    3 9 τινα γαρ εὐχαριστιαν δυναμεθα τω θεω ανταποδουναι περι ὑμων ἐπι παση τη χαρα ᾐ χαιρομεν δι ὑμας ἐμπροσθεν του θεου ἡμων,

2Tm 1 4 ἐπιποθων σε ιδειν, μεμνημενος σου των δακρυων, ἱνα χαρας πληρωθω,

Phm 7 χαραν γαρ πολλην ἐσχον και παρακλησιν ἐπι τη αγαπη σου,

Heb 10 34 και την ἁρπαγην των ὑπαρχοντων ὑμων μετα χαρας προσεδεξασθε,

    12 2 αφορωντες εις τον της πιστεως αρχηγον και τελειωτην ιησουν, ὁς αντι της προκειμενης αυτω χαρας ὑπεμεινεν σταυρον αισχυνης καταφρονησας,

     11 πασα δε μεν παιδεια προς μεν το παρον οὐ δοκει χαρας εἰναι αλλα λυπης,

    13 17 ἱνα μετα χαρας τουτο ποιωσιν και μη στεναζοντες·

Ja 1 2 πασαν χαραν ἡγησασθε, αδελφοι μου, ὁταν πειρασμοις περιπεσητε ποικιλοις,

    4 9 ὁ γελως ὑμων εις πενθος μετατραπητω και ἡ χαρα εις κατηφειαν.

1Pt 1 8 εις ὁν αρτι μη ὁρωντες πιστευοντες δε αγαλλιασθε χαρα ανεκλαλητω και δεδοξασμενη,

1Jh 1 4 και ταυτα γραφομεν ἡμεις ἱνα ἡ χαρα ἡμων ᾐ πεπληρωμενη.

χαρα [59]

2Jh	12	ἀλλα ἐλπιζω γενεσθαι προς ὑμας και στομα προς στομα λαλησαι, ἱνα ἡ χαρα ἡμων πεπληρωμενη ἠ.
3Jh	4	μειζοτεραν τουτων οὐκ ἐχω χαραν, ἱνα ἀκουω τα ἐμα τεκνα ἐν τη ἀληθεια περιπατουντα.

χαραγμα [8]

Ac	17 29	γενος οὐν ὑπαρχοντες του θεου οὐκ ὀφειλομεν νομιζειν, χρυσω ἠ ἀργυρω ἠ λιθω, χαραγματι τεχνης και ἐνθυμησεως ἀνθρωπου, το θειον εἰναι ὁμοιον.
Apc	13 16	ἱνα δωσιν αὐτοις χαραγμα ἐπι της χειρος αὐτων της δεξιας ἠ ἐπι το μετωπον αὐτων,
	17	και ἱνα μη τις δυνηται ἀγορασαι ἠ πωλησαι εἰ μη ὁ ἐχων το χαραγμα το ὀνομα του θηριου ἠ τον ἀριθμον του ὀνοματος αὐτου.
	14 9	εἰ τις προσκυνει το θηριον και την εἰκονα αὐτου, και λαμβανει χαραγμα ἐπι του μετωπου αὐτου ἠ ἐπι την χειρα αὐτου, και αὐτος πιεται
	11	και εἰ τις λαμβανει το χαραγμα του ὀνοματος αὐτου.
	16 2	και ἐγενετο ἑλκος κακον και πονηρον ἐπι τους ἀνθρωπους τους ἐχοντας το χαραγμα του θηριου και τους προσκυνουντας τη εἰκονι αὐτου.
	19 20	ἐν οἱς ἐπλανησεν τους λαβοντας το χαραγμα του θηριου και τους προσκυνουντας τη εἰκονι αὐτου·
	20 4	και οἱτινες οὐ προσεκυνησαν το θηριον οὐδε την εἰκονα αὐτου και οὐκ ἐλαβον το χαραγμα ἐπι το μετωπον και ἐπι την χειρα αὐτων·

χαρακτηρ [1]

Heb	1 3	ὁς ὠν ἀπαυγασμα της δοξης και χαρακτηρ της ὑποστασεως αὐτου,

χαραξ [1]

Lc	19 43	ὁτι ἡξουσιν ἡμεραι ἐπι σε και παρεμβαλουσιν οἱ ἐχθροι σου χαρακα σοι και περικυκλωσουσιν σε και συνεξουσιν σε παντοθεν,

χαριζομαι [23]

Lc	7 21	και τυφλοις πολλοις ἐχαρισατο βλεπειν.
	42	μη ἐχοντων αὐτων ἀποδουναι ἀμφοτεροις ἐχαρισατο.
	43	ὑπολαμβανω ὁτι ὡ το πλειον ἐχαρισατο.
Ac	3 14	ὑμεις δε τον ἁγιον και δικαιον ἡρνησασθε, και ἡτησασθε ἀνδρα φονεα χαρισθηναι ὑμιν,
	25 11	εἰ δε οὐδεν ἐστιν ὡν οὑτοι κατηγορουσιν μου, οὐδεις με δυναται αὐτοις χαρισασθαι·
	16	προς οὑς ἀπεκριθην ὁτι οὐκ ἐστιν ἐθος ῥωμαιοις χαριζεσθαι τινα ἀνθρωπον πριν ἠ ὁ κατηγορουμενος κατα προσωπον ἐχοι τους κατηγορους τοπον τε ἀπολογιας λαβοι περι του ἐγκληματος.
	27 24	καισαρι σε δει παραστηναι, και ἰδου κεχαρισται σοι ὁ θεος παντας τους πλεοντας μετα σου.
Rm	8 32	ὁς γε του ἰδιου υἱου οὐκ ἐφεισατο, ἀλλα ὑπερ ἡμων παντων παρεδωκεν αὐτον, πως οὐχι και συν αὐτω τα παντα ἡμιν χαρισεται;
1Co	2 12	ἡμεις δε οὐ το πνευμα του κοσμου ἐλαβομεν ἀλλα το πνευμα το ἐκ του θεου, ἱνα εἰδωμεν τα ὑπο του θεου χαρισθεντα ἡμιν·
2Co	2 7	ὡστε τουναντιον μαλλον ὑμας χαρισασθαι και παρακαλεσαι, μη πως τη περισσοτερα λυπη καταποθη ὁ τοιουτος.
	10	ὡ δε τι χαριζεσθε, καγω·
	10	και γαρ ἐγω ὁ κεχαρισμαι, εἰ τι κεχαρισμαι, δι ὑμας ἐν προσωπω χριστου,
	10	και γαρ ἐγω ὁ κεχαρισμαι, εἰ τι κεχαρισμαι, δι ὑμας ἐν προσωπω χριστου,
	12 13	χαρισασθε μοι την ἀδικιαν ταυτην.
Ga	3 18	τω δε ἀβρααμ δι ἐπαγγελιας κεχαρισται ὁ θεος.
Eph	4 32	γινεσθε [δε] εἰς ἀλληλους χρηστοι, εὐσπλαγχνοι, χαριζομενοι ἑαυτοις καθως και ὁ θεος ἐν χριστω ἐχαρισατο ὑμιν.
	32	γινεσθε [δε] εἰς ἀλληλους χρηστοι, εὐσπλαγχνοι, χαριζομενοι ἑαυτοις καθως και ὁ θεος ἐν χριστω ἐχαρισατο ὑμιν.
Php	1 29	ὁτι ὑμιν ἐχαρισθη το ὑπερ χριστου, οὐ μονον το εἰς αὐτον πιστευειν ἀλλα και το ὑπερ αὐτου πασχειν,
	2 9	διο και ὁ θεος αὐτον ὑπερυψωσεν και ἐχαρισατο αὐτω το ὀνομα το ὑπερ παν ὀνομα,
Col	2 13	συνεζωοποιησεν ὑμας συν αὐτω, χαρισαμενος ἡμιν παντα τα παραπτωματα·

χαριζομαι [23]

Col	3 13	ἀνεχομενοι ἀλληλων και χαριζομενοι ἑαυτοις, ἐαν τις προς τινα ἐχη μομφην·
	13	καθως και ὁ κυριος ἐχαρισατο ὑμιν οὑτως και ὑμεις·
Phm	22	ἐλπιζω γαρ ὁτι δια των προσευχων ὑμων χαρισθησομαι ὑμιν.

χαριν [9]

Lc	7 47	οὐ χαριν λεγω σοι, ἀφεωνται αἱ ἁμαρτιαι αὐτης αἱ πολλαι, ὁτι ἡγαπησεν πολυ·
Ga	3 19	τι οὐν ὁ νομος; των παραβασεων χαριν προσετεθη,
Eph	3 1	τουτου χαριν ἐγω παυλος ὁ δεσμιος του χριστου [ἰησου] ὑπερ ὑμων των ἐθνων εἰ γε ἡκουσατε την οἰκονομιαν της χαριτος του θεου της δοθεισης μοι εἰς ὑμας,
	14	τουτου χαριν καμπτω τα γονατα μου προς τον πατερα,
1Tm	5 14	βουλομαι οὐν νεωτερας γαμειν, τεκνογονειν, οἰκοδεσποτειν, μηδεμιαν ἀφορμην διδοναι τω ἀντικειμενω λοιδοριας χαριν·
Tit	1 5	τουτου χαριν ἀπελιπον σε ἐν κρητη, ἱνα τα λειποντα ἐπιδιορθωση,
	11	οὑς δει ἐπιστομιζειν, οἱτινες ὁλους οἰκους ἀνατρεπουσιν διδασκοντες ἁ μη δει αἰσχρου κερδους χαριν.
1Jh	3 12	και χαριν τινος ἐσφαξεν αὐτον;
Ju	16	και το στομα αὐτων λαλει ὑπερογκα, θαυμαζοντες προσωπα ὠφελειας χαριν.

χαρις [156]

Lc	1 30	μη φοβου, μαριαμ· εὑρες γαρ χαριν παρα τω θεω.
	2 40	το δε παιδιον ηὐξανεν και ἐκραταιουτο πληρουμενον σοφια, και χαρις θεου ἠν ἐπ αὐτο.
	52	και ἰησους προεκοπτεν [ἐν τη] σοφια και ἡλικια και χαριτι παρα θεω και ἀνθρωποις.
	4 22	και παντες ἐμαρτυρουν αὐτω και ἐθαυμαζον ἐπι τοις λογοις της χαριτος τοις ἐκπορευομενοις ἐκ του στοματος αὐτου,
	6 32	και εἰ ἀγαπατε τους ἀγαπωντας ὑμας, ποια ὑμιν χαρις ἐστιν;
	33	και [γαρ] ἐαν ἀγαθοποιητε τους ἀγαθοποιουντας ὑμας, ποια ὑμιν χαρις ἐστιν;
	34	και ἐαν δανισητε παρ ὡν ἐλπιζετε λαβειν, ποια ὑμιν χαρις [ἐστιν];
	17 9	μη ἐχει χαριν τω δουλω ὁτι ἐποιησεν τα διαταχθεντα;
Jh	1 14	δοξαν ὡς μονογενους παρα πατρος, πληρης χαριτος και ἀληθειας.
	16	ὁτι ἐκ του πληρωματος αὐτου ἡμεις παντες ἐλαβομεν, και χαριν ἀντι χαριτος·
	16	ὁτι ἐκ του πληρωματος αὐτου ἡμεις παντες ἐλαβομεν, και χαριν ἀντι χαριτος·
	17	ἡ χαρις και ἡ ἀληθεια δια ἰησου χριστου ἐγενετο.
Ac	2 47	αἰνουντες τον θεον και ἐχοντες χαριν προς ὁλον τον λαον.
	4 33	χαρις τε μεγαλη ἠν ἐπι παντας αὐτους.
	6 8	στεφανος δε πληρης χαριτος και δυναμεως ἐποιει τερατα και σημεια μεγαλα ἐν τω λαω.
	7 10	και ἐδωκεν αὐτω χαριν και σοφιαν ἐναντιον φαραω βασιλεως αἰγυπτου,
	46	ὁς εὑρεν χαριν ἐνωπιον του θεου και ἡτησατο εὑρειν σκηνωμα τω οἰκω ἰακωβ.
	11 23	ὁς παραγενομενος και ἰδων την χαριν [την] του θεου ἐχαρη,
	13 43	οἱτινες προσλαλουντες αὐτοις ἐπειθον αὐτους προσμενειν τη χαριτι του θεου.
	14 3	ἱκανον μεν οὐν χρονον διετριψαν παρρησιαζομενοι ἐπι τω κυριω τω μαρτυρουντι ἐπι τω λογω της χαριτος αὐτου,
	26	κακειθεν ἀπεπλευσαν εἰς ἀντιοχειαν, ὁθεν ἠσαν παραδεδομενοι τη χαριτι του θεου εἰς το ἐργον ὁ ἐπληρωσαν.
	15 11	ἀλλα δια της χαριτος του κυριου ἰησου πιστευομεν σωθηναι καθ ὁν τροπον κακεινοι.
	40	παυλος δε ἐπιλεξαμενος σιλαν ἐξηλθεν, παραδοθεις τη χαριτι του κυριου ὑπο των ἀδελφων·
	18 27	ὁς παραγενομενος συνεβαλετο πολυ τοις πεπιστευκοσιν δια της χαριτος·
	20 24	ἀλλ οὐδενος λογου ποιουμαι την ψυχην τιμιαν ἐμαυτω ὡς τελειωσαι τον δρομον μου και την διακονιαν ἡν ἐλαβον παρα του κυριου ἰησου, διαμαρτυρασθαι το εὐαγγελιον της χαριτος του θεου.
	32	και τα νυν παρατιθεμαι ὑμας τω θεω και τω λογω της χαριτος αὐτου τω δυναμενω οἰκοδομησαι και δουναι την κληρονομιαν ἐν τοις ἡγιασμενοις πασιν.
	24 27	θελων τε χαριτα καταθεσθαι τοις ἰουδαιοις ὁ φηλιξ κατελιπε τον παυλον δεδεμενον.
	25 3	ἐμφανισαν τε αὐτω οἱ ἀρχιερεις και οἱ πρωτοι των ἰουδαιων κατα του παυλου, και παρεκαλουν αὐτον αἰτουμενοι χαριν κατ αὐτου,

χαρις [156]

Ac 25 9 ὁ φηστος δε θελων τοις ιουδαιοις χαριν καταθεσθαι, ἀποκριθεις τω παυλω ειπεν·

Rm 1 5 ἱησου χριστου του κυριου ἡμων, δι οὗ ἐλαβομεν χαριν και ἀποστολην εἰς ὑπακοην πιστεως ἐν πασιν τοις ἐθνεσιν ὑπερ του ὀνοματος αὐτου,

7 χαρις ὑμιν και εἰρηνη ἀπο θεου πατρος ἡμων και κυριου ἱησου χριστου.

3 24 παντες γαρ ἡμαρτον και ὑστερουνται της δοξης του θεου, δικαιουμενοι δωρεαν τη αὐτου χαριτι δια της ἀπολυτρωσεως της ἐν χριστω ἱησου·

4 4 τω δε ἐργαζομενω ὁ μισθος οὐ λογιζεται κατα χαριν ἀλλα κατα ὀφειλημα·

16 δια τουτο ἐκ πιστεως, ἱνα κατα χαριν, εἰς το εἰναι βεβαιαν την ἐπαγγελιαν παντι τω σπερματι,

5 2 δια του κυριου ἡμων ἱησου χριστου, δι οὗ και την προσαγωγην ἐσχηκαμεν [τη πιστει] εἰς την χαριν ταυτην ἐν ᾗ ἐστηκαμεν,

15 εἰ γαρ τω του ἑνος παραπτωματι οἱ πολλοι ἀπεθανον, πολλω μαλλον ἡ χαρις του θεου και ἡ δωρεα ἐν χαριτι τη του ἑνος ἀνθρωπου ἱησου χριστου εἰς τους πολλους ἐπερισσευσεν.

15 εἰ γαρ τω του ἑνος παραπτωματι οἱ πολλοι ἀπεθανον, πολλω μαλλον ἡ χαρις του θεου και ἡ δωρεα ἐν χαριτι τη του ἑνος ἀνθρωπου ἱησου χριστου εἰς τους πολλους ἐπερισσευσεν.

17 πολλω μαλλον οἱ την περισσειαν της χαριτος και της δωρεας της δικαιοσυνης λαμβανοντες ἐν ζωη βασιλευσουσιν δια του ἑνος ἱησου χριστου.

20 οὗ δε ἐπλεονασεν ἡ ἁμαρτια, ὑπερεπερισσευσεν ἡ χαρις,

21 ἱνα ὡσπερ ἐβασιλευσεν ἡ ἁμαρτια ἐν τω θανατω, οὑτως και ἡ χαρις βασιλευση δια δικαιοσυνης εἰς ζωην αἰωνιον δια ἱησου χριστου του κυριου ἡμων.

6 1 ἐπιμενωμεν τη ἁμαρτια, ἱνα ἡ χαρις πλεοναση;

14 οὐ γαρ ἐστε ὑπο νομον ἀλλα ὑπο χαριν.

15 ἁμαρτησωμεν, ὁτι οὐκ ἐσμεν ὑπο νομον ἀλλα ὑπο χαριν;

17 χαρις δε τω θεω ὁτι ἠτε δουλοι της ἁμαρτιας, ὑπηκουσατε δε ἐκ καρδιας εἰς ὁν παρεδοθητε τυπον διδαχης,

7 25 χαρις δε τω θεω δια ἱησου χριστου του κυριου ἡμων.

11 5 οὑτως οὐν και ἐν τω νυν καιρω λειμμα κατ ἐκλογην χαριτος γεγονεν·

6 εἰ δε χαριτι, οὐκετι ἐξ ἐργων, ἐπει ἡ χαρις οὐκετι γινεται χαρις.

6 εἰ δε χαριτι, οὐκετι ἐξ ἐργων, ἐπει ἡ χαρις οὐκετι γινεται χαρις.

6 εἰ δε χαριτι, οὐκετι ἐξ ἐργων, ἐπει ἡ χαρις οὐκετι γινεται χαρις.

12 3 λεγω γαρ δια της χαριτος της δοθεισης μοι παντι τω ὀντι ἐν ὑμιν, μη ὑπερφρονειν παρ ὁ δει φρονειν,

6 ἐχοντες δε χαρισματα κατα την χαριν την δοθεισαν ἡμιν διαφορα,

15 15 τολμηροτερον δε ἐγραψα ὑμιν ἀπο μερους, ὡς ἐπαναμιμνησκων ὑμας δια την χαριν την δοθεισαν μοι ὑπο του θεου

16 20 ἡ χαρις του κυριου ἡμων ἱησου μεθ ὑμων.

24 * ἡ χαρις του κυριου ἡμων ἱησου χριστου μετα παντων ὑμων· ἀμην.

1Co 1 3 χαρις ὑμιν και εἰρηνη ἀπο θεου πατρος ἡμων και κυριου ἱησου χριστου.

4 εὐχαριστω τω θεω μου παντοτε περι ὑμων ἐπι τη χαριτι του θεου τη δοθεισῃ ὑμιν ἐν χριστω ἱησου,

3 10 κατα την χαριν του θεου την δοθεισαν μοι ὡς σοφος ἀρχιτεκτων θεμελιον ἐθηκα, ἀλλος δε ἐποικοδομει.

10 30 εἰ ἐγω χαριτι μετεχω, τι βλασφημουμαι ὑπερ οὗ ἐγω εὐχαριστω;

15 10 χαριτι δε θεου εἰμι ὁ εἰμι,

10 και ἡ χαρις αὐτου ἡ εἰς ἐμε οὐ κενη ἐγενηθη,

10 ἀλλα περισσοτερον αὐτων παντων ἐκοπιασα, οὐκ ἐγω δε ἀλλα ἡ χαρις του θεου [ἡ] συν ἐμοι.

57 τω δε θεω χαρις τω διδοντι ἡμιν το νικος δια του κυριου ἡμων ἱησου χριστου.

16 3 ὁταν δε παραγενωμαι, οὑς ἐαν δοκιμασητε, δι ἐπιστολων τουτους πεμψω ἀπενεγκειν την χαριν ὑμων εἰς ἱερουσαλημ·

23 ἡ χαρις του κυριου ἱησου μεθ ὑμων.

2Co 1 2 χαρις ὑμιν και εἰρηνη ἀπο θεου πατρος ἡμων και κυριου ἱησου χριστου.

12 το μαρτυριον της συνειδησεως ἡμων, ὁτι ἐν ἁπλοτητι και εἰλικρινεια του θεου, [και] οὐκ ἐν σοφια σαρκικη ἀλλ ἐν χαριτι θεου, ἀνεστραφημεν ἐν τω κοσμω,

15 και ταυτη τη πεποιθησει ἐβουλομην προτερον προς ὑμας ἐλθειν ἱνα δευτεραν χαριν σχητε,

χαρις [156]

2Co 2 14 τω δε θεω χαρις τω παντοτε θριαμβευοντι ἡμας ἐν τω χριστω και την ὀσμην της γνωσεως αὐτου φανερουντι δι ἡμων ἐν παντι τοπω·

4 15 τα γαρ παντα δι ὑμας, ἱνα ἡ χαρις πλεονασασα δια των πλειονων την εὐχαριστιαν περισσευση εἰς την δοξαν του θεου.

6 1 συνεργουντες δε και παρακαλουμεν μη εἰς κενον την χαριν του θεου δεξασθαι ὑμας·

8 1 γνωριζομεν δε ὑμιν, ἀδελφοι, την χαριν του θεου την δεδομενην ἐν ταις ἐκκλησιαις της μακεδονιας,

4 αὐθαιρετοι μετα πολλης παρακλησεως δεομενοι ἡμων την χαριν και την κοινωνιαν της διακονιας της εἰς τους ἁγιους,

6 εἰς το παρακαλεσαι ἡμας τιτον, ἱνα καθως προενηρξατο οὑτως και ἐπιτελεσῃ εἰς ὑμας και την χαριν ταυτην·

7 ἀλλ ὡσπερ ἐν παντι περισσευετε, πιστει και λογω και γνωσει και παση σπουδη και τη ἐξ ἡμων ἐν ὑμιν ἀγαπη, ἱνα και ἐν ταυτη τη χαριτι περισσευητε.

9 γινωσκετε γαρ την χαριν του κυριου ἡμων ἱησου χριστου,

16 χαρις δε τω θεω τω δοντι την αὐτην σπουδην ὑπερ ὑμων ἐν τη καρδια τιτου,

19 οὐ μονον δε ἀλλα και χειροτονηθεις ὑπο των ἐκκλησιων συνεκδημος ἡμων συν τη χαριτι ταυτη τη διακονουμενη ὑφ ἡμων προς την [αὐτου] του κυριου δοξαν και προθυμιαν ἡμων,

9 8 δυνατει δε ὁ θεος πασαν χαριν περισσευσαι εἰς ὑμας,

14 και αὐτων δεησει ὑπερ ὑμων ἐπιποθουντων ὑμας δια την ὑπερβαλλουσαν χαριν του θεου ἐφ ὑμιν.

15 χαρις τω θεω ἐπι τη ἀνεκδιηγητω αὐτου δωρεα.

12 9 ἀρκει σοι ἡ χαρις μου· ἡ γαρ δυναμις ἐν ἀσθενεια τελειται.

13 13 ἡ χαρις του κυριου ἱησου χριστου και ἡ ἀγαπη του θεου και ἡ κοινωνια του ἁγιου πνευματος μετα παντων ὑμων.

Ga 1 3 χαρις ὑμιν και εἰρηνη

6 θαυμαζω ὁτι οὑτως ταχεως μετατιθεσθε ἀπο του καλεσαντος ὑμας ἐν χαριτι [χριστου] εἰς ἑτερον εὐαγγελιον,

15 ὁτε δε εὐδοκησεν [ὁ θεος] ὁ ἀφορισας με ἐκ κοιλιας μητρος μου και καλεσας δια της χαριτος αὐτου

2 9 και γνοντες την χαριν την δοθεισαν μοι, ἱακωβος και κηφας και ἱωαννης,

21 οὐκ ἀθετω την χαριν του θεου·

5 4 κατηργηθητε ἀπο χριστου οἱτινες ἐν νομω δικαιουσθε, της χαριτος ἐξεπεσατε.

6 18 ἡ χαρις του κυριου ἡμων ἱησου χριστου μετα του πνευματος ὑμων, ἀδελφοι· ἀμην.

Eph 1 2 χαρις ὑμιν και εἰρηνη ἀπο θεου πατρος ἡμων και κυριου ἱησου χριστου.

6 κατα την εὐδοκιαν του θεληματος αὐτου, εἰς ἐπαινον δοξης της χαριτος αὐτου,

7 την ἀφεσιν των παραπτωματων, κατα το πλουτος της χαριτος αὐτου,

2 5 και ὀντας ἡμας νεκρους τοις παραπτωμασιν συνεζωοποιησεν τω χριστω, χαριτι ἐστε σεσωσμενοι,

7 ἱνα ἐνδειξηται ἐν τοις αἰωσιν τοις ἐπερχομενοις το ὑπερβαλλον πλουτος της χαριτος αὐτου ἐν χρηστοτητι ἐφ ἡμας ἐν χριστω ἱησου.

8 τη γαρ χαριτι ἐστε σεσωσμενοι δια πιστεως·

3 2 τουτου χαριν ἐγω παυλος ὁ δεσμιος του χριστου [ἱησου] ὑπερ ὑμων των ἐθνων εἰ γε ἠκουσατε την οἰκονομιαν της χαριτος του θεου της δοθεισης μοι εἰς ὑμας,

7 δια του εὐαγγελιου, οὗ ἐγενηθην διακονος κατα την δωρεαν της χαριτος του θεου της δοθεισης μοι κατα την ἐνεργειαν της δυναμεως αὐτου.

8 ἐμοι τω ἐλαχιστοτερω παντων ἁγιων ἐδοθη ἡ χαρις αὑτη,

4 7 ἑνι δε ἑκαστω ἡμων ἐδοθη ἡ χαρις κατα το μετρον της δωρεας του χριστου.

29 ἀλλα εἰ τις ἀγαθος προς οἰκοδομην της χρειας, ἱνα δω χαριν τοις ἀκουουσιν.

6 24 ἡ χαρις μετα παντων των ἀγαπωντων τον κυριον ἡμων ἱησουν χριστον ἐν ἀφθαρσια.

Php 1 2 χαρις ὑμιν και εἰρηνη ἀπο θεου πατρος ἡμων και κυριου ἱησου χριστου.

7 ἐν τε τοις δεσμοις μου και ἐν τη ἀπολογια και βεβαιωσει του εὐαγγελιου συγκοινωνους μου της χαριτος παντας ὑμας ὀντας.

4 23 ἡ χαρις του κυριου ἱησου χριστου μετα του πνευματος ὑμων.

Col 1 2 χαρις ὑμιν και εἰρηνη ἀπο θεου πατρος ἡμων.

6 ἀφ ἡς ἡμερας ἠκουσατε και ἐπεγνωτε την χαριν του θεου ἐν ἀληθεια·

3 16 ψαλμοις ὑμνοις ὠδαις πνευματικαις ἐν [τη] χαριτι ἀδοντες ἐν ταις καρδιαις ὑμων τω θεω·

χαρις [156]

Col	4 6	ὁ λογος ὑμων παντοτε ἐν χαριτι,
	18	μνημονευετε μου των δεσμων. ἡ χαρις μεθ ὑμων.
1Th	1 1	χαρις ὑμιν και εἰρηνη.
	5 28	ἡ χαρις του κυριου ἡμων ἰησου χριστου μεθ ὑμων.
2Th	1 2	χαρις ὑμιν και εἰρηνη ἀπο θεου πατρος [ἡμων] και κυριου ἰησου χριστου.
	12	ὁπως ἐνδοξασθῃ το ὀνομα του κυριου ἡμων ἰησου ἐν ὑμιν, και ὑμεις ἐν αὐτῳ, κατα την χαριν του θεου ἡμων και κυριου ἰησου χριστου.
	2 16	ὁ ἀγαπησας ἡμας και δους παρακλησιν αἰωνιαν και ἐλπιδα ἀγαθην ἐν χαριτι,
	3 18	ἡ χαρις του κυριου ἡμων ἰησου χριστου μετα παντων ὑμων.
1Tm	1 2	χαρις, ἐλεος, εἰρηνη ἀπο θεου πατρος και χριστου ἰησου του κυριου ἡμων.
	12	χαριν ἐχω τῳ ἐνδυναμωσαντι με χριστῳ ἰησου τῳ κυριῳ ἡμων,
	14	ὑπερεπλεονασεν δε ἡ χαρις του κυριου ἡμων μετα πιστεως και ἀγαπης της ἐν χριστῳ ἰησου.
	6 21	ἡ χαρις μεθ ὑμων.
2Tm	1 2	χαρις, ἐλεος, εἰρηνη ἀπο θεου πατρος και χριστου ἰησου του κυριου ἡμων.
	3	χαριν ἐχω τῳ θεῳ, ᾧ λατρευω ἀπο προγονων ἐν καθαρα συνειδησει, ὡς ἀδιαλειπτον ἐχω την περι σου μνειαν ἐν ταις δεησεσιν μου νυκτος και ἡμερας,
	9	του σωσαντος ἡμας και καλεσαντος κλησει ἁγια, οὐ κατα τα ἐργα ἡμων ἀλλα κατα ἰδιαν προθεσιν και χαριν,
	2 1	συ οὐν, τεκνον μου, ἐνδυναμου ἐν τῃ χαριτι τῃ ἐν χριστῳ ἰησου,
	4 22	ὁ κυριος μετα του πνευματος σου. ἡ χαρις μεθ ὑμων.
Tit	1 4	χαρις και εἰρηνη ἀπο θεου πατρος και χριστου ἰησου του σωτηρος ἡμων.
	2 11	ἐπεφανη γαρ ἡ χαρις του θεου σωτηριος πασιν ἀνθρωποις,
	3 7	ἱνα δικαιωθεντες τῃ ἐκεινου χαριτι κληρονομοι γενηθωμεν κατ ἐλπιδα ζωης αἰωνιου.
	15	ἡ χαρις μετα παντων ὑμων.
Phm	3	χαρις ὑμιν και εἰρηνη ἀπο θεου πατρος ἡμων και κυριου ἰησου χριστου.
	25	ἡ χαρις του κυριου ἰησου χριστου μετα του πνευματος ὑμων.
Heb	2 9	ὁπως χαριτι θεου ὑπερ παντος γευσηται θανατου.
	4 16	προσερχωμεθα οὐν μετα παρρησιας τῳ θρονῳ της χαριτος,
	16	προσερχωμεθα οὐν μετα παρρησιας τῳ θρονῳ της χαριτος, ἱνα λαβωμεν ἐλεος και χαριν εὑρωμεν εἰς εὐκαιρον βοηθειαν.
	10 29	και το αἱμα της διαθηκης κοινον ἡγησαμενος, ἐν ᾧ ἡγιασθη, και το πνευμα της χαριτος ἐνυβρισας.
	12 15	ἐπισκοπουντες μη τις ὑστερων ἀπο της χαριτος του θεου,
	28	διο βασιλειαν ἀσαλευτον παραλαμβανοντες ἐχωμεν χαριν,
	13 9	καλον γαρ χαριτι βεβαιουσθαι την καρδιαν, οὐ βρωμασιν,
	25	ἡ χαρις μετα παντων ὑμων.
Ja	4 6	μειζονα δε διδωσιν χαριν·
	6	ὁ θεος ὑπερηφανοις ἀντιτασσεται, ταπεινοις δε διδωσιν χαριν.
1Pt	1 2	χαρις ὑμιν και εἰρηνη πληθυνθειη.
	10	περι ἡς σωτηριας ἐξεζητησαν και ἐξηραυνησαν προφηται οἱ περι της εἰς ὑμας χαριτος προφητευσαντες,
	13	τελειως ἐλπισατε ἐπι την φερομενην ὑμιν χαριν ἐν ἀποκαλυψει ἰησου χριστου.
	2 19	τουτο γαρ χαρις εἰ δια συνειδησιν θεου ὑποφερει τις λυπας πασχων ἀδικως.
	20	ἀλλ εἰ ἀγαθοποιουντες και πασχοντες ὑπομενειτε, τουτο χαρις παρα θεῳ.
	3 7	ἀπονεμοντες τιμην ὡς και συγκληρονομοις χαριτος ζωης,
	4 10	ἑκαστος καθως ἐλαβεν χαρισμα, εἰς ἑαυτους αὐτο διακονουντες ὡς καλοι οἰκονομοι ποικιλης χαριτος θεου·
	5 5	ὁτι [ὁ] θεος ὑπερηφανοις ἀντιτασσεται, ταπεινοις δε διδωσιν χαριν.
	10	ὁ δε θεος πασης χαριτος, ὁ καλεσας ὑμας εἰς την αἰωνιον αὐτου δοξαν ἐν χριστῳ [ἰησου], ὀλιγον παθοντας αὐτος καταρτισει.
	12	παρακαλων και ἐπιμαρτυρων ταυτην εἰναι ἀληθη χαριν του θεου, εἰς ἡν στητε.
2Pt	1 2	χαρις ὑμιν και εἰρηνη πληθυνθειη ἐν ἐπιγνωσει του θεου και ἰησου του κυριου ἡμων.
	3 18	αὐξανετε δε ἐν χαριτι και γνωσει του κυριου ἡμων και σωτηρος ἰησου χριστου.
2Jh	3	ἐσται μεθ ἡμων χαρις ἐλεος εἰρηνη παρα θεου πατρος
Ju	4	ἀσεβεις, την του θεου ἡμων χαριτα μετατιθεντες εἰς ἀσελγειαν και τον μονον δεσποτην και κυριον ἡμων ἰησουν χριστον ἀρνουμενοι.
Apc	1 4	χαρις ὑμιν και εἰρηνη ἀπο ὁ ὠν και ὁ ἠν και ὁ ἐρχομενος,

χαρις [156]

Apc	22 21	ἡ χαρις του κυριου ἰησου μετα παντων.

χαρισμα [17]

Rm	1 11	ἐπιποθω γαρ ἰδειν ὑμας, ἱνα τι μεταδω χαρισμα ὑμιν πνευματικον εἰς το στηριχθηναι ὑμας,
	5 15	ἀλλ οὐχ ὡς το παραπτωμα, οὑτως και το χαρισμα·
	16	το μεν γαρ κριμα ἐξ ἑνος εἰς κατακριμα, το δε χαρισμα ἐκ πολλων παραπτωματων εἰς δικαιωμα.
	6 23	τα γαρ ὀψωνια της ἁμαρτιας θανατος, το δε χαρισμα του θεου ζωη αἰωνιος ἐν χριστῳ ἰησου τῳ κυριῳ ἡμων.
	11 29	ἀμεταμελητα γαρ τα χαρισματα και ἡ κλησις του θεου.
	12 6	ἐχοντες δε χαρισματα κατα την χαριν την δοθεισαν ἡμιν διαφορα,
1Co	1 7	καθως το μαρτυριον του χριστου ἐβεβαιωθη ἐν ὑμιν, ὡστε ὑμας μη ὑστερεισθαι ἐν μηδενι χαρισματι,
	7 7	ἀλλα ἑκαστος ἰδιον ἐχει χαρισμα ἐκ θεου,
	12 4	διαιρεσεις δε χαρισματων εἰσιν, το δε αὐτο πνευμα·
	9	ἑτερῳ πιστις ἐν τῳ αὐτῳ πνευματι, ἀλλῳ δε χαρισματα ἰαματων ἐν τῳ ἑνι πνευματι,
	28	ἐπειτα δυναμεις, ἐπειτα χαρισματα ἰαματων, ἀντιλημψεις, κυβερνησεις, γενη γλωσσων.
	30	μη παντες χαρισματα ἐχουσιν ἰαματων;
	31	ζηλουτε δε τα χαρισματα τα μειζονα.
2Co	1 11	συνυπουργουντων και ὑμων ὑπερ ἡμων τῃ δεησει, ἱνα ἐκ πολλων προσωπων το εἰς ἡμας χαρισμα δια πολλων εὐχαριστηθῃ ὑπερ ἡμων.
1Tm	4 14	μη ἀμελει του ἐν σοι χαρισματος,
2Tm	1 6	δι ἡν αἰτιαν ἀναμιμνησκω σε ἀναζωπυρειν το χαρισμα του θεου,
1Pt	4 10	ἑκαστος καθως ἐλαβεν χαρισμα, εἰς ἑαυτους αὐτο διακονουντες ὡς καλοι οἰκονομοι ποικιλης χαριτος θεου·

χαριτοω [2]

Lc	1 28	χαιρε, κεχαριτωμενη, ὁ κυριος μετα σου.
Eph	1 6	εἰς ἐπαινον δοξης της χαριτος αὐτου, ἡς ἐχαριτωσεν ἡμας ἐν τῳ ἠγαπημενῳ,

χαρραν [2]

Ac	7 2	ὁ θεος της δοξης ὠφθη τῳ πατρι ἡμων ἀβρααμ ὀντι ἐν τῃ μεσοποταμια πριν ἡ κατοικησαι αὐτον ἐν χαρραν,
	4	τοτε ἐξελθων ἐκ γης χαλδαιων κατωκησεν ἐν χαρραν.

χαρτης [1]

2Jh	12	πολλα ἐχων ὑμιν γραφειν οὐκ ἐβουληθην δια χαρτου και μελανος,

χασμα [1]

Lc	16 26	και ἐν πασι τουτοις μεταξυ ἡμων και ὑμων χασμα μεγα ἐστηρικται,

χειλος [7]

Mt	15 8	ὁ λαος οὑτος τοις χειλεσιν με τιμα, ἡ δε καρδια αὐτων πορρω ἀπεχει ἀπ ἐμου·
Mc	7 6	ὡς γεγραπται [ὁτι] οὑτος ὁ λαος τοις χειλεσιν με τιμα, ἡ δε καρδια αὐτων πορρω ἀπεχει ἀπ ἐμου·
Rm	3 13	ἰος ἀσπιδων ὑπο τα χειλη αὐτων· ὡν το στομα ἀρας και πικριας γεμει·
1Co	14 21	ἐν τῳ νομῳ γεγραπται ὁτι ἐν ἑτερογλωσσοις και ἐν χειλεσιν ἑτερων λαλησω τῳ λαῳ τουτῳ, και οὐδ οὑτως εἰσακουσονται μου, λεγει κυριος.
Heb	11 12	καθως τα ἀστρα του οὐρανου τῳ πληθει και ὡς ἡ ἀμμος ἡ παρα το χειλος της θαλασσης ἡ ἀναριθμητος.
	13 15	δι αὐτου [οὐν] ἀναφερωμεν θυσιαν αἰνεσεως δια παντος τῳ θεῳ, τουτ ἐστιν καρπον χειλεων ὁμολογουντων τῳ ὀνοματι αὐτου.
1Pt	3 10	παυσατω την γλωσσαν ἀπο κακου και χειλη του μη λαλησαι δολον,

χειμαζομαι [1]

Ac	27 18	σφοδρως δε χειμαζομενων ἡμων τῃ ἑξης ἐκβολην ἐποιουντο,

χειμαρρος [1]

Jh	18 1	ταυτα ειπων ιησους εξηλθεν συν τοις μαθηταις αυτου περαν του χειμαρρου του κεδρων,

χειμων [6]

Mt	16 3	[οψιας γενομενης λεγετε· ευδια, πυρραζει γαρ ο ουρανος· και πρωι· σημερον χειμων, πυρραζει γαρ στυγναζων ο ουρανος].
	24 20	προσευχεσθε δε ινα μη γενηται η φυγη υμων χειμωνος μηδε σαββατω·
Mc	13 18	προσευχεσθε δε ινα μη γενηται χειμωνος·
Jh	10 22	εγενετο τοτε τα εγκαινια εν τοις ιεροσολυμοις· χειμων ην·
Ac	27 20	μητε δε ηλιου μητε αστρων επιφαινοντων επι πλειονας ημερας, χειμωνος τε ουκ ολιγου επικειμενου,
2Tm	4 21	σπουδασον προ χειμωνος ελθειν.

χειρ [178]

Mt	3 12	ου το πτυον εν τη χειρι αυτου,
	4 6	βαλε σεαυτον κατω· γεγραπται γαρ οτι τοις αγγελοις αυτου εντελειται περι σου και επι χειρων αρουσιν σε,
	5 30	και ει η δεξια σου χειρ σκανδαλιζει σε, εκκοψον αυτην και βαλε απο σου·
	8 3	και εκτεινας την χειρα ηψατο αυτου λεγων·
	15	και ηψατο της χειρος αυτης,
	9 18	αλλα ελθων επιθες την χειρα σου επ αυτην, και ζησεται.
	25	οτε δε εξεβληθη ο οχλος, εισελθων εκρατησεν της χειρος αυτης,
	12 10	και ιδου ανθρωπος χειρα εχων ξηραν·
	13	τοτε λεγει τω ανθρωπω· εκτεινον σου την χειρα.
	49	και εκτεινας την χειρα αυτου επι τους μαθητας αυτου ειπεν·
	14 31	ευθεως δε ο ιησους εκτεινας την χειρα επελαβετο αυτου,
	15 2	δια τι οι μαθηται σου παραβαινουσιν την παραδοσιν των πρεσβυτερων; ου γαρ νιπτονται τας χειρας [αυτων] οταν αρτον εσθιωσιν.
	20	το δε ανιπτοις χερσιν φαγειν ου κοινοι τον ανθρωπον.
	17 22	μελλει ο υιος του ανθρωπου παραδιδοσθαι εις χειρας ανθρωπων, και αποκτενουσιν αυτον, και τη τριτη ημερα εγερθησεται.
	18 8	ει δε η χειρ σου η ο πους σου σκανδαλιζει σε, εκκοψον αυτον και βαλε απο σου·
	8	καλον σοι εστιν εισελθειν εις την ζωην κυλλον η χωλον, η δυο χειρας η δυο ποδας εχοντα βληθηναι εις το πυρ το αιωνιον.
	19 13	τοτε προσηνεχθησαν αυτω παιδια, ινα τας χειρας επιθη αυτοις και προσευξηται·
	15	και επιθεις τας χειρας αυτοις επορευθη εκειθεν.
	22 13	δησαντες αυτου ποδας και χειρας εκβαλετε αυτον εις το σκοτος το εξωτερον·
	26 23	ο εμβαψας μετ εμου την χειρα εν τω τρυβλιω, ουτος με παραδωσει.
	45	ιδου ηγγικεν η ωρα και ο υιος του ανθρωπου παραδιδοται εις χειρας αμαρτωλων.
	50	τοτε προσελθοντες επεβαλον τας χειρας επι τον ιησουν και εκρατησαν αυτον.
	51	και ιδου εις των μετα ιησου εκτεινας την χειρα απεσπασεν την μαχαιραν αυτου,
	27 24	ιδων δε ο πιλατος οτι ουδεν ωφελει αλλα μαλλον θορυβος γινεται, λαβων υδωρ απενιψατο τας χειρας απεναντι του οχλου λεγων·
Mc	1 31	και προσελθων ηγειρεν αυτην κρατησας της χειρος·
	41	και σπλαγχνισθεις εκτεινας την χειρα αυτου ηψατο και λεγει αυτω·
	3 1	και ην εκει ανθρωπος εξηραμμενην εχων την χειρα·
	3	και λεγει τω ανθρωπω τω την ξηραν χειρα εχοντι· εγειρε εις το μεσον.
	5	λεγει τω ανθρωπω· εκτεινον την χειρα.
	5	και εξετεινεν, και απεκατεσταθη η χειρ αυτου.
	5 23	και παρακαλει αυτον πολλα λεγων οτι το θυγατριον μου εσχατως εχει, ινα ελθων επιθης τας χειρας αυτη,
	41	και κρατησας της χειρος του παιδιου λεγει αυτη· ταλιθα κουμ,
	6 2	ποθεν τουτω ταυτα, και τις η σοφια η δοθεισα τουτω, και αι δυναμεις τοιαυται δια των χειρων αυτου γινομεναι;
	5	και ουκ εδυνατο εκει ποιησαι ουδεμιαν δυναμιν, ει μη ολιγοις αρρωστοις επιθεις τας χειρας εθεραπευσεν.
	7 2	και ιδοντες τινας των μαθητων αυτου οτι κοιναις χερσιν, τουτ εστιν ανιπτοις, εσθιουσιν τους αρτους,
	3	οι γαρ φαρισαιοι και παντες οι ιουδαιοι εαν μη πυγμη νιψωνται τας χειρας ουκ εσθιουσιν,

χειρ [178]

Mc	7 5	δια τι ου περιπατουσιν οι μαθηται σου κατα την παραδοσιν των πρεσβυτερων, αλλα κοιναις χερσιν εσθιουσιν τον αρτον;
	32	και φερουσιν αυτω κωφον και μογιλαλον, και παρακαλουσιν αυτον ινα επιθη αυτω την χειρα.
	8 23	και επιλαβομενος της χειρος του τυφλου εξηνεγκεν αυτον εξω της κωμης,
	23	και πτυσας εις τα ομματα αυτου, επιθεις τας χειρας αυτω, επηρωτα αυτον· ει τι βλεπεις;
	25	ειτα παλιν επεθηκεν τας χειρας επι τους οφθαλμους αυτου,
	9 27	ο δε ιησους κρατησας της χειρος αυτου ηγειρεν αυτον, και ανεστη.
	31	και ελεγεν αυτοις οτι ο υιος του ανθρωπου παραδιδοται εις χειρας ανθρωπων, και αποκτενουσιν αυτον, και αποκτανθεις μετα τρεις ημερας αναστησεται.
	43	και εαν σκανδαλιζη σε η χειρ σου, αποκοψον αυτην·
	43	καλον εστιν σε κυλλον εισελθειν εις την ζωην, η τας δυο χειρας εχοντα απελθειν εις την γεενναν, εις το πυρ το ασβεστον.
	10 16	και εναγκαλισαμενος αυτα κατευλογει τιθεις τας χειρας επ αυτα.
	14 41	ηλθεν η ωρα, ιδου παραδιδοται ο υιος του ανθρωπου εις τας χειρας των αμαρτωλων.
	46	οι δε επεβαλον τας χειρας αυτω και εκρατησαν αυτον.
	16 18	[και εν ταις χερσιν] οφεις αρουσιν καν θανασιμον τι πιωσιν ου μη αυτους βλαψη,
	18	επι αρρωστους χειρας επιθησουσιν και καλως εξουσιν.
Lc	1 66	τι αρα το παιδιον τουτο εσται; και γαρ χειρ κυριου ην μετ αυτου.
	71	σωτηριαν εξ εχθρων ημων και εκ χειρος παντων των μισουντων ημας,
	74	ορκον ον ωμοσεν προς αβρααμ τον πατερα ημων, του δουναι ημιν αφοβως εκ χειρος εχθρων ρυσθεντας λατρευειν αυτω εν οσιοτητι και δικαιοσυνη ενωπιον αυτου πασαις ταις ημεραις ημων.
	3 17	ου το πτυον εν τη χειρι αυτου διακαθαραι την αλωνα αυτου και συναγαγειν τον σιτον εις την αποθηκην αυτου,
	4 11	γεγραπται γαρ οτι τοις αγγελοις αυτου εντελειται περι σου του διαφυλαξαι σε, και οτι επι χειρων αρουσιν σε, μηποτε προσκοψης προς λιθον τον ποδα σου.
	40	ο δε ενι εκαστω αυτων τας χειρας επιτιθεις εθεραπευεν αυτους.
	5 13	και εκτεινας την χειρα ηψατο αυτου λεγων·
	6 1	και ετιλλον οι μαθηται αυτου και ησθιον τους σταχυας ψωχοντες ταις χερσιν.
	6	και ην ανθρωπος εκει και η χειρ αυτου η δεξια ην ξηρα·
	8	ειπεν δε τω ανδρι τω ξηραν εχοντι την χειρα· εγειρε και στηθι εις το μεσον·
	10	και περιβλεψαμενος παντας αυτους ειπεν αυτω· εκτεινον την χειρα σου.
	10	ο δε εποιησεν, και απεκατεσταθη η χειρ αυτου.
	8 54	αυτος δε κρατησας της χειρος αυτης εφωνησεν λεγων·
	9 44	ο γαρ υιος του ανθρωπου μελλει παραδιδοσθαι εις χειρας ανθρωπων.
	62	ουδεις επιβαλων την χειρα επ αροτρον και βλεπων εις τα οπισω ευθετος εστιν τη βασιλεια του θεου.
	13 13	και επεθηκεν αυτη τας χειρας·
	15 22	και δοτε δακτυλιον εις την χειρα αυτου και υποδηματα εις τους ποδας,
	20 19	και εζητησαν οι γραμματεις και οι αρχιερεις επιβαλειν επ αυτον τας χειρας εν αυτη τη ωρα,
	21 12	προ δε τουτων παντων επιβαλουσιν εφ υμας τας χειρας αυτων και διωξουσιν,
	22 21	πλην ιδου η χειρ του παραδιδοντος με μετ εμου επι της τραπεζης,
	53	καθ ημεραν οντος μου μεθ υμων εν τω ιερω ουκ εξετεινατε τας χειρας επ εμε·
	23 46	πατερ, εις χειρας σου παρατιθεμαι το πνευμα μου.
	24 7	λεγων τον υιον του ανθρωπου οτι δει παραδοθηναι εις χειρας ανθρωπων αμαρτωλων και σταυρωθηναι και τη τριτη ημερα αναστηναι.
	39	ιδετε τας χειρας μου και τους ποδας μου, οτι εγω ειμι αυτος·
	40	και τουτο ειπων εδειξεν αυτοις τας χειρας και τους ποδας.
	50	και επαρας τας χειρας αυτου ευλογησεν αυτους.
Jh	3 35	ο πατηρ αγαπα τον υιον, και παντα δεδωκεν εν τη χειρι αυτου.
	7 30	εζητουν ουν αυτον πιασαι, και ουδεις επεβαλεν επ αυτον την χειρα,
	44	τινες δε ηθελον εξ αυτων πιασαι αυτον, αλλ ουδεις επεβαλεν επ αυτον τας χειρας.

χειρ [178]

Jh	10 28	και ου μη απολωνται εις τον αιωνα, και ουχ αρπασει τις αυτα εκ της χειρος μου.
	29	και ουδεις δυναται αρπαζειν εκ της χειρος του πατρος.
	39	και εξηλθεν εκ της χειρος αυτων.
	11 44	εξηλθεν ὁ τεθνηκως δεδεμενος τους ποδας και τας χειρας κειριαις,
	13 3	ειδως οτι παντα εδωκεν αυτω ὁ πατηρ εις τας χειρας, και οτι απο θεου εξηλθεν και προς τον θεον υπαγει, εγειρεται εκ του δειπνου και τιθησιν τα ιματια,
	9	κυριε, μη τους ποδας μου μονον αλλα και τας χειρας και την κεφαλην.
	20 20	και τουτο ειπων εδειξεν τας χειρας και την πλευραν αυτοις.
	25	εαν μη ιδω εν ταις χερσιν αυτου τον τυπον των ηλων και βαλω τον δακτυλον μου εις τον τυπον των ηλων και βαλω μου την χειρα εις την πλευραν αυτου, ου μη πιστευσω.
	25	εαν μη ιδω εν ταις χερσιν αυτου τον τυπον των ηλων και βαλω τον δακτυλον μου εις τον τυπον των ηλων και βαλω μου την χειρα εις την πλευραν αυτου, ου μη πιστευσω.
	27	φερε τον δακτυλον σου ωδε και ιδε τας χειρας μου,
	27	και φερε την χειρα σου και βαλε εις την πλευραν μου,
	21 18	οταν δε γηρασης, εκτενεις τας χειρας σου, και αλλος σε ζωσει και οισει οπου ου θελεις.
Ac	2 23	τουτον τη ωρισμενη βουλη και προγνωσει του θεου εκδοτον δια χειρος ανομων προσπηξαντες ανειλατε,
	3 7	και πιασας αυτον της δεξιας χειρος ηγειρεν αυτον·
	4 3	και επεβαλον αυτοις τας χειρας και εθεντο εις τηρησιν εις την αυριον·
	28	ηρωδης τε και ποντιος πιλατος συν εθνεσιν και λαοις ισραηλ, ποιησαι οσα ἡ χειρ σου και ἡ βουλη [σου] προωρισεν γενεσθαι.
	30	εν τω την χειρα [σου] εκτεινειν σε εις ιασιν και σημεια και τερατα γινεσθαι δια του ονοματος του αγιου παιδος σου ιησου.
	5 12	δια δε των χειρων των αποστολων εγινετο σημεια και τερατα πολλα εν τω λαω·
	18	επλησθησαν ζηλου και επεβαλον τας χειρας επι τους αποστολους και εθεντο αυτους εν τηρησει δημοσια.
	6 6	και προσευξαμενοι επεθηκαν αυτοις τας χειρας.
	7 25	ενομιζεν δε συνιεναι τους αδελφους [αυτου] οτι ὁ θεος δια χειρος αυτου διδωσιν σωτηριαν αυτοις·
	35	τουτον ὁ θεος [και] αρχοντα και λυτρωτην απεσταλκεν συν χειρι αγγελου του οφθεντος αυτω εν τη βατω.
	41	και ευφραινοντο εν τοις εργοις των χειρων αυτων.
	50	ουχι ἡ χειρ μου εποιησεν ταυτα παντα;
	8 17	τοτε επετιθεσαν τας χειρας επ αυτους, και ελαμβανον πνευμα αγιον.
	18	ιδων δε ὁ σιμων οτι δια της επιθεσεως των χειρων των αποστολων διδοται το πνευμα, προσηνεγκεν αυτοις χρηματα λεγων·
	19	δοτε καμοι την εξουσιαν ταυτην ινα ᾡ εαν επιθω τας χειρας λαμβανη πνευμα αγιον.
	9 12	ιδου γαρ προσευχεται, και ειδεν ανδρα [εν οραματι] ανανιαν ονοματι εισελθοντα και επιθεντα αυτω [τας] χειρας, οπως αναβλεψη.
	17	και επιθεις επ αυτον τας χειρας ειπεν·
	41	δους δε αυτη χειρα ανεστησεν αυτην·
	11 21	και ην χειρ κυριου μετ αυτων,
	30	ὁ και εποιησαν αποστειλαντες προς τους πρεσβυτερους δια χειρος βαρναβα και σαυλου.
	12 1	κατ εκεινον δε τον καιρον επεβαλεν ηρωδης ὁ βασιλευς τας χειρας κακωσαι τινας των απο της εκκλησιας.
	7	και εξεπεσαν αυτου αἱ αλυσεις εκ των χειρων.
	11	νυν οιδα αληθως οτι εξαπεστειλεν [ὁ] κυριος τον αγγελον αυτου και εξειλατο με εκ χειρος ηρωδου και πασης της προσδοκιας του λαου των ιουδαιων.
	17	κατασεισας δε αυτοις τη χειρι σιγαν διηγησατο [αυτοις] πως ὁ κυριος αυτον εξηγαγεν εκ της φυλακης,
	13 3	τοτε νηστευσαντες και προσευξαμενοι και επιθεντες τας χειρας αυτοις απελυσαν.
	11	και νυν ιδου χειρ κυριου επι σε,
	16	αναστας δε παυλος και κατασεισας τη χειρι ειπεν·
	14 3	ικανον μεν ουν χρονον διετριψαν παρρησιαζομενοι επι τω κυριω τω μαρτυρουντι επι τω λογω της χαριτος αυτου, διδοντι σημεια και τερατα γινεσθαι δια των χειρων αυτων.
	15 23	γραψαντες δια χειρος αυτων· οἱ αποστολοι και οἱ πρεσβυτεροι αδελφοι τοις κατα την αντιοχειαν και συριαν και κιλικιαν αδελφοις τοις εξ εθνων χαιρειν.
	17 25	ουδε υπο χειρων ανθρωπινων θεραπευεται προσδεομενος τινος, αυτος διδους πασι ζωην και πνοην και τα παντα·

χειρ [178]

Ac	19 6	και επιθεντος αυτοις του παυλου [τας] χειρας ηλθε το πνευμα το αγιον επ αυτους,
	11	δυναμεις τε ου τας τυχουσας ὁ θεος εποιει δια των χειρων παυλου,
	26	λεγων οτι ουκ εισιν θεοι οἱ δια χειρων γινομενοι.
	33	ὁ δε αλεξανδρος κατασεισας την χειρα ηθελεν απολογεισθαι τω δημω.
	20 34	αυτοι γινωσκετε οτι ταις χρειαις μου και τοις ουσιν μετ εμου υπηρετησαν αἱ χειρες αυται.
	21 11	και ελθων προς ημας και αρας την ζωνην του παυλου, δησας εαυτου τους ποδας και τας χειρας ειπεν·
	11	τον ανδρα ου εστιν ἡ ζωνη αυτη ουτως δησουσιν εν ιερουσαλημ οἱ ιουδαιοι και παραδωσουσιν εις χειρας εθνων.
	27	οἱ απο της ασιας ιουδαιοι θεασαμενοι αυτον εν τω ιερω συνεχεον παντα τον οχλον, και επεβαλον επ αυτον τας χειρας, κραζοντες·
	40	επιτρεψαντος δε αυτου ὁ παυλος εστως επι των αναβαθμων κατεσεισεν τη χειρι τω λαω·
	23 19	επιλαβομενος δε της χειρος αυτου ὁ χιλιαρχος και αναχωρησας κατ ιδιαν επυνθανετο·
	24 7 *	παρελθων δε λυσιας ὁ χιλιαρχος μετα πολλης βιας εκ των χειρων ημων απηγαγεν,
	26 1	τοτε ὁ παυλος εκτεινας την χειρα απελογειτο·
	28 3	συστρεψαντος δε του παυλου φρυγανων τι πληθος και επιθεντος επι την πυραν, εχιδνα απο της θερμης εξελθουσα καθηψεν της χειρος αυτου.
	4	ὡς δε ειδον οἱ βαρβαροι κρεμαμενον το θηριον εκ της χειρος αυτου, προς αλληλους ελεγον·
	8	προς ὃν ὁ παυλος εισελθων και προσευξαμενος, επιθεις τας χειρας αυτω ιασατο αυτον.
	17	δεσμιος εξ ιεροσολυμων παρεδοθην εις τας χειρας των ρωμαιων,
Rm	10 21	ολην την ημεραν εξεπετασα τας χειρας μου προς λαον απειθουντα και αντιλεγοντα.
1Co	4 12	και κολαφιζομεθα και αστατουμεν και κοπιωμεν εργαζομενοι ταις ιδιαις χερσιν·
	12 15	εαν ειπη ὁ πους· οτι ουκ ειμι χειρ, ουκ ειμι εκ του σωματος, ου παρα τουτο ουκ εστιν εκ του σωματος.
	21	ου δυναται δε ὁ οφθαλμος ειπειν τη χειρι· χρειαν σου ουκ εχω, ἡ παλιν ἡ κεφαλη τοις ποσιν· χρειαν υμων ουκ εχω·
	16 21	ὁ ασπασμος τη εμη χειρι παυλου.
2Co	11 33	και δια θυριδος εν σαργανη εχαλασθην δια του τειχους και εξεφυγον τας χειρας αυτου.
Ga	3 19	αχρις οὗ αν ελθη το σπερμα ᾡ επηγγελται, διαταγεις δι αγγελων, εν χειρι μεσιτου.
	6 11	ιδετε πηλικοις υμιν γραμμασιν εγραψα τη εμη χειρι.
Eph	4 28	ὁ κλεπτων μηκετι κλεπτετω, μαλλον δε κοπιατω εργαζομενος ταις [ιδιαις] χερσιν το αγαθον,
Col	4 18	ὁ ασπασμος τη εμη χειρι παυλου.
1Th	4 11	και φιλοτιμεισθαι ησυχαζειν και πρασσειν τα ιδια και εργαζεσθαι ταις [ιδιαις] χερσιν υμων,
2Th	3 17	ὁ ασπασμος τη εμη χειρι παυλου, ὁ εστιν σημειον εν παση επιστολη·
1Tm	2 8	βουλομαι ουν προσευχεσθαι τους ανδρας εν παντι τοπω επαιροντας οσιους χειρας χωρις οργης και διαλογισμου.
	4 14	μη αμελει του εν σοι χαρισματος, ὁ εδοθη σοι δια προφητειας μετα επιθεσεως των χειρων του πρεσβυτεριου.
	5 22	χειρας ταχεως μηδενι επιτιθει,
2Tm	1 6	δι ἡν αιτιαν αναμιμνησκω σε αναζωπυρειν το χαρισμα του θεου, ὁ εστιν εν σοι δια της επιθεσεως των χειρων μου.
Phm	19	εγω παυλος εγραψα τη εμη χειρι, εγω αποτισω·
Heb	1 10	και εργα των χειρων σου εισιν οἱ ουρανοι·
	6 2	μη παλιν θεμελιον καταβαλλομενοι μετανοιας απο νεκρων εργων, και πιστεως επι θεον, βαπτισμων διδαχης, επιθεσεως τε χειρων, αναστασεως τε νεκρων,
	8 9	ου κατα την διαθηκην ἡν εποιησα τοις πατρασιν αυτων εν ημερα επιλαβομενου μου της χειρος αυτων εξαγαγειν αυτους εκ γης αιγυπτου,
	10 31	φοβερον το εμπεσειν εις χειρας θεου ζωντος.
	12 12	διο τας παρειμενας χειρας και τα παραλελυμενα γονατα ανορθωσατε,
Ja	4 8	καθαρισατε χειρας, αμαρτωλοι, και αγνισατε καρδιας, διψυχοι.
1Pt	5 6	ταπεινωθητε ουν υπο την κραταιαν χειρα του θεου,
1Jh	1 1	ὁ εθεασαμεθα και αἱ χειρες ημων εψηλαφησαν, περι του λογου της ζωης,
Apc	1 16	και εχων εν τη δεξια χειρι αυτου αστερας επτα,
	6 5	και ειδον, και ιδου ιππος μελας, και ὁ καθημενος επ αυτον εχων ζυγον εν τη χειρι αυτου.

χειρ [178]

Apc 7 9 περιβεβλημενους στολας λευκας, και φοινικες εν ταις χερσιν αυτων·

8 4 και ανεβη ο καπνος των θυμιαματων ταις προσευχαις των αγιων εκ χειρος του αγγελου ενωπιον του θεου.

9 20 και οι λοιποι των ανθρωπων, οι ουκ απεκτανθησαν εν ταις πληγαις ταυταις, ουδε μετενοησαν εκ των εργων των χειρων αυτων,

10 2 και εχων εν τη χειρι αυτου βιβλαριδιον ηνεωγμενον.

5 και ο αγγελος, ον ειδον εστωτα επι της θαλασσης και επι της γης, ηρεν την χειρα αυτου την δεξιαν εις τον ουρανον,

8 υπαγε λαβε το βιβλιον το ηνεωγμενον εν τη χειρι του αγγελου του εστωτος επι της θαλασσης και επι της γης.

10 και ελαβον το βιβλαριδιον εκ της χειρος του αγγελου και κατεφαγον αυτο,

13 16 ινα δωσιν αυτοις χαραγμα επι της χειρος αυτων της δεξιας η επι το μετωπον αυτων,

14 9 ει τις προσκυνει το θηριον και την εικονα αυτου, και λαμβανει χαραγμα επι του μετωπου αυτου η επι την χειρα αυτου, και αυτος πιεται

14 και επι την νεφελην καθημενον ομοιον υιον ανθρωπου, εχων επι της κεφαλης αυτου στεφανον χρυσουν και εν τη χειρι αυτου δρεπανον οξυ.

17 4 εχουσα ποτηριον χρυσουν εν τη χειρι αυτης γεμον βδελυγματων και τα ακαθαρτα της πορνειας αυτης,

19 2 και εξεδικησεν το αιμα των δουλων αυτου εκ χειρος αυτης.

20 1 και ειδον αγγελον καταβαινοντα εκ του ουρανου, εχοντα την κλειν της αβυσσου και αλυσιν μεγαλην επι την χειρα αυτου.

4 και οιτινες ου προσεκυνησαν το θηριον ουδε την εικονα αυτου και ουκ ελαβον το χαραγμα επι το μετωπον και επι την χειρα αυτων·

χειραγωγεω [2]

Ac 9 8 χειραγωγουντες δε αυτον εισηγαγον εις δαμασκον.

22 11 ως δε ουκ ενεβλεπον απο της δοξης του φωτος εκεινου, χειραγωγουμενος υπο των συνοντων μοι ηλθον εις δαμασκον.

χειραγωγος [1]

Ac 13 11 παραχρημα τε επεσεν επ αυτον αχλυς και σκοτος, και περιαγων εζητει χειραγωγους.

χειρογραφον [1]

Col 2 14 εξαλειψας το καθ ημων χειρογραφον τοις δογμασιν ο ην υπεναντιον ημιν,

χειροποιητος [6]

Mc 14 58 και τινες ανασταντες εψευδομαρτυρουν κατ αυτου λεγοντες οτι ημεις ηκουσαμεν αυτου λεγοντος οτι εγω καταλυσω τον ναον τουτον τον χειροποιητον και δια τριων ημερων αλλον αχειροποιητον οικοδομησω.

Ac 7 48 αλλ ουχ ο υψιστος εν χειροποιητοις κατοικει·

17 24 ο θεος ο ποιησας τον κοσμον και παντα τα εν αυτω, ουτος ουρανου και γης υπαρχων κυριος ουκ εν χειροποιητοις ναοις κατοικει,

Eph 2 11 διο μνημονευετε οτι ποτε υμεις τα εθνη εν σαρκι, οι λεγομενοι ακροβυστια υπο της λεγομενης περιτομης εν σαρκι χειροποιητου,

Heb 9 11 δια της μειζονος και τελειοτερας σκηνης ου χειροποιητου,

24 ου γαρ εις χειροποιητα εισηλθεν αγια χριστος, αντιτυπα των αληθινων, αλλ εις αυτον τον ουρανον,

χειροτονεω [2]

Ac 14 23 χειροτονησαντες δε αυτοις κατ εκκλησιαν πρεσβυτερους, προσευξαμενοι μετα νηστειων παρεθεντο αυτους τω κυριω εις ον πεπιστευκεισαν.

2Co 8 19 ου μονον δε αλλα και χειροτονηθεις υπο των εκκλησιων συνεκδημος ημων

χειρων [11]

Mt 9 16 αιρει γαρ το πληρωμα αυτου απο του ιματιου, και χειρον σχισμα γινεται.

12 45 και γινεται τα εσχατα του ανθρωπου εκεινου χειρονα των πρωτων.

27 64 και εσται η εσχατη πλανη χειρων της πρωτης.

χειρων [11]

Mc 2 21 και χειρον σχισμα γινεται.

5 26 και πολλα παθουσα υπο πολλων ιατρων και δαπανησασα τα παρ αυτης παντα, και μηδεν ωφεληθεισα αλλα μαλλον εις το χειρον ελθουσα,

Lc 11 26 και γινεται τα εσχατα του ανθρωπου εκεινου χειρονα των πρωτων.

Jh 5 14 μηκετι αμαρτανε, ινα μη χειρον σοι τι γενηται.

1Tm 5 8 ει δε τις των ιδιων και μαλιστα οικειων ου προνοει, την πιστιν ηρνηται και εστιν απιστου χειρων.

2Tm 3 13 πονηροι δε ανθρωποι και γοητες προκοψουσιν επι το χειρον,

Heb 10 29 ποσω δοκειτε χειρονος αξιωθησεται τιμωριας ο τον υιον του θεου καταπατησας

2Pt 2 20 ει γαρ αποφυγοντες τα μιασματα του κοσμου εν επιγνωσει του κυριου [ημων] και σωτηρος ιησου χριστου, τουτοις δε παλιν εμπλακεντες ηττωνται, γεγονεν αυτοις τα εσχατα χειρονα των πρωτων.

χερουβιμ [1]

Heb 9 5 υπερανω δε αυτης χερουβιμ δοξης κατασκιαζοντα το ιλαστηριον·

χηρα [27]

Mt 23 14* ουαι υμιν, γραμματεις και φαρισαιοι, υποκριται, οτι κατεσθιετε τας οικιας των χηρων, και προφασει μακρα προσευχομενοι·

Mc 12 40 οι κατεσθιοντες τας οικιας των χηρων και προφασει μακρα προσευχομενοι,

42 και ελθουσα μια χηρα πτωχη εβαλεν λεπτα δυο, ο εστιν κοδραντης.

43 αμην λεγω υμιν οτι η χηρα αυτη η πτωχη πλειον παντων εβαλεν των βαλλοντων εις το γαζοφυλακιον·

Lc 2 37 και αυτη χηρα εως ετων ογδοηκοντατεσσαρων, η ουκ αφιστατο του ιερου νηστειαις και δεησεσιν λατρευουσα νυκτα και ημεραν.

4 25 πολλαι χηραι ησαν εν ταις ημεραις ηλιου εν τω ισραηλ,

26 ως εγενετο λιμος μεγας επι πασαν την γην, και προς ουδεμιαν αυτων επεμφθη ηλιας ει μη εις σαρεπτα της σιδωνιας προς γυναικα χηραν.

7 12 και ιδου εξεκομιζετο τεθνηκως μονογενης υιος τη μητρι αυτου, και αυτη ην χηρα,

18 3 χηρα δε ην εν τη πολει εκεινη,

5 ει και τον θεον ου φοβουμαι ουδε ανθρωπον εντρεπομαι, δια γε το παρεχειν μοι κοπον την χηραν ταυτην εκδικησω αυτην,

20 47 οι κατεσθιουσιν τας οικιας των χηρων και προφασει μακρα προσευχονται·

21 2 ειδεν δε τινα χηραν πενιχραν βαλλουσαν εκει λεπτα δυο,

3 αληθως λεγω υμιν οτι η χηρα αυτη η πτωχη πλειον παντων εβαλεν·

Ac 6 1 εν δε ταις ημεραις ταυταις πληθυνοντων των μαθητων εγενετο γογγυσμος των ελληνιστων προς τους εβραιους, οτι παρεθεωρουντο εν τη διακονια τη καθημερινη αι χηραι αυτων.

9 39 ον παραγενομενον ανηγαγον εις το υπερωον, και παρεστησαν αυτω πασαι αι χηραι κλαιουσαι

41 φωνησας δε τους αγιους και τας χηρας παρεστησεν αυτην ζωσαν.

1Co 7 8 λεγω δε τοις αγαμοις και ταις χηραις, καλον αυτοις εαν μεινωσιν ως καγω·

1Tm 5 3 χηρας τιμα τας οντως χηρας.

3 χηρας τιμα τας οντως χηρας.

4 ει δε τις χηρα τεκνα η εκγονα εχει, μανθανετωσαν πρωτον τον ιδιον οικον ευσεβειν και αμοιβας αποδιδοναι τοις προγονοις·

5 η δε οντως χηρα και μεμονωμενη ηλπικεν επι θεον

9 χηρα καταλεγεσθω μη ελαττον ετων εξηκοντα γεγονυια,

11 νεωτερας δε χηρας παραιτου·

16 ει τις πιστη εχει χηρας, επαρκειτω αυταις,

16 και μη βαρεισθω η εκκλησια, ινα ταις οντως χηραις επαρκεση.

Ja 1 27 επισκεπτεσθαι ορφανους και χηρας εν τη θλιψει αυτων,

Apc 18 7 οτι εν τη καρδια αυτης λεγει οτι καθημαι βασιλισσα και χηρα ουκ ειμι και πενθος ου μη ιδω·

χιλιαρχος [22]

Mc	6 21	και γενομενης ημερας ευκαιρου ὁτε ἡρωδης τοις γενεσιοις αυτου δειπνον ἐποιησεν τοις μεγιστασιν αυτου και τοις χιλιαρχοις και τοις πρωτοις της γαλιλαιας,
Jh	18 12	ἡ οὐν σπειρα και ὁ χιλιαρχος και οἱ ὑπηρεται των ἰουδαιων συνελαβον τον ἰησουν και ἐδησαν αυτον,
Ac	21 31	ζητουντων τε αυτον ἀποκτειναι ἀνεβη φασις τω χιλιαρχω της σπειρης ὁτι ὁλη συγχυννεται ἱερουσαλημ·
	32	οἱ δε ἰδοντες τον χιλιαρχον και τους στρατιωτας ἐπαυσαντο τυπτοντες τον παυλον.
	33	τοτε ἐγγισας ὁ χιλιαρχος ἐπελαβετο αυτου και ἐκελευσεν δεθηναι ἁλυσεσι δυσι,
	37	μελλων τε εἰσαγεσθαι εἰς την παρεμβολην ὁ παυλος λεγει τω χιλιαρχω· εἰ ἐξεστιν μοι εἰπειν τι προς σε;
	22 24	κραυγαζοντων τε αυτων και ῥιπτουντων τα ἱματια και κονιορτον βαλλοντων εἰς τον ἀερα, ἐκελευσεν ὁ χιλιαρχος εἰσαγεσθαι αυτον εἰς την παρεμβολην,
	26	ἀκουσας δε ὁ ἑκατονταρχης προσελθων τω χιλιαρχω ἀπηγγειλεν λεγων·
	27	προσελθων δε ὁ χιλιαρχος εἰπεν αυτω·
	28	ἀπεκριθη δε ὁ χιλιαρχος· ἐγω πολλου κεφαλαιου την πολιτειαν ταυτην ἐκτησαμην.
	29	και ὁ χιλιαρχος δε ἐφοβηθη ἐπιγνους ὁτι ῥωμαιος ἐστιν και ὁτι αυτον ἠν δεδεκως.
	23 10	πολλης δε γινομενης στασεως φοβηθεις ὁ χιλιαρχος μη διασπασθη ὁ παυλος ὑπ αυτων,
	15	νυν οὐν ὑμεις ἐμφανισατε τω χιλιαρχω συν τω συνεδριω ὁπως καταγαγη αυτον εἰς ὑμας ὡς μελλοντας διαγινωσκειν ἀκριβεστερον τα περι αυτου·
	17	τον νεανιαν τουτον ἀπαγαγε προς τον χιλιαρχον, ἐχει γαρ ἀπαγγειλαι τι αυτω.
	18	ὁ μεν οὐν παραλαβων αυτον ἠγαγεν προς τον χιλιαρχον και φησιν·
	19	ἐπιλαβομενος δε της χειρος αυτου ὁ χιλιαρχος και ἀναχωρησας κατ ἰδιαν ἐπυνθανετο·
	22	ὁ μεν οὐν χιλιαρχος ἀπελυσε τον νεανισκον, παραγγειλας μηδενι ἐκλαλησαι ὁτι ταυτα ἐνεφανισας προς με.
	24 7 *	παρελθων δε λυσιας ὁ χιλιαρχος μετα πολλης βιας ἐκ των χειρων ἡμων ἀπηγαγεν,
	22	ὁταν λυσιας ὁ χιλιαρχος καταβη, διαγνωσομαι τα καθ ὑμας·
	25 23	και εἰσελθοντων εἰς το ἀκροατηριον συν τε χιλιαρχοις και ἀνδρασιν τοις κατ ἐξοχην της πολεως,
Apc	6 15	και οἱ βασιλεις της γης και οἱ μεγιστανες και οἱ χιλιαρχοι και οἱ πλουσιοι και οἱ ἰσχυροι και πας δουλος και ἐλευθερος ἐκρυψαν ἑαυτους
	19 18	ἱνα φαγητε σαρκας βασιλεων και σαρκας χιλιαρχων και σαρκας ἰσχυρων και σαρκας ἱππων και των καθημενων ἐπ αυτων,

χιλιας [23]

Lc	14 31	ἡ τις βασιλευς πορευομενος ἑτερω βασιλει συμβαλειν εἰς πολεμον οὐχι καθισας πρωτον βουλευσεται εἰ δυνατος ἐστιν ἐν δεκα χιλιασιν ὑπαντησαι τω μετα εἰκοσι χιλιαδων ἐρχομενω ἐπ αυτον;
	31	ἡ τις βασιλευς πορευομενος ἑτερω βασιλει συμβαλειν εἰς πολεμον οὐχι καθισας πρωτον βουλευσεται εἰ δυνατος ἐστιν ἐν δεκα χιλιασιν ὑπαντησαι τω μετα εἰκοσι χιλιαδων ἐρχομενω ἐπ αυτον;
Ac	4 4	πολλοι δε των ἀκουσαντων τον λογον ἐπιστευσαν, και ἐγενηθη [ὁ] ἀριθμος των ἀνδρων [ὡς] χιλιαδες πεντε.
1Co	10 8	μηδε πορνευωμεν, καθως τινες αυτων ἐπορνευσαν και ἐπεσαν μια ἡμερα εἰκοσιτρεις χιλιαδες.
Apc	5 11	και ἠν ὁ ἀριθμος αυτων μυριαδες μυριαδων και χιλιαδες χιλιαδων, λεγοντες φωνη μεγαλη·
	11	και ἠν ὁ ἀριθμος αυτων μυριαδες μυριαδων και χιλιαδες χιλιαδων, λεγοντες φωνη μεγαλη·
	7 4	ἑκατοντεσσερακοντατεσσαρες χιλιαδες ἐσφραγισμενοι ἐκ πασης φυλης υἱων ἰσραηλ·
	5	ἐκ φυλης ἰουδα δωδεκα χιλιαδες ἐσφραγισμενοι,
	5	ἐκ φυλης ῥουβην δωδεκα χιλιαδες,
	5	ἐκ φυλης γαδ δωδεκα χιλιαδες,
	6	ἐκ φυλης ἀσηρ δωδεκα χιλιαδες,
	6	ἐκ φυλης νεφθαλιμ δωδεκα χιλιαδες,
	6	ἐκ φυλης μανασση δωδεκα χιλιαδες,
	7	ἐκ φυλης συμεων δωδεκα χιλιαδες,
	7	ἐκ φυλης λευι δωδεκα χιλιαδες,
	7	ἐκ φυλης ἰσσαχαρ δωδεκα χιλιαδες,
	8	ἐκ φυλης ζαβουλων δωδεκα χιλιαδες,
	8	ἐκ φυλης ἰωσηφ δωδεκα χιλιαδες,

χιλιας [23]

Apc	7 8	ἐκ φυλης βενιαμιν δωδεκα χιλιαδες ἐσφραγισμενοι.
	11 13	και ἀπεκτανθησαν ἐν τω σεισμω ὀνοματα ἀνθρωπων χιλιαδες ἑπτα,
	14 1	και εἰδον, και ἰδου το ἀρνιον ἑστος ἐπι το ὀρος σιων, και μετ αυτου ἑκατοντεσσερακοντατεσσαρες χιλιαδες
	3	και οὐδεις ἐδυνατο μαθειν την ὡδην εἰ μη αἱ ἑκατοντεσσερακοντατεσσαρες χιλιαδες,
	21 16	και ἐμετρησεν την πολιν τω καλαμω ἐπι σταδιων δωδεκα χιλιαδων·

χιλιοι [8]

2Pt	3 8	ἐν δε τουτο μη λανθανετω ὑμας, ἀγαπητοι, ὁτι μια ἡμερα παρα κυριω ὡς χιλια ἐτη και χιλια ἐτη ὡς ἡμερα μια.
	8	ἐν δε τουτο μη λανθανετω ὑμας, ἀγαπητοι, ὁτι μια ἡμερα παρα κυριω ὡς χιλια ἐτη και χιλια ἐτη ὡς ἡμερα μια.
Apc	20 2	και ἐδησεν αυτον χιλια ἐτη,
	3	ἱνα μη πλανηση ἐτι τα ἐθνη, ἀχρι τελεσθη τα χιλια ἐτη·
	4	και ἐζησαν και ἐβασιλευσαν μετα του χριστου χιλια ἐτη.
	5	οἱ λοιποι των νεκρων οὐκ ἐζησαν ἀχρι τελεσθη τα χιλια ἐτη.
	6	και βασιλευσουσιν μετ αυτου [τα] χιλια ἐτη.
	7	και ὁταν τελεσθη τα χιλια ἐτη, λυθησεται ὁ σατανας ἐκ της φυλακης αυτου,

χιλιοιδιακοσιοιεξηκοντα [2]

Apc	11 3	και προφητευσουσιν ἡμερας χιλιασδιακοσιασεξηκοντα περιβεβλημενοι σακκους.
	12 6	ὁπου ἐχει ἐκει τοπον ἡτοιμασμενον ἀπο του θεου, ἱνα ἐκει τρεφωσιν αυτην ἡμερας χιλιασδιακοσιασεξηκοντα.

χιλιοιεξακοσιοι [1]

Apc	14 20	και ἐξηλθεν αἱμα ἐκ της ληνου ἀχρι των χαλινων των ἱππων, ἀπο σταδιων χιλιωνεξακοσιων.

χιος [1]

Ac	20 15	κἀκειθεν ἀποπλευσαντες τη ἐπιουση κατηντησαμεν ἀντικρυς χιου,

χιτων [11]

Mt	5 40	και τω θελοντι σοι κριθηναι και τον χιτωνα σου λαβειν, ἀφες αυτω και το ἱματιον·
	10 10	μη κτησησθε χρυσον μηδε ἀργυρον μηδε χαλκον εἰς τας ζωνας ὑμων, μη πηραν εἰς ὁδον μηδε δυο χιτωνας μηδε ὑποδηματα μηδε ῥαβδον·
Mc	6 9	και παρηγγειλεν αυτοις ἱνα μηδεν αἱρωσιν εἰς ὁδον εἰ μη ῥαβδον μονον, μη ἀρτον, μη πηραν, μη εἰς την ζωνην χαλκον, ἀλλα ὑποδεδεμενους σανδαλια, και μη ἐνδυσησθε δυο χιτωνας.
	14 63	ὁ δε ἀρχιερευς διαρρηξας τους χιτωνας αυτου λεγει·
Lc	3 11	ὁ ἐχων δυο χιτωνας μεταδοτω τω μη ἐχοντι, και ὁ ἐχων βρωματα ὁμοιως ποιειτω.
	6 29	και ἀπο του αἱροντος σου το ἱματιον και τον χιτωνα μη κωλυσης.
	9 3	μηδεν αἱρετε εἰς την ὁδον, μητε ῥαβδον μητε πηραν μητε ἀρτον μητε ἀργυριον μητε [ἀνα] δυο χιτωνας ἐχειν.
Jh	19 23	ἐλαβον τα ἱματια αυτου και ἐποιησαν τεσσαρα μερη, ἑκαστω στρατιωτη μερος, και τον χιτωνα.
	23	ἠν δε ὁ χιτων ἀραφος, ἐκ των ἀνωθεν ὑφαντος δι ὁλου.
Ac	9 39	και παρεστησαν αυτω πασαι αἱ χηραι κλαιουσαι και ἐπιδεικνυμεναι χιτωνας και ἱματια,
Ju	23	μισουντες και τον ἀπο της σαρκος ἐσπιλωμενον χιτωνα.

χιων [2]

Mt	28 3	ἠν δε ἡ εἰδεα αυτου ὡς ἀστραπη, και το ἐνδυμα αυτου λευκον ὡς χιων.
Apc	1 14	ἡ δε κεφαλη αυτου και αἱ τριχες λευκαι ὡς ἐριον λευκον ὡς χιων,

χλαμυς [2]

Mt	27 28	και ἐκδυσαντες αυτον χλαμυδα κοκκινην περιεθηκαν αυτω,
	31	και ὁτε ἐνεπαιξαν αυτω, ἐξεδυσαν αυτον την χλαμυδα και ἐνεδυσαν αυτον τα ἱματια αυτου,

χλευαζω [1]

Ac   17 32   ἀκουσαντες δε ἀναστασιν νεκρων, οἱ μεν ἐχλευαζον, οἱ δε
           εἰπαν·

χλιαρος [1]

Apc   3 16   οὕτως ὅτι χλιαρος εἰ, και οὐτε ζεστος οὐτε ψυχρος, μελλω σε
           ἐμεσαι ἐκ του στοματος μου.

χλοη [1]

1Co   1 11   ἐδηλωθη γαρ μοι περι ὑμων, ἀδελφοι μου, ὑπο των χλοης, ὅτι
           ἐριδες ἐν ὑμιν εἰσιν.

χλωρος [4]

Mc   6 39   και ἐπεταξεν αὐτοις ἀνακλιναι παντας συμποσια συμποσια
           ἐπι τω χλωρω χορτω.
Apc   6 8   και εἰδον, και ἰδου ἱππος χλωρος,
     8 7   και πας χορτος χλωρος κατεκαη.
     9 4   και ἐρρεθη αὐταις ἱνα μη ἀδικησουσιν τον χορτον της γης
           οὐδε παν χλωρον οὐδε παν δενδρον,

χοικος [4]

1Co   15 47   ὁ πρωτος ἀνθρωπος ἐκ γης χοικος,
       48   οἱος ὁ χοικος, τοιουτοι και οἱ χοικοι,
       48   οἱος ὁ χοικος, τοιουτοι και οἱ χοικοι,
       49   και καθως ἐφορεσαμεν την εἰκονα του χοικου, φορεσομεν
           και την εἰκονα του ἐπουρανιου.

χοινιξ [2]

Apc   6 6   χοινιξ σιτου δηναριου, και τρεις χοινικες κριθων δηναριου·
      6   χοινιξ σιτου δηναριου, και τρεις χοινικες κριθων δηναριου·

χοιρος [12]

Mt   7 6   μηδε βαλητε τους μαργαριτας ὑμων ἐμπροσθεν των χοιρων,
     8 30   ἡν δε μακραν ἀπ αὐτων ἀγελη χοιρων πολλων βοσκομενη.
       31   ἀποστειλον ἡμας εἰς την ἀγελην των χοιρων.
       32   οἱ δε ἐξελθοντες ἀπηλθον εἰς τους χοιρους·
Mc   5 11   ἡν δε ἐκει προς τω ὀρει ἀγελη χοιρων μεγαλη βοσκομενη·
       12   πεμψον ἡμας εἰς τους χοιρους, ἱνα εἰς αὐτους εἰσελθωμεν.
       13   και ἐξελθοντα τα πνευματα τα ἀκαθαρτα εἰσηλθον εἰς τους
           χοιρους,
       16   και διηγησαντο αὐτοις οἱ ἰδοντες πῶς ἐγενετο τω
           δαιμονιζομενω και περι των χοιρων.
Lc   8 32   ἡν δε ἐκει ἀγελη χοιρων ἱκανων βοσκομενη ἐν τω ὀρει·
       33   ἐξελθοντα δε τα δαιμονια ἀπο του ἀνθρωπου εἰσηλθον εἰς
           τους χοιρους,
     15 15   και ἐπεμψεν αὐτον εἰς τους ἀγρους αὐτου βοσκειν χοιρους·
       16   και ἐπεθυμει χορτασθηναι ἐκ των κερατιων ὡν ἡσθιον οἱ
           χοιροι και οὐδεις ἐδιδου αὐτω.

χολαω [1]

Jh   7 23   εἰ περιτομην λαμβανει ὁ ἀνθρωπος ἐν σαββατω ἱνα μη λυθη ὁ
           νομος μωυσεως, ἐμοι χολατε ὅτι ὁλον ἀνθρωπον ὑγιη
           ἐποιησα ἐν σαββατω;

χολη [2]

Mt   27 34   και ἐλθοντες εἰς τοπον λεγομενον γολγοθα, ὁ ἐστιν κρανιου
           τοπος λεγομενος, ἐδωκαν αὐτω πιειν οἰνον μετα χολης
           μεμιγμενον·
Ac   8 23   εἰς γαρ χολην πικριας και συνδεσμον ἀδικιας ὁρω σε ὀντα.

χοραζιν [2]

Mt   11 21   οὐαι σοι, χοραζιν· οὐαι σοι, βηθσαιδα·
Lc   10 13   οὐαι σοι, χοραζιν, οὐαι σοι, βηθσαιδα·

χορηγεω [2]

2Co   9 10   ὁ δε ἐπιχορηγων σπορον τω σπειροντι και ἀρτον εἰς βρωσιν
           χορηγησει
1Pt   4 11   εἰ τις διακονει, ὡς ἐξ ἰσχυος ἡς χορηγει ὁ θεος·

χορος [1]

Lc   15 25   και ὡς ἐρχομενος ἡγγισεν τη οἰκια, ἡκουσεν συμφωνιας και
           χορων,

χορταζω [16]

Mt   5 6   μακαριοι οἱ πεινωντες και διψωντες την δικαιοσυνην, ὅτι
           αὐτοι χορτασθησονται.
     14 20   και ἐφαγον παντες και ἐχορτασθησαν·
     15 33   ποθεν ἡμιν ἐν ἐρημια ἀρτοι τοσουτοι ὡστε χορτασαι ὀχλον
           τοσουτον;
       37   και ἐφαγον παντες και ἐχορτασθησαν,
Mc   6 42   και ἐφαγον παντες και ἐχορτασθησαν,
     7 27   και ἐλεγεν αὐτη· ἀφες πρωτον χορτασθηναι τα τεκνα·
     8 4   και ἀπεκριθησαν αὐτω οἱ μαθηται αὐτου ὅτι ποθεν τουτους
           δυνησεται τις ὡδε χορτασαι ἀρτων ἐπ ἐρημιας;
       8   και ἐφαγον και ἐχορτασθησαν, και ἡραν περισσευματα
           κλασματων, ἐπτα σπυριδας.
Lc   6 21   μακαριοι οἱ πεινωντες νυν, ὅτι χορτασθησεσθε.
     9 17   και ἐφαγον και ἐχορτασθησαν παντες·
     15 16   και ἐπεθυμει χορτασθηναι ἐκ των κερατιων ὡν ἡσθιον οἱ
           χοιροι και οὐδεις ἐδιδου αὐτω.
     16 21   πτωχος δε τις ὀνοματι λαζαρος ἐβεβλητο προς τον πυλωνα
           αὐτου εἱλκωμενος και ἐπιθυμων χορτασθηναι ἀπο των
           πιπτοντων ἀπο της τραπεζης του πλουσιου·
Jh   6 26   ἀμην ἀμην λεγω ὑμιν, ζητειτε με οὐχ ὅτι εἰδετε σημεια, ἀλλ
           ὅτι ἐφαγετε ἐκ των ἀρτων και ἐχορτασθητε.
Php   4 12   ἐν παντι και ἐν πασιν μεμυημαι, και χορταζεσθαι και πειναν,
Ja   2 16   ὑπαγετε ἐν εἰρηνη, θερμαινεσθε και χορταζεσθε,
Apc   19 21   και παντα τα ὀρνεα ἐχορτασθησαν ἐκ των σαρκων αὐτων.

χορτασμα [1]

Ac   7 11   και οὐχ ηὑρισκον χορτασματα οἱ πατερες ἡμων.

χορτος [15]

Mt   6 30   εἰ δε τον χορτον του ἀγρου σημερον ὀντα και αὐριον εἰς
           κλιβανον βαλλομενον ὁ θεος οὑτως ἀμφιεννυσιν,
     13 26   ὁτε δε ἐβλαστησεν ὁ χορτος και καρπον ἐποιησεν, τοτε ἐφανη
           και τα ζιζανια.
     14 19   και κελευσας τους ὀχλους ἀνακλιθηναι ἐπι του χορτου,
Mc   4 28   αὐτοματη ἡ γη καρποφορει, πρωτον χορτον, εἰτα σταχυν, εἰτα
           πληρη[ς] σιτον ἐν τω σταχυι.
     6 39   και ἐπεταξεν αὐτοις ἀνακλιναι παντας συμποσια συμποσια
           ἐπι τω χλωρω χορτω.
Lc   12 28   εἰ δε ἐν ἀγρω τον χορτον ὀντα σημερον και αὐριον εἰς
           κλιβανον βαλλομενον ὁ θεος οὑτως ἀμφιεζει, ποσω μαλλον
           ὑμας, ὀλιγοπιστοι.
Jh   6 10   ἡν δε χορτος πολυς ἐν τω τοπω.
1Co   3 12   εἰ δε τις ἐποικοδομει ἐπι τον θεμελιον χρυσον, ἀργυρον,
           λιθους τιμιους, ξυλα, χορτον, καλαμην, ἑκαστου το ἐργον
           φανερον γενησεται·
Ja   1 10   ὁ δε πλουσιος ἐν τη ταπεινωσει αὐτου, ὅτι ὡς ἀνθος χορτου
           παρελευσεται.
      11   ἀνετειλεν γαρ ὁ ἡλιος συν τω καυσωνι και ἐξηρανεν τον
           χορτον,
1Pt   1 24   διοτι πασα σαρξ ὡς χορτος,
      24   και πασα δοξα αὐτης ὡς ἀνθος χορτου·
      24   ἐξηρανθη ὁ χορτος
Apc   8 7   και πας χορτος χλωρος κατεκαη.
     9 4   και ἐρρεθη αὐταις ἱνα μη ἀδικησουσιν τον χορτον της γης
           οὐδε παν χλωρον οὐδε παν δενδρον,

χουζας [1]

Lc   8 3   και ἰωαννα γυνη χουζα ἐπιτροπου ἡρωδου και σουσαννα και
           ἑτεραι πολλαι,

χους [2]

Mc   6 11   και ὁς ἀν τοπος μη δεξηται ὑμας μηδε ἀκουσωσιν ὑμων,
           ἐκπορευομενοι ἐκειθεν ἐκτιναξατε τον χουν τον ὑποκατω των
           ποδων ὑμων εἰς μαρτυριον αὐτοις.
Apc   18 19   και ἐβαλον χουν ἐπι τας κεφαλας αὐτων και ἐκραζον
           κλαιοντες και πενθουντες, λεγοντες·

χραομαι [11]

Ac 27 3 φιλανθρωπως τε ὁ ιουλιος τω παυλω χρησαμενος ἐπετρεψεν προς τους φιλους πορευθεντι ἐπιμελειας τυχειν.

   17 ἠν ἀραντες βοηθειαις ἐχρωντο, ὑποζωννυντες το πλοιον·

1Co 7 21 ἀλλ εἰ και δυνασαι ἐλευθερος γενεσθαι, μαλλον χρησαι.

   31 και οἱ ἀγοραζοντες ὡς μη κατεχοντες, και οἱ χρωμενοι τον κοσμον ὡς μη καταχρωμενοι·

  9 12 ἀλλ οὐκ ἐχρησαμεθα τη ἐξουσια ταυτη, ἀλλα παντα στεγομεν ἱνα μη τινα ἐγκοπην δωμεν τω εὐαγγελιω του χριστου.

   15 ἐγω δε οὐ κεχρημαι οὐδενι τουτων.

2Co 1 17 τουτο οὐν βουλομενος μητι ἀρα τη ἐλαφρια ἐχρησαμην;

  3 12 ἐχοντες οὐν τοιαυτην ἐλπιδα πολλη παρρησια χρωμεθα,

  13 10 δια τουτο ταυτα ἀπων γραφω, ἱνα παρων μη ἀποτομως χρησωμαι κατα την ἐξουσιαν

1Tm 1 8 οἰδαμεν δε ὁτι καλος ὁ νομος, ἐαν τις αὐτω νομιμως χρηται,

  5 23 μηκετι ὑδροποτει, ἀλλα οἰνω ὀλιγω χρω δια τον στομαχον και τας πυκνας σου ἀσθενειας.

χρεια [49]

Mt 3 14 ἐγω χρειαν ἐχω ὑπο σου βαπτισθηναι,

  6 8 οἰδεν γαρ ὁ πατηρ ὑμων ὡν χρειαν ἐχετε προ του ὑμας αἰτησαι αὐτον.

  9 12 οὐ χρειαν ἐχουσιν οἱ ἰσχυοντες ἰατρου ἀλλ οἱ κακως ἐχοντες.

  14 16 οὐ χρειαν ἐχουσιν ἀπελθειν· δοτε αὐτοις ὑμεις φαγειν·

  21 3 και ἐαν τις ὑμιν εἰπη τι, ἐρειτε ὁτι ὁ κυριος αὐτων χρειαν ἐχει·

  26 65 ἐβλασφημησεν· τι ἐτι χρειαν ἐχομεν μαρτυρων;

Mc 2 17 και ἀκουσας ὁ ἰησους λεγει αὐτοις οὐ χρειαν ἐχουσιν οἱ ἰσχυοντες ἰατρου ἀλλ οἱ κακως ἐχοντες·

   25 οὐδεποτε ἀνεγνωτε τι ἐποιησεν δαυιδ, ὁτε χρειαν ἐσχεν και ἐπεινασεν αὐτος και οἱ μετ αὐτου;

  11 3 εἰπατε· ὁ κυριος αὐτου χρειαν ἐχει, και εὐθυς αὐτον ἀποστελλει παλιν ὡδε.

  14 63 τι ἐτι χρειαν ἐχομεν μαρτυρων;

Lc 5 31 οὐ χρειαν ἐχουσιν οἱ ὑγιαινοντες ἰατρου ἀλλα οἱ κακως ἐχοντες·

  9 11 και τους χρειαν ἐχοντας θεραπειας ἰατο.

  10 42 μαρθα μαρθα, μεριμνας και θορυβαζη περι πολλα, ἑνος δε ἐστιν χρεια·

  15 7 λεγω ὑμιν ὁτι οὑτως χαρα ἐν τω οὐρανω ἐσται ἐπι ἑνι ἁμαρτωλω μετανοουντι ἠ ἐπι ἐνενηκονταεννεα δικαιοις οἱτινες οὐ χρειαν ἐχουσιν μετανοιας.

  19 31 και ἐαν τις ὑμας ἐρωτα· δια τι λυετε; οὑτως ἐρειτε· ὁτι ὁ κυριος αὐτου χρειαν ἐχει.

   34 οἱ δε εἰπαν· ὁτι ὁ κυριος αὐτου χρειαν ἐχει.

  22 71 τι ἐτι ἐχομεν μαρτυριας χρειαν;

Jh 2 25 και ὁτι οὐ χρειαν εἰχεν ἱνα τις μαρτυρηση περι του ἀνθρωπου·

  13 10 ὁ λελουμενος οὐκ ἐχει χρειαν εἰ μη τους ποδας νιψασθαι, ἀλλ ἐστιν καθαρος ὁλος·

   29 ἀγορασον ὡν χρειαν ἐχομεν εἰς την ἑορτην, ἠ τοις πτωχοις ἱνα τι δω.

  16 30 νυν οἰδαμεν ὁτι οἰδας παντα και οὐ χρειαν ἐχεις ἱνα τις σε ἐρωτα·

Ac 2 45 και τα κτηματα και τας ὑπαρξεις ἐπιπρασκον και διεμεριζον αὐτα πασιν, καθοτι ἀν τις χρειαν εἰχεν.

  4 35 διεδιδετο δε ἑκαστω καθοτι ἀν τις χρειαν εἰχεν.

  6 3 ἐπισκεψασθε δε, ἀδελφοι, ἀνδρας ἐξ ὑμων μαρτυρουμενους ἑπτα πληρεις πνευματος και σοφιας, οὑς καταστησομεν ἐπι της χρειας ταυτης·

  20 34 αὐτοι γινωσκετε ὁτι ταις χρειαις μου και τοις οὐσιν μετ ἐμου ὑπηρετησαν αἱ χειρες αὑται.

  28 10 οἱ και πολλαις τιμαις ἐτιμησαν ἡμας και ἀναγομενοις ἐπεθεντο τα προς τας χρειας.

Rm 12 13 τη προσευχη προσκαρτερουντες, ταις χρειαις των ἁγιων κοινωνουντες,

1Co 12 21 οὐ δυναται δε ὁ ὀφθαλμος εἰπειν τη χειρι· χρειαν σου οὐκ ἐχω, ἠ παλιν ἡ κεφαλη τοις ποσιν· χρειαν ὑμων οὐκ ἐχω·

   21 οὐ δυναται δε ὁ ὀφθαλμος εἰπειν· τη χειρι· χρειαν σου οὐκ ἐχω, ἠ παλιν ἡ κεφαλη τοις ποσιν· χρειαν ὑμων οὐκ ἐχω·

   24 τα δε εὐσχημονα ἡμων οὐ χρειαν ἐχει.

Eph 4 28 μαλλον δε κοπιατω ἐργαζομενος ταις [ἰδιαις] χερσιν το ἀγαθον, ἱνα ἐχη μεταδιδοναι τω χρειαν ἐχοντι.

   29 πας λογος σαπρος ἐκ του στοματος ὑμων μη ἐκπορευεσθω, ἀλλα εἰ τις ἀγαθος προς οἰκοδομην της χρειας,

Php 2 25 ἀναγκαιον δε ἡγησαμην ἐπαφροδιτον τον ἀδελφον και συνεργον και συστρατιωτην μου, ὑμων δε ἀποστολον και λειτουργον της χρειας μου, πεμψαι προς ὑμας,

χρεια [49]

Php 4 16 ὁτι και ἐν θεσσαλονικη και ἁπαξ και δις εἰς την χρειαν μοι ἐπεμψατε.

   19 ὁ δε θεος μου πληρωσει πασαν χρειαν ὑμων κατα το πλουτος αὐτου ἐν δοξη ἐν χριστω ἰησου.

1Th 1 8 ἀλλ ἐν παντι τοπω ἡ πιστις ὑμων ἡ προς τον θεον ἐξεληλυθεν, ὡστε μη χρειαν ἐχειν ἡμας λαλειν τι·

  4 9 περι δε της φιλαδελφιας οὐ χρειαν ἐχετε γραφειν ὑμιν·

   12 ἱνα περιπατητε εὐσχημονως προς τους ἐξω και μηδενος χρειαν ἐχητε.

  5 1 περι δε των χρονων και των καιρων, ἀδελφοι, οὐ χρειαν ἐχετε ὑμιν γραφεσθαι·

Tit 3 14 μανθανετωσαν δε και οἱ ἡμετεροι καλων ἐργων προιστασθαι εἰς τας ἀναγκαιας χρειας,

Heb 5 12 και γαρ ὀφειλοντες εἰναι διδασκαλοι δια τον χρονον, παλιν χρειαν ἐχετε του διδασκειν ὑμας τινα τα στοιχεια της ἀρχης των λογιων του θεου,

   12 και γεγονατε χρειαν ἐχοντες γαλακτος, [και] οὐ στερεας τροφης.

  7 11 τις ἐτι χρεια κατα την ταξιν μελχισεδεκ ἑτερον ἀνιστασθαι ἱερεα και οὐ κατα την ταξιν ἀαρων λεγεσθαι;

  10 36 ὑπομονης γαρ ἐχετε χρειαν ἱνα το θελημα του θεου ποιησαντες κομισησθε την ἐπαγγελιαν.

1Jh 2 27 και οὐ χρειαν ἐχετε ἱνα τις διδασκη ὑμας·

  3 17 ὁς δ ἀν ἐχη τον βιον του κοσμου και θεωρη τον ἀδελφον αὐτου χρειαν ἐχοντα και κλειση τα σπλαγχνα αὐτου ἀπ αὐτου, πως ἡ ἀγαπη του θεου μενει ἐν αὐτω;

Apc 3 17 ὁτι λεγεις ὁτι πλουσιος εἰμι και πεπλουτηκα και οὐδεν χρειαν ἐχω,

  21 23 και ἡ πολις οὐ χρειαν ἐχει του ἡλιου οὐδε της σεληνης,

  22 5 και οὐκ ἐχουσιν χρειαν φωτος λυχνου και φωτος ἡλιου,

χρεοφειλετης [2]

Lc 7 41 δυο χρεοφειλεται ἠσαν δανιστη τινι·

  16 5 και προσκαλεσαμενος ἑνα ἑκαστον των χρεοφειλετων του κυριου ἑαυτου ἐλεγεν τω πρωτω·

χρη [1]

Ja 3 10 οὐ χρη, ἀδελφοι μου, ταυτα οὑτως γινεσθαι.

χρηζω [5]

Mt 6 32 οἰδεν γαρ ὁ πατηρ ὑμων ὁ οὐρανιος ὁτι χρηζετε τουτων ἁπαντων.

Lc 11 8 εἰ και οὐ δωσει αὐτω ἀναστας δια το εἰναι φιλον αὐτου, δια γε την ἀναιδειαν αὐτου ἐγερθεις δωσει αὐτω ὁσων χρηζει.

  12 30 ὑμων δε ὁ πατηρ οἰδεν ὁτι χρηζετε τουτων·

Rm 16 2 ἱνα αὐτην προσδεξησθε ἐν κυριω ἀξιως των ἁγιων, και παραστητε αὐτη ἐν ᾡ ἀν ὑμων χρηζη πραγματι·

2Co 3 1 ἠ μη χρηζομεν ὡς τινες συστατικων ἐπιστολων προς ὑμας ἠ ἐξ ὑμων;

χρημα [6]

Mc 10 23 πως δυσκολως οἱ τα χρηματα ἐχοντες εἰς την βασιλειαν του θεου εἰσελευσονται.

Lc 18 24 πως δυσκολως οἱ τα χρηματα ἐχοντες εἰς την βασιλειαν του θεου εἰσπορευονται·

Ac 4 37 ὑπαρχοντος αὐτω ἀγρου, πωλησας ἠνεγκεν το χρημα και ἐθηκεν προς τους ποδας των ἀποστολων.

  8 18 ἰδων δε ὁ σιμων ὁτι δια της ἐπιθεσεως των χειρων των ἀποστολων διδοται το πνευμα, προσηνεγκεν αὐτοις χρηματα λεγων·

   20 το ἀργυριον σου συν σοι εἰη εἰς ἀπωλειαν, ὁτι την δωρεαν του θεου ἐνομισας δια χρηματων κτασθαι.

  24 26 ἁμα και ἐλπιζων ὁτι χρηματα δοθησεται αὐτω ὑπο του παυλου·

χρηματιζω [9]

Mt 2 12 και χρηματισθεντες κατ ὀναρ μη ἀνακαμψαι προς ἡρωδην,

   22 χρηματισθεις δε κατ ὀναρ ἀνεχωρησεν εἰς τα μερη της γαλιλαιας,

Lc 2 26 και ἠν αὐτω κεχρηματισμενον ὑπο του πνευματος του ἁγιου μη ἰδειν θανατον πριν [ἠ] ἀν ἰδη τον χριστον κυριου.

Ac 10 22 μαρτυρουμενος τε ὑπο ὁλου του ἐθνους των ἰουδαιων, ἐχρηματισθη ὑπο ἀγγελου ἁγιου μεταπεμψασθαι σε εἰς τον οἰκον αὐτου και ἀκουσαι ῥηματα παρα σου.

χρηματιζω [9]

Ac 11 26 ἐγενετο δε αὐτοις και ἐνιαυτον ὁλον συναχθηναι ἐν τη ἐκκλησια και διδαξαι ὀχλον ἱκανον, χρηματισαι τε πρωτως ἐν ἀντιοχεια τους μαθητας χριστιανους.

Rm 7 3 ἀρα οὐν ζωντος του ἀνδρος μοιχαλις χρηματισει ἐαν γενηται ἀνδρι ἑτερω·

Heb 8 5 καθως κεχρηματισται μωυσης μελλων ἐπιτελειν την σκηνην· ὁρα γαρ φησιν,

11 7 πιστει χρηματισθεις νωε περι των μηδεπω βλεπομενων,

12 25 εἰ γαρ ἐκεινοι οὐκ ἐξεφυγον ἐπι γης παραιτησαμενοι τον χρηματιζοντα, πολυ μαλλον ἡμεις οἱ τον ἀπ οὐρανων ἀποστρεφομενοι·

χρηματισμος [1]

Rm 11 4 ἀλλα τι λεγει αὐτω ὁ χρηματισμος; κατελιπον ἐμαυτω ἑπτακισχιλιους ἀνδρας, οἱτινες οὐκ ἐκαμψαν γονυ τη βααλ.

χρησιμος [1]

2Tm 2 14 ἐπ οὐδεν χρησιμον, ἐπι καταστροφη των ἀκουοντων.

χρησις [2]

Rm 1 26 αἱ τε γαρ θηλειαι αὐτων μετηλλαξαν την φυσικην χρησιν εἰς την παρα φυσιν,

27 ὁμοιως τε και οἱ ἀρσενες ἀφεντες την φυσικην χρησιν της θηλειας ἐξεκαυθησαν ἐν τη ὀρεξει αὐτων εἰς ἀλληλους,

χρηστευομαι [1]

1Co 13 4 ἡ ἀγαπη μακροθυμει, χρηστευεται ἡ ἀγαπη,

χρηστολογια [1]

Rm 16 18 και δια της χρηστολογιας και εὐλογιας ἐξαπατωσιν τας καρδιας των ἀκακων.

χρηστος [7]

Mt 11 30 ὁ γαρ ζυγος μου χρηστος και το φορτιον μου ἐλαφρον ἐστιν.

Lc 5 39 [και] οὐδεις πιων παλαιον θελει νεον· λεγει γαρ· ὁ παλαιος χρηστος ἐστιν.

6 35 και ἐσται ὁ μισθος ὑμων πολυς, και ἐσεσθε υἱοι ὑψιστου, ὁτι αὐτος χρηστος ἐστιν ἐπι τους ἀχαριστους και πονηρους.

Rm 2 4 ἠ του πλουτου της χρηστοτητος αὐτου και της ἀνοχης και της μακροθυμιας καταφρονεις, ἀγνοων ὁτι το χρηστον του θεου εἰς μετανοιαν σε ἀγει;

1Co 15 33 φθειρουσιν ἠθη χρηστα ὁμιλιαι κακαι.

Eph 4 32 γινεσθε [δε] εἰς ἀλληλους χρηστοι, εὐσπλαγχνοι, χαριζομενοι ἑαυτοις καθως και ὁ θεος ἐν χριστω ἐχαρισατο ὑμιν.

1Pt 2 3 εἰ ἐγευσασθε ὁτι χρηστος ὁ κυριος.

χρηστοτης [10]

Rm 2 4 ἠ του πλουτου της χρηστοτητος αὐτου και της ἀνοχης και της μακροθυμιας καταφρονεις, ἀγνοων ὁτι το χρηστον του θεου εἰς μετανοιαν σε ἀγει;

3 12 οὐκ ἐστιν ὁ ποιων χρηστοτητα, [οὐκ ἐστιν] ἑως ἑνος.

11 22 ἰδε οὐν χρηστοτητα και ἀποτομιαν θεου·

22 ἐπι μεν τους πεσοντας ἀποτομια, ἐπι δε σε χρηστοτης θεου,

22 ἐπι μεν τους πεσοντας ἀποτομια, ἐπι δε σε χρηστοτης θεου, ἐαν ἐπιμενης τη χρηστοτητι, ἐπει και συ ἐκκοπηση.

2Co 6 6 ἐν μακροθυμια, ἐν χρηστοτητι, ἐν πνευματι ἁγιω,

Ga 5 22 ὁ δε καρπος του πνευματος ἐστιν ἀγαπη, χαρα, εἰρηνη, μακροθυμια, χρηστοτης, ἀγαθωσυνη, πιστις, πραυτης, ἐγκρατεια·

Eph 2 7 ἱνα ἐνδειξηται ἐν τοις αἰωσιν τοις ἐπερχομενοις το ὑπερβαλλον πλουτος της χαριτος αὐτου ἐν χρηστοτητι ἐφ ἡμας ἐν χριστω ἰησου.

Col 3 12 ἐνδυσασθε οὐν, ὡς ἐκλεκτοι του θεου ἁγιοι και ἠγαπημενοι, σπλαγχνα οἰκτιρμου, χρηστοτητα, ταπεινοφροσυνην, πραυτητα, μακροθυμιαν,

Tit 3 4 ὁτε δε ἡ χρηστοτης και ἡ φιλανθρωπια ἐπεφανη του σωτηρος ἡμων θεου,

χρισμα [3]

1Jh 2 20 και ὑμεις χρισμα ἐχετε ἀπο του ἁγιου,

27 και ὑμεις το χρισμα ὁ ἐλαβετε ἀπ αὐτου μενει ἐν ὑμιν,

χρισμα [3]

1Jh 2 27 ἀλλ ὡς το αὐτου χρισμα διδασκει ὑμας περι παντων, και ἀληθες ἐστιν και οὐκ ἐστιν ψευδος,

χριστιανος [3]

Ac 11 26 ἐγενετο δε αὐτοις και ἐνιαυτον ὁλον συναχθηναι ἐν τη ἐκκλησια και διδαξαι ὀχλον ἱκανον, χρηματισαι τε πρωτως ἐν ἀντιοχεια τους μαθητας χριστιανους.

26 28 ἐν ὀλιγω με πειθεις χριστιανον ποιησαι.

1Pt 4 16 εἰ δε ὡς χριστιανος, μη αἰσχυνεσθω, δοξαζετω δε τον θεον ἐν τω ὀνοματι τουτω.

χριστος [531]

Mt 1 1 βιβλος γενεσεως ἰησου χριστου υἱου δαυιδ υἱου ἀβρααμ.

16 ἐξ ἡς ἐγεννηθη ἰησους ὁ λεγομενος χριστος.

17 και ἀπο της μετοικεσιας βαβυλωνος ἑως του χριστου γενεαι δεκατεσσαρες.

18 του δε ἰησου χριστου ἡ γενεσις οὑτως ἠν.

2 4 και συναγαγων παντας τους ἀρχιερεις και γραμματεις του λαου ἐπυνθανετο παρ αὐτων που ὁ χριστος γενναται.

11 2 ὁ δε ἰωαννης ἀκουσας ἐν τω δεσμωτηριω τα ἐργα του χριστου, πεμψας δια των μαθητων αὐτου εἰπεν αὐτω·

16 16 συ εἰ ὁ χριστος ὁ υἱος του θεου του ζωντος.

20 τοτε διεστειλατο τοις μαθηταις ἱνα μηδενι εἰπωσιν ὁτι αὐτος ἐστιν ὁ χριστος.

22 42 τι ὑμιν δοκει περι του χριστου; τινος υἱος ἐστιν;

23 10 μηδε κληθητε καθηγηται, ὁτι καθηγητης ὑμων ἐστιν εἰς ὁ χριστος.

24 5 πολλοι γαρ ἐλευσονται ἐπι τω ὀνοματι μου λεγοντες· ἐγω εἰμι ὁ χριστος, και πολλους πλανησουσιν.

23 τοτε ἐαν τις ὑμιν εἰπη· ἰδου ὡδε ὁ χριστος, ἠ· ὡδε, μη πιστευσητε·

26 63 ἐξορκιζω σε κατα του θεου του ζωντος ἱνα ἡμιν εἰπης εἰ συ εἰ ὁ χριστος ὁ υἱος του θεου.

68 προφητευσον ἡμιν, χριστε, τις ἐστιν ὁ παισας σε;

27 17 τινα θελετε ἀπολυσω ὑμιν, [ἰησουν τον] βαραββαν ἠ ἰησουν τον λεγομενον χριστον;

22 τι οὐν ποιησω ἰησουν τον λεγομενον χριστον;

Mc 1 1 ἀρχη του εὐαγγελιου ἰησου χριστου [υἱου θεου].

8 29 ἀποκριθεις ὁ πετρος λεγει αὐτω· συ εἰ ὁ χριστος.

9 41 ὁς γαρ ἀν ποτιση ὑμας ποτηριον ὑδατος ἐν ὀνοματι, ὁτι χριστου ἐστε, ἀμην λεγω ὑμιν ὁτι οὐ μη ἀπολεση τον μισθον αὐτου.

12 35 πως λεγουσιν οἱ γραμματεις ὁτι ὁ χριστος υἱος δαυιδ ἐστιν;

13 21 ἰδε ὡδε ὁ χριστος, ἰδε ἐκει, μη πιστευετε·

14 61 συ εἰ ὁ χριστος ὁ υἱος του εὐλογητου;

15 32 ὁ χριστος ὁ βασιλευς ἰσραηλ καταβατω νυν ἀπο του σταυρου, ἱνα ἰδωμεν και πιστευσωμεν.

Lc 2 11 ὁτι ἐτεχθη ὑμιν σημερον σωτηρ, ὁς ἐστιν χριστος κυριος, ἐν πολει δαυιδ.

26 και ἠν αὐτω κεχρηματισμενον ὑπο του πνευματος του ἁγιου μη ἰδειν θανατον πριν [ἠ] ἀν ἰδη τον χριστον κυριου.

3 15 προσδοκωντος δε του λαου και διαλογιζομενων παντων ἐν ταις καρδιαις αὐτων περι του ἰωαννου, μηποτε αὐτος εἰη ὁ χριστος,

4 41 και ἐπιτιμων οὐκ εἰα αὐτα λαλειν, ὁτι ἠδεισαν τον χριστον αὐτον εἰναι.

9 20 πετρος δε ἀποκριθεις εἰπεν· τον χριστον του θεου.

20 41 πως λεγουσιν τον χριστον εἰναι δαυιδ υἱον;

22 67 εἰ συ εἰ ὁ χριστος, εἰπον ἡμιν.

23 2 και λεγοντα ἑαυτον χριστον βασιλεα εἰναι.

35 ἀλλους ἐσωσεν, σωσατω ἑαυτον, εἰ οὑτος ἐστιν ὁ χριστος του θεου ὁ ἐκλεκτος.

39 οὐχι συ εἰ ὁ χριστος; σωσον σεαυτον και ἡμας.

24 26 οὐχι ταυτα ἐδει παθειν τον χριστον και εἰσελθειν εἰς την δοξαν αὐτου;

46 και εἰπεν αὐτοις ὁτι οὑτως γεγραπται παθειν τον χριστον και ἀναστηναι ἐκ νεκρων τη τριτη ἡμερα,

Jh 1 17 ἡ χαρις και ἡ ἀληθεια δια ἰησου χριστου ἐγενετο.

20 και ὡμολογησεν ὁτι ἐγω οὐκ εἰμι ὁ χριστος.

25 τι οὐν βαπτιζεις εἰ συ οὐκ εἰ ὁ χριστος οὐδε ἡλιας οὐδε ὁ προφητης;

41 εὑρηκαμεν τον μεσσιαν ὁ ἐστιν μεθερμηνευομενον χριστος.

3 28 [ὁτι] οὐκ εἰμι ἐγω ὁ χριστος, ἀλλ ὁτι ἀπεσταλμενος εἰμι ἐμπροσθεν ἐκεινου.

4 25 οἰδα ὁτι μεσσιας ἐρχεται, ὁ λεγομενος χριστος·

29 δευτε ἰδετε ἀνθρωπον ὁς εἰπεν μοι παντα ὁσα ἐποιησα· μητι οὑτος ἐστιν ὁ χριστος;

χριστος [531]

Jh 7 26 μηποτε αληθως εγνωσαν οι αρχοντες οτι ουτος εστιν ὁ χριστος;

27 ὁ δε χριστος ὁταν ερχηται, ουδεις γινωσκει ποθεν εστιν.

31 ὁ χριστος ὁταν ελθη, μη πλειονα σημεια ποιησει ὡν ουτος εποιησεν;

41 ουτος εστιν ὁ χριστος·

41 μη γαρ εκ της γαλιλαιας ὁ χριστος ερχεται;

42 ουχ ἡ γραφη ειπεν ὁτι εκ του σπερματος δαυιδ, και ἀπο βηθλεεμ της κωμης ὁπου ἠν δαυιδ, ερχεται ὁ χριστος;

9 22 ηδη γαρ συνετεθειντο οι ιουδαιοι ἱνα εαν τις αυτον ὁμολογηση χριστον, ἀποσυναγωγος γενηται.

10 24 ει συ ει ὁ χριστος, ειπε ἡμιν παρρησια.

11 27 εγω πεπιστευκα ὁτι συ ει ὁ χριστος ὁ υιος του θεου ὁ εις τον κοσμον ερχομενος.

12 34 ἡμεις ηκουσαμεν εκ του νομου ὁτι ὁ χριστος μενει εις τον αιωνα, και πως λεγεις συ ὁτι δει ὑψωθηναι τον υιον του ἀνθρωπου;

17 3 αυτη δε εστιν ἡ αιωνιος ζωη, ἱνα γινωσκωσιν σε τον μονον ἀληθινον θεον και ὁν ἀπεστειλας ιησουν χριστον.

20 31 ταυτα δε γεγραπται ἱνα πιστευ[σ]ητε ὁτι ιησους εστιν ὁ χριστος ὁ υιος του θεου,

Ac 2 31 προιδων ελαλησεν περι της ἀναστασεως του χριστου, ὁτι ουτε εγκατελειφθη εις ἁδην ουτε ἡ σαρξ αυτου ειδεν διαφθοραν.

36 ἀσφαλως ουν γινωσκετω πας οικος ισραηλ ὁτι και κυριον αυτον και χριστον εποιησεν ὁ θεος,

38 μετανοησατε, [φησιν,] και βαπτισθητω ἑκαστος ὑμων επι τω ὀνοματι ιησου χριστου εις αφεσιν των ἁμαρτιων ὑμων,

3 6 εν τω ὀνοματι ιησου χριστου του ναζωραιου [εγειρε και] περιπατει.

18 ὁ δε θεος ἁ προκατηγγειλεν δια στοματος παντων των προφητων, παθειν τον χριστον αυτου, επληρωσεν ουτως.

20 ὁπως ἁν ελθωσιν καιροι ἀναψυξεως ἀπο προσωπου του κυριου και ἀποστειλη τον προκεχειρισμενον ὑμιν χριστον ιησουν,

4 10 γνωστον εστω πασιν ὑμιν και παντι τω λαω ισραηλ, ὁτι εν τω ὀνοματι ιησου χριστου του ναζωραιου, ὁν ὑμεις εσταυρωσατε, ὁν ὁ θεος ηγειρεν εκ νεκρων, εν τουτω ουτος παρεστηκεν ενωπιον ὑμων ὑγιης.

26 παρεστησαν οι βασιλεις της γης και οι αρχοντες συνηχθησαν επι το αυτο κατα του κυριου και κατα του χριστου αυτου.

5 42 πασαν τε ἡμεραν εν τω ιερω και κατ οικον ουκ επαυοντο διδασκοντες και ευαγγελιζομενοι τον χριστον ιησουν.

8 5 φιλιππος δε κατελθων εις [την] πολιν της σαμαρειας εκηρυσσεν αυτοις τον χριστον.

12 ὁτε δε επιστευσαν τω φιλιππω ευαγγελιζομενω περι της βασιλειας του θεου και του ὀνοματος ιησου χριστου, εβαπτιζοντο ανδρες τε και γυναικες.

37 * πιστευω τον υιον του θεου ειναι τον ιησουν χριστον.

9 22 σαυλος δε μαλλον ενεδυναμουτο και συνεχυννεν [τους] ιουδαιους τους κατοικουντας εν δαμασκω, συμβιβαζων ὁτι ουτος εστιν ὁ χριστος.

34 αινεα, ιαται σε ιησους χριστος· αναστηθι και στρωσον σεαυτω.

10 36 τον λογον [ὁν] απεστειλεν τοις υιοις ισραηλ ευαγγελιζομενος ειρηνην δια ιησου χριστου·

48 προσεταξεν δε αυτους εν τω ὀνοματι ιησου χριστου βαπτισθηναι.

11 17 ει ουν την ισην δωρεαν εδωκεν αυτοις ὁ θεος ὡς και ἡμιν, πιστευσασιν επι τον κυριον ιησουν χριστον, εγω τις ἡμην δυνατος κωλυσαι τον θεον;

15 26 εκλελεγμενοις ανδρας πεμψαι προς ὑμας συν τοις ἀγαπητοις ἡμων βαρναβα και παυλω, ἀνθρωποις παραδεδωκοσι τας ψυχας αυτων ὑπερ του ὀνοματος του κυριου ἡμων ιησου χριστου.

16 18 παραγγελλω σοι εν ὀνοματι ιησου χριστου εξελθειν ἀπ αυτης·

17 3 και επι σαββατα τρια διελεξατο αυτοις ἀπο των γραφων, διανοιγων και παρατιθεμενος ὁτι τον χριστον εδει παθειν και ἀναστηναι εκ νεκρων,

3 διανοιγων και παρατιθεμενος ὁτι τον χριστον εδει παθειν και ἀναστηναι εκ νεκρων, και ὁτι ουτος εστιν ὁ χριστος [ὁ] ιησους,

18 5 συνειχετο τω λογω ὁ παυλος, διαμαρτυρομενος τοις ιουδαιοις ειναι τον χριστον ιησουν.

28 ευτονως γαρ τοις ιουδαιοις διακατηλεγχετο δημοσια επιδεικνυς δια των γραφων ειναι τον χριστον ιησουν.

24 24 και ηκουσεν αυτου περι της εις χριστον ιησουν πιστεως.

26 23 ει παθητος ὁ χριστος, ει πρωτος εξ ἀναστασεως νεκρων φως μελλει καταγγελλειν τω τε λαω και τοις εθνεσιν.

χριστος [531]

Ac 28 31 και ἀπεδεχετο παντας τους εισπορευομενους προς αυτον, κηρυσσων την βασιλειαν του θεου και διδασκων τα περι του κυριου ιησου χριστου μετα πασης παρρησιας ἀκωλυτως.

Rm 1 1 παυλος δουλος χριστου ιησου, κλητος ἀποστολος ἀφωρισμενος εις ευαγγελιον θεου,

4 του ὁρισθεντος υιου θεου εν δυναμει κατα πνευμα ἁγιωσυνης εξ ἀναστασεως νεκρων, ιησου χριστου του κυριου ἡμων,

6 εν οις εστε και ὑμεις κλητοι ιησου χριστου,

7 χαρις ὑμιν και ειρηνη ἀπο θεου πατρος ἡμων και κυριου ιησου χριστου.

8 πρωτον μεν ευχαριστω τω θεω μου δια ιησου χριστου περι παντων ὑμων, ὁτι ἡ πιστις ὑμων καταγγελλεται εν ὁλω τω κοσμω.

2 16 εν ἡμερα ὁτε κρινει ὁ θεος τα κρυπτα των ἀνθρωπων κατα το ευαγγελιον μου δια ιησου χριστου.

3 22 δικαιοσυνη δε θεου δια πιστεως ιησου χριστου, εις παντας τους πιστευοντας·

24 παντες γαρ ἡμαρτον και ὑστερουνται της δοξης του θεου, δικαιουμενοι δωρεαν τη αυτου χαριτι δια της ἀπολυτρωσεως της εν χριστω ιησου·

5 1 δικαιωθεντες ουν εκ πιστεως ειρηνην εχομεν προς τον θεον δια του κυριου ἡμων ιησου χριστου,

6 ετι γαρ χριστος ὁντων ἡμων ἀσθενων ετι κατα καιρον ὑπερ ἀσεβων ἀπεθανεν.

8 συνιστησιν δε την ἑαυτου ἀγαπην εις ἡμας ὁ θεος ὁτι ετι ἁμαρτωλων ὁντων ἡμων χριστος ὑπερ ἡμων ἀπεθανεν.

11 ου μονον δε, ἀλλα και καυχωμενοι εν τω θεω δια του κυριου ἡμων ιησου χριστου,

15 ει γαρ τω του ἑνος παραπτωματι οι πολλοι ἀπεθανον, πολλω μαλλον ἡ χαρις του θεου και ἡ δωρεα εν χαριτι τη του ἑνος ἀνθρωπου ιησου χριστου εις τους πολλους επερισσευσεν.

17 πολλω μαλλον οι την περισσειαν της χαριτος και της δωρεας της δικαιοσυνης λαμβανοντες εν ζωη βασιλευσουσιν δια του ἑνος ιησου χριστου.

21 ἱνα ὡσπερ εβασιλευσεν ἡ ἁμαρτια εν τω θανατω, ουτως και ἡ χαρις βασιλευση δια δικαιοσυνης εις ζωην αιωνιον δια ιησου χριστου του κυριου ἡμων.

6 3 ἡ ἀγνοειτε ὁτι ὁσοι εβαπτισθημεν εις χριστον ιησουν, εις τον θανατον αυτου εβαπτισθημεν;

4 ἱνα ὡσπερ ηγερθη χριστος εκ νεκρων δια της δοξης του πατρος, ουτως και ἡμεις εν καινοτητι ζωης περιπατησωμεν.

8 ει δε ἀπεθανομεν συν χριστω, πιστευομεν ὁτι και συζησομεν αυτω,

9 πιστευομεν ὁτι και συζησομεν αυτω, ειδοτες ὁτι χριστος εγερθεις εκ νεκρων ουκετι ἀποθνησκει,

11 ουτως και ὑμεις λογιζεσθε ἑαυτους [ειναι] νεκρους μεν τη ἁμαρτια ζωντας δε τω θεω εν χριστω ιησου.

23 τα γαρ ὀψωνια της ἁμαρτιας θανατος, το δε χαρισμα του θεου ζωη αιωνιος εν χριστω ιησου τω κυριω ἡμων.

7 4 ὡστε, ἀδελφοι μου, και ὑμεις εθανατωθητε τω νομω δια του σωματος του χριστου,

25 χαρις δε τω θεω δια ιησου χριστου του κυριου ἡμων.

8 1 ουδεν ἀρα νυν κατακριμα τοις εν χριστω ιησου.

2 ὁ γαρ νομος του πνευματος της ζωης εν χριστω ιησου ηλευθερωσεν σε ἀπο του νομου της ἁμαρτιας και του θανατου.

9 ει δε τις πνευμα χριστου ουκ εχει, ουτος ουκ εστιν αυτου.

10 ει δε χριστος εν ὑμιν, το μεν σωμα νεκρον δια ἁμαρτιαν,

11 ει δε το πνευμα του εγειραντος τον ιησουν εκ νεκρων οικει εν ὑμιν, ὁ εγειρας χριστον εκ νεκρων ζωοποιησει

17 κληρονομοι μεν θεου, συγκληρονομοι δε χριστου, ειπερ συμπασχομεν ἱνα και συνδοξασθωμεν.

34 τις ὁ κατακρινων; χριστος [ιησους] ὁ ἀποθανων, μαλλον δε εγερθεις,

35 τις ἡμας χωρισει ἀπο της ἀγαπης του χριστου;

39 πεπεισμαι γαρ ὁτι ουτε θανατος ουτε ζωη ουτε ἀγγελοι ουτε ἀρχαι ουτε ενεστωτα ουτε μελλοντα ουτε δυναμεις ουτε ὑψωμα ουτε βαθος ουτε τις κτισις ἑτερα δυνησεται ἡμας χωρισαι ἀπο της ἀγαπης του θεου της εν χριστω ιησου τω κυριω ἡμων.

9 1 ἀληθειαν λεγω εν χριστω, ου ψευδομαι,

3 ηυχομην γαρ ἀναθεμα ειναι αυτος εγω ἀπο του χριστου ὑπερ των ἀδελφων μου των συγγενων μου κατα σαρκα,

5 ὡν οι πατερες, και εξ ὡν ὁ χριστος το κατα σαρκα·

10 4 τελος γαρ νομου χριστος εις δικαιοσυνην παντι τω πιστευοντι.

6 μη ειπης εν τη καρδια σου· τις ἀναβησεται εις τον ουρανον; τουτ εστιν χριστον καταγαγειν· ἡ·

χριστος [531]

Rm 10 7 τίς καταβησεται εἰς τὴν ἀβυσσον; τουτ ἐστιν χριστον ἐκ νεκρων ἀναγαγειν.

17 ἀρα ἡ πιστις ἐξ ἀκοης, ἡ δε ἀκοη δια ρηματος χριστου.

12 5 καθαπερ γαρ ἐν ἑνι σωματι πολλα μελη ἐχομεν, τα δε μελη παντα οὐ τὴν αὐτὴν ἐχει πραξιν, οὑτως οἱ πολλοι ἑν σωμα ἐσμεν ἐν χριστω,

13 14 ἀλλα ἐνδυσασθε τον κυριον ἰησουν χριστον, και της σαρκος προνοιαν μη ποιεισθε εἰς ἐπιθυμιας.

14 9 εἰς τουτο γαρ χριστος ἀπεθανεν και ἐζησεν, ἱνα και νεκρων και ζωντων κυριευση.

15 μη τω βρωματι σου ἐκεινον ἀπολλυε, ὑπερ οὑ χριστος ἀπεθανεν.

18 ὁ γαρ ἐν τουτω δουλευων τω χριστω εὐαρεστος τω θεω και δοκιμος τοις ἀνθρωποις.

15 3 και γαρ ὁ χριστος οὐχ ἑαυτω ἡρεσεν·

5 ὁ δε θεος της ὑπομονης και της παρακλησεως δωη ὑμιν το αὐτο φρονειν ἐν ἀλληλοις κατα χριστον ἰησουν,

6 ὁ δε θεος της ὑπομονης και της παρακλησεως δωη ὑμιν το αὐτο φρονειν ἐν ἀλληλοις κατα χριστον ἰησουν, ἱνα ὁμοθυμαδον ἐν ἑνι στοματι δοξαζητε τον θεον και πατερα του κυριου ἡμων ἰησου χριστου.

7 διο προσλαμβανεσθε ἀλληλους, καθως και ὁ χριστος προσελαβετο ὑμας εἰς δοξαν του θεου.

8 λεγω γαρ χριστον διακονον γεγενησθαι περιτομης ὑπερ ἀληθειας θεου,

16 εἰς το εἰναι με λειτουργον χριστου ἰησου εἰς τα ἐθνη,

17 ἐχω οὐν τὴν καυχησιν ἐν χριστω ἰησου τα προς τον θεον·

18 οὐ γαρ τολμησω τι λαλειν ὡν οὐ κατειργασατο χριστος δι ἐμου εἰς ὑπακοην ἐθνων,

19 ὡστε με ἀπο ἰερουσαλημ και κυκλω μεχρι του ἰλλυρικου πεπληρωκεναι το εὐαγγελιον του χριστου.

20 οὑτως δε φιλοτιμουμενον εὐαγγελιζεσθαι οὐχ ὁπου ὠνομασθη χριστος,

29 οἰδα δε ὁτι ἐρχομενος προς ὑμας ἐν πληρωματι εὐλογιας χριστου ἐλευσομαι.

30 παρακαλω δε ὑμας, [ἀδελφοι,] δια του κυριου ἡμων ἰησου χριστου και δια της ἀγαπης του πνευματος, συναγωνισασθαι μοι ἐν ταις προσευχαις ὑπερ ἐμου προς τον θεον,

16 3 ἀσπασασθε πρισκαν και ἀκυλαν τους συνεργους μου ἐν χριστω ἰησου,

5 ἀσπασασθε ἐπαινετον τον ἀγαπητον μου, ὁς ἐστιν ἀπαρχη της ἀσιας εἰς χριστον.

7 οἰτινες εἰσιν ἐπισημοι ἐν τοις ἀποστολοις, οἱ και προ ἐμου γεγοναν ἐν χριστω.

9 ἀσπασασθε οὐρβανον τον συνεργον ἡμων ἐν χριστω και σταχυν τον ἀγαπητον μου.

10 ἀσπασασθε ἀπελλην τον δοκιμον ἐν χριστω.

16 ἀσπαζονται ὑμας αἱ ἐκκλησιαι πασαι του χριστου.

18 οἱ γαρ τοιουτοι τω κυριω ἡμων χριστω οὐ δουλευουσιν ἀλλα τη ἑαυτων κοιλια,

24 * ἡ χαρις του κυριου ἡμων ἰησου χριστου μετα παντων ὑμων· ἀμην.

25 [τω δε δυναμενω ὑμας στηριξαι κατα το εὐαγγελιον μου και το κηρυγμα ἰησου χριστου],

27 [μονω σοφω θεω, δια ἰησου χριστου, ᾡ ἡ δοξα εἰς τους αἰωνας· ἀμην].

1Co 1 1 παυλος κλητος ἀποστολος χριστου ἰησου δια θεληματος θεου και σωσθενης ὁ ἀδελφος

2 τη ἐκκλησια του θεου τη οὐση ἐν κορινθω, ἡγιασμενοις ἐν χριστω ἰησου,

2 συν πασιν τοις ἐπικαλουμενοις το ὀνομα του κυριου ἡμων ἰησου χριστου ἐν παντι τοπω, αὐτων και ἡμων·

3 χαρις ὑμιν και εἰρηνη ἀπο θεου πατρος ἡμων και κυριου ἰησου χριστου.

4 εὐχαριστω τω θεω μου παντοτε περι ὑμων ἐπι τη χαριτι του θεου τη δοθεισῃ ὑμιν ἐν χριστω ἰησου,

6 καθως το μαρτυριον του χριστου ἐβεβαιωθη ἐν ὑμιν,

7 ὡστε ὑμας μη ὑστερεισθαι ἐν μηδενι χαρισματι, ἀπεκδεχομενους τὴν ἀποκαλυψιν του κυριου ἡμων ἰησου χριστου·

8 ὁς και βεβαιωσει ὑμας ἑως τελους ἀνεγκλητους ἐν τη ἡμερα του κυριου ἡμων ἰησου [χριστου].

9 πιστος ὁ θεος, δι οὑ ἐκληθητε εἰς κοινωνιαν του υἱου αὐτου ἰησου χριστου του κυριου ἡμων.

10 παρακαλω δε ὑμας, ἀδελφοι, δια του ὀνοματος του κυριου ἡμων ἰησου χριστου, ἱνα το αὐτο λεγητε παντες,

12 ἐγω μεν εἰμι παυλου, ἐγω δε ἀπολλω, ἐγω δε κηφα, ἐγω δε χριστου.

13 μεμερισται ὁ χριστος; μη παυλος ἐσταυρωθη ὑπερ ὑμων,

χριστος [531]

1Co 1 17 οὐ γαρ ἀπεστειλεν με χριστος βαπτιζειν ἀλλα εὐαγγελιζεσθαι,

17 οὐ γαρ ἀπεστειλεν με χριστος βαπτιζειν ἀλλα εὐαγγελιζεσθαι, οὐκ ἐν σοφια λογου, ἱνα μη κενωθη ὁ σταυρος του χριστου.

23 ἐπειδη και ἰουδαιοι σημεια αἰτουσιν και ἑλληνες σοφιαν ζητουσιν, ἡμεις δε κηρυσσομεν χριστον ἐσταυρωμενον,

24 αὐτοις δε τοις κλητοις, ἰουδαιοις τε και ἑλλησιν, χριστον θεου δυναμιν και θεου σοφιαν.

30 ἐξ αὐτου δε ὑμεις ἐστε ἐν χριστω ἰησου, ὁς ἐγενηθη σοφια ἡμιν ἀπο θεου,

2 2 οὐ γαρ ἐκρινα τι εἰδεναι ἐν ὑμιν εἰ μη ἰησουν χριστον και τουτον ἐσταυρωμενον.

16 ἡμεις δε νουν χριστου ἐχομεν.

3 1 καγω, ἀδελφοι, οὐκ ἡδυνηθην λαλησαι ὑμιν ὡς πνευματικοις ἀλλ ὡς σαρκινοις, ὡς νηπιοις ἐν χριστω.

11 θεμελιον γαρ ἀλλον οὐδεις δυναται θειναι παρα τον κειμενον, ὁς ἐστιν ἰησους χριστος.

23 εἰτε ἐνεστωτα εἰτε μελλοντα, παντα ὑμων, ὑμεις δε χριστου, χριστος δε θεου.

23 εἰτε ἐνεστωτα εἰτε μελλοντα, παντα ὑμων, ὑμεις δε χριστου, χριστος δε θεου.

4 1 οὑτως ἡμας λογιζεσθω ἀνθρωπος ὡς ὑπηρετας χριστου και οἰκονομους μυστηριων θεου.

10 ἡμεις μωροι δια χριστον, ὑμεις δε φρονιμοι ἐν χριστω·

10 ἡμεις μωροι δια χριστον, ὑμεις δε φρονιμοι ἐν χριστω·

15 ἐαν γαρ μυριους παιδαγωγους ἐχητε ἐν χριστω, ἀλλ οὐ πολλους πατερας·

15 ἐν γαρ χριστω ἰησου δια του εὐαγγελιου ἐγω ὑμας ἐγεννησα.

17 ὁς ἐστιν μου τεκνον ἀγαπητον και πιστον ἐν κυριω, ὁς ὑμας ἀναμνησει τας ὁδους μου τας ἐν χριστω [ἰησου],

5 7 και γαρ το πασχα ἡμων ἐτυθη χριστος.

6 11 ἀλλα ἀπελουσασθε, ἀλλα ἡγιασθητε, ἀλλα ἐδικαιωθητε ἐν τω ὀνοματι του κυριου ἰησου χριστου και ἐν τω πνευματι του θεου ἡμων.

15 οὐκ οἰδατε ὁτι τα σωματα ὑμων μελη χριστου ἐστιν;

15 ἀρας οὐν τα μελη του χριστου ποιησω πορνης μελη;

7 22 ὁμοιως ὁ ἐλευθερος κληθεις δουλος ἐστιν χριστου.

8 6 και εἰς κυριος ἰησους χριστος, δι οὑ τα παντα και ἡμεις δι αὐτου.

11 ἀπολλυται γαρ ὁ ἀσθενων ἐν τη ση γνωσει, ὁ ἀδελφος δι ὁν χριστος ἀπεθανεν.

12 οὑτως δε ἁμαρτανοντες εἰς τους ἀδελφους και τυπτοντες αὐτων τὴν συνειδησιν ἀσθενουσαν εἰς χριστον ἁμαρτανετε.

9 12 ἀλλ οὐκ ἐχρησαμεθα τη ἐξουσια ταυτη, ἀλλα παντα στεγομεν ἱνα μη τινα ἐγκοπην δωμεν τω εὐαγγελιω του χριστου.

21 τοις ἀνομοις ὡς ἀνομος, μη ὠν ἀνομος θεου ἀλλ ἐννομος χριστου,

10 4 ἐπινον γαρ ἐκ πνευματικης ἀκολουθουσης πετρας, ἡ πετρα δε ἠν ὁ χριστος.

9 μηδε ἐκπειραζωμεν τον χριστον, καθως τινες αὐτων ἐπειρασαν και ὑπο των ὀφεων ἀπωλλυντο.

16 το ποτηριον της εὐλογιας ὁ εὐλογουμεν, οὐχι κοινωνια ἐστιν του αἱματος του χριστου;

16 τον ἀρτον ὁν κλωμεν, οὐχι κοινωνια του σωματος του χριστου ἐστιν;

11 1 μιμηται μου γινεσθε, καθως καγω χριστου.

3 θελω δε ὑμας εἰδεναι ὁτι παντος ἀνδρος ἡ κεφαλη ὁ χριστος ἐστιν,

3 κεφαλη δε γυναικος ὁ ἀνηρ, κεφαλη δε του χριστου ὁ θεος.

12 12 καθαπερ γαρ το σωμα ἑν ἐστιν και μελη πολλα ἐχει, παντα δε τα μελη του σωματος πολλα ὀντα ἑν ἐστιν σωμα, οὑτως και ὁ χριστος·

27 ὑμεις δε ἐστε σωμα χριστου και μελη ἐκ μερους.

15 3 παρεδωκα γαρ ὑμιν ἐν πρωτοις, ὁ και παρελαβον, ὁτι χριστος ἀπεθανεν ὑπερ των ἁμαρτιων ἡμων κατα τας γραφας,

12 εἰ δε χριστος κηρυσσεται ὁτι ἐκ νεκρων ἐγηγερται, πως λεγουσιν ἐν ὑμιν τινες ὁτι ἀναστασις νεκρων οὐκ ἐστιν;

13 εἰ δε ἀναστασις νεκρων οὐκ ἐστιν, οὐδε χριστος ἐγηγερται·

14 εἰ δε χριστος οὐκ ἐγηγερται, κενον ἀρα [και] το κηρυγμα ἡμων,

15 εὑρισκομεθα δε και ψευδομαρτυρες του θεου, ὁτι ἐμαρτυρησαμεν κατα του θεου ὁτι ἠγειρεν τον χριστον,

16 εἰ γαρ νεκροι οὐκ ἐγειρονται, οὐδε χριστος ἐγηγερται·

17 εἰ δε χριστος οὐκ ἐγηγερται, ματαια ἡ πιστις ὑμων,

18 ἀρα και οἱ κοιμηθεντες ἐν χριστω ἀπωλοντο.

19 εἰ ἐν τη ζωη ταυτη ἐν χριστω ἡλπικοτες ἐσμεν μονον, ἐλεεινοτεροι παντων ἀνθρωπων ἐσμεν.

20 νυνι δε χριστος ἐγηγερται ἐκ νεκρων, ἀπαρχη των κεκοιμημενων.

χριστος [531]

1Co 15 22 ὡσπερ γαρ ἐν τω ἀδαμ παντες ἀποθνησκουσιν, οὑτως και ἐν τω χριστω παντες ζωοποιηθησονται.
23 ἀπαρχη χριστος, ἐπειτα οἱ του χριστου ἐν τη παρουσια αὑτου,
23 ἀπαρχη χριστος, ἐπειτα οἱ του χριστου ἐν τη παρουσια αὑτου,
31 καθ ἡμεραν ἀποθνησκω, νη την ὑμετεραν καυχησιν, [ἀδελφοι], ἡν ἐχω ἐν χριστω ἰησου τω κυριω ἡμων.
57 τω δε θεω χαρις τω διδοντι ἡμιν το νικος δια του κυριου ἡμων ἰησου χριστου.
16 24 ἡ ἀγαπη μου μετα παντων ὑμων ἐν χριστω ἰησου.
2Co 1 1 παυλος ἀποστολος χριστου ἰησου δια θεληματος θεου και τιμοθεος ὁ ἀδελφος τη ἐκκλησια του θεου τη οὐση ἐν κορινθω συν τοις ἁγιοις πασιν τοις οὐσιν ἐν ὁλη τη ἀχαια·
2 χαρις ὑμιν και εἰρηνη ἀπο θεου πατρος ἡμων, και κυριου ἰησου χριστου.
3 εὐλογητος ὁ θεος και πατηρ του κυριου ἡμων ἰησου χριστου,
5 ὁτι καθως περισσευει τα παθηματα του χριστου εἰς ἡμας, οὑτως δια του χριστου περισσευει και ἡ παρακλησις ἡμων.
5 ὁτι καθως περισσευει τα παθηματα του χριστου εἰς ἡμας, οὑτως δια του χριστου περισσευει και ἡ παρακλησις ἡμων.
19 ὁ του θεου γαρ υἱος ἰησους χριστος ὁ ἐν ὑμιν δι ἡμων κηρυχθεις, δι ἐμου και σιλουανου και τιμοθεου, οὐκ ἐγενετο ναι και οὐ,
21 ὁ δε βεβαιων ἡμας συν ὑμιν εἰς χριστον και χρισας ἡμας θεος,
2 10 και γαρ ἐγω ὁ κεχαρισμαι, εἰ τι κεχαρισμαι, δι ὑμας ἐν προσωπω χριστου,
12 ἐλθων δε εἰς την τρωαδα εἰς το εὐαγγελιον του χριστου, και θυρας μοι ἀνεωγμενης ἐν κυριω, οὐκ ἐσχηκα ἀνεσιν τω πνευματι μου
14 τω δε θεω χαρις τω παντοτε θριαμβευοντι ἡμας ἐν τω χριστω και την ὀσμην της γνωσεως αὑτου φανερουντι δι ἡμων ἐν παντι τοπω·
15 ὁτι χριστου εὐωδια ἐσμεν τω θεω ἐν τοις σωζομενοις και ἐν τοις ἀπολλυμενοις,
17 ἀλλ ὡς ἐξ εἰλικρινειας, ἀλλ ὡς ἐκ θεου κατεναντι θεου ἐν χριστω λαλουμεν.
3 3 φανερουμενοι ὁτι ἐστε ἐπιστολη χριστου διακονηθεισα ὑφ ἡμων,
4 πεποιθησιν δε τοιαυτην ἐχομεν δια του χριστου προς τον θεον.
14 ἀχρι γαρ της σημερον ἡμερας το αὐτο καλυμμα ἐπι τη ἀναγνωσει της παλαιας διαθηκης μενει, μη ἀνακαλυπτομενον ὁτι ἐν χριστω καταργειται·
4 4 ἐν οἱς ὁ θεος του αἰωνος τουτου ἐτυφλωσεν τα νοηματα των ἀπιστων εἰς το μη αὐγασαι τον φωτισμον του εὐαγγελιου της δοξης του χριστου,
5 οὐ γαρ ἑαυτους κηρυσσομεν ἀλλα ἰησουν χριστον κυριον,
6 ὁτι ὁ θεος ὁ εἰπων· ἐκ σκοτους φως λαμψει, ὁς ἐλαμψεν ἐν ταις καρδιαις ἡμων προς φωτισμον της γνωσεως της δοξης του θεου ἐν προσωπω [ἰησου] χριστου.
5 10 τους γαρ παντας ἡμας φανερωθηναι δει ἐμπροσθεν του βηματος του χριστου,
14 ἡ γαρ ἀγαπη του χριστου συνεχει ἡμας,
16 εἰ και ἐγνωκαμεν κατα σαρκα χριστον, ἀλλα νυν οὐκετι γινωσκομεν.
17 ὡστε εἰ τις ἐν χριστω, καινη κτισις·
18 τα δε παντα ἐκ του θεου του καταλλαξαντος ἡμας ἑαυτω δια χριστου και δοντος ἡμιν την διακονιαν της καταλλαγης,
19 ὡς ὁτι θεος ἠν ἐν χριστω κοσμον καταλλασσων ἑαυτω,
20 ὑπερ χριστου οὐν πρεσβευομεν ὡς του θεου παρακαλουντος δι ἡμων·
20 δεομεθα ὑπερ χριστου, καταλλαγητε τω θεω.
6 15 τις δε συμφωνησις χριστου προς βελιαρ, ἡ τις μερις πιστω μετα ἀπιστου;
8 9 γινωσκετε γαρ την χαριν του κυριου ἡμων ἰησου χριστου,
23 εἰτε ἀδελφοι ἡμων, ἀποστολοι ἐκκλησιων, δοξα χριστου.
9 13 δια της δοκιμης της διακονιας ταυτης δοξαζοντες τον θεον ἐπι τη ὑποταγη της ὁμολογιας ὑμων εἰς το εὐαγγελιον του χριστου και ἁπλοτητι της κοινωνιας εἰς αὐτους και εἰς παντας,
10 1 αὐτος δε ἐγω παυλος παρακαλω ὑμας δια της πραυτητος και ἐπιεικειας του χριστου,
5 και αἰχμαλωτιζοντες παν νοημα εἰς την ὑπακοην του χριστου,
7 εἰ τις πεποιθεν ἑαυτω χριστου εἰναι, τουτο λογιζεσθω παλιν ἐφ ἑαυτου,
7 τουτο λογιζεσθω παλιν ἐφ ἑαυτου, ὁτι καθως αὐτος χριστου, οὑτως και ἡμεις.
14 ἀχρι γαρ και ὑμων ἐφθασαμεν ἐν τω εὐαγγελιω του χριστου,
11 2 ἡρμοσαμην γαρ ὑμας ἑνι ἀνδρι παρθενον ἁγνην παραστησαι τω χριστω·

χριστος [531]

2Co 11 3 φοβουμαι δε μη πως, ὡς ὁ ὀφις ἐξηπατησεν εὑαν ἐν τη πανουργια αὑτου, φθαρη τα νοηματα ὑμων ἀπο της ἁπλοτητος [και της ἁγνοτητος] της εἰς τον χριστον.
10 ἐστιν ἀληθεια χριστου ἐν ἐμοι,
13 οἱ γαρ τοιουτοι ψευδαποστολοι, ἐργαται δολιοι, μετασχηματιζομενοι εἰς ἀποστολους χριστου.
23 διακονοι χριστου εἰσιν; παραφρονων λαλω, ὑπερ ἐγω·
12 2 οἰδα ἀνθρωπον ἐν χριστω προ ἐτων δεκατεσσαρων,
9 ἡδιστα οὐν μαλλον καυχησομαι ἐν ταις ἀσθενειαις μου, ἰνα ἐπισκηνωση ἐπ ἐμε ἡ δυναμις του χριστου.
10 διο εὐδοκω ἐν ἀσθενειαις, ἐν ὑβρεσιν, ἐν ἀναγκαις, ἐν διωγμοις και στενοχωριαις, ὑπερ χριστου·
19 κατεναντι θεου ἐν χριστω λαλουμεν·
13 3 ἐπει δοκιμην ζητειτε του ἐν ἐμοι λαλουντος χριστου,
5 ἡ οὐκ ἐπιγινωσκετε ἑαυτους ὁτι ἰησους χριστος ἐν ὑμιν;
13 ἡ χαρις του κυριου ἰησου χριστου και ἡ ἀγαπη του θεου και ἡ κοινωνια του ἁγιου πνευματος μετα παντων ὑμων.
Ga 1 1 παυλος ἀποστολος, οὐκ ἀπ ἀνθρωπων οὐδε δι ἀνθρωπου ἀλλα δια ἰησου χριστου και θεου πατρος του ἐγειραντος αὐτον ἐκ νεκρων,
3 χαρις ὑμιν και εἰρηνη ἀπο θεου πατρος ἡμων και κυριου ἰησου χριστου,
6 θαυμαζω ὁτι οὑτως ταχεως μετατιθεσθε ἀπο του καλεσαντος ὑμας ἐν χαριτι [χριστου] εἰς ἑτερον εὐαγγελιον,
7 εἰ μη τινες εἰσιν οἱ ταρασσοντες ὑμας και θελοντες μεταστρεψαι το εὐαγγελιον του χριστου.
10 εἰ ἐτι ἀνθρωποις ἠρεσκον, χριστου δουλος οὐκ ἀν ἠμην.
12 οὐδε γαρ ἐγω παρα ἀνθρωπου παρελαβον αὐτο οὐτε ἐδιδαχθην, ἀλλα δι ἀποκαλυψεως ἰησου χριστου.
22 ἠμην δε ἀγνοουμενος τω προσωπω ταις ἐκκλησιαις της ἰουδαιας ταις ἐν χριστω.
2 4 δια δε τους παρεισακτους ψευδαδελφους, οἱτινες παρεισηλθον κατασκοπησαι την ἐλευθεριαν ἡμων ἡν ἐχομεν ἐν χριστω ἰησου,
16 εἰδοτες [δε] ὁτι οὐ δικαιουται ἀνθρωπος ἐξ ἐργων νομου ἐαν μη δια πιστεως ἰησου χριστου, και ἡμεις εἰς χριστον ἰησουν ἐπιστευσαμεν,
16 εἰδοτες [δε] ὁτι οὐ δικαιουται ἀνθρωπος ἐξ ἐργων νομου ἐαν μη δια πιστεως ἰησου χριστου, και ἡμεις εἰς χριστον ἰησουν ἐπιστευσαμεν,
16 και ἡμεις εἰς χριστον ἰησουν ἐπιστευσαμεν, ἰνα δικαιωθωμεν ἐκ πιστεως χριστου και οὐκ ἐξ ἐργων νομου,
17 εἰ δε ζητουντες δικαιωθηναι ἐν χριστω εὑρεθημεν και αὐτοι ἁμαρτωλοι, ἀρα χριστος ἁμαρτιας διακονος;
17 εἰ δε ζητουντες δικαιωθηναι ἐν χριστω εὑρεθημεν και αὐτοι ἁμαρτωλοι, ἀρα χριστος ἁμαρτιας διακονος;
19 ἐγω γαρ δια νομου νομω ἀπεθανον ἰνα θεω ζησω. χριστω συνεσταυρωμαι·
20 ζω δε οὐκετι ἐγω, ζη δε ἐν ἐμοι χριστος·
21 εἰ γαρ δια νομου δικαιοσυνη, ἀρα χριστος δωρεαν ἀπεθανεν.
3 1 τις ὑμας ἐβασκανεν, οἱς κατ ὀφθαλμους ἰησους χριστος προεγραφη ἐσταυρωμενος;
13 χριστος ἡμας ἐξηγορασεν ἐκ της καταρας του νομου γενομενος ὑπερ ἡμων καταρα,
14 ἰνα εἰς τα ἐθνη ἡ εὐλογια του ἀβρααμ γενηται ἐν χριστω ἰησου,
16 οὐ λεγει· και τοις σπερμασιν, ὡς ἐπι πολλων, ἀλλ ὡς ἐφ ἑνος· και τω σπερματι σου, ὁς ἐστιν χριστος.
22 ἀλλα συνεκλεισεν ἡ γραφη τα παντα ὑπο ἁμαρτιαν ἰνα ἡ ἐπαγγελια ἐκ πιστεως ἰησου χριστου δοθη τοις πιστευουσιν.
24 ὡστε ὁ νομος παιδαγωγος ἡμων γεγονεν εἰς χριστον, ἰνα ἐκ πιστεως δικαιωθωμεν·
26 παντες γαρ υἱοι θεου ἐστε δια της πιστεως ἐν χριστω ἰησου·
27 ὁσοι γαρ εἰς χριστον ἐβαπτισθητε, χριστον ἐνεδυσασθε.
27 ὁσοι γαρ εἰς χριστον ἐβαπτισθητε, χριστον ἐνεδυσασθε.
28 παντες γαρ ὑμεις εἰς ἐστε ἐν χριστω ἰησου.
29 εἰ δε ὑμεις χριστου, ἀρα του ἀβρααμ σπερμα ἐστε, κατ ἐπαγγελιαν κληρονομοι.
4 14 και τον πειρασμον ὑμων ἐν τη σαρκι μου οὐκ ἐξουθενησατε οὐδε ἐξεπτυσατε, ἀλλα ὡς ἀγγελον θεου ἐδεξασθε με, ὡς χριστον ἰησουν.
19 τεκνα μου, οὐς παλιν ὠδινω μεχρις οὑ μορφωθη χριστος ἐν ὑμιν·
5 1 τη ἐλευθερια ἡμας χριστος ἠλευθερωσεν·
2 ἰδε ἐγω παυλος λεγω ὑμιν ὁτι ἐαν περιτεμνησθε χριστος ὑμας οὐδεν ὠφελησει.
4 κατηργηθητε ἀπο χριστου οἱτινες ἐν νομω δικαιουσθε,
6 ἐν γαρ χριστω ἰησου οὐτε περιτομη τι ἰσχυει οὐτε ἀκροβυστια,

χριστος [531]

Ga 5 24   οἱ δε του χριστου [ἰησου] την σαρκα ἐσταυρωσαν συν τοις παθημασιν και ταις ἐπιθυμιαις.

  6 2   ἀλληλων τα βαρη βασταζετε, και οὑτως ἀναπληρωσετε τον νομον του χριστου.

   12   οὑτοι ἀναγκαζουσιν ὑμας περιτεμνεσθαι, μονον ἱνα τω σταυρω του χριστου μη διωκωνται.

   14   ἐμοι δε μη γενοιτο καυχασθαι εἰ μη ἐν τω σταυρω του κυριου ἡμων χριστου,

   18   ἡ χαρις του κυριου ἡμων ἰησου χριστου μετα του πνευματος ὑμων, ἀδελφοι· ἀμην.

Eph 1 1   παυλος ἀποστολος χριστου ἰησου δια θεληματος θεου τοις ἁγιοις τοις οὐσιν [ἐν ἐφεσω] και πιστοις ἐν χριστω ἰησου·

   1   παυλος ἀποστολος χριστου ἰησου δια θεληματος θεου τοις ἁγιοις τοις οὐσιν [ἐν ἐφεσω] και πιστοις ἐν χριστω ἰησου·

   2   χαρις ὑμιν και εἰρηνη ἀπο θεου πατρος ἡμων και κυριου ἰησου χριστου.

   3   εὐλογητος ὁ θεος και πατηρ του κυριου ἡμων ἰησου χριστου,

   3   εὐλογητος ὁ θεος και πατηρ του κυριου ἡμων ἰησου χριστου, ὁ εὐλογησας ἡμας ἐν παση εὐλογια πνευματικη ἐν τοις ἐπουρανιοις ἐν χριστω,

   5   προορισας ἡμας εἰς υἱοθεσιαν δια ἰησου χριστου εἰς αὐτον,

   10   ἀνακεφαλαιωσασθαι τα παντα ἐν τω χριστω, τα ἐπι τοις οὐρανοις και τα ἐπι της γης·

   12   εἰς το εἰναι ἡμας εἰς ἐπαινον δοξης αὐτου τους προηλπικοτας ἐν τω χριστω·

   17   ἱνα ὁ θεος του κυριου ἡμων ἰησου χριστου, ὁ πατηρ της δοξης, δωη ὑμιν πνευμα σοφιας και ἀποκαλυψεως ἐν ἐπιγνωσει αὐτου,

   20   ἡν ἐνηργησεν ἐν τω χριστω ἐγειρας αὐτον ἐκ νεκρων,

  2 5   και ὀντας ἡμας νεκρους τοις παραπτωμασιν συνεζωοποιησεν τω χριστω,

   6   και συνηγειρεν και συνεκαθισεν ἐν τοις ἐπουρανιοις ἐν χριστω ἰησου,

   7   ἱνα ἐνδειξηται ἐν τοις αἰωσιν τοις ἐπερχομενοις το ὑπερβαλλον πλουτος της χαριτος αὐτου ἐν χρηστοτητι ἐφ ἡμας ἐν χριστω ἰησου.

   10   αὐτου γαρ ἐσμεν ποιημα, κτισθεντες ἐν χριστω ἰησου ἐπι ἐργοις ἀγαθοις,

   12   ὁτι ἠτε τω καιρω ἐκεινω χωρις χριστου,

   13   νυνι δε ἐν χριστω ἰησου ὑμεις οἱ ποτε ὀντες μακραν ἐγενηθητε ἐγγυς ἐν τω αἱματι του χριστου.

   13   νυνι δε ἐν χριστω ἰησου ὑμεις οἱ ποτε ὀντες μακραν ἐγενηθητε ἐγγυς ἐν τω αἱματι του χριστου.

   20   ἐποικοδομηθεντες ἐπι τω θεμελιω των ἀποστολων και προφητων, ὀντος ἀκρογωνιαιου αὐτου χριστου ἰησου,

  3 1   τουτου χαριν ἐγω παυλος ὁ δεσμιος του χριστου [ἰησου] ὑπερ ὑμων των ἐθνων εἰ γε ἡκουσατε την οἰκονομιαν της χαριτος του θεου της δοθεισης μοι εἰς ὑμας,

   4   προς ὁ δυνασθε ἀναγινωσκοντες νοησαι την συνεσιν μου ἐν τω μυστηριω του χριστου,

   6   εἰναι τα ἐθνη συγκληρονομα και συσσωμα και συμμετοχα της ἐπαγγελιας ἐν χριστω ἰησου

   8   ἐμοι τω ἐλαχιστοτερω παντων ἁγιων ἐδοθη ἡ χαρις αὑτη, τοις ἐθνεσιν εὐαγγελισασθαι το ἀνεξιχνιαστον πλουτος του χριστου,

   11   κατα προθεσιν των αἰωνων ἡν ἐποιησεν ἐν τω χριστω ἰησου τω κυριω ἡμων,

   17   κατοικησαι τον χριστον δια της πιστεως ἐν ταις καρδιαις ὑμων,

   19   γνωναι τε την ὑπερβαλλουσαν της γνωσεως ἀγαπην του χριστου,

   21   αὐτω ἡ δοξα ἐν τη ἐκκλησια και ἐν χριστω ἰησου εἰς πασας τας γενεας του αἰωνος των αἰωνων·

  4 7   ἑνι δε ἑκαστω ἡμων ἐδοθη ἡ χαρις κατα το μετρον της δωρεας του χριστου.

   12   προς τον καταρτισμον των ἁγιων εἰς ἐργον διακονιας, εἰς οἰκοδομην του σωματος του χριστου,

   13   εἰς ἀνδρα τελειον, εἰς μετρον ἡλικιας του πληρωματος του χριστου,

   15   ἀληθευοντες δε ἐν ἀγαπη αὐξησωμεν εἰς αὐτον τα παντα, ὁς ἐστιν ἡ κεφαλη, χριστος,

   20   ὑμεις δε οὐχ οὑτως ἐμαθετε τον χριστον,

   32   γινεσθε [δε] εἰς ἀλληλους χρηστοι, εὐσπλαγχνοι, χαριζομενοι ἑαυτοις καθως και ὁ θεος ἐν χριστω ἐχαρισατο ὑμιν.

  5 2   καθως και ὁ χριστος ἠγαπησεν ἡμας και παρεδωκεν ἑαυτον ὑπερ ἡμων προσφοραν και θυσιαν τω θεω εἰς ὀσμην εὐωδιας.

   5   ὁτι πας πορνος ἠ ἀκαθαρτος ἠ πλεονεκτης, οὐκ ἐχει κληρονομιαν ἐν τη βασιλεια του χριστου και θεου.

χριστος [531]

Eph 5 14   και ἀναστα ἐκ των νεκρων, και ἐπιφαυσει σοι ὁ χριστος.

   20   εὐχαριστουντες παντοτε ὑπερ παντων ἐν ὀνοματι του κυριου ἡμων ἰησου χριστου τω θεω και πατρι,

   21   ὑποτασσομενοι ἀλληλοις ἐν φοβω χριστου.

   23   ὁτι ἀνηρ ἐστιν κεφαλη της γυναικος ὡς και ὁ χριστος κεφαλη της ἐκκλησιας,

   24   ἀλλα ὡς ἡ ἐκκλησια ὑποτασσεται τω χριστω, οὑτως και αἱ γυναικες τοις ἀνδρασιν ἐν παντι.

   25   οἱ ἀνδρες, ἀγαπατε τας γυναικας, καθως και ὁ χριστος ἠγαπησεν την ἐκκλησιαν και ἑαυτον παρεδωκεν ὑπερ αὐτης,

   29   ἀλλα ἐκτρεφει και θαλπει αὐτην, καθως και ὁ χριστος την ἐκκλησιαν,

   32   ἐγω δε λεγω εἰς χριστον και εἰς την ἐκκλησιαν.

  6 5   οἱ δουλοι, ὑπακουετε τοις κατα σαρκα κυριοις μετα φοβου και τρομου ἐν ἁπλοτητι της καρδιας ὑμων ὡς τω χριστω,

   6   μη κατ ὀφθαλμοδουλιαν ὡς ἀνθρωπαρεσκοι, ἀλλ ὡς δουλοι χριστου ποιουντες το θελημα του θεου ἐκ ψυχης,

   23   εἰρηνη τοις ἀδελφοις και ἀγαπη μετα πιστεως ἀπο θεου πατρος και κυριου ἰησου χριστου.

   24   ἡ χαρις μετα παντων των ἀγαπωντων τον κυριον ἡμων ἰησουν χριστον ἐν ἀφθαρσια.

Php 1 1   παυλος και τιμοθεος δουλοι χριστου ἰησου πασιν τοις ἁγιοις ἐν χριστω ἰησου τοις οὐσιν ἐν φιλιπποις συν ἐπισκοποις και διακονοις·

   1   παυλος και τιμοθεος δουλοι χριστου ἰησου πασιν τοις ἁγιοις ἐν χριστω ἰησου τοις οὐσιν ἐν φιλιπποις συν ἐπισκοποις και διακονοις·

   2   χαρις ὑμιν και εἰρηνη ἀπο θεου πατρος ἡμων και κυριου ἰησου χριστου.

   6   πεποιθως αὐτο τουτο, ὁτι ὁ ἐναρξαμενος ἐν ὑμιν ἐργον ἀγαθον ἐπιτελεσει ἀχρι ἡμερας χριστου ἰησου·

   8   μαρτυς γαρ μου ὁ θεος, ὡς ἐπιποθω παντας ὑμας ἐν σπλαγχνοις χριστου ἰησου.

   10   εἰς το δοκιμαζειν ὑμας τα διαφεροντα, ἱνα ἠτε εἰλικρινεις και ἀπροσκοποι εἰς ἡμεραν χριστου,

   11   ἱνα ἠτε εἰλικρινεις και ἀπροσκοποι εἰς ἡμεραν χριστου, πεπληρωμενοι καρπον δικαιοσυνης τον δια ἰησου χριστου,

   13   ὡστε τους δεσμους μου φανερους ἐν χριστω γενεσθαι ἐν ὁλω τω πραιτωριω και τοις λοιποις πασιν,

   15   τινες μεν και δια φθονον και ἐριν, τινες δε και δι εὐδοκιαν τον χριστον κηρυσσουσιν·

   17   οἱ δε ἐξ ἐριθειας τον χριστον καταγγελλουσιν,

   18   πλην ὁτι παντι τροπω, εἰτε προφασει εἰτε ἀληθεια, χριστος καταγγελλεται, και ἐν τουτω χαιρω·

   19   οἰδα γαρ ὁτι τουτο μοι ἀποβησεται εἰς σωτηριαν δια της ὑμων δεησεως και ἐπιχορηγιας του πνευματος ἰησου χριστου,

   20   ἀλλ ἐν παση παρρησια ὡς παντοτε και νυν μεγαλυνθησεται χριστος ἐν τω σωματι μου,

   21   ἐμοι γαρ το ζην χριστος και το ἀποθανειν κερδος.

   23   συνεχομαι δε ἐκ των δυο, την ἐπιθυμιαν ἐχων εἰς το ἀναλυσαι και συν χριστω εἰναι,

   26   ἱνα το καυχημα ὑμων περισσευη ἐν χριστω ἰησου ἐν ἐμοι δια της ἐμης παρουσιας παλιν προς ὑμας.

   27   μονον ἀξιως του εὐαγγελιου του χριστου πολιτευεσθε,

   29   ὁτι ὑμιν ἐχαρισθη το ὑπερ χριστου, οὐ μονον το εἰς αὐτον πιστευειν ἀλλα και το ὑπερ αὐτου πασχειν,

  2 1   εἰ τις οὐν παρακλησις ἐν χριστω, εἰ τι παραμυθιον ἀγαπης,

   5   τουτο φρονειτε ἐν ὑμιν ὁ και ἐν χριστω ἰησου,

   11   και πασα γλωσσα ἐξομολογησηται ὁτι κυριος ἰησους χριστος εἰς δοξαν θεου πατρος.

   16   λογον ζωης ἐπεχοντες, εἰς καυχημα ἐμοι εἰς ἡμεραν χριστου,

   21   οἱ παντες γαρ τα ἑαυτων ζητουσιν, οὐ τα ἰησου χριστου.

   30   ὁτι δια το ἐργον χριστου μεχρι θανατου ἠγγισεν παραβολευσαμενος τη ψυχη,

  3 3   οἱ πνευματι θεου λατρευοντες και καυχωμενοι ἐν χριστω ἰησου

   7   [ἀλλα] ἀτινα ἠν μοι κερδη, ταυτα ἡγημαι δια τον χριστον ζημιαν.

   8   ἀλλα μενουνγε και ἡγουμαι παντα ζημιαν εἰναι δια το ὑπερεχον της γνωσεως χριστου ἰησου του κυριου μου,

   8   και ἡγουμαι σκυβαλα ἱνα χριστον κερδησω και εὑρεθω ἐν αὐτω,

   9   μη ἐχων ἐμην δικαιοσυνην την ἐκ νομου, ἀλλα την δια πιστεως χριστου,

   12   διωκω δε εἰ και καταλαβω, ἐφ ᾡ και κατελημφθην ὑπο χριστου [ἰησου].

   14   κατα σκοπον διωκω εἰς το βραβειον της ἀνω κλησεως του θεου ἐν χριστω ἰησου.

χριστος [531]

Php	3 18	νυν δε και κλαιων λεγω, τους εχθρους του σταυρου του χριστου,
	20	ημων γαρ το πολιτευμα εν ουρανοις υπαρχει, εξ ου και σωτηρα απεκδεχομεθα κυριον ιησουν χριστον,
	4 7	και τα νοηματα υμων εν χριστω ιησου.
	19	ὁ δε θεος μου πληρωσει πασαν χρειαν υμων κατα το πλουτος αυτου εν δοξη εν χριστω ιησου.
	21	ασπασασθε παντα αγιον εν χριστω ιησου.
	23	ἡ χαρις του κυριου ιησου χριστου μετα του πνευματος υμων.
Col	1 1	παυλος αποστολος χριστου ιησου δια θεληματος θεου και τιμοθεος ὁ αδελφος
	2	τοις εν κολοσσαις αγιοις και πιστοις αδελφοις εν χριστω· χαρις υμιν και ειρηνη απο θεου πατρος ημων.
	3	ευχαριστουμεν τω θεω πατρι του κυριου ημων ιησου χριστου παντοτε περι υμων προσευχομενοι,
	4	ακουσαντες την πιστιν υμων εν χριστω ιησου και την αγαπην ην εχετε εις παντας τους αγιους
	7	καθως εμαθετε απο επαφρα του αγαπητου συνδουλου ημων, ὁς εστιν πιστος υπερ υμων διακονος του χριστου,
	24	και ανταναπληρω τα υστερηματα των θλιψεων του χριστου εν τη σαρκι μου υπερ του σωματος αυτου,
	27	οις ηθελησεν ὁ θεος γνωρισαι τι το πλουτος της δοξης του μυστηριου τουτου εν τοις εθνεσιν, ὁ εστιν χριστος εν υμιν,
	28	ὁν ημεις καταγγελλομεν νουθετουντες παντα ανθρωπον και διδασκοντες παντα ανθρωπον εν παση σοφια, ινα παραστησωμεν παντα ανθρωπον τελειον εν χριστω·
	2 2	συμβιβασθεντες εν αγαπη και εις παν πλουτος της πληροφοριας της συνεσεως, εις επιγνωσιν του μυστηριου του θεου, χριστου,
	5	αλλα τω πνευματι συν υμιν ειμι, χαιρων και βλεπων υμων την ταξιν και το στερεωμα της εις χριστον πιστεως υμων.
	6	ὡς ουν παρελαβετε τον χριστον ιησουν τον κυριον, εν αυτω περιπατειτε,
	8	κατα τα στοιχεια του κοσμου και ου κατα χριστον·
	11	εν ᾡ και περιετμηθητε περιτομη αχειροποιητω εν τη απεκδυσει του σωματος της σαρκος, εν τη περιτομη του χριστου,
	17	ἁ εστιν σκια των μελλοντων, το δε σωμα του χριστου.
	20	ει απεθανετε συν χριστω απο των στοιχειων του κοσμου, τι ὡς ζωντες εν κοσμω δογματιζεσθε·
	3 1	ει ουν συνηγερθητε τω χριστω, τα ανω ζητειτε,
	1	τα ανω ζητειτε, ου ὁ χριστος εστιν εν δεξια του θεου καθημενος·
	3	απεθανετε γαρ, και ἡ ζωη υμων κεκρυπται συν τω χριστω εν τω θεω·
	4	οταν ὁ χριστος φανερωθη, ἡ ζωη υμων, τοτε και υμεις συν αυτω φανερωθησεσθε εν δοξη.
	11	οπου ουκ ενι ελλην και ιουδαιος, περιτομη και ακροβυστια, βαρβαρος, σκυθης, δουλος, ελευθερος, αλλα [τα] παντα και εν πασιν χριστος.
	15	και ἡ ειρηνη του χριστου βραβευετω εν ταις καρδιαις υμων,
	16	ὁ λογος του χριστου ενοικειτω εν υμιν πλουσιως,
	24	τω κυριω χριστω δουλευετε·
	4 3	ινα ὁ θεος ανοιξη ημιν θυραν του λογου, λαλησαι το μυστηριον του χριστου,
	12	ασπαζεται υμας επαφρας ὁ εξ υμων, δουλος χριστου [ιησου],
1Th	1 1	παυλος και σιλουανος και τιμοθεος τη εκκλησια θεσσαλονικεων εν θεω πατρι και κυριω ιησου χριστω·
	3	αδιαλειπτως μνημονευοντες υμων του εργου της πιστεως και του κοπου της αγαπης και της υπομονης της ελπιδος του κυριου ημων ιησου χριστου
	2 7	δυναμενοι εν βαρει ειναι ὡς χριστου αποστολοι,
	14	των ουσων εν τη ιουδαια εν χριστω ιησου,
	3 2	και επεμψαμεν τιμοθεον, τον αδελφον ημων και συνεργον του θεου εν τω ευαγγελιω του χριστου,
	4 16	και οι νεκροι εν χριστω αναστησονται πρωτον,
	5 9	οτι ουκ εθετο ημας ὁ θεος εις οργην αλλα εις περιποιησιν σωτηριας δια του κυριου ημων ιησου χριστου,
	18	εν παντι ευχαριστειτε· τουτο γαρ θελημα θεου εν χριστω ιησου εις υμας.
	23	και ολοκληρον υμων το πνευμα και ἡ ψυχη και το σωμα αμεμπτως εν τη παρουσια του κυριου ημων ιησου χριστου τηρηθειη.
	28	ἡ χαρις του κυριου ημων ιησου χριστου μεθ υμων.
2Th	1 1	παυλος και σιλουανος και τιμοθεος τη εκκλησια θεσσαλονικεων εν θεω πατρι ημων και κυριω ιησου χριστω·
	2	χαρις υμιν και ειρηνη απο θεου πατρος [ημων] και κυριου ιησου χριστου.

χριστος [531]

2Th	1 12	οπως ενδοξασθη το ονομα του κυριου ημων ιησου εν υμιν, και υμεις εν αυτω, κατα την χαριν του θεου ημων και κυριου ιησου χριστου.
	2 1	ερωτωμεν δε υμας, αδελφοι, υπερ της παρουσιας του κυριου ημων ιησου χριστου και ημων επισυναγωγης επ αυτον, εις το μη ταχεως σαλευθηναι υμας απο του νοος
	14	εις ὁ [και] εκαλεσεν υμας δια του ευαγγελιου ημων, εις περιποιησιν δοξης του κυριου ημων ιησου χριστου.
	16	αυτος δε ὁ κυριος ημων ιησους χριστος και [ὁ] θεος ὁ πατηρ ημων,
	3 5	ὁ δε κυριος κατευθυναι υμων τας καρδιας εις την αγαπην του θεου και εις την υπομονην του χριστου.
	6	παραγγελλομεν δε υμιν, αδελφοι, εν ονοματι του κυριου [ημων] ιησου χριστου, στελλεσθαι υμας απο παντος αδελφου
	12	τοις δε τοιουτοις παραγγελλομεν και παρακαλουμεν εν κυριω ιησου χριστω ινα μετα ησυχιας εργαζομενοι τον εαυτων αρτον εσθιωσιν.
	18	ἡ χαρις του κυριου ημων ιησου χριστου μετα παντων υμων.
1Tm	1 1	παυλος αποστολος χριστου ιησου κατ επιταγην θεου σωτηρος ημων και χριστου ιησου της ελπιδος ημων
	1	παυλος αποστολος χριστου ιησου κατ επιταγην θεου σωτηρος ημων και χριστου ιησου της ελπιδος ημων
	2	χαρις, ελεος, ειρηνη απο θεου πατρος και χριστου ιησου του κυριου ημων.
	12	χαριν εχω τω ενδυναμωσαντι με χριστω ιησου τω κυριω ημων,
	14	υπερεπλεονασεν δε ἡ χαρις του κυριου ημων μετα πιστεως και αγαπης της εν χριστω ιησου.
	15	πιστος ὁ λογος και πασης αποδοχης αξιος, οτι χριστος ιησους ηλθεν εις τον κοσμον αμαρτωλους σωσαι·
	16	αλλα δια τουτο ηλεηθην, ινα εν εμοι πρωτω ενδειξηται χριστος ιησους την απασαν μακροθυμιαν,
	2 5	εις γαρ θεος, εις και μεσιτης θεου και ανθρωπων, ανθρωπος χριστος ιησους,
	3 13	οι γαρ καλως διακονησαντες βαθμον εαυτοις καλον περιποιουνται και πολλην παρρησιαν εν πιστει τη εν χριστω ιησου.
	4 6	ταυτα υποτιθεμενος τοις αδελφοις καλος εση διακονος χριστου ιησου,
	5 11	οταν γαρ καταστρηνιασωσιν του χριστου, γαμειν θελουσιν,
	21	διαμαρτυρομαι ενωπιον του θεου και χριστου ιησου και των εκλεκτων αγγελων ινα ταυτα φυλαξης χωρις προκριματος,
	6 3	ει τις ετεροδιδασκαλει και μη προσερχεται υγιαινουσιν λογοις τοις του κυριου ημων ιησου χριστου, και τη κατ ευσεβειαν διδασκαλια, τετυφωται, μηδεν επισταμενος,
	13	παραγγελλω [σοι] ενωπιον του θεου του ζωογονουντος τα παντα και χριστου ιησου του μαρτυρησαντος επι ποντιου πιλατου την καλην ομολογιαν,
	14	τηρησαι σε την εντολην ασπιλον ανεπιλημπτον μεχρι της επιφανειας του κυριου ημων ιησου χριστου,
2Tm	1 1	παυλος αποστολος χριστου ιησου δια θεληματος θεου κατ επαγγελιαν ζωης της εν χριστω ιησου
	1	παυλος αποστολος χριστου ιησου δια θεληματος θεου κατ επαγγελιαν ζωης της εν χριστω ιησου
	2	χαρις, ελεος, ειρηνη απο θεου πατρος και χριστου ιησου του κυριου ημων.
	9	ου κατα τα εργα ημων αλλα κατα ιδιαν προθεσιν και χαριν, την δοθεισαν ημιν εν χριστω ιησου προ χρονων αιωνιων,
	10	φανερωθεισαν δε νυν δια της επιφανειας του σωτηρος ημων χριστου ιησου,
	13	υποτυπωσιν εχε υγιαινοντων λογων ὡν παρ εμου ηκουσας εν πιστει και αγαπη τη εν χριστω ιησου·
	2 1	συ ουν, τεκνον μου, ενδυναμου εν τη χαριτι τη εν χριστω ιησου,
	3	συγκακοπαθησον ὡς καλος στρατιωτης χριστου ιησου.
	8	μνημονευε ιησουν χριστον εγηγερμενον εκ νεκρων, εκ σπερματος δαυιδ,
	10	δια τουτο παντα υπομενω δια τους εκλεκτους, ινα και αυτοι σωτηριας τυχωσιν της εν χριστω ιησου μετα δοξης αιωνιου.
	3 12	και παντες δε οι θελοντες ευσεβως ζην εν χριστω ιησου διωχθησονται.
	15	και οτι απο βρεφους [τα] ιερα γραμματα οιδας, τα δυναμενα σε σοφισαι εις σωτηριαν δια πιστεως της εν χριστω ιησου.
	4 1	διαμαρτυρομαι ενωπιον του θεου και χριστου ιησου,
Tit	1 1	παυλος δουλος θεου, αποστολος δε ιησου χριστου κατα πιστιν εκλεκτων θεου και επιγνωσιν αληθειας της κατ ευσεβειαν
	4	χαρις και ειρηνη απο θεου πατρος και χριστου ιησου του σωτηρος ημων.

χριστος [531]

Tit 2 13 προσδεχομενοι την μακαριαν ελπιδα και επιφανειαν της δοξης του μεγαλου θεου και σωτηρος ημων ιησου χριστου,

3 6 αλλα κατα το αυτου ελεος εσωσεν ημας δια λουτρου παλιγγενεσιας και ανακαινωσεως πνευματος αγιου, ου εξεχεεν εφ ημας πλουσιως δια ιησου χριστου του σωτηρος ημων,

Phm 1 παυλος δεσμιος χριστου ιησου και τιμοθεος ο αδελφος φιλημονι τω αγαπητω και συνεργω ημων

3 χαρις υμιν και ειρηνη απο θεου πατρος ημων και κυριου ιησου χριστου.

6 οπως η κοινωνια της πιστεως σου ενεργης γενηται εν επιγνωσει παντος αγαθου του εν ημιν εις χριστον.

8 διο, πολλην εν χριστω παρρησιαν εχων επιτασσειν σοι το ανηκον, δια την αγαπην μαλλον παρακαλω·

9 τοιουτος ων ως παυλος πρεσβυτης, νυνι δε και δεσμιος χριστου ιησου,

20 αναπαυσον μου τα σπλαγχνα εν χριστω.

23 ασπαζεται σε επαφρας ο συναιχμαλωτος μου εν χριστω ιησου, μαρκος, αρισταρχος, δημας, λουκας, οι συνεργοι μου.

25 η χαρις του κυριου ιησου χριστου μετα του πνευματος ημων.

Heb 3 6 και μωυσης μεν πιστος εν ολω τω οικω αυτου ως θεραπων εις μαρτυριον των λαληθησομενων, χριστος δε ως υιος επι τον οικον αυτου·

14 μετοχοι γαρ του χριστου γεγοναμεν,

5 5 ουτως και ο χριστος ουχ εαυτον εδοξασεν γενηθηναι αρχιερεα,

6 1 διο αφεντες τον της αρχης του χριστου λογον επι την τελειοτητα φερωμεθα,

9 11 χριστος δε παραγενομενος αρχιερευς των γενομενων αγαθων,

14 ει γαρ το αιμα τραγων και ταυρων και σποδος δαμαλεως ραντιζουσα τους κεκοινωμενους αγιαζει προς την της σαρκος καθαροτητα, ποσω μαλλον το αιμα του χριστου,

24 ου γαρ εις χειροποιητα εισηλθεν αγια χριστος, αντιτυπα των αληθινων, αλλ εις αυτον τον ουρανον,

28 και καθ οσον αποκειται τοις ανθρωποις απαξ αποθανειν, μετα δε τουτο κρισις, ουτως και ο χριστος, απαξ προσενεχθεις εις το πολλων ανενεγκειν αμαρτιας,

10 10 εν ω θεληματι ηγιασμενοι εσμεν δια της προσφορας του σωματος ιησου χριστου εφαπαξ.

11 26 μειζονα πλουτον ηγησαμενος των αιγυπτου θησαυρων τον ονειδισμον του χριστου·

13 8 ιησους χριστος εχθες και σημερον ο αυτος και εις τους αιωνας.

21 ποιων εν ημιν το ευαρεστον ενωπιον αυτου δια ιησου χριστου,

Ja 1 1 ιακωβος θεου και κυριου ιησου χριστου δουλος ταις δωδεκα φυλαις ταις εν τη διασπορα χαιρειν.

2 1 αδελφοι μου, μη εν προσωπολημψιαις εχετε την πιστιν του κυριου ημων ιησου χριστου της δοξης.

1Pt 1 1 πετρος αποστολος ιησου χριστου εκλεκτοις παρεπιδημοις διασπορας ποντου, γαλατιας, καππαδοκιας, ασιας και βιθυνιας,

2 εις υπακοην και ραντισμον αιματος ιησου χριστου·

3 ευλογητος ο θεος και πατηρ του κυριου ημων ιησου χριστου,

3 ο κατα το πολυ αυτου ελεος αναγεννησας ημας εις ελπιδα ζωσαν δι αναστασεως ιησου χριστου εκ νεκρων,

7 ευρεθη εις επαινον και δοξαν και τιμην εν αποκαλυψει ιησου χριστου·

11 εραυνωντες εις τινα η ποιον καιρον εδηλου το εν αυτοις πνευμα χριστου

11 το εν αυτοις πνευμα χριστου προμαρτυρομενον τα εις χριστον παθηματα και τας μετα ταυτα δοξας,

13 τελειως ελπισατε επι την φερομενην υμιν χαριν εν αποκαλυψει ιησου χριστου.

19 ειδοτες οτι ου φθαρτοις, αργυριω η χρυσιω, ελυτρωθητε εκ της ματαιας υμων αναστροφης πατροπαραδοτου, αλλα τιμιω αιματι ως αμνου αμωμου και ασπιλου χριστου,

2 5 και υμεις ως λιθοι ζωντες οικοδομεισθε οικος πνευματικος εις ιερατευμα αγιον, ανενεγκαι πνευματικας θυσιας ευπροσδεκτους [τω] θεω δια ιησου χριστου·

21 εις τουτο γαρ εκληθητε, οτι και χριστος επαθεν υπερ υμων,

3 15 κυριον δε τον χριστον αγιασατε εν ταις καρδιαις υμων,

16 συνειδησιν εχοντες αγαθην, ινα εν ω καταλαλεισθε καταισχυνθωσιν οι επηρεαζοντες υμων την αγαθην εν χριστω αναστροφην.

18 οτι και χριστος απαξ περι αμαρτιων επαθεν, δικαιος υπερ αδικων,

21 ου σαρκος αποθεσις ρυπου αλλα συνειδησεως αγαθης επερωτημα εις θεον, δι αναστασεως ιησου χριστου,

χριστος [531]

1Pt 4 1 χριστου ουν παθοντος σαρκι και υμεις την αυτην εννοιαν οπλισασθε,

11 ινα εν πασιν δοξαζηται ο θεος δια ιησου χριστου,

13 αλλα καθο κοινωνειτε τοις του χριστου παθημασιν χαιρετε,

14 ει ονειδιζεσθε εν ονοματι χριστου, μακαριοι,

5 1 πρεσβυτερους ουν εν υμιν παρακαλω ο συμπρεσβυτερος και μαρτυς των του χριστου παθηματων,

10 ο δε θεος πασης χαριτος, ο καλεσας υμας εις την αιωνιον αυτου δοξαν εν χριστω [ιησου], ολιγον παθοντας αυτος καταρτισει,

14 ειρηνη υμιν πασιν τοις εν χριστω.

2Pt 1 1 συμεων πετρος δουλος και αποστολος ιησου χριστου τοις ισοτιμον ημιν λαχουσιν πιστιν εν δικαιοσυνη του θεου ημων και σωτηρος ιησου χριστου·

1 συμεων πετρος δουλος και αποστολος ιησου χριστου τοις ισοτιμον ημιν λαχουσιν πιστιν εν δικαιοσυνη του θεου ημων και σωτηρος ιησου χριστου·

8 ταυτα γαρ υμιν υπαρχοντα και πλεοναζοντα ουκ αργους ουδε ακαρπους καθιστησιν εις την του κυριου ημων ιησου χριστου επιγνωσιν·

11 ουτως γαρ πλουσιως επιχορηγηθησεται υμιν η εισοδος εις την αιωνιον βασιλειαν του κυριου ημων και σωτηρος ιησου χριστου.

14 καθως και ο κυριος ημων ιησους χριστος εδηλωσεν μοι·

16 ου γαρ σεσοφισμενοις μυθοις εξακολουθησαντες εγνωρισαμεν υμιν την του κυριου ημων ιησου χριστου δυναμιν και παρουσιαν,

2 20 ει γαρ αποφυγοντες τα μιασματα του κοσμου εν επιγνωσει του κυριου [ημων] και σωτηρος ιησου χριστου, τουτοις δε παλιν εμπλακεντες ηττωνται, γεγονεν αυτοις τα εσχατα χειρονα των πρωτων.

3 18 αυξανετε δε εν χαριτι και γνωσει του κυριου ημων και σωτηρος ιησου χριστου.

1Jh 1 3 και η κοινωνια δε η ημετερα μετα του πατρος και μετα του υιου αυτου ιησου χριστου.

2 1 παρακλητον εχομεν προς τον πατερα, ιησουν χριστον δικαιον·

22 τις εστιν ο ψευστης ει μη ο αρνουμενος οτι ιησους ουκ εστιν ο χριστος;

3 23 και αυτη εστιν η εντολη αυτου, ινα πιστευσωμεν τω ονοματι του υιου αυτου ιησου χριστου

4 2 παν πνευμα ο ομολογει ιησουν χριστον εν σαρκι εληλυθοτα εκ του θεου εστιν,

5 1 πας ο πιστευων οτι ιησους εστιν ο χριστος εκ του θεου γεγεννηται,

6 ουτος εστιν ο ελθων δι υδατος και αιματος, ιησους χριστος·

20 και εσμεν εν τω αληθινω, εν τω υιω αυτου ιησου χριστω.

2Jh 3 εσται μεθ ημων χαρις ελεος ειρηνη παρα θεου πατρος, και παρα ιησου χριστου του υιου του πατρος,

7 οτι πολλοι πλανοι εξηλθον εις τον κοσμον, οι μη ομολογουντες ιησουν χριστον ερχομενον εν σαρκι·

9 πας ο προαγων και μη μενων εν τη διδαχη του χριστου θεον ουκ εχει·

Ju 1 ιουδας ιησου χριστου δουλος, αδελφος δε ιακωβου,

1 τοις εν θεω πατρι ηγαπημενοις και ιησου χριστω τετηρημενοις κλητοις.

4 ασεβεις, την του θεου ημων χαριτα μετατιθεντες εις ασελγειαν και τον μονον δεσποτην και κυριον ημων ιησουν χριστον αρνουμενοι.

17 υμεις δε, αγαπητοι, μνησθητε των ρηματων των προειρημενων υπο των αποστολων του κυριου ημων ιησου χριστου,

21 εαυτους εν αγαπη θεου τηρησατε, προσδεχομενοι το ελεος του κυριου ημων ιησου χριστου εις ζωην αιωνιον.

25 μονω θεω σωτηρι ημων δια ιησου χριστου του κυριου ημων δοξα μεγαλωσυνη κρατος και εξουσια προ παντος του αιωνος και νυν και εις παντας τους αιωνας·

Apc 1 1 αποκαλυψις ιησου χριστου, ην εδωκεν αυτω ο θεος,

2 ος εμαρτυρησεν τον λογον του θεου και την μαρτυριαν ιησου χριστου, οσα ειδεν.

5 και απο ιησου χριστου, ο μαρτυς ο πιστος,

11 15 εγενετο η βασιλεια του κοσμου του κυριου ημων και του χριστου αυτου,

12 10 και η εξουσια του χριστου αυτου,

20 4 και εζησαν και εβασιλευσαν μετα του χριστου χιλια ετη.

6 επι τουτων ο δευτερος θανατος ουκ εχει εξουσιαν, αλλ εσονται ιερεις του θεου και του χριστου,

χριω [5]

Lc 4 18 οὐ εἵνεκεν *ἔχρισεν* με
Ac 4 27 συνηχθησαν γαρ ἐπ ἀληθειας ἐν τῃ πολει ταυτῃ ἐπι τον ἁγιον παιδα σου ἰησουν, ὃν *ἔχρισας,*
10 38 ἰησουν τον ἀπο ναζαρεθ, ὡς *ἔχρισεν* αὐτον ὁ θεος πνευματι ἁγιῳ και δυναμει,
2Co 1 21 ὁ δε βεβαιων ἡμας συν ὑμιν εἰς χριστον και *χρισας* ἡμας θεος,
Heb 1 9 δια τουτο *ἔχρισεν* σε, ὁ θεος, ὁ θεος σου ἐλαιον ἀγαλλιασεως παρα τους μετοχους σου.

χρονιζω [5]

Mt 24 48 ἐαν δε εἴπῃ ὁ κακος δουλος ἐκεινος ἐν τῃ καρδιᾳ αὐτου· *χρονιζει* μου ὁ κυριος,
25 5 *χρονιζοντος* δε του νυμφιου ἐνυσταξαν πασαι και ἐκαθευδον.
Lc 1 21 και ἐθαυμαζον ἐν τῳ *χρονιζειν* ἐν τῳ ναῳ αὐτου.
12 45 ἐαν δε εἴπῃ ὁ δουλος ἐκεινος ἐν τῃ καρδιᾳ αὐτου· *χρονιζει* ὁ κυριος μου ἔρχεσθαι,
Heb 10 37 ἐτι γαρ μικρον ὁσον ὁσον, ὁ ἐρχομενος ἡξει και οὐ *χρονισει·*

χρονος [54]

Mt 2 7 τοτε ἡρῳδης λαθρα καλεσας τους μαγους ἠκριβωσεν παρ αὐτων τον *χρονον* του φαινομενου ἀστερος,
16 κατα τον *χρονον* ὃν ἠκριβωσεν παρα των μαγων.
25 19 μετα δε πολυν *χρονον* ἐρχεται ὁ κυριος των δουλων ἐκεινων και συναιρει λογον μετ αὐτων.
Mc 2 19 ὁσον *χρονον* ἐχουσιν τον νυμφιον μετ αὐτων, οὐ δυνανται νηστευειν.
9 21 ποσος *χρονος* ἐστιν ὡς τουτο γεγονεν αὐτῳ;
Lc 1 57 τῃ δε ἐλισαβετ ἐπλησθη ὁ *χρονος* του τεκειν αὐτην, και ἐγεννησεν υἱον.
4 5 και ἀναγαγων αὐτον ἐδειξεν αὐτῳ πασας τας βασιλειας της οἰκουμενης ἐν στιγμῃ *χρονου.*
8 27 και *χρονῳ* ἱκανῳ οὐκ ἐνεδυσατο ἱματιον,
29 πολλοις γαρ *χρονοις* συνηρπακει αὐτον,
18 4 και οὐκ ἠθελεν ἐπι *χρονον·*
20 9 ἀνθρωπος [τις] ἐφυτευσεν ἀμπελωνα, και ἐξεδετο αὐτον γεωργοις, και ἀπεδημησεν *χρονους* ἱκανους.
23 8 ἠν γαρ ἐξ ἱκανων *χρονων* θελων ἰδειν αὐτον δια το ἀκουειν περι αὐτου,
Jh 5 6 τουτον ἰδων ὁ ἰησους κατακειμενον, και γνους ὁτι πολυν ἠδη *χρονον* ἐχει,
7 33 ἐτι *χρονον* μικρον μεθ ὑμων εἰμι και ὑπαγω προς τον πεμψαντα με.
12 35 ἐτι μικρον *χρονον* το φως ἐν ὑμιν ἐστιν.
14 9 τοσουτῳ *χρονῳ* μεθ ὑμων εἰμι και οὐκ ἐγνωκας με, φιλιππε;
Ac 1 6 κυριε, εἰ ἐν τῳ *χρονῳ* τουτῳ ἀποκαθιστανεις την βασιλειαν τῳ ἰσραηλ;
7 οὐχ ὑμων ἐστιν γνωναι *χρονους* ἠ καιρους οὓς ὁ πατηρ ἐθετο ἐν τῃ ἰδιᾳ ἐξουσιᾳ,
21 δει οὐν των συνελθοντων ἡμιν ἀνδρων ἐν παντι *χρονῳ* ᾡ εἰσηλθεν και ἐξηλθεν ἐφ ἡμας ὁ κυριος ἰησους,
3 21 και ἀποστειλῃ τον προκεχειρισμενον ὑμιν χριστον ἰησουν, ὃν δει οὐρανον μεν δεξασθαι ἀχρι *χρονων* ἀποκαταστασεως παντων ὡν ἐλαλησεν ὁ θεος
7 17 καθως δε ἠγγιζεν ὁ *χρονος* της ἐπαγγελιας ἡς ὡμολογησεν ὁ θεος τῳ ἀβρααμ, ηὐξησεν ὁ λαος και ἐπληθυνθη ἐν αἰγυπτῳ,
23 ὡς δε ἐπληρουτο αὐτῳ τεσσερακονταετης *χρονος,* ἀνεβη ἐπι την καρδιαν αὐτου ἐπισκεψασθαι τους ἀδελφους αὐτου τους υἱους ἰσραηλ.
8 11 προσειχον δε αὐτῳ δια το ἱκανῳ *χρονῳ* ταις μαγειαις ἐξεστακεναι αὐτους.
13 18 και μετα βραχιονος ὑψηλου ἐξηγαγεν αὐτους ἐξ αὐτης, και ὡς τεσσερακονταετη *χρονον* ἐτροποφορησεν αὐτους ἐν τῃ ἐρημῳ,
14 3 ἱκανον μεν οὐν *χρονον* διετριψαν παρρησιαζομενοι ἐπι τῳ κυριῳ τῳ μαρτυρουντι ἐπι τῳ λογῳ της χαριτος αὐτου,
28 διετριβον δε *χρονον* οὐκ ὀλιγον συν τοις μαθηταις.
15 33 ποιησαντες δε *χρονον* ἀπελυθησαν μετ εἰρηνης ἀπο των ἀδελφων προς τους ἀποστειλαντας αὐτους.
17 30 τους μεν οὐν *χρονους* της ἀγνοιας ὑπεριδων ὁ θεος τα νυν παραγγελλει τοις ἀνθρωποις παντας πανταχου μετανοειν,
18 20 ἐρωτωντων δε αὐτων ἐπι πλειονα *χρονον* μειναι οὐκ ἐπενευσεν,
23 και ποιησας *χρονον* τινα ἐξηλθεν, διερχομενος καθεξης την γαλατικην χωραν και φρυγιαν,
19 22 αὐτος ἐπεσχεν *χρονον* εἰς την ἀσιαν.
20 18 ὑμεις ἐπιστασθε, ἀπο πρωτης ἡμερας ἀφ ἡς ἐπεβην εἰς την ἀσιαν, πως μεθ ὑμων τον παντα *χρονον* ἐγενομην,

χρονος [54]

Ac 27 9 ἱκανου δε *χρονου* διαγενομενου και ὀντος ἠδη ἐπισφαλους του πλοος δια το και την νηστειαν ἠδη παρεληλυθεναι, παρῃνει ὁ παυλος λεγων αὐτοις·
Rm 7 1 ἠ ἀγνοειτε, ἀδελφοι, γινωσκουσιν γαρ νομον λαλω, ὁτι ὁ νομος κυριευει του ἀνθρωπου ἐφ ὁσον *χρονον* ζῃ;
16 25 [τῳ δε δυναμενῳ ὑμας στηριξαι κατα το εὐαγγελιον μου και το κηρυγμα ἰησου χριστου], [κατα ἀποκαλυψιν μυστηριου *χρονοις* αἰωνιοις σεσιγημενου]
1Co 7 39 γυνη δεδεται ἐφ ὁσον *χρονον* ζῃ ὁ ἀνηρ αὐτης·
16 7 ἐλπιζω γαρ *χρονον* τινα ἐπιμειναι προς ὑμας,
Ga 4 1 ἐφ ὁσον *χρονον* ὁ κληρονομος νηπιος ἐστιν, οὐδεν διαφερει δουλου κυριος παντων ὠν,
4 ὁτε δε ἠλθεν το πληρωμα του *χρονου,* ἐξαπεστειλεν ὁ θεος τον υἱον αὐτου,
1Th 5 1 περι δε των *χρονων* και των καιρων, ἀδελφοι, οὐ χρειαν ἐχετε ὑμιν γραφεσθαι·
2Tm 1 9 οὐ κατα τα ἐργα ἡμων ἀλλα κατα ἰδιαν προθεσιν και χαριν, την δοθεισαν ἡμιν ἐν χριστῳ ἰησου προ *χρονων* αἰωνιων,
Tit 1 2 ἐπ ἐλπιδι ζωης αἰωνιου, ἡν ἐπηγγειλατο ὁ ἀψευδης θεος προ *χρονων* αἰωνιων,
Heb 4 7 παλιν τινα ὁριζει ἡμεραν, σημερον, ἐν δαυιδ λεγων μετα τοσουτον *χρονον,*
5 12 και γαρ ὀφειλοντες εἰναι διδασκαλοι δια τον *χρονον,* παλιν χρειαν ἐχετε του διδασκειν ὑμας τινα τα στοιχεια της ἀρχης των λογιων του θεου,
11 32 ἐπιλειψει με γαρ διηγουμενον ὁ *χρονος* περι γεδεων, βαρακ, σαμψων, ἰεφθαε, δαυιδ τε και σαμουηλ και των προφητων·
1Pt 1 17 ἐν φοβῳ τον της παροικιας ὑμων *χρονον* ἀναστραφητε,
20 προεγνωσμενου μεν προ καταβολης κοσμου, φανερωθεντος δε ἐπ ἐσχατου των *χρονων* δι ὑμας
4 2 εἰς το μηκετι ἀνθρωπων ἐπιθυμιαις ἀλλα θεληματι θεου τον ἐπιλοιπον ἐν σαρκι βιωσαι *χρονον.*
3 ἀρκετος γαρ ὁ παρεληλυθως *χρονος* το βουλημα των ἐθνων κατειργασθαι,
Ju 18 [ὁτι] ἐπ ἐσχατου [του] *χρονου* ἐσονται ἐμπαικται κατα τας ἐαυτων ἐπιθυμιας πορευομενοι των ἀσεβειων.
Apc 2 21 και ἐδωκα αὐτῃ *χρονον* ἱνα μετανοησῃ,
6 11 και ἐρρεθη αὐτοις ἱνα ἀναπαυσονται ἐτι *χρονον* μικρον,
10 6 και ὡμοσεν ἐν τῳ ζωντι εἰς τους αἰωνας των αἰωνων, ὁς ἐκτισεν τον οὐρανον και τα ἐν αὐτῳ και την γην και τα ἐν αὐτῃ και την θαλασσαν και τα ἐν αὐτῃ, ὁτι *χρονος* οὐκετι ἐσται,
20 3 μετα ταυτα δει λυθηναι αὐτον μικρον *χρονον.*

χρονοτριβεω [1]

Ac 20 16 κεκρικει γαρ ὁ παυλος παραπλευσαι την ἐφεσον, ὁπως μη γενηται αὐτῳ *χρονοτριβησαι* ἐν τῃ ἀσιᾳ·

χρυσιον [12]

Ac 3 6 ἀργυριον και *χρυσιον* οὐχ ὑπαρχει μοι· ὁ δε ἐχω, τουτο σοι διδωμι·
20 33 ἀργυριου ἠ *χρυσιου* ἠ ἱματισμου οὐδενος ἐπεθυμησα·
1Tm 2 9 μετα αἰδους και σωφροσυνης κοσμειν ἐαυτας, μη ἐν πλεγμασιν και *χρυσιῳ* ἠ μαργαριταις ἠ ἱματισμῳ πολυτελει,
Heb 9 4 χρυσουν ἐχουσα θυμιατηριον και την κιβωτον της διαθηκης περικεκαλυμμενην παντοθεν *χρυσιῳ,*
1Pt 1 7 ἱνα το δοκιμιον ὑμων της πιστεως πολυτιμοτερον *χρυσιου* του ἀπολλυμενου,
18 εἰδοτες ὁτι οὐ φθαρτοις, ἀργυριῳ ἠ *χρυσιῳ,* ἐλυτρωθητε ἐκ της ματαιας ὑμων ἀναστροφης πατροπαραδοτου, ἀλλα τιμιῳ αἱματι ὡς ἀμνου ἀμωμου και ἀσπιλου χριστου,
3 3 ὡν ἐστω οὐχ ὁ ἐξωθεν ἐμπλοκης τριχων και περιθεσεως *χρυσιων* ἠ ἐνδυσεως ἱματιων κοσμος,
Apc 3 18 συμβουλευω σοι ἀγορασαι παρ ἐμου *χρυσιον* πεπυρωμενον ἐκ πυρος ἱνα πλουτησῃς,
17 4 και κεχρυσωμενη *χρυσιῳ* και λιθῳ τιμιῳ και μαργαριταις,
18 16 και κεχρυσωμενη [ἐν] *χρυσιῳ* και λιθῳ τιμιῳ και μαργαριτῃ,
21 18 και ἡ πολις *χρυσιον* καθαρον ὁμοιον ὑαλῳ καθαρῳ.
21 και ἡ πλατεια της πολεως *χρυσιον* καθαρον ὡς ὑαλος διαυγης.

χρυσοδακτυλιος [1]

Ja 2 2 ἐαν γαρ εἰσελθῃ εἰς συναγωγην ὑμων ἀνηρ *χρυσοδακτυλιος* ἐν ἐσθητι λαμπρᾳ,

χρυσολιθος [1]

Apc 21 20 ὁ ἑβδομος χρυσολιθος, ὁ ὀγδοος βηρυλλος,

χρυσοπρασος [1]

Apc 21 20 ὁ ἐνατος τοπαζιον, ὁ δεκατος χρυσοπρασος,

χρυσος [10]

Mt 2 11 και ἀνοιξαντες τους θησαυρους αὐτων προσηνεγκαν αὐτῳ δωρα, χρυσον και λιβανον και σμυρναν.

10 9 μη κτησησθε χρυσον μηδε ἀργυρον μηδε χαλκον εἰς τας ζωνας ὑμων,

23 16 ὃς ἂν ὀμοση ἐν τῳ ναῳ, οὐδεν ἐστιν· ὃς δ ἂν ὀμοση ἐν τῳ χρυσῳ του ναου, ὀφειλει.

17 μωροι και τυφλοι, τίς γαρ μειζων ἐστιν, ὁ χρυσος ἢ ὁ ναος ὁ ἁγιασας τον χρυσον;

17 μωροι και τυφλοι, τίς γαρ μειζων ἐστιν, ὁ χρυσος ἢ ὁ ναος ὁ ἁγιασας τον χρυσον;

Ac 17 29 γενος οὖν ὑπαρχοντες του θεου οὐκ ὀφειλομεν νομιζειν, χρυσῳ ἢ ἀργυρῳ ἢ λιθῳ, χαραγματι τεχνης και ἐνθυμησεως ἀνθρωπου, το θειον εἰναι ὁμοιον.

1Co 3 12 εἰ δε τις ἐποικοδομει ἐπι τον θεμελιον χρυσον, ἀργυρον, λιθους τιμιους, ξυλα, χορτον, καλαμην, ἑκαστου το ἐργον φανερον γενησεται·

Ja 5 3 ὁ χρυσος ὑμων και ὁ ἀργυρος κατιωται,

Apc 9 7 και ἐπι τας κεφαλας αὐτων ὡς στεφανοι ὁμοιοι χρυσῳ,

18 12 ὅτι τον γομον αὐτων οὐδεις ἀγοραζει οὐκετι, γομον χρυσου και ἀργυρου

χρυσους [18]

2Tm 2 20 ἐν μεγαλη δε οἰκια οὐκ ἐστιν μονον σκευη χρυσα και ἀργυρα, ἀλλα και ξυλινα και ὀστρακινα,

Heb 9 4 χρυσουν ἐχουσα θυμιατηριον και την κιβωτον της διαθηκης περικεκαλυμμενην παντοθεν χρυσιῳ,

4 ἐν ᾗ σταμνος χρυση ἐχουσα το μαννα και ἡ ῥαβδος ἀαρων ἡ βλαστησασα και αἱ πλακες της διαθηκης,

Apc 1 12 και ἐπιστρεψας εἰδον ἑπτα λυχνιας χρυσας,

13 και ἐν μεσῳ των λυχνιων ὁμοιον υἱον ἀνθρωπου, ἐνδεδυμενον ποδηρη και περιεζωσμενον προς τοις μαστοις ζωνην χρυσαν·

20 το μυστηριον των ἑπτα ἀστερων οὓς εἰδες ἐπι της δεξιας μου, και τας ἑπτα λυχνιας τας χρυσας·

2 1 ὁ περιπατων ἐν μεσῳ των ἑπτα λυχνιων των χρυσων·

4 4 και ἐπι τας κεφαλας αὐτων στεφανους χρυσους.

5 8 τα τεσσαρα ζωα και οἱ εἰκοσιτεσσαρες πρεσβυτεροι ἐπεσαν ἐνωπιον του ἀρνιου, ἐχοντες ἑκαστος κιθαραν και φιαλας χρυσας γεμουσας θυμιαματων.

8 3 και ἀλλος ἀγγελος ἠλθεν και ἐσταθη ἐπι του θυσιαστηριου ἐχων λιβανωτον χρυσουν,

3 και ἐδοθη αὐτῳ θυμιαματα πολλα, ἱνα δωσει ταις προσευχαις των ἁγιων παντων ἐπι το θυσιαστηριον το χρυσουν το ἐνωπιον του θρονου.

9 13 και ἠκουσα φωνην μιαν ἐκ των [τεσσαρων] κερατων του θυσιαστηριου του χρυσου του ἐνωπιον του θεου,

20 ἱνα μη προσκυνησουσιν τα δαιμονια και τα εἰδωλα τα χρυσα και τα ἀργυρα και τα χαλκα και τα λιθινα και τα ξυλινα,

14 14 και ἐπι την νεφελην καθημενον ὁμοιον υἱον ἀνθρωπου, ἐχων ἐπι της κεφαλης αὐτου στεφανον χρυσουν και ἐν τη χειρι αὐτου δρεπανον ὀξυ.

15 6 ἐνδεδυμενοι λινον καθαρον λαμπρον και περιεζωσμενοι περι τα στηθη ζωνας χρυσας,

7 και ἑν ἐκ των τεσσαρων ζωων ἐδωκεν τοις ἑπτα ἀγγελοις ἑπτα φιαλας χρυσας γεμουσας του θυμου του θεου του ζωντος εἰς τους αἰωνας των αἰωνων.

17 4 ἐχουσα ποτηριον χρυσουν ἐν τη χειρι αὐτης γεμον βδελυγματων και τα ἀκαθαρτα της πορνειας αὐτης,

21 15 και ὁ λαλων μετ ἐμου εἰχεν μετρον καλαμον χρυσουν,

χρυσοω [2]

Apc 17 4 και κεχρυσωμενη χρυσιῳ και λιθῳ τιμιῳ και μαργαριταις,

18 16 και κεχρυσωμενη [ἐν] χρυσιῳ και λιθῳ τιμιῳ και μαργαριτῃ,

χρως [1]

Ac 19 12 ὡστε και ἐπι τους ἀσθενουντας ἀποφερεσθαι ἀπο του χρωτος αὐτου σουδαρια ἢ σιμικινθια και ἀπαλλασσεσθαι ἀπ αὐτων τας νοσους,

χωλος [14]

Mt 11 5 τυφλοι ἀναβλεπουσιν και χωλοι περιπατουσιν,

15 30 και προσηλθον αὐτῳ ὀχλοι πολλοι ἐχοντες μεθ ἑαυτων χωλους, τυφλους, κυλλους, κωφους, και ἑτερους πολλους, και ἐρριψαν αὐτους παρα τους ποδας αὐτου·

31 ὡστε τον ὀχλον θαυμασαι βλεποντας κωφους λαλουντας, κυλλους ὑγιεις και χωλους περιπατουντας και τυφλους βλεποντας·

18 8 καλον σοι ἐστιν εἰσελθειν εἰς την ζωην κυλλον ἢ χωλον, ἢ δυο χειρας ἢ δυο ποδας ἐχοντα βληθηναι εἰς το πυρ το αἰωνιον.

21 14 και προσηλθον αὐτῳ τυφλοι και χωλοι ἐν τῳ ἱερῳ, και ἐθεραπευσεν αὐτους.

Mc 9 45 καλον ἐστιν σε εἰσελθειν εἰς την ζωην χωλον, ἢ τους δυο ποδας ἐχοντα βληθηναι εἰς την γεενναν.

Lc 7 22 τυφλοι ἀναβλεπουσιν, χωλοι περιπατουσιν, λεπροι καθαριζονται,

14 13 ἀλλ ὁταν δοχην ποιης, καλει πτωχους, ἀναπειρους, χωλους, τυφλους·

21 και τους πτωχους και ἀναπειρους και τυφλους και χωλους εἰσαγαγε ὡδε.

Jh 5 3 ἐν ταυταις κατεκειτο πληθος των ἀσθενουντων, τυφλων, χωλων, ξηρων.

Ac 3 2 και τις ἀνηρ χωλος ἐκ κοιλιας μητρος αὐτου ὑπαρχων ἐβασταζετο,

8 7 πολλοι δε παραλελυμενοι και χωλοι ἐθεραπευθησαν·

14 8 και τις ἀνηρ ἀδυνατος ἐν λυστροις τοις ποσιν ἐκαθητο, χωλος ἐκ κοιλιας μητρος αὐτου ὃς οὐδεποτε περιεπατησεν.

Heb 12 13 και τροχιας ὀρθας ποιειτε τοις ποσιν ὑμων, ἱνα μη το χωλον ἐκτραπη,

χωρα [28]

Mt 2 12 δι ἀλλης ὁδου ἀνεχωρησαν εἰς την χωραν αὐτων.

4 16 και τοις καθημενοις ἐν χωρα και σκια θανατου, φως ἀνετειλεν αὐτοις.

8 28 και ἐλθοντος αὐτου εἰς το περαν εἰς την χωραν των γαδαρηνων ὑπηντησαν αὐτῳ δυο δαιμονιζομενοι ἐκ των μνημειων ἐξερχομενοι,

Mc 1 5 και ἐξεπορευετο προς αὐτον πασα ἡ ἰουδαια χωρα και οἱ ἱεροσολυμιται παντες,

5 1 και ἠλθον εἰς το περαν της θαλασσης εἰς την χωραν των γερασηνων.

10 και παρεκαλει αὐτον πολλα ἱνα μη αὐτα ἀποστειλη ἐξω της χωρας.

6 55 και ἐξελθοντων αὐτων ἐκ του πλοιου εὐθυς ἐπιγνοντες αὐτον περιεδραμον ὁλην την χωραν ἐκεινην και ἠρξαντο ἐπι τοις κραβαττοις τους κακως ἐχοντας περιφερειν,

Lc 2 8 και ποιμενες ἠσαν ἐν τη χωρα τη αὐτη ἀγραυλουντες και φυλασσοντες φυλακας της νυκτος ἐπι την ποιμνην αὐτων.

3 1 και τετρααρχουντος της γαλιλαιας ἡρωδου, φιλιππου δε του ἀδελφου αὐτου τετρααρχουντος της ἰτουραιας και τραχωνιτιδος χωρας,

8 26 και κατεπλευσαν εἰς την χωραν των γερασηνων,

12 16 ἀνθρωπου τινος πλουσιου εὐφορησεν ἡ χωρα.

15 13 και μετ οὐ πολλας ἡμερας συναγαγων ἁπαντα ὁ νεωτερος υἱος ἀπεδημησεν εἰς χωραν μακραν,

14 δαπανησαντος δε αὐτου παντα ἐγενετο λιμος ἰσχυρα κατα την χωραν ἐκεινην,

15 και πορευθεις ἐκολληθη ἑνι των πολιτων της χωρας ἐκεινης,

19 12 ἀνθρωπος τις εὐγενης ἐπορευθη εἰς χωραν μακραν λαβειν ἑαυτῳ βασιλειαν και ὑποστρεψαι,

21 21 και οἱ ἐν ταις χωραις μη εἰσερχεσθωσαν εἰς αὐτην,

Jh 4 35 ἐπαρατε τους ὀφθαλμους ὑμων και θεασασθε τας χωρας,

11 54 ὁ οὖν ἰησους οὐκετι παρρησια περιεπατει ἐν τοις ἰουδαιοις, ἀλλα ἀπηλθεν ἐκειθεν εἰς την χωραν ἐγγυς της ἐρημου,

55 και ἀνεβησαν πολλοι εἰς ἱεροσολυμα ἐκ της χωρας προ του πασχα, ἱνα ἁγνισωσιν ἑαυτους.

Ac 8 1 παντες δε διεσπαρησαν κατα τας χωρας της ἰουδαιας και σαμαρειας πλην των ἀποστολων.

10 39 και ἡμεις μαρτυρες παντων ὡν ἐποιησεν ἐν τε τη χωρα των ἰουδαιων και [ἐν] ἱερουσαλημ·

12 20 και πεισαντες βλαστον τον ἐπι του κοιτωνος του βασιλεως ἡτουντο εἰρηνην, δια το τρεφεσθαι αὐτων την χωραν ἀπο της βασιλικης.

13 49 διεφερετο δε ὁ λογος του κυριου δι ὁλης της χωρας.

16 6 διηλθον δε την φρυγιαν και γαλατικην χωραν,

18 23 και ποιησας χρονον τινα ἐξηλθεν, διερχομενος καθεξης την γαλατικην χωραν και φρυγιαν,

χωρα [28]

Ac	26 20	άλλα τοις έν δαμασκω πρωτον τε και ιεροσολυμοις, πασαν τε την χωραν της ιουδαιας και τοις έθνεσιν άπηγγελλον μετανοειν και έπιστρεφειν έπι τον θεον,
	27 27	ώς δε τεσσαρεσκαιδεκατη νυξ έγενετο διαφερομενων ήμων έν τω άδρια, κατα μεσον της νυκτος ύπενοουν οί ναυται προσαγειν τινα αύτοις χωραν.
Ja	5 4	ίδου ό μισθος των έργατων των άμησαντων τας χωρας ύμων ό άπεστερημενος άφ ύμων κραζει,

χωρεω [10]

Mt	15 17	ού νοειτε ότι παν το είσπορευομενον είς το στομα είς την κοιλιαν χωρει και είς άφεδρωνα έκβαλλεται;
	19 11	ού παντες χωρουσιν τον λογον [τουτον,] άλλ οίς δεδοται.
	12	ό δυναμενος χωρειν χωρειτω.
	12	ό δυναμενος χωρειν χωρειτω.
Mc	2 2	και συνηχθησαν πολλοι, ώστε μηκετι χωρειν μηδε τα προς την θυραν,
Jh	2 6	ήσαν δε έκει λιθιναι ύδριαι έξ κατα τον καθαρισμον των ιουδαιων κειμεναι, χωρουσαι άνα μετρητας δυο ή τρεις.
	8 37	οίδα ότι σπερμα άβρααμ έστε· άλλα ζητειτε με άποκτειναι, ότι ό λογος ό έμος ού χωρει έν ύμιν.
	21 25	άτινα έαν γραφηται καθ έν, ούδ αύτον οίμαι τον κοσμον χωρησειν τα γραφομενα βιβλια.
2Co	7 2	χωρησατε ήμας· ούδενα ήδικησαμεν, ούδενα έφθειραμεν, ούδενα έπλεονεκτησαμεν.
2Pt	3 9	άλλα μακροθυμει είς ύμας, μη βουλομενος τινας άπολεσθαι άλλα παντας είς μετανοιαν χωρησαι.

χωριζω [13]

Mt	19 6	ό ούν ό θεος συνεζευξεν, άνθρωπος μη χωριζετω.
Mc	10 9	ό ούν ό θεος συνεζευξεν, άνθρωπος μη χωριζετω.
Ac	1 4	και συναλιζομενος παρηγγειλεν αύτοις άπο ιεροσολυμων μη χωριζεσθαι,
	18 1	μετα ταυτα χωρισθεις έκ των άθηνων ήλθεν είς κορινθον.
	2	δια το διατεταχεναι κλαυδιον χωριζεσθαι παντας τους ιουδαιους άπο της ρωμης,
Rm	8 35	τίς ήμας χωρισει άπο της άγαπης του χριστου;
	39	πεπεισμαι γαρ ότι ούτε θανατος ούτε ζωη ούτε άγγελοι ούτε άρχαι ούτε ένεστωτα ούτε μελλοντα ούτε δυναμεις ούτε ύψωμα ούτε βαθος ούτε τις κτισις έτερα δυνησεται ήμας χωρισαι άπο της άγαπης του θεου της έν χριστω ίησου τω κυριω ήμων.
1Co	7 10	τοις δε γεγαμηκοσιν παραγγελλω, ούκ έγω άλλα ό κυριος, γυναικα άπο άνδρος μη χωρισθηναι,
	11	έαν δε και χωρισθη, μενετω άγαμος ή τω άνδρι καταλλαγητω,
	15	εί δε ό άπιστος χωριζεται, χωριζεσθω·
	15	εί δε ό άπιστος χωριζεται, χωριζεσθω·
Phm	15	ταχα γαρ δια τουτο έχωρισθη προς ώραν, ίνα αίωνιον αύτον άπεχης,
Heb	7 26	τοιουτος γαρ ήμιν και έπρεπεν άρχιερευς, όσιος, άκακος, άμιαντος, κεχωρισμενος άπο των άμαρτωλων, και ύψηλοτερος των ούρανων γενομενος·

χωριον [10]

Mt	26 36	τοτε έρχεται μετ αύτων ό ίησους είς χωριον λεγομενον γεθσημανι,
Mc	14 32	και έρχονται είς χωριον ού το όνομα γεθσημανι,
Jh	4 5	έρχεται ούν είς πολιν της σαμαρειας λεγομενην συχαρ, πλησιον του χωριου ό έδωκεν ιακωβ [τω] ιωσηφ τω υίω αύτου·
Ac	1 18	ούτος μεν ούν έκτησατο χωριον έκ μισθου της άδικιας,
	19	και γνωστον έγενετο πασι τοις κατοικουσιν ιερουσαλημ, ώστε κληθηναι το χωριον έκεινο τη ίδια διαλεκτω αύτων άκελδαμαχ, τουτ έστιν χωριον αίματος.
	19	και γνωστον έγενετο πασι τοις κατοικουσιν ιερουσαλημ, ώστε κληθηναι το χωριον έκεινο τη ίδια διαλεκτω αύτων άκελδαμαχ, τουτ έστιν χωριον αίματος.
	4 34	όσοι γαρ κτητορες χωριων ή οίκιων ύπηρχον, πωλουντες έφερον τας τιμας των πιπρασκομενων και έτιθουν παρα τους ποδας των άποστολων·
	5 3	άνανια, δια τί έπληρωσεν ό σατανας την καρδιαν σου, ψευσασθαι σε το πνευμα το άγιον και νοσφισασθαι άπο της τιμης του χωριου;
	8	είπε μοι, εί τοσουτου το χωριον άπεδοσθε;
	28 7	έν δε τοις περι τον τοπον έκεινον ύπηρχεν χωρια τω πρωτω της νησου όνοματι ποπλιω,

χωρις [41]

Mt	13 34	και χωρις παραβολης ούδεν έλαλει αύτοις·
	14 21	οί δε έσθιοντες ήσαν άνδρες ώσει πεντακισχιλιοι χωρις γυναικων και παιδιων.
	15 38	οί δε έσθιοντες ήσαν τετρακισχιλιοι άνδρες χωρις γυναικων και παιδιων.
Mc	4 34	χωρις δε παραβολης ούκ έλαλει αύτοις,
Lc	6 49	ό δε άκουσας και μη ποιησας όμοιος έστιν άνθρωπω οίκοδομησαντι οίκιαν έπι την γην χωρις θεμελιου,
Jh	1 3	και χωρις αύτου έγενετο ούδε έν ό γεγονεν.
	15 5	ό μενων έν έμοι καγω έν αύτω, ούτος φερει καρπον πολυν, ότι χωρις έμου ού δυνασθε ποιειν ούδεν.
	20 7	και θεωρει τα όθονια κειμενα, και το σουδαριον, ό ήν έπι της κεφαλης αύτου, ού μετα των όθονιων κειμενον άλλα χωρις έντετυλιγμενον είς ένα τοπον.
Rm	3 21	νυνι δε χωρις νομου δικαιοσυνη θεου πεφανερωται, μαρτυρουμενη ύπο του νομου και των προφητων,
	28	λογιζομεθα γαρ δικαιουσθαι πιστει άνθρωπον χωρις έργων νομου.
	4 6	καθαπερ και δαυιδ λεγει τον μακαρισμον του άνθρωπου ώ ό θεος λογιζεται δικαιοσυνην χωρις έργων·
	7 8	χωρις γαρ νομου άμαρτια νεκρα.
	9	έγω δε έζων χωρις νομου ποτε·
	10 14	πως δε πιστευσωσιν ού ούκ ήκουσαν; πως δε άκουσωσιν χωρις κηρυσσοντος,
1Co	4 8	ήδη κεκορεσμενοι έστε· ήδη έπλουτησατε· χωρις ήμων έβασιλευσατε·
	11 11	πλην ούτε γυνη χωρις άνδρος ούτε άνηρ χωρις γυναικος έν κυριω·
	11	πλην ούτε γυνη χωρις άνδρος ούτε άνηρ χωρις γυναικος έν κυριω·
2Co	11 28	χωρις των παρεκτος ή έπιστασις μοι ή καθ ήμεραν, ή μεριμνα πασων των έκκλησιων.
	12 3	και οίδα τον τοιουτον άνθρωπον είτε έν σωματι είτε χωρις του σωματος ούκ οίδα, ό θεος οίδεν, ότι ήρπαγη είς τον παραδεισον
Eph	2 12	ότι ήτε τω καιρω έκεινω χωρις χριστου,
Php	2 14	παντα ποιειτε χωρις γογγυσμων και διαλογισμων,
1Tm	2 8	βουλομαι ούν προσευχεσθαι τους άνδρας έν παντι τοπω έπαιροντας όσιους χειρας χωρις όργης και διαλογισμου.
	5 21	διαμαρτυρομαι ένωπιον του θεου και χριστου ίησου και των έκλεκτων άγγελων ίνα ταυτα φυλαξης χωρις προκριματος,
Phm	14	χωρις δε της σης γνωμης ούδεν ήθελησα ποιησαι,
Heb	4 15	ού γαρ έχομεν άρχιερεα μη δυναμενον συμπαθησαι ταις άσθενειαις ήμων, πεπειρασμενον δε κατα παντα καθ όμοιοτητα χωρις άμαρτιας.
	7 7	χωρις δε πασης άντιλογιας το έλαττον ύπο του κρειττονος εύλογειται.
	20	και καθ όσον ού χωρις όρκωμοσιας,
	20	οί μεν γαρ χωρις όρκωμοσιας είσιν ίερεις γεγονοτες,
	9 7	είς δε την δευτεραν άπαξ του ένιαυτου μονος ό άρχιερευς, ού χωρις αίματος ό προσφερει ύπερ έαυτου και των του λαου άγνοηματων,
	18	όθεν ούδε ή πρωτη χωρις αίματος έγκεκαινισται.
	22	και χωρις αίματεκχυσιας ού γινεται άφεσις.
	28	έκ δευτερου χωρις άμαρτιας όφθησεται τοις αύτον άπεκδεχομενοις είς σωτηριαν.
	10 28	άθετησας τις νομον μωυσεως χωρις οίκτιρμων έπι δυσιν ή τρισιν μαρτυσιν άποθνησκει·
	11 6	χωρις δε πιστεως άδυνατον εύαρεστησαι·
	40	του θεου περι ήμων κρειττον τι προβλεψαμενου, ίνα μη χωρις ήμων τελειωθωσιν.
	12 8	εί δε χωρις έστε παιδειας, ής μετοχοι γεγονασιν παντες, άρα νοθοι και ούχ υίοι έστε.
	14	είρηνην διωκετε μετα παντων, και τον άγιασμον, ού χωρις ούδεις όψεται τον κυριον,
Ja	2 18	δειξον μοι την πιστιν σου χωρις των έργων,
	20	θελεις δε γνωναι, ώ άνθρωπε κενε, ότι ή πιστις χωρις των έργων άργη έστιν;
	26	ώσπερ γαρ το σωμα χωρις πνευματος νεκρον έστιν, ούτως και ή πιστις χωρις έργων νεκρα έστιν.
	26	ώσπερ γαρ το σωμα χωρις πνευματος νεκρον έστιν, ούτως και ή πιστις χωρις έργων νεκρα έστιν.

χωρος [1]

Ac	27 12	εί πως δυναιντο κατανταντησαντες είς φοινικα παραχειμασαι, λιμενα της κρητης βλεποντα κατα λιβα και κατα χωρον.

Ψ

ψαλλω [5]

Rm	15 9	δια τουτο ἐξομολογησομαι σοι ἐν ἐθνεσιν και τω ὀνοματι σου ψαλω.
1Co	14 15	ψαλω τω πνευματι, ψαλω δε και τω νοι.
	15	ψαλω τω πνευματι, ψαλω δε και τω νοι.
Eph	5 19	ἀδοντες και ψαλλοντες τη καρδια ὑμων τω κυριω,
Ja	5 13	εὐθυμει τις; ψαλλετω.

ψαλμος [7]

Lc	20 42	αὐτος γαρ δαυιδ λεγει ἐν βιβλω ψαλμων· εἰπεν κυριος τω κυριω μου·
	24 44	οὑτοι οἱ λογοι μου οὑς ἐλαλησα προς ὑμας ἐτι ὡν συν ὑμιν, ὁτι δει πληρωθηναι παντα τα γεγραμμενα ἐν τω νομω μωυσεως και τοις προφηταις και ψαλμοις περι ἐμου.
Ac	1 20	γεγραπται γαρ ἐν βιβλω ψαλμων· γενηθητω ἡ ἐπαυλις αὐτου ἐρημος και μη ἐστω ὁ κατοικων ἐν αὐτη,
	13 33	ὡς και ἐν τω ψαλμω γεγραπται τω δευτερω·
1Co	14 26	ὁταν συνερχησθε, ἑκαστος ψαλμον ἐχει,
Eph	5 19	λαλουντες ἑαυτοις [ἐν] ψαλμοις και ὑμνοις και ὠδαις πνευματικαις,
Col	3 16	ψαλμοις ὑμνοις ὠδαις πνευματικαις ἐν [τη] χαριτι ἀδοντες ἐν ταις καρδιαις ὑμων τω θεω·

ψευδαδελφος [2]

2Co	11 26	κινδυνοις ἐν ἐρημια, κινδυνοις ἐν θαλασση, κινδυνοις ἐν ψευδαδελφοις,
Ga	2 4	δια δε τους παρεισακτους ψευδαδελφους, οἱτινες παρεισηλθον κατασκοπησαι την ἐλευθεριαν ἡμων ἡν ἐχομεν ἐν χριστω ἰησου,

ψευδαποστολος [1]

2Co	11 13	οἱ γαρ τοιουτοι ψευδαποστολοι, ἐργαται δολιοι, μετασχηματιζομενοι εἰς ἀποστολους χριστου.

ψευδης [3]

Ac	6 13	ἐστησαν τε μαρτυρας ψευδεις λεγοντας·
Apc	2 2	και ἐπειρασας τους λεγοντας ἑαυτους ἀποστολους και οὐκ εἰσιν, και εὑρες αὐτους ψευδεις·
	21 8	τοις δε δειλοις και ἀπιστοις και ἐβδελυγμενοις και φονευσιν και πορνοις και φαρμακοις και εἰδωλολατραις και πασιν τοις ψευδεσιν το μερος αὐτων ἐν τη λιμνη

ψευδοδιδασκαλος [1]

2Pt	2 1	ἐγενοντο δε και ψευδοπροφηται ἐν τω λαω, ὡς και ἐν ὑμιν ἐσονται ψευδοδιδασκαλοι,

ψευδολογος [1]

1Tm	4 2	ἐν ὑποκρισει ψευδολογων, κεκαυστηριασμενων την ἰδιαν συνειδησιν,

ψευδομαι [12]

Mt	5 11	μακαριοι ἐστε ὁταν ὀνειδισωσιν ὑμας και διωξωσιν και εἰπωσιν παν πονηρον καθ ὑμων [ψευδομενοι] ἑνεκεν ἐμου.
Ac	5 3	ἁνανια, δια τί ἐπληρωσεν ὁ σατανας την καρδιαν σου, ψευσασθαι σε το πνευμα το ἁγιον και νοσφισασθαι ἀπο της τιμης του χωριου;
	4	οὐκ ἐψευσω ἀνθρωποις ἀλλα τω θεω.
Rm	9 1	ἀληθειαν λεγω ἐν χριστω, οὐ ψευδομαι,
2Co	11 31	ὁ θεος και πατηρ του κυριου ἰησου οἰδεν, ὁ ὠν εὐλογητος εἰς τους αἰωνας, ὁτι οὐ ψευδομαι.
Ga	1 20	ἁ δε γραφω ὑμιν, ἰδου ἐνωπιον του θεου ὁτι οὐ ψευδομαι.
Col	3 9	μη ψευδεσθε εἰς ἀλληλους,
1Tm	2 7	εἰς ὁ ἐτεθην ἐγω κηρυξ και ἀποστολος, ἀληθειαν λεγω, οὐ ψευδομαι, διδασκαλος ἐθνων ἐν πιστει και ἀληθεια.
Heb	6 18	ἱνα δια δυο πραγματων ἀμεταθετων, ἐν οἱς ἀδυνατον ψευσασθαι [τον] θεον, ἰσχυραν παρακλησιν ἐχωμεν οἱ καταφυγοντες

ψευδομαι [12]

Ja	3 14	εἰ δε ζηλον πικρον ἐχετε και ἐριθειαν ἐν τη καρδια ὑμων, μη κατακαυχασθε και ψευδεσθε κατα της ἀληθειας.
1Jh	1 6	ἐαν εἰπωμεν ὁτι κοινωνιαν ἐχομεν μετ αὐτου και ἐν τω σκοτει περιπατωμεν, ψευδομεθα και οὐ ποιουμεν την ἀληθειαν·
Apc	3 9	των λεγοντων ἑαυτους ἰουδαιους εἰναι, και οὐκ εἰσιν ἀλλα ψευδονται·

ψευδομαρτυρεω [5]

Mt	19 18	το οὐ φονευσεις, οὐ μοιχευσεις, οὐ κλεψεις, οὐ ψευδομαρτυρησεις, τιμα τον πατερα και την μητερα, και ἀγαπησεις τον πλησιον σου ὡς σεαυτον.
Mc	10 19	μη φονευσης, μη μοιχευσης, μη κλεψης, μη ψευδομαρτυρησης, μη ἀποστερησης, τιμα τον πατερα σου και την μητερα.
	14 56	πολλοι γαρ ἐψευδομαρτυρουν κατ αὐτου, και ἰσαι αἱ μαρτυριαι οὐκ ἠσαν.
	57	και τινες ἀναστατες ἐψευδομαρτυρουν κατ αὐτου λεγοντες ὁτι ἡμεις ἠκουσαμεν αὐτου λεγοντος ὁτι ἐγω καταλυσω τον ναον τουτον τον χειροποιητον και δια τριων ἡμερων ἀλλον ἀχειροποιητον οἰκοδομησω.
Lc	18 20	μη μοιχευσης, μη φονευσης, μη κλεψης, μη ψευδομαρτυρησης, τίμα τον πατερα σου και την μητερα.

ψευδομαρτυρια [2]

Mt	15 19	ἐκ γαρ της καρδιας ἐξερχονται διαλογισμοι πονηροι, φονοι, μοιχειαι, πορνειαι, κλοπαι, ψευδομαρτυριαι, βλασφημιαι.
	26 59	οἱ δε ἀρχιερεις και το συνεδριον ὁλον ἐζητουν ψευδομαρτυριαν κατα του ἰησου ὁπως αὐτον θανατωσωσιν,

ψευδομαρτυς [2]

Mt	26 60	οἱ δε ἀρχιερεις και το συνεδριον ὁλον ἐζητουν ψευδομαρτυριαν κατα του ἰησου ὁπως αὐτον θανατωσωσιν, και οὐχ εὑρον πολλων προσελθοντων ψευδομαρτυρων.
1Co	15 15	εὑρισκομεθα δε και ψευδομαρτυρες του θεου,

ψευδοπροφητης [11]

Mt	7 15	προσεχετε ἀπο των ψευδοπροφητων, οἱτινες ἐρχονται προς ὑμας ἐν ἐνδυμασι προβατων,
	24 11	και πολλοι ψευδοπροφηται ἐγερθησονται και πλανησουσιν πολλους·
	24	ἐγερθησονται γαρ ψευδοχριστοι και ψευδοπροφηται,
Mc	13 22	ἐγερθησονται γαρ ψευδοχριστοι και ψευδοπροφηται και δωσουσιν σημεια και τερατα προς το ἀποπλαναν, εἰ δυνατον, τους ἐκλεκτους.
Lc	6 26	οὐαι ὁταν καλως εἰπωσιν ὑμας παντες οἱ ἀνθρωποι· κατα τα αὐτα γαρ ἐποιουν τοις ψευδοπροφηταις οἱ πατερες αὐτων.
Ac	13 6	διελθοντες δε ὁλην την νησον ἀχρι παφου εὑρον ἀνδρα τινα μαγον ψευδοπροφητην ἰουδαιον,
2Pt	2 1	ἐγενοντο δε και ψευδοπροφηται ἐν τω λαω,
1Jh	4 1	ὁτι πολλοι ψευδοπροφηται ἐξεληλυθασιν εἰς τον κοσμον.
Apc	16 13	και εἰδον ἐκ του στοματος του δρακοντος και ἐκ του στοματος του θηριου και ἐκ του στοματος του ψευδοπροφητου πνευματα τρια ἀκαθαρτα ὡς βατραχοι·
	19 20	και ἐπιασθη το θηριον και μετ αὐτου ὁ ψευδοπροφητης ὁ ποιησας τα σημεια ἐνωπιον αὐτου,
	20 10	και ὁ διαβολος ὁ πλανων αὐτους ἐβληθη εἰς την λιμνην του πυρος και θειου, ὁπου και το θηριον και ὁ ψευδοπροφητης·

ψευδος [10]

Jh	8 44	ὁταν λαλη το ψευδος, ἐκ των ἰδιων λαλει, ὁτι ψευστης ἐστιν και ὁ πατηρ αὐτου.
Rm	1 25	οἱτινες μετηλλαξαν την ἀληθειαν του θεου ἐν τω ψευδει,
Eph	4 25	διο ἀποθεμενοι το ψευδος λαλειτε ἀληθειαν ἑκαστος μετα του πλησιον αὐτου.
2Th	2 9	οὐ ἐστιν ἡ παρουσια κατ ἐνεργειαν του σατανα ἐν παση δυναμει και σημειοις και τερασιν ψευδους
	11	και δια τουτο πεμπει αὐτοις ὁ θεος ἐνεργειαν πλανης εἰς το πιστευσαι αὐτους τω ψευδει,
1Jh	2 21	ἀλλ ὁτι οἰδατε αὐτην, και ὁτι παν ψευδος ἐκ της ἀληθειας οὐκ ἐστιν.
	27	ἀλλ ὡς το αὐτου χρισμα διδασκει ὑμας περι παντων, και ἀληθες ἐστιν και οὐκ ἐστιν ψευδος,
Apc	14 5	και ἐν τω στοματι αὐτων οὐχ εὑρεθη ψευδος·

ψευδος [10]

Apc	21 27	και ου μη εισελθη εις αυτην παν κοινον και [ο] ποιων βδελυγμα και ψευδος,
	22 15	εξω οι κυνες και οι φαρμακοι και οι πορνοι και οι φονεις και οι ειδωλολατραι και πας φιλων και ποιων ψευδος.

ψευδοχριστος [2]

Mt	24 24	εγερθησονται γαρ ψευδοχριστοι και ψευδοπροφηται,
Mc	13 22	εγερθησονται γαρ ψευδοχριστοι και ψευδοπροφηται και δωσουσιν σημεια και τερατα προς το αποπλαναν, ει δυνατον, τους εκλεκτους.

ψευδωνυμος [1]

1Tm	6 20	ω τιμοθεε, την παραθηκην φυλαξον, εκτρεπομενος τας βεβηλους κενοφωνιας και αντιθεσεις της ψευδωνυμου γνωσεως,

ψευσμα [1]

Rm	3 7	ει δε η αληθεια του θεου εν τω εμω ψευσματι επερισσευσεν εις την δοξαν αυτου, τι ετι καγω ως αμαρτωλος κρινομαι;

ψευστης [10]

Jh	8 44	οταν λαλη το ψευδος, εκ των ιδιων λαλει, οτι ψευστης εστιν και ο πατηρ αυτου.
	55	καν ειπω οτι ουκ οιδα αυτον, εσομαι ομοιος υμιν ψευστης·
Rm	3 4	γινεσθω δε ο θεος αληθης, πας δε ανθρωπος ψευστης,
1Tm	1 10	πορνοις, αρσενοκοιταις, ανδραποδισταις, ψευσταις, επιορκοις,
Tit	1 12	κρητες αει ψευσται, κακα θηρια, γαστερες αργαι.
1Jh	1 10	εαν ειπωμεν οτι ουχ ημαρτηκαμεν, ψευστην ποιουμεν αυτον και ο λογος αυτου ουκ εστιν εν ημιν.
	2 4	ο λεγων οτι εγνωκα αυτον, και τας εντολας αυτου μη τηρων, ψευστης εστιν,
	22	τις εστιν ο ψευστης ει μη ο αρνουμενος οτι ιησους ουκ εστιν ο χριστος;
	4 20	εαν τις ειπη οτι αγαπω τον θεον, και τον αδελφον αυτου μιση, ψευστης εστιν·
	5 10	ο μη πιστευων τω θεω ψευστην πεποιηκεν αυτον,

ψηλαφαω [4]

Lc	24 39	ψηλαφησατε με και ιδετε, οτι πνευμα σαρκα και οστεα ουκ εχει καθως εμε θεωρειτε εχοντα.
Ac	17 27	ζητειν τον θεον, ει αρα γε ψηλαφησειαν αυτον και ευροιεν,
Heb	12 18	ου γαρ προσεληλυθατε ψηλαφωμενω και κεκαυμενω πυρι και γνοφω και ζοφω και θυελλη και σαλπιγγος ηχω
1Jh	1 1	ο εθεασαμεθα και αι χειρες ημων εψηλαφησαν, περι του λογου της ζωης,

ψηφιζω [2]

Lc	14 28	τις γαρ εξ υμων θελων πυργον οικοδομησαι ουχι πρωτον καθισας ψηφιζει την δαπανην,
Apc	13 18	ο εχων νουν ψηφισατω τον αριθμον του θηριου·

ψηφος [3]

Ac	26 10	αναιρουμενων τε αυτων κατηνεγκα ψηφον,
Apc	2 17	και δωσω αυτω ψηφον λευκην,
	17	και δωσω αυτω ψηφον λευκην, και επι την ψηφον ονομα καινον. γεγραμμενον,

ψιθυρισμος [1]

2Co	12 20	μη πως ερις, ζηλος, θυμοι, εριθειαι, καταλαλιαι, ψιθυρισμοι, φυσιωσεις, ακαταστασιαι·

ψιθυριστης [1]

Rm	1 29	μεστους φθονου φονου εριδος δολου κακοηθειας, ψιθυριστας, καταλαλους, θεοστυγεις, υβριστας, υπερηφανους, αλαζονας, εφευρετας κακων, γονευσιν απειθεις, ασυνετους, ασυνθετους, αστοργους, ανελεημονας·

ψιχιον [2]

Mt	15 27	και γαρ τα κυναρια εσθιει απο των ψιχιων των πιπτοντων απο της τραπεζης των κυριων αυτων.
Mc	7 28	κυριε· και τα κυναρια υποκατω της τραπεζης εσθιουσιν απο των ψιχιων των παιδιων.

ψυχη [103]

Mt	2 20	τεθνηκασιν γαρ οι ζητουντες την ψυχην του παιδιου.
	6 25	μη μεριμνατε τη ψυχη υμων τι φαγητε [η τι πιητε],
	25	ουχι η ψυχη πλειον εστιν της τροφης και το σωμα του ενδυματος;
	10 28	και μη φοβεισθε απο των αποκτεννοντων το σωμα, την δε ψυχην μη δυναμενων αποκτειναι·
	28	φοβεισθε δε μαλλον τον δυναμενον και ψυχην και σωμα απολεσαι εν γεεννη.
	39	ο ευρων την ψυχην αυτου απολεσει αυτην,
	39	και ο απολεσας την ψυχην αυτου ενεκεν εμου ευρησει αυτην.
	11 29	και ευρησετε αναπαυσιν ταις ψυχαις υμων·
	12 18	ο αγαπητος μου εις ον ευδοκησεν η ψυχη μου·
	16 25	ος γαρ εαν θελη την ψυχην αυτου σωσαι, απολεσει αυτην·
	25	ος δ αν απολεση την ψυχην αυτου ενεκεν εμου, ευρησει αυτην.
	26	τι γαρ ωφεληθησεται ανθρωπος, εαν τον κοσμον ολον κερδηση, την δε ψυχην αυτου ζημιωθη;
	26	τι γαρ ωφεληθησεται ανθρωπος, εαν τον κοσμον ολον κερδηση, την δε ψυχην αυτου ζημιωθη; η τι δωσει ανθρωπος ανταλλαγμα της ψυχης αυτου;
	20 28	ωσπερ ο υιος του ανθρωπου ουκ ηλθεν διακονηθηναι, αλλα διακονησαι και δουναι την ψυχην αυτου λυτρον αντι πολλων.
	22 37	αγαπησεις κυριον τον θεον σου εν ολη τη καρδια σου και εν ολη τη ψυχη σου και εν ολη τη διανοια σου.
	26 38	περιλυπος εστιν η ψυχη μου εως θανατου·
Mc	3 4	εξεστιν τοις σαββασιν αγαθον ποιησαι η κακοποιησαι, ψυχην σωσαι η αποκτειναι;
	8 35	ος γαρ εαν θελη την ψυχην αυτου σωσαι, απολεσει αυτην·
	35	ος δ αν απολεσει την ψυχην αυτου ενεκεν εμου και του ευαγγελιου, σωσει αυτην.
	36	τι γαρ ωφελει ανθρωπον κερδησαι τον κοσμον ολον και ζημιωθηναι την ψυχην αυτου;
	37	τι γαρ δοι ανθρωπος ανταλλαγμα της ψυχης αυτου;
	10 45	και γαρ ο υιος του ανθρωπου ουκ ηλθεν διακονηθηναι αλλα διακονησαι και δουναι την ψυχην αυτου λυτρον αντι πολλων.
	12 30	και αγαπησεις κυριον τον θεον σου εξ ολης της καρδιας σου και εξ ολης της ψυχης σου και εξ ολης της διανοιας σου και εξ ολης της ισχυος σου.
	14 34	περιλυπος εστιν η ψυχη μου εως θανατου· μεινατε ωδε και γρηγορειτε.
Lc	1 46	μεγαλυνει η ψυχη μου τον κυριον,
	2 35	ιδου ουτος κειται εις πτωσιν και αναστασιν πολλων εν τω ισραηλ και εις σημειον αντιλεγομενον και σου [δε] αυτης την ψυχην διελευσεται ρομφαια,
	6 9	επερωτω υμας ει εξεστιν τω σαββατω αγαθοποιησαι η κακοποιησαι, ψυχην σωσαι η απολεσαι;
	9 24	ος γαρ αν θελη την ψυχην αυτου σωσαι, απολεσει αυτην·
	24	ος δ αν απολεση την ψυχην αυτου ενεκεν εμου, ουτος σωσει αυτην.
	10 27	αγαπησεις κυριον τον θεον σου εξ ολης [της] καρδιας σου και εν ολη τη ψυχη σου και εν ολη τη ισχυι σου και εν ολη τη διανοια σου, και τον πλησιον σου ως σεαυτον.
	12 19	και ερω τη ψυχη μου· ψυχη, εχεις πολλα αγαθα κειμενα εις ετη πολλα· αναπαυου, φαγε, πιε, ευφραινου.
	19	ψυχη, εχεις πολλα αγαθα κειμενα εις ετη πολλα· αναπαυου, φαγε, πιε, ευφραινου.
	20	αφρων, ταυτη τη νυκτι την ψυχην σου απαιτουσιν απο σου· α δε ητοιμασας, τινι εσται;
	22	ειπεν δε προς τους μαθητας [αυτου·] δια τουτο λεγω υμιν· μη μεριμνατε τη ψυχη τι φαγητε, μηδε τω σωματι τι ενδυσησθε.
	23	η γαρ ψυχη πλειον εστιν της τροφης και το σωμα του ενδυματος.
	23	η γαρ ψυχη πλειον εστιν της τροφης και το σωμα του ενδυματος.
	14 26	και την μητερα και την γυναικα και τα τεκνα και τους αδελφους και τας αδελφας, ετι τε και την ψυχην εαυτου,
	17 33	ος εαν ζητηση την ψυχην αυτου περιποιησασθαι, απολεσει αυτην, ος δ αν απολεση, ζωογονησει αυτην.
	21 19	εν τη υπομονη υμων κτησασθε τας ψυχας υμων.
Jh	10 11	ο ποιμην ο καλος την ψυχην αυτου τιθησιν υπερ των προβατων·
	15	και την ψυχην μου τιθημι υπερ των προβατων.

ψυχη [103]

Jh	10 17	δια τουτο με ὁ πατηρ ἀγαπα ὁτι ἐγω τιθημι την **ψυχην** μου, ἱνα παλιν λαβω αὐτην.
	24	ἑως ποτε την **ψυχην** ἡμων αἰρεις;
	12 25	ὁ φιλων την **ψυχην** αὐτου ἀπολλυει αὐτην,
	25	και ὁ μισων την **ψυχην** αὐτου ἐν τω κοσμω τουτω εἰς ζωην αἰωνιον φυλαξει αὐτην.
	27	νυν ἡ **ψυχη** μου τεταρακται, και τί εἰπω·
	13 37	την **ψυχην** μου ὑπερ σοῦ θησω.
	38	την **ψυχην** σου ὑπερ ἐμου θησεις;
	15 13	μειζονα ταυτης ἀγαπην οὐδεις ἐχει, ἱνα τις την **ψυχην** αὐτου θη ὑπερ των φιλων αὐτου.
Ac	2 27	ἐτι δε και ἡ σαρξ μου κατασκηνωσει ἐπ ἐλπιδι, ὁτι οὐκ ἐγκαταλειψεις την **ψυχην** μου εἰς ἁδην οὐδε δωσεις τον ὁσιον σου ἰδειν διαφθοραν.
	41	και προσετεθησαν ἐν τη ἡμερα ἐκεινη **ψυχαι** ὡσει τρισχιλιαι·
	43	ἐγινετο δε παση **ψυχη** φοβος· πολλα τε τερατα και σημεια δια των ἀποστολων ἐγινετο.
	3 23	ἐσται δε πασα **ψυχη** ἡτις ἐαν μη ἀκουση του προφητου ἐκεινου ἐξολεθρευθησεται ἐκ του λαου.
	4 32	του δε πληθους των πιστευσαντων ἠν καρδια και **ψυχη** μια,
	7 14	ἀποστειλας δε ἰωσηφ μετεκαλεσατο ἰακωβ τον πατερα αὐτου και πασαν την συγγενειαν ἐν **ψυχαις** ἑβδομηκονταπεντε.
	14 2	οἱ δε ἀπειθησαντες ἰουδαιοι ἐπηγειραν και ἐκακωσαν τας **ψυχας** των ἐθνων κατα των ἀδελφων.
	22	εὐαγγελισαμενοι τε την πολιν ἐκεινην και μαθητευσαντες ἱκανους ὑπεστρεψαν εἰς την λυστραν και εἰς ἰκονιον και [εἰς] ἀντιοχειαν, ἐπιστηριζοντες τας **ψυχας** των μαθητων,
	15 24	ἐπειδη ἠκουσαμεν ὁτι τινες ἐξ ἡμων [ἐξελθοντες] ἐταραξαν ὑμας λογοις ἀνασκευαζοντες τας **ψυχας** ὑμων, οἱς οὐ διεστειλαμεθα, ἐδοξεν ἡμιν γενομενοις ὁμοθυμαδον,
	26	ἐκλεξαμενοις ἀνδρας πεμψαι προς ὑμας συν τοις ἀγαπητοις ἡμων βαρναβα και παυλω, ἀνθρωποις παραδεδωκοσι τας **ψυχας** αὐτων ὑπερ του ὀνοματος του κυριου ἡμων ἰησου χριστου.
	20 10	μη θορυβεισθε· ἡ γαρ **ψυχη** αὐτου ἐν αὐτω ἐστιν.
	24	ἀλλ οὐδενος λογου ποιουμαι την **ψυχην** τιμιαν ἐμαυτω ὡς τελειωσαι τον δρομον μου και την διακονιαν ἡν ἐλαβον παρα του κυριου ἰησου,
	27 10	ἀνδρες, θεωρω ὁτι μετα ὑβρεως και πολλης ζημιας οὐ μονον του φορτιου και του πλοιου ἀλλα και των **ψυχων** ἡμων μελλειν ἐσεσθαι τον πλουν.
	22	ἀποβολη γαρ **ψυχης** οὐδεμια ἐσται ἐξ ὑμων πλην του πλοιου.
	37	ἡμεθα δε αἱ πασαι **ψυχαι** ἐν τω πλοιω διακοσιαιεβδομηκονταεξ.
Rm	2 9	θλιψις και στενοχωρια ἐπι πασαν **ψυχην** ἀνθρωπου του κατεργαζομενου το κακον,
	11 3	καγω ὑπελειφθην μονος και ζητουσιν την **ψυχην** μου.
	13 1	πασα **ψυχη** ἐξουσιαις ὑπερεχουσαις ὑποτασσεσθω.
	16 4	ἀσπασασθε πρισκαν και ἀκυλαν τους συνεργους μου ἐν χριστω ἰησου, οἱτινες ὑπερ της **ψυχης** μου τον ἑαυτων τραχηλον ὑπεθηκαν,
1Co	15 45	ἐγενετο ὁ πρωτος ἀνθρωπος ἀδαμ εἰς **ψυχην** ζωσαν·
2Co	1 23	ἐγω δε μαρτυρα τον θεον ἐπικαλουμαι ἐπι την ἐμην **ψυχην**,
	12 15	ἐγω δε ἡδιστα δαπανησω και ἐκδαπανηθησομαι ὑπερ των **ψυχων** ὑμων.
Eph	6 6	μη κατ ὀφθαλμοδουλιαν ὡς ἀνθρωπαρεσκοι, ἀλλ ὡς δουλοι χριστου ποιουντες το θελημα του θεου ἐκ **ψυχης**,
Php	1 27	ὁτι στηκετε ἐν ἑνι πνευματι, μια **ψυχη** συναθλουντες τη πιστει του εὐαγγελιου,
	2 30	και τους τοιουτους ἐντιμους ἐχετε, ὁτι δια το ἐργον χριστου μεχρι θανατου ἡγγισεν παραβολευσαμενος τη **ψυχη**,
Col	3 23	ὁ ἐαν ποιητε, ἐκ **ψυχης** ἐργαζεσθε ὡς τω κυριω και οὐκ ἀνθρωποις,
1Th	2 8	οὑτως ὁμειρομενοι ὑμων εὐδοκουμεν μεταδουναι ὑμιν οὐ μονον το εὐαγγελιον του θεου ἀλλα και τας ἑαυτων **ψυχας**,
	5 23	και ὁλοκληρον ὑμων το πνευμα και ἡ **ψυχη** και το σωμα ἀμεμπτως ἐν τη παρουσια του κυριου ἡμων ἰησου χριστου τηρηθειη.
Heb	4 12	ζων γαρ ὁ λογος του θεου και ἐνεργης και τομωτερος ὑπερ πασαν μαχαιραν διστομον και δικνουμενος ἀχρι μερισμου **ψυχης** και πνευματος,
	6 19	κρατησαι της προκειμενης ἐλπιδος· ἡν ὡς ἀγκυραν ἐχομεν της **ψυχης** ἀσφαλη τε και βεβαιαν
	10 38	και ἐαν ὑποστειληται, οὐκ εὐδοκει ἡ **ψυχη** μου ἐν αὐτω.
	39	ἡμεις δε οὐκ ἐσμεν ὑποστολης εἰς ἀπωλειαν, ἀλλα πιστεως εἰς περιποιησιν **ψυχης**.
	12 3	ἀναλογισασθε γαρ τον τοιαυτην ὑπομεμενηκοτα ὑπο των ἁμαρτωλων εἰς ἑαυτον ἀντιλογιαν, ἱνα μη καμητε ταις **ψυχαις** ὑμων ἐκλυομενοι.

ψυχη [103]

Heb	13 17	αὐτοι γαρ ἀγρυπνουσιν ὑπερ των **ψυχων** ὑμων ὡς λογον ἀποδωσοντες·
Ja	1 21	δεξασθε τον ἐμφυτον λογον τον δυναμενον σωσαι τας **ψυχας** ὑμων.
	5 20	γινωσκετω ὁτι ὁ ἐπιστρεψας ἁμαρτωλον ἐκ πλανης ὁδου αὐτου σωσει **ψυχην** αὐτου ἐκ θανατου και καλυψει πληθος ἁμαρτιων.
1Pt	1 9	κομιζομενοι το τελος της πιστεως [ὑμων] σωτηριαν **ψυχων**.
	22	τας **ψυχας** ὑμων ἡγνικοτες ἐν τη ὑπακοη της ἀληθειας εἰς φιλαδελφιαν ἀνυποκριτον,
	2 11	ἀγαπητοι, παρακαλω ὡς παροικους και παρεπιδημους ἀπεχεσθαι των σαρκικων ἐπιθυμιων, αἱτινες στρατευονται κατα της **ψυχης**.
	25	ἀλλα ἐπεστραφητε νυν ἐπι τον ποιμενα και ἐπισκοπον των **ψυχων** ὑμων.
	3 20	κατασκευαζομενης κιβωτου, εἰς ἡν ὀλιγοι, τουτ ἐστιν ὀκτω **ψυχαι**, διεσωθησαν δι ὑδατος.
	4 19	ὡστε και οἱ πασχοντες κατα το θελημα του θεου πιστω κτιστη παρατιθεσθωσαν τας **ψυχας** αὐτων ἐν ἀγαθοποιια.
2Pt	2 8	βλεμματι γαρ και ἀκοη ὁ δικαιος ἐγκατοικων ἐν αὐτοις ἡμεραν ἐξ ἡμερας **ψυχην** δικαιαν ἀνομοις ἐργοις ἐβασανιζεν·
	14	δελεαζοντες **ψυχας** ἀστηρικτους, καρδιαν γεγυμνασμενην πλεονεξιας ἐχοντες,
1Jh	3 16	ἐν τουτω ἐγνωκαμεν την ἀγαπην, ὁτι ἐκεινος ὑπερ ἡμων την **ψυχην** αὐτου ἐθηκεν·
	16	και ἡμεις ὀφειλομεν ὑπερ των ἀδελφων τας **ψυχας** θειναι.
3Jh	2	ἀγαπητε, περι παντων εὐχομαι σε εὐοδουσθαι και ὑγιαινειν, καθως εὐοδουται σου ἡ **ψυχη**.
Ju	15	ποιησαι κρισιν κατα παντων και ἐλεγξαι πασαν **ψυχην** περι παντων των ἐργων ἀσεβειας αὐτων ὡν ἠσεβησαν
Apc	6 9	και ὁτε ἡνοιξεν την πεμπτην σφραγιδα, εἰδον ὑποκατω του θυσιαστηριου τας **ψυχας** των ἐσφαγμενων
	8 9	και ἀπεθανεν το τριτον των κτισματων των ἐν τη θαλασση, τα ἐχοντα **ψυχας**,
	12 11	και οὐκ ἠγαπησαν την **ψυχην** αὐτων ἀχρι θανατου.
	16 3	και ἐγενετο αἱμα ὡς νεκρου, και πασα **ψυχη** ζωης ἀπεθανεν,
	18 13	και ἱππων και ῥεδων και σωματων, και **ψυχας** ἀνθρωπων.
	14	και ἡ ὀπωρα σου της ἐπιθυμιας της **ψυχης** ἀπηλθεν ἀπο σοῦ,
	20 4	και τας **ψυχας** των πεπελεκισμενων δια την μαρτυριαν ἰησου και δια τον λογον του θεου,

ψυχικος [6]

1Co	2 14	**ψυχικος** δε ἀνθρωπος οὐ δεχεται τα του πνευματος του θεου·
	15 44	σπειρεται σωμα **ψυχικον**, ἐγειρεται σωμα πνευματικον.
	44	εἰ ἐστιν σωμα **ψυχικον**, ἐστιν και πνευματικον.
	46	ἀλλ οὐ πρωτον το πνευματικον ἀλλα το **ψυχικον**, ἐπειτα το πνευματικον.
Ja	3 15	οὐκ ἐστιν αὑτη ἡ σοφια ἀνωθεν κατερχομενη, ἀλλα ἐπιγειος, **ψυχικη**, δαιμονιωδης·
Ju	19	οὑτοι εἰσιν οἱ ἀποδιοριζοντες, **ψυχικοι**, πνευμα μη ἐχοντες.

ψυχομαι [1]

Mt	24 12	και δια το πληθυνθηναι την ἀνομιαν **ψυγησεται** ἡ ἀγαπη των πολλων.

ψυχος [3]

Jh	18 18	εἱστηκεισαν δε οἱ δουλοι και οἱ ὑπηρεται ἀνθρακιαν πεποιηκοτες, ὁτι **ψυχος** ἠν,
Ac	28 2	ἁψαντες γαρ πυραν προσελαβοντο παντας ἡμας δια τον ὑετον τον ἐφεστωτα και δια το **ψυχος**.
2Co	11 27	ἐν νηστειαις πολλακις, ἐν **ψυχει** και γυμνοτητι·

ψυχρος [4]

Mt	10 42	και ὁς ἀν ποτιση ἑνα των μικρων τουτων ποτηριον **ψυχρου** μονον εἰς ὀνομα μαθητου,
Apc	3 15	οἰδα σου τα ἐργα, ὁτι οὐτε **ψυχρος** εἰ οὐτε ζεστος.
	15	ὁτι οὐτε **ψυχρος** εἰ οὐτε ζεστος. ὀφελον **ψυχρος** ἡς ἡ ζεστος.
	16	οὑτως ὁτι χλιαρος εἰ, και οὐτε ζεστος οὐτε **ψυχρος**, μελλω σε ἐμεσαι ἐκ του στοματος μου.

ψωμιζω [2]

Rm	12 20	ἀλλα ἐαν πεινα ὁ ἐχθρος σου, **ψωμιζε** αὐτον· ἐαν διψα, ποτιζε αὐτον·

ψωμιζω [2]

1Co 13 3 καν *ψωμισω* παντα τα ὑπαρχοντα μου, και ἐαν παραδω το σωμα μου ἱνα καυχησωμαι, ἀγαπην δε μη ἐχω, οὐδεν ὠφελουμαι.

ψωμιον [4]

Jh 13 26 ἐκεινος ἐστιν ᾧ ἐγω βαψω το *ψωμιον* και δωσω αὐτῳ.
26 βαψας οὐν το *ψωμιον* [λαμβανει και] διδωσιν ἱουδα σιμωνος ἱσκαριωτου.
27 και μετα το *ψωμιον* τοτε εἰσηλθεν εἰς ἐκεινον ὁ σατανας.
30 λαβων οὐν το *ψωμιον* ἐκεινος ἐξηλθεν εὐθυς·

ψωχω [1]

Lc 6 1 και ἐτιλλον οἱ μαθηται αὐτου και ἠσθιον τους σταχυας *ψωχοντες* ταις χερσιν.

Ω

ὡ [17]

Mt 15 28 *ὡ* γυναι, μεγαλη σου ἡ πιστις· γενηθητω σοι ὡς θελεις.
17 17 *ὡ* γενεα ἀπιστος και διεστραμμενη, ἑως ποτε μεθ ὑμων ἐσομαι;
Mc 9 19 *ὡ* γενεα ἀπιστος, ἑως ποτε προς ὑμας ἐσομαι; ἑως ποτε ἀνεξομαι ὑμων;
Lc 9 41 *ὡ* γενεα ἀπιστος και διεστραμμενη, ἑως ποτε ἐσομαι προς ὑμας και ἀνεξομαι ὑμων;
24 25 *ὡ* ἀνοητοι και βραδεις τῃ καρδιᾳ του πιστευειν ἐπι πασιν οἱς ἐλαλησαν οἱ προφηται·
Ac 1 1 τον μεν πρωτον λογον ἐποιησαμην περι παντων, *ὡ* θεοφιλε, ὡν ἠρξατο ὁ ἰησους ποιειν τε και διδασκειν,
13 10 *ὡ* πληρης παντος δολου και πασης ῥαδιουργιας, υἱε διαβολου, ἐχθρε πασης δικαιοσυνης,
18 14 εἰ μεν ἠν ἀδικημα τι ἠ ῥαδιουργημα πονηρον, *ὡ* ἰουδαιοι, κατα λογον ἀν ἀνεσχομην ὑμων·
27 21 ἐδει μεν, *ὡ* ἀνδρες, πειθαρχησαντας μοι μη ἀναγεσθαι ἀπο της κρητης
Rm 2 1 διο ἀναπολογητος εἰ, *ὡ* ἀνθρωπε πας ὁ κρινων·
3 λογιζῃ δε τουτο, *ὡ* ἀνθρωπε ὁ κρινων τους τα τοιαυτα πρασσοντας και ποιων αὐτα, ὁτι συ ἐκφευξῃ το κριμα του θεου;
9 20 *ὡ* ἀνθρωπε, μενουνγε συ τίς εἰ ὁ ἀνταποκρινομενος τῳ θεῳ;
11 33 *ὡ* βαθος πλουτου και σοφιας και γνωσεως θεου·
Ga 3 1 *ὡ* ἀνοητοι γαλαται, τίς ὑμας ἐβασκανεν,
1Tm 6 11 συ δε, *ὡ* ἀνθρωπε θεου, ταυτα φευγε·
20 *ὡ* τιμοθεε, την παραθηκην φυλαξον,
Ja 2 20 θελεις δε γνωναι, *ὡ* ἀνθρωπε κενε, ὁτι ἡ πιστις χωρις των ἐργων ἀργη ἐστιν;

ὡ [3]

Apc 1 8 ἐγω εἰμι το ἀλφα και το *ὡ*, λεγει κυριος ὁ θεος,
21 6 ἐγω [εἰμι] το ἀλφα και το *ὡ*, ἡ ἀρχη και το τελος.
22 13 ἐγω το ἀλφα και το *ὡ*, ὁ πρωτος και ὁ ἐσχατος,

ὡδε [61]

Mt 8 29 ἠλθες *ὡδε* προ καιρου βασανισαι ἡμας;
12 6 λεγω δε ὑμιν ὁτι του ἱερου μειζον ἐστιν *ὡδε*.
41 και ἰδου πλειον ἰωνα *ὡδε*.
42 και ἰδου πλειον σολομωνος *ὡδε*.
14 8 δος μοι, φησιν, *ὡδε* ἐπι πινακι την κεφαλην ἰωαννου του βαπτιστου.
17 οὐκ ἐχομεν *ὡδε* εἰ μη πεντε ἀρτους και δυο ἰχθυας.
18 ὁ δε εἰπεν· φερετε μοι *ὡδε* αὐτους.
16 28 ἀμην λεγω ὑμιν ὁτι εἰσιν τινες των *ὡδε* ἑστωτων οἱτινες οὐ μη γευσωνται θανατου ἑως ἀν ἰδωσιν τον υἱον του ἀνθρωπου ἐρχομενον ἐν τῃ βασιλειᾳ αὐτου.
17 4 κυριε, καλον ἐστιν ἡμας *ὡδε* εἰναι·
4 εἰ θελεις, ποιησω *ὡδε* τρεις σκηνας, σοι μιαν και μωυσει μιαν και ἡλιᾳ μιαν.
17 φερετε μοι αὐτον *ὡδε*.

ὡδε [61]

Mt 20 6 τί *ὡδε* ἑστηκατε ὁλην την ἡμεραν ἀργοι;
22 12 ἑταιρε, πῶς εἰσηλθες *ὡδε* μη ἐχων ἐνδυμα γαμου;
24 2 ἀμην λεγω ὑμιν, οὐ μη ἀφεθῃ *ὡδε* λιθος ἐπι λιθον ὁς οὐ καταλυθησεται.
23 τοτε ἐαν τις ὑμιν εἰπῃ· ἰδου *ὡδε* ὁ χριστος, ἠ· *ὡδε*, μη πιστευσητε·
23 τοτε ἐαν τις ὑμιν εἰπῃ· ἰδου *ὡδε* ὁ χριστος, ἠ· *ὡδε*, μη πιστευσητε·
26 38 μεινατε *ὡδε* και γρηγορειτε μετ ἐμου.
28 6 οἰδα γαρ ὁτι ἰησουν τον ἐσταυρωμενον ζητειτε· οὐκ ἐστιν *ὡδε*.
Mc 6 3 οὐχ οὑτος ἐστιν ὁ τεκτων, ὁ υἱος της μαριας και ἀδελφος ἰακωβου και ἰωσητος και ἰουδα και σιμωνος; και οὐκ εἰσιν αἱ ἀδελφαι αὐτου *ὡδε* προς ἡμας;
8 4 και ἀπεκριθησαν αὐτῳ οἱ μαθηται αὐτου ὁτι ποθεν τουτους δυνησεται τις *ὡδε* χορτασαι ἀρτων ἐπ ἐρημιας;
9 1 ἀμην λεγω ὑμιν ὁτι εἰσιν τινες *ὡδε* των ἑστηκοτων οἱτινες οὐ μη γευσωνται θανατου ἑως ἀν ἰδωσιν την βασιλειαν του θεου ἐληλυθυιαν ἐν δυναμει.
5 ῥαββι, καλον ἐστιν ἡμας *ὡδε* εἰναι, και ποιησωμεν τρεις σκηνας, σοι μιαν και μωυσει μιαν και ἡλιᾳ μιαν.
11 3 εἰπατε· ὁ κυριος αὐτου χρειαν ἐχει, και εὐθυς αὐτον ἀποστελλει παλιν *ὡδε*.
13 2 οὐ μη ἀφεθῃ *ὡδε* λιθος ἐπι λιθον ὁς οὐ μη καταλυθῃ.
21 ἰδε *ὡδε* ὁ χριστος, ἰδε ἐκει, μη πιστευετε·
14 32 καθισατε *ὡδε* ἑως προσευξωμαι.
34 περιλυπος ἐστιν ἡ ψυχη μου ἑως θανατου· μεινατε *ὡδε* και γρηγορειτε.
16 6 ἰησουν ζητειτε τον ναζαρηνον τον ἐσταυρωμενον· ἠγερθη, οὐκ ἐστιν *ὡδε*.
Lc 4 23 ὁσα ἠκουσαμεν γενομενα εἰς την καφαρναουμ, ποιησον και *ὡδε* ἐν τῃ πατριδι σου.
9 12 ἀπολυσον τον ὀχλον, ἱνα πορευθεντες εἰς τας κυκλω κωμας και ἀγρους καταλυσωσιν και εὑρωσιν ἐπισιτισμον, ὁτι *ὡδε* ἐν ἐρημῳ τοπῳ ἐσμεν.
33 ἐπιστατα, καλον ἐστιν ἡμας *ὡδε* εἰναι,
41 προσαγαγε *ὡδε* τον υἱον σου.
11 31 ὁτι ἠλθεν ἐκ των περατων της γης ἀκουσαι την σοφιαν σολομωνος, και ἰδου πλειον σολομωνος *ὡδε*.
32 ὁτι μετενοησαν εἰς το κηρυγμα ἰωνα, και ἰδου πλειον ἰωνα *ὡδε*.
14 21 και τους πτωχους και ἀναπειρους και τυφλους και χωλους εἰσαγαγε *ὡδε*.
15 17 ποσοι μισθιοι του πατρος μου περισσευονται ἀρτων, ἐγω δε λιμῳ *ὡδε* ἀπολλυμαι.
16 25 νυν δε *ὡδε* παρακαλειται, συ δε ὀδυνασαι.
17 21 ἰδου *ὡδε* ἠ· ἐκει· ἰδου γαρ ἡ βασιλεια του θεου ἐντος ὑμων ἐστιν.
23 ἰδου ἐκει, [ἠ] ἰδου *ὡδε*· μη ἀπελθητε μηδε διωξητε.
19 27 πλην τους ἐχθρους μου τουτους τους μη θελησαντας με βασιλευσαι ἐπ αὐτους ἀγαγετε *ὡδε* και κατασφαξατε αὐτους ἐμπροσθεν μου.
22 38 κυριε, ἰδου μαχαιραι *ὡδε* δυο.
23 5 διδασκων καθ ὁλης της ἰουδαιας, και ἀρξαμενος ἀπο της γαλιλαιας ἑως *ὡδε*.
24 6 οὐκ ἐστιν *ὡδε*, ἀλλα ἠγερθη.
Jh 6 9 ἐστιν παιδαριον *ὡδε* ὁς ἐχει πεντε ἀρτους κριθινους και δυο ὀψαρια·
25 ῥαββι, ποτε *ὡδε* γεγονας;
11 21 κυριε, εἰ ἠς *ὡδε*, οὐκ ἀν ἀπεθανεν ὁ ἀδελφος μου.
32 κυριε, εἰ ἠς *ὡδε*, οὐκ ἀν μου ἀπεθανεν ὁ ἀδελφος.
20 27 φερε τον δακτυλον σου *ὡδε* και ἰδε τας χειρας μου,
Ac 9 14 και *ὡδε* ἐχει ἐξουσιαν παρα των ἀρχιερεων δησαι παντας τους ἐπικαλουμενους το ὀνομα σου.
21 οὐχ οὑτος ἐστιν ὁ πορθησας εἰς ἰερουσαλημ τους ἐπικαλουμενους το ὀνομα τουτο, και *ὡδε* εἰς τουτο ἐληλυθει, ἱνα δεδεμενους αὐτους ἀγαγῃ ἐπι τους ἀρχιερεις;
1Co 4 2 *ὡδε* λοιπον ζητειται ἐν τοις οἰκονομοις ἱνα πιστος τις εὑρεθῃ.
Col 4 9 παντα ὑμιν γνωρισουσιν τα *ὡδε*.
Heb 7 8 και *ὡδε* μεν δεκατας ἀποθνησκοντες ἀνθρωποι λαμβανουσιν,
13 14 οὐ γαρ ἐχομεν *ὡδε* μενουσαν πολιν, ἀλλα την μελλουσαν ἐπιζητουμεν.
Ja 2 3 ἐπιβλεψητε δε ἐπι τον φορουντα την ἐσθητα την λαμπραν και εἰπητε· συ καθου *ὡδε* καλως,
Apc 4 1 ἀναβα *ὡδε*, και δειξω σοι ἀ δει γενεσθαι μετα ταυτα.
11 12 και ἠκουσαν φωνης μεγαλης ἐκ του οὐρανου λεγουσης αὐτοις· ἀναβατε *ὡδε*·
13 10 *ὡδε* ἐστιν ἡ ὑπομονη και ἡ πιστις των ἁγιων.
18 *ὡδε* ἡ σοφια ἐστιν.

ὧδε [61]

Apc 14 12 ὧδε ἡ ὑπομονη των ἁγιων ἐστιν,
    17 9 ὧδε ὁ νους ὁ ἐχων σοφιαν.

ᾠδη [7]

Eph 5 19 λαλουντες ἑαυτοις [ἐν] ψαλμοις και ὑμνοις και ᾠδαις πνευματικαις,
Col 3 16 ψαλμοις ὑμνοις ᾠδαις πνευματικαις ἐν [τῃ] χαριτι ᾁδοντες ἐν ταις καρδιαις ὑμων τῳ θεῳ·
Apc 5 9 και ᾁδουσιν ᾠδην καινην λεγοντες·
    14 3 και ᾁδουσιν [ὡς] ᾠδην καινην ἐνωπιον του θρονου και ἐνωπιον των τεσσαρων ζωων και των πρεσβυτερων·
      3 και οὐδεις ἐδυνατο μαθειν την ᾠδην εἰ μη αἱ ἑκατοντεσσερακοντατεσσαρες χιλιαδες,
    15 3 και ᾁδουσιν την ᾠδην μωυσεως του δουλου του θεου και την ᾠδην του ἀρνιου, λεγοντες·
      3 και ᾁδουσιν την ᾠδην μωυσεως του δουλου του θεου και την ᾠδην του ἀρνιου, λεγοντες·

ᾠδιν [4]

Mt 24 8 παντα δε ταυτα ἀρχη ᾠδινων.
Mc 13 8 ἐσονται σεισμοι κατα τοπους, ἐσονται λιμοι· ἀρχη ᾠδινων ταυτα.
Ac 2 24 ὁν ὁ θεος ἀνεστησεν λυσας τας ᾠδινας του θανατου, καθοτι οὐκ ἠν δυνατον κρατεισθαι αὐτον ὑπ αὐτου.
1Th 5 3 ὁταν λεγωσιν· εἰρηνη και ἀσφαλεια, τοτε αἰφνιδιος αὐτοις ἐφισταται ὀλεθρος ὡσπερ ἡ ᾠδιν τῃ ἐν γαστρι ἐχουσῃ,

ᾠδινω [3]

Ga 4 19 τεκνα μου, οὑς παλιν ᾠδινω μεχρις οὑ μορφωθη χριστος ἐν ὑμιν·
      27 εὐφρανθητι, στειρα ἡ οὐ τικτουσα, ῥηξον και βοησον, ἡ οὐκ ᾠδινουσα·
Apc 12 2 και κραζει ᾠδινουσα και βασανιζομενη τεκειν.

ὠμος [2]

Mt 23 4 δεσμευουσιν δε φορτια βαρεα [και δυσβαστακτα] και ἐπιτιθεασιν ἐπι τους ὠμους των ἀνθρωπων,
Lc 15 5 και εὑρων ἐπιτιθησιν ἐπι τους ὠμους αὐτου χαιρων,

ὠνεομαι [1]

Ac 7 16 και μετετεθησαν εἰς συχεμ και ἐτεθησαν ἐν τῳ μνηματι ᾡ ὠνησατο ἀβρααμ τιμης ἀργυριου παρα των υἱων ἐμμωρ ἐν συχεμ.

ὠον [1]

Lc 11 12 ἡ και αἰτησει ὠον, ἐπιδωσει αὐτῳ σκορπιον;

ὥρα [106]

Mt 8 13 και ἰαθη ὁ παις [αὐτου] ἐν τῃ ὥρᾳ ἐκεινῃ.
    9 22 και ἐσωθη ἡ γυνη ἀπο της ὥρας ἐκεινης.
    10 19 δοθησεται γαρ ὑμιν ἐν ἐκεινῃ τῃ ὥρᾳ τί λαλησητε·
    14 15 ἐρημος ἐστιν ὁ τοπος και ἡ ὥρα ἠδη παρηλθεν·
    15 28 και ἰαθη ἡ θυγατηρ αὐτης ἀπο της ὥρας ἐκεινης.
    17 18 και ἐξηλθεν ἀπ αὐτου το δαιμονιον, και ἐθεραπευθη ὁ παις ἀπο της ὥρας ἐκεινης.
    18 1 ἐν ἐκεινῃ τῃ ὥρᾳ προσηλθον οἱ μαθηται τῳ ἰησου λεγοντες·
    20 3 και ἐξελθων περι τριτην ὥραν εἰδεν ἀλλους ἑστωτας ἐν τῃ ἀγορᾳ ἀργους,
      5 παλιν [δε] ἐξελθων περι ἑκτην και ἐνατην ὥραν ἐποιησεν ὡσαυτως.
      9 και ἐλθοντες οἱ περι την ἑνδεκατην ὥραν ἐλαβον ἀνα δηναριον·
      12 οὑτοι οἱ ἐσχατοι μιαν ὥραν ἐποιησαν, και ἰσους ἡμιν αὐτους ἐποιησας τοις βαστασασι το βαρος της ἡμερας και τον καυσωνα.
    24 36 περι δε της ἡμερας ἐκεινης και ὥρας οὐδεις οἰδεν, οὐδε οἱ ἀγγελοι των οὐρανων οὐδε ὁ υἱος, εἰ μη ὁ πατηρ μονος.
      44 δια τουτο και ὑμεις γινεσθε ἑτοιμοι, ὁτι ᾑ οὐ δοκειτε ὥρᾳ ὁ υἱος του ἀνθρωπου ἐρχεται.
      50 ἡξει ὁ κυριος του δουλου ἐκεινου ἐν ἡμερᾳ ᾑ οὐ προσδοκᾳ και ἐν ὥρᾳ ᾑ οὐ γινωσκει,
    25 13 γρηγορειτε οὐν, ὁτι οὐκ οἰδατε την ἡμεραν οὐδε την ὥραν.

ὥρα [106]

Mt 26 40 οὑτως οὐκ ἰσχυσατε μιαν ὥραν γρηγορησαι μετ ἐμου;
      45 ἰδου ἠγγικεν ἡ ὥρα και ὁ υἱος του ἀνθρωπου παραδιδοται εἰς χειρας ἀμαρτωλων.
      55 ἐν ἐκεινῃ τῃ ὥρᾳ εἰπεν ὁ ἰησους τοις ὀχλοις·
    27 45 ἀπο δε ἑκτης ὥρας σκοτος ἐγενετο ἐπι πασαν την γην ἑως ὥρας ἐνατης.
      45 ἀπο δε ἑκτης ὥρας σκοτος ἐγενετο ἐπι πασαν την γην ἑως ὥρας ἐνατης.
      46 περι δε την ἐνατην ὥραν ἀνεβοησεν ὁ ἰησους φωνῃ μεγαλῃ λεγων·
Mc 6 35 και ἠδη ὥρας πολλης γενομενης προσελθοντες αὐτῳ οἱ μαθηται αὐτου ἐλεγον ὁτι ἐρημος ἐστιν ὁ τοπος και ἠδη ὥρα πολλη·
      35 και ἠδη ὥρας πολλης γενομενης προσελθοντες αὐτῳ οἱ μαθηται αὐτου ἐλεγον ὁτι ἐρημος ἐστιν ὁ τοπος και ἠδη ὥρα πολλη·
    11 11 και περιβλεψαμενος παντα, ὀψιας ἠδη οὐσης της ὥρας, ἐξηλθεν εἰς βηθανιαν μετα των δωδεκα.
    13 11 μη προμεριμνατε τί λαλησητε, ἀλλ ὁ ἐαν δοθη ὑμιν ἐν ἐκεινῃ τῃ ὥρᾳ, τουτο λαλειτε·
      32 περι δε της ἡμερας ἐκεινης ἡ της ὥρας οὐδεις οἰδεν, οὐδε οἱ ἀγγελοι ἐν οὐρανῳ οὐδε ὁ υἱος, εἰ μη ὁ πατηρ.
    14 35 και προσηυχετο ἰνα εἰ δυνατον ἐστιν παρελθη ἀπ αὐτου ἡ ὥρα,
      37 σιμων, καθευδεις; οὐκ ἰσχυσας μιαν ὥραν γρηγορησαι;
      41 ἠλθεν ἡ ὥρα, ἰδου παραδιδοται ὁ υἱος του ἀνθρωπου εἰς τας χειρας των ἀμαρτωλων.
    15 25 ἠν δε ὥρα τριτη και ἐσταυρωσαν αὐτον.
      33 και γενομενης ὥρας ἑκτης σκοτος ἐγενετο ἐφ ὁλην την γην ἑως ὥρας ἐνατης.
      33 και γενομενης ὥρας ἑκτης σκοτος ἐγενετο ἐφ ὁλην την γην ἑως ὥρας ἐνατης.
      34 και τῃ ἐνατῃ ὥρᾳ ἐβοησεν ὁ ἰησους φωνῃ μεγαλῃ·
Lc 1 10 και παν το πληθος ἠν του λαου προσευχομενον ἐξω τῃ ὥρᾳ του θυμιαματος.
    2 38 και αὐτη τῃ ὥρᾳ ἐπιστασα ἀνθωμολογειτο τῳ θεῳ και ἐλαλει περι αὐτου πασιν τοις προσδεχομενοις λυτρωσιν ἰερουσαλημ.
    7 21 ἐν ἐκεινῃ τῃ ὥρᾳ ἐθεραπευσεν πολλους ἀπο νοσων και μαστιγων και πνευματων πονηρων,
    10 21 ἐν αὐτῃ τῃ ὥρᾳ ἠγαλλιασατο [ἐν] τῳ πνευματι τῳ ἁγιῳ και εἰπεν·
    12 12 το γαρ ἁγιον πνευμα διδαξει ὑμας ἐν αὐτῃ τῃ ὥρᾳ ἁ δει εἰπειν.
      39 τουτο δε γινωσκετε, ὁτι εἰ ἠδει ὁ οἰκοδεσποτης ποιᾳ ὥρᾳ ὁ κλεπτης ἐρχεται, οὐκ ἀν ἀφηκεν διορυχθηναι τον οἰκον αὐτου.
      40 και ὑμεις γινεσθε ἑτοιμοι, ὁτι ᾑ ὥρᾳ οὐ δοκειτε ὁ υἱος του ἀνθρωπου ἐρχεται.
      46 ἡξει ὁ κυριος του δουλου ἐκεινου ἐν ἡμερᾳ ᾑ οὐ προσδοκᾳ και ἐν ὥρᾳ ᾑ οὐ γινωσκει, και διχοτομησει αὐτον,
    13 31 ἐν αὐτῃ τῃ ὥρᾳ προσηλθαν τινες φαρισαιοι λεγοντες αὐτῳ·
    14 17 και ἀπεστειλεν τον δουλον αὐτου τῃ ὥρᾳ του δειπνου εἰπειν τοις κεκλημενοις·
    20 19 και ἐζητησαν οἱ γραμματεις και οἱ ἀρχιερεις ἐπιβαλειν ἐπ αὐτον τας χειρας ἐν αὐτῃ τῃ ὥρᾳ,
    22 14 και ὁτε ἐγενετο ἡ ὥρα, ἀνεπεσεν, και οἱ ἀποστολοι συν αὐτῳ.
      53 καθ ἡμεραν ὀντος μου μεθ ὑμων ἐν τῳ ἱερῳ οὐκ ἐξετεινατε τας χειρας ἐπ ἐμε· ἀλλ αὑτη ἐστιν ὑμων ἡ ὥρα και ἡ ἐξουσια του σκοτους.
      59 και διαστασης ὡσει ὥρας μιας ἀλλος τις διισχυριζετο λεγων·
    23 44 και ἠν ἠδη ὡσει ὥρα ἑκτη και σκοτος ἐγενετο ἐφ ὁλην την γην ἑως ὥρας ἐνατης του ἡλιου ἐκλιποντος·
      44 και ἠν ἠδη ὡσει ὥρα ἑκτη και σκοτος ἐγενετο ἐφ ὁλην την γην ἑως ὥρας ἐνατης του ἡλιου ἐκλιποντος·
    24 33 και ἀνασταντες αὐτῃ τῃ ὥρᾳ ὑπεστρεψαν εἰς ἰερουσαλημ,
Jh 1 39 ὥρα ἠν ὡς δεκατη.
    2 4 οὐπω ἡκει ἡ ὥρα μου.
    4 6 ὥρα ἠν ὡς ἑκτη.
      21 πιστευε μοι, γυναι, ὁτι ἐρχεται ὥρα ὁτε οὐτε ἐν τῳ ὀρει τουτῳ οὐτε ἐν ἰεροσολυμοις προσκυνησετε τῳ πατρι.
      23 ἀλλα ἐρχεται ὥρα και νυν ἐστιν, ὁτε οἱ ἀληθινοι προσκυνηται προσκυνησουσιν τῳ πατρι ἐν πνευματι και ἀληθειᾳ·
      52 ἐπυθετο οὐν την ὥραν παρ αὐτων ἐν ᾑ κομψοτερον ἐσχεν·
      52 εἰπαν οὐν αὐτῳ ὁτι ἐχθες ὥραν ἑβδομην ἀφηκεν αὐτον ὁ πυρετος.
      53 ἐγνω οὐν ὁ πατηρ ὁτι [ἐν] ἐκεινῃ τῃ ὥρᾳ ἐν ᾑ εἰπεν αὐτῳ ὁ ἰησους· ὁ υἱος σου ζῃ·

ὥρα [106]

Jh 5 25 ἀμην ἀμην λεγω ὑμιν ὅτι ἐρχεται ὥρα και νυν ἐστιν ὅτε οἱ νεκροι ἀκουσουσιν της φωνης του υἱου του θεου και οἱ ἀκουσαντες ζησουσιν.

28 μη θαυμαζετε τουτο, ὅτι ἐρχεται ὥρα ἐν ἡ παντες οἱ ἐν τοις μνημειοις ἀκουσουσιν της φωνης αὐτου και ἐκπορευσονται οἱ τα ἀγαθα ποιησαντες εἰς ἀναστασιν ζωης,

35 ὑμεις δε ἠθελησατε ἀγαλλιαθηναι προς ὥραν ἐν τω φωτι αὐτου.

7 30 και οὐδεις ἐπεβαλεν ἐπ αὐτον την χειρα, ὅτι οὐπω ἐληλυθει ἡ ὥρα αὐτου.

8 20 και οὐδεις ἐπιασεν αὐτον, ὅτι οὐπω ἐληλυθει ἡ ὥρα αὐτου.

11 9 οὐχι δωδεκα ὧραι εἰσιν της ἡμερας;

12 23 ἐληλυθεν ἡ ὥρα ἱνα δοξασθη ὁ υἱος του ἀνθρωπου.

27 πατερ, σωσον με ἐκ της ὥρας ταυτης.

27 ἀλλα δια τουτο ἠλθον εἰς την ὥραν ταυτην.

13 1 προ δε της ἑορτης του πασχα εἰδως ὁ ἰησους ὅτι ἠλθεν αὐτου ἡ ὥρα ἱνα μεταβη ἐκ του κοσμου τουτου προς τον πατερα,

16 2 ἀλλ ἐρχεται ὥρα ἱνα πας ὁ ἀποκτεινας ὑμας δοξη λατρειαν προσφερειν τω θεω.

4 ἀλλα ταυτα λελαληκα ὑμιν ἱνα ὅταν ἐλθη ἡ ὥρα αὐτων μνημονευητε αὐτων, ὅτι ἐγω εἰπον ὑμιν.

21 ἡ γυνη ὅταν τικτη λυπην ἐχει, ὅτι ἠλθεν ἡ ὥρα αὐτης·

25 ἐρχεται ὥρα ὅτε οὐκετι ἐν παροιμιαις λαλησω ὑμιν.

32 ἰδου ἐρχεται ὥρα και ἐληλυθεν ἱνα σκορπισθητε ἐκαστος εἰς τα ἰδια καμε μονον ἀφητε·

17 1 πατερ, ἐληλυθεν ἡ ὥρα·

19 14 ἠν δε παρασκευη του πασχα, ὥρα ἠν ὡς ἑκτη·

27 και ἀπ ἐκεινης της ὥρας ἐλαβεν ὁ μαθητης αὐτην εἰς τα ἰδια.

Ac 2 15 οὐ γαρ ὡς ὑμεις ὑπολαμβανετε οὑτοι μεθυουσιν, ἐστιν γαρ ὥρα τριτη της ἡμερας, ἀλλα τουτο ἐστιν το εἰρημενον δια του προφητου ἰωηλ·

3 1 πετρος δε και ἰωαννης ἀνεβαινον εἰς το ἱερον ἐπι την ὥραν της προσευχης την ἐνατην.

5 7 ἐγενετο δε ὡς ὡρων τριων διαστημα και ἡ γυνη αὐτου μη εἰδυια το γεγονος εἰσηλθεν.

10 3 εἰδεν ἐν ὁραματι φανερως, ὡσει περι ὥραν ἐνατην της ἡμερας, ἀγγελον του θεου εἰσελθοντα προς αὐτον και εἰποντα αὐτω· κορνηλιε.

9 τη δε ἐπαυριον ὁδοιπορουντων ἐκεινων και τη πολει ἐγγιζοντων ἀνεβη πετρος ἐπι το δωμα προσευξασθαι περι ὥραν ἑκτην.

30 ἀπο τεταρτης ἡμερας μεχρι ταυτης της ὥρας ἠμην την ἐνατην προσευχομενος ἐν τω οἰκω μου,

16 18 και ἐξηλθεν αὐτη τη ὥρα.

33 και παραλαβων αὐτους ἐν ἐκεινη τη ὥρα της νυκτος ἐλουσεν ἀπο των πληγων,

19 34 ἐπιγνοντες δε ὅτι ἰουδαιος ἐστιν, φωνη ἐγενετο μια ἐκ παντων, ὡς ἐπι ὡρας δυο κραζοντων·

22 13 καγω αὐτη τη ὥρα ἀνεβλεψα εἰς αὐτον.

23 23 ἑτοιμασατε στρατιωτας διακοσιους ὁπως πορευθωσιν ἑως καισαρειας, και ἱππεις ἑβδομηκοντα και δεξιολαβους διακοσιους, ἀπο τριτης ὥρας της νυκτος,

Rm 13 11 και τουτο εἰδοτες τον καιρον, ὅτι ὥρα ἠδη ὑμας ἐξ ὑπνου ἐγερθηναι·

1Co 4 11 ἀχρι της ἀρτι ὥρας και πεινωμεν και διψωμεν και γυμνιτευομεν

15 30 τι και ἡμεις κινδυνευομεν πασαν ὥραν;

2Co 7 8 εἰ και μετεμελομην, βλεπω [γαρ] ὅτι ἡ ἐπιστολη ἐκεινη εἰ και προς ὥραν ἐλυπησεν ὑμας, νυν χαιρω,

Ga 2 5 οἱς οὐδε προς ὥραν εἰξαμεν τη ὑποταγη,

1Th 2 17 ἡμεις δε, ἀδελφοι, ἀπορφανισθεντες ἀφ ὑμων προς καιρον ὥρας προσωπω οὐ καρδια,

Phm 15 ταχα γαρ δια τουτο ἐχωρισθη προς ὥραν, ἱνα αἰωνιον αὐτον ἀπεχης,

1Jh 2 18 παιδια, ἐσχατη ὥρα ἐστιν,

18 ὁθεν γινωσκομεν ὅτι ἐσχατη ὥρα ἐστιν.

Apc 3 3 και οὐ μη γνως ποιαν ὥραν ἡξω ἐπι σε.

10 ὅτι ἐτηρησας τον λογον της ὑπομονης μου, καγω σε τηρησω ἐκ της ὥρας του πειρασμου

9 15 και ἐλυθησαν οἱ τεσσαρες ἀγγελοι οἱ ἡτοιμασμενοι εἰς την ὥραν και ἡμεραν και μηνα και ἐνιαυτον,

11 13 και ἐν ἐκεινη τη ὥρα ἐγενετο σεισμος μεγας,

14 7 φοβηθητε τον θεον και δοτε αὐτω δοξαν, ὅτι ἠλθεν ἡ ὥρα της κρισεως αὐτου,

15 πεμψον το δρεπανον σου και θερισον, ὅτι ἠλθεν ἡ ὥρα θερισαι, ὅτι ἐξηρανθη ὁ θερισμος της γης.

17 12 οἱτινες βασιλειαν οὐπω ἐλαβον, ἀλλα ἐξουσιαν ὡς βασιλεις μιαν ὥραν λαμβανουσιν μετα του θηριου.

ὥρα [106]

Apc 18 10 οὐαι οὐαι, ἡ πολις ἡ μεγαλη, βαβυλων ἡ πολις ἡ ἰσχυρα, ὅτι μια ὥρα ἠλθεν ἡ κρισις σου.

17 ὅτι μια ὥρα ἠρημωθη ὁ τοσουτος πλουτος.

19 ἐν ἡ ἐπλουτησαν παντες οἱ ἐχοντες τα πλοια ἐν τη θαλασση ἐκ της τιμιοτητος αὐτης, ὅτι μια ὥρα ἠρημωθη.

ὡραιος [4]

Mt 23 27 ὅτι παρομοιαζετε ταφοις κεκονιαμενοις, οἱτινες ἐξωθεν μεν φαινονται ὡραιοι, ἐσωθεν δε γεμουσιν ὀστεων νεκρων και πασης ἀκαθαρσιας.

Ac 3 2 και τις ἀνηρ χωλος ἐκ κοιλιας μητρος αὐτου ὑπαρχων ἐβασταζετο, ὁν ἐτιθουν καθ ἡμεραν προς την θυραν του ἱερου την λεγομενην ὡραιαν

10 ἐπεγινωσκον δε αὐτον, ὅτι αὐτος ἠν ὁ προς την ἐλεημοσυνην καθημενος ἐπι τη ὡραια πυλη του ἱερου,

Rm 10 15 ὡς ὡραιοι οἱ ποδες των εὐαγγελιζομενων [τα] ἀγαθα.

ὠρυομαι [1]

1Pt 5 8 ὁ ἀντιδικος ὑμων διαβολος ὡς λεων ὠρυομενος περιπατει ζητων [τινα] καταπιειν·

ὡς [504]

Mt 1 24 ἐγερθεις δε ὁ ἰωσηφ ἀπο του ὑπνου ἐποιησεν ὡς προσεταξεν αὐτω ὁ ἀγγελος κυριου,

5 48 ἐσεσθε οὐν ὑμεις τελειοι ὡς ὁ πατηρ ὑμων ὁ οὐρανιος τελειος ἐστιν.

6 5 και ὅταν προσευχησθε, οὐκ ἐσεσθε ὡς οἱ ὑποκριται·

10 γενηθητω το θελημα σου, ὡς ἐν οὐρανω και ἐπι γης·

12 και ἀφες ἡμιν τα ὀφειληματα ἡμων, ὡς και ἡμεις ἀφηκαμεν τοις ὀφειλεταις ἡμων·

16 ὅταν δε νηστευητε, μη γινεσθε ὡς οἱ ὑποκριται σκυθρωποι·

29 λεγω δε ὑμιν ὅτι οὐδε σολομων ἐν παση τη δοξη αὐτου περιεβαλετο ὡς ἑν τουτων. εἰ δε τον χορτον του ἀγρου σημερον ὀντα και αὐριον εἰς κλιβανον βαλλομενον ὁ θεος οὑτως ἀμφιεννυσιν,

7 29 ἠν γαρ διδασκων αὐτους ὡς ἐξουσιαν ἐχων,

29 ἠν γαρ διδασκων αὐτους ὡς ἐξουσιαν ἐχων, και οὐχ ὡς οἱ γραμματεις αὐτων.

8 13 ὡς ἐπιστευσας γενηθητω σοι.

10 16 ἰδου ἐγω ἀποστελλω ὑμας ὡς προβατα ἐν μεσω λυκων·

16 γινεσθε οὐν φρονιμοι ὡς οἱ ὀφεις και ἀκεραιοι ὡς αἱ περιστεραι.

16 γινεσθε οὐν φρονιμοι ὡς οἱ ὀφεις και ἀκεραιοι ὡς αἱ περιστεραι.

25 ἀρκετον τω μαθητη ἱνα γενηται ὡς ὁ διδασκαλος αὐτου,

25 ἀρκετον τω μαθητη ἱνα γενηται ὡς ὁ διδασκαλος αὐτου, και ὁ δουλος ὡς ὁ κυριος αὐτου.

12 13 και ἐξετεινεν, και ἀπεκατεσταθη ὑγιης ὡς ἡ ἀλλη.

13 43 τοτε οἱ δικαιοι ἐκλαμψουσιν ὡς ὁ ἡλιος ἐν τη βασιλεια του πατρος αὐτων.

14 5 και θελων αὐτον ἀποκτειναι ἐφοβηθη τον ὀχλον, ὅτι ὡς προφητην αὐτον εἰχον.

15 28 ὡ γυναι, μεγαλη σου ἡ πιστις· γενηθητω σοι ὡς θελεις.

17 2 και μετεμορφωθη ἐμπροσθεν αὐτων, και ἐλαμψεν το προσωπον αὐτου ὡς ὁ ἡλιος,

2 και ἐλαμψεν το προσωπον αὐτου ὡς ὁ ἡλιος, τα δε ἱματια αὐτου ἐγενετο λευκα ὡς το φως.

20 ἐαν ἐχητε πιστιν ὡς κοκκον σιναπεως, ἐρειτε τω ὀρει τουτω· μεταβα ἐνθεν ἐκει, και μεταβησεται, και οὐδεν ἀδυνατησει ὑμιν. ·

18 3 ἀμην λεγω ὑμιν, ἐαν μη στραφητε και γενησθε ὡς τα παιδια, οὐ μη εἰσελθητε εἰς την βασιλειαν των οὐρανων.

4 ὁστις οὐν ταπεινωσει ἑαυτον ὡς το παιδιον τουτο, οὑτος ἐστιν ὁ μειζων ἐν τη βασιλεια των οὐρανων.

33 οὐκ ἐδει και σε ἐλεησαι τον συνδουλον σου, ὡς καγω σε ἠλεησα;

19 19 το οὐ φονευσεις, οὐ μοιχευσεις, οὐ κλεψεις, οὐ ψευδομαρτυρησεις, τιμα τον πατερα και την μητερα, και ἀγαπησεις τον πλησιον σου ὡς σεαυτον.

20 14 θελω δε τουτω τω ἐσχατω δουναι ὡς και σοι·

21 26 ἐαν δε εἰπωμεν· ἐξ ἀνθρωπων, φοβουμεθα τον ὀχλον· παντες γαρ ὡς προφητην ἐχουσιν τον ἰωαννην.

22 30 ἐν γαρ τη ἀναστασει οὐτε γαμουσιν οὐτε γαμιζονται, ἀλλ ὡς ἀγγελοι ἐν τω οὐρανω εἰσιν.

39 ἀγαπησεις τον πλησιον σου ὡς σεαυτον.

ὡς [504]

Mt 24 38 ὡς γαρ ἦσαν ἐν ταις ἡμεραις [ἐκειναις] ταις προ του κατακλυσμου τρωγοντες και πινοντες,

26 19 και ἐποιησαν οἱ μαθηται ὡς συνεταξεν αὐτοις ὁ ἰησους, και ἡτοιμασαν το πασχα.

39 πλην οὐχ ὡς ἐγω θελω ἀλλ ὡς συ.

39 πλην οὐχ ὡς ἐγω θελω ἀλλ ὡς συ.

55 ὡς ἐπι λῃστην ἐξηλθατε μετα μαχαιρων και ξυλων συλλαβειν με;

27 65 ἐχετε κουστωδιαν· ὑπαγετε ἀσφαλισασθε ὡς οἰδατε.

28 3 ἦν δε ἡ ἰδεα αὐτου ὡς ἀστραπη,

3 ἦν δε ἡ ἰδεα αὐτου ὡς ἀστραπη, και το ἐνδυμα αὐτου λευκον ὡς χιων.

4 ἀπο δε του φοβου αὐτου ἐσεισθησαν οἱ τηρουντες και ἐγενηθησαν ὡς νεκροι.

15 οἱ δε λαβοντες τα ἀργυρια ἐποιησαν ὡς ἐδιδαχθησαν.

Mc 1 10 και εὐθυς ἀναβαινων ἐκ του ὑδατος εἰδεν σχιζομενους τους οὐρανους και το πνευμα ὡς περιστεραν καταβαινον εἰς αὐτον·

22 ἦν γαρ διδασκων αὐτους ὡς ἐξουσιαν ἐχων, και οὐχ ὡς οἱ γραμματεις.

22 ἦν γαρ διδασκων αὐτους ὡς ἐξουσιαν ἐχων, και οὐχ ὡς οἱ γραμματεις.

4 26 οὑτως ἐστιν ἡ βασιλεια του θεου, ὡς ἀνθρωπος βαλῃ τον σπορον ἐπι της γης,

27 και ὁ σπορος βλαστα και μηκυνηται ὡς οὐκ οἰδεν αὐτος.

31 πως ὁμοιωσωμεν την βασιλειαν του θεου, ἠ ἐν τινι αὐτην παραβολῃ θωμεν; ὡς κοκκῳ σιναπεως,

36 και ἀφεντες τον ὀχλον παραλαμβανουσιν αὐτον ὡς ἦν ἐν τῳ πλοιῳ,

5 13 και ὡρμησεν ἡ ἀγελη κατα του κρημνου εἰς την θαλασσαν, ὡς δισχιλιοι, και ἐπνιγοντο ἐν τῃ θαλασσῃ.

6 15 ἀλλοι δε ἐλεγον ὁτι προφητης ὡς εἱς των προφητων.

34 και ἐξελθων εἰδεν πολυν ὀχλον, και ἐσπλαγχνισθη ἐπ αὐτους ὁτι ἦσαν ὡς προβατα μη ἐχοντα ποιμενα, και ἠρξατο διδασκειν αὐτους πολλα.

7 6 ὡς γεγραπται [ὁτι] οὑτος ὁ λαος τοις χειλεσιν με τιμα, ἡ δε καρδια αὐτων πορρω ἀπεχει ἀπ ἐμου·

8 9 ἦσαν δε ὡς τετρακισχιλιοι.

24 βλεπω τους ἀνθρωπους, ὁτι ὡς δενδρα ὁρω περιπατουντας.

9 21 ποσος χρονος ἐστιν ὡς τουτο γεγονεν αὐτῳ;

10 1 και συμπορευονται παλιν ὀχλοι προς αὐτον, και ὡς εἰωθει παλιν ἐδιδασκεν αὐτους.

15 ὁς ἀν μη δεξηται την βασιλειαν του θεου ὡς παιδιον, οὐ μη εἰσελθῃ εἰς αὐτην.

12 25 ὁταν γαρ ἐκ νεκρων ἀναστωσιν, οὐτε γαμουσιν οὐτε γαμιζονται, ἀλλ εἰσιν ὡς ἀγγελοι ἐν τοις οὐρανοις.

31 ἀγαπησεις τον πλησιον ὡς σεαυτον.

33 και το ἀγαπαν τον πλησιον ὡς ἑαυτον περισσοτερον ἐστιν παντων των ὁλοκαυτωματων και θυσιων.

13 34 ὡς ἀνθρωπος ἀποδημος ἀφεις την οἰκιαν αὐτου και δους τοις δουλοις αὐτου την ἐξουσιαν, ἑκαστῳ το ἐργον αὐτου,

14 48 ὡς ἐπι λῃστην ἐξηλθατε μετα μαχαιρων και ξυλων συλλαβειν με;

72 και ἀνεμνησθη ὁ πετρος το ρημα ὡς εἰπεν αὐτῳ ὁ ἰησους ὁτι πριν ἀλεκτορα φωνησαι δις τρις με ἀπαρνησῃ.

Lc 1 23 και ἐγενετο ὡς ἐπλησθησαν αἱ ἡμεραι της λειτουργιας αὐτου, ἀπηλθεν εἰς τον οἰκον αὐτου.

41 και ἐγενετο ὡς ἡκουσεν τον ἀσπασμον της μαριας ἡ ἐλισαβετ, ἐσκιρτησεν το βρεφος ἐν τῃ κοιλιᾳ αὐτης,

44 ἰδου γαρ ὡς ἐγενετο ἡ φωνη του ἀσπασμου σου εἰς τα ὠτα μου, ἐσκιρτησεν ἐν ἀγαλλιασει το βρεφος ἐν τῃ κοιλιᾳ μου.

56 ἐμεινεν δε μαριαμ συν αὐτῃ ὡς μηνας τρεις, και ὑπεστρεψεν εἰς τον οἰκον αὐτης.

2 15 και ἐγενετο ὡς ἀπηλθον ἀπ αὐτων εἰς τον οὐρανον οἱ ἀγγελοι, οἱ ποιμενες ἐλαλουν προς ἀλληλους·

39 και ὡς ἐτελεσαν παντα τα κατα τον νομον κυριου, ἐπεστρεψαν εἰς την γαλιλαιαν εἰς πολιν ἑαυτων ναζαρεθ.

3 4 ὡς γεγραπται ἐν βιβλῳ λογων ἡσαιου του προφητου·

22 ἐγενετο δε ἐν τῳ βαπτισθηναι ἁπαντα τον λαον και ἰησου βαπτισθεντος και προσευχομενου ἀνεῳχθηναι τον οὐρανον και καταβηναι το πνευμα το ἁγιον σωματικῳ εἰδει ὡς περιστεραν ἐπ αὐτον,

23 και αὐτος ἦν ἰησους ἀρχομενος ὡσει ἐτων τριακοντα, ὠν υἱος, ὡς ἐνομιζετο, ἰωσηφ,

4 25 ὁτε ἐκλεισθη ὁ οὐρανος ἐπι ἐτη τρια και μηνας ἑξ, ὡς ἐγενετο λιμος μεγας ἐπι πασαν την γην,

5 4 ὡς δε ἐπαυσατο λαλων, εἰπεν προς τον σιμωνα·

6 4 [ὡς] εἰσηλθεν εἰς τον οἰκον του θεου και τους ἀρτους της προθεσεως λαβων ἐφαγεν και ἐδωκεν τοις μετ αὐτου,

ὡς [504]

Lc 6 22 μακαριοι ἐστε ὁταν μισησωσιν ὑμας οἱ ἀνθρωποι, και ὁταν ἀφορισωσιν ὑμας και ὀνειδισωσιν και ἐκβαλωσιν το ὀνομα ὑμων ὡς πονηρον ἑνεκα του υἱου του ἀνθρωπου.

40 οὐκ ἐστιν μαθητης ὑπερ τον διδασκαλον· κατηρτισμενος δε πας ἐσται ὡς ὁ διδασκαλος αὐτου.

7 12 ὡς δε ἡγγισεν τῃ πυλῃ της πολεως, και ἰδου ἐξεκομιζετο τεθνηκως μονογενης υἱος τῃ μητρι αὐτου,

8 42 και πεσων παρα τους ποδας [του] ἰησου παρεκαλει αὐτον εἰσελθειν εἰς τον οἰκον αὐτου, ὁτι θυγατηρ μονογενης ἦν αὐτῳ ὡς ἐτων δωδεκα και αὐτη ἀπεθνησκεν.

47 και ὡς ἰαθη παραχρημα.

9 52 και πορευθεντες εἰσηλθον εἰς κωμην σαμαριτων, ὡς ἑτοιμασαι αὐτῳ·

10 3 ὑπαγετε· ἰδου ἀποστελλω ὑμας ὡς ἀρνας ἐν μεσῳ λυκων.

18 ἐθεωρουν τον σαταναν ὡς ἀστραπην ἐκ του οὐρανου πεσοντα.

27 ἀγαπησεις κυριον τον θεον σου ἐξ ὁλης [της] καρδιας σου και ἐν ὁλῃ τῃ ψυχῃ σου και ἐν ὁλῃ τῃ ἰσχυι σου και ἐν ὁλῃ τῃ διανοιᾳ σου, και τον πλησιον σου ὡς σεαυτον.

11 1 και ἐγενετο ἐν τῳ εἰναι αὐτον ἐν τοπῳ τινι προσευχομενον, ὡς ἐπαυσατο, εἰπεν τις των μαθητων αὐτου προς αὐτον·

36 εἰ οὖν το σωμα σου ὁλον φωτεινον, μη ἐχον μερος τι σκοτεινον, ἐσται φωτεινον ὁλον ὡς ὁταν ὁ λυχνος τῃ ἀστραπῃ φωτιζῃ σε.

44 οὐαι ὑμιν, ὁτι ἐστε ὡς τα μνημεια τα ἀδηλα, και οἱ ἀνθρωποι [οἱ] περιπατουντες ἐπανω οὐκ οἰδασιν.

12 27 οὐδε σολομων ἐν πασῃ τῃ δοξῃ αὐτου περιεβαλετο ὡς ἑν τουτων.

58 ὡς γαρ ὑπαγεις μετα του ἀντιδικου σου ἐπ ἀρχοντα, ἐν τῃ ὁδῳ δος ἐργασιαν ἀπηλλαχθαι ἀπ αὐτου,

15 19 οὐκετι εἰμι ἀξιος κληθηναι υἱος σου· ποιησον με ὡς ἑνα των μισθιων σου.

25 και ὡς ἐρχομενος ἡγγισεν τῃ οἰκιᾳ, ἡκουσεν συμφωνιας και χορων,

16 1 ἀνθρωπος τις ἦν πλουσιος ὁς εἰχεν οἰκονομον, και οὑτος διεβληθη αὐτῳ ὡς διασκορπιζων τα ὑπαρχοντα αὐτου.

17 6 εἰ ἐχετε πιστιν ὡς κοκκον σιναπεως, ἐλεγετε ἀν τῃ συκαμινῳ [ταυτῃ]·

18 11 ἀρπαγες, ἀδικοι, μοιχοι, ἠ και ὡς οὑτος ὁ τελωνης·

17 ὁς ἀν μη δεξηται την βασιλειαν του θεου ὡς παιδιον, οὐ μη εἰσελθῃ εἰς αὐτην.

19 5 και ὡς ἠλθεν ἐπι τον τοπον, ἀναβλεψας ὁ ἰησους εἰπεν προς αὐτον·

29 και ἐγενετο ὡς ἡγγισεν εἰς βηθφαγη και βηθανια[ν] προς το ὀρος το καλουμενον ἐλαιων, ἀπεστειλεν δυο των μαθητων λεγων·

41 και ὡς ἡγγισεν, ἰδων την πολιν ἐκλαυσεν ἐπ αὐτην,

20 37 και μωυσης ἐμηνυσεν ἐπι της βατου, ὡς λεγει κυριον τον θεον ἀβρααμ και θεον ἰσαακ και θεον ἰακωβ·

21 35 και ἐπιστῃ ἐφ ὑμας αἰφνιδιος ἡ ἡμερα ἐκεινη ὡς παγις·

22 26 ὑμεις δε οὐχ οὑτως, ἀλλ ὁ μειζων ἐν ὑμιν γινεσθω ὡς ὁ νεωτερος, και ὁ ἡγουμενος ὡς ὁ διακονων.

26 ὑμεις δε οὐχ οὑτως, ἀλλ ὁ μειζων ἐν ὑμιν γινεσθω ὡς ὁ νεωτερος, και ὁ ἡγουμενος ὡς ὁ διακονων.

27 ἐγω δε ἐν μεσῳ ὑμων εἰμι ὡς ὁ διακονων.

31 σιμων σιμων, ἰδου ὁ σατανας ἐξῃτησατο ὑμας του σινιασαι ὡς τον σιτον·

52 ὡς ἐπι λῃστην ἐξηλθατε μετα μαχαιρων και ξυλων;

61 και ὑπεμνησθη ὁ πετρος του ρηματος του κυριου, ὡς εἰπεν αὐτῳ ὁτι πριν ἀλεκτορα φωνησαι σημερον ἀπαρνησῃ με τρις.

66 και ὡς ἐγενετο ἡμερα, συνηχθη το πρεσβυτεριον του λαου,

23 14 προσηνεγκατε μοι τον ἀνθρωπον τουτον ὡς ἀποστρεφοντα τον λαον,

26 και ὡς ἀπηγαγον αὐτον, ἐπιλαβομενοι σιμωνα τινα κυρηναιον ἐρχομενον ἀπ ἀγρου ἐπεθηκαν αὐτῳ τον σταυρον φερειν ὀπισθεν του ἰησου.

55 αἱτινες ἦσαν συνεληλυθυιαι ἐκ της γαλιλαιας αὐτῳ, ἐθεασαντο το μνημειον και ὡς ἐτεθη το σωμα αὐτου,

24 6 μνησθητε ὡς ἐλαλησεν ὑμιν ἐτι ὠν ἐν τῃ γαλιλαιᾳ,

32 οὐχι ἡ καρδια ἡμων καιομενη ἦν [ἐν ἡμιν], ὡς ἐλαλει ἡμιν ἐν τῃ ὁδῳ, ὡς διηνοιγεν ἡμιν τας γραφας;

32 οὐχι ἡ καρδια ἡμων καιομενη ἦν [ἐν ἡμιν], ὡς ἐλαλει ἡμιν ἐν τῃ ὁδῳ, ὡς διηνοιγεν ἡμιν τας γραφας;

35 και αὐτοι ἐξηγουντο τα ἐν τῃ ὁδῳ και ὡς ἐγνωσθη αὐτοις ἐν τῃ κλασει του ἀρτου.

Jh 1 14 δοξαν ὡς μονογενους παρα πατρος, πληρης χαριτος και ἀληθειας.

32 και ἐμαρτυρησεν ἰωαννης λεγων ὁτι τεθεαμαι το πνευμα καταβαινον ὡς περιστεραν ἐξ οὐρανου,

ὡς [504]

Jh 1 39 ὥρα ἦν ὡς δεκάτη.
2 9 ὡς δὲ ἐγεύσατο ὁ ἀρχιτρίκλινος τὸ ὕδωρ οἶνον γεγενημενον,
23 ὡς δὲ ἦν ἐν τοις ἱεροσολυμοις ἐν τῳ πασχα ἐν τῃ ἑορτῃ, πολλοι ἐπιστευσαν εἰς τὸ ὄνομα αὐτου,
4 1 ὡς οὖν ἔγνω ὁ ἰησους ὅτι ἤκουσαν οἱ φαρισαιοι ὅτι ἰησους πλειονας μαθητας ποιει καὶ βαπτιζει ἢ ἰωαννης,
6 ὥρα ἦν ὡς ἕκτη.
40 ὡς οὖν ἦλθον πρὸς αὐτὸν οἱ σαμαριται, ἠρωτων αὐτὸν μειναι παρ αὐτοις·
6 10 ἀνεπεσαν οὖν οἱ ἄνδρες τὸν ἀριθμὸν ὡς πεντακισχιλιοι.
12 ὡς δὲ ἐνεπλησθησαν, λεγει τοις μαθηταις αὐτου·
16 ὡς δὲ ὀψια ἐγενετο, κατεβησαν οἱ μαθηται αὐτου ἐπι τὴν θαλασσαν,
19 ἐληλακοτες οὖν ὡς σταδιους εἰκοσιπεντε ἢ τριακοντα θεωρουσιν τὸν ἰησους περιπατουντα ἐπι τῆς θαλασσης καὶ ἐγγυς του πλοιου γινομενον,
7 10 ὡς δὲ ἀνεβησαν οἱ ἀδελφοι αὐτου εἰς τὴν ἑορτην, τοτε καὶ αὐτος ἀνεβη,
10 τοτε καὶ αὐτος ἀνεβη, οὐ φανερως ἀλλα [ὡς] ἐν κρυπτῳ.
8 7* ὡς δὲ ἐπεμενον ἐρωτωντες αὐτον, ἀνεκυψεν καὶ εἶπεν αὐτοις·
11 6 ὡς οὖν ἤκουσεν ὅτι ἀσθενει, τοτε μὲν ἐμεινεν ἐν ᾧ ἦν τοπῳ δυο ἡμερας·
18 ἦν δὲ ἡ βηθανια ἐγγυς των ἱεροσολυμων ὡς ἀπο σταδιων δεκαπεντε.
20 ἡ οὖν μαρθα ὡς ἤκουσεν ὅτι ἰησους ἐρχεται, ὑπηντησεν αὐτῳ·
29 ἐκεινη δὲ ὡς ἤκουσεν, ἠγερθη ταχυ καὶ ἠρχετο πρὸς αὐτον·
32 ἡ οὖν μαριαμ ὡς ἦλθεν ὅπου ἦν ἰησους, ἰδουσα αὐτὸν ἐπεσεν αὐτου πρὸς τους ποδας,
33 ἰησους οὖν ὡς εἶδεν αὐτὴν κλαιουσαν καὶ τους συνελθοντας αὐτῃ ἰουδαιους κλαιοντας, ἐνεβριμησατο τῳ πνευματι καὶ ἐταραξεν ἑαυτον·
12 35 περιπατειτε ὡς τὸ φως ἔχετε, ἵνα μὴ σκοτια ὑμας καταλαβῃ·
36 ὡς τὸ φως ἔχετε, πιστευετε εἰς τὸ φως, ἵνα υἱοι φωτος γενησθε.
15 6 ἐὰν μή τις μενῃ ἐν ἐμοι, ἐβληθη ἔξω ὡς τὸ κλημα καὶ ἐξηρανθη,
18 6 ὡς οὖν εἶπεν αὐτοις· ἐγω εἰμι, ἀπηλθον εἰς τὰ ὀπισω καὶ ἐπεσαν χαμαι.
19 14 ἦν δὲ παρασκευη του πασχα, ὥρα ἦν ὡς ἕκτη·
33 ἐπι δὲ τὸν ἰησους ἐλθοντες, ὡς εἶδον ἤδη αὐτὸν τεθνηκοτα, οὐ κατεαξαν αὐτου τὰ σκελη,
39 ἦλθεν δὲ καὶ νικοδημος, ὁ ἐλθων πρὸς αὐτὸν νυκτος τὸ πρωτον, φερων μιγμα σμυρνης καὶ ἀλοης ὡς λιτρας ἑκατον.
20 11 ὡς οὖν ἐκλαιεν, παρεκυψεν εἰς τὸ μνημειον, καὶ θεωρει δυο ἀγγελους ἐν λευκοις καθεζομενους,
21 8 οἱ δὲ ἀλλοι μαθηται τῳ πλοιαριῳ ἦλθον, οὐ γὰρ ἦσαν μακραν ἀπο τῆς γῆς ἀλλα ὡς ἀπο πηχων διακοσιων, συροντες τὸ δικτυον των ἰχθυων.
9 ὡς οὖν ἀπεβησαν εἰς τὴν γην, βλεπουσιν ἀνθρακιαν κειμενην καὶ ὀψαριον ἐπικειμενον καὶ ἀρτον.
Ac 1 10 καὶ ἀτενιζοντες ἦσαν εἰς τὸν οὐρανον πορευομενου αὐτου, καὶ ἰδου ἄνδρες δυο παρειστηκεισαν αὐτοις ἐν ἐσθησεσι λευκαις,
2 15 οὐ γὰρ ὡς ὑμεις ὑπολαμβανετε οὗτοι μεθυουσιν, ἔστιν γὰρ ὥρα τριτη τῆς ἡμερας, ἀλλα τουτο ἐστιν τὸ εἰρημενον δια του προφητου ἰωηλ·
3 12 ἄνδρες ἰσραηλιται, τί θαυμαζετε ἐπι τουτῳ, ἢ ἡμιν τί ἀτενιζετε ὡς ἰδιᾳ δυναμει ἢ εὐσεβειᾳ πεποιηκοσιν του περιπατειν αὐτον;
22 μωυσης μὲν εἶπεν ὅτι προφητην ὑμιν ἀναστησει κυριος ὁ θεος ὑμων ἐκ των ἀδελφων ὑμων ὡς ἐμε·
4 4 πολλοι δὲ των ἀκουσαντων τὸν λογον ἐπιστευσαν, καὶ ἐγενηθη [ὁ] ἀριθμος των ἀνδρων [ὡς] χιλιαδες πεντε.
5 7 ἐγενετο δὲ ὡς ὡρων τριων διαστημα καὶ ἡ γυνη αὐτου μὴ εἰδυια τὸ γεγονος εἰσηλθεν.
24 ὡς δὲ ἤκουσαν τους λογους τουτους ὅ τε στρατηγος του ἱερου καὶ οἱ ἀρχιερεις, διηπορουν περι αὐτων τί ἂν γενοιτο τουτο.
36 προ γὰρ τουτων των ἡμερων ἀνεστη θευδας, λεγων εἶναι τινα ἑαυτον, ᾧ προσεκλιθη ἀνδρων ἀριθμος ὡς τετρακοσιων·
7 23 ὡς δὲ ἐπληρου αὐτῳ τεσσερακονταετης χρονος, ἀνεβη ἐπι τὴν καρδιαν αὐτου ἐπισκεψασθαι τους ἀδελφους αὐτου τους υἱους ἰσραηλ.
37 προφητην ὑμιν ἀναστησει ὁ θεος ἐκ των ἀδελφων ὑμων ὡς ἐμε.
51 σκληροτραχηλοι καὶ ἀπεριτμητοι καρδιαις καὶ τοις ὠσιν, ὑμεις ἀει τῳ πνευματι τῳ ἁγιῳ ἀντιπιπτετε, ὡς οἱ πατερες ὑμων καὶ ὑμεις.
8 32 ὡς προβατον ἐπι σφαγην ἤχθη, καὶ ὡς ἀμνος ἐναντιον του κειραντος αὐτον ἀφωνος,

ὡς [504]

Ac 8 32 ὡς προβατον ἐπι σφαγην ἤχθη, καὶ ὡς ἀμνος ἐναντιον του κειραντος αὐτον ἀφωνος,
36 ὡς δὲ ἐπορευοντο κατα τὴν ὁδον, ἦλθον ἐπι τι ὕδωρ,
9 18 καὶ εὐθεως ἀπεπεσαν αὐτου ἀπο των ὀφθαλμων ὡς λεπιδες, ἀνεβλεψεν τε,
23 ὡς δὲ ἐπληρουντο ἡμεραι ἱκαναι, συνεβουλευσαντο οἱ ἰουδαιοι ἀνελειν αὐτον·
10 7 ὡς δὲ ἀπηλθεν ὁ ἀγγελος ὁ λαλων αὐτῳ, φωνησας δυο των οἰκετων καὶ στρατιωτην εὐσεβη των προσκαρτερουντων αὐτῳ,
11 καὶ θεωρει τὸν οὐρανον ἀνεῳγμενον καὶ καταβαινον σκευος τι ὡς ὀθονην μεγαλην,
17 ὡς δὲ ἐν ἑαυτῳ διηπορει ὁ πετρος τί ἂν εἴη τὸ ὁραμα ὁ εἶδεν, ἰδου οἱ ἄνδρες οἱ ἀπεσταλμενοι ὑπο του κορνηλιου διερωτησαντες τὴν οἰκιαν του σιμωνος ἐπεστησαν ἐπι τὸν πυλωνα,
25 ὡς δὲ ἐγενετο του εἰσελθειν τὸν πετρον, συναντησας αὐτῳ ὁ κορνηλιος πεσων ἐπι τους ποδας προσεκυνησεν.
28 ὑμεις ἐπιστασθε ὡς ἀθεμιτον ἐστιν ἀνδρι ἰουδαιῳ κολλασθαι ἢ προσερχεσθαι ἀλλοφυλῳ·
38 ἰησους τὸν ἀπο ναζαρεθ, ὡς ἔχρισεν αὐτὸν ὁ θεος πνευματι ἁγιῳ καὶ δυναμει,
47 μητι τὸ ὕδωρ δυναται κωλυσαι τις του μὴ βαπτισθηναι τουτους, οἵτινες τὸ πνευμα τὸ ἁγιον ἐλαβον ὡς καὶ ἡμεις;
11 5 καὶ εἶδον ἐν ἐκστασει ὁραμα, καταβαινον σκευος τι ὡς ὀθονην μεγαλην τεσσαρσιν ἀρχαις καθιεμενην ἐκ του οὐρανου,
16 ἐμνησθην δὲ του ρηματος του κυριου, ὡς ἐλεγεν·
17 εἰ οὖν τὴν ἴσην δωρεαν ἔδωκεν αὐτοις ὁ θεος ὡς καὶ ἡμιν, πιστευσασιν ἐπι τὸν κυριον ἰησους χριστον, ἐγω τίς ἤμην δυνατος κωλυσαι τὸν θεον;
13 18 καὶ μετα βραχιονος ὑψηλου ἐξηγαγεν αὐτους ἐξ αὐτης, καὶ ὡς τεσσερακονταετη χρονον ἐτροποφορησεν αὐτους ἐν τῃ ἐρημῳ,
20 καὶ καθελων ἔθνη ἑπτα ἐν γῃ χανααν κατεκληρονομησεν τὴν γην αὐτων ὡς ἔτεσιν τετρακοσιοισκαιπεντηκοντα.
25 ὡς δὲ ἐπληρου ἰωαννης τὸν δρομον, ἐλεγεν·
29 ὡς δὲ ἐτελεσαν παντα τὰ περι αὐτου γεγραμμενα, καθελοντες ἀπο του ξυλου ἔθηκαν εἰς μνημειον.
33 ὡς καὶ ἐν τῳ ψαλμῳ γεγραπται τῳ δευτερῳ·
14 5 ὡς δὲ ἐγενετο ὁρμη των ἐθνων τε καὶ ἰουδαιων συν τοις ἀρχουσιν αὐτων ὑβρισαι καὶ λιθοβολησαι αὐτους,
16 4 ὡς δὲ διεπορευοντο τὰς πολεις, παρεδιδοσαν αὐτοις φυλασσειν τὰ δογματα τὰ κεκριμενα ὑπο των ἀποστολων καὶ πρεσβυτερων των ἐν ἱεροσολυμοις.
10 ὡς δὲ τὸ ὁραμα εἶδεν, εὐθεως ἐζητησαμεν ἐξελθειν εἰς μακεδονιαν, συμβιβαζοντες ὅτι προσκεκληται ἡμας ὁ θεος εὐαγγελισασθαι αὐτους.
15 ὡς δὲ ἐβαπτισθη καὶ ὁ οἶκος αὐτης, παρεκαλεσεν λεγουσα·
17 13 ὡς δὲ ἔγνωσαν οἱ ἀπο τῆς θεσσαλονικης ἰουδαιοι ὅτι καὶ ἐν τῃ βεροιᾳ κατηγγελη ὑπο του παυλου ὁ λογος του θεου, ἦλθον κακει σαλευοντες καὶ ταρασσοντες τους ὄχλους.
15 καὶ λαβοντες ἐντολην πρὸς τὸν σιλαν καὶ τὸν τιμοθεον ἵνα ὡς ταχιστα ἔλθωσιν πρὸς αὐτὸν ἐξηεσαν.
22 ἄνδρες ἀθηναιοι, κατα παντα ὡς δεισιδαιμονεστερους ὑμας θεωρω·
28 ἐν αὐτῳ γὰρ ζωμεν καὶ κινουμεθα καὶ ἐσμεν, ὡς καὶ τινες των καθ ὑμας ποιητων εἰρηκασιν·
18 5 ὡς δὲ κατηλθον ἀπο τῆς μακεδονιας ὅ τε σιλας καὶ ὁ τιμοθεος, συνειχετο τῳ λογῳ ὁ παυλος,
19 9 ὡς δὲ τινες ἐσκληρυνοντο καὶ ἠπειθουν κακολογουντες τὴν ὁδον ἐνωπιον του πληθους, ἀποστας ἀπ αὐτων ἀφωρισεν τους μαθητας,
21 ὡς δὲ ἐπληρωθη ταυτα, ἔθετο ὁ παυλος ἐν τῳ πνευματι διελθων τὴν μακεδονιαν καὶ ἀχαιαν πορευεσθαι εἰς ἱεροσολυμα,
34 ἐπιγνοντες δὲ ὅτι ἰουδαιος ἐστιν, φωνη ἐγενετο μια ἐκ παντων, ὡς ἐπι ὡρας δυο κραζοντων·
20 14 ὡς δὲ συνεβαλλεν ἡμιν εἰς τὴν ἀσσον, ἀναλαβοντες αὐτὸν ἤλθομεν εἰς μιτυληνην.
18 ὡς δὲ παρεγενοντο πρὸς αὐτον, εἶπεν αὐτοις·
20 ὡς οὐδεν ὑπεστειλαμην των συμφεροντων του μὴ ἀναγγειλαι ὑμιν καὶ διδαξαι ὑμας δημοσιᾳ καὶ κατ οἴκους,
24 ἀλλ οὐδενος λογου ποιουμαι τὴν ψυχην τιμιαν ἐμαυτῳ ὡς τελειωσαι τὸν δρομον μου καὶ τὴν διακονιαν ἣν ἐλαβον παρα του κυριου ἰησου,
21 1 ὡς δὲ ἐγενετο ἀναχθηναι ἡμας ἀποσπασθεντας ἀπ αὐτων, εὐθυδρομησαντες ἤλθομεν εἰς τὴν κω,

ὡς [504]

Ac 21 12 ὡς δε ἠκουσαμεν ταυτα, παρεκαλουμεν ἡμεις τε και οἱ ἐντοπιοι του μη ἀναβαινειν αὐτον εἰς ἰερουσαλημ.

27 ὡς δε ἐμελλον αἱ ἑπτα ἡμεραι συντελεισθαι, οἱ ἀπο της ἀσιας ἰουδαιοι θεασαμενοι αὐτον ἐν τω ἱερω συνεχεον παντα τον ὀχλον,

22 5 δεσμευων και παραδιδους εἰς φυλακας ἀνδρας τε και γυναικας, ὡς και ὁ ἀρχιερευς μαρτυρει μοι και παν το πρεσβυτεριον·

11 ὡς δε οὐκ ἐνεβλεπον ἀπο της δοξης του φωτος ἐκεινου, χειραγωγουμενος ὑπο των συνοντων μοι ἠλθον εἰς δαμασκον.

25 ὡς δε προετειναν αὐτον τοις ἱμασιν, εἰπεν προς τον ἑστωτα ἑκατονταρχον ὁ παυλος·

23 11 ὡς γαρ διεμαρτυρω τα περι ἐμου εἰς ἰερουσαλημ, οὑτω σε δει και εἰς ρωμην μαρτυρησαι.

15 νυν οὐν ὑμεις ἐμφανισατε τω χιλιαρχω συν τω συνεδριω ὁπως καταγαγη αὐτον εἰς ὑμας ὡς μελλοντας διαγινωσκειν ἀκριβεστερον τα περι αὐτου·

20 εἰπεν δε ὁτι οἱ ἰουδαιοι συνεθεντο του ἐρωτησαι σε ὁπως αὐριον τον παυλον καταγαγης εἰς το συνεδριον ὡς μελλον τι ἀκριβεστερον πυνθανεσθαι περι αὐτου.

25 10 ἰουδαιους οὐδεν ἠδικησα, ὡς και συ καλλιον ἐπιγινωσκεις.

14 ὡς δε πλειους ἡμερας διετριβον ἐκει, ὁ φηστος τω βασιλει ἀνεθετο τα κατα τον παυλον λεγων·

27 1 ὡς δε ἐκριθη του ἀποπλειν ἡμας εἰς την ἰταλιαν, παρεδιδουν τον τε παυλον και τινας ἑτερους δεσμωτας ἑκατονταρχη ὀνοματι ἰουλιω σπειρης σεβαστης.

27 ὡς δε τεσσαρεσκαιδεκατη νυξ ἐγενετο διαφερομενων ἡμων ἐν τω ἀδρια, κατα μεσον της νυκτος ὑπενοουν οἱ ναυται προσαγειν τινα αὐτοις χωραν.

30 και χαλασαντων την σκαφην εἰς την θαλασσαν προφασει ὡς ἐκ πρωρης ἀγκυρας μελλοντων ἐκτεινειν,

28 4 ὡς δε εἰδον οἱ βαρβαροι κρεμαμενον το θηριον ἐκ της χειρος αὐτου, προς ἀλληλους ἐλεγον·

19 ἀντιλεγοντων δε των ἰουδαιων ἠναγκασθην ἐπικαλεσασθαι καισαρα, οὐχ ὡς του ἐθνους μου ἐχων τι κατηγορειν.

Rm 1 9 ὡς ἀδιαλειπτως μνειαν ὑμων ποιουμαι παντοτε ἐπι των προσευχων μου,

21 διοτι γνοντες τον θεον οὐχ ὡς θεον ἐδοξασαν ἠ ηὐχαριστησαν,

3 7 εἰ δε ἡ ἀληθεια του θεου ἐν τω ἐμω ψευσματι ἐπερισσευσεν εἰς την δοξαν αὐτου, τι ἐτι καγω ὡς ἁμαρτωλος κρινομαι;

4 17 κατεναντι οὑ ἐπιστευσεν θεου του ζωοποιουντος τους νεκρους και καλουντος τα μη ὀντα ὡς ὀντα·

5 15 ἀλλ οὐχ ὡς το παραπτωμα, οὑτως και το χαρισμα·

16 και οὐχ ὡς δι ἑνος ἁμαρτησαντος το δωρημα·

18 ἀρα οὐν ὡς δι ἑνος παραπτωματος εἰς παντας ἀνθρωπους εἰς κατακριμα, οὑτως και δι ἑνος δικαιωματος εἰς παντας ἀνθρωπους εἰς δικαιωσιν ζωης·

8 36 καθως γεγραπται ὁτι ἑνεκεν σου θανατουμεθα ὁλην την ἡμεραν, ἐλογισθημεν ὡς προβατα σφαγης.

9 25 ὡς και ἐν τω ὡσηε λεγει·

27 ἐαν ἡ ὁ ἀριθμος των υἱων ἰσραηλ ὡς ἡ ἀμμος της θαλασσης, το ὑπολειμμα σωθησεται·

29 εἰ μη κυριος σαβαωθ ἐγκατελιπεν ἡμιν σπερμα, ὡς σοδομα ἀν ἐγενηθημεν και ὡς γομορρα ἀν ὡμοιωθημεν.

29 εἰ μη κυριος σαβαωθ ἐγκατελιπεν ἡμιν σπερμα, ὡς σοδομα ἀν ἐγενηθημεν και ὡς γομορρα ἀν ὡμοιωθημεν.

32 δια τι; ὁτι οὐκ ἐκ πιστεως ἀλλ ὡς ἐξ ἐργων·

10 15 ὡς ὡραιοι οἱ ποδες των εὐαγγελιζομενων [τα] ἀγαθα.

11 2 ἡ οὐκ οἰδατε ἐν ἠλια τι λεγει ἡ γραφη, ὡς ἐντυγχανει τω θεω κατα του ἰσραηλ;

33 ὡς ἀνεξεραυνητα τα κριματα αὐτου και ἀνεξιχνιαστοι αἱ ὁδοι αὐτου.

12 3 ἀλλα φρονειν εἰς το σωφρονειν, ἑκαστω ὡς ὁ θεος ἐμερισεν μετρον πιστεως.

13 9 ἀγαπησεις τον πλησιον σου ὡς σεαυτον.

13 ὡς ἐν ἡμερα εὐσχημονως περιπατησωμεν,

15 15 τολμηροτερον δε ἐγραψα ὑμιν ἀπο μερους, ὡς ἐπαναμιμνησκων ὑμας δια την χαριν την δοθεισαν μοι ὑπο του θεου

24 νυνι δε μηκετι τοπον ἐχων ἐν τοις κλιμασι τουτοις, ἐπιποθιαν δε ἐχων του ἐλθειν προς ὑμας ἀπο πολλων ἐτων, ὡς ἀν πορευωμαι εἰς την σπανιαν·

1Co 3 1 καγω, ἀδελφοι, οὐκ ἠδυνηθην λαλησαι ὑμιν ὡς πνευματικοις ἀλλ ὡς σαρκινοις, ὡς νηπιοις ἐν χριστω.

1 καγω, ἀδελφοι, οὐκ ἠδυνηθην λαλησαι ὑμιν ὡς πνευματικοις ἀλλ ὡς σαρκινοις, ὡς νηπιοις ἐν χριστω.

1 καγω, ἀδελφοι, οὐκ ἠδυνηθην λαλησαι ὑμιν ὡς πνευματικοις ἀλλ ὡς σαρκινοις, ὡς νηπιοις ἐν χριστω.

ὡς [504]

1Co 3 5 διακονοι δι ὡν ἐπιστευσατε, και ἑκαστω ὡς ὁ κυριος ἐδωκεν.

10 κατα την χαριν του θεου την δοθεισαν μοι ὡς σοφος ἀρχιτεκτων θεμελιον ἐθηκα, ἀλλος δε ἐποικοδομει.

15 εἰ τινος το ἐργον κατακαησεται, ζημιωθησεται, αὐτος δε σωθησεται, οὑτως δε ὡς δια πυρος.

4 1 οὑτως ἡμας λογιζεσθω ἀνθρωπος ὡς ὑπηρετας χριστου και οἰκονομους μυστηριων θεου.

7 εἰ δε και ἐλαβες, τι καυχασαι ὡς μη λαβων;

9 δοκω γαρ, ὁ θεος ἡμας τους ἀποστολους ἐσχατους ἀπεδειξεν ὡς ἐπιθανατιους·

13 ὡς περικαθαρματα του κοσμου ἐγενηθημεν, παντων περιψημα ἑως ἀρτι.

14 οὐκ ἐντρεπων ὑμας γραφω ταυτα, ἀλλ ὡς τεκνα μου ἀγαπητα νουθετω[ν].

18 ὡς μη ἐρχομενου δε μου προς ὑμας ἐφυσιωθησαν τινες.

5 3 ἐγω μεν γαρ, ἀπων τω σωματι, παρων δε τω πνευματι, ἠδη κεκρικα ὡς παρων τον οὑτως τουτο κατεργασαμενον·

7 7 θελω δε παντας ἀνθρωπους εἰναι ὡς και ἐμαυτον·

8 λεγω δε τοις ἀγαμοις και ταις χηραις, καλον αὐτοις ἐαν μεινωσιν ὡς καγω·

17 εἰ μη ἑκαστω ὡς ἐμερισεν ὁ κυριος, ἑκαστον ὡς κεκληκεν ὁ θεος, οὑτως περιπατειτω.

17 εἰ μη ἑκαστω ὡς ἐμερισεν ὁ κυριος, ἑκαστον ὡς κεκληκεν ὁ θεος, οὑτως περιπατειτω.

25 γνωμην δε διδωμι ὡς ἠλεημενος ὑπο κυριου πιστος εἰναι.

29 το λοιπον ἱνα και οἱ ἐχοντες γυναικας ὡς μη ἐχοντες ὡσιν,

30 το λοιπον ἱνα και οἱ ἐχοντες γυναικας ὡς μη ἐχοντες ὡσιν, και οἱ κλαιοντες ὡς μη κλαιοντες,

30 και οἱ κλαιοντες ὡς μη κλαιοντες, και οἱ χαιροντες ὡς μη χαιροντες,

30 και οἱ χαιροντες ὡς μη χαιροντες, και οἱ ἀγοραζοντες ὡς μη κατεχοντες,

31 και οἱ ἀγοραζοντες ὡς μη κατεχοντες, και οἱ χρωμενοι τον κοσμον ὡς μη καταχρωμενοι·

8 7 τινες δε τη συνηθεια ἑως ἀρτι του εἰδωλου ὡς εἰδωλοθυτον ἐσθιουσιν,

9 5 μη οὐκ ἐχομεν ἐξουσιαν ἀδελφην γυναικα περιαγειν, ὡς και οἱ λοιποι ἀποστολοι και οἱ ἀδελφοι του κυριου και κηφας;

20 και ἐγενομην τοις ἰουδαιοις ὡς ἰουδαιος,

20 τοις ὑπο νομον ὡς ὑπο νομον, μη ὡν αὐτος ὑπο νομον,

21 τοις ἀνομοις ὡς ἀνομος, μη ὡν ἀνομος θεου ἀλλ ἐννομος χριστου,

26 ἐγω τοινυν οὑτως τρεχω ὡς οὐκ ἀδηλως, οὑτως πυκτευω ὡς οὐκ ἀερα δερων·

26 ἐγω τοινυν οὑτως τρεχω ὡς οὐκ ἀδηλως, οὑτως πυκτευω ὡς οὐκ ἀερα δερων·

10 15 ὡς φρονιμοις λεγω· κρινατε ὑμεις ὁ φημι.

11 34 τα δε λοιπα ὡς ἀν ἐλθω διαταξομαι.

12 2 οἰδατε ὁτι ὁτε ἐθνη ἠτε προς τα εἰδωλα τα ἀφωνα ὡς ἀν ἠγεσθε ἀπαγομενοι.

13 11 ὁτε ἠμην νηπιος, ἐλαλουν ὡς νηπιος, ἐφρονουν ὡς νηπιος, ἐλογιζομην ὡς νηπιος·

11 ὁτε ἠμην νηπιος, ἐλαλουν ὡς νηπιος, ἐφρονουν ὡς νηπιος, ἐλογιζομην ὡς νηπιος·

11 ὁτε ἠμην νηπιος, ἐλαλουν ὡς νηπιος, ἐφρονουν ὡς νηπιος, ἐλογιζομην ὡς νηπιος·

14 33 ὡς ἐν πασαις ταις ἐκκλησιαις των ἀγιων, αἱ γυναικες ἐν ταις ἐκκλησιαις σιγατωσαν·

16 10 το γαρ ἐργον κυριου ἐργαζεται ὡς καγω·

2Co 1 7 εἰδοτες ὁτι ὡς κοινωνοι ἐστε των παθηματων, οὑτως και της παρακλησεως.

2 17 οὐ γαρ ἐσμεν ὡς οἱ πολλοι καπηλευοντες τον λογον του θεου,

17 ἀλλ ὡς ἐξ εἰλικρινειας, ἀλλ ὡς ἐκ θεου κατεναντι θεου ἐν χριστω λαλουμεν.

17 ἀλλ ὡς ἐξ εἰλικρινειας, ἀλλ ὡς ἐκ θεου κατεναντι θεου ἐν χριστω λαλουμεν.

3 1 ἡ μη χρηζομεν ὡς τινες συστατικων ἐπιστολων προς ὑμας ἡ ἐξ ὑμων;

5 οὐχ ὁτι ἀφ ἑαυτων ἱκανοι ἐσμεν λογισασθαι τι ὡς ἐξ ἑαυτων,

5 19 ὡς ὁτι θεος ἠν ἐν χριστω κοσμον καταλλασσων ἑαυτω,

20 ὑπερ χριστου οὐν πρεσβευομεν ὡς του θεου παρακαλουντος δι ἡμων·

6 4 ἀλλ ἐν παντι συνισταντες ἑαυτους ὡς θεου διακονοι,

8 ὡς πλανοι και ἀληθεις, ὡς ἀγνοουμενοι και ἐπιγινωσκομενοι,

9 ὡς πλανοι και ἀληθεις, ὡς ἀγνοουμενοι και ἐπιγινωσκομενοι,

9 ὡς ἀποθνησκοντες και ἰδου ζωμεν, ὡς παιδευομενοι και μη θανατουμενοι·

9 ὡς ἀποθνησκοντες και ἰδου ζωμεν, ὡς παιδευομενοι και μη θανατουμενοι,

ὡς [504]

2Co	6 10	ὡς λυπουμενοι ἀει δε χαιροντες, ὡς πτωχοι πολλους δε πλουτιζοντες,
	10	ὡς λυπουμενοι ἀει δε χαιροντες, ὡς πτωχοι πολλους δε πλουτιζοντες,
	10	ὡς πτωχοι πολλους δε πλουτιζοντες, ὡς μηδεν ἐχοντες και παντα κατεχοντες.
	13	την δε αὐτην ἀντιμισθιαν, ὡς τεκνοις λεγω, πλατυνθητε και ὑμεις.
	7 14	ἀλλ ὡς παντα ἐν ἀληθεια ἐλαλησαμεν ὑμιν, οὑτως και ἡ καυχησις ἡμων ἡ ἐπι τιτου ἀληθεια ἐγενηθη.
	15	και τα σπλαγχνα αὐτου περισσοτερως εἰς ὑμας ἐστιν ἀναμιμνησκομενου την παντων ὑμων ὑπακοην, ὡς μετα φοβου και τρομου ἐδεξασθε αὐτον.
	9 5	και προκαταρτισωσιν την προεπηγγελμενην εὐλογιαν ὑμων, ταυτην ἑτοιμην εἰναι οὑτως ὡς εὐλογιαν και μη ὡς πλεονεξιαν.
	5	και προκαταρτισωσιν την προεπηγγελμενην εὐλογιαν ὑμων, ταυτην ἑτοιμην εἰναι οὑτως ὡς εὐλογιαν και μη ὡς πλεονεξιαν.
	10 2	δεομαι δε το μη παρων θαρρησαι τη πεποιθησει ἡ λογιζομαι τολμησαι ἐπι τινας τους λογιζομενους ἡμας ὡς κατα σαρκα περιπατουντας.
	9	οὐκ αἰσχυνθησομαι, ἱνα μη δοξω ὡς ἀν ἐκφοβειν ὑμας δια των ἐπιστολων.
	14	οὐ γαρ ὡς μη ἐφικνουμενοι εἰς ὑμας ὑπερεκτεινομεν ἑαυτους,
	11 3	φοβουμαι δε μη πως, ὡς ὁ ὀφις ἐξηπατησεν εὑαν ἐν τη πανουργια αὐτου, φθαρη τα νοηματα ὑμων ἀπο της ἁπλοτητος [και της ἀγνοτητος] της εἰς τον χριστον.
	15	οὐ μεγα οὐν εἰ και οἱ διακονοι αὐτου μετασχηματιζονται ὡς διακονοι δικαιοσυνης·
	16	εἰ δε μη γε, κἀν ὡς ἀφρονα δεξασθε με,
	17	οὐ κατα κυριον λαλω, ἀλλ ὡς ἐν ἀφροσυνη, ἐν ταυτη τη ὑποστασει της καυχησεως.
	21	κατα ἀτιμιαν λεγω, ὡς ὁτι ἡμεις ἠσθενηκαμεν·
	13 2	προειρηκα και προλεγω, ὡς παρων το δευτερον και ἀπων νυν, τοις προημαρτηκοσιν και τοις λοιποις πασιν,
	7	ἀλλ ἱνα ὑμεις το καλον ποιητε, ἡμεις δε ὡς ἀδοκιμοι ὡμεν.
Ga	1 9	ὡς προειρηκαμεν, και ἀρτι παλιν λεγω,
	3 16	οὐ λεγει· και τοις σπερμασιν, ὡς ἐπι πολλων, ἀλλ ὡς ἐφ ἑνος· και τω σπερματι σου, ὁς ἐστιν χριστος.
	16	οὐ λεγει· και τοις σπερμασιν, ὡς ἐπι πολλων, ἀλλ ὡς ἐφ ἑνος· και τω σπερματι σου, ὁς ἐστιν χριστος.
	4 12	γινεσθε ὡς ἐγω, ὁτι κἀγω ὡς ὑμεις, ἀδελφοι, δεομαι ὑμων.
	12	γινεσθε ὡς ἐγω, ὁτι κἀγω ὡς ὑμεις, ἀδελφοι, δεομαι ὑμων.
	14	και τον πειρασμον ὑμων ἐν τη σαρκι μου οὐκ ἐξουθενησατε οὐδε ἐξεπτυσατε, ἀλλα ὡς ἀγγελον θεου ἐδεξασθε με, ὡς χριστον ἰησουν.
	14	και τον πειρασμον ὑμων ἐν τη σαρκι μου οὐκ ἐξουθενησατε οὐδε ἐξεπτυσατε, ἀλλα ὡς ἀγγελον θεου ἐδεξασθε με, ὡς χριστον ἰησουν.
	5 14	ἀγαπησεις τον πλησιον σου ὡς σεαυτον.
	6 10	ἀρα οὐν ὡς καιρον ἐχομεν, ἐργαζωμεθα το ἀγαθον προς παντας,
Eph	2 3	και ἡμεθα τεκνα φυσει ὀργης ὡς και οἱ λοιποι·
	3 5	ὁ ἑτεραις γενεαις οὐκ ἐγνωρισθη τοις υἱοις των ἀνθρωπων ὡς νυν ἀπεκαλυφθη τοις ἁγιοις ἀποστολοις αὐτου και προφηταις ἐν πνευματι,
	5 1	γινεσθε οὐν μιμηται του θεου, ὡς τεκνα ἀγαπητα,
	8	ὡς τεκνα φωτος περιπατειτε,
	15	βλεπετε οὐν ἀκριβως πως περιπατειτε, μη ὡς ἀσοφοι ἀλλ ὡς σοφοι,
	15	βλεπετε οὐν ἀκριβως πως περιπατειτε, μη ὡς ἀσοφοι ἀλλ ὡς σοφοι,
	22	αἱ γυναικες τοις ἰδιοις ἀνδρασιν ὡς τω κυριω,
	23	ὁτι ἀνηρ ἐστιν κεφαλη της γυναικος ὡς και ὁ χριστος κεφαλη της ἐκκλησιας,
	24	ἀλλα ὡς ἡ ἐκκλησια ὑποτασσεται τω χριστω, οὑτως και αἱ γυναικες τοις ἀνδρασιν ἐν παντι.
	28	οὑτως ὀφειλουσιν [και] οἱ ἀνδρες ἀγαπαν τας ἑαυτων γυναικας ὡς τα ἑαυτων σωματα.
	33	πλην και ὑμεις οἱ καθ ἑνα ἑκαστον την ἑαυτου γυναικα οὑτως ἀγαπατω ὡς ἑαυτον,
	6 5	οἱ δουλοι, ὑπακουετε τοις κατα σαρκα κυριοις μετα φοβου και τρομου ἐν ἁπλοτητι της καρδιας ὑμων ὡς τω χριστω,
	6	οἱ δουλοι, ὑπακουετε τοις κατα σαρκα κυριοις μετα φοβου και τρομου ἐν ἁπλοτητι της καρδιας ὑμων ὡς τω χριστω, μη κατ ὀφθαλμοδουλιαν ὡς ἀνθρωπαρεσκοι,
	6	μη κατ ὀφθαλμοδουλιαν ὡς ἀνθρωπαρεσκοι, ἀλλ ὡς δουλοι χριστου ποιουντες το θελημα του θεου ἐκ ψυχης,

ὡς [504]

Eph	6 7	ἀλλ ὡς δουλοι χριστου ποιουντες το θελημα του θεου ἐκ ψυχης, μετ εὐνοιας δουλευοντες ὡς τω κυριω και οὐκ ἀνθρωποις,
	20	ἐν παρρησια γνωρισαι το μυστηριον του εὐαγγελιου, ὑπερ οὑ πρεσβευω ἐν ἁλυσει, ἱνα ἐν αὐτω παρρησιασωμαι ὡς δει με λαλησαι.
Php	1 8	μαρτυς γαρ μου ὁ θεος, ὡς ἐπιποθω παντας ὑμας ἐν σπλαγχνοις χριστου ἰησου.
	20	ἀλλ ἐν παση παρρησια ὡς παντοτε και νυν μεγαλυνθησεται χριστος ἐν τω σωματι μου,
	2 7	και σχηματι εὑρεθεις ὡς ἀνθρωπος ἐταπεινωσεν ἑαυτον γενομενος ὑπηκοος μεχρι θανατου,
	12	καθως παντοτε ὑπηκουσατε, μη ὡς ἐν τη παρουσια μου μονον ἀλλα νυν πολλω μαλλον ἐν τη ἀπουσια μου,
	15	τεκνα θεου ἀμωμα μεσον γενεας σκολιας και διεστραμμενης, ἐν οἱς φαινεσθε ὡς φωστηρες ἐν κοσμω,
	22	την δε δοκιμην αὐτου γινωσκετε, ὁτι ὡς πατρι τεκνον συν ἐμοι ἐδουλευσεν εἰς το εὐαγγελιον.
	23	τουτον μεν οὐν ἐλπιζω πεμψαι ὡς ἀν ἀφιδω τα περι ἐμε ἐξαυτης·
Col	2 6	ὡς οὐν παρελαβετε τον χριστον ἰησουν τον κυριον, ἐν αὐτω περιπατειτε,
	20	εἰ ἀπεθανετε συν χριστω ἀπο των στοιχειων του κοσμου, τι ὡς ζωντες ἐν κοσμω δογματιζεσθε·
	3 12	ἐνδυσασθε οὐν, ὡς ἐκλεκτοι του θεου ἁγιοι και ἠγαπημενοι, σπλαγχνα οἰκτιρμου, χρηστοτητα, ταπεινοφροσυνην, πραυτητα, μακροθυμιαν,
	18	αἱ γυναικες, ὑποτασσεσθε τοις ἀνδρασιν, ὡς ἀνηκεν ἐν κυριω.
	22	οἱ δουλοι, ὑπακουετε κατα παντα τοις κατα σαρκα κυριοις, μη ἐν ὀφθαλμοδουλια ὡς ἀνθρωπαρεσκοι,
	23	ὁ ἐαν ποιητε, ἐκ ψυχης ἐργαζεσθε ὡς τω κυριω και οὐκ ἀνθρωποις,
	4 4	δι ὁ και δεδεμαι, ἱνα φανερωσω αὐτο ὡς δει με λαλησαι.
1Th	2 4	οὐχ ὡς ἀνθρωποις ἀρεσκοντες, ἀλλα θεω τω δοκιμαζοντι τας καρδιας ἡμων.
	7	δυναμενοι ἐν βαρει εἰναι ὡς χριστου ἀποστολοι,
	7	ἀλλα ἐγενηθημεν νηπιοι ἐν μεσω ὑμων· ὡς ἐαν τροφος θαλπη τα ἑαυτης τεκνα,
	10	ὑμεις μαρτυρες και ὁ θεος, ὡς ὁσιως και δικαιως και ἀμεμπτως ὑμιν τοις πιστευουσιν ἐγενηθημεν,
	11	καθαπερ οἰδατε ὡς ἑνα ἑκαστον ὑμων ὡς πατηρ τεκνα ἑαυτου παρακαλουντες ὑμας
	11	καθαπερ οἰδατε ὡς ἑνα ἑκαστον ὑμων ὡς πατηρ τεκνα ἑαυτου παρακαλουντες ὑμας
	5 2	αὐτοι γαρ ἀκριβως οἰδατε ὁτι ἡμερα κυριου ὡς κλεπτης ἐν νυκτι οὑτως ἐρχεται.
	4	ὑμεις δε, ἀδελφοι, οὐκ ἐστε ἐν σκοτει, ἱνα ἡ ἡμερα ὑμας ὡς κλεπτης καταλαβη·
	6	ἀρα οὐν μη καθευδωμεν ὡς οἱ λοιποι,
2Th	2 2	μηδε θροεισθαι, μητε δια πνευματος μητε δια λογου μητε δι ἐπιστολης ὡς δι ἡμων,
	2	ὡς ὁτι ἐνεστηκεν ἡ ἡμερα του κυριου.
	3 15	και μη ὡς ἐχθρον ἡγεισθε, ἀλλα νουθετειτε ὡς ἀδελφον.
	15	και μη ὡς ἐχθρον ἡγεισθε, ἀλλα νουθετειτε ὡς ἀδελφον.
1Tm	5 1	πρεσβυτερω μη ἐπιπληξης, ἀλλα παρακαλει ὡς πατερα,
	1	πρεσβυτερω μη ἐπιπληξης, ἀλλα παρακαλει ὡς πατερα, νεωτερους ὡς ἀδελφους, πρεσβυτερας ὡς μητερας, νεωτερας ὡς ἀδελφας ἐν παση ἁγνεια.
	2	πρεσβυτερω μη ἐπιπληξης, ἀλλα παρακαλει ὡς πατερα, νεωτερους ὡς ἀδελφους, πρεσβυτερας ὡς μητερας, νεωτερας ὡς ἀδελφας ἐν παση ἁγνεια.
	2	πρεσβυτερω μη ἐπιπληξης, ἀλλα παρακαλει ὡς πατερα, νεωτερους ὡς ἀδελφους, πρεσβυτερας ὡς μητερας, νεωτερας ὡς ἀδελφας ἐν παση ἁγνεια.
2Tm	1 3	χαριν ἐχω τω θεω, ᾡ λατρευω ἀπο προγονων ἐν καθαρα συνειδησει, ὡς ἀδιαλειπτον ἐχω την περι σου μνειαν ἐν ταις δεησεσιν μου νυκτος και ἡμερας,
	2 3	συγκακοπαθησον ὡς καλος στρατιωτης χριστου ἰησου.
	9	κατα το εὐαγγελιον μου· ἐν ᾡ κακοπαθω μεχρι δεσμων ὡς κακουργος,
	17	και ὁ λογος αὐτων ὡς γαγγραινα νομην ἑξει·
	3 9	ἡ γαρ ἀνοια αὐτων ἐκδηλος ἐσται πασιν, ὡς και ἡ ἐκεινων ἐγενετο.
Tit	1 5	και καταστησης κατα πολιν πρεσβυτερους, ὡς ἐγω σοι διεταξαμην,
	7	δει γαρ τον ἐπισκοπον ἀνεγκλητον εἰναι ὡς θεου οἰκονομον,
Phm	9	τοιουτος ὡν ὡς παυλος πρεσβυτης, νυνι δε και δεσμιος χριστου ἰησου,

ὡς [504]

Phm	14	χωρις δε της σης γνωμης ουδεν ηθελησα ποιησαι, ινα μη ως κατα αναγκην το αγαθον σου η αλλα κατα εκουσιον.
	16	ινα αιωνιον αυτον απεχης, ουκετι ως δουλον αλλ υπερ δουλον, αδελφον αγαπητον, μαλιστα εμοι, ποσω δε μαλλον σοι και εν σαρκι και εν κυριω.
	17	ει ουν με εχεις κοινωνον, προσλαβου αυτον ως εμε.
Heb	1 11	και παντες ως ιματιον παλαιωθησονται,
	12	ως ιματιον και αλλαγησονται·
	3 2	πιστον οντα τω ποιησαντι αυτον, ως και μωυσης εν [ολω] τω οικω αυτου.
	5	και μωυσης μεν πιστος εν ολω τω οικω αυτου ως θεραπων εις μαρτυριον των λαληθησομενων,
	6	και μωυσης μεν πιστος εν ολω τω οικω αυτου ως θεραπων εις μαρτυριον των λαληθησομενων, χριστος δε ως υιος επι τον οικον αυτου·
	8	σημερον εαν της φωνης αυτου ακουσητε, μη σκληρυνητε τας καρδιας υμων ως εν τω παραπικρασμω κατα την ημεραν του πειρασμου εν τη ερημω,
	11	ως ωμοσα εν τη οργη μου ει εισελευσονται εις την καταπαυσιν μου.
	15	σημερον εαν της φωνης αυτου ακουσητε, μη σκληρυνητε τας καρδιας υμων ως εν τω παραπικρασμω.
	4 3	ως ωμοσα εν τη οργη μου· ει εισελευσονται εις την καταπαυσιν μου.
	6 19	κρατησαι της προκειμενης ελπιδος· ην ως αγκυραν εχομεν της ψυχης ασφαλη τε και βεβαιαν
	7 9	και ως επος ειπειν,
	11 9	πιστει παρωκησεν εις γην της επαγγελιας ως αλλοτριαν, εν σκηναις κατοικησας,
	12	καθως τα αστρα του ουρανου τω πληθει και ως η αμμος η παρα το χειλος της θαλασσης η αναριθμητος.
	27	τον γαρ αορατον ως ορων εκαρτερησεν.
	29	πιστει διεβησαν την ερυθραν θαλασσαν ως δια ξηρας γης,
	12 5	και εκλελησθε της παρακλησεως, ητις υμιν ως υιοις διαλεγεται·
	7	ως υιοις υμιν προσφερεται ο θεος·
	16	μη τις πορνος η βεβηλος ως ησαυ,
	27	το δε ετι απαξ δηλοι [την] των σαλευομενων μεταθεσιν ως πεποιημενων,
	13 3	μιμνησκεσθε των δεσμιων ως συνδεδεμενοι, των κακουχουμενων ως και αυτοι οντες εν σωματι.
	3	μιμνησκεσθε των δεσμιων ως συνδεδεμενοι, των κακουχουμενων ως και αυτοι οντες εν σωματι.
	17	αυτοι γαρ αγρυπνουσιν υπερ των ψυχων υμων ως λογον αποδωσοντες·
Ja	1 10	ο δε πλουσιος εν τη ταπεινωσει αυτου, οτι ως ανθος χορτου παρελευσεται.
	2 8	ει μεντοι νομον τελειτε βασιλικον κατα την γραφην· αγαπησεις τον πλησιον σου ως σεαυτον, καλως ποιειτε·
	9	ει δε προσωπολημπτειτε, αμαρτιαν εργαζεσθε, ελεγχομενοι υπο του νομου ως παραβαται.
	12	ουτως λαλειτε και ουτως ποιειτε ως δια νομου ελευθεριας μελλοντες κρινεσθαι.
	5 3	και ο ιος αυτων εις μαρτυριον υμιν εσται και φαγεται τας σαρκας υμων ως πυρ.
1Pt	1 14	ως τεκνα υπακοης, μη συσχηματιζομενοι ταις προτερον εν τη αγνοια υμων επιθυμιαις,
	19	ειδοτες οτι ου φθαρτοις, αργυριω η χρυσιω, ελυτρωθητε εκ της ματαιας υμων αναστροφης πατροπαραδοτου, αλλα τιμιω αιματι ως αμνου αμωμου και ασπιλου χριστου,
	24	διοτι πασα σαρξ ως χορτος,
	24	και πασα δοξα αυτης ως ανθος χορτου·
	2 2	ως αρτιγεννητα βρεφη το λογικον αδολον γαλα επιποθησατε,
	5	και αυτοι ως λιθοι ζωντες οικοδομεισθε οικος πνευματικος εις ιερατευμα αγιον,
	11	αγαπητοι, παρακαλω ως παροικους και παρεπιδημους απεχεσθαι των σαρκικων επιθυμιων,
	12	ινα εν ω καταλαλουσιν υμων ως κακοποιων, εκ των καλων εργων εποπτευοντες δοξασωσιν τον θεον εν ημερα επισκοπης.
	13	υποταγητε παση ανθρωπινη κτισει δια τον κυριον· ειτε βασιλει ως υπερεχοντι, ειτε ηγεμοσιν ως δι αυτου πεμπομενοις
	14	υποταγητε παση ανθρωπινη κτισει δια τον κυριον· ειτε βασιλει ως υπερεχοντι, ειτε ηγεμοσιν ως δι αυτου πεμπομενοις
	16	ως ελευθεροι, και μη ως επικαλυμμα εχοντες της κακιας την ελευθεριαν,
	16	και μη ως επικαλυμμα εχοντες της κακιας την ελευθεριαν,

ὡς [504]

1Pt	2 16	και μη ως επικαλυμμα εχοντες της κακιας την ελευθεριαν, αλλ ως θεου δουλοι.
	25	ητε γαρ ως προβατα πλανωμενοι,
	3 6	ως σαρρα υπηκουσεν τω αβρααμ, κυριον αυτον καλουσα·
	7	οι ανδρες ομοιως, συνοικουντες κατα γνωσιν ως ασθενεστερω σκευει τω γυναικειω,
	7	απονεμοντες τιμην ως και συγκληρονομοις χαριτος ζωης,
	4 10	εκαστος καθως ελαβεν χαρισμα, εις εαυτους αυτο διακονουντες ως καλοι οικονομοι ποικιλης χαριτος θεου·
	11	ει τις λαλει, ως λογια θεου·
	11	ει τις διακονει, ως εξ ισχυος ης χορηγει ο θεος·
	12	αγαπητοι, μη ξενιζεσθε τη εν υμιν πυρωσει προς πειρασμον υμιν γινομενη, ως ξενου υμιν συμβαινοντος,
	15	μη γαρ τις υμων πασχετω ως φονευς η κλεπτης η κακοποιος η ως αλλοτριεπισκοπος·
	15	μη γαρ τις υμων πασχετω ως φονευς η κλεπτης η κακοποιος η ως αλλοτριεπισκοπος·
	16	ει δε ως χριστιανος, μη αισχυνεσθω, δοξαζετω δε τον θεον εν τω ονοματι τουτω.
	5 3	μηδ ως κατακυριευοντες των κληρων αλλα τυποι γινομενοι του ποιμνιου·
	8	ο αντιδικος υμων διαβολος ως λεων ωρυομενος περιπατει ζητων [τινα] καταπιειν·
	12	ως λογιζομαι, δι ολιγων εγραψα,
2Pt	1 3	ως παντα ημιν της θειας δυναμεως αυτου τα προς ζωην και ευσεβειαν δεδωρημενης δια της επιγνωσεως
	19	ω καλως ποιειτε προσεχοντες ως λυχνω φαινοντι εν αυχμηρω τοπω,
	2 1	εγενοντο δε και ψευδοπροφηται εν τω λαω, ως και εν υμιν εσονται ψευδοδιδασκαλοι,
	12	ουτοι δε, ως αλογα ζωα γεγεννημενα φυσικα εις αλωσιν και φθοραν, εν οις αγνοουσιν βλασφημουντες,
	3 8	εν δε τουτο μη λανθανετω υμας, αγαπητοι, οτι μια ημερα παρα κυριω ως χιλια ετη και χιλια ετη ως ημερα μια.
	8	εν δε τουτο μη λανθανετω υμας, αγαπητοι, οτι μια ημερα παρα κυριω ως χιλια ετη και χιλια ετη ως ημερα μια.
	9	ου βραδυνει κυριος της επαγγελιας, ως τινες βραδυτητα ηγουνται,
	10	ηξει δε ημερα κυριου ως κλεπτης,
	16	ως και εν πασαις επιστολαις λαλων εν αυταις περι τουτων,
	16	εν αις εστιν δυσνοητα τινα, α οι αμαθεις και αστηρικτοι στρεβλουσιν ως και τας λοιπας γραφας προς την ιδιαν αυτων απωλειαν.
1Jh	1 7	εαν δε εν τω φωτι περιπατωμεν ως αυτος εστιν εν τω φωτι, κοινωνιαν εχομεν μετ αλληλων
	2 27	αλλ ως το αυτου χρισμα διδασκει υμας περι παντων, και αληθες εστιν και ουκ εστιν ψευδος,
2Jh	5	και νυν ερωτω σε, κυρια, ουχ ως εντολην καινην γραφων σοι, αλλα ην ειχομεν απ αρχης, ινα αγαπωμεν αλληλους.
Ju	7	ως σοδομα και γομορρα και αι περι αυτας πολεις,
	10	οσα δε φυσικως ως τα αλογα ζωα επιστανται, εν τουτοις φθειρονται.
Apc	1 10	και ηκουσα οπισω μου φωνην μεγαλην ως σαλπιγγος λεγουσης·
	14	η δε κεφαλη αυτου και αι τριχες λευκαι ως εριον λευκον ως χιων,
	14	η δε κεφαλη αυτου και αι τριχες λευκαι ως εριον λευκον ως χιων,
	14	και οι οφθαλμοι αυτου ως φλοξ πυρος,
	15	και οι ποδες αυτου ομοιοι χαλκολιβανω ως εν καμινω πεπυρωμενης,
	15	και η φωνη αυτου ως φωνη υδατων πολλων,
	16	και η οψις αυτου ως ο ηλιος φαινει εν τη δυναμει αυτου.
	17	και οτε ειδον αυτον, επεσα προς τους ποδας αυτου ως νεκρος·
	2 18	ταδε λεγει ο υιος του θεου, ο εχων τους οφθαλμους αυτου ως φλογα πυρος,
	24	οσοι ουκ εχουσιν την διδαχην ταυτην, οιτινες ουκ εγνωσαν τα βαθεα του σατανα, ως λεγουσιν·
	27	ως τα σκευη τα κεραμικα συντριβεται,
	28	ως καγω ειληφα παρα του πατρος μου,
	3 3	εαν ουν μη γρηγορησης, ηξω ως κλεπτης,
	21	ο νικων, δωσω αυτω καθισαι μετ εμου εν τω θρονω μου, ως καγω ενικησα και εκαθισα μετα του πατρος μου εν τω θρονω αυτου.
	4 1	και η φωνη η πρωτη ην ηκουσα ως σαλπιγγος λαλουσης μετ εμου, λεγων·
	6	και ενωπιον του θρονου ως θαλασσα υαλινη ομοια κρυσταλλω·
	7	και το τριτον ζωον εχων το προσωπον ως ανθρωπου,

ὡς [504]

Apc 5 6   καὶ εἶδον ἐν μεσῳ τοῦ θρονου καὶ τῶν τεσσαρων ζωων καὶ ἐν μεσῳ τῶν πρεσβυτερων ἀρνιον ἑστηκος ὡς ἐσφαγμενον,

6 1   καὶ ἠκουσα ἑνος ἐκ τῶν τεσσαρων ζωων λεγοντος ὡς φωνη βροντης· ἐρχου.

6   καὶ ἠκουσα ὡς φωνην ἐν μεσῳ τῶν τεσσαρων ζωων λεγουσαν·

11   ἑως πληρωθωσιν καὶ οἱ συνδουλοι αὐτων καὶ οἱ ἀδελφοι αὐτων οἱ μελλοντες ἀποκτεννεσθαι ὡς καὶ αὐτοι.

12   καὶ ὁ ἡλιος ἐγενετο μελας ὡς σακκος τριχινος,

12   καὶ ἡ σεληνη ὁλη ἐγενετο ὡς αἱμα,

13   ὡς συκη βαλλει τους ὀλυνθους αὐτης ὑπο ἀνεμου μεγαλου σειομενη,

14   καὶ ὁ οὐρανος ἀπεχωρισθη ὡς βιβλιον ἑλισσομενον,

8 1   καὶ ὁταν ἠνοιξεν την σφραγιδα την ἑβδομην, ἐγενετο σιγη ἐν τῳ οὐρανῳ ὡς ἡμιωριον.

8   καὶ ὡς ὁρος μεγα πυρι καιομενον ἐβληθη εἰς την θαλασσαν·

10   καὶ ἐπεσεν ἐκ τοῦ οὐρανου ἀστηρ μεγας καιομενος ὡς λαμπας,

9 2   καὶ ἀνεβη καπνος ἐκ τοῦ φρεατος ὡς καπνος καμινου μεγαλης,

3   καὶ ἐδοθη αὐταις ἐξουσια ὡς ἐχουσιν ἐξουσιαν οἱ σκορπιοι της γης,

  καὶ ὁ βασανισμος αὐτων ὡς βασανισμος σκορπιου,

7   καὶ ἐπι τας κεφαλας αὐτων ὡς στεφανοι ὁμοιοι χρυσῳ,

7   καὶ τα προσωπα αὐτων ὡς προσωπα ἀνθρωπων,

8   καὶ εἰχον τριχας ὡς τριχας γυναικων,

8   καὶ οἱ ὀδοντες αὐτων ὡς λεοντων ἠσαν,

9   καὶ εἰχον θωρακας ὡς θωρακας σιδηρους,

9   καὶ ἡ φωνη τῶν πτερυγων αὐτων ὡς φωνη ἁρματων ἱππων πολλων τρεχοντων εἰς πολεμον.

17   καὶ αἱ κεφαλαι τῶν ἱππων ὡς κεφαλαι λεοντων,

10 1   καὶ το προσωπον αὐτου ὡς ὁ ἡλιος,

1   καὶ οἱ ποδες αὐτου ὡς στυλοι πυρος,

7   καὶ ἐτελεσθη το μυστηριον τοῦ θεου, ὡς εὐηγγελισεν τους ἑαυτου δυυλους τους προφητας.

9   καὶ πικρανει σου την κοιλιαν, ἀλλ ἐν τῳ στοματι σου ἐσται γλυκυ ὡς μελι.

10   καὶ ἠν ἐν τῳ στοματι μου ὡς μελι γλυκυ·

12 15   καὶ ἐβαλεν ὁ ὀφις ἐκ τοῦ στοματος αὐτου ὀπισω της γυναικος ὑδωρ ὡς ποταμον,

13 2   καὶ το θηριον ὁ εἰδον ἠν ὁμοιον παρδαλει, καὶ οἱ ποδες αὐτου ὡς ἀρκου,

2   καὶ οἱ ποδες αὐτου ὡς ἀρκου, καὶ το στομα αὐτου ὡς στομα λεοντος,

  καὶ μιαν ἐκ τῶν κεφαλων αὐτου ὡς ἐσφαγμενην εἰς θανατον,

11   καὶ εἰχεν κερατα δυο ὁμοια ἀρνιῳ, καὶ ἐλαλει ὡς δρακων.

14 2   καὶ ἠκουσα φωνην ἐκ τοῦ οὐρανου ὡς φωνην ὑδατων πολλων καὶ ὡς φωνην βροντης μεγαλης,

2   καὶ ἠκουσα φωνην ἐκ τοῦ οὐρανου ὡς φωνην ὑδατων πολλων καὶ ὡς φωνην βροντης μεγαλης,

2   καὶ ἡ φωνη ἡν ἠκουσα ὡς κιθαρῳδων κιθαριζοντων ἐν ταις κιθαραις αὐτων.

3   καὶ ἀδουσιν [ὡς] ῳδην καινην ἐνωπιον τοῦ θρονου καὶ ἐνωπιον τῶν τεσσαρων ζωων καὶ τῶν πρεσβυτερων·

15 2   καὶ εἰδον ὡς θαλασσαν ὑαλινην μεμιγμενην πυρι,

16 3   καὶ ἐγενετο αἱμα ὡς νεκρου, καὶ πασα ψυχη ζωης ἀπεθανεν,

13   καὶ εἰδον ἐκ τοῦ στοματος τοῦ δρακοντος καὶ ἐκ τοῦ στοματος τοῦ θηριου καὶ ἐκ τοῦ στοματος τοῦ ψευδοπροφητου πνευματα τρια ἀκαθαρτα ὡς βατραχοι·

15   ἰδου ἐρχομαι ὡς κλεπτης· μακαριος ὁ γρηγορων καὶ τηρων τα ἱματια αὐτου,

21   καὶ χαλαζα μεγαλη ὡς ταλαντιαια καταβαινει ἐκ τοῦ οὐρανου ἐπι τους ἀνθρωπους·

17 12   οἱτινες βασιλειαν οὐπω ἐλαβον, ἀλλα ἐξουσιαν ὡς βασιλεις μιαν ὡραν λαμβανουσιν μετα τοῦ θηριου.

18 6   ἀποδοτε αὐτῃ ὡς καὶ αὐτη ἀπεδωκεν,

21   καὶ ἠρεν εἱς ἀγγελος ἰσχυρος λιθον ὡς μυλινον μεγαν,

19 1   μετα ταυτα ἠκουσα ὡς φωνην μεγαλην ὀχλου πολλου ἐν τῳ οὐρανῳ λεγοντων·

6   καὶ ἠκουσα ὡς φωνην ὀχλου πολλου καὶ ὡς φωνην ὑδατων πολλων καὶ ὡς φωνην βροντων ἰσχυρων, λεγοντων·

6   καὶ ἠκουσα ὡς φωνην ὀχλου πολλου καὶ ὡς φωνην ὑδατων πολλων καὶ ὡς φωνην βροντων ἰσχυρων, λεγοντων·

6   καὶ ἠκουσα ὡς φωνην ὀχλου πολλου καὶ ὡς φωνην ὑδατων πολλων καὶ ὡς φωνην βροντων ἰσχυρων, λεγοντων·

12   οἱ δε ὀφθαλμοι αὐτου [ὡς] φλοξ πυρος,

20 8   συναγαγειν αὐτους εἰς τον πολεμον, ὡν ὁ ἀριθμος αὐτων ὡς ἡ ἀμμος της θαλασσης.

ὡς [504]

Apc 21 2   καὶ την πολιν την ἁγιαν ἰερουσαλημ καινην εἰδον καταβαινουσαν ἐκ τοῦ οὐρανου ἀπο τοῦ θεου, ἡτοιμασμενην ὡς νυμφην κεκοσμημενην τῳ ἀνδρι αὐτης.

11   ὁ φωστηρ αὐτης ὁμοιος λιθῳ τιμιωτατῳ, ὡς λιθῳ ἰασπιδι κρυσταλλιζοντι·

21   καὶ ἡ πλατεια της πολεως χρυσιον καθαρον ὡς ὑαλος διαυγης.

22 1   καὶ ἐδειξεν μοι ποταμον ὑδατος ζωης λαμπρον ὡς κρυσταλλον,

12   καὶ ὁ μισθος μου μετ ἐμου, ἀποδουναι ἑκαστῳ ὡς το ἐργον ἐστιν αὐτου.

ὡσαννα [6]

Mt 21 9   ὡσαννα τῳ υἱῳ δαυιδ· εὐλογημενος ὁ ἐρχομενος ἐν ὀνοματι κυριου· ὡσαννα ἐν τοις ὑψιστοις.

9   ὡσαννα τῳ υἱῳ δαυιδ· εὐλογημενος ὁ ἐρχομενος ἐν ὀνοματι κυριου· ὡσαννα ἐν τοις ὑψιστοις.

15   ἰδοντες δε οἱ ἀρχιερεις καὶ οἱ γραμματεις τα θαυμασια ἁ ἐποιησεν καὶ τους παιδας τους κραζοντας ἐν τῳ ἱερῳ καὶ λεγοντας· ὡσαννα τῳ υἱῳ δαυιδ, ἠγανακτησαν,

Mc 11 9   ὡσαννα· εὐλογημενος ὁ ἐρχομενος ἐν ὀνοματι κυριου·

10   εὐλογημενη ἡ ἐρχομενη βασιλεια τοῦ πατρος ἡμων δαυιδ· ὡσαννα ἐν τοις ὑψιστοις.

Jh 12 13   ὡσαννα, εὐλογημενος ὁ ἐρχομενος ἐν ὀνοματι κυριου, [καὶ] ὁ βασιλευς τοῦ ἰσραηλ.

ὡσαυτως [17]

Mt 20 5   παλιν [δε] ἐξελθων περι ἑκτην καὶ ἐνατην ὡραν ἐποιησεν ὡσαυτως.

21 30   προσελθων δε τῳ ἑτερῳ εἰπεν ὡσαυτως.

36   παλιν ἀπεστειλεν ἀλλους δουλους πλειονας τῶν πρωτων, καὶ ἐποιησαν αὐτοις ὡσαυτως.

25 17   ὡσαυτως ὁ τα δυο ἐκερδησεν ἀλλα δυο.

Mc 12 21   καὶ ἀπεθανεν μη καταλιπων σπερμα· καὶ ὁ τριτος ὡσαυτως·

14 31   ὡσαυτως δε καὶ παντες ἐλεγον.

Lc 13 5   οὐχι, λεγω ὑμιν, ἀλλ ἐαν μη μετανοητε, παντες ὡσαυτως ἀπολεισθε.

20 31   καὶ ὁ δευτερος καὶ ὁ τριτος ἐλαβεν αὐτην, ὡσαυτως δε καὶ οἱ ἑπτα οὐ κατελιπον τεκνα καὶ ἀπεθανον.

22 20   καὶ το ποτηριον ὡσαυτως μετα το δειπνησαι,

Rm 8 26   ὡσαυτως δε καὶ το πνευμα συναντιλαμβανεται τῃ ἀσθενειᾳ ἡμων·

1Co 11 25   ὡσαυτως καὶ το ποτηριον μετα το δειπνησαι, λεγων·

1Tm 2 9   ὡσαυτως [καὶ] γυναικας ἐν καταστολῃ κοσμιῳ, μετα αἰδους καὶ σωφροσυνης κοσμειν ἑαυτας,

3 8   διακονους ὡσαυτως σεμνους, μη διλογους, μη οἰνῳ πολλῳ προσεχοντας, μη αἰσχροκερδεις,

11   γυναικας ὡσαυτως σεμνας, μη διαβολους, νηφαλιους, πιστας ἐν πασιν.

5 25   ὡσαυτως καὶ τα ἐργα τα καλα προδηλα,

Tit 2 3   πρεσβυτιδας ὡσαυτως ἐν καταστηματι ἱεροπρεπεις, μη διαβολους, μη οἰνῳ πολλῳ δεδουλωμενας, καλοδιδασκαλους,

6   τους νεωτερους ὡσαυτως παρακαλει σωφρονειν περι παντα,

ὡσει [21]

Mt 3 16   καὶ εἰδεν [το] πνευμα [του] θεου καταβαινον ὡσει περιστεραν,

9 36   ἰδων δε τους ὀχλους ἐσπλαγχνισθη περι αὐτων, ὁτι ἠσαν ἐσκυλμενοι καὶ ἐρριμμενοι ὡσει προβατα μη ἐχοντα ποιμενα.

14 21   οἱ δε ἐσθιοντες ἠσαν ἀνδρες ὡσει πεντακισχιλιοι χωρις γυναικων καὶ παιδιων.

Mc 9 26   καὶ ἐγενετο ὡσει νεκρος, ὡστε τους πολλους λεγειν ὁτι ἀπεθανεν.

Lc 3 23   καὶ αὐτος ἠν ἰησους ἀρχομενος ὡσει ἐτων τριακοντα,

9 14   ἠσαν γαρ ὡσει ἀνδρες πεντακισχιλιοι.

14   κατακλινατε αὐτους κλισιας [ὡσει] ἀνα πεντηκοντα.

28   ἐγενετο δε μετα τους λογους τουτους ὡσει ἡμεραι ὀκτω, [καὶ] παραλαβων πετρον καὶ ἰωαννην καὶ ἰακωβον ἀνεβη εἰς το ὀρος προσευξασθαι.

22 41   καὶ αὐτος ἀπεσπασθη ἀπ αὐτων ὡσει λιθου βολην,

44   [καὶ ἐγενετο ὁ ἱδρως αὐτου ὡσει θρομβοι αἱματος καταβαινοντες ἐπι την γην].

59   καὶ διαστασης ὡσει ὡρας μιας ἀλλος τις διισχυριζετο λεγων·

23 44   καὶ ἠν ἠδη ὡσει ὡρα ἑκτη καὶ σκοτος ἐγενετο ἐφ ὁλην την γην ἑως ὡρας ἐνατης τοῦ ἡλιου ἐκλιποντος·

ὡσει [21]

Lc   24 11   και ἐφανησαν ἐνωπιον αὐτων *ὡσει* ληρος τα ρηματα ταυτα, και ἠπιστουν αὐταις.

Ac   1 15   και ἐν ταις ἡμεραις ταυταις ἀναστας πετρος ἐν μεσω των ἀδελφων εἰπεν· ἠν τε ὀχλος ὀνοματων ἐπι το αὐτο *ὡσει* ἑκατονεικοσι· ἀνδρες ἀδελφοι, ἐδει πληρωθηναι την γραφην

    2 3   και ὠφθησαν αὐτοις διαμεριζομεναι γλωσσαι *ὡσει* πυρος,

    41   και προσετεθησαν ἐν τη ἡμερα ἐκεινη ψυχαι *ὡσει* τρισχιλιαι·

    6 15   και ἀτενισαντες εἰς αὐτον παντες οἱ καθεζομενοι ἐν τω συνεδριω εἰδον το προσωπον αὐτου *ὡσει* προσωπον ἀγγελου.

    10 3   εἰδεν ἐν ὁραματι φανερως, *ὡσει* περι ὡραν ἐνατην της ἡμερας, ἀγγελον του θεου εἰσελθοντα προς αὐτον και εἰποντα αὐτω· κορνηλιε.

    19 7   ἠσαν δε οἱ παντες ἀνδρες *ὡσει* δωδεκα.

Rm   6 13   ἀλλα παραστησατε ἑαυτους τω θεω *ὡσει* ἐκ νεκρων ζωντας και τα μελη ὑμων ὁπλα δικαιοσυνης τω θεω,

Heb   1 12   και *ὡσει* περιβολαιον ἑλιξεις αὐτους,

ὡσηε [1]

Rm   9 25   ὡς και ἐν τω *ὡσηε* λεγει· καλεσω τον οὐ λαον μου λαον μου και την οὐκ ἠγαπημενην ἠγαπημενην·

ὡσπερ [36]

Mt   6 2   μη σαλπισης ἐμπροσθεν σου, *ὡσπερ* οἱ ὑποκριται ποιουσιν ἐν ταις συναγωγαις και ἐν ταις ρυμαις,

    7   προσευχομενοι δε μη βατταλογησητε *ὡσπερ* οἱ ἐθνικοι·

    12 40   *ὡσπερ* γαρ ἠν ιωνας ἐν τη κοιλια του κητους τρεις ἡμερας και τρεις νυκτας,

    13 40   *ὡσπερ* οὐν συλλεγεται τα ζιζανια και πυρι [κατα]καιεται, οὑτως ἐσται ἐν τη συντελεια του αἰωνος.

    18 17   ἐαν δε και της ἐκκλησιας παρακουση, ἐστω σοι *ὡσπερ* ὁ ἐθνικος και ὁ τελωνης.

    20 28   *ὡσπερ* ὁ υἱος του ἀνθρωπου οὐκ ἠλθεν διακονηθηναι, ἀλλα διακονησαι και δουναι την ψυχην αὐτου λυτρον ἀντι πολλων.

    24 27   *ὡσπερ* γαρ ἡ ἀστραπη ἐξερχεται ἀπο ἀνατολων και φαινεται ἑως δυσμων, οὑτως ἐσται ἡ παρουσια του υἱου του ἀνθρωπου·

    37   *ὡσπερ* γαρ αἱ ἡμεραι του νωε, οὑτως ἐσται ἡ παρουσια του υἱου του ἀνθρωπου.

    25 14   *ὡσπερ* γαρ ἀνθρωπος ἀποδημων ἐκαλεσεν τους ἰδιους δουλους και παρεδωκεν αὐτοις τα ὑπαρχοντα αὐτου,

    32   και ἀφορισει αὐτους ἀπ ἀλληλων, *ὡσπερ* ὁ ποιμην ἀφοριζει τα προβατα ἀπο των ἐριφων,

Lc   17 24   *ὡσπερ* γαρ ἡ ἀστραπη ἀστραπτουσα ἐκ της ὑπο τον οὐρανον εἰς την ὑπ οὐρανον λαμπει, οὑτως ἐσται ὁ υἱος του ἀνθρωπου [ἐν τη ἡμερα αὐτου].

    18 11   ὁ θεος, εὐχαριστω σοι ὁτι οὐκ εἰμι *ὡσπερ* οἱ λοιποι των ἀνθρωπων, ἁρπαγες, ἀδικοι, μοιχοι, ἠ και ὡς οὑτος ὁ τελωνης·

Jh   5 21   *ὡσπερ* γαρ ὁ πατηρ ἐγειρει τους νεκρους και ζωοποιει, οὑτως και ὁ υἱος οὑς θελει ζωοποιει.

    26   *ὡσπερ* γαρ ὁ πατηρ ἐχει ζωην ἐν ἑαυτω, οὑτως και τω υἱω ἐδωκεν ζωην ἐχειν ἐν ἑαυτω.

Ac   2 2   και ἐγενετο ἀφνω ἐκ του οὐρανου ἠχος *ὡσπερ* φερομενης πνοης βιαιας και ἐπληρωσεν ὁλον τον οἰκον οὑ ἠσαν καθημενοι,

    3 17   και νυν, ἀδελφοι, οἰδα ὁτι κατα ἀγνοιαν ἐπραξατε, *ὡσπερ* και οἱ ἀρχοντες ὑμων·

    11 15   ἐν δε τω ἀρξασθαι με λαλειν ἐπεπεσεν το πνευμα το ἁγιον ἐπ αὐτους *ὡσπερ* και ἐφ ἡμας ἐν ἀρχη.

Rm   5 12   δια τουτο *ὡσπερ* δι ἑνος ἀνθρωπου ἡ ἁμαρτια εἰς τον κοσμον εἰσηλθεν, και δια της ἁμαρτιας ὁ θανατος, και οὑτως εἰς παντας ἀνθρωπους ὁ θανατος διηλθεν,

    19   *ὡσπερ* γαρ δια της παρακοης του ἑνος ἀνθρωπου ἁμαρτωλοι κατεσταθησαν οἱ πολλοι, οὑτως και δια της ὑπακοης του ἑνος δικαιοι κατασταθησονται οἱ πολλοι.

    21   ἱνα *ὡσπερ* ἐβασιλευσεν ἡ ἁμαρτια ἐν τω θανατω, οὑτως και ἡ χαρις βασιλευση δια δικαιοσυνης εἰς ζωην αἰωνιον δια ιησου χριστου του κυριου ἡμων.

    6 4   ἱνα *ὡσπερ* ἠγερθη χριστος ἐκ νεκρων δια της δοξης του πατρος, οὑτως και ἡμεις ἐν καινοτητι ζωης περιπατησωμεν.

    19   *ὡσπερ* γαρ παρεστησατε τα μελη ὑμων δουλα τη ἀκαθαρσια και τη ἀνομια εἰς την ἀνομιαν, οὑτως νυν παραστησατε τα μελη ὑμων δουλα τη δικαιοσυνη εἰς ἁγιασμον.

    11 30   *ὡσπερ* γαρ ὑμεις ποτε ἠπειθησατε τω θεω, νυν δε ἠλεηθητε τη τουτων ἀπειθεια, οὑτως και οὑτοι νυν ἠπειθησαν τω ὑμετερω ἐλεει ἱνα και αὐτοι [νυν] ἐλεηθωσιν.

1Co   8 5   και γαρ εἰπερ εἰσιν λεγομενοι θεοι εἰτε ἐν οὐρανω εἰτε ἐπι γης, *ὡσπερ* εἰσιν θεοι πολλοι και κυριοι πολλοι, ἀλλ ἡμιν εἰς θεος ὁ πατηρ,

ὡσπερ [36]

1Co   10 7   μηδε εἰδωλολατραι γινεσθε, καθως τινες αὐτων· *ὡσπερ* γεγραπται·

    11 12   *ὡσπερ* γαρ ἡ γυνη ἐκ του ἀνδρος, οὑτως και ὁ ἀνηρ δια της γυναικος·

    15 22   *ὡσπερ* γαρ ἐν τω ἀδαμ παντες ἀποθνησκουσιν, οὑτως και ἐν τω χριστω παντες ζωοποιηθησονται.

    16 1   περι δε της λογειας της εἰς τους ἁγιους, *ὡσπερ* διεταξα ταις ἐκκλησιαις της γαλατιας, οὑτως και ὑμεις ποιησατε.

2Co   8 7   ἀλλ *ὡσπερ* ἐν παντι περισσευετε, πιστει και λογω και γνωσει και παση σπουδη και τη ἐξ ἡμων ἐν ὑμιν ἀγαπη, ἱνα και ἐν ταυτη τη χαριτι περισσευητε.

Ga   4 29   ἀλλ *ὡσπερ* τοτε ὁ κατα σαρκα γεννηθεις ἐδιωκεν τον κατα πνευμα, οὑτως και νυν.

1Th   5 3   ὁταν λεγωσιν· εἰρηνη και ἀσφαλεια, τοτε αἰφνιδιος αὐτοις ἐφισταται ὀλεθρος *ὡσπερ* ἡ ὠδιν τη ἐν γαστρι ἐχουση,

Heb   4 10   ὁ γαρ εἰσελθων εἰς την καταπαυσιν αὐτου και αὐτος κατεπαυσεν ἀπο των ἐργων αὐτου, *ὡσπερ* ἀπο των ἰδιων ὁ θεος.

    7 27   ὁς οὐκ ἐχει καθ ἡμεραν ἀναγκην, *ὡσπερ* οἱ ἀρχιερεις, προτερον ὑπερ των ἰδιων ἁμαρτιων θυσιας ἀναφερειν, ἐπειτα των του λαου·

    9 25   οὐδ ἱνα πολλακις προσφερη ἑαυτον, *ὡσπερ* ὁ ἀρχιερευς εἰσερχεται εἰς τα ἁγια κατ ἐνιαυτον ἐν αἱματι ἀλλοτριω,

Ja   2 26   *ὡσπερ* γαρ το σωμα χωρις πνευματος νεκρον ἐστιν, οὑτως και ἡ πιστις χωρις ἐργων νεκρα ἐστιν.

Apc   10 3   και ἐκραξεν φωνη μεγαλη *ὡσπερ* λεων μυκαται.

ὡσπερει [1]

1Co   15 8   ἐσχατον δε παντων *ὡσπερει* τω ἐκτρωματι ὠφθη καμοι.

ὡστε [83]

Mt   8 24   και ἰδου σεισμος μεγας ἐγενετο ἐν τη θαλασση, *ὡστε* το πλοιον καλυπτεσθαι ὑπο των κυματων·

    28   χαλεποι λιαν, *ὡστε* μη ἰσχυειν τινα παρελθειν δια της ὁδου ἐκεινης.

    10 1   και προσκαλεσαμενος τους δωδεκα μαθητας αὐτου ἐδωκεν αὐτοις ἐξουσιαν πνευματων ἀκαθαρτων *ὡστε* ἐκβαλλειν αὐτα,

    12 12   *ὡστε* ἐξεστιν τοις σαββασιν καλως ποιειν.

    22   και ἐθεραπευσεν αὐτον, *ὡστε* τον κωφον λαλειν και βλεπειν.

    13 2   και συνηχθησαν προς αὐτον ὀχλοι πολλοι, *ὡστε* αὐτον εἰς πλοιον ἐμβαντα καθησθαι,

    32   μειζον των λαχανων ἐστιν και γινεται δενδρον, *ὡστε* ἐλθειν τα πετεινα του οὐρανου και κατασκηνουν ἐν τοις κλαδοις αὐτου.

    54   και ἐλθων εἰς την πατριδα αὐτου ἐδιδασκεν αὐτους ἐν τη συναγωγη αὐτων, *ὡστε* ἐκπλησσεσθαι αὐτους και λεγειν·

    15 31   *ὡστε* τον ὀχλον θαυμασαι βλεποντας κωφους λαλουντας, κυλλους ὑγιεις και χωλους περιπατουντας και τυφλους βλεποντας·

    33   ποθεν ἡμιν ἐν ἐρημια ἀρτοι τοσουτοι *ὡστε* χορτασαι ὀχλον τοσουτον;

    19 6   ἑνεκα τουτου καταλειψει ἀνθρωπος τον πατερα και την μητερα και κολληθησεται τη γυναικι αὐτου, και ἐσονται οἱ δυο εἰς σαρκα μιαν. *ὡστε* οὐκετι εἰσιν δυο ἀλλα σαρξ μια.

    23 31   *ὡστε* μαρτυρειτε ἑαυτοις ὁτι υἱοι ἐστε των φονευσαντων τους προφητας.

    24 24   και δωσουσιν σημεια μεγαλα και τερατα, *ὡστε* πλανησαι, εἰ δυνατον, και τους ἐκλεκτους.

    27 1   πρωιας δε γενομενης συμβουλιον ἐλαβον παντες οἱ ἀρχιερεις και οἱ πρεσβυτεροι του λαου κατα του ιησου *ὡστε* θανατωσαι αὐτον·

    14   και οὐκ ἀπεκριθη αὐτω προς οὐδε ἑν ρημα, *ὡστε* θαυμαζειν τον ἡγεμονα λιαν.

Mc   1 27   και ἐθαμβηθησαν ἁπαντες, *ὡστε* συζητειν προς ἑαυτους λεγοντας·

    45   ὁ δε ἐξελθων ἠρξατο κηρυσσειν πολλα και διαφημιζειν τον λογον, *ὡστε* μηκετι αὐτον δυνασθαι φανερως εἰς πολιν εἰσελθειν,

    2 2   και συνηχθησαν πολλοι, *ὡστε* μηκετι χωρειν μηδε τα προς την θυραν,

    12   και ἠγερθη και εὐθυς ἀρας τον κραβαττον ἐξηλθεν ἐμπροσθεν παντων, *ὡστε* ἐξιστασθαι παντας και δοξαζειν τον θεον λεγοντας ὁτι οὑτως οὐδεποτε εἰδαμεν.

    28   *ὡστε* κυριος ἐστιν ὁ υἱος του ἀνθρωπου και του σαββατου.

    3 10   πολλους γαρ ἐθεραπευσεν, *ὡστε* ἐπιπιπτειν αὐτω ἱνα αὐτου ἀψωνται ὁσοι εἰχον μαστιγας.

ὥστε [83]

Mc 3 20 και συνερχεται παλιν [ό] όχλος, ὥστε μη δυνασθαι αύτους μηδε άρτον φαγειν.

4 1 και συναγεται προς αύτον όχλος πλειστος, ὥστε αύτον εἰς πλοιον ἐμβαντα καθησθαι ἐν τῇ θαλασσῃ,

32 και ποιει κλαδους μεγαλους, ὥστε δυνασθαι ὑπο την σκιαν αύτου τα πετεινα του ούρανου κατασκηνουν.

37 και τα κυματα ἐπεβαλλεν εἰς το πλοιον, ὥστε ήδη γεμιζεσθαι το πλοιον.

9 26 και ἐγενετο ὡσει νεκρος, ὥστε τους πολλους λεγειν ότι ἀπεθανεν.

10 8 ένεκεν τουτου καταλειψει άνθρωπος τον πατερα αύτου και την μητερα [και προσκολληθησεται προς την γυναικα αύτου,] και ἐσονται οἱ δυο εἰς σαρκα μιαν· ὥστε ούκετι εἰσιν δυο άλλα μια σαρξ.

15 5 ό δε ἰησους ούκετι ούδεν ἀπεκριθη, ὥστε θαυμαζειν τον πιλατον.

Lc 4 29 και ήγαγον αύτον ἑως όφρυος του όρους ἐφ᾽ οὗ ἡ πολις ῴκοδομητο αύτων, ὥστε κατακρημνισαι αύτον·

5 7 και ήλθον, και ἐπλησαν ἀμφοτερα τα πλοια ὥστε βυθιζεσθαι αύτα.

12 1 ἐν οἷς ἐπισυναχθεισων των μυριαδων του όχλου, ὥστε καταπατειν άλληλους,

20 20 ἱνα ἐπιλαβωνται αύτου λογου, ὥστε παραδουναι αύτον τῇ άρχῃ και τῇ ἐξουσιᾳ του ἡγεμονος.

Jh 3 16 ούτως γαρ ήγαπησεν ὁ θεος τον κοσμον, ὥστε τον υίον τον μονογενη ἐδωκεν,

Ac 1 19 και γνωστον ἐγενετο πασι τοις κατοικουσιν ἰερουσαλημ, ὥστε κληθηναι το χωριον ἐκεινο τῇ ἰδιᾳ διαλεκτῳ αύτων άκελδαμαχ, τουτ᾽ ἐστιν χωριον αἱματος.

5 15 ὥστε και εἰς τας πλατειας ἐκφερειν τους άσθενεις και τιθεναι ἐπι κλιναριων και κραβαττων, ἱνα ἐρχομενου πετρου καν ἡ σκια ἐπισκιαση τινι αύτων.

14 1 ἐγενετο δε ἐν ἰκονιῳ κατα το αύτο εἰσελθειν αύτους εἰς την συναγωγην των ἰουδαιων και λαλησαι ούτως ὥστε πιστευσαι ἰουδαιων τε και ἑλληνων πολυ πληθος.

15 39 ἐγενετο δε παροξυσμος, ὥστε ἀποχωρισθηναι αύτους ἀπ᾽ άλληλων,

16 26 άφνω δε σεισμος ἐγενετο μεγας, ὥστε σαλευθηναι τα θεμελια του δεσμωτηριου·

19 10 τουτο δε ἐγενετο ἐπι ἐτη δυο, ὥστε παντας τους κατοικουντας την άσιαν άκουσαι τον λογον του κυριου,

12 ὥστε και ἐπι τους άσθενουντας άποφερεσθαι άπο του χρωτος αύτου σουδαρια ἡ σιμικινθια και άπαλλασσεσθαι άπ᾽ αύτων τας νοσους,

16 κατακυριευσας άμφοτερων ἰσχυσεν κατ᾽ αύτων, ὥστε γυμνους και τετραυματισμενους ἐκφυγειν ἐκ του οίκου ἐκεινου.

Rm 7 4 ὥστε, άδελφοι μου, και ὑμεις ἐθανατωθητε τῳ νομῳ δια του σωματος του χριστου,

6 άποθανοντες ἐν ᾧ κατειχομεθα, ὥστε δουλευειν ἡμας ἐν καινοτητι πνευματος και ού παλαιοτητι γραμματος.

12 ὥστε ὁ μεν νομος άγιος,

13 2 ὥστε ὁ άντιτασσομενος τῇ ἐξουσιᾳ τῇ του θεου διαταγῃ άνθεστηκεν·

15 19 ὥστε με άπο ἰερουσαλημ και κυκλῳ μεχρι του ἰλλυρικου πεπληρωκεναι το εύαγγελιον του χριστου.

1Co 1 7 καθως το μαρτυριον του χριστου ἐβεβαιωθη ἐν ὑμιν, ὥστε ὑμας μη ὑστερεισθαι ἐν μηδενι χαρισματι,

3 7 ὥστε ούτε ὁ φυτευων ἐστιν τι ούτε ὁ ποτιζων, άλλ᾽ ὁ αύξανων θεος.

21 ὥστε μηδεις καυχασθω ἐν άνθρωποις·

4 5 ὥστε μη προ καιρου τι κρινετε, ἑως άν ἐλθη ὁ κυριος,

5 1 και τοιαυτη πορνεια ήτις ούδε ἐν τοις ἐθνεσιν, ὥστε γυναικα τινα του πατρος ἐχειν.

8 ὥστε ἑορταζωμεν μη ἐν ζυμῃ παλαιᾳ μηδε ἐν ζυμῃ κακιας και πονηριας, άλλ᾽ ἐν άζυμοις εἰλικρινειας και άληθειας.

7 38 ὥστε και ὁ γαμιζων την ἑαυτου παρθενον καλως ποιει,

10 12 ὥστε ὁ δοκων ἑσταναι βλεπετω μη πεση.

11 27 ὥστε ὁς άν ἐσθῃ τον άρτον ἡ πινῃ το ποτηριον του κυριου άναξιως, ἐνοχος ἐσται του σωματος και του αίματος του κυριου.

33 ὥστε, άδελφοι μου, συνερχομενοι εἰς το φαγειν άλληλους ἐκδεχεσθε.

13 2 και ἐαν ἐχω προφητειαν και εἰδω τα μυστηρια παντα και πασαν την γνωσιν, και ἐαν ἐχω πασαν την πιστιν ὥστε όρη μεθισταναι, άγαπην δε μη ἐχω, ούθεν εἰμι.

14 22 ὥστε αἱ γλωσσαι εἰς σημειον εἰσιν ού τοις πιστευουσιν άλλα τοις άπιστοις,

39 ὥστε, άδελφοι [μου,] ζηλουτε το προφητευειν,

15 58 ὥστε, άδελφοι μου άγαπητοι, ἑδραιοι γινεσθε,

ὥστε [83]

2Co 1 8 ότι καθ᾽ ὑπερβολην ὑπερ δυναμιν ἐβαρηθημεν, ὥστε ἐξαπορηθηναι ἡμας και του ζην·

2 7 ὥστε τουναντιον μαλλον ὑμας χαρισασθαι και παρακαλεσαι, μη πως τῇ περισσοτερᾳ λυπῃ καταποθη ὁ τοιουτος.

3 7 εἰ δε ἡ διακονια του θανατου ἐν γραμμασιν ἐντετυπωμενη λιθοις ἐγενηθη ἐν δοξῃ, ὥστε μη δυνασθαι άτενισαι τους υίους ἰσραηλ εἰς το προσωπον μωυσεως

4 12 ὥστε ὁ θανατος ἐν ἡμιν ἐνεργειται, ἡ δε ζωη ἐν ὑμιν.

5 16 ὥστε ἡμεις άπο του νυν ούδενα οίδαμεν κατα σαρκα·

17 ὥστε εἰ τις ἐν χριστῳ, καινη κτισις·

7 7 άναγγελλων ἡμιν την ὑμων ἐπιποθησιν, τον ὑμων όδυρμον, τον ὑμων ζηλον ὑπερ ἐμου, ὥστε με μαλλον χαρηναι.

Ga 2 13 και συνυπεκριθησαν αύτῳ [και] οἱ λοιποι ἰουδαιοι, ὥστε και βαρναβας συναπηχθη αύτων τῇ ὑποκρισει.

3 9 ὥστε οἱ ἐκ πιστεως εύλογουνται συν τῳ πιστῳ άβρααμ.

24 ὥστε ὁ νομος παιδαγωγος ἡμων γεγονεν εἰς χριστον, ἱνα ἐκ πιστεως δικαιωθωμεν·

4 7 ὥστε ούκετι εἰ δουλος άλλα υίος·

16 ὥστε ἐχθρος ὑμων γεγονα άληθευων ὑμιν;

Php 1 13 ὥστε τους δεσμους μου φανερους ἐν χριστῳ γενεσθαι ἐν όλῳ τῳ πραιτωριῳ και τοις λοιποις πασιν,

2 12 ὥστε, άγαπητοι μου, καθως παντοτε ὑπηκουσατε,

4 1 ὥστε, άδελφοι μου άγαπητοι και ἐπιποθητοι, χαρα και στεφανος μου, ούτως στηκετε ἐν κυριῳ, άγαπητοι.

1Th 1 7 ὥστε γενεσθαι ὑμας τυπον πασιν τοις πιστευουσιν ἐν τῇ μακεδονιᾳ και ἐν τῇ άχαιᾳ.

8 άλλ᾽ ἐν παντι τοπῳ ἡ πιστις ὑμων ἡ προς τον θεον ἐξεληλυθεν, ὥστε μη χρειαν ἐχειν ἡμας λαλειν τι·

4 18 ὥστε παρακαλειτε άλληλους ἐν τοις λογοις τουτοις.

2Th 1 4 ὥστε αύτους ἡμας ἐν ὑμιν ἐγκαυχασθαι ἐν ταις ἐκκλησιαις του θεου ὑπερ της ὑπομονης ὑμων και πιστεως

2 4 ὥστε αύτον εἰς τον ναον του θεου καθισαι,

Heb 13 6 ὥστε θαρρουντας ἡμας λεγειν· κυριος ἐμοι βοηθος, [και] ού φοβηθησομαι·

1Pt 1 21 ὥστε την πιστιν ὑμων και ἐλπιδα είναι εἰς θεον.

4 19 ὥστε και οἱ πασχοντες κατα το θελημα του θεου πιστῳ κτιστῃ παρατιθεσθωσαν τας ψυχας αύτων ἐν άγαθοποιιᾳ.

ὠταριον [2]

Mc 14 47 εἰς δε [τις] των παρεστηκοτων σπασαμενος την μαχαιραν ἐπαισεν τον δουλον του άρχιερεως και άφειλεν αύτου το ὠταριον.

Jh 18 10 σιμων ούν πετρος ἐχων μαχαιραν είλκυσεν αύτην και ἐπαισεν τον του άρχιερεως δουλον και άπεκοψεν αύτου το ὠταριον το δεξιον·

ὠτιον [3]

Mt 26 51 και ἰδου εἱς των μετα ἰησου ἐκτεινας την χειρα άπεσπασεν την μαχαιραν αύτου, και παταξας τον δουλον του άρχιερεως άφειλεν αύτου το ὠτιον.

Lc 22 51 και άψαμενος του ὠτιου ἰασατο αύτον.

Jh 18 26 λεγει εἱς ἐκ των δουλων του άρχιερεως, συγγενης ὠν οὗ άπεκοψεν πετρος το ὠτιον· ούκ ἐγω σε είδον ἐν τῳ κηπῳ μετ᾽ αύτου;

ὠφελεια [2]

Rm 3 1 τί ούν το περισσον του ἰουδαιου, ἡ τίς ἡ ὠφελεια της περιτομης;

Ju 16 και το στομα αύτων λαλει ὑπερογκα, θαυμαζοντες προσωπα ὠφελειας χαριν.

ὠφελεω [15]

Mt 15 5 ὁς άν είπη τῳ πατρι ἡ τῇ μητρι· δωρον ὁ ἐαν ἐξ ἐμου ὠφεληθῇς, ού μη τιμησει τον πατερα αύτου·

16 26 τί γαρ ὠφεληθησεται άνθρωπος, ἐαν τον κοσμον όλον κερδηση, την δε ψυχην αύτου ζημιωθη;

27 24 ἰδων δε ὁ πιλατος ότι ούδεν ὠφελει άλλα μαλλον θορυβος γινεται, λαβων ὑδωρ άπενιψατο τας χειρας άπεναντι του όχλου λεγων·

Mc 5 26 και πολλα παθουσα ὑπο πολλων ἰατρων και δαπανησασα τα παρ᾽ αύτης παντα, και μηδεν ὠφεληθεισα άλλα μαλλον εἰς το χειρον ἐλθουσα,

7 11 ἐαν είπη άνθρωπος τῳ πατρι ἡ τῇ μητρι· κορβαν, ὁ ἐστιν δωρον, ὁ ἐαν ἐξ ἐμου ὠφεληθῇς

ὠφελεω [15]

Mc	8 36	τί γαρ ὠφελει ἀνθρωπον κερδησαι τον κοσμον ὁλον και ζημιωθηναι την ψυχην αὑτου;
Lc	9 25	τί γαρ ὠφελειται ἀνθρωπος κερδησας τον κοσμον ὁλον ἑαυτον δε ἀπολεσας ἠ ζημιωθεις;
Jh	6 63	το πνευμα ἐστιν το ζωοποιουν, ἡ σαρξ οὑκ ὠφελει οὑδεν·
	12 19	θεωρειτε ὁτι οὑκ ὠφελειτε οὑδεν· ἰδε ὁ κοσμος ὀπισω αὑτου ἀπηλθεν.
Rm	2 25	περιτομη μεν γαρ ὠφελει ἐαν νομον πρασσης·
1Co	13 3	καν ψωμισω παντα τα ὑπαρχοντα μου, και ἑαν παραδω το σωμα μου ἱνα καυχησωμαι, ἀγαπην δε μη ἑχω, οὑδεν ὠφελουμαι.
	14 6	τί ὑμας ὠφελησω, ἑαν μη ὑμιν λαλησω ἠ ἐν ἀποκαλυψει ἠ ἐν γνωσει ἠ ἐν προφητεια ἠ [ἐν] διδαχῃ;

ὠφελεω [15]

Ga	5 2	ἰδε ἐγω παυλος λεγω ὑμιν ὁτι ἑαν περιτεμνησθε χριστος ὑμας οὑδεν ὠφελησει.
Heb	4 2	ἀλλ οὑκ ὠφελησεν ὁ λογος της ἀκοης ἐκεινους μη συγκεκερασμενους τῃ πιστει τοις ἀκουσασιν.
	13 9	καλον γαρ χαριτι βεβαιουσθαι την καρδιαν, οὑ βρωμασιν, ἐν οἱς οὑκ ὠφεληθησαν οἱ περιπατουντες.

ὠφελιμος [4]

1Tm	4 8	ἡ γαρ σωματικη γυμνασια προς ὀλιγον ἐστιν ὠφελιμος·
	8	ἡ δε εὑσεβεια προς παντα ὠφελιμος ἐστιν,
2Tm	3 16	πασα γραφη θεοπνευστος και ὠφελιμος προς διδασκαλιαν,
Tit	3 8	ταυτα ἐστιν καλα και ὠφελιμα τοις ἀνθρωποις·

APPENDIX

ἄλλα [638]

Mt	**4**,4 **5**,15.17.39 **6**,13.18 **7**,21 **8**,4.8 **9**,12.13.17.18.24 **10**,20.34 **11**,8.9 **13**,21 **15**,11 **16**,12.17.23 **17**,12 **18**,22.30 **19**,6.11 **20**,23. 26.28 **21**,21 **22**,30.32 **24**,6 **26**,39 **27**,24
Mc	**1**,44.45 **2**,17(2).22 **3**,26.27.29 **4**,17.22 **5**,19.26.39 **6**,9.52 **7**,5.15. 19.25 **8**,33 **9**,8.13.22.37 **10**,8.27.40.43.45 **11**,23.32 **12**,14.25.27 **13**,7.11(2).20.24 **14**,28.29.36(2).49 **16**,7
Lc	**1**,60 **5**,14.31.32.38 **6**,27 **7**,7.25.26 **8**,16.27.52 **11**,33.42 **12**,7.51 **13**,3.5 **14**,10.13 **16**,21.30 **17**,8 **18**,13 **20**,21.38 **21**,9 **22**,26.36. 42.53 **23**,15 **24**,6.21.22
Jh	**1**,8.13.31.33 **3**,8.16.17.28.36 **4**,2.14.23 **5**,18.22.24.30.34.42 **6**,9.22. 26.27.32.36.38.39.64 **7**,10.12.16.22.24.27.28.44.49 **8**,12.16.26.28.37. 42.49.55 **9**,3.9.31 **10**,1.5.8.18.26.33 **11**,4.11.15.22.30.42.51.52.54 **12**,6.9.16.27.30.42.44.47.49 **13**,9.10(2).18 **14**,24.31 **15**,16.19.21.25 **16**,2.4.6.7.12.13.20.25.33 **17**,9.15.20 **18**,28.40 **19**,21.24.34 **20**,7.27 **21**,8.23
Ac	**1**,4.8 **2**,16 **4**,17.32 **5**,4.13 **7**,39.48 **9**,6 **10**,20.35.41 **13**,25 **15**,11.20 **16**,37 **18**,9.21 **19**,2.26.27 **20**,24 **21**,13.24 **26**,16.20.25. 29 **27**,10
Rm	**1**,21.32 **2**,13.29(2) **3**,27.31 **4**,2.4.10.12.13.16.20.24 **5**,3.11.14.15 **6**,5.13.14.15 **7**,7.13.15.17.19.20 **8**,4.9.15.20.23.26.32.37 **9**,7.8.10.12. 16.24.32 **10**,2.8.16.18.19 **11**,4.11.18.20 **12**,2.3.16.19.20.21 **13**,3.5. 14 **14**,13.17.20 **15**,3.21 **16**,4.18
1Co	**1**,17.27 **2**,4.5.7.9.12.13 **3**,1.2.6.7 **4**,3.4.14.15.19.20 **5**,8 **6**,6.8.11(3). 12(2).13 **7**,4(2).7.10.19.21.35 **8**,6.7 **9**,2.12(2).21.27 **10**,5.13.20.23(2). 24.29.33 **11**,8.9.17 **12**,14.22.24.25 **14**,2.17.19.20.22(2).33.34 **15**,10(2).35.37.39.40.46(2)
2Co	**1**,9(2).12.13.19.24 **2**,4.5.13.17(2) **3**,3(2).5.6.14.15 **4**,2(2).5.8(2).9(2).16(2). 18 **5**,4.12.15.16 **6**,4 **7**,5.6.7.9.11(6).12.14 **8**,5.7.8.10.13.19.21 **9**,12 **10**,4.12.13.18 **11**,1.6(2).17 **12**,14(2).16 **13**,3.4(2).7.8
Ga	**1**,1.8.12.17 **2**,3.7.14 **3**,12.16.22 **4**,2.7.8.14.17.23.29.30.31 **5**,6.13 **6**,13.15
Eph	**1**,21 **2**,19 **4**,29 **5**,4.15.17.18.24.27.29 **6**,4.6.12
Php	**1**,18.20.29 **2**,3.4.7.12.17.27(2) **3**,7.8.9 **4**,6.17
Col	**2**,5 **3**,11.22
1Th	**1**,5.8 **2**,2.4(2).7.8.13 **4**,7.8 **5**,6.9.15
2Th	**2**,12 **3**,8.9.11.15
1Tm	**1**,13.16 **2**,10.12 **3**,3 **4**,12 **5**,1.13.23 **6**,2.4.17
2Tm	**1**,7.8.9.12.17 **2**,9.20.24 **3**,9 **4**,3.8.16
Tit	**1**,8.15 **2**,10 **3**,5
Phm	**14**.16
Heb	**2**,16 **3**,13.16 **4**,2 **5**,4.5 **7**,16 **9**,24 **10**,3.25.39 **11**,13 **12**,11.22. 26 **13**,14
Ja	**1**,25.26 **2**,18 **3**,15 **4**,11
1Pt	**1**,15.19.23 **2**,16.18.20.25 **3**,4.14.16.21 **4**,2.13 **5**,2(2).3
2Pt	**1**,16.21 **2**,4.5 **3**,9(2)
1Jh	**2**,2.7.16.19(2).21.27 **3**,18 **4**,1.10.18 **5**,6.18
2Jh	**1**.5.8.12
3Jh	**9**.11.13
Ju	**6**.9
Apc	**2**,4.6.9(2).14.20 **3**,4.9 **9**,5 **10**,7.9 **17**,12 **20**,6

ἀπό [646]

Mt	**1**,17(3).21.24 **2**,1.16 **3**,4.7.13.16 **4**,17.25 **5**,18.29.30.42 **6**,13 **7**,15.16(3).20.23 **8**,1.11.30.34 **9**,15.16.22 **10**,17.28 **11**,12.19.25.29 **12**,38.43 **13**,12.35.44 **14**,2.13.24.26.29 **15**,1.8.22.27(2).28 **16**,6.11. 12(2).21(2) **17**,18(2).25(3).26 **18**,7.8.9.35 **19**,1.4.8 **20**,8.20.29 **21**,8. 11.43 **22**,46 **23**,33.34.35.39 **24**,1.21.27.29.31.32 **25**,28.29.32(2).34. 41 **26**,16.29.39.47.58.64 **27**,9.21.24.40.42.45.51.55(2).57.64 **28**,4.7.8
Mc	**1**,9.42 **2**,20.21 **3**,7(2).8(2).22 **4**,25 **5**,6.17.29.34.35 **6**,33.43 **7**,1.4. 6.17.28.33 **8**,3.11.15 **10**,6.46 **11**,12.13 **12**,2.34.38 **13**,19.27.28 **14**,35.36.54 **15**,21.30.32.38.40.43.45 **16**,8.8*
Lc	**1**,2.26.38.48.52.70 **2**,4.15.36 **3**,7 **4**,1.13.35(2).38.41.42 **5**,2.3.8.10. 13.15.35.36(2) **6**,13.17.18(2).29.30 **7**,6.21.35.45 **8**,2(2).12.18.29.33.35. 37.38.43(2).46 **9**,5(2).22.33.37.38.39.45.54 **10**,21.30 **11**,24.50(2).51(2) **12**,1.4.15.20.52.57.58 **13**,7.15.16.25.27.29(2) **14**,18 **16**,3.16.18.21(2). 23.30 **17**,25.29(2) **18**,3.34 **19**,3.24.26.39.42 **20**,10.46 **21**,11.26.30 **22**,18(2).41.42.43.45(2).69.71 **23**,5.26.49(2).51 **24**,2.9.13.21.27(2).31.41. 47.51
Jh	**1**,44.45 **3**,2 **5**,19.30 **6**,38 **7**,17.18.28.42 **8**,9*.11*.28.42.44 **10**,5. 18(2) **11**,1.18.51.53 **12**,21.36 **13**,3.19 **14**,7.10 **15**,4.27 **16**,13.22. 30 **18**,28.34 **19**,27.38 **21**,2.6.8(2).10
Ac	**1**,4.9.11.12.22(2).25 **2**,5.17.18.22.40 **3**,20.21.24.26 **4**,36 **5**,2.3.38.41 **6**,9 **7**,45 **8**,10.22.26.33.35 **9**,8.13.18 **10**,23.30.37.38 **11**,11.19.27 **12**,1.10.14.19.20 **13**,8.13(2).14.23.29.31.38.50 **14**,15.19 **15**,1.4.5.7.18. 19.33.38(2).39 **16**,11.18.33.39.40 **17**,2.13.27 **18**,2(2).5.6.16.21 **19**,9. 12(2) **20**,6.9(2).17.18(2).26 **21**,1.7.10.16.21.27 **22**,11.22.29 **23**,21.23. 34 **24**,11.19 **25**,1.7 **26**,4.18.22 **27**,21.34.44 **28**,3.21.23(2)
Rm	**1**,7.18.20 **5**,9.14 **6**,7.18.22 **7**,2.3.6 **8**,2.21.35.39 **9**,3 **11**,25.26

ἀπό [646]

Rm	**15**,15.19.23.24.31 **16**,17
1Co	**1**,3.30 **4**,5 **6**,19 **7**,10.27 **10**,14 **11**,23 **14**,36
2Co	**1**,2.14.16 **2**,3.5 **3**,5.18(2) **5**,6.16 **7**,1.13 **8**,10 **9**,2 **11**,3.9 **12**,8
Ga	**1**,1.3.6 **2**,6.12 **3**,2 **4**,24 **5**,4
Eph	**1**,2 **3**,9 **4**,31 **6**,23
Php	**1**,2.5.28 **4**,15
Col	**1**,2.6.7.9.23.26(2) **2**,20 **3**,24
1Th	**1**,8.9 **2**,6(2).17 **3**,6 **4**,3.16 **5**,22
2Th	**1**,2.7.9(2) **2**,2 **3**,2.3.6
1Tm	**1**,2 **3**,7 **6**,10
2Tm	**1**,2.3 **2**,19.21 **3**,15 **4**,4.18
Tit	**1**,4 **2**,14
Phm	**3**
Heb	**3**,12 **4**,3.4.10(2) **5**,7.8 **6**,1.7 **7**,1.2.13.26 **8**,11 **9**,14.26 **10**,22 **11**,12.15.34 **12**,15.25 **13**,24
Ja	**1**,13.17.27 **4**,7 **5**,4.19
1Pt	**1**,12 **3**,10.11 **4**,17(2)
2Pt	**1**,21 **3**,4(2)
1Jh	**1**,1.5.7.9 **2**,7.13.14.20.24(2).27.28 **3**,8.11.17.22 **4**,21 **5**,15.21
2Jh	**5.6**
3Jh	**7**
Ju	**14**.23
Apc	**1**,4(2).5 **3**,12 **6**,16(2) **7**,2 **9**,6.18 **12**,6.14 **13**,8 **14**,3.4.13.20 **16**,12.17.18 **17**,8 **18**,10.14(2).15(2).17 **19**,5 **20**,11 **21**,2.10.13(4) **22**,19(2)

αὐτός [5601]

αὐτός

Mt	**1**,21 **3**,4.11 **8**,17.24 **11**,14 **12**,50 **14**,2 **16**,20 **21**,27 **26**,48 **27**,57
Mc	**1**,8 **2**,25 **3**,13 **4**,27.38 **5**,40 **6**,17.45.47 **8**,29 **12**,36.37 **14**,15. 44 **15**,43 **16**,8*
Lc	**1**,17.22 **2**,28 **3**,15.16.23 **4**,15.30 **5**,1.14.16.17.37 **6**,3.8.20.35.42 **7**,5 **8**,1.22.37.54 **9**,51 **10**,1.38 **11**,17.28 **15**,14 **16**,24 **17**,11.16 **18**,39 **19**,2(2).9 **20**,42 **22**,41 **23**,9 **24**,15.21.25.28.31.36.39
Jh	**2**,12.24.25 **4**,2.12.44.53 **5**,20 **6**,6.15 **7**,4.9.10 **9**,21 **12**,24.49 **16**,27 **18**,1
Ac	**2**,34 **3**,10 **7**,15 **8**,13 **10**,26 **14**,12 **16**,33 **17**,25 **18**,19 **19**,22 **20**,13.35 **21**,24 **22**,20 **24**,8.16 **25**,22
Rm	**7**,25 **9**,3 **10**,12 **15**,14
1Co	**2**,15 **3**,15 **9**,20.27 **12**,5.6 **15**,28
2Co	**10**,1.7 **11**,14 **12**,13
Eph	**2**,14 **4**,10.11 **5**,23.27
Php	**2**,24
Col	**1**,17.18(2)
1Th	**3**,11 **4**,16 **5**,23
2Th	**2**,16 **3**,16
Heb	**1**,5.12 **2**,14.18 **4**,10 **5**,2 **13**,5.8
Ja	**1**,13
1Pt	**2**,24 **5**,10
1Jh	**1**,7 **2**,2.6.25 **3**,24 **4**,10.13.15.19
3Jh	**10**
Apc	**3**,20 **14**,10.17 **17**,11 **19**,12.15(2) **21**,3.7

αὐτή

Mc	**10**,12
Lc	**1**,36 **2**,37 **7**,12 **8**,42
Rm	**8**,21 **16**,2
1Co	**11**,14 **15**,39
Heb	**11**,11
Apc	**18**,6

αὐτό

Mt	**2**,13 **5**,46.47 **12**,11 **17**,19 **18**,2.13 **22**,34 **26**,29.42 **27**,44.59.60
Mc	**4**,7 **6**,29 **9**,18.28.36(2).50 **14**,25
Lc	**1**,59.62 **2**,28.40 **6**,33 **8**,5.7 **9**,40.45.47 **11**,14 **14**,35 **15**,4 **17**,35 **19**,23 **22**,16 **23**,53
Jh	**1**,5 **6**,39 **12**,7.14 **14**,17(2) **15**,2(2) **18**,11 **19**,40 **21**,6
Ac	**1**,15 **2**,1.44.47 **4**,26 **7**,6 **14**,1 **27**,6
Rm	**7**,17.20 **8**,16.26 **9**,17 **12**,16 **13**,6 **15**,5
1Co	**1**,10 **3**,13 **7**,5 **10**,3.4 **11**,5.20 **12**,4.8.11.25 **14**,23
2Co	**2**,3 **3**,14 **4**,13 **5**,5 **7**,11 **13**,11
Ga	**1**,12 **2**,10
Eph	**6**,18.22
Php	**1**,6 **2**,2.18 **4**,2
Col	**2**,14(2) **4**,4.8
1Th	**4**,10
Heb	**9**,19

αὐτός [5601]

αὐτό

1Pt 4,10
2Pt 1,5
Apc 5,3.4 10,9.10(2)

αὐτοῦ

Mt 1,2.11.18.20.21(2).23.24.25 2,2.3.11.13.14.20.21.22 3,3.4(3).6.7.12(3).13
4,6.18.21.24 5,1(2).2.22(2).25.28.31.32.35.41.45 6,27.29.33 7,9.24.26.
28 8,1.3(2).5.13.14.21.23.28 9,7.10(2).11.16.18.19.20.21.24.37.38
10,1.2(2).10.24.25(3).35.36.38.39(2).42 11,1.2.11.20 12,1.3.4.10.14.19.
21.26.29(2).33(2).36.46(2).49(2) 13,12.19.24.25.31.32.36.41(2).44.52.54.
55(2).56.57 14,2.3.11.12.31.36 15,6.23.30.32 16,13.21.24(2).25(2).
26(2).27(3).28 17,1.2(2).3.5(2).18.27 18,6.15.23.24.25.28.29.31.32.34.35
19,3.5.9.10.23.28 20,1.2.8.20.28 21,10.23.34(2).35.37.38.45 22,2.3.5.
6.7.8.13.24(3).25(2).33.45 23,1.18.20.22.26 24,1.3.17.18.31(2).43.45.46.
47.48.49.51 25,6.10.14.18.21.23.26.28.29.31(3).32.33.34.41 26,1.7.24.
27.39.47(2).51(2).65.67 27,19(2).25.29(3).30.31.32.35.37(2).53.54.60.64
28,2.3(2).4.7.8.9.13

Mc 1,3.5.6.7.19.20.22.25.26.28.36.41.42 2,8.15(2).16.21.23.25 3,2.5.6.7.9.
10.14.21.27(2).31(2) 4,2.25.32.36 5,2.4.18(2).22.24.27.28.30.31.35.37.
40(2) 6,1(2).2.3.4(3).14.17.20(2).21(2).22.27.28.29(2).35.41.45.56(2) 7,2.
17.19.25(2).33(3).35(2) 8,4.6.10.11.12.22.23.25.26.27(2).30.33.34(2).35(2).
36.37.38 9,3.7.21.25.27.28(2).31.41.42 10,7(2).11.17.23.24.45.46(2).50
11,1.3.14.18.23.27 12,19(2).32.37(2).38.43 13,1(2).3.15.16.27.34(3)
14,3(3).12.13.21.23.32.33.35.43(2).47.56.57.58.63.65 15,3.19.20.21.24.
26.27.39 16,7.10

Lc 1,8.13.14.15.17.23(2).24.31.32.33.48.49.50.51.54.55.58.59.60.62.63.64(2).
66.67.68.69.70.72.75.76.77.80 2,21.27.33(2).34.38.41.43.47(2).48.51
3,1.4.7.16.17(3).19(2) 4,10.13.14.22.24.32(2).35(2).37.42 5,12.13(2).15.
18.25.29.30 6,1.3.4.6.7.10.13.14.17.18.19(2).20(2).40.45 7,1.3.6.11.12.
15.16.17.18(2).28.30.36.38(2).39 8,5.9.18.19.22.38.41.44.47.49.53 9,14.
23.24(2).26.29(2).31.32.33.34.35.39.42(2).43.51.52.53 10,1.2.7.34(2).35.
37.39 11,1(2).8(2).16.18.21.22(2).53.54 12,1.15.22.25.27.31.39.42.43.44.
45.46.47(2).48.58 13,6.15.17(2).19 14,2.8.17.21(2).29.32 15,1.5.13.14.
15.20(3).22(2).25.28.29 16,1.18.20.21.23(2).24 17,1.2.12.16.24.31.33
18,7.13.14.40 19,14(2).24.31.33.34.36.37.48 20,1.20.26(2).28(2).44.45
21,38 22,36.44.47.50.59.60.71 23,2.8(2).10.11.14.34.55 24,8.23.26.
47.50

Jh 1,3(2).7.10.12.14.15.16.27.35.37.47 2,2.5.11(2).12(3).17.21.22.23(2) 3,2.
4.8.17.20.21.22.29.32.33.35 4,2.5.8.12(3).27.34.41.47.51(3).53 5,5.9.28.
35.37(2).38 6,3.8.12.16.22(2).24.39.41.50.52.53.60(2).61.66(2) 7,3.5.7(2).
10.12.13.17.29.30.32.38.51.53* 8,6*.20.26.30.44.55 9,2(2).3.6.14.17.
18(2).20.21.22.23.27.31.40 10,3.4.5.11.20 11,2.13.16.32.44 12,3.4.16.
17.19.25(2).37.41(2).50 13,1.12.16.18.23 14,10 15,10.13(2).15.20
16,17.29 17,1 18,1(2).2.10.19(2).22.25.26 19,2.18.23.24.25(2).29.33.
34.35.36.38 20,7.25(2).26.30.31 21,2.20.24

Ac 1,10.14.18.20(2).22 2,14.22.24.29.30(2).31.41 3,2.7.11.13.16(3).18.21.
22.26 4,26 5,1.7.10.31.37 6,11.14.15 7,4.5.6.9.10(2).13.14.21.22.
23(2).25(2).31 8,1.28.30.32.33(4).35.39 9,2.8.18.25 10,2.22.24.38.43
11,13 12,5.7.10.11.13.15 13,8.24.29.31.36 14,3.8 15,14 16,3.32.
33 17,16.19 18,2.8.26.27 19,12 20,10.32.36.38 21,14.19.33.34.40
22,14(2).16.22.29 23,2.7.15.19.20 24,2.7*.8.23.24.25 25,3.5.7.15.22.
25.27 26,24 28,3.4.29*

Rm 1,2.3.5.9.20(2) 2,4.6.26 3,7.20.24.25(2).26 4,5.13 5,9(2).10(2) 6,3.5.
9.12 8,9.11.29 9,19.21.22.23 11,1.2.33(2).34.36(2) 12,20 15,10.21
16,2.13.15

1Co 1,9.30 6,5.14 7,12.36.37 8,3.6.10 9,7.23 10,22 11,4 14,25
15,10.23.25.27

2Co 1,20 2,11.14 3,7.13 7,7.13.15 8,18.19 9,9.15 11,3.15.33 12,17
Ga 1,15.16 3,16 4,4.6
Eph 1,4.5.6.7(2).9(2).11.12.14.17.18(2).19(2).20.22.23 2,4.7.10.14.18.20 3,5.
7.12.16(2) 4,25 5,30.31 6,10
Php 1,29 2,22 3,10(3).21 4,19
Col 1,9.11.13.16.20(3).22(2).24.26.29 2,18 3,9.17
1Th 1,10 2,19 3,13 4,6.8
2Th 1,7.9.10 2,8(2)
1Tm 5,18
2Tm 1,8 2,19.26 4,1(2).8.14.18
Tit 1,3 3,5
Heb 1,3(2).7(2) 2,4.6.8 3,2.5.6.7.15.18 4,1.4.7.10(2).13(2) 5,7 6,10.17
7,25 8,11(2) 9,26 10,13(2).20.30 11,4.7.21.22.23 12,5.10 13,13.
15(2).21(2)
Ja 1,8.9.10.11(3).18.23.25.26(2) 2,21.22 3,10.13 4,11 5,20(2)
1Pt 1,3.21 2,9.14.21.22.24 3,12 4,13 5,10
2Pt 1,3.9 3,4.13
1Jh 1,3.5.6.7.10 2,3.4.5.9.10.11(2).12.17.27(2).28(2).29 3,9.10.12(3).15.16.
17(3).19.22(3).23(2).24 4,9(2).10.12.13.20(2).21(2) 5,1.2.3(2).9.10.11.14.
15.16.18.20
2Jh 6.11

αὐτός [5601]

αὐτοῦ

3Jh 10
Ju 14.15.24
Apc 1,1(3).4.5.6.14(2).15(2).16(4).17(2) 2,1.18(2) 3,5(3).20.21 5,2.5.9 6,5.
8(2) 7,15 10,1(3).2(2).5 11,15.19(2) 12,3.4.5.7(2).9(2).10.15.16
13,1(2).2(4).3(2).4.6(3).8.12(2).17.18 14,1(3).7.9(3).10.11(2).14(2).16.19
15,2(2).8 16,2(2).3.4.8.10(2).12(2).15(2).17.19 17,14.17 18,1 19,2(2).5.
7.10.12(2).13.15.16.19.20(3).21 20,1.3.4.6.7 21,3 22,2.3.4(2).6(2).12.19

αὐτῆς

Mt 1,19 2,16.18 6,34 7,13.27 8,15 9,25 10,35(2) 11,19 14,8.11
15,28 16,18 20,20 21,2.43 23,37 24,29.32 26,13.52
Mc 1,30 5,26.29 6,24.28 7,25.26.30 10,12 12,44(2) 13,24.28 14,9
16,11
Lc 1,5.18.36.38.41.56.58(2) 2,7.19.35.36.51 4,38.39 7,35.38.44.47
8,44.54.55.56 10,10.42 12,53 21,4.20.21
Jh 4,27.28 11,1.2.4.5.28.31 12,3 16,21
Ac 5,10 8,27 9,40 13,17 15,16 16,15.16.18.19 19,27 27,14
Rm 7,11 13,3
1Co 7,13.39 10,26 11,5
Ga 4,25.30
Eph 5,25
Col 4,15
2Tm 3,5
Heb 6,7 7,11.18 9,5 11,4.9 12,11
Ja 3,11 5,18
1Pt 1,24
2Jh 1
3Jh 12
Apc 2,5.21.22(2).23 6,13 8,12 12,1(2).4.5.14.16.17 14,8.18 16,21
17,2.4(2).5.16 18,3(3).4(3).5(2).6.7.8.9(2).10.15(2).18.19.20 19,2(2).3
21,2.11.15(2).16(2).17.18.22.23.24.25 22,2

αὐτῷ

Mt 1,20.24 2,2.5.8.11(2) 3,15.16 4,3.6.7.8.9.10(2).11.20.22.24.25 5,1.
39.40 7,9.10 8,1.2.4.5.7.15.16.19.20.21.22.23(2).27.28 9,2.9(2).14.18.
19.27.28(2).32 10,32 11,3 12,2.4.15.22.32(2).38.46.47.48 13,10.12.
27.28.36.51.57 14,2.4.13.15.17.28.31.33.35 15,12.15.25.30.33 16,17.
22 17,12.14.18.26 18,6.13.21(2).22.24.26.27.28.32 19,2.3.7.10.13.16.
17.18.20.21.27 20,7.20.21.22.29.33.34 21,14.16.23.25.32(2).33(2).41(2)
22,12.16.19.21.23.37.42.46 23,20.21 24,1.3 25,21.23.26.37 26,7.
15.18.22.24.25.33.34.35.50.52.58.62.63.64.69 27,13.14.28.29.31.34.38.
44.55 28,9
Mc 1,13.18.25.27.30.37.40.41.43.44 2,4.14(2).15.18.24.26 3,9.10.11.32
4,25.38.41 5,2.6.8.9.19.20.24.31.33(2) 6,1.3.14.19.30.35.37 7,28.
32(2).34 8,4.11.19.20.22.23.28.29.32 9,13.17.21.23.25.38.42 10,13.
18.20.21(2).28.32.34(2).35(2).37.39.48.49.51(2).52(2) 11,7.21.23.28.31
12,14.16.17.26.32.34 13,1.2 14,11.12.13.19.21.29.30.40.45.46.51.54.
61.65(2).67.72 15,2.17.19(2).20.23.27.32.41(3)
Lc 1,5.11.19.32.74 2,5.26 4,3.5.6.8(2).9.12.16.17.20.22.35 5,1.9.11.14.
27.28.29 6,10 7,2.6.9.11.43 8,1.18.19.20.25.27.28.38.39.42.47.50.51
9,10.11.12.18.30.32(2).37.52.58.60 10,28.37 11,5.6.8(2).11.12.27.37.45
12,8.10.13.14.15.20.36 13,1(2).8.15.17.23.31 14,15.16.18.25.29 15,1.
16.18.21.27.30.31 16,1.2.6.7.31 17,2.3(2).4.7.8.12.16.19.37 18,7.15.
19.22.37.39.42.43 19,22.37.39.42.43 22,5.9.10.14.33.39.43.
48.56(2).61.63 23,3.9.15.22.26.27.32.36(2).38.40(2).43.49(2).55 24,19.42
Jh 1,4.6.22.25.38.39.40.41.42.43.45.46(2).48(2).49.50.51 2,10.18 3,1.2.3.9.
10.15.26.27 4,9.11.14(3).17.19.25.33.50(2).51.52.53 5,6.7.8.14.20(2).27
6,2.7.8.25.30.56.65.68 7,18.26.52 8,4*.13.19.25.29.31.39.41.44.48.52
9,3.7.9.10.12.24.26.34.37.38.40 10,4.13.24.33 11,8.10.12.20.24.27.30.
32.34.38.39 12,2(2).6.13.41.42 13,3.6.7.8(2).9.10.25.26.27.28.
29.31.32(2).36(2).37 14,5.6.8.9.21.22.23(2) 15,5 17,2(2) 18,5.20.23.
25.30.31.33.37.38(2) 19,3.4.6.7.9.10.11.32 20,6.15.16.25.28.29 21,3.
5.15(2).16(3).17(4).19.22.23
Ac 2,30 3,10.16 4,32.37 5,17.21.32.36.37.39 7,5(3).8.10.23.30.33.35.
38.40.47 8,2.11.31.35 9,4.7.12.16.27.34.39 10,3.4(2).7(2).19.23.25.27.
35.41 12,8 13,31 14,9 16,3.32 17,16.18.24.28.34 18,18.26
19,22.31.38 20,3.4.10(2).16(2) 21,8.20.29 22,15.24.27 23,2.9.11.17.
28.32.33 24,10.23.26(2) 25,2 28,8.23
Rm 1,17 4,3.22.23 6,4.8 8,32 9,33 10,11 11,4.35(2).36 15,12
1Co 1,5.10 2,11.14 11,14 12,9 15,27.28(2).38
2Co 1,19.20 5,9.21 7,14 12,18 13,4(2)
Ga 2,11.13 3,6
Eph 1,4.9.10 2,15.16 3,21 4,21 6,9.20
Php 2,9 3,9.16.21
Col 1,16.17.19 2,6.7.9.10.12.13.15 3,4 4,13
1Th 4,14 5,10
2Th 1,12 3,14
1Tm 1,8.16

αὐτός [5601]

αὐτῷ

2Tm	1,18 4,14
Heb	1,5.6 2,8(3).10.13 4,11 5,9 7,10 10,38 12,2
Ja	1,5 2,23 4,17 5,7.15
1Pt	1,21 2,2.6 3,22 5,7.11
2Pt	1,17.18 3,7.14.15.18
1Jh	1,5 2,5.6.8.10.15.27.28 3,2.3.5.6.9.15.17.24(2) 4,13.15.16 5,16
2Jh	10.11
Apc	1,1.6 2,7.17(2).26.28 3,21 6,2.4(2).8 7,14.15 8,3 9,1.11 10,6.9 11,1 13,2.5(2).7(2).14.15 14,7 16,8.9 19,7.10.14 21,7 22,3

αὐτῇ

Mt	1,20 5,31 10,11 12,39 14,7 15,23.28 16,4 20,21 21,19(2) 22,39
Mc	5,23.33.34.41.43 6,23 7,27.29 11,13.14 14,5.6
Lc	1,30.35.36.45.56.58 2,8.38 7,12.13(2).48 8,48.55 10,7.9.21.40.41 11,29 12,12 13,6.12.13.31 20,19 23,12 24,13.18.33
Jh	2,4 4,7.10.13.16.17.21.26 8,10* 11,23.25.31.33.40 20,13.15.16.17. 18
Ac	1,20 7,5 9,38.41 16,18 20,22 22,13
Rm	6,2 9,12 16,2
1Co	1,10 11,15(2)
Col	4,2
Ja	3,9(2)
2Pt	3,10
2Jh	6
Apc	1,3 2,21 10,6(2) 13,12 16,19 18,6(2).7.20.24 19,8.15 20,13 21,22.23 22,3

αὐτόν

Mt	3,5.14.15.16 4,5(2).8.11 5,15.29 6,8 7,11 8,5.7.18.25.31.34 9,31 10,4.33 12,10.14.16.18.22 13,2(2).4.20.46 14,3.5(2).12.22.26.35.36 15,23 16,1.21.22 17,8.10.12.14.16(2).17.23.25 18,8.9.15.25.27.28.29. 30.32.34 19,3 20,18.19 21,9.13.33.38.39.44.46(2) 22,13.15.22.23. 35.43.45.46 23,15.21 24,47.51 26,15.16.25.44.48(2).49.50.56.59.67. 71 27,1.2.3.11.12.18.19(2).27.28.30.31(3).35.36.39.42.43.44.48.49.64 28,7.13.14.17
Mc	1,5.10.12.26.32.34.36.37.40(2).43.45(2) 2,3.13.15.23 3,2(2).6.8.9.11.12. 13.19.21.31(2).32.34 4,1(2).10(2).16.36.38 5,3.4(2).9.10.12.17.18.19.21. 22.23.24 6,17.19.20(2).27.49.50.54.56 7,1.5.12.15(2).17.18.26.32.33 8,11.22.23(2).26.32.38 9,11.13.15(2).18(2).19.20(4).22(2).25.27.28.31.32. 38.39.45.47 10,1.2(2).10.17(2).21.33(2).34.49 11,2.3.4.7.17.18(2).27 12,1.3.6.7.8(2).12(2).13(2).18(2).28.33.34(2).37 13,3 14,1.10.11.39.44(2). 45.46.50.51.55.61.64.65(2).69 15,2.4.10.13.14.16.17.18.20(4).22.24.25. 29.32.36(2).44.46(2) 16,1.6.7.14
Lc	1,8.12.13.21.50 2,4.7(2).21(2).22.25.44(2).45.46.48(2) 3,10.12.14.22 4,4.5.9.29(3).35(2).38.40.41.42(2) 5,3.9.12.17.18(2).19(2).33 6,1.6.7.12 7,3(2).4.9.15.20.36.39.40.42 8,4.5.9.16.19.24.29.30(2).31.32.37.38.40(2). 41.42(2) 9,9.18.29.39(3).42(2).45.49.50.53.57.62 10,6.25.26.30.31.33. 34(2).38 11,1(2).5.13.22.27.37.39.53.54 12,44.46.48 14,1(2).4.5.9.12. 18.31 15,15.20(2).22.27.28 16,2.14.22.27 17,25 18,3.18.24.33.35. 40(3) 19,4.5.6.9.11.14.15.30.35.39.46.47 20,2.9.10.14(2).15.18.19.20. 21.27.40.44 21,7.38 22,2.4.6.43.47.49.51.52.54.56.57.58.63.64.65.66 23,1.3.7(2).8.9.11(2).15.16.21.22.23.26.27.33.39.53 24,16.18.20(2).23.24. 29.30.31.51.52
Jh	1,10.11.12.19(2).21.25.29.31.32.33(2).42.47 2,3.11.19.20.24(2) 3,2.4.16. 18.26.36 4,4.10.15.23.24.30.31.39.40(2).45.47.48.49.52 5,12.14.15.18. 23 6,5.6.15.21.25.28.34.40(2).44(2).54.64.71 7,1.3.5.11.18.29.30(2).31. 32.35.39.43.44(2).45.48.50 8,2*.6*.7*.20.30.33.55(4).57.59 9,2.8.13.15. 21.22.23.28.34.35(2).36.37 10,24.31.39.41.42 11,3.11.15.17.29.32.34. 36.44(2).45.48(2).53.57 12,4.11.17.18.21.26.37.42.47.48(2) 13,2.11.16. 32(2) 14,7(2).21.23(2) 16,7.19 18,2.4.5.12.24.30.31(2) 19,2.3.4.6(2). 12.15.16.18.24.33.39 20,2.9.13.15(3) 21,12.22.23.25
Ac	1,3.6.9.11 2,24.25.36 3,4.7(2).9.10.12.26 5,6 6,12.15 7,2.3.4.5.8. 10(2).21(2).27.54.57 8,20.32.38.39.40 9,3(2).8.10.11.15.16.17.23.24.25. 26.27.29.30(2).35.38 10,3.10.13.15.26.35.38.40.41.43.48 11,2 12,4(2). 6.7.8.16.17.19.20.23 13,9.11.22.28.30.34.46 14,17.19.20 15,21 16,3.9 17,15.27.31 18,12.26.27 19,2.4.30.31.33 20,14.18.37.38 21,12.27(2).30.31.34.35.36 22,13.18.20.22.24(2).25.29(2).30 23,3.10. 15(3).18.21(2).30.35 24,23.26 25,2.3(2).7.19.21(3).24.25.26 26,26 28,6(3).8.16.17.21.23.30
Rm	3,26 4,11.13.18.23 8,29.32 10,9.12 11,36 12,20(2) 14,3.4 15,11
1Co	2,9.16 8,6 15,25 16,11(3).12
2Co	2,8 7,15
Ga	1,1.16.18
Eph	1,5.20.22 4,15.21
Php	1,29.30 2,9.27(2).28(2).29 3,10.21
Col	1,16.20 2,12 3,10 4,10

αὐτός [5601]

αὐτόν

2Th	2,1.4.6
Phm	12.15.17
Heb	2,6.7(2) 3,2.3 5,5.7 7,1.21.24 9,24.26.28 11,5.6.19 13,13
Ja	1,12 2,5.14 5,14(2).15.19
1Pt	1,21 3,6 5,7
1Jh	1,10 2,3.4 3,1.2.6(2).12 5,10.14.18
2Jh	10
Apc	1,7(3).17 3,12(2).20 6,2.4.5 7,9 8,5 9,6 11,5 12,11 13,8.10 17,10 19,5.11 20,2.3(2).11 22,18

αὐτήν

Mt	1,19(2).25 5,28(2).30.32 7,14 8,15 9,18.22 10,12.13.39(2) 11,12 12,41.42 14,4 15,23 16,25(2) 19,7 21,19 22,28 23,37
Mc	1,31(2) 4,30 6,17.26.28(2) 8,35(2) 9,43 10,11.15 11,2.13 12,21. 23 14,6
Lc	1,28.57.61 2,6 4,6.39 6,48(2) 7,13 8,52 9,24(2) 11,32 13,7. 8(2).9.12.18.34 16,16 17,33(2) 18,5.17 19,41 20,31.33 21,21
Jh	8,3*.7* 10,17.18(4) 11,31.33 12,7.25(2) 18,10 19,27
Ac	5,8.9.10 7,5.44 9,37(2).41(2) 12,15 15,16 21,3 27,8.32
Rm	7,3 12,4 16,2
1Co	7,12
2Co	3,18 6,13 8,16
Ga	1,13
Eph	5,26.29
Php	2,2
Col	4,17
Heb	4,6 5,3 6,11 10,1 12,17
1Pt	3,11 4,1.4
1Jh	2,21
Apc	2,22 3,8 11,2 12,6.15 17,6.7.16(2) 18,7.8.9.11 21,23.24.26.27

αὐτοί

Mt	5,4.5.6.7.8.9 12,27 20,10 23,4 25,44
Mc	6,31 7,36
Lc	2,50 6,11 9,36 11,4.19.46.48.52 13,4 14,1.12 16,28 17,13 18,34 22,23.71 24,14.35.52
Jh	3,28 4,42.45 6,24 17,8.11.19.21 18,28
Ac	2,22 13,4.14 15,32 16,37 18,15 20,34 22,19 · 24,15.20 27,36 28,28
Rm	8,23(2) 11,31 15,14
2Co	1,4.9 6,16 10,12
Ga	2,9.17 6,13
1Th	1,9 2,1.14 3,3 4,9 5,2
2Th	3,7
2Tm	2,10
Heb	1,11 3,10 8,9.10 13,3.17
Ja	2,6.7
1Pt	1,15 2,5
2Pt	2,19
1Jh	4,5
Apc	6,11 12,11 21,3

αὐτά

Mt	6,26 10,1 11,25 13,4.7.28.30(2).39 19,14 23,4 27,6.10
Mc	5,10 8,7 10,14.16(2) 15,24
Lc	4,41 5,7 6,23.26 10,21 14,19 17,30.31 18,16(2)
Jh	5,36(2) 10,3.12.27.28 13,17 14,11 15,6
Ac	2,45 15,27
Rm	1,32 2,1.3 10,5
Ga	3,10.12
Eph	6,4.9
Php	3,1
1Th	2,14
Heb	9,23
1Pt	1,12 5,9
Apc	10,4 11,6 18,14 22,18

αὐτῶν

Mt	1,21 2,4.7.11.12.13 3,6 4,8.21(2).22.23 5,3.10 6,2.5.7.14.16(2).26 7,6.16.20.29 8,30.34 9,2.4.15(2).29.30.32.35.36 10,17.29 11,1 12,9.25 13,15.43.54.58 14,14.32 15,2.8.27 17,2.6.7.8.9.12.22.24.25 18,2.10.12.17.20 20,13.25(2).29.34 21,3.7(2).41.45 22,7.16.18.35 23,3.4.5(2).30.34(2) 24,31 25,2.3.10.19 26,21.26.36.43.73 27,7.17. 39.48 28,11
Mc	1,5.20.23.39 2,5.6.19(2).20 3,5 5,17 6,6.50.52.54 7,6 8,3(2) 9,2.9.36.44*.46*.48 10,13.42(3) 11,7.8.12 12,15.23.28 14,18.22.40. 59.69.70 15,29 16,8*.12.14
Lc	1,7.16.20.51.66.77 2,8.15.22.42.46.51 3,15 4,2.6.15.26.27.29.30.40.

αὐτος [5601]

αὐτῶν

Lc 42   5,2.6.15.20.22.25.29.30.34.35   6,8.13.17.18.23.26   7,42(2)   8,12.
23.37   9,37.45.46.47.57   10,7   11,15.17.49   12,6   13,1   15,4.12
16,4.29   17,15   18,8.15.34   19,11.33.35.36   20,23.33   21,1.8.12
22,23.24.25(2).41.50.55.58.66   23,1.23.24.25.51   24,5.11.13.16.30.31(2).
36(2).41.43.45.51

Jh 3,19.22   4,38.52   7,44.50   10,4.8.20.32.39   11,37.46.49   12,36.37.
40(2)   13,12   15,22.25   16,4(2)   17,9.12(2).19.20   18,5.9.18   19,31
20,24.26

Ac 1,9(2).19   2,3.6.11   3,5   4,1.5.16.29.31   5,15.24   6,1   7,19.34.39.41.
54.57.58   8,15.16   9,24.28.39   10,10.46   11,20.21.22.28.29   12,20
13,2.13.19.27.33.42.50   14,3.5.11.14.16.27   15,2.4.9(2).12.22.23.26.38
16,19.22(2).24.25   17,4.12.26.33   18,6.20   19,9.12.16.18.19   20,30(2)
21,1.26   22,22.23   23,10(2).21.27.28.29   25,17   26,10.18   27,21
28,6.17.27

Rm 1,21(2).24(2).26.27(2)   2,15(2)   3,3.13(3).15.16.18   10,1.18(2)   11,9.10(2).
11.12(3).14.15.27   15,27(2)   16,5.17

1Co 1,2   3,19   5,13   7,35   8,7.12   10,5.7.8.9.10   12,18   15,10.29
16,19

2Co 1,6   3,14.15   5,15.19   6,16.17   8,2(3)   9,14   11,15

Ga 2,13

Eph 4,17.18   5,7.12   6,9

Php 3,19

Col 2,2

1Th 2,16   5,13

2Tm 2,17   3,9

Tit 1,12(2).15

Heb 2,10.14   7,5.6.25   8,9(3).10(2).11.12(2)   10,16(2).17(2)   11,16.28.35

Ja 1,27   3,3   5,3

1Pt 3,12.14   4,19

2Pt 2,2.3.11.12.13   3,3.16

1Jh 4,5

3Jh 9

Ju 15.16

Apc 2,16   3,4   4,4.8.10   5,11   6,11(2).14.17   7,3.9.11.14.17   8,12   9,5.6.
7(2).8.9.10(2).11.16.17(2).18.19(3).20.21(4)   11,5(2).6.7(2).8(2).9(2).11.12.
16(2)   12,8.11(2)   13,16(2)   14,1.2.5.11.13(3)   16,10.11(3)   17,9.13.17(2)
18,11.19   19,18.19.21   20,4.8.12.13   21,3(3).4.8.14.24   22,4.14(2)

αὐτοις

Mt 3,7   4,16.19   6,1.8   7,12.23   8,4.26.32   9,15.18.28.30   10,1.5.18
11,4   12,3.11.16.25.39   13,3.10.11.13.14.24.28.29.31.33.34.52.57
14,14.16(2).27   15,3.10.34   16,1.2.6.15   17,3.9.13.20.22.27   18,19
19,8.11.13(2).15.26.28   20,6.7.8.17.23.31   21,2.6.13.16.21.24.27.31.36.
42   22,1.20.21.29.43   24,2.4.45   25,14.16.40.45   26,10.19.27.31.38.
45.48   27,17.21.22.26.65   28,16.18

Mc 1,17.31.38.44   2,2.8.17.19.25.27   3,4.12.17.23.33   4,2.11.12.13.21.24.
33.34.35.40   5,13.16.19.39.43   6,4.7.8.10.11.31.37(3).38.39.41.46.48.50
7,6.9.14.18.36(2)   8,1.15.17.21.27.30.34   9,1.4.7.9.12.19.29.31.35.36
10,3.5.11.13.14.24.27.32.36.38.39.42   11,2.5.6.17.22.29.33   12,1.15.16.
17.24.28.43.44   13,5.9   14,7.10.13.16.20.22.23.24.27.34.41.44.48
15,6.8.9.11.12.14.15   16,14.15.19

Lc 1,7.22(2)   2,7.9.10.17.50.51   3,11.14   4,39   5,7.14   6,5.31.39   7,6.22
8,3.25.31.32(2).36.56   9,1.11.13.17.20.21.46.48.55   10,9.18   11,2.17
12,37   13,2.32   15,2.6.12   16,15.28   17,14.20.37   18,1.7.15.29
19,13.32.46   20,8.15.17.34   21,4.10.29   22,4.6.10.13.19.34.25.35.36.
38.40.46.67   23,17*.20.34   24,15.19.27.29.30.33.35.36.38.40 .41.46

Jh 1,12.26.38.39   2,7.8.19.24   4,32.34.40   5,11.17.19   6,7.20.26.29.31.
32.35.43.53.61.70   7,6.16.21.45.47   8,7*.12.14.21.23.25.27.28.34.39.42.
58   9,15.16.27.30.41   10,6(2).25.28.32.34   11,11.14.44.46.49   12,23.35
13,12   15,22.24   16,19.31   17,2.8.10.14.22.23.26(3)   18,4.5.6.21.31.38
19,4.5.6.15.16   20,2.13.17.19.20.21.22.23.25   21,3.5.6.10.12.13

Ac 1,3.4.10.26   2,3.4.14   3,5.8   4,1.3.14.17.24.32.34   5,13.25   6,6
7,25.26.43.60   8,5.18   9,27.39   10,8.20.23   11,3.4.12.17.26   12,10.
17(2)   13,3.8.21.22.42.43   14,15.18.23   15,0.20.30   16,4.23   17,2.34
18,2.3.11   19,6.15   20,7.18.36   21,7.24(2).26   22,2   23,21.31   24,21
25,6.11   26,11.30   27,10.27   28,14

Rm 1,19(2).24   4,11   9,26   10,2.5   11,8.9.17.27   15,27.28   16,14.15

1Co 1,24   7,8   11,13

2Co 2,13   5,19   6,16   8,22   12,18

Ga 2,2   3,12

Eph 2,10   4,18

Php 1,28

1Th 4,17   5,3

2Th 2,11

1Tm 4,16

2Tm 2,25   4,16

Tit 3,13

Heb 6,16   8,10   11,16   12,10.19

αὐτος [5601]

αὐτοις

Ja 2,16(2)

1Pt 1,11

2Pt 2,8.19.20.21(2).22

Ju 11

Apc 5,13   6,8.11(2)   7,2   8,2   9,5   11,10.11.12   12,12   13,16   14,9
16,6   20,4.11.13

αὐταις

Mt 28,9.10

Mc 16,6

Lc 8,3   13,14   24,4.10.11

Jh 5,39

1Co 14,34

Php 4,3

1Tm 1,18   5,16

Heb 10,1.3

2Pt 3,16

Apc 9,3.4.19   15,1

αὐτους

Mt 1,18   2,8.9   4,21.24   5,2   7,6.16.20.24.26.29   10,21.26   12,15
13,15.42.50.54(2)   14,18.25   15,14.30(2).32   16,4   17,1.5.27   19,2.4
20,2.12.25.32   21,3.14.17.37.41   22,41   25,32   26,40.43.44   28,19.20

Mc 1,19.20.22   2,13   3,5.14.20.23   4,2.15   5,12.14   6,7.33(2).34(2).36.
48(3).51   8,3.5.9.13.29.31   9,2.14(2).16(2).33   10,1.6.32.42   11,6   12,4.
6.12   13,12   14,37.40   16,18

Lc 1,65   2,6.9.18.20.27.34.43.46.49   3,13   4,21.23.31.40(2).43   5,22.31.
34.36   6,3.9.10.32.47   8,21.22   9,2.3.5.10.11.13.14.16.18.33.34(2).54
10,1.2.38   11,5.31.47.48.49   12,15.16.24.37   13,4.23   14,5.7.25   15,3
16,30   17,14   18,1.31   19,11.13.27(2).33   20,3.19.23.25.41   22,15.45.
47.70   23,12.14.22   24,15.17.25.44.50(2).51

Jh 1,38   6,17   7,50   8,2*   9,19   12,40   13,1   17,6.11.12.14.15(2).17.18.
23   18,7.29   20,10

Ac 1,7   2,38.40   3,11   4,2.7.8.13.15.18.19.21(2).23.33   5,13.18.19.21.22.
26.27(2).33.35.38.39   7,26.34.36.42   8,6.11.14.17   9,21   10,8.20.23.24.
28.48   11,15   12,21   13,2.15.17.18.43.50.51   14,1.5.23   15,2.5.7.13.
17.27.33.34*.39   16,7.10.20.23.24.30.33.34.37.39   17,2.5.6.9.16   18,6.
16   19,2.6.16.17   20,2.6   21,19.21.25.32   22,30   24,22   26,11.18
27,43   28,17.23.27

Rm 1,20.24.26.28   11,11.23

2Co 8,24   9,13

Ga 4,17   6,16

Eph 6,9

Col 2,15

1Th 2,16   5,13

2Th 1,4   2,10.11

Tit 1,13   3,1

Heb 1,4.12   2,11   4,8   8,8.9.10   10,16(2)   11,16

Ja 3,3

2Pt 2,1   3,5

1Jh 4,4

Apc 2,2.27   3,9   5,10   7,15.16.17(2)   8,6   9,5   11,5(2).7(2).11.12   12,4.10
13,7   16,14.16   17,14   19,15   20,4.8.9.10   22,5

αὐτας

Mc 16,8

Lc 23,28   24,4.5

Jh 2,7   11,19   14,21

Col 3,19

Heb 10,11   11,13

Ju 7

Apc 7,14

γαρ [1042]

Mt 1,20.21   2,2.5.6.13.20   3,2.3.9.15   4,6.10.17.18   5,12.18.20.29.30.46
6,7.8.14.16.21.24.32(2).34   7,2.8.12.25.29   8,9   9,5.13.16.21.24   10,10.
17.19.20.23.26.35   11,13.18.30   12,8.33.34.37.40.50   13,12.15.17
14,3.4.24   15,4.19.27   16,2.3.25.26.27   17,15.20   18,7.10.11*.20
19,12.14.22   20,1   21,26.32   22,14.16.28.30   23,3.5.8.9.13.17.19.39
24,5.6.7.21.24.27.37.38   25,3.14.29.35.42   26,9.10.11.12.28.31.43.52.73
27,18.19.23.43   28,2.5.6

Mc 1,16.22.38   2,15   3,10.21.35   4,22.25   5,8.28.42   6,14.17.18.20.31.
48.50.52   7,3.10.21.27   8,35.36.37.38   9,6(2).31.34.39.40.41.49   10,14.
22.27.45   11,13.18(2).32   12,12.14.23.25.44   13,8.11.19.22.33.35
14,2.5.7.40.56.70   15,10.14   16,4.8(2)

Lc 1,15.18.30.44.48.66.76   2,10   3,8   4,10   5,9.39   6,23(2).26.32.33.38.
43.44(2).45   7,5.6.8.33   8,17.18.29(2).40.46.52   9,14.24.25.26.44.48.50

γαρ [1042]

Lc 10,7.24.42 11,4.10.30 12,12.23.30.34.52.58 14,14.24.28 16,2.13.28 17,21.24 18,16.23.25.32 19,5.10.21.48 20,6.19.33.36(2).38.40.42 21,4.8.9.15.23.26.35 22,2.16.18.27.37(2).59.71 23,8.12.15.22.34.41

Jh 2,25 3,2.16.17.19.20.24.34(2) 4,8.9.18.23.37.42.44.45.47 5,13.19.20. 21.22.26.36.46(2) 6,6.27.33.40.55.64.71 7,1.4.5.39.41 8,24.42(2) 9,22.30 11,39 12,8.43.47 13,11.13.15.29 14,30 16,7.13.27 18,13 19,6.31.36 20,9.17 21,7.8

Ac 1,20 2,15(2).25.34.39 4,3.12.16.20.22.27.34(2) 5,26.36 6,14 7,33. 40 8,7.16.21.23.31.39 9,11.16 10,46 13,8.27.36.47 15,21.28 16,3.28.37 17,20.23.28(2) 18,3.18.28 19,24.32.35.37.40 20,10.13. 16(2).27 21,3.13.29.36 22,22.26 23,5.8.11.17.21 24,5 25,27 26,16.26(3) 27,22.23.25.34(2) 28,2.20.22.27

Rm 1,9.11.16(2).17.18.19.20.26 2,1(2).11.12.13.14.24.25.28 3,2.3.9.20.22. 23.28 4,2.3.9.13.14.15 5,6.7(2).10.13.15.16.17.19 6,5.7.10.14(2).19. 20.21.23 7,1.2.5.7.8.11.14.15(2).18(2).19.22 8,2.3.5.6.7(2).13.14.15.18. 19.20.22.24(2).26.38 9,3.6.9.11.15.17.19.28 10,2.3.4.5.10.11.12(2).13. 16 11,1.15.21.23.24.25.29.30.32.34 12,3.4.19.20 13,1.3.4(3).6(2).8.9. 11 14,3.4.5.6.7.8.9.10.11.15.17.18 15,3.4.8.18.24.26.27(2) 16,2.18.19

1Co 1,11.17.18.19.21.26 2,2.8.10.11.14.16 3,2.3(2).4.9.11.13.17.19(2).21 4,4.7.9.15(2).20 5,3.7.12 6,16.20 7,9.14.16.22.31 8,5.10.11 9,2.9. 10.15.16(3).17.19 10,1.4.5.17.26.29 11,5.6.7.8.9.12.18.19.21.22.23.26. 29 12,8.12.13.14 13,9.12 14,2(2).8.9.14.17.31.33.34.35 15,3.9.16. 21.22.25.27.32.34.41.52.53 16,5.7(2).9.10.11.18

2Co 1,8.12.13.19.20.24 2,1.2.4.9.10.11.17 3,6.9.10.11.14 4,5.11.15.17.18 5,1.2.4.7.10.13.14 6,2.14.16 7,3.5.8.9.10.11 8,9.10.12.13.21 9,1.2.7 10,3.4.8.12.14(2).18 11,2(2).4.5.9.13.14.19.20 12,6(2).9.10.11(2).13.14(2). 20 13,4(2).8.9

Ga 1,10.11.12.13 2,6.8.12.18.19.21 3,10(2).18.21.26.27.28 4,15.22.24.25. 27.30 5,5.6.13.14.17(2) 6,3.5.7.9.13.15.17

Eph 2,8.10.14 5,5.6.8.9.12.14.29 6,1

Php 1,8.18.19.21.23 2,13.20.21.27 3,3.18.20 4,11

Col 2,1.5 3,3.20.25 4,13

1Th 1,8.9 2,1.3.5.9.14.19.20 3,3.4.9 4,2.3.7.9.10.14.15 5,2.5.7.18

2Th 2,7 3,2.7.10.11

1Tm 2,5.13 3,1.4 4,5.8.10.16 5,4.11.15.18 6,7.10

2Tm 1,7.12 2,7.11.13.16 3,2.6.9 4,3.6.10.11.15

Tit 1,7.10 2,11 3,3.9.12

Phm 7.15.22

Heb 1,5 2,2.5.8.10.11.16.18 3,3.4.14.16 4,2.3.4.8.10.12.15 5,1.12.13(2) 6,4.7.10.13.16 7,1.10.11.12.13.14.17.18.19.20.26.27.28 8,3.5.7.8 9,2. 13.16.17.19.24 10,1.4.14.15.23.26.30.34.36.37 11,2.5.6.10.14.16.26. 27.32 12,3.6.7.10.17(2).18.20.25.29 13,2.4.5.9.11.14.16.17(2).18.22

Ja 1,6.7.11.13.20.24 2,2.10.11.13.26 3,2.7.16 4,14

1Pt 2,19.20.21.25 3,5.10.17 4,3.6.15

2Pt 1,8.9.10.11.16.17.21 2,4.8.18.19.20.21 3,4.5

1Jh 2,19 4,20 5,3

2Jh 11

3Jh 3.7

Ju 4

Apc 1,3 3,2 9,19(2) 13,18 14,4.13 16,14 17,17 19,8.10 21,1.22. 23.25 22,10

δε [2801]

Mt 1,2(2).3(3).4(3).5(3).6(2).7(3).8(3).9(3).10(3).11.12(3).13(3).14(3).15(3).16.18.19. 20.21.22.24 2,1.3.5.8.9.10.13.14.19.21.22(2) 3,1.4(2).7.10.11.12.14.15. 16 4,4.12.18.20.22 5,1.13.19.21.22(2).28.29.31.32.33.34.37(2).39.44 6,1(2).3.6.7.15.16.17.20.23.27.29.30.33 7,3(2).15.17 8,1.5.10.11.12.16. 18.20.21.22.24.27.30.31.32.33 9,6.8.12.13.14.15.16.17.22.25.28.31.32. 34.36.37 10,2.6.7.11.12.13.17.18.19.21.22.23.28(2).30.33 11,2.7.11.12. 16 12,1.2.3.6.7.11.14.15.24.25.28.31.32.36.39.43.47.48 13,5.6.7.8(3). 11(2).12.16.20.21(2).22.23(3).25.26.27.28(2).29.30.32.37.38(3).39(3).46.48. 52.57 14,6.8.13.15.16.17.18.19.21.23.24.25.26.27.32.34.36.38 15,3. 5.8.9.13.14.15.16.18.20.23.24.25.26.27.32.34.36.38 16,2.3.6.7.8.11.13. 14(3).15.16.17.18.23.25.26 17,2.4.8.11.12.17.20.21*.22.24.26.27 18,6. 8.15.16.17(2).24.25.27.28.30 19,4.8.9.11.13.14.17(2).18.22.23.24.25.26(2). 28.30 20,2.5(2).6.8.11.13.14.21.22.23.25.31(2).34 21,3.4.6.8(2).9.11.13. 15.16.18.21.24.25.26.28.29(2).30(2).32(2).34.35(2).37.38.44 22,5(2).6.7.8. 11.12.14.18.19.25.27.29.31.34.37.39.41 23,3.4(2).5.6.8(2).11.12.13.16.18. 23.24.25.27.28 24,2.3.6.8.13.19.20.22.29.32.35.36.43.48.49 25,2.4.5.6. 8.9.10.11.12.15(2).18.19.22.24.26.29.31.33.38.39.46 26,5.6.8.10.11.15. 17.18.20.23.24.25.26.29.32.33.41.48.50.56.57.58.59.60.63.66.67.69.70.71. 73 27,1.4.6.7.11(2).15.16.19.20(2).21(2).23(2).24.26.32.35.39.44.45.46.47. 49.50.54.55.57.61.62.66 28,1.3.4.5.9.11.15.16.17

Mc 1,8.14.30.32.45 2,6.10.18.20.21.22 3,4.29 4,11.15.29.34(2) 5,11.33. 34.36.40 6,15(2).19.24.37.38.49.50 7,6(2).7.11.20.24.26.28.36 8,5. 9.28(2).29.33.35 9,12.19.21.23.25.27.32.34.39.50 10,3.4.5.6.13.14.18. 20.21.22.24(2).26.31.32(2).36.37.38.39(2).40.43.48.50.51 11,6.8.17.26*.29 12,5.7.15.16(2).17.26.44 13,5.7.9.13.14.15.17.18.23.28.31.32.37 14,1.4.

δε [2801]

Mc 6.7.9.11.20.21.29.31(2).38.44.46.47.52.55.61.62.63.64.68.70.71 15,2.4.5. 6.7.9.11.12.13.14(2).15.16.23.25.36.37.39.40.44.47 16,6.8*(2).9.12.14.16. 17.20

Lc 1,6.8.11.13.22.24.26.29.34.38.39.56.57.62.64.76.80 2,1.4.6.7.19.35.40. 44.47 3,1(2).9.11.12.13.14.15.16.17.19.21 4,1.3.9.21.24.25.30.38(2).39. 40(2).41.42.43 5,1.2.3(2).4.5.6.8.10.12.15.16.22.24.33(2).34.35.36(2).37 6,1.2.6.7.8(2).9.10.11.12.39.40.41(2).46.48.49 7,2.3.4.6(2).9.12.14.16.20. 24.28.30.36.39.40.41.43.44.45.46.47.48.50 8,4.9.10(2).11.12.13.14.15.16. 19.20.21.22.23.24(2).25(2).27.28.30(2).32.33.34.35.36.37.38(2).40.42.45.46. 47.48.50.51.52(2).54.56 9,1.6.7.8(2).9(2).11.12(2).13(2).14.16.19(3).20(3).21. 23.24.25.27.28.32(2).34(2).37.41.42(2).43(2).45.46.47.49.50.51.54.55.58. 59(2).60(2).61(2).62 10,1.2(2).5.6.7.10.16.17.18.20.26.27.28.29.31.32.33. 34.37(2).38(2).40(2).41.42 11,2.11.14.15.16.17.18.19.20.22.27.28.29.34. 37(2).38.39(2).42.45.46.47.48 12,2.4.5.8.9.10.11.13.14.15.16.20(2).22.25. 27.28.30.39.41.45.47.48(3).50.54.56.57 13,1.6.7.8.9.10.12.14.15.16.23(2). 28.35 14,4.7.12.15.16.25.32.34 15,1.3.11.12.14.17(2).20.21.22.25.27. 28(2).29.30.31.32 16,1.3.6(2).7(2).14.15.17.19.20.22(2).25(2).27.29.30.31 17,1.6.7.15.17(2).20.22.25.29.33.35.37 18,1.3.4.6.7.9.13.14.15(2).16.19. 21.22.23.24.26.27.28.29.31.35.36.37.39.40(2).41 19,8.9.11.13.14.16.19. 26.32.33.34.36.37.42.46.47 20,3.5.6.9.10.11.12.13.14.16.17.18.23.24.25. 27.31.35.37.38.39.41.45 21,1.2.4.7.8.9.12.16.20.28.33.34.36.37(2) 22,1. 3.7.9.10.13.24.25.26.27.28.32.33.34.35.36.38(2).39.40.43.48.49.51.52. 54(2).55.56.57.58.60.67.68.69.70(2).71 23,2.3(2).4.5.6.8.9(2).10.11.12.13. 17*.18(2).20.21.22.23.25(2).27.28.32.33.34(2).35.36.38.39.40.41.45.46.47. 49.55.56 24,1.2.3.5.10.12.16.17.18.19.21.24.31.36.37.41.42.44.49.50

Jh 1,12.38(2).44 2,2.6.8.9(2).21.23.24 3,1.18.19.21.23.29.30.36 4,4.6.14. 32.39.43.51.54 5,2.4*.5.7.9.11.13.17.29.34.35.36.47 6,2.3.4.6.10.12.16. 20.39.51.61.71 7,2.6.7.9.10.12.14.18.27.31.37.39.41.44 8,1*.2*.3*.5*. 6*(2).7*.9*.10*.11*(2).14.16.17.35.40.45.50.55.59 9,14.15.16.17.21.28. 29.38.41 10,2.5.6.20.38.41 11,1.2.4.5.10.13(2).18.19.20.29.30.37.38.41. 42.46.49.51.55.57 12,2.3.4.6.8.10.14.20.23.24.33.37.44 13,1.7.20.28. 30.36 14,2.10.11.19.21.26 15,15.19.22.24.27 16,4.5.7.10.11.13.20. 21.22 17,3.13.20.25 18,2.5.7.10.14.15(2).16.18(2).22.23.25.28.36.39.40 19,9.12.13.14.18.19(2).23.25.33.38(2).39.41 20,1.4.11.17.24.25.31 21,1. 4.6.8.12.18.19.21.23.25

Ac 1,5.7 2,5.6.7.12.13.14.26.34.37.38.42.43.44.47 3,1.4.5.6(2).7.10.11.12. 14.15.18.23.24 4,1.4.5.13.15.19.21.23.24.32.35.36 5,1.3.5.6.7.8(2).9. 10(2).12.13.14.16.17.19.21(2).22(2).23.24.25.27.29.33.34.39(2) 6,1.2.3.4.8. 9 7,1.2.6.11.12.14.17.21.22.23.25(2).27.29.31(2).32.33.42.47.49.54.55.57. 60 8,1(3).2.3.5.6.7.8.9.11.12.13.14.16.18.20.24.26.29.30.31.32.34.35.36. 37*(2).39.40 9,1.3.5(2).7(2).8(3).10(2).11.13.15.17.19.21.22.23.24(2).25.26. 27.29.30.32.33.36.37(2).38.39.40(2).41(2).42.43 10,1.4(2).7.9.10(2).14.16. 17.19.21.22.23.24(2).25.26.34.48 11,1.2.4.7.8.9.10.12(2).13.15.16.22(2).18. 20.22.25.26.27.28.29 12,1.2.3(2).5.6.7.8(2).9.10.13.14.15(3).16(2).17.18. 19.20(2).21.22.23.24.25 13,1.2.5.6.8.9.13(2).14.15.16.25.29.30.34.37.42. 43.44.45.48.49.50.51 14,1.2.4(2).5.12.14.19.20.23.27.28 15,2.4.5.7.12. 13.31.33.34*(2).35.36.37.38.39.40.41 16,1(2).4.6.7.8.10.11(2).12.15.16. 18(2).19.25(2).26(2).27.28.29.31.35.36.37.38(2).40 17,1.2.5.6.8.10.11.13. 14.15.16.18(2).21.22.32(2).34 18,4.5.6.8.9.11.14.15.17.18.19(2).20.24. 26.27 19,1.2.3.4.5.7.8.9.10.13.14.15(2).17.19.21.22.23.27.28.30.31.33(2). 34.35.39 20,1.2.4(3).5.6.7.8.9.10.11.12.13.14.15(2).17.18.37.38 21,1(2). 3.4.5.6.7.8.9.10.12.14.15.16.17.18.20.21.25.27.32.34(2).35.37.39(2).40(2) 22,2.3.6.8.9(2).10(2).11.12.14.17.22.25.26.27(2).28(3).29.30 23,1.2.4.6(2).7. 8.9(2).10.11.12.13.15.16.17.19.20.29.30.32.34 24,1.2.4.7*.9.14.17.19.22. 24.25(2).27 25,4.6.7.9.10.11.13.14.19.20.21.22.25(2) 26,1.15(2).24.25. 28.29.32 27,1.2.7.9.11.12.13.14.15.16.18.20.26.27.28.30.33.36.37.38. 39(2).41(2).42.43.44 28,3.4.6(2).7.8.9.11.16.17(2).19.21.22.23.24.25.30

Rm 1,12.13.17 2,2.3.5.8(2).10.17.25 3,4(2).5.7.19.21.22 4,3.4.5(2).15.20.23 5,3.4(2).5.8.11.13.16.20(2) 6,8.10.11.17(2).18.22(2).23 7,2.3.6.8.9(2).10. 14.16.17.18.20.23.25(2) 8,5.6.8.9(2).10(2).11.13.17(2).23.24.25.26.27.28. 30(2).34 9,6.10.13.18.21.22.27.30.31 10,6.10.14(2).15.17.20.21 11,6. 7(2).12.13.16.17(2).18.20.22.23.28.30 12,4.5.6 13,1.2.3.4.12(2) 14,1.2. 3.4.5.10.23(2) 15,1.5.9.13.14.15.20.23(2).25.29.30.33 16,1.17.19(2).20. 25.26

1Co 1,10(2).12(4).16.18.23(2).24.30 2,6(2).10.12.14.15(2).16 3,4.5.8(2).10(2). 12.15(2).23(2) 4,3.4.6.7(2).10(3).18.19 5,3.11.13 6,13(2).14.17.18 7,1. 2.3.4.6.7(2).8.9.10.11.12.14.15(2).25(2).28(3).29.32.33.34.35.36.37(2).39. 40(2) 8,1(2).3.7.8.9.12 9,15(2).17.23.24.25(2) 10,4.6.11(2).13.20.28.29 11,2.3(2).5.6.7.12.15.16.17.21.28.31.32.34 12,1.4(2).6.7.8.9.10(4).11.12. 18.19.20(2).21.24.27.31 13,1.2.3.8.10.12(2).13(2) 14,1.2.3.4.5(3).6. 14.15(2).20.22.23.24(2).28(2).29.30.35.38.40 15,1.6.8.10(2).12.13.14.15. 17.20.23.27.28.35.38.39(3).40.50.51.54.56(2).57 16,1.3.4.5.6.8.10.11. 12(2).15.17

2Co 1,6.12.13.18.21.23 2,5.10.12.14.16 3,4.6.7.16.17(2).18 4,3.5.7.12.13. 14.15(2).18 5,5.8.11(2).18 6,1.10(2).12.13.15.16 7,7.10.13 8,1.11.16.17.18. 19.22(2) 9,3.6.8.10 10,1(2).2.10.13.15.17 11,3.6.12.16.21 12,1.5.6. 15.16.19 13,6.7(2).9

Ga 1,15.19.20.22.23 2,2(2).4.6.9.11.12.16.17.20(3) 3,8.11.12.16.17.18.20(2). 23.25.29 4,1.4.6.7.9(2).13.18.20.23.25(2).26.28 5,3.10.11.15.16.17.18.

δε [2801]

Ga	19.22.24 6,4.6.8.9.10.14
Eph	2,4.13 3,20 4,7.9.11(3).15.20.23.28.32 5,3.8.11.13.32.33 6,21
Php	1,12.15.17.22.23.24.28 2,8.18.19.22.24.25(2).27 3,1.12.13(2).18 4,10(2).15.18.19.20.22
Col	1,22.26 2,17 3,8.14
1Th	2,16.17 3,6.11.12 4,9.10.13 5,1.4.8.12.14.21.23
2Th	2,1.13.16 3,3.4.5.6.12.13.14.16
1Tm	1,5.8.9.14.17 2,12.14.15 3,5.7.10.15 4,1.7(2).8 5,4.5.6.8.11.13(2).24 6,2.6.8.9.11(2)
2Tm	1,5.10(2) 2,5.16.20(2).22(2).23.24 3,1.5.8.10.12.13.14 4,4.5.8.12.17.20
Tit	1,1.3.15.16 2,1 3,4.9.14
Phm	9.11.14.16.18.22
Heb	1,6.8.11.12.13 2,6.8.9 3,4.6.10.17.18 4,13.15 5,14 6,8.9.11.12 7,2.3.4.6.7.8.19.21.24.28 8,1.6.13 9,3.5.6.7.11.12.21.23.26.27 10,5. 12.15.18.27.32.33.38.39 11,1.6.16.35.36(2) 12,6.8.9.10.11(2).13.26.27 13,16.19.20.22
Ja	1,4.5.6.9.10.13.14.15.19.22.25 2,2.3.6.9.10.11(2).14.16(2).20.23.25 3,3. 8.14.17.18 4,6(2).7.11.12.16 5,12(2)
1Pt	1,7.8.12.20.25(2) 2,4.7.9.10(2).14.23 3,8.9.11.12.14.15.18 4,6.7.16(2). 17 5,5(2).10
2Pt	1,5(2).6(3).7(2).13.15 2,1.9.10.12.16.20 3,7.8.10(2).13.18
1Jh	1,3.7 2,2.5.11.17 3,12.17 4,18 5,5.20
3Jh	12.14
Ju	1.5.8(2).9.10(2).14.17.20.23(2).24
Apc	1,14 2,5.16.24 10,2 19,12 21,8

δια [668]

Mt	1,22 2,5.12.15.17.23 3,3 4,4.14 6,25 7,13(2) 8,17.28 9,11.14 10,22 11,2 12,1.17.27.31.43 13,5.6.10.13.21.35.52.58 14,2.3.9 15,2.3(2).6 17,19.20 18,7.10.23 19,12.24 21,4.25.43 23,14*.34 24,9.12.15.22.44 26,24.61 27,9.18.19
Mc	2,1.4.18.23.27(2) 3,9 4,5.6.17 5,4.5 6,2.6.14.17.26 7,5.29.31 9,30 10,25 11,16.24.31 12,24 13,13.20 14,21.58 15,10 16,8*. 20
Lc	1,70.78 2,4 4,30 5,5.19(2).30 6,1.48 8,4.6.19.47 9,7 11,8(2).19. 24.49 12,22 13,24 14,20 17,1.11 18,5.25.31 19,11.23.31 20,5 21,17 22,22 23,8.19.25 24,38.53
Jh	1,3.7.10.17(2).31 2,24 3,17.29 4,4.39.41.42 5,16.18 6,57(2).65 7,13.22.43.45 8,43.46.47 9,23 10,1.2.9.17.19.32 11,4.15.42 12,5. 9.11.18.27.30(2).39.42 13,11.37 14,6.11 15,3.19.21 16,15.21 17,20 19,11.23.38.42 20,19
Ac	1,2.3.16 2,16.22.23.25.26.43 3,16.18.21 4,2.16.21.25.30 5,3.12.19 7,25 8,11.18.20 9,25.32 10,2.21.36.43 11,28.30 12,9.20 13,38. 49 - 14,3.22 15,7.11.12.23.27.32 16,3.9 17,10 18,2.3.9.27.28 19,11.26 20,3.28 21,4.19.34.35 22,24 23,28.31 24,2(2).16.17 27,4.9 28,2(2).18.20.25
Rm	1,2.5.8.12.26 2,12.16.23.24.27 3,20.22.24.25(2).27(2).30.31 4,11.13(2). 16.23.24.25(2) 5,1.2.5.9.10.11(2).12(3).16.17(2).18(2).19(2).21(2) 6,4(2).19 7,4.5.7.8.11(2).13(2).25 8,3.10(2).11.20.25.37 9,32 10,17 11,10.28(2). 36 12,1.3 13,5(2).6 14,14.15.20 15,4(2).9.15.18.28.30(2).32 16,18. 26.27
1Co	1,1.9.10.21(2) 2,10 3,5.15 4,6.10.15.17 6,7(2).14 7,2.5.26 8,6(2). 11 9,10(2).23 10,1.25.27.28 11,9(2).10(2).12.30 12,8 13,12 14,9 15,2.21(2).57 16,3
2Co	1,1.4.5.11.16.19(2).20(2) 2,4.10.14 3,4.7.11 4,1.5.11.15(2) 5,7(2).10. 18.20 6,7.8(2) 7,13 8,5.8.9.18 9,11.12.13.14 10,1.9.11 11,11. 33(2) 12,17 13,10
Ga	1,1(2).12.15 2,1.4.16.19.21 3,14.18.19.26 4,7.13.23 5,6.13 6,14
Eph	1,1.5.7.15 2,4.8.16.18 3,6.10.12.16.17 4,6.16.18(2) 5,6.17 6,13.18
Php	1,7.11.15(2).19.20(2).24.26 2,30 3,7.8(2).9
Col	1,1.5.9.16.20(3).22 2,8.12.19 3,6.17 4,3
1Th	1,5 2,13 3,5.7(2).9 4,2.14 5,9.13
2Th	2,2(4).11.14.15(2) 3,14.16
1Tm	1,16 2,10.15 4,5.14 5,23
2Tm	1,1.6(2).10(2).12.14 2,2.10(2) 3,15 4,17
Tit	1,13 3,5.6
Phm	7.9.15.22
Heb	1,2.9.14 2,1.2.3.9.10(3).11.14.15 3,16.19 4,6 5,3.12.14 6,7.12.18 7,9.11.18.19.21.23.24.25 9,6.11.12(2).14.15.26 10,2.10.20 11,4(2).7. 29.33.39 12,1.11.15.28 13,2.11.12.15(2).21.22
Ja	2,12 4,2
1Pt	1,3.5.7.12.20.21.23 2,5.13.14.19 3,1.14.20.21 4,11 5,12(2)
2Pt	1,3.4(2) 2,2 3,5.6.12
1Jh	2,12 3,1 4,5.9 5,6
2Jh	2.12
3Jh	10.13
Ju	25
Apc	1,1.9 2,3 4,11 6,9(2) 7,15 12,11(2).12 13,14 17,7 18,8.10.15

δια [668]

Apc	20,4(2) 21,24

ἐγω [1802]

ἐγω

Mt	2,8 3,11.14 5,22.28.32.34.39.44 8,7.9 10,16.32.33 11,10.28 12,27.28 14,27 16,18 18,33 20,15.22 21,24(2).27.30 22,32 23,34 24,5 25,27 26,15.22.25.33.39 28,20
Mc	1,8 6,16.50 9,25 10,38(2).39(2) 11,33 12,26 13,6 14,19.29.36. 58.62
Lc	1,18.19 2,48 3,16 7,8 8,46 9,9 10,35 11,9.19.20 15,17 16,9 19,22.23 20,3.8 21,8.15 22,27.29.32.70 23,14 24,39.49
Jh	1,20.23.26.27.30.31(2).33.34 3,28 4,14.26.32.38 5,7.17.30.31.34.36. 43.45 6,20.35.40.41.44.48.51(2).54.56.57.63.70 7,7.8.17.29.34.36 8,11*.12.14.15.16(2).18.21(2).22.23(2).24.26.28.29.38.42.45.49.50.54.55.58 9,9.39 10,7.9.10.11.14.15.17.18.25.27.28.30.34.38 11,25.27.42 12,26.32.46.47.49.50 13,7.14.15.18.19.26.33 14,3.4.6.10(2).11.12(2).14. 16.19.20(2).21.26.27.28 15,1.4.5(2).9.10.14.16.19.20.26 16,4.7(2).26.27. 33 17,4.9.11.12.14(2).16.18.19.21.22.23.24.25.26 18,5.6.8.20(2).21.26. 35.37.38 19,6 20,15.21
Ac	7,7.32 9,5.10.16 10,20.21.26 11,5.17 13,25.33.41 15,19 17,3.23 18,6.10.15 20,22.25.29 21,13.39 22,3.8(2).13.19(2).21.28(2) 23,1.6(2) 24,21 25,18.20.25 26,9.10.15(2).17.29 27,23 28,17
Rm	3,7 7,9.10.14.17.20(2).24.25 9,3 10,19 11,1.3.13.19 12,19 14,11 15,14 16,4.22
1Co	1,12(4) 2,1.3 3,1.4(2).6 4,15 5,3 6,12 7,8.10.12.28.40 9,6.15.26 10,30(2).33 11,1.23 15,9.10.11 16,10
2Co	1,23 2,2.10(2) 6,17 10,1 11,16.18.21.22(2).23.29 12,11.13.15.16. 20
Ga	1,12 2,19.20 4,12(2) 5,2.10.11 6,14.17
Eph	1,15 3,1 4,1 5,32
Php	2,19.28 3,4(2).13 4,11
Col	1,23.25
1Th	2,18 3,5
1Tm	1,11.15 2,7
2Tm	1,11 4,6
Tit	1,3.5
Phm	13.19(2).20
Heb	1,5(2) 2,13(2) 5,5 8,9 10,30 12,26
Ja	2,18(2)
1Pt	1,16
2Pt	1,17
2Jh	1(2)
3Jh	1
Apc	1,8.9.17 2,6.23.28 3,9.10.19.21 17,7 21,6(2) 22,8.13.16(2).18

ἐμου

Mt	5,11 7,23 10,18.39 11,29 12,30(3) 15,5.8 16,23.25 17,27 25,41 26,23.38.39.40
Mc	7,6.11 8,35 10,29 13,9 14,18.20.36
Lc	4,7 5,8 8,46 9,24 10,16 11,7.23(3) 12,13 13,27 15,31 16,3 22,21.28.37.42 23,43 24,44
Jh	4,9 5,7.32(2).36.37.39.46 8,18.29 10,8.9.18.25 13,8.38 14,6 15,5.26.27 16,32 17,24 18,34 19,11
Ac	8,24 11,5 20,34 22,18 23,11 25,9
Rm	1,12 11,27 15,18.30 16,2.7.13
2Co	1,19 2,2 7,7 12,6.8
Ga	1,11.17 2,20
Eph	6,19
Php	4,10
2Tm	1,13 2,2 4,11.17
Tit	3,15
Heb	10,7
Apc	1,12 3,4.18.20.21 4,1 10,8 17,1 21,9.15 22,12

μου

Mt	2,6.15 3,11(2).17 4,19 7,21.24.26 8,6.8(2).9.21 9,18 10,22.32.33. 37(2).38(2) 11,10.27.29.30(2) 12,18(4).44.48(2).49(2).50(2) 13,30.35 15,13.22 16,17.18.23.24 17,5.15 18,5.10.19.21.35 19,29 20,21. 23(3) 21,13.37 22,4(2).44(2) 24,5.9.35.48 25,27.34.40 26,12.18(2). 26.28.29.38.39.42.53 27,46(2) 28,10
Mc	1,2.7(2).11.17 3,33(2).34(2).35 5,23.30.31 6,23 7,14 8,33.34 9,7. 17.24.37.39 10,20.40 11,17 12,6.36(2) 13,6.13.31 14,8.14(2).22. 24.34 15,34(2) 16,17
Lc	1,18.20.25.43.44(2).46.47(2) 2,30.49 3,16.22 6,47 7,6.7.8.27.44.45. 46(2) 8,21(2).45.46 9,23.35.38.48.59.61 10,22.29.40 11,6.7.24 12,4.13.17.18(2).19.45 14,23.24.26.27(2).33 15,6.17.18.24.29 16,3.5. 24.27 18,3 19,8.23.27(2).46 20,13.42(2) 21,8.12.17.33 22,11.19. 20.28.29.30(2).42.53 23,42.46 24,39(2).44.49

ἐγω [1802]

μου

Jh   1,15(3).27.30(3) 2,4.16 4,49 5,17.24.31.43 6,32.40.51.54(2).55(2). 56(2) 8;14.19(2).31.49.50.52.54(2) 9,11.15.30 10,15.16.17.18.25.27.28. 29.37 11,21.32.41.42 12,7.27.47.48 13,6.8.9.18.37 14,2.7.13.14.20. 21(2).23(2).24.26.28 15,1.7.8.10(3).14.15.16.20.21.23.24 16,23.24.26 18,37 19,24(2) 20,13.17(4).25(2).27(2).28(2) 21,15.16.17

Ac   1,4.8 2,14.17.18(3).25(2).26(3).27.34(2) 7,34.49(2).50.59 9,15.16 10,30(2) 11,8 13,22(2).33 15,7.13.17 16,15 20,24.25.29.34 21,13 22,1.17 24,13.17.20 25,11.15 26,3.4(2).29 28,19

Rm   1,8.9(2).10 2,16 7,4.18.23(3) 9,1.2.3(2).17(2).25(2).26 10,21 11,3. 13.14 15,14.31 16,3.4.5.7(2).8.9.11.21(2).23.25

1Co   1,4.11 2,4(2) 4,14.16.17(2).18 8,13(2) 9,1.2.15.18(2).27 10,14.29 11,1.2.24.33 13,3(2) 14,14(2).19.21.39 15,58 16,24

2Co   2,13(2) 6,16 11,1(2).9.30 12,9(2).21(2)

Ga   1,14(2).15 4,14.19.20 6,17

Eph   1,16 3,4.13.14 6,19

Php   1,3.4.7(2).8.13.14.17.20(2) 2,2.12(3).25(2) 3,1.8.17 4,1(2).3.14.19

Col   1,24 2,1 4,10.18

2Tm   1,3.6.12.16 2,1.8 3,10 4,6.16

Phm   4(2).20.23.24

Heb   1,5.13 2,12 3,9.10.11(2) 4,3(2).5 5,5 8,9(2).10 10,16.38(2) 12,5

Ja   1,2.16.19 2,1.3.5.14.18 3,1.10.12 5,12.19

1Pt   5,13

2Pt   1,14.17(2)

1Jh   2,1

Apc   1,10.20 2,3.13(4).16.26.28 3,2.5.8(2).10.12(5).16.20.21(2) 7,14 10,10(2) 11,3 18,4 22,12.16

ἐμοι

Mt   10,32 11,6 18,26.29 25,40.45 26,31

Mc   5,7 14,6

Lc   1,3 4,6 7,23 8,28 12,8 15,29 22,37

Jh   2,4 5,46 6,56 7,23 8,12 10,38(2) 12,26(3) 14,10(2).11.20.30 15,2.4(2).5.6.7 16,33 17,6.21.23 18,35 19,10

Ac   8,19 10,28 11,12 22,9 26,13 28,18

Rm   7,8.13.17.18.20.21(2) 12,19 14,11

1Co   4,3 9,15 14,11 15,8.10 16,4

2Co   1,17 9,4 11,10 13,3

Ga   1,2.16.24 2,3.6.8.9.20 6,14(2)

Eph   3,8

Php   1,7.21.26.30(2) 2,16.22 3,1 4,9.21

Col   1,29

1Tm   1,16

2Tm   4,8

Phm   11.16.18

Heb   10,30 13,6

μοι

Mt   2,8 4,9 7,21.22 8,21.22 9,9 11,27 14,8.18 15,25.32 16,24 17,17 19,21.28 20,13.15 21,2.24 22,19 25,20.22.35.42 26,15.53 27,10 28,18

Mc   2,14 5,9 6,25 8,2.34 10,21 11,29.30 12,15

Lc   1,25.38.43.49 4,23 5,27 7,44.45 9,23.38.59(2).61 10,22.40 11,5. 7 15,6.9.12 17,8 18,5.13.22 20,3.24 22,29 23,14

Jh   1,33.43 3,28 4,7.10.15.21.29.39 5,11.36 6,37.39 8,45.46 9,11 10,27.29.37 12,49.50 13,36 14,11.31 17,4.6.7.8.9.11.12.22.24(2) 18,9.11 20,15 21,19.22

Ac   2,28 3,6 5,8 7,7.42.49(2) 9,15 11,7.12 12,8 13,2 18,10 20,19.22.23 21,37.39 22,5.6.7.9.11.13.17.18.27 23,19.30 24,11 25,24.27 27,21.23.25

Rm   7,10.13.18 9,1.2.19 12,3 15,15.30

1Co   1,11 3,10 5,12 6,12(2) 9,15.16(3) 15,32 16,9

2Co   2,12 6,18 7,4(2) 9,1 11,28 12,7.9.13 13,10

Ga   2,6.9 4,15.21 6,17

Eph   3,2.3.7 6,19

Php   1,19.22 2,18 3,7 4,3.15.16

Col   1,25 4,11

2Tm   3,11 4,8(2).11.14.16.17

Phm   13.19.22

Heb   1,5 2,13 8,10 10,5 13,6

Ja   2,18

2Pt   1,14

Apc   5,5 7,13.14 10,9(2).11 11,1 17,7.15 19,9(2).10 21,6.7.10 22,1. 6.8.9.10

ἐμε

Mt   10,37(2).40(2) 18,5.6.21 26,10.11

Mc   9,37(3).42 14,7

Lc   1,43 4,18 9,48(2) 10,16(2) 22,53 23,28 24,39

ἐγω [1802]

ἐμε

Jh   3,30 6,35(2).37.45.57 7,7.28.38 8,19(2).42 10,32 11,25.26 12,8. 30.44(2).45.46.48 13,18.20(2) 14,1.9.12 15,18.20.23.24 16,3.9.14. 23.27.32 17,18.20.23 18,8

Ac   3,22 7,37 8,24 13,25(2) 22,6 24,19 26,18

Rm   1,15 10,20(2) 15,3

1Co   9,3 15,10 16,4

2Co   2,5 11,10 12,6.9

Eph   6,21

Php   1,12 2,23.27

Col   4,7

2Tm   1,8

Phm   17

Apc   1,17

με

Mt   3,14 8,2 10,33.40 11,28 14,28.30 15,8.9.22 16,15 18,32 19,14.17 22,18 23,39 25,35(2).36(3).42.43(3) 26,12.21.23.32.34.35. 46.55(2).75 27,46 28,10

Mc   1,40 5,7 6,22.23 7,6.7 8,27.29.38 9,19.37.39 10,14.18.36.47.48 12,15 ·14.18.28.30.31.42.48.49.72 15,34

Lc   1,48 2,49(2) 4,18(2).43 5,12 6,46.47 8,28 9,18.20.26.48 10,16. 35.40 11,6.18 12,9.14 13,33.35 14,18.19.26 15,19 16,4.24 18,3.5.16.19.38.39 19,5.27 22,15.21.34.61 24,39

Jh   1,33.48 2,17 4,34 5,7.11.24.30.36.37.40.43 6,26.36.37.38.39.44(2). 57(2).65 7,16.19.28.29.33.34(2).36(2).37 8,16.18.21.26.28.29(2).37.40.· 42.46.49.54 9,4 10,14.15.16.17 11,42 12,27.44.45.49 13,13.20. 21.33.38 14,7.9.14.15.19(2).21(2).23.24(2).28 15,9.16.21.25 16,5(2).10. 16(2).17(2).19(2) 17,5.8.21.23.24.25.26 18,21.23 19,11 20,21.29 21,15.16.17(2)

Ac   2,28 7,28 8,31.36 9,4.17 10,29 11,11.15 12,11 16,15.30 19,21(2) 20,23 22,7.8.10.13.17.21 23,3(2).18.22 24,12.18 25,10.11 26,5.13.14(2).16.21.28 28,18

Rm   7,11.23.24 9,20 15,16.19

1Co   1,17 4,4 16,6.11

2Co   2,2.3.13 7,7 11,16(2).32 12,6.7.11.21

Ga   1,15 2,20 4,12.14.18

Eph   6,20

Php   1,7 2,30 4,13

Col   4,4

1Tm   1,12(2)

2Tm   1,15.16.17 3,11 4,9.10.16.17.18

Tit   3,12

Phm   17

Heb   8,11 11,32

Apc   17,3 21,10

εἰς [1768]

Mt   2,1.8.11.12.13.14.20.21.22.23 3,10.11.12 4,1.5.8.12.13.18.24 5,1.13. 20.22.25.29.30.35.39 6,6.13.26(2).30.34 7,13.14.19.21 8,4.5.12.14.18. 23.28(2).31.32(2).33.34 9,1(2).6.7.17(2).23.26.28.38 10,5(2).9.10.11.12. 17.18.21.22.23.27.41(2).42 11,7 12,4.9.11.18.20.29.41.44 13,2.22. 30(2).33.36.42.47.48.50.54 14,13.15.19.22(2).23.31.32.34.35 15,11.14. 17(3).21.24.29.39(2) 16,5.13.21 17,1.15(2).22.24.25.27 18,3.6.8(2).9(2). 15.20.21.30 19,1.5.17.23.24 20,1.2.4.7.17.18.19 21,1(3).2.10.12.17. 18.19.21.23.31.42.46 22,3.4.5.9.10.13.16 23,34 24,9.13.14.16.38 25,1.6.10.21.23.30.41.46(2) 26,2.3.8.10.13.18.28.30.32.36.41.45.52.67.71 27,5.6.7.10.27.30(2).31.33.51.53 28,1.7.10.11.16(2).19

Mc   1,4.9.10.12.14.21(2).28.29.35.38(2).39(2).44.45 2,1.11.22(2).26 3,1.3.13. 20.27.29(2) 4,1.7.8.15.18.22.35.37 5,1(2).12(2).13(2).14(2).18.19.21.26. 34.38 6,1.8(2).10.11.31.32.36.41.45(2).46.51.53.56(3) 7,15.17.18.19(3). 24(2).30.31.33.34 8,3.10(2).13.19.20.22.23.26(2).27 9,2.22(2).25.28.31. 33.42(2).43(3).45(2).47(2) 10,1.8.10.15.17.23.24.25.32.33.46 11,1(2).2(2). 8.11(3).14.15(2).23.27 12,10.14.41.43 13,3.9(3).10.12.13.14.16(2) 14,4. 8.9(2).13.16.20.26.28.32.38.41.54.55.60.68 15,34.38.41 16,5.7.12.15.19

Lc   1,9.20.23.26.33.39(2).40.44.50.55.56.79 2,3.4(2).15.22.27.28.32.34(2). 39(2).41.45.51 3,3(2).5(2).9.17 4,9.14.16(2).23.26.31.35.37.38.42.44 5,3.4(2).14.17.19.24.25.32.37.38 6,4.6.8.12.20.38.39 7,1(2).10.11.24.30. 36.44.50 8,8.14.17.22(2).23.26.29.30.31.32.33(2).34(2).37.39.41.48.51 9,3.4.5.10.12.13.16.28.34.44(2).51.52.53.56.61.62 10,1.2.5.7.8.10(2).11. 30.34.36.38 11,4.7.24.32.33.49 12,5.10(2).19.21.28.58 13,9.11.19(2). 21.22 14,1.5.8(2).10.21.23.28.31.35(2) 15,6.13.15.17.18.21.22(2) 16,4. 8.9.16.22.27.28 17,2.4.11.12.24.27.31 18,5.10.13.14.17.24.25.31.35 19,4.12.28.29.30.45 20,17 21,1.4.12.13.21(2).24.37 22,3.10(2).17.19. 33(2).39.40.46.54.65.66 23,25.42.46 24,5.7.13.20.26.28.33.47(2).51.52

Jh   1,7.9.11.12.18.43 2,2.11.12.13.23 3,4.5.13.16.17.18(2).19.22.24.36 4,3.5.8.14(2).28.36.38.39.43.45(2).46.47.54 5,1.7.24(2).29(2).45 6,3.9.14. 15.17(2).21(2).22.24(2).27.29.35.40.51.58.66 7,3.5.8(2).10.14.31.35.38.39.

εἰς [1768]

Jh 48.53*   8,1*.2*.6*.8*.26.30.35(2).51.52   9,7.11.35.36.39(2)   10,1.28.36.
40.42   11,7.25.26(2).27.30.31.38.45.48.52.54(2).55.56   12,1.7.11.12(2).13.
24.25.27.34.36.37.42.44(3).46(2)   13,1.2.3.5.8.22.27.29   14,1(2).12.16
15,6.21   16,9.20.21.28.32   17,1.18(2).20.23   18,1.6.11.15.28(2).33.37(3)
19,9.13.17.27.37   20,1.3.4.6.7.8.11.14.19.25(2).26.27   21,3.4.6.7.9.11.23

Ac 1,10.11(3).12.13.25   2,5.20(2).22.25.27.31.34.38.39   3,1.2.3.4(2).8.19
4,3(2).11.17.30   5,15.21(2).36   6,11.12.15   7,3.4(2).5.9.12.15.16.19.21.
26.34.39.53.55   8,3.5.16.20.23.25.26.27.38.40(2)   9,1.2(2).6.8.17.21(2).26.
28.30(2).39   10,4.5.8.16.22.24.32.43   11,2.6.8.10.12.13.18.20.22.25.26.
27.29   12,4.10.17.19.25   13,2.4(2).9.13(2).14(2).22.29.31.34.42.46.47(2).
48.51   14,1.6.14.20(2).21(2).22.23.24.25.26(2)   15,2.4.22.30.38.39
16,1(2).7.8.9.10.11(2).12.15.16.19.23.24(2).34.37   17,1.5.10(2).20.21
18,1.6.7.18.19(2).22(2).24.27   19,1.3(2).4(2).5.8.21.22(2).27(2).29.30.31
20,1.2.3.6.14(2).15.16.17.18.21(2).22.29.38   21,1(3).2.3(2).4.6(2).7.8(2).11.
12.13.15.17.26.28.29.34.37.38   22,4.5(2).7.10.11.13.17.21.23.24.30
23,10.11(2).15.16.20.28.30.31.32.33   24,11.15.17.24   25,1.3.4.6.8(3).9.
13.15.20.21.23   26,6.7.11.12.14.16.17.18(2).24   27,1.2.3.5.6(2).8.12.17.
26.30.38.39.40(2).41   28,5.6.12.13(2).14.15.16.17.23

Rm 1,1.5.11.16.17.20.24.25.26(2).27.28   2,4.26   3,7.22.25.26   4,3.5.9.11(2).
16.18.20.22   5,2.8.12(2).15.16(2).18(4).21   6,3(2).4.12.16(2).17.19(2).22
7,4.5.10(2)   8,7.15.18.21.28.29   9,5.8.17.21(2).22.23.31   10,1.4.6.7.10(2).
12.14.18(2)   11,9(4).11.24.32.36(2)   12,2.3.10.16   13,4(2).6.14   14,1.9.
19   15,2.4.7.8.13.16(2).18.24.25.26.28.31   16,5.6.19(3).26(2).27

1Co 1,9.13.15   2,7   4,3.6(2)   5,5   6,16.18   8,6.10.12(2).13   9,18   10,2.6.
11.31   11,17(2).22.24.25.33.34   12,13   14,8.9.22.36   15,10.45(2).54
16,1.3.15

2Co 1,4.5.10.11.16(2).21.23   2,4.8.9(2).12(2).13.16(2)   3,7.13.18   4,4.11.15.17
5,5   6,1.18(2)   7,3.5.9.10.15   8,2.4.6(2).14(2).22.23.23.24(2)   9,1.5.8(2).9.10.
11.13(3)   10,1.5.8(2).13.14.15(2).16(2)   11,3.6.10.13.14.20.31   12,1.4.6
13,2.3.4.10(2)

Ga 1,5.6.17(3).18.21   2,1.2.8(2).9(2).11.16   3,6.14.17.23.24.27   4,6.11.24
5,10.13   6,4(2).8(2)

Eph 1,5(2).6.8.10.12(2).14(2).15.18.19   2,15.21.22   3,2.16.19.21   4,8.9.12(2).
13(3).15.16.19.30.32   5,2.31.32(2)   6,18.22

Php 1,5.10(2).11.12.16.19.23.25.29   2,11.16(4).22   3,11.14.16   4,15.16.17.20

Col 1,4.6.10.11.12.13.16.20.25.29   2,2(2).5.22   3,9.10.15   4,8.11

1Th 1,5   2,9.12(2).16(2)   3,2.3.5(2).10.12(3).13   4,8.9.10.15.17(2)   5,9(2).
15(2).18

2Th 1,3.5.11   2,2.4.6.10.11.13.14(2)   3,5(2).9

1Tm 1,3.6.12.15.16.17   2,4.7   3,6.7   4,3.10   5,24   6,7.9(2).12.17.19

2Tm 1,11.12   2,20(2).21(2).25.26   3,6.7.15   4,10(3).11.12.18(2)

Tit 3,12.14

Phm 5.6

Heb 1,5(2).6.8.14   2,3.10.17   3,5.11.18   4,1.3(2).5.6.10.11.16   5,6   6,6.8.
10.16.19.20   7,3.14.17.21.24.25(2).28   8,3.10(3)   9,6.7.9.12.14.15.24(2).
25.26.28(2)   10,1.5.12.14.19.24.31.39(2)   11,3.7.8(2).9.11.26   12,2.3.7.10
13,8.11.21(2)

Ja 1,18.19(3).25   2,2.6.23   3,3(2)   4,9(2).13   5,3.4

1Pt 1,2.3.4(2).5.7.8.10.11(2).12.21(2).22.25(2)   2,2.5.7.8.9(2).14.21   3,5.7.9.12.
20.21.22   4,2.4.6.7.8.9.10.11   5,10.11.12

2Pt 1,8.11.17   2,4.9.12.22   3,7.9(2).18

1Jh 2,17   3,8.14   4,1.9   5,8.10(2).13

2Jh 2.7.10

3Jh 5

Ju 4(2).6.13.21.25

Apc 1,6.11(8).18   2,10.22(2)   4,9.10   5,6.13   6,13.15(2)   7,12   8,5.7.8.11
9,1.3.7.9.15   10,5.6   11,6.9.12.15   12,4.6.9.13.14(2)   13,3.6.10(2).13
14,11.19(2)   15,7.8   16,1.2.3.4.14.16.19   17,3.8.11.17   18,21   19,3.9.
17.20   20,3.8.10(2).14.15   21,24.26.27   22,2.5.14

ἐκ [916]

Mt 1,3.5(2).6.16.18.20   2,6.15   3,9.17   5,37   6,27   7,4.5(2).9   8,28
10,29   12,11.33.34.35(2).37(2).42   13,41.47.49.52   15,5.11.18(2).19
16,1   17,5.9(2)   18,12.19   19,12   20,2.21(2).23(2)   21,16.19.25(3).26.31
22,35.44   23,25.34(2)   24,17.31   25,2.8.33(2).34.41   26,21.27.29.42.44.
64.73   27,7.29.38(2).48.53   28,2

Mc 1,10.11.25.26.29   5,2(2).8.30   6,14.51.54   7,11.15.20.21.26.29.31   9,7.
9(2).10.17.21.25   10,20.37(2).40(2)   11,8.14.20.30(2).31.32   12,25.30(4).
33(3).36.44(2)   13,1.15.25.27   14,18.23.25.62.69.70.72   15,27(2).39.46
16,3.12.19

Lc 1,5(2).11.15.27.61.71(2).74.78   2,4(2).35.36   3,8.22   4,22   5,3.17   6,42.
44(3).45(3)   8,3.27   9,7.35   10,7.11.18.27   11,5.6.11.13.15.16.27.31.49.
54   12,6.13.15.25.36   14,28.33   15,4(2).16   16,4.9.31   17,7(2).15.24
18,21   19,22   20,42(2).5.6.35.42   21,4(2).16.18   22,3.23.50.58.69   23,7.
8.33(2).55   24,13.22.46.49

Jh 1,13(4).16.19.24.32.35.40.44.46   2,15(2).22   3,1.5.6(2).8.13.25.27.31(4).34
4,6.7.12.13.14.22.30.39.47.54   5,24   6,8.11.13.23.26.31.32(2).33.39.41.
42.50(2).51(4).58.60.64(2).65.66(2).70.71   7,17.19.22(2).25.31.38.40.41.42.

ἐκ [916]

Jh 44.48(2).50.52(2)   8,23(4).41.42.44(2).46.47(2).59   9,1.6.16.24.32.40
10,16.20.26.28.29.32.39   11,1.19.37.45.46.49.55   12,1.2.3.4.9.17(2).
20.27.28.32.34.42.49   13,1.4.21.23   15,19(3)   16,4.5.14.15.17   17,6.12.
14(2).15(2).16(2)   18,3(2).9.17.25.26.36(2).37   19,2.12.23   20,1.2.9.24
21,2.14

Ac 1,18.24   2,2.25.30.34   3,2.15.22.23   4,2.6.10   5,38.39   6,3.9   7,3(2).
4.10.37.40.55.56   8,37*.39   9,3.33   10,1.15.41.45   11,2.5.9(2).20.28
12,7.11.17   13,17.21.30.34   14,8   15,2.14.21.22.23.24.29   17,3.4.12.
26.31.33   18,1   19,16.25.33.34   20,30   21,8   22,6.14.18   23,10.21.
34   24,7*.10   26,4.17(2).23   27,22.29.30(2)   28,4(2).17

Rm 1,3.4.17(2)   2,8.18.27.29(2)   3,20.26.30   4,2.12.14.16(3).24   5,1.16(2)
6,4.9.13.17   7,4.24   8,11(2)   9,5.6.10.12(2).21.24(2).30.32(2)   10,5.6.7.9.
17   11,1.6.14.15.24.26.36   12,18   13,3.11   14,23(2)   16,10.11

1Co 1,30   2,12   5,2.10.13   7,5.7   8,6   9,7.13.14.19   10,4.17   11,8(2).
12(2).28(2)   12,15(2).16(2).27   13,9(2).10.12   15,6.12.20.47(2)

2Co 1,10.11   2,2.4.16(2).17(2)   3,1.5(2)   4,6.7   5,1.2.8.18   6,17   7,9   8,7.
11.13   9,7(2)   11,26(2)   12,6   13,4(3)

Ga 1,1.4.8.15   2,12.15.16(4)   3,2(2).5(2).7.8.9.10.11.12.13.18(2).21.22.24
4,4.22(2).23(2)   5,5.8   6,8(2)

Eph 1,20   2,8.9   3,15   4,16.29   5,14   6,6

Php 1,16.17.23   3,5(2).9(2).11.20   4,22

Col 1,13.18   2,12.14.19   3,8.23   4,9.11.12.16

1Th 1,10(3)   2,3(2).6

2Th 2,7

1Tm 1,5   6,4

2Tm 2,8(2).22.26   3,6.11   4,17

Tit 1,10.12   2,8   3,5

Heb 1,13   2,11   3,13.16   4,1   5,1.7   7,4.5(2).6.12.14   8,9   9,28   10,38
11,3.19.35   13,10.20

Ja 2,16.18.21.22.24(2).25   3,10.11.13   4,1   5,20(2)

1Pt 1,3.18.21.22.23   2,9.12   4,11

2Pt 1,18   2,8.9.21   3,5

1Jh 2,16(2).19(4).21.29   3,8.9(2).10.12.14.19.24   4,1.2.3.4.5(2).6(3).7(2).13
5,1(2).4.18(2).19

2Jh 4

3Jh 10.11

Ju 5.23

Apc 1,5.16   2,5.7.9.10.11.21.22   3,5.9.10.12.16.18   4,5   5,5(2).7.9   6,1(2).
4.10.14   7,4.5(3).6(3).7(3).8(3).9.13.14.17   8,4.5.10.11.13   9,1.2(2).3.13.
17.18(2).20.21(4)   10,1.4.8.10   11,5.7.9.11.12   12,15.16   13,1.3.11.13
14,2.8.10.13(2).15.17.18.20   15,2(3).6.7.8(2)   16,1.10.11(3).13(3).17.21(2)
17,1.2.6(2).8.11   18,1(2).3(2).4(3).12.19.20   19,2.15.21(2)   20,1.7.9.12
21,2.3.4.6.9.10.21   22,1.19

ἐν [2757]

Mt 1,18.20.23   2,1(2).2.5.6.9.16(2).18.19   3,1(2).3.6.9.11(2).12.17   4,13.16(2).
21.23(3)   5,12.13.15.16.19(2).25.28.34.35.36.45   6,1.2(2).4(2).5(2).6(2).7.9.
10.18(2).20.23.29   7,2(2).3(2).4.6.11.15.21.22   8,6.10.11.13.24.32   9,3.4.
10.21.31.33.34.35   10,11.15.16.17.19.20.23.27(2).28.32(3).33   11,1.2.6.
8(2).11(2).16.20.21(3).22.23(2).24.25   12,1.2.5(2).19.24.27(2).28.32(2).36.
40(2).41.42.50   13,1.3.4.10.13.19.21.24.25.27.30.31.32.34.35.40.43.44.49.
54.57(3)   14,1.2.3.6.10.13.33   15,32.33   16,7.8.17.19(2).27.28   17,5.12.
21*.22   18,1(2).2.4.6.10(2).14.18(2).19.20   19,21.28   20,3.15.17.21.26(2).
27   21,8(2).9(2).12.14.15.19.22.23.24.25.27.28.32.33.38.41.42(2)   22,1.15.
16.23.28.30(2).36.37(3).40.43   23,6(2).7.16(2).18(2).20(2).21(2).22(3).30(2).
34.39   24,14.15.16.18.19(2).26(2).30.38.40.41.45.48.50(2)   25,4.16.25.31.
36.39.43.44   26,5(2).6(2).13.23.29.31(2).33.34.52.55(2).69   27,12.29.40.
56.59.60(2)   28,18

Mc 1,2.3.4.5.8.9.11.13.15.16.19.20.23(2)   2,1.6.8(2).15.19.20.23   3,22.23
4,1.2(2).4.11.17.24.28.30.35.36.38   5,2.3.5(2).13.20.21.25.27.30(2)   6,2.3.
4(3).14.17.27.29.32.47.48.51.56   8,1.3.14.27.38(2)   9,1.29.33.50(2).
38.41.50(3)   10,21.30(2).32.37.43(2).44.52   11,9.10.13.15.23.25.26*.27.
28.29.33   12,1.11.23.25.26.35.36.38(3).39(2)   13,11.14.17(2).24.25.26.32
14,1.2.3(2).6.25.49.66   15,7.29.40.41.46   16,5.12.17.18

Lc 1,1.5.6.7.8.9.17(2).18.21(2).22.25(2).26.31.36.39.41.42.44(2).51.59.65.66.69.
75.77.78.79.80   2,1.6.7(2).8.11.12.14(2).16.19.21.23.24.25.27(2).29.34.36.
43(2).44(2).46(2).49.51.52   3,1.2.4(2).8.15.16.17.20.21.22   4,1(2).2.5.14.15.
16.18.20.21.23.24.25(2).27.28.31.32.33.36   5,1.7.12(2).16.17.22.29.34.35
6,1.6.7.12(2).23(2).41(2).42(3)   7,9.11.16.17.21.23.25(3).28(2).32.37(2).39.49
8,1.5.7.10.13.15(3).22.27(2).32.40.42.43   9,12.18.26.29.31(2).33.34.36(2).
46.48.49.51.57   10,3.7.9.12.13(3).14.17.20(2).21(2).26.27(3).31.35.38
11,1(2).15.18.19(3).20.21.27.31.32.35.37.43(2)   12,1.3(3).8(2).12.15.17.27.
28.33.38(2).42.45.46(2).51.52.58   13,1.4.6(2).7(2).10(4).14.19.26.28.29.31.
35   14,1.5.14.15.31.34   15,4.7.25   16,3.10(4).11.12.15.23(3).24.25.26
17,6.11.14.24.26(2).28.31(3).36*   18,2.3.4.8.22.30(2).35   19,5.13.15.17.
20.30.36.38(3).42.44(2).47   20,1(2).2.8.19.33.42.46(4)   21,6.14.19.21(3).
23(2).25(2).27.34.36.37.38   22,7.16.20.24.26.27.28.30.37.44.49.53.55
23,4.7(2).9.12(2).14.19(2).22.29.31(2).40.43.53   24,4(2).6.13.15.18(2).19.27.

ἐν [2757]

Lc 30.32(2).35(2).36.38.44.49.51.53
Jh 1,1.2.4.5.10.14.23.26.28.31.33(2).45.47   2,1.11.14.19.20.23(3).25   3,14.
15.21.23.35   4,14.20(2).21(2).23.24.31.37.44.45(2).46.52.53(2)   5,2.3.4*.5.
7.9.13.14.16.26(2).28(2).35.38.39.42.43(2)   6,10.31.39.40.44.45.49.53.
56(2).59(2).61   7,1(2).4(2).9.10.11.12.18.22.23(2).28.37.43   8,3*.5*.9*.12.
17.20(2).21.24(2).31.35.37.44(2)   9,3.5.14.16.30.34   10,19.22.23(2).25.34.
38(2)   11,6.9.10(2).17.20.24(2).30.31.38.54.56   12,13.20.25.35(2).46.48
13,1.23.31.32(2).35(2)   14,2.10(3).11(2).13(2).14.17.20(4).26.30   15,2.4(4).
5(2).6.7(2).8.9.10(2).11.16.24.25   16,13.23(2).24.25(2).26(2).29.30.33(2)
17,10.11(3).12.13(2).17.19.21(3).23(2).26(2)   18,20(3).26.38.39   19,4.6.31.
41(3)   20,12.25.30.31   21,3.20

Ac 1,3.5.6.7.8(2).10.15(2).17.20(2).21   2,1.8.17.18.19.22.29.41.46(2)   3,6.25.
26   4,2.5.7(3).9.10(2).12(3).24.27.30.31.34   5,4(2).12(2).18.20.22.23.25(2).
27.34.37.42   6,1(2).7.8.15   7,2(2).4.5.6.7.13.14.16(2).17.20(2).22(2).29(2).
30(2).34.35.36(3).38(3).39.41(2).42(2).44.45.48   8,1(2).6.8.9.14.21.33   9,3.
10(2).11.12.13.17.19.20.22.25.27(3).28.36.37(2).38.43   10,1.3.12.17.30(2).
32.35.39(2).40.48   11,5(2).11.13.14.15(2).16.22.26(2).27.29   12,5.7(2).11.
18   13,1.5(2).15.17(2).18.19.26.27.33.35.38.39.40.41   14,1.8.15.16.25
15,7.12.21.22.35.36   16,2.3.4.6.12.18.32.33.36   17,11.13.16(2).17(2).22.
23.24(2).28.31(3).34   18,4.9.10.11.18.24.26   19,1(2).9.16.21.39   20,5.7.8.
10.16.19.22.25.26.28.32   21,11.19.20.27.29.34   22,3(2).17(2).18   23,6.9.
35   24,12(2).14.16.18(2).21   25,4.5(2).6.24   26,4.7.10(2).12.18.20.21.
26.28.29(2)   27,7.21.27.31.37   28,7.9.11(2).18.29*.30

Rm 1,2.4.5.6.7.8.9(2).10.12(2).13(2).15.17.18.19.21.23.24(2).25.27(2).28   2,1.5.
12.15.16.17.19.20.23.24.28(3).29(2)   3,4(2).7.16.19.24.25.26(2)   4,10(4).11.
12   5,2.3.5.9.10.11.13.15.17.21   6,2.4.11.12.23   7,5(2).6(2).8.17.18(2).20.
23(3)   8,1.2.3(3).4.8.9(2).10.11(2).15.23.29.34.37.39   9,1(2).7.17(2).22.25.
26.33   10,5.6.8(2).9(2).20   11,2.5.17   12,3.4.5.7(2).8(4).21   13,9(2).13
14,5.14.17.18.21.22   15,5.6.9.13(3).16.17.19(2).23.26.27.29.30.31.32
16,1(2).3.7(2).8.9.10.11.12(2).13.16.20.22

1Co 1,2(2).4.5(3).6.7.8.10(3).11.17.21.30.31   2,2.3(3).4(2).5(2).6.7.11.13(2)   3,1.
3.13.16.18(2).19.21   4,2.4.6.10.15(2).17(3).20(2).21(2)   5,1(2).4.5.8(3).9
6,2.4.5.11(2).19.20   7,14(2).15(2).17.18.20(2).22.24(2).37(2).39   8,4.5.7.10.
11   9,1.2.9.15.18.24   10,2(2).5(2).25   11,11.13.18(2).19(2).21.22.23.25.
30.34   12,3(2).6.9(2).13.18.25.28   13,12   14,6(4).10.11.16.19(2).21(3).25.
28.33.34.35(2)   15,1.3.12.17.18.19(2).22(2).23(2).28.31.32.41.42(2).43(4).
52(3).58(2)   16,7.8.11.13.14.19.20.24

2Co 1,1(2).4.6.8.9.12(4).14.19(2).20.22   2,1.10.12.14(2).15(2).17   3,2.3(2).7(2).8.
10.11.14   4,2.3.4.6(2).7.8.10(2).11.12(2)   5,1.2.4.6.11.12(2).17.19(2).21
6,2.3.4(5).5(6).6(6).7(2).12(2).16   7,1.3.5.6.7(3).8.9.11.14.16(2)   8,1.2.7(3).
10.14.16.18.20.22   9,3.4.8.11   10,1.3.6.12.14.15(2).16.17   11,3.6(2).9.
10(2).12.17(2).21(2).23(4).25.26(4).27(4).32.33   12,2(2).3.5.9(2).10(4).12(2).19
13,3(2).4.5(2).12

Ga 1,6.13.14(2).16(2).22.24   2,2.4.17.20(3)   3,5.8.10.11.12.14.19.26.28
4,14.18(2).19.20.25   5,4.6.10.14(2)   6,1(2).6.12.13.14.17

Eph 1,1(2).3(3).4(2).6.7.8.9.10(2).11.12.13(2).15.17.18.20(3).21(2).23   2,2(2).3(2).
4.6(2).7(3).10(2).11(2).12.13(2).14.15(2).16(2).18.21(2).22(2)   3,3.4.5.6.9.10.
11.12(2).13.15.17(2).20.21(2)   4,1.2.3.4.6.14(2).15.16(2).17(2).18.19.21(2).24.
30.32   5,2.3.5.8.9.18(2).19.20.21.24.26   6,1.2.4.5.9.10(2).12.13.14.15.
16(2).18(3).19(2).20(2).21.24

Php 1,1(2).4.6.7(3).8.9.13(2).14.18.20(3).22.24.26(2).27.28.30(2)   2,1.5(2).6.7.10.
12(2).13.15(2).19.24.29   3,1.3(2).4(2).6.9.14.19.20   4,1.2.3(2).4.6.7.9.10.11.
12(2).13.15.16.19(2).21

Col 1,2(2).4.5(2).6(3).8.9.10.11.12.14.16(2).17.18.19.20.21.22.23.24(2).27(2).28(2).
29(2)   2,1(2).2.3.4.6.7(2).9.10.11(3).12.13(2).15(2).16(3).18.20.23(2)   3,1.3.4.
7(2).11.15(2).16(4).17(3).18.20.22(2)   4,1.2(2).5.6.7.12(2).13(2).15.16.17

1Th 1,1.5(5).6.7(2).8(3)   2,2(3).3.5(2).7(2).13.14(2).17.19   3,1.2.3.8.13(2)   4,1.4.
5.6.7.10.15.16(4).17.18   5,2.3.4.12(2).13(2).18(2).23.26

2Th 1,1.4(3).7.8.10(3).11.12(2)   2,6.9.10.13.16.17   3,4.6.7.8.11.12.16.17

1Tm 1,2.3.4.13.14.16.18   2,2(2).7.8.9(2).11(2).12.14.15   3,4.9.11.13(2).14.15.
16(5)   4,1.2.12(5).14.15   5,2.10.17   6,17.18

2Tm 1,3(2).5(2).6.9.13(2).14.15.17.18(2)   2,1(2).7.9.10.20.25   3,1.11(3).12.14.
15.16   4,2.5.8.13.16.20(2)

Tit 1,3.5.6.9.13   2,3.7.9.10.12   3,3.5.15
Phm 6(2).8.10.13.16(2).20(2).23
Heb 1,1.2.3(2)   2,8.12.18   3,2.5.8(2).9.11.12(2).15(2).17   4,3.4.5.7.11   5,6.7
6,17.18   7,10   8,1(2).5.9(2).13   9,2.4.22.23.25   10,3.7.10.12.19.22.29.
32.38   11,2.9.18.19.34.37(3)   12,2.23   13,3.4.9.18.20.21(2)

Ja 1,1.4.6.8.9.10.11.21.23.25.27   2,1.2(2).4.5.10.16   3,2.6.9(2).13(2).14.18
4,1(2).3.5.16   5,3.5.10.13.14(2).19

1Pt 1,2.4.5(2).6(2).7.11.12.13.14.15.17.22   2,2.6(2).12(2).18.22.24   3,2.4.15(2).
16(2).19(2).20.22   4,2.3.4.11.12.13.14.16.19   5,1.2.6.9.10.13.14(2)

2Pt 1,1.2.4(2).5(2).6(3).7(2).12.13(2).18.19(2)   2,1(3).3.7.8.10.12(2).13(2).16.18(2).
20   3,1(2).3.10(2).11.13.14.16(3).18

1Jh 1,5.6.7(2).8.10   2,3.4.5(3).6.8(2).9(2).10(2).11.14.15(2).16.24(4).27(2).28(2)
3,5.6.9.10.14.15.16.17.18.19.24(4)   4,2(2).3.4(2).9(2).10(2).12(2).13(3).15(2).
16(4).17(3).18(2)   5,2.6(3).10.11.19.20(2)

2Jh 1.2.3.4.6.7.9(2)
3Jh 1.3.4

ἐν [2757]

Ju 1.10.12.14.20.21.23.24
Apc 1,1.3.4.5.9(3).10(2).13.15.16(2)   2,1(3).7.8.12.13.16.18.23.24.27   3,1.4(2).5.
7.12.14.21(2)   4,1.2(2).4.6   5,2.3.6(2).9.13(2)   6,5.6.8(2)   7,9.14.15   8,1.
7.9.13   9,6.10.11.17.19(3).20   10,2.6(4).7.8.9.10   11,1.6.11.12.13(2).15.
19(2)   12,1.2.3.5.7.8.10.12   13,6.8.10(2).12   14,2.5.6.7.9.10(2).13.14.15.
17   15,1(2).5   16,3.8   17,3.4.16   18,2.6.7.8(2).16.19(2).22(2).23(3).24
19,1.2.11.14.15(2).17(3).20(2).21   20,6.8.12.13(2).15   21,8.10.22.27
22,2.3.6.18.19

ἐπι [891]

Mt 1,11   3,7.13.16   4,4(2).5.6   5,15.23.45(2)   6,10.19.27   7,24.25.26.28
9,2.6.9.15.16.18   10,13.18.21.27.29.34   11,29   12,18.26.28.49   13,2.5.
7.8.20.23.48   14,8.11.14.19.25.26.28.29.34   15,32.35   16,18.19(2)
17,6   18,5.12.13(2).16.18(2).19.26.29   19,9.28(2)   21,5(2).7.19(2).44(2).
22,5.9.33.34   23,2.4.9.35(2).36   24,2.3.5.7(2).17.30.33.45.47   25,21(2).
23(2).31.40.45   26,7.12.39.50(2).55.64   27,19.25(2).27.29.42.43.45
28,14.18

Mc 1,22.45   2,10.14.21.26   3,5.24.25.26   4,1.5.16.20.21.26.31(2).38   5,21
6,25.28.34.39.47.48.49.52.53.55   7,30   8,2.4.6.25   9,3.12.13.20.22.37.
39   10,11.16.22.24   11,2.4.7.13.18   12,14.17.26.32   13,2.6.8(2).9.12.
15.29   14,35.48.51   15,22.24.33.46   16,2.18

Lc 1,12.14.16.17.29.33.35.47.48.59.65   2,8.14.20.25.33.40.47   3,2(2).20.22
4,4.9.11.18.22.25(3).27.29.32.36.43   5,5.9.11.12.18.19.24.25.27.36   6,17.
29.35.48.49   7,13.44   8,6.13.16.27   9,1.5.38.43(2).48.62   10,6(2).9.19.
34.35   11,17(2).18.20.22.33   12,3.11.14.25.42.44.49.52(2).53(6).54.58
13,4.17   14,31,   15,4.5.7(2).10.20   17,16.31.34.35   18,4.7.8.9   19,4.5.
14.23.27.30.35.41.43.44   20,18(2).19.21.26.37   21,6.8.10.12(2).23.25.
34.35(2)   22,21.30(2).40.44.52(2).53.59   23,1.28(3).30.33.38.44.48   24,1.
12.22.24.25.47.49

Jh 1,32.33(2).51   3,36   4,6.27   5,2   6,2.16.19.21   7,30.44   8,3*.4*.7*.59
9,6.15   11,38   12,14.15.16   13,18.25   17,4   18,4   19,13.19.24.31.33
20,7   21,1.20

Ac 1,8.15.21.26   2,1.3.17.18(2).19.26.30.38.44.47   3,1.10(2).11.12.16   4,5.
9.17(2).18.21.22.26.27(2).29.33   5,5.9.11(2).15.18.23.28(2).30.35.40   6,3
7,10(2).11.18.23.27.33.54.57   8,1.2.16.17.24.26.27.28.32.36   9,4.11.17.
21.33.35.42   10,9.10.11.16.17.25.34.39.44.45   11,10.11.15(2).17.19.21.
28(2)   12,10.12.20.21   13,11(2).12.31.50.51   14,3(2).10.13.15   15,10.
17(2).19.31   16,18.19.31   17,2.6.14.19.26   18,6.12.20   19,6.8.10.12.13.
16.17.34   20,9(2).11.13(2).37.38   21,5.23.24.27.32.35.40   22,19   23,30
24,4.7*.19.20.21   25,6.9.10.12.17.26(2)   26,2.6.16.18.20   27,20.43.44(3)
28,3.6

Rm 1,10.18   2,2.9   4,5.9(2).18.24   5,2.12.14(2)   6,21   7,1   8,20   9,5.23.
28.33   10,11.19(2)   11,13.22(2)   12,20   15,3.12.20   16,19

1Co 1,4   2,9   3,12   6,1(2).6   7,5.36.39   8,5   9,10(2)   11,10.20   13,6
14,16.23.25   16,17

2Co 1,4.9(2).23   2,3   3,13.14.15   5,4   7,4.7.13(2).14   9,6(2).13.14.15   10,2.
7   12,9.21   13,1

Ga 3,13.16(2)   4,1.9   5,13   6,16(2)
Eph 1,10(2).16   2,7.10.20   3,15   4,6.26   5,6   6,3
Php 1,3.5   2,17.27   3,9.12   4,10
Col 1,16.20   3,2.5.6.14
1Th 1,2   2,16   3,7(2).9   4,7
2Th 1,10   2,1.4   3,4
1Tm 1,16.18   4,10   5,5.19   6,13.17(2)
2Tm 2,14(2).16   3,9.13   4,4
Tit 1,2   3,6
Phm 4.7
Heb 1,2   2,13   3,6   6,1(2).7   7,11.13   8,1.4.6.8(2).10   9,10.15.17.26
10,16(2).21.28   11,4.13.21.30.38   12,10.25
Ja 2,3.7.21   5,1.5.7.14.17
1Pt 1,13.20   2,6.24.25   3,12(2)   4,14   5,7
2Pt 1,13   2,22   3,3
1Jh 3,3
3Jh 10
Ju 18
Apc 1,7.17.20   2,17.24.26   3,3.10(2).12.20   4,2.4(2).9.10   5,1(2).3.7.10.13(3)
6,2.4.5.8.10.16(2)   7,1(4).3.10.11.15(2).16.17   8,3(2).10(2).13   9,4.7.11.14.
17   10,1.2(2).5(2).8(2).11   11,6.8.10(3).11(2).16(2)   12,1.3.17.18   13,1.
7.8.14(2).16(2)   14,1(2).6(3).9(2).14(2).15.16(2).18   15,2   16,2.8.9.10.12.
14.17.18.21   17,1.3.5.8(2).9.18   18,9.11.17.19.20.24   19,4.11.12.14.
16(2).18.19.21   20,1.4(3).6.9.11   21,5.10.12.14.16   22,4.5.14.16.18(2)

ἡ [344]

Mt 1,18   5,17.18.36   6,24(2).25.31(2)   7,4.9.10.16   9,5   10,11.14.15.19.
37(2)   11,3.22.24   12,5.25.29.33(2)   13,21   15,4.5   16,14.26   17,25(2)
18,8(4).9.13.16(2).20   19,24.29(6)   20,15(2)   21,25   22,17   23,17.19
24,23   25,37.38.39.44(5)   26,53   27,17

ἤ [344]

Mc	2,9 3,4(2) 4,17.21.30 6,56(2) 7,10.11.12 9,43.45.47 10,25.29(6).38.40 11,28.30 12,14(2) 13,32.35(4) 14,30
Lc	2,24.26 5,23 6,9(2) 7,19.20 8,16 9,13.25 10,12.14 11,12 12,11(2).14.41.47.51 13,4.15 14,3.5.12.31 15,7.8 16,13(2).17 17,2.7.21.23 18,11.25.29(4) 20,2.4.22 21,15 22,27
Jh	2,6 3,19 4,1.27 6,19 7,17.48 8,14 9,2.21 13,29 18,34
Ac	1,7 3,12(2) 4,7.19.34 5,29.38 7,2.49 8,34 10,28(2) 11,8 17,21(2).29(2) 18,14 19,12 20,33(2).35 23,9.29 24,12.20.21 25,6.16 26,31 27,11 28,6.17.21
Rm	1,21 2,4.15 3,1.29 4,9.10.13 6,3.16 7,1 8,35(6) 9,11.21 10,7 11,2.34.35 13,11 14,4.10.13
1Co	1,13 2,1 4,3.21 5,10(2).11(6) 6,2.9.16.19 7,9.11.15.16 9,6.7.8.10.15 10,19.22 11,4.5.6.22.27 12,21 13,1 14,5.6(4).7.19.23.24.27.29.36(2).37 15,37 16,6
2Co	1,13(2).17 3,1(2) 6,14.15 9,7 10,12 11,4(2).7 12,6 13,5
Ga	1,8.10(2) 2,2 3,2.5.15 4,27
Eph	3,20 5,3.4.5(2).27(2)
Php	3,12
Col	2,16(3) 3,17
1Th	2,19(3)
2Th	2,4
1Tm	1,4 2,9(2) 5,4.19
2Tm	3,4
Tit	1,6 3,12
Phm	18
Heb	2,6 10,28 11,25 12,16
Ja	1,17 2,3.15 3,12 4,5.11.13.15
1Pt	1,11.18 3,3.9.17 4,15(3)
2Pt	2,21
1Jh	4,4
Apc	3,15 13,16.17(2) 14,9

ἡμεῖς [864]

ἡμεῖς

Mt	6,12 9,14 17,19 19,27 28,14
Mc	9,28 10,28 14,58
Lc	3,14 9,13 18,28 23,41 24,21
Jh	1,16 4,22 6,42.69 7,35 8,41.48 9,21.24.28.29.40 11,16 12,34 17,11.22 19,7 21,3
Ac	2,8.32 3,15 4,9.20 5,32 6,4 10,33.39.47 13,32 14,15 15,10 20,6.13 21,7.12.25 23,15 24,8 28,21
Rm	6,4 8,23 15,1
1Co	1,23 2,12.16 4,8.10(3) 8,6(2) 9,11(2).12.25 11,16 12,13 15,30.52
2Co	1,6 3,18 4,11.13 5,16.21 6,16 9,4 10,7.13 11,12.21 13,4.6.7(2).9
Ga	1,8 2,9.15.16 4,3 5,5
Eph	2,3
Php	3,3
Col	1,9.28
1Th	2,13.17 3,6.12 4,15.17 5,8
2Th	2,13
Tit	3,3.5
Heb	2,3 3,6 10,39 12,1.25
2Pt	1,18
1Jh	1,4 3,14.16 4,6.10.11.14.16.17.19
3Jh	8.12

ἡμῶν

Mt	1,23 6,9.11.12(2) 8,17 15,23 20,33 21,42 23,30 25,8 27,25 28,13
Mc	9,40(2) 11,10 12,7.11.29
Lc	1,55.71.72.73.75.78.79 7,5 9,49 11,3.4 13,26 16,26 20,14 23,2 24,20.22.29.32
Jh	3,11 4,12.20 6,31 7,51 8,39.53.54 9,20 10,24 11,11.48 12,38
Ac	1,22 2,8.39 3,13 4,25 5,30 7,2.11.12.15.19(2).27.38.39.40.44.45(2) 9,38 13,17 15,9.10.24.25.26 16,16.20 17,20.27 19,37 20,7.21 21,17 22,14 24,4.7* 26,6.7.14 27,10.18.27 28,15
Rm	1,4.7 3,5 4,1.12.16.24.25(2) 5,1.5.6.8(2).11.21 6,6.23 7,5.25 8,16.23.26.31(2).32.34.39 9,10 10,16 13,11 14,7.12 15,2.6.30 16,1.9.18.20.24*
1Co	1,2(2).3.7.8.9.10 2,7 4,8 5,4(2).7 6,11 9,1 10,1.6.11 12,23.24 15,3.14.31.57
2Co	1,2.3.4.5.7.8.11(2).12(2).14(2).18.19.20.22 2,14 3,2(2).3.5 4,3.6.7.10.11.16(2).17.18 5,1.2.12.20.21 6,11(2) 7,3.4.5(2).9.12.13.14 8,4.7.9.19(3).20.22.23.24 9,3.11 10,4.8.15
Ga	1,3.4(2) 2,4 3,13.24 4,6.26 6,14.18

ἡμεῖς [864]

ἡμῶν

Eph	1,2.3.14.17 2,3.14 3,11 4,7 5,2.20 6,22.24
Php	1,2 3,20.21 4,20
Col	1,2.3.7 2,14 4,3.8
1Th	1,2.3(2).5.6.9 2,1.2.3.4.9.13.19(2).20 3,2.5.6.7.9.11(3).13(2) 4,1 5,9.10.23.25.28
2Th	1,1.2.7.8.10.11.12(2) 2,1(2).2.14(2).15.16(2) 3,1.6(2).14.18
1Tm	1,1(2).2.12.14 2,3 6,3.14
2Tm	1,2.8.9.10
Tit	1,3.4 2,8.10.13.14 3,4.6
Phm	1.2.3
Heb	3,1 4,15 6,20 7,14 9,14.24 10,26 11,40(2) 12,9.29 13,18.20.23
Ja	2,1.21 3,6
1Pt	1,3 2,24 4,17
2Pt	1,1.2.8.11.14.16 2,20 3,15(2).18
1Jh	1,1(2).3.4.9 2,2.19(5) 3,16.19.20(2).21 4,6(2).10.17 5,4.14.15
2Jh	2.3.12
3Jh	12
Ju	3.4(2).17.21.25(2)
Apc	1,5 4,11 5,10 6,10 7,3.10.12 11,15 12,10(3) 19,1.5.6

ἡμῖν

Mt	3,15 6,11.12 8,29 13,36 15,15.33 19,27 20,12 21,25 22,17.25 24,3 25,8.9.11 26,63.68
Mc	1,24 9,22.38 10,35.37 12,19 13,4 14,15 16,3
Lc	1,1.2.69.73 2,15.48 4,34 7,5.16 9,13 10,11.17 11,3.4(2) 13,25 17,5 20,2.28 22,8.67 23,18 24,24.32(3)
Jh	1,14 2,18 4,12.25 6,34.52 8,5* 10,24 14,8(2).9.22 16,17 17,21 18,31
Ac	1,17.21.22 2,29 3,12 6,14 7,38.40 10,41.42 11,13.17 13,26.33.47 15,8.25.28 16,9.16.17.21 19,25.27 20,14 21,16.18.23 25,24 27,2 28,2.15.22
Rm	5,5 8,4.32 9,29 12,6
1Co	1,18.30 2,10.12 4,6 8,6 15,57
2Co	4,12.17 5,5.18.19 6,12 7,7 8,5 10,13
Eph	1,9 6,12
Col	1,8 2,13.14 4,3
1Th	2,8 3,6
1Tm	6,17
2Tm	1,7.9.14
Phm	6
Heb	1,2 4,13 5,11 7,26 10,15.20 12,1(2) 13,21
Ja	3,3 4,5 5,17
2Pt	1,1.3.4
1Jh	1,2.8.9.10 2,25 3,1.23.24(2) 4,9.12(2).13(2).16 5,11.20
2Jh	2

ἡμᾶς

Mt	6,13(2) 8,29.31(2) 9,27 13,56 17,4 20,7.30.31 27,4.25
Mc	1,24 5,12 6,3 9,5.22
Lc	1,71.78 4,34 7,20 9,33 11,1.4.45 12,41 16,26 17,13 19,14 20,6.22 23,15.30(2).39 24,22
Jh	1,22 9,4.34
Ac	1,21 3,4 4,12 5,28 6,2 7,40 11,15 14,11.22 16,10.15.37(3) 20,5 21,1.5(2).11.17 27,1.6.7.20.26 28,2.7.10
Rm	3,8 4,24 5,8 6,6 7,6 8,18.35.37.39 9,24
1Co	4,1.9 6,14 8,8 9,10(2) 10,6
2Co	1,4(2).5.8.10.11.14.21(2).22 2,14 3,6 4,14 5,5.10.14.18 7,2.6 8,6.20 10,2
Ga	1,4.23 2,4 3,13 5,1
Eph	1,3.4(2).5.6.8.12.19 2,4.5.7 5,2
Php	3,17
Col	1,13
1Th	1,8.10 2,15.16.18 3,6 4,7 5,9
2Th	1,4 2,16 3,7.9
2Tm	1,9 2,12
Tit	2,12.14 3,5.6.15
Heb	2,1.3 13,6
Ja	1,18(2)
1Pt	1,3
2Pt	1,3
1Jh	1,7.9 3,1 4,10.11.19
3Jh	9.10
Apc	1,5(2).6 6,16(2)

καί [9164]

Mt	1,2.3.11.17(2).19.21.23(2).24.25(2) 2,2.3.4(2).6.8(2).9.11(5).12.13(3).14(2).

και [9164]

Mt 15.16(3).18(2).20(2).21(2).23 **3**,2.4(2).5(2).6.7.9.10.11.12(2).14.16(3).17
4,2(2).3.5.6(2).8(2).9.10.11(2).13(2).15.16(2).17.18.19(2).21(3).22.23(4).24(7).
25(5) **5**,1.2.6.11(2).12.15(2).16.18.19(2).20.23.24(2).25(2).29(2).30(3).32.38.
39.40(3).41.42.43.44.45(3).46.47(2) **6**,2.4.5(2).6(2).10.12(2).13.14.17.18.
19(3).20.21.24(3).25.26.28.30.33(2) **7**,2.4.5.6.7(3).8(2).10.12(2).13(2).14(2).
19.22(2).23.24.25(5).26(2).27(6).28.29 **8**,2.3(2).4(2).6.7.8(2).9(7).10.11(4).12.
13(2).14(2).15(4).16(2).17.19.20(2).21.22.23.24.25.26(3).27(2).28.29(2).32(3).
33(2).34(2) **9**,1(2).2(2).3.4.5.6.7.8.9(3).10(4).11(2).13.14.15(2).16.17(3).18.
19(2).20.22(2).23(3).24.25.26.27(2).28.30(2).33(2).35(5).36 **10**,1(3).2(3).3(3).
4(2).5.11.13.14.15.16.17.18(3).21(3).22.25.26.27.28(3).29.30.32.33.35(2).36.
37.38(2).39.40.41.42 **11**,1(2).4(2).5(4).6.9.12.13.14.17(2).18.19(5).21(2).22.
23.25(3).27(2).28(2).29(3).30 **12**,1(2).3.4.5.7.9.10(2).11(2).13(2).15(2).16.18.
20.21.22(3).23(2).25.26.27.29(2).30.31.32.33(2).35.37.38.39(2).40(2).41(2).
42(2).43.44(2).45(4).46.47.48.49(2).50(2) **13**,2(2).3.4(2).5.6.7(2).8.10.12(2).
13.14(4).15(6).16.17(4).19(2).20.22(3).23(2).25(2).26(2).30(2).32(2).34.36.40.
41(2).42(2).44(3).46.47.48.49.50(2).52.53.54(3).55(4).56.57(2).58 **14**,2(2).3.5.
6.9(2).10.11(3).12(3).13.14(3).15.17.19(3).20(3).21.22(2).23.26.29(2).30.31.32.
34.35(2).36(2) **15**,1.3.4(2).6.10(2).16.17.18.21(2).22.23.26.27.28.29(2).30(4).
31(3).32(2).33.34(2).35.36(3).37(3).38.39(2) **16**,1(2).3.4(3).5.6(2).9.10.11.12.
17.18(3).19(2).21(5).22.24(2).27 **17**,1(4).2(2).3(2).4(2).5.6(2).7(3).9.10.11.
12(2).14.15(3).16(2).17.18(3).20(2).21*.23(3).24.25.27(3) **18**,2.3(2).5.6.8.9(2).
12(2).13.15.17(2).18.21.25(4).26.27.28.29.31.33(2).34.35 **19**,1(2).2(2).3(2).4.
5(4).7.9.12(2).13.14.15.16.19(2).21(3).27.28.29(2).30 **20**,3.4(3).5.6.7.8.9.
10(3).12(2).14(2).16.17(2).18(3).19(4).20.21.23.24.25.27.28.29.30.32(2).34(2)
21,1(2).2(2).3.5(2).6.7(3).8.9.10.12(5).13.14(3).15(3).16(2).17(2).19(4).20.21(3).
22.23(3).24(2).27(2).28.30.31.32(2).33(5).35.36.38.39(2).41.42.43.44.45(2).46
22,1.3(2).4(2).6.7(2).9.10(3).12.13(2).16(3).20(2).21.22(2).23.24.25(2).26(2).
32(2).33.35.37(2).38.40.46 **23**,1.2.3(2).4(2).5.6.7(2).9.12.13.14*(2).15(3).17.
18.20.21(2).22(2).23(7).25(3).26.27(2).28(2).29(2).30.32.34(5).35.37(2)
24,1(2).3(2).4.5.6.7(3).9(2).10(3).11(2).12.14(2).18.19.22.24(4).27.29(3).30(4).
31(2).32.33.35.36.38(2).39(3).40.41.43.44.45.49(2).50.51(3) **25**,2.5.7.9(2).
10(2).11.14.15(2).16.18.19.20.21.22.23.24(2).25.26(2).27.28.29(2).30(2).31.
32(2).33.35(3).36(3).37(2).38(2).39.40.41(2).42(2).43(4).44(2).46 **26**,1.2.3.4(2).
7.9.13.15.16.18.19(2).21.22.26(2).27(2).30.31.35(2).36.37(3).38.39(2).40(3).41.
43.44.45(3).47(4).49(2).50.51(2).53.55(2).57.58.59.60.61.62.63.64.67.69(2).
71.72.73(2).74(2).75(2) **27**,1.2(2).3.5(2).9.10.11.12(2).14.19.20.25(2).28.
29(3).30(2).31(3).33.34.36.37.38.40(3).41(2).42.44.48(3).51(3).52(2).53(2).54(2).
56(3).57.59.60(2).61.62.64(2) **28**,1.2(3).3.4.7(2).8(2).9(2).10.12.14(2).15.17.
18(2).19(2).20

Mc **1**,5(3).6(4).7.9(2).10(2).11.12.13(3).15(3).16(2).17(2).18.19(3).20(2).21(2).22(2).
23(2).24.25(2).26(2).27(3).28.29(3).30.31(3).32.33.34(3).35(3).36(2).37(2).38(2).
39(2).40(3).41(2).42(2).43.44(2).45(2) **2**,1.2(2).3.4(2).5.6.8.9(2).11.12(3).13(3).
14(3).15(5).16(3).17.18(5).19.20.21.22(3).23(2).24.25(3).26(3).27(2).28 **3**,1(2).
2.3.4.5(3).6.7(3).8(5).9.11(2).12.13(3).14(3).15.16(2).17(3).18(8).19(2).20(2).21.
22(2).23.24.25.26(2).27.28.31(3).32(4).33(2).34(2).35(2) **4**,1(3).2(2).4(3).5(2).
6(2).7(4).8(6).9.10.11.12(4).13(2).15(2).16.17.18.19(4).20(5).21.24(2).25(2).26.
27(5).30.32(3).33.35.36(2).37(2).38(3).39(4).40.41(4) **5**,1.2.3.4(4).5(4).6(2).
7(2).9(2).10.12.13(4).14(4).15(4).16(2).17.18.19(3).20(3).21(2).22(2).23(2).24(3).
25.26(3).28.29(2).30.31(2).32.33(3).34.37(3).38(4).39(2).40(4).41.42(3).43(2)
6,1(3).2(4).3(6).4(3).5.6(2).7(3).8.9.10.11.12.13(3).14(3).17.19(2).20(4).21(3).
22(4).23.24.25.26(2).27(2).28(3).29(3).30(3).31(4).32.33(4).34(3).35(2).36.37(2).
38(2).39.40(2).41(5).42(2).43(2).44.45(2).46.47(2).48(2).49.50(2).51(3).53(2).54.
55.56(4) **7**,1(2).2.3.4(5).5(2).9.10(2).13.14(2).17.18(2).19.23.24(2).26.27(2).
28(2).29.30(2).31.32(3).33(2).34(2).35(3).36.37(3) **8**,1.2.3(2).4.5.6(4).7(3).8(3).
9.10.11(2).12.13.14(2).15(2).16.17.18(2).20.21.22(3).23(2).24.25(3).26.27(3).
28.29.30.31(6).32(2).33(2).34(3).35.36.38(3) **9**,1.2(5).3.4(2).5(4).7(2).8.9.10.
11.12(2).13(2).14(2).15(2).16.17.18(6).20(3).21.22(3).25(2).26(2).27.28.29.30(2).
31(3).32.33(2).35(3).36(2).37.38.39.42(2).43.44*.45.46*.47.48.50 **10**,1(4).2.
4.6.7(2).8.10.11(2).12.13.14.16.17(2).19.21(4).23.26.28.29.30(6).31.32(3).
33(4).34(5).35(2).37.39.41(2).42(2).44.45(2).46(4).47(2).48.49(2).51.52(3)
11,1(2).2(3).3(2).4(3).5.6.7(3).8.9(2).11(2).12.13(2).14(2).15(5).16.17(2).18(3).19.
20.21.22.23(2).24(2).25(2).27(4).28.29(2).31.33(2) **12**,1(6).2.3(2).4(3).5(3).7.
8(2).9(2).11.12(3).13(2).14(2).16(2).17(2).18(2).19(3).20(2).21(3).22(2).26(2).28.
30(4).32(2).33(5).34(2).35.37(2).38(2).39(2).40.41(2).42.43 **13**,1(2).2.3(4).4.6.
7.8.9(3).10.11.12(4).13.16.17.19.20.21.22(3).24.25(2).26(2).27(2).28.29.31.
34(2) **14**,1(3).3.5(2).7.9.10.11(2).12.13(3).14.15(2).16(4).17.18(2).19.22(3).
23(2).24.26.27(2).29.30.31.32(2).33(5).34(2).35(2).36.37(3).38.39.40(2).41(3).
43(5).44.45(2).46.47.48(2).49.50.51(2).53(4).54(3).55(2).56.57.58.59.60.61(2).
62(2).65(5).66.67(2).68(2).69.70(2).71.72(3) **15**,1(4).2.3.8.15.16.17(2).18.
19(3).20(3).21(2).22.23.24(2).25.26.27(2).28*(2).29(3).31.32(2).33.34.35.36.38.
40(5).41(2).42.43(2).44.45.46(3).47 **16**,1(3).2.3.4.5(2).7.8(3).8*(3).10.11(2).
13.14(2).15.16.18(3).19.20

Lc **1**,2.3.5(2).6.7(2).10.12(2).13(2).14(3).15(3).16.17(3).18(2).19(3).20(2).21(2).22(3).
23.24.27.28.29.30.31(3).32(2).33(2).35(3).36(3).38.40(2).41(2).42(3).43.45.46.
47.49.50(2).52.53.55.56.57.58(3).59(2).60.61.63(2).64(2).65(2).66(2).67(2).68.
69.71.72.75.76.79.80(2) **2**,3.4(2).7(3).8(2).9(3).10.12(2).13(2).14.15(2).16(4).
18.20(3).21(2).22.24.25(4).26.27(2).28(3).32.33(2).34(4).35.36.37(3).38(2).39.
40(2).41.42.43(2).44(2).45.46(3).47.48(3).49.50.51(4).52(4) **3**,1(3).2.3.5(4).6.
8.9(2).10.11.12(2).14(4).15.16.17.18.19.20(2).21(2).22(2).23 **4**,1.2(2).4.5.6(3).

και [9164]

Lc 8(2).9(2).11.12.13.14(2).15.16(3).17(2).18.20(2).22(3).23(2).25.26.27(2).28.
29(2).31(2).32.33(2).34.35(3).36(4).37.38.39(2).41(3).42(3).43.44 **5**,1(2).2.4.5.
6.7(3).9.10(3).11.12(2).13(2).14(2).15(2).16.17(7).18(3).19.20.21(2).23.24.25.
26(3).27(3).28.29(3).30(4).31.33(3).35.36(3).37(3).39 **6**,1(2).3(2).4(2).5.6(3).7.
8(2).10(2).11.12.13(3).14(6).15(4).16(2).17(6).18(2).19(2).20.22(3).23.25.29(3).
30.31.32(2).33(2).34(2).35(5).36.37(5).38.39.42.45.46.47(2).48(3).49(3) **7**,5.7.
8(7).9.10.11(3).12(3).13(2).14(2).15(3).16(2).17(2).18(2).21(3).22(3).23.25.26.
29(2).30.31.32(3).33.34(4).35.36.37(2).38(4).39.40.44(2).49(2) **8**,1(5).2(2).3(3).
4.5(3).6(2).7(2).8(2).10.12.13(2).14(4).15(2).17.18(2).19(2).20.21(2).22(4).23(3).
24(3).25(3).26.27(2).28(2).29(3).31.32(2).33(2).34(2).35(4).37.39(2).41(3).42.43.
44.45(2).47(2).50.51(4).52.53.55(3).56 **9**,1(2).2(2).3.4(2).5.6.7.9.10(2).11(2).
12(2).13.15(2).16(3).17(3).18(2).22(5).23(2).26(3).28(3).29(2).30(2).32(2).33(4).
34.35.36(3).38.39(4).40(2).41(2).42(3).45(2).48(2).49.51.52(2).53.54(2).56.57.
58(2).61.62 **10**,1(2).4.6.7.8(2).9(2).10.11.13(2).14.15.16.17.19(3).21(4).22(3).
23.24(4).25.27(4).28.29.30(3).31.32(2).33.34(3).35(3).37.39(2).41 **11**,1(2).
4(3).5(3).6.7(2).8.9(4).10(2).11.12.14(3).17.18.22.23.24.25(2).26(3).27.28.29.
30.31(2).32(2).34(2).39(2).40.41.42(5).43.44.45.46(2).48.49(4).51.52.53(3)
12,2.3.4.6.7.8.10.11(2).15.17.18(4).19.21.23.24.28.29(3).31.33.34.35.36(2).
37(2).38(3).40.41.42.45(4).46(3).47.48.49.50.52.53(3).54(2).55(2).56.57.58(2).
59 **13**,2.4.6(2).7(2).8(2).9.11(3).12.13(3).14.15(2).17(2).18.19(3).20.22(3).24.
25(4).26(2).27.28(4).29(5).30(2).31.32(4).33(2).34(2) **14**,1(2).2.3(2).4(2).5(2).6.
9(3).11.12(3).14.16.17.18(2).19(2).20(2).21(6).22(2).23(3).25.26(7).27.29.30.34
15,1.2(3).4(2).5.6(2).8(2).9(2).12.13(2).14.15(2).16(2).18(2).20(4).21.22(3).23(2).
24(3).25(2).26.27.28.29(2).31.32(4) **16**,1(2).2.5.6.7.8.9.10(3).12.13(3).14.15.
16(2).17.18(2).19(2).21(2).22(3).23(2).24(3).25.26(2).28.29.31 **17**,2.3.4(2).5.
6(2).8(4).10.11(3).12.13.14(2).16(2).19.20.22.23.25.26(2).27(2).29(2).31(2).34.
36*.37(2) **18**,1.2.3.4(2).7(2).9(2).10.11.15.16.18.20.22(3).26.30.31.32(3).
33(2).34(3).38.39.42.43(3) **19**,1.2(3).3(2).4.5.6(2).7.8.9.10.11.12.13.14.15(2).
17.18.19(2).20.21.22.23(2).24(2).25.26.27.28.29(2).30.31.35(2).38.39.40.41.
42.43(3).44(3).45.46.47(3).48 **20**,1(3).2.3(2).7.8.9(2).10.11(3).12(2).15.16(2).
19(3).20(2).21.22.24.25.26(2).28(2).29.30.31(3).32.34(2).35.36.37(3).44.46(3).
47 **21**,3.5(2).7.8.9.10.11(3).12(3).15.16(5).17.18.21(2).23(2).24(3).25(5).26.
27(2).28.29(2).31.33.34(3).36.38 **22**,2(2).4(2).5(2).6(2).8(2).11.12.13.14(2).15.
17(2).19(2).20.23.24.25.26.29.30(2).32.33(2).35(3).36(3).37(2).39(2).41(2).44(2).
45.46.47(2).50(2).51.52(3).53.54.55.56(2).58(2).59(3).60.61(2).62.63.64.65.
66(3) **23**,1.2(2).4.5.7(2).8.10.11(2).12.13(2).14.15.19.23.24.25.26.27(2).28.
29(2).30.32.33(2).35(2).36.37.38.39.41.42.43.44(2).46.48.49.50(3).51.53(2).
54(2).55.56(2) **24**,4(2).5.7(2).8.9(2).10(3).11(2).12(2).13.14.15(3).17.18.19(3).
20(2).21.22.23(2).24(3).25(2).26.27(2).28(2).29(3).30(2).31(2).32.33(3).34.35(2).
36.37.38(2).39(3).40 (2).41.43.44(2).46(2).47.49.50.51(2).52.53

Jh **1**,1(2).3.4.5(2).10(2).11.14(4).15.16.17.19(2).20(3).21(3).24.25(2).29.31.32(2).
33(2).34(2).35.36.37(2).38.39(3).40.41.43(2).44.45(2).46(2).47.48.50.51(3)
2,1(2).2(2).3.4(2).7.8(2).9.10(2).11(2).12(4).13(2).14(4).15(4).16.18.19(2).20.
22(2).25 **3**,2.3.4.5.6.8(2).9.10(2).11(2).12.13.14.19.20.22(3).23(3).26(3).27.
29.31.32(2).35 **4**,1.3.10(3).11.12(3).13.16.17.18.20.23(3).24(2).27(2).28(2).
30.34.35(2).36(2).37.38.40.41.42.45.46.47(2).48.50.53(2) **5**,1.4*.6.8.9(3).10.
11.12.14.15.16.17.18.19(2).20(2).21(2).24(2).25(2).26.27.29.30.32.33.35.37.
38.39.40.43.44 **6**,3.5.9.11(2).13.15.17(3).19(2).21.22.24.25.26(2).29.30.33.
35.36(2).37.40(2).42(2).43.44.45(2).49.50.51.53.54(2).55.56(2).57(3).58.63.64.
65.66.67.69(2).70 **7**,1.3(2).4.10.11.12.14.16.18.19.21(2).22.26(2).28(4).29.
30.31.32(2).33.34(2).35.36(2).37(2).42.45(2).47.51.52(3).53* **8**,2*(2).3*(2).
7*.8*.9*(2).11*.14(3).16(2).17.18.19.20.21(2).23.25.26(2).28.29.32(2).33.38.
39.42.44(3).48(2).49.50.52(2).53.55(3).56(2).57.59 **9**,1.2.6(2).7(3).8(2).11(4).
12.14.15(3).16.18.19.20(2).24.27(2).28(2).30(2).31.34(3).35.36(2).37(2).38.
39(2).40(2) **10**,1.3(3).4.8.9(3).10(3).12(5).13.14(2).15(2).16(4).18.20.23.24.25.
27(2).28(3).29.30.33.35.36.38(3).39.40(2).41(2).42 **11**,1.2.5(2).8.11.15.16.
19.22.25.26.27.28(2).29.31(2).33(2).34(2).37.38.41.43.44(3).45.47(2).
48(4).50.52(2).54.55.56.57 **12**,2.3.5.6.9(2).10.11.13(3).16.17.18.21.22(3).25.
26(2).27.28(2).29.30.32.34.35.36.38.40(4).41.42.44.45.47(2).48.49.50 **13**,2.
3(2).4(2).5(2).7.9(2).10.12(2).13(2).14(2).15.21(2).26(2).27.31.32(2).33(2).34
14,1.3(4).4.6(2).7(3).8.9.10.11.12(2).13.16(2).17.19(2).20(2).21(3).22(2).23(4).
24.26.28.29.30.31 **15**,1.2.4.5.6(4).7(2).8.9.10.11.16(3).20(2).22.23.24(4).27
16,3.5.8(3).10.13.14.15.16(3).17(4).19(4).20.22(3).23.24.26.27.28(2).29.30.
32(3) **17**,1.3.5.6(2).8(3).10(3).11(3).12(2).13.14.18.19(2).20.21(2).22.23(2).24.
25(2).26(3) **18**,1.2.3(4).4.5.6.10(2).12(3).13.15(2).16(2).17.18(4).19.20(2).
25(3).27.28.29.30.31.33(2).35.37.38(2) **19**,1.2(2).3(3).4(2).5(2).6(2).7.9(2).10.
13.14.17.18(2).19(2).20.23(2).24.25(2).26.27.30.31.32(2).34(2).35(4).37.38(2).
39(2).40.41 **20**,1.2(4).3(2).4(2).5.6(3).7.8(3).12(2).13(2).14(2).15.17(4).18.
19(3).20(2).21.22(2).25(2).26(4).27(4).28(2).29.30.31 **21**,2(4).3(3).6(2).7.9(2).
11(2).13(3).17.18(3).19.20(2).24(2).25

Ac **1**,1.3(2).4.8(4).9(2).10(2).11.13(8).14(2).15.17.18(2).19.20(2).21.23(2).24.25.
26(3) **2**,1.2(2).3(2).4(2).6.7.8.9(5).10(3).11(2).12.14(3).17(5).18(3).19(4).20(2).
21.22(2).23.26(2).29(3).30.33(2).36(2).37.38(2).39(2).40.41.42(2).43.44.45(3).
46.47 **3**,1.2.3.6(2).7(2).8(5).9(2).10(2).11.13(3).14(2).16(3).17(2).19.20.24(3).
25(2) **4**,1(2).2.3(2).4.5(2).6(5).7.8.10.12.13(3).16.18.19.20.23(2).24(4).25.
26(2).27(2).28.29(2).30(2).31(3).32(2).33.35.37 **5**,2(3).3.4.5.6.7.9.10(2).11(2).
12(2).14.15(4).16(2).17.18(2).20.21(4).23.24.25.27.28(2).29.31(2).32(2).33.
36(2).37(3).38(2).39.40(2).42(2) **6**,3.4.5(9).6.7(2).8(2).9(4).10(2).11.12(4).13.
14.15 **7**,2.3(3).4.5(3).6(2).7(3).8(5).9(2).10(5).11(3).13(2).14.15(3).16(2).17.20.

και [9164]

Ac 21.22(2).24(2).26.27.29.30.32(2).34(3).35(3).36(3).38.39.41(3).42(2).43(2).45. 46.51(3).52(2).53.54.55.56(2).57.58(2).59(2).60 8,1.2.3.6.7.9.12(2).13(3).14. 17.19.22.23.25.26.27(2).28(2).29.30.32.35.36.38(4).39.40 9,1.2.4.6(2).9(2). 10.11.12(2).14.15.17(3).18(2).19.20.21(2).22.24(2).26.27(3).28(2).29.30.31(4). 32.34(3).35(2).36.39(3).40(3).41.42 10,2(2).3.4(2).5(2).7.8.9.10.11(2).12(2). 13(2).14.15.16.18.20.22(2).23.24.26.27(2).28.29.30(2).31(2).32.35.38(2).39(3). 40.41.42(3).45(2).46.47 11,1(2).3.5(2).6(4).7(2).10.11.12.13(2).14.15.17. 18(2).19(2).20(2).21.22.23(2).24(3).26(3).30(2) 12,3.4.7(3).8(3).9(2).10(3).11(3). 12.14.16.17(2).19(2).20(2).21.22.23.24.25 13,1(4).2(2).3(2).5(2).7.9.10.11(4). 14.15.16(2).17(2).18.19.20.21(2).22(2).26.27(2).28.32.33.35.36(2).38.41(2). 43(2).45.46(2).48(2).50(4).52 14,1(2).2.3.4.5(2).6(2).7.8.9.10(2).13.14.15(5). 17(2).18.19(3).20.21(3).22.24.25.26.27(2) 15,1.2(5).3(2).4(2).6.7.8(2).9(2).11. 12(3).15.16.16(3).17.20(3).22(3).23(3).25.27(2).28.29(3).30.32(3).35(3).37.38.41 **16**,1(2).3.4.5.6.7.9(3).12.13.14.15(2).17.18(2).19.20.21.22(2).24.25.26.27. 29(2).30.31(2).32.33(3).34.37.39(2).40(2) 17,1.2.3(3).4(3).5(3).6(2).7.8.9(2).10. 12(2).13(3).14.15(2).17(2).18(4).21.23(2).24(2).25(2).26.27(2).28(4).29.32.34(3) **18**,2(2).3(2).4.5.6.7.8(2).9.10.11.12.15(2).16.17.18(2).19.21.22(2).23(2).25(2). 26(2) 19,1.6(2).8.9.10.12(2).13.15.16(2).17(3).18.19(2).20.21(2).22.25.26(2). 27(3).28.29(2).31.32.35.36.38(2).40(2) 20,1.2.4(4).6.9.10.11(2).12.15.19(2). 20(2).21(2).22.23.24.25.28.30.31.32(3).34.36.37 21,1.2.3(2).5(2).6.7.8.11(4). 12.13(2).16.19.20.24(3).25(3).27.28(4).30.32(3).35(3).37.38 22,1.2.4(2).5(4).6. 7.10.13(2).14(2).15.16(2).17.18(2).19(2).20(4).21.22.23(2).25.28.29(2).30(3) **23**,3(2).6.7(2).9.11.14.16.18.19.21.23(3).27.30.33(2).34(2).35 24,1.2.3.5. 6(2).7*.9.12.14.15(2).16(2).17.19.23.24.25(2).26(2) 25,2(2).7.10.11.13.15. 19.20.22.23(4).24(3).26.27 26,3.6.7.10(2).11(2).12.13.16(2).17.18(2).20(3). 22(2).23.25.26.29(4).30(2).31 27,1.4.5.6.7.9(2).10(3).11.12.15.19.21.22.23. 24.28(2).30.31.32.35(2).36.40(2).41.44(2) 28,1.2.3.6.8(2).9(2).10(2).12.13.14. 15(2).20.23.24.26(4).27(6).28.29*.30.31

Rm 1,5.6.7(2).12.13(3).14(2).15.16.18.20.21.23(4).25(2).27.28.32 2,3.4(2).5(2). 7(2).8(2).9(2).10(3).12(2).15(2).17(2).18(2).20.27(2).29 3,4.7.8(2).9.14.16.17. 19.21.23.26.29(2).30 4,3.6.7.9.11(2).12(2).14.16.17.19(2).21(2).22.24.25 **5**,2(2).3.7.11.12(2).14.15(2).16.17.18.19.21 6,4.5.8.11.13.19 7,4.6.10.11. 12(3).23 8,2.3.6.11.17(2).21.22.23(2).26.29.30(4).32.34(2) 9,2.4(5).5.9.10. 15.17.22.23.24(2).25(2).26.28.29(2).33(2) 10,1.3.8.9.12.18.20.21 11,1. 3(2).5.8.9(4).10.12.14.16(3).17.22(2).23.24.26.27.29.31(2).33(3).35.36(2) **12**,2(3).14 13,3.5.6.9.11.13(3).14 14,6(3).7.9(3).10.11.14.17(3).18.19 **15**,1.3.4.5.6.7.9.10.11(2).12(2).13.14(3).18.19(2).21.22.24.26.27(2).28.30.31 **16**,1.2(3).3.4.5.7(3).9.12.13(2).14.15(4).17(2).18(2).21(3).23(2).25

1Co 1,1.2.3(2).5.8.10(2).14.16.19.22(2).24(2).25.27.28(2).30(2) 2,1.2.3(2).4(3). 9(2).10.11.13.14 3,1.3(2).5.8.13.16.20 4,1.5(3).6.7.8(2).9(2).11(5).12.17.19 **5**,1(2).2(4).7.8(2).10 6,1.2.6.8(2).11(2).13(4).14(2).19 7,2.3.4.5.7.8(2).11(2). 12.13(2).14.17.19.21.28(2).29.30(3).31.34(5).35.36.37.38(2).40 8,4.5(2).6(3). 7.12 9,4.5(3).6.7(2).8.10.14.20.27 10,1.2(3).3.4.6.7(2).8.9.10.13.20.21(2). 26.27.28.32(3).33 11,1.2.5.6.7.9.12.18.19(2).21.22(2).23.24(2).25.26.27. 28(2).29(2).30(2) 12,3.5(2).6.11.12(2).13(2).14.16.23(2).26.27.28.31 13,1. 2(4).3(2).9.12 14,3(2).8.9.10.11.12.15(2).19.21(2).23.25.27(2).28.29.31.32. 34.39.40 15,1(2).2.3.4(2).5.8.10.11.14(2).15.18.21.22.24(3).28.29.30.32.34. 37.38.40(2).41(2).42.44.45.48(3).49(2).50.52(2).53.54 16,1.4.6.9(2).10.12. 15.16(2).17(2).18.19

2Co 1,1.2(2).3(2).5.6(2).7(2).8.10(2).11.12.13(2).14(2).15.16(3).17.18.19(3).20.21. 22(2) 2,2.3.4.7.9.10(2).12.14.15.16 3,2.6.10.13 4,3.7.10.11.13(2).14(2). 16(2) 5,2.3.4.6.8(2).9.11.12.15(2).16.18.19 6,1.2.7.8(3).9(3).10.13.14. 16(3).17(3).18(3) 7,1.3.5.7.8(3).12.14.15(2) 8,2.3.4.5(2).6(2).7(5).8.10(2). 11(2).14.15.19(2).21.23.24 9,2.4.5(2).6(3).10(3).12.13(2).14 10,1.5(2).6.7.8. 10(2).11.12.13.14 11,1.3.6.9(4).12(2).14.15.16(2).18.21.22(3).27(3).29(2).31. 33(2) 12,1.3.4.7.9.10.11.12(2).14.15.18.20.21(4) 13,1.2(3).4(2).9.10.11(2). 13(2)

Ga 1,1.2.3(2).4.7.8.9.13.14.15.16.17.18.21.24 2,1.2.8.9(4).10.12.13(3).14.15. 16(2).17.20 3,4.5.6.16(3).28 4,2.3.7.9.10(3).12.14.18.20.22.27.29.30 **5**,1.12.15.16.21.24.25 6,1(2).2.4(2).7.14.16(3)

Eph 1,1.2(2).3.4.8.10.11.13(2).15(2).17.19.20.21(5).22(2) 2,1(2).3(4).5.6(2).8. 12(2).14.16.17(2).20.22 3,5.6(2).9.10.12.15.17.18(3).21 4,2.4(2).6(3). 9.10.11(2).13.14.16.17(2).21.24(2).26.30.31(4).32 5,2(4).3.4(2).5.9(2).11(2). 12.14(2).18.19(3).20.23.24.25(2).27.28.29(2).31.32.33 6,2.3.4(2).5.7.9(4). 10.12.13.14.15.17(2).18(3).19.21(2).22.23(2)

Php 1,1(2).2(2).7.9(2).10.11.13.14.15(3).18(2).19.20(2).21.22.23.25(3).27.28(2). 29.30 2,1.4.5.7.9(2).10(2).11.12.13(2).14.15(2).17(3).18(2).19.24.25(3).26. 27(2).28.29 3,3(2).4.8(2).9.10(2).12(2).15(2).17.18.19.20.21 4,1(2).2.3(3).6. 7(2).8.9(5).10.12(7).15(2).16(3).18.20

Col 1,1.2(2).4.6(4).8.9.10.11.13.16(3).17(2).18.20.21(2).22(2).23(2).24.26.28.29 **2**,1(2).2.3.5(3).7(2).8(2).10(2).11.12.13.14.15.16.18.19(3).22.23(2) 3,3.4.5. 7.8.10.11(3).12.13(3).15(4).16.17.19.23.25 4,1(2).3(2).7(2).8.9.10.11.12. 13(2).14.15(2).16(4).17

1Th 1,1(4).3(3).5(3).6(2).7.8.9(2).10 2,2.8.9(2).10(3).12(3).13(3).14(2).15(5).18(3). 19.20 3,2(3).3(2).5(2).6(4).7.10(2).11(2).12(3).13 4,1(3).4.5.6(3).8.10.11(3). 12.13.14(2).16(2).17 5,1.3(2).5.6.7.8(2).11(2).12(2).13.15(2).23(3).24.25

2Th 1,1(3).2(2).3.4(2).5.7.8.9.10.11(3).12(2) 2,1.3.4.6.8(2).9(2).10.11.13.14.15. 16(3).17(2) 3,1(2).2(2).3.4(2).5.6.8(2).10.12.15

1Tm 1,1.2.4.5(2).9(4).10.13(3).14.15.17.19.20

μη [1043]

Mt 1,19.20 2,12 3,9.10 5,13.17.18.20(2).26.29.30.34.39.42 6,1(2).2.3.7. 8.13.15.16.18.19.25.31.34 7,1(2).6.9.10.19.26 8,28 9,15.17.36 **10**,5(2).9.10.13.14.19.23.26.28(2).31.34.42 11,6.23.27(2) 12,4.16.24.29. 30(2).39 13,5.6.14(2).19.57 14,17.27 15,6.24 16,4.22.28 17,7.8. 21*.27 18,3(2).10.13.16.25.35 19,6.9.14 21,19.21 22,12.23.24.25.29 **23**,3.8.9.23.39 24,2.4.6.17.18.20.21.22.23.26(2).34.35.36 25,9.29 **26**,5(2).29.35.41.42 28,5.10

Mc 2,4.7.19.21.22.26 3,9.12.20.27 4,5.6.12(2).22 5,7.10.36.37 6,4.5. 8(4).9.11.34.50 7,3.4 8,1.14 9,1.9.29.39.41 10,9.14.15(2).18.19(5).30 **11**,13.23 12,14.18.19.21.24 13,2(2).5.7.11.15.16.18.19.20.21.30.31.32. 36 14,2.25.31.38 16,6.18

Lc 1,13.15.20.30 2,10.26.45 3,8.9.11 4,26.27.42 5,10.19.21.34.36.37 **6**,4.29.30.37(4).49 7,6.13.23.30.33.42 8,6.10(2).12.17.18.28.31.50.51.52 **9**,5.27.33.45.50 10,4(3).6.7.10.15.19.20.22(2) 11,4.7.23(2).24.29.35.36. 42 12,4(2).7.11.21.22.29(2).32.33.47.48.59 13,3.5.9.11.14.35 14,8.12. 29.32 16,26.28 17,1.9.18.23.31(2) 18,1.2(2).5.7.16.17(2).19.20(4).30 **19**,26.27 20,7.16.27 21,8(2).9.14.18.21.32.33 22,16.18.32.35.36.40.

1Tm 3,7(2).10.12.13.15.16 4,1.3.4.5.6.7.8.9.10.11.16(3) 5,4.5(4).7.8(2).13(3). 16.17.18.20.21(2).23.24.25(2) 6,1.2(2).3(2).4.5.8.9(4).10.12.13.15(2).16.20

2Tm 1,2.3.5(2).7(2).9(2).10.11(2).12(2).13.15.16.17.18 2,2(2).5.10.11.12(2).17(2). 18.19.20(4).23.26 3,5.6.7.8(2).9.11.12.13(2).14.15.16 4,1(4).2.4.6.8.10. 13.15.17(3).18.19(2).21(4)

Tit 1,1.4(2).5.9(2).10(2).14.15(3).16(2) 2,12(3).13(2).14.15(2) 3,3(3).4.5.8(2). 9(4).10.11.13.14

Phm 1(2).2(3).3(2).5(2).7.9.11(2).16(2).19.21.22

Heb 1,1.2.3.5(2).6.7(2).8.9.10(2).11.12(3) 2,2(2).4(3).7.9.10.11.13(3).14(2).15.17 **3**,1.2.5.6.9.10.19 4,2(2).4.5.6.10.12(7).13(2).16 5,1.2(2).3(2).4(2).5.6.7(3).9. 11.12(3).14 6,1.2.3.4.5.6(2).7(2).8(2).9(2).10(2).12.14.15.16.19(2) 7,1.2(2). 4.5.6.8.9(2).11.12.15.18.20.21.22.23.25.26(2) 8,2.3(2).5.6.8(2).9.10(3).11(2). 12.13 9,1.2(2).4(3).7.9.10.11.12.13(3).15.19(4).21(2).22(2).27.28 10,4.5. 6.8(3).11(2).15.16.17(2).20.21.22.24(2).25.27.29(2).30.33.34(2).37.38 11,4. 5.6.7.8.9.10.11(2).12(2).13.15.17.19(2).20(2).21.22.23.28.32.36(2).38(2). 39 12,1(2).2.5.8.9(2).12.13.14.15.17.18(4).19(2).20.21(2).22(2).23(2).24(2). 26.28.29 13,3.4(2).6.8(2).9.12.16.17(2).22.24

Ja 1,1.4.5(2).6.11(4).14.17.21.22.23.24(2).25.27(3) 2,2.3(2).4.5.6.11.12.15.16. 17.18(2).19(2).22.23(3).24.25(2).26 3,2.3.4(2).5(2).6(3).7(3).9(2).10.11.13. 14(2).16(2).17 4,1(2).3.7.8(2).9.10.11.12(2).13(3).14.15(2).17 5,2.3(3). 4.5.7.8.10.11(2).12.14.15(3).16.17(3).18(3).19.20

1Pt 1,1.2(2).3.4(2).7(2).8.10.11.15.17.19.21(3).23.24(2) 2,1(4).5.6.8(3).11.16. 18(2).20(2).21.25 3,1.3.4.5.6.7.10(2).11(2).12.13.14.16.18.19.21.22(2) 4,1. 3.5.6.7.11.13.14.18(2).19 5,1(2).4.12.13

2Pt 1,1(2).2(2).3(2).4.5.8.10.11.12.14.15.16.17.18.19(2) 2,1(3).2.3(2).5.6(2).7.8. 10.11.12(2).13.14.17.20.22 3,2(2).4.5(2).7(2).8.10(2).11.12(2).13.14.15(2). 16(3).18(4)

1Jh 1,2(5).3(5).4.5(2).6(2).7.8.9(2).10 2,1.2(3).4.6(2).8.9.10.11(2).14(2). 16(2).17(2).18(2).20(2).21.22.23.24(2).25.27(5).28(2).29 3,1.2.3.4(2).5(2).9. 10(2).12(2).13.15.16.17(2).18.19(2).20.22(2).23(2).24(3) 4,3(3).4.5.6.7(2).10. 11.12.13.14(2).15.16(4).17.20.21(2) 5,1(2).2.3.4.6(3).8(3).11(2).14.15.16.17. 18.19.20(3)

2Jh 1(3).2.3(2).5.6.7.9(3).10(2).12(2)

3Jh 2.3.5.10.12(3).13.14

Ju 1.2(2).4(2).7(3).8.11(2).14.15(2).16.22.23.24.25(3)

Apc 1,1.2.3(2).4(4).5(3).6(3).7(3).8(3).9(4).10.11(7).12(2).13(2).14.15(2).16(3).17(3). 18(5).19(2).20(2) 2,2(6).3(3).5(3).6.8(3).9(3).10(2).12.13(3).14.15.16.17(2). 18(2).19(5).20(3).21(2).22.23(4).26(2).27.28(2) 3,1(3).2.3(4).4.5(3).7(4).8(2). 9(3).10.12(4).14(2).16.17(7).18(3).19(2).20(5).21(2) 4,1(3).2(3).3(4).5(4). 6(4).7(4).8(6).9(3).10(2).11(5) 5,1(2).2(2).3.4.5(2).6(4).7(2).8(3).9(6).10(3).11(6). 12(6).13(9).14(3) 6,1(2).2(6).3.4(4).5(4).6(4).7.8(8).9(2).10(3).11(5).12(4).13. 14(3).15(8).16(4).17 7,2(3).4.9(6).10(2).11(5).12(6).13(2).14(4).15(3).17(2) **8**,1.2(2).3(3).4.5(7).6.7(7).8(3).9(2).10(4).11.12(6).13(2) 9,1(3).2(4).3(2).4.5(2). 6(4).7(3).8(2).9(2).10(3).11.13(2).15(4).16.17(8).18(2).19(2).20(6).21 10,1(4). 2(3).3(2).4(2).5(2).6(6).7.8(3).9(4).10(4).11(4) 11,1(4).2(3).3(2).4.5(3).6(2).7(3). 8(3).9(6).10(4).11(4).12.13(5).15(4).16(2).17(2).18(8).19(7) 12,1(3).2(3).3(4). 4(3).5(6).6(4).8.9(3).10(5).11(2).12(2).13.14(3).15.16(3).17(3).18 13,1(4).2(6). 3(3).4(3).5(3).6(2).7(6).8.10.11(3).12(3).13(2).14(2).15(3).16(6).17.18 14,1(4). 2(3).3(4).4.5.6(5).7(5).8.9(4).10(4).11(5).12.13.14(4).15(2).16(2).17(2).18(3).19(3). 20(2) 15,1(2).2(4).3(4).4(2).5(2).6.7.8(3) 16,1(2).2(5).3(5).4(3).5(2).6(2).7(2). 8(2).9(3).10(3).11(3).12(2).13(3).15(2).16.17(2).18(4).19(3).20(2).21(2) 17,1(2). 2.3(3).4(6).5(2).6(3).7(3).8(6).9.10.11(5).12.13(2).14(5).15(4).16(6).17(2).18 **18**,1.2(6).3(2).4(2).5.6(2).7(4).8(3).9(3).11(2).12(13).13(15).14(4).15.16(5).17(4). 18.19(3).20(3).21(2).22(6).23(3).24(3) 19,1(2).2(2).3(2).4(3).5(3).6(3).7(3).8.9(2). 10.11(6).12.13(2).15.19(6).11(2).12.15(3).13(4).14(2).15 21,1(4).2.3.4(4).5(2). 5(3).6(3).7(2).8(6).9(2).10(3).12(3).13(3).14(2).15(3).16(6).17.18(2).21(2).22(2). 23(2).24(2).25.26(2).27(3) 22,1(2).2(3).3(4).4(2).5(4).6(3).7.8(4).9(3).10.11(3). 12.13(3).14.15(6).16.17(4).19(2)

μη [1043]

Lc 42.46.67.68 **23**,28 **24**,16.23
Jh **2**,16 **3**,2.3.4.5.7.13.16.18(2).20.27 **4**,12.14.15.33.48(2) **5**,14.19.23.28.
45 **6**,12.20.22.27.35(2).37.39.43.44.46.50.53.64.65.67 **7**,15.23.24.31.35.
41.47.48.49.51(2).52 **8**,12.24.51.52.53 **9**,27.33.39.40 **10**,1.5.10.21.28.
37.38 **11**,26.37.50.56 **12**,15.24.35.40.42.46.47.48 **13**,8(2).9.10.38
14,1.2.6.11.24.27 **15**,2.4(2).6.22.24 **16**,1.7 **17**,12 **18**,11.17.25.28.30.
36.40 **19**,11.15.21.24.31 **20**,17.25(2).27.29 **21**,5
Ac **1**,4.20 **2**,25 **3**,23 **4**,17.18.20 **5**,7.26.28.40 **7**,19.28.42.60 **8**,31
9,9.26.38 **10**,15.47 **11**,9.19 **12**,19 **13**,11.40.41 **14**,18 **15**,1.19.
38(2) **17**,6 **18**,9(2) **19**,31 **20**,10.16.20.22.27.29 **21**,4.12.14.21.34
23,8.10.21 **24**,4 **25**,24.27 **26**,32 **27**,7.15.17.21.24.29.31.42
28,26(2)
Rm **1**,28 **2**,14(2).21.22 **3**,3.4.5.6.8.31 **4**,5.8.17.19 **5**,13.14 **6**,2.12.15
7,3.7(3).13 **8**,4 **9**,14(2).20.29.30 **10**,6.15.18.19.20(2) **11**,1(2).8(2).10.
11(2).15.18.20.21.23.25 **12**,2.3.11.14.16(2).19.21 **13**,1.3.8.13(3).14
14,1.3(4).6.13.14.15.16.20.21.22 **15**,1.20
1Co **1**,7.10.13.14.15.17.28.29 **2**,2.5.11(2) **4**,5.6(2).7.18 **5**,8.9.11 **6**,9.15
7,1.5(2).10.11.12.13.17.18(2).21.23.27(2).29.30(3).31.37.38 **8**,4.8.9.13(2)
9,4.5.6.8.9.12.16.18.20.21.27 **10**,6.12.13.22.28.33 **11**,22(2).29.32.34
12,3.25.29(4).30(3) **13**,1.2.3 **14**,5.6.7.9.11.20.28.39 **15**,2.33.34.36
16,2.11
2Co **1**,9 **2**,1.2.3.5.7.11.13 **3**,1.7.13.14 **4**,2.4.7.18(3) **5**,12.19.21 **6**,1.3.9.
14.17 **8**,20 **9**,3.4(2).5.7 **10**,2.9.14 **11**,3.16(2) **12**,5.6.7(2).13.17.20(2).
21(2) **13**,7.10
Ga **1**,7.19 **2**,2.16.17 **3**,21 **4**,8.11.18.30 **5**,1.7.13.15.16.17.26 **6**,1.7.9(2).
12.14(2)
Eph **2**,9.12 **3**,13 **4**,9.26(2).29.30 **5**,7.11.15.17.18.27 **6**,4.6
Php **1**,28 **2**,4.12.27 **3**,9 **4**,15
Col **1**,23 **2**,8.16.21 **3**,2.9.19.21(2).22
1Th **1**,8 **2**,9.15 **3**,5 **4**,5(2).6.13(2).15 **5**,3.6.15.19.20
2Th **1**,8(2) **2**,2.3(2).12 **3**,6.8.13.14.15
1Tm **1**,3.7.20 **2**,9 **3**,3(2).6(2).7.8(3).11 **4**,14 **5**,1.9.13.16.19(2) **6**,1.2.3.17
2Tm **1**,8 **2**,5.14 **4**,16
Tit **1**,6.7(5).11.14 **2**,3(2).5.9.10 **3**,14
Phm 14.19
Heb **3**,8.13.15.18(2) **4**,2.7.11.15 **6**,1.12 **7**,6 **8**,11.12 **9**,9 **10**,17.25.35
11,3.5.8.13.27.28.40 **12**,3.5.13.15(2).16.19.25.27 **13**,2.5(2).9.16.17
Ja **1**,5.7.16.22.26 **2**,1.11(2).13.14(2).16.17 **3**,1.12.14 **4**,2.11.17 **5**,9(2).
12(2).17
1Pt **1**,8.14 **2**,6.16 **3**,6.7.9.10.14 **4**,4.12.15.16 **5**,2
2Pt **1**,9.10 **2**,21 **3**,8.9.17
1Jh **2**,1.4.15.22.28 **3**,10(2).13.14.18.21 **4**,1.3.8.20 **5**,5.10.12.16(2)
2Jh 7.8.9.10(2)
3Jh 10.11
Ju 5.6.19
Apc **1**,17 **2**,5(2).11.16.17.22 **3**,3(2).5.12.18 **5**,5 **6**,6 **7**,1.3.16 **8**,12
9,4(2).5.6.20 **10**,4 **11**,2.6 **13**,15.17(2) **14**,3 **15**,4 **16**,15 **18**,4(2).7.
14.21.22(3).23(2) **19**,10.12 **20**,3 **21**,25.27(2) **22**,9.10

ὁ [19904]

ὁ

Mt **1**,16.19.23.24(2) **2**,2.3.4.9.14.21 **3**,1.3.4.9.11.13.14.15.16.17(2) **4**,1.3.
4(2).5.7.8.10.11.16(2).17 **5**,12.18.22.23.25(2).28.29(2).32.37.48(2) **6**,4(2).
6(2).8.9.14(2).15.18(2).21.22(3).23.26(2).30.32(2) **7**,8(2).9.11(2).12.21(2).26.
28 **8**,4.6.8(2).10.12(2).13(2).14.15.18.20(2).22 **9**,2.4.6.9.11.12.15(3).17.19.
22.23.25.28.30.33.35.37 **10**,2(4).3(2).4(3).5.10.22.23.25(3).26.37(2).39(2).
40(2).41(2) **11**,1.2.3.4.7.11.13.14.15.19.25.26.27(3).30 **12**,1.3.8.11.15.
18(2).23.26.30(2).35(2).39.40.48 **13**,1.2.3.9.11.19(2).20(2).22(2).23(2).25.26.
28.29.34.37(3).38(2).39(4).41.42(2).43(2).50(2).52.53.55.57 **14**,1.2.3.4.9.13.
15.16.18.24.27.28.29(2).31.32 **15**,3.4(2).8.13(3).15.16.21.23.24.26.28.29.
32.34 **16**,2(3).8.13.16(2).17(3).20.21.22.23.24.27 **17**,1.2.4.5(2).7.9(2).
11.12.17.18(2).20.22(2).24.25.26 **18**,4.8.9.11*.15.17(2).21(2).22.25.26.27.
28.29.30.32.34.35(2) **19**,1.4(2).6.11.12.14.17(2).18.20.21.22.23.26.27.28(2)
20,8.13.15.17.18.21.22.25.28.31.32.34 **21**,3.5.6.8.9.11(2).13.16.21.24.29.
30.31(2).34.38.40.42.44 **22**,1.7.8.10.11.12.13(3).18.24.25.26(2).29.32(4).
37.40.41 **23**,1.8.9(2).10.11.17(3).20.21.22.38.39 **24**,1.2.4.5.13.15.17.18.
23.29.32.35.36(2).39.42.43(2).44.45(2).46(2).48(2).50.51(2) **25**,6.10.12.16.
17.18.19.20.21.22.23.24.26.30(2).31.32.34.40 **26**,1.2.10.14.18(3).19.23(2).
24(3).25.26.31.33.34.35.36.45.46.48.50.52.55.58.62.63(4).64.65.68.69.70.
75 **27**,3.8.11(4).13.15.17.21.22.23.24.25.37.40.46.50.54.58.59.63.65
28,5.10.15.16.18

Mc **1**,4.6.7.11(2).14.15.17.24.25.31.32.45 **2**,4.5.7.8.10.13.17.19(2).20.22(2).27.
28 **3**,7.11.20.26 **4**,1.3.14.16(2).17.21.27.29(2).39.41 **5**,18.19.20.30.34.
36 **6**,2(2).4.14(2).16.17.18.20.22.26.27.35.37.38.48.50.51 **7**,6(2).10.35
8,27.29(2).32.33.38 **9**,2.5.7(2).9.12.15.19.21.23.24.25.27.31.38.39.44*.45.
46*.47.48 **10**,3.5.9.14.18(2).20.21.22.23.24.27.28.29.32.33.36.38.39.42.
45.46.47.48.49.50.51(2).52 **11**,3.6.9.13.17.18.21.22.25(2).26*(2).29.33
12,7.9.15.17.19.20.21(2).24.26(4).29(2).32.34.35(2).37.41 **13**,2.5.13.14.15.

ὁ [19904]

ὁ

Mc 16.19.21.24.28.31.32(2).33.35 **14**,6.10.14.18(2).20(2).21(3).27.29.30.31.36.
41.42.44.48.52.54.60.61(4).62.63.68.70.71.72(2) **15**,2(3).4.5.7.8.9.12.14.
15.26.29.32(2).34(3).37.39(3).43.44 **16**,4.6(2).8*.16(2).19
Lc **1**,13.19(2).21.26.28.29.30.32.35.38.42.49.57.67.68 **2**,10.15.25.33.43.48
3,8.11(2).13.15.16(2).19(3).22(2) **4**,3.4(2).6.8.12.13.14.25.27.32.34.35.36.
40.41.43 **5**,10.15.21.22.24.31.34(2).35.37(2).39 **6**,3.5.9.10.19.23.35.36.
40.45(2).47.48.49(2) **7**,6(2).7.9.13.15.16.17.18.19.20(2).28.29.33.34.39(2).
40(2).41(2).43 **8**,5.8.10.11(2).12.21.24.30(2).36.38.39(2).40.45(3).46.48.50.
52.56 **9**,7.21.26.29.32.33.35(2).41.42.44.47.48.50.58(2).59.62 **10**,1.2.7.
16(3).21.22(5).26.27.29.30.37(3).41 **11**,10(2).11.13(2).14.18.21.23(2).30.
34(3).36.38.39.40.46 **12**,8.9.14.20.21.24.28.30.32.34.37.39(2).40.41.42(4).
43(2).45(2).46.47(2).48.58(2) **13**,4.8.12.14(2).15.16.17.23.25.28(2).35(2)
14,3.9.10.11(2).16.18.21(2).22.23(2).30.35 **15**,12(2).13.20.21.22.24.25(2).
27(3).28.29.30(2).31.32 **16**,3(2).6(2).7.8.10(2).15.16.18(2).22.30 **17**,3.6.17.
18.24.27.30.31.34(2).36*.37 **18**,6(2).7.8.10(2).11(3).13(2).14(2).16.19(2).21.
22.23.24.27.28.29.37.40.41.42.43 **19**,5.9.10.16.18.20.31.34.38(2).46.48
20,2.6.8.13.14.15.17.18.25.28.29.30.31.34 **21**,8(2).33.38 **22**,10.11.22.
23.25.26(4).27(4).29.31.33.34.36(2).38.44.47.51.54.55.57.58.60.61(2).64.67.
69.70(2) **23**,3(3).4.6.8.11.12(2).20.22.28.34.35(3).37.38.39.40.46.47(2)
24,12.21.34
Jh **1**,1(3).10.14.15.17.18.20.21.23.25(2).26.27.28.29(2).33(2).34.35.36.38.40.
42(2).43.44.46.47.49 **2**,2.4.7.9(2).11.13.17.20.22 **3**,2.4.8.10.13(2).15.
16(2).17(2).18(2).20.21.22.23.24.28.29(3).31(3).33(2).34.35.36(2) **4**,1.6.7.10.
13.17.20.21.23.24.25.26(2).29.32.34.35.36(3).37(2).42.46.48.49.50(4).51.52.
53(3).54 **5**,4*.6.7.8.9.11(2).12(2).13(2).14.15(2).17(2).19(2).20.21(2).22.23.
24.26.32.35(2).36(2).37.45 **6**,1.5.7.8.10.11.14(2).17.20.22(3).24.26.27(3).29.
32(2).33(2).35(4).37.40.41(2).42.44(2).45.46.47.48.50(2).51(4).53.54.56.57(2).
58(3).60.61.64(2).67.69.70 **7**,1.6(5).7(2).8.16.18(2).20.23(2).26.27.28(2).31.33.
36.37.38.40.41(2).42.49(2).50.51 **8**,2*.6*.7*.10*.11*.12(2).16.18(2).19.25.
26.28(2).29.31.34(2).35(2).36.37(2).39(2).42(2).44.47.50.54(2).56 **9**,8.11(2).
14.15.16.17.19.20.24.29.30.31.37(2).38.39.41 **10**,1.2.3.6.7.10.11(4).12(2).
14(2).15.17.23.24.25.29.30.32.34.35.36.38 **11**,2.4(2).5.11.13.14.16.17.21.
22.23(2).25(2).26.27(3).28.30.32.35.37.39.40.41.44(2).47.54 **12**,1.2.4(2).7.9.
12(3).13(2).15.16.17.18.19.22.23.24.25(2).26(3).29(2).31.34(3).35(2).38(2).
44.45.46.48(2).49.50 **13**,1.3.10.13(2).14(2).18.20(2).21.23.26.27(2).29.
31(2).32(2).37 **14**,6.9(2).10(2).11.12.13.17.19.21(3).22.23.24(2).26(2).27.28.
30.31(2) **15**,1(2).5.8.9.15(2).16.18.19(2).23.25(2).26 **16**,2.7.11.15.19.20.
27.32 **17**,1.12.14.17(2).21.23.25 **18**,2.3.5.9.11(2).12.14.15.16(4).18.19.
24.29.31.32.33(2).35.37(3).38.40 **19**,1.3.4.5(2).6.8.9.10.11.12(2).13.14.15.
19(3).20(2).21.22.23.26.27.28.30.35.38(2).39 **20**,2.3(2).4.8(2).15.19.21(2).
24.25.26.28(2).29.30.31(2) **21**,1.2(2).5.6.7(4).10.12(2).15.17(2).20(3).21.22.
23(3).24(3).25
Ac **1**,1.7.11(2).13(2).20.21.26 **2**,14.17.20.22.24.30.32.34.36.39.47 **3**,5.9.10.
11.12.13(4).15.18.21.22.25.26 **4**,1.4.6.10.11(3).19.22.24.25.31.36 **5**,3(2).
5.9.13.17.21.24.26.27.30.31.32.37 **6**,5.7(2).13.14 **7**,1.2(2).6.7.9.17(2).25.
27.31.32(2).33(2).35.37(3).38.40.42.44.45.48.52(2).49 **8**,13.18.24.30.31.34(2).
35.36.38(2).39 **9**,1.5.10(2).11.15.17(2).20.21.22.34.40 **10**,4.7(2).14.15.17.
18.24.25.26.28.30.34.35.38(2).40.42 **11**,9.14.17.18.21.22 **12**,1.5.6(2).8.
10.11(3).15.16.17.18.21.22.24 **13**,1(3).8.9.12.17.21.23.26.30.33.37.39.
46(2).47.49 **14**,12.13.27 **15**,4.7.8.12.14 **16**,3(2).10.14.15.22.27.28.31.
36.37 **17**,3(2).13.14(2).18.22.24(2).30.33.34 **18**,5(3).8.9.14.18 **19**,11.16.
20.21.26.33.35 **20**,1.7.10.16 **21**,13.18.19.26.28(2).29.33.37(2).38(2).39.
40 **22**,5.8.10.14(2).24.25.26(2).27(2).28(2).29 **23**,1.2.3(2).5.6.10(2).11.16.
17.18(2).19.22 **24**,1.2.7*.10.22(2).24.25.27(2) **25**,4.9.10.12.13.14.16.19.
23.24 **26**,1.8.15.23.24.25.26.28.29.30(2).31.32 **27**,3.6.9.11.14.21.24.31.
33.43 **28**,4.5.8.15
Rm **1**,9.17.19.24.26.28 **2**,1(2).3.16.21(2).22(2).28.29(2) **3**,4.5(2).6.11(2).12.13.
19(2).25.29.30 **4**,4.6.9.15 **5**,8.12(2).14.17 **6**,6.7 **7**,1.2.3.7(2).12.14
8,2.3.11.15.27.31.33.34(2) **9**,5(2).6.9.12.20.21.22.27.33 **10**,5.9.11.12.18
11,1.2.4.8.21.23.26.32 **12**,3.7.8(4).20 **13**,2.8 **14**,2.3(3).4(2).6(3).15.18.
21.22.23 **15**,3.5.7.12.13.33 **16**,20.21.22.23(3)
1Co **1**,1.9.13.17.18(2).20.21(2).27(2).28.31 **2**,4.7.9.10.15 **3**,5.6.7(3).8(2).17(2).
19 **4**,4.5(2).9.19 **5**,2.13 **6**,2.13(2).14.16.17.18 **7**,3.4(2).5.7(2).10.12.
14(2).15(3).17(2).22(2).29.32.33.38(2).39(2) **8**,6.11(2) **9**,8.10(2).14.18.25
10,4.5.7.12.13 **11**,3(3).12.23.29 **12**,5.6(2).12.15.18.21.24.28 **14**,2.3.
4(2).5(2).11.13.14.16.17.25.30.33.34.36 **15**,9.26.28(2).38.45(2).47(2).48(2).
54(2).56.58 **16**,7.21
2Co **1**,3(2).4.18(3).19.21.22 **2**,2(2).7 **3**,17 **4**,4.6(2).12.14.16(2) **5**,5(2)
6,16 **7**,6(2) **8**,15(2).18 **9**,6(2).7.8.10 **10**,8.10.11.13.17.18(2) **11**,3.4.
11.14.31(2).32 **12**,2.3.21 **13**,10.11
Ga **1**,15(2).23 **2**,3.6.8 **3**,5.8.11.12(2).13.17.18.19.20(2).21(2).24 **4**,1.4.6(2).
15.23(2).29.30 **5**,10.14.22 **6**,6.8(2)
Eph **1**,3(2).17(2).18 **2**,4.10.14 **3**,1 **4**,1.6.10(2).26.28.32 **5**,2.9.14(2).23.25.
28.29 **6**,9.21
Php **1**,6.8 **2**,9.13.27 **3**,15.19 **4**,5.9.19
Col **1**,1.8.27 **2**,8 **3**,1.4.13.16.25 **4**,3.6.7.10(2).11.12.14(2).18
1Th **1**,8 **2**,10.18 **3**,5(2).11(2).12 **4**,3.7.8.14.16 **5**,9.23.24
2Th **1**,11 **2**,3(2).4.7.8(2).11.13.16(4) **3**,1.3.5.16(2).17

ὁ [19904]

ὁ

1Tm 1,8.15 2,6 3,1 4,3.9 5,18 6,15(2).16
2Tm 1,7.16.18 2,7.9.11.17.19(2).25 3,11.17 4,6.8(3).14(2).17.18.22
Tit 1,2.15 2,5.8 3,8.11
Phm 1.23
Heb 1,1.7.8(2).9(2).12 2,2.11.13 3,3.4 4,2.4.10(2).12.13 5,5(2).11.13 6,3.
10.13.16.17 7,1(2).4.6.9.11.14.19.21.24.28(2) 8,2 9,7.17.20.25.28
10,1.7.23.29.37.38 11,5.10.16.17.19.28.32.38 12,7.10.29 13,4(2).5.8.
16.20(2)
Ja 1,6.7.9(2).10.11(2).13.25 2,5.11.19.21 3,6 4,6.9.11.12(3).15 5,2.3(3).
4(2).7.9.11.15.18.20
1Pt 1,3(2).24 2,3.6 3,3.4.10.13 4,1.3.11(2).17.18(2) 5,1(2).5.8.10(2).13
2Pt 1,14.17(2) 2,4.8.17 3,6.15
1Jh 1,5.10 2,4.6.7.9.10.11.14.17(2).22(5).23(2).29 3,1(2).3.4.6(2).7.8(3).9.10(2).
13.14.15.20.24 4,4(2).5.6.7.8(2).9.11.12.14.15(2).16(4).18(2).20.21 5,1(3).
5(3).6.10(3).11.12(3).18(3).19.20(2)
2Jh 1.7(2).9(2).11
3Jh 1.9.11(2)
Ju 5.9(2).13
Apc 1,1.3(2).4(3).5(4).8(5).9.16.17(2).18 2,1(2).7.8(2).10.11(2).12.13(4).17(2).18(2).
23.26(2).29 3,1.5.6.7(4).12.13.14(3).17.21.22 4,3.8(5).11(2) 5,5(2).11
6,2.5.8(3).10(2).12.14 7,15.16.17 8,4.5.7.8.10.11.12 9,1.2(2).5.6.13.14.
16 10,1.5 11,8.15.17(4).18.19(2) 12,4.7(2).9(7).10(2).12.13.15.16.17
13,2.17.18(2) 14,11.15.16.18.19 15,1.3(3).5.8 16,2.3.4.5(2).7(2).8.10.
12.15.17 17,7.9(2).10(2).17 18,4.5.8(2).17(2).20 19,3.6(2).7.11.13.20(2)
20,2(3).6(2).7.8.10(3).11.13(2).14(4) 21,1.3.4.5.7.8(2).11.15.19(5).20(8).22(3).
23.27 22,3.5.6(2).7.8.10.11(4).12.13(2).16(3).17(3).18.19.20

ή

Mt 1,18.23 3,2.4.5(2).10 4,17.24 5,3.10.18.20.30 6,3(2).4.10.21.25.34(2)
7,4.13(3).14(3).25.27(2) 8,3.27.32.34 9,18.22(2).26 10,7.13(3) 11,12.
19 12,13.18.26.28.31.46.47.48.49 13,14(2).15.22(2).24.31.33.44.45.47.
54.55 14,6.8.11.15 15,8.22.25.27.28(2) 18,8.23 19,10.14 20,1.20
21,10.19.20.43 22,2.20(2).27.38 23,37 24,12.20.27(2).29.34.35.37.39
25,1.10 26,8.38.41.45.73 27,19.51.56(3).61(2).64 28,1(2).3
Mc 1,5.15.28.30.33.42 3,5.24.25.31.32.33.34 4,19.26.28.41 5,13.29.33.
34.35 6,2(2).19.24.52 7,6.26.28 8,12 9,43 10,14.52 11,10.21
12,7.16(2).22.43(2) 13,24.30.31 14,4.34.35.38.41.59.69 15,26.28*(2).
40(2).47(3) 16,1(2)
Lc 1,7.13(2).18.24.29.36.38.41(2).43.44.45.46.60.64 2,19.33.48.51 3,9
4,21.29 5,13 6,6(2).10.20 7,35.39.50 8,2.9.11.19.20.25.33.44.47.48.
49.54 9,12 10,6.9.11.40(2) 11,2.7.18.20.27(2).29.49 12,15.16.23.34
13,18.34 16,16 17,19.20(2).21.24.35(2) 18,16.42 19,11.16.18.20
20,14.32.33 21,3(2).20.28.31.32.33.34 22,1(2).7.14.18.20.21.32.53(2)
24,10(2).29.32
Jh 1,4.5.17(2).19 2,1.3.4.5.12 3,19.29(2).36 4,9(2).11.15.17.19.22.25.28.
53 5,2.30(2).31.32 6,4.18.51.55.63 7,2(2).16.30.38.42 8,4*.9*.11*.
13.14.16(2).17.20.32.54 9,41 10,7.9.35 11,2.4.18.20.21.24.25(2).30.
32.39.44 12,2(2).3.23.27.30.50 13,1.16 14,6(3).27 15,1(2).5.11(3).
12(2) 16,4.6.20.21(2).22.24 17,1.3.12.26 18,12.17(2).36(6) 19,24(2).
25(4).27.28.31.35.36 20,1.18 21,24
Ac 1,20 2,20.26(3).31.39 3,16(2) 4,12.28(2) 5,7.8.15.17.38 7,21.44.49.
50 8,10(2).14.21.22.32.33(2) 9,24.31.39.40 10,21.31.45 12,15
13,44 16,19 17,19(2) 18,7 19,25.27(2).28.29.32.34 20,10 21,11.
26.30 26,30 27,41(2) 28,1.4.27
Rm 1,8.20.21 2,25.26(2).27.28 4,3.5.7.27 4,3.5.9.13.14(2) 5,3.4(2).5(2).
12.15(2).20(2).21(2) 6,1.12 7,2.8.9.10(2).11.12.13(2).17.20 8,19.20.21.
22 9,4(4).11.17.27 10,1(2).6.11.17(2) 11,2.6.7.9.11.15(2).16(2).18.27.29.
36 12,9 13,10(2).11.12(2) 14,17 15,12.16.31(2) 16,19.20.24*.27
1Co 2,5 3,13.19 4,20 6,13 7,3.4(2).14(2).15.19(2).28.34(4) 8,1(2).7(2).9.
10 9,2.3 10,4.26.29 11,3.7.10.12.14.15.25 12,7.17(2).21 13,4(3).8.
13 14,5.22.23 15,10(4).14.17.39.40(2).42.50.56(2) 16,23.24
2Co 1,5.7.12 2,3.6(2) 3,2.5.7.8.9 4,7.10.11.12.15 5,1.14 6,3.11 7,5.8.
10(2).14(2) 8,2(2).11.12 9,9.12 10,6.10 11,10.28(2) 12,9(3)
13,13(3)
Ga 1,5 2,5 3,8.14.18.21.22(2) 4,26.27(2).30 5,8.17 6,18
Eph 1,18 2,14 3,8.9.10.21 4,7.15 5,6.24.33 6,12.24
Php 1,9 3,3.19(2) 4,7(2).20.23
Col 1,18.24.27 2,10 3,3.4.6.15 4,16.18
1Th 1,8(2) 2,3.16.20(2) 5,3.4.23.28
2Th 1,3(2) 2,2.3.9 3,2.18
1Tm 1,14 2,14 4,8(2).15 5,5.6.16.18 6,1.6.10.21
2Tm 3,9(2) 4,18.22
Tit 1,13.15 2,11 3,4(2).15
Phm 6.25
Heb 1,8 5,14 6,7 8,7.10 9,1.2(4).3.4(2).18 10,16.38 11,12(3).31
12,26 13,1.4.21.25
Ja 1,4.11.15(2).26 2,13.14.17.20.22(2).23(2).25.26 3,4.5.6(3).11.15.17 4,4.
5.9.14(2) 5,8.15.18

ὁ [19904]

ή

1Pt 2,7 3,20 4,11 5,13
2Pt 1,11.14 2,2.3 3,4.7.18
1Jh 1,2.3(2).4.5.8 2,4.5.7(2).8.11.15.16(3).17.25 3,4(2).11.17.20.21.23 4,7.
9.10.12.17.18 5,3.4(3).6.9(2).11(2).14
2Jh 6(2).12
3Jh 2.12
Apc 1,6.14.15.16 2,20 3,12.14.18 4,1(2) 5,5.13(3) 6,12.17(2) 7,10.
12(7) 8,12(2) 9,1.9.10.12(2).19 10,1.8.10 11,14(4).15.18.19 12,1.4.
6.10(4).16(2) 13,3(2).10(2).12.15.18 14,2.7.8.12.15.16.20 16,10.12.
19(3).21 17,4.5(2).9.15.18(4) 18,1.2.10(5).14.16(3).19(2).21 19,1(3).7.10
20,5(2).8.11.13.14 21,1(2).3.6.16.18(2).21.23(2) 22,13.14.16.17.21

το

Mt 1,20.21.22.23.25 2,9.11.13(2).14.15.17.20.21.23 3,4.7.12(2).16 4,5.14.
22.23 5,1.2.13(2).14.16.23(2).24(2).28.29.30.37.40.46.47 6,1.6.9.10.17.
22.23(4).25 7,3(2).4.5.6.17.21 8,4.12(2).17.18.23.24.28 9,9.16.24.25.35
10,20(2).22.27.28 11,30 12,5.17.18.33(3).34.39.41.43.50 13,5.6.19.30.
35(2).37.38 14,12.20.22(2).23.24.32 15,11(3).17(2).20.29.37.39 16,3.4.
5 17,2(2).9.15(2).18.21*.27 18,4.7.8(2).10.11*.12.20.27.30.34 19,18
20,10.12.14.19.22(2) 21,1.4.12.21.23.25(2).31 22,4.13(2).19.31.34
23,5.19(4).23(4).25.26(2).32 24,3.6.9.12.14(2).15(2).18.28.29.30.32.51
25,18(2).24.25(2).27.28.30(2).41(3) 26,2(2).12(2).13.17.18.19.26.28(2).30.
32.39.41.42.45.51.58.59.67 27,9.25.27.31.44.50.51.57.58.59 28,3.16.
19
Mc 1,10.12.14(2).26(2) 2,14.21(2).27(2) 3,3.13.29(2).35 4,5(2).6.11.29.35.
37(2).38 5,1.4.8(2).14.18.21.23.26.39.40.41.42 6,14.28.29.45(2).46.47.51
7,18.20.25.26.29.30(2) 8,10.13 9,10.20.23.25.29.32.43(2).44*.46*.48.
50(2) 10,38(2).39(2).40.50 11,1.11.15.30(2) 12,33(2).41.43 13,3.4.7.
10.11(2).13.14.16.22.24.28.34 14,1.5.8.9.12(2).14(2).16.20.22.24(2).26.28.
32.36.38.41(2).47.54.55(2).65.68.72 15,1.15.38.43.45 16,2.5.8*.15.19
Lc 1,5.9.10.13.27.31.35.38.41.44.47.49.50.58.59.62.64.66.80 2,4.12.15(2).
16.21(2).24.27(3).29.30.40.42.50 3,6.13.17(2).22(2) 4,9.16.17.20.35(2)
5,4.17.19(2).24.27.36(3) 6,8.12.22.29.33.41(2).42(4).45(3).48.49 7,5.29.43
8,6.14.15.16.22.34.35.37.55.56 9,7.17.28.29.42.45.46.48.51.53 10,34.
37 11,2.8.24.29.32.33.34.35(2).36(2).39.40(2).50(2) 12,3.4.5.10.
12.23.32.42.46.47.56.57.59 13,1.8.9.11 14,34(2) 15,4.6(2).12
16,11.12.15.24 17,35.37 18,1.5.10.13.34 19,4.10.11.15.23.29(2).37.
45.47.48 20,4.17 21,1.7.9.17.30.37(2) 22,2.4.7.8.11(2).13.15.19(2).
20(4).22.23.24.36.37(3).39(2).42(3).49.50(2).56.66(2) 23,1.2.8.24.45.46.47.
52.55(2).56 24,1.3.12(2).22.23.24
Jh 1,4.5.8.9(2).12.32.33 2,9(2).13.15.23.24 3,6(2).8.18.19(3).20(2).21.34
4,11(3).12.14.15.34(2).46.49 5,4*.7.18.30(3) 6,3.4.15.21(2).22.29.31.
38(3).39.40.49.53.54.55.56.62.63(2) 7,14.17.50 8,1*.2*.12(2).44 9,8.
16.30.31 10,40 11,9.10.31.38.48.50.55 12,5.6.16.18.28.35(2).36(2)
13,25.26(2).27.29.30 14,17.26(2) 15,2.4.6(2).19.21.26 16,13.18.21
17,4.6.26 18,10(2).11.26.28(3).33.35(2) 19,5.9.30(2).38(2).39.40.42
20,1.3.4.6.7.8.11.12.19.26 21,3.6.8.11(2).13.17(2).20
Ac 1,3.13.15.16(2).19 2,1.4.6.16.21.29.44.47 3,1.2.3.8.16.19 4,2.12.18.
21.22.26.33.37 5,3(2).4.7.8.9.16.21(2).23.28.32(2).38 6,2.12.15 7,4.6.7.
13.19(2).31.33.43.59 8,9.11.16.18.20.29.32.35.38(2) 9,14.15.21.39.40
10,9.16.17.19.34.37(2).41.44(2).47(3) 11,8.12.15(2) 12,4.8.9.20 13,2(3).
8.12.25.40.42 14,1.4.26 15,8(2).12.13.17.30.38 16,7.10.24.25 17,2.
9.16.29 18,2.3.6.12.14.25 19,3.5.6(2).13.15(2).16(2).17.21.27(2).29.31
20,1.13.23(2).24.25.28(2).38(2) 21,3.6.11(2).14.25.26.28.29.34.36 22,5.7.
9.14.16.20.30(3) 23,2.6(2).7.10.20.28.31 24,6.17.25 25,8.11.23.24
26,7.9 27,4.5(2).9.17(2).38.39 28,2.4.5(2).18.25(2).28
Rm 1,11.15.16.19.20.32 2,2.3.4.9.10.15.16.18.24 3,1.8.14.26 4,11(2).13.
16.18(3).19 5,15(2).16(3).20 6,6.12.21.22.23 7,4.5.13.18(3).21(2) 8,3.
4.6(2).7.10(2).11.16.26(3).27.29 9,5.17.20.22.27 10,8(2).13 11,11.12(3).
16.25(2).28 12,2(3).3.5.9.16.18.21 13,3.4(3).7(2).8.9 14,13.16.20.21
15,2.5.8.13.16(2).19 16,19(2).25(2)
1Co 1,2.6.10.13.15.25(2) 2,1.4.10.11(3).12(3) 3,13(3).14.15.16 4,6 5,2.5.
6(2).7 6,13.18.19 7,5.26.29.31.35(2) 8,10 9,1.14.15.18(2).23.24.27
10,3.4.6.16.24(2).25.26.27.33(2) 11,5.6.17(2).20.21.22.24(2).25(3).26.27.29.
33 12,4.7.8.11(2).12.14.16.17.19.24.25 13,3.5.10(2) 14,7(2).9.14.16.23.
27.39(2) 15,1.14.24.32.37(2).46(3).53(2).54(2).55(2).56.57 16,10.17.18(2)
2Co 1,4.9.11.12.17(2).20(2) 2,1.7.12 3,6(2).7.10.11(2).13(2).14.16.17(2) 4,3.
4.13(2).17 7,3.11.13 -8,2.6.8.10(2).11(2).14(4).15(2) 9,1.
2.3(2).13 10,2.13 11,7.9.15 13,2(2).7.11
Ga 1,4.7.11(2) 2,2.7(2) 3,2.5.17.19 4,4.6.13.25 5,9.10.11.17 6,4(2).5.8.
9.10
Eph 1,7.9.12.13.18.19.23(2) 2,7.8.14 3,3.8.16.18.19 4,7.9.16.25.28.30(2)
5,14.17.32 6,6.11.19
Php 1,5.7.10.21(2).22.23.24.26.29(3) 2,2(2).6.9(2).13(2).18.22.30(2) 3,1.8.14.
19.20.21 4,2.5.8.10.17.19
Col 1,11.19.26(2).27 2,1.5.9.14.17.19 4,1.3
1Th 1,5 2,2.4.8.9(2).12.16.17 3,2.3.5.10(2).13 4,1.4.6.8(2).9 5,13.15.19.
21.23(2)

ὁ [19904]

το

2Th	1,5.10.12 2,2.6(2).7.10.11 3,1.8.9
1Tm	1,5.11.13 2,6 3,9.16 4,1 6,1.19
2Tm	1,6.8 2,8.19.26 3,13 4,17
Tit	3,5
Phm	8.14
Heb	2,9.12.14.17 3,6.7(2).13 6,8.10.17.19 7,3.7.18.23.24.25(2) 8,3.13 9,1.3.4.5.13.14(2).19(2).20.28 10,1.2.7.9(3).12.13.14.15(3).22.26.29(2).31. 36 11,3(2).12.21.23(2).28 12,10(3).11.13.20.21.27 13,11.21(3)
Ja	1,3.11.18.19(2).23 2,3.7(2).14.16.21.26 3,2.3(2).6.11(2) 4,2.5.14 5,11. 12(2)
1Pt	1,3.7.9.11.17.24.25(3) 2,2.9.15.24 3,7.8.9.17 4,2.3.7.11.14(2).17(2).19 5,2.11
2Pt	2,3.22(2) 3,13
1Jh	1,7 2,8(2).12.16.17.27(2) 4,2.3.6(2) 5,4.6(3).8(4).13.14
3Jh	11(2)
Ju	4.5.6.16.21
Apc	1,6.8(2).20 2,3.7.11.13.17.29 3,5(2).6.8.12(4).13.22 4,7(6).11 5,2.3.4. 5.8.9.12(2).13 6,1.6.8.10 7,17(2) 8,3(3).7(2).8.9(2).10.11(2).12(5) 9,2. 15.18 10,1.7.8(2).9.10 11,1.7(2).8.9.13.18 12,4(2).5.11.16 13,2(2).6(2). 8.12(2).16.17(2) 14,1.4.9.11(2).13.15.16.18(4).19 15,4 16,2.9.12.19 17,1.5.7.8(4).11.14.16 18,20 19,2.8.9.10.13.16.17(2).19.20(2) 20,4(3).9. 10 21,6(3).8.14.15.16(5).17.22.23 22,4(2).12.13(3).14.16.17.19

του

Mt	1,6.17.18.22.24 2,1(2).4.5.7.8.9.13.15.17.19.20.22 3,3.5.13.16(2) 4,1(2).3.5.6.8.14.15.21(2).25 5,14.18.22.24.34.35.37.45(2) 6,8.13.22.24. 25.26.28.30.33 7,3.4.5(3).21(2) 8,1.17.20(2).29.32 9,6.15.16.20(2).21. 23.33.38(2) 10,2.3.20.23(2).29.32(2).33(2).35.36 11,1.2.11.12.19.25.27 12,4.6.8(2).17.20.29.31.32(4).33.34.35(2).39.40(2).43.45.50(2) 13,3.15.18. 22(2).25.27.30(2).32.35.36.37.38.40.41.42.43.49.50.52.55 14,3.6.8.19.26. 29.35.36(2) 15,3.6.11.18 16,1.3.13.16(2).23.27(2).28 17,9(2).12.13.22 18,9.10(2).11*.14(2).19(2).27 19,1.10.17.24.28(2).29 20,8.11.18.23.28 21,4.23.31(2).32.39.40.43 22,16.19.21.29.31.42(2) 23,16.22.23.25.26. 35(5) 24,1(2).3(2).15.17.21.27(2).29.30(4).37(3).38.39(2).44.45.50 25,1.5. 8.18.21.23.29.31.34 26,2.3(3).6(2).12.24(2).29(2).45.47.51.58.59.61.63(3). 64(2).69.71.75 27,1(2).7.9(2).10.11.19.24(2).27.40(2).42.51.56.58.60.61 28,4.8.14.19(3).20
Mc	1,1.10.13.14.15.19.24.44 2,10.14.19.21.26.28(2) 3,8.11.17(2).18.27.35 4,11.19(2).26.30.32 5,2.7(2).8.13.21.27(2).29.35.38.40.41 6,17.18.24.25. 54.56(2) 7,8.9.13.15(2).17.20.33 8,11.23.31.33.35.38(2) 9,1.9(2).12.17. 24.31.47 10,1.14.15.23.24.25.29.33.45 11,4.10.16 12,2.8.9.14.17.24. 26.34.41.44 13,1.3.15.19.25.26 14,2.3.4.21(2).25(2).41.47.54.55.61. 62(2).66(2).67(2) 15,30.32.38.40.43(2).45.46 16,1(2).2.3.8.19.20
Lc	1,2.6(2).8.9(2).10(2).11(2).15.19.26.32.37.43.44.48.57.59.68.73.77.79 2,6. 17(3).21(3).22.24.25.26(2).27(2).37.41.49 3,1.3.4.6.15(2).19.23.24(5).25(5). 26(5).27(5).28(5).29(5).30(5).31(5).32(5).33(6).34(5).35(5).36(5).37(5).38(4) 4,1. 2.3.9(2).10.14.17.22.27.29.34.38.40.41.42.43 5,1.3.7.10.14.19.24.34.36 6,4.5(2).12.17.20.22(2).29.30.41.42(2).44.45(2) 7,1.3.28.30.34.36.37 8,1. 5(2).10.11.14.21.24.28(2).29(2).33(2).35.41.44(3).47.49 9,2.11.20.22.26(2). 27.29.37.38.43.44.45.51.54.58(2).60.62 10,2(2).7.9.11.15.18.19(2).21.22. 36.39 11,14.20.24.26.27.28.30.34.38.39(2).42.49.51(3).54 12,1.6.8(2).9. 10.13.23.30.40.42.46.47.52.56.58 13,14.16(2).18.19.20.28.29 14,5.15. 17.24 15,10.17 16,5.8(2).9.13.15.16.17.21.24.27 17,1.7.20(2).21.22(2). 24.26(2).30.31 18,3.8.12.16.17.24.25.29.31 19,3.10.11.22.26.37.39.47 20,1.3.15(2).20.21.25.26.34.35.45 21,4.6.12.17.28.31.36(2) 22,3. 6.15.16.18(3).21.22.30.31.40.48.50.51.52.53.54.61(2).66.69(3).70.71 23,26.27.35.45(2).51.52 24,2.3.7.9.16.19(3).25.29.35.45.49
Jh	1,7.8.16.18.19.27.28.29(2).34.36.45.48.49(2).51(2) 2,1.3.15.16.17.21(2).25 3,3.5.6.8.10.13(2).14.18(2).23.26.27.29(2).31.34.36 4,5.6.10.12.13.14.34. 42 5,4*.24.25(2).30.36.42.43.44 6,19.23(2).27.28.29.31.32(2).33(2).38(2). 39.40.41.42.45.46.50.51(3).53(2).62.65.69 7,16.17.18.22.31.32.39.40.42 8,11*.12.23(2).28.38.39(2).40.41.42.44(2).47(3).53.59 9,3.4.5.6.7.18.28.32. 35 10,18.23.25.29.32.35.36.37.40 11,4(2).9.13(2).19.27.37.39.40.49.50. 51(2).52(2).55 12,1.3(2).7.13.17.23.24.28.31(2).34(3).38.43 13,1(2).2.4. 16(2).19.23.25.31 14,2.2.21.24.30 15,10.15.19(3).20(2).26(2) 16,11.14. 15.25.27.28 17,5.6.9.14(2).15(2).16(2).20 18,1(2).10.13(2).14.15.16.17.23. 26.28.29.32.36(2) 19,12.14.19.25(2).29.31(2).32(3).38(2).40 20,1.2.4.12. 31 21,2.6(2)
Ac	1,3.4.8.12.14.16.22 2,2.11.16.17.18.22.23.24.28.29.31.33(4).38.42 3,2(2).6.10.12.16.20.23(2) 4,1.8.10.13.15.18.19(2).25.26(2).30(2).31(2).32. 33 5,3.24.28.31.40.41(2) 6,2.4.5.7.13(3) 7,19.20.30.34(3).35.38(2).42. 43(2).44.46.52.55.56(2) 8,6.10.12(2).14.16.20.21.22.25.28.32.37*.39.40 9,1.3.13.15.16.20.25.27.28.31(2) 10,2.3.4.12.17(2).19(2).22.25.31.33(2).38. 41.42.43.44.45.47 11,1.5.6.9.12.16(2).23.28 12,7.9.11.12.13.14(2).20(2). 21.24 13,1.4.5.7.10.12.15.17.20.22.23.29.36.43.44.46.47.48.49 14,3(2). 12.13(2).18.22.26 15,2.6.7(2).11.20(2).26(2).35.36.40 16,6.14.17(2).26.32 17,9.13(3).16.22.28.29 18,6.10.11.14.15.16.17.21.25(2).26 19,5.6.8.9. 10.12.13.16.17.20.33.35 20,3.9(3).20.24(2).26.27(2).28(3).29.30.35.37

ὁ [19904]

του

Ac	21,4.8.11.12.13(2).14.20.26.28(3).30(3).35.36 22,3(2).6.9.11.14.20.22 23,4.5.9.15(2).20.29.35 24,1.10.20.25(2).26 25,2.6.8.10.12.16.17.21(2). 22.23(2) 26,6.9.13.17.18(3).22 27,1.7.9.10(2).12.15.19.20.22.23.30.43.44 28,3.8.19.20.23(3).25(2).27.28.31(2)
Rm	1,3(2).4(2).5.9.10.13.19.23.24.25.32 2,2.3.4(2).5.9.14.15.18.23.24.26.29 3,1.2.3.7.21.23.26 4,6.12.16.17.20 5,1.2.5(2).7.10(2).11.14.15(3).17(3). 19(2).21 6,4(2).5.6.23 7,1.2(2).3(3).4(2).5.6.13.22.23.24(2).25 8,2(3).3.4. 5.6.7.11(2).12.13.18.19.21.22.23(2).27.29.32.34.35.37.39 9,3.6.8.10.11. 12.16(3).21(2).27.32 10,3(2).5 11,2.8(2).10.29 12,1.2(2).21 13,2.12(2) 14,8.10.17.20.22 15,6.7.10.12.15.16.19(2).22.23.30(2) 16,16.20.24*.26
1Co	1,2(2).4.6.7.8.9(2).10(2).17.18.20(2).21(2).25(2).27(2).28.29 2,1.6(2).8.10(2). 11(4).12(3).14(2) 3,10.16.17(2).19 4,5(2).6(2).13.15.20 5,1.4(3).5.10(2) 6,5.11(2).15.18.19 7,4(2).31.32.33.34(2).37 8,7 9,5.7.10.12.13.14 10,10.13.16(4).17.18.24.26.29.32 11,3.12(2).16.22.23.26.27(4).28(2).32 12,7.8.12.15(2).16(2).22.23 13,11 14,16.36 15,9.10.15(2).23.27.49(2). 56.57.58 16,4.12.23
2Co	1,1.3.4.5(2).8.9.12.14.19.22 2,11.12.17 3,4.5.7(2).8.13 4,2(2).4(4).6.7. 10(2).11.15 5,1.5.6.8.10(3).11.14.16.18(2).20 6,1 7,10.12(4) 8,1.9. 11(2).19 9,13.14 10,1.5(2).10.13.14 11,7.31.32.33 12,2.3.5.9.12 13,3.13(3)
Ga	1,1.4(4).6.7.13.19.20 2,5.12.14.20(3).21 3,10(2).13.14(2).17.21.23.29 4,2.3.4.6.30 5,8.11.17.22.24 6,2.8.12.14.16.17(2).18(2)
Eph	1,3.5.7.9.10.11(2).17.19.23 2,2(4).12.13.14.16.19.22 3,1.2.4.6.7.8.9(2). 10.16.19(2).21 4,3.7.12(2).13(4).16.17.18.23.25.29.30 5,1.5.6.9.11.13.17. 20.23.26.30 6,6.10.11(2).12.13.15.16.17(2).19(2)
Php	1,5.7.12.16.19.27(3) 3,8.10.14.18(2).21 4,7.15.23(2)
Col	1,3.5.6(2).7(2).9.10(2).12.13(2).15(2).18.20(2).22.23(2).24(2).25(2).27 2,2(2).8. 11(2).12(2).14.17.18.19.20 3,1.6.8.10.12.15.16 4,3(2).11.12
1Th	1,3(4).4.6.8 2,2.4.8.9.12(2).13.14.19 3,2(2).9.13(2) 4,2.3.14.15.17 5,9. 10.23.28
2Th	1,4.5(2).7.8.9.12(2) 2,1.2(2).4.8.9.14(2) 3,1.3.5(2).6.18
1Tm	1,2.11.14 2,3 3,4.5.6.7 4,14(2) 5,4.11.15.18.21 6,1.3.13(3).14
2Tm	1,2.6.8.9.10(2).14 2,4.9.14.19.26 3,17 4,1(2).22
Tit	1,3.4.9 2,5.10.11.13 3,4.6
Phm	6.10.13.25(2)
Heb	1,8 2,3.4.9.14(2).15.17 3,3.8.14 4,9.12.14 5,3.4.10.12(4) 6,1.6.7. 10.16.19 7,1(2).3.7.10.21.27 8,1 9,7(2).8(2).12.14.16.24 10,7.9.10.12. 20.21.29.36 11,4.5.7.12.23.25.26.27.28.40 12,2(2).15.20 13,7.11.12. 22
Ja	1,5.7.11.17.27 2,1.9.16 3,4.10 4,4(4).15 5,7.8.14.17
1Pt	1,3.7 2,9.15 3,4(2).10.13.17.20.22 4,13.14.17(4).19 5,1.2.3.4.6.12(2)
2Pt	1,1.2(2).3.8.9.11.14.16 2,15(2).16.17.20(2) 3,2.5.12.15.17.18
1Jh	1,1.3(2).7 2,2.5.14.15.16(3).17.20 3,8(3).9(2).10(3).12(2).14.17(2).23.24 4,1.2(2).3(2).4.5(2).6(2).7(2).9.13.14.15 5,1.2.3.4.5.9(3).10(2).12.13(2).18(2). 19.20
2Jh	3(2).4.9
3Jh	6.7.11
Ju	4.9.11(3).13.17.18.21.25(2)
Apc	1,1.2.4.9.16.18(2) 2,5.7(2).9.11(2).13.16.17(2).18.24.28 3,1.2.5.9.10.12(5). 14.16.21 4,3.4.5(3).6(3).10(5) 5,1(2).6(2).7(2).8.11 6,3.5.7.9(2).13.16(3) 7,3.9(2).11(2).14.15(3).17 8,2.3(2).4(2).5(2).10.11.12 9,1(2).2(3).3.4.13(4). 16.18(4) 10,1.4.7(2).8(3).10 11,1.2.4.5.11.12.13.15(3).16.19 12,4.6.7(2). 10(3).11.14(3).15.16.17(2) 13,3(2).8(2).12(2).13.14.15(3).17(2).18 14,1.2.3. 8(2).9.10(5).11(2).12.13.15.17(6).14(2).17(2).19(3).21 15,1.2(4).3(3).5.6.7(3).8 16,1(3).2.5.7.9(2).10(2).11.13(6).14(2).17(2).19(3).21 17,2.6(2).7(3).12.14.17 18,1.3.4.5.10.15 19,1.5.7.9(3).13.15(5).17.19(3).20(2).21(3) 20,1.4(2). 6(2).9.10.11.12.14(2).15 21,2(2).3(2).6.9.10(2).11.14.18.19.23(2).24.27 22,1(3).2(2).3(2).7.8(2).9.10.18.19(2).21

της

Mt	1,3.5(2).6.11.17(2).18 2,1.5.11.15.22(2) 3,1.7.8.13 4,18.23.25 5,13 6,19.25 7,13 8,12.15.28 9,6.22.25.35 10,10.14(2).30.35(2) 11,23. 25 12,4.34.40.41.42(2) 13,1.11.19.38.41.44 14,6.8.24.25.26 15,18. 19.27.28.29 16,6.11.12(2).13.19(3).26 17,5.18.25 18,6.17.18(2).19 19,1(2).10 20,12 21,11.17.19.21 22,31.46 23,2.9.25.33(2).35 24,3. 14.15.17.30.32.36.45 26,7.28.29(2).31.58.64 27,8.29.37.55.64(2).66 28,11.15.18.20
Mc	1,9.16.28.29.31 2,10.26 3,5.7(2).8 4,1.11.26.31(2) 5,1.10.29.34.41 6,3.21.22.23.47(2).48(2).49 7,21.26.28.29.31.33.35 8,6.15(3).23(2).27.37 9,3.7.20.27.30 10,1.25(2) 11,11.19 12,30(4).33(3).34.44 13,14.15.28. 32(2).35 14,3.24.25(2).35.62.64 15,16.26 16,3.8*
Lc	1,5.8.9.23.26.27.33.41.42.48.61.65 2,4.8.36.42 3,1(5).7.8.19 4,5.14. 22.26.29.31.37.38.44 5,3.17.24 6,4.17(2).45.49 7,6.12(2).14.31.38 8,10.12.13.22.26.27.37.41.51.54 9,5.11.35.47.51 10,11.27 11,31(2).32.50.51.52 12,1.7.23.42.56 13,12.15.24 14,21 15,12.15 16,2.4.8.9.21.28 17,4.24.25.32 18,6.8.29 19,44 20,35(2).36.37 21,18.23.25.35 22,11.18.21.30.45(2).55.69 23,5(2).7.49.55 24,41
Jh	1,44.50 2,1.11 3,4.6.31(3) 4,4.5.6.7.30.39(2).46.47.54 5,25.28

ὁ [19904]

τῆς

Jh 6,1(3).17.19.21.22.25.35.48.51 7,14.17.37.38.41.42.52(2) 8,12.34
    10,1.2.3.16(2).27.28.29.39 11,1(2).4.9.13.53.54.55 12,3.21.27.32 13,1
    14,17 15,22.26 16,13.21 17,4.12 18,19.37(2) 19,20.25.27 20,7
    21,1(2).2.8
Ac 1,3.8.17.18.22(2).25 2,1.6.10(2).15.19.29.30.31.40(2) 3,1.7.15.25(2)
    4,22.26.33 5,2(2).3.19.20.28.37 6,3.9(2) 7,2.3(2).17.49.52.58 8,1.5.9.
    12.18.22(2).27.32.33.35.37* 9,2.7.8.31.42 10,1.3.11.12.30.37(2) 11,6.
    19(2).22(2).23 12,1.5.6.11.12(2).14.17.19.20 13,8.13(2).14.24.26.31.43.
    46.47.49.50 14,3.4.6.13.19 15,1.3.4.5.11.20 16,9.12.13.19.27.33.39.
    40 17,13.26(2).30 18,2(2).5.12.21.27 19,8.23.25.26.27(2).29.35.40(2)
    20,9.16.17(2).24.32 21,5.10.19.27.31.39 22,1.3.11.22 23,1.16.19.23
    24,2.5.19.22.24 25,19.23(2).26 26,5.6.12.18.20(2).22(2) 27,5.12.13.16.
    21.27.32.34(2).41 28,3(2).4(2).7.20.21.22
Rm 1,12.27(2) 2,4(3).15.20(2).23 3,1.23.24(2).25(2).26.30.31 4,11(3).12.19
    5,2.9.12.14.17(3).19(2) 6,4.5.6.7.17.18.19.20.22.23 7,8.9.11.13.23
    8,2(2).3.5.6.7.19.21(3).29.35.39(2) 9,1.8(2).23.27.28 10,1.8.18 11,8.
    17(3).24 12,3(2).6 13,14 14,19(3) 15,4(2).5(2).13.14.30.33 16,1(2).4.
    5.18.20.23(2)
1Co 1,21(2) 2,8 4,11 5,5 6,14 8,4 9,2.7.12 10,1.14.16 11,10.12.22
    14,9.11.12.25 15,56 16,1(3).8.15.19
2Co 1,4.6(3).7.8(2).12.24(2) 2,14 3,9(2).10.14(2) 4,2(2).4.6(2).7.13.17 5,4.
    18.19 6,7 8,1.2(2).4(2).8(2).24 9,1(2).10.12.13(4) 10,1.4.5.8.15
    11,3(3).10.17.30 12,19 13,8(2).11
Ga 1,2.15.21(2).22 2,7(2).8 3,13.14.25.26 4,2.13.22(2).23(2).27(2).30(2).31
    5,4.13.17.19 6,8.10
Eph 1,6.7.10.13(3).14(3).17.18(4).19(2) 2,2(2).3(2).7.11.12(2) 3,2(2).6.7(3).10.
    12.16.17.19 4,1.3.4.7.9.13(2).14(2).16.18(2).22.24.29 5,6.23(2) 6,3.5.
    10.12.14.15.16
Php 1,5.7.19.25.26 2,13.17.25.30 3,8.10.14.21(2) 4,9.22
Col 1,5.11.13(2).16.18.20.22.23.27(2) 2,2(2).3.5.8.9.11.12(2).13.18.23 3,2.5.
    6.14.24
1Th 1,3(4).10(2) 3,2.7.10 4,3.9 5,23
2Th 1,4.5(2).9(2).11 2,1.3(2).7.8.10 3,14.16
1Tm 1,1.5.11.14 2,15 3,9.15.16 4,1.6(2).8(2).12 6,2.5.10.12(2).14.19.20
2Tm 1,1.5.6.10 2,10.15.26 3,15 4,3.4.6.8
Tit 1,1.10 2,13
Phm 6.14
Heb 1,3(4).8(2) 2,10 3,1.6.7.13.14.15 4,2.4.7.11.14.16 5,7(2).12 6,1.4(2).
    10.11.15.17(2).18.19 7,1.5.11.12.28(2) 8,1.2(2).9 9,4(2).8.11(2).13.15.
    20.21.26(2) 10,10.20.23.26.29(2) 11,5.7.9(3).12.13.21.22.28.39 12,2(2).
    5.9.10.15 13,2.7.11.12.13.16.20.22.24
Ja 1,3.12.14.23.25 2,1.5.15 3,6(3).11.13.14 4,14 5,5.7(2).10(2).14.15.17.
    19
1Pt 1,7.9.10.13.17.18.22 2,11.16 3,1.4.15 4,4.13.14 5,1.4
2Pt 1,3(2).4.16.17 2,2.7.19.21(2).22 3,2.4.9.12
1Jh 1,1 2,16.21 3,19.20 4,6(2).17
2Jh 13(2)
3Jh 10.12
Ju 3.23.24
Apc 1,3.5.7.20 2,1.7.8.10.12.18.21 3,1.5(2).7.9.10.15(2).12(2).14(2).18.20
    5,3(2).5.7.10.13(3) 6,4.8(2).10.15.16.17 7,1(4).14(2) 8,7.8.12.13(2) 9,1.
    2.3.4.11.21 10,1.2(2).5(2).7.8(2).10 11,4.6.7.8(3).10(2).13.19 12,1.4(2).
    11.15.18 13,1.8(2).11.14(3).16(2) 14,3.6.7.8.10.14.15(2).16.18(2).19.20(2)
    15,2.5.8(2) 16,14(3).18.19.21(2) 17,1(3).2(2).4.5.7.8.9(3).18 18,1.3(4).9(2).
    11.14(2).18.19.23.24 19,10.15.19.20 20,1.7.8(2).9.12.15 21,6(2).14.19.
    21.23.24.27 22,2.7.10.14.18.19(4)

τῷ

Mt 1,18 2,13.19 3,6.9 4,21.23 5,3.22(3).24.25(3).33.34.39.40.42 6,1(2).
    4(2).6(4).18(4).25 7,3(2).4(2).8.22(3) 8,4.9.10.13.34 9,2.6.10.27.33.34
    10,25.27 11,2.25 12,1.5(2).13.21.24.32(2).48 13,4.24.25.27.31.44
    14,1.6(2).11.12.33 15,1.5.35 16,23 17,4.19.20.24 18,1.5.6.7(2).31.35
    20,8.14 21,9.12.14.15(2).21.27.28(2).30 22,2.21.24.25.30.36.44 23,4.
    16(2).18(2).20.21(2).22(2).30 24,5.18.40.41 25,28.29.41 26,5.13.17.23.
    24.40.49.55.73 27,2.12.15.19.55.57.58.60.64
Mc 1,2(2).5.15.19.20.44 2,5.8.9.10.15 3,3(2).5.16.22 4,4.28.36.39 5,11.
    16.21.27.29.30.36 6,18.22(2).28.32.39.48 7,11.12.26 8,6(2).12.14
    9,4.5.23.25(2).37.38.39 10,22.27.30(3) 11,15.23.27.33 12,2.17.19.35.
    36(3) 13,6.34 14,14.21.37.49.70 15,15.45 16,7.17
Lc 1,8.21(2).22.26(2).29.30.47(2).55(2).59.61.62.68.77 2,6.7.10.13.22.23.24.
    27(2).34.38.43.46 3,8.11.21 4,1.3.20.25.27.39 5,1.5.7.10.12.14.19.24.
    36 6,7.8(2).9.11.23.29.41(2).42(4) 7,8.9(2).11.38.44 8,1.5.24(2).25.29(2).
    32.40.42 9,16.18.29.33.34.36.42(3).48.49.51 10,5.17.21(2).26.35(2).38
    11,1.10.15.27.37 12,3.10.13.15.22.58 13,1.4.6.14(2).15 14,1.3.12.
    21(2).31 15,7.12.29 16,5(2).11.12.23 17,5.9.11.14.18 18,13.27.30(3).
    31.35.43 19,5.9.15.24.26.47 20,1.25.28.42 21,8.23.37.38 22,11.20.
    22.47.53.61 23,4.11.14.25.31(2).40.43.52 24,4.15.30.44.47.51.53
Jh 1,10.31.36.37.45 2,8.14.22.23.25 3,36 4,5(2).20.21(2).23.31.50 5,10.

ὁ [19904]

τῷ

Jh 13.14.18.22.24.26.35.43(3) 6,10.33 7,4.28.43 8,5*.6*.17(2).20(2).31(2).
    38 9,5.17.24 10,23.25.34.38 11,17.20.30.33.56 12,21.22(2).25
    13,1.5.21.23 14,10.11.13(2).14.20.22.26 15,16.25 16,2.23.24.26.33
    17,11(3).12.13 18,10.11.15(3).17.20(2).22(2).26.39 19,9.12.21.25.27.29.
    31.41(2) 20,11.27.30.31 21,7.8.15.20.21
Ac 1,6(2) 2,1.19.34.38.46 3,4.6.10.25.26 4,2.7.10(2).13.17.18.21.30.36
    5,4.12.14.20(2).25.27.28.31.34(2).40.42 6,8.9.10.15 7,2.5.7.13(2).16.17.
    20(2).24.29.38.40.41.44.46.51(2) 8,6.12.13.21.29(2).34 9,1.3.24.27.28.31
    10,2(2).30.41.42.45.48 11,13.15.23.24 12,4.7.23 13,2.7.23.24.33(2).
    43(2).44 14,3(3).20.23 15,1(2).2(2).14.22.28(2).34* 16,5.9.15.17.18.23.
    29(2).34 17,2.4(2) 18,2.5.8(2).9.12.17.24.25 19,1.4.21.33 20,8.19.22.
    28.32(3).38 21,4.27.31.34.37.40 22,17.26 23,1(2).6.9.15(2).16.26.27.
    33.35 24,1.2.10.12.14.18.23 25,5.9.14.26 26,4.21.23.29.32 27,3.
    11(2).15.25.27.31(2).35.37 28,7.15.16(2).17
Rm 1,8(2).9(2).10.16.25 2,10.11.13.20.28(2).29 3,4.7.19(2).25.26 4,3.4.5.9.
    13(2).16(3).20 5,9.10.11.14.15.17.21 6,5.10.11.12.13(2).17.22.23 7,2.
    4(3).5.16.21.22.23(3).25(2) 8,7.16.39 9,12.14.15.17.19.20(2).25.26.32
    10,4.8.9.16 11,2.5.11.25.30.31 12,1.2.3.9.11(2).21 13,3(2).4.7(4).9(2).
    10 14,4.5.6(2).8(2).10.11.12.13.14.15(2).17 15,2.9.13 16,8.25
1Co 1,4.10.14 3,18.19 4,9 5,3(2).4.5.11 6,11(2).13(2).17.20 7,3.11.14.
    32.34(3).35 8,8 9,9(2).12.13(2).18 10,13 11,13.21.25.32 12,9(2).18.
    24.25 14,11.15(4).18.19.21(2).25.28 15,8.22(2).23.24.28.31.57(2).58
    16,16
2Co 1,9(2).12.20 2,6.13(2).14(3).15 3,10 4,10(2) 5,4.6.15.20 7,11 8,5.
    14.16(2).18 9,3.10.11.12.15 10,4.11(2).14 11,2.6.25 12,18
Ga 1,13.14(2).22 2,14 3,6.8.9.10.11.16(3).18 4,18 5,14 6,6.12.14.16.
    17
Eph 1,6.10.12.13(2).15.20.21(2) 2,5.12(2).13.16.20 3,4.8.9(2).11(2).20 4,3.
    21.23.26.27.28 5,2.10.19.20.22.24.26 6,5.7.10
Php 1,3.13.20 2,10 3,10.16.21 4,3.13.18.20
Col 1,3.5.6.12(3).22 2,5.12.14 3,1.3(2).16.17.23.24 4,9
1Th 1,2 2,2.4.13 3,2.9 4,6
2Th 1,3.8 2,6.8.11.13 3,14
1Tm 1,12(2).17.20 5,14 6,17(2)
2Tm 1,3.8.16 2,4.15.21
Tit 2,12
Phm 1.2.4
Heb 1,3 2,8 3,2(2).5.8.12.15(2) 4,9.11.16 6,13 7,3.13.19.25 8,5.10.13
    9,14.19.21.24 10,19 11,4.5.6.12.25 12,9.28 13,15(2)
Ja 1,9.11.27 2,3.5.13.23 4,7(2).8 5,10.14
1Pt 2,5.8.22.23.24(2) 3,1.4.6.7.15.18 4,5.16.17 5,9
2Pt 1,4.13.18 2,1 3,5.7
1Jh 1,6.7(2) 2,9.10.15.16.24(2) 3,14.23 4,3.4.15.16.17 5,6(3).10.11.19.
    20(2)
3Jh 1
Ju 9.24
Apc 1,1.5(2).6 2,1.7(2).8.12.14.17.18 3,1.7.12.14.21(2) 4,1.2.9(3).10 5,3.
    9(2).10.13(4) 6,4 7,10(4).11.12.14.15 8,1 9,14(3).19 10,6.9.10
    11,13(2).15.16.19(2) 12,1.3.7.8.10 13,4(4).6.8.14 14,4(3).5.7.10.15.17.
    18 15,1.5 17,13.17 18,6 19,1.4(3).5.10.14.17 21,2.5.6.16.27
    22,9.18(2).19

τῇ

Mt 2,2.9 3,1.3.12 4,23 5,8.15.19(2).21.22.25.28.35.36 6,7.25.29.34
    7,22.25.27.28 8,6.11.13.24.26 9,10.31 10,15.19.23.27 11,11.29
    12,40(2).41.42.45(2) 13,1.15.19.40.43.49.52.54.57(2) 14,10.11 15,5.32
    16,18.21.27.28 17,22.23 18,1(2).4.17 19,5.28 20,3.17.19.21 21,5.
    8(2).22 22,23.28.30.33.37(3) 24,14.16.26.48 25,25.31 26,5.10.17.29.
    31.34.55.69 27,29.60(2).62 28,1
Mc 1,3.4.13.16.22.23 2,15.20 3,5 4,1.2.35.38.39 5,13.20 6,2.4(2).24.
    27.28 7,11.12.13 8,3.12.27.38(3) 9,24.33(2).34 10,32.37.52 11,12.
    18.23 12,23.26.38 13,11.14 14,2.3.12.25.30.66 15,7.34.41.46
    16,2.9.15
Lc 1,8.10.14.36.41.44.57.59(2).65.66 2,5.8(2).16.19.21.38.41.44.47.51.52
    3,2.4.17 4,1.14.16.20.23.24.28.32.33 5,9.29 6,12.23.48 7,12(2).15.
    17(2).21.28.37(2) 8,15 9,22.26.37.43.57.62 10,7.12(2).14.21.27(3).31
    11,30.31.32.36 12,3.12.19.20.27.28(2).45.51.58 13,7.14.16.28.29.31.
    32(2).33 14,14.15.17 15,4.25 16,24.25 17,6(2).24.31(2).34 18,3.
    33(2) 19,3.36.37.42 20,19.20(2).26.33 21,19.21.26 22,16.30 23,12.
    19(2).51(2) 24,1.6.7.13.25.32.33.35(2).38.46.49
Jh 1,5.23.29.35.43 2,1(2).22.23 3,14.35 4,6.42.44.45.53 5,2.4*.5.9.33
    6,22.31.39.40.44.49.54 7,1(2).9.11.37(2) 8,12.21.35.44 10,23 11,9.
    10.24(2).31 12,12.20.33.38.40.46.48 14,2.20 15,9.10(2).16.13.
    23.26 17,5.17 18,16(2).37 19,2.26 20,1.12.19(2) 21,3
Ac 1,7.8.14(2).19 2,6.8.23.33.41.42(3) 3,10.11(2).16 4,27 5,1.4(2).9.12.
    22.25.31 6,1(2).4(2).7.10 7,2.8(2).26.30.35.36.38(2).42(2).44.45 8,1(2).8.
    9.33 9,3.17.27.31.38 10,9(2).23.24.39.40 11,23.26.29 12,5.6.17
    13,12.14.16.17.18.36.43 14,20.22.26 15,9.22.31.40 16,5.6.11.12.13.

ὁ [19904]

τῇ

Ac   18.32.33 17,5.13.17(2) 18,3.4.7.10.26 19,9.39 20,7(2).15(3).16.26
21,1.8.18.26.29.40(2) 22,2.3.6.13.30 23,11.32 24,4.24 25,1.6.17.23
26,14.18.19.24 27,3.18.19.23.40 28,9.11.27

Rm 1,25.27 2,8(2) 3,24.26 4,11.19.20(2) 5,2.10.15 6,1.2.6.10.11.13.18.
19(3).20 7,5.18.25 8,3.12.20.24.26 9,2.9.17 10,3.6.8.9.16 11,4.
20(2).22.23.24.30 12,2.7(2).8.10(2).11.12(3).19 13,2(2) 14,1 15,13.31
16,18

1Co 1,2(2).4(2).8.10.21 3,19 5,4.5.9 6,4.13(2).16 7,3.5.14.20.28.33.37(2)
8,7.11 9,12.18 10,2(2).5.32 11,5(2).23 12,21.28 13,6(2) 14,16.20
15,4(2).19.23.52 16,13.17.19.21

2Co 1,1(3).4.8.11.14.15.17.24 2,7 3,9.14 4,2.11 7,4(3).6.7(2).8.13(2)
8,7(2).9.16.19(2).20(2).22 9,4.7.13.15 10,2 11,3.6.17 12,7(2).21
13,5

Ga 2,5.13.20 4,14.25(2) 5,1.7.13 6,11.13

Eph 1,22 2,8.14 3,21 4,14.18.19 5,5.19 6,13(2)

Php 1,3.5.7(2).24.27 2,3.12(2).17.30 3,9.19 4,6(2).14

Col 1,10.21.23(2).24 2,5.7.11(2).13.22 3,16 4,2.16.18

1Th 1,1.7(2).8(2) 2,14.19 3,7.9.12.13 4,10 5,3.23

2Th 1,1.7.10 2,8.12(2) 3,17

1Tm 1,10 3,13 4,13(3).16 6,3

2Tm 1,5(2).13.15.18 2,1(2) 3,8.10(7) 4,8.16

Tit 1,9(2).13 2,1.2(3).7 3,7

Phm 2(2).7.19.21

Heb 3,8.10(2).11.17 4,2.3.4(2) 7,10 8,9 9,15 13,10

Ja 1,1.10.25.27 3,7(2).14

1Pt 1,14.22 2,24 4,12.13 5,9(2)

2Pt 1,5(2).6(3).7(2).12 2,12.15 3,17

1Jh 2,9.11(2).28 3,18 4,16.17.18(2)

2Jh 9(2)

3Jh 3.4.6.8.9

Ju 3.11(3).20

Apc 1,4.9(3).10.16(2) 2,1.16 6,5 8,9 9,11.17 10,2.8 11,12.13 12,14.
16.17 13,15(2) 14,14 16,2.3 17,4 18,7.18(2).19.23 19,2.20.21(2)
20,6(2).15 21,8(2)

τόν

Mt 1,2(3).3(4).4(3).5(3).6(3).7(3).8(3).9(3).10(3).11.12(2).13(3).14(3).15(3).16(2).21
2,2.6(2).7.10.15.16 3,9.12.13(2) 4,6.7.10.18(2).21(2).22 5,8.15.16(2).17.
26.40.42.43(2).45 6,2.5.11(2).16.24(2).30 8,21 9,6.7.8(2).23.38 10,14.
24(2).25.28.38.40.42 11,10.27(2).29 12,4.22.26.29.33(2).44 13,2.19.20.
21.22(2).23.29.30.44.48 14,3.5.10.19.29.30 15,4.6(2).10.11(2).12.18.
20(2).26.31(2).32 16,13.14.24.26.28 17,1(2).14.15.27 18,6.15.33
19,5.11.19(2).22 20,1.2.4.7.8.12 21,7.19.26(2).37(2).38.41.44 22,5.37.
39 23,17.24 24,30 25,30 26,4.18.31.37.44.50.51.52.53.57(2).61.64.
71.72.74 27,5.6.7.10.14.17(2).20(2).21.22.26(2).27.30.32.40.43.54(2).64.
66(2) 28,1.2.5.6

Mc 1,2.7.9.14.16.19(2).20.45 2,2.4(2).9.11(2).12(2).14.19.26.27 3,9.17(2).
18(2).27.29 4,14.15(2).16.17.18.19.20.21.26.33.36 5,6.7.15(4).19.31.35.
36.37(2).38.40 6,11(2).17.20.25.30.41.45 7,5.10.13.14.15.18.19.20.23.
27.29.30.34 8,2.28.31.32.34(2).36 9,2(3).8.10.12.17.21.37.41.42 10,7.
12.19.49.50 11,5.7(2).14.32(2) 12,6.9.12.30.31.33.44 13,16.26 14,8.
9.27.33(3).39.47.53(2).58(2).60.62.67.71 15,1.5.9.11(2).12.15(2).21(2).22.
29.43.44 16,3.6(2).8*.15.19.20

Lc 1,9.16.18.20.21.23.32.33.34.40.41.46.55.56.64.73.80 2,7(2).13.15.16.20.
22.26.28.29.39 3,2.8.16.17.18.20.21(2) 4,8.11.12.17.41 5,1(2).4.10.12.
19.24.25(2).26 6,4.14.15.29.38.40 7,3.4.10(2).16(2).19.27.29.36 8,5.12.
13.15.19.21.28.35(2).39.40.41.43.49.51 9,5.12.13.16.19.20.22.23.25.33.
38.41.42.47.48.59.61 10,2.11(2).16.18.27(2).29.32.39 11,3(2).11.24.28.
33 12,5.10.18.28.36.39.56.58 13,7.13.15(2) 14,9.10.17.23.26.27
15,6.12.18(2).20(2).21.23(2).27(2).30(2) 16,2.8.13(2).17.20.22(2).27.28
17,2.15.24 18,2.4.13.14.20.43 19,3.5.8.33(2).35(2).37.44 20,1.9.13(2).
16.18.19.37.41 21,4.27 22,2.3.31.48.50 23,1.5.8.13.14(2).18.20.25(2).
26.33(2).40.47 24,2.5.7.21.26.30.45.46.51.53

Jh 1,1.2.9.18.27.29.41(3).42.45(2).47.51(2) 2,2.6.9.10(3).16.19 3,13.14(2).
16(3).17(3).19.26.35.36 4,14.16.38.39.41.47 5,8.9.10.11.16.18.19.20.
23(5).24.38.45 6,10.14.19.23.24.32(3).34.37.40.42.46(2).51.57.58(2).62.71
7,12.13.19(2).33.49.51.53* 8,19(2).26.27.28.35(2).41.43(2).49.51(2).52(2).
55 9,6.11.13.14.24.35.39 10,12.15.28.36.40 11,2.5.21.22.26.27.39.
41.42(2).48.56 12,9(2).10.11.17.21.34(2).44.45.46.47(2).48 13,1.3.5.8.11.
18.20 14,1.6.7.8.9(2).12.16(2).23.28.31 15,3.16.20(2).21.23.24 16,3.5.
8.10.17.21.23.26.28(3).33 17,1(2).3.5.6.14.18(2) 18,2.5.7.10.12.16.19.24.
28.31.33.37.39.40 19,1.5.7.8.13.15.16.17(2).23.24.26.31.33.38(2).
42 20,1.2(2).13.14.17(2).18.19.20.25(4).27 21,4.7.13.19.20.25

Ac 1,1.10.11(3).17.23.25(3) 2,2.5.22.25.27.30.32.36.37.41.47(2) 3,8.9.11(2).
12.13.14.15.18.20.26 4,1.2.4.12.14(2).17.21(2).24(2).27.29.31 5,9.10.21.
25.26.42 6,2.11.12.14 7,4.8(2).9.10.14.18.24.27.28.35.44.53.55.56.59
8,2.4.5.14.24.25.28.30.31.35.37*(2).39 9,20.27.35(2).40.42 10,2.11.16.
17.22(2).25.36.38.43.44.46 11,1.10.12.13(2).17(2).18.19.20.21 12,1.2.5.

τόν

Ac 11.14(2).20.25 13,2.5.7.8.11.15.16.17.21.22(2).25.26.31.35.44.46.48.50.
51 14,12(2).14.15.19.25 15,5.7.10(2).17.19.22.35.36.37(2).38.39(2)
16,6.14.15.19(2).25.31.32.34.36 17,3.5.8.10(2).11.14.15(3).18.19.24.27
18,5.7.11.13(2).17.28 19,1.4(2).10.13.15(2).23.30.35 20,1.7.11.12.13.18.
21.24.37 21,3.5.7.8.11.20.24.27.28.29.32(2).34.39 22,12.14.22.23.25.30
23,3.4.12.14.17(2).18(2).20.22.24(2).25.27.30.31.33 24,5.7*.14.15.16.24.
27 25,4.6.8.13.14.17.22.25 26,1.18.20.28 27,1.10.38.40(2).43
28,2(2).7.8.26

Rm 1,21.25.28 2,1.23.27(2) 3,6.11.26 4,1.5(2).6.24(2) 5,1.12 6,3.4.22
7,21.22 8,3.11.20.28 9,9.13(2).23.25 10,1.6.21 11,1.2.10 13,7(4).8.
9.11.14 14,1.3(2).10(2) 15,6.9.11.17.28.30 16,4.5.8.9(2).10.11.13.20

1Co 1,16.21 2,8 3,8(2).11.12.17 4,19 5,3.5.13 6,1.2.14.20 7,2.13.16.
31 8,3.10.13(3) 9,1.7 10,2.9.16.18.22.28 11,9.26(2).27 14,16
15,15 16,22

2Co 1,22.23 2,13.17 3,4 4,2.4.7.14 5,5.8.11.19.21 7,7(2) 8,18.22
9,9.10.13 10,15 11,3 12,2.3.4.8.18 13,7

Ga 1,10.16.19.24 4,4.14.21.27.29.30 5,3.14 6,1.2.4.6.16

Eph 1,13 2,2(2).15.18 3,14.16.17 4,12.20.22(2).24(2) 5,16.31.33 6,2.14.
16.24

Php 1,11.14.15.17.30 2,25 3,7 4,6.17(2)

Col 1,23.25 2,6(2) 3,9.10(2).22 4,5

1Th 1,6.8.9.10(2) 2,9(2).15 3,2 4,5.6.8(2) 5,11.27

2Th 2,4 3,12

1Tm 1,15 3,2 5,4.23 6,5.7.12

2Tm 1,8.10 2,6.15.22 3,8 4,2.7(2).10.13.19

Tit 1,3.7 3,13

Phm 5.11

Heb 1,6.8(2) 2,9.10.14(2).17 3,1.6 4,14 5,1.6.7.12 6,1.6.7.18.20 7,5(2).
6.17.21.24.28(2) 8,5(2).8(2).11(3) 9,9(3).19(2).22.24 10,5.21.29.30(2)
11,6.7.11.17(2).20(2).26.27(2) 12,1.2.3.14(2).24.25(3).26 13,7.12.13.20(3).
23

Ja 1,11.12.21(2).25 2,3.6.8.10.21 3,6.9 4,11.12 5,6.7.12.15.18

1Pt 1,15.17(2).21.25 2,12.13.17(2).25 3,14.15 4,2.16 5,4

2Pt 1,19 2,1

1Jh 1,2 2,1.5.9.10.11.13(2).14(3).15(2).17.22(2).23(4) 3,10.12.15.17(2).21
4,1.3.6.7.8.9.10(2).14.18.20(4).21(2) 5,1(2).2.4(2).5.10.12(2).16.20

2Jh 2.7.9(2)

3Jh 11

Ju 4.7.23

Apc 1,2.9 2,2.10.28(2) 3,8.10.11 4,2 6,6.9 7,4 8,5 9,4.6.11.16
10,2(3).5.6.9 11,1.6.12.18 12,1.5(2).11.13.14.16 13,2.6.17.18 14,7(2).
19 15,8 16,8.10.11.12(3).14.16(2).17.21 18,9.10.11.15.18 19,11.16.
19 20,2.4.8(2).11 22,2.6.16

τήν

Mt 1,12.20.24 2,11.12.13.14.20(2).21 3,3.4.10.12(2) 4,1.5.8.12.13(2).18(2).
24 5,5.6.15.20.22.31.32.39(2) 6,1.6.17.27.33(2).34 7,3.5.13.14.21.23.
24(2).25.26(2) 8,3.8.14(2).20.28.31.32.33 9,1.2.6.18.23.26.28.29 10,12.
23.28.29.34.39(2) 11,7.10.16 12,9.13.19.20.29(2).42.49 13,1.4.8(2).18.
19.23.30.36(2).41.42.47.50.54.58 14,1.3.8.25.31.34.35 15,2.3(2).4.6.15.
17.29.35 16,18.25(2).26.27 17,20.25 18,3.8.9(2).25.32 19,3.5.8.9.12.
17.19.23.24 20,2.6(2).9.28.30 21,2(2).7.18.21.23.31.38 22,5.7.16.18.
24.25.29 23,6.13.15(2).23(2).24.36 24,12.29.32.38.43.45 25,13(2).15.
21.23.34 26,3.18.23.32.51(2).52.65 27,9.27.30.31.37.45.46.53(2).62
28,7.10.11.16

Mc 1,2.3.6.12.14.16.21.28.29.33.39.41 2,2.4.5.13 3,1.3.5.7.27(2) 4,1(2).4.
8(2).13.15.20(2).21(2).30.32 5,1.3.13.14.21.30.32.33.40 6,1.6.8.17.18.24.
25.27.28.53.55 7,3.5.8(2).9(2).10.17.19(2).30.31.32 8,17.26.35(2).36
9,1.42.43(2).45(2).47(2) 10,5(2).7(2).10.11.15.19.23.24.25.45.46 11,2(2).8.
20.23.28 12,10.12.14.15.19.24 13,24.28.34(2) 14,3.13.16.28.47.52.54
15,16.19.20.33.43.46 16,7.14

Lc 1,4.39.40.48 2,1.3.4.8.16.34.35.39 3,3.4.9.17(2) 4,6(2).14.16.23(2).25.
38.43 5,1.2.11.13.20 6,6.8.10.24.29(2).41(2).42(2).48.49 7,5.6.24.27.
30.44(3).46.50 8,1.5.6.8(2).12.23.26.27.31.33.34.39.51(2) 9,2.3.24(2).27.
31.32.34.36.58.60.62 10,4.19(2).35.42 11,7.8.21.22.31.33.42(2).43.52
12,5.13.20.23.31.32.41.49.53(4).54 13,6.7.20.25(2).34 14,8.26(3).28
15,3.8.9.13.14.22(2) 16,3.8(2).17.18.24 17,2.24.27.33 18,5.7.8(2).9.17.
20.24.25.35 19,1.15.24.30.41 20,2.9.19.21.23.28 21,29 22,10(2).19.
44.54 23,42.44.48.51.56 24,5.26.28.49

Jh 1,14.23.29.39.43.48 2,11 3,3.4.5.8.11.21.22.24.29(2).32.33 4,3(2).8.
10.28(2).42.43.45(2).46.47.52.54 5,4*.7.22.24.34.36.42.44(2) 6,16.27(4).
42.52.53.54.56 7,3.8(2).10.18.33.34 8,6*.8*.15.25.32.34.40.
43(2).45.50.56(2) 9,7 10,1.4.5.6.11.15.17.18.24 11,5(2).7.19.28.30.31.
40.45.54.56 12,7.12.24.25(2).27.40.41.43(2) 13,2.9.18.29.37.38 14,4.
5.27 15,13 16,6.7.21.22 17,13(2).22.24(2) 18,3.11(2).15 19,26.30.
34.42 20,9.20.25(2).27(2) 21,7.9.11

Ac 1,4.6.16.20 2,1.9(2).14.20.27.33.37.38 3,1(2).2(2).10.16 4,2(2).3.5.13.
24(2).30 5,3.11.21.28 7,3.4.11.14.23.34.43.60 8,1(2).3.5.19.20.26(2).

ὁ [19904]

την

Ac 33.36.39　9,4.6.11(2).17　10,8.17.24.30　11,1.11.17.18.23(2).28　12,6.7.10(4).12.13.14.20.23.25　13,1.6.14(2).15.19.22.32　14,1.6.11.15(2).20.21(2).22.24(2).27　15,3(2).16(2).23.30.41(2)　16,6.7(2).8.14.16.19.20.24.27.40　17,1(2).5.6.10.14.16.18.31　18,6.18(2).19.22.23.25.26.27　19,8.9.10.17.21.22(2).33.35.37.40　20,2.3.6.13.14.16(2).18.21.24(2).25.27.28.29.32　21,1(2).3.11.13.24.26.34.35.37.38　22,4.9.22.24.28　23,10.13.16(2).21.28.31.32.33(2)　24,5.12.14　25,3.20.21　26,1.4(3).5.10.12.13(2).14.20　27,1.2.4.5.6.7(2).9.13.17.19.21(2).30(2).38.39.40.41.43.44　28,2.3.14.20(2).23(2).31

Rm 1,18.23.25.26(2).27(3)　2,5.20　3,3.5.7.25.26　4,9(2).11.16.19.20.25　5,2(2).8.11.17　6,19(2)　7,7(2).14　8,3.18.19.21.23(2).36　9,17.22.25.30　10,3(2).5(2).7.18.21　11,3.13.14.18.28　12,1.4.6(3).13.20　13,3.4.5(2).7(2)　14,6　15,4(2).15(2).17.24　16,1.5.12.13.15.17.22

1Co 1,7.19(2).20.26　2,7　3,10(2)　4,19　5,7　6,18　7,2.3.5.16.26.36.37.38.40　8,12　10,1.13.25.27.28.29(2)　11,4.5.7.9.24.25　13,2(2)　14,1.11.12　15,9.24.31.49(2).50　16,3.15

2Co 1,16.23　2,4.9.12.14　3,7(2).15.18(2)　4,1.10.15(2)　5,18　6,1.13　7,7.12(2).15　8,1(2).4(2).6.9.16.17.19.24　9,2.5.14　10,5　11,8.12.32　12,13　13,9.10

Ga 1,13(2).23　2,4.9(3).14.21　3,14.17.23(2)　4,5.20.30　5,13.24　6,8

Eph 1,5.7(2).9.11.15(3).19　2,4.14.16.18　3,2.4.7(2).12.19.20(2)　4,3.13.14.16.18(3).22　5,25.27.28.29(2).31(2).32.33　6,2.9.11.13.14.17(2)

Php 1,4.20.23.25　2,2(2).12.22　3,2.6(2).9(3).10(2).11(2).21　4,16

Col 1,4(2).5(2).6.8.9.12.13.14(2).25(2).29(2)　2,5.8.19(2)　3,5.14.24　4,1.11.15.16.17

1Th 1,4　2,1(2).12　3,5.6(2).11　4,15　5,27

2Th 1,12　2,10　3,5(2).6.16

1Tm 1,4.16.18(2).19　4,2.3　5,8.12　6,5.12.13.14.20.21

2Tm 1,3.9.12(2).14.16　2,18(3).19　3,5.8.16　4,1(2).3.4.5.7.8.18(2)

Tit 1,9.14　2,10(2).12.13

Phm 5(2).9

Heb 1,6.10　2,4.5(2)　3,6.8.11.14.18　4,1.3(2).5.10.11　5,4.6.8.10.14　6,1.11(2).20　7,5.11(2).15.17.24　8,5.9.10.13　9,4.6.7.8.13.14.15.21　10,1.16.19.23.25(2).26.34.35.36　11,10.26.28.29.35.39　12,1.4.17.26(2).27　13,7(2).9.14

Ja 2,1.3(2).8.18(2)　3,8　4,13　5,11.12

1Pt 1,13.21　2,12.15.16.17　3,2.10.16　4,1.4.8　5,5.6.7.10

2Pt 1,5(2).6(3).7(2).8.10.11.15(2).16.18　2,13.16.21　3,1.12.15(2).16

1Jh 1,2(2).6　2,21.25(2).29　3,3.4(2).7.8.14.16(2).19　4,16.21　5,9.10(2).12(2)

2Jh 1.2(2).10

Ju 4.6

Apc 1,2.9.12.17　2,2.4(2).5.9(3).12(3).13.14.15.17.19(4).20.24　3,7.20(2)　4,11(3)　5,1.6.12　6,3(2).4.5(2).7(2).9(2).12(2).13　7,2(2).3(2)　8,1(2).5.7.8　9,1.3.4.14.15　10,5(2).6(2).9　11,2(4).6(2).7.17(2).18　12,4.6.9(2).11.12(2).13(2).14.17.18　13,2.4.6.12(2).13.14　14,3.7.9(2).11.12.14.16.19(3)　15,2(2).3(2)　16,1.2(2).3(2).4.8.9.10.12.15.17　17,2.6.13.16.17(2)　18,17.21.19,2(2).7.10.12.15.20　20,1(2).3.4(3).9(3).10.14.15　21,2(2).9(2).10(2).11.15.16.24.26(2)　22,14

οἱ

Mt 2,5.9.20　3,16　4,3.20.22　5,1.3.4.5.6.7.8.9.10.46.47　6,2.5.7.16　7,12(2).13.14.23.25(2).27(2).28.29　8,12.23.27(2).31.32.33　9,8.11.12(2).14(3).15.17(2).19.28.30.31.33.34.37　10,2.4(2).6.9.10.20.36　11,8.13.28　12,1.2(2).3.5.14.23.24.27.36.46.47.48.49　13,10.16.27.28.36.38(2).39.43.49.55　14,12.13.15.17.19.21.26.33.35　15,2.12(2).23.33.34.36.38　16,1.5.7.13.14(2)　17,6.10(2).13.19.24.25.26　18,1.10.31　19,5.10.13.25.28　20,5.9.10.12.16(2).21.24.24.25(2).31.33　21,6.9(3).11.15(2).20.23(2).25.31.32.35.38.42.45(2)　22,4.5.6.8.10.15.19.33.34.40　23,2(2).16.24　24,1.3.16.28.29.35.36　25,31.34.37.41.46　26,3(2).8.15.17.19.35.43.52.56.57(3).59.66.67.73　27,1(2).4.6.20(2).21.23.27.39.41.44(2).49.54.62(2).64.66　28,4.13.15.16.17

Mc 1,5.13.22.36　2,16.17(2).18(5).19.22.23.24.25　3,4.6.21.22(2).31.32.33.34　4,10.15.16.18(2).20　5,14.16.31　6,1.29.30.31(2).35.44.49　7,1.3(2).5(3).17.21(2)　8,4.5.11.27(2).28　9,11.28.32.34　10,4.8.10.13.23.24.26.31.32.35.37.39.41.42(2)　11,6.9(2).14.18(2).27(3)　12,7.10.16(2).22.23.35.40　13,1.4.25.31.32　14,1(2).11.12.16.40.46.53(3).55.64.65.70　15,1.3.10.11.13.14.16.29.31.32

Lc 1,2.58(2).66　2,15(2).18.20.30.41.43.47　3,10　4,20.42　5,2.21(2).30(2).31(2).33(4).37　6,1.3.7(2).18.20.21(2).22.23.25(2).26(2).31.32.33　7,4.10.11.14.18.20.25.29.30(2).49　8,1.9.12.19(2).13.14.16.19.20.21.22.34.36.42.45.56　9,10.11.12.13.18.32.54　10,2.17.23(2)　11,14.19.28.33.39.44(2).47.53(2)　12,35.37　13,2.4.17.23　14,4.29　15,1.2.16.21.26　17,5.17(2).37　18,11.15.24.26.39　19,14.32.33.34.40.43.47(3)　20,1(2).5.10.11.12.14.17.19(2).24.27.31.33.34.35.37　21,15.21(3).33　22,2(2).9.14.25(2).28.35.38.39.49.63(2).71　23,5.10(2).21.23.35.36.48.49　24,16.17.19.20(2).25.31.42.44

Jh 1,11.19.37.38.45　2,2.8.9(2).11.12(2).17.18.20.22　3,19.22　4,1.2.8.12.20.23.27.31.33.40.45.51　5,10.16.18.25(2).28.29(2)　6,10.14.16.22.24.31.

οἱ

Jh 41.49.52.58.61.64　7,1.3(2).5.10.11.12.15.26.32(3).35.39.41.45.46.47　8,3*(2).9*.13.22.48.52(2).53.57　9,2(2).3.8(2).10.15.18.20.22(2).23.39(2).40　10,24.31.33　11,8(2).12.31(2).36.45.47(2).48.57(2)　12,10.16.19　13,22　16,29　18,1.7.12.18(2).20.31.35.36(2)　19,2.6(2).7.12.15.21.23.24.31.32　20,4.10.19.20.25.26.29　21,2.4.8

Ac 1,6.11　2,7.9.10.14.17(3).41.44　3,17.24.25　4,1(2).21.23(2).24.26(2).33　5,6.9.10.17.21.22.24.25.29.33.41　6,2.15　7,9.11.15.25.39.45.51.52.58　8,4.6.14.25　9,7(2).21.23.25.29.30.35.38　10,17(2).22.43.45　11,1(3).2.12.19　12,15(2)　13,13.15.16.26.27(2).41.45.50.51.52　14,2.4(2).11(2).14　15,3.6(2).10.15.17.23(2).30　16,17.19.20.22.25.31.33.35.36.38　17,5.6.10.13.14.15.18.21.32(2)　18,12.27　19,2.3.7.26.30.32.38　21,11.12.17.18.20.27.32　22,9.29　23,4.12.13.20.31.35　24,9　25,2(2).5.7.15(2).18.24　26,4.22.30　27,12.27.32　28,2.4.6.9(2).15.21.24(2).29*

Rm 1,27.32　2,13(2)　3,15　4,14　5,15.17.19(2)　8,5(2).8　9,5.6　10,15　11,7.10.16.24　12,5　13,2.3　15,1.3.11　16,18.21

1Co 6,2.16　7,28.29.30(3).31　9,5(2).13(2).24　10,1.17(2).18　11,19　14,29　15,6.18.23.29.35.48(2).52　16,20

2Co 2,17　4,11　5,4.14.15　11,9.13.15　12,14　13,12

Ga 1,2.7　2,6.9.13　3,7.9　4,21　5,12.21.24　6,1.13

Eph 2,3.11.13.18　4,13　5,25.28.31.33　6,4.5.9

Php 1,16.17　2,21　3,3.19　4,21.22(2)

Col 2,3　3,19.21.22　4,1.11

1Th 4,13(2).15(2).16.17(2)　5,6.7(2)

2Th 2,12

1Tm 3,13　5,17(2).20　6,2(2).9

2Tm 1,15　3,2.6.12　4,21

Tit 1,10　3,8.14.15

Phm 24

Heb 1,10　2,11　3,9.16　4,3.6　6,18　7,5.20.23.27　9,6.15　10,13　11,2.14.29　12,10.15.19.25　13,9.10.24

Ja 2,6　4,13　5,1

1Pt 1,10　2,7.10(2).18　3,7.16　4,19

2Pt 3,4.7.10.16

1Jh 5,7.8

2Jh 1.7

3Jh 15

Ju 4.12.19

Apc 1,3.14.15.20　2,18　4,10　5,8.14　6,11(3).13.15(5)　7,11.13.14　8,6(2)　9,3.6.8.15(2).20　10,1　11,10(2).12.13.16(2)　12,7(2).9.12(2)　13,2.8　14,3.4.11.12.13(2)　15,6(2)　16,9.21　17,2(2).8.10.14.17　18,3(2).9(2).11.15(2).19.20(3).23(2)　19,4(2).5(4).9(2).12.20.21　20,5.12　21,5.19.21.24.25.27　22,3.6.14.15(5)

αἱ

Mt 1,17　8,20　9,2.5　10,16.30　11,20.21(2).23(2)　13,7.54.56　14,2　21,31.32　24,22(2).29.30.37　25,3.4.7.8(2).9.10.11　26,54.56　27,51　28,9

Mc 2,5.9　3,28.32　4,7.19(2)　6,2.3.14　7,35　13,19.25(2)　14,49.56　15,41

Lc 1,23.48　2,6.22　3,5　5,20.23　7,47(2).48　8,7　9,58　10,13(2)　12,7.35　21,26.34　23,23.29(2).49.55　24,10.24

Jh 5,39　11,3

Ac 2,17　3,7.25　6,1　9,39　10,4(2).31　12,3.7　16,5.26　20,34　21,27.30　27,37

Rm 1,26　4,7(2)　9,4(2)　11,33　13,1　16,4.16

1Co 11,16　14,22.34　16,19

2Co 10,10

Ga 3,16

Eph 5,16.22.24

Col 2,2　3,18

1Tm 5,24

Heb 9,4

Ja 5,4

1Pt 3,1.5(2)

1Jh 1,1　2,12　5,3

Ju 7

Apc 1,7.14.20(2)　2,23　5,8　9,17.19　10,3.4(2)　11,4(3)　12,14　14,3.18　15,3.8　16,7.19　17,9　18,5.8　19,2

τα

Mt 2,18.22　3,11　4,20.21　5,16　6,12.14.15.16.26.28.32　8,16.20.33　9,34　10,2.6(2)　11,2.8　12,24.27.28.29.45　13,4.5.11.16.20.26.29.30.32.38.40.41.48(2)　14,28.29　15,18.20.21.24(2).27.39　16,3.13.23(2)　17,2.24(2)　18,3.7.12(2).25.31(2)　19,1.14.21　21,7.8.15　22,4.7.21(2)　23,3.5(3).23.29.37(2)　24,16.17.32　25,14.16.17.20.22.27.28.32(2).33(2)　26,31.65　27,3.5.6.9.25.31.35.52.54　28,11.15.19

Mc 1,18.19.34.39　2,2　3,11(2).15.22.27.28　4,4.11.16.19.32.37　5,13(2).26　7,15(2).19.23.24.27.28.33　8,10.23.33(2)　9,3　10,1.14.23.32　11,7.8.25.

ὁ [19904]

τα

Mc 26* **12**,17(2) **13**,10.14.16.28 **14**,1.27 **15**,19.20.24 **16**,8*
Lc **1**,44.65 **2**,19.39.51 **3**,5 **5**,2.4.5.6.7.11 **6**,23.26.30.34 **7**,1 **8**,5.10.
29.33.35.38 **9**,1.7.44.58.62 **10**,7.8.17.20(2).34 **11**,7.15.17.18.19.20.21.
22.26.41.44(2).47 **12**,18.27.30.33 **13**,19.34 **14**,26.32 **15**,4.31 **16**,1.
6.7.21.25(2) **17**,1.9.10.30.31(2) **18**,15.16.24.27.28.31.34 **19**,8.35.36.
42.44 **20**,25(2) **21**,1.4.21.22.24.29.36 **22**,41 **23**,28.34.48(2) **24**,5.
11.12.18.19.27.35.44.47
Jh **1**,11 **2**,15.23 **3**,2.12(2).19.20.21.34 **4**,12 **5**,29(2).36(2) **6**,2.12.24.28.
63.66 **7**,3.7 **8**,20.29.39.41.47 **9**,3.4 **10**,3(2).4(2).8.12(2).14(2).21.22.
25.27(2).37 **11**,52(2) **12**,6.13.48 **13**,4.12 **14**,10(2).11.12 **15**,5.7.24
16,13.32 **17**,8.10(2) **18**,4.6 **19**,23.24.27.31(2).32.33 **20**,5.6.14 **21**,6.
15.16.17.25
Ac **1**,3.18 **2**,10.11.14.45 **3**,7 **4**,24.29 **5**,20.38 **6**,14 **7**,19.57.58.60
8,6 **9**,40 **10**,12.33.44.45 **11**,1.6(4).22 **12**,8 **13**,22.29.34(2).42.46.48
14,14.15.16 **15**,7.16.17.27 **16**,4(2).22.26(2).38 **17**,23.24.25.30
18,6(2).25 **19**,1.8.12(2).13(2).19.25 **20**,2.22.32.36 **21**,5.6.21(2) **22**,20.
23 **23**,8.11.15.30 **24**,10.22(2) **25**,14 **26**,24 **27**,22.32 **28**,10.15.31
Rm **1**,20.24.28.32 **2**,1.2.3.6.14(2).16.18.22.26 **3**,2.8(2).13 **4**,17.25 **6**,13(2).
19(2).23 **7**,5(2) **8**,5(2).11.18.32 **9**,8(2).30 **10**,15.16.17.18 **11**,3.29.33.36
12,1.4.16 **13**,12(2) **14**,19(2) **15**,1.9.11.16.17.22.27 **16**,17.26
1Co **1**,27(3).28(4) **2**,10.11(2).12.14.15 **4**,5 **6**,13.15(2) **7**,14.32.33.34(2)
8,6(2).10 **9**,11(2).13(2) **10**,11 **11**,12.34 **12**,2(2).6.12.18.19.22.23.24.
25.26(2).31(2) **13**,2.3.5.11.13 **14**,1.7.25 **15**,27.28(3)
2Co **1**,5 **2**,11 **3**,14 **4**,2.4.15.18(4) **5**,10.17.18.19 **7**,15 **9**,10.12 **10**,4.7.
13.15.16(2) **11**,3.15.30 **12**,12.14(2).19
Ga **1**,21 **2**,8.9.14 **3**,8(2).14.22 **4**,3.9.27 **5**,19.21(2) **6**,2.17
Eph **1**,10(3).11.23 **2**,3.11.14 **3**,6.9.14 **4**,9.10.15.17 **5**,12.13.28 **6**,1.4.9.
12.16(2).21.22
Php **1**,10.12.27 **2**,4(2).19.20.21(2).23 **3**,1.8.13.19.21 **4**,3.6.7.18
Col **1**,16(4).17.20(3).24 **2**,8.13.22 **3**,1.2(2).5(2).8.11.20.21 **4**,7.8.9
1Th **2**,7.14 **3**,10 **4**,5(2).11
1Tm **5**,13.25(3) **6**,13
2Tm **1**,9 **3**,15(2) **4**,13.14.17
Tit **1**,5
Phm 7.12.20
Heb **1**,3.12 **2**,8(2).10(2).13.14.17 **3**,9.17 **5**,1.12.14 **6**,9 **8**,4 **9**,12.21.
23(2).25 **11**,12.28.30 **12**,12.16.27 **13**,11(2)
Ja **2**,16.19 **3**,3.4.13 **5**,2.4
1Pt **1**,11 **5**,9
2Pt **1**,3.4 **2**,20(2) **3**,10
1Jh **2**,15 **3**,8.10(2).12(2).17.22 **4**,1 **5**,2.15
2Jh 13
3Jh 4.10
Ju 10
Apc **1**,3 **2**,2.5.6.19(3).23(2).24.26.27(2) **3**,1(2).2(2).4.8.15 **4**,5.8.9.11 **5**,6.8.
13.14 **6**,15 **7**,3.11 **8**,9 **9**,7(2).20(7) **10**,6(3) **11**,9.16.18 **12**,5
13,14 **14**,8.13 **15**,3.4(2).6 **16**,3.15 **17**,4.7.12.15.16 **18**,3.5.6(2).14(2).
19.23 **19**,4.8.14(2).15.19.20.21 **20**,3(2).5.6.7.8(2).12.13 **21**,4.12.24
22,2

των

Mt **1**,21 **2**,2.16(2).23 **3**,2.7.9.10.17 **4**,15.17 **5**,3.10.13.16.19(4).20(2).29.
30.35.44 **6**,1.2.5 **7**,6.15.16.20.21 **8**,11.12.21.24.28(2).31.33.34 **9**,3.
11.29.34 **10**,2.7.14.17.27.28.32.33.42 **11**,2.8.11.12(2).19 **12**,1.24.
37(2).38.42.45 **13**,11.24.31.32(2).33.36.42.44.45.47.49.50.52 **14**,2.13.
20.24 **15**,2.22.26.27(3).37 **16**,3.6.9.10.11.12(2).14.19.21.23.27.28
17,25(2).26 **18**,1.3.4.6(2).7.10.14.23(2).28.35 **19**,12(2).14(2).23 **20**,1.2.
8(2).20(2).24.25.34 **21**,1.8.12(2).31.34.36 **22**,2.9.13.16.26.28.31.41.44
23,4.7.13(2).14*.29(2).30(2).31.32 **24**,3.9.12.29(2).30.31(2).36.49.51(2)
25,1.4.10.30.32.40(2).45 **26**,14.17.18.20.30.47(2).51.56.58.64 **27**,11.12.
21.29.37.41.47.52.53.56.64 **28**,7.12
Mc **1**,7.11.13.20 **2**,6.16(3).18.23 **3**,6.7.22.28 **4**,31(2).32 **5**,1.2.16.17.22.
28.30 **6**,2.7(2).11.15.33.43 **7**,1.2.3.5.6.8.21.27.28(2).31(2) **8**,10.15.28.
31(3).33.38(2) **9**,1.37.42(2) **10**,14.42.46 **11**,1(2).5.8.11.15(2) **12**,2(2).
13(2).26.28.33.36.38(2).40.43 **13**,1.3.27 **14**,10.12.13.14.17.20.26.41.
43(4).47.54.62.66 **15**,1.2.7.9.12.18.26.31.35 **16**,2.20
Lc **1**,1.5.16.70.71.72 **2**,18(2).31.46 **3**,8.9.16 **4**,5.3.9.12.15.17.19.30.
33 **6**,2.18.28.47 **7**,3.18.24.35.36 **8**,3.4.7.22.26.37 **9**,5.8.19.22.26.27.
40 **10**,36 **11**,1.15.26.29.31(2).45.46.47.48.50 **12**,1(2).3.4.8(2).9(2).15.
24.26.36.46 **13**,1(2).10.28 **14**,1(2).10.14.15.24(2) **15**,10.15.16.19.26.29
16,5.15.21.22.31 **17**,2.20.22 **18**,7(2).11.16.31 **19**,8.29.37(2).39 **20**,1.
27.39.43.46(2).47 **21**,26(2) **22**,1.3.7.11.25.39.47 **23**,3.37.38.39.51
24,1.5.8.14.24.27
Jh **1**,4.24.35.40(2) **2**,6.11.13.15 **3**,1(2).25 **4**,22.39 **5**,1.3 **6**,2.3.4.8.11.
13(2).26.60.66.71 **7**,2.13.22.25.35.40.48(2) **8**,1*.9*.23(2).44 **9**,16.40
10,1.2.5.7.11.13.15.26(2) **11**,18.19.45.54.55 **12**,2.4.6.9.11.13.20.42.43.
47 **13**,5.23.28 **15**,13 **16**,17 **17**,20 **18**,2.3(2).12.17.19.22.25.26.33.
39 **19**,3.13.19.20.21(3).23.34.38.40.42 **20**,1.7.19(2).24.25(2).26.30

ὁ [19904]

των

Jh **21**,2.6.8.10.12
Ac **1**,9.15.21.24.26 **2**,5.35.38.42.43 **3**,2.13.18.21.22.24.25.26 **4**,4(2).11. .
32(2).34.35.36.37 **5**,2.9.12(2).13.16.17.21.23.30.32.36.38 **6**,1(2).2.6.7(2).
9(2) **7**,10.16.32.33.37.38.41.42.45(3).49.52 **8**,1.7.18(2).25 **9**,8.14.18.19
10,7(2).22.23(2).39 **11**,29 **12**,1.3.7.11 **13**,5.14.15.25.27.43(2).50.51
14,1.2(2).3.5.15.20.22 **15**,3.4(2).5(2).10.15.17.19.20(2).28.33.40 **16**,2.4(2).
13.33 **17**,1.2.4(2).5.7.9.10.11.12(2).18.28 **18**,1.8.28 **19**,11.13.18.19.22.
31.33 **20**,3.6.7.19(2).20.35(2) **21**,8.16.20.25.26.35.38(2).40 **22**,11.12.
14.20.30 **23**,7.9(2).17.23.27 **24**,5.7*.23 **25**,2.8.15.24 **26**,3.10(2).12.
17.29 **27**,10.30.40.41.42.44 **28**,17(2).19.21.23
Rm **1**,2.10.18.24 **2**,15.16.19 **3**,18.21.25.27 **4**,11 **7**,5 **8**,19.21 **9**,3(2).27
10.15 **11**,17.18.21.25 **12**,1.13 **15**,1.3.4.8.16.26(2).31 **16**,2.4.10.11.18
1Co **1**,11.19(2).25(2) **2**,6(2).7.8 **3**,20 **4**,5.19 **6**,1(2) **7**,25 **8**,1.4 **9**,9
10,9.11.20.27.33 **12**,1 **13**,1(2) **14**,33 **15**,3.9.20.29.37.38.40(2).42
16,11.12
2Co **1**,3.6.7 **2**,6 **4**,4.15 **6**,7(2) **8**,18.19.24 **9**,12 **10**,9.12 **11**,5.12.19.
28(2) **12**,7.11.15.21
Ga **1**,4.5.14.19 **2**,6.10.12 **3**,19.21 **4**,25 **5**,23
Eph **1**,7.10.16 **2**,3.12.15.19.20 **3**,1.5.9.11.21 **4**,10.12.14 **5**,14.27 **6**,18.
24
Php **1**,14.23.28 **3**,10 **4**,3.20
Col **1**,12.14.18.24.26(2) **2**,1.8.17.18.19.20.22 **4**,13(2).18
1Th **1**,2.9.10(2) **2**,14(4).15 **3**,13 **4**,13 **5**,1(2).14
2Th **3**,2
1Tm **1**,16.17(2) **2**,2 **3**,7.12 **4**,12.14 **5**,8.21 **6**,10.15(2)
2Tm **1**,4.6 **2**,6.14.22 **4**,18
Tit **3**,5
Phm 4.7.22
Heb **1**,2.3.4.5.10.13(2) **2**,3.8.14 **3**,5 **4**,3.4.10(2) **5**,12.14 **6**,12 **7**,1.4.5.
26(2).27(2) **8**,2.4.5.12 **9**,2.7.8.11.15.19(2).23.24.26 **10**,1(2).13.17(2).19.
33.34 **11**,7.9.21.22(2).23.26.32 **12**,3.9.27 **13**,3(2).7.17.20.21
Ja **1**,17.18 **2**,18(2).20.22 **3**,3 **4**,1(2) **5**,4(3).9
1Pt **1**,12.20 **2**,11.12.15.25 **3**,1 **4**,3.11.17 **5**,1.3.9
2Pt **1**,9 **2**,7.20 **3**,2(3).3.7.17
1Jh **2**,2(2).16.26 **3**,16 **4**,10 **5**,9.21
2Jh 4
3Jh 7
Ju 15(2).17(3).18
Apc **1**,4.5(3).6.7.13.18.20(2)· **2**,1(2).6.9.14.15.19.22.26 **3**,5.9(2) **4**,9.10 **5**,5.
6(2).8.11(2).13 **6**,1(2).6.8.9.10.14.15 **7**,3.4.11(2).12.13.17 **8**,3.4(2).7.9(3).
10(2).11(3).12.13(3) **9**,4.7.9.13.15.16.17(2).18(3).19.20(3).21(3) **10**,6
11,6.9.15.18 **12**,1.4.10.17(2) **13**,1.3.7.10.13 **14**,1.3(2).4.12.13.20(2)
15,3.7(2).8 **16**,4.5.11(3).12(2).19 **17**,1(2).5(2).6(2).11.18 **18**,4.24 **19**,2.
3.8.10(3).18.21 **20**,4.5.9.10.12 **21**,3.4.9(5).12.14.21.26 **22**,2.4.5.6(2).8.
9(3).19(2)

τοις

Mt **2**,6.16 **4**,6.16 **5**,12.15.16.21.33 **6**,1.5.9.12.14.15.16.18 **7**,6(2).11(3).
21 **8**,10.26.32 **9**,8.10.11.37 **10**,18.32.33 **11**,1.7.8.16 **12**,1.4(2).5.10.
11.12.18.31.46 **13**,15(3).30.32.34 **14**,2.19(2) **15**,8.26.36(2) **16**,17.
19(2).20.21.24 **17**,16 **18**,13(2).34 **19**,21.23 **20**,12.15.18.19 **21**,9.40.
41 **22**,4.8.13 **23**,1(2).5.6.20.28 **24**,14.26.47 **25**,4.27.34.41(2) **26**,1.
26.36.55.71 **27**,3.7 **28**,7.8.10.11.12
Mc **1**,21.27(2) **2**,15.16.23.24.26 **3**,2.4.9.28 **4**,10.11.34 **5**,3.5(2) **6**,4.
21(4).22.41.52.55 **7**,6.27 **8**,6.34 **9**,18 **10**,21.23.24.33(3) **11**,10.17.
25.26* **12**,25.39 **13**,25.34 **14**,5.32.69 **16**,5.7.8*.10.13.14(2).17
Lc **1**,20.45.50.79 **2**,33.38.44(2).49 **3**,7.14 **4**,10.21.22(2).31.36 **5**,7.8
6,2.4.23.24.26.27(2) **7**,25.32.38.44 **8**,10.25.27 **9**,16.61 **10**,20
11,13(2).30.42.43.46(2).48.52 **12**,3.4.33.44.54 **13**,10.17(2).19 **14**,17.33
16,23 **17**,14 **18**,22.32 **19**,8.24.39 **20**,1.45.46 **22**,4.28 **23**,11.30(2)
24,9(2).44
Jh **1**,12.22 **2**,5.16.23 **4**,28 **5**,2.15.28.47(2) **6**,11.12.13.22.45.67 **7**,12
10,19.22.38 **11**,7.16.54 **12**,40 **13**,29.33 **17**,6 **18**,1.14.36 **19**,14.
40 **20**,12.18 **21**,1.14
Ac **1**,2.14.16.19 **2**,14.39(2) **4**,16(2).29 **5**,26.32.35 **7**,13.37.41.44.51 **8**,6
9,13.26 **10**,36.41 **11**,18.29 **12**,3.17.18 **13**,31.33.40.45 **14**,4(2).5.8.
13.27.28 **15**,3.12.19.22(3).23(2).25 **16**,3.14.16.20.32.38 **17**,17(2).30
18,5.18.19.27(2).28 **19**,17.24 **20**,32.34 **21**,19.20.21 **22**,25 **23**,2.
14(2).30 **24**,5(2).14(3).27 **25**,9.23 **26**,18.20(2).23.27 **27**,11.31 **28**,7.
17(2).24.27(3).28
Rm **1**,5.7.13.15.20.21.32 **2**,7.8.24 **3**,4.19 **4**,12(3).24 **7**,5.23(2) **8**,1.4.
28(2) **10**,20(2) **11**,11.13 **12**,16 **14**,18 **15**,23.25.27(2).31 **16**,7
1Co **1**,2.18(2).24 **2**,6.9 **4**,5 **5**,1.10(2) **6**,13 **7**,8.10.12.15 **8**,9 **9**,3.14.
20(2).21.22(2) **10**,5 **12**,21 **14**,7.22(4) **15**,5.7 **16**,15.16
2Co **1**,1(2) **2**,15(2) **4**,3 **5**,1 **6**,12 **9**,9 **11**,10 **12**,14(2).18 **13**,2(2)
Ga **1**,16 **2**,2(2).3 **3**,10.16.22 **4**,8 **5**,24
Eph **1**,1(2).3.10.18.20 **2**,1.2.5.6.7(2).17(2) **3**,5(2).8.10.18 **4**,8.29 **5**,11(2).22.
24 **6**,1.5.12.23

ὁ [19904]

τοις

Php 1,1(2).7.13.14.17 3,13
Col 1,2.5.16.20.21(2).24.26.27 2,13.14 3,18.20.22 4,1
1Th 1,7 2,10.13.16 4,18 5,27
2Th 1,4.6.7.8(2).10(2) 2,10 3,12
1Tm 4,3.6(2) 5,4 6,3.17
2Tm 3,11(2) 4,8.15
Tit 1,15(2).16 2,5 3,8
Phm 10.13
Heb 1,1(2) 2,1.12.17.18 3,17.18 4,2.13 5,2.9 6,10.17 8,1(2).9 9,23.27.28 10,34 11,4.6.31 12,11.13 13,5.17
Ja 1,12 2,5.22 3,6.18 4,1
1Pt 2,7.12.18(3).21 3,1.5.19 4,13 5,14
2Pt 1,1
1Jh 1,1 5,13.16
2Jh 1.11(2)
Ju 1.3
Apc 1,1.13 2,24(2) 6,16 7,2 11,2.3.18(4) 13,14 15,7 16,1 19,17(2) 20,12 21,8(2).12 22,6.14

ταις

Mt 3,1 4,23 6,2(2).5(2) 9,4.35 10,17 11,1.16.29 12,19 21,42 22,40 23,6.7.30.34 24,19(3).38(2) 25,8 28,5
Mc 1,9 2,6.8 6,56 8,1 12,38.39 13,17(3).24 16,18
Lc 1,5.6.7.18.39.75.80 2,1.47 3,15 4,2.15.25.43 5,16.22.35 6,1.12 7,38.44 9,36 11,43(2) 13,26 17,26(2).28 20,46(2) 21,14.21.23(3) 23,7 24,18.27
Jh 8,24(2) 11,2 12,3 20,25
Ac 1,15 2,11.17.18.42 5,37 6,1 7,39.41.54 8,11 9,20.37 11,27 13,5.41 14,16(2) 15,21 16,13 17,16 18,24 20,19.34 24,12
Rm 1,24 2,15 3,13.16 5,3.5 6,12 12,13 15,30
1Co 4,12 7,8.17 13,1 14,20(2).33.34 15,17 16,1
2Co 1,22 3,2 4,6 5,11 7,3 8,1 12,5.9
Ga 1,2.22(2) 5,24
Eph 2,1.3 3,10(2).13.17 4,28
Col 3,9.15.16 4,12
1Th 3,3 4,11
2Th 1,4(2)
1Tm 5,5(2).16
2Tm 1,3 2,4
Heb 4,15 5,7.11 8,12 10,1 11,38 12,3
Ja 1,1(2).8.11 4,3.16 5,1(2)
1Pt 1,14 2,24 3,15
2Pt 1,19 2,2.13
Ju 12
Apc 1,4(2).11 2,7.11.13.17.29 3,6.13.22 6,16 7,9 8,3.4 9,6.10.19.20 10,7 14,2 18,4 20,8 22,16

τους

Mt 1,2.11 2,4.7.11.16(2) 4,24 5,1.12(2).17.19.33.44.46.47 7,6.24.26.28 8,16.22(2).32 9,23.36 10,1.5.14.25 12,4.7.49 13,15.25.36.41(2).49 14,9(2).14.15.19(4).22(2).23.35 15,30.32.36(2).39 16,9.10.13 17,8 19,1 20,8.17 21,12.15(2).34(3).35.41.43.46 22,3(3).4.6.7.9.11.16.34.44 23,4.7.13.29.31.37(2) 24,22.24.31(2).49 25,9.10.14 26,1.11.14.37.40.45 27,20 28,9
Mc 1,10.32(2) 2,22.23.26(2) 3,16.34 5,12.13.14.19.22.40 6,7.26(2).36.41(4).44.45.55.56 7,2.25.33.37(2) 8,1.6.19(2).20(2).24.25.27.33.38 9,14.18.26.31.35.45 10,32 11,15(2) 12,2.9.36.43 13,20.22.27(2) 14,7.10.63
Lc 1,33.55.65.79 2,27 5,3.9.22.30.34.37 6,1.4(2).8.13.20(2).27.28.32(2).33.35(2) 7,24.31.38(3).44.45.46 8,33.34.35.41 9,1.2.11.14.16(2).26.28.32(2).43.44.60(2) 10,9.11.23.36.39 11,1.43.46.52 12,1.17.22.24.45 13,2.4(2).28.34(2) 14,3.7.12(3).21.26 15,5.6(2).15.22(2) 16,1.4.8.23.29 17,1.16.22 18,9(2).13.31 19,15.27(2).45 20,10.16.43 21,1.35 22,32.45.52 23,4(2).13(2).33 24,10.33(2).39.40
Jh 1,51 2,14(2).15 4,23.24.35 5,21 6,5.10.11.70 7,35.45 8,31 9,6.11.13.14.15.17.18.21.22.26.30 10,19 11,2.32.33.37.41.44.46 12,3(2).8.40.42 13,1(2).5.6.8.9.10.12.14(2) 14,24 17,1 18,21.38 20,17 21,23
Ac 2,18.22.34.35.37.47 3,25 4,5(3).23.35.37 5,2.5(2).10.11.15.18.23.24.34.40 6,1.12(2) 7,8.12.19.23(2).25.43.52.54.56.58 8,3 9,1.14.21(2).22(2).27.29.32(2).40.41 10,21.24(2).25.38.44 11,20.26.30 12,19 13,17.32.36.45.50 14,10.13.18.19 15,1.2.21.32.33.36 16,3(2).19.24.27.35(2).36.40 17,6.8.13.17.30 18,2.13.14.23 19,9.10.12.13.25.37 20,1.17.30 21,4.7.11.21.26.32.35.38 22,3.5(2).19.30 23,32 24,7*.16 25,16 26,6.13.16.29 27,2.3.4.24.42.43.44 28,17.25.27.30
Rm 1,25 2,2.3 3,22 4,17 5,14.15 9,5 10,12 11,3.22.28.32(2).36 12,14 15,26 16,3.7.10.11(2).14.15.17.20.27
1Co 1,21.27 3,19.20 4,9 5,12(2).13 6,4 8,12 9,19.20.21.22 11,10.22

ὁ [19904]

τους

1Co 14,35 15,25(2).27 16,1.18
2Co 1,4.9 3,7.13 5,10.12 7,6 8,4 9,1.2.3.5 10,2 11,31
Ga 1,5.17 2,4.12 4,5.15 6,10
Eph 1,12.15.18.19.22 2,15.16 4,11(4) 5,6 6,12.15
Php 1,13.14 2,29 3,2(2).17.18 4,20
Col 1,4 3,6 4,5.15
1Th 2,15 4,10(2).12.14.15 5,12.14(2).26
1Tm 1,17 2,8 4,7.16 5,20 6,1.9
2Tm 2,10.19.25 4,4.18
Tit 1,9 2,6 3,15
Phm 5
Heb 1,2.7(3).9.13.14 4,14 6,4 7,5.25 9,13 10,1.2.14.27 11,3.10.31.35 12,9 13,8.21.24(2)
Ja 2,5.25 3,3.9(2) 5,10.11.14
1Pt 1,5.21 4,11 5,11
2Pt 2,10.18(2)
1Jh 2,11 3,14
3Jh 5.8.10(2).15
Ju 5.6.25
Apc 1,3.6.17.18 2,1.2.18.20.22 3,1.10.18 4,4.9.10(2) 5,13 6,13 7,1.3.12 8,2.13 9,4.10.14(2).17(2) 10,6.7(2) 11,1.5.10.11(2).15.16.18(3) 13,6.12.14.16(6) 14,6.18 15,2.7 16,2(3).4.8.14.21 19,3.19.20(2) 20,10.12(3).13(4) 21,15 22,5.7.9.10.18

τας

Mt 3,3.6 4,8 8,17(2) 9,4.35(2) 10,9.23 11,20 12,25 13,7.22.53 14,15 15,2 16,19 19,8.13.15.17.28 21,12(3).45 22,9.10.29 23,6.14*.37 24,1 25,1.3.7 26,50 27,24.39 28,20
Mc 1,3.5.38.39 4,7.10.13.18 5,4(2).23 6,5.6 7,3 8,23.25.27 9,43 10,16.19 11,15(3) 12,24.40 13,2.20(2) 14,41.46 15,29
Lc 1,24 2,28.43 3,4 4,5.40.44 7,1 8,14.29 9,6.12.51 10,10 11,4 12,11(3).18.45 13,13.34 14,7.21.23.26 15,9 16,9.15 18,20 19,24 20,19.47 21,12(2).19.28.37(2) 22,30.53 24,32.39.40 .45.50
Jh 2,7.15.16 4,35.43 5,39 7,44 8,5*.44 11,44 13,3.9 14,15(2).21 15,10(2) 20,20.23.27 21,18
Ac 2,18.24.45 3,19.24 4,3.29.34 5,15.18.19 6,6 8,1.17.19.40 9,2.12.17.24.41 12,1 13,3.10(2).27(2).50(2) 14,2.6.17.22 15,9.24.26.41 16,4.27 17,11.20.26 19,6.11.12.18.19(2) 20,6 21,5.11.15.27 22,16.19 25,27 26,11(2) 27,40(2) 28,8.10.17
Rm 8,13.27 10,21 11,27 13,7 15,8 16,12.17.18
1Co 4,5.17(2) 7,2 10,18 11,2 15,3.4
2Co 7,1 11,33 12,13
Ga 4,6
Eph 3,21 4,22 5,25.28 6,11.12(2).22
Php 4,7
Col 2,15(2) 3,19 4,8
1Th 2,4.8.16 3,13
2Th 2,15.17 3,5
1Tm 1,18 5,3.13.23 6,20
2Tm 2,16.22.23 3,6 4,3.13
Tit 2,4.12 3,14
Heb 2,17 3,8.10.15 4,7 6,12 7,6 8,10 9,6 10,11.16.22.32 11,13.17 12,12
Ja 1,21 5,3.4.5.8.16
1Pt 1,11.13.22 2,9.24 3,7 4,19
2Pt 3,3.16
1Jh 1,9(2) 2,3.4 3,5.16.22.24 5,2.3
2Jh 6
Ju 13.16.18
Apc 1,18.20(2) 4,4 5,2.5.9 6,9.15 7,1.13(2).14 8,6.10 9,7 10,3 11,6.11 12,3.17 13,1 14,12 15,1.6 16,1.4.9.10 17,1.7.16.17 18,19 20,4 21,9 22,14.18(2)

ὅς [1365]

ὅς

Mt 5,19(2).21.22(2).31.32 10,14.38.42 11,6.10 12,11.32(2) 13,23 15,5 16,25(2) 18,5.6.23.28 19,9 20,26.27 22,5(2) 23,16(2).18(2) 24,2 27,57
Mc 1,2 3,19.29.35 4,9.25(2).31 5,3 6,11 8,35(2).38 9,37(2).39.40.41.42 10,11.15.29.43.44 11,23 13,2 15,23.43
Lc 1,61 2,11 5,18.21 6,16.48 7,2.23.27.49 8,18(2) 9,24(2).26.48.50 12,8.10 14,33 16,1 17,7.31.33(2) 18,17.29.30 21,6 23,51 24,19
Jh 1,30 3,26 4,12.14.29 6,9 8,40 9,24 18,13 21,20
Ac 1,23 2,21 3,3 5,36 7,18.20.38.40.46 8,27(2) 9,33 10,5.32.38 11,14.23 13,7.22.31 14,8.9.15.16 16,2.24 18,27 19,35 21,32 22,4 24,6 28,7

ὅς [1365]

ὅς

Rm	1,25 2,6.23 3,30 4,16.18.25 5,14 8,32.34(2) 10,13 14,2.5(2) 16,5
1Co	1,8.30 2,16 3,11 4,5.17(2) 6,5 7,37 10,13 11,21(2).27 15,9
2Co	1,10 3,6 4,4.6 10,1 13,3
Ga	3,10.16
Eph	4,15
Php	2,6 3,21
Col	1,7.13.15.18 2,10 4,9
1Th	2,13 5,24
2Th	3,3
1Tm	2,4 3,16 4,10
Tit	2,14
Heb	1,3 5,7 7,16.27 8,1 9,14 12,2.16
Ja	1,12 4,4
1Pt	2,22.23.24 3,22
2Pt	2,15
1Jh	2,5 3,17 4,6.15
Apc	1,2 2,8.13.14 10,6 12,5 13,14 20,2

ἥ

Lc	2,37 10,39
Ac	9,36
Apc	14,8

ὅ

Mt	1,23 8,4 10,26.27(2) 12,2.4.36 13,8(3).12.23(3).32 14,7 15,5 16,19(2) 19,6 20,4.15.22 25,29 26,13.50 27,33.60
Mc	2,24 3,17 4,4.25 5,33.41 6,22 7,11(2).15.34 10,9.35.38(2).39(2) 11,23 12,42 13,11.37 14,8.9 15,16.22.34.42.46
Lc	2,15.31.50 5,3.25 6,2.3 8,5.17(2).18 9,33 11,6 12,2(2).3 14,22 17,10 19,21(2).22(2).26 22,60
Jh	1,3.9.38.41.42 3,11(2).32 4,5.14.22(2).38 6,14.37.39 7,39 9,7 10,29 13,7.27 14,17.26 15,7.26 16,17.18 17,2.4.24 18,11 19,17.22 20,7.16
Ac	1,12 2,33 3,6 4,36 5,32 10,17.37 11,30 13,2.41 14,11.26 17,23 21,23 23,19 26,10
Rm	1,2 4,21 6,10(2) 7,15(3).16.19(2).20 8,24.25 9,21(2) 10,8 11,7 12,3 14,23
1Co	3,14 4,7 6,18 7,36 10,13.15.16 11,23 15,1(2).3.10.36.37
2Co	2,10 11,4(2).12.17 12,6.13
Ga	1,7.8.9 2,2.10.20 6,7
Eph	1,14 3,4.5 5,5 6,17
Php	2,5 3,16
Col	1,24.27.29 2,14 3,14.23.25 4,3
2Th	1,11 2,14 3,17
1Tm	1,11 2,7.10 4,14
2Tm	1,6.11 2,7
Tit	1,3
Heb	7,2 8,3 9,7
Ja	4,5
1Pt	2,8 3,4.21
1Jh	1,1(4).3 2,8.24(2).27 3,22 4,2.3(2) 5,15
3Jh	5
Apc	1,11 2,7.17.25 3,11 5,13 13,2 17,8.11 19,12 20,12 21,8.17

οὗ

Mt	3,11.12 11,10 18,7.19 26,24
Mc	1,7 14,21.32
Lc	3,16.17 4,18.29 7,27.47 8,35.38 9,9 13,7 17,1 22,22
Jh	1,27.30 4,14.46 6,42 10,12 13,24 15,20 18,26
Ac	2,32 3,15 7,18.52 13,25 18,7 19,40 21,11 24,8 25,15.18.24.26 27,23
Rm	1,5 2,29 4,8.17 5,2.11 10,14 14,15
1Co	1,9 6,19 8,6(2) 10,30 15,2
2Co	8,18 10,13
Ga	6,14
Eph	3,7.15 4,16 6,20
Php	3,20
Col	1,23(2) 2,19 4,10
2Th	2,9
Tit	3,6
Heb	1,2 2,10 3,6 5,11 12,14.26 13,10.23
1Pt	2,24
1Jh	3,24
Apc	13,8.12 20,11

ἧς

Mt	1,16 24,38

ὅς [1365]

ἧς

Mc	7,25 16,9
Lc	1,20 7,45 8,2 17,27
Jh	11,2
Ac	1,2.22.25 3,25 7,17 16,14 20,18 24,11.21 26,7
2Co	1,4 10,8
Eph	1,6.8 4,1
Col	1,6.9.25
2Th	1,5
1Tm	6,10
Heb	2,5 6,8.10 7,13.19 9,20 11,4.7.10.15.29 12,8.19.28
Ja	2,5
1Pt	1,10 3,6 4,11
2Pt	3,4
Apc	17,2

ᾧ

Mt	3,17 7,2(2) 11,27 17,5 25,15(3)
Mc	2,19 4,24
Lc	1,27 2,25 4,6 5,34 6,38 7,4.43.47 8,41 10,22 12,48(2) 19,13
Jh	1,47 3,26 5,7 11,6 13,5.26 17,11.12 19,41
Ac	1,21 4,12.31 5,36 6,10 7,7.16.20.33.39 8,10.19 10,6.12 13,6.22 17,23.31 19,16 20,28.38 21,16 27,8.23
Rm	1,9 2,1 4,6 5,12 6,16(2) 7,6 8,3.15 14,21.22 16,2.27
1Co	7,24.39 12,8 15,1
2Co	2,10 5,4 11,12.21
Ga	1,5 3,19
Eph	1,7.11.13(2) 2,21.22 3,12 4,30 5,18 6,16
Php	3,12 4,10
Col	1,14 2,3.11.12
1Tm	6,16
2Tm	1,3.12 2,9 4,18
Heb	2,18 6,17 7,2.4 10,10.29 13,21
Ja	1,17
1Pt	1,6 2,12 3,16.19 4,4.11 5,9
2Pt	1,9.19 2,19
Apc	18,6

ἥ

Mt	24,44.50(2)
Mc	7,13
Lc	1,26 6,49 11,22 12,40.46(2) 17,29.30 19,30 21,15 22,7 24,13
Jh	4,52.53 5,28 9,14 17,5
Ac	2,8 9,17 11,11 17,31
Rm	5,2
1Co	7,20 11,23
2Co	7,7 10,2 12,21
1Th	3,9
1Tm	4,6
Heb	9,2.4
2Pt	3,10
Apc	18,19

ὅν

Mt	2,9.16 7,9 12,18(2) 13,31.44 21,24.35(3).42.44 23,35.37 24,45.46 26,48 27,9.15
Mc	6,16 11,2 12,10 14,44.71 15,6.12
Lc	1,73 6,14 12,42.43 13,19.34 19,30 20,17.18 21,4 23,25.33(2)
Jh	1,15.26.33.45 2,22 3,34 4,18.50 5,38.45 6,29.51 7,25.28.36 8,54 9,19 10,36 11,3 12,1.9.38.48 13,23 14,24 15,3.26 17,3 18,1.9.32 19,26.37 20,2 21,7.20
Ac	1,11.24 2,24.36 3,2.13.15.16.21 4,10(2).22.27 5,30 7,28.35.44 9,5.39 10,21.36.39 12,4 13,37 14,23 15,10.11 17,3 19,13 21,29 22,8 23,29 24,6 25,19 26,15.26 27,25.39 28,4.8
Rm	3,25 6,17 9,15(2).18(2) 10,14 11,2
1Co	8,11 10,16 15,15
2Co	1,10 8,22 10,18 11,4
Eph	6,22
Php	3,8
Col	1,28 4,8
1Th	1,10
2Th	2,8
1Tm	6,16
2Tm	3,8 4,8.13.15
Phm	10.12.13
Heb	1,2 2,10 4,13 7,13 11,8.18 12,6(2).7
Ja	1,12

ὅς [1365]

ὅν

1Pt	1,8(2) 2,4.7
2Pt	1,17
1Jh ·	2,7 4,20(2)
3Jh	1
Apc	7,9 10,5 12,16

ἥν

Mt	10,11 13,33.48 15,13
Mc	11,21 13,19
Lc	8,47 9,4.31 10,5.8.10 13,16.21 15,9 19,20 22,10
Jh	4,32 5,32 6,21.27 8,40 17,22.24.26
Ac	1,4.16 7,3.4.45 8,32 10,21 11,6 19,27 20,24.28 22,24 23,28 24,14.15 26,7 27,17
Rm	1,27 14,22 16,17
1Co	2,7.8 15,31
2Co	2,4 9,2 13,10
Ga	1,23 2,4
Eph	1,9.20 2,4 3,11
Col	1,4.5 3,15 4,17
2Th	3,6
1Tm	1,19 6,12.15.21
2Tm	1,6.12
Tit	1,2.13
Phm	5
Heb	2,11 6,19 7,14 8,2.9.10 9,9 10,16.20
1Pt	3,20 5,12
2Pt	3,12
1Jh	1,5 2,7.25 3,11 4,16 5,10.14
2Jh	5
Apc	1,1 3,8 4,1 6,9 10,8 14,2 17,18

οἵ

Mc	4,16
Lc	5,10.17.29 6,18 8,13(2) 9,27.31 10,30 13,30(2) 17,12 20,47 23,29 24,23
Jh	1,13 6,64
Ac	7,40 28,10
Rm	15,21 16,7
Heb	11,33
Ja	5,10
1Pt	2,8 4,5
–3Jh	6
Apc	5,6 8,2 9,20 14,4

αἵ

Mc	15,41
Lc	8,2 23,27.29
Apc	5,8

ἅ

Mt	11,4.16 13,4.17(2) 21,15
Mc	1,44 7,4 9,9
Lc	6,46 7,22.32 10,23.24(2) 12,12.20 21,6 24,1
Jh	2,23 3,2 4,39 5,19.20.36(2) 6,2.13.63 7,3 8,26.38(2) 10,6.16.25 11,45.46 12,50 14,10.12.26 15,14.15.24 17,8 18,21 20,30 21,25
Ac	3,18 4,20 6,14 8,6.30 10,15 11,9 16,21 25,7 28,22
Rm	9,23
1Co	2,9(2).13 4,6 10,20 12,23 14,37
2Co	1,13.17 5,10 12,4
Ga	1,20 2,18 5,17.21
Eph	5,4
Php	4,9
Col	2,17.18.22 3,6
2Th	3,4
1Tm	1,7 4,3
2Tm	2,2.20(2)
Tit	1,11 2,1 3,5
Phm	21
Heb	2,13
1Pt	1,12(2)
2Pt	3,16
1Jh	5,15
2Jh	8
3Jh	10
Apc	1,1.4.19(3) 2,6.10 3,2.4 4,1.5 9,20 10,4 13,14 16,14 17,12. 15.16 21,12 22,6

ὅς [1365]

ὧν

Mt	6,8
Lc	1,4.20 3,19 5,9 6,34 9,36 12,3 13,1 15,16 19,37.44 23,14. 41
Jh	7,31 13,29 17,9 21,10
Ac	1,1 3,21 7,45 8,24 9,36 10,39 12,23 13,38 15,29 21,19.24 22,5.10.15 24,8.13 25,11.18 26,2.16(2).22
Rm	3,8.14 4,7(2) 9,4.5(2) 15,18
1Co	3,5 7,1 15,6
2Co	1,6 2,3 11,15 12,17
Eph	3,20
Php	3,19(2) 4,3
2Th	2,10
1Tm	1,6.15.20 6,4
2Tm	1,13.15 2,17
Heb	3,17 5,8 9,5 11,38 13,7.11
1Pt	3,3
2Pt	1,4 3,6
Ju	15(2)
Apc	17,8 20,8

οἷς

Mt	19,11 20,23
Mc	10,40
Lc	1,78 2,20 9,43 12,1.24 19,15 24,25
Ac	1,3 2,22 11,14 15,24 17,34 20,25 26,12 28,23
Rm	1,6 4,24 6,21 15,21 16,4
2Co	2,16(2) 4,4
Ga	2,5 3,1 4,9
Eph	2,3.10
Php	2,15 4,11
Col	1,27 3,7
2Tm	3,14
Heb	6,18 13,9
1Pt	1,12
2Pt	2,3.12.17 3,13
Ju	13
Apc	7,2 19,20

αἷς

Mt	11,20 27,56
Mc	15,40
Lc	1,25 13,14 21,6 23,29
Ac	15,36 24,18
Eph	2,2
2Th	1,4
Heb	10,32
2Pt	3,1.16

οὕς

Mt	22,10
Mc	2,26 3,13.14 12,5(2) 13,20
Lc	6,4.13 11,27 12,37 13,4 24,17.44
Jh	5,21 10,35 17,6 18,9
Ac	1,2.7 5,25 6,3.6 7,43 15,17 17,7 19,25 24,19 25,16 26,17 27,44(2) 28,15
Rm	8,29.30(3) 9,24
1Co	10,11 12,28 16,3
Ga	4,19
Php	3,18
1Tm	1,20
Tit	1,11
Heb	6,7
2Pt	2,2
2Jh	1
3Jh	6
Ju	22.23(2)
Apc	1,20

ἅς

2Th	2,15
Heb	10,1

ὅτι [1297]

Mt	2,16.18.22.23 3,9 4,6.12 5,3.4.5.6.7.8.9.10.12.17.20.21.22.23.27.28. 32.33.34.35(2).36.38.43.45 6,5.7.26.29.32 7,13.23 8,11.27 9,6.18. 28.36 10,7.34 11,20.21.23.24.25.26.29 12,5.6.36.41.42 13,11.13. 16(2).17 14,5.26 15,12.17.23.32 16,7.8.11.12.17.18.20.21.23.28

ὅτι [1297]

Mt 17,10.12.13.15 18,10.13.19 19,4.8.9.23.28 20,7.10.15.25.30 21,3.
16.31.43.45 22,16.34 23,10.13.14*.15.23.25.27.29.31 24,32.33.34.
42.43.44.47 25,8.13.24.26 26,2.21.34.53.54.72.74.75 27,3.18.24.43.
47.63 28,5.7.13

Mc 1,15.34.37.40 2,1.8.10.12.16(2) 3,11.21.22(2).28.30 4,29.38.41 5,9.
23.28.29.35 6,4.14.15(2).17.18.34.35.49.55 7,2.6.18.19.20 8,2.4.16.
17.24.28(2).31.33 9,1.11(2).13.25.26.28.31.38.41(2) 10,33.42.47 11,17.
23(2).24.32 12,6.7.12.14.19.26.28.29.32.34.35.43 13,6.28.29.30
14,14.18.21.25.27(2).30.58(2).69.71.72 15,10.39 16,4.7.11.14

Lc 1,22.25.37.45.48.49.58.61.68 2,11.23.30.49(2) 3,8 4,4.6.10.11.12.21.
24.32.36.41(2).43(2) 5,8.24.26.36 6,19.20.21(2).24.25(2).35 7,4.16(2).
37.39.43.47 8,25.30.37.42.47.49.53 9,7.8(2).12.19.22.38.49.53 10,11.
12.13.20(2).21(2).24.40 11,18.31.32.38.42.43.44.46.47.48.52 12,15.17.
24.30.32.37.39.40.44.51.54.55 13,2(2).4.14(2).24.31.33 14,11.14.17.24.
30 15,2.6.7.9.24.27(2).32 16,3.8(2).15.24.25 17,9.10.15 18,8.9.11.
14.29.37 19,3.4.7.9.11.17.21.22.26.31.34.42.43 20,5.19.21.37 21,3.5.
20.22.30.31.32 22,16.18.22.37.61.70 23,5.7.29.31.40 24,7.21.29.34.
39(2).44.46

Jh 1,15.16.17.20.30.32.34.50(2) 2,17.18.22.25 3,2.7.11.18.19.21.23.28(3).
33 4,1(2).17.19.20.21.22.25.27.35(2).37.39.42(2).44.47.51.52.53 5,6.15.
16.18.24.25.27.28.30.32.36.38.39.42.45 6,2.5.14.15.22(2).24.26(2).36.38.
41.42.46.61.65.69 7,1.7(2).8.12.22.23.26.29.30.35.39.40.42.52 8,14.16.
17.20.22.24.27.28.29.33.34.37(2).43.44(2).45.47.48.52.54.55 9,8.9(2).
11.16.17(2).18.19.20(2).22.23.24.25.29.30.31.32.35.41 10,4.5.7.13.17.26.
33.34.36(2).38.41 11,6.9.10.13.15.20.22.24.27.31(2).40.41.42(2).47.50.51.
56 12,6(2).9.11.12.16.18.19.34(2).39.41.49.50 13,1.3(2).11.19.21.29.33.
35 14,2.10.11.12.17(2).19.20.22.28(3).31 15,5.15(2).18.19.21.25.27
16,3.4(2).6.9.10.11.14.15.17.19(2).20.21(2).26.27(2).30(2).32 17,7.8(3).9.14.
21.23.24.25 18,2.8.9.14.18.37 19,4.7.10.20.21.28.35.42 20,9.13.14.
15.18.29.31 21,4.7.12.15.16.17(2).23(2).24

Ac 1,5.17 2,6.13.25.27.29.30.31.36 3,10.17.22 4,10.13(2).16.21 5,4.9.
23.25.38.41 6,1.11.14 7,6.25 8,14.18.20.33 9,15.20.22.26.27.38
10,14.20.34.38.42.45 11,1.3.8.24 12,3.9.11 13,33.34(2).38.41 14,9.
22.27 15,1.5.7.24 16,3.10.19.36.38 17,3(2).6.13.18 18,13 19,21.
25.26(2).34 20,23(2).25.26.29.31.34.35(2).38 21,21.22.24.29.31 22,2.
15.19.21.29(2) 23,5(2).6.20.22.27.34 24,11.14.21.26 25,8.16 26,5.
27.31 27,10.25 28,1.22.25.28

Rm 1,8.13.32 2,2.3.4 3,2.8.10.19 4,17.21.23 5,3.5.8 6,3.6.8.9.15.16.
17 7,1.14.16.18.21 8,16.18.21.22.27.28.29.36.38 9,2.6.7.12.17.30.32
10,2.5.9(2) 11,25.36 13,11 14,11.14.23 15,14.29

1Co 1,5.11.12.14.15.25.26 2,14 3,13.16.20 4,9 5,6 6,2.3.7.9.15.16.19
7,26 8,1.4(2) 9,10.13.24 10,1.17.19(2).20 11,2.3.14.15.17.23 12,2.
3.15.16 14,21.23.25.37 15,3.4(2).5.12(2).15(2).27(2).50.58 16,15.17

2Co 1,5.7.8.10.12.13.14.18.23.24 2,3.15 3,3.5.14 4,6.14 5,1.6.14.19
6,16 7,3.8(2).9(2).13.14.16 8,2.3.9.17 9,2.12 10,7.10.11 11,7.10.
11.21.31 12,4.13.19 13,2.5.6(2)

Ga 1,6.11.13.20.23 2,7.11.14.16(2) 3,7.8(2).10.11(2).13 4,6.12.13.15.20.
22.27 5,2.3.10.21 6,8

Eph 2,11.12.18 3,3 4,9.25 5,5.16.23.30 6,8.9.12
Php 1,6.12.16.18.19.20.25.27.29 2,11.16.22.24.26.30 3,12 4,10.11.15.16.
17
Col 1,16.19 2,9 3,24 4,1.13
1Th 1,5 2,1.13.14 3,3.4.6.8 4,14.15.16 5,2.9
2Th 1,3.10 2,2.3.4.5.13 3,4.7.9.10
1Tm 1,8.9.12.13.15 4,1.4.10 5,12 6,2(2).7
2Tm 1,5.12.15.16 2,23 3,1.15
Tit 3,11
Phm 7.19.21.22
Heb 2,6(2) 3,19 7,8.14.17 8,9.10.11.12 10,8 11,6.13.14.18.19 12,17
13,18
Ja 1,3.7.10.12.13.23 2,19.20.22.24 3,1 4,4.5 5,8.11.20
1Pt 1,12.16(2).18 2,3.15.21 3,9.12.18 4,1.8.14.17 5,5.7
2Pt 1,14.20 3,3.5.8
1Jh 1,5.6.8.10 2,3.4.5.8.11.12.13(2).14(3).16.18(2).19.21(3).22.29(2) 3,1.2(2).
5.8.9(2).11.12.14(2).15.16.19.20(2).22.24 4,1.3.4.7.8.9.10(2).13(2).14.15.17.
18.19.20 5,1.2.4.5.6.7.9(2).10.11.13.14.15(2).18.19.20
2Jh 4.7
3Jh 12
Ju 5.11.18(2)
Apc 2,2.4.6.14.20.23 3,1(2).4.8.9.10.15.16.17(3) 4,11 5,4.9 6,17 7,17
8,11 10,6 11,2.10.17 12,10.12(2).13 13,4 14,7.15(2).18 15,1.4(3)
16,5.6.21 17,8.14 18,3.5.7(2).8.10.11.17.19.20.23(2) 19,2(2).6.7 21,4.
5 22,5

οὐ [1613]

Mt 1,25 2,18(2) 3,11 4,4.7 5,14.17.18.20.21.26.27.33.36 6,1.5.20.24.
26(2).28.30 7,3.18.21.22.25.29 8,8.20 9,12.13(2).14.24 10,20.23.24.
26(2).29.34.37(2).38(2).42 11,11.17(2).20 12,2.3.4.5.7(2).19.20(2).24.25.

οὐ [1613]

Mt 31.32.39.43 13,5.11.12.13(2).14(2).17(2).21.55(2).57.58 14,4.16.17
15,2.6.11.13.17.20.23.24.26.32(2) 16,3.4.7.8.11(2).12.17.18.22.23.28
17,12.16.19.21*.24 18,3.14.22.30.33 19,4.8.10.11.18(4) 20,13.15.22.
23.26.28 21,21.25.27.29.30.32 22,3.8.11.16(2).31.32 23,3.4.13.30.37.
39 24,2(3).21(2).22.29.34.35.39.42.43.44.50(2) 25,3.9.12.13.24(2).26(2).
42(2).43(3).44.45 26,11.24.29.35.39.40.42.53.55.60.70.72.74 27,6.13.
14.34.42 28,6

Mc 1,7.22.34 2,17(2).18.19.24.26.27 3,24.25.26.27.29 4,5.7.13.17.21.22.
25.27.34.38 5,19.37.39 6,3(2).4.5.18.19.26.52 7,3.4.5.18(2).19.24.27
8,2.14.16.17.18(3).33 9,1.3.6.18.28.30.37.38.40.41.44*(2).46*(2).48(2)
10,15.27.38.40.43.45 11,13.16.17.26*.31.33 12,14(2).20.22.24.26.27.
31.32.34 13,2(2).11.14.19(2).20.24.30.31.33.35 14,7.21.25.29.31.36.37.
40.49.55.56.60.61.71 15,4.23.31 16,6.14.18

Lc 1,7.15.20.22.33.34.37 2,7.37.43.49.50 3,16 4,2.4.12.41 5,31.32.36
6,2.4.37(2).40.41.42.43.44.46.48 7,6(2).32(2).44.45(2).46 8,13.14.17(3).
19.27(2).43.47.51.52 9,13.27.40.49.50.53.58 10,19.24(2).40.42 11,6.7.
8.29.38.40.44.46.52 12,2(2).6.10.15.17.24(2).27.33.39.40.46(2).56.57.59
13,6.7.15.16.24.25.27.33.34.35 14,5.6.14.20.26(2).27(2).30.33(2) 15,4.7.
13.28 16,2.3.11.12.13.31 17,17.18.20.22 18,4(2).7.11.13.17.34 19,3.
14.21(2).22(2).23.44(2).48 20,5.21.26.31.38 21,6(2).9.15.18.32.33
22,16.18.26.34.53.57.58.60.67.68 23,29(2).34.51.53 24,3.6.18.24.39

Jh 1,5.8.10.11.13.20(2).21.25.26.27.31.33.47 2,3.9.12.24.25 3,3.5.8.10.11.
12.17.18.20.27.28.34.36 4,2.9.14.17(2).18.22.32.35.38.44.48 5,7.10.13.
18.19.23.24.30(2).31.34.38(2).40.41.42.43.44.47 6,7.22(2).24.26.32.35(2).
36.37.38.42.46.53.58.63.64.70 7,1.7.8.10.16.18.19.22.25.28(2).34(2).35.
36(2).42.45.52 8,12.13.14.15.16.21.22.23.27.29.35.37.40.41.43(2).44(2).
45.46.47(2).48.49.50.51.52.55(2) 9,8.12.16(2).18.21(2).25.27.29.30.31.32.
33.41 10,5(2).6.8.10.12(2).13.16.21.25.26(2).28(2).33.34.35.37 11,4.9.10.
15.21.26.32.37.40.49.51.52.56 12,5.6.8.9.16.19.30.35.37.39.42.44.47(2).
49 13,7.8(2).10.16.18.33.36.37.38 14,5.9.10(2).17(2).18.22.24(2).27.30
15,4.5.15.16.19.20.21.22(2).24 16,3.4.7.9.12.13.17.18.19.23.24.26.30.32
17,9.14(2).15.16(2).20.25 18,9.11.17.25.26.28.30.31.36(2) 19,6.9.10(2).
11.12.15.33.36 20,2.5.7.13.14.24.25.30 21,4.8.11.18.23(3)

Ac 1,5.7 2,7.15.24.27.34 3,6 4,12.16.20 5,4.22.26.28.39.42 6,2.10.13
7,5(2).11.18.25.32.39.40.48.52.53 8,21(2).32.39 9,9.21 10,34.41
12,9.14.18.22.23 13,10.25(2).35.37.38.41.46 14,17.28 15,1.2.24
16,7.21.37 17,4.12.24.27.29 18,15.20 19,11.23.24.26(2).27.30.32.35.
40 20,12.27.31 21,13.38.39 22,9.11.18.22 23,5(2) 24,11.18 25,6.
7.11.16.26 26,19.25.26(2).29 27,10.14.20.31.39 28,2.4.19.26(2)

Rm 1,13.16.21.28.32 2,11.13.21.26.28.29(2) 3,9.10.11(2).12(2).17.18.20.22
4,2.4.8.10.12.13.15.16.20.23 5,3.5.11.13.15.16 6,14(2).15.16 7,6.7(3).
15(2).16.18.19(2).20 8,7.8.9(3).12.15.18.20.23.24.25.26.32 9,1.6(2).8.10.
12.16.21.24.25(2).26.31.32.33 10,2.3.11.12.14(2).16.18.19(2) 11,2(2).4.7.
18.21.25 12,4 13,1.3.4.5.9(4).10 14,6.17.23(2) 15,3.18(2).20.21(2)
16,4.18

1Co 1,16.17(2).21.26(3) 2,1.2.4.6.8.9(3).12.13.14(2) 3,1.2.4.16 4,4.7.14.15.
19.20 5,6(2).10 6,2.3.5.9(2).10(2).12(2).13.15.16.19(2) 7,4(2).6.9.10.12.
15.25.28(2).35.36 8,7.8.13 9,1(3).2.4.5.6.7(2).8.9.12(2).13.15(2).16.24.
26(2) 10,1.5.13(2).18.20(2).21(2).23(2) 11,6.7.8.9.16.17(2).20.22(2).31
12,1.14.15(4).16(4).21(3).24 13,4(3).5(4).6 14,2.16.17.22(2).23.33.34
15,9.10(2).12.13.14.15(2).16.17.29.32.36.37.39.46.50.51.58 16,7.12.22

2Co 1,8.12.13.18.19.24 2,4.5.11.13.17 3,3(2).5.6.10.13 4,1.5.8(2).9(2).16
5,3.4.7.12 6,12 7,3.7.8.9.12.14 8,5.8.10.12(2).13.15(2).19.21 9,12
10,3.4.8(2).12(2).13.14.15.16.18 11,4(2).6.9.10.11.14.15.17.29(2).31
12,1.2(2).3.4.5.6.13.14(3).16.18(2).20(2) 13,2.3.5.6.7.8.10

Ga 1,1.7.10.11.16.19.20 2,6.14.15.16(3).21 3,10.12.16.17.20.28(3) 4,8.14.
17.21.27(2).30.31 5,8.16.18.21.23 6,4.7

Eph 1,16.21 2,8.9 3,5 4,20 5,4.5 6,7.9.12
Php 1,17.22.29 2,6.16.21.27 3,1.3.12.13 4,11.17
Col 1,9 2,1.8.19.23 3,11.23.25
1Th 1,5.8 2,1.3.4.8.13.17 4,7.8.9.13.15 5,1.3.4.5.9
2Th 2,5.10 3,2.7.9(2).10.14
1Tm 1,9 2,7.12.14 3,5 5,8.13.18.25
2Tm 1,7.9.12.16 2,5.9.13.20.24 3,9 4,3.8
Tit 3,5
Heb 1,12 2,5.11.16 3,10.16.19 4,2.6.8.13.15 5,4.5.12 6,10 7,11.16.
20.21.27 8,2.7.9(2).11.12 9,5.7.11(2).22.24 10,1.2.5.6.8.17.37.38.39
11,1.5.16.23.31.35.38.39 12,7.8.9.11.17.18.20.25.26 13,5(2).6.9(2).10.
14
Ja 1,17.20.23.25 2,4.5.6.7.11.21.24.25 3,2.10.15 4,1.2(3).3.4.11.14 5,6.
17
1Pt 1,8.12.18.23 2,6.10(2).18.22.23(2) 3,3.21
2Pt 1,8.10.16.20.21 2,3(2).4.5.10.11 3,9
1Jh 1,5.6.8(2).10(2) 2,2.4.7.10.11.15.16.19(2).21(3).22.27(2) 3,1(2).5.6(2).9(2).
10.12.15 4,3.6(2).8.10.18(2).20(2) 5,3.6.10.12.16.17.18(2)
2Jh 1.5.9.10.12
3Jh 4.9.11.13
Ju 9.10
Apc 2,2(2).3.9.11.13.21.24(3) 3,2.3.4.5.8.9.12.17 4,8 6,10 7,16 9,4.6.

οὐ [1613]

Apc   20.21   **11,**9   **12,**8.11   **13,**8   **14,**4.5.11   **15,**4   **16,**9.11.18.20   **17,**8(3).11   **18,**7(2).14.21.22(3).23(2)   **20,**4(2).5.6.11.15   **21,**1.4(2).22.23.25(2).27   **22,**3.5(2)

οὖν [501]

Mt   **1,**17   **3,**8.10   **5,**19.23.48   **6,**2.8.9.22.23.31.34   **7,**11.12.24   **9,**38   **10,**16.26.31.32   **12,**12.26   **13,**18.27.28.40.56   **17,**10   **18,**4.26.29.31   **19,**6.7   **21,**25.40   **22,**9.17.21.28.43.45   **23,**3.20   **24,**15.26.42   **25,**13.27.28   **26,**54   **27,**17.22.64   **28,**19

Mc   **10,**9   **11,**31   **12,**9   **13,**35   **15,**12   **16,**19

Lc   **3,**7.8.9.10.18   **4,**7   **7,**31.42   **8,**18   **10,**2.40   **11,**13.35.36   **12,**26   **13,**7.14.18   **14,**33.34   **16,**11.27   **19,**12   **20,**15.17.29.33.44   **21,**7.14   **22,**70   **23,**16.22

Jh   **1,**21.22.25.39   **2,**18.20.22   **3,**25.29   **4,**1.5.6.9.11.28.33.40.45.46.48.52(2).53   **5,**4*(2).10.18.19   **6,**5.10.11.13.14.15.19.21.24.28.30(2).32.34.41.52.53.60.62.67   **7,**3.6.11.15.16.25.28.30.33.35.40.43.45.47   **8,**5*.12.13.19.21.22.24.25.28.31.36.38.41.52.57.59   **9,**7.8.10(2).11.15.16.17.18.19.20.24.25.26   **10,**7.24.39   **11,**3.6.12.14.16.17.20.21.31.32.33.36.38.41.45.47.53.54.56   **12,**1.2.3.7.9.17.19.21.28.29.34.35.50   **13,**6.12.14.24.25.26.27.30.31   **16,**17.18.22   **18,**3.4.6.7.8.10.11.12.16.17.19.24.25.27.28.29.31.33.37.39.40   **19,**1.5.6.8.10.13.15.16(2).20.21.23.24(2).26.29.30.31.32.38.40.42   **20,**2.3.6.8.10.11.19.20.21.25.30   **21,**5.6.7(2).9.11.15.21.23

Ac   **1,**6.18.21   **2,**30.33.36.41   **3,**19   **5,**41   **8,**4.22.25   **9,**31   **10,**23.29.32.33(2)   **11,**17.19   **12,**5   **13,**4.38.40   **14,**3   **15,**3.10.27.30   **16,**5.36   **17,**12.17.20.23.29.30   **19,**3.32.36.38   **21,**22.23   **22,**29   **23,**15.18.21.22.31   **25,**1.4.5.11.17.23   **26,**4.9.22   **28,**5.20.28

Rm   **2,**21.26   **3,**1.9.27.31   **4,**1.9.10   **5,**1.9.18   **6,**1.4.12.15.21   **7,**3.7.13.25   **8,**12.31   **9,**14.16.18.19(2).30   **10,**14   **11,**1.5.7.11.13.19.22   **12,**1   **13,**10.12   **14,**8.12.13.16.19   **15,**17.28   **16,**19

1Co   **3,**5   **4,**16   **6,**4.7.15   **7,**26   **8,**4   **9,**18.25   **10,**19.31   **11,**20   **14,**11.15.23.26   **15,**11   **16,**11.18

2Co   **1,**17   **3,**12   **5,**6.11.20   **7,**1   **8,**24   **9,**5   **11,**15   **12,**9

Ga   **3,**5.19.21   **4,**15   **5,**1   **6,**10

Eph   **2,**19   **4,**1.17   **5,**1.7.15   **6,**14

Php   **2,**1.23.28.29   **3,**15

Col   **2,**6.16   **3,**1.5.12

1Th   **4,**1   **5,**6

2Th   **2,**15

1Tm   **2,**1.8   **3,**2   **5,**14

2Tm   **1,**8   **2,**1.21

Phm   17

Heb   **2,**14   **4,**1.6.11.14.16   **7,**11   **8,**4   **9,**1.23   **10,**19.35   **13,**15

Ja   **4,**4.7.17   **5,**7.16

1Pt   **2,**1.7   **4,**1.7   **5,**1.6

2Pt   **3,**17

3Jh   8

Apc   **1,**19   **2,**5.16   **3,**3(2).19

οὗτος [1391]

οὗτος

Mt   **3,**3.17   **5,**19   **7,**12   **8,**27   **9,**3   **10,**22   **11,**10   **12,**23.24   **13,**19.20.22.23.55   **14,**2   **15,**8   **17,**5   **18,**4   **21,**10.11.38.42   **24,**13   **26,**23.61.71   **27,**37.47.54.58   **28,**15

Mc   **2,**7   **3,**35   **4,**41   **6,**3.16   **7,**6   **9,**7   **12,**7.10   **13,**13   **14,**69   **15,**39

Lc   **1,**29.32.36   **2,**25.34   **4,**22.36   **5,**21   **7,**17.27.39.49   **8,**25.41   **9,**9.24.35.48   **14,**30   **15,**2.24.30.32   **16,**1   **17,**18   **18,**11.14   **20,**14.17.28   **22,**56.59   **23,**22.35.38.41.47.51.52

Jh   **1,**2.7.15.30.33.34.41   **2,**20   **3,**26   **4,**29.42.47   **6,**14.42.46.50.52.58.60.71   **7,**15.18.25.26.31.35.36.40.41.49   **9,**16.19.20.24.33   **11,**37(2).47   **12,**34   **15,**5   **18,**30   **21,**21.23.24

Ac   **1,**11.18   **4,**9.10.11   **6,**13.14   **7,**19.36.37.38.40   **8,**10   **9,**15.20.21.22   **10,**6.32.36.42   **13,**7   **14,**9   **17,**3.18.24   **18,**13.25.26   **19,**26   **21,**28   **22,**26   **26,**31.32   **28,**4

Rm   **4,**9   **8,**9   **9,**9

1Co   **7,**13   **8,**3

Heb   **3,**3   **7,**1.4   **10,**12

Ja   **1,**23.25   **3,**2

1Pt   **2,**7

2Pt   **1,**17

1Jh   **2,**22   **5,**6.20

2Jh   **7,**9

Apc   **20,**14

αὕτη

Mt   **9,**26   **13,**54   **21,**42   **22,**20.38   **24,**34   **26,**8.12.13

Mc   **8,**12   **12,**11.16.31.43.44   **13,**30   **14,**4.9

Lc   **2,**2.36   **4,**21   **7,**44.45.46   **8,**9.11   **11,**29   **21,**3.4.32   **22,**53

αὕτη

Jh   **1,**19   **3,**19.29   **8,**4*   **11,**4   **12,**30   **15,**12   **17,**3

Ac   **5,**38   **8,**26.32   **9,**36   **16,**17   **17,**19   **21,**11

Rm   **7,**10   **11,**27

1Co   **7,**12   **8,**9   **9,**3

2Co   **1,**12   **2,**6   **11,**10

Eph   **3,**8

Tit   **1,**13

Heb   **8,**10   **10,**16

Ja   **1,**27   **3,**15

1Jh   **1,**5   **2,**25   **3,**11.23   **5,**3.4.9.11(2).14

2Jh   **6**(2)

Apc   **20,**5

τοῦτο

Mt   **1,**22   **6,**25   **8,**9   **9,**28   **12,**11.27.31   **13,**13.28.52   **14,**2   **15,**11   **16,**22   **17,**21*   **18,**4.23   **19,**26   **20,**23   **21,**4.43   **23,**14*.34   **24,**14.44   **26,**9.12.13.26.28.39.42.56   **27,**46   **28,**14

Mc   **1,**27.38   **5,**32.43   **6,**14   **7,**2   **9,**21.29   **11,**3.24   **12,**24   **13,**11   **14,**5.22.24.36

Lc   **1,**18.34.43.66   **2,**12.15   **3,**20   **4,**43   **5,**6   **6,**3   **7,**4.8   **9,**21.45.48   **10,**11.28   **11,**19.49   **12,**18.22.39   **13,**8   **14,**20   **16,**2   **18,**34.36   **20,**17   **22,**15.17.19(2).20.23.37.42   **23,**46   **24,**40

Jh   **1,**31   **2,**12.22   **3,**32   **4,**15.18.54   **5,**16.18.28   **6,**6.29.39.40.61.65   **7,**22.39   **8,**6*.40.47   **9,**23   **10,**17   **11,**7.11.26.28.51   **12,**5.6.18(2).27.33.39   **13,**11.28   **14,**13   **15,**19   **16,**15.17.18   **18,**34.37(2).38   **19,**11.28   **20,**20.22   **21,**14.19(2)

Ac   **1,**19   **2,**12.14.16.26.33   **3,**6.12   **4,**7.22   **5,**4.24.38   **7,**60   **8,**34   **9,**21(2)   **10,**16   **11,**10   **16,**18   **17,**23   **19,**4.10.14.17.27   **21,**23   **23,**7   **24,**14   **26,**16.26   **27,**34   **28,**28

Rm   **1,**12.26   **2,**3   **4,**16   **5,**12   **6,**6   **7,**15(2).16.18.19.20   **9,**8.17   **10,**6.7.8   **11,**7.25   **12,**20   **13,**6(2).11   **14,**9.13   **15,**9.28

1Co   **1,**12   **4,**17   **5,**2.3   **6,**6.8   **7,**6.26.29.35.37   **9,**17   **10,**28   **11,**10.17.24(2).25(2).30   **12,**15.16   **15,**50.53(2).54(2)

2Co   **1,**17   **2,**1.3.9   **4,**1   **5,**5.14   **7,**11.13   **8,**10.20   **9,**6   **10,**7.11   **12,**14   **13,**1.9.10

Ga   **2,**10   **3,**2.17   **6,**7

Eph   **1,**15   **2,**8   **4,**17   **5,**5.17.32   **6,**1.8.13.22

Php   **1,**6.7.9.19.22.25.28   **2,**5   **3,**15(2)

Col   **1,**9   **2,**4   **3,**20   **4,**8

1Th   **2,**13   **3,**3.5.7   **4,**3.15   **5,**18

2Th   **2,**11   **3,**10

1Tm   **1,**9.16   **2,**3   **4,**10.16   **5,**4

2Tm   **1,**15   **2,**10   **3,**1

Phm   12.15.18

Heb   **1,**9   **2,**1.14   **6,**3   **7,**5.27   **9,**8.11.15.20.27   **10,**20.33(2)   **11,**16   **13,**15.17(2).19

Ja   **4,**15

1Pt   **1,**25   **2,**19.20.21   **3,**9.20   **4,**6

2Pt   **1,**5.20   **3,**3.5.8

1Jh   **3,**1.8   **4,**3.5

3Jh   **5,**10

Ju   4

Apc   **2,**6   **7,**1.15   **12,**12   **18,**8

τούτου

Mt   **13,**15   **19,**5   **26,**29   **27,**24

Mc   **10,**7.10

Lc   **2,**17   **9,**45   **13,**16   **16,**8   **20,**34   **22,**51   **24,**4

Jh   **4,**13   **6,**51.61.66   **8,**23(2)   **9,**31   **10,**41   **11,**9   **12,**31(2)   **13,**1   **16,**11.19   **18,**17.29.36(2)   **19,**12

Ac   **5,**28   **6,**13   **9,**13   **13,**17.23.38   **15,**2.6   **17,**32   **21,**28   **22,**22   **25,**25   **28,**9.27

Rm   **7,**24

1Co   **1,**20   **2,**6(2).8   **3,**19   **5,**10   **7,**31

2Co   **4,**4   **12,**8

Eph   **2,**2   **3,**1.14   **5,**31   **6,**12

Col   **1,**27

Tit   **1,**5

Ja   **1,**26

1Jh   **4,**6

Apc   **22,**7.9.10.18

ταύτης

Mt   **12,**41.42

Lc   **7,**31   **11,**31.32.50.51   **17,**25

Jh   **10,**16   **12,**27   **15,**13

Ac   **1,**17.25   **2,**6.29.40   **5,**20   **6,**3   **8,**22.35   **10,**30   **13,**26   **19,**25.40   **23,**1   **24,**21   **26,**22   **28,**22

οὗτος [1391]

ταυτης

2Co	9,12.13
Heb	9,11 12,15 13,2
Apc	22,19

τουτω

Mt	8,9 12,32 13,54.56 17,20 20,14 21,21
Mc	6,2(2) 10,30 11,23
Lc	1,61 4,3 7,8 10,5.20 14,9 18,30 19,9.19 21,23 23,4.14
Jh	4,20.21.27.37 5,38 9,30 10,3 12,25 13,24.35 15,8 16,30 20,30
Ac	1,6 4,10.17 5,28 7,7.29 8,21.29 10,43 13,39 15,15 21,9 23,9 24,2.10.16
Rm	12,2 13,9 14,18
1Co	3,18 4,4 7,24 11,22 14,21
2Co	3,10 5,2 8,10 9,3
Ga	6,16
Eph	1,21
Php	1,18
Heb	4,5
1Pt	4,16
2Pt	1,13 2,19
1Jh	2,3.4.5(2) 3,10.16.19.24 4,2.9.10.13.17(2) 5,2
Apc	22,18.19

ταυτη

Mt	10,23 12,45 16,18 26,31.34
Mc	8,12.38 14,30
Lc	11,30 12,20 13,7.32 16,24 17,6.34 19,42
Ac	4,27 16,12 18,10 22,3 27,23
1Co	7,20 9,12 15,19
2Co	1,15 8,7.19.20 9,4 11,17
Heb	3,10 11,2

τουτον

Mt	19,11 21,44 27,32
Mc	7,29 14,58.71
Lc	9,13.26 12,5.56 16,28 19,14 20,12.13 23,2.14.18
Jh	2,19 5,6 6,27.34.58 7,27 9,29.39 18,40 19,8.12.20 21,21
Ac	2,23.32.36 3,16 5,31.37 6,14 7,35(2) 10,40 13,27 15,38 16,3 21,28 23,17.18.25.27 24,5 25,24 28,26
Rm	9,9 15,28
1Co	2,2 3,17 11,26
2Co	4,7
Php	2,23
2Th	3,14
Heb	8,3

ταυτην

Mt	11,16 15,15 21,23 23,36
Mc	4,13 10,5 11,28 12,10
Lc	4,6.23 7,44 12,41 13,6.16 15,3 18,5.9 20,2.9.19 23,48 24,21
Jh	2,11 7,8 10,6.18 12,27
Ac	3,16 7,4.60 8,19 13,33 22,4.28 23,13 27,21 28,20(2)
Rm	5,2
1Co	6,13
2Co	4,1 8,6 9,5 12,13
1Tm	1,18
2Tm	2,19
1Pt	5,12
2Pt	1,18 3,1
1Jh	3,3 4,21
2Jh	10
Apc	2,24

οὗτοι

Mt	4,3 13,38 20,12.21 21,16 25,46 26,62
Mc	4,15.16.18 12,40 14,60
Lc	8,13.14.15.21 13,2 19,40 20,47 21,4 24,17.44
Jh	6,5 12,21 17,25 18,21
Ac	1,14 2,7.15 11,12 16,17.20 17,6.7.11 20,5 24,15.20 25,11 27,31
Rm	2,14 8,14 9,6 11,24.31
1Co	16,17
Ga	3,7 6,12
Col	4,11
1Tm	3,10
2Tm	3,8
Heb	11,13.39
2Pt	2,12.17

οὗτος [1391]

οὗτοι

Ju	8.10.12.16.19
Apc	7,13.14 11,4.6.10 14,4(3) 17,13.14.16 19,9 21,5 22,6

αὗται

Lc	21,22
Ac	20,34
Ga	4,24

ταυτα

Mt	1,20 4,9 6,32.33 9,18 10,2 11,25 13,34.51.56 15,20 19,20 21,23.24.27 23,23.36 24,2.3.8.33.34
Mc	2,8 6,2 7,23 8,7 10,20 11,28(2).29.33 13,4(2).8.29.30 16,8*.12.17
Lc	1,19.20.65 2,19 4,28 5,27 7,9 8,8 9,34 10,1.21 11,27.42.45 12,4.30.31 13,2.17 14,6.15.21 15,26 16,14 17,8 18,4.11.21.23 19,11.28 20,2.8 21,6.7(2).9.31.36 23,31.49 24,9.10.11.21.26.36
Jh	1,28 2,16.18 3,2.9.10.22 5,1.14.16.19.34 6,1.9.59 7,1.4.9.32 8,20.26.28.30 9,6.22.40 10,21.25 11,11.43 12,16(3).36.41 13,7.17.21 14,25 15,11.17.21 16,1.3.4(2).6.25.33 17,1.13 18,1.22 19,24.36.38 20,14.18.31 21,1.24
Ac	1,9 5,11 7,1.7.50.54 10,44 11,18 12,17 13,20.42 14,15.18 15,16.17 16,38 17,8.11.20 18,1 19,21.40 20,36 21,12 23,22 24,9 26,24 27,35 28,29*
Rm	8,31 9,8
1Co	4,6.14 6,11.13 9,8(2).15 10,6.11 12,11 13,13
2Co	2,16 13,10
Ga	2,18 5,17(2)
Eph	5,6
Php	3,7 4,8.9
2Th	2,5
1Tm	3,14 4,6.11.15 5,7.21 6,2.11
2Tm	1,12 2.2.14
Tit	2,15 3,8
Heb	4,8 7,13 11,12
Ja	3,10
1Pt	1,11
2Pt	1,8.9.10 3,14
1Jh	1,4 2,1.26 5,13
Apc	1,19 4,1(2) 7,9 9,12 15,5 16,5 18,1 19,1 20,3 21,7 22,8(2).16.20

τουτων

Mt	3,9 5,19.37 6,29.32 10,42 11,7 18,6.10.14 25,40.45
Mc	9,42 12,31
Lc	3,8 7,18 10,36 12,27.30 17,2 18,34 21,12.28 24,14.48
Jh	1,50 5,20 7,40 14,12 17,20 19,13 21,15.24
Ac	1,22.24 5,32.36.38 14,15 15,28 18,15.17 19,36 21,38 24,8 25,9.20(2) 26,21.26(2).29
Rm	11,30
1Co	9,15 13,13
1Th	4,6
2Tm	2,21 3,6
Tit	3,8
Heb	1,2 9,6 10,18 13,11
2Pt	1,4.12.15 3,11.16
3Jh	4
Apc	9,18 18,15 20,6

τουτοις

Lc	16,26 24,21
Ac	4,16 5,35
Rm	8,37 15,23
1Co	12,23
Ga	5,21
Col	3,7.14
1Th	4,18
1Tm	4,15 6,8
Heb	9,23
2Pt	2,20
3Jh	10
Ju	7.10.14

ταυταις

Mt	22,40
Lc	1,39 6,12 23,7 24,18
Jh	5,3
Ac	1,15 6,1 11,27
1Th	3,3
Apc	9,20

οὗτος [1391]

τουτους

Mt	7,24.26.28 10,5 19,1 26,1
Mc	8,4
Lc	9,28.44 19,15.27 20,16
Jh	10,19 18,8
Ac	2,22 5,5.24 10,47 16,36 19,37 21,24
Rm	8,30(3)
1Co	6,4 16,3
2Tm	3,5
Heb	2,15

ταυτας

Mt	13,53
Mc	13,2
Lc	1,24
Ac	1,5 3,24 21,15
2Co	7,1
Heb	9,23
Apc	16,9

πᾶς [1244]

πας

Mt	5,22.28.32 7,8.21.24.26 10,32 13,2.52 19,29 27,25
Mc	2,13 4,1 9,15.49 11,18
Lc	6,19.40.47 7,29 11,10 12,8.10 13,17 14,11.33 16,16.18 18,14.43 20,18 21,38
Jh	2,10 3,8.15.16.20 4,13 6,40.45 8,2*.34 11,26 12,46 16,2 18,37 19,12
Ac	2,21.36 3,9.11 11,14 13,39
Rm	2,1 3,4.19 10,11.13 11,26
1Co	9,25 11,4
Ga	3,10.13 5,14
Eph	4,29 5,5
2Tm	2,19
Heb	3,4 5,1.13 8,3 10,11
Ja	1,19
1Jh	2,23.29 3,3.4.6(2).9.10.15(2) 4,7 5,1(2).18
2Jh	9
Apc	1,7 6,15 8,7 18,17(2).22 22,15

πασα

Mt	2,3 3,5(2) 8,32.34 12,25(2).31 15,13 21,10 24,22 28,18
Mc	1,5 13,20
Lc	3,5.6 4,7 11,17
Ac	3,23 13,44 27,20
Rm	3,20 8,22 13,1 14,11
1Co	1,29 11,5 15,39
Ga	2,16
Eph	2,21 3,15 4,31 5,3
Php	2,11
2Tm	3,16
Heb	2,2 12,11
Ja	1,17 3,7 4,16
1Pt	1,24(2)
2Pt	1,20
1Jh	5,17
Apc	16,3.20

παν

Mt	3,10 5,11 7,17.19 12,36 15,17 18,16.34 23,35
Mc	7,18
Lc	1,10.37 2,23 3,5.9 11,42
Jh	6,37.39 15,2(2) 17,2
Ac	10,14 13,27 15,12.21 17,26 18,4 22,5.30
Rm	3,19 14,11.23
1Co	6,18 10,25.27
2Co	9,8 10,5(2) 13,1
Eph	3,19 4,16 5,14
Php	2,9.10
Col	1,19 2,2.9.19 3,17
1Tm	4,4
2Tm	2,21 3,17
Tit	1,16 3,1
Ja	1,17 3,16
1Jh	2,16.21 4,2.3 5,4
Apc	5,13 6,14 7,1.16.17 9,4(2) 14,6 18,12(3) 21,4.27 22,3

πᾶς [1244]

παντος

Mt	13,19.47 18,10.19
Mc	5,5
Lc	8,47 20,45 24,19.53
Ac	2,5.25 6,5 10,2 13,10 17,26 24,16
Rm	11,10
1Co	11,3
2Co	7,1
Eph	1,21
1Th	5,22
2Th	3,6.16
2Tm	4,18
Phm	6
Heb	2,9.15 9,6 13,15
Ju	25
Apc	7,9 18,2(3)

πασης

Mt	23,27
Lc	5,17 6,17 12,15 21,35
Jh	17,2
Ac	4,29 8,27 12,11 13,10(2) 17,11 19,26 20,19 24,3 28,31
Rm	15,13.14
2Co	1,3
Eph	1,21 4,2.16.19 6,18
Php	2,29
Col	1,15 2,10
1Tm	1,15 3,4 4,9 6,1
Tit	2,14.15
Heb	6,16 7,7 9,19
1Pt	5,10
1Jh	1,7.9
Apc	5,9 7,4 18,22

παντι

Mt	4,4 25,29
Lc	2,10 6,30 11,4 12,48 19,26 21,36
Ac	1,21 4,10 5,34 10,2.35.41 13,24 20,28
Rm	1,16 2,10 4,16 10,4 12,3
1Co	1,2.5(2) 16,16
2Co	2,14 4,8 6,4 7,5.11.16 8,7 9,8.11 11,6.9
Ga	5,3
Eph	4,14 5,24 6,18
Php	1,18 4,6.12
Col	1,6.10 4,12
1Th	1,8 5,18
2Th	2,17 3,16
1Tm	2,8 5,10
Heb	9,19 13,21
1Pt	2,18 3,15
1Jh	4,1
Apc	21,19 22,18

παση

Mt	6,29
Mc	16,15
Lc	7,17 12,27
Jh	16,13
Ac	1,8 2,43 5,23 7,22 23,1
Rm	1,29 9,17
1Co	1,5 4,17
2Co	1,4(2) 7,4 8,7 12,12
Eph	1,3.8 4,31 5,9 6,18
Php	1,3.4.9.20
Col	1,9.11.23.28 3,16
1Th	3,7.9
2Th	2,9.10 3,17
1Tm	2,2.11 5,2
2Tm	4,2
1Pt	1,15 2,13
Apc	11,6

παντα

Lc	4,13.37 9,13 12,18 21,4
Jh	1,9
Ac	10,43 20,18 21,27
Rm	3,2
Php	4,7.21
Col	1,28(2)

πας [1244]

παντα

Heb 9,19 12,1.6
1Pt 2,1

πασαν

Mt 3,15 4,23(2) 9,35(2) 10,1(2) 18,32 19,3 27,45
Mc 5,33
Lc 2,1 3,3 4,25 10,1.19
Jh 5,22
Ac 2,17 5,21.42 7,14 15,36 17,17 20,27 26,20
Rm 1,18 2,9 7,8 10,18 14,5
1Co 13,2(2) 15,24(2).30
2Co 4,2 9,8(2).11 10,6
Php 4,19
Col 1,10.11
2Th 1,11
Tit 2,10 3,2
Heb 4,12
Ja 1,2.21
1Pt 2,1 5,7
2Pt 1,5
Ju 3.15
Apc 5,6 13,7.12

παντες

Mt 11,13.28 12,23 14,20 15,37 19,11 21,26 22,28 23,8 25,31
26,27.31.33.35.52.56 27,1.22
Mc 1,5.37 5,20 6,42.50 7,3.14 12,44 14,23.27.29.31.50.53.64
Lc 1,63.66 2,3.18.47 4,22.28 6,26 8,40.52 9,17.43 13,3.5.17.27
14,18.29 15,1 19,7 20,38 21,4 22,70 23,48.49
Jh 1,7.16 3,26 5,23.28 6,45 7,21 10,8 11,48 13,10.11.35 17,21
18,20
Ac 1,14 2,1.4.12.14.32.44 3,24 4,21 5,12.17.36.37 6,15 8,1.10
9,21.26.35 10,33.43 16,33 17,7.21 18,17 19,7 20,25 21,18.20.
24 22,3 25,24 26,4 27,36
Rm 3,12.23 5,12 9,6.7 10,16 14,10 15,11
1Co 1,10 8,1 9,24 10,1(2).2.3.4.17 12,13(2).29(4).30(3) 14,23.24.31(3)
15,22(2).51(2) 16,20
2Co 3,18 5,14 13,12
Ga 1,2 3,26.28
Eph 2,3 4,13
Php 2,21 4,22
Col 2,3
1Th 5,5
2Th 2,12
2Tm 1,15 3,12 4,16.21
Tit 3,15
Heb 1,6.11.14 2,11 3,16 8,11 11,13.39 12,8
1Pt 3,8 5,5
1Jh 2,19.20
2Jh 1
Apc 7,11 13,8 18,19 19,5

πασαι

Mt 1,17 10,30 13,56 24,30 25,5.7
Lc 1,48 12,7
Ac 3,25 9,39 16,26 27,37
Rm 16,4.16
Apc 1,7 2,23

παντα

Mt 4,9 5,18 6,32.33 7,12 8,33 11,27 13,34.41.44.46.51.56 17,11
18,25.26.31 19,20.26.27 21,22 22,4 23,3.5.36 24,2.8.33.34
25,32 28,19.20
Mc 3,28 4,11.34 5,26 6,30 7,19.23.37 9,12.23 10,20.27.28 11,11.
24 12,44 13,4.10.23.30 14,36 16,8*
Lc 1,65 2,19.39.51 5,11.28 7,1 9,1.7 10,22 11,41 12,30 15,14.
31 16,14 17,10 18,12.21.22.31 21,22.24.29.32.36 24,9.44.47
Jh 1,3 3,35 4,29.39.45 5,20 10,4.41 13,3 14,26(2) 15,15.21
16,15.30 17,7.10 18,4 19,28 21,17
Ac 1,18 3,22 4,24 5,20 7,50 10,12.33 13,22.29 14,15.16 15,17
17,22.24.25 20,35
Rm 8,28.32 11,36 12,4 14,2.20 15,11 16,26
1Co 2,10.15 3,21.22 6,12(3) 8,6(2) 9,12.22.23.25 10,23(4).31.33 11,2.
12 12,6.11.12.19.26(2) 13,2.3.7(4) 14,26.40 15,27(3).28(3) 16,14
2Co 2,9 4,15 5,18 6,10 7,14 12,19
Ga 3,8.22
Eph 1,10.11.22(2).23 3,9.20 4,10.15 5,13 6,16.21
Php 2,14 3,8(2).21 4,13.18

πας [1244]

παντα

Col 1,16(2).17.20.28 2,13.22 3,8.11.17.20.22 4,7.9
1Th 5,21
2Th 2,4
1Tm 4,8 6,13.17
2Tm 2,10 4,17
Tit 1,15 2,7
Heb 1,3 2,8(3).10(2).17 3,4 4,13.15 8,5 9,21.22
2Pt 1,3 3,4
1Jh 3,20
Ju 5
Apc 4,11 5,13 12,5 14,8 15,4 18,3.14.23 19,21 21,5

παντων

Mt 10,22 13,32 22,27 24,9 26,70
Mc 2,12 4,31.32 9,35(2) 10,44 12,22.28.33.43 13,13
Lc 1,71 2,31 3,15.19 4,15.20 7,18.35 8,45 9,43 11,50 14,10
21,3.12.17 24,14.27
Jh 3,31(2) 10,29 13,18
Ac 1,1.24 3,16.18.21 9,32 10,36.39 13,38 16,26 19,19.34 20,26.
37 21,5 22,10.12 24,8 26,2.3.14 27,35
Rm 1,8 4,11.16 8,32 9,5 10,12 12,17.18 15,33 16,24*
1Co 4,13 9,19 14,18.24(2) 15,8.10.19 16,24
2Co 2,3 3,2 5,14.15 7,13.15 13,13
Ga 2,14 4,1
Eph 3,8 4,6(3).10 5,20 6,18.24
Php 1,4.7
Col 1,17
1Th 1,2 3,13 4,6
2Th 1,3 3,2.16.18
1Tm 2,1(2).2.6 4,10 5,20 6,10
2Tm 3,11
Tit 3,15
Heb 1,2 4,4 7,2 12,14.23 13,25
Ja 2,10 5,12
1Pt 4,7.8
2Pt 3,11
1Jh 2,27
3Jh 2.12
Ju 15(3)
Apc 8,3 18,24 19,18 22,21

πασων

Mc 6,33
Lc 19,37
Ac 7,10
2Co 8,18 11,28

πασι

Mt 2,16 5,15 23,20 24,14.47
Mc 6,41 11,17 13,37
Lc 1,3 2,20.38 3,16.20 9,43.48 12,44 13,17 14,33 16,26 24,9.
21.25
Ac 1,19 2,39.45 4,10.16 15,3 16,32 17,25.31 19,17 20,32.36
24,5.14
Rm 1,5.7 8,37 13,7
1Co 1,2 8,7 9,19.22 10,33 12,6 15,7.28
2Co 1,1 11,6 13,2
Ga 3,10 6,6
Eph 1,23 3,18 4,6 6,16
Php 1,1.13.25 2,17 4,5.12
Col 1,18 3,11.14
1Th 1,7 2,15 5,27
2Th 1,4.10
1Tm 3,11 4,15
2Tm 2,7 3,9 4,5.8
Tit 2,9.10.11
Heb 5,9 13,4.18
Ja 1,5
1Pt 4,11 5,14
Apc 19,17 21,8

πασαις

Lc 1,6.75 24,27
1Co 7,17 14,33
Ja 1,8
2Pt 3,16

παντας

Mt 2,4.16 4,24 8,16 12,15 14,35 21,12 22,10 26,1

πας [1244]

παντας

Mc	1,32 2,12 5,40 6,39
Lc	1,65 4,36 5,9 6,10.19 7,16 9,23 12,41 13,2.4.28 17,27.29 21,35
Jh	2,15.24 12,32
Ac	4,33 5,5.11 9,14.40 10,38.44 11,23 17,30 18,2.23 19,10.17 21,21.28 22,15 26,29 27,24.44 28,2.30
Rm	3,9.22 5,12.18(2) 10,12 11,32(2) 16,15.19
1Co	7,7 14,5 15,25
2Co	2,3.5 5,10 9,13
Ga	6,10
Eph	1,15 3,9
Php	1,7.8 2,26
Col	1,4
1Th	3,12 4,10 5,14.15.26
1Tm	2,4
2Tm	2,24
Tit	3,2
Phm	5
Heb	13,24(2)
1Pt	2,17
2Pt	3,9
Ju	25
Apc	13,16

πασας

Mt	4,8 9,35 28,20
Mc	4,13
Lc	4,5
Ac	8,40 26,11
Eph	3,21
1Pt	2,1

προς [699]

Mt	2,12 3,5.10.13.14 4,6 5,28 6,1 7,15 10,6.13 11,28 13,2.30. 56 14,25.28.29 17,14 19,8.14 21,32.34.37 23,5.34.37 25,9.36. 39 26,12.14.18(2).40.45.57 27,4.14.19.62
Mc	1,5.27.32.33.40.45 2,2.3.13 3,7.8.13.31 4,1(2).41 5,11.15.19.22 6,3.25.30.45.48.51 7,1.25 8,16 9,10.14(2).16.17.19(2).20.34 10,1.5. 7.14.26.50 11,1.4.7.27.31 12,2.4.6.7.12.13.18 13,22 14,4.10.49.53. 54 15,31.43 16,3
Lc	1,13.18.19.27.28.34.43.55.61.73.80 2,15.18.20.34.48.49 3,9.12.13 4,4.11.21.23.26(2).36.40.43 5,4.10.22.30.31.33.34.36 6,3.9.11.47 7,3. 4.7.19.20(2).24.40.44.50 8,4.13.19.21.22.25.35 9,3.13.14.23.33.41.43. 50.57.59.62 10,2.23.26.29.39 11,1.5(2).6.39 12,1.3.15.16.22.41(2).47. 58 13,7.23.34 14,3.5.6.7(2).23.25.26.32 15,3.18.20.22 16,1.20.26(2). 30 17,1.4.22 18,1.3.9.11.16.31.40 19,5.8.9.13.29.33.35.37.39.42 20,2.3.5.9.10.14.19.23.25.41 21,38 22,15.23.45.52.56.70 23,4.7.12. 14.15.22.28 24,5.10.12.14.17(2).18.25.29.32.44(2).50
Jh	1,1.2.19.29.42.47 2,3 3,2.4.20.21.26(2) 4,15.30.33.35.40.47.48.49 5,33.35.40.45 6,5(2).17.28.34.35.37(2).44.45.52.65.68 7,3.33.35.37.45. 50(2) 8,2*.31.33.57 9,13 10,35.41 11,3.4.15.19.21.29.32.45.46 12,19.32 13,1.3.6.28 14,3.6.12.18.23.28(2) 16,5.7(2).10.17(2).28 17,11.13 18,13.16.24.29.38 19,3.24.39 20,2(2).10.11.12(2).17(3) 21,22.23
Ac	1,7 2,12.29.37.38.47 3,2.10.11.12.22.25(2) 4,1.8.15.19.23(2).24.37 5,8.9.10(2).35 6,1 7,3 8,14.20.24.26 9,2.10.11.15.27.29.32.38.40 10,3.13.15.21.28.33 11,2.3.11.14.20.30 12,5.8.15.20.21 13,15(2).31. 32.36 14,11 15,2(2).7.25.33.36 16,36.37.40 17,2.15(2).17 18,6.14. 21 19,2(2).31.38 20,6.18 21,11.18.37.39 22,1.5.8.10.13.15.21.25 23,3.17.18(2).22.24.30(2) 24,12.16.19 25,16.19.21.22 26,1.9.14(2).26. 28.31 27,3.12.34 28,4.8.10.17.21.23.25(2).26.30
Rm	1,10.13 3,26 4,2 5,1 8,18.31 10,1.21(2) 15,2.17.22.23.29.30.32
1Co	2,1.3 4,18.19.21 6,1.5 7,5.35(2) 10,11 12,2.7 13,12 14,6.12.26 15,34 16,5.6.7.10.11.12
2Co	1,12.15.16.18.20 2,1.16 3,1.4.13.16 4,2.6 5,8.10.12 6,11.14.15 7,3.4.8.12 8,17.19 10,4 11,8.9 12,14.17.21 13,1.7
Ga	1,17.18 2,5(2).14 4,18.20 6,10(2)
Eph	2,18 3,4.14 4,12.14.29 5,31 6,9.11(2).12(5).22
Php	1,26 2,25.30 4,6
Col	2,23 3,13.19 4,5.8.10
1Th	1,8.9(2) 2,1.2.9.17.18 3,4.6.11 4,12 5,14
2Th	2,5 3,1.8.10
1Tm	1,16 3,14 4,7.8(2)
2Tm	2,24 3,16(4).17 4,9
Tit	1,16 3,1.2.12(2)
Phm	5.13.15
Heb	1,7.8.13 2,17 4,13 5,1.5.7.14 6,11 7,21 9,13.20 10,16 11,18

προς [699]

Heb	12,4.10.11 13,13
Ja	4,5.14
1Pt	2,4 3,15 4,12
2Pt	1,3 3,16
1Jh	1,2 2,1 3,21 5,14.16(3).17
2Jh	10.12(2)
3Jh	14
Apc	1,13.17 3,20 10,9 12,5(2).12 13,6

συ [1066]

συ

Mt	2,6 3,14 6,6.17 11,3.23 14,28 16,16.18 26,25.39.63.64.69.73 27,4.11(2)
Mc	1,11 3,11 8,29 14,30.36.61.67.68 15,2(2)
Lc	1,42.76 3,22 4,7.41 7,19.20 9,60 10,15.37 15,31 16,7.25 17,8 19,19.42 22,32.58.67.70 23,3(2).37.39.40 24,18
Jh	1,19.21(2).25.42(2).49(2) 2,10.20 3,2.10.26 4,9.10.12.19 6,30.69 7,52 8,5*.13.25.33.48.52.53 9,17.28.34(2).35 10,24.33 11,27.42 12,34 13,6.7 14,9 17,5.8.21(2).23(2).25 18,17.25.33.34.37(2) 19,9 20,15 21,12.15.16.17(2).22
Ac	1,24 4,24 7,28 9,5 10,15.33 11,9.14 13,33 16,31 21,38 22,8.27 23,3.21 25,10 26,15
Rm	2,3.17 9,20 11,17.18.20.22.24 14,4.10(2).22
1Co	14,17 15,36
Ga	2,14 6,1
1Tm	6,11
2Tm	1,18 2,1 3,10.14 4,5.15
Tit	2,1
Heb	1,5.10.11.12 5,5.6 7,17.21
Ja	2,3(2).18.19 4,12
3Jh	3
Apc	2,15 3,17 4,11 7,14

σου

Mt	1,20 2,6 3,14 4,6(2).7.10 5,23(3).24(3).25.29(4).30(4).33.36.39.40.42. 43(2) 6,2.3(3).4(2).6(4).9.10(2).17(2).18(2).21(2).22(2).23(2) 7,3.4(3).5(2) 9,2.5.6(2).14.18.22 11,10(3).26 12,2.13.37(2).38.47(2) 15,2.28 17,16. 27 18,8(3).9(2).15(4).16.33 19,19.21 20,15.21(3) 21,5.19 22,37(4). 39.44(2) 23,37 25,21.23.25 26,42.52.62.73 27,13
Mc	1,2(2).44 2,5.9(2).11(2) 3,32(3) 5,19.34(2).35 6,18 7,5.10(2).29 9,18.38.43.45.47 10,19.37(2).52 11,14 12,30(5).31.36(2) 14,60 15,4
Lc	1,13(2).28.36.38.42.44.61 2,29(2).30.32.35.48 4,7.8.10.11.12.23 5,5. 14.20.23.24(2) 6,10.29.41.42(5) 7,27(3).44.48.50 8,20(2).28.39.48.49 9,38.40.41.49 10,17.21.27(6) 11,2(2).34(4).36 12,20(2).58 13,12.26. 34 14,8.12(3) 15,18.19(2).21(2).27(2).29.30(2).32 16,2(2).6.7.25(2) 17,3.19 18,20.42 19,5.16.18.20.22.39.42.43.44(2) 20,43(2) 22,32(3). 33 23,42.46
Jh	2,17 3,26 4,16.18.50.53 5,8.10.11 7,3(2) 8,13.19 9,10.17.26.37 11,23 12,15.28 13,37.38 17,1.6(2).7.8.11.12.14.26 19,26.27 20,27(2) 21,18
Ac	2,27.28.35(2) 3,25 4,25.27.28(2).29(2).30(2) 5,3.4.9 7,3(2).32.33 8,20.21.22(2).34 9,13.14 10,4(2).22.31(2) 11,14 12,8(2) 13,35 14,10 16,31 17,19.32 18,10 21,21.24.39 22,16.18.20 23,5.21. 30.35(2) 24,2.11.19 25,26 26,2.16 27,24 28,21(2).22
Rm	2,5.25 3,4 4,18 8,36 10,6.8(3).9(2) 11,3(2).21 12,20 13,9 14,10(2).15(2).21 15,9
1Co	12,21 15,55(2)
2Co	6,2
Ga	3,16 ·5,14
Eph	6,2
1Tm	4,12.15.16 5,23
2Tm	1,3.4.5(2) 4,5.22
Tit	2,15
Phm	2.4.5.6.7(2).13.14.20.21
Heb	1,8(2).9(2).10.12.13(2) 2,12 10,7.9
Ja	2,8.18
2Jh	4.13
3Jh	2.3.6
Apc	2,2(2).4(2).5.9.14.19(3).20 3,1.2.8(2).9.11.15.18(2) 4,11 5,9 10,9(2) 11,17.18(3) 14,15.18 15,3(2).4(3) 16,7 18,10.14(3).23(2) 19,10(2) 22,9(2)

σοι

Mt	2,13 4,9 5,26.29.30.40 6,4.6.18.23 8,13.19.29 11,21(2).23.24.25 12,47 14,4 15,28 16,17.18.19.22(2) 17,4.25 18,8.9.17.22.26.29.32 19,27 20,14 21,5.23 22,16.17 25,44 26,17.33.34.35 27,19
Mc	1,11.24 2,11 4,38 5,7.9.19.41 6,18.22.23 9,5.25 10,28.51

σὺ [1066]

σοι

Mc	11,28 12,14 14,30.31.36
Lc	1,3.13.14.19.35 3,22 4,6.34 5,20.23.24 7,14.40.47 8,28.30.39 9,33.57.61 10,13(2).21.35.36.40 11,7.35 12,59 14,9.10(3).12.14(2) 15,29 18,11.22.28.41 19,43.44(2) 20,2 22,11.34 23,43
Jh	1,50 2,4 3,3.5.7.11 4,10(2).26 5,10.12.14 6,30 9,26 11,22.40.41 13,37.38 17,5.21 18,30.34 19,11(2) 21,3.18
Ac	3,6 5,4 7,3 8,20.21.22 9,6.17 10,33 16,18 18,10 21,23 22,10(2) 23,18 24,13.14 26,1.14.16(2) 27,24
Rm	9,7.17 13,4 15,9
1Co	7,21
2Co	6,2 12,9
Ga	3,8
Eph	5,14 6,3
1Tm	1,18 3,14 4,14(2) 6,13
2Tm	1,5(2).6 2,7
Tit	1,5
Phm	8.11(2).12.16.19.21
Heb	8,5 11,18
Ja	2,18
2Jh	5
3Jh	13(2).15
Ju	9
Apc	2,5.10.16 3,18 4,1 11,17 17,1.7 18,22(3).23(2) 21,9

σε

Mt	4,6 5,25.29.30.39.41.42 9,22 14,28 18,8.9.15.33(2) 20,13 25,21.23.24.27.37.38.39(2).44 26,18.35.63.68.73
Mc	1,24.37 3,32 5,7.19.31.34 9,17.43(2).45(2).47(2) 10,21.35.49.52 14,31
Lc	1,19.35 2,48 4,10.11.34 6,29.30 7,7.20.50 8,20.45.48 11,27.36 12,58(3) 13,31 14,9.10.12.18.19 16,27 17,4(2).19 18,42 19,21.22.43(3).44 22,64
Jh	1,48(2).50 7,20 8,10*.11* 10,33 11,8.28 13,8 16,30 17,1.3.4.11.13.25(2) 18,26.35 19,10(2) 21,15.16.17.18.20.22.23
Ac	4,30 5,3.9 7,27.34.35 8,23 9,6.34 10,19.22.33 11,14 13,11.33.47(2) 18,10 21,37 22,14.19.21 23,3.11.18.20.30 24,4(2).7*.10.25 26,3.16.17(2).24.29 27,24
Rm	2,4.27 3,4 4,17 8,2 9,17 11,18.22 15,3
1Co	4,7 8,10
Php	4,3
1Tm	1,3.18 3,14 6,14
2Tm	1,4.6 3,15 4,21
Tit	1,5 3,8.12.15
Phm	10.18.23
Heb	1,5.9 2,12 5,5 6,14(2) 13,5(2)
2Jh	5.13
3Jh	2.14.15
Apc	3,3.9.10.16 10,11

σύν [128]

Mt	25,27 26,35 27,38.44
Mc	2,26 4,10 8,34 9,4 15,27.32
Lc	1,56 2,5.13 5,9.19 7,6.12 8,1.38.51 9,32 19,23 20,1 22,14.56 23,11.32 24,10.21.24.29.33.44
Jh	12,2 18,1 21,3
Ac	1,14.22 2,14 3,4.8 4,13.14.27 5,1.17.21.26 7,35 8,20.31 10,2.20.23 11,12 13,7 14,4(2).5.13.20.28 15,22(2).25 16,3.32 17,34 18,8.18 19,38 20,36 21,5.16.18.24.26.29 22,9 23,15.27.32 24,24 25,23 26,13 27,2 28,16
Rm	6,8 8,32 16,14.15
1Co	1,2 5,4 10,13 11,32 15,10 16,4.19
2Co	1,1.21 4,14(2) 8,19 9,4 13,4
Ga	1,2 2,3 3,9 5,24
Eph	3,18 4,31
Php	1,1.23 2,22 4,21
Col	2,5.13.20 3,3.4.9 4,9
1Th	4,14.17(2) 5,10
Ja	1,11
2Pt	1,18

τε [215]

Mt	22,10 27,48 28,12
Lc	2,16 12,45 14,26 15,2 21,11(2) 22,66 23,12 24,20
Jh	2,15 4,42 6,18
Ac	1,1.8.13.15 2,9.10.11.33.37.40.43.46(2) 4,13.14.27.33 5,14.19.24.35.42 6,7.12.13 7,26 8,3.12.13.25.28.31.38 9,2.3.15(2).18.24.29

τε [215]

Ac	10,22.28.33.39 11,21.26 12,6.12.17 13,1(2).4.11.46.52 14,1.5.11.12.13.21 15,3.4.5.6.9.32.39 16,13.23.34 17,4(2).10.14(2).19.26 18,4.5.26 19,2.3.6.10.11.12.17.18.27.29 20,3.7.11.21.35 21,12.18.20.25.28.30.31.37 22,4.7.8.23 23,5.10.24.28 24,3.5.10.15.23.27 25,2.16.23.24 26,3.4.10(2).11.14.16(2).20(2).22(2).23.30(2) 27,1.3(2).5.8.17.20.21(2).29.43 28,2.23(2)
Rm	1,12.14(2).16.20.26.27 2,9.10.19 3,9 7,7 10,12 14,8(4) 16,26
1Co	1,24.30 4,21
2Co	10,8 12,12
Eph	3,19
Php	1,7
Heb	1,3 2,4.11 4,12 5,1.7.14 6,2(2).4.5.19 8,3 9,1.2.9.19 10,33 11,32 12,2
Ja	3,7(2)
Ju	6
Apc	19,18

τις [526]

τις

Mt	11,27 12,19.29.47 16,24 21,3 22,24.46 24,4.23
Mc	4,23 7,16* 8,4.34 9,30.35 11,3.16 13,5.21 14,47.51 15,36
Lc	1,5 7,36 8,27.46.49 9,8.19.23.57 10,25.30.31.33.38 11,1.27.45 12,13 13,6.23 14,2.15.16.26 15,11 16,1.19.20.30.31 18,2.18.35 19,12.31 20,9 22,50.56.59
Jh	2,25 3,3.5 4,33.46 5,5 6,46.50.51 7,17.37.48 8,51.52 9,22.31.32 10,9.28 11,9.10.49.57 12,26(2).47 14,23 15,6.13 16,30
Ac	2,45 3,2 4,34.35 5,1.25.34 8,9.31 9,10.36 10,1.47 11,29 13,15.41 14,8 16,1.9.14 18,24 19,24 20,9 21,10 22,12 25,14 27,42 28,21
Rm	5,7(2) 8,9.39 13,9
1Co	1,15 3,4.12.17.18 4,2 5,11 6,1 7,12.13.18(2).36 8,2.3.10 10,27.28 11,16.34 14,24.27.37.38 15,35 16,11.22
2Co	2,5 5,17 8,20 10,7 11,16.20(5).21 12,6
Ga	1,9 6,3
Eph	2,9 4,29
Php	2,1(3) 3,4 4,8(2)
Col	2,8.16 3,13
1Th	5,15
2Th	2,3 3,10.14
1Tm	1,8 3,1.5 5,4.8.16 6,3
2Tm	2,5.21
Tit	1,6.12
Heb	2,6 3,13 4,1.11 5,4 10,27.28 12,15(2).16
Ja	1,5.23.26 2,14.16.18 3,2 5,13(2).14.19(2)
1Pt	2,19 4,11(2).15
2Pt	2,19
1Jh	2,1.15.27 4,20 5,16
2Jh	10
Apc	3,20 11,5(2) 13,9.10(2).17 14,9.11 20,15 22,18.19

τι

Mt	5,23 18,28 20,20 21,3
Mc	8,23 9,22 11,13.25 13,15 16,18
Lc	7,40 11,36.54 12,4 19,8 23,8 24,41
Jh	1,46 5,14.19 6,7.12 7,4 13,29 14,14 16,23 21,5
Ac	3,5 4,32 5,2 8,36 10,11 11,5 17,21(2) 18,14 19,32.39 21,34.37 23,17.18.20 24,19 25,5.8.11.26 26,26.31 27,16 28,3.19.21
Rm	1,11 9,11 14,14 15,18
1Co	2,2 3,7 4,5 8,2 10,19(2).31 11,18 14,35
2Co	2,10(2) 3,5 7,14 10,8 11,1.16 12,6 13,8
Ga	2,6 5,6 6,3.15
Eph	5,27 6,8
Php	2,1 3,15
1Th	1,8
1Tm	1,10 6,7
Phm	18
Heb	2,7.9 8,3 11,40
Ja	1,7
1Jh	5,14
3Jh	9

τινος

Mc	11,25 12,19
Lc	7,2 12,16 14,1.8 19,8 20,28 22,35
Ac	8,34 17,25 18,7 19,14 24,1 25,19
1Co	3,14.15 6,12 15,37
2Th	3,8

τις [526]

τινος

Heb 3,4

τινι

Mt 18,12
Lc 7,41 11,1 12,15 18,2
Ac 5,15 9,43 10,6 21,16
Ga 6,1
Col 2,23
1Th 5,15
Heb 3,12

τινα

Mt 8,28
Mc 9,38 15,21
Lc 8,51 9,49 10,38 17,12 21,2 23,19.26
Jh 13,20
Ac 5,36 7,24 8,9 9,33 10,5 13,6 16,16 18,2.23 19,38 24,12 25,16 27,8.26.27.39
Rm 1,13 15,26
1Co 1,16 5,1 9,12 16,7
2Co 12,17
Col 3,13
1Th 2,9
2Th 3,8
Heb 4,7 5,12
Ja 1,18 5,12
1Pt 5,8

τινες

Mt 9,3 12,38 16,28 27,47 28,11
Mc 2,6 7,1 8,3 9,1 11,5 14,4.57.65 15,35
Lc 6,2 8,2 9,27 11,15 13,1.31 19,39 20,27.39 24,22.24
Jh 6,64 7,25.44 9,16 11,37.46 12,20 13,29
Ac 6,9 10,23 11,20 15,1.5.24 17,4.18(2).28.34 19,9.13.31 23,9 24,19
Rm 3,3.8 11,17
1Co 4,18 6,11 8,7 10,7.8.9.10 15,6.12.34
2Co 3,1
Ga 1,7
Php 1,15(2)
1Tm 1,6.19 4,1 5,15 6,10.21
Heb 13,2
1Pt 3,1
2Pt 3,9
Ju 4

τινα

Ac 17,20 25,19
2Pt 3,16

τινων

Lc 9,7.8 21,5
Jh 20,23(2)
Ac 24,1 25,13 27,44
1Tm 5,24
2Tm 2,18

τισιν

2Co 10,12
1Tm 1,3 5,24
Heb 10,25

τινας

Mc 7,2 12,13
Lc 7,18 18,9
Ac 9,2.19 10,48 12,1 15,2.36 16,12 17,5.6 19,1 23,23 24,24 27,1
Rm 11,14
1Co 9,22
2Co 10,2
Ga 2,12
2Th 3,11
Heb 4,6
2Pt 3,9

τίς [555]

τίς

Mt 3,7 6,27 7,9 10,11 12,11.48 18,1 19,25 21,10.23.31 23,17 24,45 26,68
Mc 1,24 2,7 3,33 4,41 5,30.31 6,2 9,34 10,26 11,28 15,24 16,3
Lc 3,7 4,34.36 5,21(2) 7,39.42.49 8,9.25.45 9,9.46 10,22(2).29.36 11,5 12,14.25.42 14,28.31 15,4.8 16,11.12 17,7 18,26 19,3 20,2 22,23.24.27.64
Jh 1,19.22 4,10 5,12.13 6,60.64 7,20.36 8,25.46 9,2.21.36 12,34.38 13,24.25 21,12.20
Ac 7,27.35.49 8,33 9,5 10,21 11,17 17,19 19,35 21,33 22,8 26,15
Rm 3,1 7,24 8,24.31.33.34.35 9,19.20 10,6.7.16 11,15.34(2).35 14,4
1Co 2,11.16 4,7 9,7(3).18 14,8
2Co 2,2.16 6,14(2).15(2).16 11,29(2)
Ga 3,1 5,7
Eph 1,18(2) 3,9
1Th 2,19
Heb 7,11 12,7
Ja 3,13 4,12
1Pt 3,13
1Jh 2,22 5,5
Apc 5,2 6,17 13,4(2) 15,4 18,18

τί

Mt 5,47 6,3.25(3).28.31(3) 7,3.14 8,26.29 9,5.11.13.14 10,19(2) 11,7.8.9 12,3.7 13,10 14,31 15,2.3.32 16,8.26(2) 17,10.19.25 18,12 19,7.16.17.20.27 20,6.21.22.32 21,16.25.28.40 22,17.18.42 23,19 24,3 26,8.10.15.62.65.66.70 27,4.22.23
Mc 1,24.27 2,7.8.9.18.24.25 4,24.40 5,7.9.14.35.39 6,24.36 7,5 8,1.2.12.17.36.37 9,6.10.16.33 10,3.17.18.36.38.51 11,3.5.31 12,9.15 13,4.11 14,4.6.36(2).40.60.63.64.68 15,12.14.24.34
Lc 1,18.62.66 2,48.49 3,10.12.14 4,34 5,22.23.30 6,2.11.41.46 7,24.25.26 8,28.30 9,25 10,25.26 12,11(2).17.22(2).26.29(2).49.57 15,26 16,2.3.4 17,8 18,6.18.19.36.41 19,15.23.31.33.48 20,5.13.15.17 21,7 22,46.71 23,22.31.34 24,5.38(2)
Jh 1,21.22.25.38 2,4.18.25 4,27(2) 6,6.9.28.30(2) 7,19.45.51 8,5*.43.46 9,17.26.27 10,20 11,47.56 12,5.27.49(2) 13,12.28.37 14,22 15,15 16,17.18(2) 18,21(2).23.35.38 20,13.15 21,21.22.23
Ac 1,11 2,12.37 3,12(2) 4,16 5,3.4.9.24.35 7,40 8,36 9,4 10,4.17 12,18 13,25 14,15 15,10 16,30 17,18 19,3 21,13.22.33 22,7.10.16.26.30 23,19 24,20 25,26 26,8.14
Rm 3,1.3.5.7.9 4,1.3 6,1.15 7,7 8,26.27.31 9,14.19.20.30.32 10,8 11,2.4.7 12,2 14,10(2)
1Co 3,5(2) 4,7(2).21 5,12 6,7(2) 7,16(2) 10,19.30 11,22 14,6.15.16.26 15,29(2).30.32
2Co 11,11 12,13
Ga 3,19 4,30 5,11
Eph 1,19 3,18 4,9 5,10.17 6,21
Php 1,18.22
Col 1,27 2,20
Heb 2,6 11,32 13,6
Ja 2,14.16
1Pt 4,17
1Jh 3,2
Apc 2,7.11.17.29 3,6.13.22 17,7

τίνος

Mt 22,20.28.42
Mc 12,16.23
Lc 14,5 20,24.33
Jh 13,22 19,24
Ac 8,34 19,32
1Jh 3,12

τίνι

Mt 5,13 11,16 12,27
Mc 4,30 9,50
Lc 6,47 7,31(2) 11,19 12,20 13,18(2).20 14,34
Jh 12,38
Ac 4,9 10,29
1Co 15,2
Heb 1,5

τίνα

Mt 5,46 16,13.15 27,17.21
Mc 8,27.29
Lc 9,18.20 11,11 12,5
Jh 6,68 8,53 18,4.7.29 20,15

τίς [555]

τίνα

Ac 7,52
Rm 6,21
1Th 3,9
Heb 1,13
1Pt 1,11

τίνες

Mt 12,48
Lc 24,17
Jh 6,64
Ac 19,15
Heb 3,16
Apc 7,13

τίνα

Jh 10,6
Ac 17,20

τίνων

Mt 17,25
1Tm 1,7
2Tm 3,14

τίσιν

Heb 3,17.18

τίνας

Jh 13,18
1Th 4,2

ὑμεῖς [1847]

ὑμεῖς

Mt 5,13.14.48 6,9.26 7,11.12 10,20.31 13,18 14,16 15,3.5.16
16,15 19,28(2) 20,4.7 21,13.32 23,8(2).13.28.32 24,33.44 26,31
27,24 28,5
Mc 6,31.37 7,11.18 8,29 11,17.26* 13,9.11.23.29
Lc 9,13.20.44 10,24 11,13.39.48 12,24.29.36.40 16,15 17,10 19,46
21,31 22,26.28.70 24,48.49
Jh 1,26 3,28 4,20.22.32.35.38(2) 5,20.33.34.35.38.39.44.45 6,67 7,8.
28.34.36.47 8,14.15.21.22.23(2).31.38.41.44.46.47.49.54 9,19.27.30
10,26.36 11,49 13,10.13.14.15.33.34 14,3.17.19(2).20(2) 15,3.4.5.
14.16(2).27 16,20(2).22.27 18,31 19,6.35
Ac 1,5 2,15.33.36 3,13.14.25 4,7.10 5,30 7,4.51(2).52 8,24 10,28.
37 11,16 15,7 19,15 20,18.25 22,3 23,15 27,31
Rm 1,6 6,11 7,4 8,9 9,26 11,30 16,17
1Co 1,30 3,17.23 4,10(3) 5,2.12 6,8 9,1.2 10,15 12,27 14,9.12
16,1.6.16
2Co 1,14 3,2 6,13.18 8,9 9,4 11,7 12,11 13,7.9
Ga 3,28.29 4,12.28 5,13 6,1
Eph 1,13 2,11.13.22 4,20 5,33 6,21
Php 2,18 4,15(2)
Col 3,4.7.8.13 4,1.16
1Th 1,6 2,10.14(2).19.20 3,8 4,9 5,4.5
2Th 1,12 3,13
Ja 2,6 5,8
1Pt 2,9 4,1
2Pt 3,17
1Jh 1,3 2,20.24(2).27 4,4
Ju 17.20

ὑμῶν

Mt 5,11.12(2).16(3).20.37.44.45.47.48 6,1(2).8.14.15(2).25(2).26.27.32 7,6.9.
11(2) 9,4.11.29 10,9.13(2).14(2).20.29.30 11,29 12,11.27(2)
13,16(2) 15,3.6.7 17,17(2).20.24 18,14.19.35 19,8(2) 20,26.27
21,2.43 23,8.9(2).10.11(2).15.32.34.38 24,20.42 25,8 26,21.29
28,20
Mc 2,8 6,11(2) 7,6.9.13 8,17 9,19 10,5.43 11,2.25(2).26*(2) 14,18
Lc 3,14 4,21 5,4.22 6,22.23.24.27.35(2).36.38 8,25 9,5.41.44.50(2)
10,6.11.16.20 11,5.11.13.19(2).39.46.47.48 12,7.25.30.32.33.34(2).35
13,15.35 14,5.28.33 15,4 16,15.26 17,7.21 21,14.16.18.19(2).
28(2).34 22,10.15.19.20.27.53(2) 23,14.28 24,38
Jh 5,45(2) 6,49.64.70 7,19.33 8,7*.21.24(2).26.41.42.44.46.
56 9,19.41 10,34 13,14.18.21.33 14,1.9.16.27.30 15,11.16.18
16,4.5.6.20.22(3).24.26 18,31 19,14.15 20,17(2)
Ac 1,7.11 2,17(4).22.38(2).39 3,16.17.19.22(2).25.26 4,10.11.19 5,28
6,3 7,37.43.51.52 13,41 14,17 15,24 17,23 18,6(2).14 20,18.
30 24,21 25,26 27,22.34 28,25

ὑμεῖς [1847]

ὑμῶν

Rm 1,8(2).9.12 6,12.13(2).14.19(3).22 8,11 12,1(2).18 14,16 15,14.
24(2).28.33 16,2.19.20(2).24*
1Co 1,4.11.12.13.14.26 2,5 3,21.22 4,3 5,2.4.6.13 6,1.15.19.20 7,5.
14.28.35 8,9 9,11.12 11,18.20.24 12,21 14,18.36 15,14.17(2).58
16,2.3.14.18.23.24
2Co 1,6(2).7.11.14.16(2).23.24(2) 2,3.9 3,1 4,5 5,11 6,12 7,4.7(3).12.
13.14.15 8,14(2).16.24(2) 9,2(3).3.5.10(2).13.14 10,6.8.13.14.15.16
11,3.8 12,11.13.14.15.19 13,9.11.13
Ga 3,2 4,12.14.15(2).16 6,18
Eph 1,13.16.18 2,1.8 3,1.13(2).17 4,4.23.26.29.31 5,19 6,1.4.5.9.14.22
Php 1,3.4.5.7.9.19.25.26.27.28 2,17.19.20.25.30 4,5.6.7(2).9.17.18.19.23
Col 1,3.4.7.8.9.24 2,1.5(2).13 3,3.4.8.15.16.21 4,6.8.9.12(2).13.18
1Th 1,2.3.4.8(2) 2,6.7.8.9.11.17(2) 3,2.5.6(2).7.9.10(2).13 4,3.4.11 5,12.
23.28
2Th 1,3(3).4(2).11 2,13.17 3,5.8.16.18
1Tm 6,21
2Tm 4,22
Tit 3,15
Phm 22.25
Heb 3,8.9.12.13.15 4,1.7 6,9.10.11 10,34.35 12,3.13 13,7.17(2).24.25
Ja 1,3.5.21 2,2.6.16 3,14 4,1(2).3.7.9.14.16 5,1.2(2).3(2).4(2).5.8.12
1Pt 1,7.9.13.14.17.18.21.22 2,12(2).21.25 3,2.7.15.16 4,4.15 5,7(2).8.9
2Pt 1,5.10.19 3,1.2
Ju 12.20
Apc 1,9 2,10.23 18,20

ὑμῖν

Mt 3,7.9 5,18.20.22.28.32.34.39.44 6,2.5.14.16.19.20.25.29.33 7,2.7(2).
12 8,10.11 9,29 10,15.19.20.23.27.42 11,9.11.17.21.22(2).24 12,6.
31.36 13,11.17 16,11.28 17,12.20(2) 18,3.10.12.13.18.19.35 19,8.
9.23.24.28 20,4.26(2).27.32 21,3.21.24.27.28.31.43 22,31.42 23,3.
13.14*.15.16.23.25.27.29.36.38.39 24,2.23.25.26.34.47 25,9.12.34.40.
45 26,13.15.21.29.64.66 27,17.21 28,7.20
Mc 3,28 4,11.24(2) 8,12 9,1.13.41 10,3.5.15.29.36.43(2).44 11,3.23.
24(2).25.29.33 12,43 13,11.21.23.30.37 14,9.13.15.18.25.64 15,9
16,7
Lc 2,10.11.12 3,7.8.13 4,24.25 6,24.25.27.31.32.33.34.38(2).47 7,9.26.
28.32 8,10 9,27.48 10,8.11.12.13.14.19.20.24 11,8.9(3).41.42.43.44.
46.47.51.52 12,4.5(2).8.22.27.31.32.37.44.51 13,3.5.24.25.27.35(2)
14,24 15,7.10 16,9.11.12 17,6.10.23.34 18,8.14.17.29 19,26.40
20,8 21,3.13.15(2).32 22,10.12.16.18.26.29.37.67 24,6.36.44
Jh 1,51 2,5 3,12(2) 4,35 5,19.24.25.38 6,26.27.32(3).36.47.53.63.65
7,19.22 8,24.25.34.37.40.51.55.58 9,27 10,1.7.25.32 11,50.56
12,24.35 13,12.15(2).16.19.20.21.33.34 14,2(2).3.10.12.16.17(2).20.
25(2).26.27(3).28.29 15,3.4.7(2).11(2).14.15.16.17.20.26 16,1.4(3).6.7(2).
12.13.14.15.20.23(2).25(3).26.33 18,8.39(3) 19,4 20,19.21.26
Ac 2,14.39 3,14.20.22.26 4,10 5,9.28.38 7,37 13,15.26.34.38(2).41.46
14,15.17 15,7.28 16,17 17,3.23 20,20.26.27.35 22,25 25,5
26,8 28,28
Rm 1,7.11.12.13.15 8,9.10.11(2) 11,13 12,3 15,5.15.32 16,1.19
1Co 1,3.4.6.10.11 2,1.2 3,1.3.16.18 4,8.17 5,1.9.11 6,2.5(2).7.19 7,35
9,2.11 10,27.28 11,2.13.18.19(2).22.23.30 12,3.31 14,6.25.37
15,1(2).2.3.12.34.51
2Co 1,2.13.19.21 2,4 4,12.14 5,12(2).13 6,18 7,7.11.12.14.16 8,1.7.
10.13 9,1.14 10,1.15 11,7.9 12,12.19.20 13,3.5
Ga 1,3.8(2).11.20 3,5(2) 4,13.15.16.19.20 5,2.21 6,11
Eph 1,2.17 2,17 3,16.20 4,32 5,3 6,21
Php 1,2.6.25.29 2,5.13.17.19 3,1(2).15.18
Col 1,2.5.6.27 2,5 3,13.16 4,7.9.16
1Th 1,1.5 2,8.10.13 3,4.7 4,2.6.9.11.15 5,1.12
2Th 1,2.4.7.12 2,5 3,6.7.9.10.11.16
Phm 3.22
Heb 12,5.7 13,7.17.19.22
Ja 3,13 4,1.8 5,3.6.13.14.19
1Pt 1,2.12(2).13 2,7.21 3,15 4,12(3) 5,1.2.12.14
2Pt 1,2.8.11.16 2,1.13 3,1.15
1Jh 1,2.3.5 2,1.7.8(2).12(2).13(2).14(4).21.24(2).26.27 4,4 5,13
2Jh 12
Ju 2.3(2).18
Apc 1,4 2,13.23.24 22,16

ὑμᾶς

Mt 3,11(2) 4,19 5,11.44.46 6,8.30 7,6.15.23 10,13.14.16.17(2).19.23.
40 11,28.29 12,28 21,24.31.32 23,34.35 24,4.9(2) 25,12 26,32
28,7.14
Mc 1,8(2).17 6,11 9,19.41 11,29 13,5.9.11.36 14,28.49 16,7
Lc 3,16(2) 6,9.22(2).26.27.28(2).32.33 9,5.41 10,3.6.8.9.10.16.19 11,20
12,11.12.14.28 13,25.27.28 16,9.26 19,31 20,3 21,12.34 22,31.

ὑμᾶς

Lc 35 **24**,44.49

Jh **3**,7 **4**,38 **5**,42 **6**,61.70 **7**,7 **8**,32.36 **11**,15 **12**,30.35 **13**.34
14,3.18(2).26(2).28 **15**,9.12.15(2).16(2).18.19(2).20.21 **16**,2(2).7(2).13.22.
27 **20**,21

Ac **1**,8 **2**,22.29 **3**,22.26 **7**,43 **13**,32 **14**,15 **15**,24.25 **17**,22.28
18,15.21 **19**,13.36 **20**,20.28.29.32 **22**,1 **23**,15 **24**,22 **27**,22.34
28,20

Rm **1**,10.11(2).13(2) **2**,24 **7**,4 **10**,19(2) **11**,25.28 **12**,1.2.14 **13**,11
15,7.13(2).15.22.23.24.29.30.32 **16**,6.16.17.19.21.22.23(2).25

1Co **1**,7.8.10 **2**,1.3 **3**,2 **4**,6.14.15.16.17.18.19.21 **7**,5.15.32 **10**,1.13(2).
20.27 **11**,2.3.14.22 **12**,1 **14**,5.6(2).36 **16**,5.6.7(2).10.12.15.19(2).20

2Co **1**,8.12.15.16.18 **2**,1.2.3.4.5.7.8.10 **3**,1 **4**,15 **6**,1.11.17 **7**,4.8(2).12.
15 **8**,6.9.17.22.23 **9**,4.5.8.14 **10**,1(2).9.14 **11**,2(2).6.9.11.20(2)
12,14(2).15.16(2).17(2).18.20.21 **13**,1.3.4.7.12

Ga **1**,6.7.9 **2**,5 **3**,1 **4**,11(2).17(2).18.20 **5**,2.7.8.10(2).12 **6**,12.13

ὑμᾶς

Eph **1**,15.18 **2**,1 **3**,2 **4**,1.17.22 **5**,6 **6**,11.22

Php **1**,7(2).8.10.12.24.26.27 **2**,25.26 **4**,21.22

Col **1**,6.12.21.22.25 **2**,1.4.8.13(2).16.18 **4**,6.8.10(2).12.14

1Th **1**,5(2).7.9 **2**,1.2.9.12(3).18 **3**,2.4.5.6(2).9.11.12(2) **4**,1(2).3.8.10.13 **5**,4.
12(2).14.18.23.24.27

2Th **1**,5.6.10.11 **2**,1.2.3.5.13.14 **3**,1.3.4.6.10

Heb **5**,12 **9**,20 **13**,21.22.23.24

Ja **2**,6.7 **4**,2.10.15

1Pt **1**,4.10.12.15.20.25 **2**,9 **3**,13.15.18.21 **4**,14 **5**,6.10.13

2Pt **1**,12.13.15 **2**,3 **3**,8.9.11

1Jh **2**,26.27(3) **3**,7.13

2Jh 10.12

Ju 5(2).24

Apc **2**,24 **12**,12

CORRIGENDA

Mt   27,54 *τα γενομενα*
Heb 5,3   *και περι αὐτου*
     12,15 *δι αὐτης*
     12,15 om. *οἱ* ante *πολλοι*

WALTER BAUER

Griechisch-deutsches Wörterbuch zu den Schriften des Neuen Testaments und der übrigen urchristlichen Literatur

Durchgesehener Nachdruck der 5. verbesserten und stark vermehrten Auflage
Lexikon-Oktav. XVI, 1780 Spalten. 1971. Ganzleinen DM 118,– ISBN 3 11 002073 4

ERWIN PREUSCHEN

Griechisch-deutsches Taschenwörterbuch zum Neuen Testament

6., verbesserte Auflage. Klein-Oktav. 196 Seiten. 1976. Kartoniert DM 24,– ISBN 3 11 006960 1

JOHANNES SCHREIBER

Der Kreuzigungsbericht des Markusevangeliums Mk 15, 20b–41

Eine traditionsgeschichtliche und methodenkritische Untersuchung nach William Wrede (1859–1906)
Groß-Oktav. XVI, 517 Seiten. 1986. Ganzleinen DM 176,– ISBN 3 11 010594 2
(Beiheft zur Zeitschrift für die neutestamentliche Wissenschaft, Band 48)

RUDOLF LORENZ

Der zehnte Osterbrief des Athanasius von Alexandrien

Text – Übersetzung – Erläuterungen
Groß-Oktav. VIII, 96 Seiten. 1986. Ganzleinen DM 44,– ISBN 3 11 010652 3
(Beiheft zur Zeitschrift für die neutestamentliche Wissenschaft, Band 49)

ALAN JAMES BEAGLEY

The ‚Sitz im Leben‘ of the Apocalypse with Particular Reference to the Role of the Church's Enemies

Large-octavo. XIV, 207 pages. 1987. Cloth DM 82,– ISBN 3 11 010830 5
(Beiheft zur Zeitschrift für die neutestamentliche Wissenschaft, Volume 50)

HELMUT KÖSTER

Introduction to the New Testament

Volume 1: History, Culture, and Religion of the Hellenistic Age
Volume 2: History and Literature of Early Christianity
Large-octavo. Volume 1: XXX, 429 pages. Illustrations, maps, charts, glossary, bibliographies, indices.
Volume 2: XXX, 365 pages. Illustrations, maps, charts, glossary, bibliographies, indices. 1982. Cloth DM 128,– ISBN 3 11 009722 2

---

now in paperback

Volume 1: DM 38,– ISBN 3 11 011292 2
Volume 2: DM 38,– ISBN 3 11 011293 0

Preisänderungen vorbehalten

Walter de Gruyter   **Berlin · New York**

ARBEITEN ZUR NEUTESTAMENTLICHEN TEXTFORSCHUNG

KURT ALAND

Kurzgefaßte Liste der griechischen Handschriften des Neuen Testaments

Band I: Gesamtübersicht
Groß-Oktav. VIII, 431 Seiten. 1963. Ganzleinen DM 88,– (Band 1)
Band II: Einzelübersichten (in Vorbereitung)

Studien zur Überlieferung des Neuen Testaments und seines Textes

Groß-Oktav. X, 229 Seiten. 1967. Ganzleinen DM 54,– (Band 2)

Materialien zur neutestamentlichen Handschriftenkunde I

In Verbindung mit B. Ehlers, P. Ferreira, H. Hahn, H. L. Heller, K. Junack, R. Peppermüller,
V. Reichmann, H. U. Rosenbaum, J. G. Schomerus, K. Schüssler, P. Weigandt, herausgegeben von Kurt Aland

Groß-Oktav. VIII, 292 Seiten. 1969. Ganzleinen DM 88,– (Band 3)

Vollständige Konkordanz zum griechischen Neuen Testament

Unter Zugrundelegung aller modernen kritischen Textausgaben und des Textus receptus
In Verbindung mit H. Riesenfeld, H. U. Rosenbaum, Chr. Hannick, B. Bonsack
neu zusammengestellt unter der Leitung von Kurt Aland

2 Bände. Quart. Halbleder
Band I, Teil 1 (A–Λ). XVIII, 752 Seiten. 1983.
Band I, Teil 2 (M–Ω). VI, Seiten 753–1352. 1983. DM 1725,–
Band II (Spezialübersichten). VIII, 557 Seiten. 1978. DM 198,– (Band 4)

Die alten Übersetzungen des Neuen Testaments, die Kirchenväterzitate und Lektionare

Der gegenwärtige Stand ihrer Erforschung und ihre Bedeutung für die griechische Textgeschichte
Mit Beiträgen von M. Black, B. Fischer, H. J. Frede, Ch. Hannick, J. Hofmann, K. Junack, L. Leloir, B. M. Metzger, G. Mink,
J. Molitor, P. Prigent, E. Stutz, W. Thiele, herausgegeben von Kurt Aland
Groß-Oktav, XXII, 591 Seiten, 5 Tafeln. 1972. Ganzleinen DM 156,– (Band 5)

Das Neue Testament auf Papyrus

I: Die Katholischen Briefe
In Verbindung mit K. Junack bearbeitet von W. Grunewald, mit einem Vorwort von Kurt Aland
Groß-Oktav. XI, 171 Seiten. 1986. Ganzleinen DM 158,– (Band 6)

Das Neue Testament in syrischer Überlieferung

I: Die Großen Katholischen Briefe
In Verbindung mit A. Juckel herausgegeben und untersucht von Barbara Aland
Quart. X, 311 Seiten. 1986. Ganzleinen DM 240,– (Band 7)

Liste der koptischen Handschriften des Neuen Testaments

I: Die sahidischen Handschriften der Evangelien, 1. Teil
Bearbeitet von F.-J. Schmitz und G. Mink, mit einem Vorwort von Barbara Aland
Groß-Oktav. XXIII, 471 Seiten. 1986. Ganzleinen DM 148,– (Band 8)

Text und Textwert der Griechischen Handschriften des Neuen Testaments

I: Die Katholischen Briefe
Band 1: Das Material
In Verbindung mit A. Benduhn-Mertz und G. Mink, herausgegeben von Kurt Aland
Groß-Oktav. XVIII, 430 Seiten. 1987. Ganzleinen DM 138,– (Band 9)

Band 2,1: Die Auswertung P[23]-999 – Band 2,2: Die Auswertung 1003–2805
Groß-Oktav. XX, 1332 Seiten. Ergänzungsliste (118 Seiten). 1987. Ganzleinen DM 360,– (Band 10/1 + 2)

Band 3: Die Einzelhandschriften
Groß-Oktav. XI, 410 Seiten. 1987. Ganzleinen DM 128,– (Band 11)

Preisänderungen vorbehalten

Walter de Gruyter   Berlin · New York